DICTIONNAIRE

GÉOGRAPHIQUE, HISTORIQUE, ADMINISTRATIF, INDUSTRIEL ET COMMERCIAL

DE TOUTES LES COMMUNES

DE LA FRANCE

ET DE PLUS DE 20,000 HAMEAUX EN DÉPENDANT,

CONTENANT : L'HISTOIRE ET LA DESCRIPTION DE TOUTES LES VILLES DE FRANCE, AINSI QUE L'ARCHÉOLOGIE, LA BIOGRAPHIE, LA BIBLIOGRAPHIE ET L'ARMORIAL COLORIÉ DES VILLES, BOURGS, VILLAGES, CHATEAUX, ETC. ;
ET INDIQUANT POUR CHAQUE COMMUNE LE NOM FRANÇAIS ET LE NOM LATIN SOUS LEQUEL ELLE ÉTAIT AUTREFOIS DÉSIGNÉE ; LA PROVINCE ET LES DIFFÉRENTES JURIDICTIONS AUXQUELLES ELLE APPARTENAIT AVANT LA RÉVOLUTION ; SON ORIGINE ET LES ÉVÉNEMENTS HISTORIQUES QUI S'Y RATTACHENT ; LE NOM DU CANTON ET LA DISTANCE DE LA COMMUNE AU CHEF-LIEU D'ARRONDISSEMENT ; LES CURES ; LA POPULATION D'APRÈS LE DERNIER RECENSEMENT ; LES BUREAUX ET RELAIS DE POSTE ET LEUR DISTANCE DE PARIS ; LES GITES D'ÉTAPE ; LA FORMATION GÉOLOGIQUE OU LE TERRAIN SUR LEQUEL LA COMMUNE EST ASSISE ; LES NOMS DES HOMMES QUI SE SONT RENDUS ILLUSTRES DANS LES CAMPS, DANS LES SCIENCES, LA LITTÉRATURE, LES BEAUX-ARTS ET L'INDUSTRIE ; L'ARCHÉOLOGIE DES ÉDIFICES CIVILS ET RELIGIEUX ; LES SITES PITTORESQUES ET LES BUTS D'EXCURSIONS QU'OFFRENT LES ENVIRONS ; LES DIFFÉRENTS GENRES D'INDUSTRIE ET DE COMMERCE ; LES MANUFACTURES, FABRIQUES, USINES, MINES ET CARRIÈRES EXPLOITÉES ; LES FOIRES ET MARCHÉS ; LA SITUATION ET L'ANALYSE DES SOURCES D'EAUX MINÉRALES ET THERMALES ; LES PHARES ET FANAUX ; L'ÉTABLISSEMENT DE LA MARÉE DE TOUS LES PORTS DE L'OCÉAN ; ENFIN LA BIBLIOGRAPHIE, COMPRENANT LES TITRES DE TOUS LES OUVRAGES PUBLIÉS SUR CHAQUE VILLE, BOURG OU VILLAGE, SUR CHAQUE PROVINCE ET SUR CHAQUE DÉPARTEMENT.

AVIS AU RELIEUR POUR LE PLACEMENT DES GRAVURES.

(LE TITRE DE LA GRAVURE DOIT TOUJOURS ÊTRE PLACÉ DU CÔTÉ DE LA MARGE ROGNÉE.)

	Pages.		Pages
N° 1. Titre gravé, vue de Nantes.		N° 11. Vue du Havre.	190
N° 2. Armes coloriées des villes.		N° 12. Vue d'Hyères.	218
N° 3. Idem.		N° 13. Château de Josselin.	265
N° 4. Idem.		N° 14. Cathédrale de Laon.	305
N° 5. Idem.		N° 15. Cathédrale de Lyon.	430
N° 6. Château de Ferrières.	18	N° 16. Château de Maintenon.	462
N° 7. Vue de Fougères.	61	N° 17. Vue de Marseille.	511
N° 8. Vue de Fourvoirie.	64	N° 18. Cathédrale de Metz.	576
N° 9. Vue de Gien.	128	N° 19. Vue de Mont-d'Or-les-Bains.	640
N° 10. Vue de Grenoble.	160	N° 20. Le Mont-Saint-Michel.	683

Les gravures qui ont été distribuées avec les précédentes livraisons, et qui ne sont pas indiquées dans cet avis au relieur, appartiennent au troisième volume, qui contiendra 43 planches.

DICTIONNAIRE

GÉOGRAPHIQUE, HISTORIQUE, INDUSTRIEL ET COMMERCIAL

DE TOUTES LES COMMUNES

DE LA FRANCE

ET DE PLUS DE 20,000 HAMEAUX EN DÉPENDANT.

Illustré de 100 Gravures, de Costumes coloriés, Plans et Armes des Villes, etc.

PUBLIÉ AVEC LES ENCOURAGEMENTS DU MINISTRE DE L'INTERIEUR et du MINISTRE de L'INST.on PUBLIQUE.

PAR A. GIRAULT DE SAINT FARGEAU.

VOL. 2.

Lac de Nantua (Ain).

PARIS.

Librairie de FIRMIN DIDOT, Rue Jacob, 56.

GUSTAVE HAVARD, ÉDITEUR, 24, RUE DES MATHURINS - SAINT - JACQUES.

1845

HISTOIRE DES COMMUNES ET DES VILLES DE FRANCE, PAR GIRAULT DE SAINT-FARGEAU.   N° 2.

Gaillac.   Gannat.   Gap.   Germain-en-Laye (St-).   Germain-Lambron (St-).   Gien.

 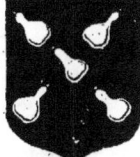    

Girons (St-).   Gourdon.   Gournay.   Granville.   Grasse.   Gray.

Grenoble.   Guéret.   Guingamp.   Guise.   Haguenau.   Ham.

Harfleur.   Havre (le).   Hennebon.   Hesdin.   Honfleur.   Huningue.

Hyères.   Issoire.   Issoudun.   Jean-d'Angely (St-).   Jean-de-Losne (St-).   Jean-Pied-de-Port (St-).

Joigny.   Joinville.   Josselin.   Joyeuse.   Lamballe.   Lambesc.

Paris. — Typ. Lacrampe et Comp., rue Damiette, 2.

Histoire des Communes et des Villes de France, par Girault de Saint-Fargeau. N° 4**

Malo (Saint-).	Mamers.	Manosque.	Mans (Le).	Mantes.	Marans.	
Marguerite (Îles-Ste-).	Maringues.	Marmande.	Marsal.	Marseille.	Martigues (Les).	
Marvejols.	Maubeuge.	Mayenne.	Meaux.	Mende.	Melun.	
Menehould (Ste-).	Metz.	Meulan.	Mézières.	Mihiel (Saint-).	Millau.	
Mirande.	Moissac.	Mondragon.	Montagnac.	Montargis.	Montaigu.	
Montauban.	Montbrison.	Montbard.	Montdauphin.	Mont-de-Marsan.	Montdidier.	

Paris. — Typ. Lacrampe et Comp., rue Damiette, 2.

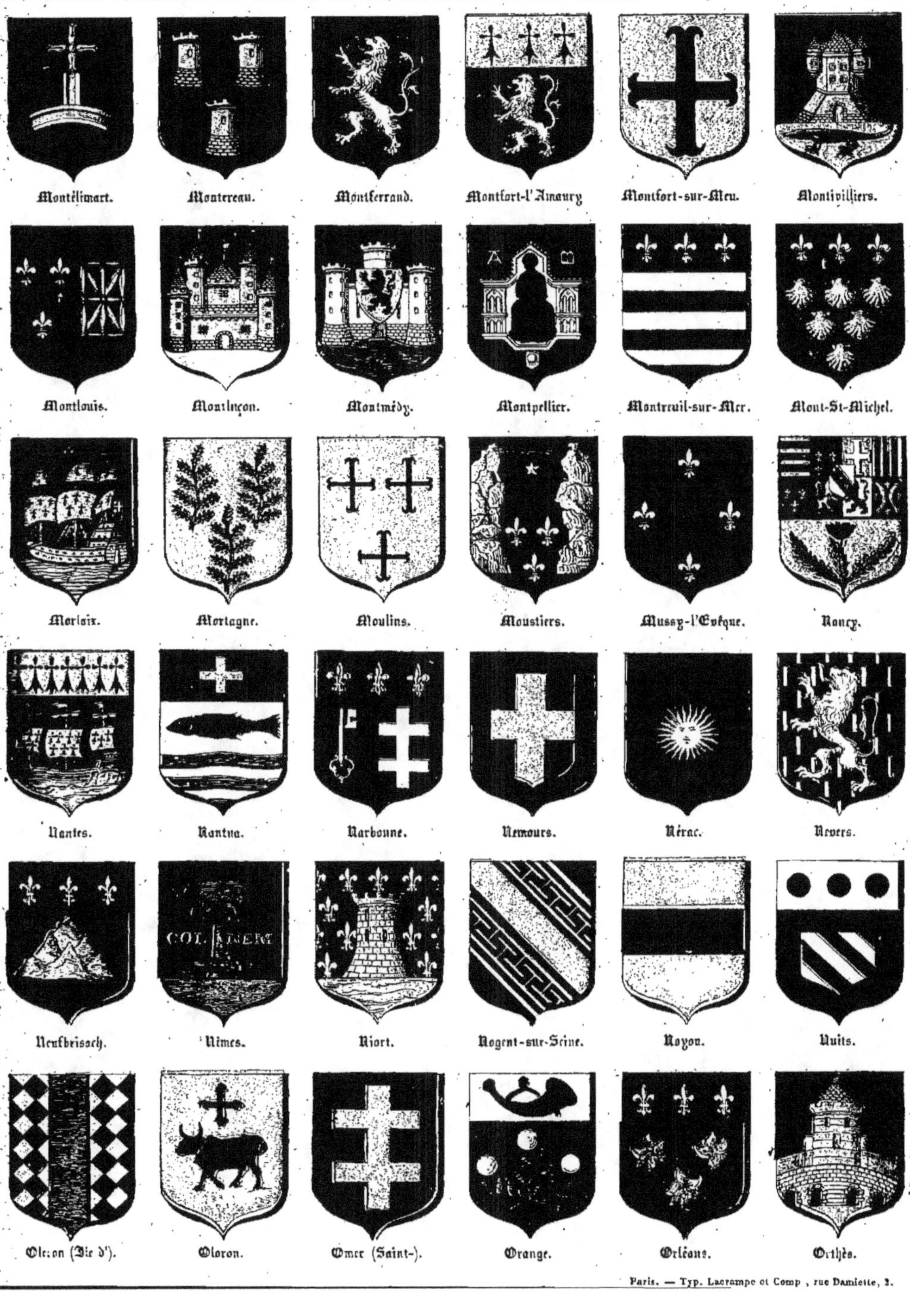

HISTOIRE DES COMMUNES ET DES VILLES DE FRANCE, PAR GIRAULT DE SAINT-FARGEAU. N° 6''

Montélimart.	Montereau.	Montferrand.	Montfort-l'Amaury	Montfort-sur-Meu.	Montivilliers.
Montlouis.	Montluçon.	Montmédy.	Montpellier.	Montreuil-sur-Mer.	Mont-St-Michel.
Morlaix.	Mortagne.	Moulins.	Moustiers.	Mussy-l'Évêque.	Nancy.
Nantes.	Nantua.	Narbonne.	Nemours.	Nérac.	Nevers.
Neufbrisach.	Nîmes.	Niort.	Nogent-sur-Seine.	Noyon.	Nuits.
Oléron (Île d').	Oloron.	Omer (Saint-).	Orange.	Orléans.	Orthès.

Paris. — Typ. Lacrampe et Comp., rue Damiette, 2.

DICTIONNAIRE
GÉOGRAPHIQUE, HISTORIQUE, ADMINISTRATIF, INDUSTRIEL ET COMMERCIAL
DE TOUTES LES COMMUNES
DE LA FRANCE.

FA, vg. *Aude* (Languedoc), arr. et à 22 k. de Limoux, cant. de Quillan, ✉ de Couisa. Pop. 654 h. — Carrières de gypse.

FABAS, vg. *Ariége* (Languedoc), arr. et à 15 k. de St-Girons, cant. de Ste-Croix, ✉ de St-Lizier. Pop. 1,181 h.

FABAS, vg. *H.-Garonne* (Languedoc), arr. et à 29 k. de St-Gaudens, cant. et ✉ de l'Isle-en-Dodon. Pop. 876 h.

FABAS, vg. *Tarn,* comm. d'Ambialet, ✉ d'Alban.

FABAS, vg. *Tarn-et-Garonne* (Languedoc), arr. et à 36 k. de Castel-Sarrasin, cant. et ✉ de Grisolles. Pop. 292 h.

FABRAS, vg. *Ardèche* (Languedoc), arr. et à 13 k. de Largentière, cant. de Thueyts, ✉ d'Aubenas. Pop. 542 h.

FABRÈGUES, *Forum Domitii,* bg *Hérault*

(Languedoc), arr., cant., ✉ et à 13 k. de Montpellier. ⚥. Pop. 1,060 h. — Suivant Ménard, auteur d'une histoire de Nîmes, qui, sur ce point, n'est pas d'accord avec d'Anville, Fabrègues occupe l'emplacement de *Forum Domitii*, mentionné dans les Itinéraires. — Foire le 25 oct.
Bibliographie. PLANTADE (de). *Mémoire sur la situation du Forum Domitii* (Rec. de la soc. roy. des sciences de Montpellier, 1730).

FABREZAN, vg. *Aude* (Languedoc), arr. et à 29 k. de Narbonne, cant. et ✉ de Lézignan. Pop. 1,289 h. — Il est situé dans un territoire fertile en vins estimés, au pied du mont Alaric, sur la rive gauche de l'Orbieu. C'était autrefois une place forte qui fut prise par les habitants de Narbonne en 1382; on y voit encore une tour élevée et des restes de fortifications. — L'église paroissiale est un édifice du XIVᵉ siècle, où l'on remarque de curieuses sculptures en bois représentant la nativité de Jésus-Christ. — *Foire le 23 janv.*

FABRIQUE-DE-LA-FORÊT (la), vg. *H.-Vienne*, comm. de St-Brice, ✉ de St-Junien.

FACHES, vg. *Nord* (Flandre), arr., cant., ✉ et à 6 k. de Lille. Pop. 2,047 h. — *Fabrique de sucre indigène.*

FACHIN, vg. *Nièvre*, comm. de Château-Chinon-Campagne, ✉ de Château-Chinon.

FADAINVILLE, vg. *Eure-et-Loir* (Beauce), arr. et à 17 k. de Dreux, cant. et ✉ de Châteauneuf-en-Thimerais. Pop. 70 h.

FAGE (la), vg. *Aude* (Languedoc), arr. et à 27 k. de Castelnaudary, cant. de Belpech, ✉ de Salles-sur-l'Hers. Pop. 393 h.

FAGE (la), vg. *Corrèze* (Limousin), arr. et à 36 k. de Tulle, cant. de Lapleau, ✉ d'Egletons. Pop. 586 h.

FAGE (la), vg. *H.-Garonne*, comm. de Dremille-la-Fage, ✉ de Toulouse.

FAGE, vg. *Lot*, comm. de Luzech, ✉ de Castelfranc.

FAGE, vg. *Lot*, comm. de St-Martin-de-Vers, ✉ de Pélacoy.

FAGE (la), vg. *Lozère*, comm. d'Arzenc, ✉ de Châteauneuf-de-Randon.

FAGE (la), vg. *Lozère*, comm. de St-Etienne-du-Valdonnès, ✉ de Mende.

FAGE-MONTIVERNOUX (la), vg. *Lozère* (Languedoc), arr. et à 33 k. de Marvejols, cant. de Fournels, ✉ de St-Chély. Pop. 806 h.

FAGE-ST-JULIEN, vg. *Lozère* (Languedoc), arr. et à 37 k. de Marvejols, cant. et ✉ de St-Chély. Pop. 494 h.

FAGET (le), vg. *H.-Garonne* (Languedoc), arr. et à 29 k. de Villefranche-de-Lauragais, cant. et ✉ de Caraman. Pop. 854 h. — *Fabriques de cadis et tricots de laine.* — *Foires les 16 août, 1ᵉʳ mardi de juin et 25 nov.*

FAGET, vg. *B.-Pyrénées*, comm. de Ledenix, ✉ d'Oloron.

FAGET-ABBATIAL, vg. *Gers* (Armagnac), arr. et à 19 k. d'Auch, cant. et ✉ de Saramon, Pop. 547 h.

FAGNIÈRES, vg. *Marne* (Champagne), arr., cant., ✉ et à 4 k. de Châlons-sur-Marne. Pop. 1,038 h.

FAGNON, vg. *Ardennes* (Champagne), arr., cant., ✉ et à 7 k. de Mézières et à 7 k. de Charleville. Pop. 315 h. — On y remarque les bâtiments de l'ancienne abbaye des Sept-Fontaines, fondée en 1129, aujourd'hui convertie en ferme.

FAGNOUX, vg. *Meurthe*, comm. de Thiaville, ✉ de Baccarat.

FAGUILLONDE, vg. *Seine-Inf.*, comm. de Lammerville, ✉ de Bacqueville.

FAHY, vg. *H.-Saône* (Franche-Comté), arr., ✉ et à 15 k. de Gray, cant. d'Autrey. Pop. 395 h. — Mines de fer.

FAILLOUÉ, vg. *Ardennes*, comm. de Hautes-Rivières, ✉ de Charleville.

FAILLOUEL, vg. *Aisne*, comm. de Frières, ✉ de Chauny.

FAILLY, vg. *Moselle* (pays Messin), arr., ✉ et à 8 k. de Metz, cant. de Vigy. P. 358 h.

FAILLY-LE-GRAND. V. GRAND-FAILLY.

FAILLY-LE-PETIT. V. PETIT-FAILLY.

FAIMBE, vg. *Doubs* (Franche-Comté), arr. et à 27 k. de Baume-les-Dames, cant. et ✉ de l'Isle-sur-le-Doubs. Pop. 113 h.

FAIN-LES-MONTBARD, vg. *Côte-d'Or* (Bourgogne), arr. et à 15 k. de Semur, cant. et ✉ de Montbard. Pop. 187 h.

FAIN-LES-MOUTIERS, vg. *Côte-d'Or* (Bourgogne), arr. et à 15 k. de Semur, cant. et ✉ de Montbard. Pop. 397 h.

FAINS, vg. *Eure* (Normandie), arr. à 23 k. d'Evreux, cant. et ✉ de Pacy-sur-Eure. Pop. 270 h. Sur l'Eure.

FAINS, *Fines Leucorum*, vg. *Meuse* (Lorraine), arr., cant., ✉ et à 3 k. de Bar-le-Duc. Pop. 1,232 h.

Le territoire de ce village, qui bornait à l'époque de la conquête romaine la limite des Belges et des Gaulois Celtes, renfermait un camp romain, et est traversé par une voie romaine. Ce passage est comme les Thermopyles de la vallée : les hauteurs qui le défendent dominent tous les environs.

Les ducs de Bar avaient à Fains un château fort, converti ensuite en maison de plaisance, laquelle, après avoir été un dépôt de mendicité, a été transformée en maison de détention temporaire pour les vagabonds, et en hospice pour les vieillards ; c'est un établissement vaste et parfaitement tenu. — Filature hydraulique de coton.

Bibliographie. CAYLUS (le comte de). *Sur un camp romain qui se voit sur le mont de Fains* (Rec. d'antiq., t. IV, p. 395).

GUESNON. *Camp romain de Fains* (Mém. de la soc. roy. des antiq. de France, t. IV, p. 163).

FAINS-EN-DUNOIS, vg. *Eure-et-Loir* (Beauce), arr. de Chartres, cant. et ✉ de Voves. Pop. 590 h.

FAISANS (île des), *B.-Pyrénées*. La limite de la France et de la Biscaye passe au milieu de l'île des Faisans, située dans la Bidassoa, à 4 k. de son embouchure. On appelle encore cette île l'île de la Conférence. Ce dernier nom lui vient peut-être de l'entrevue pour laquelle s'y rendirent, vers la fin d'avril 1463, Louis XI et Henri IV, roi de Castille, à moins qu'il ne date seulement que du congrès de 1659 entre Mazarin et don Luis de Haro. Ces ministres s'y rendirent au milieu du mois d'août pour jeter les bases de la paix des Pyrénées. Sur la limite des deux royaumes, on avait bâti un pavillon de vingt deux ailes égales, l'une française, l'autre espagnole. Dans le salon qui les réunissait, deux fauteuils avaient été placés l'un à côté de l'autre, le premier sur la terre de France, le second sur la terre d'Espagne. C'est là que les représentants de Louis XIV et de Philippe IV devaient arriver en même temps, et s'asseoir en même temps pour traiter. La négociation se prolongea fort longtemps ; il n'y eut pas moins de vingt-cinq conférences, jusqu'à ce que la paix fût signée le 7 novembre 1659.

C'est aussi dans l'île des Faisans qu'eut lieu, le 6 juin 1660, l'entrevue solennelle de Louis XIV et de Philippe IV, roi d'Espagne, qui donnait sa fille pour épouse au roi de France. Les deux princes s'assirent l'un à côté de l'autre, mais chacun sur son territoire, avec l'Evangile ouvert devant eux. Ils écoutèrent la lecture du traité de paix, rédigé en français et en espagnol, et ils en jurèrent l'observation. Mademoiselle de Montpensier, dans ses Mémoires, nous a laissé la description des fêtes et cérémonies de l'île des Faisans.

FAISSAULT, vg. *Ardennes* (Champagne), arr. à 17 k. de Réthel, cant. de Novion, ✉ de Saulces-aux-Bois. Pop. 515 h.

FAISSES (les), vg. *Jura* (Franche-Comté), arr. et cant. de Poligny, à 25 k. d'Arbois, ✉ de Voiteur. Pop. 205 h.

FAISSINHES-ST-JEAN, vg. *Aveyron*, comm. du Vibal, ✉ de Pont-de-Salars.

FAIVRES (les), *Jura*, comm. de la Grande-Rivière, ✉ de St-Laurent.

FAJAC, vg. *Aude* (Languedoc), arr. à 18 k. de Carcassonne, cant. et ✉ de la Grasse. Pop. 152 h. — Il est situé sur la montagne qui borne au nord le val de Dogne, dans un territoire abondant en excellents pâturages.

FAJAC-LA-RELENQUE, vg. *Aude* (Languedoc), arr. à 28 k. de Castelnaudary, cant. et ✉ de Salles-sur-l'Hers. Pop. 237 h. Sur le Gardijol.

FAJOLLE (la), vg. *Aude* (Languedoc), arr. et à 65 k. de Limoux, cant. de Belcaire, ✉ de Quillan. Pop. 410 h. — Il est situé au milieu des forêts, près de la source du Rebenty.

FAJOLLE (la), vg. *Cantal*, comm. de Vieille-Pesse, ✉ de St-Flour.

FAJOLLE (la), vg. *Lot* (Quercy), arr. de Gourdon, cant. et ✉ de Payrac.

FAJOLLES, vg. *Tarn-et-Garonne* (Languedoc), arr. et à 14 k. de Castel-Sarrasin, cant. et ✉ de St-Nicolas-de-la-Grave. Pop. 351 h.

FALAISE, vg. *Ardennes* (Champagne), arr., cant., ✉ et à 5 k. de Vouziers. Pop. 334 h. — *Fabrique de vannerie.* — *Fonderie et laminoirs.*

FALAISE, *Faleria*, ville ancienne, *Calvados* (Normandie), ch.-lieu de sous-préf. (5ᵉ arr.) et de 2 cant. Trib. de 1ʳᵉ inst. et de commerce. 2 cures. Collège communal. Gîte d'étape. ✉.

♂. Pop. 8,109 h.—Terrain tertiaire moyen.

Autrefois marquisat et château, diocèse de Séez, parlement de Rouen, intendance d'Alençon, chef-lieu d'élection, gouvernement particulier, gruerie, bailliage, 2 couvents.

Falaise est une ancienne ville dont on ignore l'époque de la fondation. Suivant la chronique de Normandie, Falaise était déjà un lieu remarquable en 949, soit comme ville, soit comme château. Robert Wace et Guillaume de Jumiége citent cette ville pour la première fois à l'occasion des démêlés de Richard III, duc de Normandie, avec son frère Robert le Libéral, duc d'Exmes, en 1027. Le château était dès lors une forteresse importante, où Guillaume, si célèbre depuis par la conquête de l'Angleterre, reçut le jour; il fut souvent assiégé, résista à tous les efforts qu'on fit pour s'en emparer, ou du moins ne se rendit que par capitulation, et fut le centre de la plupart des opérations militaires jusqu'à l'époque de la réunion de la Normandie à la couronne par Philippe-Auguste. En 1204, le roi assiégea Falaise, qui se rendit par capitulation. Henri V, roi d'Angleterre, s'en empara après un siège de quatre mois, le 2 janvier 1418; mais le château ne capitula qu'un mois après. Charles VII la prit par capitulation en 1450. Cette ville eut beaucoup à souffrir pendant les guerres de religion : les calvinistes la prirent au mois de mai 1562, et la rendirent vers la fin de la même année; Coligny la reprit en 1563. Les années 1568 et 1574 y virent tour à tour Montgommery et Matignon. En 1585, Falaise embrassa le parti de la Ligue, qui y domina jusqu'en 1590, époque où elle fut assiégée et prise par Henri IV, qui en fit démanteler les fortifications.

Les **armes de Falaise** sont : *de gueules au château d'argent accompagné de deux tours crénelées et d'une plus grosse sur le milieu.*— Alias : *de gueules au château d'or.*—Alias : *d'argent à trois tours de gueules 2 et 1; au chef de gueules chargé de trois fleurs de lis d'argent.*

La ville de Falaise est bâtie sur un sol inégal, et se divise en trois quartiers distincts : la partie haute où se trouve le faubourg de Guibray; la partie moyenne, ou la ville proprement dite, et la partie basse qui comprend les faubourgs du Val-d'Ante et de St-Laurent.—La vieille ville, où l'on pénétrait autrefois par six portes, est presque entièrement enceinte de murailles, restes de ses anciennes fortifications, ou élevées pour soutenir des terrasses : on y compte quatre places principales décorées de fontaines, dont la construction remonte à plus d'un siècle.—Le faubourg de Guibray occupe les hauteurs qui dominent la ville à l'est; il est célèbre depuis plusieurs siècles par la foire qui s'y tient tous les ans au mois d'août, dans un espace étendu en forme de parallélogramme allongé, percé de rues parallèles, qui aboutissent à deux rues principales : ce faubourg, si animé, si bruyant pendant le mois d'août, est calme et silencieux pendant le reste de l'année.—Le Val-d'Ante n'est à proprement parler qu'un village, composé de plusieurs hameaux; mais les accidents de son site escarpé et rocailleux, les terrasses de la ville qui le dominent au midi, avec leurs maisons à tourelles, le plateau des bruyères qui s'élève au nord, ses rues ou plutôt ses sentiers tortueux, le ruisseau d'Ante qui, de réservoir en réservoir et de cascade en cascade, ne s'écoule qu'après avoir mis en mouvement une foule d'usines, rendent ce quartier singulièrement pittoresque et animé. Si l'on ajoute aux agréments de cette position les hautes murailles qui s'élèvent à l'occident du vallon, comme pour en défendre l'entrée, on conviendra que peu de lieux l'emportent en beautés sur le Val-d'Ante, et que les regards du poète et du peintre s'arrêteront toujours avec délices sur cet agreste et riant paysage.—Le quartier St-Laurent est situé de l'autre côté de la ville, il se compose de plusieurs hameaux, dont le plus remarquable, celui de Vaton, est éloigné d'un k. L'Ante traverse dans toute sa longueur ce quartier où l'on descend de la ville par la porte le Comte : l'église est assise sur un rocher au milieu du hameau qui porte le nom de St-Laurent. Ce quartier, qui n'est guère moins pittoresque que le Val-d'Ante, renferme plusieurs manufactures.—La chaîne des rochers de Noron, brusquement scindée par le faible ruisseau de l'Ante, se relève tout à coup en escarpements formidables, sur lesquels est assis le château, comme l'aire d'un aigle au sommet d'une montagne. Les pans brisés de ses étroites murailles, ses fenêtres étroites et à plein cintre, ses angles échancrés, sa tour bâtie par les Anglais, rappellent ce moyen âge si original, si barbare et si aventureux. L'espace renfermé dans l'enceinte du château est d'environ un hectare et demi. Ses remparts ont depuis 5 jusqu'à 15 m. d'élévation. Sa position était forte : un précipice le défendait au nord et à l'ouest; au midi un vaste étang baignait le pied de ses tours; un large fossé le séparait de la ville. La tour et une partie du donjon, qui ont résisté jusqu'à présent aux outrages du temps et de la guerre, ont été classés au nombre des monuments historiques; l'architecture de ce donjon paraît devoir remonter aux premiers temps de la domination des Normands; les fenêtres de l'étage supérieur sont évidemment de cette époque reculée. On montre dans l'épaisseur des murs une étroite enceinte où naquit Guillaume le Conquérant, non loin de là, une autre pièce pratiquée également dans l'épaisseur du mur, rappelle la captivité d'Arthur, assassiné à Rouen par Jean sans Terre en 1202. La tour, séparée du donjon par un mur de 5 m. d'épaisseur, est élevée de 37 m. au-dessus du sol; les bâtiments du collège communal occupent aujourd'hui une partie de cette forteresse.

On remarque encore à Falaise les églises St-Laurent, St-Gervais et de Guibray; l'hôtel de ville, bel édifice élevé sur la place Trinité en 1785; l'hôpital général; l'Hôtel-Dieu; la bibliothèque publique, renfermant 4,000 volumes.

Biographie. Patrie de : Henri Larivière, membre de l'assemblée législative, de la convention nationale et du conseil des cinq cents. D'Angot Desrotours, auteur de plusieurs ouvrages et mémoires concernant les monnaies.

Industrie et commerce. Fabriques de bonneterie en coton, dentelles, tulles brodés, siamoises. Filatures importantes de coton. Tanneries et mégisseries. Papeteries. Teintureries renommées. Blanchisseries.—Commerce de bonneterie, coton filé, laines, mérinos, chevaux de luxe et de trait, etc. — Foires le 1er samedi après le 21 mai, 20 juin, 10 août (dite de Guibray, 15 jours), 15 sept., 1er oct. et 1er samedi après le 22 nov.

La foire de Guibray, qui paraît remonter à la domination des Normands, est célèbre dans toute l'Europe; on évalue à quinze millions la somme des affaires qui s'y font aujourd'hui, quoiqu'elle ait beaucoup perdu de son importance. Vers la fin du xvie siècle, de Bras et Belleforest la mentionnaient comme renommée par toutes les Gaules et Germanie : la Bretagne, la Lorraine, l'Anjou, la Flandre la peuplaient de leurs marchands.

Cette foire commence le 10 août et finit le 25; mais dès le 6, le 7 et le 8 août, les écuries du faubourg de Guibray se remplissent des plus beaux chevaux, qui se trouvent presque tous vendus avant le 10, époque fixée pour l'ouverture de cette première partie de la foire. Toutes ces écuries pourraient contenir 1,200 chevaux, mais il n'en vient guère que 8 à 900, qui se vendent dans le prix de 600 fr., 800 fr., 1,000 fr., et jusqu'à 2,400 fr. et 3,000 fr. Il ne s'en vend toutefois qu'un petit nombre à ces derniers prix. Le produit de la vente des chevaux et des bestiaux peut être évaluée à 1,500,000 fr.—Le 10 a lieu le déballage des marchandises; c'est à partir de ce moment, la vente se fait en gros dans les magasins. Mais ce n'est que le 15, à cinq heures du soir, que peuvent se faire les livraisons, et c'est aussi seulement alors que commence le commerce de détail.—Le 24 est le jour fixé pour la fin de toutes les opérations, et c'est le 25 et le 26 qu'ont lieu les payements et les protêts. Le tribunal de commerce, la mairie et la justice de paix, qui siégent, par extraordinaire, depuis le 16 à Guibray, rentrent le 26 dans la ville.

A 33 k. S.-E. de Caen, 214 k. O. de Paris.

L'arrondissement de Falaise est composé de 5 cantons : Bretteville-sur-Laise, Coulibœuf, Falaise 1re section, Falaise 2e section, Thury-Harcourt.

Bibliographie. Langevin (P.-G.). *Recherches historiques sur Falaise*, in-12, 1814.

Lafrenaye (de). *Notice historique sur Falaise*, in-8, 1816.

Galeron (F.). *Statistique de l'arrondissement de Falaise* (avec Brebisson et Desnoyers), in-8, 1826-27.

— *Histoire et Description de Falaise*, in-8.

* *Guibray au temps de Louis XIII*, d'après une ancienne gravure de Chauvel, précédé d'une notice historique sur l'origine et les développements de cette foire, in-8, 1841.

Mémoires de la société académique des sciences, arts et belles-lettres de Falaise, in-8, 1836.

FALAISE (la), vg. *Seine-et-Oise* (Beauce),

arr., cant. et à 12 k. de Mantes, ⊠ d'Epône. Pop. 249 h. — Il est situé dans une vallée traversée par la Maudre. Aux environs, sur la pente d'une montagne qui domine une assez grande étendue de pays, se trouve un château bâti dans une agreste situation, et remarquable par ses points de vue pittoresques.

FALCK, vg. *Moselle* (pays Messin), arr. et à 42 k. de Thionville, cant. et ⊠ de Bouzonville. Pop. 489 h. — Forges. *Fabrique de lames de scies, outils, pelles, bêches, poêles à frire*.

FALCKVILLER, vg. *H.-Rhin* (Alsace), arr. et à 28 k. de Belfort, cant. et ⊠ de Dannemarie. Pop. 279 h.

FALEYRAS, vg. *Gironde* (Guienne), arr. et à 28 k. de la Réole, cant. de Targon, ⊠ de Cadillac. Pop. 466 h.

FALGA (le), *Ariège*. V. ST-JEAN-DU-FALGA.

FALGA (le), vg. *H.-Garonne* (Languedoc), arr. et à 18 k. de Villefranche-de-Lauragais, cant. et ⊠ de Revel. Pop. 274 h.

Biographie. Patrie de L.-M.-Jos. CAFFARELLI DU FALGA, général de division du génie, membre de l'Institut, mort le 27 avril 1799, des suites d'une blessure reçue devant St-Jean-d'Acre.

Du lieutenant général comte A. CAFFARELLI DU FALGA.

De L.-M.-J. CAFFARELLI, ex-préfet maritime de Brest, membre du sénat conservateur, et pair de France.

De J.-B.-M. CAFFARELLI, évêque de St-Brieu.

FALGARDE, vg. *H.-Garonne*. V. LACROIX FALGARDE.

FALGOUX, vg. *Cantal* (Auvergne), arr. et à 27 k. de Mauriac, cant et ⊠ de Salers. Pop. 921 h.

FALGUEYRAT, vg. *Dordogne* (Périgord), arr. et à 24 k. de Bergerac, cant. et ⊠ d'Issigeac. Pop. 120 h.

FALGUIÈRES, vg. *Aveyron*, comm. de Ledergues, ⊠ de Cassagne-Bégonhès.

FALGUIÈRES, vg. *Aveyron*, comm. de Pomayrols, ⊠ de St-Geniez.

FALGUIÈRES, vg. *Tarn-et-Garonne*, com. et ⊠ de Montauban.

FALIEZ, vg. *Aveyron*, comm. de Thérondels, ⊠ de Mur-de-Barrez.

FALLAVAUX, vg. *Isère*, comm. de Sallette-Fallavaux, ⊠ de Corps.

FALLAVIER, vg. *Isère*, comm. de Villefontaine, ⊠ de la Verpillière.

FALLENCOURT, vg. *Seine-Inf.* (Normandie), arr. et à 19 k. de Neufchâtel-en-Bray, cant. de Blangy, ⊠ de Foucarmont. P. 452 h.

FALLERANS, vg. *Doubs* (Franche-Comté), arr. et à 26 k. de Baume-les-Dames, cant. de Vercel, ⊠ du Valdahon. Pop. 310 h.

FALLERON, vg. *Vendée* (Poitou), arr. et à 45 k. des Sables, cant. de Palluau, ⊠ de Challans. Pop. 372 h.

FALLETANS, vg. *Jura* (Franche-Comté), arr., ⊠ et à 6 k. de Dôle, cant. de Rochefort. Pop. 576 h.

FALLON, vg. *H.-Saône* (Franche-Comté), arr. et à 23 k. de Lure, cant. de ⊠ de Villersexel. Pop. 637 h. — On y voit un château qui, par sa distribution intérieure, son parc, les jardins et les vergers qui l'entourent, offre un séjour des plus agréables. — Haut fourneau.

FALOISE (la), vg. *Somme* (Picardie), arr. et à 20 k. de Montdidier, cant. d'Ailly-sur-Noye, ⊠ de Breteuil. Pop. 293 h. — Papeteries.

FALS, vg. *Lot-et-Garonne* (Agénois), arr. et à 15 k. d'Agen, cant. et ⊠ d'Astaffort. Pop. 387 h.

FAMARS, *Fanum-Martis*, vg. *Nord* (Hainaut), arr., cant., ⊠ et à 5 k. de Valenciennes. Pop. 597 h. — *Fabrique de sucre indigène*.

Ce village tire son nom d'un temple élevé dans ce lieu au dieu Mars par les Romains, au temps où la ville de Bavai était dans sa splendeur. Lorsque cette ville fut détruite, le temple de Mars devint une forteresse où les Romains entretenaient une garnison, où résidait le préfet des Lètes Nerviens de la seconde Belgique, qui en fut chassé par Clodion en 445. Famars fut brûlé par les Français en 1340. En 1793, les républicains avaient formé à Famars un camp qui fut levé avec précipitation dans la nuit du 23 au 24 mai. Le général Dampierre, tué dans une affaire contre les Autrichiens, le 7 du même mois, y fut enterré ; les habitants montrent encore aujourd'hui, au milieu d'un champ cultivé, l'endroit où les restes du général ont été déposés. Il est à regretter qu'aucun monument n'indique l'endroit où repose cet illustre guerrier.

Famars est une petite commune qui ne contient que trente ou trente-cinq habitations, y compris l'ancien château, consistant en un bâtiment de construction moderne, élevé sur l'emplacement de l'ancienne forteresse. Il est prouvé aujourd'hui qu'il existait dans cette forteresse un palais élevé avec magnificence. Dans les fouilles pratiquées dans son intérieur en 1823, 1824 et 1825, sous la direction de M. Aubert Parent, on découvrit beaucoup de fragments de sa riche décoration. Parmi les fragments les plus à découvert, M. Aubert Parent a levé les plans de plusieurs salles spacieuses dont les pavés en marbre étaient établis sur un hypocauste qui les soutenait et y entretenait une chaleur uniforme ; une salle de bains souterraine, les foyers, les aqueducs, etc. — Il est plus que certain aussi qu'il y existait un temple consacré au dieu Mars : on a trouvé plusieurs statuettes de cette divinité, et Deguise rapporte qu'en l'an 56 de notre ère, après la révolte des villes de Tournai, Arras, Térouane, ces trois cités furent punies, et que l'on épargna Famars, par respect pour le temple de Mars, qui y était très-fréquenté. On trouve ailleurs que, sous le règne d'Octave-Auguste, la statue de Mars, qui avait été transportée à Reims, fut rapportée à Famars : elle était d'or, mais on en ignore le poids. A cette époque, les voies romaines, connues sous le nom de chaussées Brunehaut, qui se réunissaient à Bavai, traversaient Famars, se rendant à Arras et Amiens : aussi trouve-t-on dans leurs environs des médailles sur lesquelles on lit : M. AGRI-PA. III. COS.; qui était chargé de la direction de ces voies militaires et publiques.

Famars fut assiégé plusieurs fois, notamment par les Germains en 186. Il fut ensuite plus d'une fois saccagé. Il paraît qu'en 306 les habitants de Famars et des environs furent forcés de cacher leurs trésors, ou de les transporter à Trèves, et que ce fut sous le règne de Constantin : ce qui le prouverait, c'est que dans les trois dépôts de médailles d'argent, dont nous parlerons ci-après, montant à près de trente mille), découvertes dans les fouilles pratiquées en 1823 et années suivantes, le plus grand nombre étaient à l'effigie de cet empereur, et semblaient avoir été frappées récemment.

Tout porte à croire que ce fut Valentinien fils qui détruisit à Famars le temple de Mars, et qui, comme empereur chrétien, en bannit les idoles : une médaille d'or, trouvée dans les dernières années, semble le prouver. — En 385, Bavai et Famars furent dévastés par les Huns ; les Vandales la pillèrent en 407. Clodion, roi de France, détruisit les restes de la forteresse en 445. Attila la détruisit entièrement en 450, et depuis cette époque il ne fut plus question de Famars.

Les ruines de Famars avaient souvent été indiquées, mais n'avaient jamais été fouillées régulièrement ; une souscription fut ouverte à cet effet en 1823, et produisit en peu de temps une somme de 1,780 francs, qui s'éleva plus tard à 8,010 francs. Les fouilles furent commencées le 11 août 1824, et les résultats ont été avantageux sous plusieurs rapports. Elles ont fait découvrir des plans géométraux de la plus partie des édifices qui étaient érigés dans la forteresse ; des fragments considérables d'architecture et de sculpture ; différents bas-reliefs et figures en pierre ; diverses sortes d'instruments en bronze et autres matières ; des styles en ivoire ; plus de 30,000 médailles en argent, et quantité de médailles grand, moyen, et petit bronze ; des amphores bien conservées ; des meules à moudre, provenant de moulins à bras ; des balances, des poids, etc., etc., etc. Tous ces objets se voient en partie au musée de Valenciennes, ainsi qu'une statuette de Ganymède et un buste de Bacchus, en bronze, trouvés également dans les fouilles.

Bibliographie. BAST (M.-J.). *Recueil d'antiquités romaines et gauloises trouvées dans la Flandre*, in-4, fig., 1804-13 (le second supplément contient la description de Bavay et Famars).

FAMECHON, vg. *Pas-de-Calais* (Artois), arr. et à 28 k. d'Arras, cant. de Pas, ⊠ de Doullens. Pop. 405 h.

FAMECHON, vg. *Somme* (Picardie), arr. et à 34 k. d'Amiens, cant. et ⊠ de Poix. Pop. 279 h.

FAMECHON, vg. *Somme*, comm. d'Ailly-le-Haut-Clocher, ⊠ de Flixecourt.

FAMECK, ou FELMER, vg. *Moselle* (pays Messin), arr., cant. et à 8 k. de Thionville, ⊠ d'Uckange. Pop. 1,268 h.

FAMILLY, vg. *Calvados* (Normandie), arr.

et à 23 k. de Lisieux, cant. et ✉ d'Orbec. Pop. 371 h.

FAMPOUX, vg. *Pas-de-Calais* (Artois), arr., cant., ✉ et à 8 k. d'Arras. P. 1,019 h.

FAMSON, vg. *Eure*, comm. de Guichainville, ✉ d'Evreux.

FANDERIE (forge de la), vg. *H.-Marne*, comm. de Bologne, ✉ de Vignory.

FANET, vg. *H.-Vienne*, comm. de St-Silvestre, ✉ de Chanteloube.

FANGY, vg. *Jura*, comm. de Toulouse, ✉ de Sellières.

FANJAUX (les), vg. *H.-Garonne*, comm. de Bourg-St-Bernard, ✉ de Caraman.

FANJAUX, vg. *Gers*, comm. de Bédechan, ✉ d'Auch.

FANJAUX, *Forum Jovis*, vg. *Aude* (Languedoc), arr. et à 23 k. de Castelnaudary, chef-l. de cant., ✉ de Villasavary. Cure. Gîte d'étape. Pop. 1,880 h. — TERRAIN tertiaire moyen.

Cette ville est bâtie sur les ruines d'un ancien fort qui renfermait dans son enceinte un temple consacré à Jupiter. L'église qui existe aujourd'hui, et à laquelle on a ajouté plusieurs chapelles, doit son origine à ce temple. C'était autrefois une place forte, qui fut démantelée en 1229; le prince de Galles y mit le feu après l'avoir pillée en 1355, et l'on aperçoit encore les traces de ce terrible incendie. Aux environs, on remarque un aqueduc taillé dans le roc, qui conduit à l'entrée de la ville les eaux d'une source limpide.

Les armes de **Fanjeaux** sont : *de gueules à une croix vidée, clergée et pommetée d'or; au chef d'azur chargé de trois fleurs de lis d'or.*

La situation de Fanjeaux, sur le haut des montagnes qui bordent la plaine de ce nom, lui donne un aspect pittoresque, et fait jouir ses habitants de la plus belle perspective. C'est surtout au point appelé Ségnadou, sur la partie la plus élevée de la ville, que se déroule aux yeux le tableau le plus vaste et le plus imposant. Aux pieds du spectateur, les immenses plaines de Fanjeaux et de Castelnaudary s'étendent au nord jusqu'à la montagne Noire, dont la chaîne bleuâtre se développe dans le lointain, et sur les cimes de laquelle on distingue ou plutôt l'on devine le cours de ces canaux qui, rendus captifs par un art ingénieux, amoncellent leurs eaux limpides dans de vastes réservoirs destinés à alimenter le canal du Midi. En suivant de l'œil les longues sinuosités de ces montagnes, elles semblent, à l'est, se lier aux collines élevées auxquelles est adossée la cité de Carcassonne, dont les murs crénelés se dessinent sur leur teinte sombre. Au sud, par un contraste bizarre, les blanches cimes des Pyrénées couvertes de neige bornent l'horizon; vers l'occident, la vue se perd sur les crêtes élevées des montagnes d'Avignonet, qui semblent se confondre avec les nues.

PATRIE de HUGUES DESTREM, membre de l'assemblée législative et du conseil des cinq cents, mort en exil à Oléron pour sa courageuse opposition au coup d'État du 18 brumaire.

Foires les 4 mai, 14 sept., mardi avant mardi gras et 13 déc.

FANLAC, vg. *Dordogne* (Périgord), arr. et à 26 k. de Sarlat, cant. et ✉ de Montignac. Pop. 516 h.

FANUM MARTIS (lat. 51°, long. 22°).

« Nous avons plusieurs lieux de ce nom dans l'étendue de la Gaule. Celui dont la Notice de l'empire fait mention, en disant : *præfectus latorum Nerviorum Fano Martis Belgicæ secundæ*, devait être considérable, ayant donné le nom de *Pagus Fanomartensis* au Hainau, ou à la plus grande partie de cette province, avant que le nom de *Hainoum*, dérivé de la rivière de Haine, la désignât tout entière. Non-seulement la ville de Valenciennes, appelée autrefois *Vicus Valentianœ*, et dont les remparts ne sont aujourd'hui qu'à 2,000 toises du lieu que l'on nomme Fammars, est du *Pagus Fanomartensis*, selon la Chronique de Sigibert de Gemblou sous l'an 1006 : mais il y a d'autres écrits du moyen âge qui étendent ce pays jusqu'à Maroilles, *Maricolæ monasterium*, près de Landrecies, et plus loin encore en descendant la Sambre jusqu'à *Laubia*, ou Lobes, monastère fondé dans le VIIe siècle. On a trouvé des monuments de l'antiquité à Fammars; et une colline qui est auprès du côté du nord, appelée le mont Ovis, et sur laquelle on croit reconnaître les vestiges d'anciens retranchements, paraît avoir servi d'assiette à un camp romain, que la milice de Nerviens, dont parle la Notice de l'empire, devait occuper. » D'Anville. *Notice de l'ancienne Gaule*, p. 295.

FANUM MARTIS (lat. 49°, long. 17°).

« Un autre lieu, portant le même nom de *Fanum Martis*, est indiqué par l'Itinéraire d'Antonin sur la route d'*Alauna* à *Condate Redonum*, entre *Cosedia* et *Fines*. J'ai fait voir, dans l'article *Cosedia*, que les nombres de l'Itinéraire, dans le détail de cette route, excédaient ce que le local peut admettre; et entre la position de *Cosedia* et celle de *Fines*, qui indique les limites des *Abrincatui* du côté des *Redones*, je ne vois point de lieu qui désigne mieux le *Fanum Martis* que l'emplacement avantageux et dominant de Montmartin, sur la direction précisément de la voie romaine. La convenance de position invite à penser que, dans l'établissement du christianisme, on aura voulu substituer le nom de St-Martin à celui de Mars. Le laps de temps, qui altère la dénomination des lieux, a pu même apporter ce changement sans aucune allusion. Sanson a été chercher Mortain pour placer *Fanum Martis*. Mais, sans parler d'un écart excessif, eu égard à la direction de la voie, le nom de *Moretonium*, duquel dérive le nom actuel de Mortain, a-t-il quelque rapport à celui de Mars? » D'Anville. *Notice de l'ancienne Gaule*, p. 296.

FANUM MARTIS (lat. 49°, long. 16°).

« La Table théodosienne place un *Fanum Martis* entre le même *Condate* dont il est parlé dans l'article précédent, ou celui des *Redones*, et un lieu nommé *Reginea*, qui fait le terme d'une route en aboutissant au rivage de la mer. La distance marquée XXV dans l'intervalle de *Condate*, ou de Rennes, à *Fanum Martis*, en tendant directement vers le lieu qui tient la place de *Reginea*, conduit à la hauteur de Dinan, et cette position se rencontre dans le voisinage de l'ancienne ville des *Curiosolites*. Entre autres monuments d'antiquités, qui subsistent dans ce canton, on parle des restes d'un édifice semblable aux temples du paganisme. » D'Anville. *Notice de l'ancienne Gaule*, p. 297.

FANUM MINERVÆ (lat. 50°, long. 23°).

« L'Itinéraire d'Antonin en fait mention sur la route qui, de *Durocortorum*, tend à *Divodurum*, par *Nasium* et *Tullum*. Je suis même persuadé que la Table théodosienne indique le même lieu sur cette route, quoique la dénomination y soit peu correcte, comme on est prévenu que beaucoup d'autres le sont dans ce monument. Mérula (*Cosmogr.*), lib. III) m'a devancé, en croyant que le *Fanum Minervæ* est caché dans la Table sous le nom qu'on y lit *Tenomia*. En effet, outre le même nombre de lettres dans *Tenomia* que dans *Fanomin* par abréviation, on remarquera quatre lettres de suite qui sont les mêmes, de manière que l'altération n'est que l'effet d'une méprise sur trois autres lettres, qui figurent également comme celles dont elles tiennent la place, et entre lesquelles l'initiale est peu différente. Mais l'Itinéraire et la Table ne sont pas d'accord sur la distance de *Durocortorum* à *Fanum Minervæ* : XV dans l'Itinéraire, XIX dans la Table; et on croirait que l'identité de lieu ne pourrait compatir avec cette diversité de distance. La connaissance du local me fait découvrir un vice dans l'indication de l'Itinéraire; car ce même Itinéraire ajoutant XVI entre le *Fanum* et le lieu qui lui succède sous le nom d'*Ariola*, la position qui convient à *Ariola* s'éloigne de *Durocortorum*, ou de Reims, d'une quantité de 35 lieues, dont il résulte 35 lieues gauloises de bonne mesure. Or, si la distance particulière du *Fanum* à *Ariola* n'y entre que pour XVI, il s'ensuit que celle d'entre *Durocortorum* et le *Fanum* est plus forte que XV, et qu'elle est justement de XIX, selon l'indication de la Table. Nous pouvons sur cette route suivre la trace de la voie romaine, parce qu'elle subsiste. Les 19 lieues gauloises se trouvent, à une fraction près, complètes, en arrivant à un lieu nommé la Cheppe, distant du centre de Reims de 21,000 toises, et de ce lieu à celui qui représente *Ariola*, sous le nom de Vroil, 19,000 toises font 16 à 17 lieues gauloises. En trouvant ainsi la position du *Fanum* dans le voisinage de la Cheppe, je n'ai pas besoin de m'autoriser de plusieurs villages, qui ne sont écartés que d'une lieue actuelle, ou d'une lieue et demie, sont surnommés du Temple. Car, sans vouloir conjecturer que les lieux pouvaient appartenir à un temple de Minerve avant que d'être concédés à l'ordre des templiers, ce surnom peut n'être que relatif à une commanderie qui existe sous le nom de la Neuville-au-Temple. On voit auprès de la Cheppe, sur un ruisseau qui porte le nom de St-Remi, les vestiges d'un camp, fermé d'un *vallum* ou rempart, que l'on croit dans le pays avoir été le camp d'Attila.

Mais dans cette opinion on n'a pas pris garde au défaut de vraisemblance. Un poste, dont la circonférence d'environ 900 toises, selon un plan envoyé à M. le comte de Caylus, ne comprend pas plus d'espace que le jardin des Tuileries, n'a pu contenir l'armée du roi des Huns, qui joignait à la multitude de ses troupes nationales des milices particulières d'Alains, de Gépides, d'Ostrogoths, et d'autres nations qu'il avait rangées sous ses drapeaux comme sous sa domination. D'ailleurs, en lisant Jornandès (cap. 20), qui entre dans un grand détail sur la fameuse bataille des Champs catalauniques, on voit que le camp d'Attila n'était fermé que par des chariots, *quæ plaustris vallata habebat;* dont il se crut protégé dans sa retraite après l'action, conformément à une manœuvre qui est particulière aux Tartares. On sait qu'ils sont actuellement ce qu'ils ont été dans tous les temps ; et leur manière de se défendre, en se couvrant d'une enceinte de chariots qui les suivent dans leurs expéditions, s'appelle faire *Tabor,* comme on peut voir dans la description de l'Ukraine, par le Vasseur-Beauplan. » D'Anville. *Notice de l'ancienne Gaule,* p. 297.

FAOU (le), petite ville, *Finistère* (Bretagne), arr., bureau d'enregt, et à 20 k. de Châteaulin, chef-l. de cant. Cure. Gîte d'étape. ✉. ⚜. A 578 k. de Paris pour la taxe des lettres. Pop. 975 h. — TERRAIN de transition moyen.

Cette ville est située dans une riante et fertile contrée, sur le Faou, au fond de la rade de Brest, où elle a un petit port. C'est une ville ancienne, où l'on voit beaucoup de vieilles maisons bâties en colombage, avec des corniches en bois chargées de sculptures grotesques, bizarres et même souvent obscènes. Elle était jadis défendue par un château fort, dont il ne reste plus aucun vestige. — Commerce de bestiaux. — Foires les 17 janv., 3 mai, 14 sept. 10 oct.

FAOUET (le), vg. *Côtes-du-Nord* (Bretagne), arr. et à 33 k. de St-Brieuc, cant. de Lanvollon, ✉ de Pontrieux. Pop. 1,466 h.

FAOUET (le), vg. *Morbihan* (Bretagne), arr. et à 45 k. de Pontivy, chef-l. de cant. ✉. A 508 h. de Paris pour la taxe des lettres. Pop. 2,958 h. — TERRAIN cristallisé ; micaschiste.

Cette ville est bâtie sur une hauteur, à l'intersection de quatre grandes routes, qui aboutissent aux quatre angles d'une place sur laquelle est une jolie halle et une petite promenade. A peu de distance de la ville est la chapelle de Sainte-Barbe, renommée par les nombreux pèlerinages qui s'y font chaque année ; la situation de cette chapelle et sa construction pittoresque méritent l'attention des voyageurs. — *Fabriques* de bleu de Prusse. Papeteries. — *Commerce* de beurre, suif, cire, miel, fécule, chanvre, papiers communs, bestiaux, etc. — *Foires* les 22 janv., 20 juin, 6 juillet, 22 août, sept., 18 oct., 31 déc., 2ᵉ mercredi de carême, de mars, d'avril, de mai et de nov.

FAOUET (le), vg. *Morbihan,* comm. de Moréac, ✉ de Locminé.

FARAMANS, vg. *Ain* (Bresse), arr. et à 29 k. de Trévoux, cant. et ✉ de Méximieux. Pop. 332 h.

FARBUS, vg. *Pas-de-Calais* (Artois), arr., ✉ et à 9 k. d'Arras, cant. de Vimy.

FARCEAUX, *Farceaus, Farcæ,* vg. *Eure* (Normandie), arr. et à 11 k. des Andelys, cant. et ✉ d'Étrépagny. Pop. 238 h.

PATRIE de LECOUTEULX DE CANTELEU, membre de l'assemblée constituante, du conseil des anciens et du sénat conservateur.

FARCY, vg. *Marne,* comm. de Dammes-Maris-les-Lys, ✉ de Melun.

FARE (la), vg. *H.-Alpes* (Dauphiné), arr. et à 14 k. de Gap, cant. et ✉ de St-Bonnet. Pop. 454 h.

FARE (la), vg. *Bouches-du-Rhône* (Provence), arr. et à 16 k. d'Aix, cant. et ✉ de Berre. Pop. 1,260 h. — Cette commune offre de grandes traces du séjour des Romains ; outre un grand nombre de vases en terre et en plâtre contenant des cendres et des médailles impériales, on y rencontre souvent des débris de villas romaines ; il paraît que la beauté de ce territoire, qui domine l'étang de Berre et qui est couvert aujourd'hui d'oliviers et d'amandiers, les y attirait de préférence ; cependant les sources d'eaux vives y manquent aujourd'hui ; c'est d'ailleurs un pays riche qui produit beaucoup d'amandes et d'huile d'olive.

FARE (la), vg. *Drôme* (Dauphiné), arr. et à 42 k. de Nyons, cant. et ✉ de Rémuzat. Pop. 65 h.

FARE (la), vg. *Vaucluse* (Provence), arr. et à 25 k. d'Orange, cant. de Beaumes, ✉ de Malaucène. Pop. 160 h.

FAREBERSWILLER, vg. *Moselle* (pays Messin), arr. et à 15 k. de Sarreguemines, cant. et ✉ de St-Avold. Pop. 902 h.

FAREINS, vg. *Ain* (Dombes), arr. et à 10 k. de Trévoux, cant. de St-Trivier-sur-Moignans, ✉ de Montmerle. Pop. 1,243 h.

FAREINS-LES-BEAUREGARD, vg. *Ain,* comm. de Fareins, ✉ de Montmerle.

FARÉMONT, vg. *Marne* (Champagne), arr., ✉ et à 11 k. de Vitry-le-François, cant. de Thiéblemont. Pop. 99 h.

FAREMOUTIERS, *Eboriacum, Evoriacæ,* petite ville, *Seine-et-Marne* (Brie), arr. et à 9 k. de Coulommiers, cant. de Rozoy-en-Brie. ✉. A 61 k. de Paris pour la taxe des lettres. Pop. 954 h.

Autrefois diocèse de Meaux, parlement et intendance de Paris, élection de Rozoy, bailliage, châtellenie, abbaye des bénédictines.

Cette ville doit son origine à une célèbre abbaye de l'ordre de St-Benoît, fondée au commencement du VIIᵉ siècle, et détruite pendant la révolution ; il en reste aujourd'hui que les bâtiments de l'abbatiale, qui forme une résidence fort agréable par sa situation, ses points de vue et la beauté de ses jardins.

Faremoutier est situé sur le Petit-Morin. Un pèlerinage, connu sous le nom de St-Fare, y attire le 10 mai de chaque année un concours considérable de monde. Cette ville était autrefois entourée de fortifications considérables.

Pendant la révolution elle a porté le nom de MONT-EGALITÉ. — *Commerce* de blé. Tuilerie et briqueterie. — On remarque aux environs la belle papeterie de Courtalin. — *Foires* les 12 sept. et lundi saint.

FARFAYER, vg. *Isère,* comm. et ✉ de Bourg-d'Oisans.

FARGEAS, vg. *H.-Vienne,* comm. de Panazol, ✉ de Limoges.

FARGEAU (St-), ou ST-FARGEAU-SUR-SEINE, *Seine-et-Marne* (Gatinais), arr., cant. et à 12 k. de Melun, ✉ de Ponthierry.

FARGEAU (St-), *S. Farčoli,* jolie petite ville *Yonne* (Gatinais), arr. et à 48 k. de Joigny, chef-l. de cant. Cure. ✉. ⚜. A 182 k. de Paris pour la taxe des lettres. Pop. 2,348 h. — TERRAIN crétacé supérieur, voisin du terrain tertiaire moyen et du crétacé inférieur.

Autrefois diocèse d'Auxerre, parlement de Paris, intendance d'Orléans, élection de Gien, bailliage particulier.

St-Fargeau est agréablement situé sur le Loing, qui sert au flottage des bois des forêts environnantes. C'est une ville ancienne dont il est parlé au VIIᵉ siècle dans le testament de saint Vigile. Vers 980, Héribert, évêque d'Auxerre, y fit bâtir un château qui, dans la suite, appartint aux barons de Toucy.

Suivant un manuscrit qui paraît avoir été écrit de 1681 à 1693, le premier seigneur temporel connu est Nariot de Toucy, mort en 1208, qui fonda à Boudissain, paroisse de Tréguy, un chapitre converti plus tard en un simple prieuré. Itier de Toucy succéda à Nariot en 1213 ; il fonda le prieuré de Plais-Marchais, paroisse de Lavau ; et en 1218 il augmenta les biens que son père avait faits au chapitre de Boudissain. Son fils, Jean de Toucy, n'ayant pas d'héritier mâle, la seigneurie de St-Fargeau passa dans la maison de Bar, par le mariage de Jeanne de Toucy avec Thibault de Bar. — L'année 1411 est marquée par le siège qu'eut à soutenir St-Fargeau. — Les seigneuries de St-Fargeau, de Toucy et dépendances, passèrent de frère en frère à Louis de Bar, évêque de Verdun, qui disposa par testament en faveur de son neveu Jean-Jacques, marquis de Montferrat, des terres et châteaux de St-Fargeau, Perreuse, Lavau, etc. En 1450, les deux frères J.-G. et Boniface de Montferrat, vendirent au célèbre Jacques Cœur, conseiller et argentier du roi Charles VII, les terres et châtellenie de St-Fargeau, Laveau, Toucy, Perreusé, etc., pour la somme de 12,000 écus d'or. Cette acquisition, par son importance, excita la haine des ennemis de Jacques Cœur, ou plutôt de ses principaux débiteurs, au nombre desquels on comptait le roi Charles VII, pour 200,000 écus d'or (2 millions 228 mille livres) ; le comte de Foix, pour 2,985 écus d'or ; des évêques, des maréchaux, etc., etc. Une commission fut nommée pour instruire son procès ; il fut condamné au bannissement perpétuel et à 400 mille écus d'or d'amende (au delà de 4 millions 400,000 fr.), pour le payement desquels tous ses biens furent confisqués. « Dans cet odieux procès, dit M. Chaillou des Barres, il n'est pas une des accusations dirigées contre l'argentier qui ne cache un prétexte de spoliation, un motif de le voler au nom du roi et de la loi. On ment pour l'accuser, on l'accuse pour le dépouiller, et le premier menteur est le roi, le premier accusateur Charles VII, le premier voleur Charles VII. Dans cette embuscade royale il se fit aider des premiers noms de France; la monarchie attendait au coin d'un bois et fit son coup. » St-Fargeau et tout ce que Jacques Cœur possédait en Puisaye fut adjugé à Antoine de Chabannes, moyennant 20,000 écus d'or. Ce même Antoine de Chabannes fonda l'église paroissiale, où il fut inhumé en 1489.

La terre de St-Fargeau passa successivement à René d'Anjou, gendre de Jean de Chabannes, et à Nicolas d'Anjou, en faveur duquel cette seigneurie fut érigée en comté par François Ier, en 1541, lequel comté fut ensuite érigé en duché-pairie en faveur de François de Bourbon, duc de Montpensier. Ce dernier n'eut qu'une fille qui épousa Gaston, frère du roi Louis XIII; elle mourut en laissant pour unique héritière Mlle de Montpensier, qui dépensa des sommes considérables pour faire bâtir le château de St-Fargeau que l'on admire aujourd'hui. Par son testament du 27 février 1685, cette princesse donna la terre de St-Fargeau au duc de Lauzun, qu'elle avait épousé secrètement. Celui-ci vendit cette propriété à M. Lepelletier des Fors, dans la famille duquel elle est restée; elle appartient aujourd'hui à M. le marquis de Boisgelin.

Le château de St-Fargeau est un édifice entièrement construit en briques et très-bien conservé. La porte d'entrée, qui donne sur la principale place de la ville, offre un bel aspect. Quatre époques sont empreintes dans ses constructions. L'une des tours, la plus grosse, la plus imposante, qui n'a pas moins de 30 m. de diamètre, porte le nom de Jacques Cœur, et c'est à peu près tout ce qui reste des bâtiments qu'il fit édifier pendant sa courte possession de St-Fargeau. On doit à Antoine de Chabannes la construction des autres tours du château, et tout ce qui dans les bâtiments révèle le style du XVe siècle et du commencement du XVIe. Les constructions ordonnées par Mlle de Montpensier se composent principalement des façades qui se trouvent dans la cour intérieure du château; enfin on doit à Michel-Robert Lepelletier la construction de l'aile inclinant du couchant au nord, connue sous le nom de pavillon des Forts, bâtiment étroit, sans aucun style, ni près des façades correctes dues à Mlle de Montpensier. — Le château de St-Fargeau devint la proie des flammes le 24 juin 1752. Le feu prit chez un boulanger, gagna promptement les toitures du château, voisines de la grande tour, et consuma la presque totalité des bâtiments. En présence de cet immense désastre, qui ne laissa debout que le pavillon des Forts, les gros murs et les fortes maçonneries intérieures, on recula devant l'énorme dépense qu'eût exigée le rétablissement complet des parties incendiées; les toitures seules furent entièrement reconstruites, et on restaura quelques portions du vieux manoir; la grosse tour est restée tronquée, et se trouve beaucoup moins élevée. Depuis ce moment, les parties habitables se sont trouvées restreintes au bâtiment ayant à la fois façade sur le parc et sur la tour, avec la tour de l'horloge, et à l'aile du pavillon des Forts.

La fille unique de Michel Lepelletier, proclamée fille adoptive de la nation, après l'assassinat de ce conventionnel par le garde du corps Paris, le 20 janvier 1793, ayant épousé, en 1808, M. Lepelletier de Mortefontaine, celui-ci, qui avait le goût des jardins pittoresques, substitua aux anciennes plantations symétriques un beau parc paysager. La végétation, à St-Fargeau, est riche, les arbres verts y croissent avec une rapidité surprenante; on dirait leur terre de prédilection, lorsque surtout l'on parcourt cette longue allée, où de chaque côté ils s'élèvent si imposants, si majestueux; les ponts sont jetés avec bonheur sur les canaux; les eaux ne sont point emprisonnées dans des bassins aux formes carrées; elles ont retrouvé leur liberté pour circuler et s'étendre en larges nappes. Le château de St-Fargeau n'existerait pas que le parc seul mériterait d'être visité. Les fossés qui entouraient le château ont été desséchés; aux eaux verdâtres et malsaines ont succédé d'élégants arbres verts aux formes sveltes, qui enveloppent sans le cacher les hautes tours du manoir. — M. de Mortefontaine n'a joui qu'imparfaitement de ses belles créations. En 1814, monté sur un cheval fougueux qu'il maîtrisait difficilement, il fut renversé le pied pris dans l'étrier, traîné par ce cheval, horriblement blessé, et ne survécut que quelques heures à ce fatal accident.

L'intérieur du château de St-Fargeau offre plusieurs beaux appartements, principalement dans la partie des bâtiments qui donne sur le parc. La chapelle, où l'on arrive par le grand perron de la cour intérieure, renferme un caveau où ont été déposés les restes de M. Michel Lepelletier, de M. et de Mme de Mortefontaine. Les archives occupent une pièce voûtée et fermée par une porte en fer, située dans la grosse tour dite de Jacques Cœur.

La propriété de St-Fargeau, qui comprend environ 3,000 hectares, et qui coûta en 1717 500 mille livres, de nos jours ne vaudrait pas moins de trois millions.

Biographie. Patrie de REGNAULT DE ST-JEAN-D'ANGELY, député aux états généraux et à l'assemblée constituante, membre de l'Institut, mort à son retour d'exil, le 12 mars 1819. Du général baron DE LADASSÉE.

De A. GIRAULT DE ST-FARGEAU, auteur de nombreux ouvrages sur la géographie de la France.

Fabriques de cuirs. Moulins à tan. Aux environs, forges, verreries et poteries. — *Commerce* de bois de chauffage pour l'approvisionnement de Paris.

Foires 1er juin, 25 juill., 21 sept., 21 déc., jeudi saint, mardi de Pâques et dernier jeudi d'oct.

Bibliographie. CHAILLOU DES BARRES (le baron). *Notice sur le château de St-Fargeau*, ornée de trois vues lithographiées représentant la porte d'entrée, l'intérieur de la cour, et la partie des bâtiments donnant sur le parc (*Annuaire statistique de l'Yonne*, 1839, in-8).

FARGEOL (St-), vg. *Allier* (Nivernais), arr. et à 30 k. de Montluçon, cant. de Marcillat, ✉ de Néris. Pop. 846 h.

FARGES, vg. *Ain* (pays de Gex), arr. et à 22 k. de Gex, cant. et ✉ de Collonges. Pop. 792 h.

FARGES, vg. *Cher* (Berry), arr. et à 20 k. de Bourges, cant. de Baugy, ✉ de Villequiers. Pop. 790 h.

FARGES (les), vg. *Dordogne* (Périgord), arr. et à 30 k. de Sarlat, cant. et ✉ de Montignac. Pop. 308 h. — Exploitation de minerai de cuivre carbonaté, de malachite. Usine à cuivre pour la fabrication de cuivre en barres, laiton, etc.

FARGES, vg. *Saône-et-Loire* (Bourgogne), arr., cant., ✉ et à 8 k. de Chalon-sur-Saône. Pop. 279 h.

FARGES, vg. *Saône-et-Loire* (Bourgogne), arr. et à 23 k. de Mâcon, cant. et ✉ de Tournus. Pop. 849 h.

FARGES (les), vg. *H.-Vienne*, comm. de Burgnac, ✉ d'Aix.

FARGES-ALLICHAMPS, *Cher* (Berry), arr., cant., ✉ et à 9 k. de St-Amand-Montrond. Pop. 238 h.

FARGNIERS, vg. *Aisne* (Picardie), arr. et à 30 k. de Laon, cant. et ✉ de la Fère. Pop. 690 h.

FARGUES, vg. *Landes* (Gascogne), arr., cant., ✉ et à 12 k. de St-Sever. Pop. 520 h.

FARGUES, vg. *Lot* (Quercy), arr. et à 25 k. de Cahors, cant. et ✉ de Montcuq. Pop. 659 h.

FARGUES, vg. *Lot-et-Garonne* (Agénois), arr. et à 22 k. de Nérac, cant. et ✉ de Damazan. Pop. 791 h. — *Foires* les 15 mai et 20 oct.

FARGUES-DE-LANGON, vg. *Gironde* (Guienne), arr. et à 13 k. de Bazas, cant. et ✉ de Langon. Pop. 790 h.

FARGUES-ST-HILAIRE, vg. *Gironde* (Guienne), arr. et à 12 k. de Bordeaux, cant. et ✉ de Créon. Pop. 577 h.

FARGUETTE (la), vg. *Tarn*, comm. de St-Grégoire, ✉ d'Albi. ✪,

FARINCOURT, vg. *H.-Marne* (Champagne), arr. et à 35 k. de Langres, cant. et ✉ de Fayl-Billot. Pop. 274 h. — Haut fourneau et fonderie.

FARINOLES, vg. *Corse*, arr. et à 17 k. de Bastia, cant. et ✉ de St-Florent. Pop. 550 h.

FARNAY, vg. *Loire* (Forez), arr. et à 20 k. de St-Étienne, cant. et ✉ de St-Chamond. Pop. 1,073 h.

Suivant M. Walckenaer, Farnay occupe l'emplacement de *Forum Segustavarum*. « Une inscription, dit-il, trouvée à Feurs, où il est question de *Foro Segus.*, jointe à la ressemblance du nom de Feurs avec celui de *Forum*, a déterminé presque tous les auteurs à placer *Forum* à Feurs. D'Anville, qui a adopté cette opinion, à mieux aimé, pour ne pas s'en écarter, déranger toutes les mesures de la Table, qui trace une route entre *Icidmagus*, Yssengeaux, et *Lugdunum*, Lyon, dans laquelle un *Forum* se trouve placé sous le nom de *Forum Segustavarum*. Préoccupé de l'idée que ce *Forum* devait être le même que celui de Ptolémée, et ne pouvait être placé ailleurs qu'à Feurs, d'Anville a cru toutes les mesures de la Table fausses et susceptibles de correction. Elles sont au contraire très-exactes, ainsi qu'on peut s'en convaincre en comparant les Itinéraires avec les cartes modernes. L'analyse des mesures de cette route établit la position du *Forum* de la Table aux environs de Farnay, ainsi que le démontre la voie romaine qui se rattache d'une part à *Icidmagus*, Yssingeaux, et de l'autre à *Rodumna*, Roanne. Une autre voie romaine, aussi tracée sur la Table, qui part d'*Augustonemetum*, Clermont, et qui aboutit à *Lugdunum*, Lyon, en passant par *Rodumna*, Roanne, *Mediolano*, Meylieu, confirme l'exactitude des mesures de la première, et porte également à Farnay pour *Forum Segustavarum*. D'un autre côté, les monuments trouvés à Feurs semblent prouver que ce lieu est réellement le *Forum Segusianorum* de Ptolémée. » Walckenaer, *Géographie des Gaules*, part. II, chap. II, p. 334.

FAROUVILLE, vg. *Loiret* (Orléanais), arr. et à 16 k. de Pithiviers, cant. d'Outarville, ✉ de Toury. Pop. 163 h.

FARRE (la), vg. *Ardèche* (Languedoc), arr., ✉ et à 33 k. de Tournon, cant. de St-Félicien. Pop. 567 h.

FARRE (la), vg. *H.-Loire* (Velay), arr. et à 29 k. du Puy, cant. et ✉ de Pradelles. Pop. 481 h.

FARRET, vg. *Aveyron*, comm. de St-Juéry, ✉ de St-Sernin. — *Foires* les 10 janv. et 13 avril.

FARSCHWILLER, vg. *Moselle* (pays Messin), arr. et à 15 k. de Sarréguemines, cant. de Forbach, ✉ de Puttelange.

FATIER, vg. *Ain*, comm. de Peyzieux, ✉ de Thoissey.

FATINES, *Fastevilla*, *Fastouvilla*, vg. *Sarthe* (Maine), arr. et à 14 k. du Mans, cant. de Montfort, ✉ de Savigné-l'Évêque. Pop. 341 h.

FATOUVILLE, vg. *Eure* (Normandie), arr. et à 16 k. de Pont-Audemer, cant. et ✉ de Beuzeville. Pop. 682 h. — Il est situé sur la Vilaine et le Jobles, près de la rive gauche de la Seine.

En sortant de ce village, on remarque deux sapins gigantesques, désignés par les habitants sous le nom de Bonshommes; leur élévation sur cette côte, qui permet de les distinguer de fort loin sur la Seine, les a fait acheter par la marine, pour servir de guide aux navigateurs le long des côtes.

Le hameau de Jobles, réunion de malheureux pêcheurs, dépend de la commune de Fatouville. Une fontaine qui jaillit avec rapidité vers la Seine et se grossit de plusieurs autres sources, y fait tourner un moulin à blé, puis, quelques pas plus loin, une papeterie dont les produits sont employés à doubler les navires, ou servent à envelopper les paquets d'épingles qui se fabriquent à Rugles et à l'Aigle. En suivant les gracieux contours que forme le ruisseau, on arrive à une scierie de marbre où se travaillent le vert campan, le bleu turquin, la griotte d'Italie, et plusieurs autres marbres précieux qui, arrivés par mer à Honfleur, sont ensuite charriés à Jobles par blocs énormes. Là, des scies perpendiculaires, au nombre de cinquante-deux, mues par deux tournants, coupent 11 c. de marbre en vingt-quatre heures: chaque plaque, ayant près de 1 m. 03 c. de long sur 82 c. de haut, et de l'épaisseur d'environ 3 c. La chute d'eau, en sortant de la scierie, passe sous la route, se jette par une cascade dans un ravin profond planté d'arbres nombreux; et, après avoir serpenté dans ces gorges sauvages et pittoresques, se rend à 200 pas de là dans la Seine.

Près de Jobles, dans un petit bassin qui porte le nom de Val-des-Anglais, on voit un retranchement carré de 130 m. de tour, qui, d'après les traditions locales, est l'ouvrage des Anglais battus par les Français à Jobles, sous le règne de Charles VI.

FAU (le), vg. *Tarn-et-Garonne*, comm. et ✉ de Beuzeville.

FAUCH, vg. *Tarn* (Languedoc), arr. et à 16 k. d'Albi, cant. et ✉ de Réalmont. — P. 755 h. — *Foire* le 8 mai.

FAUCHE (la), vg. *H.-Marne* (Champagne), arr. et à 42 k. de Chaumont, cant. et ✉ de St-Blin. Pop. 196 h.

FAUCHES (les), ou *Vinet*, vg. *Lot-et-Garonne*, comm. et ✉ de Clairac.

FAUCOGNEY, petite ville, *H.-Saône* (Franche-Comté), arr. et à 22 k. de Lure, chef-l. de cant. Cure. ✉. A 430 k. de Paris pour la taxe des lettres. ✉. Pop. 1,542 h. — Terrain de transition supérieur, voisin du terrain cristallisé.

Faucogney paraît avoir une origine fort ancienne : ce fut le chef-lieu d'une terre dont les seigneurs prenaient le titre de sires de Faucogney, de vicomtes de Vesoul, etc. et dont la naissance était si illustre, que Jean III de Faucogney épousa Isabelle de France, fille de Philippe le Long. Cette ville était environnée d'un rempart très-élevé, d'un fossé, et avait un château où le roi d'Espagne mettait garnison. Il existe encore quelques parties de ces fortifications, démolies pendant les guerres qui précédèrent la conquête de la province ; on y voit aussi une ancienne tour, qui sert de prison, dont la couverture porte le millésime de 1015. En 1674, le marquis de Resnel prit Faucogney d'assaut, après deux ou trois jours de siège, pendant lequel les bourgeois et la garnison donnèrent des preuves de la plus grande bravoure.

Faucogney est situé près de la Voivre, au pied des rochers escarpés, à l'extrémité d'une prairie arrosée par les eaux du Breuchin. Les baigneurs qui fréquentent les eaux de Luxeuil vont ordinairement visiter ce riche et joli vallon. Sur le sommet d'une montagne élevée qui domine le territoire de la ville, il existe une église gothique sous l'invocation de saint Martin, où l'on voit une cloche d'une grosseur remarquable.

Fabriques d'eau de cerises de première qualité, de toiles de coton. Exploitation d'excellentes pierres à rasoirs. Tanneries. — *Foires* le 1er jeudi de chaque mois.

FAUCOMPIERRE, vg. *Vosges* (Lorraine), arr., cant., ✉ et à 23 k. de Remiremont. Pop. 195 h.

FAUCON, vg. *B.-Alpes* (Provence), arr., cant., ✉ et à 37 k. de Barcelonnette. P. 542 h. — Il est bâti dans une plaine agréable, traversée par l'Ubaye, et passe pour avoir été la capitale des anciens Esubiens. Près de l'église est une tour carrée qui sert de clocher, dont la construction paraît remonter à une époque éloignée.

FAUCON, vg. *Vaucluse* (Comtat), arr. et à 33 k. d'Orange, cant. et ✉ de Vaison. Pop. 571 h.

FAUCON-DU-CAIRE, vg. *B.-Alpes* (Provence), arr. et à 3 k. de Sisteron, cant. de Turriers, ✉ de la Motte-du-Caire. Pop. 221 h.

FAUCONCOURT, vg. *Vosges* (Lorraine), arr. et à 30 k. d'Epinal, cant. et ✉ de Rambervillers. Pop. 276 h.

FAUCONCOURT, vg. *Aisne* (Picardie), arr. et à 15 k. de Laon, cant. et ✉ d'Anizy-le-Château. Pop. 704 h.

FAUCONNIÈRE, vg. *Drôme*, comm. de Montelier, ✉ de Valence.

FAU-DE-PEYRE, vg. *Lozère* (Languedoc), arr. et à 26 k. de Marvejols, cant. et ✉ d'Aumont. Pop. 563 h.

FAUDOAS, bg *Tarn-et-Garonne* (Armagnac), arr. et à 37 k. de Castel-Sarrasin, cant. et ✉ de Beaumont-de-Lomagne. Pop. 796 h.

FAUGA (le), vg. *H.-Garonne* (Languedoc), arr., cant., ✉ et à 8 k. de Muret. Pop. 622 h.

FAUGÈRES, vg. *Ardèche* (Languedoc), arr. et à 22 k. de Largentière, cant. et ✉ de Joyeuse. Pop. 416 h.

FAUGÈRES, vg. *Hérault* (Languedoc), arr. et à 25 k. de Beziers, cant. et ✉ de Bédarrieux. Pop. 801 h. Au pied de hautes montagnes. — Carrières de marbre.

FAUGUERNON, vg. *Calvados* (Normandie), arr., cant., ✉ et à 6 k. de Lisieux. Pop. 330 h.

FAUGUEROLLES, vg. *Lot-et-Garonne*. V. LA CROIX-BLANCHE.

FAUILLET, vg. *Lot-et-Garonne* (Agénois), arr. et à 14 k. de Marmande, cant. et ✉ de Tonneins. Pop. 1,127 h. — *Foires* les 21 février, 15 mai, 24 juin, 13 août, 21 sept., et lundi gras.

FAULQ (le), vg. *Calvados* (Normandie), arr., ✉ et à 12 k. de Pont-l'Évêque, cant. de Blangy. Pop. 360 h.

FAULQUEMONT, ou FALKEMPDURICH, bg *Moselle* (Lorraine), arr. et à 38 k. de Metz, chef-l. de cant. ✉. ⚔. A 354 k. de Paris pour la taxe des lettres. Pop. 1,047 h. — Terrain du trias, marne irisée. — Il est situé sur la rive droite de la Nied allemande, dans une vallée bornée au nord par des coteaux de vignes.

Faulquemont était autrefois entouré de murailles flanquées de tours, environné de larges fossés, et défendu par un château fort ; on n'y entrait que par une seule porte. Il est formé de rues étroites, et possède encore quelques restes de ses fortifications.—*Fabriques* de bonneterie. Tanneries.—*Foires* les 25 janv., 30 mai et 18 sept., 2e lundi de mars et d'oct.

FAULX (les), vg. *Eure*, comm. de Hendreville-sur-Eure, ✉ de Louviers.

FAULX, vg. *Meurthe* (Lorraine), arr., ✉ et à 14 k. de Nancy, cant. de Noméuy. Pop. 914 h.

FAULX (les), vg. *Seine-Inf.*, comm. de St-Pierre-de-Franqueville, ✉ de Rouen.

FAUMONT, vg. *Nord* (Flandre), arr. de Douai, cant. et ✉ d'Orchies. Pop. 1,507 h.—*Fabrique* de sucre indigène.

FAUQUEMBERGUE, vg. *Pas-de-Calais* (Artois), arr. et à 29 k. de St-Omer, chef-l. de cant. ✉. A 224 k. de Paris pour la taxe des lettres. Pop. 979 h.—TERRAIN tertiaire moyen.

Fauquembergue doit son origine à un château fort, qui fut souvent réparé et entouré de murailles. En 1198, c'était une place importante que Renaud, comte de Boulogne, brûla et détruisit en grande partie. Les Anglais la pillèrent et la dévastèrent en 1355. Charles VI, en considération des services que les habitants de Fauquembergue lui avaient rendus et des pertes qu'ils avaient éprouvées, et par rapport aussi à la prompte rééditication de leur cité, qui avait été brûlée en 1370, confirma, en 1385, les priviléges que les rois ses prédécesseurs leur avaient octroyés.

Il ne reste plus que de très-faibles vestiges du château, brûlé et reconstruit à plusieurs reprises, et dont les hautes tourelles avaient été distinguées par les vainqueurs d'Azincourt. En vidant un ancien puits, on y a trouvé, il y a quelques années, à 33 m. de profondeur, des entrées de souterrains d'une grandeur considérable, taillés dans la pierre blanche ; on a trouvé aussi dans les décombres quantité d'ossements humains, des éperons d'une longueur remarquable, et différentes pièces de monnaie, dont une de l'an 1350.

Les seigneurs de Fauquembergue possédaient le droit de monnayage. On lit dans l'ordonnance de Lagny, en 1315, que la monnaie de la dame de Fauquembergue devait être de 4 deniers 12 grains de loi, c'est-à-dire à 4 parties et demie d'argent sur 12, et que l'on devait en tailler 204 deniers au marc. Cette dame était Alix de Brabant, à laquelle on attribue les seuls deniers que l'on connaisse de cette ville.

PATRIE du célèbre compositeur de musique MONSIGNY, auteur des opéras de la Belle Arsène, du Déserteur, d'Aline, de Rose et Colas, etc., etc.—*Foires* les 2 mai et 3 nov.

FAUR, vg. *Deux-Sèvres*, comm. de Beugné, ✉ de Niort.

FAURIE (la), vg. *H.-Alpes* (Dauphiné), arr. et à 33 k. de Gap, cant. d'Arpres-les-Veynes, ✉ de Veynes. ⚭. Pop. 761 h.

On remarque sur les confins de cette commune une vaste grotte, nommée la Beaume-Noire, renfermant de vastes salles et de belles concrétions.—*Foires* les 3 avril et 3 sept.

FAURIES (les), *Isère*, comm. et ✉ de St-Lattier. ⚭.

FAURILLE, vg. *Dordogne* (Périgord), arr. et à 29 k. de Bergerac, cant. et ✉ d'Issigeac. Pop. 184 h.

FAUROUX, vg. *Tarn-et-Garonne* (Quercy), arr. et à 23 k. de Moissac, cant. et ✉ de Bourg-de-Vissa. Pop. 735 h.

FAUSSERGUES, vg. *Tarn* (Languedoc), arr. et à 31 k. d'Albi, cant. et ✉ de Valence. Pop. 667 h.

FAUST (St-), vg. *B.-Pyrénées* (Béarn), arr., cant., ✉ et à 8 k. de Pau. Pop. 855 h.

FAUSTE (St-), vg. *Gers*, comm. et ✉ de Cazaubon.

FAUSTE, vg. *Indre* (Berry), arr., cant., ✉ et à 14 k. d'Issoudun. Pop. 463 h.

FAUSTE-D'ARGENT, vg. *Oise*, comm. de Bézancourt, ✉ de Gournay.

FAUTRIÈRES, vg. *Saône-et-Loire*, comm. de Palinges, ✉ de Perrecy.

FAUVELIÈRE (la), vg. *Eure*, comm. de Pullay, ✉ de Verneuil.

FAUVERNEY, vg. *Côte-d'Or* (Bourgogne), arr. et à 11 k. de Dijon, cant. et ✉ de Genlis. Pop. 617 h.—Il est situé sur le penchant d'un monticule, d'où la vue s'étend sur une plaine magnifique, bornée par les montagnes de la Côte-d'Or et du Jura.—Haut fourneau: Education des moutons et des abeilles.

FAUVETTE (la), vg. *H.-Vienne*, comm. d'Oradour-sur-Glane, ✉ de la Barre.

FAUVILLE, vg. *Eure* (Normandie), arr., caut., ✉ et à 8 k. d'Evreux. Pop. 98 h.

FAUVILLE - EN - CAUX, bg *Seine-Inf.* (Normandie), arr., bur. d'enregist. et à 12 k. d'Yvetot, chef-l. de cant. Cure. ✉. A 176 k. de Paris pour la taxe des lettres. Pop. 1,490 h.—TERRAIN tertiaire moyen.—Il est situé dans une belle et fertile contrée, près de la grande route. C'était jadis une châtellenie du duché d'Etouteville.—*Foires* les 26 mars, 25 juin, 7 août, 18 sept. et 22 déc. Marchés tous les vendredis.

FAUX, vg. *Ardennes* (Champagne), arr. et à 10 k. de Rethel, cant. de Novion, ✉ de Saulces-aux-Bois. Pop. 343 h.

FAUX, vg. *Dordogne* (Périgord), arr. et à 18 k. de Bergerac, cant. et ✉ d'Issigeac. Pop. 914 h.—*Foires* le 16 de chaque mois.

FAUX (le), bg *Pas-de-Calais* (Artois), arr. et à 15 k. de Montreuil-sur-Mer, cant. et ✉ d'Etaples. Pop. 299 h.

FAUX-BOURG-ST-JACQUES, vg. *Indre-et-Loire*, comm. de Buxeuil, ✉ de la Haye-Descartes.

FAUX-FOSSÉS (les), vg. *Aube*, comm. et ✉ de Troyes.

FAUX-FRESNAY, vg. *Marne* (Champagne), arr. et à 47 k. d'Epernay, cant. de Fère-Champenoise, ✉ de Pleurs. Pop. 700 h.

FAUX-LA-MONTAGNE, bg *Creuse* (Marche), arr. et à 29 k. d'Aubusson, cant. et ✉ de Gentioux. Pop. 1,774 h.—*Foires* les 21 mars, 21 avril, 21 mai, 21 juin, 6 sept., 16 oct. et 18 nov.

FAUX-MAZURAS, vg. *Creuse* (Marche), arr., cant. et ✉ de Bourganeuf. Pop. 547 h.

FAUX-SUR-COOLE, vg. *Marne* (Champagne), arr. et à 15 k. de Vitry-le-François, cant. et ✉ de Sommepuis. Pop. 88 h.

FAUX-VILLECERF, vg. *Aube* (Champagne), arr. et à 35 k. de Nogent-sur-Seine, cant. et ✉ de Marcilly-le-Hayer. Pop. 352 h.

FAUZIÈRES, vg. *Hérault* (Languedoc), arr., cant. et ✉ de Lodève. Pop. 123 h.

FAVARS, vg. *Corrèze* (Limousin), arr., cant. et ✉ de Tulle. Pop. 702 h.

FAVAS, vg. *Var* (Provence), arr. et à 17 k. de Draguignan, cant. de Callas, ✉ de Bargemont. Pop. 101 h.—C'était autrefois un bourg assez considérable, qui a été ruiné par les Sarrasins.

FAVÈDE (la), vg. *Gard*, comm. de Salles-du-Gardon, ✉ d'Alais.

FAVERAYE, vg. *Maine-et-Loire* (Anjou), arr. et à 30 k. d'Angers, cant. de Thouarcé, ✉ de Brissac. Pop. 929 h.

FAVERDINES, vg. *Cher* (Berry), arr., ✉ et à 11 k. de St-Amand-Montrond, cant. de Saulzais-le-Potier. Pop. 378 h.

FAVERELLES, vg. *Loiret* (Gatinais), arr. et à 27 k. de Gien, cant. de Briare, ✉ de Bonny. Pop. 448 h.—*Foire* le 12 oct.

FAVERGES, vg. *Isère* (Dauphiné), arr., cant., ✉ et à 9 k. de la Tour-du-Pin. ⚭. Pop. 1,287 h.

FAVERGES-DE-MÉPIEU, vg. *Isère* (Dauphiné), arr. et à 9 k. de la Tour-du-Pin, 22 k. de Bourgoin, cant. et ✉ de Morestel. Pop. 504 h.

FAVERGES-LÈS-CHARNOD, vg. *Jura*, comm. de Villeneuve-lès-Charnod, ✉ de St-Amour.

FAVERGES-LÈS-RYMETIÈRE, vg. *Jura*, comm. de Lavalans-sur-Valouse, ✉ d'Arinthod.

FAVERNEY, *Faurniacum*, petite ville, *H.-Saône* (Franche-Comté), arr. et à 19 k. de Vesoul, cant. d'Amance. ✉. A 344 k. de Paris pour la taxe des lettres. Pop. 1,557 h.—Elle est située dans un vallon agréable, arrosé par la Lanterne, qu'on y traverse sur un pont de pierre d'où l'on domine sur une vaste prairie, qui s'étend jusqu'à la Saône.

Vers le milieu du VIIIe siècle, Faverney était une place forte, dont une partie des murs d'enceinte est encore reconnaissable. Il y avait une célèbre abbaye qui, lors du dénombrement d'Aix-la-Chapelle en 817, égalait en splendeur et en antiquité les plus riches abbayes de la province. C'est dans l'église abbatiale, aujourd'hui église paroissiale, que fut inhumé Philippe, duc de Bourgogne, qui mourut en 1373.—Faverney a une caserne qui peut loger un escadron de cavalerie.—*Commerce* de grains.—*Foires* 7 janv., 3 fév., 26 mars, 20 avril, 10 mai, 15 juin, 7 juillet, 16 août, 9 sept., 29 oct. et 9 déc.

FAVEROIS, ou FAVERACH, vg. *H.-Rhin* (Alsace), arr. et à 24 k. de Belfort, cant. et ✉ de Delle. Pop. 539 h.

FAVEROLES, vg. *Cantal* (Auvergne), arr., ✉ et à 12 k. de St-Flour, cant. de Ruines. Pop. 1,000 h.—Ce village, où l'on voit une église très-ancienne, possède près du château de Montchauson une source d'eau minérale acidule froide.

FAVEROLLES, *Faverillum,* vg. *Aisne* (Picardie), arr. et à 30 k. de Soissons, cant. et ✉ de Villers-Cotterets. Pop. 484 h.

FAVEROLLES, vg. *Eure* (Normandie), arr. et à 18 k. d'Évreux, cant. et ✉ de Conches. Pop. 203 h.

FAVEROLLES, vg. *Eure-et-Loir* (Beauce), arr. et à 18 k. de Dreux, cant. et ✉ de Nogent-le-Roi. Pop. 522 h.

FAVEROLLES, vg. *Eure-et-Loir,* comm. de Terminiers, ✉ de Patay.

FAVEROLLES, vg. *Indre* (Berry), arr. et à 48 k. de Châteauroux, cant. et ✉ de Valançay. Pop. 758 h.

FAVEROLLES, bg *Loir-et-Cher* (Touraine), arr. et à 35 k. de Blois, cant. et ✉ de Montrichard. Pop. 568 h. V. AIGUEVIVE.

FAVEROLLES, vg. *Marne* (Champagne), arr. et à 18 k. de Reims, cant. de Ville-en-Tardenois, ✉ de Jonchery.

FAVEROLLES, vg. *H.-Marne* (Champagne), arr., cant. et à 18 k. de Langres. Pop. 499 h.

FAVEROLLES, vg. *Orne* (Normandie), arr. et à 25 k. d'Argentan, cant. de Briouze, ✉ de Ranes. Pop. 909 h.

FAVEROLLES, vg. *Somme* (Picardie), arr., cant., ✉ et à 4 k. de Montdidier. Pop. 232 h.

FAVEROLLES-LES-LUCEY, vg. *Côte-d'Or* (Bourgogne), arr. et à 29 k. de Châtillon-sur-Seine, cant. et ✉ de Recey-sur-Ource. P. 208 h.

FAVEROLLES-LES-MARES, vg. *Eure* (Normandie), arr. et à 8 k. de Bernay, cant. et ✉ de Thiberville. Pop. 272 h.

FAVEYROLLES, vg. *Aveyron,* comm. de St-Izaire, ✉ de St-Affrique. — *Foires* les 17 janv. et 27 avril.

FAVIÈRE (la), *Jura* (Franche-Comté), arr. de Poligny, cant. et ✉ de Nozeroy, à 36 k. d'Arbois. Pop. 97 h.

FAVIÈRE, vg. *Loire,* comm. de St-Cyr-de-Favières, ✉ de Roanne.

FAVIÈRES, vg. *Calvados* (Normandie), arr. et à 17 k. de Falaise, cant. de Coulibœuf, ✉ de St-Pierre-sur-Dives. Pop. 175 h.

FAVIÈRES, vg. *Eure-et-Loir* (Beauce), arr. et à 26 k. de Dreux, cant. et ✉ de Châteauneuf-en-Thymerais. Pop. 340 h.

FAVIÈRES, *Fabariæ,* vg. (Lorraine), arr. et à 28 k. de Toul, cant. et ✉ de Colombey. Pop. 1,182 h. — On y remarque une fort belle église et l'ancien château qu'habitaient autrefois les princes de Vaudémont. — On a trouvé à quelque distance de ce village d'anciennes fondations d'une épaisseur considérable et beaucoup de pièces de monnaie en or et en argent à l'effigie de Childebert, roi de France, de l'année 520. — *Fabrique* considérable de poterie vernissée, boissellerie, sabots, etc. — *Foires* les jeudis des Quatre-Temps et 10 sept.

FAVIÈRES, ou FAVIÈRES-EN-BRIE, vg. *Seine-et-Marne* (Brie), arr. et à 29 k. de Melun, cant. et ✉ de Tournan. Pop. 707 h.

FAVIÈRES, vg. *Somme* (Picardie), arr. et à 25 k. d'Abbeville, cant. et ✉ de Rue. Pop. 641 h.

FAVRESSE, vg. *Marne* (Champagne), arr. et à 12 k. de Vitry-le-François, cant. de Thieblemont, ✉ de Perthes. Pop. 229 h.

FAVREUIL, vg. *Pas-de-Calais* (Artois), arr. et à 20 k. d'Arras, cant. et ✉ de Bapaume. Pop. 444 h.

FAVRIEUX, vg. *Seine-et-Oise* (Beauce), arr. et à 9 k. de Mantes, cant. de Bonnières, ✉ de Rosny. Pop. 121 h.

FAVRIL (le), vg. *Eure* (Normandie), arr. et à 13 k. de Bernay, cant. et ✉ de Thiberville. Pop. 562 h.

FAVRIL (le), vg. *Eure,* comm. de Coudres, ✉ de St-André.

FAVRIL (le), vg. *Eure-et-Loir* (Beauce), arr. et à 26 k. de Chartres, cant. et ✉ de Courville. Pop. 739 h.

FAVRIL, vg. *Nord* (Hainaut), arr. et à 18 k. d'Avesnes, cant. et ✉ de Landrecies. Pop. 827 h.

FAXE, vg. *Meurthe* (Lorraine), arr. de Château-Salins, à 17 k. de Vic, cant. et ✉ de Delme. Pop. 138 h.

FAY, vg. *Drôme* (Dauphiné), arr. et à 44 k. de Valence, cant. et ✉ de St-Vallier. Pop. 250 h.

FAY (le), vg. *Indre,* comm. de Parnac, ✉ de St-Benoît-du-Sault.

FAY (le), vg. *Loire,* comm. de St-Jean-de-Bonnefond, ✉ de St-Étienne.

FAY, vg. *Loire-Inf.* (Bretagne), arr. à 13 k. de Savenay, cant. et ✉ de Blain. P. 3,712 h. — *Foires* les 17 mars, 22 juillet, 28 août et 12 nov.

FAY, vg. *Oise* (Picardie), arr. et à 30 k. de Beauvais, cant. et ✉ de Chaumont. P. 268 h.

FAY, vg. *Orne* (Perche), arr. et à 25 k. de Mortagne, cant. et ✉ de Moulins-la-Marche. Pop. 356 h.

FAY (le), vg. *Saône-et-Loire* (Bourgogne), arr. à 16 k. de Louhans, cant. et ✉ de Beaurepaire. Pop. 1,522 h. — *Foires* les 22 avril et 2 oct.

FAY, bg *Sarthe* (Maine), arr., cant. et ✉ du Mans, ✉ de Coulans. Pop. 688 h.

FAY, vg. *Seine-et-Marne* (Gâtinais), arr. et à 21 k. de Fontainebleau, cant. et ✉ de Nemours. Pop. 286 h.

FAY, ou FALLY (le), *Seine-et-Marne,* com. et ✉ de Chailly.

FAY, vg. *Somme* (Picardie), arr. et à 13 k. de Péronne, cant. de Chaulnes, ✉ de Deniecourt. Pop. 360 h.

FAY-AUX-LOGES, vg. *Loiret* (Orléanais), arr. à 20 k. d'Orléans, cant. de Châteauneuf-sur-Loire, ✉ de Pont-aux-Moines. P. 1,446 h.

FAY-DE-MARCILLY, vg. *Aube* (Champagne), arr. et à 15 k. de Nogent-sur-Seine, cant. et ✉ de Marcilly-le-Hayer. Pop. 271 h.

FAYE-EN-MONTAGNE, vg. *Jura* (Franche-Comté), arr. et cant. de Poligny, à 25 k. d'Arbois, ✉ de Voiteur. Pop. 253 h.

FAYCELLES, vg. *Lot* (Quercy), arr., cant., ✉ et à 8 k. de Figeac. Pop. 1,341 h. — *Foires* les 24 mars, 20 mai et 1er juin.

FAYE (la), vg. *Charente* (Angoumois), arr. et à 6 k. de Ruffec, cant. et ✉ de Villefagnan. Pop. 993 h.

FAYE, vg. *Loir-et-Cher* (Beauce), arr., ✉ et à 4 k. de Vendôme, cant. de Selommes. Pop. 266 h.

FAYE, bg *Maine-et-Loire* (Anjou), arr. et à 24 k. d'Angers, cant. de Thouarcé, ✉ de Brissac. Pop. 1,229 h.

FAYE, vg. *Deux-Sèvres,* comm. de Nanteuil, ✉ de St-Maixent.

FAYE-DE-BEAURONNE (la), vg. *Dordogne,* comm. de Beauronne, ✉ de St-Astier.

FAYEL, vg. *Eure* (Normandie), arr. et à 21 k. des Andelys, cant. d'Ecouis, ✉ de Fleury-sur-Andelle. Pop. 177 h.

FAYEL, vg. *Marne* (Champagne), arr. et à 52 k. d'Épernay, cant. et ✉ de Sezanne. Pop. 70 h.

FAYEL, vg. *Oise* (Picardie), arr. et à 14 k. de Compiègne, cant. d'Estrées-St-Denis, ✉ de Verberie. Pop. 202 h.

Le domaine de Fayel, chef-lieu d'une seigneurie considérable, est fort ancien. Le château a été construit par le premier maréchal de la Mothe Houdancourt, vers le milieu du XVIIe siècle. C'est un édifice en pierre et en brique, formé d'un corps de logis principal et de deux ailes en retour d'équerre : son dessin, simple, noble et commode, est attribué à Mansard. De vastes dépendances, des jardins dessinés par le Nôtre, un parc de cent hectares au moins, de longues avenues garnies d'arbres fruitiers embellissent ce château et en font un séjour agréable. On y voit l'appartement qu'occupa Louis XIV, en 1656, lorsqu'il fut au-devant de la reine Christine de Suède.

Quelques auteurs placent ici le théâtre de l'aventure tragique de la dame de Fayel, connue sous le nom de Gabrielle de Vergy ; l'endroit du parc qui de tout temps a porté le nom de carrefour de Coucy ferait croire à la vérité de leur récit ; d'autres auteurs placent le lieu de cette scène atroce à un château de Fayel, voisin du château de Coucy. V. COUCY, CABESTANY.

FAYE-L'ABBESSE, vg. *Deux-Sèvres* (Poitou), arr., cant., ✉ et à 12 k. de Bressuire. Pop. 790 h. — *Foires* les 13 fév., 20 mars, 22 mai, 28 août et 5 déc.

FAYE-LA-VINEUSE, bg *Indre-et-Loire* (Anjou), arr. et à 29 k. de Chinon, cant. et ✉ de Richelieu. Pop. 579 h. — Il y avait autrefois un château et une collégiale fondés par Foulques Nerra, comte d'Anjou. — *Foires* les 1er mars, 25 avril, 29 juin, 29 sept., 25 nov. et 21 déc.

FAYENCE, *Fqventia,* petite ville, *Var* (Provence), arr. et à 26 k. de Draguignan, chef-l. de cant. Curé. Gîte d'étape. ✉. A 896 k. de Paris pour la taxe postale des lettres. Pop. 2,263 h. — *Terrain* crétacé inférieur, voisin du trias.

Fayence est une ville assez mal bâtie, dans une situation élevée, sous un climat agréable. On y remarque une chapelle dédiée à Notre-Dame, dont la construction paraît être du XIIe siècle, près de laquelle est un puits creusé dans le roc. — *Fabriques* d'huile d'olives. Tanneries. Faïenceries. Verreries. — *Foires* les 25 janv.; lundi après la Nativité, 1ᵉʳ mai, lundi avant jeudi gras et après la St-Martin.

FAYES, vg. *Isère*, comm. et ✉ de Moirans.

FAYE-SUR-ARDIN, vg. *Deux-Sèvres* (Poitou), arr. et à 16 k. de Niort, cant. de Coulonges, ✉ de Champdeniers. Pop. 624 h.

FAYET, vg. *Aisne* (Picardie), arr., ✉ et à 4 k. de St-Quentin, cant. de Vermand. P. 876 h.

FAYET, vg. *Aveyron* (Rouergue), arr. et à 26 k. de St-Affrique, cant. et ✉ de Camarès. Pop. 1,118 h. — *Fabriques* de cadis et de tricots. — *Foires* le 2 mai et 9 oct.

FAYET, vg. *Puy-de-Dôme* (Auvergne), arr. et à 30 k. de Clermont, cant. et ✉ de St-Dier. Pop. 1,187 h.

FAYET-RONNAYES, vg. *Puy-de-Dôme* (Auvergne), arr. et à 25 k. d'Ambert, cant. et ✉ de St-Germain-l'Herm. Pop. 1,260 h.

FAYL-BILLOT, bg *H.-Marne* (Bourgogne), arr. et à 24 k. de Langres, chef-l. de cant. Gîte d'étape. ✉. ☞. A 312 k. de Paris pour la taxe des lettres. Pop. 2,505 h. — Terrain jurassique, étage inférieur du système oolitique. — *Foires* les 5 avril, 23 nov., 1ᵉʳ jeudi de juin, jeudi avant la Purification, lundi après la Nativité.

FAY-LE-FROID, vg. *H.-Loire* (Velay), arr. et à 24 k. du Puy, chef-l. de cant. ✉. A 550 k. de Paris pour la taxe des lettres. Pop. 803 h. — Terrain cristallisé ou primitif. — Exploitation de pierres de taille. — Éducation des abeilles. — Fab. de dentelles en soie et en fil; ce travail occupe le tiers des femmes et les filles du canton. — Grand *commerce* de bétail à cornes et à laine, de beurre et de fromages. — *Foires* les 19 fév., 4 mai, 30 juin, 1ᵉʳ et 26 août, 15 sept., 10 et 21 oct., 6 déc., samedi de la mi-carême, mardi après la Pentecôte (2 jours).

FAY-LE-THIEULLOY, vg. *Somme*, comm. de Thieulloy-l'Abbaye, ✉ de Poix.

FAYMONT, vg. *H.-Saône* (Franche-Comté), arr., ✉ et à 13 k. de Lure, cant. de Villersexel. Pop. 622 h.

FAYMONT, vg. *Vosges* (Lorraine), comm. du Val-d'Ajol, ✉ de Plombières.

FAYOLLE, vg. *Vienne*, comm de St-Saviol, ✉ de Civray.

FAYS (les deux), vg. *Jura* (Franche-Comté), arr. et à 28 k. de Dôle, cant. de Chaumeroy, ✉ de Sellières. Pop. 347 h.

FAYS, vg. *H.-Marne* (Champagne), arr., cant., ✉ et à 44 k. de Vassy. Pop. 155 h.

FAYS, vg. *Vosges* (Lorraine), arr. et à 23 k. d'Epinal, cant. et ✉ de Bruyères. Pop. 240 h.

FAYS (les), vg. *Yonne*, comm. de Turny, ✉ de St-Florentin.

FAY-ST-QUENTIN (le), vg. *Oise* (Picardie), arr. et à 15 k. de Beauvais, cant. de Nivillers, ✉ de Bresles. Pop. 566 h.

FAYS-BILLOT. V. Fayl-Billot.

FAYS-DE-BOUILLY, vg. *Aube* (Champagne), arr. et à 25 k. de Troyes, cant. et ✉ de Bouilly. Pop. 277 h.

FAYSSAC, vg. *Tarn* (Languedoc), arr., cant., ✉ et à 9 k. de Gaillac. Pop. 469 h.

FAITS (les), vg. *Nord* (Flandre), arr., cant., ✉ et à 9 k. d'Avesnes. Pop. 1,032 h.

FÉAS, vg. *B.-Pyrénées* (Béarn), arr. et à 10 k. d'Oloron, cant. et ✉ d'Aramitz. Pop. 630 h.

FEBVIN-PALVART, vg. *Pas-de-Calais* (Artois), arr. et à 30 k. de St-Omer, cant. de Fauquembergue, ✉ d'Aire. Pop. 911 h.

FÉCAMP, *Fisci Campus, Fiscanum, Fiscamnum*, ville maritime, *Seine-Inf.* (Normandie), arr. et à 44 k. du Havre, chef-l. de cant. Trib. de com. École d'hydrographie de 4ᵉ classe. Cure. Gîte d'étape. ✉. ☞. A 188 k. de Paris pour la taxe des lettres. Pop. 9,418 h. — *Etablissement de la marée*, 10 heures 25 minutes. Phare de 1ᵉʳ ordre à feu fixe sur le mont de la Vierge, à gauche du port; hauteur 130 m.; portée 23 k. Lat. 49° 46′, long. 1° 58′. Feu de marée au pied du mont de la Vierge, sur la jetée N. de 12 m. de hauteur et de 12 k. de portée. — Terrain crétacé supérieur, craie.

Autrefois diocèse, parlement et intendance de Rouen, élection de Montivilliers, baronnie, amirauté, abbaye de St-Benoît, couvents de capucins et d'ursulines, 2 prieurés.

Cette ville est très-ancienne. Quelques historiens font remonter sa fondation à l'époque de la conquête des Gaules par les Romains; d'autres prétendent qu'elle doit son origine à une abbaye de femmes, fondée en 664 par un baron cauchois nommé Vaningue et détruite par les Normands en 881. Sur les ruines de ce monastère, Richard Iᵉʳ, duc de Normandie, fonda, en 988, sous le nom de la Trinité, une célèbre abbaye d'hommes qui a subsisté jusque vers la fin du XVIIIᵉ siècle. Cette abbaye parvint à un degré de puissance et de splendeur qu'aucune autre n'a peut-être surpassé en France. Elle fut successivement augmentée, ornée, enrichie par la plupart des ducs normands, qui faisaient leur résidence à Fécamp, dans un palais ducal depuis longtemps détruit.

L'église de l'abbaye de Fécamp a seule été conservée. On y descend par douze degrés. C'est un magnifique édifice religieux, qui a été classé récemment au nombre des monuments historiques. Le vaisseau est vaste et fort bien éclairé; le chœur, revêtu et pavé en marbre, est dû à la plus grande richesse. Le jubé, morceau d'une rare élégance, a été détruit au commencement de ce siècle. L'abbaye contenait une riche bibliothèque, collection d'ouvrages de science dans tous les genres, augmentée avec la succession des siècles : elle possédait aussi un grand nombre de manuscrits. La bibliothèque de Rouen a hérité en grande partie de ces richesses littéraires. — On sait qu'après son abdication du trône de Pologne le roi Casimir vint dans l'enceinte religieuse de cette abbaye oublier ses grandeurs passées, et échanger la couronne sarmate contre la tonsure monastique.

Quand la Neustrie fut devenue le domaine des hommes du Nord, Guillaume Longue-Epée bâtit ou releva le château de Fécamp, qui fortifia dans cette place qui commençait à avoir quelque importance. Les fortifications de Fécamp sont aujourd'hui détruites, et il ne reste plus que de légers vestiges de l'ancienne forteresse qui rappelle une des actions les plus intrépides dont l'histoire de France fasse mention. A l'époque désastreuse où le fanatisme, armant des Français contre des Français, faisait couler, au nom du ciel, les flots du sang d'un grand peuple, instrument aveugle de la haine et de l'ambition des chefs de parti, le château de Fécamp était au pouvoir de la Ligue ; un homme courageux, nommé Boisrosé, conçut le projet de le reprendre. Ce château était situé sur un rocher coupé à pic, et élevé de 200 m. au-dessus du niveau de la mer, qui toute l'année en baignait la base à l'exception de trois ou quatre jours. Boisrosé avait des intelligences dans la place ; à la faveur d'une nuit obscure, suivi de 50 hommes déterminés, il s'embarqua dans deux chaloupes et aborde au pied du rocher, dans un de ces moments rares où la mer laisse à sec quelques toises de grève. Il apportait avec lui un gros câble égal en longueur à l'élévation du rocher, garni de distance en distance d'échelons de bois assujettis dans les nœuds du câble. Au signal convenu, un soldat lui jette un cordeau, Boisrosé y attache le câble qui est retiré et lié fortement à l'embrasure d'une pièce de canon. Cette périlleuse échelle bien affermie, Boisrosé fait mettre les armes en bandoulière à ses cinquante hommes, place à la tête de la colonne ses deux sergents, dont il connaissait la résolution. On monte, tout défile, et lui se réserve pour le dernier, afin d'être sûr d'arriver au sommet accompagné de tout son monde. Tandis que l'on escalade, la mer monte : les chaloupes sont emportées par le flot; déjà dix pieds d'eau baignaient le rocher, et Boisrosé et les siens atteinent encore parvenus qu'à moitié du câble : toute retraite est fermée. Il faut en convenir, l'homme le plus intrépide ne se figure pas sans frémir la situation de ces cinquante hommes accrochés et suspendus les uns au-dessus des autres, au milieu du sifflement des vents, du bruit aigu des vagues qu'ils entendaient gronder sous leurs pieds, et désespérant presque de pouvoir atteindre le haut du roc. Tout allait bien cependant. La nuit, le silence et le courage les couvraient, quand tout à coup aux deux tiers de la course, la colonne s'arrête. De bouche en bouche on apprend à Boisrosé inquiet, que le cœur manque au sergent qui conduit la colonne, et qu'il refuse d'avancer. Alors cet homme intrépide prend un parti terrible, mais nécessaire ; craignant que l'aurore ne vint surprendre et lui arracher la victoire, il prévient les soldats qui précèdent de se tenir ferme, grimpe par-dessus les cinquante hommes, arrive enfin au sergent, et le menace de le poignarder s'il n'avance; le sergent, revenu à lui, obéit. On se remet en marche ; tous atteignent enfin le rempart, La prise rapide du château fut la récompense d'une courageuse témérité, dont l'histoire offre bien peu d'exemples. On voit encore les ruines de ce fort, sur l'une des collines qui dominent la ville.

Fécamp est avantageusement situé, sur le bord de la mer, à l'embouchure de la rivière de son nom. L'abord en est triste, cette ville étant comme enterrée dans une vallée longue, étroite et sinueuse, que forment deux rangs de collines escarpées, nues et incultes. Elle ne forme pour ainsi dire qu'une seule rue, qui a près de 3 k. de long, depuis l'église jusqu'au port, séparé de la mer par un perré, et défendu par deux jetées en pierre. Ce port est un des meilleurs de la côte ; il s'étend sur une superficie de 84,000 m. entre l'Océan et la retenue d'eau destinée à le débarrasser, par le moyen de deux belles écluses, du galet et des vases que la marée y apporte chaque jour. Les vaisseaux d'un fort tonnage peuvent y entrer en tout temps. La rade de Fécamp n'est pas moins recommandable; elle passe généralement pour une des plus sûres de la côte ; le fond, mêlé de sable et de gravier, en est d'une excellente tenue.

Fécamp est entouré d'une mer poissonneuse ; les subsistances y sont abondantes à bon marché. La culture du colza, et surtout celle du lin, constituent la principale branche de l'industrie agricole de son territoire. L'espèce humaine y est belle, forte ; les femmes surtout s'y font remarquer par une grande fraîcheur, une belle taille et tous les attributs de la santé.

Fabriques de toiles de Caux, siamoises, calicots; bottes et souliers de pacotille pour les colonies, huile de rabette, chandelles. Filatures hydrauliques de coton ; raffineries de sucre ; tanneries ; corroieries. Construction de navires. — *Commerce* de vins, eaux-de-vie, huile, toiles, fils, draperies, cuirs, soude de varech. — Entrepôt de denrées coloniales, de sels, de genièvre de Hollande et de thé. — Armements pour la pêche de la morue, du hareng et du maquereau. — *Foires* le 4 janvier, vendredi avant la Trinité (4 jours), et tous les derniers samedis de chaque mois. — Marchés les jeudis et samedis.

Bibliographie. VERTOT (l'abbé de). *Remarques sur un monument trouvé dans l'abbaye de Fécamp* (Histoire de l'acad. des belles-lettres, t. III, p. 276).

GERMAIN (B.). *Guide du voyageur à l'abbaye, dans la ville et sur le territoire de Fécamp*, etc., in-12, 1836.

LEROUX DE LINCY. *Essai historique et littéraire sur l'abbaye de Fécamp*, in-8, fig., 1839.

MARETTE (César). *Esquisses historiques sur Fécamp*, in-18, 1839.

FALLUE (Léon). *Histoire de la ville et de l'abbaye de Fécamp*, in-8 et plan, 1841.

COCHET (l'abbé). *Les Inondations; pèlerinage à Fécamp, Yport, Vaucotte et Etretat, après l'inondation du 24 septembre 1842*, in-8, 1842.

FÉCHAIN, vg. *Nord* (Flandre), arr., et à 16 k. de Douai, cant. d'Arleux. Pop. 1,126 h.

FÉCHAUX, vg. *Jura*, comm. de Villeneuve-sous-Pymont, ⊠ de Lons-le-Saulnier.

FÈCHE-L'ÉGLISE, vg. *H.-Rhin* (Alsace), arr. et à 24 k. de Belfort, cant. et ⊠ de Delle. Pop. 296 h.

FÉCOCOURT, vg. *Meurthe* (Lorraine), arr. et à 38 k. de Toul, cant. et ⊠ de Colombey. Pop. 612 h.

FÉDRUN, vg. *Loire-Inf.*, comm. de St-Joachim, ⊠ de Pont-Château.

FÉDRY, vg. *H.-Saône* (Franche-Comté), arr. et à 34 k. de Gray, cant. de Dampierre-sur-Salon, ⊠ de Lavancourt. Pop. 576 h. Près de la rive droite de la Saône. — On y trouve une source d'eau minérale ferrugineuse froide, dont on ne fait aucun usage. — *Fabriques* de bonneterie et de chapeaux de paille.

FEGERSHEIM, ou FEYERSCHEN, vg. *B.-Rhin* (Alsace), arr., et à 12 k. de Strasbourg, cant. de Geispolsheim. Pop. 1,771 h. Près du confluent de l'Andlau et de l'Ill. — *Fabriques* de toiles à voiles.

FÉGRÉAC, vg. *Loire-Inf.* (Bretagne), arr. et à 29 k. de Savenay, cant. de St-Nicolas, ⊠ de Redon. Pop. 2,305 h.

FEIGNEUX, vg. *Oise* (Picardie), arr. et à 28 k. de Senlis, cant. et ⊠ de Crépy. P. 330 h.

FEIGNIES, vg. *Nord* (Flandre), arr. et à 23 k. d'Avesnes, cant. de Bavay, ⊠ de Maubeuge. Pop. 1,846 h.

FEILLENS, bg *Ain* (Bresse), arr. et à 25 k. de Bourg-en-Bresse, cant. de Bagé-le-Châtel, ⊠ de Mâcon. Pop. 2,647 h.

FEINGS, vg. *Loir-et-Cher* (Blaisois), arr. et à 19 k. de Blois, cant. de Contres, ⊠ des Montils. Pop. 438 h.

FEINGS, *Fines*, vg. *Orne* (Perche), arr., cant., ⊠ et à 10 k. de Mortagne-sur-Huine. Pop. 812 h.

FEINS, vg. *Ille-et-Vilaine* (Bretagne), arr. et à 27 k. de Rennes, cant. de St-Aubin-d'Aubigné. Pop. 849 h.

FEINS, vg. *Loiret* (Gatinais), arr. et à 20 k. de Gien, cant. de Briare, ⊠ de Châtillon-sur-Loing. Pop. 148 h.

FEISSAL, *Feissalium*, vg. *B.-Alpes* (Provence), arr., cant., ⊠ et à 31 k. de Sisteron. Pop. 75 h.

FEL, vg. *Orne* (Normandie), arr. à 12 k. d'Argentan, cant. et ⊠ d'Exmes. Pop. 407 h.

FELCE, vg. *Corse*, arr., ⊠ et à 35 k. de Corté, cant. de Valle. Pop. 435 h.

FELCOURT, vg. *Marne*, comm. de la Chapelle, ⊠ de Ste-Ménehould.

FELDBACH, vg. *H.-Rhin* (Alsace), arr., ⊠ et à 11 k. d'Altkirch, cant. d'Hirsingen. P. 373 h.

FELDKIRCH, vg. *H.-Rhin* (Alsace), arr. et à 27 k. de Colmar, cant. et ⊠ de Soultz. Pop. 470 h.

FÉLICETO, vg. *Corse*, arr. et à 20 k. de Calvi, cant. d'Alcajola, ⊠ de l'Isle-Rousse. Pop. 588 h.

FÉLICIEN (St-), bg *Ardèche* (Vivarais), arr. et à 23 k. de Tournon, chef-l. de cant. Cure. ⊠. A 533 k. de Paris pour la taxe des lettres. Pop. 2,066 h. — TERRAIN cristallisé ou primitif. — *Fabriques* de draps. — *Foires* les 3 fév., 29 août, 22 nov., 31 déc. et mardi après Quasimodo.

FÉLINE (la), vg. *Allier* (Bourbonnais), arr. et à 43 k. de Gannat, cant. et ⊠ de St-Pourçain. Pop. 499 h.

FÉLINES, vg. *Ardèche* (Vivarais), arr. et à 34 k. de Tournon, cant. et ⊠ de Serrières. Pop. 832 h.

FÉLINES, vg. *Aude* (Languedoc), arr. et à 50 k. de Carcassonne, cant. de Mouthoumet, ⊠ de Davejean. Pop. 213 h.

FÉLINES, vg. *Drôme* (Danphiné), arr. et à 45 k. de Die, cant. de Bourdeaux, ⊠ de Saillans. Pop. 272 h.

FÉLINES, vg. *H.-Loire* (Auvergne), arr. et à 34 k. de Brioude, cant. et ⊠ de la Chaise-Dieu. Pop. 955 h.

FÉLINES, vg. *Puy-de-Dôme*, comm. de Rouzières, ⊠ d'Issoire.

FÉLINES-HAUTPOUL, vg. *Hérault* (Languedoc), arr. et à 29 k. de St-Pons, cant. d'Olonzac, ⊠ d'Azille. Pop. 859 h. Sur l'Ognon. — Carrières de marbres très-beaux et très-estimés : le griotte passe pour marbre d'Italie ; l'œil de perdrix des quatre premières qualités est aussi très-recherché.

FÉLIU-D'AMON (St-), *Pyrénées-Or.* (Roussillon), arr. et à 14 k. de Perpignan, cant. et ⊠ de Millas. Pop. 435 h.

FÉLIU-D'AVAL (St-), vg. *Pyrénées-Or.* (Roussillon), arr. et à 9 k. de Perpignan, cant. et ⊠ de Millas. Pop. 1,278 h.

FÉLIX (St-), vg. *Allier* (Bourbonnais), arr. de la Palisse, à 15 k. de Cusset, cant. de Varennes-sur-Allier, ⊠ de St-Gérand-le-Puy. Pop. 311 h.

FÉLIX (St-), vg. *Charente* (Saintonge), arr. et à 18 k. de Barbezieux, cant. et ⊠ de Brossac. Pop. 464 h.

FÉLIX (St-), vg. *Charente-Inf.* (Saintonge), arr. et à 22 k. de St-Jean-d'Angely, cant. et ⊠ de Loulay. Pop. 512 h.

FÉLIX (St-), ou ST-FÉLIX-DE-CARAMAN, jolie petite ville, *H.-Garonne* (Languedoc), arr. et à 18 k. de Villefranche-de-Lauragais, cant. et ⊠ de Revel. Pop. 2,698 h. — Elle est bien bâtie en pierre, et possède plusieurs habitations remarquables ; la promenade publique domine la plaine de Revel, à l'extrémité de laquelle s'élève la montagne Noire, d'où descend la plus grande partie des eaux qui alimentent le canal du Midi. En 1167, il s'y tint une assemblée générale des Albigeois, qui y nommèrent un pape du nom de Néquinta. — Aux environs et non loin du bassin de Naurouse, on voit un obélisque élevé à la mémoire de l'immortel Riquet.

PATRIE de G.-Th. VILLENAVE, historien et littérateur, membre de la société royale des antiquaires de France.

Foires le 1er jeudi après la Pentecôte et 1er mardi après la Toussaint.

FÉLIX (St-), vg. *Loiret*, comm. de Guignonville-Bazinville, ⊠ de Pithiviers.

FÉLIX (St-), *Lot* (Quercy), arr., cant., ⊠ et à 9 k. de Figeac. Pop. 1,144 h.

FÉLIX (St-), vg. *Oise* (Picardie), arr. et à 12 k. de Clermont, cant. et ⊠ de Mouy. Pop. 294 h.

FÉLIX - DE - BANIÈRES (St-), vg. *Lot*, comm. de St-Michel-de-Banières, ✉ de Martel.

FÉLIX-DE-BOURDEILLE (St-), vg. *Dordogne* (Périgord), arr. et à 22 k. de Nontron, cant. et ✉ de Mareuil. Pop. 323 h.

FÉLIX-DE-CARAMAN (St-). V. Félix (St-).

FÉLIX-DE-CHATEAUNEUF (St-), vg. *Ardèche* (Vivarais), arr. et à 32 k. de Tournon, cant. et ✉ de Vernoux. Pop. 541 h. — *Foire* le 2 janv.

FÉLIX-DE-LA-GARCONIE (St-), vg. *Aveyron*, comm. d'Anglars, ✉ de Rignac.

FÉLIX-DE-L'HÉRAS (St-), vg. *Hérault* (Languedoc), arr., ✉ et à 15 k. de Lodève, cant. du Caylar. Pop. 132 h.

FÉLIX-DE-LODÈVE (St-), vg. *Hérault* (Languedoc), arr. et à 13 k. de Lodève, cant. et ✉ de Clermont. Pop. 521 h.

FÉLIX-DE-LUNEL (St-), vg. *Aveyron* (Rouergue), arr. et à 28 k. de Rodez, cant. de Conques, ✉ de Villecomtal. Pop. 878 h.

FÉLIX-DE-PALLIÈRES (St-), vg. *Gard* (Languedoc), arr. et à 48 k. du Vigan, cant. et ✉ de Lasalle. Pop. 404 h.

On remarque dans ce village une fontaine dont on a cru longtemps que les eaux avaient une propriété particulière. Lorsqu'on y jette (en toute saison, excepté en hiver) une feuille d'arbre ou le cadavre de quelque petit animal, on n'y trouve plus en effet le lendemain que le réseau formé par les fibres ligneuses de la feuille ou le squelette de l'animal dépouillé, nettoyé et disséqué comme aurait pu le faire un habile préparateur. L'ébullition de l'eau de cette fontaine y a fait reconnaître l'existence d'une multitude de petites crevettes presque microscopiques, qui deviennent rouges par l'action du feu : c'étaient les anatomistes de la fontaine : ces crevettes, très-nombreuses dans les puits et dans les sources des Cévennes, sont nommées *trinquetailles* par les habitants du pays.

FÉLIX-DE-POMMIERS (St-), vg. *Gironde* (Guienne), arr. et à 12 k. de la Réole, cant. et ✉ de Sauveterre. Pop. 260 h.

FÉLIX-DE-REILLAC (St-), vg. *Dordogne* (Périgord), arr. et à 32 k. de Sarlat, cant. et ✉ du Bugue. P. 699 h.

FÉLIX-DE-RIEUTORT (St-), vg. *Ariége* (pays de Foix), arr. et à 10 k. de Pamiers, cant. et ✉ de Varilles. Pop. 195 h.

FÉLIX-DE-SORGUES (St-), vg. *Aveyron* (Rouergue), arr., ✉ et à 15 k. de St-Affrique, cant. de Camarès. Pop. 890 h. — Il est bâti sur un coteau et domine un vallon agréable, varié par des vergers, des vignes, des prairies, et arrosé par la Sorgue. — *Fabriques* de draps. Filatures de laine. — *Foires* les 9 sept. et 1er déc.

FÉLIX-DE-TOURNEGAT (St-), vg. *Ariége* (Languedoc), arr. et à 10 k. de Pamiers, cant. et ✉ de Mirepoix. Pop. 456 h.

FÉLIX-DE-VILLADOIX (St-), vg. *Dordogne* (Périgord), arr. et à 22 k. de Bergerac, cant. et ✉ de la Linde. Pop. 730 h.

FÉLIX-PUECH-CARLES (St-), vg. *Aveyron*, comm. d'Onet-le-Château, ✉ de Rodez.

FELLERIES, vg. *Nord* (Flandre), arr., cant., ✉ et à 7 k. d'Avesnes. Pop. 1,753 h. — Carrières de marbre.

FELLERINGEN, ou Felleren, vg. *H.-Rhin* (Alsace), arr. et à 49 k. de Belfort, cant. de St-Marin, ✉ de Wesserling. Pop. 1,708 h.

FELLETIÈRES, vg. *Loire*, comm. de St-Romain-la-Motte, ✉ de St-Germain-l'Espinasse.

FELLETIN, *Fellesinum*, petite ville, *Creuse* (Marche), arr. et à 8 k. d'Aubusson, chef-l. de cant. Collége communal. Cure. ✉. A 367 k. de Paris pour la taxe des lettres. Pop. 3,814 h. — Terrain cristallisé ou primitif.

Autrefois diocèse de Limoges, parlement de Paris, intendance de Moulins, élection de Guéret, collége.

Felletin est une fort ancienne ville, bâtie dans une situation agréable et riante, sur le penchant d'un coteau au pied duquel coule la Creuse. Elle est désignée dans la Table de Peutinger et dans l'Itinéraire d'Antonin sous le nom d'*Aristodunum*; Vénus y était jadis adorée sous le surnom de Felix, comme principe de la fécondation universelle, dans un édifice curieux, qui aurait mérité d'être conservé, et dont M. de Miomandre, créateur d'une belle manufacture de papier, établie en 1808 dans cette ville, a donné la description. Cet édifice, dont on avait fait une caserne pour des prisonniers autrichiens, a été d'abord incendié, puis il a été démoli de fond en comble. Il avait servi longtemps d'église paroissiale.

Cette ville est dominée par une haute montagne, sur le sommet de laquelle existait autrefois un château désigné sous le nom de la Tour, où résidait quelquefois Orengarde, comtesse de la Marche, qui affranchit les habitants de Felletin de plusieurs impôts, notamment de celui que les seigneurs de Felletin levaient sur les femmes accouchées; impôt singulièrement odieux, dont la levée avait donné lieu à plusieurs violences de la part des officiers chargés de le percevoir. Orengarde en fit la remise à toutes les femmes, sous la condition de porter, en relevant de couches, une offrande d'huile pour l'entretien de la lampe de l'autel.

En 1128, la ville de Felletin fut presque entièrement consumée par un incendie. Le même malheur la ruina de nouveau en 1248; toutefois elle se releva promptement par son active industrie, et avait déjà, dès le XIVe siècle, des manufactures de draps assez importantes.

Patrie de Quinault, poète lyrique, mort à Paris en 1680.

Fabriques de draps, siamoises. Manufactures considérables de tapis ras et veloutés, moquettes, tapis jaspés à rouleaux, qui rivalisent avec les manufactures d'Aubusson. Filatures de laines. Tanneries. Teintureries. Belle papeterie. — Commerce de sel, bestiaux. Entrepôt de Lyon et Bordeaux. — *Foires* les 4 janv., 1er juillet, août, 3 nov., 19 déc., 2e, 4e et 6e vendredi de carême, lendemain de l'Ascension, vendredi après le 1er dimanche de l'octave, 1er vendredi de sept. et 1er lundi d'oct.

FELLUNS, vg. *Pyrénées-Or.* (Roussillon), arr., ✉ et à 30 k. de Prades, cant. de Sournia. Pop. 140 h.

FÉLON, vg. *H.-Rhin* (Alsace), arr., ✉ et à 12 k. de Belfort, cant. de Fontaine. Pop. 279 h.

FELZINS, vg. *Lot* (Quercy), arr., cant., ✉ et à 11 k. de Figeac. Pop. 818 h.

FENAIN, vg. *Nord* (Flandre), arr. et à 18 k. de Douai, cant. et ✉ de Marchiennes. Pop. 1,942 h. — *Fabrique* de fil à dentelles. Brasseries, teintureries, lavoirs de laines.

FENASSE (la), vg. *Tarn*, comm. de St-Lieux-la-Fenasse, ✉ de Réalmont.

FENAY, vg. *Côte-d'Or* (Bourgogne), arr. et à 10 k. de Dijon, cant. et ✉ de Gevrey. Pop. 405 h.

FENDEILLE, vg. *Aude* (Languedoc), arr., cant., ✉ et à 7 k. de Castelnaudary. P. 602 h. — *Foires* les 6 fév., 25 mai et 6 sept.

FENERY, vg. *Deux-Sèvres* (Poitou), arr., cant., ✉ et à 10 k. de Parthenay. Pop. 226 h.

FÉNÉTRANGE, ou Fenestrange, Finstringen, *Vistinga*, *Vinstringa*, jolie petite ville, *Meurthe* (Lorraine), arr. et à 16 k. de Sarrebourg, chef-l. de cant. Cure. Gîte d'étape. ✍. A 383 k. de Paris pour la taxe des lettres. Pop. 1,470 h. — Terrain du trias, marne irisée.

Cette ville est agréablement située sur la rive gauche de la Sarre, près de l'étang de Stock. C'est une ville assez bien bâtie, où l'on voit une église fort ancienne, un vieux château et une caserne de gendarmerie. C'était autrefois le siége des archimaréchaussées de l'empire d'Allemagne.

Le domaine de Fénestrange, qui avait autrefois titre de baronnie, peut être cité comme ayant donné lieu à l'un des plus scandaleux exemples de l'abus des domaines engagés. Le prix de l'engagement en avait été fixé à 1,200,000 livres, payables à l'État par le concessionnaire, le duc de Polignac; mais ce fut le trésor royal qui acquitta la somme. Un décret de l'assemblée constituante, du 14 février 1791, révoqua cette cession, « attendu qu'il résultait du registre particulier des décisions de finances, connu sous le nom de *livre rouge*, qu'il avait été accordé au duc et à la duchesse de Polignac une ordonnance au porteur du montant de la finance dudit engagement, lequel était compris dans le compte de l'exercice de 1782, en sorte qu'aucune finance effective n'avait réellement tourné au profit du trésor public. » Sous la restauration, des ministres, qui voulaient ramener les anciens abus, essayèrent deux fois de faire révoquer ce décret d'annulation; un premier projet de loi fut présenté sur ce but à la chambre des députés, le 20 avril 1816. En le produisant dans les derniers jours de la session prolongée au delà de six mois, on espérait le faire passer sans examen; mais les vues des ministres échouèrent. Le ministre Corvetto reproduisit le même projet de loi le 16 janvier de l'année suivante; mais l'évidence de la collusion, et peut-être aussi la crainte de révélations plus complètes encore, engagea les courtisans à retirer le projet de loi, que depuis ils n'osèrent reproduire.

Fabriques d'huiles. Tanneries très-importantes. Blanchisseries de toiles. — Foire le 5 oct.

FENÉTRAUD (le), vg. *Deux-Sèvres*, com. du Cormenier, ✉ de Beauvoir-sur-Niort.

FENEU, vg. *Maine-et-Loire* (Anjou), arr. et à 14 k. d'Angers, cant. de Briollay. Pop. 1,247 h. — *Foires* les 2ᵉ lundi d'avril, 28 juin et 11 nov.

FENEYROLS, vg. *Tarn-et-Garonne* (Rouergue), arr. et à 48 k. de Montauban, cant. et ✉ St-Antonin. Pop. 741 h.

FÉNIÈRES, vg. *Ain*, comm. de Thoiry, ✉ de St-Genis-Pouilly.

FÉNIÈRES (les), vg. *Dordogne*, comm. et ✉ de Jumilhac-le-Grand. — Forges et fonderie.

FÉNIERS, vg. *Creuse* (Auvergne), arr. et à 23 k. d'Aubusson, cant. et de Gentioux. Pop. 1,481 h. — *Foires* les 30 janv., 2 mars, 30 avril, 30 juillet, 30 sept. et 30 déc.

FENIOUX, vg. *Charente-Inf.* (Saintonge), arr. et à 8 k. de St-Jean-d'Angély, cant. et ✉ de St-Savinien. Pop. 354 h.

FENIOUX, vg. *Deux-Sèvres* (Poitou), arr. et à 30 k. de Niort, cant. et ✉ de Coulonges. Pop. 1,520 h. — On y remarque une belle église romane.

FENNEVILLE, vg. *Seine-et-Oise*, comm. de Brouy, ✉ de Gironville.

FENNEVILLER, vg. *Meurthe* (Lorraine), arr. et à 36 k. de Lunéville, cant. de Baccarat, ✉ de Badonviller. Pop. 271 h.

FENOLS, vg. *Tarn* (Languedoc), arr. ✉ et à 16 k. de Gaillac, cant. de Cadalen. Pop. 365 h.

FENOUILLÉ, vg. *Vendée* (Poitou), arr. et à 26 k. des Sables, cant. et ✉ de St-Gilles-sur-Vie. Pop. 724 h.

FENOUILLET, vg. *Aude* (Languedoc), arr. et à 21 k. de Limoux, cant. et ✉ d'Alaigne. Pop. 309 h.

FENOUILLET, vg. *H.-Garonne* (Languedoc), arr., cant. et à 12 k. de Toulouse, ✉ de St-Jory. Pop. 748 h.

FENOUILLET, vg. *Pyrénées-Or.* (Roussillon), arr. et à 56 k. de Perpignan, cant. de St-Paul-de-Fenouillet, ✉ de Caudiès-de-St-Paul. Pop. 244 h.

FEOLLE, vg. *Vendée*, comm. de la Réorthe, ✉ de Ste-Hermine.

FEPIN, vg. *Ardennes* (Flandre), arr. et à 22 k. de Rocroi, cant. et ✉ de Fumay. Pop. 391 h.

FERANDIÈRE (la), vg. *Isère*, comm. de Villeurbanne, ✉ de Lyon.

FÉRANGE, vg. *Moselle*, comm. d'Eberswiller, ✉ de Bouzonville.

FÉRANVILLE, vg. *Seine-et-Oise*, comm. de Flexanville, ✉ de la Queue-Gallus.

FERCÉ, vg. *Loire-Inf.* (Bretagne), arr. ✉ et à 10 k. de Châteaubriant, cant. de Rougé. Pop. 337 h. — Verrerie de verre blanc pour gobeleterie.

FERCÉ, bg *Sarthe* (Anjou), arr. et à 27 k. de la Flèche, cant. de Brulon, ✉ de Noyensur-Sarthe. Pop. 600 h.

FERCEAU-MOULIN, vg. *Moselle*, comm. de Maizières, ✉ de Metz.

FERCOURT-LE-PETIT, vg. *Oise*, comm. de Ste-Geneviève, ✉ de Noailles.

FERDRUPT, vg. *Vosges* (Lorraine), arr. de Remiremont, cant. de Ramonchamp, ✉ du Tillot. Pop. 1,062 h.

FÈRE (la), *Fara*, ville forte, *Aisne* (Picardie), arr. et à 25 k. de Laon, chef-l. de cant. Place de guerre de 4ᵉ classe. École d'artillerie. Arsenal de construction. Cure. Gîte d'étape. ✉. ⌚. A 129 k. de Paris pour la taxe des lettres. Pop. 3,911 h. — Terrain tertiaire moyen.

Autrefois diocèse de Laon et de Noyon ; parlement de Paris, intendance de Soissons, élection de Laon, bailliage, justice royale, gouvernement particulier, maîtrise des eaux et forêts, école d'artillerie, arsenal, moulin à poudre, fonderie de canons, 2 collégiales, abbaye de filles ordre de St-Benoît, couvent de capucins.

Dès le xᵉ siècle, la Fère était une place forte qui appartenait à l'évêque de Laon. Thibaut, comte de Blois, s'en empara en 958. Louis le Gros l'assiégea en 938. Cette ville fut érigée en commune en 1207. Le prince de Condé la prit par surprise en 1579. Le maréchal de Matignon la reprit en 1580. Les ligueurs la surprirent et s'en emparèrent en 1589. Henri IV la prit par capitulation en 1595. Elle se rendit aux Prussiens en 1814.

Après la journée de Waterloo, les Prussiens, attirés par l'importance de l'arsenal de la Fère, qui avait été réapprovisionné, se présentèrent devant cette place. Elle fut défendue avec la plus vive opiniâtreté, et dut sa conservation au chef d'escadron d'artillerie, Berthier, qui y commandait, et à la bravoure d'une faible garnison à laquelle s'était réunie la garde urbaine. Un blocus de près de cinq mois, les plus dures privations, rien ne put ébranler le courage et la constance des assiégés ; on vit même les femmes, s'élevant au-dessus de leur sexe, s'associer au péril commun, et exprimer leur indignation à la seule idée de subir le joug de l'étranger. Dans les derniers jours d'octobre, les Prussiens eurent ordre de lever le blocus. Ils y avaient mis la condition de traverser la ville ; elle leur fut refusée. L'espoir de vaincre par la lassitude cette noble résistance, les retint encore jusqu'au 5 novembre. Ils s'éloignèrent enfin, après avoir eux-mêmes rendu justice au courage de la garnison, et des habitants dans une lettre adressée au commandant de la place. Le roi fit donner de justes éloges aux assiégés par son ministre de la guerre. La garnison ne fut pas comprise dans le licenciement de l'armée.

Les **armes de la Fère** sont : facé de vair et de gueules de six pièces.

La Fère est une ville agréablement située dans un vallon entouré de coteaux boisés, sur l'Oise, un peu au-dessous du confluent de la Serre. Ce n'est que depuis 1690 qu'elle a été fermée par un mur d'enceinte.

L'école d'artillerie de la Fère, la plus ancienne de toutes celles qui existent en France, a été établie en 1719. Elle possède deux bâtiments très-considérables ; l'un sert de logement au commandant, l'autre, le château de la Fère, a été réparé à neuf pour être affecté au service de l'école. Cette école possède un polygone pour les exercices du canon, situé à 425 m. environ de la place, sur la route de Laon. C'est un champ de 50 hectares, fermé d'un rang d'arbres élevés qui en dessinent l'enceinte. A l'une des extrémités de ce polygone sont placées les diverses batteries, derrière lesquelles sont les magasins, et à l'autre sont élevées deux grandes buttes de terre sur lesquelles le tir est dirigé. L'arsenal de construction est aussi le plus ancien établissement de ce genre. Il renferme de vastes terrains et bâtiments formant un tiers de la surface de la ville. — Les casernes se composent du quartier neuf, du quartier vieux, des pavillons d'officiers, destinés à recevoir 80 officiers et 1,600 hommes, nombre auquel s'élève la garnison de la place ; 160 chevaux peuvent être placés dans les écuries. En avant de ce corps de casernes est une esplanade servant aux exercices et manœuvres des troupes à pied.

Biographie. Patrie de Ch. de Bourbon, fantôme de roi sous la Ligue.

De Louis de Bourbon, prince de Condé, massacré de sang-froid après la bataille de Jarnac, où il avait fait des prodiges de valeur.

De L.-J.-C. D'Urtubie, général d'artillerie, né en 1730, mort en 1809.

De T.-B.-S. D'Urtubie, frère du précédent, général d'artillerie, mort en 1807.

Du général Gabriel d'Aboville, mort en 1820.

Du comte Marie d'Aboville, membre de la chambre de pairs, mort en 1819.

Fabriques de savon gras. Scieries de planches. Martinets. Moulins à poudre. — *Commerce* de grains, vins, laines, toiles, charbon de terre, chevaux, etc. — *Foires* les 2ᵉˢ mardis de chaque mois et le 25 sept.

Bibliographie. * *La Prise de la ville de la Fère, en Picardie, par M. le marquis de Pienne*, in-8, 1589.

FÈRE (canal de la), *Aisne*. Ce canal est un petit embranchement de celui de St-Quentin ; il a sa prise d'eau au bassin de Fargniers, au-dessus de Chauny, et se termine à la Fère. V. Canal de St-Quentin.

FEREBRIANGES, vg. *Marne* (Champagne), arr. et à 22 k. d'Epernay, cant. de Montmort, ✉ d'Etoges. Pop. 362 h.

FÉRÉE (la), vg. *Ardennes* (Champagne), arr. et à 30 k. de Rocroi, cant. de Rumigny, ✉ de Brunhamel. Pop. 526 h.

FÈRE-CHAMPENOISE, *Fara Campanensis*, petite ville, *Marne* (Champagne), arr. à 35 k. d'Epernay, chef-l. de cant. Cure. Gîte d'étape. ✉. ⌚. A 136 k. de Paris pour la taxe des lettres. Pop. 2,118 h. — Terrain crétacé supérieur, craie blanche.

Autrefois diocèse, intendance et élection de Châlons, parlement de Paris.

Elle est fort agréablement située, sur la rivière de Fleurs.

Les environs de Fère-Champenoise ont été le théâtre d'une bataille désastreuse qui ouvrit aux alliés le chemin de la capitale. Le 25 mars 1814, les maréchaux Marmont et Mortier cherchaient à joindre Napoléon, lorsque la cavalerie ennemie les attaqua, les sépara et les contraignit à reculer. Ils s'étaient à peine ralliés, qu'une seconde colonne austro-russe les rompit de nouveau. Après sept heures d'engagement ils espéraient gagner les hauteurs de Fère-Champenoise; mais un orage violent seconda encore les attaques des ennemis et augmenta le désordre de la retraite. Dépostés à deux reprises, à Fère et à Linthes, ils ne parvinrent qu'à la nuit à trouver une position où ils pussent se maintenir, entre Sézanne et Allement. Sur ces entrefaites, une colonne de 5,000 baïonnettes, composée des divisions Pacthod et Amey, qui venaient de se réunir aux deux maréchaux, étonna et inquiéta l'ennemi en débouchant inopinément devant lui, et tous les efforts des alliés se tournèrent contre elle. La cavalerie de Laugeron et de Sacken la forcèrent de quitter la route et de se retirer à travers champs sur Fère-Champenoise. Un nouveau détachement de cavaliers russes vint alors lui barrer le chemin. Les deux généraux ne perdaient pas courage; ils entendaient le canon de Marmont, et comptaient encore le rallier. Vain espoir! Comme ils s'avançaient, formés en carrés, bravant les efforts des escadrons qui les enveloppaient, la cavalerie de réserve de Schwartzenberg s'élança contre eux. En même temps ces braves furent accablés sous le feu d'une artillerie formidable. Entourés d'une masse de 20,000 chevaux, criblés de mitraille, ils répondent par un feu terrible. On les somme de déposer les armes; ils puisent de nouvelles forces dans la grandeur du péril, et préfèrent arroser de leur sang le sol de la patrie. Les deux divisions succombèrent avec gloire, non sans faire essuyer aux ennemis des pertes énormes. A peine un petit nombre parvint-il à rejoindre le corps du général Vincent.

Fabriques de toiles et de tuyaux sans couture. — *Foires* les 1er mars, 3 mai, 1er sept. et 25 nov. (2 jours).

FÈRE-EN-TARDENOIS, *Fara in Tardenia*, petite ville, Aisne (Champagne), arr. et à 20 k. de Château-Thierry, chef-l. de cant. Cure. ✉. A 118 k. de Paris pour la taxe des lettres. Pop. 2,461 h. — Terrain tertiaire supérieur.

Autrefois diocèse et intendance de Soissons, parlement de Paris, élection de Château-Thierry, maîtrise particulière.

Si l'on en croit Valois et Ducange, le nom de Fère, *Fara*, aurait une origine gauloise, et désignerait des amas de familles réunies en un même endroit, et des partages faits entre elles. Robert, comte de Dreux, qui commandait à la bataille de Bouvines, rendit foi et hommage à la comtesse Blanche de Champagne, pour sa terre de la Fère, sous la condition de pouvoir y bâtir une forteresse, dont les ruines sont encore remarquables par leurs grandes dimensions, et même par l'élégance de leur architecture. — Le château de Fère-en-Tardenois a été bâti vers 1206, sur un plateau octogone, contenu par un mur de 33 m. de hauteur. Il était composé de huit tours, qui paraissent avoir eu environ 20 m. d'élévation, si l'on en juge par ce qui subsiste encore. Le pont-levis qui conduisait à la contrescarpe a été remplacé, en 1539, d'après les ordres d'Anne de Montmorency, par une belle galerie de 60 m. d'élévation, sur une longueur de 55 m. Les connaisseurs en admirent surtout l'entrée, dont les colonnes sont d'ordre ionique. L'élégance des demi-reliefs autorise à croire que cette architecture est l'ouvrage de Jean Goujon. Les arches à plein cintre qui supportent cette galerie sont au nombre de cinq, et ont environ 20 m. de hauteur.

Cette ville fut prise par les calvinistes en 1567. Elle tomba au pouvoir des ligueurs en 1589; Maulevrier, capitaine royaliste, la reprit en 1590. Les Espagnols la pillèrent en 1652.

Fabrique de bas et de chaussons de laine, poterie de terre, sabots, huile. — *Commerce* de grains, graines diverses, vin, chanvre, laines, bois, chevaux, etc. — *Foires* le 13 janv., le mercredi de la 4e semaine de carême, 25 juin, 29 septembre et le 2e mercredi de chaque mois. — *Marchés* les mardi et samedi de chaque semaine.

Bibliographie. JARDEL. *Lettre écrite de Braine sur quelques antiquités trouvées près de la Fère-en-Tardenois le 3 décembre 1765* (Mercure, 1766, p. 74-85).

FÉREL, vg. *Morbihan* (Bretagne), arr. et à 46 k. de Vannes, cant. et ✉ de la Roche-Bernard. Pop. 1,407 h. — Foires les 13 août et mardi après la Pentecôte.

FÉRÉOL (St-), vg. *Drôme* (Dauphiné), arr., cant., ✉ et à 13 k. de Nyons. Pop. 454 h.

FÉRÉOL (St-), vg. *H.-Garonne* (Comminges), arr. et à 30 k. de St-Gaudens, cant. et ✉ de Boulogne. Pop. 250 h.

FÉRÉOL-DES-COTES (St-), vg. *Puy-de-Dôme* (Auvergne), arr., cant., ✉ et à 5 k. d'Ambert. Pop. 1,254 h.

FÉRÉOLLE (Ste-), bg *Corrèze* (Limousin), arr. à 12 k. de Brives, cant. et ✉ de Donzenac. Pop. 2,506 h. — *Foires* les 21 janv. et 8 mai.

FÉRESNE (lat. 51°, long. 24°). « C'est ainsi qu'on lit dans la Table théodosienne, une voie qui, dans l'intervalle de Tongres à Nimègue, descend le long de la Meuse, sur le bord de laquelle elle rencontre un autre lieu, dont le nom actuel, de Blérick vis-à-vis de Venlo, retrace l'ancienne dénomination de *Blariacum*, qu'on trouve dans la Table. Elle fait compter 26 en deux distances, XII et XIIII, en remontant de *Blariacum* à *Feresne*, vers Tongres, et la mesure de cet espace conduit de Blérick à Reckem, qui est situé un peu plus bas que Mastricht. Je ne vois d'autre difficulté dans cette position de Reckem, que celle de ne pouvoir compter que 12 lieues gauloises jusqu'à Tongres, quoique la Table marque XVI. Mais ce qui vient du local étant positif, il s'ensuit que la Table est dans le cas de souffrir quelque réforme, en quelque intervalle que ce soit, dans ce qui est compris entre Tongres et *Blaria-cum*, ou Blérick. » D'Anville. *Notice de l'ancienne Gaule,* p. 299.

FERETS (les), vg. *Seine-et-Oise*, comm. de Montalet-le-Bois, ✉ de Meulan.

FERETTE (la), vg. *Eure-et-Loir*, comm. de St-Lubin-des-Joncherets, ✉ de Nonancourt.

FERFAYE, vg. *Pas-de-Calais* (Artois), arr. et à 20 k. de Béthune, cant. de Norrent-Fontès, ✉ de Lillers. Pop. 312 h.

FERGASSE (la), *Loire,* comm. de Cottance, ✉ de Feurs.

FERGEUX (St-), vg. *Ardennes* (Champagne), arr. et à 15 k. de Réthel, cant. et ✉ de Château-Porcien. Pop. 573 h.

FÉRICI, vg. *Seine-et-Marne* (Gatinais), arr. à 16 k. de Melun, cant. et ✉ du Châtelet. Pop. 650 h.

FÉRIN, vg. *Nord* (Flandre), arr., cant., ✉ et à 5 h. de Douai. Pop. 627 h.

FERJEUX (St-), vg. *Doubs*, comm. et ✉ de Besançon.

FERJEUX (St-), vg. *H.-Saône* (Franche-Comté), arr. et à 18 k. de Lure, cant. et ✉ de Villersexel. Pop. 126 h.

FERJUS, vg. *Yonne*, comm. de Villeblevin, ✉ de Villeneuve-la-Guyard.

FERLAJA, vg. *Corse*, comm. de Monte, ✉ de la Porta.

FERLINGHEM, vg. *Pas-de-Calais*, comm. de Brêmes, ✉ d'Ardres.

FERLUE, vg. *Lozère*, comm. de St-Alban, ✉ de Serverette.

FERMAINCOURT, vg. *Eure-et-Loir*, comm. de Chérisy, ✉ de Dreux.

FERMANVILLE, vg. *Manche* (Normandie), arr. et à 15 k. de Cherbourg, cant. et ✉ de St-Pierre-Eglise. Pop. 2,009 h.

FERME (St-), vg. *Gironde* (Bazadois), arr. et à 18 k. de la Réole, cant. de Pellegrue, ✉ de Monségur. Pop. 956 h.

FERME-DE-PARIS (la), vg. *Aisne*, comm. de Coupru, ✉ de Charly. ✉.

FERME-DU-BOIS (la), vg. *Nord,* comm. de Steenwerck, ✉ de Bailleul.

FERMETÉ (la), vg. *Nièvre* (Nivernais), arr. et à 20 k. de Nevers, cant. et ✉ de St-Benin-d'Azy. Pop. 1,036 h. — Forges et aciéries, haut fourneau. Exploitation de pierres meulières. — *Foires* les 15 mars, 17 mai, 7 juin et 11 oct.

FERMETÉ (la), vg. *Seine-et-Marne*, comm. de Quiers, ✉ de Mormant.

FERMONT, vg. *Moselle*, comm. de Montigny-sur-Chiers, ✉ de Longuyon.

FERNAND, vg. *Lot-et-Garonne*, comm. et ✉ de Clairac.

FERNEX, FERNEY, FERNEY-VOLTAIRE, joli bourg, *Ain* (pays de Gex), arr., bureau d'enregist. et à 10 k. de Gex, chef-l. de cant. Cure. ✉. A 485 k. de Paris pour la taxe des lettres; 2 k. de Genève. Pop. 1,214 h.

Ce bourg est bâti au pied de la chaîne du Jura, dans un charmant vallon entrecoupé de prairies, de bouquets de bois et de terres labourables entourées de haies vives, qui offrent une variété de culture des plus agréables. En 1758, ce n'était qu'un hameau marécageux, composé de quarante-neuf habitants. Voltaire forma le projet, en 1768, d'y établir une fabrique, et en peu de temps il fit édifier cent dix maisons. Voulant assurer quelque solidité à cette manufacture, il engagea le célèbre horloger Lépine à établir un comptoir à Ferney. Bientôt toutes les pièces d'une montre s'y fabriquèrent; huit cents ouvriers travaillaient pour cette manufacture; quatre mille montres emboîtées en sortaient par an et s'expédiaient en partie pour l'étranger. Mais, après la mort du philosophe, l'horlogerie du canton de Gex tourmentée par l'introduction de la maîtrise, et depuis 1815 elle a été considérablement entravée par la nouvelle circonscription du territoire, Ferney se trouvant placé à 25 k. au delà de la ligne des douanes, dont les premiers bureaux sont à Mijoux et aux Rousses : aussi le nombre des ouvriers ne s'y élève-t-il pas au delà de deux cents, qui travaillent en partie pour Genève.

Ferney est un fort joli endroit, consistant seulement en deux longues rangées de maisons agréables qui bordent le grand chemin des deux côtés, et sont construites avec une régularité qui satisfait l'œil sans être monotone. Le genre d'architecture est simple, mais du meilleur goût; ce sont pour la plupart de petits pavillons carrés peu élevés, séparés entre eux, bien percés, bien couverts, précédés le plus souvent de petites cours ombragées par des arbres d'agrément, décorés de grilles en fer ou en bois, et quelquefois même accompagnés de jardins artistement plantés. Les deux rangs de maisons qui bordent longtemps la route en allant à Genève, et qui presque toutes doivent leur existence au philosophe de Ferney, sont ou des hôtelleries que l'affluence des curieux nécessitait, ou la demeure des artistes qu'il avait appelés, et qui ont trouvé près de lui des encouragements pour leur industrie, l'aisance et le bonheur.

La jolie maison que Voltaire fit bâtir à Ferney, et qu'il habita pendant plus de vingt ans, se fait remarquer par son élégante simplicité. Elle est située à l'extrémité occidentale du bourg, au pied des montagnes, sur une petite éminence qui domine un bassin magnifique. De cet endroit, on découvre dans l'éloignement une partie du riant pays de la Savoie, au-dessus desquelles le Mont-Blanc élève sa cime majestueuse, la ville de Genève et les bords de son lac enchanteur, dont on ne peut parler sans plaisir et sans y allier le souvenir de Rousseau, qui le regrettait en ces termes attendrissants : « O lac sur les bords duquel j'ai passé les douces heures de mon enfance ! charmant paysage où j'ai vu pour la première fois le majestueux et touchant lever du soleil ; où j'ai senti les premières émotions du cœur, les premiers élans d'un génie devenu depuis trop célèbre ! hélas ! je ne vous reverrai plus ! Ces clochers qui s'élèvent au milieu des chênes et des sapins, ces troupeaux bêlants, ces ateliers, ces fabriques bizarrement épars sur ces torrents, dans des précipices, au haut des rochers, ces arbres vénérables, ces sources, ces prairies, ces montagnes qui m'ont vu naître, elles ne me reverront plus. »

On arrive à cette charmante habitation par une avenue de tilleuls qui coupe le grand chemin par un angle droit. Le bâtiment est de forme longue : il est agréable, mais simple ; c'est l'habitation régulière et bien distribuée d'un citoyen aisé, mais non la demeure somptueuse d'un seigneur opulent. L'appartement qui se présente en face de l'entrée principale était le cabinet d'étude de Voltaire ; situé au rez-de-chaussée, bien éclairé sur le jardin par des portes vitrées, il avait également la vue libre sur l'esplanade : au bout de ce cabinet, à gauche, était la chambre à coucher.

Fabriques d'horlogerie, de faïence commune et de poterie de terre. — *Foires* les 19 avril, 21 oct. et 1er déc.

Bibliographie. DUFRESNE (J.-A.). *Encore une visite au château de Ferney-Voltaire*, in-8, 1834.

FERNOEL, vg. *Puy-de-Dôme* (Auvergne), arr. et à 7 k. de Riom, cant. et ✉ de Pont-au-Mur. Pop. 562 h.

FEROLLE, vg. *Seine-et-Marne*, comm. de la Chapelle-sur-Crécy, ✉ de Crécy.

FÉROLLES, ou FÉROLLES-LA-QUEUVRE, vg. *Loiret* (Orléanais), arr. et à 18 k. d'Orléans, cant. et ✉ de Jargeau. Pop. 729 h.

FÉROLLES, vg. *Seine-et-Marne* (Ile-de-France), arr. et à 23 k. de Melun, cant. de Brie-Comte-Robert. Pop. 315 h.

FERON, vg. *Nord* (Flandre), arr., ✉ et à 10 k. d'Avesnes, cant. de Trélon. Pop. 655 h. — On y trouve une source d'eau minérale ferrugineuse. — Exploitation de minerai de fer. Carrières de marbre.

FERQUES, vg. *Pas-de-Calais* (Boulonnais), arr. et à 19 k. de Boulogne-sur-Mer, cant. et ✉ de Marquise. Pop. 819 h. — Exploitation de houille.

FERRALS, vg. *Aude* (Languedoc), arr. et à 27 k. de Narbonne, cant. et ✉ de Lézignan. Pop. 742 h.

FERRALS-LES-MONTAGNES, vg. *Hérault* (Languedoc), arr. et à 36 k. de St-Pons, cant. d'Olonzac, ✉ de la Bastide-Rouairoux. Pop. 1,116 h. — *Foires* les 29 juin et 5 nov.

FERRAN, vg. *Aude* (Languedoc), arr. et à 18 k. de Limoux, cant. et ✉ d'Alaigne. Pop. 247 h.

FERRASSIÈRES, vg. *Drôme* (Dauphiné), arr. et à 71 k. de Nyons, cant. de Séderon. Pop. 433 h. — On y voit un vaste château, entouré de remparts flanqués de tours, assez bien conservé. — *Foires* le 1er lundi après le 28 août.

FERRÉ (le), vg. *Ille-et-Vilaine* (Bretagne), arr. à 18 k. de Fougères, cant. et ✉ de Louvigné-du-Désert. Pop. 1,650 h. — Tanneries et corroieries.

FERRENSAC, vg. *Lot-et-Garonne* (Agénois), arr. et à 32 k. de Villeneuve-sur-Lot, cant. et ✉ de Castillonnès. Pop. 660 h.

FERRÉOL (St-), vg. *Ariège*, comm. et ✉ du Mas-d'Azil.

FERRÉOL (St-), vg. *Hérault*, comm. de Nisas, ✉ de Pézenas.

FERRÉOL-D'AUROURE (St-), vg. *H.-Loire* (Forez), arr. et à 32 k. d'Yssengeaux, cant. et ✉ de St-Didier-la-Séauve. P. 1,491 h. Papeterie.

FERRÉOL-DE-COHADE (St-), vg. *H.-Loire* (Auvergne), arr., cant., ✉ et à 6 k. de Brioude. Pop. 613 h.

FERRÈRE, vg. *H.-Pyrénées* (Béarn), arr. et à 55 k. de Bagnères-de-Bigorre, cant. de Mauléon-Barousse, ✉ de St-Bertrand. Pop. 461 h.

FERRES (les), vg. *Var* (Provence), arr. et à 86 k. de Grasse, cant. de Coursegoules, ✉ de Vence. Pop. 349 h.

FERRETTE, ou PFIRT, *Fierritum*, petite ville, *H.-Rhin* (Alsace), arr. et à 17 k. d'Altkirch, chef-l. de cant. Cure. ✉. A 472 k. de Paris pour la taxe des lettres. Pop. 790 h. — Terrain tertiaire supérieur.

C'était autrefois le chef-lieu d'un comté fondé en 1103, et démembré du comté de Montbéliard. En 1324, le comté de Ferrette fut réuni au landgraviat de la haute Alsace, qui fut cédé à la France en 1648 par le traité de Westphalie. Plus tard, Louis XIV gratifia du comté de Ferrette le cardinal de Mazarin.

Cette ville est bâtie sur la pente d'une montagne dont le sommet est couronné par un des plus beaux châteaux du moyen âge, où l'on voit un puits taillé dans le roc, dont la profondeur est, dit-on, de plus de 200 m. Les habitants de Bâle l'incendièrent en 1445 ; les Suédois s'en emparèrent ainsi que du château en 1633.

Non loin du vieux Ferrette, qui semble être un faubourg de la ville, on voit dans une profonde solitude le vieux monastère de Luppach, où Delille vint chercher une retraite en 1793.

PATRIE de LAMARTELLIÈRE, littérateur et auteur dramatique.

Fabriques de calicots. — *Foires* les 1er mardi de carême, mardi après la mi-carême, mardi de Pâques, mardi après la St-Henri, après la Nativité, après la St-Luc, après la St-Nicolas, après la Pentecôte.

FERREUX, vg. *Aube* (Champagne), arr., ✉ et à 12 k. de Nogent-sur-Seine, cant. de Romilly-sur-Seine. Pop. 371 h.

FERRIÈRE, vg. *Cantal*, comm. de St-Mary-le-Cros, ✉ de Massiac. ⚒.

FERRIÈRE (la), vg. *Côtes-du-Nord* (Bretagne), arr., ✉ et à 15 k. de Loudéac, cant. de la Chèze. Pop. 696 h.

FERRIÈRE (la), ou VAL-GERMOND, vg. *Eure-et-Loir* (Beauce), arr. de Nogent-le-Rotrou, cant. et ✉ de la Loupe. Pop. 131 h.

FERRIÈRE, vg. *Indre-et-Loire* (Touraine), arr., cant., ✉ et à 4 k. de Loches. Pop. 280 h.

FERRIÈRE (la), vg. *Indre-et-Loire* (Touraine), arr. et à 32 k. de Tours, cant. et ✉ de Neuvy-le-Roi. Pop. 489 h.

FERRIÈRE (la), vg. *Isère* (Dauphiné), arr. et à 58 k. de Grenoble, cant. et ✉ d'Allevard. Pop. 1,125 h.

CHÂTEAU DE FERRIERES.

Habitation de M. de Rothschild.

FERRIÈRE (la), vg. *Maine-et-Loire* (Anjou), arr., cant., ✉ et à 7 k. de Ségré. P. 515 h.

FERRIÈRE, vg. *H.-Marne* (Champagne), arr. et à 20 k. de Vassy, cant. et ✉ de Joinville. Pop. 250 h.

FERRIÈRE, vg. *Nièvre*, comm. de Challement, ✉ de Tannay.

FERRIÈRE (la), vg. *Deux-Sèvres* (Poitou), arr., ✉ et à 16 k. de Parthenay, cant. de Thénezay. Pop. 719 h.

FERRIÈRE (la), ou FERRIÈRE-AUX-CHAPELETS, vg. *Vendée* (Poitou), arr., ✉ et à 10 k. de Bourbon-Vendée, cant. des Essarts. Pop. 1,665 h. — Foire le 2ᵉ jeudi de mai.

FERRIÈRE (la), vg. *Vienne* (Poitou), arr. et à 24 k. de Civray, cant. et ✉ de Gençais. Pop. 500 h.

FERRIÈRE-AU-DOYEN (la), vg. *Calvados* (Normandie), arr. et à 24 k. de Vire, cant. d'Aulnay-sur-Odon, ✉ de Mesnil-Auzouf. Pop. 200 h.

FERRIÈRE-AU-DOYEN (la), vg. *Orne* (Normandie), arr. et à 22 k. de Mortagne-sur-Huîne, cant. et ✉ de Moulins-la-Marche. Pop. 701 h.

FERRIÈRE-AUX-ÉTANGS (la), vg. *Orne* (Normandie), arr. et à 14 k. de Domfront, cant. de Messey. ✉. A 250 k. de Paris pour la taxe des lettres. Pop. 1,502 h.

FERRIÈRE-BÉCHET (la), *Ferreria*, vg. *Orne* (Normandie), arr. et à 20 k. d'Alençon, cant. et ✉ [...]. Pop. 384 h.

FERR[...] [...]OCHARD (la), vg. *Orne* (Normand[...] [...]nt., ✉ et à 13 k. d'Alen[...] Pop [...]

[...] (la), vg. *Calvados* [...] de Vire, cant. et [...] 130 h.

FER[...] [...] (la), vg. *Calvados* ([...]ormandie) [...] à 16 k. de Vire, cant. de Bény-Bocage. Pop. 864 h.

FERRIÈRE-HAUT-CLOCHER, *Ferrariæ*, vg. *Eure* (Normandie), arr. et à 15 k. d'Evreux, cant. et ✉ de Conches. Pop. 457 h.

FERRIÈRE-LA-GRANDE, vg. *Nord* (Flandre), arr. et à 8 k. d'Avesnes, cant. et ✉ de Maubeuge. Pop. 1,217 h. — Carrières de marbre et de pierres de taille. Hauts fourneaux à l'anglaise.

FERRIÈRE-LA-PETITE, vg. *Nord* (Flandre), arr. et à 18 k. d'Avesnes, cant. et ✉ de Maubeuge. Pop. 753 h. — Fabriques de faïence et de poterie de grès. Carrières de marbre.

FERRIÈRE-LARÇON, vg. *Indre-et-Loire* (Touraine), arr. et à 19 k. de Loches, cant. de Pressigny-le-Grand, ✉ de Liguéil. P. 1,023 h. — L'église paroissiale, qui date du XIᵉ siècle, est remarquable par la hardiesse de son architecture, et paraît avoir été destinée à quelque corporation célèbre. — *Fabriques* de toiles. — *Foire* le 7 mai.

FERRIÈRE-LA-VERRERIE, vg. *Orne* (Normandie), arr. et à 42 k. d'Alençon, cant. de Courtomer, ✉ de Ste-Scolasse. Pop. 739 h.

FERRIÈRE-SUR-RISLE, *Ferraria*, bg *Eure* (Normandie), arr. et à 32 k. d'Evreux, cant. de Conches. ✉ A 132 k. de Paris pour la taxe des lettres. Pop. 590 h. — Ce bourg, situé sur la rive droite de la Rille, était autrefois défendu par un château fort dont on aperçoit encore quelques vestiges. En 1205, Philippe Auguste accorda aux habitants une charte de commune.

PATRIE de M. BRÉANT, métallurgiste distingué, vérificateur général des essais à la monnaie de Paris, auquel les arts sont redevables de plusieurs belles découvertes.

Forges et hauts fourneaux. — *Foires* les 20 janv., 23 avril, 23 juillet et 2 nov. — Marché tous les samedis.

FERRIÈRE-ST-HILAIRE, *Ferrariæ*, vg. *Eure* (Normandie), arr. et à 7 k. de Bernay, cant. et ✉ de Broglie. Pop. 506 h.

Vers 1035, pendant les troubles qui accompagnèrent la jeunesse de Guillaume le Bâtard, le baron de Ferrières établit un château, l'un des plus vastes et des plus forts de toute la contrée. Peu après, le comte de Montfort se mit en campagne contre lui : ils eurent un combat si acharné qu'ils périrent tous les deux sur la place avec nombre de leurs amis. Le château avait encore de l'importance au XIVᵉ siècle, dans le temps des guerres de Charles le Mauvais, à la suite desquelles il paraît avoir été abandonné. On en voit encore les énormes fossés formant une enceinte qui n'a pas moins de 1,500 m. de circonférence, et au milieu de laquelle un puits communique avec la rivière par une galerie souterraine. — Forges et fonderie sur la Charentonne.

FERRIÈRES, vg. *Allier* (Bourbonnais), arr. de la Palisse, à 28 k. de Cusset, cant. et ✉ de Mayet-de-Montagne. P. 3,228 h. — Carrières de marbre. — Foires les 22 mars, 22 avril, 15 mai, 22 mai, 3 août et 8 nov.

FERRIÈRES, vg. *Ariège* (pays de Foix), arr., cant., ✉ et à 3 k. de Foix. Pop. 190 h.

FERRIÈRES, *Ferrariæ*, vg. *Charente-Inf.* (Aunis), arr. et à 22 k. de la Rochelle, cant. de Courçon, ✉ de Nuaillé. Pop. 449 h. — Il est situé au pied d'une éminence dont le sommet est couronné par un beau château.

FERRIÈRES, vg. *Charente-Inf.* ✆. A 25 k. de la Rochelle.

FERRIÈRES, vg. *Corrèze* (Limousin), arr. et à 18 k. de Brives, cant. et ✉ de l'Arche. P. 188 h.

FERRIÈRES, vg. *Doubs* (Franche-Comté), arr. et à 72 k. de Besançon, cant. d'Audeux, ✉ de St-Wit. Pop. 226 h.

FERRIÈRES, vg. *Doubs* (Franche-Comté), arr. et à 38 k. de Montbelliard, cant. et ✉ de Maîche. Pop. 170 h.

FERRIÈRES, vg. *Hérault* (Languedoc), arr. et à 42 k. de Montpellier, cant. de Claret, ✉ de St-Martin-de-Londres. Pop. 42 h.

FERRIÈRES, vg. *Hérault* (Languedoc), arr. et à 15 k. de St-Pons, cant. d'Olargues, ✉ de St-Chinian. Pop. 378 h.

FERRIÈRES, *Ferrariæ*, petite ville, *Loiret* (Gatinais), arr., bur. d'enregist. et à 11 k. de Montargis, chef-l. de cant. Cure. ✉ de Fontenay. Pop. 1,708 h. — TERRAIN tertiaire inférieur, voisin du tertiaire moyen.

Cette ville doit son origine à une chapelle érigée à une époque fort reculée sous le nom de Bethléem, qui a donné naissance à une des plus anciennes abbayes du royaume.

Ses premiers habitants furent les entrepreneurs des forges, et leurs forgerons qui firent bâtir quelques maisons pour la réception des pèlerins qui accouraient de toutes parts visiter l'église de Notre-Dame-de-Bethléem, en l'abbaye de Ferrières. Le nombre des maisons s'étant accru, les propriétaires se firent fermer de murailles et fossés : ainsi se forma une ville qui, avec le temps, fut fortifiée de remparts et de bastions. Mais presque dès sa naissance elle fut ruinée par Théodoric, roi d'Orléans, lequel, à la persuasion de Brunehaut, fit la guerre au roi Clotaire, son cousin. Théodoric assiégea et prit Ferrières, qu'il démolit après en avoir massacré les habitants. Il conduisit ensuite ses troupes vers Sens, où l'armée de Clotaire s'était arrêtée sur les bords de l'Yonne, et lui livra bataille. La quantité des morts fut si grande que le cours de cette rivière fut obstrué par la multitude des corps qui y furent jetés ; cet événement se passa en 599, suivant quelques-uns de nos historiens ; d'autres le placent en 607. — Dagobert II fit rétablir Ferrières, qui fut encore dévasté en 1426, par les Anglais qui assiégeaient Montargis ; ils prirent Ferrières, et y tinrent garnison quelque temps : mais ils en furent chassés par le comte de la Marche ; en se retirant, ils mirent le feu à la ville, et sortirent par le champ St-Mace, où ils furent mis à mort au nombre de deux mille ; le reste se rendit à rançon. — Ferrières, à moitié démolie et dont les murs avaient été détruits, resta ainsi sans clôture jusqu'aux dernières années du règne de François Iᵉʳ, temps auquel les bourgeois de Ferrières, les abbés et religieux, obtinrent permission du prince de relever leurs murailles et de se fortifier de fossés. — Le prince de Condé prit cette ville d'assaut le 13 février 1568, et l'abandonna au pillage de ses troupes. L'année suivante, le 15 août, elle fut prise de nouveau par escalade, par une troupe de religionnaires qui achevèrent la ruine de ses malheureux habitants ; elle ne s'est jamais complètement relevée depuis cette époque. Son enceinte, qui était fort étendue, comprenait trois faubourgs ; son marché était un des plus considérables pour les grains.

L'abbaye de Ferrières possédait une école qui a été longtemps célèbre ; elle florissait particulièrement sur la fin du VIIIᵉ et dans le IXᵉ siècle. Elle a fourni à l'Eglise des prélats et des savants illustres. On y venait de toutes les Gaules, de l'Angleterre et de l'Allemagne, pour s'y former à la vie cénobitique, et s'instruire des sciences divines et humaines. L'église, qui a été conservée, est classée au nombre des monuments historiques.

Les **armes de Ferrières** sont : *d'azur à la lettre capitale F d'argent couronnée d'or.*

Ferrières est situé sur la petite rivière de Clairy, au bord et près de la jonction du canal de Briare au Loing.

PATRIE du médecin GASTELIER, auteur d'une

dissertation savante sur le supplice de la guillotine.

Fabriques de cuirs et de bonneterie.—*Foires* les 25 mars, 2 mai, 30 août et 29 sept.

Bibliographie. Morin (dom Guill.). *Histoire de l'abbaye de Ferrières*, in-12, 1613 (se trouve aussi en abrégé dans son Histoire du Gatinais, liv. vi, p. 737).

Rainssant, (D.-J.-F.). *Les Merveilles de Notre-Dame-de-Bethléhem de Ferrières*, in-12, 1631.

La Confrérie des rois de France, instituée en la chapelle de Notre-Dame-de-Bethléhem de la ville de Ferrières en Gatinais, in-8, 1621.

FERRIÈRES, vg. *Manche* (Normandie), arr. et à 15 k. de Mortain, cant. et ✉ du Teilleul. Pop. 233 h.

FERRIÈRES, vg. *Meurthe* (Lorraine), arr. et à 21 k. de Nancy, cant. et ✉ de St-Nicolas-du-Port. Pop. 248 h.

FERRIÈRES, vg. *Oise* (Picardie), arr. et à 29 k. de Clermont, cant. et ✉ de Maignelay. Pop. 487 h.

FERRIÈRES, vg. *H.-Pyrénées* (Gascogne), arr., ✉ d'Argelès, à 20 k. de Lourdes, cant. d'Aucun. Pop. 399 h.

FERRIÈRES, *Ferrariæ*, vg. *Seine-et-Marne* (Ile-de-France), arr. et à 27 k. de Meaux, cant. et ✉ de Lagny. Pop. 436 h.

Ferrières est un lieu fort ancien, qui était connu sous ce nom dès le x° siècle. C'était le siège d'une seigneurie que Raoul ou Radulfe possédait en 1150. Sous les règnes de Charles IX et de Henri IV, la terre de Ferrières appartenait à Charles de Marillac, qui obtint du roi la permission de faire fermer de murs le village, et, pour aider aux frais, d'imposer les habitants. Cette seigneurie passa vers 1646 à Léonard Goulas. En 1692, elle appartenait à Arnaud de la Briffe, en faveur duquel elle fut érigée en marquisat. Racine de Jonquoy, trésorier général des ponts et chaussées, en fit l'acquisition en 172.. Le château, remarquable par sa construction, et auquel est joint un parc d'une grande étendue renfermant de belles eaux, a été possédé par le duc d'Otrante, ancien ministre de la police générale. C'est aujourd'hui la propriété de M. le baron de Rothschild, qui en a fait l'acquisition pour le prix de 2,600,000 fr.

L'église paroissiale de Ferrières est un bel édifice de style ogival du xvi° siècle, composé de trois nefs terminées par trois absides. Sous le règne de Charles IX, les calvinistes y mirent le feu, mais la charpente seule en souffrit; elle a été réparée au commencement de l'année 1570.

FERRIÈRES, vg. *Seine-Inf.* (Normandie), arr. et à 50 k. de Neufchâtel-en-Bray, cant. et ✉ de Gournay. Pop. 740 h.

FERRIÈRES, vg. *Somme* (Picardie), arr. et à 10 k. d'Amiens, cant. et ✉ de Picquigny. Pop. 420 h.

FERRIÈRES, vg. *Tarn* (Languedoc), arr. et à 30 k. de Castres, cant. et ✉ de Vabre.

Pop. 960 h.—*Foires* le mardi de Quasimodo, le 12 avril et le 12 nov.

FERRIÈRES-LES-RAY, vg. *H.-Saône* (Franche-Comté), arr. et à 26 k. de Gray, cant. de Dampierre-sur-Salon, ✉ de Lavoncourt. Pop. 127 h.

FERRIÈRES-LES-SCEY, vg. *H.-Saône* (Franche-Comté), arr. et à 13 k. de Vesoul, cant. et ✉ de Scey-sur-Saône. Pop. 273 h.

FERRIÈRES-SOUS-JOUGNE (la), vg. *Doubs*, comm. et ✉ de Jougne.—Forges. Tréfilerie de fil de fer.—*Fabriques* de faux et outils aratoires. Sciéries hydrauliques.

FERRIOL (St-), vg. *Aude* (Languedoc), arr. et à 29 k. de Limoux, cant. et ✉ de Quillan. Pop. 396 h.

FERRUSSAC, vg. *H.-Loire* (Auvergne), arr. et à 26 k. de Brioude, cant. de Pinols, ✉ de Langeac. Pop. 532 h.

FERSENGHEM, vg. *Pas-de-Calais*, comm. d'Esquerdes, ✉ de St-Omer.

FERTANS, vg. *Doubs* (Franche-Comté), arr. à 29 k. de Besançon, cant. d'Amancey, ✉ d'Ornans. Pop. 368 h.—Il est situé sur un ruisseau qui, après avoir fait mouvoir un martinet et un moulin à blé, se précipite de plus de 20 m. de haut, dans un vallon verdoyant, de l'aspect le plus agréable.

FERTÉ (la), ou LA FERTÉ-SUR-CHIERS, vg. *Ardennes* (pays Messin), arr. et à 30 k. de Sédan, cant. et ✉ de Carignan. Pop. 554 h. Sur le Chiers. En 1595, Henri de la Tour, prince de Sédan, se rendit maître d'Ivoy et les Espagnols, et leur fit lever le siège de la Ferté. Il paraîtrait, d'après ce fait historique et aussi d'après la tradition, que ce village était fortifié et avait une plus grande importance qu'aujourd'hui.—*Fabriques* de draps. Scierie hydraulique. Forges.

FERTÉ (la), vg. *Jura* (Franche-Comté), arr. de Poligny, cant., ✉ et à 10 k. d'Arbois. Pop. 613 h.—*Foires* les 1er mars, 5 juillet, 27 août et 6 oct.

FERTÉ (la), bg. *Somme*, comm. et ✉ de St-Valery-sur-Somme. Sur la rive droite de la Somme. Il y avait autrefois une commanderie de l'ordre de Malte.

FERTÉ-ALEPS (la), *Firmitas Alepia, Firmitas Adelhaidis, Firmitas Baldinini*, petite ville, *Seine-et-Oise* (Gatinais), arr. à 20 k. d'Etampes, chef-l. de cant. Cure. ✉. A 64 k. de Paris pour la taxe des lettres. Pop. 818 h.—Terrain tertiaire inférieur.

Autrefois diocèse de Sens, parlement et intendance de Paris, élection de Melun.

Cette ville, située, dans une belle vallée, sur l'Essonne, portait jadis le nom de la Ferté-Baudouin; on la nomma ensuite la Ferté-Aleps; on lui donne communément aujourd'hui le nom de la Ferté-Alais.—Au xii° siècle, la Ferté-Baudouin était une forteresse qui appartenait aux Montmorency. Louis VI vint l'assiéger en 1108, pour délivrer un de ses fidèles sujets, Eudes de Corbeil, que cette puissante famille tenait enfermé dans ce château. Ansel de Garlande, sénéchal du roi, trouvant la porte de la forteresse ouverte, s'y précipita avec 40 chevaliers. Il se flattait d'enlever la place par un coup de main. Mais les ponts-levis se relevèrent derrière lui. Assailli en même temps dans les cours par des ennemis placés au-dessus de lui, il fut renversé de cheval, accablé par le nombre, et porté dans le cachot même du comte de Corbeil. Heureusement pour lui, ni le comte de Rochefort, allié des Montmorency, ni son fils, Hugues de Cressy, n'étaient alors dans le château; s'ils s'y étaient trouvés, il eût été mis à mort sur-le-champ. Hugues fit cependant des efforts inouïs pour traverser les lignes des assiégeants et rentrer dans la place, tantôt par la force, tantôt sous le déguisement d'un jongleur ou d'une courtisane; mais Guillaume de Garlande, qui avait remplacé son frère à l'armée du roi, mit de son côté autant de vigilance et de bravoure à le repousser; il résista à toutes ses attaques, déjoua tous ses stratagèmes; enfin, le roi resta vainqueur, et le château fut pris. On en traita les défenseurs avec une grande sévérité. On voit encore les vestiges du château, qui servait au xvi° siècle de prison d'Etat. Henri IV en fit don au duc de Vendôme, et ce fut après sa mort qu'il commença à tomber en ruines.

Lors de l'invasion étrangère, en 1814, l'armée russe s'empara de la Ferté-Aleps.

Patrie du fameux liqueur Matthieu de Launoy, président des assemblées des Seize, qui condamnèrent à mort, en 1591, l'infortuné président Brisson.

Filature de bourre de soie. Education des abeilles.—*Foires* les 10 août, 25 sept. et jeudi de la mi-carême.

FERTÉ-AUCOL. V. Ferté-sous-Jouarre (la).

FERTÉ-AVRAIN (la). V. Ferté-Beauharnais (la).

FERTÉ-BAUDOUIN (la). V. Ferté-Aleps.

FERTÉ-BEAUHARNAIS (la), ou LA FERTÉ AVRAIN, ou CHATEAUVIEUX-SUR-BEUVRON, *Firmitas Aureni*, bg. *Loir-et-Cher* (Blaisois), arr. à 23 k. de Romorantin, cant. et ✉ de Neung-sur-Beuvron. Pop. 416 h.—Il est agréablement situé sur la Beuvron. On y voit un beau château, ancienne propriété du prince Eugène Beauharnais, qui y avait établi un haras considérable et un magnifique troupeau de mérinos de race pure, placé dans trois immenses bergeries, et regardé alors comme le plus bel établissement en ce genre existant en France.—*Foires* les 11 juin, 24 août et 21 déc.

FERTÉ-BERNARD (la), *Firmitas Bernardi*, petite ville très-ancienne, *Sarthe* (Maine), arr. à 33 k. de Mamers, chef-l. de cant. Cure. Gîte d'étape. ✉. ⚒. A 170 k. de Paris pour la taxe des lettres. Pop. 2,583 h.—Terrain crétacé inférieur, grès vert.

Autrefois diocèse et élection du Mans, parlement de Paris, intendance de Tours, prieuré, 2 couvents.

L'origine de cette ville est inconnue. Dès le xi° siècle c'était une place importante qu'Herbert Ier, comte du Maine, prit par composition vers 1036. Philippe-Auguste, aidé du duc de Guyenne et de Richard Cœur de lion, la prit en 1189, et cette conquête fut mise au rang des plus belles actions de ce monarque. Le comte de Salisbury, général anglais, la prit par capitulation en 1424, après quatre mois de siége. Ambroise de Loré la reprit en 1425. Les Anglais y entrèrent quelque temps après, et la rendirent en 1449. Le prince de Conti l'assiégea pour Henri IV en 1590, et la prit un mois après son investissement.

Cette ville est close de bons murs et de fossés dans lesquels coulent les eaux de l'Huisne. On y entre par une porte à arcade cintrée, formant un pavillon carré qui renferme une petite bibliothèque publique, d'où part une rue qui se termine par une place ornée d'une fontaine en forme d'obélisque entourée d'un bassin octogone. Sur cette place s'élève une jolie église gothique construite vers le milieu du XVIe siècle : elle a 58 m. de long sur 23 m. de large entre les croisées ; la voûte du chœur a 25 m. d'élévation, celle de la nef 17 m. et celles des bas côtés et des chapelles environ 8 m. Cette église renferme des sculptures précieuses, et l'on admire les hardis culs-de-lampe des voûtes.

Les balustrades originales, les gracieux arabesques, les jolies chapelles de l'abside sont ausssi riches et aussi remarquables dans leur genre que celles contemporaines de l'église St-Pierre de Caen. Cette église possède deux balustrades où le trèfle et l'arcature du moyen âge sont remplacées par des lettres de combinaisons bizarres retraçant les mots de *Salve Regina Mater* et *Ave Regina cælorum*. Ces lettres sont enrichies de fleurs, d'animaux et de figurines très-délicatement exécutées. D'autres balustrades représentent le couronnement de Henri IV, les planètes, les tempéraments de l'homme, par une suite de statuettes placées une à une dans des arcatures à jour. Au centre est ce roi sur son trône; à sa droite sont les pairs ecclésiastiques ; à sa gauche sont les pairs laïques. Tous ces personnages, sans en excepter le roi, sont représentés par des enfants ailés tenant chacun son écusson armorié. Les planètes sont figurées sous leurs emblèmes et leurs noms mythologiques ; et la chose principale qui frappe les yeux du chrétien entrant dans un temple chrétien, c'est l'image de Jupiter, de Mercure et de Vénus.

L'hôtel de ville est un bâtiment en forme de pavillon carré, flanqué de deux tours rondes qui servent de prisons.—Il ne reste plus de l'ancien château qu'une petite tourelle, un colombier, la chapelle et les anciens communs du manoir féodal. — Une promenade, appelée le Mail, longe la partie septentrionale de la ville, sur le bord de l'Huisne.

PATRIE du savant chirurgien herniaire VERDIER.

Fabriques de toiles, tissus de fil et de coton. Blanchisseries de toiles, de fil et de cire. Teintureries. Tanneries. Tuilerie. Moulin à tan et à trèfle. — *Commerce* de grains, chanvre, graine de trèfle, fromages, bestiaux, cuirs, toiles jaunes, écrues et de couleur pour les colonies, etc.

— *Foires* les 2es lundis de fév., de mars, de mai et de juin, et 3e lundi d'août et de sept.

FERTÉ-CHAUDRON, ou FERTÉ-LANGERON (la), petite ville, *Nièvre*, comm. de Chantenay, ✉ de St-Pierre-le-Moutiers, sur la rive droite de l'Allier. Elle avait autrefois le titre de baronnie, et son seigneur prenait le titre de maréchal et de sénéchal du Nivernais. Ils possédaient le droit de battre monnaie, ainsi que prouvent les aveux et dénombrements rendus par eux aux ducs de Nemours.

FERTÉ-CHEVRESIS (la), vg. *Aisne* (Picardie), arr. et à 25 k. de St-Quentin, cant. de Ribemont, ✉ de la Fère. Pop. 1,379 h.

FERTÉ-COSSON (la). V. ST-AUBIN.

FERTÉ-EN-BRAY (la), *Seine-Inf.* V. LA FERTÉ-ST-SAMSON.

FERTÉ-FRESNEL (la), *Feritas, Firmitas Fraxinelli*, bg *Orne* (Normandie), arr. et à 45 k. d'Argentan, chef-l. de cant. ✉ à 155 k. de Paris pour la taxe des lettres. Cure. Pop. 494 h. — TERRAIN tertiaire moyen.

Ce bourg possède une source d'eau minérale ferrugineuse acidule. On y voit les restes d'un ancien château rasé par Guillaume le Conquérant.—*Foires* les 24 juin et le 30 nov.

FERTÉ-GAUCHER (la), *Firmitas Galteri*, petite ville, *Seine-et-Marne* (Brie), arr. et à 18 k. de Coulommiers, chef-l. de cant. ✎. ✉ à 80 k. de Paris pour la taxe des lettres. Gîte d'étape. Pop. 2,109 h. — TERRAIN tertiaire inférieur.

Autrefois diocèse de Meaux, parlement et intendance de Paris, élection de Coulommiers, bailliage et châtellenie, prieuré.

Cette ville est agréablement située, dans une vallée étroite, sur le grand Morin. Elle doit son surnom à Élisabeth, femme de Gaucher, seigneur de la Ferté, qui consacra, au XIe siècle, la maison qu'il avait dans cette ville, pour y bâtir une église. — Un couvent de chanoinesses y fut fondé vers le commencement du XVIIe siècle. En 1663 l'évêque de Meaux voulut s'en emparer pour y introduire à leur place des religieuses de la Visitation, les chanoinesses résistèrent ; l'évêque leur enleva de force, et fut cité au parlement, qui donna gain de cause aux chanoinesses et confirma leur établissement.

Fabriques de serges. Papeterie. Tuilerie. Tanneries. — *Commerce* de grains, laines et bestiaux.—*Foires* les 1er mai, 18 oct., 1er jeudi de mars et de juillet.

FERTÉ-GILBERT (la), *Indre*, comm. de Reuilly, ✉ d'Issoudun.

FERTÉ-HAUTERIVE (la), vg. *Allier* (Bourbonnais), arr. à 22 k. de Moulins-sur-Allier, cant. de Neuilly-le-Réal, ✉ de Bessay-sur-Allier. Pop. 453 h.

FERTÉ-HUBERT (la), *Loir-et-Cher.* V. FERTÉ-ST-AIGNAN (la).

FERTÉ-IMBAULT (la), bg *Loir-et-Cher*, comm. de Selles-St-Denis, ✉ de Salbris. Sur la Saudre.

FERTÉ-LANGERON (la), petite ville, *Nièvre*, com. de Chanteuay, ✉ de St-Pierre-le-Moutiers. V. FERTÉ-CHAUDRON.

FERTÉ-LES-BOIS (la). V. FERTÉ-VIDAME (la).

FERTÉ-LOUPIÈRE (la), petite ville, *Yonne* (Champagne), arr. et à 16 k. de Joigny, cant. et ✉ de Charny. Pop. 1,287 h. Sur le ruisseau de Vrin.

C'était autrefois une ville forte, dont une partie des murs existe encore, ainsi que deux tours et les fossés, qui ont plus de 13 m. de profondeur. Le château est extrêmement ancien : il a été construit par les Courtenay, et les armes de France s'y voient encore sur l'une des portes.—*Foires* les 9 mai, 30 août, 25 nov. et 1er vendredi de carême.

FERTÉ-LOWENDAL (la). V. FERTÉ-ST-AUBIN.

FERTÉ-MACÉ (la), *Firmitas Macei*, petite ville, *Orne* (Normandie), arr. et à 25 k. de Domfront, chef-l. de cant. Cure. Gîte d'étape. ✉ à 243 k. de Paris pour la taxe des lettres. Pop. 5,197 h. — TERRAIN de transition moyen.

Fabriques de coutils, toiles de coton, siamoises, rubans de fil, coton et fil dits retors, peignes et tabatières de buis. Distilleries d'eau-de-vie. Tanneries. Teintureries. Tuilerie. — *Commerce* de lin, fil, toiles, miel, etc.—*Foires* les 22 sept., 19 oct. et la mi-carême.

FERTÉ-MILON (la), petite ville, *Aisne* (Picardie), arr. et à 35 k. de Château-Thierry, cant. de Neuilly-St-Front. Gîte d'étape. ✉ à 85 k. de Paris pour la taxe des lettres. Pop. 1,944 h.

Autrefois diocèse et intendance de Soissons, parlement de Paris, élection de Crespy, prévôté, bailliage, châtellenie, 2 prieurés, 2 couvents.

Cette ville, située en amphithéâtre, sur un coteau peu élevé, est traversée par la rivière de l'Ourcq, dont les sinuosités gracieuses à travers de belles prairies, forment un coup d'œil charmant. Elle est ceinte de murailles, et remarquable par les ruines d'un ancien château fort bâti dans le XIIe siècle.

Il est, pour la première fois, fait mention de la Ferté-en-Orceois ou sur-Ourcq, appelée depuis la Ferté-Milon, en 845 ; quelques historiens cependant ont fait remonter plus haut l'origine du château. On ignore quel est le Milon qui donna son nom à cette forteresse, en la faisant construire. On ne sait point non plus l'époque précise où ce lieu quitta le nom de Ferté-sur-Ourcq pour recevoir celui de la Ferté-Milon. On sait seulement que, vers le milieu du XIIe siècle, Philippe, comte de Flandre, succéda à Raoul, comte de Vermandois, et eut par héritage plusieurs terres et châteaux, parmi lesquels se trouvaient Villers-Coterets, Vivier et la Ferté-Milon.

L'historien du Valois donne la description suivante de cette forteresse :

« Au milieu d'une première enceinte de fortes murailles flanquées de grosses tours, on fit construire un donjon, espèce de citadelle, où résidaient quatre officiers principaux qui formaient l'état-major de la Ferté, savoir : le garde, *custos* ; le veilleur ou chevalier du guet, *vigil* ; l'asinarius ou pourvoyeur, *asinarius* ; le portier, *portarius*. On bâtit aussi dans cette première enceinte une chapelle, sous l'invocation de saint Sébastien, patron des militaires, honoré d'un culte particulier dans le canton, depuis la translation de ses reliques à St-Médard de Soissons, en 826. Les titres nomment cette première enceinte, *cingulum minus et breve cingulum.*

Une seconde enceinte, beaucoup plus considérable quant à l'étendue, renfermait le même espace que les murs actuels de la ville de la Ferté-Milon. Les titres nomment cette seconde enceinte *cingulum majus.* Le seigneur châtelain, *dominus castri,* y avait son hôtel. Cette seigneurie fut réunie à la couronne, et fut donnée au prince Charles de Valois, vers le milieu du XIVe siècle. En 1393, elle échut à Louis de France, frère du roi Philippe le Bel. En 1400, elle fut donnée par Charles VI à son frère le duc d'Orléans, qui fit reconstruire le château dont il fit un poste important; le frontispice, qu'on voit encore, n'a de régulier que deux tours saillantes qui accompagnent la principale porte d'entrée. — En 1411, le comte de St-Pol s'empara de la Ferté-Milon. En 1422, cette ville, qui venait de se donner au roi, fut prise par le maréchal de l'Isle-Adam. Les habitants firent rentrer cette place sous l'autorité du roi, en 1429, après en avoir chassé la garnison anglaise. — La Ferté-Milon eut à souffrir des troubles de religion. Investie plusieurs fois par les huguenots, cette ville fut prise par les ligueurs en 1588, sous Henri III; mais elle fut bientôt après abandonnée. Les bourgeois avaient résolu de garder une neutralité parfaite. Ils vivaient dans une complète sécurité, lorsqu'un homme audacieux surprit le château à la tête d'une troupe de malheureux que la misère forçait à se faire brigands; mais cette troupe peu aguerrie se laissa surprendre à son tour, et fut passée au fil de l'épée, sans qu'il en échappât un seul. Henri IV assiégea le château en 1594, et ne parvint à s'en rendre maître que par composition; et, comme il avait l'expérience du danger qu'il y avait à laisser subsister cette forteresse, il la fit démanteler par les habitants de vingt-huit communes environnantes, qui furent employés pendant huit jours à cette démolition.

Les **armes de la Ferté-Milon** sont : *d'azur au crocodile à quarante pieds passants d'argent.*

Biographie. La Ferté-Milon est la patrie de J. RACINE, qui y naquit le 22 décembre 1639. Cette ville possède la statue du poète immortel dont elle se glorifie, et dont un buste en marbre blanc orne la bibliothèque publique.

Fabriques de cuirs. — *Commerce* de grains, farines, bois de chauffage et charbons pour l'approvisionnement de Paris. — *Foires* les 22 juillet, 9 oct., lundi de la 3e semaine de carême et 30 nov.

FERTÉ-REUILLY (la). V. REUILLY.

FERTÉ-ST-AIGNAN (la), ou FERTÉ-HUBERT (la), *Firmitas Huberti,* bg *Loir-et-Cher* (Blaisois), arr. et à 35 k. de Romorantin, cant. de Neung-sur-Beuvron, ✉ de Beaugency. Pop. 880 h.

Bibliographie. PASCAL (l'abbé). *Notions historiques et descriptives sur la Ferté-Hubert,* aujourd'hui la *Ferté-St-Aignan,* in-8, 1840.

FERTÉ-ST-AUBIN, ou FERTÉ-SENNETERRE-NABERT (la), *Firmitas Naberti, Firmitas S. Albini,* bg *Loiret* (Orléanais), arr. et à 20 k. d'Orléans, chef-l. de cant. Cure. Gîte d'étape. ✉. ⚜. A 140 k. de Paris pour la taxe des lettres. Pop. 1,927 h. — TERRAIN tertiaire moyen.

Autrefois diocèse, intendance et élection d'Orléans, parlement de Paris.

Ce bourg est situé sur la rive gauche du Cosson. On y remarque le château de la FERTÉ-ST-AUBIN ou LOWENDAL, aujourd'hui propriété du fils du maréchal Masséna. Cette terre, d'une étendue de 750 hectares, fait partie de la Sologne, contrée pauvre et stérile, dont les vastes surfaces étaient cependant couvertes de forêts du temps de Jules César. Des traces de camps romains attestent que cette partie de la Gaule offrait des ressources dont elle est maintenant dépouillée. Le château est situé sur le Cosson, dont les eaux alimentent ses larges fossés; il se compose de deux parties distinctes : l'une très-ancienne, et dont l'origine remonte jusqu'au XIIe siècle; l'autre construite par le maréchal de la Ferté, sur les dessins de Mansard, vers le milieu du XVIIe siècle. — *Foires* les 1er mars, 4 mai, 9 sept., 14 nov. et 1er lundi de juillet.

FERTÉ-ST-SAMSON, ou FERTÉ-EN-BRAY (la), *Firmitas in Braio,* bg *Seine-Inf.* (Normandie), arr. et à 24 k. de Neufchâtel-en-Bray, cant. et ✉ de Forges. Pop. 706 h. Sur l'Andelle. — C'était jadis une place forte, défendue par des inondations et des marais, que Henri Ier assiégea sans succès en 1118. Le château fut brûlé en 1151 par Henri II, duc de Normandie.

FERTÉ-SENNETERRE (la). V. FERTÉ-ST-AUBIN.

FERTÉ-SOUS-JOUARRE (la), *Firmitas subter Jotrum,* bg *Seine-et-Marne* (Brie), arr. et à 20 k. de Meaux, chef-l. de cant. Cure. Gîte d'étape. ✉. ⚜. A 63 k. de Paris pour la taxe des lettres. Pop. 4,105 h. — TERRAIN tertiaire moyen, meulière.

Autrefois diocèse et élection de Meaux, parlement et intendance de Paris.

Primitivement cette ville portait le nom de Condé-la-Ferté, à cause du confluent de la Marne et du petit Morin; on la nomma ensuite la Ferté-au-Col, Aucoul ou Aucoulphe, du nom d'un de ses seigneurs; elle porte aujourd'hui le nom de la Ferté-sous-Jouarre, qu'elle doit au bourg de Jouarre qui la domine; cependant, dans les actes et registres publics, le nom de la Ferté-au-Col fut le seul usité jusqu'en 1792, époque où elle reçut le nom de la Ferté-sur-Marne.

La Ferté était autrefois une place forte, défendue par un château. Au XVIe siècle, elle fut le berceau du calvinisme dans cette contrée de la France, et les calvinistes la regardaient comme leur chef-lieu dans la Brie. En 1563, ils y tinrent un synode provincial où se rendirent les représentants des Églises réformées de la Champagne, de la Brie et de la Picardie. — Les ligueurs l'enlevèrent à Henri IV le 15 mars 1589; elle retomba ensuite au pouvoir de ce roi, et fut prise de nouveau par le duc de Mayenne en 1590, puis rachetée pour la somme de 400 écus à l'officier qui y commandait, vers la fin de la même année. — Dans les premiers jours de février 1814, le général prussien Blucher, qui avait son avant-garde à Fère-Champenoise, voulut prévenir à la Ferté-sous-Jouarre le maréchal Macdonald, que toutefois il ne trouva pas en défaut. Attaqué le 9, au débouché de la Marne, par l'avant-garde russe, le maréchal la contint, se mit en sûreté derrière la Marne, et fit sauter les ponts de Trilport et de la Ferté, d'où il gagna Meaux. Napoléon passa à la Ferté-sous-Jouarre le 2 mars de la même année.

Cette ville est fort agréablement située, dans un joli vallon, sur la Marne qui la divise en trois parties, au confluent du petit Morin. Peu de villes possèdent des promenades aussi agréables et d'aussi belles plantations; la vue y est récréée par une foule de sites plus pittoresques les uns que les autres, qu'embellissent des points de vue extrêmement variés, des châteaux et de charmantes maisons de campagne. Il ne reste plus que le corps principal de l'ancien château, qui a appartenu aux ducs de la Force, aux princes de Condé et aux ducs de la Rochefoucauld. On y remarque aussi une jolie maison, dite le CHÂTEAU DE L'ILE, où Louis XVI et Marie-Antoinette s'arrêtèrent au retour de Varennes, le 24 juin 1791. — Près de la rive droite de la Marne est le château de la Ferté, édifice flanqué de tourelles, d'où l'on jouit d'une fort belle vue, qui s'étend sur toute la ville de la Ferté, sur le bourg de Jouarre et sur les villages environnants.

Biographie. Patrie de JEANNE-ANTOINETTE POISSON, marquise DE POMPADOUR, maîtresse de Louis XV, célèbre par son esprit et sa beauté.

De J. LESUEUR, ministre protestant, auteur d'une Histoire de l'Église et de l'empire, estimée.

Industrie. Fabriques de poterie de terre, de serrures, de crics. Papeterie mécanique. Tanneries. Corroieries. Mégisseries. Exploitation de carrières de pierre meulière, regardées comme les meilleures de l'Europe et peut-être du monde entier. Tous les terrains qui environnent la Ferté, dans un rayon de plusieurs myriamètres, reposent sur des bancs siliceux; et c'est de ces bancs, qui se trouvent à une profondeur plus ou moins grande, que l'on extrait les blocs qui servent à la confection des meules. La réputation de cette pierre pour la mouture des grains est telle, que les Anglais et les Américains entretiennent des agents à la Ferté-sous-Jouarre pour leur en faire des expéditions presque continuelles. — Ces expéditions se font par morceaux de pierre, qu'on appelle *carreaux,* qui ont de 32 à 33 c. de longueur sur 16 à 18 c. de largeur et 13 à 16 c. d'épaisseur. C'est avec ces carreaux ainsi taillés que les Américains et les Anglais font leurs meilleures meules à moudre les grains. On évalue le nombre qui s'en exporte de 70 à 80,000 par année. C'est par la Marne et par la Seine que se font ces expéditions. Les meules sont faites de petits morceaux choisis, de manière à ce que leur homogénéité soit la plus grande possible. On les rapproche et on les lie ensemble avec du plâtre; les joints sont taillés au burin, avec un soin et une régularité parfaite ; la surface qui broie le grain doit être parfaitement plane. Le côté opposé ou dessus de la meule est égalisé avec des débris de pierre et du plâtre, et le tout consolidé au moyen de cercles en fer. C'est dans cet état que les meules sont livrées à la meunerie. On évalue la quantité qui sort chaque année de la Ferté-sous-Jouarre à 1,200 paires d'une valeur moyenne de 500 fr. — *Foires* les 24 juin, 25 oct., 6 déc. et à la mi-carême.

FERTÉ-SUR-AMANCE (la), bg *H.-Marne* (Champagne), arr. et à 30 k. de Langres, chef-l. de cant., ✉ du Fayl-Billot. Gîte d'étape. Pop. 628 h. — TERRAIN jurassique voisin du trias. — *Foires* les derniers lundis de janv., d'avril, de juillet et d'oct.

FERTÉ-SUR-AUBE (la), vg. *Firmitas ad Aleulam*, petite ville, *H.-Marne* (Champagne), arr. et à 32 k. de Chaumont-en-Bassigny, cant. de Château-Villain, ✉ de Clairvaux. Pop. 1,165 h. — De cette commune dépend l'abbaye de Clairvaux. V. ce mot. — *Foires* les 12 mars, 4 juillet et 12 nov.

FERTÉ-SUR-CHIERS, *Ardennes*. V. FERTÉ (la).

FERTÉ-SUR-CUISANCE, *Jura*. V. FERTÉ (la).

FERTÉ-SUR-GROSNE (la), vg. *Saône-et-Loire*, comm. de St-Ambreuil, ✉ de Sennecey.

FERTÉ-SUR-MARNE (la), nom donné pendant la révolution à la ville de la Ferté-sous-Jouarre.

FERTÉ-SUR-PEYRON (la), vg. *Aisne* (Picardie), arr. et à 26 k. de St-Quentin, cant. de Ribemont, ✉ de la Fère. Pop. 1,379 h.

FERTÉ-VIDAME (la), *Firmitas Vicedomini*, bg *Eure-et-Loir* (Beauce), arr. et à 38 k. de Dreux, chef-l. de cant. Cure. ✆. ⊙. A 131 k. de Paris pour la taxe des lettres. Pop. 822 h. — TERRAIN tertiaire moyen.

Ce village possède un ancien château que l'on a proposé de classer au nombre des monuments historiques. On y trouve une fontaine d'eau minérale acidule ferrugineuse. Les eaux de la source, qui a été mise à découvert au-dessous du niveau du lit de la rivière, tombent dans une cuvette de marbre blanc, ce qui permet de distinguer la quantité de résidu ferrugineux qu'elle dépose.

Il résulte de l'analyse des eaux de cette source, publiée dans l'Annuaire d'Eure-et-Loir de 1820, qu'elles contiennent par pinte :
Muriate de chaux, un demi-grain ;
Sulfate de manganèse, un quart de grain ;
Muriate de chaux, cinq huitièmes ;
Carbonate de chaux, cinq huitièmes ;
Muriate de magnésie, un huitième ;
Fer oxydé, un demi-grain.
Foires les 1ers jeudis de janv. et d'oct.

FERTÉ-VILNEUIL (la), bg *Eure-et-Loir* (Beauce), arr. et à 10 k. de Châteaudun, cant. et ✉ de Cloyes. Pop. 579 h.

FERTRÈVE, vg. *Nièvre*, comm. de St-Cyr-Fertrève, ✉ de St-Benin-d'Azy.

FERTRUC, ou FORTELBACH, vg. *H.-Rhin*, comm. et ✉ de Ste-Marie-aux-Mines.

FÉRUSSAC-ST-MAURIN, vg. *Lot-et-Garonne*, comm. de St-Maurin, ✉ de Valence.

FÉRUSSAC, vg. *Tarn-et-Garonne*, comm. de Roquecor, ✉ de Montaigut.

FERVACHES, vg. *Manche* (Normandie), arr. et à 15 k. de St-Lô, cant. de Tessy, ✉ de Villebaudon. Pop. 600 h.

FERVACQUES, *Fervidæ Aquæ*, bg *Calvados* (Normandie), arr. et à 12 k. de Lisieux, cant. de Livarot. ✉. A 190 k. de Paris pour la taxe des lettres. Pop. 981 h. Sur la Touques. — On y voit un château bâti par Guillaume de Hautemer, maréchal de Fervacques. — *Fabriques* de frocs et étoffes de laine. Tanneries. Moulin à pulvériser les bois de teinture. — *Foires* les 1er lundi de carême et 1er lundi d'octobre (2 jours).

FESCAMPS, vg. *Somme* (Picardie), arr., cant., ✉ et à 9 k. de Montdidier. Pop. 315 h.

FESCHES, vg. *Doubs* (Franche-Comté), arr., ✉ et à 9 k. de Montbeliard, cant. d'Audincourt. Pop. 395 h.

FESMY, vg. *Aisne* (Picardie), arr. à 44 k. de Vervins, cant. de Nouvion, ✉ d'Etreux. Pop. 718 h.

FESQUES, vg. *Seine-Inf.* (Normandie), arr., cant., ✉ et à 6 k. de Neufchâtel-en-Bray. Pop. 319 h.

FESSANVILLIERS, vg. *Eure-et-Loir* (Normandie), arr. et à 26 k. de Dreux, cant. et ✉ de Brezolles. Pop. 226 h.

FESSENHEIM, vg. *B.-Rhin* (Alsace), arr. et à 20 k. de Strasbourg, cant. et ✉ de Truchtersheim. Pop. 399 h.

FESSENHEIM, vg. *H.-Rhin* (Alsace), arr. et à 30 k. de Colmar, cant. et ✉ d'Ensisheim. ⊙. Pop. 987 h.

FESSEVILLERS, vg. *Doubs* (Franche-Comté), arr. et à 40 k. de Montbelliard, cant. de Maiche, ✉ de St-Hippolyte. Pop. 244 h.

FESSEY-DESSOUS-ET-FESSEY-DESSUS, vg. *H.-Saône* (Franche-Comté), arr. et à 17 k. de Lure, cant. et ✉ de Faucogney. P. 400 h.

FESTALEMS, vg. *Dordogne* (Périgord), arr., ✉ et à 10 k. de Ribérac, cant. de Ste-Aulaye. Pop. 789 h.

FESTES, vg. *Aude* (Languedoc), arr., cant., ✉ et à 20 k. de Limoux. Pop. 650 h.

FESTIEUX, vg. *Aisne* (Picardie), arr., cant., ✉ et à 12 k. de Laon. Pop. 1,009 h.

FESTIGNY, vg. *Marne* (Champagne), arr. et à 16 k. d'Epernay, cant. de Dormans, ✉ de Port-à-Binson. Pop. 601 h.

FESTIGNY, vg. *Yonne* (Bourgogne), arr. et à 30 k. d'Auxerre, cant. et ✉ de Coulange-sur-Yonne. Pop. 285 h.

FESTUBERT, vg. *Pas-de-Calais* (Artois), arr., ✉ et à 10 k. de Béthune, cant. de Cambrin. Pop. 1,530 h.

FÊTE (le), vg. *Côte-d'Or* (Bourgogne), arr. et à 2 k. de Beaune, cant. et ✉ d'Arnay-le-Duc. Pop. 109 h.

FÉTIGNY, vg. *Jura* (Franche-Comté), arr. et à 25 k. de Lons-le-Saulnier, cant. et ✉ d'Arinthod. Pop. 260 h. — *Foire* le 2 mars. C'est une sorte de fête consacrée principalement à la location des domestiques, où les garçons paraissent avec un fouet ou un aiguillon, et les filles avec une quenouille.

FÉTIGNY, vg. *Nièvre*, comm. d'Alligny, ✉ de Saulieu.

FEUCHÈRES, vg. *Ardennes*, comm. de Sapogne, ✉ de Flize.

FEUCHEROLLES, vg. *Eure-et-Loir*, com. de Néron, ✉ de Nogent-le-Roi.

FEUCHEROLLES, vg. *Seine-et-Oise* (Ile-de-France), arr. et à 17 k. de Versailles, cant. de Marly-le-Roi, ✉ de St-Germain-en-Laye. Pop. 651 h.

FEUCHY, vg. *Pas-de-Calais* (Artois), arr., cant., ✉ et à 6 k. d'Arras. Pop. 562 h.

FEUGAROLLES, ou FUGAROLLES-D'ALBRET, *Lot-et-Garonne* (Agénois), arr. et à 13 k. de Nérac, cant. de Lavardac, ✉ de Port-Ste-Marie. Pop. 1,648 h.

FEUGÈRES, *Felgeriæ*, vg. *Manche* (Normandie), arr. et à 16 k. de Coutances, cant. et ✉ de Periers. Pop. 990 h.

FEUGERETS, *B.-Alpes*. V. FINGERET.

FEUGERETS (les), vg. *Orne*, comm. de Vingt-Hanaps, ✉ d'Alençon.

FEUGEROLLES, bg *Loire*, comm. du Chambon, ✉ de St-Etienne.

FEUGES, vg. *Aube* (Champagne), arr., cant., ✉ et à 20 k. d'Arcis-sur-Aube. P. 147 h.

FEUGIÈRES, vg. *Isère*, comm. de St-Honoré, ✉ de la Mure.

FEUGROLLES-SUR-ORNE, vg. *Calvados* (Normandie), arr. et à 9 k. de Caen, cant. et ✉ d'Evrecy. Pop. 411 h.

FEUGUEROLLES, vg. *Eure* (Normandie), arr. et à 15 k. de Louviers, cant. du Neufbourg, ✉ de la Commanderie. Pop. 301 h. — On y voit un château flanqué de tourelles, dont la construction remonte au XVe siècle.

FEUGUEROLLES, *Lot-et-Garonne*. V. FOUGUEROLLES.

FEUGUEROLLES-SUR-SEULLES, vg. *Calvados* (Normandie), arr. et à 22 k. de Bayeux, cant. de Caumont, ✉ de Villers-Bocage. Pop. 278 h.

FEUILLA, vg. *Aude* (Languedoc), arr. et à 40 k. de Narbonne, cant. et ✉ de Sijean. Pop. 216 h.

FEUILLADE, vg. *Charente* (Angoumois), arr. et à 25 k. d'Angoulême, cant. et ✉ de Monthron. Pop. 820 h.

FEUILLADE (la), vg. *Dordogne* (Périgord), arr. et à 35 k. de Sarlat, cant. et ✉ de Terrasson. Pop. 261 h.

FEUILLAIS, vg. *Indre*, comm. du Pin, ✉ d'Argenton-sur-Creuse.

FEUILLANCOURT, vg. *Seine-et-Oise*, comm. et ✉ de St-Germain-en-Laye.

FEUILLÉE (la), vg. *Côtes-du-Nord*, com. et ✉ de Loudéac.

FEUILLÉE (la), vg. *Finistère* (Bretagne), arr. et à 35 k. de Châteaulin, cant. et ✉ de Huelgoat. Pop. 1,868 h. — *Foires* les 2 mai, 23 juin, 14 sept., 2e mardi de janv., de mars, de juillet, de nov. et de déc.

FEUILLÈRES, vg. *Somme* (Picardie), arr., cant., ✉ et à 7 k. de Péronne. Pop. 379 h.

FEUILLEUSE, vg. *Eure-et-Loir* (Normandie), arr. et à 24 k. de Dreux, cant. de Senonches, ⊠ de Châteauneuf-en-Thymerais. P. 97 h.

FEUILLIE (la), *Foliata*, bg *Manche* (Normandie), arr. et à 16 k. de Coutances, cant. de Lessay, ⊠ de Periers. Pop. 697 h. — C'est un lieu fort ancien, où Philippe le Bel fonda une chapelle en 1293.

FEUILLIE (la), vg. *Seine-Inf.* (Normandie), arr. et à 35 k. de Neufchâtel-en-Bray, cant. d'Argueil. A 109 k. de Paris pour la taxe des lettres. Pop. 2,100 h. — *Foire* le 27 sept.

FEUILLOY, vg. *Seine-Inf.*, comm. d'Avesnes, ⊠ d'Envermeu.

FEULE, vg. *Doubs* (Franche-Comté), arr. et à 23 k. de Montbelliard, cant. et ⊠ de Pont-de-Roide. Pop. 153 h.

FEUQUIÈRES, *Focariæ*, bg *Oise* (Picardie), arr. et à 30 k. de Beauvais, cant. de Grandvillers. A 110 k. de Paris pour la taxe des lettres. Pop. 1,331 h. — *Fabriques* de bonneterie en laine.

FEUQUIÈRES, vg. *Somme* (Picardie), arr. et à 20 k. d'Abbeville, cant. de Moyenneville, ⊠ de Valines. Pop. 1,395 h.

FEURS, *Forum Segusianorum*, petite et très-ancienne ville, *Loire* (Forez), arr. et à 23 k. de Montbrison, chef-l. de cant. Cure. Gîte d'étape. Station du chemin de fer de St-Etienne à Roanne. ☉. A 425 k. de Paris pour la taxe des lettres. Pop. 2,646 h. — TERRAIN cristallisé.

Autrefois diocèse et intendance de Lyon, parlement de Paris, élection de Roanne, châtelenie, couvent de minimes.

Feurs existait du temps des Romains, sous le nom de *Forum Segusianorum*. Tout porte à croire qu'elle fut le siège de l'administration publique et le centre d'un commerce fort étendu. Son enceinte devait être considérable, si l'on admet la tradition suivant laquelle plusieurs des villages qui l'avoisinent en auraient fait partie. De toutes les villes du département, c'est celle qui offre le plus de vestiges d'antiquités : le morceau le plus curieux est un pavé de mosaïque, découvert il y a quelques années sous la porte d'entrée d'une maison située à côté de l'église. Ce travail antique est fait avec soin et très-bien conservé ; il offre un carré d'à peu près 6 m. de côté, et se compose d'une large bordure d'arabesques, d'une belle rosace dans le milieu, et de différents ornements dans les angles. Dans la cour de la même maison, on voit un corps de logis dont la construction semble remonter à la fin de l'empire romain, si l'on en juge par l'architecture et les ornements, dont le style est encore assez pur. L'escalier est soutenu par des colonnes d'ordre corinthien, et le pourtour du puits, ainsi que le dôme qui le couronne, sont ornés de bas-reliefs d'un assez bon goût. Dans le mur extérieur du chœur de l'église, on voit encastrée une table de granit, sur laquelle on lit une inscription antique. La voûte et la façade de cette même église présentent des restes d'anciens autels, des restes tumulaires sur lesquels on aperçoit encore en relief des vases pour les sacrifices. Enfin, des restes d'anciens thermes, des colonnes chargées d'inscriptions, des statues, des médailles, découverts sur plusieurs points, attestent la splendeur dont jouissait autrefois l'ancien *Forum Segusianorum*. Les hautes digues en pierre qui resserrent le lit de la Loire à peu de distance paraissent aussi un ouvrage antique.

Les **armes de Feurs** sont : *d'argent à un pot à anses et à trois pieds de sable, d'où sort une flamme de feu d'or et de gueules.*

Cette ville est située dans une plaine fertile en grains, coupée par un grand nombre de ruisseaux, près de la rive droite de la Loire, où elle avait autrefois un port très-fréquenté. Elle était autrefois fortifiée, et fut prise par les calvinistes, en 1562, après un siège de dix jours. — On y trouve une source d'eau minérale acidule.

Commerce de grains et de chanvre. — *Foires* les mardis avant et après le 1er janv., 2e mardi de mai, 2e mardi avant la St-Jean, avant la Toussaint et avant Noël.

Bibliographie. RICHARD DE LA PRADE. *Analyse des eaux minérales du Forez*, in-12, 1778 (il y est fait mention des eaux de Feurs).

FEUSINES, vg. *Indre* (Berry), arr. et à 11 k. de la Châtre, cant. et ⊠ de Ste-Sévère. Pop. 420 h.

FEUX, vg. *Cher* (Berry), arr., cant., ⊠ et à 11 k. de Sancerre. Pop. 966 h.

FEUYAS, *Creuse*, vg. comm. de Pionnat, ⊠ de Jarnages. ☉.

FÈVES, vg. *Moselle* (pays Messin), arr., cant., ⊠ et à 8 k. de Metz. Pop. 386 h.

FEY, vg. *Moselle* (pays Messin), arr. et à 12 k. de Metz, cant. de Verny, ⊠ de Gorze. Pop. 300 h.

FEY-EN-HAYE, vg. *Meurthe* (Lorraine), arr. et à 35 k. de Toul, cant. et ⊠ de Thiaucourt. Pop. 220 h.

FEYRE, bg *Creuse* (Marche), arr., cant., ⊠ et à 5 k. de Guéret. Pop. 1,623 h. — *Foires* les 26 avril, 23 août, 29 oct. et 28 déc.

FEYRE-LA-MONTAGNE (Ste-), vg. *Creuse* (Marche), arr. et à 8 k. d'Aubusson, cant. et ⊠ de Felletin. Pop. 352 h.

FEYT, vg. ou FEIX-FAYTE, vg. *Corrèze* (Limousin), arr., ⊠ et à 31 k. d'Ussel, cant. d'Eygurande. Pop. 328 h.

FEYTIAT, vg. *H.-Vienne* (Limousin), arr., cant., ⊠ et à 7 k. de Limoges. Pop. 960 h.

FEYZIN, vg. *Isère* (Dauphiné), arr. et à 18 k. de Vienne, cant. et ⊠ de St-Symphorien-d'Ozon. Pop. 1,251 h. — *Foire* le 19 janv.

FEZENZAC, *Auscii Fidentiaci*, petit pays de l'ancien Armagnac, qui avait autrefois titre de comté ; Vic-Fezenzac en était le chef-lieu. Il fait partie du département du Gers.

FEZENZAGUET, petit pays du bas Armagnac, qui avait autrefois titre de vicomté ; Mauvezin en était le chef-lieu. Il est compris dans le département du Gers.

FIA, vg. *Tarn* (Languedoc), arr., ⊠ et à 7 k. de Lavaur, cant. de St-Paul-Cap-de-Joux. Pop. 1,511 h.

FIACRE (St-), vg. *Côtes-du-Nord* (Bretagne), arr. et à 25 k. de Guingamp, cant. de Plouagat, ⊠ de Plesidy. Pop. 651 h.

FIACRE (St-), vg. *Loire-Inf.* (Bretagne), arr. et à 13 k. de Nantes, cant. de Vertou, ⊠ d'Aigrefeuille. Pop. 578 h.

Il est situé sur une hauteur qui domine deux vallons charmants, dont l'un est traversé par la Sèvre, et l'autre par la Maine ; ce dernier est boisé, étroit et d'un aspect agreste. Le vallon de la Sèvre est plus riant que celui de la Maine ; les prairies sont plus étendues, et les collines plus fertiles. Les points de vue y sont admirables. On cite particulièrement ceux des coteaux de Luneau et de la Pétière, d'où l'on découvre un pays immense, trop vaste pour être embrassé d'un coup d'œil. De riches vignobles s'élevant en amphithéâtre, des pentes arides où croissent l'ajonc et la bruyère, des terrains cultivés, des rochers escarpés, présentent les aspects les plus agréables et les plus diversifiés. On voit, sur les hauteurs, le bourg de la Haie, le château moderne de Rochefort, des habitations champêtres. Il est difficile de trouver une situation plus heureuse. La vue, en parcourant l'horizon, se repose à droite sur le pays qui a donné le jour à Abeillard, et sur le château de la Galissonnière, ancienne demeure d'un amiral célèbre. En face, au delà du village de la Haie, se déploient, dans le lointain, les campagnes du Loroux et des bords de la Loire. Au bas de ces coteaux, les plus élevés peut-être du département, on aperçoit de frais pâturages, divisés par des haies vives, et au milieu desquels coule paisiblement la Sèvre, dont on suit longtemps le cours sinueux à travers la vallée. Le site de St-Fiacre passe à juste titre pour un des plus beaux de la Bretagne. — *Foires* les 12 mai, 30 août et 2 nov.

FIACRE (St-), vg. *Loiret*, comm. de Mareau-aux-Prés, ⊠ de Cléry.

FIACRE (St-), vg. *Seine-et-Marne* (Brie), arr., ⊠ et à 9 k. de Meaux, cant. de Crécy. Pop. 260 h.

FIANCAYES, vg. *Drôme*, comm. de Chatuzange, ⊠ de Romans.

FIANCEY, vg. *Drôme* (Dauphiné), arr., cant. et à 8 k. de Valence, ⊠ d'Étoile. Pop. 431 h. — *Foire* le lendemain du dimanche de la Passion.

FICAJA, vg. *Corse*, arr. et à 50 k. de Bastia, cant. et ⊠ de la Porta. Pop. 404 h.

FICARELLA, vg. *Corse*, comm. de Santa-Maria-di-Lota, ⊠ de Bastia.

FICHEUX, vg. *Pas-de-Calais* (Artois), arr., ⊠ et à 9 k. d'Arras, cant. de Beaumetz-les-Loges. Pop. 501 h.

FICHOUS-RIEUMAYOU, vg. *B.-Pyrénées* (Béarn), arr. et à 31 k. d'Orthez, cant. et ⊠ d'Arzacq. Pop. 200 h. — Il a reçu le surnom de Rieumayou en 1842, époque de la réunion à son territoire de celui de cette commune.

FIDELAIRE (le), *Fagus Arei*, vg. *Eure* (Normandie), arr. et à 30 k. d'Évreux, cant. de Conches, ⊠ de la Neuve-Lyre. P. 1,551 h.

FIED (le), vg. *Jura* (Franche-Comté), arr. et à 22 k. de Lons-le-Saulnier, cant. et ⊠ de Voiteur. Pop. 319 h.

FIEF (le), vg. *Deux-Sèvres*, comm. de Beugné, ⊠ de Niort.

FIEF-SAUVIN (le), vg. *Maine-et-Loire*

(Anjou), arr., ⊠ et à 6 k. de Beaupréau, cant. de Montrevault. Pop. 1,720 h.

FIEFFES, vg. *Somme* (Picardie), arr. et à 13 k. de Doullens, cant. et ⊠ de Domart. Pop. 381 h.

FIEFS, vg. *Pas-de-Calais* (Artois), arr., ⊠ et à 17 k. de St-Pol-sur-Ternoise, cant. d'Heuchin. Pop. 871 h.

FIEL (St-), vg. *Creuse* (Marche), arr., cant., ⊠ et à 5 k. de Guéret. Pop. 634 h.

FIENNES, *Fielnæ*, vg. *Pas-de-Calais* (Boulonnais), arr. à 26 k. de Boulogne-sur-Mer, cant. et ⊠ de Guines. Pop. 1,011 h.—Exploitation de houille, qui comprend six fosses principales, dont la profondeur varie de 51 à 258 m. — *Foire* le 9 sept.

FIENVILLERS, vg. *Somme* (Picardie), arr. et à 10 k. de Doullens, cant. et ⊠ de Bernaville. Pop. 1,300 h.

FIERBOIS, *Indre-et-Loire*. V. STE-CATHERINE-DE-FIERBOIS.

FIERVILLE, vg. *Calvados* (Normandie), arr. et à 6 k. de Falaise, cant. de Bretteville-sur-Laize, ⊠ de Pont-l'Évêque. Pop. 147 h.

FIERVILLE, *Ferevilla*, vg. *Manche* (Normandie), arr. et à 25 k. de Valognes, cant. et ⊠ de Barneville. Pop. 705 h. — *Foires* les 1er et 10 sept.

FIERVILLE-EN-BESSIN, *Fiervilla*, vg. *Calvados*, comm. d'Avenay, ⊠ d'Evrecy.

FIERVILLE-LA-CAMPAGNE, vg. *Calvados* (Normandie), arr. et à 21 k. de Pont-l'Évêque, cant. de Blangy, ⊠ de Vimont. P. 192 h.

FIÈS (les), vg. *Vosges*, com. de Gérardmer, ⊠ de Corcieux.

FIEU (le), vg. *Aveyron*, comm. de Carcenac-Peyralès, ⊠ de Sauveterre.

FIEU (le), vg. *Gironde* (Guienne), arr. et à 28 k. de Libourne, cant. et ⊠ de Coutras. Pop. 522 h.

FIEULAINE, vg. *Aisne* (Picardie), arr., cant., ⊠ et à 13 k. de St-Quentin. Pop. 745 h.

FIEUX, vg. *Dordogne*, comm. de La Roche-Beaucourt, ⊠ de Mareuil.

FIEUX, vg. *Lot-et-Garonne* (Condomois), arr., ⊠ et à 10 k. de Nérac, cant. de Francescas. Pop. 708 h. — *Foires* les 13 mars et 28 juin.

FIEUZÉ, vg *Vosges*, comm. de Chapelle-aux-Bois, ⊠ de Xertigny.

FIGANIELLA, vg. *Corse*, comm. de Ste-Marie, ⊠ d'Olmeto.

FIGANIÈRES, *Figaneria*, vg. *Var* (Provence), arr. et à 5 k. de Draguignan, cant. de Callas. Pop. 1,309 h.—*Foires* les 2 fév. et 11 mai.

FIGARI, vg. *Corse*, arr. et à 32 k. de Sartène, cant. de Lévie, ⊠ de Bonifacio. Pop. 552 h.

FIGAROL, vg. *H.-Garonne* (Comminges), arr. et à 14 k. de St-Gaudens, cant. et ⊠ de Saliès. Pop. 708 h.

FIGAS, vg. *H.-Garonne*, comm. de Montbernard, ⊠ de l'Isle-en-Dodon.

FIGEAC, *Ficiacum*, ville ancienne, *Lot* (Quercy), chef-l. de préf. et de 2 cant. (2e arr.), Trib. de 1re inst. Collège comm. Soc. d'agric. Cure. ⊠. ⚘. Pop. 6,171 h. — TERRAIN jurassique, étage inférieur du système oolitique.

Autrefois diocèse de Cahors, parlement de Toulouse, intendance de Montauban, chef-lieu d'élection, sénéchaussée, justice royale, gouvernement particulier, abbaye de St-Benoît.

Figeac paraît devoir son origine à un monastère fondé en 755. Guillaume Ier, un des abbés de ce monastère, l'entoura de remparts, y fit construire des ponts, ainsi que plusieurs édifices, entre les années 1080 et 1100. Figeac dut aussi au monastère des priviléges importants pour ses terres et ses libertés : dès l'année 1001, les habitants de cette ville furent autorisés par l'abbé à choisir sept consuls qui la gouvernaient, et ces priviléges furent confirmés par Philippe Auguste, par saint Louis, par Philippe Le Long et par Louis XI. Les consuls avaient le droit de faire battre monnaie ; mais une ordonnance du roi Jean leur enleva ce droit pour punir la ville d'avoir subi volontairement le joug des Anglais. Toutefois les habitants, pour faire oublier leur défection, entreprirent de se délivrer eux-mêmes de la puissance anglaise ; on vit leurs femmes, leurs filles, vendre leurs bijoux et toutes leurs parures pour redevenir Françaises, et les efforts qu'ils employèrent pour secouer la domination étrangère firent rendre à la ville ses priviléges. Sous Charles V, Figeac fut surpris par les Anglais : l'occupation de cette place par les ennemis parut si funeste à toute la contrée, que les trois états de la sénéchaussée du Rouergue, les habitants de la haute Auvergne, plusieurs villes du Quercy, et particulièrement celle de Cajarc, se réunirent pour payer une forte somme aux étrangers, afin de leur faire abandonner Figeac.

Cette ville est on ne peut plus agréablement située, sur le penchant et au pied d'une colline arrondie dont le Célé baigne la base. Elle occupe le milieu d'un riant bassin qu'entoure un amphithéâtre de collines couvertes de bois, de rochers abruptes, de vergers et de vignobles, d'un effet très-pittoresque ; les maisonnettes bâties au milieu des vignes, les colombiers, les pavillons dont est parsemé le territoire, brillent tous de la blancheur éclatante de la chaux dont ils sont crépis, et du rouge presque aussi éclatant de la tuile dont ils sont couverts ; la ville, placée au milieu de ce paysage, semble l'embellir encore par ses édifices et par la fraîcheur des promenades qui l'environnent.

Les **armes de Figeac** sont : *d'argent à une croix de gueules.*

Figeac était jadis entouré de remparts et de fossés, dont il existe des restes sur toute la partie du nord. Les rues en sont étroites et mal percées, les places publiques resserrées et irrégulières, les maisons en général mal bâties ; mais on y en voit quelques-unes d'une belle construction, et c'est dans l'intérieur de la ville que est peu spacieuse et bornée par des édifices, excepté du côté du midi.

Il existe dans cette ville plusieurs édifices d'une construction très-ancienne ; ils présentent tous des ouvertures en ogive, ornées de colonnes élancées, et surmontées de trèfle et de rosaces à jour ; tous ont des cheminées octogones très-élevées, et qui ressemblent à autant de minarets ; quelques-uns se terminent par de petites colonnes qui supportent un couronnement. Le plus remarquable de ces bâtiments est le château de Baleine, qui sert aujourd'hui de palais de justice ; ses murs épais et avec une seule porte au rez-de-chaussée, sans aucune fenêtre, sa proximité des remparts, les fossés dont il est environné, démontrent qu'il avait été bâti pour servir de forteresse. Ce château est très-étendu ; on y voit une vaste salle de 24 m. de long sur 12 m. de large et 10 m. de hauteur.

L'église de l'ancienne abbaye est remarquable par l'antiquité et la singularité de quelques parties de son architecture. La nef, sans y comprendre les bas côtés qui en font le tour, a 62 m. de long, 8 m. de large et 21 m. de hauteur au milieu de la voûte ; elle présente, vis-à-vis le grand autel, deux prolongements latéraux qui lui donnent la forme d'une croix. Au-dessus du maître-autel s'élève un dôme de 40 m. de hauteur, qui forme d'abord un cylindre et se termine ensuite par un polyèdre octogone. Le portail est surmonté d'un clocher d'une belle construction, de 40 m. d'élévation au-dessus de l'édifice.

L'église de Notre-Dame du Puy offre une nef entourée de bas côtés très-imposants ; elle a 41 m. de long sur 13 m. de large et 16 m. de hauteur ; les colonnes engagées qui soutiennent la voûte de la nef sont très-élancées. Le maître-autel est orné de quatre colonnes torses en bois d'ordre corinthien, où l'on a sculpté avec beaucoup d'art et de précision des ceps de vigne ornés de leur feuillage et de leurs grappes, que des anges semblent vouloir écarter.

On ne doit pas manquer d'aller voir, au couchant et au midi de Figeac, deux espèces d'obélisques qui semblent avoir été construits pour supporter des fanaux destinés à diriger les pèlerins pendant la nuit au milieu des épaisses forêts dont cette contrée était jadis couverte. Ces obélisques, qu'on nomme Aiguilles, présentent une base de cinq marches formant un piédestal ; elles supportent un prisme à huit pans, de 5 m. de hauteur sur 4 m. de circonférence, qui se termine par une corniche saillante au-dessus de laquelle le monument prend la forme pyramidale.

Biographie. Figeac est la patrie de M. CHAMPOLLION FIGEAC, archéologue distingué, conservateur des chartes et diplômes de l'histoire de France à la bibliothèque royale.

De feu M. CHAMPOLLION jeune, à qui l'on doit la découverte de l'alphabet hiéroglyphique égyptien.

Du publiciste MASSABIAU.

INDUSTRIE. *Fabriques* de toiles. Teintureries. Tanneries. — *Commerce* de vins et de bestiaux. — *Foires* le 15 de chaque mois, et 23 avril, 29 sept., 3, 11, 24 et 30 nov., 9, 22 et 29 déc.

A 584 k. S. de Paris ; lat. 44° 36′ 45″, long. 0° 20′ 0″ O.

L'arrondissement de Figeac est composé de 8 cantons : Brétenoux, Cajarc, Figeac E., Figeac O., la Capelle-Marival, la Tronquière, Livernon, St-Céré.

Bibliographie. DEROUS (J.-F.). *Annales ecclésiastiques et politiques de la ville de Figeac*, in-8, 1830.

CHAUDRUC DE CRAZANNES (le baron). *Mémoires sur quelques antiquités de la ville de Figeac et de sa banlieue* (Mém. de la soc. des antiq. de France, t. x, p. 109).

— *Coup d'œil architectonique sur l'église de St-Sauveur de Figeac*, in-8, 1836.

FIGEAS, vg. *H.-Vienne*, comm. de Coussac-Bonneval, ⊠ de St-Yrieix.

FIGÈRE (la), vg. *Ardèche* (Languedoc), arr. et à 32 k. de Tournon, cant. et ⊠ des Vans. Pop. 255 h. — Exploitation de houille.

FIGERS, vg. *Charente-Inf.*, comm. d'Echebrune, ⊠ de Pons.

FIGNÉVELLE, vg. *Vosges* (Lorraine), arr. et à 48 k. de Mirecourt, cant. et ⊠ de Monthureux-sur-Saône. Pop. 236 h.

FIGNIÈRES, vg. *Somme* (Picardie), arr., cant., ⊠ et à 5 k. de Montdidier. Pop. 258 h.

FIGLINÆ (lat. 46°, long. 23°). «La Table théodosienne, traçant une route de Vienne à Valence, place *Figlinæ* entre Vienne et *Tegna*, qui est Tein ; et la distance à l'égard de Vienne est marquée XVII, et à l'égard de *Tegna* XVI. Or, je crois pouvoir estimer que ce qu'il y a d'espace direct entre Vienne et Tein est d'environ 28,000 toises ; et les 33 milles qui font la somme des deux indications dans la Table ne remplissent pas cet intervalle. Mais ce qui témoigne que ces indications ont en effet quelque chose de moins qu'il ne convient, c'est que l'Itinéraire d'Antonin fait compter 48 milles entre Valence et Vienne, pendant que la Table ne fournit que 46, en ajoutant 13 de *Tegna* à Valence aux 33 de Vienne à *Tegna*. On peut encore soupçonner qu'il y a quelque défaut dans la Table, sur ce que Strabon (lib. IV, p. 185) compte 320 stades depuis le confluent de l'Isère dans le Rhône jusqu'à Vienne ; car les 33 milles de la Table entre Vienne et *Tegna*, ou Tein, ne répondent qu'à 264 stades, et ce qu'il y a de surplus depuis Tein jusqu'à l'endroit où l'on nomme la source d'Isère, ne s'estime guère plus de 45 stades, donc environ 310 au lieu de 320 ; et il convient d'ajouter que ce compte de 320 stades est par lui-même insuffisant, parce que les 48 milles de Valence à Vienne, selon l'Itinéraire, donnent 384 stades. Au reste, la position qui me paraît plus convenable sur cette route entre Vienne et Tein, est celle du *Castrum sancti Ramberti*, selon les titres du Daufiné, près de l'entrée de la petite rivière d'Ore dans le Rhône. M. de Valois (p. 546) voudrait insinuer que *Figlinæ* pourrait être un endroit du Lionois, à 3 lieues seulement au-dessous de Lion, et on peut voir sur quoi il fonde une pareille conjecture. En ce cas, il faudra amener *Figlinæ* entre Lion et Vienne, bien loin de ce que le lieu au delà de Vienne, en tendant vers Valence. Cependant, comme c'est de la Table uniquement que nous tenons *Figlinæ*, c'est d'après la Table que nous devons déterminer sa position.» D'Anville. *Notice de l'ancienne Gaule*, p. 299.

FIGONS (les), vg. *Bouches-du-Rhône*, comm. d'Eguilles, ⊠ d'Aix.

FIJAQUET, vg. *Aveyron*, com. de Valady, ⊠ de Rodez.

FILAIN, vg. *Aisne* (Picardie), arr. et à 25 k. de Soissons, cant. de Wailly, ⊠ de Chavignon. Pop. 253 h.

FILAIN, vg. *H.-Saône* (Franche-Comté), arr. et à 14 k. de Vesoul, cant. et ⊠ de Montbozon. Pop. 585 h.

FILAINE (la), vg. *Cher*, comm. et ⊠ de Châteaumeillant.

FILGÈRE (la), vg. *Gard*, comm. de Coucoules, ⊠ de Génolhac.

FILHOLS (la), vg. *H.-Garonne*, comm. et ⊠ de Villemur.

FILLANCOURT, ancien village qui forme aujourd'hui un des faubourgs de St-Germain-en-Laye.

FILLAY, vg. *Loiret*, comm. de Coudray, ⊠ de Malesherbes.

FILLÉ-GUÉCÉLARD, joli village, *Sarthe* (Maine), arr. et à 15 k. du Mans, cant. de la Suze, ⊠ de Foulletourte. Pop. 1,165 h. — Il forme une commune composée de deux paroisses situées sur la rive droite de la Sarthe. On y remarque le château de Buffe, dont la Sarthe baigne les murailles, et vis-à-vis, le château de Groschenay, bâtiment régulier flanqué de quatre tourelles rondes à chacun de ses angles, et précédé de beaux jardins dans le genre paysager.

FILLERVAL, vg. *Oise*, comm. de Thury-sous-Clermont, ⊠ de Mouy.

FILLETIÈRES (les), vg. *Saône-et-Loire*, comme de Chenove, ⊠ de Buxy.

FILLIÈRES, vg. *Moselle* (pays Messin), arr. et à 25 k. de Briey, cant. et ⊠ de Longwy. Pop. 775 h. — Foires les 1ers jeudis de mars et de nov.

FILLIÈVRE, vg. *Pas-de-Calais* (Artois), arr. et à 17 k. de St-Pol-sur-Ternoise, cant. du Parcq, ⊠ de Hesdin. Pop. 951 h.

FILLINGEN, *Moselle*. V. FOULIGNY.

FILLOLS, vg. *Pyrénées-Or.* (Roussillon), arr., cant. et à 10 k. de Prades, ⊠ de Villefranche-de-Conflent. Pop. 299 h. — On trouve aux environs une source d'eau minérale froide, et des mines de fer qui occupent une cinquantaine d'ouvriers.

FILOLIE (la), vg. *Dordogne*, comm. de St-Amand-de-Coly, ⊠ de Montignac.

FILOMUSIACUM (lat. 48°, long. 24°). «La Table théodosienne marque ce lieu entre *Vesontio* et *Abiolica*, ou plutôt *Ariolica*, comme on lit dans l'Itinéraire d'Antonin ; et les distances marquées dans la Table sont, de *Vesontio* à *Filomusiacum* XV, et de *Filomusiacum* à *Ariolica* XIIII. L'explication de cette voie qui conduit à Pontarlier renferme des difficultés que je ne sache pas qu'on ait aplanies jusqu'à présent. L'Itinéraire, en ne marquant que XVI pour la distance de *Vesontio* à *Ariolica*, est manifestement en défaut. L'espace direct d'un point pris au centre de Besançon jusqu'à Pontarlier est de 23,200 toises ou environ ; et, quoique cet espace ne réponde qu'à 20 lieues gauloises et demie, la représentation du local par la grande carte qui a été levée de la Franche-Comté me donne lieu d'estimer que la mesure de la voie romaine, circulant en plusieurs endroits dans des vallons, est au moins de 33 des mêmes lieues. L'opinion continue veut que *Filomusiacum* soit un lieu nommé Usié, parce qu'on a cru voir un reste de l'ancienne dénomination. Mais la mesure du chemin depuis le point de Besançon jusqu'à ce lieu fait compter environ 19 lieues gauloises, et de là jusqu'à Pontarlier où n'en trouve guère plus de 4, ce qui n'a aucun rapport aux distances marquées par la Table, à laquelle nous devons *Filomusiacum*. Le nombre XV qu'elle indique s'arrête, en partant de Besançon, sous un château nommé Mailloc, qui domine sur une gorge étroite que traverse le chemin. De là jusqu'à Pontarlier, ce qui reste de route étant d'environ 9 lieues, qui font l'excédant de 15 sur les 23, dont la distance itinéraire de Besançon à Pontarlier est composée ; cette circonstance fait trouver le moyen le plus simple de rendre la Table conforme au local, en substituant le nombre VIIII, figuré de cette manière, à celui qui paraît figuré XIIII dans la Table, et que l'on ne saurait admettre. On pourrait même ajouter, en s'autorisant du défaut de correction dans les noms propres dont la Table fournit une infinité d'exemples, que le nom de Mailloc, où *Filomusiacum* prend sa place, voudrait qu'on lût plutôt *Filo-Maliacum*. Cette leçon détruirait l'unique fondement sur lequel on a voulu établir à Usié la position du lieu dont il s'agit.» D'Anville. *Notice de l'ancienne Gaule*, p. 300.

FILS (le), *Eure*, comm. de St-Pierre-du-Bosguérard, ⊠ de Bourgthéroulde.

FILSTROFF, vg. *Moselle* (pays Messin), arr. et à 35 k. de Thionville, cant. et ⊠ de Bouzonville. Pop 274 h.

FILZ-MÉENS (les), *Ille-et-Vilaine*. V. CHAPELLE-AUX-FILZ-MÉENS (la).

FIMENIL, vg. *Vosges* (Lorraine), arr. et à 30 k. d'Epinal, cant. et ⊠ de Bruyères. Pop. 436 h.

FINES (lat. 44°, long. 23°). «Il y aurait un nombre infini de lieux à citer sous cette dénomination, si, indépendamment de ceux que l'on trouve dans les monuments de l'âge romain, et auxquels on doit se borner ici, on faisait la recherche de tout ce qui est actuellement existant sous la même dénomination, dont les monuments ne parlent point. L'occasion d'en montrer plusieurs doit se présenter en considérant les limites des anciennes cités. Pour faire connaître ces lieux dénommés *Fines*, en parcourant la Gaule, je procéderai du midi vers le nord, selon le progrès qu'a fait la domination romaine. En général, c'est sur les anciennes voies qui faisaient la communication des cités, que les *Fines* sont indiqués par les Itinéraires. Celui d'Antonin et la Table théodosienne conviennent sur le premier qui se présente dans l'ordre que je me prescris, à le placer entre *Cabellio*, Cavaillon, et *Apta Julia*, Apt. C'est que les limites des *Cavares*, dont *Cabellio* dépendait, se rencontraient dans cet intervalle avec ceux des

Vulgientes, dont *Apta Julia* était le chef-lieu. L'Itinéraire n'est pas d'accord avec lui-même sur les distances : dans un endroit, il marque XV entre *Cabellio* et *Fines*, XII entre *Fines* et *Apta* ; et ailleurs, la distance de *Cabellio* à *Apta*, sans lieu intermédiaire, est marquée XXII. La Table indique XII entre *Cabellio* et *Fines*, et le même nombre est répété entre *Cabellio* et *Apta*. Cependant j'estime que la distance de Cavaillon à Apt n'est en droite ligne que de 13 à 1,400 toises, ce qui n'admet que 18 milles, ou environ 19 en mesure itinéraire. Car, dans ce qui renferme la province romaine, c'est du mille dont il convient de faire usage ; les confins des diocèses d'Apt et de Cavaillon sont à environ 7 milles d'Apt, à 11 ou 12 milles de Cavaillon ; et ces circonstances dans le local veulent que l'on corrige sur ce pied-là les nombres de l'Itinéraire et de la Table. Ainsi on substituera XII à XV, et VII à XII dans l'Itinéraire. L'indication de XII restera dans la Table, entre *Cabellio* et *Fines*, et, au lieu de XII entre *Fines* et *Apta*, on lira VII. La méprise entre les chiffres romains V et X se fait remarquer fréquemment ; mais elle présente en même temps le plus facile des moyens de correction ; et on en verra la répétition dans l'article suivant, sans aller plus loin. » D'Anville. *Notice de l'ancienne Gaule*, p. 302.

FINES (lat. 45°, long. 24°). « Dans l'Itinéraire de Bordeaux à Jérusalem, on trouve *Fines* entre *Davianum* et *Vapincum*. La distance à l'égard de *Davianum* est marquée XII, et XI à l'égard de *Vapincum* : mais ces nombres ne conviennent point au local. Car il n'admet qu'environ 13 milles entre Gap et Veine ; et Veine répond à *Davianum*, sans qu'on puisse s'y méprendre, vu la correspondance de cette position à celle de *Mons-Seleucus*, qui précède immédiatement *Davianum* dans l'Itinéraire, et que l'on sait indubitablement exister dans la bastie Mont-Saléon. Ainsi, il y a nécessité de substituer VII à XII, et VI à XI dans l'Itinéraire, par la même réforme de chiffre que celle qui dans l'article précédent a paru également nécessaire. Ce lieu de *Fines* se rencontre en conséquence vers le passage d'une petite rivière nommée Buèche, dont je tire la connaissance d'une grande carte manuscrite du Dauphiné, qui représente le local avec beaucoup plus de détail et de précision que les cartes de cette province qui sont gravées. On doit considérer ici les limites des *Caturiges*, dans un temps antérieur à celui où *Vapincum* est monté au rang de cité, dans lequel il a remplacé une ville plus ancienne en dignité, qui a porté le nom de *Caturiges* comme capitale, et dont les Itinéraires font mention entre *Vapincum* et *Ebrodunum*. Il est difficile, d'un autre côté, de décider quel était le peuple qui bornait ainsi les *Caturiges*, et de porter jusque-là les limites des *Voconii*, quelque puissants qu'ils paraissent avoir été. Cette contrée de la Gaule, voisine des Alpes, a été partagée en un si grand nombre de peuples, qu'il y a lieu de présumer que ce qui fait actuellement l'extension du diocèse de Gap du côté du diocèse de Die était occupé par quelque communauté de moindre considération que les *Caturiges* et les *Voconii*, et du nombre de celles qui nous sont peu connues. Ce canton pourrait convenir aux *Iconii*, dont il est mention dans Strabon ; et ce qui le fait conjecturer est exposé dans l'article sous le nom d'*Iconii*. Au reste, cette position de *Fines* paraît la seule dans la Gaule, où l'on soit en pareil cas de ne pas connaître avec une égale certitude l'un et l'autre des territoires dont les limites sont désignées par cette dénomination. » D'Anville. *Notice de l'ancienne Gaule*, p. 303.

FINES (lat. 44°, long. 20°). « La Table théodosienne marque *Fines* sur la route de Toulouse à Narbonne ; *Tolosa* XV *Badera* XVIII *Fines*. Le nombre entre *Fines* et *Carcaso*, qui suit immédiatement, est omis dans la Table. Par le compte des distances qui est donné d'ailleurs entre Toulouse et Carcassone, on peut estimer celle de *Fines* à Carcassone de 28 à 29 milles ; et le lieu de *Fines* se place entre les positions d'*Elusio* et de *Sostomagus*, indiquées par l'Itinéraire de Bordeaux à Jérusalem. Car, pourquoi supposer deux routes différentes sur la même direction, comme on les a tracées dans la carte du premier volume de l'histoire de Languedoc ? N'est-il pas plus simple de penser que toutes les positions de lieu sur une voie rencontrait sur son passage, n'étant pas également détaillées dans les différents Itinéraires, chacun de ces Itinéraires dans le choix qu'on a fait, cite un lieu plutôt qu'un autre ? Nous tirons de cette position de *Fines* l'avantage de connaître les limites respectives des dépendances de Toulouse et de Narbonne : c'est à quoi on n'a pas pris garde dans la carte que je viens de citer. La multiplication des diocèses en Languedoc a effacé la trace de ces limites. » D'Anville. *Notice de l'ancienne Gaule*, p. 304.

FINES (lat. 44°, long. 20°). « Un autre lieu de *Fines* dans la Table est marqué sur la route de Toulouse à *Bibona*, qu'il faut lire *Divona*, et qui est Cahors. Ce sont donc les limites des dépendances de Toulouse du côté des *Cadurci*, et on peut appliquer à cette position ces deux vers de Théodulphe (*in carmine de pugna volucrum*).

*Nempe, Tolosani locus est ruricque Caduroi
Extimus, hoc finit pagus uterque loco.*

La distance marquée XXVIII porte en effet vers Montauban, dont le diocèse en deçà du Tarn a été pris sur l'ancien territoire de Toulouse, quoique l'emplacement de la ville, qui était appelé *Mons Aureolus*, fût compris dans les limites des *Cadurci*, comme on l'apprend de la vie du premier Théodard, archevêque de Narbonne. Elle s'explique ainsi sur ces limites : *Est autem monasterium (S. Martini) in Caturcensi territorio, in monte qui Aureolus nuncupatur ; ad cujus montis radicem fluvius quidam decurrit, quem indigenæ regionis ipsius Tasconem vocant ; hic suo decursu, confinia Tolosani Caturcensique ruris, liquido dirimit patenter inflexu, qui a prædicto monte recedens, post modicum terræ spatium Tarno immergitur flumini*. Il faut ajouter que la distance qui suit la position de *Fines* dans la Table, en conduisant à la capitale des *Cadurci* par un lieu nommé *Cosa*, et qui est marqué VII, convient à l'emplacement de *Cosa*, que l'on connaît aux environs de l'Aveiron, sur la rive droite de son cours. » D'Anville. *Notice de l'ancienne Gaule*, p. 305.

FINES (lat. 45°, long. 18°). « L'Itinéraire et la Table indiquent *Fines* sur une route qui conduit de Bordeaux à Agen. Cette voie, en partant de Bordeaux, remonte le long même rivage de la Garonne, sur lequel Bordeaux est situé. Le lieu qui suit Bordeaux, sous le nom de *Sirione*, est le pont de Siron, près de Langon, le fait voir, clairement, et détermine le côté de la rivière qui convient à *Fines* en suivant cette route. L'Itinéraire et la Table sont d'accord à marquer XV pour la distance à l'égard d'*Aginnum*. Ici il doit être question de lieues gauloises, non de milles, parce que ce n'est plus la province romaine, dans laquelle les *Fines* précédents sont renfermés. Cette distinction est prescrite formellement par l'Itinéraire de Bordeaux à Jérusalem, où le terme de *leug*. est appliqué aux distances entre Bordeaux et Toulouse. Je remarque que si l'on se borne à une indication de quinze lieues gauloises en partant d'Agen, pour arriver aux *Fines* de son territoire, on ne descend plus bas, eu égard au cours de la Garonne, que vers la hauteur de Tonneins, sans aller jusqu'au Mas-d'Agenois, nonobstant le surnom qui le distingue. Pour le renfermer et atteindre en même temps les limites du diocèse de Condom, qui a fait partie de celui d'Agen, il faut substituer XX au nombre qui paraît XV. Il est vrai que le Condomois actuel a pris de l'accroissement en s'étendant dans les Bazadois ; et on a même jugé à propos que la recette de Condom comprît Bazas, et son territoire. D'Anville. *Notice de l'ancienne Gaule*, p. 305.

FINES (lat. 46°, long. 19°). « La Table théodosienne donne une position de *Fines* entre *Vesunna* ou Périgueux, et *Augustoritum* ou Limoges. La distance de *Fines* à l'égard de l'une et de l'autre de ces villes est également marquée XIII. Cette égalité de distance paraît répondre à celle que l'on remarque dans les limites qui séparent les diocèses de Limoges et de Périgueux. Mais, vu que l'étendue de Périgueux et Limoges s'étend à environ 43,000 toises, qui renferment 38 lieues gauloises, il en résulte que les distances particulières doivent être XVIII de l'une à XIII. » D'Anville. *Notice de l'ancienne Gaule*, p. 306.

FINES (lat. 46°, long. 21°). « Une autre position de *Fines* dans la Table est sur la route d'*Augustoritum*, ou de Limoges, à *Augustonemetum*, ou Clermont-en-Auvergne. La distance à l'égard d'*Acitodunum*, situé sur cette route, et qui est Ahun dans la Marche, étant marquée XX ; elle conduit précisément à l'entrée du territoire des *Arverni*, sans néanmoins pouvoir désigner quelque position qui y ait rapport en particulier, d'autant moins que jusqu'à présent les cartes de ce canton ne sont pas fort louables dans le détail. » D'Anville. *Notice de l'ancienne Gaule*, p. 307.

FINES (lat. 47°, long. 19°). « L'Itinéraire d'Antonin place *Fines* entre *Limonum* ou Poitiers et *Argentomagus*, qui est Argenton en Berri, marquant XXI également dans chacun des deux intervalles, ce qui donne 42 entre *Limonum* et *Argentomagus*. Ce lieu de Fines est aussi dans la Table, et la distance de *Lemuno* (ou *Limonum*) est marquée XX. Or, ce qu'il y a d'espace en droite ligne de Poitiers à Argenton ne paraît que d'environ 39 lieues gauloises : mais j'observe qu'en partant de Poitiers la position de *Fines* s'arrête à un lieu nommé Heins, situé précisément à l'extrémité du territoire des *Pictavi*, aux confins de celui des *Bituriges*; et dont la distance à l'égard d'Argenton paraît la même qu'à l'égard de Poitiers, et d'environ 20 lieues gauloises. Ces circonstances nous autorisent à voir l'analogie entre le nom actuel de Heins et l'ancienne dénomination de *Fines*. » D'Anville. *Notice de l'ancienne Gaule*, p. 307.

FINES (lat. 49°, long. 17°). « Le même Itinéraire indique *Fines* sur une route qui, partant de *Condate* des *Redones*, conduit à *Alauna*, dont on connaît la position dans le territoire des *Unelli*, et peu loin du rivage du Cotentin. Ainsi, le lieu de *Fines* ne peut désigner que les confins des *Redones* et de la cité qui se trouve limitrophe en prenant cette route, et cette cité ne saurait être que celle des *Abrincatui*, ou d'Avranches. La rivière de Coesnon à Pontorson sépare les diocèses de Rennes et d'Avranches; mais la distance marquée dans l'Itinéraire entre *Condate* et *Fines*, veut un plus grand espace qu'entre Rennes et Pontorson; car il n'est guère que de 26,000 toises, qui ne répondent qu'à 23 lieues gauloises. En poussant au delà de Pontorson, je trouve un lieu dont le nom de Wines, ou Huines, comme on l'écrit communément, me paraît le même que *Fines*, parce que l'U consomme et quelquefois le double W tiennent lieu d'un F. La distance de Rennes à Huines, qui passe celle de Pontorson d'environ 4,000 toises, fournit par conséquent près de 4 lieues gauloises de plus, et fait ainsi compter 27, indépendamment de ce que la mesure itinéraire peut avoir de plus que l'espace direct. La possession que les Normands ont prise de la Neustrie, par la cession qui leur a été faite de ce pays au commencement du x° siècle, a pu établir pour limite plus marquée entre eux et les Bretons l'embouchure du Coesnon dans la mer, et reculer en conséquence les bornes antérieures de l'Avranchin. Car, quoiqu'en général les Bretons doivent être prévenu que les limites des anciens diocèses indiquent le territoire des cités de la Gaule, il faut convenir qu'on trouve des circonstances particulières qui y dérogent en quelques endroits. Il n'est point mention d'*Ingena* ou de la capitale des *Abrincatui*, sur le passage de la route où l'on rencontre *Fines*, parce que, selon la position de Huines, il y a apparence que cette route étant conduite au bord de la mer traversait la grève, resserrée près de là à un espace qui n'est que d'environ 700 toises, entre deux points de la terre ferme, ce qui laisse Avranches sur la droite, à une assez grande distance, pour qu'il fût avantageux d'éviter un grand détour par une voie courte et plus directe. » D'Anville. *Notice de l'ancienne Gaule*, p. 307 et 308.

FINES (lat. 48°, long. 19°). « Je trouve *Fines* dans la Table théodosienne entre *Subdinnum*, qui est la capitale des *Cenomani* ou le Mans, et une position figurée comme une capitale, dont le nom est omis, mais qu'il y a tout lieu de prendre pour *Autricum* ou Chartres; et j'en parle ainsi dans l'article *Durocasses*, parce que *Durocasses*, étant dans la Table lié immédiatement à cette position, donne lieu de la reconnaître. Entre *Subdinnum* et *Fines*, ce que marque la Table est XVI, et entre *Fines* et la position qui représente *Autricum* on trouve X; il faut convenir que ces distances sont défectueuses. Ce qu'il y a d'espace entre le Mans et les confins de son diocèse avec celui de Chartres peut s'évaluer à 21 lieues gauloises, et entre *Fines* et *Autricum* il ne faut pas moins compter que 28 des mêmes lieues. Il m'a paru néanmoins que ce lieu de *Fines* ne devait point être omis dans la carte jointe à cette notice, comme il l'est dans les cartes précédentes; et, pour le mettre en place, il a fallu se conformer à ce que le local actuel détermine, parce qu'il est hors de doute que les nombres de la Table ne peuvent servir à fixer cette position; selon que les limites des cités et la distance absolue le prescrivent. » D'Anville. *Notice de l'ancienne Gaule*, p. 309.

FINES (lat. 48°, long. 21°). « La Table indique encore un lieu sous le nom de *Fines*, entre *Genabum* ou Orléans et *Agedincum* ou Sens. La distance marquée XV à l'égard de *Genabum*, en prenant la direction qui conduit à un lieu nommé *Aquæ Sageste*, porte précisément aux confins du diocèse d'Orléans et les limites de celui de Sens; comme je le remarque également dans l'article Aquæ Segeste. » D'Anville. *Notice de l'ancienne Gaule*, p. 309.

FINES (lat. 50°, long. 22°). « Dans l'Itinéraire d'Antonin, entre *Augusta Suessionum* ou Soissons et *Durocortorum* ou Reims, est une position de *Fines*, que l'on connaît pour être Fimes, aux confins du diocèse de Reims, sur les limites de celui de Soissons. L'intervalle en droite ligne des points de Soissons et de Reims, à prendre des points au centre de ces villes, passe 27,000 toises, et on en trouve 28,350 par le calcul rigoureux de 25 lieues gauloises que l'on compte dans l'Itinéraire. Quoique la position de Fimes ne paraisse guère moins distante en ligne directe de Reims que de Soissons, l'Itinéraire indique cependant XIII entre Soissons et *Fines*, et XII entre *Fines* et Reims; mais je remarque que la disposition du local justifie cette inégalité de distance en mesure itinéraire. C'est que la voie est assujettie à des circuits dans la vallée où coule la rivière de Vêle, aux environs de Braine, entre Soissons et Fimes, qui n'a pas également lieu entre Fimes et Reims; car, la distance directe de Fimes au point central de Reims étant d'environ 13,300 toises, est ainsi presque au pair du calcul des 12 lieues gauloises de 13,600. Dans les actes du premier des deux conciles qui ont été tenus à Fimes, on lit : *Synhodus quæ fuit acta in loco qui dicitur Finibus, Remensis parœciæ*, anno I. D. DCCCXXXI. L'altération du nom de *Fines* en celui de Fimes se remarque dans la Chronique de Flodoard, sous l'an 922, *Villam Fimmas super Vidulam*. Il est donc indubitable que *Fines* et Fimes sont le même lieu. » D'Anville. *Notice de l'ancienne Gaule*, p. 309.

FINES (lat. 50°, long. 24°). « Le même Itinéraire donne une mansion de *Fines* sur la route de *Virodunum*, Verdun, à *Divodurum*, Metz. La distance est marquée VIIII à l'égard de Verdun, et VI à l'égard d'*Ibliodurum*, placé entre Fines et *Divodurum*. Après avoir reconnu, en suivant la trace de cette voie, que le lieu d'*Ibliodurum* se fixe au passage d'une rivière dont le nom est Iron, comme on peut voir à l'article *Ibliodurum*, je trouve que l'intervalle dans lequel se renferme la mansion de *Fines* peut s'estimer en droite ligne de 16,000 et quelques centaines de toises, ce qui doit paraître très-convenable à 15 lieues gauloises (VIIII et VI) de mesure itinéraire, dont le calcul est en rigueur de 17,040 toises. Il faut ajouter qu'une proportion de distance, selon les nombres ci-dessus, en mesurant la voie, fait tomber Fines aux environs d'un lieu remarquable sur cette voie sous le nom de Marcheville, qui renfermant le terme de *marchia* ou de frontière, terme analogue par son usage dans les bas temps à la signification de *Fines*, paraît désigner les anciennes limites du Verdunois et qu'avaient occupé les *Mediomatrici*, non les limites actuelles du diocèse de Verdun qui ont été portées plus loin, et jusque vers la Moselle, par un au-dessus de Metz. » D'Anville. *Notice de l'ancienne Gaule*, p. 310.

FINES (lat. 49°, long. 23°). « On trouve *ad Fines* dans la Table théodosienne, en position qui paraît immédiate à *Nasium*, l'une des deux villes que Ptolémée nomme chez les *Leuci*, et qui est Nais sur l'Ornez, au-dessus de Bar-le-Duc et de Ligni-en-Barrois. Il est certain qu'il existe un lieu de Feins, sur la même rive de l'Ornez, à environ deux tiers d'une lieue actuelle au-dessous de Bar-le-Duc. La distance par le nombre XIII, qu'on voit dans la Table, entre *Nasium* et *ad Fines*, paraît excéder d'environ deux lieues gauloises la mesure itinéraire de Nais à Feins, dans la vallée que suit le cours de l'Ornez. Quant au lieu que le nombre V, à la suite de *Fines*, pouvait désigner, l'omission de son nom dans la Table le dérobe à notre connaissance. Mais la disposition du local fait juger que cette branche de voie, passant de *Nasium* à la position de *Fines*, communiquait à la route directe de *Durocortorum* ou de Reims à *Nasium*, dans l'intervalle de la position de *Fanum Minervæ*, sur cette route, et de *Fines*. Je remarque que ce lien de *Fines* est sur la lisière du *Pagus Barrensis*, confinant au *Pertensis* ou Pertois, quoique, selon l'état actuel, le diocèse de Toul porte ses limites un peu plus loin, par une pointe avancée dans le diocèse de Châlons et qui entame le Pertois.

La conformité de ces limites avec celles du domaine qu'occupe le duché de Bar peut bien nous indiquer la cause de quelque changement arrivé dans les bornes que des cités gauloises avaient antérieurement, et que des *Pagus* limitrophes conservaient encore dans le moyen âge. » D'Anville, *Notice de l'ancienne Gaule*, p. 311.

FINES (lat. 48°, long. 27°). « Enfin le dernier des *Fines* dont j'aie à parler, et que l'on trouve dans la Table comme dans l'Itinéraire, est placé sur une route qui de *Vindonissa* ou Windisch, dans l'Helvétie, conduit dans la Rhétie, où il entre par *Brigantia* ou Brégantz. Ce lieu est connu sous le nom de Pfin, et parce qu'il est situé sur la rivière de Thur et dans le Thur-Gaw, on l'appelle Pfin *an der Thur*. La position de ce lieu indique les limites que le gouvernement romain avait établies entre la province des Gaules, appelée *Maxima Sequanorum*, et la Rhétie. Car on voit, dans la Notice de l'empire, qu'un poste établi au lieu nommé Arbore, qui est l'Arbor-Félix de l'Itinéraire et de la Table, entre *Fines* et *Brigantia*, était sous les ordres du général qui commandait dans la Rhétie : *Sub dispositione ducis Rhœtiæ primæ et secundæ*. Quoique le cours du Rhin soit réputé d'une manière générale faire la séparation de la Gaule d'avec les pays limitrophes, il est néanmoins constant que les *Rhæti* en occupaient l'un et l'autre bord, au-dessus du lac de Constance ; les *Sarunettés*, dont le canton nous est indiqué par la position de Sargans, qui est en deçà du Rhin, sont du nombre des nations de la Rhétie dans Pline : *Rhætorum Sarunettes*. » D'Anville. *Notice de l'ancienne Gaule*, p. 312.

FINESTRET, vg. Pyrénées-Or. (Roussillon), arr. et à 13 k. de Prades, cant. et ✉ de Vinça. Pop. 654 h.

FINHAM, bg Tarn-et-Garonne (Languedoc), arr. et à 18 k. de Castel-Sarrasin, cant. et ✉ de Montech. Pop. 1,618 h. — Foires les 20 août et 12 sept.

FINISTÈRE (cap), *Promontorium Celticum, Promontorium Finisteræ*, cap le plus occidental de la France, qui donne son nom à un des départements formés de la ci-devant province de Bretagne.

FINISTÈRE (département du). Ce département est formé de la majeure partie de la basse Bretagne, et tire son nom de sa situation très-avancée dans l'Océan, ainsi que d'une petite chapelle située sur la pointe St-Matthieu, appelée *Notre-Dame fin de terre*. Il est borné au nord par le canal de la Manche, à l'est par les départements du Morbihan et des Côtes-du-Nord, au sud et à l'ouest par l'Océan.

Situé à l'extrémité la plus occidentale de la France, le département du Finistère présente une presqu'île qui s'avance au milieu de l'Océan. Ses côtes sont hérissées dans presque toute leur étendue de masses de granit qui, pour la plupart, sont d'une hauteur considérable, et que la nature semble y avoir placées pour préserver le pays de la fureur des flots, beaucoup plus impétueux dans cette partie que sur tout autre point des côtes de France. Deux chaînes de montagnes assez élevées couvrent sa partie septentrionale ; l'une, qui porte le nom de montagne d'ARRÉ, se dirige d'abord vers l'ouest-nord-ouest, ensuite vers l'ouest-sud-ouest, et se termine par le Faou dans la rade de Brest ; elle a 60 k. de longueur, et est élevée de 286 m. au-dessus de la mer. La seconde chaîne, connue sous le nom de Montagnes noires, s'étend depuis Rostrenen (département des Côtes-du-Nord), jusqu'aux environs de Crozon, dans une direction à peu près est-ouest, et sur une longueur de 50 à 60 k. Son extrémité forme la langue de terre qui s'avance entre la rade de Brest et celle de Douarnenez.

Le département du Finistère, étant en général très-montueux, est par cela même d'un aspect très-varié. Les côtes sont admirablement cultivées, et on le prouve, c'est que ce département, avec moins de deux tiers de son territoire (car les landes, les grèves et les marais forment un grand tiers du Finistère), nourrit sa population, une des plus nombreuses des départements de la France ; et exporte encore chaque année une grande masse de produits agricoles. C'est donc une erreur grossière de croire l'agriculture arriérée dans le Finistère ; les terres en rapport sont cultivées parfaitement, mais beaucoup qui pourraient l'être restent en friche, parce que les laboureurs manquent de capitaux.

L'arrondissement de Brest, le plus populeux, le plus riche et le plus éclairé, est généralement bien cultivé. La fertilité du canton de Plogastel-Daoulas est prodigieuse ; les fraises y sont cultivées, pour ainsi dire, en prairies, et couvrent un terrain considérable ; tous les légumes y viennent abondamment. Les côtes de cet arrondissement, et principalement la rade de Brest, offrent un spectacle qu'aucune expression ne peut rendre. Les rives de l'Elorn, rivière qui traverse le canton de Landerneau, sont couvertes des sites les plus pittoresques. Cette rivière est presque entièrement bordée de prairies. — L'arrondissement de Morlaix, le plus remarquable après celui de Brest, se divise en deux parties bien distinctes, le pays de Léon et celui de Tréguier. Le pays de Léon est le plus fertile de toute la Bretagne. Les cultivateurs y sont intelligents, mais retenus dans l'ignorance par l'influence du clergé : le canton de St-Pol surtout a gardé un air de féodalité et de monacale servitude, qui fait peine à voir. La partie dite de Tréguier est plus avancée sous le rapport moral ; mais les terres y sont moins fertiles, la mer moins proche, et par conséquent l'aisance plus rare. — L'arrondissement de Quimper, infiniment moins remarquable que les deux que nous venons de citer, renferme à peu près les mêmes éléments de prospérité, mais moins développés. Ses ports sont plus rares, ses terres moins fertiles, sa civilisation moins avancée. Le canton de Pont-l'Abbé peut néanmoins se comparer aux meilleurs cantons du Léonais. — L'arrondissement de Quimperlé offre un joli pays, assez bien cultivé ; il est surtout enchanteur aux environs de Quimperlé, où la jonction de l'Ellé et de l'Isole forment un véritable paradis terrestre. Cet arrondissement est principalement couvert de bois. La terre y est en général légère. La culture des pommes de terre, ignorée il y a douze ou quinze ans dans cet arrondissement, y a pris, comme dans le reste du Finistère, un accroissement immense. — L'arrondissement de Châteaulin est d'une étendue considérable, dépeuplé, sans lumières, sans culture, sans bonheur ; c'est la plaie du Finistère. La culture y est très-peu variée, et ne consiste guère qu'en blé noir, orge, en trèfle pour les chevaux que l'on y élève en quantité, et qui y sont excellents. Cette population est presque entièrement composée de pasteurs. Leurs landes immenses sont couvertes de moutons, de petits chevaux, de petits bœufs et de petites vaches, race bretonne, animaux sobres et robustes qui composent la seule richesse de leurs maîtres. Les terres sont pourtant excellentes dans quelques endroits, et principalement près de Carhaix ; mais le manque de capitaux et d'instruction, le voisinage de la mine du Poullaouen dans laquelle se trouve un travail assuré, empêchent les habitants de se livrer à la culture. Il en résulte que, si l'année frappe un seul genre de moisson (le blé noir, par exemple, et ce produit est, on le sait, prodigieusement casuel), la disette devient affreuse, et la population de cet arrondissement, chassée par la faim, déborde sur les riches territoires du Léonais, où la variété des cultures ne permet jamais à la disette d'approcher.

La surface du département est de 7,668,700 hectares, divisés ainsi :

Terres labourables.	273,210
Prés.	40,910
Bois.	31,117
Vergers, pépinières et jardins.	10,035
Etangs, mares, canaux d'irrigation.	3,668
Landes et bruyères.	268,573
Superficie des propriétés bâties.	4,534
Contenance imposable.	632,047
Routes, chemins, places, rues, etc.	28,495
Rivières, lacs et ruisseaux.	2,624
Forêts et domaines non productifs.	3,088
Cimetières, églises, bâtiments publics.	446
Contenance non imposable.	34,653

On y compte :
87,712 maisons.
2,217 moulins à eau et à vent.
4 forges et fourneaux.
87 fabriques et manufactures.

Soit : 90,020 propriétés bâties.
Le nombre des propriétaires est de. . . 95,356
Celui des parcelles de. 1,646,440

HYDROGRAPHIE. Le département du Finistère a environ 600 k. de côtes, tant sur la Manche que sur l'Océan. Ce grand développement présente près de 250 enfoncements qui correspondent à un même nombre de vallées, au fond desquelles coulent autant de rivières ou ruisseaux. Les rivières navigables sont : l'Aulne, l'Elorn et l'Odet ; une section du canal de Nantes à Brest traverse l'arrondissement de Châteaulin. — Le Finistère a 8 ports principaux, 4 grandes baies, 8 grandes rades, 11 grandes anses, et environ 50 criques ouvertes au cabotage et au long cours ; en tout, environ 80 lieux d'embarquement. On y compte 8 îles habitées et 29 péninsules.

COMMUNICATIONS. Le département est traversé par dix routes royales et par cinq routes départementales.

MÉTÉOROLOGIE. La température de ce département est en général moins froide et moins chaude que celle de l'intérieur de la France ; le thermomètre ne descend pas à plus de 6 degrés au-dessous de zéro, encore ne s'y tient-il que bien peu de jours, et l'été il ne monte presque jamais au delà de +23 degrés. — La neige tombe rarement dans ce climat brumeux ; on est quelquefois plusieurs années sans en voir, et sans ressentir la moindre gelée ; mais aussi, par compensation, les étés y sont-ils pluvieux et vraiment froids. Outre ces causes générales , le Finistère a des causes particulières d'humidité, tirées de sa situation avancée entre deux mers. — Les vents d'ouest, de sud-ouest et de nord-ouest y soufflent avec violence les trois quarts de l'année, et sont accompagnés de pluies, de grains et de tempêtes, principalement le vent de sud-ouest. On peut dire même qu'il y pleut de tous vents, quand la constitution atmosphérique est décidée à la pluie, et alors il continue de pleuvoir pendant plusieurs semaines. Les beaux jours y sont excessivement rares, même ici été, et souvent la même journée voit pour ainsi dire les quatre saisons se succéder, tant le climat est variable et inclément. D'une longue série d'observations, il résulte que le nombre de jours de pluie est, année commune, de deux cent vingt. — Les orages ne sont pas fréquents, mais ils sont remplacés par ce qu'on appelle dans le pays les orages de mer, violentes tourmentes de vents accompagnées de grosses pluies, qui se font particulièrement sentir aux approches des équinoxes. Les côtes du Finistère, hérissées de récifs, présentent alors un spectacle sublime, mais horrible. La grève de Penmarch est surtout d'une effroyable beauté dans ce moment. Les vagues, qui se précipitent sur ses rochers, font entendre leur bruit jusqu'à 20 et 30 k. dans les terres. La côte, à ce moment, ne présente qu'une immense montagne blanche, mouvante et tumultueuse, au milieu de laquelle retentit quelquefois le canon de détresse d'un vaisseau en perdition.

PRODUCTIONS. Le département produit des céréales, notamment du froment et du seigle en quantité plus que suffisante pour la nourriture des habitants. On y cultive aussi quelque peu de méteil, beaucoup d'orge, d'avoine et de sarrasin, et quantité de pommes de terre et de légumes secs, qui forment presque la seule nourriture des paysans. Culture en grand des panais, des navets, des choux et des oignons. Beaucoup de lin, peu de chanvre, tabac, fruits à cidre, donnant annuellement environ 70,000 hectolitres. Point de vignes. — 13,980 hectares de forêts (arbres verts et feuillus). — Peu de prairies naturelles, genêts, joncs marins pour fourrage, varech pour engrais. — Élève en grand des chevaux de trait, et de doubles bidets réputés infatigables (10 ou 12,000 annuellement sortent du département, et représentent une valeur de plus d'un million). — Bêtes à cornes de petite taille, mais robustes ; belle race de porcs. — Éducation en grand des abeilles. — Grand et petit gibier (daims, cerfs, sangliers, perdrix rouges renommées, etc.). — Poisson de mer et d'eau douce (anguilles, truites, saumons, langoustes, congres, huîtres). — La pêche de la sardine occupe, chaque année dans le Finistère, un grand nombre de marins ; son produit en sardines et en huile est évalué, année moyenne, à 2 millions ; elle consomme par an de 10 à 12,000 barils de rogues (frai de morue), pour servir d'appât, que l'on tire de la Norwège, et dont la plus grande partie est expédiée au port de Quimper, comme étant le plus central. Cette pêche se fait surtout dans trois endroits : à Douarnenez, à Concarneau et à Camaret ; Douarnenez emploie, année commune, environ 400 chaloupes ; du port de 3 tonneaux chacune, et qui occupent 1,600 hommes. Concarneau a 300 bateaux, employant 1,200 hommes ; Camaret, 120 bateaux et 480 mariniers. Si l'on ajoute environ 180 bateaux, qui pêchent encore dans les environs de Brest et d'Audierne, on aura pour le Finistère un total de 1,000 barques, montées par 4,000 hommes, occupées à la pêche dont nous parlons. Les sardines pêchées, année commune, montent à un peu plus de 2 millions de kilogrammes ; il faut ajouter à ce produit 130,000 kilog. d'huile obtenue par expression , et environ 520,000 kilog. de sardines anchoitées, pêchées à Concarneau. Ces différents produits représentent une valeur de plus de 1,800,000 francs. L'on consomme pour la salaison des 2,900,000 kilog. de sardines pêchées dans le Finistère, y comprenant les sardines anchoitées, 1,800,000 kilog. de sel marin, payant au gouvernement 540,000 fr. de droits.

MINÉRALOGIE. Le département est riche en productions métalliques. On y trouve des mines de fer, de houille, de zinc, de bismuth ; les mines de plomb argentifère de Poullaouen et de Huelgoat sont regardées comme les plus importantes en ce genre que possède la France. — Carrières de granit, de porphyre, de serpentine, de quartz, de marbres de diverses qualités, de belles pierres de taille ; carrières d'ardoises abondantes et d'excellente qualité, à Pleybes, Châteaulin, St-Sigal. Argile à faïence, kaolin, pierres à aiguiser les faux.

SOURCES MINÉRALES ferrugineuses, froides, à Morlaix, Bresal, Kerhoual, Carnavilly, etc.

INDUSTRIE ET COMMERCE. Manufactures de toiles à voiles, de toiles blanches, rousses et à carreaux. Fabriques de soude de varech, savon vert, huile de lin, chandelles. Corderies, faïenceries, papeteries, tanneries considérables, raffineries de sucre, grande exploitation de plomb et de litharge. — Manufacture royale des tabacs qui occupe 500 ouvriers. — Construction de navires marchands.

Commerce de blé, cire, miel, suif, chandelles, huile, de lin, vins, eaux-de-vie, bière, fromage de Hollande, beurre, sel, tabac, toiles, papier, plomb ; grand commerce de sardines et de poissons secs et salés ; entrepôt réel et fictif de toutes espèces de marchandises. Importations de denrées coloniales.

FOIRES. Environ 450 foires se tiennent annuellement dans 80 et quelques communes. Les principaux objets de transaction consistent en toiles, cire, miel et papiers, dont il se fait un grand commerce ; en grains, bestiaux, chevaux et élèves de chevaux, lin, beurre, graisse de porc, etc. On vend principalement des porcs et de la graisse de porc aux foires des arrondissements de Quimper ; de la volaille et du chanvre dans celui de Châteaulin ; des poulains à Plouescat, à Lanmeur et à Penzé ; des vaches et des porcs à Sibiril ; de la corderie à Penzé ; des laines à Lanhouarneau ; des ruches à St-Pol-de-Léon, Penzé et Morlaix.

MŒURS ET USAGES. Les mœurs et les usages des Finistériens changent presque à chaque commune. Ils ont conservé dans leur caractère toutes les qualités et tous les défauts que l'on reconnaissait aux habitants de la province. Ce n'est plus que là, et dans une partie des Côtes-du-Nord, que l'on retrouve le type du vieux Breton, à volonté ferme, mais têtu, plein d'humanité et de courage dans les circonstances ordinaires, mais vindicatif jusqu'à la férocité dans le premier mouvement de colère. Les paysans sont religieux, fanatiques même, surtout dans l'intérieur des terres. Ils sont attachés à la routine, et tiennent à leur langue comme à la vie. Aussi presque aucun d'eux ne parle français, quoique beaucoup le comprennent. La vie du Finistérien est dure et pleine de privations. Dans l'arrondissement de Brest et de Morlaix, la nourriture des cultivateurs se compose de bouillie d'avoine et de blé noir, de pain d'orge ou de méteil, et de soupe au lard. Les paysans aisés font des crêpes le samedi. Il est remarquable que ce mets, extrêmement délicat dans le pays de Tréguier, est sans saveur et d'une dureté qui le fait ressembler à du parchemin dans tous le pays de Léon. Tous les bas Bretons mangent au même plat, maîtres et valets ; mais nul ne touche à ce qui est sur la table avant que le maître de la maison n'y ait porté la main ; après lui viennent ses enfants mâles et les valets de ferme ; les femmes les suivent, en commençant par l'épouse du chef de famille. Cette primatie des mâles lui dans tous les usages de la vie : à l'église, aux processions, les femmes les suivent toujours. Protecteurs-nés d'un sexe faible, cette protection est payée aux Armoricains par un respect, une soumission sans bornes, auxquels s'assujettissent dès l'enfance les femmes de ces campagnes.

Dans ce département l'habitation des laboureurs est à peu près partout la même : presque toujours elle est située dans un fond, près d'un courtil. Un appentis couvert de chaume conserve les charrues et les instruments de labourage ; une aire découverte sert à battre les grains. On n'y voit point de granges ; les blés battus déposent dans les greniers de la maison principale, ou se conservent en mulons. Autour des bâtiments règnent des vergers enchanteurs, des champs et des prairies toujours entourés de fossés couverts de chênes ou de frênes, d'épines blanches, de ronces ou de genêts ; on ne voit point de paysages plus riants, plus variés, plus pittoresques. Tous les fossés sont tapissés de violettes, de perce-neige, de roses, de jacinthes sauvages, de mille fleurs de couleurs les plus vives, d'une incroyable variété ; l'air en est parfumé, l'œil en est enchanté. Mais au milieu de ces sites délicieux vivent des individus malpropres, grossiers et sauvages ; leur cahute sans jour est pleine de fumée ; une claie légère la partage : le maître du ménage, sa femme, ses enfants et ses petits-enfants occupent une de ces parties ; l'autre contient les bœufs, les vaches, tous les animaux de la ferme. Ces maisons n'ont pas 10 m. de long sur 5 m. de profondeur ; une seule fenêtre de 55 c. de hauteur leur donne un rayon de lumière ; elle éclaire un bahut sur lequel une énorme masse de pain de seigle est ordinairement posée sur une toile grossière ; deux bancs, ou plutôt deux coffrets, sont établis le long du bahut qui leur sert de table à manger. Des deux côtés d'une vaste cheminée sont placées de grandes armoires sans battants, à deux étages, dont la séparation n'est formée que par quelques planches où sont les lits dans lesquels les pères, les mères, les femmes et les enfants entrent couchés, car la hauteur de ces étages n'est quelquefois que de 66 centimètres ; ils dorment sur la balle d'avoine ou de seigle, sans matelas, sans lit de plumes, sans draps ; beaucoup d'entre eux ne sont couverts que d'une espèce de sac de balle ; très-peu se servent de couverture de laine ; quelques-uns en possèdent de ballen, espèce d'étoffe tissue de gros fil d'étoupe. Ils emploient aussi quelquefois des couvertures de poil : si par hasard ils ont des draps, à peine atteignent-ils les deux extrémités du lit. Le reste de leurs meubles est composé d'écuelles d'une terre commune, de quelques assiettes d'étain, d'un vaisselier, d'une platine à faire les crêpes, de chaudrons, d'une poêle et de quelques pots à lait. On n'a pas besoin d'avertir que cette peinture générale d'une habitation de campagne en Bretagne doit être soumise à quelques exceptions : il y a des maisons champêtres où tous les meubles, où tous les ustensiles sont d'une propreté enchanteresse, lavés, nettoyés, cirés ; mais ces maisons sont rares, et sont toujours sans air, étroites et privées de lumière. Jamais le parquet n'est carrelé, ni boisé, ni pavé ; la terre inégale en sert ; on pourrait se casser la jambe dans les trous profonds qui s'y forment : les enfants s'y blessent, s'estropient fort souvent ; ces hommes sont incorrigibles. Imaginez la malpropreté, l'odeur, l'humidité, la boue, qui règnent dans ces demeures souterraines, l'eau de fumier qui souvent en défend l'entrée, qui presque toujours y pénètre. Si l'on ajoute la malpropreté d'individus qui ne se baignent, qui ne se lavent jamais ; ces cheveux plats et longs, cette barbe épaisse, ces figures chargées de raies crasseuses, les courts gilets, les culottes énormes, les petits boutons, les guêtres, les sabots qui forment leur habillement, on aura l'idée d'un paysan breton. Mais il ne faut pas juger de ces gens sur l'apparence ; ils sont en général hospitaliers, intelligents et fins ; ils ont une raison solide, calculent avec justesse, et chez eux l'imagination domine.

Les Bretons sont braves et courageux ; avec de la douceur, on en fait facilement de bons soldats et des marins intrépides. Un matelot breton, ce premier matelot du monde, est un individu que rien n'étonne, que rien n'effraye, que rien ne fatigue ; il part avec une culotte longue, deux gilets, deux chemises et deux mouchoirs, et parcourt les climats brûlants de l'Amérique, les mers glacées de la Norwége, sans qu'un seul mot, fasse connaître que l'inclémence des saisons affecte son tempérament et son caractère héroïque. Un coup de vent l'arrache à son hamac, à la douce chaleur qu'il éprouvait ; il s'élance sur les haubans, sur les vergues glacées, au milieu des neiges, du vent et d'une grêle déchirante ; c'est là que, décrivant un arc dans les airs, en obéissant au roulis du navire, il est tantôt au ciel et tantôt dans la vague, sans quitter la corde qu'il tient, l'épissure qu'il fait, le ris qu'il est à prendre : si l'ennemi foudroie son navire, les cordages, les mâts, ses compagnons tombent autour de lui, sans qu'il s'émeuve, sans qu'il quitte un instant l'occupation délicate qui demande toute l'adresse et le calme d'esprit d'un atelier. S'il meurt, c'est avec la tranquillité que la philosophie ne peut donner, que l'habitude des dangers peut seule communiquer à l'homme. Dans sa famille, il est gai, généreux, prodigue, insouciant ; il est fidèle à sa patrie. Ce matelot est le plus estimable et le plus étonnant des hommes. Nous ne dirons rien de sa sobriété, de la force avec laquelle il supporte la soif et la faim, comme nous tairons les excès de tous genres auxquels il cède malheureusement avec une facilité trop grande, mais qui sont peut-être un besoin, après les privations de tout genre qu'une longue campagne détermine.

Les croyances et les superstitions particulières aux Finistériens sont si nombreuses qu'il faudrait un ouvrage entier pour les faire connaître. De tout temps la religion guida l'homme dans ces contrées, avec plus d'influence encore que sur le reste de la terre. Le gouvernement théocratique des druides, les millions de génies dont ils peuplèrent les éléments, la puissances des sages sur la nature, tous les rêves de la féerie, le culte des arbres, des fontaines, ont point détruits par les apôtres du catholicisme. On transporta sur les nouveaux saints les miracles des saints du temps passé. On ne voit dans leurs légendaires, que solitaires chastes, sobres et vertueux, vivant dans les forêts, bravant l'inclémence des airs ; ils apaisent les tempêtes, fendent les flots de l'Océan, passent la mer à pied sec, voguent sur des urnes de pierre, métamorphosent en arbres leurs pieds ; les fontaines naissent sous leurs pieds, les maladies se guérissent, l'air s'embaume à leur passage, les morts ressuscitent, et l'univers est soumis à leurs lois.

Les efforts d'une religion jalouse, les lumières répandues dans l'Europe, le temps qui détruit tout, n'a pu changer les rêveries de nos laboureurs. Ils se meuvent, ils agissent dans un monde réel, quand leur imagination erre sans cesse dans un monde de chimères et de fantômes. L'oiseau qui chante répond à leurs questions, marque les années de leur vie, l'époque de leur mariage ; un bruit fortuit, répété trois fois, leur prédit un malheur ; le hurlements d'un chien leur annonce la mort ; le mugissement lointain de l'Océan, le sifflement des vents entendus dans la nuit, sont la voix d'un noyé qui demande un tombeau ; des trésors sont gardés par des géants et par des fées : chaque pays a sa fée ; la Bretagne les a toutes.

Division administrative. Le département du Finistère a pour chef-lieu Quimper. Il envoie 6 représentants à la chambre des députés, et est divisé en 5 arrondissements :

Quimper . . . . . 9 cant. 109,775 h.
Brest . . . . 12 — 182,663
Châteaulin . . . . 7 — 100,520
Morlaix . . . . . 10 — 139,912
Quimperlé . . . . 5 — 43,198
                    — 43   576,068.

25e arr. des forêts.—3e arr. des mines (ch.-l. Paris).—13e div. militaire (chef-l. Rennes). Evêché, séminaire diocésain et école secondaire ecclésiastique à Quimper ; 46 cures, 238 succursales.—Collèges communaux à Quimper, à Quimperlé et à St-Pol-de-Léon.—Sociétés d'agriculture à Quimper, Brest, Châteaulin et Quimperlé.

Biographie. Le Finistère est la patrie des amiraux Lamothe-Piquet, Linois, de Kersaint, Rosoly Mesras, Emeriau ; du célèbre La Tour d'Auvergne, du général Moreau, du médecin Laennec, du critique Fréron, du statisticien Moreau de Jonès, etc., etc., etc.

Bibliographie. * *Recherches statistique sur le département du Finistère*, in-4, 1835.

Cambry (J.). *Catalogue des objets échappés au vandalisme dans le département du Finistère*, in-4, 1796.

— *Voyage dans le Finistère, ou Etat de ce département en 1794-95*, 3 vol. in-8, fig., 1799. Nouv. édit., accompagnée de notes historiques, etc., par M. de Fréminville, in-4, 1836.

Souvestre. (Emile). *Le Finistère en 1836*, in-4 et pl., 1836 (fait suite à la nouv. édit. du Voyage de Cambry).

Fréminville (de). *Antiquités du Finistère*, in-4, 1835.

Gilbert-Villeneuve. *Itinéraire descriptif du département du Finistère* (t. 1er et unique), in-8, 1828.

* *Notice historique et descriptive sur le Finistère*, par Emile T***, in-32 d'une feuille, 1844.

Blois (de). *Mémoire sur les engrais maritimes et leur emploi dans le Finistère*, in-4, 1823.

Elcouet (J.-M.). *Des haras dans le département du Finistère, depuis 1667 jusqu'à nos jours*, in-12, 1834.

FINS, vg. *Allier*, comm. de Châtillon, ⊠ de Souvigny. Il donne son nom à un bassin houiller, qui fournit des produits abondants et d'excellente qualité.

FINS (les), vg. *Doubs* (Franche-Comté), arr. et à 32 k. de Pontarlier, cant. et ⊠ de Morteau. Pop. 679 h.

FINS, vg. *Somme* (Picardie), arr., ⊠ et à 16 k. de Péronne, cant. de Roisel. ⚒. Pop. 588 h. — *Foires* le 12 de chaque mois.

FIOLLE (la), vg. *Nièvre*, comm. de Planchez, ⊠ de Château-Chinon.

FIQUEFLEUR, *Fiquefluctus*, vg. *Eure* (Normandie), arr. et à 20 k. de Pont-Audemer, cant. et ⊠ de Beuzeville. Pop. 134 h. — Il est situé au bord de la mer, et possède une église romane du XIe siècle.

FIRBEIX, vg. *Dordogne* (Périgord), arr. et à 31 k. de Nontron, cant. de St-Pardoux, ⊠ de la Coquille. Pop. 876 h. — Forges et hauts fourneaux.

FIRFOL, vg. *Calvados* (Normandie), arr., cant., ⊠ et à 7 k. de Lisieux. Pop. 253 h.

FIRMI, vg. *Aveyron* (Rouergue), arr. et à 38 k. de Villefranche-de-Rouergue, cant. et ⊠ d'Aubin. Pop. 1,372 h. — Près de Firmy, on remarque le Puy-del-Voll, véritable montagne de serpentine, qui s'élève sous la forme d'un dôme au milieu du terrain houiller qui le domine de toutes parts, exception d'autant plus remarquable que la serpentine n'offre en général que des masses de peu d'étendue. — Exploitation de houille, hauts fourneaux à l'anglaise. — *Foires* les 6 déc., le mercredi de Pâques et jeudi avant la Pentecôte.

FIRMIN, vg. *Loir-et-Cher* (Beauce), arr. et à 7 k. de Vendôme, cant. de Morée, ⊠ de Pézou. Pop. 524 h.

FIRMIN (St-), vg. *Meurthe* (Lorraine), arr. et à 36 k. de Nancy, cant. d'Haroué, ⊠ de Neuviller-sur-Moselle. Pop. 524 h.

FIRMIN (St-), vg. *Nièvre* (Nivernais), arr. et à 20 k. de Nevers, cant. et ⊠ de St-Benin-d'Azy. Pop. 285 h.

FIRMIN (St-), vg. *Oise* (Picardie), arr., cant. et à 7 k. de Senlis, ⊠ de Chantilly. P. 934 h.

FIRMIN (St-), vg. *Saône-et-Loire* (Bourgogne), arr. et à 22 k. d'Autun, cant. de Montcenis, ⊠ du Creuzot. Pop. 602 h.

FIRMIN (St-), vg. *Somme*, comm. de Crotoy, ⊠ de Rue.

FIRMIN-DES-BOIS (St-), vg. *Loiret* (Gatinais), arr. et à 16 k. de Montargis, cant. et ⊠ de Château-Renard. Pop. 550 h.

FIRMIN-EN-VALGODEMARD (St-), vg. *H.-Alpes* (Dauphiné), arr. et à 29 k. de Gap, chef-l. de cant., ⊠ de Corps. Cure. Bur. d'enregistrement à St-Bonnet. Pop. 1,168 h. — Terrain jurassique. — Il est situé au pied d'un rocher que couronnent les ruines pittoresques d'un antique château. On trouve dans la vallée des mines de plomb et une source d'eau minérale froide. — *Fabriques* de couvertures de laine. — *Foires* les 27 avril et 27 oct. Bibliographie. Villar. *Notice sur les eaux minérales de St-Firmin* (Mém. de la Soc. royale de médecine, t. II, p. 141).

FIRMIN-SUR-LOIRE (St-), vg. *Loiret* (Gatinais), arr. et à 11 k. de Gien, cant. et ⊠ de Châtillon-sur Loire. Pop. 802 h.

FIRMINY, bg *Loire* (Forez), arr. et à 12 k. de St-Étienne, cant. du Chambon. ⊠. ⚒. A 472 k. de Paris pour la taxe des lettres. Pop. 4,306 h.

Fabriques de couvertures de laine, d'armes, de soufflets de forges, dentelles, rubans, noir de fumée. Martinets à étirer le fer et l'acier. Clouteries, Tuileries et briqueteries. Moulins à soie. — Exploitation de houille. Verreries à vitres et à bouteilles. — *Foires* les 22 janv., 22 mai et 7 oct.

FISLIS, ou **Fislach**, vg. *H.-Rhin* (Alsace), arr. et à 23 k. d'Altkirch, cant. et ⊠ de Ferrette. Pop. 428 h.

FISMES, *Fimæ*, *Finæ Remorum*, petite ville, *Marne* (Champagne), arr. et à 28 k. de Reims, chef-l. de cant. Cure. Gîte d'étape. ⊠. ⚒. A 128 k. de Paris pour la taxe des lettres. Pop. 2,366 h. — Terrain tertiaire inférieur.

Autrefois diocèse et élection de Reims, parlement de Paris, intendance de Châlons, bailliage et justice royale, gouvernement particulier.

Fismes était autrefois une place forte, dont on fait remonter l'origine au temps de César. C'est une ville bien bâtie, dont les remparts sont encore en assez bon état; mais les glacis ont disparu, et les fossés ont été transformés en jardins et en promenades; au centre sont deux places publiques, dont l'une est carrée et régulière; les alentours offrent de beaux sites et plusieurs promenades bien ombragées. — C'est à tort que l'on fait naître à Fismes la célèbre tragédienne Adrienne Lecouvreur, qui est née à Damery.

Cette ville fut ravagée par les Vandales en 400, par Childebert en 534, et par Chilpéric en 557. Il s'y est tenu deux conciles, en 881 et en 935.

Les **armes de Fismes** sont : *d'azur à trois comtes de Champagne d'argent sur une terrasse de sinople*.

Fabriques d'étoffes de laine. — *Commerce* de farines, vin, chanvre, laines, etc. — *Foires* les 30 juin, 9 sept., 1er déc. et 1er lundi de carême.

FISMETTE, vg. *Marne*, comm. et ⊠ de Fismes.

FISSEY, vg. *Saône-et-Loire*, comm. de Moroges, ⊠ de Buxi.

FISSY, vg. *Saône-et-Loire*, comm. de Lugny, ⊠ de St-Oyen.

FITIGNIEU, vg. *Ain* (Bresse), arr. et à 21 k. de Belley, cant. de Champagne, ⊠ de Culoz. Pop. 260 h.

FITILIEU, vg. *Isère* (Dauphiné), arr. de la Tour-du-Pin, à 20 k. de Bourgoin, cant. de Pont-de-Beauvoisin, ⊠ des Abrets. Pop. 1,422 h.

FITOU, vg. *Aude* (Languedoc), arr. et à 35 k. de Narbonne, cant. et ⊠ de Sijean. ⚒. Pop. 1,064 h.

FITTE-TRONCENS (la), vg. *Gers*, com. de Miramont, ⊠ de Mirande.

FITZ-JAMES, vg. *Oise* (Picardie), arr., cant., ⊠ et à 1 k. de Clermont. Pop. 314 h. — Il est divisé en deux parties, dont l'une est nommée le grand Fitz-James, où est le château, et l'autre le petit Fitz-James, où se trouve l'église, ainsi qu'une des plus belles blanchisseries du département de l'Oise.

FIVES, vg. *Nord* (Flandre), arr., cant., ⊠ et à 2 k. de Lille. Pop. 1,846 h. — C'est dans ce village, dont une partie du territoire a été renfermée dans le dernier agrandissement de Lille, que Louis XIV signa, en 1667, la capitulation de cette ville; une inscription conservée sur les murs d'une ferme de Fives consacre la mémoire de cet événement. — *Fabrique* de produits chimiques, colle forte, gélatine, sucre de betteraves. Nombreux moulins à huile.

FIXEM, vg. *Moselle* (pays Messin), arr. et à 15 k. de Thionville, cant. de Cattenom, ⊠ de Sierck. Pop. 357 h.

FIXEY, vg. *Côte-d'Or* (Bourgogne), arr. et à 10 k. de Dijon, cant. et ⊠ de Gevrey. P. 80 h.

FIXIN, vg. *Côte-d'Or* (Bourgogne), arr. et à 10 k. de Gevrey. Pop. 395 h. — Commerce de vins fins de son territoire.

FIX-ST-GENEYS, ou **Fix-le-Haut**, vg. *H.-Loire* (Auvergne), arr. à 34 k. du Puy, cant. et ⊠ d'Allègre. ⚒. Pop. 259 h.

FIX-VILLENEUVE, ou **Fix-le-Bas**, vg. *H.-Loire* (Auvergne), arr. et à 28 k. de Brioude, cant. et de Paulhaguet. Gîte d'étape. Pop. 680 h.

FLABAS, vg. *Meuse* (pays Messin), arr. et à 28 k. de Montmédy, cant. et ⊠ de Damvillers. Pop. 214 h.

FLABEMONT, *Flabamons*, vg. *Vosges*, comm. de Tignécourt, ⊠ de Lamarche.

FLABEUVILLE, vg. *Moselle*, comm. de Colmey, ⊠ de Longuyon.

FLACE, vg. *Saône-et-Loire* (Bourgogne), arr., cant., ⊠ et à 2 k. de Mâcon. Pop. 609 h.

FLACÉ, vg. *Sarthe*, comm. de Soulignésous-Vallon, ⊠ de Chemiré-le-Gaudin.

FLACÉ, vg. *Côte-d'Or* (Bourgogne), arr. à 14 k. de Dijon, cant. et ⊠ d'Is-sur-Tille. Pop. 111 h.

FLACÉ, vg. *Eure-et-Loir* (Beauce), arr. et à 9 k. de Châteaudun, cant. et ⊠ de Bonneval. Pop. 267 h.

FLACEY-EN-BRESSE, vg. *Saône-et-Loire* (Bourgogne), arr. et à 14 k. de Louhans, cant. de Cuiseaux, ⊠ de Beaurepaire. Pop. 1,240 h. — *Foires* les 2es mardis d'avril, d'août et de nov.

FLACHÈRE (la), vg. *Isère* (Dauphiné), arr. et à 33 k. de Grenoble, cant. et ⊠ du Touvet. Pop. 388 h.

FLACHÈRES, vg. *Isère* (Dauphiné), arr. de la Tour-du-Pin, à 15 k. de Bourgoin, cant. du Grand-Lemps, ⊠ de Champier. Pop. 517 h.

FLACOURT, vg. *Seine-et-Oise* (Beauce), arr., cant., ⊠ et à 10 k. de Mantes. P. 118 h.

FLACQUET, vg. *Pas-de-Calais*, com. de Sailly-sur-la-Lys, ⊠ d'Armantières.

FLACY, vg. *Nièvre*, comm. de Neuilly-sur-Beuvron, ⊠ de Réverien.

FLACY, vg. *Yonne* (Champagne), arr. et à 26 k. de Sens, cant. et ✉ de Villeneuve-l'Archevêque. Pop. 382 h.

FLAGEY, vg. *H.-Marne* (Champagne), arr. et à 12 k. de Langres, cant. et ✉ de Longeau. Pop. 212 h.

FLAGEY-LES-AUXONNE, vg. *Côte-d'Or* (Bourgogne), arr. et à 38 k. de Dijon, cant. et ✉ d'Auxonne. Pop. 224 h.

FLAGEY - LES - GILLY, vg. *Côte-d'Or* (Bourgogne), arr. et à 20 k. de Beaune, cant. et ✉ de Nuits. Pop. 261 h.

FLAGEY-RIGNEY, vg. *Doubs* (Franche-Comté), arr. et à 26 k. de Besançon, cant. et ✉ de Marchaux. Pop. 166 h.

FLAGNAC, vg. *Aveyron* (Rouergue), arr. et à 41 k. de Villefranche-de-Rouergue, cant. d'Aubin, ✉ de Decazeville. Pop. 1,204 h. — *Foires* les 20 janv., 20 juin, 22 août et 25 nov.

FLAGY, vg. *Calvados*, comm. de Ste-Honorine-du-Fay, ✉ d'Évrecy.

FLAGY, vg. *H.-Saône* (Franche-Comté), arr. et à 10 k. de Vesoul, cant. de Port-sur-Saône. Pop. 367 h.

FLAGY, vg. *Saône-et-Loire* (Bourgogne), arr. et à 33 k. de Mâcon, cant. et ✉ de Cluny. Pop. 603 h.

FLAGY, vg. *Seine-et-Marne* (Brie), arr. et à 22 k. de Fontainebleau, cant. de Lorrez-le-Bocage, ✉ de Montereau. Pop. 474 h. — *Foire* le lundi de la Pentecôte (2 jours). On y vend beaucoup de moutons et de bestiaux.

FLAIGNES-LES-OLIVIERS, vg. *Ardennes* (Champagne), arr. et à 20 k. de Rocroi, cant. de Rumigny, ✉ de Maubert - Fontaine. Pop. 355 h. A la source de l'Aube.

FLAINAC, vg. *Lot*, comm. de Pradines, ✉ de Cahors.

FLAINVAL, vg. *Meurthe* (Lorraine), arr., cant., et à 9 k. de Lunéville. Pop. 183 h.

FLAINVILLE, vg. *Seine-Inf.*, comm. et ✉ du Bourg-d'Un. — *Foire* le 10 oct.

FLAIVE (Ste-), vg. *Vendée* (Poitou), arr. et à 20 k. des Sables, cant. et ✉ de la Mothe-Achard. Pop. 1,146 h. — *Foires* les 11 mai et 10 juin.

FLAIX, vg. *Seine-et-Marne*, comm. et ✉ de Villiers-St-Georges.

FLAMANVILLE, vg. *Manche* (Normandie), arr. et à 23 k. de Cherbourg, cant. et ✉ des Pieux. Pop. 1,338 h.

FLAMANVILLE, vg. *Seine-Inf.* (Normandie), arr., ✉ et à 7 k. d'Yvetot, cant. d'Yerville. Pop. 560 h. — *Foire* le 10 oct.

FLAMANVILLETTE, vg. *Seine - Inf.*, comm. de Sasseville, ✉ de Cany.

FLAMARENS, vg. *Gers* (Armagnac), arr. et à 18 k. de Lectoure, cant. et ✉ de Miradoux. Pop. 538 h. — On y voit encore une tour et les murs d'un vieux château qui a appartenu, dit-on, à la reine Blanche. — *Foires* les 28 juin, 15 sept., le samedi avant le mercredi des Cendres et veille des Rameaux.

FLAGEAT, vg. *H.-Loire* (Auvergne), arr. et à 21 k. de Brioude, cant. et ✉ de Paulhaguet. Pop. 113 h.

FLAGEY, vg. *Doubs* (Franche-Comté), arr. et à 30 k. de Besançon, cant. d'Amancey, ✉ d'Ornans. Pop. 175 h.

FLAMBERMONT, vg. *Oise*, comm. de St-Martin-le-Nœud, ✉ de Beauvais.

FLAMBOIN, vg. *Seine-et-Marne*, comm. de Gouaix, ✉ de Bray-sur-Seine.

FLAMENGRIE (la), vg. *Aisne* (Picardie), arr. et à 21 k. de Vervins, cant. et ✉ de la Capelle. Pop. 1,708 h.

FLAMENGRIE (la), vg. *Nord* (Flandre), arr. et à 31 k. d'Avesnes, cant. et ✉ de Bavay. Pop. 403 h.

FLAMETS-FRÉTILS, vg. *Seine-Inf.* (Normandie), arr., cant., ✉ et à 11 k. de Neufchâtel-en-Bray. Pop. 468 h.

FLAMICOURT, vg. *Somme*, comm. de Doingt, ✉ de Péronne.

FLAMMERANS, vg. *Côte-d'Or* (Bourgogne), arr. et à 37 k. de Dijon, cant. et ✉ d'Auxonne. Pop. 825 h.

FLAMMERÉCOURT, vg. *H.-Marne* (Champagne), arr. et à 19 k. de Vassy, cant. et ✉ de Doulevant. Pop. 349 h.

FLANCOURT, *Frollandicortis*, vg. *Eure* (Normandie), arr. et à 25 k. de Pont-Audemer, cant. de Bourgthéroulde, ✉ de Bourg-Achard. Pop. 435 h.

FLANDRE, *Flandria*, une des plus belles et des plus considérables des ci-devant provinces de France; elle forme aujourd'hui le département du Nord. Les Romains, qui avaient rangé cette province dans la 2ᵉ Belgique, la possédèrent jusqu'en 440, époque à laquelle ils en furent chassés par Clodion, deuxième roi des Français. Elle reçut dans la suite le nom de Flandre française (divisée en Flandre wallonne et Flandre maritime), pour la distinguer de la Flandre autrichienne et de la Flandre hollandaise, qui faisaient partie des Pays-Bas; elle était bornée au nord par l'Océan, à l'est par la Flandre autrichienne, au sud par le Hainaut et l'Artois, et à l'ouest par l'Artois et la Picardie. Au gouvernement des comtes particuliers de cette province succéda la domination des Espagnols, en 1368; et en 1667, après la conquête qu'en fit Louis XIV, elle fut définitivement réunie à la France par le traité d'Aix-la-Chapelle. Lille en était la capitale. — La Flandre wallonne comprenait les villes et territoires de Lille, Douai et Orchies. A côté d'une généralité subsistait une assemblée d'états, jouissant de la prérogative de discuter les aides et subsides demandés par le roi, et de fournir au tribut public par les moyens qui paraissaient les plus convenables aux intérêts des trois ordres. — La Flandre maritime comprenait les villes et territoires de Dunkerque, Bergues, Cassel, Gravelines, etc. Un arrêt du conseil du roi notifiait aux députés des chefs-collèges, réunis en assemblée générale, la généralité des aides et subsides qu'ils avaient à acquitter; puis la sous-répartition de la somme assignée à chaque châtellenie se faisait entre les paroisses, dans une assemblée de leurs députés. V. pour la bibliographie: DÉPARTEMENT DU NORD.

Les armes de la Flandre étaient : *d'or au lion de sable*.

FLANDRE, vg. *Somme*, comm. et ✉ de Rue.

FLANGEBOUCHE, vg. *Doubs* (Franche-Comté), arr. et à 30 k. de Baume-les-Dames, cant. de Pierrefontaine, ✉ du Valdahon. Pop. 955 h. — On remarque sur le territoire de cette commune un dépôt de bois fossile, susceptible d'une grande exploitation. D'anciens travaux font présumer que ce dépôt a plus de 70 m. d'épaisseur. Le bois fossile se présente sous deux aspects bien caractérisés : celui qui se trouve le plus près de la surface du sol a conservé tout son tissu ligneux; mais ce tissu n'a aucune analogie avec aucun des végétaux existant actuellement. Le combustible qui occupe la partie inférieure du dépôt ne présente plus aucun tissu fibreux; la cassure est unie, et il a entièrement l'aspect du jaïet. — *Foires* les 1ᵉʳˢ lundis d'avril, de juin, de sept. et de nov.

FLANHAC. V. FLAGNAC.

FLANVILLE, vg. *Moselle*, comm. de Montoy, ✉ de Metz.

FLARAMBEL, vg. *Gers*, comm. de Cassaigne, ✉ de Condom.

FLASSAN, vg. *Vaucluse* (Comtat), arr. et à 18 k. de Carpentras, cant. et ✉ de Mormoiron. Pop. 512 h.

FLASSANS, *Flassanum*, vg. *Var* (Provence), arr., ✉ et à 14 k. de Brignoles, cant. de Besse. ☿. Pop. 1,487 h. — Fabrique d'eau-de-vie — *Foires* les 12 mai et 20 août.

FLASSIEUX, vg. *Isère*, comm. de Chaponnay, ✉ de St-Symphorien-d'Ozon.

FLASSIGNY, vg. *Meuse* (pays Messin), arr., cant., ✉ et à 8 k. de Montmédy. Pop. 195 h.

FLASTROF, vg. *Moselle*, comm. de Valweistroff, ✉ de Bouzonville. — *Foire* le 25 juin.

FLAT, vg. *Puy-de-Dôme* (Auvergne), arr., cant., ✉ et à 6 k. d'Issoire. Pop. 644 h.

FLATTEN, vg. *Moselle*, comm. de Laustroff, ✉ de Sierch.

FLAUCOURT, vg. *Somme* (Picardie), arr., cant., ✉ et à 7 k. de Péronne. Pop. 437 h.

FLAUDRIE (la), vg. *Pas-de-Calais*, comm. et ✉ de Lillers.

FLAUGEAC, vg. *Dordogne* (Périgord), arr., ✉ et à 16 k. de Bergerac, cant. de Sigoulès. Pop. 341 h.

FLAUGNAC, vg. *Lot* (Quercy), arr. et à 21 k. de Cahors, cant. et ✉ de Castelnau-de-Montratier. Pop. 1,226 h.

FLAUJAC, vg. *Aveyron*, comm. et ✉ d'Espalion.

FLAUJAC-PRÈS-L'ALBENQUE, vg. *Lot* (Quercy), arr. et à 9 k. de Cahors, cant. et ✉ de l'Albenque. Pop. 479 h.

FLAUJAC - PRÈS - LIVERNON, vg. *Lot* (Quercy), arr. et à 27 k. de Figeac, cant. de Livernon, ✉ de Gramat. Pop. 284 h.

FLAUJAGUES, vg. *Gironde* (Bazadois), arr. et à 26 k. de Libourne, cant. de Pujols, ✉ de Castillon. Pop. 759 h. — *Foires* les 10 mars, 15 mai, 15 juillet et 20 sept.

FLAUMONT, vg. *Nord* (Flandre), arr.,

cant., ✉ et à 2 k. d'Avesnes. Pop. 435 h. — Commerce de boissellerie.

FLAUX, vg. *Gard* (Languedoc), arr., cant., ✉ et à 7 k. d'Uzès. Pop. 242 h.

FLAUZINS, vg. *Aveyron*, comm. de Lescure, ✉ de Sauveterre.

FLAVACOURT, vg. *Oise* (Picardie), arr. et à 26 k. de Beauvais, cant. du Coudray-St-Germer, ✉ de Gisors. Pop. 953 h.

FLAVIAC, vg. *Ardèche* (Vivarais), arr., cant., ✉ et à 8 k. de Privas. Pop. 865 h. — Exploitation de sulfate de fer. — Bel établissement pour la filature et le moulinage des soies.

FLAVIGNAC, vg. *H.-Vienne* (Limousin), arr. et à 25 k. de St-Yrieix, cant. et ✉ de Chalus. Pop. 1,497 h.

FLAVIGNEROT, vg. *Côte-d'Or* (Bourgogne), arr., cant., ✉ et à 10 k. de Dijon. Pop. 157 h.

FLAVIGNY, bg *Cher* (Berry), arr. et à 38 k. de St-Amand-Montrond, cant. et ✉ de Néroudes. Pop. 450 h.

FLAVIGNY, *Flaviniacum*, petite ville, *Côte-d'Or* (Bourgogne), arr. et à 15 k. de Semur, chef-l. de cant. Cure. ✉ A 257 k. de Paris pour la taxe des lettres. Pop. 1,265 h. — Terrain jurassique.

Cette ville, située sur le sommet d'une montagne très-élevée et escarpée de trois côtés, d'où l'on domine sur un charmant vallon arrosé par l'Ozerain, paraît devoir son origine à une abbaye fondée vers la fin du vi° siècle, dont les bâtiments existent encore en partie. Elle était autrefois divisée en trois parties : la cité, le bourg et le faubourg ; les deux premières ont été détruites ; il ne reste que la dernière, encore entourée de murailles, et où l'on entre par trois portes fortifiées, et par une quatrième porte sans fortifications. Celle qu'on nomme la Porte-du-Bourg est très-bien bâtie et double ; celle dite du Val est flanquée de deux tours avec créneaux, parapets, et est double aussi.

Flavigny était anciennement une place importante. En 1360, les Anglais, après avoir vaincu les Bourguignons, s'en rendirent maîtres, la brûlèrent en partie, et s'y établirent pendant environ six semaines ; ils semèrent l'effroi dans la Bourgogne par les partis qu'ils envoyaient de toutes parts, ce qui détermina les états du pays à conclure avec eux un traité par lequel, au moyen de 200,000 moutons d'or, ils s'obligeaient de se retirer de la place et de la rendre au duc de Bourgogne.

Les armes de Flavigny sont : *d'azur à la lettre capitale F d'or couronnée de même.*

L'église paroissiale, classée au nombre des monuments historiques, est un bel édifice gothique, décoré de beaux vitraux ; les voûtes sont d'une grande solidité. On en doit la construction à Quentin-Menard, archevêque de Besançon, né à Flavigny, qui fit élever ce monument pour illustrer le lieu de sa naissance. Le chœur renferme les reliques de sainte Reine, placées dans des châsses revêtues d'argent ; ces reliques attirent chaque année dans ce lieu un grand concours d'étrangers. Au-dessus des chapelles règne une longue galerie qui couronne toute la nef, séparée du chœur par un magnifique jubé, dont les balustrades en pierres sont richement sculptées. La voûte inférieure de cette vaste tribune, d'où l'œil plonge sur toutes les parties du temple, offre un fond d'azur semé de paillettes d'or, sur lequel sont représentés les attributs des quatre évangélistes. Les stalles du chœur sont remarquables par la délicatesse de leur sculpture et par la bizarrerie des figures qui les décorent.

On remarque encore à Flavigny un superbe hôtel, transformé depuis peu en un couvent d'ursulines, dont les jardins, vastes et élevés en terrasses, ont été de tout temps visités par une foule d'étrangers ; ces terrasses sont construites sur la roche vive et à pic, et de là on découvre un charmant vallon arrosé par l'Ozerain, peuplé de riches métairies, et présentant ici des bois, là des vignes, ailleurs des prés et des champs fertiles.

Biographie. Flavigny a vu naître plusieurs hommes remarquables, entre autres :

QUENTIN MENARD, archevêque de Besançon, précepteur de Philippe le Bon, trois fois ambassadeur à Rome, mort en 1462 ; il était fils d'un simple vigneron.

NICOLAS DE FLAVIGNY, célèbre prédicateur du temps, aussi archevêque de Besançon en 1277.

ETIENNE DE FLAVIGNY, l'un des chevaliers français qui suivirent Godefroi à la conquête de la terre sainte, en 1196.

BERTRAND D'UNCEY, jurisconsulte, conseiller de Philippe de Rouvres en 1360, et chancelier de Bourgogne en 1368.

CHARLES COUTRIER, seigneur de Souhey, auteur d'une *Histoire abrégée de nos rois*, in-8, 1592.

BÉNIGNE MILLETOT, conseiller au parlement en 1595, et savant conseiller d'État en 1602, auteur du *Traité du délit commun*.

Fabriques de tissus mérinos. Huileries. Tanneries. Moulins à blé et à foulon. — Commerce de grains, de farines, de laines et d'anis renommé. — Foires les 11 avril, 30 juin, 12 sept., 28 oct. et 9 déc.

FLAVIGNY, vg. *Marne* (Champagne), arr. et à 12 k. d'Épernay, cant. et ✉ d'Avize. Pop. 145 h.

FLAVIGNY, vg. *Meurthe* (Lorraine), arr., ✉ et à 16 k. de Nancy, cant. de St-Nicolas-du-Port. ✈️ Pop. 1,313 h. — Il est situé près de la Moselle, que l'on y passe sur un beau pont de pierre. — Foires les 2° lundis d'avril et de déc.

FLAVIGNY-LE-GRAND, vg. *Aisne* (Picardie), arr. et à 20 k. de Vervins, cant. et ✉ de Guise. Pop. 1,332 h.

FLAVIGNY-LE-PETIT, vg. *Aisne* (Picardie), arr. et à 25 k. de Vervins, cant. et ✉ de Guise. Pop. 135 h.

FLAVIN, vg. *Aveyron* (Rouergue), arr., ✉ et à 8 k. de Rodez, cant. de Pont-de-Salars. Pop. 1,359 h.

FLAVY (St-), vg. *Aube* (Champagne), arr. et à 25 k. de Nogent-sur-Seine, cant. et ✉ de Marcilly-le-Hayer. Pop. 239 h.

FLAVY-LE-MARTEL, *Aisne* (Picardie), arr. et à 18 k. de St-Quentin, cant. de St-Simon. ✉. A 132 k. de Paris pour la taxe des lettres. Pop. 2,365 h. — Fabriques de rouenneries. — Commerce de cidre.

FLAVY-LE-MELDEUX, vg. *Oise* (Picardie), arr. et à 44 k. de Compiègne, cant. et ✉ de Guiscard. Pop. 407 h.

FLAXIEU, vg. *Ain* (Bourgogne), arr. et à 9 k. de Belley, cant. de Virieux-le-Grand, ✉ de Culoz. Pop. 139 h.

FLAXLANDEN, vg. *H.-Rhin* (Alsace), arr. et à 12 k. d'Altkirch, cant. de Landser, ✉ de Mulhausen. Pop. 683 h.

FLAYAT, vg. *Creuse* (Marche), arr. et à 27 k. d'Aubusson, cant. et ✉ de Crocq. Pop. 1,002 h.

FLAYOSC, *Flayoscum*, bg *Var* (Provence), arr., cant., ✉ et à 8 k. de Draguignan. Pop. 2,626 h. — Il est situé dans un territoire fertile, arrosé par plusieurs sources d'eau vive. C'était autrefois une place forte entourée de murs flanqués de tours, où l'on entrait par trois portes. On y remarque une petite chapelle souterraine qui date, dit-on, du temps de la persécution des premiers chrétiens. — Fabriques de faïence, briqueteries. — Foires les 1er mai, 10 août et 3 oct.

FLÉAC, vg. *Charente* (Angoumois), arr., cant., ✉ et à 4 k. d'Angoulême. Pop. 819 h.

FLÉAC, bg *Charente-Inf.* (Saintonge), arr. et à 27 k. de Saintes, cant. et ✉ de Pons. Pop. 639 h.

FLÈCHE (la), rivière du dép. du *H.-Rhin* ; elle passe dans la vallée et la ville de Munster, puis à Turckeim, d'où un canal la conduit en partie à Colmar ; l'autre partie se jette un peu plus bas dans la rivière d'Ill.

FLÈCHE (la), *Fixa*, *Flexia*, jolie ville, *Sarthe* (Maine), chef-l. de sous-préf. (3° arr.) et d'un cant. Trib. de 1re inst. École royale militaire préparatoire. Cure. Gîte d'étape. ✉. ✈️ Pop. 7,009 h. — Terrain crétacé inférieur, voisin du tertiaire moyen.

Autrefois diocèse d'Angers, parlement de Paris, intendance de Tours, chef-lieu d'élection, sénéchaussée, présidial, collège et école royale militaire, gouvernement particulier, 2 couvents.

Dès le x° siècle, la Flèche était une des principales villes de l'Anjou. Dans le xiv° siècle elle tomba dans une extrême décadence dont elle ne se releva que sur la fin du xvi°, par la munificence de Henri IV. Foulques le Réchin la prit d'assaut vers l'an 1090. Le connétable de Richemont s'en empara en 1426. Les Vendéens y entrèrent en 1793, et les chouans firent d'inutiles efforts pour s'en emparer en 1789.

Les armes de la Flèche sont : *d'azur à deux tours crénelées d'argent, séparées par une flèche d'or posée en pal, et 3 fleurs de lis d'or en chef.*

Cette ville est dans une belle situation, sur la rive droite du Loir, au milieu d'un vallon charmant, environnée de coteaux couverts de vignes et de bocages qui offrent un aspect agréable. Elle est généralement bien bâtie ; les rues en sont larges, propres, bien percées ; elle est ornée de fontaines alimentées par un aqueduc de plus de 1,000 m. de longueur. Au milieu du Loir, qui sépare la ville de ses faubourgs, on voit les restes d'un château fort construit vers la fin du x₀ siècle ou au commencement du xi₀. Ce château passait pour une des plus formidables forteresses de l'Anjou ; il soutint plusieurs siéges sans avoir jamais été pris. Sur une partie de son emplacement on voyait naguère le beau château de la Varenne, démoli il y a une trentaine d'années. A l'extrémité occidentale du port formé par le Loir, et le long du cours de cette rivière, s'étend une belle promenade plantée de plusieurs rangs d'ormes, d'où l'on jouit d'une vue charmante sur de riantes prairies et sur la jolie maison de Doussay, construite au sommet de la chaîne de collines qui domine le vallon du Loir.

L'édifice le plus remarquable de la Flèche est l'ancien collége des jésuites fondé par Henri IV en 1603, et affecté aujourd'hui à un collége royal militaire. Il consiste en quatre corps de bâtiments renfermant cinq grandes cours, et ayant vue au nord sur un parc magnifique entouré de murs élevés. Attenant à la troisième cour est l'église du collége, un des plus jolis édifices en ce genre ; elle est accompagnée de tribunes avec balustrades dans la longueur de la nef et autour du sanctuaire, et a beaucoup d'analogie avec la belle chapelle du château de Versailles. La bibliothèque, décorée de plusieurs tableaux estimés, renferme environ 20,000 vol., au nombre desquels sont les meilleurs ouvrages des auteurs qui ont illustré le siècle de Louis XIV, la plupart des savantes productions des auteurs hébreux, grecs et latins, une collection choisie des Pères de l'Eglise, beaucoup de livres de droit et quelques ouvrages modernes.

On remarque encore à la Flèche l'église St-Thomas, édifice de construction romane trèsmassive; l'hôtel de ville, bâtiment d'assez bon goût, sur le fronton duquel est sculpté un trophée d'armes, le palais de justice; l'hôpital, etc.

Biographie. Patrie du littérateur LA MÉSANGÈRE, fondateur du *Journal des Dames et des Modes*, qu'il a rédigé pendant plus de cinquante ans.

INDUSTRIE. *Fabriques* de toiles, bonneteries, gants, bougies, colle forte. Blanchisseries de cire. Tanneries. —*Commerce* de grains, vins, huile de noix, fruits cuits, cuirs, volailles et bestiaux. — Foires les mercredis après les 1ᵉʳ janv., 1ᵉʳ avril, 1ᵉʳ juillet, 2ᵉ de déc., 3ᵉ de fév., 4ᵉˢ d'avril, d'août, de sept., derniers de janv., de juillet, d'oct., et celui avant la Pentecôte.

A 47 k. du Mans, 256 k. O.-S.-O. de Paris.

L'arrondissement de la Flèche est composé de sept cantons : Brulon, la Flèche, le Lude, Malicorne, Mayet, Pontvallain, Sablé.

Bibliographie. *Dissertation concernant la ville de la Flèche* (Mémoires de l'acad. royale des inscript. et belles-lettres, t. xx, p. 291).

MARCHAND DE BARBURE. *Essai historique sur la ville et le collège de la Flèche*, in-8, 1803.

FLÉCHETTE (la), vg. *Loire*, comm. de Dargoire, ⊠ de Rive-de-Gier.

FLÉCHIN, vg. *Pas-de-Calais* (Artois), arr. et à 30 k. de St-Omer, cant. de Fauquembergue, ⊠ d'Aire-sur-la-Lys. Pop. 575 h.

FLÉCHIN, vg. *Somme*, comm. de Bernes, ⊠ de Péronne.

FLÉCHINELLE, vg. *Pas-de-Calais*, com. d'Enquin, ⊠ d'Aire-sur-la-Lys.

FLÉCHY, vg. *Oise* (Picardie), arr. et à 45 k. de Clermont, cant. et ⊠ de Breteuil. Pop. 325 h.—*Commerce* de chevaux.

FLÉE, vg. *Côte-d'Or* (Bourgogne), arr., cant., ⊠ et à 8 k. de Semur. Pop. 419 h.

FLÉE-STE-CÉCILE, bg *Sarthe* (Anjou), arr. et à 36 k. de St-Calais, cant. et ⊠ de Château-du-Loir. Pop. 1,107 h.

FLEIGNEUX, vg. *Ardennes* (Champagne), arr., cant., ⊠ et à 7 k. de Sédan. Pop. 347 h.

FLEISHEIM, vg. *Meurthe* (Lorraine), arr. et à 12 k. de Sarrebourg, cant. de Fénétrange, ⊠ de Phalsbourg. Pop. 247 h.

FLEIX (le), bg *Dordogne* (Périgord), arr. et à 22 k. de Bergerac, cant. de Laforce, ⊠ de Ste-Foi. Pop. 1,352 h.

FLEIX, vg. *Vienne* (Poitou), arr. et à 18 k. de Montmorillon, cant. et ⊠ de Chauvigny. Pop. 254 h.

FLENIUM (lat. 52°, long. 22°). « On trouve un lieu sous cette dénomination dans la Table théodosienne, sur une route qui conduit de *Lugdunum* des Batavi, ou de Leyde, à *Noviomagus* ou Nimègue, où s'écartant de celle qui suivait le bord du Rhin. Pour trouver *Flenium* il faut partir du *Forum Hadriani*, marqué par la Table immédiatement à la suite de *Lugdunum*, et dont on connaît la position à Voorburg. La distance du *Forum* à *Flenium* est indiquée XII dans la Table, et non pas XVIII comme l'écrit Menso-Alting (*Not. Bataviæ*, p. 58), et comme il emploie en effet cette distance dans les cartes dont il a accompagné son ouvrage, il se flatte d'une grande exactitude par la position qu'il donne à *Flenium* par l'ouverture du compas, en la prenant de 18 milles à l'égard du *Forum*, et de 30 à l'égard d'un autre lieu nommé *Caspingium*, ainsi qu'on les compte dans la Table depuis *Flenium* jusqu'à *Caspingium* : M. P. XXX, *a Caspingio*, et XVIII *a Foro Adriani, ambobus locis adeo exploratæ positurae, ut circinus hinc et inde ductus, ad milliarium modum, ejusdem puncti concursu verum loci situm mathematice demonstret.* Quand il n'y aurait rien à redire au compte des distances dont parle ainsi Menso-Alting, la justesse de sa position serait détruite par le défaut de la mesure des milles dont il fait usage, savoir celle de 60 au degré, selon la définition qu'en donnent quelques-unes de ses cartes, définition qui n'est pas plus convenable au mille romain qu'à la lieue gauloise. Beaucoup de personnes d'une grande érudition ont ainsi manqué à un principe essentiel, *conditionis sine qua non*, en voulant expliquer les anciens Itinéraires. Mais dans le cas particulier dont il s'agit, non-seulement le savant que je cite prend 18 pour 12 entre *Forum Hadriani* et *Flenium* ; mais encore la distance entre *Flenium* et *Caspingium*, qu'il emploie sur le pied de 30, doit tenir lieu d'environ 38 ; car une des deux distances qui dans la Table composent celle de *Flenium* à *Caspingium*, est de XX sur le local, au lieu de XII, comme on peut voir à l'article qui concerne la position de *Tablæ*, placée entre *Flenium* et *Caspingium*, et sur laquelle Menso-Alting convient du lieu dont le nom actuel est *Alblas*. Deux positions données, *Forum Hadriani* d'un côté, et *Tablæ* de l'autre, dans l'intervalle desquelles *Flenium* est fixé par la Table, feront trouver l'emplacement qui lui est convenable. Les distances sont marquées, à l'égard du *Forum Hadriani* XII, et à l'égard de *Tablæ* XVIII. Or, ce qui résulte de leur combinaison, c'est de voir que la position de *Flenium* ne convient aussi bien à aucun lieu qu'à *Vlaerding* sur le bord de la Meuse. Toutes les distances dont j'ai pu faire une juste analyse dans l'étendue du territoire des *Batavi* m'ont fait connaître qu'elles étaient données en milles romains, à la différence de ce qui est propre aux provinces plus centrales de la Gaule. L'espace entre Voorburg ou *Forum Hadriani* et *Vlaerding* est à peu près de 5,000 verges du Rhin, ou d'environ 9,500 toises. Il en résulte 12 à 13 milles romains, et dans l'évaluation des distances marquées par les Itinéraires il ne faut pas tenir un compte rigoureux de fractions que ces Itinéraires ne donnent point. D'un autre côté, ce qu'il y a d'espace entre *Alblas*, qui est *Tablæ*, et Vlarding est à peu près de 7,000 verges, ou d'environ 13,500 toises, et le calcul de 18 milles indiqués par la Table est rigoureusement de 13,600 toises. Le cours actuel du canal appelé la Merwe, passant sous Rotterdam, et qui n'est pas l'ancien lit de la Meuse, *Oude-Maes*, a apporté dans cet intervalle un grand changement aux circonstances locales. Au reste, on n'est point surpris de voir les voies romaines aboutir à Vlarding. Ce lieu paraît avoir été l'emporium ou l'entrepôt du pays, avant Rotterdam, dont il n'est fait aucune mention qui soit antérieure au xivᵉ siècle. L'Ambert d'Aschaffenbourg parle sous l'an 1048 de *Flardirtinga*, qui est Vlarding, comme de la plus considérable des villes de la Frise, etc. Thierry IV, comte de Hollande, est appelé *marchio Fladirtingæ* dans la chronique de *Hermanus Contractus*. Cette prééminence dont Vlarding jouissait autrefois m'a inspiré la curiosité de voir, si ce serait à Vlarding que pourrait se rapporter le numéro XII d'une colonne milliaire, qu'on a déterrée dans un lieu nommé Monster, près de S'Gravesande, dont la distance ne paraît pas avoir de rapports à d'autres positions données comme on peut voir à l'article *Forum Hadriani*. Or, il y a trouve entre Vlarding et Monster un espace d'environ 4,700 verges du Rhin, qui valent 9,080 toises ou environ, ce qui répond exactement à 12 milles romains, dont le calcul en rigueur est de 9,076 toises. Le soupçon n'est point tombé sur Vlarding, quand on a cherché le lieu auquel la colonne du douzième milliaire pouvait être rapportée, et, pour en être persuadé, il suffira de consulter l'ouvrage de Menso-Alting.» D'Anville. *Notice de l'ancienne Gaule*, p. 312, 313, 314 et 315.

FLÉRÉ-LA-RIVIÈRE, vg. *Indre* (Berry), arr. et à 49 k. de Châteauroux, cant. et ✉ de Châtillon-sur-Indre. Pop. 845 h.

FLERS, vg. *Nord* (Flandre), arr., ✉ et à 6 k. de Lille, cant. de Lannoy. Pop. 2,074 h. — *Fabriques* d'orseille et de tissus en laine pour meubles. — Briqueteries. Teintureries.

FLERS, vg. *Orne* (Normandie), arr. et à 20 k. de Domfront, chef-l. de cant. ✉. ⚒. A 237 k. de Paris pour la taxe des lettres. P. 6,113 h. — TERRAIN de transition inférieur.

Flers était anciennement une baronnie, qui fut érigée en comté en 1598, et en marquisat en 1696. C'est aujourd'hui un bourg important, centre de la fabrication des coutils, qui emploie 3,000 ouvriers, et dont il se vend 1,000 à 1,200 pièces par semaine. On y voit les restes d'un fort beau château, bien conservé et bien entretenu. Les seigneurs de Flers étaient riches et puissants jusque dans les derniers temps. Leur château, défendu jadis par deux grosses tours qui se soutiennent encore, a été percé d'une multitude de fenêtres nouvelles qui lui ont ôté son cachet originaire, et lui ont donné la physionomie d'un château presque moderne. Les guerres de la chouannerie faillirent lui devenir funestes, le feu y fut mis par les troupes du général Gardane. Les intérieurs souffrirent seuls de cet incendie, et la masse des constructions toutes de granit ne fut point altérée. Aujourd'hui cette demeure est restaurée à neuf par un ancien notaire de Paris, qui en a fait l'acquisition.

Fabriques de toiles, coutils, basins, reps, amidon, etc. — *Foires* les 1er déc., mercredi après les Rois, mercredi des Cendres, avant la mi-carême, après le 5 avril, avant les rogations, avant le 11 juin, 1er mercredi d'août, mercredi avant le 30 sept., avant le 9 et le 28 oct.; après le 8 déc.

FLERS, vg. *Somme* (Picardie), arr. et à 29 k. de Montdidier, cant. d'Ailly-sur-Noye. ✉. ⚒. A 109 k. de Paris, pour la taxe des lettres. Pop. 206 h. — *Fabriques* de calicots.

FLERS, vg. *Somme* (Picardie), arr., et à 22 k. de Péronne, cant. de Combles. Pop. 696 h.

FLERS-EN-ESCREBIEUX, vg. *Nord* (Flandre), arr., cant., ✉ et à 4 k. de Douai. Pop. 947 h.

FLERS-EN-FLAVERMONT, vg. *Pas-de-Calais* (Artois), arr. et à 10 k. de St-Pol-sur-Ternoise, cant. de Frévent. Pop. 508 h.

FLESQUIÈRES, vg. *Nord* (Flandre), arr., ✉ et à 12 k. de Cambrai, cant. de Marcoing. Pop. 801 h.

FLESSELLES, vg. *Somme* (Picardie), arr. et à 16 k. d'Amiens, cant. et ✉ de Villers-Bocage. Pop. 1,693 h.

FLETIO (lat. 53°, long. 22°). « La Table théodosienne fait mention de ce lieu sur une route qui, de *Lugdunum* des *Batavi*, ou de Leyde, remonte le long du Rhin vers *Nowioma-gus*, ou Nimègue. Pour faire la recherche de l'emplacement de *Fletio*, il n'est pas nécessaire de prendre la route dès le point de *Lugdunum*, parce qu'on peut s'appuyer sur une position moins écartée, dont le nom, qui se lit *Albamanis* dans la Table, est *Albiniana*, selon l'Itinéraire d'Antonin, et que l'on retrouve actuellement sous le nom d'Alfen. De ce lieu à *Nigropullo* II, de *Nigropullo* à *Lauri* V, et de *Lauri* à *Fletione* XII : tel est le détail que donne la Table. Ainsi, entre l'emplacement d'Alfen et *Fletio*, la Table fait compter 19. Or, je ne fais point de doute que la position de *Fletio* ne se retrouve dans celle d'un lieu nommé Vleuten, ou, comme on prononce dans le pays, Fleuten. Menso-Alting (*Not. Bataviæ*, p. 58) a déjà remarqué l'analogie de cette dénomination avec celle de *Fletio*. Nous ajouterons ici à cette circonstance un examen de la distance indiquée, pour voir si elle est également convenable. Par la connaissance que des cartes très-exactes nous donnent du local, la distance entre Alfen et Vleuten, prise en droite ligne, n'est que de 6,500 verges du Rhin. Mais, dans l'article *Albiniana*, mon analyse scrupuleuse de la distance de ce lieu à l'égard de *Lugdunum*, fait connaître que la mesure de la voie romaine doit suivre le cours du Rhin, auquel toutes les particularités de la route, qui sont assez voisines les unes des autres, ont été attachées. Je ne répéterai point ici la définition que j'ai donnée de la verge du Rhin dans le même article, cette verge servant d'échelle à des cartes qui ont été levées dans le plus grand détail. Mais je trouve que la mesure actuelle de la voie, selon que je viens de remarquer qu'il convient de la prendre, est d'environ 7,400 verges, qui font l'équivalent de 14,300 toises. Or, que résulte-t-il de ce calcul, si ce n'est un nombre en milles romains égal au compte de la Table, qui est 19. Car, le mille romain étant évalué à 756 toises, le calcul de 19 milles est rigoureusement de 14,354 toises. J'ai déjà eu occasion de découvrir la mesure du mille dans la distance de *Lugdunum* à *Albiniana*, et en plusieurs autres du territoire des *Batavi* en particulier, depuis la position de *Colonia Trajana*. Il serait assez naturel de penser que, dans les travaux faits par Drusius en cette extrémité de la Gaule, où la lieue gauloise pouvait n'être pas connue des Bataves, sortis de la nation des Cattes en Germanie, les Romains se sont réglés sur les mesures qui leur étaient propres. Au reste, rien ne prouve mieux la nécessité, en étudiant les anciens Itinéraires, d'avoir toujours le compas à la main et les yeux ouverts sur le local. Pour revenir à *Fletio*, la situation actuelle de Vleuten au delà du canal du Rhin paraît faire une difficulté à y conduire la voie romaine, parce que les lieux qu'elle rencontré sur son passage doivent être rangés sur la rive citérieure du fleuve, qui séparait les Bataves, sujets des Romains, d'avec les Frisons. Mais, quand on considère que le canal du Rhin à l'issue d'Utrecht, creusé en droite ligne, on se persuade que cette direction est le travail d'un temps postérieur, et que des canaux moins considérables aujourd'hui, et qui enveloppent Vleuten en circulant, sont des vestiges de l'ancien cours. » D'Anville. *Notice de l'ancienne Gaule*, p. 315.

FLÉTRANGE, vg. *Moselle* (pays Messin), arr. et à 33 k. de Metz, cant. et ✉ de Faulquemont. Pop. 265 h.

FLÊTRE, vg. *Nord* (Flandre), arr. et à 12 k. d'Hazebrouck, cant. et ✉ de Bailleul. Pop. 1,182 h. — On remarque dans cette commune la tour d'un ancien château dont la construction remonte à une époque fort reculée ; les murs ont 4 m. 66 c. d'épaisseur, et leur ciment est tellement dur qu'il est difficile de les démolir. Dans l'église paroissiale existe un caveau fermé, contenant les tombeaux de plusieurs seigneurs du lieu.

PATRIE de J. MEYER, surnommé le père de l'histoire de Flandre.

FLETTY, vg. *Nièvre*, comm. de Tazilly, ✉ de Luzy.

FLEUR-FONTAINE, vg. *Eure-et-Loir*, comm. de St-Arnoult-des-Bois, ✉ de Courville.

FLEURAC, vg. *Charente* (Angoumois), arr. et à 26 k. de Cognac, cant. et ✉ de Jarnac. P. 347 h.

FLEURAC, vg. *Dordogne* (Périgord), arr. et à 25 k. de Sarlat, cant. et ✉ du Bugue. Pop. 1,038 h. — *Foires* les 2es mardis de chaque mois.

FLEURANCE, vg. *H.-Garonne*, comm. et ✉ de Toulouse.

FLEURANCE, *Florentia*, jolie petite ville, *Gers* (Armagnac), arr. et à 11 k. de Lectoure, chef-l. de cant. Cure. ✉. A 655 k. de Paris pour la taxe des lettres. Pop. 3,409 h. — TERRAIN tertiaire moyen.

Cette ville, située près de la rive gauche du Gers, est bien bâtie et percée d'une rue spacieuse traversée par la grande route. On y voit une belle place publique et une promenade agréable.

Les *armes* de Fleurance sont : *parti d'argent et d'azur, à trois fleurs de lis d'or de l'une en l'autre*, 2 et 1.

Commerce important de grains, vins, légumes, plumes d'oie, etc. — *Foires* très-fréquentées le 1er de chaque mois.

FLEURAT, vg. *Creuse* (Marche), arr. et à 16 k. de Guéret, cant. de Grandbourg, ✉ de St-Vaury. Pop. 756 h.

FLEURBAIX, vg. *Pas-de-Calais* (Artois), arr. et à 25 k. de Béthune, cant. de Laventie, ✉ d'Armentières. Pop. 3,041 h.

FLEURE, *Floreyum*, vg. *Orne* (Normandie), arr. et à 8 k. d'Argentan, cant. et ✉ d'Ecouché. Pop. 469 h.

FLEURÉ, vg. *Vienne* (Poitou), arr., ✉ et à 18 k. de Poitiers, cant. de la Villedieu. ⚒. Pop. 324 h.

FLEUREY, vg. *Côte-d'Or*, comm. de Mont-St-Jean, ✉ de Pouilly-en-Montagne.

FLEUREY, vg. *Doubs* (Franche-Comté), arr. et à 28 k. de Montbéliard, cant. et ✉ de St-Hippolyte. Pop. 267 h.

FLEUREY-LES-FAVERNEY, vg. *H.-Saône* (Franche-Comté), arr. et à 17 k. de Vesoul, cant. et ✉ de Port-sur-Saône. Pop. 668 h. — Exploitation de minerai de fer.

FLEUREY-LES-MOREY, vg. *H.-Saône*

(Franche-Comté), arr. et à 33 k. de Gray, cant. de Dampierre-sur-Salon, ✉ de Lavoncourt. Pop. 478 h.
FLEUREY-LES-ST-LOUP, vg. *H.-Saône* (Franche-Comté), arr. et à 25 k. de Lure, cant. et ✉ de St-Loup. Pop. 221 h.
FLEUREY-SUR-OUCHE, vg. *Côte-d'Or* (Bourgogne), arr., cant., ✉ et à 17 k. de Dijon. Pop. 903 h. — Il est situé dans un vallon borné par deux chaînes de montagnes. C'était autrefois une petite ville fermée de murs, où l'on entrait par quatre portes, qui fut détruite du temps de la Ligue. Aux environs, on voit une grande plaine où Gondebaud fut défait par Clovis, en l'an 500. — Éducation des chevaux et des abeilles. — *Foires* les 20 avril et 15 sept.
FLEURIE, vg. *Rhône* (Beaujolais), arr. et à 21 k. de Villefranche-sur-Saône, cant. de Beaujeu. Cure. ✉ de Romanèche. Pop. 1,840 h. — *Foires* les 26 avril et 10 nov.
FLEURIEL, vg. *Allier* (Bourbonnais), arr. et à 27 k. de Gannat, cant. et ✉ de Chantelle. P. 827 h.
FLEURIEU-SUR-SAONE, vg. *Rhône* (Lyonnais), arr. et à 11 k. de Lyon, cant. et ✉ de Neuville-sur-Saône. Pop. 368 h.
FLEURIEUX, vg. *Ain*, comm. et ✉ de Châtillon-les-Dombes.
FLEURIEUX, vg. *Ain*, comm. de Mogneneins, ✉ de Thoissey.
FLEURIEUX-SUR-L'ARBRESLE, vg. *Rhône* (Lyonnais), arr. et à 18 k. de Lyon, cant. et ✉ de l'Arbresle. Pop. 598 h. — *Foires* les 28 oct., le lundi le plus près de St-Barthélemy et 24 août, si c'est un lundi.
FLEURIGNAC, vg. *Charente* (Angoumois), arr. et à 35 k. de Confolens, cant. de Montembœuf, ✉ de Chasseneuil. Pop. 43 h.
FLEURIGNÉ, vg. *Ille-et-Vilaine* (Bretagne), arr., cant., ✉ et à 7 k. de Fougères. P. 950 h.
FLEURIGNY, vg. *Yonne* (Champagne), arr. et à 14 k. de Sens, cant. de Sergines, ✉ de Pont-sur-Yonne. Pop. 567 h. — On y remarque un beau château situé dans un vallon arrosé par la petite rivière d'Oreuse.
Dans le moyen âge, il existait à l'endroit où a été bâti le château actuel une forteresse dépendante de la ville de Sens. Les Anglais, qui possédèrent cette ville jusqu'en 1427, détruisirent ce fort de fond en comble. Au XVIe siècle Fleurigny fut reconstruit à peu près qu'on le voit aujourd'hui par le célèbre Jean Gonjon, qui l'acheva en 1511. François Ier séjourna à Fleurigny en 1527, lorsqu'il but visiter Sens à son retour de captivité. Les chroniques du temps parlent de fêtes qui lui furent données dans cette ville à cette occasion. Le château de Fleurigny est entouré d'eau; la partie postérieure a été démolie et remplacée par des bâtiments modernes. Dans l'intérieur, on remarque une antique chapelle décorée de beaux vitraux peints par Jean Cousin.
FLEURINES, vg. *Oise* (Picardie), arr. et à 8 k. de Senlis, cant. de ✉ de Pont-Ste-Maxence. Pop. 743 h.
FLEURVILLE, vg. *Saône-et-Loire*, comm. de Vérizet, ✉ de St-Oyen.

FLEURY, vg. *Aisne* (Picardie), arr. et à 25 k. de Soissons, cant. et ✉ de Villers-Cotterets. Pop. 166 h.
FLEURY, vg. *Ardennes*, comm. d'Ambly, ✉ d'Attigny.
FLEURY, vg. *Aude* (Languedoc), arr., ✉ et à 16 k. de Narbonne, cant. de Coursan. Pop. 1,297 h. — On remarque aux environs l'église de Notre-Dame-de-Liesse, objet d'un pèlerinage très-fréquenté par les habitants des environs.
FLEURY, vg. *Loir-et-Cher*, comm. de Suèvres, ✉ de Mer.
FLEURY, vg. *Loiret* (Orléanais), arr., cant., ✉ et à 4 k. d'Orléans. Pop. 1,003 h.
FLEURY, vg. *Manche* (Normandie), arr. et à 27 k. d'Avranches, cant. et ✉ de Villedieu. Pop. 1,161 h.
FLEURY, vg. *Meuse* (pays Messin), arr. et à 30 k. de Bar-le-Duc, cant. de Triaucourt, ✉ de Verdun-sur-Meuse. Pop. 362 h.
FLEURY, vg. *Moselle* (pays Messin), arr., ✉ et à 9 k. de Metz, cant. de Verny. Pop. 382 h.
FLEURY, vg. *Oise* (Picardie), arr. et à 26 k. de Beauvais, cant. et ✉ de Chaumonten-Vexin. Pop. 266 h.
FLEURY, vg. *Pas-de-Calais* (Artois), arr., ✉ et à 10 k. de St-Pol-sur-Ternoise, cant. d'Heuchin. Pop. 209 h.
FLEURY, ou FLEURY-D'ARGOUGES, *Seine-et-Marne* (Ile-de-France), arr., cant. et à 14 k. de Melun, ✉ de Chailly. Pop. 344 h. — On y remarque un magnifique château construit par Côme Closses, sous le règne de Henri II, et possédé ensuite par le cardinal de Richelieu, qui y fit faire plusieurs embellissements. Le principal corps de bâtiment a été récemment presque entièrement reconstruit à neuf; on admire dans les jardins une superbe terrasse et deux parterres dans le genre anglais, dans l'un desquels est une belle pièce d'eau.
FLEURY, vg. *Seine-et-Marne*, comm. de Courpalay, ✉ de Rozoy-en-Brie.
FLEURY, vg. *Somme* (Picardie), arr. et à 26 k. d'Amiens, cant. de Conti, ✉ de Flers. Pop. 344 h.
FLEURY, vg. *Yonne* (Champagne), arr. et à 17 k. de Joigny, cant. d'Aillant-sur-Tholon, ✉ de Bassou. Pop. 1,475 h.
FLEURY-EN-ARGONNE, vg. *Meuse* (Lorraine), arr. et à 6 k. de Verdun-sur-Meuse, cant. de Charny-sur-Meuse, ✉ de Beauzée. Pop. 369 h.
FLEURY-LA-FORÊT, vg. *Eure* (Normandie), arr. et à 25 k. des Andelys, cant. et ✉ de Lyons-la-Forêt. Pop. 873 h.
FLEURY-LA-MONTAGNE, vg. *Saône-et-Loire* (Bourgogne), arr. et à 49 k. de Charolles, cant. et ✉ de Semur-en-Brionnais. P. 1,234 h.
FLEURY-LA-RIVIÈRE, vg. *Marne* (Champagne), arr., cant., ✉ et à 8 k. d'Epernay. Dans un territoire fertile en vins rouges estimés. Carrières de sable blanc pour verrerie.
FLEURY-LA-TOUR, vg. *Nièvre* (Nivernais), arr. et à 40 k. de Nevers, cant. et ✉ de St-Benin-d'Azy. Pop. 115 h.

FLEURY - MÉROGIS, *Floriacum*, vg. *Seine-et-Oise* (Ile-de-France), arr. et à 11 k. de Corbeil, cant. de Longjumeau, ✉ de Ris. Pop. 223 h. — On y voit un beau château. A l'extrémité d'une avenue qui aboutit, sur un tertre, d'où les points de vue sont immensément étendus, est placé un télégraphe.
FLEURY-SOUS-MEUDON, vg. *Seine-et-Oise*, comm. et ✉ de Meudon.
FLEURY - SUR - ANDELLE, *Floreium*, *Floriacum*, bg *Eure* (Normandie), arr. et à 15 k. des Andelys, chef-l. de cant. ✉. ✆. A 103 k. de Paris pour la taxe des lettres. P. 1,065 h. Sur l'Andelle.
On fixe vers Fleury ou Radepont une station romaine désignée dans l'Itinéraire d'Antonin sous le nom de Ritumagus, et située sur la voie antique de Paris à Rouen, dont le tracé, à travers la plaine du Vexin, suivait à peu près celui de la route actuelle. — Cette commune, qui en 1804 n'avait que 182 habitants, aujourd'hui devenue un bourg en voie de progrès, donne l'idée du grand accroissement de population et de richesse que la vallée entière de l'Andelle doit à l'industrie qui s'y est développée depuis le commencement de ce siècle, et particulièrement depuis 1830. — Filatures de coton. Imprimeries d'indiennes. Briqueterie et fours à chaux.
FLEURY-SUR-LOIRE, vg. *Nièvre* (Nivernais), arr. et à 25 k. de Nevers, cant. et ✉ de Decize. Pop. 450 h.
FLEURY-SUR-LOIRE, *Floriacum*, bg *Loiret* (Orléanais), arr. et à 30 k. de Gien, cant. d'Ouzouer-sur-Loire, ✉ de Sully. P. 1,626 h.
Ce bourg, situé sur la rive droite de la Loire et connu généralement sous le nom de St-Benoit-sur-Loire, était autrefois célèbre par une abbaye où les restes de St-Benoit passent pour avoir été transportés du mont Cassin, vers 653, par le moine Aygulfe. Cette abbaye fut ravagée par les Normands en 864 et en 866. Elle fut rétablie en 868 par l'abbé Théodebert, et entourée de murs, de tours et de fossés, sous le règne de Louis-d'Outremer, en 953. Philippe Ier y fut enterré en 1148. Il ne reste plus aujourd'hui de ce somptueux monastère qu'une église qui offre aux archéologues des restes de construction du IXe siècle. La tour St-Michel, qui date du XIe siècle, est remarquable par ses voûtes et ses piliers, flanqués de colonnes dont les chapiteaux sont chargés de figures historiques, allégoriques ou bizarres, assez grossièrement exécutées, en demi-relief. L'entrée principale de l'église est sous les piliers de cette tour, qui lui forment un imposant péristyle. La seconde entrée, qui est murée, il y a un grand nombre d'années, se trouvait au nord; elle est très-digne d'attention pour les sculptures, presque en ronde-bosse, qui en décorent le pourtour et le cintre, et qui sont évidemment postérieures à celles de la tour St-Michel. L'intérieur de l'église figure une croix latine, dont le centre est formé d'un grand pendentif, surmonté d'un clocher, qui n'est nullement en harmonie avec l'ensemble de l'édifice. La nef principale est étroite relativement à son éléva-

tion à sa longueur ; la simplicité et la forme de ses piliers, dépourvus de tout ornement, lui donnent un aspect sévère et imposant. Le sanctuaire est pavé en mosaïques précieuses, mais d'un mauvais dessin.—Le tombeau de Philippe I*er*, placé autrefois au milieu du chœur, en a été enlevé en 1793 ; il se trouve aujourd'hui dans la chapelle St-Benoît. Sous l'église est une crypte éclairée par d'étroites fenêtres en plein cintre, avec une archivolte formée de nombreux claveaux taillés sur le même modèle et tous égaux entre eux.

Bibliographie. Morin (D. Guill.). *Histoire abrégée de la très-célèbre abbaye de St-Benoît à Fleury-sur-Loire* (Hist. du Gatinais, p. 253, 269).

Vergnaud-Romagnési. *Notice sur la restauration du mausolée de Philippe I*er*, sur la découverte et l'ouverture de son tombeau à St-Benoît-sur-Loire*, in-8, 1831.

Marchand (L.-A.). *Souvenirs historiques de l'ancienne abbaye de St-Benoît-sur-Loire*, etc., in-8, 1838.

FLÉVILLE, vg. *Ardennes* (Champagne), arr. et à 25 k. de Vouziers, cant. et ✉ de Grandpré. Pop. 471 h.

FLÉVILLE, vg. *Meurthe* (Lorraine), arr., ✉ et à 9 k. de Nancy, cant. de St-Nicolas-du-Port. Pop. 321 h.—On y voit un château dont la construction remonte à 1533.

FLÉVILLE, vg. *Moselle* (pays Messin), arr., ✉ et à 7 k. de Briey, cant. de Conflans. Pop. 498 h.

FLÉVY, vg. *Moselle* (pays Messin), arr., ✉ et à 21 k. de Metz, cant. de Vigy. P. 333 h.

FLEXANVILLE, vg. *Seine-et-Oise* (Beauce), arr. et à 33 k. de Rambouillet, cant. de Montfort-l'Amaury, ✉ de la Queue-Gallus. Pop. 351 h.

FLEXBOURG, vg. *B.-Rhin* (Alsace), arr. et à 26 k. de Strasbourg, cant. et ✉ de Wasselonne. Pop. 624 h.

FLEY, vg. *Saône-et-Loire* (Bourgogne), arr. et à 23 k. de Chalon-sur-Saône, cant. et ✉ de Buxy. Pop. 481 h.

FLEY, vg. *Yonne* (Champagne), arr., cant. et à 10 k. de Tonnerre, ✉ de Chablis. Pop. 445 h.

FLEY-SUR-VINGEANNE, vg. *Côte-d'Or*, comm. de Dampierre - sur - Vingeanne, ✉ de Fontaine-Française.

FLEZ-CUZY, vg. *Nièvre* (Nivernais), arr. et à 15 k. de Clamecy, cant. et ✉ de Tannay. Pop. 341 h.

FLIBEAUCOURT, vg. *Somme*, comm. de Sailly-le-Sec, ✉ d'Abbeville.

FLIE, vg. *Ain*, comm. de Pouilly-St-Genis, ✉ de St-Genis-Pouilly.

FLIGNY, vg. *Ardennes* (Champagne), arr. et à 22 k. de Rocroi, cant. de Signy-le-Petit, ✉ d'Aubenton. Pop. 194 h.

FLIN, vg. *Meurthe* (Lorraine), arr., cant., ✉ et à 19 k. de Lunéville. Pop. 674 h.

FLINES - LES - MORTAGNE, vg. *Nord* (Flandre), arr. et à 20 k. de Valenciennes, cant. et ✉ de St - Amand - les - Eaux. Pop. 1,861 h.

FLINES-LES-RACH, vg. *Nord* (Flandre), arr., cant., ✉ et à 10 k. de Douai. P. 3,574 h. Sur la rive gauche de la Scarpe.—On remarquait autrefois sur son territoire une riche abbaye de femmes, fondée en 1234 par Marguerite de Flandre. — *Fabriques* de toiles. Filatures de lin. — *Commerce* de moutons.

Bibliographie. Tiroux. * *Histoire du monastère de Flines*, in-12, 1732.

FLINS - NEUVE - ÉGLISE, vg. *Seine-et-Oise* (Beauce), arr. et à 16 k. de Mantes, cant. d'Houdan, ✉ de Septeuil. Pop. 109 h.

FLINS - SUR - SEINE, vg. *Seine-et-Oise* (Beauce), arr. et à 32 k. de Versailles, cant. et ✉ de Meulan. Pop. 952 h.—On y remarque un beau château, d'où l'on jouit d'une vue magnifique sur les rives de la Seine et sur les coteaux environnants. Dans le parc, orné de bosquets bien distribués, on admire une belle fontaine ombragée par d'énormes marronniers.

FLIPOU, *Fagus Tipi*, vg. *Eure* (Normandie), arr. et à 15 k. des Andelys, cant. d'Ecouis, ✉ de Pont-St-Pierre. Pop. 273 h.

FLIREY, vg. *Meurthe* (Lorraine), arr. et à 25 k. de Toul, cant. de Thiaucourt, ✉ de Noviant-aux-Prés. Pop. 432 h.

FLIXECOURT, vg. *Somme* (Picardie), arr. et à 25 k. d'Amiens, cant. de Picquigny. ✉. A 148 k. de Paris pour la taxe des lettres. Pop. 1,729 h.—Extraction de tourbe. — *Foires* les 23 avril et 18 oct.

FLIZE, vg. *Ardennes* (Champagne), arr. et bureau d'enregist. de Mézières, à 10 k. de Charleville, chef-l. de cant. ✉. ⚭. A 243 k. de Paris pour la taxe des lettres. Pop. 253 h. — Terrain jurassique. — On y voit un beau château qui a été converti en manufacture de draps. Forges et laminoirs.

FLOCELLIÈRE (la), bg *Vendée* (Poitou), arr. et à 42 k. de Fontenay-le-Comte, cant. et ✉ de Pouzauges. Cure. Pop. 1,505 h.—*Foires* le mardi après Pâques et 2e mardi de juin.

FLOCOURT, vg. *Moselle* (pays Messin), arr. et à 25 k. de Metz, cant. de Pange, ✉ de Solgne. Pop. 330 h.

FLOCQUES, vg. *Seine-Inf.* (Normandie), arr. et à 25 k. de Dieppe, cant. et ✉ d'Eu. Pop. 275 h.

FLOGNY, bg *Yonne* (Champagne), arr. et à 14 k. de Tonnerre, chef-l. de cant. ✉. ⚭. A 168 k. de Paris pour la taxe des lettres. Pop. 392 h.

Flogny est un bourg fort ancien, dont saint Vigile fait mention dans son testament en 683. —A peu de distance de ce bourg on remarque, sur les bords de l'Armançon, les vestiges d'un camp romain. Quoique le temps lui ait fait éprouver plusieurs dégradations, ce camp est encore reconnaissable. Il a la forme d'un trapèze et s'appuie au midi sur l'Armançon, et à l'est sur un ravin ; au nord, son parapet occupe le sommet d'un plan incliné. Du côté du midi, il était inaccessible, à cause de la rivière ; des trois autres côtés, il était environné d'un grand fossé, qui a encore aujourd'hui 10 m. de largeur et 4 m. de profondeur.

FLOING, vg. *Ardennes* (Champagne), arr., cant., ✉ et à 20 k. de Sédan. Pop. 1,499 h.

FLOIRAC, bg *Charente-Inf.* (Saintonge), arr. et à 33 k. de Saintes, cant. de Cozes, ✉ de Mortagne-sur-Gironde. Pop. 995 h.

FLOIRAC, vg. *Gironde* (Guienne), arr., ✉ et à 5 k. de Bordeaux, cant. de Carbon-Blanc. Pop. 1,186 h. — *Foires* les 15 mai et 28 sept.

FLOIRAC, vg. *Lot* (Quercy), arr. et à 35 k. de Gourdon, cant. et ✉ de Martel. Pop. 871 h.

FLONVILLE, vg. *Eure-et-Loir*, comm. de Fontaine-la-Guyon, ✉ de Courville.

FLORAC, petite ville, *Lozère* (Languedoc), chef-l. de sous-préf. (3e arr.) et d'un cant. Trib. de 1re inst. Soc. d'agric. Cure. Gîte d'étape. ✉. ⚭. Pop. 2,153 h. — Terrain cristallisé, micaschiste et stéaschiste.

Autrefois baronnie, diocèse et recette de Mende, parlement de Toulouse, intendance de Montpellier, gouvernement particulier.

Cette ville doit son origine à un ancien château qui avait titre de baronnie. Elle est agréablement située, sur la rive gauche du Tarnon, près de son confluent avec le Tarn et la Mimente, dans un étroit vallon couvert de prairies et parsemé d'arbres fruitiers ; les coteaux qui le dominent sont plantés de vignes, surmontés à l'est par des châtaigniers et des chênes, et à l'ouest par des rochers élevés ; à leur base on voit une crevasse pittoresque d'où jaillit une source abondante et limpide dont les eaux traversent la ville, y forment deux bassins tombant en cascade l'un dans l'autre, et font mouvoir plusieurs moulins avant de se mêler à celles du Tarnon. Les eaux de cette source sont rangées dans la classe des eaux minérales acidules.

Florac ne se compose guère que d'une seule rue, où passe la grande route, et d'une petite place. On y a construit, récemment une église catholique, un temple protestant et un palais de justice.

Aux environs est le village de Crizac, où naquit Urbain V, élu pape en 1362 ; et non loin de là la cascade de Brun, qui mérite d'être vue. *Foires* les 13 janv., 6 fév., lundi de Pâques, 11 juin, 6 août, 29 sept. et 6 déc.

A 29 k. S.-S.-E. de Mende, 604 k. S.-S.-E. de Paris.

L'arrondissement de Florac est composé de 7 cantons : Barre, Ste-Enimie, Florac, St-Georges-de-Levezac, St-Germain-de-Calberte, Meyrueis, Pont-de-Monvert.

Bibliographie. Blanquet (Samuel). *Examen de la nature et des vertus des eaux minérales qui se trouvent dans le Gévaudan* (il y est parlé des eaux de Florac).

FLORANGE, vg. *Moselle* (pays Messin), arr., cant. et à 5 k. de Thionville, ✉ d'Uckange. Pop. 1,001 h. — Il était autrefois défendu par un château fort, qui fut pris par trahison et rasé en 1541 par le prince de Nassau ; une partie des remparts et des fossés subsistent encore. — *Fabrique* de draps. — *Mines* de fer exploitées.

FLORÉMONT, vg. *Vosges* (Lorraine), arr.

et à 15 k. de Mirecourt, cant. et ⊠ de Charmes. Pop. 460 h.

FLORENCE (Ste-), vg. *Gironde* (Guienne), arr. et à 19 k. de Libourne, cant. de Pujols, ⊠ de Castillon. Pop. 178 h.

FLORENCE (Ste-), vg. *Vendée* (Poitou), arr. et à 25 k. de Bourbon-Vendée, cant. des Essarts, ⊠ au Fougerais. Pop. 1,424 h. — *Foires* le 2° mercredi de chaque mois.

FLORENS (St-), vg. *Gard* (Languedoc), arr. et à 19 k. de St-Alais, cant. et ⊠ de St-Ambroix. Pop. 1,630 h.

FLORENSAC, petite ville, *Hérault* (Languedoc), arr., bureau d'enregist. et à 24 k. de Béziers, chef-l. de cant. Cure. ⊠ de Mèze. Pop. 3,454 h.—Terrain d'alluvions modernes.

Elle est située au bord de l'Hérault, dans un territoire fertile, entrecoupé d'excellentes terres, de riches vignobles et de belles prairies.—*Fabrique* d'eau-de-vie. — *Foire* de 3 jours le 24 août.

FLORENT (St-), vg. *Cher* (Berry), arr. et à 15 k. de Bourges, cant. de Charost. ⊠. ℣. A 236 k. de Paris pour la taxe des lettres. Pop. 1,750 h.

FLORENT (St-), petite ville, ou plutôt bourg maritime et fortifié, *Corse*, arr. et à 18 k. de Bastia, chef-l. de cant. Cure. ⊠. A 1,189 k. de Paris pour la taxe des lettres. Pop. 475 h. — Terrain crétacé supérieur, craie.

Cette ville est dans une belle situation, au fond du golfe auquel elle a donné son nom, sur le penchant d'une colline qui domine une belle vallée et une grande étendue de mer. Elle est entourée de murs, et a pour principale défense un donjon, reste d'une forteresse qu'avait fait construire le maréchal de Thermes en 1553. Les Génois s'en emparèrent en 1554, après un siège très-meurtrier.

St-Florent eut pour origine une tour aux environs de laquelle se groupèrent quelques cabanes. Vers la fin du XVᵉ siècle, elle s'agrandit aux dépens de l'ancienne ville de Nebbio, située à mille pas plus en avant dans les terres, et dont l'emplacement est encore remarquable par quelques décombres, ainsi que par une église élégante dont la construction est attribuée aux Pisans.

La position de St-Florent est une des plus belles et des plus avantageuses qu'il soit possible d'imaginer. Située au fond d'un vaste golfe, à l'entrée d'une riche vallée, sur un des points de l'île les plus rapprochés de la France, cette place, destinée à devenir une ville florissante, n'est aujourd'hui qu'une misérable bourgade décorée du nom de ville, dont les rares habitants sont décimés annuellement par les vapeurs méphitiques qui s'élèvent en été des marais environnants. Son port ne peut recevoir que des barques de pêcheurs ; il est abrité par le cap sur lequel la ville et le fort sont bâtis, et possède un petit môle de débarquement, qui fut réparé et prolongé en l'an XIII. Le mouillage pour les vaisseaux est situé entre la ville et l'anse de Fornali.

FLORENT (St-), vg. *Loiret* (Gatinais), arr. et à 13 k. de Gien, cant. et ⊠ de Sully. Pop. 458 h.

FLORENT (St-), vg. *Maine-et-Loire*, comm. de St-Hilaire-St-Florent, ⊠ de Saumur.

FLORENT, vg. *Marne* (Champagne), arr., cant., ⊠ et à 8 k. de Ste-Menehould. Pop. 991 h.

FLORENT (St-), vg. *Deux-Sèvres* (Poitou), arr., cant., ⊠ et à 1 k. de Niort. Pop. 900 h.

FLORENT-DES-BOIS (St-), vg. *Vendée* (Poitou), arr., cant., ⊠ et à 13 k. de Bourbon-Vendée. Pop. 1,474 h.

FLORENTIA, vg. et comm. du dép. du *Jura* (Franche-Comté), cant. de St-Julien, arr. et à 35 k. de Lons-le-Saulnier, ⊠ de St-Amour. Pop. 115 h.

FLORENTIN (St-), *Indre* (Berry), arr. et à 20 k. d'Issoudun, cant. et ⊠ de Vatan. P. 623 h.

FLORENTIN, *Florentinum*, vg. *Tarn* (Languedoc), arr., ⊠ et à 12 k. de Gaillac, cant. de Cadalen. P. 666 h.— *Foires* les 2 juin et 28 oct.

FLORENTIN, *S. Florentini*, jolie petite ville, *Yonne* (Champagne), arr. à 31 k. d'Auxerre, chef-l. de cant. Cure. Gîte d'étape. ⊠. ℣. A 155 k. de Paris pour la taxe des lettres. Pop. 2,407 h.—Terrain crétacé inférieur, grès vert.

Autrefois comté, diocèse de Sens, parlement et intendance de Paris, chef-lieu, d'élection, bailliage, prieuré, couvent de capucins.

Plusieurs auteurs ont écrit que cette ville occupe l'emplacement de l'ancienne *Eburobrinca*, position romaine indiquée dans l'Itinéraire d'Antonin ; mais il est reconnu aujourd'hui que cette place ne pouvait être qu'Avrolles, village à 3 k. de St-Florentin. Il est peu fait mention de cette ville pendant les premiers siècles de la monarchie. En l'année 511, les Bourguignons vinrent faire le siège du château Florentin, au moins de novembre, et obligèrent les habitants de se rendre. Ils gardèrent cette place pendant quelques années, durant lesquelles ils firent bâtir un fort dans une petite île formée par l'Armançon, à 1 k. vers le sud-est. Ce fut dans cet asile que la reine Brunehaut, vers l'an 597, se retira pour se mettre à couvert des poursuites de Théodebert II, roi d'Austrasie, son petit-fils. Thierry, roi de Bourgogne, lui avait procuré ce refuge. Mais Frédégonde, ayant découvert sa retraite, l'y fit attaquer par Landry, son favori. Brunehaut se défendit avec vigueur, et, ayant reçu du secours, elle fit lever le siège ; après quoi elle tomba si à propos sur l'armée de Frédégonde, qu'elle contraignit Landry d'abandonner son camp et ses équipages. L'endroit où était ce camp, sur les bords de l'Armance, s'appelle encore Champ-Landry, ou par corruption Chalandry (*campus Landereci*), et le fort, dont il ne reste que quelques vestiges, s'appelle du nom de la reine Brunehaut, Brinchefort ou Brunefort. Pepin fit raser cette forteresse aussitôt qu'il fut monté sur le trône, en 752, parce qu'elle offrait une retraite sûre aux séditieux. On a trouvé fréquemment, et l'on trouve encore dans les ruines et les fossés de ce fort, des médailles romaines et des monnaies des rois de Bourgogne et autres princes, en or, en argent et en bronze, ce qui est une preuve non équivoque de son antiquité.

En 879, les Normands, qui ravageaient la France depuis plus d'un demi-siècle, s'avancèrent jusqu'aux portes de Tonnerre. Richard le Justicier, duc de Bourgogne, les battit et les repoussa. Les Normands, qui s'étaient habitués sans beaucoup de peine aux vins de Tonnerre, ne quittèrent ce pays qu'à grand regret ; ils vinrent de là à St-Florentin, dont ils firent le siége. Les habitants de la ville et ceux des villages voisins, qui s'y étaient rendus en grand nombre, jusqu'aux femmes et aux enfants, se défendirent longtemps et vigoureusement. Le duc de Bourgogne, qui ne cherchait qu'à se rendre maître de cette ville, fit dire aux habitants qu'ils pouvaient se défendre sans crainte, et qu'il viendrait incessamment à leur secours. Oubliant les anciennes querelles qu'ils avaient eues avec les Bourguignons, et ne désirant rien tant que d'être délivrés des Normands, ils ouvrirent les portes de leur ville ; le duc chargea les Normands, et, aidé des secours des habitants, il força le reste de la garnison à lever le siége. En 892, il se donna une grande bataille près de St-Florentin ; elle est indiquée par Delille, dans sa carte du duché de Bourgogne ; on n'a pas de détails sur cette bataille. En 936, les comtes de Champagne vinrent assiéger St-Florentin. Après quelques jours de siége et quelques assauts que les Bourguignons soutinrent courageusement, le nombre l'emportant sur la valeur, il fallut céder à la force. Les habitants capitulèrent ; mais les Bourguignons, ne voulant pas entrer en composition, prirent le parti de se retirer pendant la nuit.

Les *armes* de St-Florentin sont : *d'azur à la figure de St-Florentin d'argent, armé et monté sur un cheval de même, tenant un guidon croisé de gueules.*

St-Florentin est fort agréablement situé, sur le canal de Bourgogne, au confluent de l'Armance et de l'Armançon. Elle est assez bien bâtie et environnée de promenades agréables. —Cette ville à quatre portes principales qui se terminent autant de rues qui la divisent en forme de croix, et qui toutes aboutissent sur une assez belle place. Au milieu est un bassin, surmonté d'une colonne où sont attachés trois dragons en bronze, qui reçoit les eaux d'une fontaine dont la source est au pied de la montagne des Couches, à 1 k. O. de la ville.—Sur le canal, on remarque un beau pont-aqueduc, sous lequel passe l'Armance. De la promenade du Prieuré, élevée sur un monticule, on jouit d'une fort belle vue sur un grand nombre de villages, sur le canal de Bourgogne et sur le cours de l'Armançon. — L'église paroissiale, bâtie en 1376 sur l'emplacement d'un ancien château royal, est décorée de sculptures d'un assez bon dessin ; elle n'a point été achevée ; il n'en reste que le chœur, qui est d'une belle architecture ; l'entrée principale, du côté du nord, est précédée d'un escalier d'environ quarante degrés.

PATRIE de J.-NIC. MOREAU, historiographe, apôtre du pouvoir absolu, mort en 1803.

Commerce de grains, chanvre, bois à brûler et charbon de bois. Tanneries.—*Foires* les 4 janv., 1er lundi de carême, 29 avril, oct., 22 juin, 13 août et 27 nov.

FLORENT-LE-VIEIL (St-), *Fanum S. Florentii Indiciatus, Mons Planus Arvernorum*, petite ville, *Maine-et-Loire* (Anjou), arr. et à 22 k. de Beaupréau, chef-l. de cant., ✉ de Varades. Cure. Pop. 2,025 h. — Terrain cristallisé, micaschiste.

Autrefois diocèse et élection d'Angers, parlement de Paris, intendance de Tours.

Cette ville est bâtie dans une situation très-agréable, sur une colline escarpée qui borde la rive gauche de la Loire. Elle doit son nom à une ancienne abbaye de bénédictins, qui fut brûlée, ainsi qu'une partie de la ville, dans les guerres de la Vendée. On vient d'en rétablir l'église et le clocher; et, quoique bien inférieur à ce qu'il était autrefois, cet édifice offre cependant un aspect très-pittoresque. De la plateforme, et mieux encore de la butte nommée le Cavalier, on jouit d'une vue délicieuse sur le cours de la Loire, sur ses bords riants et fertiles, sur les îles ombragées qui la divisent en plusieurs bras, et sur une immense prairie qui s'étend à perte de vue.—Pendant la révolution St-Florent portait le nom de Montglonne.

On remarque dans l'église de St-Florent un monument qui rappelle de douloureux souvenirs et un beau trait d'humanité. En 1793, les Vendéens avaient entassé 4,000 prisonniers dans cette église; ne pouvant les emmener dans leur retraite précipitée, après la bataille de Chollet, ils allaient les massacrer, lorsqu'un de leurs chefs, mortellement blessé, le généreux Bonchamps, obtint par ses pressantes prières qu'on leur accordât sur-le-champ la vie et la liberté. Honneur à la mémoire de Bonchamps! Un pareil trait, dans une guerre civile, est plus glorieux qu'une victoire.—Sur un soubassement décoré de festons et de cyprès et de deux figures allégoriques en bas-relief, l'une représentant la Religion, l'autre la France, on voit la statue du marquis de Bonchamps. Couché sur un brancard qui sert à le transporter, le général vendéen vient de soulever la partie supérieure de son corps, en s'appuyant sur le bras gauche; il lève le bras droit en étendant la main, et prononce d'une voix expirante ce dernier commandement : *Grâce aux prisonniers! Bonchamps l'ordonne!* Cet ordre mémorable est gravé au-dessous du brancard. Les profils de l'architecture de ce monument sont purs, dans le style antique, et tout l'ensemble du monument offre le caractère d'une noble simplicité.—Foires le samedi de la Passion, dernier samedi de juin et d'août.

Bibliographie. Rohin (l'abbé). *Le Mont Glonne, ou Recherches historiques sur l'origine des Celtes, des Angevins, etc., et sur la retraite du premier solitaire des Gaules, au mont Glonne*, etc., 2 vol. in-12, 1774.

La Sauvagère. *Recueil de dissertations sur le temps où vivait le solitaire saint Florent au mont Glonne*, etc., in-8, 1776.

Godard-Feutrier. *Tapisserie de St-Florent*, dessinée par Hawke, in-4 et pl., 1843.

FLORENTIN-LA-CAPELLE, vg. *Aveyron* (Rouergue), arr. et à 25 k. d'Espalion, cant. de St-Amans, ✉ d'Entraigues. Pop. 1,330 h.

FLORESSAS, vg. *Lot* (Quercy), arr. et à 41 k. de Cahors, cant. et ✉ de Puy-l'Évêque. Pop. 640 h. — *Foires* les 8 janv. et 13 nov.

FLORET, ou Fleuret, vg. *Allier*, comm. de Trézelle, ✉ de la Palisse.

FLORET (St-), vg. *Puy-de-Dôme* (Auvergne), arr. et à 13 k. d'Issoire, cant. et ✉ de Champeix. Pop. 692 h. — On y trouve une source d'eau minérale.

Patrie de M. Favard de Langlade, membre du conseil des cinq cents et de la chambre des députés.

FLORIMOND, vg. *Dordogne* (Périgord), arr. et à 25 k. de Sarlat, cant. et ✉ de Domme. Pop. 1,768 h.

FLORIMONT, ou Blumenberg, petite ville, *H.-Rhin* (Alsace), arr. et à 20 k. de Belfort, cant. et ✉ de Delle. Pop. 546 h. — Elle est dominée par une colline dont le sommet est couronné par une tour antique, reste d'un château qui date du XIIIe siècle. — *Foires* les 3e jeudi de mars, 1er mercredi après Pâques et 2e mercredi de mai.

FLORINE (Ste-), vg. *H.-Loire* (Auvergne), arr. et à 15 k. de Brioude, cant. d'Auzon. ✉. A 441 k. de Paris pour la taxe des lettres. Pop. 1,573 h.

FLORINGHEM, vg. *Pas-de-Calais* (Artois), arr., ✉ et à 8 k. de St-Pol-sur-Ternoise, cant. d'Heuchin. Pop. 440 h.

FLORIS (St-), vg. *Pas-de-Calais* (Artois), arr. et à 15 k. de Béthune, cant. de Lillers, ✉ de St-Venant. Pop. 4,379 h.

FLORNOY, vg. *H.-Marne* (Champagne), arr., cant., ✉ et à 5 k. de Vassy. Pop. 188 h.

FLOTTE (la), petite ville maritime, *Charente-Inf.* (Aunis), arr. à 19 k. de la Rochelle, cant. de St-Martin-de-Ré. ✉. A 485 k. de Paris pour la taxe des lettres. P. 2,429 h. — Elle est située dans l'île de Ré, au bord de l'Océan, qui y forme une rade très-sûre et un port commode pour le chargement des navires de deux à trois cents tonneaux. — *Commerce* de sel, vins, eaux-de-vie et vinaigre.

FLOTTEMANVILLE, vg. *Manche* (Normandie), arr. et à 4 k. de Valognes, cant. et ✉ de Montebourg. Pop. 864 h.

FLOTTEMANVILLE-HAGUE, vg. *Manche* (Normandie), arr., ✉ et à 9 k. de Cherbourg, cant. de Beaumont. Pop. 658 h.

FLOTTES, *Lot*, comm. de Pradines, ✉ de Cahors.

FLOUDÈS, vg. *Gironde* (Bazadois), arr., cant., ✉ et à 8 k. de la Réole. P. 247 h.

FLOUILLIÈRE, vg. *Vendée*, comm. et ✉ de Challans.

FLOUR (St-), *Indiciacum, Fanum S. Flori*, ville ancienne, *Cantal* (Auvergne), chef-l. de sous-préf. (3e arr.) et de 2 cant. Trib. de 1re inst. Cour d'assises. Trib. de comm. Collège comm. Évêché. 2 cures. Gîte d'étape. ✸, Pop. 5,930 h. — Terrain volcanique, basalte.

Autrefois évêché, parlement de Paris, intendance de Riom, chef-l. d'élection, bailliage, 2 chapitres, collège. — L'évêché de St-Flour fut fondé en 1317. L'évêque avait encore au dernier siècle la seigneurie utile ou ordinaire de la ville de St-Flour et une partie de celle de Chaudes-Aigues.

St-Flour, que l'on aperçoit de très-loin, est construit sur un plateau basaltique, et tire son nom de saint Flour, premier évêque de Lodève, qui, après avoir prêché l'Evangile dans les montagnes d'Auvergne, mourut vers l'an 389 sur le mont où existe aujourd'hui la ville, désignée alors sous le nom de *Mons Indiciacus*, à cause d'un phare ou signe indicateur qui servait de guide aux voyageurs.

Les matériaux dont se compose le sol de cette ville, leur nature, leur forme, décèlent une partie de sa terrible histoire. Un torrent de matières enflammées, sorti des flancs volcaniques des monts du Cantal, parcourut un espace de 25 k., s'arrêta où il trouva un obstacle à son cours, s'y refroidit, et laissa une énorme masse de basalte, curieux monument de l'une des plus grandes convulsions du globe. Bientôt les eaux courantes dégarnirent le terrain qui avait servi de digue au torrent volcanique; la masse basaltique résista et se maintint telle qu'on la voit actuellement, avec la différence qu'y ont apportée les œuvres de la civilisation. Cette masse est couronnée par un vaste plateau où se distinguent les extrémités régulières des colonnes prismatiques qui la composent, et où est bâtie la ville.

Si l'on en excepte le côté qui regarde l'ouest, où le volcan du Cantal a fait irruption, et une petite étendue qu'occupe l'avenue de Murat, cette masse est partout escarpée et coupée à pic. Sa hauteur au-dessus du sol inférieur est d'environ 25 m. Pour monter du faubourg à la ville, on a pratiqué, autour de la montagne, un fort beau chemin en rampe : pour le tracer, il a fallu entamer un massif immense de basalte dont les colonnes bordent la route.

On ignore l'époque des premiers établissements faits sur ce rocher. On sait seulement que dans les temps anciens il était désigné comme un lieu de rendez-vous, ou comme un signal pour les voyageurs égarés. Au XIVe siècle, St-Flour s'éleva à la dignité épiscopale, et commença dès lors à prendre l'aspect d'une cité : par lettres du mois de janvier 1372, Charles V accorda aux habitants une charte de commune et des privilèges.

Les armes de St-Flour sont : *parti d'azur et d'or, semé de fleurs de lis de l'un en l'autre à la bordure dentée de gueules*. — *Alias : parti d'azur et de gueules semé de fleurs de lis d'or sur le tout*.

Il y a plusieurs églises et monuments à St-Flour, qui méritent d'être cités : la cathédrale, la Recluse, au faubourg, bâtie par saint Odilon en même temps que le pont, et qui possède deux arcs à plein cintre de l'austère roman; le couvent des jacobins, construit en 1353; le collège des jésuites, fondé par Annet de Fontanges en 1590, et enrichi de 12,000 liv. par Marie de Brezons, en 1641; le couvent de la Visitation, fondé par Charles de Noailles en 1625, et doté par Mlle d'Alègre, et dont la communauté, nouvellement rétablie, s'applique à l'instruction des jeunes personnes ; l'établissement des sœurs de saint Vincent de Paul, qui instruisent gratuitement les pauvres et soignent les malheureux malades ; le séminaire, très-beau bâtiment avec une belle église, des terrasses et un superbe jardin en amphithéâtre dont la vue s'étend vers l'est et le midi ; le palais épiscopal ; l'hôpital, qui domine sur la promenade, bel et vaste édifice bien aéré et disposé pour recevoir un grand nombre d'infirmes et de vieillards.— La promenade publique, à laquelle on peut reprocher d'être trop largement dessinée pour la population à laquelle elle est destinée, est néanmoins fort belle, bien plantée, entourée de parapets, et domine, en forme de terrasse, sur une suite de collines vers le nord et l'est, dont la vue est variée et pittoresque.

St-Flour doit presque tous ses établissements utiles ou d'agrément à Paul de Ribeyre, son évêque vers le milieu du XVIIIe siècle, qui n'épargna ni soins ni dépense. Il fit bâtir l'hôpital, le séminaire, restaurer le collège, ouvrir une communication avec la grande route, et en même temps décorer cette entrée par un beau portique sur lequel le corps municipal fit placer les armes du prélat avec l'inscription suivante, de la composition de du Belloy :

De Ribeyre en ces lieux tu vois le moindre ouvrage ;
Compter nos monuments, c'est compter ses bienfaits.
De l'Église et du pauvre il accrut l'héritage,
Et legue à ses parents les heureux qu'il a faits.

Biographie. St-Flour est la patrie de PIERRE COUTEL, président du grand conseil sous François Ier.

De GILBERT JOVIN, jésuite, connu par ses poésies lyriques.

Du poète JEAN POGHEOLAT.

De M. BUIRETTE, plus connu sous le nom de DU BELLOY.

INDUSTRIE. Le commerce de St-Flour consiste en grains, cuirs tannés dans le faubourg, fabrication d'orseille, de colle forte, d'étoffes communes, dentelles dans le genre de celles d'Aurillac ; poteries, qui passent pour les plus belles et les plus solides du Cantal ; cuivres travaillés, et un assez grand détail pour la consommation des environs. Le faubourg, situé au bas du rocher, présente plus d'activité que l'intérieur de la ville ; c'est là que passent la route de Perpignan et celles qui la croisent. On y jouit d'une température plus douce et des avantages de la rivière, qui force fréquemment les habitants de la ville à descendre et remonter péniblement le rocher, dont les sources sont peu abondantes.

Foires les 3 fév., 21 avril, 2 juin, 11 août, 7 nov., 18 déc., 1er jeudi de carême, samedi veille des Rameaux, samedi avant la St-Jean et avant la St-Michel.

A 484 k. S.-S.-E. de Paris.

L'arrondissement de St-Flour est composé de 6 cant. : St-Flour N., St-Flour S., Chaudes-Aigues, Massiac, Pierrefort, Ruines.

FLOUR (St-), vg. Puy-de-Dôme (Auvergne), arr. et à 35 k. de Clermont-Ferrand, cant. et ✉ de St-Dier. Pop. 1,054 h.

FLOUR-DE-MERCOIRE (St-), vg. Lozère (Languedoc), arr. et à 40 k. de Mende, cant. et ✉ de Langone. Pop. 303 h.

FLOURE, vg. Aude (Languedoc), arr. et à 13 k. de Carcassonne, cant. et ✉ de Capendu. Pop. 199 h.

FLOURENS, village et établissement d'eaux minérales, H.-Garonne (Languedoc), arr., cant., ✉ et à 12 k. de Toulouse. Pop. 353 h.

EAUX MINÉRALES DE FLOURENS.

La commune de Flourens, une des plus riches du département de la Haute-Garonne, possède une fontaine d'eau minérale, connue sous le nom de Ste-Madeleine, dont les eaux sourdent près de la grande route de Toulouse à Castres, dans un petit vallon ; vers le milieu s'élève la belle fontaine de Ste-Madeleine, à laquelle on arrive par plusieurs avenues garnies de deux rangées d'arbres.

La source de la Madeleine a été découverte en 1821 par M. Cany, docteur médecin à Toulouse, qui en a été nommé médecin inspecteur par le ministre de l'intérieur, le 31 mai 1823. L'établissement des eaux de Flourens est très-agréablement situé ; les malades y respirent un air très-vif et très-pur, et trouvent autour de la source des promenades très-jolies et très-variées.

SAISON DES EAUX. On fait usage des eaux de Flourens toute l'année, mais plus particulièrement depuis le mois de mai jusqu'au mois de novembre, à cause du préjugé qui semble prescrire de ne prendre les eaux que dans la belle saison. Le nombre des malades qui fréquentent la source est peu considérable, attendu que la plupart boivent les eaux à Toulouse où on les transporte journellement.

PRIX DU LOGEMENT ET DE LA DÉPENSE JOURNALIÈRE. Le prix du logement et de la dépense est relatif aux individus ; il varie depuis 3 jusqu'à 4 et 5 francs par jour.

PROPRIÉTÉS MÉDICINALES. Les propriétés médicinales des eaux de Ste-Madeleine de Flourens sont les mêmes que celles des autres sources acidules ferrugineuses froides de France, telles que celles de Cransac, Forges, Passy, Vals, etc., qui jouissent d'une réputation méritée.

Ces eaux sont toniques ; elles produisent de très-bons effets dans les affections des voies digestives, dues à un état de faiblesse radicale, dans les pâles couleurs, la surabondance de la lymphe, la débilité générale qui arrive à la suite des maladies de long cours, ou qui est produite par des pertes abondantes. Elles sont aussi très-efficaces contre les flueurs blanches atoniques, les catarrhes chroniques de la vessie, les incontinences d'urine occasionnées par l'inertie des voies urinaires, les engorgements indolents des viscères du bas-ventre, les maladies scrofuleuses, etc.

Elles sont bonnes également pour accélérer le cours de l'évacuation périodique des femmes, pour rappeler le flux menstruel, et pour modérer lorsqu'un relâchement de l'utérus rend cette évacuation trop abondante. Enfin, elles conviennent dans toutes les maladies asthéniques où la principale indication est de stimuler les organes et de redonner à leurs fonctions l'énergie qu'elles ont perdue.

MODE D'ADMINISTRATION. Les eaux de Flourens se donnent aux adultes à la dose de deux à trois verres le matin à jeun, à une demi-heure d'intervalle l'un de l'autre, que l'on réitère, selon les cas, dans la journée.

Bibliographie. CANY. Notice sur les eaux minérales acidules ferrugineuses de Ste-Madeleine de Flourens, in-8, 1824.

FLOURSIES, vg. Nord (Flandre), arr., cant., ✉ et à 7 k. d'Avesnes. Pop. 240 h.

FLOVIER (St-), vg. Indre-et-Loire (Touraine), arr. et à 20 k. de Loches, cant. de Pressigny-le-Grand. ✉. A 266 k. de Paris pour la taxe des lettres. Pop. 898 h. — Foires les 7 janv., 7 avril, 7 juin et 7 oct.

FLOXEL (St-), vg. Manche (Normandie), arr. et à 8 k. de Valognes, cant. et ✉ de Montebourg. Pop. 593 h. — Foire le 17 sept. (2 jours). On y vend quantité de chevaux normands et de bestiaux ; distribution annuelle de primes aux propriétaires qui se livrent à l'éducation des chevaux de race normande.

FLOXICOURT, vg. Somme (Picardie), arr. et à 22 k. d'Amiens, cant. de Molliens-Vidame, ✉ de Piquigny. Pop. 57 h.

FLOYON, vg. Nord (Flandre), arr., cant. et à 10 k. d'Avesnes, ✉ d'Étrœungt. P. 1,433 h.

FLUANS, vg. Doubs, comm. de Roset-Fluans, ✉ de St-Witt.

FLUMESNIL, vg. Eure (Normandie), arr. et à 10 k. des Andelys, cant. d'Étrépagny, ✉ des Thilliers-en-Vexin. Pop. 164 h.

FLUQUIÈRES, vg. Aisne (Picardie), arr. et à 12 k. de St-Quentin, cant. de Vermond, ✉ de Ham. Pop. 442 h.

FLUY, vg. Somme (Picardie), arr. et à 18 k. d'Amiens, cant. de Molliens-Vidame, ✉ de Piquigny. Pop. 594 h.

FOAMEIX, vg. Meuse (pays Messin), arr. et à 20 k. de Verdun-sur-Meuse, cant. et ✉ d'Etain. Pop. 277 h.

FOCE, vg. Corse, arr., cant., ✉ et à 6 k. de Sartène. Pop. 305 h.

FOCICCHIA, vg. Corse, arr., ✉ et à 16 k. de Corté, cant. de Piédite-de-Gaggio. Pop. 253 h.

FOECY, vg. Cher (Berry), arr. et à 22 k. de Bourges, cant. et ✉ de Méhun-sur-Yèvre. Pop. 1,052 h. — Manufacture importante de porcelaine, qui emploie environ 150 ouvriers. Les objets qu'on y confectionne consistent en vases antiques, étrusques et modernes, de toute espèce, en cafetières, théières, sucriers et tasses de différentes formes, bols, services de table de tout genre, etc.

FŒIL, vg. Côtes-du-Nord (Bretagne), arr. et à 17 k. de St-Brieuc, cant. et ✉ de Quintin. Pop. 2,104 h. — Foire le dernier lundi de nov.

FOI (la), vg. Charente-Inf., comm. de Vinax, ✉ d'Aulnay.

FOI (St-), vg. Charente-Inf., comm. de Perignac, ✉ de Pons.

FOI (Ste-), vg. Vendée (Poitou), arr., cant., ✉ et à 10 k. des Sables. Pop. 406 h.

FOICY, vg. *Aube*, comm. de St-Parres-au-Tertre.

FOI-D'ÉGREFEUILLE (Ste-), vg. *H.-Garonne* (Languedoc), arr. et à 21 k. de Villefranche-de-Lauragais, cant. et ✉ de Lanta. Pop. 460 h.

FOI-DE-PEYROLIÈRES (Ste-), bg *H.-Garonne* (Languedoc), arr. et à 16 k. de Muret, cant. et ✉ de St-Lys. Pop. 1,386 h.

FOI-ST-SULPICE (Ste-), vg. *Loire* (Forez), arr. et à 23 k. de Montbrison, cant. et ✉ de Boën. Pop. 422 h.

FOI-SUR-LOT (Ste-), vg. *Lot-et-Garonne*, comm. de St-Clair. — C'était autrefois une place forte dont s'empara le duc d'Anjou en 1378. Elle fut prise par capitulation après une vigoureuse résistance, en 1622, par les troupes de Louis XIII.

FOISCHES, vg. *Ardennes* (Champagne), arr. et à 40 k. de Rocroi, cant. et ✉ de Givet. Pop. 192 h. — Mines de fer. Carrières de marbre.

FOISNARD, vg. *Loiret*, comm. de Baule, ✉ de Meung-sur-Loire.

FOISSAC, vg. *Aveyron* (Rouergue), arr. et à 19 k. de Villefranche-de-Rouergue, cant. d'Asprières, ✉ de Villeneuve. Pop. 760 h. — *Foires* les 4 janv., 20 mai, 25 juin, 4 oct. et 17 nov.

FOISSAC, vg. *Gard* (Languedoc), arr., ✉ et à 10 k. d'Uzès, cant. de St-Chaptes. Pop. 206 h.

FOISSIAT, vg. *Ain* (Bourgogne), arr., ✉ et à 22 k. de Bourg-en-Bresse, cant. de Montrevel. Pop. 2,370 h. — *Foires* la veille des Rameaux, 29 août, 10 oct. et 24 nov.

FOISSY, *Foissiacum*, vg. *Côte-d'Or* (Bourgogne), arr. et à 25 k. de Beaune, cant. et ✉ d'Arnay-le-Duc. Pop. 365 h. — On y voit les restes d'une vieille tour carrée qui domine un château construit il y a environ deux siècles.

FOISSY, vg. *Yonne*, comm. de St-Père, ✉ de Vézelay.

FOISSY-LES-CLÉRIMOIS, vg. *Yonne* (Champagne), arr. et à 18 k. de Sens, cant. et ✉ de Villeneuve-l'Archevêque. Pop. 736 h.

FOISSY-LES-VEZELAY, vg. *Yonne*, com. de Foissy, ✉ de Villeneuve-l'Archevêque.

FOITY (le), vg. *Isère*, comm. de Varacieux, ✉ de Viney.

FOIX, *Ruxensis Pagus*, pays et ancien gouvernement de province, formant à présent le département de l'Ariège. Il était borné à l'est par le Languedoc, à l'ouest par le Couserans, et au sud par l'Espagne. Foix, qui lui a donné son nom, en était la capitale. Le pays de Foix passe pour avoir été, dans les temps les plus reculés de notre histoire, occupé par des colons phocéens. Les Romains y dominèrent ensuite ; sous les empereurs, il se trouvait compris dans la première Lyonnaise. Plus tard, il fit partie du royaume des Goths, et tomba enfin au pouvoir des Francs, pour obéir ensuite successivement aux premiers ducs d'Aquitaine, aux Sarrasins, aux comtes de Toulouse et aux comtes de Carcassonne. Il fut réuni à la couronne par Henri IV, en 1607.

Les comtes de Foix avaient à Foix un atelier monétaire. La plus ancienne monnaie que l'on connaisse de la ville de Foix remonte à l'époque mérovingienne. C'est un triens sur lequel on lit, d'un côté, autour d'une croix, *Ranceperto*, et de l'autre, autour d'une tête tournée à droite, *Castro Fusii*.

Bibliographie. PERRIÈRE (Guil. de la). *Les Annales de Foix*, etc., in-4, 1539.

BERTRAND (Elie). *Histoire des comtes de Foix*, in-4, 1840.

GAUCHERAUD. *Histoire des comtes de Foix*, in-4, 1843.

LESCAZE (J.-J. de). *Mémorial historique des troubles du pays de Foix*, in-8, 1644.

PIZET. *Histoire du pays de Foix*, etc., in-8, 1840.

PICOT DE LAPEYROUSE (le baron). *Traité sur les mines de fer et les forges du pays de Foix*, in-8, 1786.

V. aussi ARIÈGE.

FOIX, *Fuxium*, ville ancienne, chef-l. du dép. de l'Ariège (pays de Foix), chef-l. du 3ᵉ arr. et d'un cant. Trib. de 1ʳᵉ inst. Chambre consultative des manufactures. Soc. d'agric. et des arts. Collège comm. ✉. Pop. 4,980 h. — Terrain crétacée inférieur, voisin du terrain cristallisé.

Autrefois diocèse de Pamiers, parlement de Toulouse, intendance de Roussillon, recette du pays de Foix, maîtrise particulière, abbaye de St-Augustin.

L'origine de cette ville remonte à des temps éloignés, mais l'époque en est inconnue. Elie de Pamiers et Olhagaray font remonter sa fondation à une haute antiquité ; Buching et Expilly lui donnent pour fondateurs une colonie de Phocéens de Marseille ; mais, d'après le savant Dumège, il paraît que cette ville est loin d'avoir une origine aussi ancienne. Quoi qu'il en soit, il fallait que cette ville existât au moins dans le vᵉ siècle, puisqu'il paraît certain qu'il y avait alors une basilique dédiée à saint Nazaire, dans laquelle furent transférées les reliques de saint Volusien.

Foix et son château sont célèbres par les sièges qu'ils ont soutenus : ils résistèrent, en 1210, aux efforts de Simon de Montfort et de l'armée croisée contre les Albigeois ; les habitants, armés seulement de pierres, repoussèrent les croisés et les mirent en fuite après leur avoir tué beaucoup de monde. En 1272, le comte de Foix, enhardi par la situation avantageuse du château, où il s'était renfermé, osa défier le roi de France, Philippe le Hardi, contre lequel il s'était révolté. Philippe, plein d'indignation et respirant la vengeance, vint l'assiéger avec une puissante armée, et fit serment d'emporter la place à quelque prix que ce fût. La résistance fut si longue et si opiniâtre, que le roi entreprit de faire abattre l'énorme rocher qui porte le fort. A une époque où la poudre n'était pas encore inventée, c'était une entreprise difficile. Néanmoins on se mit à l'œuvre ; de vastes quartiers de pierre étaient déjà renversés, et le rocher commençait à surplomber d'un côté, lorsque le comte, effrayé, se soumit et demanda grâce. Dans le xvıᵉ siècle, la ville et le château, pris et repris par les catholiques et par les religionnaires, eurent beaucoup à souffrir des violences des deux partis. Les temps qui suivirent, plus paisibles, permirent à Foix de réparer ses désastres ; toutefois cette cité en a peu profité pour s'embellir.

Les **armes de Foix** sont : *d'or à trois pals de gueules*.

Cette ville, anciennement capitale du comté de Foix, est fort pittoresquement située au pied des Pyrénées dont les premiers gradins sont cultivés en vignes. Elle est circonscrite, à l'ouest, par l'énorme rocher sur lequel s'élève le château ; au nord-ouest, par la rivière de l'Ariège et par la montagne de St-Sauveur ; au nord, au nord-est et à l'est, par la rivière de l'Ariège et par la montagne du Pech ; au sud-est s'étend seulement la surface plane de son territoire. C'est dans cet espace resserré que la ville a été bâtie de la manière la plus irrégulière ; les rues en sont étroites et mal percées ; les maisons les plus anciennes y sont du plus mauvais goût : on y voit cependant plusieurs belles constructions, élevées notamment depuis l'année 1820, et l'on y remarque quelques édifices dignes de la curiosité des voyageurs ; nous citerons principalement :

Le château, formé de trois grandes tours gothiques, servant de prison, construites en pierre de grès, dans la direction du nord au midi, à peu de distance l'une de l'autre, et s'élevant à une hauteur assez considérable, sur l'énorme rocher isolé qui borne la ville à l'ouest. Deux de ces tours sont carrées, et la troisième est ronde. Celle qui se trouve le plus au nord a été fondée sur des substructions, et annonce par son antique physionomie qu'elle fut bâtie à une époque reculée, que quelques géographes font remonter au règne de Dagobert, sans que l'on sache trop sur quelle autorité l'on s'appuie pour lui assigner cette date. La seconde tour, quoiqu'elle ne paraisse pas aussi antique, existe encore depuis fort longtemps. La tour ronde, bien moins ancienne que les deux autres, a été construite dans le xıɪᵉ siècle ; c'est la plus remarquable des trois.

Le château de Foix proprement dit est situé au pied et au nord-nord-ouest du rocher qui supporte les trois tours ; il sert aujourd'hui de palais de justice.

L'abbaye de Foix a été fondée au confluent de l'Ariège et de l'Arget, à l'occasion des reliques de saint Volusien, martyr ; elle fut unie, en 849, par Charles le Simple à l'abbaye de St-Tibéry. Avant la révolution, ce monastère appartenait aux chanoines réguliers de la congrégation de Ste-Geneviève. Après la suppression des ordres monastiques, il fut successivement occupé par l'administration départementale, les tribunaux et la préfecture. En l'an xıı, un incendie le consuma presque entièrement ; les bâtiments, reconstruits sur le même plan, servent aujourd'hui d'hôtel de préfecture.

L'église paroissiale de St-Volusien, qui remplace l'ancienne église de St-Nazaire ; elle fut reconstruite par Roger II, comte de Foix. Cette église n'a qu'une nef ; le chœur, semi-circulaire, est entouré de jolies chapelles.

Le pont à deux arches, en pierre, sur l'Ariége, fait ou commencé dans le XII° siècle, par Roger-Bernard Ier, dit le Gros, et achevé ou refait dans le XV° siècle, par Gaston, fils de Jean et de Jeanne d'Albret : c'était, pour ce temps-là, un ouvrage remarquable. Il a été élargi en 1823, pour en mettre la largeur en harmonie avec celle de la nouvelle rue, dite du Pont, formée à cette époque.

Les casernes, vaste bâtiment moderne, dont la construction ne remonte qu'à l'an 1824. Elles sont situées au fond de la promenade de Villote, sur les bords de la rive gauche de l'Ariége.

Foix possède aussi une bibliothèque publique, contenant 8,000 volumes.

Fabriques de fer, d'acier, de faux, de limes. Forges. Laminoirs, martinets pour le fer et le cuivre; tanneries; fabriques de serges et de cadis, de chaudelles, etc. — *Commerce* de grosses draperies, cuirs, laines, bestiaux, fers, cuivre, limes, faux, térébenthine, poix, résine, etc. — *Foires* les 9 sept., 4 nov., 9 déc., lundi après l'Epiphanie, 1er mercredi de carême, après Pâques, lendemain de la Trinité.

A 770 k. S. de Paris. Long. O. 0° 43' 35", lat. 42° 57' 45".

L'arrondissement de Foix est composé de 8 cantons : Ax, la Bastide-de-Serou, les Cabannes, Foix, Lavelanet, Quérigut, Tarascon, Vic-Dessos.

Bibliographie. DUMÈGE (Alex.). *Les Tours de Foix* (Mém. de la soc. archéolog. du midi de la France, t. II, p. 233).

FOL (le), vg. *Doubs*, comm. de Vernois, ⊠ de St-Hippolyte.

FOLATIÈRE, vg. *Isère* (Dauphiné), arr. et à 18 k. de la Tour-du-Pin, et à 25 k. de Bourgoin, cant. et ⊠ de Pont-de-Beauvoisin. Pop. 776 h.

FOLCARDE, vg. *H.-Garonne* (Languedoc), arr., cant., ⊠ et à 7 k. de Villefranche-de-Lauragais. Pop. 216 h.

FOLCKLING, vg. *Moselle* (pays Messin), arr. et à 13 k. de Sarreguemines, cant. et ⊠ de Forbach. Pop. 683 h.

FOLEMBRAY, *Follenebraium, Cava Braia*, vg. *Aisne* (Picardie), arr. et à 30 k. de Laon, cant. et ⊠ de Coucy-le-Château. P. 1,057 h.

Il y avait jadis un château remarquable qui fut souvent habité par François Ier et par Henri II, et où Henri IV traita avec le duc de Mayenne. Le chef de la Ligue voulait traiter pour tout son parti; mais, Henri s'y étant refusé obstinément, il fut obligé de se contenter d'un traité à peu près particulier, auquel les autres chefs purent d'ailleurs accéder. Le préambule de ce traité, rédigé en trente articles, outre quelques articles secrets, louait Mayenne du zèle qu'il avait eu pour la religion, de son affection pour le royaume, dont il n'avait fait ni souffert le démembrement, de sa bonne volonté pour faire cesser la guerre. On lui donnait le gouvernement de la Bourgogne, etc.; trois villes de sûreté pendant six ans (Châlons, Seurre et Soissons); une somme de 350,000 écus pour payer des dettes contractées par la Ligue; on abo- lissait les arrêts rendus contre lui et ses partisans; on déchargeait nominativement les princes et princesses de la famille de Lorraine, de toutes poursuites relatives à l'assassinat de Henri III, dont ils étaient déclarés innocents; enfin on ratifiait tous les actes d'autorité faits par Mayenne et les autres seigneurs, etc.

Folembray possède une verrerie considérable, dite du Vivier, dont l'établissement date de 1441. Neuf cents ouvriers y sont occupés continuellement, en y comprenant ceux qui servent aux transports des bois, des matières premières, etc. L'usine se compose de quatre fours, renfermant chacun six creusets. Les produits de cette verrerie sont justement renommés par leur bonne et belle qualité; le débit en est assuré dans les départements limitrophes et particulièrement à Paris. On y fabrique annuellement plus de huit millions de bouteilles de toutes formes et à cachets, bouteilles en verre blanc, bouteilles pour vins du Rhin, de Champagne, de Lunel et autres; chopines, etc. On y fabrique aussi des bocaux à fruits, en proportion, et environ 150,000 cloches de jardin. ⑧ 1839-44. — *Foire* le 3° samedi d'octobre.

FOLGAIROLLES, vg. *Aveyron*, comm. de St-Jean-du-Bruel, ⊠ de Nant.

FOLGENSPURG, ou VOLKENSBERG, vg. *H.-Rhin* (Alsace), arr. et à 24 k. d'Altkirch, cant. d'Huningue, ⊠ de St-Louis. Pop. 699 h.

FOLGOAT (le), ou GUIQUELLEAU, vg. *Finistère* (Bretagne), arr. et à 23 k. de Brest, cant. et ⊠ de Lesneven. Pop. 886 h.

L'église de Folgoat, classée au nombre des monuments historiques, mérite d'être placée au premier rang des édifices religieux de l'Armorique. Ses deux clochers n'ont rien de bien remarquable dans un pays comme le Finistère qui possède les plus beaux clochers de l'Ouest; celui de droite est d'ailleurs une imitation, assez maladroite, de la tour de Creisker à St-Pol-de-Léon. L'église de Notre-Dame du Folgoat où Foll-coat (en breton, Notre-Dame du Fou du Bois) fut fondée en 1423, par Jean V, duc de Bretagne, comme le constate l'inscription suivante, sculptée en lettres gothiques angulaires, à gauche de la grande porte d'entrée de l'église :

Johannes V illustrissimus dux Britonum fundavit hanc... (ecclesiam) anno MCCCCXXIII.

Le portail latéral, où l'on remarque les statues des douze apôtres, fut construit par ordre d'Anne de Bretagne, et à ses frais. Les sculptures du curieux clocher de Kersanton sont d'une grande finesse; le ton noir qui les distingue produit à l'œil un effet singulier. Le porche, où se voyait la statue pédestre en grand costume du duc Jean IV, est dans un fâcheux état de dégradation: les ornements intérieurs de l'église, ses balustrades à jour et surtout son maître-autel méritent l'attention des artistes et des antiquaires.

Le plan de l'église de Folgoat a la forme d'une équerre se dirigeant au sud. Le long du mur oriental, on compte cinq autels adossés, dont trois en regard des trois nefs, y compris le maître-autel; et deux dans le retour d'équerre, qu'on appelle la chapelle de la croix : au-dessus de chaque autel est un retrait; celui du sanctuaire est en forme de rose à meneaux flamboyants. Le porche des apôtres, dont l'ouverture regarde l'occident, sert d'entrée à la chapelle de la croix; son architecture, comme celle de la majeure partie de l'édifice, appartient à la période antérieure de la première moitié du XV° siècle; les détails, les profils, les ornements, sont d'une grande finesse et d'une excessive légèreté, surtout les vignes courantes qui se détachent avec une étonnante hardiesse dans les gorges des moulures. Ce porche est d'ailleurs de petites dimensions; il n'a pas plus de 6 m. de hauteur sur 4 m. de face en tous sens. — L'admirable jubé du Folgoat égale tout ce que nous avons vu de plus beau dans ce genre à St-Etienne-du-Mont, dans les églises de Troyes, etc. Il est tout bordé d'arabesques d'une grande légèreté, de piliers délicats et de feuillages. Il est travaillé avec un pur avec une pureté incroyable. — Les vitraux sont de diverses époques; plusieurs panneaux furent peints par Alain Cap, artiste de Lesneven qui mourut en 1644. — *Foires* les 5 mars, 29 août et 9 sept.

FOLIE (la), vg. *Calvados* (Normandie), arr. et à 25 k. de Bayeux, cant. d'Isigny, ⊠ de Colombières. Pop. 383 h.

FOLIE (la), vg. *Calvados*, comm. de Caen.

FOLIE (la), vg. *H.-Saône*, comm. d'Arc, ⊠ de Gray.

FOLIE (la), vg. *Seine-et-Oise*, comm. de St-Germain-les-Arpajon, ⊠ d'Arpajon.

FOLIE (la), vg. *Seine-Inf.*, comm. de Bracquetuit, ⊠ de Tôtes.

FOLIE-COUZON (la), vg. *H.-Marne*, com. de Couzon, ⊠ de Prauthoy. — Hauts fourneaux.

FOLIE-DE-GROSBOIS (la), vg. *Seine-et-Oise*, comm. de Villecresne, ⊠ de Boissy-St-Léger.

FOLIE-HERBAULT (la), vg. *Eure-et-Loir*, comm. de Fains-en-Dunois, ⊠ de Voves.

FOLIES, vg. *Somme* (Picardie), arr. et à 17 k. de Montdidier, cant. de Rosières, ⊠ d'Hangest. Pop. 435 h.

FOLJUIF, vg. *Seine-et-Marne*, comm. de St-Pierre, ⊠ de Nemours.

FOLLAINVILLE, vg. *Seine-et-Oise* (Beauce), arr., et à 5 k. de Mantes, cant. de Limay. Pop. 714 h.

FOLLES, vg. *H.-Vienne* (Limousin), arr. et à 34 k. de Bellac, cant. de Bessines, ⊠ de Morterolles. Pop. 1,741 h.

FOLLET (le), vg. *Deux-Sèvres*, comm. de la Chapelle-Bâton, ⊠ de Champdeniers.

FOLLETIÈRE (la), vg. *Calvados* (Normandie), arr. et à 26 k. de Lisieux, cant. et ⊠ d'Orbec. Pop. 360 h.

FOLLETIÈRE (la), vg. *Seine-Inf.* (Normandie), arr. et à 30 k. de Rouen, cant. de Payilly, ⊠ de Barentin. Pop. 150 h.

FOLLETIÈRE (la), vg. *Seine-Inf.*, com. de Fontaine-sous-Préaux; ⊠ de Darnetal.

FOLLEVILLE, *Follevilla*, vg. *Eure* (Normandie), arr. et à 10 k. de Bernay, cant. et ⊠ de Thiberville. Pop. 646 h. — *Fabriques* de toiles et de rubans. — Foire le 25 nov.

FOLLEVILLE, *Cava-Villa*, *Seine-Inf.* V. ST-JEAN-DE-FOLLEVILLE.

FOLLEVILLE, vg. *Somme* (Picardie), arr. et à 17 k. de Montdidier, cant. d'Ailly-sur-Noye, ⊠ de Breteuil. Pop. 572 h.

Le château de Beauvoir, ainsi nommé à cause de la vue immense dont il jouit, est une dépendance de Folleville ; il est situé sur le sommet d'une montagne et domine sur Bratuspance, Caply, Vandeuil, sur Breteuil, dont l'abbaye et les bâtiments presque neufs offrent une masse plus imposante que le reste de la ville ; on pénètre dans ce château par un pont de deux arcades, sous lequel on a creusé des fossés profonds qui, comblés en partie, s'unissent par des gazons chargés d'arbres fruitiers, d'arbrisseaux et de fleurs, à des vergers délicieux. Il est peu de monuments en France qui se présentent avec plus d'élégance, de grandeur et de majesté, avec quelque chose de plus étrange.

Dans l'abside de l'église paroissiale, on voit deux tombeaux remarquables, classés au nombre des monuments historiques, exécutés au XVIᵉ siècle pour François et Raoul de Lannoy, seigneurs de Folleville. Les vertus cardinales ornent le tombeau de François de Lannoy et de sa femme : la Justice est un homme couronné, tenant une balance et une épée ; la Prudence, une femme qui porte un compas et un miroir ; la Tempérance, une femme qui montre une horloge et une bride avec un mors ; la Force, une femme qui soutient une tour crénelée ; la Justice est seule représentée sous la forme d'un homme. Le tombeau de Raoul de Lannoy et de Jeanne de Poix, son épouse, est beaucoup plus curieux encore ; il est formé d'un soubassement sur lequel sont représentées les armes des familles de Lannoy et de Folleville, soutenues par quatre anges, mélancoliques d'attitude, tristes de figure, et fondant en larmes. Au milieu est une inscription qui relate les titres, la vie et la mort de Raoul et de Jeanne. Sur le soubassement sont couchées les deux statues en marbre des époux, qui paraissent dormir d'un profond sommeil. Ces deux statues, singulièrement semblables à celles des tombeaux de Brou à Bourg, ont chacune la tête appuyée sur un oreiller en marbre, et sont entourées d'une espèce de cadre sur lequel on a sculpté, en excellent style, une vigne et des branches de chêne avec leurs fruits. Les attributs des évangélistes, des guirlandes, des arabesques, etc., décorent ces tombeaux ; au milieu d'une foule de statuettes, on distingue saint Jacques et saint Michel ; deux grands tableaux en relief, représentant la sépulture de Jésus-Christ et la mort de saint Jean Baptiste, s'y font remarquer. Sur le couronnement de ce mausolée, l'artiste a épuisé sa riche imagination. L'extrados de deux arcades porte des feuillages délicatement fouillés. Les arcades se réunissent à leur sommet, et portent un lis qui déploie sa large corolle pour recevoir Marie portant Jésus entre ses bras ; l'éclat et la magnificence des vêtements, la richesse des broderies, la douceur et les grâces du visage de Marie rappellent ces paroles du Cantique : *Quam pulchra es, amica mea !* texte gravé en toutes lettres autour d'un dais magnifique placé au-dessus de Marie. Deux petits anges relèvent les draperies de ce dais pour laisser voir la Vierge et les ornements qui l'entourent. Sur la façade du tombeau, une sirène, ce qu'on appelle une mélusine, est sculptée, tenant d'une main un peigne à toilette, et de l'autre un miroir, où elle regarde un visage plein de vie.

Le monument de Folleville est toute une prédication sur la mort. Entre autres attributs qui indiquent la fin dernière, on remarque un crâne occupé à dévorer avec avidité des pois en fleurs et en cosse, qui s'enroulent au-dessus de la tête de Jeanne de Poix ; dans un autre endroit, il s'échappe du crâne des tiges de pois, qui s'écossent à côté de la fleur ; au bas est écrite cette légende : *Brevos dies hominis sunt*. D'autres textes sacrés sont semés avec des crânes et des ossements humains dans toutes les parties du tombeau, et développent une pensée unique, traduite en ces termes au frontispice du monument : *Craindons la mor, mieulx en aurons.* — Dans la sacristie est un drap funéraire de l'époque du tombeau, recouvert d'omoplates, de fémurs et d'autres débris de la charpente humaine. — La voûte du chœur de l'église de Folleville est divisée par une foule de nervures qui sont ornées, dans toute leur étendue, de cordes, de chaînes, de guirlandes et de fleurs sculptées avec délicatesse ; il reste aussi dans le chœur des débris de jolis vitraux. La voûte de la nef est en bois et couverte de figures hideusement grimaçantes ; dans cette nef est une chaire en bois où prêcha saint Vincent de Paul pendant son séjour au château de Folleville, où il faisait l'éducation des enfants du comte Emmanuel de Gondi. — Il est difficile de rencontrer des fonts baptismaux plus beaux et plus élégants que ceux de cette église. Ils consistent en un bassin circulaire de marbre blanc, entouré extérieurement d'une ceinture sculptée en relief, sur laquelle sont appliqués quatre écussons chargés armes des Lannoy et des Folleville. Ce bassin est soutenu par un soubassement recouvert d'écailles imbriquées, et enveloppé en grande partie par quatre grandes feuilles d'acanthe. Un clocheton en bois, extrêmement élevé, sert de couvercle à ces fonts ; il se compose d'une pyramide à douze pans et d'une base dodécagone, dont les arêtes sont cachées par des colonnettes couvertes d'écailles, et qui supportent des animaux chimériques.

FOLLIGNY, vg. *Manche* (Normandie), arr. et à 19 k. d'Avranches, cant. et ⊠ de la Haye-Pesnel. Pop. 540 h. — Foire le 11 juin, renommée par les beaux bœufs qui s'y vendent ; elle est fréquentée par une grande quantité de marchands de chevaux, de bestiaux de la vallée d'Auge.

FOLQUIN (St-), vg. *Pas-de-Calais* (Artois), arr. et à 25 k. de St-Omer, cant. et ⊠ d'Audruicq. Pop. 1,076 h.

FOLSCHWILLER, vg. *Moselle* (pays Messin), arr. et à 45 k. de Sarreguemines, cant. et ⊠ de St-Avold. Pop. 694 h.

FOLSPERWILLERS, vg. *Moselle* (pays Messin), arr., cant., ⊠ et à 5 k. de Sarreguemines. Pop. 437 h. — Tuilerie.

FOMBELLE, vg. *Tarn*, comm. de Cambonnès, ⊠ de Brassac.

FOMBONNE, vg. *Tarn*, comm. de Castelnau-de-Brassac, ⊠ de Brassac.

FOMEREY, vg. *Vosges* (Lorraine), arr., cant., et à 11 k. d'Épinal. Pop. 172 h.

FOMPATOUR, vg. *Charente-Inf.*, comm. de Vérines, ⊠ de Nuaillé.

FONBEAUZARD, vg. *H.-Garonne* (Languedoc), arr., cant., ⊠ et à 10 k. de Toulouse. Pop. 144 h.

FONBILIOU, vg. *Aveyron*, comm. du Nayrac, ⊠ d'Espalion.

FONCAUDE, h. *Hérault*, arr., cant. et ⊠ de Montpellier. — On y trouve une source d'eau thermale acidule et faiblement salée, située dans un vallon solitaire très-agréable que traverse la rivière de la Mossou.

PROPRIÉTÉS PHYSIQUES ET CHIMIQUES. Les eaux de cette source sont claires et limpides, leur goût est vineux, et quelques bulles d'air viennent éclater à leur surface. Leur chaleur est constamment de 19° Réaumur.

L'eau de Foncaude a été analysée par plusieurs médecins de Montpellier. 9 kilog. 79 gr. d'eau ont fourni à M. St-Pierre :

Acide carbonique libre.	» gram.
Carbonate de chaux.	1,275
Muriate de soude.	0,850
Carbonate de fer	quantité inappréciable.
Matière extractive	

PROPRIÉTÉS MÉDICINALES. Ces eaux sont employées avec succès dans les maladies cutanées, les sciatiques et les douleurs rhumatismales. On en fait usage en boissons et en bains.

Bibliographie. ST-PIERRE. *Essai sur l'analyse des eaux minérales* (on y trouve une notice sur les eaux de Foncaude).

VIGAROUS. *Notice sur les eaux de Foncaude* (Bulletin de la société de Montpellier, t. II, p. 169).

JOYEUSE. *Aperçu sur les eaux de la fontaine de Font-Caouado* (Journ. de méd. de Montpellier, t. I, p. 153).

FONCAUDE, vg. *Gironde* (Bazadois), arr. et à 9 k. de la Réole, cant. et ⊠ de Sauveterre. Pop. 260 h.

FONCEGRIVE, vg. *Côte-d'Or* (Bourgogne), arr. à 37 k. de Dijon, cant. et ⊠ de Selougey. Pop. 214 h. — Il est situé sur un coteau au pied duquel coule la Venelle, et tire son nom d'une belle fontaine où les grives viennent s'abreuver.

FONCHES, vg. *Somme* (Picardie), arr. et à 28 k. de Montdidier, cant. et ⊠ de Roye. ⚭ Pop. 271 h.

FONCINE-LE-BAS, vg. *Jura* (Franche-Comté), arr. de Poligny, et à 43 k. d'Arbois, cant. des Planches, ⊠ de Foncine-le-Haut. Pop. 570 h. — *Fabriques* d'horlogerie et d'outils.

FONCINE-LE-HAUT, vg. *Jura* (Franche-Comté), arr. de Poligny, à 50 k. d'Arbois, cant. des Planches. ✉. A 402 k. de Paris pour la taxe des lettres. Pop. 1,546 h. — Il est situé au pied de la montagne Pelée, sur la Sène. A peu de distance de ce village et au pied d'un immense rocher qui couvre au nord tout le vallon des Foncines, on voit la source de la Sène, qui va former la Languouette au village des Planches. Cette source est dans un abri formé en portion de cercle qui rentre dans la montagne ; elle forme trois chutes semi-circulaires d'environ 20 m. de haut, et coule assez fortement pour pouvoir mettre en mouvement plusieurs usines. — *Fabriques* importantes d'horlogerie. — *Foires* les 19 mai et 4 oct.

FONCIRGUE. V. BASTIDE-SUR-L'HERS (la).

FONCLAIREAU, vg. *Charente* (Angoumois), arr. et à 18 k. de Ruffec, cant. et ✉ de Manles. Pop. 579 h.

FONCQUEVILLERS, vg. *Pas-de-Calais* (Artois), arr. et à 22 k. d'Arras, cant. de Pas, ✉ de l'Arbret. Pop. 908 h.

FONDAMENTE, vg. *Aveyron*, comm. de Montpaon, ✉ de St-Affrique.

FOND-CHRISTIANNE, vg. *H.-Alpes*, com. et ✉ de Briançon.

FOND-D'ANGLESQUEVILLE (le), vg. *Seine-Inf.*, comm. de Belleville-en-Caux, ✉ de Tôtes.

FOND-DE-LA-VILLE (le), *Seine-Inf.*, comm. de Varneville-Bretteville, ✉ de Tôtes.

FONDERIE, vg. *B.-Pyrénées* (Gascogne), arr. de Mauléon, à 45 k. de St-Calais, cant. de St-Etienne-de-Baigorry, ✉ de St-Jean-Pied-de-Port. Pop. 1,429 h.

FONDETTES, vg. *Indre-et-Loire* (Touraine), arr., cant., ✉ et à 8 k. de Tours. Pop. 2,423 h. — *Fabrique* de vermicelle. Tuilerie. — *Foire* le 25 mars.

FONDIS (le), vg. *Indre-et-Loire*, comm. de St-Nicolas-de-Bourgueil, ✉ de Bourgueil.

FONDREMAND, vg. *H.-Saône* (Franche-Comté), arr. à 22 k. de Vesoul, cant. et ✉ de Rioz. Pop. 646 h. — C'est un ancien bourg, où l'on voit encore des restes de remparts, une tour antique et plusieurs maisons fort anciennes. — *Foires* les 15 janv., 8 mai, 8 juin, 8 juillet, 3 août, 30 sept. et 8 nov.

FONDS (les), vg. *Aveyron*, comm. et ✉ de Séverac.

FONFRAIRON, vg. *Deux-Sèvres*, comm. de Souvigné, ✉ de St-Maixent.

FONGALOP, vg. *Dordogne* (Périgord), arr. et à 32 k. de Sarlat, cant. et ✉ de Belvès. Pop. 307 h.

FONGAUFFIER, vg. *Dordogne*, comm. de Sagelat, ✉ de Belvès.

FONGOMBAULT, vg. *Indre* (Berry), arr. et à 7 k. du Blanc, cant. et ✉ de Tournon-St-Martin. Pop. 368 h.

FONGRAVE, vg. *Lot-et-Garonne* (Agénois), arr. et à 15 k. de Villeneuve-sur-Lot, cant. et ✉ de Monclar. Pop. 828 h. — *Foire* le 16 sept.

FONGUEUSEMARE, vg. *Seine-Inf.* (Normandie), arr. et à 25 k. du Havre, cant. et ✉ de Criquetot-Lesneval. Pop. 231 h.

FONROQUE, vg. *Dordogne* (Périgord), cant. d'Eymet, arr., ✉ et à 18 k. de Bergerac. Pop. 413 h.

FONNEUVE, vg. *Tarn-et-Garonne*, comm. et ✉ de Montauban.

FONPERRON, vg. *Deux-Sèvres* (Poitou), arr. et à 26 k. de Parthenay. cant. de Ménigoute, ✉ de Vautebis. Pop. 933 h.

FONROQUE, vg. *Dordogne* (Périgord), arr. et à 22 k. de Bergerac, cant. et ✉ d'Eymet. Pop. 483 h.

FONS (les), vg. *Ardèche* (Languedoc), arr. et à 35 k. de Privas, cant. et ✉ d'Aubenas. Pop. 356 h.

FONS (St-), vg. *Isère*, comm. de Venissieux, ✉ de St-Symphorien-d'Ozon. ☞.

FONS, vg. *Lot* (Quercy), arr. et cant., ✉ et à 11 k. de Figeac. Pop. 1,092 h. — *Foires* les 2 fév., 22 juillet, 4 oct. et le lendemain de la Pentecôte.

FONSŒUCHE. V. SAUVE.

FONS-OUTRE-GARDON, ou BARRAQUES-DE-FONS, vg. *Gard* (Languedoc), arr. et ✉ et à 18 k. de Nîmes, cant. de St-Mamert. P. 629 h. — Station du chemin de fer de Nîmes à Alais.

FONSÈCHE, *Charente-Inf.*, comm. et ✉ de Tonnay-Charente.

FONSOMME, vg. *Aisne* (Picardie), arr., cant., ✉ et à 15 k. de St-Quentin. P. 661 h. — *Manufacture* de châles. — *Foires* le 25 de chaque mois.

FONSORBES, vg. *H.-Garonne* (Armagnac), arr. et à 12 k. de Muret, cant. de St-Lys. Pop. 754 h.

FONS-SUR-LUSSAN, vg. *Gard* (Languedoc), arr. et à 21 k. d'Uzès, cant. et ✉ de Lussan. Pop. 512 h. — *Foire* le 1er lundi d'août.

FONS TUNGRORUM (lat. 51°, long. 25°). «Pline (lib. xxxi, cap. 2) en parle : *Tungri, Civitas Galliæ* (c'est-à-dire peuple ou territoire de la Gaule), *fontem habet insignem, plurimis bullis stillantem, fervidi saporis,* etc. On croit que cette description désigne les eaux de Spa.» D'Anville. *Notice de l'ancienne Gaule*, p. 317.

FONTADE (la), vg. *Lot*, comm. et ✉ de Gourdon.

FONTAFIE, vg. *Charente*, comm. de Nieuil, ✉ de St-Claud. ☞.

FONTAGNÈRES, vg. *H.-Garonne*, comm. et ✉ d'Aspet.

FONTAGNIEU, vg. *Isère*, comm. d'Allières, ✉ de Vif.

FONTAIN, vg. *Doubs* (Franche-Comté), arr., cant., ✉ et à 6 k. de Besançon. Pop. 712 h.

FONTAINE, vg. *Ain*, comm. de Corbonod, ✉ de Seyssel.

FONTAINE, vg. *Aisne* (Picardie), arr., cant., ✉ et à 2 k. de Vervins. Pop. 923 h.

FONTAINE (la), *B.-Alpes*, comm. d'Ongles, ✉ de Forcalquier.

FONTAINE, *Fontanæ*, vg. *Aube* (Champagne), arr., cant., ✉ et à 3 k. de Bar-sur-Aube. Pop. 418 h.

FONTAINE, vg. *Dordogne*, comm. de Champagne, ✉ de Verteillac. — *Foires* les 6 mai, le jour des Cendres, lundi de l'octave de la Fête-Dieu.

FONTAINE, vg. *Doubs* (Franche-Comté), arr. et à 13 k. de Baume-les-Dames, cant. et ✉ de Clerval. Pop. 633 h. — *Foires* les 12 mars, 12 mai, 12 juillet et 12 déc.

FONTAINE (la), vg. *Gironde*, comm. de Virelade, ✉ de Podensac.

FONTAINE (Bas et Haut-), *Bellotifontanium*, vg. *Loir-et-Cher*, comm. et ✉ de Pezou.

FONTAINE, vg. *Marne* (Campagne), arr. et à 23 k. de Reims, cant. et ✉ d'Ailly. P. 207 h. — Il est situé sur une pente inclinée d'un coteau qui le garantit des vents du nord, et dont il sort plusieurs sources ou fontaines, sur le Livre que l'on passe sur deux ponts en pierre, et qui y fait mouvoir deux beaux moulins.

FONTAINE, ou BRUNN, vg. *H.-Rhin* (Alsace), arr. bureau d'enregist., ✉ et à 10 k. de Belfort, chef-l. de cant. Pop. 371 h. — *Terrain* jurassique, voisin du terrain tertiaire supérieur.

FONTANE, ou FONTAINES-LÈS-CHALON, vg. *Saône-et-Loire* (Bougogne), arr. et à 11 k. de Chalon-sur-Saône, cant. de Chagny, ✉ du Bourgneuf. Pop. 1,639 h. — *Fabrique* de pouzzolane factice. — *Foires* les 12 janv., 13 mai et 2 sept.

FONTAINE (la), vg. *Seine-et-Oise*, comm. de Vaugrigneuse, ✉ de Bruyères-le-Châtel.

FONTAINE (la), vg. *Seine-Inf.*, comm. de Henouville, ✉ de Duclair.

FONTAINE, vg. *Deux-Sèvres*, comm. de Montalembert, ✉ de Sauzé.

FONTAINE-AU-BOIS, vg. *Nord* (Cambresis), arr. et à 21 k. d'Avesnes, cant. et ✉ de Landrecies. Pop. 1,070 h. — *Fabrique* de sucre indigène.

FONTAINE-AUBRON, vg. *Marne*, comm. de Vauchamps, ✉ de Montmirail.

FONTAINE-AU-PIRE, vg. *Nord* (Cambresis), arr., ✉ et à 14 k. de Cambrai, cant. de Carrières. Pop. 1,182 h.

FONTAINE-BELLENGER, *Fontana Berengeii*, vg. *Eure* (Normandie), arr. et à 7 k. de Louviers, cant. et ✉ de Gaillon. P. 421 h.

FONTAINE-BLANCHE (la), vg. *Ille-et-Vilaine*, comm. de Lillemers, ✉ de Châteauneuf-en-Bretagne.

FONTAINEBLEAU, *Fons Bellaqueus, Fons Bleaudi*, jolie ville, *Seine-et-Marne* (Gatinais), chef-l. de sous-préf. (4e arr.) et d'un cant. Trib. de 1re inst. Collège communal. Cure. Gîte d'étape. ✉. ☞. Pop. 8,439 h. — *Terrain* tertiaire moyen, grès.

Autrefois diocèse de Sens, parlement et intendance de Paris, élection de Melun, prévôté royale, capitainerie des chasses.

On n'est pas d'accord sur l'étymologie du nom de cette ville, qui a été latinisé par *Fons Bleaudi*, et traduit par Fontaine-Belle-Eau, à cause des eaux vives et abondantes qui y coulent, et dont on a fait Fontainebleau. Il est difficile aussi de déterminer l'époque de la fondation de cette célèbre résidence royale : on l'a successivement attribuée sans beaucoup de fondement à Robert, à Louis VII, à Louis IX. Ce qu'il y a de certain, c'est que vers le milieu du xıı° siècle il existait dans la forêt de Fontainebleau une maison royale, ainsi que le prouve un acte de 1141 donné par Louis VII, et une charte de ce même roi de 1160, portant donation à quelques moines, qui se termine ainsi : *Actum publice apud Fontem Bleaudi, in palatio nostro*. En 1169, ce prince fit bâtir à Fontainebleau, attenant à la maison royale, une chapelle qui fut consacrée par Thomas Becket, archevêque de Cantorbéry, pendant son séjour en France. Il reste un très-grand nombre d'actes de Philippe Auguste datés de Fontainebleau, entre autres une charte de 1186, par laquelle il donne à l'Hôtel-Dieu de Nemours tout le pain qui restera sur sa table pendant le temps qu'il passera à Fontainebleau. Saint Louis se plut également beaucoup dans cette résidence. En 1259, il y fonda un hôpital pour y recevoir les pauvres et les malades. Philippe le Bel naquit et mourut à Fontainebleau. Charles VII fit, dit-on, exécuter quelques peintures dans ce château. Louis XI y commença une bibliothèque que Louis XII fit dans la suite transporter à Blois. — On peut regarder François Ier comme le régénérateur de Fontainebleau. Sous son règne, le château fut presque entièrement reconstruit; l'on y ajouta de nouveaux bâtiments, des jardins vastes et bien dessinés furent créés, sur les dessins du célèbre Primatice et de Nicolo, son élève. En 1530, François Ier y établit une bibliothèque riche en manuscrits grecs et orientaux, et en livres imprimés, rassemblés dans plusieurs parties de l'Europe et de l'Asie, par les soins du savant Guillaume Budée, bibliothèque qui plus tard fut transportée à Paris, et commença la bibliothèque royale. — En 1530, Charles-Quint, faisant un voyage en France, fut reçu à Fontainebleau, et logé dans l'appartement dit des poêles. — Henri II fit continuer à Fontainebleau divers travaux que son père avait entrepris; quelques-uns de ses enfants y reçurent le jour. En 1560, il se tint à Fontainebleau une assemblée des notables, relative à la conjuration d'Amboise. — Henri III naquit en 1551 au château de Fontainebleau, qu'il habita souvent. — Henri IV en fit son séjour favori, et dépensa en constructions ou accroissements dans le château ou dans le parc, la somme considérable pour l'époque de 2,440,850 livres. Sa fille Henriette, reine d'Angleterre et femme de Charles Ier, vint se réfugier à Fontainebleau, après la révolution qui conduisit ce monarque à l'échafaud. — Louis XIII, son fils et son successeur, y naquit et y fut baptisé sur la plate-forme du donjon de la cour Ovale, à la vue d'un immense concours de peuple. — Louis XIV passa une partie de ses jeunes années au château de Fontainebleau, qui fut entièrement achevé sous son règne; il y dépensa la somme énorme de 8,547,493 livres 6 sous 6 deniers. En 1657, Christine de Suède, venue en France après son abdication, reçut, contre le gré du roi, ce château pour demeure; et c'est là qu'elle fit assassiner, dans la galerie des Cerfs, le marquis Monaldeschy, son grand écuyer. — Le grand Condé mourut à Fontainebleau en 1686.

L'année précédente, le roi y avait signé la révocation de l'édit de Nantes, acte funeste de fanatisme, qui enleva à la France plus de cinquante mille familles. — Louis XV vint à Fontainebleau en 1724, et y épousa l'année suivante Marie Leczinska; le dauphin son fils y mourut dans la même chambre où le grand Condé avait terminé sa longue et glorieuse carrière.

La révolution française passa presque inaperçue sur cette demeure royale. Le palais resta debout au milieu des orages qui détruisaient, sur tout le sol français, jusqu'aux derniers vestiges de la plus vieille monarchie du monde. L'école militaire, qui depuis a été transférée à St-Cyr, fut établie dans ses bâtiments et contribua à leur dégradation. Napoléon le trouva dans l'abandon le plus complet, entièrement délabré, et dépensa 6,242,000 fr. pour le restaurer, ne se doutant pas que sa puissance devait s'ensevelir en ce lieu. C'est là qu'il fut contraint de renoncer pour lui et ses descendants au trône de France et d'Italie, et qu'il fit à l'armée en pleurs ces touchants adieux dont le souvenir est impérissable. Après lui Fontainebleau fut presque oublié; sa mémoire seule y est restée pour rappeler l'une des plus grandes vicissitudes humaines. L'incurie et le temps détruisaient partout les chefs-d'œuvre de la renaissance, et bientôt on ne devait plus y trouver la moindre trace du Rosso ni du Primatice. Mais une ère nouvelle a surgi pour Fontainebleau en 1830. S. M. Louis-Philippe en a entrepris, et fait exécuter par les premiers talents de l'époque la restauration générale, et ce palais, rendu à son ancienne splendeur, fait aujourd'hui l'admiration des étrangers.

Le château de Fontainebleau est composé de six cours: la cour du Cheval-Blanc, la cour des Fontaines, la cour Ovale ou du Donjon, la cour ou jardin de l'Orangerie, la cour des Princes et la cour des Cuisines. Trois entrées principales y conduisent : l'entrée d'honneur, par la cour du Cheval-Blanc; la seconde, par la cour des Cuisines; la troisième, par l'allée de Maintenon, la Chaussée-Royale et la Porte-Dorée. Chaque cour est entièrement ou à peu près entourée de trois ou quatre corps de bâtiments.

La cour du Cheval-Blanc s'ouvre sur la place Ferrare; elle doit son nom à un cheval en plâtre, copie du cheval de Marc Aurèle, moulé à Rome en 1560; elle est fermée par une belle grille de 104 m. de longueur, construite en 1810. L'aile droite de cette cour fut commencée sous Louis XV et achevée sous Louis XVI. La façade qu'on voit au fond est ornée d'un superbe escalier en fer à cheval, copie à l'extérieur, dont les deux rampes s'élèvent à la hauteur d'une terrasse placée dans les appartements du premier étage. L'aile gauche fut bâtie sous François Ier; elle servait de logement aux ministres.

Par la chaussée qui passe sous l'escalier, on se rend à la chapelle de la Trinité, remarquable par sa belle architecture. Le principal autel est décoré de quatre colonnes en marbre rare avec des chapiteaux en bronze doré, de quatre anges aussi en bronze doré, et des statues en marbre blanc de saint Louis et de Charlemagne.

La cour des Fontaines, entourée de bâtiments de trois côtés, s'ouvre du côté du sud sur les jardins; elle est décorée d'un bassin dans lequel quatre mascarons versent de l'eau.

La cour Ovale est longue et peu large. Les bâtiments qui l'environnent sont plus anciens que ceux des autres cours; les deux tiers de ces bâtiments offrent un balcon extérieur que supportent 45 colonnes de grès. Dans l'intérieur sont la salle de bal, la bibliothèque, les appartements du roi et de la reine, les salles du trône, du conseil, etc. : on montre dans un salon une petite table en bois d'acajou sur laquelle Napoléon signa en 1814 son abdication. C'est aussi par ces bâtiments qu'on arrive à la galerie de Diane, décorée de peintures exécutées par MM. Abel Pujol et Blondel.

Le jardin de l'Orangerie est aussi entouré de divers bâtiments, dans l'un desquels (la galerie des Cerfs) la reine Christine de Suède fit assassiner Monaldeschy. Le jardin est dessiné en jardin paysager, et doit son nom à une belle statue de Diane, en bronze, placée au milieu du bassin.

La cour des Princes est la plus petite du château. C'est dans les bâtiments qui l'entourent que logeait la fameuse Christine de Suède.

La cour des Cuisines est vaste, régulière, et entourée de trois corps de bâtiments construits sous le règne de Henri IV.

Le parc et les jardins se divisent en plusieurs parties, et répondent à la magnificence du château : un beau et vaste jardin, dessiné dans le genre pittoresque, orne la partie sud du parc, et s'étend le long de la façade extérieure de l'aile neuve de la cour du Cheval-Blanc; des eaux abondantes traversent et limitent ce jardin, et vont se perdre en passant sous un rocher dans la pièce appelée l'Étang. Le Parterre, autrefois jardin du Roi ou du Tibre, est aujourd'hui riche d'ornements et de jets d'eau. Le parc doit ses principaux agréments à ses belles allées, à la superbe treille du roi, et à une magnifique cascade qui alimente un beau canal de 1,170 m. de long sur 46 m. de large.

La forêt de Fontainebleau est peut-être l'une des plus intéressantes de la France par la multitude de sites pittoresques qu'elle renferme; sa surface est évaluée à 16,438 hectares; elle est divisée en 176 triages et percée d'un grand nombre de routes. Tout cet espace présente de vastes plaines interrompues par des gorges dont les pentes offrent sur une multitude de points des roches de grès jetées pêle-mêle les unes sur les autres; d'un côté d'arides sables, de l'autre des terrains où croissent des bois plus ou moins touffus, plus ou moins beaux, mais lesquels végètent d'immenses agaries. En sortant d'une vallée fertile, on se trouve dans un désert inhabitable. Partout le naturaliste trouve des plantes et des insectes de quantité d'espèces différentes; le paysagiste peut venir y étudier la nature; des arbres et des rochers de toutes sortes de formes lui fourniront abondamment de quoi exercer ses pinceaux et ses crayons; c'est là que Lantara, misérable vacher d'Achères, a puisé le goût et fait les premiers essais d'un art où il est parvenu à se faire un nom. Il n'est point de forêt plus agréable pour les promenades à pied, à cheval ou en voiture, les routes y étant praticables en tout temps, même après les plus fortes pluies. Sur les bords de la forêt, les platières (plaines plus ou moins étendues qui occupent le sommet des rochers) offrent presque de tous côtés les plus beaux points de vue : de la montagne de Bouron on découvre Nemours, au bout d'une allée charmante où coulent le Loing et le canal de Briare. Des platières du Calvaire, la vue s'étend au loin du côté de Montereau et de Sens ; mais la plus belle de toutes ces vues est à l'extrémité des monts de Faës, du côté du Cuvier et de Châtillon. On ne doit pas oublier de visiter le rocher de St-Germain sur la route de Paris, dont les pierres sont presque toutes cristallisées, et l'ermitage de Franchard, construit dans la partie la plus agreste de la forêt, au milieu des sables et des rochers. Ce lieu est le but d'un pèlerinage où se rend chaque année, le mardi de la Pentecôte, une partie de la population de Fontainebleau et des villages environnants. On y voit un puits de 66 m. de profondeur.—Le gibier est très-abondant dans la forêt de Fontainebleau ; il est même difficile de voir ailleurs un plus grand nombre de cerfs, de biches, de daims et de sangliers. Une chose digne de remarque, c'est que dans toute l'étendue de la forêt, où l'on voit une multitude de gorges et de vallées, on ne trouve que peu de sources : la fontaine des Acacias ; celle qui a donné le nom à Fontainebleau ; celles du mont Chauvet et du Calvaire, et une très-jolie source située dans la partie du bois appelée la Madeleine, sont à peu près les seules que l'on y rencontre. Ces sources sont très-fréquentées dans la belle saison, et servent souvent de réunion pour les repas champêtres.

La ville de Fontainebleau est régulièrement bâtie, formée de rues larges, propres et bien percées. Elle possède deux beaux quartiers de cavalerie et plusieurs édifices et établissements remarquables. Les principaux sont : le Château d'eau, contenant un réservoir alimenté par une source dont les eaux sont distribuées dans les différentes fontaines et les bassins du château ; les hospices fondés par Anne d'Autriche et par M*me* de Montespan, le collège, les bains publics, la bibliothèque publique, contenant 28,000 volumes. Près de l'entrée méridionale de la ville, on voit un obélisque, érigé en 1786, à l'occasion de la naissance des enfants de Louis XVI et de Marie-Antoinette.

Biographie. Patrie de PHILIPPE LE BEL.— De HENRI III, assassiné à St-Cloud le 1er août 1589.— De LOUIS XIII, mort en 1643.— De GASTON DE FOIX, duc de Nemours, tué à la bataille de Ravenne.— Du poète DANCOURT, mort en 1726.— De POINSINET, poète et auteur dramatique, mort en 1769.— Du peintre LANTARA.

INDUSTRIE. *Manufactures* de porcelaine et de faïence. — *Fabriques* de calicots. Tanneries. Exploitation en grand des carrières de grès pour le pavage de Paris et des routes environnantes. — *Commerce* de vins, fruits, chasselas de Fontainebleau, conserves de genièvre, chevaux et bestiaux. — *Foires* la veille de la mi-carême, le lendemain de la Trinité et 26 nov.

A 16 k. de Melun, 60 k. de Paris. Lat. 48° 22′ 35″, long. 0° 18′ 0″ E.

L'arrondissement de Fontainebleau est composé de 7 cantons : Château-Landon, Fontainebleau, la Chapelle, Lorrey, Montereau-Faut-Yonne, Moret et Nemours.

Bibliographie. *Dissertation sur la bibliothèque fondée à Fontainebleau par François 1er* (Hist. de l'acad. roy. des inscript. et belles-lettres, t. v, p. 353).

DAN (Pierre). * *Le Trésor des merveilles de la maison royale de Fontainebleau, contenant son antiquité,* etc., in-f°, 1642.

GUILBERT (l'abbé P.). *Description historique du château, bourg et forêt de Fontainebleau,* 2 vol. in-12, 1731.

RENARD (Ch.). *Le Guide du voyageur à Fontainebleau,* etc., in-12, 1820.

JAMIN (C.). *Fontainebleau, ou Notice historique et descriptive sur cette résidence royale,* in-8, 1834.

— *Fontainebleau sous le roi des Français Louis-Philippe 1er, ou Compte rendu des principales additions et restaurations faites depuis le mois de novembre 1833 jusqu'à ce jour dans le palais de Fontainebleau,* in-8, 1835.

DENECOURT (F.). *Guide du voyageur dans le palais de Fontainebleau,* etc., in-8, 1839.

VATOUT (J.). *Souvenirs des résidences royales* (palais de Fontainebleau), in-8, 1840.

DUVAND (J.-B.-Alex.). *Le Château de Fontainebleau, esquisses en vers,* etc., in-8, 1840.

* *Notice des peintures et sculptures placées dans les cours et les appartements du palais de Fontainebleau,* in-8, 1841.

CASTELLAN (A.-L.). *Fontainebleau. Études pittoresques et historiques sur ce château, considéré comme l'un des types de la renaissance des arts au XVIe siècle,* in-8, 1840.

LUCHET (Auguste). *Souvenirs de Fontainebleau,* in-16, 1842.

HÉRICART-FERRAND (le vicomte). *Itinéraire géognostique de Fontainebleau à Château-Landon,* etc. (Ann. des mines, t. I, 2e série, p. 297).

FONTAINE-BONNELEAU, ou FONTAINE-SOUS-CATHEUX, vg. *Oise* (Picardie), arr. et à 47 k. de Clermont, cant. et ✉ de Crèvecœur. Pop. 515 h.

FONTAINE-BRUS, vg. *Jura,* comm. de Villevieux, ✉ de Bletteran.

FONTAINE-CHALENDRAY, vg. *Charente-Inf.* (Saintonge), arr. et à 26 k. de St-Jean-d'Angely, cant. et ✉ d'Aulnay. Pop. 921 h.— *Foires* les 3es mardis de janv., de mars, d'avril, de juin, d'août et de nov.

FONTAINE-CHATEL, vg. *Seine-Inf.,* com. de St-Germain-des-Essourds, ✉ de Buchy.

FONTAINE-COUVERTE, bg *Mayenne* (Anjou), arr. et à 26 k. de Château-Gontier, cant. de St-Aignan-sur-Roé, ✉ de Craon. Pop. 816 h.

FONTAINE-DANIEL, vg. *Mayenne,* com. de St-Georges-Butavent, ✉ de Mayenne.

FONTAINE-DENIS, vg. *Marne* (Brie), arr. et à 54 k. d'Epernay, cant. et ✉ de Sézanne. Pop. 839 h.

FONTAINE-D'OZILLAC, vg. *Charente-Inf.* (Saintonge), arr., cant., ✉ et à 10 k. de Jonzac. Pop. 826 h.— *Foires* les 1ers lundis d'avril, de mai, de juin, de juillet, d'août et de sept.

FONTAINE-EN-BRAY, vg. *Seine-Inf.* (Normandie), arr. et à 5 k. de Neufchâtel-en-Bray, cant. et ✉ de Saens. Pop. 240 h.

FONTAINE-EN-DORMOIS, vg. *Marne* (Champagne), arr. à 25 k. de Ste-Ménéhould, cant. et ✉ de Ville-sur-Tourbe. Pop. 201 h.

FONTAINE-EN-DUESMOIS, vg. *Côte-d'Or* (Bourgogne), arr. et à 29 k. de Châtillon-sur-Seine, cant. et ✉ de Baigneux-les-Juifs. Pop. 412 h.— Ce village, situé dans un territoire fertile en excellents pâturages, est très-ancien, clos de grands murs avec des portes et des tourelles. On y remarque une belle fontaine, dont le bassin est surmonté d'une petite chapelle. Cette fontaine ne tarit jamais, et, dans les grandes sécheresses, elle offre une grande ressource aux habitants des villages voisins. Education des abeilles et des moutons.

FONTAINE-ÉTOUPEFOUR, vg. *Calvados* (Normandie), arr., ✉ et à 9 k. de Caen, cant. d'Evrecy. Pop. 666 h.

FONTAINE-FOURCHE, vg. *Seine-et-Marne* (Champagne), arr. et à 30 k. de Provins, cant. et ✉ de Bray-sur-Seine. P. 682 h.

FONTAINE-FRANÇAISE, bg *Côte-d'Or* (Bourgogne), arr. et à 37 k. de Dijon, chef-l. de cant. ✉. A 348 k. de Paris pour la taxe des lettres. Pop. 1,208 h.— Ce bourg est situé près de fontaines abondantes qui forment une belle nappe d'eau, près de la Vingeanne. Il était autrefois fortifié, et fut assiégé en 1373 par le sieur Mirebel. En 1595, Henri IV y défit, avec une très-faible cavalerie, une armée de 18,000 hommes, commandée par le duc de Mayenne. Un monument a été élevé sur le lieu même où se donna le combat, pour en consacrer le souvenir.

Fontaine-Française possède un superbe château, un haut fourneau, des brasseries, des pépinières renommées et des fabriques de poteries communes.— *Commerce* de haricots.— *Foires* les 23 janv., 24 mars, 23 mai, 12 juillet, 25 sept. et 24 nov.

FONTAINE-GUÉRIN, vg. *Maine-et-Loire* (Anjou), arr. et à 9 k. de Baugé, cant. et ✉ de Beaufort. Pop. 1,138 h.

FONTAINE-HALBOUT, vg. *Calvados* (Normandie), arr. et à 16 k. de Falaise, cant. de Bretteville-sur-Laize, ✉ de Langannerie. Pop. 460 h.

FONTAINE-HENRY, vg. *Calvados* (Normandie), arr. à 14 k. de Caen, cant. et ✉ de Creuilly. Pop 489 h.

FONTAINE-HEUDEBOURG, vg. *Eure* (Normandie), arr. et à 12 k. de Louviers, cant. et ✉ de Gaillon. Pop. 228 h.

FONTAINE-L'ABBÉ, vg. *Eure* (Normandie), arr., cant., ✉ et à 8 k. de Bernay. Pop. 331 h.

FONTAINE-LA-GAILLARDE, vg. *Yonne* (Champagne), arr., cant., ✉ et à 9 k. de Sens. Pop. 385 h. — Il est situé dans un beau vallon, et doit son nom à une fontaine abondante qui prend sa source au milieu du village.

FONTAINE-LA-GUYON, vg. *Eure-et-Loir* (Beauce), arr. et à 15 k. de Chartres, cant. et ✉ de Courville. Pop. 632 h.

FONTAINE-L'ALOUETTE (la), vg. *Seine-et-Oise*, comm. de Boissy-Mauvoisin, ✉ de Rosny-sur-Seine.

FONTAINE-LA-LOUVET, *Fontes Louveti*, vg. *Eure* (Normandie), arr. et à 15 k. de Bernay, cant. et ✉ de Thiberville. Pop. 682 h.

FONTAINE-LA-MALET, vg. *Seine-Inf.* (Normandie), arr. et à 5 k. du Havre, cant. et ✉ de Montivilliers. Pop. 603 h.

FONTAINE-LA-RIVIÈRE, vg. *Seine-et-Oise* (Beauce), arr., ✉ et à 12 k. d'Etampes, cant. de Méréville. Pop. 166 h.

FONTAINE-LA-SORET, vg. *Eure* (Normandie), arr. et à 13 k. de Bernay, cant. et ✉ de Beaumont-le-Roger. Pop. 786 h.

La nef de l'église paroissiale de ce village est romane, et présentait autrefois un grand nombre de petites fenêtres semi-circulaires, placées pour la plupart fort irrégulièrement les unes au-dessus des autres. Le portail, ainsi qu'une petite chapelle servant de baptistère, sont modernes. Le chœur, échiqueté en pierre blanche et biset, est percé à son extrémité orientale d'une grande fenêtre décorée d'un très-beau vitrail de grande proportion, représentant saint Jean Baptiste, saint Martin et une sainte. Au-dessous sont le donataire et la donatrice avec leurs écussons près d'eux.

Le clocher de cette église est carré, placé au midi, construit en pierres de taille, complètement roman et fort curieux.

FONTAINE-LAVAGANNE, vg. *Oise* (Picardie), arr. et à 25 k. de Beauvais, cant. et ✉ de Marseille. Pop. 637 h.

Ce village a pris son nom d'une famille Wagan, qui en était propriétaire dès le xiie siècle. On y voit les restes encore imposants d'un ancien château fort qui joua un rôle important pendant les guerres du xve siècle contre les Anglais. Cette place incommodait les environs d'Amiens, la Normandie et tout le Beauvaisis, alors frontière du royaume. Les ennemis, qui n'avaient jamais pu l'enlever, résolurent de l'assiéger régulièrement après la prise de Rouen, de Gournay et de Gisors. Ils l'attaquèrent en 1419 avec 3,000 hommes, commandés par les comtes d'Hunington et de Cornouailles. Les assiégés se défendirent vigoureusement, et, au bout de trois semaines, ils obtinrent une capitulation avantageuse, vie et bagues sauves. La place fut démolie et ruinée dès que la garnison en fut sortie; mais on la rétablit promptement. — Le fort de Fontaine fut pris en 1589 par les ligueurs d'Amiens, sous le commandement du capitaine Lefort. — En 1592, le sieur de Boufflers, bailli de Beauvais, l'un des chefs de la Ligue, se retira dans ce château, où il soutint différentes attaques de la part des royalistes. L'édifice éprouva de grands dommages, qui ne furent réparés qu'en 1678 par les soins de M. Jolly d'Oudeuil, seigneur de Fontaine, qui fit aussi distribuer les jardins et percer le parc.

Le château de Fontaine existe encore presque entier; c'est une construction élevée, très-solide, en silex et en grès, avec des meurtrières et deux tours à mâchicoulis. Il reste quelques-unes des très-petites croisées du premier temps. On a percé des ouvertures modernes dans les murs qui n'ont pas moins de 2 m. 33 c. d'épaisseur. Une partie des fossés de la place, garnis d'une contrescarpe muraillée, subsiste encore. L'édifice, qui est fort élevé, s'aperçoit de loin au milieu des bois dont il est entouré.

FONTAINE-LA-VERTE, vg. *Eure*, com. de Venables, ✉ de Gaillon.

FONTAINE-LE-BOURG, *Sancta Maria de Wasto*, vg. *Seine-Inf.* (Normandie), arr. et à 15 k. de Rouen, cant. de Clères, ✉ de Malaunay. Pop. 1,003 h.

FONTAINE-LE-COMTE, vg. *Vienne* (Poitou), arr., cant., ✉ et à 8 k. de Poitiers. Pop. 610 h.

FONTAINE-LE-DUN, *Fontibus Duni*, bg *Seine-Inf.* (Normandie), arr. et à 25 k. d'Yvetot, chef-l. de cant., ✉ du Bourg-d'Un. Bureau d'enregist. à St-Vallery. Cure. P. 497 h. — TERRAIN tertiaire. — Il est situé près de la source du Dun. — *Commerce* de moutons. — *Foires* les 25 mars, 29 juin, 14 sept. et 25 nov.

FONTAINE-LE-PIN, vg. *Calvados* (Normandie), arr. et à 12 k. de Falaise, cant. de Bretteville-sur-Laize, ✉ de Langannerie. Pop. 460 h.

FONTAINE-LE-PORT, vg. *Seine-et-Marne* (Gatinais), arr. et à 12 k. de Melun, cant. et ✉ du Châtelet. Pop. 270 h. — Il est situé au pied d'une montagne couronnée de bois, sur la rive droite de la Seine, où il a un port qui sert au transport d'une grande quantité de bois pour l'approvisionnement de Paris.

De cette commune dépendait la célèbre abbaye de Barbeaux, fondée en 1143 par Louis le Jeune, qui voulut y être enterré; son corps y fut en effet déposé par les soins d'Alix de Champagne, sa troisième femme, qui lui fit élever un monument, lequel fut reconstruit avec magnificence par le cardinal de Fustemberg en 1685. L'église de ce vaste monastère a été démolie; mais ses immenses bâtiments ont été conservés et formaient une belle habitation, qui avait été donnée par Napoléon à la Légion d'honneur, pour en faire une maison d'éducation des orphelines de l'ordre.

FONTAINE-LES-BASSETS, vg. *Orne* (Normandie), arr. et à 15 k. d'Argentan, cant. et ✉ de Trun. Pop. 426 h.

FONTAINE-LES-BLANGY, vg. *Seine-Inf.*, comm. et ✉ de Blangy.

FONTAINE-LÈS-BOULANS, vg. *Pas-de-Calais* (Artois), arr., ✉ et à 15 k. de St-Pol-sur-Ternoise, cant. d'Heuchin. Pop. 264 h.

FONTAINE-LES-CHALON. V. FONTAINE (*Saône-et-Loire*).

FONTAINE-LES-CORPS-NUDS, vg. *Oise* (Picardie), arr., ✉ et à 9 k. de Senlis, cant. de Nanteuil-le-Haudouin. Pop. 362 h.

De cette commune dépendait l'abbaye de Chaalis, fondée sur l'emplacement d'un ancien prieuré par Louis le Gros, le 9 janvier 1136, en mémoire de son cousin Charles le Bon, comte de Flandre, qui succomba sous le poignard des assassins. Louis le Gros étant mort dans l'année de la fondation, et s'étant démis de la couronne un peu avant sa mort en faveur de son troisième fils Louis VII, dit le Jeune, il lui recommanda d'avoir soin de sa nouvelle abbaye et de lui donner une charte; cette charte est datée de 1138. En 1348, Philippe de Valois accorda une autre charte de confirmation. Ce monastère devint avec le temps l'un des plus considérables de France. L'abbaye était en commende depuis 1541; malgré leurs grandes richesses, les moines de Chaalis, au nombre de quatre seulement, laissèrent au moment de la révolution six cent mille livres de dettes.

L'église de Chaalis, fondée en 1202, était richement décorée à l'extérieur, ornée de tableaux précieux, de statues, de bas-reliefs et de tombes de plusieurs évêques de Senlis. L'église et une partie des bâtiments du monastère ont été détruits pendant la révolution. L'élégance et le luxe des bâtiments qui faisaient partie du cloître ont fait conserver, et M. Paris en a fait une des plus belles habitations de la contrée.

Il ne reste plus de la magnifique église de Chaalis que le transept nord, le mur latéral de la nef du côté des cloîtres, et les faisceaux de colonnes engagés dans ce mur. Ce transept, au lieu de se terminer carrément comme dans les autres églises, présente une abside pentagone. Cette disposition est sans exemple dans les environs, à l'exception de la cathédrale de Noyon, dont les transepts sont terminés par un rond-point. Toutes les ouvertures supérieures de ce transept sont du style ogival à lancettes. Les chapiteaux des colonnes inférieures et quelques pleins cintres portent à croire cependant que l'église était un monument du style de transition. Ces ruines se trouvent près d'Ermenonville, sur la route neuve de Senlis à Meaux, et non loin de la voie romaine qui conduisait à cette dernière ville: *Fixtuinum*; l'ancienne forêt de Retz et les sauvages bruyères de Morte-Fontaine et d'Ermenonville environnent de trois côtés la vieille abbaye; de l'autre côté se déroulent les prairies et les vastes étangs qui s'étendent vers Montlignon et Fontaine-les-Corps-Nuds.

A quelques pas de l'église, derrière le transept encore debout et dans la même orientation, se trouve une jolie chapelle dans un état parfait de conservation. Elle est située en dehors de la cour des cloîtres et tout auprès de l'emplacement des appartements de l'abbé, pour lequel elle avait été probablement édifiée, car elle porte encore le nom de *chapelle de l'abbé*. En-

ronnée de bouquets de pins, de peupliers et de lilas, et cachée par les touffes d'arbustes qui s'échappent à travers les ruines, elle présente un aspect gracieux et pittoresque.

On sait, par plusieurs chartes, que les rois de France avaient une *villa* à Chaalis, où ils venaient souvent, et d'où ils dataient un grand nombre de chartes. L'an 1328, Philippe IV y date des lettres adressées au pape. — Les abbés de Chaalis avaient droit de haute et basse justice dans toute l'étendue de leur territoire, et même dans la ville de Senlis. On remarque encore, à l'extrémité du transept nord de l'église, une tour noire très-forte, qui servait, dit-on, de prison aux moines réfractaires ou relâchés.

FONTAINE-LES-CROISILLES, vg. *Pas-de-Calais* (Artois), arr., ⊠ et à 13 k. d'Arras, cant. de Croisilles. Pop. 521 h.

FONTAINE-LES-DIJON, vg. *Côte-d'Or* (Bourgogne), arr., cant., ⊠ et à 3 k. de Dijon. Pop. 434 h. — Il est situé sur une éminence, et renferme les ruines d'un prieuré de feuillants bâti par Louis XIII sur l'emplacement du château de Tesselin, qui appartenait au père de saint Bernard.

PATRIE de SAINT BERNARD, né en 1091, de Tesselin le Roux et d'Aleth de Montbard, qui fut l'une des héroïnes littéraires du XIIe siècle.

Bibliographie. * *Fondation de l'abbaye de Fontaine-les-Dijon* (imprimé avec le livre intitulé : *Fondation de l'ordre de saint Antoine*, in-8, 1632).

FONTAINE-LE-SEC, vg. *Somme* (Picardie), arr. et à 45 k. d'Amiens, cant. ⊠ d'Oisemont. Pop. 380 h.

FONTAINE-LES-HERMANS, vg. *Pas-de-Calais* (Artois), arr., ⊠ et à 20 k. de St-Pol-sur-Ternoise, cant. d'Enchin. Pop. 168 h.

FONTAINE-LES-LUXEUIL, vg. *H.-Saône* (Franche-Comté), arr. et à 27 k. de Lure, cant. de St-Loup, ⊠ de Luxeuil. Pop. 1,329 h.

FONTAINE-LES-RIBOUTS, vg. *Eure-et-Loir* (Beauce), arr. et à 13 k. de Dreux, cant. et ⊠ de Châteauneuf-en-Thymerais. Pop. 263 h. — Filature de coton.

FONTAINE-L'ÉTALON, vg. *Pas-de-Calais* (Artois), arr. à 25 k. de St-Pol-sur-Ternoise, cant. et ⊠ d'Auxy-le-Château. Pop. 308 h.

FONTAINE-MILLON, vg. *Maine-et-Loire* (Anjou), arr. de Baugé, cant. de Seiches, ⊠ de Beaufort. Pop. 471 h.

FONTAINE-NOTRE-DAME, vg. *Aisne* (Picardie), arr., cant., ⊠ et à 12 k. de St-Quentin. Pop. 743 h.

FONTAINE-NOTRE-DAME, vg. *Nord* (Flandre), arr., cant., ⊠ et à 6 k. de Cambrai. Pop. 1,582 h.

FONTAINE-RAOULT, vg. *Loir-et-Cher* (Beauce), arr. et à 26 k. de Vendôme, cant. de Droué, ⊠ de Cloyes. Pop. 579 h.

FONTAINE-RIANTE, vg. *Seine-et-Marne*, comm. et ⊠ de Provins.

FONTAINES, vg. *Isère* (Dauphiné), arr.,

⊠ et à 6 k. de Grenoble, cant. de Sassenage. Pop. 857 h. — *Foire* le 9 sept.

FONTAINES (les), vg. *Maine-et-Loire*, comm. des Verchers, ⊠ de Doué.

FONTAINES, vg. *Meuse* (pays Messin), arr. et à 21 k. de Montmédy, cant. et ⊠ de Dun-sur-Meuse. Pop. 464 h.

FONTAINES (les), vg. *Nord* (Flandre), arr. et à 11 k. d'Avesnes, cant. et ⊠ de Solre-le-Château. Pop. 410 h.

FONTAINES, vg. *Rhône* (Lyonnais), arr. et à 10 k. de Lyon, cant. et ⊠ de Neuville-sur-Saône. Pop. 1,580 h.

FONTAINES, vg. *Vendée* (Poitou), arr., cant., ⊠ et à 5 k. de Fontenay-le-Comte. Pop. 679 h. — *Foires* les 2es lundis de mars, avril, mai, juin, sept., oct. et déc.

FONTAINES, vg. *Yonne* (Champagne), arr. et à 35 k. de Joigny, cant. de St-Fargeau, ⊠ de Toucy. Pop. 1,080 h.

FONTAINES-ST-GEORGES, vg. *Aube* (Champagne), arr. et à 45 k. de Nogent-sur-Seine, cant. de Romilly-sur-Seine, ⊠ aux Grés. Pop. 447 h. — *Foires* les 20 fév. et 15 sept.

FONTAINES-ST-GERMAIN (les), vg. *Nièvre*, comm. d'Alluy, ⊠ de Châtillon-en-Bazois.

FONTAINE-ST-LUCIEN, vg. *Oise* (Picardie), arr., ⊠ et à 11 k. de Beauvais, cant. de Nivillers. Pop. 253 h.

FONTAINE-ST-MARTIN (la), vg. *Sarthe* (Anjou), arr. et à 16 k. de la Flèche, cant. de Pontvalain, ⊠ de Foulletourte. Pop. 933 h. — Il doit son nom à une fontaine décorée d'un petit portique à colonnes de marbre, dont l'eau est extrêmement transparente et laisse voir dans le fond la pierre d'où elle sort. — *Foires* le dernier lundi de fév. et dernier lundi de nov.

FONTAINES-D'AUZON (les), vg. *Indre-et-Loire*, comm. de Huisme, ⊠ de Chinon.

FONTAINES-EN-BEAUCE, vg. *Loir-et-Cher* (Beauce), arr. et à 16 k. de Vendôme, cant. de Savigny, ⊠ de Montoire. Pop. 716 h.

FONTAINES-EN-SOLOGNE, vg. *Loir-et-Cher* (Blaisois), arr. et à 22 k. de Blois, cant. et ⊠ de Bracieux. Pop. 784 h. — *Foire* le 17 juin.

FONTAINE-SIMON, vg. *Eure-et-Loir* (Perche), arr. et à 27 k. de Nogent-le-Rotrou, cant. et ⊠ de la Loupe. Pop. 802 h.

FONTAINES-LES-CAPPY, vg. *Somme* (Picardie), arr. et à 15 k. de Péronne, cant. de Chaulnes, ⊠ d'Estrées-Deniécourt. Pop. 130 h.

FONTAINES-LES-CLERCS, vg. *Aisne* (Picardie), arr., ⊠ et à 7 k. de St-Quentin, cant. de St-Simon. Pop. 440 h.

FONTAINES-LES-SÈCHES, vg. *Côte-d'Or* (Bourgogne), arr. et à 23 k. de Châtillon-sur-Seine, cant. et ⊠ de Laignes. Pop. 215 h.

FONTAINES-LUYÈRES, vg. *Aube* (Champagne), arr., cant., ⊠ et à 20 k. d'Arcis-sur-Aube. Pop. 116 h.

FONTAINE-SOUS-JOUY, *Fontanæ*, vg. *Eure* (Normandie), arr., cant., ⊠ et à 14 k. d'Évreux. Pop. 653 h.

FONTAINE-SOUS-MONTAIGUILLON,

vg. *Seine-et-Marne* (Brie), arr. et à 20 k. de Provins, cant. et ⊠ de Villiers-St-Georges. Pop. 190 h.

FONTAINE-SOUS-MONTDIDIER, vg. *Somme* (Picardie), arr., cant., ⊠ et à 4 k. de Montdidier. Pop. 221 h.

FONTAINE-SOUS-PRÉAUX, vg. *Seine-Inf.* (Normandie), arr. et à 8 k. de Rouen, cant. et ⊠ de Darnetal. Pop. 312 h.

FONTAINE-SUR-COOLE, vg. *Marne* (Champagne), arr., ⊠ et à 19 k. de Châlons-sur-Marne, cant. d'Écury-sur-Coole. Pop. 180 h.

FONTAINE-SUR-MARNE, vg. *H.-Marne* (Champagne), arr. et à 15 k. de Vassy, cant. de Chevillon, ⊠ de Joinville. Pop. 263 h.

FONTAINES-SUR-MAYE, vg. *Somme* (Picardie), arr. et à 20 k. d'Abbeville, cant. de Crécy, ⊠ de Bernay. Pop. 397 h.

PATRIE du docteur en médecine BOUCHER, qui se distingua par le zèle qu'il apporta à panser les blessés pendant les invasions de 1814 et 1815.

FONTAINES-SUR-SOMME, vg. *Somme* (Picardie), arr. et à 15 k. d'Abbeville, cant. d'Hallencourt, ⊠ d'Airaines. Pop. 1,367 h.

FONTAINE-UTERTRE, vg. *Aisne* (Picardie), arr. et à 11 k. de St-Quentin, cant. de Bohain, ⊠ de Fresnoy-le-Grand. Pop. 313 h.

FONTAINS, vg. *Seine-et-Marne* (Brie), arr. et à 26 k. de Provins, cant. et ⊠ de Nangis. Pop. 251 h.

FONTANE, vg. *Loire*, comm. de Montchal, ⊠ de Feurs.

FONTANELLE, vg. *Tarn*, comm. de Cambounès, ⊠ de Brassac.

FONTANEILLES, vg. *Aveyron*, comm. de Rivière, ⊠ de Millau.

FONTANÈS, vg. *Aude* (Languedoc), arr. et à 55 k. de Limoux, cant. de Belcaire, ⊠ de Quillan. Pop. 245 h.

FONTANÈS, vg. *Hérault* (Languedoc), arr. et à 27 k. de Montpellier, cant. de Claret, ⊠ des Matelles. Pop. 102 h.

FONTANÈS, vg. *Loire* (Forez), arr. et à 18 k. de St-Étienne, cant. de St-Héant, ⊠ de St-Chamond. Pop. 394 h. — *Foires* les 25 juin et 11 nov.

FONTANÈS, vg. *Lot* (Quercy), arr. et à 19 k. de Cahors, cant. et ⊠ de l'Albenque. Pop. 712 h. — *Foires* les 12 février, 31 mai, 3 sept. et 15 nov.

FONTANÈS, vg. *Lozère* (Languedoc), arr. et à 43 k. de Mende, cant. et ⊠ de Langogne. Pop. 314 h.

FONTANÈS-DE-LEQUES, vg. *Gard* (Languedoc), arr. et à 24 k. de Nîmes, cant. et ⊠ de Sommières. Pop. 451 h.

FONTANEUX, vg. *Loire*, comm. de St-Jean-Soleymieux, ⊠ de Montbrison.

FONTANGES, jolie petite ville, *Cantal* (Auvergne), arr. à 22 k. de Mauriac, cant. de Salers, ⊠ de St-Martin-Valmeroux. P. 1,760 h. — Elle est située dans l'une des plus riantes vallées du département, au pied des montagnes de Salers, d'où descend la rivière d'Aspre qui l'arrose, et dont les eaux sont particulièrement proprès au blanchissage des toiles et des fils. Son commerce, comme celui de tout le canton, consiste en bétail et en fromages. — Aux environs, on voit, sur un rocher escarpé, les ruines d'un ancien château, berceau de la belle duchesse de Fontanges, une des maîtresses de Louis XIV.

Le hameau de LA BASTIDE, dépendant de la commune de Fontanges, possède des eaux minérales froides, qui y attirent dans la saison un grand nombre de personnes. A un kilomètre de ce hameau, au-dessous de celui de la Peyre-Delcros, on arrive à un grand escarpement renfermant une espèce de grotte tapissée d'efflorescences de sulfate de fer, où l'on voit un arbre énorme à l'état de fossile ; on en reconnaît parfaitement l'écorce et les couches concentriques, de même que les ramifications de ses premières branches. Très-près de là est une belle cascade, qui couvre toute la largeur du ravin. — *Foires* les 15 mai, 8 sept. et 29 oct.

FONTANGIS, vg. *Côte-d'Or* (Bourgogne), arr. et à 19 k. de Semur, cant. de Précy-sous-Thil , ⊠ de la Maison-Neuve. Pop. 644 h.

FONTANIÈRE, vg. *Creuse* (Marche), arr. et à 30 k. d'Aubusson, cant. et ⊠ d'Evaux. Pop. 809 h.

FONTANIÈRES, vg. *Rhône*, comm. de Ste-Foy-les-Lyon, ⊠ de Lyon.

FONTANIEUX, vg. *Gard*, comm. de St-Jean-de-Valériscle, ⊠ de St-Ambroix.

FONTANIL, vg. *Isère* (Dauphiné), arr., cant. et à 12 k. de Grenoble, ⊠ de Voreppe. Pop. 652 h. — *Foire* le lundi après le 15 fév.

FONTANILS, vg. *Pyrénées-Or.*, comm. et ⊠ d'Arles-sur-Tech.

FONTANNES, vg. *H.-Loire* (Auvergne), arr., cant., ⊠ et à 3 k. de Brioude. P. 556 h.

FONTANUS, vg. *Puy-de-Dôme*, comm. d'Orcines, ⊠ de Clermont-Ferrand.

FONTANS, vg. *Lozère* (Languedoc), arr. et à 29 k. de Marvejols, cant. et ⊠ de Serverette. Pop. 846 h.

FONTARÈCHE, vg. *Gard* (Languedoc), arr. et à 11 k. d'Uzès, cant. et ⊠ de Lussan. Pop. 325 h.

FONTARÈDE, vg. *Lot-et-Garonne*, comm. de Moncaut, ⊠ de Nérac.

FONTBELLON, *Ardèche*. V. ST-ÉTIENNE-DE-FONTBELLON.

FONT-CLAIRANT, vg. *Puy-de-Dôme*, comm. d'Aydat, ⊠ de Veyre.

FONTCLAIREAU, vg. *Charente* (Angoumois), arr. et à 16 k. de Ruffec, cant. et ⊠ de Mansle. Pop. 589 h.

FONTCOUVERTE, vg. *Aude* (Languedoc), arr. et à 32 k. de Narbonne, cant. et ⊠ de Lézignan. Pop. 398 h.

FONT-COUVERTE, vg. *Charente-Inf.* (Saintonge), arr., cant., ⊠ et à 6 k. de Saintes. Pop. 691 h.

FONTCOUVERTE, vg. *Pyrénées-Or.*, comm. de Caixas, ⊠ de Perpignan.

FONT-D'EYGLIERS (la), vg. *H.-Alpes*, comm. d'Eygliers, ⊠ de Mont-Dauphin.

FONTELAYE (la), vg. *Seine-Inf.* (Normandie), arr. et à 30 k. de Dieppe, cant. et ⊠ de Tôtes. Pop. 151 h.

FONTENAILLES, vg. *Calvados* (Normandie), arr. et à 8 k. de Bayeux , cant. et ⊠ de Ryes. Pop. 180 h.

FONTENAILLES, vg. *Loir-et-Cher*, comm. de Lorges, ⊠ de Oucques.

FONTENAILLES, vg. *Seine-et-Marne* (Brie), arr. et à 23 k. de Melun, cant. de Mormant, ⊠ de Nangis. Pop. 665 h.

FONTENAILLES, vg. *Yonne* (Bourgogne), arr. et à 22 k. d'Auxerre, cant. et ⊠ de Courson. Pop. 307 h. — C'est sur son territoire que l'abbé Lebeuf place le champ de la sanglante bataille de Fontenay, qui se livra en 841 entre les enfants de Louis le Débonnaire. V. FONTENOY.

FONTENAI-SUR-ORNE, vg. *Orne* (Normandie), arr., cant., ⊠ et à 5 k. d'Argentan. Pop. 401 h.

FONTENAY, vg. *Calvados* (Normandie), arr. et à 35 k. de Bayeux, cant. et ⊠ d'Isigny. Pop. 175 h.

FONTENAY, vg. *Côte-d'Or*, comm. de Marmagne, ⊠ de Monthard. — Papeterie mécanique.

FONTENAY, *Fontanidum, Fontenaitum*, vg. *Eure* (Normandie), arr. et à 15 k. des Andelys, cant. d'Ecos , ⊠ de Thilliers-en-Vexin. Pop. 306 h. — On y remarque le château de Beauregard, où naquit en 1639 le poète CHAULIEU, véritable disciple d'Epicure, dont les poésies semblent avoir été dérobées à Horace et à Anacréon. M. Gaëtan de la Rochefoucauld, à qui l'on doit une notice fort intéressante sur l'arrondissement des Andelys, dont il a été sous-préfet, a donné la description suivante de l'agréable demeure de Chaulieu : « Le parc est le même, dit-il ; ce sont les mêmes allées qu'il a si souvent parcourues en rêvant ; ce sont les gazons qu'il a foulés , et qui renaissent sans cesse sous les pieds des hommes qui se succèdent. On est tout rempli de Chaulieu dans ce beau parc ; on voit encore un banc au bord de la pièce d'eau, entre des sapins , à l'endroit même où il aimait à s'asseoir. Chaulieu mourut à Paris ; mais son corps fut, d'après ses désirs, rapporté dans un caveau de Fontenay.

FONTENAY, vg. *Indre* (Berry), arr. et à 22 k. d'Issoudun, cant. et ⊠ de Vatan. Pop. 343 h.

FONTENAY, vg. *Loiret* (Gâtinais), arr. et à 13 k. de Montargis, cant. de Ferrières. ⊠. ⚡. A 96 k. de Paris pour la taxe des lettres. Pop. 594 h. — On voit près de l'église une fontaine dont les eaux passaient autrefois pour avoir la vertu de guérir la fièvre.

FONTENAY, vg. *Manche* (Normandie), arr., cant., ⊠ et à 14 k. de Mortain. Pop. 548 h.

FONTENAY, vg. *Manche* (Normandie), arr. et à 8 k. de Valognes, cant. et ⊠ de Montebourg. Pop. 379 h.

FONTENAY, vg. *Sarthe* (Anjou), arr. et à 30 k. de la Flèche, cant. et ⊠ de Brulon. Pop. 753 h.

FONTENAY, vg. *Saône-et-Loire* (Bourgogne), arr., cant., ⊠ et à 6 k. de Charolles. Pop. 136 h.

FONTENAY, vg. *Seine-Inf.* (Normandie), arr. et à 15 k. du Hâvre, cant. et ⊠ de Montivilliers. Pop. 264 h.

FONTENAY, vg. *Vosges* (Lorraine), arr., ⊠ et à 12 k. d'Epinal, cant. de Bruyères. Pop. 638 h.

FONTENAY, vg. *Yonne*. V. FONTENOY.

FONTENAY-AUX-ROSES , *Fontanetum Balneolum*, joli village, *Seine* (Ile-de-France), arr., cant. et à 2 k. de Sceaux. ⊠. A 9 k. de Paris pour la taxe des lettres. Pop. 1,092 h. — Il est agréablement situé sur le penchant d'un coteau, dans un territoire où l'on cultive une grande quantité d'arbustes, et particulièrement des rosiers, qui, au printemps, donnent à ce village un aspect enchanteur ; les habitants se livrent également à la culture de la vigne et des fraisiers. On y trouve des haies de rosiers qui, durant la belle saison, bordent toutes les promenades ; on en voit aussi de 3 m. 30 c. à 4 m. de hauteur le long des murs, et principalement devant la porte de chaque maison. — La situation de ce village, son charmant paysage, le genre de culture qui y est le plus favorisé, ont engagé d'y bâtir un grand nombre de maisons de campagne ; l'une des plus agréables a été habitée par Scarron. — Fête patronale le 1er dimanche après le 16 juillet.

FONTENAY-BOSSERY, vg. *Aube* (Champagne), arr., cant., ⊠ et à 5 k. de Nogent-sur-Seine. Pop. 92 h.

FONTENAY-EN-FRANCE. V. FONTENAY-LÈS-LOUVRES.

FONTENAY - LE - COMTE , *Fontenatum Comitis*, petite ville , *Vendée* (Poitou), chef-l. de sous-préf. (3e arr.) d'un cant. Trib. de 1re inst. Collège comm. Cure. Gîte d'étape. ⊠. ⚡. Pop. 7,960 h. — TERRAIN jurassique , étage inférieur du système oolitique.

Autrefois diocèse de la Rochelle, parlement de Paris , intendance de Poitiers, chef-lieu d'élection, bailliage, sénéchaussée, juges-consuls, gouvernement particulier, collège , 4 couvents.

Cette ville, agréablement située sur la Vendée, qui commence en cet endroit à être navigable, n'était autrefois qu'un hameau habité par des pêcheurs, lorsque la mer couvrait une partie de la plaine. Elle était anciennement fermée de murailles flanquées de tours, et protégée par un château fondé par les comtes de Poitiers, qui y faisaient leur résidence, et dont il ne reste plus que quelques vestiges. Dans le cours des troubles civils qui désolèrent la France pendant la moitié du XVIe siècle, cette ville fut le théâtre de plusieurs événements militaires : Pluviant, chef d'un parti de protestants, la prit en 1568 par capitulation, ce qui ne l'empêcha pas d'en massacrer la garnison et une partie des habitants. La Noue l'assiégea en 1570, et elle se rendit à Soubise. En 1574, le duc de Montpensier la prit par trahison et renchérit encore sur les cruautés des protestants. Le dernier siège qu'elle eut à soutenir fut celui de 1587, commandé par Henri IV en personne. — Le cardinal de Bourbon, dont la Ligue avait voulu faire un fantôme de roi sous le nom de Charles X, est mort à Fontenay en 1590 ; on voit encore ses armoiries sur les murs du sanctuaire de l'église St-Nicolas, où il fut enterré.

Le 24 mai 1793, une colonne de l'armée républicaine fut défaite sous les murs de Fontenay, accablée par toutes les forces de l'armée vendéenne, commandée par Bouchamps, Lescure et la Rochejaquelin. — Pendant la révolution, cette ville a porté le nom de FONTENAY-LE-PEUPLE.

Les armes de Fontenay sont : *de sable tranché d'argent à une fontaine d'or brochant sur le tout.*—Alias : *d'azur à une fontaine à bassin d'argent, côtoyée de deux licornes debout d'argent sommées d'or, à une fleur de lis d'or en chef.*

On présume que Fontenay doit son nom à une fontaine abondante d'eau minérale ferrugineuse, ornée d'une inscription latine qui l'annonce comme la source des beaux esprits :

PULCHRORUM INGENIORUM
FONS ET SCATURIGO.

Cette ville est située sur le penchant d'un coteau, au milieu d'une plaine étroite qui sépare le Marais du Bocage; on y arrive par quatre routes correspondant aux quatre points cardinaux : au nord, celle de Saumur traverse le Bocage à travers les sites les plus pittoresques ; au couchant, celle de Nantes parcourt une immense plaine ; celle de la Rochelle, au midi, communique avec les fertiles campagnes du Marais ; la quatrième, au levant, découvre au voyageur arrivant de Niort la ville de Fontenay s'élevant en amphithéâtre, avec ses toits presque plats et ses deux clochers gothiques. Peu de villes offrent un aspect plus gracieux : à droite et à gauche, des maisons propres et riantes couronnent les hauteurs ; au midi se trouve une place élevée, entourée de beaux arbres, qui s'élève comme une île de verdure, et d'où l'on jouit d'un agréable point de vue.

Au nombre des édifices publics, nous citerons : l'hôpital, lourde construction, qui n'offre rien de remarquable ; le collège, dont les bâtiments élégants, entourés de murs et de jardins, peuvent contenir 400 pensionnaires ; la prison, petit édifice de construction moderne ; la salle de spectacle, dont la décoration est de fort bon goût.—Dans l'hôtel que Louis III de la Trémouille, duc de Thouars et le plus puissant seigneur du Poitou fit construire en 1563, on voit dans la grande salle de réception, éclairée par quatre larges et hautes fenêtres, une riche cheminée de la renaissance, dont les sculptures sont parfaitement conservées. Plusieurs figures sont inexplicables ; mais on remarque au milieu d'elles la grande fée du Poitou, Mélusine, sous la forme d'une sirène faisant sa toilette.

Au centre de l'ancienne ville proprement dite, qui était autrefois ceinte de murs, se trouve l'église Notre-Dame, bel édifice d'architecture gothique, où l'ogive domine dans toute sa pureté : la flèche, une des plus élevées et des plus élégantes de France, présente un ensemble parfait de lignes grandes et pures, et de détails gracieux et finis ; élevée de 81 m. 24 c., elle est coupée vers la moitié de sa hauteur par deux galeries travaillées à jour, et accompagnée de quatre petites aiguilles de la plus grande délicatesse. La porte qui s'ouvre sur la grande rue, quoique un peu dégradée, a un caractère d'originalité fort remarquable ; le cordon qui suit l'ogive, les supports destinés à soutenir les statues des saints, et les baldaquins à jour qui les couronnent, sont du plus précieux travail. L'intérieur de l'église offre un aspect grandiose ; on remarque dans la chapelle de St-Vincent une voûte à nervure hardie, dans le goût de la renaissance ; on voit aussi, dans la même chapelle, une des plus belles copies de la Transfiguration de Raphaël, et sur le maître-autel un tableau de Robert Lefèvre, qui est peut-être la plus délicieuse création de ce grand artiste.

Des rues assez commerçantes, mais étroites et tortueuses, comme celles des vieilles cités, conduisent à la fontaine dont la ville prend le nom. Ce petit monument, dans le style de la renaissance, est simple et élégant ; au-dessous de l'attique, on aperçoit des ornements d'un gracieux travail, au milieu desquels sont sculptées les armes de la ville. Au-dessus de la fontaine s'élèvent les ruines de l'ancien château. Près de là est le quartier des halles, avec sa petite place carrée, où l'on a élevé récemment le buste du lieutenant général Belliard, en face de la maison où il est né.

Biographie. Patrie de NIC. RAPIN, poëte latin.

De J. BRISSON, naturaliste, membre de l'académie des sciences.

Du lieutenant général BELLIARD.

Du lieutenant général BONAMY.

COMMERCE de bois de construction, grains et graines potagères ; entrepôt des vins du Midi. —*Foires* célèbres les 31 janv., 24 juin, 11 oct., 25 mars.

A 57 k. de Bourbon-Vendée, 47 k. de la Rochelle, 452 k. de Paris.

L'arrondissement de Fontenay-le-Comte est composé de 9 cantons : Chaillé-les-Marais, la Châtaigneraie, Fontenay, l'Hermenault, Ste-Hermine, St-Hilaire-sur-l'Autise, Luçon, Maillezais, Pouzauges-la-Ville.

Bibliographie. LE BIGOT (J.). *La Prise de Fontenay-le-Comte, le 21 septembre, par le duc de Montpensier, décrite en vers,* in-4, 1574 ; in-12, 1574.

FONTENAY-LE-FLEURY, vg. *Seine-et-Oise* (Beauce), arr., cant. et à 8 k. de Versailles, ✉ de Trappes. Pop. 406 h.

FONTENAY-LE-MARMION, vg. *Calvados* (Normandie), arr. et à 11 k. de Caen, cant. de Bourguébus, ✉ de May-sur-Orne. Pop. 730 h.

FONTENAY-LE-PESNEL, vg. *Calvados* (Normandie), arr. et à 18 k. de Caen, cant. et ✉ de Tilly-sur-Seulles. Pop. 926 h.

FONTENAY-LÈS-BRUS, vg. *Seine-et-Oise* (Ile-de-France), arr. et à 35 k. de Rambouillet, cant. de Limours, ✉ de Bruyères-le-Châtel. Pop. 604 h.

FONTENAY-LÈS-LOUVETS, vg. *Orne* (Normandie), arr., ✉ et à 16 k. d'Alençon, cant. de Carrouges, Pop. 826 h.

FONTENAY-LÈS-LOUVRES, ou FONTENAY-EN-FRANCE, *Fontaneo*, vg. *Seine-et-Oise* (Ile-de-France), arr. et à 44 k. de Pontoise, cant. d'Ecouen, ✉ de Louvres. Pop. 563 h.

FONTENAY-LE-VICOMTE, vg. *Seine-et-Oise* (Ile-de-France), arr., cant. et à 11 k. de Corbeil, ✉ de Mennecy. Pop. 317 h.

FONTENAY-MONVOISIN, vg. *Seine-et-Oise* (Ile-de-France), arr. et à 6 k. de Mantes, cant. de Bonnières, ✉ de Rosny-sur-Seine. P. 182 h.

FONTENAY-PRÈS-CHABLIS, vg. *Yonne* (Bourgogne), arr. et à 23 k. d'Auxerre, cant. et ✉ de Chablis. Pop. 304 h.

FONTENAY-PRÈS-VÉZELAY, *Fontanetum*, bg *Yonne* (Bourgogne), arr. et à 16 k. d'Avallon, cant. et ✉ de Vézelay. P. 648 h.

FONTENAY-ST-PÈRE, vg. *Seine-et-Oise* (Beauce), arr., ✉ et à 6 k. de Mantes, cant. de Houdan. Pop. 793 h.

FONTENAY-SOUS-BOIS, vg. *Seine* (Ile-de-France), arr. et à 21 k. de Sceaux, cant. de Vincennes. A 10 k. de Paris pour la taxe des lettres. Pop. 3,173 h.—Il est contigu au bois de Vincennes et possède plusieurs sources dont les eaux sont conduites par un aqueduc au château de Vincennes. L'église paroissiale, qui est fort jolie, renferme le tombeau du célèbre compositeur de musique Daleyrac. La partie orientale de la nef principale et toute la nef du midi sont du XIIIe siècle ; le reste est du commencement du XVIe. Des figures d'anges incrustées dans les nervures transversales des arcades du chœur, des figures d'hommes et de femmes en relief sur des chapiteaux, sont assez remarquables. La nef septentrionale, qui forme une chapelle dédiée à saint Germain, est de la plus belle époque de la renaissance ; la partie orientale surtout est d'un luxe extraordinaire. Les nervures des voûtes s'entrelacent et laissent tomber une clef pendante à chacune de leurs intersections ; ces clefs sont en pierre et sculptées avec goût et richesse. — On voit dans les environs plusieurs belles maisons de campagne. — Fête patronale le premier dimanche d'août.

FONTENAY-SOUS-FOURONNES, vg. *Yonne* (Bourgogne), arr. et à 24 k. d'Auxerre, cant. de Coulange-sur-Yonne, ✉ de Courson. Pop. 253 h.

FONTENAY-SUR-CONIE, vg. *Eure-et-Loir* (Beauce), arr. et à 28 k. de Châteaudun, cant. de Pontarion, ✉ de Patay. Pop. 324 h.

FONTENAY-SUR-EURE, vg. *Eure-et-Loir* (Beauce), arr., cant., ✉ et à 8 k. de Chartres. Pop. 540 h.

FONTENAY-TORCY, vg. *Oise* (Picardie), arr. et à 33 k. de Beauvais, cant. et ✉ de Songeons. Pop. 326 h.

FONTENAY-TRÉSIGNY, petite ville, *Seine-et-Marne* (Brie), arr. et à 23 k. de Coulommiers, cant. de Rozoy-en-Brie. ✉. A 44 k. de Paris pour la taxe des lettres. Pop. 1,140 h.

Fontenay, jadis fermé de portes et entouré

d'une muraille flanquée de tours, fut peu connu avant le xvie siècle. Un château royal, bâti par François Ier, le tira de son obscurité. L'église est remarquable par son clocher et par les fonts baptismaux, ornés de sculptures. Une fontaine décore la place située entre cette église et le château, où le projet de la St-Barthélemy fut, dit-on, conçu et préparé.

En 1618, ce château devint la propriété de Jean-Louis duc d'Epernon, le même qui, le jour de Pâques, à St-Germain-l'Auxerrois, en présence de Louis XIII, osa expulser de l'église le chancelier Duvoir, en l'accablant d'injures, pour avoir occupé dans le chœur une place au-dessus de celle des ducs et pairs. — Le château de Fontenay passa des mains de la famille d'Epernon dans les maisons de Breteuil et de Montagu, et dans celle de Biron, par laquelle il est possédé en ce moment. — Belle exploitation rurale. — *Foires* les 2 juillet et 12 oct.

FONTENELLE, vg. *Aisne* (Brie), arr. et à 20 k. de Château-Thierry, cant. de Condé-en-Brie, ✉ de Viel-Maisons. Pop. 308 h.

FONTENELLE, vg. *Aisne* (Picardie), arr. et à 24 k. de Vervins, cant. et ✉ de la Capelle. Pop. 745 h.

FONTENELLE, vg. *Côte-d'Or* (Bourgogne), arr. à 37 k. de Dijon, cant. et ✉ de Fontaine-Française. Pop. 365 h.

FONTENELLE (la), vg. *Eure-et-Loir*, comm. du Favril, ✉ de Courville.

FONTENELLE (la), vg. *Ille-et-Vilaine* (Bretagne), arr. et à 29 k. de Fougères, cant. et ✉ d'Antrain. Pop. 1,137 h.

FONTENELLE (la), vg. *Loir-et-Cher* (Beauce), arr. et à 33 k. de Vendôme, cant. de Droué, ✉ de la Ville-aux-Clercs. Pop. 834 h.

FONTENELLE, vg. *H.-Rhin* (Alsace), arr., cant., ✉ et à 7 k. de Belfort. P. 89 h.

FONTENELLLE, vg. *Seine-et-Marne*, comm. de Boissy-le-Châtel, ✉ de Coulommiers.

FONTENELLE, vg. *Seine-et-Oise*, comm. de St-Martin-Dutertre, ✉ de Luzarches.

FONTENELLE, *Seine-Inf.* V. ST-WANDRILLE.

FONTENELLE (la), vg. *Deux-Sèvres*, comm. de Ste-Néomaye, ✉ de St-Maixent.

FONTENELLE - MONTBY, vg. *Doubs* (Franche-Comté), arr. à 13 k. de Baume-les-Dames, cant. et ✉ de Rougemont. Pop. 226 h.

FONTENELLES, vg. *Doubs* (Franche-Comté), arr. et à 44 k. de Mouthelliard, cant. et ✉ de Russey. Pop. 319 h.

FONTENELLES, vg. *Eure* (Normandie), arr. et à 16 k. de Bernay, cant. et ✉ de Thiberville. Pop. 72 h.

FONTENELLES, vg. *Seine-et-Oise*, com. de Nesles, ✉ de l'Isle-Adam.

FONTENELLES, *Vendée.* V. VENANSAULT.

FONTENERMONT, vg. *Calvados* (Normandie), arr. et à 17 k. de Vire, cant. et ✉ de St-Sever. Pop. 376 h.

FONTENET, vg. *Charente-Inf.* (Saintonge), arr., cant., ✉ et à 7 k. de St-Jean-d'Angély. Pop. 763 h.

FONTENETTE, vg. *Seine-et-Oise*, comm. d'Abbeville, ✉ d'Etampes.

FONTENIL (le), vg. *H.-Alpes*, comm. et ✉ de Briançon.

FONTENILLE, vg. *Charente* (Angoumois), arr. et à 13 k. de Ruffec, cant. et ✉ de Mansle. Pop. 740 h.

FONTENILLE, vg. *Deux-Sèvres*, (Poitou), arr. à 12 k. de Melle, cant. et ✉ de Chefboutonne. Pop. 377 h.

FONTENILLES, vg. *Dordogne* (Périgord), arr. et à 38 k. de Sarlat, cant. et ✉ de Villefranche-de-Belvès. Pop. 315 h.

FONTENILLES, vg. *H.-Garonne* (Languedoc), arr. et à 16 k. de Muret, cant. et ✉ de St-Lys. Pop. 673 h.

FONTENILLES (les), vg. *Maine-et-Loire*, comm. de St-Quentin-en-Mauges, ✉ de Beaupréau.

FONTENIS (les), vg. *H.-Saône* (Franche-Comté), arr. et à 24 k. de Vesoul, cant. et ✉ de Rioz. Pop. 106 h.

FONTENOIS-LA-JOUTE, vg. *Meurthe* (Lorraine), arr. et à 25 k. de Lunéville, cant. et ✉ de Baccarat. Pop. 678 h.

FONTENOIS-LA-VILLE, vg. *H.-Saône* (Franche-Comté), arr. et à 43 k. de Lure, cant. et ✉ de Vauvillers. Pop. 836 h.

PATRIN du poëte GILBERT, mort à l'Hôtel-Dieu de Paris le 12 novembre 1780.

FONTENOIS-LÈS-MONTBOZON, vg. *H.-Saône* (Franche-Comté), arr. et à 19 k. de Vesoul, cant. et ✉ de Montbozon. Pop. 651 h.

FONTENOTTE, vg. *Doubs* (Franche-Comté), arr., cant., ✉ et à 4 k. de Baume-les-Dames. Pop. 117 h.

FONTENOUILLES, vg. *Yonne* (Champagne), arr. et à 31 k. de Joigny, cant. et ✉ de Charny. Pop. 448 h.

FONTENOY, vg. *Aisne* (Picardie), arr. et à 15 k. de Soissons, cant. et ✉ de Vic-sur-Aisne. Pop. 512 h.

FONTENOY, vg. *Meurthe* (Lorraine), arr., cant., ✉ et à 10 k. de Toul. Pop. 248 h.

FONTENOY, vg. *Meuse*, comm. de Laimont, ✉ de Bar-le-Duc.

FONTENOY, vg. *Oise*, comm. de Pierre-Fonds, ✉ de Couloisy.

FONTENOY, ou FONTENAY-EN-PUISAIE, vg. *Yonne* (Bourgogne), arr. et à 30 k. d'Auxerre, cant. de St-Sauveur, ✉ de Toucy. P. 783 h.

Ce village est célèbre par la sanglante bataille qui se livra sur son territoire, le 25 juin 841, entre les enfants de Louis le Débonnaire. Le 21 juin 841, les deux armées se trouvèrent en présence sans s'être cherchées, dans le voisinage d'Auxerre; il y avait toutefois 12 k. de distance entre l'un et l'autre camp, et Lothaire, qui attendait encore Pepin, profita des bois et des marais qui coupaient le pays, pour éviter la bataille. Ses deux plus jeunes frères lui envoyèrent alors des hérauts d'armes, pour se plaindre de ce qu'il se refusait également et à la paix et à la guerre. Lothaire avait rejeté, disaient-ils, leurs offres d'accommodement, et cependant il se dérobait au combat; pour eux, ils étaient prêts à soumettre leur cause au jugement de Dieu: déjà ils l'avaient invoqué par des jeûnes et des prières; et désormais, selon que Lothaire voudrait choisir, ou ils marcheraient à lui, ou ils l'attendraient en lui ouvrant tous les passages, et ils lui présenteraient sans fraude un combat égal. Lothaire, qui ne songeait qu'à gagner du temps, renvoya les hérauts d'armes, en annonçant que les siens porteraient bientôt à ses deux frères sa réponse. En même temps il transporta son camp au village de Fontenay, tandis que ses frères se placèrent à Tauriac, pour lui couper le chemin (1). De nouvelles négociations et de nouvelles propositions de paix occupèrent les princes pendant les deux jours suivants; mais Lothaire, qui semblait d'abord avoir désiré un arrangement, en rejeta toute idée dès que Pepin se fut réuni à lui. Alors ses deux frères lui firent dire qu'il choisît ou d'accepter leur dernière proposition, ou de les attendre, car le lendemain 25 juin, à la deuxième heure du jour, ils viendraient demander entre eux et lui le jugement de ce Dieu tout-puissant, auquel il les avait forcés de recourir contre leur volonté.

Le lendemain, au point du jour, les deux frères firent occuper le sommet du mont des Alouettes, qui dominait le camp de Lothaire, puis ils attendirent l'heure fixée. Le combat s'engagea sur trois points différents; Lothaire commandait au lieu nommé Brittes ou Bretignelles; il y fut attaqué par Louis le Germanique. Nous ne savons point le nom des lieutenants de Lothaire qui commandaient à Fagit ou le Fay, et à Solennat ou Coulenne; ils y furent attaqués, le premier par Charles le Chauve, le second par le comte Nithard; qui a écrit la seule bonne histoire de cette époque malheureuse, et par le comte Adelhard. Aucun combat depuis l'origine de la monarchie n'avait été aussi acharné; aucun ne fit répandre plus de sang et ne fut plus fatal à la France. Les armées à peu près égales en nombre, et animées d'un égal courage, ne pouvaient se résigner à céder la victoire. Elle demeura enfin aux deux plus jeunes frères; mais elle avait été achetée si cher, qu'ils ne furent point en état d'en recueillir les fruits. En général, les historiens de cette époque ne nous apprennent pas quel fut le nombre des morts ; en effet, il y avait si peu d'ordre dans les armées, que les généraux eux-mêmes ne pouvaient jamais le connaître. Un seul écrivain contemporain, mais italien, porte à quarante mille hommes la perte de Lothaire et de Pepin; et l'on doit regarder ce calcul comme le plus exagéré de ceux qui circulent sur les conséquences de cette bataille. Cependant l'annaliste de Metz a dit le premier, et presque tous ceux qui sont venus depuis ont répété, que le massacre des Français dans cette journée avait mis un terme à leur puissance militaire, et les avait laissés dès lors dans l'impossibilité d'arrêter les ravages des Normands, des Sarrasins et des Bretons.

On a attribué à cette mémorable journée l'origine d'un statut de l'ancienne coutume de

---

(1) D'après l'abbé Lebeuf, Fontenetum est aujourd'hui nommé non pas Fontenay, mais Fontenaille, et Tauriu est Tury, à 28 k. d'Auxerre.

Champagne, en vertu duquel *le ventre anoblissait*, c'est-à-dire que les femmes nobles de cette province avaient le droit de transmettre la noblesse aux roturiers qu'elles épousaient et aux enfants issus de semblables mariages. Ce privilége, si contraire à l'usage constant de la France, et qui fut supprimé par la suite des temps, fut accordé, assure-t-on, à la Champagne, tant pour réparer la perte qu'elle avait faite de presque toute sa noblesse, à la bataille de Fontenay, que pour repeupler la France de l'espèce noble que cette bataille avait presque entièrement éteinte.

Bibliographie. *Dissertation sur la bataille de Fontenay* (Mém. de l'acad. royale des inscriptions et belles-lettres, t. x*, p. 593). *Dissertations relatives à la bataille de Fontenay* (Hist. de l'acad. royale des inscriptions et belles-lettres, t. XVIII, p. 303 et suiv.).

FONTENOY-LE-CHATEAU, bg *Vosges* (Lorraine), arr. et à 32 k. d'Épinal, cant. et ⊠ de Bains. Pop. 2,220 h.—Ce bourg, situé sur le Coney, était autrefois une forteresse considérable, dont il reste encore les murs et les portes, ainsi que quelques ouvrages extérieurs. —Fabrique de couverts en fer battu. Tréfilerie. Distilleries d'eau de cerises. Brasseries.—*Foires* les 1er mars, 1er mai, 2 oct. et 2 déc.

FONTENU, vg. *Jura* (Franche-Comté), arr. et à 24 k. de Lons-le-Saulnier, cant. et ⊠ de Clairvaux. Pop. 241 h.

FONTENY, vg. *Jura* (Franche-Comté), arr. de Poligny, à 20 k. d'Arbois, cant. et ⊠ de Salins. Pop. 147 h.

FONTENY, vg. *Meurthe* (Lorraine), arr. de Château-Salins, à 17 k. de Vic, cant. et ⊠ de Delme. Pop. 444 h. — On y trouve une source d'eau minérale ferrugineuse.

FONTERS-DU-RASÈS, vg. *Aude* (Languedoc), arr., ⊠ et à 18 k. de Castelnaudary, cant. de Fanjeaux. Pop. 201 h. — *Foires* le 11 nov.

FONTÈS, vg. *Hérault* (Languedoc), arr. et à 36 k. de Béziers, cant. de Montagnac, ⊠ de Pézenas. Pop. 977 h.

FONTESTORBE. V. BELESTA.

FONTET, vg. *Gironde* (Guienne), arr., cant. ⊠ et à 2 k. de la Réole. Pop. 714 h.

FONTÈTES (les), *Puy-de-Dôme*, comm. de St-Ours, ⊠ de Pontgibaud.

FONTETTE, vg. *Aube* (Champagne), arr. et à 18 k. de Bar-sur-Seine, cant. et ⊠ d'Essoyes. Pop. 646 h.

Patrie de la comtesse VALOIS DE LAMOTTE, condamnée, pour la scandaleuse affaire du collier, à être fouettée et marquée, après avoir fait amende honorable.

FONTETTE, vg. *Côte-d'Or*, comm. de St-Mesmin, ⊠ de Vitteaux.

FONTETTES, vg. *Saône-et-Loire*, comm. de Gilly-sur-Loire, ⊠ de Bourbon-Lancy.

FONTETTES, vg. *Lot-et-Garonne*, comm. de St-Barthélemy, ⊠ de Miramont.

FONTEVRAULT, *Fons Ebraldi*, petite ville, *Maine-et-Loire* (Anjou), arr., cant. et à 15 k. de Saumur. ⊠. ∽. A 313 k. de Paris pour la taxe des lettres. Pop. 3,639 h.

Cette ville, bâtie dans le fond d'un vallon, au milieu d'un bois, doit sa fondation à la célèbre abbaye de ce nom, une des plus belles et des plus riches qu'il y ait eu en France, et la seule dans son genre qui existât dans le monde chrétien.

L'abbaye de Fontevrault, chef d'un ordre unique, où les hommes étaient soumis à la puissance des femmes, fut fondée en 1099, par Robert d'Arbrissel, célèbre prédicateur breton, qui fut chargé, par le pape Urbain II, de prêcher en faveur de la première croisade. Des cinq églises qu'elle renfermait, il n'en reste plus qu'une, la plus grande de toutes, qui ressemble à une cathédrale; c'est un monument du XIIe siècle, remarquable par son genre de construction. A cette époque, on faisait toutes les voûtes des églises en ogive avec des nervures sur les arêtes; celles de cette nef, au contraire, sont sphériques, portées sur des arcs à plein cintre, ce qui lui donne un air de solidité et de simplicité qui approche beaucoup de l'antique. Ce bel édifice n'est plus église que par son extérieur; en dedans c'est une prison, comme tout le reste de l'abbaye, transformée en maison centrale de détention pour onze départements.

Dans la seconde cour de l'abbaye de Fontevrault, on voit un monument fort intéressant sous le rapport de l'art; c'est la tour d'Evrault, dont la couleur brune et la masse pyramidale forment un contraste frappant avec les bâtiments modernes qui l'environnent. Sa construction est singulière : elle s'élève sur trois plans; le premier octogone, le second carré, et troisième est aussi un octogone, dont les angles répondent au milieu des faces du premier; chaque face du premier plan est ouverte par une arcade ogive, portée par deux colonnes, et donne entrée dans une chapelle demi-circulaire, percée de trois petites fenêtres. On présume que ce monument était autrefois une chapelle sépulcrale, placée au milieu d'un cimetière, et qu'il a été construit au commencement du XIIe siècle.

On remarque à Fontevrault le cimetière des rois d'Angleterre, comtes d'Anjou, dont il reste encore quatre tombeaux, ceux de Henri II, de Richard Cœur de lion, son fils, d'Aliénor ou Eléonore de Guienne, femme du premier et mère du second, et d'Elisabeth, épouse de Jean sans Terre. Ces restes, extrêmement mutilés, n'ont échappé à une entière destruction que par les soins de M. Félix Bodin, aussi zélé conservateur qu'érudit historien des monuments de l'Anjou.

Manufactures de toiles. Rouennerie. Corderie.—*Foires* les 1ers lundis de fév., de Pâques, de mai, d'oct. et de déc.

Bibliographie. NIQUET (Honorat). *Histoire de l'ordre de Fontevrault, contenant la vie et les merveilles de la sainteté de Robert d'Arbrisselles*, etc., in-4, 1643.

HÉLIOT. *Histoire abrégée de l'ordre de Fontevrault et son progrès* (se trouve dans son Hist. des ordres monastiques et religieux, t. VI, p. 83, 108, in-4, 1714).

Antiquités du monastère de Fontevrault, in-4.

FONT-GILLARDE, vg. *H.-Alpes*, com. de Molines-en-Queyras, ⊠ de Queyras.

FONTGOMBAUD (*Indre*). L'abbaye de Fontgombaud, dont nous avons omis de parler à l'article FONGOMBAULT (pag. 45), doit son origine à un solitaire qui se retira dans une grotte sur le bord de la Creuse, vers la fin du XIe siècle. Vers 1091, de nouvelles grottes furent creusées par des religieux à côté de la première; dont une entre autres, plus spacieuse, offre un plafond soutenu par un assez gros pilier où l'on remarque encore une espèce de niche. Devenus plus nombreux et plus riches, ces anachorètes transportèrent leur établissement sur la rive droite de la rivière, où ils jetèrent les fondements de l'abbaye de Fontgombaud, qui fut pillée par les reîtres en 1369, brûlée par les calvinistes la même année, et supprimée par l'archevêque de Bourges en 1741. Il n'existe plus que des débris de cette riche abbaye. L'église, qui était très vaste, tombe en ruines; il n'en reste que la façade et les murs latéraux, sur le haut desquels on voit encore une madone en pierre, qui a résisté aux ravages du temps.

Le site de Fontgombaud ne se peut plus pittoresque; les rochers qui bordent la Creuse sont perforés de grottes qui ont des issues dans d'autres parties de la montagne, et où il est assez difficile de pénétrer.

FONTGUENAUD, vg. *Indre* (Berry), arr. de Châteauroux, cant. de Valençay.

FONTIENNE, vg. *B.-Alpes* (Provence), arr., ⊠ et à 9 k. de Forcalquier, cant. de St-Etienne-les-Orgues. Pop. 201 h.

FONTIERS-CABARDÈS, vg. *Aude* (Languedoc), arr. et à 25 k. de Carcassonne, cant. de Saissac, ⊠ d'Alzonne. Pop. 1,077 h.— *Foire* le 15 juillet.

FONTIERS-D'AUDE, vg. *Aude* (Languedoc), arr. et à 11 k. de Carcassonne, cant. et ⊠ de Capendu. Pop. 254 h.

FONTJONCOUSE, vg. *Aude* (Languedoc), arr. et à 3 k. de Narbonne, cant. de Durban, ⊠ de Sigean. Pop. 314 h.

FONTJOYEUX, comm. de St-Martin-de-la-Brasque, ⊠ de Pertuis.

FONTMORIGNY, vg. *Cher*, com. de Mennetou-Couture, ⊠ de Villequiers.

FONTOY, vg. *Moselle* (pays Messin), arr. et à 16 k. de Briey, cant. d'Audun-le-Roman. ⊠. ∽. A 314 k. de Paris pour la taxe des lettres. Pop. 971 h.—*Fabriques* de chaudronnerie en fer battu. Beau moulin à plâtre.—*Foires* les 1er juin et 1er oct.

FONTPÉDROUZE, joli village, *Pyrénées-Or.* (Roussillon), arr. et à 34 k. de Prades, cant. et ⊠ de Montlouis. Pop. 763 h. — Il est situé dans un riant vallon, près de la rive gauche de la Têt. On y voit une belle cascade encadrée dans un charmant paysage qui offre des points de vue où ne peut plus pittoresques. Les habitants de ce village sont presque tous muletiers.

Le village de PRAST-ST-THOMAS est une dépendance de cette commune. On y trouve des sources d'eaux thermales sulfureuses dont la température s'élève à +45° Réaumur.

FONTRABIOUSE, vg. *Pyrénées-Or.* (Roussillon), arr. et à 59 k. de Prades, cant. et ✉ de Montlouis. Pop. 383 h.

FONTRAILLES, vg. *H.-Pyrénées* (Armagnac), arr. et à 34 k. de Tarbes, cant. et ✉ de Trie. Pop. 479 h.

FONTROUSSE, vg. *Bouches-du-Rhône*, comm. et ✉ d'Aix.

FONTVANNE, *Fons Vannæ, Fonvanna*, vg. *Aube* (Champagne), arr. et à 16 k. de Troyes, cant. et ✉ d'Estissac. Pop. 368 h. A la source de la Vanne.

FONTVIEILLE, vg. *Bouches-du-Rhône* (Provence), arr., cant., ✉ et à 8 k. d'Arles-sur-Rhône, et à 10 k. de Tarascon. P. 2,142 h.

Ce village est bâti sur le penchant de collines qui renferment dans leur sein des carrières de belles pierres de taille ; les rues en sont bien percées, et bordées de maisons assez bien construites. On y arrive, du côté d'Arles, par une chaussée qui traverse les marais et qui communique avec la colline de Cordes et avec celle que surmonte l'église de Mont-Majour.

Cette colline de Cordes offre quelques particularités intéressantes : dans la partie méridionale, qui est la seule accessible, elle a été entourée de fortes murailles en pierres sèches, dont il existe encore des parties considérables, et qui forment un camp retranché que l'on attribue aux Sarrasins. — Au sommet de la colline, et non loin de ces murailles, on remarque une grotte en forme de croix, qui porte dans le pays le nom de Trou-des-Fées ; on y arrive par une rampe ou descente taillée dans le roc, qui aboutit à une salle à ciel ouvert de 10 m. de long sur 3 m. de large, et dont les extrémités sont arrondies. Vis-à-vis s'ouvre dans le rocher une petite porte cintrée, formant l'entrée d'un corridor, à l'issue duquel est une seconde salle de 24 m. de long sur 3 m. de large, et perpendiculaire à la première. Cette seconde grotte a été aussi taillée à ciel ouvert ; mais on lui a fait un toit avec des pierres énormes, qu'on a ensuite recouvert de terre.

FONVERINNE, vg. *Deux-Sèvres*, comm. d'Azay-Brûlé, ✉ de St-Maixent.

FONVILLES, vg. *Eure-et-Loir*, comm. du Boullaye-Mivoye, ✉ de Nogent-le-Roi.

FONZILLES, vg. *Deux-Sèvres*, comm. de Vausseroux, ✉ de St-Maixent.

FORAINVILLIERS, *Eure-et-Loir*. V. LA CHAPELLE-FORAINVILLIERS.

FORANNES, vg. *H.-Alpes*, comm. de St-Veyran, ✉ de Queyras.

FORBACH, bg *Moselle* (pays Messin), arr. et à 20 k. de Sarreguemines, chef-l. de cant. Cure. Bureau de douanes. ✉. ⚒. A 379 k. de Paris pour la taxe des lettres. Pop. 4,288 h. — TERRAIN de grès des Vosges.

Ce bourg était autrefois défendu par un château fort construit sur le roc vif, dont on voit encore les ruines au sommet de la montagne Selosberg, sur l'escarpement septentrional de laquelle le gros bourg est bâti en amphithéâtre. Il est divisé en rues étroites, tortueuses, entouré de vastes forêts et de montagnes sablonneuses ; c'est un des principaux débouchés de l'Allemagne où aboutissent les routes de Sarrelouis et de Sarreguemines.

PATRIE du général des armées de la république HOUCHARD, mort sur l'échafaud révolutionnaire le 17 novembre 1793.

Fabriques de pipes fines, tissus à mailles de fer, savon vert. Tanneries. Verreries. — *Foires* les lundi après le 1er janv., 1ers mardis après la mi-carême, après Pâques, samedi de Pentecôte, 1er lundi après le 24 juin, 2e lundi après St-Remy, 1er lundi après le 29 nov.

FORCALQUEIRET, *Forcalquerretum*, vg. *Var* (Provence), arr., ✉ et à 10 k. de Brignoles, cant. de la Roquebrussanne. Pop. 335 h. — *Foires* le 29 août.

FORCALQUIER, *Forum Calcarium, Forum Neronis, Forcalquerium*, petite ville très-ancienne, *B.-Alpes* (Provence), chef-l. de sous-préf. (5e arr.) et d'un cant. Trib. de 1re inst. Société d'agric. Collège comm. ✉. ⚒. Pop. 3,065 h. — TERRAIN tertiaire moyen.

Autrefois comté, diocèse de Sisteron, parlement et intendance d'Aix, viguerie, sénéchaussée, recette, chapitre, 4 couvents.

L'origine de cette ville remonte à une haute antiquité. C'était la capitale des *Memini*, qui l'avaient bâtie sur une hauteur en pain de sucre qui domine la ville actuelle. Les Romains s'en emparèrent et en firent une position importante, à laquelle ils donnèrent le nom de *Forum Neronis*. Les différentes invasions des peuples barbares ruinèrent complétement cette ville ; les Bourguignons s'en emparèrent en 474 ; les Normands, les Lombards, les Saxons, les Hongrois, et surtout les Sarrasins, la ravagèrent.

Les **armes de Forcalquier** sont : *de gueules à trois pots d'or.*

La ville de Forcalquier n'offre aujourd'hui rien de bien remarquable ; elle est bâtie en amphithéâtre et fait face au nord ; ses rues sont étroites, tortueuses, et la plupart fort sales. On voit encore des restes considérables, en grande partie couverts de lierre, de l'ancienne ville, qui se trouvait à l'est et au midi du fort Neronis.

Forcalquier était autrefois le chef-lieu d'un comté qui renfermait tout le pays compris entre la Durance, l'Isère et les Alpes.

Fabriques de cadis et de chapellerie. Filatures de soie. — *Commerce* de graine de trèfle, luzerne, sainfoin, miel, cire jaune, amandes, poterie, laines, chevaux et bestiaux.

A 53 k. S.-O. de Digne, 755 k. S.-E. de Paris.

L'arrondissement de Forcalquier renferme 6 cantons : Forcalquier, Banon, St-Etienne, Manosque, Reillanne, Peyruis.

FORCE (la), vg. *Aude* (Languedoc), arr. à 24 k. de Castelnaudary, cant. de Fanjeaux, ✉ de Villa-Savary. Pop. 319 h.

FORCÉ (la), *Dordogne*. V. LAFORCE.

FORCÉ, vg. *Mayenne* (Maine), arr., ✉ et à 6 k. de Laval, cant. d'Argentré. Pop. 430 h.

FORCELLES-SOUS-GUGNEY, vg. *Meurthe* (Lorraine), arr. et à 40 k. de Nancy, cant. et ✉ de Vezelise. Pop. 350 h.

FORCELLES-ST-GORGON, vg. *Meurthe* (Lorraine), arr. et à 32 k. de Nancy, cant. et ✉ de Vezelise. Pop. 270 h.

FORCEVILLE, vg. *Somme* (Picardie), arr. et à 45 k. d'Amiens, cant. et ✉ d'Oisemont. Pop. 242 h.

FORCEVILLE, vg. *Somme* (Picardie), arr. et à 21 k. de Doullens, cant. et ✉ d'Acheux. Pop. 638 h.

FORCEY, vg. *H.-Marne* (Champagne), arr. et à 20 k. de Chaumont-en-Bassigny, cant. et ✉ d'Andelot. Pop. 311 h. — Tréfilerie. Forges et martinets.

FORCIOLO, vg. *Corse*, arr., ✉ et à 34 k. d'Ajaccio, cant. de Ste-Marie-et-Sieche. Pop. 260 h.

FORCY, vg. *Corse*, comm. de Santa-Reparata-di-Moriani, ✉ de Cervione.

FORCY, vg. *Nièvre*, com. de Crux-la-Ville, ✉ de St-Saulge.

FORENS, vg. *Ain* (Bugey), arr. et à 29 k. de Nantua, cant. et ✉ de Châtillon-de-Michaille. Pop. 564 h.

FOREST (le), vg. *B.-Alpes*, comm. de Barles, ✉ de Seyne.

FOREST, vg. *Nord* (Hainaut), arr. et à 29 k. d'Avesnes, cant. et ✉ de Landrecies. Pop. 1,590 h.

FOREST, vg. *Nord* (Flandre), arr., ✉ et à 10 k. de Lille, cant. de Lannoy. Pop. 722 h.

FOREST (le), vg. *Pas-de-Calais* (Artois), arr. et à 40 k. de Béthune, cant. et ✉ de Carvin. Pop. 1,113 h.

FOREST (le), vg. *Somme* (Picardie), arr., ✉ et à 10 k. de Péronne, cant. de Combles. Pop. 128 h.

FOREST, vg. *Aisne* (Picardie), arr. de St-Quentin, cant. de Vermand.

FORESTIÈRE (la), vg. *Marne* (Champagne), arr. et à 53 k. d'Epernay, cant. d'Esternay, ✉ de Courgivaux. Pop. 393 h.

FOREST-L'ABBAYE, vg. *Somme* (Picardie), arr. et à 12 k. d'Abbeville, cant. de Nouvion-en-Ponthieu. Pop. 472 h.

FOREST-MONTIERS, vg. *Somme* (Picardie), arr. et à 20 k. d'Abbeville, cant. de Nouvion-en-Ponthieu. Pop. 742 h.

FOREST-ST-JULLIEN, vg. *H.-Alpes* (Dauphiné), arr. et à 14 k. de Gap, cant. et ✉ de St-Bonnet. Pop. 475 h.

FORÊT (la), vg. *B.-Alpes*, comm. d'Aubignosc, ✉ de Sisteron.

FORÊT (la), vg. *Côte-d'Or*, comm. de la Bussière-sur-Ouche, ✉ de Sombernon.

FORÊT (la), vg. *Côte-d'Or*, com. de Terre-Fondrée, ✉ de Recey-sur-Ource.

FORÊT (la), vg. *Eure*, comm. des Barils, ✉ de Verneuil.

FORÊT (la), vg. *Finistère* (Bretagne), arr. et à 17 k. de Brest, cant. et ✉ de Landerneau. Pop. 483 h.

A peu de distance de ce village et à la sortie de la forêt de Landerneau, on trouve les ruines du château de Joyeuse-Garde, fameux dans les chroniques de la Table ronde, où habitaient Lancelot du Lac et la charmante Yseult, « où le roi Arthur, dit dom Taillandier, faisoit sa résidence et tenoit les chevaliers à faire jouxte, armes et prouesses ». Quelques pans de murailles, des fondements à fleur de terre, le pied des tours et la circonvallation des fossés, permettent encore aujourd'hui de reconnaître le plan entier de ce château, dont la réédification paraît remonter au XII° siècle, à l'exception d'un souterrain d'environ cent mètres d'étendue, voûté à plein cintre et sans piliers. La grande porte est encore debout ; c'est une arcade en ogive dont les ruines, couvertes d'arbustes et de guirlandes, sont d'un effet très-pittoresque.

FORÊT (la), vg. *Finistère*, comm. de Fouesnant, ⊠ de Quimper.

FORÊT (la), vg. *Meurthe*, comm. de Bertrambois, ⊠ de Lorquin.

FORÊT (la), vg. *Nièvre*, comm. de Surgy, ⊠ de Clamecy.

FORÊT (la), vg. *Puy-de-Dôme*, comm. de Cisternes-la-Forêt, ⊠ de Pontaumur.

FORÊT (la), vg. *Seine-et-Marne*, comm. et ⊠ de Chaumes.

FORÊT (la), vg. *Vosges* comm. de la Chapelle-aux-Bois, ⊠ de Xertigny.

FORÊT-AUVRAY (la), bg *Orne* (Normandie), arr. et à 32 k. d'Argentan, cant. et ⊠ de Putanges. Pop. 820 h. — *Foires* les 3 fév., 15 mars, 22 avril, 4° vendredi de mai, 30 juin, 1er lundi d'oct. et 1er mardi de déc.

On y voit un ancien château bâti, dit-on, par Anne de Montgommery dans le temps des guerres civiles. Il est formé d'une simple cour carrée, garnie de murs épais et élevés, flanqués de quatre tourelles et environnés de fossés creux. Son sommet, ainsi que celui des tours, est couronné en mâchicoulis. Sur quelques points, les murs d'enceinte ont près de 12 m. de hauteur, et sur d'autres 7 m. seulement. Leur épaisseur est de 2 m. jusqu'au niveau du crénelage, où l'on a ménagé un trottoir intérieur avec un parapet, qui forme le prolongement du rempart. Tout ce bastionnage de la forteresse est très-curieux. Les deux tourelles du midi et de l'ouest sont plus anciennes, mieux construites que les deux autres : l'une servant de chapelle, et l'autre portant le nom de Tour-des-Morts. C'était dans cette dernière qu'étaient déposés les restes des illustres Montgommery, qui, comme on le sait, appartenaient à la religion réformée. Ce château est entièrement construit en granit et dans un état parfait de conservation ; il offre cette teinte grise qui sied si bien aux vieux monuments.

Un château plus petit, mais presque aussi curieux à cause de son entière conservation, est celui du Repas, situé à 8 k. de la Forêt. Il est difficile de trouver une fabrique de castel du XVI° siècle plus complète ; les douves larges sont remplies d'eau comme au temps des sièges, et garnies de murs épais nullement altérés. L'édifice est flanqué de quatre tours bien couvertes, et on en voit une cinquième destinée à le soutenir vers la grande douve. Ce château est tellement bien bâti qu'on le croirait sorti tout d'une pièce d'une carrière de granit ; les alentours sont couverts partout de beaux hêtres, de forts sapins et de taillis fourrés.

FORÊT-DE-CERISY (la), vg. *Calvados*, com. de Montfiquet, ⊠ de Balleroy.

FORÊT-DE-FONTAIN (la), vg. *Doubs*, comm. de Fontain, ⊠ de Besançon.

FORÊT-DE-TESSÉ (la), vg. *Charente* (Angoumois), arr. et à 10 k. de Ruffec, cant. et ⊠ de Villefagnan. Pop. 904 h.

FORÊT-DU-PARC (la), vg. *Eure* (Normandie), arr. et à 14 k. d'Evreux, cant. et ⊠ de St-André. Pop. 314 h.

FORÊT-DU-TEMPLE (la), vg. *Creuse*, comm. de Mortroux, ⊠ de Genouillat. Pop. 213 h.

FORÊT-LA-FOLIE, vg. *Eure* (Normandie), arr., ⊠ et à 10 k. des Andelys, cant. d'Ecos. Pop. 635 h.

FORÊT-LE-ROI (la), vg. *Seine-et-Oise* (Beauce), arr. et à 30 k. de Rambouillet, cant. et ⊠ de Dourdan. Pop. 338 h. — Ce village avait autrefois titre de baronnie ; on y voit un ancien château flanqué de deux pavillons, auquel est joint un parc distribué en jardin paysager.

FORÊT-STE-CROIX (la), vg. *Seine-et-Oise* (Gatinais), arr., ⊠ et à 10 k. d'Etampes, cant. de Méréville. Pop. 226 h.

FORÊT-SUR-SÈVRE (la), bg *Deux-Sèvres* (Poitou), arr. et à 15 k. de Bressuire, cant. et ⊠ de Cerisay. Sur la Sèvre Nantaise. On y remarquait avant la révolution un château, bâti par Duplessis Mornay, et remarquable par sa situation dans une île de la Sèvre Nantaise, par son étendue et par ses antiques fortifications. Ce château, où l'on voyait le tombeau du fondateur, a été entièrement détruit dans la guerre de la Vendée ; les cendres de l'ami de Henri IV reposent maintenant au milieu des ruines. — *Foires* les 23 avril, 9 mai, 6 août et 6 déc.

FOREZ (le), *Forensis provincia, Forisium*, ancienne province qui dépendait autrefois du Lyonnais et dont Montbrison était la capitale. Il est aujourd'hui compris dans le département de la Loire, à l'exception de l'arrondissement de Roanne.

Cette province avait titre de comté. Les premiers comtes héréditaires du Lyonnais le possédaient sur la fin du XI° siècle. Le comté du Lyonnais ayant été cédé par les comtes aux archevêques de Lyon, il fut séparé de celui de Forez en 1173. Guigne, comte de Forez, avait reconnu Louis le Jeune, roi de France, qui lui avait donné en fief Montbrison, et par reconnaissance ce comte s'était soumis, pour le reste du pays, à la souveraineté du roi Louis. Le dernier mâle de la race de ces comtes ayant été tué à la bataille de Brignais en 1361, il eut pour héritière sa sœur Jeanne, qui avait épousé Béraud, dauphin d'Auvergne. Anne leur fille épousa en 1371 Louis II, duc de Bourbon, et lui apporta le comté de Forez en mariage ; leurs descendants en jouirent jusqu'à la mort de Suzanne de Bourbon, arrivée en 1521. Louise de Savoie, mère de François Ier, hérita de ce comté, et le roi François Ier le réunit à la couronne l'an 1523. Cette province était du gouvernement du Lyonnais, du ressort du parlement de Paris, du diocèse et de la généralité de Lyon, élections de Montbrison, Roanne et St-Etienne. Le Forez se divisait en trois parties, le haut Forez, le bas Forez et le Roannais. V. pour la bibliographie le département de la LOIRE.

Les **armes du Forez** étaient : *d'argent à trois arbres de sinople, à la terrasse, les joignant tous trois de même ; au chef d'azur chargé de trois fleurs de lis d'or*. — Alias : *de gueules, au dauphin courbé d'or*.

FORÉZIE (la), vg. *Aveyron*, comm. de Firmi, ⊠ d'Aubin. Forges et hauts fourneaux.

FORFRY, vg. *Seine-et-Marne* (Brie), arr. et à 15 k. de Meaux, cant. de Dammartin. Pop. 186 h. — On remarque à l'une des extrémités de ce village l'ancien château de Boissy, flanqué de tours et environné de fossés.

FORGE (la), vg. *Côte-d'Or*, comm. de la Bussière-sur-Ouche, ⊠ de Sombernon.

FORGE (la), *Loire*, comm. de Cottance, ⊠ de Feurs.

FORGE (la), vg. *Nièvre*, comm. de Bouhy, ⊠ de Neuvy-sur-Loire.

FORGE (la), vg. *Saône-et-Loire*, comm. de St-Aubin-en-Charollais, ⊠ de Charolles.

FORGE (la), vg. *Vosges* (Lorraine), arr., cant., ⊠ et à 17 k. de Remiremont. P. 349 h.

FORGE-CARBEL (la), *Côtes-du-Nord*, comm. de St-Glen, ⊠ de Moncontour.

FORGE-DE-CHARENTON (la), vg. *Cher*, comm. de Charenton, ⊠ de St-Amand-Montrond.

FORGE-DE-NOUZON (la), vg. *Ardennes*, comm. de Nouzon, ⊠ de Charleville.

FORGE-DU-MAGNY (la), vg. *H.-Saône*, comm. de Magny-Vernois, ⊠ de Lure.

FORGE-FÉRET (la), vg. *Seine-Inf.*, com. de St-Pierre-de-Franqueville, ⊠ de Rouen.

FORGEOT (le), vg. *Saône-et-Loire*, com. d'Azé, ⊠ de St-Oyen.

FORGEOT (St-), vg. *Saône-et-Loire* (Bourgogne), arr., cant., ⊠ et à 6 k. d'Autun. Pop. 383 h. — Tuilerie.

FORGES, vg. *Charente-Inf.* (Aunis), arr. et à 22 k. de Rochefort-sur-Mer, cant. d'Aigrefeuille, ⊠ de Croix-Chapeau. P. 1,003 h.

FORGÈS, vg. *Corrèze* (Limousin), arr. et à 21 k. de Tulle, cant. et ⊠ d'Argentat. Pop. 856 h.

FORGES (les), vg. *Creuse* (Marche), arr. de Boussac, à 17 k. de Chambon, cant. de Jarnages, ⊠ de Gouzon. P. 149 h.

FORGES, vg. *Ille-et-Vilaine* (Bretagne), arr. et à 31 k. de Vitré, cant. de Rhétiers, ⊠ de Martigné-Ferchaud. Pop. 581 h.

FORGES (les), vg. *Loire*, comm. de Valbenoîte, ⊠ de St-Etienne.

FORGES, vg. *Maine-et-Loire* (Anjou), arr. et à 18 k. de Saumur, cant. de Doué. Pop. 200 h.

FORGES, vg. *Meuse* (pays Messin), arr. et à 33 k. de Montmédy, cant. de Montfaucon, ⊠ de Verdun-sur-Meuse. Pop. 827 h. — *Foires* les 1er avril et 10 août.

FORGES, vg. *Orne* (Normandie), arr., cant., ⊠ et à 10 k. d'Alençon. P. 287 h.

FORGES, vg. *Seine-et-Marne* (Brie), arr. et à 26 k. de Fontainebleau, cant. et ⊠ de Montereau. Pop. 267 h.

FORGES, vg. *Seine-et-Marne*, comm. de St-Martin-en-Bière, ⊠ de Chailly.

FORGES, vg. *Seine-et-Oise* (Ile-de-France), arr. et à 25 k. de Rambouillet, cant. et ⊠ de Limours. Pop. 897 h.

FORGES, ou FORGES-LES-EAUX, bg *Seine-Inf.* (Normandie), arr. et à 20 k. de Neufchâtel-en-Bray, chef-l. de cant. Cure. Gîte d'étape. ⊠. ⚘. A 114 k. de Paris pour la taxe des lettres. Pop. 1,653 h. — TERRAIN crétacé inférieur, grès vert.

Ce bourg est bâti sur une montagne qui domine un vallon agréable, près de la forêt de Bray ; l'air qu'on y respire est très-sain. Il possède des sources d'eaux minérales ferrugineuses, qui jouissent depuis longtemps d'une grande réputation, notamment depuis le séjour qu'y fit Louis XIII avec la reine Anne d'Autriche et le cardinal de Richelieu, en 1632.

Les sources sont au nombre de trois : la Reinette, la Royale, et la Cardinale. Elles sont situées au couchant du bourg, dans un vallon marécageux dominé par de petites éminences, où l'on arrive par une belle avenue. Elles coulent dans un enfoncement pratiqué en maçonnerie dans le sol, de 2 m. à peu près de profondeur, et on l'a conservé pour chacune un petit bassin séparé. Ces trois sources sont également abondantes pendant l'hiver et l'été, et n'augmentent pas de volume, même dans les plus grandes pluies. Elles se réunissent dans un seul et même canal, après avoir parcouru environ 2 m. de chemin dans une rigole qui termine chacun des petits bassins destinés à recevoir l'eau des sources.

SAISON DES EAUX. On prend les eaux depuis le mois de juillet jusqu'au 15 septembre. Le séjour de Forges est très-agréable : les habitants n'ont rien négligé pour ajouter aux divers agréments de ce lieu, pour multiplier les distractions et varier les plaisirs ; les promenades, les jardins, les sites champêtres, les eaux et les bocages semblent se réunir pour y élever un temple à la santé. Les malades trouvent des maisons commodes et toutes les ressources nécessaires à la vie.

MODE D'ADMINISTRATION. On emploie les eaux de Forges en boisson, à la dose d'un verre jusqu'à sept. On commence par boire l'eau de la source de la Reinette ; on passe ensuite à celle de la Royale, et insensiblement à celle de la Cardinale, la plus active et la plus pénétrante des trois sources.

Fabriques de faïence, de pipes de terre, de sulfate de fer, (A) 1827. — Exploitation de terre de première qualité pour verrerie. Fabriques de creusets, de carreaux vernissés ; cette terre supporte le feu le plus violent, et s'exporte pour l'Allemagne et l'Amérique. — *Foires* le 2ᵉ jeudi de mai et de sept. et le dernier jeudi de chaque mois.

Bibliographie. CISZEVILLE (P.). *Statisti-*

que de Forges-les-Eaux, in-8, an XIII.
MORIN. *Analyse des eaux minérales de Forges* (avec Girardin) (Ann. des mines, t. XIII, 3ᵉ série, p. 621).
COUSINOT (Jacques). *Discours au roi touchant la nature, vertus, effets et usages des eaux minérales de Forges*, in-4, 1631.
LA ROUVIÈRE (Jean). *Nouveau Système des eaux minérales de Forges*, in-12, 1699.
LINAND (Barth.). *Nouveau Traité des eaux minérales de Forges*, in-8, 1697.
— *Lettre écrite à M... le 15 octobre 1696, où l'auteur répond à quelques objections qu'on a faites contre son livre des eaux minérales de Forges*, in-8, 1698.
GUÉRIN. *Lettres touchant les minéraux qui entrent dans les eaux de Ste-Reine et de Forges*, in-12, 1702.
* *Sur plusieurs eaux minérales de la France* (Hist. de l'acad. roy. des sciences, 1708, p. 57). On y trouve des expériences faites par M. Morin sur les eaux de Forges.
BOULDUC. *Analyse des eaux de Forges, et principalement de la source appelée Royale* (Mém. de l'acad. roy. des sciences, 1735, p. 443, et rapporté par extraits dans l'Histoire de cette académie, même année, p. 32, et Bibliothèque de médecine de Planque, t. II, p. 188).
MARTEAU (Pierre-Antoine). *Analyse des eaux de Forges*, in-12, 1756.
— *Nouvelle Analyse des eaux de Forges* (Journ. de méd., mai 1756, p. 379).
BONNET. *Traité des eaux et des fontaines minérales de Forges*, in-12, 1731 ; in-12, 1753 ; in-12, 1757.
MONNET. *Nouvelle Hydrologie*, in-12, 1772. Il est question, p. 117, des eaux de Forges.
LE PECQ DE LA CLÔTURE. *Collection d'observations sur les maladies*, 2 vol. in-4, 1778. On y trouve, p. 93, des extraits des analyses des eaux de Forges.
ROBERT. *Analyse des eaux minérales de Forges*, in-8, 1817.

FORGES (les), vg. *Deux-Sèvres* (Poitou), arr. et à 25 k. de Parthenay, cant. de Ménigoute, ⊠ de St-Maixent. Pop. 294 h.

FORGES (les), vg. *Vosges* (Lorraine), arr., cant., ⊠ et à 5 k. d'Épinal. Pop. 695 h.

FORGES-D'AUDINCOURT, vg. *Doubs*, comm. d'Audincourt, ⊠ de Montbéliard.

FORGES-DE-CHAILLANT, vg. *Mayenne*, comm. de Chaillant, ⊠ d'Ernée.

FORGES-DE-VIERZON (les), vg. *Cher*, comm. et ⊠ de Vierzon.

FORGES-NEUVES (les), vg. *Cher*, comm. de St-Baudel, ⊠ de Châteauneuf-sur-Cher.

FORGES-NEUVES, ou FORGES-DE-LA-NOUÉE, vg. *Morbihan*, comm. de la Nouée, ⊠ de Josselin.

FORGET (St-), *Sancto Ferreolo*, vg. *Seine-et-Oise* (Ile-de-France), arr. et à 22 k. de Rambouillet, cant. et ⊠ de Chevreuse. Pop. 321 h.

FORGETS (les), vg. *Saône-et-Loire*, comm. et ⊠ de Romanèche.

FORGETTE, vg. *Seine-Inf.*, comm. de St-Jacques-sur-Darnetal, ⊠ de Darnetal.

FORGETTE (la), vg. *Vosges*, comm. de Ruaux, ⊠ de Plombières.

FORGETTES (les), vg. *Eure*, comm. de Fontaine-la-Louvet, ⊠ de Thiberville.

FORGEUX (St-), vg. *Rhône* (Lyonnais), arr., et à 30 k. de Villefranche-sur-Saône, cant. et ⊠ de Tarare. Pop. 2,015 h. — *Fabriques* considérables d'étoffes de soie et de mousseline. — *Foires* les 1ᵉʳˢ lundis de fév., avril, août et déc.

FORGEUX-L'ESPINASSE (St-), vg. *Loire* (Forez), arr. et à 15 k. de Roanne, cant. de la Pacaudière, ⊠ de St-Germain-l'Espinasse. Pop. 553 h.

FORGUEUIL (St-), vg. *Saône-et-Loire*, comm. de Colombier-sur-Uxelles, ⊠ de St-Gengoux-le-Royal.

FORGUES, vg. *H.-Garonne* (Armagnac), arr. et à 26 k. de Muret, cant. et ⊠ de Rieumes. Pop. 371 h.

FORIE (la), vg. *Puy-de-Dôme*, comm. de Job, ⊠ d'Ambert.

FORIN, vg. *H.-Garonne*, comm. de Plaisance, ⊠ de Toulouse.

FORLÉANS, vg. *Côte-d'Or* (Bourgogne), arr., cant. et à 11 k. de Semur, ⊠ d'Époisses. Pop. 206 h. — *Foire* le 7 sept.

FORMANT, vg. *Ain*, comm. de St-Bernard, ⊠ de Trévoux.

FORMENTIN, vg. *Calvados* (Normandie), arr., ⊠ et à 10 k. de Pont-l'Évêque, cant. de Cambremer. Pop. 289 h.

FORMERIE, bg *Oise* (Picardie), arr. et à 42 k. de Beauvais, chef-l. de cant. Cure. ⊠. ⚘. A 118 k. de Paris pour la taxe des lettres. P. 1,228 h. — TERRAIN tertiaire moyen. — Il est situé dans une plaine élevée et renommée pour la propreté des habitations champêtres de ses environs. — *Fabriques* de bonneterie en laine. Brasserie. Teintureries. — *Foires* les 1ᵉʳˢ mercredis de mai et d'oct.

FORMIGNY, bg *Calvados* (Normandie), arr. et à 19 k. de Bayeux, cant. de Trévières. ⊠. ⚘. A 261 k. de Paris pour la taxe des lettres. Pop. 537 h. — *Foire* le 4 juillet. — Il est célèbre par la bataille que le connétable de Richemont gagna sur les Anglais le 15 avril 1450.

Vers la fin de mars 1450, Thomas Kyriel étant débarqué à Cherbourg avec 3,000 Anglais, Charles VII envoya contre lui son gendre Jean II, comte de Clermont, qui, avec le peu de monde qu'il avait pu rassembler, se jeta dans Carentan. D'autre part, le connétable de Richemont était arrivé à St-Lô avec une partie de l'armée bretonne. Kyriel, se trouvant maître de presque toute la presqu'île du Cotentin, voulut ramener sa petite armée au duc de Sommerset à Caen, ou le rejoindre à Bayeux. Pour arriver à cette dernière ville, il fallait passer entre Carentan, qu'occupait le comte de Clermont, et la mer, et traverser à gué, sur une grève dangereuse, les petites rivières qui se jettent dans la mer. Toutefois le comte de Clermont n'essaya point de lui disputer le passage, mais il le suivit le long du rivage, sur la route de Bayeux jusqu'à Formigny, dépêchant en même temps un courrier au connétable pour l'engager à venir le rejoindre. Celui-ci partit de St-Lô le mardi 14 avril à trois heures du matin, et vint coucher à Trevières ; le mercredi 15 avril, il commença à paraître sur les hauteurs que les Anglais avaient à leur droite, près d'un moulin à vent, au moment où le comte de Clermont les attaquait en queue à Formigny, et les forçait à faire volte-face. Les deux armées françaises ne s'étaient point encore mises en communication l'une avec l'autre, et chacune était inférieure en force à l'armée anglaise ; une fois réunies, elles lui auraient été fort supérieures. Les Anglais, couverts par un ruisseau, par des jardins et des vergers entourés de murs, occupaient une forte position qu'ils avaient rendue meilleure encore par quelques travaux faits à la hâte. D'ailleurs ils se confiaient dans leur valeur obstinée, que confirmaient le souvenir de leurs anciennes victoires, et la persuasion que les Français n'étaient point leurs égaux en bravoure. Le comte de Clermont fit approcher d'eux, sous la protection de soixante lances et d'un corps de francs archers, une batterie de couleuvrines, qui les incommoda fort. Les Anglais s'élancèrent de leurs retranchements, chassèrent les Français et s'emparèrent des couleuvrines ; mais dans ce moment ils virent descendre sur eux l'armée du connétable, qui avait commencé à couronner les hauteurs ; ils durent alors se retirer, abandonnant une partie de leur position, et se concentrer plus près de Formigny. Ils défendirent cependant avec obstination le passage du ruisseau et du petit pont, par lequel les deux armées françaises pouvaient se réunir. Ce ne fut qu'au bout de trois heures que les Anglais se virent forcés de l'abandonner. En reculant, ils prirent une nouvelle position sur le grand chemin, et ils s'y défendirent de nouveau avec vaillance. Mais, après avoir perdu plus de la moitié de ceux qui étaient en ligne au commencement de la journée, ils prirent enfin la fuite. Matthieu Gough, Robert Veer et Henry Norburi arrivèrent à Bayeux avec une partie de leurs soldats, tandis que les hérauts d'armes français comptaient sur le champ de bataille 3,774 Anglais morts ou blessés ; Thomas Kyriel, avec 43 gentilshommes, demeura au nombre des prisonniers.

La bataille de Formigny décida du sort de la Normandie. Les Français la regardèrent comme un de leurs plus nobles exploits et comme effaçant le souvenir des défaites de Crécy, Poitiers et Azincourt. Pour en consacrer le souvenir, M. de Caumont a fait placer une borne indicative, qui a été inaugurée le 25 août 1834. Cette borne a été fixée sur l'accotement droit de la route royale de Paris à Cherbourg, au sommet du vallon qui domine la chapelle St-Louis, et à 226 m. de distance de cet édifice. Cet emplacement a été choisi de préférence, parce que l'engagement décisif, qui termina la bataille de Formigny, eut lieu sur ce point et au passage du ruisseau, ce qui est attesté par les historiens contemporains.

On lit sur la partie antérieure du monolithe l'inscription suivante, gravée en lettres capitales romaines de dimensions différentes :

ICI FUT LIVRÉE
LA BATAILLE DE FORMIGNY,
LE 15 AVRIL 1450,
SOUS LE RÈGNE DE
CHARLES VII.
LES ANGLAIS PERDIRENT
UN GRAND NOMBRE DE LEURS GUERRIERS
ET FURENT ENSUITE FORCÉS
D'ABANDONNER LA NORMANDIE,
DONT ILS ÉTAIENT MAÎTRES
DEPUIS L'AN 1417.

Bibliographie. LAMBERT (Ch.-Ed.). *Mémoire historique sur la bataille de Formigny*, in-8, 1824.
— *Réponse à la dissertation de M. Delaunay sur le tableau de la bataille de Formigny* (Thermes antiques de Bayeux, t. I, 1825).
— *Procès-verbal de l'inauguration de la borne monumentale placée aux frais de M. de Caumont à Formigny* (Mém. de la soc. des antiq. de Normandie, t. IX, p. 580).

FORNEX, vg. *Ariège* (pays de Foix), arr. et à 32 k. de Pamiers, cant. et ✉ du Mas-d'Azil. Pop. 418 h.

FORS, vg. *Deux-Sèvres* (Poitou), arr., ✉ et à 11 k. de Niort, cant. de Prahec. Pop. 740 h. — On y voyait naguère un magnifique château, que François Ier, étant duc d'Angoulême, avait fait bâtir pour Anne Poussart, sa maîtresse. Il ne reste plus de ce beau monument que deux tours en ruines. — *Foires* les 9 et 29 sept.

FORSE (Haute et Basse-), vg. *Corrèze*, comm. de Meste.

FORSTFELD, vg. *B.-Rhin* (Alsace), arr. et à 42 k. de Strasbourg, cant. de Bischwiller, ✉ de Roeschwoog. Pop. 445 h.

FORSTHEIM, vg. *B.-Rhin* (Alsace), arr. et à 31 k. de Wissembourg, cant. et ✉ de Woërt-sur-Sauer. Pop. 658 h.

FORT (St-), bg *Charente* (Angoumois), arr. et à 12 k. de Cognac, cant. et ✉ de Ségonzac. Pop. 523 h. — Il est situé sur la rive droite du Nay.

A 1 k. N.-E. de ce village, non loin de celui de Lavaure, on trouve un des monuments celtiques les plus remarquables du département : c'est une table de pierre rougeâtre, d'une forme à peu près carrée, mais irrégulière, ayant environ 7 m. 52 c. suivant la plus longue diagonale, 6 m. 30 c. suivant l'autre diagonale, et environ 45 c. d'épaisseur moyenne ; d'où il résulte qu'elle pèse au moins 40,000 kilog., sa pesanteur spécifique devant être très-considérable à cause de sa grande dureté. Cette pierre est supportée par trois pierres debout, d'une espèce de roche très-commune, et qui s'élèvent de 1 m. 40 c. à 1 m. 50 c. au-dessus du sol ; la plus grande a environ 2 m. de largeur sur 50 c. d'épaisseur moyenne ; les deux autres n'ont qu'un mètre de largeur. Dans l'intervalle de ces supports se trouvent des pierres informes, qui paraissent réunir leurs bases, mais qui sont en partie recouvertes par la terre environnante. Ceci semblerait indiquer que l'intérieur était un véritable sépulcre. — *Foires* les 2es mardis de fév., mai, août et nov.

FORT (St-), vg. *Charente-Inf.* (Saintonge), arr. et à 24 k. de Jonzac, cant. de St-Genis. A 510 k. de Paris pour la taxe des lettres. Pop. 1,935 h.

FORT (St-), (la Bretonnière), bg *Mayenne* (Anjou), arr., ✉, cant., et à 4 k. de Château-Gontier. Pop. 611 h.

FORT (St-), vg. *Tarn-et-Garonne*, comm. et ✉ de Lauserte.

FORTAU, vg. *Loir-et-Cher* (Beauce), arr. et à 14 k. de Vendôme, cant. de Savigny, ✉ de Montoire. Pop. 444 h.

FORT-DU-PLASNE, vg. *Jura* (Franche-Comté, ✉ et cant. de St-Laurent, arr. et à 32 k. de St-Claude. Pop. 830 h.

FORTEL, vg. *Pas-de-Calais* (Artois), arr. et à 20 k. de St-Pol-sur-Ternoise, cant. et ✉ d'Auxy-le-Château. Pop. 352 h.

FORTELLE (la), vg. *Seine-et-Oise*, comm. de Longnes, ✉ de Septeuil.

FORTERESSE (la), vg. *Isère* (Dauphiné), arr. et à 20 k. de St-Marcellin, cant. et ✉ de Tullins. Pop. 481 h.

FORT-JACQUET (le), vg. *Aube*, comm. de Bérulle, ✉ de Villeneuve-l'Archevêque.

FORT-LES-BAINS. V. BAINS.

FORT-LOUIS, vg. *B.-Rhin* (Alsace), arr. et à 30 k. de Strasbourg, cant. de Bischwiller, ✉ de Roeschwoog. Pop. 409 h.

Autrefois ville forte, diocèse de Strasbourg, bailliage.

Fort-Louis était jadis une ville bien fortifiée que Louis XIV fit bâtir par Vauban en 1689, sur une île du Rhin. Toutes les rues étaient tirées au cordeau et les maisons bâties symétriquement. Cette ville fut bombardée, prise et dévastée par les Autrichiens en 1793. Les Français y entrèrent quelque temps après, mais ils ne la relevèrent pas de ses ruines. En 1814, un corps d'armée russe s'en empara et répara une partie des fortifications, qui furent de nouveau rasées après la paix. C'est aujourd'hui un village ouvert, situé sur une île entre le Rhin et la Moder. — *Foires* les 19 et 20 mars, 29 sept. et 30 nov.

FORT-MAHON (le), vg. *Pas-de-Calais*, comm. de Blendecques, ✉ de St-Omer.

FORTMOVILLE, vg. *Eure* (Normandie), arr., ✉, et à 10 k. de Pont-Audemer. Pop. 1,057 h. C'était jadis une forteresse importante, qui existait encore en partie à la fin du dernier siècle.

FORTSCHWIHR, vg. *H.-Rhin* (Alsace), arr., ✉ et à 9 k. de Colmar, cant. d'Andolsheim. Pop. 369 h.

FORTUNADE (Ste-), bg *Corrèze* (Limousin), arr., cant., ✉ et à 10 k. de Tulle. Pop. 2,060 h.

FORTUNAT (St-), vg. *Ardèche* (Vivarais), arr. et à 20 k. de Privas, cant. et ✉ de la Voutte. Pop. 1,443 h. — *Foires* les 23 mars, 29 avril, 23 juin, 17 sept., 3 oct. et 17 déc.

FORU, *H.-Rhin*. V. STORCKENSOHN.

FORUM CLAUDII (lat. 46°, long. 25°). « Ptolémée nomme deux villes chez les *Centrones*, *Forum Claudii* en premier lieu, et *Axima* en second. Nous ne saurions douter que la capitale des *Centrones* n'ait pris, ainsi que beaucoup de villes de même rang, le nom du peuple ; puisque le nom de Centron subsiste : et quoique le lieu auquel il est conservé soit aujourd'hui presque réduit à rien, cependant une église de ce lieu jouit en quelques occasions de la prérogative de prendre le pas sur le chapitre de la métropolitaine de Monstier ; et la tradition veut que cette église soit la plus ancienne de fondation dans le pays. Or, il n'y a point à balancer entre les deux villes que nomme Ptolémée, pour trouver le nom antérieur à celui de *Centrones*. Ce ne peut être *Axima*, puisque *Axima* existe sous le nom d'*Aisme*, dans une position différente de Centron. Ainsi, *Forum Claudii* ne souffre point de concurrence de ce côté-là : et si on se tourne d'un autre côté, on ne voit point de raison pour que *Darantasia*, qui a succédé à *Centrones* comme capitale ait été *Forum Claudii*. Car on n'est point fondé à supposer que le nom de *Darantasia* a dû être précédé par un autre, comme on l'est à l'égard de *Centrones*, puisque *Centrones* est le nom du peuple, et que la dénomination d'un peuple, donnée à une capitale, a constamment pris la place d'un nom propre et antérieur. Il m'a paru nécessaire d'entrer dans ces considérations, pour faire connaître ce qui peut donner lieu à une opinion différente de celle de M. de Valois (p. 143), qui s'explique de manière à distinguer *Forum Claudii* d'avec Centron, et même à devoir l'appliquer à *Darantasia*, parce qu'il suppose la position de Centron entre *Forum Claudii* et *Axima* : *Centronum populi nomen*, dit-il, *sincerum ac integrum servat Iodicea*. *Centron vel Sentron, vicus, à Foro Claudii Aximam petenti ad dextram, procul a via, visendum se præbens*. Quant à cette circonstance, *ad dextram procul a via*, quoiqu'elle ne soit pas de grande conséquence, je remarque néanmoins que, selon une carte manuscrite et topographique du pays, Centron est précisément sur la voie de Monstier à Aisme. L'espace qu'il y a entre *Darantasia* et *Axima* n'étant que d'environ dix milles, conformément à l'indication qu'en donne la Table théodosienne, cette distance n'a pu paraître trop courte, pour la couper en deux distances par la position intermédiaire de *Forum Claudii* ou de *Centrones*. Il n'est pas plus extraordinaire qu'il ne soit point mention de *Centrones* dans la Table, que de ne point trouver *Axima* sur le passage de la même route dans l'Itinéraire d'Antonin. Car, entre Darantasia et Axima, le nom nommé *Bergintrum* qui succède à *Axima* dans la Table, l'Itinéraire ne cite aucun lieu, ce qu'on ne saurait attribuer à omission, puisque la distance qu'il marque dans l'intervalle, qui sépare *Darantasia* de *Bergintrum* est égale au compte que fournit la Table en deux distances particulières. Guichenon nous fournit deux inscriptions, qu'il dit avoir été trouvées à Axime, dans l'une desquelles, en l'honneur de Nerva, les noms de *Forum Claudii* et de *Centrones* sont rassemblés de cette manière, FOROCL. CENTRON. Il faut que quelque calamité, arrivée à la capitale des *Centrones*, lui ait fait perdre sa dignité de fort bonne heure, puisque dans la Notice des provinces de la Gaule, que l'on croit avoir été dressée vers la fin du IVe siècle, ou le commencement du Ve, c'est *Darantasia* qui est nommée en cette qualité de capitale. » D'Anville, *Notice de l'ancienne Gaule*, p. 317, 318 et 319.

FORUM DOMITI (lat. 44°, long. 22°).

« Les Itinéraires, celui de Bourdeaux à Jérusalem, comme celui d'Antonin et la Table théodosienne, sont d'accord à marquer XVIII entre *Cessero* et *Forum Domitii* sur la grande voie romaine qui tend de Narbonne à *Nemausus*, et de *Forum Domitii* à *Sextantio*. L'Itinéraire marque XV également en deux endroits différents, et la Table porte la même indication. On trouve XVII dans l'Itinéraire de Jérusalem. Les deux positions qui renferment celle de *Forum Domitii* sont connues ; d'un côté St-Tibéri sur l'Erault, et de l'autre l'ancien emplacement qu'occupait *Sextantio* ou Sustansion, à environ 3 milles de Montpellier, entre le nord et l'orient. On sait avec assez de précision que l'intervalle de ces positions est au moins de 25,000 toises, ce qui contient 33 milles romains avec aisance ; et le compte de 33 est celui qui résulte de deux distances, sur le pied de 18 et de 15. Mais, comme il est naturel que la mesure itinéraire surpasse de quelque chose la mesure aérienne et directe, il peut en résulter que des fractions de mille aient été négligées dans des distances particulières ; ce qui a pu donner lieu de compter plus que moins dans l'Itinéraire de Jérusalem, et 17 au lieu de 15, entre *Forum Domitii* et *Sextantio*. Or, il n'y a point de position actuelle qui se fasse connaître distinctement pour être *Forum Domitii*. Celles qu'on a prises jusqu'à présent ne correspondent point à une proportion d'espace convenable entre *Cessero* et *Sextantio*, ou s'écartent de la direction de l'ancienne voie, que les chemins pratiqués aujourd'hui ne suivent point. M. de Valois (*Vales.*, p. 49, *Hist. de Languedoc*, t. I, p. 60) et les auteurs de l'Histoire de Languedoc, d'après lui, ne sont point sur la voie. Pour la position de *Forum Domitii* (*Hist. nat. du Languedoc*, p. 114) fut celle que propose l'auteur de l'Histoire naturelle de Languedoc, comme il la prend plus près de *Cessero* que de *Sextantio*, il faudrait intervertir l'ordre des distances dans les Itinéraires, quoiqu'ils soient uniformes à compter davantage entre *Cessero* et *Forum Domitii*, qu'entre *Forum Domitii* et *Sextantio*. M. Plantade (t. I, notes, p. 30), selon M. Ménard, dans son Histoire de Nîmes, a trouvé des vestiges d'antiquité à un quart de lieue au levant de Fabrègues, qui n'est qu'à deux lieues de Montpellier. Or, conclure avec M. de Plantade, que c'est *Forum Domitii*, est une supposition purement gratuite et sans fondement ; car le lieu de ces vestiges, qui ne doit être écarté que d'environ 7 milles de Montpellier, 10 de *Sextantio*, n'est point ce que demandent les Itinéraires, dont l'indication est 15 ou 17 ; et il faut pouvoir retrouver d'un côté ce qu'on perd de l'autre, si ce lieu pouvait être *Forum Domitii*, ces mêmes Itinéraires auraient dû marquer 24 ou 26 entre *Cessero* et *Forum Domitii*, lorsqu'ils sont d'accord à marquer 18. Ce serait mal placer la critique à l'égard des Itinéraires, que d'accuser ce que porte leur indication en cet intervalle, sans autre raison que d'étayer une fausse hypothèse, puisqu'il est vrai qu'à un mille près entre le plus ou le moins de ce qui est indiqué au total, on est assuré d'une juste correspondance avec ce qui détermine le local ; ce n'est donc uniquement que par cette proportion d'espace dont j'ai parlé ci-dessus, entre les deux termes connus, de *Cessero* et de *Sextantio*, qu'on peut juger de l'emplacement de *Forum Domitii*, puisque l'unique notion qu'on en ait se tire des Itinéraires. En conséquence, on peut estimer que cet emplacement se range à peu près au méridien de Sette, à environ 10 milles de distance. Le nom qui distingue ce *Forum* doit fixer celui de *via Domitia*, que l'on trouve dans le plaidoyer de Cicéron *pro Fonteio*, à la voie romaine qui passe à *Forum Domitii* ; car c'est ainsi que *Forum Appii*, *Forum Aurelii*, *Forum Claudii*, *Forum Cassii*, sont sur les voies *Appia*, *Aurelia*, *Claudia*, *Cassia*. Il est à présumer que Domitius *Ahenobarbus*, qui vainquit les Allobroges près du confluent de la Sorgue dans le Rhône, est celui qui a donné le nom au *Forum Domitii*, quoiqu'on puisse juger que cette voie existait antérieurement, puisque Polybe (*Hist.*, lib. V, cap. 39) témoigne que de son temps les Romains avaient fixé la mesure des milles sur une route qui conduisait en Espagne par Narbonne. » D'Anville. *Notice de l'ancienne Gaule*, p. 319.

FORUM HADRIANI (lat. 53°, long. 22°).

« On trouve dans la Table théodosienne la trace de deux routes différentes, qui de *Lugdunum des Batavi*, ou de Leyde, se rendent à *Noviomagus* ou Nimègue. L'une de ces routes paraît suivre le bord du Rhin, l'autre s'en écarter et s'approcher d'un canal ou lit de rivière que l'on voit dans la Table sous le nom de *Fluvius Batavus*, quoique par altération on lise *Patabus*. Sur cette route, qui prend dans les terres de l'île des *Batavi*, le premier lieu mentionné par la Table est *Forum Hadriani* ; mais la distance de *Lugdunum* à cette position est omise, nonobstant que Menso-Alting prétende qu'elle soit marquée XII (*Not. Batav.*, p. 66), ce qu'on ne voit pas dans la Table qu'à la suite du *Forum* et entre ce lieu et celui qui le suit sous le nom de *Flenio* ; mais cette omission de la Table ne nous cache point la connaissance du *Forum* des Romains en ce canton, parce qu'on retrouve un indice de sa position dans le nom de Voor-Burg, qui, bien qu'il s'écrive de cette manière, se prononce Foorburg. Le lieu qui porte ce nom est distant d'environ 3,500 verges du Rhin à l'égard d'un point pris au centre de Leyde ; et comme la verge du Rhin contient 11 pieds de Paris et 7 pouces 2 lignes, cette distance revient à peu près à 6,800 toises, qui composent 6 lieues gauloises ou 9 milles romains. Ainsi, le nombre VII, que Menso-Alting substitue au nombre XII, qu'il suppose en cette distance, n'y répond pas exactement, quelque choix que l'on fasse entre ces deux mesures itinéraires. Il parle, après plusieurs autres auteurs, d'une colonne milliaire trouvée dans un lieu nommé Monster, peu éloigné de S'Gravesande et de la pointe de terre que forme avec le rivage de la mer l'embouchure de la Meuse. On veut que le numéro de cette colonne, qui est XII, se rapporte au *Forum Hadriani*; mais la distance ne saurait y convenir ; car entre Voorburg et Monster l'espace ne paraît valoir guère plus de 7,200 toises, ce qui n'égale pas 10 milles romains, encore moins sept lieues gauloises. Si je n'avais pas remarqué que les distances indiquées par les Itinéraires dans toute l'étendue de la partie inférieure du Rhin qu'ont occupée les *Batavi* conviennent particulièrement au mille romain, et ne conviennent point à la lieue gauloise, je croirais que la distance marquée XII sur la colonne pourrait se rapporter à *Lugdunum*; car l'espace en cette distance s'évalue à environ 13,900 toises, et le calcul de 12 lieues gauloises en approche, étant de 13,600 ; mais on peut recourir à l'article *Flenium*, pour reconnaître le rapport du numéro de cette colonne à la position actuelle de Vlaerding. Je reviens à Voorburg pour dire que dans les environs on a trouvé des vestiges d'une ancienne forteresse dont le nom était *Elinum*; et Hadrianus Junius (*Batav.*, cap. 18) dit avoir vu des monnaies d'or, sur un côté desquelles le nom d'*Elinum* était écrit, et sur l'autre *Dorestatum*. » D'Anville. *Notice de l'ancienne Gaule*, p. 321.

FORUM JULII (lat. 44°, long. 23°). « Quoiqu'on puisse dire, généralement parlant, que le nom de Jules et celui de César, qui ont fait la dénomination d'un grand nombre de villes, se rapportent également à la personne d'Auguste, qui avait pris le nom de son père adoptif, plutôt qu'à César même, le port qui fut construit à Bayes, sur la côte de Campanie par Auguste, soit par cette raison appelé *Portus Julius* par Suétone: quoique *Forum Julii* ou *Julium* selon Strabon, soit, aux termes dont il se sert, le *Naustathmus* (vel navale) *Cæsaris Augusti*, le port d'Auguste : toutefois on trouve le nom de *Forum Julii* antérieurement à la puissance où parvint Auguste, et vers l'époque du siége de Modène, dans des lettres de Plancus à Cicéron. La continuité des différentes guerres que César eut à soutenir pour détruire les forces du parti qui lui était contraire ne lui laissa guère le loisir de donner ses soins à des travaux publics, comme celui de creuser des ports. Si l'entreprise de construire un port à *Forum Julii* a commencé sous la dictature de César, ce port n'aura été vraisemblablement achevé que sous Auguste, qui, au rapport de Tacite (*Annal.*, iii), y tint une flotte, *rostratas naves*, pour la sûreté des côtes de la Gaule. C'est ce qui fait donner à la colonie romaine de *Forum Julii* le surnom de *Classica* dans Pline, et ce qui donne lieu à Tacite d'appeler *Claustra maris* le port de *Forum Julii*. Ce port s'ouvrait au fond d'une anse, qui est aujourd'hui moins profonde qu'elle n'était autrefois, parce que l'entrée du port, resserrée entre deux môles, dont il subsiste des vestiges, se trouve actuellement écartée de la mer de 500 toises par des atterrissements que les sables charriés par la rivière d'Argents, voisine de *Fréjus*, ont formés, et qui ont paru s'accroître encore dans le courant de ce siècle. Selon deux plans manuscrits de Fréjus, et dont l'un m'a été communiqué par M. le comte de Caylus, la disposition du local fait connaître que la largeur du port pouvait être d'environ 250 toises, et sa profondeur, à commencer de l'entrée entre les deux môles, d'environ 280. Je remarque que le port de figure hexagone, que Trajan avait creusé dans le fond du port de Claude, près de l'embouchure du Tibre, ayant environ 270 cannes romaines de largeur entre les faces de l'hexagone, selon les plans qu'on en a donnés d'après les vestiges, il n'en résulte guère plus de 300 toises, ou un espace qui n'excède pas considérablement l'étendue du port de Fréjus. Le port de *Centum Cellæ*, ou de *Civita-Vecchia*, qui est encore un ouvrage de Trajan, n'a qu'environ 200 cannes de largeur. Celui d'*Antium*, selon le plan du pilote Airouard, n'a que 300 toises d'enfoncement sur environ 150 de largeur. Ainsi le port de Fréjus pouvait entrer en comparaison avec ceux que le voisinage de Rome rendait plus nécessaires à cette capitale du monde. Il ne reste d'eau actuellement dans ce port que celle d'une petite lagune près d'un quai de construction romaine qui fait angle avec le môle de la droite en entrant. Cette lagune reçoit un canal dérivé de l'Argents dans le xv° siècle, et qui passe par un conduit sous le lit d'un torrent nommé Rairan, que l'Argents reçoit immédiatement au-dessus de Fréjus. L'issue du canal et du lac dans la mer s'éloigne actuellement de plus de 500 toises de l'ancienne ouverture du port. Mais, avant que ce port fût tout à fait impraticable, on y entrait par le côté qui regarde le Lebèche, au sud-ouest, au moyen d'un canal appelé canal de Barbarie, qui avait son ouverture dans la rivière d'Argents, plus près de l'embouchure de cette rivière et du rivage de la mer qu'aujourd'hui et avant les progrès des atterrissements. La ville de Fréjus, réduite actuellement à environ 280 toises dans le plus grand espace de son enceinte, s'étendait jusqu'à 600 toises, à en juger par les vestiges de ses anciens remparts, depuis les magasins construits par les Romains, peu loin du port, jusqu'à l'amphithéâtre situé à l'autre extrémité de la ville, et vers le couchant dans le voisinage du Rairant. Les plans que je consulte varient sur l'étendue de cet amphithéâtre, dont le grand diamètre de l'oval est d'environ 60 toises hors d'œuvre dans un de ces plans, et 50 seulement dans l'autre. On sait que les arènes de Nîmes donnent 67 toises dans cette dimension. Fréjus recevait les eaux de la rivière du Siagne, dérivées près d'un lieu nommé Mouts, éloignés d'environ 7 lieues, par un aqueduc dont il subsiste de grands vestiges. Outre la voie Aurélienne, qui passait par *Forum Julii*, on reconnaît la trace d'une autre voie romaine qui tend à Riez. Honoré Bouche (*Chorogr. de prov.*, liv. iii, cap. 3) rapporte l'inscription d'une colonne milliaire trouvée sur cette voie près d'un lieu nommé St-André, paroisse de Boudüen, qui est du diocèse de Riez, sur les limites de celui de Fréjus. La colonne porte le nom d'Adrien, et son numéro est XXXVI. Or il est à présumer que la distance a dû se compter jusque-là, à partir de Fréjus ; car je crois pouvoir estimer environ 23,000 toises dans cet intervalle en droite ligne, ce qui répond à 33 milles romains, et l'inégalité du pays est bien propre à faire que la mesure itinéraire en vaille 39, conformément au numéro de la colonne. » D'Anville. *Notice de l'ancienne Gaule*, p. 322.

FORUM LIGNEUM (lat. 43°, long. 18°). « L'Itinéraire d'Antonin, décrivant une route qui, en partant de *Cæsaraugusta* en Espagne, conduit à *Beneharnum*, place *Forum ligneum* à la descente des Pyrénées, dans la vallée d'Aspe. La distance à l'égard du *Summus Pyrenæus* est marquée V, et de *Forum ligneum* à *Aspaluca* VII. Or, selon ces distances, et en examinant le local sur la grande carte des Pyrénées levée par ordre du roi, je vois qu'un lieu nommé Urdos, entre le passage des Pyrénées et la position d'*Aspaluca*, dont le nom est actuellement Acous, doit être le *Forum ligneum*. Il ne conviendrait pas de retrouver les distances complètes à l'ouverture du compas, dans des lieux où la route, bien loin de pouvoir être directe, est forcée à une infinité de détours et souffre de grandes inégalités dans son plan. » D'Anville. *Notice de l'ancienne Gaule*, p. 325.

FORUM NERONIS (lat. 44°, long. 24°). « Ptolémée, faisant mention des *Mimeni*, dont le nom est *Memini* dans Pline, leur donne pour ville *Forum Neronis*. Selon Pline, c'est *Carpentoracte* qui serait la ville des *Memini*. Mais on peut voir à l'art. *Carpentoracte* les difficultés qui se trouvent à attribuer aux *Memini* cette ville de Carpentras, au préjudice des Cavares, dans le territoire desquels elle paraît renfermée. Or, puisque *Forum Neronis* appartenait à un peuple différent des Cavares et hors de leurs limites, il est difficile d'adopter l'opinion de M. de Valois (p. 129), qui veut que *Forum Neronis* et *Carpentoracte* soient la même ville, sous des noms qui ne sont pas les mêmes. Nous voyons entre le territoire d'Apt et la Durance un canton qui peut avoir été celui des *Memini*, n'étant réclamé par aucun autre peuple que l'on sache ; et dans ce canton la ville de Forcalquier, capitale d'un comté qui a partagé la Provence, conserve le nom de *Forum*. Quoique le surnom de *Calcarium*, dans Forcalquier, ne soit plus le même que celui qui était en usage dans le temps de la domination romaine, c'est à la distinction plus essentielle qui consiste dans la dénomination de *Forum* qu'il paraît convenable de s'attacher. » D'Anville. *Notice de l'ancienne Gaule*, p. 325. V. aussi Walckenaer. *Géographie des Gaules*, t. ii, p. 218.

FORUM SEGUSIANORUM (lat. 46°, long. 22°). « Ptolémée fait mention de deux villes chez les *Segusiani* : *Rodumna* et *Forum Segusianorum*. La dénomination de *Forum* fait entendre que c'était le lieu où les *Segusiani* tenaient leurs assises, et sa position est figurée comme celle des capitales dans la Table théodosienne. L'erreur de cette Table sur une position immédiate à celle de *Forum*, en suivant la route qui conduit de *Rodumna* à *Lugdunum* en passant par le *Forum*, est développée dans un des articles du nom de *Mediolanum*. Papire-Masson a rapporté une inscription dans laquelle on lit *Fabri Tignuar. qui Fora Segus. consistunt*. La Mure, dans son Histoire du Forez, cite quatre colonnes milliaires au nom de l'empereur Maximin, où les numéros se suivent depuis I jusqu'à IIII précédés d'un L, conformément à l'usage de la lieue dans la Gaule lyonnaise. Mais ce qu'il y a de plus remarquable, c'est de trouver dans l'inscription de ces colonnes c. IVL. F. SEG. LIBERA, ce qui donne au *Forum* des *Segusiani* la dignité de colonie qu'on ne lui connaît point d'ailleurs, l'épithète qui y est ajoutée étant la même que celle qui est appliquée aux *Segusiani* dans Pline. L'historien du Forez fait mention d'un poids romain de cuivre, lequel porte en caractères d'argent DEAE SEG. F., ce qui divinise le *Forum* des *Segusiani* et lui communique ainsi un honneur que l'on sait avoir été rendu à plusieurs autres villes dans la Gaule. Ce lieu conserve son nom dans celui de *Feur* auquel on ajoute communément un *s*, quoique mal à propos, puisque le terme de *Forum* est employé au singulier. Il serait presque superflu de dire que c'est de ce *Forum* que le *Pagus Forensis*, [illegible] sa dénomination. » D'Anville. *Notice de l'ancienne Gaule*, p. 326. V. aussi Wal[ckenaer] *Géographie des Gaules*, t. I, p. 334.

FORUM TIBERII (lat. 48°, long. 2[illegible]). « Ptolémée en fait mention chez les Helvet[iens]. Rhenanus et plusieurs autres après lui ont cru trouver un indice de ce lieu dans la dénomination actuelle de Kayserstuhl, qui signifie *Cæsaris vel imperatoris solium*. La situation du lieu sur le bord du Rhin, non loin de la frontière des *Rhæti* et des *Vindelici*, auxquels on sait que Tibère fit la guerre en personne sous le règne d'Auguste, peut paraître favorable à cette opinion. » D'Anville. *Notice de l'ancienne Gaule*, p. 327.

FORUM VOCONII (lat. 44°, long. 25°). « Plancus écrivait à Cicéron lui mande : *Lepidus ad Forum Voconii castra habet, qui locus a Foro Julio quatuor et viginti millia passuum habet*. L'Itinéraire d'Antonin est conforme à cette indication de distance ; ainsi la Table théodosienne est défectueuse en marquant XVII. Je pense qu'on peut reconnaître le nom de *Voconii Forum* dans celui qui actuellement est Gonfaron, par altération de Vocon-Foron. La distance de ce lieu à l'égard de Fréjus paraît convenable. Je l'estime en droite ligne de 17,000 toises, au moins ou d'environ 23 milles romains, que la mesure itinéraire dans un pays inégal peut bien surpasser de 1,000 pas. Honoré Bouche (*Chor. de prov.*, liv. III, cap. 4) veut que ce soit le Luc ; mais, ce qui me répugne dans cette position, c'est d'être trop voisine d'un lieu nommé Cabasse, où l'on a trouvé une colonne milliaire numérotée XXXIIII, selon Bergier (*Hist. des gr. ch. de l'emp.*, lib.

III, cap. 28). Car, ce lieu n'étant distant du Luc que d'environ 4 milles, si le Luc était *Forum Voconii*, le numéro de la colonne ne pourrait être XXXIIII ; et la position de Gonfaron, dont la distance de Cabasse est au moins le double du Luc, prend pas de rapport à ce numéro. D'ailleurs le nom du Luc vient de *Lucus*, qui n'est pas moins propre à l'âge romain que celui de *Forum*. Cela n'empêche pas même de croire que le Luc n'ait été situé au passage d'une voie militaire, comme l'inscription d'une colonne qui y a été trouvée, mais dont le numéro n'est point donné dans Bergier, le témoigne ; et je conjecture que cette voie pourrait se rapporter à celle qui de *Forum Voconii* conduit à Riez dans la Table. » D'Anville. *Notice de l'ancienne Gaule*, p. 327. V. aussi Walckenaer. *Géographie des Gaules*, t. II, p. 40.

FORT-VAUBAN. V. FORT-LOUIS.
FORT-VERT, vg. *Pas-de-Calais*, com. de Marck, ✉ de Calais.
FORT-VILLE, vg. *H.-Alpes*, comm. et ✉ de Briançon.
FORZES, *Corrèze*. V. FORGES.

FOS, vg. *Bouches-du-Rhône* (Provence), arr. et à 52 k. d'Aix, cant. d'Istres, ✉ de Martigues. Pop. 1,862 h.

Ce village a succédé à l'ancienne ville de *Fossa Marianæ*, bâtie à l'extrémité d'un golfe formé par la mer, qui s'avançait alors jusqu'à cet endroit. Ce fut sur les bords de ce golfe que Marius voulut se retrancher pour s'opposer au passage des Cimbres et des Teutons ; ne sachant pas combien de temps il resterait dans cette position, et voulant assurer la subsistance de son armée, il fit ouvrir, avec l'aide des Mar[seillais], un canal de communication entre le [fleuve et la] mer, et fit construire, à l'embouch[ure de ce] canal, des quais et des magasins dont on a depuis peu découvert des vestiges. Après que Marius eut mis fin à la guerre, il donna tous ces ouvrages aux Marseillais, et insensiblement il se forma dans ce lieu une ville, que plusieurs auteurs latins ont désignée sous le nom de *Fossæ Marianæ Portus*. Les fortifications de cette ville ayant été détruites par les Sarrasins, les habitants l'abandonnèrent pour aller se fortifier sur une hauteur, entre l'étang de l'Estomac et le grand marais de la Crau, et nommèrent ce lieu *Castrum de Fossi*.

Le village actuel de Fos est situé sur un petit monticule dont le sommet est occupé par les ruines de l'ancien château. Du haut de ces ruines on jouit d'une vue très-étendue et très-variée ; à l'est et au nord se présente l'étang de l'Estomac, entouré de petites collines entre lesquelles on aperçoit des parties d'autres étangs ; à l'ouest sont les marais de la Basse-Crau, et au delà les bouches du Rhône ; au midi apparaît la mer, toujours sillonnée de bâtiments de toute forme et de toute grandeur. Au-dessous du village, du côté du midi, sont des lignes de fortifications et de vieilles tours qui bordent toute la colline. — Fabrique de produits chimiques. Salines importantes.

FOS, joli village, *H.-Garonne* (Languedoc), arr. et à 41 k. de St-Gaudens, cant. et ✉ de

St-Béat. Pop. 1,612 h. Près des frontières d'Espagne. — Scieries hydrauliques de planches.

FOS, vg. *Hérault* (Languedoc), arr. et à 32 k. de Béziers, cant. de Roujan, ✉ de Bedarieux. Pop. 212 h.

FOSSA CORBULONIS (lat. 52°, long. 22°). « On lit dans Tacite que Corbulon, commandant en Germanie sous l'empire de Claude, fit creuser un canal entre la Meuse et le Rhin, dans l'espace de 23 milles (*Annal.*, XI, 20) : *Inter Mosam Rhenumque, trium et viginti millium spatio, fossam perduxit, quâ incerta Oceani vetarentur*. Dion Cassius (lib. LX) indique la longueur du canal de 170 stades, qui font 21 milles et un quart. L'objet en ouvrant ce canal, selon le rapport de Dion, était de donner un écoulement aux fleuves refoulés par le montant de la marée, pour que les terres n'en fussent point inondées. Quelques critiques, et Vertranius en premier lieu, suivi par Cluvier, qui sont d'avis de lire *vitarentur* dans Tacite, au lieu de *vetarentur*, ont pour eux l'autorité des manuscrits : et ce que rapporte Dion du motif de Corbulon convient à l'interprétation qu'on peut donner à l'expression de *vetarentur*, qui porte bien le caractère du style de Tacite. Les savants sont fort partagés dans leurs opinions sur l'endroit où ce canal fut ouvert. Je suis de l'avis de ceux qui le conduisent de Leyde à Maesland-Fluys, ou l'écluse de Meuse, en passant par Delft ; et voici la raison dont je m'autorise. Cet espace est d'environ 8,500 verges du Rhin, et la verge du Rhin se comparant à 11 pieds 7 pouces de Paris, il en résulte 16,440 toises, qui renferment 21 milles romains et deux tiers, ou 173 stades ; on voit assez combien ce calcul a de rapport à ce que le témoignage de l'antiquité donne de longueur au canal de Corbulon. Menso-Alting a supposé que, pour trouver une pareille longueur dans cet espace, il fallait faire circuler ce canal : mais cette supposition n'est point fondée que sur la mesure du mille qu'il emploie de 60 au degré, faute de connaître le mille romain, et qui est plus fort de un cinquième qu'il ne convient. Ortelius et Pontanus, en rapportant au Lech le canal creusé par le soldat romain, sous les ordres de Corbulon, *ut miles otium exueret*, selon les termes de Tacite, n'ont pas pris garde que l'espace que traverse le Lech n'est pas resserré dans 20 et quelques milles, et qu'il s'étend à environ 37, depuis son commencement, près de Wick-Durstède, jusqu'à l'endroit où il se termine, près d'un lieu nommé Krempen, en rencontrant la Merwe, qu'il ne convient pas même de confondre avec l'ancien lit de la Meuse, *oude Maès*, qui est plus reculé. Rickius (*Animadv. in Tacitum*, p. 135), savant commentateur de Tacite, qui veut aussi que le canal dont il s'agit ait quelque chose de commun avec le Lech, reprend Ortelius sur ce qu'il y applique toute la longueur du cours de cette émanation actuelle du Rhin. Son opinion est que, en partant de *Batavodurum*, il convient de s'arrêter à un lieu nommé Lexmund : *Existimo, dit-il, fossam hanc e Rheno apud Batavodurum a Corbulone ductam, non usque ad confluentes *Mosæ* et *Leccæ, sive pagum Krimpen, sed duntaxat ad vicum Leccæ sinistræ ripæ impositum, cui vocabulum Lecsmunde*. Mais je vois dans cette opinion un inconvénient contraire à ce qui répugne dans celle d'Ortelius, de l'aveu même de Rickius. Lexmoud au-dessous de Vianen, sur la même rive du Lech, n'est distant de Wick-Durstède, ou de *Batavodurum*, que d'environ 5,600 verges du Rhin, selon les cartes, ou plutôt des arpentages dans le plus grand détail, et que j'ai eu la précaution de vérifier par les triangles de Snellius. Or une pareille distance ne peut s'évaluer qu'à 10,900 toises au plus, dont il ne résulte que 14 à 15 milles romains, ce qui est évidemment trop au-dessous de 22 à 23 milles qu'il faut trouver pour égaler le canal de Corbulon. C'est trop légèrement que Rickius a prétendu, en voulant produire des preuves de son sentiment, que l'intervalle dans cette portion du Lech convenait à ce canal : *Prima (ratio), quod a divortio hujus fossæ ad Lexmondam sit idem circiter intervallum, quod a Tacito, aut Dione, fossæ Corbulonis adscribitur*. J'ajoute qu'il y a plus de vraisemblance (quoi qu'en dise Rickius) que pour recevoir le montant de la marée, comme Dion le témoigne formellement, ce canal ait été ouvert peu au-dessus de l'entrée de la Meuse, plutôt qu'à cinquante milles dans les terres, en reculant jusqu'à *Batavodurum*. » D'Anville. *Notice de l'ancienne Gaule*, p. 328.

FOSSA DRUSIANA (lat. 53°, long. 24°).

« Tacite et Suétone parlent de ce canal creusé par Drusus, fils de Livie et frère de Tibère, et par lequel Germanicus, fils de Drusus, descendit pour se rendre dans l'Océan, à l'embouchure de l'Ems. *Fossam*, dit Tacite (*Annal.*, II, 8), *cui Drusianæ nomen, ingressus, lacus inde et Oceanum usque, ad Amisiam flumen, secunda navigatione pervehitur*. Suétone : *In Claudio*, parlant de Drusus, *trans Rhenum fossas novi et immensi operis efficit, quæ nunc Drusinæ vocantur*. Tout le monde convient que ce canal est celui qui sort du Rhin sur la droite, au-dessous de la séparation du Wahal, et qui se jouit à l'Issel, près de Doesbourg. On croit même que le travail de Drusus ne s'est point borné à cette communication, et qu'il lui a fallu creuser un lit plus considérable à l'Issel ; ce qui peut avoir donné lieu à Suétone d'employer le pluriel *fossas* en parlant de ce travail. On ne trouve le nom de l'Issel dans aucun monument de l'antiquité. Ce nom lui est commun avec une rivière de la Hollande entre le Leck et le Rhin, et qui, dans les titres du moyen âge, est appelée *Cisla* et *Hisla*, et depuis, sans aspiration, *Isla* et *Isala*. Ainsi on n'est point autorisé à mettre le nom de *Sala* dans des cartes qui représentent l'ancienne géographie. Plusieurs savants ont appliqué à l'Issel la mention que Tacite fait d'une rivière sous le nom de *Nabalia*, qui pourrait être corrompue, et qui se lit autrement dans quelques textes de cet historien. Civilis, chassé de l'île des Bataves par Cerealis, et retiré chez les Germains, eut une entrevue avec ce général romain sur le bord de cette rivière, qu'il faut ainsi supposer au delà du Rhin, sur la frontière.—Le Rhin, dérivé dans l'Issel, et l'ayant grossi par la décharge d'une partie de ses eaux, a d'abord formé un lac, nommé *Flevo*. Il renfermait aussi une île de même nom. Réduit ensuite à un canal, qui conservait ce nom de *Flevo*, il arrivait à l'Océan avant que ce canton de la Frise fût submergé et devint une mer, que l'on nomme Zuyder-Zée. — Pomponius Méla est celui de tous les géographes de l'antiquité qui s'explique plus en détail sur ce sujet. On reconnaît encore le nom de *Flevo* dans celui de Vlie, ou *Flie-Stroom*, entre les îles de Flie-Land et de Schelling, à l'entrée du Zuyder-Zée. Mais les limites de l'ancienne Gaule ne nous portent pas jusque-là. » D'Anville. *Notice de l'ancienne Gaule*, p. 330.

FOSSA MARIANA (lat. 44°, long. 23°).

« Selon Plutarque, dans la Vie de Marius, ce général fit creuser un canal pour recevoir plus aisément les vivres qui lui étaient amenés par mer, et avec moins de risque qu'il n'y avait aux embouchures du Rhône, dont l'entrée, remplie de vase et exposée aux coups de mer, devenait très-difficile. Strabon en parle conformément, et il ajoute que Marius fit don de ce canal aux Marseillais, pour reconnaître les services qu'ils lui avaient rendus dans son expédition contre les *Ambrones* et les *Toygeni*, dont les armes étaient jointes à celles des Cimbres. Méla, Pline, Solon, ont fait mention du même canal. Mais on peut reprendre Ptolémée d'avoir rangé ce canal au couchant des bouches du Rhône ; parce qu'on a les preuves les plus positives du contraire. C'est entre Marseille et le Rhône qu'il est placé dans Méla (lib. I, cap. 5), entre le Rhône et *Maritima* ou Martigues dans Pline (lib. III, cap. 4). L'Itinéraire maritime indique même XVI milles de distance depuis les *Fossæ Marianæ* (car il y emploie le pluriel) jusqu'au Rhône, en rangeant la côte d'orient en occident ; et dans l'Itinéraire qui décrit les routes de terre, on trouve *Fossæ Marianæ* entre Marseille et Arles. Ainsi ce que Ptolémée nomme le canal de *Marius*, en deçà des deux principales embouchures du Rhône, en procédant dans l'ordre contraire à celui de l'Itinéraire maritime, serait plutôt une troisième bouche du Rhône, comme d'ailleurs sous le nom d'*Hispaniense Ostium*. On pourrait conjecturer que l'entrée d'une rivière, dont le nom de Καινὸς ποταμός, ou de rivière nouvelle, dans Ptolémée, semble plus convenable à un canal factice qu'à une rivière naturelle, désignerait un canal de Marius, quoique Ptolémée eût déplacé son embouchure, en la marquant entre *Maritima* et Marseille, au lieu de l'indiquer entre le Rhône et *Maritima*. Cette conjecture s'appuierait sur ce qu'en cet intervalle que prend Ptolémée on ne voit arriver à la mer aucune rivière qui mérite d'être connue ; et que d'ailleurs les positions de Ptolémée ne sont pas à l'abri de la critique, comme la manière dont il se méprend sur le canal de Marius en est une preuve qu'il ne faut pas aller chercher bien loin. Le docte commentateur de Pline, qui, dans le nom que fournit Ptolémée de Καινὸς ποταμός, a cru voir un indice d'un peuple dont Pline fait mention sous le nom de *Ceniceuses*, et qui nous est inconnu comme plusieurs autres, n'a pas fait attention à la différence essentielle de ces dénominations. Je dis, en passant, que les *Ceniceuses* de Pline nous sont inconnus. Car de les établir, comme dans la carte de Sanson, aux environs du mont Cénis, ce serait faute d'observer que Pline, en faisant mention de *Ceniceuses*, dans la description de la Narbonaise, ne permet pas de les placer ainsi derrière les *Centrones*, qui, selon l'état des choses au temps de Pline, n'étaient point encore, non plus que les *Caturiges*, renfermés dans la Gaule, et dépendaient de l'Italie. Mais, après avoir rapporté ce qu'on trouve dans les anciens sur le canal de Marius, il doit être question d'en reconnaître quelque trace, ou son issue dans la mer. Ceux d'entre les modernes qui veulent que le grand canal du Rhône, passant à Arles, et dont le cours jusqu'à la mer est d'environ 10 lieues, soit l'ouvrage de Marius, n'ont pas pris garde à la difficulté de l'exécution, et on pourrait leur demander ce qu'était le cours du fleuve séparément de ce canal. Il n'était pas nécessaire que Marius remontât si haut, pour parer aux inconvénients de l'entrée par les bouches naturelles du Rhône. L'ancienne embouchure, appelée *Massalioticum ostium*, qui paraît avoir été celle qu'on nomme actuellement le Gras du midi, ou le gras Gras, comme on peut voir dans l'article intitulé *Rhodani ostia* était distante de *Fossis Marianis* de XVI milles, selon l'Itinéraire maritime. Or cette distance, en rangeant la côte depuis cette embouchure, conduit précisément sur la plage vis-à-vis du lieu qui conserve le nom de Foz. Ce lieu est marqué dans les cartes comme étant sur un terrain élevé, quoique les environs soient presque au niveau de la mer. C'est ainsi qu'on reconnaît l'entrée du canal de Marius. La figure d'un édifice en forme de demi-lune ouverte du côté de la mer, comme la Table théodosienne en donne la représentation, et le nom de *Fossis Marianis* au-dessus, convient vraisemblablement à cet endroit. Cet édifice donne l'idée d'un port, qui aurait été orné et accompagné de bâtiments que les Marseillais, devenus propriétaires du canal, et qui en tiraient un droit de navigation en montant et en descendant comme le rapporte Strabon (lib. IV, p. 183). Cependant les ouvrages qui ne sont pas ceux de la nature étaient sujets à périr avec le temps, le canal de Marius ne conduit plus à Foz. Mais il n'y a guère plus d'un siècle qu'une dérivation du Rhône avait son cours jusque-là, selon le témoignage de l'historien de Provence, Honoré Bouche (t. I, liv. III, ch. 5). Cette dérivation, qu'on nomme aujourd'hui le Bras-Mort, et qui a été obstruée dans les derniers temps pour favoriser la ville d'Arles, et dans la vue de dessécher des marais, tendait en premier lieu vers l'étang nommé Galejon, dont la communication avec la mer ouvrait une première issue à ce canal ; et un reste d'émanation, qui n'a plus la même continuité, s'étendait jusqu'au rivage de Foz. Cette circonstance de plus d'un débouchement nous fait connaître que ce n'est point à tort que plusieurs des auteurs qui parlent du canal se servent du pluriel. C'est ainsi qu'il en est mention dans l'Itinéraire et dans la Table. On lit pareillement *fossæ*, et non pas *fossa*, dans l'édition de Pline du P. Hardouin, et dans Solin, *fossis manu factis*. Je présume, d'après des cartes très-circonstanciées du local, que la navigation du canal de Marius, depuis la séparation d'avec le Rhône, pouvait être d'environ 12 milles. Il paraît en même temps que cette séparation se faisait à quelque dix milles au-dessus de l'*Ostium Massalioticum*; et la navigation du Rhône, en remontant jusqu'à Arles, y ajoutait environ 20 milles. Or c'est précisément ce que demande l'Itinéraire maritime : *a gradu, per fluvium Rhodanum, Arelatum*, M. P. XXX. On ne saurait admettre XXXIII milles entre *Fossa Mariana*, ou Folz et Arles, par la route de terre, comme on le voit dans l'Itinéraire d'Antonin, et le local veut qu'on ne supprime une dizaine.» D'Anville, *Notice de l'ancienne Gaule*, p. 331.

FOSSARD (le Grand et le Petit-), vg. *Seine-et-Marne*, comm. d'Esmans, ✉ de Montereau. ✆.

FOSSAT (le), bg. *Ariége* (pays de Foix), arr. et à 20 k. de Pamiers, chef-l. de cant., ✉ du Mas-d'Azil, bureau d'enregist. à Lezat. Pop. 1,007 h. — Il est situé sur la rive gauche de la Lèze. — Foires les 7 fév., 17 mai, 8 août, 26 oct., 23 déc, et veille des Rameaux.

FOSSAT (le), vg. ou ST-PIERRE-DES-COMBES, H.-*Garonne*, comm. de Lapeyrouse, ✉ de Montastruc. — Foires les 7 fév., 17 mai, 6 août, 26 oct., 23 déc. et veille du dimanche des Rameaux.

FOSSÉ, vg. *Ardennes* (Champagne), arr. et à 25 k. de Vouziers, cant. et ✉ de Buzancy. Pop. 281 h.

A 1 k. S.-O. de ce village, sur le penchant d'un coteau fort élevé, se trouve la chapelle de Mame, qui remplace une vaste église bâtie par Charlemagne en mémoire d'une bataille mémorable qu'il gagna en ce lieu contre les Saxons-Allemands. On dit même qu'au moment de l'action il s'est opéré en cet endroit en faveur du roi de France, dont l'armée était bien inférieure en nombre, un miracle qui lui a procuré la victoire !... Ce qu'il y a de certain, c'est que de temps immémorial cette pieuse fondation est en grande vénération on y rencontre journellement des pèlerins qui s'y rendent avec dévotion de tous les départements du royaume, et même des pays étrangers circonvoisins. — La petite source que l'on voit encore au-dessus des bâtiments ruraux a seule suffi aux besoins de l'armée de Charlemagne durant vingt et un jours; elle ne tarit jamais, et ses eaux sont aussi légères que limpides ; les pèlerins pensent se sanctifier en buvant de cette eau à jeun !... — Aujourd'hui que, par suite de la révolution, les biens qui se rattachaient à cette chapelle ont été vendus, tous les bâtiments d'exploitation tombent en ruine ; l'édifice n'est entretenu qu'avec le produit des aumônes des pèlerins. — Non loin de la chapelle de Mame, au milieu du bois, existent les ruines d'un couvent de femmes très-spacieux, détruit dans les guerres qui ont désolé cette contrée de 1630 à 1650.

FOSSÉ (la), vg. *Ardennes*, comm. de St-Maclou, ✉ de Pont-Audemer.

FOSSÉ (la), vg. *Gironde* (Guienne), arr. et à 13 k. de Blaye, cant. de St-Savin, ✉ de Bourg-sur-Gironde. Pop. 366 h.

FOSSÉ, vg. *Loir-et-Cher* (Blaisois), arr., cant., ✉ et à 7 k. de Blois. Pop. 416 h. — On y remarque un château qui a été habité par Mme de Staël quelque temps avant son exil.

FOSSÉ (la), vg. *Loir-et-Cher*, comm. et ✉ de Montoire.

FOSSE (la), *Manche*, comm. de Carantilly, ✉ de Marigny. ✆.

FOSSE (la), vg. *Morbihan*, comm. de Plumelin, ✉ de Locminé.

FOSSÉ (la), vg. *Nièvre*, comm. d'Arleuf, ✉ de Château-Chinon.

FOSSÉ (la), vg. *Pas-de-Calais*, comm. de Lestrem, ✉ d'Estaires.

FOSSE, vg. *Pyrénées-Or*. (Roussillon), arr. et à 50 k. de Perpignan, cant. de St-Paul-de-Fenouillet, ✉ de Candiés-de-St-Paul. Pop. 184 h.

FOSSÉ (le), vg. *Seine-Inf.* (Normandie), arr. et à 23 k. de Neufchâtel-en-Bray, cant. et ✉ de Forges. Pop. 506 h.

FOSSE (la), vg. *Vendée*, comm. et ✉ de Noirmoutiers.

FOSSE-A-L'ANE (la), vg. *Maine-et-Loire*, comm. du Fuilet, ✉ de Beaupréau.

FOSSE-BELLAY, vg. *Maine-et-Loire*, com. de Cizay, ✉ de Montreuil-Bellay.

FOSSE-CORDUAN, vg. *Aube* (Champagne), arr., ✉ et à 18 k. de Nogent-sur-Seine, cant. de Romilly-sur-Seine. Pop. 307 h.

FOSSE-DE-TIGNÉ, vg. *Maine-et-Loire* (Anjou), arr. et à 40 k. de Saumur, cant. et ✉ de Vihiers. Pop. 331 h.

FOSSEMAGNE, vg. *Dordogne* (Périgord), arr. et à 26 k. de Périgueux, cant. de Thenon, ✉ d'Azerac. Pop. 1,035 h.

FOSSEMANANT, vg. *Somme* (Picardie), arr. et à 17 k. d'Amiens, cant. de Conty, ✉ de Quévauvillers. Pop. 148 h.

FOSSES, vg. *Seine-et-Oise* (Ile-de-France), arr. et à 35 k. de Pontoise, cant. de Luzarches, ✉ de Louvres. Pop. 186 h.

FOSSES (les), vg. *Deux-Sèvres* (Poitou), arr. et à 20 k. de Melle, cant. et ✉ de Brioux. Pop. 526 h. — *Foire le 13 août.*

FOSSÉS (les), vg. *Deux-Sèvres*, comm. de Pamproux, ✉ de la Mothe-St-Héraye.

FOSSES (les Hautes et Basses-), vg. *Vosges*, comm. de Mayemont-les-Fosses, ✉ de St-Dié.

FOSSÉS-BALEYSSAC, vg. *Gironde* (Guienne), arr., cant., ✉ et à 9 k. de la Réole. Pop. 400 h.

FOSSEUSE, vg. *Oise* (Vexin), arr. et à 31 k. de Beauvais, cant. et ✉ de Méru. P. 164 h.

FOSSEUX, vg. *Pas-de-Calais* (Artois), arr. et à 15 k. d'Arras, cant. de Beaumetz-les-Loges, ✉ de l'Arbret. Pop. 354 h.

FOSSIEUX, *Ficilio*, vg. *Meurthe* (Lorraine), arr. et ✉ de Château-Salins, à 19 k. de Vic, cant. de Delme. Pop. 355 h. — On y voit un ancien château et une église qui ont été construits par les templiers.

FOSSOY, vg. *Aisne* (Brie), arr., cant., ✉ et à 7 k. de Château-Thierry. Pop. 341 h.

FOUCANNE, vg. *Maine-et-Loire*, comm. de Champtocé, ✉ d'Ingrande.

FOUCARIÉ (la), vg. *Aveyron*, comm. de Lanuéjols, ✉ de Nant.

FOUCARMONT, vg. *Seine-Inf.* (Normandie), arr. et à 18 k. de Neufchâtel-en-Bray, cant. de Blangy. ✉. ✆. A 156 k. de Paris pour la taxe des lettres. Pop. 667 h. — Verrerie (à Retonval). — Foires les 1er juin, 9 oct., 18 nov, et 1er mardi de chaque mois.

FOUCART, vg. *Seine-Inf.* (Normandie), arr. et à 10 k. d'Yvetot, cant. et ✉ de Fauville. Pop. 358 h.

FOUCARVILLE, vg. *Manche* (Normandie), arr. et à 20 k. de Valognes, cant. et ✉ de Ste-Mère-Eglise. Pop. 314 h.

FOUCAUCOURT, vg. *Meuse* (Lorraine), arr. et à 28 k. de Bar-le-Duc, cant. de Triaucourt, ✉ de Beauzée. Pop. 267 h.

FOUCAUCOURT, vg. *Somme* (Picardie), arr. et à 15 k. de Péronne, cant. de Chaulnes, ✉ d'Estrées-Deniécourt. ✆. Pop. 616 h.

FOUCAUCOURT-HORS-NELLE, vg. *Somme* (Picardie), arr. et à 31 k. d'Amiens, cant. et ✉ d'Oisemont. Pop. 122 h.

FOUCHANGE, vg. *Côte-d'Or*, comm. d'Arceau, ✉ de Mirebeau-sur-Bèze.

FOUCHARD (les), vg. *Cher*, comm. de Boulleret, ✉ de Cosne.

FOUCHÉCOURT, vg. *H.-Saône* (Franche-Comté), arr. et à 26 k. de Vesoul, cant. de Combeau-Fontaine, ✉ de Jussei. Pop. 245 h.

FOUCHÉCOURT, vg. *Vosges* (Lorraine), arr. et à 46 k. de Neufchâteau, cant. et ✉ de Lamarche. Pop. 347 h.

FOUCHERANS, vg. *Doubs* (Franche-Comté), arr. et à 18 k. de Besançon, cant. et ✉ d'Ornans. Pop. 333 h.

FOUCHERANS, vg. *Jura* (Franche-Comté), arr., cant., ✉ et à 4 k. de Dôle. P. 624 h.

FOUCHÈRES, vg. *Seine-et-Marne*, comm. de Chalautre-la-Grande, ✉ de Nogent-sur-Seine.

FOUCHÈRES, vg. *Aube* (Bourgogne), arr., cant. et à 10 k. de Bar-sur-Seine, ✉ de St-Parres-les-Vaudes. Pop. 612 h. — *Fabrique de chaux renommée.*

FOUCHÈRES, vg. *Meuse* (Lorraine), arr. et à 19 k. de Bar-le-Duc, cant. de Montiers-sur-Saulx, ✉ de Ligny. Pop. 317 h.

FOUCHÈRES, vg. *Yonne* (Gâtinais), arr. et à 13 k. de Sens, cant. et ✉ de Chéroy. Pop. 414 h.

FOUCHEROLLES, vg. *Loiret* (Gâtinais), arr. et à 26 k. de Montargis, cant. et ✉ de Courtenay. Pop. 135 h.

FOUCHI, ou GRUNE, vg. *B.-Rhin* (Alsace),

FOUGÈRES.

arr. et à 20 k. de Schelestadt, cant. et ✉ de Villé. Pop. 976 h.

FOUCRAINVILLE, vg. *Eure* (Normandie), arr. et à 19 k. d'Evreux, cant. et ✉ de St-André. Pop. 142 h.

FOUDAI, ou URBACH, vg. *B.-Rhin* (Alsace), arr. et à 34 k. de Schelestadt, cant. et ✉ de Villé. Pop. 358 h. — Ce village fait partie du ban de la Roche, où le culte protestant fut établi, en 1618, par le comte palatin de Weldence. Il y a un siècle, le ban de la Roche était encore à un degré très-bas de civilisation, lorsque deux hommes bienfaisants, le pasteur Stuber et son successeur Oberlin, mort en 1826, formèrent le projet, qui leur réussit, de tirer les habitants de leur état sauvage, en propageant chez eux toutes sortes de connaissances utiles, et en les accoutumant à une vie laborieuse. Dans ce canton, où l'agriculture ne pouvait acquérir un grand développement, à cause de son terrain pierreux, on est parvenu, à force de soins, à obtenir des prairies artificielles, et à cultiver avec succès des arbres fruitiers, du lin et des pommes de terre, principale ressource des habitants. — *Fabrique* de rubans de filoselle et de coton noir.

FOUDON, vg. *Maine-et-Loire*, comm. du Plessis-Grammoire, ✉ d'Angers.

FOUDVILLE, vg. *Drôme*, comm. d'Auneyron, ✉ de St-Vallier.

FOUECY, *Cher*. V. FOECY.

FOUENCAMPS, vg. *Somme* (Picardie), arr., ✉ et à 13 k. d'Amiens, cant. de Sains. Pop. 391 h. — Extraction de tourbe.

FOUESNANT, village situé près de la mer, *Finistère* (Bretagne), arr., ✉ et à 15 k. de Quimper, chef-l. de cant. Bureau d'enregist. à Concarneau. Cure. Pop. 3,172 h. — TERRAIN cristallisé ou primitif. — *Foires* le mardi de Pâques et mardi de la Pentecôte.

FOUFLIN-RICAMETZ, vg. *Pas-de-Calais* (Artois), arr., cant., ✉ et à 7 k. de St-Pol-sur-Ternoise. Pop. 230 h.

FOUG, *Fagus Leucorum Blesensium*, vg. *Meurthe* (Barrois), arr., cant., ✉ et à 8 k. de Toul. Pop. 1,484 h. — Abattoir public. — Ce bourg est situé sur le revers d'un coteau planté de vignes. — Au sommet d'une montagne qui se trouve sur le territoire de Foug, Henri II, de Bar, fit bâtir, en 1238, un château fort avec les débris du palais de Savonnières, qui appartenait aux rois de France de la deuxième race et où il se tint deux conciles célèbres en 859 et 862. Ce château, où René d'Anjou épousa Isabelle de Lorraine, a été démoli en 1634, par ordre de Louis XIII. On y remarque encore un puits de plus de 35 m. de profondeur, au centre duquel on aperçoit une ouverture qui servait sans doute de communication avec quelques souterrains. — *Foires* les 25 nov. et jeudi gras. — Marché tous les jeudis.

FOUGARON, vg. *H.-Garonne* (Gascogne), arr. et à 24 k. de St-Gaudens, cant. et ✉ d'Aspet. Pop. 933 h.

FOUGAX, vg. *Ariège* (pays de Foix), arr. et à 39 k. de Foix, cant. de Lavelanet, ✉ de Belesta. Pop. 1,858 h.

FOUGERAIS (le), vg. *Vendée*, comm. de Ste-Florence. ✉. A 399 k. de Paris pour la taxe des lettres.

FOUGERAY, petite ville, *Ille-et-Vilaine* (Bretagne), arr. et à 31 k. de Redon, chef-l. de cant., ✉ de Derval, bur. d'enregist. à Bain. Cure. Pop. 5,254 h. — TERRAIN de transition moyen.

Le château de Fougeray, dont il ne reste plus, qu'une grosse tour remarquable par la hauteur, l'épaisseur et la solidité de ses murs, était jadis une place très-forte, qui fut prise sur les Anglais par du Guesclin en 1356. Un joli château moderne a été construit près de cette tour il y a une soixantaine d'années. — *Foires* les 27 avril, 29 août, 18 oct., 21 déc., jeudi de la mi-carême, jeudi après Quasimodo et après l'Ascension.

FOUGÈRE, vg. *Creuse*, comm. de Bord, ✉ de Boussac.

FOUGERÉ, vg. *Maine-et-Loire* (Anjou), arr., cant., ✉ et à 12 k. de Baugé. P. 1,569 h.

FOUGÈRE (la), vg. *Deux-Sèvres*, comm. de Beceleuf, ✉ de Champdeniers.

FOUGERÉ, vg. *Vendée* (Poitou), arr., cant., ✉ et à 15 k. de Bourbon-Vendée. Pop. 941 h.

FOUGÈRES, *Filicariæ Rhedonum, Fulgariæ*, jolie ville, *Ille-et-Vilaine* (Bretagne), chef-l. de sous-préf. (2ᵉ arr.), et à 2 cant. Trib. de 1ʳᵉ inst. Collége comm. 2 cures. Gîte d'étape. ✉. ☞. Pop. 4,635 h. — TERRAIN de transition inférieur.

Autrefois baronnie, diocèse, parlement, intendance et recette de Rennes, sénéchaussée, maîtrise particulière, abbaye de chanoines réguliers, couvent de récollets.

Fougères était le chef-lieu du Fougerais, canton situé sur les confins du Maine et de la Normandie, et divisé en trois territoires : le Désert, le Coglais et le Vandelais. Les autres villes du Fougerais étaient Entrain, *Entramium*, et Bazouges, *Basilica*. La baronnie de Fougères était une des premières et des plus anciennes de Bretagne, et se trouvait placée sur le même rang que les baronnies comtés et vicomtés de la province ; toutes ces terres étaient également des apanages donnés à des puînés des anciens souverains du pays. Elle donnait droit à l'un des premiers sièges, parmi les pairs de Bretagne, aux états du duché.

L'origine de cette ville est inconnue, et se perd, comme tant d'autres, dans la nuit des temps. C'était jadis une ville très-forte et l'une des clefs de la Bretagne, avant la réunion de cette province à la couronne. Henri II, roi d'Angleterre, s'empara de Fougères en 1166, et c'est alors que fut détruit l'ancien château, à la place duquel Raoul de Fougères fit construire celui dont on voit encore les restes. En 1173, le même Henri II s'empara de nouveau de la ville et du château de Fougères. Jean sans Terre la prit en 1202. Bertrand du Guesclin, chargé par Charles V de pacifier la Bretagne, entra en 1372 dans cette province, et se rendit maître de plusieurs places, du nombre desquelles était Fougères. Dans la nuit du 23 au 24 mars 1448, sous le règne de Charles VII, les Anglais s'emparèrent de cette ville par surprise, et cet événement est remarquable dans notre histoire, parce qu'il devint le signal d'une guerre dont le résultat fut la reprise de la Normandie et de toutes les provinces usurpées sur la France. Le 25 juillet 1488, le duc de la Trimouille, commandant de l'armée de Charles VIII, s'empara de Fougères après neuf jours de siège ; cette conquête fut le prélude de la bataille de St-Aubin-du-Cormier (V. ce nom). Le 28 mars 1588, le duc de Mercœur, qui tenait encore pour la Ligue, se rendit maître de Fougères, qu'il ne rendit qu'en 1598. Le château est tout ce qui reste aujourd'hui des anciennes fortifications : le magnifique donjon, bâti en 1383, par le connétable de Clisson, qui en faisait la principale force, fut démoli vers 1630. — Le territoire de cette ville fut, le 13 novembre 1793, le théâtre d'un combat mémorable entre les républicains et les Vendéens.

Les armes de Fougères sont : *d'azur à une tige de fougère d'or, au chef d'argent chargé de trois mouchetures d'hermines de sable*. — Alias : *d'or à une tige de fougère arrachée de sinople*.

Fougères est une ville très-agréablement située, à l'intersection de cinq grandes routes, sur une hauteur qui lui procure un air sain et un fort bel horizon. Elle est régulièrement bâtie, les rues en sont larges, bien percées et bordées de maisons agréables ; mais on n'y trouve aucune place remarquable. Derrière l'église paroissiale est une promenade en terrasse, d'où l'on jouit d'une vue charmante sur un riant et frais vallon arrosé par le Nançon, petite rivière dont les eaux, aussi vives que limpides, vivifient une jolie prairie, ombragée de bouquets d'arbres, et qui, au bout de 1 k., va se perdre dans le Couesnon. Des pentes sinueuses, les unes adoucies, les autres escarpées, toutes ombragées et verdoyantes comme le vallon même ; des maisons rustiques, disséminées dans ce joli paysage, et le château bâti par Raoul de Fougères, dont les vieux remparts et les gothiques tours subsistent encore, forment un ensemble agréable et romantique. Le vallon entoure en grande partie Fougères, et devait en rendre l'accès difficile pour quiconque arrivait soit de Rennes, soit de St-Malo. Le château était d'une faible défense pour la ville, puisque, ne commandant qu'au faubourg, il était commandé lui-même par la partie haute de la ville, ainsi que par les éminences environnantes. C'est au fond du vallon que se réunissent les routes de Rennes et de St-Malo, par une descente naguère très-rapide, suivie d'une montée plus rapide encore. Une forte levée, exécutée depuis quelques années, franchit aujourd'hui la gorge profonde où s'enfonçait l'ancienne route.

Fougères a éprouvé dans le siècle dernier quatre incendies ; celui de 1751 fut le plus désastreux. C'est aujourd'hui l'une des villes les mieux bâties du département, comme elle en est aussi l'une des plus industrieuses.

La forêt de Fougères, située au nord et à 1 k. de cette ville, renferme trois monuments celtiques connus sous les noms de Monument, de

Pierre du Trésor et de Celliers de Landéan. Le premier est un dolmen assez bien conservé, dont la table a 5 m. de long sur 2 m. 66 c. de large, et 1 m. 50 c. d'épaisseur; le second est un autre dolmen à moitié détruit par le grand nombre de fouilles auxquelles son surnom de Trésor a donné lieu; le troisième consiste dans une suite de souterrains voûtés construits en pierres de taille. V. LANDÉAN.

Biographie. Patrie de RENÉ POMMEREUL, littérateur, général de division, ancien préfet.

De L.-Es. RALLIER, député à la convention nationale, membre de plusieurs assemblées législatives, auteur d'ouvrages dramatiques et de divers articles sur les antiquités de la Bretagne.

Du comte GASTON DE LA RIBOISIÈRE, lieutenant général, inspecteur de l'artillerie de la garde impériale.

Du comte GASTON DE LA RIBOISIÈRE, fils du précédent, membre de la chambre des députés.

De A.-J.-M. BACHELOT DE LA PYLAIE, naturaliste voyageur et antiquaire, membre et correspondant de diverses académies et sociétés savantes, auteur de la Flore de Terre-Neuve.

INDUSTRIE. *Manufactures* très-importantes de toiles à voiles, de toiles de chanvre et d'emballage, qui s'exportent de St-Malo et de Marseille pour l'Espagne et les colonies d'Amérique; de rubans de fil, flanelles grossières, broderies de dentelle, chapeaux, etc. Teintureries renommées, principalement pour les flanelles écarlates. Briqueteries. Amidonnerie. Tanneries importantes. Moulins à tan. Papeteries. — Belles verreries dans les environs.

Commerce de grains, gruau d'avoine renommé, beurre, miel, toiles, papiers, cuirs, chevaux, bestiaux, etc. Dépôt de sangsues.

Foires les 3 août, 9 sept. (2 jours), samedi le plus près de la Chandeleur, samedi après la mi-carême, veille du dimanche des Rameaux, samedi après les Rogations, après la St-Jean, mardi après St-François (oct.), 2ᵉ samedi de sept. et samedi après la St-Léonard (nov.).

A 45 k. N.-E. de Rennes, 298 k. O. de Paris.

L'arrondissement de Fougères est composé de 6 cantons : Antrain, Fougères sud, Fougères nord, Louvigné-du-Désert, St-Aubin-du-Cormier, St-Brice-en-Coglès.

Bibliographie. *Monuments antiques de la forêt de Fougères* (Mém. de l'acad. celt., t. v, p. 64).

RALLIER. *Détails sur la Roche aux Fées* (Mém. de la soc. roy. des antiq. de France, t. I, p. 336).

FOUGÈRES, vg. *Loir-et-Cher* (Blaisois), arr. et à 18 k. de Blois, cant. de Contres, ✉ des Montils. Pop. 604 h. — *Fabriques* de draps. Filatures de laine.

FOUGERETS (les), vg. *Morbihan* (Bretagne), arr. et à 53 k. de Vannes, cant. de Carentoir, ✉ de la Gacilly. Pop. 931 h.

FOUGEREUSE (la), vg. *Deux-Sèvres*, comm. de St-Maurice-la-Fougereuse, ✉ d'Argenton-Château.

FOUGEROLLE, vg. *Indre-et-Loire*, comm. de Restigny, ✉ de Bourgueil.

FOUGEROLLES, vg. *Indre* (Berry), arr. et à 10 k. de la Châtre, cant. et ✉ de Neuvy-St-Sépulcre. Pop. 596 h.

FOUGEROLLES, vg. *Mayenne* (Maine), arr. et à 35 k. de Mayenne, cant. de Landivy. ✉. A 301 k. de Paris pour la taxe des lettres. Pop. 2,376 h. — *Foires* les 26 juin, 9 déc., vendredi après la Purification, après l'Annonciation, après l'Assomption et après la Nativité.

FOUGEROLLES, bg *H.-Saône* (Franche-Comté), arr. et à 27 k. de Lure, cant. de St-Loup. ✉. ⚭. A 400 k. de Paris pour la taxe des lettres. Pop. 5,591 h., dont 1,200 environ appartiennent à Fougerolles proprement dit; le surplus est réparti dans douze autres sections de cette commune.

Fougerolles est un ancien bourg à château, donné en apanage à un cadet des comtes de Bourgogne. Cette terre, érigée en bailliage pendant plusieurs siècles, fut possédée en souveraineté par ceux qui en étaient seigneurs, jusqu'en 1681, époque où Louis XIV fit prendre possession de la souveraineté en son nom.

Fabriques de chapeaux de paille. Nombreuses distilleries d'eau de cerises. — *Commerce* de kirsch-wasser, planches, toiles, etc. — *Foires* les 26 fév., 4 mai, 26 août, 24 sept., mercredi après le 24 juin, 4ᵉ lundi de mars, de mai, de juillet et de sept.

FOUGILLET, vg. *Yonne*, comm. de Sougères, ✉ de St-Sauveur.

FOUGEROLLES, vg. *Lot-et-Garonne* (Agénois), arr., cant. et à 10 k. de Marmande, ✉ de Tonneins. Pop. 738 h. — *Foires* les 26 juin, 9 déc., vendredi après la Purification et l'Annonciation, après l'Assomption et après la Nativité.

FOUGUEYROLLES, vg. *Dordogne* (Périgord), arr. et à 27 k. de Bergerac, cant. de Vélines, ✉ de Ste-Foy. Pop. 531 h.

FOUGY, vg. *Orne*, comm. de Bourg-St-Léonard, ✉ d'Exmes.

FOUILLADE (la), vg. *Aveyron* (Rouergue), arr. et à 16 k. de Villefranche-de-Rouergue, cant. et ✉ de Najac. Pop. 1,674 h. — *Foire* le 29 juin.

FOUILLADE (la), vg. *Lot*, comm. de Varaire, ✉ de Limogne.

FOUILLEUSE, vg. *Oise* (Picardie), arr., cant. et à 12 k. de Clermont, ✉ d'Estrées-St-Denis. Pop. 106 h.

FOUILLOUSE, vg. *B.-Alpes*, comm. de St-Paul, ✉ de Chatelard.

FOUILLOUSE, vg. *H.-Alpes* (Dauphiné), arr. et à 13 k. de Gap, cant. de Tallard, ✉ de la Saulce. Pop. 219 h.

FOUILLOUSE, vg. *Gard*. V. ST-MARCEL-DE-FONFOUILLOUSE.

FOUILLOUSE (la), vg. *Isère*, comm. de St-Priest, ✉ de St-Symphorien-d'Ozon.

FOUILLOUSE (la), bg *Loire* (Forez), arr., et à 12 k. de St-Etienne, cant. de St-Héant. Pop. 1,966 h.

Sur le territoire de cette commune on remarque le château de Bothéon, que le fils naturel de Jean II, duc de Bourbon, fit bâtir sur un plateau élevé, au pied duquel coule la Loire. Ce château est dominé par une haute tour, autrefois surmontée d'une croix et d'une horloge. Un bel escalier conduit sur la plate-forme et descend jusqu'aux caves du château, auxquelles viennent aboutir d'immenses souterrains ornés d'une infinité de stalactites d'une éclatante blancheur.

Il n'est pas sans intérêt de rappeler que ce furent les bois de la Fouillouse, dont Sully était engagiste, qui produisirent à ce ministre les 40,000 francs dont Henri IV avait besoin pour continuer la guerre.

Fabriques de rubans. Papeterie. — *Foire* le 8 sept.

FOUILLOUSE (Haut et Bas-), *Puy-de-Dôme*, comm. de Cunlhat, ✉ de Lezoux.

FOUILLOUX (le), bg *Charente-Inf.* (Saintonge), arr. et à 41 k. de Jonzac, cant. et ✉ de Montguyon. Pop. 1,053 h. — *Fabrique* de sucre indigène. — *Foires* les 1ᵉʳˢ vendredis d'avril, mai, juin, juillet, août et sept.

FOUILLOUX, vg. *Charente-Inf.* comm. d'Arvert, ✉ de la Tremblade.

FOUILLOY, vg. *Oise* (Picardie), arr. et à 47 k. de Beauvais, cant. de Formerie, ✉ d'Aumale. Pop. 274 h.

FOUILLOY, vg. *Somme* (Picardie), arr. et à 19 k. d'Amiens, cant. et ✉ de Corbie. Pop. 624 h.

FOUJU, vg. *Seine-et-Marne* (Gâtinais), arr. et à 11 k. de Melun, cant. de Mormant, ✉ de Guignes. Pop. 230 h.

FOULAIN, vg. *H.-Marne* (Champagne), arr. et à 13 k. de Chaumont-en-Bassigny, cant. et ✉ de Nogent-le-Roy. Pop. 403 h. — *Forges*, fonderie et laminoirs à tôle. Sur la Marne.

FOULANDIÈRE (la), vg. *Loire-Inf.*, comm. de Getigné, ✉ de Clisson.

FOULANGUE, vg. *Oise* (Picardie), arr. et à 25 k. de Senlis, cant. de Neuilly-en-Thelle, ✉ de Mouy. Pop. 194 h.

FOULAYRONNES, vg. *Lot-et-Garonne* (Agénois), arr., cant., ✉ et à 5 k. d'Agen. Pop. 1,240 h.

FOULBEC, *Foullebecum*, vg. *Eure* (Normandie), arr., ✉ et à 12 k. de Pont-Audemer, cant. de Beuzeville. Pop. 614 h. Il est sur la Risle, que l'on y passe sur un bac, et où il a un petit port où il se fait des chargements de cidre et autres objets de consommation.

L'église paroissiale, qui remonte au XIᵉ siècle, est remarquable par un portail fort orné dans le style pur roman. Elle est comme appuyée sur un if très-vieux qui a 7 m. de pourtour.

FOULCREY, vg. *Meurthe* (Lorraine), arr. et à 22 k. de Sarrebourg, cant. de Réchicourt-le-Château, ✉ de Blâmont. Pop. 779 h.

FOULEIX, vg. *Dordogne* (Périgord), arr. et à 26 k. de Périgueux, cant. et ✉ de Vergt. Pop. 612 h.

FOULENAY, vg. *Jura* (Franche-Comté), arr. et à 30 k. de Dôle, cant. de Chaumeroy, ✉ de Sellières. Pop. 325 h.

FOULGAIROLLES, vg. *Aveyron*, comm. de St-Jean-du-Bruel, ✉ de Nant.

FOULIGNY ou **FILLINGEN**, vg. *Moselle* (pays Messin), arr. et à 21 k. de Metz, cant. et ✉ de Faulquemont. ⚜. Pop. 400 h.

FOULLETOURTE, vg. *Sarthe*, comm. de Cérans-Foulletourte, ✉. ⚜. A 237 k. de Paris pour la taxe des lettres. Gîte d'étape. — *Foires* les 2 fév., 8 juin, 21 sept. et 14 déc.

FOULOGNES, vg. *Calvados* (Normandie), arr. et à 21 k. de Bayeux, cant. de Caumont, ✉ de Balleroy. Pop. 400 h.

FOULOUIÉ, vg. *Lot*, comm. de St-Germain, ✉ de Frayssinet.

FOULVENTOUR, vg. *H.-Vienne*, comm. de St-Hilaire-Latreille, ✉ d'Arnac-la-Poste.

FOULZY, vg. *Ardennes* (Champagne), arr. et à 17 k. de Rocroi, cant. de Rumigny, ✉ de Maubert-Fontaine. Pop. 254 h.

FOUQUEBRUNE, vg. *Charente* (Angoumois), arr. et à 14 k. d'Angoulême, cant. et ✉ de Lavalette. Pop. 978 h.

FOUQUENIES, vg. *Oise* (Picardie), arr., cant., ✉ et à 6 k. de Beauvais. Pop. 208 h. — Cette commune, située sur la rive droite du Thérain, qui la borde dans toute sa partie orientale, est plus connue sous le nom de *Montmille*, l'un de ses hameaux, où est située l'église. C'est à St-Maxien, hameau situé sur la montagne de Montmille et dépendant de cette commune, que saint Lucien fut martyrisé, vers l'an 250 de J.-C. Chassé de Beauvais, où il était un préfet romain, il se retira dans ce lieu, où il fut découvert et mis à mort avec saint Maxien et saint Julien.

FOUQUEREND (le), vg. *Orne*, comm. de St-Gervais-des-Sablons, ✉ de Trun.

FOUQUEREUILLE, vg. *Pas-de-Calais* (Artois), arr., cant., ✉ et à 3 k. de Béthune. Pop. 399 h.

FOUQUEROLLES, vg. *Oise* (Picardie), arr., ✉ et à 12 k. de Beauvais, cant. de Nivillers. Pop. 226 h. — Il y a sous le cimetière de Fouquerolles un souterrain dont l'entrée, maintenant comblée, correspondait à l'ancien presbytère ; on y pénètre par une fosse ouverte à la porte de l'église pour recevoir les poids de l'horloge ; après avoir descendu perpendiculairement 7 m. environ, on rencontre un conduit rapide et tellement étroit, qu'on n'y peut marcher qu'à genoux ; il aboutit, sans être le milieu du cimetière, à une excavation pratiquée en croix dans le roc, de la hauteur d'un homme ; la voûte en est ménagée avec soin pour prévenir tout éboulement. On n'a aucune notion sur l'origine de ce souterrain, qui a servi à recéler en partie les effets des habitants lors de l'invasion de 1815.

FOUQUESCOURT, vg. *Somme* (Picardie), arr. et à 22 k. de Montdidier, cant. de Rosières, ✉ de Roye. Pop. 430 h.

FOUQUESOLLES, vg. *Pas-de-Calais*, comm. d'Andrehen et de Rebergues, ✉ d'Ardres.

FOUQUEURE, bg. *Charente* (Angoumois), arr. et à 19 k. de Ruffec, cant. et ✉ d'Aigre. Pop. 1,042 h.

FOUQUEVILLE, vg. *Eure* (Normandie), arr. et à 20 k. de Louviers, cant. d'Amfreville-la-Campagne, ✉ du Neubourg. Pop. 657 h.

FOUQUIÈRES-LES-BÉTHUNE, vg. *Pas-de-Calais* (Artois), arr., cant., ✉ et à 2 k. de Béthune. Pop. 351 h.

FOUQUIÈRES-SOUS-LENS, vg. *Pas-de-Calais* (Artois), arr. et à 2 k. de Béthune, cant. et ✉ de Lens. Pop. 792 h.

FOUR (le), vg. *Ariége*, comm. du Bosc, ✉ de Foix.

FOUR, vg. *Isère* (Dauphiné), arr. et à 28 k. de Vienne, cant. de la Verpillière, ✉ de Bourgoin. Pop. 910 h.

FOUR (le), *Loire-Inf.*, écueil fameux, situé en face du Croisic, à 15 k. en mer. C'est un banc de rochers d'environ 5 k. d'étendue à basse mer, sur lequel est un phare à feu tournant à éclipses de une minute à une minute, de 17 m. de hauteur et de 20 k. de portée. Lat. 47° 18'. Long. 4° 58'. V. CROISIC.

FOURAS, bg. *Charente-Inf.* (Aunis), arr., cant., ✉ et à 14 k. de Rochefort-sur-Mer. Pop. 837 h.

FOURBANNE, vg. *Doubs* (Franche-Comté), arr., cant., ✉ et à 5 k. de Baume-les-Dames. Pop. 103 h.

FOURCATIER, vg. *Doubs* (Franche-Comté), arr. et à 20 k. de Pontarlier, cant. de Mouthe, ✉ de Jougne. Pop. 142 h.

FOURCÉS, vg. *Gers* (Condomois), arr. et à 13 k. de Condom, cant. ✉ de Montréal. Pop. 1,026 h. — *Foires* les 14 fév., 14 mai, 14 sept. et 12 oct.

FOURCHAMBAULT, vg. *Nièvre*, comm. de Garchisy. ✉. ⚜. A 231 k. de Paris pour la taxe des lettres. Forges et fonderies, situées sur la rive droite de la Loire, que l'on passe en cet endroit sur un pont suspendu. A 8 k. de Nevers. Cette usine se compose de 2 machines à vapeur de la force de 70 chevaux chacune, douze hauts fourneaux, trois trains de laminoirs, seize fours à réverbère. Elle a été fondée par M. Louis Boignes en 1821, et occupe, en y comprenant les hauts fourneaux qui y sont attachés, environ 3,000 ouvriers ; ⓞ 1819, 1824, 1827, 1834, 1839, 1844.

Il y a vingt-cinq ans le lieu où existe cet établissement, aujourd'hui si important et qui fait vivre un si grand nombre d'ouvriers, n'offrait qu'une plage déserte. Après y avoir créé ce grand centre d'industrie, M. Boignes l'a doté d'une école d'enseignement mutuel, d'une caisse d'épargne, et tout récemment ses frères et sœurs viennent d'y établir à leurs frais une église et un presbytère.

FOURCHES, vg. *Calvados* (Normandie), arr., ✉ et à 10 k. de Falaise, cant. de Coulibœuf. Pop. 427 h.

FOURCIGNY, vg. *Somme* (Picardie), arr. et à 47 k. d'Amiens, cant. de Poix, ✉ d'Aumale. Pop. 263 h.

FOURCINET, vg. *Drôme* (Dauphiné), arr. et à 33 k. de Die, cant. et ✉ de Luc-en-Diois. Pop. 180 h.

FOURDRAIN, vg. *Aisne* (Picardie), arr. et à 12 k. de Laon, cant. et ✉ de la Fère. Pop. 900 h.

Le hameau de St-Lambert, situé près de l'étang de son nom, est une dépendance de la commune de Fourdrain. On y remarque la porte assez bien conservée et quelques vestiges d'un ancien château fort dont l'enceinte était flanquée d'énormes tours.

FOURDRINOY, vg. *Somme* (Picardie), arr. et à 15 k. d'Amiens, cant. et ✉ de Picquigny. Pop. 689 h.

FOURG, vg. *Doubs* (Franche-Comté), arr. et à 24 k. de Besançon, cant. et ✉ de Quingey. Pop. 710 h. — *Foires* les 24 mars, 9 juin, 21 août et 19 oct.

FOURG (le), vg. *H.-Garonne*, comm. de Roquefort, ✉ de Martres.

FOURGES, vg. *Eure* (Normandie), arr. et à 27 k. des Andelys, cant. et ✉ d'Écos. Pop. 402 h. — La tradition place entre Fourges et Gasny une ancienne église ruinée du nom de Thoisy, sur l'emplacement de laquelle on trouve une grande quantité de tuiles et de débris de cercueils.

FOURGS (les), vg. *Doubs* (Franche-Comté), arr., cant., ✉ et à 11 k. de Pontarlier. Pop. 1,174 h. — *Foires* le 3ᵉ mardi de juin et le 3ᵉ mercredi d'oct.

FOURGUETTE (la), *H.-Garonne*, comm. et ✉ de Toulouse.

FOURILLES, vg. *Allier* (Bourbonnais), arr. et à 25 k. de Gannat, cant. et ✉ de Chantelle. Pop. 447 h.

FOURMANHAC, vg. *Lot* (Quercy), arr., cant., ✉ et à 9 k. de Figeac. Pop. 371 h.

FOURMETOT, vg. *Eure* (Normandie), arr., cant., ✉ et à 6 k. de Pont-Andemer. P. 645 h. — L'église paroissiale, surmontée d'une tour d'un bel effet, est une construction de la fin du XIIᵉ siècle, qui offre un mélange de roman et d'ogive.

FOURMIES, vg. *Nord* (Flandre), arr., ✉ et à 14 k. d'Avesnes, cant. de Trélon. Pop. 2,634 h. — Fabriques de fil à dentelle. Filatures de coton et de laine. Blanchisseries de fil à dentelle et à coudre, taille fourneau. Verrerie pour cristaux. Gobleterie. — *Foires* le 1ᵉʳ samedi de chaque mois et le 2ᵉ samedi de sept., si le 1ᵉʳ sept. tombe un dimanche.

FOURMIGUÈRES, vg. *Pyrénées-Or.* (Roussillon), arr. et à 55 k. de Prades, cant. et ✉ de Montlouis. Cure. Pop. 872 h. — *Foires* les 11 juillet et 10 sept.

FOURNAUDIN, vg. *Yonne* (Champagne), arr. et à 31 k. de Joigny, cant. et ✉ de Cerisiers. Pop. 389 h.

FOURNAUX, vg. *Loiret*, comm. de St-Ay, ✉ de Meung-sur-Loire.

FOURNAUX, vg. *Yonne*, comm. de Venisy, ✉ de St-Florentin.

FOURNEAU (le port du), *Saône-et-Loire*, comm. et ✉ de Bourbon-Lancy.

FOURNEAU, vg. *Vosges*, comm. de Gerbepal, ✉ de Corcieux.

FOURNEAUX, *Fornella*, vg. *Calvados* (Normandie), arr., cant., ✉ et à 7 k. de Falaise. Pop. 303 h.

FOURNEAUX, vg. *Loire* (Beaujolais), arr.

et à 23 k. de Roanne, cant. et ⊠ de St-Symphorien-de-Lay. Pop. 1,146 h.

FOURNEAUX, vg. *Manche* (Normandie), arr. et à 19 k. de St-Lô, cant. de Tessy, ⊠ de Torigny. Pop. 240 h.

FOURNEAUX (les Deux-), vg. *Moselle*, comm. de Mouterhausen, ⊠ de Bitche.

FOURNEAUX (les), vg. *Seine-et-Marne*, comm. du Mée, ⊠ de Melun.

FOURNEAUX, vg. *Seine-Inf.*, comm. de St-Aubin-Jouxte-Boulleng, ⊠ d'Elbeuf.

FOURNELS, vg. *Lozère* (Gévaudan), arr. et à 41 k. de Marvejols, chef-l. de cant., ⊠ et bureau d'enregist. de St-Chély. Curé. P. 467 h. — TERRAIN cristallisé, granit. — *Fabriques* de serges et de cadis.

FOURNES, vg. *Aude* (Languedoc), arr. et à 20 k. de Carcassonne, cant. et ⊠ de Mas-cabardès. Pop. 256 h. — *Fabrique* de sucre indigène.

FOURNÈS, vg. *Gard* (Languedoc), arr. et à 17 k. d'Uzès, cant. et ⊠ de Remoulins. Pop. 800 h.

PATRIE du lieutenant général comte GILLY.

FOURNES, vg. *Nord* (Flandre), arr. et à 13 k. de Lille, cant. et ⊠ de la Bassée. Pop. 1,431 h.

FOURNET (le), vg. *Calvados* (Normandie), arr. et à 12 k. de Pont-l'Évêque, cant. et ⊠ de Cambremer. Pop. 122 h.

FOURNET (le), vg. *Loire*, comm. de St-Vincent-de-Boisset, ⊠ de Roanne.

FOURNETS (les), vg. *Doubs*, comm. de Grandfontaine, ⊠ de Morteau.

FOURNEVILLE, vg. *Calvados* (Normandie), arr. et à 9 k. de Pont-l'Évêque, cant. et ⊠ de Honfleur. Pop. 492 h.

FOURNIALS, vg. *Tarn*, comm. de Montredon et Moutia, ⊠ de Roquecourbe.

FOURNIEUX (le), vg. *Ain*, comm. de Chaleins, ⊠ de Montmerle.

FOURNIVAL, vg. *Oise* (Picardie), arr. et à 11 k. de Clermont, cant. et ⊠ de St-Just-en-Chaussée. Pop. 502 h.

FOURNOLS, vg. *Cantal* (Auvergne), arr., cant. et à 13 k. de St-Flour, ⊠ de Massiac. Pop. 388 h. — Il est situé à l'extrémité septentrionale d'une grande et riche plaine connue sous le nom de la Planèze, que la bonté de son sol a fait surnommer le grenier de la haute Auvergne. — On remarque aux environs le château de LA ROUSSIÈRE, flanqué de tours et de tourelles, entouré de bois, de vallons et de prairies.

FOURNOLS, bg *Puy-de-Dôme* (Auvergne), arr. et à 18 k. d'Ambert, cant. et ⊠ de St-Germain-l'Herm. Pop. 1,947 h.

FOURNOTS (les), vg. comm. et ⊠ de Russey.

FOURNOUE, vg. *Creuse*, comm. d'Anzême, ⊠ de St-Vaury.

FOURONNES, vg. *Yonne* (Bourgogne), arr. et à 24 k. d'Auxerre, cant. et ⊠ de Courson. Pop. 535 h.

FOURQUES, vg. *Gard* (Languedoc), arr. et à 30 k. de Nîmes, cant. de Beaucaire, ⊠ d'Arles-sur-Rhône. Pop. 1,261 h. — *Foire* les 1er et 2 mai.

FOURQUES, vg. *Lot-et-Garonne* (Agénois), arr., ⊠ et à 7 k. de Marmande, cant. du Mas-d'Agénois. Pop. 1,975 h.

FOURQUES, vg. *Pyrénées-Or.* (Roussillon), arr. et à 18 k. de Perpignan, cant. et ⊠ de Thuir. Pop. 604 h.

FOURQUES, vg. *Somme*, comm. d'Athies, ⊠ de Péronne.

FOURQUEUX, vg. *Seine-et-Oise* (Ile-de-France), arr. et à 12 k. de Versailles, cant. et ⊠ de St-Germain-en-Laye. Pop. 337 h. — Il est situé sur le penchant d'une colline, et ne consiste pour ainsi dire qu'en une seule rue très-longue. On y voit un vieux château de construction moderne.

FOURQUEVAUX, bg *H.-Garonne* (Languedoc), arr. et à 17 k. de Villefranche-de-Lauragais, cant. de Montgiscard ⚜. Pop. 822 h. — *Foires* les 15 fév., 20 mars, 11 juin, 22 sept., 22 oct. et 13 déc.

FOURS, vg. *B.-Alpes* (Provence), arr., cant., ⊠ et à 14 k. de Barcelonnette. Pop. 554 h. Dans une haute vallée.

La commune de Fours se compose de trente-six hameaux répandus dans la vallée. Chaque hameau, composé d'un petit nombre de maisons, n'est habité que par des membres plus ou moins éloignés d'une même famille, et tous ont pour capital une province à exploiter. Les hommes et les enfants en état de marcher s'expatrient tous les ans à l'approche de l'hiver, pour aller faire valoir dans divers pays leur active et probe industrie; il ne reste dans les hameaux que les vieillards, les femmes et les enfants en bas âge: les uns vont en Bourgogne, les autres en Normandie, en Flandre, en Hollande, jusqu'en Suède et en Danemark; au retour de la belle saison, ils rapportent dans leur famille le gain qu'ils ont fait de leur course hivernale, ainsi que quelques petits meubles à l'usage de la famille. Cette circonstance fait qu'on trouve dans cette petite vallée des ustensiles des contrées les plus opposées.

Les Fournaisiens sont d'une haute taille, d'une forte constitution et d'une physionomie agréable. Les femmes, qui seules sont chargées des travaux de l'agriculture, sont d'une force physique extraordinaire. On est surpris de voir avec quelle légèreté ces femmes, chargées d'énormes fardeaux, parcourent les chemins étroits et suspendus sur d'affreux précipices qui donnent accès à leur vallée, et surtout en hiver, quand les effets et les glaces recouvrent ces issues, et qu'on ne peut y faire passer ni chevaux ni mulets.

FOURS, vg. *Eure* (Normandie), arr. et à 18 k. des Andelys, cant. d'Écos, ⊠ des Thilliers-en-Vexin. Pop. 267 h.

FOURS, vg. *Gironde* (Guienne), arr., cant., ⊠ et à 6 k. de Blaye. Pop. 339 h.

FOURS, ou STE-CATHERINE, vg. *Nièvre* (Nivernais), arr. et à 60 k. de Nevers, chef-l. de cant. Curé. ⚜. A 288 k. de Paris pour la taxe des lettres. Pop. 1,310 h. — TERRAIN jurassique. — *Fabrique* de porcelaine. — Commerce de charbon. — *Foires* les 10 fév., 26 mars, 11 mai, 10 juin, 21 août et 24 oct.

FOURTIÉ, vg. *Lot-et-Garonne*, comm. de Clermont-Dessous, ⊠ de Port-Ste-Marie.

FOURTOU, vg. *Aude* (Languedoc), arr. et à 42 k. de Limoux, cant. et ⊠ de Couiza. Pop. 413 h. Près de la source de l'Orbieu.

FOURVOIRIE - EN - CHARTREUSE, vg. *Isère*, comm. d'Entre-Deux-Guiers, ⊠ des Echelles. — Il est bâti dans une situation des plus pittoresques, à l'entrée du désert de la Grande-Chartreuse, sur le Guiers. — *Forges*, *affinerie* de tôle. — *Fabrique* de fil de fer, roues de voitures, fers à cheval Ⓐ 1834, 1839.

FOURY, vg. *Tarn-et-Garonne*, comm. de Puy-la-Roque, ⊠ de Caussade.

FOUSSAIS, vg. *Vendée* (Poitou), arr., ⊠ et à 18 k. de Fontenay-le-Comte, cant. de St-Hilaire-des-Loges. Pop. 1,359 h. — *Foires* les 2es mercredis de janv., mars, mai et nov.

FOUSSEMAGNE, ou FIESSENEN, vg. *H.-Rhin* (Alsace), arr., ⊠ et à 12 k. de Belfort, cant. de Fontaine. Pop. 425 h.

FOUSSERET (le), petite ville, *H.-Garonne* (Languedoc), arr. et à 34 k. de Muret, chef-l. de cant., ⊠ de Martres, bureau d'enregist. à Cazères. Curé. Pop. 2,046 h. — TERRAIN crétacé inférieur.

PATRIE de l'abbé SICARD, mort directeur en chef de l'institution des sourds-muets de Paris.

Les **armes** du **Fousseret** sont: *d'azur à trois fleurs de lis d'or, grossées, deux et un.*

Foires les 1ers mercredis de janv., mars, mai, juin, août, sept., oct. et déc.

FOUSSIGNAC, vg. *Charente* (Angoumois), arr. et à 17 k. de Cognac, cant. et ⊠ de Jarnac. Pop. 629 h.

FOUTELLE, vg. *Yonne*, com. de St-Père, ⊠ de Vézelay.

FOUTERIELLE, vg. *Yonne*, comm. de Brosses, ⊠ de Vézelay.

FOUVENT-LE-BAS, vg. *H.-Saône* (Franche-Comté), arr. et à 26 k. de Gray, cant. et ⊠ de Champlitte. Pop. 395 h. — Il existe sur le territoire de cette commune trois grottes situées dans des rochers qui bordent le vallon dans lequel coule la petite rivière qui se forme à Fouvent. La première est appelée *Trou de la Roche Ste-Agathe*: c'est un couloir long de 60 m., large de 2 m., et dont la hauteur varie de 70 c. à 3 m. Les jeunes femmes y vont en dévotion. La seconde, dite de *St-Martin*, se trouve non loin de la première: elle a la forme d'une demi-calotte sphérique, dont le rayon et la hauteur sont d'environ 5 m. La troisième est située au pied du flanc opposé du vallon: c'est là qu'on découvrit, en 1800, les ossements fossiles que M. le baron Cuvier a décrits dans son ouvrage sur les espèces de quadrupèdes dont on a retrouvé les ossements dans l'intérieur de la terre. M. Thirria, ingénieur des mines à Vesoul, y a fait de nouvelles fouilles en 1827, et a trouvé des débris d'éléphant, de rhinocéros, d'hyène, d'ours, de cheval, de bœuf et de lion.

FOUVENT - LE - HAUT, vg. *H.-Saône*

ISÈRE.

FOURVOIRIE.
Entrée du désert de la Grande Chartreuse.

(Franche-Comté), arr. et à 28 k. de Gray, cant. et ✉ de Champlitte. Pop. 512 h. — On y voit les ruines d'un vaste château, détruit au commencement du xviie siècle. — Exploitation des carrières de marbre. — *Foires* les 10 août et 5 nov.

FOUX (la), vg. *B.-Alpes*, comm. d'Allos, ✉ de Colmars.

FOUX (la), vg. *Gard*, comm. et ✉ de Remoulins. ⚜. A 1 k. du célèbre pont du Gard. Sur la rive droite du Gard.

Lorsque le voyageur qui suit la route du Pont-St-Esprit à Beaucaire sort des gorges arides des Valiguières, il ne doit pas manquer de prendre le premier embranchement à droite, s'il veut passer au pont du Gard, au lieu de suivre la route de Remoulins, plus courte, il est vrai, que la première de 2 k., mais qui prive celui qui la suit de voir un des plus beaux monuments que l'antiquité ait transmis à l'admiration des siècles.

Ce monument, situé entre deux arides collines, dans une gorge étroite où le Gard roule ses flots impétueux au milieu d'une solitude silencieuse, est regardé comme l'aqueduc le plus hardi qu'on ait imaginé; il n'était que la partie principale d'un aqueduc de 28 k. de long, qui conduisait à Nîmes les eaux de la fontaine d'Eure. Trois rangs d'arcades à plein cintre, élevées les unes sur les autres, forment cette grande masse de 200 m. d'étendue sur 53 m. de hauteur. Le premier rang comprend toute la largeur de la vallée : il forme un pont de six arches, sous l'une desquelles coule le Gardon ; le second rang se compose de onze arches ; le troisième rang est ouvert de trente-cinq arches, et supporte le canal ou l'aqueduc, qui a 2 m. de large sur autant de profondeur, et qui couronne tout l'édifice. Quelle légèreté! quelle élégance dans ce triple rang d'arcades d'ordre toscan ! quelle solidité! quel art dans ces piles, dont les pierres se soutiennent sans ciment par leur propre poids et par un juste équilibre ! A l'exception de ses extrémités supérieures, le pont du Gard est d'une conservation parfaite; il semble bâti d'hier. Ce qui me frappe peut-être moins que la noblesse, que la grandeur de ses proportions, c'est son agreste situation. De quelque côté que s'étende la vue, elle ne rencontre aucune trace d'habitation, aucune apparence de culture ; l'humble genévrier, le thym ou la lavande sauvage, uniques productions du désert, y exhalent sous un ciel brûlant leurs parfums solitaires. Enfin on se demande quelle force a transporté ces pierres énormes, a réuni les bras de tant de milliers d'hommes dans un lieu où il n'en habite aucun. Le pont du Gard, monument étonnant du génie des Romains, est adossé à des montagnes qu'il réunit pour la continuation du passage des eaux. Il est tout bâti de pierres de taille, posées à sec, sans mortier ni ciment; celles qui font face aux piles du premier et du second pont sont de toute la largeur de la pile, sur 70 c. de largeur et 60 c. de haut, avec bossages et leurs parements, et une ciselure à leurs joints : cette assise est toute en carreaux ; par-dessus, il y en a une autre de pareille largeur et hauteur qui est toute en boutisse. L'architecture de l'édifice est d'ordre toscan. Les parois et le sol de l'aqueduc sont enduits d'un ciment très bien conservé, même dans les parties souterraines, où il est entièrement établi dans le roc. L'aqueduc, porté par le pont du Gard, et destiné à conduire les eaux, fait plusieurs contours à travers les montagnes et les rochers; il se partage en trois conduits; dont le premier portait l'eau dans l'amphithéâtre de Nîmes, le second dans la fontaine, le troisième dans les maisons de plusieurs particuliers. On voit un de ces aqueducs encore presque entier dans un enclos particulier. Outre ces trois aqueducs, il en dérivait de petits qui conduisaient l'eau dans plusieurs maisons de campagne des environs de Nîmes. La partie le mieux conservée existe entre le pont du Gard et Nîmes, sur une longueur de plus de 12 k., parce que, étant souterraine, elle a beaucoup moins souffert de la dégradation. On peut parcourir le pont du Gard d'un bout à l'autre, en gravissant l'escarpement qui borde la rive droite du Gardon, pour gagner l'extrémité méridionale de l'aqueduc, à l'endroit où il se perd dans les montagnes.

Vers le commencement du xviie siècle, on avait voulu faire servir le pont du Gard au passage des voitures, et, pour cet effet, on avait rehaussé les piles du second pont pour y pratiquer des encorbellements qui furent munis d'un garde-fou ; mais on reconnut bientôt que la ruine du monument pourrait s'ensuivre. L'intendant de Baville le fit réparer, et ne laissa exister qu'une simple voie pour les gens de pied et les voyageurs à cheval. Un pont pour les voitures étant devenu de plus en plus nécessaire, à cause des fréquentes crues du Gardon, qui ne permettent pas de le traverser, même en bac, en plusieurs temps de l'année, les états de la province prirent la résolution d'adosser un pont au premier : la première pierre en fut posée le 18 juin 1743, et le pont fut achevé en 1747.

FOUX (la), vg. *Var*, comm. du Puget-près-Cuers, ✉ de Cuers.

FOUZILHON, vg. *Hérault* (Languedoc), arr. et à 21 k. de Béziers, cant. de Roujan, ✉ de Pézenas. Pop. 116 h.

FOVILLE, vg. *Moselle* (pays Messin), arr. et à 25 k. de Metz, cant. de Verny, ✉ de Solgue. Pop. 208 h.

FOX-AMPHOUX, *Castrum de Fos*, vg. *Var* (Provence), arr. et à 31 k. de Brignoles, cant. de Tavernes, ✉ de Cotignac. Pop. 565 h.

PATRIE du comte DE BARRAS, membre de la convention nationale, qui le nomma général en chef du département de Paris dans la fameuse journée du 9 thermidor ; membre du directoire, mort à Chaillot vers 1836.

FOY (Ste-), ou STE-FOY-LA-GRANDE, *Fanum Sanctæ Fidei*, petite ville, *Gironde* (Guienne), arr. et à 39 k. de Libourne, chef-l. de cant. Gîte d'étape. ✉. ⚜. A 546 k. de Paris pour la taxe des lettres. Pop. 2,924 h. — TERRAIN tertiaire moyen. — Elle est bâtie dans une situation agréable, sur la rive gauche de la Dordogne.

Les armes de Ste-Foy sont : *d'or à une tour crénelée d'azur au côté dextre, et un lion de gueules à sénestre ; au chef d'azur chargé de trois fleurs de lis d'or*.

Fabriques de bonneterie en laine et en coton, toiles de chanvre. Tanneries et teintureries. — Commerce de vins blancs estimés, eau-de-vie, graines de toute espèce, bestiaux, etc. — *Foires* les 20 mars, 1er sept. et 1er samedi de juin.

FOY (Ste-), vg. *Landes* (Gascogne), arr. et à 16 k. de Mont-de-Marsan, cant. et ✉ de Villeneuve. Pop. 224 h.

FOY (Ste-), vg. *Lot-et-Garonne*, comm. de Penne, ✉ de Villeneuve-sur-Lot.

FOY (Ste-), vg. *Saône-et-Loire* (Charollais), arr. et à 25 k. de Charolles, cant. et ✉ de Semur-en-Brionnais. Pop. 91 h.

FOY (Ste-), vg. *Seine-Inf.* (Normandie), arr. et à 16 k. de Dieppe, cant. et ✉ de Longueville. Pop. 447 h.

FOY - DE - BELVÈS (Ste-), vg. *Dordogne* (Périgord), arr. et à 25 k. de Sarlat, cant. et ✉ de Belvès. Pop. 320 h. — *Foire* le 17 août.

FOY - DE - LONGAS (Ste-), vg. *Dordogne* (Périgord), arr. et à 28 k. de Bergerac, cant. de St-Alvère, ✉ de Lalinde. Pop. 750 h.

FOY-DE-MONTGOMMERY, vg. *Calvados* (Normandie), arr. et à 23 k. de Lisieux, cant. de Livarot, ✉ de Vimoutier. Pop. 192 h.

PATRIE de l'abbé BELLEY, savant antiquaire, mort en 1771.

FOY-DES-VIGNES (Ste-), *Dordogne*, com. et ✉ de Bergerac.

FOY - LA - LONGUE (Ste-), vg. *Gironde* (Guienne), arr. et à 11 k. de la Réole, cant. de St-Macaire, ✉ de Caudrot. Pop. 197 h.

FOY - LARGENTIÈRE (Ste-), vg. *Rhône* (Lyonnais), arr. et à 29 k. de Lyon, cant. et ✉ de St-Laurent-de-Chamousset. Pop. 688 h. — Ce village donne son nom à un petit bassin houiller d'environ 10,000 m. de long sur une largeur de 2,000 m. — Exploitation de houille. — *Foires* les 20 sept., 3e jeudi de janv., 1er jeudi après Quasimodo, 1er lundi après St-Jean, 4e jeudi d'oct., 1er jeudi après la Conception.

FOY-LÈS-LYON (Ste-), gros bourg, *Rhône* (Lyonnais), arr., ✉ et à 4 k. de Lyon, cant. de St-Génis-Laval. Pop. 2,095 h. — Ce bourg est situé sur un coteau élevé, près de la rive gauche de la Saône. Il forme une commune composée de plusieurs hameaux, dont le plus considérable se nomme Grand-Ste-Foy. — Le spectateur, placé sur le coteau de Ste-Foy, domine de toutes parts les contrées environnantes, et sa vue s'étend au loin. Les diverses chaînes des Alpes ne paraissent dans cet immense espace que comme des collines ou des aiguilles placées à différentes distances, qui se confondent souvent avec les nuages. Au nord, on découvre le Mont-d'Or, formé de trois pyramides ; à l'ouest, les montagnes du Lyonnais et du Forez ; au sud, le mont Pila, terminé en forme de coupole presque toujours couverte de neige ; à l'est, la grande chaîne des Alpes, couronnée par le Mont-Blanc. Sur un plan moins éloigné, l'œil plongé sur un vaste bassin, entrecoupé d'une innombrable quantité de maisons de campagne, de châteaux, de villages dispersés, les uns sur des collines, les autres dans des prairies, sur les bords de la Saône et du Rhône. On distingue le cours de ce fleuve depuis Montluel. En se rapprochant de Lyon, on voit tous les grands édifices qui couronnent les deux collines de Fourvières et de St-Sébastien, et une partie de la ville; à l'ouest sont les montagnes du Lyonnais. Près du spectateur sont les communes d'Oullins, St-Genis-Laval, Irigny; plus loin Millery, Brignais, Orliénas, etc., etc., dont on distingue les collines, les bois et les riches vignobles. A l'est, la vue se prolonge jusqu'aux Alpes : dans les beaux jours d'été et d'automne, lorsque l'atmosphère est épurée de vapeurs, le Mont-Blanc paraît sous la forme d'un dôme immense qui, vers la fin du jour, réfléchit les teintes rosées du soleil couchant. — *Foires* les 23 nov. et 10 déc. — Marché tous les vendredis.

FOYE-MONJAULT (la), vg. *Deux-Sèvres* (Poitou), arr. et à 17 k. de Niort, cant. et ✉ de Beauvoir-sur-Niort. Pop. 983 h. — *Foires* les 25 oct. et lundi de la Pentecôte.

FOZZANO, vg. *Corse*, arr. et à 13 k. de Sartène, cant. et ✉ d'Olmeto. Pop. 744 h.

FRAGNES, vg. *Isère*, comm. et ✉ de Crolles.

FRAGNES, vg. *Saône-et-Loire* (Bourgogne), arr., cant., ✉ et à 6 k. de Chalon-sur-Saône. Pop. 160 h.

FRAGNES, vg. *Saône-et-Loire*, comm. de Cruzille, ✉ de St-Oyen.

FRAGNY, vg. *Nièvre*, comm. de Villapourçon, ✉ de Moulins-en-Gilbert.

FRAGNY, vg. *Saône-et-Loire*, comm. et ✉ d'Autun.

FRAHIER, vg. *H.-Saône* (Franche-Comté), arr. et à 22 k. de Lure, cant. et ✉ de Champagney. Pop. 1,493 h.

FRAIGNE (St-), bg *Charente* (Saintonge), arr. et à 48 k. de Ruffec, cant. et ✉ d'Aigre. Pop. 1,149 h.

FRAIGNÉE (la), vg. *Deux-Sèvres*, comm. de Bernegone, ✉ de Niort.

FRAIGNOT, vg. *Côte-d'Or* (Bourgogne), arr. et à 41 k. de Dijon, cant. et ✉ de Grancey. Pop. 202 h.

FRAILLICOURT, vg. *Ardennes* (Champagne), arr. et à 27 k. de Réthel, cant. et ✉ de Chaumont-Porcien. Pop. 736 h.

FRAIMBAULT-DE-PRIÈRES, bg *Mayenne* (Maine), arr., cant., ✉ et à 6 k. de Mayenne. P. 1,075 h. — *Foires* les 2 juillet, 9 oct. 1ᵉʳ déc. et le lendemain de la mi-carême.

FRAIMBAULT-DE-LASSAY, vg. *Mayenne*, comm. et ✉ de Lassay.

FRAIMBAULT-SUR-PISSE, vg. *Orne* (Normandie), arr., cant., ✉ et à 14 k. de Domfront. Pop. 2,937 h. — *Foires* les 2 juillet, 9 oct., 1ᵉʳ déc. et le lendemain de la mi-carême.

FRAIMBOIS, vg. *Meurthe* (Lorraine), arr., ✉ et à 10 k. de Lunéville, cant. de Gerbeviller. Pop. 579 h.

FRAIN, vg. *Vosges* (Lorraine), arr. et à 38 k. de Neufchâteau, cant. et ✉ de Lamarche. Pop. 447 h.

FRAIS, vg. *H.-Rhin* (Alsace), arr., ✉ et à 10 k. de Belfort, cant. de Fontaine. P. 204 h.

FRAISANS, vg. *Jura* (Franche-Comté), arr. et à 25 k. de Dôle, cant. de Dampierre, ✉ de St-Wit. Pop. 554 h. — Hauts fourneaux, forges, laminoirs et martinets. — *Foires* les 16 mars, 17 juin, 15 sept. et 7 déc.

FRAIS-MARAIS, vg. *Nord*, comm. et ✉ de Douai.

FRAISNES, vg. *Meurthe* (Lorraine), arr. et à 42 k. de Nancy, cant. et ✉ de Vézelize. Pop. 367 h. — Source bitumineuse.

FRAISSE, vg. *Aveyron*, com. de la Croix-Bars, ✉ de Mur-de-Barrez.

FRAISSE, vg. *Dordogne* (Périgord), arr. ✉ et à 20 h. de Bergerac, cant. de Laforce. Pop. 526 h.

FRAISSE, bg *Hérault* (Languedoc), arr., ✉ et à 23 k. de St-Pons, cant. de la Salvetat. Pop. 1,590 h. — Il est situé dans les montagnes, sur l'Agout. — *Foires* les 25 juin et 22 nov.

FRAISSE, vg. *Loire*, comm. de St-Jean-Soleymieux, ✉ de Montbrison.

FRAISSE (le), vg. *Puy-de-Dôme*, comm. de Job, ✉ d'Ambert.

FRAISSE (le), vg. *Tarn*, comm. d'Ambialet, ✉ d'Alban. ⚜. — *Foires* les 22 août, 22 mai, 21 juin, 16 août, jeudi avant jeudi gras.

FRAISSE, vg. *Tarn*, comm. de Viane, ✉ de Lacaune.

FRAISSE-CABARDÈS, vg. *Aude* (Languedoc), arr. et à 18 k. de Carcassonne, cant. de Saissac, ✉ de Cuxac-Cabardès. Au pied de la montagne Noire. Pop. 357 h.

FRAISSE-DES-CORBIÈRES, vg. *Aude* (Languedoc), arr. et à 35 k. de Narbonne, cant. de Durban, ✉ de Sijean. Pop. 312 h. — Les Espagnols s'emparèrent de ce village en 1503. — Fabrique de charbon.

FRAISSES, vg. *Loire* (Forez), arr. et à 18 k. de St-Etienne, cant. du Chambon, ✉ de Firmini. Pop. 696 h.

FRAISSINES, vg. *Tarn* (Languedoc), arr. et à 38 k. d'Albi, cant. et ✉ de Valence-en-Albigeois. Pop. 407 h.

FRAISSINET. V. FRAYSSINET, FREISSINET, FREYSSINET.

FRAISSINET-DE-FOURQUES, vg. *Lozère* (Languedoc), arr. et à 12 k. de Florac, cant. et ✉ de Meyrueis. Pop. 534 h.

FRAISSINET-DE-LOZÈRE, vg. *Lozère* (Languedoc), arr. et à 13 k. de Florac, cant. et ✉ de Pont-de-Montvert. Pop. 837 h.

FRAISSINETS (les), vg. *Aveyron*, comm. et ✉ de Nant.

FRAIZE, vg. *Vosges* (Lorraine), arr., ✉ et à 20 k. de St-Dié, chef-l. de cant. Cure. ⚜. Pop. 2,603 h. — TERRAIN cristallisé, gneiss. — Fabriques de calicots. — *Foires* les 2ᵉˢ vendredis de janv., mars, mai et juillet.

FRAJOU (St-), vg. *H.-Garonne* (Armagnac), arr. et à 28 k. de St-Gaudens, cant. et ✉ de l'Isle-en-Dodon. Pop. 779 h. — *Foires* es 5 janv. et 10 déc.

FRALIGNES, vg. *Aube* (Bourgogne), arr., cant., ✉ et à 8 k. de Bar-sur-Seine. P. 213 h.

FRAMBEMENIL, vg. *Vosges*, comm. de Granges, ✉ de Corcieux.

FRAMBOISIÈRE (la), vg. *Eure-et-Loir* (Beauce), arr. et à 34 k. de Dreux, cant. et ✉ de Senonches. Pop. 455 h.

FRAMBOUHANS, vg. *Doubs* (Franche-Comté), arr. et à 42 k. de Montbelliard, cant. et ✉ de Maiche. Pop. 343 h.

FRAMBOURG (St-), vg. *Seine*, comm. et ✉ d'Ivry-sur-Seine.

FRAMÉCOURT, vg. *Pas-de-Calais* (Artois), arr., cant., ✉ et à 7 k. de St-Pol-sur-Ternoise. Pop. 156 h.

FRAMERVILLE, vg. *Somme* (Picardie), arr. et à 23 k. de Péronne, cant. de Chaulnes, ✉ de Lihons-en-Santerre. Pop. 508 h.

FRAMICOURT, vg. *Somme* (Picardie), arr. et à 21 k. d'Abbeville, cant. de Gamaches, ✉ de Blangy. Pop. 303 h.

FRAMONT, vg. *Vosges*, comm. de Grand-Fontaine, ✉ de Schirmeck. — Forges, Ⓑ 1834, Ⓐ 1839, 1844.

FRAMPAS, vg. *H.-Marne* (Champagne), arr. et à 11 k. de Vassy, cant. et ✉ de Montierender. Pop. 251 h.

FRANC (le), vg. *Marne*, comm. d'Esternay, ✉ de Courgivaux.

FRANÇAIS (les), vg. *Puy-de-Dôme*, com. de Charnat, ✉ de Maringues.

FRANÇAISE (la), petite ville, *Tarn-et-Garonne* (Languedoc), arr. et à 16 k. de Montauban, chef-l. de cant. Cure. P. 3,888 h. —TERRAIN tertiaire moyen. — Fabriques de poterie de terre. — *Foires* les 18 janv. (3 jours), 24 avril, 30 juin, 29 sept. et 6 nov.

FRANC-ALEU, vg. *Seine-Inf.*, comm. et ✉ de Rouen.

FRANCALMONT, vg. *H.-Saône* (Franche-Comté), arr. et à 28 k. de Lure, cant. de St-Loup, ✉ de Luxeuil.

FRANCARVILLE, vg. *H.-Garonne* (Languedoc), arr. et à 25 k. de Villefranche-de-Lauragais, cant. et ✉ de Caraman. P. 229 h.

FRANCASTEL, bg *Oise* (Picardie), arr. et à 38 k. de Clermont, cant. et ✉ de Crèvecœur. Pop. 828 h. — Ce bourg est situé sur un mont élevé d'où l'on jouit d'une fort belle vue; les puits y sont d'une profondeur étonnante. — C'était anciennement une ville fermée de murs, environnée de fossés, et défendue par un château très-fort, dont il subsiste encore quelques vestiges.

FRANCAY, vg. *Loir-et-Cher* (Beauce), arr. et à 17 k. de Blois, cant. et ✉ d'Herbault. Pop. 443 h.

FRANCAZAL, vg. *H.-Garonne* (Gascogne), arr. et à 28 k. de St-Gaudens, cant. et ✉ de Salies. Pop. 113 h.

FRANCE (Ile-de-). V. ILE-DE-FRANCE.

FRANCESCAS, *Franciam*, petite ville, *Lot-et-Garonne* (Condomois), arr., ✉ et à 13 k. de Nérac, chef-l. de cant. Cure. Pop. 1,200 h. — TERRAIN tertiaire moyen.

C'était autrefois une place forte, dont les Anglais s'emparèrent en 1489. On voit les vestiges du château qu'habita le brave la Hire. — *Foires* les 8 mai, 14 août, 9 sept., 21 nov., 28 déc., 8 jours avant le lundi gras et 1er lundi de juin.

FRANCHE-COMTÉ, grande et ci-devant province de France, qui forme actuellement les départements du Jura, du Doubs et de la Haute-Saône. Cette province, dont Besançon était la capitale, avait environ 120 k. de long sur 200 k. de large ; elle était bornée au N. par la Lorraine, à l'E. par la Suisse, à l'O. et au S. par la Bourgogne. La Franche-Comté, qui, avant la conquête des Gaules par les Romains, faisait partie de la Gaule celtique, fut rangée, sous Auguste, dans la grande Séquanie. Après avoir plusieurs fois changé de maîtres, elle passa sous la domination des ducs de Bourgogne, puis sous celle de l'Autriche, à la mort du duc Charles le Téméraire. Louis XIV ayant fait deux fois la conquête de cette province, en 1668 et 1674, elle fut définitivement assurée à la France par le traité de Nimègue, en 1678. On divisait cette province en pays de plaine et en pays de montagne.

Les armes de la Franche-Comté étaient : *d'azur semé de billettes d'or, au lion d'or brochant sur le tout.*

Bibliographie. GALLUT. *Mémoires historiques de la république séquanoise et des princes de la Franche-Comté de Bourgogne*, etc., in-f°, 1592 ; 2e édit. in-f°, 1647.

* *La Franche-Comté protégée de la main de Dieu contre les efforts des François en 1636*, in-8.

DUNOD DE LA CHARNAGE (Fr.-Ing.). *Histoire des Séquanois, des Bourguignons et du premier royaume de Bourgogne*, 2 vol. in-4, 1735.

DROZ. *Essai sur l'histoire des Bourgeoisies du roi, des seigneurs et des changements survenus dans l'administration sous le gouvernement féodal, relativement à la Franche-Comté*, in-8, 1760.

GRAPPIN (dom P.-Ph.). *Histoire abrégée du comté de Bourgogne*, nouv. édit. in-12, 1780 (la quatrième partie est consacrée aux hommes illustres qui ont vu le jour en Franche-Comté).

CLERC (E.). *Essai sur l'histoire de la Franche-Comté*, in-8, 1840.

GIRARDOT DE NOZEROY. *Histoire de dix ans de la Franche-Comté de Bourgogne, 1632-1642*, gr. in-8, 1843.

* *Mémoires et Documents inédits pour servir à l'histoire de la Franche-Comté*, publiés par l'académie de Besançon, 3 vol. in-8, 1838-43.

LE FEBURE. *Résumé de l'histoire de la Franche-Comté*, in-18, 1827.

CRESTIN (J.-F.). *Réfutation de l'abrégé de l'histoire de la Franche-Comté*, in-8, 1827.

GUILLAUME (l'abbé). *Diverses généalogies de la Franche-Comté ou des villas de Salins et de Poligny* (Hist. de Salins, 2 vol. in-4, 1758).

DETREMAND. *Recueil des ordonnances et édits de la Franche-Comté de Bourgogne*, in-f°, 1614.

SÉRENT (l'abbé J.-R.-Séb. de). *Description ecclésiastique et civile de la Franche-Comté*, etc.....

JOLY (le P. Jos.). *La Franche-Comté ancienne et moderne, avec des cartes géographiques* (Lettres à Mlle d'Udressier ; in-12, 1779).

* *Itinéraire de la Franche-Comté*, in-8, Besançon, 1789.

TAYLOR (le baron). *Voyages pittoresques et romantiques dans l'ancienne France* (Franche-Comté), in-f° et pl., 1829-30.

Album du dessinateur franc-comtois, in-4, 1827.

BRUN (Mme). *Dictionnaire comtois-françois*, (avec Petit Benoist), in-8, 1753.

LAIRE (le P.). *Dissertation sur l'origine et les progrès de l'imprimerie en Franche-Comté pendant le XVe siècle*, in-8, 1785.

THIRRIA. *Mémoires sur le terrain jura-crétacé de Franche-Comté* (Ann. des mines, t. x, 3e série, p. 93).

MONTIGNY (de). *Mémoire sur les salines de Franche-Comté, sur les défauts des pains à sel qu'on en débite, et sur les moyens de les corriger* (Mém. de l'acad. des sciences, p. 102, 1762 ; et Hist., ibid., p. 59).

LABORDE (E.). *Notice sur les chevaux comtois, et sur les moyens propres à améliorer cette race*, in-8 de 2 feuilles, 1843.

* *État général des villes, bourgs et villages de la Franche-Comté*, in-8...

Almanach historique de Franche-Comté, in-8, 1746.

FLEURY (J.-B.). *Almanach historique de Franche-Comté*, in-8, 1751 et 1752.

GRAPPIN (dom P.-Ph.). * *Almanach historique de Besançon et de la Franche-Comté*, in-8, 1785 et 1786 (contient une bonne description des villes, bourgs et villages).

V. aussi la bibliographie des départements du DOUBS, du JURA et de la HAUTE-SAÔNE.

FRANCHELEINS, vg. *Ain* (Dombes), arr. et à 15 k. de Trévoux, cant. de St-Trivier-sur-Moignans, ⊠ de Montmerle. Pop. 200 h.

FRANCHESSE, bg *Allier* (Bourbonnais), arr. et à 24 k. de Moulins-sur-Allier, cant. et ⊠ de Bourbon-l'Archambault. Pop. 1,119 h. —Foires les 25 janv., 26 mars, 22 juin.

FRANCHEVAL, vg. *Ardennes* (Champagne), arr., cant., et à 4 k. de Sedan. Pop. 1,176 h. —Cette commune avait autrefois le titre de bourg, et c'était un lieu assez important : il y a été tenu un concile en 1259, pour régler les différends qui existaient entre l'archevêque de Reims et l'évêque de Liège.

PATRIE du général BERTON, mort sur l'échafaud réactionnaire de la restauration en octobre 1822.

Fabriques de draps et de casimirs. Forges. Platinerie. Moulin à foulon.

FRANCHEVELLE, vg. *H.-Saône* (Franche-Comté), arr., cant. ; ⊠ et à 8 k. de Lure. Pop. 572 h.

FRANCHEVILLE (la), vg. *Ardennes* (Champagne), arr., cant., et à 4 k. de Mézières, et à 5 k. de Charleville. Pop. 360 h. —Tuilerie. Poudrerie.

FRANCHEVILLE, vg. *Côte-d'Or* (Bourgogne), arr. et à 23 k. de Dijon, cant. et ⊠ de St-Seine. Pop. 350 h.

FRANCHEVILLE, *Francavilla*, bg *Eure* (Normandie), arr. et à 43 k. d'Evreux, cant. et ⊠ de Breteuil. Pop. 1,788 h. Sur l'Iton.—Fabriques importantes de quincaillerie, de sellerie, et d'ouvrages en fer.

FRANCHEVILLE, vg. *Marne* (Champagne), arr., ⊠ et à 16 k. de Châlons-sur-Marne, cant. de Merson. Pop. 234 h.

FRANCHEVILLE, vg. *Meurthe* (Toulois), arr., ⊠ et à 8 k. de Toul, cant. de Domèvre. Pop. 400 h.

FRANCHEVILLE, vg. *Orne* (Normandie), arr. et à 15 k. d'Argentan, cant. et ⊠ de Mortrée. Pop. 414 h.

FRANCHEVILLE, vg. *Rhône* (Lyonnais), arr., ⊠ et à 6 k. de Lyon, cant. de Vaugneray. Pop. 1,410 h.

FRANCHISES (les), vg. *Loire*, comm. de Perreux, ⊠ de Roanne.

FRANCHISES (les), vg. *Seine-et-Oise*, com. de Villemoissen, ⊠ de Longjumeau.

FRANCHY (St-), vg. *Nièvre* (Nivernais), arr. et à 35 k. de Nevers, cant. et ⊠ de St-Saulge. Pop. 557 h.

FRANCIADE, nom donné pendant la révolution à la ville de St-Denis.

FRANCIÈRES, vg. *Somme* (Picardie), arr., ⊠ et à 10 k. d'Abbeville, cant. d'Ailly-le-Haut-Clocher. Pop. 325 h.

FRANCIÈRES, vg. *Oise* (Picardie), arr. et à 15 k. de Compiègne, cant. et ⊠ d'Estrées-St-Denis. Pop. 482 h.

FRANCILLON, vg. *Drôme*, comm. de Saou, ⊠ de Crest.

FRANCILLON, vg. *Indre* (Berry), arr. et à 17 k. de Châteauroux, cant. et ⊠ de Levroux. Pop. 206 h.

FRANCILLON, vg. *Loir-et-Cher*, comm. de Villebaron, ⊠ de Blois.

FRANCKEN, vg. *H.-Rhin* (Alsace), arr., cant., et à 10 k. d'Altkirch. Pop. 461 h.

FRANÇOIS, vg. *Deux-Sèvres* (Poitou), arr. et à 12 k. de Niort, cant. et ⊠ de St-Maixent. Pop. 536 h.

FRANÇOIS (St-), vg. *Côte-d'Or*, comm. de Ste-Seine-en-Bache, ⊠ de St-Jean-de-Losne.

FRANÇOIS (St-), ou *Frantz*, vg. *Moselle* (pays Messin), arr. et à 25 k. de Thionville, cant. et ⊠ de Bouzonville. Pop. 336 h.

FRANÇOIS (St-), *Moselle*, comm. et ⊠ de Thionville.

FRANCON, vg. *H.-Garonne* (Comminges), arr. et à 42 k. de Muret, cant. de Cazères, ⊠ de Martres. Pop. 645 h.

FRANCONVILLE, vg. *Meurthe* (Lorraine), arr. et à 13 k. de Lunéville, cant. et ⊠ de Gerbeviller. Pop. 157 h.

FRANCONVILLE, *Francorum Villa*, joli bourg, *Seine-et-Oise* (Ile-de-France), arr. et à 13 k. de Pontoise, cant. de Montmorency. ⊠. A 23 k. de Paris pour la taxe des lettres. Pop. 1,248 h.—Ce bourg est situé au bas d'une colline, dans la partie la plus agréable de la vallée de Montmorency. Il est environné de maisons de campagne charmantes, parmi lesquelles on distingue celle de M. Camille d'Albon, dont les jardins paysagers s'étendent jusqu'au sommet de la colline, d'où l'on jouit d'une vue admirable.

Le premier arbre de la liberté a été planté à Franconville, par M. Camille d'Albon, bien avant la révolution. Il s'élevait au-dessus d'un groupe de ruines et supportait deux inscriptions : la première, adressée à Guillaume Tell, restaurateur de la liberté helvétique :

HELVETICO LIBERATORI GUILLELMO TELL,
ANNO 1782.

La seconde portait :

A LA LIBERTÉ, CAMILLE D'ALBON,
1782.

Près de là était la demeure du traducteur de l'Arioste, de l'Anacréon français, dont la muse en cheveux blancs paraissait toujours couronnée des roses du printemps et des myrtes de l'amour, du comte de Tressan, qui, à l'âge de quatre-vingts ans faisait des vers comme à vingt-cinq ; une de ses dernières poésies est intitulée : les Charmes de Franconville.

FRANCONVILLE-SOUS-BOIS, Seine-et-Oise, comm. de St-Martin-du-Tertre, ✉ de Luzarches.

FRANCOULÈS, vg. Lot (Quercy), arr. et à 14 k. de Cahors, cant. de Catus, ✉ à Pélacoy. Pop. 727 h.

FRANCOURT, vg. H.-Saône (Franche-Comté), arr. et à 30 k. de Gray, cant. de Dampierre-sur-Salon, ✉ de Lavoncourt. P. 309 h.

FRANCOURVILLE, vg. Eure-et-Loir (Beauce), arr. et à 13 k. de Chartres, cant. et ✉ d'Auneau. ✧ Pop. 690 h.

FRANC-PORT, vg. Oise, comm. de Choisy-au-Bac, ✉ de Compiègne.

FRANCS, vg. Gironde (Guienne), arr., ✉ et à 21 k. de Libourne, cant. de Lussac. Pop. 306 h.

FRANCS (les), vg. Deux-Sèvres, comm. de Cherveux, ✉ de St-Maixent.

FRANCUEIL, vg. Indre-et-Loire (Touraine), arr. et à 34 k. de Tours, cant. et ✉ de Bléré. Pop. 1,303 h.

FRANDIÈRE (la), vg. Vendée, comm. et ✉ de Noirmoutiers.

FRANEY, vg. Doubs (Franche-Comté), arr. et à 16 k. de Besançon, cant. d'Audeux, ✉ de Marnay. Pop. 138 h.

FRANGOUILLE, vg. Hérault, comm. de Boussagues, ✉ de Bédarieux.

FRANGY, vg. Saône-et-Loire (Bourgogne), arr. et à 20 k. de Louhans, cant. et ✉ de St-Germain-du-Bois. Pop. 1,747 h. — Foire le 10 oct.

FRANLEU, vg. Somme (Picardie), arr. et à 16 k. d'Abbeville, cant. de St-Valéry-sur-Somme, ✉ de Valines. Pop. 724 h.

FRANOIS, vg. Doubs (Franche-Comté), arr., ✉ et à 7 k. de Besançon, cant. d'Audeux. Pop. 562 h.

FRANOIS (le), vg. Jura (Franche-Comté), arr. et à 32 k. de Lons-le-Saulnier, cant. de Clairvaux, ✉ de St-Laurent. Pop. 359 h.

FRANOIS, vg. H.-Saône (Franche-Comté),

arr. et à 18 k. de Gray, cant. et ✉ de Champlitte. Pop. 426 h.

FRANOULD, vg. Vosges, comm. de Dammartin-lès-Remiremont, ✉ de Remiremont.

FRANQUETOT, Franca Tosta, vg. Manche, comm. de Cretteville, ✉ de Prétot.

FRANQUEUX, vg. Marne. V. VILLERS-FRANQUEUX.

FRANQUEVIELLE, vg. H.-Garonne (Comminges), arr. et à 16 k. de St-Gaudens, cant. et ✉ de Montrejeau. Pop. 798 h.

FRANQUEVILLE, vg. Aisne (Picardie), arr., ✉ et à 8 k. de Vervins, cant. de Sains. Pop. 327 h.

FRANQUEVILLE, Francavilla, vg. Eure (Normandie), arr., ✉ et à 13 k. de Bernay, cant. et ✉ de Brionne. Pop. 326 h.

FRANQUEVILLE, vg. Calvados, comm. de Bellengreville, ✉ de Vimont.

FRANQUEVILLE, vg. Calvados, comm. de St-Germain-la-Blanche-Herbe, ✉ de Caen.

FRANQUEVILLE, vg. Somme (Picardie), arr. et à 20 k. de Doullens, cant. et ✉ de Domart. Pop. 451 h.

FRANQUEVILLE - NOTRE - DAME, vg. Seine-Inf., comm. de St-Pierre-de-Franqueville, ✉ de Rouen.

FRANQUEVILLETTE, vg. Seine - Inf., comm. de Boos, ✉ de Rouen.

FRANS, vg. Ain (Dombes), arr., cant., ✉ et à 8 k. de Trévoux. Pop. 339 h.

FRANSACHE, vg. Eure-et-Loir, comm. de Blandirinville et Charonville, ✉ d'Illiers.

FRANSART, vg. Somme (Picardie), arr. et à 23 k. de Montdidier, cant. de Rosières, ✉ de Roye. Pop. 231 h.

FRANSÈCHES, vg. Creuse (Marche), arr., ✉ et à 11 k. d'Aubusson, cant. de St-Sulpice-les-Champs. Pop. 1,216 h.

FRANSU, vg. Somme (Picardie), arr. et à 21 k. de Doullens, cant. et ✉ de Domart. Pop. 458 h.

FRANSURES, vg. Somme (Picardie), arr. et à 29 k. de Montdidier, cant. d'Ailly-sur-Noye, ✉ de Flers. Pop. 370 h.

FRANVILLERS, vg. Somme (Picardie), arr. et à 21 k. d'Amiens, cant. et ✉ de Corbie. P. 1,158 h. — Fabrique de sucre indigène. Distillerie d'eau-de-vie.

FRANXAULT, vg. Côte-d'Or (Bourgogne), arr. et à 40 k. de Beaune, cant. et ✉ de St-Jean-de-Losne, Pop. 728 h.

FRAPPE (les deux), vg. Gironde, comm. de St-Denis-de-Pille, ✉ de Libourne.

FRAPELLE, vg. Vosges (Lorraine), arr., cant., ✉ et à 13 k. de St-Dié. Pop. 279 h.

FRAQUELFING, vg. Meurthe (pays Messin), arr. et à 14 k. de Sarrebourg, cant. et ✉ de Lorquin. Pop. 284 h.

FRAROZ, vg. Jura (Franche-Comté), arr. de Poligny, à 42 k. d'Arbois, cant. et ✉ de Nozeroy. Pop. 195 h.

FRASNAY-LE-RAVIER, vg. Nièvre (Nivernais), arr. et à 35 k. de Nevers, cant. et ✉ de St-Bénin-d'Azy. Pop. 143 h.

FRASNAY-LES-CHANOINES, vg. Nièvre, comm. de St-Aubin, ✉ de la Charité.

FRASNAY-LES-CHATILLON, vg. Nièvre, comm. et ✉ de Châtillon-en-Bazois.

FRASNE, vg. Doubs (Franche-Comté), arr., ✉ et à 16 k. de Pontarlier, cant. de Levier. Pop. 970 h. — Foires les 10 avril et 9 oct.

FRASNE, vg. Jura (Franche-Comté), arr. et à 14 k. de Dôle, cant. de Montmirey-la-Ville, ✉ de Moissey. Pop. 338 h.

FRASNE - LE - CHATEAU, vg. H.-Saône (Franche-Comté), arr. et à 27 k. de Gray, cant. et ✉ de Gy. Pop. 634 h. — On y voit un beau château qui a appartenu au cardinal Granvelle. — Foires les 20 janv., 8 mars, 6 mai, 10 juillet et 28 août.

FRASNÉE (la), Jura (Franche-Comté), arr. et à 29 k. de St-Claude, cant. de St-Laurent, ✉ de Clairvaux. Pop. 139 h.

FRASNOY, vg. Nord (Flandre), arr. et à 38 k. d'Avesnes, cant. et ✉ du Quesnoy. Pop. 443 h.

FRASSETO, vg. Corse, arr., ✉ et à 35 k. d'Ajaccio, cant. de Ste-Marie-et-Sicche. Pop. 656 h.

FRASSO, vg. Corse, arr., ✉ et à 28 k. de Corté, cant. de Morosaglia. Pop. 200 h.

FRAUDAIS, vg. Loire-Inf., comm. et ✉ de Blain.

FRAUENBERG, vg. Moselle (pays Messin), arr., cant. et à 5 k. de Sarreguemines. Pop. 579 h.

FRAUSSEILLES, vg. Tarn (Languedoc), arr. et à 33 k. de Gaillac, cant. de Castelnau-de-Montmiral, ✉ de Cordes. Pop. 274 h.

FRAVAUX, vg. Aube (Champagne), arr., ✉ et à 6 k. de Bar-sur-Aube, cant. de Vaudœuvres. Pop. 186 h.

FRAYOL, vg. Ardèche, comm. du Teil, ✉ de Montélimart.

FRAYSSINET, vg. Lot (Quercy), arr. et à 14 k. de Gourdon, cant. de St-Germain. ✉. A 543 k. de Paris pour la taxe de lettres. Pop. 1,211 h. — Foires le mardi gras et le 1er mardi de chaque mois.

FRAYSSINET - LE - GÉLAT, vg. Lot (Quercy), arr. et à 33 k. de Cahors, cant. de Cazals, ✉ de Castelfranc. Pop. 7,368 h. — Foires les 17 fév. et 3 sept.

FRAYSSINHES, vg. Lot (Quercy), arr. et à 37 k. de Figeac, cant. et ✉ de St-Céré. Pop. 689 h.

FRAZÉ, vg. Eure-et-Loir (Beauce), arr. et à 25 k. de Nogent-le-Rotrou, cant. de Thiron-Gardais, ✉ de Brou. Pop. 1,525 h.

FRÉAUVILLE, Freavila, vg. Seine-Inf. (Normandie), arr. et à 13 k. de Neufchâtel-en-Bray, cant. et ✉ de Londinières. Pop. 330 h.

FRÉAUX (les), vg. H.-Alpes, comm. et ✉ de la Grave.

FRÉBÉCOURT, vg. Vosges (Champagne), arr. et à 6 k. de Neufchâteau, cant. de Coussey. Pop. 484 h.

FRÉBUANS, vg. Jura (Franche-Comté), arr., cant. et ✉ de Lons-le-Saulnier. Pop. 350 h.

FRÉCHE, vg. Landes (Gascogne), arr. et à 26 k. de Mont-de-Marsan, cant. et ✉ de Villeneuve. Pop. 929 h.

FRÉCHÈDE, vg. *H.-Pyrénées* (Gascogne), arr. et à 33 k. de Tarbes, cant. et ✉ de Trie. Pop. 278 h.

FRÉCHENCOURT, vg. *Somme* (Picardie), arr. et à 17 k. d'Amiens, cant. de Villers-Bocage. Pop. 441 h.

FRÉCHENDETS, vg. *H.-Pyrénées* (Bigorre), arr., ✉ et à 13 k. de Bagnères-de-Bigorre, cant. de Lannemezan. Pop. 197 h.

FRÉCHET (le), vg. *H.-Garonne* (Comminges), arr. et à 25 k. de St-Gaudens, cant. et ✉ de St-Martori. Pop. 252 h. — *Fabrique de faïence.*

FRÉCHING, vg. *Moselle*, comme de Kerlin-les-Sierck, ✉ de Sierck.

FRÉCHOU (le), vg. *Lot-et-Garonne* (Agénois), arr., cant., ✉ et à 7 k. de Nérac. Pop. 677 h.

FRÉCHOU-FRÉCHET, vg. *H.-Pyrénées* (Gascogne), arr. à 14 k. de Tarbes, cant. et ✉ de Tournay. Pop. 175 h.

FRÉCOURT, vg. *H.-Marne* (Champagne), arr. et à 15 k. de Langres, cant. de Neuilly-l'Évêque, ✉ de Montigny-le-Roi. Pop. 309 h.

FRÉCOURT, vg. *Moselle*, comm. de Servigny-les-Raville, ✉ de Courcelles-Chaussy.

FRÉDÉRIC-FONTAINE, vg. *H.-Saône* (Franche-Comté), arr. et à 12 k. de Lure, cant. de Champagney. Pop. 524 h.

FRÉDIÈRE (la), vg. *Charente-Inf.* (Saintonge), arr. et à 12 k. de St-Jean-d'Angely, cant. de St-Hilaire. Pop. 143 h.

FRÉEN, vg. *Eure-et-Loir*, comm. de Terminiers, ✉ de Patay.

FRÉGANT (St-), vg. *Finistère* (Bretagne), arr. et à 25 k. de Brest, cant. de Lannilis, ✉ de Lesneven. Pop. 869 h.

FRÉGIMONT, vg. *Lot-et-Garonne* (Agénois), arr. et à 18 k. d'Agen, cant. et ✉ de Port-Ste-Marie. Pop. 463 h. — *Foires* les 5 fév., 23 mai, 6 sept.

FRÉGOUVILLE, vg. *Gers* (Armagnac), arr. et à 14 k. de Lombez, cant. et ✉ de l'Isle-en-Jourdain. Pop. 465 h.

FREHEL, cap sur la côte de Bretagne, à 16 k. N.-O. de St-Malo. — *Établissement de la marée*, 6 h. La mer marne de 45 p. Phare à feu tournant. Lat. 48° 41' 10", long. 4° 38' 51" O.

FREICHENET, vg. *Ariége* (pays de Foix), arr., cant., ✉ et à 14 k. de Foix. Pop. 1,242 h.

FREIGNÉ, vg. *Maine-et-Loire* (Anjou), arr. et à 27 k. de Segré, cant. et ✉ de Candé. Pop. 1,573 h.

FREISSINIÈRES, vg. *H.-Alpes* (Dauphiné), arr. et à 31 k. d'Embrun, cant. de Guillestre, ✉ de Mont-Dauphin. Pop. 898 h. — *Fabrique* de cordelats.

FREISSINOUSE (la), vg. *H.-Alpes* (Dauphiné), arr., cant., ✉ et à 9 k. de Gap. Pop. 355 h.

FREISTROFF, vg. *Moselle* (pays Messin), arr. et à 28 k. de Thionville, cant. et ✉ de Bouzonville. Pop. 1,221 h. — *Foire* le 2e jeudi de juillet.

FREIX-ANGLARDS, vg. *Cantal* (Auvergne), arr. d'Aurillac, cant. et ✉ de St-Cernin.

FRÉJAIQUE, vg. *H.-Vienne*, comm. et ✉ de Nantiat.

FRÉJAIROLLES, vg. *Tarn* (Languedoc), arr., cant., ✉ et à 9 k. d'Albi. Pop. 737 h.

FRÉJAMAYRAC, vg. *Aveyron*, comm. de Trémouilles, ✉ de Pont-de-Salars.

FRÉJEVILLE, vg. *Tarn* (Languedoc), arr., ✉ et à 9 k. de Castres, cant. de Vielmur. Pop. 416 h.

FRÉJOUX-LE-MAJEUR (St-), vg. *Corrèze* (Limousin), arr., cant., ✉ et à 7 k. d'Ussel. Pop. 803 h.

FRÉJOUX-LE-MINEUR (St-), ou St-Fréjoux-le-Pauvre, ou Cussac, vg. *Corrèze*, comm. de St-Angel, ✉ d'Ussel.

FRÉJUS, *Foro Julium*, *Forum Julii*, très-ancienne ville, *Var* (Provence), arr. à 30 k. de Draguignan, chef-l. de cant. Trib. de commerce. Evêché. Séminaire diocésain. Cure. Gîte d'étape. ✉. ♉. À 893 k. de Paris pour la taxe des lettres. Pop. 3,062 h. — Terrain du trias, grès bigarré.

Autrefois évêché, parlement et intendance d'Aix, viguerie et recette de Draguignan, amirauté, sénéchaussée, bureau des cinq grosses fermes, 3 couvents. — L'évêché de Fréjus fut fondé avant 374 ; mais, les Sarrasins ayant longtemps occupé cette ville, ce ne fut qu'en 970 que Fréjus redevint siège épiscopal. Les évêques de Fréjus avaient encore au XVIIIe siècle le domaine temporel de la ville, qui leur payait un cens, était tenue de faire les réparations nécessaires à leur palais.

La position de Fréjus à *Forum Julii* se trouve démontrée par les routes qui aboutissent et se rattachent à *Aquæ Sextiæ*, Aix, *Reii*, Riez, *Antipolis*, Antibes, par les mesures de Ptolémée et par les ruines du port construit par les Romains, dont Pline et Tacite ont parlé.

L'origine de Fréjus remonte aux Celto-Lygiens, qui bâtirent sur la côte quelques habitations pour se livrer à la pêche et à des courses sur mer. Lors du passage de Bellovèse en Italie, des Phocéens s'établirent sur le littoral depuis Marseille jusqu'au Var, et de cette époque date la fondation de Fréjus, qui vit changer ses cabanes en une multitude de maisons construites dans le genre de celles qui formaient la ville de Marseille. Sous les Romains, Jules-César, trouvant en ce lieu une ville déjà considérable, y fit bâtir de nouveaux quartiers qu'il embellit de beaux édifices, établit un marché, fit creuser le port, et donna à la ville le nom de *Forum Julii*. Le port de Fréjus ne fut achevé que sous Auguste, qui y envoya les deux cents galères prises par Antoine à la bataille d'Actium, et y plaça une colonie de soldats de la 8e légion ; il fit construire un phare pour la marine, un amphithéâtre, et un superbe aqueduc qui conduisait dans la ville les eaux pures et limpides de la Siagne ; Fréjus dut encore à cet empereur une maison de bains, un panthéon dont on voit des vestiges à la ferme de Villeneuve, un beau théâtre et plusieurs autres édifices publics. La ville, qui avait alors environ 4 kilomètres de circonférence et 40,000 âmes de population, fut entourée de fortes murailles flanquées de tours, percées de quatre portes magnifiques, dont les principales étaient la porte Dorée et la porte Romaine. Agrippa contribua aussi à l'embellissement et à la prospérité de Fréjus ; quelques auteurs pensent que ce fut lui qui y amena les eaux de la Siagne.

Cette ville, célèbre par sa vaste étendue, par les hommes illustres qui y reçurent le jour, par le second triumvirat qui y fut signé entre Antoine et Lépide, subsista pendant plusieurs siècles dans l'état florissant où elle avait été mise par les Romains. Elle fut prise et saccagée plusieurs fois par les barbares et par les pirates. En 940, les Sarrasins abattirent une grande partie de ses remparts, détruisirent les tours les plus fortes, pillèrent les maisons et les incendièrent. Vers 1475, des corsaires la surprirent, l'incendièrent, et firent entièrement disparaître les restes de son ancienne splendeur. Au commencement du XVIe siècle, la ville n'était peuplée que de chanoines, de moines et de religieuses, répartis dans un grand nombre de monastères, dont Charles-Quint pilla les églises en 1536. Quelque temps après, le monarque entreprit de la rebâtir et lui donna même son nom ; mais sa retraite précipitée ne lui permit pas d'effectuer ce projet.

Les **armes de Fréjus** sont : *d'argent à la croix de gueules ; au chef d'azur, chargé à trois fleurs de lis d'or*. — Alias : *de gueules à une croix d'argent, au chef d'azur cousu de fleurs de lis d'or*.

Le port de Fréjus, creusé dans l'intérieur des terres, sous les murs de la ville, communiquait à la mer par un chenal sinueux de 2,000 m. de longueur ; une dérivation de l'Argens formait une espèce d'écluse de chasse, qui entretenait l'entrée constamment libre ; cette dérivation ayant cessé d'être entretenue, le chenal se combla, et le port, ne communiquant plus avec la mer, devint un marais pestilentiel qui a été depuis peu desséché et livré à l'agriculture. On voit encore de beaux restes de quais ; deux bornes d'amarres en granit, où les frottement des cordages est encore visible ; un phare circulaire terminé par une tour, et, entre le port et la ville, un arc triomphal de grande dimension, désigné aujourd'hui sous le nom de porte Dorée.

L'aqueduc qui portait à Fréjus une dérivation de la Siagne avait un développement de 30,000 m. ; selon les inégalités du terrain, il en traverse l'intérieur où s'élève au-dessus, sur un et quelquefois sur deux rangs d'arcades, dont les plus éloignées des lieux fréquentés sont les mieux conservées. Arrivé à l'entrée de Fréjus, du côté de l'Italie, l'aqueduc se divisait en deux branches : on reconnaît encore l'endroit où se faisait le partage ; une division entrait dans la ville du côté du nord, l'autre se dirigeait vers le port pour le service public.

L'amphithéâtre, dont le pourtour extérieur est de 200 m., était de forme elliptique. Le massif de la maçonnerie est en grès et en pierres volcaniques, et ses parements extérieurs en petites pierres équarries ; il ne reste plus rien du podium extérieur ni des gradins ; l'arène, enfouie sous 3 m. 22 c. de décombres, est peut-être restée intacte ; le pourtour des galeries inférieures existe encore, mais encombré ; les autres galeries sont écroulées. Une route traverse le monument par ses deux grandes portes ; à côté est une des portes antiques qui s'ouvrait au centre d'un demi-cercle concave, formé de gros murs, et dont une tour défendait chaque extrémité.

L'ancien palais épiscopal et les tours qui environnent l'église renferment dans leurs parements des portions de pilastres cannelés qui appartenaient à de grands édifices antiques. Dans un de ses côtés de l'église, à peu de distance de quelques tombeaux d'évêques, on lit sur un fragment de marbre blanc servant de pavé les lettres AVG. : la chapelle du baptistère est octogone et ornée de huit colonnes d'ordre corinthien, d'une seule pièce de granit noir ; la corniche en saillie porte la naissance des arcs à plein cintre qui forment le dôme ; des chapelles sont pratiquées dans les entre-colonnements.

On remarque encore à Fréjus le séminaire, l'hôpital récemment construit, et plusieurs autres beaux édifices.

Aucune ville de Provence ne se présente sous un aussi bel aspect que celui de Fréjus. Elle n'est point resserrée par des montagnes qui la privent de la circulation de l'air et des vents alizés ; elle n'est point environnée d'un terrain sec, maigre et infertile, qui rend la campagne triste et fatigante. La ville se montre de plusieurs kilomètres au loin sur une petite éminence qui domine d'un côté une vaste étendue de mer, et de l'autre une grande plaine couverte de moissons, de prairies, d'une multitude de jardins, de lacs et de ruisseaux. De la ville, on découvre la vallée de l'Argens et de la Nartubie ; à droite et à gauche sont des montagnes schisteuses en partie nues et en partie couvertes de pins maritimes, dont la verdure se marie agréablement avec celle des oliviers qui forment le fond du tableau.

Sur le territoire de Fréjus se trouve la montagne de l'Estérel, où l'on voyait jadis un temple dédié à la déesse des forêts. Sur le côté de la montagne qui regarde la mer, au bord d'un précipice affreux, se trouve la Ste-Baume, où saint Honorat, évêque d'Arles, vint passer plusieurs années avant d'aller fonder dans l'île de Lérins la célèbre abbaye de son nom. L'intérieur de cette grotte est très-obscur, et la lumière n'y pénètre que par une ouverture venant de la voûte, par où les eaux pluviales tombent dans une citerne ; on y voit un autel où tous les ans, le premier mai, on célèbre la messe, où assistent un grand nombre d'habitants de Fréjus et de St-Raphaël, qui y viennent en pèlerinage. Au-devant de la grotte on a formé sur un plateau un jardin garni d'un grand nombre d'orangers qui y croissent en pleine terre.

C'est à St-Raphaël, petit port de pêcheurs situé à 2 k. S.-E. de cette ville, que Napoléon débarqua à son retour d'Égypte. Le 15 vendémiaire an VIII (9 octobre 1799), à la pointe du jour, les frégates la *Muiron* et la *Carrère*, les chebecs la *Revanche* et la *Fortune*, mouillèrent dans le golfe de Fréjus. Les habitants de la Provence avaient craint pendant trois années de suite l'invasion de l'ennemi. Bonaparte les avait délivrés de cette crainte en 1796 ; mais elle leur était revenue plus grande que jamais depuis la bataille de Novi. En apprenant que Bonaparte était mouillé sur la côte, ils crurent leur sauveur arrivé. Toute la population de la ville accourut, et en un instant la mer fut couverte d'embarcations. Une multitude, ivre d'enthousiasme et de curiosité, envahit les vaisseaux, et, violant toutes les lois sanitaires, communiqua avec les nouveaux arrivés. Tous demandaient Bonaparte, tous voulaient le voir. L'administration de la santé se vit forcée de dispenser le général de la quarantaine ; il descendit sur-le-champ à terre ; et le jour même il monta en voiture pour se rendre à Paris, où il arriva le 24 vendémiaire. Le télégraphe, aussi prompt que le vent, avait répandu sur la route la nouvelle de son débarquement, et sur-le-champ la joie la plus vive avait éclaté. Il passa par Aix, Avignon, Valence, Lyon, et dans toutes ces villes l'enthousiasme fut immodéré ; les cloches retentissaient dans les villages, et pendant les nuits des feux étaient allumés sur les routes. A Paris, la nouvelle de son retour produisit des élans extraordinaires ; le député Baudin des Ardennes, républicain sage et sincère, l'un des auteurs de la constitution de l'an III, expira de joie en apprenant cet événement. —C'est encore au même endroit qu'il vint s'embarquer en 1814 pour l'île d'Elbe. Il avait le projet d'y débarquer à son retour, mais les vents contraires le forcèrent de prendre terre le 1er mars 1815 au golfe Juan, dans le territoire de Vallauris.

Biographie. Patrie de TACITE.

De SIEYES, membre de la convention et du directoire.

Du chansonnier DESAUGIERS.

De l'abbé BONNET, littérateur et publiciste.

De J.-F. GIRARDIN, historien de Fréjus.

Fabriques de bouchons de liége. Scieries hydrauliques de planches. — *Foires :* le 4e lundi après Pâques, les 6 et 7 oct., 15 et 16 déc.

Lat. 43° 0′ 25″, long. 4° 23′ 34″.

Bibliographie. GIRARDIN (J.-F.). *Histoire de la ville et de l'église de Fréjus*, in-12, 1729.

VILLENEUVE (le comte Christophe de). *Rapport sur les fouilles faites à Fréjus*, in-8, fig., 1801.

FRELAND, vg. *H.-Rhin* (Alsace), arr. et à 10 k. de Colmar, cant. de la Poutroye, ✉ de Kaysersberg. Pop. 2,042 h.

FRELINGHIEN-SUR-LA-LYS, vg. *Nord* (Flandre), arr. et à 14 k. de Lille, cant. et ✉ d'Armentières. Pop. 2,185 h.

FRÉMAINVILLE, vg. *Seine-et-Oise* (Beauce), arr. et à 21 k. de Pontoise, cant. de Marines, ✉ de Meulan. Pop. 363 h.

FRÉMECOURT, vg. *Seine-et-Oise* (Beauce), arr. et à 13 k. de Pontoise, cant. et ✉ de Marines. Pop. 320 h.

FRÉMÉNIL, vg. *Meurthe* (pays Messin), arr. et à 18 k. de Lunéville, cant. et ✉ de Blamont. Pop. 286 h.

FRÉMERÉVILLE, vg. *Meuse* (Lorraine), arr., cant. et ✉ de Commercy, à 15 k. de St-Mihiel. Pop. 317 h.

FRÉMERY, vg. *Meurthe* (Lorraine), arr. de Château-Salins, à 20 k. de Vic, cant. et ✉ de Delme. Pop. 302 h.

FRÉMESTROFF, vg. *Moselle* (Lorraine), arr. de Sarreguemines, cant. de Gros-Tenquin, ✉ de St-Avold.

FRÉMICOURT, vg. *Pas-de-Calais* (Artois), arr. et à 25 k. d'Arras, cant. et ✉ de Bapaume. Pop. 526 h.

FRÉMIFONTAINE, vg. *Vosges* (Lorraine), arr. et à 30 k. de St-Dié, cant. de Brouvelieures, ✉ de Bruyères. Pop. 639 h.

FRÉMIS (d'en haut et d'en bas), vg. *Ariège*, comm. de Montferrier, ✉ de Lavelanet.

FRÉMONTIERS, vg. *Somme* (Picardie), arr. et à 27 k. d'Amiens, cant. de Conti, ✉ de Poix. Pop. 347 h.

FRÉMONVILLE, vg. *Meurthe* (Lorraine), arr. et à 34 k. de Lunéville, cant. et ✉ de Blamont. Pop. 739 h. — *Fabrique* de calicots.

FRÉMOY, vg. *Côte-d'Or*, comm. de Montberthault, ✉ d'Époisses.

FRÉNAI-LES-BUFFARD, vg. *Orne*, com. de Neuvi-au-Houlme, ✉ de Putanges.

FRÉNAI-LE-SAMSON, vg. *Orne* (Normandie), arr. et à 25 k. d'Argentan, cant. et ✉ de Vimoutier. Pop. 344 h.

FRÉNAI-AU-SAUVAGE (la), vg. *Orne* (Normandie), arr. et à 20 k. d'Argentan, cant. et ✉ de Putanges. Pop. 712 h.

FRÉNAIE-FAIEL (la), vg. *Orne* (Normandie), arr. et à 25 k. d'Argentan, cant. et ✉ de Gacé. Pop. 317 h.

FRÉNAY, vg. *Indre*, comm. de Diou, ✉ d'Issoudun.

FRÉNAY-LES-CHAUMES, vg. *Loiret*, comm. et ✉ de Pithiviers.

FRÉNAYE (la), vg. *Seine-Inf.* (Normandie), arr. et à 39 k. du Havre, cant. et ✉ de Lillebonne. Pop. 700 h.

FRÉNAYE (la), vg. *Seine-Inf.*, comm. de Bosc-Roger, ✉ de Buchy.

FRENCQ, vg. *Pas-de-Calais* (Picardie), arr. et à 15 k. de Montreuil-sur-Mer, cant. et ✉ d'Étaples. Pop. 391 h.

FRÊNE. V. FRESNE.

FRÊNE (le), vg. *Aisne*, comm. de Camelin, ✉ de Blérancourt.

FRÊNE (le), *Calvados*. V. ST-PIERRE-DU-FRESNE.

FRÊNE (le), vg. *Orne*, comm. de Damigny, ✉ d'Alençon.

FRÊNE-SUR-MOIVRE (le), vg. *Marne* (Champagne), arr., ✉ et à 21 k. de Châlons-sur-Marne, cant. de Marson. Pop. 202 h.

FRÉNEAU (le), vg. *Seine-Inf.*, comm. de Rocquemont. ✉. A 123 k. de Paris pour la taxe des lettres.

FRÉNEAUX, vg. *Oise*, comm. de Bucamp, ✉ de St-Just-en-Chaussée.

FRENELLE-LA-GRANDE, vg. *Vosges* (Lorraine), arr., cant., ✉ et à 8 k. de Mirecourt. Pop. 363 h.

FRENELLE-LA-PETITE, vg. *Vosges* (Lorraine), arr., cant., ✉ et à 10 k. de Mirecourt. Pop. 139 h.

FRENEUSE, vg. *Seine-et-Oise* (Beauce), arr. et à 14 k. de Mantes, cant. et ✉ de Bonnières. Pop. 831 h. — Son territoire produit des navets qui jouissent à Paris d'une grande réputation.

FRENEUSE-SUR-RILLE, *Fraxinosa*, vg. *Eure* (Normandie), arr. et à 20 k. de Pont-Audemer, cant. et ✉ de Montfort. P. 950 h. Sur la Rille.

FRENEUSE-SUR-SEINE, vg. *Seine-Inf.* (Normandie), arr. et à 16 k. de Rouen, cant. et ✉ d'Elbeuf. Pop. 600 h.

FRENEY (le), vg. *Isère* (Dauphiné), arr. et à 55 k. de Grenoble, cant. et ✉ de Bourg-d'Oisans. Pop. 643 h.

FRENICHE, vg. *Oise* (Picardie), arr. et à 42 k. de Compiègne, cant. et ✉ de Guiscard. Pop. 506 h.

FRÉNOIS, vg. *Ardennes* (Champagne), arr., cant., ✉ et à 4 k. de Sedan. P. 217 h.

FRÉNOIS, vg. *Côte-d'Or* (Bourgogne), arr. et à 39 k. de Dijon, cant. et ✉ de St-Seine. Pop. 210 h.

FRÉNOIS, vg. *Vosges* (Lorraine), arr. et à 15 k. de Mirecourt, cant. de Darnay, ✉ de Dompaire. Pop. 270 h.

FRÉNOIS-LA-MONTAGNE, vg. *Moselle* (pays Messin), arr. et à 45 k. de Briey, cant. de Longuyon, ✉ de Longwy. Pop. 389 h.

FRENOUVILLE, vg. *Calvados* (Normandie), arr. et à 16 k. de Caen, cant. de Bourguébus, ✉ de Vimont. Pop. 461 h.

FRÉNOY, vg. *Meuse*, comm. et ✉ de Montmédy.

FRÉNOY, vg. *Pas-de-Calais* (Artois), arr., ✉ et à 13 k. d'Arras, cant. de Vimy. Pop. 179 h.

FRÉODOUR, vg. *H.-Vienne*, comm. de St-Pardoux, ✉ de Chanteloube.

FRÉPILLON, *Frepillum*, vg. *Seine-et-Oise* (Ile-de-France), arr. et à 10 k. de Pontoise, cant. de Montmorency, ✉ de St-Leu-Taverny. Pop. 503 h.

FRESCOT (le), vg. *Seine-Inf.*, comm. et ✉ de St-Romain.

FRESLES, vg. *Seine-Inf.* (Normandie), arr., cant., ✉ et à 7 k. de Neufchâtel-en-Bray. Pop. 387 h.

FRESNAIS (la), vg. *Ille-et-Vilaine* (Bretagne), arr., cant., ✉ et à 18 k. de St-Malo, cant. de Cancale, ✉ de Dol. Pop. 1,862 h.

FRESNAY, vg. *Aube* (Champagne), arr. et à 12 k. de Bar-sur-Aube, cant. de Soulaines, ✉ de Ville-sur-Terre. Pop. 131 h.

FRESNAY (le), vg. *Eure*, comm. de Trionquay, ✉ de Lyons-la-Forêt.

FRESNAY, vg. *Loire-Inf.* (Bretagne), arr. et à 33 k. de Paimbœuf, cant. et ✉ de Bourgneuf-en-Retz. Pop. 738 h.

Patrie de Fr. Lanoue, brave capitaine tué en 1591 au siège de Lamballe, et très-regretté par Henri IV.

Foires les 11 avril, 14 mai, 25 août et 29 oct.

FRESNAY, vg. *Loiret*, comm. et ✉ de Pithiviers.

FRESNAY-LAUBRY, vg. *Loiret*, comm. d'Izy, ✉ de Neuville-aux-Bois.

FRESNAY-LE-COMTE, vg. *Eure-et-Loir* (Beauce), arr., cant., ✉ à 16 k. de Chartres, ✉ de St-Loup. Pop. 450 h.

FRESNAY-LE-GILMERT, vg. *Eure-et-Loir* (Beauce), arr., cant., ✉ et à 9 k. de Chartres. Pop. 197 h.

FRESNAY-LE-LONG, vg. *Seine-Inf.* (Normandie), arr. et à 33 k. de Dieppe, cant. et ✉ de Tôtes. Pop. 291 h.

FRESNAY-L'ÉVÊQUE, vg. *Eure-et-Loir* (Beauce), arr. et à 33 k. de Chartres, cant. et ✉ de Janville. Pop. 386 h. — On y voit une grange spacieuse, qui pourrait tenir une grande partie de la récolte de la commune.

FRESNAY-SUR-SARTHE, ou **FRESNAY-LE-VICOMTE**, petite ville, *Sarthe* (Perche), arr. et à 32 k. de Mamers, chef-l. de cant. Cure. ✉. A 211 k. de Paris pour la taxe des lettres. Pop. 3,160 h. — Terrain de transition moyen.

Autrefois diocèse et élection du Mans, parlement de Paris, intendance de Tours, justice royale.

Cette ville, située sur la rive gauche de la Sarthe, est une ancienne place forte que Guillaume le Conquérant assiégea et prit jusqu'à quatre fois. Les Anglais s'en rendirent maîtres en 1356, et la rendirent en vertu du traité de Bretigny. Henri V, roi d'Angleterre, la prit en 1417, la perdit la même année, et la recouvra peu de temps après. Charles VII assiégea cette place et la prit par capitulation en 1450. Après l'assassinat de Henri III, René de Saint-Denis s'empara de Fresnay par surprise, et conserva cette place à Henri IV.

Les armes de Fresnay sont : *parti : le premier d'or à un frêne de sinople; le deuxième d'azur semé de fleurs de lis d'or, à un lion de même brochant sur le tout.*

La ville de Fresnay est bâtie sur la pente d'un côteau qui domine la rive gauche de la Sarthe, que l'on passe sur un pont par lequel elle communique à une espèce de faubourg. Elle a été beaucoup embellie depuis une trentaine d'années par la reconstruction d'un assez grand nombre de maisons, par un hôtel de ville achevé en 1826, et par une halle aux toiles construite en 1808. On y remarque les restes de l'ancien château, élevé à pic sur le bord de la Sarthe, consistant en une porte d'entrée défendue par deux tours rondes ; l'hôtel de ville, petit édifice d'assez bon style ; l'église paroissiale, l'un des plus beaux édifices du style roman de transition, qui n'a éprouvé aucune modification dans son premier plan. C'est une basilique terminée à l'orient par une abside, sans transepts ni latéraux, ayant une longueur de 35 m. 50 c. et une largeur de 9 m. 80 c. dans œuvre. Les parties les plus remarquables sont : la tour, terminée par une flèche en bois, et accompagnée de quatre clochetons en pierre ; la façade, qui se compose d'une porte cintrée à trois arcs en retrait, ornés de tores et de grosses dents de scie ; le portail, qui offre deux vantaux en bois de chêne, exécutés en 1528, divisés en vingt-quatre panneaux pour les côtés. Sur celui de l'évangile on remarque l'arbre de Jessé partant du sein d'Abraham, et étendant ses rameaux entre les douze panneaux que remplissent les portraits des douze rois de Juda. Sur le ventail du côté de l'épître : Jésus en croix entre deux larrons; Jésus en jardinier apparaît à Madeleine après sa résurrection; puis les douze apôtres et la date MDCCCCXXVIII. Enfin sur les traverses séparatives, à chaque panneau, est gravée en lignes horizontales une partie du symbole de la foi.

Fabriques de toiles fines et de linge de table, qui occupent plus de 1,200 ouvriers, fabriquant chaque année environ 6,000 pièces. Blanchisseries de toiles. — *Commerce* de grains, toiles et bestiaux. — *Foires* les 4ᵉ samedi de fév., 2ᵉ samedi avant Pâques, 2ᵉ samedi de juillet, 4ᵉ samedis de sept. et de nov., et veille de la Pentecôte.

FRESNAYE (la), bg *Sarthe* (Maine), arr., ✉ et à 16 k. de Mamers, chef-l. de cant. Pop. 1,452 h. — Terrain crétacé inférieur ; grès vert.

FRESNE, vg. *Aisne* (Picardie), arr. et à 25 k. de Laon, cant. et ✉ de Coucy-le-Château. Pop. 562 h.

FRESNE, vg. *Côte-d'Or* (Bourgogne), arr. et à 16 k. de Semur, cant. et ✉ de Montbard. Pop. 444 h.

FRESNE (le), vg. *Eure* (Normandie), arr. et à 19 k. d'Evreux, cant. et ✉ de Conches. Pop. 389 h.

FRESNE (le), vg. *Seine-Inf.*, comm. de Biville-la-Baignarde, ✉ de Tôtes.

FRESNEAUX, vg. *Orne*, comm. d'Aunou-sur-Orne, ✉ de Sées.

FRESNEAUX-MONT-CHEVREUIL, ou **TRAEMONT**, vg. *Oise* (Picardie), arr. à 22 k. de Beauvais, cant. et ✉ de Méru. Pop. 747 h.

Le vieux château de Mont-Chevreuil, situé sur une montagne près de Fresneaux, est une dépendance de cette commune ; on l'aperçoit d'une distance de 12 k. Le rez-de-chaussée est presque entièrement occupé par une salle immense, qui, dans les premiers temps de la révolution de 1789, était encore décorée de cerfs en plâtre, grands comme nature, avec des bois réels, se détachant sur une forêt peinte en fresque. Le parc, qui contient 175 hectares, est clos de murs et de fossés.

FRESNE-CAMILLY, vg. *Calvados* (Normandie), arr. et à 14 k. de Caen, cant. et ✉ de Creully. Pop. 772 h.

L'église paroissiale de ce village est un édifice remarquable, qui a conservé dans toute son intégrité le type architectural des différents âges auxquels ils appartient, les galeries, les portes et le grand arc de la nef sont du XIᵉ siècle ; les deux tiers du chœur, construits dans le goût de l'architecture à ogives de la fin du XIIᵉ siècle,

peuvent servir de modèle en ce genre; mais la première fenêtre du chœur et la chapelle qui se trouve au-dessous de la tour, paraissent plus anciennes que la nef.
Bibliographie. *Mémoire sur l'église de Fresne-Camilly* (Mém. de la soc. des antiq. de Normandie, t. III, p. 301).

FRESNE-LA-MERE, vg. *Calvados* (Normandie), arr., cant., ⊠ et à 6 k. de Falaise. Pop. 722 h.

FRESNE-L'ARCHEVÊQUE, *Fraxini Archiepiscopi Fraxinum*, vg. *Eure* (Normandie), arr., cant. et à 6 k. des Andelys, ⊠ d'Écouis. Pop. 506 h. — Il doit son surnom à un ancien château où les archevêques de Rouen résidaient au XIIIe siècle.

FRESNE-LE-PLAN, vg. *Seine-Inf.* (Normandie), arr. et à 20 k. de Rouen, cant. et ⊠ de Boos. P. 461 h. — *Fabrique* d'outils de taillanderie, quincaillerie, fourchettes en fer, etc.

FRESNE-PORET (le), vg. *Manche* (Normandie), arr., et à 12 k. de Mortain, cant. et ⊠ de Sourdeval. Pop. 1,095 h.

FRESNE-ST-MAMES, vg. *H.-Saône* (Franche-Comté), arr., et à 28 k. de Gray, chef-l. de cant., ⊠ de Fretigney. P. 640 h. — Terrain jurassique, voisin du tertiaire moyen. — On y remarque une église gothique, devant laquelle on voit deux énormes tilleuls qui datent, dit-on, de 1340. — *Fabriques* de bonneterie, droguets, chapeaux de paille. Teinturerie. — *Foires* les 2 janv., 18 mai, 16 août et 18 oct.

FRESNE-TILLOLOI, vg. *Somme* (Picardie), arr., et à 49 k. d'Amiens, cant. et ⊠ d'Oisemont. Pop. 270 h.

FRESNES, vg. *Aisne* (Brie), arr., et à 20 k. de Château-Thierry, cant. et ⊠ de Fère-en-Tardenois. Pop. 364 h.

FRESNES, vg. *Loir-et-Cher* (Blaisois), arr. et à 19 k. de Blois, cant. et ⊠ de Contres. Pop. 387 h.

FRESNES, vg. *Marne* (Champagne), arr. et à 14 k. de Reims, cant. de Bourgogne, ⊠ d'Isles-sur-Suippes. Pop. 468 h.

FRESNES, vg. *Nord* (Flandre), arr. et à 10 k. de Valenciennes, cant. et ⊠ de Condé-sur-l'Escaut. Pop. 4,109 h.

C'est à Fresnes que la houille qui s'exploite dans le Nord a été découverte il y a plus d'un siècle, et c'est encore à Fresnes qu'a été établie la première machine à vapeur construite en France. — La concession de Fresnes comprend les territoires de Fresnes, Odomez et Escaupont; son étendue superficielle est de 20 k. 147 m. carrés. Il existe sur cette concession 4 puits d'extraction, 2 puits d'aérage, 2 machines d'épuisement, 4 machines d'extraction; elle occupe 15 employés, 50 ouvriers du jour, 480 ouvriers du fond et 46 chevaux. Les produits s'élèvent annuellement à 344,703 hectolitres de houille.

Fabriques de clous. Blanchisseries de toiles. Verreries à vitres et à bouteilles. Construction de bateaux. Distilleries d'eau-de-vie. Brasseries. Nombreux moulins à farine, dont un est mû par la vapeur.

FRESNES, vg. *Orne* (Normandie), arr. et à 23 k. de Domfront, cant. et ⊠ de Tinchebray. Cure. Pop. 2,177 h.

FRESNES, vg. *Seine-et-Marne* (Brie), arr. et à 11 k. de Meaux, cant. et ⊠ de Claye. Pop. 272 h. Près de la Marne.

On y remarque une très-belle chapelle, formant un pavillon d'un magnifique château démoli en 1828. Cette chapelle, construite sur les dessins de F. Mansard, est le modèle de celle du Val-de-Grâce, à Paris, et passe pour un chef-d'œuvre en ce genre.

FRESNES, vg. *Somme* (Picardie), arr. et à 15 k. de Péronne, cant. de Chaulnes, ⊠ d'Estrées-Denécourt. Pop. 362 h.

FRESNES, vg. *Yonne* (Bourgogne), arr. et à 12 k. de Tonnerre, cant. et ⊠ de Noyers. Pop. 293 h.

FRESNES-AU-MONT, vg. *Meuse* (Lorraine), arr. de Commercy, à 8 k. de St-Mihiel, cant. de Pierrefitte, ⊠ de Villotte-devant-St-Mihiel. Pop. 313 h.

FRESNES-EN-SAULONIS, vg. *Meurthe* (Lorraine), arr., cant. et ⊠ de Château-Salins, et à 12 k. de Vic. Pop. 618 h.

FRESNES-EN-WOËVRE, vg. *Meuse* (pays Messin), arr. et à 21 k. de Verdun-sur-Meuse, chef-l. de cant. Cure. ⊠ de Manheulles. Pop. 1,020 h. — Terrain jurassique. — *Foire* le 20 sept.

FRESNES-L'ÉGUILLON, vg. *Oise* (Picardie), arr. et à 25 k. de Beauvais, cant. et ⊠ de Chaumont-en-Vexin. Pop. 512 h. — On y voit les restes d'un vieux château flanqué de deux tourelles.

FRESNES-LÈS-MONTAUBAN, vg. *Pas-de-Calais* (Artois), arr., et à 13 k. d'Arras, cant. de Vitry. Pop. 378 h.

FRESNES-LÈS-RUNGIS, vg. *Seine* (Ile-de-France), arr. et à 3 k. de Sceaux, cant. de Villejuif, ⊠ d'Antony. Pop. 386 h. — Il est bâti sur la pente d'une colline au bas de laquelle coule la Bièvre, et domine le cours de cette rivière, ainsi que la campagne d'alentour.

FRESNES-SUR-APANCE, vg. *H.-Marne* (Champagne), arr. et à 52 k. de Langres, cant. et ⊠ de Bourbonne. Pop. 1,281 h.

FRESNEVILLE, vg. *Somme* (Picardie), arr. et à 42 k. d'Amiens, cant. et ⊠ d'Oisemont. Pop. 259 h.

FRESNEY, *Fresneium, Fresniacum*, vg. *Eure* (Normandie), arr. et à 15 k. d'Évreux, cant. et ⊠ de St-André. Pop. 261 h. — *Fabriques* de coutils.

FRESNEY-LE-PUCEUX, vg. *Calvados* (Normandie), arr. et à 24 k. de Falaise, cant. de Bretteville-sur-Laize, ⊠ de May-sur-Orne. Pop. 1,067 h. — Nombreuses huileries.

FRESNEY-LE-VIEUX, vg. *Calvados* (Normandie), arr. et à 19 k. de Falaise, cant. de Bretteville-sur-Laize, ⊠ de Langannerie. Pop. 302 h.

FRESNICOURT, vg. *Pas-de-Calais* (Artois), arr. et à 12 k. de Béthune, cant. et ⊠ d'Houdan. Pop. 484 h.

FRESNIÈRES, vg. *Oise* (Picardie), arr. et à 33 k. de Compiègne, cant. et ⊠ de Lassigny. Pop. 259 h.

FRESNOY, vg. *Aube* (Champagne), arr. et à 17 k. de Troyes, cant. de Lusigny, ⊠ de St-Parres-lès-Vaudes. Pop. 456 h.

FRESNOY, vg. *H.-Marne* (Champagne), arr. et à 37 k. de Langres, cant. et ⊠ de Montigny-le-Roi. Pop. 620 h.

FRESNOY, vg. *Pas-de-Calais* (Artois), arr. et à 20 k. de St-Paul-sur-Ternoise, cant. du Parcq, ⊠ d'Hangeste. Pop. 145 h.

FRESNOY-ANDAINVILLE, vg. *Somme* (Picardie), arr. et à 46 k. d'Amiens, cant. et ⊠ d'Oisemont. Pop. 290 h.

FRESNOY-AU-VAL, vg. *Somme* (Picardie), arr. et à 24 k. d'Amiens, cant. de Molliens-Vidame, ⊠ de Quévauvillers. Pop. 542 h.

FRESNOY-EN-CHAUSSÉE, vg. *Somme* (Picardie), arr. et à 16 k. de Montdidier, cant. de Mareuil, ⊠ d'Hangest. Pop. 261 h.

FRESNOY-EN-THELLE, vg. *Oise* (Picardie), arr. et à 26 k. de Senlis, cant. de Neuilly-en-Thelle, ⊠ de Chambly. Pop. 381 h.

FRESNOY-FOLNY, vg. *Seine-Inf.* (Normandie), arr. et à 20 k. de Neufchâtel-en-Bray, cant. et ⊠ de Londinières. Pop. 997 h.

FRESNOY-LA-RIVIÈRE, vg. *Oise* (Picardie), arr. et à 28 k. de Senlis, cant. et ⊠ de Crépy. Pop. 588 h.

FRESNOY-LE-GRAND, vg. *Aisne* (Picardie), arr. et à 16 k. de St-Quentin, cant. de Bohain. ⊠. A 154 k. de Paris pour la taxe des lettres. Pop. 3,585 h. — *Fabriques* de châles et de tissus de laine. — *Foires* les 28 janv., 28 avril, 28 juillet et 28 oct.

FRESNOY-LE-LUAT, vg. *Oise* (Picardie), arr. et à 15 k. de Senlis, cant. et ⊠ de Nanteuil-le-Haudouin. Pop. 379 h.

FRESNOY-LES-GOMBRIES, *Oise*. V. BOISSY-FRESNOY.

FRESNOY-LÈS-ROYE, vg. *Somme* (Picardie), arr. et à 21 k. de Montdidier, cant. et ⊠ de Roye. Pop. 524 h.

FRESNOYE (la), vg. *Somme* (Picardie), arr. et à 18 k. d'Amiens, cant. d'Hornoy, ⊠ d'Aumale. Pop. 480 h.

FRESPECH, vg. *Lot-et-Garonne* (Agénois), arr. et à 17 k. de Villeneuve-sur-Lot, cant. et ⊠ de Penne. Pop. 576 h.

Patrie du médecin anatomiste FERREIN, de l'académie des sciences, mort en 1769.

Foires les 26 avril, 26 août, 2 nov. et 31 déc.

FRESQUIENNE, vg. *Seine-Inf.* (Normandie), arr. et à 18 k. de Rouen, cant. de Pavilly, ⊠ de Barentin. Pop. 787 h.

FRESSAC, vg. *Gard* (Languedoc), arr. et à 36 k. du Vigan, cant. de Sauve, ⊠ de St-Hippolyte. Pop. 103 h.

FRESSAIN, vg. *Nord* (Flandre), arr., ⊠ et à 13 k. de Douai, cant. d'Arleux. Pop. 786 h. — *Fabrique* de sucre indigène.

FRESSANCOURT, vg. *Aisne* (Picardie), arr. et à 20 k. de Laon, cant. et ⊠ de la Fère. Pop. 225 h. — *Fabrique* de sucre indigène.

FRESSE, vg. *H.-Saône* (Franche-Comté), arr., ⊠ et à 17 k. de Lure, cant. de Melisey.

Pop. 2,768 h. — Il forme une commune composée de plusieurs écarts bâtis sur les coteaux rapides que présente le flanc oriental du ballon de Lure, et sur la côte escarpée qui termine au nord-ouest le territoire de Plancher-les-Mines. — Exploitation de granit rouge et de porphyre susceptibles d'un beau poli. — Tissage et filature de coton.

FRESSE, vg. *Vosges* (Lorraine), arr. et à 30 k. de Remiremont, cant. de Ramonchamp, ⊠ du Tillot. Pop. 1,706 h. — Tissage mécanique de coton.

FRESSELINES, vg. *Creuse* (Marche), arr. et à 31 k. de Guéret, cant. et ⊠ de Dun-le-Palleteau. Pop. 1,888 h. Au confluent de la petite et de la grande Creuse.

FRESSENGEAS, *Dordogne*. V. MARTIN-DE-FRESSENGEAS (St-).

FRESSENNEVILLE, vg. *Somme* (Picardie), arr. et à 21 k. d'Abbeville, cant. d'Ault, ⊠ de Valines. Pop. 1,222 h.

FRESSEVILLE, vg. *Manche* (Normandie), arr. et à 15 k. de Valognes, cant. et ⊠ de Montebourg. Pop. 864 h.

FRESSIES, vg. *Nord* (Flandre), arr., cant., ⊠ et à 11 k. de Cambrai. Pop. 800 h.

FRESSIGNE, vg. *Creuse* (Marche), comm. de St-Pardoux-les-Cards, ⊠ de Chénérailles.

FRESSIN, vg. *Pas-de-Calais* (Artois), arr. et à 25 k. de Montreuil-sur-Mer, cant. de Fruges, ⊠ de Hesdin. Pop. 1,109 h.

FRESSINEAU, vg. *Vienne*, comm. de Monthoiron, ⊠ de Châtellerault.

FRESSINES, vg. *Deux-Sèvres* (Poitou), arr. et à 10 k. de Melle, cant. et ⊠ de Celles. Pop. 877 h.

FRESSONGES, vg. *Cantal*, comm. de Moussages, ⊠ de Mauriac.

FRESTOY (le), vg. *Oise* (Picardie), arr. et à 33 k. de Clermont, cant. et ⊠ de Maignelay. Pop. 398 h.

FRETAYE, vg. *Seine-et-Oise*, comm. de de Villejust, ⊠ de Palaiseau.

FRETECUISSE, vg. *Somme* (Picardie), arr. et à 45 k. d'Amiens, cant. et ⊠ d'Oisemont. Pop. 238 h.

FRETEIX, vg. *Puy-de-Dôme*, comm. de Montel-de-Gelat, ⊠ de Pontaumur.

FRÉTEVAL, bg *Loir-et-Cher* (Beauce), arr. et à 17 k. de Vendôme, cant. de Morée, ⊠ de Pézou. Pop. 900 h. — Terrain crétacé inférieur, grès vert.

On y remarque le château de M. Matthieu de Montmorency, qui était habité par Mme de Staël à l'époque où la volonté de Napoléon la condamna à l'exil. — Mine de fer abondante. Forges et hauts fourneaux.

FRÉTEVAULT, vg. *Deux-Sèvres*, comm. des Hamaux, ⊠ de Thouars.

FRÉTHUN, vg. *Pas-de-Calais* (Picardie), arr. et à 25 k. de Boulogne-sur-Mer, cant. de Calais, ⊠ de St-Pierre-les-Calais. Pop. 495 h.

FRÉTIGNEY, vg. *H.-Saône* (Franche-Comté), arr. et à 32 k. de Gray, cant. de Fresnes-St-Mamès. ⊠. ⌦. A 366 k. de Paris pour la taxe des lettres. Pop. 987 h.

A 3 k. de ce village existe une grotte, où l'on arrive en descendant par une rampe fort inclinée. L'intérieur consiste dans une première salle oblongue, remarquable par sa grande élévation (au moins 40 m.); dans une seconde salle d'environ 200 m. de longueur, séparée de la première par une cloison haute de 8 m.; enfin dans une petite chambre ayant 6 à 7 m. de longueur, et communiquant avec la seconde salle par un boyau étroit et très-sinueux, dont la longueur est d'environ 12 m. Les stalactites et les stalagmites qui tapissent les trois chambres qui composent la grotte, présentent de grandes dimensions, des formes très-variées, et une infinité d'accidents qui changent avec la position de l'œil du spectateur. — *Foires* les 20 mars, 20 avril, 20 mai, 20 juin, 16 juillet, 20 août et 20 sept.

FRETIGNIER, vg. *Isère*, comm. de Morasde-Veyssilieu, ⊠ de Crémieu.

FRÉTIGNY, bg *Eure-et-Loir* (Beauce), arr. et à 14 k. de Nogent-le-Rotrou, cant. de Thiron-Gardais, ⊠ de Champrond. P. 1,308 h. — Papeterie.

FRÉTILS (les), vg. *Eure* (Normandie), arr. et à 5 k. d'Evreux, cant. et ⊠ de Rugles. Pop. 183 h. — *Fabriques* de clous.

FRETIN, vg. *Nord* (Flandre), arr. et à 12 k. de Lille, cant. et ⊠ de Pont-à-Marcq. Pop. 1,946 h. — On y remarque une magnifique pierre tumulaire du milieu du XVᵉ siècle, sculptée en ronde-bosse, représentant Jehan, sieur du Maisnil, chambellan de Philippe le Bon, duc de Bourgogne, autour duquel se voient deux femmes coiffées du hennin, haute coiffure assez semblable aux bonnets des Cauchoises. — Nombreux moulins à huile.

FRÉTOY, vg. *Nièvre* (Nivernais), arr., cant., ⊠ et à 15 k. de Château-Chinon. Pop. 548 h.

FRÉTOY (le), vg. *Oise* (Picardie), arr. et à 40 k. de Compiègne, cant. et ⊠ de Guiscard. Pop. 391 h.

FRÉTOY, vg. *Seine-et-Marne* (Brie), arr. et à 22 k. de Provins, cant. de Nangis, ⊠ de Champceenest. Pop. 201 h.

FRETTE (la), vg. *Isère* (Dauphiné), arr. et à 29 k. de St-Marcellin, cant. de St-Etienne-de-St-Geoirs. ⊠. ⌦. A 533 k. de Paris pour la taxe des lettres. Pop. 1,469 h. — *Foires* les 26 mars, 10 juin et 30 oct.

FRETTE (la), vg. *Isère*, comm. et ⊠ du Touvet.

FRETTE (la), vg. *Saône-et-Loire* (Bourgogne), arr., ⊠ et à 14 k. de Louhans, cant. de Montrey. Pop. 515 h.

FRETTE (la), vg. *Seine-et-Oise* (Ile-de-France), arr. à 22 k. de Versailles, cant. d'Argenteuil, ⊠ de Franconville. Pop. 348 h. — Il est situé au pied d'un coteau, sur la rive droite de la Seine, où il a un port qui facilite le transport des pierres à plâtre provenant des carrières environnantes. — Le territoire de la Frette produit des fruits en abondance; les figues surtout y sont renommées.

FRETTEMEULE, *Fracta Mola*, *Seine-Inf.*, comm. d'Encretiéville-St-Victor, ⊠ d'Yvetot.

FRETTEMEULE, vg. *Somme* (Picardie), arr. et à 20 k. d'Abbeville, cant. et ⊠ de Gamaches. Pop. 840 h.

FRETTEMOLLE, vg. *Somme* (Picardie), arr. et à 45 k. d'Amiens, cant. de Poix, ⊠ d'Aumale. Pop. 364 h.

FRETTENCOURT, vg. *Oise*, comm. de Lannoy-Cuillère, ⊠ de Formerie.

FRETTERANS, vg. *Saône-et-Loire* (Bourgogne), arr. et à 38 k. de Louhans, cant. et ⊠ de Pierre. Pop. 455 h.

FRETTES, vg *H.-Marne* (Bourgogne), arr. et à 33 k. de Langres, cant. et ⊠ du Fayl-Billot. Pop. 635 h.

FRETTEVILLE, vg. *Eure*, comm. de Daubeuf, ⊠ des Audelys.

FRETUM GALLICUM (lat. 51°, long. 20°). « C'est ainsi que Solin désigne ce qu'on appelle aujourd'hui le Pas de Calais. *Fretum Oceani*, dans Tacite et dans Ammien Marcellin; *Freta Morinum* dans le poëte Gratius. » D'Anville, *Notice de l'ancienne Gaule*, p. 335.

FRÉTY (les), vg. *Ardennes* (Champagne), arr. et à 32 k. de Rocroi, cant. de Rumigny, ⊠ de Brunhamel. Pop. 594 h.

FREULLEVILLE, vg. *Seine-Inf.* (Normandie), arr. et à 16 k. de Dieppe, cant. et ⊠ d'Envermeu. Pop. 608 h.

FRÉVENT, joli bourg, *Pas-de-Calais* (Artois), arr. et à 15 k. de St-Pol-sur-Ternoise, cant. d'Auxy-le-Château. ⊠. ⌦. A 173 k. de Paris pour la taxe des lettres. Pop. 3,049 h. — C'est un bourg élégant et propre, bâti dans le genre de ceux de la Flandre.

Patrie d'Ant. Lamourette, député à l'assemblée législative, évêque constitutionnel de Lyon en 1791, mort sur l'échafaud révolutionnaire le 11 janvier 1794.

De l'abbé Vaillart, botaniste distingué.

Filatures hydrauliques de lin et tissage mécanique. Tanneries. — *Foires* les 3 nov. et 1ᵉʳ dimanche après le 24 juillet.

FRÉVILLE, vg. *Loiret* (Gatinais), arr. et à 22 k. de Montargis, cant. et ⊠ de Bellegarde. Pop. 301 h.

FRÉVILLE, vg. *Seine-Inf.* (Normandie), arr. et à 25 k. de Rouen, cant. de Pavilly, ⊠ de Barentin. Pop. 580 h. — *Foires* les 4 juillet et 20 nov.

FRÉVILLE, vg. *Vosges* (Lorraine), arr., cant., ⊠ et à 9 k. de Neufchâteau. P. 212 h.

FREVILLERS, vg. *Pas-de-Calais* (Artois), arr. et à 15 k. de St-Pol-sur-Ternoise, cant. et ⊠ d'Aubigny. Pop. 365 h.

FRÉVIN-CAPELLE, vg. *Pas-de-Calais* (Artois), arr. et à 25 k. de St-Pol-sur-Ternoise, cant. et ⊠ d'Aubigny. Pop. 243 h.

FREYBOUSE, vg. *Moselle* (pays Messin), arr. et à 30 k. de Sarreguemines, cant. de Gros-Tenquin, ⊠ de Faulquemont. Pop. 453 h.

FREYCENET-LA-CUCHE, vg. *H.-Loire* (Velay), arr. et à 30 k. du Puy, cant. et ⊠ du Monastier. Pop. 851 h.

FREYCENET-LA-TOUR, vg. *H.-Loire* (Velay), arr. et à 25 k. du Puy, cant. et ⊠ du Monastier. Pop. 605 h.

FREYMINGEN, vg. *Moselle* (pays Messin),

arr. et à 30 k. de Sarreguemines, cant. et ⊠ de St-Avold. Pop. 643 h.

FREYNET, vg. *Isère*, comm. de Nantes, ⊠ de la Mure.

FREYSSENET, vg. *Ardèche* (Vivarais), arr., cant., ⊠ et à 9 k. de Privas. P. 242 h. — On remarque aux environs la fontaine intermittente de Boulègue (du mot patois *boulegua*, remuer, changer de place). Elle est située au bas d'un ravin dont l'eau coule du nord au midi. Elle sort d'une roche calcaire par plusieurs orifices circulaires. Les écoulements commencent par plusieurs intermissions qui forment une espèce de balancement à la surface, augmentant graduellement jusqu'à ce qu'elles soient parvenues à leur plus grande force : ce qui arrive dans l'espace d'une demi-heure.

FREYSSENET, vg. *Ardèche*, comm. de Juvinas, ⊠ de Montpezat.

FRÉZAL-D'ALBUGÈS (St-), vg. *Lozère* (Languedoc), arr. et à 28 k. de Mende, cant. et ⊠ de Blaymard. Pop. 298 h.

FRÉZAL-DE-VENTALON (St-), vg. *Lozère* (Languedoc), arr. et à 27 k. de Florac, cant. et ⊠ de Pont-de-Montvert. P. 668 h.

FRÉZIÉ (la), vg. *Aveyron*, comm. de Mélagues, ⊠ de Camarès.

FRIAIZE, vg. *Eure-et-Loir* (Beauce), arr. et à 28 k. de Nogent-le-Rotrou, cant. de la Loupe, ⊠ de Champrond. Pop. 558 h.

FRIARDEL, vg. *Calvados* (Normandie), arr. et à 22 k. de Lisieux, cant. et ⊠ d'Orbec. Pop. 349 h.

FRIAUCOURT, vg. *Somme* (Picardie), arr. et à 30 k. d'Abbeville, cant. d'Ault, ⊠ d'Eu. Pop. 304 h.

FRIAUVILLE, vg. *Moselle* (pays Messin), arr. et à 15 k. de Briey, cant. de Conflans, ⊠ de Mars-la-Tour. Pop. 360 h.

FRIBOURG, vg. *Meurthe* (pays Messin), arr. et à 20 k. de Sarrebourg, cant de Réchicourt-le-Château, ⊠ de Bourdonnay. P. 588 h. — On visite sur son territoire les restes de l'ancienne forteresse de Talbourg, hauteur revêtue et environnée de fossés. — Exploitation des carrières à plâtre.

FRICAMPS, vg. *Somme* (Picardie), arr. et à 27 k. d'Amiens, cant. et ⊠ de Poix. Pop. 429 h.

FRICAUDIÈRE (la), vg. *Deux-Sèvres*, comm. de la Charrière, ⊠ de Beauvoir-sur-Niort.

FRICHEMESNIL, vg. *Seine-Inf.* (Normandie), arr. et à 23 k. de Rouen, cant. de Cléras, ⊠ de Valmartin. Pop. 321 h.

FRICHOUX (St-), vg. *Aude* (Languedoc), arr., ⊠ et à 19 k. de Carcassonne, cant. de Peyriac-Minervois. Pop. 139 h.

FRICOURT, vg. *Somme* (Normandie), arr. et à 20 k. de Péronne, cant. et ⊠ d'Albert. Pop. 809 h.

FRIEDOLSHEIM, vg. *B.-Rhin* (Alsace), arr., ⊠ et à 10 k. de Saverne, cant. de Hochefelden. Pop. 303 h.

FRIÈRES, vg. *Somme*, comm. d'Acheux, ⊠ de Valines.

FRIÈRES-FAILLOUEL, vg. *Aisne* (Picardie), arr. et à 40 k. de Laon, cant. et ⊠ de Chauny. ⌘. Pop. 1,658 h. — *Fabrique* de sucre indigène.

FRIESENHEIM, vg. *B.-Rhin* (Alsace), arr. et à 29 k. de Schelestadt, cant. et ⊠ de Benfeld. ⌘. Pop. 717 h.

FRIESSEN, vg. *H.-Rhin* (Alsace), arr., ⊠ et à 14 k. d'Altkirch, cant. d'Hirsingen. Pop. 632 h.

FRIGNICOURT, vg. *Marne* (Champagne), arr., cant., ⊠ et à 3 k. de Vitry-le-François. Pop. 328 h.

FRILEUSE (la), vg. *Eure-et-Loir*, comm. d'Orgères, ⊠ de Patay.

FRILLIÈRE (la), vg. *Indre-et-Loire*, com. et ⊠ de Vouvray. ⌘.

FRIMBOLE (la), vg. *Meurthe* (Lorraine), arr. à 20 k. de Sarrebourg, cant. et ⊠ de Lorquin. Pop. 876 h. — Scieries hydrauliques.

FRIOLAIS (le), v. *Doubs* (Franche-Comté), arr. à 40 k. de Montbéliard, cant. de Maiche. Pop. 100 h.

FRION (St-), vg. *Creuse* (Marche), arr. et à 11 k. d'Aubusson, cant. et ⊠ de Felletin. Pop. 1,008 h.

FRIREULES, vg. *Somme*, com. d'Acheux, ⊠ de Valines.

FRISE, vg. *Somme* (Picardie), arr., ⊠ et à 11 k. de Péronne, cant. de Bray-sur-Somme. Pop. 417 h.

FRISON, vg. *Vosges* (Lorraine), arr. et à 14 k. d'Épinal, cant. de Châtel-sur-Moselle, ⊠ de Nomény. Pop. 643 h.

FRIVILLE-ESCARBOTIN, vg. *Somme* (Picardie), arr. et à 25 k. d'Abbeville, cant. d'Ault, ⊠ d'Eu. Pop. 1,531 h. — Le château d'Escarbotin, annexe de cette commune, est décoré de bas-reliefs, représentant, dit-on, l'entrée de Henri IV à Paris. — Nombreuses fabriques de serrurerie et de quincaillerie.

FROBERVILLE, vg. *Seine-Inf.* (Normandie), arr. et à 33 k. du Havre, cant. et ⊠ de Fécamp. Pop. 692 h.

FROCOURT, vg. *Oise* (Picardie), arr., ⊠ et à 6 k. de Beauvais, cant. d'Auneuil. Pop. 251 h. — Ce lieu fut considérable autrefois. Il y a un château qui fut, dit-on, bâti par François Ier pour une femme qu'il aimait. C'est un ancien fort, entouré de fossés avec pont-levis. On y voit un balcon en pierre, avec longues cheminées décorées de sculptures, et d'autres ornements qui caractérisent l'architecture du XVIe siècle. Les armes du grand pavillon portaient trois fleurs de lis et deux salamandres. Selon quelques traditions, la jacquerie du XIVe siècle prit commencement à Frocourt.

FRESCHWILLER, vg. *B.-Rhin* (Alsace), arr. et à 27 k. de Wissembourg, cant. de Woërth-sur-Sauer. Pop. 556 h.

FROGES, vg. *Isère* (Dauphiné), arr. et à 20 k. de Grenoble, cant. et ⊠ de Goncelin. Pop. 527 h.

FROHEN-LE-GRAND, vg. *Somme* (Picardie), arr. et à 12 k. de Doullens, cant. et ⊠ de Bernaville. Pop. 453 h. — On voit sur le territoire de cette commune, qui est fort ancienne, une fontaine consacrée à saint Fursy,

dans laquelle les paysans des alentours plongent leurs enfants attaqués de dartres, dans l'espoir d'obtenir leur guérison.

FROHEN-LE-PETIT, vg. *Somme* (Picardie), arr. et à 12 k. de Doullens, cant et ⊠ de Bernaville. Pop. 75 h.

FROHMULH, vg. *B.-Rhin* (Alsace), arr. à 30 k. de Saverne, cant. et ⊠ de la Petite-Pierre. Pop. 321 h.

FROIDECONCHE, vg. *H.-Saône* (Franche-Comté), arr. de Lure, cant. et ⊠ de Luxeuil. Pop. 1,080 h.

FROIDEFONTAINE, vg. *Jura* (Franche-Comté), arr. à 28 k. de Poligny, à 42 k. d'Arbois, cant. et ⊠ de Nozeroy. Pop. 432 h.

FROIDEFONTAINE, ou KALTENBRUNNEN, vg. *H.-Rhin* (Alsace), arr. et à 13 k. de Belfort, cant. et ⊠ de Delle. Pop. 343 h.

FROIDERUE (la), vg. *Seine-Inf.*, comm. de Varvannes, ⊠ de Tôtes.

FROIDESTRÉS, vg. *Aisne* (Picardie), arr. et à 12 k. de Vervins, cant. et ⊠ de la Capelle. Pop. 334 h.

FROIDETERRE, vg. *H.-Saône* (Franche-Comté), arr., cant., ⊠ et à 2 k. de Lure. P. 282 h.

FROIDEVAUX, vg. *Doubs* (Franche-Comté), arr. et à 24 k. de Montbéliard, cant. et ⊠ de St-Hippolyte. Pop. 165 h.

FROIDEVILLE, vg. *Jura* (Franche-Comté), arr. et à 38 k. de Dôle, cant. de Chaumeroy, ⊠ de Sellières. Pop. 190 h.

FROIDFONT, vg. *Vendée* (Poitou), arr. et à 43 k. des Sables, cant. et ⊠ de Challans. Pop. 871 h.

FROIDMONT, vg. *Aisne*, comm. de Cohartille, ⊠ de Marle.

FROIDOS, vg. *Meuse* (pays Messin), arr. et à 24 k. de Verdun-sur-Meuse, cant. et ⊠ de Clermont-en-Argonne. Pop. 513 h. — *Fabrique* de faïence.

FROISSY, bg *Oise* (Picardie), arr. et à 33 k. de Clermont, chef-l. de cant., Bureau d'enregist. à Breteuil. Cure. Pop. 694 h. — TERRAIN tertiaire inférieur. — *Commerce* de laines et de bois.

FROLOIS, vg. *Côte-d'Or* (Bourgogne), arr. et à 26 k. de Semur, cant. et ⊠ de Flavigny. Pop. 1,074 h.

FROLOIS, ou ACRAIGNE, ou GUISE-SUR-MADON, vg. *Meurthe* (Lorraine), arr. et à 20 k. de Nancy, cant. et ⊠ de Vezelize. P. 808 h.

FROMELENNES, vg. *Ardennes* (Flandre), arr. et à 42 k. de Rocroi, cant. et ⊠ de Givet. Pop. 541 h. — Laminoir, batterie de cuivre, de zinc, tombac de grande dimension, chaudrons et fonds de chaudières, tréflerie de laiton, ⓐ 1834-89 (à Flohimont et Flolival).

On trouve dans une montagne boisée, proche de ce village, une grotte très-profonde, qui ne paraît pas avoir été explorée. On y descend difficilement par une étroite ouverture ; autrefois on pouvait y pénétrer de plain-pied par une large entrée qui fut murée sous le règne de Louis XIV ; on rapporte qu'à cette époque un individu condamné à mort s'y était caché ; et que son frère l'y nourrit pendant certain temps, mais que celui-ci, fatigué et craignant pour sa sûreté personnelle, le tua ; à quelque temps de là, des curieux s'étant enfoncés dans la grotte, y trouvèrent le cadavre en putréfaction. C'est cet événement qui fit donner l'ordre d'en boucher l'entrée principale. Pendant l'occupation des armées étrangères, les officiers russes de la garnison de Givet firent illuminer cette grotte et y donnèrent un banquet.

FROMELLES, vg. *Nord* (Flandre), arr. et à 25 k. de Lille, cant. et ✉ de la Bassée. Pop. 1,399 h.

FROMENT, vg. *Nièvre*, comm. de Ternant, ✉ de Fours.

FROMENTHAL (le), *Lozère*, comm. de Salses, ✉ de la Canourgue.

FROMENTAL (le), vg. *Puy-de-Dôme*, comm. de Rentières, ✉ d'Ardes.

FROMENTAL, vg. *H.-Vienne* (Limousin), arr. et à 29 k. de Bellac, cant. de Bessines, ✉ de Morterolles. Pop. 1,240 h.

FROMENTEAU, ou la VIEILLE-POSTE, ou LA COUR-DE-FRANCE, h. *Seine-et-Oise*, com. de Juvisy. ✉. ☞. A 19 k. de Paris pour la taxe des lettres.—Il est situé près de Juvisy, sur la grande route, où l'on a construit plusieurs maisons et auberges, parmi lesquelles on distingue celle de la poste. Cette réunion de maisons est nommée indifféremment la Cour-de-France ou Fromenteau.

C'est au hameau de la Cour-de-France que Napoléon apprit, en 1814, l'entrée des armées étrangères à Paris. Le 30 mars, il passait à Sens, presque seul, car il avait devancé son armée, et marchait à grande hâte vers Paris, accompagné seulement de quelques maréchaux et généraux qui le suivaient, assez mal montés. Napoléon arrive le soir à la Cour-de-France : là, il s'arrête dans l'auberge du lieu, et envoie quelques officiers à l'armée que commandaient sous les murs de Paris les maréchaux Mortier et Marmont. Il était trop tard ; cette armée venait de capituler... Impatient de connaître le résultat de ses ordres, Napoléon se promenait à grands pas, devant l'auberge, et tantôt sur la route de Villejuif. Enfin, harassé de fatigue, il se met à table, soupe d'un grand appétit, malgré toute l'imminence des dangers qui l'entourent ; et faisant étendre son lit d'ambulance, il s'y jette, et s'endort d'un sommeil tranquille. A minuit, il s'éveille, et, n'écoutant que son impatience, il s'élance dans une voiture, et court au-devant de ses officiers d'ordonnance. Trois voitures, remplies de généraux, le suivaient avec peine. A quelque distance de la Cour-de-France, ils sont rencontrés par un général qui accourait en poste auprès de l'empereur. Aussitôt Napoléon, le prince de Wagram et Caulincourt descendent de leurs voitures ; ils rebroussent à pied vers la Cour-de-France, et c'est en marchant dans la boue, à travers les ténèbres d'une nuit profonde, que l'empereur apprend l'occupation de Paris par les troupes de la coalition, et la capitulation du duc de Raguse. Frappé comme d'un coup de foudre, il s'écrie : *J'aurais préféré qu'on m'eût percé le cœur d'un coup de poignard*. Rentré à l'auberge de la Cour-de-France, Napoléon tint conseil avec le peu d'officiers qui étaient avec lui. L'armée était encore éloignée ; la proximité des troupes ennemies était inquiétante, et il était à craindre d'être à tout instant surpris par la cavalerie russe ou prussienne. Alors il fut décidé, dans ce conseil nocturne, qu'on se retirerait à Fontainebleau.

Fromenteau est la PATRIE D'AGNÈS SOREL, ou plutôt SEURELLE, comme le portent toutes les inscriptions du temps. Lorsque Charles VII la vit pour la première fois, elle était dans tout l'éclat de la jeunesse et de la beauté. Le roi ne tarda pas à éprouver près d'elle les sentiments les plus tendres : elle résista, sut profiter de la passion du monarque pour stimuler son courage ; mais, lorsqu'il eut pris les armes et se fut mis en devoir de chasser les Anglais, elle céda à ses désirs et devint l'objet de toutes ses affections. Agnès mourut au château de Ménil, près de Jumièges, en 1450. Son cœur fut inhumé dans l'église de St-Pierre-de-Jumièges, et son corps transporté dans la collégiale de Loches. V. LOCHES, JUMIÈGES.

FROMENTIÈRES, vg. *Marne* (Champagne), arr. et à 26 k. d'Epernay, cant. de Montmirail, ✉ de Baye. ☞.

FROMENTIÈRES, vg. *Mayenne* (Anjou), arr., cant., et à 5 k. de Château-Gontier. Pop. 1,035 h.

FROMERÉVILLE, vg. *Meuse* (pays Messin), arr., et à 7 k. de Verdun-sur-Meuse, cant. de Charny-sur-Meuse. Pop. 633 h.

FROMEZEY, vg. *Meuse* (pays Messin), arr. et à 17 k. de Verdun-sur-Meuse, cant. et ✉ d'Etain. Pop. 202 h.

FROMONT, vg. *Seine-et-Marne* (Gâtinais), arr. et à 22 k. de Fontainebleau, cant. et ✉ de la Chapelle-la-Reine. Pop. 378 h.

FROMONT, vg. *Seine-et-Oise*, comm. et ✉ de Ris.

Fromont était un fief considérable qui a appartenu aux templiers ; le parc du château, renommé jadis par la beauté de ses cascades, a été couvert en institut horticole, dirigé par M. Soulange Bodin. Cet utile établissement, qui a pris dans ces derniers temps une extension de plus en plus considérable, fournit des plants d'arbres verts et d'arbres forestiers de toute espèce ; des plants de rosiers, des plantes de terre de bruyère, de serre et d'orangerie, etc., etc. La collection des plantes forestières de l'Amérique du Nord, appropriées au sol et au climat de la France, est la plus considérable et la plus complète qui ait jamais existé en France, et elle ne cesse de s'accroître annuellement.

FROMONT (St-), vg. *Manche* (Normandie), arr. et à 13 k. de St-Lô, cant. de St-Jean-de-Daye, ✉ de la Perine. Pop. 944 h.

FROMONVILLE, vg. *Seine-et-Marne* (Gâtinais), arr. et à 14 k. de Fontainebleau, cant. et ✉ de Nemours. Pop. 762 h.

FROMONVILLIER, vg. *Loiret*, comm. d'Autruy, ✉ d'Angerville.

FROMY, vg. *Ardennes*, comm. de Margut, ✉ de Carignan.

FRONCLES, vg. *H.-Marne* (Champagne), arr. et à 25 k. de Chaumont-en-Bassigny, cant. et ✉ de Vignory. Pop. 442 h. — Haut fourneau et affinerie, sur la Marne.

FRONINGEN, vg. *H.-Rhin* (Alsace), arr., cant. et à 10 k. d'Altkirch, ✉ de Mulhausen. Pop. 709 h.

FRONS, vg. *Aveyron*, comm. de Thérondels, ✉ de Mur-de-Barrez.

FRONSAC, vg. *H.-Garonne* (Comminges), arr. et à 26 k. de St-Gaudens, cant. et ✉ de St-Béat. Pop. 600 h.

FRONSAC, *Frontiacum*, bg *Gironde* (Guienne), arr., ✉, bureau d'enregist. et à 4 k. de Libourne, chef-l. de cant. Cure. Pop. 1,440 h. — TERRAIN tertiaire moyen. — Il est situé dans une contrée fertile en vins estimés, sur la rive droite de la Dordogne. On y remarque un ancien château dans un bel état de conservation.

FRONT (St-), vg. *Charente* (Angoumois), arr. et à 17 k. de Ruffec, cant. et ✉ de Mansle. Pop. 859 h.

FRONT (St-), vg. *H.-Loire* (Velay), arr. et à 25 k. du Puy, cant. de Fay-le-Froid, ✉ du Monastier. Pop. 3,033 h.

FRONT (St-), vg. *Lot-et-Garonne* (Agénois), arr. et à 34 k. de Villeneuve-sur-Lot, cant. et ✉ de Fumel. Pop. 1,173 h.

FRONT-D'ALEMPS (St-), vg. *Dordogne* (Périgord), arr. et à 21 k. de Périgueux, cant. et ✉ de Brantôme. Pop. 616 h.

FRONT-DE-CHAMPNIERS (St-), vg. *Dordogne* (Périgord), arr., cant., ✉ et à 7 k. de Nontron. Pop. 323 h.

FRONT-DE-COLLIÈRES (St-), vg. *Orne* (Normandie), arr., cant., ✉ et à 1 k. de Domfront. Pop. 1,998 h.

FRONT-DE-PRADOUX (St-), vg. *Dordogne* (Périgord), arr., cant., et à 26 k. de Ribérac, cant. et ✉ de Mussidan. Pop. 322 h.

FRONTÉNAC, vg. *Gironde* (Guienne), arr. et à 20 k. de la Réole, cant. de Targon, ✉ de Sauveterre. Pop. 544 h.

FRONTENAC, vg. *Lot* (Quercy), arr. et à 11 k. de Figeac, cant. et ✉ de Cajarc. Pop. 238 h. Près de la rive droite du Lot. — On y voit les ruines d'un temple attribué aux Romains, autour duquel on a trouvé une grande quantité de cercueils creusés dans le grès.

FRONTENARD, vg. *Saône-et-Loire* (Bourgogne), arr. et à 33 k. de Louhans, cant. et ✉ de Pierre. Pop. 545 h.

FRONTENAS, vg. *Rhône* (Lyonnais), arr. et à 12 k. de Villefranche-sur-Saône, cant. et ✉ de Bois-d'Oingt. Pop. 303 h.

FRONTENAY, vg. *Jura* (Franche-Comté), arr. et à 17 k. de Lons-le-Saulnier, cant. et ✉ de Voiteur. Pop. 565 h.

FRONTENAY, ou ROHAN-ROHAN, vg. *Deux-Sèvres* (Poitou), arr., ✉, bureau d'enregist. et à 11 k. de Niort, chef-l. de cant. Cure. ☞. Pop. 2,198 h. — TERRAIN jurassique, étage moyen du système oolitique. — C'était autrefois une ville forte, que Louis VIII prit et fit raser dans le XIIIe siècle. — Commerce de laine et de bestiaux. — Foires les 9 janv., 3 fév., 9 mars, 4 mai, 29 juin, 20 juillet, 16 août,

15 sept., 21 oct., 11 nov., 20 déc. et mardi de Pâques.

FRONTENAY, vg. *Vienne* (Poitou), arr. et à 20 k. de Loudun, cant. de Moncontour, ✉ de Mirebeau. Pop. 538 h.

FRONTENEAUD, vg. *Saône-et-Loire* (Bourgogne), arr., ✉ et à 11 k. de Louhans, cant. de Cuiseaux. Pop. 1,419 h.

FRONTIGNAN, *Forum Domitii, Frontinicum*, ville ancienne, *Hérault* (Languedoc), arr. et à 22 k. de Montpellier, chef-l. de cant. Bureau d'enregist. à Cette. Cure. ✉. A 763 k. de Paris pour la taxe des lettres. Station du chemin de fer de Montpellier à Cette. Pop. 1,966 h. — TERRAIN d'alluvions et tourbe.

En 1114, Frontignan était un château-fort dont le nom figure souvent dans l'histoire du pays. Louis XIII y établit un siège principal d'amirauté en 1629. A cette époque, Frontignan faisait presque tout le commerce maritime du Languedoc.

Les armes de **Frontignan** sont : *de gueules à la tour crénelée d'or, sommée de trois tourillons de même.*

Malgré la place que cette ville occupe dans l'histoire, elle devra, selon toutes les apparences, une célébrité plus durable à l'excellence du vin muscat et aux délicieux raisins de caisse que produit son territoire. Après les vins de Rivesaltes (département des Pyrénées-Orientales), ceux de Frontignan sont les meilleurs vins blancs de la France ; ils se distinguent par leur douceur, beaucoup de corps, un goût de fruit très-prononcé et un parfum des plus suaves ; ils gagnent beaucoup en vieillissant, se conservent très-longtemps, et supportent, sans s'altérer, le transport par terre et par mer. — On voit, près de cette ville, le joli pont de *la Peyrade*, sur l'étang de Thau.

FRONTIGNAN-DE-L'ISLE, vg. *H.-Garonne* (Comminges), arr. et à 37 k. de St-Gaudens, cant. et ✉ de l'Isle-en-Dodon. Pop. 140 h.

FRONTIGNAN-PRÈS-ST-BÉAT, vg. *H.-Garonne* (Comminges), arr. et à 22 k. de St-Gaudens, cant. et ✉ de St-Bertrand. Pop. 313 h.

FRONT-LA-RIVIÈRE (St-), vg. *Dordogne* (Périgord), arr., ✉ et à 10 k. de Nontron, cant. de St-Pardoux. Pop. 980 h.

FRONTON, jolie petite ville, *H.-Garonne* (Languedoc), arr. et à 28 k. de Toulouse, chef-l. de cant. Cure. ✉. ⚜. A 658 k. de Paris pour la taxe des lettres. Pop. 2,141 h. — TERRAIN tertiaire moyen. — Elle est bien bâtie, en briques, et possède de charmantes promenades. — *Foires* les 1er mai, 16 août et 9 déc.

FRONTONAS, vg. *Isère* (Dauphiné), arr. de la Tour-du-Pin, à 10 k. de Bourgoin, cant. et ✉ de Crémieu. P. 1,064 h.

FRONVILLE, vg. *H.-Marne* (Champagne), arr. et à 23 k. de Vassy, cant. et ✉ de Joinville. Pop. 407 h.

FROSSAY, joli bourg, *Loire-Inf.* (Bretagne), arr., ✉ et à 8 k. de Paimbœuf, cant. de St-Père-en-Retz. Pop. 2,723 h. — Il est bâti dans une belle situation, sur une hauteur d'où l'on jouit d'un point de vue magnifique. — *Commerce* de vins et de bestiaux. — Carrières de pierres de taille. — *Foires* les 1er mars, 12 avril, 8 mai, 2 août, 9 sept. et 30 oct.

FROSSE, vg. *Vendée*, comm. de Corps, ✉ de Luçon.

FROTEY-LES-LURES, vg. *H.-Saône* (Franche-Comté), arr., cant., ✉ et à 6 k. de Lure. Pop. 548 h. — *Fabriques* de poterie de terre.

FROTEY-LES-VESOUL, vg. *H.-Saône* (Franche-Comté), arr., cant., ✉ et à 2 k. de Vesoul. Pop. 488 h. — A peu de distance de ce village s'ouvre dans une montagne une caverne d'environ 30 m. de largeur sur 40 m. de profondeur. A son extrémité est un gouffre étroit, connu sous le nom de Frais-Puits, d'où il ne sort ordinairement qu'un filet d'eau ; mais, lorsqu'il a plu plusieurs jours de suite, on voit l'eau monter, remplir le puits, s'élancer à 8 ou 10 m. au-dessus, et inonder les campagnes voisines. — Fours à chaux et à plâtre.

FROUARD, *Arx Froardi*, vg. *Meurthe* (Lorraine), arr., cant., ✉ et à 10 k. de Nancy. Pop. 898 h. — Il est situé au pied d'un coteau, sur la rive droite de la Moselle.

Au commencement du XIVe siècle, Frouard était une des plus fortes places du duché de Lorraine. Thiébaut II livra sous ses murs un combat sanglant aux comtes de Bar et à l'évêque de Metz, qui y furent faits prisonniers. On y voit une église bâtie en 1566, ainsi qu'une croix érigée par René II. Sur la hauteur qui domine le village sont les ruines d'un ancien château fort, construit sur la fin du XIIe siècle par Ferry II.

FROULT (St-), bg *Charente-Inf.* (Saintonge), arr. et à 17 k. de Marennes, cant. de St-Agnan, ✉ de Rochefort-sur-Mer. Pop. 420 h.

FROUST (le), vg. *Orne*, comm. de St-Nicolas-des-Bois, ✉ d'Alençon.

FROUVILLE, vg. *Seine-et-Oise* (Vexin), arr. et 15 k. de Pontoise, cant. ✉ de l'Isle-Adam. Pop. 475 h. — Il est situé au bas d'un coteau, sur un ruisseau qui alimente plusieurs moulins. Dans la vallée un beau château précédé d'une avenue où, les lundis de Pâques et de la Pentecôte, et à la Notre-Dame de septembre, il se fait un pèlerinage dit de *Bonne-Nouvelle*, qui attire un grand nombre de curieux. — Exploitation des carrières de pierres de taille.

FROUZINS, vg. *H.-Garonne* (Languedoc), arr., cant., ✉ et à 6 k. de Muret. P. 483 h.

FROVILLE, vg. *Meurthe* (Lorraine), arr. et à 22 k. de Lunéville, cant. de Bayon, ✉ de Neuviller-sur-Moselle.

FROYELLES, vg. *Somme* (Picardie), arr. et à 19 k. d'Abbeville, cant. de Crécy, ✉ de Bernay. Pop. 158 h.

FROZES, bg *Vienne* (Poitou), arr. et à 19 k. de Poitiers, cant. de Vouillé, ✉ d'Ayron. Pop. 1,387 h.

FRUCHING, vg. *Moselle*, comm. de Kerling-les-Sierck, ✉ de Sierck.

FRUCOURT, vg. *Somme* (Picardie), arr. et à 15 k. d'Abbeville, cant. d'Hallencourt, ✉ d'Airaines. Pop. 368 h.

FRUDIS (vel PHRUDIS) **OSTIUM** (lat. 51°, long. 20°). « Ptolémée place cette embouchure de rivière entre l'embouchure de la Seine et le promontoire *Itium*. Ce nom n'est point connu d'ailleurs, de même que Ptolémée, en nommant l'Escaut *Tabuda*, diffère des auteurs qui ont fait mention de cette rivière sous son nom de *Scaldis*. Il n'est point équivoque que c'est la Somme que désigne Ptolémée. Je reconnais même le nom de *Frudis* dans celui de *Hourdel*, que porte une pointe de terre à l'entrée de la Somme, et contre laquelle la mer brise en montant. On trouve la lettre *F*, et la prononciation qui lui est propre, remplacée en plusieurs mots par un *h* : et le terme de *Hourd*, ou *Heurd*, qui, chez le peuple du pays de Galles et en basse Bretagne, signifie *choc* ou *agitation*, convient parfaitement au lieu où nous le trouvons employé. Mais le nom de *Frudis ostium* n'étant pas celui qui était propre et particulier à cette rivière, voyez l'article *Samara*. » D'Anville. *Notice de l'ancienne Gaule*, p. 335.

FRUGÈRES-LES-MINES, vg. *H.-Loire* (Auvergne), arr. et à 15 k. de Brioude, cant. d'Auzon, ✉ de Ste-Florine. Pop. 300 h.

FRUGES, petite ville, *Pas-de-Calais* (Artois), arr. et à 35 k. de Montreuil-sur-Mer, chef-l. de cant. Cure. Gîte d'étape. ✉. ⚜. A 212 k. de Paris pour la taxe des lettres. Pop. 2,932 h. — TERRAIN tertiaire moyen.

Elle est bâtie auprès d'une côte extrêmement rapide, et se compose de plusieurs rues qui aboutissent à une vaste place publique. On y trouve une source d'eau minérale. — *Fabriques* de draps, de bonneterie, de pipes de terre. Raffineries de sel, tanneries. — *Foires* les 26 avril et 25 oct.

FRUGIE. V. ST-PIERRE-DE-FRUGIE.

FRUGÈRES-LE-PIN, vg. *H.-Loire* (Auvergne), arr. et à 10 k. de Brioude, cant. et ✉ de Paulhaguet. Pop. 475 h.

FRULON, vg. *Indre*, comm. d'Orsennes, ✉ d'Aigurande.

FRUNCÉ, vg. *Eure-et-Loir* (Beauce), arr. et à 21 k. de Chartres, cant. et ✉ de Courville. Pop. 580 h.

FRUZE, *Vosges* (Lorraine), arr., ✉ et à 6 k. de Neufchâteau, cant. de Coussey. Pop. 158 h.

FRY, vg. *Seine-Inf.* (Normandie), arr. et à 26 k. de Neufchâtel-en-Bray, cant. et ✉ d'Argueil. Pop. 332 h.

FUANS, vg. *Doubs* (Franche-Comté), arr. et à 33 k. de Baume-les-Dames, cant. de Pierrefontaine, ✉ de Morteau. Pop. 451 h.

FUBLAINES, vg. *Seine-et-Marne* (Brie), arr., cant., ✉ et à 7 k. de Meaux. Pop. 415 h.

FUGAROLLES-D'ALBERT, vg. *Lot-et-Garonne*. V. FOUGAROLLES.

FUGERET, *Fugæretum*, vg. *B.-Alpes* (Provence), arr. et à 48 k. de Castellane, cant. et ✉ d'Annot. Pop. 610 h.

FUILLA, vg. *Pyrénées-Orientales* (Roussillon), arr., cant. et à 12 k. de Prades, ✉ de Villefranche-de-Conflent. Pop. 359 h.

FUILLET (le), vg. *Maine-et-Loire* (Anjou), arr., ✉ et à 17 k. de Beaupréau, cant. de Montrevault. Pop. 1,748 h.

FUISSÉ, vg. *Saône-et-Loire* (Bourgogne), arr., cant., ✉ et à 8 k. de Mâcon. Pop. 562 h.

FUJAREY, vg. *Isère*. comm. de Vaulnaveys-le-Haut, ✉ de Vizille.

FULAINES, vg. *Oise*, comm. de Mareuil-sur-Ourcq, ✉ de Betz.

FULGENT (St-), bg *Vendée* (Poitou), arr. et à 27 k. de Bourbon-Vendée, chef-l. de caut. Bureau d'enregistr. à Montaigu. Cure. ✉. A 406 k. de Paris pour la taxe des lettres. Pop. 1,822 h. — TERRAIN cristallisé ou primitif. — Les environs de ce bourg furent le théâtre d'un combat acharné entre les Vendéens et les républicains, le 22 septembre 1793. — *Foires* les 6 mai et 25 juin.

FULGENT-DES-ORMES (St-), vg. *Orne* (Perche), arr. et à 26 k. de Mortagne-sur-Huine, cant. et ✉ de Bellême. Pop. 786 h.

FULIGNY, vg. *Aube* (Champagne), arr. et à 14 k. de Bar-sur-Aube, cant. de Soulaines, ✉ de Ville-sur-Terre. Pop. 218 h.

FULLEREN, vg. *H.-Rhin* (Alsace), arr., ✉ et à 8 k. d'Altkirch, cant. d'Hirsingen. Pop. 509 h.

FULTOT, vg. *Seine-Inf.* (Normandie), arr. et à 17 k. d'Yvetot, cant. et ✉ de Doudeville. Pop. 674 h.

FULVY, vg. *Yonne* (Champagne), arr. et à 22 k. de Tonnerre, cant. et ✉ d'Ancy-le-Franc. Pop. 164 h.

FUMAY, petite ville, *Ardennes* (Champagne), arr. et à 17 k. de Rocroi, chef-l. de cant. Bureau d'enregistr. à Rocroi. Cure. ✉. ♡. A 230 k. de Paris pour la taxe des lettres. Pop. 2,903 h. — TERRAIN de transition supérieur.

Fumay n'était en 762 qu'une ferme de prieuré de Revin. On présume que l'établissement religieux de DIVERS-MONTS, dont l'existence remonte à une époque très-reculée, a beaucoup contribué à son accroissement. L'exploitation considérable des ardoisières, dont les premières furent découvertes par des moines, en 1100, dut aussi amener une augmentation de population en appelant un grand nombre d'ouvriers.

La situation de Fumay est on ne peut plus pittoresque. De la route royale qui côtoie une montagne rapide, on aperçoit la ville, bâtie sur la rive gauche de la Meuse, entre des montagnes presque à pic, couvertes de forêts, et hérissées en plusieurs endroits de rochers escarpés ; la rivière coule paisiblement au-dessous, dans un vallon resserré, au milieu d'une prairie bordée de peupliers ; du côté du nord, le paysage est animé par une foule d'ouvriers employés à l'exploitation des ardoisières ; d'énormes monceaux de débris qui forment eux-mêmes de hauts monticules, ajoutent encore à l'aspect pittoresque de la nature.

En 1740, on découvrit, en fouillant les ruines d'un ancien château, une tour qui contenait une grande quantité de blé parfaitement conservé. Il existe à Fumay, outre les ardoisières dont les produits sont d'excellente qualité, une verrerie et une fabrique de blanc de céruse. — *Foires* de 2 jours les 2 mai et 1er sept.

FUMECHON, vg. *Eure*, comm. de Radepont, ✉ de Fleury-sur-Andelle.

FUMECHON, vg. *Oise* (Picardie), arr. et à 22 k. de Clermont, cant. et ✉ de St-Just-en-Chaussée. Pop. 195 h.

FUMECHON, vg. (Grand et Petit-), vg. *Seine-Inf.*, comm. de St-Waast-du-Val, ✉ de Tôtes.

FUMEL, petite ville, *Lot-et-Garonne* (Languedoc), arr. et à 28 k. de Villeneuve-sur-Lot, chef-l. de cant. Cure. ✉. A 608 k. de Paris pour la taxe des lettres. Pop. 2,577 h. — TERRAIN tertiaire moyen.

Fumel est une ville ancienne, qui a joué un rôle important dans les troubles civils qui ont affligé l'Agénois. Rodrigue, partisan espagnol, s'en empara en 1439. Quelque temps après l'horrible massacre des protestants par les catholiques de Cahors, en 1561, les habitants de Fumel et des environs égorgèrent le seigneur de Fumel avec des circonstances atroces. Monlhuc, envoyé par la cour pour venger ce meurtre, s'empara de la ville, et procéda d'une manière prompte et terrible à la condamnation des coupables ; il fit tirer un cheval à quatre chevaux, rompre vifs ou pendre environ quarante habitants de Fumel ou des environs ; la ville fut démantelée, plusieurs de ses maisons rasées, le clocher de l'église abattu, et les habitants obligés de payer trois cent vingt mille livres. — *Foires* les 18 janv., 11 août, 13 déc., et 1er mardi de chaque mois.

FUMICHON, vg. *Calvados* (Normandie), arr., cant., ✉ et à 11 k. de Lisieux. Pop. 432 h.

FUMOUX (les), vg. *Puy-de-Dôme*, comm. de Luzillat, ✉ de Maringues.

FUNQUERAUX (le), vg. *Nord*, comm. et ✉ d'Armentières.

FURCHHAUSEN, vg. *B.-Rhin* (Alsace), arr., cant., ✉ et à 6 k. de Saverne. Pop. 283 h.

FURDENHEIM, ou FIRNEN, vg. *B.-Rhin* (Alsace), arr. et à 19 k. de Strasbourg, cant. et ✉ de Truchtersheim. Pop. 601 h.

FURE, *Isère*, comm. et ✉ de Tullins.

FURENS, petite rivière du dép. de la *Loire* (Forez) ; elle passe à St-Etienne, où elle fait mouvoir une quantité considérable d'établissements d'industrie.

FURIANI, vg. *Corse*, arr., ✉ et à 7 k. de Bastia, cant. de Gorgo. Pop. 373 h. — Il est bâti dans une situation pittoresque, au bord de la mer. C'est une position militaire importante, qui fut le théâtre d'une victoire de Giafferi, premier fait d'armes de la guerre de l'indépendance.

FURMEYER, vg. *H.-Alpes* (Dauphiné), arr. et à 23 k. de Gap, cant. et ✉ de Veynes. Pop. 240 h.

FURNES (canal de Bergues à). V. BERGUES.

FURNES (canal de Dunkerque à). V. DUNKERQUE.

FUSCIEN (St-), vg. *Somme* (Picardie), arr., ✉ et à 8 k. d'Amiens, cant. de Sains. Pop. 669 h.

FUSILLY, vg. *Nièvre*, comm. d'Achun, ✉ de Châtillon-en-Bazois.

FUSSEY, *Fuxeium, Fussiacum*, vg. *Côte-d'Or* (Bourgogne), arr. et à 22 k. de Beaune, cant. et ✉ de Nuits. Pop. 224 h.

FUSSY, *Cher* (Berry), arr., ✉ et à 8 k. de Bourges, cant. de St-Martin-d'Auxigny. Pop. 442 h.

FUSTEROUAU, vg. *Gers* (Armagnac), arr. et à 40 k. de Mirande, cant. d'Aignan, ✉ de Riscle. Pop. 315 h.

FUSTIGNAC, vg. *H.-Garonne* (Languedoc), arr. et à 36 k. de Muret, cant. du Fousseret, ✉ de Martres. Pop. 229 h.

FUTEAU, vg. *Meuse* (pays Messin), arr. et à 32 k. de Verdun-sur-Meuse, cant. et ✉ de Clermont-en-Argonne. Pop. 933 h. — Verrerie à bouteilles (à la contrôlerie).

FUTELAYE (la), vg. *Eure* (Normandie), arr. et à 22 k. d'Evreux, cant. et ✉ de St-André. Pop. 120 h.

FUVEAU, vg. *Bouches-du-Rhône* (Provence), arr., ✉ et à 13 k. d'Aix, cant. de Trets. Pop. 2,100 h. — *Fabrique* de potasse et de soude factice. — *Foire* le 11 sept.

FYÉ, bg *Sarthe* (Maine), arr. à 25 k. de Mamers, cant. de St-Pater, ✉ de Fresnay-sur-Sarthe. Pop. 1,911 h.

FYÉ, vg. *Yonne* (Champagne), arr. et à 10 k. d'Auxerre, cant. et ✉ de Chablis. Pop. 172 h.

G

GAAS, vg. *Landes* (Gascogne), arr., ✉ et à 13 k. de Dax, cant. de Pouillon. Pop. 609 h.

GABACHOUS, vg. *Ariége*, comm. de Freichenet, ✉ de Foix.

GABACHOUX, vg. *Tarn-et-Garonne*, comm. de Bourret, ✉ de Montech.

GABALI (lat. 45°, long. 22°). « C'est ainsi qu'on lit dans César, et qu'on doit écrire d'après Ptolémée, *Gabales* selon Strabon, auquel Pline est conforme. Cette diversité de terminaison par un changement de déclinaison est commune à plusieurs dénominations. Les *Gabali* étaient, ainsi que leurs voisins les *Vellavi*, dans la dépendance des *Arverni* du temps de César ; *sub imperio Arvernorum esse consueverant* : et quoique affranchis depuis longtemps de cette domination, et que le Gévaudan ou le diocèse de Mende et le Vellaï soient actuellement unis au gouvernement de Languedoc, il est à remarquer que ces cantons sont réputés Auvergne par quelques-uns de nos auteurs. César (*Comment.*, vii) le veut ainsi quand il dit que les *Helvii*, ou ceux du Vivarez, *fines Arvernorum contingunt*, et que le mont *Cebenna*, *Arvernos ab Helviis excludit*; et que les *Arverni* croyaient l'entrée de leur pays défendue par cette montagne ; *Cebenna, ut muro, se munitos existimabant.* » D'Anville. *Notice de l'ancienne Gaule*, p. 335. V. aussi Walckenaer. *Géographie des Gaules*, part. II, chap. II, p. 346. — Cayx, *Mémoire de la soc. des antiq. de France*, t. VII, p. 106-111. — Walckenaer. *Mém. de l'acad. des inscript.*, t. V.

GABANELLE, vg. *Dordogne*, comm. de Bergerac et St-Laurent-des-Vignes, ✉ de Bergerac.

GABARNAC, vg. *Gironde* (Guienne), arr. et à 36 k. de Bordeaux, cant. et ✉ de Cadillac. Pop. 415 h.

GABARRET, *Gavarretum*, petite ville, *Landes* (Gascogne), arr. et à 46 k. de Mont-de-Marsan, chef-l. de cant. Bur. d'enregistr. à Roquefort. Cure. ✉. A 692 k. de Paris pour la taxe des lettres. Pop. 886 h. — Terrain tertiaire supérieur. — Elle est située à l'extrémité orientale du département des Landes, près des confins de ceux du Gers et de Lot-et-Garonne. — Pépinière communale. — *Foires* le mercredi de la 1re semaine de fév., d'avril, de mai et de la 3e semaine de juillet.

GABAS, h. *B.-Pyrénées*, comm. et ✉ de Laruns. — Ce hameau est situé dans une vallée agreste, sur les échelons du pic du midi de Pau ou d'Ossau. C'est ordinairement de Gabas que partent les voyageurs qui se proposent d'escalader le pic du midi d'Ossau.

L'ascension de ce pic est, durant une partie de son cours, fort pénible, car il faut s'aider des mains comme des pieds. On gravit sur le rocher nu ; c'est la pente la plus roide et la plus longue des Pyrénées. Les spartilles ou souliers de cordes sont indispensables ; mais à leur défaut des bas de laine peuvent les suppléer. On monte d'abord sur un rocher un peu incliné et large d'environ 2 m. qu'on trouve à droite au pied du pic ; après avoir fait quelques pas, se présente, entre d'autres rochers, un passage un peu escarpé, mais où l'on gravit facilement, parce qu'il y a des fentes et des saillies, auxquelles il est aisé d'accrocher les mains et de placer les pieds. Cette première difficulté vaincue encourage, et bientôt l'aisance avec laquelle on franchit les autres passages fait qu'on est étonné de ne pas trouver de plus grands obstacles. Après avoir grimpé pendant près d'une heure et demie sur des quartiers de roches, tantôt à pic, tantôt faiblement inclinés, mais toujours avec une certaine facilité, quelquefois même en marchant sur un gazon formé d'une espèce de petits joncs, on parvient presque aux trois quarts du pic, qui prend alors la forme d'un toit écrasé, hérissé de débris de rochers faciles à escalader. Du côté de l'est se présente un rocher isolé de médiocre étendue, qui a la forme d'un pain de sucre et plus d'élévation que le reste de la masse ; c'est le seul endroit qui soit véritablement dangereux, parce qu'il est très-escarpé, et que l'immense précipice qui s'ouvre au-dessous est capable de causer de la frayeur ; il faut, pour en atteindre la cime, descendre quelques pas, et puis gravir de front. L'espace au sommet est si étroit, que, si la tête n'est point faite aux aspects des montagnes, la vue du précipice circulaire, qui environne le voyageur est capable de donner des vertiges. Du côté de l'ouest la montagne plonge perpendiculairement sur le vallon de Bious, et la surface est hérissée de mille pointes de bancs brisés du granit ; c'est le plus effroyable précipice qui puisse frapper les yeux. Vers le sud-ouest est la seconde cime, qui se lie à la principale par un isthme inaccessible. Toutes deux sont vues de France, et donnent à la montagne cette apparence fourchue, qui la rendrait si reconnaissable, quand même sa hauteur ne l'isolerait pas de toutes celles de cette partie de la chaîne.

Le pic du midi d'Ossau s'élève au milieu d'une vaste enceinte de montagnes, qui offrent un vaste cirque de fronts chauves et tristes : les forêts de sapins ne montent qu'à moitié de sa hauteur ; au-dessus sont des pâturages. Du sommet de ce pic, la vue se repose avec plaisir sur les riantes cultures des vallées d'Aspe et d'Ossau ; elle s'étend jusqu'au pic du midi de Bigorre, si reconnaissable à sa forme de coupole ; Vignemale apparaît avec son imposante et perpendiculaire masse ; le Marboré et le Mont-Perdu se montrent avec les éternels glaciers qui les parent. Plus loin encore, à l'extrémité de l'horizon, on reconnaît la Maladetta. Au sud se dessine au loin le sol montueux de l'Espagne. — Il faut de quatre heures et demie à cinq heures pour gravir le pic du midi de Pau, que l'on peut descendre en moins d'une heure et demie.

On a découvert en 1841, aux environs de Gabas, une carrière de marbre blanc de la plus grande beauté : le grain en est fin ; il est facile à travailler ; mis en œuvre, il est du plus bel effet.

GABAS (le), gave ou rivière qui prend sa source dans les landes d'Ossun (H.-Pyrénées) ; elle passe à Gabas, Bretagne, Pimbo, près de St-Sever, et se jette dans l'Adour, à 4 k. au-dessous de cette dernière ville, après un cours d'environ 48 kil.

GABASTON, vg. *B.-Pyrénées* (Béarn), arr. et à 15 k. de Pau, cant. et ✉ de Morlaas. Pop. 682 h.

GABAT, vg. *B.-Pyrénées* (Navarre), arr. de Mauléon, cant., ✉ et à 6 k. de St-Palais. Pop. 384 h.

GABETS (les), vg. *Nièvre*, comm. de Nolay, ✉ de Prémery.

GABIAN, *Gabianum*, vg. *Hérault* (Languedoc), arr. à 24 k. de Béziers, cant. de Roujan, ✉ de Pézenas. Pop. 1,023 h. — Il est situé sur la rivière de Tongue, dans un pays agréable et fertile. — Cette commune possède une source d'eau minérale froide qui porte le nom de fontaine de santé, et une source d'huile de pétrole, située à 1,000 m. au sud du village. Le pétrole est reçu dans un bassin où tombent les eaux de trois aqueducs intérieurs ; une ouverture pratiquée à la partie inférieure du bassin permet à l'eau de s'échapper sans entraîner l'huile qui surnage : elle est d'un rouge brun, d'une odeur forte et désagréable.

On remarque à Gabian les restes d'un bassin creusé par les Romains, où étaient réunies les eaux d'une fontaine voisine qu'un aqueduc de plus de 20 k. de long conduisait à Béziers. On voit aussi, sur la route de Roujan, l'église et les bâtiments de l'abbaye de Cassan, fondée en 1115, où quatre Génovéfains se partageaient, avant la première révolution, 50,000 liv. de rente, et menaient joyeuse vie. C'est un immense édifice, bâti dans un site très-heureux, avec une église surmontée d'un clocher formé de deux cylindres superposés. — *Fabrique* d'eau-de-vie. — *Fours* à plâtre. — *Foires* les 15 août et 12 sept.

Bibliographie. André. *Discours sur la propriété d'un suc huileux découvert près de Gabian*, in-8, 1605, 1609.

Bouillet. *Mémoire sur l'huile de pétrole et particulièrement sur celle de Gabian*, in-12, 1752.

Rivière. *Mémoire sur la fontaine de l'huile de pétrole de Gabian*, in-4, 1766.

— *Notice sur l'eau de la fontaine de Gabian* (Hist. de la soc. royale des sciences de Montpellier, t. I, p. 129).

GABILLOU, vg. *Dordogne* (Périgord), arr. et à 30 k. de Périgueux, cant. de Thenon, ✉ d'Azerac. Pop. 392 h.

GABLIERS (les), vg. *Allier*, comm. de Tronget, ✉ de Montet.

GABRE, vg. *Ariége* (Languedoc), arr. à 16 k. de Pamiers, cant. et ✉ du Mas-d'Azil. Pop. 676 h.

GABRIAC, vg. *Aveyron* (Rouergue), arr., cant., ✉ et à 8 k. d'Espalion. Pop. 1,332 h. — *Foires* les 3mes lundis après Pâques et 18 nov.

GABRIAC, vg. *Lozère* (Languedoc), arr. et à 28 k. de Florac, cant. de Barre, ✉ de Pompidou. Pop. 410 h.

GABRIAC, vg. *Tarn*, comm. de Cadalen, ✉ de Gaillac.

GABRIAS, vg. *Lozère* (Languedoc), arr., cant., ✉ et à 9 k. de Marvejols. Pop. 449 h.

GABRIEL (St-), vg. *Bouches-du-Rhône*, comm. et ✉ de Tarascon-sur-Rhône.

La position d'*Ernagium* à St-Gabriel est démontrée par les mesures des Itinéraires de la route qui conduit d'*Apta Julia*, Apt, à

Arelatense, Arles,' et les mesures sont confirmées par une inscription qu'on y a trouvée, sur laquelle on lit le nom d'*Ernaginenses*. *Ernagium* est aussi évidemment le *locus Arnoginensis* mentionné dans la vie de saint Césaire.

L'église paroissiale de St-Gabriel est un joli monument du XIIe siècle. La façade est en avant-corps et percée d'une grande arcade dans laquelle est ouverte la porte; au-dessus d'une corniche de bon goût s'élève en retraite un fronton, dont le centre est percé d'un œil-de-bœuf, autour duquel sont sculptés les quatre animaux de l'Apocalypse. La porte est surmontée d'un fronton très-aigu dans l'intérieur duquel est un bas-relief; les figures sont d'un travail soigné, et répondent à l'élégance de l'architecture de ce joli monument.

GABRIEL (St-), vg. *Calvados* (Normandie), arr. et à 22 k. de Caen, cant. et ⊠ de Creully. Pop. 403 h.

GABROTTE (la), vg. *Vosges*, comm. de Bellefontaine, ⊠ de Plombières.

GABRIS (lat. 48°, long. 20°). « Ce nom est placé dans la Table théodosienne, sur une route qui conduit de *Cæsarodunum* ou Tours à *Avaricum*, Bourges. Ne doutant point que ce lieu ne soit Chabris, situé au passage du Cher, et dont le nom est *Carobriæ* dans le livre des miracles de saint Austregesile, *Carbriæ* dans des lettres que rapporte Helgaud, moine de Fleuri : on peut regarder la dénomination de *Gabris* comme une de celles qui sont altérées dans la Table. Je l'aurais donc employée plus correcte, sans la crainte de dépayser en quelque manière ceux qui pourraient vouloir suivre sur la carte les routes de la Table. Le nom de *Caro-Bria* signifie les ponts du Cher, de même que le nom de Salbris, qui n'est pas éloigné de Chabris, signifie *Saleræ pontes*, les ponts de Saudre. On peut s'autoriser de l'opinion de M. de Valois (p. 129) : *Bria enim*, dit-il, *vel Briva, pontem significat. Sunt itaque Carobriæ, pontes ad Carum*. Mais ce qui a échappé à la recherche de ce savant, et fait reconnaître que le Gabris de la Table est le même lieu que *Carobriæ*; *Gabris et Alerca*, entre lesquels il remarque qu'*Avaricum* est placé dans la Table, lui paraissent des lieux dont on ignore la position (p. 185), *loca nunc incognita*. L'indication de XXIIII entre *Gabris* et *Avaricum* dans la Table ne remplit pas ce qu'il y a d'intervalle entre *Chabris* et Bourges, lequel s'estime de 30 à 31,000 toises, d'où il résulte qu'il convient de lire XXVII au lieu de XXIIII, parce que le calcul des 27 lieues gauloises est de 30,618 toises. On a quelques indices que cette route de Tours à Bourges était croisée à Chabris par une pareille voie, qui conduisait d'Orléans à Poitiers, mais dont la Table non plus que l'*Itinéraire d'Antonin* ne font point mention. » D'Anville. *Notice de l'ancienne Gaule*, p. 336.

GACÉ, *Waccium*, *Guaccium*, petite ville, *Orne* (Normandie), arr. et à 25 k. d'Argentan, chef-l. de cant. Cure. Gîte d'étape. ⊠. ⚘. A 182 k. de Paris pour la taxe des lettres. Pop. 1,588 h. — TERRAIN tertiaire moyen.

Cette ville était autrefois assez importante. On y voit les ruines d'un vieux château qui appartint dans l'origine à Raoul, seigneur de Gacé, connétable de Normandie, et où naquit le maréchal de Matignon. — *Fabriques* de toiles cretonnes. Blanchisseries de toiles. Tanneries. — *Commerce* de chevaux et bestiaux. Grand commerce de fil de lin. — *Foires* les 2e samedi de fév., 3e samedi de mars, de mai, 4e samedi de juin, de juillet, et 2e samedi de sept.

GACHAS, vg. *Loire*, comm. d'Apinac, ⊠ de St-Bonnet-le-Château.

GACILLY (la), petite ville, *Morbihan* (Bretagne), arr. et à 60 k. de Vannes, chef-l. de cant. ⊠. A 406 k. de Paris pour la taxe des lettres. Pop. 1,402 h. Sur la rive droite de l'Aff. — *Fabriques* de chapeaux. Tanneries. — *Foires* les 16 juin, 24 août, 12 nov., 31 déc., samedi gras, de la mi-carême, veille de Quasimodo, samedi après le 25 juillet, après le 29 sept., et 2e samedi de mai, juillet, sept. et oct.

GACOGNE, vg. *Nièvre* (Nivernais), arr. et à 40 k. de Clamecy, cant. de Corbigny, ⊠ de Lormes. Pop. 1,131 h.

GADANCOURT, vg. *Seine-et-Oise* (Beauce), arr. et à 25 k. de Pontoise, cant. de Marines, ⊠ de Magny. Pop. 124 h.

GADELIÈRE (la), vg. *Eure-et-Loir* (Beauce), arr. et à 30 k. de Dreux, cant. et ⊠ de Brezolles. Pop. 206 h.

GADENCOURT, vg. *Eure* (Vexin), arr. et à 25 k. d'Évreux, cant. et ⊠ de Pacy-sur-Eure. Pop. 270 h.

GAEL, vg. *Ille-et-Vilaine* (Bretagne), arr. et à 26 k. de Montfort-sur-Meu, cant. et ⊠ de St-Méen. Pop. 2,225 h. — On y voyait autrefois une célèbre abbaye de bénédictins fondée vers le milieu du VIe siècle. — Le curé de cette paroisse est en possession de bénir l'eau à laquelle les paysans crédules attribuent la propriété de guérir de la rage, comme les rois de France guérissaient les écrouelles.

PATRIE de HUET DE COETLIZAN, auteur d'une bonne statistique du département de la Loire-Inférieure.

Commerce de bestiaux. — *Foires* les 22 août et 18 oct.

GAGEAC, vg. *Dordogne* (Périgord), arr., ⊠ et à 16 k. de Bergerac, cant. de Sigoulès. Pop. 750 h.

GAGES, vg. *Aveyron*, comm. de Montrozier, ⊠ de Laissac.

GAGNAC, vg. *Aveyron*, comm. de Gaillac, ⊠ de Laissac.

GAGNAC, vg. *H.-Garonne* (Languedoc), arr., cant. et à 13 k. de Toulouse, ⊠ de St-Jory. Pop. 436 h.

GAGNAC, vg. *Lot* (Quercy), arr. à 51 k. de Figeac, cant. et ⊠ de Bretenoux. Pop. 1,611 h. — *Foires* les 2 janv. et 19 août.

GAGNY, *Gariniacum*, vg. *Seine-et-Oise* (Ile-de-France), arr. et à 40 k. de Pontoise, cant. de Gonesse, ⊠ de Neuilly-sur-Marne. Pop. 948 h. — Il est situé dans une vallée resserrée, près de la forêt de Bondy. L'église paroissiale, remarquable par son extrême solidité, paraît être un édifice du XIIIe siècle; l'intérieur en est fort orné. — Raffinerie de sucre. — *Foire* de 2 jours le jour de la Pentecôte.

GAHARD, vg. *Ille-et-Vilaine* (Bretagne), arr. et à 26 k. de Rennes, cant. et ⊠ de St-Aubin-d'Aubigné. Pop. 1,424 h. — On y remarque un ancien château bâti par Landais, favori et trésorier de François II, duc de Bretagne, exécuté à Nantes en 1485.

GAHARDOU, vg. *H.-Pyrénées*, comm. d'Ossès, ⊠ de St-Jean-Pied-de-Port.

GAHAUDEL, vg. *Vosges*, comm. d'Anould, ⊠ de Corcieux.

GAILHAN, vg. *Gard* (Languedoc), arr. et à 51 k. du Vigan, cant. et ⊠ de Quissac. Pop. 186 h.

GAILLAC, vg. *Aveyron* (Rouergue), arr. et à 42 k. de Millau, cant. et ⊠ de Laissac. Pop. 1,102 h. — *Foires* les 25 juin, 1er sept, et 29 déc.

GAILLAC, *Galliacum*, ville ancienne, *Tarn* (Languedoc), chef-l. de sous-préf. (1er arr.) et d'un cant. Trib. de 1re inst. Soc. d'agr. Collège communal. Cure. Gîte d'étape. ⊠. ⚘. Pop. 8,131 h. — TERRAIN tertiaire moyen.

Autrefois diocèse et recette d'Alby, parlement et généralité de Toulouse, collégiale, abbaye et prieuré ordre de St-Benoît, couvent de capucins.

Cette ville existait avant le VIIIe siècle, mais elle doit son importance au monastère de St-Michel, qui dépendait de l'abbaye de Figeac au commencement du Xe siècle, et qui devint aussi une abbaye indépendante, autour de laquelle se forma insensiblement une ville considérable et populeuse, qui fut souvent prise et reprise dans les guerres civiles et religieuses. Vers la fin du XVe siècle, Gaillac était déjà le siège de la judicature royale du pays d'Albigeois. Louis XI, encore dauphin, y tint les états du Languedoc.

Les armes de Gaillac sont : *d'azur à un coq d'argent crêté et membré d'or, et trois fleurs de lis d'or en chef*.

La ville de Gaillac est bâtie partie dans un fond et partie dans une belle et fertile plaine, sur la rive droite du Tarn. Elle est en général assez mal percée et entourée de faubourgs : celui où l'on arrive du côté d'Albi est vaste, bien aligné et dans une situation charmante; il aboutit à une grande place qui laisse apercevoir la partie la plus élevée de la cité, ainsi qu'un petit jardin qui la décore du nord au sud.

Le territoire de cette ville produit en abondance des vins spiritueux, foncés en couleur, et qui peuvent supporter les plus longues traversées maritimes sans altération. Ces vins sont embarqués sur le Tarn, conduits à Bordeaux, et donnent lieu à un commerce considérable.

Biographie. Patrie de dom VAISSETTE, bénédictin de la congrégation de St-Maur, auteur de l'*Histoire générale du Languedoc*.

Du célèbre médecin baron ANT. PORTAL.

Du docteur en médecine J.-M. CAILLEAU.

INDUSTRIE. *Fabriques* de futailles, chapellerie, ouvrages au tour. Distillerie d'eau-de-vie.

Teintureries. Tanneries. Construction de bateaux. — *Commerce* de vins, eau-de-vie, grains, fruits, anis vert, coriandre, genièvre, produits du jardinage, etc. — *Foires* les 6 janv., 19 mars, 1ᵉʳ mai, 20 juin, 11 août, 29 sept. et 12 déc.

A 22 k. d'Albi, 707 k. S. de Paris.

L'arrondissement de Gaillac renferme 8 cantons : Cadalen, Cordes, Gaillac, Lisle, Montmirail, Rabastens, Salvagnac, Vaour.

GAILLAC, vg. *Tarn-et-Garonne*, comm. de St-Paul-Despis, ✉ de Moissac.

GAILLAC-TOULZA, bg *H.-Garonne* (Languedoc), arr. et à 29 k. de Muret, cant. de Cintegabelle, ✉ d'Auterive. Pop. 1,914 h. — *Foires* les 20 mars, 10 mai et 4 août.

GAILLAGOS, vg. *H.-Pyrénées* (Bigorre), arr., ✉ et à 21 k. d'Argelès, cant. d'Aucun. Pop. 421 h.

GAILLAN, vg. *Gironde* (Guienne), arr., cant., ✉ et à 3 k. de Lesparre. Pop. 2,429 h. — *Foire* le 30 juin.

GAILLARBOIS, *Gaillardus in bosco*, vg. *Eure* (Normandie), arr. et à 13 k. des Andelys, cant. et ✉ de Fleury-sur-Andelle. Pop. 305 h.

Le nom de Bremulle, ferme qui dépend de Gaillarbois, s'appliquait, dans le XIIᵉ siècle, à toute la plaine qui s'étend au bas de la montagne de Vérclives. C'est au milieu de cette plaine qu'en 1119 Louis le Gros et Henri Iᵉʳ d'Angleterre livrèrent la bataille ordinairement désignée dans les historiens sous le nom de Brenneville. Louis le Gros s'avançait avec 400 chevaux vers le château de Noyon-sur-Andelle, aujourd'hui Charleval, lorsque Henri, qui s'y trouvait, ayant appris son approche, vint avec 500 chevaux à sa rencontre. Après un combat auquel les deux rois se mêlèrent comme de simples soldats, nombre des chevaliers de Louis le Gros furent faits prisonniers, et lui-même, ayant failli être pris, eut beaucoup de peine à se réfugier aux Andelys.

GAILLARD-TOURNIER, vg. *H.-Garonne*, comm. de Grépiac, ✉ d'Auterive.

GAILLARDE (la), vg. *Seine-Inf.* (Normandie), arr. et à 27 k. d'Yvetot, cant. de Fontaine-le-Dun, ✉ de Bourg-Dun. Pop. 987 h.

GAILLARDON, vg. *Gironde*, comm. et ✉ de Cadillac.

GAILLEFONTAINE, *Gosleni Fons, Goislevi*, bg *Seine-Inf.* (Normandie), arr. et à 16 k. de Neufchâtel-en-Bray, cant. de Forges. ☞. A 117 k. de Paris pour la taxe des lettres. Pop. 1,662 h.

C'était autrefois une forteresse, bâtie vers 1050, qui commandait toute la campagne, et dont les tertres de gazon et des broussailles stériles occupent aujourd'hui l'emplacement.

Commerce de beurre salé, toiles, tissus de coton, bonneterie, etc. — *Foires* le lundi avant 25 avril ou ce même jour si c'est un lundi, 25 juillet et 18 oct. — Marchés importants pour la vente des denrées et des bestiaux le 2ᵉ lundi de chaque mois.

GAILLÈRES, vg. *Landes* (Gascogne), arr., cant., ✉ et à 13 k. de Mont-de-Marsan. Pop. 370 h.

GAILLOCHONNIÈRE, vg. *Deux-Sèvres*, comm. des Alleuds, ✉ de Sauzé.

GAILLON, *Castilliolum Gaallonium, Gallio Castrum*, bg *Eure* (Normandie), arr. et à 15 k. de Louviers, chef-l. de cant. Cure, ☞. ✉. A 96 k. de Paris pour la taxe des lettres. Station du chemin de fer de Paris à Rouen. Pop. 2,596 h. — TERRAIN tertiaire moyen.

Le château de Gaillon existait sous les plus anciens ducs de Normandie. En 1204, Philippe Auguste le donna à un nommé Cadoc, qui fit bâtir près de son enceinte une chapelle où il plaça des chanoines. Saint Louis, en étant redevenu possesseur, le céda, en 1262, à Eudes Rigault, archevêque de Rouen, qui y fit bâtir une forteresse, que les Anglais prirent et minèrent en 1424. — En 1515, le cardinal Georges d'Amboise, premier ministre de Louis XII, la remplaça par un château magnifique auquel il consacra les deniers payés par les Génois en expiation de leur révolte, et qui lui avaient été accordés par Louis XII. Les architectes Jean Jocondé et Androuet du Cerceau, et le sculpteur Jean Juste de Tours, réunirent dans ce monument les chefs-d'œuvre de l'art de la renaissance à son origine, mêlés aux dernières traditions du style ogival. Cette construction première se composait de deux cours faisant suite l'une à l'autre et ornées de bustes, de bas-reliefs, de colonnades et d'une admirable fontaine, présent de la république de Venise. Une vaste galerie de soixante-dix arcades y fut ajoutée à la fin du XVIᵉ siècle; ayant été détruite par le feu, elle fut rebâtie en 1703, et ornée des portraits des archevêques. Rien n'égalait surtout la délicatesse des arabesques et la richesse des médaillons qui couvraient les murs. La chapelle était portée sur des colonnes de jaspe, autour desquelles étaient rangées de belles statues d'albâtre. Vers le même temps, on augmenta le palais d'une troisième cour et d'une orangerie. Du haut de ces constructions se découvre la vallée de la Seine sur une longueur de 16 k., magnifique point de vue qui se termine par Andelys et le Château-Gaillard. — Charles IX, Henri III, Louis XIV et Louis XVI vinrent visiter cette somptueuse demeure. Henri IV y résida quelques jours en 1596. Franklin, en 1785, passant pour retourner en Amérique, y fut invité par l'archevêque. — Il y eut dans le XVIIᵉ siècle une imprimerie d'où sortit, en 1644, un recueil intitulé : *Le Mercure de Gaillon*.

Le château de Gaillon fut vendu à l'époque de la première révolution et démoli en grande partie par les acquéreurs. Un décret du 3 janvier 1812 y a établi pour les condamnés des départements de l'Eure, d'Eure-et-Loir, de la Seine-Inférieure, de l'Orne et de la Somme, une maison centrale de détention renfermant 1,200 détenus, qu'on y occupe à un grand nombre d'industries diverses. D'immenses travaux ont modifié entièrement l'édifice. Les seules parties conservées sur place sont : le porche d'entrée construit par Georges d'Amboise, flanqué de quatre jolies tours et revêtu d'inscriptions et de bas-reliefs ; le beffroi de l'horloge et une tour de la chapelle qui sont de la même époque ;

la grande galerie de beaucoup postérieure ; enfin un souterrain profond connu sous le nom d'Oubliettes. Un portique admirable, qui séparait la première cour de la deuxième, a été transporté pierre à pierre et remonté dans la cour du palais des Beaux-Arts dont il est le plus bel ornement. La vasque admirablement sculptée qui se voit encore dans cette même cour, la jolie fontaine de la place publique de Mantes, et la belle statue de saint Georges, au Louvre, sont autant d'objets d'ornement du château de Gaillon.

Fabriques de tapis, rouenneries, ouvrages en paille, etc. Filature de coton. — *Foires* les vendredi saint et 5 oct. — Marchés les dimanche et mardi.

Bibliographie. GUILMETH (A.). *Notice historique sur la ville d'Evreux, le bourg de Gaillon*, etc., in-8, 1833.

GAILLON, vg. *Eure*, comm. de Bémécourt, ✉ de Breteuil.

GAILLON, vg. *Seine-et-Oise* (Beauce), arr. et à 39 k. de Versailles, cant. et ✉ de Meulan. Pop. 294 h. — Il est bâti dans une charmante situation, près du ruisseau de Moutiens. On y voit un château remarquable par son site agreste et ses points de vue pittoresques.

GAILLONCEL, vg. *Eure*, comm. et ✉ de Gaillon.

GAINNEVILLE, vg. *Seine-Inf.* (Normandie), arr. et à 13 k. du Havre, cant. de Montivilliers, ✉ d'Harfleur. Pop. 626 h.

GAISSANES, vg. *Tarn-et-Garonne*, comm. de St-Arroumex, ✉ de St-Nicolas-de-la-Grave.

GAIX, vg. *Tarn*, comm. de Valdurenque, ✉ de Castres.

GAJAC, vg. *Gironde* (Bazadois), arr., cant., ✉ et à 7 k. de Bazas. Pop. 752 h.

GAJA-LA-SELVE, vg. *Aude* (Languedoc), arr. à 23 k. de Castelnaudary, cant. de Fanjeaux, ✉ de Villasavary. Pop. 538 h.

GAJA-VILLEDIEU, vg. *Aude* (Languedoc), arr., cant., ✉ et à 8 k. de Limoux. Pop. 238 h. Sur l'Aude. — Le beau domaine de VILLEMARTIN, situé sur une hauteur couronnée de bois, est une dépendance de cette commune.

GAJAN, vg. *Ariège* (Languedoc), arr. et à 5 k. de St-Girons, cant. et ✉ de St-Lizier. Pop. 602 h.

GAJAN, vg. *Gard* (Languedoc), arr., ✉ et à 16 k. de Nîmes, cant. de St-Mamert. Pop. 450 h.

GAJOUBERT, vg. *H.-Vienne* (Limousin), arr. et à 19 k. de Bellac, cant. et ✉ de Mézières. Pop. 427 h.

GAL (le), vg. *Loire*, comm. de Jean-Saignière, ✉ de Boen.

GAL (St-), vg. *Cantal*, comm. de Valvès, ✉ de Ruines.

GAL (St-), vg. *Lozère* (Languedoc), arr. et à 23 k. de Mende, cant. de St-Amans-Serverette. Pop. 217 h.

GAL (St-), vg. *Puy-de-Dôme* (Auvergne), arr. et à 30 k. de Riom, cant. et ✉ de Menat. Pop. 684 h.

GALAMBRUN, vg. *H.-Garonne*, comm. de Launac, ✉ de Grenade-sur-Garonne.

GALAMETZ, vg. *Pas-de-Calais* (Artois), arr. et à 15 k. de St-Pol-sur-Ternoise, cant. du Parcq, ✉ de Hesdin. Pop. 243 h.

GALAN, petite ville, *H.-Pyrénées* (Bigorre), arr. et à 34 k. de Tarbes, chef-l. de cant. Cure. Bureau d'enregist. et ✉ de Trie. Pop. 1,332 h. — TERRAIN tertiaire supérieur, alluvions anciennes.

Cette ville est située sur la Baisse-d'Avant. L'église paroissiale, entourée d'une belle esplanade, remonte aux premiers temps de la féodalité, et paraît avoir été originairement une espèce de château ou de forteresse.

Les armes de Galan sont : *d'or à 3 fleurs de lis d'azur*, 2 et 1.

Foires le 1er jeudi de carême, le dernier jeudi de mai, le jeudi avant le 24 août et après Noël.

GALANCHONS, vg. *Ain*, comm. et ✉ de Châtillon-de-Michaille.

GALAPIAN, vg. *Lot-et-Garonne* (Agénois), arr. et à 29 k. d'Agen, cant. de Port-Ste-Marie, ✉ d'Aiguillon. Pop. 628 h. — *Foires* les 27 janv., mars, mai, juillet, sept. et nov.

GALAURE, vg. *Drôme*, comm. de Marsas, ✉ de Tain.

GALAURE (la), petite rivière qui prend sa source près de Roybon, arr. de St-Marcellin, *Isère*; elle passe à Roybon, Hauterive, Châteauneuf-de-Galaure et St-Vallier, où elle se jette dans le Rhône, après un cours d'environ 40 k.

GALÉRIA, vg. *Corse*, comm. et ✉ de Calvi.

GALESSIES, vg. *Lot*, comm. d'Arcambal, ✉ de Cahors.

GALEVÈSE, ou BRIE POUILLEUSE, petite contrée qui faisait autrefois partie de la Brie Champenoise et dont Château-Thierry était le chef-lieu. Elle est comprise aujourd'hui dans le département de l'Aisne.

GALEY, vg. *Ariége* (Comminges), arr. et à 14 k. de St-Girons, cant. et ✉ de Castillon. Pop. 750 h.

GALEZ, vg. *H.-Pyrénées* (Bigorre), arr. et à 33 k. de Tarbes, cant. de Galan, ✉ de Lannemezan. Pop. 374 h.

GALFINGEN, vg. *H.-Rhin* (Alsace), arr. et à 12 k. d'Altkirch, cant. et ✉ de Mulhausen. Pop. 731 h.

GALGAN, vg. *Aveyron* (Rouergue), arr. et à 20 k. de Villefranche-de-Rouergue, cant. et ✉ de Montbazens. Pop. 1,338 h. — *Foire* le 29 juin.

GALGON, vg. *Gironde* (Guienne), arr., ✉ et à 11 k. de Libourne, cant. de Fronsac. Pop. 1,465 h. — *Foires* le 1er lundi de chaque mois.

GALIAX, vg. *Gers* (Armagnac), arr. et à 36 k. de Mirande, cant. et ✉ de Plaisance. Pop. 322 h.

GALIÉ, vg. *H.-Garonne* (Comminges), arr. et à 21 k. de St-Gaudens, cant. et ✉ de St-Bertrand. Pop. 412 h.

GALIGNAC, vg. *Dordogne*, comm. de Tamniès, ✉ de Sarlat.

GALINAGUES, vg. *Aude* (Languedoc), arr. et à 50 k. de Limoux, cant. de Belcaire, ✉ de Quillan. Pop. 176 h.

GALLARDON, *Gualardo Castrum*, petite ville, *Eure-et-Loir* (Beauce), arr. et à 19 k. de Chartres, cant. de Maintenon. ✉. A 73 k. de Paris pour la taxe des lettres. Pop. 1,454 h.

Gallardon est une ville assez ancienne, située sur le penchant d'une colline, qui possédait, vers la fin du x° siècle, un château détruit par le roi Robert, et reconstruit en 1020 par le vicomte de Châteaudun. C'était jadis une place forte, qui eut beaucoup à souffrir des guerres intérieures qui ensanglantèrent la France. Prise par le duc de Bourgogne en 1417, elle fut reprise sur les Anglais quatre ans après par les troupes de Charles VII; elle retomba de nouveau au pouvoir des Anglais, qui en furent chassés par Dunois en 1443. Il ne reste plus de ses anciennes fortifications qu'une vieille tour, que l'on aperçoit de très-loin, et une ancienne porte remarquable par sa construction.

L'église paroissiale est un édifice du xii° siècle; mais la charpente qui soutient le toit est du xv° ; c'est l'une des plus remarquables en ce genre, tant par la variété que par la multiplicité des ornements gothiques, représentant des animaux, des figures grotesques de bourgeois et de démons, et par les différents emblèmes ou armes des seigneurs et corporations de la ville sculptées sur les pendentifs. Le chœur et les chapelles qui l'entourent, d'une hardiesse et d'une élégance remarquables, datent du xvi° siècle.

Commerce de grains, farines, lentilles, haricots, bestiaux, veaux et moutons pour l'approvisionnement de Paris. Marchés considérables tous les mercredis. — *Foires* les mercredis avant le 26 mars et mercredi des Cendres.

GALLARGUES (le Grand-), bg *Gard* (Languedoc), arr. et à 21 k. de Nîmes, cant. de Vauvert, de Lunel. Pop. 1,992 h.

Ce bourg est bâti dans une situation pittoresque, sur la pente méridionale d'une colline dont l'aspect est très-pittoresque. Quelques auteurs font remonter son origine au temps de *Galus*, tribun militaire à Nîmes, qui vivait 35 ans avant J.-C. Sous le régime de la féodalité, c'était un château fort, non-seulement par sa position avantageuse, mais encore par des remparts flanqués de tours et percés de meurtrières, par des portes en ogives défendues par d'énormes sarrasines, et par une citadelle qui occupait le sommet de la colline. De toutes ces fortifications il ne reste que quelques pans de remparts assez bien conservés et une vieille tour qui renferme, dit-on, un cachot féodal. — Le château de Gallargues fut réuni à la couronne en 1295. Plus tard, en 1628, il fut assiégé par le duc de Montmorency, qui cherchait à arrêter la marche du duc de Rohan chez des religionnaires dans le bas Languedoc.

Non loin de Gallargues, sur la route de Nîmes à Narbonne, on passe le Vidourle par un pont très-pittoresque, peu visité par les artistes, dont il mérite cependant de fixer l'attention. Il est situé au lieu précis, marqué par les anciens Itinéraires, où s'élevait la ville d'*Ambrussum*, *Ambrusium*, et que César appelle *Pons Ambrussi*.

C'est à Grand-Gallargues que se fabrique de temps immémorial le tournesol en drapeaux, avec le suc de la maurelle (*croton tinctorium*), pur ou mêlé avec un dixième d'urine. Les paysans imbibent de ce liquide de vieux chiffons qu'ils font sécher à un soleil ardent, qu'ils étendent ensuite entre deux couches de fumier de cheval, qu'ils retrempent encore dans le suc crotonial, pour (après avoir encore été séchés au soleil) être vendus aux Hollandais sous le nom de tournesol en drapeaux. On s'en sert en Hollande pour la conservation des fromages que les mites attaqueraient bientôt sans le secours du suc de la maurelle.

PATRIE d'Isaac BÉRARD, inventeur d'un appareil distillatoire qui, pour la partie condensatoire, est, suivant le comte Chaptal, le *nec plus ultrà* de la perfection.

Fabriques d'eau-de-vie et de tournesol.

GALLARGUES, vg. *Hérault* (Languedoc), arr. à 26 k. de Montpellier, cant. de Castries, ✉ de Sommières. Pop. 397 h.

GALLE (la), vg. *Vaucluse*, comm. d'Uchaux, ✉ d'Orange.

GALLERIE (la), vg. *Orne*, comm. et ✉ de l'Aigle.

GALLET (le), vg. *Oise* (Picardie), arr. et à 45 k. de Clermont, cant. et ✉ de Crèvecœur. Pop. 332 h.

GALLICUS SINUS (lat. 43°, long. 22°).

« Il faut être prévenu que la dénomination de *Mare mediterraneum* ne paraît point dans les anciens. On trouve *Mare internum* dans Pline : θάλασσα τῆς ἐντός dans Strabon. La partie de cette mer qui baigne la côte de la Narbonoise est appelée *Gallicus sinus*, et même *Gallicum mare*. On lit dans Solin (cap. 26) : *Sinus Gallicus, qui Narbonensem provinciam perfundit*. Florus (Rer. Roman. lib. iv, cap. 6) distingue le *sinus Gallicus* du *Ligusticus*, qui précède dans l'ordre qu'il suit, et du *Balearicus*, qui succède. Pline (lib. iii, cap. 3) fait la même distinction dans l'ordre contraire : *Ibericum* (mare) *aut Balearicum*, *mox Gallicum ante Narbonensem provinciam*, *hinc Ligusticum*. Dans Tite Live (lib. xxvi, sect. 19), au sujet de la navigation de Scipion pour passer en Espagne, on voit que *Pyrenes Promontorium* est le terme du *sinus Gallicus*. D'un autre côté Paul Orose (lib. i, cap. 2) distingue le *mare Gallicum* d'avec le *sinus Ligusticus* par l'élévation des Alpes. Cet avec raison que le golfe, bordé des établissements des Marseillois, a pu être nommé *mare Græcum*. Car quelques auteurs des temps postérieurs, qui ont employé cette dénomination, Guillaume de Westminster et Thomas de Walsingham, ont dû la tirer d'un usage fort antérieur au xiv° siècle, et de quelques écrits que nous n'avons pas sous la main. La partie de ce golfe qui reçoit le Rhône par plusieurs embouchures est aussi appelée *sinus ad Gradus* comme on l'apprend d'Ammien Marcellin (lib. xv), parce que ces embouchures sont appelées *Gradus*. Le nom actuellement usité du golfe de Lion, vient de *mare Leonis*: et M. de Valois (p. 217) fait le procès à Sanson et aux autres géographes, qui étendent ce nom à tout l'enfoncement de mer qui touche au Languedoc, comme à la Provence, jusque vers les îles d'Ières. Il se fonde dans son accusation sur ce que Guillaume de Nangis, dans le récit de la navigation de saint Louis, qui s'embarqua, comme on sait, à Aigues-Mortes, ne marque *introitum maris Leonis* que le 3ᵉ jour de cette navigation. Mais, comme elle avait été tranquille jusque-là, de l'aveu de ce moine de Saint-Denys, on peut croire qu'il n'a point eu lieu de citer le nom de *mare Leonis* que quand, par un changement de temps, la mer est devenue orageuse. L'usage d'ailleurs décide de l'emploi de ces dénominations; et vous entendrez dire aux gens de mer qui passent de Marseille aux côtes de la Catalogne, que la traversée du golfe de Lion est plus dangereuse que la route en haute mer.» D'Anville. *Notice sur l'ancienne Gaule*, p. 337.

GALLUIS-LA-QUEUE, vg. *Seine-et-Oise* (Beauce), arr. et à 25 k. de Rambouillet, cant. de Montfort-l'Amaury, ✉ à la Queue-Gallius. Pop. 1,109 h.

Le château de Gallius, construit par la duchesse du Maine, est remarquable par l'étendue de ses points de vue. Les sources d'eau vive que renferment les jardins sont si abondantes, qu'elles alimentent tout le pays.

LA QUEUE est un hameau dépendant de Gallius, où sont le bureau et le relai de poste.

GALMIER (St-), petite et ancienne ville, *Loire* (Forez), arr. et à 20 k. de Montbrison, chef-l. de cant. ✉. A 455 k. de Paris pour la taxe des lettres. Station du chemin de fer de St-Étienne à Roanne. Pop. 2,758 h. — TERRAIN d'alluvions modernes, voisin du tertiaire moyen.

Cette ville, située sur un coteau élevé, près de la rive droite de la Coize, occupe l'emplacement désigné, dans la carte de Peutinger, sous le nom d'*Aquæ Segestæ*, qu'elle devait sans doute à une source d'eau minérale située à l'extrémité d'un de ses faubourgs.

L'eau de cette source, connue dans le pays sous le nom de Montfort, sourd dans un puits d'environ vingt pieds de profondeur, et se jette, à quelques pas de là, dans la petite rivière de Coize, où il se forme un bouillonnement très marqué. — L'usage de cette eau est très salutaire dans les affections glaireuses et graveleuses des reins et de la vessie; dans la polysarcie et dans les maladies catarrhales chroniques. On la prend le matin à la dose de plusieurs verres, et on la mêle au vin des repas. Les habitants en font leur boisson habituelle.

Fabriques de cierges. Tanneries et chamoiseries. — *Foires* les 24 août, 25 nov., 1ᵉʳ mardi après Pâques et après la Pentecôte.

Bibliographie. RAULIN. *Eaux minérales de St-Galmier* (Traité des eaux minérales, ch. XV, in-12, 1774).

RICHARD DE LA PRADE. *Eaux de St-Galmier* (Caractère et vertu des eaux minérales du Forez, in-12, 1778).

PARET. *Observations sur les eaux minérales de St-Galmier* (Journal encyclopédique, fév. 1777, p. 132).

LADEVÈZE. *Essai sur les minérales de St-Galmier*, in-8, de 2 f. et demie, 1842, 1844.

GALOUBIES (les), vg. *Aveyron*, comm. de Naussac, ✉ de Villefranche-de-Rouergue.

GAMACHERIES (les), vg. *Seine-et-Oise*, comm. de Bréval, ✉ de Rosny-sur-Seine.

GAMACHES, *Gamacis Gamapium*, vg. *Eure* (Normandie), arr. et à 17 k. des Andelys, cant. de Fleury-St-Andelle. ✉. A 153 k. de Paris pour la taxe des lettres. Pop. 338 h.

Le nom primitif de ce village est St-Onen, qu'il changea pour celui de Gamaches en 1218, époque où il passa dans la famille de ce nom. Le château, dont il existe encore des vestiges et des souterrains, était une forteresse importante, que Jean sans Terre enleva à Philippe Auguste en 1195. Ce fut près de là qu'eut lieu, en 1198, une rencontre entre ce monarque et Richard Cœur de lion. Lors de la descente des Anglais, Gamaches ne leur fut rendu qu'en 1422, trois ans après la prise de Gisors.

GAMACHES, bg *Somme* (Picardie), arr. et à 27 k. d'Abbeville, chef-l. de cant. Cure. ✉. ⚭. A 153 k. de Paris pour la taxe des lettres. Pop. 1,448 h. Sur la rive droite de la Bresle. — TERRAIN tertiaire supérieur.

Gamaches était autrefois une petite ville. Le château avait été bâti par les princes de la maison de Dreux. Louis XIII l'érigea en marquisat en 1622. On y voit maintenant une superbe filature de lin.

PATRIE de FRANÇOIS VATABLE, restaurateur de la langue hébraïque en France.

GAMARDE, vg. *Landes* (Gascogne), arr. et à 16 k. de Dax, cant. et ✉ de Montfort. Pop. 1,336 h.

Cette commune renferme une source d'eau minérale saline sulfureuse, connue sous le nom de fontaine de Boucurron. Cette source jaillit au pied d'un coteau de 50 m. de hauteur, à 3,000 m. de toute habitation. Une autre source jaillit dans le lit m ê m e du Louts, au milieu duquel on a formé un bassin d'un mètre de diamètre, entretenu avec soin, où l'eau minérale jaillit dans trois ou quatre endroits différents. En 1818, M. le baron d'Haussez, alors préfet des Landes, ordonna l'exécution de travaux nécessaires pour la conservation de ces sources et l'agrément des nombreux étrangers qui les fréquentent à l'approche de l'automne.

L'eau de la fontaine de Boucurron est claire, limpide, et répand une odeur de gaz hydrogène sulfuré. Sa température est constamment de + 11 degrés au-dessus de 0 du th. de Réaum.

L'évaporation de 24 kilog. de cette eau a donné pour résidu une substance saline du poids de 2 gros 4 grains, que l'analyse a reconnue être composée des principes suivants:

	Gros.	Grains.
Muriate de magnésie	0	08 1/2
Muriate de soude	0	32
Sulfate de chaux	0	09
Carbonate de chaux	1	13
Substances végétales et soufre	0	01 1/2
Substances végétales	0	02
Silex	0	06
Perte	0	02
	29	04

On remarque entre Gamarde et St-Geours-d'Auribat les restes d'un camp romain.

GAMARTHE, vg. *B.-Pyrénées* (Navarre), arr. de Mauléon et à 20 k. de St-Palais, cant. et ✉ de St-Jean-Pied-de-Port. Pop. 312 h.

GAMAY, vg. *Côte-d'Or*, comm. de St-Aubin, ✉ de Chagny.

GAMBAIS, vg. *Seine-et-Oise* (Beauce), arr. et à 32 k. de Mantes, cant. et ✉ de Houdan. Pop. 1,059 h. — Il est sur la Vesgres, qui y fait mouvoir deux moulins. C'était une ancienne forteresse dont on voit encore quelques vestiges. — LE CHATEAU DE NEUVILLE, connu autrefois sous le nom de *Maison forte de Neuville*, fut pris et brûlé en 1590 avec une partie des habitants de Gambais qui s'y étaient réfugiés avec leurs effets. — Élève en grand et commerce de volailles.

GAMBAIZEUIL, vg. *Seine-et-Oise* (Beauce), arr., cant. et à 18 k. de Rambouillet, ✉ de Montfort-l'Amaury. Pop. 83 h. Au milieu de la forêt de Rambouillet.

GAMBSHEIM, vg. *B.-Rhin* (Alsace), arr., ✉ et à 16 k. de Strasbourg, cant. de Brumath. Pop. 199 h.

GAMILLY, *Camelicum*, vg. *Eure*, comm. et ✉ de Vernon.

GAMBITTE, vg. *Pas-de-Calais*, comm. d'Eperlecques, ✉ de St-Omer.

GAN, vg. *B.-Pyrénées* (Béarn), arr., cant., ✉ et à 8 k. de Pau. Pop. 3,237 h. — Il est situé dans une contrée fertile en vins renommés. Le territoire de Gan produit d'excellents vins blancs et des vins rouges de la même qualité que ceux de Jurançon, mais beaucoup plus corsés, plus moelleux, et qui se gardent fort longtemps.

On trouve aux environs deux sources d'eaux minérales froides, connues sous les noms de source du Broa, et de source de Lavillé. — *Foires* les 23 et 24 août.

Bibliographie. BORDEU (Théoph.). *Notice sur les eaux minérales de Gan* (Lettres sur les eaux minérales du Béarn, in-12, 1746, 1748).

BERGEROU. *Lettres sur la nature et la propriété des eaux de Gan*, in-8, 1749.

GANAC, vg. *Ariège* (pays de Foix), arr., ✉ et à 4 k. de Foix, cant. des Cabannes. Pop. 1,422 h. — *Fabriques* de clous, gonds, pentures, etc.

GANADURE, vg. *Gironde*, comm. de Mios, ✉ de la Teste-de-Buch.

GANAGOBIE, vg. *B.-Alpes* (Provence), arr., ✉ et à 18 k. de Forcalquier, cant. de Peyruis. Pop. 122 h.

GANCHAIS (la), vg. *Ille-et-Vilaine*, comm. de Pleurtuit, ✉ de St-Malo.

GAND (St-), vg. *H.-Saône* (Franche-Comté), arr. et à 25 k. de Gray, cant. de Fresnes-St-Mamès, ✉ de Fretigney. Pop. 434 h.

GANDAILLE, vg. *Lot-et-Garonne* (Agénois), arr. et à 25 k. d'Agen, cant. de Beauville, ✉ de la Roque-Timbault. Pop. 809 h.

GANDALOU, vg. *Tarn-et-Garonne*, comm. et ✉ de Castel-Sarrasin.

GANDCOURT-ST-ÉTIENNE, vg. *Seine-Inf.* (Normandie), arr. et à 35 k. de Neufchâtel-en-Bray, cant. et ✉ de Gournay. P. 437 h.

GANDELAIN, vg. *Orne* (Normandie), arr., cant., ✉ et à 20 k. d'Alençon. Pop. 1,245 h.

GANDELU, bg *Aisne* (Brie), arr. et à 25 k. de Château-Thierry, cant. de Neuilly-St-Front. ✉. A 86 k. de Paris pour la taxe des lettres. Pop. 620 h. — *Foires* les 10 août, 29 sept., 3ᵉ jeudi de carême et lendemain de la Pentecôte.

GANDESSAC (Haut et Bas-), vg. *H.-Alpes*, comm. de Risoul, ✉ de Montdauphin.

GANDRANGE, ou **GANNERINGEN**, vg. *Moselle* (pays Messin), arr., cant. et à 10 k. de Thionville, ✉ d'Uckange. Pop. 417 h.

GANDRENNE, vg. *Moselle*, comm. de Beyren, ✉ de Sierck.

GANDUMAS, vg. *Dordogne*, comm. de St-Médard-d'Excideuil et Dussac, ✉ d'Excideuil.

GANGES, ancienne et jolie ville, *Hérault* (Languedoc), arr. et à 45 k. de Montpellier, chef-l. de cant. Cure. Gîte d'étape. ✉. A 691 k. de Paris pour la taxe des lettres. Pop. 4,564 h. — TERRAIN cristallisé ou primitif.

Autrefois baronnie, diocèse, généralité et recette de Montpellier, parlement de Toulouse.

Cette ville est dans une jolie situation, au milieu d'une plaine fertile entourée de montagnes, près de la rive gauche de l'Hérault. Elle est environnée de maisons agréables, et dominée par un vieux château, qui rend son aspect fort pittoresque. — On visite, dans deux voisinage, la célèbre grotte ou *Baouma de las Doumaiselas*, appelée aussi grotte de Ganges : on peut trouver, dit Marsollier, en un fait une longue description, une grotte aussi belle que dans le sein de la terre, mais il est impossible d'en trouver une qui la surpasse. La description de la grotte d'Antiparos, qu'on a crue fabuleuse dans Tournefort, et qui n'est qu'exagérée, d'après les voyages intéressants de M. le comte de Choiseul-Gouffier, est une faible image de la grotte de Ganges.

PATRIE de FABRE D'OLIVET, hébraïsant et littérateur, mort en 1825.

INDUSTRIE. Les fabriques de soie forment la principale industrie de Ganges : elles travaillent concurremment avec celles de Montpellier et de St-Martin-de-Londres. Un travail de six mois dans ces trois manufactures fournit 24,000 paires de bas de soie, et 33,000 paires de gants, dont les débouchés sont : l'intérieur, l'Espagne, l'Italie, l'Amérique, et même la Russie. — Il existe aussi, dans cette ville, des tanneries, des filatures de soie et de coton. L'éducation des vers à soie oc-

cupe tout le canton de Ganges. — *Foires* les 13 janv., 10 août, 11 nov. et 23 oct.

Bibliographie. MARSOLLIER DES VIVETIÈRES. *Description de la Baume ou grotte des demoiselles à St.-Bauzile près de Ganges*, in-8, 1785.

GANNAT, *Gannatum, Gannapum*, petite ville, *Allier* (Bourbonnais), chef-l. de sous-préf. (3ᵉ arr.) et d'un cant. Trib. de 1ʳᵉ inst. Cure. Gîte d'étape. ✉. ⚭. Pop. 5,299 h. — TERRAIN tertiaire moyen.

Autrefois diocèse de Clermont, parlement de Paris, intendance de Moulins, chef-lieu d'élection, bailliage, châtellenie, justice royale, gouvernement particulier, collégiale, 3 couvents.

L'origine de cette ville est inconnue. Elle est citée pour la première fois dans la nomenclature des châtellenies du Bourbonnais, vers la fin du XIIIᵉ siècle. On croit que longtemps auparavant il y avait un monastère où l'on suppose avoir donné naissance à la ville ; mais on n'en trouve aucune trace. Les seigneurs de Bourbon y fondèrent dans le temps un couvent de l'ordre de St-Augustin, près de l'emplacement duquel on voit encore la chapelle de sainte Procule, qui était autrefois l'objet d'une grande vénération. La fête de cette sainte est encore célébrée avec solennité, et attire un grand concours d'habitants de l'Auvergne et du Bourbonnais, que les affaires et les plaisirs réunissent aujourd'hui plus que la dévotion.

Près de la ville, on remarque les restes d'un antique château, qui semble avoir toujours été une forteresse destinée à contenir les habitants, plutôt que la demeure des seigneurs du Bourbonnais ; ce qu'il en reste sert aujourd'hui de prison.

Les armes de Gannat sont : *écartelé, le premier et le quatrième d'argent avec un chardon montant de simple fleuri de gueules ; le deuxième et le troisième d'azur avec un gant d'argent, les doigts en bas*. Et pour devise : NUL NE S'Y FROTTE SANS GANTELET.

La ville de Gannat est dans une belle situation, au pied de jolis coteaux couverts d'arbres et de vignes ; elle est généralement mal bâtie, dans une plaine fertile, sur la rivière d'Andelot, qui fournissait de l'eau aux fossés de la ville lorsqu'elle était fortifiée.

Biographie. Patrie du cardinal DUPRAT. Du maréchal de camp RABUSSON, l'un des plus vaillants capitaines de la garde impériale. De l'abbé CRATEL, qui s'est adjugé le titre d'évêque premier fondateur de la religion catholique française.

INDUSTRIE. Commerce de grains, vins et bestiaux. Tanneries. — *Foires* les 2 mars, 4 mai, 12 juillet, 14 sept., 18 nov. et 22 déc. — Aux environs, mines d'alun et sources d'eau minérale.

A 58 k. S. de Moulins, 342 k. S. de Paris.

L'arrondissement de Gannat est composé de 5 cantons : Chantelle-le-Château, Ebreuil, Escurolles, Gannat, St-Pourçain.

Bibliographie. PEIGUE (J.-B.). *Notice historique sur la ville de Gannat, depuis l'introduction du christianisme en Auvergne jusqu'en 1790*, in-8, 1841.

GANNAY-SUR-LOIRE, vg. *Allier* (Bourbonnais), arr. et à 33 k. de Moulins-sur-Allier, cant. et ✉ de Chevagnes. Pop. 696 h. — *Foires* les 22 avril, 1ᵉʳ juin, 1ᵉʳ oct. et 19 déc.

GANNERINGEN, *Moselle*. V. GANDRANGE.

GANNES, vg. *Oise* (Picardie), arr. et à 26 k. de Clermont, cant. et ✉ de St-Just-en-Chaussée. Pop. 527 h.

GANODURUM (lat. 48°, long. 27°). « Ptolémée, faisant mention de deux villes chez les *Helvetii*, nomme *Ganodurum* en premier lieu ; et si l'on s'en rapporte à ses positions, quoique fort peu constantes, celle-ci doit être plus reculée que l'autre, qui est *Forum Tiberii*, que l'on prend pour Keiserstul sur le bord du Rhin. Comme on sort pour communément à appliquer les lieux mentionnés dans l'antiquité à ceux qui se distinguent le plus aujourd'hui, dans la vue de leur donner de l'illustration, plusieurs ont voulu que *Ganodurum* fût Constance. Mais ce qui détruit cette opinion, c'est une position de *Fines*, qui, étant placée en deçà de Constance, fait voir que, sous la domination romaine, ce qui est au delà de cette position sort des limites du territoire helvétique, et appartient à la Rhétie, comme on peut voir au dernier article de ceux qui portent le nom de *Fines*. Il est plus aisé au reste d'enlever à Constance la position de *Ganodurum* que de l'établir solidement ailleurs ; le *Durum* indique bien le passage d'une rivière ; et un lieu nommé *Burg*, sur la rive du Rhin, vis-à-vis de Stein, a paru à Guillaume une place romaine, et on y a trouvé un fragment d'inscription au nom de l'empereur Caius ou Caligula. Serait-ce *Ganodurum*? La découverte de quelques vestiges d'antiquité, dans un lieu de Largow et du canton de Berne, a fait croire que c'était *Ganodurum*. On s'est appuyé dans cette opinion sur la convenance parfaite avec la latitude que prend Ptolémée pour placer *Ganodurum*, selon les termes d'une lettre insérée dans un journal italien : *Tanto più sembrano verisimile, quanto egli è certo, che il grado, sotto cui il soprannominato autore (Tolomeo) pone questa città, conviene perfettamente alla mia ipotesi*. Cependant la hauteur indiquée par Ptolémée étant 46 degrés un tiers, on peut être assuré que le lieu de la découverte dans le district particulier dont le chef-lieu est Lenzbourg, au canton de Berne, doit se rencontrer par 47 degrés et environ un quart. » D'Anville. *Notice de l'ancienne Gaule*, p. 338.

GANS, vg. *Gironde* (Bazadois), arr., cant., ✉ et à 6 k. de Bazas. Pop. 433 h.

GANTIES, vg. *H.-Garonne* (Comminges), arr. et à 11 k. de St-Gaudens, cant. et ✉ d'Aspet. Pop. 702 h.

GANTON (St-), vg. *Ille-et-Vilaine* (Bretagne), arr. et à 19 k. de Redon, cant. de Pipriac, ✉ de Lohéac. Pop. 188 h. — *Foire* le 30 avril.

GANZEVILLE, vg. *Seine-Inf.* (Normandie), arr. et à 37 k. du Havre, cant. et ✉ de Fécamp. Pop. 480 h. — *Foires* les 5 janv., 9 avril, 20 juin et 18 oct.

GAP, *Vapincum, Vapingum*, très-ancienne

ville, chef-l. du dép. des *H.-Alpes* (Dauphiné), du 3e arr. et d'un cant. Trib. de 1re instance. Évêché. Cure. Séminaire diocésain. Collège communal. Gîte d'étape. ✉. ⚘. Pop. 8,599 h. — TERRAIN jurassique.

Autrefois évêché, intendance et parlement de Grenoble, chef-lieu d'élection, bailliage, chapitre, séminaire, 4 couvents. — L'évêché de Gap fut fondé vers 450.

Gap est une ville celtique du nom de Vap, capitale des *Tricorii*, que les Romains, vainqueurs de ce peuple, nommèrent *Vapincum*. Démétrius, disciple de saint Jean l'évangéliste, convertit les habitants au christianisme sous le règne de Domitien. Gap devint ville épiscopale au Ve siècle; Grégoire, un de ses évêques, obtint, en 1058, de l'empereur Frédéric, le titre de prince et divers autres privilèges, qu'il transmit à ses successeurs. En 1184, l'évêque Guillaume prit le titre de seigneur et comte de Gap; mais il fut obligé de partager les droits et les privilèges de la suzeraineté avec le dauphin. Cette division de droits fit naître parmi les habitants deux factions de principes, dont l'une voulait favoriser le pouvoir épiscopal, l'autre celui des dauphins; la masse des habitants s'efforça vainement de se soustraire à cette double tyrannie, qui fut la cause de nombreuses querelles et de luttes sérieuses. Sous François Ier, les évêques de Gap furent dépouillés de leur titre de prince, mais ils conservèrent longtemps après celui de comte.

Cette ville fut prise, reprise, incendiée à différentes fois par divers peuples barbares; à ces désastres se joignirent ceux causés par les incendies, la peste et les tremblements de terre. Les guerres de religion commencèrent pour elle une nouvelle série de calamités: la ville avait embrassé le parti de la Ligue, et chassé les huguenots de ses murs; pour la punir, Lesdiguières en étant redevenu maître, fit massacrer une partie de la population. Plus tard, il fixa sa résidence à Gap, et, afin de tenir la ville en sujétion, il rétablit la forteresse que les Sarrasins avaient construite sur la hauteur de Puymore. — Des temps plus calmes et une industrie active rétablirent la prospérité de la ville et portèrent à 16,000 habitants sa population, qui fut diminuée de plus des deux tiers par les pestes de 1630, par le sac de la ville en 1692 et surtout par la révocation de l'édit de Nantes. Une maladie contagieuse y fit encore de grands ravages en 1744.

Les armes de Gap sont : *d'azur à un château d'or crénelé, sommé de 4 tours de même couvertes en pointe.*

La ville de Gap est située à l'embranchement de la route d'Espagne en Italie par le Pont-St-Esprit et le mont Genèvre, et de celle de Paris à Marseille par Lyon et Grenoble; elle a dans une agréable situation, sur les ruisseaux de Bonne et de la Luye, au milieu d'une belle vallée environnée de coteaux, qui s'élèvent graduellement vers le nord-est, et atteignent la plus grande hauteur. Elle est très-mal bâtie, mal percée, et généralement peu agréable. Il y a dans les environs des sources d'eaux minérales.

Parmi les édifices publics, on remarque la cathédrale de construction gothique. Une des chapelles renferme le mausolée du connétable de Lesdiguières, en marbre noir du Champ-Saur, orné de bas-reliefs en albâtre de Boscodon, qui retracent les principaux exploits de ce guerrier. Il est représenté avec son armure, couché et appuyé sur le coude; ses traits ont quelque ressemblance avec ceux de Henri IV; on rapporte qu'il tint en charte privée Jacob Richier, son sculpteur, jusqu'à ce qu'il eût fini ce bel ouvrage. — Ce monument, apporté en 1798 du château de Lesdiguières, où il était depuis 1626, devait, en 1809, être transporté au musée du département, avec les gantelets du connétable, sa lance et son casque, où l'on voit l'empreinte d'une balle. On avait réuni pour cet établissement des modèles en plâtre des plus belles statues du musée de Paris, choisis par Visconti, et auxquels le comte d'Hauterive avait joint en cadeau la Vénus de Médicis; les modèles des monuments des Hautes-Alpes, exécutés en albâtre et en pierre ollaire du pays; un grand nombre d'antiquités provenant des fouilles de Mons-Seleucus, ou envoyées des trois arrondissements; des instruments de physique et de chimie, des livres, des cahiers de gravures; les minéraux, l'herbier, les oiseaux, quelques quadrupèdes des Hautes-Alpes, etc. Ce musée est maintenant un séminaire! Le palais de justice, l'hôtel de ville, la préfecture et l'évêché, les casernes, sont d'assez beaux édifices. La ville possède aussi une petite salle de spectacle et une belle citerne pouvant contenir 20,000 hectolitres d'eau, destinée au service des pompes en cas d'incendie.

Biographie. Patrie de GUILL. FAREL, ministre et théologien mystique, mort en 1565. De DOMINIQUE VILLARS, médecin et botaniste correspondant de l'Institut, mort en 1814.

INDUSTRIE. *Fabriques* de toiles, draps communs, tissus de soie et de laine, outils aratoires. Martinets. Tanneries, mégisseries et chamoiseries. — *Commerce* de grains, fruits, bestiaux, cuirs, laine, etc. — Foires les 1er mai, 8 sept., 11 nov. (7 jours), avant le dernier lundi de carnaval, et 1er lundi d'août.

À 657 k. S.-E. de Paris. Long. or. 3° 44′ 47″, lat. 44° 33′ 37″.

L'arrondissement de Gap renferme 14 cantons : Aspres-les-Veynes, Barcelonnette-de-Vitrolles, la Bâtie-Neuve, St-Bonnet, St-Étienne-en-Dévoluy, St-Firmin, Gap, Laragne, Orpierre, Ribiers, Rosans, Serres, Tallard, Veynes.

GAPENÇOIS (le), *Vapiocensis Ager*, petit pays compris autrefois dans la ci-devant province du Dauphiné, et dont le Gap était la capitale. Il est aujourd'hui compris dans le département des Hautes-Alpes.

GAPENNES, vg. *Somme* (Picardie), arr. à 17 k. d'Abbeville, cant. de Nouvion-en-Ponthieu, ✉ de St-Riquier. Pop. 876 h.

GAPRÉE, *Gaspreia*, vg. *Orne* (Normandie), arr. à 35 k. d'Alençon, cant. de Courtomer, ✉ de Sées. Pop. 309 h.

GARAC, vg. *H.-Garonne* (Armagnac), arr. et à 37 k. de Toulouse, cant. et ✉ de Cadours. Pop. 445 h.

GARAISON, vg. *H.-Pyrénées*, comm. de Monléon-Maguoac, ✉ de Castelnau-Maguoac.

GARANCIÈRES, vg. *Eure* (Normandie), arr. et à 13 k. d'Évreux, cant. et ✉ de St-André. Pop. 311 h.

GARANCIÈRES, vg. *Seine-et-Oise* (Beauce), arr. et à 28 k. de Rambouillet, cant. de Montfort-l'Amaury, ✉ de la Queue-Galluis. Pop. 823 h.

GARANCIÈRES-EN-BEAUCE, vg. *Eure-et-Loir* (Beauce), arr. et à 33 k. de Chartres, cant. d'Auneau, ✉ de Dourdan. Pop. 280 h.

GARANCIÈRES-EN-DROUAIS, vg. *Eure-et-Loir* (Beauce), arr., cant., ✉ et à 7 k. de Dreux. Pop. 243 h.

GARANDIE (la), vg. *Puy-de-Dôme*, comm. d'Aydat, ✉ de Veyre.

GARANOU, vg. *Ariége* (pays de Foix), arr. et à 31 k. de Foix, cant. et ✉ des Cabannes. Pop. 250 h.

GARAT, vg. *Charente* (Angoumois), arr., cant., ✉ et à 9 k. d'Angoulême. Pop. 925 h.

GARBIC, vg. *Gers* (Armagnac), arr. et à 18 k. de Lombez, cant. de l'Isle-en-Jourdain, ✉ de Gimont. Pop. 244 h.

GARBIEY, vg. *Landes*, comm. et ✉ de Cazaubon.

GARCELLES-SECQUEVILLE, vg. *Calvados* (Normandie), arr. et à 18 k. de Caen, cant. de Bourguébus, ✉ de May-sur-Orne. Pop. 378 h.

GARCHES, *Garziachus*, vg. *Seine-et-Oise* (Ile-de-France), arr. et à 8 k. de Versailles, cant. de Sèvres, ✉ de St-Cloud. P. 1,120 h. — Il est situé sur un plateau élevé, où abondent des sources d'eau vive. — *Fabriques* de tuiles. — *Commerce* de cire et de miel estimé.

L'église de Garches est le premier édifice placé sous l'invocation de saint Louis, roi de France. On trouve scellée dans un pilier l'inscription suivante en caractères gothiques :

En l'an de grâce 1297, le vendredi de Reminiscere, assis en l'honneur de Dieu et de monseigneur saint Louis, maître ROBERT DE LA MARCHE, clerc de nôtre seigneur le roy de France, accompagné de Henri, son valet, posa la première pierre de l'église de Garches, et la fonda en l'an dessus dict.

Biographie. Patrie de M. ANT. PASSY, ancien préfet du département de l'Eure, membre de la chambre des députés, auteur de : *Description géologique du département de la Seine-Inférieure* (ouvrage couronné par l'académie des sciences de Rouen), in-4 et atlas, 1832.

De M. HIPP. PASSY, membre de l'Institut et de la chambre des députés.

GARCHIZY, vg. *Nièvre* (Nivernais), arr. et à 15 k. de Nevers, cant. de Pougues, ✉ de Fourchambault. Pop. 2,677 h. Près de la rive droite de la Loire. — Fonderie de fer pour pièces mécaniques de grandes dimensions ; fabrique de lits en fer ; tréflerie. — Les grandes presses hydrauliques des ports militaires ; les machineries des grandes usines de Decazeville ; la confection des arches à voussoirs du pont du Carrousel, exécutées d'après les projets de M. Polonceau ; les combles en fonte de la cathédrale de Chartres ; quatorze tambours du fût en bronze de la colonne de juillet ; les piles en fonte du pont de St-André-de-Cubzac, le plus grand travail de ce genre qui ait encore été entrepris en Europe ; un grand nombre de ponts suspendus en chaînes de fer, ont été exécutés dans cette usine. — La fonderie de Garchizy est la plus importante de France, par la masse de ses fabrications en tous genres, fontes, cuivres, bronzes et fers ouvrés. Ces fabrications s'élèvent par mois, terme moyen, à 250,000 kilog. fontes moulées, et 30,000 kilog. fers ouvrés et ajustés pour les divers emplois auxquels ils sont destinés. ⓒ 1833, 1839.

GARCHY, vg. *Nièvre* (Nivernais), arr. et à 25 k. de Cosne, cant. ✉ de Pouilly-sur-Loire. Pop. 948 h. — *Foires* les 4 mai, 8 juin, 13 août, 6 sept. et 18 oct.

GARCIÈRE (la), vg. *Loire*, comm. de St-Genis-Terre-Noire, ✉ de Rive-de-Gier.

GARD, ou GARDON, *Vardo*, rivière qui se forme de trois ruisseaux qui prennent leurs sources dans les Cévennes, dép. de la *Lozère*. L'un de ces ruisseaux, nommé Gardon-d'Anduze, passe à St-André-Valborgne, St-Jean-du-Gard et Anduze, au-dessus duquel il est joint par le Gardon-de-Mialet ; le troisième, nommé Gardon-d'Alais, passe au Péage, au Mas-Dieu, à Alais et à Rivalte, où il se réunit au Gardon-d'Anduze. Ces branches, ainsi réunies, ne portent plus alors que le nom de Gardon ou de Gard. Le Gard continue son cours par St-Privas, Vaez, Remoulins, Montfrin, et va se perdre dans le Rhône, à Camps, à 4 k. au-dessus de Beaucaire.

On trouve sur cette rivière, entre Remoulins et St-Privas, le fameux *pont du Gard*, un des plus beaux morceaux d'architecture que l'antiquité ait transmis à l'admiration des siècles. V. LA FOUX.

Le Gard étant, dans toute sa partie supérieure, resserré dans des gorges étroites et environné de montagnes très-élevées, reçoit une quantité prodigieuse d'eau lors des grandes pluies ou de la fonte des neiges ; aussi il est terrible dans les plaines. Il ravage des plaines superbes, les couvre de sable et de gravier, change de lit à chaque crue ; de manière qu'il n'est pas rare, lors des basses eaux, de voir, dans les pays plats que traverse le Gard, rouler paisiblement, sur un lit de douze à quinze cents mètres de largeur, un petit volume d'eau, qui quelquefois disparaît tout entier sous les graviers. Le Gard roule des paillettes d'or en grande quantité.

GARD (département du). Le département du Gard est formé des anciens diocèses de Nîmes, d'Alais et d'Uzès, qui appartenaient à la ci-devant province du Languedoc. Il est borné, au nord, par les départements de la Lozère et de l'Ardèche ; à l'est, par le Rhône, qui le sépare des départements de Vaucluse et des Bouches-du-Rhône ; au sud, par la Méditerranée et le département de l'Hérault ; à l'ouest, par celui de l'Aveyron. Ce département tire son nom de la rivière du Gard, qui le traverse du nord-ouest à l'est.

La partie septentrionale du département du Gard est hérissée de hautes montagnes qui se rattachent à la chaîne des Cévennes. A l'extrémité la plus occidentale se trouve un vaste plateau calcaire de plus de 120 k. carrés, appelé le Larzac, qui s'unit dans cette partie avec les Cévennes, et au sud-ouest avec les montagnes de la Caune. Un peu plus au nord se trouve la chaîne de Levezou : cette contrée est affreuse ; resserrée entre les immenses chaînes de rochers qui s'étendent le long de la Jonte, de la Dourbie et de l'Hérault, sa surface est coupée par des précipices dont les revêtements, formés d'énormes rochers de forme cubique ou pyramidale, offrent de loin au voyageur le spectacle lugubre des tours antiques de châteaux tombant en ruine. — La partie méridionale du département offre une vaste et fertile plaine, qui s'étend jusqu'au bord de la Méditerranée, où se trouvent des marais très-étendus, d'où s'exhalent, pendant trois mois de l'année, des vapeurs méphitiques, qui exercent une influence funeste sur la santé des habitants de cette contrée. Près de la côte existent des marais salants, alimentés par les eaux de la mer qui refluent dans les étangs situés aux environs de Peccais, et forment des salines célèbres par la quantité et la qualité des sels qu'elles fournissent à une grande partie des départements de l'intérieur et à plusieurs cantons de la Suisse. — Les bords des rivières du Gardon, de la Cèze, du Vidourle et de tous les ruisseaux qui les alimentent, offrent de belles prairies naturelles, qui produisent une grande quantité de foin ; mais dans le midi du département les prairies sont peu abondantes, parce qu'on en a converti successivement une grande partie en terres à blé, et que d'ailleurs la rareté des eaux les rend peu productives. Au défaut de prairies naturelles dans toute cette contrée, les agriculteurs y suppléent par la culture des prairies artificielles. On remarque un bon système d'irrigation aux environs de Nîmes. — Les coteaux sont très-favorables à la culture de la vigne et à celle de l'olivier. Les jardins et les campagnes sont couverts d'arbres fruitiers de toute espèce. Les mûriers, dont la feuille sert à la nourriture des vers à soie, qu'on élève partout avec succès, sont cultivés dans tous les cantons, principalement dans les montagnes des Cévennes. Cette production étant presque l'unique récolte de ces cantons, l'industrie des habitants est poussée à cet égard à l'excès : des creux de rochers sont rendus fertiles avec des terres transportées à dos d'homme pour la plantation d'un mûrier, et les travaux des agriculteurs croissent en proportion de l'ingratitude du sol. Les châtaigniers couvrent toutes les montagnes septentrionales ; l'industrieux habitant de ces cantons en plante partout où la terre fournit assez de substance à sa végétation ; le fruit de cet arbre supplée au blé, que la rapidité des pentes et le peu de consistance du terrain ne permettent pas de cultiver.

Le Gard a aussi sa Camargue. Il existe, entre le canal d'Aigues-Mortes, un bras du Rhône et la mer, une île de 40 à 50 k. de circuit, à laquelle on donne improprement le nom de Graü-d'Orgon. Cette île est déserte et sans autres habitations que celles avoisinant les salines de Peccais. Le pays est couvert de lagunes, d'herbes salées, de roseaux, de broussailles et de pins. La main de l'homme n'y a pas touché : il est en quelque sorte abandonné aux animaux, et surtout à ceux qui se plaisent dans les terres basses et humides. Une immense forêt de pins s'étend au bord de la mer ; elle est habitée par une multitude d'animaux ; des milliers d'oiseaux de proie en occupent la cime ; de monstrueux serpents rampent dans ses profondeurs ; des blaireaux, des renards, des lièvres s'y multiplient et s'y font la guerre. Des vaches, aussi noires que l'ébène, réunies par troupeaux de quatre à cinq cents, se retirent sous ses ombrages pour y passer les heures les plus chaudes du jour. Elles en sortent le matin et le soir, pour aller sur la plage respirer l'air frais de la mer : immobiles, placées les unes à côté des autres, et présentant un front immense, on dirait alors une armée rangée en bataille. Un pâtre à cheval les garde de loin, afin d'empêcher que, dans leurs courses vagabondes, elles ne tentent de passer le canal ou le fleuve à la nage.

La surface du département est de 592,108 hectares, divisés ainsi :

Vignes	71,306
Terres labourables	137,535
Prés	8,382
Bois	106,472
Vergers, pépinières et jardins	1,592
Oseraies, aunaies et saussaies	2,162
Étangs, mares, canaux d'irrigation	2,766
Landes et bruyères	158,058
Cultures diverses	58,156
Superficie des propriétés bâties	1,548
Contenance imposable	567,977
Routes, chemins, places, rues, etc.	10,440
Rivières, lacs et ruisseaux	12,365
Forêts et domaines non productifs	1,202
Cimetières, églises, bâtiments publics	124
Contenance non imposable	24,131

On y compte :
64,669 maisons.
754 moulins à eau et à vent.
135 forges et fourneaux.
526 fabriques et manufactures.

Soit : 66,084 propriétés bâties.
Le nombre des propriétaires est de 114,874
Celui des parcelles de 1,143,478

HYDROGRAPHIE. Parmi les rivières du département, six le bordent : le Rhône, l'Ardèche, la Borne, la Vidourle, la Vis et la Virengue ; six autres y ont leur embouchure ou s'y perdent : ce sont le Gard, la Cèze, la Gagnière, la Claise, le Brestaloux et la Dartigue ; cinq y prennent leur source : l'Hérault, le Tarnon, la Brézé, la Jonte et la Dourbie ; quelques autres enfin de moindre importance y ont tout leur cours. — La longueur de la partie navigable de toutes ces rivières est évaluée à 46,000 m., et celle de la partie flottable à 132,000 m. — Les côtes du département ont peu de développement sur la Méditerranée, et encore sont-elles déchirées par de nombreux étangs et marais salants. Les sables du rivage offrent en certains endroits le phénomène de collines mouvantes, qui, poussées par les vents, changent fréquemment de place et se forment autour de tous les obstacles qu'elles rencontrent, tels que buissons, arbustes, etc. — Le seul port du département, Aigues-Mortes, autrefois situé sur la mer, aujourd'hui entouré de marais et d'étangs, n'a pu conserver de communication avec la Méditerranée qu'au moyen du canal de la Grande-Roubine. Ce canal, qui a 40 à 45 m. de largeur, 3 m. de profondeur et 6,000 m. de longueur, aboutit à un chenal défendu par des digues qui s'avancent dans la mer ; c'est ce qu'on appelle le Grau d'Aigues-Mortes : il a 4 m. de profondeur. — Le canal de navigation de Beaucaire à Aigues-Mortes communique avec la Méditerranée par la Grande-Roubine et avec le canal du Midi par celui de la Radelle ; il s'embranche avec le canal de Bourgidou, prolongement de celui de Sylvéréal. — Un canal latéral au Rhône, de Beaucaire à Lyon, est depuis longtemps projeté. — Il existe aussi un projet de canaliser la Vistre jusqu'auprès de Nîmes.

COMMUNICATION. Le département du Gard est traversé par dix routes royales, par vingt-huit routes départementales et par vingt et un chemins vicinaux de grande communication.

Trois chemins de fer ont été établis dans le Gard, entre les mines de la Grand'Combe et Beaucaire ; ils sont principalement destinés à mettre le bassin houiller d'Alais en communication avec Marseille et la Méditerranée. Ces chemins servent en même temps à transporter les marchandises et les voyageurs. — Ils peuvent être divisés en trois parties : la première partie, des mines de la Grand'Combe à Alais ; la deuxième partie, d'Alais à Nîmes ; la troisième partie, de Nîmes à Beaucaire.

Le chemin de fer des mines de la Grand'Combe à Alais commence à la Levade, commune de Ste-Cécile-d'Andorge ; il suit constamment les revers des coteaux de la rive gauche du Gardon jusqu'à Alais ; sa longueur totale est de 16 k. 50 m. Les communes dont il traverse les territoires sont : Ste-Cécile-d'Andorge, depuis la Levade jusqu'au ruisseau de la Trouche ; Portes, depuis ce ruisseau jusqu'au-dessous du mas de Trescol ; les Salles-du-Gardon, depuis Trescol jusqu'au ruisseau de Lascours ; Laval, depuis ce dernier lieu jusqu'au ruisseau de Sabatelle ; St-Martin-de-Valgalgues, depuis ce ruisseau jusqu'aux forges des Tamaris ; Alais, depuis les forges jusqu'au boulevard d'Alais, vis-à-vis de la place de la Maréchale.

Le chemin de fer d'Alais à Nîmes commence au boulevard d'Alais, près de la place de la Maréchale ; il suit jusqu'à Ners le revers des coteaux de la rive gauche du Gardon ; à Ners, il traverse la rivière par un pont en maçonnerie, et se développe ensuite au pied des coteaux de la rive droite du Gardon jusqu'au village de Sauzet, après avoir traversé Boucoiran par un souterrain. En quittant Sauzet, la ligne s'éloigne du Gardon vers la droite et croise à Gajan la rivière de la Braune ; de là elle remonte par la vallée de Vallongue jusqu'au sommet des coteaux près du mas de Ponge, d'où elle redescend le long du ravin du Cadereau et de la vallée de la Lampèze pour aboutir enfin au faubourg de Nîmes, près de l'octroi d'Uzès.

Le chemin de fer de Nîmes à Beaucaire commence à l'octroi de la route d'Uzès, suit d'abord les coteaux à gauche de la route n° 87, de Nîmes à Avignon, puis coupe cette route et traverse, par de longs alignements, toute la plaine du Vistre et tout le plateau de Campuget jusqu'à l'arête des coteaux qui s'étendent de Beaucaire à Bellegarde. Parvenu à ce point, il descend le revers de ces coteaux jusqu'à Beaucaire, où il s'arrête entre la route de St-Gilles et le canal.

MÉTÉOROLOGIE. Le climat du département du Gard offre les extrémités les plus opposées. Des vents impétueux et une sécheresse excessive succèdent à l'extrême humidité, ou sont remplacés par elle ; une grande quantité de pluie et un petit nombre de jours pluvieux ; peu de ces pluies douces qui arrosent la terre et la fertilisent, mais des rosées dont elle est à peine humectée, ou des averses orageuses qui la déchirent et l'inondent ; peu de graduation dans les changements de saison ou de température ; des passages brusques, le printemps au milieu de l'hiver, et l'hiver touchant à l'été. Dès le mois de mai, la chaleur fait des progrès rapides ; la hauteur moyenne du thermomètre n'est pendant ce mois que de 15 à +16° Réaumur, mais elle s'élève constamment dans l'après-midi à 20 et à +24°, et s'y soutient sans interruption jusqu'au milieu de juin, où alors elle monte jusqu'à 26 ou +27°. Dans les mois de juillet et d'août, la hauteur moyenne du thermomètre est, le matin, de 17°, le soir de 26 à +27°, et fréquemment de 28 à +30°. — Les vents sont très-impétueux ; mais ils procurent au département un ciel beau et pur, que les étrangers ne se lassent pas d'admirer. Les vents du nord sont les vents dominants et les plus salubres ; le nord-est amène la neige, les grands froids, les plus fortes chaleurs et l'extrême sécheresse ; le nord-ouest est salubre et procure les plus beaux jours ; le vent du sud produit une chaleur lourde, suffocante. Par le vent du sud-ouest la chaleur redouble ; des brouillards infects et des nuées de moucherons incommodes, que le vent élève des marais, succèdent à une température aussi saine qu'agréable. On appelle *galbin* un vent rafraîchissant qui souffle l'été de la mer, lorsque le vent du nord-ouest domine et seulement pendant les grandes chaleurs de la journée ; ce vent, salutaire et agréable tant que le soleil est sur l'horizon, est dangereux, humide et même froid lorsque la nuit approche.

PRODUCTIONS. Le territoire du département est en général peu fertile en grains ; il ne produit qu'environ le tiers nécessaire à la consommation de ses habitants, qui est évaluée à 1,543,000 hectolitres. C'est dans les territoires d'Uzès et de St-Gilles que se récolte le blé-froment de première qualité. On récolte encore, dans presque tout son territoire, du blé, du seigle, de l'orge, du maïs, du millet, du sarrasin ou blé noir, des fèves, des lentilles, des pois, de l'avoine et diverses autres qualités de céréales. La pomme de terre, qui est d'une si grande ressource, surtout pour la classe peu fortunée, est très-abondante. — Le châtaignier fait la richesse des Cévennes ; ces montagnes, situées au nord du département, en sont couvertes, et le fruit est la principale nourriture de la plupart des habitants, qui portent l'excédant de leurs provisions dans la partie méridionale des communes voisines ; ils font des échanges des vins et des céréales qu'on ne récolte point sur leur territoire. Les jardins produisent abondamment des fruits de très-bonne qualité ; le cerisier, l'abricotier, le pêcher, le figuier, le poirier, multiplient partout ; quelques autres arbres fruitiers, tels que le cognassier, le grenadier, croissent même sans culture ; mais l'oranger et le citronnier ne peuvent réussir en pleine terre. — Il y a dans le Gard plusieurs belles prairies sur les bords du Gardon et sur ceux de la Cèze et du Vidourle. Le trèfle et le sainfoin sont cultivés avec succès dans les cantons de Nîmes, de St-Laurent-d'Aigouse, d'Aigues-Mortes et sur les rives du Rhône. — Les oliviers forment une branche de l'agriculture des plus essentielles. C'est sur les coteaux exposés au midi et abrités du nord qu'ils réussissent le mieux. On en plante aussi dans les vignes, sur les lisières des champs, en quinconce, et dans d'autres terrains sur lesquels on sème quelque peu de grains, mais à une distance d'environ 1 m. Les huiles des terroirs de St-Bonnet, de St-Gervasy, d'Aramon et d'Uzès sont très-estimées.

La vigne est cultivée dans toutes les parties du département ; on la trouve jusque dans les débris rocailleux des carrières ; elle semble une production naturelle du sol ; il faut toutefois en exclure les montagnes les plus élevées du côté du Vigan et de St-Jean-du-Gard. Les cantons de Vauvert, St-Gilles, Sommières, Roquemaure, Marguerittes, sont au nombre de ceux où la récolte du vin est la plus abondante ; il s'en fait un commerce très-considérable. Les vins de Chusclan, Codolet, Laudun, Lédenon, Tavel, Roquemaure, St-Gilles, Langlade, sont les plus estimés (ce sont ceux qu'on appelle vins de bouche). Les vins de Vauvert, de St-Gilles et autres, ayant plus de corps que ceux de Laudun, de Tavel et de Lédenon, sont recherchés par les marchands, qui les coupent et les mitigent avec les vins du Nord. Les qualités inférieures sont employées dans les nombreuses fabriques de distillation d'esprits et eaux-de-vie établies dans un grand nombre de communes de ce département. Ce commerce, qui est très-considérable, mérite, à juste titre, la haute réputation dont il jouit. — Le mûrier est cultivé avec un grand succès, et devient un très-bel arbre dans le climat du Gard, principalement lorsqu'on le plante sur la lisière des champs à une distance convenable. Sa feuille est utilisée pour la nourriture des vers à soie, dans les cantons d'Alais, du Vigan, de St-Jean-du-Gard, de St-Hippolyte, de Lasalle, de Sumène et généralement dans les montagnes des Cévennes, où les soins et les travaux des agriculteurs croissent en raison de l'ingratitude du sol qu'ils habitent. Les soies que produit cette industrie s'emploient, en grande partie, dans les fabriques du département. — Culture en grand de la garance. Plantes médicinales et tinctoriales. — Les vignes produisant annuellement 1,200,000 hectolitres de vin, dont près de 300,000 sont consommés sur les lieux, 200,000 sont convertis en eau-de-vie, et le surplus livré à l'exportation. — Éducation des chevaux de petite taille et des bêtes à cornes dans le Graud'Orgon. Bêtes à laine estimées pour la finesse de leur toison. — Gibier très-abondant (loutres et castors dans les îles du Rhône; ortolans, grives, perdrix, cailles, etc.; aigles, vautours, éperviers, etc.; outardes, hérons, cigognes, flamands, bécasses, canards sauvages, maquereuses en grande quantité, et autres oiseaux de passage). — Poisson de mer et de rivière abondant.

MINÉRALOGIE. Sables aurifères dans la Cèze et dans le Gardon. Mine d'argent, dont l'exploitation est abandonnée, à St-Sauveur de Pourcil. Mines de cuivre et de calamine non exploitées. Mines de plomb argentifères dans plusieurs communes. Minerais de fer très-abondants et très-riches, notamment dans les montagnes d'Alais et de St-Hippolyte. Exploitation de houille aux environs d'Alais et dans plusieurs autres localités. Lignite, sulfate de fer, manganèse, antimoine, kaolin, terre à foulon et à poterie. Pouzzolane. Carrières de gypse et de pierres à bâtir.

SOURCES D'EAUX MINÉRALES à Alais, Fonsauge, Euzet, Meynes, Vergèze, Caveirac.

INDUSTRIE ET COMMERCE. La soie et les manufactures qui l'emploient forment la branche la plus importante du commerce de Nîmes. Ce commerce se divise en de vastes ramifications, qui toutes sont pour le département du Gard une source inépuisable de richesses. — La fabrication des étoffes de soie et mêlées de soie, de laine ou de coton; celle des châles, qui rivalise avec les premières fabriques françaises; l'impression sur étoffes, qui acquiert sans cesse de nouveaux développements, occupent un grand nombre d'ouvriers. Les châles de Nîmes, après ceux de Lyon, et après ceux de Paris, où l'on confectionne le cachemire français proprement dit, tiennent une place remarquable dans les fabriques françaises. L'industrie de Nîmes, qui sait tout populariser en imitant à bas prix l'éclat des tissus somptueux, s'empara dès l'année 1823, de la fabrication des châles en bourre de soie. C'est à l'art ingénieux de l'imitation et à l'extrême modération de ses prix qui la caractérisent que l'industrie nîmoise jouit de la double faveur avec laquelle ses produits sont accueillis à l'exportation. — La fabrique de Nîmes emploie pour ses châles la bourre de soie pure, le thibet et le coton; quelques fabricants font des châles en laine pour l'étranger et pour les départements. — Le châle indou, dit châle de Nîmes, se fait distinguer par la richesse des dessins et des nuances. Aucune fabrication ne sait mieux résoudre le problème économique, qui a pour but de réunir l'utile au bon marché. D'autre part, les progrès accomplis par l'industrie agricole, obtenus à l'aide de l'application des nouvelles méthodes, dont les effets sont plus avantageux à la récolte des cocons, viennent à l'appui de ce que nous venons de dire. Enfin l'impression sur étoffes présente une nouvelle branche d'industrie non moins importante, et livre au débouché des étoffes et des châles remarquables par leur beauté.

La bonneterie tient aussi une place importante par la perfection de ses produits. Cette branche de fabrication n'est point, comme celle des étoffes, fixée dans la ville de Nîmes. Répandue dans une grande partie du département, elle fournit d'abondantes ressources à l'activité manufacturière des populations de plusieurs villes et communes importantes, telles que Uzès, Alais, Génolhac, St-Cosmes, Calvisson, Quissac, Sauve, St-Hippolyte, Sumène, St-Laurent, Anduze, St-Jean-du-Gard, le Vigan et la plus grande partie de la Vaunage. — Les métiers, mis en mouvement par les ouvriers établis dans ces localités, travaillent pour les fabricants du pays, ou pour les fabricants de Nîmes, centre de ce commerce. — Toutes ces localités ont chacune un genre particulier de fabrication, qu'il est intéressant de faire connaître. Uzès fabrique des bas de bourre de soie; Alais, des bas, des gants, des rubans, etc., etc.; le Vigan, la bonneterie fine, en soie, pour l'intérieur, et en coton, dans les qualités légères et apparentes, pour l'exportation; St-Hippolyte, la bonneterie en soie, dans les hautes qualités; Sumène, la bonneterie en tous genres; St-Laurent, les bas blancs, forts, unis et brodés, en bonne qualité, pour l'intérieur; Sauve et Quissac, la bonneterie commune en coton, pour les maisons du pays; la bonneterie fine, en tous genres, à façon, pour les maisons de Nîmes. Quissac fait particulièrement la bonneterie en soie commune, et a repris la fabrication des bas de laine; Anduze fabrique les qualités fines en coton et en fil d'Écosse pour l'intérieur et pour l'exportation; St-Jean-du-Gard, les articles mêlés, dans les qualités supérieures en soie, en coton et en fil d'Écosse; Calvisson, la bonneterie fine en soie, en coton et en fil d'Écosse, à façon pour les maisons de Nîmes; Génolhac, les bas et les gants de bourre de soie, à façon pour les maisons de Nîmes et pour les maisons d'Uzès. Cette commune fabrique surtout la ganterie en soie et en bourre de soie. Nîmes est l'entrepôt général de toute la bonneterie du Gard; elle compte dans son sein plusieurs fabriques, qui, par leur importance et par la variété de leurs produits, occupent non-seulement tous les ouvriers de cette ville dans cette partie, mais concourent encore à donner de l'ouvrage aux ouvriers des autres communes du département.

Le commerce des soies proprement dit comprend les filatures de cette matière, son achat dans les divers départements de la France et dans les pays étrangers où elle croit, sa préparation et sa revente dans les fabriques.

Une nouvelle industrie, la fabrication des tapis, est venue, depuis peu d'années, se naturaliser dans le Gard. On imite, à Nîmes, les moquettes anglaises, et l'on fabrique avec succès les tapis d'étoffe à double tissu. Aubusson n'a plus le privilége exclusif de fournir à la consommation de cette riche marchandise. Sa fabrication comprend plusieurs espèces de produits : 1° les tapis écossais; 2° les tapis écossais brochés; 3° les tapis moquettes; 4° les tentures pour portières, meubles, etc., etc.

Les manufactures de laine assurent la prospérité de la ville de Sommières et de plusieurs communes environnantes. Sommières doit sa prospérité à son ancienne manufacture de molletons et à ses manufactures modernes de couvertures de laine.

Les cuirs et les peaux qui s'apprêtent dans les tanneries sont débités en Italie, en Savoie, en Espagne, et dans l'intérieur du royaume; les villes de Nîmes, de Beaucaire, d'Uzès, de Bagnols, de Sommières, d'Alais, de St-Hippolyte et du Vigan, possèdent un grand nombre d'ateliers de cette nature.

COMMERCE. Le commerce des vins et eaux-de-vie occupe la place avantageuse dans le mouvement industriel du département, et forme une des principales branches de sa richesse. Les vins rouges, propres à la consommation et au transport, récoltés à St-Gilles, à Langlade, à Ledenon, et dans les communes à l'est de la ville de Nîmes à Clusclan, à Codolet, à Tavel, dans l'arrondissement d'Uzès, sont en général très-généreux et très-spiritueux. — Les vins blancs de première qualité sont récoltés à Calvisson, à Bellegarde et dans les localités qui bordent le Rhône : on récolte à St-Gilles quelques vins muscats. — Les vins rouges de chaudière composent la plus grande partie de la récolte du département, et surtout dans l'arrondissement de Nîmes. Les cantons de Vauvert, de Milhaud, de Bellegarde, de Calvisson, d'Aigues-Vives et autres, sont les plus abondants en vins destinés à la fabrication des eaux-de-vie. La fabrication des eaux-de-vie est un centre principal dans les communes de la Vaunage. On compte dans le département du Gard 158 distillateurs, sans compter un assez grand nombre de propriétaires qui convertissent leur récolte en eau-de-vie. — On trouve encore dans le Gard des fonderies et des fabriques de machines à vapeur. Une fabrique d'instruments aratoires est en activité depuis plusieurs années, et présente des résultats très-satisfaisants. La tonnellerie occupe plusieurs communes des montagnes des Cévennes, particulièrement du côté de Sumène et du Vigan. Il y a des fabriques de chapeaux de soie à Nîmes, à Beaucaire, à Alais, à Anduze, à Vézénobres, à Uzès, à Roquemaure, à Pont-St-Esprit, et dans plusieurs communes de l'arrondissement du Vigan. Plusieurs communes se livrent à la fabrication de la poterie, de la tuilerie et de la briqueterie, destinée aux besoins domestiques. Les poteries de St-Victor et celles qu'on fabrique à St-Quentin jouissent d'une réputation méritée. On trouve à Anduze une fabrique destinée spécialement à la confection des pots à fleurs, qui n'a pas de rivale pour la forte dimension de ses pièces, leurs belles formes et leur extrême solidité.—Il existe des verreries à Rochebelle, près d'Alais, et à Valbonne, près d'Uzès.—On ne compte qu'un petit nombre d'usines destinées à la fabrication de la papeterie et du carton. Uzès, St-Laurent-des-Arbres, Anduze et Nîmes sont les seules communes qui s'occupent de ce genre d'industrie.—St-Florens occupe environ 250 ouvriers à la clouterie, industrie très-rare dans le département.—Générargue possède une fabrique d'excellent plâtre gris et des fours à chaux.—Bagnols possède un nombre considérable de filatures de soie.—Uzès fabrique des bas de soie, et elle fait le commerce des vins, des huiles, des cuirs et de grosses draperies : on y compte plusieurs filatures.—Le Vigan possède plusieurs établissements importants destinés à la fabrication de la tonnellerie ; les communes d'Avèze, d'Arre, de Bez, etc., s'occupent aussi de cette industrie.—Quissac se fait remarquer par sa fabrication des bas de laine.—On récolte dans le territoire d'Aigues-Mortes une grande quantité de joncs et de roseaux, le salicor ou kali, qui se convertit en soude par l'incinération. La pêche dans les étangs et en pleine mer, ainsi que le salage du poisson, forme aussi une branche importante de l'industrie de cette ville.— Les salines de Peccais produisent annuellement de 6 à 7,000 quintaux de sel. Ce produit trouve un écoulement en Suisse et en Savoie ; le reste est consommé dans le département, et fournit en outre aux besoins de la Lozère, de l'Ardèche, de la Haute-Garonne, etc.—Aramon possède une fabrique de liqueurs renommées. On cultive à Gallargues une plante nommée vulgairement morelle, qui sert à la fabrication du tournesol en drapeau.—Sauve possède un commerce de fourches fabriquées avec le bois du micocoulier.

Foires. Cent foires environ se tiennent dans une quarantaine de communes. On vend généralement sur toutes ces foires des bêtes à cornes et autres bestiaux ; des mulets à Sommières et au Vigan ; des laines à Alais ; des soies à Anduze, à Bagnols, à Alais ; des tonneaux à Sauve. La foire de Beaucaire est la plus importante de l'Europe. V. BEAUCAIRE.

DIVISION ADMINISTRATIVE. Le département du Gard a pour chef-lieu Nîmes. Il envoie 5 représentants à la chambre des députés, et est divisé en 4 arrondissements :

Nîmes.	11 cant.	134,737 h.
Alais.	9	88,370
Uzès.	8	87,596
Le Vigan.	10	65,359
	38 cant.	376,062 h.

37ᵉ arr. des forêts (chef-l. Montpellier).—

16ᵉ arr. des mines (chef-l. Montpellier).— 9ᵉ division militaire (chef-l. Montpellier).— Évêché et séminaire diocésain à Nîmes. École secondaire ecclésiastique à Beaucaire ; 41 cures, 158 succursales ; églises consistoriales à Alais, St-Ambroix, Vézenobres, St-Jean-du-Gard, Anduze, Uzès, St-Chaptes, Nîmes, Vauvert, Aigues-Vives, Calvisson, le Vigan, Sommières, Valleraugues, St-Hippolyte, la Salle et Sauve ; 78 temples ou maisons de prières.— Académie universitaire à Nîmes. Collége royal à Nîmes ; colléges communaux à Beaucaire, à Alais, à Uzès et au Vigan.—Académie royale du Gard et musée d'antiquités à Nîmes.—Soc. d'agric. à Nîmes, à Alais, à Uzès et au Vigan.

Biographie. Parmi les hommes distingués, nés dans le Gard on cite principalement : le pape CLÉMENT IV ; les médecins ASTRUC et SAUVAGES ; l'académicien DEPARCIEUX ; le P. SAURIN, orateur ; le littérateur LA BAUMELLE ; le poëte FLORIAN ; le savant grammairien COURT DE GÉBELIN ; l'antiquaire DES OURS DE MANDAJORS ; le chevalier D'ASSAS ; RABAUT ST-ÉTIENNE, député à la convention nationale ; M. GUIZOT, membre de la chambre des députés ; le peintre SIGALON ; les généraux DAMMARTIN, FOURNIER D'ALBE, BRUYÈRE, TESTE, D'ALBIGNAC, SORBIER, BRUGUIÈRE, MÉNARD, BOISSEROLLE, MEYNADIER, PASCAL DE VALLELONGUE, le colonel BOYER DE PEYRELAU, etc.

Bibliographie. GRANGENT. Description abrégée du Gard, in-8, 1800.
PEUCHET et CHANLAIRE. Statistique du Gard, in-4, 1817.
RIVOIRE (Hect.). Statistique du département du Gard, in-4, 1842.
Arrêté du conseil de préfecture du département du Gard relativement à la contestation élevée sur les limites qui séparent le département de ceux de Vaucluse, des Bouches-du-Rhône et de l'Ardèche, in-8.
ALPHONSE (d'), préfet. Compte moral de l'administration du Gard pour 1806-7-8 et 9, in-4.
CHRISTOL. Notice sur les ossements fossiles des cavernes du Gard (Ann. des mines, t. v, p. 517, 2ᵉ série).
* Note sur les mines de houille et chemins de fer du Gard, in-4, 1836.
GRANGENT. Description des monuments antiques du midi de la France, in-f°, 1819 (avec Durand).
VALZ. Notice sur la branche rétrograde de l'aqueduc du Gard (Notice de l'acad. du Gard, 1840, p. 94).
MARTIN. Mémoire sur l'agriculture du 2ᵉ arrondissement du département du Gard (ibid., 1811, p. 661).
HOMBRES (le baron). Notes sur les végétaux du Gard (ibid., 1833, p. 104).
GRANGENT. De l'état de l'irrigation dans le département du Gard (ibid., 1822, p. 64).
RÉNÉ DE BERNIS. Précis de ce qui s'est passé en 1815 dans le département du Gard et de la Lozère, in-8, 1818.
* Troubles et Agitations du département du Gard en 1815, in-8, 1818.

Notices des travaux de l'académie du Gard, 6 vol. in-8, 1811-41.
Annuaires administratifs du Gard, in-8, 1819-44.
V. aussi aux articles : LANGUEDOC, AIGUES-MORTES, ALAIS, ARAMON, AUZON, BEAUCAIRE, ST-JEAN-DE-SINARGUE, MEYNES, NÎMES, PECCAIS, SAUVE, SERVAS, SOMMIÈRES, UZÈS, VAUVERT, VERGÈSE, LE VIGAN, VILLENEUVE-LÈS-AVIGNON.

GARD (pont du). V. FOUX (la).
GARDANNE, *Gardanæ*, petite ville, *Bouches-du-Rhône* Provence), arr., ✉ et à 11 k. d'Aix, chef-l. de cant. Cure. Pop. 2,609 h.— Terrain tertiaire moyen.

Cette ville est bâtie sur la pente du coteau de Cativel et sur les bords du ruisseau de St-Pierre, qui en baigne les remparts. Les rues en sont étroites et mal percées ; mais il y a de fort jolies maisons dans le faubourg et sur le rempart ; on y remarque plusieurs fontaines abondantes. Le roi René avait à Gardanne un château, où est maintenant la *fontaine du roi*, et il se donnait le plaisir de la chasse sur l'étang qui était au-dessous. Charles III, son successeur, en affectionnait tellement les habitants, qu'il lui donna le nom de ville et ses propres armes. La terre de Gardanne passa depuis dans la maison de Forbin.

Distilleries d'eaux-de-vie. Exploitation de houille. Tuileries. Culture en grand du melon et de la betterave.—Foires les 3 fév. et 3 mai.

GARDE (la), *Guardia*, vg. *B.-Alpes* (Provence), arr., cant., ✉ et à 5 k. de Castellanne. Pop. 285 h.
GARDE (la), vg. *B.-Alpes*, comm. de la Bréole, ✉ du Lauzet.
GARDE (la), vg. *Ariège* (pays de Foix), arr. et à 30 k. de Pamiers, cant. et ✉ de Mirepoix. Pop. 633 h.
GARDE (la), vg. *Aude*, com. de Labécède-Lauragais, ✉ de Castelnaudary.
GARDE (la), vg. *Aveyron*, comm. et ✉ de Cassagnes-Bégonhès.
GARDE (la), vg. *Corrèze* (Limousin), arr., cant., ✉ et à 16 k. de Tulle. Pop. 1,066 h.
GARDE (la Haute et Basse-), vg. *Ille-et-Vilaine*, comm. de St-Guinoux, ✉ de Châteauneuf-en-Bretagne.
GARDE (la), vg. *Isère* (Dauphiné), arr. et à 48 k. de Grenoble, cant. et ✉ de Bourg-d'Oisans. Pop. 383 h.
GARDE (la), vg. *Loire*, comm. de Perreux, ✉ de Roanne.
GARDE (la), vg. *Lozère*, comm. de Prévenchères, ✉ de Villefort.
GARDE (la), vg. *Meurthe* (Lorraine), arr. de Château-Salins, cant. et à 20 k. de Vic, ✉ de Bourdonnay. Pop. 805 h.
GARDE (la), vg. *H.-Pyrénées* (Bigorre), arr., cant., ✉ et à 13 k. de Tarbes. P. 203 h.
GARDE (la), vg. *Var* (Provence), arr., cant., ✉ et à 8 k. de Toulon-sur-Mer. P. 2,320 h.
GARDE (la), vg. *Vaucluse* (Provence), ar.r, cant., ✉ et à 20 k. d'Apt. Pop. 139 h.
GARDE (Ste-), vg. *Vaucluse*, comm. de St-Didier, ✉ de Carpentras.

GARDE (Grande et Petite-), vg. *H.-Vienne*, comm. de Folles, ✉ de Morterolles.

GARDE-ADHÉMAR (la), vg. *Drôme* (Dauphiné), arr. et à 17 k. de Montélimart, cant. et ✉ de Pierrelatte. Pop. 1,122 h. — Filature de soie. —*Foire* le 3 oct.

GARDE-DISLEMADE (la), vg, *Tarn-et-Garonne*, comm. d'Albefeuille, ✉ de Castel-Sarrasin.

GARDE-FIRMACON (la), vg. *Gers* (Armagnac), arr., cant., ✉ et à 6 k. de Lectoure. Pop. 477 h.

GARDE-FREINET (la), *Fraxinetum*, vg. *Var* (Provence), arr. et à 33 k. de Draguignan, cant. de Grimaud. A 858 k. de Paris pour la taxe des lettres. Pop. 2,386 h.

Ce village est situé auprès d'une montagne de difficile accès, où existait jadis le fort Freinet ou Fraxinet, si célèbre au IX⁰ et au X⁰ siècle par le séjour des Sarrasins. On voit encore l'emplacement de ce fort, sur un rocher isolé dominant toute la chaîne de monts qui court du nord au sud ; la partie vers le midi est tout à fait escarpée, et l'on ne peut y monter qu'à l'aide des degrés mal taillés dans une roche schisteuse, qui conduisent aux restes de la porte de l'ancien château. Au delà est une plate-forme d'une petite étendue, entourée de deux côtés par un fossé d'environ 4 m. de largeur sur 2 ou 3 m. de profondeur, et des autres côtés par de grands précipices : au milieu existe une citerne carrée, dans laquelle on descend par des degrés taillés dans la pierre et bien conservés ; autour sont à peine quelques vestiges de remparts et de logements. — Les Sarrasins établirent leur quartier général dans la forteresse du Fraxinet vers l'an 890, et profitèrent habilement de cette position avantageuse pour s'y maintenir pendant un siècle contre les attaques de leurs ennemis, et fondre de là sur les lieux qui leur offraient un riche butin. Placés sur les hautes montagnes de la Garde-Freinet, ils avaient derrière eux le golfe de Grimaud, qui leur offrait un abri assuré pour leurs navires, et une communication facile par mer avec leurs compatriotes d'Espagne et d'Afrique. De là, ils se répandirent comme un torrent dévastateur dans toute la Provence, dans le Languedoc et le Dauphiné, pillant les villes, massacrant tous les hommes en état de porter les armes, emmenant les femmes et les enfants esclaves en Afrique, détruisant par le fer et par la flamme les édifices publics et particuliers. Les chrétiens firent de grands efforts pour purger le sol de la Provence de cette poignée d'Africains qui le désolaient. Hugues, roi d'Arles les vainquit sans les détruire ; l'empereur d'Occident, Othon Iᵉʳ, les fit combattre sans succès ; Conrad le Pacifique détruisit un de leurs corps d'armée, et les affaiblit au point qu'ils ne purent continuer leurs courses de quelque temps. Cependant, malgré leurs combats journaliers et leurs pertes fréquentes, les Sarrasins n'avaient pu être entamés dans leurs montagnes où ils s'étaient retranchés ; mais en 973 Gibelin de Grimaldi, Boniface de Castellane, Buvon et plusieurs autres seigneurs joignirent leurs troupes à celles de Guillaume Iᵉʳ, comte de Provence, et sous ses auspices attaquèrent la redoutable forteresse du Fraxinet, qui fut enfin prise d'assaut et rasée, après qu'on eut massacré ou fait prisonniers les soldats qui la défendaient.

Le village de la Garde était autrefois resserré dans une espèce de creux entouré de rochers escarpés, et couvert par un ravin profond qui en rendait l'accès difficile ; ses maisons étaient basses, étroites, ses rues sombres et tortueuses, ses habitants pauvres et misérables. Depuis une cinquantaine d'années, le commerce des bouchons a répandu l'aisance dans ce pays peu favorisé de la nature ; le village s'est rapidement étendu vers la route de St-Tropez ; des places plantées d'arbres, des rues larges et droites, bordées de maisons de belle apparence, quatre fontaines, donnant une eau toujours abondante et limpide, en ont fait un séjour des plus agréables.

Les montagnes de Garde-Freinet, et celles de la Sauvette et de Pignans, qui dominent tout le massif des montagnes des Maures, ont leur base couverte de châtaigniers, qui s'élèvent souvent assez haut sur les pentes, et forment quelquefois des forêts épaisses. Il y en a de deux espèces : le sauvage ou châtaignier proprement dit, et celui que l'on cultive et que l'on greffe, appelé marronnier. C'est dans les vallées étroites où la fraîcheur se soutient davantage, principalement le long des coteaux exposés au nord, qu'il prospère le plus. Les marrons sont une des productions les plus profitables du pays, où l'on en fait un commerce considérable. Ce sont les marrons de la Garde-Freinet qui se répandent dans la Provence sous le nom de marrons du Luc, et qui sont connus dans une grande partie de la France sous le nom de marrons de Lyon.

Fabriques de bouchons justement renommés dans le reste de la France et à l'étranger. Outre les hommes occupés à écorcer les lièges dans les forêts, et ceux employés à transporter les lièges et les bouchons à la Garde-Freinet, et les bouchons à St-Tropez, Marseille et autres villes, cette industrie occupe un grand nombre de bras : l'on y compte vingt-huit fabriques qui emploient, suivant les saisons, de 3 à 400 ouvriers. On évalue à 5,000 balles de trente mille bouchons chacune le produit annuel de toutes ces fabriques. — *Foires* les 15 juin, 8 sept. et 23 nov.

GARDEFORT, vg. *Cher* (Berry), arr., cant., ✉ et à 7 k. de Sancerre. Pop. 326 h.

GARDEGAN, vg. *Gironde* (Guienne), arr. et à 20 k. de Libourne, cant. et ✉ de Castillon. Pop. 386 h.

GARDE-HACHAN (la), vg. *Gers* (Armagnac), arr., cant., ✉ et à 15 k. de Mirande. Pop. 447 h.

GARDE-LAURAGAIS (la), vg. *H.-Garonne* (Languedoc), arr., cant., ✉ et à 8 k. de Villefranche-de-Lauragais. Pop. 800 h.

GARDE-LEDERGUES (la), vg. *Aveyron*, comm. de Ledergues, ✉ de Cassagne-Bégonhès.

GARDELLE (la), vg. *H.-Garonne* (Languedoc), arr., cant., ✉ et à 8 k. de Muret. Pop. 839 h.

GARDELLE (la), vg. *Lot*, comm. de Pescadoire, ✉ de Puy-l'Evêque.

GARDE-MONTLIEU (la), vg. *Charente-Inf.* (Saintonge), arr. et à 28 k. de Jonzac, cant. et ✉ de Montlieu. ⌣. Pop. 921 h.

GARDE-MOUZET, vg. *Aisne*, comm. de Fontenelle, ✉ de la Capelle.

GARDE-PARÉOL (la), *Guarda Pariolis*, vg. *Vaucluse* (Contat), arr., ✉ et à 12 k. d'Orange, cant. de Bollène. Pop. 221 h.

GARDE-SUR-LE-NÉ (la), vg. *Charente* (Angoumois), arr., cant., ✉ et à 7 k. de Barbezieux. Pop. 389 h.

GARDE-VIAUR (la), vg. *Tarn*, comm. de Montirat, ✉ de Cordes. — *Foires* les 25 janv., 11 juin, 21 oct. et lundi de Quasimodo.

GARDÈRES, vg. *H.-Pyrénées* (Gascogne), arr. et à 23 k. de Tarbes, cant. d'Ossun, ✉ de Pau. Pop. 768 h.

GARDERIE (la), vg. *Seine-et-Oise*, com. de l'Étang-la-Ville, ✉ de St-Germain-en-Laye.

GARDES, vg. *Charente* (Angoumois), arr. et à 22 k. d'Angoulême, cant. et ✉ de la Vallette. Pop. 660 h.

GARDIE (la), vg. *Aude* (Languedoc), arr. et à 12 k. de Limoux, cant. et ✉ de St-Hilaire. Pop. 231 h.

GARDIÈRE (la), vg. *Indre-et-Loire*, com. de St-Nicolas-de-Bourgueil, ✉ de Bourgueil.

GARDO-ISLE, nom donné pendant la révolution au bourg d'Arzac.

GARDON (le). V. Gard.

GARDONNE, vg. *Dordogne* (Périgord), arr., ✉ et à 16 k. de Bergerac, cant. de Sigoulès. Pop. 679 h. — *Foire* le 2ᵉ mercredi de chaque mois.

GARDOUCH, vg. *H.-Garonne* (Languedoc), arr., cant., ✉ et à 4 k. de Villefranche-de-Lauragais. Pop. 1,203 h.

GARE (la), vg. *Seine*, comm. d'Ivry-sur-Seine.

GAREIN, vg. *Landes* (Gascogne), arr. à 22 k. de Mont-de-Marsan, cant. de Labrit, de Sabres. Pop. 829 h. — *Fabrique* de matières résineuses.

GAREL, vg. *Eure*, comm. de Plessis-Groshan, ✉ d'Évreux.

GARENCILLE, vg. *Charente*, comm. de Ségonzac, ✉ de Jarnac.

GARÉNGUE (la), vg. *Gironde*, comm. de Preignac, ✉ de Podensac.

GARENNE (la), vg. *Charente*, comm. de Souvigné, ✉ d'Aigre.

GARENNE (la), vg. *Yonne*, comm. de Plessis-St-Jean, ✉ de Pont-sur-Yonne.

GARENNES (la), vg. *Eure* (Normandie), arr. et à 30 k. d'Évreux, cant. de St-André, ✉ d'Ivry-la-Bataille. Pop. 662 h. — *Fabrique* d'instruments à vent en bois.

GARENTREVILLE, vg. *Seine-et-Marne* (Gâtinais), arr. et à 23 k. de Fontainebleau, cant. et ✉ de Nemours. Pop. 203 h.

GARÉOULT, *Garaudicus*, *Castrum de Gareldo*, vg. *Var* (Provence), arr., ✉ et à 10 k. de Brignoles, cant. de la Roquebrussanne. Pop.

962 h. — Distillerie d'eau-de-vie. — Foire le 12 mai.

GARETTE (la), vg. *Deux-Sèvres*, comm. de Sensais, ⊠ de Niort.

GARGANVILLAR, vg. *Tarn-et-Garonne* (Armagnac), arr., ⊠ et à 9 k. de Castel-Sarrasin, cant. de St-Nicolas-de-la-Grave. P. 916 h.

GARGARIUS LOCUS (lat. 44°, long. 24°). « Une grande et belle inscription, rapportée par Honoré Bouche et par Spon, et dont M. l'abbé Barthélemy m'a communiqué une copie qu'il a faite sur le lieu, nous donne la connaissance de celui dont il s'agit. Dans cette inscription, qui se rapporte au temps d'Adrien, dont le nom s'y trouve employé, T *Aelio Antonino*; on lit :

PAGANI PAGI LUCRETI QUI SUNT
FINIBUS ARELATENSIUM LOCO GARGARIO.

Ce lieu conserve son nom dans celui de Gargues. Il est renfermé dans la paroisse de Gemenos, au pied de la montagne nommée le St-Pilon; la plaine, qui du pied de cette montagne s'étend jusqu'à Aubagne, en tirant vers Marseille, s'appelle *Lacrau*, et pourrait être le *Pagus Lucretus* de l'inscription. On peut consulter l'article *Arelate* pour connaître par quelle raison une position qui parait si écartée d'Arles, se trouve néanmoins *intra fines Arelatensium*, selon le témoignage formel de l'inscription. M. l'abbé Barthélemy m'a dit avoir trouvé dans un lieu nommé St-Zacharie, au nord du St-Pilon, une inscription en l'honneur de quelques déesses tutélaires : *Matribus ubercabus.* » D'Anville. *Notice de l'ancienne Gaule*, p. 339.

GARGAS, vg. *H.-Garonne* (Languedoc), arr. et à 18 k. de Toulouse, cant. de Fronton, ⊠ de St-Jory. Pop. 353 h.

GARGAS, *Gargatium*, vg. *Vaucluse* (Provence), arr., cant., ⊠ et à 5 k. d'Apt. Pop. 865 h.

GARGENVILLE, vg. *Seine-et-Oise* (Beauce), arr. et à 8 k. de Mantes, cant. de Limay, ⊠ de Meulan. Pop. 86 h. — Il est situé près de la grande route de Paris à Rouen. Le château d'Hénencourt, d'où l'on jouit d'une multitude de beaux points de vue sur les bords de la Seine et sur quantité de villages et de châteaux, fait partie de Gargenville. Les jardins et l'orangerie sont particulièrement remarquables.

GARGES, *Bigargium Palatium*, vg. *Seine-et-Oise* (Ile-de-France), arr. et à 30 k. de Pontoise, cant. et ⊠ de Gonesse. Pop. 489 h. — C'est un village très-ancien où le roi Dagobert avait un manoir royal qu'il habitait fréquemment. On y voit un magnifique château, dont les jardins et le parc, baignés par la rivière de la Crould, offrent des paysages enchanteurs. — Fabrique de colle forte. Belle blanchisserie de toiles.

GARGILESSE, *Gargilessa Castrum*, vg. *Indre* (Berry), arr. à 31 k. de la Châtre, cant. et ⊠ d'Eguzon. Pop. 640 h. — On y voit une ancienne église que l'on a proposé de classer au nombre des monuments historiques.

GARIAN, vg. *H.-Pyrénées*, comm. et ⊠ d'Arreau.

GARIDECH, vg. *H.-Garonne* (Languedoc), arr. et à 17 k. de Toulouse, cant. et ⊠ de Montastruc. Pop. 383 h.

GARIÈS, vg. *Tarn-et-Garonne* (Armagnac), arr. et à 39 k. de Castel-Sarrasin, cant. et ⊠ de Beaumont-de-Lomagne. Pop. 529 h.

GARIFONTAINE, vg. *Vosges*, comm. de Bru et Jeanménil, ⊠ de Rambervillers.

GARIGNY, vg. *Cher* (Nivernais), arr. et à 30 k. de Sancerre, cant. et ⊠ de Sancergues. Pop. 674 h. — On y remarque une église de construction romane.

GARIN, vg. *H.-Garonne* (Comminges), arr. et à 52 k. de St-Gaudens, cant. et ⊠ de Bagnères-de-Luchon. Pop. 288 h.

GARINDEIN, vg. *B.-Pyrénées* (Navarre), arr., cant., ⊠ et à 2 k. de Mauléon et à 25 k. de St-Palais. Pop. 393 h.

GARISCAN, vg. *H.-Garonne*, comm. de Latoie, ⊠ de St-Gaudens.

GARITES (lat. 44°, long. 19°). « Leur nom se trouve dans le troisième livre des Commentaires, entre *Elusates* et *Ausci*, au nombre des peuples qui se soumirent à Crassus, lieutenant de César. Sanson les place dans le comté de Gaure, qui est renfermé dans le diocèse d'Auch ainsi que l'ancien territoire des *Elusates*, et M. de Valois (p. 221) paraît adopter cette opinion. Les fautes que les adversaires de Sanson avaient commises au sujet de *Garites* sont relevées dans sa nomenclature de la Gaule, jointe à la traduction des Commentaires par d'Ablancourt. J'ai cru toutefois que le nom de la rivière de Gers pouvait avoir donné le nom aux *Garites*; c'était faute de savoir que le nom de cette rivière est *OEgersius* dans Sidoine Apollinaire, *Egircius* dans Fortunat. » D'Anville. *Notice de l'ancienne Gaule*, p. 340. V. aussi Walckenaer. *Géographie des Gaules*, t. 1, p. 253, 283.

GARLAN, vg. *Finistère* (Bretagne), arr., ⊠ et à 7 k. de Morlaix, cant. de Lanmeur. Pop. 1,174 h.

GARLÈDE, vg. *B.-Pyrénées* (Béarn), arr. et à 25 k. de Pau, cant. de Thèze, ⊠ d'Auriac. Pop. 258 h.

GARLIN, petite ville, *B.-Pyrénées* (Béarn), arr. et à 37 k. de Pau, chef-l. de cant. Cure. Gîte d'étape. ⊠. ⌑. A 723 k. de Paris pour la taxe des lettres. Pop. 1,418 h. — TERRAIN tertiaire supérieur, alluvions anciennes.

GARLOPEAUX, vg. *Charente-Inf.*, com. de Coulonges, ⊠ de St-Savinien.

GARN (le), vg. *Gard* (Languedoc), arr. et à 34 k. d'Uzès, cant. et ⊠ de Pont-St-Esprit. Pop. 314 h.

GARNACHE, *Ganachia, Ganapia*, petite ville, *Vendée* (Poitou), arr. et à 42 k. des Sables, cant. et ⊠ de Challans. Cure. P. 2,901 h. — *Foires* les 3 fév., 25 mars, 1er lundi de mai, 30 juin, 16 août, 15 sept. et 12 nov.
Bibliographie. * *Du siège de la Garnache, etc.* (Mémoires de la Ligue, t. II, p. 555-85).

GARNAT, vg. *Allier* (Bourbonnais), arr. et à 32 k. de Moulins-sur-Allier, cant. et ⊠ de Chevagnes. Pop. 681 h.

GARNAUD (Grand et Petit-), vg. *Charente-Inf.*, comm. de Poursay-Garnaud, ⊠ de St-Jean-d'Angely.

GARNAY, vg. *Eure-et-Loir* (Beauce), arr., cant., ⊠ et à 4 k. de Dreux. Pop. 595 h.

GARNERANS, vg. *Ain* (Dombes), arr. et à 36 k. de Trévoux, cant. et ⊠ de Thoissey. Pop. 856 h.

GARNÈRE, vg. *H.-Garonne*, comm. de Sauveterre, ⊠ de St-Gaudens.

GARNET, vg. *Eure-et-Loir*, comm. de Levainville, ⊠ de Gallardon.

GARNETOT, vg. *Calvados* (Normandie), arr. et à 29 k. de Lisieux, cant. de St-Pierre-sur-Dives, ⊠ de Livarot. Pop. 163 h.

GAROCELI (lat. 45°, long. 25°). « Ils sont nommés, dans le premier livre des Commentaires, entre les *Centrones* et les *Caturiges*, comme ayant voulu de concert fermer le passage des Alpes à César, qui néanmoins partant d'*Ocelum, quod est citerioris provinciae extremum, in fines Vocontiorum ulterioris provinciae, septimo die pervenit*. Cette distinction entre le nom d'*Ocelum* et celui de *Garoceli* fixe leur demeure dans la vallée de Pragelas et de Cluson, où la position d'Uxeau représente *Ocelum*, comme on peut voir à l'article de ce nom. Quoique les *Garoceli* soient ainsi sur le revers des Alpes qui regarde l'Italie, *citeriorum provinciam*, par rapport à Rome, il m'a paru nécessaire de les faire connaître sur cette frontière. » D'Anville. *Notice de l'ancienne Gaule*, p. 340.

GARONNE (la), *Garumna*, fleuve considérable qui prend sa source au fond de la vallée d'Aran, dans les montagnes des Pyrénées espagnoles. Elle entre en France près du Pont-du-Roi, dép. de la *H.-Garonne*, passe à St-Béat, Montréjeau, St-Gaudens, St-Martory, Martres, Cazères, Carbonne, Muret, Toulouse, Verdun, le Mas, Bouret, Auvillard, Petit-Bezy, la Magistère, Leyrac, Agen, Port-Ste-Marie, Tonneins, Marmande, Bazeille, la Réole, St-Macaire, Langon, Cadillac, Rions et Bordeaux, d'où elle descend au Bec-d'Ambès. Elle y reçoit la Dordogne et prend le nom de Gironde (V. GIRONDE), porte en cet endroit les plus gros bâtiments, et se jette dans l'Océan, près de la tour de Cordouan, dép. de la *Gironde*, entre la pointe de Grave et Royan. La marée se fait sentir jusqu'à Langon.

La Garonne commence à être flottable au Pont-du-Roi, et être navigable à Cazères, département de la Haute-Garonne. La longueur de la partie flottable est de 75,000 m.; celle de la partie navigable est de 422,000 m. Les principaux objets de transport consistent en grains, farines, vins, eaux-de-vie, fruits, pruneaux d'Agen, denrées coloniales, bois de pin, de sapin et de chêne, pierres de taille, etc.

Depuis le Bec-d'Ambès jusqu'à son embouchure, la Garonne présente une suite d'îles et de bancs presque non interrompue, qui partagent ce fleuve en deux bras à peu près égaux, et ne sont pas sans danger pour la navigation. Sa plus grande largeur est de 14,000 m. ; la largeur de son embouchure est de 5,000 m. Dans son cours, qui est d'environ 600 k., elle reçoit la Nesle, le

Salat, l'Arize, la Lèze, le Lers, la Save, le Giron, la Gimone, le Tarn, le Gers, la Bayse, le Dropt, le Ciron, la Dordogne, plus de vingt autres rivières et une multitude de ruisseaux.

La Gironde est affreuse à son entrée par la mer ; ses rives ne présentent que des rochers et des bruyères ; mais, lorsque l'on a passé Blaye, on découvre une campagne superbe, de belles prairies et un rivage orné de belles maisons de campagne. La vallée de la Garonne est surtout remarquable par sa richesse, par la beauté de ses paysages, par la blancheur et la propreté de ses habitations, ainsi que par le ton généralement gracieux de toute la contrée. Les vignes y ressemblent à des bosquets, et les raisins n'y sont pas moins abondants que les feuilles.

GARONNE (département de la Haute-). Le département de la Haute-Garonne est formé de l'ancienne généralité de Toulouse, qui faisait partie du ci-devant haut Languedoc. Il tire son nom du cours supérieur de la Garonne qui, à partir du point où elle entre sur le territoire français, traverse ce département dans toute sa longueur, du sud-ouest au nord-est. — Ses limites sont : au nord, le département de Tarn-et-Garonne ; à l'est, celui de l'Aude ; au sud-est, celui de l'Ariége ; au sud, les monts Pyrénées qui le séparent de l'Espagne ; et à l'ouest, les départements du Gers et des Hautes-Pyrénées.

Le sol du département est entrecoupé presque partout, sur les neuf dixièmes de son étendue, de coteaux d'une longueur inégale et d'une médiocre élévation, qui le coupent en divers sens, et cependant à d'assez grandes distances, pour que les parties unies qui les séparent présentent au voyageur des plaines spacieuses, fertilisées par de belles rivières et par un grand nombre de ruisseaux : presque tous ces coteaux sont couverts de vignes qui donnent des vins de médiocre qualité. A l'extrémité orientale du département, le sol s'exhausse et commence à former la base de la montagne Noire située dans le département de l'Aude. Au sud, il est hérissé de hautes montagnes qui appartiennent à la chaîne des Pyrénées, entre lesquelles s'ouvrent des ports ou cols plus ou moins accessibles : la Maladetta (montagne Maudite) dont le sommet est en Espagne, et à la base au pied du revers méridional du port ou passage de la Picade ; le pic Quairot (pic Equarri), le mont Crabère, semblent des bornes placées sur les confins du département pour marquer la séparation de la France et de l'Espagne. La partie supérieure de ces montagnes offre les scènes les plus pittoresques et les plus magnifiques : là sont suspendues, au-dessus des forêts qui couvrent les premières zones, des lacs glacés d'une profondeur inconnue. Plusieurs lacs profonds se trouvent enfermés entre ces montagnes ; d'affreux précipices et d'énormes rochers nus se voient assez souvent près des beaux pâturages, d'épaisses forêts et de riantes vallées ; des sommets des montagnes d'Oô, de Venasque et de Crabère, jaillissent des cascades et tombent des torrents qui vont former des rivières, dont le bruit étonne au milieu de retraites profondes et solitaires. La grandeur et la variété infinie des aspects et des points de vue, le mélange de paysages charmants et d'une nature sauvage, produisent les sites les plus pittoresques que l'on puisse imaginer, et jettent le spectateur dans une espèce d'enchantement. La pente des montagnes est, pour la plupart, de 30 à 40 degrés ; en quelques endroits, elles sont à pic et droites comme un mur ; quelques-unes sont en surplomb, c'est-à-dire que leurs flancs se creusent de manière que la partie supérieure s'avance dans la ligne horizontale, et déborde la partie inférieure : on fait principalement cette remarque dans les montagnes de granit et de calcaire primitif, et à l'aspect du sud ; leurs sommets paraissent généralement accessibles, excepté ceux des montagnes d'Oô, de Quairot et de Claralide, couverts de glaces et de neiges éternelles. La direction des pentes et des vallées est en général du nord au sud ; les vallées les plus longées, les plus directes et qui offrent les passages les plus faciles ou les plus fréquentés, sont celles de Luchon, dans laquelle on entre par le port de Venasque, celle d'Oô, et celle qui ouvre un passage à la Garonne par l'endroit appelé le Pont-du-Roi. — Le pic le plus oriental de la Maladetta (le plus haut des Pyrénées) est élevé au-dessus du niveau de

la mer de . . . . 3,580 m. 38 c.
Le Pic de Nethou, dans la Maladetta. 3,482 93
Pic de la Brioule, glacier au fond de la vallée du Lys de . 3,176 93
Tuque de Maupas, glacier au fond de la même vallée. . 3,147 69
Pic Queyrat, glacier entre le Lys et le port d'Oô . . . 3,089 22
Port d'Oô, au fond de la vallée de l'Arboust. . . . 3,001 52
Lac glacé du port d'Oô . . 2,655 64
Port de la Picade, au fond de la vallée de Luchon. . . 2,422 65
Port de Venasque. . . . 2,412 19
Port de la Glisse, au fond de la vallée de Luchon. . . 2,323 25
Départ de la cascade de Séculégo, dans la vallée de l'Arbouts. 1,711 25
Super - Bagnères. . . . 1,707 36
Lac Séculégo. 1,399 41
Hospice de Bagnères, au pied du port de Venasque. . . 1,336 53
Bagnères-de-Luchon. . . . 612 »

La surface du lac de Séculégo est de 240,000 m. carrés, sa profondeur de 94 m. 20 c. ; sa forme est circulaire.

Le département de la Haute-Garonne est justement renommé par sa grande fertilité ; avantage qu'il doit autant à l'industrie de ses cultivateurs qu'à la bonté de son sol. Les récoltes en grains y sont ordinairement prodigieuses, surtout dans la partie au sud de Toulouse ; celle qui est arrosée par la petite rivière du Petit-Ger, est continuellement ensemencée, et donne des récoltes de la plus grande beauté. Les environs de Toulouse forment une des plus belles et des plus fertiles plaines qu'on puisse voir ; les terres des environs de Rieux sont si fertiles, qu'il y a des cantons où l'on fait deux récoltes par an. Cappens sur la Garonne, et le vallon de Montesquieu de Volvestre, sont aussi remarquables par leur fertilité. — Les vignes sont un objet de grande culture, et c'est même le plus considérable après les grains. Quoique sillonné par une multitude de rivières et de ruisseaux, le département possède peu de prairies naturelles, les bords des cours d'eau étant presque toujours affectés à la culture des grains ; les prairies artificielles n'y sont pas non plus très-multipliées, mais l'étendue des terrains qu'on y affecte devient d'année en année plus considérable, et tend à s'accroître encore. — Les habitations rurales sont généralement éparses sur tout le territoire de chaque commune, et cette dissémination de la population sur une vaste étendue donne aux campagnes un aspect fort animé.

La contenance totale du département est de 618,338 hectares, divisés ainsi :

Terres labourables 352,418
Prés 39,637
Vignes 48,908
Bois 87,140
Vergers, pépinières et jardins 5,567
Oseraies, aunaies et saussaies 39
Etangs, mares, canaux d'irrigation . . 408
Landes et bruyères 46,194
Autres cultures 3,175
Superficie des propriétés bâties . . . 3,723

Contenance imposable . . . 587,209

Routes, chemins, places, rues, etc. 12,225
Rivières, lacs et ruisseaux 4,677
Forêts et domaines non productifs . 14,289
Cimetières, églises, bâtiments publics. 158

Contenance non imposable . . 31,349

On y compte .

81,546 maisons.
1,053 moulins à eau et à vent.
78 forges et fourneaux.
331 fabriques et manufactures.

soit : 83,008 propriétés bâties.

Le nombre des propriétaires est de. 129,754
Celui des parcelles de 1,120,797

HYDROGRAPHIE. Le département de la Haute-Garonne est arrosé par un nombre très-considérable de rivières et de ruisseaux. Parmi les premières, trois le traversent : la Garonne, le Tarn et la Gesse ; cinq s'y perdent ou y ont leur embouchure : l'Ariége, le Salat, la Lèze, l'Arize et la Jave ; le plus grand nombre n'ont tout leur cours. Ce sont principalement le Gers, la Noue, la Louge, le Touch, le Giron, le Lers, la Saône, l'Arbas, la Bernesse, l'Aussonnelle, etc. — Il est traversé par le canal du Midi et par le canal latéral à la Garonne.

COMMUNICATIONS. Le département est traversé par 7 routes royales, par 31 routes départementales et par 30 chemins vicinaux de grande communication.

MÉTÉOROLOGIE. Le climat du département de la Haute-Garonne est doux et tempéré : le thermomètre y descend rarement à —10° R. pendant l'hiver, et en été, durant les plus fortes chaleurs, il s'élève de 28 à +30°. La température moyenne de l'hiver est de 2 à + 3° ; celle du printemps et de l'automne de 12 à + 14° ; celle de l'été de 22 à +24°. A l'exception de la région des montagnes, il y a des hivers où il ne tombe presque point de neige ; mais assez ordinairement la terre en est blanchie deux ou trois fois ; les rivières ne gèlent que très-rarement, une fois au plus sur dix années, et seulement encore dans les endroits où la pente de l'eau est peu rapide. On compte annuellement cent et quelques jours d'un ciel pur et serein, autant à peu près de jours pluvieux, et environ la même quantité de jours d'un ciel nébuleux et sans pluie.—Les vents dominants sont les vents d'ouest et de l'est : le premier, nommé sers, tourne quelquefois au sud, et il est alors accompagné de pluie ; quand il décline vers le nord, il devient sec et assez froid (c'est le vent le plus dominant). Le vent d'est, ou autan, tourne quelquefois un peu au nord, souffle avec assez de permanence, et est accompagné de beau temps ; lorsqu'il décline vers le sud, il n'est pas de longue durée, mais il amène les orages. Ce vent, ordinairement agréable en hiver, est incommode en été par sa chaleur pénétrante, qui cause un abattement général, de violents maux de tête et de vifs ressentiments des douleurs habituelles : lorsque la terre est humide, il favorise et accélère la végétation ; mais dans les terrains sablonneux il flétrit et dessèche les fruits et les fleurs.

Productions. Le département de la Haute-Garonne est un de ceux où la culture des céréales est la mieux entendue ; aussi les récoltes en grains y sont-elles ordinairement très-riches. On y cultive avec succès toutes espèces de céréales, maïs, millet noir, sarrasin, pommes de terre, tous les légumes secs, ail en abondance, lin, melons en pleine terre, châtaignes, truffes, tabac, quantité de plantes indigènes et exotiques, arbres fruitiers, orangers pour les fleurs. — La chaîne des Pyrénées renferme une grande variété de plantes ; non-seulement on y trouve toutes celles des Alpes, mais encore beaucoup d'autres qu'on croyait n'appartenir qu'à la Laponie et à la Sibérie. La position méridionale de ces montagnes les enrichit aussi d'un grand nombre d'espèces de l'Espagne et du Portugal. L'herbier de M. Picot Lapeyrouse renfermait 3,600 espèces différentes, qu'il a décrites dans sa *Flore des Pyrénées*. — 48,908 hectares de vignes, produisant annuellement 650,000 hectolitres de vin, dont environ 220,000 sont consommés sur les lieux, et le surplus livré au commerce ; les principaux vignobles sont situés dans les arrondissements de Toulouse et de Muret ; on en trouve peu dans celui de St-Gaudens, et encore moins dans celui de Villefranche. Les principaux crus sont ceux de Villaudric, Fronton, Montesquieu-de-Volvestre, Cappens, Buzet et Cugnaux. — 87,140 hectares de forêts (arbres verts et feuillus). — Grand et petit gibier (perdrix rouges, bécasses, gelinottes, coqs de bruyères, ortolans, ours, loups, différentes espèces d'aigles). — Grande variété de poisson de rivières et de lacs (truites communes et saumonées). — Belles races de chevaux et de bœufs ; beaucoup de mulets, ânes, moutons ; quantité de porcs et de volailles, notamment d'oies, dont il se fait une immense consommation : on en sale la plus grande partie pour les conserver comme provision de ménage ; leur foie sert à faire des pâtés estimés, qui s'expédient principalement aux marchands de comestibles de Paris. — Peu de vers à soie et d'abeilles.

Minéralogie. Le département est riche en productions minérales et lithologiques ; on y trouve des mines de fer, cuivre, plomb, zinc, antimoine, bismuth, cristal de roche, houille, jaïet. Paillettes d'or dans la Garonne et le Salat. Carrières de marbre de toutes couleurs et de marbre statuaire, granit, grès, ardoises.

Sources minérales à Bagnères-de-Luchon, à Barbazan, Encausse, Flourens. Source salée à Salies.

Industrie et commerce. Ce département, par sa position et la facilité de ses débouchés, le grand entrepôt de l'Espagne pour toutes les marchandises qu'elle reçoit du nord de l'Europe. Ses exportations consistent surtout en céréales, en vins, en mulets fort estimés, qui sont l'objet d'un commerce important avec l'Espagne ; en bêtes à cornes et à laine ; en bois de charpente et de construction, etc. ; viennent ensuite les pâtés de canards, les salaisons d'oies, les excellentes volailles de l'Ile-en-Dodon, les fleurs d'oranger, des aulx, dont la culture se fait en grand, du lin, du chanvre.

L'industrie manufacturière embrasse presque toutes les branches, et produit surtout des aciers cémentés, des faux et des faucilles, des limes, des cuivres pour chaudronnerie et doublage des vaisseaux, des instruments de mathématique estimés. On y trouve une grande manufacture de porcelaine, de faïence et de poterie, qui occupe plus de 300 ouvriers ; des manufactures de grosses draperies, ras, cadis, burats. Fabriques de toiles à voiles, couvertures de laine et de coton, ruban de fil, poterie d'étain, bougies. Distilleries d'eau-de-vie. Filatures de laine et de coton ; scieries de marbre ; forges à fer ; ferblanteries ; fonte et laminage du cuivre ; faïenceries ; verreries ; tuileries ; amidonneries ; tanneries ; maroquineries ; fours à cristaux. Fonderies de canons ; poudreries et raffineries royales. — Manufactures royales des tabacs. — Emigration annuelle de chaudronniers, remouleurs et autres ouvriers, qui vont exercer leur industrie en Espagne.

Foires. 360 foires environ se tiennent dans plus de 80 communes. On vend principalement des laines en suint à Buzet, Verfeil, Auterive, Lagardelle ; des bêtes à laine à Lévignac ; de la volaille à Vacquiers, Bourg-St-Bernard, Villefranche ; des viandes salées à Lapeyrouse, Toulouse ; des aulx à Toulouse ; des cuirs ; de la mégisserie, des couvertures de laine, des gilets et des bas de laine tricotés, de la résine à Montrejeau. Aux foires de St-Béat et de Bagnères-de-Luchon, il se fait un échange considérable de monnaie d'Espagne.

Division administrative. Le département de la Haute-Garonne a pour chef-lieu Toulouse ; il envoie 6 représentants à la chambre des députés, et est divisé en 4 arrondissements ·

Toulouse	12 cant.	171,243 h.
Muret	10 —	89,082
St-Gaudens . . .	11 —	63,712
Villefranche . .	6 —	144,116
	39 cant.	468,153 h.

14ᵉ conserv. des forêts (chef-l. Toulouse). — 17ᵉ arr. des mines (chef-l. Montpellier). — 10ᵉ div. militaire (chef-l. Toulouse). — Archevêché, séminaire diocésain et école secondaire ecclésiastique à Toulouse ; 42 curés, 417 succursales. Eglise consistoriale à Calmont ; 3 temples ou maisons de prières. — Faculté universitaire à Toulouse. — Faculté de droit, faculté de théologie, faculté des sciences, faculté des lettres à Toulouse. — Collège royal et école normale primaire à Toulouse. — Collège communal à St-Gaudens. — Académie des jeux floraux, académie des sciences, inscriptions et belles-lettres, société de médecine, société des beaux-arts, société de peinture, sculpture et architecture, jardin des plantes avec cours de botanique à Toulouse. — Sociétés d'agriculture à Toulouse, Muret, St-Gaudens et Villefranche.

Biographie. Un grand nombre de personnages distingués dans tous les genres sont originaires du département de la Haute-Garonne ; les plus marquants sont : Clémence Isaure, fondatrice des jeux floraux ; Dufour de Pibrac ; l'ambassadeur La Loubère ; les jurisconsultes Cujas, Duranti, Laromiguières ; les auteurs dramatiques Campistron et Palaprat ; le poëte Baour-Lormian ; les peintres Rivalz et Valenciennes ; les historiens Caseneuve et Catel ; le dessinateur Cassas ; le médecin Picot Lapeyrouse ; l'instituteur des sourds-muets Sicard ; l'orateur Cazalès ; les ministres Villèle et de Montbel ; le maréchal Pérignon ; les généraux Dupuy, Verdier, Cafarelli, Compans, Roguet, Pelet, d'Armagnac, Pégot, Pelleport, etc. ; les chefs d'escadre St-Félix, Montcalmié, etc.

Bibliographie. Peuchet et Chanlaire. *Statistique de la Haute-Garonne*, in-4, 1809. *Description minéralogique de la Haute-Garonne* (Journal des mines, t. xxiv, p. 430-34).

Lafore. *De l'amélioration et de la multiplication de l'espèce bovine dans le département de la Haute-Garonne*, in-8, 1838.

St-André (J.-A.-D.). *Topographie médicale du département de la Haute-Garonne*, in-8, 1813.

Lancelot (Ant.). *Remarques sur quelques anciennes inscriptions du pays de Comminges* (Hist. de l'académie des belles-lettres, t. v, p. 288).

Du Mège (Alex.). *Monuments religieux des Volcæ Tectosages, etc.*, et *Recherches sur les antiquités du département de la Haute-Garonne*, in-8, 1814.

Castillon (H.). *Histoire de la population pyrénéenne, du Nébouzan et du pays de Comminges*, in-8, 1842.

Annuaires de la Haute-Garonne.
V. aussi aux articles LANGUEDOC, ARMAGNAC, COMMINGES, BAGNÈRES-DE-LUCHON, ENCAUSSE, OO, SAUVETERRE, TOULOUSE, REVEL.

GARONNE (canal latéral à la). Ce canal, commencé en vertu d'une loi du 9 juillet 1838, a son origine dans le bassin d'embouchure du canal du Midi, à l'aval des ponts jumeaux, et se termine à Castet, village situé à 9,000 m. au-dessus de Langon, et 52,000 m. de Bordeaux. Ce canal aura en outre un embranchement sur Montauban, afin de mettre le bassin du Tarn en communication avec Toulouse, Bordeaux et Cette.

Entre Toulouse et Castet, la longueur du canal est de 190,000 m. Par la rivière, le même trajet de 234,000 m. En ajoutant à la ligne latérale la longueur de l'embranchement, de 10,000 m. sur Montauban, on trouve que le développement total du nouveau canal atteint 200,000 m. Le canal latéral à la Garonne traverse quatre départements ; savoir : Haute-Garonne, Tarn-et-Garonne, Lot-et-Garonne et Gironde. Le tracé, à partir de Toulouse, suit la rive droite de la Garonne. Arrivé à Montech, une branche se dirige sur Montauban et débouchera dans le Tarn aux portes du faubourg Ville-Bourbon, dans le beau bassin que forme sur la rivière la retenue du moulin de Sapiacou. Au delà de Montech, la ligne principale se prolonge jusqu'à Moissac, où elle franchit le Tarn sur un grand pont-aqueduc et traverse la ville dans toute sa longueur. Elle se développe ensuite au pied des coteaux de Boudou et de Malause, et continue à suivre la rive droite de la Garonne jusqu'à Agen. A la hauteur de cette ville, le tracé traverse la Garonne sur un magnifique pont-canal, et reste ensuite sur la rive gauche jusqu'au village de Castet, où il a son embouchure dans le fleuve.

GARONS, vg. *Gard*, comm. de Bouillargues, ✉ de Nîmes.

GAROS, *B.-Pyrénées* (Béarn), arr. et à 29 k. d'Orthez, cant. et ✉ d'Arzacq. Pop. 760 h.

GAROSSE, vg. *Landes* (Gascogne), arr. et à 42 k. de Mont-de-Marsan, cant. d'Arjuzanx, ✉ de Tartas. Pop. 364 h.

GARRABET, vg. *Ariège*, comm. de Mercus, ✉ de Tarascon-sur-Ariège.

GARRAGNON (les), *H.-Garonne*, comm. de Gratens, ✉ de Rieux.

GARRAVET, vg. *Gers* (Comminges), arr., cant., ✉ et à 7 k. de Lombez. Pop. 484 h.

GARREAUX, vg. *H.-Garonne*, ✉ de St-Béat.

GARREBOURG, vg. *Meurthe* (pays Messin), arr. et à 15 k. de Sarrebourg, cant. et ✉ de Phalsbourg. Pop. 657 h.

GARREY, vg. *Landes* (Gascogne), arr. et à 15 k. de Dax, cant. et ✉ de Montfort. Pop. 228 h.

GARRIGUES, *Aveyron*, comm. de St-Chély-d'Aubrac, ✉ d'Espalion.

GARRIGUES, vg. *Gard* (Languedoc), arr., ✉ et à 9 k. d'Uzès, cant. de St-Chaptes. Pop. 406 h.

GARRIGUES, vg. *Hérault* (Languedoc), arr. et à 29 k. de Montpellier, cant. de Clarret, ✉ de Sommières. Pop. 102 h.

GARRIGUES, vg. *Lot-et-Garonne*, comm. et ✉ de Marmande.

GARRIGUES, vg. *Tarn* (Languedoc), arr., ✉ et à 9 k. de Lavaur. Pop. 507 h.

GARRIS, bg *B.-Pyrénées* (Navarre), arr. de Mauléon, cant., ✉ et à 4 k. de St-Palais. Pop. 465 h. — *Foires* les 1er et 2 août.

GARRON, vg. *B.-Alpes*. ☞. A 16 k. de Draguignan.

GARRY, vg. *Lot-et-Garonne*, comm. de Cassenueil, ✉ de Villeneuve-sur-Lot.

GARS, vg. *Var* (Provence), arr. et à 46 k. de Grasse, cant. et ✉ de St-Auban. Pop. 283 h.

GARSCHE, vg. *Moselle* (pays Messin), arr., ✉ et à 5 k. de Thionville, cant. de Cattenom. Pop. 839 h.

GARSENVEAU, vg. *Seine-et-Oise*, comm. de Guilherval, ✉ d'Étampes.

GARTEMPE (la), *Vartempa*, rivière qui prend sa source à l'Épinas, arr. de Guéret, *Creuse* ; elle passe à la Chapelle, Salagnac, Bessines, Château-Ponsat, Montmorillon, St-Savin, et se jette dans la Creuse, au-dessus de la Roche-Posay, *Vienne*, après un cours d'environ 170 k. — La Gartempe est flottable depuis le moulin de la Bessonnière jusqu'à son embouchure sur une étendue de 62,640 m.; elle reçoit l'Ardour, la Couze, la Glayeuse, Brain, l'Anglain et plusieurs autres petites rivières.

GARTEMPE, vg. *Creuse* (Limousin), arr. et à 10 k. de Guéret, cant. et ✉ de St-Vaury. Sur la Gartempe. Pop. 340 h.

GARUMNA FLUVIUS (lat. 43° 19′, long. 46° 17′). « On lit dans le premier livre des Commentaires : *Gallos ab Aquitanis Garumna flumen (dividit)*, et le nom est *Garuna*, moins correctement dans Strabon et dans Ptolémée, dans Pline *Garunna*. Mais, parce que Pline étend la Celtique ou Lionoise (lib. IV, cap. 17) jusqu'à cette rivière, dans un temps où les limites de l'Aquitaine atteignaient le Lord de la Loire, *ad Garumnam Celtica eadem quae Lugdunensis*, le P. Hardouin est d'opinion qu'il faut appliquer ce nom de *Garunna* à la Loire même, depuis le territoire d'Angers. Il se persuade que Pline étant bien informé que la Garonne avait pris le nom de *Girunda* dans la partie inférieure de son cours, il l'aurait sans doute nommée de cette manière, si son objet avait été de la désigner. Cependant, on ne voit point que ce nom de *Girunda* soit employé dans les monuments de l'âge romain. C'est en parlant de la Garonne, lorsqu'elle approche de la mer, qu'Ausone, qui était de Bourdeaux, dit dans son poème sur la Moselle :

Æquorea te commendabo Garumna.

La mesure du vers admettait *Girundae* également comme *Garumnae*. Nous voyons dans l'Itinéraire de Bourdeaux à Jérusalem : *Civitas Burdigala, ubi est fluvius Garonna; per quam facit mare oceanum, accessa et recessa per leugas plus minus centum*. On lit à la vérité *Garunda*, dans une lettre de Symmaque à Ausone (lib. IX, ep. 85), mais non *Girunda*, et je ne sache pas qu'on trouve ce nom sous cette forme de Gironde avant le XIIIe siècle. Il est plus simple de croire que Pline, en nommant la Garonne, est dans le même cas que Méla (lib. III, cap. 23), qui nonobstant que l'Aquitaine de son temps fut agrandie jusqu'à la Loire, borne néanmoins l'Aquitaine à la Garonne : *Nam a Pyrenaeo ad Garumnam Aquitania, ab eo ad Sequanam Celtae*. C'est qu'on n'avait point encore perdu de vue les limites des anciennes nations, qui se distinguaient les unes d'avec les autres dans l'étendue de la Gaule, malgré l'arrangement politique des provinces, fait par Auguste, distinction nationale que César avait bien connue et déterminée. Il doit paraître plus étonnant encore dans Ammien Marcellin (lib. XV) que dans Méla et dans Pline, de lire que la Garonne *ab Aquitanis (Celtas) disterminat*. On peut se réduire au sujet de Pline à dire, qu'il ne convenait pas de citer la Garonne avec le nom de *Lugdunensis*, en confondant la Lionoise et l'ancienne province celtique. Mais on ne saurait accuser Méla de s'être mépris sur la Garonne, vu la description qu'il en fait en ces termes : *Garumna ex Pyrenaeo monte delapsus, nisi cum hiberno imbre aut solutis nivibus intumuit, diu vadosus, et vix navigabilis fertur. At ubi obvius oceani exaestuantis accessibus adauctus est, iisdem retro remeantibus, suas illiusque aquas agit, aliquantum plenior, et quanto magis procedit, eo latior sit, ad postremum magni freti similis*, etc. » D'Anville. *Notice de l'ancienne Gaule*, p. 341.

GARUMNI (lat. 44°, long. 19°). « Il en est mention dans le IIIe livre des Commentaires, entre les peuples qui se soumirent à Crassus, dans son expédition de l'Aquitaine : et je suis de l'opinion de M. de Valois (p. 121) de les placer dans ce qu'on appelle *Rivière*, le long de la Garonne, au-dessous de St-Bertrand-de-Comminges, en s'étendant jusqu'aux limites du diocèse de Rieux, qui est un démembrement du territoire des anciens *Tolosates*. » D'Anville. *Notice de l'ancienne Gaule*, p. 342. V. aussi Walckenaer, *Géographie des Gaules*, t. 1, p. 283.

GAS, vg. *Eure-et-Loir* (Beauce), arr. et à 2 k. de Chartres, cant. de Maintenon, ✉ d'Épernon. Pop. 471 h.

GASCHARBONNIER (le), vg. *Deux-Sèvres*, comm. d'Exireuil, ✉ de St-Maixent.

GASCHARD (le), vg. *Creuse*, comm. de Charron, ✉ d'Auzances.

GASCOGNE (la), *Aquitania, Novempopulania, Juliana Vasconia*, ci-devant province de France, qui forme actuellement les départements de la Haute-Garonne, du Gers et des Hautes-Pyrénées, ainsi qu'une partie des départements des Landes et des Basses-Pyrénées. La Gascogne dépendait autrefois de la ci-devant province de Guienne ; son territoire, compris entre la Garonne, l'Océan et les Pyrénées, avait environ 144 k. de long sur 220 de large. On trouve de belles et fertiles vallées dans la partie méridionale de cette province, et, le long des côtes de l'Océan, quelques plaines assez fertiles, ainsi qu'une grande étendue de landes incultes et sauvages. — On divisait la Gascogne en plusieurs petites provinces qui renfermaient divers petits pays et contrées. Les principales de ces provinces étaient le Condomois, la Chalosse, les Landes, le duché d'Albret, le Labour, la basse Navarre, le Béarn, le Bigorre, l'Armagnac, le Comminges, etc. V. pour la bibliographie les départements du Gers et des Landes, et l'article Guienne.

GASCOUGNOLES, vg. *Deux-Sèvres*, comm. de Vouillé, ⊠ de Niort.

GASNY, bg *Eure* (Normandie), arr. et à 25 k. des Andelys, cant. d'Ecos, ⊠ de Vernon. Pop. 1,186 h. — Il est bâti dans une situation agréable, sur l'Epte, qui y forme une île qui était autrefois fortifiée.

GASQUES, vg. *Tarn-et-Garonne* (Agénois), arr. et à 20 k. de Moissac, cant. et ⊠ de Valence-d'Agen. Pop. 613 h.

GASSAC, vg. *Lot-et-Garonne*, comm. et ⊠ de Casteljaloux.

GASSAS, vg. *Lot-et-Garonne*, comm. de la Landusse, ⊠ de Castillonnès.

GASSERAS, vg. *Tarn-et-Garonne*, comm. et ⊠ de Montauban.

GASSICOURT, vg. *Seine-et-Oise* (Beauce), arr., cant., ⊠ et à 2 k. de Mantes. Pop. 293 h.

GASSIN, *Gassinus*, vg. *Var* (Provence), arr. et à 50 k. de Draguignan, cant. et ⊠ de St-Tropez. Pop. 695 h. — Il est situé dans un territoire très-fertile quoique inégal, et divisé par petits coteaux plantés depuis ; on y trouve des palmiers, ainsi que des orangers, des citroniers de Valence en pleine terre. — C'était autrefois un petit fort, bâti sur la pointe d'une colline fort élevée d'où l'on découvre tout le golfe de Grimaud. Lorsque de ce fort on apercevait les navires des Sarrasins, et plus tard des Barbaresques qui ont infecté ces côtes jusqu'au commencement du XVIIIe siècle, on faisait un signe d'alarme qui était à l'instant répété par le château de Grimaud. L'ancienne enceinte du village subsiste encore, ainsi que la porte, qui était fort étroite et d'un seul battant.

Le hameau de CAVALAIRE fait partie de la commune de Gassin. On y trouve un petit port, défendu par un château et par des redoutes, où il se fait des chargements de bois de chauffage pour Marseille.

GASSON (Grand et Petit-), vg. *Seine-et-Marne*, comm. et ⊠ de Château-Landon.

GAST (le), bg *Calvados* (Normandie), arr. et à 15 k. de Vire, cant. et ⊠ de St-Sever. Pop. 993 h. — Exploitation de granit.

GASTES, vg. *Landes* (Gascogne), arr. et à 84 k. de Mont-de-Marsan, cant. de Parentis-en-Born, ⊠ de Liposthey. Pop. 259 h.

GASTINEAU, *Sarthe*. V. GASTINES.

GASTINES, bg *Mayenne* (Anjou), arr. et à 39 k. de Château-Gontier, cant. et ⊠ de Cossé-le-Vivien. Pop. 426 h.

GASTINES, vg. *Sarthe* (Anjou), arr. et à 32 k. de la Flèche, cant. et ⊠ de Sablé. Pop. 458 h. — Exploitation d'anthracite.

GASTINS, vg. *Seine-et-Marne* (Brie), arr. et à 24 k. de Provins, cant. et ⊠ de Nangis. Pop. 512 h. — Education des mérinos.

GASVILLE, vg. *Eure-et-Loir* (Beauce), arr., cant., ⊠ et à 5 k. de Chartres. Pop. 881 h.

GATEBOURSE, vg. *Charente-Inf.*, comm. de St-Mandé, ⊠ d'Aulnay.

GATELLES, vg. *Eure-et-Loir* (Beauce), arr. et à 25 k. de Dreux, cant. et ⊠ de Châteauneuf-en-Thimerais. Pop. 417 h.

GATEY, vg. *Jura* (Franche-Comté), arr. et à 20 k. de Dôle, cant. de Chaussin, ⊠ du Deschaux. Pop. 474 h.

GATEY, vg. *H.-Saône*, comm. de Courtesoult, ⊠ de Champlitte.

GATHEMO, vg. *Manche* (Normandie), arr. et à 18 k. de Mortain, cant. et ⊠ de Sourdeval. Pop. 910 h. — Exploitation de granit gris et vert bleu.

GATIEN (St-), vg. *Calvados* (Normandie), arr. et à 7 k. de Pont-l'Evêque, cant. et ⊠ de Honfleur. Pop. 1,126 h.

GATIGUES, vg. *Gard*, comm. d'Aigaliers, ⊠ d'Uzès.

GATINAIS (le), *Wastinensis Pagus*, *Gastinensium*, petit pays qui forme actuellement une partie des départements de Seine-et-Marne et du Loiret. On le divisait autrefois en Gatinais français et en Gatinais propre. Le premier dépendait de la ci-devant province de l'Ile-de-France, Melun en était la capitale ; le second faisait partie du ci-devant Orléanais, et avait pour capitale Montargis. Son territoire, qui avait environ 80 k. de long sur 45 de large, se compose de plaines fertiles, d'abondants pâturages et de vastes forêts. On y recueille en abondance des grains, du vin, des fruits, du miel et d'excellent safran. V. département du LOIRET.

GATINE (la), *Vastinia*, petit pays compris autrefois dans le ci-devant haut Poitou, et dont Parthenay était la capitale. Il fait aujourd'hui partie du département des Deux-Sèvres.

GATINES (les), vg. *Ille-et-Vilaine*, comm. de St-Père, ⊠ de Châteauneuf-en-Bretagne.

GATINES (les), vg. *Maine-et-Loire*, comm. du Puizet-Doré, ⊠ de Beaupréau.

GATINES (les), vg. *Seine-et-Oise*, comm. de Plaisir, ⊠ de Trappes.

GATTEVILLE, vg. *Manche* (Normandie), arr. et à 26 k. de Cherbourg, cant. et ⊠ de St-Pierre-Eglise. Pop. 1,255 h.

Il est situé au bord de la mer, à peu de distance de la pointe ou cap de Gatteville, qui termine à l'ouest la vaste baie demi-circulaire dans laquelle vient se jeter la Seine, et sur lequel s'élève le cap de Barfleur, ainsi nommé du voisinage de ce port. Un point aussi avancé dans la Manche, entouré d'écueils entre lesquels règnent de violents courants, exigeait impérieusement la construction d'un phare. Dès l'année 1774, la chambre de commerce de Rouen y en fit établir un ; mais le peu d'élévation de la tour qui supportait les feux circonscrivait tellement leur portée, qu'ils ne pouvaient entrer dans le système général adopté pour l'éclairage des côtes de France, système dans lequel deux phares consécutifs doivent embrasser dans leur champ tout l'espace qui les sépare. Un nouveau phare a été construit en 1834 ; il est assis sur un roc de granit. Onze mille blocs de granit, pesant ensemble sept millions quatre cent mille kilogrammes, ont été répartis, pour sa construction, en cent dix-huit assises, pour former une des plus hautes colonnes en ce genre. Elle s'élève, en effet, à 70 m. au-dessus du rocher qui lui sert de base. Les bâtiments accessoires ont exigé l'emploi de quatre mille neuf cents pierres de taille. Le phare de Gatteville est un phare de premier ordre, à feu tournant, à éclipse de demi en demi - minute ; il a 72 m. de hauteur et 27 k. de portée. Lat. 49° 42', long. O. 3° 36'.

GATTI-DE-VIVARIO, vg. *Corse*, arr., ⊠ et à 21 k. de Corté, cant. de Serragio. Pop. 789 h.

GATTIÈRES, *Gatteria*, vg. *Var* (Provence), arr. et à 30 k. de Grasse, cant. et ⊠ de Vence. Pop. 767 h.

GATUZIÈRES, vg. *Lozère* (Languedoc), arr. et à 23 k. de Florac, cant. et ⊠ de Meyrueis. Pop. 290 h. — Foires les 20 mai.

GAUBE (lac de). V. CAUTERETS.

GAUBÉ, vg. *Landes*, comm. de Perquie, ⊠ de Mont-de-Marsan.

GAUBERT, *Gaubertum*, vg. *B.-Alpes* (Provence), arr., cant., ⊠ et à 6 k. de Digne. Pop. 430 h. — Il est situé dans un fertile territoire, sur la rive gauche de la Bléome. Dans le XIIe siècle, ce village portait le nom de *Castrum Galberto* : on voit encore, sur un plateau des environs, des restes de bâtisse et de fortifications. Non loin de là se trouve un rocher de grès qui s'avance isolément au-dessus de la rivière, sur lequel on remarque les restes d'un petit temple en partie taillé dans le roc, qui paraît avoir appartenu à une *villa* romaine. Ce temple se composait de deux pièces, dont l'une était plus élevée que l'autre de 3 m. 33 c. ; la plus haute, dont la longueur est de 8 m., paraît avoir été la *cella*, et l'autre, que l'on suppose avoir été le vestibule, a une étendue de 10 m. Ces deux pièces communiquaient entre elles par un escalier dont il subsiste encore deux marches taillées dans le roc.

GAUBERT, vg. *Eure-et-Loir*, comm. de Guillonville, ⊠ de Patay.

GAUBERTIÈRE (la), vg. *Deux-Sèvres*, comm. de Priaire, ⊠ de Mauzé.

GAUBERTIN, vg. *Loiret* (Gatinais), arr. et à 16 k. de Pithiviers, cant. de Beaune-la-Rollande, ⊠ de Boynes. Pop. 470 h.

GAUBIVING, vg. *Moselle*, comm. de Folekling, ⊠ de Forbach.

GAUBRETIÈRE (la), vg. *Vendée* (Poitou), arr. et à 41 k. de Bourbon-Vendée, cant. de Mortagne - sur - Sèvre, ⊠ des Herbiers. Pop. 1,781 h.

GAUBURGE (Ste-), vg. *Orne* (Normandie), arr. et à 40 k. d'Argentan, cant. du Merlerault. ⊠. ⚒. A 154 k. de Paris pour la taxe des lettres. Pop. 754 h.
GAUBURGE (Ste-), vg. *Orne*, comm. de St-Cyr-la-Rosière, ⊠ de Bellême.
GAUCHERIE (la), vg. *Indre-et-Loire*, com. de Restigny, ⊠ de Bourgueil.
GAUCHIN - LÉGAL, vg. *Pas - de - Calais* (Artois), arr. et à 17 k. de Béthune, cant. et ⊠ de Houdain. Pop. 306 h.
GAUCHIN-VERLOING, vg. *Pas-de-Calais* (Artois), arr., cant., ⊠ et à 2 k. de St-Pol-sur-Ternoise. Pop. 321 h. — On y trouve une source d'eau minérale froide.
Bibliographie. PIOT. *Analyse comparée des eaux de Gauchin avec celles de St-Pol*, in-8, 1782.
GAUCHOIRS (les), vg. *Isère* (Dauphiné), arr. et à 51 k. de Grenoble, cant. et ⊠ de Bourg-d'Oisans. Pop. 86 h.
GAUCHY, vg. *Aisne* (Picardie), arr., ⊠ et à 4 k. de St-Quentin, cant. de St-Simon. Pop. 317 h.
GAUCIEL, vg. *Eure* (Normandie), arr., cant., ⊠ et à 8 k. d'Evreux. Pop. 265 h.
GAUD, vg. *H.-Garonne* (Comminges), arr. et à 29 k. de St-Gaudens, cant. et ⊠ de St-Béat. Pop. 380 h.
GAUDAINE (la), vg. *Eure-et-Loir* (Beauce), arr., cant., ⊠ et à 8 k. de Nogent-le-Rotrou. Pop. 296 h.
GAUDE (la), vg. *Seine-et-Oise*, comm. de Gazeran, ⊠ de Rambouillet.
GAUDE (la), vg. *Var* (Provence), arr. et à 26 k. de Grasse, cant. et ⊠ de Vence. Pop. 784 h.
GAUDECHART, vg. *Oise* (Picardie), arr. et à 26 k. de Beauvais, cant. et ⊠ de Marseille. Pop. 489 h.
GAUDENS (St-), *Castrum Sancti Gaudentii*, jolie ville, *H.-Garonne* (Languedoc), chef-l. de sous-préf. (5ᵉ arr.) et d'un cant. Trib. de 1ʳᵉ inst. et de comm. Société d'agric. Collége comm. Direction des douanes. Cure. Gîte d'étape. ⊠. ⚒. Pop. 5,459 h.—TERRAIN tertiaire supérieur, alluvions anciennes.
Autrefois capitale du Nébouzan.
Cette ville a porté pendant la révolution le nom de MONT-D'UNITÉ. Elle est fort agréablement située, près de la rive gauche de la Garonne ; elle se compose principalement d'une rue spacieuse, propre et bordée de plusieurs maisons bien bâties, parmi lesquelles on remarque une magnifique auberge (l'hôtel de France). On y voit une des plus anciennes églises de la contrée, dont les voûtes sont à plein cintre et à double archivolte.
St-Gaudens est la véritable clef des montagnes, sur la partie orientale des Hautes-Pyrénées. Sur le bord de la Garonne règne une esplanade d'où l'on jouit de charmants points de vue sur la vallée. On y lit Port-du-Roi, qui aboutit à la vallée d'Arran par le Portillon, sert de communication avec l'Espagne.
PATRIE de M. TROPLONG, membre de l'Institut.

Fabriques de cadis, burats, étoffes de laine, rubans de fil. Papeteries. Tanneries. Verreries. Faïenceries. Tuileries. Scieries hydrauliques. Moulins à farine, à huile et à foulon. — *Commerce* important de grains, grosses draperies, fil, clous, bougies, mulets et bestiaux, avec l'Espagne, etc.—Foires les 2ᵉ jeudi de carême, jeudi après l'Ascension, 1ᵉʳ jeudi de sept. et 1ᵉʳ jeudi après St-Nicolas.
A 91 k. S.-E. de Tarbes, 773 k. S. de Paris.
L'arrondissement de St-Gaudens est composé de 11 cantons : Aspet, Aurignac, Bagnères-de-Luchon, Boulogne, l'Ile-en-Dodon, Montrejeau, Salies, St-Béat, St-Bertrand-de-Comminges, St-Gaudens, St-Martory.
GAUDENT (St-), vg. *H.-Pyrénées* (Armagnac), arr. et à 46 k. de Bagnères-de-Bigorre, cant. de Mauléon-Barousse, ⊠ de St-Bertrand. Pop. 159 h.
GAUDENT (St-), vg. *Vienne* (Poitou), arr., cant., ⊠ et à 4 k. de Civray. Pop. 401 h. — Commerce de châtaignes renommées que produit son territoire.
GAUDERIC (St-), vg. *Aude* (Languedoc), arr. et à 30 k. de Castelnaudary, cant. de Fanjeaux, ⊠ de Villasavary. Pop. 275 h.
GAUDETS (les), vg. *Rhône*, comm. de Villié, ⊠ de Romanèche.
GAUDIEMPRÉ, vg. *Pas-de-Calais* (Artois), arr. et à 22 k. d'Arras, cant. de Pas, ⊠ de l'Arbret. Pop. 461 h.
GAUDIÈS, vg. *Ariége* (Languedoc), arr., ⊠ et à 12 k. de Pamiers, cant. de Saverdun. Pop. 587 h.
GAUDONVILLE, bg *Gers* (Armagnac), arr. et à 2 k. de Lectoure, cant. et ⊠ de St-Clar. Pop. 435 h.
GAUDOUS, vg. *Gers*, comm. de Preignan, ⊠ d'Auch.
GAUDREVILLE, vg. *Eure-et-Loir*, comm. de Grandville-Gaudreville, ⊠ d'Angerville.—On y voit les restes d'une tour qui faisait autrefois partie d'un château fort.
GAUDREVILLE-LA-RIVIÈRE, vg. *Eure* (Normandie), arr. et à 13 k. d'Evreux, cant. et ⊠ de Conches. Pop. 264 h.
GAUDRY, vg. *Nièvre*, comm. de Cercy-la-Tour, ⊠ de Fours.
GAUFFRES (les), *Doubs*, comm. de la Cluse, ⊠ de Pontarlier.
GAUGEAC, vg. *Dordogne* (Périgord), arr. et à 44 k. de Bergerac, cant. et ⊠ de Moupazier. Pop. 353 h.
GAUHARDIÈRE (la), vg. *Maine-et-Loire*, comm. de Champtocé, ⊠ d'Ingrande.
GAUJAC, vg. *Gard* (Languedoc), arr. et à 15 k. d'Uzès, cant. de Bagnols, ⊠ de Connaux. Pop. 463 h.
GAUJAC, vg. *Gard*, comm. et ⊠ du Vigan.
GAUJAC, vg. *Gers* (Armagnac), arr., cant., ⊠ et à 6 k. de Lombez. Pop. 504 h.
GAUJAC, vg. *Gers*, comm. de St-Arroman, ⊠ de Masseube.
GAUJAC, vg. *Lot-et-Garonne* (Agénois), arr. et à 5 k. d'Agen, cant. et ⊠ de Port-Ste-Marie. Pop. 100 h.

GAUJAC, vg. *Lot-et-Garonne*, comm. de Frégimont, ⊠ de Meilhan.
GAUJACQ, bg *Landes* (Gascogne), arr. et à 25 k. de St-Sever, cant. d'Amou, ⊠ d'Orthez. Pop. 960 h. — C'était autrefois une petite ville qui fut détruite par les Sarrasins, et dont il reste à peine quelque trace ; elle ne forme plus aujourd'hui qu'un grand village répandu sur un espace considérable. On y voit un château à demi ruiné, remarquable par l'étendue de ses bâtiments.
Gaujacq possède une source salée très-abondante, qui jaillit presque perpendiculairement, et dont les eaux, reçues dans un beau bassin, sont employées par les habitants pour remplacer le sel. Près du château une source bitumineuse. Aux environs, riches minières de bitume dans lesquelles se trouvent des fossiles très-variés.
GAUJAN, vg. *Gers* (Armagnac), arr., cant. et à 18 k. de Lombez, ⊠ de Simorre. Pop. 226 h.
GAULAS, vg. *Isère*, comm. d'Aguin, ⊠ du Péage.
GAULE (la), vaste contrée circonscrite dans l'antiquité par le Rhin, les Alpes, la Méditerranée, les Pyrénées et l'Océan.

NOTICE DE L'ANCIENNE GAULE, TIRÉE DES MONUMENTS ROMAINS.

« Il paraîtrait presque inutile de dire que la Gaule ne reconnaît d'autres limites, au défaut des deux mers, que le sommet des Alpes et des Pyrénées, et le cours du Rhin. Ce que les Romains appelaient Gaule cisalpine, comme étant située en deçà des Alpes, à leur égard, autrement *Gallia Togata*, parce que les peuples y ayant été déclarés citoyens romains après la guerre sociale, avaient pris la toge ou l'habillement romain, n'est point compris dans notre sujet, qui ne regarde que la Gaule proprement dite. Les Gaulois avaient rendu leur nom célèbre, avant que la Gaule fût connue. Leurs conquêtes et les établissements formés au delà des Alpes et au delà du Rhin, sous la conduite de Bellovèse et de Sigovèse, neveux d'Ambigat, roi des *Bituriges*, remontent jusqu'au temps du règne de Tarquin l'Ancien à Rome, selon le témoignage de Tite Live (lib. v, sect. 34), ce qui devance l'ère chrétienne d'environ 600 ans. Hérodote, qui est postérieur de plus d'un siècle, a connu le nom des Celtes, que l'on sait avoir été celui que les Gaulois se donnaient eux-mêmes. Mais cette connaissance était très-superficielle, à en juger par ce qui fournit à cet ancien historien l'occasion de citer les Celtes (Euterpe, Mém. 33), qui est de dire que l'*Ister*, ou le Danube, prend sa source dans leur pays, près d'une ville du nom de *Pyrene*, qui est plutôt une montagne, comme le dit Aristote (*Météorol.*, I, cap. 13). Scymnus de Chios, dont on ne saurait déterminer le temps, parle de la Celtique comme d'un pays situé sur la mer qui renferme la Sardaigne, et dont la nation est la plus puissante vers le couchant. La mention qui est faite des Celtes dans le périple qui porte le nom de Scylax de Caryande les place en Italie, vers la mer Adriatique, ce qui ne peut convenir qu'à une portion transplantée de la nation : et, dans cet ouvrage fort succinct, c'est aux Ligures qu'appartient le rivage de la Gaule, depuis la frontière de l'Ibérie, sur la mer Intérieure ou Méditerranée. Les Marseillois, établis sur cette côte, avaient pu faire connaître les Celtes aux Grecs. Car, les Celtes proprement dits, et distingués des Aquitains comme des Belges, renfermés également dans la Gaule, s'étendaient jusque dans cette partie maritime, Strabon (lib. IV, p. 177) leur attribuant Narbone et Marseille jusqu'aux Alpes. Nous ignorons ce qui a fait donner aux Celtes le nom de Gaulois par les Romains : *qui ipsorum lingua Celtæ, nostra Galli appellantur*, dit César (Comment., I). Plusieurs historiens grecs, Polybe, Diodore de Sicile, désignent les Gaulois par le nom de Galates. Pausanias (*in Atticis*) reconnaît que ce nom est moins propre à la nation que celui de Celtes, et lui est postérieur. Ptolémée réunit ces dénominations, en appliquant aux diverses parties de la Gaule le nom de Celto-Galatie. Strabon est constant à donner au pays le nom de Κελτική.

» On commence à voir les noms de plusieurs nations gauloises, en particulier, dans ce que l'histoire rapporte de leurs migrations en Italie et en Germanie. Le passage d'Annibal par la Gaule, en sortant de l'Espagne pour arriver aux Alpes, fait connaître quelques autres nations. Mais ce sont les conquêtes des Romains qui ont étendu la connaissance du pays à la totalité de ce qu'il renferme. L'alliance de Marseille et celle des *Ædui* avec Rome, fut pour les Romains un prétexte de porter leurs armées dans la Gaule, et donna lieu aux commencements de la domination qu'ils y établirent; ayant vaincu les *Salyes*, ennemis de Marseille, les *Allobroges* et les *Arverni*, dont les *Ædui* avaient eu à se plaindre, selon le rapport de Florus (lib. III, cap. 2), ces premiers avantages des Romains dans la Gaule transalpine, comme ils l'appelaient, ne sont guère antérieurs que de six vingts ans à l'époque de l'ère chrétienne, et ne précèdent que de soixante et quelques années l'entrée de César dans son gouvernement de la Gaule.

» Ce que les Romains possédaient alors en Gaule y était distingué simplement par le nom de *Provincia*. César dit quelquefois, *provincia nostra*, ou *Gallia provincia*. L'usage d'un vêtement, appelé *bracca*, qui habillait les cuisses, lui fit aussi donner d'abord le nom de *Gallia Braccata*, et à cette dénomination succéda celle de *Narbonensis*. Méla (lib. II, cap. 5) fait voir une distinction de temps dans l'usage de ces noms : *Pars (Galliæ) nostro mari apposita, fuit aliquando Braccata, nunc Narbonensis*. Pline (lib. III, cap. 4) : *Narbonensis provincia,... Braccata antea dicta*. Quoique l'établissement d'une colonie romaine à Narbone ait devancé l'ère chrétienne d'environ cent seize ans; il est vraisemblable que le nom de Narbonoise n'a eu lieu que sous l'empire d'Auguste, en même temps que la Celtique a été désignée d'une même manière par le nom de Lionoise. Cette partie de la Gaule s'étant, plus tôt qu'aucune autre, façonnée aux manières des Romains et à leur gouvernement, Pline (*ubi supra*) en parle dans les termes les plus avantageux : *Agrorum cultu, virorum, morumque dignatione, amplitudine opum, nulli provinciarum posteferenda breviterque Italia verius, quam provincia* Les principaux peuples de cette province entre le Rhône et les Alpes étaient les *Salyes* et les *Albiœci*, les *Cavares*, les *Vocontii* et les *Allobroges*, qui s'étendaient le long du Rhône, depuis l'Isère en remontant jusqu'au lac Léman. Ces peuples étaient soumis avant que plusieurs autres, qu'ils avaient derrière les Alpes, et dont les plus considérables étaient les *Centrones* et les *Caturiges*, fussent dans la même dépendance.

» César (Comment., III) témoigne de ceux qui occupaient la vallée Pennine, qu'ils voyaient les Romains dans le dessein de s'emparer des lieux les plus élevés dans les Alpes pour les joindre à leur province : *Ea loca finitimæ provinciæ adjungere*. Ce fut Auguste qui réduisit un grand nombre de petits peuples renfermés dans les montagnes et qui avaient conservé leur liberté. Une partie de ces peuples demeura même sous le gouvernement d'un prince particulier nommé Cottius, qui recherchait les bonnes grâces d'Auguste, et dont l'État ne fut réuni à l'empire que sous Néron. Lorsque Ptolémée (lib. III, cap. 1), qui vivait sous les Antonins, comprend dans l'Italie des positions qui ont fait partie de la Gaule, il peut n'être répréhensible qu'en ce qu'il les croit enveloppées par les Alpes et situées au delà à notre égard. L'autre partie de la province romaine, entre le Rhône et les Pyrénées, contenait les *Helvii*, les *Volcæ Arecomici*, que le mont *Cebenna* séparait du reste de la Gaule en général et des *Ruteni* en particulier. Un démembrement des *Ruteni*, que l'on doit estimer répondre à l'Albigeois, était annexé à la province. Les *Volcæ Tectosages*, aux environs de la Garonne, remontaient vers les Pyrénées ; les *Sardones* étaient au pied des montagnes, près de la mer, et il y a encore lieu de croire que les *Consoranni*, ci-après rangés dans l'Aquitaine, étaient antérieurement enveloppés dans la province romaine, vu que l'emplacement que Pompée donna aux *Convenæ*, à son retour de la guerre d'Espagne, y renferme.

» Il était réservé à César de faire connaître la Gaule entière jusqu'à l'Océan et jusqu'au Rhin vers ses embouchures. Cette grande partie de la Gaule, que les armes romaines n'avaient point pénétré avant lui, était distinguée par le nom de *Comata*, parce que les peuples y portaient leur chevelure dans toute sa longueur. Cicéron, faisant parler Antoine (*Philipp.*, VIII) : *Galliam*, inquit, *Togatam remitto, Comatam postulo*. César trouva la Gaule partagée en trois nations principales : les Celtes, les Belges et les Aquitains ; on sait que c'est par cette division qu'il débute dans ses Commentaires. Ces nations différaient entre elles par le langage, comme par la manière de vivre et de se gouverner (Comment., I) : *Hi omnes lingua, institutis, legibus inter se differunt*. Les Belges, dans le nord de la Gaule, paraissent tenir des Germains leurs voisins, et dont ils sont la plupart sortis : *Reperiebat*, dit César (Comment., II), en parlant de lui-même, *plerosque Belgas esse ortos a Germanis*. Ils tiraient vanité de cette origine, comme Tacite le rapporte (lib. *de Germ.*, sect 37) des *Treveri* en particulier et des *Nervii*. Les Aquitains pouvaient avoir quelque affinité avec les nations ibériennes ou espagnoles, auxquelles Strabon (lib. IV, p. 189) remarque qu'ils ressemblaient, et dont ils n'étaient séparés que par les Pyrénées. Ainsi les Celtes étaient en quelque manière plus Gaulois que les autres, et César leur applique plus particulièrement le nom de *Galli* (Comment., I), et, en parlant de ce qu'ils occupaient de pays séparément des autres : *Eorum una pars, quam Gallos obtinere dictum est*. Cette partie de la Gaule prévalait en même temps par son étendue. Les Celtes atteignaient d'un côté le bord de la Garonne, qui les séparait des Aquitains ; de l'autre, la Seine et la Marne sur la frontière des Belges (Comment., I) : *Gallos ab Aquitanis Garumna flumen, a Belgis Matrona et Sequana dividit*. Ce qu'ils embrassaient de pays tenait au Rhône, *initium capit a flumine Rhodano*, et touchait pareillement au Rhin, *attingit a Sequanis et Helvetiis flumen Rhenum*. Si par-dessus cela on se rappelle que l'étendue de la province romaine était un démembrement de ce qui avait été compris sous le nom des Celtes, on voit leur grande supériorité sur les autres nations dont ils sont distinguées dans la Gaule.

» Auguste, qui tint les états de la Gaule à Narbone l'an 27 avant l'ère chrétienne, paraît avoir apporté une attention particulière au gouvernement du pays, dont il fit faire un cens ou dénombrement, selon l'ancien usage des Romains. Il dut donc connaître qu'il y avait une grande inégalité entre les provinces qui partageaient la Gaule. César n'avait point connu l'Aquitaine par lui-même, comme la Celtique et la Belgique, et ce n'est que sur le rapport du jeune Crassus, son lieutenant, qu'il a pu dire (Comment., III) : *Quæ pars a regionum latitudine, et multitudine hominum, ex tertia parta Galliæ sit æstimanda*. Les Aquitains, qu'une expédition passagère sous le gouvernement de César n'avait pas accoutumés à l'obéissance, ne furent réduits que sous l'empire d'Auguste, par Messala. Leur pays, resserré entre la Garonne, les Pyrénées et l'Océan (Comment., I), *a Garumna flumine ad Pyrenæos montes, et eam partem Oceani quæ ad Hispaniam pertinet*, ne paraissait pas d'une étendue comparable aux autres parties de la Gaule, et surtout à la Celtique. Auguste enleva à celle-ci de quoi agrandir l'Aquitaine, qui fut ainsi prolongée depuis la Garonne jusqu'à la Loire. Selon Strabon (lib. IV, p. 189), quatorze peuples furent détachés de la Celtique pour être incorporés à l'Aquitaine ; on a peine à retrouver précisément ce nombre de quatorze peuples, et Strabon lui-même, dans leur dénombrement, n'en fait compter que douze, encore qu'il y joigne les *Helvii*, qu'il enlève à la province romaine ou Narbonoise, et à tort vraisemblablement; car Pline et Ptolémée les y maintiennent dans un temps où l'on ignore qu'il ait été fait du changement dans les limites respectives de la province aquitanique d'Auguste et de la Narbonoise; en ôtant les *Helvii* dans Strabon (lib. ɪᴠ, p. 189), on peut leur substituer les *Bituriges Vivisci*, qu'il a omis, et qui, de son aveu, étaient étrangers à l'égard des Aquitains. Les peuples que nous connaissons avec certitude avoir été joints à l'Aquitaine par Auguste sont: les *Pictones* et *Santones*, les *Bituriges Cubi* et *Vivisci*, les *Lemovices*, *Petrocorii*, *Nitiobriges*, *Cadurci*, les *Arverni Vellavi* et *Gabali*, les *Ruteni*, dont une portion était renfermée dans la Narbonoise. Du reste nous voyons bien par la Notice des provinces, lorsque la Gaule en comptait dix-sept, que l'Aquitaine première et seconde renferment le nombre de quatorze cités; mais, dans ce nombre, il s'en trouve deux, *Civitas Albiensium* et *Civitas Ecolismensium*, qui ne tirent point leur nom de quelque ancien peuple qui soit connu dans les temps plus voisins du siècle d'Auguste que cette Notice.

» Pour ce qui est de l'ancienne Aquitaine, on ne peut guère s'en expliquer avec quelque détail, que selon qu'elle a composé une province distincte et séparée sous le nom de *Novempopulane*, dont je remets à parler lorsqu'il sera question de la division de l'Aquitaine en plusieurs provinces. Pline (lib. ɪᴠ, cap. 19) attribue le nom d'Aquitaine à un peuple particulier: *Aquitani, unde nomen provinciæ*. Ce pays paraissant recommandable par ses eaux minérales dans la partie voisine des Pyrénées, plusieurs ont pensé qu'il en pouvait tirer sa dénomination. Si nous en croyons Pline (lib. ɪᴠ, cap. 17), il était antérieurement appelé *Aremorica*. Sa situation près de la mer répond au sens qui est propre à cette dénomination purement celtique, et qui n'a rien de commun avec le langage romain, comme le nom d'*Aquitania*, en dérivant d'un terme latin. Quoique l'Aquitaine eût changé de limites, Méla (lib. ɪɪ, cap. 2), qui écrit dans un temps postérieur à Auguste, borne encore cette partie de la Gaule à la Garonne: « *Pyrenæo ad Garumnam Aquitania*. Pline (lib. ɪᴠ, cap. 19), quoi dans le dénombrement des peuples de l'Aquitaine comprend ceux qu'Auguste y avait fait entrer, n'est point d'accord avec ce qu'il avait dit auparavant en étendant la Celtique jusqu'à la Garonne (cap. 17): *ad Garumnam Celtica, eadem quæ Lugdunensis*; car ce qui pouvait convenir à l'extension des Celtes du temps de César ne convient point à la Celtique en tant que Lionoise. Ammien Marcellin, voulant orner son histoire d'un détail géographique sur la Gaule, qui souffre quelque critique en plusieurs points, répète encore, quoique postérieurement à César de quatre cents ans, que la Garonne borne les Aquitains (lib. xᴠ), *ab Aquitanis (Celtas) Garumna disterminat flumen*. Il semble qu'on voie subsister une distinction des Aquitains d'avec les Gaulois dans le ᴠᵉ siècle, en lisant dans Sulpice Sévère (*Dial.*, ɪ, cap. 20): *Dum cogito me hominem Gallum inter Aquitanos verba facturum, vereor ne offendat vestras nimium urbanas aures sermo rusticior*. Au reste, cette délicatesse de langage dont parle Sulpice Sévère, pouvait avoir lieu à l'égard des parties méridionales de la Gaule en général, comme étant en plus grande liaison avec l'Italie, qui avait communiqué à la Gaule la langue romaine, dont la pureté était vraisemblablement moins connue dans les parties les plus reculées vers le nord.

» Ce ne fut pas seulement du côté de l'Aquitaine que la Celtique perdit de son étendue dans l'arrangement des provinces de la Gaule, par Auguste. Les *Sequani* et les *Helvetii* en furent séparés pour faire partie de la Belgique. Il est constant que ces peuples étaient réputés du corps des Celtes, lorsque César entra dans la Gaule, puisqu'en parlant du pays qu'occupaient les Celtes, *Attingit*, dit-il (*Comment.*, ɪ), *a Sequanis et Helvetiis flumen Rhenum*; etc. Si les Belges joignent le Rhin, selon César, ce n'est pas vers le haut de son cours: *Pertinent ad inferiorem partem fluminis Rheni*. D'ailleurs le nom de *Galli*, dans César, convenant spécialement aux Celtes, c'est ranger parmi eux les *Helvetii* que de dire: *Reliquos Gallos virtute (Helvetii) precedunt*. Strabon (lib. ɪᴠ, p. 191) n'étend la partie de la Gaule soumise à Lion jusque vers les sources du Rhin, que parce qu'il parle d'après César sans le nommer, comme on le remarque en plusieurs endroits; mais il se trompe en ce qu'il paraît confondre la partie de la Gaule qui avait pris le nom de Lionoise avec l'ancienne Celtique: car les *Sequani* et les *Helvetii*, qui touchaient au Rhin, sont placés dans la Belgique par Pline et par Ptolémée (Pline, lib. ɪᴠ, cap. 17; Ptolémée, lib. ɪɪ, cap. 9). Ils y ajoutent même les *Lingones*, qui dans un temps postérieur, et lorsque la Lionoise a composé quatre provinces, ont fait partie de la Lionoise première, qui sans cette accession aurait été fort limitée. Le pays des *Sequani* et des *Helvetii* ayant formé une province sous le nom de *Maxima Sequanorum*, Papire Masson (*Not. Episcop. Franc.*), en se fondant sur l'autorité du faux Isidore, Josias Simler et Joseph Scaliger, sur des Notices peu anciennes et interpolées, font de cette province une cinquième Lionoise, que Nicolas Sanson a inscrite dans sa carte de la Gaule. Mais c'est à la suite des provinces belgiques et germaniques, et non pas à la suite des lionoises qu'est placée la grande Séquanoise dans la Notice de la Gaule que l'on juge avoir été dressée du temps d'Honorius, et que le P. Sirmond a le premier publiée dans sa Collection des conciles de la Gaule. Sextus Rufus (t. ɪ, *Breviar. rer. Rom.*, lib. xᴠ) rassemble pareillement les *Maxima Sequanorum*, avec les deux Germanies et les deux Belgiques. On trouve de suite dans Ammien Marcellin les deux Germanies, la Belgique première et seconde, les *Sequani*. Cette grande Séquanoise est même intitulée: *Germania tertia*, dans une Notice tirée de la bibliothèque de Thou par André Duchesne.

» Quant au détail de ce qui est renfermé dans la Celtique ou Lionoise d'Auguste, je pense qu'il se développera lorsqu'il sera question de voir cette province divisée d'abord en deux, puis en quatre provinces particulières. Je passe actuellement à la Belgique. Les Belges, qui selon César étaient séparés des Gaulois ou des Celtes par la Seine comme par la Marne, perdirent vraisemblablement sous Auguste deux cités, par lesquelles ils touchaient à la Seine, les *Caleti* et les *Veliocasses*. Ces deux peuples, que dans César on trouve unis d'intérêts avec les Belges, sont compris dans la Lionoise par Pline et par Ptolémée. Quant à l'extension des Belges vers la partie inférieure du cours du Rhin, comme César s'en explique, il paraît que le plus reculé des peuples qu'il ait soumis de ce côté-là, est celui de *Menapii*. Il nomme pourtant les *Batavi* comme occupant l'île que formaient les bras du Vahal et du Rhin; mais on est informé qu'Auguste entretenait un corps de cavalerie batave. Quelques efforts que fasse Hadrianus Junius (*Batav.*, cap. 4) pour enlever la Batavie à la Gaule et pour la donner à la Germanie, il ne détruira point le témoignage de Pline et de Ptolémée, ni ce que dit formellement Tacite (*Hist.*, lib. ɪᴠ, sect. 32): *Caninefates Batavique, exigua Galligrum portio*. C'est le cours du bras du Rhin qui eu a conservé le nom qu'il convient de regarder comme la séparation de la Gaule d'avec la Germanie, et je crois qu'Erasme voulait être *Gallus* plutôt que *Germanus*, parce que le lieu de sa naissance était renfermé dans l'île des Bataves.

» Des quatre principales provinces de la Gaule, la Belgique est la première qu'on ait démembrée pour composer de nouvelles provinces. Sa frontière le long du Rhin, exposée aux entreprises des Germains, était gardée par deux corps de troupes, l'un vers la partie supérieure, l'autre vers l'inférieure. Dion Cassius (lib. ʟɪɪɪ), parlant du partage que fit Auguste des provinces de l'empire entre lui et le sénat, fait mention de la haute et basse Germanie, occupées en deçà du Rhin par des peuples qui avaient passé le fleuve; comme on le sait, des *Triboci*, des *Nemetes* et *Vangiones*, dans la partie supérieure; les *Ubii* et *Gugerni*, qui furent établis dans l'inférieure du temps d'Auguste. Quand l'historien Dion n'aurait parlé qu'en conséquence de ce qui a été bien établi depuis Auguste, on voit toutefois deux provinces de Germanie sous Tibère, désignées par Tacite (*Annal.*, lib. ɪᴠ, sect. 73), en disant qu'*Apronius, inferioris Germaniæ proprætor, vexilla legionum e superiore provincia accivit*. Quoique Pline ne parle point des provinces de Germanie, que dans un dénombrement où il mêle indistinctement avec les peuples qui étaient restés à la Belgique ceux qui composent l'une et l'autre Germanie, cependant il est remarquable qu'il prend l'Escaut pour un des termes de la Belgique, la renfermant entre cette rivière et la Seine: *A Scalde ad Sequanam Belgica*. Ptolémée (lib. ɪᴠ, cap. 17) a connu deux Germanies, la supérieure et l'inférieure, qu'on a distinguées depuis, comme les autres provinces de la Gaule, par l'adjectif *prima* et *secunda*. Selon des inscriptions du recueil de Gruter, les deux Germanies réunies avec la

Belgique paraissent régies par le même officier, dont le titre et l'emploi sont ainsi désignés par une de ces inscriptions : *Proc (urator) a rationib provinciarum, Belgicæ et duarum Germaniar*. Dans une autre inscription donnée par Spon : *Proc ration privatar. per Belgic. et duas Germ.* (*Miscell. erud. ant.*, p. 148).

» Nous avons ainsi jusqu'à présent six provinces dans la Gaule : la Narbonaise, l'Aquitanique, la Lionoise, la Belgique, et deux Germanies. Mais c'est une question que de savoir à quel temps précisément on doit rapporter la division de la Gaule en un plus grand nombre de provinces. Saumaise et Adrien de Valois (*Epist.* 6, *Not. Galliæ*, p. 300) reculent cette division jusqu'à Constantin. Cependant une inscription dans Gruter (p. 166), qui est au nom de Dioclétien et de son collègue Maximien, fait mention de la grande Séquanoise comme d'une province : *Prov. max. Seq*. Les changements qu'apporta Dioclétien dans le gouvernement de l'empire et dans l'usage de la puissance impériale peuvent faire juger qu'il aura disposé des provinces et de leur administration autrement que les empereurs qui avaient régné moins despotiquement. On peut même le conclure de ce que dit Lactance, ou l'auteur du livre *De mortibus persecutorum*, qui, cherchant à blâmer ce qui a été fait par Dioclétien, s'exprime ainsi : *Provincia in frusta concisa*. Au reste c'est par degrés et successivement qu'est arrivée la plus grande multiplication des provinces. Sextus Rufus (*Brev. rer. Roman.*), écrivant sous Valentinien Ier, qui tint l'empire d'Occident jusqu'en 375, fait mention de deux Aquitaines :..... et toutefois saint Hilaire, dans une lettre écrite en 358 aux évêques de la Gaule, dont il détaille les provinces, ne cite qu'une Aquitanique. Il en est de même d'une inscription de l'an 362, rapportée par Gruter (p. 463) en l'honneur d'un gouverneur de la province : *Saturnino secundo præsidi provinciæ Aquitanicæ.*

» Le dénombrement que donne Sextus Rufus des provinces de la Gaule en fait compter quatorze, de la manière qui suit : *Alpes Maritimæ, provincia Viennensis, Narbonensis, Novempopulana, Aquitaniæ duæ, Alpes Graiæ, maxima Sequanorum, Germaniæ duæ, Belgicæ duæ, Lugdunenses duæ*. Cependant Ammien Marcellin (lib. xv, cap. 11), en continuant son histoire jusqu'à la mort de Valens en 378, ne paraît indiquer que douze provinces : les deux Germanies, les deux Belgiques, les *Sequani* ou la Séquanoise, les deux Lionoises, les Alpes Grecques et Pennines, l'Aquitanique, les *Novempopuli*, la Narbonoise, et la Viennoise. Il donne donc l'Aquitaine pour une seule province, quoique déjà divisée en deux, selon Rufus, et il omet les Alpes Maritimes. M. de la Barre, dans un mémoire inséré au t. viii de l'académie royale des belles-lettres (p. 403, 411), veut disculper Ammien Marcellin sur ce sujet, en alléguant que cet historien peut avoir écrit ainsi sur la Gaule, dans un temps antérieur à celui qui termine son histoire ; et en effet il n'y a pas une grande différence de date entre le temps où l'on ne voit encore qu'une seule Aquitaine et celui où l'on en compte deux. Mais Ammien ne paraît pas excusable sur des fautes qui sautent aux yeux dans sa description de la Gaule (lib. xv, cap. 11) : comme de dire qu'étant divisée en quatre parties du temps de César, *uti crebritate bellorum urgenti cessere* (*Gallia*) *Julio dictatori, potestate in partes divisa quatuor*; la Narbonoise contenait la Lionoise, ainsi que la Viennoise, *quarum Narbonensis una, Viennensem intra se continebat, et Lugdunensem*. Ne comptant point ainsi la Celtique pour une des quatre parties de la Gaule, il établit dès lors une division entre les Germanies et la Belgique. Car, après avoir dit que la seconde de ces parties était celle qu'occupaient les Aquitains, *altera Aquitanis præerat universis*; il ajoute, *superiorem et inferiorem Germaniam, Belgasque, duæ jurisdictiones iisdem rexere temporibus*. On n'est pas plus satisfait d'Ammien en diverses circonstances de détail ; comme de placer *Elusa*, à côté de Narbone et de Toulouse, dans la Narbonoise ; *Tricasini*, ou Troies, dans la Lionoise seconde, après avoir nommé dans la première *Senones*, où Sens, dont la position et le district ferment toute communication entre Troies et les cités qui pouvaient compléter la seconde Lionoise, et nous ne voyons point que les provinces de la Gaule fussent composées de morceaux détachés. Ces déplacements manifestes justifient plusieurs doctes critiques, en ce qu'ils ont trouvé à redire que *Biturigæ*, ou Bourges, soit une ville de la première Lionoise dans Ammien ; et toutefois M. de la Barre croit qu'il suffit de déclarer qu'elle fut rendue à l'Aquitaine lors du partage de cette province en deux. Que doit-on penser de ce qu'*Aventicum*, capitale des *Helvetii*, qui sont compris sous le nom de *Sequani* par Eutrope du temps de Valens (lib. vi), soit rangée dans les Alpes Grecques par Ammien ?

» Ce qui fait monter le nombre des provinces de la Gaule de quatorze à dix-sept, c'est que la Lionoise, au lieu de deux provinces, en a formé quatre, et qu'on a fait une seconde Narbonoise. Il est mention de deux Narbonoises au concile d'Aquilée en 381, dans une lettre adressée aux évêques de la Viennoise, et *Narbonensium primæ et secundæ*. Cette multiplication de provinces dans une partie de la Gaule assez resserrée fait présumer au P. Pagi (*Hist. crit.* in *Ann. Baronii ad an.* 374) qu'on n'aura pu laissé dans le même temps aux deux Lionoises toute leur étendue, et cette opinion, qui établit une plus juste proportion entre les différentes parties d'un même corps, me paraît vraisemblable. Mais, après avoir suivi de cette manière le progrès successif du nombre des provinces de la Gaule jusqu'à dix-sept, il est à propos de voir en quoi elles consistaient chacune en particulier ; et je crois devoir y procéder selon l'ordre dans lequel j'ai parlé des quatre premières et principales provinces du siècle d'Auguste.

» De la Narbonoise sont sorties trois provinces : la Narbonoise proprement dite, ou première lorsqu'il y en a eu deux, la Viennoise, et la seconde Narbonoise ; et à ces deux provinces se joignent les Alpes Maritimes et les Alpes Grecques. Plusieurs savants, du nombre desquels est Joseph Scaliger, appliquent aux cinq provinces qu'on vient de nommer la dénomination de Viennoise, se fondant sur l'autorité du faux Isidore, qui a fabriqué des décrétales, et sur une notice fort suspecte de nouveauté, et qu'on ne saurait mettre en opposition à des monuments tels que la Notice des provinces, qui paraît avoir été dressée sous Honorius, et que la Notice des dignités de l'empire, que l'on croit être du temps de Valentinien III. Comment a-t-on pu se persuader que le nom de Viennoise seconde pût convenir à la Narbonoise première sans considérer que ce qui a composé la Viennoise était antérieurement compris sous le nom même de Narbonoise ? C'est pourtant ainsi que Sanson intitule les provinces dont il est question. Mais, quand on voit dans Scaliger que la division de la Gaule en dix-sept provinces est d'Auguste, quelques autres méprises ne doivent plus étonner. Le partage de l'ancienne Narbonoise en plusieurs provinces a limité la Narbonoise première entre le Rhône et les Pyrénées, et sous sa métropole *Narbo*, la Notice des provinces ne compte d'autres cités que *Tulosa, Bœterræ, Nemausus* et *Lutera*, et *Ucetia* n'y paraît que sous le titre de *castrum*, inférieur à celui de *civitas*, qu'*Ucetia* n'a eu que postérieurement. On sait que cette province Narbonoise comprend deux provinces ecclésiastiques, depuis que Jean XXII, en 1317, a érigé Toulouse en métropole, lui donnant pour suffragants sept nouveaux sièges, qui faisaient partie en même temps.

» Il est nécessaire de s'expliquer sur la Narbonoise seconde, avant que de passer à la Viennoise, pour la difficulté qu'il y a de savoir comment a été formée cette seconde Narbonoise. Comme elle ne tient point à la première, et qu'elle en est séparée par des cités annexées à la Viennoise, on l'en croirait un démembrement, si l'on ne pensait en même temps que dans ce nom de Viennoise seconde lui était dû plutôt que celui de seconde Narbonoise. Ce qu'il y a de plus vraisemblable, c'est que la formation de cette seconde Narbonoise apporta du changement à l'une et à l'autre des provinces Narbonoise et Viennoise ; et M. de la Barre est dans la même opinion (*ubi supra*). Le P. Pagi remarque judicieusement qu'en joignant à la Viennoise ce qui a composé la Narbonoise seconde, c'est lui attribuer jusqu'au nombre de vingt cités, lorsque la Narbonoise est réduite à six, y compris la métropole, et même à cinq seulement en rigueur ; qu'on doit avoir peine à se persuader d'une province de plus ancienne date, et dans laquelle la Viennoise elle-même avait été comprise. Il y a toute apparence que la nouvelle province n'a été appelée Narbonoise que parce que sa métropole *Aquæ Sextiæ*, Aix, était tirée de la précédente Narbonoise. D'un autre côté, si l'on s'en rapporte à Ammien Marcellin, la Viennoise renfermait *Antipolis*; et comme cette ville est entrée dans la Narbonoise seconde, il résulte que c'est en prenant sur l'une et sur l'autre province, Narbonoise et Viennoise, que la seconde Narbonoise a été composée. Ce qui faisait antérieurement une continuité de la Narbonoise jusqu'au district d'*Aquæ Sextiæ*, avant que la dignité de métropole en détachât cette ville, peut avoir été cédé à la Viennoise, en dédommagement de ce qu'elle donnait à une autre province. Quoi qu'il en soit, les cités que la Notice des provinces range sous *Aquæ Sextiæ* la métropole, sont *Apta*, *Reii*, *Forum Julii*, *Vapincum*, *Segustero* et *Antipolis*, dont le diocèse, qui est celui de Grasse depuis la translation du siége épiscopal en 1250, est néanmoins renfermé dans la province ecclésiastique d'Embrun, métropole des Alpes maritimes.

» La première mention expresse qui soit faite de la Viennoise se tire des souscriptions du concile d'Arles en 314. Les pères bénédictins, auteurs de l'Histoire de Languedoc, présument que cette province était formée dès l'an 280, qui fut celui de la révolte des tyrans Procule et Bonose, sur ce que Vopiscus (*in Probo*), en parlant de cette révolte, désigne au pluriel les provinces de la Gaule, qui avait porté le nom de *Braccata : Braccatæ Galliæ, provincias*. Le nombre des cités que renferme cette province sous *Vienna* la métropole est plus grand que dans aucune autre ; savoir : *Geneva* et *Gratianopolis*, villes des *Allobroges*, ainsi que Vienne, *Alba* des *Helvii*, *Dea* et *Vasio* des *Vocontii*, *Valentia* et *Tricastini*, *Arausio*, *Cabellio* et *Avenio*, qui ont appartenu aux *Cavares*, *Arelate* et *Massilia*. On sait que le rang où s'est élevé Arelate a donné lieu aux évêques de cette ville de s'ériger en métropolitains, avec un plus grand nombre de suffragants que Vienne même, lequel est néanmoins diminué, surtout depuis que Sixte IV, en 1475, a formé une province ecclésiastique d'Avignon.

» Je passe aux provinces des Alpes Maritimes et des Alpes Grecques. Quoique la nature semble avoir posé des bornes entre la Gaule et l'Italie, par la chaîne des Alpes, comme entre la Gaule et l'Espagne par les Pyrénées, et que cette séparation ait donné lieu chez les Romains à la distinction qu'ils ont faite de la Gaule cis-Alpine et de la trans-Alpine, cependant le gouvernement civil des provinces ne s'est pas assujetti rigoureusement à des limites décidées par la cime des montagnes. On a remarqué plus haut que les Romains s'étaient formé une province dans la Gaule avant que les peuples des Alpes fussent réduits. Ceux qui obéissaient à Cottius du temps d'Auguste, et dont les noms sont inscrits sur l'arc de Suze, n'ont été sujets immédiats de l'empire que sous Néron. On voit dans Pline (lib. III, cap. 4) que Galba ajouta au rôle de la Narbonoise, *Adjecit formulæ ex inalpinis*, des peuples dont *Dinia*, Digne, était la ville principale. Aussi est-elle de la Narbonoise dans Ptolémée ; et c'est une des cités des Alpes Maritimes dans la Notice des provinces. Mais il est évident, en lisant Pline (lib. III, cap. 5 et 20), que ce qui a composé la province des Alpes Maritimes et celle des Alpes Grecques et Pennines fut antérieurement joint à l'Italie ; *Octodurenses* dans la vallée pennine, *Centrones* et *Caturiges*, les peuples de l'État de Cottius ; sur la côte, *Nicæa* et *Portus Herculis Monœci* ; et enfin les *Vediantii*, *Deciates* et *Oxybii* : et après avoir rapporté l'inscription du trophée des Alpes, qui est un dénombrement des peuples de ces montagnes soumis par Auguste, il finit par dire : *Hæc est Italia, diis sacra ; hæ gentes ejus, hæc oppida populorum*. C'est par la même raison que Ptolémée (lib. III, cap. 1) comprend dans l'Italie les *Centrones* et *Caturiges*, *Brigantium*, en l'attribuant aux *Segusini*, les *Nerusii*, *Suetri*, *Vediantii*, et les villes de la côte, qu'il donne aux Marseillois. La première est celle de la métropole des Alpes Maritimes, la seconde, des Alpes Grecques. Les cités qu'indique la Notice dans la première de ces provinces, sous *Ebrodunum*, ville des *Caturiges*, sont : *Dinia*, *Rigomagus*, ou plutôt *Caturigomagus*, *Sollinienses*, ou plutôt *Salinæ*, comme on peut le conjecturer, *Sanitium*, *Glannativa*, *Cemehelium* et *Ventium*. Quant à la province des Alpes Grecques, au nom de laquelle est joint celui des Alpes Pennines, la Notice n'y fait mention que de deux cités, *Darantasia* des *Centrones*, et *Octodurus* des *Vallenses*, ou des habitants de *Vallis Pennina*, dont le siége épiscopal est aujourd'hui à *Sedunum* ou Sion. On ne trouve point dans la Notice *Augusta prætoria* des *Salassi*. Cette ville, située au delà de l'*Alpis Graia*, est demeurée à l'Italie, quoique le siége d'Aouste soit suffragant du métropolitain de Monstier-en-Tarentaise.

» Passons aux provinces aquitaniques. On ne saurait dire précisément ce que comprenait la province d'Aquitaine, lorsqu'il n'y en avait qu'une qui fût distincte de la Novempopulane. Si l'on suppose qu'elle embrassait dans son étendue tout ce que contiennent l'Aquitaine première et seconde, on trouve bien vaste vis-à-vis de la Novempopulane. Ammien Marcellin, qui ne connaît qu'une Aquitaine, y fait mention de *Burdigala*, *Arverni*, *Santones* et *Pictavi*. On a vu ci-dessus que *Biturigæ*, selon lui, était de la Lionoise première : sur quoi on peut observer que, dans la division de l'Aquitaine en deux provinces, celle qui a été intitulée *prima* ayant Bourges pour métropole, il semble que si Bordeaux avait occupé le premier rang dans l'Aquitaine lorsqu'elle était unique, le titre d'Aquitaine première était dévolu à la province dont elle était métropole ; mais, en passant par-dessus ces considérations, la Notice des provinces indique pour cités sous la métropole de Bourges, *Arverni*, *Ruteni*, *Cadurci*, *Lemovices*, *Gabali*, *Vellavi*, et celle d'*Albiga*. Cette dernière, comme l'on sait, a été élevée à la dignité de métropole en 1680, ayant pour siéges suffragants les anciennes cités de Rodez et de Cahors, Vabres et Castres, qui ne sont évêchés que depuis le XIVe siècle : et parce que c'est un démembrement de l'Aquitaine première, le métropolitain de Bourges prétend le droit de primatie sur cette nouvelle province ecclésiastique ; quant à la seconde Aquitaine, on voit sous sa métropole *Burdigala*, la cité des *Nitiobriges* ou *Aginnum*, celle des *Santones*, *Pictavi*, *Petrocorii*, et *Ecolisma* ou *Iculisma*.

» On est prévenu en général que la Novempopulane répond à l'Aquitaine dont parle César. Plusieurs des peuples aquitains qui sont nommés dans le troisième livre des Commentaires ne paraissent point du nombre de ceux qui ont donné lieu à ce nom de *Novempopulana*, ou simplement de *Novempopuli*, comme plusieurs auteurs l'ont employé. On lit *Novempopulania* dans une ordonnance d'Honorius au préfet du prétoire des Gaules. Il est difficile de savoir comment on doit distinguer neuf peuples dans le nombre de douze cités que la Notice des provinces donne à la Novempopulane. Cependant, en remarquant que la cité des *Ausci* s'y trouve rejetée au dernier rang, je suis tenté de croire que ce ne peut être que par addition, vu que séparément cette place inférieure ne convient point à ceux que Méla appelle *Aquitanorum clarissimos* : qu'ainsi, et lorsqu'on a fait état de *Novempopuli* dans l'ancienne Aquitaine, les *Ausci* étaient liés et ne faisaient qu'un avec les *Elusates*, comme il est arrivé que leur nom les a remplacés dans le premier rang. Du reste nous devons regarder avec difficulté comme des cités d'anciens peuples celles d'*Aquensis*, capitale des *Tarbelli*, de *Vasates*, de *Turba* ; chez les *Bigerrones*, de *Convenæ*, de *Consoranni*. Jusque-là nous en comptons six. Il y en a quatre autres dans la Notice, qui sont à préférer à une cinquième, qu'elle admet dans la Novempopulane sous le nom de *Boates*. Ces quatre cités sont : *Lactora*, *Beneharnum*, *Aturus* et *Iluro*. M. de Valois (*Not. Galliar.*, p. 380) ne veut point des trois dernières, alléguant pour raison que ce sont des noms de villes, et non pas des noms de peuples qui soient connus des géographes. Mais cette même raison aurait dû l'empêcher d'adopter, comme il fait, les *Lactorates*. Outre le silence des mêmes géographes sur *Lactora*, il est évident que le nom de *Lactorates* est formé sur celui de *Lactora*, comme ceux de *Benarnenses*, d'*Autrenses*, d'*Elloronenses*, qu'on trouve dans la Notice, sont tirés de *Benarnum* ou *Beneharnum*, d'*Aturus*, d'*Elloro* ou *Iluro*. En excluant ces trois cités, M. de Valois, pour y suppléer, sépare non-seulement les *Elusates* et les *Ausci*, mais il coupe en deux les *Tarbelli*, en les distinguant de la cité d'*Aquæ Tarbellicæ*, désignée par le nom d'*Aquitani*. Mais, pour qu'*Aquæ Tarbellicæ* ne soit pas la capitale des *Tarbelli*, et ne la représente point, M. de Valois aurait dû, ce me semble, nous indiquer celle qui en prend la place. Il faut convenir que des quatre cités dont il est question, on ne peut en adopter que trois pour en ajouter aux six antérieurement reconnues, et s'en tenir au nombre de neuf. Je pense qu'il est indispensable d'admettre avec *Lactora* la cité de *Beneharnum*, qui, toute ruinée qu'elle est depuis environ mille ans, conserve son nom dans celui d'une province : et comme les dépendances du peuple de cette cité, dans les premiers temps, pouvaient bien s'étendre, ainsi que cette province, jusqu'au pied des Pyrénées, et renfermer *Iluro*; la cité d'*Aturius*, appelée autrefois *Vicus Julii*, paraît tenir lieu d'un neuvième peuple dans cette province.

» Il faut en venir aux Lionoises. On a vu par Ammien Marcellin, comme par Sextus Rufus, que la première division de la Lionoise a été d'en faire deux au lieu d'une. Ammien (lib. xv, cap. 11), faisant mention de *Turoni*, ainsi que de *Rotomagus*, dans la seconde Lionoise, fournit une preuve de ce qu'on jugerait avoir été naturel, qui est que cette seconde, lorsqu'il n'y en avait que deux, ne consistait pas seulement dans ce qui est resté à la seconde, lorsque le nombre des Lionoises a été de quatre. Et puisque la cité de *Turoni*, ou *Turones*, qui est devenue métropole de la troisième Lionoise, était antérieurement comprise dans la seconde, il faut croire que cette seconde embrassait la troisième avant que cette troisième eût son existence. C'est par la même raison que *Senones*, qui a été métropole de la quatrième Lionoise, est de la première dans Ammien : et il résulte de cette observation, que c'est la division de chacune des Lionoises en deux, qui de deux en a fait quatre. C'est aussi dans cet état de quatre provinces Lionoises qu'il faut donner le détail de ce qui les composait d'après la Notice des provinces.

» La Lionoise première, sous sa métropole *Lugdunum*, qui devait cette dignité de métropole à Auguste, lorsque la Lionoise formait une des quatre grandes parties de la Gaule, contient la cité des *AEdui* ou *Augustodunum*, celle des *Lingones*, reprise sur la Belgique, comme je l'ai antérieurement observé, et les villes de *Cabillonum* et de *Matisco*, qui ne sont point qualifiées du titre de *civitas*, mais simplement de *castrum*. La Lionoise seconde renferme sous *Rotomagus*, sa métropole, les cités des *Bajocasses*, *Abrincatui*, *Ebroici* ou *Ebaroviees*, *Sagii*, *Lexovii*, et celle de *Constantia*, qui représente les *Unelli*. La Lionoise troisième, ayant *Turones* pour métropole, contient les cités des *Cenomani*, *Redones*, *Andes* ou *Andecavi*, *Namnetes*, *Corisopiti*, *Veneti*, *Osismii* et *Diablintes*. Enfin la Lionoise quatrième, qui de *Senones*, sa métropole, a été appelée *Senonia*, contient la cité des *Carnutes*, d'*Aureliani* et d'*Autissiodurum*, des *Parisii* et des *Meldi*. Cette province a souffert un démembrement comme province ecclésiastique, lorsque Paris est devenu une métropole en 1622, et lui a enlevé Chartres, Orléans et Meaux.

» Il suffira de dire sur la Belgique première qu'on la retrouve dans la province ecclésiastique de Trèves, ou d'*Augusta Treverorum*, sa métropole, comprenant les cités des *Mediomatrici*, *Leuci* et *Verodunenses*. La Belgique seconde, ayant la capitale des *Remi* pour métropole, renferme un plus grand nombre de cités, savoir : des *Suessiones*, *Catalauni*, *Veromandui* et *Atrebates*, de *Camaracum* et *Turnacum*, qui représentent la nation des *Nervii*; enfin celle des *Bellovaci*, *Silvanectes*, *Ambiani*, *Morini* et *Bononia*. L'érection de Cambrai et de Malines en métropoles, l'an 1559, a enlevé à la province ecclésiastique de Reims une grande partie de ce qui composait la seconde Belgique ; car elle y a perdu les diocèses de Cambrai et de Tournay, d'Arras, ceux de St-Omer et d'Ipre, qui sont du territoire des anciens *Morini*, ceux de Bruges et de Gand, sur lesquels les *Nervii* ont autrefois dominé, et qui étaient sous la juridiction des évêques de Tournay, avant que ces évêchés et celui d'Ipre fussent rangés sous la métropole de Malines.

» La Germanie première renferme sous *Mogontiacum*, sa métropole, les *Vangiones*, les *Nemetes* et les *Triboci*, le territoire de ceux-ci étant désigné par la cité d'*Argentoratum* dans la Notice des provinces. Celle des dignités de l'empire fait mention même dans cette province, d'un district particulier sous le nom de *Tractus Argentoratensis*. Le détail qu'elle donne des postes établis le long du Rhin sous le commandement d'un général résidant à Mayence, *sub dispositione viri spectabilis ducis Mogontiacensis*, fait connaître que ce département s'étendait depuis *Saletio*, ou Seltz, inclusivement, jusque et compris *Antunnacum*, ou Andernach ; et Ptolémée sépare les deux Germanies par une rivière qu'il appelle *Obringa*. La Notice des provinces ne donne d'autre détail de la seconde Germanie que d'y nommer la métropole *Agrippina*, et la cité des *Tungri*. Mais les dépendances de cette cité contribuent beaucoup à donner de l'extension à la province dont elle fait partie. C'est ce que les anciennes limites de la juridiction spirituelle des évêques de Liége, dont le siége est celui de Tongres, nous indiquent; car cette juridiction s'est étendue jusque sur Malines ; et on sait que le diocèse de Namur n'est séparé de celui de Liége que depuis environ deux cents ans. Il faut se rappeler que la Belgique commence à l'Escaut, *Scalde*, selon Pline, qui dit encore ailleurs (lib. iv, cap. 13) que les nations germaniques s'étendent jusqu'à cette rivière : et *Scaldim usque fluvium Germaniæ accolunt gentes*.

» Il ne nous reste de province que *Maxima Sequanorum*, dont *Vesontio*, capitale des *Sequani*, était la métropole. La Notice y fait mention de trois cités, *Noiodunum* ou *Equestris*; *Aventicum* des *Helvetii*; et *Basilia*, celle-ci ayant succédé à la dignité d'*Augusta* des *Rauraci*, qui ne paraît dans cette Notice qu'en la même qualité de *castrum* que *Vindonissa* et *Ebredunum*; et le *castrum Rauracense* y est suivi de *Portus Abucini*. Il est à remarquer que, quoique le Rhin soit désigné en général comme servant de limites à la Gaule, cependant ce n'est pas précisément dans cette partie de son cours qui tient à ses sources que les dépendances de la Séquanoise ont bordé étroitement la rive du Rhin. Les nations rhétiques l'occupaient, et de leur nombre est celle des *Sarunètes*, dont on connaît la ville principale en deçà du Rhin, à l'égard de la Gaule. Une position de *Fines*, placée sur une voie romaine, en descendant plus bas, désigne indubitablement la séparation de la Séquanoise d'avec la Rhétie.

» On trouve, vers la fin du ive siècle et le commencement du ve, que dans la Gaule il y avait des provinces qui étaient distinguées par le nom de *Gallia*, séparément de plusieurs autres qui sont désignées par leur nombre de *quinque provinciæ*, ou bien de *septem provinciæ*. La première notion qu'on ait de cette distinction entre les Gaules et les cinq provinces est dans la lettre synodique du concile tenu à Valence en 374. Elle est répétée en d'autres actes, et je me borne à dire qu'elle subsiste dans la Notice des dignités de l'empire, qui paraît postérieure, et où les officiers chargés de la direction des finances dans chacun des deux départements sont appelés *rationales summarum*, autrement *rei privatæ*, ou du domaine, l'un *per Gallias*, l'autre *per quinque provincias*. Les savants sont fort partagés sur le choix des cinq provinces. Blondel (*Prim. de l'Egl.*, p. 704), M. de Marca (*De prim. Lugd.*, n° 65) et M. de Valois (*Not. Gall.*, p. 301) les restreignent aux deux Narbonoises, à la Viennoise et aux Alpes Maritimes et Grecques. Mais on doit remarquer qu'il n'y aurait eu aucune proportion entre un département borné à cette partie de la Gaule et ce que la Gaule occupait d'étendue dans le reste de ses provinces. Cette remarque mérite d'autant plus de considération, qu'on ne voit pas le même défaut dans la distinction formelle que fait la Notice des provinces de celles qui y sont appelées *Gallicanæ* d'avec les *septem provinciæ*. Les premières, au nombre de dix, sont les quatre Lionoises, les deux Belgiques, les deux Germanies, la Séquanoise et les Alpes Grecques. Les *septem provinciæ*, en ne comprenant point cette dernière, trouvent dans les deux Aquitaines et la Novempopulane une accession considérable aux deux Narbonoises, à la Viennoise, et aux Alpes Maritimes ; de sorte que l'on voit la balance plus égale dans le partage de la Gaule. Aussi plusieurs savants sont-ils dans l'opinion, que ce qui est appelé les cinq provinces est le même département que les sept provinces. Le P. Lacarri (*Hist. Gall. sub præfect. præt.*, p. 20) paraît le premier qu'on doive citer, et il faut y joindre M. de la Barre et M. D. Bouquet, dans la préface du premier tome de la collection des historiens français. On doit croire que l'Aquitaine avait part aux cinq provinces, sur ce que Philastre, parlant de l'hérésie des priscillianites, comme étant introduite dans les cinq provinces, Sulpice Sévère, son contemporain, témoigne qu'elle avait infecté *interiorem Aquitaniam*, et surtout *Elusanam plebem*, dans la Novempopulane. Il faut se souvenir que l'Aquitaine et la Narbonoise sont citées comme étant uniques, peu avant qu'on les voit divisées chacune en deux provinces ; et la formule établie alors de dire les cinq provinces a pu être employée par une continuité d'usage, lors même que le nombre était monté à sept. Pancirol (lib. II, cap. 68), qui a commenté la Notice de l'empire, est tombé dans une étrange méprise en prenant ce que désignent les *septem provinciæ*, pour la Gaule entière ; et il a entraîné Bergier dans son opinion (lib. III, chap. 38). Scaliger, qui croit que le nom de Septimanie, dont on n'a connaissance qu'après un temps écoulé dans le Ve siècle, peut dériver des sept provinces, confond des choses très-différentes et fort disproportionnées. Quand Sidoine Apollinaire (*Ep.* 1, lib. III) dit que les Goths, *Septimaniam suam fastidiunt*, cela peut s'entendre de quelques districts dont la jouissance leur avait d'abord été accordée, et qui, depuis Toulouse, s'étendaient dans la seconde Aquitaine jusqu'à l'Océan, selon les chroniques d'Idace et de Prosper, sous l'an 419, et selon Isidore de Séville. Ainsi ce serait par translation que le nom de Septimanie s'est renfermé depuis dans la Narbonoise, qui, étant demeurée aux Visigoths d'Espagne, a porté le nom de Gothie en même temps que celui de Septimanie. Mais cette Septimanie, dans laquelle, sous le règne de Reccarède, vers la fin du Ve siècle, on distingue le nombre de sept cités sous la métropole de Narbone, est postérieure à la domination romaine dans la Gaule.

» Je crois avoir rempli l'objet que je m'étais proposé dans ce préliminaire de faire connaître les provinces qui ont partagé la Gaule depuis les premières notions qu'on a eues de cette grande et célèbre contrée jusqu'à la chute de l'empire romain en Occident. Ce que l'invasion des nations étrangères y a apporté de changement n'est point de mon sujet ; on sait que la Gaule était d'anciennenté divisée en beaucoup de peuples, indépendants, généralement parlant, les uns des autres, si ce n'est que les plus puissants formaient des factions, entre lesquelles les autres se partageaient. Dans César, le territoire de chacun de ces peuples est désigné par le terme de *civitas*; Tacite et Pline l'emploient dans le même sens, et les inscriptions servent à le confirmer. Les plus étendus de ces territoires pouvaient être composés de plusieurs cantons ; je me contenterai de rapporter pour exemple ce qui concerne les *Helvetii* dans César (*Comment.*, I) : *Omnis civitas Helvetia in quatuor pagos divisa est.* Comme le nombre de trois ou quatre cents peuples, que quelques auteurs de l'antiquité, Plutarque, Appien, attribuent à la Gaule, est fort au-dessus de ce que nous en connaissons de principaux, il est à présumer que les *pagi* répondaient à des peuples subordonnés et d'un rang inférieur. On est prévenu que le gouvernement civil a beaucoup influé sur l'établissement et le rang des églises, et dans la description qui a été faite des provinces de la Gaule, on a pu observer que les provinces ecclésiastiques, dans leur état primitif, y ont un grand rapport. Indépendamment de cette considération générale, le local fournit des indices particuliers que les limites des anciens diocèses répondent communément à ce qui bornait les cités dont les provinces étaient composées. On est même en quelques endroits instruit des circonstances qui y ont apporté du changement, comme on démêle dans les révolutions arrivées en quelques-unes de nos provinces. celles où la conformité des diocèses avec les cités a dû moins subsister qu'ailleurs : la suite de cet ouvrage fournira des preuves de ce qu'il suffit ici d'exposer sommairement. Il faut remarquer au reste que ce n'est plus dans la même signification que la Notice des provinces fait usage du terme de *civitas*. Il se réduit précisément aux villes capitales des peuples qui avaient formé les cités, et c'est d'après cet usage postérieur au premier que dans plusieurs de nos anciennes villes le quartier principal est distingué par le nom de Cité. Ces capitales désignent d'une manière d'autant plus marquée les peuples qui composaient les provinces, qu'elles en avaient la plupart pris les noms, en cessant de porter ceux qui leur étaient propres antérieurement, et selon lesquels néanmoins chacune de ces villes sera rangée dans l'ordre alphabétique des lieux que renferme notre Gaule. On verra que ces notions générales ont leur application à un très-grand nombre d'articles particuliers, dans le détail de positions qui succède à ce préliminaire. » D'Anville. *Notice de l'ancienne Gaule*, p. 1 et suiv.

GAULENE, vg. *Tarn*, comm. de St-Julien-Gaulène, ⊠ de Valence-en-Albigeois.

GAULT (le), vg. *Loir-et-Cher* (Beauce), arr. et à 38 k. de Vendôme, cant. de Droué, ⊠ de Mondoubleau. Pop. 1,348 h.

GAULT (le), vg. *Marne* (Champagne), arr. et à 39 k. d'Epernay, cant. et ⊠ de Montmirail. Pop. 660 h.

GAULT (St-), bg *Mayenne* (Anjou), arr., cant., ⊠ et à 11 k. de Château-Gontier. P. 383 h.

GAULTIER (St-), petite ville, *Indre* (Berry), arr. et à 28 k. du Blanc, chef-l. de cant. Cure. Ecole secondaire ecclésiastique. ⊠. A 284 k. de Paris pour la taxe des lettres. Pop. 1,793 h. — Terrain jurassique, étage moyen du système colitique. — Elle est bâtie dans une riante situation, sur la Creuse, que l'on y passe sur un pont suspendu d'une seule arche. L'origine de St-Gaultier est inconnue ; l'architecture de son église, aux formes massives, aux arcs à plein cintre, aux piliers carrés surmontés de quelques chapiteaux byzantins, atteste que déjà, vers le XIe siècle, c'était un peu plus qu'un village. Foires les 14 janv. et fév., 13 avril, 10 mai, 15 juin, 6 juillet, 15 sept. et 29 nov.

GAULT-ST-DENIS (le), vg. *Eure-et-Loir* (Beauce), arr. et à 24 k. de Châteaudun, cant. et ⊠ de Bonneval. Pop. 784 h.

GAURÉ, vg. *H.-Garonne* (Languedoc), arr. et à 18 k. de Toulouse, cant. et ⊠ de Verfeil. Pop. 575 h.

GAURE, vg. *Maine-et-Loire*, comm. de Varennes-sous-Montsoreau, ⊠ de Chouzé-sur-Loire.

GAURIAC, vg. *Gironde* (Guienne), arr. et à 8 k. de Blaye, cant. et ⊠ de Bourg-sur-Gironde. Pop. 1,779 h.

GAURIAGUET, vg. *Gironde* (Guienne), arr. et à 29 k. de Bordeaux, cant. et ⊠ de St-André-de-Cubzac. Pop. 292 h.

GAUSSAN, vg. *H.-Pyrénées* (Bigorre), arr. et à 37 k. de Bagnères-de-Bigorre, cant. et ⊠ de Castelnau-Magnoac. Pop. 427 h.

GAUSSON, vg. *Côtes-du-Nord* (Bretagne), arr. et à 16 k. de Loudéac, cant. de Plouguenast, ⊠ d'Uzel. Pop. 2,084 h.

GAUVILLE, vg. *Eure* (Normandie), arr. et à 46 k. d'Evreux, cant. et ⊠ de Verneuil. Pop. 88 h.

GAUVILLE, vg. *Orne* (Normandie), arr. et à 50 k. d'Argentan, cant. et ⊠ de la Ferté-Fresnel. Pop. 849 h.

GAUVILLE, vg. *Somme* (Picardie), arr. et à 48 k. d'Amiens, cant. de Poix, ⊠ d'Aumale. Pop. 430 h.

GAUVILLE-LA-CAMPAGNE, vg. *Eure* (Normandie), arr., cant., ⊠ et à 7 k. d'Evreux. Pop. 194 h. — Fonderie de fonte et de cuivre. Ateliers de construction.

GAUZENS (St-), vg. *Tarn* (Languedoc), arr. et à 11 k. de Lavaur, cant. et ⊠ de Graulhet. Pop. 1,163 h.

GAVARNIE, vg. *H.-Pyrénées* (Bigorre), arr. et à 40 k. d'Argelez, cant. de Luz, ⊠ de Barèges. — Foire le 22 juillet.

Gavarnie, situé dans la vallée de son nom, est justement célèbre par son cirque et par ses cascades, que ne manquent de visiter les voyageurs qui fréquentent les nombreux établissements d'eaux minérales des Pyrénées. Le chemin qui conduit au cirque, toujours bordé d'un précipice, est si pénible, si étroit, et même en quelques endroits si périlleux, qu'on ne peut y aller qu'à cheval ou en chaise à porteurs. Depuis St-Sauveur, la gorge se transforme en un étroit précipice dont le torrent ravage et occupe le fond. Vous voyez deux villages, *Pragrèves* et *Gèdres*, isolés et situés dans la plus affreuse solitude. Les Pyrénées n'offrent rien de plus lugubre ni de plus sévère : vous marchez pendant quatre heures sur la crête des ravins formés par d'immenses éboulements, dans un silence que ne trouble aucun bruit, si ce n'est le roulement des torrents et le croassement des corneilles. Un seul chemin conduit à une chapelle déserte et comme abandonnée dans ces montagnes. Arrivé au village de Gèdres, derrière la maison *Palasset*, on visite une espèce de caverne formée par deux rochers énormes qui se rejoignent en voûte, sans se toucher, et ombragée d'une infinité d'arbustes et de lianes qui pendent en festons. Dans le fond jaillit, comme d'un escalier tournant, et se précipite sur trois degrés, une eau transparente, que l'on compte aisément les truites qu'elle roule parmi de gros bouillons d'écume. On ne sait ce qui charme le plus dans cette grotte, de sa fraîcheur délicieuse, de la tristesse mélancolique qu'inspire son obscurité, ou du doux murmure des eaux. Cette clarté douteuse répandue dans la grotte en fait le plus grand charme ; on dirait que c'est le berceau du silence, et que le jour, par un accord magique, y dort et y brille à la nuit. Ce n'est qu'à regret qu'on quitte ce lieu enchanteur.

En poursuivant la route de Gavarnie, on se trouve bientôt entouré d'un amas prodigieux de rochers carrés, de 14 à 16 m. sur toutes les faces, et dont un seul suffirait pour bâtir une maison. Ce lieu sauvage, très-bien nommé le Chaos, est d'une beauté imposante et effrayant à la fois ; les plus grosses pierres occupent le lieu que l'on distingue par le nom de grand Chaos. On y voit des masses de 3 à 33 m. cubes ; un de ces rochers, le Raillé ou pierre de Notre-Dame, jouit d'une espèce de vénération dans le pays, et les pèlerins, après avoir visité la chapelle qui est au fond de ce désert, font leur prière au fond de ce rocher, ou dessus, s'ils ont le courage de l'escalader. L'étonnement augmente à la vue des tours du Marboré, du Pré-Blanc, de la Brèche-de-Roland, de Néouvieille, de Viguemale, dont les cimes glacées, les plus élevées de toute la chaîne, sans excepter le pic du Midi, se perdent dans les nues, et ne sont accessibles que du côté de l'Espagne. — Mais combien Gavarnie est au-dessus de tout cela ! Aux yeux du naturaliste, il n'est aucun spectacle aussi imposant, aucun paysage ne s'annonce avec autant de grandeur et de majesté que l'enceinte de Gavarnie ; un seul de ces effets bizarres et sublimes qu'on rencontre à chaque pas sur la route suffirait pour donner de la célébrité à tout autre pays. On arrive enfin à Gavarnie ; cette montagne qu'on découvre de si loin, qui fuit lorsqu'on croit la toucher, et dont la cime, élevée de plus de 500 m. au-dessus du niveau de la mer, sépare la France de l'Espagne ; on se croit tout à coup jeté dans un désert, loin du monde habité. Ici l'admiration, l'étonnement, sont à leur comble. Quand milord Butte y entra pour la première fois, il s'écria : « La grande, la belle chose !.... Si j'étais encore au fond de l'Inde, et que je soupçonnasse l'existence de ce que je vois en ce moment, je partirais sur-le-champ pour en jouir et l'admirer. » Un enthousiasme subit en effet y transporte le spectateur : le Colisée, les pyramides d'Égypte, les jardins suspendus de Sémiramis, se présentent à la fois à l'esprit, sur ces formidables remparts qu'on croirait bâtis par les anciens géants, au pied de ces sublimes tours où combattirent autrefois *Agramant, Ferragus, Marcile*, contre les preux de Charlemagne. Au-dessus, *Roland*, monté sur son cheval de bataille, transperça une montagne de sa terrible épée, et s'ouvrit un chemin qui devait le conduire chez les Mores et à la victoire.

Ici l'imagination ne peut atteindre la réalité. Que sont tous les cirques des Romains ! que sont tous les ouvrages des hommes, auprès de cet auguste monument de la nature ! Il semble qu'elle ait fait un essai de ses forces pour y déployer tout ce qu'elle a de grandeur et de magnificence. Figurez-vous un vaste amphithéâtre de rocs perpendiculaires, dont les flancs nus et horribles présentent à l'imagination des restes de tours et de fortifications, et dont le sommet, ruisselant de toutes parts, est couvert d'une neige éternelle, sous laquelle le gave s'est frayé une route : l'intérieur du cirque est jonché de décombres et traversé par des torrents. En pénétrant dans l'enceinte, qui autrefois était un grand lac dont les eaux ont rompu les digues, et ont donné cours au gave, on jouit d'un coup d'œil certainement unique dans son espèce. On voit le gave sortir du lac du mont Perdu, se précipiter, près du vieux pont et de ses éternels glaciers, dans l'enceinte de Gavarnie, de plus de 100 m. d'élévation, et se partager ensuite en sept cascades. La plus belle est à gauche, et tombe d'une hauteur si prodigieuse et si détachée du roc, qu'elle ressemble à une longue pièce de gaze d'argent, ou à un nuage délié qui glisse dans les airs ; elle en a l'ondulation, l'éclat et la légèreté. L'eau, dissoute en brumes et frappée des rayons du soleil, forme une infinité d'arcs-en-ciel qui se multiplient, se croisent, et disparaissent selon la rencontre des divers rejaillissements : elle répand en tombant une rosée extrêmement fine. L'air d'alentour est si froid, que le voyageur est obligé de se couvrir promptement, et de boire quelque liqueur spiritueuse. On voit ensuite, fuir, sous un pont de neige, ce gave, qui, d'abord faible ruisseau, murmure à peine, tout d'un coup se grossit, prend une couleur d'azur foncé, s'élance des rochers, entraîne, en grondant, les débris des bois et des monts, et menace d'ensevelir la contrée. Au loin s'élève le Marboré avec ses crêtes bleuâtres, le mont Perdu, et d'autres montagnes sur lesquelles l'Arioste a placé le théâtre de ses charmantes fictions.

Tous les étrangers qui viennent aux eaux thermales font une visite solennelle au cirque fameux ; pendant le cours de la saison, de joyeuses caravanes de 40 à 50 personnes parcourent la vallée de Gavarnie à cheval ou en chaise à porteurs. On trouve à louer, pour ces courses, beaucoup de chevaux du pays, chevaux petits, mais adroits, solides, et que le danger des lieux fait préférer aux chevaux de maître. Il est bon que l'étranger soit instruit que Gavarnie est hors de la dernière ligne des douanes, en sorte qu'il doit, s'il est assez sûr de son cheval pour s'exposer dans ces passages dangereux, prendre un acquit-à-caution à Gèdres, pour éviter de se voir saisir plus loin par les préposés. Tous les chevaux de louage que l'on prend pour cette course sont soumissionnés à la douane pour la saison entière.

Les voyageurs qui voudront tenter une excursion à la Brèche-de-Roland, et s'aventurer dans les autres parties de cette région, trouveront à Gavarnie des guides sûrs, avec lesquels ils pourront atteindre cette crête, où M. Ramond a fixé, le premier, les idées sur l'état des glaces des Pyrénées. Un sentier, commençant à la partie de l'enceinte du cirque opposée à la grande cascade, mène au pied de la muraille du Marboré ; ce sentier, fréquenté par les contrebandiers, qui évitent la poursuite des gardes du port de Gavarnie, présente plus d'un danger, tant par la situation perpendiculaire des rochers que par la roideur des pentes de neige et de glace qu'il faut gravir ; il se présente ensuite une espèce de ravin dans le roc nu et déchiré : voilà la route. Il faut du courage pour ne pas renoncer à l'entreprise, et bien assurer ses mains avant de faire un pas sur un sol dénué d'aspérités. On s'élève enfin, après une marche fatigante, à la hauteur d'où les torrents tombent dans le cirque ; on suit un mur de rochers, qui est le prolongement d'un des gradins des tours du Marboré, et sous la saillie duquel s'abritent les bergers espagnols qui fréquentent ces pâturages, nommés Malhada de Serradès : c'est de là qu'on voit sous ses pieds les nombreuses cascades qui descendent dans l'enceinte des rochers qu'on a gravis. La grande cascade, tombant du mur oriental, reçoit les rayons du soleil qui descend du midi vers son couchant, et la vapeur qu'elle répand autour d'elle se rend visible par un iris vivement colorié, qui forme un cercle entier. Outre le Marboré, on compte trois autres montagnes ; la plus voisine de ce mont se nomme Stazona ou l'Astazon ; la suivante, la Furchetta ; la plus voisine de Gavarnie est le pic d'Ailanz : c'est de la première que tombe le gave. Bientôt on arrive vers le grand vallon de neige, et l'on atteint sa partie supérieure. On distingue à la fois sept sernelhas de glace, toutes exposées au nord ; deux entre la Stazona et la Furchetta, de chacune desquelles sort un torrent ; un dans la Stazona même, d'où la grande cascade paraît prendre sa source ; trois sur le Marboré ; enfin la grande sernelha, placée au-dessous de la Brèche, et nommée sernelha de la Breja. Il s'agit alors de monter vers le mur, en gravissant une pente de neige de 45 degrés d'inclinaison. On s'arme de crampons, et l'on traverse ces bandes de neige, en tournant le glacier, dont l'élévation rend la pente impraticable. Arrivé en face de la Brèche, on croit pouvoir passer de plain-pied ; mais un large fossé, taillé en entonnoir, profond d'une dizaine de mètres, se trouve interposé entre elle et le voyageur. Il faut donc tourner le fossé, gagner l'un des côtés de la porte, et, en s'accrochant à l'un de ses murs, user de l'adresse des montagnards pour se glisser en Espagne. Qu'on se figure une muraille de rochers de 400 à 200 m. de haut, élevée entre la France et l'Espagne, et qui les sépare physiquement ; que l'on se figure cette muraille courbée en forme de croissant, en sorte que la convexité en soit tournée vers la France ; que l'on s'imagine enfin qu'au milieu même Roland, monté sur son cheval de bataille, a voulu s'ouvrir un passage, et que d'un coup de sa fameuse épée, il a fait une brèche de 100 m. d'ouverture, et l'on aura une idée de ce que les montagnards appellent la Brèche de Roland.

GAVARRET, vg. *Gers* (Armagnac), arr. et à 21 k. de Lectoure, cant. et ✉ de Fleurance. Pop. 477 h.

GAVASTOUS, vg. *H.-Garonne*, comm. et ✉ de St-Gaudens.

GAVAUDUN, vg. *Lot-et-Garonne* (Agénois), arr. et à 27 k. de Villeneuve-sur-Lot, cant. et ✉ de Montflanquin. Pop. 1,091 h. — On y voit les restes d'un ancien château, et une ancienne église que l'on a proposé de classer au nombre des monuments historiques. — Forges. Papéterie. — *Foires* le 9 déc.

GAVE D'ASPE, rivière ou torrent qui prend sa source dans les Pyrénées, non loin du Pic-du-Midi, B.-*Pyrénées*; il traverse la vallée d'Aspe, passe à Accous, Sarrance, Asasp et à Oloron, où il se jette dans le gave de ce nom, après un cours d'environ 50 k. Ce gave sert au transport d'une grande quantité de bois de construction que produit la vallée d'Aspe, et qui descend à Bayonne par le gave d'Oloron.

GAVE DE MAULÉON, rivière qui prend sa source dans les Pyrénées, au mont Belhandi, B.-*Pyrénées*; elle passe à Tardets, Mauléon, Osserain, et se jette dans le gave d'Oloron, après un cours d'environ 45 k.

Le gave de Mauléon est flottable depuis Osserain jusqu'à son embouchure.

GAVE DE PAU, rivière qui tire sa source de la superbe cascade de Gavarnie, située au-dessus du village de ce nom, B.-*Pyrénées*; elle commence à être flottable à Pau et navigable à Peyrehorade.

Ce gave passe à Luz, Argelès, Lourdes, Naï, Pau, Lagor, Orthez et Peyrehorade, au-dessus duquel il se réunit au gave d'Oloron, et se jette dans l'Adour, près d'Astingues, après un cours d'environ 160 k.

GAVE D'OLORON, rivière qui prend sa source non loin du Pic-du-Midi, au-dessus de Laruns, B.-*Pyrénées*; elle porte le nom de gave d'Osseau, depuis sa source jusqu'à sa réunion au gave d'Aspe, passe à Laruns, Arudy, Oloron, où elle prend le nom de gave d'Oloron, à Navarenx, Sauveterre, Sallies, et se jette dans le gave de Pau, au-dessous de Sordes, après un cours d'environ 120 k.

GAVE D'OSSEAU, nom que porte le gave d'Oloron, avant sa réunion au gave d'Aspe à Oloron.

GAVET, vg. *Isère*, comm. de Livet, ✉ de Bourg-d'Oisans.

GAVIGNANO, vg. *Corse*, arr., ✉ et à 25 k. de Corté, cant. de Morosaglia. Pop. 384 h.

GAVINO (San-), vg. *Corse*, arr. et à 25 k. de Bastia, cant. de Santo-Pietro, ✉ de St-Florent. Pop. 254 h.

GAVINO-D'AMPUGNANI (San-), vg. *Corse*, arr. et à 60 k. de Bastia, cant. et ✉ de la Porta. Pop. 408 h.

GAVINO-DI-CARBINI (San-), vg. *Corse*, arr., ✉ et à 25 k. de Sartène, cant. de Lévie. Pop. 400 h.

GAVISSE, vg. *Moselle* (pays Messin), arr. et à 13 k. de Thionville, cant. de Cattenom, ✉ de Sierck. Pop. 408 h.

GAVRA MONS (lat. 45°, long. 24°). « Dans le détail que donne de l'Itinéraire de Bourdeaux à Jérusalem, entre *Lucus*, ou Luc, au-dessus de Die, et *Mons Seleucus*, en s'avançant vers Gap, on trouve à la suite du lieu nommé *Vologatis : Inde ascenditur Gavra Mons*. Je vois qu'aucune des cartes gravées du Dauphiné ne nous donnerait de connaissance sur cet objet que présente l'Itinéraire. Mais j'ai heureusement sous les yeux une grande carte manuscrite du Dauphiné, dont monseigneur le duc d'Orléans a fait l'acquisition à ma sollicitation, et qui représente le local d'une manière beaucoup plus circonstanciée qu'il ne paraît toute autre part. En partant de Vologatis, ou de la position qui lui convient dans le lieu qui se nomme Lèches, on rencontre en effet une montagne, dont le passage étant appelé col de Cabre, conserve assez distinctement le nom de *Gavra* par lequel cette montagne est désignée. Ce col donne entrée dans une vallée qui conduit à la Bâtie-Mont-Saléon, que l'on sait indubitablement représenter *Mons Seleucus*. » D'Anville. *Notice de l'ancienne Gaule*, p. 342.

GAVRAY, *Guabreium*, bg *Manche* (Normandie), arr. et à 19 k. de Coutances, chef-l. de cant. Cure. ✉. À 327 k. de Paris pour la taxe des lettres. Pop. 2,014 h. — TERRAIN de transition inférieur.

Le château de Gavray était jadis du domaine de la couronne. Peu après la mort de Guillaume le Conquérant, le plus jeune de ses fils fortifia vainement ce château, qu'il perdit avec tout le Cotentin. Cette place conserva longtemps son importance. En 1322, Philippe le Bel y fit enfermer Blanche, épouse du prince Charles, son fils, convaincue d'adultère. En 1328, Gavray fut cédé à Jeanne de Navarre, mère de Charles le Mauvais, à titre d'indemnité. Vers le milieu du XIVe siècle, le roi de Navarre en fit augmenter les fortifications, et cette place devint une des plus fortes de la Normandie.

Gavray fit une longue résistance à Duguesclin. Le commandant d'Evreux s'y était renfermé, bien résolu de s'y défendre jusqu'à la dernière extrémité. Le siège traînait en longueur, lorsque le gouverneur étant allé imprudemment avec une chandelle allumée dans une tour où étaient les poudres, le feu y prit et le tua avec ceux qui l'accompagnaient. Cet accident jeta la consternation dans la place et accéléra la reddition. Les trésors du roi de Navarre y étaient déposés. Il y avait en outre trois couronnes fort riches et couvertes de pierreries qui avaient appartenu aux rois de France. On remit ces trésors au sire Bureau de la Rivière, et le château fut démantelé. Depuis lors il a été si complètement démoli, qu'il en reste à peine quelques traces.

Fabriques de toile de crin. Dans la forêt de Gavray, fabrique considérable de sabots pour la campagne, au prix de 30 à 60 fr. les cent paires. — Blanchisserie de toiles. — *Foires* le 18 oct. (5 jours), le lendemain de la Trinité, le 1er jeudi de chaque mois. — Aux environs, exploitation d'ardoises.

GAVRE (le), *Gavera*, bg *Loire-Inf.* (Bretagne), arr. et à 24 k. de Savenay, cant. de Blain. Pop. 1,345 h. Ce bourg, situé près de la vaste forêt de son nom ; c'était autrefois une ville défendue par un château fort dont il ne reste plus aucun vestige.

La forêt du Gavre contient environ 4,800 hectares, tant en taillis qu'en futaie. Dix routes principales, ayant entre elles un développement de 42,797 m., la traversent et se réunissent à un endroit nommé l'Etoile, d'où l'on jouit d'un coup d'œil vraiment remarquable ; chacune des routes, à son ouverture, a environ 20 m. de largeur, et son extrémité ne paraît que comme une petite porte ouverte. Au centre de l'Etoile, on a bâti un petit temple circulaire où se réunissent les chasseurs. Il est entouré de pieds d'arbres qui en forment les colonnes naturelles. À l'intérieur, il est tapissé de mousse, et son toit de jonc ne ressemble pas mal à celui d'une hutte sauvage. — *Foire* le 16 oct.

GAVRE, vg. *Morbihan*, comm. de Riantec, ✉ de Port-Louis.

GAVRELLE, vg. *Pas-de-Calais* (Artois), arr., ✉ et à 10 k. d'Arras, cant. de Vimy. ☞. Pop. 682 h.

GAVRUS, vg. *Calvados* (Normandie), arr. et à 15 k. de Caen, cant. et ✉ d'Évrecy. Pop. 148 h.

GAWEISTROF, vg. *Moselle*, comm. de Villing, ✉ de Bouzonville.

GAYAN, vg. H.-*Pyrénées* (Gascogne), arr., cant., ✉ et à 13 k. de Tarbes. Pop. 289 h.

GAYCRÉ, Tarn, comm. de Cadix, ✉ de Valence-en-Albigeois.

GAYE, vg. *Marne* (Brie), arr. et à 51 k. d'Epernay, cant. et ✉ de Sézanne. Pop. 599 h.

GAYET (le), vg. *Isère*, comm. de Chirens, ✉ de Voiron.

GAYON, vg. B.-*Pyrénées* (Béarn), arr. et à 30 k. de Pau, cant. et ✉ de Lembeye. Pop. 306 h.

GAYRAND (St-), vg. *Lot-et-Garonne* (Agenois), arr. et à 37 k. de Marmande, cant. de Castelmoron, ✉ de Tonneins. Pop. 523 h.

GAZ-LA-PALUD, vg. *Isère*, comm. de St-André-la-Palud, ✉ de la Tour-du-Pin. ☞.

GAZAUPOUY, bg. *Gers* (Condomois), arr., cant., ✉ et à 29 k. de Condom. Pop. 1,014 h. — *Foires* le 2 fév. et 24 avril.

GAZAVE, vg. H.-*Pyrénées* (Bigorre), arr. et à 29 k. de Bagnères-en-Bigorre, cant. et ✉ de la Barthe-de-Neste. Pop. 297 h.

GAZAC, vg. *Gers* (Armagnac), arr. et à 21 k. de Mirande, cant. et ✉ de Montesquiou. Pop. 347 h.

GAZERAN, vg. *Seine-et-Oise* (Beauce), arr., cant., ✉ et à 6 k. de Rambouillet. Pop. 645 h. — On voit aux environs, sur une hauteur, les ruines d'un ancien château fort.

GAZOST, vg. H.-*Pyrénées* (Gascogne), arr. d'Argelès, cant., ✉ et à 11 k. de Lourdes. Pop. 479 h. — Ce village, situé sur le Nez, près de la vallée de Castelloubon, possède trois sources d'eaux minérales froides, fréquentées seulement par les habitants du canton. Il n'y a point d'établissement de bains. Ces sources tiennent cependant de la nature des sources les plus accréditées, et elles en auraient peut-être la salubrité si on en faisait usage.

La vallée de Castelloubon renferme seize villages, formés d'habitations isolées, et presque toutes dans des positions inabordables. Les habitants se distinguent par leur ingénieuse industrie pour la conduite et la distribution des eaux qui servent à l'arrosement de leurs prés : ces eaux sont reçues dans des tuyaux et des augets de bois que soutiennent à peine de minces étais. A l'extrémité de la vallée, on voit les ruines du château de Castelloubon, bâti dans une position affreuse, sur le sommet d'un rocher escarpé.

GÉANGES, vg. *Saône-et-Loire* (Bourgogne), arr. et à 34 k. de Chalon-sur-Saône, cant. et ⊠ de Verdun-sur-le-Doubs. P. 335 h.

GÉANT (Grand et Petit-), vg. *Charente-Inf.*, comm. et ⊠ de Tonnay, *Charente.*

GEAUNE, petite ville, *Landes* (Gascogne), arr. et à 24 k. de St-Sever, chef-l. de cant. Bureau d'enregist. et ⊠ d'Aire-sur-l'Adour. Cure. Pop. 865 h. — TERRAIN tertiaire supérieur.

C'était autrefois une ville forte, fondée dans le xiie siècle par un duc de Gascogne. Aujourd'hui elle ne présente que quelques restes de fortifications qui tombent en ruine. On y remarque une fort belle halle. — *Foires* les jeudis de la dernière semaine de mai, juillet, août et sept.

GEAY, bg *Charente-Inf.* (Saintonge), arr. et à 21 k. de Saintes, cant. et ⊠ de St-Porchaire. ✆. Pop. 760 h.

La commune de Geay intéresse l'archéologue par le grand dolmen de Sivrac, par un ancien castrum, et par sa belle église romaine.

Le dolmen de Sivrac, aujourd'hui à moitié renversé, se compose d'une immense table mesurant 4 m. 34 c. de circonférence sur 42 c. d'épaisseur. Elle est irrégulièrement arrondie, et repose obliquement sur quatre autres pierres brutes hautes de 1 m. 66 c. et qui en constituaient les parois. D'après une tradition locale, le roi saint Louis se reposa sous ce monument après la bataille de Taillebourg, qui se donna dans les environs.

Le vieux castrum de Geay est rasé. Sur ses fondements, Jeanne de Saulx avait permis d'élever, en 1591, un château qui n'a rien de remarquable.

L'église de Geay, dédiée à saint Vivien, est un édifice roman curieux par sa construction, et qui, situé sur un coteau élevé et fort sec, sur la rive gauche de la Charente et au milieu des bois, a traversé les siècles sans dégradation. On doit la supposer du xe siècle, et peut-être à la fin du ixe. La nef est terminée par deux bras formant croix, ayant derrière ces courts transepts deux chapelles latérales. L'abside est oblongue et d'une grande richesse de détails, ce qui permet de la supposer du xie siècle. Le clocher est bas et écrasé.

GEAY, vg. *Deux-Sèvres*, comm. de Souvigné, ⊠ de St-Maixent.

GEAY, vg. *Deux-Sèvres* (Poitou), arr. et à 12 k. de Bressuire, cant. de St-Varent, ⊠ de Thouars. Pop. 412 h.

GÈDRE, vg. *H.-Pyrénées* (Bigorre), arr. et à 30 k. d'Argelès, cant. de Luz, ⊠ de Barèges. — *Foire* le 22 sept.

Ce village est agréablement situé au fond d'un petit bassin que traversent deux gaves, dont les débordements y causent quelquefois des dommages considérables ; il est entouré de collines garnies de cabanes qui présentent un aspect des plus pittoresques, et remarquable par une grotte célèbre ; des eaux vives animent cet antre agréable, fait en forme de galerie, où pénètre une douce lumière qui s'échappe des crevasses de la voûte à travers les arbres dont il est couronné, et qui produit le plus grand charme. Le fond de la galerie est éclairé par un dôme en partie découvert. On y voit, comme à travers un tube, une roche de marbre en forme de pilier, autour de laquelle circulent de larges flots resplendissants, qui font présumer deux autres galeries parallèles. Toutes ces eaux, descendues à travers la montagne de Héas, s'élancent dans le canal, y forment plusieurs ressauts sur des bancs de marbre ou de granit, se précipitent à quelques pas du spectateur sur des rochers blanchissant d'écume, et vont, à peu de distance, se rendre dans le gave Béarnais.

L'église paroissiale de Gèdre est bâtie à la manière des anciens temples du paganisme, n'étant éclairée que par la porte et par une fenêtre en abat-jour qui donne sur l'autel ; une galerie, élevée de 3 m., règne autour de la nef, comme dans les églises espagnoles. Le bénitier, situé en dehors, est d'ophite.

C'est à Gèdre que débouche la vallée pittoresque de Héas. La route que l'on prend pour y parvenir suit la rive droite du gave de Gavarnie ; elle est ombragée en plusieurs endroits de beaux ormes entremêlés de frênes et d'érables ; le gave coule profondément au milieu d'un paysage dont l'intérêt est accru par le voisinage des rochers élevés d'où il s'élance, et par plusieurs moulins auxquels il donne le mouvement. Mais bientôt la scène change ; on passe un pont de bois jeté sur le torrent de Cambiel ; après quelques restes d'habitations et de prairies, après avoir tourné la montagne de Couméilé, là vallée est plus plus qu'un profond sillon creusé dans le granit, et encombré par les débris calcaires qui proviennent des sommités ; c'est le véritable séjour de la solitude et de la destruction, à l'issue duquel est le vallon de Prat, d'où l'on passe dans celui où se trouvent la chapelle et le hameau de Héas. Ce dernier vallon offre un aspect ravissant, qui, sortant des décombres qui le précèdent, toute sa surface est couverte par les produits de la culture, qui s'étend jusque sur le flanc des montagnes. Une des curiosités de cette vallée de Héas est un énorme bloc de granit de 12 à 13 m. cubes, dont l'isolement fait encore ressortir l'énorme masse ; on le nomme le Caillou de la Raillée. — La chapelle de Héas est située dans l'endroit le plus sauvage du vallon ; rien de plus aride que les bas-fonds, rien de plus âpre que les montagnes des deux versants latéraux, dont les flancs déchirés annoncent la vétusté et attestent les convulsions de la nature dans cette région granitique. La chapelle est bâtie en forme de croix, surmontée d'un petit dôme ; la porte et les deux pilastres sont de marbre, ainsi que l'attique, dans lequel est une statue de la Vierge et de l'enfant Jésus ; le maître-autel est richement doré ; les murs sont tapissés de plusieurs tableaux d'une composition bizarre et d'une exécution grotesque. Cette chapelle est l'objet d'un pèlerinage très-fréquenté par les habitants des vallées voisines, le 15 août et le jour de la Notre-Dame de septembre.

GÈDRE-DE-BAREILLES, vg. *H.-Pyrénées*, comm. de Bareilles, ⊠ d'Arreau.

GÉE, vg. *Gers* (Armagnac), arr. et à 56 k. de Mirande, cant. et ⊠ de Riscle. Pop. 132 h.

GÉE, vg. *Maine-et-Loire* (Anjou), arr. et à 16 k. de Baugé, cant. et ⊠ de Beaufort. Pop. 446 h.

GEFFOSSES, vg. *Manche* (Normandie), arr., ⊠ et à 14 k. de Coutances, cant. de Lessay. Pop. 1,221 h.

GÉFOSSES, vg. *Calvados* (Normandie), arr. et à 35 k. de Bayeux, cant. et ⊠ d'Isigny. Pop. 181 h.

GÉGE, vg. *H.-Garonne*, comm. de Sauveterre, ⊠ de St-Gaudens.

GÉHÉE, vg. *Indre* (Berry), arr. et à 29 k. de Châteauroux, cant. d'Écueillé, ⊠ de Levroux. Pop. 846 h.

GEIN (St-), vg. *Landes* (Gascogne), arr. et à 23 k. de Mont-de-Marsan, cant. et ⊠ de Villeneuve. Pop. 677 h.

GEISHAUSEN, vg. *H.-Rhin* (Alsace), arr. et à 6 k. de Belfort, cant. de St-Amarin, ⊠ de Wesserling. Pop. 859 h.

GEISPITZEN, vg. *H.-Rhin* (Alsace), arr. et à 16 k. d'Altkirch, cant. de Landser, ⊠ de Sierentz. Pop. 481 h.

GEISPOLSHEIM, ou GEISPITZEN, bg *B.-Rhin* (Alsace), arr., ⊠ et à 13 k. de Strasbourg, chef-l. de cant., bureau d'enregist. à Fegersheim. Cure. Pop. 2,142 h. — TERRAIN d'alluvions modernes. — *Fabriques* d'amidon. Tuileries et briqueteries.

GEISSWASSER, vg. *H.-Rhin* (Alsace), arr. et à 27 k. de Colmar, cant. et ⊠ de Neufbrisach. Pop. 832 h.

GEISWILLER, vg. *B.-Rhin* (Alsace), arr. et à 15 k. de Saverne, cant. de Hochfelden, ⊠ de Bouxwiller. Pop. 217 h.

GÉLACOURT, vg. *Meurthe* (pays Messin), arr. et à 23 k. de Lunéville, cant. et ⊠ de Baccarat. Pop. 258 h.

GÉLAIS (St-), vg. *Deux-Sèvres* (Poitou), arr., cant., ⊠ et à 9 k. de Niort. Pop. 772 h.

GELANNES, vg. *Aube* (Champagne), arr. et à 16 k. de Nogent-sur-Seine, cant. de Romilly-sur-Seine, ⊠ de Pont-le-Roi. Pop. 592 h.

GÉLAUCOURT, vg. *Meurthe* (pays Messin), arr. et à 30 k. de Toul, cant. et ⊠ de Colombey. Pop. 135 h.

GELBIS FLUVIUS (lat. 51°, long. 25°). « Ausone en fait mention dans son poème sur la Moselle, et le nom de Kill, que l'usage a établi, fait présumer à M. de Valois qu'il convient de lire *Celbis* plutôt que *Gelbis*. Son embouchure dans la Moselle est au-dessous de Trèves, sur la rive gauche. » D'Anville. *Notice de l'ancienne Gaule*, p. 343.

GELDUBA (lat. 52°, long. 25°). « Tacite parle de ce lieu en plusieurs endroits. Il est dit dans Pline (lib. xix, cap. 5) : *Gelduba adpellatur castellum Rheno impositum*. Dans l'Itinéraire d'Antonin, on trouve *Gelduba* entre

Novesium et *Calone*, et la distance est marquée IX dans l'un et dans l'autre intervalle. On connaît des vestiges de *Gelduba*, sous le nom de Gelb ou de Geldub, et sur le bord du Rhin, près de la trace subsistante de la voie romaine. Je ne trouve guère que 8 lieues gauloises sur le local entre Neuss et Geldub, mais 9 à 10 de Geldub à l'emplacement qui convient à *Calone*, ce qui montre une compensation des fractions de lieue en plus ou en moins dans ces distances. » D'Anville. *Notice de l'ancienne Gaule*, p. 343.

GÉLIGNIEU, vg. *Ain*, comm. de Murs, ✉ de Belley.

GELIZE (la), *Gelida*, *Gelisa*, petite rivière qui prend sa source non loin de Demeu, arr. de Condom, *Gers*; elle passe près d'Eauze, à Mézin, et se jette dans la Losse, au-dessus de Lavardac (Lot-et-Garonne), après un cours d'environ 50 k.

GELLAINVILLE, vg. *Eure-et-Loir* (Beauce), arr., cant., ✉ et à 5 k. de Chartres. Pop. 279 h. — On voit aux environs un cromlech, ou cercle de pierre composé de douze blocs de grès brut posés sur le sol, et disposés en forme d'ellipse, dont le grand diamètre serait de 20 m. Sur un des plus gros blocs, on voit une croix plantée par des prêtres chrétiens, sans doute dans l'intention de sanctifier cette enceinte druidique, et de faire oublier au peuple sa destination primitive.

GELLENONCOURT, vg. *Meurthe* (Lorraine), arr. et à 18 k. de Nancy, cant. et ✉ de St-Nicolas-du-Port. Pop. 113 h.

GELLES, bg *Puy-de-Dôme* (Auvergne), arr. et à 35 k. de Clermont-Ferrand, cant. et ✉ de Rochefort. Pop. 1,925 h.

GELLAIN, vg. *Doubs* (Franche-Comté), arr. et à 23 k. de Pontarlier, cant. et ✉ de Mouthe. Pop. 278 h.

GÉLOS, vg. *B.-Pyrénées* (Navarre), arr., cant., ✉ et à 2 k. de Pau. Pop. 1,158 h.

GELOUX, vg. *Landes* (Gascogne), arr., cant., ✉ et à 15 k. de Mont-de-Marsan. Pop. 815 h. — *Fabrique de poterie.*

GÉLUCOURT, vg. *Meurthe* (pays Messin), arr. de Château-Salins, à 17 k. de Vic, cant. et ✉ de Dieuze. Pop. 674 h.

GELVÉCOURT, vg. *Vosges* (Lorraine), arr. et à 13 k. de Mirecourt, cant. et ✉ de Dompaire. Pop. 266 h.

GÉLY (St-), vg. *Gard*, comm. de Cornillon, ✉ de Pont-St-Esprit.

GÉLY-DU-FESC (St-), vg. *Hérault* (Languedoc), arr. et à 11 k. de Montpellier, cant. et ✉ des Matelles. Pop. 386 h. — *Foire le 11 sept.*

GÉMAGES, vg. *Orne* (Perche), arr. et à 30 k. de Mortagne-sur-Huîne, cant. du Theil, ✉ de Bellême. Pop. 499 h.

GEMAINGOUTTE, vg. *Vosges* (Lorraine), arr., cant., ✉ et à 14 k. de St-Dié. ⚜. Pop. 374 h.

GÉMAUGUE, vg. *Saône-et-Loire*, comm. de Chapaize, ✉ de St-Gengoux-le-Royal.

GEMBRIE, vg. *H.-Pyrénées* (Bigorre), arr. et à 46 k. de Bagnères-de-Bigorre, cant. de Mauléon-Barousse, ✉ de St-Bertrand. Pop. 202 h.

GEMEAUX, bg *Côte-d'Or* (Bourgogne), arr. et à 19 k. de Dijon, cant. et ✉ d'Is-sur-Tille. Pop. 997 h. — Il est situé au pied d'une éminence d'où jaillit une belle fontaine; c'est un bourg très-ancien, qui est qualifié de ville dans des titres du XIIe et du XIIIe siècle. Près de l'église on remarque les restes d'un ancien château fort qui fut pris et en partie démoli en 1433, lors de la guerre des seigneurs de Vergy et de Château-Vilain.

Quelques auteurs font naître à Gemeaux le célèbre compositeur de musique RAMEAU, qui est né à Dijon.

Foires les 20 fév., 18 sept. et 26 nov.

GÉMENOS, *Gemini*, bg *Bouches-du-Rhône* (Provence), arr. et à 21 k. de Marseille, cant. et ✉ d'Aubagne. Pop. 1,802 h. Ce bourg, situé dans un riant et fertile territoire, est bâti au pied des rochers entre lesquels s'ouvre le vallon de St-Pons, sur la route d'Aix à Toulon. La campagne environnante est regardée comme la plus agréable du département, et mérite d'être visitée; de charmantes prairies, de belles promenades ombragées par des arbres qui forment des voûtes de verdure d'une hauteur prodigieuse, un joli labyrinthe, de beaux jardins et des vergers arrosés par des cours d'eau qui se divisent en une infinité de petits ruisseaux, font de ce village le rendez-vous de prédilection des Marseillais, qui viennent y jouir d'une vue agréable et respirer la fraîcheur sous ses délicieux ombrages.

Le château est un édifice remarquable de construction moderne; il est précédé d'un vaste parterre entouré d'une grille en fer bordée d'un canal rempli d'eau vive. De superbes avenues de platanes terminent le parc du côté du couchant, et laissent voir dans le lointain une magnifique cascade. C'est avec raison que Delille, après avoir visité cette charmante habitation, s'écriait :

O riant Gémenos ! ô vallon fortuné !
Tel j'ai vu ton coteau de pampres couronné,
Que la figue chérit, que l'olive idolâtre,
Étendre en verts gradins son riche amphithéâtre,
Et la terre par l'homme appropriée à grands frais,
D'un sol enfant de l'art étaler les bienfaits.
Lieu charmant! trop heureux qui dans la belle plaine,
Où l'hiver indulgent attiédit son haleine,
Au sein d'un doux abri peut, sous ton ciel vermeil,
Avec tes orangers partager ton soleil,
Respirer leurs parfums, et, comme leur verdure,
Même au sein des frimas défier la froidure.

Fabriques de bonneterie. Verrerie de verre blanc pour verre à vitres, cylindres, gobeleterie, etc. Martinets pour le cuivre. Papeteries.— *Foire le 24 juin.*

GÉMIGNY, vg. *Loiret* (Orléanais), arr. et à 17 k. d'Orléans, cant. et ✉ de Patay. Pop. 261 h.

GÉMIL, vg. *H.-Garonne* (Languedoc), arr. et à 25 k. de Toulouse, cant. et ✉ de Montastruc. Pop. 236 h.

GEMINÆ (lat. 45°, long. 24°). « La Table théodosienne donne une route qui de *Lucus Augusti* doit conduire à l'*Alpis Cottia* ou au mont Genèvre, en passant par Briançon. On trouve deux positions sur la route *Geminæ* et *Gerainæ*; et la distance de *Geminæ* à l'égard de *Lucus* est marquée XVIII, à l'égard de *Gerainæ* XIII. Or je crois retrouver le nom de *Geminæ* dans celui de Mens, et *Gerainæ* dans le nom de Jarain, que conserve un petit lieu du val Godemar, sur la direction de la route qui tend vers Briançon; mais les distances, selon qu'on les voit dans la Table, sont trop faibles : la première devrait être XXIII plutôt que XVIII, et la seconde XVII au lieu de XIII. » D'Anville. *Notice de l'ancienne Gaule*, p. 344.

GEMINIACUM (lat. 51°, long. 23°). « L'Itinéraire d'Antonin et la Table théodosienne en font mention sur la route de Bavai à Tongres, et à la suite d'un lieu nommé *Vodgoriacum*, que l'on retrouve un peu en deçà de Binche, en partant de Bavai. On ne voit point d'autre lieu sur cette route qui puisse convenir à *Geminiacum*, que Gemblou, dont le nom dans les temps postérieurs s'est écrit *Gemmelacum* et *Gemblacum*, par une altération successive de la première dénomination. Il n'y a point d'accord entre l'Itinéraire et la Table, sur la distance de *Vodgoriacum* à *Geminiacum*. L'Itinéraire marque X, la Table XVI. Pour savoir ce qui en est, il faut recourir au local. L'espace de Bavai à Gemblou est à peu près de 36,000 toises ou de 31 à 32 lieues gauloises. Sur cet espace, la distance particulière de Bavai à *Vodgoriacum* s'estime de 12 lieues gauloises et environ deux tiers, comme on peut voir à l'article *Vodgoriacum* : donc entre *Vodgoriacum* et *Geminiacum* 19 lieues gauloises, sans se piquer de délicatesse sur une fraction de peu de conséquence. M. de Valois (p. 324) a remarqué que des milices romaines, qui dans la Notice de l'empire sont appelées *Geminiacenses*, et désignées *intra Gallias*, doivent tirer leur nom de *Geminiacum*, et nous reconnaissons de même les *Cortoriacenses* dans le nom de *Cortoriacum*, qui est Courtrai. » D'Anville. *Notice de l'ancienne Gaule*, p. 344.

GEMME (Ste-), bg *Charente-Inf.* (Saintonge), arr. et à 22 k. de Saintes, cant. et ✉ de St-Porchaire. Pop. 1,152 h.

GEMME (Ste-), vg. *Cher* (Berry), arr., ✉ et à 9 k. de Sancerre, cant. de Lerc. P. 746 h.

GEMME (Ste-), vg. *Gironde* (Bazadois), arr. et à 10 k. de la Réole, cant. et ✉ de Montségur. Pop. 445 h.

GEMME (Ste-), vg. *Marne* (Champagne), arr. et à 31 k. de Reims, cant. de Châtillon-sur-Marne, ✉ de Dormans. Pop. 400 h. — Ce village, situé au sommet et sur le revers d'une grande côte, est peuplé de vignerons qui habitent des maisons petites et mal bâties, formant trois principales rues qui se terminent près de la porte principale de l'église, vis-à-vis de laquelle est un gros orme remarquable par sa grosseur et auquel on assigne une existence de plus de cinq siècles. Les racines de cet arbre sont à 2 m. au-dessus du sol dans lequel il est planté. A ses pieds sort une source renfermée dans un bassin recouvert par une voûte en pierre unie aux racines de l'arbre, qui forment elles-mêmes une partie de cette voûte.

GEMME (Ste-), vg. *Deux-Sèvres* (Poitou), arr. et à 16 k. de Bressuire, cant. de St-Varent, ✉ de Thouars. Pop. 250 h.

GEMME (Ste-), vg. *Tarn* (Languedoc), arr. et à 25 k. d'Albi, cant. et ✉ de Pampelonne. Pop. 1,313 h.

GEMMELAINCOUR, vg. *Vosges* (Lorraine), arr. et à 17 k. de Mirecourt, cant. de Vittel, ✉ de Remoncourt. Pop. 460 h.

GEMME-LA-PLAINE (Ste-), vg. *Vendée* (Poitou), arr. et à 24 k. de Fontenay-le-Comte, cant. et ✉ de Luçon. Pop. 1,335 h. — *Foires* les 1er mai, 22 juin, 19 sept. et 11 nov.

GEMME-LE-SABLON (Ste-), vg. *Indre* (Berry), arr. et à 32 k. du Blanc, cant. de Mézières-en-Brenne, ✉ de Buzançais. P. 583 h.

GEMMES (Ste-), vg. *Loir-et-Cher* (Vendômois), arr. et à 17 k. de Vendôme, cant. de Selommes, ✉ d'Oucques. Pop. 226 h.

GEMMES-D'ANDIGNÉ (Ste-), vg. *Maine-et-Loire* (Anjou), arr., cant., ✉ et à 2 k. de Segré. Pop. 1,313 h.

GEMMES-LE-ROBERT (Ste-), vg. *Mayenne* (Maine), arr. et à 37 k. de Laval, cant. et ✉ d'Evron. Pop. 2,584 h.

GEMMES-SUR-LOIRE (Ste-), vg. *Maine-et-Loire* (Anjou), arr., ✉ et à 6 k. d'Angers, cant. de Pont-de-Cé. Pop. 1,157 h.

GÉMONVAL, vg. *Doubs* (Franche-Comté), arr. et à 31 k. de Baume-les-Dames, cant. et ✉ de l'Isle-sur-le-Doubs. Pop. 287 h. — Exploitation de houille.

GÉMONVILLE, vg. *Meurthe* (Lorraine), arr. et à 35 k. de Toul, cant. et ✉ de Colombey. Pop. 539 h.

GÉMOZAC, bg *Charente-Inf.* (Saintonge), arr. et à 22 k. de Saintes, chef-l. de cant. Cure. ✉. A 492 k. de Paris pour la taxe des lettres. Pop. 2,610 h. — Terrain crétacée inférieur, grès vert. — *Foires* le 3e vendredi de chaque mois.

GENABUM, postea AURELIANI (lat. 48°, long. 20°). « Cette ville, en portant le nom de *Genabum*, était comprise dans le territoire des *Carnutes*. On lit dans les Commentaires : *Genabum Carnutum*, in *oppidum Carnutum Genabo*. C'était l'*emporium*, l'entrepôt des *Carnutes*, selon Strabon (lib. IV, p. 191), et il s'explique exactement en disant que sa position sur la Loire est vers le milieu de l'espace que traverse le cours de cette rivière. Ptolémée, attribuant deux villes aux *Carnutes*, nomme en second *Cenabum*, écrit par un K. On lit pareillement, dans la Table théodosienne, *Cenabo* pour *Genabo* ; et Surita, qui a commenté l'Itinéraire d'Antonin, prétend même qu'il convient de lire dans César *Cenabum*, plutôt que *Genabum*. Mais on voit dans Festus que les lettres *C* et *G* ont été employées l'une pour l'autre. L'étude des Itinéraires, qui décrivent plusieurs voies romaines tendantes à *Genabum*, fait connaître d'une manière indubitable que la position de *Genabum* est celle d'Orléans. Ces routes, en partant de différents points à la circonférence d'Orléans, concourent à aboutir également à Orléans. Ce qui concerne plusieurs de ces routes est expliqué en détail dans les articles des lieux situés sur leur passage, et on peut y recourir pour se convaincre de leur liaison immédiate avec la position d'Orléans. Mais, la Table conduisant de *Cæsarodunum*, ou de Tours, à *Genabum*, sans faire mention d'aucun lieu intermédiaire, il est à propos de placer ici ce que je n'ai point eu occasion d'exposer ailleurs ; savoir que la distance étant marquée LI entre *Cæsarodunum* et *Genabum*, cette indication ne peut convenir qu'à Orléans. Car ce qu'il y a d'espace entre Orléans et Tours est déterminé à environ 55,000 toises en ligne aérienne et directe, et il est naturel qu'en calculant l'indication de la mesure itinéraire, ce calcul ait quelque chose de plus que l'évaluation de la mesure directe. Je suis informé qu'il subsiste des vestiges d'une ancienne voie, qui tend directement de Tours à Orléans, laissant la position de Blois à quelque distance sur la droite, et que l'on nomme dans le pays la voie Charrière. Mais il n'en est pas moins vraisemblable qu'il y eut une autre voie qui fit la communication des lieux de quelque considération situés avantageusement sur la Loire ; de cette route, moins directe, paraît plus convenable à ce que donne l'indication de la Table. On m'a assuré que dans la nouvelle édition de la Table, qui est sortie de Vienne depuis quelques années, on voyait, ce qui est omis dans l'ancienne édition, la trace d'une route entre la position qui est celle d'*Autricum*, ou de Chartres, et *Genabum*. Or les vestiges de cette route subsistent sous le nom de chemin de César ; et M. Lancelot, dans le huitième volume des mémoires de l'Académie, produit le témoignage de Charles Dumoulin, que du temps de ce jurisconsulte il y avait encore sur pied des colonnes marquant les distances : *Vetus iter ab Aureliis Carnotum..... ubi lapides a tempore Romanorum milliaria distinguentes erecti visuntur*. En mesurant la trace du chemin sur la représentation du local, la distance se trouve de 31 lieues gauloises. Toutes ces routes, que les anciens Itinéraires conduisent à *Genabum*, s'adressant à Orléans, renversent le système d'un savant qui a transporté *Genabum* à Gien. Ce savant, ayant pour objet d'illustrer la ville d'Auxerre, et en y plaçant *Vellaunodunum*, dont il est parlé dans César, et la position de *Genabum* à Orléans n'étant pas favorable à cette hypothèse, il a paru nécessaire de la déranger de sa place. Car M. Lebeuf avoue que, si *Genabum* est Orléans, *Vellaunodunum* ne peut être Auxerre ; et, pour voir cette question traitée plus en détail, on peut consulter les éclaircissements sur l'ancienne Gaule qui ont paru en 1741. C'est pour avoir changé de nom, non pas comme ayant une position différente, que la ville de *Genabum* est devenue celle d'*Aurelianii*. Dans la Notice des provinces de la Gaule, *civitas Aurelianorum* est au nombre de celles de la province sénonoise, et l'opinion qui tire ce nom de l'empereur Aurélien est vraisemblable. Dans le moyen âge, on a communément écrit d'une manière indéclinable *Aurelianis*. Par un démembrement de l'ancien territoire des *Carnutes*, *Aureliani* eut un territoire distinct et particulier ; et ce qui indique une séparation qui ait eu lieu dès le temps de la domination romaine, c'est la dénomination de quelques endroits situés sur la frontière de ces différents territoires. Il y a un Fins dans le diocèse de Chartres à quelque distance en deçà de ses limites. Je connais un autre Fins à la hauteur de Baugenci, dans la paroisse de *Talci*, du diocèse de Blois, qui est une distraction toute récente du diocèse de Chartres. Il existe un autre lieu sous le nom de Fins à l'extrémité de l'ancien territoire des *Carnutes*, où le diocèse de Blois confine à l'extension que prend le diocèse d'Orléans aux environs de Romorantin. Une paroisse d'Orléans, par laquelle ce diocèse est terminé vis-à-vis ou à peu près du premier Fins dont j'ai parlé, qui est de Chartres, paraît désigner par le nom de Terminier qu'elle porte, la même chose que Fins. En remarquant ces circonstances particulières du local, on croit répandre quelque lumière sur l'ancien état de la Gaule. » D'Anville. *Notice de l'ancienne Gaule*, p. 343.

V. aussi *Dissertations sur Genabum* (Mém. de l'acad. roy. des inscriptions et belles-lettres, t. VI, p. 638 ; t. VIII, p. 430 et suiv.).

* *Dissertation en forme de lettre sur la ville de Genabum* (que l'auteur prétend être Gien) (Mém. de Trévoux, avril 1709, p. 621).

Du PLESSIS (D. Toussaints). *Sur le Genabum ou Cenabum des anciens* (Mercure, p. 1713, 1728, et Variétés historiques, t. I, part. II, p. 301, 819, août 1733, et à la fin de la description d'Orléans, du même, in-8, 1736).

* *Dissertation sur le Genabum ou Cenabum des anciens*, in-8, 1736.

LE TORS. *Lettre sur le Genabum des Carnutes* (Mercure, t. I, p. 1051, 1081, juin 1737).

BELLEY (l'abbé). *Dissertation sur Genabum* (contenue dans les Eclaircissements géographiques sur l'ancienne Gaule, in-12, 1741).

LEBEUF (l'abbé). *Dissertation où l'on prouve que Genabum était aux environs de Gien* (Recueil de divers écrits, etc., t. II, p. 179, 247).

LANCELOT. *Dissertation sur Genabum, ancienne ville du pays des Carnutes ou Chartrains* (Mém. de l'acad. des belles-lettres, t. VIII, p. 450, 464).

WALCKENAER. *Géographie des Gaules*, t. I, p. 400.

GÉNAC, bg *Charente* (Angoumois), arr. et à 19 k. d'Angoulême, cant. et ✉ de Rouilhac. Pop. 1,564 h.

GÉNAINVILLE, vg. *Seine-et-Oise* (Normandie) arr. et à 19 k. de Mantes, cant. et ✉ de Magny. Pop. 459 h.

GÉNAINVILLIERS, vg. *Eure-et-Loir*, comm. de Mittainvilliers, ✉ de Courville.

GÉNARD (St-), vg. *Deux-Sèvres* (Poitou), arr., cant., ✉ et à 5 k. de Melle. Pop. 604 h.

GÉNAS, vg. *Gironde*, comm. de Pellegrue, ✉ de Monségur.

GÉNAS, vg. *Isère* (Dauphiné), arr. et à 26 k. de Vienne, cant. et ✉ de Meyzieux. Pop. 1,716 h. — *Foires* les 24 août et 18 oct.

GÉNAT, vg. *Ariège* (pays de Foix), arr. et

à 20 k. de Foix, cant. et ✉ de Tarascon-sur-Ariége. Pop. 305 h.

GENAVILLE, vg. *Moselle* (pays Messin), arr. et à 4 k. de Thionville, cant. et ✉ de Briey. Pop. 423 h.

GENAY, vg. *Ain* (Dombes), arr., cant., ✉ et à 8 k. de Trévoux. Pop. 1,244 h.

GENAY, vg. *Côte-d'Or* (Bourgogne), arr., cant., ✉ et à 5 k. de Semur. Pop. 542 h. — *Foires* les 5 sept. et 5 déc.

GENÇAIS, ou **GENÇAY**, bg *Vienne* (Poitou), arr. et à 34 k. de Civray, chef-l. de cant. Cure. Gîte d'étape. ✉. ⚘. A 360 k. de Paris pour la taxe des lettres. Pop. 1,116 h. — TERRAIN jurassique, étage inférieur du système oolitique. Il est bâti dans une situation pittoresque, sur la Clouère. On y remarque les ruines d'un ancien château que l'on a proposé de classer au nombre des monuments historiques. — *Fabriques* de grosses étoffes de laine. Aux environs, exploitation de marne pour l'agriculture. — *Foires* les 3 mai, 1er lundi de carême, lundi avant St-Jean et dernier jeudi de chaque mois.

GENCE (St-), vg. *H.-Vienne* (Limousin), arr. et à 16 k. de Limoges, cant. et ✉ de Nieul. Pop. 1,000 h.

GENDRAY, bg *Jura* (Franche-Comté), arr. et à 24 k. de Dôle, chef-l. de cant., ✉ d'Orchamps. Cure. Pop. 725 h. — TERRAIN jurassique, étage inférieur du système oolitique. — *Foires* les lundis avant la St-Georges, avant St-Jean-Baptiste, avant St-Michel et avant St-Thomas.

GENDRAY, vg. *Deux-Sèvres*, comm. de St-Martin, ✉ de St-Maixent.

GENDREVILLE, vg. *Vosges* (Lorraine), arr. et à 17 k. de Neufchâteau, cant. et ✉ de Bulgnéville. Pop. 610 h.

GÉNÉ, vg. *Maine-et-Loire* (Anjou), arr. et à 11 k. de Segré, cant. et ✉ du Lion-d'Angers. Pop. 472 h.

GÉNÉBRIÈRES, vg. *Tarn-et-Garonne* (Quercy), arr. et à 16 k. de Montauban, cant. et ✉ de Monclar. Pop. 611 h.

GENECH, vg. *Nord* (Flandre), arr. et à 22 k. de Lille, cant. et de Cysoing. P. 1,112 h.

GÉNÉCHIER, vg. *H.-Saône*, comm. de Chagey, ✉ d'Héricourt.

GENEITOUSE (la), vg. *H.-Vienne* (Limousin), arr. et à 18 k. de Limoges, cant. et ✉ de St-Léonard. Pop. 794 h. — Papeterie.

GÉNÉLARD, vg. *Saône-et-Loire* (Bourgogne), arr. et à 18 k. de Charolles, cant. de Toulon-sur-Arroux, ✉ de Perrecy. P. 1,211 h. — *Foire* le 18 nov.

GÉNENS, vg. *Gers*, comm. de Montréal, ✉ de Condom.

GÉNÉRAC, vg. *Gard* (Languedoc), arr. et à 14 k. de Nîmes, cant. de St-Gilles-les-Boucheries, ✉ de Vauvert. Pop. 1,988 h.

GÉNÉRAC, vg. *Gironde* (Guienne), arr. et à 12 k. de Blaye, cant. et ✉ de St-Savin. Pop. 758 h.

GÉNÉRARGUES, vg. *Gard* (Languedoc), arr. et à 11 k. d'Alais, cant. et ✉ d'Anduze. Pop. 670 h.

GÉNÉRETS, vg. *H.-Pyrénées* (Bigorre), arr. et à 40 k. de Bagnères-de-Bigorre, cant. de Nestier, ✉ de St-Laurent-de-Neste. Pop. 464 h.

GÉNÉROUX (St-), vg. *Deux-Sèvres* (Poitou), arr. et à 31 k. de Parthenay, cant. et ✉ d'Airvault. Pop. 469 h.

GENERVILLE, vg. *Aude* (Languedoc), arr. et à 20 k. de Castelnaudary, cant. de Fanjaux, ✉ de Villasavary. Pop. 138 h.

GENÈS (St-), vg. *Gironde*, comm. de Talence, ✉ de Bordeaux.

GENÈS (St-), vg. *Puy-de-Dôme* (Auvergne), arr. et à 24 k. d'Issoire, cant. de Sauxillanges, ✉ de Vernet-la-Varennes. Pop. 1,243 h.

GENÈS-CHAMPESPE (St-), vg. *Puy-de-Dôme* (Auvergne), arr. et à 50 k. d'Issoire, cant. de la Tour, ✉ de Tauves. Pop. 701 h. — *Foires* les 23 avril, 1er août et 18 oct.

GENÈS-DE-CASTILLON (St-), vg. *Gironde* (Guienne), arr. et à 20 k. de Libourne, cant. et ✉ de Castillon. Pop. 489 h.

GENÈS-DE-FOURS (St-), vg. *Gironde* (Guienne), arr., cant. et ✉ et à 4 k. de Blaye. Pop. 488 h.

GENÈS-DE-LOMBAUD (St-), vg. *Gironde* (Guienne), arr. et à 21 k. de Bordeaux, cant. et ✉ de Créon. Pop. 203 h.

GENÈS-DE-QUEUILLE (St-), vg. *Gironde* (Guienne), arr. et à 20 k. de Libourne, cant. de Fronsac, ✉ de St-André-de-Cubzac. Pop. 317 h.

GENESLAY, vg. *Orne* (Normandie), arr. et à 20 k. de Domfront, cant. de Juvigny-sous-Andaine, ✉ de Couterne. Pop. 770 h.

GENEST (le), bg *Mayenne* (Maine), arr. et à 9 k. de Laval, cant. de Loiron, ✉ de la Gravelle. Pop. 1,056 h.

GENEST (St-), vg. *Allier* (Bourbonnais), arr. et à 5 k. de Montluçon, cant. de Marcillat, ✉ de Néris. Pop. 345 h.

GENEST (St-), vg. *Corrèze*, comm. de Curemonte, ✉ de Meyssac.

GENEST (St-), vg. *Marne*, comm. de St-Remy-en-Bouzemont, ✉ de Sézanne.

GENEST (St-), vg. *H.-Vienne* (Limousin), arr. et à 22 k. de Limoges, cant. et ✉ de Pierre-Buffière. Pop. 707 h.

GENEST (St-), vg. *Vosges* (Lorraine), arr. et à 25 k. d'Epinal, cant. et ✉ de Rambervillers. Pop. 329 h.

GENEST-CHAMPANELLE (St-), vg. *Puy-de-Dôme* (Auvergne), arr., cant., ✉ et à 11 k. de Clermont-Ferrand. Pop. 2,019 h.

Le village de TEIX, dépendance de cette commune, est la patrie de l'académicien CHAMPFORT, qui évita l'échafaud révolutionnaire en mettant fin volontairement à son existence.

GENEST-DE-BEAUZON (St-), vg. *Ardèche* (Vivarais), arr. et à 19 k. de Largentière, cant. et ✉ de Joyeuse. Pop. 780 h. — *Foires* le 24 août.

GENEST-DE-CONTEST (St-), vg. *Tarn* (Languedoc), arr. et à 18 k. de Castres, cant. de Lautrec, ✉ de Réalmont. Pop. 516 h.

GENEST-DE-L'ALBANEL (St-), vg. *Tarn*, comm. de Damiate, ✉ de Lavaur.

GENEST-DE-RETZ (St-), vg. *Puy-de-Dôme* (Auvergne), arr. et à 19 k. de Riom, cant. et ✉ d'Aigueperse. Pop 838 h.

GENESTELLE, vg. *Ardèche* (Vivarais), arr. et à 23 k. de Privas, cant. d'Antraigues, ✉ d'Aubenas. Pop. 1,443 h.—Il est séparé d'Antraigues par un ancien volcan dont le cratère est presque effacé. Les projectiles vomis du sein de ce volcan pendant ses antiques éruptions ont formé sur les flancs de cette montagne des fleuves de pierres torréfiées, dont l'escarpement est tel, qu'une pierre imprudemment jetée pourrait l'ébranler et produire une avalanche de cailloux.—*Foires* les 7 mai et 17 nov.

GENEST-L'ENCLOISTRE (St-), bg *Vienne* (Poitou), arr., ✉ et à 8 k. de Châtellerault, cant. de l'Encloistre. Pop. 1,392 h.—*Foires* le 1er de chaque mois.

GENEST-L'ENFANT (St-), vg. *Puy-de-Dôme* (Auvergne), arr., cant., ✉ et à 6 k. de Riom. Pop. 537 h.—Il renferme des sources abondantes et limpides qui alimentent les fontaines de la ville de Riom.

GENEST-LES-MONGES (St-), vg. *Puy-de-Dôme*, comm. et ✉ de Pontaumur.

GENESTEF, vg. *Dordogne* (Périgord), arr., ✉ et à 11 k. de Bergerac, cant. de la Force. Pop. 522 h.

GENETAY (le), vg. *Seine-Inf.*, comm. de St-Martin-de-Boscherville, ✉ de Rouen.

GENÈTE (la), vg. *Saône-et-Loire* (Bourgogne), arr. et à 18 k. de Louhans, cant. et ✉ de Cuisery. Pop. 750 h.

GENET-LERPT (St-), vg. *Loire* (Forez), arr., ✉ et 5 k. de St-Etienne, cant. du Chambon. Pop. 1,600 h.

GENET-MALIFAUX (St-), bg *Loire* (Forez), arr. et à 15 k. de St-Etienne, chef-l. de cant. Cure. Bureau d'enregist. au Cambon. ✉. A 480 k. de Paris pour la taxe des lettres. Pop. 3,691 h.—TERRAIN cristallisé, gneiss.

Foires les 20 mars, 1er août, 1er mardi après le 6 janv., 9 oct. et dernier mardi de mai.

GENETON, vg. *Loire-Inf.*, com. de Montbert, ✉ de Machecoul.—*Foires* les 10 août, 13 nov. et 3e mercredi d'avril, de mai, de juin, d'août, de sept. et d'oct.

GÉNÉTOUZE (la), vg. *Charente-Inf.* (Saintonge), arr., ✉ et à 30 k. de Jonzac, cant. et ✉ de Montguyon. Pop. 751 h.

GÉNÉTOUZE (la), vg. *Vendée* (Poitou), arr., ✉ et à 8 k. de Bourbon-Vendée, cant. de Poiré-sous-Bourbon. Pop. 469 h.

GENETS, vg. *Manche* (Normandie), arr., ✉ et à 10 k. d'Avranches, cant. de Sartilly. Pop. 951 h.—Il est situé en face de Tombelaine et du Mont-St-Michel, et paraît occuper l'emplacement d'une station romaine appelée *Jugena*.

GENETTES (les), vg. *Orne* (Normandie), arr. et à 20 k. de Mortagne-sur-Huine, cant. et ✉ de Moulins-la-Marche. Pop. 389 h.

GENEUILLE, vg. *Doubs* (Franche-Comté), arr. et à 10 k. de Besançon, cant. de Marchaux, ✉ de Voray. Pop. 437 h.—Papeterie.

GENEVA (lat. 47°, long. 24°). « On lit dans le premier livre des Commentaires de César : *Extremum oppidum Allobrogum est, proxi-*

munique Helvetiorum finibus Geneva : ex quo oppido pons ad Helvetios pertinet ; c'est-à-dire que le pont qui y était donnait entrée dans le pays des *Helvetii*. Dans une inscription du recueil de Gruter, *Genevensis provincia* désigne le district particulier de cette ville, compris dans l'étendue de pays qu'occupaient les *Allobroges*, et à l'extrémité duquel Genève était située, comme on vient de voir dans César. Pour trouver quelque autre mention de cette ville dans les monuments de l'âge romain, il faut passer aux Itinéraires et à la Notice des provinces de la Gaule. Son nom est écrit *Cenava* et même *Cenabum*, en quelques exemplaires de l'Itinéraire d'Antonin ; *Gennava* dans la Table théodosienne. *Civitas Genavensium* suit immédiatement la métropole, *in provincia Viennensi*, dans la Notice. Les écrivains du moyen âge disent *Janua* ou *Januba*, et le nom de Genève chez les Allemands est *Genff*. Je ne vois point sur quel fondement cette ville est appelée *Colonia Allobrogum* dans quelques livres comme y ayant été imprimés. » D'Anville. *Notice de l'ancienne Gaule*, p. 347.

GENEVIÈVE (Ste-), vg. *Aisne* (Picardie), arr. et à 40 k. de Laon, cant. et ✉ de Rozoy-sur-Serre. Pop. 185 h.

GENEVIÈVE (Ste-), bg *Aveyron* (Rouergue), arr. et à 43 k. d'Espalion, chef-l. de cant. Cure. ✉ de la Calm. Pop 1,890 h. — Terrain cristallisé ou primitif.
Foires les 23 avril, 14 sept. et 19 nov.

GENEVIÈVE (Ste-), vg. *Meurthe* (Lorraine), arr. et à 25 k. de Nancy, cant. et ✉ de Pont-à-Mousson. Pop. 615 h.

GENEVIÈVE (Ste-), vg. *Oise* (Picardie), arr. et à 22 k. de Beauvais, cant. et ✉ de Noailles. Pop. 1,014 h.

GENEVIÈVE (Ste-), vg. *Seine-Inf.* (Normandie), arr. et à 23 k. de Dieppe, cant. et ✉ de Totes. Pop. 585 h.

GENEVIÈVE-DES-BOIS (Ste-), bg *Loiret* (Gatinais), arr. et à 24 k. de Montargis, cant. et ✉ de Châtillon-sur-Loing. Pop. 1,057 h.

GENEVIÈVE-DES-BOIS (Ste-), vg. *Seine-et-Oise* (Ile-de-France), arr. et à 15 k. de Corbeil, cant. de Longjumeau, ✉ de Linas. Pop. 304 h.—Il est situé sur une hauteur près de la forêt de Crécy, et remarquable par une petite église gothique couverte de lierre et surmontée d'un clocher pyramidal d'un effet très-pittoresque.

GENEVIÈVE-LES-GASNY (Ste-), vg. *Eure* (Normandie), arr. et à 25 k. des Andelys, cant. d'Ecos, ✉ de Vernon. Pop. 168 h.

GENEVRAIE (la), vg. *Orne* (Normandie), arr. et à 30 k. d'Argentan, cant. et ✉ de Merlerault. Pop. 453 h.

GENEVRAIE (la), vg. *Seine-et-Marne* (Brie), arr. et à 13 k. de Fontainebleau, cant. et ✉ de Nemours. Pop. 225 h.

GENEVRAY, vg. *Isère*, comm. et ✉ de Vif.

GENEVRAY, vg. *Seine-et-Marne*, comm. de Guérard, ✉ de Faremoutiers.

GENEVREUILLE, vg. *H.-Saône* (Franche-Comté), arr., cant., ✉ et à 10 k. de Lure. Pop. 422 h.

GENEVREY, vg. *H.-Saône* (Franche-Comté), arr. et à 16 k. de Lure, cant. et ✉ de Saulx. Pop. 690 h.

GENEVRIÈRES, vg. *H.-Marne* (Champagne), arr. et à 28 k. de Langres, cant. et ✉ du Fayl-Billot. Pop. 613 h.

GENEVROYE-AUX-POTS (la), vg. *H.-Marne* (Champagne), arr. et à 25 k. de Chaumont-en-Bassigny, cant. et ✉ de Vignory. Pop. 36 h.

GENEY, vg. *Doubs* (Franche-Comté), arr. et à 24 k. de Baume-les-Dames, cant. et ✉ de l'Isle-sur-le-Doubs. Pop. 312 h.

GENEYS-PRÈS-ST-PAULIEN (St-), vg. *H.-Loire* (Velay), arr. et à 15 k. du Puy, cant. et ✉ de St-Paulien. Pop. 691 h.

GENEYST-LA-CHAMP (St-), vg. *Ardèche* (Languedoc), arr. et à 53 k. de Tournon, cant. et ✉ du Chaylard. Pop. 907 h.

GENFORT (St-), vg. *Loir-et-Cher*, com. de Seigy, ✉ de St-Aignan.

GENGOULPH (St-), vg. *Aisne* (Brie), arr. et à 25 k. de Château-Thierry, cant. de Neuilly-St-Front, ✉ de Gandelu. Pop. 257 h.

GENGOUX-DE-SCISSÉ (St-), vg. *Saône-et-Loire* (Bourgogne), arr. et à 22 k. de Mâcon, cant. de Lugny, ✉ de St-Oyen. Pop. 876 h.

GENGOUX-LE-ROYAL (St-), petite ville, *Saône-et-Loire* (Bourgogne), arr. et à 47 k. de Mâcon, chef-l. de cant. Cure. Gîte d'étape. ✉. A 374 k. de Paris pour la taxe des lettres. Pop. 1,760 h. — Terrain jurassique, étage inférieur du système oolitique.

Cette ville doit son surnom de Royal aux moines de Cluny, dont elle était la principauté, et qui donnèrent, en 1166, moitié de sa seigneurie au roi Louis VII, pour avoir chassé les Brabançons, à la tête desquels l'évêque de Châlon dévastait les terres de l'abbaye. En 1417 St-Gengoux fut une des villes qui offrirent leur assistance au duc de Bourgogne Jean sans Terre contre les Anglais. — Le duc de Bourgogne possédait à St-Gengoux un château fort dont il reste encore une tour. On a des lettres datées de Péronne le 12 mai 1471, par lesquelles Charles le Téméraire accorde plusieurs gratifications à son châtelain de St-Gengoux, Josserand de Thiard, pour le dédommager des pertes que les *François nos ennemis*, disent les lettres, lui ont fait éprouver.

En 1562 les protestants, après avoir saccagé Cluny, s'emparèrent de St-Gengoux où ils commirent d'affreuses cruautés ; ils brûlèrent six prêtres avec leurs missels et leurs habits sacerdotaux, devant le portail de l'église. — Dans cette église se trouve la chapelle saint Jean Baptiste, ancienne sépulture de la famille de Thiard. On y remarquait entre autres tombes celles du châtelain Josserand de Thiard, seigneur de Bissy, etc., mort en 1476, ainsi que celles de son père et de son aïeul Jean de Thiard, écuyer, sergent d'armes du roi Charles V, mort en 1415.

Au commencement de la révolution, la ville de St-Gengoux substitua le surnom de *National* à celui de *Royal*, mais la proscription qui frappait les rois s'étant étendue jusqu'aux saints, elle prit alors le nom de *Jouvence*. — Foires les 1er mardi après le 6 janv., 1er mardi de carême, après le 11 mai, après le 26 juillet et après le 1er nov.

GÉNICOURT, vg. *Seine-et-Oise* (Vexin), arr., cant., ✉ et à 6 k. de Pontoise. P. 189 h.

GÉNICOURT-EN-BARROIS, vg. *Meuse* (pays Messin), arr., cant. et à 11 k. de Bar-le-Duc, cant. de Vavaincourt. Pop. 133 h.

GÉNICOURT-SUR-MEUSE, vg. *Meuse* (Lorraine), arr., cant., ✉ et à 15 k. de Verdun-sur-Meuse. Pop. 401 h.

GÉNIEST-DES-DROMONT (St-), vg. *Basses-Alpes* (Provence), arr., cant., ✉ et à 15 k. de Sisteron. Pop. 500 h.

On remarque près de ce village un chemin coupé dans un rocher qui porte le nom de Pierre-Ecrite, et sur lequel est gravée une inscription intéressante, dont voici la traduction :

« Claudius Postumus Dardanus, homme illustre, revêtu de la dignité de patrice, ex-consulaire de la province viennoise, ex-maître des requêtes, ex-questeur, ex-prêteur des Gaules, et Nevia Galla, noble et illustre dame, son épouse, ayant fait couper les flancs de la montagne, de chaque côté, ont procuré un chemin viable au lieu dont le nom est Théopolis, lieu qu'ils ont fortifié par des murs et des portes ; le travail, fait dans leur propriété particulière et destiné néanmoins par eux à servir à la sûreté de tous, a été exécuté encore avec l'aide de Claudius Lépidus, homme illustre, compagnon et frère du susmentionné, ex-consulaire de la province germaine, ex-secrétaire de l'empire, ex-intendant des affaires privées.

» Afin que leur sollicitude pour le salut de tous et un témoignage de la reconnaissance publique pussent être montrés par cette inscription. »

Le territoire de St-Geniez-de-Dromont renferme une mine de plomb non exploitée, et une source d'eau saline sulfureuse.

GENIÈS (St-), *Ardèche*. V. St-Geneyst-la-Champ.

GENIÈS (St-), vg. *Dordogne* (Périgord), arr. et à 16 k. de Sarlat, cant. et ✉ de Salignac. Pop. 1,527 h. — Forges et fonderies.

GENIÈS (St-), vg. *H.-Garonne* (Languedoc), arr., cant., ✉ et à 11 k. de Toulouse. Pop. 307 h.

GENIÈS-DE-BERTRAND (St-), vg. *Aveyron*, comm. de St-Georges-de-Lusençon, ✉ de Millau.

GENIÈS-DE-COMOLAS (St-), vg. *Gard* (Languedoc), arr. et à 25 k. d'Uzès, cant. et ✉ de Roquemaure. Pop. 870 h. — *Commerce* de vins, huiles et denrées du Midi.

GENIÈS-DE-MALGOIRES (St-), vg. *Gard* (Languedoc), arr., cant. et à 18 k. d'Uzès, cant. de St-Chaptes. Pop. 1,247 h. Station du chemin de fer de Nîmes à Alais. — Foires le 1er lundi de mai et de déc.

GENIÈS-DES-MOURGUES (St-), vg. *Hérault* (Languedoc), arr. et à 18 k. de Montpellier, cant. de Castries, ✉ de Lunel. Pop. 603 h.

GENIÈS-D'ESTAING (St-), vg. *Aveyron*, comm. de Bessuéjouls, ⊠ d'Espalion.

GENIÈS-DE-VARENSAL (St-), vg. *Hérault* (Languedoc), arr. et à 53 k. de Béziers, cant. et ⊠ de St-Gervais. Pop. 307 h. — Il est bâti dans une position pittoresque, sur le ruisseau de Bauzon. — Le pays environnant est cerné de montagnes élevées dont les flancs sont arrosés par des eaux abondantes. — Dans le voisinage est le hameau de l'ORQUETTE, d'où l'on découvre un cirque calcaire très-développé, appelé l'Orgue, et qui, par la configuration des rochers qui le forment, taillés à pic et couverts de bouquets de bois, ressemble à des orgues d'une grandeur imposante. Lorsque les eaux affluent, elles s'échappent de la crête et des fentes des rochers, et descendent en figurant des chutes magnifiques. — Papeterie.

GENIÈS-LE-BAS (St-), vg. *Hérault* (Languedoc), arr., ⊠ et à 15 k. de Béziers, cant. de Murviel. Pop. 779 h. — On y remarque une ancienne église dont le rond-point est à pilastres et à ogives, et une fontaine sous une voûte, construite aussi en ogive.

GENIEZ (St-), ou St-GENIEZ-DE-RIVE-D'OLT, vg. *Aveyron* (Rouergue), arr. et à 25 k. d'Espalion, chef-l. de cant. Trib. de comm. Chambre des manufact. Collège comm. Cure. Gîte d'étape. ⊠. A 597 k. de Paris pour la taxe des lettres. Pop. 3,851 h. — TERRAIN cristallisé, micaschiste.

Cette ville est bâtie au fond d'un charmant vallon, environné de coteaux couverts de vignes, de vergers et de bois, et sillonné par des ruisseaux qui se précipitent en cascades et mettent en mouvement plusieurs usines. L'enceinte de St-Geniez a la forme d'une étoile : les rues sont larges, droites et bien pavées ; les maisons, en général, belles et d'un aspect riant ; les quartiers, séparés par le Lot, communiquent entre eux par un assez beau pont ; la propreté qui y règne lui donne une physionomie des plus gracieuses. On y trouve une jolie promenade, et un hôtel de ville que beaucoup de cités plus considérables pourraient lui envier. Cette ville est la plus active et la plus industrieuse de tout le département.

PATRIE de l'abbé RAYNAL.
Du naturaliste BONATERRE.
Du capucin CHABOT, mort sur l'échafaud révolutionnaire.

Fabriques importantes de cadis refoulés, cordelats, impériales, tricots, burats, flanelles, tapis de table, couvertures de laine et de coton. Les premières fabriques de draps que la province de Rouergue ait possédées ont été établies à St-Geniez au commencement du xve siècle. — Grande filature de laine au rouet, et fabriques de trames pour les manufactures de Castres, de Rhodez, etc. Nombreuses teintureries. Tanneries importantes. Clouteries. — *Commerce* de laines, draperies, bois pour meubles, tonnellerie, etc. — *Foires* les 20 janv., 17 avril, 28 mai, 11 juin, 26 août et 13 nov.

GENIEZ (St-), vg. *Bouches-du-Rhône*, comm. et ⊠ de Marseille.

GENIEZ-O-MERLE (St-), vg. *Corrèze* (Limousin), arr. et à 47 k. de Tulle, cant. de Servières, ⊠ de St-Privat. Pop. 650 h.
— Ce village est bâti dans une situation très-pittoresque. Une rivière rapide et assez profonde se replie autour d'une masse énorme de rochers formant une presqu'île sur laquelle s'élèvent plusieurs châteaux ruinés, qui n'étaient abordables qu'en un seul point et au moyen d'escaliers pratiqués dans le roc. Il est impossible de trouver une enceinte régulière ; de toutes parts des voûtes, des cheminées et des croisées indiquent des habitations. Tout paraît confirmer la tradition, qui apprend que ces ruines étaient la propriété de divers seigneurs et le refuge des habitants d'Argentac en temps de guerre. Quelques tours sont rondes ; les mieux conservées sont carrées ; elles se trouvent en face l'une de l'autre, à l'extrémité de la presqu'île ; la plus rapprochée du château a une élévation d'environ 28 m. ; sa voisine est un peu moins haute, mais elle est coiffée sur son angle d'une guérite en encorbellement. A la partie septentrionale du château se trouvent les ruines d'une petite chapelle d'environ 6 m. en tous sens ; des nervures rondes à arêtes, mousse très-large, prennent naissance sur des têtes humaines grossièrement sculptées sur un écusson chargé d'un quadrupède fruste.

GÉNILLÉ, bg *Indre-et-Loire* (Touraine), arr. à 12 k. de Loches, cant. et ⊠ de Montrésor. Pop. 1,912 h. — *Foires* les 8 mai et 22 oct.

GÉNIS (St-), vg. *H.-Alpes* (Dauphiné), arr. et à 48 k. de Gap, cant. et ⊠ de Serres. Pop. 249 h.

GENIS (St-), bg *Charente-Inf.* (Saintonge), arr. et à 13 k. de Jonzac, chef-l. de cant. Cure. ⊠. A 500 k. de Paris pour la taxe des lettres. ☞. Pop. 1,073 h. — TERRAIN crétacé inférieur, grès vert. — *Foires* le 2e jeudi de chaque mois.

GENIS, vg. *Dordogne* (Périgord), arr. et à 46 k. de Périgueux, cant. et ⊠ d'Excideuil. Pop. 1,435 h. — *Foires* les 29 avril, 25 mai et 2es lundis des autres mois.

GENIS (St-), vg. *Drôme*, comm. de Livron, ⊠ de Loriol.

GENIS (St-), vg. *Isère* (Dauphiné), arr. et à 31 k. de Grenoble, cant. et ⊠ de Mens. Pop. 150 h.

GENIS (St-), ou St-GENIS-DES-FONTAINES, vg. *Pyrénées-Or.* (Roussillon), arr. et à 20 k. de Céret, cant. d'Argelès. ⊠. A 877 k. de Paris pour la taxe des lettres. Pop. 330 h. — Le sol de cette commune est sillonné de ruisseaux formés par un grand nombre de sources dont il est environné ; de là lui vient le nom de St-Genis-des-Fontaines, ainsi qu'on l'appelait avant la révolution. On y remarque les restes d'une abbaye de bernardins, fondée par l'abbé Santimir au commencement du ixe siècle ; les religieux de cette abbaye devaient être nés en France. — En 947, un concile fut tenu dans l'abbaye de St-Genis, pour rétablir Selva et Hermemiro dans leurs sièges de Girone et d'Urgel.

GENIS-DE-BLANZAC (St-), vg. *Charente* (Angoumois), arr. et à 24 k. d'Angoulème, cant. et ⊠ de Blanzac. Pop. 196 h.

GENIS-D'HIERSAC (St-), vg. *Charente* (Angoumois), arr. et à 15 k. d'Angoulème, cant. d'Hiersac, ⊠ de Rouillac. Pop. 1,331 h.

GENIS-DU-BOIS (St-), vg. *Gironde* (Guienne), arr. et à 18 k. de la Réole, cant. de Turgon, ⊠ de Sauveterre. Pop. 102 h.

GENIS-LARGENTIÈRE (St-), vg. *Rhône* (Lyonnais), arr. et à 28 k. de Lyon, cant. et ⊠ de St-Laurent-de-Chamousset. Pop. 909 h.

GENIS-LAVAL (St-), petite ville, *Rhône* (Lyonnais), arr. et à 9 k. de Lyon, chef-l. de cant. Cure. ⊠. A 474 k. de Paris pour la taxe des lettres. Pop. 2,226 h. — TERRAIN cristallisé, gneiss. — Elle est située sur le penchant d'une colline qu'embellissent une multitude de magnifiques maisons de campagne.— *Foires* les 26 août, 25 nov. (2 jours) et 17 déc.

GENIS-LES-OLLIÈRES (St-), vg. *Rhône* (Lyonnais), arr., ⊠ et à 9 k. de Lyon, cant. de Vaugneray. Pop. 700 h.

GENIS-POUILLY (St-), vg. *Ain*, comm. de Pouilly-St-Genis. ☞. A 498 k. de Paris pour la taxe des lettres. — Il est situé dans une plaine riante, non loin du pied du Jura. On remarque à peu de distance une fort jolie source qui sort de la base du Jura, et forme un petit ruisseau dont les eaux se jettent dans le Rhône.

GENISSAC, vg. *Gironde* (Guienne), arr. et à 11 k. de Libourne, cant. et ⊠ de Branne. Pop. 1,131 h. — *Foires* les lundis après le 9 mai et après la St-Roch.

GENISSIEUX, vg. *Drôme*, comm. de Peyrins, ⊠ de Romans.

GENIS-TERRE-NOIRE (St-), vg. *Loire* (Forez), arr. et à 27 k. de St-Etienne, cant. et ⊠ de Rive-de-Gier. Pop. 2,347 h. — Exploitation de houille. Fonderie et clouterie.

GÉNIVRIÈRES, vg. *Tarn-et-Garonne*, comm. et ⊠ de Caylus.

GENLIS, joli village, *Côte-d'Or* (Bourgogne), arr. et à 16 k. de Dijon, chef-l. de cant. Cure. ☞. A 337 k. de Paris pour la taxe des lettres. Pop. 952 h.— TERRAIN d'alluvions modernes.

Ce village est situé dans une belle et fertile plaine, sur la Tille, que l'on passe sur un beau pont. Il est formé de maisons fort bien bâties, et offre un aspect riant. On y remarque les enceintes à doubles fossés de deux anciens châteaux forts, dont l'un était bâti dans le village même, et l'autre à quelque distance, au milieu de la prairie. — Elève de chevaux et de bestiaux. — *Foires* les 7 juin, 8 mars, 8 sept. et 8 nov.

GENNES, vg. *Doubs* (Franche-Comté), arr., cant., ⊠ et à 8 k. de Besançon. Pop. 301 h.

GENNES, vg. *Ille-et-Vilaine* (Bretagne), arr. et à 19 k. de Vitré, cant. d'Argentré, ⊠ de la Guerche. Pop. 1,648 h. Près de la Seiches.

GENNES, petite ville, *Maine-et-Loire* (Anjou), arr. et à 20 k. de Saumur, chef-l. de cant.

Cure. ✉ des Rosiers. Pop. 1,688 h. — Terrain d'alluvions modernes.

Elle est située sur la rive gauche de la Loire, dans un des plus beaux sites qu'offre le cours de ce fleuve. On y remarque les restes d'un temple romain, qu'on a, pour ainsi dire, enchâssé dans les murs de l'église de St-Eusèbe ; la plus grande partie est au nord, c'est un pan de mur d'environ 7 m. de longueur sur autant d'élévation. Au milieu est une porte à plein cintre, dont les voussoirs sont formés alternativement en briques et en tuf blanc. Toute cette construction est en petits moellons et divisée par trois rangs de longues briques. Cette église de St-Eusèbe est placée sur le sommet d'un coteau très-élevé, d'où l'on découvre un magnifique point de vue.

L'église de St-Vétérin, dans l'intérieur de la ville, est également remarquable par plusieurs portions de murs, de colonnes et de voûtes, qui ont aussi appartenu à un temple antique. A peu de distance de St-Vétérin, on trouve encore les ruines d'un autre monument romain et les vestiges d'un aqueduc antique.

Aux environs de Gennes on voit un dolmen de 11 m. de long sur 4 de large et 3 de hauteur ; et deux peulvans.

GENNES, bg *Mayenne* (Anjou), arr., ✉ et à 7 k. de Château - Gontier, cant. de Bierné. Pop. 1,280 h.

GENNES - IVERGNY, vg. *Pas-de-Calais* (Artois), arr. et à 25 k. de St-Pol-sur-Ternoise, cant. et ✉ d'Auxy - le - Château. Pop. 385 h.

GENNETEIL, vg. *Maine-et-Loire* (Anjou), arr. et à 15 k. de Baugé, cant. et ✉ de Noyant. Pop. 876 h.

GENNETINES, vg. *Allier* (Bourbonnais), arr., cant., ✉ et à 12 k. de Moulins-sur-Allier. Pop. 376 h.

GENNETON, vg. *Deux-Sèvres* (Poitou), arr. et à 25 k. de Bressuire, cant. et ✉ d'Argenton-Château. Pop. 597 h. — *Foires* le jour de l'Ascension et le 3e dimanche de sept.

GENNEVIÈVE (Ste-), vg. *Manche* (Normandie), arr. et à 20 k. de Valognes, cant. de Quettehou, ✉ de Barfleur. Pop. 711 h. — *Foire* le 3 janv.

GENNEVIÈVE — EN - BRAY (Ste-), vg. *Seine-Inf.* (Normandie), arr. et à 14 k. de Neufchâtel-en-Bray, cant. et ✉ de St-Saëns. Pop. 672 h.

GENNEVILLIERS, grand et beau village, *Seine* (Ile-de-France); arr. et à 5 k. de St-Denis, cant. de Courbevoie. ✉. A 10 k. de Paris pour la taxe des lettres. Pop. 1,115 h.

Ce village, situé dans une plaine fertile renfermée dans une coude que forme la Seine, a beaucoup souffert dans les guerres civiles qui désolèrent les règnes de Charles V, Charles VI et Charles VII. Un parti du duc d'Orléans le détruisit entièrement en 1411. Lors de la grande inondation de la Seine en 1740, il fut renversé de fond en comble par la violence des eaux.

On voit à Gennevilliers une charmante maison de campagne, habitée autrefois par le maréchal de Richelieu, qui y fit bâtir une glacière superbe qu'on admire encore aujourd'hui. Elle forme un immense cône renversé, recouvert d'un tertre planté d'un bois taillis, du milieu duquel s'élève un élégant pavillon périptère, surmonté d'une coupole couronnée par une statue de Mercure ; douze autres statues sont placées sur l'entablement à l'aplomb des colonnies. Ce charmant pavillon offre un joli point de vue. — *Fabrique* de bougie.

GÉNOD, vg. *Jura* (Franche-Comté), arr. et à 4 k. de Lons-le-Saulnier, cant. et ✉ d'Arinthod. Pop. 223 h.

GÉNOLHAC, bg *Gard* (Languedoc), arr. et à 35 k. d'Alais, chef-l. de cant. Cure. ✉. A 634 k. de Paris pour la taxe des lettres. Pop. 1,586 h. — Terrain cristallisé ou primitif. — Mine de plomb argentifère et fabrique de céruse (au Viallas). — *Foires* les 30 juin, 1er août, 23 nov., 10 déc., vendredi saint et 3e jeudi de sept.

GÉNOS, vg. *H.-Garonne* (Comminges), arr. et à 18 k. de St-Gaudens, cant. et ✉ de St-Bertrand. Pop. 405 h.

GENOST, vg. *H.-Pyrénées* (Bigorre), arr. et à 40 k. de Bagnères-de-Bigorre, cant. de Bordères, ✉ d'Arreau. Pop. 204 h.

GENOU (St-), vg. *Indre* (Berry), arr. et à 29 k. de Châteauroux, cant. et ✉ de Buzançais. Pop. 935 h. — Il doit son origine à un couvent de bénédictins, fondé en 828 par Wicfrid, comte de Bourges, et Ode, sa femme. L'église de cette abbaye, maintenant paroissiale, est remarquable par sa disposition intérieure et par les sculptures grossières dont les piliers sont chargés. Près de St-Genou est la colonne curieuse de l'Estrée, dite lanterne des Monies. — *Foires* les 17 juin et lundi saint.

GENOUILLAC, vg. *Charente* (Angoumois), arr. et à 22 k. de Confolens, cant. et ✉ de St-Claud. ✍. Pop. 921 h.

GENOUILLAT, bg *Creuse* (Marche), arr. de Boussac, à 37 k. de Chambon, cant. de Chatelus. Cure. Gîte d'étape. ✉. A 318 k. de Paris pour la taxe des lettres. Pop. 1,578 h.

GENOUILLÉ, vg. *Charente - Inf.* (Aunis), arr. et à 20 k. de Rochefort-sur-Mer, cant. et ✉ de Tonnay-Charente. Pop. 1,170 h.

GENOUILLÉ, vg. *Vienne* (Poitou), arr., ✉ et à 8 k. de Civray, cant. de Charroux. Pop. 1,294 h. — *Fab.* de poterie.

GENOUILLEUX, vg. *Ain* (Dombes), arr. et à 24 k. de Trévoux, cant. et ✉ de Thoissey. Pop. 484 h.

GENOUILLY, bg *Cher* (Berry), arr. et à 49 k. de Bourges, cant. et ✉ de Graçay. Pop. 1,194 h.

GENOUILLY, vg. *Saône-et-Loire* (Bourgogne), arr. et à 30 k. de Chalon-sur-Saône, cant. de Mont-St-Vincent, ✉ de Joncy. Pop. 804 h. — *Foires* les 18 fév., 6 mai, 1er juillet et 13 août.

GÉNOUILLY, vg. *Yonne*, comm. de Provency, ✉ de Lucy-le-Bois.

GENOUPH (St-), vg. *Indre-et-Loire* (Touraine), arr., cant., ✉ et à 7 k. de Tours. Pop. 393 h.

GENRUPT, vg. *H.-Marne* (Champagne), arr. et à 38 k. de Langres, cant. et ✉ de Bourbonne. Pop. 161 h.

GENSAC, vg. *Drôme* (Dauphiné), arr., ✉ et à 9 k. de Die, cant. de Luc-en-Diois. Pop. 168 h.

GENSAC, vg. *Charente* (Angoumois), arr. et à 7 k. de Cognac, cant. et ✉ de Ségonzac. Pop. 954 h.

GENSAC, vg. *Gers*, comm. de Montpezat. ✉ de Lombez.

GENSAC, bg *Gironde* (Guienne), arr. et à 32 k. de Libourne, cant. de Pujols, ✉ de Castillon. Pop. 1,220 h. — *Foires* les 3 fév., 9 mai, 24 août, 25 nov. et 1er lundi de chaque mois.

GENSAC, vg. *H.-Pyrénées* (Gascogne), arr. et à 25 k. de Tarbes, cant. et ✉ de Rabastens. Pop. 135 h.

GENSAC, vg. *Tarn-et-Garonne* (Languedoc), arr. et à 20 k. de Castel-Sarrasin, cant. de St-Nicolas-de-la-Grave, ✉ de Lavit. Pop. 372.

GENSAC-D'AURIGNAC, vg. *H.-Garonne* (Comminges), arr. et à 34 k. de St-Gaudens, cant. et ✉ de Boulogne. Pop. 442 h.

GENSAC-ST-JULIEN, vg. *H.-Garonne* (Languedoc), arr. et à 20 k. de Muret, cant. et ✉ de Rieux. Pop. 459 h.

GENTÉ, bg *Charente* (Angoumois), arr., ✉ et à 5 k. de Cognac, cant. de Ségonzac. P. 717 h.

GENTELLES vg. *Somme* (Picardie), arr. et à 14 k. d'Amiens, cant. de Sains, ✉ de Villers-Bretonneux. Pop. 686 h.

GENTILLY (le Grand et le Petit-), *Gentiliacum*, village très-ancien, *Seine* (Ile-de-France), arr. à 7 k. de Sceaux, c. de Villejuif, ✉ de la Maison-Blanche. P. 9,987 h.

Le Grand-Gentilly est bâti dans la vallée de la Bièvre ; on y remarque l'ancien château de Villeroy, dont le parc renferme de belles eaux fournies par l'aqueduc d'Arcueil. Le Petit-Gentilly est un hameau contigu aux murs de Paris, et presque entièrement composé de guinguettes.

Bicêtre est une dépendance de la commune de Gentilly. Au VIIIe siècle les rois de France avaient dans ce lieu une maison de plaisance. En 1250, saint Louis acheta un vaste terrain près de Gentilly, dont il fit don aux chartreux, qui y firent construire un couvent, sur l'emplacement duquel l'évêque Jean de Winchester fit construire une maison qui prit son nom, d'où, par corruption, on a fait Bischestre, puis Bicêtre. — Jean, duc de Berry, enchanté de la position de cette habitation, la fit remplacer par un vaste château qu'il fit décorer par les plus habiles artistes. Ce château, où s'était retranché le duc d'Orléans, fut pris et brûlé en 1411. Sur son emplacement, Louis XII fit élever la plus grande partie des bâtiments qui existent aujourd'hui, pour servir de retraite aux soldats mutilés. Lorsque Louis XIV eut fait bâtir l'hôtel des Invalides, Bicêtre fut réuni à l'hôpital général, dont il est encore une annexe.

Le plan de Bicêtre, à l'exception de quelques additions, offre un carré d'environ 300 m. de côté. Le principal corps de bâtiment donne, au nord, sur un jardin qu'entourent des bâtiments moins élevés, qui sont à l'usage des ateliers. L'ensemble des parallélogrammes offre trois principales cours : la première sert d'entrée par une avenue aboutissant à la grande route; dans la deuxième est l'église, en forme de croix ; la troisième renferme un grand nombre de constructions disposées sans beaucoup de symétrie, et au nombre desquelles sont les prisons et les cachots. Les cours sont plantées d'arbres, et le reste de l'enclos est en jardins. Ces bâtiments sont distribués suivant leur destination respective, pour le logement des vieillards indigents, qui occupent 2,200 lits, et qui ne sont reçus qu'à l'âge de soixante-dix ans, et pour le logement des aliénés, qui y sont l'objet d'une vive sollicitude de la part des administrateurs.

Dans les dernières années de la restauration, les fous rassemblés à Bicêtre y végétaient encore dans la plus funeste oisiveté ; aucune occupation n'apportait un instant de distraction, de relâche au tourment de leur unique pensée. On essaya alors de les distraire en les assujettissant au travail. On mit, dans les mains des plus tranquilles des pioches, des pelles, des brouettes ; des gardiens attentifs et doux les dirigèrent, et en peu de temps, avec ordre, avec docilité, ils achevèrent de nombreux travaux de terrassement et de jardinage. Une fois sur la voie, on la suivit. M. de Chabrol et le docteur Ferrus, secondés par le zèle de MM. Mallon et Benjamin Desportes, administrateurs des hospices, donnèrent à cet essai un développement qui s'est beaucoup étendu depuis 1830. Quelques morceaux de terre furent mis en culture à l'aide des mêmes moyens : l'existence des pauvres travailleurs devint moins triste, leurs accès moins fréquents, leurs nuits plus tranquilles. Alors le cercle s'agrandit avec les espérances et le succès. Une ferme des hôpitaux, dans la plaine de Montrouge, la ferme St-Anne, vint à vaquer. Les fous la prirent à loyer, ou plutôt l'administration la confia exclusivement à leurs soins. Dès ce moment, ce terrain sablonneux, ingrat, qui payait si mal les soins des premiers cultivateurs, prospéra, et chaque jour il rapporta davantage, à tel point que l'administration voudrait pouvoir agrandir encore cette ferme, afin d'y employer un plus grand nombre de fous travailleurs. — Tous les matins ces nouveaux colons se rassemblent, et, partagés en escouades de quinze ou vingt, se rendent, de Bicêtre, soit à la ferme, soit à la Salpêtrière, pour en cultiver les jardins ; aucun d'eux ne se fait attendre, aucun ne s'écarte sur la route, aucun ne manque à l'arrivée.—Sous le rapport moral, l'organisation des fous travailleurs de Bicêtre a eu les plus heureux résultats ; sous le rapport utilitaire, ils ne sont pas moins satisfaisants. En 1833, les produits de St-Anne ne montaient pas à plus de 1,957 fr. 68 c. ; trois ans après, ils s'élevaient à 15,369 fr. 38 c.

ils étaient de 38,328 fr. en 1838, et de 51,349 fr. en 1841. Ainsi l'art et l'administration sont parvenus, à force de soins et de sollicitude, à rendre la santé à ces pauvres malades, à utiliser des malheureux qui jusque-là avaient été à charge à la société, à accroître enfin par leur travail les revenus de la maison qui leur donne un asile !

Une partie des vastes bâtiments de Bicêtre servait naguère encore de prison pour les malfaiteurs condamnés à la réclusion ou aux travaux forcés, et qui y attendaient le départ de la chaîne, dont ils devaient faire partie. On a cessé d'y renfermer des prisonniers depuis la construction des deux grandes prisons bâties dans la rue de la Roquette.

Au mois de septembre 1792, et à cause de sa prison, Bicêtre a été compris dans les massacres de cette époque sanglante : la mort y plana pendant trois jours et trois nuits. Une troupe d'assassins armés de sabres, de piques, de massues, de coutelas, de fusils, traînant de l'artillerie à leur suite, se présentèrent devant cette maison. Le concierge voulut résister : il avait fait braquer contre eux deux pièces de canon ; au moment d'y mettre le feu, il reçut le coup mortel. Les prisonniers, conduits par leurs gardiens, défendirent chèrement leur vie. Dans cette lutte hideuse, les assaillants eussent été peut-être vaincus sans le secours de leur artillerie. Ils pointèrent leurs canons sur une cour où les prisonniers avaient établi leur principale défense, et tirèrent à mitraille. Ils poursuivaient les fuyards à coups de fusils, et achevaient les blessés à coups de sabres et de piques. Ceux qui purent échapper à cette boucherie se réfugièrent dans les cachots souterrains dont l'obscurité pouvait les soustraire aux yeux des meurtriers ; on imagina d'inonder avec des pompes ce dernier asile. Pétion arriva au moment où le sang avait cessé de couler dans les cours, et où l'on poursuivait dans les caves et dans les cabanons quelques fugitifs échappés à la mitraille et à la fusillade. Il fit d'inutiles efforts pour mettre fin au carnage ; son autorité fut méconnue... Il a été impossible de compter les morts de Bicêtre : quelques rapports en ont porté le nombre à 6,000. Cette évaluation est sans doute exagérée ; mais ce que l'on ne peut révoquer en doute, c'est que les meurtriers n'épargnèrent personne : prisonniers, malades, gardiens, tout périt, excepté 200 qui n'avaient point été flétris et qui furent enfermés dans l'église.

Le puits de Bicêtre, que tous les étrangers vont admirer, peut être placé parmi les morceaux d'architecture les plus étonnants qui existent, quoique ces sortes d'ouvrages ne soient guère que du ressort de la maçonnerie. Il a 5 m. 33 c. de diamètre sur 54 m. de profondeur. C'est l'ouvrage de l'architecte Boffrand ; il est creusé dans le roc vif, où sont les sources qui y entretiennent constamment 3 m. d'eau, toujours intarissable. Par une machine très-simple qui sert à puiser l'eau, deux seaux, dont l'un monte, tandis que l'autre descend, sont toujours en mouvement. Le réservoir dans lequel ces eaux sont distribuées a 18 m. carrés. Cette espèce de citerne est revêtue en plomb laminé ; quatre piliers soutiennent la voûte en pierre de taille ; des tuyaux souterrains distribuent l'eau dans toutes les parties de l'établissement.

LA GLACIÈRE est une annexe de la commune de Gentilly, remarquable par ses établissements industriels. Outre une belle glacière, d'où ce lieu prend son nom, on y trouve une papeterie où l'on fabrique des cartes lissées et roulées de toute espèce ; une manufacture de toiles peintes ; une raffinerie de sucre, et des fabriques de produits chimiques, de colle forte, gélatine, noir animal, etc.

A la MAISON-BLANCHE, autre annexe de Gentilly, existent des fabriques de cuirs vernis, de produits chimiques, une brasserie, une distillerie et une raffinerie de sucre.

Bibliographie. DESTRUISSART (l'abbé). * *Promenade au centre du Grand-Gentilly, où il est fait mention des maisons et jardins les plus remarquables qu'il renferme*, in-18, 1821.

GENTIOUX, vg. *Creuse* (Marche), arr. et à 23 k. d'Aubusson, chef-l. de cant. Bureau d'enregist. à Felletin. Cure. ◻. A 406 k. de Paris pour la taxe des lettres. Pop. 1,451 h. — TERRAIN cristallisé ou primitif.

GENTIS (les), vg. *Gironde*, comm. de St-Ferme, ◻ de Monségur.

GENVRY, vg. *Oise* (Picardie), arr. et à 33 k. de Compiègne, cant. et ◻ de Noyon. Pop. 253 h.

GENYS-SUR-MENTHON (St-), vg. *Ain* (Bresse), arr. et à 20 k. de Bourg-en-Bresse, cant. et ◻ de Pont-de-Veyle. Pop. 565 h.

GEOIRE (St-), bg *Isère* (Dauphiné), arr. et à 525 k. de la Tour-du-Pin et à 30 k. de Bourgoin, chef-l. de cant. Cure. ◻ de Voiron. Pop. 4,383 h. — TERRAIN tertiaire supérieur. — Forges. — *Foires* mardi après Pâques, et lundi après le 29 août. — Marché tous les mardis.

GEOIRS (St-), vg. *Isère* (Dauphiné), arr. de St-Marcellin, cant. de St-Etienne-de-St-Geoirs, ◻ de la Côte-St-André. Pop. 668 h.

GEORFANS, vg. *H.-Saône* (Franche-Comté), arr. et à 19 k. de Lure, cant. et ◻ de Villersexel. Pop. 240 h.

GEORGE (St-), vg. *Cantal* (Auvergne), arr., cant., ◻ et à 4 k. de St-Flour. Pop. 962 h.

GEORGE (St-), vg. *Gers* (Armagnac), arr. et à 31 k. de Lombez, cant. de Cologne, ◻ de l'Ile-en-Jourdain. Pop. 802 h.

GEORGE (St-), vg. *Meurthe* (pays Messin), arr. et à 15 k. de Sarrebourg, cant. de Réchicourt-le-Château, ◻ de Lorquin. Pop. 491 h.

GEORGE (St-), vg. *Tarn-et-Garonne* (Languedoc), arr. et à 33 k. de Montauban, cant. et ◻ de Caussade. Pop. 443 h.

GEORGE-D'AURAT (St-), vg. *H.-Loire* (Auvergne), arr. et à 21 k. de Brioude, cant. et ◻ de Paulhaguet. ⚭. Pop. 1,369 h.

GEORGE-DE-LÉVÉJAC (St-), vg. *Lozère* (Languedoc), arr. et à 41 k. de Florac, chef-l. de cant. Bureau d'enregist. à Meyrueis. Cure. ◻ de la Canourgue. Pop. 670 h. — TERRAIN tertiaire supérieur.

GEORGE-DE-LUSENÇON (St-), vg. *Aveyron* (Rouergue), arr., cant., ✉ et à 10 k. de Millau. Pop. 1,693 h. — Exploitation de houille, de sulfate d'alumine et de sulfate de fer. — Foires les 1ᵉʳ mai et 22 nov.

GEORGE-LAGRICOL (St-), vg. *H.-Loire* (Velay), arr. et à 33 k. du Puy, cant. et ✉ de Craponne. Pop. 1,160 h.

GEORGE-LA-POUGE (St-), vg. *Creuse* (Marche), arr. et à 17 h. de Bourganeuf, cant. et ✉ de Pontarion. Pop. 1,210 h. — Foires les 17 janv., 22 avril, 2 juillet et 31 oct.

GEORGE-NIGRÉMONT (St-), vg. *Creuse* (Marche), arr. et à 15 k. d'Aubusson, cant. de Crocq, ✉ de Felletin. Pop. 1,800 h.

GEORGES (St-), vg. *Ardèche*, comm. de St-Marcel-de-Crussol, ✉ de la Voulte. — Foires les 19 avril, 19 oct. et 19 déc.

GEORGES (St-), vg. *Ardennes*, comm. de Landres, ✉ de Buzancy.

GEORGES (St-), vg. *Charente* (Angoumois), arr., cant., ✉ et à 9 k. de Ruffec. Pop. 123 h.

GEORGES (St-), vg. *Dordogne*, comm. et ✉ de Périgueux.

GEORGES (St-), vg. *Doubs* (Franche-Comté), arr. et à 17 k. de Baume-les-Dames, cant. et ✉ de Clerval. Pop. 227 h.

GEORGES (St-), vg. *Gers*, comm. de Marsolan, ✉ de Lectoure.

GEORGES (St-), vg. *Ille-et-Vilaine*, comm. de St-Père, ✉ de Châteauneuf-en-Bretagne.

GEORGES (St-), vg. *Indre-et-Loire*, comm. de Rochecorbon, ✉ de Vouvray.

GEORGES (St-), vg. *Nord* (Flandre), arr. et à 18 k. de Dunkerque, cant. et ✉ de Gravelines. Pop. 280 h.

GEORGES (St-), vg. *Pas-de-Calais* (Artois), arr. et à 20 k. de St-Pol-sur-Ternoise, cant. du Parcq, ✉ de Hesdin. Pop. 474 h.

GEORGES (St-), vg. *H.-Saône*, comm. d'Athésans, ✉ de Villersexel.

GEORGES (St-), vg. *Somme*, comm. et ✉ de Roye.

GEORGES (St-), vg. *Vienne*. V. ST-GEORGES-LES-BAILLARGEAUX.

GEORGES (St-), vg. *Yonne* (Bourgogne), arr., cant., ✉ et à 4 k. d'Auxerre. Pop. 370 h.

GEORGES (St-), vg. *Yonne*, comm. de Villebougis, ✉ de Sens.

GEORGES-BUTAVENT (St-), vg. *Mayenne* (Maine), arr., cant., ✉ et à 6 k. de Mayenne. Pop. 2,264 h. — *Fabriques* de calicots. Filature de coton (à FONTAINE-DANIEL).

GEORGES - CHATELAISON (St-), vg. *Maine-et-Loire* (Anjou), arr. et à 27 k. de Saumur, cant. et ✉ de Doué. Pop. 901 h.

GEORGES-D'ANNEBECQ (St-), vg. *Orne* (Normandie), arr. et à 28 k. d'Argentan, cant. de Briouze, ✉ de Rânes. Pop. 732 h.

GEORGES-D'AULNAY (St-), vg. *Calvados* (Normandie), arr. et à 3 k. de Vire, cant. et ✉ d'Aulnay-sur-Odon. Pop. 1,591 h. — *Fabriques* de toiles.

GEORGES-DE-BAROILE (St-), vg. *Loire* (Forez), arr. et à 28 k. de Roanne, cant. et ✉ de St-Germain-Laval. Pop. 585 h.

GEORGES-DE-BLANCANEIX (St-), vg. *Dordogne* (Périgord), arr., ✉ et à 17 k. de Bergerac, cant. de la Force. Pop. 395 h.

GEORGES-DE-BOHON (St-), vg. *Manche* (Normandie), arr. et à 30 k. de St-Lô, cant. et ✉ de Carentan. Pop. 791 h.

GEORGES-DE-BOSCHERVILLE (St-). V. ST-MARTIN-DE-BOSCHERVILLE.

GEORGES-DE-CAMBOULAS (St-), vg. *Aveyron*, comm. et ✉ de Pont-de-Salars.

GEORGES-DE-COMMIERS (St-), vg. *Isère* (Dauphiné), arr. et à 22 k. de Grenoble, cant. et ✉ de Vizille. Pop. 600 h. — *Foire* le 20 mars.

GEORGES-DE-CUBILLAC (St-), vg. *Charente-Inf.* (Saintonge), arr. et à 9 k. de Jonzac, cant. et ✉ de St-Genis. Pop. 553 h.

GEORGES-DE-DIDONE (St-), vg. *Charente-Inf.* (Saintonge), arr. et à 35 k. de Saintes, cant. de Saujon, ✉ de Royan. Pop. 934 h.

L'église paroissiale, dédiée à saint Georges le Cappadocien, martyrisé vers 303, et qui était en grande vénération en France dans le vıᵉ siècle, est fort remarquable. C'est un vaste vaisseau rectangle dont les constructions accessoires ont été détruites. La façade offre un immense porche ogival de la fin du xııᵉ siècle, bordé d'une archivolte à tribules ou étoiles, et à trois grandes voussures en volute, au fond desquelles est un mur où s'ouvrait le portail remplacé aujourd'hui par une baie sans caractère.

A la pointe des Vallers, formée de rochers que les vagues viennent battre, sont des constructions anciennes qui ont appartenu à des édifices romains, et la tradition y place une ville que le morcellement du sol, par l'action des ondes, aurait détruite. Cette opinion vient d'être mise hors de doute par une curieuse découverte. En 1840, la pointe de Susac, à quelque distance de St-Georges, s'est éboulée, minée par les vagues, et a mis à nu des fragments de mosaïques, de larges dalles en marbre et des briques à rebord en quantité.

GEORGES-DE-GRAVENCHON (St-), vg. *Seine-Inf.*, comm. de Notre-Dame-de-Gravenchon, ✉ de Lillebonne. — On y remarque les ruines pittoresques d'une ancienne église, dont les murs recèlent un bas-relief dont l'exécution barbare indique un travail gaulois.

GEORGES-DE-GRÉHAIGUES (St-), vg. *Ille-et-Vilaine* (Bretagne), arr. et à 35 k. de St-Malo, cant. de Pleine-Fougères, ✉ de Pontorson. Pop. 669 h.

GEORGES-DE-LA-COUÉE (St-), vg. *Sarthe* (Maine), arr. et à 17 k. de St-Calais, cant. et ✉ de Grand-Lucé. Pop. 962 h.

GEORGES-DE-LA-RIVIÈRE (St-), vg. *Manche* (Normandie), arr. et à 26 k. de Valognes, cant. et ✉ de Barneville. Pop. 421 h.

GEORGES-DE-LIVOYE (St-), vg. *Manche* (Normandie), arr. et à 14 k. d'Avranches, cant. et ✉ de Brece. Pop. 443 h.

GEORGES-D'ELLE (St-), vg. *Manche* (Normandie), arr. et à 11 k. de St-Lô, cant. de St-Clair, ✉ de Cerisy-la-Forêt. Pop. 800 h.

GEORGES-DE-LONGUE-PIERRE (St-), bg *Charente-Inf.* (Saintonge), arr. et à 17 k. de St-Jean-d'Angely, cant. et ✉ d'Aulnay. Pop. 509 h.

GEORGES-DE-MONBARLA (St-), *Tarn-et-Garonne*. V. MONBARLA.

GEORGES-DE-MONCLARD (St-), *Dordogne* (Périgord), arr. et à 19 k. de Bergerac, cant. de Villamblard, ✉ de Douville. Pop. 756 h. — *Foires* les 2 janv., 11 juin et 25 nov.

GEORGES-DE-MONS (St-), vg. *Puy-de-Dôme* (Bourbonnais), arr. et à 25 k. de Riom, cant. de Manzat, ✉ de St-Gervais. Pop. 1,571 h. — Mine de plomb argentifère.

GEORGES-DE-MONTAGNE (St-), vg. *Gironde* (Guienne), arr., ✉ et à 10 k. de Libourne, cant. de Lussac. Pop. 279 h.

GEORGES-DE-MONTAIGU (St-), vg. *Vendée* (Poitou), arr. et à 31 k. de Bourbon-Vendée, cant. et ✉ de Montaigu. Pop. 2,213 h.

GEORGES-DE-NOIÉ (St-), vg. *Deux-Sèvres* (Poitou), arr. et à 23 k. de Parthenay, cant. de Mazières, ✉ de Vautebis. P. 1,543 h.

GEORGES-DE-POINTINDOUX (St-), vg. *Vendée* (Poitou), arr. et à 21 k. des Sables, cant. et ✉ de la Mothe-Achard. Pop. 930 h. — *Foires* les 22 avril et 6 juin.

GEORGES-DE-POUSIEUX (St-), vg. *Cher* (Bourbonnais), arr., ✉ et à 5 k. de St-Amand-Montrond, cant. de Saulzais-le-Potier. Pop. 385 h.

GEORGES-DE-REINTEMBAULT (St-), vg. *Ille-et-Vilaine* (Bretagne), arr. et à 15 k. de Fougères, cant. et ✉ de Louvigné-du-Désert. Pop. 3,315 h. — *Foires* les 7 janv., 24 avril, 24 août et 3 nov.

GEORGES-DE-RENEINS (St-), bg *Rhône* (Lyonnais), arr. et à 7 k. de Villefranche-sur-Saône, cant. de Belleville-sur-Saône, ✉. A 428 k. de Paris pour la taxe des lettres. Pop. 2,709 h.

La Vauxonne arrose cette commune et en inonde souvent les prairies. — Il y a une chapelle, dédiée à Notre-Dame-des-Eaux, qui attire un grand concours dans les temps de sécheresse.

C'est près de ce village que, le 8 avril 1814, eut lieu le combat entre les troupes françaises, commandées par le maréchal Augereau, duc de Castiglione, et les Autrichiens, commandés par le prince de Hesse-Hombourg. Les Français y perdirent cinq cents hommes. — *Fabriques* de toiles de coton. — *Foires* les 1ᵉʳ fév., 22 avril, 4 sept. et 4 nov.

GEORGES-DE-RENOM (St-), vg. *Ain* (Dombes), arr. et à 28 k. de Trévoux, cant. et ✉ de Châtillon-les-Dombes. Pop. 114 h.

GEORGES-DE-REX (St-), vg. *Deux-Sèvres* (Poitou), arr. et à 18 k. de Niort, cant. et ✉ de Mauzé. Pop. 541 h. — *Foires* les 25 mars et 20 sept.

GEORGES-DE-ROUELLEY (St-), vg. *Manche* (Normandie), arr. et à 17 k. de Mortain, cant. et ✉ de Barenton. Pop. 1,664 h.

GEORGES-DES-AGOUTS (St-), bg *Charente-Inf.* (Saintonge), arr. et à 20 k. de Jonzac, cant. et ✉ de Mirambeau. Pop. 643 h.

GEORGES-DES-CHAMPS (St-), *Sanctus Georgius de Campis*, vg. *Eure*, comm. et ✉ de St-André.

GEORGES-DES-COTEAUX (St-), vg. *Charente-Inf.* (Saintonge), arr., cant., ✉ et à 7 k. de Saintes. Pop. 1,290 h. — *Foires* les 23 avril et 25 août.

GEORGES-DES-GROSEILLIERS (St-), vg. *Orne* (Normandie), arr. et à 23 k. de Domfront, cant. et ✉ de Flers. Pop. 1,544 h.

GEORGES-D'ESPÉRANCHE (St-), vg. *Isère* (Dauphiné), arr. et à 17 k. de Vienne, cant. d'Heyrieux, ✉ de la Verpillière. Pop. 2,248 h. — *Foires* les 25 avril, 3 juin et 9 déc.

GEORGES-DES-SEPT-VOIES (St-), vg. *Maine-et-Loire*, comm. de St-Georges-le-Toureil, ✉ des Rosiers.

GEORGES-DE-VILLAINES (St-), vg. *Mayenne*, comm. et ✉ de Villaines-la-Juhel.

GEORGES-D'OLERON (St-), bourg situé dans l'île d'Oléron, *Charente-Inf.* (Aunis), arr. et à 27 k. de Marennes, cant. et ✉ de St-Pierre-d'Oléron. Pop. 4,252 h. — *Foires* les 23 avril et 23 août.

GEORGES-D'ORQUES (St-), vg. *Hérault* (Languedoc), arr., cant., ✉ et à 9 k. de Montpellier. Pop. 643 h. — *Commerce* renommé pour ses vins rouges : c'est la première qualité du département.

GEORGES-DU-BOIS (St-), vg. *Charente-Inf.* (Aunis), arr. et à 31 k. de Rochefort-sur-Mer, cant. et ✉ de Surgères. Pop. 1,617 h.

GEORGES-DU-BOIS (St-), vg. *Maine-et-Loire* (Anjou), arr. et à 13 k. de Baugé, cant. et ✉ de Beaufort. Pop. 583 h.

GEORGES-DU-BOIS (St-), bg *Sarthe* (Maine), arr., cant., ✉ et à 9 k. du Mans. Pop. 590 h.

GEORGES-DU-MESNIL (St-), vg. *Eure* (Normandie), arr. et à 18 k. de Pont-Audemer, cant. de St-Georges-du-Vièvre, ✉ de Lieurey. Pop. 426 h.

GEORGES-DU-PLAIN (St-), bg *Sarthe* (Maine), arr., cant., ✉ et à 4 k. du Mans. Pop. 461 h.

GEORGES-DU-PUY-DE-LA-GARDE (St-), vg. *Maine-et-Loire* (Anjou), arr. et à 25 k. de Beaupréau, cant. et ✉ de Chemillé. Pop. 1,460 h.

GEORGES-DU-ROSAY (St-), vg. *Sarthe* (Maine), arr. et à 23 k. de Mamers, cant. et ✉ de Bonnetable. Pop. 1,395 h.

GEORGES-DU-THEIL (St-), *Eure.* V. LE GROS-THEIL.

GEORGES-DU-VIÈVRE (St-), bg *Eure* (Normandie), arr. et à 16 k. de Pont-Audemer, chef-l. de cant. Bureau d'enregist. à Lieurey. ✉. A 159 k. de Paris pour la taxe des lettres. Pop. 1,125 h. — TERRAIN tertiaire supérieur. — *Fabriques* de toiles. Papeterie. Filature de coton. — *Foires* le 3 sept. et le mardi de Pâques.

GEORGES-EN-AUGE (St-), vg. *Calvados* (Normandie), arr. et à 23 k. de Lisieux, cant. et ✉ de St-Pierre-sur-Dives. Pop. 312 h.

GEORGES-EN-COUZAN (St-), vg. *Loire*

(Forez), arr. et à 23 k. de Montbrison, chef-l. de cant., ✉ et bureau d'enregist. de Boen. Pop. 1,092 h. — TERRAIN cristallisé ou primitif. — *Foires* les 1er mai et 25 oct.

GEORGES-ÈS-ALLIER (St-), vg. *Puy-de-Dôme* (Auvergne), arr. et à 15 k. de Clermont-Ferrand, cant. et ✉ de Vic-le-Comte. P. 931 h.

GEORGES-HAUTE-VILLE (St-), vg. *Loire* (Forez), arr., ✉ et à 6 k. de Montbrison, cant. de St-Jean-Soleymieux. Pop. 547 h.

GEORGES-L'ABBAYE (St-), vg. *Seine-Inf.*, comm. de St-Martin-de Boscherville, ✉ de Rouen.

GEORGES-LE-FLÉCHARD (St-), bg *Mayenne* (Maine), arr. et à 19 k. de Laval, cant. de Meslay, ✉ de Vaiges. Pop. 470 h.

GEORGES-LE-GAULTIER (St-), vg. *Sarthe* (Maine), arr. et à 42 k. de Mamers, cant. et ✉ de Fresnay-sur-Sarthe. Pop. 1,592 h.

GEORGES-LES-BAILLARGEAUX (St-), bg *Vienne* (Poitou), arr., bureau d'enregist. et à 12 k. de Poitiers, chef-l. de cant. Cure. ✉ de Jaulnay. Pop. 1,199 h. — TERRAIN jurassique.

GEORGES-LES-LANDES (St-), vg. *H.-Vienne* (Limousin), arr. et à 38 k. de Bellac, cant. de St-Sulpice-les-Feuilles, ✉ d'Arnac-la-Poste. Pop. 835 h.

GEORGES-LES-MINES (St-), *Maine-et-Loire*. V. ST-GEORGES-CHATELAISON.

GEORGES-MONT-COCQ (St-), vg. *Manche* (Normandie), arr., cant., ✉ et à 1 k. de St-Lô. Pop. 658 h.

GEORGES-SUR-ARNON (St-), vg. *Indre* (Berry), arr., cant., ✉ et à 10 k. d'Issoudun. Pop. 525 h.

GEORGES-SUR-CHER (St-), vg. *Loir-et-Cher* (Touraine), arr. et à 37 k. de Blois, cant. et ✉ de Montrichard. Pop. 2,084 h. — *Foire* le 23 avril.

GEORGES-SUR-ERVE (St-), vg. *Mayenne* (Maine), arr. et à 37 k. de Laval, cant. et ✉ d'Evron. Pop. 1,254 h.

GEORGES-SUR-EURE (St-), *Eure* (Normandie), arr. et à 35 k. d'Evreux, cant. et ✉ de Nonancourt. Pop. 582 h.

GEORGES-SUR-EURE (St-), *Eure-et-Loir* (Beauce), arr. et à 11 k. de Chartres, cant. et ✉ de Courville. Pop. 623 h.

GEORGES-SUR-FONTAINE (St-), vg. *Seine-Inf.* (Normandie), arr. et à 15 k. de Rouen, cant. de Clères, ✉ de Malaunay. Pop. 614 h.

GEORGES-SUR-LA-PRÉE (St-), vg. *Cher* (Berry), arr. et à 45 k. de Bourges, cant. et ✉ de Graçay. Pop. 794 h. — Exploitation d'ocre.

GEORGES-SUR-LOIRE (St-), joli bourg, *Maine-et-Loire* (Anjou), arr. et à 17 k. d'Angers, chef-l. de cant. Cure. ✉. A 319 k. de Paris pour la taxe des lettres. Pop. 2,712 h. — TERRAIN de transition supérieur. — Aux environs on remarque les ruines du château de la Roche-Serrant, où Louis, fils de Philippe Auguste, depuis Louis VIII, battit les Anglais, commandés par Jean sans Terre.

— *Foires* les 3 fév., 25 avril, 9 juin, 16 août, 29 sept. et 5 nov.

GEORGES-SUR-MOULON (St-), vg. *Cher* (Berry), arr. et à 13 k. de Bourges, cant. et ✉ de St-Martin-d'Auxigny. Pop. 419 h.

GÉOSMES (St-), vg. *H.-Marne* (Champagne), arr., cant., ✉ et à 5 k. de Langres. Pop. 496 h. — L'église paroissiale de ce village date du XIIIe siècle ; elle a été construite sur le lieu où furent martyrisés les saints Jumeaux, jeunes Grecs convertis au christianisme par saint Bénigne. Sous l'édifice s'étend une crypte du VIIIe siècle, composée de trois nefs égales, que dessinent des colonnes, et qui est couverte d'une voûte d'arêtes.

GÉOURS-D'AURIBAT (St-), vg. *Landes* (Gascogne), arr. et à 23 k. de Dax, cant. de Montfort, ✉ de Tartas. ⚭. Pop. 849 h.

GÉOURS-DE-MARENNE (St-), vg. *Landes* (Gascogne), arr. et à 17 k. de Dax, cant. de Soustons, ✉ de St-Vincent-de-Tyrosse. Pop. 1,420 h. — *Fabriques* de bouchons, colophane, essence de térébenthine, etc. — *Commerce* de résine, matières résineuses, liège, etc. — *Foires* le lundi de la 3e semaine de janv., le lundi de la 1re semaine de mai, le lundi de la 2e semaine de juillet (2 jours), et le lundi de la 1re semaine de novembre (2 jours).

GEOVREISSET, vg. *Ain* (Bugey), arr. et à 11 k. de Nantua, cant. et ✉ d'Oyonnax. P. 132 h.

GEOVREISSIAT, vg. *Ain* (Bugey), arr., cant., ✉ et à 8 k. de Nantua. Pop. 720 h.

GER, bg *Manche* (Normandie), arr., ✉ et à 15 k. de Mortain, cant. de Barenton. Pop. 2,685 h. — *Fabriques* de poterie de grès. Papeterie. — Marchés tous les jeudis.

GER, vg. *B.-Pyrénées* (Béarn), arr., ✉ et à 29 k. de Pau, cant. de Pontacq. P. 1,840 h.

GER, vg. *H.-Pyrénées* (Bigorre), arr. d'Argelès, cant., ✉ et à 6 k. de Lourdes. Pop. 190 h.

GERAINA (lat. 45°, long. 24°). « Ce lieu dans la Table théodosienne est placé sur une route qui de *Lucus Augusti* tend à l'*Alpis Cottia*, et je remarque dans l'article *Geminæ*, dont la position précède *Geraina* en suivant cette route, que le nom de *Geraina* subsiste, et même très-distinctement dans celui de Jarain, petit lieu dans le val Godemar. Il est situé à la gauche du cours d'une rivière nommée Severesse, qui tombe dans le Drac vis-à-vis de Lesdiguières. En supposant que pour arriver au passage du mont Genèvre ou de l'*Alpis Cottia*, la disposition du local exige que l'on se porte de Vallouise à Briançon, quoique la ligne qui représente la route dans la Table ne s'adresse point au nom de *Brigantio*, et soit tirée vers l'*Alpis Cottia* directement, la Table est mal figurée à cet égard ; et on ne sait même à quoi rapporter le nombre XIIII qu'on y voit au-dessous du nom de *Geraina*. Cette distance ne conduirait au plus loin qu'au passage du val Godemar, dans la Vallouise, et il y aurait au moins 18 milles à compter depuis là jusqu'à Briançon. » D'ANVILLE, *Notice de l'ancienne Gaule*; p. 348.

GERAISE, vg. *Jura* (Franche-Comté), arr.

de Poligny, à 22 k. d'Arbois, cant. et ⊠ de Salins. Pop. 125 h.

GÉRAND-DE-VAUX (St-), bg *Allier* (Bourbonnais), arr. et à 27 k. de Moulins-sur-Allier, cant. de Neuilly-le-Réal, ⊠ de Bessay-sur-Allier. Pop. 962 h.—On y remarque les restes d'un château qui était jadis considérable, et les vestiges d'un parc très-étendu, autrefois fermé de murs percés de douze portes, auxquelles correspondaient autant d'allées.— *Foires* les 18 avril, 6 juin, 1er juillet et 24 nov.

GÉRAND-LE-PUY (St-), jolie petite ville, *Allier* (Bourbonnais), arr. de la Palisse, à 7 k. de Cusset, cant. de Varennes-sur-Allier. ⊠. ♂. A 329 k. de Paris pour la taxe des lettres. Pop. 1,721 h.

Autrefois diocèse de Clermont, parlement de Paris, intendance et élection de Moulins, justice royale.

Cette ville a porté pendant la révolution le nom de Puy-Redaut. Elle est assez bien bâtie, en amphithéâtre, sur une colline qui domine de plusieurs côtés une campagne riche et variée. On y remarque un joli château environné de terrasses, d'où l'on jouit d'une vue charmante sur le paysage environnant.—*Foires* les 7 janv., 1er juillet, 26 août et 1er déc.

GÉRANDS (les), vg. *Seine-et-Marne*, com. de Crèvecœur, ⊠ de Tournan.

GÉRARDCOURT, vg. *Meurthe*, comm. de Ville-en-Vermois, ⊠ de St-Nicolas-du-Port.

GÉRARD-D'ARMISSART (St-), vg. *Tarn*, comm. et ⊠ de Rabastens.

GÉRARDMER, petite ville, *Vosges* (Lorraine), arr. et à 35 k. de St-Dié, chef-l. de cant. ⊠. ♂. A 424 k. de Paris pour la taxe des lettres. Pop. 5,625 h.—Terrain cristallisé, syénite.

Cette ville est située au milieu des Vosges, sur la Vologne et près de deux lacs où cette rivière prend sa source. Elle est formée de la réunion de plusieurs hameaux et d'une grande quantité de maisons champêtres, pour la plupart spacieuses et fort jolies, agglomérées sans ordre et sans symétrie dans une vallée rocailleuse sur le bord du lac de Gérardmer. Une grande rue, formée de grandes maisons mal alignées, la traverse; au centre on remarque l'église paroissiale, joli édifice entouré de terrasses ombragées.

Fabriques de boîtes de sapin, baignoires, seaux, cuveaux, sabots, vaisselle de bois et autres objets de boissellerie. Nombreuses scieries hydrauliques.—*Commerce* important de boissellerie, poix blanche, toiles de coton, de fromage renommé dit de Gérardmer, mais plus connu sous le nom de Géromé. Ce fromage est fait avec du lait de vache, dans lequel on introduit dans le caillé, avant de le mettre en forme, une certaine quantité de graines de cumin, qui lui donne une odeur aromatique et une saveur âcre qui flattent le goût de ceux qui en ont l'habitude; la pâte en est molle et la croûte rouge pâle. Ces fromages sont enfermés dans des boîtes rondes du poids de 3 à 4 kilogr.; ils ne peuvent se conserver au delà d'une année; néanmoins l'exportation en est considérable, et l'on n'évalue pas à moins de 1,200,000 kilogr. le produit de cette fabrication, qui est concentrée dans le département des Vosges et principalement dans l'arrondissement de Remiremont.

Foires les 18 avril, 1er oct. et le 2e jeudi de chaque mois.

Bibliographie. JACQUOT. *Topographie physique et médicale du canton de Gérardmer*, in-4, 1826.

* *Notice statistique sur le canton de Gérardmer*, in-12, 1834.

GÉRAUD (St-), vg. *Lot-et-Garonne*, com. de Lévignac, ⊠ de Marmande.

GÉRAUD (St-), vg. *Morbihan*, comm. de Noyal-Pontivy, ⊠ de Pontivy.

GÉRAUD-DE-CORPS (St-), vg. *Dordogne* (Périgord), arr. et à 28 k. de Bergerac, cant. de Villefranche-de-Longchapt, ⊠ de Monpont. Pop. 431 h.

GÉRAUDOT, autrefois ARFOL, vg. *Aube* (Champagne), arr. et à 3 k. de Troyes, cant. et ⊠ de Piney. Pop. 574 h.—Il y existait anciennement un château assez considérable, qui appartenait à la famille de Crussol. On voit dans l'église paroissiale des sculptures assez estimées, qui paraissent avoir été exécutées par des artistes allemands.

Dans le voisinage de Géraudot il y a plusieurs localités qui rappellent des souvenirs du moyen âge, telles que la ferme de l'Hôpitau, et celle de Bonlieu, qui étaient des hôpitaux pour les pèlerins allant en terre sainte. On voit encore les vitres des chapelles.

Au sud-est de Géraudot est LARIVOUR, ancienne abbaye d'hommes de l'ordre de Citeaux, située sur la rive droite de la Barse, dont il ne reste plus que des ruines. Vers l'an 1135, Thibault II, comte de Champagne, saint Bernard, abbé de Clairvaux, et Hatton, évêque de Troyes, ayant mis la réforme dans l'abbaye de St-Loup, concurent le dessein d'établir un monastère dans le terrain appelé Buxei ou Buxis, sur la paroisse de Lusigny. La fondation n'eut son entier accomplissement qu'en 1139. L'abbaye de Larivour devint dans la suite une des plus célèbres de la Champagne; l'agriculture et les lettres y ont été florissantes, et, dès le XVIe siècle, il y avait une imprimerie dirigée par Nicole Paris, qui donna, en 1547, une édition de la traduction en français de l'*Institution du prince* par Buddé, faite par Jean de Luxembourg, alors abbé de Larivour.

Tuilerie et briqueterie.

GÉRAUVILLIERS, vg. *Meuse* (Lorraine), arr. de Commercy, et à 44 k. de St-Mihiel, cant. et ⊠ de Gondrecourt. Pop. 185 h.

GERBAMONT, vg. *Vosges* (Lorraine), arr. et à 22 k. de Remiremont, cant. de Saulxures, ⊠ de Vagney. Pop. 603 h.

GERBÉCOURT, vg. *Meurthe* (Lorraine), arr., cant., ⊠ de Château-Salins, à 10 k. de Vic. Pop. 284 h.

GERBÉCOURT, vg. *Meurthe* (Lorraine), arr. et à 26 k. de Nancy, cant. d'Haroué, ⊠ de Neuviller-sur-Moselle. Pop. 213 h.

GERBÉPAL, vg. *Vosges* (Lorraine), arr. et à 23 k. de St-Dié, cant. et ⊠ de Corcieux. ♂. Pop. 1,413 h.

GERBEROY, *Gerboridum*, petite ville, *Oise* (Picardie), arr. et à 25 k. de Beauvais, cant. et ⊠ de Songeons. Pop. 298 h.

Gerberoy consistait autrefois en un vaste et ancien château, placé sur la frontière de la France et de la Normandie; il se trouvait ainsi exposé aux attaques des souverains de l'un et de l'autre pays, qui se le disputèrent. Cette forteresse avait appartenu aux évêques de Beauvais, qui y plaçèrent des officiers qualifiés de *vice Domini*, en français *vidames*. Dans le siècle des usurpations, cette fonction amovible devint à vie, puis héréditaire dans la famille qui en était pourvue; mais l'évêque de Beauvais conserva jusqu'au XIIe siècle le droit de suzeraineté sur cette forteresse. A cette époque, la famille du vidame s'étant éteinte, Philippe de Dreux, évêque de Beauvais, réunit la seigneurie de cette forteresse à son évêché, et prit le titre de vidame de Gerberoy.

En 1070, Guillaume assiégea Gerberoy en personne, pendant environ trois semaines, avec une puissante armée. On ne dit pas quelle fut l'issue de ce siège; on sait seulement que Guillaume y fut blessé au bras par son fils, et lui donna sa malédiction. — En 1159, Gerberoy fut assiégé par les Anglais, qui, après plusieurs assauts, s'en rendirent maîtres et en renversèrent les murailles. Ils l'assiégèrent de nouveau en 1197. — En 1418, les Bourguignons, étant entrés dans Gerberoy, pillèrent jusque dans l'église. Prise la même année par les Anglais, cette malheureuse ville fut très-maltraitée, l'église collégiale entièrement brûlée, et une grande partie des maisons renversées de fond en comble. Cet état de désordre et de destruction dura jusqu'en 1423. Cependant, en 1432, les choses avaient changé de face, et partout les Anglais fuyaient devant les armées victorieuses de Charles VII. Alors le comte de Clermont, étant venu à Gerberoy avec des troupes, y assiégea les Anglais, les surprit, puis ruina la place, afin de leur ôter tout secours. Trois ans plus tard, les Anglais furent une seconde fois défaits devant Gerberoy, ce qui ne les empêcha pas, en 1437, de se présenter de nouveau devant cette ville, de l'assiéger et de s'en rendre maîtres. Mais, en 1449, les officiers du roi assiégèrent de nouveau cette place, que tenaient toujours les Anglais; elle fut prise par escalade, et la plupart des assiégés taillés en pièces.

Durant les troubles de la Ligue, Fouqueroles, capitaine de cent hommes d'armes, s'introduisit par ruse dans cette ville, dépourvue de garnison, la pilla, rançonna et maltraita les habitants au nom du roi de Navarre. Peu après, Gerberoy fut pris par le duc de Mayenne, et repris l'année suivante par un gentilhomme nommé de Villers, qui s'en rendit gouverneur, y vécut à discrétion, et fit fortifier les tours et les murailles. L'année suivante, le duc de Biron vint assiéger Gerberoy de la part du roi Henri IV, emporta cette place, et en confia le commandement au seigneur de Mouy, qui la fit fortifier.

Peu de temps après, Henri IV, blessé dans un combat contre les troupes du duc de Parme, se fit porter à Gerberoy, qui, dans la suite, eut ses murailles détruites, en vertu d'une convention signée entre le sieur de Mouy, pour le roi, et les habitants de Beauvais, entre les mains desquels la ville fut remise. Ceux-ci, pour lui faire porter la peine de son dévouement à Henri IV, la saccagèrent, mirent le château en ruine, et prirent les meubles des habitants ; ils exercèrent sur eux toutes les cruautés possibles, violèrent les filles et les femmes, prirent tous les bestiaux, disant publiquement que les habitants de Gerberoy étaient des huguenots : c'est pourquoi ils étaient venus avec ordre de les faire tous mourir.

Gerberoy ne resta pas longtemps sans murailles ; toutefois quelques parties des fortifications ne furent rebâties qu'en 1610 et 1624. Dans la suite, trois incendies considérables éclatèrent encore dans cette ville : le premier en 1611, les autres en 1651 et en 1673.

Les armes de Gerberoy sont : *de gueules à une gerbe de blé d'or.*

Cette ville est bâtie sur la cime d'une montagne élevée et domine une belle campagne. Une jolie promenade règne autour des murs, qui sont assez bien conservés pour mettre la ville à l'abri d'un coup de main. — Au bas de la porte St-Martin existe un souterrain qui conduisait, dit-on, de Gerberoy à Anvoile : l'ouverture, de forme gothique, a 2 m. 30 c. d'élévation sur 1 m. 30 c. de large.

PATRIE du médecin DUCAURROY.

On trouve dans les environs de Gerberoy un calcaire coquillier, dur, susceptible de poli, présentant un vrai marbre lumachelle. — *Commerce* de chevaux et de bestiaux. — *Foires* les 29 et 30 sept., et le lendemain de la Pentecôte.

Bibliographie. PILLET (J.). *Histoire du château et de la ville de Gerberoy,* in-4, 1679.

GERBEVILLER, *Garbodi Villare,* petite ville, *Meurthe* (Lorraine), arr. et à 13 k. de Lunéville, chef-l. de cant. Cure. ✉. A 357 k. de Paris pour la taxe des lettres. P. 2,208 h. — TERRAIN de transition moyen.

Cette ville est située dans une plaine, sur la rive gauche de la Mortagne. C'était autrefois une ville fortifiée, où l'on voit encore les ruines de deux châteaux. — *Fabriques* de bonneterie en laine. Brasseries. Exploitation des carrières de belles pierres de taille. — *Commerce* de vins et d'excellent boulon que produit le territoire. — *Foires* les 15 fév., 15 mai et 29 sept.

GERBONVAUX, vg. *Vosges*, comm. de Martigny-les-Gerbonvaux, ✉ de Neufchâteau.

GERCOURT, vg. *Meuse* (Lorraine), arr. et à 31 k. de Montmédy, cant. de Montfaucon, ✉ de Varennes-en-Argonne. Pop. 465 h.

GERCY, *Garriacum,* vg. *Aisne* (Picardie), arr., cant., ✉ et à 4 k. de Vervins. Pop. 728 h.

GERDE, vg. *H.-Pyrénées* (Bigorre), arr., ✉ et à 2 k. de Bagnères-en-Bigorre, cant. de Campan. Pop. 845 h.

GERDEREST, vg. *B.-Pyrénées* (Béarn), arr. et à 20 k. de Pau, cant. et ✉ de Lembeye. Pop. 347 h.

GÈRE - BELESTEN, vg. *B.- Pyrénées* (Béarn), arr. et à 29 k. d'Oloron, cant. et ✉ de Laruns. Pop. 411 h.

GÉRÉON (St-), vg. *Loire-Inf.* (Bretagne), arr., cant., ✉ et à 2 k. d'Ancenis. P. 1,082 h.

GERGNY, vg. *Aisne* (Picardie), arr. et à 10 k. de Vervins, cant. et ✉ de la Capelle. Pop. 423 h.

GERGOVIA, montagne du dép. du *Puy-de-Dôme*, située à peu de distance de Clermont. Il est facile, en faisant le tour de cette montagne, d'y apercevoir des travaux de terrassement et de reconnaître aussi, les Commentaires de César à la main, les diverses positions qui y sont décrites. Les maréchaux Suchet et Gouvion-St-Cyr, qui ont visité cette montagne à diverses époques, ont parfaitement reconnu les positions décrites par César, et ont été étonnés que Lancelot, dont nous citons ci-après le mémoire sur Gergovia, eût pu révoquer en doute l'identité de Gergovia sur cette montagne. Le plateau, entièrement cultivé aujourd'hui, a une étendue de 17 à 1,800 m. de l'est à l'ouest, sa largeur est d'environ 600 m.

L'histoire ne nous dit absolument rien de l'époque où la forteresse de Gergovia a été détruite. Sidoine Apollinaire, qui écrivait au milieu du v° siècle, en fait seulement mention dans le panégyrique d'Avitus. Il faut croire que les Romains, devenus maîtres de toutes les Gaules, firent disparaître ses murailles, et la plus grande partie des habitants l'abandonnèrent sous le règne d'Auguste, pour aller habiter *Nemetum* (Clermont), que le prince embellit par ses bienfaits. — Les diverses fouilles qu'on a faites sur cette montagne ont mis à découvert des murs bâtis à chaux et à sable, des puits cimentés, des bétons, des pavés, etc., qui sembleraient prouver que le plateau a été habité postérieurement à la conquête des Gaules par les Romains. Pendant plusieurs siècles, ce même plateau ayant été consacré à des pacages, on ne pouvait rien y découvrir ; mais depuis une soixantaine d'années qu'on le cultive, et aujourd'hui plus que jamais, on y trouve, plus particulièrement sur la partie occidentale, des médailles gauloises en or, en argent, mais le plus grand nombre en bronze, des vases de terre des plus ordinairement brisés, des fragments en cuivre et en fer, des bouts de flèches en silex, et des haches gauloises de toutes les espèces, des roches primitives, etc.

« On a voulu prétendre que *Gergovia* n'était pas le lieu où les habitants de *Nemetus* se retiraient en cas de guerre ; mais cela est démenti par le texte de César, qui donne à *Gergovia* le titre de ville, et qui ne fait pas mention de *Nemetus.* Strabon distingue cette ville, qu'il nomme Nemessul, de son temps capitale des *Arverni,* de *Gergovia,* ville du même peuple, qu'il dit être placée sur le sommet d'une haute montagne. Les lettres de fondation de l'abbaye de St-André-de-Clermont, de l'an 1149, imprimées dans la *Gallia christiana,* font mention de la montagne de *Gergovia* comme dépendante du château de Mont-Rognon, et il paraît même qu'à cette époque les ruines de l'antique *Gergovia* subsistaient encore, car il en est fait mention dans ces lettres ; ce lieu est encore désigné sous ce nom dans les titres de 1190, 1193 et 1188. » Walckenaer. *Géographie des Gaules.*

GERGOVIA (lat. 46°, long. 24°). « La position de cette ancienne place des *Arverni,* que César ne put emporter, est une de celles pour la connaissance de laquelle on se sent le plus de curiosité. L'opinion que l'assiette de cette place occupait le sommet d'une montagne à deux petites lieues communes (environ 4,000 toises) de Clermont, entre l'orient d'hiver et le midi, a été combattue par M. Lancelot, dont le mémoire sur ce sujet est inséré dans le vol. VI de l'Académie. Il paraît persuadé que c'est uniquement d'après Gabriel Siméoni, auteur d'un ouvrage publié il y a environ 200 ans, sous le titre de *Dialogo pio,* que cette opinion s'est établie. Je suis informé que des recherches particulières sur les lieux par une personne qui a de la littérature et qui fait son séjour à Clermont l'ont persuadée que l'emplacement de *Gergovia* devait être celui dont je viens de parler ; mais le détail de ces recherches ne m'est point communiqué. Un plan exact et bien figuré du local, et par lequel on pourrait à plus ou moins de convenance avec ce qui est rapporté dans le septième livre des Commentaires, serait très-nécessaire pour l'éclaircissement de la question. Quoique je n'en sois pas actuellement tout à fait dépourvu, ce que j'ai sous les yeux n'a pas le même mérite que le plan des environs d'*Alesia,* qui a paru dans les *Eclaircissements géographiques sur l'ancienne Gaule.* M. Lancelot a pu sans beaucoup de peine réfuter les conjectures frivoles et hasardées de Siméoni sur diverses circonstances de détail aux environs de *Gergovia,* aussi bien que plusieurs traditions populaires sur plusieurs lieux du même canton. Mais que Sidoine Apollinaire, en décrivant sa maison d'*Avitacus,* dont la position est inconnue, se taise sur *Gergovia,* quoiqu'il en fasse mention ailleurs, il n'en résulte point d'argument négatif sur la position de *Gergovia.* Que César ne parle point d'un étang peu éloigné de la montagne, et aujourd'hui desséché, et appelé Sarliève, on ne le trouve point à redire, si on a lieu de croire que César dirigea ses attaques contre la place par un côté tout opposé. Que la montagne de *Gergovia* soit appelée *podium Mardonia* dans un acte du XIV° siècle, il ne paraît point extraordinaire, en considérant qu'il y a une terre du nom de Mardogne au pied de la montagne, et des environs d'*Alesia,* qui, alors et depuis, a pu être comprise dans le domaine de cette terre, soit appelée du même nom, quoiqu'elle eût eu un nom qui lui fût propre et particulier. M. Lancelot insiste principalement sur les raisons de douter de l'authenticité du titre de fondation ou de restauration de l'abbaye de St-André dans un faubourg de Clermont. Par cet acte, Guillaume, comte de Clermont, fait donation aux religieux de cette abbaye de ce qu'il possédait, *in Sauzeto, in Jussiaco, in Gergobia, in Fonentigia*, etc. Il ajoute : *Nec amplius solvent tributum nostro castro de Monte Rigoso sive de Montrognon, ratione arcis quam eis etiam dedimus et damus, et in Gergobia, et in circuitu ipsius, et in monte sive podio qui est supra, usque et comprehendendo veterem masuram antiquæ Gergobiæ*. On ne saurait se dispenser d'avouer que l'on reconnaît par divers endroits que l'acte dont il est question est un de ces titres qui ont été refaits ou renouvelés d'après d'autres plus anciens, et qui portent des indices manifestes de nouveauté et d'interpolation, par l'ignorance et la malhabileté de ceux de la main desquels ces pièces sont sorties. Mais, de même que l'on ne révoquera point en doute que l'abbaye de St-André n'ait été fondée ou restaurée par le comte Guillaume vers le milieu du xii° siècle et ne soit antérieure à l'époque que l'on jugera convenir au renouvellement du titre des donations faites par ce comte, on peut penser sur le fond, conformément à ce qu'en a pensé M. Baluse, *qu'il paraît bon, et qu'il le croit vrai*, selon que M. Lancelot le rapporte dans son mémoire. Si la teneur de l'acte n'était entièrement controuvée que depuis environ un siècle, auquel M. Lancelot borne l'antiquité de cette pièce, de quel endroit un faussaire mal instruit tenait-il les dénominations locales de *Mons-Rigosus*, de *Fontentigia*, de *Jussiacum*, puisque ces lieux ne se nommaient depuis plusieurs siècles que Mont-Rognon, Fontange, *Jussat ?* Les étymologies absurdes de plusieurs noms de lieux aux environs de *Gergovia*, nous rendent certains que les noms employés dans le titre de St-André ne sont point dus à Siméoni. Et quant aux défauts de ce titre dont on se prévaut, pour lui ôter toute autorité, on peut demander si les faux miracles, les anachronismes dont les légendes sont remplies, si même quelques erreurs de fait dans les historiens, comme dans Grégoire de Tours et plusieurs autres, empêchent qu'on n'y reconnaisse la mention qui y est faite d'une infinité de lieux qui doivent entrer dans les Notices du moyen âge? M. Lancelot ne disconvient pas que la situation de l'ancienne *Gergovia*, qui, selon César, *posita in altissimo monte, omnes aditus difficiles habebat*, n'ait de la ressemblance à la montagne qui en porte le nom. Mais il y a plus d'une circonstance locale qui témoigne cette ressemblance ; et s'il est vrai que le lieu qu'on nomme le Crest soit trop éloigné de la montagne de *Gergovia*, comme le remarque M. Lancelot, pour être la colline dont parle César : *Erat e regione oppidi collis, sub ipsis radicibus montis, egregie munitus, atque ex omni parte circumcisus*, on reconnaît cette colline à une élévation isolée, mais immédiatement adhérente à la partie de la montagne de *Gergovia* qui regarde le midi, et distinguée de cette montagne par un nom particulier, le Pui-

de-Monton. Cette position convient fort à ce qu'ajoute César : *Quem videlicet collem si tenerent nostri, et aqua magna parte et pabulatione libera, prohibituri hostes videbantur*, car, avec quelque connaissance du local, on voit clairement qu'en effet il devenait difficile par ce moyen que l'ennemi communiquât aisément à un ruisseau nommé la Serre, qui est le plus voisin de *Gergovia*, et qu'il pût s'écarter du côté des rivages de l'Allier, où la commodité d'aller au fourrage devait être plus grande et les fourrages plus abondants. Quoique Savaron, dans ses Antiquités de Clermont, eût fait des efforts pour y transporter *Gergovia*, cependant il avait bien changé d'avis dans ses notes sur Sidoine Apollinaire, où il s'explique ainsi (*Carm*. v, p. 83) en parlant de la position de *Gergovia* sur la montagne qui lui servait d'assiette : *Hujusce vetustatis indubia monimenta, visura lucem, si lux suppetat*. Il est à désirer que quelque personne habile et sur les lieux veuille suppléer à ce que Savaron n'a pas eu le loisir d'exécuter. Quant à la situation d'une autre ville de *Gergovia* chez les *Boii*, que les Ædui avaient reçus chez eux, elle est demeurée inconnue jusqu'à présent. Il est étonnant de voir Sanson (*Rem. sur C. de Gaule*, trad. de Dablancourt) vouloir ne faire qu'une seule et même ville des deux Gergovies, dont l'une fut attaquée par Vercingétorix, et l'autre par César ; et d'autant plus étonnant que *Gergovia* et *Augustonemetum*, ou Clermont, étant des deux villes différentes selon Sanson, c'est mettre les *Boii* en possession de la capitale des *Arverni*. » D'Anville. *Notice de l'ancienne Gaule*, p. 349. V. aussi :

CAYLUS (le comte de). *Remarques sur l'ancienne ville de Gergovia* (Recueil d'antiquités, t. v, p. 281, in-4, 1762).

PASUMOT. *Dissertation sur le siége de Gergovia* (Mém. géographiques, in-12, 1765).

VILLEVAUX (Isaac). *Discours mémorable du siége mis par César devant Gergovie, ancienne et principale ville d'Auvergne, et de la mort de Vercingentorix, roi des Auvergnats*, in-8, 1589.

LANCELOT. *Recherches sur Gergovia et quelques autres villes de l'ancienne Gaule* (Mém. de l'acad. royale des belles-lettres, t. VI, p. 635, 669).

Dissertation sur Gergovia (Hist. de l'acad. royale des inscriptions et belles-lettres, t. xxv, p. 139).

HERVIER. *Le Siége de Gergovia, ou les Chants d'un Barde*, in-8, 1823.

PIERQUIN DE GEMBLOUX. *Histoire de Gergovia Baiorum*.....

WALKENAER. *Géographie des Gaules*, t. I, p. 341.

GERGUEIL, vg. *Côte-d'Or* (Bourgogne), arr. et à 35 k. de Dijon, cant. et ✉ de Sombernon. Pop. 316 h.

GERGY, vg. *Saône-et-Loire* (Bourgogne), arr. et à 15 k. de Chalon-sur-Saône, cant. et ✉ de Verdun-sur-le-Doubs. Pop. 1,799 h. — Foire le 1er lundi d'avril.

GÉRIER (le), vg. *Eure*, comm. de Courteilles, ✉ de Verneuil.

GÉRIT (St-), vg. *Dordogne* (Périgord), arr. et à 24 k. de Bergerac, cant. de la Force, ✉ de Mussidan. Pop. 488 h.

GERLAND, vg. *Côte-d'Or* (Bourgogne), arr. et à 18 k. de Beaune, cant. et ✉ de Nuits. Pop. 365 h.

GERM, vg. *H.-Pyrénées* (Bigorre), arr. et à 44 k. de Bagnères-en-Bigorre, cant. de Bordères, ✉ d'Arreau. Pop. 143 h.

GERMAGNAT, vg. *Ain* (Bresse), arr. et à 24 k. de Bourg-en-Bresse, cant. et ✉ de Treffort. Pop. 382 h.

GERMAGNY, vg. *Saône-et-Loire* (Bourgogne), arr. et à 25 k. de Chalon-sur-Saône, cant. et ✉ de Buxy. Pop. 248 h.

GERMAIN (St-), vg. *Aisne*, comm. de Lesquielles-St-Germain, ✉ de Guise.

GERMAIN (St-), vg. *Aisne*, comm. de Villeneuve-St-Germain, ✉ de Soissons.

GERMAIN (St-), vg. *Ardèche* (Vivarais), arr. et à 33 k. de Privas, cant. et ✉ de Villeneuve-de-Berg. Pop. 344 h.

GERMAIN (St-), vg. *Aube* (Champagne), arr., cant., ✉ et à 6 k. de Troyes. P. 630 h.

GERMAIN (St-), vg. *Aveyron*, comm. et ✉ de Millau.

GERMAIN (St-), vg. *Drôme*, comm. d'Hauterives, ✉ de Moras.

GERMAIN (St-), vg. *Eure*, comm. et ✉ de Louviers.

GERMAIN (St-), vg. *Indre-et-Loire*, com. de St-Jean-sur-Indre, ✉ de Loches.

GERMAIN (St-), vg. *Jura* (Franche-Comté), arr. et à 10 k. de Lons-le-Saulnier, cant. et ✉ de Voiteur. Pop. 560 h.

GERMAIN (St-), vg. *Loiret* (Gatinais), arr. et à 12 k. de Montargis, cant. et ✉ de Château-Renard. Pop. 1,227 h.

GERMAIN (St-), vg. *Loiret*, comm. et ✉ de Sully.

GERMAIN (St-), ou DU BEL-AIR, vg. *Lot* (Quercy), arr. et à 15 k. de Gourdon, chef-l. de cant., ✉ de Frayssinet, bureau d'enregist. à la Bastide. Com. Pop. 1,106 h. — TERRAIN jurassique, étage supérieur du système oolitique. — Il est situé sur le Céou, qui y arrose de belles prairies. On voit aux environs l'antique château de Peyrilles, dont Richard Cœur de lion s'empara de vive force sur le chevalier de Gourdon, qu'il fit périr avec deux de ses enfants. Le troisième fils de ce chevalier, Bertrand de Gourdon, tira une éclatante vengeance de ce meurtre devant Chalus, où il décocha à Richard une flèche qui le blessa mortellement. — Tanneries. — Foires les 22 janv., 22 fév., 22 mars, 22 avril, 22 mai, 22 juin, 22 juillet, 22 août, 22 sept., 22 oct. et 22 déc.

GERMAIN (St-), vg. *Lot-et-Garonne*, com. et ✉ de Tonneins.

GERMAIN (St-), vg. *Maine-et-Loire* (Anjou), arr. et à 16 k. de Beaupréau, cant. et ✉ de Montfaucon. Pop. 1,341 h.

GERMAIN (St-), vg. *Maine-et-Loire*, com. de Daumeray, ✉ de Durtal.

GERMAIN (St-), vg. *Meurthe* (Lorraine),

arr. et à 28 k. de Lunéville, cant. de Bayon, ⊠ de Neuviller-sur-Moselle. Pop. 448 h. — Il est situé sur le sommet d'une côte fort élevée, d'où l'on jouit d'une vue admirable. Il y avait autrefois un château fort qui fut rasé en 1475 par ordre du duc de Bourgogne, et sur l'emplacement duquel on a bâti un château moderne.

GERMAIN (St-), vg. *Meuse* (Champagne), arr. de Commercy, et à 35 k. de St-Mihiel, cant. et ⊠ de Vaucouleurs. P. 497 h.

GERMAIN (St-), vg. *Nièvre* (Nivernais), arr., ⊠ et à 10 k. de Clamecy, cant. de Tannay. Pop. 550 h.

GERMAIN (St-), vg. *H.-Rhin* (Alsace), arr., ⊠ et à 11 k. de Belfort, cant. de Fontaine. Pop. 322 h.

GERMAIN (St-), vg. *H.-Saône* (Franche-Comté), arr., cant., ⊠ et à 6 k. de Lure. Pop. 1,205 h.

GERMAIN (St-), vg. *Tarn* (Languedoc), arr. et à 28 k. de Lavaur, caut. et ⊠ de Puy-Laurens. Pop. 1,085 h.

GERMAIN (St-), vg. *Vienne* (Poitou), arr. et à 16 k. de Montmorillon, cant. et ⊠ de St-Savin. Pop. 790 h.

GERMAIN-AU-MONT-D'OR (St-), vg. *Rhône* (Lyonnais), arr. et à 14 k. de Lyon, cant. de Neuville-sur-Saône, ⊠ de Chasselay. Pop. 690 h.

GERMAIN-BEAUPRÉ (St-), bg *Creuse* (Marche), arr. et à 29 k. de Guéret, cant. et ⊠ de la Souterraine. Pop. 723 h.

On remarque à St-Germain un beau château flanqué de tours, bâti au bord d'un étang, entre une belle forêt et d'immenses prairies : il est entouré de fossés, dont les murs très-épais sont aussi flanqués de plusieurs tours. Mlle de Montpensier fut exilée dans ce château, qui a été aussi habité par Henri IV : on montre encore l'appartement qu'occupa ce monarque, et dans lequel se trouve son portrait. D'autres portraits représentent les enfants de ce roi et les seigneurs qui l'accompagnaient. On voit dans différents appartements un beau portrait en pied de Louis XIV, peint à l'âge de soixante ans ; les portraits de Mmes de Montespan, de Mmes de Maintenon, de Mmes de Mailly, de la Tournelle, de Châteauroux ; enfin ceux d'un grand nombre de seigneurs et de dames de la maison de Foucand de St-Germain, éteinte aujourd'hui. Une belle orangerie, de vastes jardins, un étang considérable et une grande forêt font de cette propriété une des plus belles habitations de la province.

GERMAIN-CHASSENAY (St-), vg. *Nièvre* (Nivernais), arr. et à 35 k. de Nevers, cant. et ⊠ de Decise. Pop. 547 h.

GERMAIN-D'AMBÉRIEUX (St-), vg. *Ain*, comm. et ⊠ d'Ambérieux.

GERMAIN-D'ANXURE (St-), vg. *Mayenne* (Maine), arr., cant., ⊠ et à 14 k. de Mayenne. Pop. 586 h.

GERMAIN-D'ARCÉ (St-), vg. *Sarthe* (Anjou), arr. et à 34 k. de la Flèche, cant. du Lude, ⊠ de Waas. Pop. 738 h.

GERMAIN-D'AUNAY (St-), vg. *Orne* (Normandie), arr. et à 45 k. d'Argentan, cant. de Vimoutier, ⊠ du Sap. Pop. 472 h.

GERMAIN-DE-BELVÈS (St-), vg. *Dordogne* (Périgord), arr. et à 20 k. de Sarlat, caut. et ⊠ de Belvès. Pop. 530 h. — *Foires* les 23 mai et 31 juillet.

GERMAIN-DE-CALBERTE (St-), bg *Lozère* (Languedoc), arr. et à 30 k. de Florac, chef-l. de cant. Cure. ⊠. A 637 k. de Paris pour la taxe des lettres. Pop. 2,025 h. — TERRAIN cristallisé ou primitif.

Il est situé dans un territoire presque entièrement couvert de plantations de mûriers. — Filature de soie à la vapeur. Education des vers à soie, des abeilles et des mérinos. — *Foires* les 15 janv., 3 fév., lundi de Pâques, 3 et 13 mai, 14 sept., 3 et 19 nov.

GERMAIN-DE-CAMPET (St-), vg. *Gironde*, comm. de Faleyras, ⊠ de Cadillac.

GERMAIN-D'ÉCHAUFFOUR (St-), vg. *Orne*, comm. d'Échauffour, ⊠ de St-Gauburge.

GERMAIN-DE-CLAIREFEUILLE (St-), vg. *Orne* (Normandie), arr. et à 20 k. d'Argentan, cant. du Merlerault, ⊠ de Nonant. P. 424 h.

GERMAIN-DE-CONFOLENS (St-), bg *Charente* (Angoumois), arr., cant., ⊠ et à 4 k. de Confolens. Pop. 1,205 h. Sur la Vienne.

En descendant la Vienne, à 2 k. environ de Confolens, non loin au-dessous du bourg de St-Germain, on trouve une île d'un agréable aspect, mais d'une étendue peu considérable. A peu près au centre de cette île et au milieu d'un petit bosquet est une excavation peu profonde. On y descendait autrefois par quatre marches, mais les deux dernières sont aujourd'hui recouvertes par les parties terreuses et les dépouilles des arbres qui, en s'accumulant, ont insensiblement exhaussé le fond de la cavité. Les terres environnantes sont retenues, par de petits murs de soutenement construits en pierres mal taillées et sans mortier, comme la plupart des édifices gaulois. Ces murs, dégradés en plusieurs endroits, ne s'élèvent qu'à la hauteur du sol. L'espace ainsi environné, quoique d'une forme peu régulière, donne assez bien l'idée d'un temple découvert ; et il n'est pas douteux que ce ne soit un des premiers que les Gaulois aient construits, lorsque, dans leurs pratiques religieuses, ils commencèrent à se départir de leur simplicité primitive. La longueur de ce temple, d'occident en orient, est de 12 m., et sa largeur moyenne de 5 m. environ. La figure que présente cette espèce de sanctuaire est terminée par deux lignes latérales, à peu près parallèles, mais qui cependant convergent un peu vers l'orient, où elles sont réunies par une courbe à peu près circulaire. Elles aboutissent, du côté de l'occident, à une autre ligne droite, transversale, et un peu plus sur la droite que la muraille, qui est interrompue par les marches dont nous avons parlé. Vers l'extrémité arrondie s'élèvent quatre colonnes disposées en quadrilatère à peu près parallélogrammique, mais de telle sorte cependant que celles de devant, espacées d'un axe à l'autre de 2 m. 40 c., le sont un peu plus que celles de derrière, qui n'ont que 2 m. 15 c.

d'entre-axe. Ces colonnes, toutes semblables, se composent d'un fût d'une seule pièce ayant 30 c. de diamètre à la base et 1 m. 75 c. de hauteur, surmonté d'un chapiteau de deux pièces assez mal taillées, dont la seconde forme tailloir. Le chapiteau, dans son ensemble, présente une hauteur de 60 c. Chaque colonne repose sur une base de 35 c. de hauteur, à peu près semblable à la première pièce du chapiteau, et posant elle-même sur une pierre carrée qui forme piédestal. Les pierres des terres accumulées par le temps recouvrent presque entièrement aujourd'hui. Quoique toutes ces parties soient d'une très-grossière exécution, on remarque dans leur ensemble les premières étincelles du goût. Les colonnes sont agréablement renflées, et seraient même d'une assez belle proportion, si les chapiteaux étaient un peu plus délicats. Sur ces quatre colonnes repose une pierre brute irrégulière, d'une moyenne grosseur, et dont le poids, évalué d'après le volume, peut s'élever à 18,000 kilogr. Les bords de cette pierre ressortent un peu au delà des chapiteaux qui la supportent, à l'exception d'un angle arrondi, qui fait une forte saillie du côté de l'orient, c'est-à-dire au-dessus de la partie circulaire du temple, qu'il recouvre presque entièrement. C'est au-dessous de cette partie saillante qu'on avait construit un autel que le temps et les hommes ont renversé, mais dont les débris subsistent encore sous le monument. Le devant de cet autel faisait face à l'occident, en sorte que le prêtre, qui officiait à couvert, était tourné vers le soleil levant. La pierre qui formait le dessus de l'autel, et qui est parfaitement bien conservée, est un parallélogramme rectangle, de 1 m. 20 c. de longueur sur 78 c. de largeur et 30 c. d'épaisseur. Elle n'est percée nulle part. La face latérale de derrière est plane, mais les trois autres sont évidées en quart de rond, à l'arête inférieure. Il serait possible de reconstruire cet autel dans la forme qu'il avait autrefois, en en rajustant toutes les parties, qui ne sont pas désunies.

A l'entrée du sanctuaire et dans l'angle qui se trouve à la droite de l'escalier est une espèce de bénitier, creusé dans une pierre absolument semblable, pour la forme et pour la dimension, à celle qui compose la première partie de chaque chapiteau. Elle est posée sur un tronçon de colonne également semblable à celles du monument, et s'élève à peu près autant que les murs du temple, c'est-à-dire à la hauteur du sol environnant.

Les colonnes, la pierre qu'elles supportent, l'autel et le bénitier sont d'une espèce de roche granitique très-abondante dans la contrée et qu'on appelle grison.

Il n'a pas été possible de recueillir aucun indice sur l'époque où fut construit ce monument. Les habitants du pays, qui en ignorent l'origine et qui ne conçoivent pas comment des hommes auraient pu enlever une pierre d'un poids aussi considérable pour la poser sur quelques frêles appuis, lui supposent naturellement une existence miraculeuse ; car il est dans la nature de l'homme ignorant et simple, comme dans celle de l'enfant, d'expliquer par le mer-

veilleux tout ce qui passe les bornes de son intelligence.
— *Foires* le 8 de chaque mois.
GERMAIN-DE-COULAMER (St-), vg. *Mayenne* (Maine), arr. et à 35 k. de Mayenne, cant. et ✉ de Villaines-la-Juhel. P. 1,406 h.
GERMAIN-D'ECTOT (St-), vg. *Calvados* (Normandie), arr. et à 20 k. de Bayeux, cant. et ✉ de Caumont. Pop. 470 h.
GERMAIN-DE-FRESNAY (St-), vg. *Eure* (Normandie), arr. et à 14 k. d'Evreux, cant. et ✉ de St-André. Pop. 260 h.
GERMAIN-DE-GRAVE (St-), vg. *Gironde* (Guienne), arr. et à 16 k. de la Réole, cant. et ✉ de St-Macaire. Pop. 306 h.
GERMAIN-DE-JOUX (St-), joli village, *Ain* (Bugey), arr., ✉ et à 16 k. de Nantua, cant. de Châtillon-de-Michaille. ☞ au hameau de la Voûte. Pop. 1,168 h. — Il est situé dans une gorge étroite et formé de maisons bien bâties. — Scieries hydrauliques de planches. — *Foires* les 20 mars, 1er août et 31 oct.
GERMAIN-DE-LA-CAMPAGNE (St-), vg. *Manche*, comm. de Gorges, ✉ de Périers.
GERMAIN-DE-LA-COUDRE (St-), vg. *Orne* (Perche), arr. et à 30 k. de Mortagne-sur-Huine, cant. du Theil, ✉ de Bellême. Pop. 2,220 h.
GERMAIN-DE-LA-COUDRE (St-), vg. *Sarthe* (Maine), arr. et à 25 k. de Mamers, cant. de Beaumont-sur-Sarthe, ✉ de Fresnay-sur-Sarthe. Pop. 960 h.
GERMAIN-DE-LA-GRAAGE (St-), vg. *Seine-et-Oise* (Beauce), arr. et à 31 k. de Rambouillet, cant. de Montfort-l'Amaury, ✉ de Neauphle-le-Château. Pop. 159 h.
GERMAIN-DE-LA-LIEUE (St-), vg. *Calvados*, comm. de St-Martin-des-Entrées, ✉ de Bayeux.
GERMAIN-DE-LA-MER (St-), vg. *Côtes-du-Nord*, comm. et ✉ de Matignon.
GERMAIN-DE-LA-RIVIÈRE (St-), vg. *Gironde* (Guienne), arr. et à 9 k. de Libourne, cant. de Fronsac, ✉ de St-André-de-Cubzac. Pop. 462 h.
GERMAIN DE L'ÉPINAY (St-), vg. *Eure-et-Loir*, comm. de St-Maurice-St-Germain, ✉ de la Loupe.
GERMAIN-DE-LÉZEAU (St-), vg. *Eure-et-Loir*, comm. de Maillebois, ✉ de Châteauneuf-en-Thymerais.
GERMAIN-DE-L'HOMEL (St-), vg. *Mayenne* (Anjou), arr., cant., ✉ et à 8 k. de Château-Gontier. Pop. 167 h.
GERMAIN-DE-LIVET (St-), vg. *Calvados* (Normandie), arr., cant., ✉ à 6 k. de Lisieux. Pop. 789 h.
GERMAIN-D'ELLE (St-), vg. *Manche* (Normandie), arr. et à 15 k. de St-Lô, cant. de St-Clair, ✉ de Torigny. Pop. 797 h.
GERMAIN-DE-LONGUE-CHAUME (St-), vg. *Deux-Sèvres* (Poitou), arr., cant., ✉ et à 13 k. de Parthenay. Pop. 389 h.
GERMAIN-DE-LUSIGNAN (St-), vg. *Charente-Inf.* (Saintonge), arr., cant., ✉ et à 2 k. de Jonzac. Pop. 782 h.

GERMAIN-DE-MARENCENNES (St-), vg. *Charente-Inf.* (Aunis), arr. et à 24 k. de Rochefort-sur-Mer, cant. et ✉ de Surgères. Pop. 609 h.
GERMAIN-DE-MARTIGNI (St-), vg. *Orne* (Perche), arr., ✉ et à 11 k. de Mortagne-sur-Huine, cant. de Bazoches-sur-Hoëne. Pop. 306 h.
GERMAIN-DE-MODÉON (St-), vg. *Côte-d'Or* (Bourgogne), arr. et à 27 k. de Semur, cant. de Saulieu, ✉ de Rouvray. Pop. 604 h.
GERMAIN-DE-MONTBRON (St-), vg. *Charente* (Angoumois), arr. et à 20 k. d'Angoulême, cant. et ✉ de Montbron. P. 678 h.
GERMAIN-DE-MONTGOMMERY (St-), vg. *Calvados* (Normandie), arr. et à 25 k. de Lisieux, cant. de Livarot, ✉ de Vimoutier. Pop. 398 h.
GERMAIN-D'ENTREVAUX (St-), vg. *Allier*, comm. de Châtel-de-Neuvre, ✉ de St-Pourçain.
GERMAIN-DE-PASQUIER (St-), vg. *Eure* (Normandie), arr. et à 17 k. de Louviers, cant. d'Amfreville-la-Campagne, ✉ d'Elbeuf. Pop. 125 h.
GERMAIN-DE-PONTROUMIEU (St-), vg. *Dordogne* (Périgord), arr., cant. et à 11 k. de Bergerac, ✉ de Mouleydier. Pop. 514 h.
GERMAIN-DE-RENOM (St-), vg. *Ain* (Dombes), arr. et à 28 k. de Trévoux, cant. de Chalamont, ✉ de Châtillon-les-Dombes. Pop. 305 h.
GERMAIN-DE-SALLES (St-), vg. *Allier* (Bourbonnais), arr., ✉ et à 5 k. de Gannat, cant. de Chantelle. Pop. 926 h.
GERMAIN-DES-ANGLES (St-), *Sanctus Germanus de Angulis*, vg. *Eure* (Normandie), arr., cant., ✉ et à 9 k. d'Evreux. Pop. 186 h.
GERMAIN-DES-BOIS (St-), vg. *Cher* (Berry), arr. et à 24 k. de St-Amand-Montrond, cant. et ✉ de Dun-le-Roi. P. 1,285 h.
GERMAIN-DES-BOIS (St-), vg. *Saône-et-Loire* (Bourgogne), arr. et à 11 k. de Charolles, cant. et ✉ de la Clayette. Pop. 395 h.
GERMAIN-DES-CHAMPS (St-), vg. *Yonne* (Bourgogne), arr. et à 10 k. d'Avallon, cant. de Quarré-les-Tombes, ✉ de Châtelux. Pop. 1,240 h.
GERMAIN-DES-ESSOURS (St-), vg. *Seine-Inf.* (Normandie), arr. et à 19 k. de Rouen, cant. et ✉ de Buchy. Pop. 332 h.
GERMAIN-DES-FOSSÉS (St-), vg. *Allier* (Bourbonnais), arr. de la Palisse, à 12 k. de Cusset, cant. de Varennes-sur-Allier, ✉ de St-Gérand-le-Puy. Pop. 1,057 h. — *Foires* les 17 mai et 9 sept.
GERMAIN-DES-GROIS (St-), vg. *Orne* (Perche), arr. et à 32 k. de Mortagne-sur-Huine, cant. et ✉ de Rémalard. Pop. 690 h.
GERMAIN-DES-PRÉS (St-), vg. *Dordogne* (Périgord), arr. et à 34 k. de Périgueux, cant. et ✉ d'Excideuil. Pop. 1,127 h.
GERMAIN-DES-PRÉS (St-), vg. *Maine-et-Loire* (Anjou), arr. et à 25 k. d'Angers,

cant. et ✉ de St-Georges-sur-Loire. Pop. 1,487 h.
GERMAIN-DES-RIVES (St-), vg. *Saône-et-Loire* (Bourgogne), arr. et à 21 k. de Charolles, cant. de Digoin, ✉ de Paray-le-Monial. Pop. 307 h.
GERMAIN-D'ESTEUIL (St-), vg. *Gironde* (Guienne), arr., cant., ✉ et à 6 k. de Lesparre. Pop. 1,340 h.
GERMAIN-DES-VAUX (St-), vg. *Manche* (Normandie), arr. et à 26 k. de Cherbourg, cant. et ✉ de Beaumont. Pop. 1,000 h.
GERMAIN-D'ÉTABLES (St-), ou le MESNIL-ST-GERMAIN, vg. *Seine-Inf.* (Normandie), arr. et à 13 k. de Dieppe, cant. et ✉ de Longueville. Pop. 250 h.
GERMAIN-DE-TALLEVENDE (St-), *Calvados*. V. TALLEVENDE-LE-GRAND.
GERMAIN-DE-TOURNEBUT (St-), vg. *Manche* (Normandie), arr., ✉ et à 6 k. de Valognes, cant. de Montebourg. Pop. 883 h.
GERMAIN-DE-VARREVILLE (St-), vg. *Manche* (Normandie), arr. et à 20 k. de Valognes, cant. de Ste-Mère-Eglise. P. 331 h. — *Foire* le 31 juillet.
GERMAIN-DE-VIBRAC (St-), vg. *Charente-Inf.* (Saintonge), arr., ✉ et à 10 k. de Jonzac, cant. d'Archiac. Pop. 471 h.
GERMAIN-DU-BOIS (St-), vg. *Saône-et-Loire* (Bourgogne), arr. et à 18 k. de Chalon-sur-Saône, cant. et ✉ de Buxy. Pop. 402 h. — *Foires* les 1ers samedis de janv. et d'avril.
GERMAIN-DU-BOIS (St-), vg. *Saône-et-Loire* (Bourgogne), arr. et à 11 k. de Louhans, chef-l. de cant. Cure. ✉. A 392 k. de Paris pour la taxe des lettres. Pop. 2,504 h. — TERRAIN tertiaire supérieur. — *Foires* le 18 sept. et le lendemain de la Trinité.
GERMAIN-DU-CORBIS (St-), vg. *Orne* (Normandie), arr., cant., ✉ et à 3 k. d'Alençon. Pop. 485 h. — On y trouve une source d'eau minérale.
GERMAIN-DU-CRIOULT (St-), vg. *Calvados* (Normandie), arr. et à 19 k. de Vire, cant. et ✉ de Condé-sur-Noireau. P. 1,471 h. — *Foires* les 15 janv. et 25 avril.
GERMAIN-DU-PERT (St-), vg. *Calvados* (Normandie), arr. et à 32 k. de Bayeux, cant. et ✉ d'Isigny. Pop. 286 h.
GERMAIN-DU-PINEL (St-), vg. *Ille-et-Vilaine* (Bretagne), arr., ✉ et à 15 k. de Vitré, cant. d'Argentré. Pop. 915 h.
GERMAIN-DU-PLAIN (St-), vg. *Saône-et-Loire* (Bourgogne), arr., bureau d'enregist. et à 13 k. de Chalon-sur-Saône, chef-l. de cant. Cure. Pop. 1,400 h. — TERRAIN tertiaire supérieur. — *Foires* le 2e jeudi de juin et juin qui suit le 11 nov.
GERMAIN-DU-PUCH (St-), vg. *Gironde* (Guienne), arr., ✉ et à 1 k. de Libourne, cant. de Branne. Pop. 921 h.
GERMAIN-DU-PUY (St-), vg. *Cher* (Berry), arr., ✉ et à 7 k. de Bourges, cant. des Aix-d'Angillon. Pop. 496 h.
GERMAIN-DU-SALEMBRE (St-), vg. *Dordogne* (Périgord), arr. et à 18 k. de Ribérac, cant. et ✉ de Neuvic. Pop. 892 h.

GERMAIN-DU-TEIL (St-), vg. *Lozère* (Languedoc), arr. et à 16 k. de Marvejols, chef-l. de cant., ✉ et bureau d'enregist. de la Canourgue. Pop. 1,517 h. — TERRAIN cristallisé, micaschiste. — Foires les 1ᵉʳ juillet et 22 oct.

GERMAIN-DU-VAL (St-), vg. *Sarthe* (Anjou), arr., cant., ✉ et à 2 k. de la Flèche. Pop. 941 h.

GERMAIN-DU-XEUDRE (St-), bg *Charente-Inf.* (Saintonge), arr. et à 24 k. de Jonzac, cant. et ✉ de St-Genis. Pop. 844 h.

GERMAINE, vg. *Aisne* (Picardie), arr. et à 14 k. de St-Quentin, cant. de Vermand, ✉ de Ham. Pop. 200 h.

GERMAINE, vg. *Marne* (Champagne), arr. et à 18 k. de Reims, cant. et ✉ d'Aï. Pop. 342 h.

Ce village est assez bien bâti, au milieu des forêts, près d'une voie antique que l'on suit presque sans interruption de Tours-sur-Marne, par Montflambert et Laneuville, jusqu'à Germaine. On y trouve une source d'eau ferrugineuse, et une fontaine abondante qui alimente un lavoir public et un abreuvoir. — L'ancien château, dont il ne reste plus que les fossés et un caveau dit cachot fermé de murs de près de 2 m. d'épaisseur, présentait encore, il y a une quarantaine d'années, deux tourelles, que les habitants ont démolies pour en utiliser les matériaux.

VARÉMONT est un hameau dépendant de cette commune, ainsi que les fermes de Bœuf, près desquelles est une cendrière abondante renfermant une fontaine bien murée, dont l'eau ferrugineuse est recherchée comme curative dans plusieurs maladies.

GERMAINE, vg. *H.-Marne* (Champagne), arr. et à 33 k. de Langres, cant. et ✉ d'Auberive. Pop. 176 h.

GERMAIN-EN-COGLES (St-), vg. *Ille-et-Vilaine* (Bretagne), arr., ✉ et à 9 k. de Fougères, cant. de St-Brice-en-Cogles. Pop. 2,601 h.

GERMAIN-EN-LAYE (St-), *Ledia Germani, Germanopolis Ledia*, jolie ville, *Seine-et-Oise* (Ile-de-France), arr. et à 10 k. de Versailles, chef-l. de cant. Cure. Gîte d'étape. ✉. ⚜. A. 23 k. de Paris pour la taxe des lettres. Station du chemin de fer de Paris à St-Germain. Chemin de fer atmosphérique. Pop. 13,618 h. — TERRAIN tertiaire inférieur.

Autrefois château royal, diocèse, parlement, intendance et élection de Paris, prévôté royale, châtellenie, capitainerie des chasses, 3 couvents.

Les rois de France avaient à St-Germain, au XIᵉ siècle, un château ou maison royale.

Vers 1010, le roi Robert fit bâtir, sur le sommet d'une colline environnée de la forêt de Lida, une église et un monastère qu'il dédia à saint Vincent et à saint Germain. Un diplôme de Louis le Gros, daté de 1124, fait mention de l'abbaye et du château royal de St-Germain. Mais depuis Louis le Gros jusqu'au XVᵉ siècle, il n'est pour ainsi dire plus question de ce monastère.

Sous Philippe VI, la ville de St-Germain était déjà un bourg important : les Anglais la prirent l'an 1346, et y firent un grand butin ; après quoi ils y mirent le feu et la réduisirent en cendres aussi bien que le château. Près de cent ans après, en 1419, et pendant les troubles qui rendirent si malheureux le règne de Charles VI, les Anglais s'emparèrent une seconde fois de la ville de St-Germain, et y exercèrent les mêmes dévastations.

Lorsqu'en 1247 l'empereur de Constantinople, Baudouin, vint en France, le roi lui assigna pour résidence le château de St-Germain, et c'est là que saint Louis reçut de ce monarque plusieurs reliques, qui furent depuis placées dans la Sainte-Chapelle de Paris. Le château resta fort endommagé jusque vers 1367, époque où Charles V, reconnaissant combien il était nécessaire à la défense de Paris, en entreprit la réédification.

Henri V, roi d'Angleterre, ayant fait une descente en Normandie, et pris, en 1419, le fort de Meulan et celui de Poissy, s'empara également de St-Germain. Lorsque l'épée de Charles VII eut déchiré l'infâme traité dicté à Troyes par une reine impudique à un roi atteint de frénésie, traité qui plaçait la couronne de France sur le front d'un étranger, les Anglais, poussés de poste en poste, furent chassés en 1435 des environs de Paris, et le château de St-Germain, ainsi que les places environnantes, rentrèrent sous la puissance du roi de France. Trois ans après, il retomba entre les mains des Anglais par la trahison d'un religieux. La même année, Charles VII racheta le château à prix d'argent, et y mit une garnison française.

En 1562, il se tint à St-Germain une assemblée des princes du sang, des principaux magistrats et des grands officiers de la couronne, où l'on décida que les protestants pourraient s'assembler hors des villes pour y pratiquer les exercices de leur religion.

François Iᵉʳ, qui avait la passion de la chasse, aimait fort le séjour de St-Germain ; il fit réparer le château et y fixa sa résidence.

Henri II succéda à François Iᵉʳ, qui mourut à Rambouillet le 31 mars 1547. L'année même de la mort de son père, Henri II donna à ses courtisans, en face du château du côté de l'orient, le spectacle de l'avant-dernier combat en champ clos qui ait été autorisé en France.

Henri IV fit bâtir pour Gabrielle d'Estrées à 400 m. de l'ancien château, une nouvelle et belle habitation qu'on appela le *Château-Neuf*, élevé sur les dessins de l'architecte Marchand. — Louis XIII y fut élevé, et sous son règne la cour y demeura toujours. — Louis XIV, qui ne se plut jamais à Paris, vint y fixer sa résidence. Ce prince, dont le goût pour la magnificence et le faste royal guida toutes les actions, fit faire de grands embellissements au château et des changements considérables au parc. C'est lui qui acheva cette magnifique terrasse, commencée par Henri IV, et qui sûrement n'a point sa pareille en Europe. Cependant, malgré tous les charmes de sa position, l'antique manoir de St-Germain, restauré par Louis XIV, ne lui plaisait plus ; Versailles venait d'être terminé, et le monarque abandonna pour jamais St-Germain. On prétend que la crainte d'avoir toujours devant les yeux les clochers de St-Denis, sépulture des rois de France, détermina Louis XIV à choisir Versailles pour sa demeure.

Le château de St-Germain fut occupé par Jacques II, roi d'Angleterre. Ce monarque y tenait une espèce de cour, composée presque tout entière de ces mêmes prêtres et de ces mêmes moines dont les perfides conseils lui avaient mérité, en Angleterre, l'animadversion de ses sujets.

Après la mort de Jacques II et de la reine son épouse, le château de St-Germain fut abandonné à la garde d'un gouverneur et de quelques officiers. Pendant la révolution, les pièces principales servirent de lieu de réunion pour les assemblées publiques, d'autres servirent de prison, et plus tard les appartements furent loués à des particuliers pour le compte du gouvernement. Cette dernière mesure, quoique peu productive, eut au moins le résultat de prévenir les dégradations qui seraient survenues par suite d'un abandon total. En mars 1809, l'empereur Napoléon y fonda une école spéciale militaire, destinée à former des officiers de cavalerie. A cette occasion il fut fait de grands changements dans les distributions intérieures, notamment au premier étage, dont toutes les grandes pièces devinrent des salles d'étude. Le 26 juillet 1814, le roi ordonna la dissolution de cette école, et le château servit, en 1815, de quartier à un corps anglais de dix mille hommes, qui trouvèrent moyen de s'y caserner. Depuis il reçut une des compagnies des gardes du corps du roi. Après la révolution de juillet, le château de St-Germain fut en vente, sur la mise à prix d'un million et ne trouva par d'acquéreur. Il est aujourd'hui affecté à un pénitentiaire militaire.

Les armes de St-Germain sont : *d'azur à un berceau semé de fleurs de lis d'or, accompagné au second point en chef d'une fleur de lis d'or, et en pointe de la date* 3 *septembre* 1638 *de même*.

LA VILLE DE ST-GERMAIN est dans une très-belle situation. Le centre couronne une éminence élevée de 63 m. au-dessus de la Seine, ou de 86 m. au-dessus du niveau de l'Océan ; ses extrémités s'étendent dans diverses directions, et se confondent avec les habitations des communes voisines. Cette ville est bien bâtie, les rues en sont larges, bien pavées, mais percées irrégulièrement. On y compte trois places publiques : celle du Château, qui est vaste et assez régulière, la place Royale et celle de Pontoise. — Pendant la révolution elle a porté le nom de MONTAGNE-DU-BON-AIR.

Sur un coteau exposé à l'est, connu sous le nom de Terrasses, sort une source d'eau minérale ferrugineuse, analysée en 1788 par Chapon, qui a reconnu par pinte :

Sulfate de magnésie. . . . 4 grains 2/3
Muriate de magnésie. . . . — 1/3
Sulfate de chaux. . . . . . 2 — —
Carbonate de magnésie. . . — 2/3
Carbonate de fer. . . . . . — 2/3

Le château de St-Germain présente un pentagone irrégulier, flanqué à ses angles de cinq gros pavillons élevés sur les dessins de J.-H. Mansard; un large fossé l'entoure et ajoute beaucoup à la hauteur déjà considérable de l'édifice. Le sommet, couronné d'une balustrade, est voûté; sa couverture en dalles a été remplacée par une autre couverture en plomb. Les cheminées, en forme de grands pilastres, disposées assez régulièrement, sont enrichies de sculptures. Dans plusieurs parties du pourtour extérieur, un grand balcon de communication réunit les appartements. Du côté de la cour, les cinq façades, qui sont divisées par de grands pieds-droits, présentent trois étages en portiques, dont le caractère sévère, romantique et pittoresque, produit un effet piquant. Ce château domine au loin toute la contrée; sa situation est une des plus belles des environs de Paris. — Le Château-Neuf, bâti sur le faîte de la montagne, près de la Seine, fut commencé sous Henri IV et Marie de Médicis. Il fut embelli par Louis XIII, qui y fut élevé, et Louis XIV, qui y naquit le 5 septembre 1638, en fit sa principale demeure jusqu'à la construction de Versailles. De tout cet édifice il ne reste plus aujourd'hui qu'un pavillon récemment restauré, qui servait autrefois de chapelle, et près duquel est né Louis XIV.

La Forêt de St-Germain est une des plus belles et des mieux percées du royaume, et l'une des plus vastes des environs de Paris. Elle est ceinte de murs et contient plus de 4,250 hect., traversés en tous sens par 1,520 k. de routes. Afin de guider le voyageur qui pourrait s'égarer dans cette forêt, on a fait planter, de distance en distance dans les carrefours, des poteaux avec des affiches portant indication des routes et des lieux auxquels ils correspondent. Plusieurs croix se trouvent aussi élevées dans cette forêt, en mémoire de certains événements mémorables qui y sont arrivés, ou pour d'autres causes aujourd'hui inconnues. Le château de la Muette, qui est situé au centre, sert de rendez-vous de chasse; celui du Val a son entrée au bout de la terrasse.

Les Loges. On nomme ainsi une jolie habitation enclavée dans la forêt de St-Germain, à l'extrémité de la grande route qui fait face à la grille du château. Des ermites avaient choisi ce lieu pour leur demeure en 1644. En 1685, Louis XIII y établit des religieux augustins. Le pavillon que l'on y voit fut construit par ordre d'Anne d'Autriche, qui s'y rendait toutes les fois qu'elle allait à St-Germain; c'est là que fut exilée Mme Dubarry, pendant la dernière maladie de Louis XV.

En 1811, le gouvernement acheta les bâtiments et dépendances de l'ancien couvent des Loges, pour en faire un établissement dans lequel de jeunes orphelines, filles de légionnaires, seraient élevées gratuitement. Cet établissement fut supprimé en 1814. Une ordonnance du mois de mai 1816 le rétablit et en fit une succursale de la maison de St-Denis, où sont reçues deux cent vingt élèves de l'âge de sept à douze ans. La superficie du terrain qu'occupe l'établissement est de 11 hectares, dont 8 en bois, deux en jardins, et un occupé par les cours et les bâtiments.

La foire des Loges, qui se tient tous les ans, le 1er dimanche qui suit le 30 août, sur la pelouse qui fait face au couvent, est l'une des plus belles et des plus fréquentées des environs de Paris. Cette foire champêtre dure trois jours. De tous les villages environnants, de Paris et des alentours, on y arrive pour jouir des divertissements qui y sont rassemblés et des beautés qu'offrent les différents sites de la forêt. Il est en effet difficile de trouver un lieu plus favorable pour une grande réunion; au centre de la pelouse s'élève un arbre gigantesque, autour duquel rayonnent de beaux chemins ombragés, qui sillonnent le bois en tous sens; la route, qui de St-Germain conduit aux Loges offre une belle avenue de 3 k. de long, pavée au milieu sur toute sa longueur et bordée de chaque côté de belles allées qui longent la forêt, et où sont placés des bancs de distance en distance. Cinq à six cents charrettes, tapissières, cabriolets de place, fiacres et voitures de maître, circulent continuellement de St-Germain au lieu du rassemblement, où se trouvent quelquefois réunies douze à quinze mille personnes. Sous des tapis de mousse et de gazon, sous des ormes et des chênes antiques, s'élèvent une multitude de tentes, de bals brillants, de jeux de bagues, de boutiques, de cafés, de spectacles, et autres curiosités, qui offrent un coup d'œil extrêmement pittoresque. — Sur la lisière de la forêt, une cinquantaine de restaurateurs établissent des cuisines en plein air; l'âtre, creusé en terre, a pour cheminée un mur en pierre d'un mètre ou d'un mètre et demi de haut; sur l'un des côtés, un poteau supporte un tournebroche, dont le contre-poids est suspendu à une poulie attachée à l'arbre le plus voisin. Une dizaine de poulets, cinq ou six lapins, deux ou trois gigots et autres pièces de résistance, rôtissent constamment devant un feu ardent, depuis midi jusqu'à deux ou trois heures du matin, et à peine sont-ils cuits à point, qu'ils sont enlevés et portés sous les tentes voisines, pour satisfaire l'appétit des nombreux convives qui s'y trouvent réunis; il est difficile de voir quelque chose de plus curieux que ces cuisines improvisées, que ces cantiniers haletants, que ces groupes de mangeurs de tout rang, de tout âge et de tout sexe, réunis sur un même point et se livrant à la gaieté.

La fête de la St-Louis, qui précède celle des Loges, dure aussi trois jours; elle se tient dans la forêt, sur la route de Poissy, c'est un diminutif de la fête principale, et elle offre en miniature le même spectacle.

A 6 k. de St-Germain, on remarque le château du Désert, situé à l'extrémité d'un beau vallon, et dont le jardin, dans le genre pittoresque, est un des plus agréables des environs de Paris. Il renferme, dans une enceinte de 40 hectares, une tour tronquée à laquelle on a donné la forme d'un débris de colonne gigantesque et cannelée. Le premier étage prend jour par des portes-croisées; au second, les baies sont carrées; au troisième, elles sont ovales; enfin le quatrième étage ne reçoit la lumière que par des lézards qui paraissent naturelles.

Biographie. St-Germain-en-Laye est la patrie de Henri II.

De Madelaine de France, reine d'Ecosse, sœur du roi Henri II et fille de François Ier; elle épousa Jacques V, roi d'Écosse. Ronsard et les poètes du temps chantèrent à l'envi cette princesse, qui mourut l'année même de son arrivée en Écosse.

De Marguerite de Valois, duchesse de Berry, autre fille de François Ier, dont le nom a été célèbre dans toute l'Europe, en récompense de ses largesses et de la protection qu'elle accorda aux lettres de tous les pays. Digne sœur d'un grand roi, elle l'égala dans tout ce qu'il fit de sublime.

De Charles IX.
De Louis XIV.
De Boucher de la Richarderie, littérateur.
Du lieutenant général Letort.
Du lieutenant général Willot.
De F.-Jos. Noel, littérateur, auteur d'un grand nombre de compositions classiques.

Industrie et commerce. Fabriques de bonneterie, en coton et de tissus de crin. Tanneries importantes. — Marché aux porcs, le plus important des environs de Paris, tous les lundis; il s'y vend annuellement de 90 à 100 mille porcs.

Bibliographie. Goujon. *Histoire de la ville et des antiquités de St-Germain-en-Laye*, in-16, 1815.
— *Histoire de la ville et du château de St-Germain-en-Laye, suivie de Recherches sur dix autres communes du canton*, in-8, 1829.
Beaurepaire (J.-C. de). *St-Germain-en-Laye et ses environs, depuis l'an 1020 jusqu'à nos jours*, in-18, 1829.
Villemain (H.). * *La Forêt de St-Germain*, poëme, in-12, 1813.
* *Le Guide du promeneur à St-Germain, etc.*, in-8, 1838.
* *Promenade historique et pittoresque à St-Germain-en-Laye, précédée d'un Itinéraire descriptif*, in-12, 1833.
* *Guide de Paris à St-Germain et aux environs par le chemin de fer*, brochure in-8, carte et gravures, 1837.
Vallet (Aug.). *St-Germain par le chemin de fer, Promenade historique, philosophique et littéraire*, in-18, 1837.
Chappon. *Mémoire sur l'analyse et les propriétés de l'eau minérale de St-Germain-en-Laye*, in-8, 1787.

GERMAIN - EN - MONTAGNE (St-), vg. Jura (Franche-Comté), arr. et à 20 k. de Poligny, et à 25 k. d'Arbois, cant. et ✉ de Champagnole. Pop. 423 h.

GERMAIN-EN-VIRY (St-), Nièvre. V. St-Germain-Chassenay.

GERMAIN-LA-BLANCHE-HERBE (St-), vg. Calvados (Normandie), arr., cant., ✉ et à 6 k. de Caen. Pop. 305 h.

GERMAIN-LA-CAMPAGNE, *Campania*,

vg. *Eure* (Normandie), arr. et à 16 k. de Bernay, cant. de Thiberville, ✉ d'Orbec. Pop. 1,318 h.—*Fabriques* de rubans, de fil et de coton.

GERMAIN-LA-FEUILLE (St-), vg. *Côte-d'Or* (Bourgogne), arr. et à 31 k. de Semur, cant. et ✉ de Flavigny. Pop. 140 h.

GERMAIN-LA-GATINE (St-), vg. *Eure-et-Loir* (Beauce), arr., cant., ✉ et à 10 k. de Chartres. Pop. 119 h.

GERMAIN-LAIGUILLER (St-), vg. *Vendée* (Poitou), arr. et à 26 k. de Fontenay-le-Comte, cant. et ✉ de la Châtaigneraie. Pop. 309 h.

GERMAIN - LA - MONTAGNE (St-), vg. *Loire* (Forez), arr. et à 40 k. de Roanne, cant. de Belmont, ✉ de Chauffailles. Pop. 1,251 h.

GERMAIN-LANGOT (St-), vg. *Calvados* (Normandie), arr., cant., ✉ et à 10 k. de Falaise. Pop. 609 h.

GERMAIN-LA-POTERIE (St-), vg. *Oise* (Picardie), arr., ✉ et à 8 k. de Beauvais, cant. d'Auneuil. Pop. 446 h.—Nombreuses tuileries et briqueteries, qui occupent 55 fours et près de 80 ouvriers.

GERMAIN-LA-PRADE (St-), vg. *H.-Loire* (Languedoc), arr., cant., ✉ et à 8 k. du Puy. Pop. 2,520 h.—Il était autrefois défendu par un château fort dont Héracle, vicomte de Polignac, réuni à une bande d'aventuriers, s'empara en 1179. On remarque aux environs plusieurs cavernes druidiques, et plusieurs sites fort pittoresques, notamment celui de Douhe.

GERMAIN-LAVAL (St-), petite ville, *Loire* (Forez), arr. et à 35 k. de Roanne, chef-l. de cant. Cure. Gîte d'étape. ✉. A 415 k. de Paris pour la taxe des lettres. Pop. 1,804 h.—Terrain : roches plutoniques, porphyres rouges.

St-Germain-Laval parait une ville ancienne; mais on ignore la date précise de sa fondation : on sait seulement que dans le XIe siècle les habitants la firent clore de murs à leurs frais. Il paraît constant que le baron des Adrets l'assiégea dans le XVIe siècle; elle est située sur un coteau au pied duquel coule la rivière d'Aix. On y remarque les restes d'un vieux château, qui sert aujourd'hui de maison de dépôt.—*Fabriques* de toiles. Exploitation de carrières de marbre. Filatures de coton. Tanneries.—*Foires* les 20 janv., 23 avril, 1er août et 12 nov.

Patrie de Papire Masson, auteur d'une histoire des Gaules.

GERMAIN-LAVAL (St-), vg. *Seine-et-Marne*, arr. et à 26 k. de Fontainebleau, cant. de Montereau. ✉. A 415 k. de Paris pour la taxe des lettres. Pop. 368 h.

GERMAIN-LA-VILLE (St-), *Marne* (Champagne), arr., ✉ et à 11 k. de Châlons-sur-Marne, cant. de Marson. Pop. 594 h.

GERMAIN-LA-VOPS (St-), vg. *Corrèze* (Limousin), arr., ✉ et à 15 k. d'Ussel, cant. de Sornac. Pop. 358 h.

GERMAIN-LAXIS (St-), vg. *Seine-et-Marne* (Brie), arr., cant., ✉ et à 6 k. de Melun. Pop. 186 h.

GERMAIN - LE - FOUILLOUX (St-), vg.

Mayenne (Maine), arr., cant., ✉ et à 10 k. de Laval. Pop. 1,156 h.

GERMAIN - LE - GAILLARD (St-), vg. *Eure-et-Loir* (Beauce), arr. et à 18 k. de Chartres, cant. et ✉ de Courville. Pop. 331 h.

GERMAIN - LE - GAILLARD (St-), vg. *Manche* (Normandie), arr. et à 22 k. de Cherbourg, cant. et ✉ des Pieux. Pop. 1,003 h.—*Foire* le 25 mai.

GERMAIN - LE - GUILLAUME (St-), bg *Mayenne* (Maine), arr., ✉ et à 20 k. de Laval, cant. de Chailland. Pop. 1,241 h.

GERMAIN-LE-LIÈVRE (St-), vg. *Corrèze* (Limousin), arr. et à 13 k. d'Ussel, cant. et ✉ de Meymac. Pop. 353 h.

GERMAIN-LEMBRON (St-), *S. Germani in Lembruno*, petite ville, *Puy-de-Dôme* (Auvergne), arr. et à 11 k. d'Issoire, chef-l. de cant. Cure. ✉. A 430 k. de Paris pour la taxe des lettres. Pop. 2,135 h.—Terrain cristallisé ou primitif.—On trouve aux environs plusieurs sources d'eau minérale.

Les armes de St - Germain - Lembron sont : *parti, le premier d'azur semé de fleurs de lis d'or, le deuxième d'or à quatre pals de gueules*.

A 4 k. S. de St-Germain-Lembron, on remarque un monticule conique, surmonté de constructions fort singulières. Le flanc nord-ouest de la colline est tapissé de verdure, les autres côtés sont hérissés de prismes basaltiques pentagones fort réguliers ; la plupart, arrachés de leurs siéges primitifs, ont servi à des constructions qui occupent le pourtour du sommet du pic. Ce sont comme autant de chambres à peu près carrées, au nombre d'une centaine, de 4 à 6 m. de côté, sur 1 à 2 m. au-dessus du sol, n'ayant entre elles aucune communication. Le sommet du monticule est couronné par une tour carrée, bâtie d'un double rang de prismes basaltiques, et dont les angles seuls sont en grès. Quoique la partie supérieure de cette tour ait été détruite, elle a encore 10 m. d'élévation ; il n'y a qu'une seule entrée fort étroite, et les traces de deux fenêtres, très-petites, placées à une grande hauteur. Cette colline est appelée dans les vieux titres *Mons Cæsaris*; on ignore l'objet de ces constructions, qui appartiennent plus probablement au moyen âge qu'à l'époque romaine.—*Fabriques* de noir animal.—*Foires* les 1er juin, jeudi saint, 7 oct. et 26 déc.

GERMAIN-LE-PRINÇAY (St-), vg. *Vendée* (Poitou), arr. et à 31 k. de Bourbon-Vendée, cant. et ✉ de Chantonnay. Pop. 1,123 h.

GERMAIN-LE-ROCHEUX (St-), vg. *Côte-d'Or* (Bourgogne), arr. et à 21 k. de Châtillon-sur-Seine, cant. et ✉ d'Aignay-le-Duc. Pop. 318 h.

GERMAIN-LES-ALLUYES (St-), vg. *Eure-et-Loir*, comm. d'Alluyes, ✉ de Bonneval.—Il est situé près du Loir, près duquel est un dolmen incliné vers le nord ; la pierre qui le forme est carrée, large de 2 à 3 m. à sa base. Non loin de là, sur le bord du chemin qui conduit au Houssay, se voit un dolmen circulaire et horizontal, dont il ne reste en place

qu'une pierre formant la moitié de la table, longue de 3 m. 50 c., large de 2 m., sur environ 66 c. d'épaisseur. Dans les environs, sur les bords de la rivière, sont plusieurs peulvans ou pierres fichées.

GERMAIN-LES-ARPAJON (St-), vg. *Seine-et-Oise* (Ile-de-France), arr. et à 25 k. de Corbeil, cant. et ✉ d'Arpajon. Pop. 516 h.

GERMAIN-LES-BELLES (St-), vg. *H.-Vienne* (Limousin), arr. et à 29 k. de St-Yrieix, chef-l. de cant. Cure. Gîte d'étape. ✉. A 410 k. de Paris pour la taxe des lettres. Pop. 2,401 h.—Terrain cristallisé ou primitif.—*Foires* le 2e jeudi des mois de fév., mars, mai, juin, juillet, août, sept., oct., nov., 2 janv., 28 avril et 18 sept.

GERMAIN-LES-CORBEIL (St-), vg. *Seine-et-Oise* (Ile-de-France), arr., cant., ✉ et à 1 k. de Corbeil. Pop. 422 h.

GERMAIN-LES-COUILLY (St-), vg. *Seine-et-Marne* (Brie), arr. et à 21 k. de Meaux, cant. de Crécy, ✉ de Couilly. Pop. 564 h.

GERMAIN-LES-PAROISSES (St-), vg. *Ain* (Bourgogne), arr., cant., ✉ et à 8 k. de Belley. Pop. 844 h.

GERMAIN-LESPINASSE (St-), vg. *Loire* (Bourgogne), arr. et à 12 k. de Roanne, cant. de St-Haon-le-Châtel. ✉. A 373 k. de Paris pour la taxe des lettres. Pop. 818 h.—*Foires* les 7 janv., 31 janv. et 21 juin.

GERMAIN-LES-VERGNES (St-), vg. *Corrèze* (Limousin), arr., cant., ✉ et à 17 k. de Tulle. Pop. 1,274 h.

GERMAIN-LE-VASSON (St-), vg. *Calvados* (Normandie), arr. et à 15 k. de Falaise, cant. de Breiteville-sur-Laize, ✉ de Langannerie. Pop. 457 h.

GERMAIN-LE-VICOMTE (St-), vg. *Manche* (Normandie), arr. et à 22 k. de Coutances, cant. et ✉ de Périers. Pop. 532 h.

GERMAIN-LE-VIEUX (St-), *S. Germanus Vetus*, vg. *Orne* (Normandie), arr. et à 35 k. d'Alençon, cant. de Courtomer, ✉ de Sées. Pop. 304 h.

GERMAIN - L'HERM (St-), petite ville, *Puy-de-Dôme* (Auvergne), arr. et à 20 k. d'Ambert, chef-l. de cant. Cure. ✉. A 445 k. de Paris pour la taxe des lettres. Pop. 2,270 h.—Terrain cristallisé ou primitif.—Elle est située dans un pays aride et couvert, sur le Doulon.—*Fabriques* considérables de dentelles noires et blanches. Filatures de laine.—*Foires* les 23 avril, 11 juin, 20 août, 26 juillet, 27 sept. et 18 oct.

Le village de Frangonet, dépendant de la commune de St-Germain-l'Herm, est la Patrie d'Anne Dubourg, assassiné judiciairement et brûlé sur la place de Grève de Paris en 1559.

GERMAINMONT (St-), vg. *Ardennes* (Champagne), arr. et à 20 k. de Rethel, cant. d'Asfeld, ✉ de Château-Porcien. Pop. 856 h.—*Foires* le lundi après le dernier dimanche de mai, et après le 1er dimanche de nov.

GERMAIN-PRÈS-HERMENT (St-), vg. *Puy-de-Dôme* (Auvergne), arr. et à 45 k. de Clermont-Ferrand, cant. d'Herment, ✉ de Pontaumur. Pop. 303 h.

GERMAIN-SOUS-CAILLY (St-), vg. *Seine-Inf.* (Normandie), arr. et à 21 k. de Rouen, cant. de Clères, ✉ du Freneau. Pop. 246 h.

GERMAIN-SOUS-DOUÉ, vg. *Seine-et-Marne* (Brie), arr., ✉ et à 8 k. de Coulommiers, cant. de Rebais. Pop. 513 h.

GERMAIN-SOUS-ÉCOLE (St-), vg. *Seine-et-Marne* (Gatinais), arr., cant. et à 14 k. de Melun, ✉ de Ponthierry. Pop. 176 h.

GERMAIN-SUR-AVRE (St-), vg. *Eure* (Normandie), arr. et à 36 k. d'Évreux, cant. et ✉ de Nonancourt. Pop. 646 h.

GERMAIN-SUR-AY (St-), *Sanctus Germanus super Epiane*, bg *Manche* (Normandie), arr. et à 27 k. de Coutances, cant. et ✉ de Lessay. Pop. 976 h.

L'église paroissiale appartenait à un prieuré dépendant de l'abbaye du Mont-St-Michel. Le chœur offre de jolis échantillons de ces fausses fenêtres qui dans le XIe siècle décoraient souvent les murailles des bâtiments. On la croit du commencement de ce siècle, époque de la plus grande ferveur de restauration parmi les seigneurs normands, animés par l'exemple de leur duc Richard. Les moulures en billettes sont communes ici dans le chœur : il est entouré d'un banc grossier de pierre dont les murs font le dossier. De grosses colonnes, groupées et d'un bon travail, le séparent de la nef; celle-ci est soutenue par des piliers carrés simples et grossiers.

GERMAIN-SUR-BRESLE (St-), vg. *Somme* (Picardie), arr. et à 50 k. d'Amiens, cant. d'Hornoy, ✉ d'Aumale. Pop. 198 h.

GERMAIN-SUR-EAULNE (St-), vg. *Seine-Inf.* (Normandie), arr., cant., ✉ et à 7 k. de Neufchâtel-en-Bray. Pop. 269 h.

GERMAIN-SUR-ILLE (St-), vg. *Ille-et-Vilaine* (Bretagne), arr. à 17 k. de Rennes, cant. et ✉ de St-Aubin-d'Aubigné. Pop. 456 h. — *Foires* les 2 janv., 2 août, 2 sept., 10 oct. et mercredi après Pâques.

GERMAIN-SUR-L'ARBRESLE (St-), vg. *Rhône* (Lyonnais), arr. et à 22 k. de Lyon, cant. et ✉ de l'Arbresle. Pop. 750 h.

GERMAIN-SUR-L'AUBOIS (St-), vg. *Cher* (Bourbonnais), arr. et à 6 k. de St-Amand-Montrond, cant. de la Guerche-sur-l'Aubois, ✉ de la Charité. Pop. 1,217 h. — *Foires* les 7 oct., lundi de Pâques et lundi de la Pentecôte.

GERMAIN-SUR-SENAILLY (St-), V. MONT-SUR-ST-GERMAIN.

GERMAIN-SUR-VIENNE (St-), vg. *Indre-et-Loire* (Touraine), arr., cant. et à 14 k. de Chinon, ✉ de Montsoreau. Pop. 807 h.

GERMAIN-VILLAGE (St-), vg. *Eure* (Normandie), arr., cant., ✉ et à 1 k. de Pont-Audemer. Pop. 516 h. — *Foire* le 1er sept.

GERMAINVILLE, vg. *Eure-et-Loir* (Beauce), arr., cant., ✉ et à 9 k. de Dreux. Pop. 373 h.

GERMAINVILLIERS, vg. *H.-Marne* (Lorraine), arr. et à 44 k. de Chaumont-en-Bassigny, cant., et ✉ de Bourmont. Pop. 412 h.

GERMAIN (St-), vg. *Gers*, comm. de Ste-Marie, ✉ de Gimont.

GERMANIEUX, vg. *Loire*, comm. de St-Bonnet-le-Courraux, ✉ de Montbrison.

GERMAY, vg. *H.-Marne* (Champagne), arr. et à 37 k. de Vassy, cant. de Poissons, ✉ de Sailly. Pop. 229 h.

GERMÉ (St-), vg. *Gers* (Languedoc), arr. et à 53 k. de Mirande, cant. et ✉ de Riscle. Pop. 470 h.

GERMEFONTAINE, vg. *Doubs* (Franche-Comté), arr. et à 19 k. de Baume-les-Dames, cant. de Pierrefontaine, ✉ de Landresse. Pop. 393 h.

GERMENAUD, vg. *B.-Pyrénées*, comm. de Lespielle, ✉ de Lembey.

GERMENAY, vg. *Nièvre* (Nivernais), arr. et à 23 k. de Clamecy, cant. de Brienon-les-Allemands, ✉ de Corbigny. Pop. 687 h.

GERMER (St-), ou ST-GERMER-DE-FLAY, *Flaviacum*, vg. *Oise* (Picardie), arr. et à 28 k. de Beauvais, cant. du Coudray-St-Germer. École secondaire ecclésiastique. ✉. A 92 k. de Paris pour la taxe des lettres. Pop. 1,083 h.

St-Germer possédait une célèbre abbaye de bénédictins fondée en 650 par saint Germer, brûlée en 851 par les Normands, et rebâtie en 1030 par Douon, évêque de Beauvais. Il y avait un collège. La partie de bâtiment qui a été conservée est occupée actuellement par le petit séminaire de Beauvais. — L'église de St-Germer était un monument très-remarquable de l'architecture du XIe siècle. Le portail et le clocher ont été détruits. Il y a derrière le chœur une très-belle chapelle gothique, bâtie en 1260, et considérée comme un chef-d'œuvre du genre. — Briqueterie.

Bibliographie. COBLET (l'abbé). *Description historique de l'église et de la chapelle de St-Germer-en-Flay*, in-8, 1842 (et Mém. de la soc. des antiq. de Picardie, t. v, p. 173).

GERMEVILLE, vg. *Charente*, comm. d'Oradour, ✉ d'Aigre.

GERMIER (St-), vg. *H.-Garonne* (Languedoc), arr., cant., ✉ et à 10 k. de Villefranche-de-Lauragais. Pop. 175 h.

GERMIER (St-), vg. *Gers* (Armagnac), arr. et à 24 k. de Lombez, cant. de Cologne, ✉ de Gimont. Pop. 320 h.

GERMIER (St-), vg. *Deux-Sèvres* (Poitou), arr. et à 30 k. de Parthenay, cant. de Ménigoute, ✉ de Vautebis. Pop. 610 h.

GERMIER (St-), vg. *Tarn* (Languedoc), arr. et à 10 k. de Castres, cant. et ✉ de Roquecourbe. Pop. 201 h.

GERMIER (St-), vg. *Tarn*, comm. de Teyssode, ✉ de l'Avau.

GERMIGNAC, bg *Charente-Inf.* (Saintonge), arr. et à 19 k. de Jonzac, cant. et ✉ d'Archiac. Pop. 721 h.

GERMIGNEY, vg. *Jura* (Franche-Comté), arr. et à 25 k. de Dôle, cant. de Montbarrey, ✉ de Mont-sous-Vaudrey. Pop. 248 h.

GERMIGNEY, vg. *H.-Saône* (Franche-Comté), arr., cant., ✉ et à 10 k. de Gray, Pop. 464 h.

GERMIGNONVILLE, vg. *Eure-et-Loir* (Beauce), arr. et à 38 k. de Chartres, cant. et ✉ de Voves. Pop. 618 h.

GERMIGNY, ou GERMIGNY-L'EXEMPT, *Germiniacum Castrum*, vg. *Cher* (Bourbonnais), arr. et à 43 k. de St-Amand-Montrond, cant. et ✉ de la Guerche-sur-l'Aubois. Pop. 956 h. — *Foires* les 27 mai et 17 oct.

GERMIGNY, *Germaniacum*, *Germiniacum*, vg. *Marne* (Champagne), arr. et à 13 k. de Reims, cant. de Ville-en-Tardenois, ✉ de Jonchery-sur-Vesle. Pop. 173 h.

GERMIGNY, vg. *Nièvre* (Nivernais), arr. et à 20 k. de Nevers, cant. et ✉ de Pougues. Pop. 891 h.

GERMIGNY, vg. *Yonne* (Bourgogne), arr. et à 35 k. d'Auxerre, cant. et ✉ de St-Florentin. Pop. 643 h. — Il est situé au milieu d'une belle plaine, sur le canal de Bourgogne, et près de l'Armançon. L'église paroissiale est remarquable par la beauté de son architecture.

GERMIGNY-DES-PRES, *Germiniacum*, vg. *Loiret* (Orléanais), arr. et à 30 k. d'Orléans, cant. et ✉ de Châteauneuf-sur-Loire. Pop. 459 h.

GERMIGNY-L'ÉVÊQUE, vg. *Seine-et-Marne* (Brie), arr., cant., ✉ et à 9 k. de Meaux. Pop. 445 h. — Commerce de charbon.

GERMIGNY-SOUS-COULOMBS, vg. *Seine-et-Marne* (Brie), arr. et à 29 k. de Meaux, cant. de Lizy, ✉ de Crouy-sur-Ourcq. Pop. 318 h.

GERMINON, vg. *Marne* (Champagne), arr. et à 20 k. de Châlons-sur-Marne, cant. et ✉ de Vertus. Pop. 306 h.

GERMINY, *Germiniacus Segiutensis*, vg. *Meurthe* (Lorraine), arr. et à 19 k. de Toul, cant. et ✉ de Colombey. Pop. 605 h.

GERMISEY, vg. *H.-Marne* (Champagne), arr. et à 38 k. de Vassy, cant. de Poissons, ✉ de Sailly. Pop. 199 h.

GERMOLLES, vg. *Saône-et-Loire* (Bourgogne), arr. et à 25 k. de Mâcon, cant. et ✉ de Tramayes. Pop. 430 h.

GERMOLLES, vg. *Saône-et-Loire*, comm. de Mellecey, ✉ du Bourgneuf.

GERMOND, vg. *Deux-Sèvres* (Poitou), arr. et à 17 k. de Niort, cant. et ✉ de Champdeniers. Pop. 808 h. — C'était autrefois un bourg fortifié, environné de hautes murailles flanquées de tours.

GERMONDANS, vg. *Doubs* (Franche-Comté), arr. et à 25 k. de Besançon, cant. et ✉ de Marchaux. Pop. 118 h.

GERMONT, vg. *Ardennes* (Champagne), arr. et à 15 k. de Vouziers, cant. du Chêne, ✉ de Buzancy. Pop. 185 h.

GERMONVILLE, vg. *Meurthe* (pays Messin), arr. et à 39 k. de Nancy, cant. d'Haroué, ✉ de Neuviller. Pop. 302 h.

GERMS, vg. *H.-Pyrénées* (Gascogne), arr. d'Argelès, cant., ✉ et à 14 k. de Lourdes. Pop. 380 h.

GERNELLE, vg. *Ardennes* (Champagne), arr., cant., ✉ de Mézières, à 7 k. de Charle-

GERS (département du).

ville. Pop. 384 h. — Ce village n'est réuni à la France que depuis environ 50 ans ; il appartenait jadis à l'Autriche.

GERNICOURT, vg. *Aisne* (Picardie), arr. et à 35 k. de Laon, cant. de Neufchâtel, ✉ de Berry-au-Bac. Pop. 129 h.

GÉRON (St-), vg. *H.-Loire* (Auvergne), arr., cant., ✉ et à 10 k. de Brioude. P. 399 h.

GÉRONCE, vg. *B.-Pyrénées* (Béarn), arr., ✉ et à 8 k. d'Oloron, cant. de Ste-Marie-d'Oloron. Pop. 85 h.

GÉRONS (St-), vg. *Cantal* (Auvergne), arr. et à 23 k. d'Aurillac, cant. de la Roquebrou, ✉ de Montvert. Pop. 542 h.

GERPONVILLE, vg. *Seine-Inf.* (Normandie), arr. et à 23 k. d'Yvetot, cant. et ✉ de Valmont. Pop. 734 h.

GERROTS, vg. *Calvados* (Normandie), arr. et à 18 k. de Pont-l'Évêque, cant. de Cambremer, ✉ de Dozulé. Pop. 79 h.

GERS (le), *AEgircius*, rivière qui prend sa source dans les landes de Pinas, arr. de Bagnères, *H.-Pyrénées* ; elle passe près de Mauléon, à Masseube, Auch, Montastruc, Fleurance, Lectoure, Castera, Estafort, Leyrac, au-dessous duquel elle se jette dans la Garonne, à 18 k. S.-E. d'Agen. Cette rivière est sujette à de grands débordements, lors de la fonte des neiges ; dans tout autre temps, elle n'est ni flottable, ni navigable. Son cours est d'environ 160 k.

GERS (département du). Le département du Gers est formé du Condomois, de l'Armagnac et d'une petite partie du Comminges, pays compris dans la Gascogne et dépendant de la ci-devant province de Guienne. Il tire son nom de la rivière du Gers, qui le traverse dans toute sa longueur du sud au nord. Ses bornes sont : au nord le département de Lot-et-Garonne, au nord-est celui de Tarn-et-Garonne, à l'est celui de la Haute-Garonne, au sud ceux des Hautes et des Basses-Pyrénées, à l'ouest celui des Landes.

Le territoire de ce département est généralement montueux, élevé, et presque entièrement formé de chaînes de coteaux plus ou moins élevés, dont la direction générale est du sud au nord. Trente-huit cours d'eau y déterminent autant de vallées, dont la largeur varie de 20 à 6,320 m. Ces vallées sont constamment bornées à gauche et à droite, c'est-à-dire de l'ouest à l'est, par des chaînes de coteaux qui, dans certains départements, seraient regardés comme des montagnes, et qui sont ainsi désignés dans une région où l'œil les compare aux Pyrénées. Ces chaînes doivent naturellement être plus ou moins larges, selon que les vallées qu'elles séparent sont plus ou moins éloignées l'une de l'autre. En remontant au nord, on aperçoit que ces chaînes de coteaux s'élèvent progressivement, servant, pour ainsi dire, de gradins au superbe amphithéâtre des Pyrénées, dont elles sont en quelque sorte la prolongation. En général le terrain du département s'élève du nord au sud ; ainsi l'endroit le plus bas doit se trouver dans les pentes les plus boréales, le plus élevé dans sa partie méridionale, et la hauteur moyenne dans le centre. En effet, si l'on remonte le cours du Gers, on verra que la commune de las Martres, située au nord, sur les limites du département de Lot-et-Garonne, n'est élevée au-dessus du niveau de la mer que de 97 m. ; la hauteur d'Auch, au-dessus du même niveau, est de 220 m. ; tandis que celle des coteaux de Mont-d'Astarac se trouve de 390 m.

Les terres qui forment la superficie du sol sont en général argileuses ; presque toutes reposent sur des bancs épais de glaise et d'argile diversement modifiées ; ces bancs se succèdent à une grande profondeur, et sont quelquefois séparés par de légères couches de sable et par le tuf. Le noyau des coteaux est assez généralement composé d'une pierre argilo-calcaire. La presque totalité du terrain du Gers étant argileuse, pierreuse, compacte, et les chaleurs y étant très-violentes, il en résulte qu'assez ordinairement les produits du sol ne réussissent pas parfaitement. Il y a quatre-vingts ans, la contrée dont a été formé le département était un pays presque stérile ; on n'y rencontrait que quelques petites villes ou gros bourgs, dans lesquels était réunie toute la population. Les campagnes, désertes et misérables, n'offraient que quelques hameaux épars, dont les habitants recueillaient à peine ce qui était indispensable au soutien de leur existence. À cette époque, un des plus grands administrateurs du XVIIIe siècle, M. d'Etigny, nommé intendant de la généralité d'Auch, après avoir étudié la nature du pays, les mœurs, les besoins et les ressources des habitants, forma le projet d'une amélioration générale, et en suivit, pendant seize années, l'exécution. Par ses soins d'immenses travaux furent entrepris ; il ouvrit de vastes communications, traversa la Gascogne de mille routes diverses, en fit comme un jardin divisé par compartiments, et joignit de cette manière la Gascogne à l'Espagne et à l'une et à l'autre mer.

À l'aspect des merveilles enfantées par ce génie créateur, les cultivateurs ouvrent les yeux et sortent de leur engourdissement ; ils remuent avec vigueur les entrailles de la terre ; ils plantent des vignes magnifiques ; ils établissent leurs communications, et en dix ans ils décuplent, avec leur population, la quantité et le prix de leurs denrées diverses. Bientôt l'intérêt particulier encouragea le travail, et le travail encouragé fit de la Gascogne une des plus belles provinces du royaume. Plus tard, la suppression des dîmes diminua les charges des cultivateurs ; la suppression des cloîtres enrichit l'agriculture de toutes les propriétés religieuses que les lois de la mainmorte retenaient dans l'inculture, et ces propriétés, vendues par petites parties, tombèrent entre les mains d'une multitude de pères de famille, qui en ont centuplé les produits.

La surface totale du département du Gers est de 626,392 hect., divisés ainsi :

Terres labourables.	333,585
Prés.	60,865
Vignes.	87,772
Bois.	59,276
Vergers, pépinières et jardins.	6,100
Oseraies, aunaies et saussaies.	260
Étangs, mares, canaux d'irrigation.	20,233
Autres cultures.	693
Landes et bruyères.	35,711
Superficie des propriétés bâties.	4,515
Contenance imposable.	608,950
Routes, chemins, places, rues, etc.	13,580
Rivières, lacs et ruisseaux.	2,284
Forêts et domaines non productifs.	1,455
Cimetières, églises, bâtiments publics.	123
Contenance non imposable.	17,442

On y compte :
68,999 maisons.
1,151 moulins à eau et à vent.
18 forges.
176 fabriques et manufactures.

Soit : 70,344 propriétés bâties.
Le nombre des propriétaires est de. 102,145
Celui des parcelles de. 1,191,277

HYDROGRAPHIE. Trente-huit cours d'eau arrosent le département ; les principaux sont : l'Adour, l'Arros, le Midou, la Losse, la Baïse, le Gers, l'Arratz, la Gimone et la Save. En général toutes les rivières qui sillonnent le département du Gers y coulent dans une plaine plus ou moins riante, plus ou moins fertile, et sont toutes bordées de prairies fécondes, beaucoup plus avantageuses que les coteaux. Le Gers arrose dans une partie de son cours une plaine étroite, mais délicieuse ; l'Arros arrose un pays de la plus grande beauté.

COMMUNICATIONS. Le département du Gers est traversé par 8 routes royales, par 19 routes départementales et par 46 chemins vicinaux de grande communication.

MÉTÉOROLOGIE. La marche des saisons est peu explicable dans le département ; on sent que dans un pays aussi montueux il doit exister, à de très-petites distances, des différences remarquables dans la température ; aussi, quoique par sa situation le département du Gers doive offrir un climat tempéré, on y éprouve cependant des froids très-rigoureux, comme des chaleurs excessives. En général le mois d'octobre est brumeux, pluvieux et froid ; les brouillards sont moins communs dans les mois qui suivent ; mais les pluies continuelles, les frimas, la neige et la gelée se succèdent par gradation jusqu'en février, pour diminuer ensuite jusqu'en mai. À cette époque la chaleur commence à être forte ; le tonnerre, qui déjà s'était fait entendre dans les mois précédents, est plus fréquent, et la grêle plus commune et plus abondante. Ce tumulte atmosphérique ne s'apaise que vers la fin de juin, sans que pour cela les alternatives de froid et de chaud cessent ; elles ont coutume de se prolonger jusqu'en juillet. Dans ce mois, ainsi que dans le suivant, la chaleur est quelquefois aussi forte que l'intensité du froid est grande dans celui de janvier. On a vu le thermomètre de Réaumur marquer + 31° au mois d'août, et être en janvier à — 9°; le mois de septembre est peut-être celui dont la température est la plus agréable; mais les matinées et les soirées en sont extrêmement froides. — La quantité de pluie tombée, année commune, a été évaluée de 86 à 90 c.; mais il y a quelquefois des anomalies remarquables dans cette quantité : ainsi en 1801 elle dépassa 1 m. 5 c., et l'année suivante la quantité d'eau tombée n'égala pas 60 c. L'hiver et le printemps sont ordinairement les saisons les plus humides. — Les vents d'est et d'ouest règnent presque exclusivement dans cette partie de la France, ceux des autres rumbs ne se faisant sentir que d'une manière passagère et à des époques indéterminées. Le vent du nord se fait sentir pendant les froids les plus vifs; la pluie tombe ordinairement par celui du sud-ouest; le vent d'est, qui, en été, amène les chaleurs les plus vives, est un indice assuré de pluie au printemps; assez souvent, en été, il s'élève vers le soir un vent de nord-est très-frais, qui dure jusqu'au lendemain matin.

PRODUCTIONS. Le département du Gers se prête en général à toute espèce de culture; il produit toute espèce de céréales en quantité plus que suffisante pour la consommation des habitants, maïs, légumes secs, etc. Culture des choux, des aulx et des oignons en grand. Belles prairies naturelles. Fruits de toute espèce, mais en petite quantité. — 59,276 hect. de forêts (arbres verts et feuillus). — 87,772 hect. de vignes, produisant annuellement 900,000 hectol. de vin, dont près de 400,000 sont consommés sur les lieux; une forte partie du surplus est convertie en eau-de-vie, connue sous le nom d'eau-de-vie d'Armagnac, et le reste livré à l'exportation. — Bêtes à cornes et moutons, dont l'éducation est négligée. Élève de mules et de mulets pour l'Espagne. Beaucoup de porcs. Élève en grand de la volaille, notamment des oies et des canards, qui acquièrent une grosseur considérable, et dont on sale les cuisses et les ailes pour le commerce. — Menu gibier. — Bon poisson de rivière et d'étang.

MINÉRALOGIE. Carrières de marbre, de pierres à bâtir, de plâtre, de marne. Argile à potier. Spath fusible propre aux verreries et aux faïenceries.

SOURCES MINÉRALES à Barbotan, à Castera-Vivent, à Bassones, à Jegun, à Lavardens.

INDUSTRIE ET COMMERCE. L'industrie manufacturière est presque nulle dans le Gers. Les professions usuelles fournissent à peu près aux premiers besoins du pays; mais le département ne possède aucune de ces fabriques qui occupent de nombreux ouvriers, et sont en d'autres pays un centre d'activité et une source de richesses. Les toiles et les gros draps qu'on y fabrique, ces derniers connus sous le nom de burats, cadis, sont consommés dans le pays. Il en est de même des produits des briqueteries, fours à chaux, faïenceries, verreries. Les tanneries sont peut-être les seuls établissements industriels dont les produits ne soient pas en-tièrement employés par la consommation locale; quelques excédants sont annuellement exportés. — Nombreux moulins à farine. — Nombreuses distilleries d'eau-de-vie.

L'eau-de-vie d'Armagnac, que l'usage a placée au second rang des eaux-de-vie fines, et qui cependant pourrait avoir des droits au premier, se fabrique dans l'arrondissement de Condom: la plus recherchée se distille dans les cantons de Montréal, Eauze, Cazaubon, Manciet et Nogaro. L'espèce de défaveur qui frappe les eaux-de-vie d'Armagnac dans le commerce tient à ce que, pendant longtemps, les eaux-de-vie de tout degré ont payé les mêmes droits; il est résulté de cette injuste taxation que le cognac, pesant 22 degrés, a dû naturellement être préféré à l'armagnac, qui n'en pèse que 19 et demi. Aujourd'hui que l'on procède avec plus d'équité au prélèvement de l'impôt, et que l'eau-de-vie de toutes provenances n'est taxée qu'en raison de la quantité d'alcool pur qu'elle contient, les propriétaires de l'armagnac doivent espérer de tirer un meilleur parti de leurs excellents produits. Un fait trop peu connu est de nature à encourager ces justes prétentions : il est certain que leurs liquides sont les seuls qui se livrent à l'état naturel aux consommateurs. Le cognac, excellent aussi, et dont personne ne peut nier le haut mérite, est évidemment trop fort à 22 degrés; il faut l'amortir; mais, quoi qu'on fasse, quelque soin que l'on prenne, quelque talent qu'on apporte à l'arranger, une différence notable des eaux-de-vie qui sortent de l'appareil au degré convenable pour la boisson. L'armagnac, lorsqu'il a été distillé avec intelligence, se distingue par beaucoup de douceur et un arôme particulièrement agréable; l'âge ajoute encore à ces perfections, quand l'eau-de-vie vieillit dans le bois. — Le piquepoul et le clairet sont les deux variétés de raisins blancs qui rendent la meilleure eau-de-vie. Le vin qu'ils donnent n'est point soumis à la cuvaison; on le conserve peu, et veut être brûlé six mois après la récolte. La moyenne est d'un sixième en eau-de-vie, de 50 à 60 veltes; la velte est d'un peu moins de 8 litres. — L'armagnac s'envoie à Bordeaux et à Bayonne, d'où on l'exporte en majeure partie pour l'étranger. Cette eau-de-vie est peu connue à Paris, et cependant elle devrait rencontrer un placement facile et avantageux dans ce grand centre de consommation où l'on trouve tant de connaisseurs exercés.

Le commerce consiste principalement en eaux-de-vie, vins, grains, farines, laines, volailles. Exportation considérable pour l'Espagne de mules, mulets, bêtes à cornes, bêtes à laine, porcs gras, etc.

FOIRES. Plus de 400 foires se tiennent dans environ 90 communes. On y vend principalement des bestiaux de toute espèce, des chevaux, des mulets, de la volaille, des grains de toute sorte et divers objets d'habillement et de consommation. Les foires de Lombez sont célèbres pour le commerce des mules; les Espa-gnols y font ordinairement des achats considérables.

MŒURS ET USAGES. « Les Gascons, dit l'auteur de l'*Annuaire du Gers*, Gascon lui-même, ont de l'esprit, de la gaieté : on croit qu'ils en sont redevables au climat et à leur patois. Leur réputation de fanfarons et exagérateurs doit être attribuée aux cadets de famille, forcés d'aller chercher fortune au loin. — Dans un pays sans commerce, sans industrie et purement agricole, la fortune ne peut être augmentée que par l'économie domestique, et établie que sur des propriétés foncières; ces propriétés étaient, dans le département du Gers, très-divisées, même avant la révolution. On y était d'ailleurs régi par les lois romaines; elles permettaient aux pères de laisser, par préciput, les trois quarts de leur fortune à leur aîné, qui avait encore son droit au partage du reste. Cette manière de disposer des biens était générale et avait pour conséquence de forcer les filles à demander aux couvents un asile qu'elles eussent inutilement cherché dans le mariage, et d'obliger les garçons, cadets de famille, à se procurer au dehors, par l'épée, l'Église, la robe, le commerce, etc., l'aisance dont ils avaient joui dans la maison paternelle. Lorsque, loin de leur pays, avec toutes les apparences du besoin, ils se laissaient aller, par un retour sur le passé, à parler des châteaux, des gens, des chiens, des chevaux de leur père, introduisant dans leurs récits, avec une vive gaieté, les hyperboles et la prosodie de leur patois, les étrangers, étonnés d'un tel langage, ne pouvaient le considérer que comme une fanfaronnade : on devait se plaire à l'exagérer encore, par le penchant naturel qui porte à charger les ridicules pour les rendre plus comiques. Telle fut sans doute l'origine de la réputation des Gascons, qui cependant ne sont qu'un peu plus industrieux, vifs, aimables enfin, que les autres Français. — Les villes sont encore, dans le département, en petit nombre et peu peuplées. Il y règne une grande simplicité de mœurs. Cette simplicité se fait remarquer surtout dans les campagnes, où les paysans sont patients, infatigables au travail, économes, dévoués à leurs parents, attachés à leur pays. Leur nourriture est très-frugale : ils ne mangent de viande et ne boivent de vin que deux fois l'année, pour animer la gaieté du carnaval, ou pour célébrer la fête du patron du village; quelquefois encore, mais par exception, aux noces et aux enterrements, parce qu'on ne peut renvoyer à jeun les parents venus de loin à ces cérémonies. — La vie des femmes n'est pas moins laborieuse que celle des hommes. Les femmes mariées ont soin du ménage, de la volaille, etc. Les jeunes filles, tant qu'elles sont enfants, gardent les bestiaux et les troupeaux. Dès qu'elles grandissent, elles partagent tous les travaux de l'agriculture et toutes les fatigues des hommes. Si leur famille est plus nombreuse que la métairie ne le nécessite, elles se louent comme domestiques, et dans ce cas il en est peu qui préfèrent les villes à la campagne. Elles craindraient de passer

pour fainéantes, et de ne pas trouver de maris ; les laboureurs ne veulent pas d'une *fille de ville* (c'est leur expression), il leur faut une femme robuste et qui sache travailler à la terre.
— Dans les campagnes le sang est pur, mais l'espèce humaine tend à s'y rapetisser, autant à cause de la prématurité et de l'excès du travail que de la nourriture peu substantielle. — Une fille grande, ayant de l'embonpoint, de larges épaules, de grands bras, de grands pieds, le teint coloré, et portant une forte teinte de hâle, est certaine, si elle a la réputation d'être laborieuse, de se marier à son choix. Tous les pères la rechercheront pour leur fils aîné. Dans ce cas ils sont moins exigeants sur la dot, qui consiste ordinairement en un lit, une ou deux paires de draps, une armoire commune, un habit complet, une paire de souliers, une paire de sabots, et une centaine de francs. Si, malgré sa robuste constitution, la jeune femme ne donne pas à son mari plus de garçons que de filles, elle éprouve bientôt sa mauvaise humeur et ses rebuts ; mais si le mari voit croître le nombre de ses garçons, pour lui source d'aisance et de richesses, il se montre heureux, tendre et fier, et à sa mort, comme un chef de tribu sauvage qui distribue à ses enfants ses armes de guerre et de chasse, il partage entre ses fils tous ses instruments de labour et d'agriculture. — Les amours de la campagne ne ressemblent guère à ceux des villes. — Le jeune laboureur pince les bras d'une jeune fille, voilà la déclaration ; quelque temps après la jeune fille s'assied familièrement sur les genoux du jeune homme, qui l'y retient, voilà l'aveu. Pour aller plus loin, il faut attendre le consentement des parents, surtout celui du père du garçon. — Les mœurs sont d'ailleurs assez pures chez les habitants des campagnes. Tout tend à l'union des familles par le mariage, et les exemples de séduction y sont très-rares.
— Les habitants du Gers sont d'une taille moyenne. Leur physionomie est ouverte et franche, les passions s'y manifestent avec énergie. Le Gers a fourni à nos armées un grand nombre d'excellents officiers et de soldats qui se sont distingués par leur patience à supporter les fatigues de la guerre et par leur courage dans les combats. Il en coûte aux jeunes gens de quitter la maison paternelle ; mais, une fois incorporés dans leurs régiments, ils s'y font remarquer par leur valeur et leur discipline. »

DIVISION ADMINISTRATIVE. Le département du Gers a pour chef-lieu Auch. Il envoie cinq représentants à la chambre des députés, et est divisé en 5 arrondissements.

Auch	6 cant.	60,563 h.
Condom	6 —	72,208
Lectoure	5 —	52,140
Lombez	4 —	42,103
Mirande	8 —	84,633
	29 cant.	311,647 h.

39ᵉ conserv. des forêts (chef-l. Pau). — 17ᵉ arr. des mines (chef-l. Montpellier). — 10ᵉ division militaire (chef-l. Toulouse). — Archevêché, séminaire diocésain et école secondaire ecclésiastique à Auch ; seconde école secondaire ecclésiastique à Marciac ; 29 cures, 400 succursales. Temple protestant à Monvesin. — Colléges communaux à Auch, Condom, Gimont, Lectoure. — Sociétés d'agriculture à Auch, Condom, Lectoure, Lombez, Mirande.

Biographie. Le département du Gers est la patrie de SCIPION DUPLEIX, historiographe de France ; de DUBARTAS, poëte du XVIᵉ siècle ; du célèbre médecin SÉNAC ; du maréchal de France BLAISE DE MONTLUC ; du maréchal DE ROQUELAURE ; du maréchal MONTESQUIOU D'ARTAGNAN ; du maréchal LANNES ; des généraux DESSOLLES, LAGRANGE, SOULÈS, DELORT, SUDERVIC, L'ÉGLISE ; de M. SALVANDY, ministre de l'instruction publique, membre de l'Académie française et de la chambre des députés ; de M. E. BÈRES, littérateur et publiciste.

Bibliographie. BURGELÈS. *Chronique ecclésiastique du diocèse d'Auch*, in-4, 1746.
CHAUDRUC DE CRAZANNES (le baron). *Description des voies romaines du département du Gers* (Bull. de M. de Caumont, t. IV, 407).
* *Recueil de pièces pour servir à l'histoire de M. d'Etigny, intendant en Navarre, Béarn, et généralité d'Auch*, broc., in-8, 1826.
BALGUERIE (préfet). *Tableau statistique du département du Gers*, in-8, an x.
DRALET. *Plan détaillé de topographie, suivi de la topographie du département du Gers, avec un plan*, in-8, 1801.
PEUCHET et CHANLAIRE. *Statistique du Gers*, in-4, 1809.
CHANTREAU. *Annuaire du Gers pour l'an XI*, in-8, an XI.
Contient des notions statistiques et historiques sur les cinq arrondissements du département du Gers.
CAZAUX (D.-L.). *Annuaire du Gers pour l'an XII, contenant des notices pour la description et la statistique du département du Gers*, in-8, an x, 1803.
PARIS-LESPLAIGNES. *Rapports sur les moyens d'améliorer des bêtes à laine du département du Gers*, in-4, an VII.

GERSTHEIM-IM-LOCH, vg. B.-Rhin (Alsace), arr. et à 30 k. de Schelestadt, cant. et ⊠ d'Erstein. Pop. 1,360 h.

GERTRUDE (Ste-), vg. Seine-Inf., cant. de Caudebec, arr. d'Yvetot. — On y voit une ancienne église, classée au nombre des monuments historiques.

GERTWILLER, vg. B.-Rhin (Alsace), arr. et à 18 k. de Schelestadt, cant. et ⊠ de Bar. Pop. 960 h.

GÉRUGE, vg. Jura (Franche-Comté), arr., cant., ⊠ et à 8 k. de Lons-le-Saulnier. Pop. 225 h.

GERVAIS (St-), vg. Aveyron, com. de St-Symphorien, ⊠ d'Entraigues.

GERVAIS (St-), vg. Charente (Angoumois), arr., cant., ⊠ et à 14 k. de Ruffec, Pop. 723 h.

GERVAIS (St-), vg. Drôme (Dauphiné), arr. et à 11 k. de Montélimart, cant. de Marsanne, ⊠ de Puy-St-Martin. Pop. 1,093 h. — *Foires* les 1ᵉʳ août, 6 nov. et 28 déc.

GERVAIS (St-), vg. Gard (Languedoc), arr. et à 23 k. d'Uzès, cant. et ⊠ de Bagnols, Pop. 698 h.

GERVAIS (St-), vg. Gironde (Guienne), arr. à 25 k. de Bordeaux, cant. et ⊠ de St-André-de-Cubzac. Pop. 799 h.

GERVAIS (St-), petite ville, Hérault (Languedoc), arr. et à 48 k. de Béziers, chef-l. de cant. Cure. Gîte d'étape. ⊠. A 726 k. de Paris pour la taxe des lettres. Pop. 2,573 h. — TERRAIN carbonifère ; houille.
Cette ville est située entre quatre montagnes, dans une étroite vallée, où les eaux coulent en abondance. Non loin de là sont les ruines d'un ancien lieu qui couronnent un mamelon escarpé. — St-Gervais a donné son nom à un bassin houiller important par sa richesse en charbon, qui est de qualité supérieure. Ce bassin s'étend sur 18,000 m. de long, depuis le pont de l'Orb, sur la route de Lodève à Bédarrieux, jusqu'à une petite distance du pont de la Mouline, sur la route d'Agde à Castres ; sa longueur moyenne est de 1,500 m. et dans quelques parties de 2,600 m. Il est divisé en six concessions ayant ensemble une surface d'environ 8,000 hectares, dont les plus importantes sont celles de Graissessac, St-Gervais et le Bousquet-d'Orb.
A 6 k. de la ville, on voit sur le sommet d'une haute montagne, dépendante de l'Espinouse, les vestiges d'un camp romain.
PATRIE du général SERVIEZ.
Carrières de marbre gris clair tacheté de rose pâle. Mines de houille. Fours à chaux. — *Commerce* de cerceaux. — *Foires* les 24 fév., 29 sept., 30 nov., 28 déc., mardi après la Quasimodo et mardi après l'Assomption.

GERVAIS (St-), vg. Isère (Dauphiné), arr. et à 15 k. de St-Marcellin, cant. et ⊠ de Vinay. Pop. 709 h. Sur la rive gauche de l'Isère. — Fonderie royale de canons pour la marine.
Bibliographie. *Notice sur St-Gervais*, in-8, 1840.

GERVAIS (St-), vg. Loir-et-Cher (Blaisois), arr., cant., ⊠ de Blois. Pop. 415 h.

GERVAIS (St-), vg. Lot-et-Garonne, com. du Temple, ⊠ de Castelialoux.

GERVAIS (St-), vg. Lot-et-Garonne, com. du Temple, ⊠ de Castelmoron.

GERVAIS (St-), Puy-de-Dôme. V. ST-JEAN-ST-GERVAIS.

GERVAIS (St-), vg. Puy-de-Dôme (Auvergne), arr. à 23 k. d'Ambert, cant. d'Olliergues, ⊠ de Cunlhat. Pop. 1,215 h.

GERVAIS (St-), vg. Puy-de-Dôme (Auvergne), arr. et à 25 k. de Riom, chef-l. de cant. Cure. ⊠. A 363 k. de Paris pour la taxe des lettres. Pop. 2,670 h. — TERRAIN cristallisé ou primitif. — *Foires* les 20 janv., lundi saint, 14 mai, 20 juin, 29 août et 3 nov.

GERVAIS (St-), vg. Saône-et-Loire (Bourgogne), arr. et à 31 k. de Chalon-sur-Saône, cant. et ⊠ de Verdun-sur-le-Doubs. P. 742 h.

GERVAIS (St-), vg. Seine-et-Oise (Vexin),

arr. et à 24 k. de Mantes, cant. et ✉ de Magny. Pop. 665 h.

GERVAIS (St-), vg. *Vendée* (Poitou), arr. et à 4 k. des Sables, cant. et ✉ de Beauvoir-sur-Mer. Pop. 1,950 h. — *Foire* le 8 juin.

GERVAIS (St-), vg. *Vienne* (Poitou), arr., ✉ et à 14 k. de Châtellerault, cant. de Leigné-sur-Usseau. Pop. 1,288 h.

GERVAIS (St-), vg. *H.-Vienne*, comm. de Vidaix, ✉ de Rochechouart.

GERVAIS-D'ASNIÈRES (St-), *S. Gervasius de Asneriis*, vg. *Eure* (Normandie), arr. et à 20 k. de Pont-Audemer, cant. et ✉ de Cormeilles. Pop. 403 h. Sur la Calonne. — *Fabriques* de rubans.

GERVAIS-DE-MESSEI (St-), *Orne*. V. MESSEI.

GERVAIS-DES-SABLONS (St-), vg. *Orne* (Normandie), arr. et à 25 k. d'Argentan, cant. et ✉ de Trun. Pop. 450 h.

GERVAIS-DE-VIC (St-), vg. *Sarthe* (Maine), arr., cant., ✉ et à 4 k. de St-Calais. P. 664 h.

GERVAIS-DU-PERRON (St-), vg. *Orne* (Normandie), arr. et à 15 k. d'Alençon, cant. et ✉ de Sées. Pop. 508 h.

GERVAIS-EN-BELIN (St-), bg *Sarthe* (Maine), arr. et à 17 k. du Mans, cant. et ✉ d'Ecommoy. Pop. 681 h.

GERVAIS-SUR-COUCHES (St-), vg. *Saône-et-Loire* (Bourgogne), arr. et à 24 k. d'Autun, cant. d'Epinal, ✉ de Nolay. P. 854 h.

GERVAN, vg. *Drôme*, comm. d'Erome, ✉ de Tain.

GERVASY, vg. *Gard* (Languedoc), arr., ✉ et à 10 k. de Nîmes, cant. de Marguerittes. ✜. Pop. 522 h. Dans un territoire productif en huile d'olives estimée.

GERVAZY, vg. *Puy-de-Dôme* (Auvergne), arr. et à 17 k. d'Issoire, cant. et ✉ de St-Germain-Lembron. Pop. 714 h. — On voit aux environs un beau dolmen de 2 m. d'élévation.

GERVILLE, *Gereville*, vg. *Manche* (Normandie), arr. et à 26 k. de Coutances, cant. et ✉ de la Haye-du-Puits. Pop. 272 h.

GERVILLE, vg. *Seine-Inf.* (Normandie), arr. et à 31 k. du Havre, cant. et ✉ de Fécamp. Pop. 473 h.

GÉRY (St-), vg. *Lot* (Quercy), arr., ✉ et à 16 k. de Cahors, chef-l. de cant. Cure. P. 908 h. — TERRAIN jurassique.

Il est bâti sur la rive droite du Lot et dominé par une chaîne de rochers où sont creusées un grand nombre d'habitations souterraines, qui ont servi plusieurs fois de retraite dans les guerres qui ont désolé si souvent cette contrée. — *Foires* les 25 avril et 6 nov.

GÉRY (St-), vg. *Tarn*, comm. et ✉ de Rabastens.

GÉRY, vg. *Meuse* (Lorraine), arr., ✉ et à 11 k. de Bar-le-Duc, cant. de Vavincourt. Pop. 368 h.

GERZAT, vg. *Puy-de-Dôme* (Auvergne), arr., cant., ✉ et à 8 k. de Clermont-Ferrand. Pop. 2,577 h.

GESDAO (lat. 45°, long. 25°). « On lit *Gesdaone*, par la déclinaison de ce nom, dans l'Itinéraire de Bordeaux à Jérusalem, *Gadaone* dans la Table Théodosienne. La leçon de l'Itinéraire peut tirer avantage de celle que donne l'anonyme de Ravenne (lib. IV, sect. 30), qui est *Gessabone*, quoiqu'elle ne paraisse pas non plus fort correcte; et M. Wesseling (*Itin.* p. 556) a fait la même remarque. L'Itinéraire d'Antonin passant d'une station qui porte le nom de Mars, jusqu'à *Brigantio*, sans lieu intermédiaire, ne connaît point ainsi la position de *Gesdao*. Celui de Jérusalem marque X de *Brigantio* à *Gesdao*; la Table, VI de *Brigantio* à l'*Alpis Cottia*, et V de l'*Alpis Cottia* à *Gadao*; entre *Gesdao* ou *Gadao* et la station de Mars, VIII dans la Table, IX dans l'Itinéraire: de sorte qu'un mille de plus ou de moins dans le détail des distances qui se rapportent à *Gadao* se trouve compensé au total de *Brigantio* à la station de Mars, qui est également 19, et l'Itinéraire d'Antonin marque en effet, XVIII entre le lieu nommé *ad Martis* et *Brigantio*. Or il est indubitable que la position de *Gesdao* tombe sur Sézane, au passage de la Doria, entre le mont Genèvre et Oulx, qui est la station de Mars, comme on peut voir dans l'article intitulé *ad Martis*. L'indication des distances acquiert aux espaces qui donne le local, avec l'attention de considérer que la mesure itinéraire au passage des Alpes et dans les vallées resserrées entre les montagnes doit surpasser sensiblement l'ouverture du compas sur une carte peut renfermer d'une position à l'autre. » D'Anville, *Notice de l'ancienne Gaule*, p. 352.

GÉSINCOURT, vg. *H.-Saône* (Franche-Comté), arr. et à 24 k. de Vesoul, cant. de Combeaufontaine, ✉ de Jussel. Pop. 277 h.

GESNE-LE-GANDELAIN, bg *Sarthe* (Anjou), arr. et à 31 k. de Mamers, cant. de St-Pater, ✉ d'Alençon. Pop. 1,345 h.

GESNES, bg *Mayenne* (Maine), arr. et à 20 k. de Laval, cant. et ✉ de Montsurs. Pop. 402 h.

GESNES, vg. *Meuse* (Champagne), arr. et à 35 k. de Montmédy, cant. de Montfaucon, ✉ de Varennes-en-Argonne. Pop. 286 h.

GESONIA (lat. 52°). « Florus, après avoir dit que Drusus sous Auguste fortifia la rive du Rhin de plus de cinquante places ou châteaux, ajoute (lib. IV, cap. 12): *Bonnam et Gesoniam pontibus junxit, classibusque firmavit.* C'est ainsi que ce passage est lu par les critiques, qui en examine le texte de Florus. Cluvier substitue *Mogontiacum* à *Gesonia*; M. de Valois *Novesium*. Mais l'opinion de Cluvier paraît hasardée sans fondement: il y a dans celle de M. de Valois l'inconvénient que la situation de Neuss ou Nuis n'est point pareille à celle de Bonn, ne tenant point au Rhin, mais à une petite rivière nommée Erfft. Je vois une autre position dans celle de Zons, au-dessous de Cologne, qui n'a pas le même défaut de convenance et il semble que le nom de Zons conserve de l'analogie avec celui de *Gesonia*. » D'Anville, *Notice de l'ancienne Gaule*, p. 353.

GESORIACUM, postea BONONIA (lat. 51°, long. 20°). « Pomponius Méla (lib. III, cap. 2), parlant du rivage de la Gaule, prolongé vers le nord, *ad ultimos Gallicarum gentium Morinos*, dit que le port de *Gesoriacum* est l'endroit le plus célèbre sur cette côte : *nec portu, quem Gesoriacum vocant quidquam habet notius.* Ce port devint le plus fréquenté sous les Romains pour faire le trajet dans la Grande-Bretagne. Claude s'y embarqua, au rapport de Suétone; et je crois, avec plusieurs savants, que le phare élevé par Caligula, lorsque, menaçant de porter la guerre dans l'île des Bretons, il se rendit sur la côte septentrionale de la Gaule, était à *Gesoriacum* plutôt qu'ailleurs. Car la tour qui existait encore à l'entrée du port de Boulogne au commencement du dernier siècle, et à laquelle Charlemagne fit faire des réparations, avait été construite longtemps auparavant, selon le témoignage d'Eginhard : *Ad navigantium cursus dirigendos* (pharum) *antiquitus constitutum reparavit*. Pline et Ptolémée (lib. IV, cap. 10) font mention de *Gesoriacum*. Mais Pline exagère, en faisant le plus court trajet entre le port de *Gesoriacum* et le rivage de la Grande-Bretagne de 50 milles : *Abest* (Britannia insula) *a Gessoriaco, Morinorum gentis littore, proximo trajectu, quinquaginta M.* En prenant à la lettre l'expression de Pline, *proximo trajectu*, la distance de Boulogne à Douvre n'est que de 25 à 26,000 toises, et elle n'est guère plus forte au port de Hyth, qui est plus occidental que Douvre, et aux environs duquel César fit son débarquement, comme on peut voir dans l'article *Itius portus*. Or il n'entre dans cet espace que 34 milles romains au plus, non pas 50. Mais, comme il paraît que le port où les Romains ont le plus fréquemment abordé dans la Grande-Bretagne a été celui de *Rutupiæ*, à l'entrée du canal qui forme l'île de Thanet, la distance à l'égard de Boulogne, que je ne trouve valoir que 33 à 34,000 toises, ne répond ainsi qu'à environ 44 milles, et ne s'étend pas jusqu'à 50. L'Itinéraire romain maritime qui indique CCCCL stades *a portu Gessoriacensi ad portum Rutupium*, nous montre des stades d'une mesure inférieure au stade qui est le plus connu comme faisant la huitième partie du mille romain. Car du nombre de 450 stades, renfermé dans un espace de 33 à 34,000 toises, il en résulte qu'environ 74 toises par stade. On n'est point libre de soupçonner d'erreur le nombre des stades, puisqu'on le trouve également dans l'Itinéraire d'Antonin, dans Dion Cassius et dans le vénérable Bède (*Dio*, lib. XXXIX). J'ai parlé en plusieurs autres ouvrages (*Hist. ecclés.*, sub. init.), de l'usage qu'on a fait dans l'antiquité d'un stade plus court que le stade ordinaire d'un cinquième de stade, et que j'ai reconnu être propre spécialement à plusieurs distances relatives à des espaces de mer. Ce stade, devenu par réduction la dixième partie du mille romain, s'évalue conséquemment à 75 toises et demie. Or il en peut entrer rigoureusement environ 441 dans la distance directe du port de *Gesoriacum* à celui de *Rutu-*

piæ : et en ne tenant pas la corde aussi tendue, si cette expression est permise, on ne se trouvera pas éloigné de l'indication des deux Itinéraires, confirmée par le témoignage de plusieurs auteurs, et qu'il faut d'ailleurs prendre pour un compte rond plutôt que pour une mesure de rigueur. Ce qu'on lit dans Strabon (lib. IV, p. 199) que César aborda dans la Grande-Bretagne après une navigation de 320 stades ou de 300 seulement, comme le rapporte Eustathe, ne peut de même se concilier avec le rapport de César lui-même, *circiter millium passuum* XXX, qu'en prenant 10 stades pour chaque mille. Je reviens à *Gesoriacum*, qui du temps de Constantin avait pris le nom de *Bononia*. L'auteur anonyme de la vie de cet empereur, dont on doit la publication à Henri de Valois, s'explique ainsi : *Properans ad patrem Constantium, venit Bononiam, quam Galli prius Gesoriacum vocabant*. Ainsi, dans les historiens postérieurs à Constantin, Ammien Marcellin, Eutrope, Olimpiodore, selon l'extrait qu'en donne Photius, on ne voit plus le nom de *Gesoriacum*, mais uniquement celui de *Bononia*. Dans la Notice des provinces de la Gaule, *Civitas Bononiensium* est distinguée de *Civitas Morinum*, et mise à la suite, parce que le pays des Morini, dans lequel *Gesoriacum* était compris, avait été partagé en deux. » D'Anville. *Notice de l'ancienne Gaule*, p. 353. V. aussi : Walckenaer. *Géographie des Gaules*, t. I, p. 450.
Dissertation sur Gesoriacum (Hist. de l'acad. royale des inscriptions et belles-lettres, t. I, p. 152, 319).

GESORIACUS PAGUS (lat. 51°, long. 20°). « Pline (lib. IV, cap. 17) nous apprend que *Gesoriacum* donnait le nom à un canton de pays particulier : *Oromarsaci, juncti pago qui Gessoriacus vocatur*. » D'Anville. *Notice de l'ancienne Gaule*, p. 356.

GESPUNSART, vg. *Ardennes* (Champagne), arr. et à 12 k. de Mézières, cant., ✉ et à 15 k. de Charleville. Pop. 1,982 h. — *Foires* les 16 janv., 16 fév., 6 mai et 22 déc.

GESSET, vg. *H.-Garonne*, com. de Sauveterre, ✉ de St-Gaudens.

GESTAS, vg. *B.-Pyrénées* (Navarre), arr. et à 5 k. de Mauléon, cant. et à 15 k. de St-Palais, ✉ de Sauveterre. Pop. 215 h.

GESTÉ, vg. *Maine-et-Loire* (Anjou), arr., cant., ✉ et à 10 k. de Beaupréau. P. 1,983 h. —*Foires* les 3ᵉˢ mardis de mars et de sept.

GESTEL, vg. *Morbihan* (Bretagne), arr. et à 9 k. de Lorient, cant. et ✉ de Pontscorf. Pop. 378 h.

GESTIÈS, vg. *Ariège* (pays de Foix), arr. et à 27 k. de Foix, cant. et ✉ de Vic-Dessos. Pop. 550 h.

GESVRES, vg. *Loire-Inf.*, comm. de Treillières, ✉ de Nantes. ⚘.

GESVRES, vg. *Mayenne* (Maine), arr. et à 37 k. de Mayenne, cant. et ✉ de Villaines-la-Juhel. Pop. 1,502 h.

GESVRES-LE-CHAPITRE, vg. *Seine-et-Marne* (Brie), arr. et à 15 k. de Meaux, cant. et ✉ de Dammartin. Pop. 100 h.

GET, vg. *H.-Pyrénées*, comm. d'Aragnouet, ✉ d'Arreau.

GETIGNÉ, vg. *Loire-Inf.* (Bretagne), arr. et à 30 k. de Nantes, cant. et ✉ de Clisson. Pop. 1,824 h. — Il est situé dans une contrée pittoresque, sur la Sèvre-Nantaise, à 2 k. de Clisson. — *Fabriques* de flanelle et de toiles de coton.

GEU, vg. *H.-Pyrénées* (Gascogne), arr. d'Argelès, cant., ✉ et à 7 k. de Lourdes. Pop. 176 h.

GEUDERTHEIM, vg. *B.-Rhin* (Alsace), arr. et à 20 k. de Strasbourg, cant. et ✉ de Brumath. Pop. 1,271 h.

GEUS, vg. *B.-Pyrénées* (Béarn), arr. et à 24 k. d'Orthez, cant. et ✉ d'Arzacq. P. 235 h.

GEUS, vg. *B.-Pyrénées* (Béarn), arr., ✉ et à 10 k. d'Oloron, cant. de Ste-Marie-d'Oloron. Pop. 347 h.

GEUX, vg. *Landes*, comm. de la Bastide-d'Armagnac, ✉ de Roquefort.

GÉVAUDAN (le), *Gebatensis Ager*, province comprise autrefois dans la ci-devant province de Languedoc, et qui forme aujourd'hui la presque totalité du département de la Lozère. — Les bornes du Gévaudan étaient : à l'est, les rivières d'Allier et de Borne, et la montagne de la Lozère, qui la séparaient du Vélay, du Vivarais et du diocèse d'Uzès; au sud, le diocèse d'Alais; à l'ouest, le Rouergue; au nord, l'Auvergne. Sa plus grande étendue était de 76 k. du sud au nord, et de 52 k. de l'est à l'ouest. Couvert de montagnes, ce pays était autrefois hérissé de châteaux fortifiés; la plupart ont été démolis depuis 1632. — C'est dans le canton de la Planèse, à 8,000 m. à l'ouest de St-Flour, au petit village nommé les Ternes, près du pont et dans le bois qui est sur la droite, que l'on tua en 1787 ce terrible lynx qui s'est acquis, sous le nom de bête du Gévaudan, presque autant de renommée qu'un conquérant.

GÉVAUDAN, vg. *B.-Alpes*, comm. de Barrême, ✉ de Digne.

GEVEZÉ, vg. *Ille-et-Vilaine* (Bretagne), arr., cant. et à 15 k. de Rennes, ✉ d'Hédé. ⚘. Pop. 1,820 h. — On voit aux environs l'ancien château de Beauvais, situé sur une hauteur et flanqué de petites tourelles. — *Foires* les 2 mai et 11 juin.

GÉVIGNEY, vg. *H.-Saône* (Franche-Comté), arr. et à 30 k. de Vesoul, cant. de Combeaufontaine, ✉ de Jussey. Pop. 983 h.

GÉVINGEY, vg. *Jura* (Franche-Comté), arr., cant., ✉ et à 6 k. de Lons-le-Saulnier. Pop. 574 h.

GEVRAISE, vg. *Orne*, comm. de Bellou-le-Trichard, ✉ de Bellême.

GEVRESIN, vg. *Doubs* (Franche-Comté), arr. et à 35 k. de Besançon, cant. d'Amancey, ✉ d'Ornans. Pop. 260 h. — Au nord-est de ce village, à mi-côte du revers méridional de la montagne de Barrettes, on trouve une suite de grottes profondes fort remarquables.

GEVREY, joli bourg, *Côte-d'Or* (Bourgogne), arr. à 12 k. de Dijon, chef-l. de cant. ✉. A 323 k. de Paris pour la taxe des lettres. Pop. 1,481 h. — TERRAIN tertiaire supérieur.

Gevrey est un bourg fort ancien, situé dans une contrée fertile en excellents vins. On y voit les ruines d'un château flanqué de quatre tours, construit en 1257. Le bourg se divise en trois parties : la rue Haute, où sont le château, l'église et la fontaine ; la rue Basse, et les Baraques. Le territoire produit l'excellent vin de Chambertin et des clos de Bèze. — *Foires* les 24 janv., 5 juin et 9 nov.

GÉVROLLES, vg. *Côte-d'Or* (Bourgogne), arr. et à 27 k. de Châtillon-sur-Seine, cant. et ✉ de Montigny-sur-Aube. Pop. 590 h. — Forges et martinets.

GEVRY, vg. *Jura* (Franche-Comté), arr., cant., ✉ et à 9 k. de Dôle. Pop. 506 h.

GEX (pays de), *Gesia*. Le pays de Gex, compris aujourd'hui dans le département de l'Ain, avait environ 70 k. de long sur 25 k. de large; il était borné au nord par le Jura, à l'est par le lac de Genève, au sud par le Rhône, et à l'ouest par la Franche-Comté. Versoix et Gex en étaient les principales villes. V. AIN.

Le pays et seigneurie de Gex dépendait autrefois du comté de Génevois, dont les comtes étaient fondateurs de l'Église de Genève. Ces comtes en ont été seigneurs pendant longtemps. La terre de Gex fut confisquée par Amédée, comte de Savoie, dit le *comte Verd*, qui l'unit à son domaine l'an 1353. Le duc de Savoie céda le pays à la France en échange du marquisat de Saluces, comme la Bresse et le Bugey. Le pays de Gex était du gouvernement de la Bourgogne, du ressort du parlement et de la généralité de Dijon, recette de Gex et du diocèse de Genève, dont le siége était Annecy en Savoie.

GEX, petite ville, *Ain* (pays de Gex), chef-l. de sous-préf. (3ᵉ arr.) et d'un cant. Trib. de 1ʳᵉ inst. Soc. d'agric. Cure. Gîte d'étape. ✉. ⚘. Pop. 2,835 h. — TERRAIN d'alluvions modernes.

Autrefois baronnie, diocèse de Genève, châtellenie royale, mairie, traites foraines, gouvernement particulier, prévôté de maréchaussée, 4 couvents.

Les *armes de Gex* sont : *coupé d'argent et de gueules, à un geai naturel couronné d'une couronne de côté d'or*.

Cette ville est située dans un pays des plus riants, sur le torrent de Jornans et sur une des bases escarpées du Jura. Elle consiste principalement dans une rue assez large, mais d'une pente rapide. D'une petite terrasse ombragée par de beaux arbres, qui s'élève au-dessus de cette rue principale, on jouit d'un point de vue charmant sur un magnifique bassin dont le fond est occupé par le lac de Genève ; on découvre même l'extrémité de cette ville, qui en est à 17 k., ainsi que les nombreux villages et les belles maisons de campagne qui l'avoisinent. L'œil plonge avec plaisir sur la vaste étendue du lac, sur les riches coteaux qui bordent ses rives, et sur les montagnes de la Savoie, dont les cimes sont surmontées par le pic neigeux du Mont-Blanc. En suivant le vallon, on aperçoit, depuis le col de Bellegarde jusque vers le sommet de la Dôle, la chaîne du mont Jura, qui s'étend sur une longueur de plus de 40 k., et semble servir de rempart entre la Suisse et la France.

PATRIE du théologien J.-A. ÉMERY.

De M. GIROD DE L'AIN, membre de la chambre des pairs.

Fabriques de bons fromages de Gruyère, et fruitières d'association pour cette fabrication. Tanneries. Moulins à tan. Martinets, battoirs écossais. — *Commerce* de vins, cuirs, charbon ; de fromages de Gruyère et d'excellents fromages de chèvre, dits fromages de Gex, qui se consomment à Genève. — *Foires* les 1ᵉʳ et 25 mars, 27 avril, 1ᵉʳ juin, 9 sept., 16 oct. et 1ᵉʳ déc.

A 2 k. N.-O. de Ferney, 103 k. O.-N.-O. de Bourg, 17 k. N.-O. de Genève, 488 k. S.-E. de Paris.

L'arrondissement de Gex est composé de 3 cantons : Gex, Collonges, Ferney.

GEYRAC (St-), vg. *Dordogne* (Périgord), arr., ⊠ et à 4 k. de Périgueux, cant. de St-Pierre-de-Chignac. Pop. 676 h.

GEYSSANS, vg. *Drôme* (Dauphiné), arr. et à 27 k. de Valence, cant. et ⊠ de Romans. Pop. 509 h.

GEZ, vg. *H.-Pyrénées* (Gascogne), arr., cant., ⊠ et à 1 k. d'Argelès et à 16 k. de Lourdes. Pop. 339 h.

GÉZAINCOURT, vg. *Somme* (Picardie), arr., cant., ⊠ et à 2 k. de Doullens. P. 683 h.

GEZ-EN-ANGLES, vg. *H.-Pyrénées* (Gascogne), arr. d'Argelès, cant., ⊠ et à 6 k. de Lourdes. Pop. 124 h.

GÉZIER, vg. *H.-Saône* (Franche-Comté), arr. et à 27 k. de Gray, cant. et ⊠ de Gy. Pop. 486 h.

GÉZONCOURT, vg. *Meurthe* (Lorraine), arr. et à 22 k. de Toul, cant. de Domèvre, ⊠ de Noviant-aux-Prés. Pop. 239 h.

GHISONACCE, vg. *Corse*, comm. de Ghisoni, ⊠ de Vezzani.

GHISONI, vg. *Corse*, arr. et à 36 k. de Corté, cant. et ⊠ de Vezzani. Pop. 1,815 h.

GHISSIGNIES, vg. *Nord* (Flandre), arr. et à 33 k. d'Avesnes, cant. et ⊠ du Quesnoy. Pop. 479 h.

GHYVELDE, vg. *Nord* (Flandre), arr., ⊠ et à 12 k. de Dunkerque, cant. de Hondschoote. Pop. 1,681 h.

GIAT, bg *Puy-de-Dôme* (Auvergne), arr. et à 36 k. de Riom, cant. et ⊠ de Pontaumur. Pop. 2,154 h. — On voit aux environs plusieurs tumulus. — *Commerce* de bestiaux. — *Foires* les 29 janv., 16 fév., 12 mars, 15 avril, 2 oct., 15 nov. et 13 déc.

GIBAUD (le château), *Charente-Inf.*, com. de Fouilloux, ⊠ de Moutlieu.

GIBEAUMEIX, vg. *Meurthe* (Lorraine), arr. et à 17 k. de Toul, cant. et ⊠ de Colombey. Pop. 433 h.

GIBEL, vg. *H.-Garonne* (Languedoc), arr., ⊠ et à 15 k. de Villefranche-de-Lauragais, cant. de Nailloux. Pop. 1,097 h.

GIBERCOURT, vg. *Aisne* (Picardie), arr. et à 14 k. de St-Quentin, cant. de Moy, ⊠ de St-Simon. Pop. 128 h.

GIBERCY, vg. *Meuse* (pays Messin), arr. et à 25 k. de Montmédy, cant. et ⊠ de Damvillers. Pop. 97 h.

GIBERIE (la), vg. *Aube*, comm. du Petit-Mesnil, ⊠ de Brienne.

GIBERVILLE, vg. *Calvados* (Normandie), arr. et à 8 k. de Caen, cant. et ⊠ de Troarn. Pop. 323 h.

GIBET (le), vg. *Seine-et-Marne*, comm. de Jossigny, ⊠ de Couilly.

GIBLES, vg. *Saône-et-Loire* (Bourgogne), arr. et à 19 k. de Charolles, cant. et ⊠ de la Clayette. Pop. 1,404 h.

GIBOURNE, vg. *Charente-Inf.* (Saintonge), arr. et à 17 k. de St-Jean-d'Angely, cant. et ⊠ de Matha. Pop. 339 h.

GIBRET, vg. *Landes* (Gascogne), arr. et à 23 k. de Dax, cant. et ⊠ de Montfort. Pop. 292 h.

GIBRIEN (St-), vg. *Marne* (Champagne), arr., cant., ⊠ et à 6 k. de Châlons-sur-Marne. Pop. 103 h.

GIBRONDES, vg. *Tarn* (Languedoc), arr., ⊠ et à 10 k. de Castres, cant. de Lautrec. Pop. 790 h.

GICOURT, vg. *Oise*, comm. d'Agnetz, ⊠ de Clermont.

GICQ (le), vg. *Charente-Inf.* (Saintonge), arr. et à 22 k. de St-Jean-d'Angely, cant. et ⊠ d'Aulnay. Pop. 373 h.

GIDY, vg. *Loiret* (Orléanais), arr. et à 12 k. d'Orléans, cant. d'Artenay, ⊠ de Chevilly. Pop. 868 h.

GIEL, vg. *Orne* (Normandie), arr. et à 15 k. d'Argentan, cant. et ⊠ de Putanges. P. 350 h.

GIEN, *Gianum*, *Giemacum*, jolie petite ville, *Loiret* (Gatinais), chef-l. de sous-préf. (3ᵉ arr.) et d'un cant. Trib. de 1ʳᵉ inst. Cure. Gîte d'étape. ⊠. ✧. Pop. 5,349 h. — TERRAIN tertiaire moyen.

Autrefois comté, diocèse d'Auxerre, parlement de Paris, intendance d'Orléans, chef-lieu d'élection, bailliage, prévôté, justice royale gouvernement particulier, lieutenance de maréchaussée, collégiale, collège, 4 couvents.

Gien est une ville ancienne. Quelques auteurs pensent qu'elle occupe l'emplacement de l'antique *Genabum* des Commentaires de César, que d'autres historiens placent à Orléans. Le premier titre où il est fait mention de cette ville est un acte de Pepin le Bref, de 760. Vers la fin du vmᵉ siècle, Charlemagne y fit bâtir un château, qui devint la propriété d'Étienne de Vermandois, descendant du second fils de ce monarque. En 1410, les noces de la fille de Jean sans Peur, duc de Bourgogne, avec le comte de Guise, furent célébrées au château de Gien. En 1420, on y signa le traité connu sous le nom de ligue de Gien, conclu entre Ch. d'Orléans, J. de Berry et Ch. d'Armagnac, contre le duc de Bourgogne, qui avait fait assassiner le duc d'Orléans. C'est aussi dans ce château que Jeanne d'Arc détermina Charles VII à marcher sur Reims pour s'y faire sacrer. En 1494, Anne de France, fille de Louis XI, régente du royaume pendant la minorité de Charles VIII, fit réparer et agrandir le château ainsi que l'enceinte de la ville. François Iᵉʳ l'habita en 1528. Louis XIV y fit un assez long séjour avec toute sa cour en 1652.

Les **armes de Gien** sont : *d'azur au chef de gueules, à un château d'argent couvert en croupe, accompagné de deux tours couvertes de même.*

La ville de Gien est bâtie dans une situation agréable sur la rive droite de la Loire, qu'on y passe sur un beau pont de pierres de douze arches. Son aspect est remarquable du côté du sud, où elle s'étend en amphithéâtre sur le penchant d'un coteau, couronné par l'église St-Louis et par un antique château. Cette ville possède plusieurs maisons solidement construites de l'époque de la renaissance. Le château, qui est dans un bel état de conservation, appartient au département ; il renferme la sous-préfecture, la mairie et le tribunal de première instance.

Gien a souvent souffert des débordements de la Loire, notamment le 28 mai 1733 : la crue du fleuve causa une perte immense dans la banlieue du côté du Berry, emporta quelques maisons, la chapelle St-Nicolas et deux arches du pont du côté de la ville.

Manufacture de faïence façon anglaise. Tanneries. — *Commerce* de sel, grains, vins, safran, laines. — *Foires* les 28 avril, 2ᵉ lundi de carême, samedi avant le 20 juin, 11 août, 9 oct., 25 nov. et 1ᵉʳ samedi après le 1ᵉʳ janv.

A 62 k. S.-E. d'Orléans, 148 k. S. de Paris. Lat. 47° 41′ 8″, long. 0° 27′ 42″ E.

L'arrondissement de Gien renferme 5 cantons : Gien, Briare, Châtillon-sur-Loire, Ouzouer-sur-Loire, Sully-sur-Loire.

Bibliographie. MARCHAND. *Notice historique sur l'ancien château royal de Gien* (Annuaire du Loiret, 1843).

GIEN-SUR-CURE, vg. *Nièvre* (Nivernais), arr. et à 20 k. de Château-Chinon, cant. et ⊠ de Montsauche. Pop. 269 h.

GIENCOURT, vg. *Oise*, comm. de Breuill-le-Vert, ⊠ de Clermont.

GIENS (presqu'île de), *Var*, comm. et ⊠ d'Hyères.

GIER, rivière qui prend sa source au-dessus de St-Chamond, *Loire* ; elle tombe en cascades du mont Pila, arrose St-Chamond, Rive-de-Gier, prête ses eaux à l'canal de Givors, et se jette dans le Rhône à Givors, après un cours d'environ 36 k. V. GIVORS (canal de).

GIÈRES, vg. *Isère* (Dauphiné), arr., cant., ⊠ et à 6 k. de Grenoble. Pop. 1,162 h. — *Foires* les 26 juillet et 18 oct.

GIESENHEIM, vg. *B.-Rhin*, comm. et ⊠ de Rœschwoog.

GIÉVILLE, vg. *Manche* (Normandie), arr. et à 16 k. de St-Lô, cant. et ⊠ de Torigny. P. 783 h.

GIÈVRES, vg. *Loir-et-Cher* (Blaisois), arr. et à 12 k. de Romorantin, cant. de Selles-sur-Cher. Pop. 1,010 h.

GIEZ-SUR-AUJON, vg. *H.-Marne* (Champagne), arr. et à 20 k. de Langres, cant. d'Auberive, ⊠ d'Arc-en-Barrois. Pop. 550 h. — Manufacture de porcelaine à feu dite hygiocérame, de grès de diverses qualités, ustensiles de chimie, creusets, etc.

Ce village, avant la révolution, renfermait une abbaye de religieuses de l'ordre de St-Benoît, fondée par Maurice de Sully, évêque de Paris, vers l'an 1140, et renommée par la régularité de son régime. Madame de Ségur en a été la dernière abbesse. Cette abbaye a été entièrement détruite.—On voit, dans la prairie dite de Coupières, les ruines de l'ancien château qui appartenait, en 1500, aux fameux Gotelas.— Au hameau de Courcelles est une belle maison de campagne où l'on entretient dans les basses-cours de belles vaches suisses, dont le lait est converti en fromage, à façon de Gruyères. La rhubarbe se cultive avec succès dans ses jardins.

GIF, vg. *Seine-et-Oise* (Ile-de-France), arr. et à 15 k. de Versailles, cant. de Palaiseau, ✉ d'Orçay. Pop. 717 h.

GIFFAUMONT, vg. *Marne* (Champagne), arr. et à 26 k. de Vitry-le-François, cant. et ✉ de St-Remy-en-Bouzemont.

GIGEAN, petite ville, *Hérault* (Languedoc), arr. et à 21 k. de Montpellier, cant. et ✉ de Palaiseau. ⌂. Pop. 1,310 h.

GIGET, vg. *Charente*, comm. de Vœuil, ✉ d'Angoulême.

GIGNAC, vg. *Bouches-du-Rhône* (Provence), arr. et à 26 k. d'Aix, cant. de Martigues, ✉ de Marignane. 731 h.

GIGNAC, petite ville, *Hérault* (Languedoc), arr. et à 6 k. de Lodève, ch.-l. de cant. Cor. Pop. Gîte d'étape. ✉. ⌂. A. 720 k. de Paris pour la taxe des lettres. Pop. 2,669 h.—Terrain tertiaire moyen.

Il est fait mention de Gignac dès le VIᵉ ou VIIᵉ siècle : c'était le siège d'un évêché érigé avant le IXᵉ siècle ; il fut saccagé en 1361, par Séguin de Badefol, chef de routiers ; les guerres de religion lui furent également funestes.

Les armes de Gignac sont : *de gueules à un château de trois tours crénelées d'argent ; au chef d'azur chargé de trois fleurs de lis d'or*.

Cette ville est située dans une contrée couverte de vignes, de mûriers et d'oliviers, près de la rive gauche de l'Hérault, que l'on traverse sur un pont très-remarquable.

On y remarque une belle église à trois nefs, surmontée d'un clocher carré, et une haute tour quadrangulaire à bossages, dont on ignore la destination primitive.

Non loin de Gignac, on voit, sur une hauteur l'église de Notre-Dame-de-Grâce, que l'on croit avoir été originairement un temple de Vesta. Cette église est remarquable par son architecture, et précédée de plusieurs chapelles ou stations, comme la chapelle de Notre-Dame-de-Grâce, près d'Agde ; elle est, ainsi que cette dernière, célèbre par un pèlerinage où les habitants de la contrée se rendent de 48 k. à la ronde, aux solennités du 15 août et du 8 septembre.

Le pont de Gignac est composé de deux arches latérales à plein cintre, et d'une grande arche intermédiaire, de 48 m. 70 c. d'ouverture. Sa longueur est de 173 m. 46 c.

Patrie du lieutenant général Claparède.

Fabriques de vert-de-gris dont il se fait un grand commerce dans tout le canton ; olives confites, produits du terroir ; sucreries ; distilleries d'eaux-de-vie. Filatures de laine.—*Commerce* de grains, légumes, comestibles, laines, etc.—*Foires* les 3ᵉ samedi de mai, 18 sept. et 30 nov.

GIGNAC, vg. *Lot* (Quercy), arr. et à 7 k. de Gourdon, cant. de Souillac, ✉ de Carcassonne. P. 1,552 h. — *Foires* le 2 janv., 23 juin et 12 nov.

GIGNAC, *Gignacum*, vg. *Vaucluse* (Provence), arr., cant., et à 13 k. d'Apt. Pop. 220 h.—C'était autrefois un bourg considérable défendu par un château fort, bâti sur un rocher, et détruit dans les guerres de religion.—*Foire* le 11 nov.

GIGNAT, vg. *Puy-de-Dôme* (Auvergne), arr. et à 10 k. d'Issoire, cant. et ✉ de St-Germain-Lembron. Pop. 576 h.

GIGNÉVILLE, vg. *Vosges* (Lorraine), arr. et à 32 k. de Mirecourt, cant. de Monthureux-sur-Saône, ✉ de Darney. Pop. 284 h.

GIGNEY, vg. *Ain*, comm. de Corbonod, ✉ de Seyssel.

GIGNEY, vg. *Vosges* (Lorraine), arr., ✉ et à 12 k. d'Epinal, cant. de Châtel-sur-Moselle. Pop. 225 h.

GIGNY, vg. *Côte-d'Or*, comm. et ✉ de Beaune.

GIGNY, bg *Jura* (Franche-Comté), arr. et à 26 k. de Lons-le-Saulnier, cant. de St-Julien, ✉ de St-Amour. Pop. 940 h.—Il y avait autrefois un prieuré conventuel de l'ordre de St-Benoît, dont les religieux étaient obligés de faire preuve de noblesse. On remarque aux environs des grottes fort curieuses. V. Loisia. —*Foires* les 10 fév., 10 avril, 10 juin, 10 août, 18 oct. et 10 déc.

Bibliographie. Gaspard (B.). *Histoire de Gigny, de sa noble et royale abbaye, et de saint Taurin, son patron*, in-8, 1843.

GIGNY, vg. *H.-Marne*, comm. et ✉ de St-Dizier.

GIGNY, vg. *Saône-et-Loire* (Bourgogne), arr. et à 18 k. de Chalon-sur-Saône, cant. et ✉ de Sennecey. Pop. 1,006 h.—*Foires* les 5 mai et 16 sept.

GIGNY, vg. *Yonne* (Champagne), arr. et à 27 k. de Tonnerre, cant. et ✉ de Cruzy. Pop. 454 h.

GIGNY-AUX-BOIS, vg. *Marne* (Champagne), arr. et à 17 k. de Vitry-le-François, cant. et ✉ de St-Remy-en-Bouzemont. Pop. 305 h.

GIGONDAS, vg. *Vaucluse* (principauté d'Orange), arr. et à 15 k. d'Orange, cant. de Beaumes, ✉ de Vaison. Pop. 957 h.—On y trouve une source d'eau minérale.

GIGORS, *B.-Alpes* (Provence), arr. et à 52 k. de Sisteron, cant. de Turriers, ✉ de la Motte-du-Caire. Pop. 225 h.

GIGORS, vg. *Drôme* (Dauphiné), arr. et à 29 k. de Die, cant. et ✉ de Crest. Pop. 648 h.

GIGOUX, vg. *Creuse*, comm. de Lépaud, ✉ de Chambon.

GIGOUZAC, vg. *Lot* (Quercy), arr. et à 21 k. de Cahors, cant. et ✉ de Catus. Pop. 580 h. —*Foires* les 4 mai, 1ᵉʳ juillet et 18 nov.

GIJOUNET, vg. *Tarn* (Languedoc), arr. et à 42 k. de Castres, cant. et ✉ de Lacaune. P. 730 h.

GIJOUNIÉ (la), vg. *Tarn*, comm. de Viane, ✉ de Lacaune.

GILDAS (St-), vg. *Côtes-du-Nord* (Bretagne), arr. et à 30 k. de St-Brieuc, cant. et ✉ de Quintin. Pop. 778 h.

GILDAS-DE-RUIS (St-), vg. *Morbihan* (Bretagne), arr. et à 28 k. de Vannes, cant. et ✉ de Sarzeau. Pop. 1,265 h. — *Foire* le 24 mai.

St-Gildas doit son origine à un monastère fondé en 520 par Gildas le Sage. Abailard fut abbé de ce monastère en 1125 ; on sait que, ses moines ayant voulu d'abord l'empoisonner et ensuite l'assassiner, il fut obligé de résigner ses fonctions et d'abandonner le pays. Les ruines de l'abbaye de St-Gildas offrent dans leurs détails d'intéressants modèles de l'architecture gothique lombarde. — On voit sous le maître-autel de l'église, à l'orient, une cavité, espèce d'enfeu profond, formé par un plein cintre, dans lequel est déposé un cercueil de pierre renfermant les reliques du saint sous le vocable duquel est l'église. Cette église possède aussi plusieurs cercueils romains sur lesquels sont gravées des inscriptions assez bien conservées, mais qui ne portent aucune ornementation.

Le château de Sucinio, antique forteresse située au fond de l'anse qui porte son nom, est une dépendance de la commune de St-Gildas. Ce château fut bâti vers l'an 1260, par le duc de Bretagne Jean le Roux. Il est flanqué de six tours rondes, surmontées de nombreuses cheminées. L'ensemble de cet édifice, quoique aujourd'hui fort dégradé, présente encore une masse imposante.

En 1380, les Espagnols ayant fait une descente dans la presqu'île, furent défaits et forcés de se rembarquer par Jean de Malestroit ; qui commandait alors le château de Sucinio. Trente-quatre ans avant cette époque, il avait été pris par Jean de Montfort, et repris par Charles de Blois, son compétiteur au duché de Bretagne. Les ducs de cette province y ont fait souvent leur demeure, et la duchesse Anne surtout l'affectionnait extrêmement.

GILDAS-DES-BOIS (St-), bg *Loire-Inf.* (Bretagne), arr. et à 21 k. de Savenay, chef-l. de cant., ✉ et bureau d'enregist. de Pont-Château. Pop. 1,604 h. — Terrain cristallisé.

— Il est situé sur une hauteur, au milieu de marais entourés de landes immenses.

L'église abbatiale, aujourd'hui paroissiale, de St-Gildas-des-Bois est une fondation de l'ordre de St-Benoît, dont la construction date du XIIIᵉ siècle. Un clocher unique s'élève à l'intersection de la croix ; formé extérieurement de trois dômes superposés, il s'élançait avec sa flèche aiguë à plus de 50 m., avant la destruction par la foudre de cette flèche et du dernier dôme, au commencement de ce siècle. L'abside est circulaire à l'extérieur et pentagone au dedans ; toutes les colonnes sont en granit et décorées de chapiteaux à figures bizarres ; les stalles du chœur, au nombre de trente-six, sont du XVIIIe siècle, en bois de chêne et d'un travail remarquable ; la porte qui ferme la clôture du chœur, vers le milieu de la grande nef, est en fer battu et d'un travail exquis.

Foires les 26 avril, 12 mai, 4 sept. et 29 oct.

GILDWILLER, vg. *H.-Rhin* (Alsace), arr. et à 26 k. de Belfort, cant. et ✉ de Dannemarie. Pop. 274 h.

GILES (St-), vg. *Somme*, comm. et ✉ de Roye.

GILES-LES-FORÊTS (St-), vg. *H.-Vienne* (Limousin), arr. et à 44 k. de Limoges, cant. de Châteauneuf, ✉ de St-Germain-les-Belles. Pop. 561 h.

GILET, vg. *Lot-et-Garonne*, comm. et ✉ de Ste-Livrade.

GILHAC, vg. *Ardèche* (Vivarais), arr. et à 32 k. de Privas, cant. et ✉ de la Voulte. Pop. 838 h.

GILHOC, vg. *Ardèche* (Vivarais), arr. et à 20 k. de Tournon, cant. et ✉ de la Mastre. Pop. 1,290 h. — *Foires* les 24 mars, 9 mai, 9 sept. et 11 déc.

GILHORQUE. V. GILLORGUES.

GILLANCOURT, vg. *H.-Marne* (Champagne), arr. et à 15 k. de Chaumont-en-Bassigny, cant. et ✉ de Juzennecourt. Pop. 338 h.

GILLAUMÉ, vg. *H.-Marne* (Champagne), arr. et à 36 k. de Vassy, cant. de Poissons, ✉ de Sailly. Pop. 99 h.

GILLES, vg. *Eure-et-Loir* (Beauce), arr. et à 23 k. de Dreux, cant. et ✉ d'Anet. Pop. 424 h.

GILLES (St-), vg. *Calvados*, comm. et ✉ de Caen.

GILLES (St-), ci-devant ST-GILLES-LES-BOUCHERIES, *Anatilia*, *Ægidipolis*, petite ville, *Gard* (Languedoc), arr. et à 20 k. de Nîmes, chef-l. de cant. Cure. ✉ A 721 k. de Paris pour la taxe des lettres. Pop. 5,635 h. — TERRAIN d'alluvions modernes.

Autrefois diocèse d'Arles, parlement de Toulouse, intendance de Montpellier, grand prieuré de l'ordre de Malte.

Cette ville, où les rois visigoths avaient, dit-on, un palais, doit son nom à une abbaye fondée par saint Gilles, qui y vivait dans le Ve siècle. Elle est située dans un territoire fertile en excellents vins, sur le canal de Beaucaire, qui forme en cet endroit un bassin spacieux où s'arrêtent les bateaux, et s'étend sur la pente d'un coteau très-escarpé du côté de l'est, dont le sommet est occupé par une esplanade d'où l'on jouit d'une vue charmante et très-étendue. L'église de l'ancienne abbaye de St-Gilles est un édifice remarquable, construit vers le IXe ou le Xe siècle ; la façade est d'une architecture admirable. On voit dans une tour la fameuse vis de St-Gilles, espèce de voûte annulaire rampante, disposée pour soutenir les marches d'un escalier tournant autour d'un noyau évidé : le tracé de cette voûte passe pour être l'un des plus difficiles de la coupe des pierres. Cette église a été classée au nombre des monuments historiques.

Le vignoble renommé de St-Gilles occupe un plateau très-vaste et quelques collines : il donne des vins rouges très-colorés, corsés, fermes, assez spiritueux et francs de goût : ceux de quelques crus privilégiés ont de la finesse et de l'agrément. Les meilleurs crus sont ceux dits de l'Aube, la petite Cassagne, St-André et Pérouse. Tous les vins de St-Gilles sont très-bons pour l'exportation, parce qu'ils ne craignent ni les voyages ni la chaleur. — Nombreuses distilleries. — Grand commerce de vins, eau-de-vie et esprits. — *Foires* les 13 janv., 1er sept. et veille de la Pentecôte.

GILLES (St-), vg. *Ille-et-Vilaine* (Bretagne), arr. et à 13 k. de St-Lô, cant. de Mordelles, ✉ de Bédée. Pop. 1,487 h. — *Foires* les 30 juin, 2 sept. et 3 nov.

GILLES (St-), vg. *Indre* (Berry), arr. et à 34 k. du Blanc, cant. et ✉ de St-Benoît-du-Sault. Pop. 476 h. — *Foire* le 3 sept.

GILLES (St-), vg. *Maine-et-Loire*, comm. et ✉ de Chemillé.

GILLES (St-), petit bourg, *Manche* (Normandie), arr., cant. et à 7 k. de St-Lô, cant. de Marigny. Pop. 578 h. — On y voit une église fort ancienne, que les amateurs d'architecture du moyen âge ont souvent plusieurs.

GILLES (St-), vg. *Marne* (Champagne), arr. et à 28 k. de Reims, cant. et ✉ de Fismes. Pop. 422 h. Au confluent de l'Ardre et de l'Orillon. — On voit aux environs, sur une éminence dite la butte du Prieuré, les restes d'une maison de templiers.

GILLES (St-), vg. *Saône-et-Loire*, comm. de Dennevy, ✉ du Bourgneuf.

GILLES (St-), vg. *Seine-Inf.*, comm. et ✉ de Rouen.

GILLES-DE-CRÉTOT (St-), vg. *Seine-Inf.* (Normandie), arr. et à 12 k. d'Yvetot, cant. et ✉ de Caudebec. Pop. 461 h.

GILLES-DE-LA-NEUVILLE (St-), vg. *Seine-Inf.* (Normandie), arr. et à 22 k. du Havre, cant. et ✉ de St-Romain. Pop. 785 h.

GILLES-DE-L'ISLE-BOUCHARD (St-). V. ISLE-BOUCHARD.

GILLES-DE-LIVET (St-), vg. *Calvados*, comm. de Rumesnil, ✉ de Cambremer.

GILLES-DE-MÉZILIAC (St-), vg. *Ardèche*, comm. de Mézilhac, ✉ de Chaylard.

GILLES-DES-MARAIS (St-), vg. *Orne* (Normandie), arr., cant., ✉ et à 3 k. de Domfront. Pop. 364 h.

GILLES-DU-MÉNÉ (St-), vg. *Côtes-du-Nord* (Bretagne), arr. et à 20 k. de Loudéac, cant. de Colinée, ✉ de Moncontour. P. 660 h.

GILLES-DU-VIEUX-MARCHÉ (St-), vg. *Côtes-du-Nord* (Bretagne), arr. et à 20 k. de Loudéac, cant. de Mur, ✉ d'Uzel. P. 892 h.

GILLES-LES-BOIS (St-), vg. *Côtes-du-Nord* (Bretagne), arr. et à 16 k. de Guingamp, cant. et ✉ de Pontrieux. Pop. 950 h.

GILLES-PLIGEAUX (St-), vg. *Côtes-du-Nord* (Bretagne), arr. et à 25 k. de Guingamp, cant. de Bothoa, ✉ de Plésidy. Pop. 1,157 h. — *Foires* les 3 mai et 6 déc.

GILLES-SUR-VIE (St-), bourg maritime, *Vendée* (Poitou), arr. et à 27 k. des Sables, chef-l. de cant. Cure. Gîte d'étape. ✉ A 473 k. de Paris pour la taxe des lettres. Pop. 1,094 h. — TERRAIN de transition inférieure. — *Établissement de la marée*, 3 heures.

Autrefois diocèse de Luçon, parlement de Paris, intendance de Poitiers.

Ce bourg est situé au confluent de la Vie et de la Jaunaye, près de leur embouchure dans l'Océan ; il a un petit port qui reçoit des barques de 60 à 80 tonneaux. — Dans les premiers jours de juin 1815, les environs de St-Gilles ont été le théâtre d'un combat sanglant où furent complètement défaits par le général Travot les insurgés vendéens, qui y perdirent leur général en chef Larochejacquelin. Construction de navires et de bateaux ; pêche de la sardine. — *Commerce* de grains, eau-de-vie, sels, etc. — *Foires* les 16 avril, 20 juin et 23 sept.

Bibliographie. ASTRUC (J.). *Remarques sur la ville de St-Gilles, où il y avait autrefois un port célèbre* (Mém. de la prov. du Languedoc, par le même, in-4, 1737).

GILLETONS, vg. *Yonne*, comm. et ✉ de Villeneuve-le-Roi.

GILLEY, vg. *Doubs* (Franche-Comté), arr., ✉ et à 20 k. de Pontarlier, cant. de Montbenoît. Pop. 821 h.

GILLEY, vg. *H.-Marne* (Champagne), arr. et à 35 k. de Langres, cant. et ✉ des Fayl-Billot. Pop. 390 h.

GILLIEU, vg. *Charente-Inf.*, comm. et ✉ d'Ars-en-Ré.

GILLOIS, vg. *Jura* (Franche-Comté), arr. de Poligny, à 32 k. d'Arbois, cant. et ✉ de Nozeroy. Pop. 536 h.

GILLON, vg. *Drôme*, comm. de Châtillon-St-Jean, ✉ de Romans.

GILLONNAY, vg. *Isère* (Dauphiné), arr. et à 38 k. de Vienne, cant. et ✉ de la Côte-St-André. Pop. 975 h.

GILLORGUES, vg. *Aveyron*, comm. de Bozouls, ✉ d'Espalion.

GILLY-LES-CITEAUX, *Gilliacus*, joli village, *Côte-d'Or* (Bourgogne), arr. et à 20 k. de Beaune, cant. et ✉ de Nuits. Pop. 605 h. — Gilly est un village très-ancien, baigné par les eaux de la Vouge ; il y a de belles places publiques. Au centre du village, on voit un ancien château, entouré de fossés remplis d'eau vive, qui appartenait autrefois à l'abbaye de Citeaux. En 1513, les habitants de la commune se retirèrent dans ce château, et résistèrent courageusement à l'insurrection des Suisses ; en 1590, il fut pris par les ligueurs, qui pendirent aux créneaux la garnison.

GILLY-SUR-LOIRE, vg. *Saône-et-Loire* (Bourgogne), arr. et à 40 k. de Charolles, cant. et ✉ de Bourbon-Lancy. Pop. 754 h.

GILOCOURT, vg. *Oise* (Picardie), arr. et à 28 k. de Senlis, cant. et ✉ de Crépy. Pop. 609 h.

GIMAT, vg. *Tarn-et-Garonne* (Languedoc), arr. et à 33 k. de Castel-Sarrasin, cant. et ✉ de Beaumont-de-Lomagne. Pop. 335 h.

GIMBRÈDE, bg *Gers* (Armagnac), arr. et à 15 k. de Lectoure, cant. de Miradoux, ✉ d'Astafort. Pop. 955 h. — *Foire le 23 avril.*

GIMBRETT, vg. *B.-Rhin* (Alsace), arr. et à 20 k. de Strasbourg, cant. et ✉ de Truchtersheim. Pop. 358 h.

GIMEROIS, vg. *Seine-et-Marne* (Brie), arr., ✉ et à 7 k. de Provins, cant. de Villiers-St-Georges. Pop. 59 h.

GIMEAUX, vg. *Puy-de-Dôme* (Auvergne), arr. et à 6 k. de Riom, cant. et ✉ de Combronde. Pop. 671 h. — On trouve sur son territoire une source d'eau minérale froide et une source d'eau thermale. L'eau d'une de ces sources forme des dépôts considérables, dans lesquels on a pratiqué une grotte de 8 m. de large sur 1 à 2 m. de hauteur et 4 m. de profondeur.

GIMÉCOURT, vg.-*Meuse* (Lorraine), arr. de Commercy, à 17 k. de St-Mihiel, cant. de Pierrefitte, ✉ de Villotte-devant-St-Mihiel. Pop. 257 h.

GIMEL, vg. *Corrèze* (Limousin), arr., cant., ✉ et à 13 k. de Tulle. Pop. 967 h.

Gimel était, dans le XVIᵉ siècle, la résidence des sires de nom, barons fameux dans le Limousin. On y remarque les restes d'un ancien château, une jolie croix décorée de sculptures gothiques et une rustique église paroissiale.

Ce village est situé sur la Montane, rivière dont les eaux forment en ce lieu une cascade qui serait une des plus célèbres de France, si le volume de ses eaux répondait à la hauteur des rochers d'où elle se précipite. Ce n'est pas une seule chute, mais bien une suite de cascades dont la hauteur totale est de 133 m.; on en compte cinq principales, et au moins autant de secondaires. Il est impossible de voir toutes ces chutes d'un seul coup d'œil, et on ne peut en approcher successivement à cause des circuits du canal que les eaux se sont creusé entre les montagnes. La chute supérieure, divisée en trois parties par des roches aiguës, a environ 43 m. de hauteur, et, quand les eaux sont abondantes, une largeur de 5 m.; lorsque la rivière est grossie par les pluies, les trois cascades se confondent en une seule, qui offre alors un coup d'œil imposant. Au-dessous de cette première chute, on en trouve une seconde où l'eau suit un plan incliné, formé par un rocher d'une seule pièce d'environ 27 m. de haut, et tombe dans un gouffre dont on n'a pu jusqu'à présent sonder la profondeur; il y a encore deux ou trois autres cascades au-dessous de celle-là.

GIMEOS, vg. *Charente* (Angoumois), arr., cant., ✉ et à 10 k. de Cognac. Pop. 427 h.

GIMEY, vg. *Meurthe*, comm. de Sexey-aux-Forges, ✉ de Pont-St-Vincent.

GIMOND (la), vg. *Loire* (Forez), arr. et à 35 k. de Montbrison, cant. et ✉ de St-Galmier. Pop. 167 h.

GIMONE (la), rivière qui prend sa source dans la vallée de Magnoac, arr. de Bagnères, H.-Pyrénées; elle passe à Boulogne, Saramont, Gimont, Beaumont-de-Lomagne, et se jette dans la Garonne, au-dessous de Bourret, *Tarn-et-Garonne*, après un cours d'environ 100 k.

GIMONT, petite ville, *Gers* (Armagnac), arr. et à 25 k. d'Auch, chef-l. de cant. Cure. Collége comm. ✉. ⚜. À 706 k. de Paris pour la taxe des lettres. Pop. 2,816 h. — TERRAIN tertiaire moyen.

Autrefois diocèse et intendance d'Auch, parlement de Toulouse, élection de Rivière-Verdun, abbaye ordre de Citeaux, justice royale.

Cette ville fut fondée dans le xᵉ siècle, sur un terrain concédé par une riche abbaye de bernardins, dont les bâtiments existaient encore près de ses murs en 1789. Elle est sur la Gimone, et consiste en une seule rue assez longue qui passe sous les halles, et à laquelle aboutissent quelques rues transversales assez bien percées. L'église paroissiale est un bel édifice gothique, construit en briques, qui mérite d'être vu pour sa large nef sans piliers.

Gimont fait un grand commerce de grains, vins, eaux-de-vie et mulets. On trouve dans ses environs une mine de turquoises non exploitée, que l'on cite comme différant peu des turquoises d'Orient. — *Foires les 30 nov., 3ᵉ mercredi de janv., 1ᵉʳ lundi de carême, mercredi avant le dimanche des Rameaux, 1ᵉʳ mercredi de mai, le mercredi avant le 24 juin, mercredi après le 22 juillet, 2ᵉˢ mercredis de sept., d'oct., de déc.*

GIMOUILLE, vg. *Nièvre* (Nivernais), arr., cant., ✉ et à 10 k. de Nevers. Pop. 261 h.

GINAI, vg. *Orne* (Normandie), arr. et à 22 k. d'Argentan, cant. d'Exmes, ✉ de Nonant. Pop. 304 h.

GINALS, vg. *Tarn-et-Garonne* (Languedoc), arr. et à 52 k. de Montauban, cant. et ✉ de St-Antonin. Pop. 1,068 h.

GINASSERVIS, *Gymnasium Cervorum*; bg *Var* (Provence), arr. et à 2 k. de Brignoles, cant. de Rians, ✉ de Gréoux. Cure. P. 840 h. — *Foires les 14 sept. et 11 déc.*

GINCHY, vg. *Somme* (Picardie), arr., ✉ et à 18 k. de Péronne, cant. de Combles. P. 206 h.

GINCLA, vg. *Aude* (Languedoc), arr. et à 62 k. de Limoux, cant. de Roquefort-de-Sault, ✉ d'Axat. Pop. 264 h. — Il est situé au pied d'une montagne, dans un vallon étroit arrosé par la Boulzanne. — *Fabriques de limes et de draps.* — *Hauts fourneaux, forges, martinets, aciérie.*

GINCREY, vg. *Meuse* (pays Messin), arr. et à 19 k. de Verdun-sur-Meuse, cant. et ✉ d'Etain. Pop. 219 h.

GINDOU, vg. *Lot* (Quercy), arr. et à 30 k. de Cahors, cant. de Cazals, ✉ de Castelfranc. Pop. 790 h.

GINEIS-EN-COIRON (St-), vg. *Ardèche* (Vivarais), arr. et à 18 k. de Privas, cant. et ✉ de Villeneuve-de-Berg. Pop. 239 h.

GINELLE (la), vg. *Aude* (Languedoc), comm. d'Airoux, ✉ de Castelnaudary.

GINESTAS, bg *Aude* (Languedoc), arr., ✉ et à 18 k. de Narbonne, chef-l. de cant. Cure. Pop. 633 h. — TERRAIN tertiaire moyen. — Il est situé au pied d'une colline, dans un territoire productif en oliviers qui fournissent de l'huile estimée. — Aux environs, on trouve le domaine de l'AFFENAL, dans lequel est établie une papeterie, mise en mouvement par les eaux de la rivière de Cesse, détournées par un chenal. On remarquait aussi, à peu de distance de ce village, une église fondée par Charlemagne, qui a été convertie en une jolie maison située au milieu d'un jardin, d'où l'on jouit d'une vue très-étendue.

GINESTES (les), vg. *Aveyron*, comm. de Pomayrols, ✉ de St-Geniez.

GINESTES (les), vg. *Tarn*, comm. de Ste-Gemme, ✉ de Pampelonne.

GINESTOUX, vg. *H.-Garonne*, comm. et ✉ de Toulouse.

GINET (le), vg. *Isère*, comm. de Villefontaine, ✉ de la Verpillière.

GINGSHEIM, vg. *B.-Rhin* (Alsace), arr. et à 20 k. de Saverne, cant. et ✉ de Hochefelden. Pop. 420 h.

GINOLES, vg. *Aude* (Languedoc), arr. et à 36 k. de Limoux, cant. et ✉ de Quillan. Pop. 353 h. — Il est situé dans une vallée agréable, et possède trois sources d'eau minérale presque contiguës, qui donnent assez d'eau pour former le ruisseau du Coulent, dont le cours n'est que de 2 k.

L'une des trois sources est, dans toutes les saisons à la température constante de +1° de R., et ne gèle jamais, quelle que soit l'intensité du froid dans un pays déjà très-élevé. Les deux autres sont thermales, laissent dégager des bulles d'acide carbonique, et forment un léger dépôt de nature argileuse. La température de l'une est de +16° R.; celle de l'autre est de +24°. On accorde à ces eaux des vertus laxatives et diurétiques. On les a administrées avec succès dans certains engorgements commençants, et dans les douleurs vagues produites par la lenteur et l'épaississement des humeurs des premières voies.

GINOLHAC, vg. *Aveyron*, comm. et ✉ d'Entraygues.

GINOUILLAC, bg *Lot* (Quercy), arr. et à 44 k. de Gourdon, cant. de la Bastide, ✉ de Frayssinet. Pop. 550 h.

GINOUILLAC, vg. *Tarn-et-Garonne*, comm. et ✉ de Lauzerte.

GINTRAC, vg. *Lot* (Quercy), arr. et à 43 k. de Figeac, cant. et ✉ de Bretenoux. Pop. 413 h.

GINX (le), vg. *Landes*, comm. d'Arue, ✉ de Roquefort.

GIOCATOJO, vg. *Corse*, arr. et à 50 k. de Bastia, cant. et ✉ de la Porta. Pop. 250 h.

GIONGES, ou ST-FERGEUX, vg. *Marne* (Champagne), arr. et à 10 k. d'Epernay, cant. et ✉ d'Avize. Pop. 176 h.

GIOU-DE-MAMOU, vg. *Cantal* (Auvergne), arr., cant., ✉ et à 7 k. d'Aurillac. P. 681 h. — *Foires les 14 mai et 19 sept.*

GIOUX, vg. *Creuse* (Marche), arr. et à 16 k. d'Aubusson, cant. de Gentioux, ✉ de Felletin. Pop. 1,176 h.

GIOVANNI (San-), vg. *Corse*, arr. et à 35 k.

de Bastia, cant. de San-Nicolao, ⊠ de Cervione. Pop. 704 h.

GIOVICACCIE, vg. *Corse*, comm. de Guitera, ⊠ d'Ajaccio.

GIPEY, vg. *Allier* (Bourbonnais), arr. et à 25 k. de Moulins-sur-Allier, cant. et ⊠ de Souvigny. Pop. 716 h.

GIPOULOU, vg. *Aveyron*, comm. de Clairvaux, ⊠ de Rodez.

GIPY-SOUS-GIRY, vg. *Nièvre*, comm. de Giry, ⊠ de Prémery.

GIRAC, vg. *Lot* (Quercy), arr. et à 47 k. de Figeac, cant. de Bretenoux, ⊠ de St-Céré. Pop. 320 h.

GIRALÈS, vg. *Lozère*, comm. d'Arzenc, ⊠ de Châteauneuf-de-Randon.

GIRANCOURT, vg. *Vosges* (Lorraine), arr., cant., ⊠ et à 12 k. d'Épinal. Pop. 811 h.

GIRARDS (les), vg. *Drôme*, comm. de Plaisians, ⊠ du Buis.

GIRAUD (les), vg. *Allier*, comm. de Billezois, ⊠ de la Palisse.

GIRAUD (le), vg. *Isère*, comm. de Roche, ⊠ de la Verpillière.

GIRAUDIAS ( ), vg. *Charente*, comm. de Champniers, ⊠ d'Angoulême.

GIRAUDIÈRE (la Grande et Petite-), vg. *Loire-Inf.*, comm. de Gorges, ⊠ de Clisson.

GIRAULT (St-), vg. *Deux-Sèvres*, comm. de Chantecorps, ⊠ de St-Maixent.

GIRAUMONT, vg. *Moselle* (pays Messin), arr., ⊠ et à 13 k. de Briey, cant. de Conflans. Pop. 111 h.

GIRAUMONT, vg. *Oise* (Picardie), arr., ⊠ et à 10 k. de Compiègne, cant. de Ressons. Pop. 340 h.

GIRAUVOISIN, vg. *Meuse* (Lorraine), arr., cant., ⊠ et à 6 k. de Commercy, et à 14 k. de St-Mihiel. Pop. 232 h.

GIRCOURT, vg. *Vosges* (Lorraine), arr., ⊠ et à 7 k. de Mirecourt, cant. de Charmes. Pop. 722 h.

GIRCOURT, vg. *Vosges* (Lorraine), arr. et à 15 k. de Mirecourt, cant. et ⊠ de Dompaire. Pop. 320 h.

GIRECOURT-SUR-DURBION, vg. *Vosges* (Lorraine), arr. et à 15 k. d'Épinal, cant. et ⊠ de Bruyères. ☙. Pop. 467 h.

GIREFONTAINE, vg. *H.-Saône* (Franche-Comté), arr. à 39 k. de Lure, cant. et ⊠ de Vauvillers. Pop. 139 h.

GIREMOUTIERS, vg. *Seine-et-Marne* (Brie), arr., cant., ⊠ et à 6 k. de Coulommiers. Pop. 157 h.

GIRET, vg. *H.-Garonne*, comm. et ⊠ d'Aspet.

GIRGOLS, vg. *Cantal* (Auvergne), arr. et à 15 k. d'Aurillac, cant. et ⊠ de St-Cernin. Pop. 513 h.

GIRIVILLER, vg. *Meurthe* (Lorraine), arr. et à 20 k. de Lunéville, cant. et ⊠ de Gerbéviller. Pop. 302 h.

GIRMONT, vg. *Vosges* (Lorraine), arr. à 11 k. d'Épinal, cant. de Châtel-sur-Moselle, ⊠ de Nomeny. Pop. 473 h.

GIRMONT (le), vg. *Vosges*, comm. du Val-d'Ajol, ⊠ de Plombières.

GIROLATA, petit port de mer situé au fond du golfe de son nom, à 28 k. de Calvi. Il est défendu par une tour, et a souvent servi de refuge, pendant la guerre, aux bâtiments de commerce poursuivis par l'ennemi, et même aux bâtiments de l'État. En 1524, Jean Doria y défit la flotte du corsaire Dragut, à qui il enleva neuf vaisseaux, sur l'un desquels ce terrible corsaire fut fait prisonnier.

GIROLLES, vg. *Loiret* (Gatinais), arr. et à 8 k. de Montargis, cant. de Ferrières, ⊠ de Fontenay. Pop. 598 h.

GIROLLES, vg. *Yonne* (Bourgogne), arr., cant., ⊠ et à 7 k. d'Avallon. Pop. 470 h.

GIROMAGNY, petite ville, *H.-Rhin* (Alsace), arr. et à 27 k. de Belfort, chef-l. de cant. Cure. ⊠. A 435 k. de Paris pour la taxe des lettres. P. 2,247 h. — TERRAIN de grès rouge. Cette ville, située au pied des Vosges, possède des mines d'argent, de cuivre, de plomb, de cobalt, de zinc, d'arsenic, etc., dont l'exploitation est suspendue. — *Fabriques* de bonneterie, de calicots. Tissage mécanique. Filatures de coton. Tuileries et briqueteries. — *Foires* le 2ᵉ mardi de chaque mois.

GIROMPAIRE, vg. *Vosges*, comm. de St-Léonard, ⊠ de St-Dié.

GIRON (le), petite rivière qui prend sa source non loin de Puy-Laurens, dép. du Tarn; elle traverse la partie septentrionale du dép. de la H.-Garonne, et se jette dans le Lers, vis-à-vis de Grenade, après un cours d'environ 50 k.

GIRON, vg. *Ain* (Bourgogne), arr., ⊠ et à 19 k. de Nantua, cant. de Châtillon-de-Michaille. Pop. 325 h.

GIRON (St-), vg. *Gironde* (Guienne), arr. et à 10 k. de Blaye, cant. et ⊠ de St-Savin. Pop. 1,087 h.

GIRONCOURT, vg. *Vosges* (Lorraine), arr. et à 21 k. de Neufchâteau, cant. et ⊠ de Châtenois. Pop. 430 h.

GIRONDE, rivière, *Gerunna, Girunna*, nom que reçoit la Garonne hors de son confluent avec la Dordogne au Bec-d'Ambès. V. GARONNE. C'est en cet endroit qu'a lieu le phénomène connu sous le nom de mascaret. A l'embouchure de presque toutes les grandes rivières, la marée produit un refoulement des eaux, que l'on nomme barre à l'embouchure de la Seine, bogatz à l'embouchure du Nil, bore à l'embouchure du Gange, pororoca à l'embouchure de la rivière des Amazones, et mascaret à l'embouchure de la Dordogne. On l'observe principalement quand les eaux de cette dernière rivière sont très-basses; alors on voit, auprès du Bec-d'Ambès, une lame d'eau, haute de 4 à 5 m., rouler sur la côte, remonter et parcourir rapidement la rivière dans toutes ses sinuosités, avec un bruit assez fort. A l'approche de cette lame, les bateliers s'empressent de tourner la proue de leurs embarcations vers le courant, afin de n'être pas renversés. Le mascaret remonte la Dordogne jusqu'à environ 32 k. de son confluent; dans certains endroits, il quitte les rives pour s'étendre sur toute la largeur de la rivière, dont les nombreux détours, les bancs de sable, loin

d'être des obstacles à son cours rapide, ne font qu'augmenter sa force.

GIRONDE (département de la). Le département de la Gironde est formé de l'ancien Bordelais, partie la plus occidentale de la ci-devant province de Guienne. Il tire son nom de la partie inférieure de la Garonne qui, après avoir reçu la Dordogne au Bec-d'Ambès, acquiert la largeur d'un grand fleuve, ou plutôt d'un bras de mer, et prend le nom de Gironde : l'embouchure en est éclairée par le phare de Cordouan.

— Ses limites sont : au nord le département de la Charente-Inférieure, à l'est ceux de la Dordogne et de Lot-et-Garonne, au sud celui des Landes, et à l'ouest l'Océan.

Le territoire du département de la Gironde est généralement uni; il présente trois grandes divisions naturelles, formées par le cours de ses rivières, divisions qui diffèrent autant entre elles par l'aspect que par les productions. — La première, située à droite de la Dordogne, se compose de plaines et de coteaux calcaires, couverts de champs, de pâturages, de bois taillis et de vignobles, et renferme vers le nord-est, une partie des riantes vallées de l'Isle et de la Dronne, agréablement entrecoupées d'arbres, de prairies et de vignes. — La seconde division comprend l'Entre-Deux-Mers, ainsi nommé de sa situation entre la Garonne et la Dordogne, et l'ancienne Benauge, pays pittoresque très-varié, qui, par la fertilité et la beauté de ses sites, peut être comparé aux délicieuses vallées de la Loire et de la Saône. Dans cette partie, les plantes céréales et légumineuses disputent le terrain à la vigne et le partagent avec elle. Les belles rives des deux fleuves offrent une suite continuelle de paysages charmants, où domine un pampre dont les ceps sont ordinairement grands comme de petits arbres, et les plus vigoureux que l'on connaisse. — La troisième division, située sur la rive gauche de la Garonne, est généralement sèche et aride; elle comprend le littoral qui s'étend à l'ouest, où se trouve l'ancien Médoc, pays de gravier siliceux, qui produit les meilleurs vins rouges du département; plusieurs bassins, quelques ports et un grand nombre de marais; et au sud le vaste plateau des Landes, véritable désert couvert de bruyères et de sables, au milieu desquels on remarque çà et là quelques bons pâturages et une assez riche culture. En général, les habitants ont su tirer de ce sol ingrat le seul parti convenable : une grande partie de son étendue est couverte de pins qui y réussissent très-bien, et qui fournissent au commerce des bois et une grande quantité de matières résineuses; les autres productions consistent en seigle, maïs et moutons, dont la laine ne sert guère que pour la bourre des matelas et la fabrication des draps grossiers. Les landes sont séparées de l'Océan par la chaîne des dunes, colonnes mobiles de sable qui envahissent de jour en jour les terrains cultivés. Ces dunes rendent en général l'accès des bords de l'Océan très-difficile en certains endroits, impraticable dans d'autres, et partout fort dangereux pour ceux qui tenteraient de les traverser sans guides bien expérimentés. On rencontre fréquemment des endroits où les sables, délayés par les eaux pluviales qui s'y écoulent, n'ont acquis aucune consistance, et dans lesquels on risque de s'enfoncer et même de disparaître tout à fait. Ces dunes comprennent un espace d'environ 28,850 hectares ; elles ne se forment pas au bord de la mer ; elles laissent entre elles et l'Océan un espace vide. Longtemps on a pensé que ces sables étaient entièrement stériles et qu'ils ne pouvaient être fixés ; mais des tentatives faites récemment ont prouvé que les dunes pouvaient être fixées et rendues utiles au moyen de semis de genêts et d'autres arbustes. Entre ces dunes et la mer sont trois étangs immenses, servant comme de réservoir commun à toutes les eaux des landes qui s'y réunissent ; ils communiquent ensemble par une infinité de ruisseaux, par lesquels le superflu de leurs eaux se jette dans le bassin spacieux d'Arcachon, où elles se réunissent à l'Océan.

La surface du département est de 975,095 hectares, divisés ainsi :
Terres labourables 228,355
Prés 64,606
Vignes 138,823
Bois 106,709
Vergers, pépinières et jardins 7,059
Oseraies, aunaies et saussaies 6,664
Étangs, mares, canaux d'irrigation . . 6,653
Landes et bruyères 326,410
Superficie des propriétés bâties . . . 7,437
Cultures diverses 27,469
Contenance imposable 920,186
Routes, chemins, places, rues, etc. . 31,589
Rivières, lacs et ruisseaux 18,537
Forêts et domaines non productifs . . 4,184
Cimetières, églises, bâtiments publics. 599
Contenance non imposable . . . 54,909

On y compte :
136,545 maisons.
1,626 moulins à eau et à vent.
46 forges et fourneaux.
347 fabriques et manufactures.

Soit : 136,584 propriétés bâties.
Le nombre des propriétaires est de. 179,260
Celui des parcelles de 1,833,928

HYDROGRAPHIE. Les principales rivières qui arrosent le département sont : la Garonne, dont les eaux, réunies au Bec-d'Ambès à celles de la Dordogne forment la Gironde, cours d'eau qui peut être considéré comme un bras de mer, dont l'embouchure est éclairée par le phare de Cordouan ; la Dordogne, l'Isle, la Drôme, la Dropt, le Ciron, le Moron et la Leyre. Des étangs assez considérables terminent les landes du côté des dunes. Les principaux sont ceux de Hourteins et Carcans et celui de Lacanau. Toute la côte, depuis la pointe des Graves jusqu'aux limites du département des Landes, est sans abri, à l'exception du bassin d'Arcachon, dont l'entrée est toujours difficile.

COMMUNICATIONS. Le département est traversé par 7 routes royales et par 19 routes départementales. La longueur des chemins vicinaux de grande communication dépasse 11,000 m.
—Un chemin de fer communique de Bordeaux à la Teste, en passant par Pessac, Biganos et Gujan ; un autre chemin de fer, qui doit rejoindre à Orléans le chemin de fer de Paris à cette ville, est en construction.

MÉTÉOROLOGIE. Bordé d'un côté par la mer dans son étendue la plus considérable, sillonné dans plusieurs sens par une multitude de rivières qui se grossissent mutuellement, le département est exposé à des pluies fréquentes, très-souvent incommodes par leur continuité ; en général, les hivers rigoureux y sont rares, mais presque toujours très-humides. La santé publique varie en raison de la situation topographique des nombreuses contrées dont il se compose ; l'état sanitaire n'est pas le même dans l'Entre-Deux-Mers que dans les landes, dans les landes que dans les pays au bord de la mer, dans ceux-ci que dans les plaines cultivées.
—Les vents dominants sont ceux du nord-ouest, de l'ouest et du sud-ouest : ce sont les plus humides et les plus malsains, parce qu'ils apportent sans cesse les émanations de l'Océan et celles des landes qu'ils traversent. La température atmosphérique est généralement humide et douce. Pendant les hivers pluvieux, qui sont les plus ordinaires, le thermomètre descend rarement, à Bordeaux, à zéro ; en été, la chaleur, qui est ordinairement de 20 à + 25 degrés de Réaumur, s'élève fréquemment jusqu'à 30 et + 32.

PRODUCTIONS. Le département de la Gironde produit toutes sortes de céréales, mais en quantité insuffisante pour la consommation des habitants. Excellents fruits, principalement prunes, figues, amandes. Nombreuses prairies naturelles et artificielles. Beaucoup de chanvre. Tabac. Mûriers.—Éducation soignée des bêtes à laine. Nombreux bétail et bêtes à cornes. Peu de chevaux. Beaucoup d'abeilles. Menu gibier en quantité. — 106,709 hectares de forêts, composées en grande partie de chênes, d'arbres à liège et d'arbres verts, qui donnent des produits considérables de résine, goudron et autres matières résineuses.—138,823 hectares de vignes, produisant annuellement environ 250,000 tonneaux de quatre barriques ou 912 litres, répartis ainsi qu'il suit :
Arrond. de Bordeaux. 85,000 tonneaux.
Arrond. de Bazas . . . 10,000 —
Arrond. de Blaye . . . 40,000 —
Arrond. de Lesparre . 20,000 —
Arrond. de Libourne . 60,000 —
Arrond. de la Réole . . 35,000 —
Les vins de Bordeaux se divisent en vins de Médoc, vins des Graves, vins des Palus, vins des Côtes, vins d'Entre-Deux-Mers. Les vignobles du Médoc sont situés sur la rive gauche de la Garonne et de la Gironde, depuis les environs de Bordeaux jusqu'à la mer. Les Graves sont des terrains graveleux qui s'étendent depuis Bordeaux jusqu'à environ 12 k. au sud de cette ville. Les Palus sont des alluvions formées par les rivières de la Garonne et de la Dordogne. Les Côtes sont les collines qui bordent la Garonne et la Gironde depuis Langon jusqu'à Blaye. L'Entre-Deux-Mers est cette partie du département qui s'étend entre la Garonne et la Dordogne.

Les vignes du département qui produisent les premiers crus sont situées sur les bords des landes, et étaient des landes elles-mêmes il y a quelques siècles. Le canton ou district du Médoc fournit ces premiers crus, désignés sous le nom de Château-Margaux, Lafitte et Latour. Après le Médoc, les contrées les plus abondantes en vins fins sont les graves : le cru le plus estimé des graves est le château de Haut-Brion, cru supérieur, qui va de pair avec Château-Margaux, Latour et Lafitte ; ensuite viennent ceux de Haut et Bas-Brion, Pessac, Talence, etc., très-inférieurs aux premiers. Les Graves de l'Entre-Deux-Mers, les Côtes des rivières, les quartiers du canton de Bourg-sur-Dordogne, de Blaye, présentent des crus très-distingués, qui se classent à l'instar de ceux des Graves de Bordeaux, et dont la qualité détermine le prix. Les premiers vins du Médoc ont besoin d'être attendus pour l'expédition jusqu'à la troisième et quatrième année ; ceux des Graves, jusqu'à la cinquième et la sixième année ; plus attendus encore, ils n'en sont que meilleurs. Quant aux vins des Palus, ou plaines situées sur le bord des rivières, ils sont très-inférieurs à ceux des Graves, à l'exception toutefois des vins de Queyries et du Mont-Ferrand.

MINÉRALOGIE. Indices de minerai de fer. Carrières de belles pierres à bâtir. Tourbe. Marais salants d'un grand produit.

INDUSTRIE ET COMMERCE. Manufactures de faïence. Fabriques d'indiennes, mousselines, savon, produits chimiques, cire, bougie, amadou, bouchons, papiers, vinaigre, anisette renommée. Distilleries d'eau-de-vie. Corderies pour les constructions navales. Raffineries de sucre. Extraction de la résine et du goudron. Brasseries. Teintureries. Tanneries. Verreries à bouteilles. Construction de navires. Manufacture de tabac.

Commerce de grains, farines, vins, anisette de Bordeaux. Eau-de-vie. Esprit, huile, savon, fromage, fruits, bouchons de liège, chanvre, lin, résine. Entrepôt de sel. Entrepôt réel et fictif. Commerce d'importation et d'exportation avec l'Europe entière, les colonies, l'Amérique et les Indes. V. BORDEAUX.

FOIRES. Plus de 500 foires se tiennent annuellement dans environ 100 communes du département. Outre les objets de consommation habituelle, on vend ces foires des bestiaux de toute espèce ; des chevaux de selle dans l'arrondissement de Libourne ; des mulets dans celui de Blaye ; de la volaille dans ceux de la Réole et de Bordeaux ; de la plume d'oies dans ceux de la Réole et de Bazas ; du miel et de la cire dans les arrondissements de Bazas, de Bordeaux et de Lesparre ; des planches de sapin, des écorces, de la résine dans ceux de Bazas et de Bordeaux. Libourne a sa foire aux jambons ; Coutras et Guitre leurs foires aux oignons ; on vend aussi beaucoup d'aulx à la foire de Bordeaux du 29 septembre.

DIVISION ADMINISTRATIVE. Le département de la Gironde a pour chef-lieu Bordeaux. Il envoie 9 représentants à la chambre des députés, et est divisé en 6 arrondissements :

Bordeaux.	18	cant.	238,490 h.
Bazas	7	—	54,634
Blaye.	4	—	57,187
Lesparre.	4	—	38,013
Libourne.	9	—	106,639
La Réole.	6	—	53,051
	48	cant.	568,034 h.

33ᵉ arr. des forêts (chef-l. Bordeaux).—18ᵉ arr. des mines (chef-l. Montpellier).—11ᵉ div. militaire (chef-l. Bordeaux). — Archevêché, séminaire diocésain et école secondaire ecclésiastique à Bordeaux ; 76 cures, 309 succursales. Églises consistoriales à Bordeaux, à Ste-Foix et à Gensac ; temples à Lève-les-Brians, Eynesse, la Roquille, Penac, Castillon, Flaujagues et Pellegrue.—Académie universitaire. —Faculté de théologie, école secondaire de médecine. — Collége royal et école normale primaire à Bordeaux. — Colléges communaux à la Réole et à Libourne.—Académie royale des sciences, arts et belles-lettres à Bordeaux.—Sociétés d'agriculture à Bazas, Blaye, Lesparre et la Réole.

Biographie. Un grand nombre d'hommes distingués ont reçu le jour dans le département de la Gironde. Tels sont principalement : JULES et MAGNUS AUSONE ; l'évêque saint PAULIN ; le pape CLÉMENT V ; l'illustre MONTESQUIEU ; GIRARD DU HAILLAND, historien ; le savant DACIER, de l'Académie française ; les médecins DESAUT et MAGENDIE ; les poëtes BERQUIN, SOURIGUIÈRES, LEBRUN DES CHARMETTES ; les jurisconsultes DESÈZE, P. DUPIN, AYMARD DE RANCONNET, J.-B. DUVERGIER ; les conventionnels GRANGE-NEUVE, BOYER-FONFRÈDE, DUCOS, GENSONNÉ, GUADET, LA CAZE, ROGER DUCOS ; les ministres LAINÉ, MARTIGNAC, PEYRONNET, JAUBERT ; le statuaire DUPATY ; les peintres CARLE VERNET et ALLAUX ; le publiciste ÉVARISTE DUMOULIN ; les généraux FAUCHER, NANSOUTY, etc.

Bibliographie. LA BOÉTIE (de). *Historique Description du solitaire et sauvage pays de Médoc,* in-12, 1593.

JOUBERT (A.). *Du Médoc, observations sur la culture de cette contrée,* in-8, 1836.

MAINVILLE. *Description topographique du fort Médoc* (Mém. de médecine militaire, t. XVIII).

FRANCK (Will.). *Traité sur les vins de Médoc et les autres vins rouges de la Gironde,* in-8, 1824.

PAGUIERRE. *Classification et Description des vins de Bordeaux et des cépages particuliers au département de la Gironde,* in-12, 1828.

BEAUREIN (l'abbé). *Variétés bordelaises, ou Essai historique et critique sur la topographie ancienne et moderne du diocèse de Bordeaux,* 6 vol. in-12, 1784-86.

CAILA (du). *Notice sur quelques monuments, usages et traditions antiques du département de la Gironde* (Mém. de la société royale des antiq. de France, t. IV, p. 265).

ST-AMANS (J.-F. Boudou de). *Précis d'un voyage agricole, botanique et pittoresque dans une partie des landes de Lot-et-Garonne et dans celles de la Gironde,* in-8, 1799.

JOUANNET (F.). *Note sur les villæ gallo-romaines de la Gironde* (Bulletin de M. de Caumont, t. VIII, p. 270).

— *Statistique du département de la Gironde,* publiée sous les auspices de M. le préfet et du conseil général ; 2 vol. in-4, 1839-41.

DROUOT. *Essai sur la nature et la disposition des terrains tertiaires dans la partie du département de la Gironde comprise entre la Garonne et la Dordogne* (Ann. des mines, t. XIII, 3ᵉ série).

BEZOUT (L.). *Voyage dans les départements de la Gironde et du Lot-et-Garonne par terre et par eau,* in-12, 1828.

ARAGO (Jacques). *Promenades historiques, philosophiques et pittoresques dans le département de la Gironde,* in-8, et atlas, 1829.

LA ROCHEFOUCAULD (le vicomte de). *Journal de ma tournée dans les landes de Bordeaux, en septembre 1834,* in-8, 1835.

GALARD (Gustave de). *Album bordelais,* in-f°, 1832-35.

CAILA (du). *Recherches sur les mœurs des habitants des landes de Bordeaux, dans la contrée connue sous le nom de captalat de Buch* (Mém. de la société royale des antiq. de France, t. IV, 1809).

BONNEVAL (le comte André de). *Tableau pittoresque et agricole des landes du bassin d'Arcachon,* in-8, 1839.

* *Note sur Bordeaux et les landes de Gascogne,* in-8, 1842.

MARESCAL (Jules). *Note sur les landes du golfe de Gascogne,* etc., in-8, 1842.

JOUANNET. *Notice sur les produits naturels des Landes et de la Gironde,* in-8.

* *Mémoire sur les passes de la Garonne,* in-8, 1826.

JOURNU-AUBER. *Mémoire sur l'amélioration des races de bêtes à laine dans le département de la Gironde,* in-8, 1804.

GIRONDE, petite ville, *Gironde* (Guienne), arr., cant., ⊠ et à 4 k. de la Réole. Pop. 935 h. Elle est située sur la rive gauche du Dropt, un peu au-dessus de son confluent avec la Garonne.

GIRONDE, vg. *Vienne,* comm. de St-Genest-l'Encloistre, ⊠ de Châtellerault.

GIRONDELLE, vg. *Ardennes* (Champagne), arr. et à 15 k. de Rocroy, cant. de Rumigny, ⊠ de Maubert-Fontaine. Pop. 297 h. — Il était autrefois défendu par un château qui fut détruit en 1653 par le prince de Condé, reconstruit ensuite et démoli en 1743.

GIRONDET, vg. *Eure-et-Loir,* comm. d'Ecrosnes, ⊠ de Gallardon.

GIRONS (St-), *Oppidum Sancti Gerontii,* jolie petite ville, *Ariége* (pays de Foix), chef-l. de sous-préfect. (2ᵉ arr.) et d'un cant. Trib. de 1ʳᵉ inst. Collége communal. Cure.

Gîte d'étape. ⊠. Pop. 4,030 h. — Terrain jurassique, étage supérieur du système oolitique.

Autrefois diocèse de Conserans, parlement de Toulouse, intendance d'Auch.

St-Girons portait autrefois le nom de Bourg-sous-Vic, et le quartier le plus ancien porte même encore la dénomination de Bourg ; plus tard la ville prit le nom qu'elle porte aujourd'hui, du saint, d'origine vandale, qui vint prêcher le christianisme dans ses murs, au commencement du Vᵉ siècle. Depuis la révolution et la suppression de l'évêché de St-Lizier, elle a vu accroître rapidement sa population, son commerce, son industrie, et surtout le nombre de ses maisons et de ses manufactures.

Les armes de **St-Girons** sont : *d'azur à une cloche d'or.*

Cette ville est agréablement située, au pied des Pyrénées, dans un vallon entouré de coteaux cultivés, au confluent du Salat, du Lez et du Baup, au point central où aboutissent les cinq principales vallées de l'arrondissement. Elle est généralement bien bâtie, sur la rive droite du Salat. Sur la rive gauche se prolonge le faubourg de Villefranche, où l'on remarque l'ancien château, occupé aujourd'hui par le palais de justice et les prisons ; c'est principalement du côté de ce faubourg que s'augmente le nombre des habitations. Deux ponts sont jetés sur le Salat : l'un, de quatre arches, en marbre rougeâtre, dit le Pont-Vieux ; l'autre, de trois arches, en marbre gris, dit le Pont-Neuf.

Presque au centre de la ville est bâtie l'église paroissiale, surmontée d'un clocher remarquable par sa forme et son élévation. Jusqu'à la moitié de sa hauteur, ce clocher a la forme d'une tour carrée, percée à chacune de ses faces par des arcades en ogive ; le deuxième corps est de forme octogone, et s'élève en retraite sur une partie des murs de la tour et sur des portes à faux aux quatre angles, flanqués chacun d'un chaperon demi-prismatique. Cette partie est couronnée d'une galerie en forme de balcon, où se voit la cloche de l'horloge, et il s'élève encore, par une seconde retraite, une flèche déliée de forme octo-pyramidale, dont les arêtes sont hérissées de corbeaux à grandes saillies, vulgairement nommés têtes de loup. Le sommet est couronné d'un globe surmonté d'une girouette et d'une croix horizontale indiquant les quatre points cardinaux.

St-Girons possède plusieurs promenades publiques, dont une se trouve hors des vieux remparts. La plus belle, le Champ-de-Mars, longe la rive droite du Salat, en face du palais de justice ; elle est ombragée d'un quadruple rang de jeunes ormes, et bordée de bornes en pierres, liées entre elles par de grosses chaînes de fer.

Fabriques d'étoffes de laine, toiles de lin. Filatures de laine. Moulins à foulon, à tan, à huile et à farine. Papeteries. Corderie. Martinets à fer. Scieries de marbre. Teintureries. — *Commerce* important avec les départements méridionaux et l'Espagne en laines, pelleterie, mulets, chevaux, moutons, bestiaux, papiers, porcs, grains, etc. — Foires les 2 et 29 janv., 16 mai, 5 juin, 5 août, 9 sept., 9 oct., 2 nov. (3 jours), 1er lundi de carême, lundi de la mi-carême, mercredi après Pâques, et 2e lundi de juillet.

A 43 k. de Foix, 784 k. de Paris.

L'arrondissement de St-Girons est composé de 6 cantons : Castillon, Ste-Croix, St-Girons, St-Lizier, Massat, Oust.

GIRONS (St-), vg. *B.-Pyrénées* (Béarn); arr., cant., ✉ et à 10 k. d'Orthez. Pop. 291 h.

GIRONVILLE, vg. *Eure-et-Loir* (Beauce), arr. et à 13 k. de Dreux, cant. et ✉ de Châteauneuf-en-Thymerais. Pop. 346 h.

GIRONVILLE, vg. *Meuse* (Lorraine), arr., cant. et ✉ de Commercy, à 17 k. de St-Mihiel. Pop. 486 h.

GIRONVILLE, vg. *Seine-et-Marne* (Gatinais), arr. et à 33 k. de Fontainebleau, cant. de Château-Landon, ✉ de Beaumont. Pop. 287 h.

GIRONVILLE, vg. *Seine-et-Oise* (Gatinais), arr. et à 22 k. d'Etampes, cant. de Milly. ✉. A 78 k. de Paris pour la taxe des lettres. Pop. 313 h.

GIROSP, vg. *H.-Garonne*, comm. et ✉ d'Aspet.

GIROUARD, vg. *Vendée* (Poitou), arr. et à 16 k. des Sables, cant. et ✉ de la Mothe-Achard. Pop. 585 h.

GIROUSSENS, bg *Tarn* (Languedoc), arr., cant., et à 11 k. de Lavaur. Pop. 1,911 h. — C'était autrefois un château considérable, dont les Anglais s'emparèrent en 1377. — *Fabriques* de poterie de terre. — *Foire* le 13 déc.

GIROUX, vg. *Indre* (Berry), arr. et à 15 k. d'Issoudun, cant. et ✉ de Vatan. Pop. 535 h.

GIROVILLER-SOUS-MONTFORT, vg. *Vosges* (Lorraine), arr. et à 11 k. de Mirecourt, cant. de Vittel, ✉ de Remoncourt. Pop. 761 h.

GIRVIÈRE, vg. *Vendée*, comm. d'Olonne, ✉ des Sables.

GIRY, vg. *Nièvre* (Nivernais), arr. et à 50 k. de Cosne, cant. et ✉ de Prémery. Pop. 171 h.

GISANCOURT, vg. *Eure*, comm. de Guerny, ✉ des Thilliers-en-Vexin.

GISAY, *Gisacum, Gizacium*, vg. *Eure* (Normandie), arr. et à 19 k. de Bernay, cant. de Beaumesnil, ✉ de Broglie. Pop. 719 h.

GISCARO, Gers, vg. (Armagnac), arr. à 16 k. de Lombez, cant. de l'Isle-en-Jourdain, ✉ de Gimont. Pop. 259 h.

GISCOS, vg. *Gironde* (Bazadois), arr. à 19 k. de Bazas, cant. et ✉ de Captieux. Pop. 434 h.

GISNAY, *Orne*. V. GINAI.

GISORS, *Gisorium, Cæsarotium, Gisortis, Gisortium*, petite et ancienne ville, *Eure* (Normandie), arr. à 30 k. des Andelys, chef-l. de cant. Cure. Gîte d'étape. ✉. ☞. A 68 k. de Paris pour la taxe des lettres. Pop. 3,624 h. — TERRAIN crétacée supérieur, voisin du tertiaire moyen.

Autrefois vicomté, diocèse, parlement et intendance de Rouen, chef-l. d'élection, justice royale, grenier à sel, entrepôt de tabac, maîtrise des eaux et forêts, brigade de maréchaussée, 3 couvents.

Cette ville est située dans une plaine fertile, sur l'Epte, qui arrose de délicieuses prairies. Elle est entourée de murs et de fossés, sur lesquels on a élevé de charmantes promenades qui ombragent les talus, les remparts, les glacis bastionnés, et offrent une continuité de sites on ne peut plus pittoresques. C'était autrefois une place forte défendue par un bon château, dont on voit encore les restes imposants sur une petite montagne, à l'extrémité de la ville et près de la rivière d'Epte. — La construction du château de Gisors, encore imposant par ses grandes ruines noires, est l'œuvre de Robert de Bellesme, à qui Robert le Roux ordonna de le bâtir en 1097. Robert le donna ensuite au chevalier Théobald Payen, auquel il fut repris par Henri Ier, qui environna cette forteresse de hautes tours, de fortes murailles, et la rendit inexpugnable. Cependant Louis le Gros ne vit pas sans inquiétude s'élever ces travaux. S'étant approché de Gisors, il fit sommer le roi d'Angleterre de détruire le château ou de venir se mesurer avec lui. Henri refusa, et la guerre fut déclarée ; mais le pape Calixte II, alors en France, désirant mettre fin à cette querelle, eut l'adresse de réunir les deux monarques dans le château même qui faisait l'objet de la discussion, et, grâce à son intervention, il fut convenu que le roi d'Angleterre céderait le château de Gisors à son fils Adelin, et que ce dernier en ferait hommage au roi de France ; cet arrangement mit fin au débat. Théobald Payen tenta de s'emparer du château par trahison, en 1124 ; il échoua dans cette entreprise, et Robert Chandos, commandant de la forteresse, dans le but d'en faire abandonner l'attaque, mit le feu aux maisons voisines ; la flamme, favorisée par le vent, couvrit bientôt la ville entière, qui fut entièrement consumée. — Philippe Auguste assiégea le château de Gisors et le prit le 4 avril 1193, et se plut à embellir et à augmenter cette place. Poursuivi par Richard Cœur de lion, après la perte de la bataille de Courcelles, en 1198, il s'y réfugia ; mais en traversant le pont situé en face d'une des principales portes de la ville, le pont croula sous lui, et il faillit se noyer. Pour perpétuer la mémoire de sa délivrance, il fit dorer la porte depuis le haut jusqu'en bas ; et de là l'histoire de la porte dorée de Gisors.

Avant l'invention de l'artillerie, ce château devait être presque imprenable, tant par sa situation que par la solidité de sa construction. Il se composait de deux enceintes, avec un donjon placé au milieu de la seconde. Aujourd'hui une partie du château de Gisors, dont les restes sont remarquables par leur conservation, sert de halle ; ses ruines offrent des points de vue très-pittoresques.

La tour du Prisonnier ainsi que le donjon sont deux choses qu'on doit visiter à Gisors. La tour tire son nom de l'hôte infortuné qui l'a habitée presque toute sa vie, et rappelle une des plus célèbres traditions du pays. Toutefois la légende du prisonnier de Gisors est obscure et mystérieuse comme celui qui en est l'objet, et le voile qui a couvert sa destinée est resté jusqu'à présent impénétrable. Pour adoucir les douleurs de sa longue agonie, ce prisonnier a tracé sur le mur de son cachot, avec la pointe d'un clou, des bas-reliefs représentant des sujets religieux ou chevaleresques. Ces frêles ouvrages ont résisté à l'action du temps ; ils ont le caractère de ceux exécutés par les artistes français entre Louis XII et Henri III ; c'est la seule révélation que l'on ait aujourd'hui sur l'époque où vivait ce prisonnier, qui avait aussi tracé sur le mur une prière à la Vierge dont on ne peut aujourd'hui distinguer que les mots suivans.

O Mater Dei, miserere mei Pontonis.

L'église paroissiale, dédiée à saint Gervais et saint Protais, est une construction du XIIIe siècle ; la nef et quelques autres parties sont d'une époque plus récente. Le portail, construit à l'époque de la renaissance, est le plus précieux monument de ce genre qui existe en Normandie. Dans l'intérieur on remarque le beau jubé qui supporte les orgues, ainsi qu'un cadavre en marbre attribué à Jean Goujon.

On remarque encore à Gisors le magnifique établissement de filature hydraulique et de blanchisserie de M. Davilliers, vaste local environné d'un jardin paysager qu'embellissent les eaux de l'Epte.

Les **armes de Gisors** sont : *de gueules à la croix engrêlée d'or, au chef d'azur chargé de trois fleurs de lis d'or.*

PATRIE du littérateur LEMAZURIER.

INDUSTRIE. *Fabriques* de buffles pour équipements militaires, toiles de coton. Blanchisseries et apprêts de tout genre. Tanneries. Brasseries. Aux environs, laminoirs pour le cuivre et le zinc. — *Commerce* considérable de grains.

Foires les 18 oct., lundi de la semaine sainte, et 1er lundi après la St-Barthélemy.

Bibliographie. DEVILLE (A.). *Notice historique sur le château de Gisors durant la domination normande* (Mém. de la soc. des antiq. de Normandie, t. IX, p. 328).

GISORS, vg. *Manche*, comm. de Vains, ✉ d'Avranches.

GISQUET-DE-GRAZAC, vg. *Tarn*, comm. de Grazac, ✉ de Rabastens.

GISSAC, vg. *Aveyron* (Rouergue), arr. à 20 k. de St-Affrique, cant. de Camarès, ✉ de Silvanès. Pop. 410 h.

GISSEY-LE-VIEIL, vg. *Côte-d'Or* (Bourgogne), arr. et à 24 k. de Semur, cant. et ✉ de Vitteaux. Pop. 229 h.

GISSEY-SOUS-FLAVIGNY, vg. *Côte-d'Or* (Bourgogne), arr. et à 20 k. de Semur, cant. et ✉ de Flavigny. Pop. 447 h.

GISSEY-SUR-OUCHE, vg. *Côte-d'Or* (Bourgogne), arr. et à 35 k. de Dijon, cant. et ✉ de Sombernon. Pop. 312 h.

GISY-LES-NOBLES, vg. *Yonne* (Champa-

GISY-LES-NOBLES, vg. *Yonne* (Champagne), arr. et à 10 k. de Sens, cant. et ✉ de Pont-sur-Yonne. Pop. 630 h.

GIULANO (San-), vg. *Corse*, arr. et à 62 k. de Bastia, cant. et ✉ de Cervione. Pop. 505 h.

GIUNCAGGIO, vg. *Corse*, arr., ✉ et à 26 k. de Corté, cant. de Piédicorte-de-Caggio. Pop. 332 h.

GIUNCHETO, vg. *Corse*, arr., cant., ✉ et à 7 k. de Sartène. Pop. 307 h.

GIVARDON, vg. *Cher*, comm. et ✉ de St-Amand-Montrond.

GIVARLAIS, vg. *Allier* (Bourbonnais), arr. et à 15 k. de Montluçon, cant. et ✉ d'Hérisson. Pop. 521 h.

GIVAUDINS, vg. *Cher*, comm. de Plaimpied; ✉ de Bourges.

GIVENCHY-EN-GOHELLE, vg. *Pas-de-Calais* (Artois), arr., ✉ et à 13 k. d'Arras, cant. de Vimy. Pop. 1,415 h.

GIVENCHY-LE-NOBLE, vg. *Pas-de-Calais* (Artois), arr. et à 15 k. de St-Pol-sur-Ternoise, cant. et ✉ d'Avesnes-le-Comte. Pop. 236 h.

GIVENCHY-LÈS-LA-BASSÉE, vg. *Pas-de-Calais* (Artois), arr. et à 12 k. de Béthune, cant. de Cambrin, ✉ de La Bassée. Pop. 532 h.

GIVERDY, vg. *Nièvre*, comm. de Ste-Marie, ✉ de St-Saulge.

GIVERNY, *Givemiacum, Givernacum*, vg. *Eure* (Normandie), arr. et à 27 k. des Andelys, cant. d'Ecos, ✉ de Vernon. Pop. 406 h.

Patrie de M. Germain Delavigne, littérateur et auteur dramatique.

GIVERVILLE, vg. *Eure* (Normandie), arr. et à 12 k. de Bernay, cant. de Thiberville. ✉. A 153 k. de Paris pour la taxe des lettres. Pop. 747 h. — *Foires* les 18 oct. et 6 nov.

GIVET, *Givetum*, jolie et forte ville, *Ardennes* (Flandre), arr. et à 40 k. de Rocroi, ch.-l. de cant. Cure. Gîte d'étape. Chamb. consultative des manufactures et arts. ✉. ⚜. A 252 k. de Paris pour la taxe des lettres. Pop. 5,689 h. — Terrain de transition supérieur.

Cette ville ne consistait autrefois qu'en deux villages séparés par la Meuse, qui faisaient partie du comté d'Agimont, et dépendaient de la principauté de Liège. Vers l'an 1540, Charles-Quint, ayant acheté de Philippe, comte de Kœnigstein, le comté d'Agimont, fit bâtir en 1555 la forteresse de Charlemont, à laquelle il donna son nom, et l'annexa ainsi que ce comté au duché de Luxembourg. Ce même comté a continué d'appartenir à l'Espagne jusqu'en 1679, que Charles II, souverain de ce royaume, céda à Louis XIV la forteresse de Charlemont et ses dépendances; la France en prit possession le 22 avril 1679, ainsi que d'une partie du comté d'Agimont. Sur la rive droite de la Meuse il existe un autre fort abandonné, appelé le mont d'Hano.

On communique des deux Givets par un beau pont en pierre, dont la construction, décrétée par l'empereur en 1810, fut achevée en 1816. Voici à quelle occasion Napoléon ordonna cette construction: l'empereur, revenant de la Belgique, arriva à Givet par un temps affreux; la Meuse, grossie par de longues pluies, avait rompu et emporté le pont de bois qui existait depuis longtemps, et tombait de vétusté. Ce contretemps contraria beaucoup l'empereur, qui avait hâte d'arriver à Paris; le passage par bateau était extrêmement dangereux, aucun batelier ne voulut le tenter; cependant l'empereur se souvint qu'il y avait à Givet un dépôt de prisonniers anglais; il ordonna qu'on en fit venir quelques-uns, devant lui, auxquels il demanda leur avis sur la possibilité de passer la rivière; un grand nombre de ces marins assurèrent que la traversée, quoique présentant quelques dangers, était cependant possible, et offrirent leurs services. L'empereur en choisit vingt, et, plein de confiance en leur habileté, parvint heureusement à l'autre rive. Les vingt Anglais reçurent, avec la liberté, un habillement complet et une récompense pécuniaire. A son retour à Paris, Napoléon ordonna la construction du beau pont qui lie aujourd'hui les deux parties de la ville.

En 1815, les Prussiens firent le siège de Givet, où ils entrèrent après une courte résistance; mais ils essayèrent vainement de s'emparer de Charlemont: cette place fut vaillamment défendue par le comte Bourk, aujourd'hui pair de France, et n'ouvrit ses portes que quand l'arrivée de Louis XVIII à Paris fut connue.

Les approches de Givet offrent un assez beau coup d'œil: de la rive droite de la Meuse on aperçoit les deux parties de la ville, liées par un superbe pont en pierre; à gauche, Charlemont sur un rocher à pic, à une hauteur prodigieuse, avec ses murailles inexpugnables, entées sur d'autres murailles, ouvrage de la nature; au pied de la forteresse on remarque une caserne magnifique, pouvant contenir 6,000 hommes; en un deçà, et toujours sur la même ligne, se font voir d'abondantes carrières d'excellente pierre de taille bleue, animées par l'activité des ouvriers qui les exploitent; sur la rive droite on distingue les ruines de la forteresse du mont d'Hano.

Patrie de Méhul, célèbre compositeur de musique, mort à Paris le 2 octobre 1817.

De Van-Blotaque St-Pard, auteur ascétique.

Fabriques de blanc de céruse, pipes façon de Hollande, crayons, cire à cacheter, colle forte, clous. Usine à zinc et fonderie de cuivre. Ateliers de polissage de marbre. Tanneries considérables. Exploitation d'excellente pierre calcaire bleue. — Bon port de transit sur la Meuse, qui favorise le transport avec les Pays-Bas. — *Foires* les 13 mai, 25 août et 11 nov.

GIVONNE, vg. *Ardennes* (Champagne), arr., cant., ✉ et à 5 k. de Sedan. Pop. 1,301 h. — Etablissement hydraulique pour la fabrique des draps. — *Fabriques* de balanciers, forces à tondre les draps, enclumes, étaux, poêles à frire, outils aratoires, mors de brides. Forges, laminoir à tôle et à fer-blanc, platineries. Filature de laine, Moulin à foulon.

GIVORS, jolie petite ville, *Rhône* (Lyonnais), arr. et à 21 k. de Lyon, chef-l. de cant. Cure. Station du chemin de fer de St-Étienne à Lyon. ✉. A 489 k. de Paris pour la taxe des lettres. Pop. 7,465 h. — Terrain carbonifère, houille.

Cette ville est située à l'embouchure du Gier, sur la rive droite du Rhône, à la jonction du canal de Givors, et sur le chemin de fer de St-Etienne à Lyon. Le canal de Givors a pour objet de faciliter le transport de la houille, dont abondent toutes les collines au bas desquelles coule le Gier. Il se termine à Givors, dans un vaste bassin de 260 m. de long, sur 108 m. de large, dont les murs sont revêtus de cette belle pierre de choin, dure comme le granit, et inaltérable aux impressions de l'air. Une chaussée, large de 2 m., revêtue en pierre de taille, partage le bassin, et laisse deux issues pour la communication des bateaux. C'est un spectacle curieux et bien propre à donner une idée de l'importance de ce canal, que celui de la quantité de bateaux pleins de houille, rangés avec ordre, et tous enchaînés aux murs de la chaussée et de la gare, qui peut en contenir 250. Au nord, le bassin est garanti des inondations du Rhône; au midi, il est bordé de maisons alignées, formant un quai d'environ 7 m. 33 c. de largeur, le long duquel règnent plusieurs magasins pour les entrepôts et la construction des bateaux.

Commerce considérable de houille et de coke. Nombreuses verreries à bouteilles, à vitres et à gobeleteries. Teintureries renommées. — *Foires* les 7 et 29 janv., 10 avril et 13 oct.

Bibliographie. Brocart (le D.). *Statistique de Givors*, in-8, 1832.

GIVORS (canal de), ou DE RIVE-DE-GIER à GIVORS, *Loire* et *Rhône*. Ce canal, commencé en 1763, ne fut terminé qu'en 1781; la navigation en est assurée au moyen d'un vaste réservoir alimenté par le ruisseau de Cousson. Le canal de Givors longe la rivière de Gier depuis Rive-de-Gier jusqu'au Rhône, un peu au-dessus de Givors.

Ce canal a pour objet principal de faciliter le transport de la houille des mines environnantes. Les charbons sont embarqués à Rive-de-Gier pour être transportés à Givors, sur le Rhône, et de là répartis dans les différentes villes où passe le fleuve. Plusieurs bateaux apportent, en remontant, une partie des marchandises du Midi: fer, bois de chêne et autres objets nécessaires à l'approvisionnement des manufactures du département de la Loire. Dix grandes verreries établies à Rive-de-Gier transportent également leurs produits par ce canal.

GIVRAINES, vg. *Loiret* (Orléanais), arr., cant. et à 9 k. de Pithiviers, ✉ de Boynes. 602 h.

GIVRAND, vg. *Vendée* (Poitou), arr. et 25 k. des Sables, cant. et ✉ de St-Gilles-sur-Vie. Pop. 295 h.

GIVRAUVAL, vg. *Meuse* (Lorraine), arr. et à 19 k. de Bar-le-Duc, cant. et ✉ de Ligny. Pop. 415 h.

GIVRAY, vg. *Isère*, comm. de St-Maurice-de-l'Exil, ✉ du Péage.

GIVRE (le), vg. *Vendée* (Poitou), arr. et à 30 k. des Sables, cant. des Moutiers, ✉ d'Avrille. Pop. 366 h.

GIVRECOURT, vg. *Meurthe* (Lorraine),

arr. de Château-Salins, à 36 k. de Vic, cant. d'Albestroff, ✉ de Dieuze. Pop, 234 h.

GIVRETTE, vg. *Allier*, comm. de Domérat, ✉ de Montluçon.

GIVREZAC, vg. *Charente-Inf.* (Saintonge), arr. et à 27 k. de Jonzac, cant. de St-Genis, ✉ de Pons. Pop. 150 h.

GIVRIA, vg. *Jura*, comm. de Savignac, ✉ d'Arinthod.

GIVRON, vg. *Ardennes* (Champagne), arr. et à 20 k. de Réthel, cant. et ✉ de Chaumont-Porcien. Pop. 399 h.

Patrie de J.-J. Baudrillart, auteur de plusieurs ouvrages importants sur les forêts.

GIVRY, vg. *Nièvre*, comm. de Vandenesse, ✉ de Moulins-en-Gilbert.

GIVRY, jolie petite ville, *Saône-et-Loire* (Bourgogne), arr. et à 9 k. de Chalon-sur-Saône, chef-l. de cant. Cure. Gîte d'étape. ✉. A 349 k. de Paris pour la taxe des lettres. Pop. 2,938 h.

Givry était autrefois fermé de murs épais avec parapet crénelé, flanqués de huit grosses tours, et entouré de fossés profonds creusés dans le roc : on y entrait par quatre portes. Cette ville est percée du nord au sud et de l'est à l'ouest par des rues tirées au cordeau, qui se réunissent à une place assez jolie, décorée d'une belle fontaine. L'église paroissiale est remarquable par son genre de construction ; c'est une rotonde de 28 m., sur un plan en croix grecque, sans voûte, qui a beaucoup de rapport avec celle du Panthéon de Paris.

Givry est situé près de la forêt de son nom, au pied d'une côte couverte de vignes, qui donnent les meilleurs vins du Châlonnais. — Le canton de Givry a des crûs privilégiés qui fournissent des vins supérieurs ; tels sont ceux nommés les Boichevaux, clos Salomon, le Cellier, la Baraude et les vignes Rouges. Les vins qu'on en tire sont bien-corsés, spiritueux et de bon goût ; lorsqu'ils proviennent d'une année dont la température a été favorable à la vigne, et qu'ils ont acquis leur maturité en tonneau avant d'être en bouteilles, ils ont de la finesse, du bouquet, et approchent des vins fins.

Fabriques de tonnellerie. Tanneries. Exploitation des carrières de belle pierre tendre qui durcit à l'air et est très-recherchée pour les constructions particulières. — *Foires* les lundis après la Purification, après St-Jean-P.-L., 1ᵉʳ lundi de sept. et lundi après Ste-Catherine.

GIVRY, vg. *Yonne* (Bourgogne), arr. et à 10 k. d'Avallon, cant. de Vezelay. Pop. 466 h.

GIVRY-EN-ARGONNE, vg. *Marne* (Champagne), arr., ✉ et à 17 k. de Ste-Menehould, cant. de Dammartin-sur-Yèvre. Bureau d'enregist. Pop. 615 h. — C'était autrefois un bourg considérable, dont il est fait mention dans un titre de 1229. — On voit aux environs une fontaine où l'on vient de très-loin en pèlerinage. — *Foires* les 8 fév., 9 mai et 30 nov.

GIVRY-LES-LOISY, vg. *Marne* (Champagne), arr. et à 37 k. de Châlons-sur-Marne, cant. et ✉ de Vertus. Pop. 169 h.

GIVRY-SUR-AISNE, vg. *Ardennes* (Champagne), arr., cant. et à 15 k. de Réthel, ✉ d'Attigny. Pop. 668 h.

GIZANCOURT, vg. *Oise*, comm. de Cuts, ✉ de Noyon.

GIZAUCOURT, vg. *Marne* (Champagne), arr., cant., ✉ et à 11 k. de Ste-Menehould. Pop. 329 h. Sur l'Auve. — C'est à 1 k. de ce village que fut établi le fameux camp de la Lune, où se réunirent les Prussiens et les Autrichiens en 1792, et d'où ils se retirèrent honteusement à l'approche de l'armée républicaine, trois fois plus faible que l'armée envahissante.

GIZAY, vg. *Vienne* (Poitou), arr. et à 18 k. de Poitiers, cant. de la Ville-Dieu, ✉ de la Barre. Pop. 448 h.

GIZEUX, vg. *Indre-et-Loire* (Touraine), arr. et à 30 k. de Chinon, cant. de Langeais, ✉ de Bourgueil. Pop. 759 h. — On y remarque un château construit par les seigneurs du Bellay dans le xIIᵉ siècle. — L'église paroissiale possède deux magnifiques tombeaux. Le premier est élevé à la mémoire de René du Bellay et de Marie du Bellay, princesse d'Yvetot, sa cousine et son épouse. Le second tombeau est celui de Martin du Bellay et de Louise de Sapvenière, sa première épouse. — *Foire* le 8 mai, où le 7 si le 8 est un dimanche.

GIZIA, vg. *Jura* (Franche-Comté), arr. et à 24 k. de Lons-le-Saulnier, cant. de Beaufort, ✉ de Cousance. Pop. 593 h. — Il est dans une situation pittoresque ; il est de la vallée connue sous le nom de Culée de Gizia, terminée par un rocher de près de 200 m. de haut, coupé perpendiculairement dans ses deux tiers supérieurs : elle a suffisamment de largeur à son embouchure, et ses coteaux ne sont pas sans quelques productions ; c'est la vallée du département où l'on cultive le plus de cerises, et c'est elle presque seule qui en fournit les marchés des environs ainsi que ceux de Lons-le-Saulnier. Dans ce qui fait l'extrémité du vallon, au fond même de la culée, les terres et les petits débris des pierres qui couvraient la montagne forment une pente rapide, un coteau roide jusqu'au tiers à peu près de la hauteur du mont. Au sommet de cette pente on voit sortir, entre deux couches du rocher, un petit torrent qui ne s'épuise jamais. Au-dessus de ce torrent, la roche n'est qu'un mur coupé d'aplomb, où l'on remarque, à 100 m. au-dessus de la vallée, une énorme caverne de 33 m. d'ouverture perpendiculaire, qui sert de retraite à une multitude de corbeaux. On monte au sommet de cette culée par un sentier taillé dans le roc.

GIZY, vg. *Aisne* (Picardie), arr. et à 12 k. de Laon, cant. de Sissonne, ✉ de Notre-Dame-de-Liesse. Pop. 695 h.

GLACIÈRE (la), vg. *Seine*, comm. de Gentilly, ✉ de la Maison-Blanche.

GLADIE (St-), vg. *B.-Pyrénées* (Béarn), arr. à 24 k. d'Orthez, cant. et ✉ de Sauveterre. Pop. 162 h.

GLAGEON, vg. *Nord* (Flandre), arr. et à 12 k. d'Avesnes, cant. et ✉ de Trélon. Pop. 1,240 h. — Fabrique considérable de broderies sur tulle. Fours à chaux. Scieries de marbre et de pierres de taille. Forges (au Pont-de-Sains). — Commerce de bois de sciage.

GLAIGNES, vg. *Oise* (Picardie), arr. et à 23 k. de Senlis, cant. et ✉ de Crépy. P. 351 h. — Glaignes était originairement une dépendance de la maison royale de Verberie, et un lieu fort peuplé sous le règne de Charles VI, dont les habitants furent affranchis en 1245 par l'abbé de Ste-Geneviève de Paris. On y voit un ancien château flanqué de tourelles. — Papeterie.

GLAINANS, vg. *Doubs* (Franche-Comté), arr. et à 20 k. de Baume-les-Dames, cant. et ✉ de Clerval. Pop. 202 h.

GLAINE-MONTAIGUT, vg. *Puy-de-Dôme* (Auvergne), arr. et à 3 k. de Clermont-Ferrand, cant. et ✉ de Billom. Pop. 1,019 h. — On trouve sur son territoire les sources d'eau minérale salino-ferrugineuse de Cornets et de Font-Salade.

GLAIRE, vg. *Ardennes* (Champagne), arr., cant., ✉ et à 2 k. de Sédan. Pop. 308 h. — C'était jadis une souveraineté dont les possesseurs avaient droit de battre monnaie. Il a appartenu au prince de Condé et au duc de Bouillon. — Ateliers pour la tonte et la foulerie des draps. — Brasseries.

GLAIZIL (le), vg. *H.-Alpes* (Dauphiné), arr. et à 25 k. de Gap, cant. de St-Firmin-en-Valgodemar, ✉ de Corps. Pop. 580 h.

Le village de Lesdiguières, qui avait le titre de duché-pairie, est une dépendance de cette commune. Il ne reste plus de l'ancien château que deux grands portails en pierre de taille, un vivier et quelques gros murs des écuries. On voit encore au pied d'un rocher la chapelle de Lesdiguières, où furent transportés, par ordre du connétable de ce nom, du fond de l'Italie où il mourut, et son corps, le beau mausolée qui a été placé depuis dans la cathédrale de Gap.

GLAMONDANS, vg. *Doubs* (Franche-Comté), arr. et à 12 k. de Baume-les-Dames, cant. et ✉ de Roulans. Pop. 389 h.

GLAND, vg. *Aisne* (Brie), arr., cant., ✉ et à 5 k. de Château-Thierry. Pop. 422 h.

GLAND, vg. *Yonne* (Champagne), arr. et à 21 k. de Tonnerre, cant. et ✉ de Cruzy. Pop. 317 h.

GLANDAGE, vg. *Drôme* (Dauphiné), arr. et à 34 k. de Die, cant. et ✉ de Chatillon. Pop. 654 h. — *Foire* le 1ᵉʳ mai.

GLANDELLES, vg. *Seine-et-Marne*, comm. de Poligny, ✉ de Nemours.

GLANDÈVE, *Civitas Glandis*, vg. *B.-Alpes*, comm. et ✉ d'Entrevaux. — Il occupe l'emplacement d'une ancienne ville située au bas d'une montagne, sur la rive droite du Var, à peu de distance d'Entrevaux. Cette ville, connue dès le xvᵉ siècle, fut dévastée par les Lombards, saccagée par les Sarrasins, et enfin ruinée et détruite par les guerres civiles et par les débordements du Var. Il n'en reste plus qu'un ancien château, bâti sur le sommet de la montagne, qui a conservé le nom de Glandève. C'était jadis le siège d'un évêché qui fut transféré à Entrevaux, et ensuite supprimé.

GLANDIER, vg. *Corrèze*, comm. de Beyssac, ✉ de Lubersac. Ce hameau, situé dans une contrée agreste et sauvage, a reçu une certaine célébrité du procès criminel intenté à Mme Lafarge. — Forges et haut fourneau.

GLANDIEUX, vg. *Ain*, comm. de Brégnier-Cordon, ✉ de Belley.

GLANES, vg. *Lot* (Quercy), arr. et à 48 k. de Figeac, cant. et ✉ de Bretenoux. P. 303 h.

GLANGES, vg. *H.-Vienne* (Limousin), arr. et à 30 k. de St-Yrieix, cant. et ✉ de St-Germain-les-Belles. Pop. 1,320 h.

GLANNATIVA (lat. 44°, long. 23°). « Il n'en est fait aucune mention avant les Notices des provinces de la Gaule, qui ne remontent pas au-dessus de la fin du IVe siècle, et dont plusieurs sont postérieures à cette époque. On y trouve *Glannativa* au rang des cités de la province des Alpes maritimes. Elle ne subsiste presque plus que dans le nom de Glandevès, le Var l'ayant détruite, et les habitants s'étant transportés il y a environ neuf cents ans à Entrevaux, situé sur l'autre rive de ce torrent. » D'Anville. *Notice de l'ancienne Gaule*, p. 356.

GLANNE, vg. *H.-Vienne*, comm. et ✉ de St-Junien.

GLANNES, vg. *Marne* (Champagne), arr., cant., ✉ et à 6 k. de Vitry-le-François. Pop. 311 h.

GLANON, vg. *Côte-d'Or* (Bourgogne), arr. et à 27 k. de Beaune, cant. et ✉ de Seurre. Pop. 297 h.

GLANUM (lat. 44°, long. 23°). « Dans Pline (lib. III, cap. 4), on trouve *Glanum* avec le surnom de *Livii*. *Glanum* est une ville des *Salyes*, selon Ptolémée. Dans l'Itinéraire d'Antonin, *Glanum* est placé entre *Cabellio* et *Ernaginum*, en tendant à *Arelate*. La Table théodosienne conduit d'*Arelate* à *Clano*, par *Ernagina*. Il n'y a point à douter que *Glanum* ne soit St-Remy, où l'on voit à quelque distance, vers le midi, un édifice semblable à un arc triomphal, et un mausolée antique. Le nom actuel peut venir de ce que saint Remy a possédé des biens en Provence, *res in provincia*, selon le testament qu'on lui attribue et qui est rapporté par Flodoard (lib. I); et il est constant, par des lettres de l'archevêque Hincmar, que l'Eglise de Reims avait des possessions dans ce pays au IXe siècle. La distance à l'égard de *Cabellio*, qui est marquée XII dans la Table, paraît plus convenable que XVI dans l'Itinéraire; car ce qu'il y a d'espace entre Cavaillon et St-Remy ne peut s'estimer qu'environ 9,000 toises, et dans le calcul de 12 milles romains est de 9,072 toises. Il faut encore préférer VIII dans la Table à XII qu'on trouve dans l'Itinéraire, et vraisemblablement au lieu de VII, pour la distance entre *Glanum* et *Ernaginum*, et ce qui le prouve, c'est que l'Itinéraire marquant VII d'*Ernaginum* à *Arelate*, il en résulterait 19 milles de *Glanum* à *Arelate*. Or, cette distance ne saurait être que d'environ 15 milles, parce que l'espace actuel entre St-Remy et Arles n'est guère que de 14,000 toises. M. de Valois ne connaît point la position de *Glanum*, en la rapportant à un petit lieu qu'il dit voisin du Rhône, sous le nom de Lansac, entre Tarascon et Arles. » D'Anville. *Notice de l'ancienne Gaule*, p. 356. V. aussi Ménard. *Mémoire sur la position, l'origine et les anciens monuments d'une ville de la Gaule narbonaise, appelée Glanum Livii* (St-Remy). (Mém. de l'académie des inscriptions et belles-lettres, t. XXXII, p. 650; Hist. ibid., t. XXIX, p. 241). Walckenaer. *Géographie des Gaules*, t. I, p. 281, 282; t. II, p. 214.

GLANVILLE, *Glanvilla*, vg. *Calvados* (Normandie), arr., ✉ et à 8 k. de Pont-l'Evêque, cant. de Dives. Pop. 305 h.

GLASSAC, vg. *Aveyron*, comm. de Cassagnes-Comtaux, ✉ de Rignac.

GLASSEMBERG, vg. *Moselle*, comm. de Lambach, ✉ de Bitche.

GLATENS, vg. *Tarn-et-Garonne* (Languedoc), arr. et à 34 k. de Castel-Sarrasin, cant. et ✉ de Beaumont-de-Lomagne. Pop. 127 h.

GLATIGNY, vg. *Manche* (Normandie), arr. et à 33 k. de Coutances, cant. et ✉ de la Haye-du-Puits. Pop. 483 h.

GLATIGNY, vg. *Moselle* (pays Messin), arr., ✉ et à 13 k. de Metz, cant. de Vigy. Pop. 282 h.

GLATIGNY, vg. *Oise* (Picardie), arr. et à 18 k. de Beauvais, cant. et ✉ de Songeons. Pop. 302 h.

GLAY, vg. *Doubs* (Franche-Comté), arr. et à 15 k. de Montbelliard, cant. de Blamont, ✉ de Pont-de-Roide. Pop. 420 h. — Papeterie.

GLAY, vg. *Rhône*, comm. de St-Germain-sur-l'Arbresle, ✉ de l'Arbresle.

GLEIZÉ, vg. *Rhône* (Beaujolais), arr., cant., ✉ et à 27 k. de Villefranche-sur-Saône. Pop. 1,210 h.

GLEN (St-), vg. *Côtes-du-Nord* (Bretagne), arr. et à 35 k. de St-Brieuc, cant. et ✉ de Moncontour. Pop. 752 h.

GLÉNAC, vg. *Morbihan* (Bretagne), arr. et à 55 k. de Vannes, cant. de Carentoir, ✉ de la Gacilly. Pop. 710 h.

GLENANS (les), *Finistère*, comm. de Fouesnant, ✉ de Quimper. — *Fabrique de soude de varech.* — *Etablissement de la marée*, 3 heures 5 minutes.

On désigne sous le nom de Glenans un groupe de petites îles situées près de la côte méridionale du département du Finistère, à 14 k. de la pointe de Trévignor, à 20 k. du fond de la rade de la Forêt et à la pointe de Penmarck. Ces îles, environnées d'écueils très-dangereux, sont au nombre de neuf ; les autres ne sont que des rochers.

L'île la plus voisine de Concarneau en est à 18 k. et s'appelle Penfret ; sa circonférence est de 3 k., sa longueur de 1 k., sa plus grande largeur est de quatre à cinq cents pas ; au milieu est un puits d'eau douce. On y compte quatre anses : la meilleure est celle de Pornigueul, dont le mouillage est bon, sur un fond d'herbe et de vase. Les bateaux y sont en sûreté dans les beaux temps, mais elle est dangereuse dans les coups de vent. L'île Guyotée est à quatre cents pas de Penfret ; on peut y mettre des bestiaux : elle n'a point d'anse où les bateaux puissent être à l'abri des orages. L'île Guimenet a cent cinquante pas de circonférence ; elle est à douze cents pas de Guyotée, et n'est d'aucun rapport. L'île du Lock est une des plus grandes des Glenans ; elle contient un étang de deux cents pas de long sur cent cinquante de large, dont les eaux sont saumâtres. Sa circonférence est de 2 k. ; elle est située dans l'est-sud-ouest de l'île de Penfret. L'île Drence a tout au plus quatre cents pas de long. L'île St-Nicolas n'est séparée de la précédente que par un espace de deux cent cinquante pas. Sa circonférence est de 2 k., elle a quatre cents pas dans sa plus grande largeur ; on y trouve encore quelques vestiges d'habitation, entre autres un puits d'eau douce assez bonne. Cette île sert de mouillage et de lieu de repos à tous les pêcheurs des Glenans ; elle peut être cultivée ; les terres porteraient de beaux grains et d'excellents légumes. L'île de la Cigogne sépare les Glenans en deux parties égales, et les domine : on l'appelle la Chambre ou le Havre. Le lieu du mouillage peut avoir huit cents pas de long sur quatre cents de large ; le fort construit sur cette île bat toutes les entrées de la passe du nord, qu'on nomme Minangroëse, celle de l'est, appelée Penmamine, la passe de l'ouest, dite Beguellech, toutes celles enfin qui permettraient aux corsaires d'aborder cet archipel et de s'en emparer.

GLÉNAT, vg. *Cantal* (Auvergne), arr. et à 23 k. d'Aurillac, cant. de la Roquebrou, ✉ de Montvert. Pop. 563 h. — *Foire le 4 mai.*

GLÉNAY, vg. *Deux-Sèvres* (Poitou), arr. et à 18 k. de Bressuire, cant. de St-Varent, ✉ de Thouars. Pop. 581 h.

GLÈNE (la), vg. *Aveyron*, comm. de St-Léons, ✉ de Millau.

GLENIC, vg. *Creuse* (Marche), arr., ✉ et à 7 k. de Guéret. Pop. 1,339 h.

GLENNES, vg. *Aisne* (Picardie), arr. et à 40 k. de Soissons, cant. de Braisne, ✉ de Beaurieux. Pop. 364 h.

GLENOUZE, vg. *Vienne* (Poitou), arr., ✉ et à 7 k. de Loudun, cant. des Trois-Moutiers. Pop. 207 h.

GLENY, vg. *Corrèze*, comm. de Servières, ✉ d'Argentat.

GLÈRE, vg. *Doubs* (Franche-Comté), arr. et à 35 k. de Montbelliard, cant. et ✉ de St-Hippolyte. Pop. 231 h.

GLEYSENOVE, vg. *Aveyron*, comm. de Vesins, ✉ de Séverac.

GLÉZOLLE (la), *Indre*, comm. de Montchevrier, ✉ d'Aigurande.

GLICOURT, vg. *Seine-Inf.* (Normandie), arr. et à 12 k. de Dieppe, cant. et ✉ d'Envermeu. Pop. 269 h.

GLISOLLES, *Ecclesiola*, vg. *Eure* (Normandie), arr. et à 13 k. d'Evreux, cant. et ✉ de Conches. Pop. 337 h.

GLISY, vg. *Somme* (Picardie), arr., ✉ et à 9 k. d'Amiens, cant. de Sains. Pop. 350 h.

GLOMEL, vg. *Côtes-du-Nord* (Bretagne), arr. et à 50 k. de Guingamp, cant. et ✉ de Rostrenen. Pop. 3,776 h. — *Foires les 28 mai et 1er août.*

GLOMINGHEM, vg. *Pas-de-Calais*, com. et ✉ d'Aire-sur-la-Lys.

GLONVILLE, vg. *Meurthe* (Lorraine), arr. et à 22 k. de Lunéville, cant. et ✉ de Baccarat. Pop. 709 h.

GLORIANES, vg. *Pyrénées-Or*. (Roussillon), arr. et à 24 k. de Prades, cant. et ✉ de Vinça. Pop. 235 h.

GLORIEUSE (la), vg. *Landes* (Gascogne), arr., cant., ✉ et à 9 k. de Mont-de-Marsan. Pop. 329 h. — On y trouve un établissement de bains thermaux. — *Fabriques* de droguets.

GLORIEUX, vg. *Meuse*, comm. et ✉ de Verdun-sur-Meuse.

GLORIVETTES (les), vg. *Vaucluse*, com. de St-Martin-de-Castillon, ✉ d'Apt.

GLOS, vg. *Calvados* (Normandie), arr., cant., ✉ et à 4 k. de Lisieux. Pop. 784 h.

GLOS-LA-FERRIÈRE, *Glotis*, bg *Orne* (Normandie), arr. et à 53 k. d'Argentan, cant. de la Ferté-Fresnel. ✉. A 146 k. de Paris pour la taxe des lettres. Pop. 2,834 h. — C'était autrefois une place forte qui commandait les environs, et que Duguesclin prit et fit démanteler vers la fin du XIVe siècle : on y voit encore des portes et quelques débris de fortifications. — *Fabrique* très-active de quincaillerie, pointes de Paris pour les cordonniers, agrafes, etc. Tréfilerie.

GLOS-SUR-RILLE, vg. *Eure* (Normandie), arr. et à 18 k. de Pont-Audemer, cant. et ✉ de Montfort-sur-Rille. Pop. 320 h.

GLOTON, vg. *Seine-et-Oise*, comm. de Bennecourt, ✉ de Bonnières.

GLUGES, vg. *Lot*, comm. et ✉ de Martel.

GLUIRAS, vg. *Ardèche* (Languedoc), arr. et à 30 k. de Privas, cant. et ✉ de St-Pierreville. Pop. 2,834 h. — *Foires* les 2 mai, 14 sept., 25 nov. et lundi gras.

GLUN, vg. *Ardèche* (Vivarais), arr., cant., ✉ et à 6 k. de Tournon. Pop. 648 h.

GLUX, vg. *Nièvre* (Bourgogne), arr., cant., ✉ et à 15 k. de Château-Chinon. Pop. 808 h.

GLY(le), *Aquilinus*, petite rivière qui prend sa source près de la métairie de Pastres, dép. de l'*Aude*. Elle passe à St-Paul, Estagel, Rivesaltes, et se jette dans la Méditerranée sous St-Laurent-de-la-Salenque, départ. des *Pyrénées-Orientales*, après un cours d'environ 80 k.

Le Gly est flottable depuis le confluent de la Boulzanne, au-dessous de St-Paul, jusqu'à son embouchure, sur une étendue de 65 k. Il fournit une grande quantité de ses eaux à 4 canaux d'irrigation.

GOALARD, vg. *Gers*, comm. et ✉ de Condom.

GOAREC, vg. *Côtes-du-Nord* (Bretagne), arr. et à 40 k. de Loudéac, chef-l. de cant. ✉. A 484 k. de Paris pour la taxe des lettres. Cure. Bureau d'enregistr. à Corlay. P. 809 h. — TERRAIN cristallisé, granit. — *Foires* les 15 mai, samedi de la Trinité, l'avant-dernier samedi de sept., et 2e samedi de chaque mois.

GOAS, vg. *Tarn-et-Garonne* (Languedoc), arr. et à 38 k. de Castel-Sarrasin, cant. et ✉ de Beaumont-de-Lomagne. Pop. 127 h.

GOAZEC (St-), vg. *Finistère* (Bretagne), arr. et à 30 k. de Châteaulin, cant. et ✉ de Châteauneuf-du-Faou. Pop. 1,104 h.

GOBÆUM PROMONTORIUM (lat. 49°, long. 13°). « Selon la position dans laquelle Ptolémée indique ce promontoire, c'est l'endroit du continent de la Gaule le plus avancé dans la mer, vers le couchant, et on y reconnaît la pointe de la Bretagne qui a pris le nom de St-Mahé, *sancti Mahæi*, dont le corps fut transporté *ab Æthiopia in minorem Britanniam*, l'an 825, suivant une chronique de l'Eglise de Nantes, citée par D. Lobineau. Ce promontoire est aussi appelé très-convenablement *finis terræ*; et, dans les lettres d'Herve, vicomte de Léon, de l'an 1273, on lit : *seint Mahé de Fineposterne*, c'est-à-dire *de fine postremo*. » D'Auville. *Notice de l'ancienne Gaule*, p. 357. V. aussi Walckenaer. *Géographie des Gaules*, t. I, p. 102; t. II, p. 254.

GOBAIN (St-), bg *Aisne* (Picardie), arr. et à 25 k. de Laon, cant. de la Fère. ✉. A 189 k. de Paris pour la taxe des lettres. Pop. 2,256 h. St-Gobain, appelé autrefois Mont-de-l'Hermitage, devint célèbre par le martyre du saint dont il porte le nom depuis le VIIe siècle. Ce village, bâti par les sires de Coucy, situé au milieu de la forêt de Coucy, était composé non-seulement de ce qui en reste aujourd'hui, mais il s'étendait dans les vallées. Le château, sur l'emplacement duquel se trouve aujourd'hui la plus belle manufacture de glaces que l'on connaisse, fut pris et ruiné par les Anglais en 1339. — Marie de Luxembourg, bisaïeule de Henri IV, fonda à St-Gobain, vers 1540, une verrerie qui doit être considérée comme l'origine de la célèbre manufacture royale des glaces qu'on y voit aujourd'hui. La compagnie de St-Gobain a, par des degrés développés, amélioré ses établissements, en suivant le progrès des sciences et des arts. C'est un modèle qu'il faut offrir aux autres associations industrielles. Non-seulement la compagnie a profité des perfectionnements généraux de l'industrie; elle en a fait naître dans ses propres ateliers, où beaucoup d'arts importants ont fait des progrès. C'est ainsi qu'elle a mérité des médailles d'or à toutes les expositions de l'industrie. Un savant ayant importé en France le système anglais d'*association des ouvriers aux bénéfices*, usité dans les mines de Cornouailles, système dont on ne saurait trop recommander l'usage, la compagnie de St-Gobain est franchement entrée dans ce système d'association. Au mois d'avril 1833, elle proposa aux ouvriers de l'un de ses ateliers de les faire participer au partage des profits extraordinaires qui seraient le résultat de leur plus grande habileté, ou de la plus grande économie qu'ils apporteraient dans leurs manipulations. Malgré les avantages que leur offrait cette proposition, les ouvriers se décidèrent difficilement, et n'entrèrent qu'avec méfiance dans les vues de l'administration. Cependant à la fin de 1833, par suite de ces conventions, une prime de 13,000 fr. fut distribuée entre cent ouvriers, c'est-à-dire 130 fr. pour chacun d'eux; en 1834, cette prime s'est élevée à 200 fr. — L'usine de St-Gobain, regardée comme l'établissement le plus considérable qui existe en ce genre, est très-vaste; elle renferme cinq halles; les bâtiments en sont magnifiques. Les glaces qui sortent de cette manufacture sont non-seulement renommées par la beauté, la netteté et la solidité du verre, mais encore par leur grande dimension. Cette manufacture a le dépôt de ses glaces à Chauny, où on les embarque sur l'Oise pour Paris.

PATRIE du poëte LUCE DE LANCIVAL, mort en 1810.

Commerce de bois à brûler et de construction. — Marché hebdomadaire le dimanche au matin avant la célébration du service divin. Ce marché, dont l'établissement remonte à un temps très-éloigné, est exclusivement affecté à la vente des comestibles nécessaires aux ouvriers de la manufacture.

GOBERT (St-), vg. *Aisne* (Picardie), arr., ✉ et à 8 k. de Vervins, cant. de Sains. Pop. 628 h. Sur le Vilpior.

GOURIEN (St-), vg. *Morbihan*, comm. de St-Servant, ✉ de Josselin.

GODEBRANGE, vg. *Moselle*, comm. de Hussigny, ✉ de Longwy.

GODEFROY (la), vg. *Manche* (Normandie), arr., cant., ✉ et à 7 k. d'Avranches. Pop. 290 h.

GODENVILLERS, vg. *Oise* (Picardie), arr. et à 30 k. de Clermont, cant. et ✉ de Maignelay. Pop. 273 h.

GODERVILLE, joli bourg, *Seine-Inf.* (Normandie), arr. et à 30 k. du Havre, chef-l. de cant. Cure. Gîte d'étape. ✉. ⚘. A 190 k. de Paris pour la taxe des lettres. Pop. 1,305 h. — TERRAIN tertiaire supérieur. — *Foires* les 15 janv., 13 mars, 1er mai, 22 juillet et 4 oct. — Marché tous les mardis.

GODEWAERSVELDE, vg. *Nord* (Flandre), arr. et à 12 k. de Hazebrouck, cant. et ✉ de Steenwoorde. Pop. 1,332 h. — On y voit un établissement agricole de trappistes, qui ont défriché aux environs une grande étendue de terres incultes, et fait bâtir dans ce lieu une grande et belle église. — *Fabriques* de toiles d'emballage. Brasseries.

GODICHAIS (la), vg. *Ille-et-Vilaine*, comm. et ✉ de Cancale.

GODINAND, vg. *Charente-Inf.*, comm. et d'Ars-en-Ré.

GODISSON, vg. *Orne* (Normandie), arr. et à 38 k. d'Alençon, cant. de Courtomer, ✉ du Merlerault. Pop. 326 h.

GODIVELLE (la), vg. *Puy-de-Dôme* (Auvergne), arr. et à 33 k. d'Issoire, cant. et ✉ d'Ardes. Pop. 264 h. — Il est situé près de deux lacs fort rapprochés, d'où sort le ruisseau des Fourneaux.

GODNEVAL, vg. *Eure-et-Loir*, comm. de Dampierre-sur-Avre, ✉ de Nonancourt.

GODONCOURT, *Godonis Curtis*, vg. *Vosges* (Lorraine), arr. et à 47 k. de Mirecourt, cant. et ✉ de Monthureux-sur-Saône. Pop. 782 h.

GOELLE, vg. *Seine-et-Marne*, comm. de Mongé, ✉ de Dammartin.

GOERLINGEN, vg. *B.-Rhin* (Alsace), arr. et à 22 k. de Saverne, cant. et ✉ de Drulingen. Pop. 338 h.

GOERSDORF, ou GERLINGSDORF, vg. *B.-Rhin* (Alsace), arr. et à 23 k. de Wissembourg, cant. et ✉ Woert-sur-Sauer. Pop. 1,062 h.

GOES, vg. *B.-Pyrénées* (Béarn), arr., cant., ✉ et à 2 k. d'Oloron. Pop. 440 h.

GOETZENBRUCK, vg. *Moselle* (pays Messin), arr. et à 32 k. de Sarreguemines, cant. et ✉ de Bitche. Pop. 524 h. — Verrerie importante où l'on fabrique des verres de montre en cristal fins, patens, mi-fins, chevés et ordinaires; verres à pendule chevés et bombés; garde-vues. Cette ancienne verrerie, fondée en 1721 pour la fabrication de la gobelèterie, commença en 1761 à produire quelques verres de montre. Bientôt, en 1788, elle se livra exclusivement à ce genre de production, qu'elle n'a pas cessé de perfectionner jusqu'à présent. Aujourd'hui elle occupe 500 ouvriers, et elle ne fabrique pas moins de 45,000 verres de montre par jour. Ⓐ 1834, 1839, 1844.

GŒULZIN, vg. *Nord* (Flandre), arr., ✉ à 6 k. de Douai, cant. d'Arleux. Pop. 998 h.

GOGNELAIS (les), vg. *Deux-Sèvres*, com. de Cherveux, ✉ de St-Maixent.

GOGNEY, vg. *Meurthe* (Lorraine), arr. et à 34 k. de Lunéville, cant. et ✉ de Blamont. Pop. 294 h. — *Fabrique* de draps.

GOGNIE-CHAUSSÉE, vg. *Nord* (Flandre), arr. et à 24 k. d'Avesnes, cant. et ✉ de Maubeuge. Pop. 766 h.

GOHANNIÈRE (la), vg. *Manche* (Normandie), arr., cant., ✉ et à 9 k. d'Avranches. Pop. 257 h.

GOHIER, vg. *Maine-et-Loire* (Anjou), arr. et à 21 k. d'Angers, cant. de Pont-de-Cé, ✉ de Brissac. Pop. 320 h.

GOHORY, vg. *Eure-et-Loir* (Beauce), arr. et à 13 k. de Châteaudun, cant. et ✉ de Brou. Pop. 410 h.

GOID, vg. *Moselle* (pays Messin), arr. et à 16 k. de Metz, cant. de Verny, ✉ de Solgne. Pop. 528 h.

GOIN (St-), vg. *B.-Pyrénées* (Béarn), arr., ✉ et à 9 k. d'Oloron, cant. de Ste-Marie-d'Oloron. Pop. 383 h.

GOINCOURT, vg. *Oise* (Picardie), arr., cant., ✉ et à 4 k. de Beauvais. Pop. 545 h. — Ce village est bâti dans une charmante position, sur les rives de l'Avelon. Il possède des sources d'eaux minérales ferrugineuses, en usage dans le Beauvaisis depuis un temps immémorial. Aux environs, on trouve les traces d'une mine de fer, dans un espace qu'on nomme les Forges, non loin de là des lignites, contenant des pyrites dont on extrait le sulfate de fer ou couperose verte. — Il s'y est établi une manufacture de faïence et deux manufactures de sulfate de fer.

GOIX, vg. *Côte-d'Or*, comm. de Moux, ✉ de Saulieu.

GOIX, vg. *Côte-d'Or*, comm. de Villargois, ✉ de Montsauche.

GOIZET, vg. *Gironde*, comm. de St-Denis-de-Pille, ✉ de Libourne.

GOLANCOURT, vg. *Oise* (Picardie), arr. et à 46 k. de Compiègne, cant. et ✉ de Guiscard. Pop. 503 h.

GOLBEY, vg. *Vosges* (Lorraine), arr., cant., ✉ et à 3 k. d'Épinal. Pop. 577 h. — Scierie de marbre.

GOLDBACH, vg. *H.-Rhin* (Alsace); arr. et à 44 k. de Belfort, cant. de St-Amarin, ✉ de Vesserling. Pop. 777 h.

GOLFEC, vg. *Tarn-et-Garonne* (Languedoc), arr. et à 20 k. de Moissac, cant. et ✉ de Valence-d'Agen. Pop. 1,122 h.

GOLINHAC, vg. *Aveyron* (Rouergue), arr. et à 30 k. d'Espalion, cant. et ✉ d'Entraigues. Pop. 1,050 h.

GOLLAINVILLE, vg. *Loiret*, comm. d'Orveau, ✉ de Malesherbes.

GOLLEVILLE, vg. *Manche* (Normandie), arr. et à 9 k. de Valognes, cant. et ✉ de St-Sauveur-sur-Douve. Pop. 430 h.

GOLO (le), rivière de l'île de Corse qui prend sa source dans le lac d'Ino, coule à peu près de l'ouest à l'est, et se jette dans la mer à Mariana, après un cours de 120 k. Il avait donné son nom à l'un des deux départements que formait primitivement l'île de Corse.

GOMBERGEAN, vg. *Loir-et-Cher* (Beauce), arr. et à 18 k. de Vendôme, cant. de St-Amand, ✉ d'Herbault. Pop. 279 h.

GOMBREMETZ, vg. *Pas-de-Calais*, comm. de Saulty, ✉ de l'Arbret.

GOMELANGE, ou GELMINGEN, vg. *Moselle* (pays Messin), arr. et à 27 k. de Metz, cant. et ✉ de Boulay. Pop. 711 h.

GOMER, vg. *Mayenne*, comm. de St-Brice, ✉ de St-Grez-en-Boère.

GOMER, vg. *B.-Pyrénées* (Béarn), arr. et à 18 k. de Pau, cant. et ✉ de Pontacq. Pop. 293 h.

GOMETZ-LA-VILLE, vg. *Seine-et-Oise* (Ile-de-France), arr. et à 30 k. de Rambouillet, cant. de Limours, ✉ d'Orsay. P. 211 h. — C'était autrefois une ville murée, siège d'une seigneurie avec haute, moyenne et basse justice.

GOMETZ-LE-CHATEL, ou ST-CLAIR, Gomedum, vg. *Seine-et-Oise* (Ile-de-France), arr. et à 32 k. de Rambouillet, cant. de Limours, ✉ d'Orsay. Pop. 404 h. — C'était jadis une petite ville forte, protégée par un château fort construit sur la cime d'une éminence qui domine tous les environs, et dont on voit encore quelques vestiges. Au XIIIᵉ siècle, Hugues de Crécy était seigneur de Gometz; après avoir étranglé de ses propres mains, dans une tour de bois, pendant la nuit, son cousin Millon de Mont-le-Héry, il se retira au château de Gometz, lequel, peu de temps après, fut assiégé et pris par Louis VI. Hugues pensa alors à se purger de ce meurtre par un duel, mais il n'eut pas le courage de prendre ce parti, et se retira dans un cloître.

GOMMECOURT, vg. *Pas-de-Calais* (Artois), arr. et à 16 k. d'Arras, cant. de Croisilles, ✉ de Bapaume. Pop. 224 h.

GOMMÉCOURT, vg. *Pas-de-Calais* (Artois), arr. et à 20 k. d'Arras, cant. de Pas, ✉ de l'Arbret. Pop. 305 h.

GOMMÉCOURT, vg. *Seine-et-Oise* (Normandie), arr. et à 17 k. de Mantes, cant. et ✉ de Bonnières. Pop. 608 h.

GOMMEGNIES, vg. *Nord* (Flandre), arr. et à 38 k. d'Avesnes, cant. et ✉ du Quesnoy. Pop. 2,980. — *Fabriques* de toiles, fil fin pour batiste. Brasserie. — *Commerce* de bois, de charbon, de laines et de saboterie. — *Foires* les 15 avril et 15 nov.

GOMMENÉ, vg. *Côtes-du-Nord* (Bretagne), arr. et à 25 k. de Loudéac, cant. et ✉ de Merdrignac. Pop. 1,214 h.

GOMMENECH, vg. *Côtes-du-Nord* (Bretagne), arr. et à 30 k. de St-Brieuc, cant. et ✉ de Lanvollon. Pop. 1,206 h.

GOMMERSDORFF, vg. *H.-Rhin* (Alsace), arr. et à 22 k. de Belfort, cant. et ✉ de Dannemarie. Pop. 351 h.

GOMMERVILLE, bg *Eure-et-Loir* (Beauce), arr. et à 30 k. de Chartres, cant. de Janville, ✉ d'Angerville. Pop. 515 h. — *Fabrique* de bonneterie en laine et de draperies.

GOMMERVILLE, vg. *Seine-Inf.* (Normandie), arr. et à 20 k. du Havre, cant. et ✉ de St-Romain-de-Colbose. P. 615 h. — *Fabrique* de bonneterie.

GOMMEVILLE, vg. *Côte-d'Or* (Bourgogne), arr., cant. et à 15 k. de Chatillon-sur-Seine, ✉ de Mussy. Pop. 496 h.

GOMMIERS, vg. *Eure-et-Loir*, comm. du Terminiers, ✉ de Patay.

GOMONT, vg. *Ardennes* (Champagne), arr. et à 7 k. de Rethel, cant. d'Asfeld, ✉ de Château-Porcien. Pop. 606 h.

GONAINCOURT, vg. *H.-Marne* (Lorraine), arr. et à 42 k. de Chaumont-en-Bassigny, cant. et ✉ de Bourmont. Pop. 182 h.

GONCELIN, bg *Isère* (Dauphiné), arr. et à 30 k. de Grenoble, chef-l. de cant. Cure. ✉. A 602 k. de Paris pour la taxe des lettres. P. 1,547 h. — *Terrain* jurassique. — Il est situé sur une hauteur, près de la rive gauche de l'Isère.

PATRIE du comte MORAND DE GALLE, amiral de l'armée navale républicaine et sénateur.

Carrières de brèche de diverses couleurs et de schistes solides. — *Commerce* de chanvre peigné, fils, toiles, vins, etc. — *Foires* les 10 août et tous les samedis de mai, juin, nov. et déc.

GONCOURT, vg. *H.-Marne* (Champagne), arr. et à 45 k. de Chaumont-en-Bassigny, cant. et ✉ de Bourmont. Pop. 695 h. — *Fabrique* de pointes de Paris. Blanchisserie de toiles. Forges.

GOND (St-), *Marne*, comm. d'Oyes, ✉ de Sézanne.

GONDECOURT, vg. *Nord* (Flandre), arr. et à 14 k. de Lille, cant. de Seclin. Pop. 1,622 h. — Atelier de forage de puits artésiens. Brasserie et moulins à huile.

GONDELLON, vg. *Lot-et-Garonne*, com. de St-Barthélemy, ✉ de Miramont.

GONDENANS-LES-MOULINS, vg. *Doubs* (Franche-Comté), arr. et à 13 k. de Baume-

les-Dames, cant. et ✉ de Rougemont. P. 292 h.
Au sud de ce village, on voit, dans le flanc d'un coteau couvert de bois, une grotte d'où sort un ruisseau abondant, qui fait tourner quatre moulins. A peu de distance de cette grotte, on en trouve quatre autres, dont la principale renferme une quantité considérable de stalactites de formes variées.

GONDENANS-MONTBY, vg. *Doubs* (Franche-Comté), arr. et à 12 k. de Baume les-Dames, cant. et ✉ de Rougemont. Pop. 528 h.

GONDEVILLE, vg. *Charente* (Angoumois), arr. et à 15 k. de Cognac, cant. de Ségonzac, ✉ de Jarnac. Pop. 467 h.

GONDOM, vg. *Lot-et-Garonne*, comm. de Moubahus, ✉ de Cançon.

GONDON (St-), bg *Loiret* (Gatinais), arr., cant., ✉ et à 7 k. de Gien. Pop. 900 h. — On y trouve une source d'eau minérale. — *Foires* les 17 avril, 19 juin et 26 oct.
Bibliographie. DE LA CHESNE. *Lettre sur la fontaine de St-Gondon* (Nat. consid., t. III, p. 275).
POMMEREAU (Et.). *Traité des eaux minérales, ou la Nouvelle Fontaine St-Gondon*, in-12, 1676.

GONDRAN (St-), vg. *Ille-et-Vilaine* (Bretagne), arr. et à 22 k. de Rennes, cant. et ✉ d'Hédé. Pop. 340 h.

GONDRECOURT, *Gondoini Curtis*, petite ville, *Meuse* (Lorraine), arr. de Commercy. A 48 k. de St-Mihiel, chef-l. de cant. Cure. Gîte d'étape. ✉. A 274 k. de Paris pour la taxe des lettres. Pop. 1,681 h. — TERRAIN jurassique.
Cette ville, bâtie sur le sommet et sur le penchant d'un coteau, au pied duquel coule l'Ornain, se divise en haute et basse ville. Elle était autrefois défendue par une forteresse construite au XIe siècle, dont il ne reste aucun vestige : elle a souvent été prise, reprise, saccagée et incendiée. Les environs sont fort agréables. Briqueterie. — *Foires* les 1er fév., 28 mai, 20 sept. et 20 nov.
Bibliographie. GENTYT DE TAILLANCOURT. *Remarques pour servir à l'histoire de Gondrecourt-le-Château* (Nouv. Rech. sur la France, t. I, p. 382-89).

GONDRECOURT, vg. *Moselle* (Lorraine), arr. et à 12 k. de Thionville, cant. de Conflans, ✉ de Briey. Pop. 423 h.

GONDREVILLE, vg. *Loiret*, com. d'Auxy, ✉ de Boynes.

GONDREVILLE, *Gondulfi Villa*, bg *Meurthe* (pays Messin), arr., cant., ✉ et à 5 k. de Toul. Pop. 1,365 h. Sur la rive droite de la Moselle.
Gondreville est un bourg très-ancien ; les rois de France y avaient dans le VIIe siècle un palais, où ils se tint plusieurs assemblées d'empereurs et de rois. Charles le Chauve y réunit en 873 les évêques et les seigneurs de la monarchie, pour lui prêter serment de fidélité ; Louis Carloman et Charles le Gros y tinrent une diète en 880. C'est là que ce dernier roi fit crever les yeux à un fils naturel du roi Lothaire ; c'est là que naquirent Ferry III et Raoul, son fils, ducs de Lorraine. Gondreville fut brûlé par les habitants de Toul en 1410.

GONDREVILLE, vg. *Moselle*, comm. de Vry, ✉ de Metz.

GONDREVILLE, vg. *Oise* (Picardie), arr. et à 30 k. de Senlis, cant. et ✉ de Betz. Pop. 210 h.

GONDREVILLE-LA-FRANCHE, vg. *Loiret* (Gatinais), arr., ✉ et à 9 k. de Montargis, cant. de Ferrières. Pop. 286 h.

GONDREXANGE, vg. *Meurthe* (pays Messin), arr. et à 12 k. de Sarrebourg, cant. de Réchicourt-le-Château, ✉ de Lorquin. Pop. 1,062 h.

GONDREXON, vg. *Meurthe* (pays Messin), arr. et à 12 k. de Lunéville, cant. et ✉ de Blamont. Pop. 136 h.

GONDRIER, vg. *Orne*, comm. de St-Martin-d'Ecubley, ✉ de l'Aigle.

GONDRILLIERS, vg. *Orne*, comm. d'Emblay, ✉ de l'Aigle. — Tréfilerie de fil de fer gros et fin, par procédés français et anglais, spécialement pour cardes, aiguilles à coudre et à bas, pour peignes à tisser ; ressorts pour sièges et lits élastiques, hameçons, etc. Ⓑ 1802, Ⓐ 1834.

GONDRIN, petite ville, *Gers* (Armagnac), arr. et à 14 k. de Condom, cant. de Montréal Pop. 2,000 h. — *Foires* les 3 fév., 17 mars, 21 mai, 10 août et 17 oct.
Les **armes** de **Gondrin** sont : *d'azur à une tour d'argent maçonnée de sable.*

GONDS (les), vg. *Charente-Inf.* (Saintonge), arr., cant., ✉ et à 5 k. de Saintes. Pop. 798 h.

GONESSE, *Gaunissa, Gonessa*, bg *Seine-et-Oise* (Ile-de-France), arr. et à 34 k. de Pontoise, chef-l. de cant. A 17 k. de Paris pour la taxe des lettres. Pop. 2,221 h. — TERRAIN crétacé inférieur.
Autrefois diocèse, parlement, intendance et élection de Paris, justice royale, prévôté et châtellenie.
Ce bourg est situé au milieu d'une plaine très-fertile en grains, sur la petite rivière du Crould, qui y fait mouvoir un grand nombre de moulins à farine. Il était autrefois connu sous le nom de *Gonissa* ; on écrivit depuis *Gonessa*, et enfin *Gonesse* ; c'était autrefois le rendez-vous des anciens chevaliers de la Table ronde. La terre de Gonesse appartenait à Hugues Capet, lorsqu'il n'était encore que duc de France. Quand il eût remplacé sur le trône les descendants de Charlemagne, cette terre devint terre du roi, mais non de la couronne, ce qui était bien différent : c'est-à-dire que la terre de Gonesse n'eut plus de seigneur suzerain que le roi, tandis que les terres de la couronne dépendaient d'un seigneur qui relevait lui-même du roi, dont il méconnaissait très-souvent l'autorité.
Dès le commencement du XIVe siècle, Gonesse possédait des fabriques considérables de draps. Ces fabriques ayant été anéanties, les moulins qui servaient aux manufactures furent changés en moulins à grains. La situation de Gonesse, au milieu d'un vaste territoire cultivé entièrement en grains, inspira alors aux habitants le dessein de faire un nouveau commerce. Ils se mirent à moudre le blé de tous les environs, et, avec les farines qui en provenaient ils fabriquèrent du pain qu'ils allaient vendre à Paris, dans une halle qui leur était particulière.
Le 24 juin 1465, les Bourguignons s'emparèrent de Gonesse, et ravagèrent les fermes et les terres qui appartenaient au roi. — Henri IV, après avoir échoué dans sa seconde tentative contre Paris, se retira à Gonesse, et y campa pendant un mois entier. — Le 28 juin 1815, le maréchal Gouvion Saint-Cyr arriva à Gonesse à huit heures du soir, avec 40,000 hommes et 120 pièces de canon ; il volait à la défense de Paris, et n'avait mis que deux jours dans sa marche depuis Charleroi. Le quartier général de l'armée anglaise s'établit dans ce bourg le 2 juillet 1815.
L'église de Gonesse est une des plus remarquables des environs de Paris. Le chœur, élevé à la fin du XIIe siècle, est précédé d'une belle nef qui est du XIIIe et que décore une galerie. La base du clocher est d'architecture romane et sert d'appui à une sacristie du XIIe siècle. Le trésor, qui domine cette sacristie, contient de magnifiques ornements d'église donnés sous le règne de Louis XIV. — L'orgue est d'un grand intérêt comme monument. Au-dessus de la porte d'entrée de l'église s'élève un encorbellement en bois qui a été peint au XVIe siècle ; la peinture, qui est d'un beau caractère, représente des anges jouant chacun d'un instrument de musique et faisant concert. Au-dessus de cet encorbellement s'élève l'appui de la tribune, qui était couvert d'arabesques du temps de François Ier. Au-dessus de la tribune s'élève l'orgue, qui se divise en trois parties principales couronnées de coupoles, et en parties secondaires moins élevées. Les sculptures qui accompagnent le buffet sont bien conservées et dans le style du temps de François Ier. Au milieu des trois corps principaux sont des tuyaux du XVIe siècle, ornés en chapiteau et de renflements sculptés ; des peintures et arabesques dorées décorent ces tuyaux dans toute leur longueur.
PATRIE de PHILIPPE AUGUSTE.
Fabrique de passementerie. Belle blanchisserie pour les tissus de coton, de fil et de chanvre. — *Commerce* de grains, avoines, fourrages, chevaux et bestiaux. — *Foires* les 2 fév. et 16 juillet.

GONFARON, *Gonfaro*, vg. *Var* (Provence), arr. et à 24 k. de Brignoles, cant. de Besse, ✉ de Pignans. Pop. 1,810 h. — On remarque aux environs, sur la route de Toulon à Antibes, une jolie source qui donne naissance à la rivière d'Aye. — *Foires* le lundi après le 15 fév. et lundi après la Toussaint.

GONFREVILLE, vg. *Manche* (Normandie), arr. et à 23 k. de Coutances, cant. et ✉ de Périers. Pop. 575 h.

GONFREVILLE-CAILLOT, vg. *Seine-Inf.* (Normandie), arr. et à 34 k. du Havre, cant. et ✉ de Goderville. Pop. 319 h.

GONFREVILLE — LORCHER, vg. *Seine-Inf.* (Normandie), arr. et à 12 k. du Havre, cant. de Montivilliers, ⊠ d'Harfleur. P. 568 h.

A peu de distance de Gonfreville, sur le bord de la Seine, est le château d'Orcher, dont la structure massive et sans goût, bien que moderne, remplace une antique forteresse qui défendait jadis l'entrée du fleuve. C'est, dans la belle saison, le rendez-vous de tout ce que le Havre renferme d'amateurs des plaisirs champêtres, et rien ne justifie mieux leur prédilection pour cette promenade que la position de cet agréable domaine. De la vaste terrasse située à l'ouest du château, sur l'escarpement d'une falaise, l'œil embrasse depuis le marais Vernier, situé de l'autre côté de la Seine, jusqu'aux derniers bancs de l'embouchure de cette rivière, depuis le versant méridional de la côte des phares jusqu'à l'extrême horizon de l'Océan.

Le château d'Orcher s'aperçoit de très-loin en mer; il sert de point de reconnaissance aux bâtiments qui veulent jeter l'ancre dans la rade du Havre et attendent la marée. Quand les vents du sud au sud-ouest ne leur permettent pas de passer au nord du banc de l'Ectot, ils passent au sud, en tenant à vue le château d'Orcher en rectiligne avec le point le plus nord de la ville du Havre.

GONFRIÈRE (la), vg. *Orne* (Normandie), arr. à 41 k. d'Argentan, cant. et ⊠ de la Ferté-Fresnel. Pop. 532 h.

GONGELFANG, vg. *Moselle*, comm. de Valdwisse, ⊠ de Sierck.

GONLAY (St-), vg. *Ille-et-Vilaine* (Bretagne), arr., cant., ⊠ et à 10 k. de Montfort-sur-Meu. Pop. 649 h.

GONNEHEM, vg. *Pas-de-Calais* (Artois), arr., ⊠ et à 7 k. de Béthune, cant. de Lillers. Pop. 2,000 h.

GONNELIEU, vg. *Nord* (Flandre), arr., ⊠ et à 17 k. de Cambrai, cant. de Marcoing. Pop. 900 h.

GONFERY (St-), vg. *Morbihan* (Bretagne), arr., cant., ⊠ et à 15 k. de Pontivy. Pop. 684 h.

GONNÈS, vg. *H.-Pyrénées* (Gascogne), arr., ⊠ et à 17 k. de Tarbes, cant. de Pouyastruc. Pop. 50 h.

GONNETOT, vg. *Seine-Inf.* (Normandie); arr. et à 20 k. de Dieppe, cant. et ⊠ de Bacqueville. Pop. 444 h.

GONNEVILLE, vg. *Calvados* (Normandie), arr. et à 12 k. du Havre, cant. de Pont-l'Evêque, cant. et ⊠ de Honfleur. Pop. 753 h.

GONNEVILLE, vg. *Manche* (Normandie), arr. et à 11 k. de Cherbourg, cant. et ⊠ de St-Pierre-Eglise. Pop. 1,285 h.

Gonneville, à l'entrée du val de Saire, est une des communes les plus élevées du département, puisque d'une de ses hauteurs on découvre depuis les Veys jusqu'aux montagnes de la Hague. Le château, qui ne paraît pas avoir été achevé avant le XVIe siècle, est bâti dans un vallon, près de l'église. L'enceinte, flanquée de tours, était entourée de fossés larges et profonds, et avait donjon et pont-levis. Cette forteresse fut dans son plus bel état de défense durant les guerres des protestants et de la Ligue. La seigneurie de Gonneville, qui portait le titre de marquisat, avait des dépendances très-étendues dans les paroisses voisines; ses vassaux devaient *guet* et *garde* au château.

PATRIE de FRANÇOIS JOUENNE, auteur des *Etrennes mignonnes*, qu'il publia pour la première fois en 1724.

Filature de coton à moteur hydraulique : on y emploie de cent à cent cinquante ouvriers. Trois mille sept cent quatre-vingt-deux broches y filent plus de cinquante mille kilogrammes de coton. Les produits s'exportent à Rouen.

GONNEVILLE, vg. *Seine-Inf.* (Normandie), arr. et à 20 k. de Dieppe, cant. de Tôtes, ⊠ de Longueville. Pop. 820 h.

GONNEVILLE, vg. *Seine-Inf.* (Normandie), arr. et à 20 k. du Havre, cant. et ⊠ de Criquetot-Lesneval. Pop. 689 h.

GONNEVILLE-SUR-DIVES, vg. *Calvados* (Normandie), arr. de Pont-l'Evêque, caut. et ⊠ de Dives. Pop. 601 h.

GONNEVILLE-SUR-HONFLEUR, vg. *Calvados* (Normandie), arr. et à 13 k. de Pont-l'Evêque, caut. et ⊠ d'Honfleur. P. 78 h. — Scierie mécanique de planches.

GONNEVILLE-SUR-MERVILLE, vg. *Calvados* (Normandie), arr. et à 18 k. de Caen, cant. de Troarn, ⊠ de Barent. Pop. 438 h. — Fabrique de dentelles.

GONNORD, bg *Maine-et-Loire* (Anjou), arr. et à 35 k. d'Angers, cant. de Thouarcé, ⊠ de St-Lambert. Pop. 1,860 h. — *Foires* le 4e samedi d'avril, 3e samedis de janv., de juillet et de nov.

GONSANS, vg. *Doubs* (Franche-Comté), arr. et à 15 k. de Baume-les-Dames, cant. de Roulans. Pop. 620 h.

GONTAUD, vg. *Lot-et-Garonne* (Agénois), arr., cant. et à 6 k. de Marmande, ⊠ de Tonneins. Pop. 1,357 h.

C'était anciennement une ville forte que Biron prit d'assaut et réduisit en cendres après avoir fait passer les habitants au fil de l'épée. Le souvenir de cet affreux événement se conservait encore, il y a quelques années, dans une ancienne complainte, où se trouvaient les trois vers suivants, dont le dernier était lamentablement répété à la fin de chaque couplet :

Las damos qué soun sul rampart,
Cridon moun Dieu! biergé Mario!
Adiou! Gontaou! billo joulio!

Foires le mercredi après les Rois, avant les Cendres, après Pâques, après la Pentecôte, après le 25 juillet, après le 22 août, et après la St-Martin (2 jours).

GONTERIE (la), vg. *Dordogne*, comm. de Boulouneix, ⊠ de Brantôme.

GONVILLARS, vg. *H.-Saône* (Franche-Comté), arr. et à 22 k. de Lure, cant. et ⊠ d'Héricourt. Pop. 142 h.

GONZEVILLE, vg. *Seine-Inf.* (Normandie), arr. et à 17 k. d'Yvetot, cant. et ⊠ de Doudeville. Pop. 370 h.

GOOS, vg. *Landes* (Gascogne), arr. et à 16 k. de Dax, cant. et ⊠ de Montfort. Pop. 566 h.

GOR (St-), *Landes* (Gascogne), arr. et à 30 k. de Mont-de-Marsan, cant. et ⊠ de Roquefort. Pop. 505 h.

GORCY, vg. *Moselle* (pays Messin), arr. et à 42 k. de Thionville, cant. et ⊠ de Longwy. Pop. 423 h.

GORDES, *Gordæ*, bg *Vaucluse* (Provence), arr., ⊠ et à 18 k. d'Apt, chef-l. de cant. Cure. P. 2,891 h. — TERRAIN tertiaire moyen, voisin du crétacé inférieur. — Foires les 3 fév., 25 mars, 14 juillet et 11 oct.

GORDUNI (lat. 52°, long. 21°). — César (Comment., v) nomme plusieurs peuples soumis aux *Nervii*, savoir : *Centrones, Grudios, Levacos, Pleumosios, Gordunos*. Ceux-ci, nommés les derniers, ne peuvent avoir eu de position plus reculée que dans le voisinage des dunes qui bordent la mer, et que leur nom paraît indiquer. Je n'ai rien trouvé qui pût servir à fixer les *Centrones*, les *Pleumosii*. On a quelques indices des *Grudii* et *Levaci*. L'affinité que Samson a cru voir entre le nom de Gand (qui est *Ganda*) et celui de *Centrones*, et l'application que Raimond-Marlien a faite du nom de *Gorduni* au même nom de Gand, sont rejetées par M. de Valois. » D'Anville. *Notice de l'ancienne Gaule*, p. 357.

GORENFLOS, vg. *Somme* (Picardie), arr. à 19 k. d'Abbeville, cant. d'Ailly-le-Haut-Clocher, ⊠ de Flixecourt. Pop. 618 h.

GORGE (la), vg. *Isère*, comm. de Vaulnaveys-le-Haut, ⊠ de Vizille.

GORGES, vg. *Loire-Inf.* (Bretagne), arr. et à 26 k. de Nantes, cant. de Clisson. Pop. 1,518 h. Il est situé sur un coteau, près de la rive gauche de la Sèvre, qui y arrose un charmant vallon tapissé de prairies.

GORGES, vg. *Manche* (Normandie), arr. et à 25 k. de Coutances, cant. et ⊠ de Périers. Pop. 1,235 h.

GORGES, vg. *Somme* (Picardie), arr. et à 13 k. de Doullens, cant. et ⊠ de Bernaville. Pop. 485 h.

GORGET (le), vg. *Isère*, comm. de la Tronche, ⊠ de Grenoble.

GORGON (St-), vg. *Doubs* (Franche-Comté), arr., ⊠ et à 15 k. de Pontarlier, cant. de Montbenoît. Pop. 290 h. — *Foire* le 14 sept.

GORGON (St-), vg. *Meurthe*, comm. de Forcelle, ⊠ de Vezelize.

GORGON (St-), vg. *Morbihan* (Bretagne), arr. et à 43 k. de Vannes, cant. d'Allaire, ⊠ de Redon. Pop. 336 h.

GORGON (St-), vg. *Vosges* (Lorraine), arr. à 24 k. d'Epinal, cant. et ⊠ de Rambervillers. Pop. 248 h.

GORGUE (la), vg. *Nord* (Flandre), arr. et à 18 k. d'Hazebrouck, cant. de Merville, ⊠ d'Estaires. Pop. 3,223 h.

GORHEY, vg. *Vosges* (Lorraine), arr. et à 21 k. de Mirecourt, cant. et ⊠ de Dompaire. Pop. 192 h.

GORNAC, vg. *Gironde* (Guienne), arr. et à 17 k. de la Réole, cant. et ⊠ de Sauveterre. Pop. 392 h.

GORNIÈS, vg. *Hérault* (Languedoc), arr. et à 48 k. de Montpellier, cant. et ✉ de Ganges. Pop. 590 h.

GORRE, vg. *Pas-de-Calais*, comm. de Beuvry, ✉ de Béthune.

GORRE, vg. *H.-Vienne* (Limousin), arr., ✉ et à 18 k. de Rochechouart, cant. de St-Laurent-sur-Gorre. Pop. 852 h.

GORREVOD, vg. *Ain* (Bourgogne), arr. et à 43 k. de Bourg-en-Bresse, cant. et ✉ de Pont-de-Vaux. Pop. 1,782 h.

GORRON, petite ville, *Mayenne* (Maine), arr. et à 20 k. de Mayenne, chef-l. de cant. Cure. ✉. 🞠 272 k. de Paris pour la taxe des lettres. Pop. 2,351 h. — TERRAIN cristallisé, granit.

Cette ville doit son nom et son origine à un ancien château des seigneurs de Mayenne, construit pour la défense de la frontière du Maine. Guillaume le Conquérant la prit en 1069. Geoffroi le Bel, comte de Touraine, d'Anjou et du Maine, la rendit en 1137 à Juhel de Mayenne, à condition qu'il l'aiderait à recouvrer l'Angleterre et la Normandie. Le château a été presque entièrement détruit, et remplacé par une halle.

PATRIE de M. B. GARNIER, peintre d'histoire, membre de l'Institut.

De l'historiographe J.-J. GARNIER.

L'ancien CHÂTEAU DE BAILLEUL, que l'on remarque dans les environs, est une dépendance de cette commune.

Foire le mercredi après la Passion.

GORSES, bg *Lot* (Quercy), arr. et à 24 k. de Figeac, cant. de la Tronquières, ✉ de la Capelle-Marival. Pop. 1,174 h.

GORVELLO, vg. *Morbihan*, comm. de Sulniac, ✉ d'Elven.

GORZE, *Gorzia*, petite ville, *Moselle* (pays Messin), arr. et à 15 k. de Metz, chef-l. de cant. Cure. ✉. 🞠 316 k. de Paris pour la taxe des lettres. Pop. 1,810 h. — TERRAIN jurassique.

Gorze a été longtemps célèbre par une abbaye fondée en 755 par Grodegrand, évêque de Metz et petit-fils de Charles Martel. C'était une ville considérable, bien fortifiée, défendue par un château, et même par l'abbaye, qui ressemblait à une citadelle : elle a été souvent assiégée. Valeran de St-Paul la prit d'assaut en 1385, et la livra au pillage; les aventuriers français s'en emparèrent en 1441, la brûlèrent en partie, et y commirent toute sorte d'excès. L'abbaye de Gorze avait droit de battre monnaie, droit qu'elle avait conservé presque jusqu'à nos jours.

Vers le milieu du XVIe siècle, Gorze devint le quartier général des protestants, où Guillaume Farel, l'un de leurs plus ardents prédicateurs, fit beaucoup de prosélytes. Le duc de Guise se rendit maître de cette ville en 1553, et y laissa quelques troupes qui furent massacrées par la garnison de Thionville. Les Français s'en vengèrent bientôt en reprenant la ville et en passant les impériaux au fil de l'épée. Peu de temps après, les Lorrains y rentrèrent, mirent le feu au monastère et au château, qui fut rasé par le duc d'Aumale, en 1572. Le 26 avril 1636, Gorze fut brûlé par un corps de Croates, qui pendirent et mutilèrent un grand nombre d'habitants. Tant de désastres ruinèrent les nombreux monuments qui embellissaient cette ville, et dont il ne reste aucun vestige.

Cette ville est située dans une gorge pittoresque, au-dessus des montagnes qui bordent le bassin de la Moselle. — L'aqueduc romain, connu sous le nom d'Arches de Jouy, commençait à Gorze, dont il recevait les eaux limpides pour les conduire à Metz.

Foire le 2 juillet et le 1er lundi d'avril.

GOS, vg. *Tarn*, comm. de Cabannes, ✉ de Lacaune.

GOSNAY, vg. *Pas-de-Calais* (Artois), arr., ✉ et à 7 k. de Béthune, cant. d'Houdain. Pop. 181 h.

GOSNÉ, vg. *Ille-et-Vilaine* (Bretagne), arr. et à 23 k. de Fougères, cant. et ✉ de St-Aubin-du-Cormier. Pop. 1,002 h.

GOSSELMING, vg. *Meurthe* (Lorraine), arr. et à 9 k. de Sarrebourg, cant. et ✉ de Fénétrange. Pop. 749 h.

GOT (le), vg. *Dordogne*, comm. de St-Menin, ✉ d'Excideuil.

GOTEIN, vg. *B.-Pyrénées* (Gascogne), arr., cant., ✉ et à 4 k. de Mauléon, et à 25 k. de St-Palais. Pop. 300 h.

GOTTENHAUSEN, vg. *B.-Rhin* (Alsace), arr., ✉ et à 2 k. de Saverne, cant. de Marmoutier. Pop. 249 h.

GOTTESHEIM, vg. *H.-Rhin* (Alsace), arr., cant., ✉ et à 10 k. de Saverne. Pop. 449 h.

GOTTESTHAL, vg. *H.-Rhin*. V. VALDIEU.

GOUAIX, vg. *Seine-et-Marne* (Brie), arr. et à 10 k. de Provins, cant. et ✉ de Bray-sur-Seine. Pop. 975 h.

GOUALADE, vg. *Gironde* (Guienne), arr. et à 16 k. de Bazas, cant. et ✉ de Captieux. Pop. 340 h.

GOUARD (St-), vg. *Deux-Sèvres*, comm. d'Ardin, ✉ de Niort.

GOUAUX, vg. *H.-Pyrénées* (Bigorre), arr. et à 41 k. de Bagnères-en-Bray, cant. et ✉ d'Arreau. Pop. 147 h.

GOUAUX-DE-L'ARBOUST, *H.-Garonne* (Comminges), arr. et à 54 k. de St-Gaudens, cant. et ✉ de Bagnères-de-Luchon. Pop. 195 h.

GOUAUX-DE-LUCHON, vg. *H.-Garonne* (Comminges), arr. et à 36 k. de St-Gaudens, cant. et ✉ de Bagnères-de-Luchon. Pop. 263 h.

GOUBBÈS, vg. *Gers*, comm. de Gazaupouy, ✉ de Condom.

GOUBERGE (la), vg. *Eure*, comm. d'Ormes, ✉ de la Commanderie.

GOUBERVILLE, vg. *Manche* (Normandie), arr. et à 23 k. de Cherbourg, cant. et ✉ de St-Pierre-Église. Pop. 380 h.

GOUBRAN (le), vg. *Var*, comm. et ✉ de Toulon-sur-Mer.

GOUBY, vg. *Creuse*, comm. de St-Sylvain-Bas-le-Roch, ✉ de Boussac.

GOUCHAUPRÉ, vg. *Seine-Inf.* (Normandie), arr. et à 15 k. de Dieppe, cant. et ✉ d'Envermeu. Pop. 165 h.

GOUDARGUES, vg. *Gard* (Languedoc), arr. et à 24 k. d'Uzès, cant. et ✉ de Pont-St-Esprit. Pop. 1,232 h.

GOUDELANCOURT-LÈS-BERRIEUX, vg. *Aisne* (Picardie), arr. et à 23 k. de Laon, cant. de Craonne, ✉ de Corbeny. Pop. 179 h.

GOUDELANCOURT-LÈS-PIERREPONT, vg. *Aisne* (Picardie), arr. et à 22 k. de Laon, cant. de Sissonne, ✉ de Notre-Dame-de-Liesse. Pop. 335 h.

GOUDELIN, vg. *Côtes-du-Nord* (Bretagne), arr. et à 10 k. de Guingamp, cant. de Plouagat, ✉ de Châtelaudren. Pop. 5,203 h.

GOUDET, vg. *H.-Loire* (Languedoc), arr. et à 23 k. du Puy, cant. et ✉ du Monastier. Pop. 513 h. — *Foires* les 21 mars, 31 mai, 26 juillet et 2e lundi d'oct.

GOUDEX, vg. *H.-Garonne* (Comminges), arr. et à 37 k. de St-Gaudens, cant. et ✉ de l'Ile-en-Dodon. Pop. 158 h.

GOUDON, vg. *H.-Pyrénées* (Gascogne), arr. et à 18 k. de Tarbes, cant. et ✉ de Tournay. Pop. 551 h.

GOUDOU, vg. *Lot*, comm. de la Bastide, ✉ de Frayssinet. — *Foire* le 8 mai.

GOUDOU, vg. *Lot*, comm. de Peyrilles, ✉ de Frayssinet.

GOUDOURVIELLE, vg. *Gers*, comm. de Lias, ✉ de l'Île-en-Jourdain.

GOUDOURVILLE, vg. *Tarn-et-Garonne* (Agenois), arr. et à 15 k. de Moissac, cant. et ✉ de Valence-d'Agen. Pop. 523 h.

GOUDROSSE, vg. *Landes*, comm. de Souprosse, ✉ de Tartas.

GOUÉ, vg. *Charente*, comm. et ✉ de Mansle.

GOUÉCOURT, *Godonis Curtis*, vg. *Vosges* (Lorraine), arr., ✉ et à 7 k. de Neufchâteau, cant. de Coussey. Pop. 104 h.

GOUÉNO (St-), vg. *Côtes-du-Nord* (Bretagne), arr. et à 22 k. de Loudéac, cant. de Colinée, ✉ de Moncontour. Pop. 1,426 h.

GOUESNACH, vg. *Finistère* (Bretagne), arr. et à 16 k. de Quimper, cant. de Fouesnant. Pop. 636 h.

GOUESNIÈRE (la), vg. *Ille-et-Vilaine* (Bretagne), arr. et à 12 k. de St-Malo, cant. de St-Servan, ✉ de Châteauneuf-en-Bretagne. Pop. 896 h. — On y trouve une source d'eau minérale.

GOUESNOU, bg fort ancien, *Finistère* (Bretagne), arr., ✉ et à 9 k. de Brest. Pop. 1,515 h. — Il est bâti sur un terrain élevé qui domine tous les environs, et occupe l'emplacement d'une forteresse dont les anciens titres font mention sous le nom de bastille de Gouesnou. L'église paroissiale est grande, assez belle, et digne d'être classée au nombre des monuments historiques ; c'est un édifice gothique, commencé au XVIe siècle et achevé dans le siècle suivant ; la voûte en bois est ornée de nervures ou tores assez richement sculptées, ainsi que la corniche sur laquelle elles retombent, et une grande arête longitudinale qui règne au sommet ; cette corniche et ces nervures se reproduisent sur une partie des bras de la croix. — Les voussures des trois lunettes en ogives du cul-de-four portent chacune trois nervures parallèles aux côtés de l'ogive, et dont tous les points de rencontre sont ornés par des poinçons pendants fortement saillants, produisant, par leur forme et leur multiplicité, un très-joli effet. Les portes latérales sont couvertes de figures d'apôtres d'un beau caractère.

Aux environs de Gouesnou existe une petite chapelle qui renferme une pierre percée, regardée comme un monument du culte druidique; non loin de là s'élèvent, au-dessus d'un massif d'arbres, les hautes cheminées du château ruiné de Meslan, dont la principale façade est fort ancienne; le portail est défendu par une galerie à créneaux et machicoulis, flanquée de deux tours munies des mêmes défenses. — *Commerce* de miel. — *Foires* les 2 janv. et 25 oct.

GOUET, rivière qui prend sa source au-dessus du bourg de Quintin (*Côtes-du-Nord*), et se jette dans la rade de St-Brieuc, après un cours de 40 k.

GOUEX, vg. *Vienne* (Poitou), arr. et à 16 k. de Montmorillon, cant. et ✉ de Lussac. Pop. 660 h. — Forges et haut fourneau.

GOUEZEC, vg. *Finistère* (Bretagne), arr. et à 10 k. de Châteaulin, cant. et ✉ de Pleyben. Pop. 1,620 h.

GOUGENHEIM, vg. *B.-Rhin* (Alsace), arr. et à 24 k. de Strasbourg, cant. et ✉ de Truchtersheim. Pop. 745 h.

GOUHÉLANS, vg. *Doubs* (Franche-Comté), arr. et à 13 k. de Baume-les-Dames, cant. et ✉ de Rougemont. Pop. 513 h.

GOUHENANS, vg. *H.-Saône* (Franche-Comté), arr., ✉ et à 10 k. de Lure, cant. de Villersexel. Pop. 599 h. — C'était autrefois un bourg clos de murs et de fossés, dont il existe encore une porte et les ruines d'un château fort. — Exploitation de houille. Banc de sel gemme mélangé d'argile et saline abondante.

GOUILLE, vg. *Doubs*, comm. de Beure, ✉ de Besançon. — Forges, laminoirs, ferblanterie, etc.; fer en barres, en verges, etc.; vaste usine, (☉) 1834; 2 machines à vapeur.

GOUILLONS, vg. *Eure-et-Loir* (Beauce), arr. et à 29 k. de Chartres, cant. de Janville, ✉ d'Angerville. ♻. Pop. 372 h.

GOUIS, vg. *Maine-et-Loire*, comm. et ✉ de Durtal.

GOUIZE, vg. *Allier* (Bourbonnais), arr. et à 24 k. de Moulins-sur-Allier, cant. de Neuilly-le-Réal, ✉ de Bessay-sur-Allier. Pop. 318 h.

GOUJON, vg. *Gers*, comm. d'Auradé, ✉ de l'Ile-en-Jourdain.

GOUJOUNAC, vg. *Lot* (Quercy), arr. et à 30 k. de Cahors, cant. de Cazals, ✉ de Castelfranc. Pop. 691 h. — *Foires* les 8 janv. et 26 nov.

GOULAFRIÈRE, *Gulafreria*, vg. *Eure* (Normandie), arr. et à 24 k. de Bernay, cant. de Broglie, ✉ de Montreuil-Largillé. Pop. 475 h. — *Fabriques* de toiles et de rubans.

GOULAINE-BASSE, vg. *Loire-Inf.* (Bretagne), arr., ✉ et à 8 k. de Nantes, cant. de Vertou. Pop. 1,468 h.

GOULAINE-HAUTE, vg. *Loire-Inf.* (Bretagne), arr., ✉ et à 10 k. de Nantes, cant. de Vertou. Pop. 1,614 h.

Il y avait jadis dans ce lieu un vaste et magnifique château, dont une grande partie est encore intacte. Cet édifice, construit vers l'an 944, sur les ruines d'un château beaucoup plus ancien, est renommé dans le département par les souvenirs qu'il retrace et par le luxe avec lequel les appartements en étaient ornés. On y admire encore deux salles avec des plafonds chargés de sculptures dorées et peintes en azur, et dont les lambris présentent des restes d'une ancienne tapisserie de cuir, où les couleurs ont conservé l'éclat et la vivacité qu'elles avaient il y a plusieurs siècles. On y voit aussi une chambre dans laquelle ont couché Henri IV et Louis XIV. Ce qui reste de cette belle demeure rappelle la grandeur de la famille qui l'habitait jadis. L'extérieur n'a point été achevé; une aile manque à sa régularité. — *Foire* le 11 nov.

GOULÉMIE, vg. *Lot*, comm. de Concorès, ✉ de Frayssinet.

GOULÈNE, vg. *Lot-et-Garonne*, comm. et ✉ de Layrac.

GOULET, vg. *Orne* (Normandie), arr. et à 7 k. d'Argentan, cant. et ✉ d'Écouché. Pop. 522 h.

GOULET (le), vg. *Seine-Inf.*, comm. et ✉ des Grandes-Ventes.

GOULIEN, vg. *Finistère* (Bretagne), arr. à 43 k. de Quimper, cant. de Pontcroix, ✉ d'Audierne. Pop. 1,024 h.

GOULIER, vg. *Ariège* (pays de Foix), arr. et à 32 k. de Foix, cant. et ✉ de Vic-Dessos. Pop. 1,510 h. — Il est dominé par un rocher que couronnent les ruines d'un ancien château fort dont il reste encore une tour bien conservée. Les deux tiers des habitants sont occupés à extraire le minerai de fer de Rancié. V. SEM.

GOULLES, bg *Corrèze* (Limousin), arr. et à 47 k. de Tulle, cant. de Mercœur, ✉ d'Argentat. Pop. 1,325 h. — *Foires* les 30 avril, 22 juin, 31 août, 31 oct., 31 déc., et dernier jour de fév.

GOULLES (les), vg. *Côte-d'Or* (Bourgogne), arr. et à 34 k. de Châtillon-sur-Seine, cant. et ✉ de Montigny-sur-Aube. P. 150 h.

GOULOTTE (la), vg. *H.-Saône*, comm. de Melisey, ✉ de Lure.

GOULOUX, vg. *Nièvre* (Nivernais), arr. et à 25 k. de Château-Chinon, cant. et ✉ de Montsauche. Pop. 632 h.

GOULT, vg. *Orne*, comm. de la Lande-de-Goult, ✉ de Carrouges. — L'église, de construction romane, est décorée d'un portail à cintre rond que supportent trois colonnes. On y remarque surtout les chapiteaux, qui semblent offrir une chasse au milieu des bois. — On voit au-dessus de ce village, qui passe pour avoir été jadis une ville importante, un camp romain adossé à d'énormes rochers qui s'élèvent, au delà, à une hauteur de 150 m. Ces rochers forment un des remparts, et les autres sont des terrassements de 3 ou 4 m. d'élévation avec un fossé en dehors. La porte d'entrée est au nord; vers le sud-est, une autre porte conduit dans une enceinte ronde, dans laquelle sont sept puits protégés par un rempart et par des fossés.

GOULT, *Gaudium*, vg. *Vaucluse* (Provence), arr., ✉ et à 10 k. d'Apt, cant. de Gordes. Pop. 1,342 h. — *Foires* les 20 janv., 15 août et 1er déc.
Bibliographie. MICHEL DU ST-ESPRIT. *Le saint Pèlerinage de N.-D. de Lumière, histoire de la sainte chapelle de Goult*, in-12, 1666.

GOULU (le), vg. *Ain*, comm. de Fareins, ✉ de Montmerle.

GOULVEN, vg. *Finistère* (Bretagne), arr. et à 30 k. de Brest, cant. et ✉ de Lesneven. Pop. 751 h. — On y voit une ancienne église qui a été classée au nombre des monuments historiques. — *Foires* les 25 avril et 1er juillet.

GOUMENEX, vg. *Creuse*, comm. de Vigeville, ✉ de Jarnages.

GOUMIS (les), vg. *Lot-et-Garonne*, comm. de Parraguet, ✉ de Villeréal.

GOUMOIS, vg. *Doubs* (Franche-Comté), arr. à 44 k. de Montbelliard, cant. et ✉ de Maîche. Pop. 222 h. — *Foire* le 3e jeudi d'avril.

GOUPILLIÈRES, vg. *Calvados* (Normandie), arr. et à 23 k. de Caen, cant. et ✉ d'Evrecy. Pop. 196 h.

GOUPILLIÈRES, vg. *Eure* (Normandie), arr. et à 16 k. de Bernay, cant. et ✉ de Beaumont-le-Roger. Pop. 1,200 h. — On voit aux environs les vestiges d'un château fort.

GOUPILLIÈRES, vg. *Seine-et-Oise* (Beauce), arr. et à 30 k. de Rambouillet, cant. de Montfort-l'Amaury, ✉ de Thoiry. Pop. 368 h.

GOUPILLIÈRES, vg. *Seine-Inf.* (Normandie), arr. et à 20 k. de Rouen, cant. de Pavilly, ✉ de Barentin. Pop. 345 h.

GOURAINCOURT, vg. *Meuse* (pays Messin), arr. et à 36 k. de Montmédy, cant. et ✉ de Spincourt. Pop. 216 h.

GOURAY (le), vg. *Côtes-du-Nord* (Bretagne), arr. et à 35 k. de Loudéac, cant. de Collinée, ✉ de Moncontour. Pop. 2,219 h.

GOURBEL (le), vg. *Aude*, comm. de Labeude, ✉ de Castelnaudary.

GOURBERA, vg. *Landes* (Gascogne), arr., ✉ et à 11 k. de Dax. Pop. 303 h.

GOURBERVILLE, vg. *Manche* (Normandie), arr. et à 14 k. de Valognes, cant. et ✉ de Ste-Mère-Église. Pop. 556 h.

GOURBIT, vg. *Ariège* (pays de Foix), arr. et à 22 k. de Foix, cant. et ✉ de Tarascon-sur-Ariège, Pop. 976 h.

GOURBY, vg. *Landes*, comm. de Rivière-Saas, ✉ de Dax.

GOURCHELLES, vg. *Oise* (Picardie), arr. et à 48 k. de Beauvais, cant. de Formerie, ✉ d'Aumale. Pop. 214 h.

GOURDAN, vg. *H.-Garonne* (Comminges), arr. et à 37 k. de St-Gaudens, cant. de St-Bertrand, ✉ de Montrejeau. Pop. 1,305 h. — Il est sur la rive droite de la Garonne, où il a un beau port de construction de radeaux. — Carrières de marbre.

GOURDIÈGES, vg. *Cantal* (Auvergne),

arr. et à 20 k. de St-Flour, cant. et ✉ de Pierrefort. Pop. 297 h.

GOURDON, vg. *Ardèche* (Vivarais), arr., cant., ✉ et à 15 k. de Privas. Pop. 696 h.

GOURDON, *Gurto, Gordonium*, ville ancienne, *Lot* (Quercy), chef-l. de sous-préf. (3ᵉ arr.) et d'un cant. Trib. de 1ʳᵉ inst. Collège communal. Cure. Gîte d'étape. Société d'agric. ✉. ⚘. Pop. 5,325 h.—TERRAIN crétacé inférieur, grès vert.

Cette ville est située sur une butte sablonneuse et adossée à un rocher coupé par des crevasses de terre humide, d'où s'élèvent des touffes de peupliers qui couronnent la ville et le rocher. Elle était naturellement fortifiée par sa position, et entourée d'épais remparts ; on y entrait par quatre portes flanquées de tours et protégées par des ouvrages avancés. L'édifice le plus remarquable est l'église principale, bâtie dans la partie la plus élevée de la ville, et surmontée de deux hautes tours. Elle est entourée d'une belle promenade qui domine un riant et frais paysage.

On ignore l'époque de la fondation de Gourdon ; mais il est certain qu'il y avait dès l'année 960, un château dont on voit encore les ruines. Les compagnies anglaises s'en rendirent maîtresses dans le XIVᵉ siècle, et la vendirent en 1481 au comte d'Armagnac. En 1619, les ligueurs s'emparèrent du château, qui fut pris d'assaut et démoli par les habitants.

Les **armes de Gourdon** sont : *de gueules à cinq gourdes d'or posées en sautoir*.

PATRIE de J.-B. CAVAIGNAC, membre de la convention nationale et du conseil des cinq cents.

Du lieutenant général vicomte J.-M. CAVAIGNAC.

De VERNINAC DE ST-MAUR, chargé d'affaires en Suède, à Constantinople, et ministre plénipotentiaire en Helvétie.

De J.-B. VIDAILLET, auteur de la *Biographie des hommes célèbres du département du Lot*.

Fabriques de toiles, chapeaux, étoffes de laine.—*Commerce* de vins et de noix.—*Foires* les 7 et 25 janv., 30 juin, 9 oct., 1ᵉʳ vendredi de carême, samedi après la mi-carême, mercredi après Pâques, le lendemain de l'Ascension, samedi après la Pentecôte, après St-Louis, après le 17 sept., après le 3 nov.

À 47 k. de Cahors, 538 k. de Paris.

L'arrondissement de Gourdon est composé de 9 cantons : Gourdon, Gramat, la Bastide, Martel, Payrac, St-Germain, Salviac, Souillac, Vayrac.

GOURDON, vg. *Saône-et-Loire* (Bourgogne), arr. et à 41 k. de Chalon-sur-Saône, cant. de Mont-St-Vincent, ✉ de Joncy. Pop. 783 h.—*Foires* les 17 août et 8 déc.

GOURDON, *Gordo*, vg. *Var* (Provence), arr., ✉ et à 13 k. de Grasse, cant. du Bar. Pop. 244 h.—Il est situé sur une montagne taillée à pic du côté de l'est.—Sur un roc très-élevé, au bord du Loup, on remarque une grotte spacieuse où coule une fontaine dont l'eau est excellente ; le chemin pour arriver à cette grotte est extrêmement dangereux ; dans cer-

tains endroits il n'a pas plus de 50 centimètres de largeur, et le moindre faux pas précipiterait à 300 m. de profondeur ; près de l'entrée du souterrain, ce chemin est coupé par une grande crevasse de rocher qu'on est obligé de franchir, sans le secours d'aucun pont, au-dessus d'un abîme effrayant ; cependant, malgré tous ces dangers, cette grotte est très-fréquentée par les bergers des environs, qui viennent journellement à la fontaine puiser de l'eau pour leurs besoins domestiques. — Aux environs, on doit visiter l'ermitage St-Arnoux, bâti sur des rochers près de la rivière du Loup, dans la situation la plus sauvage qu'on puisse imaginer.

GOUREL, vg. *Seine-Inf.*, comm. de Brachy, ✉ de Bacqueville.

GOURFALEUR, vg. *Manche* (Normandie), arr., ✉ et à 4 k. de St-Lô, cant. de Canisy. Pop. 602 h.

GOURGANSON, vg. *Marne* (Champagne), arr. et à 43 k. d'Epernay, cant. et ✉ de Fère-Champenoise. Pop. 423 h.

GOURGAS, vg. *Hérault*, comm. de St-Etienne-de-Gourgas, ✉ de Lodève.

GOURGÉ, bg *Deux-Sèvres* (Poitou), arr., ✉ et à 13 k. de Parthenay, cant. de St-Loup. Pop. 1,342 h.—*Foires* le 2ᵉ mercredi d'avril, d'août et d'oct.

GOURGEON, vg. *H.-Saône* (Franche-Comté), arr. et à 29 k. de Vesoul, cant. et ✉ de Combeau-Fontaine. Pop. 607 h.

GOURGON (St-), vg. *Loir-et-Cher* (Beauce), arr. et à 16 k. de Vendôme, cant. de St-Amand, ✉ de Château-Renault. Pop. 302 h.

GOURGOUILLAC, vg. *Tarn*, comm. de Salvagnac, ✉ de Rabastens.

GOURGUE, vg. *H.-Pyrénées* (Bigorre), arr., ✉ et à 16 k. de Bagnères-en-Bigorre, cant. de Lannemezan. Pop. 146 h.

GOURHEL, vg. *Morbihan* (Bretagne), arr., cant., ✉ et à 3 k. de Ploërmel. Pop. 215 h.

GOURIN, petite ville, *Morbihan* (Bretagne), arr. et à 61 k. de Pontivy, chef-l. de cant. Cure. Gîte d'étape. ✉. A 540 k. de Paris pour la taxe des lettres. Pop. 3,783 h.—TERRAIN cristallisé.—Elle est située sur une hauteur, à l'intersection de trois grandes routes.—On voit aux environs plusieurs monuments druidiques.—*Fabriques* de chapeaux communs.—*Foires* le 2ᵉ lundi de chaque mois.

GOURLISON, vg. *Finistère*, comm. de Plonéis, ✉ de Quimper.

GOURMENEUF, vg. *Côtes-du-Nord*, com. de Plœuc, ✉ de Moncontour.

GOURNAY, vg. *Aube*, comm. et ✉ de Troyes.

GOURNAY, vg. *Indre* (Berry), arr. et à 20 k. de la Châtre, cant. de Neuvy-St-Sépulcre, ✉ de Cluis. Pop. 727 h.

GOURNAY, ou GOURNAY-EN-BRAY, *Gornacum*, petite ville très-ancienne, *Seine-Inf.* (Normandie), arr. et à 45 k. de Neufchâtel-en-Bray, chef-l. de cant. Trib. de commerce. Cure. Gîte d'étape. ✉. ⚘. A 93 k. de Paris pour la taxe des lettres. Pop. 3,210 h.—TERRAIN crétacé inférieur, grès vert.

Autrefois diocèse, parlement et intendance de Rouen, élection d'Andely, bailliage, vicomté, mairie, grenier à sel, collégiale, 4 couvents.

Gournay doit son origine au pont jeté sur l'Epte, du temps des Gaulois, pour communiquer du pays des *Caletes* à celui des *Bellovaces*, et à la chaussée qui s'étendait jusqu'à Ferrières. Dans les Commentaires de la guerre des Gaules, il est fait mention d'un dernier effort que les peuples de Caux et du Vexin, unis à ceux du Beauvoisis, firent contre les armes romaines pour venger en commun la liberté de la nation gauloise ; et il paraît maintenant prouvé que c'est à cette confédération que l'on doit rapporter l'origine de la ville de Gournay.

Cette ville était le chef-lieu d'un comté, dont l'érection remonte à une époque très-reculée. Le dernier comte de Gournay fut Hugues IV ; soit qu'il eût manqué à l'hommage qu'il devait au roi de France, soit qu'il eût favorisé le parti de Jean sans Terre, roi d'Angleterre, il attira sur lui la colère de Philippe Auguste, qui assiégea la ville de Gournay et s'en rendit maître. Guillaume le Breton, dans ses Philippides, célèbre longuement ce fait d'armes du roi de France. Il représente Gournay comme inexpugnable, à cause de ses triples remparts, de la grandeur de ses fossés, et du nombre de ses habitants ; cependant Philippe Auguste parvint à détourner les eaux d'un étang voisin, et inonda, pour ainsi dire, la ville, qui fut obligée de se rendre.—Sous Charles VII, Gournay eut encore à souffrir des guerres qui désolèrent la France à cette époque. Au temps de la Ligue, cette ville ne fut pas exempte de maux : le 6 septembre 1589, une armée de ligueurs, de 18,000 hommes, l'assiégea, la prit et y mit tout au pillage : à cette époque, la forteresse, encore assez entière, était formée d'un assemblage de plusieurs grosses tours. Vers la fin du siècle dernier, les murs qui l'entouraient ont été abattus, et les bases des tourelles ont servi de fondements à des maisons particulières. L'église St-Hildevert est du XIIᵉ siècle ; elle couvre, dit-on, les restes du saint qui lui a donné son nom. L'on voit un édifice du XIIᵉ siècle dont quelques parties portent l'empreinte d'une époque beaucoup plus reculée.

Les **armes de Gournay** sont : *d'azur à un cavalier d'argent tenant un guidon de gueules à la croix d'argent*.

Cette ville est très-agréablement située sur les rives gracieuses de l'Epte… Elle est assez bien bâtie, entourée de jolis boulevards, et ornée d'une belle fontaine pyramidale. Dans les environs on trouve plusieurs sources d'eaux minérales ; la plus renommée est celle dite de la fontaine de Jouvence.

Fabriques de toiles. Manufactures de porcelaine. Nombreuses tanneries et corroieries.—Aux environs verreries.—*Commerce* de bestiaux et de beurre excellent.—*Foires* le mardi de la Pentecôte et le 16 sept. Marchés considérables tous les mardis.

Bibliographie. *La Prise de la ville de Gournay en Normandie par le duc de Mayenne*, in-8, 1589.

POTIN DE LA MAIRIE (N.-R.). *Recherches his-*

toriques sur la ville de Gournay, 2 vol. in-8, 1843.

GROUSSET (P. de). Recueil de la vertu de la fontaine médicinale de St-Eloy, dite de Jouvence, in-8, 1607.

LE PECQ DE LA CLOTURE. Notice sur la fontaine de Jouvence (Collection d'observ. sur les maladies épid., p. 92).

GOURNAY, vg. Deux-Sèvres (Poitou), arr. et à 10 k. de Melle, cant. et ✉ de Chef-Boutonne. Pop. 732 h.

GOURNAY - EN - CAUX, vg. Seine-Inf., comm. de Gonfreville-l'Archer, ✉ de Harfleur.

GOURNAY-LE-GUÉRIN, Gornaium, vg. Eure (Normandie), arr. et à 64 k. d'Evreux, cant. de Verneuil, ✉ de Chandai. Pop. 357 h. — Mines de fer exploitées.

GOURNAY - SUR - ARONDE, Gornacum, vg. Oise (Picardie), arr. et à 16 k. de Compiègne, cant. de Ressons. Gîte d'étape, ✉. ♀. A 77 k. de Paris pour la taxe des lettres. Pop. 1,007 h. — Il est situé dans une vallée, sur l'Aronde. On y voit un joli château. — Foir. s les 24 août et jeudi de la Pentecôte.

GOURNAY-SUR-MARNE, Gornacum, vg. Seine-et-Oise (Brie française), arr. et à 59 k. de Pontoise, cant. de Gonesse, ✉ de Noisy-le-Grand. Pop. 133 h. — Il est bâti dans une charmante situation, sur la rive droite de la Marne. — Lavoirs de laine.

GOURNETS, vg. Eure (Normandie), arr. et à 20 k. des Andelys, cant. et ✉ de Fleury-sur-Andelle. Pop. 268 h.

GOURNIER (le), vg. H.-Alpes, comm. de Réalon, ✉ d'Embrun.

GOURNIER, vg. Gard, comm. de St-Martin-de-Valgagues, ✉ d'Alais.

GOURRE, vg. Puy-de-Dôme, comm. et ✉ d'Ambert.

GOURS (les), vg. Charente (Poitou), arr. et à 23 k. de Ruffec, cant. et ✉ d'Aigre. Pop. 262 h.

GOURS, vg. Gironde (Guienne), arr. et à 26 k. de Libourne, cant. de Lussac, ✉ de St-Médard. Pop. 400 h.

GOURSON (St-), vg. Charente (Angoumois), arr., cant., et à 13 k. de Ruffec. P. 630 h.

GOURVIEILLE, vg. Aude (Languedoc), arr. et à 20 k. de Castelnaudary, cant. et ✉ de Salles-sur-l'Hers. Pop. 125 h.

GOURVILLE, bg. Charente (Poitou), arr. et à 24 k. d'Angoulême, cant. de Rouillac, ✉ d'Aigre. Pop. 1,155 h. — Foires les 21 fév., 21 mars, 21 mai, 21 juin, 21 juillet et 21 oct.

GOURVILLE, vg. Seine-et-Oise, comm. de Prunoy-sous-Ablis, ✉ d'Ablis.

GOURVILLETTE, vg. Charente-Inf. (Saintonge), arr. et à 25 k. de St-Jean-d'Angely, cant. et ✉ de Matha. Pop. 321 h.

GOURY (havre de), comm. d'Auderville, Manche, au sud-ouest du cap de la Hogue. C'est une petite crique qui assèche à toutes les marées, et qui ne peut recevoir que quelques chasse-marée, qui se réfugient derrière ses rochers. — Etablissement de la marée, 6 heures 35 minutes.

GOURZON, vg. H.-Marne (Champagne), arr. et à 14 k. de Vassy, cant. de Chevillon, ✉ de St-Dizier. Pop. 231 h.

GOUSSAINCOURT, vg. Meuse (Champagne), arr. et à 35 k. de Commercy et à 51 k. de St-Mihiel, cant. et ✉ de Vaucouleurs. Pop. 451 h.

GOUSSAINVILLE, vg. Eure-et-Loir (Beauce), arr. et à 15 k. de Dreux, cant. d'Anet, ✉ d'Houdan. Pop. 583 h.

GOUSSAINVILLE, Gunsanvillæ, vg. Seine-et-Oise (Ile-de-France), arr. et à 40 k. de Pontoise, cant. et ✉ de Gonesse. Pop. 612 hab. — On y trouve une source d'eau minérale, dite fontaine des puisards.

GOUSSANCOURT, vg. Aisne (Picardie), arr. et à 30 k. de Château-Thierry, cant. et ✉ de Fère-en-Tardenois. Pop. 378 h.

GOUSSAUD (St-), vg. Creuse (Marche), arr. et à 16 k. de Bourganeuf, cant. et ✉ de Bénévent. Pop. 1,087 h.

Le mont Jouer, près de St-Goussaud, est couvert, dans une espace d'environ 700 mètres, de débris de tuiles et de briques romaines. On a trouvé sur cet emplacement des vases, des médailles et d'autres objets antiques. Un petit aqueduc voûté conduit les eaux d'une source au milieu d'un champ placé à une grande distance des habitations actuelles. Aucun ouvrage n'indique d'une manière satisfaisante l'âge et le nom de cette ville ruinée, dont la position domine une grande partie du Limousin, de la Marche et du Poitou. — Dans un cimetière abandonné de cette commune, on voit un ancien fanal dont on trouve des modèles dans les cimetières de Rançon, Biennat, Oradour-sur-Glanne et autres communes du département de la Haute-Vienne.

GOUSSE, vg. Landes (Gascogne), arr. et à 19 k. de Dax, cant. de Montfort, ✉ de Tartas. Pop. 216 h.

GOUSSIES, vg. Landes, comm. de Frèche, ✉ de Mont-de-Marsan.

GOUSSONVILLE, vg. Seine - et - Oise (Beauce), arr., cant. et à 10 k. de Mantes, ✉ d'Epône. Pop. 271 h.

GOUSTAN (St-), vg. Morbihan, comm. et ✉ d'Auray.

GOUSTRANVILLE- ST- CLAIR, vg. Calvados (Normandie), arr. et à 23 k. de Pont-l'Evêque, cant. de Dives, ✉ de Dozulé. Pop. 298 h.

GOUTEL (le), vg. Eure, comm. de St-Pierre-d'Autils, ✉ de Vernon.

GOUTEVERNISSE, vg. H.-Garonne (Languedoc), arr. et à 33 k. de Muret, cant. et ✉ de Rieux. Pop. 177 h.

GOUTIÈRE (la), vg. Seine-et-Oise, comm. et ✉ de Neauphle-le-Château.

GOUTIÈRES, vg. Puy-de-Dôme (Auvergne), arr. et à 40 k. de Riom, cant. et ✉ de St-Gervais. Pop. 934 h.

GOUTRENS, vg. Aveyron, comm. de Cassagnes-Comtaux, ✉ de Rignac. — Foires les 25 juin, 25 août et 14 sept.

GOUTRIRIAT, vg. Isère, comm. de St-Barthélemy-de-Beaurepaire, ✉ de Beaurepaire.

GOUTS, vg. Dordogne (Périgord), arr. et à 24 k. de Ribérac, cant. et ✉ de Verteillac. Pop. 979 h.

GOUTS, vg. Gers, comm. et ✉ de Miélan.

GOUTS, vg. Lot-et-Garonne, comm. de Cocumont, ✉ de Marmande.

GOUTS, vg. Tarn-et-Garonne, comm. et ✉ de Montaigut.

GOUTTERIDOS (les), vg. Vosges, comm. de Gérardmer, ✉ de Corcieux.

GOUTTES (les Hautes et les Basses-), vg. H.-Marne, comm. de Breuvannes, ✉ de Clefmont.

GOUTTES (les), vg. Vosges, comm. de Ruaux, ✉ de Plombières.

GOUTTIÈRES, vg. Eure (Normandie), arr., ✉ et à 14 k. de Bernay, cant. de Beaumesnil. Pop. 394 h. — Tuilerie.

GOUTX, vg. Gers (Armagnac), arr. et à 18 k. de Lectoure, cant. et ✉ de Fleurance. Pop. 477 h.

GOUTZ, vg. Landes (Gascogne), arr. et à 21 k. de St-Sever, cant. et ✉ de Tartas. Pop. 475 h.

GOUVERNES, Curoisnæ, Corvanæ, vg. Seine-et-Marne (Ile-de-France), arr. et à 22 k. de Meaux, cant. et ✉ de Lagny. Pop. 370 h.

GOUVERNET, vg. Drôme, comm. de St-Sauveur, ✉ du Buis.

GOUVES, vg. Pas-de-Calais (Artois), arr., ✉ et à 9 k. d'Arras, cant. de Beaumetz-les-Loges. Pop. 179 h.

GOUVETS, vg. Manche (Normandie), arr. et à 23 k. de St-Lô, cant. de Tessy, ✉ de Villebaudon. Pop. 921 h.

GOUVIEUX, joli bourg, Oise (Picardie), arr. et à 12 k. de Senlis, cant. de Creil, ✉ de Chantilly. Pop. 1,616 h. — Il est situé près de la Nonette, à peu de distance de son embouchure dans l'Oise, et formé de rues larges et pavées. Il y a, tant au bourg que dans les hameaux qui en dépendent, une tourbière, des carrières, une tuilerie, sept moulins, une filature de coton, une manufacture de tissages de coton, et une tréfilerie de fil de fer pour cordes, clous d'épingles, etc. — Tourbière. — Une partie de la population travaille en outre pour les fabriques de dentelles de Chantilly.

On remarque sur le territoire de cette commune, au-dessus du hameau des Carrières sur le promontoire élevé qui sépare la Nonette de l'Oise, l'emplacement d'un camp romain connu sous le nom de Camp de César et Camp de St-Leu, dont la description a été insérée par M. de Fonteu dans les Mémoires de l'académie des inscriptions (t. x, p. 421, pl. 16). Ce camp offre une surface triangulaire, à bords irréguliers ; les côtés parallèles aux deux rivières sont très-escarpés, prolongés d'environ 1,200 mètres; le côté de l'ouest, adossé au village des Carrières, n'a pas plus de 600 mètres de développement. Tout le périmètre est garni d'un rempart en pierre et moellons élevé de 6 à 8 mètres, généralement bien conservé. Le côté étroit, où était sans doute la tête du camp, offre trois larges ouvertures ou entrées, représentant probablement la porte prétorienne et les deux portes principales par lesquelles on pénétrait hors de l'enceinte. L'extrémité angulaire était couverte par un fort épaulement, dont les restes subsistent encore; le centre du plateau est plus élevé que le rempart : un puits très-profond, aujourd'hui comblé, était percé à cette sommité. Selon la tradition locale, Jules César a campé dans ce lieu, lorsqu'il pénétra dans le pays des Bellovaques. On y a trouvé beaucoup d'armures, qui étaient déposées au cabinet de Chantilly, des pierres gravées, des médailles romaines, etc.

GOUVILLE, vg. *Eure* (Normandie), arr. à 27 k. d'Évreux, cant. et ⊠ de Damville. Pop. 321 h. Sur l'Iton. — On y voit un château moderne, bâti sur l'emplacement d'un ancien château fort, dont il reste encore une grande porte flanquée de tourelles, et une chapelle inaugurée en 1239.

Patrie du marquis DE CHAMBRAY, auteur d'un ouvrage sur la campagne de 1812 en Russie.

GOUVILLE, vg. *Manche* (Normandie), arr., ⊠ et à 13 k. de Coutances, cant. de St-Malo-de-la-Lande. Pop. 1,668 h. — *Fabriques de chapeaux de paille.*

GOUVILLE, vg. *Seine-Inf.*, comm. de Claville-Motteville, ⊠ du Fréneau.

GOUVIX, vg. *Calvados* (Normandie), arr. et à 18 k. de Falaise, cant. de Bretteville-sur-Laize, ⊠ de Langannerie. Pop. 446 h. — *Éducation des mérinos*, ⓑ 1323, 27, 34.

GOUVOUX, vg. *Isère*, comm. de St-Victor-de-Morestel, ⊠ de Morestel.

GOUVRY (St-), vg. *Morbihan* (Bretagne), arr. et à 25 k. de Ploërmel, cant. et ⊠ de Rohan. Pop. 219 h.

GOUX, vg. *Charente-Inf.*, comm. de Pérignac, ⊠ de Pons.

GOUX, vg. *Doubs* (Franche-Comté), arr. et à 24 k. de Besançon, cant. et ⊠ de Quingey. Pop. 107 h.

GOUX, vg. *Doubs* (Franche-Comté), arr. à 20 k. de Montbelliard, cant. et ⊠ de Pont-de-Roide. Pop. 360 h.

GOUX, vg. *Gers* (Armagnac), arr. et à 40 k. de Mirande, cant. et ⊠ de Plaisance. P. 270 h.

GOUX, vg. *Jura* (Franche-Comté), arr., cant., ⊠ et à 4 k. de Dôle. Pop. 347 h.

On voit à Goux une belle source qui paraît avoir été placée anciennement sous l'invocation de Diane. On y a trouvé des fragments d'une statue de cette déesse et d'une biche en marbre d'un travail achevé.

GOUX, vg. *Deux-Sèvres* (Poitou), arr. à 12 k. de Melle, cant. et ⊠ de la Mothe-Ste-Héraye. Pop. 350 h.

GOUX-LÈS-USIE, vg. *Doubs* (Franche-Comté), arr., ⊠ et à 11 k. de Pontarlier, cant. de Lévier. Pop. 745 h.

GOUY, vg. *Aisne* (Picardie), arr. et à 20 k. de St-Quentin, cant. et ⊠ du Catelet. Pop. 1,080 h.

GOUY, vg. *Seine-Inf.* (Normandie), arr. et à 12 k. de Rouen, cant. de Boos, ⊠ de Pont-de-l'Arche. Pop. 369 h.

GOUY-EN-ARTOIS, vg. *Pas-de-Calais* (Artois), arr. et à 15 k. d'Arras, cant. de Beaumetz-les-Loges, ⊠ de l'Arbret. Pop. 611 h.

GOUY-EN-TERNOIS, vg. *Pas-de-Calais* (Artois), arr., ⊠ et à 10 k. de St-Pol-sur-Ternoise, cant. d'Aubigny. Pop. 341 h.

GOUY-LES-GROSEILLIERS, vg. *Oise* (Picardie), arr. de Clermont, cant. et ⊠ de Breteuil.

GOUY-L'HOPITAL, vg. *Somme* (Picardie), arr. et à 30 k. d'Amiens, cant. et ⊠ d'Hornoy. Pop. 267 h.

GOUYONNIÈRE (la), vg. *Loire*, comm. de Bouthéon, ⊠ de Chazelles. ✧

GOUY-SERVINS, vg. *Pas-de-Calais* (Artois), arr. et à 15 k. de Béthune, cant. et ⊠ de Houdain. Pop. 364 h.

GOUY-SOUS-BELLONNE, vg. *Pas-de-Calais* (Artois), arr. et à 22 k. d'Arras, cant. de Vitry, ⊠ de Douai. Pop. 630 h.

GOUY-ST-ANDRÉ, vg. *Pas-de-Calais* (Artois), arr. et à 15 k. de Montreuil-sur-Mer, cant. de Campagne-lès-Hesdin, ⊠ d'Hesdin. Pop. 976 h.

GOUZANGREZ, vg. *Seine-et-Oise* (Vexin), arr. et à 24 k. de Pontoise, cant. et ⊠ de Marines. Pop. 141 h.

GOUZE, vg. *B.-Pyrénées* (Béarn), arr. et à 10 k. d'Orthez, cant. de Lagor, ⊠ d'Artix. Pop. 347 h.

GOUZEAUCOURT, vg. *Nord* (Flandre), arr. et à 19 k. de Cambrai, cant. de Marcoing. ⊠. A 161 k. de Paris pour la taxe des lettres. Pop. 2,209 h. — *Foires le 8 de chaque mois.*

GOUZENS, vg. *H.-Garonne* (Comminges), arr. et à 26 k. de Muret, cant. de Montesquieu-Volvestre. Pop. 222 h.

GOUZILS (les), vg. *Lot-et-Garonne*, comm. de St-Martin-lès-Castons, ⊠ de Marmande.

GOUZON, petite ville, *Creuse* (Marche), arr. et à 20 k. de Boussac et à 5 k. de Chambon, cant. de Jarnages. Gîte d'étape. ⊠. ✧ A 348 k. de Paris pour la taxe des lettres. Pop. 1,475 h. — *Terrain cristallisé ou primitif.* — *Foires les 3 fév. et 11 nov.*

GOUZOUGNAT, vg. *Creuse* (Marche), arr. et à 20 k. de Boussac et à 18 k. de Chambon, cant. de Jarnages, ⊠ de Gouzon. Pop. 402 h.

GOVEN, vg. *Ille-et-Vilaine* (Bretagne), arr. et à 48 k. de Redon, cant. de Guichen, ⊠ de Lohéac. Pop. 1,998 h. — Il est situé sur une hauteur, au milieu des landes. — *Filature de laine.* — *Foire le 11 nov.*

GOVILLER, vg. *Meurthe* (Lorraine), arr. et à 30 k. de Nancy, cant. et ⊠ de Vézelise. P. 875 h.

GOXWILLER, vg. *B.-Rhin* (Alsace), arr. et à 21 k. de Schelestadt, cant. d'Obernai, ⊠ de Barr. Pop. 625 h.

GOYENCOURT, vg. *Somme* (Picardie), arr. et à 19 k. de Montdidier, cant et ⊠ de Roye. Pop. 306 h.

GOYRANS, vg. *H.-Garonne* (Languedoc), arr. et à 17 k. de Toulouse, cant. et ⊠ de Castanet. Pop. 275 h.

GOZON, vg. *Aveyron*, comm. de Ste-Rome-de-Tarn, ⊠ de St-Affrique. — *Foire* le 11 mai.

GRABELS, vg. *Hérault* (Languedoc), arr., cant., ⊠ et à 9 k. de Montpellier. Pop. 570 h.

GRABOTS (les), vg. *Ain*, comm. de St-Etienne-de-Chalaronne, ⊠ de Thoissey.

GRACEY, *Crazzacum*, petite ville, *Cher* (Berry), arr. et à 52 k. de Bourges, chef-l. de cant. Cure. ⊠. A 220 k. de Paris pour la taxe des lettres. Pop. 3,075 h. — *Terrain tertiaire moyen.*

Elle est généralement mal bâtie, et était autrefois entourée de murailles flanquées de tours, dont il reste encore quelques vestiges. Aux environs, sur la route de Paris à Toulouse, on remarque un amas de pierres énormes, connues dans le pays sous le nom de pierres folles, qui paraissent être des ruines d'un immense monument celtique. Deux principales pierres plates, posées de champ à la suite l'une de l'autre, et parallèles à une troisième, posée de même à quelques mètres de distance, en soutiennent une quatrième, beaucoup plus grande, posée dessus, en plan incliné vers le nord. L'espèce de cabane que forment entre elles ces pierres est fermée à l'un des deux bouts, celui de l'est, par une dalle posée également de champ ; le bout opposé est ouvert, et fait face à une autre cabane construite à peu près de la même manière. Tout autour, excepté du côté du sud, sont placés confusément divers blocs de toute forme et de toute grandeur, qui complètent le groupe et le montent total de vingt et une pierres.

Foires les 3 fév., 26 mars, 26 juin, 5 sept., 29 oct., 17 déc., 1er lundi de carême et 1er jeudi de mai.

GRACE, vg. *Côtes-du-Nord* (Bretagne), arr. et à 10 k. de Loudéac, cant. et ⊠ d'Uzel. Pop. 1,293 h. — *Fabrique* de toiles.

GRACE (la), vg. *Eure*, comm. de St-Pierre-de-Bailleul, ⊠ de Gaillon.

GRACE (la), vg. *Lot-et-Garonne*, comm. et ⊠ de Villeneuve-sur-Lot.

GRACE-DIEU (la), *Doubs*, com. de Chaux-les-Passavants, ⊠ de Landresse.

GRACE-DIEU (la), vg. *H.-Garonne* (Languedoc), arr. et à 17 k. de Muret, cant. et ⊠ d'Auterive. Pop. 468 h. — *Haut fourneau.*

GRACES, vg. *Côtes-du-Nord* (Bretagne), ar., cant., et à 10 k. de Guingamp. Pop. 1,299 h.

GRACHAUX, vg. *H.-Saône*, comm. d'Oiselay, ⊠ de Gy.

GRADIGNAN, vg. *Gironde* (Guienne), arr., ⊠ et à 9 k. de Bordeaux, cant. de Pessac. Pop. 1,727 h.

Depuis quelques années, des courses de chevaux ont lieu chaque année à Gradignan, du 1er au 10 juillet, dans un vaste emplacement d'une étendue de 2,000 m., connu sous le nom d'Hippodrome, où sont dressés des amphithéâtres pour les spectateurs. Trois sortes de prix y sont distribués, savoir : quatre prix locaux, quatre d'arrondissement et un prix principal. Les prix locaux sont destinés pour les chevaux nés ou élevés dans le département; ceux d'arrondissement sont réservés aux chevaux nés ou élevés dans les départements de la Gironde, de la Charente-Inférieure, de la Dordogne, de Lot-et-Garonne et des Landes. Tout cheval ou jument né en France peut concourir au prix principal, qui est de 2,000 francs. Une foire aux chevaux se tient sur le même terrain le lendemain des courses.

On remarque aux environs les ruines d'un aqueduc antique.

GRÆCIA (lat. 44°, long. 24°). « On ne saurait être étonné que le canton voisin de Marseille ait été appelé *Græcia*, que parce que c'est la Table théodosienne qui le conserve, plutôt qu'un autre monument de plus haute antiquité. C'est dans des écrivains assez avancés dans le moyen âge que l'on trouve le nom de *Mare Græcum* appliqué au golfe qui baigne la côte sur laquelle les Grecs de Marseille avaient étendu leurs établissements. Comme on n'exige pas de la Table une grande correction dans les dénominations, il est néanmoins remarquable d'y voir le nom de *Gretia* écrit de cette manière en caractères majuscules, au-dessus de la position de *Massilia Grecorum*. » D'Anville. *Notice de l'ancienne Gaule*, p. 358.

GRAFANAUD, vg. *Dordogne*, comm. de St-Paul-la-Roche, ✉ de Thiviers.

GRAFFENSTADEN, vg. *B.-Rhin*, comm. d'Illkirch, ✉ de Strasbourg.

GRAFFIGNY-CHEMIN, vg. *H.-Marne* (Champagne), arr. et à 45 k. de Chaumont-en-Bassigny, cant. et ✉ de Bourmont. P. 805 h.

GRAGNAGUE, vg. *H.-Garonne* (Languedoc), arr. et à 19 k. de Toulouse, cant. et ✉ de Verseil. Pop. 645 h. — *Foires* les 13 janv. et 26 oct.

GRAGNOULLIET, vg. *Ariége*, comm. de Villeneuve-de-Durfort, ✉ de Saverdun.

GRAICESSAC, vg. *Hérault*, comm. de Camplong, ✉ de Bédarieux.

GRAIGNES, vg. *Manche* (Normandie), arr. et à 20 k. de St-Lô, cant. de St-Jean-de-Daye, ✉ de la Perine. Pop. 1,232 h. — Il est situé près de vastes marais où l'on pêche beaucoup de sangsues pour l'exportation, on y fait aussi des chasses productives de canards sauvages. — Aux Claies-de-Vire, près de St-Hubert, pêcherie de saumons.

GRAILLEN, vg. *H.-Pyrénées* (Bigorre), arr. à 42 k. de Bagnères-en-Bigorre, cant. de Vieille-Aure, ✉ d'Arreau. Pop. 394 h.

GRAIMBOUVILLE, vg. *Seine-Infre* (Normandie), arr. à 22 k. du Havre, cant. et ✉ de St-Romain. Pop. 575 h.

GRAINCOURT, vg. *Seine-Inf.*, comm. de Derchigny, ✉ de Dieppe.

GRAINCOURT-LÈS-HAVRINCOURT, vg. *Pas-de-Calais* (Artois), arr. et à 31 k. d'Arras, cant. de Marquion, ✉ de Cambrai. P. 1,472 h.

GRAINVILLE, vg. *Eure* (Normandie), arr. et à 15 k. des Andelys, cant. et ✉ de Fleury-sur-Andelle. Pop. 457 h.

GRAINVILLE-LA-CAMPAGNE, vg. *Calvados* (Normandie), arr. et à 14 k. de Falaise, cant. de Bretteville-sur-Laize, ✉ de Langannerie. Pop. 430 h.

GRAINVILLE-LA-RENARD, *Seine-Inf.*, comm. de Brametot, ✉ de Doudeville.

GRAINVILLE-LA-TEINTURIÈRE, bg *Seine-Inf.* (Normandie), arr. et à 20 k. d'Yvetot, cant. de Cany, ✉ d'Ourville. P. 1,608 h.

— C'est un bourg fort ancien qui paraît occuper l'emplacement de l'ancien *Gravinum*, où aboutissait une des chaussées qui partaient de Lillebonne. — *Commerce* de chevaux. — *Foires* les 3 fév., lendemain de l'Ascension et 25 juillet.

GRAINVILLE-SUR-ODON, *Greinvilla*, vg. *Calvados* (Normandie), arr. et à 14 k. de Caen, cant. de Tilly-sur-Seulles, ✉ d'Evrecy. Pop. 406 h.

GRAINVILLE-SUR-RY, vg. *Seine-Inf.* (Normandie), arr. et à 17 k. de Rouen, cant. et ✉ de Darnetal. Pop. 331 h.

GRAINVILLE-YMAUVILLE, ou GRAINVILLE-L'ALOUETTE, *Seine-Inf.* (Normandie), arr. et à 32 k. du Havre, cant. et ✉ de Goderville. Pop. 412 h. — En 1775 on y a trouvé un grand nombre d'urnes de grès et de fioles de verre, qui attestent le séjour des Romains dans cette contrée.

GRAIS (le), vg. *Orne* (Normandie), arr. et à 30 k. d'Argentan, cant. de Briouze, ✉ de la Ferté-Macé. Pop. 1,037 h.

GRAISIVAUDAN (le), *Allobroges Clarenses*, *Gratianopolitanus Ager*, riant pays du ci-devant Dauphiné, qui s'étendait entre les montagnes, le long du Drac et de l'Isère ; il était borné au nord par la Savoie propre ; à l'est, par le Briançonnais et le comté de Maurienne ; au sud, par l'Embrunois, le Gapençois et le Diois ; et à l'ouest, par le Viennois et une partie du Diois. On lui donnait 80 k. dans sa plus grande longueur, sur 70 k. de largeur. Grenoble en était la seule ville considérable. Les autres localités remarquables étaient : la Grande-Chartreuse, Domaine, Lesdiguières, Voiron, Voreppe, St-Guillaume, Vizille, la Mure, Mens, le bourg d'Oysan, St-Bonnet et le Fort-Barreaux. Le Graisivaudan fait aujourd'hui partie du département de l'Isère.

GRAISSAC, vg. *Aveyron* (Rouergue), arr. et à 40 k. d'Espalion, cant. de Ste-Geneviève, ✉ de la Calm. Pop. 974 h.

GRAISSAS, vg. *Lot-et-Garonne* (Agénois), arr. et à 25 k. d'Agen, cant. et ✉ de Puymirol. Pop. 460 h.

GRAIX, vg. *Loire* (Forez), arr. et à 21 k. de St-Étienne, cant. et ✉ de Bourg-Argental. Pop. 357 h.

GRAMAT, petite ville, *Lot* (Quercy), arr. et à 31 k. de Gourdon, chef-l. de cant. Cure. Gîte d'étape. ⚖. A 548 k. de Paris pour la taxe des lettres. Pop. 3,560 h. — TERRAIN jurassique, étage inférieur du système oolitique. Cette ville est bâtie sur un plateau, dans la vallée de l'Alzou, qui est resserrée au-dessous de Gramat par d'énormes rochers à pic ; au-dessus, cette vallée s'élargit, à peu de distance de la ville, un vaste bassin tapissé de prairies où s'élève un tumulus de forme conique, de 12 m. d'élévation et de 90 m. de circonférence.

Gramat avait jadis un château fort dont les compagnies anglaises tentèrent inutilement de s'emparer ; mais elles renouvelèrent si souvent leurs dévastations dans cette contrée, que la population se trouva pour un moment réduite à sept habitants. Pendant les guerres des protes-

tants et des catholiques, Gramat fut successivement occupé par les deux partis, et c'est dans cette ville que fut pris le maréchal de camp de l'armée de Dassier, qui allait assiéger Figeac.

Les armes de Gramat sont : *d'azur à une bande d'or*.

Gramat possède une source minérale dont les eaux ont été analysées en 1818 par ordre du ministre de l'intérieur.

Cinq livres d'eau de cette source ont produit :
Sulfate de magnésie . . . . 1 gramme 425
Carbonate de chaux . . . . 1 — 741
Sulfate de chaux . . . . 8 — 453
Sulfate de soude . . . . 0 — 785
Carbonate de magnésie . . 0 — 136
Acide carbonique . . . . 2 décilitres.

Au-dessous de Gramat, la vallée de l'Alzou est si resserrée, qu'en quelques endroits elle n'offre que l'espace nécessaire au passage de la rivière, qui se précipite de 10 m. de hauteur au milieu de deux rochers d'une grande élévation, et forme une magnifique cascade. En cet endroit, on a profité des saillies du rocher de la rive droite pour y construire un moulin de quatre paires de meules : une partie des eaux, retenues par une digue là où les autres se précipitent en cascade, sont reçues par trois conduits qui les dirigent sur quatre roues placées à trois différentes hauteurs. Le moulin, en quelque sorte suspendu à une masse énorme dont il dessine les contours, offre une vaste construction qui produit un effet surprenant à cette immense profondeur. — Près de cette usine, que l'on désigne sous le nom de moulin du Saut, on voit un dolmen remarquable, divisé en deux compartiments.

Au village de Bède, dépendant de la commune de Gramat, existe un vaste abîme dont le fond est mis en culture et planté de noyers d'une hauteur prodigieuse ; une crevasse d'environ 1 m. de large, qui s'est opérée depuis la cime jusqu'à la base du rocher dans lequel elle est formée, permet d'y conduire des ânesses pour en labourer le sol. Il est curieux de voir des récoltes, des animaux, des hommes s'occupant de travaux agricoles à une aussi grande profondeur.

PATRIE du baron DUBOIS, professeur à la faculté de médecine, l'un des plus grands chirurgiens de l'Europe.

Commerce important de grains et de laines estimées. — *Foires* les 25 mars et avril, 15 mai, 3 et 28 juin, 20 août (2 jours), 29 sept., 31 oct., 6 et 31 déc., jeudi gras et mi-carême.

GRAMATUM (lat. 48°, long. 25°). « On peut voir dans l'article *Larga*, comment ce lieu se trouve placé dans l'Itinéraire d'Antonin, entre *Epamanduodurum* et *Larga*, et par quel moyen on peut résoudre la difficulté qui naît de l'excès que donne l'indication des distances, en cet intervalle où se rencontre *Gramatum*. M. Wesseling (Itinér., p. 349), joignant à cet excès de distance l'omission de *Gramatum* dans un manuscrit qu'il juge préférable à d'autres, en conclut que *Gramatum* doit être supprimé : *Oportet Gramatum hinc expellatur* ; mais il n'est point omis dans les manuscrits de la bibliothèque du roi que j'ai consultés : et finalement la position de *Gramatum* me paraît convenir à celle dont le nom actuel est Grandvillars. » D'Anville. *Notice de l'ancienne Gaule*, p. 358.

GRAMAZIE, vg. *Aude* (Languedoc), arr. et à 15 k. de Limoux, cant. et ✉ d'Alaigne. Pop. 134 h.

GRAMBOIS, *Garambodium*, vg. *Vaucluse* (Provence), arr. et à 26 k. d'Apt, cant. et ✉ de Pertuis. Pop. 860 h.

GRAMMAGNAC, vg. *H.-Vienne*, comm. de Vicq-sur-Gartempe, ✉ de Pierrebuffière.

GRAMMOND, vg. *Loire* (Forez), arr. et à 47 k. de Montbrison, cant. et ✉ de St-Galmier. Pop. 814 h.

GRAMMONT, vg. *H.-Saône* (Franche-Comté), arr. et à 22 k. de Lure, cant. et ✉ de Villersexel. Pop. 422 h.—*Foires* les 22 fév., 6 juin et 15 oct.

GRAMMONT, vg. *Seine-Inf.*, comm. et ✉ de Rouen.

GRAMOND, vg. *Aveyron* (Rouergue), arr. et à 25 k. de Rodez, cant. et ✉ de Sauveterre. Pop. 1,044 h.

GRAMONT, vg. *Ain*, comm. de Ceyzerieu, ✉ de Culoz.

GRAMONT, vg. *Tarn-et-Garonne* (Languedoc), arr. et à 34 k. de Castel-Sarrasin, cant. et ✉ de Lavit. Pop. 743 h.

GRANACE, vg. *Corse*, arr., cant., ✉ et à 8 k. de Sartène. Pop. 437 h.

GRANAY, vg. *Loire*, comm. de Châteauneuf, ✉ de Rive-de-Gier.

GRANCEY, ou GRANCEY-LE-CHATEAU, ou GRANCEY-EN-MONTAGNE, jolie petite ville, *Côte-d'Or* (Bourgogne), arr. et à 46 k. de Dijon, chef-l. de cant. Cure. Bureau d'enregist. à Selongey. ✉. A 281 k. de Paris pour la taxe des lettres. Pop. 670 h.—TERRAIN jurassique, étage inférieur du système oolitique.

Grancey était jadis une petite ville forte défendue par un château fort bâti, en 1193, par Ponce de Grancey, connétable de Bourgogne. Joachim de la Beaune fit ériger cette terre en comté de quel poil sont les oisons de Normandie : venez droit à Alençon. HENRI. »

La citadelle de Grancey était le boulevard de la Champagne, vis-à-vis du duché de Bourgogne. Elle soutint plusieurs sièges honorables, notamment celui de 1434, qui dura trois mois, après lesquels cette place fut forcée de capituler avec le duc de Bourgogne. Le château actuel a été élevé par le dernier maréchal de Médavi, dont la statue équestre ornait la cour du château de Grancey avant la révolution. — La terre de Grancey avait été érigée en duché-pairie, au mois de décembre 1611, pour messire de Hautemer, baron de Fervaques, comte de Grancey, et maréchal de France. Cette faveur, accordée par Henri IV aux services du maréchal, devint sans effet par la mort prématurée de celui-ci : le titre est resté sans homologation.

GRANCEY-SUR-OURCE, vg. *Côte-d'Or* (Bourgogne), arr. et à 19 k. de Châtillon-sur-Seine, cant. de Montigny-sur-Aube, ✉ de Mussy-sur-Seine. Pop. 1,054 h.—Forges. Tuileries.

Grancey est une petite ville bien bâtie, et dominée par un beau château, construit sur le penchant de la montagne. Il y a de jolies promenades et une belle place publique.

Grancey possède deux églises, dont l'une est située dans l'enceinte du château ; l'autre se trouve à 1 k. au S.-E. de la commune : cette dernière est fort ancienne.

PATRIE du savant jurisconsulte DE BONNIÈRES.

Fabriques de draps. Education des abeilles. —Commerce de grains, fil et bestiaux. Aux environs, forges et hauts fourneaux.—*Foires* les 31 janv., 11 mai, 20 juin, 3 sept. et 6 déc.

GRANCHAINE, vg. *Eure* (Normandie), arr., ✉ et à 8 k. de Bernay, cant. de Beaumesnil. Pop. 341 h.

GRAND, bg *Vosges* (Champagne), arr., cant., ✉ et à 21 k. de Neufchâteau. Pop. 1,314 h. — On y voit les débris d'un amphithéâtre qu'on a commencé à déblayer en 1821, ainsi que d'autres ruines qui démontrent l'existence en ce lieu d'une ville romaine considérable. On y a trouvé d'anciens murs, des statues de marbre, des canaux voûtés, des médailles, etc.

PATRIE du docteur en médecine PARISET, membre de l'Institut et de l'académie royale de médecine.

Foires les 24 janv., 18 juillet et 5 nov.

Bibliographie. CAYLUS (le comte de). *Remarques sur les restes d'une ancienne ville romaine qui était à Grand en Champagne, entre Joinville et Châteauneuf* (Recueil d'antiq., t. III, p. 431, et t. VI, p. 349).

GRAND-AULNAY, vg. *Seine-Inf.*, comm. de Deville-lès-Rouen, ✉ de Rouen.

GRAND-BEAUBIAT (le), vg. *H.-Vienne*, comm. de Bersac, ✉ de Chanteloube.

GRAND-BOIS, vg. *Vosges*, comm. de la Houssière, ✉ de Corcieux.

GRAND-BOURG, ou GRAND-BOURG-SALAGNAC, bg *Creuse* (Limousin), arr. et à 17 k. de Guéret, chef-l. de cant. Cure. Bureau d'enregist. à la Souterraine. ✉. A 337 k. de Paris pour la taxe des lettres. Pop. 2,801 h.—TERRAIN cristallisé ou primitif. — Il est situé dans une riche et fertile contrée, près de la rive gauche de la Gartempe. — *Fabriques* de toiles. — Commerce de chanvre et de fil. — *Foires* les 2 et 25 janv., 17 fév., 17 mars, 17 avril, 9 mai, 17 juin, 26 juillet, 7 août, 26 sept., 14 et 26 oct., 17 nov., 6 déc.

GRAND-BUISSON (le), *Rhône*, comm. de Grézieux-la-Varenne, ✉ de Vaugneray.

GRAND-CAMP, village maritime, *Calvados* (Normandie), arr. et à 3 k. de Bayeux, cant. et ✉ d'Issigny. Pop. 1,264 h.—Phare à feu fixe à 800 m. de l'église, de 8 m. de hauteur, et de 4 k. de portée. Lat. 49° 2', long. O. 3° 2'. —Pêche de poisson frais.

GRAND-CAMP, vg. *Eure* (Normandie), arr. et à 7 k. de Bernay, cant. et ✉ de Broglie. Pop. 461 h. — *Fabriques* de toiles et de rubans.

GRAND-CAMP, vg. *Seine-Inf.* (Normandie), arr. et à 45 k. du Havre, cant. et ✉ de Lillebonne. Pop. 478 h.

GRAND-CASTANG, vg. *Dordogne* (Périgord), arr. et à 26 k. de Bergerac, cant. de St-Alvère, ✉ de Lalinde. Pop. 216 h.

GRAND-CELLAND. V. CELLAND-LE-GRAND. —*Foire* le 22 sept.

GRAND-CHAILLOU, vg. *Nièvre*, comm. et ✉ de Prémery.

GRAND-CHAMP, vg. *Ardennes* (Champagne), arr. et à 17 k. de Rhétel, cant. de Novion, ✉ de Wasigny. Pop. 362 h.

GRAND-CHAMP, vg. *Calvados* (Normandie), arr. et à 15 k. de Lisieux, cant. de Mézidon, ✉ de Cambremer. Pop. 215 h.

GRAND-CHAMP, vg. *Côte-d'Or*, comm. de Ruffey-lès-Beaune, ✉ de Beaune.

GRAND-CHAMP, vg. *Loire-Inf.* (Bretagne), arr., ✉ et à 18 k. de Nantes, c. de la Chapelle-sur-Erdre. Pop. 1,487 h.—*Foire* le 27 avril.

GRAND-CHAMP, vg. *H.-Marne* (Champagne), arr. et à 23 k. de Langres, cant. de Longeau, ✉ de Chassigny. Pop. 299 h.

GRAND-CHAMP, vg. *Morbihan* (Bretagne), arr., ✉, bureau d'enregist. et à 15 k. de Vannes, chef-l. de cant. Cure. Pop. 4,833 h. — TERRAIN cristallisé ou primitif. — Il est situé sur un haut terrain et possède une église paroissiale surmontée d'un clocher fort élevé, qui a formé le sommet d'un des triangles de Cassini. — On voit plusieurs dolmens dans les environs.

En 1795, le comte de Silz avait réuni 2,000 hommes à Grand-Champ. Un rassemblement général devait se rendre maître de Vannes ; mais Hoche, ayant prévu ses mouvements, prit l'offensive. Les généraux de brigade Roman et Josnet se mirent en marche de nuit en plusieurs colonnes, avec les garnisons d'Auray, de Vannes et les cantonnements voisins. Ils investirent, par un mouvement combiné, Grand-Champ et le château de Penhouët, postes retranchés, pourvus de munitions. L'avant-garde des rebelles fut taillée en pièces. Au point du jour, l'attaque commença de tous côtés. Les chouans s'enfuirent au lieu de combattre. La plupart, en gagnant la plaine, furent massacrés par les hussards républicains, qui occupaient toutes les avenues. Cependant le comte parvint à rallier quelques braves, qui firent pendant deux heures la plus grande résistance. Se voyant près d'être forcé, leur chef se fait jour à travers l'ennemi. A peine est-il hors des retranchements, qu'il tombe sous les coups de fusil ; quelques commandants subalternes et 300 chouans furent également tués ; Grand-Champ et le château de Penhouët tombèrent au pouvoir des républicains.

Une autre affaire importante eut lieu sur le même champ de bataille, pendant les troubles de la chouannerie de l'an VIII. Les intrigues de Georges Cadoudal et la présence d'une flotte anglaise avaient fixé dans le Morbihan le foyer le plus actif de l'insurrection. Le général Harty, étant sorti de Vannes avec une colonne de 400 hommes dans le dessein de se porter sur les magasins de blé accumulés à Grand-Champ, trouva ce bourg abandonné, et enleva dix-sept voitures chargées de grains. Mais, à peine arrivé hors de Grand-Champ, ce convoi fut attaqué par une forte colonne d'insurgés, et l'escorte aurait succombé si la garnison entière de Vannes n'était accourue pour la soutenir. Alors la lutte devint générale; et l'ennemi présenta sur la fin de l'action des masses qui parurent s'élever à 10 ou 12,000 hommes, soutenues par de l'artillerie et de la cavalerie. Le combat se prolongea ainsi quelque temps ; et bien que les rebelles eussent perdu 5 à 600 des leurs, les républicains parvinrent avec peine à se retirer sur Vannes, après avoir été obligés de briser sur le champ de bataille, faute de moyens de transport, une grande quantité de fusils abandonnés par les chouans (3 pluviôse). Un des chefs subordonnés à Georges, Guillemot, *le roi de Bignan*, avait amené prisonniers 36 bleus faisant partie de l'escorte du convoi. Le lendemain matin ces malheureux étaient rangés en ligne sur la lande de Burgand. 36 brigands, postés en face d'eux, appliquaient, suivant l'ordre de Guillemot, le bout de leurs fusils sur le front des victimes, et l'exécution, commencée par le n° 1er, se continuait jusqu'au n° 36 : horrible spectacle qui se termina par l'enfouissement des 36 cadavres dans une même fosse.

Foires les 16 avril, 10 mai, 3 juin, 26 juillet, 10 août, 17 sept., lundi avant le lundi gras, vendredi de la mi-carême, le lundi du sacre (Fête-Dieu), lundi le plus près du 9 oct. et 2e lundi de nov. — *Marché* tous les vendredis.

GRAND-CHAMP, vg. *Nièvre*, comm. de Rouy, ✉ de St-Saulge.

GRAND-CHAMP, vg. *Puy-de-Dôme*, com. d'Olloix, ✉ de Veyres.

GRAND-CHAMP, vg. *Sarthe* (Maine), arr. et à 17 k. de Mamers, cant. de St-Pater, ✉ de Beaumont-sur-Sarthe. Pop. 568 h.

GRAND-CHAMP, vg. *Seine-et-Oise* (Beauce), arr. et à 29 k. de Mantes, cant. et ✉ de Houdan, Pop. 128 h. — Grand-Champ est une très-belle ferme dont on a formé une commune en y réunissant plusieurs hameaux environnants. C'était autrefois une abbaye de l'ordre des Prémontrés, détruite à l'époque de la révolution.

GRAND-CHAMP, vg. *Seine-et-Oise*, com. du Pecq, ✉ de St-Germain-en-Laye.

GRAND-CHAMP, vg. *Yonne* (Champagne), arr. et à 30 k. de Joigny, cant. et ✉ de Charny, Pop. 980 h. — *Foires* les 21 mai, 9 oct., 13 déc., lundi gras et mercredi après Pâques.

GRAND-CHAMPS, vg. *Seine-et-Marne*, comm. de Jaignes, ✉ de Lizy.

GRAND-CHARMONT, vg. *Doubs* (Franche-Comté), arr., et à 3 k. de Montbelliard, cant. d'Audincourt. Pop. 326 h.

GRAND-CHATEL, vg. *Jura* (Franche-Comté), arr. et à 14 k. de St-Claude, cant. et ✉ de Moirans. Pop. 103 h.

GRAND-CHAUD, vg. *H.-Vienne*, comm. de Jabreille, ✉ de Chanteloube.

GRAND-CHAUX, vg. *Doubs*, comm. de Guyans-Vennes, ✉ de Morteau.

GRAND-CHEMIN (le), vg. *Isère*, comm. de Vourey, ✉ de Moirans.

GRAND-COLOMBE, vg. *Isère*, comm. de Colombes, ✉ du Grand-Lemps.

GRAND-COMBE (la), vg. *Doubs* (Franche-Comté), arr. et à 24 k. de Pontarlier, cant. et ✉ de Morteau. Pop. 924 h. Près de la rive droite du Doubs. — *Fabriques* de faux, fléaux de balances. Verrerie à vitres et à bouteilles.

GRAND'COMBE (la), h. *Gard*, comm. de Ste-Cécile-d'Andorge, ✉ de Génolhac. — Riches mines de houille pour l'exploitation desquelles a été construit le chemin de fer d'Alais à la Grand'Combe.

GRAND-COMBES-DES-BOIS, vg. *Doubs* (Franche-Comté), arr. et à 51 k. de Montbelliard, cant. et ✉ de Russey. Pop. 256 h.

GRANDCORENT, vg. *Ain* (Bresse), arr., ✉ à 18 k. de Bourg-en-Bresse, cant. de Ceyzeriat. Pop. 272 h.

GRAND-COURONNE, bg *Seine-Inf.* (Normandie), arr. et à 12 k. de Rouen, chef-l. de cant. ⚔. — A 133 k. de Paris pour la taxe des lettres. Pop. 1,116 h. Sur la rive gauche de la Seine. — TERRAIN tertiaire moyen. — *Fabrique* de tulle de coton.

GRANCOURT, vg. *H.-Saône* (Franche-Comté), arr. et à 37 k. de Gray, cant. de Dampierre-sur-Salon, ✉ de Lavoncourt. Pop. 182 h.

GRAND-COURT, vg. *Seine-Inf.* (Normandie), arr. et à 23 k. de Neufchâtel-en-Bray, cant. de Londinières, ✉ de Foucarmont. Pop. 704 h.

GRAND-COURT, vg. *Somme* (Picardie), arr. et à 27 k. de Péronne, cant. et ✉ d'Albert. Pop. 720 h.

GRAND-CROIX (la), vg. *Allier*, comm. de Pierrefitte, ✉ de Dompierre.

GRAND-CROIX (la), vg. *Loire*, comm. de St-Paul-en-Jarret, ✉ de St-Chamond.

GRANDE-BULTRIE (la), vg. *Eure*, com. de Boissy-de-Lamberville, ✉ de Thiberville.

GRANDE-CHARRIÈRE (la), vg. *Loire*, comm. de Panissière, ✉ de Feurs.

GRANDE-CHAUSSÉE (la), vg. *Vienne*, comm. de la Chaussée, ✉ de Mirebeau.

GRANDE-FOSSE (la), vg. *Vosges* (Lorraine), arr., et à 20 k. de St-Dié, cant. de Saales, Pop. 701 h.

GRANDE-ISLE, vg. *Côtes-du-Nord*, com. de Pleumeur-Bodou, ✉ de Lannion.

GRANDE-MADELEINE (la), vg. *Seine-Inf.*, comm. de Bois-Guillaume, ✉ de Rouen.

GRANDE-MOTHE (la), vg. *Loire*, comm. et ✉ de Feurs.

GRANDE-PAROISSE (la), vg. *Seine-et-Marne* (Champagne), arr. et à 19 k. de Fontainebleau, cant. et ✉ de Montereau. P. 1,246 h.

GRANDE-PLAINE, vg. *H.-Rhin*, comm. et ✉ de Ste-Marie-aux-Mines.

GRANDE-PINTE (la), *Seine*, comm. et ✉ de St-Mandé (banlieue de Paris).

GRANDE-PUGÈRE (la). V. PUGÈRE.

GRANDE-RIVIÈRE (la), vg. *Jura* (Franche-Comté), arr. et à 21 k. de St-Claude, cant. et ✉ de St-Laurent, Pop. 821 h. — *Foires* les 28 mars, 2 juillet et 1er oct.

GRANDE-RUE (la), vg. *Indre-et-Loire*, comm. de Rochecorbon, ✉ de Vouvray.

GRANDE-RUE (la), vg. *Seine-Inf.*, comm. et ✉ des Grandes-Ventes.

GRANDES-BORDES (les), vg. *Loiret*, comm. de Sougy, ✉ d'Artenay.

GRANDES-CHAPELLES (les), vg. *Aube* (Champagne), arr. et à 15 k. d'Arcis-sur-Aube, cant. et ✉ de Méry-sur-Seine. Pop. 735 h. — *Foires* les 1er juin et 15 oct.

GRAND-DESCHAUX. V. DESCHAUX. — *Foires* les 18 mars, 17 juillet, 9 sept. et 17 nov.

GRANDES-COTES (les), vg. *Marne* (Champagne), arr. et à 21 k. de Vitry-le-François, cant. et ✉ de St-Remy-en-Bouzemont. Pop. 392 h.

GRANDES-FOURCHES (les), vg. *Nièvre*, comm. de St-Brisson, ✉ de Montsauche.

GRANDES-LOGES (les), vg. *Marne* (Champagne), arr., cant., ✉ et à 13 k. de Châlons-sur-Marne. ⚔. Pop. 194 h.

GRANDES-VENTES (les), bg *Seine-Inf.* (Normandie), arr. et à 20 k. de Dieppe, cant. de Bellencombre. ✉. A 146 k. de Paris pour la taxe des lettres. Pop. 2,065 h. — *Foires* les 6 mars, 1er et 14 mai et 8 déc. — *Marché* tous les mercredis.

GRANDE-VALLÉE (la), vg. *Seine-et-Oise*, comm. de Fontenay-St-Père, ✉ de Mantes.

GRANDE-VERRIÈRE (la), vg. *Saône-et-Loire* (Bourgogne), arr. et à 13 k. d'Autun, cant. de St-Léger-sous-Beuvray. Pop. 1,805 h. — *Foires* les 10 fév. et 10 juin.

GRAND-VIGNE (la), vg. *Isère*, comm. de St-Quentin, ✉ de la Verpillière.

GRANDEYROLLES, vg. *Puy-de-Dôme* (Auvergne), arr. et à 23 k. d'Issoire, cant. et ✉ de Champeix. Pop. 119 h. — On y trouve une source d'eau minérale.

GRAND-FAILLY, vg. *Moselle* (pays Messin), arr. et à 45 k. de Briey, cant. et ✉ de Longuyon. Pop. 840 h.

GRAND-FONT, vg. *Maine-et-Loire*, com. de Brezé, ✉ de Montreuil-Bellay.

GRAND-FONTAINE, vg. *Doubs* (Franche-Comté), arr. et à 33 k. de Baume-les-Dames, cant. de Pierrefontaine, ✉ de Morteau. Pop. 434 h.

GRAND-FONTAINE, vg. *Doubs* (Franche-Comté), arr. et à 14 k. de Besançon, cant. de Boussières. Pop. 360 h.

GRAND-FONTAINE, vg. *Vosges* (Lorraine), arr. et à 49 k. de St-Dié, cant. et ✉ de Schirmeck. Pop. 1,623 h. — *Fabrique* de tôle. Tissage hydraulique et filature de coton.

GRAND-FONTAINE-SUR-CREUSE, ou GRAND-FONTAINE-LES-DOMPREL, vg. *Doubs* (Franche-Comté), arr. et à 22 k. de Baume-les-Dames, cant. de Pierrefontaine, ✉ de Landresse. Pop. 163 h.

GRAND-FRAY (la), vg. *Eure*, comm. du Tronquai, ✉ de Lyons-la-Forêt.

GRAND-FRESNOY, vg. *Oise* (Picardie), arr. et à 16 k. de Compiègne, cant. et ✉ d'Estrées-St-Denis. Pop. 1,091 h.

La butte de Grand-Fresnoy, portant sur son plateau sept moulins à vent, s'aperçoit de la route de Flandre, comme un petit Montmartre. On voit au milieu une chapelle sous l'invocation de sainte Catherine. — *Foires* les 26 nov. et lendemain de la Trinité.

GRAND-GONNET (le), vg. *Loire*, comm. de Montaud, ✉ de St-Etienne.

GRAND-GONNIN, vg. *Nièvre*, comm. de Livry, ✉ de St-Pierre-le-Moutier.

GRAND-HAM, vg. *Ardennes* (Champagne), arr. et à 22 k. de Vouziers, cant. et ✉ de Grandpré. Pop. 256 h.

GRAND-HOUX, vg. *Eure-et-Loir* (Beauce), arr. et à 27 k. de Nogent-le-Rotrou, cant. de Thiron-Gardais, ✉ d'Illiers. Pop. 263 h.

GRAND-JEAN, vg. *Charente-Inf.* (Saintonge), arr. et à 10 k. de St-Jean-d'Angély, cant. et ✉ de St-Savinien. Pop. 349 h. — On y voit une église romane du XIe siècle qui mériterait d'être classée au nombre des monuments historiques.

GRAND-JOUAN, vg. *Loire-Inf.*, comm. et ✉ de Nozay. — On y remarque un célèbre établissement agricole fondé par M. Jules Rieffel, élève de M. de Dombasle, où une trentaine d'élèves sont instruits dans la pratique raisonnée de l'agriculture. Cet établissement consiste dans une vaste cour, fermée par huit corps de bâtiments, dont le principal n'est pas même recrépi : ce n'est pas une demeure seigneuriale ; c'est une ferme. L'habitation du maître ne se distingue des autres constructions que par un étage supérieur. — Il est impossible, après avoir visité cette grande exploitation rurale, de ne pas comprendre quel fécond avenir elle ouvre aux contrées de l'Ouest : procédés agricoles, non point jetés au public par des phrases, mais par des faits, mais par les succès ; continuité d'essais, prouvant au simple métayer tout ce qu'on peut attendre d'une volonté ferme, tout ce qu'on peut obtenir d'un travail persévérant ; plus productif que l'argent lui-même, pourvu qu'on ne veuille pas brusquer le temps ; modèle d'ordre dans une exploitation rurale, où l'on se rend compte de tout avec le positif de la maison de commerce la plus exacte ; démonstration évidente et pratique des avantages de la science appliquée, avantages constatés par les cultures sous les yeux de tous, et par l'instruction donnée à des jeunes gens qui chaque jour en reconnaissent le prix, parce qu'ils sont à chaque instant appelés à profiter de ce qu'ils ont appris : voilà ce qu'on trouve à Grand-Jouan.

GRAND-LANDES, vg. *Loire-Inf.*, comm. de Saffré, ✉ de Nozay.

GRAND-LANDES, vg. *Vendée* (Poitou), arr. et à 38 k. des Sables, cant. et ✉ de Palluau. Pop. 1,334 h. — *Foire* le 11 août.

GRAND-LAVIER, vg. *Somme* (Picardie), arr., cant., et à 5 k. d'Abbeville. Pop. 283 h.

GRAND-LEMPS (le), vg. *Isère* (Dauphiné), arr. de la Tour-du-Pin, et à 25 k. de Bourgoin, chef-l. de cant. Cure, ✉. A 539 k. de Paris pour la taxe des lettres. Pop. 2,115 h. — TERRAIN d'alluvions modernes.

GRAND-LIEU (lac de). Ce lac, situé dans le dép. de la *Loire-Inf.*, arr. de Nantes, est le plus considérable qu'il y ait en France. C'est un vaste réservoir nourri par les eaux de plusieurs rivières, dont les principales sont la Boulogne, le Tenu et l'Ognon sont navigables, et qui se décharge dans la Loire par la rivière de l'Achenau, navigable sur tout son cours. — Le lac de Grand-Lieu est environné de marais et contient 7,500 hectares. Il est très-abondant en poisson et renommé par ses pêcheries. Ce sont les habitants du village de Passay, commune de la Chevrollière, qui se livrent de préférence à ce genre d'industrie ; mais, comme le produit n'est pas proportionné à l'espace immense qu'occupe le lac, on a déjà tenté plusieurs fois de le dessécher. Il serait à désirer qu'une entreprise de cette importance réussit, car il n'y a pas de doute que les terres, débarrassées des eaux qui les couvrent, ne fussent d'une très-grande fertilité. Le fond, en général, est de vase, la côte méridionale de tourbe, et la septentrionale de sable. Ce sable repose sur un vaste plateau de roche serpentineuse.

On rapporte qu'il existait autrefois, à la pointe méridionale du lac de Grand-Lieu, une petite île de forme ronde, sur laquelle étaient deux monuments druidiques en pierres brutes, dont on n'aperçoit maintenant aucun vestige. On croit aussi que le lac occupe l'ancien emplacement d'une ville nommée Herbadilla, engloutie en 580. Les mêmes circonstances que l'antiquité rapporte de la destruction de Sodome et de la création du lac Asphaltique, se retrouvent, à peu de chose près, dans l'histoire du lac de Grand-Lieu et de l'ancienne cité d'Herbadilla.

GRAND-LUCÉ, jolie petite ville, *Sarthe* (Maine), arr. et à 25 k. de St-Calais, chef-l. de cant. ⚒. ✉. A 238 k. de Paris pour la taxe des lettres. Pop. 2,354 h. — TERRAIN crétacé inférieur, grès vert.

Cette ville a été construite sur un plan régulier depuis qu'elle fut incendiée en 1781 : elle se compose d'une place carrée coupée à angles droits par quatre rues principales auxquelles communiquent plusieurs autres petites rues. On y voit un château moderne construit sur l'emplacement d'une ancienne forteresse et accompagné d'un beau parc clos de murs. — *Fabriques* de toiles et de canevas. — *Foires* les 4e mercredi de mai, 1er mercredi de mai, 3e de juillet et d'oct., 2e de nov. et 1er avant Noël.

GRANDLUP, vg. *Aisne* (Picardie), arr. et à 15 k. de Laon, cant. et ✉ de Marle. Pop. 513 h.

GRAND-MAGNIEUX, vg. *H.-Vienne*, comm. de St-Pardoux, ✉ de Chanteloube.

GRAND-MARAIS (le), vg. *Charente*, comm. d'Ambérac, ✉ d'Aigre.

GRAND-MARAIS (le), vg. *Pas-de-Calais*, comm. de Ham, ✉ de Lillers.

GRAND-MARE, vg. *Eure*, comm. de Francheville, ✉ de Breteuil.

GRANDMENIL, vg. *Meurthe*, comm. d'Ecrouves, ✉ de Toul.

GRAND-MESNIL, *Grantemesnilium*, vg. *Calvados* (Normandie), arr. et à 31 k. de Lisieux, cant. de St-Pierre-sur-Dives, ✉ de Livarot. Pop. 272 h.

GRANDMONT, vg. *Côte-d'Or*, comm. de Monceau, ✉ de Bligny-sur-Ouche.

GRANDMONT, *Grandimontium*, vg. *H.-Vienne*, comm. de St-Silvestre, ✉ de Chanteloube. — Il était autrefois célèbre par une ancienne abbaye, chef d'ordre sous la règle de St-Benoît. Il ne reste plus que fort peu de chose de cette abbaye, reconstruite en 1760, et dont l'église, construite aux dépens des rois d'Angleterre Henri Ier et Henri II, avait la forme et presque la dimension de Ste-Geneviève de Paris.

GRAND-MONTREVAUX (le), vg. *Cher*, comm. de Faverdine, ✉ de St-Amand.

GRAND-NOIR, *Jura*. V. ANNOIRE.

GRANDOUET, vg. *Calvados* (Normandie), arr. et à 19 k. de Pont-l'Evêque, cant. et ✉ de Cambremer. Pop. 153 h.

GRAND-PIERRE, vg. *Marne*, comm. et ✉ d'Epernay.

GRAND-PONT (le), vg. *Vienne*, comm. de Chasseneuil, ✉ de Poitiers.

GRAND-PRÉ, petite ville, *Ardennes* (Champagne), arr. et à 15 k. de Vouziers, chef-l. de cant. Cure. ⚒. A 240 k. de Paris pour la taxe des lettres. Pop. 1,456 h. — TERRAIN jurassique, étage supérieur du système oolitique.

Grand-Pré avait, dès le IXe siècle, le titre de comté. C'était une des sept comtés-pairies de Champagne dont la maison de Joyeuse a été en possession depuis 1488 jusqu'en 1741.

Cette ville est dans une situation agréable, sur la rivière d'Air, au pied d'un monticule sur lequel s'élevait naguère un fort beau château, autrefois propriété de la maison de Joyeuse, et depuis du marquis de Sémonville, grand référendaire. Quoique incendié en 1834, le château de Grand-Pré avait conservé ses tours et son aspect majestueux et tout à fait antique. Il a été vendu en dernier lieu par la comtesse de Castellane à M. Doury, qui l'a rasé, en a vendu les matériaux et a planté des pommés de terre sur l'emplacement du parc.

Foires les 28 avril, 25 juillet, 29 oct. et 1er lundi de carême.

Bibliographie. MINOX. *Chronique de la ville et des comtes de Grand-Pré, selon l'ordre chronologique de l'histoire de France*, in-12, 1840.

GRAND-PRELLE, vg. *Loire*, comm. de Cordelle, ✉ de Roanne.

GRAND-PRESSIGNY. V. PRESSIGNY-LE-GRAND.

GRAND-PUITS, vg. *Seine-et-Marne* (Brie), arr. et à 27 k. de Melun, cant. de Mormant, ✉ de Nangis. Pop. 306 h.

GRAND-QUEVILLY (le), *Clavilleum*, vg. *Seine-Inf.* (Normandie), arr., et à 6 k. de Rouen, cant. de Grand-Couronne. P. 1,585 h.

GRANDRIEU, bg *Lozère* (Languedoc), arr. et à 38 k. de Mende, chef-l. de cant. Cure. Bureau d'enregist. à Langogne. ⊠. A 558 k. de Paris pour la taxe des lettres. P. 1,509 h. — TERRAIN cristallisé ou primitif. — On y remarque une tour carrée qui a servi à la détermination des triangles de la carte de Cassini, et les restes de la voie romaine qui conduisait de Lyon en Auvergne. — *Foires* les 3 mai et 14 sept.

GRANDRIEUX, vg. *Aisne* (Picardie), arr. et à 50 k. de Laon, cant. et ⊠ de Rozoy-sur-Serre. Pop. 260 h.

GRANDRIF, vg. *Puy-de-Dôme* (Auvergne), arr., ⊠ et à 10 k. d'Ambert, cant. de St-Anthême. Pop. 3,425 h. — *Foire* le lundi qui suit la fête de l'Assomption.

GRANDRIS, vg. *Rhône* (Beaujolais), arr. et à 23 k. de Villefranche-sur-Saône, cant. de St-Nizier-d'Azergues, ⊠ de la Mure. Pop. 2,337 h. — *Foires* les 7 fév., 24 mars, 6 juin, 14 août, 7 sept. et 7 déc.

GRANDRU, vg. *Oise* (Picardie), arr. et à 37 k. de Compiègne, cant. et ⊠ de Noyon. Pop. 615 h. — On trouve aux environs une source d'eau minérale.

GRAND-RULLECOURT. V. RULLECOURT-LE-GRAND.

GRAND-RUPT, vg. *Vosges* (Lorraine), arr. et à 30 k. d'Épinal, cant. et ⊠ de Bains. Pop. 418 h.

GRAND-RUPT, vg. *Vosges* (Lorraine), arr. et à 8 k. de St-Dié, cant. et ⊠ de Sénones. Pop. 553 h.

GRANDRY, vg. *Nièvre*, vg. comm. et ⊠ de Moulins-en-Gilbert.

GRANDS (les), *Var*, comm. de Solliès-Farlède, ⊠ de Solliès-Pont.

GRAND-SAGNE, vg. *Creuse*, comm. de Bonnat, ⊠ de Genouillat.

GRANDSAGNES, vg. *Puy-de-Dôme*, com. et ⊠ d'Ambert.

GRANSAIGNES, vg. *Corrèze* (Limousin), arr. et à 41 k. d'Ussel, cant. et ⊠ de Bugeat. Pop. 455 h.

GRANDSARS, vg. *Somme*, comm. de Bailleul, ⊠ d'Abbeville.

GRANDSEILLE, vg. *Meurthe*, comm. de Verdenal, ⊠ de Blamont.

GRANDSELVE, *Grandis Silvas*, vg. *Tarn-et-Garonne*, comm. de Bouillac, ⊠ de Grisols. — Il y avait avant la révolution une abbaye d'hommes de l'ordre de Citeaux, fondée en 1144. « Les bernardins de Grandselve, dit l'abbé de Montgaillard, jouissaient de 400,000 livres de rentes ; ils célébraient la fête de leur patron par des orgies qui duraient quinze jours. On se rendait à cette abbaye de 15 à 20 lieues pour prendre part aux festins, aux divertissements de toute espèce. L'abbaye formait une petite ville, tant les bâtiments abbatiaux et leurs dépendances étaient multipliés. Il y avait le quartier des dames, et chacune trouvait dans son appartement tous les objets nécessaires à l'habillement et à la toilette. Chaque religieux avait ses chevaux ; on chassait dans les forêts dépendantes de l'abbaye ; on jouait la comédie ; on passait la nuit au jeu, à la danse ; les tables étaient servies à toute heure, et l'on n'avait dans cette abbaye d'autre danger à courir que celui des indigestions et des apoplexies entre les bras d'une dame ! Il est inutile d'ajouter que chaque religieux avait sa maîtresse. Je rapporte ces faits parce que j'en ai été témoin ; tout le haut Languedoc pourrait les certifier, tant la fête de St-Bernard à Granselve était célèbre et courue. »

GRAND-SERRE (le), bg *Drôme* (Dauphiné), arr. et à 50 k. de Valence, chef-l. de cant. Cure. ⊠. A 542 k. de Paris pour la taxe des lettres. Pop. 1,588 h. — TERRAIN tertiaire supérieur.

Ce bourg, situé sur la Galaure, est entouré de murailles percées de cinq portes, et formé de deux principales rues qui aboutissent à une petite place sur laquelle s'élève une vaste halle. L'église paroissiale, quoique dégradée, est un assez bel édifice. — Manufactures de draps. Tanneries. Tuilerie. Hauts fourneaux. Martinets pour instruments aratoires. Aciérie. — *Foires* les 2 janv., 3 mai, 22 sept., 2 nov., lendemain des Rameaux, 1er lundi de juin.

GRAND-DRAUCY. V. DRAUCY-LE-GRAND.

GRAND-FAUX (les), vg. *Nièvre*, comm. de Crux-la-Ville, ⊠ de St-Saulge.

GRANDS-MARMIERS (les), vg. *H.-Vienne*, comm. de la Jonchère, ⊠ de Chanteloube.

GRAND-ST-MARTIN (le), vg. *Nord*, com. de Catillon, ⊠ du Cateau.

GRAND-TONNE, *Calvados*. V. STE-CROIX-GRAND-TONNE.

GRAND-VABRE, vg. *Aveyron* (Rouergue), arr. et à 45 k. de Rodez, cant. de Conques, ⊠ de Marcillac. Pop. 1,220 h. — *Foires* les 7 juin, 7 juillet et 28 sept.

GRAND-VAL, vg. *Lozère* (Languedoc), arr. et à 37 k. de Marvejols, cant. de Fournels, ⊠ de St-Chély. Pop. 388 h.

GRANDVAL, vg. *Orne*, comm. de Mardilli, ⊠ de Gacé.

GRANDVAL, vg. *Puy-de-Dôme* (Auvergne), arr. et à 13 k. d'Ambert, cant. et ⊠ de St-Amand-Roche-Savine. Pop. 1,075 h.

GRANDVAUX, vg. *H.-Vienne*, comm. de Jabreilles, ⊠ de Chanteloube.

GRANDVAUX, vg. *Saône-et-Loire* (Bourgogne), arr., ⊠ et à 11 k. de Charolles, cant. de Palinges. Pop. 243 h.

GRANDVAUX, vg. *Seine-et-Oise*, comm. de Savigny-sur-Orge, ⊠ de Fromenteau.

GRANDVELLE, vg. *H.-Saône* (Franche-Comté), arr. et à 21 k. de Vesoul, cant. de Scey-sur-Saône, ⊠ de Fretigney. Pop. 647 h. — *Foires* les 2 fév., 2 mars, 2 mai, 2 juin, 2 juillet, 2 sept., 2 oct. et 2 nov.

GRANDVEZIN, vg. *Meurthe*, comm. de Crévic, ⊠ de Lunéville.

GRAND-VILLAGE (le), vg. *Charente-Inf.*, comm. de St-Léger-en-Pons, ⊠ de Pons.

GRANDVILLARD, vg. *Ain*, comm. de Domsure, ⊠ de St-Amour.

GRANDVILLARD, vg. *Jura*, comm. de Villards-d'Eriat, ⊠ de Moirans.

Au nord-est et à peu de distance de ce village, on remarque dans une contrée agreste une multitude de vestiges évidents d'une cité ancienne, que la plupart des historiens de la Franche-Comté s'accordent à nommer la ville d'Antres. Des inscriptions, encore visibles, ont porté plusieurs d'entre eux à croire que cette ville avait été construite par une légion égyptienne à la solde des Romains. Tout ce qu'on y observe ne présente que l'image de la désolation opérée par la main incendiaire et dévastatrice des hommes ; car les localités n'offrent aucun signe qui porte à soupçonner une destruction subite par un effet physique et violent de la nature. Un des monuments les mieux conservés est une portion d'aqueduc auquel on a donné le nom de Pont-des-Arches. Il est entièrement composé de pierres de 2 m. de long au moins sur 66 c. à 1 m. d'épaisseur, parfaitement équarries et posées par lits bien horizontaux. L'aqueduc était double, et ses deux portions parallèles n'étaient séparées que par un lit de ces pierres massives, qui sert également de soutien aux deux voûtes. Ou voit, si l'on veut, deux aqueducs réunis par un mur mitoyen ; chacun d'eux a 1 m. de large et 3 m. de haut ; tous deux reposent sur le rocher solide, et leurs parois s'élèvent parallèlement et d'aplomb jusqu'à la hauteur de 2 m. ; à cette hauteur, les pierres font de chaque côté saillie en dedans ; elles se rapprochent donc, et ne laissent plus entre elles qu'une petite distance qui est recouverte par de semblables masses posées à plat par-dessus. On voit environ 100 m. de long de cet aqueduc, avec quelques origines où aboutissent des aqueducs latéraux : il est probable que la terre en cache une longueur beaucoup plus considérable ; mais ce qui est visible sans fouille est en très-grande partie découvert comme un simple canal. Au-dessus de cet aqueduc est une chute considérable, dont une portion se trouve revêtue de pierres massives comme celles que nous venons de décrire ; l'autre portion est prise dans le rocher même, qui montre une large rainure évidemment pratiquée à l'outil, pour la conduite des eaux et le jeu d'usines importantes. Des moulins sont établis aujourd'hui à quelque distance de cette chute.

A la droite du Pont-des-Arches, on voit encore les restes d'un bâtiment carré, construit avec des masses solides de pierres, que quelques historiens prétendent avoir été jadis un temple. Un grand nombre d'autres vestiges semblables sont épars dans cette vallée, très-élevée dans les montagnes, et surmontée ellemême par d'autres monts d'une grande hauteur. Derrière la montagne qui la forme du côté du levant est le lac d'Antres, à 160 m. au moins d'élévation au-dessus des ruines : c'est sans doute lui qui satisfaisait autrefois aux besoins de la ville ; maintenant, il laisse encore passer sous la montagne la majeure partie des eaux qui coulent au Pont-des-Arches et dans plusieurs endroits de la vallée.

Avant d'arriver aux ruines, on remarque deux trous naturels fort profonds, de 7 à 10 m. de diamètre à leur ouverture : ce sont des es-

pèces de soupiraux qui descendent à une profondeur inconnue, et par lesquels l'eau sort en torrent lors de la fonte des neiges. Vers la fin de l'été, l'eau de ces puits se trouve à 10 m. au moins au-dessous du niveau du sol.
Bibliographie. DUNOD (le P. P.-Jos.). *La Découverte de la ville d'Antre en Franche-Comté* (commune de Grandvillard); in-12 , 1697 ; in-8, 1709.
ANDRÉ DE ST-NICOLAS (le P.). *Dissertation sur la découverte de la ville d'Antre*, in-12 , 1698.
GRANDVILLARDS, ou GRANWEILLER, petite ville, *H.-Rhin* (Alsace), arr. et à 15 k. de Belfort , cant. et ✉ de Delle. Pop. 1,531 h. Sur la Halle. — Forges et tréfilerie. — *Foires* les 3ᵉˢ mardis de fév., de mars, d'avril, de mai, de sept. et de nov.
GRANDVILLE (la), vg. *Ardennes*, comm. de Cous-la-Grandville, ✉ de Mézières.
GRANDVILLE, vg. *Aube* (Champagne), arr., ✉ et à 13 k. d'Arcis-sur-Aube, cant. de Ramerupt. Pop. 232 h.
GRANDVILLE (la), vg. *Côtes-du-Nord*, comm. de Bringolo, ✉ de Châteaulaudren.
GRANDVILLE-GAUDREVILLE, vg. *Eure-et-Loir* (Beauce), arr. et à 38 k. de Chartres, cant. de Janville, ✉ d'Angerville. Pop. 334 h.
GRANDVILLE (la), vg. *Seine-et-Oise*, comm. de Sonchamp, ✉ de St-Arnoult.
GRANDVILLE, vg. *Seine-et-Oise*, comm. de Val-St-Germain, ✉ de Dourdan.
GRANDVILLIERS, vg. *Vosges* (Lorraine), arr. et à 21 k. d'Épinal, cant. et ✉ de Bruyères, Pop. 1,052 h. — Papeteries.
GRANDVILLIERS, joli bourg, *Oise* (Picardie), arr. et à 30 k. de Beauvais, chef-l. de cant. Cure. Gîte d'étape. ✉. ⚘. A 101 k. de Paris pour la taxe des lettres. Pop. 1,811 h. — TERRAIN tertiaire supérieur.
Il est situé dans une plaine immense, à l'intersection des routes de Rouen, de Calais, d'Amiens et de Beauvais.
L'opinion commune, dit Cambry, est que Grandvillers fut, en 1213, bâti par Philippe de Dreux, évêque de Beauvais. Louvet prétend qu'à la place de ce bourg il exista jadis une grande ville. Ce bourg de Grandvilliers n'est remarquable que par le grand nombre de fabriques en tout genre qu'on y trouve et qui y entretiennent l'aisance parmi les habitants.— *Manufactures* de draps, serges, bas. — *Fabriques* de savon, huile, tabletterie. — *Commerce* considérable de bonneterie, qui se fabrique aux environs, de grains, eaux-de-vie, cidre, charbon de terre, chevaux et bestiaux. — *Foires* les 2ᵉ lundi de juin, 2ᵉ lundi de déc. et le dernier lundi de chaque mois. — Marché important tous les samedis.
GRANDVILLIERS-AUX-BOIS, vg. *Oise* (Picardie), arr. et à 19 k. de Clermont, cant. et ✉ de St-Just-en-Chaussée. Pop. 217 h.
GRANÉJOULS, vg. *Lot*, comm. de l'Hospitalet, ✉ de Cahors.
GRANÉJOULS, vg. *Tarn*, comm. de Cahusac-sur-Vère, ✉ de Gaillac.
GRANÈS, vg. *Aude* (Languedoc), arr. et à 26 k. de Limoux, cant. et ✉ de Quillan. Pop. 130 h.
GRANGE (la), vg. *Ardèche*, comm. de Burzet, ✉ de Montpezat.
GRANGE (la), vg. *Doubs* (Franche-Comté), arr. et à 30 k. de Montbelliard, cant. de Maiche, ✉ de St-Hippolyte. Pop. 295 h.
GRANGE (la), vg. *Isère*, comm. de la Buissière, ✉ du Touvet.
GRANGE (la), vg. *Landes* (Gascogne), arr. et à 37 k. de Mont-de-Marsan, cant. et ✉ de Gabarret. Pop. 604 h.
GRANGE (la), vg. *Loiret*, comm. et ✉ d'Artenay.
GRANGE (la), vg. *Moselle*, comm. de Manom, ✉ de Thionville.
GRANGE (la), vg. *Oise*, comm. de Mortefontaine, ✉ de la Chapelle-en-Serval.
GRANGE (la), vg. *H.-Pyrénées* (Bigorre), arr. et à 23 k. de Baguères-en-Bigorre, cant. et ✉ de Lannemezan. Pop. 235 h.
GRANGE (la), vg. *H.-Rhin* (Alsace), arr., ✉ et à 9 k. de Belfort, cant. de Fontaine. Pop. 106 h.
GRANGE (la), vg. *Seine-et-Oise*. V. ST-GERMAIN-LA-GRANGE.
GRANGE-AU-DOYEN (la), vg. *Yonne*, comm. de Véron, ✉ de Sens.
GRANGE-AUX-BOIS (la), vg. *Marne*, comm. et ✉ de Ste-Ménehould.
GRANGE-BLANCHE (la), vg. *Rhône*, comm. d'Écully, ✉ de Lyon.
GRANGE-BLÉNEAU (la), vg. *Seine-et-Marne*, comm. de Courpalay, ✉ de Rozoy-en-Brie. V. COURPALAY.
GRANGE-D'ALEINE (la), vg. *Doubs*, comm. des Sept-Fontaines, ✉ de Lévier.
GRANGE-DE-BERMONT, vg. *Doubs*, comm. de Tournedos, ✉ de Clerval.
GRANGE-DE-L'ŒUVRE (la), vg. *Loire*, comm. de Valbenoite, ✉ de St-Étienne.
GRANGE-DE-NOMS, vg. *Jura*, comm. de Véria, ✉ de St-Amour.
GRANGE-DE-VAIVRE, vg. *Jura* (Franche-Comté), arr. de Poligny, à 14 k. d'Arbois, cant. de Villers-Farlay, ✉ de Mouchard. Pop. 138 h.
GRANGE-LA-VILLE et GRANGE-LE-BOURG, *H.-Saône* (Franche-Comté), arr. et à 17 k. de Lure, cant. et ✉ de Villersexel. Pop. 402 h.
La baronnie de Grange-la-Ville et Grange-le-Bourg était une des premières du comté de Bourgogne, et appartenait au duc de Wurtemberg. Grange-le-Bourg était une place forte où il y avait toujours garnison. Ces forteresses essuyèrent plusieurs sièges ; mais il n'y en eut point de plus ruineux que celui du bourg en 1477, époque où les Autrichiens s'en emparèrent, le saccagèrent, et abattirent les fortifications. Il devint encore en 1636 la proie de Galas, qui y leva de fortes contributions, et qui par là jeta les bourgeois dans une détresse dont ils ne purent se relever de longtemps. Louis XIV fit démolir les tours et les fortifications qui existaient à Grange ; cependant il en reste encore quelques vestiges, entre autres deux portes des murailles ; les fossés qui ceignaient le bourg et son château subsistent également. — *Foires* les 15 janv., 10 avril, 10 août et 15 oct.
GRANGE-LE-BOCAGE, vg. *Yonne* (Champagne), arr. et à 19 k. de Sens, cant. de Sergines, ✉ de Pont-sur-Yonne. Pop. 441 h.
GRANGE-LE-BOURG, vg. *H.-Saône* (Franche-Comté), arr. et à 17 k. de Lure, cant. et ✉ de Villersexel. Pop. 540 h. V. GRANGE-LA-VILLE. — *Foires* les 17 avril, 25 mai, 1ᵉʳ août et 18 oct.
GRANGE-LÉVÊQUE (la), vg. *Aube*, comm. de Macey et St-Lyé, ✉ de Troyes.
GRANGE-NEUVE, vg. *Cher*, comm. de St-Palais, ✉ des Aix-d'Angillon. ⚘.
GRANGE-ROUGE (la), vg. *Vosges*, comm. de Claudon, ✉ de Darney.
GRANGERMONT, vg. *Loiret* (Orléanais), arr. et à 14 k. de Pithiviers, cant. et ✉ de Puiseaux. Pop. 481 h.
GRANGES, vg. *Ain* (Bugey), arr., ✉ et à 16 k. de Nantua, cant. d'Izernore. Pop. 169 h.
GRANGES (les), vg. *Allier*, comm. de Beaune, ✉ de Montmarault.
GRANGES (les), vg. *H.-Alpes*, comm. de la Faurie, ✉ de Veynes.
GRANGES (les), vg. *Aube* (Champagne), arr. et à 27 k. de Bar-sur-Seine, cant. et ✉ de Chaource. ⚘. Pop. 168 h.
GRANGES (les), vg. *Aube*, comm. de Maizières-la-Grande-Paroisse, ✉ de Romilly-sur-Seine.
GRANGES (les), vg. *Côte-d'Or*, comm. d'Oigny, ✉ de Baigneux-les-Juifs.
GRANGES (les), vg. *Isère*, comm. d'Anjou, ✉ du Péage.
GRANGES (les), vg. *Isère*, comm. des Sablons, ✉ du Péage.
GRANGES (les), vg. *Isère*, comm. d'Izeau, ✉ de Rives.
GRANGES (les), vg. *Loir-et-Cher*, comm. et ✉ de Blois.
GRANGES (les), bg *Lot-et-Garonne* (Gascogne), arr. et à 25 k. d'Agen, cant. de Prayssas, ✉ de Clairac. ⚘. Pop. 657 h. — *Foires* les 25 janv., 10 mars, 2 mai, 1ᵉʳ août et 28 sept.
GRANGES (les), vg. *H.-Marne*, comm. de Droyes, ✉ de Montiérender.
GRANGES (les), vg. *H.-Pyrénées*, comm. de Julos, ✉ de Lourdes.
GRANGES, vg. *Saône-et-Loire* (Bourgogne), arr. et à 14 k. de Chalon-sur-Saône, cant. et ✉ de Givry. Pop. 305 h.
GRANGES, vg. *Vosges* (Lorraine), arr. et à 35 k. de St-Dié, cant. et ✉ de Corcieux. Pop. 2,363 h. — *Foires* le 3ᵉ mardi de mars, de juin, d'août et de nov.
GRANGES (les), vg. *Vosges*, comm. d'Anould, ✉ de Corcieux.
GRANGES (les), vg. *Vosges*, comm. et ✉ de Xertigny.
GRANGES-DANS (les), vg. *Dordogne* (Périgord), arr. et à 38 k. de Périgueux, cant. et ✉ d'Hautefort. Pop. 719 h.

GRANGES - DE - CHENECEY (les), vg. *Doubs*, comm. de Chenecey, ✉ de Quingey.

GRANGES-DE-DESSIA (les), vg. *Jura*, comm. de Dessia, ✉ de St-Amour. — *Foires* les 25 juin et 14 nov.

GRANGES-DE-PLOMBIÈRES, vg. *Vosges* (Lorraine), arr. et à 20 k. de Remiremont, cant. et ✉ de Plombières. Pop. 1,412 h.

GRANGES - GONTARDES, vg. *Drôme* (Dauphiné), arr. et à 16 k. de Montélimart, cant. et ✉ de Pierrelatte. Pop. 596 h. — *Foires* le 15 mars.

GRANGES-LE-ROI (les), vg. *Seine-et-Oise* (Beauce), arr. et à 21 k. de Rambouillet, cant. et ✉ de Dourdan. Pop. 407 h.

GRANGES-LES-VALENCE (les), vg. *Ardèche*, comm. de St-Péray et Guilherand, ✉ de St-Péray.

GRANGES-NARBOZ (les), *Doubs* (Franche-Comté), arr., cant., ✉ et à 5 k. de Pontarlier. Pop. 339 h.

GRANGES-ST-GERMAIN (les), vg. *H.-Saône*, comm. de St-Germain, ✉ de Lure.

GRANGES-STE-MARIE, vg. *Doubs* (Franche-Comté), arr., cant. et à 16 k. de Pontarlier, ✉ de Jougne. Pop. 152 h.

GRANGES-SUR-AUBE, vg. *Marne* (Champagne), arr. et à 60 k. d'Epernay, cant. et ✉ d'Anglure. Pop. 356 h.

GRANGES-SUR-BAUME, vg. *Jura* (Franche-Comté), arr. et à 12 k. de Lons-le-Saulnier, cant. et ✉ de Voiteur. Pop. 277 h.

GRANGETTES (les), vg. *Doubs* (Franche-Comté), arr., cant., ✉ et à 12 k. de Pontarlier. Pop. 200 h.

GRANGUES, vg. *Calvados* (Normandie), arr. et à 19 k. de Pont-l'Evêque, cant. de Dives, ✉ de Dozullé. Pop. 348 h.

GRANIEU, vg. *Isère* (Dauphiné), arr. de la Tour-du-Pin, à 25 k. de Bourgoin, cant. du Pont-de-Beauvoisin, ✉ des Abrets. Pop. 423 h. — *Foire* le 3 fév.

GRANNE, bg *Drôme* (Dauphiné), arr. et à 47 k. de Die, cant. de Crest. ✉. A 582 k. de Paris pour la taxe des lettres. Pop. 1,860 h. — Terrain tertiaire moyen.

Il est bâti dans une belle situation, sur le penchant d'un coteau, près de la rive gauche de la Drôme, et est dominé par les ruines pittoresques d'un antique château, qui fut l'un des mieux fortifiés de ces contrées pendant les guerres de la féodalité. — *Fabriques* de tuiles. — *Foires* les 1er août, 10 sept.

GRANON, vg. *Lot-et-Garonne*, comm. et ✉ de Marmande.

GRANNONA (lat. 50°, long. 18°). « La Notice de l'empire en fait mention comme d'un poste établi *in littore Saxonico*, sous les ordres du général de l'*Armoricanus tractus*. On remarque que les lieux cités par la Notice dans ce département se renferment dans la Lionoise seconde et dans la troisième. Les Saxons, en infestant par leurs pirateries les rivages de la Gaule, s'étaient établis en quelques cantons. Grégoire de Tours (*Hist.*, lib. v et x) nous apprend qu'il y avait des *Saxones Bajocassini*, dont le nom s'est conservé en disant les *Saines de Baïeux*. Cette circonstance me porte à conjecturer que le lieu de *Grannona* sur cette côte ne peut mieux convenir qu'à Port en Bessin, où l'on reconnaît les vestiges d'un ancien havre ou navale, qui devait être protégé par quelque place munie d'une garnison, et qui n'existe plus. M. de Valois (p. 236) opine que *Grannona* est Guerrande, qui est à quelque distance de la mer dans le diocèse de Nantes. Il est vrai qu'il y a eu des Saxons dans ce quartier-là, puisque Félix, évêque de Nantes, qui vivait au commencement du VIe siècle, en attira un grand nombre au christianisme, comme on l'apprend de Fortunat. Il paraît que M. de Valois (*Carm.*, lib. III) a cru voir de l'analogie entre le nom de Guerrande et celui de *Grannona*. Mais selon une chronique de Nantes, publiée par D. Lobineau, le nom de Guerrande est postérieur à un nom plus ancien et usité du temps de Nominoë, prince des Bretons, dans le IXe siècle. Voici les termes de cette chronique : *Gislardus, quem Nomenoius rex, episcopum Namnetensem instituerat, apud Aulam Quiriacam, quæ ab ipsis Britannis illius loci incolis nunc Guerrandia nuncupatur, hospitatus est*. M. de la Barre (t. VIII, p. 419), dans un mémoire donné à l'Académie, est de l'opinion que *Grannona* pourrait avoir été *lo Crenan* (c'est ainsi qu'il écrit), lieu de la basse Bretagne, entre Brest et Quimper ; mais ce qui détruit cette conjecture, fondée sur quelque apparence de rapport dans la dénomination, c'est que le nom du lieu n'est point tel que M. de la Marne le donne, mais *loc Rénan*, en latin *locus Renani*. Ce lieu porte le nom du patron qu'il y révère, St-Renan ou Ronan, abbé, qui a pareillement donné son nom à la petite ville de St-Renan, dans le pays de Léon. Les Bretons usent de ce terme de loc en plusieurs dénominations : Loc-Dieu, Loc-Christ, Loc-Maria, et ainsi de Loc-Renan. » D'Anville. *Notice de l'ancienne Gaule*, p. 358. V. aussi Caylus. *Recueil d'antiq.*, t. v, p. 309.

GRANNONUM (lat. 49°, long. 16°). « Entre les postes établis dans ce département du général de l'*Armoricanus tractus*, la Notice de l'empire fait mention à la suite d'*Abrincatæ* (qui est Avranches) de *Grannonum*, en ces termes : *Præfectus militum Grannonensium Grannono*. Ce lieu paraît différent de *Grannona*, que la Notice place dans le même département. Sanson applique sa position à Granville, sur la côte du Cotantin ; et il semble que, faute de quelque autre notion particulière et plus précise, ce qu'il y a de ressemblance dans la détermination, et le voisinage entre l'Avranchin et le Cotantin peuvent faire adopter cette position. » D'Anville. *Notice de l'ancienne Gaule*, p. 360.

GRANOUX, vg. *Cantal*, comm. et ✉ de Pléaux.

GRANS, vg. *Bouches-du-Rhône* (Provence), arr. et à 35 k. d'Aix, cant. et ✉ de Salon. Pop. 1,681 h. — Il est assez bien bâti dans le vallon et sur les deux rives de la Touloubre, et possède plusieurs fontaines abondantes. Les environs sont gracieux et pittoresques ; le vallon de la Touloubre offre des promenades agréables et des paysages extrêmement variés. — *Fabriques* de draps communs, Filatures de soie. Moulins à huile et à blé.

GRANVILLE, *Grannonum, Grandis Villa, Magna Villa*, ville maritime, *Manche* (Normandie), arr. et à 25 k. d'Avranches, chef-l. de cant. Tribunal de commerce, vice-consulats étrangers. Ecole d'hydrographie de 3e classe. Comité supérieur d'instruction primaire. Ch.-l. du 2e arr. maritime. Inspection des douanes. ✉. ⚓. A 326 k. de Paris pour la taxe des lettres. P. 8,347 h. — Terrain de transition inférieur. — *Etablissement de la marée du port*, 5 heures 50 minutes. — Phare à feu fixe de 3e ordre, sur le cap Lihou, de 47 m. de hauteur et de 20 k. de portée. Lat. 48° 50', long. O. 3° 57'. Feu de port sur l'extrémité du môle neuf, de 8 m. de hauteur et de 4 k. de portée.

Autrefois vicomté, diocèse et élection de Coutances, parlement de Rouen, intendance de Caen, amirauté ; gouvernement particulier, bureau des cinq grosses fermes.

Cette ville est située à l'embouchure de la Boscq, sur un rocher qui s'avance dans l'Océan, où elle a un port sûr et commode, qui peut contenir 60 navires, mais qui a peu de profondeur et assèche à toutes les marées. Elle est entourée de fortes murailles et formée de rues étroites et escarpées. On y remarque l'église paroissiale, édifice gothique, dont les sculptures sont pour la plupart en granit.

D'anciens titres établissent qu'en 1252 Thomas de Granville, chevalier, était seigneur de l'emplacement où l'on bâtit, deux siècles plus tard, la forteresse de Granville. Les Anglais étaient depuis plus de vingt ans maîtres de la Normandie, lorsque Thomas lord Scales, sénéchal de cette province pour le roi d'Angleterre, entreprit de construire à Granville une forteresse qui pût protéger un havre commode et tenir en respect la garnison du Mont-St-Michel, la seule place forte de cette province que les Anglais n'eussent pu réduire. Il acheta de Jean d'Argonges, seigneur de Gratot et de Granville, tous les droits qu'il pouvait avoir sur le roc et montagne de Granville, *pour un chapel de roses vermeilles*, au jour de St-Jean-Baptiste. La ville était alors à la pointe Gautier et avait son port à la Houle ; mais le général anglais, trouvant que la situation actuelle sur le rocher rendrait cette place plus difficile à prendre lorsqu'elle serait entourée de fortifications, contraignit les habitants de l'ancienne ville à s'y transporter, à détruire leurs maisons et à se servir des matériaux pour en bâtir de nouvelles sur le terrain qu'il leur désigna.

La première pierre de la nouvelle ville fut posée en 1440. Lord Scales pressa beaucoup l'ouvrage pour mettre Granville en état de défense ; mais dès l'année suivante Louis d'Estouteville, à la tête de la garnison du Mont-St-Michel, vint surprendre la place et s'en empara. Les Anglais ne purent jamais la reprendre, quoiqu'ils soient restés encore plusieurs années maîtres de la Normandie. Le roi Charles VII fit achever les fortifications, dont l'enceinte fut doublée depuis ce temps. Granville devint une des plus fortes places de la province jusqu'en 1689, que Louis XIV en fit en grande partie démolir les murailles.

Si Granville a perdu de son importance militaire, son port s'est fort accru, et son commerce est encore en progrès. Déjà bien avant la révolution de 1789, cette ville envoyait ses marins à la pêche de Terre-Neuve, et fournait à l'Etat des hommes du premier mérite. Cette pêche en effet, exigeant un grand nombre de bras et un travail presque continuel, est la meilleure école des marins. Obligés de naviguer pendant l'hiver et de rester longtemps dans des parages orageux, ils s'endurcissent aux fatigues, s'accoutument à braver les dangers, et apprennent à déployer toutes les ressources que réclame l'art du nautonier. L'importance de ce port est loin d'avoir diminué, et les travaux récemment exécutés et projetés devront singulièrement l'accroître. La pêche de la morue, de la baleine, du hareng, des huitres, etc., emploie un grand nombre d'hommes. Trente caboteurs exportent les productions du pays, telles que grains, farine, beurre, cidre, bestiaux, volaille, soude, granit, etc. Ils rapportent des vins, eaux-de-vie, épiceries, drogueries, sels, résine, chanvre, filasses, savons, denrées coloniales, etc. Des bâtiments suédois importent une grande quantité de madriers, de planches de sapin, de fers, etc. — Les îles Chausey font partie de la commune de Granville. Les Vendéens tentèrent sans succès de s'emparer de Granville en 1793. Les Anglais bombardèrent cette ville en 1803; les habitants se défendirent avec courage, et une écharpe d'honneur fut décernée, par un arrêté des consuls, à M. Letourneur, maire de Granville, « pour la belle conduite qu'il tint pendant le bombardement. »

Un projet de loi pour l'amélioration du port a été présenté aux chambres en 1845. Les travaux à exécuter consistent principalement dans la construction d'un bassin à flot d'une longueur moyenne de 215 mètres, sur une largeur de 140 mètres, et une surface d'eau d'environ 3 hectares. Ce bassin sera entouré de plusieurs lignes de quais de 670 m. de développement et de 18 m. de largeur. Une écluse, munie d'une double porte d'ébe et de flot, sera placée le long de la jetée de l'est, à environ 120 mètres de son musoir.

INDUSTRIE. Construction de navires. Armements pour la pêche. Cabotage. — *Commerce* de vins, eau-de-vie, huiles, salaisons, pommes de reinettes, fers du Nord, goudrons. Entrepôt de sel. — *Foire* le 10 avril.

Les **armes de Granville** sont : *de gueules à un bras tendu d'argent partant d'une nue d'azur, tenant une épée d'argent à la garde d'or posée en pal.*

Biographie. Patrie du prédicateur LA NEUVILLE.

De LETOURNEUR DE LA MANCHE, membre du directoire exécutif, préfet de la Loire-Inférieure sous l'empire, mort en exil en 1817.

De l'orientaliste FEUDRIX DE BRÉQUIGNY, de l'académie des inscriptions, auteur, entre autres savants ouvrages, de : *Diplomata, Chartæ, Epistolæ, et alia monumenta ad res francicas spectantia,* 3 vol. in-f°, et du 1er vol. d'une nouvelle édition de Strabon.

De LESCÈNE DES MAISONS, intendant de la liste civile de l'empereur.

De l'amiral HUGON.

Bibliographie. LE MARCHANT. *Topographie physique, etc., de Granville et ses environs* (*Mém. de médec. militaire,* t. XVIII).

GRANVILLIERS, *Grandis Villaria,* vg. *Eure* (Normandie), arr. et à 28 k. d'Evreux, cant. et ⊠ de Damville. Pop. 334 h.

GRANZAY, vg. *Deux-Sèvres* (Poitou), arr. et à 13 k. de Niort, cant. et ⊠ de Beauvoir-sur-Niort. Pop. 467 h.

GRAPOULE, vg. *Yonne,* comm. de Coulangeron, ⊠ de Coulange-la-Vineuse.

GRAS, vg. *Ardèche* (Languedoc), arr. et à 41 k. de Privas, cant. et ⊠ de Bourg-St-Andéol. Pop. 1,170 h. — *Foires* les 15 mai, 11 juin et 14 sept.

GRAS (les), vg. *Doubs* (Franche-Comté), arr. et à 21 k. de Pontarlier, cant. et ⊠ de Morteau. Pop. 826 h.

PATRIE du savant théologien F.-XAV. MOISE.

Fabriques de faux, quincaillerie, outils d'horlogerie, instruments aratoires, tissus de coton. Martinets à cuivre pour chaudronnerie, tuyères, pompes à incendie, etc. — *Foires* les 16 juin et 21 sept.

GRASPIRON, vg. *Lot-et-Garonne,* comm. de Castelnaud-sur-Gupie, ⊠ de Marmande.

GRASSAC, vg. *Charente* (Angoumois), arr. et à 22 k. d'Angoulême, cant. et ⊠ de Montbron. Pop. 710 h.

GRASSE, *Grassa, Grinnicum,* jolie ville, *Var* (Provence), chef-l. de sous-préf. (3e arr.) et d'un cant. Trib. de 1re inst. et de com. Soc. d'agricult. Collège communal. Cure. Ecole secondaire ecclésiastique. Gîte d'étape. ⊠. ⌘. Pop. 11,381 h. — TERRAIN du trias, muschelkalk, voisin du terrain crétacé inférieur.

Autrefois évêché, parlement et intendance d'Aix, viguerie et recette, sénéchaussée, justice royale, bureau des cinq grosses fermes, 6 couvents.

Grasse fut fondée, selon l'opinion vulgaire, par Crassus, et servait d'entrepôt aux armées romaines qui pénétraient dans les Gaules à travers la Ligurie et les Alpes maritimes. La ville actuelle passe pour avoir été bâtie dans le VIe siècle, par une colonie de juifs venus de la Sardaigne, qui embrassèrent le christianisme en 585, et obtinrent l'autorisation de construire une ville auprès d'une belle source où les Romains avaient jadis, pour la garde des eaux, une tour et un corps de garde, dont on voit encore quelques vestiges. Cette ville, devenue très-commerçante, soutint plusieurs sièges pour préserver ses richesses ; elle fut surprise par les Sarrasins, qui emmenèrent une partie des habitants en esclavage, et détruite par les citoyens lors du passage de Charles-Quint, afin que les chefs ennemis ne trouvassent aucune ressource ; rebâtie peu de temps après ; assiégée plus tard par le baron de Vius, qui fut tué sous ses murs par ses propres soldats. Avant la révolution c'était le siège d'un évêché suffragant de Marseille.

En 1815, Napoléon, à son retour de l'île d'Elbe, établit son premier bivouac à Grasse, sur un petit tertre en gazon qui couronne le rocher des Ribes ; il ne pouvait se rassasier de contempler l'immense point de vue que l'on découvre de cette sommité remarquable, d'où l'empereur salua, en partant pour Paris, les rives de la Méditerranée et les montagnes de l'île de Corse, qu'il ne devait plus jamais revoir.

Les **armes de Grasse** sont : *d'azur à un agneau pascal d'argent posé sur une terrasse de sinople, portant une croix d'or et un guidon de gueules.*

Grasse est dans une situation charmante, sur le revers méridional d'une colline très-élevée, qui présente un superbe amphithéâtre. Cette ville couvre un terrain fort incliné et onduleux : elle est bien bâtie, mais généralement mal percée ; ses rues sont rapides, tortueuses et étroites. Sur la partie la plus élevée jaillit une source abondante qui alimente plusieurs jolies fontaines, renouvelle incessamment l'eau de ces lavoirs publics, met en mouvement un grand nombre de moulins et de fabriques, et sert ensuite à l'irrigation des prairies et des charmants jardins environnants, où l'oranger, le jasmin, l'héliotrope, la tubéreuse et mille autres fleurs confondent leurs délicieux parfums. Vainement on chercherait à se faire une idée de ces lieux enchantés : quand on voit ces merveilles de la nature et de l'industrie, on n'ose plus accuser les poètes de mensonge ; les images qu'ils nous présentent et que nous croyons n'être que le fruit d'ingénieuses fictions, se trouvent là heureusement réalisées. Vue de la plaine, la ville de Grasse offre l'aspect le plus pittoresque ; différents étages de maisons hautes et propres, à façades peintes en blanc ou en jaune, s'élèvent les uns au-dessus des autres, et sont surmontés par le clocher de la principale église et par une grosse tour antique. Cette église est un édifice gothique assez vaste, mais il n'a rien de curieux qu'une belle Assomption de Sublieiras, peintre espagnol, et un autre bon tableau de Fragonard père, originaire de Grasse. La porte principale offre un double perron dont le dessin fut donné par Vauban, à l'époque où il traçait les belles fortifications d'Antibes. On remarque aussi les voûtes souterraines taillées dans le roc, longtemps après la construction de l'église, d'après le projet de M. de Mégrigny, évêque de Grasse, que le chapitre et la ville rendirent responsable de tous les événements que faisait craindre une entreprise aussi hardie. La place du marché est grande, propre, bien ombragée et bordée de beaux magasins. L'hôpital est un bel édifice, renfermant de vastes salles bien aérées, où le malade reçoit les secours les plus empressés ; on y voit une chapelle d'une élégante simplicité, décorée de trois tableaux de Rubens, légués depuis peu à cet établissement, à la condition de ne jamais les aliéner.

Les seules antiquités que l'on remarque à Grasse sont les anciens fondements du palais de la reine Jeanne, comtesse de Provence, ainsi qu'une tour romaine attenant à l'hôtel de ville, et l'ancienne chapelle de St-Sauveur, vulgairement appelée St-Hilaire. C'est un bâtiment en forme de coupole de 10 m. de diamètre, auquel on arrive par un chemin parallèle à la belle promenade du Cours; l'intérieur est de forme octogone. L'inscription *Fanum Jovis* que l'on voyait encore sur la pierre formant la clef de cette rotonde, avant que le propriétaire actuel y eût fait faire des réparations, annonçait que ce temple avait été consacré à Jupiter.

La vue qu'on découvre des promenades de Grasse offre le tableau le plus magnifique : au sud-est, les Alpes s'élèvent graduellement et se terminent au loin en cachant dans les nues leur sommet couvert de neige; au midi et au levant, on embrasse une campagne délicieuse, entremêlée de jardins, de vergers et de prairies, dont les sites variés et pittoresques sont animés par un grand nombre de villes, de bourgs et de villages, qui bordent les côtes de la belle Provence; au delà, la mer se déploie avec majesté, et laisse apercevoir, dans les jours sereins, les montagnes de l'île de Corse, qui en est à plus de 156 k.; du côté de l'est on découvre les coteaux de Mougins, ainsi qu'une partie des îles de Lérins; vers le sud apparaît dans le lointain l'embouchure de la Siagne, ainsi que la rade de la Napoule et le cap Théoule. C'est surtout de la belle promenade du Cours, dont la principale allée est ornée d'une très-jolie fontaine surmontée d'un obélisque en marbre du pays, qu'on jouit de ce magnifique panorama.

La ville de Grasse possède une bibliothèque publique contenant 5,700 volumes, et deux gouaches très-estimées, représentant le passage du Rhin, etc., etc. La salle du spectacle, fraîchement restaurée, est d'une coupe élégante et légère; sa distribution intérieure est imitée des théâtres d'Italie. — Grasse est une ville renommée pour son commerce de parfumerie, qui date du milieu du siècle dernier; elle achète une grande partie des eaux de senteur de l'Italie et des différentes contrées de l'Orient, les fleurs de la principauté de Monaco et du comté de Nice, les huiles de l'arrondissement. Ses parfumeries s'expédient dans toutes les parties du globe, et ses huiles dans l'intérieur de tout le royaume.

Biographie. Patrie d'ISNARD, l'un des plus véhéments orateurs de l'assemblée législative et de la convention.

Du général GUIDAL, un des chefs de la conspiration Mallet.
Du lieutenant général GAZAN.
D'AL.-EV. FRAGONARD.
Du médecin ALEX.-FR. AULAGNIER.
Du botaniste JAUME ST-HILAIRE.

Fabriques de grosses draperies, d'organsins pour le tissage et le moulinage de la soie, de liqueurs, savon, huile d'olive. Distilleries en grand d'essences et de parfums recherchés dans toutes les parties du monde. — Une seule maison de Grasse emploie 25,000 kil. de fleurs d'oranger, dont les deux tiers viennent des jardins de Grasse, et le surplus de l'Italie; 3,000 kil. de roses et 4 à 5,000 kil. de cerises marasques; la plus grande partie des 120,000 kil. de menthe poivrée qu'on récolte dans leur localité, d'une culture continuée ou alternée dans le même terrain, donne deux qualités différentes. Elle a construit une seconde distillerie à St-Laurent-du-Var, afin de recevoir plus directement et de travailler, avant qu'elle se soit altérée, la portion de fleurs d'oranger que l'on fait venir des jardins de Nice. Ces distillateurs obtiennent annuellement 30,000 litres d'eau de fleurs d'oranger et 16 k. d'essences ou néroli ; ils préparent 3,000 litres d'eau de roses, et environ 500 gr. d'essence avec les roses des environs ; 2,400 litres d'eau de marasques avec les cerises du pays. Exploitation des carrières de marbre et d'albâtre qui se trouvent aux environs. — *Commerce* d'huiles d'olives fines, savons renommés, cuirs, figues, essences, parfums, etc. — *Foires* les lundis après St-Marc, après St-Michel et après St-André.

A 48 k. E.-N.-E. de Draguignan, 28 k. S.-O. de Nice, 912 k. S.-E. de Paris. Lat. 43° 39' 19''; long. 4° 35' 9'' E.

L'arrondissement de Grasse est composé de 8 cantons : Antibes, St-Auban, le Bar, Cannes, Coursegoules, Grasse, St-Vallier, Vence.

GRASSE (la). V. LAGRASSE.

GRASSENDORF, vg. *B.-Rhin* (Alsace), arr. et à 25 k. de Saverne, cant. et ✉ de Hochfelden. Pop. 316 h.

GRASVILLE-L'HEURE, ou GRAVILLE, vg. *Seine-Inf.* (Normandie), arr. et à 6 k. du Havre, cant. d'Ingouville, et à 209 k. de Paris pour la taxe des lettres. Pop. 7,441 h.

Graville, en latin *Giraldi* ou *Guiraldi*, est une commune très-ancienne, dont l'église, située à mi-côte sur une terrasse fort élevée, domine une grande étendue de pays et forme un des plus beaux points de vue que l'on puisse désirer. La position de ce village dominait, au viie siècle, une baie où les flottes des pirates normands vinrent souvent se mettre à l'abri des tempêtes. Les premières bandes de Normands qui remontèrent la Seine en 851 avaient choisi ce lieu pour leur station l'année précédente, et y avaient passé l'hiver. Au pied de la côte est l'emplacement qu'occupait jadis un château fort entouré de tours et d'un fossé large et profond, dans lequel coule un ruisseau qui s'échappe de la montagne : c'est là que venaient s'abriter au ixe siècle les barques scandinaves. Cette baie n'existe plus ; des éboulements, réunis aux sables amoncelés du fleuve qui chaque jour encombrent ces bords, ont formé au pied de Graville un large plage, qui a éloigné la mer de ces parages. Le château a disparu il y a près de soixante ans ; quelques anciens de la contrée y ont encore vu d'é-

normes arganeaux scellés dans les murs, pour y amarrer, plusieurs siècles avant, les navires et les barques des pêcheurs. En 1525, une tempête mémorable ayant fait déborder la mer pendant la nuit, la presque totalité des habitants du Havre fut noyée; vingt-huit grands vaisseaux furent transportés par-dessus les prairies, jusque dans les fossés du château de Grasville. — On voit à Grasville les ruines d'une église d'architecture normande. Elle est bâtie en forme de croix latine et couronne d'une manière pittoresque le sommet d'un plateau d'où l'on jouit d'une vue délicieuse.

GRAT (St-), vg. *Aveyron*, comm. de Vailhourlhes, ✉ de Villefranche-de-Rouergue.

GRATELOUP, vg. *Lot-et-Garonne* (Agénois), arr. et à 27 k. de Marmande, cant. de CasteImoron, ✉ de Tonneins. Pop. 626 h.
PATRIE du métaphysicien MAINE DE BIRAN.
— *Foire* le mardi gras.

GRATENAS, vg. *Ardèche*, comm. de Chomérac, ✉ de Privas.

GRATENOIX, vg. *Seine-Inf.*, comm. de Beausseault, ✉ de Forges.

GRATENS, vg. *H.-Garonne* (Languedoc), arr. et à 27 k. de Muret, cant. du Fousseret, ✉ de Rieux. Pop. 632 h.

GRATENTOUR, vg. *H.-Garonne* (Languedoc), arr. et à 14 k. de Toulouse, cant. de Fronton, ✉ de St-Jory. Pop. 315 h.

GRATERIS (le), vg. *Doubs* (Franche-Comté), arr., cant., ✉ et à 12 k. de Besançon. Pop. 85 h.

GRATEY, vg. *Saône-et-Loire*, comm. d'Ozenay, ✉ de Tournus.

GRATHEUIL, vg. *Eure* (Normandie), arr. et à 26 k. d'Evreux, cant. et ✉ de St-André, Pop. 307 h.

GRATIBUS, vg. *Somme* (Picardie), arr., cant., ✉ et à 5 k. de Montdidier. Pop. 334 h.

GRATIEN (St-), vg. *Nièvre* (Nivernais), arr. et à 60 k. de Nevers, cant. et ✉ de Fours. Pop. 402 h.

GRATIEN (St-), joli village, *Seine-et-Oise* (Ile-de-France), arr. et à 20 k. de Pontoise, cant. et ✉ de Montmorency. Pop. 517 h.

Le village de St-Gratien existait dès le xiie siècle. On y voit un superbe château, où mourut le maréchal de Catinat, en 1712. Le parc, au milieu duquel est placé ce château, est d'environ 250 hectares, dont l'étang de Montmorency fait partie. — Catinat aimait beaucoup le séjour de St-Gratien; il y passa une grande partie de ses derniers jours, occupé des soins de son jardin. Son château est encore aujourd'hui l'un des plus remarquables de la vallée de Montmorency ; on y voit un gros orme planté de la main du maréchal, et dans l'église le monument funèbre de ce guerrier avec une épitaphe digne du sujet. — L'étang de St-Gratien, dit aussi de Montmorency, ressemble à un lac par sa grande étendue. Les plantations et les promenades qui bordent cette immense pièce d'eau, et qui le joignent au reste du parc, font du château une des plus belles habitations des environs de Paris.

GRATIEN (St-), vg. *Somme* (Picardie), arr., ✉ et à 14 k. d'Amiens, cant. de Villers-Bocage. Pop. 637 h.

GRATIGNY, vg. *Seine-Inf.*, comm. de St-Vaast-Duval, ✉ de Tôtes.

GRATOT, vg. *Manche* (Normandie), arr. ✉ et à 4 k. de Coutances, cant. de St-Malo-de-la-Lande. Pop. 925 h.

GRATREUIL, vg. *Marne* (Champagne), arr. et à 27 k. de Ste-Menehould, cant. et ✉ de Ville-sur-Tourbe. Pop. 134 h.

GRATREUX, vg. *Aisne*, comm. de Résigny, ✉ de Rozoy-sur-Serre.

GRATTAIN, vg. *Vosges*, comm. et ✉ de St-Dié.

GRATTEPANCHE, vg. *Somme* (Picardie), arr. et à 18 k. d'Amiens, cant. de Sains, ✉ de Flers. Pop. 310 h. — On y remarque de vastes souterrains et une jolie chapelle bâtie au milieu des champs, dédiée à saint Cyr et à sainte Juliette.

GRATTERY, vg. *H.-Saône* (Franche-Comté), arr. et à 9 k. de Vesoul, cant. et ✉ de Port-sur-Saône. Pop. 339 h.

GRAU-DU-LEZ (canal du), ou DE PALAVAS, *Hérault*. Il sert de débouché aux eaux de la rivière de Lez, depuis le canal des Etangs, qu'elle traverse, jusqu'à la mer Méditerranée.

GRAU-DU-ROI (canal du), ou D'AIGUES-MORTE, *Gard*. C'est un long chenal d'une étendue d'environ 6,000 m., qui joint le port d'Aigues-Mortes à la mer. Il est l'embouchure naturelle du Vistre et du Vidourle. Ce grau forme le prolongement du canal de Beaucaire jusqu'à la Méditerranée.

GRAU-PHILIPPE, vg. *Hérault*, comm. de Villeneuve-lès-Maguelonne, ✉ de Montpellier.

GRAUFFTHAL, vg. *B.-Rhin*, com. d'Eschbourg, ✉ de Phalsbourg.

GRAULGES (les), vg. *Dordogne* (Périgord), arr. et à 20 k. de Moutron, cant. et ✉ de Mareuil. Pop. 316 h. — Foire le 22 juillet.

GRAULHET, petite vlle, *Tarn* (Languedoc), arr. et à 19 k. de Lavaur, chef-l. de cant. Cure. ✉. A 698 k. de Paris pour la taxe des lettres. Pop. 5,167 h. — TERRAIN tertiaire moyen.

Elle est dans une situation agréable, sur le Dadou. — *Fabriques considérables de chapellerie commune. Nombreuses tanneries. Blanchisseries de laines et d'étoffes de laine.* — Commerce considérable de chevaux. — Foires les 22 fév., 3 mai, jeudi avant la St-Jean, 6 août et 22 nov.

GRAULE (la), vg. *Charente*, comm. et ✉ de Touvérac. ☜.

GRAUVES, vg. *Marne* (Champagne), arr. et à 8 k. d'Epernay, cant. et ✉ d'Avize. Pop. 473 h.

GRAUX, vg. *Vosges* (Lorraine), arr., ✉ et à 15 k. de Neufchâteau, cant. de Coussey. Pop. 67 h.

GRAVAL, *Geraldi Vallis*, vg. *Seine-Inf.* (Normandie), arr., cant., ✉ et à 7 k. de Neufchâtel-en-Bray. Pop. 192 h.

GRAVARIÉ (la), vg. *Aveyron*, comm. de Fayet, ✉ de Camarès.

GRAVAS, vg. *Gironde*, comm. de Barsac, ✉ de Podensac.

GRAVE (la), vg. *Allier*, comm. de Vallon, ✉ d'Hérisson. ☜.

GRAVE (la), ou LA GRAVE-EN-OISANS, bg *H.-Alpes* (Dauphiné), arr. et à 34 k. de Briançon, chef-l. de cant. Cure. Gite d'étape. ✉. A 629 k. de Paris pour la taxe des lettres. Pop. 1,819 h. Sur la Romanche. — TERRAIN jurassique.

Ce bourg est situé vers le débouché supérieur du défilé de la Romanche, sur un mamelon isolé des montagnes voisines par deux ravins, et au pied duquel passe la route de Briançon à Grenoble. Le profond défilé de la Romanche, où la Grave est comme ensevelie, est fermé en face du bourg par une chaîne de glaciers de rocs coupés à pic, le premier étage d'un des contre-forts du Pelvoux ; un glacier qui en descend borde d'une crête de glace la cime de cette chaîne, et présente au bourg un spectacle toujours menaçant. La marche de ce glacier est progressive ; sa base, poussée par le poids des glaces supérieures, manque souvent d'appui et se brise, avec un bruit effroyable, en avalanches dont la chute encombre le lit de la Romanche et remplit le défilé d'un nuage de particules neigeuses et glacées. Cet affreux passage est partout flanqué d'énormes rochers à pic, dont les arêtes et les fissures n'offrent que des glaces et des neiges ; des éboulements ont, en plusieurs endroits, encombré le fond du défilé d'un chaos de roches groupées de la manière la plus bizarre : c'est entre ces rochers, dont quelques-uns ont 13 m. de hauteur, que la route est frayée et que serpente la Romanche. — Vers le milieu du défilé, on remarque une belle cascade, dont une des chutes tombe perpendiculairement de plus de 100 m. Une autre cascade, dont la masse est considérable, et qui tombe dans une espèce de caverne qu'elle s'est creusée, existe près de la Grave, au petit village de la Frau. On doit visiter, aux environs, le joli col du Lautaret. V. ce mot.

Exploitation des mines de plomb argentifère. — Foires les 17 sept., 15 oct., lundi de la Passion et 2° lundi de mai.

GRAVE (la), vg. *Dordogne*, comm. de Bassillac, ✉ de Périgueux.

GRAVE (St-), vg. *Morbihan* (Bretagne), arr. et à 40 k. de Vannes, cant. et ✉ de Rochefort-en-Terre. Pop. 878 h.

GRAVE (pointe et passage de), *Gironde*. — On nomme pointe de Grave le cap sud de l'entrée de la Gironde, et passage de Grave le canal par lequel on entre dans cette rivière en rangeant cette pointe, qui est défendue par un fort. — Il y a sur la pointe de Grave un phare à feu fixe de 4° ordre, sur un échafaud en charpente élevé sur le fort de Grave, à 6 k. du phare de Cordouan. Le phare de Grave a 12 m. de hauteur et 12 k. de portée. Lat. 44°34', long. O. 3°24'.

GRAVES-D'AMBARÈS (la), vg. *Gironde*, comm. d'Ambarès, ✉ de Carbon-Blanc.

GRAVELINES, *Gravenenga*, *Gravelina*, jolie et forte ville maritime, *Nord* (Flandre), arr. et à 20 k. de Dunkerque. Chef-l. de cant. Bureau d'enregist. à Bourbourg. Syndicat maritime. Cure. Gite d'étape. ✉. ☜. A 294 k. de Paris pour la taxe des lettres. Pop. 5,337 h. — TERRAIN d'alluvions modernes. — Etablissement de la marée du port, 11 heures 25 minutes. — Phare à feu fixe de 20 k. de portée sur le côté est de l'entrée des jetées de Gravelines. Il doit être allumé en même temps que le nouveau phare de Dunkerque. Deux petits feux, l'un permanent, l'autre de marée, sont sur la jetée ouest du fort Philippe. Le feu de marée est allumé quand il y a au moins 2 m. d'eau à l'entrée des jetées.

Autrefois ville forte, port et château, diocèse de St-Omer, parlement de Paris, intendance de Lille, chef-l. d'une subdélégation, gouvernement particulier, 2 couvents.

Avant le XIIᵉ siècle, Gravelines n'était qu'un chétif village, nommé St-Willebord, que le comte Thierry fit fortifier pour arrêter les courses des Anglais. Ce prince y attira, en 1160, de nombreux étrangers par la douceur de son gouvernement, et y fit son séjour ordinaire. Son fils Philippe, comte de Flandre, fit achever les fortifications et percer un canal entre la mer et la ville, par où la rivière d'Aa prit aussitôt son cours, et forma un port qui y attira en peu de temps un commerce considérable. En 1302, Oudart de Maubuisson s'empara de cette ville et y mit le feu. Le traité de Bretigny la céda aux Anglais, sur lesquels Philippe le Hardi, duc de Bourgogne la prit en 1377. L'évêque de Norwich la pilla et la saccagea en 1382. Les Anglais s'en rendirent maîtres en 1405 ; mais Philippe le Hardi la reprit peu de temps après, et en fit augmenter les fortifications. En 1528, Charles-Quint y fit construire un château, ainsi que plusieurs bastions, et y eut une entrevue avec Henri VIII. Le 13 juillet 1558 se donna sous les murs de cette ville la bataille de Gravelines, que les annalistes signalent comme un des principaux événements de l'histoire de Flandre. En 1638, Philippe IV fit construire à Gravelines une grande écluse dont le passage avait 15 m. de largeur, et qui formait un vaste bassin où les bâtiments, toujours à flot, étaient à l'abri du canon de l'ennemi ; ces travaux furent détruits en 1644 par Gaston d'Orléans, qui prit la ville par capitulation le 28 juillet. L'archiduc Léopold s'empara de Gravelines en 1652 ; mais le maréchal de la Ferté la reprit en 1658, après un siége de vingt-trois jours. Le 28 mai 1654, le feu prit aux poudres renfermées dans le château, qui sauta, ainsi qu'une partie des fortifications. — Depuis le traité des Pyrénées, Gravelines est toujours resté au pouvoir des Français ; le chevalier de Ville et le maréchal de Vauban y ont fait ajouter de nouveaux ouvrages qui ont perfectionné le système de défense de cette place, qui est inaccessible du côté de la mer, et dont le terrain environnant peut être inondé à volonté.

Cette ville est située dans une contrée marécageuse, près de la Manche, à l'embouchure de l'Aa, qui y forme un port commode et très-fréquenté, où les navires battus par la tempête trouvent un asile assuré. Elle est généralement bien bâtie; les rues sont belles et bien percées; les places publiques fort agréables. On n'y remarque d'autre monument que le mausolée de M. de Metz, ouvrage du célèbre Girardon, placé, il y a quelques années, dans l'église paroissiale. L'arsenal peut contenir 8,000 fusils; les casemates sont presque neuves et d'une bonne distribution.

Commerce de vins, eaux-de-vie, genièvre, sel, bois et productions du Nord. — Ateliers de salaison de poissons. Raffineries de sel. Brasseries. Geniévreries. Armements pour la pêche de la morue, du hareng et du maquereau. Cabotage. — *Foire* de 9 jours le 15 août.

Bibliographie. * *La Prise du fort Saint-Philippe par le duc d'Orléans, avec ce qui s'est passé au siège de Gravelines en 1644*, in-8, 1644.
— *Continuation de ce siège*, in-4, 1644.
— *La Prise de Gravelines*, in-4, 1644.

GRAVELLE (la), vg. *Calvados*, comm. de Mouvielle, ⊠ de Livarot.

GRAVELLE, vg. *Dordogne*, comm. d'Annesse, ⊠ de St-Astier.

GRAVELLE (la), bg. *Mayenne* (Maine), arr. et à 20 k. de Laval, cant. de Loiron, ⊠. ☉. A 304 k. de Paris pour la taxe des lettres. Pop. 590 h. — Il est connu dans l'histoire par la défaite des Anglais en 1424.

GRAVELLE, vg. *Seine*, comm. de St-Maurice, ⊠ de Charenton-le-Pont.

GRAVELLES (les), vg. *Côte-d'Or*, comm. et ⊠ de Saulieu.

GRAVELOTTE, vg. *Moselle* (pays Messin), arr. et à 13 k. de Metz, cant. de Gorze, ⊠ de Mars-la-Tour. ☉. Pop. 522 h.

GRAVENCHON, *Graineonium*, Seine-Inf. V. NOTRE-DAME-DE-GRAVENCHON.

GRAVEREAU, vg. *Cher*, comm. de Boulleret, ⊠ de Cosne.

GRAVERIE (la), vg. *Calvados* (Normandie), arr., ⊠ et à 6 k. de Vire, cant. de Bény-Bocage. Pop. 990 h.

GRAVERIE (la), vg. *Deux-Sèvres*, comm. de Soudan, ⊠ de la Mothe-Ste-Héraye.

GRAVERON, vg. *Eure* (Normandie), arr., cant. et à 20 k. d'Evreux, ⊠ de la Commanderie. Pop. 32 h.

GRAVES, vg. *Charente* (Angoumois), arr. à 17 k. de Cognac, cant. et ⊠ de Châteauneuf-sur-Charente. Pop. 239 h.

GRAVESON, *Graveso*, vg. *Bouches-du-Rhône* (Provence), arr. d'Arles-sur-Rhône, ⊠, à 11 k. de Tarascon-sur-Rhône, cant. de Château-Renard. Pop. 1,447 h. — *Fabrique* de cadis. Moulins à soie.

GRAVETTE (la), vg. *Lot-et-Garonne*, com. de Cocumont, ⊠ de Marmande.

GRAVIER (le), vg. *Cher*, comm. et ⊠ de la Guerche-sur-l'Aubois.

GRAVIER, vg. *Gironde*, com. de Pugnac, ⊠ de Bourg-sur-Gironde. ☉.

GRAVIER-DE-CHIMAY, vg. *Aisne*, com. de la Flamengrie, ⊠ de la Capelle.

GRAVIÈRES, vg. *Ardèche* (Languedoc), arr. et à 31 k. de Largentière, cant. et ⊠ des Vans. Pop. 1,052 h.

GRAVIERS, vg. *Seine-et-Oise*, comm. de Saclas, ⊠ d'Etampes.

GRAVIGNY, *Graviniacum, Gravineum*, vg. *Eure* (Normandie), arr., cant., ⊠ et à 3 k. d'Evreux. Pop. 678 h. — Filature hydraulique de laine.

GRAVILLAT, vg. *Dordogne*, comm. et ⊠ de Bergerac.

GRAVILLE. V. GRASVILLE.

GRAVINUM (lat. 50°, long. 19°). « La Table théodosienne donne la trace d'une route qui, partant de *Juliobona*, Lillebonne, se joint à une autre voie, dont le terme est *Gesoriacum* ou *Bononia*. Sur cette route on trouve un lieu dénommé *Gravinum*, dont la distance à l'égard de *Juliobona* est marquée X ; et cette distance est suivie d'une pareille indication, entre *Gravinum* et quelque autre lieu dont le nom est omis, et qui ne saurait être *Bononia*, vu l'éloignement beaucoup plus grand. Sanson, confondant Gravinum avec le *Corocotinum* de l'Itinéraire d'Antonin, a dû supposer que la route passant par *Gravinum* ne tendait point à *Bononia*, nonobstant ce que représente la Table. On connaît des vestiges de voies romaines qui partent de Lillebonne. Il y en a une qui se termine au bord de la mer, à Oistre-tat, ou Etretat, entre la pointe nommée le chef de Caux et Fécan, et que l'on peut conjecturer avoir été un port, *statio*, du temps des Romains. Une autre route tend vers le Nord, dirigée par Grainville, surnommée la Teinturière ; et, en prenant cette route, la distance de 20 lieues gauloises que marque la Table, entre *Juliobona* et la position anonyme, fait rencontrer le bord de la mer aux environs de Veules, entre Fécan et Dieppe. La position intermédiaire de Grainville, dont le nom est fort analogue à celui de *Gravinum*, ne diffère de ce qu'indique la Table que pour être un peu plus éloignée de Lillebonne que l'indication le veut rigoureusement ; en même temps qu'un peu trop près de la position qui lui succède sur cette route, au terme des 20 lieues gauloises que marque la Table. » D'Anville. *Notice de l'ancienne Gaule*, p. 360.

GRAVON, vg. *Seine-et-Marne* (Brie), arr. et à 29 k. de Provins, cant. et ⊠ de Bray-sur-Seine. Pop. 153 h.

GRAY, *Greium, Graium, Greyacum*, ville ancienne, *H.-Saône* (Franche-Comté), chef-l. de sous-préf. (1er arr.) et d'un cant. Trib. de 1re inst. et de comm. Société d'agric. Collège com. Cure. Gîte d'étape. ⊠. ☉. P. 7,201 h.
— TERRAIN tertiaire moyen.

Autrefois diocèse, parlement et intendance de Besançon, chef-lieu d'un bailliage et d'une recette, présidial, maîtrise particulière, brigade de maréchaussée, collégiale, couvent de capucins, collège.

L'origine de Gray paraît remonter à une haute antiquité. Toutefois le premier titre connu qui en fasse mention ne remonte pas au delà de 670. Dès le XIVe siècle cette ville avait un corps municipal. Othon IV, comte de Bourgogne, y établit, en 1287, une université, qui fut transférée à Dôle vers 1420. Philippe le Hardi, Jean sans Peur et Philippe le Bon firent quelque résidence au château de Gray, et Catherine de Bourgogne y fixa la sienne après la mort de Léopold, duc d'Autriche, son mari. Sous les anciens souverains de la Franche-Comté, il y avait un gouverneur à Gray ; la défense du château lui était confiée, et il partageait avec le maire et les échevins le soin de garder les différents postes de la ville. En temps de guerre, tous les habitants, sans distinction, les officiers royaux même, étaient soldats, et paraissaient chaque semaine, sous les armes, aux revues que faisaient les magistrats.

Dans les guerres qui précédèrent la conquête de la province, les bourgeois de Gray signalèrent plusieurs fois leur courage et leur attachement aux souverains du pays. Les demoiselles même et les dames de cette ville vendirent, dans une circonstance malheureuse, leurs pierreries et leurs plus riches vêtements, pour contribuer à la défense de leur cité. Gray fut brûlé en 1360 par les compagnies qui faisaient alors des courses dans la Bourgogne et dans la Franche-Comté. Il fut encore réduit en cendres dans le cours de 1384. La ville fut incendiée de nouveau par les Français, et ensuite brûlée en partie par l'armée des sires de Vaudrey, quand ils la reprirent en 1477 sur Louis XI, pour la rendre à la princesse Marie, sa souveraine. En 1544, Charles-Quint y établit le siège d'un bailliage composé de 184 villages. Henri IV s'empara de la place en 1595. Louis XIV n'avait plus, en 1668, que la ville de Gray à soumettre pour achever la première conquête de la Franche-Comté ; mais elle refusa d'ouvrir ses portes : le gouverneur et le maire voulaient qu'elle soutînt par un assaut. Sans le inviter à une capitulation. Aussitôt que les députés parurent aux remparts, les bourgeois les forcèrent, à coups de fusil, à se retirer. Gray se rendit enfin sur les instances de deux autres députés, malgré le gouverneur et le maire. Celui-ci eut le courage de dire au roi en lui présentant les clefs : « Sire, votre conquête serait plus glorieuse si elle vous eût été disputée. » Six mois après, la ville rentra sous la domination espagnole ; mais elle fut reprise le 13 février 1674 par le duc de Noailles, après une faible résistance de trois jours.

Au XIVe siècle, Gray avait une université qui fut ensuite transférée à Dôle.

Les **armes de Gray** sont : *coupé, le chef d'azur semé de billettes d'or, au lion naissant d'or mouvant de la pointe qui est d'argent à trois flammes de feu de gueules.*

Gray est situé en amphithéâtre sur une colline qui s'abaisse vers le septentrion, et domine une superbe prairie arrosée par la Saône. La ville est assez bien bâtie et ornée de fontaines publiques, mais les rues sont étroites, mal percées et difficile accès. L'étranger qui arrive par la route de Langres ou de Dijon éprouve un désappointement d'autant plus vif, lorsqu'il pénètre dans son enceinte, que l'activité du port, l'élégance du quai qui se prolonge sur la rive droite de la Saône, font concevoir de cette cité une opinion favorable. On y remarque toutefois le pont sur la Saône, d'une belle architecture; le quartier de cavalerie; l'hôtel de ville, construit sous la domination espagnole en 1568; le palais de justice; les promenades; la bibliothèque publique, de 4,000 volumes; le château, antique résidence de plusieurs têtes couronnées; l'église paroissiale, etc., etc.

Le moulin élevé par M. Tramoy sur un courant détourné de la Saône est peut-être le plus beau et le plus remarquable qui existe en France, non-seulement par l'élégance et la richesse de sa construction, mais plus encore par son mécanisme intérieur. Il renferme douze roues hydrauliques, dont cinq peuvent être élevées ou abaissées selon la hauteur des eaux. Ces roues font mouvoir neuf moulins à blé, deux mécaniques à nettoyer les grains et une scierie. Des moulins à tan, une foulerie et une huilerie qui existaient dans l'usine, sont supprimés depuis quelques années. Le blé descend du sommet de l'édifice, et se distribue d'étage en étage dans des meules et des cribles cylindriques, où il est purgé de toutes zizanies, mouchetures, barbes, poussières et autres matières hétérogènes; puis, au moyen d'un escargot (large tube de fer-blanc, en forme de vis d'Archimède), il est reporté, sans aucune aide, au second étage, d'où il est versé dans des trémies. Plusieurs autres machines, qu'il serait trop long de décrire, et qui sont la plupart, comme celle dont on vient de parler, de l'invention de M. Tramoy, ont pour objet l'économie de la main-d'œuvre. Cette économie est telle, que toute la manutention de l'établissement s'opère par une quinzaine d'ouvriers.

Les farines qui sortent du moulin de M. Tramoy sont d'une supériorité reconnue. Que le blé soit moucheté, germé, elles n'en deviennent pas moins belles ni moins propres à la panification. D'un autre côté, la mouture y est économique; les grains rendent en farine un vingtième de plus que dans les meilleurs moulins du pays. Le département de la Haute-Saône fournit à M. Tramoy à peu près la moitié de ses blés; il tire le surplus des départements de la Haute-Marne, des Vosges, du Doubs, de la Côte-d'Or et de l'Ain. Année commune, il convertit en farine environ 50,000 hectolitres de blé, qui produisent environ 30,000 quintaux métriques de farines de diverses qualités, et 7,500 quintaux métriques de sons et recoupes; ce qui porte la production journalière à plus de 80 quintaux métriques de farines et 20 quintaux métriques de sons. La création de cette belle usine date de 1805.

Biographie. Patrie du célèbre minéralogiste ROMÉ DE L'ISLE.

Du poète dramatique VIOLLET D'EPAGNY.

Du général BARTHÉLEMY.

INDUSTRIE. *Fabriques* de tissus de crin, pointes de Paris, fécule, amidon. Blanchisserie de cire. Tanneries. Construction de bateaux. — *Commerce* important en fer, grains, farines, merrain, vins du pays, du Midi et de Bourgogne; fourrages, planches, denrées coloniales. Entrepôt de toutes les marchandises du Midi et des denrées coloniales, qui sont conduites dans l'intérieur de la France et à l'étranger. — *Foires* les 8 janv.; 8 mars, 8 mai, 8 juillet, 8 sept. et 8 nov.

A 55 k. S.-O. de Vesoul, 343 k. E.-S.-E. de Paris.

L'arrondissement de Gray est composé de 8 cantons : Autrey, Champlitte, Dampierre-sur-Salon, Frêne-St-Mamès, Gray, Gy, Pesmes, Marnay.

Bibliographie. * *Histoire abrégée des merveilles opérées dans la sainte chapelle de Notre-Dame de Gray*, etc., in-12, 1757.

CRESTIN (J.-F.), *Recherches sur la ville de Gray* (servant de supplément à l'histoire de Franche-Comté), in-8, 1787.

GRAY-LA-VILLE, vg. *H.-Saône* (Franche-Comté), arr., cant., ✉ et à 2 k. de Gray. Pop. 337 h.

GRAYAN, vg. *Gironde* (Guienne), arr. et à 21 k. de Lesparre, cant. et ✉ de St-Vivien. Pop. 915 h.

GRAYE, vg. *Calvados* (Normandie), arr. et à 6 k. de Bayeux, cant. de Reys, ✉ de Courseulles. Pop. 498 h.

GRAYE, vg. *Jura* (Franche-Comté), arr. et à 29 k. de Lons-le-Saulnier, cant. et ✉ de St-Amour. Pop. 354 h.

GRAYE, vg. *H.-Garonne* (Languedoc), arr. et à 22 k. de Muret, cant. de Cintegabelle, ✉ d'Auterive. Pop. 429 h.

GRAZAC, vg. *H.-Loire* (Languedoc), arr., cant., ✉ et à 11 k. d'Yssingeaux. P. 1,580 h.

GRAZAC, vg. *Tarn* (Languedoc), arr. et à 22 k. de Gaillac, cant. et ✉ de Rabastens. Pop. 1,016 h.

GRAZAY, vg. *Mayenne* (Maine), arr., cant., ✉ et à 10 k. de Mayenne. Pop. 1,379 h.

GRÉALOU, petite ville, *Lot* (Quercy), arr. et à 17 k. de Figeac, cant. et ✉ de Cajarc. Pop. 535 h. — On y voit les restes d'une tour autrefois fort élevée, dont les murs ont une grande épaisseur; elle fut prise plusieurs fois par les compagnies anglaises.

En 1293, les habitants de Gréalou traitèrent avec leur seigneur pour leur coutume, et obtinrent une charte en langue romane, qui a été publiée avec la traduction française par M. Champollion-Figeac en 1829. — *Foires* les 14 mai, 2 juin, 14 nov., et veille des Rameaux.

Bibliographie. CHAMPOLLION-FIGEAC, *Charte de commune en langue romane par la ville de Gréalou*, etc., in-8°, 1829.

GRÉASQUE, *Gredasca, Grescha*, vg. *Bouches-du-Rhône* (Provence), arr. et à 27 k. de Marseille, cant. de Roquevaire. Pop. 371 h. — Exploitation de houille.

GRÉBAUMESNIL, vg. *Somme* (Picardie), arr., ✉ et à 17 k. d'Abbeville, cant. de Moyenneville. Pop. 282 h.

GRÉCIETTE, vg. *B.-Pyrénées*, comm. de Mendionde, ✉ d'Hasparren.

GRÉCOURT, vg. *Somme* (Picardie), arr. et à 25 k. de Péronne, cant. de Nesle, ✉ de Ham. Pop. 96 h.

GREDISANS, vg. *Jura* (Franche-Comté), arr. et à 9 k. de Dôle, cant. de Rochefort. Pop. 221 h.

GRÉE-ST-LAURENT (la), vg. *Morbihan* (Bretagne), arr. et à 12 k. de Ploërmel, cant. et ✉ de Josselin. Pop. 368 h.

GRÉEZ-PRÈS-MONTMIRAIL, vg. *Sarthe* (Perche), arr. et à 46 k. de Mamers, cant. et ✉ de Montmirail. Pop. 1,559 h.

GRÉEZ-PRÈS-SILLÉ (le), vg. *Sarthe* (Maine), arr. et à 38 k. du Mans, cant. et ✉ de Sillé-le-Guillaume. Pop. 545 h.

GREFFEIL, vg. *Aude* (Languedoc), arr. et à 24 k. de Limoux, cant. et ✉ de St-Hilaire. Pop. 291 h.

GREFFIERS, vg. *Seine-et-Oise*, comm. de Sonchamp, ✉ de St-Arnoult.

GRÉGES, vg. *Seine-Inf.* (Normandie), arr., ✉ et à 5 k. de Dieppe, cant. d'Offranville. Pop. 302 h.

GREGNIEUX, vg. *Loire*, comm. de Nervieux, ✉ de Feurs.

GRÉGOIRE (St-), vg. *Aveyron*, comm. de Lavernhe, ✉ de Séverac.

GRÉGOIRE (St-), vg. *Ille-et-Vilaine* (Bretagne), arr., cant., ✉ et à 5 k. de Rennes. Pop. 1,251 h.

GRÉGOIRE (St-), vg. *Ille-et-Vilaine*, comm. de Miniac-Morvan, ✉ de Châteauneuf-en-Bretagne.

GRÉGOIRE (St-), vg. *Lot-et-Garonne*, comm. de Douzains, ✉ de Castillonnès.

GRÉGOIRE (St-), vg. *Somme*, comm. d'Eppeville, ✉ de Ham.

GRÉGOIRE (St-), vg. *Tarn* (Languedoc), arr., ✉ et à 12 k. d'Albi, cant. de Valderiès. Pop. 603 h.

On trouve sur son territoire la source thermale de Méout, dont on emploie les eaux avec le plus grand succès contre les ulcères les plus invétérés, dans les maladies scrofuleuses, et dont les eaux sont exactement de la même nature que celles de Barèges. Il résulte de l'analyse faite par M. Limouzin-Lamothe, pharmacien à Albi, 1° que l'eau de cette source, que les paysans appellent *Toun-tebéso* (fontaine tiède), est réellement une eau thermale, minéralisée par le gaz hydrogène sulfurique, mêlé d'une petite quantité de gaz acide carbonique; 2° que sa température est sujette à de grandes variations; 3° qu'il ne s'y trouve presque pas de silice ni de sulfate de chaux; 4° que le gaz qu'elle contient s'échappe aussitôt qu'elle se trouve en contact avec l'air atmosphérique; 5° que l'usage de cette eau en lotions ou en bains est très-efficace contre les maladies de jambes, et qu'en injections elle a guéri des surdités accidentelles non invétérées; 6°. qu'étant résolutive, fondante et diaphorétique, elle serait employée utilement contre les obstructions, la jaunisse, et plusieurs autres maladies de cette espèce.

GRÉGOIRE-D'ARDENNES (St-), vg. *Charente-Inf.* (Saintonge), arr. et à 11 k. de Jonzac, cant. et ✉ de St-Genis. Pop. 264 h.

GRÉGOIRE-DU-VIÈVRE (St-), vg. *Eure* (Normandie), arr. et à 18 k. de Pont-Audemer, chef-l. de cant., ✉ de Lieurey. Pop. 981 h. — Tissage et commerce de toiles.

GRÉGY, vg. *Seine-et-Marne* (Ile-de-France), arr. et à 16 k. de Melun; cant. et ✉ de Brie-Comte-Robert. Pop. 144 h.

GRÉHAIGNE, vg. *Ille-et-Vilaine*. V. St-Georges-de-Gréhaigne.

GRELLE (la), vg. *H.-Vienne*, comm. de St-Jouvent, ✉ de Nieul.

GRÉMECEY, vg. *Meurthe* (pays Messin), arr., cant. et ✉ de Château-Salins, à 11 k. de Vic. Pop. 260 h.

GRÉMEVILLERS, vg. *Oise* (Picardie), arr. et à 25 k. de Beauvais, cant. et ✉ de Songeons. Pop. 720 h.

GRÉMIFONTAINE, vg. *Vosges*, comm. de Chapelle-aux-Bois, ✉ de Xertigny.

GREMILLY, vg. *Meuse* (pays Messin), arr. et à 30 k. de Montmédy, cant. et ✉ de Damvillers. Pop. 439 h.

GRÉMOMÉNIL, vg. *Vosges*, comm. de la Neuveville, ✉ de Bruyères.

GRÉMONVILLE, vg. *Seine-Inf*. (Normandie), arr., ✉ et à 7 k. d'Yvetot, cant. d'Yerville. Pop. 580 h.

GRENADE-SUR-GARONNE, *Granata*, jolie ville, *H.-Garonne* (Armagnac), arr. et à 25 k. de Toulouse, chef-l. de cant. Cure. Gîte d'étape. ✉. A 658 k. de Paris pour la taxe des lettres. Pop. 4,281 h. — Terrain d'alluvions modernes.

Autrefois diocèse et parlement de Toulouse, intendance d'Auch, chef-l. d'élection, justice roy., gouvernement particulier.

Cette ville est régulièrement bâtie en briques dans un territoire fertile en grains, sur la rive droite de la Save, un peu au-dessus de son confluent avec la Garonne.

Patrie de P. Cazalès, membre de l'assemblée constituante et l'un des premiers orateurs du parti royaliste.

Fabriques de cadis, ras et serges communes. Tanneries. — *Foires* les 24 fév., 6 mai, 22 juillet et 18 oct.

GRENADE-SUR-L'ADOUR, petite ville, *Landes* (Gascogne), arr., bureau d'enregist. et à 13 k. de Mont-de-Marsan, chef-l. de cant. Cure. ✉. ✻. A 704 k. de Paris pour la taxe des lettres. Pop. 1,300 h. — Terrain tertiaire supérieur. — Elle est bâtie dans une situation agréable, sur la rive droite de l'Adour.

Patrie du maréchal Perrignon.
Du général Durieu.

Fabriques d'étoffes de laine, futailles, huile de lin, cuirs. — *Foires* les 15 juillet, 1er sept. et lundi de la 1re semaine de déc.

GRENADETTE, vg. *Gers*, comm. de Castelnau-Barbarens, ✉ d'Auch.

GRENADIER (le), vg. *Seine-Inf*., comm. de Mont-St-Aignan, ✉ de Rouen.

GRENAND, vg. *Côte-d'Or* (Bourgogne), arr. et à 38 k. de Dijon, cant. et ✉ de Sombernon. Pop. 299 h.

GRENANT, vg. *H.-Marne* (Champagne), arr. et à 25 k. de Langres, cant. et ✉ du Fayl-Billot. Pop. 348 h.

GRENANVILLIERS, vg. *Seine-et-Oise*, comm. et ✉ de Rambouillet.

GRENAY, vg. *Isère* (Dauphiné), arr. et à 23 k. de Vienne, cant. d'Heyrieux, ✉ de la Verpillière. Pop. 619 h.

GRENAY, vg. *Pas-de-Calais* (Artois), arr. et à 15 k. de Béthune, cant. et ✉ de Lens. Pop. 216 h.

GRENDELBRUCH, vg. *B.-Rhin* (Alsace), arr. et à 37 k. de Schelestadt, cant. et ✉ de Rosheim. Pop. 1,644 h.

GRENELLE, vg. *Eure*, comm. de Garennes, ✉ d'Ivry-la-Bataille.

GRENELLE, ou Beau-Grenelle, beau village, *Seine* (Ile-de-France), arr., cant. et à 12 k. de Sceaux. ✉. A 6 k. de Paris pour la taxe des lettres. Pop. 4,129 h. — Il est situé dans la vaste plaine qui s'étend sur la rive gauche de la Seine, entre Issy et Vaugirard. On y voit une jolie église de construction moderne, et une salle de spectacle qui peut contenir 1,300 personnes.

A l'époque où toutes les forces de l'Europe menaçaient la république, le gouvernement révolutionnaire fit établir dans la plaine de Grenelle une poudrière dirigée par le célèbre chimiste Chaptal, d'où il sortait chaque jour des chariots chargés qui allaient approvisionner de poudre nos armées. Malgré les précautions en usage dans un établissement de cette importance, une explosion terrible eut lieu le 31 août 1794. Fort heureusement que la veille l'administration des poudres en avait dirigé sur les frontières plus de cent cinquante milliers. Si la masse ordinaire des poudres se fût trouvée amoncelée dans la fabrique, Paris peut-être eût été à moitié bouleversé. L'explosion eut lieu à sept heures un quart du matin, et, par un heureux hasard, au moment où le plus grand nombre des ouvriers n'était point à la fabrique. Mais, malgré cette circonstance, la quantité des victimes fut immense, tant dans la poudrerie que dans les bâtiments à côté. La plupart des villages voisins eurent leurs maisons renversées, et à Paris presque toutes les vitres furent brisées.

En 1796, le directoire avait établi dans la plaine de Grenelle un camp qui fut attaqué, dans la nuit du 9 au 10 septembre, par un grand nombre de contre-révolutionnaires monarchiques, auxquels s'étaient joints quelques anciens révolutionnaires de 1793. Munis d'armes de toute espèce, ils voulurent d'abord exciter les soldats à se ranger de leur côté; mais ceux-ci s'étant montrés incorruptibles, ils les attaquèrent et portèrent un moment le désordre dans le camp. Cependant, la générale ayant été battue, les régiments coururent aux armes, et dissipèrent les conspirateurs. Le général Foissac-Latour, qui commandait le camp, fit saisir une centaine de ces conjurés, et les fit conduire dans la prison de l'école militaire: traduits ensuite devant des conseils de guerre, les uns furent condamnés à mort, et les autres à la déportation.

La plaine de Grenelle est depuis longtemps le lieu ordinaire des exécutions des jugements de la 1re division militaire. C'est là que le général Labédoyère fut fusillé le 19 août 1815, à six heures et demie du soir.

Fabriques de carton-pâte, colle forte façon anglaise, amidon, bougies, couleurs, cuirs vernis, noir animal, cordes harmoniques, foulards, toiles cirées, produits chimiques. Teintureries en soie et en coton. — Forges. — Fête patronale le 1er et le 2e dimanche après la St-Jean.

GRENEVILLE, vg. *Manche*, comm. de Grasville, ✉ de St-Vaast-de-la-Hougue.

Le Câtel, ancienne forteresse des seigneurs de Greneville, est sur une élévation peu éloignée du château actuellement habité. C'est un cône formé en partie artificiellement et situé sur le sommet d'une colline. — De l'église de Greneville on a une vue superbe de la Hougue et de tout le pays autour de la baie la plus spacieuse du département.

GRENIER-MONTGON, vg. *H.-Loire* (Auvergne), arr. et à 16 k. de Brioude, cant. et ✉ de Blesle. Pop. 422 h.

GRENING, vg. *Moselle*, comm. du Petit-Tenquin, ✉ de Puttelange.

GRENOBLE, *Cularo*, *Gratianopolis Allobrogum*, ancienne, grande et forte ville, ch.-l. du dép. de l'*Isère* (Dauphiné), du 3e arr. et de 3 cant. Cour royale, d'où ressortissent les dép. de l'*Isère*, de la *Drôme* et des *H.-Alpes*. Tribunaux de 1re inst. et de comm. Académie universitaire. Faculté de droit et des sciences. Société des sciences, des arts et d'agriculture. Société de médecine. Evêché. 3 curés. Collège royal. Ecole gratuite de dessin. Cours publics de médecine, de chirurgie, d'accouchements, de pharmacie et de botanique. Chef-l. de la 7e division militaire. Direction des douanes. Chambre consultative des manufactures. Bourse de commerce. Gîte d'étape. ✉. ✻. Pop. 30,824 h. — Terrain d'alluvions modernes.

Autrefois évêché, parlement, chambre des comptes, cour des aides, intendance, généralité, chef-lieu d'élection, hôtel des monnaies, gouvernement particulier, prévôté de maréchaussée, bailliage, maîtrise particulière, traites foraines, arsenal, collège, séminaire, école d'artillerie, chambre syndicale, chapitre, 8 couvents. — L'évêché de Grenoble a été fondé au IVe siècle. Au moyen âge, les évêques de ce diocèse portèrent le titre de princes, et partagèrent avec les dauphins du Viennois la juridiction dans la ville et le territoire de Grenoble; mais ils perdirent leur autorité temporelle quand le Dauphiné fut devenu une province française. Cependant au dernier siècle ils avaient encore la justice de leur ville en partage avec le roi.

Une lettre de Plancus à Cicéron prouve que *Cularo*, Grenoble, existait du temps de César, mais en même temps que c'était un lieu fort obscur, puisque Plancus croit devoir indiquer à Cicéron la position où il se trouve. Trois cent trente-deux ans après, Val. Maximianus fit reconstruire les murs de *Cularo*, et donna son surnom d'*Herculeus* à la porte de cette ville, auparavant nommée *Viennensis* ou Viennoise, et celui de *Jovia* à la porte appelée auparavant *Romana*, faits prouvés par deux inscriptions trouvées à Grenoble. La Table de Peutinger place un lieu nommé *Culabone* sur la route qui va de *Segusio*, Suse, à *Viennæ*, Vienne, et les mesures portent juste à Grenoble. — L'an 374, l'empereur Gratien agrandit considérablement cette ville. Pour lui témoigner sa reconnaissance, elle changea son nom de *Culàro* en celui de *Gratianopolis*, qu'elle a conservé longtemps et dont par la suite on a fait Grenoble.

Longtemps encore après la conquête des Bourguignons et des Francs, Grenoble ne paraît pas avoir été une place importante. L'histoire n'en parle guère avant la fin du vi[e] siècle, qu'elle soutint un siège contre les Lombards commandés par Rhodain. Momol, à la tête des Bourguignons, accourut à son secours, et détruisit l'armée des assiégeants. Depuis cette époque jusqu'à la mort de Robert le Fainéant, il n'est que rarement question de Grenoble. — Les Bourguignons s'étaient emparés de cette ville dans le ve siècle ; après la destruction de leur puissance par les Francs, elle passa sous la domination des rois de la première et de la seconde race. Dans le xiiie siècle, elle appartenait aux princes de la province de Grenoble, ou comtes de Grésivaudan, qui prirent le titre de dauphin vers 1238, et dont la postérité s'éteignit en 1355, dans la personne de Humbert II, auquel Grenoble doit l'établissement d'un conseil delphinal avec juridiction souveraine ; conseil dont l'autorité fut confirmée par les dauphins de France ses successeurs, et que Louis XI érigea en parlement en 1453. A l'époque où une partie de la France était déchirée par les guerres de religion, Grenoble tomba au pouvoir du farouche baron des Adrets, qui s'empara du trésor de l'église Notre-Dame, et fit démolir le tombeau des dauphins élevé dans l'église St-André. Sassenage, ancien gouverneur de Grenoble pour le roi, reprit cette ville sur les protestants ; mais des Adrets se présenta sous ses murs le 24 juin, parvint à s'en rendre maître malgré une courageuse résistance des troupes qui la défendaient, et fit passer la garnison au fil de l'épée. Les troupes du roi tentèrent deux fois sans succès de reprendre cette ville, qui ne rentra sous la domination du roi qu'après la paix conclue avec les chefs des protestants. Lorsque ceux-ci reprirent les armes, Grenoble fut mis en un si bon état de défense, qu'ils n'osèrent l'attaquer. Cependant, après la mort de Charles IX, Lesdiguières ayant eu connaissance que cette ville avait été en grande partie dégarnie des troupes qui la défendaient, crut pouvoir la surprendre, et le succès répondit à son audace : dans la nuit du 24 au 25 novembre, il s'empara du pont qui communiquait de la rive droite à la rive gauche de l'Isère, ce qui lui permit de bloquer la ville, qui se rendit par capitulation après 25 jours de siége. Depuis cette époque jusqu'aux dernières années du règne de Louis XIV, rien n'avait troublé la tranquillité de Grenoble, lorsque la révocation de l'édit de Nantes vint y porter de nouveau la désolation. Un grand nombre de familles furent alors obligées de s'expatrier ; quelques-unes, sans ressources ni moyens d'existence, allèrent chercher dans les montagnes, et particulièrement dans celle de Trièves, un abri contre les vexations qu'on leur faisait éprouver de toutes parts. Les proscrits emportèrent avec eux des sommes assez considérables ; et ce qui fit encore plus de tort au pays, ils portèrent chez l'étranger plusieurs branches d'industrie et de commerce qui appartenaient exclusivement à la France.

Sous le règne de Louis XVI, lorsque l'embarras toujours croissant des finances amena la stérile convocation des notables, en 1787, les édits du timbre et de la subvention territoriale, le parlement de Paris, s'élevant contre ces nouvelles taxes, proclama l'existence d'un déficit énorme et l'urgence des états généraux. Cet exemple ne pouvait demeurer longtemps sans imitateurs. Le parlement de Grenoble fut des premiers à répondre au signal. Mais le ministère, alarmé des progrès rapides que faisait l'insubordination parlementaire, essaya d'en arrêter le cours par l'établissement d'une cour plénière. Alors les cours souveraines, plus irritées que jamais, ne mirent plus de bornes à leur opposition au système et au plan du gouvernement. Celle du Dauphiné déclare traître au roi et à la nation quiconque irait prendre place à la cour plénière. Brienne crut pouvoir comprimer cette audace parlementaire par des coups d'autorité, soutenus de l'appareil des armes. Le duc de Tonnerre, commandant de la province, reçut ordre de faire signifier par ses officiers à tous les membres du parlement des lettres de cachet, qui leur enjoignaient de s'exiler dans leurs terres. Le peuple s'opposa violemment à l'exécution de cette mesure, et vengea par le sac de l'hôtel du commandant la mort d'un citoyen, tombé sous le fer des soldats, dès les premiers moments de l'effervescence. Cette journée, qui fut appelée la journée *des tuiles*, parce que les Grenoblois montèrent sur leurs toits pour assaillir les militaires dans les rues, se termina par la non-exécution des lettres de cachet, à laquelle M. de Tonnerre fut forcé de condescendre, dans l'intérêt de son autorité, et même de son existence. On peut regarder la capitulation que la colère du peuple imposa ici à l'un des généraux des armées du roi comme la première victoire populaire de la révolution française, et considérer le 7 juin de Grenoble comme le prélude du 14 juillet de la capitale.

Cependant, la magistrature, après avoir joui de la défaite honteuse de ses persécuteurs, craignit de paraître complice du mouvement insurrectionnel dont la cité delphinale venait de donner l'exemple à la province et à la France. Satisfaite de l'humiliation de l'agent ministériel, elle voulut rester fidèle, soumise et respectueuse envers le monarque. Dès que la paix et le calme lui parurent assurés dans Grenoble, chacun de ses membres se rendit au lieu d'exil qui lui avait été désigné. Ils sortirent tous secrètement de la ville dans la nuit du 12 au 13 juin.

« Privée de son parlement, et craignant d'avoir perdu avec lui toutes ses libertés, la ville de Grenoble, dit M. de Lally-Tolendal (*Biog. univ.*, not. sur Mounier), demanda une assemblée de ses notables ; Mounier juge royal, y fut appelé ; et la réunion de ses fonctions magistrales, de son caractère personnel et ses connaissances politiques, fit de lui le conseil et le guide de cette assemblée. » On y résolut, le 14 juin, une convocation générale des municipalités de la province, et cette délibération fut envoyée par la municipalité de Grenoble à toutes les villes et communautés dauphinoises, qui s'empressèrent, à quelques exceptions près, de répondre à l'appel de leur capitale. Cette propagation des prétentions municipales, qui n'était qu'un retour aux antiques traditions locales et le réveil des vieilles franchises du pays, cette propagation effraya le gouvernement français plus que n'avait pu le faire l'indocilité du parlement. MM. de Mayen et Revol, premier et second consuls de Grenoble, furent mandés à la suite de la cour, sous le poids de la responsabilité des événements de différente nature dont leur cité avait été le théâtre dans le cours du mois de juin. Le conseil général de la commune s'assembla aussitôt pour prendre en considération la situation difficile où les chefs de la municipalité grenobloise se trouvaient placés, à l'occasion de leur zèle civique dans la crise actuelle ; une foule de notables citoyens se joignit aussi au corps municipal dans le même objet ; et de cette réunion (2 juillet) sortit une nouvelle délibération, qui fixa au 21 juillet suivant l'assemblée générale décrétée le 14 juin. Le gouvernement fit marcher des troupes sur Grenoble pour y empêcher la réunion annoncée par les délibérations des municipalités de la province. Le maréchal de Vaux arriva en effet dans cette ville, la veille du jour fixé par les notables pour l'assemblée générale. Laissant de côté les instructions violentes d'un ministre aveugle, il leur substitua ses propres vues, celles d'un homme qui avait été assez sage pour chercher à s'éclairer avant d'entreprendre. L'assemblée des municipalités dauphinoises, accompagnée des vœux et protégée par l'opinion de la population entière, se réunit ainsi sans obstacle le 21 juillet, à Vizille, conformément à la convocation délibérée par les notables. Deux cent cinquante députés des deux premiers ordres, et deux cent quatre-vingts du tiers état se rendirent, à travers une double haie de soldats, dans ce même château que Lesdiguières avait bâti pour en faire la demeure de la tyrannie seigneuriale, et qui, en moins de deux cents ans, se trouvait devenir le forum du Dauphiné d'où devait naître le forum de la France. La séance dura depuis huit heures du matin jusqu'à minuit, sous la présidence du comte de Morges. Les députés y siégèrent, sans observation de rang ni de préséance entre eux, dans chaque ordre, ce qui fut soigneusement mentionné dans le procès-verbal par le secrétaire-rédacteur Mounier, qui, dans cette fusion qu'il constatait avec tant d'exactitude, entrevoyait déjà la fusion plus générale sur laquelle devait être fondée la régénération française.

Toutes les résolutions de cette assemblée furent prises à l'unanimité, à l'exception d'une seule, relative à la liberté des élections pour toutes les places dans les états de la province. Les trois ordres demandèrent le rappel du parlement, le rétablissement des tribunaux et la réintégration des consuls Mayen et Revol, et arrêtèrent en outre que, quoique prêts à tous les sacrifices que pourraient exiger la sûreté et la gloire du trône, ils n'octroieraient les impôts, par dons gratuits ou autrement, que lorsque leurs représentants en auraient délibéré dans les états généraux du royaume.

Grenoble est la première ville qui reçut Napoléon à son retour de l'île d'Elbe en 1815. Arrivé à l'entrée de la nuit sous les murs de cette ville, il en trouva les portes fermées; le colonel qui commandait dans la place, n'ayant pas les clefs, que le lieutenant général avait fait porter chez lui, le peuple les enfonça, en dedans et en dehors; l'empereur se rendit à cheval, au milieu des acclamations universelles, à l'hôtel des Trois-Dauphins, où il logea. A peine commençait-il à respirer qu'un tumulte épouvantable se fit entendre, c'étaient les portes de la ville que les habitants venaient lui offrir, disaient-ils, au défaut des clefs qu'on n'avait pu lui présenter.

Le 1er août 1832, un duel en champ clos autorisé eut lieu à Grenoble, par suite des événements arrivés en cette ville les 22 et 23 mars, entre M. Gauthier, jeune citoyen de Grenoble, et M. Reynach, officier du 35e régiment de ligne. Ces deux messieurs s'étaient rendus au pont de Picpierre, à la descente de St-Martin. Des précautions extraordinaires, prises par le général, donnaient à cette affaire le caractère et l'aspect d'un champ clos du moyen âge. Un détachement de dragons contenait les spectateurs ; les champions, entourés de leurs nombreux parrains, appartenant aux divers corps de la garnison et à la ville, s'avancent au milieu de l'arène, mettent habit bas. Le glaive brille dans leurs mains; un silence profond règne autour d'eux ; bientôt l'officier tombe atteint d'un coup de sabre au côté. Des acclamations accueillent cette victoire, et l'on se retire satisfait de la conduite des deux adversaires.

Les **armes de Grenoble** sont : *d'or à trois roses de gueules*.

La ville de Grenoble est située dans un bassin couvert de prairies et arrosé par des courants d'eau vive, ombragés d'une multitude d'arbres. Elle est bornée de tous côtés par des montagnes de forme bizarre, dont le pied est occupé par la vigne, les flancs et la cime par des pâturages et des bois. Partout on est frappé des beautés sauvages de la nature : d'un côté des coteaux chargés de vergers et de maisons de plaisance offrent des sites variés, agréables et pittoresques ; de l'autre l'Isère, poursuivant son cours rapide, arrose un pays délicieux, qui contraste singulièrement avec l'âpreté des rives du Drac. La ville est bien bâtie sur l'Isère, qui la divise en deux parties inégales : l'une, extrêmement resserrée entre la rivière et les montagnes, est étroite, et ne consiste, pour ainsi dire, qu'en une seule rue assez spacieuse, dont une partie a été récemment fort embellie, par suite de la construction des beaux quais qui bordent la rivière : on a détruit des masures dont l'aspect était misérable, qui ont été remplacées par une jolie promenade dans une belle et chaude exposition. Cette rue, qui forme le quartier le plus populeux et le plus industrieux, occupe la rive droite de l'Isère, et communique avec la rive gauche par un pont en chaînes de fer, dont les abords offrent de belles constructions élevées sur l'emplacement de vieilles maisons que l'on a fait disparaître, et par un autre pont en pierre qui vient d'être reconstruit, et dont on a rendu l'accès facile. La plus basse partie de la montagne est appelée Rabot, celle qui est au-dessus se nomme la Bastille, enfin la partie supérieure porte le nom de mont Rachel. De cet endroit on jouit d'un très-beau coup d'œil qui embrasse la vallée du Drac et celle de l'Isère, au bout de laquelle on distingue, à plus de 120 k. de distance, la majestueuse cime du Mont-Blanc. La seconde partie de Grenoble, qui occupe la rive gauche de l'Isère, est très-belle et formée de rues bien percées, mais qui, pour la plupart, sont étroites, et bordées de maisons de trois ou quatre étages, dont les toits sont plats et recouverts en tuiles creuses. Les rues de cette partie de Grenoble sont sur plusieurs point pavées en pierres plates, qui remplacent les anciens pavés en cailloux, dont on abandonne l'usage. On y trouve un assez grand nombre de places publiques ; les plus remarquables sont celles de Grenette, de St-André et de Notre-Dame. Des promenades charmantes ornent les alentours de la ville ; qui en possède une fort belle dans son sein ; c'est un jardin assez étendu, situé sur le quai de la rive gauche de l'Isère. Il a été planté par le connétable de Lesdiguières, et tient à l'hôtel de la préfecture, qui fut la résidence de cet homme célèbre. Ce jardin se compose d'un promenoir ombragé des ormes et des platanes ; au-dessus s'élève une magnifique terrasse couverte d'une grande allée de marronniers monstrueux. Chaque soir, dans la belle saison, l'élite de la population se réunit sur cette terrasse, qui alors offre l'aspect le plus animé. — La promenade du Cours est formée de deux allées, garnies chacune de deux rangs d'arbres qui bordent la grande route, et qui se prolongent en droite ligne jusqu'au pont de Claix, situé à 8,400 m. de la ville. Enfin, en sortant par la porte de France, on voit une grande esplanade entourée d'allées d'arbres, consacrée aux jeux de boule, aux exercices militaires, aux tirs usités dans les fêtes publiques et autres réjouissances.

Grenoble, fortifiée par le chevalier de Ville, était autrefois une place frontière de la plus grande importance ; cependant, dominée de toutes parts par des montagnes élevées, elle n'aurait opposé qu'une faible résistance, si l'ennemi avait pu pénétrer jusqu'au pied de ses murailles. Vauban l'entoura de remparts, qui augmentèrent beaucoup son importance militaire. Récemment l'enceinte de cette ville vient d'être considérablement agrandie par le génie militaire, par l'adjonction des faubourgs de Trois-Cloîtres et de St-Joseph, qui s'étendent dans la plaine. Cette partie a été entourée de remparts qui se raccordent avec les travaux de fortification du fort de la Bastille. Quand tous les travaux projetés par le général Haxo seront exécutés, Grenoble sera une des premières villes fortes de France, et son fort, au dire des militaires, un des plus imprenables de l'Europe. La ville est éclairée au gaz ; on y entre actuellement par sept portes.

Grenoble possède une bibliothèque publique d'environ 60,000 vol., placés dans deux grandes pièces : la première, ou la salle d'entrée, a 14 m. 20 c. de longueur, 9 m. de largeur, et 6 m. 42 c. de hauteur ; elle est éclairée par huit fenêtres donnant sur la cour du collège et formant deux rangs de croisées. La grande salle a 66 m. de longueur, 8 m. 30 c. de largeur, et 6 m. 42 c. de hauteur ; elle est éclairée d'un côté par huit fenêtres sur deux rangs, de l'autre par vingt fenêtres également sur deux rangs, et par une grande fenêtre au centre et à balcon, en face de la salle d'entrée. Un cabinet d'histoire naturelle est également ouvert et est contigu à cette bibliothèque ; à l'extrémité de cet établissement est le musée des tableaux, renfermant plus de cent trente tableaux, parmi lesquels on compte des originaux de Rubens, l'Albane, Paul et Alexandre Véronèse, le Lorrain, Pérugin, Philippe de Champagne, l'Espagnolet, le Bassano, Lucatelli, Josepin, l'Orizzonte, Solario, Crayer, Vander-Meulen, le Brun, le Sueur, etc.

On remarque encore à Grenoble l'église Notre-Dame, l'évêché, l'hôpital général, le palais de justice, la salle de spectacle, la statue colossale en bronze, érigée en l'honneur de Bayard sur la place St-André, de nombreuses bornes-fontaines, et un beau château d'eau orné de sculptures en bronze, l'arsenal, la citadelle, le jardin de botanique. — On doit visiter aux environs le pont suspendu jeté sur le Drac, le pont de Claix, la Grande-Chartreuse, la magnanerie modèle, établie à quelques centaines de pas de la ville, etc., etc.

Biographie. Grenoble est le lieu de naissance d'un grand nombre de personnages qui se sont distingués, parmi lesquels nous citerons :

VAUCANSON, célèbre mécanicien, mort en 1782.

J.-J. MOUNIER, un des grands citoyens dont s'honore la France, membre de l'assemblée constituante, préfet d'Ille-et-Vilaine sous l'empire.

D.-AND. RÉAL, membre de la convention nationale.

BARNAVE, un des plus sincères amis de la liberté, député aux états généraux et à la convention, mort sur l'échafaud révolutionnaire en 1793.

N. AMAR, fougueux conventionnel, mort paisiblement dans son lit à Paris en 1816.

J.-J. LENOIR-LAROCHE, ministre de la police sous le directoire, membre du conseil des anciens, du sénat conservateur et de la chambre des pairs, assemblées où il a défendu constamment les principes constitutionnels, et où il s'est montré fidèle jusqu'à ses derniers jours aux sentiments de liberté qu'il avait manifestés en 1789.

Le comte ANGLÈS, préfet de police sous la restauration.

Le vicomte DE BARRAL (A.-H.-E), préfet du Cher sous l'empire, qui défendit avec courage le poste des échelles, en 1814, contre l'armée autrichienne.

COLAUD DE LA SALCETTE, préfet de l'Isère sous l'empire, membre du corps législatif.

HUGUES BERRIAT, intendant militaire, auteur de *Législation militaire*, 7 vol. in-8, 1802-17.

DUPORT LAVILLETTE et HIPP. DUCHESNE, membres de la chambre des représentants pendant les cent jours.

Le comte de ST-PRIEST, membre de la chambre des pairs.

Le baron SAVOYE-ROLLIN, membre de la chambre des députés.

CASIMIR PERRIER, membre distingué de la chambre des députés, mort président du conseil des ministres.

ALEX. PERRIER, membre de la chambre des députés.

CAMILLE PERRIER, ancien préfet, membre de la chambre des députés.

SCIPION PERRIER, industriel distingué.

DUBOUCHAGE, général d'artillerie, ancien ministre de la marine.

Les jurisconsultes JOSEPH REY, DU MOLARD et BERRIAT ST-PRIX.

Le docteur BILON, le médecin MAZET, mort à Barcelone, où il était allé en 1821 combattre la fièvre jaune.

Le cardinal DE TENCIN.

Le comte MATH. DE BARRAL, mort archevêque de Tours.

J.-M. D'AGOULT, évêque de Pamiers.

Les illustres abbés DE CONDILLAC et DE MABLY.

BOURCHENU DE VALBONNAIS, historien du Dauphiné.

L'abbé P. DE BARRAL, antiquaire et littérateur.

Le poëte GENTIL BERNARD.

Mme DE TENCIN, romancière célèbre (mère de l'illustre d'Alembert), morte en 1749.

BARGINET, de Grenoble, poëte et romancier.

ROCHETTE DE LA MORLIÈRE, D'ALBAN, BARTHÉLEMY (L.), FONTANELLE, romanciers et littérateurs.

INDUSTRIE. *Fabriques* considérables de gants de peau, de toiles, indiennes, chanvre ouvré, pelleteries, liqueurs fines (ratafia de Grenoble). Tanneries et chamoiseries. — Grenoble emploie à la fabrication des gants environ 400 ouvriers, y compris les teinturiers ; quant à la couture, 4 à 5,000 ouvriers s'en occupent, un tiers environ habite la campagne. Le chiffre de la valeur fabriquée est d'environ 2 millions de fr. ; il était autrefois plus élevé. Les deux Amériques et l'Angleterre sont les principaux débouchés des fabriques pour les deux tiers de cette somme, et le reste est livré pour la consommation de la France ; l'Angleterre ne reçoit que des qualités supérieures, tandis que l'Amérique achète presque toujours des qualités secondaires ; on emploie à la fabrication des gants les peaux du pays, celles d'Annonay, de Romans et de Millau. — Environ 1,000 ouvriers sont employés dans Grenoble à peigner le chanvre, et l'on calcule que des mains de ces ouvriers il sort environ 30,000 quintaux de chanvre par an, ce qui représente près de 40,000 quintaux de 30 kilogr. avant que ce chanvre ait été passé au battoir. Le chanvre que l'on prépare à Grenoble est préféré dans le commerce sous le double rapport de la matière première et de la fabrication. Indépendamment des chanvres de son territoire, cette ville reçoit encore, pour le travailler, du chanvre de Naples 6,000 quintaux, et 2,000 de Mons et d'Angers. — *Commerce* considérable de toiles indiennes, gants, pelleterie, liqueurs fines, etc. — Foires de 3 jours les 22 janv., lundi de la semaine sainte, 16 août et 14 déc.

A 108 k. S.-E. de Lyon par Bourgoin, 157 k. par Vienne, 52 k. S. de Chambéry, 556 k. S.-E. de Paris. Long. or. 3° 23′ 34″, lat. 45° 11′ 42″.

L'arrondissement de Grenoble est composé de 20 cantons : Allevard, Bourg-d'Oisans, Clelles, Corps, Domène, Entraigues, Goncelin, Grenoble N., Grenoble E., Grenoble S.-E., la Mure, Monestier-de-Clermont, le Touvet, Mens, St-Laurent-du-Pont, Sassenage, Vif, Villard-de-Lans, Vizille, Voiron.

Bibliographie. BERRIAT-ST-PRIX. *Notice sur l'ancienne université de Grenoble* (Mém. de la soc. des antiq. de France, t. III, p. 391).

* *Catalogue des tableaux et objets d'art du musée de Grenoble*, in-8 de 8 feuilles un quart.

CHAMPOLLION-FIGEAC. *Nouveaux Eclaircissements sur la ville de Cularo, aujourd'hui Grenoble*, in-8, 1814.

EXPILLY (Claude). *Traité de l'antiquité et Embellissements de la ville de Grenoble*, etc. etc. (imprimé avec ses plaidoyers, in-4, p. 157 ; 1619).

PITOT (J.-J.-A.). *Histoire de Grenoble et de ses environs, depuis sa fondation, sous le nom de Cularo, jusqu'à nos jours*, in-8, 1829.

BERGER DE XIVREY (Jules). *Occupation de Grenoble par les Sarrasins au xe siècle*, in-8, 1828.

SAINT-EDME (B.). *Didier. Histoire de la conspiration de 1816, documents et explications, notes et notices sur les hommes qui ont figuré dans ce grand drame*, in-32, 1841.

TERRENEUVE (F.). *Grenoble, Lyon, l'Isère, précis des événements qui ont eu lieu dans ces départements depuis 1812 jusqu'en 1818*, in-8, 1818.

* *Entrée de Sa Majesté (Louis XIII) à Grenoble, l'an 1622* (t. VIII du Mercure français, p. 889).

* *Entrée de Sa Majesté (Louis XIII) dans Grenoble, l'an 1629.* (Mercure français, t. XV, p. 60, 89, 106, 110, 505).

ALLARD (Guy). *Les Anciennes Inscriptions de la ville de Grenoble*, in-4, 1683.

* *Etat politique de la ville de Grenoble pour l'an 1698*, in-12, 1698.

CHAMPOLLION-FIGEAC. *Antiquités de Grenoble*, grand in-4, 1807.

BONNEFOUS (Eugène). *Notice historique et descriptive sur Notre-Dame de Grenoble*, in-8, 1840.

Panorama de la ville de Grenoble, demi-feuille grand-monde.

Plan de Grenoble, en 2 feuilles, 1835.

GRENOIS, vg. *Nièvre* (Nivernais), arr. et à 20 k. de Clamecy, cant. de Brinon-les-Allemands, ⊠ de Cannay. Pop. 824 h.

GRENONIÈRE (la), vg. *Isère*, comm. d'Ornon, ⊠ de Bourg-d'Oisans.

GRENORD, vg. *Charente*, comm. et ⊠ de Chabanais.

GRENOUX, bg *Mayenne* (Maine), arr., cant., et à 3 k. de Laval. Pop. 1,483 h.

GRENTHEVILLE, vg. *Calvados* (Normandie), arr. et à 7 k. de Caen, cant. de Bourguébus, ⊠ de Vimont. Pop. 149 h.

GRENTZINGEN, vg. *H.-Rhin* (Alsace), arr., ⊠ et à 10 k. d'Altkirch, cant. d'Hirsingen. Pop. 655 h.

GRENY, vg. *Seine-Inf.* (Normandie), arr. et à 16 k. de Dieppe, cant. et ⊠ d'Envermeu. Pop. 204 h.

GRÉOLIÈRES, *Griolica*, bg *Var* (Provence), arr. et à 25 k. de Grasse, cant. de Coursegoules, ⊠ de Vence. Pop. 713 h. Sur la rive gauche du Loup.

GRÉOUX, *Griselum, Griselium, Gredolæ*, joli village, *B.-Alpes* (Provence), arr. et à 67 k. de Digne, cant. de Valensolle. ⊠. ✶.
A 766 k. de Paris pour la taxe des lettres. Pop. 3,135 h.

Ce village, situé près de la rive droite du Verdon, est très-ancien. On y trouve des eaux minérales qui paraissent avoir été connues et fréquentées par les Romains. Une inscription trouvée aux bains de Gréoux a révélé l'existence et la position d'un lieu nommé *Griselum*, situé dans cet endroit même, sur le territoire des *Reii*. Le chiffre XI qu'on lit dans cette inscription exprime la distance exacte entre *Reii*, Riez, et *Griselum*, Gréoux.

EAUX THERMALES DE GRÉOUX.

La réputation des eaux de Gréoux ne survécut pas à la puissance des Romains. L'invasion des barbares du Nord et celle des Sarrasins firent oublier entièrement leurs vertus. Dans le XIe et le XIIe siècle, ces eaux devinrent célèbres sous les templiers, qui, accoutumés à se baigner plus souvent qu'on ne le faisait en Europe, y firent construire plusieurs bains, qui furent encore détruits pendant les guerres civiles et féodales ; la source fut comblée et ne

reparut qu'au commencement du XVIe siècle.
La princesse Pauline, sœur de Napoléon, fit un séjour aux eaux de Gréoux en 1805, ainsi que le constatait un petit obélisque élevé en son honneur sur une hauteur voisine. Aujourd'hui Gréoux offre un établissement commode de bains et d'étuves d'un aspect agréable, renfermant des chambres propres et bien aérées. Cet établissement, qu'on peut offrir comme un modèle à tous les propriétaires d'eaux minérales, a été restauré il y a quelques années par M. Gravier. La source est volumineuse et remplit un puits de 6 m. de profondeur, d'où l'eau est conduite aux bains.

L'établissement thermal se trouve à environ cinq cents pas à l'est du village et à cent pas de la rivière du Verdon. Des promenades bien ombragées et plusieurs petits jardins paysagers, ornés de divers arbustes à fleurs odoriférantes, font de ce site un séjour gracieux. Le bâtiment des bains, entièrement construit à neuf, est très-vaste, fort commode, propre et bien distribué. Toutes les baignoires sont de marbre; il y en a quelques-unes de forme carrée, dans lesquelles on descend par plusieurs marches également en marbre.

SAISON DES EAUX. On fait usage des eaux de Gréoux depuis le commencement de mai jusqu'à la fin de septembre. La durée de chaque saison est de trois ou quatre semaines. L'établissement, situé au milieu d'une belle campagne, est fréquenté par près de 300 étrangers. Le climat est doux, l'air salubre, et les productions sont variées et abondantes.

PROPRIÉTÉS MÉDICINALES. On administre les eaux de Gréoux à l'intérieur, dans la phthisie catarrhale, les maladies cutanées chroniques, la faiblesse de l'appareil digestif, l'hypocondrie dépendante des engorgements abdominaux, la leucorrhée constitutionnelle. Elles sont préconisées à l'extérieur contre la paralysie et les tumeurs articulaires.

MODE D'ADMINISTRATION. Ces eaux se prennent en boisson, à jeun, à la dose d'un litre jusqu'à trois. On les emploie le plus souvent en bains tempérés.

Bibliographie. FONTAINE (J.). *Rénovation des bains de Gréoux*, in-8, 1619.
COMBE (J. DE). *Eaux de Gréoux* (Hydrologie, etc., part. II, chap. 1, 8 et 18).
BERNARD (P.). *Les Eaux de Gréoux*, in-8, 1705.
ESPARRON. *Traité des eaux minérales de Gréoux*, in-8, 1753.
DALRUC. *Nouvelle Analyse des eaux de Gréoux* (Journ. de méd., juin 1757, p. 427 ; nouv. édit. revue par Laurent, in-12, 1821.
— *Nouveau Traité des eaux de Gréoux*, in-8, 1777 (Hist. nat. de Provence, chap. 48).
BURET. *Notice sur les eaux de Gréoux* (Topogr. médicale de la France, t. II, p. 13).
VALENTIN. *Notice sur les eaux de Gréoux* (Journ. de méd., t. XXI, p. 195).
BOULAY. *Analyse de l'eau minérale de Gréoux* (avec Henri) (Ann. des mines, t. XIII, 3e sér., p. 632).
DAUVERGNE (A.). *Topographie médicale des eaux thermales sulfureuses de Gréoux*, in-8, 1833.

GRÉPIAC, bg H.-Garonne (Languedoc), arr. et à 13 k. de Muret, cant. et ✉ d'Auterive. Pop. 384 h.

GRÈS (les), vg. *Aube*, comm. de Fontaine-St-Georges. ✉. ✆. A 141 k. de Paris pour la taxe des lettres.

GRÈS (le), vg. *H.-Garonne* (Languedoc), arr. et à 35 k. de Toulouse, cant. et ✉ de Cadours. Pop. 402 h.

GRÈS, *Gressium*, *Seine-et-Marne* (Gatinais), arr. et à 11 k. de Fontainebleau, cant. et ✉ de Nemours. Pop. 618 h.

Grès était autrefois une ville qui a eu le sort de bien des cités florissantes. Elle tombait en ruines dans le temps que le village de Nemours commençait à s'agrandir au milieu du XIIe siècle. Les démolitions de la ville de Grès furent employées à bâtir les maisons que l'on voyait s'élever tous les jours à Nemours. De Grès on a fait le mot *Grex*, et l'on a supposé que cette ville existait du temps de César ; mais on n'en voit aucune trace dans les historiens qui parlent de l'ancienne Gaule. Tout ce que nous en savons, c'est que la terre de Grès était un membre du comté du Gatinais, aliéné d'abord aux vicomtes de Melun, ensuite donné aux seigneurs de la maison d'Anjou, à titre de châtellenie sous le ressort et souveraineté de ce comté.

GRÈS (les), vg. *Seine-et-Oise*, comm. d'Auvers, ✉ de Pontoise.

GRÈSES, vg. *H.-Loire* (Languedoc), arr. et à 41 k. du Puy, comm. et ✉ de Saugues. Pop. 745 h.

GRÉSIGNY-SUR-ALISE, vg. *Côte-d'Or* (Bourgogne), arr. et à 17 k. de Semur, cant. et ✉ de Flavigny. Pop. 314 h.

GRÉSILLAC, vg. *Gironde* (Guienne), arr. et à 18 k. de Libourne, cant. et ✉ de Branne. Pop. 824 h.

GRESLE (la), vg. *Loire* (Beaujolais), arr. et à 21 k. de Roanne, cant. de Belmont, ✉ de Cours. Pop. 2,038 h.

GRESSE, vg. *Drôme*, comm. de Mévouillon, ✉ de Sederon.

GRESSE, vg. *Isère* (Dauphiné), arr. et à 45 k. de Grenoble, cant. et ✉ de Monestier-de-Clermont. Pop. 815 h. — *Foires* les 25 août, 21 oct.

GRESSEY, vg. *Seine-et-Oise* (Beauce), arr. et à 22 k. de Mantes, cant. et ✉ d'Houdan. Pop. 368 h.

GRESSINET, vg. *Puy-de-Dôme*, comm. d'Orcines, ✉ de Clermont-Ferrand.

GRESSOUX, vg. *H.-Saône*, comm. d'Auxon-lès-Vesoul, ✉ de Vesoul.

GRESSWILLER, vg. *B.-Rhin* (Alsace), arr. et à 26 k. de Strasbourg, cant. de Molsheim, ✉ de Mutzig. Pop. 924 h.

GRESSY, vg. *Seine-et-Marne* (Brie), arr. et à 19 k. de Meaux, cant. et ✉ de Claye. Pop. 86 h.

GRÉTAUDE (la), vg. *Nièvre*, comm. et ✉ de Moulins-en-Gilbert.

GRETZ, vg. *Seine-et-Marne* (Brie), arr. et à 26 k. de Melun, cant. et ✉ de Tournan. Pop. 426 h.

GREUCOURT, vg. *H.-Saône* (Franche-Comté), arr. et à 27 k. de Gray, cant. de Fresnes-St-Mamès, ✉ de Frétigny. Pop. 189 h.

GREUILLE, vg. *Indre*, comm. de Sassierges, ✉ de Châteauroux.

GREUVILLE, vg. *Seine-Inf.* (Normandie), arr. et à 18 k. de Dieppe, comm. et ✉ de Bacqueville. Pop. 675 h.

GREUX, vg. *Vosges* (Lorraine), arr., ✉ et à 11 k. de Neufchâteau, cant. de Coussey. Pop. 280 h.

GRÈVE (la), vg. *Charente-Inf.*, comm. de St-Martin-de-Villeneuve, ✉ de Mauzé.

GRÈVE (la), vg. *Vendée*, comm. de St-Martin-des-Noyers, ✉ des Essarts.

GRÈVES (les), vg. *Marne*, comm. de Bagneux, ✉ d'Anglure.

GREVILLE, vg. *Manche* (Normandie), arr. et à 14 k. de Cherbourg, cant. et ✉ de Beaumont. Pop. 635 h. — *Foires* les 11 avril, 10 juin et 7 sept.

GREVILLERS, vg. *Pas-de-Calais* (Artois), arr. et à 22 k. d'Alais, cant. et ✉ de Bapaume. Pop. 800 h.

GREVILLY, vg. *Saône-et-Loire* (Bourgogne), arr. et à 27 k. de Mâcon, cant. de Lugny, ✉ de St-Oyen. Pop. 185 h.

GREYRE, vg. *B.-Alpes*, comm. et ✉ de Seyne.

GREZ, vg. *Oise* (Picardie), arr. et à 26 k. de Beauvais, cant. et ✉ de Grandvilliers. Pop. 584 h.

GREZ (les), vg. *Seine-et-Marne*, comm. de Croissy, ✉ de Lagny.

GREZAC, vg. *Charente-Inf.* (Saintonge), arr. et à 21 k. de Saintes, cant. et ✉ de Cozes. Pop. 950 h.

GREZELS, bg *Lot* (Quercy), arr. et à 36 k. de Cahors, cant. et ✉ de Puy-l'Évêque. Pop. 719 h. — Il est situé sur un coteau qui domine une vaste et fertile vallée. On y remarque un ancien château entouré de hautes murailles, qui est aujourd'hui affecté à une exploitation rurale. — *Foires* les 16 janv., 1er sept. et 23 nov.

GREZ-EN-BOUÈRE, bg *Mayenne* (Maine), arr. et à 15 k. de Château-Gontier, chef-l. de cant. Cure. ✉. A 277 k. de Paris pour la taxe des lettres. Pop. 1,543 h. — TERRAIN tertiaire moyen, voisin du terrain de transition. — *Foires* les 10 mai, 1er juin, 28 oct. et jeudi de la semaine sainte.

GRÈZES, vg. *Aude*, comm. et ✉ de Carcassonne.

GRÈZES, vg. *Dordogne* (Périgord), arr. à 32 k. de Sarlat, cant. et ✉ de Terrasson. Pop. 359 h.

GRÈZES, vg. *Lot* (Quercy), arr. et à 19 k. de Figeac, cant. de Livernon, ✉ de la Capelle-Marival. Pop. 418 h. — *Foire* le lendemain des fêtes de Pâques.

GRÈZES, vg. *Lozère* (Languedoc), arr., cant., ✉ et à 7 k. de Marvejols. Pop. 498 h. — On voit dans ses environs une grotte remarquable par les congélations qu'elle renferme.

Grèzes était autrefois défendu par un château dont parle Grégoire de Tours. Ce château fut attaqué sans succès par les Vandales au commencement du v° siècle; dans la suite il devint le chef-l. de la vicomté du Gévaudan, fut pris par les protestants en 1617, et démoli par ordre de Louis XIII en 1632.

GREZET-CAVAGNAN (le), vg. *Lot-et-Garonne* (Agénois), arr., ⊠ et à 16 k. de Marmande, cant. de Bouglon. Pop. 623 h. — Il a reçu le surnom de Cavagnan en 1840, époque de la réunion à son territoire de celui de cette commune.

GRÉZIAN, vg. *H.-Pyrénées* (Armagnac), arr. et à 40 k. de Bagnères-en-Bigorre, cant. et ⊠ d'Arreau. Pop. 180 h.

GRÉZIAT, vg. *Ain*, comm. de St-Cyr-sur-Menthon, ⊠ de Mâcon.

GRÉZIEUX - LA - VARENNE, bg *Rhône* (Lyonnais), arr. et à 11 k. de Lyon, cant. et ⊠ de Vaugneray. Pop. 784 h. — *Foires* les 29 janv., 19 mars, 26 avril, 25 juin, 17 août et 4 déc.

GRÉZIEUX-LE-FROMENTEL, vg. *Loire* (Forez), arr., cant., ⊠ et à 6 k. de Montbrison. Pop. 236 h.

GRÉZIEUX - LE - MARCHÉ, vg. *Rhône* (Lyonnais), arr. et à 34 k. de Lyon, cant. et ⊠ de St-Symphorien-sur-Coise. P. 758 h.

GREZIGNAC, vg. *Dordogne*, comm. de Cherval, ⊠ de Verteillac.

GRÉZILLÉ, bg *Maine-et-Loire* (Anjou), arr. et à 27 k. de Saumur, cant. de Gennes, ⊠ de Brissac. Pop. 781 h.

GRÈS - NEUVILLE, vg. *Maine-et-Loire* (Anjou), arr. et à 17 k. de Segré, cant. du Lion-d'Angers. Pop. 1,383 h. — *Foire* le 25 juillet.

GRÉZILLE (la), vg. *Maine-et-Loire*, com. d'Ambillou, ⊠ de Doué.

GREZIN, vg. *Ain*, comm. de Léaz, ⊠ de Collonges.

GREZOLLE, vg. *Loire* (Forez), arr. et à 28 k. de Roanne, cant. et ⊠ de St-Germain-Laval. Pop. 464 h.

GRICOURT, vg. *Aisne* (Picardie), arr., ⊠ et à 6 k. de St-Quentin, cant. de Vermand. Pop. 721 h.

GRIÈDE (St-), vg. *Gers* (Armagnac), arr. et à 50 k. de Condom, cant. et ⊠ de Nogaro. Pop. 250 h.

GRIÉGES, vg. *Ain* (Bourgogne), arr. et à 35 k. de Bourg-en-Bresse, cant. et ⊠ de Pont-de-Veyle. Pop. 1,217 h.

GRIES, vg. *B.-Rhin* (Alsace), arr. et à 21 k. de Strasbourg, cant. et ⊠ de Brumath. Pop. 1,291 h.

GRIESBACH, vg. *B.-Rhin* (Alsace), arr. et à 10 k. de Saverne, cant. et ⊠ de Bouxwiller. Pop. 297 h.

GRIESBACH, vg. *B.-Rhin* (Alsace), arr. et à 30 k. de Wissembourg, cant. et ⊠ de Niederbronn. Pop. 527 h.

GRIESHEIM, vg. *B.-Rhin* (Alsace), arr. et à 30 k. de Schelestadt, cant. et ⊠ de Rosheim. Pop. 791 h.

GRIESHEIM, vg. *B.-Rhin* (Alsace), arr. et à 9 k. de Strasbourg, cant. et ⊠ de Truchtersheim. Pop. 406 h.

GRIESPACH, ou CRESPACH, vg. *H.-Rhin* (Alsace), arr. et à 17 k. de Colmar, cant. et ⊠ de Münster. Pop. 494 h.

GRIFFONOTES (les), vg. *H.-Marne*, comm. de Torcenay, ⊠ du Fayl-Billot. ♈

GRIGNAN, *Grignanum*, petite ville, *Drôme* (Dauphiné), arr. et à 27 k. de Montélimart, chef-l. de cant. ⊠. A 626 k. de Paris pour la taxe des lettres. P. 1,948 h. — TERRAIN tertiaire moyen. — Cette ville est située sur une hauteur près de la Letz qui la sépare du département de Vaucluse. Elle appartenait autrefois à l'empereur Frédéric, qui l'inféoda, vers le milieu du XII° siècle, à Gérard Adhémar, dont l'un des descendants épousa en 1669 la fille de M™° de Sévigné, si connue par ses Lettres; c'est à cet hymen que le château de Grignan doit sa célébrité. — M™° de Sévigné affectionnait beaucoup ce château. « Je vois d'ici votre belle terrasse, écrivait-elle à sa fille, d'où toutes vos vues sont admirables; je connais celle du mont Ventoux; j'aime bien tous les amphithéâtres, et suis persuadée que si jamais le ciel a quelque curiosité de nos spectacles, ses habitants ne choisiront pas d'autre lieu que celui-là. » — M™° de Sévigné mourut au château de Grignan, emportée par une petite vérole maligne. Ses cendres reposent dans l'église de Grignan, et sont recouvertes d'un marbre noir portant l'inscription suivante :

CI-GIT
MARIE DE RABUTIN-CHANTAL,
MARQUISE DE SÉVIGNÉ,
DÉCÉDÉE
LE 18 AVRIL 1696.

Saint-Simon, qui recueillait, suivant toute apparence, l'opinion établie dans la société par les personnes qui avaient connu cette femme célèbre, s'exprime ainsi dans ses Mémoires : « Dans ce temps mourut à Grignan, chez sa fille, M™° de Sévigné, si aimable, si excellente compagnie. Cette dame, par son aisance, ses grâces naturelles, la douceur de son esprit, en donnoit, par sa conversation, à qui n'en avoit pas extrêmement; bonne d'ailleurs, elle savoit beaucoup sans le faire paroître. » Sa fille décéda en 1705 : le comte de Grignan vécut jusqu'en 1714. Il ne laissa que deux filles, dont l'une se fit religieuse; l'autre, Pauline, est devenue célèbre sous le nom de la marquise de Siméane.

Du temps de M™° de Sévigné, le château de Grignan avait été mis dans un état de magnificence vraiment royale; il était précédé d'une terrasse servant de cour, au-dessous de laquelle se trouvait l'église paroissiale. Aujourd'hui ce château n'offre plus que des ruines, mais des ruines imposantes, qui donnent encore une idée de son ancienne splendeur.

Les armes de Grignan sont : d'or à trois bandes d'azur.

Commerce de grains, vins, truffes, soie. Culture de la garance. — *Foires* les 21 janv., 6 août, 27 oct., 18 nov., 27 déc., mardi après Pâques et mardi après la Pentecôte.

GRIGNEUZEVILLE, *Gerneosavilla*, *Seine-Inf.* (Normandie), arr. et à 33 k. de Dieppe, cant. et ⊠ de Bellencombre. Pop. 350 h.

GRIGNEVILLE, vg. *Loiret* (Orléanais), arr., ⊠ et à 11 k. de Pithiviers, cant. d'Outarville. Pop. 576 h. — *Foire* le 2 juillet.

GRIGNOLS, bg *Dordogne* (Périgord), arr. et à 22 k. de Périgueux, cant. et ⊠ de St-Astier. Cure. Bureau d'enregist. Pop. 1,213 h. —C'était autrefois une ville forte qui a soutenu plusieurs sièges.—*Foires* les 7 sept., 30 nov., 22 déc. et mardi de la Pentecôte.

GRIGNOLS, bg *Gironde* (Bazadois), arr. et à 15 k. de Bazas, chef-l. cant., ⊠. A 634 k. de Paris pour la taxe des lettres. Pop. 1,735 h. — TERRAIN tertiaire supérieur. —*Foires* les 17 janv., 13 août, 25 nov., lendemain de l'Ascension, 1er mercredi après St-Pierre et 1er mercredi de chaque mois.

GRIGNON, vg. *Côte-d'Or* (Bourgogne), arr. et à 10 k. de Semur, cant. et ⊠ de Montbard. Pop. 480 h. — *Foires* les 24 mars, 28 mai, 16 sept. et 7 nov.

GRIGNON, vg. *Seine*, comm. de Thiais et Orly, ⊠ de Choisy-le-Roi.

GRIGNON, vg. *Seine-et-Oise*, comm. de Thiverval, ⊠ de Neauphle-le-Château.

GRIGNONCOURT, vg. *Vosges* (Lorraine), arr. et à 57 k. de Neufchâteau, cant. de Lamarche, ⊠ de Bourbonne. Pop. 279 h.

GRIGNY, vg. *Marne*, comm. de Passy-Grigny, ⊠ de Dormans.

GRIGNY, vg. *Marne*, comm. d'Esclaires, ⊠ de Ste-Ménehould.

GRIGNY, vg. *Pas-de-Calais* (Artois), arr. et à 22 k. de St-Pol-sur-Ternoise, cant. du Parcq, ⊠ de Hesdin. Pop. 473 h.

GRIGNY, vg. *Rhône* (Lyonnais), arr. et à 18 k. de Lyon, cant. et ⊠ de Givors. P. 1,388 h. Manufacture de porcelaine. — Marché tous les samedis. — *Foires* les 30 juillet et 16 déc.

GRIGNY, vg. *Seine-et-Oise* (Ile-de-France), arr. et à 10 k. de Corbeil, cant. de Longjumeau, ⊠ de Ris. Pop. 450 h. — On y voit une fontaine qui porte le nom de Henri IV.

GRIGY, vg. *Moselle*, comm. de Borny, ⊠ de Metz.

GRILLEUX, vg. *Somme*, comm. de Flesselles, ⊠ de Villers-Bocage.

GRILLON, vg. *Vaucluse* (principauté d'Orange), arr. et à 34 k. d'Orange, cant. et ⊠ de Valréas. Pop. 1,312 h.—*Foires* les 21 sept. et 2 nov.

GRILLOUS (les), vg. *B.-Alpes*, comm. de Mallemoisson, ⊠ de Digne.

GRILLY, vg. *Ain* (pays de Gex), arr., cant., ⊠ et à 4 k. de Gex. Pop. 437 h.

GRIMALDIE (la), vg. *Aveyron*, comm. de Ledergues, ⊠ de Cassagnes-Bégonhès.

GRIMAUCOURT, vg. *Meuse* (Lorraine), arr. et à 14 k. de Verdun-sur-Meuse, cant. et ⊠ d'Etain. Pop. 267 h.

GRIMAUCOURT-PRÈS-SAMPIGNY, vg. *Meuse* (Lorraine), arr., cant., ⊠ et à 11 k. de Commercy, et à 15 k. de St-Mihiel. Pop. 379 h.

GRIMAUD (golfe de). V. GRIMAUD.

GRIMAUD, *Athenopolis*, *Grimaldus*, *Castrum de Grimaldo*, vg. *Var* (Provence), arr. et à 44 k. de Draguignan, chef-l. de cant., ✉ de Cogolin, bureau d'enregist. à St-Tropez. Cure. Pop. 1,304 h. — Terrain cristallisé ou primitif.

Ce village, dont il est rarement fait mention par les historiens de la Provence, paraît avoir peu souffert des guerres étrangères et des guerres intestines qui ont si souvent désolé cette province : il était devenu le refuge de toute l'industrie et de tout le commerce de la contrée. On y voit encore plusieurs vieilles maisons d'architecture mauresque, italienne et du moyen âge. Des galeries à arcades, construites dans les xve et xvie siècles, soutenaient les maisons de la grande rue et de la rue des Juifs, et facilitaient la circulation des acheteurs au-devant des boutiques dont elles étaient garnies. Entre ces deux rues se trouve sur la place du Cros un puits remarquable par son antiquité, creusé au ciseau dans le roc vif, longtemps avant l'invention de la poudre. A l'autre extrémité de la rue des Juifs se voit l'église paroissiale, en forme de croix latine, bâtie en granit grossier : ses murs sont fort épais, en gros blocs de pierres carrées, posées par assises régulières, ainsi que la voûte; les bras de la croix forment deux chapelles. Tous les arcs de cette église sont à pleins cintres, ce qui annonce qu'elle a été construite avant l'introduction de l'architecture gothique. Le chœur est formé par une niche immense creusée dans un massif carré, au-dessus duquel on a bâti postérieurement un clocher assez élevé, sans que le poids énorme, suspendu sur l'arceau d'ouverture ait nui à sa solidité ; la poussée des voûtes n'est soutenue ni par des arcs-boutants, ni par des contre-forts, et cependant cet édifice, déjà si ancien, paraît devoir résister encore à une longue suite de siècles. — Grimaud possède une maison commune nouvellement restaurée, un beau presbytère et un hôpital richement doté.

Grimaud était autrefois une baronnie qui passa successivement dans le domaine de plusieurs familles illustres. En 1627, cette baronnie fut érigée en marquisat par Louis XIII, en faveur du seigneur d'Esplanes, auquel succéda la famille Castellanne St-Juers, qui la posséda jusqu'à la révolution de 1789; Grimaud reprit en 1793 son nom primitif d'Athénopolis, qu'il quitta vers 1799.

Au sommet de la colline sur le penchant de laquelle est bâti le village on voit les ruines pittoresques du château de Grimaldi. La tradition attribue sa construction à la reine Jeanne Ire, princesse intéressante et malheureuse dont l'histoire est toujours vivante dans le souvenir des Provençaux. Cette construction, bien supérieure à celle des autres châteaux de la même époque, paraît être l'ouvrage des architectes italiens du xve siècle, et fut élevée vraisemblablement par les ordres de Jean Cosse, l'un des hommes les plus distingués de son siècle. Il subsiste encore de la façade principale du château de Grimaldi deux tours rondes, ornées de cordons de serpentine du meilleur effet ; les fenêtres, toutes carrées, ont des chambranles de la même pierre. Au milieu de l'enceinte du château s'élevait une autre tour d'une grande hauteur, qui s'est écroulée il y a environ trente ans ; c'était un véritable belvéder, d'où l'on pouvait apercevoir la mer tout autour de la presqu'île de Gassin et de St-Tropez. Autour du château s'étend une vaste enceinte de murailles garnies de meurtrières, par où l'on défendait l'approche du village. — Le château de Grimaldi n'a été abandonné que vers le milieu du xviiie siècle par le dernier seigneur. Ayant reçu dans une bataille une blessure qui le rendit boiteux, il trouva trop pénible d'habiter un château dont l'accès était aussi escarpé, et fit construire une habitation dans la partie basse du village.

Le golfe de Grimaud, situé à 2 k. de Grimaud, offre un bassin semi-elliptique de 16 à 20 k. de long sur autant de large, qui s'ouvre vers la pleine mer entre Ste-Maxime et St-Tropez. Outre la petite ville de St-Tropez, sept ou huit villages et quelques hameaux s'y élèvent, tels que le village de Grimaud, bâti sur un coteau exposé au midi ; celui de Cogolen, situé au pied méridional d'un coteau presque isolé ; celui de Gassin, bâti sur une montagne d'où l'on découvre une grande étendue de mer, le golfe de Grimaud et la rade de Calvaire. — Séparé du reste de la Provence par les montagnes des Maures, le bassin de Grimaud jouit d'un climat privilégié : c'est, pour ainsi dire, la Provence de la Provence. De beaux palmiers s'y élèvent sous le village de Ste-Maxime, sur le bord même de la mer ; sur le territoire de Gassin on trouve des palmiers, des citronniers et des cédrats ; les lauriers-roses y sont répandus en abondance sur le bord des ruisseaux. — Le golfe de Grimaud a reçu plus d'une fois les flottes romaines et les flottes marseillaises, qui y trouvèrent un abri contre les tempêtes et un port de salut lorsqu'elles étaient poursuivies par des flottes ennemies. Pendant le blocus continental, les vaisseaux de l'État et les navires marchands poursuivis par les Anglais venaient y chercher un refuge assuré. Ce golfe est très-exposé au vent d'est, et il serait dangereux de le traverser lorsque ce vent est déchaîné.

Patrie du médecin Dalruc, auteur de l'Histoire naturelle de la Provence.

Fabriques d'huile d'olives estimée, de bouchons de liège. Briqueteries. — *Foires* les 15 août, jour de l'Ascension et 29 sept.

GRIMAUDIÈRE (la), vg. *Vienne* (Poitou), arr. et à 24 k. de Loudun, cant. de Moncontour, ✉ de Mirebeau. Pop. 25 h.

Patrie de M. de Noë, mort évêque de Troyes.

GRIMAULT, vg. *Yonne* (Bourgogne), arr. et à 25 k. de Tonnerre, cant. et ✉ de Noyers. Pop. 435 h.

GRIMBOSCQ, vg. *Calvados* (Normandie), arr. et à 27 k. de Falaise, cant. de Bretteville-sur-Laize, ✉ d'Harcourt-Thury. Pop. 415 h.

GRIMESNIL, vg. *Manche* (Normandie), arr. et à 14 k. de Coutances, cant. et ✉ de Gavray. Pop. 252 k.

GRIMOMEZ, vg. *Nord*, comm. d'Hergnies, ✉ de Condé-sur-l'Escaut.

GRIMONE, vg. *Drôme*, com. de Glandaye, ✉ de Die.

GRIMONVAL, vg. *Eure*, comm. d'Ecos, ✉ des Thilliers-en-Vexin.

GRIMONVILLER, vg. *Meurthe* (Lorraine), arr. et à 42 k. de Toul, cant. et ✉ de Colombey. Pop. 285 h.

Patrie de Sén. Bottin, auteur de plusieurs ouvrages de statistique et continuateur de l'Almanach du commerce de la Tyna.

GRIMPERET, vg. *Marne*, comm. de Moslins, ✉ d'Avize.

GRINCOURT-LÈS-PAS, vg. *Pas-de-Calais* (Artois), arr. et à 24 k. d'Arras, cant. de Pas, ✉ de l'Arbret. Pop. 149 h.

GRINDORFF, vg. *Moselle* (pays Messin), arr. et à 32 k. de Thionville, cant. et ✉ de Sierck. Pop. 1,169 h.

GRINNES (lat. 52°, long. 24°). « On trouve ce lieu dans la Table théodosienne. Il en est aussi mention dans Tacite (*Hist.*, v, 21), mais sans aucune circonstance qui puisse faire juger de la situation. Il faut donc s'en tenir à la Table, et en faire l'usage qui peut paraître plus convenable. *Grinnes* est placé entre *Gaspingium* et un *Duodecimum*, qui doit avoir été dénommé ainsi relativement à *Noviomagus*, où tend cette route, laquelle est tracée parallèlement à une autre qui suit le bord du Rhin, en partant également de *Lugdunum* des Bataves, ou de Leyde. On peut voir à l'article *Gaspingium* une juste évaluation de la distance entre ce lieu et *Noviomagus*, ou Nimègue. La Table marque XVIII de *Gaspingium* à *Grinnes*, et VI de *Grinnes* au *Duodecimum*. Ces deux distances, en partant d'Asperen, qui est *Gaspingium*, conduisent précisément à une position que sa distance particulière à l'égard de Nimègue a fait nommer *Duodecimum* ; et il s'ensuit d'une proportion d'espace sur le local, selon les nombres XVIII et VI, entre lesquels *Grinnes* est placé, que ce lieu doit avoir existé aux environs de Tiel, un peu au-dessus et à la droite du Vahal également. C'est faire violence aux moyens dont la position de *Grinnes* dépend étroitement que de la transporter, comme a fait Menso-Alting (*Notit. Batav.*, p. 80), à la route qui suit le bord du Rhin, dont celle à laquelle *Grinnes* est attaché se distingue clairement dans la Table ; et on peut demander s'il existe d'autre notion de l'emplacement de *Grinnes* que ce qu'on doit précisément à l'indication de la Table. » D'Anville. *Notice de l'ancienne Gaule*, p. 361.

GRIOLET, vg. *Seine-Inf.*, comm. de Caudebec-lès-Elbeuf, ✉ d'Elbeuf.

GRINEZ, cap situé vis-à-vis de Foreland, à l'endroit le plus étroit du Pas-de-Calais, au nord de Boulogne et d'Ambleteuse. Son extrémité est surmontée d'une redoute et d'un grand phare de 1er ordre à feu tournant à éclipses de 30 en 30 secondes, de 59 m. de hauteur et de 23 k. de portée. Lat. 50°52', long. O. 0°45'.

—*Établissement de la marée*, 10 heures 40 minutes.

GRIOUDAS, vg. *Aveyron*, com. de Montrozier, ⊠ de Laissac.

GRIP, vg. *H.-Pyrénées*, comm. de Campan, ⊠ Bagnères-en-Bigorre. — On doit visiter aux environs les cascades formées par les eaux de l'Adour, et le site de Tramesaigues, situé au pied du pic du Midi de Bigorre.

GRIPPIÈRE (Grande et Petite-), *Eure*, comm. de Mézières-sur-Seine, ⊠ de Vernon.

GRIPPON (le), vg. *Manche*, comm. des Chambres, ⊠ de la Haye-Pesnel.

GRIPPORT, vg. *Meurthe* (Lorraine), arr. et à 40 k. de Nancy, cant. d'Haroué, ⊠ de Neuviller-sur-Moselle. Pop. 532 h.

GRIPT, vg. *Deux-Sèvres* (Poitou), arr. et à 13 k. de Niort, cant. et ⊠ de Beauvoir-sur-Niort. Pop. 346 h.

GRISAC, vg. *Lozère*, comm. de Pont-de-Montvert, ⊠ de Florac.

GRISCOURT, vg. *Meurthe* (pays Messin), arr. et à 23 k. de Toul; cant. de Domèvre, ⊠ de Noviant-aux-Prés. Pop. 175 h.

GRISELLES, vg. *Côte-d'Or* (Bourgogne), arr. et à 21 k. de Châtillon-sur-Seine, cant. et ⊠ de Laignes. Pop. 310 h.

GRISELUM (lat. 44°, long. 24°). « L'antiquité a connu des bains dans un lieu dont le nom est Gréoulx, peu loin de la rive droite du Verdon, un peu au-dessus de son embouchure dans la Durance. Une inscription trouvée en ce lieu, et rapportée, d'après les papiers de M. de Peiresc, par l'historien de Provence, Honoré Bouche, et par Spon, porte *Nymphis XI. Griselicis*. De l'ethnique que donne ainsi cette inscription on peut inférer que le nom propre était *Griselum* ou *Griselœ*, et la dénomination actuelle y répond par analogie. » D'Anville, *Notice de l'ancienne Gaule*, p. 362.

GRISOELLE, vg. *Nord*, comm. et ⊠ de Maubeuge.

GRISOLLES, vg. *Aisne* (Picardie), arr. et à 10 k. de Château-Thierry, cant. et ⊠ de Neuilly-St-Front. Pop. 320 h.

GRISOLLES, petite ville, *Tarn-et-Garonne* (Languedoc), arr. et à 25 k. de Castel-Sarrasin, chef-l. de cant. Cure. Gîte d'étape. ⊠. ♂. A 659 k. de Paris pour la taxe des lettres. Pop. 2,017 h. —TERRAIN tertiaire moyen.

Cette ville est bâtie sur une ancienne voie romaine, qui de Toulouse se dirigeait vers Moissac et Agen; plusieurs tumulus existent dans son voisinage : l'un à Parthanaïs et l'autre à Canals. Placée entre ces monuments, la ville de Grisolles ne conserve point cependant d'objets qui annoncent une grande ancienneté ; toutefois elle jouissait d'un certain éclat vers la fin du XIIIe siècle. Ses habitants n'ayant point embrassé le parti de la Ligue, ou ayant abandonné ce parti, le ligueur Joyeuse attaqua Grisolles, dont Fénelon, un des aïeux de l'archevêque de Cambrai, était gouverneur ; il voulut résister, fut pris sur la brèche et pendu par les ordres de Joyeuse. Les ligueurs pillèrent la ville; mais sa situation dans une contrée fertile contribua puissamment à son rétablissement, et depuis elle a joui d'une grande prospérité.

L'église paroissiale de cette ville est un édifice du XIVe siècle. L'intérieur n'offre rien de remarquable ; le portail seul paraît digne d'une description particulière ; il est de forme ogive, composé de dix arcs en brique et d'un arc extérieur en pierre qui sert d'encadrement ; huit colonnes en marbre des Pyrénées décorent ce portail, et supportent des chapiteaux sur lesquels on a représenté quelques sujets tirés de l'histoire sainte et plusieurs compositions allégoriques : on y voit l'Annonciation, l'Adoration des mages, la Circoncision, la Fuite en Égypte, le Baptême de Jésus-Christ, Jésus ressuscité, etc. Un autre bas-relief représente un bon et un mauvais génie pesant les âmes qui ne sont plus : le poids des bonnes actions l'emporte-t-il, le génie du bien s'empare de l'âme du juste, et lui indique la route des demeures célestes ; mais l'âme a-t-elle été souillée par le crime, le génie du mal en devient le maître, et la précipite dans les régions infernales.

Fabriques de coutellerie.—*Foires* les 22 fév., 1er juin, 22 sept., et 1er mercredi de janv., mars, avril, mai, juillet, août, oct., nov. et déc.

GRISY, vg. *Calvados* (Normandie), arr. et à 16 k. de Falaise, cant. de Coulibeuf, ⊠ de Jort. Pop. 196 h.

GRISY, *Gratiacum*, vg. *Seine-et-Oise* (Vexin), arr. et à 12 k. de Pontoise, cant. ⊠ de Marines. Pop. 463 h. — Carrières et fours à plâtre.

GRISY-SUINES, vg. *Seine-et-Marne* (Ile-de-France), arr. et à 19 k. de Melun, cant. ⊠ de Brie-Comte-Robert. Pop. 899 h.

Le château de LA GRANGE-LE-ROI, bâti par François Ier, fait partie de cette commune. Le principal corps de logis et les six pavillons qui le composent sont entourés de fossés remplis d'eau vive, avec des ponts-levis.

GRISY-SUR-SEINE, vg. *Seine-et-Marne* (Brie), arr. et à 20 k. de Provins, cant. et ⊠ de Bray-sur-Seine. Pop. 191 h.

GRIVAT (les), vg. *Allier*, comm. et ⊠ de Cusset.

GRIVE (la), vg. *Isère*, comm. et ⊠ de Bourgoin.

GRIVEAU, vg. *Charente-Inf.*, comm. et ⊠ d'Ars-en-Ré.

GRIVES, vg. *Dordogne* (Périgord), arr. et à 22 k. de Sarlat, cant. et ⊠ de Belvès. Pop. 578 h. — Foires les 2 août et 11 sept.

GRIVESNES, vg. *Somme* (Picardie), arr., ⊠ et à 10 k. de Montdidier, cant. d'Ailly-sur-Noye. Pop. 374 h.

GRIVILLERS, vg. *Somme* (Picardie), arr., cant. et à 11 k. de Montdidier, ⊠ de Roye. Pop. 126 h.

GRIVY-LOIZY, vg. *Ardennes* (Champagne), arr., cant., ⊠ et à 7 k. de Vouziers. Pop. 490 h.

GRIZELLES, vg. *Loiret* (Gatinais), arr. et à 14 k. de Montargis, cant. de Ferrières, ⊠ de Fontenay. Pop. 802 h. — Au village de Bois-le-Roi, à l'entrée de la forêt de Montargis du côté de Ferrières, commune de Grizelles, il y avait anciennement un beau et fort château, dont on voyait encore les vestiges du temps de dom Morin. On prétend qu'il avait été bâti par Louis VII, qui venait y jouir des plaisirs de la chasse.

GROFFLIERS, vg. *Pas-de-Calais* (Picardie), arr., cant., ⊠ et à 20 k. de Montreuil-sur-Mer. Pop. 402 h.

GROGNEUL, vg. *Eure-et-Loir*, comm. de St-Piat, ⊠ de Maintenon.

GROISARDIÈRES (les), vg. *Deux-Sèvres*, comm. de Vasles, ⊠ de St-Maixent.

GROISE (la), vg. *Nord*, comm. de Catillon, ⊠ de Cateau.

GROISES, vg. *Cher* (Berry), arr. et à 15 k. de Sancerre, cant. et ⊠ de Sancergues. Pop. 435 h.

GROISILLIERS (les), vg. *Calvados*, comm. de Rumesnil, ⊠ de Cambremer.

GROISSIAT, vg. *Ain* (Bourgogne), arr. et à 13 k. de Nantua, cant. et ⊠ d'Oyonnax. Pop. 239 h.

GROIX (île de), *Morbihan* (Bretagne), arr. et à 30 k. de Lorient, com. ⊠ de Port-Louis. Pop. 3,153 h. — *Établissement de la marée*, 3 heures 10 minutes.—Grand phare à feu fixe de premier ordre dans la partie nord-ouest de l'île, de 30 m. de hauteur et de 27 k. de portée. Lat. 47° 29'. long. O. 5° 51'. — Petit feu de quatrième ordre à la pointe orientale de l'île. Sur le fort de la Croix.

Cette île est située dans l'Océan Atlantique, en face de l'embouchure du Blavet. Elle est grande, haute, et se voit de très-loin ; son point culminant est à environ 40 m. au-dessus du niveau de la mer. Ses côtes méridionales sont belles, et sur plusieurs points de sa circonférence on pourrait former des ports de refuge.

Le sol de l'île est un rocher recouvert par une mince couche de terre, mais néanmoins assez fertile dans les parties orientale et septentrionale ; le reste ne présente que des landes. Les productions de la partie cultivée consistent en très-beau froment et en lentilles très-estimées. Les habitants sont presque tous marins, et renommés pour leur intrépidité ; la pêche est leur principale occupation.

Ogée, dans son *Dictionnaire de Bretagne*, raconte sur cette localité un événement qui mérite d'être conservé. Grouais, dit-il, a dû être sujette aux mêmes révolutions de guerre que le reste de la Bretagne ; elle fut brûlée par les vaisseaux anglais en 1663 et le 15 juillet 1696. Elle allait être exposée au même sort en 1703, lorsque le curé trompa les ennemis par un stratagème ingénieux. Il parait dans la partie la plus élevée de l'île, qui se présente en pente vers le large de la mer, les femmes et les filles montées sur des chevaux, en rang avec les hommes ; et, comme on manquait de chevaux, on monta sur des bœufs et sur des vaches. Ces femmes avaient des perruques d'une frisure frisée et noire, fort commune sur le rivage, appelée *goémon* ; des bâtons placés sur leurs épaules leur servaient de mousquets. Tout cela joint à leur corset rouge et à des bonnets d'homme de même couleur qu'elles avaient mis sur leurs têtes, fit une telle illusion, que l'amiral Book, commandant de la flotte anglaise et de 7,000 hommes de troupes de débarquement qui avaient, quelques jours auparavant, mis pied à terre à Belle-Isle, n'osa faire avancer ses chaloupes, quoiqu'elles fussent déjà en mer. Il prit tout ce qu'il voyait en bataille pour des dragons.

On remarquait dans l'île de Groix plusieurs cavernes, parmi lesquelles on cite le trou d'Enfer, le trou du Tonnerre, la grotte aux Moutons, et la grotte aux Pigeons.

GROLAND, vg. *Charente-Inf.*, comm. de Dampierre-sur-Mer, ⊠ de la Rochelle.

GROLLE (la), vg. *Vendée*, comm. et ⊠ de Roche-Servière.

GRON, vg. *Cher* (Berry), arr. et à 28 k. de Bourges, cant. de Baugy, ⊠ de Villequiers. Pop. 833 h.

GRON, vg. *Yonne* (Champagne), arr., cant., ⊠ et à 6 k. de Sens. Pop. 654 h.

GRONARD, vg. *Aisne* (Picardie), arr., cant., ⊠ et à 6 k. de Vervins. Pop. 274 h.

GROND, vg. *Nièvre*, comm. de Tintury, ⊠ de Châtillon-en-Bazois.

GROPIERRES, vg. *Ardèche* (Languedoc), arr. et à 19 k. de Largentière, cant. et ⊠ de Joyeuse. Pop. 1,202 h.

GROS (les), vg. *Vaucluse*, comm. de Gordes, ⊠ d'Apt.

GROBERTY, vg. *Ardèche*, comm. et ⊠ d'Annonay.

GROS - BLIDERSTROFF, vg. *Moselle* (pays Messin), arr., cant., ⊠ et à 6 k. de Sarreguemines. Pop. 2,126 h. — *Fabriques* de tabatières en carton et de piano-forte. Haut fourneau.

GROSBOIS, vg. *Doubs* (Franche-Comté), arr., cant., ⊠ et à 4 k. de Baume-les-Dames. Pop. 151 h. — On y voit une grotte remarquable par les stalactites extrêmement brillantes qu'elle renferme.

GROSBOIS, vg. *Eure*, comm. de Piseux, ⊠ de Verneuil. Pop. 128 h.

GROSBOIS, vg. *Seine-et-Oise*, comm. et ⊠ de Boissy-St-Léger. On y voit un très-beau château, dont il est fait mention à l'article de Boissy-St-Léger.

GROSBOIS-EN-MONTAGNE, vg. *Côte-d'Or* (Bourgogne), arr. et à 46 k. de Beaune, cant. de Nuits, ⊠ de Vitteaux. Pop. 322 h.

GROSBOIS-LÈS-TICHEY, vg. *Côte-d'Or* (Bourgogne), arr. et à 33 k. de Beaune, cant. et ⊠ de Seurre. Pop. 161 h. — Il est situé sur une hauteur d'où la vue s'étend sur de belles forêts et sur une plaine magnifique, bornée par les montagnes du Jura, les hautes Alpes et le Mont-Blanc, que l'on distingue parfaitement de cet endroit.

GROSBREUIL, vg. *Vendée* (Poitou), arr., ⊠ et à 14 k. des Sables, cant. de Talmont. Pop. 990 h.

GROS-CAILLOU (le), *Seine*, comm. et ⊠ de Paris.

GROS-CHASTANG, vg. *Corrèze* (Limou-

sin), arr. et à 30 k. de Tulle, cant. de la Roche-Canillac, ⊠ d'Argentat. Pop. 802 h.

GROSCHÊNE (le), vg. *Loir-et-Cher*, comm. de Busloup, ⊠ de Pézou.

GROS-CHÊNE, vg. *Nord*, comm. de la Longueville, ⊠ de Bavay.

GROSEILLIERS (les), vg. *Deux-Sèvres* (Poitou), arr. et à 24 k. de Parthenay, cant. de Mazières, ⊠ de Champdeniers. Pop. 185 h.

GROSFY, vg. *Seine-Inf.*, comm. de Hugleville-en-Caux, ⊠ de Valmartin.

GROSLAY, *Graulidum*, *Grolitium*, vg. *Seine-et-Oise* (Ile-de-France), arr. à 22 k. de Pontoise, cant. et ⊠ de Montmorency. Pop. 1,047 h. — Il est situé sur la pente orientale des hauteurs de Montmorency, et renferme un grand nombre de charmantes maisons de campagne. — *Fabriques* de dentelles.

GROSLÉE, bg *Ain* (Bourgogne), arr., ⊠ et à 13 k. de Belley, cant. de l'Huis. Pop. 717 h.

GROSLEJAC, vg. *Dordogne* (Périgord), arr., ⊠ et à 12 k. de Sarlat, cant. de Domme. Pop. 673 h.

GROSLEY, *Grolaium*, *Grolayum*, vg. *Eure* (Normandie), arr. et à 18 k. de Bernay, cant. et ⊠ de Beaumont-le-Roger. Pop. 600 h. — Il est sur la Risle, qui, après avoir disparu en grande partie sous terre, reprend son cours au lieu dit la Fontaine-Roger. — On voit près de la forêt de Beaumont les vestiges pittoresques d'un ancien château.

GROS-MAGNY, ou **GROSSMENGLATT**, vg. *H.-Rhin* (Alsace), arr., ⊠ et à 15 k. de Belfort, cant. de Giromagny. Pop. 640 h.

GROSMÉNIL, vg. *Seine-Inf.*, comm. et ⊠ de St-Romain.

GROSNES ou **WELSCHEN-GRUNN**, vg. *H.-Rhin* (Alsace), arr. et à 20 k. de Belfort, cant. et ⊠ de Delle. Pop. 298 h.

GROS-ORMEAU (le), vg. *Indre-et-Loire*, comm. de Noizay, ⊠ de Vouvray.

GROS-REDERCHING, vg. *Moselle* (pays Messin), arr. et à 15 k. de Sarreguemines, cant. et ⊠ de Rohrbach. Pop. 1,301 h.

GROSROUVRE, vg. *Meurthe* (pays Messin), arr. et à 18 k. de Toul, cant. de Domèvre, ⊠ de Noviant-aux-Prés. Pop. 171 h.

GROSROUVRES, vg. *Seine-et-Oise* (Beauce), arr. et à 18 k. de Rambouillet, cant. et ⊠ de Montfort-l'Amaury. Pop. 789 h. — Carrières de grès.

GROSSA, vg. *Corse*, arr., cant., ⊠ et à 12 k. de Sartène. Pop. 342 h.

GROSSE-LONDE (la), *Eure*, comm. de St-Nicolas-du-Bosc, ⊠ du Neubourg.

GROSSEREIX, vg. *H.-Vienne*, comm. de Beaune, ⊠ de Limoges.

GROSSETO, vg. *Corse*, arr., ⊠ et à 28 k. d'Ajaccio, cant. de Ste-Marie-et-Sicche. Pop. 441 h.

GROSŒUVRE, *Grandis Sylva*, bg *Eure* (Normandie), arr. à 12 k. d'Evreux, cant. et ⊠ de St-André. Pop. 307 hab. — Il était autrefois défendu par un fort château, dont on voit encore plusieurs tours. — *Foires* les 1er mars et 21 déc.

GROSSOUVRE, vg. *Cher*, comm. de Vraux,

⊠ de Sancoins. — Forges et hauts fourneaux.

GROS-TENQUIN, vg. *Moselle* (pays Messin), arr. et à 35 k. de Sarreguemines, chef-l. de cant., bureau d'enregist. à Morhanges, ⊠ de Faulquemont. Pop. 850 h. — Terrain du trias, marne irisée. — *Foire* le 14 juin.

GROS-THEIL (le), vg. *Eure* (Normandie), arr. et à 30 k. de Louviers, cant. d'Amfreville-la-Campagne, ⊠ du Neubourg. Pop. 1,085 h.

GROSVILLE, vg. *Manche* (Normandie), arr. et à 19 k. de Cherbourg, cant. et ⊠ des Pieux. Pop. 1,034 h.

GROSYEUX, vg. *Moselle*, comm. d'Augny, ⊠ de Metz.

GROUAIS (île de). V. GROIX.

GROUARDERIE (la), vg. *Eure*, comm. d'Epreville-en-Romois, ⊠ de Bourg-Achard.

GROUCHES-LUCHUEL, vg. *Somme* (Picardie), arr., cant., ⊠ et à 4 k. de Doullens. Pop. 918 h.

GROUE (la), vg. *Charente*, comm. de Marsac, ⊠ d'Angoulême.

GROUETS (les), vg. *Loir-et-Cher*, comm. et ⊠ de Blois.

GROUGIS, vg. *Aisne* (Picardie), arr. et à 39 k. de Vervins, cant. de Wassigny, ⊠ de Guise. Pop. 1,144 h. — *Fabrique* de châles.

GROUSSAY (le), vg. *Seine-et-Oise*, comm. et ⊠ de Rambouillet.

GROUTE (la), vg. *Cher* (Bourbonnais), arr., cant., ⊠ et à 4 k. de St-Amand-Montrond. Pop. 174 h.

GROUTEL, vg. *Sarthe*, comm. de Champfleur, ⊠ d'Alençon.

GROUX (St-), vg. *Charente* (Augoumois), arr. et à 16 k. de Ruffec, cant. et ⊠ de Mansle. Pop. 210 h.

GROUX (la), vg. *Charente*, comm. de Nercillac, ⊠ de Jarnac.

GROVILLE-EN-RIVIÈRE, vg. *Pas-de-Calais*, comm. de Rivière, ⊠ d'Arras.

GROZON, vg. ou GARANZON, vg. *Ardèche*, comm. de St-Barthélemy-le-Pin, ⊠ de la Mastre.

GROZON, vg. *Jura* (Franche-Comté), arr., cant., ⊠ et à 8 k. de Poligny, et à 8 k. d'Arbois. Pop. 868 h.

GRU (le), vg. *Orne*, comm. et ⊠ de l'Aigle.

GRUCHET, vg. *Eure*, comm. d'Ailly, ⊠ de Gaillon.

GRUÈRE (la), vg. et comm. du dép. de *Lot-et-Garonne* (Agénois), cant. du Mas-d'Agénois, arr. à 12 k. de Marmande. Pop. 1,241 h.

GRUCHET-LE-VALASSE, vg. *Seine-Inf.* (Normandie), arr. et à 32 k. du Havre, cant. et ⊠ de Bolbec. Pop. 1,406 h.

Patrie du manufacturier distingué POUCHET.

GRUCHET - ST - SIMÉON, vg. *Seine-Inf.* (Normandie), arr. et à 19 k. de Dieppe, cant. et ⊠ de Bacqueville. Pop. 964 h. — *Fabrique* d'huiles.

GRUCHY, vg. *Calvados*, comm. de Rosel, ⊠ de Bretteville-l'Orgueilleuse.

GRUCHY, vg. *Seine-Inf.*, comm. de Blainville-Crevon, ⊠ de Buchy.

GRUDII (lat. 52°, long. 22°). «César (*Comment.*, v) les compte entre plusieurs peuples soumis aux *Nervii, qui sub Nerviorum imperio sunt*. On retrouve leur nom dans celui de Groede ou de Groude comme il se prononce, qui est celui d'un bourg et d'un canton, *t'land van Groede*, dans ce qui est aujourd'hui isolé sous le nom Gad-Sant, au nord de l'Ecluse.» D'Anville. *Notice de l'ancienne Gaule*, p. 362.

GRUE (la), *Deux-Sèvres*, comm. de St-Germier, ✉ de St-Maixent.

GRUES, vg. *Vendée* (Poitou), arr. et à 40 k. de Fontenay-le-Comte, cant. et ✉ de Luçon. Pop. 951 h.

GRUEY-LÈS-SURANCE, vg. *Vosges* (Lorraine), arr. et à 30 k. d'Epinal, cant. et ✉ de Bains. Pop. 1,418 h. — Il a reçu le surnom de Surance en 1842, époque de la réunion de son territoire à celui de cette commune.

GRUGÉ-L'HOPITAL, vg. *Maine-et-Loire* (Anjou), arr. et à 18 k. de Segré, cant. et ✉ de Pouancé. Pop. 632 h. — *Foire* le 26 juillet.

GRUGIS, vg. *Aisne* (Picardie), arr., ✉ et à 5 k. de St-Quentin, cant. de St-Simon. Pop. 495 h. — *Fabrique* de sucre indigène.

GRUGNY, vg. *Seine-Inf.* (Normandie), arr. et à 23 k. de Rouen, cant. de Clères, ✉ de Valmartin. Pop. 232 h.

GRUISSAN, vg. *Aude* (Languedoc), arr., ✉ et à 15 k. de Narbonne, cant. de Coursan. Pop. 2,683 h.

Ce village, placé à l'extrémité de la Clape, sur une plage aride, et au bord de l'étang de son nom est extrêmement tourmenté par les vents. Le climat y est très-sain ; les maisons sont en général bien bâties, et augmentent tous les jours par l'accroissement rapide de la population.

Il existe dans le village une tour placée sur une petite hauteur, que l'on croit avoir été construite par Ariadan-Barberousse. On remarque aussi aux environs une chapelle connue sous le nom de Notre-Dame *das Aousils*, en grande vénération chez les marins. Cette chapelle, placée au milieu des sauvages rochers de la Clape, en face de la Méditerranée, est dans une situation tout à fait pittoresque. Le jour de la Pentecôte, les habitants de Gruissan se rendent tous en procession à Notre Dame ; les marins y vont aussi, tenant dans leurs mains un petit drapeau qui représente le pavillon de leur bâtiment. — L'étang de Gruissan a environ 900 hectares de superficie ; il communique à la mer par les Graus de la Vieille-Nouvelle et de la Grasselle, entre lesquels se trouve l'île St-Martin.

Fabrique d'eau-de-vie. Port de pêche peu commerçant.

GRUMENIL, vg. *Oise*, comm. d'Auneuil, ✉ de Beauvais.

GRUMESNIL, vg. *Seine-Inf.* (Normandie), arr. et 25 k. de Neufchâtel-en-Bray, cant. de Forges, ✉ de Gaillefontaine. Pop. 522 h.

GRUN, vg. *Dordogne* (Périgord), arr. et à 19 k. de Périgueux, cant. de Vergt, ✉ de St-Astier. Pop. 511 h.

GRUNDWILLER, vg. *Moselle* (pays Messin), arr., cant. et à 10 k. de Sarreguemines, ✉ de Puttelange. Pop. 339 h.

GRUNY, vg. *Somme* (Picardie), arr. et à 24 k. de Montdidier, cant. et ✉ de Roye. Pop. 367 h.

GRURY, vg. *Saône-et-Loire* (Bourgogne), arr. et à 49 k. d'Autun, cant. d'Issy-l'Evêque, ✉ de Bourbon-Lancy. Pop. 1,203 h.

GRUSEN, vg. *H.-Rhin*. V. GRUSSENHEIM.

GRUSON, vg. *Nord* (Flandre), arr., ✉ et à 12 k. de Lannoy. Pop. 397 h.

GRUSSE, vg. *Jura* (Franche-Comté), arr. et à 12 k. de Lille, cant. de Lons-le-Saulnier, cant. de Beaufort, ✉ de Cousance. P. 336 h.

GRUSSENHEIM, ou GRUSEN, vg. *H.-Rhin* (Alsace), arr., et à 14 k. de Colmar, cant. d'Andolsheim. Pop. 985 h.

GRUST, vg. *H.-Pyrénées* (Gascogne), arr. d'Argelès, à 31 k. de Lourdes, cant. de Luz, ✉ de Barèges. Pop. 165 h.

GRUYÈRES, vg. *Ardennes* (Champagne), arr. de Mézières, et à 10 k. de Charleville, cant. de Signy-l'Abbaye, ✉ de Launois. Pop. 129 h.

Gruyères est une commune fort ancienne, où l'on a découvert en 1821 des tombes renfermant des ossements humains et des objets d'antiquité, dont une partie a été déposée à la préfecture du département. Les sépultures, qui ont été et seront encore explorées avec soin, sont placées près de l'ancienne chaussée romaine de Reims à Trèves ; ce qui donne lieu de penser que ce lieu servit de cimetière aux soldats des légions romaines lors de la conquête des Gaules par César.

GUA (le), *Ardèche*. V. ST-JULIEN-DU-GUA.

GUA (le), vg. *Charente-Inf.* (Saintonge), arr., cant. et à 17 k. de Marennes, ✉ de Saujon. Pop. 2,074 h. — *Foires* les 10 août, 1er mardi d'avril, 4e lundi de fév. et de juillet.

GUA (le), vg. *Isère* (Dauphiné), arr. et à 25 k. de Grenoble, cant. et ✉ de Vif. Pop. 1,047 h.

GUAGNO, vg. *Corse*, arr. et à 54 k. d'Ajaccio, cant. de Soccia, ✉ de Vico. P. 842 h.

Guagno possède des sources thermales renommées, dont la découverte remonte à une époque très-ancienne. Philippini, dans son Histoire de la Corse, publiée en 1594, fait mention des eaux de Guagno, qui jouissaient dès lors d'une grande célébrité. Ces trois grands bassins ronds, dont nous parlerons ci-après, ont été construits, de 1709 à 1711, avec le produit des quêtes faites par un cordelier nommé le P. Jean. Malgré ces améliorations, les eaux furent peu fréquentées pendant le cours du XVIIIe siècle ; les baigneurs n'écoutaient que leurs préjugés, et raremement les avis des conseils des médecins. En 1808 un médecin inspecteur fut nommé aux frais du département à la sollicitation de l'autorité locale. De 1808 à 1810 on construisit le bassin de la petite source, et enfin de 1821 à 1823 l'établissement thermal.

Cet établissement est alimenté par deux sources : une, dite de Caldane, donne par minute 52 litres d'eau à la température de +40° de Réaumur ; l'autre, appelée tantôt degli Occhi, tantôt de St-Antoine, ne donne dans le même temps que 7 litres à la température de +28°. Autrefois le terrain sur lequel jaillissent les eaux était une dépendance de la petite chapelle de St-Antoine, qui existe encore sur la colline du même nom entre les deux sources. Il est maintenant occupé par la commune de Guagno, qu'on regarde comme propriétaire du terrain et des eaux.

L'établissement thermal, de forme parallélipipède, est situé au nord-est, sur le penchant de la colline de St-Antoine ; il est divisé en sept pièces : la première contient un corridor ayant de chaque côté six baignoires séparées les unes des autres ; la seconde pièce renferme un vestibule et deux bassins ; dans l'un peuvent se baigner à la fois trois individus, dans l'autre huit ; la troisième contient un grand bassin rond, où peuvent se baigner seize personnes ; les quatrième et cinquième pièces en sont une répétition ; la sixième est semblable à la seconde. La septième pièce est carrée ; elle renferme le grand réservoir, qui peut contenir 40 m. cubes d'eau. Tout l'édifice est construit en granit et argile ; la charpente est en châtaignier et couverte en tuiles. Les bassins sont aussi en granit. Au sud et à 5 m. de l'établissement, la source jaillit dans une niche en granit, qui communique par un conduit en maçonnerie avec le grand réservoir ; de ce réservoir partent deux conduits ou tuyaux en fer, qui aboutissent à tous les bassins et baignoires : l'un, adapté au fond du réservoir, sert à évacuer l'eau qui s'y rassemble ; l'autre, placé plus haut, sert à conduire l'eau de la source elle-même ; ces conduits s'ouvrent et se ferment à volonté dans chaque bassin au moyen de robinets. Au nord-est de l'établissement est un bassin découvert qui sert aux animaux malades ; ce bassin est alimenté par l'eau qui a servi aux bains ; de là elle se rend par un conduit dans une des branches du Liamone.

L'établissement de la petite source est divisé en deux pièces : l'une contient un bassin cylindrique où dix personnes peuvent se baigner à la fois ; l'eau s'écoule immédiatement dans cette pièce, mais elle peut à volonté se détourner dans l'autre, où sont établies des douches pour les yeux, les oreilles et autres organes délicats.

Il y a à Guagno un hôpital militaire, appartenant à un particulier qui en a l'entreprise. L'établissement des bains a été construit aux frais du département.

SAISON DES EAUX. Dans les cas pressants, on fait usage toute l'année des eaux de Guagno. La saison ordinaire commence vers le 1er juin, et se prolonge jusqu'au mois de septembre.

Le nombre des baigneurs, y compris les militaires, s'élève de 450 à 700, en comptant ceux qui se rendent aux eaux à diverses époques de l'année. Le terme moyen est annuellement de 650.

A Guagno, les objets de distraction se réduisent à la danse, au son du violon, de la flûte et de la lyre, et à quelques soirées musicales ; on y trouve un billard et des salles de jeu.

Trois promenades agréables embellissent l'établissement des bains. L'une, en partant de la grande source, se dirige vers le sud-ouest, passe par la petite source, et de là sur la colline de St-Antoine, où elle forme deux promenades distinctes, dont une aboutit à la jolie colline de Pineto, sur le penchant de laquelle jaillit la fontaine du même nom ; l'autre aboutit à la route départementale qui conduit à Urio et à Ajaccio : cette promenade se prolonge jusqu'à la fontaine de Venturini. La troisième se dirige au nord vers un pont de bois, construit près des bains sur la branche du Liamone ; elle se prolonge jusqu'au confluent de l'autre branche dite la Mosa. A 1 k. de distance de la source, on se trouve à la fontaine de Canelle, qui jaillit d'un rocher de granit, et fournit une eau claire et limpide, regardée comme la meilleure du globe pour la boisson.

PRIX DE LA DÉPENSE JOURNALIÈRE. Le prix du logement et de la dépense journalière, pour les gens aisés et qui aiment à être bien traités, est de 4 francs ; pour les autres, il varie de 1 franc 50 centimes à 2 francs.

TARIF DU PRIX DES EAUX, BAINS ET DOUCHES. On paye 30 c. pour se baigner ou prendre les douches dans les petites cellules, et 10 c. dans les autres pièces.

Les bains sont administrés gratuitement dans trois bassins : un est affecté aux femmes, un autre aux hommes indigents, et le troisième aux militaires.

MODE D'ADMINISTRATION. On prend les bains le matin, de cinq à huit heures ; ceux auxquels la douche est nécessaire s'y exposent dans le même temps. Les malades qui joignent aux bains l'usage de la boisson prennent les eaux le matin à jeun de 6 à 7 heures ; ils commencent par en boire deux verres, ensuite on augmente la dose d'un verre par jour jusqu'à sept ou huit verres. On continue cette dose pendant six jours ; après on rétrograde de la manière qu'on est avancé. Le bain tempéré dure ordinairement une heure, le chaud un quart d'heure, et autant la douche. On prend ordinairement le demi-bain l'après-midi, une heure au moins avant le souper. Les habitants plus aisés, qui ne peuvent y rester longtemps, en prennent deux par jour, le matin et le soir. Le nombre des bains n'est pas déterminé, il est compris entre seize et quarante ; aucune préparation ne précède l'usage des eaux, si ce n'est la saignée chez les pléthoriques, quelques purgations salines pour soulager le bas-ventre des embarras gastriques, s'il y en a. Les baigneurs qui prennent le bain chaud gardent en sortant le lit pendant une heure ; cette règle n'est pas constante pour les autres. Lorsque le temps est favorable, tous les baigneurs aisés font de longues promenades après le souper. Cet exercice est très-salutaire, au physique comme au moral.

Bibliographie. THIRIAUX. *Essai sur la topographie physique de St-Antoine de Guagno et sur l'analyse de ses eaux thermales sulfureuses*, in-4, 1819.

GUAINVILLE, vg. *Eure-et-Loir* (Beauce), arr. et à 23 k. de Dreux, cant. et ✉ d'Anet. Pop. 608 h.

GUAITELLA, vg. *Corse*, comm. de Ville-di-Pietrabugno, ✉ de Bastia.

GUAITRIE (la), vg. *Maine-et-Loire*, com. de Champtocé, ✉ d'Ingrande.

GUARBECQUE, vg. *Pas-de-Calais* (Artois), arr. et à 20 k. de Béthune, cant. de Lillers, ✉ de St-Venant. Pop. 730 h.

GUARGUALE, vg. *Corse*, arr., ✉ et à 33 k. d'Ajaccio, cant. de Ste-Marie-et-Sicche. P. 292 h.

GUARIGUES (las), vg. *Lot*, comm. de Peyrilles, ✉ de Frayssinet.

GUCHAN, vg. *H.-Pyrénées* (Bigorre), arr. et à 41 k. de Bagnères-en-Bigorre, cant. de Vieille-Aure, ✉ d'Arreau.

GUCHEN, vg. *H.-Pyrénées* (Bigorre), arr. et à 40 k. de Bagnères-en-Bigorre, cant. et ✉ d'Arreau.

GUDANNES, vg. *Ardèche*, comm. de Château-Verdun, ✉ de Cabannes.

GUDAS, vg. *Ariège* (pays de Foix), arr. et à 13 k. de Pamiers, cant. et ✉ de Varilles. Pop. 288 h.

GUDMONT, vg. *H.-Marne* (Champagne), arr. et à 31 k. de Vassy, cant. de Doulaincourt, ✉ de Vignory. Pop. 366 h.

GUÉ (le), vg. *Ille-et-Vilaine*, comm. et ✉ de Plélan.

GUÉ (le), vg. *Deux-Sèvres*, comm. de Magné, ✉ de Niort.

GUÉBENHAUSEN, vg. *Moselle* (pays Messin), arr., cant. et à 12 k. de Sarreguemines, ✉ de Puttelange. Pop. 487 h.

GUEBERSWIHR, ancien bourg, *H.-Rhin* (Alsace), arr. et à 11 k. de Colmar, cant. et ✉ de Rouffach. Pop. 1,518 h. — On y voit encore les restes d'une enceinte ; plusieurs maisons sont isolées, comme l'étaient au moyen âge les habitations des nobles. L'église paroissiale, classée au nombre des monuments historiques, est un édifice roman, dont la partie supérieure est moderne ; elle renfermait une église souterraine, que des reconstructions ont fait disparaître en 1825.

On remarque aux environs de ce bourg, sur le Schauenberg, de vastes bâtiments, d'où l'on jouit d'une vue magnifique.

GUEBESTROFF, vg. *Meurthe* (pays Messin), arr. de Château-Salins, à 18 k. de Vic, cant. et ✉ de Dieuze. P. 108 h.

GUÉBLANGE, vg. *Meurthe* (Lorraine), arr. de Château-Salins, à 15 k. de Vic, cant. et ✉ de Dieuze. Pop. 338 h.

GUÉBLANGE, vg. *Moselle* (pays Messin), arr. et à 20 k. de Sarreguemines, cant. et ✉ de Sarralbe. Pop. 1,193 h. — Il est situé dans une plaine marécageuse, près de l'étang de Lindre. On y voit un vieux château et les vestiges d'un ancien fort.

GUÉBLING, vg. *Meurthe* (Lorraine), arr. de Château-Salins, à 23 k. de Vic, cant. et ✉ de Dieuze. Pop. 398 h. Sur le Spin.

GUÉBRIAND, vg. *Ille-et-Vilaine*, comm. de Tressé, ✉ de Châteauneuf-en-Bretagne.

GUEBWILLER, petite ville, *H.-Rhin* (Alsace), arr. et à 26 k. de Colmar, chef-l. de cant. Cure. ✉. A 471 k. de Paris pour la taxe des lettres. Pop. 3,882 h. — TERRAIN d'alluvions modernes.

Cette ville est située dans une contrée charmante, sur la Lauch, au pied du ballon de Guebwiller, dont la base est couverte de riches vignobles. C'est une des villes industrielles les plus intéressantes du département, où l'on entre par trois portes. On y remarque l'église collégiale, bel édifice bâti en 1766 par les chanoines de Murbach ; le portail est orné de quatre colonnes, et on y monte par plusieurs marches ; en face est une belle promenade. L'église de St-Léger est un bel édifice du XIᵉ siècle, et porte de magnifiques caractères du style de transition.

La vallée pittoresque qui conduit vers Murbach et Bühl offre sur une élévation les belles ruines du château de Hugstein.

Le ballon de Soultz ou de Guebwiller, point culminant de la chaîne des Vosges, s'élève à la hauteur considérable de 1,433 m. Si l'on y parvient par un temps clair, on y jouit de la vue la plus admirable ; l'horizon que l'on y découvre s'étend des montagnes du Tyrol aux confins des provinces rhénanes, et offre à la vue du voyageur enthousiasmé le plus magnifique des tableaux : ici l'aspect hérissé des glaciers de la Suisse, là le Rhin qui sillonne au loin l'immense plaine, et qui lui apparaît comme un faible ruisseau ; de tous côtés des forêts qui, semblables à de larges teintes vertes, se détachent sur le jaune des moissons... Trente villes dont les clochers et les tours signalent l'importance, puis d'innombrables villages jetés çà et là dans les plaines, dans les gorges, dans les vallées !... L'ascension du ballon n'est pas pénible, on y parvient en moins de quatre heures.—Le ballon de Guebwiller forme le commencement d'une large masse d'une forme tuberculeuse qu'on voit au nord de la vallée de St-Amarin, entre elle et les premiers rameaux de la vallée de la Lauch. Sa cime n'est couverte de neige que pendant six mois de l'année, et forme, pendant l'été, un assez bon pâturage. La pelouse dont son vaste dôme est couvert est entremêlée de bosquets de hêtres nains, derniers efforts de la végétation pour vaincre la rigueur des climats de ces lieux élevés et sans abri. Elle renferme plusieurs chalets analogues à ceux des Alpes et des parties hautes du Jura.—Sur le flanc septentrional du ballon de Guebwiller est un vaste amphithéâtre en forme d'entonnoir grossièrement circulaire, dont le fond est occupé par un beau lac ; les parois s'élèvent à plus de 250 m. au-dessus des eaux du lac, dont la surface est d'environ 900 m. au-dessus de la mer et 500 m. au-dessous de la cime du ballon. Sa profondeur moyenne est de 30 m., sa superficie d'environ 75,000 m. carrés, son diamètre moyen de 300 m. La surface des eaux de ce lac était jadis plus élevée ; mais, en 1740, les pluies et les neiges le firent monter à une hauteur extraordinaire, et le 21 décembre, au milieu de la nuit, l'écluse et une digue construites par

Vauban se rompirent avec un fracas épouvantable : une masse d'eau énorme, haute de 16 m., se précipita avec fureur dans la vallée de la Lauch, dont elle inonda tout le fond. Guebwiller et Isenheim éprouvèrent des pertes considérables. On voit encore les deux tronçons de la digue, dont la rupture paraît toute fraîche; mais de grands et vieux sapins qui croissent dans cette rupture avertissent l'observateur attentif de l'ancienneté de cette échancrure. V. BALLON DE GUEBWILLER.

Patrie de JÉRÔME DE GUEBWILLER, chroniqueur de l'Alsace.

Fabriques de draps, de rubans de soie et de filoselle, de toiles de coton, de produits chimiques. Manufacture de toiles peintes. Filature de coton dans les numéros les plus fins. Construction de machines. Blanchisserie de toiles. Raffinerie de sucre.

Foires le 30 nov. ou le lundi suivant si le 30 est un lundi, 1ᵉʳ lundi après la mi-carême, 1ᵉʳ lundi après l'Ascension, et le jour de la fête patronale.

GUÉCELARD, vg. *Sarthe*, comm. de Fillé-Guécelard, ✉ de Fouilletourte. ⚭.

GUÉ-D'ALLERÉ (le), vg. *Charente-Inf.* (Aunis), arr. à 22 k. de La Rochelle, cant. de Courçon, ✉ de Nuaillé. Pop. 882 h.

GUÉ-DE-BLEURY, vg. *Eure-et-Loir*, comm. de Bleury, ✉ de Gallardon.

GUÉ-DE-L'ISLE (le), vg. *Côtes-du-Nord*, comm. de St-Etienne-du-Gué-de-l'Isle, ✉ de Loudéac.

GUÉ-DE-LONGROY, vg. *Eure-et-Loir* (Beauce), arr. à 29 k. de Chartres, cant. d'Auneau, ✉ de Gallardon. ⚭. Pop. 352 h.
— Il a porté jusqu'en 1838 le nom de St-Chéron-du-Chemin.

GUÉ-DENIAU (le), vg. *Maine-et-Loire* (Anjou), arr., cant., ✉ et à 8 k. de Baugé. Pop. 912 h.

GUÉ-DE-VELLUIRE (le), vg. *Vendée* (Poitou), arr., à 14 k. de Fontenay-le-Comte, cant. de Chaillé-les-Marais. P. 1,280 h.
— *Foires* le 2ᵉ lundi de janv., juillet et nov. — *Fabrique* de toiles communes.

GUÉ-D'HEUILLON (le), vg. *Nièvre*, comm. de St-Martin-d'Heuille, ✉ de Guérigny.

GUÉ-D'HOSSUS, vg. *Ardennes* (Champagne), arr., cant., ✉ et à 5 k. de Rocroi. Pop. 964 h.

GUÉ-D'ORGER (le), vg. *Mayenne*, comm. d'Avenières, ✉ de Laval.

GUÉ-DU-LOIR (le), vg. *Loir-et-Cher*, comm. de Mazangé, ✉ de Vendôme.

GUÉGON, vg. *Morbihan* (Bretagne), arr. à 15 k. de Ploërmel, cant. et ✉ de Josselin. Pop. 2,840 h. — *Foires* les 29 janv. et 11 mai.

GUÉHEBERT, vg. *Manche* (Normandie), arr. à 11 k. de Coutances, cant. et ✉ de Cérisy-la-Salle. Pop. 513 h.

GUÉHENNO, vg. *Morbihan* (Bretagne), arr. à 22 k. de Ploërmel, cant. de St-Jean-de-Brevelay, ✉ de Josselin. Pop. 1,130 h. — *Foires* les 30 avril et 29 sept.

GUÉLANGE, vg. *Moselle*, comm. de Guénange (Haute et Basse-), ✉ de Thionville.

GUELTAS, vg. *Morbihan*, comm. de Noyal-Pontivy, ✉ de Pontivy.

GUEMAPE, vg. *Pas-de-Calais* (Artois), arr., ✉ et à 9 k. d'Arras, cant. de Croisilles. Pop. 461 h.

GUÉMAR, petite ville, *H.-Rhin* (Alsace), arr. à 13 k. de Colmar, cant. et ✉ de Ribeauvillé. Pop. 1,468 h.

GUÉMÉNÉE, petite ville, *Morbihan* (Bretagne), arr. à 20 k. de Pontivy, chef-l. de cant. Cure. Gîte d'étape. ✉. A 479 k. de Paris pour la taxe des lettres. Pop. 1,609 h. — TERRAIN cristallisé, granit.

Cette ville est située dans un vallon, à l'intersection de trois grandes routes. On y voit les restes d'un château autrefois très-fort, dont les fortifications furent démolies après les guerres de la Ligue.

Guémenée est la PATRIE de l'intrépide BISSON, à la mémoire duquel un monument a été élevé sur la place publique de Lorient; on voit aussi à la mairie un tableau qui le représente faisant sauter son bâtiment, pour éviter la honte d'amener son pavillon. — *Fabriques* de chapeaux communs. Tanneries importantes. — *Foires* le 3ᵉ jeudi de chaque mois.

GUÉMÉNÉ-PANFAO, petite ville, *Loire-Inf.* (Bretagne), arr. à 32 k. de Savenay, chef-l. de cant. Cure. ✉. A 388 k. de Paris pour la taxe des lettres. Pop. 4,013 h. — TERRAIN de transition supérieur. — Elle est située sur une hauteur, près de la rive droite du Don, qui commence en cet endroit à être navigable.

GUÉMICOURT, vg. *Somme* (Picardie), arr. à 20 k. d'Amiens, cant. d'Hornoy, ✉ d'Aumale. Pop. 43 h.

GUEMPS, bg. *Pas-de-Calais* (Artois), arr. à 32 k. de St-Omer, cant. et ✉ d'Audruicq. Pop. 723 h.

GUEMY, vg. *Pas-de-Calais* (Artois), arr. à 16 k. de St-Omer, cant. et ✉ d'Ardres. Pop. 86 h.

GUEN (St-), vg. *Côtes-du-Nord* (Bretagne), arr. à 15 k. de Loudéac, cant. de Mur, ✉ d'Uzel. Pop. 1,133 h.

GUÉNANGE (Haute et Basse-), vg. *Moselle* (pays Messin), arr., ✉ à 9 k. de Thionville, cant. de Metzervisse. Pop. 681 h.

GUENESTROFF, vg. *Meurthe* (Lorraine), arr. de Château-Salins, à 17 k. de Vic, cant. et ✉ de Dieuze. Pop. 543 h.

GUÉNÉTRANGE (Haute et Basse-), vg. *Moselle*, comm. et ✉ de Thionville. — On voit à peu de distance de Guénétrange, sur une hauteur, une source d'eau minérale, dont les eaux, rassemblées dans un puits, proviennent de dissolutions cuivreuses. Quelques médecins les préconisent dans le cas d'obstruction des viscères abdominaux.

GUENGAT, vg. *Finistère* (Bretagne), arr., à 10 k. de Quimper, cant. de Douarnenez. Pop. 1,212 h.

GUÉNIN, vg. *Morbihan* (Bretagne), arr. à 20 k. de Pontivy, cant. et ✉ de Baud. Pop. 1,584 h. — *Foire* le 21 sept.

GUENOUVILLE, *Gonnouvilla*, vg. *Eure* (Normandie), arr. à 25 k. de Pont-Audemer, cant. de Routot, ✉ de Bourg-Achard. Pop. 186 h.

GUENROC, vg. *Côtes-du-Nord* (Bretagne), arr. à 18 k. de Dinan, cant. de St-Jouan-de-l'Isle, ✉ de Broons. Pop. 563 h. — *Foires* le dernier mercredi d'avril, de juillet et premier mercredi de déc.

GUENROUET, vg. *Loire-Inf.* (Bretagne), arr. à 18 k. de Savenay, cant. de St-Gildas-des-Bois, ✉ de Pont-Château. Pop. 2,153 h. — *Foires* les 19 mai, mercredi après la Pentecôte et 25 juin.

GUENWILLER, vg. *Moselle*, comm. de Seinghousse, ✉ de St-Avold.

GUÉPÉAR (le), vg. *Loir-et-Cher*, comm. de Mouthon-sur-Cher, ✉ de Montrichard.

GUÉPREI, vg. *Orne* (Normandie), arr. à 10 k. d'Argentan, cant. et ✉ de Trun. Pop. 370 h.

GUER (le), petite rivière qui prend sa source non loin du village de Pestivien, arr. de Guingamp, *Côtes-du-Nord*, et qui se jette dans l'Océan, au-dessous de Lannion, après un cours d'environ 50 k. Elle est navigable à toutes les marées jusqu'au port de Lannion, situé à 6,500 m. de son embouchure.

GUER, *Guader Oppidum*, petite ville, *Morbihan* (Bretagne), arr. à 23 k. de Ploërmel, chef-l. de cant. Cure. ✉. A 405 k. de Paris pour la taxe des lettres. Pop. 3,773 h. — TERRAIN de transition moyen. — Elle doit son origine à un ermitage où vivait saint Malo en 541 et sur l'emplacement duquel fut construite une église.

Au CHÂTEAU DE COETBO, commune de Guer, la société des connaissances utiles a fondé un établissement sous le nom d'Institut agricole de Coetbo. C'est à la fois une école d'agriculture, une fabrique d'instruments aratoires perfectionnés, et une ferme-modèle. On voit aux environs un peulvan de 4 m. de hauteur.

Foires le 4ᵉ mercredi de mars, mai, juin, juillet, août, sept., oct. et nov.

GUÉRANDE, ville ancienne, *Loire-Inf.* (Bretagne), arr. à 45 k. de Savenay, chef-l. de cant. Cure. Ecole secondaire ecclésiastique. Gîte d'étape. ⚭. A 475 k. de Paris pour la taxe des lettres. Pop. 8,503 h. — TERRAIN cristallisé.

Autrefois diocèse et recette de Nantes, parlement et intendance de Rennes, sénéchaussée, gouvernement particulier, collégiale, couvent d'ursulines.

Les temps historiques de Guérande ne commencent guère que vers le milieu du IXᵉ siècle. On prétend néanmoins que les Romains, pour contenir les bandes saxonnes campées au Croisic, bâtirent, en 470, une forteresse appelée *Grannona*, sur le plateau qui domine Guérande. En 850, un évêque de Nantes, dépossédé par un prélat, s'établit en dépit de tous à Guérande, et conserva la moitié de son diocèse, arborant ainsi crosse contre crosse. Quelques évêques de Nantes vinrent encore y résider dans la suite. Guérech ou *Quiriacus*, l'un d'eux, sacré en 1055, l'habita longtemps, et lui fit donner le nom d'*Aula Guiriaca*, ou Cour de Guérech, d'où son nom actuel.

Guérande fut assiégée sans succès par les Normands en 919 et en 932. En 1342, pendant les guerres de Jean de Montfort et de Charles de Blois, Louis d'Espagne, qui avait pris le parti de ce dernier, embarqua ses troupes sur les vaisseaux de commerce qui se trouvaient au Croisic, et vint assiéger Guérande. Près de cette ville existait encore l'ancienne forteresse de Granone, bâtie par les Romains. La garnison, sommée de se rendre, s'y réfugia. Les habitants seuls se chargèrent de la défense de leur ville : les femmes, les vieillards, les enfants, les prêtres, tout prit les armes ; mais que peut une multitude sans chef contre une armée disciplinée ? La ville fut prise d'assaut ; les maisons et cinq églises furent brûlées, tout ce que l'ennemi rencontra dans les murs fut passé au fil de l'épée, sans distinction d'âge ni de sexe. Un grand nombre d'habitants avait cherché un asile dans l'église de St-Aubin, le vainqueur y mit le feu : la voûte calcinée s'écroula sur eux. Des planches, fixées sur la charpente, remplacent encore de nos jours cette voûte qui, depuis ce temps, n'a pas été relevée. Ce fut dans cette expédition que la forteresse de Granone fut entièrement détruite.

En 1365, un traité de paix fut conclu à Guérande, entre la comtesse Jeanne de Bretagne, veuve de Charles de Blois, et le comte de Montfort. Duguesclin assiégea et prit cette ville en 1379. Olivier de Clisson, qui l'assiégea en 1373, fut obligé d'en lever le siège, et ne put la prendre. Le traité de paix, conclu en 1381, entre le duc Jean IV et Charles VI, roi de France, fut ratifié à Guérande, le 4 avril de la même année. Les états de Bretagne y furent assemblés le 4 août 1625.

Les **armes de Guérande** sont : *de gueules à deux lions passants d'argent*.

Cette ville est située sur un coteau couvert de vignes, à 5 k. E. de l'Océan ; elle est dominée par un château flanqué de vieilles tours, entourée de murs d'un aspect triste, et bâtie en pierre de granit d'un aspect plus triste encore. Les murs de Guérande contenaient d'abord 12,000 citoyens. Ce nombre, réduit ensuite à 7,000, a diminué successivement, parce que toutes les fois qu'on a relevé les remparts, on a rétréci l'enceinte de la ville. Ceux qu'on voit aujourd'hui datent de 1431. Jean V les fit bâtir avec le produit des fouages et des octrois. Un château, qui ajoutait jadis à ses fortifications, fut démoli en 1614, sur la demande des états de Bretagne, et les fossés profonds, dont les eaux croupissantes exhalaient des vapeurs méphitiques, ont fait place à des promenades ombragées d'ormeaux. Les remparts actuels de Guérande, revêtus d'un parement de pierres de taille et flanqués de dix tours, forment une figure irrégulière, dont la circonférence est de 1,434 m. On entre dans la ville par des portes placées aux points cardinaux. Une infinité de souterrains, distribués dans toutes les directions, facilitaient, lors des sièges, les communications extérieures. Du haut de ces fortifications antiques l'œil découvre une plaine immense, qui n'a de bornes que l'horizon ; au sud et au sud-est on aperçoit la baie de Bourgneuf, l'île de Noirmoutiers, l'Océan et toute la plaine entre le Pouliguen, Batz et le Croisic, où sont situées les salines ; à l'ouest on découvre Belle-Île, et au nord-ouest les îles de Hédic, d'Houat, la baie et la pointe de Quiberon.

Cette ville a deux hôpitaux, l'un affecté aux malades, l'autre destiné aux indigents. M. de la Bouëxière, ancien sénéchal de cette ville, a consacré, dans l'espace de trente-deux ans, une somme de 120,000 livres au rétablissement de l'Hôtel-Dieu, fondé en 1650. La mémoire de ce vertueux citoyen est impérissable, ses bienfaits l'ont gravée dans le cœur des pauvres.

A l'époque où la mer baignait encore une partie des marais salants, Guérande avait un port ; la navigation, quoique peu importante, ne laissait pas d'offrir à ses habitants une ressource qu'ils ont perdue. — On compte dans la commune plus de 18,000 œillets salants, lesquels, année commune, produisent environ 900 muids de sel très-blanc, très-léger, que l'on exporte par terre et par mer pour l'intérieur de la France et à l'étranger.

La Turballe, petit village de la commune et à l'ouest de Guérande, arme plus de trente bateaux et chaloupes pour la pêche de la sardine. Ces bateaux et chaloupes, montés par 6 ou 7 hommes, procurent des moyens d'existence à plus de 800 individus.

Fabriques de toiles de lin, basins, serges. Filatures de laine et de coton. — *Commerce* de grains, vins blancs, sel, chevaux et bétail. — *Foires* les 2 janv., 3 fév., 1er mars, 11 et 23 avril, 18 mai, 20 juillet, 10 août, 3 sept., 19 et 29 oct., 20 nov. et 11 déc.

Bibliographie. MORLENT. *Précis sur Guérande, le Croisic et ses environs*, in-8, 1819.

GUÉRARD, bg *Seine-et-Marne* (Brie), arr., cant. et à 11 k. de Coulommiers, ✉ de Faremoutiers. Pop. 1,859 h. — Il est situé dans une belle vallée arrosée par le Grand-Morin, et possède un très-beau château.

La commune de Guérard était autrefois une petite place de guerre, environnée d'eaux vives. Les hameaux, situés sur les hauteurs, offrent de beaux paysages ; les ruines de l'ancien monastère de la Celle, autrefois occupé par des bénédictins anglais, se découvrent, dans le vallon, sous un aspect très-pittoresque.

GUERBAVILLE, vg. *Seine-Inf.* (Normandie), arr. et à 20 k. d'Yvetot, cant. de Caudebec. ✉. ♂ (à la Mailleraye). A 368 k. de Paris pour la taxe des lettres. Pop. 2,092 h. — *Foires* les 12 mai et 19 sept.

Le hameau de la Mailleraye, remarquable par le beau château de ce nom, fait partie de la commune de Guerbaville.

GUERBIGNY, vg. *Somme* (Picardie), arr., cant., ✉ et à 10 k. de Montdidier. P. 704 h. — Filature de laine. — *Foire* le 28 oct.

GUERCHE (la), petite ville, *Ille-et-Vilaine* (Bretagne), arr. et à 21 k. de Vitré, chef-l. de cant. Cure. Gîte d'étape. ✉. A 340 k. de Paris pour la taxe des lettres. Pop. 4,412 h. — TERRAIN de transition moyen.

Cette ville est située dans une contrée agréable, près de la forêt qui porte son nom, au milieu d'un pays fertile où l'on récolte abondamment des grains de toute espèce, d'excellentes châtaignes, beaucoup de lin et de chanvre très-recherchés, huile de noix, châtaignes, bestiaux, etc. La forêt de la Guerche abonde en excellent gibier, et les pâturages des alentours nourrissent quantité de bestiaux.

Les **armes de la Guerche** sont : *de gueules à deux léopards d'or*.

Fabriques de toiles fines et communes. Tanneries. Huileries. — *Commerce* considérable d'excellent beurre, grains, lin, chanvres recherchés, moutons, etc. — *Foires* le 1er mardi d'avril et de juillet, mardi qui suit le 11 nov. et mardi après la langevine du 8 sept.

Bibliographie. * *Notice généalogique et historique sur Pouancé et la Guerche*, in-8, 1832.

GUERCHE-SUR-CREUSE (la), *Guerchium*, petite ville, *Indre-et-Loire* (Touraine), arr. et à 42 k. de Loches, cant. et ✉ de Pressigny-le-Grand. Pop. 542 h. Sur la Creuse.

Cette petite ville est une localité à part. En fait de villes, les unes s'élèvent, s'agrandissent, changent ; se modifient ; d'autres vieillissent, tombent, disparaissent ; ici rien n'a changé en bien ni en mal. Fondée par Charles VII, à l'époque où par dérision on l'appelait ce prince *roi de Bourges*, elle présente encore toute la physionomie du XVe siècle. Rues étroites, tortueuses, sombres, tantôt s'élevant en montagnes ou offrant de véritables précipices ; maisons longues, pointues, bizarres, contournées, penchées les unes sur les autres, à guichet étroit, sans cour, sans jardin, serrées toutes autour du vieux château comme de jeunes oiseaux dans le nid maternel ; telle est encore cette relique dont un curieux voudrait certainement orner sa collection, si elle pouvait y trouver place. Mais si la petite ville est restée intacte, il n'en est pas de même du château. Elevant sa tête orgueilleuse et féodale dans les airs, il a subi bien des orages. Charles VII, galant plus que guerrier, quoi qu'il pu faire la fameuse pucelle, construisit pour la gentille Agnès Sorel cet antique manoir qui, entourée de forêts, servait de rendez-vous de chasse. De vieilles chansons racontent les prouesses du roi en combat et *deduyct* de chasse et d'amour ; des peintures à fresque dans l'intérieur des pièces du château représentent ce prince lorsqu'il courait le cerf ou le sanglier. Au-dessus du corps de logis et des huit tours, qui subsistaient il y a trente ans dans leur état primitif, se voyait une galerie extérieure, sculptée à jour, supportée par des consoles où l'on distinguait des têtes de femmes, et cette devise AL, *A sur L*, rébus digne de l'époque sur la belle des belles (Agnès Sorel, ou Surène!). Alors la magnificence de cette résidence annonçait une habitation royale ; de larges ponts-levis, des murs ayant jusqu'à trois mètres d'épaisseur, six rangs d'appartements voûtés, élevés les uns au-dessus des autres, à une hauteur de 50 m. au-dessus des eaux de la Creuse, lui prêtaient un caractère remarquable de grandeur et d'antiquité. Ce fut dans cet état que le château de la Guerche passa, avec les immenses droits et propriétés qui en dépendaient, à la cousine d'Agnès Sorel, Antoinette de Maignelais, puis aux maisons de Villequier et d'Argenson. — La première révolution porta de rudes atteintes à ce monument de la féodalité. Acheté en 1820 par M. Raoul de Croï, gendre de M. Voyer d'Argenson, des travaux considérables furent exécutés pour le rétablir dans une partie de son caractère primitif : d'épais ombrages furent jetés autour de quelques-unes des ruines pittoresques de ce manoir ; une statue d'Agnès Sorel fut retrouvée, rétablie dans une chapelle du château, sous une voûte élancée à ogive, recevant la lumière par des vitraux de couleur. Les dépendances qui avaient disparu furent reconstruites. Un parc et un jardin anglais entourent maintenant cette habitation, dont dépendent encore plus de cinq mille arpents de terre. — *Foires* les 1ᵉʳ mardi d'avril, 1ᵉʳ mardi de juillet et 21 sept.

GUERCHE - SUR - L'AUBOIS, bg *Cher* (Berry), arr. et à 48 k. de St-Amand-Montrond, chef-l. de cant. ⬚. ✧. A 215 k. de Paris pour la taxe des lettres. Pop. 2,090 h. Sur l'Aubois. — TERRAIN jurassique. — Hauts fourneaux qui donnent des fontes de première qualité de Berry, à la houille et au charbon de bois. Carrières de pierres lithographiques. — *Foires* les 10 août, 28 oct., 22 déc. et lundi saint.

GUERCHEVILLE, vg. *Seine-et-Marne* (Gatinais), arr. et à 20 k. de Fontainebleau, cant. et ⬚ de la Chapelle-la-Reine. Pop. 403 h.

GUERCHY, vg. *Yonne* (Champagne), arr. et à 15 k. de Joigny, cant. d'Aillant-sur-Tholon ; ⬚ de Bassou. Pop. 813 h.

GUEREINS, vg. *Ain* (Dombes), arr. et à 22 k. de Trévoux, cant. et ⬚ de Thoissey. Pop. 856 h.

GUÉRET, *Waractum*, jolie ville, chef-l. du dép. de la *Creuse* (Marche), du 1ᵉʳ arr. et d'un canton. Trib. de 1ʳᵉ instance. Soc. d'agriculture. Collége communal. Soc. d'histoire naturelle et d'antiquités. Cure. Gîte d'étape. ⬚. ✧. Pop. 4,849 h. — TERRAIN cristallisé, gneiss.

Autrefois diocèse de Limoges, parlement de Paris, intendance de Moulins, chef-lieu d'élection, sénéchaussée, présidial, justice royale, châtellenie, collége, couvent de récollets.

Guéret doit son origine à un couvent fondé en ce lieu vers l'an 720, et autour duquel se forma dans la suite une petite ville, ancienne résidence des comtes de la Marche. On y voit encore une partie de leur château où séjourna Charles VII, lorsqu'il poursuivait le dauphin son fils, depuis Louis XI, en guerre ouverte contre lui.

Les armes de **Guéret** sont : *d'azur à trois peupliers de sinople sur une terrasse de même, au cerf passant d'or sur le tout.* — Alias : *de gueules au cerf passant d'or armé de huit rames de même, au chef d'azur semé de fleurs de lis d'or.*

Guéret était autrefois une place bien fortifiée. C'est une ville agréablement située sur le penchant d'une colline, à 6 k. de la Creuse et à 9 k. de la Gartempe ; les rues, sans être bien percées, sont cependant assez belles, propres, et décorées d'une belle fontaine ; les places publiques sont fort jolies et les promenades agréables. On y remarque l'hôtel de la préfecture, le tribunal, la bibliothèque renfermant 4,600 volumes, le collége, le cabinet d'histoire naturelle et d'antiquités, la prison, l'hôpital.

PATRIE d'ANTOINE VARILLAS, historien.
De ROCHON DE CHABANNES, auteur dramatique.
COMMERCE ET EXPORTATION de bestiaux et de beurre. — *Foires* les 4 janv., 7 fév., 9 mars, avril, 3 et 30 mai, 28 et 29 juin, 9 août, 10 sept., 1ᵉʳ et 25 oct., 15 nov., 17 déc. et veille de la Pentecôte.

A 84 k. N.-E. de Limoges, 345 k. S. de Paris. Long. O. 0° 28' 10'', lat. 46° 10' 12''.

L'arrondissement de Guéret se compose de 7 cantons : Ahun, Bonnat, Dun, Grand-Bourg-Salagnac, Guéret, la Souterraine, Saint-Vaury.

GUERFAND, vg. *Saône-et-Loire* (Bourgogne), arr. et à 14 k. de Chalon-sur-Saône, cant. de St-Martin-en-Bresse, ⬚ de Verdun-sur-le-Doubs. Pop. 177 h.

GUÉRIGNY, vg. *Nièvre* (Nivernais), arr. et à 15 k. de Nevers, cant. de Pougues. ⬚. A 246 k. de Paris pour la taxe des lettres. Pop. 1,257 h.

Ce village, situé sur la rive gauche de la Nièvre, est le chef-lieu de l'établissement royal des forges de la Chaussade, qui se compose de deux hauts fourneaux, trois grosses forges, six petites forges, trois forges pour les ancres, et trois martinets. On y fabrique les principaux ouvrages en fer dont la confection ne peut souffrir de médiocrité ni de chances d'imperfection : telles sont les grandes courbes en fer, desquelles dépend la liaison des ponts avec la muraille des vaisseaux, les lattes et les chaînes de haubans et de galhaubans, pour la tenue des mâts, etc.

C'est encore à Guérigny que se fabriquent les câbles en fer pour les vaisseaux, dont l'usage est généralement adopté par toutes les marines militaires. On remarque une presse hydraulique pour l'épreuve des câbles, de la force d'environ 400,000 kilog. — *Foires* 4 mai et 12 nov.

GUÉRIN, vg. *Lot-et-Garonne* (Armagnac), arr., ⬚ et à 18 k. de Marmande, cant. de Bouglon. Pop. 475 h.

GUÉRINEAU (les), vg. *Charente*, comm. de Marsac, ⬚ d'Angoulême.

GUÉRINIÈRE (la), vg. *Deux-Sèvres*, comm. de Ménigoute, ⬚ de St-Maixent.

GUÉRINIÈRE (la), vg. *Vendée*, comm. et ⬚ de Noirmoutiers.

GUERLESQUIN, vg. *Finistère* (Bretagne), arr. et à 25 k. de Morlaix, cant. et ⬚ du Pontou. Bureau d'enregist. Pop. 1,714 h. — *Foires* le 1ᵉʳ lundi de janv., de mars, de mai, de juillet, de sept. et de nov.

GUERMANGE, vg. *Meurthe* (Lorraine), arr. et à 27 k. de Sarrebourg, cant. de Réchicourt-le-Château, ⬚ de Bourdonnay. Pop. 620 h.

GUERMANTES, vg. *Seine-et-Marne* (Ile-de-France), arr. et à 21 k. de Meaux, cant. et ⬚ de Lagny. Pop. 188 h.

GUERMIETTE, vg. *B.-Pyrénées*, comm. de St-Etienne-de-Baigorry, ⬚ de St-Jean-Pied-de-Port.

GUERNANVILLE, *Garnenvilla*, vg. *Eure* (Normandie), arr. et à 34 k. d'Evreux, cant. et ⬚ de Breteuil. Pop. 315 h.

GUERNE, vg. *Morbihan* (Bretagne), arr., cant., ⬚ et à 11 k. de Pontivy. Pop. 3,327 h. — *Foire* le 16 août.

GUERNES, vg. *Seine-et-Oise* (Normandie), arr., ⬚ et à 9 k. de Mantes, cant. de Limay. Pop. 547 h.

GUERNO (le), vg. *Morbihan* (Bretagne), arr. et à 32 k. de Vannes, cant. et ⬚ de Muzillac. Pop. 508 h.

GUERNY, *Warnacum*, vg. *Eure* (Normandie), arr. et à 20 k. des Andelys, cant. de Gisors, ⬚ des Thilliers-en-Vexin. Pop. 217 h. Sur l'Epte.

GUÉRON, vg. *Calvados* (Normandie), arr., cant., ⬚ et à 4 k. de Bayeux. Pop. 314 h.

GUÉROULDE (la), vg. *Eure* (Normandie), arr. et à 38 k. d'Evreux, cant. et ⬚ de Breteuil. Pop. 1,171 h. Près de l'Iton. — Forges et haut fourneau. Tréfilerie de fil de fer et de laiton.

GUERPONT, vg. *Meuse* (Lorraine), arr. et à 9 k. de Bar-le-Duc, cant. de Ligny. Pop. 368 h. — Filature de coton.

GUERQUESALLES, vg. *Orne* (Normandie), arr. et à 28 k. d'Argentan, cant. et ⬚ de Vimoutier. Pop. 315 h. *Fabrique de toiles cretonnes.*

GUERRITES (les), vg. *Doubs*, comm. de Luhier, ⬚ de Russey.

GUERSTLING, vg. *Moselle* (pays Messin), arr. et à 40 k. de Thionville, cant. et ⬚ de Bouzonville. Pop. 488 h.

GUERTING, vg. *Moselle* (pays Messin), arr. et à 45 k. de Metz, cant. de Boulay, ⬚ de St-Avold. Pop. 494 h.

GUERVILLE, bg *Seine-et-Oise* (Beauce), arr., cant., ⬚ et à 6 k. de Mantes. P. 888 h. — Papeterie.

GUERVILLE, vg. *Seine-et-Oise* comm. de Chalo-St-Mars, ⬚ d'Etampes.

GUERVILLE, *Guerravilla*, vg. *Seine-Inf.* (Normandie), arr. et à 28 k. de Neufchâtel-en-Bray, cant. et ⬚ de Blangy. Pop. 611 h. Verrerie à bouteilles.

GUESCHARD, vg. *Somme* (Picardie), arr. et à 25 k. d'Abbeville, cant. de Crécy, ⬚ d'Auxy-le-Château. Pop. 1,133 h.

GUESNAIN, vg. *Nord* (Flandre), arr., cant., ⬚ et à 5 k. de Douai. Pop. 498 h.

GUESNES, vg. *Vienne* (Poitou), arr., ⬚

et à 12 k. de Loudun, cant. de Monts-sur-Guesnes. Pop. 709 h.

GUESSLING, vg. *Moselle* (pays Messin), arr. et à 40 k. de Sarreguemines, cant. de Gros-Tenquin, ✉ de Faulquemont. Pop. 979 h.

GUÉTARY, vg. *B.-Pyrénées* (Guienne), arr. et à 15 k. de Bayonne, cant. et ✉ de St-Jean-de-Luz. Pop. 600 h.

GUETTE-DE-POUQUES (la), vg. *Nièvre*, comm. de Pouques, ✉ de Lormes.

GUETTEVILLE, bg *Seine-Inf.* (Normandie), arr. et à 25 k. d'Yvetot, cant. et ✉ de St-Valéry-en-Caux. Pop. 848 h.

GUEUDECOURT, vg. *Somme* (Picardie), arr., ✉ et à 20 k. de Péronne, cant. de Combles. Pop. 430 h.

GUEUDREVILLE, vg. *Loiret*, comm. de Jouy, ✉ de Pithiviers.

GUEUGNON, bg *Saône-et-Loire* (Bourgogne), arr. et à 34 k. de Charolles, chef-l. de cant. Cure. ✉. A 348 k. de Paris pour la taxe des lettres. Pop. 1,204 h. Sur la rive droite de l'Arroux. — TERRAIN du trias, muschelkalck. — Haut fourneau, forges, martinets. Tuilerie.
Au nord-est, et à très-peu de distance du bourg, dans une plaine qui peut avoir environ 2 k. de rayon, on a déterré, à diverses époques, de nombreux débris de vases de fabrique romaine et étrusque, des marbres brisés de toutes les couleurs, des marbres blancs d'Italie, des briques épaisses ornées de moulures ou arrondies en meules, des pavés mosaïques, quelques fragments de conduits en terre cuite ou en plomb, des médailles romaines, dont une en or, de Trajan. Ces découvertes donnent lieu de supposer qu'une ville importante a existé dans cet emplacement, et que des édifices considérables l'embellirent du temps des Romains.
Foires les 13 janv., 10 avril, 18 juin, 17 août, 26 sept. et 20 déc.

GUEURES, vg. *Seine-Inf.* (Normandie), arr. et à 13 k. de Dieppe, cant. et ✉ de Bacqueville. Pop. 748 h. — Il est situé dans une riante vallée, au confluent de la Vienne et de la Saône. — Papeterie.

GUEUTTEVILLE, vg. *Seine-Inf.* (Normandie), arr. et à 23 k. de Rouen, cant. de Pavilly, ✉ de Valmartin. Pop. 223 h.

GUEUVENATTEN, vg. *H.-Rhin* (Alsace), arr. et à 23 k. de Belfort, cant. et ✉ de Dannemarie. Pop. 349 h.

GUEUX, vg. *Marne* (Champagne), arr., ✉ et à 9 k. de Reims, cant. de Ville-en-Tardenois. Pop. 632 h. — *Commerce de chevaux*.

GUÉVILLE, vg. *Seine-et-Oise*, comm. de Gazeran, ✉ de Rambouillet.

GUEWENHEIM, ou GEISENHEIM, vg. *H.-Rhin* (Alsace), arr. et à 24 k. de Belfort, cant. de Thann, ✉ de Massevaux. Pop. 842 h.

GUEYTES, vg. *Aude* (Languedoc), arr. et à 21 k. de Limoux, cant. et ✉ de Chalabre. Pop. 128 h.

GUEZE, vg. *Lot-et-Garonne* (Armagnac), arr. et à 23 k. de Nérac, cant. et ✉ de Mézin. Pop. 477 h.

GUÈZE-AUX-SERPES, vg. *Eure-et-Loir*, comm. et ✉ de Maintenon.

GUGERNI (lat. 52°, long. 25°). « On les regarde comme un reste de la grande nation des Sicambres, qu'Auguste, par le ministère d'Agrippa ou de Tibère, établit en deçà du Rhin : *Ubios et Sicambros* (dit Suétone, *in Augusto*) *dedentes se, traduxit in Galliam, atque in proximis Rheno agris collocavit*. Ce fut en prenant des terres qu'occupaient auparavant les *Menapii*. Les *Gugerni* s'étendaient le long du fleuve, entre les *Ubii*, transplantés comme eux, et les *Batavi*. Les limites de ceux-ci paraissent avoir été vers l'endroit où le Rhin se partage en deux branches. Quant aux limites qui séparaient les *Gugerni* des *Ubii*, j'en trouve une indication, comme pour les lieux nommés Fins, dans le nom de *Born-Hem*, sur la grande voie romaine voisine du Rhin, et au passage d'un fossé ou canal qui communique au fleuve à Orsoi, au-dessus de Rhinberg. Tacite (*Hist.*, lib. IV), qui fait entendre qu'à la position de *Gelduba* succèdent les habitations des *Gugerni*, ne contredit point ce que je propose pour un indice de ces limites. » D'Anville. *Notice de l'ancienne Gaule*, p. 362. V. aussi Walckenaer. *Géographie des Gaules*, t. I, p. 459, 464; t. II, p. 279.

GUGNÉCOURT, vg. *Vosges* (Lorraine), arr. et à 16 k. d'Epinal, cant. et ✉ de Bruyères. Pop. 313 h.

GUGNEY, vg. *Meurthe* (Lorraine), arr. et à 40 k. de Nancy, cant. et ✉ de Vézelise. Pop. 217 h.

GUGNEY-AUX-AULX, vg. *Vosges* (Lorraine), arr. et à 13 k. de Mirecourt, cant. et ✉ de Dompaire. Pop. 618 h.

GUIBERSMESNIL, vg. *Somme* (Picardie), arr. et à 38 k. d'Amiens, cant. et ✉ d'Hornoy. Pop. 264 h.

GUIBERTS ou GUIBERTES (les), vg. *H.-Alpes*, comm. de Monetier, ✉ de Briançon.

GUIBEVILLE, *Guibervilla*, vg. *Seine-et-Oise* (Ile-de-France), arr. et à 26 k. de Corbeil, cant. et ✉ d'Arpajon. Pop. 57 h.

GUIBRAY, *Gibræum, Album Sutum, Seucopelus Vibraia*, *Calvados*, comm. et ✉ de Falaise. V. FALAISE.

GUICHAINVILLE, *Guichenvilla*, vg. *Eure* (Normandie), arr., cant., ✉ et à 8 k. d'Evreux. Pop. 462 h.

GUICHE, bg *B.-Pyrénées* (Navarre), arr. et à 25 k. de Bayonne, cant. et ✉ de Bidache. Pop. 1,688 h.

GUICHE (la), vg. *Saône-et-Loire* (Bourgogne), arr. et à 22 k. de Charolles, chef-l. de cant. et bureau d'enregist. de St-Bonnet-de-Joux. Pop. 964 h. — TERRAIN cristallisé, voisin du terrain jurassique. — *Foires* les 26 juillet et 31 août.

GUICHEN, vg. *Ille-et-Vilaine* (Bretagne), arr. et à 45 k. de Redon, chef-l. de cant. Cure. ✉ de Rennes. Pop. 3,534 h. — TERRAIN de transition moyen. — On y trouve une source d'eau minérale ferrugineuse acidule. — *Foires* les 21 juin, 24 août et 3 nov.

GUICHING, vg. *Moselle*, comm. de Freistroff, ✉ de Bouzonville.

GUICLAN, vg. *Finistère* (Bretagne), arr. et à 15 k. de Morlaix, cant. de Taulé, ✉ de Landivisiau. Pop. 3,549 h. — On voit aux environs les ruines du château de Penc'hoat, l'une des plus anciennes forteresses du Finistère. — *Foires* le 2ᵉ lundi de fév., avril, juin, août, oct. et déc.

GUIDAULT (le), vg. *Loir-et-Cher*, comm. et ✉ de Romorantin.

GUIDEL, vg. *Morbihan* (Bretagne), arr. et à 12 k. de Lorient, cant. et ✉ de Pont-Scorff. Pop. 3,895 h. — *Foires* les 3 fév., 30 juin, et lundi après le 1ᵉʳ dimanche d'oct.

GUIDERKIRCH, vg. *Moselle*, comm. d'Erching, ✉ de Rohrbach.

GUIDON, vg. *Oise*, comm. de Roberval, ✉ de Verberie.

GUIENNE (la), *Aquitania Augustana*, ancienne, grande et la plus considérable des ci-devant provinces de France. Elle forme maintenant les départements de la *Gironde*, de la *Dordogne*, du *Lot*, de l'*Aveyron*, de *Lot-et-Garonne*, du *Tarn*, des *Landes*, du *Gers* et des *Hautes-Pyrénées*, ainsi qu'une partie des départements de *Tarn-et-Garonne*, de l'*Ariège* et des *Basses-Pyrénées*. Comprise sous Jules César dans la Celtique et dans l'Aquitaine, lors de la division de la Gaule par Valens, elle forma une partie considérable de la première et de la deuxième Aquitaine, et la majeure partie de la Novempopulanie; de la domination romaine elle passa successivement sous celle des Visigoths, qui la possédèrent pendant quatre-vingt-dix ans sous six rois de leur nation, jusque environ l'an 509, que Clovis, roi des Français, les en chassa, et se rendit maître de cette province, dont lui et ses successeurs jouirent paisiblement. En 653, Eudes, profitant de la faiblesse des rois de France, occupa sous le nom de *duc* toute l'Aquitaine, dont on lui avait donné le gouvernement. Ses successeurs s'y maintinrent jusqu'au règne de Pépin le Bref. Ce monarque la conquit sur Gaifre, petit-fils d'Eudes, vers l'an 768. Ainsi l'Aquitaine retourna à la couronne de France, et y demeura jusqu'en 852, que le roi Charles le Chauve l'érigea en duché. Eléonore, héritière de ce duché, l'apporta à la couronne de France par son mariage avec Louis le Jeune ; mais, ayant été répudiée par ce monarque, elle épousa Henri II, roi d'Angleterre, et cette province passa sous la domination des Anglais, qui la possédèrent jusqu'en l'an 1200 : elle retourna ensuite à la couronne par droit de confiscation, et y demeura jusque vers l'an 1255, que le roi saint Louis la céda à Henri IV, roi d'Angleterre. La guerre ayant ensuite recommencé entre les Français et les Anglais sous le règne de Charles V, et ayant continué sous les rois Charles VI et Charles VII, ce dernier chassa entièrement les Anglais de la Guienne l'an 1453. Louis XI, après la guerre du bien public, céda à son frère Charles le duché de Guienne, l'an 1469; mais, après la mort du prince Charles, arrivée en 1472, le duché de Guienne fut réuni à la couronne.
La Guienne était divisée en Bordelais ou Guienne propre, Périgord, Quercy, Rouergue, Gascogne, pays des Landes, duché d'Albret,

pays des Basques, Armagnac et Comminges. Bordeaux en était la capitale.
Les armes de la Guienne étaient : *de gueules au léopard d'or.*
Bibliographie. *Dissertations sur l'Aquitaine* (Mém. de l'acad. roy. des inscrip. et belles-lettres, t. XVI, p. 165; t. XVII, p. 250; t. XIX, p. 495; t. XX, p. 47).
BOUCHET (Jean). *Les Annales d'Aquitaine* (avec Monnin), *faits et gestes en sommaire des rois de France et d'Angleterre, et des pays de Naples et de Milan, avec les antiquités de Poitiers,* in-f°, 1525 (ces Annales finissent en 1519).
— *Les mêmes,* revues, corrigées par l'auteur, et continuées jusqu'en 1535-1537 (1540-1557), in-f°.
— *Les mêmes,* continuées jusqu'au règne de Henri II, in-f°, 1607.
— *Les mêmes,* augmentées de plusieurs pièces rares et historiques, extraites des bibliothèques et recueillies par Abraham Mounin, in-f°, 1644.
LOUVET (P.). *Traité en forme d'abrégé de l'histoire d'Aquitaine, Guienne et Gascogne, depuis les Romains jusqu'à présent,* in-4, 1659.
LA HAYE (Jean de). *Mémoires et Recherches de France et de la Gaule aquitanique,* in-8, 1681.
BOUDOT (l'abbé). *Essai historique sur l'Aquitaine,* br. in-8, 1753.
VERNEILH-PUIRAISEAU (le baron J.). *Histoire politique et statistique de l'Aquitaine,* 3 vol. in-8, 1822-1827.
Dissertations relatives à la Guienne (Mém. de l'acad. roy. des inscript. et belles-lettres, t. XVII, p. 361 ; t. XVIII, p. 316).
* *Histoire de la guerre de Guienne, en 1651,* in-12.
* *Histoire de tout ce qui s'est passé en Guienne pendant la guerre de Bordeaux,* in-4.
Procès-verbaux des séances de l'assemblée provinciale de la haute Guienne, 2 vol. in-4, 1779-1786.
L'Archiviste bordelais, recueil de titres et de documents pour servir à l'histoire générale de la Guienne propre et du département de la Gironde, in-8, 1838.
THIERRY (Amédée). *Résumé de l'histoire de Guienne,* in-18, 1826.
Almanach historique de la province de Guienne, in-12, 1760 et suiv.
VIVENS (de). *Observations sur divers moyens de soutenir et d'encourager l'agriculture, principalement dans la Guienne,* 3 part. en 2 vol. in-12, 1756-1761 ; 2e édit., 2 vol. in-12, 1763.
DUPONT. *Lettre sur la cherté des blés en Guienne,* in-12, 1764.
DUCOURNEAU (Alex.). *La Guienne historique et monumentale* (promis en 4 parties formant 2 vol. in-8, dont 3 parties paraissaient en août 1844).
LOUBENS. *Histoire de l'ancienne province de Gascogne, Bigorre et Béarn,* 3 vol. gr. in-8, 1839.

MARCA (P. de). *Recherches géographiques sur les Vascons ou Gascons* (Hist. de Béarn, in-f°, 1640, p. 88 et suiv.).
Observations sur les Capots ou Cagots, gens singuliers que l'on trouve répandus en Gascogne et pays voisins (ibid., p. 71-75).
THORE (Jean). *Promenade sur les côtes du golfe de Gascogne,* in-8, 1811.
YZARN-FRÉCINET. *Coup d'œil sur les landes de Gascogne,* in-8, 1837.
* *Vérités sur les landes de la Gascogne,* in-8, 1841.
LEFEBVRE. *Notice géologique sur quelques points du département des Landes, suivie d'observations sur les dunes de Gascogne* (Ann. des mines, t. IX, 3e série, p. 245).
GUERCHE (la), vg. *Sarthe* (Maine), arr. et à 14 k. du Mans, cant. et ⊠ de Ballon. Pop. 700 h.
GUIGNARD, vg. *Seine-et-Oise*, comm. d'Authon, ⊠ de Dourdan.
GUIGNECOURT, vg. *Oise* (Picardie), arr., ⊠ et à 8 k. de Beauvais, cant. de Nivillers. Pop. 288 h.
GUIGNEMICOURT, vg. *Somme* (Picardie), arr., ⊠ et à 7 k. d'Amiens, cant. de Molliens-Vidame. Pop. 337 h.
GUIGNEN, vg. *Ille-et-Vilaine* (Bretagne), arr. et à 38 k. de Redon, cant. de Guichen, ⊠ de Lohéac. Pop. 2,842 h. — Foires les 16 juillet, 1er mercredi de janv., où le lendemain si le mercredi est le 1er du mois, mercredi après St-Michel, ou le lendemain si le mercredi est le 1er du mois, mercredi de la Passion, ou le lendemain si le mercredi est le 1er du mois.
GUIGNÈRES (la), vg. *Indre-et-Loire*, comm. de Fondettes, ⊠ de Tours.
GUIGNES, bg *Seine-et-Marne* (Gatinais), arr. et à 16 k. de Melun, cant. de Mormant. ⊠. ⚞. A 44 k. de Paris pour la taxe des lettres. Pop. 924 h.
PATRIE du sous-intendant militaire BERGER.
GUIGNEVILLE, vg. *Loiret* (Gatinais), arr., cant., ⊠ et à 6 k. de Pithiviers. Pop. 613 h.
GUIGNEVILLE, vg. *Seine-et-Oise* (Orléanais), arr. et à 20 k. d'Étampes, cant. et ⊠ de la Ferté-Aleps. Pop. 168 h.
GUIGNICOURT, vg. *Aisne* (Picardie), arr. et à 30 k. de Laon, cant. de Neufchâtel, ⊠ de Berry-au-Bac. Pop. 466 h.
GUIGNICOURT, vg. *Ardennes* (Champagne), arr. de Mézières, à 12 k. de Charleville, cant. de Flize, ⊠ de Poix. Pop. 378 h. — Hauts fourneaux, fonderie, forges et aciérie.
GUIGNOLAS, vg. *H.-Garonne*, comm. de Lapeirère, ⊠ de Rieux.
GUIGNONVILLE-BAZINVILLE, vg. *Loiret* (Orléanais), arr., ⊠ et à 12 k. de Pithiviers, cant. d'Outarville. Pop. 377 h.
GUIGNOTERIE (la), vg. *Vienne*, comm. de Maillé, ⊠ d'Angles.
GUIGNY, vg. *Pas-de-Calais* (Artois), arr. et à 26 k. de Montreuil-sur-Mer, cant. et ⊠ d'Hesdin. Pop. 209 h.
GUILBERVILLE, vg. *Manche* (Norman-

die), arr. et à 20 k. de St-Lô, cant. et ⊠ de Torigny. Pop. 1,777 h.
GUILDO (le), bourg maritime, *Côtes-du-Nord*, comm. de St-Potan, ⊠ de Matignon. — Il est situé au fond de la baie de son nom, à l'embouchure de l'Arguenon dans l'Océan, où il a un port très-sûr.
GUILER, vg. *Finistère* (Bretagne), arr., cant., ⊠ et à 11 k. de Brest. Pop. 451 h.
GUILER, vg. *Finistère* (Bretagne), arr. et à 25 k. de Quimper, cant. de Plougastel-St-Germain, ⊠ de Pont-Croix. Pop. 560 h.
GUILHEMAIN, vg. *Nord*, comm. de Walincourt, ⊠ de Cambrai.
GUILHEM-LE-DÉSERT (St-), joli village, *Hérault* (Languedoc), arr. et à 38 k. de Montpellier, cant. d'Aniane, ⊠ de Gignac. Pop. 868 h.
Ce village, situé sur la rive droite de l'Hérault, doit son origine à saint Guilhem, gouverneur d'Aquitaine, qui y bâtit, en 804, une abbaye de l'ordre de Saint-Benoît, au milieu d'un désert environné de hautes montagnes. Il est assez bien bâti ; le plus grand nombre de ses maisons sont gothiques et renferment des ornements d'assez bon goût. En approchant de St-Guilhem, on trouve de petites prairies bien fraîches, qui paraissent d'autant plus agréables qu'elles sont au milieu d'un paysage triste et sévère. Un paysagiste doit passer au moins huit jours à St-Guilhem, et certes il n'aura pas le temps de dessiner tout ce qui mériterait d'être étudié. L'entrée du village, et derrière de l'église et les ruines de l'abbaye, la place publique et le château de don Juan, les beaux rochers à travers lesquels se précipite le ruisseau de Verdué, le moulin qui est au-dessus du village, les bords de l'Hérault et les montagnes, en font un des lieux les plus pittoresques qui se puissent imaginer.
On voit sur l'Hérault, dont en cet endroit la largeur est de 40 m., un pont de corde fort ingénieux qui existe à St-Guilhem de temps immémorial. Une corde est solidement attachée aux deux rives ; elle traverse une manivelle creuse, un manchon de bois auquel est suspendu un bâton par son milieu, ce qui le maintient dans une position à peu près horizontale. On passe les jambes sur les deux bouts du bâton de manière à y être assis, ayant devant soi la corde qui l'attache au manchon ; celui-ci, placé sous l'aisselle du bras gauche, agit comme dans les traîlles et court sur la corde principale ; le poids du corps suffit pour faire remonter une partie de la courbure opposée de la corde, mais, pour arriver, il faut se tirer soi-même de la main droite. Quelque embarrassant que paraisse un tel passage, on le voit journellement exécuter par des femmes, des enfants, portant sur la tête de lourds fagots qu'ils apportent de la rive opposée.
A environ 4 k. de St-Guilhem on remarque une vaste grotte renfermant de belles stalactites. Dans l'intérieur, un énorme rocher, détaché de la voûte, forme une arcade naturelle, sous laquelle les curieux ne passent pas sans éprouver une certaine crainte ; mais cette grotte

le cède en beautés à la magnifique grotte des Demoiselles de St-Bauzille-du-Putois, près de Ganges.
Bibliographie. * Histoire, Antiquités et Architectonique de l'abbaye de St-Guilhem-le-Désert, in-4, 1838.
RENOUVIER (J.). Histoire des églises de Maguelone, de Valmagne, de St-Guilhem-le-Désert, etc., in-4, 1825 et années suiv.

GUILHERAND, vg. Ardèche (Languedoc), arr. et à 18 k. de Tournon, cant. et ☒ de St-Péray. Pop. 579 h. — Carrières de pierres lithographiques.

GUILIGOMARCH. V. GUILLIGOMARCH.

GUILLAC, vg. Gironde (Guienne), arr. et à 19 k. de Libourne, cant. et ☒ de Branne. Pop. 245 h.

GUILLAC, vg. Morbihan (Bretagne), arr. et à 6 k. de Ploërmel, cant. et ☒ de Josselin. Pop 1,529 h. — On remarque sur son territoire un obélisque destiné à perpétuer le souvenir de la bataille des Trente.

GUILLATIÈRE (la), vg. Isère, comm. de Chirens, ☒ de Voiron.

GUILLAUCOURT, vg. Somme (Picardie), arr. et à 26 k. de Montdidier, cant. de Rosières, ☒ de Villers-Bretonneux. Pop. 569 h.

GUILLAUME (St-), vg. H.-Alpes, comm. et ☒ de Montdauphin. ♉.

GUILLAUME (St-), vg. Isère (Dauphiné), arr. et à 32 k. de Grenoble, cant. et ☒ de Monestier-de-Clermont. Pop. 434 h. — Foires les 1er lundi d'avril, 1er mardi de juin et 1er mardi d'août.

GUILLAUME-PEYROUSE, vg. H.-Alpes (Dauphiné), arr. et à 44 k. de Gap, cant. de St-Firmin-en-Valgodemar, ☒ de Corps. Pop. 501 h.
Le village des ANDRIEUX, dépendant de cette commune, est privé pendant cent jours de la vue bienfaisante du soleil, qui reparaît le 10 février. Ce jour est marqué par une fête singulière : avant l'aurore, quatre bergers l'annoncent au son des fifres et des trompettes ; chacun des habitants prépare une omelette, et le plus âgé, qui a ce jour-là le titre de vénérable, se réunit tous sur la place, où, leur plat d'omelette à la main, ils forment une chaîne et exécutent autour de lui une farandole ; ensuite tous se rendent dans un pré voisin, où les farandoles recommencent jusqu'au moment où arrivent dans la prairie les premiers rayons du soleil ; alors chacun offre son omelette au soleil. Dès que la clarté du soleil a brillé sur tout le village, on reconduit le vénérable chez lui, et chacun rentre dans sa maison pour manger l'omelette en famille.
Exploitation de minerai de plomb sulfuré.

GUILLEMINGE, vg. Cher, comm. de St-Georges-sur-Moulon, ☒ de Bourges.

GUILLEMONT, vg. Somme (Picardie), arr., ☒ et à 18 k. de Péronne, cant. de Combles. Pop. 625 h.

GUILLERMIN (le), vg. Ain, comm. de Fareins, ☒ de Montmerle.

GUILLERVAL, vg. Seine-et-Oise (Beauce), arr., ☒ et à 10 k. d'Etampes, cant. de Méréville. Pop. 620 h.

GUILLERVILLE, vg. Seine-Inf., comm. de Bolleville, ☒ de Bolbec.

GUILLERVILLE, vg. Calvados (Normandie), cant. et ☒ de Troarn, arr. et à 12 k. de Caen. Pop. 546 h.

GUILLESTRE, bg H.-Alpes (Dauphiné), arr. et à 19 k. d'Embrun, chef-l. de cant. Cure. ☒. A 708 k. de Paris pour la taxe des lettres. Pop. 1,759 h. — Terrain jurassique.
Ce bourg, situé dans la vallée du Guil, était autrefois une ville forte qui fut assiégée par les religionnaires. Le duc de Savoie la prit en 1692, après six jours de siége.
PATRIE du lieutenant général ALBERT.
Foires les 1er sept., 1er nov., 2e lundi de mai, 1er lundi de juillet, 3e lundi et mardi d'oct.

GUILLEVILLE, vg. Eure-et-Loir (Orléanais), arr. et à 34 k. de Chartres, cant. et ☒ de Janville. Pop. 402 h.

GUILLIERS, vg. Morbihan (Bretagne), arr., ☒ et à 15 k. de Ploërmel, cant. de la Trinité. Pop. 2,027 h.

GUILLIGOMARCH, vg. Finistère (Bretagne), arr., ☒ et à 12 k. de Quimperlé, cant. d'Arzano. Pop. 1,038 h.

GUILLON, vg. Doubs (Franche-Comté), arr., cant., ☒ et à 5 k. de Baume-les-Dames. Pop. 243 h. — Il est situé dans un riant vallon arrosé par le Cusancin. — Papeterie.
Ce village possède un établissement d'eaux minérales gazeuzes hépatiques fort bien tenu et très-fréquenté depuis quelques années. Les eaux de Guillon s'emploient en boissons et en bains. On en fait usage avec succès dans les maladies de la peau, les obstructions, les irritations chroniques de l'appareil digestif, etc. : elles conviennent aussi dans les douleurs rhumatismales et dans les affections du poumon. — Le bâtiment qui renferme la source et les bains est situé dans la partie la plus agréable du charmant vallon de Cusance. On y trouve de jolis cabinets pourvus de baignoires en pierres, et toutes les commodités de la vie.
Bibliographie. CAILLOT (L.). Observations sur la nature et les effets de l'eau minérale sulfureuse de Guillon, in-12, 1827.
LAMBERT. Notice sur l'établissement et les eaux minérales sulfureuses de Guillon dans la vallée de Cusancin, près de Baume-les-Dames, in-18, 1842.

GUILLON (le), vg. Isère, comm. de Coublevie, ☒ de Voiron.

GUILLON, vg. Yonne (Bourgogne), arr. à 15 k. d'Avallon, chef-l. de cant. ☒ de Cussy-les-Forges, bureau d'enregist. à l'Ile-sur-Serein. Pop. 795 h. — Terrain jurassique. — Foires les 25 avril, 30 juin et 29 sept.

GUILLONIÈRE, vg. Isère, comm. de Renage, ☒ de Rives.

GUILLONVILLE, Eure-et-Loir (Beauce), arr. et à 25 k. de Châteaudun, cant. d'Orgères, ☒ de Patay. Pop. 854 h.

GUILLOTIÈRE (la), vg. Rhône (Lyonnais), arr., ☒ de Lyon. Cure. Pop. 25,730 h. — C'est un des faubourgs de Lyon, formant, depuis 1843, une commune séparée, chef-lieu d'un des six cantons dont la ville de Lyon est composée. V. LYON.
PATRIE de M. PIOBERT, membre de l'Institut.

GUILLY, vg. Cher, comm. de Préveranges, ☒ de Château-Meillant.

GUILLY, bg Indre (Berry), arr. et à 25 k. d'Issoudun, cant. et ☒ de Vatan. Pop. 698 h.

GUILLY, vg. Loiret (Orléanais), arr. et à 31 k. de Gien, cant. de Sully-sur-Loire, ☒ de Jargeau. Pop. 444 h.

GUILMÉCOURT, vg. Seine-Inf. (Normandie), arr. et à 17 k. de Dieppe, cant. et ☒ d'Envermeu. Pop. 466 h.

GUIMAEC, vg. Finistère (Bretagne), arr. ☒ et à 20 k. de Morlaix, cant. de Lanmeur. Pop. 1,924 h.

GUIMBAUDIÈRE (la), vg. Vendée, comm. d'Ardelay, ☒ des Herbiers.

GUIMERVILLE, vg. Seine-Inf. comm. de Hodeng-au-Bosc, ☒ de Blangy.

GUIMILIAU, vg. Finistère (Bretagne), arr. à 20 k. de Morlaix, cant. et ☒ de Landivisiau. Pop. 1,590 h. — Foires le 2e mardi de mars, de juillet et de nov.

GUIMONVILLIERS, vg. Eure-et-Loir, comm. de Billancelles, ☒ de Courville.

GUIMORAIS (la), vg. Ille-et-Vilaine, comm. de St-Coulomb, ☒ de Cancale.

GUIMPS, vg. Charente (Saintonge), arr., cant., ☒ et à 8 k. de Barbezieux. Pop. 897 h.

GUINARTHE, vg. B.-Pyrénées (Béarn), arr. et à 23 k. d'Orthez, cant. et ☒ de Sauveterre. Pop. 147 h.

GUINAS, vg. Landes, comm. de Cachen, ☒ de Roquefort.

GUINCOURT, vg. Ardennes (Champagne), arr. et à 22 k. de Vouziers, cant. de Tourteron, ☒ d'Attigny. Pop. 471 h.

GUINDRECOURT-AUX-ORMES, vg. H.-Marne (Champagne), arr., ☒ et à 9 k. de Vassy, cant. de Joinville. Pop. 262 h.

GUINDRECOURT-SUR-BLAISE, vg. H.-Marne (Champagne), arr. à 35 k. de Chaumont-en-Bassigny, cant. et ☒ de Vignory. Pop. 262 h.

GUINEBAUDEIX (le), Creuse, comm. de Mars, ☒ d'Auzances.

GUINECOURT, vg. Pas-de-Calais (Artois), arr., cant., ☒ et à 10 k. de St-Pol-sur-Ternoise. Pop. 78 h.

GUINÉE (la), vg. Pyrénées-Or., comm. de Port-Vendres, ☒ de Collioure.

GUINES, Guina, Guisnæ, petite ville, Pas-de-Calais (Picardie), arr. à 30 k. de Boulogne-sur-Mer, chef-l. de cant. Cure. ☒. ♉. A 275 k. de Paris pour la taxe des lettres. Pop. 4,097 h. — TERRAIN d'alluvions modernes.
Cette ville est située dans un pays marécageux, à l'intersection de quatre grandes routes, sur le canal de Guines à Calais.

L'origine de Guines remonte à une époque fort reculée. Dès le xe siècle, c'était une forteresse importante qui fut gouvernée par des comtes particuliers jusqu'en 1350. Les Anglais s'en emparèrent par trahison en 1351. Le duc de Guise la prit d'assaut en 1558, et en fit détruire les fortifications : un plan de cette ville, levé à cette époque, la représente comme une des plus fortes places de l'Europe. — Dans une plaine située entre Guines et Arras eut lieu, en 1520, la fameuse entrevue entre François Ier et Henri VIII d'Angleterre, connue sous le nom de Camp du drap d'or.

C'est dans la forêt de Guines que le célèbre aéronaute Blanchard et le docteur anglais Jéffries sont descendus le 7 janvier 1785, après être partis de Douvres et avoir traversé le détroit du Pas-de-Calais : un obélisque a été élevé par les habitants de Guines à l'endroit où l'aérostat a pris terre, pour perpétuer le souvenir d'une entreprise aussi hardie. — *Fabriques* de tulle, de poterie de terre. Blanchisserie de cire. Tanneries. Brasseries. Raffineries de sel. — *Commerce* considérable de grains, lin, bestiaux, volailles, bois de chauffage, entrepôt de tourbe et de charbon de terre. — *Foires* les 4 fév., 1er août, 3 nov. et 3e dimanche après Pâques.

GUINGAMP, petite ville , *Côtes-du-Nord* (Bretagne), chef-l. de sous-préf. (5e arr.) et d'un canton. Trib. de 1re inst. Société d'agric. Cure. Gîte d'étape. ✉. ⚘. Pop. 6,796 h.

Autrefois diocèse et recette de Tréguier, parlement et intendance de Rennes, couvents de cordeliers, de dominicains, de carmélites et d'ursulines.

Guingamp était jadis une des villes les plus considérables du duché de Penthièvre. Elle est située sur le Trieux, au milieu de vastes et belles prairies, et était autrefois entourée de murailles, dont une partie existe encore. Une grande rue la traverse d'un bout à l'autre, et dans le milieu est l'église paroissiale, surmontée d'un clocher à flèche et d'une tour carrée recouverte d'une espèce de dôme. Sur la place publique est une fort belle halle devant laquelle est une jolie fontaine. L'intérieur de la ville offre plusieurs belles constructions, et les environs d'agréables promenades.

Les armes de Guingamp sont : *d'argent à trois faces d'or.*

Fabriques de toiles, fils retors, chapeaux communs. Tanneries. — *Commerce* de grains, fil, toiles, cuirs, fer, vins, eau-de-vie, etc. — *Foires* les 23 juin, 24 déc., samedi après la mi-carême, samedi des Rameaux, 1er samedi de mai, 1er et 4e samedi de juillet, samedi après l'Assomption, 2e samedi de sept., 2e samedi d'oct., 4e samedi de nov. et 1er samedi de janv., et les suivants jusqu'au samedi gras.

A 35 k. O.-N.-O. de St-Brieuc, 487 k. O. de Paris.

L'arrondissement de Guingamp est composé de 10 cantons : Bégard, Belle-Ile-en-Terre, Bothoa, Bourbriac, Gallac, Guingamp, Maël-Carhaix, Plouagat, Pontrieux, Rostrenen.

GUINGLANGE, ou GUINGELINGEN, vg. *Moselle* (pays Messin), arr. et à 30 k. de Metz, cant. et ✉ de Faulquemont. Pop. 515 h.

GUINGUETTE (la), *Marne*, comm. de Damery ✉ d'Epernay.

GUINGUETTE-DE-BOYER, vg. *H.-Alpes*, comm. du Noyer, ✉ de St-Bonnet. ⚘.

GUINKIRCHEN, vg. *Moselle* (pays Messin), arr. et à 25 k. de Metz, cant. et ✉ de Boulay. Pop. 469 h.

GUINOT, vg. *Lot-et-Garonne*, comm. de St-Barthélemy, ✉ de Miramont.

GUINOUX (St-), vg. *Ille-et-Vilaine* (Bretagne), arr. et à 14 k. de St-Malo, cant. et ✉ de Châteauneuf-en-Bretagne. Pop. 1,045 h.

GUINZELING, vg. *Meurthe* (Lorraine), arr. de Château-Salins , à 29 k. de Vic, cant. d'Alberstroff, ✉ de Dieuze. Pop. 230 h.

GUIPAVAS, bg *Finistère* (Bretagne), arr. et à 10 k. de Brest, cant. et ✉ de Landerneau. Pop. 5,312 h. — *Foires* le 2e jeudi de fév., d'avril, de juin, d'août, d'oct. et de déc.

GUIPEL , vg. *Ille-et-Vilaine* (Bretagne), arr. et à 22 k. de Rennes, cant. et ✉ d'Hédé. Pop. 1,472 h.

GUIPEREUX, vg. *Seine-et-Oise*, comm. d'Hermeray, ✉ d'Epernon.

GUIPEREUX, vg. *Seine-et-Oise*, comm. de Longpont, ✉ de Linas.

GUIPRONVEL, vg. *Finistère* (Bretagne), arr. et à 15 k. de Brest, cant de Plabennec, ✉ de St-Renan. Pop. 323 h.

GUIPRY, vg. *Ille-et-Vilaine* (Bretagne), arr. et à 29 k. de Redon, cant. de Pipriac, ✉ de Lohéac. Pop. 3,272 h. — Il est sur la rive droite de la Vilaine, où il y a un port vis-à-vis de Messac. — *Commerce* de vins, étoffes communes, bestiaux, etc. — *Foires* les 3 mars, mercredi après la Quasimodo, avant la Pentecôte et mardi après le 8 sept.

GUIPY, vg. *Nièvre* (Nivernais), arr. et à 30 k. de Clamecy, cant. de Brinon-les-Allemands, ✉ de St-Révérien. Pop. 742 h. — *Foires* les 20 mai et 2 oct.

GUIQUELLEAU, vg. *Finistère* (Bretagne), arr. et à 18 k. de Brest, cant. de Lesneven, ✉ de Falgoat. Pop. 739 h. — *Foires* les 29 août et 9 sept.

GUIRAL (St-), vg. *Tarn*, comm. d'Andouque, ✉ de Cramaux.

GUIRALES, vg. *Lot*, comm. de Beauregard, ✉ de Limogne.

GUIRAUD (St-), vg. *Gers*, comm. de Castelnau-Barbarens, ✉ d'Auch.

GUIRAUD (St-), vg. *Hérault* (Languedoc), arr. et à 17 k. de Lodève, cant. de Gignac, ✉ de Clermont. Pop. 164 h.

GUIRLANGE, ou GUIRLINGEN, vg. *Moselle* (pays Messin), arr. et à 28 k. de Metz, cant. et ✉ de Boulay. Pop. 154 h.

GUIRY, vg. *Seine-et-Oise* (Normandie), arr. et à 23 k. de Pontoise, cant. de Marines, ✉ de Magny. Pop. 144 h.

GUISCARD, joli bourg, *Oise* (Picardie), arr. et à 40 k. de Compiègne, chef-l. de cant.

Cure. ✉. ⚘. A 108 k. de Paris pour la taxe des lettres. Pop. 1,575 h. — TERRAIN tertiaire inférieur.

Autrefois marquisat et château, diocèse et élection de Noyon, parlement de Paris, intendance de Soissons, gouvernement particulier.

Guiscard est assez bien bâti, sur la petite rivière de la Verse. Il était autrefois défendu par un château fort, qui fut remplacé par un château de construction moderne, aussi remarquable par ses vastes proportions que par son élégance et ses ornements intérieurs. Le parc, de 150 hect. d'étendue, était peuplé d'une grande quantité d'arbres exotiques dont la belle venue excitait l'admiration des voyageurs ; il est cité par M. A. de Laborde comme un modèle d'habileté et de bon goût dans l'art de distribuer les jardins paysagistes. — Cette belle propriété ayant été partagée en 1831, les deux tiers du château ont été démolis, les étangs desséchés, et le parc abattu. Trois grands pavillons restent seuls debout aujourd'hui, comme pour attester l'ancienne magnificence d'un domaine dont les circonstances ont amené la destruction.

La commune de Guiscard n'a pas toujours porté ce nom ; elle se nommait autrefois Magny, et faisait partie de la seigneurie du duc de Chaune. Il la vendit au commencement du dernier siècle au comte de Guiscard, ambassadeur de Louis XIV en Suisse, qui fit ériger cette terre en marquisat, et lui donna son nom ; elle passa ensuite dans la maison d'Aumont, par le mariage d'une des filles du comte de Guiscard qui l'avait eu don.

On voit à Guiscard une de ces buttes ou tombelles, que les peuples du Nord élevaient sur les cendres de leurs braves. — Dans le bois de la montagne de Guivry est un monticule, nommé Tourbe-Régner, sur lequel s'élèvent douze hêtres énormes ; on s'y rend le 25 de mars pour en visiter la carrière, et jouir d'une vue immense qui s'étend jusqu'à St-Quentin.

Fabrique de produits chimiques. — *Foires* le 3e lundi de chaque mois.

GUISCRIFF, vg. *Morbihan* (Bretagne), arr. et à 57 k. de Pontivy, cant. et ✉ du Faouet. Pop. 3,016 h. — *Foires* le 1er lundi de janv., d'avril, de juin et de sept.

GUISE, *Guisia, Guistrum Castrum*, petite ville forte, *Aisne* (Picardie), arr. et à 25 k. de Vervins, chef-l. de cant. Place forte de 3e classe. Cure. Gîte d'étape. ✉. A 155 k. de Paris pour la taxe des lettres. ⚘. P. 3,543 h. TERRAIN crétacée supérieur, craie.

Autrefois diocèse de Laon , parlement de Paris, intendance de Soissons, chef-lieu d'élection , gouvernement particulier, brigade de maréchaussée, grenier à sel, bureau des cinq grosses fermes , collégiale, couvent de minimes, collège.

Guise était anciennement une ville très-forte, dont il est fait une mention authentique pour la première fois en 1050. Cependant si l'on en croit l'auteur des Annales de Hainaut, Guise aurait été, dans le IXe siècle, une des douze pairies de Flandre. En 1177, Jacques d'Avesnes, sire de Guise, ayant fait tuer le chancelier de Flandre, pour se venger des injures qu'il en avait reçues au siége de Rouen, les comtes de Flandre et de Hainaut entrèrent en armes sur ses terres, y mirent tout au pillage, et rasèrent le château de Guise et le fort de Léquielle, dont ils s'étaient rendus maîtres; par la suite, le château de Guise fut rebâti et la ville fortifiée. En 1339, les Anglais s'en emparèrent ; mais l'intrépide Jeanne de Hainaut défendit avec succès le château contre le comte de Soissons, son père, ligué alors avec les Anglais. C'est cette même Jeanne qui, en 1346, enleva Hirson à main armée à Charles de Blois, son beau-frère. En 1422, les partisans de Charles VII, désespérant de conserver les châteaux de Moy et de Brissy, les évacuèrent après y avoir mis le feu, et se retirèrent à Guise.

En 1424, Guise était la seule ville de Picardie qui tînt encore pour le roi, toutes les autres places de cette province étant à cette époque entre les mains des Anglais et des Bourguignons. Jean de Luxembourg, qui voulait à la faveur de quelques prétentions chimériques s'approprier le comté de Guise, se chargea de soumettre cette place, défendue par Jean de Proisy. Il attaqua d'abord le fort de Wiége, que Proisy rendit au bout de six semaines pour prendre le commandement de la place. Le siége commença au mois d'avril, et ne se termina qu'en septembre par une capitulation honorable, portant que la ville serait rendue le 1ᵉʳ mars 1425, si dans l'intervalle elle n'était pas secourue. Le 1ᵉʳ mars elle fut remise à Jean de Luxembourg, qui devint possesseur de tout le comté de Guise, et le conserva jusqu'à sa mort, arrivée en 1440.

Guise fut donné avec titre de comté, en 1443, à Charles d'Anjou, comte du Maine, en faveur de son mariage avec Isabelle de Luxembourg. Cette ville fut attaquée sans succès, en 1186 et 1487, par Montigny, général du roi des Romains, qui y fut blessé mortellement. En 1491, le comté de Guise fut donné à Jean d'Armagnac et à Louis, son frère. Enfin, en 1520, ce comté devint la propriété du célèbre Claude de Lorraine, tige de la maison de Guise, en faveur duquel il fut érigé en duché-pairie par lettres patentes de 1528.

En 1536, les Impériaux, sous les ordres du comte de Nassau, ayant fait une irruption en Picardie, s'emparèrent de Guise par surprise. Cette ville fut assiégée et reprise quelque temps après. En 1594, Guise était au pouvoir de la Ligue : Henri IV, qui n'avait pu arriver à temps pour sauver la Capelle, dont les ligueurs venaient de s'emparer, attaqua les faubourgs de Guise, les emporta après une action sanglante, et les brûla en se retirant.

Le 12 juillet 1636, Guise fut attaquée par les Espagnols ; mais la bravoure des habitants, commandés par Guébriant, les obligea d'en lever le siége, événement qui fut le salut de tout le pays. En 1650, les Espagnols, après s'être emparés du Câtelet, d'Aubenton et de Ribemont,

vinrent mettre le siége devant Guise, qui fut investi le 16 juin. La ville fut emportée le 27 ; mais les habitants eurent le temps de se retirer avec la garnison dans le château. Les vivres pouvant bientôt aux assiégeants, et la perte d'un grand convoi qui leur fut enlevé le 29 auprès de la Capelle, les forcèrent à lever le siége le 2 juillet. Une médaille fut frappée en mémoire de ce succès ; et, pour honorer le courage des habitants, le maire et deux officiers municipaux furent anoblis.

En 1704, le comté de Guise fut érigé de nouveau en duché-pairie en faveur du prince et de la princesse de Condé.

En 1791, la ville de Guise fut reconnue place forte de deuxième classe par une loi du 10 juillet. Après la prise de Valenciennes, en 1793, l'ennemi ayant dispersé l'armée qui couvrait la frontière du Nord, on fit un appel à tous les hommes en état de porter les armes: Le 13, une levée en masse partie de Laon, et grossie dans sa route jusqu'au nombre de 15,000 hommes, s'arrêta à Guise, dont elle changea le nom en celui de Réunion-sur-Oise. Le 25 juin 1815, les troupes étrangères investirent le château de Guise, qui se rendit par capitulation.

Les armes de Guise sont : *d'azur semé de fleurs de lis d'or, au lion d'argent brochant sur le côté dextre.*

La ville de Guise est dans une belle situation, sur la rive gauche de l'Oise, et traversée par un canal de dérivation de cette rivière. Les fortifications de cette place se réduisent à peu près à un simple mur d'enceinte. Le château, construit par Claude de Lorraine en 1549, domine la ville d'environ 50 mètres, et s'élève de ce côté sur un escarpement à pic. Sa forme est à peu près triangulaire, et ses fortifications très-régulières. Sa capacité intérieure est peu considérable ; on y rencontre cependant une tour ronde très-élevée, un vaste magasin pour l'artillerie, et des casernes pour environ 250 hommes. Le château de Guise renferme de plus des souterrains assez beaux, et un puits creusé dans le roc jusqu'au niveau de la rivière.

On trouve dans les environs de cette ville une fontaine d'eau minérale légèrement ferrugineuse, des carrières de grès à paver, et des terres vitrioliques.

Biographie. Patrie de Charles de Blois, célèbre et malheureux concurrent de Jean de Montfort pour le duché de Bretagne, mort en 1364.

De Camille Desmoulins, avocat et homme de lettres, premier apôtre de la liberté, député de l'Aisne à la convention nationale, mort sur l'échafaud révolutionnaire le 6 avril 1794. Il a laissé plusieurs ouvrages, dont le plus remarquable est son *Histoire secrète de la révolution et des six premiers mois de la république.*

De J.-F. Belin, cultivateur, membre de la convention et du conseil des cinq cents.

De C. Dormay, auteur d'une *Histoire de Soissons*, mort en 1671.

De A. Dubois, général de division, frappé d'un coup mortel à la bataille de Roveredo, en 1796.

De Jean de Luxembourg, dont le nom ne saurait se dérober à l'exécration des siècles. Il vendit la Pucelle aux Anglais, et fit la guerre à ses compatriotes avec la férocité d'un cannibale ; mort en 1440.

De P. Marchand, homme de lettres et bibliographe, auteur de l'*Histoire de l'origine et des premiers progrès de l'imprimerie* ; né vers 1675, mort en 1756.

De Ch.-L. Lesur, fondateur de l'*Annuaire nécrologique.*

Industrie. Fabriques de toiles, filatures de coton et de lin, tanneries, briqueteries, huileries. — *Commerce* de chanvre filé, lin, eaux-de-vie, etc. — *Foires* les 7 fév., 7 mars, 7 mai, 7 juin, 7 août, 7 sept., 7 nov. et 7 déc. — Marché les lundis, mercredis, vendredis et samedis.

GUISE, vg. *Nièvre*, comm. de Moux, ✉ de Montsauche.

GUISENIERS, *Gysiniacus*, vg. *Eure* (Normandie), arr., cant., ✉ et à 8 k. des Andelys. Pop. 466 h.

GUISING, vg. *Moselle*, comm. de Bettwiler, ✉ de Rohrbach.

GUISLAIN (le), vg. *Manche* (Normandie), arr. et à 20 k. de St-Lô, cant. de Percy, ✉ de Villebaudon. Pop. 462 h. — *Commerce* de chevaux de trait et de bestiaux. — *Foire* le 30 avril.

GUISSAILLES, vg. *Charente*, comm. de Vindelle, ✉ d'Angoulême.

GUISSENY, vg. *Finistère* (Bretagne), arr. et à 30 k. de Brest, cant. de Lannilis, ✉ de Lesneven. Pop. 3,102 h.

GUISY, vg. *Pas-de-Calais* (Artois), arr. et à 23 k. de Montreuil-sur-Mer, cant. et ✉ de Hesdin. Pop. 177 h.

GUITALENS, vg. *Tarn* (Languedoc), arr., ✉ et à 18 k. de Castres, cant. de Vielmur. Pop. 609 h.

GUITAUT, vg. *H.-Garonne*, comm. de Montesquieu-de-Lille, ✉ de l'Isle-en-Dodon.

GUITERA, vg. *Corse*, arr., ✉ et à 53 k. d'Ajaccio, cant. de Zicavo. Pop. 306 h.

Dans un vallon distant d'environ deux milles du village de Guitera, on trouve une source d'eau sulfureuse thermale qui jouit d'une grande célébrité. Depuis 1776, les habitants des communes de Guitera et de Corra étaient dans l'usage d'y faire rouir du lin et du chanvre. Quelques femmes, qui étaient atteintes par le système dermoïde, ayant été parfaitement guéries par l'immersion de leurs jambes dans cette eau, commencèrent sa réputation. Plus tard, Antoine-François Peraldi, aujourd'hui curé à Bayon, département de la Gironde, forma le projet d'y envoyer un de ses neveux, qu'il aimait tendrement, et qui était affecté d'une maladie cutanée réputée incurable. Il le fit transporter aux bains de Guitera, et au bout de dix jours il en revint guéri. Cette cure importante fit regarder ces eaux comme miraculeuses, et depuis cette époque elles n'ont cessé d'être très-fréquentées.

Il n'y a pas d'établissement proprement dit à Guitera. On y trouve seulement deux maisonnettes, bâties en 1823 par un particulier, où les baigneurs trouvent un abri pour se garantir des influences de l'air. La source, renfermée dans un seul bassin, construit par les soins du gouvernement, porte le nom de Saint-Esprit ; elle fournit constamment un volume d'eau égal à un pouce cubique. Il n'y a ni baignoires ni douches.

Les baigneurs payent 20 cent. par jour pour le logement. L'usage des eaux est gratuit.

SAISON DES EAUX. On prend les bains de Guitera pendant deux saisons : la première commence au mois de juin, et se prolonge jusqu'au 10 de juillet; la seconde commence en septembre, et se termine à la mi-octobre.

Le nombre des malades qui fréquentent les bains est annuellement d'environ 3,000, y compris les femmes et les enfants.

Le seul objet de distraction est la promenade à l'ombre des chênes et des châtaigniers, et sur les bords d'un fleuve limpide qui coule à peu de distance des bains.

PROPRIÉTÉS MÉDICINALES. Les eaux sont employées dans les douleurs rhumatismales chroniques, dans les scrofules, dans l'hémiplégie, les entéro-coliques, les aménorrhées, pour la rétention des menstrues ; elles exercent particulièrement leur efficacité dans le système dermoïde.

MODE D'ADMINISTRATION. Ordinairement on prend deux ou trois bains par jour ; chaque bain dure de dix à quinze minutes. Le traitement étant simplement dans l'emploi des eaux, on ne peut en prescrire la durée, car les malades se baignent à leur gré ; mais il ne se prolonge pas au delà de huit jours.

GUITINIÈRE, vg. *Charente-inf.* (Saintonge), arr., cant., ⊠ et à 7 k. de Jonzac. Pop. 480 h.

GUITRANCOURT, vg. *Seine-et-Oise* (Beauce), arr., ⊠ et à 6 k. de Mantes, cant. de Limay. Pop. 398 h.

GUITRE, vg. *Charente*, comm. de Chassors, ⊠ de Jarnac.

GUITRES, vg. *Charente*, comm. de Ste-Radegonde, ⊠ de Touvérac.

GUITRES, bg *Gironde* (Guienne), arr. et à 15 k. de Libourne, chef-l. de cant. Bureau d'enregist. à Contras. Cure. ⊠. ♈. A 530 k. de Paris pour la taxe des lettres. Pop. 1,256 h. — TERRAIN tertiaire moyen.—Il est situé sur la rive droite de l'Isle, au confluent du Lary.

PATRIE de M.-A. JAY, littérateur et publiciste, membre de l'Institut. — Foires les 16 août, 2e mercredi de chaque mois.

GUITRY, vg. *Eure* (Normandie), arr. et à 13 k. des Andelys, cant. d'Ecos, ⊠ des Thilliers-en-Vexin. Pop. 352 h. — Il était autrefois défendu par une forteresse dont on voit encore une portion de tour et des pans de murailles dans une vaste ferme que les communes d'un coteau voisin. En 1137, Etienne, roi d'Angleterre, rasa cette forteresse, que Henri II brûla en 1152.

GUITTÉ, vg. *Côtes-du-Nord* (Bretagne), arr. et à 22 k. de Dinan, cant. de St-Jouan-

de-l'Isle, ⊠ de Broons. Pop. 1,022 h. — Exploitation de carrières d'ardoises.

GUIVRY, vg. *Aisne* (Picardie), arr. et à 50 k. de Laon, cant. et ⊠ de Chauny. Pop. 506 h.

GUIZANCOURT, vg. *Somme* (Picardie), arr. et à 38 k. d'Amiens, cant. et ⊠ de Poix. Pop. 224 h.

GUIZANCOURT, vg. *Somme*, comm. de Quivières, ⊠ de Ham.

GUIZENGEARD, vg. *Charente* (Saintonge), arr. et à 22 k. de Barbézieux, cant. de Brossac, ⊠ de Touvérac. Pop. 418 h.

GUIZERITS, vg. *H.-Pyrénées* (Armagnac), arr. et à 46 k. de Bagnères-en-Bigorre, cant. et ⊠ de Castelnau-Magnoac. Pop. 474 h.

Ce village renfermait autrefois des Cagots ou Capots qui y avaient pour eux un quartier distinct et une petite porte particulière pour l'entrée et la sortie de l'église ; les autres fidèles en avaient une autre, et se gardaient bien de passer par celle des Cagots. Cela dura jusqu'à la visite faite en cette église par Louis d'Aiguan du Sandat, archidiacre de Magnoac, qui, pour abolir cette distinction, passa, en sortant de l'église, par la porte des Cagots, suivi du curé et des autres ecclésiastiques de la paroisse, et de ceux de sa suite. Le peuple voyant cela le suivit, et depuis ce temps-là tous les habitants ont passé indifféremment par l'une et l'autre porte.

GUJAN, vg. *Gironde* (Guienne), arr. et à 49 k. de Bordeaux, cant. et ⊠ de la Teste-de-Buch. P. 2,440 h. Sur le chemin de la Teste à Bordeaux. — On y voit une belle et spacieuse église, divisée en trois nefs, et surmontée d'un clocher qui s'aperçoit de très loin.

GUMBRECHTSHOFFEN (Ober-), vg. *B.-Rhin* (Alsace), arr. et à 38 k. de Wissembourg, cant. et de Niederbronn. Pop. 345 h.

GUMBRECHTSHOFFEN (Nieder-), vg. *B.-Rhin* (Alsace), arr. et à 38 k. de Wissembourg, cant. et de Niederbronn. Pop. 50 h.

GUMERY, vg. *Aube* (Champagne), arr., cant., ⊠ et à 10 k. de Nogent-sur-Seine. Pop. 356 h.

GUMIANE, vg. *Drôme* (Dauphiné), arr. et à 55 k. de Die, cant. et ⊠ de la Motte-Chalançon. Pop. 161 h.

GUMIÈRES, vg. *Loire* (Forez), arr. et à 12 k. de Montbrison, cant. et ⊠ de St-Jean-Soleymieux. Pop. 1,320 h.

GUMOND, vg. *Corrèze* (Limousin), arr. et à 27 k. de Tulle, cant. de la Roche-Canillac, ⊠ d'Argentat. Pop. 404 h.

GUNDERSHOFFEN, vg. *B.-Rhin* (Alsace), arr. et à 35 k. de Wissembourg, cant. et ⊠ de Niederbronn. Pop. 1,229 h.

GUNDOLSHEIM, ou GUNGELSHEIM, vg. *H.-Rhin* (Alsace), arr. et à 18 k. de Colmar, cant. et ⊠ de Rouffach. Pop. 873 h.

GUNGWILLER, vg. *B.-Rhin* (Alsace), arr. et à 29 k. de Saverne, cant. et ⊠ de Drulingen. Pop. 263 h. — Foire le 2 mai.

GUNSPACH, vg. *H.-Rhin* (Alsace), arr. et

à 17 k. de Colmar, cant. et ⊠ de Munster. Pop. 907 h.

GUNSTETT, vg. *B.-Rhin* (Alsace), arr. et à 25 k. de Wissembourg, cant. et ⊠ de Wœrth-sur-Sauer. Pop. 821 h.

GUNTZWILLER, vg. *Meurthe* (Lorraine), arr. et à 11 k. de Sarrebourg, cant. et ⊠ de Phalsbourg. Pop. 506 h.

GUNY, vg. *Aisne* (Picardie), arr. et à 35 k. de Laon, cant. et ⊠ de Coucy-le-Château. P. 657 h.

GUOAGNANAC, vg. *H.-Garonne*, comm. de Charlas, ⊠ de Boulogne.

GURAN, vg. *H.-Garonne* (Comminges), arr. et à 33 k. de St-Gaudens, cant. et ⊠ de St-Béat. Pop. 311 h.

GURAT, vg. *Charente* (Angoumois), arr. et à 26 k. d'Angoulême, cant. et ⊠ de la Valette. Pop. 688 h. — Foires les 1er vendredi de carême, 27 mai et 1er lundi après le 16 août.

GURCY, vg. *Seine-et-Marne* (Brie), arr. et à 23 k. de Provins, cant. et ⊠ de Donnemarie. Pop. 278 h.

GURGY, vg. *Yonne* (Bourgogne), arr., ⊠ et à 9 k. d'Auxerre, cant. de Seignelay, Pop. 970 h.

GURGY-LA-PIERRE, vg. *Côte-d'Or* (Champagne), arr. et à 34 k. de Châtillon-sur-Seine, cant. et ⊠ de Recey-sur-Ource. Pop. 260 h. — Hauts fourneaux.

GURGY-LE-CHATEAU, vg. *Côte-d'Or* (Champagne), arr. et à 35 k. de Châtillon-sur-Seine, cant. et ⊠ de Recey-sur-Ource. Pop. 427 h.

GURMENÇON, *B.-Pyrénées* (Béarn), arr., ⊠ et à 6 k. d'Oloron, cant. de Ste-Marie-d'Oloron. Pop. 397 h. — Papeteries.

GURS, vg. *B.-Pyrénées* (Béarn), arr. et à 26 k. d'Orthez, cant. et ⊠ de Navarrenx. Pop. 693 h.

GURUNHUEL, vg. *Côtes-du-Nord* (Bretagne), arr. et à 20 k. de Guincamp, cant. et ⊠ de Belle-Isle-en-Terre. Pop. 1,373 h.

GURY, vg. *Oise* (Picardie), arr. et à 23 k. de Compiègne, cant. et ⊠ de Lassigny. Pop. 244 h.

GUSSAINVILLE, vg. *Meuse* (pays Messin), arr. et à 23 k. de Verdun-sur-Meuse, cant. et ⊠ d'Etain. Pop. 83 h.

GUSSIGNIES, vg. *Nord* (Flandre), arr. et à 31 k. d'Avesnes, cant. et ⊠ de Bavay. Pop. 471 h. — Scierie de planches.

GUTINIÈRES, vg. *Isère*, comm. du Pin, ⊠ de Virieu.

GUYANCOURT, *Jaucurtium*, vg. *Seine-et-Oise* (Ile-de-France), arr., cant., ⊠ et à 6 k. de Versailles. Pop. 683 h. — Papeterie.

GUYANS-DURNES, vg. *Doubs* (Franche-Comté), arr. et à 27 k. de Besançon, cant. et ⊠ d'Ornans. Pop. 283 h.

GUYANS-VENNES, vg. *Doubs* (Franche-Comté), arr. et à 29 k. de Baume-les-Dames, cant. de Pierre-Fontaine, ⊠ de Morteau. Pop. 664 h.

GUYENCOURT, vg. *Aisne* (Picardie), arr. et à 35 k. de Laon, cant. de Neufchâtel, ⊠ de Berry-au-Bac. Pop. 484 h.

GUYENCOURT, vg. *Somme* (Picardie), arr., ✉ et à 17 k. d'Amiens, cant. de Sains. Pop. 314 h.
GUYENCOURT-SAULCOURT, vg. *Somme* (Picardie), arr. et à 15 k. de Péronne, cant. et ✉ de Roisel. Pop. 710 h.
GUYOMARD (St-), vg. *Morbihan* (Bretagne), arr. et à 23 k. de Ploërmel, cant. de Malestroit, ✉ d'Elven. Pop. 709 h.
PATRIE du romancier LOAISEL DE TRÉOGATE.
GUYONNIÈRE (la), vg. *Vendée* (Poitou), arr. et à 35 k. de Bourbon-Vendée, cant. et ✉ de Montaigu. Pop. 863 h.
GUYONVELLE, vg. *H.-Marne* (Champagne), arr. et à 33 k. de Langres, cant. de la Ferté-sur-Amance, ✉ de Bourbonne. Pop. 387 h.
GUYOTS, vg. *Isère*, comm. de Chanas, du Péage.
GUZARGUES, vg. *Hérault* (Languedoc), arr., ✉ et à 21 k. de Montpellier, cant. de Castries. Pop. 94 h. — On remarque sur le tympan du portail de l'église paroissiale un bas-relief digne d'intérêt. L'archange saint Michel, les ailes déployées, pèse une âme dans une balance; à côté, le diable, petit corps maigre, aux pieds crochus, aux ailes dressées, porte une main d'une longueur démesurée sur un des bassins de la balance. L'expression narquoise de cette sculpture, la frise d'ornements qui l'entoure, semblent indiquer un travail du XI° siècle.

GY, vg. *Loir-et-Cher* (Blaisois), arr. et à 13 k. de Romorantin, cant. et ✉ de Selles-sur-Cher. Pop. 700 h.
GY (St-), vg. *Ain*, comm. de Divonne, ✉ de Gex.
GY, petite ville, *H.-Saône* (Franche-Comté), arr. et à 20 k. de Gray, chef-l. de cant. Cure. ✉. ☞. A 363 k. de Paris pour la taxe des lettres. Pop. 2,660 h. — TERRAIN jurassique, étage supérieur du système oolitique. Elle est agréablement située sur le penchant d'une colline, au milieu d'un immense vignoble. C'était autrefois une place forte, défendue par un château où il y avait une garnison. La ville ayant été démantelée, le château de Gy servit de maison de plaisance aux archevêques du diocèse; il est maintenant habité par plusieurs familles de vignerons.
Fabriques de droguets et de cotonnades. Tanneries. Teintureries. — *Commerce* considérable de vins. — *Foires* les lundi après le 6 janv., 1er samedi de carême, lundi après l'Invention de la croix, après la St-Pierre, après la Décollation de saint Jean Baptiste et après la Toussaint.

GY - LES - NONAINS, *Gaicum Monasterium*, vg. *Loiret* (Gatinais), arr. et à 11 k. de Montargis, cant. et ✉ de Château-Renard. Pop. 636 h.
GY-L'ÉVÊQUE, vg. *Yonne* (Champagne), arr. et à 10 k. d'Auxerre, cant. et ✉ de Coulange-la-Vineuse. Pop. 619 h.
GYE, vg. *Meurthe* (pays Messin), arr., cant., ✉ et à 7 k. de Toul. Pop. 261 h.
GYÉ-SUR-SEINE, bg *Aube* (Champagne), arr. et à 10 k. de Bar-sur-Seine, cant. de Mussy-sur-Seine. ✉. A 203 k. de Paris pour la taxe des lettres. Pop. 1,237 h.
Ce bourg est situé dans un étroit vallon, sur la Seine. La reine Blanche, mère de saint Louis, y possédait un château où elle se plaisait beaucoup, et dont il reste encore un pavillon. C'est à cette reine que les habitants de Gyé, ainsi que ceux de Neuville et de Courteron, devaient leurs franchises : son buste, parfaitement conservé, a été trouvé dans des fouilles faites au château. — *Foires* les 9 et 18 mai, et 6 déc.
GYONS (les), vg. *Loir-et-Cher*, comm. de Vouzon, ✉ de la Motte-Beuvron. ☞.

H

HABARCQ, vg. *Pas-de-Calais* (Artois), arr., ✉ et à 11 k. d'Arras, cant. de Beaumets-lès-Loges. Pop. 355 h.
HABAS, bg *Landes* (Gascogne), arr., ✉ et à 22 k. de Dax, cant. de Pouillon. P. 2,030 h. — On y voit une fort belle halle, construite en 1810.
PATRIE du général de division LANUSSE, blessé mortellement à la bataille d'Aboukir.
Commerce considérable de bestiaux. — *Foires* le 11 nov. et le vendredi de la 1re semaine de juin et d'août.
HABERHÄUSER, vg. *H.-Rhin*, comm. de Blotzheim, ✉ d'Huningue.
HABILLY, vg. *Indre*, comm. et ✉ de Buzançais.
HABIT (le), vg. *Eure* (Normandie), arr. et à 28 k. d'Evreux, cant. et ✉ de St-André. Pop. 293 h. — *Fab.* de peignes de buis.
HABITARELLE (l'), vg. *Lozère*, comm. et ✉ de Châteauneuf-de-Randon. ☞.
HABLAINVILLE, vg. *Meurthe* (Lorraine), arr. et à 24 k. de Lunéville, cant. et ✉ de Baccarat. Pop. 504 h.
HABLOVILLE, vg. *Eure*, comm. de St-Aubin-sur-Gaillon, ✉ de Gaillon.
HABLOVILLE, vg. *Orne* (Normandie), arr. et à 15 k. d'Argentan, cant. et ✉ de Putanges. Pop. 784 h.
HABOUDANGE, vg. *Meurthe* (pays Messin), arr., cant., ✉ et à 13 k. de Château-Salins, et à 16 k. de Vic. Pop. 511 h.
HABSHEIM, bg *H.-Rhin* (Alsace), arr. et à 23 k. d'Altkirch, chef-l. de cant. Cure. ✉. A 460 k. de Paris pour la taxe des lettres. Pop. 1,690 h. — TERRAIN d'alluvions modernes.
Autrefois marquisat, diocèse de Bâle, conseil supérieur et intendance d'Alsace.
Commerce de vins et de kirsch-wasser. — *Foires* les lundi après le 6 janv., 2e lundi de carême, 3e lundi de juin et 28 oct.
HACHAN, vg. *H.-Pyrénées* (Gascogne), arr. et à 40 k. de Bagnères-en-Bigorre, cant. et ✉ de Castelnau-Magnoac. Pop. 175 h.
HACOURT, vg. *H.-Marne* (Lorraine), arr. et à 40 k. de Chaumont-en-Bassigny, cant. et ✉ de Bourmont. Pop. 151 h.
HACQUEVILLE, *Hakevilla*, vg. *Eure* (Normandie), arr. et à 15 k. des Andelys, cant. d'Etrépagny, ✉ des Thilliers-en-Vexin. Pop. 458 h.
PATRIE du célèbre ingénieur BRUNEL, créateur du remarquable tunnel ou passage souterrain construit sous la Tamise, à Londres.
HADANCOURT - LE - HAUT-CLOCHER, vg. *Oise* (Picardie), arr. et à 40 k. de Beauvais, cant. et ✉ de Chaumont-en-Vexin. Pop. 355 h.
L'église, dédiée à saint Martin, est en partie voûtée et en partie lambrissée; le clocher, qui a servi à dénommer la commune, n'est pas aussi haut qu'on pourrait le croire d'après cette épithète; c'est une tour carrée, élevée de 25 m. et surmontée d'une flèche d'environ 10 m., le tout recouvert en ardoises. Ce clocher s'aperçoit de fort loin, parce que le village au milieu duquel il est placé est assis sur les pentes de la molière de Sérans. Il y avait autrefois à Hadancourt un château qui avait disparu longtemps avant la révolution.

HADIGNY, vg. *Vosges* (Lorraine), arr. et à 17 k. d'Epinal, cant. de Châtel-sur-Moselle, ✉ de Nomeny. Pop. 350 h.
PATRIE du littérateur DEMANGEON.
HADOL, vg. *Vosges* (Lorraine), arr. et à 11 k. d'Epinal, cant. et ✉ de Xertigny. Pop. 3,140 h.
HADONVILLE, vg. *Meuse* (Lorraine), arr. de Commercy, à 30 k. de St-Mihiel, cant. et ✉ de Vigneulles. Pop. 114 h.
HÆGEN, vg. *B.-Rhin* (Alsace), arr., ✉ et à 5 k. de Saverne, cant. de Marmoutier. Pop. 705 h.
HAGÉCOURT, vg. *Vosges* (Lorraine), arr., ✉ à 9 k. de Mirecourt, cant. de Dompaire. Pop. 391 h.
HAGÈDE (la), vg. *B.-Pyrénées*, comm. de St-Jammes-la-Hagède, ✉ de Pau.
HAGÈDE, vg. *H.-Pyrénées*, comm. de Montlong, ✉ de Castelnau-Magnoac.
HAGEDET, vg. *H.-Pyrénées* (Armagnac),

arr. et à 35 k. de Tarbes, cant. et ✉ de Castelnau-Rivière-Basse. Pop. 114 h.

HAGEDORNE (l'), *Nord*, comm. et ✉ de Bailleul.

HAGEN, vg. *Moselle* (pays Messin), arr., ✉ et à 15 k. de Thionville, cant. de Cattenom. Pop. 116 h.

HAGENBACH, vg. *H.-Rhin* (Alsace), arr. et à 27 k. de Belfort, cant. et ✉ de Dannemarie. Pop. 660 h.

HAGENTHAL-LE-BAS, vg. *H.-Rhin* (Alsace), cant., ✉ et à 14 k. d'Altkirch, cant. d'Huningue, ✉ de St-Louis. Pop. 962 h.

HAGENTHAL-LE-HAUT, vg. *H.-Rhin* (Alsace), arr. et à 24 k. d'Altkirch, cant. et ✉ d'Huningue. Pop. 638 h.

HAGET, vg. *Gers* (Armagnac), arr. et à 24 k. de Mirande, cant. et ✉ de Miélan. Pop. 702 h.

HAGET-AUBIN, vg. *B.-Pyrénées* (Béarn), arr., cant., ✉ et à 14 k. d'Orthez. P. 975 h.

HAGETMAU, petite ville, *Landes* (Gascogne), arr. et à 12 k. de St-Sever, chef-l. de cant. Cure. Gîte d'étape. ✉. A 718 k. de Paris pour la taxe des lettres. Pop. 3,081 h. — TERRAIN tertiaire supérieur.

Elle est bâtie dans une position agréable, sur le Louts, au milieu d'une contrée abondante en gibier à plumes de toute espèce. C'était autrefois une ville forte, qui fut pillée, saccagée et incendiée lors des guerres du comte de Montgommery. On y remarque les ruines d'un magnifique château, où mourut Henri III, roi de Navarre.

Fabriques de toiles de ménage et de poterie de terre. Nombreux moulins à huile. Tanneries. — *Commerce* de vins excellents du territoire, de grains, maïs, lin, marrons estimés, ortolans, toiles, cuirs et bestiaux. Entrepôt de merrain et de cerceaux des Basses-Pyrénées destinés pour Bordeaux. — *Foires* les mercredis de la dernière semaine de janv., de la 1re semaine de mai, de la 2e semaine d'août et de la dernière semaine d'oct.

HAGÉVILLE, vg. *Moselle* (pays Messin), arr. et à 28 k. de Metz, cant. de Gorze, ✉ de Mars-la-Tour. Pop. 325 h.

HAGNÉVILLE, vg. *Vosges* (Lorraine), arr. et à 16 k. de Neufchâteau, cant. et ✉ de Bulgnéville. Pop. 177 h.

HAGNICOURT, vg. *Ardennes* (Champagne), arr. et à 25 k. de Rethel, cant. de Novion, ✉ de Sauliès-au-Bois. Pop. 223 h.

HAGONDANGE, vg. *Moselle*, comm. de Talange, ✉ de Metz.

HAGUE (cap de la). On nomme ainsi la pointe qui forme l'extrémité nord-ouest du dép. de la *Manche*, vis-à-vis de l'île d'Aurigny. La pointe de ce cap est surmontée d'un château. Sur le rocher dit le Gros-du-Vaz est un phare à feu fixe de 1er ordre, de 48 m. de hauteur et de 23 k. de portée. Lat. 49° 43', long. O. 4° 17'. — *Etablissement* de la marée, 6 heures 35 min.

HAGUENEAU, ou HACHNEAU, *Haganac, Hagenovia*, grande ville, jolie et forte ville, *B.-Rhin* (Alsace), arr. et à 28 k. de Strasbourg, chef-l. de cant. Place de guerre de 4e classe,

Collége communal. Chambre consultative des manufact. Cure. Gîte d'étape. ✉. ⌀.A 450 k. de Paris pour la taxe des lettres. P. 10,349 h. —TERRAIN d'alluvions modernes.

Autrefois diocèse de Strasbourg, conseil supérieur et intendance d'Alsace, bailliage, prévôté royale, maîtrise particulière, gouvernement particulier, recette, collége, collégiale.

Cette ville est située au milieu de la forêt de Nour, sur la Moder. Elle doit son origine à un château ou maison de plaisance des rois de France, construit au commencement du XIIe siècle, et autour duquel se forma en peu de temps une ville que l'empereur Frédéric Ier fit entourer de murs en 1154, et où il mit en dépôt la couronne, le sceptre, l'épée de Charlemagne, et les autres monuments impériaux; insignes glorieux qui furent conservés à Hagueneau jusqu'en 1219, époque où l'évêque de Spire les enleva à l'insu des habitants, et les fit transporter au château de Triefels. — Plus tard la ville d'Hagueneau devint le siège de la préfecture des dix villes impériales de l'Alsace. Pendant la guerre de trente ans elle éprouva de grands désastres. En 1673, Louis XIV en fit raser les fortifications, qu'il fit reconstruire l'année suivante, et démolir de nouveau trois ans après. Un incendie la détruisit presque entièrement en 1677. Les Autrichiens la prirent en 1705 et en 1744, ils ne la gardèrent que fort peu de temps.

Les armes d'Hagueneau sont : *d'azur à une rose d'argent brochant sur le tout.*

L'église St-Georges est un édifice gothique fort remarquable dont la construction paraît remonter au commencement du XIIe siècle. Les sculptures extérieures du chœur sont d'un travail parfait. Dans l'intérieur on voit un tabernacle élevé de 10 m. et orné de sculptures en pierres très-délicates.

On remarque encore à Hagueneau l'église St-Nicolas, édifice gothique du XIIIe siècle; le quartier de cavalerie; l'hôpital civil et militaire.

PATRIE de WOLFGANG CAPITO, jurisconsulte et médecin du XVIe siècle.

D'ANT. FIRN, prédicateur protestant.

Fabriques de calicots, siamoises, savon vert, goudron, culture du houblon. Moulins à garance. Brasseries. Tanneries. Faïenceries. Amidonnerie. Filatures de coton et de chanvre.— *Commerce* de bois, laine, garance, houblon, etc. — *Foires* le 1er mardi de fév. (3 jours), 1er mardi de mai, mardi de St-Michel et de St-Martin.

HAIE-FOUASSIÈRE (la), vg. *Loire-Inf.* (Bretagne), arr., ✉ et à 14 k. de Nantes, cant. de Vertou. Pop. 1,650 h. — *Foire* le 16 août.

HAGUES (les), vg. *Seine-Inf.*, comm. de Butot, ✉ de Valmartin.

HAGUIN, vg. *Moselle* (pays Messin), arr. et à 13 k. de Thionville, c. de Cattenom. P. 104 h.

HAIE-GRISELLE (la), vg, *Vosges*, com. de Gérardmer, ✉ de Corcieux.

HAIE-MANERESSE, vg. *Aisne*, comm. de Busigny et Molain, ✉ d'Etreux.

HAIE-MANERESSE (la), vg. *Nord*, com. de St-Souplet et Vaux-en-Arrouaise, ✉ du Cateau.

HAIE-PAYENNE, vg. *Aisne*, comm. de la Flamengrie, ✉ de la Capelle.

HAIES (les), vg. *Loir-et-Cher* (Beauce), arr. et à 28 k. de Vendôme. cant. et ✉ de Montoire. Pop. 508 h.

HAIES (les), vg. *Rhône* (Forez), arr. et à 31 k. de Lyon, cant. de Ste-Colombe, ✉ de Coudrieu. Pop. 363 h.

HAIGNEVILLE, vg. *Meurthe* (Lorraine), arr. et à 19 k. de Lunéville, cant. de Bayon, ✉ de Neuviller-sur-Moselle. P. 149 h.

HAILLAINVILLE, vg. *Vosges* (Lorraine), arr. et à 29 k. d'Epinal, cant. de Châtel-sur-Moselle, ✉ de Nomeny. Pop. 510 h.

HAILLES, vg. *Somme* (Picardie), arr., ✉ et à 17 k. d'Amiens, cant. de Sains. P. 405 h.

HAILLICOURT, vg. *Pas-de-Calais* (Artois), arr., ✉ et à 10 k. de Béthune, cant. de Houdain. Pop. 411 h.

HAIMPS, vg. *Charente-Inf.* (Saintonge), arr. et à 23 k. de St-Jean-d'Angély, cant. et ✉ de Matha. Pop. 890 h. — Distillerie d'eau-de-vie.

HAINAUT, *Hainoum, Haginoum, Hannonia*, ci-devant province, dont une partie appartient à la France et l'autre au royaume des Pays-Bas. Le Hainaut entier formait le territoire des anciens *Nervii*, dont la ville capitale était *Bagacum* (Bavay). Après avoir été longtemps gouverné par des comtes, cette province passa à la maison d'Autriche. Le Hainaut français, dont Valenciennes était la capitale, a été conquis par les Français sur les Espagnols, qui l'ont cédé à la France par le traité de paix des Pyrénées du 7 novembre 1659, et par celui de Nimègue du 17 septembre 1678. Le Hainaut français formait une généralité, et ressortissait au parlement de Douai. On le divisait en plusieurs pays et seigneuries, qui sont aujourd'hui comprises dans le département du Nord. Valenciennes, Maubeuge, Condé, Bouchain, Avesnes, le Quesnoy et Landrecies en sont les principales villes. V. pour la bibliographie le DÉPARTEMENT DU NORD.

Les armes du **Hainaut français** étaient : *écartelé les 1er et 4e d'or, au lion de sable; le 2e et le 3e d'or au lion de gueules.*

HAINCHEVILLE, vg. *Seine-Inf.* (Normandie), arr. et à 32 k. de Dieppe, cant. ✉ d'Eu. Pop. 488 h.

HAINCOURT, vg. *Oise*, comm. de St-Quentin-des-Prés, ✉ de Gournay.

HAINE, rivière du dép. du *Nord*; elle prend sa source à Binch (Pays-Bas), et se jette dans l'Escaut à Condé : cette rivière a donné son nom à la ci-devant province du Hainaut.

HAINS, vg. *Vienne* (Poitou), arr., ✉ et à 10 k. de Montmorillon, cant. de la Trimouille. Pop. 691 h.

HAINVILLERS, vg. *Oise* (Picardie), arr. et à 30 k. de Compiègne, cant. et ✉ de Ressons. Pop. 129 h.

HAIR (l'), vg. *Ardèche*, comm. du Roux, ✉ de Montpezat.

HAIRAN, vg. *Ain*, comm. de Farges, ✉ de Collonges.

HAIRE (le), vg. *Gironde*, comm. de Preignac, ✉ de Podensac.

HAIRONVILLE, vg. *Meuse* (Lorraine), arr. et à 12 k. de Bar-le-Duc, cant. d'Ancerville, ✉ de Saudrupt. Pop. 644 h. — Hauts fourneaux, forges et martinets.

HAISETTES (les), vg. *Eure*, comm. de Sébécourt, ✉ de Conches.

HAISNE, vg. *Pas-de-Calais* (Artois), arr. et à 15 k. de Béthune, cant. de Cambrai, ✉ de la Bassée. Pop. 670 h.

HAIZETTE (la), vg. *Eure*, comm. de St-Ouen-de-Thouberville, ✉ de Bourg-Achard.

HAJOLLE, vg. *H.-Garonne*, comm. de Castillon-de-St-Martory, ✉ de St-Martory.

HALBOUDET (le), vg. *Orne*, comm. et ✉ de l'Aigle.

HALBOUDIÈRE (la), vg. *Calvados*, comm. de Family, ✉ d'Orbec.

HALEINE, vg. *Orne* (Normandie), arr. et à 20 k. de Domfront, cant. de Juvigny-sous-Andaine, ✉ de Couterne. Pop. 513 h.

HALINE (la), vg. *Seine-Inf.*, comm. de Caudebec-lès-Elbeuf, ✉ d'Elbeuf.

HALINGHEN, vg. *Pas-de-Calais* (Boulonnais), arr. et à 16 k. de Boulogne-sur-Mer, cant. et ✉ de Samer. Pop. 434 h.

HALLE (la), rivière qui prend sa source en Suisse, au pied du mont Terrible ; elle passe à Porentruy, entre à 8 k. de là sur le territoire français, arrose Delle, Grandvillard, longe le canal du Rhône au Rhin, passe à Montbéliard, et se jette dans le Doubs, après un cours d'environ 50 k.

HALLENCOURT, bg *Somme* (Picardie), arr. et à 17 k. d'Abbeville, chef-l. de cant., ✉ d'Airaines. Bureau d'enregist. à Huppy. Cure. Pop. 1,739 h. — TERRAIN tertiaire supérieur. — *Fabriques* de toiles à matelas et de linge de table. — *Foires* les 15 mars et 9 nov.

HALLENNES-LÈS-HAUBOURDIN, vg. *Nord* (Flandre), arr. et à 9 k. de Lille, cant. et ✉ de Haubourdin. Pop. 513 h.

HALLERING, vg. *Moselle* (pays Messin), arr. et à 30 k. de Metz, cant. et ✉ de Faulquemont. Pop. 267 h.

HALLES, vg. *Meuse* (pays Messin), arr. et à 21 k. de Montmédy, cant. et ✉ de Stenay. Pop. 672 h.

HALLES (les), vg. *Rhône* (Lyonnais), arr. et à 31 k. de Lyon, cant. et ✉ de St-Laurent-de-Chamousset. Pop. 291 h. — *Foires* les 3 fév., 1er lundi de janv., jeudi après Pâques, 28 oct., 1er lundi de l'Avent.

HALLES, vg. *Somme*, comm. de Ste-Radegonde, ✉ de Péronne.

HALLESCOURT, vg. *Seine-Inf.*, comm. de St-Michel-d'Hallescourt, ✉ de Forges.

HALLIER (le), vg. *Seine-et-Oise*, comm. de Bourdonné et Condé-sur-Vègre, ✉ d'Houdan.

HALLIGNICOURT, vg. *H.-Marne* (Champagne), arr. et à 21 k. de Vassy, cant. et ✉ de St-Dizier. Pop. 380 h. — Papeterie pour registres, plans et lavis.

HALLINES, vg. *Pas-de-Calais* (Artois), arr., ✉ et à 6 k. de St-Omer, cant. de Lumbres. Pop. 606 h. — Papeterie.

HALLING, vg. *Moselle* (pays Messin), arr. et à 25 k. de Metz, cant. et ✉ de Boulay. Pop. 103 h.

HALLING, vg. *Moselle*, comm. de Puttelange-lès-Rodemack, ✉ de Sierck.

HALLIVILLERS-LINCHEUX, vg. *Somme* (Picardie), arr. et à 30 k. d'Amiens, cant. et ✉ d'Hornoy. Pop. 435 h.

HALLIVILLERS-SUR-LA-WARDE, vg. *Somme* (Picardie), arr. et à 24 k. de Montdidier, cant. d'Ailly-sur-Noye, ✉ de Flers. Pop. 364 h.

HALLOTIÈRE (la), *Holoteria*, vg. *Seine-Inf.* (Normandie), arr. à 30 k. de Neufchâtel-en-Bray, cant. et ✉ d'Argueil. Pop. 145 h.

HALLOTS (les), vg. *Eure*, comm. de Villiers-en-Désœuvre, ✉ de Pacy-sur-Eure.

HALLOVILLE, vg. *Meurthe* (Lorraine), arr. et à 29 k. de Lunéville, cant. et ✉ de Blamont. Pop. 167 h.

HALLOY, vg. *Oise* (Picardie), arr. et à 28 k. de Beauvais, cant. et ✉ de Grandvilliers. Pop. 673 h.

HALLOY, vg. *Pas-de-Calais* (Picardie), arr. et à 30 k. d'Arras, cant. de Pas, ✉ de Doullens. Pop. 494 h.

HALLOY-LÈS-PERNOIS, vg. *Somme* (Picardie), arr. et à 17 k. de Doullens, cant. et ✉ de Domart. Pop. 503 h.

HALLU, vg. *Somme* (Picardie), arr. à 26 k. de Montdidier, cant. de Rosières, ✉ de Lihons-en-Santerre. Pop. 234 h.

HALLUIN, vg. *Nord* (Flandre), arr. et à 18 k. de Lille, cant. et ✉ de Tourcoing. Pop. 4,264 h. Sur la rive droite de la Lys. — C'était jadis une petite ville renommée par ses fabriques de draps ; elle fut brûlée, ainsi que l'église et le château, dans les guerres civiles de la Flandre, et eut beaucoup à souffrir des sièges de Menin en 1658, 1667, 1706, 1744, et surtout dans les campagnes de 1793 et 1794.

Fabriques de calicots, linge de table, toiles à matelas. Filature de coton. Blanchisserie de toiles. Brasserie, briqueterie et moulins à huile.

HALSOU, vg. *B.-Pyrénées* (Gascogne), arr. et à 15 k. de Bayonne, cant. et ✉ d'Ustarits. Pop. 294 h.

HALSTROFF, vg. *Moselle*, comm. de Grindorff, ✉ de Bouzonville.

HAM (le), vg. *Calvados* (Normandie), arr. et à 25 k. de Pont-l'Évêque, cant. de Cambremer, ✉ de Dozullé. Pop. 126 h.

HAM (le), vg. *Manche* (Normandie), arr. et à 9 k. de Valognes, cant. et ✉ de Montebourg. Pop. 302 h. — *Commerce* de chevaux.

HAM (le), vg. *Mayenne* (Maine), arr. et à 20 k. de Mayenne, cant. du Horps, ✉ du Ribay. Pop. 950 h.

HAM (Haute et Basse-), vg. *Moselle* (pays Messin), arr., ✉ et à 6 k. de Thionville, cant. de Metzervisse. Pop. 724 h.

HAM, vg. *Pas-de-Calais* (Artois), arr. et à 20 k. de Béthune, cant. de Norrent-Fontes, ✉ de Lillers. Pop. 744 h.

HAM, *Hammus*, *Hametum*, *Hamum*, petite ville, *Somme* (Picardie), arr. et à 25 k. de Péronne, chef-l. de cant. Cure. Gîte d'étape. ✉. A 118 k. de Paris pour la taxe des lettres. Pop. 2,537 h. — TERRAIN tertiaire inférieur.

Autrefois diocèse et élection de Noyon, parlement de Paris, intendance de Soissons, bailliage, justice royale, châtellenie, vicomté, gouvernement particulier, mairie, abbaye de St-Augustin,

Ham domine une plaine fertile ; des marais l'entourent. Le château fort, qu'on découvre d'assez loin, jette dans l'âme la terreur et l'effroi. Il fut bâti vers l'an 1470, par Louis de Luxembourg, comte de St-Pol, que Louis XI fit plus tard décapiter. Au-dessus de la porte on lit cette inscription en caractères gothiques : MON MIEULX. La grosse tour a 33 m. de hauteur et 33 m. de diamètre ; c'est une des plus fortes qui existent en France. Ce château sert depuis longtemps de prison d'État : le maréchal Moncey y fut détenu pendant trois mois en 1815, pour s'être récusé lorsqu'il fut nommé membre du conseil de guerre qui devait juger le maréchal Ney ; les ex-ministres de Charles X y ont été détenus jusqu'à l'époque de la commutation de la peine qui leur avait été infligée.

La ville de Ham fut détruite en 1411 par le duc de Bourgogne, qui avait rassemblé à Douai une armée considérable. Il en sortit dans les premiers jours de septembre avec 2,500 chevaliers, 800 hommes d'armes, et 50,000 fantassins, et se dirigea contre Hamville, où Bernard d'Albret s'était établi avec 500 hommes d'armes armagnacs. La résistance de ce dernier ne fut pas longue. L'artillerie qu'avaient amenée les Flamands était si supérieure en calibre à celle qu'on avait accoutumé d'employer, que dès le premier jour du siège elle renversa des pans de murailles et des édifices que les assiégés croyaient inébranlables. Dans la nuit suivante, Charles d'Albret s'échappa avec la garnison et tous ceux des bourgeois qui lui avaient montré quelque faveur. Ceux qui attendirent les Bourguignons avaient ce dernier souvent prouvé leur dévouement au comte de Nevers, leur seigneur, et ils comptaient sur sa protection. Ils furent presque tous massacrés ; leurs maisons furent pillées méthodiquement, et ce ne fut qu'après que tout ce qui avait la moindre valeur eut été enlevé que les Flamands mirent le feu à la ville, et l'entretinrent pour qu'elle fût entièrement consumée.

Les **armes** de **Ham** sont : *d'azur à trois croissants d'argent, deux en chef et un en pointe.* — Alias : *coupé, le premier d'azur à une tour d'argent supportant deux guidons d'or ; le deuxième à une muraille d'argent maçonnée de sable.*

L'église de Ham, sous laquelle est une crypte curieuse, contient de magnifiques bas-reliefs représentant divers sujets de l'Écriture sainte. Le jeu d'orgues est soutenu par de riches colonnes de marbre, ainsi que le superbe baldaquin qu'on remarque à l'entrée du chœur.

PATRIE du général FOY.

Du poète VADÉ.

Fabrique de sucre indigène, rouennerie, articles de St-Quentin; culture considérable de légumes; fab. et expédition de sabots pour le Nord.

— Foires le 10 de chaque mois, à l'exception de mai et de sept. Ces foires sont reportées au 11, lorsque la foire de St-Quentin tombe le 10.

HAMARS, vg. Calvados (Normandie), arr. et à 27 k. de Caen, cant. d'Evrecy, ✉ d'Harcourt-Thury. Pop. 802 h.

HAMAUXARD, vg. Vosges, comm. de Val-d'Ajol, ✉ de Plombières.

HAMBACH, vg. Moselle (pays Messin), arr., cant., ✉ et à 8 k. de Sarreguemines. Pop. 1,216 h.

HAMBACH, vg. B.-Rhin (Alsace), arr. et à 35 k. de Saverne; cant. et ✉ de Drulingen. Pop. 860 h.

HAMBERS, bg Mayenne (Maine), arr. et à 17 k. de Mayenne, cant. et ✉ de Bais. Pop. 1,837 h.

HAMBIE, ou HAMBYE, Hammus, Ambibarorum Hambeia, bg Manche (Normandie), arr. et à 19 k. de Coutances, cant. et ✉ de Gavray. Pop. 3,354 h.

La commune de Hambie, une des plus étendues du département, a deux châteaux forts, dont le principal, celui qui porte le nom de la commune, a toujours été possédé par des seigneurs très-puissants. Celui qui le possédait à l'époque de la conquête joua un rôle important à cette expédition. La baronnie de Hambie fut donnée au comte de Suffolk par Henri V, roi d'Angleterre; elle fut rendue à ses anciens possesseurs ou à leur famille en 1450. Le donjon était un des plus grands, des plus beaux et des mieux situés du département. Sa position domine majestueusement le bourg de Hambie. De tous les côtés, ses ruines sont pittoresques. Il est carré, a 33 m. de hauteur, et est flanqué de tourelles, dont la plus considérable est celle qui contient l'escalier. Sous le premier palier, on voit une chambre qui a probablement servi de citerne ou de cachot. La chapelle était au rez-de-chaussée de cette tour. Les étages au-dessus contiennent chacun un appartement simple, solide, et sans moulures ou décorations. Tous ces appartements sont voûtés. Une plate-forme assez spacieuse est au sommet. Les guérites sont aux quatre angles de cette plate-forme; elles font saillie, et sont soutenues par des consoles.

En 1417, au mois de mars, le château de Hambie fut rendu aux Anglais par Jehan de Soulle, écuyer de messire Philippe de la Haie, chevalier et capitaine de Hambie. Le comte de Glocester, qui s'en était emparé, accorda à ceux de la garnison et aux autres qui ne voulurent pas se soumettre au roi d'Angleterre la permission de se retirer ailleurs. Ce château fut repris aux Anglais en 1450, immédiatement après la bataille de Formigny.

Près de la rivière de Sienne, un peu au-dessus des ruines de l'ancienne abbaye de Hambie,

fondée par Guillaume Pesnel en 1145, on remarque l'emplacement du CHATEAU DE MAUNY, construit vers le XIVe siècle.

Commerce de fil et de filasse. — Foires les 25 juin et 27 déc.

HAMBLAIN-LES-PRÉS, vg. Pas-de-Calais (Artois), arr., ✉ et à 13 k. d'Arras, cant. de Vitry. Pop. 490 h.

HAMCOURT, vg. Somme (Picardie), arr. et à 10 k. de Péronne, cant. et ✉ de Roisel. Pop. 277 h.

HAMEAU (le), vg. B.-Pyrénées, comm. de Gurs, ✉ de Navarrenx.

HAMEAU-JOUAS (le), vg. Eure, comm. de Drucourt, ✉ de Thiberville.

HAMEAU-ST-ANGE, vg. Seine, comm. et ✉ de la Chapelle-St-Denis.

HAMEAUX (les), vg. Seine-Inf., comm. de Gonneville, ✉ de Longueville.

HAMEAUX (les), vg. Deux-Sèvres (Poitou), arr. et à 25 k. de Bressuire, cant. et ✉ de Thouars. Pop. 728 h.

HAMEGICOURT, vg. Aisne (Picardie), arr. et à 15 k. de St-Quentin, cant. de Moy, ✉ de la Fère. Pop. 816 h.

HAMEL (le), Eure, comm. de Fourmetot.

HAMEL, vg. Nord (Flandre), arr., ✉ et à 11 k. de Douai, cant. d'Arleux. Pop. 575 h.

HAMEL (le), vg. Oise (Picardie), arr. à 28 k. de Beauvais, cant. et ✉ de Grandvilliers. Pop. 389 h.

HAMEL (le), vg. Pas-de-Calais, comm. de Rivière, ✉ d'Arras.

HAMEL, vg. Seine-Inf., comm. de Tourville-la-Rivière, ✉ d'Elbeuf.

HAMEL (le), vg. Seine-Inf., comm. de Bois-Guillaume, ✉ de Rouen.

HAMEL (le), vg. Seine-Inf., comm. de Boshyon, ✉ de Gournay.

HAMEL (le), vg. Somme (Picardie), arr. et à 25 k. d'Amiens, cant. et ✉ de Corbie. Pop. 1,063 h.

HAMEL, vg. Somme, comm. de Ponthoile, ✉ d'Abbeville.

HAMEL-LÈS-BEAUMONT, vg. Somme, comm. de Beaumont-Hamel, ✉ d'Albert.

HAMELIN, vg. Manche (Normandie), arr. et à 21 k. d'Avranches, cant. et ✉ de St-James. Pop. 280 h.

HAMELET, vg. Somme (Picardie), arr. et à 22 k. d'Amiens, cant. et ✉ de Corbie. Pop. 437 h.

HAMELET-DE-LOUVIERS, vg. Eure, comm. et ✉ de Louviers.

HAMELINCOURT, vg. Pas-de-Calais (Artois), arr. et à 13 k. d'Arras, cant. de Croisilles, ✉ de Bapaume. Pop. 496 h.

HAMELLE (Bas-), vg. Pas-de-Calais, comm. et ✉ de St-Venant.

HAMES, vg. Pas-de-Calais (Picardie), arr. et à 34 k. de Boulogne-sur-Mer, cant. et ✉ de Guines. Pop. 834 h.

HAMET (le), vg. Aisne, comm. de Sérancourt, ✉ de St-Quentin.

HAMETEL (le), Eure, comm. de Baux-de-Breteuil, ✉ de Breteuil.

HAM-LES-MOINES (le), vg. Ardennes

(Champagne), arr. de Mézières, à 10 k. de Charleville, cant. et ✉ de Renwez.

HAMMEVILLE, vg. Meurthe (Lorraine), arr. et à 31 k. de Nancy, cant. et ✉ de Vézelise. Pop. 210 h.

HAMONVILLE, vg. Meurthe (Lorraine), arr. et à 19 k. de Toul, cant. de Domèvre, ✉ de Noviant-aux-Prés. Pop. 117 h.

HAMPIGNY, vg. Aube (Champagne), arr. et à 32 k. de Bar-sur-Aube, cant. et ✉ de Brienne. Pop. 450 h.

HAMPONT, vg. Meurthe (Lorraine), arr., cant. et ✉ de Château-Salins, à 8 k. de Vic. Pop. 313 h.

HAM-SOUS-VARSBERG, vg. Moselle (pays Messin), arr. et à 50 k. de Metz, cant. de Boulay, ✉ de St-Avold. Pop. 900 h.

HAN, vg. Ardennes (Champagne), arr. et à 35 k. de Rocroi, cant. de Givet. Pop. 228 h.

HANC, vg. Deux-Sèvres (Poitou), arr. et à 19 k. de Melle, cant. et ✉ de Chef-Boutonne. Pop. 800 h.

HANCHES, bg Eure-et-Loir (Beauce), arr. et à 23 k. de Chartres, cant. de Maintenon, ✉ d'Epernon. Pop. 938 h.

HANCHY, vg. Somme, comm. de Coulonvillers, ✉ d'Abbeville.

HANCOURT, Hancuria, vg. Marne (Champagne), arr. et à 23 k. de Vitry-le-François, cant. et ✉ de St-Remy-en-Bouzemont. Pop. 84 h.

HANCOURT, vg. Somme (Picardie), arr. et à 10 k. de Péronne, cant. et ✉ de Roisel. Pop. 257 h.

HAN-DEVANT-PIERREPONT, vg. Meuse (pays Messin), arr. et à 31 k. de Montmédy, cant. et ✉ de Spincourt. Pop. 219 h.

HANDSCHUHEIM, vg. B.-Rhin (Alsace), arr. et à 15 k. de Strasbourg, cant. et ✉ de Truchtersheim. Pop. 209 h.

HANESCAMPS, vg. Pas-de-Calais (Artois), arr. et à 13 k. d'Arras, cant. de Pas, ✉ de l'Arbret. Pop. 258 h.

HANGARD, vg. Somme (Picardie), arr. et à 23 k. de Montdidier, cant. et ✉ de Moreuil. Pop. 342 h.

HANGENBIETEN, vg. B.-Rhin (Alsace), arr., ✉ et à 11 k. de Strasbourg, cant. d'Oberhausbergen. Pop. 490 h.

HANGEST, ou HANGEST-EN-SANTERRE, bg Somme (Picardie), arr. et à 14 k. de Montdidier, cant. de Moreuil. ✉. A 110 k. de Paris pour la taxe des lettres. Pop. 1,351 h. — Fabriques importantes de bonneterie en laine, tricots, flanelle. Fab. de métiers à bas; filature de laine pour bonneterie.

HANGEST-SUR-SOMME, vg. Somme (Picardie), arr. et à 24 k. d'Amiens, cant. et ✉ de Picquigny. Pop. 958 h. — Extraction de tourbe.

HANGWILLER, vg. Meurthe (Lorraine), arr. et à 20 k. de Sarrebourg, cant. et ✉ de Phalsbourg. Pop. 398 h.

HAN-LÈS-JUVIGNY, vg. Meuse (pays Messin), arr. et à 6 k. de Montmédy, ✉ de Loupy. Pop. 295 h.

HANHOFFEN, vg. *B.-Rhin*, comm. et ✉ de Bischwiller.

HANNACHES, vg. *Oise* (Picardie), arr. et à 25 k. de Beauvais, cant. et ✉ de Songeons. Pop. 317 h. — On y voit un ancien château flanqué de grosses tours, et une charmante église, qui a, dit-on, servi de modèle pour la construction de la Ste-Chapelle de Paris.

HANNAPE, vg. *Aisne* (Picardie), arr. et à 35 k. de Vervins, cant. de Wassigny, ✉ d'Étreux. Pop. 969 h.

HANNAPES, vg. *Ardennes* (Champagne), arr. et à 27 k. de Rocroi, cant. de Rumigny, ✉ d'Aubenton. Pop. 527 h. — C'est un village fort ancien que Charles le Chauve donna en 845 à Mithard, son cousin germain, petit-fils de Charlemagne.

HANNEBECQ, vg. *Pas-de-Calais*, comm. de Mont-Bernanchon, ✉ de St-Venant.

HANNEUCOURT, vg. *Seine-et-Oise*, com. de Gargenville, ✉ de Meulan.

HANNOCOURT, vg. *Meurthe* (Lorraine), arr. de Château-Salins, à 18 k. de Vic, cant. et ✉ de Delme. Pop. 57 h.

HANNOGNE, vg. *Ardennes* (Champagne), arr. et à 22 k. de Rethel, cant. et ✉ de Château-Porcien. Pop. 506 h. — Manufacture de draps; moulins à foulon.

HANNOGNE-ST-MARTIN, vg. *Ardennes* (Champagne), arr. et à 4 k. de Mézières, et à 15 k. de Charleville, cant. et ✉ de Flize. Pop. 472 h.

HANNONVILLE-AU-PASSAGE, vg. *Moselle* (pays Messin), arr. et à 25 k. de Briey, cant. de Conflans, ✉ de Mars-la-Tour. Pop. 462 h.

HANNONVILLE-SOUS-LES-COTES, vg. *Meuse* (pays Messin), arr. et à 26 k. de Verdun-sur-Meuse, cant. de Fresnes-en-Woëvre, ✉ de Manheulles. Pop. 1,286 h.

HANOUARD (le), vg. *Seine-Inf.* (Normandie), arr. et à 20 k. d'Yvetot, cant. et ✉ d'Ourville. Pop. 403 h.

HANS, vg. *Marne* (Champagne), arr., cant., ✉ et à 13 k. de Ste-Ménehould. Pop. 465 h. — Il était autrefois défendu par un château fort, détruit en 1591 pour avoir servi d'asile aux ligueurs.

HAN-SUR-MEUSE, vg. *Meuse* (Lorraine), arr. de Commercy, cant., ✉ et à 5 k. de St-Mihiel. Pop. 350 h.

HAN-SUR-NIED, vg. *Moselle* (pays Messin), arr. et à 30 k. de Metz, cant. et ✉ de Faulquemont. Pop. 147 h.

HANTAY, vg. *Nord* (Flandre), arr. et à 21 k. de Lille, cant. et ✉ de la Bassée. Pop. 460 h.

HANTERIE (la), vg. *Orne*, comm. de St-Evroult-de-Montfort, ✉ de Gacé.

HANVEC, vg. *Finistère* (Bretagne), arr. et à 40 k. de Brest, cant. de Daoulas, ✉ de Faou. Pop. 2,763 h.
Patrie de l'amiral LEISSÈGUES.
Foire le 22 juillet.

HANVOILE, vg. *Oise* (Picardie), arr. et à 20 k. de Beauvais, cant. et ✉ de Songeons.

Pop. 1,084 h. — *Fabriques* importantes de serges et tricots de laine.

HANWILLER, vg. *Moselle* (pays Messin), arr. et à 40 k. de Sarreguemines, cant. et ✉ de Bitche. Pop. 563 h.

HAOND (St-), vg. *H.-Loire* (Languedoc), arr. et à 29 k. du Puy, cant. et ✉ de Pradelles. Pop. 1,177 h.

HAON-LE-CHATEL (St-), petite ville, *Loire* (Forez), arr. et à 15 k. de Roanne, ch.-l. de cant. Cure. ✉ de St-Germain-l'Espinasse. Pop. 719 h.

On remarque sur le territoire de cette commune le château de BOISY, l'une des forteresses les plus formidables du Forez, construite sous le règne de Charles V : trois voitures pourraient marcher de front sur la terrasse du rempart extérieur. Sous le règne de Charles VII, le château de Boisy devint la propriété du célèbre Jacques Cœur, qui avait fait placer sur une des portes extérieures l'inscription suivante :

Jacques Cœur fait ce qu'il veut,
Et le roi ce qu'il peut.

C'est dans ce château que naquit l'amiral BONNIVET, tué à la bataille de Pavie.

Foires les 5 mai, 29 août, 8 nov. et veille du dimanche de la Passion.

HAON-LE-VIEUX (St-), vg. *Loire* (Forez), arr. et à 16 k. de Roanne, cant. de St-Haon-le-Châtel, ✉ de St-Germain-l'Espinasse. Pop. 765 h.

HAPLINCOURT, vg. *Pas-de-Calais* (Artois), arr. et à 26 k. d'Arras, cant. de Bertincourt, ✉ de Bapaume. Pop. 549 h.

HAPPEGARBE, vg. *Nord*, comm. et ✉ de Landrecies.

HAPPENCOURT, vg. *Aisne* (Picardie), arr. et à 12 k. de St-Quentin, cant. et ✉ de St-Simon. Pop. 479 h.

HAPPONCOURT, vg. *Vosges*, comm. de Moncel-Happoncourt, ✉ de Neufchâteau.

HAPPONVILLIERS, vg. *Eure-et-Loir* (Beauce), arr. et à 22 k. de Nogent-le-Rotrou, cant. de Thiron-Gardais, ✉ d'Illiers. Pop. 591 h.

HARAMONT, vg. *Aisne* (Picardie), arr. à 30 k. de Soissons, cant. et ✉ de Villers-Cotterets. Pop. 536 h.

HARAN, ou LA CHAPELLE, vg. *B.-Pyrénées*, comm. et ✉ d'Hasparren.

HARANT, vg. *Yonne*, comm. de Parly, ✉ de Toucy.

HARASÉE (la), vg. *Marne* (Champagne), arr. de Ste-Ménehould, cant. de Vienne-le-Château, cant. de Ville-sur-Tourbe.

HARAUCOURT, vg. *Ardennes* (Champagne), arr. et à 13 k. de Sédan, cant. de Raucourt. Pop. 820 h. — Forges et fonderies. Brasseries.

HARAUCOURT, vg. *Meurthe* (Lorraine), arr. et à 18 k. de Nancy, cant. et ✉ de St-Nicolas-du-Port. Pop. 829 h.

HARAUCOURT-SUR-SEILLE, vg. *Meurthe* (Lorraine), arr., cant., ✉ de Château-Salins, et à 7 k. de Vic. Pop. 468 h.

HARAUMONT, vg. *Meuse* (pays Messin),

arr. et à 23 k. de Montmédy, cant. et ✉ de Dun-sur-Meuse. Pop. 154 h.

HARAVESNES, vg. *Pas-de-Calais* (Artois), arr. et à 20 k. de St-Pol-sur-Ternoise, cant. et ✉ d'Auxy-le-Château. Pop. 179 h.

HARAVILLIERS, vg. *Seine-et-Oise* (Vexin), arr. et à 17 k. de Pontoise, cant. et ✉ de Marines. Pop. 460 h.

HARAZÉE (la), vg. *Marne*, comm. de Vienne-le-Château, ✉ de Ste-Ménehould.

HARBERG, vg. *Meurthe* (Lorraine), arr., cant., ✉ et à 14 k. de Sarrebourg. P. 316 h. — Verrerie.

HARBONNIÈRES, bg *Somme* (Picardie), arr. et à 27 k. de Montdidier, cant. de Rosières, ✉ de Villers-Bretonneux. Pop. 2,212 h. — L'église paroissiale est un édifice fort remarquable. — *Fabrique* de bonneterie en coton et de flanelle. Filature de coton. — *Foires* les 1er mai, 22 juillet et 2 nov.

HARBOUÉ, vg. *Meurthe* (Lorraine), arr. et à 35 k. de Lunéville, cant. et ✉ de Blamont. Pop. 604 h.

HARCANVILLE, vg. *Seine-Inf.* (Normandie), arr. et à 12 k. d'Yvetot, cant. et ✉ de Doudeville. Pop. 920 h.

HARCELAINES, vg. *Somme*, comm. de Maisnières, ✉ de Valines.

HARCHÉCHAMP, vg. *Vosges* (Lorraine), arr., cant., ✉ et à 9 k. de Neufchâteau. Pop. 284 h. — Forges.

HARCHOLET, vg. *Vosges*, com. du Saulcy, ✉ de Sénones.

HARCHOLIN, vg. *Meurthe*, comm. de la Frimbole, ✉ de Lorquin.

HARCIGNY, vg. *Aisne* (Picardie), arr., cant., ✉ et à 8 k. de Vervins. Pop. 817 h.

HARCOURT, *Harquevilla*, bg *Eure* (Normandie), arr. et à 20 k. de Bernay, cant. et ✉ de Brionne. Pop. 1,242 h.

Ce bourg était autrefois défendu par un château très-fort, entouré de fossés profonds, qui existe encore assez bien conservé. La construction de ce château date de l'an 1100 ; le bâtiment central, qui tient lieu de donjon, paraît cependant n'avoir été construit qu'à la fin du XIVe siècle. Le trésor que les comtes y possédaient à cette époque était renommé au loin par sa richesse. En 1418, la place fut rendue sans résistance au roi d'Angleterre. — En 1449, Talbot, qui s'était avancé au secours de Verneuil, fut poursuivi si vivement jusque vers Harcourt par le comte de Dunois, qu'il fut d'abord obligé de se retrancher dans les rues du bourg, puis il se retira dans le château. Quelque temps après, les comtes de Dunois, d'Eu et de Saint-Pol vinrent en faire le siège, qui dura quinze jours : le château endura le canon; enfin la garnison anglaise, composée de 120 hommes environ, se rendit. — En 1590, les ligueurs d'Evreux, au nombre de 5,000, vinrent investir la place et l'emportèrent d'assaut. Henri IV y passa à la fin de la même année. — Ce domaine, dont les dépendances sont couvertes de vastes plantations de pins, est devenu par un legs la propriété de la société royale et centrale d'agriculture.

L'abbaye du Parc était un prieuré conventuel érigé près du château en 1245. — L'hospice, fondé en 1693, renferme dans son enceinte une chapelle édifiée en 1184, monument du style roman dont certains détails sont assez originaux.

Filature de coton.—*Foires* les 18 oct., lundi de Quasimodo et 1er lundi de sept.

HARCOURT-THURY, vg. *Calvados* (Normandie), arr. et à 25 k. de Falaise, chef-l. de cant. Cure. Gîte d'étape. ⊠. ⚬. A 249 k. de Paris pour la taxe des lettres. Pop. 984 h. — TERRAIN de transition inférieur.

Thury, nom primitif de ce bourg, était une baronnie du temps des anciens ducs normands, dont le premier baron fut Raoul Tesson, dit d'Angers, au commencement du XIe siècle. Cette baronnie passa ensuite aux Crepins, seigneurs de Dangu, auxquels succédèrent les Montmorency en 1522, qui la conservèrent jusqu'en 1613, époque où elle devint l'apanage de l'antique famille d'Harcourt, qui l'a conservée jusqu'à la révolution. — La baronnie de Thury fut érigée en marquisat en 1578. Au commencement du XVIIIe siècle, les Harcourt obtinrent pour Thury le titre de duché, et c'est de cette époque que le bourg prit le nom d'Harcourt-Thury.

On y voit un des plus beaux et des plus vastes châteaux de l'arrondissement de Falaise, celui qui rappelle le mieux la splendeur de ces grandes familles aristocratiques de la Bretagne avant 1789. Une belle position sur la rivière de l'Orne, des jardins gracieux, une galerie de tableaux renfermant quelques portraits historiques, voilà ce qui forme aujourd'hui l'ornement principal de ce château. La façade date du commencement du XVIIe siècle; la grande masse qui regarde la rivière est d'un siècle moins ancienne; le jardin, que Delille a chanté, est l'ouvrage du dernier duc d'Harcourt. Parmi les portraits de la galerie, on distingue ceux de Mmes de la Vallière, de Montespan et de Maintenon.

Bibliographie. BOSCHER (M.-B.). *Essai historique et statistique sur Thury-Harcourt*, brochure in-8, 1830 ; et *Revue normande*, t. I, p. 442.

HARCY, vg. *Ardennes* (Champagne), arr. et à 14 k. de Mézières, et à 13 k. de Charleville, cant. de Renwez. Pop. 636 h.

HARDANCOURT, vg. *Vosges* (Lorraine), arr. et à 30 k. d'Epinal, caut. et ⊠ de Rambervillers. Pop. 90 h.

HARDANGES, vg. *Mayenne* (Maine), arr. et à 20 k. de Mayenne, cant. du Horps, ⊠ du Ribay. Pop. 900 h.

HARDECOURT-AUX-BOIS, vg. *Somme* (Picardie), arr., ⊠ et à 13 k. de Péronne, cant. de Combles. Pop. 527 h.

HARDEMONT, vg. *Vosges*, com. de Chapelle-aux-Bois, ⊠ de Xertigny.

HARDENCOURT, vg. *Eure* (Normandie), arr. et à 16 k. d'Evreux, cant. et ⊠ de Pacy-sur-Eure. Pop. 248 h. — La fameuse bataille qui a pris le nom de Cocherel s'est livrée sur une partie du territoire de la commune d'Hardencourt. V. COCHEREL.

HARDESSÉ, vg. *Eure-et-Loir*, com. d'Ollé, ⊠ de Courville.

HARDEVILLE, vg. *Seine-et-Oise*, comm. de Nucourt, ⊠ de Magny.

HARDIFORT, vg. *Nord* (Flandre), arr. et à 17 k. d'Hazebrouck, cant. et ⊠ de Cassel. Pop. 552 h.

HARDINGHEN, vg. *Pas-de-Calais* (Boulonnais), arr. et à 24 k. de Boulogne-sur-Mer, cant. de Guines, ⊠ de Marquise. P. 1,334 h. —Verrerie à bouteilles.—*Foire* le 14 juin.

HARDINVATS, vg. *Manche* (Normandie), arr., ⊠ et à 8 k. de Cherbourg, cant. d'Octeville. Pop. 669 h.

HARDIVILLERS, vg. *Oise* (Picardie), arr. et à 22 k. de Beauvais, cant. et ⊠ de Chaumont-en-Vexin. Pop. 135 h.

HARDIVILLERS, vg. *Oise* (Picardie), arr. et à 40 k. de Clermont, cant. de Froissy, ⊠ de Breteuil. Pop. 1,204 h. — *Foire* le 2e mercredi de nov.

HARDOYE (la), vg. *Ardennes* (Champagne), arr. et à 23 k. de Rethel, cant. et ⊠ de Chaumont-Porcien. Pop. 431 h. —On y voit les vestiges d'un château fort destiné à défendre le passage de la rivière de Marenwez.

HARDRICOURT, vg. *Seine-et-Oise* (Beauce), arr. et à 36 k. de Versailles, cant. et ⊠ de Meulan. Pop. 218 h.

HARENGÈRE (la), vg. *Eure* (Normandie), arr. et à 17 k. de Louviers, cant. d'Amfreville-la-Campagne, ⊠ d'Elbeuf. Pop. 326 h.

HARÉVILLE, vg. *Vosges* (Lorraine), arr. et à 17 k. de Mirecourt, cant. de Vittel, ⊠ de Remoncourt. Pop. 331 h.

HARFLEUR, *Harfloricum*, *Harfleatum*, *Hareflotum*, *Harfleu*, ancienne et jolie ville maritime, *Seine-Inf.* (Normandie), arr. et à 8 k. du Havre, cant. de Montivilliers. ⊠. A 199 k. de Paris pour la taxe des lettres. Pop. 1,611 h.

Autrefois diocèse, parlement et intendance de Rouen, élection de Montivilliers, bailliage, vicomté, amirauté, gouvernement particulier, mairie, couvent de capucins.

Harfleur est une ville très-ancienne, désignée dans différents titres du moyen âge sous les noms de Hardflw, Hareflot ou Harfleu. Elle était déjà considérable en 1035. Les premiers titres qui la font mention remontent à l'an 1040, époque où les Danois disputaient aux Anglo-Saxons la couronne d'Angleterre. Monstrelet nommait jadis cette ville le souverain port de la Normandie. Sa situation à l'embouchure de la petite rivière de la Lézarde et à l'embouchure de la Seine, favorisa ses accroissements, et le commerce accrut sa prospérité. La plus grande partie du commerce qui se faisait alors en France (1035) était entre les mains des étrangers ; aussi voyons-nous au commencement du XIVe siècle les marchands de Lisbonne, puis tous les Portugais, ensuite ceux de Majorque et d'Aragon, obtenir de grands privilèges pour le commerce qu'ils faisaient à Harfleur, où les marchandises étaient exemptes de tout droit d'entrée. Mais tous ces titres à la fortune ne purent balancer les calamités publiques dont Harfleur et son commerce furent l'objet la victime, au commencement du XVe siècle. Peu de villes en effet ont éprouvé plus de vicissitudes qu'Harfleur, qui pendant longtemps ne fut qu'un poste incertain entre deux peuples ennemis, dont cette ville subissait tour à tour les exactions et les vengeances. C'est là que s'embarqua Edouard avec quarante bâtiments fournis par Guillaume le Conquérant ; c'est là qu'après l'horrible homicide commis en 1202 par le roi Jean sur son neveu, Philippe Auguste, qui avait fait ajourner et condamner le duc de Normandie par ses pairs, vint lui porter un nouvel appel au milieu de ses forteresses soumises.—En 1346, Jean de Montfort, duc de Bretagne, ayant amené les Anglais dans cette province, « ils arrivèrent en une forte ville que l'on clame Harfleur, dit Froissard, et la conquirent tantost. Après ils s'épandirent dans le pays. » Le 14 août 1415, Henri V, roi d'Angleterre, débarqua devant Harfleur, qui n'avait que 400 hommes de garnison, commandés par un seigneur d'Etouteville. Les assiégés se défendirent avec un courage héroïque ; après quarante jours de siège, les vivres et les munitions manquant à la fois, ils furent obligés de se rendre à discrétion. Les malheureux habitants éprouvèrent d'un insolent vainqueur tous les mauvais traitements que l'animosité peut inventer. Seize cents familles furent dépouillées de leurs possessions, chassées de leur terre natale et conduites à Calais, en punition de leur résistance aux Anglais ; on ne leur permit d'emporter qu'une partie de leurs vêtements et cinq sous par tête ; leurs chartes, franchises et titres de propriété furent brûlés sur la place publique. Un petit nombre d'habitants, courbé sous le joug ennemi, eut la permission d'y rester, à condition qu'ils ne pourraient acquérir aucune maison en propre ni hériter. Vingt années se passèrent dans cet état d'humiliation et de malheur ; mais le feu sacré de l'amour de la patrie n'était point éteint dans le cœur des habitants d'Harfleur. Leur quatre d'entre eux osèrent former le projet d'affranchir leur ville du joug de ses odieux vainqueurs. Des intelligences furent adroitement ménagées avec quelques milices des environs ; elles s'approchèrent à la faveur des ombres de la nuit, et le point du jour fut le signal d'une attaque que couronna bientôt le plus heureux succès. Les enfants de ceux qui étaient morts à Calais revinrent habiter Harfleur ; et c'est en mémoire de ce glorieux événement qu'on sonnait autrefois chaque matin, à l'heure même de l'attaque, cent quatre coups de cloche pour en perpétuer le souvenir. En 1440, Harfleur retomba au pouvoir des Anglais, qui l'écrasèrent avec les boulets de pierre que lançaient leurs guimbardes, et dont quelques-uns, monuments de ce siège mémorable, servent encore aujourd'hui de bornes à d'anciennes maisons. Cette ville fut reprise par Charles VII en 1449, et répara insensiblement ses pertes ; l'industrie, rappelée sur le sol qui l'avait alimentée longtemps, se raviva par degrés ; mais elle ne put recouvrer sa première splendeur. Les guerres de religion, qui détruisirent ses remparts et ses fortifications, et renversèrent à deux reprises ses murailles et ses créneaux, la fondation du Havre, et par-dessus tout la révocation de l'édit de Nantes, ont successivement contribué à anéantir son commerce maritime. Il n'est pas jusqu'à la nature qui, complice de la fortune, ne semble avoir voulu aussi la déshériter des avantages qu'elle lui avait prodigués d'abord. Jusqu'au commencement du XVIe siècle, Harfleur a vu ses murs baignés par la Seine ; mais depuis ce fleuve s'en est chaque jour éloigné, son port a été envahi par les galets, la mer a refusé de remplir ses bassins, et 2 k. de marais l'en séparent aujourd'hui.

De fortes murailles entourées de fossés profonds défendaient autrefois l'approche de cette ville. Aujourd'hui ses fortifications sont démolies, des prairies couvertes de bestiaux remplacent son port sillonné jadis par des flottes nombreuses; son commerce est presque anéanti, et sa faible population va porter au Havre ses capitaux, ses bras, son industrie et, dans la saison, les fraises qu'elle cultive en abondance.

Les armes d'Harfleur sont : *d'azur à un navire d'argent sur une onde de même, les voiles ferlées*.

La situation d'Harfleur est on ne peut plus agréable. Du haut d'une colline qui s'élève au nord de cette ville, on jouit d'un coup d'œil magnifique sur une vallée fertile et bien cultivée, sur des collines ombragées de bouquets d'arbres admirablement disposés, sur le cours majestueux de la Seine et sur les côtes de la rive opposée qui se perdent dans l'horizon. Une vaste prairie, où la Lézarde serpente pendant un cours de 4 k., s'étend entre Harfleur et la pointe du Hoc, où sont situés les établissements de quarantaine et le lazaret du Havre. Les bâtiments d'un léger tonnage peuvent, au moyen de la marée, remonter la Lézarde jusqu'au milieu d'Harfleur. Mais le commerce de cette ville, aujourd'hui languissant, amène peu de voiles dans son port, autrefois si fréquenté.

L'église paroissiale d'Harfleur, surmontée d'un beau clocher en pierre, fut bâtie pendant le séjour des Anglais dans cette ville, et comme monument de la bataille d'Azincourt. Cette église, classée au nombre des monuments historiques, n'a point été terminée ; mais elle est remarquable encore par la partie qui en reste par le fini et la beauté des culs-de-lampe suspendus aux clefs des arceaux. Le portail, qui orne un des côtés de l'édifice, est d'une assez belle exécution. L'ancien chœur, dont il ne reste plus que des vestiges, présentait des morceaux d'architecture gothique et des arabesques d'une grande délicatesse, que l'on attribue au XVe siècle.

Biographie. Patrie du capitaine GONNEVILLE, célèbre marin du XVe siècle, à qui l'on doit la découverte des terres australes.

INDUSTRIE. *Fabriques* de tulle d'Irlande. Filature de coton. Raffineries de sucre. Blanchisseries de toiles. Tanneries. — *Commerce* d'avoine. Dépôt d'huîtres. — *Foires* les 20 mars, 5 juillet, 8 sept. et 12 nov. — Marchés les lundis, mercredis et vendredis.

Bibliographie. * *Discours au vrai de ce qui s'est passé en l'armée conduite par Henri IV, depuis son avènement à la couronne jusqu'à la prise d'Harfleur, en 1590, et de celle d'Arques*, in-8, 1590.

DE LA MOTTE. *Antiquités de la ville d'Harfleur, avec quelques Discours qui ont été prononcés à M. le duc de Saint-Aignan au Havre-de-Grâce*, in-8, 1676; in-8, 1720.

LETELLIER. *Recherches historiques sur la ville d'Harfleur*, in-12, 1841.

HARGARTEN-AUX-MINES, vg. *Moselle* (pays Messin), arr. et à 40 k. de Thionville, cant. et ✉ de Bouzonville. Pop. 793 h.

HARGEVILLE, vg. *Meuse* (Lorraine), arr. et à 9 k. de Bar-le-Duc, cant. de Vavencourt. Pop. 406 h.

HARGEVILLE, vg. *Seine-et-Oise* (Beauce), arr. et à 13 k. de Mantes, cant. de Houdan, ✉ de Septeuil. Pop. 140 h.

HARGICOURT, vg. *Aisne* (Picardie), arr. et à 17 k. de St-Quentin, cant. et ✉ du Catelet. Pop. 1,200 h. — Filature de coton.

HARGICOURT, vg. *Somme* (Picardie), arr., cant., ✉ et à 9 k. de Montdidier. Pop. 368 h.

HARGNIES, vg. *Ardennes* (Hainaut), arr. et à 25 k. de Rocroi, cant. et ✉ de Fumay. Pop. 1,542 h. Au milieu des forêts.

HARGNIES, vg. *Nord* (Flandre), arr. et à 20 k. d'Avesnes, cant. et ✉ de Berlaimont. Pop. 316 h.

HARICOURT, vg. *Eure* (Normandie), arr. et à 20 k. des Andelys, cant. d'Ecos, ✉ de Vernon. Pop. 141 h.

HARICOURT, vg. *H.-Marne* (Champagne), arr. et à 33 k. de Chaumont-en-Bassigny, cant. de Juzennecourt, ✉ de Colombey-les-Deux-Eglises. Pop. 203 h.

HARLETTE, vg. *Pas-de-Calais*, comm. de Coulomby, ✉ de St-Omer.

HARLY, vg. *Aisne* (Picardie), arr., cant., ✉ et à 3 k. de St-Quentin. Pop. 220 h.

HARMÉVILLE, vg. *H.-Marne* (Champagne), arr. et à 36 k. de Vassy, cant. de Poissons, ✉ de Sailly. Pop. 140 h.

HARMONVILLE, vg. *Vosges* (Lorraine), arr. et à 19 k. de Neufchâteau, cant. de Coussey, ✉ de Colombey. Pop. 430 h.

HARMOYE (la), vg. *Côtes-du-Nord* (Bretagne), arr. et à 26 k. de St-Brieuc, cant. de Ploeuc, ✉ de Quintin. Pop. 1,230 h.

HARNES, vg. *Pas-de-Calais* (Artois), arr. et à 22 k. de Béthune, cant. et ✉ de Lens. Pop. 2,170 h.

HAROL, vg. *Vosges*, ✉ de Dompaire. — Fabriques de charrues perfectionnées, dites charrues Grangé. ⊙ 1834.

HARON, vg. *B.-Pyrénées* (Béarn), arr., et à 45 k. de Pau, cant. de Garlin. Pop. 107 h.

HAROUÉ, bg. *Meurthe* (Lorraine), arr. et à 30 k. de Nancy, chef-l. de cant. Cure. ✉ de Neuviller-sur-Moselle. Pop. 666 h. — TERRAIN, jurassique étage inférieur du système oolitique.

Ce bourg est situé sur la rive droite du Madon. On y remarque un magnifique château construit par Boffrand, qui a conservé aux quatre angles les tours rondes d'un château beaucoup plus ancien.

PATRIE du maréchal de BASSOMPIERRE, célèbre par son esprit, ses ambassades et sa longue détention à la Bastille.

Foires les 18 mai et 8 nov.

HARPONVILLE, vg. *Somme* (Picardie), arr. et à 20 k. de Doullens, cant. et ✉ d'Acheux. Pop. 608 h.

HARPRICH, vg. *Moselle* (pays Messin), arr. et à 42 k. de Sarreguemines, cant. de Gros-Tenquin, ✉ de Morhange. Pop. 402 h.

HARQUENCY, *Archinecium, Archenchium*, vg. *Eure* (Normandie), arr., cant., ✉ et à 6 k. des Andelys. Pop. 296 h.

HARRÉVILLE, vg. *H.-Marne* (Champagne), arr. et à 50 k. de Chaumont-en-Bassigny, cant. et ✉ de Bourmont. Pop. 724 h. — Fabriques de bagues et de cornets dits de St-Hubert. Colportage d'étoffes et de mercerie en grand.

HARRICOURT, vg. *Ardennes*, comm. de Bar-les-Buzancy, ✉ de Buzancy.

HARRIETTE, vg. *B.-Pyrénées*, comm. de St-Jean-le-Vieux, ✉ de St-Jean-Pied-de-Port.

HARRITOLDE, vg. *B.-Pyrénées*, comm. de St-Jean-le-Vieux, ✉ de St-Jean-Pied-de-Port.

HARSAULT, vg. *Vosges* (Lorraine), arr. et à 25 k. d'Epinal, cant. et ✉ de Bains. Pop. 1,274 h. — Forges, laminoirs et tréfilerie.

HARSKIRCHEN, vg. *B.-Rhin* (Alsace), arr. et à 44 k. de Saverne, cant. et ✉ de Saar-Union. Pop. 1,024 h.

HARTANCOURT, vg. *Eure-et-Loir*, comm. de St-Luperce, ✉ de Courville.

HARTENHAUSEN, vg. *B.-Rhin*, comm. et ✉ de Hagueneau.

HARTENNES, vg. *Aisne* (Picardie), arr. et à 15 k. de Soissons, cant. et ✉ d'Oulchy. Pop. 383 h.

HARTMANNSWILLER, vg. *H.-Rhin* (Alsace), arr. et à 30 k. de Colmar, cant. et ✉ de Soultz. Pop. 1,013 h. — On y remarque le beau château d'Olwiller.

HARTANGEN-AUX-MINES, vg. *Moselle* (pays Messin), arr. et à 36 k. de Thionville, cant. et ✉ de Bouzonville.

HARTZWILLER, vg. *Meurthe* (Lorraine), arr., cant., ✉ et à 10 k. de Sarrebourg. Pop. 731 h.

HARVILLE, vg. *Meuse* (pays Messin), arr. et à 28 k. de Verdun-sur-Meuse, cant. de Fresnes-en-Voëvre, ✉ de Manheulles. ☙. Pop. 280 h.

HARY, vg. *Aisne* (Picardie), arr., cant., ✉ et à 7 k. de Vervins. Pop. 573 h.

HASNON, vg. *Nord* (Flandre), arr. et à 10 k. de Valenciennes, cant. et ✉ de St-Amand-Eaux. Pop. 3,389 h. Sur la rive gauche de la Scarpe. — Il était autrefois remarquable par une abbaye de bénédictins, fondée dans le viie siècle. — *Fabriques* de fil de mulquinerie. Préparation et commerce du chanvre et du lin.

HASPARREN, bourg considérable, *B.-Pyrénées* (Gascogne), arr. et à 21 k. de Bayonne, chef-l. de cant. Cure. ✉. A 810 k. de Paris pour la taxe des lettres. Pop. 5,370 h. — Terrain crétacé inférieur, grès vert. — Il est situé dans un pays fertile et bien cultivé — *Fabriques* de cuirs. — *Commerce* considérable de bestiaux. Les marchés d'Hasparren sont les plus importants de tout le pays de Labour : on s'y rend des trois cantons basques, et souvent même de la vallée espagnole de Bastan.

HASPELLCHEIDT, vg. *Moselle* (pays Messin), arr. et à 47 k. de Sarreguemines, cant. et ✉ de Bitche. Pop. 757 h.

HASPRES, vg. *Nord* (Flandre), arr. et à 15 k. de Valenciennes, cant. et ✉ de Bouchain. Pop. 2,846 h. Sur la rive droite de la Selle. — *Fabrique* de sucre indigène. Brasseries.

HASSI (lat. 50°, long. 21°). « Dans plusieurs éditions de Pline, on lit ce nom de *Hassi* à la suite des *Bellovaci*, en d'autres *Bassi*. Le P. Hardouin (*Plin.*, in-f°, t. i, p. 238) le supprime, disant ne l'avoir point trouvé en quelques manuscrits, et qu'on ne trouve point de trace de ce nom dans ce canton de pays : *Bellovaci solum exscripsimus, expuncta voce Bassi vel Hassi, quos in hoc terrarum tractu nullus agnoscit*. Il y a pourtant un canton du diocèse de Beauvais dont le nom est *Haix* dans quelques cartes, et plus communément *Hez*. Il contient une forêt qui conserve le même nom, et au milieu de laquelle nos rois, et entre autres saint Louis, ont eu une maison dans le lieu nommé la Neuville-en-Hez. On connaît en France plusieurs contrées dont le nom leur est commun avec des forêts : *Briegius Saltus*, la Brie, *Perticus Saltus*, le Perche, *Brexius Saltus*, la Bresse. Comme il y a, ce me semble, plus de ménagement à laisser le nom de *Hassi* dans Pline qu'à le rejeter, et que la raison qui a déterminé le P. Hardouin pour ce dernier parti ne paraît pas avoir lieu, ce n'est point trop hasarder que d'admettre ici les *Hassi* dans un article particulier. » D'Anville, *Notice de l'ancienne Gaule*, p. 363. V. aussi Walckenaer. *Géographie des Gaules*, t. ii, p. 269.

HASTINGUES, vg. *Landes* (Gascogne), arr. et à 27 k. de Dax, cant. de Peyrehorade. Pop. 942 h. — C'était autrefois une ville forte assez importante.

HATO-SERGENT (l'), vg. *Nièvre*, comm. de St-Brisson, ✉ de Montsauche.

HATRIZE, vg. *Moselle* (pays Messin), arr., cant., et à 7 k. de Briey. Pop. 375 h.

HATTEN, joli bourg, *B.-Rhin* (Alsace), arr. et à 18 k. de Wissembourg, cant. et ✉ de Soultz-sous-Forêts. Pop. 2,018 h. — Il est situé dans une belle plaine, traversée par la Soultzbach. On y voit une des plus belles églises des villages de l'Alsace. — *Foires* le 1er lundi de fév., mardi après St-Marc et après St-Michel, et 1er mardi de juillet.

HATTENCOURT, vg. *Somme* (Picardie), arr. et à 24 k. de Montdidier, cant. et ✉ de Roye. Pop. 518 h.

HATTENVILLE, vg. *Seine-Inf.* (Normandie), arr. et à 17 k. d'Yvetot, cant. et ✉ de Fauville. Pop. 985 h.

HATTENSCHLAG, vg. *H.-Rhin* (Alsace), arr. et à 10 k. de Colmar, cant. de Neuf-Brisach. Pop. 122 h.

HATTIGNY, vg. *Meurthe* (pays Messin), arr. et à 16 k. de Sarrebourg, cant. et ✉ de Lorquin. Pop. 620 h.

HATTMATT, vg. *B.-Rhin* (Alsace), arr., cant., ✉ et à 8 k. de Saverne. Pop. 537 h.

HATTONCHATEL, *Hattonis Castellum*, vg. *Meuse* (Lorraine), arr. de Commercy, à 18 k. de St-Mihiel, cant. et ✉ de Vigneulles. Pop. 514 h. — Il doit son origine à un château fort bâti vers 859 par Hatton, évêque de Verdun. L'église renferme un monument de sculpture fort remarquable, attribué au sculpteur Richer, auteur du sépulcre de St-Mihiel. Ce monument, classé récemment au nombre des monuments historiques, offre quatre compositions : la 1re représente Jésus au jardin des Oliviers; la 2e Jésus portant sa croix; la 3e Jésus crucifié ; la 4e est une Descente de croix.

HATTONVILLE, vg. *Meuse* (Lorraine), arr. de Commercy, à 19 k. de St-Mihiel, cant. et ✉ de Vigneulles. Pop. 506 h.

HATTONVILLE, vg. *Seine-et-Oise*, com. d'Arrainville, ✉ d'Ablis.

HATTSTATT, bg *H.-Rhin* (Alsace), arr. et à 9 k. de Colmar, cant. et ✉ de Rouffach. ✉. Pop. 1,223 h.

Ce bourg est agréablement situé au pied des Vosges. On voit dans les environs les ruines de l'ancienne abbaye de Murbach (qu'il ne faut pas confondre avec Marbach), fondée en 1094 par Burcard de Geberschwihr, où l'on aperçoit encore la tombe au milieu des décombres : Non loin d'Hattstatt existent aussi les ruines du château de Hoh-Hattstatt, détruit par les habitants de Münster en 1466.

HAUBAN, vg. *H.-Pyrénées* (Gascogne), arr., cant., et à 6 k. de Bagnères-en-Bigorre. Pop. 138 h.

HAUBAN-DE-BRU, vg. *H.-Pyrénées*, comm. de Tournay.

HAUBOS, vg. *Oise* (Picardie), arr. et à 28 k. de Beauvais, cant. et ✉ de Grandvilliers. Pop. 203 h.

HAUBOURDIN, joli bourg, *Nord* (Flandre), arr. et à 7 k. de Lille, chef-l. de cant. Cure. ✉. A 242 k. de Paris pour la taxe des lettres. Pop. 2,419 h. — Terrain tertiaire supérieur.

Ce bourg, situé au milieu des marais, sur la Deûle, est généralement bien bâti, propre et assez bien percé; l'église est grande et belle, et le cimetière bien tenu. Il a dû ses principaux accroissements à la faveur que lui fit Jean, châtelain de Lille, de rendre la Deûle navigable ; à la chaussée de Lille à Calais ; au droit de ne pouvoir être jugé que par ses concitoyens, et à l'exemption de tous droits sur les consommations. — *Fabriques* de laines peignées, de blanc de céruse, de dentelles. Filature de coton. Blanchisseries de toiles. Tanneries, moulins à huile. — *Foires* les 21 janv., 21 avril, 21 juillet et 21 sept.

On doit visiter, à 1 k. d'Haubourdin, sur la Deûle, l'importante maison de détention de Loos. V. ce mot. — Omnibus pour Lille; départ de demi-heure en demi-heure.

HAUCONCOURT, vg. *Moselle* (pays Messin), arr., 1er cant., ✉ et à 13 k. de Metz. Pop. 540 h.

HAUCOURT (le), vg. *Aisne* (Picardie), arr. et à 9 k. de St-Quentin, cant. et ✉ du Catelet. Pop. 647 h.

HAUCOURT, vg. *Meuse* (pays Messin), arr. et à 38 k. de Montmédy, cant. et ✉ de Spincourt. Pop. 128 h.

HAUCOURT, vg. *Moselle* (pays Messin), arr. et à 35 k. de Briey, cant. et ✉ de Longwy. Pop. 336 h.

HAUCOURT, vg. *Nord* (Flandre), arr., ✉ et à 12 k. de Cambrai, cant. de Clary. Pop. 488 h.

HAUCOURT, vg. *Pas-de-Calais* (Artois), arr., ✉ et à 13 k. d'Arras, cant. de Vitry. Pop. 370 h.

HAUCOURT, vg. *Seine-Inf.* (Normandie), arr. et à 20 k. de Neufchâtel-en-Bray, cant. de Forges, ✉ de Gaillefontaines. Pop. 428 h.

HAUCOURT-L'HÉRAULE, vg. *Oise* (Picardie), arr. et à 17 k. de Beauvais, cant. et ✉ de Songeons. Pop. 156 h.

HAUDAINVILLE, vg. *Meuse* (pays Messin), arr., cant., ✉ et à 4 k. de Verdun-sur-Meuse. Pop. 868 h.

HAUDARDIÈRE (la), vg. *Eure*, comm. de Fontaine-la-Louvet, ✉ de Thiberville.

HAUDICOURT, vg. *Somme*, comm. d'Aguières, ✉ de Grandvilliers.

HAUDIOMONT, vg. *Meuse* (pays Messin), arr. et à 15 k. de Verdun-sur-Meuse, cant. de Fresnes-en-Woëvre, ✉ de Manheulles. Pop. 642 h.

HAUDIVILLERS, vg. *Oise* (Picardie), arr., ✉ et à 15 k. de Beauvais, cant. de Nivillers. Pop. 540 h.

HAUDONVILLE, vg. *Meurthe* (Lorraine), arr. et à 13 k. de Lunéville, cant. et ✉ de Gerbéviller. Pop. 168 h.

HAUDRECY, vg. *Ardennes* (Champagne), arr. de Mézières, à 7 k. de Charleville, cant. et ✉ de Renwez. Pop. 353 h. — Filature de laine.

HAUDRICOURT, vg. *Seine-Inf.* (Normandie), arr. et à 22 k. de Neufchâtel-en-Bray, cant. et ✉ d'Aumale. Pop. 791.

HAUGARON, vg. *H.-Pyrénées*, comm. de Ferrières, ✉ d'Argelès.

HAULCHIN, vg. *Nord* (Flandre), arr., cant., ✉ et à 8 k. de Valenciennes. Pop. 563 h. — *Fabrique* de sucre indigène.

HAULIES, vg. *Gers* (Armagnac), cant., ✉ et à 13 k. d'Auch. Pop. 239 h.

HAULMÉE, vg. *Ardennes* (Champagne),

arr. de Mézières, ⊠ et à 17 k. de Charleville, cant. de Monthermé. Pop. 388 h.

HAULME, vg. Seine-et-Oise (Vexin), arr. et à 19 k. de Pontoise, cant. et ⊠ de Marines. Pop. 155 h.

HAULT-CHAMP, vg. Indre-et-Loire, comm. de Restigny, ⊠ de Bourgueil.

HAUMESNIL, vg. Calvados, comm. de Cauvicourt, ⊠ de Langannerie.

HAUMONT, vg. Tarn-et-Garonne, comm. d'Esparsac, ⊠ de Beaumont-de-Lomagne.

HAUMONT-LÈS-LA-CHAUSSÉE, vg. Meuse (Lorraine), arr. de Commercy, à 26 k. de St-Mihiel, cant. et ⊠ de Vigneulles. Pop. 267 h.

HAUMONT-PRÈS-SAMOGNEUX, vg. Meuse (pays Messin), arr. et à 30 k. de Montmédy, cant. de Montfaucon, ⊠ de Damvillers. Pop. 313 h.

HAURIET, vg. Landes (Gascogne), arr. et à 13 k. de St-Sever, cant. et ⊠ de Mugron. Pop. 541 h.

HAUSGAUEN ou HUSGAUEN, vg. B.-Rhin (Alsace), arr., cant., ⊠ et à 8 k. d'Altkirch. Pop. 488 h.

HAUSSEY, vg. Seine-Inf. (Normandie), arr. et à 25 k. de Neuchâtel-en-Bray, cant. et ⊠ de Forges. Pop. 670 h.

HAUSSIGNÉMONT, vg. Marne (Champagne), arr. et à 13 k. de Vitry-le-François, cant. de Thiéblemont, ⊠ de Perthes. Pop. 46 h.

HAUSSIMONT, vg. Marne (Champagne), arr. et à 38 k. d'Epernay, cant. de Fère-Champenoise, ⊠ de Sommesous. Pop. 196 h.

HAUSSONVILLE, vg. Meurthe (Lorraine), arr. et à 18 k. de Lunéville, cant. de Bayon, ⊠ de Neuviller-sur-Moselle. Pop. 608 h.

HAUSSY, vg. Nord (Flandre), arr. et à 20 k. de Cambrai, cant. et ⊠ de Solesmes. Pop. 2,870 h. — Il était jadis défendu par un château fort, qui fut pris et repris plusieurs fois. — Fabriques de toiles. Brasseries. Exploitation des carrières de grès. Briqueterie et four à chaux.

HAUTAGET, vg. H.-Pyrénées (Gascogne), arr. et à 31 k. de Bagnères-de-Bigorre, cant. de Nestier, ⊠ de St-Laurent-de-Neste. P. 157 h.

HAUT-BALBIAC, vg. Ardèche (Languedoc), cant. de Joyeuse, arr., ⊠ et à 8 k. de Largentière. Pop. 459 h.

HAUT-BERGER, vg. Seine-Inf., comm. d'Imbleville, ⊠ de Tôtes.

HAUT-BOUT (le), Ille-et-Vilaine, comm. et ⊠ de Cancale.

HAUT-BUISSON (le), Pas-de-Calais, à 8 k. de Marquise, arr. et à 12 k. de Calais. ☞.

HAUT-BUTTÉ, vg. Ardennes, comm. de Monthermé, ⊠ de Charleville.

HAUT-CHANTIER (le), Indre-et-Loire, comm. de Limeray, ⊠ d'Amboise.

HAUT-CHEMIN (le), vg. Aisne, comm. des Autels, ⊠ de Brunhamel.

HAUT-CLAIRVAUX, vg. Vienne, comm. de Scorbé-Clairvaux, ⊠ de Châtellerault.

HAUT-CLOCHER, vg. Meurthe (Lorraine), arr., cant., ⊠ et à 6 k. de Sarrebourg. Pop. 542 h.

HAUTCOURT, vg. Moselle (pays Messin),

arr. et à 25 k. de Briey, cant. et ⊠ de Longwy. Pop. 374 h.

HAUT-DOMPREY, vg. Vosges, comm. de la Chapelle-aux-Bois, ⊠ de Xertigny.

HAUT-DU-MONT, vg. Vosges, comm. de Fontenoy-le-Château, ⊠ de Bains.

HAUT-DU-THEM, vg. H.-Saône (Franche-Comté), arr. et de Lure, cant. de Melissey.

HAUTE-AVESNES, vg. Pas-de-Calais (Artois), arr., ⊠ et à 9 k. d'Arras, cant. de Beaumetz-les-Loges. Pop. 259 h.

HAUTEBOUT, vg. Seine-et-Oise, comm. de St-Martin-Brétencourt, ⊠ de Dourdan.

HAUTE-BRAYE, vg. Oise, comm. d'Autrèches, ⊠ de Vic-sur-Aisne.

HAUTE-BROUSSE, Corrèze, cant. de St-Privat. — Foires les 1er juillet, 26 août, lendemain des Rois, et mercredi de Pâques.

HAUTE-CHAPELLE, vg. Orne (Normandie), arr., cant., ⊠ et à 2 k. de Domfront. Pop. 1,197 h.

HAUTE-CHAPPE, vg. Loir-et-Cher, com. et ⊠ de Vendôme.

HAUTE-CLOQUE, vg. Pas-de-Calais (Artois), arr., cant., ⊠ et à 5 k. de St-Pol-sur-Ternoise. Pop. 279 h.

HAUTE-COTE, vg. Pas-de-Calais (Artois), arr., cant., ⊠ à 10 k. de St-Pol-sur-Ternoise, ⊠ de Frévent. Pop. 154 h.

HAUTECOUR, vg. Ain (Bresse), arr., ⊠ et à 18 k. de Bourg-en-Bresse, cant. de Ceyzeriat. Pop. 1,052 h. — Foires les 4 mars, 4 avril, 28 juin, 14 août, 6 oct. et 3 nov.

HAUTECOUR, vg. Jura (Franche-Comté), arr. à 32 k. de Lons-le-Saulnier, cant. et ⊠ de Clairvaux. Pop. 136 h.

HAUTECOURT, vg. Meuse (pays Messin), arr. et à 14 k. de Verdun-sur-Meuse, cant. et ⊠ d'Etain. Pop. 107 h.

HAUTECOURT, vg. Meuse, comm. de Malancourt, ⊠ de Varennes-en-Argonne.

HAUTE-ÉPINE, vg. Oise (Picardie), arr. et à 21 k. de Beauvais, cant. et ⊠ de Marseille. Pop. 625 h.

HAUTE-FAGE, vg. Corrèze (Limousin), arr. et à 38 k. de Tulle, cant. de Servières, ⊠ d'Argentat. Pop. 1,157 h.

HAUTEFAGE, vg. Lot-et-Garonne (Agénois), arr. et à 14 k. de Villeneuve-sur-Lot, cant. et ⊠ de Penne. Pop. 1,164 h. — Foires les 25 janv., 6 mai, 16 août, et 6 déc.

HAUTEFAYE, vg. Dordogne (Périgord), arr., cant., ⊠ et à 15 k. de Nontron. Pop. 469 h. — Foires les 16 août et 22 déc.

HAUTEFEUILLE, vg. Marne, comm. de l'Echelle-le-Franc, ⊠ de Montmirail.

HAUTEFEUILLE, vg. Seine-et-Marne (Brie), arr. et à 13 k. de Coulommiers, cant. de Rozoy-en-Brie, ⊠ de Faremoutiers. Pop. 126 h.

HAUTEFOLIE, vg. Eure, comm. de Breux, ⊠ de Tillières-sur-Avre.

HAUTEFOND, vg. Saône-et-Loire (Bourgogne), arr. à 9 k. de Charolles, cant. et ⊠ de Paray-le-Monial. Pop. 303 h.

HAUTEFONTAINE, vg. Oise (Picardie), arr. et à 24 k. de Compiègne, cant. d'Attichy, ⊠ de Couloisy. Pop. 277 h.

HAUTEFORT, bg. Dordogne (Périgord), arr. et à 41 k. de Périgueux, chef-l. de cant. Bureau d'enregist. à Excideuil. Cure. ⊠. A 468 k. de Paris pour la taxe des lettres. Pop. 1,772 h. — Terrain jurassique.

Le château d'Hautefort est bâti sur la crête d'une colline, d'où la vue s'étend sur une belle plaine. Il forme un carré long et se compose de trois grands corps de bâtiments qui présentent trois belles façades sur la campagne et sur de vastes cours; le quatrième côté, qui répond à la façade principale, forme une magnifique terrasse de 8 à 10 m. de hauteur et de plus de 66 m. de largeur qui domine le bourg d'Hautefort et le paysage qui s'étend au delà. — Tout ce grand édifice, auquel il a été joint quelques constructions plus modernes, offre généralement une ordonnance majestueuse et correcte; les croisées y sont nombreuses, grandes et régulières. On y remarque, parmi quelques objets de sculpture d'une exécution peu savante, des morceaux dignes des bons maîtres. — Le château d'Hautefort présente à l'intérieur une belle disposition d'appartements; on y trouve un superbe escalier; les caves sont immenses et curieuses autant que belles. Tout cet édifice, en un mot, par son assiette, par sa construction, par son immensité et par la beauté du paysage qui l'entoure, est fait pour attacher les regards des curieux.

L'hospice d'Hautefort, fondé en 1669, le 4 février, par messire Jacques-François marquis d'Hautefort, est le plus beau bâtiment de ce genre qu'il y ait dans le département de la Dordogne; il offre le même plan que celui de l'hospice de la Salpêtrière de Paris, et l'on y trouve en petit la même distribution.

Foires le 1er lundi de chaque mois.

HAUTEFORT, vg. Isère, comm. de St-Nicolas-de-Macherin, ⊠ de Voiron.

HAUTE-GENTE, vg. Loire-Inf., comm. de Gétigné, ⊠ de Clisson.

HAUTE-GOULAINE. V. GOULAINE (Haute-).

HAUTE-GOUTTE ou HUTEGOTTE, vg. Vosges, comm. de Neuviller, ⊠ de Schirmeck.

HAUTE-INDRE, vg. Loire-Inf., comm. d'Indre, ⊠ de la Basse-Indre.

HAUTE-ISLE, vg. Seine-et-Oise (Vexin), arr. et à 15 k. de Mantes, cant. de Magny, ⊠ de Bonnières. Pop. 206 h. — Il est bâti dans une situation on ne peut plus pittoresque, sur la rive droite de la Seine, et sur le penchant d'un rocher calcaire, dans lequel a été taillée l'église paroissiale. On y voit les restes d'un ancien château qu'habita Boileau, et dont une partie a été taillée dans le roc; c'est d'Haute-Isle qu'il donnait à Lamoignon la description si connue qui commence ainsi :

C'est un petit village, ou plutôt un hameau,
Bâti sur le penchant d'un long rang de collines,
D'où l'œil s'égare au loin dans les plaines voisines.

HAUTE-MAISON (la), vg. Seine-et-Marne (Brie), arr. et à 15 k. de Meaux, cant. et ⊠ de Crécy. Pop. 274 h.

HAUTE-MAISON, vg. Seine-et-Oise, com. d'Orphin, ⊠ de Rambouillet.

HAUTE-PERCHE, vg. *Loire-Inf.*, comm. d'Arthon, ⊠ de Bourgneuf-en-Retz.

HAUTEPIERRE, vg. *Doubs* (Franche-Comté), arr. et à 37 k. de Baume-les-Dames, cant. et ⊠ d'Ornans. Pop. 212 h.

HAUTEPORTE (la), vg. *Nord*, comm. et ⊠ de Bailleul.

HAUTERIVE, vg. *Ain*, comm. de St-Jean-le-Vieux, ⊠ de Pont-d'Ain.

HAUTERIVE, vg. *Allier* (Bourbonnais), arr., ⊠ et à 25 k. de Gannat, cant. d'Escurolles. Pop. 352 h. — On y trouve une source d'eau minérale.
Bibliographie. DESBRET. *Traité des eaux minérales de Châteldon, de Vichy et de Hauterive*, etc., in-12, 1778.

HAUTERIVE, vg. *Doubs* (Franche-Comté), arr., ⊠ et à 12 k. de Pontarlier, cant. de Montbenoît. Pop. 239 h.

HAUTERIVE, vg. *Eure-et-Loir*, comm. de St-Maxime, ⊠ de Châteauneuf-en-Thymerais.

HAUTERIVE, vg. *Lot-et-Garonne* (Agenois), arr. et à 12 k. de Villeneuve-sur-Lot, cant. et ⊠ de Monclar. Pop. 521 h.

HAUTERIVE, vg. *Nord*, comm. de Château-l'Abbaye, ⊠ de St-Amand-les-Eaux.

HAUTERIVE, *Alta Ripa*, vg. *Orne* (Normandie), arr., ⊠ et à 13 k. d'Alençon, cant. du Mesle-sur-Sarthe. Pop. 330 h.

HAUTERIVE, vg. *Saône-et-Loire*, comm. de la Chapelle-de-Bragny, ⊠ de Sennecey.

HAUTERIVE, vg. *H.-Saône* (Franche-Comté), arr. et à 31 k. de Vesoul, cant. et ⊠ de Rioz. Pop. 390 h.

HAUTERIVE, vg. *Tarn*, comm. et ⊠ de Castres.

HAUTERIVE, vg. *Vosges*, comm. de St-Amé, ⊠ de Remiremont.

HAUTERIVE, vg. *Yonne* (Bourgogne), arr. et à 16 k. d'Auxerre, cant. et ⊠ de Seignelay. Pop. 326 h.

HAUTERIVES, vg. *Drôme* (Dauphiné), arr. et à 43 k. de Valence, cant. du Grand-Serre, ⊠ de Moras. Pop. 2,473 h. — *Foires* le lundi après les Rois, mercredi après Pâques, lundi après le 8 sept. et après la Toussaint.

HAUTE-RIVOIRE, bg *Rhône* (Forez), arr. et à 35 k. de Lyon, cant. de St-Laurent-de-Chamousset. Pop. 1,720 h. Foires les 30 janv., 25 avril, mardi avant la Pentecôte, 21 juillet et 13 oct.

HAUTEROCHE, vg. *Côte-d'Or* (Bourgogne), arr. et à 20 k. de Semur, cant. et ⊠ de Flavigny. Pop. 544 h. — Forges et hauts fourneaux.

HAUTE-RUE, (la), vg. *Indre-et-Loire*, comm. de Beaumont-Verron, ⊠ de Chinon.

HAUTE-SERRE, vg. *Creuse*, comm. de St-Chabrais, ⊠ de Chénérailles.

HAUTES-RIVIÈRES, vg. *Ardennes* (Champagne), arr. et à 20 k. de Mézières, ⊠ et à 22 k. de Charleville, cant. de Monthermé. Pop. 1,823 h. — Hauts fourneaux, forges et fonderie (à LINCHAMPS).

HAUTESSÈRE, vg. *Creuse*, comm. de Dontreix, ⊠ d'Auzances.

HAUTEVELLE, vg. *H.-Saône* (Franche-Comté), arr. et à 28 k. de Lure, cant. de St-Loup, ⊠ de Luxeuil. Pop. 505 h.

HAUTEVESNES, vg. *Aisne* (Brie), arr. et à 17 k. de Château-Thierry, cant. de Neuilly-St-Front, ⊠ de Gandelu. Pop. 230 h.

HAUTEVIGNES, vg. *Lot-et-Garonne* (Agenois), arr., cant. et à 17 k. de Marmande, ⊠ de Tonneins. Pop. 490 h.

HAUTEVILLE, vg. *Ain* (Bourgogne), arr. et à 25 k. de Belley, chef-l. de cant. , bureau d'enregist. à Champagne, cure, ⊠ de St-Rambert. Pop. 686 h. — TERRAIN jurassique. — *Fabrique* de fromage façon de Gruyères. — *Foires* les 27 mars et 9 juin.

HAUTEVILLE, vg. *Aisne* (Picardie), arr. et à 12 k. de Rethel, cant. et ⊠ de Château-Porcien. Pop. 289 h. — On voit aux environs, près de la rivière de Vaux, les ruines d'un ancien château-fort.

HAUTEVILLE, vg. *Côte-d'Or* (Bourgogne), arr., cant., ⊠ et à 6 k. de Dijon. Pop. 208 h.

HAUTEVILLE, vg. *Manche* (Normandie), arr. et à 9 k. de Valognes, cant. et ⊠ de St-Sauveur-sur-Douve. Pop. 228 h.

HAUTEVILLE, vg. *Marne* (Champagne), arr. et à 21 k. de Vitry-le-François, cant. et ⊠ de St-Remy-en-Bouzemont. Pop. 489 h.

HAUTEVILLE, vg. *Pas-de-Calais* (Artois), arr. et à 25 k. de St-Pol-sur-Ternoise, cant. et ⊠ d'Avesnes-le-Comte. Pop. 401 h.

HAUTE-VILLE, vg. *Seine-et-Oise* (Beauce), arr. et à 41 k. de Mantes, cant. et ⊠ de Houdan. Pop. 278 h.

HAUTEVILLE - LA - GUISCHARD, vg. *Manche* (Normandie), arr. et à 15 k. de Coutances, cant. de St-Sauveur-Lendelin, ⊠ de Marigny. Pop. 1,391 h.

HAUTEVILLE-SUR-MER, vg. *Manche* (Normandie), arr. et ⊠ de Coutances, cant. de Montmartin-sur-Mer.

HAUT-FOURNEAU, vg. *Vosges*, comm. de Grand-Fontaine, ⊠ de Schirmeck.

HAUTIERS (les), vg. *Seine-et-Oise*, com. et ⊠ de Marines.

HAUTION, vg. *Aisne* (Picardie), arr., cant., ⊠ et à 8 k. de Vervins. Pop. 490 h.

HAUT-LOQUIN, vg. *Pas-de-Calais* (Artois), arr. et à 18 k. de St-Omer, cant. de Lumbres, ⊠ d'Ardres. Pop. 263 h.

HAUT-MAISNIL, vg. *Pas-de-Calais* (Artois), arr. et à 20 k. de St-Pol-sur-Ternoise, cant. et ⊠ d'Auxy-le-Château. Pop. 233 h.

HAUTMOITIERS, vg. *Manche*, comm. de Lestre, ⊠ de Montebourg.

HAUTMONT, *Altus Mons*, vg. *Nord* (Hainaut), arr. et à 16 k. d'Avesnes, cant. et ⊠ de Maubeuge. Pop. 934 h. — Verrerie à bouteilles pour vin de Champagne. Ateliers et scierie de marbre.

HAUT-MONGEY, vg. *Vosges* (Lorraine), arr. et à 80 k. d'Épinal, cant. et ⊠ de Bains. Pop. 501 h.

HAUTOT, ou HOTTOT, vg. *Seine-Inf.* (Normandie), arr., ⊠ et à 6 k. de Dieppe, cant. d'Offranville. Pop. 925 h. — A peu de distance de cet endroit, dans une situation pittoresque, est le hameau du Petit-Appeville, l'une des plus jolies promenades des environs de Dieppe. Dans un bois qui s'étend du côté de la mer, on remarque les ruines d'un vieux château.

HAUTOT - LAUVRAY, vg. *Seine-Inf.* (Normandie), arr. et à 20 k. d'Yvetot, cant. ⊠ de Doudeville. Pop. 930 h. — *Foire* le 9 sept.

HAUTOT-LE-VATOIS, vg. *Seine-Inf.* (Normandie), arr. et à 7 k. d'Yvetot, cant. et ⊠ de Fauville. Pop. 550 h.

HAUTOT-SUR-SEINE, vg. *Seine-Inf.* (Normandie), arr. et à 14 k. de Rouen, cant. de Grand-Couronne. Pop. 278 h. Sur la rive gauche de la Seine.

HAUTOT - ST - SULPICE, vg. *Seine-Inf.* (Normandie), arr. et à 8 k. d'Yvetot, cant. et ⊠ de Doudeville. Pop. 1,325 h. — *Fabrique* de siamoises.

HAUTPOUL, vg. *Tarn*, comm. et ⊠ de Mazamet.

HAUT-CHAMPS, vg. *Seine-Inf.*, comm. et ⊠ des Grandes-Ventes.

HAUTS-DE-FLACY (les), vg. *Yonne*, comm. de Flacy, ⊠ de Villeneuve-l'Archevêque.

HAUTS - DE - VILLIERS – LOUIS (les), *Yonne*, comm. de Villiers-Louis, ⊠ de Sens.

HAUTTEVILLE-PRÈS-LA-MER (V. HAUTEVILLE-SUR-MER).

HAUTVILLERS *Alta Villa*, petite ville, *Marne* (Champagne), arr. et à 22 k. de Reims, cant. d'Ay, ⊠ d'Épernay. Pop. 985 h.

Hautvilliers doit son origine à un riche monastère, fondé en 662, 670 ou 680, par saint Nivard, archevêque de Reims, lequel y mit des religieux de la congrégation de St-Vannes, sous la direction de saint Bercaire. Ce monastère obtint des rois, dont il était fort considéré, des biens et des priviléges considérables, et jouit bientôt d'une grande réputation. L'abbaye royale de St-Pierre de Hautvillers, ordre de St-Benoît, congrégation de St-Vannes, puis de St-Maur et de St-Hydulfe ou Syndulfe, a donné neuf archevêques au siége de Reims, et vingt-deux abbés à plusieurs abbayes célèbres, entre autres Pierre le Vénérable, qui fut abbé de Cluny. L'historien D. Ruinart y est mort. — Gouvernée par des abbés commendataires, qui jouissaient de 24,000 livres de rente, elle était composée de 150 religieux profés, de 16 novices ou frères convers. Par son nombreux domestique, elle faisait valoir 70 à 80 arpents des meilleures vignes du territoire, et en partageait les produits parfaits avec les rois et les princes français, espagnols, allemands, anglais, etc. — L'abbaye de Hautvillers, devenue nationale en 1790, fut vendue et démolie, à l'exception de l'église, qui devint paroissiale après la destruction de celle que possédait la commune. Elle contenait, entre autres reliques, les corps de saint Nivard, de saint Syndulfe, de saint Polycarpe; des ossements de saint Madeloup, de saint Bercaire, de saint Urbain, de saint Guérin, de saint Sébastien, de saint Cyriaque, de saint Avoul, de sainte Pétronille, de sainte Cécile et de sainte Hélène, mère de Constantin. Toutes ces reliques étaient enfermées dans de magnifiques châsses qu'on portait processionnellement dans les rues le lundi de la Pentecôte et le 18 août au milieu d'une réunion immense, qui a encore lieu même aujourd'hui, malgré l'absence des reliques, tant ces deux pèlerinages, et surtout le premier, est attrayant par les danses qui le terminent dans un des plus beaux emplacements qu'on puisse imaginer, et par les foires qu'ouvrent ces fêtes, où l'on débite en deux ou trois jours plus de cent pièces de vin. — En 1793 la grande châsse de sainte Hélène, trois autres presque aussi vastes; des reliquaires et de riches ornements ont été confiés à la commune d'Epernay, ainsi qu'un bel orgue et de nombreux et précieux tableaux; ces objets, qui devaient être transportés au musée de Châlons, sont restés, à Epernay, mais mutilés. — Le corps de sainte Hélène, soustrait secrètement par deux religieux de l'abbaye, après être resté longtemps dans l'église de Ligny-au-Bois, dans celle de Planrut et dans celle de Montier-en-Der, est passé dans l'église de St-Leu, à Paris, où il a été déposé derrière le maître-autel dans une châsse magnifique.

Hautvillers est un village bien bâti, au centre duquel est une place publique, à laquelle aboutissent quatre rues principales, dont l'une porte le nom de Bacchus. Le centre était fermé de quatre portes en pierres de taille, dont les restes de celle du levant sont seuls visibles. La communauté, ainsi restreinte en apparence, était néanmoins considérable par ses hameaux des Anges, de Lhuys, de Fotiau, des Masures, des Noëls et du Champ-du-Gué, dont les habitants, fatigués par les incursions et les vexations des gens de guerre, s'étaient réunis au chef-lieu il y a plus de deux siècles. — Hautvillers, bâti à mi-côte en blocailles, meulières et pierres de taille, jouit d'une vue magnifique qui s'étend bien au delà de Châlons et même de Troyes. L'air y est pur, et on y arrive fréquemment à quatre-vingts ans sans infirmités. Les maisons, adossées à la montagne, ont une eau de roche saine et abondante, mais qui rend quelques caves trop fraîches. D'autres caves sont creusées au-dessous du village, près du chemin de Dizy; il y en a aussi de vastes près du moulin et en descendant de Cumières: elles peuvent contenir 500 pièces.

La superficie du territoire de la commune planté en vignes est de 241 hectares, valant de 3,000 à 8,000 fr. l'hectare, et produisant ensemble annuellement 3,000 pièces de vin, au prix moyen de 80 fr. Les vins de Hautvillers sont placés dans la première classe des vins rouges de Champagne. — Tuileries. — Foires les 18 août et lundi de la Pentecôte.

HAUTVILLERS-OUVILLE, vg. *Somme* (Picardie), arr. et à 7 k. d'Abbeville, cant. et ✉ de Nouvion-en-Ponthieu. Pop. 530 h.

HAUTVILLIERS, vg. *Loiret*, comm. et ✉ d'Artenay.

HAUVILLE, *Asvilla*, bg *Eure* (Normandie), arr. et à 23 k. de Pont-Audemer, cant. de Routot, ✉ de Bourg-Achard. Pop. 1,690 h.

HAUVINÉ, vg. *Ardennes* (Champagne), arr. et à 25 k. de Vouziers, cant. et ✉ de Machault. Pop. 675 h.

HAUX, vg. *Gironde* (Guienne), arr. et à 21 k. de Bordeaux, cant. et ✉ de Créon. Pop. 837 h.

HAUX, vg. *B.-Pyrénées* (Gascogne), arr. de Mauléon, à 38 k. de St-Palais, cant. et ✉ de Tardets. Pop. 382 h.

HAVANGE, vg. *Moselle* (pays Messin), arr. et à 21 k. de Briey, cant. d'Audun-le-Roman, ✉ de Fontoy. Pop. 414 h.

HAVELU, vg. *Eure-et-Loir* (Beauce), arr. et à 14 k. de Dreux, cant. d'Anet, ✉ d'Houdan. Pop. 150 h.

HAVELUY, vg. *Nord* (Flandre), arr., et à 9 k. de Valenciennes, cant. de Bouchain. Pop. 687 h.

HAVERNAS, vg. *Somme* (Picardie), arr. et à 17 k. de Doullens, cant. de Domart, ✉ de Villers-Bocage. Pop. 439 h.

HAVERSKERQUE, vg. *Nord* (Flandre), arr. et à 13 k. de Hazebrouck, cant. de Merville, ✉ de St-Venant. Pop. 2,018 h.

HAVRE (le), *Gratia Portus, Franciscopolis*, grande, belle, riche et forte ville maritime, *Seine-Inf.* (Normandie). Chef-l. de sous-préfecture. Chef-l. du 1er arrondissement et d'un cant. Trib. de 1re instance et de commerce. Chambre et bourse de com. Chambres d'assurances. Consulats étrangers. Ecole d'hydrographie de 1re classe. Cure. Gîte d'étape. ✉. ⌂. Pop. 27,134 h. — *Terrain* crétacé inférieur, grès vert. — *Etablissement de la marée*, 9 heures 30 minutes. Feu de la pointe du Hôde, à 9 m. 25 c. en amont de l'entrée du Havre, de 6 m. de portée. Feu de la pointe du Hoc, à 3 m. en amont de l'entrée du Havre; hauteur, 8 m.; portée, 8 k.

Autrefois diocèse, parlement et intendance de Rouen, élection de Montvilliers, vicomté, justice royale, gouvernement particulier, intendance de la marine, amirauté, manufacture et bureau du tabac, séminaire, couvents de capucins et d'ursulines.

Le Havre n'est pas une ville ancienne. Il n'en est pas même question avant le XVe siècle; c'est à la ruine d'Harfleur qu'il a dû son origine. On voit qu'en 1450 deux tours qu'on y avait fait construire furent emportées de vive force sur les Anglais, qui venaient d'être chassés d'Harfleur. Les sables mouvants qui obstruent l'embouchure de la Seine ayant comblé le port de cette ancienne ville, on sentit de quelle importance il était d'en créer un nouveau qui offrît à la fois un refuge assuré aux vaisseaux de guerre et aux bâtiments de commerce, et qui commandât l'entrée d'un fleuve à la faveur duquel les Anglais avaient si souvent pénétré jusqu'au sein du royaume. Louis XII conçut le premier ce projet utile: il jeta les fondements du Havre en 1509, et s'occupa d'en augmenter les fortifications; mais c'est à François Ier que cette ville est redevable des premiers développements de sa splendeur maritime.

A l'avènement du monarque au trône, en 1515, le Havre n'était alors qu'une crique où les pêcheurs de la côte cherchaient un refuge dans les gros temps; les jetées du port étaient encore fort courtes, et le sol était exposé à être souvent submergé, surtout à l'époque des grandes mers. Ce monarque chargea Bonnivet de faire un rapport sur la position géographique du Havre, et d'exposer les avantages et les inconvénients d'une ville fortifiée à l'embouchure et sur la rive droite de la Seine, mission dont il s'acquitta à la satisfaction du souverain. Guyon Le Roi, seigneur du Chaillon, eut la charge de bâtir la nouvelle cité et de perfectionner le port; il divisa la ville en trois grands quartiers, fit bâtir l'hôtel de ville, depuis l'hôtel de la sous-préfecture, et la tour dite de François Ier, qu'il plaça à l'entrée du port, et qui subsiste encore aujourd'hui.

François Ier n'épargna aucun sacrifice pour engager les habitants des environs à venir se fixer dans cette nouvelle ville, qui sortait pour ainsi dire du sein des eaux, et qui ne paraissait pas devoir jouir de longtemps des bienfaits du commerce. Il accorda des exemptions de taille et de grands privilèges; il abandonna à la ville naissante le revenu total des fermes publiques; les nouveaux habitants eurent le franc-salé pour eux et leurs navires. Deux foires franches par an et deux marchés francs par semaine furent établis à perpétuité.

Ce n'est pas sans d'immenses travaux que l'on est parvenu à disputer à la mer le sol d'alluvion sur lequel le Havre est assis, plusieurs fois même ce redoutable élément faillit reprendre ce qu'il n'avait cédé qu'à regret aux efforts de l'homme. Dans la nuit du 15 janvier 1525, époque remarquable, parce que ce fut l'année où François Ier fut fait prisonnier à Pavie, la mer, poussée par les vents d'ouest avec une extrême violence, déborda avec tant de fureur, qu'elle couvrit entièrement la ville, renversa la plupart des maisons, et poussa vingt-huit bateaux pêcheurs jusque dans les fossés du château de Graville. Ce funeste événement fut appelé la *mâle marée*. Depuis ce temps la ville a été élevée de 2 m. — Le 30 décembre 1705, une tempête fit des ravages terribles dans le port du Havre. La violence de la mer emporta la moitié de la jetée, qui était de bois et avançait fort avant dans la mer, ainsi qu'une batterie qui la terminait à son extrémité. L'entrée du port fut presque toute comblée par des galets. Les barques des lamaneurs furent jetées par les vagues sur la place d'armes. Le long du quai, aucune des amarres des navires ne résista à tant d'impétuosité; ils furent tous enlevés vers la grande barre, beaucoup même furent perdus. — En 1718, la mer fit encore sentir au Havre la terreur de son voisinage; elle s'enfla tellement par la violence d'une tempête, qu'elle ne baissa point de vingt-quatre heures, et on n'aperçut pas la moindre marque de reflux. Un coup de vent, connu sous le nom de vent de St-Félix, emporta un canon de 36 avec son affût. La tempête de 1765, connue sous le nom de coup de vent de St-François, y causa aussi beaucoup de désastres. Enfin, en septembre 1749, un fort coup de vent y coula à fond deux navires.

Le premier de ces désastres, qui devait anéantir les espérances du fondateur, fut assez promptement réparé ; le Havre se rétablit, son port fut désigné pour la construction des vaisseaux destinés à une expédition contre l'Angleterre, et bientôt cette puissance ne vit pas sans alarmes sortir des rades du Havre, en 1544, une flotte considérable qui la contraignit à la paix.

Henri II succéda à François Ier en 1547. A son avènement au trône, le Havre commençait à avoir l'apparence d'une ville fortifiée ; ses remparts étaient soutenus par d'assez fortes murailles ; trois portes donnaient entrée dans son enceinte. On y remarquait deux places publiques assez vastes et trois fontaines abondantes. Les remparts du nord, plantés d'arbres, servaient de promenades, et le port était rempli de bateaux pêcheurs et de vaisseaux de la marine royale. Le Havre enfin présentait un aspect animé. Cependant son commerce était presque nul, et cette place n'acquit une véritable importance qu'à l'époque où le prince de Condé, traître à son devoir et à son pays, le livra à la reine d'Angleterre, qui en fit prendre possession en son nom. On sentit de quel intérêt il était pour la France de ne pas laisser entre les mains de l'étranger une place qui le rendait maître du cours de la Seine ; aussi le Havre fut-il repris en 1563. Warwick, qui était enfermé dans la place avec six mille hommes de troupes choisies, capitula après la plus honorable résistance. Pour conserver les titres de leur occupation, les Anglais enlevèrent, en se retirant, les actes notariés qui se trouvaient au Havre. Ils sont déposés à la tour de Londres, où les habitants du Havre sont obligés d'aller les consulter lorsque leur intérêt l'exige.

Appelé à être une des clefs de la France, le Havre vit augmenter ses fortifications ; on y construisit une citadelle qui fut rasée sous Louis XIII, pour être rebâtie sur un plan nouveau d'après les ordres du cardinal de Richelieu, qui s'en fit nommer gouverneur. Ce fut dans cette citadelle que Mazarin, successeur de Richelieu au ministère, fit enfermer les princes de Condé, de Conti et de Longueville, coupables d'avoir formé des projets contraires aux intérêts de l'État.

Ce fut au Havre que furent armées, en 1682, les premières galiotes à bombes qui aient été mises à la mer, celles-là mêmes qui réduisirent Alger en cendres sous les ordres de Duquesne. La mort de Colbert, qui survint l'année suivante, fut une perte pour le Havre, que ce ministre avait doté d'établissements utiles et dont il avait agrandi le commerce. Trois ans après cet événement, la révocation de l'édit de Nantes vint affliger plus vivement encore la prospérité de cette ville, qui renfermait un grand nombre de protestants, presque tous livrés aux spéculations commerciales ou industrielles.

Le 25 juillet 1694, la flotte de Guillaume III, roi d'Angleterre, qui avait brûlé Dieppe, vint mouiller devant le Havre, qu'elle bombarda ; sept maisons furent consumées durant ce siège, et toute la ville aurait peut-être été écrasée sous les bombes de l'ennemi, si la flamme d'une grande quantité de matières combustibles, transportées par prudence au delà des murs, et auxquelles le feu fut mis à l'entrée de la nuit, n'eût trompé les Anglais, dont toutes les batteries furent dirigées sur ce point jusqu'au moment où la marée les força de quitter leur position, et, le jour naissant, de reconnaître leur erreur.

Les armes du Havre sont : *d'azur à la salamandre couronnée d'or ; au chef d'azur chargé de trois fleurs de lis d'or.* — Alias : *au navire d'azur aux voiles déployées d'argent.* — Alias : *de gueules à une salamandre d'argent couronnée d'or sur un brasier de même, et accompagnée de trois fleurs de lis d'or, deux en chef et une en pointe.*

Depuis son origine, le Havre a subi plusieurs changements ; il fut d'abord composé de deux quartiers partagés, dans la direction du nord au sud, par l'arrière-port et le bassin du roi, le seul qu'il y eût alors. On nommait le plus grand Notre-Dame, et le plus petit St-François, par allusion aux églises qu'ils renfermaient. Sa forme était à peu près celle d'un carré long : la tour de François Ier et celle de Vitanval, élevées à l'entrée du port, en défendaient l'approche ; la citadelle dont nous avons parlé protégeait la ville du côté de la Seine. Sous Louis XVI, l'enceinte de la ville fut augmentée d'une superficie presque aussi considérable que l'ancienne, dans une situation qui lui est parallèle ; une partie des fortifications et la porte dite d'Ingouville furent démolies, et la citadelle fut remplacée par un quartier militaire.

Le Havre est maintenant entouré d'un triple fossé arrosé d'eau de mer, qu'on y introduit au moyen d'écluses. Les remparts extérieurs sont soutenus par des rangs de pieux ; celui intérieur est appuyé de fortes murailles. Ce dernier est surmonté d'un parapet et orné de superbes allées d'arbres. On entre dans la ville par cinq portes à pont-levis, la plus remarquable est la porte Royale, construite en arc de triomphe. L'ancienne ville n'était jadis composée que de maisons de bois, désagréables à la vue ; mais peu à peu elles disparaissent pour faire place à d'autres construites en briques ou en pierres. On y a bâti de fort beaux hôtels, qui réunissent aux recherches du luxe, des emménagements propres aux plus vastes spéculations commerciales. Le quartier de la nouvelle enceinte, quoique n'étant pas entièrement bâti, présente néanmoins un aspect très-régulier ; plusieurs maisons de fort bon goût s'y remarquent, çà et là. Les rues qui le traversent sont ce qu'on peut imaginer de plus propre à en rendre le séjour salubre ; elles sont larges, et leurs ouvertures tellement disposées, que les vents des principales régions peuvent dissiper les exhalaisons qui s'élèvent fréquemment des endroits populeux.

Le Havre est agréablement situé au bord de l'Océan, à l'embouchure et sur la rive droite de la Seine, dans une plaine fertile occupée avant le XVe siècle par des marais salants, et que l'eau de la mer a dû couvrir entièrement à une époque peu reculée.

Le port du Havre est le plus accessible de la France. Son étroite entrée, formée par deux longues jetées qui s'étendent de l'est à l'ouest, est pratiquée entre deux bancs de sable et de galets, que l'on est obligé de déblayer sans cesse pour conserver à ce port la seule issue qu'il offre aux navires. La hauteur de l'eau à la pleine mer varie dans le chenal à chaque marée en raison de l'élévation de ces marées. Dans les plus grandes mers, elle est de 6 m. 66 c., et de 3 m. 33 c. dans les petites mortes eaux. — L'entrée si resserrée du Havre, et qui n'a guère que la largeur de quatre navires ordinaires, conduit à l'avant-port, dont la forme irrégulière figure sur le front du bassin un trapèze un peu arrondi vers ses angles. Cet avant-port, d'une assez médiocre étendue, et qui, comme le chenal de l'entrée, assèche à basse mer, sert de refuge ou de relâche à une multitude de caboteurs qui peuvent échouer sans inconvénient. Mais les grands navires, un peu plus *de façon*, et un peu lourdement chargés, ne mouillent sur le fond vaseux de cette crique artificielle que le temps strictement nécessaire pour pouvoir se loger dans les bassins avec la marée dont ils ont profité pour entrer dans le port. — Une circonstance phénoménale, et unique dans les vicissitudes qu'éprouvent les marées, a donné au port du Havre toute l'importance dont il jouit, à l'exclusion des autres ports de la Manche. Il résulte de sa position par rapport au cours de la Seine, que, lorsque la mer est haute dans l'avant-port, la marée, après avoir atteint son maximum d'élévation, reste pleine pendant trois heures de suite, tandis que sur les autres parties du rivage environnant la marée commence à descendre presque aussitôt qu'elle a cessé de monter. Cette exception à la loi générale des marées, en faveur du port du Havre, a pour effet de donner aux navires entrants et sortants le tirant d'eau nécessaire à la durée de tous leurs mouvements, et les personnes qui ont attribué à une préférence arbitraire le choix que le commerce maritime semble avoir fait du port du Havre à l'exclusion des autres ports de la Manche, en apparence aussi bien situés que lui, ne se sont pas assez attachées à se rendre compte du véritable et unique motif de cette prédilection. S'il ne *gardait pas son plein* plus longtemps que les autres ports, il n'aurait jamais acquis l'importance qu'il possède. Mais l'avantage qu'il a de *garder son plein pendant trois heures* explique suffisamment toute sa prospérité par la commodité qu'il offre aux navires qu'il reçoit.

Le Havre compte quatre bassins à flot : le *bassin de la Barre*, commencé en 1800, et terminé en 1818 ; le *bassin du Commerce*, ou *d'Ingouville*, terminé en 1818 ; le *bassin du* roi ou le *vieux bassin*, creusé il y a plus d'un siècle, et reconstruit ou réparé à plusieurs époques ; le *bassin de Vauban*, construit il y a quelques années, et non encore achevé. — Le vieux bassin, le plus petit des quatre, et le bassin de la Barre, dont les portes s'ouvrent sur l'avant-port, sont liés entre eux par le bassin intérieur d'Ingouville, qui partage la basse ville en deux parties. — Les radoubs, d'après la commodité des grands appareils stationnaires et mobiles, s'y font en très-peu de temps. Les quais, qui sont immenses par les circuits des quatre bassins, offrent de vastes embarcadères et débarcadères.

A 10 k. de l'entrée du port du Havre est établi, sur la même rive droite de la Seine, à l'entrée de la petite rivière de Harfleur, un lazaret, où sont envoyés en grande quarantaine les navires venant des lieux actuellement affectés de maladies pestilentielles, ou qui ont des malades suspects à bord. Ce lieu, qui n'a d'autre protection que celle des maisons rases de l'infirmerie, des magasins et de la chapelle, est d'un très-mauvais mouillage.

Il y a deux rades au Havre : l'une, appelée Petite-Rade, n'est éloignée que d'une demi-portée de canon du rivage ; l'autre, qu'on nomme la Grande-Rade, est à plus de 8 k. en mer. Elles ont toutes deux le défaut des rades foraines. Dans les grains et coups de vent du sud-ouest au nord-ouest, les navires qui sont à l'ancre souffrent beaucoup ; mais la tenue du fond est excellente, et avec de bons câbles on y peut essuyer sans danger les plus rudes tempêtes. Trois postes de signaux télégraphiques sont établis au Havre et sur les hauteurs environnantes : le premier est placé au Havre, sur la tour de François Ier ; le second à Bléville, et le troisième au cap la Hève. Des affiches, posées le matin, à midi et à deux heures, font connaître les navires reconnus en mer.

Les environs du Havre ont, du côté du nord, un aspect riant et pittoresque, soit que le spectacle qu'ils présentent prenne son charme des beautés agrestes d'une végétation dans toute sa force, soit qu'il les reçoive des imposantes scènes que lui prête l'Océan. « La vue de la jetée principale, dit M. A.-M. de St-Amand, mérite surtout la plus grande attention. Quel spectacle ravissant ! Sur la gauche se dessinent au loin les pointes de Quillebeuf et de Tancarville, presque en face Honfleur et ses environs bocagers ; à droite, l'immensité ! Le ciel et l'eau se confondent, et l'on ne voit pas sans effroi le faible esquif luttant, à l'horizon, contre les flots et les vents conjurés. Ici est le promontoire de la Hève ; deux phares le dominent, et indiquent au nocher les passages dangereux et ceux qui lui seront favorables... Monté au haut des phares où sont placés ces fanaux, élevés à 136 m. au-dessus du niveau de la mer, quel sublime aspect ! La plus pompeuse description ne ferait qu'affaiblir les sensations que l'on éprouve en embrassant à la fois quatre des plus riches départements de la France et le cours sinueux de cette majestueuse rivière qui vient à vos pieds porter son tribut au roi des eaux. »

Le Havre offre peu de monuments remarquables. Les principaux sont :

La TOUR DE FRANÇOIS Ier, solidement construite en pierres calcaires, et dont la hauteur est de 21 m. et le diamètre de 26, se termine par un parapet découpé de 12 embrasures ; la plate-forme qui masque ce parapet supporte aujourd'hui un télégraphe marin, qui correspond avec celui de la Hève, à 8 k. au nord du Havre, et qui transmet aux bâtiments de la rade les signaux du port. Vis-à-vis de cette même tour, de l'autre côté du port, on voyait autrefois une petite tour, appelée la tour Vidame, qui servit longtemps de phare. Cette construction, qui gênait la navigation du port, ne subsiste plus depuis près de quarante ans. C'était à ces deux tours qu'on attachait la chaîne qui fermait le port.

L'ANCIEN HÔTEL DE VILLE, bâtiment de mauvais goût, construit au XVIe siècle par le seigneur du Chaillon, le même qui éleva la tour de François Ier. Devant cet édifice se trouve une cour d'honneur, sous laquelle est une immense citerne destinée à garder l'eau en cas de siège, si l'ennemi se rendait maître des canaux qui alimentent les fontaines de la ville. — L'hôtel de ville du Havre était le palais des anciens gouverneurs ; il est remarquable par l'admirable vue dont on jouit du balcon de sa façade extérieure, d'où l'œil découvre toute la Hève, toute la rade et l'embouchure de la Seine.

L'ÉGLISE NOTRE-DAME, fondée vers l'an 1540. Jusqu'alors le seul temple qui existât au Havre était à peine couvert de chaume, et d'ailleurs exposé de telle sorte aux inondations périodiques de la mer, qu'on était obligé de régler l'heure de l'office sur celle des marées. « Et aussi, rapporte un vieux chroniqueur, avant qu'on eût pris ce soin, force était à l'officiant de monter sur une escabelle pour célébrer la sainte messe, et à ceux des fidèles qui avaient la chance de se tenir dans les arçons, en dehors du portail, comme aux plus pauvres de demeurer baignés jusqu'aux genoux, tant que la mer gardait son plein. » Ce ne fut guère que vers la fin du XVIe siècle que l'église de Notre-Dame fut achevée. Son clocher, bâti en pierres de taille, et placé au sud du vaisseau, parut d'abord destiné à devenir plutôt une tour de guerre que le beffroi d'un saint lieu. Deux couleuvrines étaient placées sur la plate-forme, qui supportait aussi un phare ; cette plate-forme avait alors une élévation presque double de la hauteur actuelle du clocher. Telle qu'elle est aujourd'hui, l'église de Notre-Dame est bâtie en forme de croix, dans le style de l'architecture florentine ou de la renaissance, mélange bizarre de l'antique et du gothique. La longueur du vaisseau est de 80 m. ; sa voûte soutenue par 24 arcades en plein cintre, entre les développements desquelles pendaient autrefois des culs-de-lampe maintenant abattus.

L'ÉGLISE ST-FRANÇOIS, commencée en 1553, sous François Ier, et terminée en 1681.

La SALLE DE SPECTACLE construite en 1817, incendiée en 1843 et rééditée en 1844.

On remarque encore au Havre la citadelle, ou plutôt le quartier militaire, renfermant l'arsenal, dont les salles, d'une beauté remarquable, peuvent contenir 25,000 fusils ; le logement du gouverneur, des magasins et 8 corps de caserne, tous bâtis sur un plan uniforme, entourent la place d'armes, qui présente un carré parfait et est ornée de belles fontaines ; l'arsenal de la marine, édifice construit en 1669 ; la manufacture royale des tabacs ; l'entrepôt général ; la bourse ; la douane ; la bibliothèque publique, contenant 15,000 volumes ; la maison où naquit Bernardin de St-Pierre, simple et vieil édifice situé rue de la Corderie, n° 19.

Biographie. Le Havre est la patrie :

De Mme DE LA FAYETTE, romancière célèbre.
De BERNARDIN DE ST-PIERRE, mort en 1814.
De CLÉMENCE, savant helléniste.
De CAS. DELAVIGNE, poète et auteur dramatique, membre de l'Institut, mort en 1844.
De l'abbé GRAINVILLE, littérateur et auteur dramatique.
De J.-F.-A. ANCELOT, littérateur et auteur dramatique, membre de l'Institut.
De PIERREVAL, littérateur.
De A.-J.-B. LEVÉE, littérateur.
De MASSEILLE, de DUBOCCAGE DE BLÉVILLE, et de J. MORLENT, historiens du Havre.
Du jurisconsulte LAIGNEL.
Du sculpteur BEAUVALLET.
Du peintre BONVOISIN.
De LESUEUR, voyageur et naturaliste.
De J.-E. FAURE, membre de la convention nationale, mort en 1818.
D'APRÈS DE MANNEVILLETTE, célèbre hydrographe.
De l'ingénieur hydrographe M.-J. CORDIER.
Du contre-amiral LAIGNEL.
Du naturaliste DICQUEMARE.
Du docteur en médecine MARC.
Du lieutenant général ROUELLE.

INDUSTRIE. Fabriques d'acide vitriolique dont les produits sont évalués à 150,000 fr. ; de faïence, dentelles, amidon, papiers, huiles pour la peinture et à brûler. Raffineries de sucre ; taillanderies. Nombreuses tuileries et briqueteries qui, employant 238 ouvriers, et dont les produits, évalués à 180,000 fr., sont exportés aux colonies. Faïencerie, qui donne pour 40,000 francs de produits. Brasseries. Corderies de la marine et du commerce. Construction de navires renommés pour leur beauté et leur solidité. Armement pour la pêche du hareng, de la morue et de la baleine. Manufacture royale des tabacs, qui fait travailler plus de 300 ouvriers. Ingouville et le Havre entretiennent dix-sept ateliers où travaillent 78 ouvriers, qui font pour 136,000 francs de chaises, en grande partie exportées aux colonies.

COMMERCE considérable d'importation et d'exportation avec tous les pays maritimes du globe : plus de 1,100 navires fréquentent annuellement le port du Havre. — Les marchandises principales d'exportation qui forment le chargement des navires partant du Havre se composent surtout des articles de manufactures françaises, tels que les soieries, les indiennes, la quincaillerie, l'argenterie, la vaisselle, les modes, les glaces, les meubles, les papiers de tenture, les toiles, les fournitures de bureau, les instruments d'art et de labour, les comestibles, les vins, les liqueurs, les farines, les salaisons, les briques, les tuiles et quelques objets de charpente. Mais ces articles, qui pour la plupart présentent une grande valeur sous une assez faible capacité d'encombrement, ne procurent qu'un fret médiocre et peu productif aux bâtiments qui les transportent. Aussi arrive-t-il le plus souvent que les navires partants se trouvent dans la nécessité de compléter par une forte proportion de lest en pierre le poids indispensable à la stabilité de la mer. — Les voyages de retour, c'est-à-dire les voyages d'importation, offrent plus de ressources à la navigation des navires français, et compensent en quelque sorte les pertes qu'ils éprouvent le plus ordinairement sur leurs voyages d'aller. Les principaux articles encombrants d'importation sont les cotons, les sucres, les cafés, les riz, les drogueries, les épices, les indigos, les thés, les bois du Nord, et en général toutes les denrées et productions coloniales. Des relations toujours entières entre le Havre et les Etats-Unis, les Antilles, le nord et le midi de l'Europe, le Brésil, le Mexique, le Pérou, l'Inde et la Chine entretiennent de commerce immense qui ne s'élève guère annuellement au-dessous de 500 millions et qui procure à la douane une recette moyenne de 23 millions.—Entrepôt réel, entrepôt de sel. — Foire le jour de St-Michel.

A 97 k. O. de Rouen, 213 k. N.-O. de Paris. Lat. 49° 29' 14", long. 2° 13' 27" O.

L'arrondissement du Havre est composé de 9 cantons : Bolbec, Criquetot-Lesneval, Fécamp, Goderville, le Havre, Ingouville, Lillebonne, Montivilliers, St-Romain.

Bibliographie. PLEUVRY (l'abbé). *Histoire, Antiquités et Description de la ville et du port du Havre-de-Grâce, avec un traité de son commerce et une notice des lieux circonvoisins de cette place*, in-12, 1765.

LENDRI (l'abbé). *Histoire, Antiquités et Description de la ville et port du Havre-de-Grâce*, in-12, 1796.

MORLENT (J.). *Le Havre ancien et moderne et ses environs, description statistique de son port, état de son commerce, etc.*, 2 vol. in-12, 1825.

* *Description du Havre, ou Recherches historiques*, par A.-P. L., in-8, vues et portraits, 1825.

LEGROS (A.-P.). *Précis historique sur la ville du Havre, depuis François Ier jusqu'à Charles X*, in-16, 1826.

LABUTTE (A.). *Esquisse historique sur la ville du Havre*, in-8, 1841.

GUILMETH (Aug.). *Histoire de la ville et des environs du Havre*, in-8, 1842.

TOUSSAINT (A.-V). *Notice historique sur l'ancien hôtel de ville du Havre*, in-8, 1842.

LEVÉE. *Biographie, ou Galerie historique des hommes célèbres du Havre*, in-8, 1822-1828.

* *Catalogue des livres de la bibliothèque publique du Havre-de-Grâce*, in-4, 1838.
* *Coup d'œil sur les progrès du commerce maritime du Havre*, in-4, 1824.

DU BOCAGE DE BLÉVILLE. *Mémoires sur le port, la navigation et le commerce du Havre-de-Grâce*, 1751. — 2e édit., in-8, 1753.

LE BERRIER (A.). *Projet d'agrandissement de la ville et du port du Havre, et suppression des fortifications*, in-4, 1834.

FRISSARD (P.-F.). *Premier Mémoire sur les divers projets relatifs à l'extension de la ville et du port du Havre*, in-4, 1834, et 4 plans.

— *Deuxième Mémoire relatifs (sic) aux projets d'extension de la ville et du port du Havre*, in-4, 1836.

— *Histoire du port du Havre*, in-4, 1838, 1839, 1840.

MASSAS (Ch. de). *Études sur le Havre, ou Examen des divers systèmes proposés pour l'extension de ce port en 1838*, in-4, 1838.

* *Lettres sur l'agrandissement de la ville du Havre, projeté par la haute commission ; publiées dans la Revue du Havre*, etc., in-8, 1838.

DÉGÉNÉTAIS (Victor). *Mémoire sur l'enquête pour l'extension du port et de la ville du Havre*, in-8, 1838.

* *De la plage comprise entre la jetée nord-ouest et la Hève, et de sa défense*, in-8, 1838.

* *Réponse aux demandes des conseils communaux du Havre, d'Ingouville, de Sanvic et de Ste-Adresse*, in-8, 1838.

DÉGÉNÉTAIS (Victor). *Le Havre et Cherbourg comparés dans leur utilité nationale ; agrandissement du port, de la ville et des fortifications du Havre*, in-8, 1841.

MONTIGNY (J.-B.). *Mémoires sur l'importance du Havre-de-Grâce*, in-8.

COCHET (l'abbé). *Les Églises de l'arrondissement du Havre*, in-8 (1re livr., juillet 1844).

LE GROS (Prosper). *Description du Havre*, in-8, 1825.

MASSON DE ST-AMAND (fils). *Lettres d'un voyage à l'embouchure de la Seine*, in-8, 1828.

Contient une description du Havre.

* *Le Havre, vu des hauteurs d'Ingouville*, in-4, 1833.

MORLENT. *Souvenirs pittoresques du Havre et de ses environs, album composé de 26 sujets*, etc., in-8, 1833.

* *La Normandie pittoresque* (1re série, le Havre et son arrondissement), in-8, 1839.

* *Album du voyageur au Havre*, in-8, 1841.

* *Le Havre et ses Environs, recueil de marines et paysages, représentant les vues du port et des environs de cette ville*, in-f°, et 12 planches, 1843.

PINEL. *Essais archéologiques, historiques et physiques sur les environs du Havre*, in-8.

MASSON (L.). *Entretiens sur le Havre*, in-18.

BRUTELLE (l'Héritier de). *Le Havre en 1860. Conte fantastique*, in-8, 1836.

MORLENT (J.). *Guide du voyageur au Havre*, in-12, 1827 ; 2e édit., in-18. fig., 1834.

HAVRINCOUR, vg. *Pas-de-Calais* (Artois), arr. et à 31 k. d'ARRAS, cant. de Bertincourt, ✉ de Cambrai. Pop. 1,209 h.

HAVYS, vg. *Ardennes* (Champagne), arr. et à 17 k. de Rocroi, cant. de Rumigny, ✉ de Maubert-Fontaine. Pop. 111 h.

HAY (l'), vg. *Seine* (Ile-de-France), arr. et à 3 k. de Sceaux, cant. de Villejuif, ✉ de Bourg-la-Reine. Pop. 416 h. — Il est bâti dans une belle situation, près de la Bièvre. On y voit un ancien château, près duquel est une tour élevée qui domine tout le village ; c'est une espèce de donjon entièrement construit en pierres de taille, flanqué de quatre tourelles terminées en culs-de-lampe et surmontées par une couverture en ardoises ; l'escalier est construit en dehors, du côté méridional.

Bibliographie. SAINT-BRESSON (M.). *Voyage à Bourg-la-Reine et à l'Hay, en prose mêlée de vers*, in-8, 1834.

HAYANGE, ou HEYINGEN, vg. *Moselle* (pays Messin), arr., cant., ✉ et à 10 k. de Thionville. Pop. 1,508 h. Sur la Fensch.

Hayange est un village bâti dans un site riant, borné par des collines cultivées et boisées qui recèlent un minerai de fer abondant, exploité presque sans frais. La Fensch, ruisseau faible, mais constant, est divisée avec art en étangs et canaux pour le besoin de nombreuses forges et usines, bâties de distance en distance sur 6 k. de son cours, et liées l'une à l'autre par de belles avenues de peupliers. On y compte quatre corps d'usines, deux hauts fourneaux, quatre feux de forges ou affineries, neuf fours pour affiner à l'anglaise, quatre fours à chauffer, une platinerie des deux martinets pour rabattre les bleus ; des tours pour éclairer, de gros marteaux d'affinerie, cinq bocards à la crasse, une fonderie avec ses cylindres à cannelures pour fabriquer le fer en barres. A l'une des usines on trouve jointe une scierie à eau, deux fours à briques et à tuiles, avec une tuilerie et trois fours à chaux, qu'on chauffe avec la houille. Les usines à fer produisent divers objets de sablerie, projectiles de guerre, essieux d'artillerie, cylindres à cannelures, fers à repasser, médailles et bas-reliefs en fonte, etc.

HAYBES, vg. *Ardennes* (Hainaut), arr. et à 20 k. de Rocroi, cant. et ✉ de Fumay. Pop. 1,259 h. — Carrières d'ardoises.

HAYE (la), vg. *Moselle* (pays Messin), arr. et à 15 k. de Metz, cant. de Vigy, ✉ de Courcelles-Chaussy. Pop. 293 h.

HAYE (la), vg. *Orne*, comm. de Macé, ✉ de Sées.

HAYE (la), vg. *Seine-Inf.*, comm. du Bois-Guillaume, ✉ de Rouen.

HAYE (la), vg. *Somme*, comm. de St-Romain, ✉ de Poix.

HAYE (la), vg. *Vosges* (Lorraine), arr. et à 26 k. d'Épinal, cant. et ✉ de Bains. Pop. 800 h.

HAYE-AU-BOD (la), vg. *Seine-et-Marne*, comm. de Dians, ✉ de Montereau.

HAYE-AUBRÉE (la), bg *Eure* (Normandie), arr. et à 15 k. de Pont-Audemer, cant. de Routot, ✉ de Bourg-Achard. Pop. 880 h. — On y voit une église assez curieuse du XII⁰ siècle. — *Fabrique* de corbeilles.

HAYE - BELLEFOND (la), vg. *Manche* (Normandie), arr. et à 18 k. de St-Lô, cant. de Percy, ✉ de Villebaudon. Pop. 319 h.

HAYE - DE - CALLEVILLE, vg. *Eure* (Normandie), arr. et à 21 k. de Bernay, cant. et ✉ de Brionne. Pop. 467 h. — *Fabrique* de toiles de coton.

HAYE-D'ECTOT (la), vg. *Manche* (Normandie), arr. et à 25 k. de Valognes, cant. et ✉ de Bonneville. Pop. 501 h.

HAYE-DE-ROUTOT (la), vg. *Eure* (Normandie), arr. et à 20 k. de Pont-Audemer, cant. de Routot, ✉ de Bourg-Achard. P. 342 h.

HAYE-DES-ALLEMANDS, vg. *Meurthe* (Lorraine), arr. et à 18 k. de Sarrebourg, cant. de Réchicourt-le-Château, ✉ de Blamont. Pop. 133 h.

HAYE-DESCARTES (la), petite ville, *Indre-et-Loire* (Touraine), arr. et à 31 k. de Loches, chef-l. de cant. Cure. Gîte d'étape. ✉. ⚘. A 280 k. de Paris pour la taxe des lettres. Pop. 1,459 h. — TERRAIN crétacé inférieur, grès vert.

Autrefois baronnie en Touraine, diocèse et intendance de Tours, parlement de Paris, élection de Chinon.

Cette ville est bâtie dans une agréable situation, sur la rive droite de la Creuse. C'était jadis une place forte où le roi Jean rassembla, en 1356, l'armée qui poursuivait le prince de Galles. Les Anglais essayèrent vainement de s'en emparer en 1359, et Henri IV tenta inutilement de l'enlever aux ligueurs en 1587. Le château et les fortifications ont été démolis.

Ce fut à la Haye que naquit l'illustre RENÉ DESCARTES, le 31 mars 1596. On y conserve encore religieusement la maison où reçut le jour le père de la philosophie moderne ; la chambre qui fut son berceau est décorée d'un buste en terre cuite envoyé au propriétaire de cette maison par le ministre de l'intérieur, et solennellement inauguré par le général Pommereul, préfet d'Indre-et-Loire, le 2 octobre 1802. — Depuis cette époque, la ville a pris le nom de la Haye-Descartes.

Commerce de pruneaux, cire, miel et denrées du pays. Belle usine hydraulique à douze paires de meules. — *Foires* le 1ᵉʳ de chaque mois.

HAYE - DES - CHAMPS (la), vg. *Loir-et-Cher*, comm. de St-Firmin, ✉ de Pezou.

HAYE - D'IRÉ (la), vg. *Ille-et-Vilaine*, comm. de St-Remy-du-Plain, ✉ d'Antrain. — Verrerie royale pour gobeleterie, vases de chimie, etc.

HAYE-DU-PUITS (la), *Haia à Puteo*, bg *Manche* (Normandie), arr. et à 31 k. de Coutances, chef-l. de cant. Cure. ✉. ⚘. A 327 k. de Paris pour la taxe des lettres. Pop. 1,312 h. — TERRAIN de transition inférieur. — On y voit les ruines d'un ancien château qui couronne un tertre assez élevé à l'entrée du bourg,

sur la route de St-Sauveur-le-Vicomte ; ces ruines ont été classées récemment au nombre des monuments historiques.

Foires les 13 janv., mercredi des Cendres, mercredi saint, mercredi avant le 3ᵉ dimanche de carême, 26 juin et 18 juillet.

HAYE-DU-THEIL (la), vg. *Eure* (Normandie), arr. et à 26 k. de Louviers, cant. d'Amfreville-la-Campagne, ✉ du Neubourg. Pop. 379 h. — Briqueterie.

HAYE-LE-COMTE (la), *Haya Comitis*, vg. *Eure* (Normandie), arr., cant., ✉ et à 2 k. de Louviers. Pop. 53 h.

HAYE-MALHERBE (la), vg. *Eure* (Normandie), arr., cant., ✉ et à 8 k. de Louviers. Pop. 1,162 h. — Quarante tuileries et briqueteries ; cinq ateliers de poteries.

HAYE-PELLERINE (la), vg. *Yonne*, com. de Subligny, ✉ de Sens.

HAYE-PESNEL (la), *Haga Paganelli*, bg *Manche* (Normandie), arr. et à 15 k. d'Avranches, chef-l. de cant. Bureau d'enregist. à Granville. Cure. ✉. A 336 k. de Paris pour la taxe des lettres. Pop. 1,101 h. — TERRAIN de transition inférieur.

Dans un bois au nord de ce bourg, on voit sur un terrain élevé les ruines d'un château fort qui fut livré aux Bretons et aux Anglais pendant la minorité de St-Louis, par la trahison de Pesnel : aussi portait-il le nom réprobateur de *Château de Ganné*, mot qui signifie trahison, perfidie, déloyauté.

Commerce de bestiaux. — *Foires* les 2 mai, 23 juillet, 1ᵉʳ oct., 1ᵉʳ mardi avant la Passion et 3ᵉ mercredi du mois.

HAYE - PIQUENOT (la), vg. *Calvados* (Normandie), arr. à 24 k. de Bayeux, cant. de Balleroy, ✉ de Littry. Pop. 160 h.

HAYE-ST-SYLVESTRE (la), vg. *Eure* (Normandie), arr. et à 52 k. d'Evreux, cant. et ✉ de Rugles. Pop. 483 h.

HAYES (les), vg. *Aisne*, comm. de Mauregny-en-Haye, ✉ de Corbeny.

HAYES (les), vg. *Ardennes*, comm. de Hautes-Rivières, ✉ de Charleville.

HAYNECOURT, vg. *Nord* (Flandre), arr., cant., ✉ et à 7 k. de Cambrai. Pop. 530 h.

HAZÉ (le), vg. *Eure*, comm. de Canappeville, ✉ de Louviers.

HAZEBROUCK, jolie ville, *Nord* (Flandre), chef-l. de sous-préf. (2ᵉ arr.) et de deux cant. Trib. de 1ʳᵉ inst. Collége comm. Société d'agric. 2 Cures. Gîte d'étape. ✉. ⚘. Pop. 7,574 h. — TERRAIN tertiaire supérieur.

Autrefois subdélégation en Flandre, diocèse de St-Omer, parlement de Douai, intendance de Lille, couvent de capucins.

Cette ville est située dans un territoire extrêmement fertile, sur le ruisseau de la Bourre, qui communique à la Lys. Elle est assez bien bâtie et offre plusieurs édifices publics remarquables. — L'église paroissiale est vaste, bien ornée, et sa tour est digne de fixer l'attention ; elle est surmontée d'une flèche à jour, construite de 1490 à 1520, qui est la plus belle en ce genre que possède le département. — L'hôtel de ville, où siège le tribunal de 1ʳᵉ instance,

est un édifice des plus remarquables, construit de 1807 à 1820 : la façade offre douze colonnes de 6 m. de hauteur, surmontées d'un entablement et d'un attique, ayant pour soubassement un portique de onze ouvertures. — L'hôtel de la sous-préfecture est aussi un bâtiment moderne, construit entre cour et jardin, avec deux ailes dans lesquelles sont établis les bureaux. — Le collége, l'hospice, le magasin à tabacs, la halle et l'école primaire occupent les bâtiments d'un ancien couvent d'augustins, dont la façade est remarquable par le genre de son architecture, par la singularité des détails qui lui servent d'ornements, par son étendue et par son élévation ; on pense que la construction de cet édifice date du XIVᵉ siècle. — Bibliothèque publique renfermant 3,500 volumes.

Fabriques de toiles, fils retors, amidon, savons, cuirs. Raffineries de sel. Brasseries. Moulins à huile. Fours à chaux. Teintureries de toiles et de fil. — Marché considérable pour les toiles, tous les samedis, dans un vaste local destiné à cet usage. — *Foires* de 9 jours, le 1ᵉʳ dimanche après l'Assomption, de 2 jours le 2ᵉ lundi de juin, 1ᵉʳ lundi de fév., la mi-carême, 3ᵉ lundi d'avril, 1ᵉʳ lundi de mai, d'août, d'oct. et après la Toussaint.

A 48 k. O.-N.-O. de Lille, 238 k. N. de Paris, au Sud d'Amiens.

L'arrondissement d'Hazebrouck est composé de 7 cantons : Bailleul N.-E., Bailleul S.-O., Cassel, Hazebrouck N., Hazebrouck S., Merville, Steenvoorde.

Bibliographie. DEMEUNYNCK et DEVAUX. *Précis historique et statistique des communes de l'arrondissement d'Hazebrouck* ; *Annuaire du département du Nord*, in-8, 1834).

HAZELBOURG, vg. *Meurthe* (Lorraine), arr. et à 14 k. de Sarrebourg, cant. et ✉ de Phalsbourg. Pop. 588 h. — Il est situé sur une montagne près de la Zorn, dans un pays boisé. On remarque sur son territoire les vestiges d'un camp romain.

HAZEMBOURG, vg. *Moselle* (pays Messin), arr. et à 31 k. de Sarreguemines, cant. et ✉ de Sarralbe. Pop. 212 h.

HÉAND (St-), bg *Loire* (Forez), arr., ✉, bureau d'enregist. à 12 k. de St-Etienne, chef-l. de cant. Cure. Pop. 3,483 h. — TERRAIN cristallisé, gneiss. — Filatures de soie. — *Foires* les 15 janv., 25 mai, 18 sept. et 18 nov.

HÉAS (vallée de). V. GÈDRE.

HÉAUVILLE, vg. *Manche* (Normandie), arr. et à 15 k. de Cherbourg, cant. et ✉ des Pieux. Pop. 566 h.

HÉBÉCOURT, *Heberti Curia*, vg. *Eure* (Normandie), arr. à 35 k. des Andelys, cant. et ✉ de Gisors. Pop. 544 h.

HÉBÉCREVON, bg *Manche* (Normandie), arr., ✉ et à 6 k. de St-Lô, cant. de Marigny. Pop. 1,104 h. — On y trouve une source d'eau minérale ferrugineuse froide.

HÉBERTOT-ST-ANDRÉ. V. ST-ANDRÉ-D'HÉBERTOT.

HÉBERTOT-ST-BENOIST, vg. *Calvados* (Normandie), arr., ✉ et à 7 k. de Pont-l'Evêque, cant. de Blangy. Pop. 489 h.

HÉBERVILLE, vg. *Seine-Inf.* (Normandie), arr. et à 20 k. d'Yvetot, cant. de Fontaine-le-Dun, ✉ de Doudeville. Pop. 476 h.

HEBROMAGUS (lat. 44°, long. 20°). « Dans l'Itinéraire de Jérusalem, ce lieu est placé à 14 milles en deçà de Carcassone, en partant de Toulouse. La Table indique la même distance : *Eburomagi* XIIII *Carcassione*. Cette distance appliquée au local, à la prendre de Carcassone en tendant vers Toulouse, tombe sur une position, dont le nom actuel, qui est Bram, conserve un reste de l'ancienne dénomination. Il est parlé dans Ausone d'un lieu sous le nom d'*Hebromagus*, où saint Paulin faisait sa demeure. Les savants bénédictins qui ont composé l'Histoire de Languedoc ont examiné avec beaucoup de critique dans une des notes du premier volume, si ce lieu doit être réputé le même que celui de l'Itinéraire, sans décider la question. Ce dont on peut convenir, c'est que l'opinion de Vinet et de M. de Marca, en plaçant l'*Hebromagus* de saint Paulin sur l'embouchure de la Garonne au-dessous de Blaye, répugne aux circonstances qui concernent cette demeure de saint Paulin. » D'Anville. *Notice de l'ancienne Gaule*, p. 363.

HEBSDORF, *H.-Rhin*. V. Courtelevant.
HÉBUTERNE, vg. *Pas-de-Calais* (Artois), arr. et à 22 k. d'Arras, cant. de Pas, ✉ de l'Arbret. Pop. 1,270 h.
HÈCHES, vg. *H.-Pyrénées* (Gascogne), arr. et à 26 k. de Bagnères-en-Bigorre, cant. et ✉ de la Barthe-de-Neste. Pop. 1,502 h.
HECKEN, vg. *H.-Rhin* (Alsace), arr. et à 26 k. de Belfort, cant. et ✉ de Dannemarie. Pop. 179 h.
BECKENRANSBACH, vg. *Moselle*, com. d'Ernestwiller, ✉ de Puttelange.
HECKLING, vg. *Moselle*, comm. et ✉ de Bouzonville.
HECMANVILLE, *Heuqueumanville*, vg. *Eure* (Normandie), arr. et à 12 k. de Bernay, cant. et ✉ de Brionne. Pop. 301 h.
HÉCOURT, vg. *Eure* (Normandie), arr. et à 28 k. d'Evreux, cant. et ✉ de Pacy-sur-Eure. Pop. 273 h.
HÉCOURT, vg. *Oise* (Picardie), arr. et à 31 k. de Beauvais, cant. de Songeons, ✉ de Gournay. Pop. 324 h.
HECQ, vg. *Nord* (Flandre), arr. et à 27 k. d'Avesnes, cant. et ✉ du Quesnoy. P. 570 h.
HECTOMARRE, vg. *Eure* (Normandie), arr. et à 20 k. de Louviers, cant. et ✉ de Neubourg. Pop. 250 h. — *Fabrique et commerce de cotonnades.*
HECTOT, vg. *Seine-Inf.*, comm. de St-Pierre-de-Varengeville, ✉ de Duclair.
HÉDAUVILLE, vg. *Somme* (Picardie), arr. et à 23 k. de Doullens, cant. et ✉ d'Acheux. Pop. 347 h.
HÉDÉ, jolie petite ville, *Ille-et-Vilaine* (Bretagne), arr. et à 23 k. de Rennes, chef-l. de cant. Cure. Gîte d'étape. ✉. ⚜. A 379 k. de Paris pour la taxe des lettres. Pop. 888 h. — Terrain cristallisé, granit.

Cette ville doit probablement son origine à un ancien château fort dont on voit encore de fort belles ruines. On y arrive du côté de Rennes par une chaussée en terre fort élevée, d'où l'on domine, à droite, un vaste étang, et, à gauche, une belle vallée au fond de laquelle coule un ruisseau qui met en mouvement sept moulins. Elle est bien bâtie en pierres, et formée de maisons ayant presque toutes un joli jardin ; au milieu est une place publique sablée et plantée de tilleuls où se croisent les routes de Dol et de St-Malo. On y trouve trois fontaines publiques, et une fontaine d'eau minérale ferrugineuse fréquentée en été par 15 à 20 personnes. — L'église paroissiale est un ancien édifice composé d'un nef fort élevée sans ornements extérieurs, si ce n'est quelques pilastres qui soutiennent le mur du côté du sud.

Le château d'Hédé, dont on ignore l'époque de la construction, était autrefois une des plus fortes places de la Brétagne. Le duc Conan le prit en 1135, ainsi que celui de Montmuran. Henri II, roi d'Angleterre et duc de Normandie, l'assiégea et le prit par capitulation en 1168 ; Henri IV en ordonna la démolition en 1599. Il ne reste plus de ce château que les murs d'enceinte construits solidement en granit, et un pan de muraille d'environ 20 m. d'élévation ; le pied est baigné par une rigole creusée dans le granit destinée à alimenter le canal d'Ille-et-Rance. Du plateau de cet édifice, qui domine de plus de 33 m. le terrain environnant, on jouit d'une fort belle vue sur de riches cultures, sur 8 ou 9 villages dont on aperçoit les clochers, et sur plusieurs châteaux, parmi lesquels se distingue celui de Montmuran ; dans le lointain, on découvre la ville de Dinan, éloignée de 25 à 30 k. — *Commerce de chevaux, bestiaux, beurre, volailles, etc.* — *Foires* le mardi qui suit la St-Jean, et les lundis qui suivent la St-Laurent, la Ste-Croix, la Toussaint, la St-André.

HÉDOUVILLE, vg. *Seine-et-Oise* (Ile-de-France), arr. et à 17 k. de Pontoise, cant. et ✉ de l'Isle-Adam. Pop. 152 h. — On voit sur son territoire la tour de Larry, ancien prieuré de l'ordre de Malte.
HEGENEY, vg. *B.-Rhin* (Alsace), arr. et à 27 k. de Wissembourg, cant. et ✉ de Woerth-sur-Sauer. Pop. 313 h.
HEGENHEIM, vg. *H.-Rhin* (Alsace), arr. et à 27 k. d'Altkirch, cant. et ✉ d'Huningue. Pop. 2,130 h.
HEIDOLSHEIM, vg. *B.-Rhin* (Alsace), arr. et à 9 k. de Schelestadt, cant. et ✉ de Marckolsheim. Pop. 366 h.
HEIDWILLER, vg. *H.-Rhin* (Alsace), arr. cant., et à 5 k. d'Altkirch. Pop. 436 h.
HEILIGENBERG, vg. *B.-Rhin* (Alsace), arr. et à 28 k. de Strasbourg, cant. de Molsheim, ✉ de Mutzig. Pop. 463 h.
HEILIGENSTEIN, ou Hellienstein, vg. *B.-Rhin* (Alsace), arr. et à 20 k. de Schelestadt, cant. et ✉ de Bar. Pop. 607 h.
BEILLECOURT, vg. *Meurthe* (Lorraine), arr., cant., ✉ et à 5 k. de Nancy. P. 312 h.
HEILLES, vg. *Oise* (Picardie), arr. et à 12 k. de Clermont, cant. et ✉ de Mouy. Pop.

436 h. — Sur une montagne qui domine Heilles, au milieu d'un de ces terrains en friche qu'on nomme *anis* dans le pays, on remarque un monument druidique nommé la Pierre-aux-Fées, entouré d'une espèce de fossé de 14 m. de long, bordé dans toute sa longueur de pierres meulières, placées verticalement ; à l'une des extrémités, ce fossé a 1 m. 75 c. de large ; à l'autre il n'a que 1 m. 8 c. ; au milieu se trouvent de chaque côté deux pierres plus élevées que les autres, surmontées d'une troisième : cette dernière a 3 m. de long sur 66 c. d'épaisseur.

HEILLY, vg. *Somme* (Picardie), arr. et à 25 k. d'Amiens, cant. et ✉ de Corbie. Pop. 794 h. — Cette commune, qui a donné son nom à une famille illustre, est environnée de bois dont il se fait une grande consommation à Amiens. On y voit un magnifique château, entretenu avec soin par le propriétaire actuel.

L'église d'Heilly a une forme pyramidale. Dans le cimetière on remarque un tombeau ombragé d'ifs et de cyprès ; c'est celui du fils de M. le comte de Choiseul-Gouffier, ancien ambassadeur de France à Constantinople, dont le Voyage en Grèce a fourni au poète Delille le sujet d'un charmant épisode.

Patrie du médecin Baudelocque, célèbre professeur d'accouchements.
Du docteur en médecine L.-C. Deneux.
Papeterie. — Extraction de tourbe.

HEILTZ-LE-HUTTIER, vg. *Marne* (Champagne), arr. et à 15 k. de Vitry-le-François, cant. de Thiéblemont, ✉ de Perthes. P. 268 h.
HEILTZ-LE-MAURUPT, joli bourg, *Marne* (Champagne), arr. et à 21 k. de Vitry-le-François, chef-l. de cant. Cure. ✉. ⚜. A 203 k. de Paris pour la taxe des lettres. Pop. 850 h. — Terrain d'alluvions modernes.

Ce bourg est agréablement situé dans une riche et fertile plaine du Parthois. Il est généralement bien bâti, propre et bien percé. L'église paroissiale, en forme de croix grecque, est une des plus belles de la contrée ; elle est surmontée d'une flèche recouverte d'ardoises, que son élévation fait apercevoir de fort loin. — Aux environs on voit le vieux château de Laplace, aujourd'hui converti en ferme.

Foires les 25 mai et 26 oct.

HEILTZ-L'ÉVÊQUE, vg. *Marne* (Champagne), arr. et à 16 k. de Vitry-le-François, cant. et ✉ d'Heiltz-le-Maurupt. Pop. 406 h.
HEIMERSDORFF, ou Lemericourt, vg. *H.-Rhin* (Alsace), arr., ✉ et à 10 k. d'Altkirch, cant. d'Hirsingen. Pop. 602 h.
HEIMSPRUNG, vg. *H.-Rhin* (Alsace), arr. et à 14 k. d'Altkirch, cant. et ✉ de Mulhausen. Pop. 833 h.
HEIPPE, vg. *Meuse* (pays Messin), arr., ✉ et à 21 k. de Verdun-sur-Meuse, cant. de Souilly. Pop. 352 h.
HEITEREN, vg. *H.-Rhin* (Alsace), arr. et à 22 k. de Colmar, cant. et ✉ de Neufbrisach. Pop. 1,131 h.
HELCEBUS (lat. 49°, long. 26°). « C'est ainsi que le nom d'une ville des *Tribori* se lit dans Ptolémée, autrement *Helvetis* dans l'Itinéraire

d'Antonin, *Helellus* dans la Table théodosienne. La distance à l'égard d'*Argentoratum*, sur laquelle l'Itinéraire et la Table sont d'accord à marquer XII, convient précisément à la position du lieu nommé Ell, sur la droite de la rivière d'Ill, vis-à-vis de Benfeld, qui est sur la gauche. Car, l'espace en ligne directe passe 13,000 toises, et le calcul de douze lieues gauloises est de 13,600. La même distance marquée dans un autre endroit de l'Itinéraire M. P. XXX, et ailleurs encore M. P. XXVIIII, leg. VIIII, est trop vicieuse pour pouvoir y être trompé. Mais l'indication que donne l'Itinéraire de *Mons Brisiacus* à *Helvetus*, savoir leg. (ou lieues) XVIII ou XVIIII, autrement M. P. XXVIII, ce qui est à peu près la proportion convenable entre ces deux mesures itinéraires, est très-recevable. Car, en remontant dans la haute Alsace par la voie romaine jusqu'à la hauteur de Brisac, cet espace est d'environ 19,000 toises ; et du lieu où cette voie, dont la trace est subsistante, se trouve par cette hauteur jusqu'à Brisac, je suis instruit que l'intervalle est d'environ 1,700 toises. Donc, pour se rendre d'*Helvetus* au *Mons Brisiacus* par la voie romaine, la mesure du chemin est d'environ 20,700 toises. Or il en résulte plus de 18 lieues gauloises, et en même temps 27 à 28 milles romains. » D'Anville. *Notice de l'ancienne Gaule*, p. 364.

HÉLEN (St-), vg. *Côtes-du-Nord* (Bretagne), arr., cant., ✉ et à 7 k. de Dinan. Pop. 1,448 h.

On remarque sur le territoire de cette commune les ruines du château de Coëtquèn, qui a fourni le sujet d'une nouvelle fort intéressante, insérée dans l'Annuaire dinanais de 1836. — *Foires* les 3 juillet et 10 nov.

HÉLÈNE (Ste-), vg. *Lozère* (Languedoc), arr. et à 10 k. de Mende, cant. de Blaymard. Pop. 159 h.

HÉLÈNE (Ste-), vg. *Gironde* (Guienne), arr. et à 28 k. de Bordeaux, cant. et ✉ de Castelnau-de-Médoc. Pop. 791 h. — *Foires* les 15 et 16 sept.

HÉLÈNE (Ste-), vg. *Lozère* (Languedoc), arr., ✉ et à 11 k. de Mende, cant. de Blaymard. Pop. 169 h.

HÉLÈNE (Ste-), vg. *Morbihan* (Bretagne), arr. et à 22 k. de Lorient, cant. et ✉ de Port-Louis. Pop. 365 h.

HÉLÈNE (Ste-), vg. *Saône-et-Loire* (Bourgogne), arr. et à 18 k. de Chalon-sur-Saône, cant. et ✉ de Buxy. Pop. 672 h.

HÉLÈNE (Ste-), vg. *Vosges* (Lorraine), arr. et à 23 k. d'Epinal, cant. et ✉ de Bruyères. Pop. 736 h.

HÉLÈNE-BONDEVILLE (Ste-), vg. *Seine-Inf.* (Normandie), arr. et à 30 k. d'Yvetot, cant. et ✉ de Valmont. Pop. 1,038 h.

HÉLETTE, vg. *B.-Pyrénées* (Navarre), arr. et à 42 k. de Mauléon, ✉ de St-Palais, cant. d'Iholdy. Pop. 946 h. — *Foires* les 16 avril et 15 nov.

HELFAUT-BILQUES, vg. *Pas-de-Calais* (Artois), arr., cant., ✉ et à 6 k. de St-Omer. Pop. 704 h.

DELFRANTZKIRCH, vg. *H.-Rhin* (Alsace), arr. et à 14 k. d'Altkirch, cant. de Landser, ✉ de Sierentz. Pop. 685 h.

HELICE PALUS (lat. 44°, long. 21°).
« Festus Avienus (*in Ora maritima*) en fait mention à la suite de l'embouchure du fleuve *Attagus* qui est *Atax* : et selon l'ordre de sa description, ce ne peut être que l'étang de Vendres, par lequel le bras de l'Aude, qui se sépare du canal tendant à Narbone, communique avec la mer. Les anciens paraissent d'accord à prendre pour *Atax* le canal qui passe à Narbone, ou la Robine d'Aude, comme on l'appelle aujourd'hui, préférablement à l'Aude qui se rend dans l'étang de Vendres ; et la distinction que met Avienus entre *Attagus* et *Helice* en est une preuve. » D'Anville. *Notice de l'ancienne Gaule*. V. aussi Walckenaer. *Géographie des Gaules*, t. I, p. 40, 109.

HÉLICOURT, vg. *Somme*, comm. de Tilloy-sur-Ry, ✉ de Blangy.

HELIUM HOSTIUM (lat. 52°, long. 22°).
« Pline (lib. IV, cap. 15) donne ce nom à l'embouchure de la Meuse que reçoit le Vahal, en disant que le Rhin renferme plusieurs isles, entre celle des Bataves, *inter Helium et Flevum*. Car il ajoute : *ita adpellantur ostia, in quæ effusus Rhenus ab septentrione in lacus, ab occidente in amnem Mosam se spargit*. Le *Flevum* étant connu pour l'embouchure que le Zuyderzée a absorbée, il s'ensuit que *Helium* est celle de la Meuse ; quand même Pline ne spécifierait pas que le Rhin y porte une partie de ses eaux. Ainsi ce que Pline appelle *Helium* est l'*os immensum* de Tacite (Annal., II, 6) de la manière dont il s'exprime : *Vocabulum* (en parlant du Vahal) *mutat Rhenus Mosa flumine ejusque immenso ore in Oceanum effunditur*. Cette embouchure est celle qui sépare le Hol-Land d'avec la Brille ; et on n'a point d'indice que les autres qui embrassent Over-Flackée et Gorée aient existé dans l'antiquité, quoiqu'on sache en général que tout ce canton, compris avec les environs de l'Escaut sous le nom de *Warda* dans le moyen âge, a toujours été fort aquatique, et, pour me servir de l'expression d'Eumène dans le Panégyrique de Constance : *pænè non terra*. » D'Anville. *Notice de l'ancienne Gaule*, p. 365.

HELLÉAN, vg. *Morbihan* (Bretagne), arr. et à 9 k. de Ploërmel, cant. et ✉ de Josselin. Pop. 575 h.

HELLEMMES, vg. *Nord* (Flandre), arr., cant., et à 4 k. de Lille. Pop. 732 h.

HELLENVILLIERS, vg. *Eure* (Normandie), arr. et à 28 k. d'Evreux, cant. et ✉ de Damville. Pop. 247 h.

HELLERHOFF, vg. *Moselle*, comm. de Gros-Tenquin, ✉ de Faulquemont.

HELLERING, vg. *Meurthe* (pays Messin), arr. et à 10 k. de Sarrebourg, cant. et ✉ de Fénétrange. Pop. 396 h.

HELLERING, vg. *Moselle*, comm. de Hambourg-Haut, ✉ de St-Avold.

HELLESMES, vg. *Nord* (Flandre), arr. et à 13 k. de Valenciennes, cant. et ✉ de Bouchain. Pop. 887 h.

HELLEVILLE, vg. *Manche* (Normandie), arr. et à 15 k. de Cherbourg, cant. et ✉ des Pieux. Pop. 435 h.

HELLIER (St-), vg. *Côte-d'Or* (Bourgogne), arr. et à 38 k. de Semur, cant. et ✉ de Vitteaux. Pop. 148 h.

HELLIER (St-), *Ille-et-Vilaine*, comm. et ✉ de Rennes.

HELLIER (St-), bg *Seine-Inf.* (Normandie), arr. et à 24 k. de Dieppe, cant. et ✉ de Bellencombre. Pop. 608 h.

HELLIMER, vg. *Moselle* (pays Messin), arr. et à 27 k. de Sarreguemines, cant. de Gros-Tenquin, ✉ de Puttelange. Pop. 1,097 h. — *Foires* le lundi après le 13 juillet et lundi avant le 29 sept.

HELLING, vg. *Moselle*, comm. de Bettwiller, ✉ de Rohrbach.

HELLING, vg. *Moselle*, comm. de Budling, ✉ de Thionville.

HELLOCOURT, vg. *Meurthe* (Lorraine), arr. de Château-Salins, cant. et à 22 k. de Vic, ✉ de Bourdonnay. Pop. 34 h.

HELLY (les), vg. *Ardèche*, comm. de Gras, ✉ du Bourg-St-Andéol.

HELOUP, vg. *Orne* (Normandie), arr., cant., ✉ et à 8 k. d'Alençon. Pop. 691 h.

HELSTROFF, vg. *Moselle* (pays Messin), arr. et à 25 k. de Thionville, cant. de Bouzonville, ✉ de Boulay. Pop. 563 h.

HELVETII (lat. 47°, long. 26°) « César décrit les limites qui renferment les *Helvetii*, en disant qu'ils sont séparés des Germains par le Rhin, des *Sequani* par le mont Jura, et qu'ils sont bornés d'un autre côté par le lac Léman et par le Rhône, qui les sépare de la province romaine (Comment., I). *Undique loci natura Helvetii continentur ; una ex parte, flumine Rheno latissimo atque altissimo, qui agrum Helvetium a Germanis dividit ; altera ex parte, monte Jura altissimo, qui est inter Sequanos et Helvetios ; tertia, lacu Lemano, et flumine Rhodano, qui provinciam nostram ab Helvetiis dividit*. Les dépendances des *Helvetii* ne paraissant pas le Rhin de telle manière, que du côté de la Rhétie on ne puisse juger que les nations rhétiques occupaient des terres en deçà du Rhin, au-dessus du lac de Constance. Selon le texte des Commentaires, le pays des *Helvetii* avait en longueur CCXL milles, et CLXXX en largeur. Ces dimensions paraissent trop fortes quand on les applique au local ; Cluvier en réduisant la première à CXL, pouvait la croire convenable dans le principe où il était que 60 milles répondent au degré. Mais la juste évaluation du mille romain veut que le degré en renferme 75 ; de sorte que les 140 milles de Cluvier en valent à peu près 180 ; et on pourrait croire que ce qui est indiqué pour la largeur, dans César, conviendrait à la longueur. C'est en effet celle d'une ligne que l'on tirera obliquement depuis le Rhône près de Genève, jusqu'au Rhin près du lac de Constance. Une seconde ligne qui croisera la première, depuis le sommet des Alpes jusqu'au cours de l'Aar et du Rhin, ne donnera en largeur qu'un peu moins de la moitié de ce que vaut la longueur, et, si l'on supprime le chiffre C dans le texte de César, ce qui reste, savoir LXXX, devient conforme au local. Dans cette étendue de pays, les *Helvetii*, lorsque César entra dans la Gaule, comptaient douze villes, et quatre cents bourgs: *Oppida numero ad duodecim, vicos ad quadringentos (ubi supra)*. Ils étaient divisés en quatre cantons : *Omnis civitas Helvetia in quatuor pagos divisa est*. On est assez embarrassé à retrouver ces quatre cantons. César en nomme deux, *Tigurinum* et *Urbigenum*; et on peut recourir sur ce qui les concerne à l'article qui traite de chacun en particulier. Les *Tugeni*, dont parle Strabon, en les joignant aux *Tigurini*, et dont on croit que le nom subsiste dans celui de Zug, pouvaient composer un troisième canton, dont le nom sera *Tugenus*; de même que les *Tigurini* forment un pagus appelé *Tigurinus*. Pour remplir le nombre des quatre cantons, Cluvier a recours aux *Ambrones*, que Strabon joint aux *Tugani* dans leur défaite par Marius auprès d'Aix. Eutrope (lib. v) cite également les *Ambrones* avec les *Tigurini*, en parlant de la victoire remportée sur deux consuls romains près du Rhône, *a Cimbris et Teutonibus et Tigurinis et Ambronibus quæ erant Germanorum et Gallorum gentes*. Or, de même que le nom de Germains regarde indubitablement les Cimbres et les Teutons, on peut estimer que celui de Gaulois, que l'on ne peut enlever aux *Tigurini*, tombe pareillement sur les *Ambrones* qui sont nommés à leur suite. Cependant, il y a des savants qui cherchent la demeure des *Ambrones* dans la Germanie. D'ailleurs, ne connaissant point de circonstance locale dans l'Helvétie qui détermine le district des *Ambrones* dans une partie plutôt que dans l'autre, et à peu près semblable à quelques indices qu'on croit avoir des trois cantons précédents, je me suis abstenu de donner place à un quatrième. On peut ajouter qu'il y a apparence que la domination romaine a apporté du changement à l'égard de ces cantons. Ce qu'on présume avoir été *Pagus Urbigenus* se trouve divisé entre les dépendances d'*Aventicum* d'un côté, et d'Equestris de l'autre, comme on a lieu de l'inférer de plusieurs colonnes milliaires, dont le compte se rapporte à l'une ou à l'autre de ces villes, qui étaient devenues colonies romaines. Au reste les *Helvetii* ne s'étaient point toujours contenus dans les mêmes limites, puisque, selon Tacite, ils avaient occupé les terres situées entre le Rhin et la forêt Hercynie, jusqu'au Mein, tandis que les *Boii* pénétraient plus avant dans la Germanie (De mor. Germ.) : *Inter Hercyniam silvam Rhenumque et Mœnum amnes, Helvetii; ulteriora Boii, gallica utraque gens, tenuere.* Ce que Ptolémée appelle *Eremum Helvetiorum*, au delà du Rhin, en approchant des Alpes, comme il s'eû explique, paraît un vestige de cet établissement des *Helvetii*. Quoiqu'ils fussent compris entre les Gaulois ou les Celtes, du temps de César, Auguste ne les fit point entrer dans la province qu'il forma sous le nom de Lionoise ou de Celtique, les joignant avec les *Sequani* à la Belgique, qui renferme les *Helvetii* dans Pline et

dans Ptolémée ; ils firent ensuite partie d'une province détachée de la Belgique, et appelée *Maxima Sequanorum* : et c'est ce qui peut avoir autorisé Eutrope de dire, en parlant de César : *Is primo vicit Helvetios, qui nunc Sequani appellantur* (lib. vi). » D'Anville. *Notice de l'ancienne Gaule*, p. 366.

HELVII (lat. 45°, long. 23°). « Pour convenir de ce qu'on lit dans César (Commentaires, vi), que les Helvii sont séparés des *Arverni* par le mont *Cebenna*, il faut être prévenu que de son temps les *Vellavi*, et même les *Gabali*, étaient soumis aux *Arverni*. Il est évident par les faits, que les *Helvii* faisaient partie de la province romaine, puisque leur attachement au parti des Romains attira sur eux les armes de leurs voisins dans le soulèvement de la Gaule, et leur fit essuyer un échec considérable, comme César ne le dissimule point. Pline compte la ville des *Helvi*, ou *Helvii*, au nombre de celles de la Narbonoise ; et il en est de même de Ptolémée, quoique le nom des *Helvii* y soit défiguré en celui d'*Elicoci*. Ainsi, je pense avec M. de Valois (p. 244), que c'est à tort que Strabon comprend les *Helvii* dans le nombre des peuples dont Auguste agrandit l'Aquitaine, on sait en général qu'il ne se fut aux dépens de la Celtique que se fit cet agrandissement. Le nom de ce peuple ne s'est point conservé au canton de pays qu'il occupait ; et une ville qui n'est devenue la capitale de ce canton qu'en succédant à une autre ville plus ancienne, lui a donné le nom de Vivarez. » D'Anville. *Notice de l'ancienne Gaule*, p. 368. V. aussi Walckenaer. *Géogr. des Gaules*, t. I, p. 54, 250, 273 ; t. II, p. 168, 247.

HEM, vg. *Nord* (Flandre), arr. et à 10 k. de Lille, cant. et ✉ de Lannoy. Pop. 2,107 h. — *Fabriques* de sucre indigène. Brasserie. Briqueteries. Moulins à huile.

HEM, vg. *Somme* (Picardie), arr., cant., ✉ et à 4 k. de Doullens. Pop. 595 h.

HÉMERING, vg. *Moselle*, comm. de Guessling, ✉ de Faulquemont.

HEMEVEZ, vg. *Manche* (Normandie), arr. et à 6 k. de Valognes, cant. et ✉ de Montebourg. Pop. 351 h.

HÉMÉVILLERS, vg. *Oise* (Picardie), arr. et à 16 k. de Compiègne, cant. et ✉ d'Estrées-St-Denis. Pop. 457 h.

RÉMILLY, ou **HÉMILLING**, vg. *Moselle* (pays Messin), arr. et à 25 k. de Metz, cant. et ✉ de Faulquemont. Pop. 359 h.

HÉMING, vg. *Meurthe* (Lorraine), arr. et à 9 k. de Sarrebourg, cant. et ✉ de Lorquin. ✉. Pop. 412 h.

HEM-LENGLET, vg. *Nord* (Flandre), arr., cant., ✉ et à 11 k. de Cambrai. Pop. 773 h.

HEM-MONACU, vg. *Somme* (Picardie), arr., ✉ et à 9 k. de Péronne, cant. de Combles. Pop. 214 h.

HOMMES (les Grandes-), vg. *Pas-de-Calais* comm. de Marck, ✉ de Calais.

HEMMES (les Petites-), vg. *Pas-de-Calais*, comm. d'Oye, ✉ de Gravelines.

HEMONSTOIR, vg. *Côtes-du-Nord* (Bre-

tagne), arr., cant., ✉ et à 7 k. de Loudéac. Pop. 639 h.

HÉNAMÉNIL, vg. *Meurthe* (Lorraine), arr., cant., ✉ et à 12 k. de Lunéville. Pop. 697 h.

HENAN-BIHEN, vg. *Côtes-du-Nord* (Bretagne), arr. et à 31 k. de Dinan, cant. et ✉ de Matignon. Pop. 1,611 h.

HÉNANSAL, vg. *Côtes-du-Nord* (Bretagne), arr. et à 33 k. de Dinan, cant. de Matignon, ✉ de Lamballe. Pop. 1,194 h.

HENCKINGEN, *Moselle*. V. HINCKANGE.

HENDAYE, bg *B.-Pyrénées* (Gascogne), arr. et à 32 k. de Bayonne, cant. de St-Jean-de-Luz, ✉ de Béhobie. Pop. 470 h.

Ce bourg est situé sur la rive droite de la Bidassoa, près de son embouchure dans l'Océan. C'était autrefois une petite ville, qui fut prise et saccagée par les Espagnols en 1793, et d'où ils furent chassés par l'armée républicaine, commandée par le général Servan, le 21 juin 1793.

Les **armes d'Hendaye** sont : *d'azur à un dauphin passant d'argent sur une mer de même avec une couronne royale en chef, côtoyée des lettres capitales* HE.

Fabrique d'excellente eau-de-vie, dite eau-de-vie d'Hendaye. — Lat. 43° 21′ 37″, long. O. 4° 6′ 15″.

HENDRECOURT-LÈS-CAGNICOURT, vg. *Pas-de-Calais* (Artois), arr., ✉ et à 18 k. d'Arras, cant. de Vitry. Pop. 794 h. — *Fabriques* de batistes blanches et écrues.

HENDRECOURT-LÈS-RANSART, vg. *Pas-de-Calais* (Artois), arr., ✉ et à 10 k. d'Arras, cant. de Beaumetz-les-Loges. Pop. 243 h.

HÉNENCOURT, vg. *Somme* (Picardie), arr. et à 27 k. d'Amiens, cant. et ✉ de Corbie. Pop. 603 h.

HENFLINGEN, vg. *H.-Rhin* (Alsace), arr., ✉ et à 8 k. d'Alkirch, cant. d'Hirsingen. Pop. 166 h.

HENGOAT, vg. *Côtes-du-Nord* (Bretagne), arr. et à 25 k. de Lannion, cant. et ✉ de la Roche-Derrien. Pop. 871 h.

HENINEL, vg. *Pas-de-Calais* (Artois), arr., ✉ et à 9 k. d'Arras, cant. de Croisilles. Pop. 292 h.

HÉNIN-LIÉTARD, bg *Pas-de-Calais* (Artois), arr. et à 30 k. de Béthune, cant. et ✉ de Carvin. Pop. 2,993 h.

C'était autrefois une ville forte assez considérable, qui fut pillée et brûlée dans le XII° siècle ; les habitants la relevèrent peu de temps après cet événement ; mais elle fut de nouveau ravagée et incendiée dans le siècle suivant, et toutes ses maisons détruites. — *Fabrique* de batistes. Huileries. Savonnerie. — *Foire* le mardi de la Pentecôte, mardi après le 14 sept., 2° vendredi de fév. et de nov.

HENIN-SUR-COJEUL, vg. *Pas-de-Calais* (Artois), arr., ✉ et à 9 k. d'Arras, cant. de Croisilles. Pop. 662 h.

HENNEBONT, jolie petite ville maritime, *Morbihan* (Bretagne), arr. et à 10 k. de Lorient, chef-l. de cant. Cure. Gîte d'étape. ✉.

à 488 k. de Paris pour la taxe des lettres. — Pop. 4,352 h. — TERRAIN cristallisé. — Etablissement de la marée, 3 heures 25 minutes.

Autrefois diocèse et recette de Vannes, parlement et intendance de Rennes. Gouvernement particulier.

Cette ville est bâtie sur deux coteaux, dont la base est baignée par la rivière du Blavet, où elle a un port qui peut recevoir des navires de moyenne grandeur. Elle se divise en trois parties : la ville vieille, la ville murée, et la ville neuve ; les deux dernières sont séparées de la première par la rivière et par un pont. Avant l'établissement de Port-Louis, Hennebont faisait un commerce assez étendu, et était bien fortifié. La ville dite murée conserve encore la majeure partie des beaux remparts dont elle était ceinte. En dehors se trouvent un joli quai moderne, une vaste place, dans un angle de laquelle s'élève l'église paroissiale avec son beau clocher gothique, souvent frappé par la foudre, et plusieurs quartiers formant la ville neuve. Cette ville communique avec Lorient par la route royale et par le Blavet, dont le canal la rend le point intermédiaire et l'entrepôt du commerce de cette dernière cité et de Pontivy. Cinq grandes routes et plusieurs chemins vicinaux y aboutissent, et en forment le centre de toutes les communes limitrophes. Ses marchés hebdomadaires et ses foires mensuelles y attirent une grande affluence de cultivateurs, qui viennent s'y pourvoir de sel, de fer, de résine et d'étoffes. Elle est, en outre, le dépôt des exploitations des forêts voisines et des grains amoncelés dans de vastes magasins par des spéculateurs, et plus encore par les propriétaires payés en nature par leurs métayers.

Hennebont n'a rien qui soit digne de fixer l'attention. Ses rues escarpées sont extrêmement fatigantes. Dans la vieille ville et dans la ville neuve, qui composent les trois quarts de la cité, il est presque impossible de faire un pas sans que la vue et l'odorat ne soient désagréablement affectés par des monceaux d'immondices déposées à chaque porte.

Cette ville était défendue par un château qui la dominait, et dont il ne reste que la porte, de forme ogive, pratiquée dans une courtine joignant deux fortes tours qui servent aujourd'hui de prisons. On y remarque plusieurs maisons d'architecture gothique, qui dénotent des constructions du XIV° et du XV° siècle.

Les dehors de cette cité sont on ne peut plus agréables.

Au XIV° siècle, Hennebont fut le théâtre de plusieurs opérations militaires. Les partisans de Charles de Montfort s'en emparèrent en 1341. Cette même année elle fut assiégée par Charles de Blois ; mais Jeanne de Montfort, qui commandait la place, soutint courageusement plusieurs assauts, et le força de lever le siège. Charles de Blois tenta encore inutilement de s'en emparer en 1342. Du Guesclin la prit en 1373, et toute la garnison anglaise qui la défendait au fil de l'épée. Montfort y mourut en 1345.

Les armes d'Hennebont sont : d'azur au navire d'or à voiles d'argent semées d'hermines de sable, avec un guidon de gueules et flottant sur une onde d'argent.

L'église principale, d'architecture gothique, date du milieu du XIV° siècle. Près des promenades est une source minérale que l'on croit sulfureuse, et à 2 k. de là une source d'eau minérale acidule froide.

À quelque distance de la ville, en remontant le Blavet, on voit les restes du monastère de Notre-Dame de la Joie, couvent de filles de l'ordre de Cîteaux, fondé en 1252, et dont les bâtiments sont aujourd'hui affectés à des forges et fonderies.

PATRIE de P. PEZRON, abbé de la Charmoie, auteur de l'*Antiquité de la nation et de la langue des Celtes*.

Fabriques de cuirs. Construction de navires. — *Commerce* de grains, vin, cire, miel, cidre, suif, chanvre, peaux vertes, fer, etc. Le marché aux grains d'Hennebont est un des régulateurs du prix des grains pour l'importation et l'exportation. — *Foires* les 17 janv., jeudi gras, jeudi de la Passion, jeudi avant l'Ascension, après la Toussaint, et 1er jeudi de chaque mois. — Lat. 47° 47′ 50″, long. O. 5° 37′ 10″.

HENNECOURT, *Hanulphicartis*, vg. *Vosges* (Lorraine), arr. et à 19 k. de Mirecourt, cant. et ✉ de Dompaire. Pop. 343 h.

HENNEMONT, vg. *Meuse* (pays Messin), arr. et à 23 k. de Verdun-sur-Meuse, cant. de Fresnes-en-Voëvre, ✉ de Manheulles. Pop. 505 h.

HENNEQUEVILLE, vg. *Calvados* (Normandie), arr., cant. et à 13 k. de Pont-l'Evêque, ✉ de Trouville. Pop. 806 h.

HENNEVEUX, vg. *Pas-de-Calais* (Boulonais), arr., ✉ et à 18 k. de Boulogne-sur-Mer, cant. de Desvres. Pop. 256 h.

HENNEVILLE, vg. *Manche* (Normandie), arr., ✉ et à 5 k. de Cherbourg, cant. d'Octeville. Pop. 834 h.

HENNEZEL, vg. *Vosges* (Lorraine), arr. et à 33 k. de Mirecourt, cant. et ✉ de Darney. Pop. 1,631 h. — Forges.

HENNEZIS-ANISEY, vg. *Eure* (Normandie), arr., cant., ✉ et à 10 k. des Andelys. Pop. 601 h.

HENNICOURT, vg. *Oise*, comm. d'Abancourt, ✉ de Formerie.

HENNUIN, vg. *Pas-de-Calais*, comm. de Ste-Marie-Kerque, ✉ de Bourbourg.

HÉNON, vg. *Côtes-du-Nord* (Bretagne), arr. et à 20 k. de St-Brieuc, cant. et ✉ de Moncontour. Pop. 3,329 h.

HÉNONVILLE, vg. *Oise* (Vexin), arr. à 30 k. de Beauvais, cant. et ✉ de Meru. Pop. 486 h. — On y voit une belle église, et un château environné d'un beau parc.

HÉNOUVILLE, vg. *Seine-Inf.* (Normandie), arr. et à 15 k. de Rouen, cant. et ✉ de Duclair. Pop. 772 h.

HENRI (St-), vg. *Lot*, comm. et ✉ de Cahors.

HENRICHEMONT, ci-devant BOISBELLE, jolie petite ville, *Cher* (Berri), arr. et à 25 k. de Sancerre, chef-l. de cant. Cure. Gîte d'étape. ✉. À 199 k. de Paris pour la taxe des lettres. Pop. 3,018 h. — TERRAIN crétacé inférieur, grès vert.

Henrichemont était autrefois le chef-lieu d'une principauté appartenant à la maison d'Albret, qui, dans le XV° siècle se nommait Boisbelle. Les sires d'Albret avaient l'habitude de dire qu'ils ne tenaient leur souveraineté de Boisbelle que de Dieu et de leur épée. Ils avaient tous les droits royaux et faisaient battre monnaie en leur nom et à leur effigie : priviléges qui avaient été confirmés par Henri IV, par Louis XIII, et même par Louis XIV. Cette principauté passa par mariage de la maison de Sully dans celle d'Albret ; Maximilien de Béthune, duc de Sully, la racheta en 1597, et elle resta dans sa maison jusqu'à sa réunion définitive à la couronne de France, en 1769. Ce fut Sully qui fit bâtir la ville de Henrichemont, et lui donna ce nom en l'honneur de Henri IV. Le territoire de la principauté de Henrichemont avait environ 48 k. de circonférence.

Henrichemont est une petite ville jolie, régulière et bien bâtie. Au milieu est une vaste place entourée de bâtiments uniformes, où aboutissent les quatre principales rues de la ville. Presque toutes les maisons sont en briques et d'un aspect agréable.

Fabriques de draps communs. Tannerie. — *Commerce* considérable de laine. — *Foires* les 22 janv., 8 mai, 2 juillet, 30 août, mercredi des Cendres et mercredi après le jour des Morts.

HENRIDORFF, vg. *Meurthe* (Lorraine), arr. et à 14 k. de Sarrebourg, cant. et ✉ de Phalsbourg. Pop. 680 h.

HENRIVILLE, ou HERICH-WILLER, vg. *Moselle*, comm. de Farebersviller, ✉ de Faulquemont.

HENRUEL, vg. *Marne* (Champagne), arr. et à 12 k. de Vitry-le-François, cant. et ✉ de St-Remy-en-Bouzemont. Pop. 489 h.

HENU, vg. *Pas-de-Calais* (Artois), arr. et à 23 k. d'Arras, cant. de Pas, ✉ de l'Arbret. Pop. 363 h.

HENVIC, vg. *Finistère* (Bretagne), arr., et à 10 k. de Morlaix, cant. de Taulé. Pop. 1,291 h.

HERACLEA CACCABARIA (lat. 44°, long. 23°). L'Itinéraire maritime décrivant la côte, en passant de l'Italie à la Gaule, fait mention de cette Héraclée comme d'un port, à la suite du golfe appelé *Sambracitanus*. Si l'on en fait l'application, avec Honoré Bouche, à la position de St-Tropez, il faut convenir que c'est mal à propos que l'Itinéraire marque un intervalle de 16 milles entre ce golfe et cette position, puisqu'elle est engagée dans le golfe même, sur la gauche en y entrant. Cet Itinéraire est antérieurement fautif, en marquant XXV entre *Forum Julii* et le golfe ; car du port de Fréjus aux écueils nommés les Sardiniers, vers l'entrée du golfe, une grande carte manuscrite des côtes de Provence, à laquelle je suis prévenu par un employé des moyens géométriques, ne fournit qu'environ 11 milles, et la profondeur du golfe n'y ajoute qu'environ 5. Je trouve cette carte conforme aux opérations trigonométriques qui ont été faites en France, en ce que la distance directe du point de Fréjus à celui de St-Tropez est de 10 à 11,000 toises. Or ces mesures d'espace données par le local nous ouvrent les yeux sur ce qui convient pour reformer l'Itinéraire ; c'est de prendre l'indication qui est XVI, quoiqu'elle soit plutôt forte que faible, pour tout ce qu'il y a d'intervalle de *Forum Julii* à *Heraclea*, et de supprimer en entier et comme superflue celle de XXV, qui précède entre *Forum Julii* et le *Sinus Sambracitanus*. Je tire même de cette solution de difficulté une preuve positive, qui n'existait point, de l'emplacement d'*Heraclea* à St-Tropez. Quant au surnom que cette *Heraclea* porte dans l'Itinéraire, je n'entreprendrai point d'en donner une interprétation, sur laquelle Honoré Bouche et Adrien de Valois (lib. IV, cap. 4) ne sont pas d'accord. Pline fait mention d'une autre *Heraclea*, qui aurait existé à l'embouchure du Rhône : *Sunt auctores, et Heracleam oppidum in ostio Rhodani fuisse*. Mais comment retrouver la position d'une ville, sur laquelle un auteur qui écrivait il y a près de dix-sept cents ans s'exprime de cette manière. Sanson a jugé à propos de la fixer sur la rive droite du grand canal du Rhône, dans un emplacement qu'il croyait être le même que celui de Notre-Dame-d'Ormet, d'après la carte de Provence de Bompar, quoique la position de Notre-Dame-d'Ormet ne soit point près du Rhône, mais près de l'étang de Vacarez, qui couvre une partie de la Camargue. On conviendra bien qu'une ville d'*Heraclea* s'est conservée dans l'emplacement actuel de St-Gilles, si l'on ne forme aucun doute sur une inscription qui en parle, comme on peut voir à l'article *Anatilii*. » D'Anville. *Notice de l'ancienne Gaule*, p. 369. V. aussi Walckenaer. *Géographie des Gaules*, t. I, p. 21.

HÉRACLÉE, nom donné pendant la révolution à la ville de St-Tropez.

HÉRANGE, vg. *Meurthe* (Lorraine), arr. et à 12 k. de Sarrebourg, cant. et ✉ de Phalsbourg. Pop. 223 h.

HÉRAULT (l'), vg. *Oise* (Picardie), arr. de Beauvais, cant. et ✉ de Songeons.

HÉRAULT (l'), *Arauris, Eravus*, rivière qui prend sa source dans les Cévennes, au pied des hautes montagnes de l'Aigoual et de Lespéron, près du village de Valleraugues, arr. du Vigan, dép. du *Gard*; elle passe à Valleraugues, près de Ganges, à St-Bauzile, à St-Etienne, à St-Guilhem-le-Désert, près d'Aniane et de Gignac, à Pézenas, à Bessan, et se jette dans la Méditerranée, au port d'Agde, après un cours d'environ 120 k. La rivière de l'Hérault est navigable depuis Bessan jusqu'à son embouchure, sur une étendue de 12,225 m.; elle est très-encaissée depuis sa naissance jusqu'au pont de St-Guilhem-le-Désert, roule en partie sur des masses de rochers qui obstruent son lit, et forment une suite de barrages que l'on ne saurait franchir. Ses principaux affluents sont l'Ergue, la Dourbie, la Payne, la Tongue, le Rieutor, le Dardaillon.

HÉRAULT (département de l'). Ce département est formé d'une partie du ci-devant bas Languedoc, et tire son nom de la principale rivière qui l'arrose et qui le traverse du nord au sud, et se jette dans la Méditerranée. Ses bornes sont : au nord, les départements du Gard et de l'Aveyron ; à l'ouest, les départements du Tarn et de l'Aude ; au sud, ce dernier département et la Méditerranée ; à l'est, le département du Gard.

On peut considérer le département comme divisé en deux parties inégales, limitées réciproquement par la rivière d'Hérault. La partie orientale, à partir du nord jusqu'aux deux tiers environ de son étendue, est formée de montagnes plus ou moins élevées, composées de roches calcaires. L'autre tiers, voisin de la mer et des rivières du Vidourle et de l'Hérault, est un atterrissement partagé en collines et en plaines basses. — La partie occidentale est beaucoup plus diversifiée : elle est aussi mieux cultivée et plus productive que l'autre. Ici l'atterrissement s'étend immédiatement jusqu'à la mer. Les terrains montueux renferment beaucoup d'objets appartenant à la minéralogie, et se composent de sols calcaires, de granit et de schistes.

Les *sols froids* se rencontrent fréquemment dans la partie occidentale et au nord du département. L'argile blanche compacte et la craie y dominent. Ces terres maigres se refusent à la culture du blé, mais le seigle y réussit fort bien. La zone du milieu, c'est-à-dire celle qui succède à la précédente, en prenant le département de l'est à l'ouest, présente une immense étendue de terres pierreuses ou graveleuses ; la vigne et l'olivier y abondent. Les terres grasses qui se présentent après ces dernières, en descendant vers le littoral, sont d'autant plus productives qu'elles se rapprochent, dans une proportion modérée, de la nature des terres pierreuses ou graveleuses : les céréales en forment la principale culture ; les meilleures se trouvent sur les bords de l'Orb, de l'Hérault, et sur la rive droite du Vidourle. Viennent ensuite les terres des marais, avec les sables, composant le littoral proprement dit. Il existe aussi sur toute l'étendue du sol du département de vastes terrains incultes, appelés garrigues, réservés au pacage des troupeaux ; ils sont couverts d'arbustes, de petits chênes, de bruyères, de genêts, de cistes et de plantes aromatiques.

Le département est traversé, au nord, par une chaîne de montagnes dépendantes des Cévennes : une branche va joindre les Alpes, une autre se lie aux Pyrénées. Les plus élevées sont : la chaîne du Larzac, qui sépare l'arrondissement de Lodève du département de l'Aveyron : sa hauteur est d'environ 1,300 m. au-dessus du niveau de la mer ; le pic St-Loup, à 16 k. de Montpellier, qui a 550 m. de hauteur ; la montagne de l'Escandorgue, qui s'élève à 667 m. dans le territoire de la commune de Rives et qui est contiguë au Larzac ; la montagne de l'Espinouse, qui borne le département au couchant, du côté du Tarn, et a 1,280 m. d'élévation. — Plusieurs chaînes volcaniques se dessinent sur le sol du département. Les principaux volcans éteints sont ceux d'Agde, de St-Thibéry, et la colline basaltique de Montferrier, près de Montpellier.

La longueur du littoral de la Méditerranée, qui baigne le département au sud, est de 106 k., de la rivière d'Aude à l'étang de Mauguio. La partie du littoral comprise entre son extrémité orientale et la montagne d'Agde est couverte d'étangs salés d'un grand produit. Une plage resserrée sépare ces étangs de la mer, avec laquelle ils communiquent par des ouvertures appelées graus : l'étang de Thau communique avec la Méditerranée par le canal de Cette. Mais il en est quelques-uns, tels que ceux de Capestang et de Vendres, où les eaux, demeurant stagnantes, auraient rendu malsain le séjour des communes environnantes, si l'on ne s'était occupé, pour assainir la contrée, de rendre à la culture une grande partie des terrains envahis par les marécages. — La longueur totale des étangs peut être évaluée à 6 myriam. ; leur largeur varie de 1 à 5 k.

L'arrondissement de Montpellier offre des contrastes frappants sous le rapport de la bonté du sol. Des cantons sont admirables pour leur fécondité, d'autres sont presque inhabitables. La chaîne de montagnes du nord, vers le canton de St-Martin-de-Londres, est déserte et peu susceptible de culture ; on y trouve des bois taillis comme dans celui des Matelles. La plaine de Ganges est une véritable jardin couvert de mûriers et d'oliviers. La riche et fertile plaine d'Aniane récrée la vue par ses oliviers et ses beaux vignobles. C'est dans les cantons de Lunel et de Frontignan qu'on recueille les meilleurs vins muscats. Les terres des environs de Montpellier, quoique légères, abondent en vignobles, en oliviers et autres arbres fruitiers. Enfin, vers la mer, les étangs, les canaux, les salines, sont une source de prospérité.

L'arrondissement de Béziers est le plus riche du département. Il a de belles plaines, des montagnes productives, de fertiles vallées, d'excellents et magnifiques vignobles, des étangs et le canal des Deux-Mers. Le canton de St-Gervais est montagneux, mais il possède des mines de houille très-abondantes. Les beaux produits cultivés à Pézenas ont mérité à son territoire le nom de jardin du département. Les terroirs de Béziers, de Florensac, de Roujan, de Servian, en un mot de presque tout l'arrondissement, sont composés de bonnes terres labourables, de belles prairies, de bois, de jardins. L'olivier est prospère partout.

L'arrondissement de Lodève est extrêmement varié : il est surtout remarquable par les différents genres de culture qu'on y pratique : celle qui mérite d'être signalée est la culture des montagnes et des collines. Les terres y sont en général excellentes, quoiqu'en certains endroits elles soient stériles, comme dans quelques parties du canton de Lunas. Mais il n'est rien de plus magnifique, quant à la préparation et à la fertilité du sol, que les terroirs de Clermont et de Gignac.

L'arrondissement de St-Pons offre moins

d'intérêt sous le rapport de l'agriculture que sous le rapport pittoresque, minéral et industriel. La vallée de St-Chinian est riche en prairies et en bons vignobles. Le canton de St-Pons est semé de montagnes; celui de la Salvetat, également montagneux, est pauvre et n'annonce pas, à l'entrée du département, la beauté et la richesse qui règnent dans presque toutes ses parties.

La superficie totale du département est de 984,362 hectares, divisés ainsi :

Terres labourables. 156,366
Prés. 8,537
Vignes. 103,682
Bois. 77,644
Vergers, pépinières et jardins. . . 1,485
Oseraies, aunaies et saussaies. . . 166
Étangs, mares, canaux d'irrigation. 12,268
Landes et bruyères. 214,040
Superficie des propriétés bâties. . 1,338
Cultures diverses. 27,273

Contenance imposable. . . 962,999

Routes, chemins, places, rues, etc. . 9,714
Rivières, lacs et ruisseaux. 11,443
Cimetières, églises, bâtiments publics. 206

Contenance non imposable. 21,363

On y compte :
63,523 maisons.
545 moulins à eau et à vent.
14 forges et fourneaux.
861 fabriques et manufactures.

Soit : 64,929 propriétés bâties.
Le nombre des propriétaires est de. 120,616
Celui des parcelles de. 1,088,213

HYDROGRAPHIE. Les principales rivières qui arrosent le département sont : l'Hérault, qui lui donne son nom; l'Orb, navigable de Sérignand à la mer; le Lez, navigable sur une longueur de 10,000 mètres; viennent ensuite la Mosson, le Libron, l'Agout, le Larn, le Vidourle, l'Ognon, la Cesse, etc. Nous devons faire observer que les montagnes qui bordent le département à l'ouest et au nord, n'étant qu'à une médiocre distance de la mer, les rivières qui y prennent naissance ne peuvent avoir qu'un cours peu étendu.

Le département est traversé par plusieurs canaux : le canal du Midi, ouvrage immortel de Paul Riquet, né à Béziers, a dans le département une étendue de navigation de 68,639 m. 970 c. Les autres canaux secondaires, tels que le canal des Étangs, le canal latéral de l'étang de Mauguio, le canal de Lunel, le canal de Grave, le canal du Grau du Lez, la Robine de Vic, et les canaux de Cette et de la Peyrade, établissent des communications entre les divers ports du département, les étangs et d'autres points de l'intérieur, avec Beaucaire et le Rhône, avec le canal des Deux-Mers, et servent avantageusement au développement du commerce du pays.

COMMUNICATIONS. Le département compte sept routes royales, dont une de 1re classe (la route de Paris à Perpignan et en Espagne), et six de 3e classe. Les routes départementales sont au nombre de dix-sept. — Un chemin de fer fait communiquer Cette à Montpellier, en passant par Frontignan.

MÉTÉOROLOGIE. Placé sous un ciel presque toujours sans nuages, l'habitant du département de l'Hérault respire un air pur et salubre, notamment à Montpellier, aussi appelée, à d'autres titres, moderne Épidaure. Ce climat favorable, sous lequel l'étranger vient chercher la santé, n'est pas cependant le partage de toutes les parties du département. Si l'habitant des villes et des localités intérieures accomplit quelquefois avec vigueur un siècle d'existence, le pêcheur des plages marécageuses, abrité sous sa modeste cabane de chaume, est accablé, pendant l'été, de fièvres intermittentes et fréquemment atteint d'affections rhumatismales. Souvent encore ce beau climat, en général sec et chaud, passe d'une manière brusque et irrégulière à un froid assez intense. — Quatorze vents différents soufflent à Montpellier : le nord-est et les vents qui participent du sud, particulièrement le sud-est, sont ceux qui amènent le plus souvent la pluie. Le nord est alternativement le plus froid et le plus chaud, suivant la saison où il souffle. L'ouest-nord-ouest est le plus impétueux. Le sud-sud-ouest est le plus rare. Le nord-ouest est le plus fréquent, le plus agréable et le plus salutaire.

Il y a un demi-siècle, la quantité moyenne annuelle de pluie qui tombait à Montpellier, était de 765 millim. Elle n'est pas aujourd'hui de 685 millim. Et cette différence sensible tend à s'accroître encore. — La plus grande chaleur, observée à Montpellier de 1806 à 1817, est de + 28° 5 Réaumur (35,10 centig.). La plus basse température a été de — 6° (—7,50 centig.). La moyenne de + 11° (13, 7 centig.). — L'élévation moyenne du baromètre est de 761,15 millim. — Quoique l'on ait éprouvé dans le département des températures et des pressions atmosphériques qui ont dépassé considérablement ces limites, on peut les regarder comme des exceptions rares, accidentelles, et corrélatives aux circonstances générales qui ont influé sur le climat du reste de la France.

Le printemps est court : à peine s'aperçoit-on ordinairement de la transition de l'hiver (lequel est très-souvent un véritable printemps) aux chaleurs, qui succèdent au froid avec spontanéité. L'automne est la plus belle comme la plus riche saison de la contrée. A la fin de septembre, on rentre dans les serres les plantes les plus délicates : la rentrée est générale à la fin d'octobre. L'observation a constamment établi entre la végétation de Paris et celle de Montpellier une différence de quinze jours en faveur de cette dernière ville.

PRODUCTIONS. Le département produit des céréales de toute espèce en quantité plus que suffisante pour la consommation des habitants. Il abonde en riches moissons de froment, de seigle, d'orge, d'avoine. Les prairies naturelles et artificielles y sont multipliées sur plusieurs points, notamment les luzernes, les sainfoins et les trèfles. 103,682 hectares de vignes produisent, année commune, 3,000,000 d'hectolitres de vins, dont les plus estimés, pour la couleur rouge, sont ceux de St-Georges, de St-Christol et de St-Drézéry ; pour les vins muscats, ceux de Frontignan, de Lunel, de Maraussan, de Béziers, de Cazouls, etc. ; pour les vins blancs, ceux de Marseillan, de Pinet, etc. — Fruits, herbages et légumes de toute espèce, particulièrement les olives, amandes, châtaignes. — Plantes aromatiques, médicinales, tinctoriales et marines, telles que pastel, salicot, gaude, garance, tournesol, etc. Bois de chênes verts et de chênes blancs dont l'écorce est employée dans les tanneries. Culture en grand du mûrier. — Chevaux, mulets. Troupeaux de bêtes à laine et à cornes, et autres animaux employés à l'agriculture. — Gibier en abondance, quoique guerroyé par une armée de chasseurs : le lièvre, le lapin, l'alouette, la caille, la grive, la perdrix, l'ortolan ; pendant l'hiver, les canards sauvages, les sarcelles, les macreuses sur les étangs. — Miel excellent. — Pêche productive sur la côte, dans les étangs et les rivières, notamment la truite, l'alose, la carpe, l'anguille, le brochet, le muge, le rouget, le merlan, la dorade, la sardine, la sole, le thon, le maquereau, l'huître, la langouste.

MINÉRALOGIE. Houille abondante. Mines de cuivre ; indices de plomb argentifère. Carrières de pierres à bâtir, d'ardoises, de pierres meulières, de marbres de différentes couleurs, d'albâtre, de granit, de gypse, de grès. Basalte, pouzzolane. Argile à poterie et à tuilerie. Terre de pipe. Salines. Huile de pétrole.

ETABLISSEMENTS D'EAUX MINÉRALES à Balaruc, à la Malou (commune de Mourcairol), à Avesne. Bains de mer à Cette. — Sources minérales à Foncaude, près de Montpellier, et à Burignargues.

INDUSTRIE ET COMMERCE. Fabriques de draps et d'étoffes de laine et de soie, de couvertures de laine ; bonneterie ; gants ; toiles de coton, mousselines, siamoises, mouchoirs, calicots, flanelles, etc. Distilleries d'eau-de-vie sur presque tous les points du département. Fabriques de produits chimiques, de sels artificiels, de vitriol, d'eau-forte, de crème de tartre, de vert-de-gris, de parfumeries et d'essences. Tanneries. Teintureries. Papeteries. Élève des vers à soie. Éducation des troupeaux et des abeilles. Cierges, bougies, chandelles, graisse de mouton et suif. Brasseries. Salpêtrières. Faïenceries, poteries, tuileries. Construction de navires. Exploitation des mines de houille et de cuivre ; des carrières de marbre, de pierres à bâtir, d'ardoises, de pierres meulières, de gypse, de grès, de pouzzolane. Fours à plâtre et à chaux, etc.

COMMERCE de vins, eaux-de-vie et liqueurs fines, raisins secs, olives, amandes, grains, bestiaux, cuirs, articles de mégisserie, sel, vert-de-gris, parfums, plantes aromatiques et médicinales, sucreries. Importation de laines et de cotons en rame, de chargements de blé, d'huile d'olive et de merrains, de riz et vermicelles, de marchandises et denrées coloniales, de cuirs en poil, de liège, de sparterie, d'anchois en saumure, d'oranges et citrons, de vins et eaux-de-vie de Roussillon, etc. Le commerce du département est grandement favorisé, pour le transport des productions et la facilité des communications, par de belles routes, des canaux de navigation, par les ports de mer de Cette, d'Agde, et les ports secondaires de Mèze et de Marseillan.

Foires. Une centaine de foires se tiennent annuellement dans environ cinquante communes du département. Les principaux objets de commerce consistent en bœufs, moutons, porcs, chevaux, mulets, viandes salées, châtaignes, noix, merrain, futailles, cerceaux, toile, etc. On vend beaucoup de laines aux foires de Montagnac, de Murviel, de Lodève et du Caylar; de la graisse de porc à Cournonterral, à Quarante; des peaux et des cuirs à Gignac et à Aniane; de la soie à Ganges; de la filoselle et des tissus de soie à Béziers et à Bédarieux; des fromages de Roquefort à Cournonterral, à St-Gervais ou Caylar; des oignons et des eaux à Ganges, Cournonterral, Quarante; des fruits secs à St-Gervais, Murviel, Lodève; des sabots à Murviel; des ustensiles de fer et de cuivre à Agde, à Marseillan et à Montagnac.

Mœurs, usages et coutumes. Placés sous un beau ciel, sur une terre féconde, commerçants, actifs, industrieux, les habitants du département de l'Hérault sont vifs, spirituels. Ils ont en général dans le caractère une légèreté et une gaieté qui les distinguent, même parmi les autres Languedociens. Intelligents, pleins d'imagination, le travail les ennuierait plutôt qu'il ne les fatiguerait. Ils sont ennemis de toute espèce d'assujettissement. Portés à la colère, leurs premiers mouvements sont violents; mais ils s'apaisent bientôt; ils n'ont pas de fiel, et conservent rarement le souvenir d'une offense. — Les habitants ont les mœurs douces, mais ils sont un peu inconstants. L'idiome vulgaire annonce même la trempe de leur âme : il est flexible comme la langue italienne, et moins propre à peindre les passions fortes que les légères émotions de l'âme : il tient le milieu entre l'accent traînant des Marseillais et l'accent dur des habitants de l'Aveyron. — Veut-on un tableau particulier du caractère des citoyens des deux principales villes du département : « Les Montpelliérais sont les individus les plus impressionnables que je connaisse, a dit un naturaliste. Ils s'abandonnent à toutes les sensations qu'ils éprouvent, et la mobilité, qui fait la base de leur caractère, devient la règle de leur conduite et détermine leurs mœurs. Ces mœurs sont en effet, pour celui qui les observe, un mélange de rudesse et de douceur, d'attachement et d'inconstance, et le plus grand amour de soi, particulièrement chez le peuple. Dans la classe opposée, il ne faut qu'une éducation ordinaire pour tirer le plus grand parti de cette mobilité et pour former des hommes de mérite. » — Les Biterrois sont vifs, pétulants, fiers et généreux. Ils ont de l'esprit et de la pénétration ; la sérénité de leur ciel, la douceur de leur climat, la fécondité du sol qu'ils habitent, leur font préférer à la culture des beaux-arts le plaisir et la tranquillité ; les femmes y ont un enjouement, une vivacité et une sensibilité peu ordinaires.

Sous le rapport de la constitution physique, on peut dire, sans avoir égard aux nombreuses exceptions qui existent dans ce pays comme ailleurs, que les tempéraments bilieux et sanguins se partagent le département : les premiers occupent surtout le littoral. La stature est variable ; moyenne le plus souvent, élevée en général à Montpellier. Le sang est pur : beaucoup de femmes sont heureusement partagées sous le rapport de la beauté des traits et de l'élégance des formes : un plus grand nombre sont jolies ; on vante la fraîcheur des villageoises et la gentillesse native des grisettes citadines.

Le département de l'Hérault touche à la ligne méridionale longeant les Pyrénées, les Cévennes et les Alpes, qui sépare les pays à lait et à beurre des pays à huile. La proximité de la mer et les rivières qui l'arrosent lui fournissent une grande partie de sa nourriture : le poisson y est même assez abondant pour suppléer, dans différentes circonstances, les viandes ordinaires, le mouton et le bœuf ; ce dernier est de médiocre qualité, et on en use sobrement. Les herbages et les fruits y sont abondants, excellents et très-nécessaires durant l'été. En général l'habitant de ce riche et fertile pays se nourrit bien et sans excès. L'homme de la campagne mange un pain de seigle frais et de bon goût : sa vie est uniforme ; il fait un grand nombre de repas et consomme beaucoup. Le vin est la boisson favorite du peuple ; cependant les habitants boivent largement et s'enivrent peu.

Les villageois, peut-être plus que les citadins, ont la passion de la danse : chaque village, chaque hameau a sa fête patronale : on y danse au son du hautbois et du tambourin. — Les mariages couronnent des amours de cinq, six, et quelquefois dix ans. — L'usage est généralement établi d'envoyer, lors de la célébration des noces, des dragées et des confitures aux parents et aux amis des deux familles. L'aisance et la propreté règnent dans la plupart des habitations villageoises; et, soit à l'occasion d'un mariage, soit à cause de la fête du lieu, rien n'est épargné par le paysan pour traiter ses convives, amis ou étrangers, car il met sa gloire dans l'apparat de son hospitalité et dans le nombre de ses hôtes.

L'habitant de l'Hérault naît avec le génie musical ; mais son caractère lui fait trouver des charmes plus vifs à tous les plaisirs bruyants. Il est passionné pour les exercices, les courses à cheval, la chasse : celle-ci est une espèce de fureur dans le pays. L'ancien et noble jeu de l'arc, autrement le perroquet, les jeux de l'arbalète et de l'arquebuse, ont fait place au jeu de ballon, fort en usage dans les communes du département. — Le jeu de mail est plus particulier à la ville de Montpellier, puisqu'on dit en proverbe que les enfants y naissent un mail à la main. Les habitants de cette ville passent pour les plus habiles joueurs de l'Europe. — Quant aux danses publiques et particulières du pays, tout le monde connaît celles du *chivalet* et de *las treiñas* (les treilles) de Montpellier. La danse des treilles consiste en un vrai ballet où les danseurs et les danseuses passent et repassent sous des cerceaux et des guirlandes de fleurs. La danse du chevalet consiste en deux principaux personnages, dont l'un, l'homme-cheval, a le corps passé à travers un cheval de carton ; l'autre est le donneur d'avoine. A Pézenas, on voit la danse du Poulin ; à Béziers, le jour de l'Ascension, on célèbre la fête singulière du chevalier Peluc (Pepezuc), qui se signala au siège de cette ville. Le peuple honore sa bravoure en faisant de sa statue un vrai Pourceaugnac. A Gignac, le même jour, a lieu la course du combat nommé Sénibélet. — Dans quelques communes, on se plaît encore à la course des taureaux ; mais cet amusement est presque partout tombé en désuétude, comme tant d'autres qui ont cédé à des plaisirs moins barbares et plus en harmonie avec le caractère des Français et les progrès de la civilisation.

Division administrative. Le département de l'Hérault a pour chef-lieu Montpellier ; il envoie 6 représentants à la chambre des députés, et est divisé en 4 arrondissements de sous-préfectures :

Montpellier. . . . . . 14 cant. 131,815 h.
Béziers. . . . . 12 — 131,033
Lodève. . . . . 5 — 55,849
St-Pons-de-Thomiers. 5 — 48,640
                       36 cant. 367,337 h.

29ᵉ conserv. des forêts. — 16ᵉ arr. des mines (chef-l. Montpellier). — 9ᵉ divis. milit. (chef-l. Montpellier). — Evêché, grand séminaire et école secondaire ecclésiastique à Montpellier ; 42 cures, 256 succursales. — Eglises consistoriales, à Montpellier, à Montagnac, à Marsillargues et à Ganges. — Académie universitaire, faculté des sciences, faculté de médecine et collége royal à Montpellier. — Collèges communaux à Agde, Bédarieux, Béziers, Clermont, Lodève, Pézenas. — Ecole normale primaire à Montpellier. — Société libre des sciences et des belles-lettres à Montpellier. Société d'agriculture à Montpellier et à Béziers.

Biographie. Le département de l'Hérault a donné le jour à un grand nombre d'hommes distingués, parmi lesquels on cite principalement :

Les célèbres médecins et professeurs de médecine Barthez, Broussonnet, Chicoyneau, Draparnaud, Chrestien, Fizé, Fouquet, La Peyronnie, Rauchin, Vigarroux, etc., etc.

Mairan, célèbre physicien.

Poitevin et Plantade, astronomes.

Le P. Vanière, poète latin.

Bruèys, poète et auteur dramatique.

Le poète Roucher, mort sur l'échafaud révolutionnaire en 1794.

L'historien Daru.

Le publiciste CARION-NISAS.
Le poëte VIENNET, membre de la chambre des pairs.
PÉLISSON, historien de l'Académie française.
CAMBACÉRÈS, consul de la république et archichancelier de l'empire.
BENEZECH, ministre de l'intérieur.
BONNIER D'OLCO, membre de la convention, assassiné à Rastadt.
CAMBON, membre de la convention, créateur du grand-livre de la dette publique.
LASOURCE, membre de la convention, mort sur l'échafaud révolutionnaire.
SÉB. BOURDON, VIEN, FABRE, GRANIER, ROUX, peintres.
GAVAUX, NOURRIT, Mme PRADHER, compositeurs et artistes dramatiques.
Les généraux CAMPREDON, MATTHIEU DUMAS, MAURIN, BERTHEZÈNE, LEPIC, etc., etc.
Bibliographie. MOURGUE (J.-A.). *Essai de statistique appliquée au département de l'Hérault*, in-8, 1800.
CREUZÉ DE LESSER (Hipp.). *Statistique du département de l'Hérault*, in-8, 1824.
VILBACK (Renaud de). *Voyage dans les départements formés de l'ancienne province de Languedoc. Esquisse de l'histoire de Languedoc. Description de l'Hérault*, in-8, 1825.
THOMAS (J.-P.), mort en 1820). *Mémoires historiques sur Montpellier et sur le département de l'Hérault*, in-8, 1827 (ouvrage posthume).
RENOUVIER. *Des anciennes églises du département de l'Hérault* (Mém. de la société archéologique de Montpellier, t. 1er, p. 83 et 321).
THOMAS (E.). *Géographie ancienne du département de l'Hérault* (Mém. de la société archéologique de Montpellier, t. 1er, p. 427).
DUPIN (Charles). *Forces productives et commerciales de l'Hérault* (Revue encyclopédique, 1828).
THOMAS (E.). *Recherches sur la position des Celtes, Volces, ou Introduction à la géographie ancienne du département de l'Hérault*, in 4, 1836.
AMELIN (S.-M.). *Guide du voyageur dans le département de l'Hérault*, in-18, 1828-1829.
* *Coup d'œil sur le Guide du voyageur dans le département de l'Hérault*, in-18, 1828.
BRULARD. *Annuaire de l'Hérault pour l'an* XIV, in-8.
Annuaire du département de l'Hérault, in-18, 1819-43.
HERBAUDIÈRE (l'), vg. *Vendée*, comm. et ⊠ de Noirmoutiers.
HERBAULT, bg *Loir-et-Cher* (Blaisois), arr. et à 16 k. de Blois, chef-l. de cant. Cure. ⊠. ⚭. À 193 k. de Paris pour la taxe des lettres. Pop. 740 h.— TERRAIN tertiaire moyen.— Foires le 3e lundi de fév., lundi de Pâques et 3e lundi d'août.
HERBAVILLE, vg. *Vosges*, comm. de St-Michel, ⊠ de St-Dié.

HERBAY (l'), vg. *Indre*, comm. de Giroux, ⊠ de Vatan.
HERBEAUPAIRE, vg. *Vosges*, comm. de Lusse, ⊠ de St-Dié.
HERBEAUVILLIERS, vg. *Seine-et-Marne* (Gatinais), arr. et à 22 k. de Fontainebleau, cant. de la Chapelle-la-Reine, ⊠ de Malesherbes. Pop. 124 h.
HERBÉCOURT, vg. *Somme* (Picardie), arr., ⊠ et à 14 k. de Péroune, cant. de Bray-sur-Somme. Pop. 348 h.
HERBEGNIES, vg. *Nord*, comm. de Villereau, ⊠ du Quesnoy.
HERBELLE, vg. *Pas-de-Calais* (Artois), arr., ⊠ et à 12 k. de St-Omer, cant. d'Aire-sur-la-Lys. Pop. 365 h.
HERBERGEMENT (l'), vg. *Vendée* (Poitou), arr. et à 26 k. de Bourbon-Vendée, cant. et ⊠ de Rocheservière. Pop. 351 h.— Foires le 1er mercredi de chaque mois.
HERBEUVAL, vg. *Ardennes* (pays Messin), arr. et à 36 k. de Sedan, cant. et ⊠ de Carignan. Pop. 404 h.
HERBEUVILLE, vg. *Meuse* (Lorraine), arr. et à 24 k. de Verdun-sur-Meuse, cant. de Fresnes-en-Voëvre, ⊠ de Manheulles. Pop. 818 h. — Foire le 7 mai.
HERBEVILLE, vg. *Seine-et-Oise* (Ile-de-France), arr. et à 23 k. de Versailles, cant. de Meulan, ⊠ de Maule. Pop. 135 h.
HERBÉVILLER, vg. *Meurthe* (Lorraine), arr. et à 21 k. de Lunéville, cant. et ⊠ de Blamont. Pop. 602 h.
HERBEYS, vg. *Isère* (Dauphiné), arr., cant., ⊠ et à 14 k. de Grenoble. Pop. 585 h.
HERBIERS (les), bg *Vendée* (Poitou), arr. et à 38 k. de Bourbon-Vendée, chef-l. de cant. Cure. Gîte d'étape. ⊠. ⚭. À 387 k. de Paris pour la taxe des lettres. Pop. 2,925 h. — TERRAIN cristallisé ou primitif.
Autrefois diocèse de Luçon, parlement de Paris, intendance de Poitiers, élection de Châtillon.
Cette ville, si intéressante par sa position et ses paysages pittoresques, a dû jadis être une place importante. Sa fondation même paraît remonter jusqu'aux derniers temps de la république romaine. Elle fut dévastée en 850 par les Normands, et plus tard par Bougon, duc d'Aquitaine. Sous la domination anglaise, les Herbiers, ceints de fortifications, figuraient au nombre des places fortes du pays ; sous Louis XIII, les restes de ses murailles furent abattus. Pendant la guerre vendéenne, une partie de ses habitants embrassa la cause royale ; l'autre s'efforça, mais vainement, de garder la neutralité : la ville fut, comme tout le reste du pays, dévastée et en partie incendiée ; mais elle a depuis tellement réparé ses désastres, qu'il n'en reste à peine des traces.
La ville des Herbiers semble sortir d'un bouquet de fleurs. On y descend par une pente douce et facile que forme la grande route en serpentant sur le flanc de la montagne. Cet endroit mérite son nom : placé dans un site délicieux, il semble avoir voulu se dérober à tous les regards en se cachant parmi des flots de verdure, qui l'entourent, le dominent ; et quand, au printemps, toutes les haies sont en fleurs, que tous les prés sont émaillés, que du milieu de ces champs et de ces grands bois s'exhale une brise embaumée, si la main du génie de l'architecture avait jeté, isolé dans un coin de cette vaste corbeille, quelque temple antique soutenu de colonnes blanches d'ordre corinthien, on se croirait transporté dans un de ces beaux paysages grecs décrits par l'auteur des Martyrs.
La ville des Herbiers est bâtie assez régulièrement et annonce un lieu commerçant ; tout y respire un air d'aisance qu'on ne trouve guère dans les autres villes de la Vendée. Un lac, un étang baignait autrefois les maisons situées au midi ; il a été réduit à deux ruisseaux, et remplacé par une suite de jardins presque tous plantés avec goût. — Cette petite ville a deux paroisses, une population d'environ 3,000 âmes, huit à dix rues bien pavées. Ce serait une des plus jolies du département, si l'administration, qui sacrifice beaucoup à Bourbon-Vendée, daignait y seconder l'érection de quelques monuments publics, tels que des fontaines ou des promenades.
Au nord des Herbiers s'élève le mont des Alouettes, point culminant de la chaîne de collines qui traverse toute la Vendée ; son élévation absolue est d'environ 300 m. Les duchesses d'Angoulême et de Berri, qui le visitèrent à l'époque de leur passage dans la Vendée, ont fait élever sur son sommet une charmante chapelle gothique, que la révolution de Juillet a empêché de terminer ; elle est construite en granit, et le travail en est excellent : la façade est ornée de deux jolis clochers ; seize colonnes carrées, que surmontent autant de flèches octogones, entourent l'édifice. Placé sur ce sommet, l'observateur voit à ses pieds le Bocage tout entier ; sa vue s'étend même fort au loin ; il reconnaît, en descendant vers le plat pays, les différents étages des collines vendéennes, sillonnées par une infinité de ravins, parsemées de landes sauvages, d'épaisses forêts, d'inextricables taillis de genêts gigantesques. La multiplicité des haies et des fossés fait de ce terrain un véritable labyrinthe. Vu du mont des Alouettes, il ressemble à un tapis onduleux, coloré de verts de toutes les nuances. Deux cônes au sud-est, presque aussi hauts que le mont des Alouettes, sont le mont Mercure, ainsi nommé d'un temple romain qui en a occupé le sommet, et le mont de Pouzauges. Sur les pentes inférieures et dans la plaine on reconnaît la petite ville des Herbiers, qui semble comme baignée dans une mer de feuillage. Enfin, aux bornes d'un immense horizon, l'œil remarque d'un côté la flèche aiguë de Luçon, et de l'autre les tours massives de Nantes.
HERBIGNAC, bg *Loire-Inf.* (Bretagne), arr. et à 35 k. de Savenay, chef-l. de cant., ⊠ de la Roche-Bernard. P. 3,176 h. — TERRAIN cristallisé.
Nombreuses fabriques de poteries qui occupent la moitié de la population. — Commerce

de bestiaux. — *Foires* le 1er lundi après la mi-carême, les 6 mai, 3 et 17 juin, 8 juillet et 26 nov. La foire du 6 mai est la plus importante. Elle se tient dans une lande d'une étendue immense. Les communes voisines qui s'y rendent ne confondent point leurs bestiaux. Chacune d'elles a sa foire particulière, et élève ses tentes sur un emplacement différent. Ces tentes, jetées çà et là au milieu de cette vaste plaine, offrent un coup d'œil singulier qui ressemble assez bien à un campement.

A 1 k. d'Herbignac on remarque les ruines imposantes de l'antique manoir de Renroet, grand bâtiment carré, flanqué aux quatre angles de tours rondes bien conservées, et environné de douves toujours remplies d'eau ; on y entrait par un pont-levis, défendu par une demi-lune, ceinte elle-même d'un fossé.

HERBIGNY, vg. *Ardennes* (Champagne), arr. et à 14 k. de Rethel, cant. de Novion, ✉ de Wassigny. Pop. 301 h.

HERBINGHEN, vg. *Pas-de-Calais* (Boulonnais), arr. et à 34 k. de Boulogne-sur-Mer, cant. de Guines, ✉ d'Ardres. Pop. 345 h.

HERBISSE, *Herbitia*, vg. *Aube* (Champagne), arr., cant. et à 12 k. d'Arcis-sur-Aube, ✉ de Mailly. Pop. 401 h.

HERBITZHEIM, vg. *B.-Rhin* (Alsace), arr. et à 51 k. de Saverne, cant. et ✉ de Sarre-Union. P. 1,895 h. — Il est situé à l'extrémité d'une belle vallée, sur la Sarre, que l'on y passe sur un pont en pierre de 16 arches. On trouve aux environs la source salée de Saltzbrunn. — *Foire* le 8 juin.

HERBLAIN (St-), vg. *Loire-Inf.* (Bretagne), arr., cant. et à 7 k. de Nantes. Pop. 2,375 h. — *Foire* le 18 avril.

HERBLAY, ou ERBLAY, *Erbledum, Atrabletum*, *Seine-et-Oise* (Ile-de-France), arr. et à 25 k. de Versailles, cant. d'Argenteuil, ✉ de Franconville. ⚓. Pop. 1,574 h. — Il est agréablement situé, dans une plaine, sur les bords de la Seine. On y voit une ancienne église, ornée de peintures à fresque, et surmontée d'un clocher massif dont la construction remonte au XIIe siècle. Aux environs sont plusieurs belles habitations ; une des plus remarquables possède une terrasse élevée de 100 m. au-dessus des eaux de la Seine. — Carrières de belles pierres de taille.

HERBLON (St-), vg. *Loire-Inf.* (Bretagne), arr., cant. et à 10 k. d'Ancenis. P. 2,480 h. — Il est situé sur une hauteur qui domine une vaste étendue de pays. Son territoire, arrosé par plusieurs ruisseaux, est fertile en grains, vins et fourrages. — *Foires* pour les bestiaux les 18 avril et 21 juillet.

HERBOUVILLE, vg. *Seine-Inf.*, comm. de Saâne-St-Just, ✉ de Bacqueville.

HERBSHEIM, vg. *B.-Rhin* (Alsace), arr. et à 22 k. de Schelestadt, cant. et ✉ de Benfeld. Pop. 530 h.

HERCÉ, bg *Mayenne* (Maine), arr. et à 23 k. de Mayenne, cant. et ✉ de Gorron. Pop. 732 h.

HERCHIES, vg. *Oise* (Picardie), arr., cant. et ✉ de Beauvais.

HÉRELLE (la), vg. *Oise* (Picardie), arr. et à 29 k. de Clermont, cant. et ✉ de Breteuil. Pop. 419 h.

HERCULIS MONŒCI PORTUS (lat. 44°, long. 26°). Ce lieu étant dominé par l'*Alpis Maritima* jusqu'où la Gaule étendait ses limites naturelles, et au sommet de laquelle étaient élevés *Tropæa Augusti*, j'ai cru devoir le comprendre ici. Strabon infère du nom de Μονοίκος que jusque-là s'étendaient les établissements formés par les Marseillois en rangeant la côte : car c'est ainsi qu'il faut entendre l'expression Μασσαλιωτικὸς παραπλόος. On trouve la confirmation dans Ptolémée, qui, terminant au port *Monæcus* ce qui appartient aux Marseillois, adjuge à la Ligurie les lieux maritimes qui suivent immédiatement. Je dois remarquer que la distance à l'égard d'*Antipolis* que Strabon (lib. IV, p. 202) indique de quelque chose de plus que 200 stades, ne peut admettre que les stades ordinaires, à raison de huit pour un mille romain. Car, ce qu'il y a d'espace absolu entre Antibe et Monaco n'étant que d'environ 15,000 toises, il n'en résulte que 20 milles romains au plus, ou 160 stades. Pour compter 200 stades, il faut que le mille en renferme dix. Je ne saurais en être surpris (V. l'article GESORIACUM), parce que j'ai vu la même chose s'offrir en bien des rencontres. Mais, comme on pourrait vouloir que la distance indiquée par Strabon ne fût pas une course directe, et qu'elle devait circuler, nous supposerons que la route est intervalle touche à Nice, comme à une rade ou station marseilloise, après avoir doublé un promontoire qui se nomme Malalangue. Or je trouve que cette route peut valoir 16 à 17,000 toises, par conséquent 22 milles romains, qui ne donnent que 176 stades, selon la valeur du grand stade, et non pas 200 et plus, comme le marque Strabon. On en comptera toutefois 220 en employant une autre mesure de stade, que l'on jugera ainsi être plus propre à l'indication de Strabon (*ubi supra*). Celle qu'il donne de 480 stades entre *Albium Ingaunum* et le même port *Monæcus* demande d'être entendue de la même manière. Car de Monaco au port d'*Albinga*, en ne négligeant pas de toucher à divers endroits de la côte, comme *Vintimille*, *Porto Mauritio*, &c, je trouve que le sillage de la route fournit environ 37,000 toises, dont il résulte 49 milles romains, ce qui ne produit que 392 stades, en ne comptant que huit stades dans un mille, au lieu que par la réduction du stade à la dixième partie du mille, on en trouve 490. Comme dans une pareille analyse on ne saurait prétendre à une plus grande rigueur de convenance que celle qui est susceptible, il doit suffire de reconnaître que 392 sont bien moins convenables que 490, au compte que donne Strabon de 480. Le port *Monæcus* était accompagné d'un temple d'Hercule, selon Strabon. Dans Pline (lib. III, cap. V), le *Portus Herculis Monœci* vient à la suite de *Cemelion*, ou *Cemenelium*. C'est ici à propos que Ptolémée distingue le port d'Hercule, qu'il place immédiatement après *Nicæa*, du port *Monæcus*, séparant ces ports par la position de *Tropæa*, ce qui désignerait plutôt le port qui a été nommé *Olivula*, près de Villefranche, que celui de Monaco. Il s'est néanmoins trouvé des savants qui ont argumenté en faveur de Ptolémée. L'expression de Mamertin, dans une oraison au sujet de la naissance de Maximien, *summas arces Monœci Herculis*, répond à la situation de Monaco sur une falaise, dont la mer bat le pied. Ammien Marcellin (lib. XV), se conformant à la tradition qui voulait qu'Hercule eût passé par là allant combattre Gérion, *Monœci similiter arcem*, dit-il, *et portum, ad perennem sui memoriam consecravit*. » D'Anville. *Notice de l'ancienne Gaule*, p. 371. V. aussi Walckenaer. *Géographie des Gaules*, t. I, p. 21 ; t. II, p. 106.

HÉRENGUERVILLE, vg. *Manche* (Normandie), arr. et à 13 k. de Coutances, cant. de Montmartin-sur-Mer, ✉ de Bréhal. P. 374 h.

HÉRENT (St-), vg. *Puy-de-Dôme* (Auvergne), arr. et à 13 k. d'Issoire, cant. et ✉ d'Ardes. Pop. 534 h.

HÉRÉPIAN, bg *Hérault* (Languedoc), arr. et à 34 k. de Béziers, cant. de St-Gervais, ✉ de Bédarieux. Pop. 1,083 h. Au milieu des montagnes. — Verrerie considérable. — *Foires* les 17 janv. et 1er mercredi après Pâques.

HÈRES, vg. *H.-Pyrénées* (Gascogne), arr. et à 38 k. de Tarbes, cant. de Castelnau-Rivière-Basse, ✉ de Maubourguet. P. 328 h.

HERGIES, vg. *Nord*, comm. de Hon-Hergies, ✉ de Bavay.

HERGNIES, vg. *Nord* (Flandre), arr. et à 18 k. de Valenciennes, cant. et ✉ de Condé-sur-l'Escaut. Pop. 2,820 h.

HERGUGNEY, vg. *Vosges* (Lorraine), arr. et à 15 k. de Mirecourt, cant. et ✉ de Charmes. Pop. 366 h.

HÉRIC, vg. *Loire-Inf.* (Bretagne), arr. et à 43 k. de Châteaubriant, cant. et ✉ de Nort. Pop. 3,929 h. Près du point de partage du canal de Nantes à Brest.

HÉRICOURT, vg. *Pas-de-Calais* (Artois), arr., cant., ✉ et à 7 k. de St-Pol-sur-Ternoise. Pop. 183 h.

HÉRICOURT, petite ville manufacturière, *H.-Saône* (Franche-Comté), arr. et à 27 k. de Lure, chef-l. de cant. Cure. ⚓. A 433 k. de Paris pour la taxe des lettres. Pop. 3,518 h. — TERRAIN jurassique.

Héricourt est une ancienne petite ville située sur la rive gauche de la Luzenne, qui y alimente plusieurs usines. Elle est irrégulièrement, mais proprement bâtie, et l'activité de son industrie est remarquable. Sa population est en grande partie protestante. Il n'y a qu'une église dans la ville ; les catholiques célèbrent leurs offices dans le chœur, et les luthériens assistent à leurs cérémonies religieuses dans la nef.

L'ancien château des seigneurs du lieu existe encore, ainsi que quelques autres vieilles et curieuses constructions. Héricourt jouissait jadis de plus d'importance, mais de moins de bien-être qu'à présent, et fut souvent l'objet de contestations entre les maisons d'Ortembourg et de Neufchâtel, qui s'en disputaient la possession. En 1425, l'évêque de Bâle, aidé de quelques seigneurs, en fit le siége et le ruina. En 1475, elle fut assiégée par l'armée du duc Sigismond, formée d'Allemands et de Suisses ; le seigneur d'Héricourt, Thiébaut, de Neufchâtel, s'avança pour secourir la place, et perdit inutilement 2,000 hommes en cherchant à y jeter du secours. Les bourgeois, réduits à l'extrémité, furent obligés de se rendre vie et bagues sauves. En 1561, les ducs de Wurtemberg, princes de Montbelliard, firent l'acquisition d'Héricourt ; un grand nombre de familles protestantes s'y établirent alors, et introduisirent l'industrie qui distingue ce canton. *Fabriques* de toiles peintes, bonneteries en coton, mouchoirs, colle forte, poterie de terre. Brasseries, Tuileries, Filatures de coton. Teintureries, Tanneries et chamoiseries. — *Foires* le 2ᵉ jeudi de chaque mois, où il se fait de nombreuses transactions sur les cotons filés et les tissus.

HÉRICOURT, vg. *Seine-Inf*. V. St-Denis-d'Héricourt.

HÉRICOURT-ST-SAMSON, vg. *Oise* (Picardie), arr. et 35 k. de Beauvais, cant. et ✉ de Formerie. Pop. 322 h.

HÉRICY, bg *Seine-et-Marne* (Gatinais), arr. et à 17 k. de Melun, cant. du Châtelet, ✉ de Fontainebleau. Pop. 956 h. Sur la rive droite de la Seine.

C'était autrefois une petite ville entourée de fossés et fermée de murs, dont on voit encore quelques débris. On y remarque les ruines d'un pont construit, dit-on, par les Romains, et détruit sous le règne de Louis XI. Ce pont était très-étendu, et dans son état de destruction il offre de belles ruines antiques, remarquables par la hardiesse et la solidité des cintres des arches, sur l'une desquelles est un moulin à farine. L'église paroissiale est grande, régulière et l'une des plus belles des environs.

HÉRIE (Ste-), vg. *Charente-Inf*., comm. et ✉ de Matha.

HÉRIE (la), vg. *Aisne* (Picardie), arr. et à 12 k. de Vervins, c. et ✉ d'Hirson. P. 380 h.

HÉRIE-LA-VIÉVILLE (la), vg. *Aisne* (Picardie), arr. et à 15 k. de Vervins, cant. de Sains, ✉ de Guise. Pop. 865 h.

HÉRILS, vg. *Calvados*, comm. de Maisons, ✉ de Bayeux.

HÉRIMÉNIL, vg. *Meurthe* (Lorraine), arr., ✉ et à 4 k. de Lunéville, cant. de Gerbéviller. Pop. 490 h.

HÉRIMONCOURT, vg. *Doubs* (Franche-Comté) ; arr., ✉ et à 12 k. de Montbelliard, cant. de Blamont. Pop. 713 h. — Manufacture considérable de vis à bois. Forges et fonderies pour la fabrication des ressorts d'horlogerie, lames de scies, buscs, etc. (A) 1823-27-39. — *Fabriques* de petites pièces d'horlogerie, Filature de coton.

HÉRIN, vg. *Nord* (Flandre), arr., cant., ✉ et à 6 k. de Valenciennes. Pop. 963 h. — *Fabrique* de sucre indigène.

HÉRISSART, vg. *Somme* (Picardie), arr. et à 17 k. de Doullens, cant. d'Acheux, ✉ de Villers-Bocage. Pop. 1,008 h.

HÉRISSON, *Iritio*, petite et ancienne ville, *Allier* (Bourbonnais), arr. et à 25 k. de Montluçon, chef-l. de cant. Cure. ✉. A 416 k. de Paris pour la taxe des lettres. Pop. 1,382 h. — Terrain cristallisé.

Autrefois diocèse de Bourges, parlement de Paris, intendance de Moulins, élection de Montluçon, châtellenie royale, collégiale.

Cette ville, située sur la rive droite de l'Aumance, était autrefois entourée de hautes et fortes murailles flanquées de tours ; on y entrait par trois portes. Le château qui la domine avait huit tours et un donjon fort élevé ; il n'offre plus maintenant que des ruines que leur position sur un rocher à pic rend très-pittoresques. C'est l'un des paysages les plus agrestes de ce département.

On est porté à croire que la ville a été fondée après la destruction de l'ancienne ville de Cordes, située sur une montagne escarpée à 1 k. de là, et dont l'existence date du temps des Romains. — *Fabriques* de serges, toiles, plumes à écrire. — *Carrières* de feldspath pétunsé. — *Foires* les 11 fév., 14 avril, 2 juin, 20 oct., 6 déc.

HÉRISSON, vg. *Deux-Sèvres*, comm. de Pougne-Hérisson, ✉ de Parthenay.

HÉRITOT, vg. *Calvados*, comm. de St-Ouen-du-Mesnil-Oger, ✉ de Troarn.

HERIUS, *fluv*. (lat. 48°, long. 16°). « Ptolémée décrivant la côte de la Lionoise, en partant de l'embouchure de la Loire, qui est le terme de l'Aquitaine, fait mention de cette rivière, et il est démontré dans l'article *Dureria* que c'est la Vilaine qui se trouve indiquée sous cette dénomination. Je vois même une trace du nom de *Herius* dans celui de Treig-Hier, que l'on donne encore actuellement au passage de la Vilaine, entre la Roche-Bernard et l'embouchure de cette rivière. Car on croira volontiers que Treig-Hier vient de *Trajectum Herii*. » D'Anville. *Notice de l'ancienne Gaule*, p. 372.

HERLEVILLE, vg. *Somme* (Picardie), arr. et à 20 k. de Péronne, cant. de Chaulnes, ✉ de Lihons-en-Santerre. Pop. 456 h.

HERLIÈRE (la), vg. *Pas-de-Calais* (Artois), arr. et à 18 k. d'Arras, cant. de Beaumetz-les-Loges, ✉ de l'Arbret. Pop. 167 h.

HERLIES, vg. *Nord* (Flandre), arr. et à 17 k. de Lille, cant. et de la Bassée. Pop. 1,046 h. — *Fabrique* de sucre indigène.

HERLIN-LE-SEC, vg. *Pas-de-Calais* (Artois), arr., cant., ✉ et à 5 k. de St-Pol-sur-Ternoise. Pop. 162 h.

HERLINCOURT, vg. *Pas-de-Calais* (Artois), arr., cant., ✉ et à 5 k. de St-Pol-sur-Ternoise. Pop. 193 h.

HERLISE (la), vg. *Ille-et-Vilaine*, comm. de Miniac-Morvan, ✉ de Châteauneuf-en-Bretagne.

HERLY, vg. *Pas-de-Calais* (Boulonnais), arr. et à 20 k. de Montreuil-sur-Mer, cant. et ✉ d'Hucqueliers. Pop. 822 h.

HERLY, vg. *Somme* (Picardie), arr. et à 30 k. de Montdidier, cant. de Roye, ✉ de Nesle. Pop. 192 h.

HERM (l'), vg. *Ariège* (pays de Foix), arr., cant., ✉ et à 6 k. de Foix. Pop. 1,422 h.

HERM (l'), vg. *H.-Garonne* (Languedoc), arr., cant., ✉ et à 10 k. de Muret. P. 1,134 h.

HERM, vg. *Landes* (Gascogne), arr., cant. et à 14 k. de Dax, ✉ de Castets. Pop. 851 h.

HERM (l'), vg. *H.-Loire*, comm. de Chacornac, ✉ de Cayres.

HERM (l'), vg. *H.-Loire*, comm. de Salettes, ✉ du Monastier.

HERM (l'), vg. *Lot* (Quercy), arr. et à 26 k. de Cahors, cant. de Catus, ✉ de Castelfranc. Pop. 802 h.

HERM, vg. *B.-Pyrénées*, comm. d'Audejos, ✉ de Lacq.

HERMANVILLE, vg. *Calvados* (Normandie), arr. et à 13 k. de Caen, cant. de Douvres, ✉ de la Délivrande. Pop. 844 h.

Patrie de J.-F. Sarrasin, poète et littérateur, mort en 1654.

HERMANVILLE, *Hermanvilla*, vg. *Seine-Inf*. (Normandie), arr. et à 15 k. de Dieppe, cant. et ✉ de Bacqueville. Pop. 267 h.

HERMAUX, vg. *Lozère* (Languedoc), arr. et à 18 k. de Marvejols, cant. de St-Germain-du-Teil, ✉ de la Canourgue. Pop. 649 h.

HERMAVILLE, vg. *Pas-de-Calais* (Artois), arr. et à 20 k. de St-Pol-sur-Ternoise, cant. et ✉ d'Aubigny. Pop. 519 h.

HERMÉ, vg. *Seine-et-Marne* (Brie), arr. et à 13 k. de Provins, cant. et ✉ de Bray-sur-Seine. Pop. 624 h.

HERMELANGE, vg. *Meurthe* (Lorraine), arr. et à 12 k. de Sarrebourg, cant. et ✉ de Lorquin. Pop. 295 h.

HERMELINGHEN, vg. *Pas-de-Calais* (Boulonnais), arr. et à 25 k. de Boulogne-sur-Mer, cant. et ✉ de Guines. Pop. 270 h.

HERMENAULT (l'), bg *Vendée* (Poitou), arr., ✉, bureau d'enregist. et à 10 k. de Fontenay-le-Comte, chef-l. de cant. Cure. Pop. 988 h. — Terrain jurassique. — *Foires* le 1ᵉʳ lundi de mai et 1ᵉʳ jeudi de nov.

HERMENT, petite ville, *Puy-de-Dôme* (Auvergne), arr. et à 5 k. de Clermont-Ferrand, chef-l. de cant. Cure. ✉ de Pontaumur. Pop. 533 h. — Terrain cristallisé ou primitif.

Cette ville était autrefois fortifiée, a soutenu plusieurs sièges dans le xvɪᵉ siècle. Elle est bâtie sur des prismes de basalte, et dominée par les ruines d'un ancien château qui a fait partie du comté d'Auvergne. — *Foires* les 17 janv., 6 mai, 18 juin, 19 juillet, 3 août, 29 oct., 19 nov., 22 déc., dernier mardi de carnaval, mercredi avant la mi-carême, lundi de Quasimodo et 1ᵉʳ jeudi de sept.

HERMERAY, vg. *Seine-et-Oise* (Beauce), arr., cant. et à 15 k. de Rambouillet, ✉ d'Epernon. Pop. 730 h.

HERMERAY, vg. *Seine-et-Oise*, comm. de Bourdonné, ✉ de Houdan.

HERMERSWILLER, ou Hermansweiler, vg. *B.-Rhin* (Alsace), arr. et à 12 k. de Weissembourg, cant. et ✉ de Soultz-sous-Forêts. Pop. 225 h.

HERMES, vg. *Oise* (Picardie), arr. et à 17 k. de Beauvais, cant. et ✉ de Noailles. Pop. 750 h. — Il est situé sur le Thérain, que l'on passe sur un beau pont. — *Fabriques* de queues de billard et de cannes en tous genres en bois des îles, manches de parapluies, boutons de nacre, etc.

L'abbaye de FROIDMONT, de l'ordre de Cîteaux, se trouvait sur la commune de Hermes ; il ne reste plus de ce monastère qu'une ferme et un moulin.

Le château de MARGUERITE et l'ancien fief de Grandville dépendent aussi de cette commune.

HERMÉVILLE, vg. *Meuse* (pays Messin), arr. et à 16 k. de Verdun-sur-Meuse, cant. et ✉ d'Étain. Pop. 814 h.

HERMEVILLE, vg. *Seine-Inf.* (Normandie), arr. et à 18 k. du Havre, cant. et ✉ de Criquetot-Lesneval. Pop. 316 h.

HERMIES, vg. *Pas-de-Calais* (Artois), arr. et à 28 k. d'Arras, cant. de Bertincourt, ✉ de Cambrai. Pop. 2,301 h.

HERMIÉTERIE (l'), vg. *H.-Vienne*, com. de Couzeix, ✉ de Limoges.

HERMIN, vg. *Pas-de-Calais* (Artois), arr. et à 20 k. de Béthune, cant. et ✉ de Houdain. Pop. 290 h.

HERMINE (Ste-), bg *Vendée* (Poitou), arr. et à 21 k. de Fontenay-le-Comte, ch.-l. de cant. Cure. ✉. A 461 k. de Paris pour la taxe des lettres. Pop. 1,967 h. — TERRAIN cristallisé, voisin du terrain jurassique. — Foires les 29 août et 1er déc.

HERMITAGE (l'), vg. *Côtes-du-Nord* (Bretagne), arr. et à 22 k. de St-Brieuc, cant. de Plœuc, ✉ de Quintin. Pop. 1,245 h. — *Fabriques* de toiles de Bretagne ; linge de table. Haut fourneau. Fours à chaux.

HERMITAGE (l'), vg. *Ille-et-Vilaine* (Bretagne), arr., ✉ et à 11 k. de Rennes, cant. de Mordelles. Pop. 487 h. — On y remarque les ruines du château de Méjusseaume, berceau de la famille de Coëtlogon, et le vieux château de Robeil, où l'on conserve un coffre gothique, qui a appartenu, dit-on, à Henri IV. — *Foire* le 1er mardi après la Fête-Dieu.

HERMITAGE (l'), vg. *Seine-et-Oise*, com. et ✉ de Pontoise.

HERMITAGE (l'), vg. *Seine-et-Oise*, com. et ✉ de St-Leu-Taverny.

HERMITAIN (Forêt-de-l'), vg. *Deux-Sèvres*, comm. de Souvigné, ✉ de St-Maixent.

HERMITES (les), vg. *Indre-et-Loire* (Touraine), arr. et à 36 k. de Tours, cant. et ✉ de Château-Renault. Pop. 1,009 h.

HERMITIÈRE (l'), vg. *Orne* (Perche), arr. et à 30 k. de Mortagne-sur-Huisne, cant. du Theil, ✉ de Bellême. Pop. 562 h.

HERNIVAL-LES-VAUX, vg. *Calvados* (Normandie), arr., cant., ✉ et à 5 k. de Lisieux. Pop. 675 h.

HERMONACUM (lat. 51°, long. 22°). « On trouve ce lieu, dans la Table théodosienne, entre *Camaracum et Bagacum*, Cambrai et Bavai. La distance, à l'égard de *Camaracum*, est marquée XI, ce qu'il faut prendre pour XII, et, à l'égard de *Bagacum*, VIII. — L'Itinéraire d'Antonin, en passant de *Camaracum* à *Bagacum*, sans lieu intermédiaire, marque XVIII. Il y a un peu moins de 22,000 toises de distance entre les points de Cambrai et Bavai, et les 19 lieues gauloises que nous comptons dans la Table en font à peu près l'équivalent, puisque le calcul est de 21,546 toises. A la distance de 10 à 11 lieues gauloises, ou d'environ 12,000 toises du point de Cambrai, on rencontre sur la voie dont la trace subsiste un lieu nommé Bermerain, et de là au point de Bavai la distance passe 8 lieues gauloises, sans aller jusqu'à 9. » D'Anville. *Notice de l'ancienne Gaule*, p. 372.

HERMONVILLE, bg *Marne* (Champagne), arr., ✉ et à 19 k. de Reims, cant. de Fismes. Pop. 1,517 h. — *Foires* les 8 sept., 24 déc., et lundi de la 4e semaine de carême.

En 1718, on découvrit sur le territoire de ce bourg trois sources d'eau minérale froide. La première, nommée la fontaine St-Martin, prend sa source à peu de distance du sommet de la montagne d'Hermonville, près d'un endroit nommé le Bois-de-l'Arbre. L'eau de cette fontaine est très-claire ; elle se précipite du haut de la montagne, a son écoulement vers Prouilly, et fait tourner quelques moulins. La seconde source se nomme la fontaine des Coquins ; elle naît aussi sur le haut de la montagne d'Hermonville, et coule vers le village. La troisième source, dite fontaine des Gratières, sourd au bas de la montagne, et se dirige vers Hermonville. — D'après les observations consignées dans le *Journal de Verdun* de 1729, l'eau d'Hermonville est claire, bitumineuse, imprégnée de soufre, de carbonate et de sulfate de fer : on voit surnager à sa surface une matière huileuse. On assure qu'elle est spécifique pour l'asthme et le rhumatisme.

Le CHATEAU DE TOUCICOURT, vaste et belle habitation, environnée de jardins renfermant de belles eaux, est une dépendance d'Hermonville.

Bibliographie. * *Notice sur les eaux minérales d'Hermonville* (Journal de Verdun, juin 1729, p. 411).

FRESSON (l'abbé). *Lettre sur les sources d'Hermonville* (Nat. considérée, 1771, t. VII, p. 73, et Dictionn. minér. et hydrol. de la France, t. II, p. 245).

HERNICOURT, vg. *Pas-de-Calais* (Artois), arr., cant., ✉ et à 5 k. de St-Pol-sur-Ternoise. Pop. 511 h.

HERNIN (St-), vg. *Finistère* (Bretagne), arr. à 40 k. de Châteaulin, cant. et ✉ de Carhaix. Pop. 1,314 h.

HERNY, ou HERLINGEN, vg. *Moselle* (pays Messin), arr. à 30 k. de Metz, cant. et ✉ de Faulquemont. Pop. 896 h. — *Fabrique* et blanchisserie de toiles.

HÉROLLES (les), vg. *Vienne*, comm. de Coulonges, ✉ de Montmorillon.

HÉRON (le), vg. *Seine-Inf.* (Normandie), arr. et à 25 k. de Rouen, cant. de Darnetal, ✉ de Croisy-Lahaye. Pop. 354 h.

HÉRONCHEL, vg. *Seine-Inf.* (Normandie), arr., cant. et à 23 k. de Rouen, ✉ de Buchy. Pop. 191 h.

HÉRORITS, vg. *B.-Pyrénées*, comm. et ✉ d'Ustarits.

HÉROUEL, vg. *Aisne* (Picardie), arr. à 16 k. de St-Quentin, cant. de Vermand, ✉ de Ham. Pop. 270 h. — *Fabrique* de sucre indigène.

PATRIE du farouche FOUQUIER-TAINVILLE, accusateur public près le tribunal révolutionnaire, décapité à Paris le 7 mai 1795.

HÉROUVILLE, *Herovilla, Herulfvilla*, vg. *Calvados* (Normandie), arr., cant., ✉ et à 4 k. de Caen. Pop. 622 h.

HÉROUVILLE, vg. *Calvados*, comm. de Litteau, ✉ de Balleroy.

HÉROUVILLE, vg. *Seine-et-Oise* (Vexin), arr., ✉ et à 8 k. de Pontoise, cant. de l'Isle-Adam. ⚒. Pop. 303 h.

PATRIE du comte TURPIN DE CRISSÉ, membre de l'Institut.

HÉROUVILLETTE, vg. *Calvados* (Normandie), arr. et à 10 k. de Caen, cant. de Troarn, ✉ de Ranville. Pop. 502 h.

HERPELMONT, vg. *Vosges* (Lorraine), arr. et à 35 k. de St-Dié, cant. de Corcieux, ✉ de Bruyères. Pop. 383 h.

HERPES, vg. *Charente* (Saintonge), arr. et à 29 k. d'Angoulême, cant. de Rouillac. Pop. 267 h.

HERPIEUX, vg. *Isère*, comm. de Chanas, ✉ du Péage.

HERPONT, vg. *Marne* (Champagne), arr. et à 19 k. de Ste-Ménehould, cant. de Dommartin-sur-Yèvre, ✉ de Tilloy. Pop. 408 h.

HERPY, vg. *Ardennes* (Champagne), arr. et à 15 k. de Rethel, cant. et ✉ de Château-Porcien. Pop. 311 h.

HERQUEVILLE, vg. *Manche* (Normandie), arr. et à 21 k. de Cherbourg, cant. et ✉ de Beaumont. Pop. 259 h.

HERQUEVILLE-SUR-SEINE, *Aschervilla*, vg. *Eure* (Normandie), arr. et à 12 k. de Louviers, cant. de Pont-de-l'Arche, ✉ de Notre-Dame-du-Vaudreuil. Pop. 116 h.

HERRAN, vg. *H.-Garonne*, comm. de Fougaron, ✉ d'Aspet.

HERRÉ, vg. *Landes* (Gascogne), arr. et à 43 k. de Mont-de-Marsan, cant. et ✉ de Gabarret. Pop. 320 h.

HERRÈRE, vg. *B.-Pyrénées* (Béarn), arr., cant., ✉ et à 7 k. d'Oloron. Pop. 518 h.

HERRIER-DE-CUGNY (l'), vg. *Aisne*, comm. de Cugny, ✉ de Ham.

HERRIN, vg. *Nord* (Flandre), arr. et à 16 k. de Lille, cant. et ✉ de Seclin. Pop. 339 h. — Blanchisserie de toiles.

HERRLISHEIM, bg *B.-Rhin* (Alsace), arr. et à 9 k. de Strasbourg, cant. et ✉ de Bischwiller. Pop. 1,269 h.

HERRLISHEIM, petite ville, *H.-Rhin* (Alsace), arr., ✉ et à 5 k. de Colmar, cant. de Wintzenheim. Pop. 2,105 h. — Elle est sur la Lauch. On y remarque un château moderne, construit au XVIIIe siècle sur l'emplacement d'un ancien château surpris et rasé par les habitants de Schelestadt en 1448.

HERRY, bg *Cher* (Berry), arr. et à 17 k. de Sancerre, cant. de Saucerques, ✉ de la Charité. Pop. 2,919 h. — *Foire* le 12 fév.

HERSERANGE, vg. *Moselle* (pays Messin), arr. et à 40 k. de Briey, cant. et ✉ de Longwy. Pop. 471 h. — Forges.

HERSIN-COUPIGNY, vg. *Pas-de-Calais* (Artois), arr., ⊠ et à 10 k. de Béthune, cant. de Houdain. Pop. 1,033 h.

HERSPACH, ou HERCHEPOT, vg. *Vosges*, comm. de Wische, ⊠ de Schirmeck.

HERTELEY (le), *Herterium*, vg. *Seine-Inf.*, comm. de Bréauté, ⊠ de Goderville.

HERTZING, vg. *Meurthe* (Lorraine), arr. et à 14 k. de Sarrebourg, cant. de Réchicourt-le-Château, ⊠ de Lorquin. Pop. 304 h.

HERVÉ (St-), vg. *Côtes-du-Nord* (Bretagne), arr. et à 10 k. de Loudéac, cant. et ⊠ d'Uzel. Pop. 1,203 h.

HERVELINGHEN, vg. *Pas-de-Calais* (Boulonnais), arr. et à 22 k. de Boulogne-sur-Mer, cant. et ⊠ de Marquise. Pop. 242 h.

HERVILLE, vg. *Seine-et-Oise*, comm. de St-Martin-la-Garenne, ⊠ de Mantes.

HERVILLY, vg. *Somme* (Picardie), arr. et à 13 k. de Péronne, cant. et ⊠ de Roisel. Pop. 458 h.

HÉRY (l'), vg. *Marne* (Champagne), arr. et à 22 k. de Reims, cant. et ⊠ de Ville-en-Tardenois. Pop. 134 h.

HÉRY, vg. *Yonne* (Bourgogne), arr. et à 14 k. d'Auxerre, cant. et ⊠ de Seignelay. Pop. 1,494 h.

HÉRY-LÈS-DOMPIERRE, vg. *Nièvre* (Nivernais), arr. et à 25 k. de Clamecy, cant. de Brinon-les-Allemands, ⊠ de Corbigny. Pop. 291 h.

HERZEELE, vg. *Nord* (Flandre), arr. et à 26 k. de Dunkerque, cant. et ⊠ de Wormhoudt. Pop. 1,797 h. — *Foire* le 15 août.

HESBÉCOURT, vg. *Somme* (Picardie), arr. et à 14 k. de Péronne, cant. et ⊠ de Roisel. Pop. 266 h.

HESCAMPS-ST-CLAIR, vg. *Somme* (Picardie), arr. et à 47 k. d'Amiens, cant. de Poix, ⊠ de Grandvilliers. Pop. 552 h.

HESDIGNEUL, vg. *Pas-de-Calais* (Artois), arr., ⊠ et à 5 k. de Béthune, cant. de Houdain. Pop. 326 h.

HESDIGNEUL, vg. *Pas-de-Calais* (Boulonnais), arr. et à 9 k. de Boulogne-sur-Mer, cant. et ⊠ de Samer. Pop. 209 h.

HESDIN, *Hisdinium*, *Hesdinium*, jolie et forte ville, *Pas-de-Calais* (Artois), arr. et à 27 k. de Montreuil-sur-Mer, chef-l. de cant. Place de guerre de 3ᵉ classe. Côte d'étape. ⊠. ⚭. A 194 k. de Paris pour la taxe des lettres. Pop. 3,790 h. — TERRAIN tertiaire supérieur.

Autrefois diocèse de Boulogne, conseil provincial d'Artois, intendance de Lille, recette de Béthune, bailliage, maîtrise particulière, gouvernement particulier, couvents de récollets, chartreuse.

Hesdin fut fondé en 1554 par Philibert-Emmanuel, duc de Savoie, à la place d'un village nommé le Ménil, et à 4 k. de l'ancienne ville forte d'Hesdin, détruite par Charles-Quint en 1553. Dans l'origine, la nouvelle ville d'Hesdin n'était qu'une petite forteresse flanquée de quatre bastions, que l'on agrandit vers 1607 et 1611. Louis XIII la prit en 1639, et sa possession fut assurée à la France par le traité des Pyrénées, conclu en 1659.

Les armes d'Hesdin sont : *parti d'argent et de gueules, et deux étoiles en chef de l'un en l'autre.*

Le site de cette ville, dans la jolie et riche vallée de la Canche, est des plus agréables : entourée de canaux, de prairies et de chemins ombragés, de jardins, de vergers et de bosquets, elle ressemble à un château fort placé au milieu d'un vaste parc. C'est sans contredit une des villes les plus agréables du département ; elle est bien bâtie en briques, bien percée, ceinte de remparts, et entourée de fossés en tout temps inondés par les eaux de la Canche. L'air y est très-sain ; les environs charmants et remplis de traditions historiques.

L'hôtel de ville est un édifice extrêmement gracieux. On y remarque, parmi les vastes et beaux salons de l'intérieur, une petite bibliothèque naissante digne de fixer, par le choix des ouvrages qui y sont rassemblés, l'attention des amis des lettres.

Biographie. Patrie de l'abbé PRÉVOST D'EXILES, l'un des plus féconds littérateurs du XVIIIᵉ siècle.

Du mathématicien A.-J. VINCENT.

Du lieutenant général de génie GARRÉ.

Du lieutenant général DE CAUX DE BLANQUETOT.

Fabriques de bonneterie en fil et en coton, huile, faïence, poterie, briques. Brasseries. Filature de coton (à Grigny). Raffinerie de sel. Tanneries. — *Foires* les 22 sept., 6 déc. (15 jours) et 1ᵉʳ jeudi après Pâques.

Bibliographie. *Description de la ville et pays de Hesdin* (imprimée avec le siége de Hesdin, in-fol., 1639).

La Prise d'Hesdin par l'armée du roi, in-4, 1639.

VILLE (Antoine de). *Le Siége d'Hesdin* (avec la description de la ville et du pays), in-fol., 1639.

HESDIN-L'ABBÉ, vg. *Pas-de-Calais* (Artois), arr. et à 9 k. de Boulogne-sur-Mer, cant. et ⊠ de Samer. Pop. 528 h.

HÉSINGUE, vg. *H.-Rhin* (Alsace), arr. et à 24 k. d'Altkirch, cant. d'Huningue, ⊠ de St-Louis. Pop. 930 h.

HESLING, vg. *Moselle*, comm. d'Altzing-Zinzing, ⊠ de Forbach.

HESMOND, vg. *Pas-de-Calais* (Artois), arr., ⊠ et à 14 k. de Montreuil-sur-Mer, cant. de Campagne-lès-Hesdin. Pop. 430 h.

HESMY, vg. *Seine-Inf.* (Normandie), arr. et à 19 k. de Neufchâtel, cant. de Londinières. Pop. 157 h.

HESSANGE, vg. *Moselle*, comm. de Vigy, ⊠ de Metz.

HESSE, vg. *Meurthe* (Lorraine), arr., cant., ⊠ et à 6 k. de Sarrebourg. Pop. 784 h.

HESSE (Forêt-de-), vg. *Meuse*, com. d'Aubréville, ⊠ de Clermont-en-Argonne.

HESSENHEIM, vg. *B.-Rhin* (Alsace), arr. et à 10 de Schelestadt, cant. et ⊠ de Marckolsheim. Pop. 462 h.

HESTENHOLTZ, vg. *H.-Rhin*. V. CHÂTENOIS.

HESTROFF, vg. *Moselle* (pays Messin), arr. et à 25 k. de Metz, cant. de Boulay, ⊠ de Bouzonville. Pop. 738 h.

HESTRUD. V. ESTRUD. — Ateliers de marbrerie.

HESTRUS, vg. *Pas-de-Calais* (Artois), arr., ⊠ et à 10 k. de St-Pol-sur-Ternoise, cant. d'Heuchin. Pop. 530 h.

HÉTOMESNIL, vg. *Oise* (Picardie), arr. et à 26 k. de Beauvais, cant. de Marseille, ⊠ de Crèvecœur. Pop. 620 h.

HÉTREHEM, vg. *Pas-de-Calais*, comm. de Leulinghem, ⊠ de St-Omer.

HETTANGE-LA-GRANDE, vg. *Moselle* (pays Messin), arr., ⊠ et à 5 k. de Thionville, cant. de Cattenom. Pop. 1,049 h. — *Fabrique* de poterie de terre.

HETTANGE-LA-PETITE, ou KLEIN-HETTINGEN, vg. *Moselle*, comm. de Malling, ⊠ de Sierck.

HEUBECOURT, vg. *Eure* (Normandie), arr. et à 19 k. des Andelys, cant. d'Écos, ⊠ de Vernon. Pop. 374 h.

HEUCHELOUP, vg. *Vosges*, arr. et à 8 k. de Mirecourt. — On y trouve une source d'eau minérale ferrugineuse froide, qui a pris son nom d'un moulin que fait mouvoir à peu de distance la rivière de Madon. L'eau de cette source est claire, limpide, et également abondante dans toutes les saisons de l'année. Sa saveur est légèrement astringente. Elle dépose dans les canaux, par où elle s'écoule dans la rivière du Madon, une matière jaunâtre assez semblable à de l'ocre ou à la rouille de fer. — L'eau d'Heucheloup est employée avec le plus grand succès par les médecins du pays dans les douleurs des reins et de la vessie.

Bibliographie. BAYARD. *Précis d'analyse des eaux d'Heucheloup* (Dict. minéral. et hydrol. de la France, t. 1ᵉʳ, p. 366).

HEUCHIN, vg. *Pas-de-Calais* (Artois), arr., ⊠ et à 13 k. de St-Pol-sur-Ternoise, chef-l. de cant. Bureau d'enregist. à Pernes. Pop. 552 h. — TERRAIN tertiaire. — *Foires* les 17 sept., veille de la Fête-Dieu et 29 déc.

HEUCOURT, vg. *Somme* (Picardie), arr. et à 40 k. d'Amiens, cant. d'Oisemont, ⊠ d'Airaines. Pop. 330 h.

HEUDEBOUVILLE, vg. *Eure* (Normandie), arr., cant., ⊠ et à 6 k. de Louviers. Pop. 877 h.

HEUDICOURT, vg. *Eure* (Normandie), arr. et à 25 k. des Andelys, cant. et ⊠ d'Étrépagny. Pop. 765 h.

HEUDICOURT, vg. *Meuse* (Lorraine), arr. de Commercy, ⊠ et à 14 k. de St-Mihiel, cant. de Vigneulles. Pop. 740 h.

HEUDICOURT, vg. *Somme* (Picardie), arr., ⊠ et à 16 k. de Péronne, cant. de Roisel. Pop. 1,548 h.

HEUDREVILLE-PRÈS-THIBERVILLE, ou EN-LIEUVIN, vg. *Eure* (Normandie), arr. et à 13 k. de Bernay, cant. et ⊠ de Thiberville. Pop. 474 h.

HEUDREVILLE-SUR-EURE, vg. *Eure*

(Normandie), arr., ✉ et à 10 k. de Louviers, cant. de Gaillon. Pop. 888 h. — En 1836, il a été découvert, au hameau de la Londe, des fondations assez étendues de constructions romaines, particulièrement une salle de bains avec ses conduits, des briques, poteries, et une grande quantité de médailles à l'effigie des empereurs romains.

HEUGAS, vg. *Landes* (Gascogne), arr., cant., ✉ et à 10 k. de Dax. Pop. 1,208 h.

HEUGLEVILLE-SUR-SCIE, vg. *Seine-Inf.* (Normandie), arr. et à 23 k. de Dieppe, cant. et ✉ de Longueville. Pop. 888 h.

HEUGNES, vg. *Indre* (Berry), arr. et à 30 k. de Châteauroux, cant. et ✉ d'Ecueillé. Pop. 602 h.

HEUGNIES, vg. *Nord*, com. de Houdain, ✉ de Bavay.

HEUGON, *Helgo*, vg. *Orne* (Normandie), arr. et à 37 k. d'Argentan, cant. de la Ferté-Fresnel, ✉ du Sap. Pop. 831 h.

HEUGUEVILLE, *Hugevilla*, *Heugevilla*, vg. *Manche* (Normandie), arr., ✉ et à 7 k. de Coutances, cant. de St-Malo-de-la-Lande. Pop. 783 h.

HEUILLEY - COTON, vg. *H. - Marne* (Champagne), arr. et à 12 k. de Langres, cant. et ✉ de Longeau. Pop. 534 h.

HEUILLEY - LE - GRAND, vg. *H.-Marne* (Champagne), arr. et à 14 k. de Langres, cant. et ✉ de Longeau. Pop. 545 h.

HEUILLEY-SUR-SAONE, vg. *Côte-d'Or* (Bourgogne), arr. et à 37 k. de Dijon, cant. et ✉ de Pontailler-sur-Saône. Pop. 895 h.

HEULAND, vg. *Calvados* (Normandie), arr. et à 13 k. de Pont-l'Evêque, cant. de Dives, ✉ de Dozulé. Pop. 171 h.

HEULIES, vg. *Lot-et-Garonne*, comm. de St-Martin-Curton, ✉ de Casteljaloux.

HEUME - L'ÉGLISE, vg. *Puy - de - Dôme* (Auvergne), arr. et à 42 k. de Clermont-Ferrand, cant. et ✉ de Rochefort. Pop. 490 h.— Il est situé au pied du Puy-d'Heume, composé de boules basaltiques que l'on peut séparer en plaques assez épaisses, et qui ont jusqu'à 4 m. de diamètre. Le milieu du Puy, ou plutôt son point culminant, est occupé par une de ces boules très-grosses, qui paraît elle-même l'assemblage de plusieurs autres plus petites qui auraient ensuite été développées par de nouvelles couches.

HEUNIÈRE (la), vg. *Eure* (Normandie), arr. et à 29 k. d'Evreux, cant. et ✉ de Vernon. Pop. 169 h.

HEUQUEVILLE, *Heuquevilla*, vg. *Eure* (Normandie), arr., cant., ✉ et à 10 k. des Andelys. Pop. 351 h.

HEUQUEVILLE, vg. *Seine-Inf.* (Normandie), arr. et à 17 k. du Havre, cant. et ✉ de Criquetot-Lesneval. Pop. 336 h.

HEURE (l'), *Lodorium*, *Lura*, vg. *Seine-Inf.*, comm. de Grasville-l'Heure, ✉ du Havre.

HEURINE (Ste-), vg. *Charente-Inf.* (Saintonge), arr. et à 16 k. de Jonzac, cant. d'Archiac. Pop. 791 h.

HEURGEVILLE, vg. *Eure* (Normandie), arr. et à 32 k. d'Evreux, cant. et ✉ de Pacy-sur-Eure. Pop. 50 h.

HEURGUES (d'), vg. *Saône-et-Loire*, com. de St-Julien-de-Cray, ✉ de Marcigny.

HEURINGHEM, vg. *Pas-de-Calais* (Artois), arr., ✉ et à 6 k. de St-Omer, cant. d'Aire-sur-la-Lys. Pop. 439 h.

HEURTEAUVILLE, vg. *Seine-Inf.*, com. de Jumiéges, ✉ de Duclair.

HEURTELOUP (Grand et Petit-), vg. *Seine-et-Oise*, comm. de Longnes, ✉ de Septeuil.

HEURTEVENT, vg. *Calvados* (Normandie), arr. et à 26 k. de Lisieux, cant. et ✉ de Livarot. Pop. 329 h.

HEURTIÈRES, vg. *Isère*, comm. et ✉ de Tullins.

HEUSERN, ou HISERN, vg. *B.-Rhin*, com. de Matzenheim, ✉ de Benfeld.

HEUSSÉ, vg. *Manche* (Normandie), arr. et à 20 k. de Mortain, cant. et ✉ du Teilleul. Pop. 941 h.

HEUTRÉGIVILLE, vg. *Marne* (Champagne), arr. et à 19 k. de Reims, cant. de Bourgogne, ✉ d'Isle-sur-Suippe. Pop. 683 h.— Il est situé sur la Suippe, au-dessus de laquelle il s'élève par une rue principale jusqu'à une petite place publique sur laquelle s'élève l'église paroissiale, élégant édifice surmonté d'une flèche aiguë. — Filature de laine pour les fabriques de Reims.

HEUZE (la Grande-), vg. *Seine-Inf.*, com. et ✉ de Bellencombre.

HEUZECOURT, vg. *Somme* (Picardie), arr. et à 14 k. de Doullens, cant. et ✉ de Bernaville. Pop. 447 h.

HÈVE (cap de la). Il est situé sur la Manche, et forme l'entrée nord de l'embouchure de la Seine, à 2 k. du Havre. Ce cap est surmonté de deux phares à feux fixes, de 23 k. de portée, placés à 50 m. de distance l'un de l'autre, et à 153 m. au-dessus du niveau de la mer. Lat. 49° 31', long. O. 2° 16'. V. ADRESSE.

HÉVILLIERS, vg. *Meuse* (Lorraine), arr. et à 25 k. de Bar-le-Duc, cant. de Montiers-sur-Saulx, ✉ de Ligny. Pop. 374 h.

HEYRIAT, vg. *Ain*, comm. de Sonthonnax, ✉ de Nantua.

HEYERSBERG, vg. *Meurthe*. V. ST-LOUIS.

HEYRIEUX, vg. *Isère* (Dauphiné), arr. et à 20 k. de Vienne, chef-l. de cant. Cure. ✉ de la Verpillière. Pop. 1,520 h. — TERRAIN d'alluvions modernes. — *Foires* les 27 janv., 16 avril, 22 juillet, 9 sept. et 25 nov.

HEYWILLER, vg. *H.-Rhin* (Alsace), arr., cant., ✉ et à 6 k. d'Altkirch. Pop. 222 h.

HEZ (les), vg. *Seine-Inf.*, comm. de Rebets, ✉ de Bachy.

BEZECQUES, vg. *Pas-de-Calais* (Artois), arr. et à 40 k. de Montreuil-sur-Mer, cant. et ✉ de Fruges. Pop. 312 h.

HEZETTE (les), vg. *Aisne*, comm. de Guivry, ✉ de Chauny.

HÉZINGUE, vg. *H.-Rhin* (Alsace), arr. et à 20 k. d'Altkirch, cant. d'Huningue. Pop. 810 h.

HEZO (le), vg. *Morbihan* (Bretagne), arr., cant., ✉ et à 18 k. de Vannes. Pop. 425 h.

HIBARETTE, vg. *H.-Pyrénées* (Gascogne), arr., ✉ et à 13 k. de Tarbes, cant. d'Ossun. Pop. 205 h.

HIDREQUEN, vg. *Pas-de-Calais*, comm. de Ferques, ✉ de Marquise.

HIÉNING, vg. *Moselle* (pays Messin), arr. et à 35 k. de Thionville, cant. et ✉ de Bouzonville. Pop. 374 h.

HIÈRES (les), vg. *H.-Alpes*, comm. et ✉ de la Grave.

HIÈRES, vg. *Isère* (Dauphiné), arr. de la Tour-du-Pin, à 25 k. de Bourgoin, cant. et ✉ de Crémieu. Pop. 819 h.

HIÈRES. V. HYÈRES.

HIERGES, vg. *Ardennes* (Champagne), arr. et à 32 k. de Rocroi, cant. et ✉ de Givet. Pop. 205 h.

C'était autrefois le chef-lieu d'une baronnie appartenant au duc d'Arembergh, qui y avait un château fort, incendié en 1793 ; les murs de cet édifice, construit sur la pente d'une colline basse et dominant le village et les environs, sont encore debout, et contribuent à donner à la localité un aspect remarquable.

HIERMONT, vg. *Somme* (Picardie), arr. et à 25 k. d'Abbeville, cant. de Crécy, ✉ d'Auxy-le-Château. Pop. 420 h.

HIERS, vg. *Charente-Inf.* (Saintonge), arr., cant. et à 5 k. de Marennes, ✉ à Brouage. Pop. 986 h.

HIERSAC, vg. *Charente* (Angoumois), arr., ✉, bureau d'enregis. et à 13 k. d'Angoulême, chef-l. de cant. Cure. ☞. Pop. 637 h. — TERRAIN jurassique. — *Foires* les 4 janv., 4 mars, 4 mai, 4 juillet, 4 sept. et 4 nov. — Marché tous les dimanches.

HIESSE, vg. *Charente* (Angoumois), arr., cant., ✉ et à 6 k. de Confolens. Pop. 547 h.

HIESVILLE, vg. *Manche* (Normandie), arr. et à 23 k. de Valognes, cant. et ✉ de Ste-Mère-Eglise. Pop. 184 h.

HIÉVILLE, vg. *Calvados* (Normandie), arr. et à 25 k. de Lisieux, cant. et ✉ de St-Pierre-sur-Dives. Pop. 212 h.

HIGNY, vg. *Moselle*, comm. de Preutin, ✉ de Briey.

HIGUÈRES - SOUYE, vg. *B.-Pyrénées* (Béarn), arr., ✉ et à 12 k. de Pau, cant. de Morlaas. Pop. 242 h.

HIIS, vg. *H.-Pyrénées* (Gascogne), arr., cant., ✉ et à 13 k. de Tarbes. Pop. 344 h.

HILAIRE (St-), vg. *Allier* (Bourbonnais), arr. et à 30 k. de Moulins-sur-Allier, cant. et ✉ de Bourbon-l'Archambault. Pop. 685 h.— Il est sur une hauteur, et remarquable par un ancien château. — *Foires* les 9 janv., 27 mars, 19 avril, 19 et 30 mai, 4 et 4 sept.

HILAIRE (St-), vg. *Aube*. V. ST-HILAIRE.

HILAIRE (St-), bg *Aude* (Languedoc), arr., bureau d'enregist. et à 9 k. de Limoux, ch.-l. de cant. Cure. ☞. A 814 k. de Paris pour la taxe des lettres. Pop. 996 h. — TERRAIN tertiaire moyen.

C'était autrefois une abbaye du diocèse de Carcassonne qui avait été fondée sous le nom de saint Saturnin, martyr, mais qui prit au commencement du XIX° siècle le nom de St-

Hilaire, d'un évêque de Carcassonne qui y fut inhumé. Les désignations qu'on lui donne dans les anciennes chroniques sont très-justes : sur les frontières du Razès, à 4 k. de l'Aude et sur le Lauquet. En 1067, elle passa au pouvoir de séculiers, puis fut unie au monastère de Prouilhe, dont plus tard elle fut désunie. — Commerce d'huiles et de farines. — Foires les 16 août et 19 oct.

HILAIRE (St-), ou St-Hilaire-de-Villefranche, joli village, Charente-Inf. (Saintonge), arr., ⊠ et à 10 k. de St-Jean-d'Angély, chef-l. de cant. Bureau d'enregist. à Matha. Cure. ☞. Pop. 1,317 h. — Terrain jurassique.

HILAIRE (St-), Charente. V. St-Hilaire.

HILAIRE (St-), vg. Doubs (Franche-Comté), arr. et à 8 k. de Baume-les-Dames, cant. et ⊠ de Roulans. Pop. 176 h.

HILAIRE (St-), vg. H.-Garonne (Languedoc), arr., cant., ⊠ et à 6 k. de Muret. Pop. 320 h.

HILAIRE (St-), ou St-Hilaire-sur-Benoise, Indre (Berry), arr., ⊠ et à 8 k. du Blanc, cant. de Bélabre. Pop. 927 h.

HILAIRE (St-), vg. Isère (Dauphiné), arr. et à 25 k. de Grenoble, cant. du Touvet, ⊠ de Crolles. Pop. 467 h.

HILAIRE (St-), vg. Loir-et-Cher (Beauce), arr. et à 20 k. de Vendôme, cant. de Morée, ⊠ de Pezou. Pop. 755 h.

HILAIRE (St-), vg. Loire (Forez), arr. et à 15 k. de Roanne, cant. et ⊠ de Charlieu. P. 709 h.

HILAIRE (St-), vg. H.-Loire (Auvergne), arr. et à 12 k. de Brioude, cant. d'Auzon, ⊠ de Ste-Florine. Pop. 89 h.

HILAIRE (St-), vg. Lot-et-Garonne (Agénois), arr., cant., ⊠ et à 10 k. d'Agen. ☞. Pop. 1,061 h.

HILAIRE (St-), vg. Meuse (pays Messin), arr. et à 27 k. de Verdun-sur-Meuse, cant. de Fresnes-en-Woëvre, ⊠ de Manheulles. Pop. 132 h.

HILAIRE (St-), vg. Nièvre, comm. de Dompaire, ⊠ et à 5 k. de Château-Chinon.

HILAIRE (St-), vg. Nord (Flandre), arr., cant., ⊠ et à 2 k. d'Avesnes. Pop. 631 h.

HILAIRE (St-), vg. Nord (Flandre), arr., ⊠ et à 15 k. de Cambrai, cant. de Carnières. Pop. 1,905 h.

HILAIRE (St-), vg. B.-Pyrénées, comm. de Montaut, ⊠ de Nay.

HILAIRE (St-), vg. H.-Saône, comm. de Ternuay, ⊠ de Lure.

HILAIRE (St-), vg. Seine-et-Oise (Beauce), arr., cant., ⊠ et à 8 k. d'Etampes. P. 269 h.

Il y avait autrefois à St-Hilaire un ancien prieuré, qui forme aujourd'hui une jolie maison de campagne environnée de belles plantations et de prairies bordées par la rivière d'Ouette.

Le château de Champrond, situé aux confins d'une plaine immense, fait partie de la commune de St-Hilaire. Deux parcs, remarquables par leur étendue et la variété des arbres dont ils sont plantés, en rendent la vue et le séjour infiniment agréables.

HILAIRE (St-), vg. Seine-Inf., comm. et ⊠ de Rouen.

HILAIRE-AU-TEMPLE (St-), vg. Marne (Champagne), arr., ⊠ et à 12 k. de Châlons-sur-Marne, cant. de Suippe. Pop. 120 h.

HILAIRE-BEAUVOIR (St-), vg. Hérault (Languedoc), arr. et à 24 k. de Montpellier, cant. de Castries, ⊠ de Sommières. P. 140 h.

HILAIRE-BONNEVAL (St-), vg. H.-Vienne (Limousin), arr. et à 18 k. de Limoges, cant. et ⊠ de Pierre-Buffière. Pop. 767 h.

HILAIRE-COTTES (St-), vg. Pas-de-Calais (Artois), arr. et à 22 k. de Béthune, cant. de Novient-Fontes, ⊠ de Lillers. Pop. 626 h.

HILAIRE-CUSSON-LA-VALMITTE (St-), vg. Loire (Forez), arr. et à 29 k. de Montbrison, cant. et ⊠ de St-Bonnet-le-Château. Pop. 1,044 h. — Foire le 18 nov.

HILAIRE-DE-BRENS (St-), vg. Isère (Dauphiné), arr. et à 19 k. de la Tour-du-Pin, à 8 k. de Bourgoin, cant. et ⊠ de Crémieu. Pop. 383 h. — Foire le 22 fév.

HILAIRE-DE-BRETHMAS (St-), vg. Gard (Languedoc), arr., cant., ⊠ et à 7 k. d'Alais. Pop. 676 h. — Verrerie (à Larnac).

HILAIRE-DE-BRIOUZE (St-), vg. Orne (Normandie), arr. et à 25 k. d'Argentan, cant. et ⊠ de Briouze. Pop. 1,070 h.

HILAIRE-DE-CHALÉONS (St-), vg. Loire-Inf. (Bretagne), arr. et à 24 k. de Paimbœuf, cant. et ⊠ de Bourgneuf-en-Retz. P. 1,092 h. — Foire le 30 mai.

HILAIRE-DE-LA-COTE (St-), vg. Isère (Dauphiné), arr. et à 41 k. de Vienne, cant. et ⊠ de Côte-St-André. Pop. 1,231 h. — Foire le 6 sept.

HILAIRE-DE-LAVIT (St-), vg. Lozère (Languedoc), arr. et à 32 k. de Florac, cant. et ⊠ de St-Germain-de-Calberte. Pop. 441 h.

HILAIRE-DE-MORTAGNE (St-), vg. Vendée (Poitou), arr. et à 49 k. de Bourbon-Vendée, c. et ⊠ de Mortagne-sur-Sèvre. P. 655 h.

HILAIRE-DES-ÉCHAUBROGNES (St-), vg. Deux-Sèvres, comm. de St-Pierre-des-Echaubrognes, ⊠ de Châtillon-sur-Sèvre.

HILAIRE-DES-LANDES (St-), vg. Ille-et-Vilaine (Bretagne), arr. et à 13 k. de Fougères, cant. et ⊠ de St-Brice-en-Cogles. Pop. 1,608 h. — Tanneries.

HILAIRE-DES-LANDES (St-), vg. Mayenne (Maine), arr. et à 25 k. de Laval, cant. de Chailland, ⊠ d'Ernée. Pop. 1,738 h.

HILAIRE-DES-LOGES, ou sur-l'Autise (St-), vg. Vendée (Poitou), arr., ⊠, bureau d'enregist. et à 11 k. de Fontenay-le-Comte, chef-l. de cant. Cure. Pop. 2,504 h. — Terrain jurassique. — Foires le 1er lundi de Pâques et 3e jeudi de mars.

HILAIRE-DES-NOYERS (St-), vg. Eure-et-Loir, comm. de St-Denis-d'Authon, ⊠ de Nogent-le-Rotrou.

HILAIRE-D'ESTISSAC (St-), vg. Dordogne (Périgord), arr. et à 23 k. de Bergerac, cant. de Villamblard, ⊠ de Mussidan. Pop. 403 h.

HILAIRE-DE-TALMONT (St-), vg. Vendée (Poitou), arr., ⊠ et à 14 k. des Sables, cant. de Talmont. Pop. 529 h.

HILAIRE-DE-VILLEFRANCHE (St-), Charente-Inf. V. St-Hilaire.

HILAIRE-DE-VOUST (St-), vg. Vendée (Poitou), arr. et à 19 k. de Fontenay-le-Comte, cant. et ⊠ de la Châtaigneraie. Pop. 981 h.

HILAIRE-D'OZILHAN (St-), vg. Gard (Languedoc), arr. et à 15 k. d'Uzès, cant. et ⊠ de Remoulins. Pop. 651 h.

HILAIRE-DU-BOIS (St-), vg. Charente-Inf. (Saintonge), arr., ⊠ et à 6 k. de Jonzac, cant. de Mirambeau. Pop. 290 h.

HILAIRE-DU-BOIS (St-), vg. Gironde (Guienne), arr. et à 11 k. de la Réole, cant. et ⊠ de Sauveterre. Pop. 207 h.

HILAIRE-DU-BOIS (St-), vg. Loire-Inf. (Bretagne), arr. et à 28 k. de Nantes, cant. et ⊠ de Clisson. Pop. 1,222 h.

HILAIRE-DU-BOIS (St-), bg Maine-et-Loire (Anjou), arr. et à 51 k. de Saumur, cant. et ⊠ de Vihiers. Pop. 1,383 h.

HILAIRE-DU-BOIS (St-), vg. Vendée (Poitou), arr. et à 22 k. de Fontenay-le-Comte, cant. et ⊠ de Ste-Hermine. Pop. 975 h.

HILAIRE-DU-HARCOUET (St-), gros bourg, Manche (Normandie), arr. et à 16 k. de Mortain, chef-l. de cant. Cure. Gîte d'étape. ⊠. ☞. A 286 k. de Paris pour la taxe des lettres. Pop. 2,994 h. — Terrain de transition inférieur.

Ce bourg, l'entrepôt de la Bretagne, du Maine et de la Normandie, est éminemment commerçant par sa position. Ses marchés, pendant plusieurs mois de l'année, sont de véritables foires où se vendent beaucoup de bestiaux, de fils, de toiles, de grains, de cire, de miel, etc. Patrie de J. Pontas, célèbre casuiste.

De F. Bécherel, évêque de Valence.

Foires le 1er mercredi après le 13 janv., après le 2 fév., mercredi saint, 1er mercredi de sept. et 1er lundi après le 11 nov.

HILAIRE-DU-ROSIER (St-), vg. Isère (Dauphiné), arr., cant., ⊠ et à 8 k. de St-Marcellin. Pop. 1,017 h. — Foires les 13 janv., 22 fév. et 22 nov.

HILAIRE-FOISSAC (St-), vg. Corrèze (Limousin), arr. et à 43 k. de Tulle, cant. de Lapleau, ⊠ d'Egletons. Pop. 1,092 h.

HILAIRE-FONTAINE (St-), vg. Nièvre (Nivernais), arr. et à 55 k. de Nevers, cant. et ⊠ de Fours. Pop. 487 h.

HILAIRE-LA-CROIX (St-), vg. Puy-de-Dôme (Auvergne), arr. et à 20 k. de Riom, cant. et ⊠ de Combronde. Pop. 858 h.

HILAIRE-LA-FORÊT (St-). V. St-Hilaire-le-Voust.

HILAIRE-LA-GÉRARD (St-), vg. Orne (Normandie), arr. et à 23 k. d'Alençon, cant. et ⊠ de Sées. Pop. 307 h.

HILAIRE-LA-NOAILLE, vg. Gironde (Guienne), arr., cant., ⊠ et à 4 k. de la Réole. Pop. 426 h.

HILAIRE-LA-PALLU (St-), vg. Deux-Sèvres (Poitou), arr. et à 23 k. de Niort, cant. et ⊠ de Mauzé. Pop. 1,718 h. — Foires le 9 de chaque mois.

HILAIRE-LA-PLAINE (St-), vg. Creuse

(Marche), arr. et à 10 k. de Guéret, cant. et ✉ d'Ahun. Pop. 432 h.

HILAIRE-LASTOURS (St-), vg. *H.-Vienne* (Limousin), arr. et à 19 k. de St-Yrieix, cant. et ✉ de Nexon. Pop. 799 h.

HILAIRE-LA-TREILLE (St-), vg. *H.-Vienne* (Limousin), arr. et à 29 h. de Bellac, cant. de Magnac-Laval, ✉ d'Arnac-Laposte. Pop. 1,130 h.

HILAIRE-LE-CHATEAU (St-), vg. *Creuse* (Marche), arr. et à 11 k. de Bourganeuf, cant. et ✉ de Pontarion. Pop. 930 h.

HILAIRE-LE-DOYEN (St-), vg. *Maine-et-Loire* (Anjou), arr. et à 18 k. de Saumur, cant. et ✉ de Montreuil-Bellay. Pop. 129 h, — Foire importante le 15 sept. pour la vente des grains, vins et bestiaux.

HILAIRE-LE-GRAND (St-), vg. *Marne* (Champagne), arr. et à 26 k. de Châlons-sur-Marne, cant. et ✉ de Suippe. Pop. 721 h. — Au confluent de la Suippe et de la Souain. Beaux moulins à farine.

HILAIRE-LE-LIERRU (St-), bg *Sarthe* (Maine), arr. et à 35 k. de Mamers, cant. de Tuffé, ✉ de Commerre. Pop. 280 h.

HILAIRE-LE-PETIT (St-), joli village, *Marne* (Champagne), arr. et à 28 k. de Reims, cant. et ✉ de Beine. Pop. 733 h. Sur la rive droite de la Suippe.

HILAIRE-LÈS-ANDRESIS (St-), vg. *Loiret* (Gatinais), arr. et à 24 k. de Montargis, cant. et ✉ de Courtenay. Pop. 812 h.

HILAIRE-LÈS-BESSONNIÈS (St-), vg. *Lot* (Querçy), arr. et à 27 k. de Figeac, cant. de la Tronquière, ✉ de Maurs. Pop. 699 h.

HILAIRE-LES-COURBES (St-), vg. *Corrèze* (Limousin), arr. et à 56 k. de Tulle, cant. et ✉ de Treignac. Pop. 859 h.

HILAIRE-LÈS-MORTAGNE (St-), *Orne* (Perche), arr., cant., ✉ et à 5 k. de Mortagne-sur-Huine. Pop. 944 h.

HILAIRE-LE-VOUHIS (St-), vg. *Vendée* (Poitou), arr. et à 23 k. de Bourbon-Vendée, cant. et ✉ de Chantonnay. Pop. 1,080 h.

HILAIRE-LE-VOUST (St-), ou LA FORÊT, vg. *Vendée* (Poitou), arr. et à 21 k. des Sables, cant. de Talmont, ✉ d'Avrillé. Pop. 529 h.

HILAIRE-LOULAY (St-), vg. *Vendée* (Poitou), arr. et à 37 k. de Bourbon-Vendée, cant. et ✉ de Montaigu. Pop. 2,080 h.

HILAIRE-LUC (St-), vg. *Corrèze* (Limousin), arr. et à 30 k. d'Ussel, cant. et ✉ de Neuvic. Pop. 401 h.

HILAIRE-PETIT-VILLE (St-), vg. *Manche* (Normandie), arr. et à 23 k. de St-Lô, cant. et ✉ de Carentan. Pop. 330 h.

HILAIRE-PEYROUX (St-), vg. *Corrèze* (Limousin), arr., cant., ✉ et à 17 k. de Tulle. Pop. 1,640 h. — Foires les 11 janv., 9 et 26 mai, 22 juin, 11 déc. et veille des Rameaux.

HILAIRE-PRÈS-PIONSAT (St-), vg. *Puy-de-Dôme* (Auvergne), arr. et à 55 k. de Riom, cant. de Pionsat. Pop. 944 h.

HILAIRE-ST-FLORENT (St-), *Glomma*, *Glonna*, vg. *Maine-et-Loire* (Anjou), arr., ✉ et à 51 k. de Saumur. Pop. 1,010 h.

HILAIRE-ST-MESMIN (St-), vg. *Loiret*

(Orléanais), arr., cant.; ✉ et à 8 k. d'Orléans. Pop. 1,360 h. — *Foires* le lundi de Quasimodo, et 2ᵉ dimanche de juillet.

HILAIRE-SOUS-COURT (St-), vg. *Cher* (Berry), arr. et à 38 k. de Bourges, cant. et ✉ de Vierzon. Pop. 877 h.

HILAIRE-SUR-AUTISE (St-). V. ST-HILAIRE-DES-LOGES.

HILAIRE-SUR-BENAISE (St-). V. ST-HILAIRE, *Indre*.

HILAIRE-SUR-ERRE (St-), vg. *Orne* (Perche), arr. et à 30 k. de Mortagne-sur-Huine, cant. du Theil, ✉ de Berdhuis. Pop. 961 h.

HILAIRE-SUR-PUISEAUX (St-), vg. *Loiret* (Gatinais), arr. et à 13 k. de Montargis, cant. de Lorris, ✉ de Noyen-sur-Vernisson. Pop. 278 h.

HILAIRE-SUR-RILLE (St-), vg. *Orne* (Perche), arr. et à 30 k. de Mortagne-sur-Huine, cant. de Moulins-la-Marche, ✉ de Ste-Gauburge. Pop. 447 h.

HILAIRE-SUR-YERRE (St-), vg. *Eure-et-Loir* (Beauce), arr. et à 8 k. de Châteaudun, cant. et ✉ de Cloyes. Pop. 694 h.

HILAIRE-TAURIEUX (St-), vg. *Corrèze* (Limousin), arr. et à 36 k. de Tulle, cant. et ✉ d'Argentat. Pop. 287 h.

HILARION (St-), vg. *Seine-et-Oise* (Beauce), arr., cant., ✉ et à 9 k. de Rambouillet. Pop. 508 h.

De cette commune dépend le château des Voisins, dont le parc renferme une masse énorme de rochers, digne d'exercer les crayons des artistes et de fixer l'attention des naturalistes.

HILBESHEIM, vg. *Meurthe* (Lorraine), arr., ✉ et à 7 k. de Sarrebourg, cant. de Fénétrange. Pop. 589 h.

HILLAIRE (St-), vg. *Charente* (Saintonge), arr., cant., ✉ et à 2 k. de Barbezieux. Pop. 426 h.

HILLAIRE-DE-RIEZ, bg *Vendée* (Poitou), arr. et à 8 k. des Sables, cant. de St-Gilles-sur-Vie. Pop. 2,102 h. — *Foires* de St-lundi saint, 1ᵉʳ lundi d'oct. et dernier lundi de déc.

HILLIER (St-), vg. *Seine-et-Marne* (Brie), arr., cant., ✉ et à 9 k. de Provins. P. 482 h.

HILLION, vg. *Côtes-du-Nord* (Bretagne), arr., cant., ✉ et à 10 k. de St-Brieuc. Pop. 2,700 h. — On voit aux environs le château de Bouabry, précédé de belle allée de chênes qui conduit de ce château au village d'Hillion.

HILSENHEIM, ou HILTZEN, beau et grand village, *B.-Rhin* (Alsace), arr., ✉ et à 12 k. de Schelestadt, cant. de Marckolsheim. Pop. 1,747 h. Sur la Blind. — On trouve dans ses environs beaucoup d'antiquités romaines.

HILSPRICH, vg. *Moselle* (pays Messin), arr. et à 20 k. de Sarreguemines, cant. de Sarralbe, ✉ de Puttelange. Pop. 1,025 h. — *Foire* le lundi après le 23 mai.

HILTZEN, vg. *B.-Rhin*. V. HILSENHEIM.

HIMETIÈRE (St-), vg. *Jura* (Franche-Comté), arr. et à 37 k. de Lons-le-Saulnier, cant. et ✉ d'Arinthod. Pop. 151 h.

HINACOURT, vg. *Aisne* (Picardie), arr.,

✉ et à 12 k. de St-Quentin, cant. de Moy. Pop. 165 h.

HINCKANGE, ou HINCKINGEN, vg. *Moselle* (pays Messin), arr. et à 25 k. de Metz, cant. et ✉ de Boulay. Pop. 349 h.

HINDISHEIM, ou HINDSEN, vg. *B.-Rhin* (Alsace), arr. et à 31 k. de Schelestadt, cant. et ✉ d'Erstein. Pop. 1,244 h.

HINDLING, *Moselle*. V. HUNDLING.

HINDLINGEN, vg. *H.-Rhin* (Alsace), arr., ✉ et à 10 k. d'Altkirch, cant. d'Hirsingen. Pop. 473 h.

HINGES, vg. *Pas-de-Calais* (Artois), arr., cant., ✉ et à 5 k. de Béthune. Pop. 1,077 h.

HINGLÉ (le), vg. *Côtes-du-Nord* (Bretagne), arr., cant., ✉ et à 8 k. de Dinan. Pop. 207 h.

HINGRIE (la), vg. *H.-Rhin* (Alsace), comm. de l'Allemand-Rombach, ✉ de Ste-Marie-aux-Mines.

HINSBOURG, vg. *B.-Rhin* (Alsace), arr. et à 28 k. de Saverne, cant. et ✉ de la Petite-Pierre. Pop. 168 h.

HINSING, vg. *Moselle*, comm. de Holving, ✉ de Puttelange.

HINSINGEN, vg. *B.-Rhin* (Alsace), arr. et à 48 k. de Saverne, cant. et ✉ de Saarre-Union. Pop. 149 h.

HINX, vg. *Landes* (Gascogne), arr. et à 10 k. de Dax, cant. et ✉ de Montfort. P. 776 h.

HIPPOLYTE (St-), petite et ancienne ville, *Doubs* (Franche-Comté), arr. et à 35 k. de Montbelliard, chef-l. de cant. Cure. ✉. À 464 k. de Paris pour la taxe des lettres. Pop. 867 h. — TERRAIN jurassique, étage moyen du système oolitique.

Dans le XIᵉ et le XIIᵉ siècle, St-Hippolyte était une des villes les plus importantes de l'Elsgaw. Les Bernois la prirent dans les guerres de Charles le Hardi, duc de Bourgogne, et ne la restituèrent qu'à la paix de Zurich, en 1478. Lors de l'invasion du comté de Bourgogne par les Français en 1634, le général en chef détacha une forte division de l'armée avec de l'artillerie, sous les ordres du général de Grancey, qui se dirigea sur St-Hippolyte, établit son camp à peu de distance et forma le siège de cette petite ville. Défendue seulement par une muraille, on y fit bientôt des brèches assez considérables pour engager les assiégeants à tenter l'assaut ; ce qu'ils firent avec d'autant plus de confiance, que François de St-Mauris, chevalier de St-Georges, qui en était héréditairement capitaine et gouverneur, s'y était retiré avec une faible garnison et une petite troupe de montagnards résolus. Grancey fut vigoureusement repoussé avec une perte considérable. Cependant St-Mauris, voyant sa petite garnison réduite à presque une seule compagnie et une poignée de montagnards, sans espoir de secours ni de renforts, de concert avec St-Marc, son frère, son fils et son neveu, prit la téméraire résolution de tenter une sortie, ce qu'ils exécutèrent avec tant de furie, qu'ils culbutèrent la division de Grancey, prirent son artillerie, lui enlevèrent son camp, tous ses bagages, et le forcèrent à lever le siège ; — Cette ville a été incendiée trois fois, notamment par les Allemands en 1639.

St-Hippolyte est dans une situation pittoresque, au fond d'un vallon entouré de montagnes, au confluent du Doubs et du Dessoubre. On jouit, en y arrivant, d'un agréable point de vue : l'œil s'égare avec plaisir sur les croupes des montagnes, sur les coteaux cultivés et les vallons délicieux qui avoisinent la ville, dont on découvre le clocher au bas de la montagne. La verdure des chanvres que l'on cultive dans la vallée, les vignes dont les coteaux sont couronnés, la sombre majesté des forêts qui couvrent les monts les plus élevés, la fumée noire qui s'échappe des forges et des établissements industriels des environs, prêtent un charme indescriptible à ce tableau riant et animé.

On remarque sur son territoire le château de la Roche, caverne de 26 m. de hauteur, à l'entrée de laquelle existait jadis un château fort, détruit pendant les guerres du XVIe siècle.

Fabriques de fromage façon de Gruyère. Brasseries. Tanneries. — Aux environs, forges et martinets.—*Foires* le 2e lundi de chaque mois.

HIPPOLYTE (St-), jolie petite ville, *Gard* (Languedoc), arr. et à 28 k. de Vigan, chef-l. de cant. Trib. de comm. Chambre consultative des manufactures. Cure. Gîte d'étape. ✉. A 746 k. de Paris pour la taxe des lettres. Pop. 3,297 h. — TERRAIN jurassique, calcaire à gryphées.

St-Hippolyte est une ville moderne, construite dans le XVIe siècle ; elle était fortifiée à sa naissance, et avait un gouverneur, un état-major et une garnison respectable. Elle est bâtie dans une situation pittoresque au pied des Cévennes, sur le Vidourle. Un canal la traverse, fournit l'eau à plusieurs fontaines, et fait tourner un grand nombre de moulins.

Fabriques de bas de soie et de coton, d'étoffes de laine, colle forte. Tanneries considérables. Mégisseries. — *Commerce* de soie et de fruits. — *Foires* les 6 mai, 13 août, 26 sept. et 3 nov.

HIPPOLYTE (St-), *Gironde* (Guienne), arr. et à 11 k. de Libourne, cant. et ✉ de Castillon. Pop. 312 h.

HIPPOLYTE (St-), vg. *Indre-et-Loire* (Touraine), arr., cant., ✉ et à 12 k. de Loches. Pop. 932 h. — *Foire* le 11 sept.

HIPPOLYTE (St-), vg. *Pyrénées-Or.* (Roussillon), arr. et à 14 k. de Perpignan, cant. de Rivesaltes, ✉ de St-Laurent-de-la-Salanque. Pop. 3,613 h.

HIPPOLYTE-DE-CATON (St-), vg. *Gard* (Languedoc), arr., ✉ et à 14 k. d'Alais, cant. de Vézenobres. Pop. 211 h.

HIPPOLYTE-DE-MONTAIGU (St-), vg. *Gard* (Languedoc), arr., cant., ✉ et à 6 k. d'Uzès. Pop. 135 h.

HIPPOLYTE-DU-FORT (St-), *Gard*. V. ST-HIPPOLYTE.

HIPSHEIM, ou HAFSEN, vg. *B.-Rhin* (Alsace), arr. et à 32 k. de Schélestadt, cant. et ✉ d'Erstein. Pop. 483 h. — Près de ce village, sur la route de Strasbourg à Colmar, est la petite église de St-Ludau, auquel on attribue le pouvoir de guérir les douleurs de jambes : aussi voit-on une multitude de jarretières de toutes couleurs suspendues autour de son tombeau en pierre placé dans l'intérieur de l'église. Le saint y est représenté couché, en habit de pèlerin. — Moulin et tuilerie.

HIRAUMONT, vg. *Ardennes*, comm. et ✉ de Rocroi.

HIRBAC, vg. *Moselle*, comm. de Holving, ✉ de Puttelange.

HIREL, vg. *Ille-et-Vilaine* (Bretagne), arr. et à 17 k. de St-Malo, cant. de Cancale, ✉ de Dol. Pop. 1,681 h.

HIRSCHLAND, vg. *B.-Rhin* (Alsace), arr. et à 30 k. de Saverne, cant. et ✉ de Drulingen. Pop. 628 h.

HIRSINGUE, ou HIRSINGEN, vg. *H-Rhin* (Alsace), arr., ✉, bureau d'enregist. et à 5 k. d'Altkirch, chef-l. de cant. Cure. Pop. 1,366 h. — TERRAIN tertiaire supérieur. — Il est situé dans une contrée fertile, sur la rive gauche de l'Ill. — *Foires* le 2e lundi après Pâques, et 2e lundi de juillet, de sept. et de déc.

HIRSON, bg *Aisne* (Picardie), arr. et à 18 k. de Vervins, chef-l. de cant. Cure. Gîte d'étape. ✉. A 191 k. de Paris pour la taxe des lettres. Pop. 3,005 h. — TERRAIN tertiaire inférieur. — C'était autrefois une ville forte où l'on voit encore les vestiges d'une tour carrée et d'un fort. Elle fut prise par Jean de Luxembourg en 1425, attaquée sans succès par les Impériaux en 1530, prise par Henri IV en 1593, et reprise par le comte d'Isembourg en 1636. Ses fortifications ont été rasées en 1637.

Fabriques de poterie de terre. Nombreuses clouteries. — Aux environs, filatures de coton. Forges et fonderie. — *Foires* le 25 nov., 1er mardi après Pâques, et le 15 de chaque mois.

HIRTZBACH, vg. *H.-Rhin* (Alsace), arr., ✉ et à 4 k. d'Altkirch, cant. d'Hirsingen. Pop. 878 h.

HIRTZELBACH, vg. *B.-Rhin*, comm. de Neuve-Église, ✉ de Villé.

HIRTZFELDEN, vg. *H.-Rhin* (Alsace), arr. et à 25 k. de Colmar, cant. et ✉ d'Ensisheim. Pop. 932 h.

HIRY, vg. *Nièvre*, comm. de Ternant, ✉ de Fours.

HIS, vg. *H.-Garonne* (Languedoc), arr. et à 24 k. de St-Gaudens, cant. et ✉ de Salies. Pop. 450 h.

HITTE, vg. *H.-Pyrénées* (Gascogne), arr. et à 19 k. de Tarbes, cant. et ✉ de Tournay. Pop. 219 h.

HOBLING, vg. *Moselle*, comm. des Deux-Chémery, ✉ de Bouzonville.

HOCHFELDEN, bg *B.-Rhin* (Alsace), arr. et à 15 k. de Saverne, chef-l. de cant. Cure. ✉. ✧. A 431 k. de Paris pour la taxe des lettres. Pop. 2,503 h. — TERRAIN jurassique.

Il est situé dans une contrée fertile, au pied des Vosges, près de la Zorn. *Fabrique* de garance. Moulins à plâtre. — *Foire* le lundi après St-Matthieu (2 jours).

HOCHSTATT, ou HOCHST, vg. *H.-Rhin* (Alsace), arr., cant. et à 12 k. d'Altkirch, ✉ de Mulhausen. Pop. 1,241 h.

HOCHSTETT, vg. *B.-Rhin* (Alsace), arr. et à 22 k. de Strasbourg, cant. d'Haguenau, ✉ de Brumath. Pop. 143 h.

HOCMONT, vg. *Ardennes* (Champagne), arr. de Mézières, à 15 k. de Charleville, cant. de Signy-l'Abbaye, ✉ de Launoy. Pop. 92 h.

HOCQUELUS, vg. *Somme*, comm. d'Aigneville, ✉ de Valines.

HOCQUET (le), vg. *Aisne*, comm. de Vigueux, ✉ de Montcornet.

HOCQUIGNY, vg. *Manche* (Normandie), arr. et à 18 k. d'Avranches, cant. et ✉ de la Haye-Pesnel. Pop. 323 h.

HOCQUINCOURT, vg. *Somme* (Picardie), arr. et à 15 k. d'Abbeville, cant. d'Allencourt, ✉ d'Airaines. Pop. 503 h.

HOCQUINGHEN, vg. *Pas-de-Calais* (Boulonnais), arr. et à 34 k. de Boulogne-sur-Mer, cant. de Guines, ✉ d'Ardres. Pop. 79 h.

HOCRON, vg. *Nord*, comm. de Sainghin-en-Weppes, ✉ de la Bassée.

HODAN, vg. *Seine-et-Oise* (Normandie), arr. et à 20 k. de Mantes, cant. de Magny. Pop. 179 h.

HODENC-EN-BRAY, vg. *Oise* (Picardie), arr. et à 17 k. de Beauvais, cant. du Coudray-St-Germer, ✉ de Songeons. Pop. 350 h.

Cette commune possède une église dont le chœur est curieux ; au-dessus de la principale porte d'entrée on remarque une rosace rayonnante, divisée par douze meneaux prismatiques supportant chacun une ogive qui encadre un arc trilobé. Hodenc était autrefois défendu par un château fort, dont il ne reste plus aucun vestige.

Le village de LA PLACE, dépendant de Hodenc, est le lieu de naissance du médecin GUY PATIN, écrivain satirique plein de verve, mort en 1672.

HODENC-L'ÉVÊQUE, vg. *Oise* (Picardie), arr. et à 13 k. de Beauvais, cant. et ✉ de Noailles. Pop. 194 h.

HODENCOURT-ST-ANDRÉ, vg. *Oise*, comm. de St-André-Farivillers, ✉ de Breteuil.

HODENG-AU-BOSC, vg. *Seine-Inf.* (Normandie), arr. et à 29 k. de Neufchâtel-en-Bray, cant. et ✉ de Blangy. Pop. 430 h.

HODENG-EN-BRAY, vg. *Seine-Inf.*, com. de Nesle-Hodeng, ✉ de Neufchâtel-en-Bray.

— *Fabrique* et commerce d'excellents fromages dits de Neufchâtel.

HODENG-HODENGER, vg. *Seine-Inf.* (Normandie), arr. et à 30 k. de Neufchâtel-en-Bray, cant. et ✉ d'Argueil. Pop. 514 h.

HODENGER, vg. *Seine-Inf.*, comm. de Hodeng-Hodenger, ✉ d'Argueil.

HODENT, vg. *Seine-et-Oise* (Vexin), arr. et à 22 k. de Mantes, cant. et ✉ de Magny. Pop. 179 h.

HŒDIC, petite île située dans l'Océan, entre Belle-Isle et le Croisic, vis-à-vis de l'embouchure de la Vilaine ; elle n'a point de port, et est défendue par un petit fort ; ses habitants sont tous marins ou pêcheurs. Elle fait partie du dép. du *Morbihan*, cant. de Belle-Isle, arr.

de Lorient, comm. et ✉ du Palais. — *Etablissement de la marée*, 3 heures 30 minutes. Lat. 47° 20' 46'', long. 5° 11' 31'' O.

HŒLING, vg. *Moselle*, comm. de Bettwiller, ✉ de Rohrbach.

HŒNHEIM, vg. *B.-Rhin* (Alsace), arr., ✉ et à 4 k. de Strasbourg, cant. d'Oberhausbergen. Pop. 1,310 h.

HŒRDT, vg. *B.-Rhin* (Alsace), arr. et à 14 k. de Strasbourg, cant. et ✉ de Brumath. Pop. 1,539 h.

HŒRICOURT, vg. *H.-Marne* (Champagne), arr. et à 16 k. de Vassy, cant. et ✉ de St-Dizier. Pop. 414 h.

HŒSLOCH, vg. *B.-Rhin*, com. de Kurtzenhausen, ✉ de Soultz-sous-Forêts.

HŒVILLE, vg. *Meurthe* (Lorraine), arr., cant., ✉ et à 15 k. de Lunéville. Pop. 385 h.

HOFF, vg. *Meurthe* (Lorraine), arr., cant., ✉ et à 2 k. de Sarrebourg. Pop. 592 h.

HOFFEN, vg. *B.-Rhin* (Alsace), arr. et à 12 k. de Wissembourg, cant. et ✉ de Soultz-sous-Forêts. Pop. 500 h.

HOGEFT, *B.-Rhin*. V. HOHENGŒFFT.

HOGUE (la). V. HOUGUE.

HOGUES (les), vg. *Eure* (Normandie), arr. et à 20 k. des Andelys, cant. de Lyons-la-Forêt, ✉ de Croisy-la-Haye. Pop. 900 h. — *Fabriques* de poterie de terre. Tuilerie.

HOGUETTE (la), vg. *Calvados* (Normandie), arr., cant., ✉ et à 4 k. de Falaise. Pop. 688 h.

HOHATZENHEIM, ou ATZENHEIM, vg. *B.-Rhin* (Alsace), arr. et à 21 k. de Saverne, cant. et ✉ de Hochfelden. Pop. 200 h.

HOHENGŒFFT, ou HOGŒFT, vg. *B.-Rhin* (Alsace), arr. et à 17 k. de Saverne, cant. de Marmoutier, ✉ de Wasselonne. Pop. 601 h.

HOHFRANCKENHEIM, vg. *B.-Rhin* (Alsace), arr. et à 18 k. de Saverne, cant. et ✉ de Hochfelden. Pop. 294 h.

HOHNECK (le), montagne de la crête centrale des Vosges, la seconde crête de ces montagnes sous le rapport de la hauteur, la plus ample de toute la chaîne et le centre des hautes Vosges. Son vaste dôme de pelouse s'élève à 1,368 m. au-dessus du niveau de la mer.

HOHROTH, vg. *H.-Rhin* (Alsace), arr. et à 25 k. de Colmar, cant. et ✉ de Munster. Pop. 349 h.

HOHWILLER, vg. *B.-Rhin* (Alsace), arr. et à 16 k. de Wissembourg, cant. et ✉ de Soultz-sous-Forêts. Pop. 396 h.

HOLACOURT, vg. *Moselle* (pays Messin), arr. et à 35 k. de Metz, cant. et ✉ de Faulquemont. Pop. 136 h.

HOLBACH, vg. *Moselle*, comm. de la Chambre, ✉ de St-Avold.

HOLBACH, vg. *Moselle*, comm. de Siersthal, ✉ de Bitche.

HOLLING, vg. *Moselle* (pays Messin), arr. et à 33 k. de Metz, cant. et ✉ de Bonlay. Pop. 445 h. — *Savonnerie*.

HOLNON, vg. *Aisne* (Picardie), arr., ✉ et à 6 k. de St-Quentin, cant. de Vermand. Pop. 922 h.

HOLQUE, vg. *Nord* (Flandre), arr. et à 31 k. de Dunkerque, cant. de Bourbourg, ✉ de Watten. Pop. 398 h.

HOLTZHEIM, vg. *B.-Rhin* (Alsace), arr., ✉ et à 9 k. de Strasbourg, cant. de Geispolsheim. Pop. 894 h.

HOLTZWIHR, vg. *H.-Rhin* (Alsace), arr., ✉ et à 9 k. de Colmar, cant. d'Andolsheim. Pop. 723 h.

HOLVING, vg. *Moselle* (pays Messin), arr. et à 17 k. de Sarreguemines, cant. de Sarralbe, ✉ de Puttelange. Pop. 1,164 h.

HOM (l'), vg. *Aveyron*, comm. de Lunac, ✉ de Villefranche-de-Rouergue. — *Laminoir*.

HOM (château de l'), *Tarn*. comm. et ✉ de Gaillac.

HOMBLEUX, vg. *Somme* (Picardie), arr. et à 25 k. de Péronne, cant. de Nesle, ✉ de Ham. Pop. 1,287 h.

HOMBLIÈRES, *Humolariæ*, vg. *Aisne* (Picardie), arr., cant., ✉ et à 6 k. de St-Quentin. Pop. 1,115 h. — *Fabriques* de tissus de coton et de mousseline pour meubles.

HOMBOURG, vg. *H.-Rhin* (Alsace), arr. et à 32 k. d'Altkirch, cant. et ✉ d'Habsheim. Pop. 540 h.

HOMBOURG-BAS, vg. *Moselle*, comm. de Hombourg-Haut, ✉ de St-Avold.

HOMBOURG-HAUT, ou HOUMERICH, ci-devant HOMBOURG-L'ÉVÊQUE, *Moselle* (pays Messin), arr. et à 30 k. de Sarreguemines, cant. et ✉ de St-Avold. Pop. 2,081 h.

Ce village appartenait autrefois aux évêques de Metz. En 1234, l'évêque Jacques de Lorraine en fit une grande forteresse, où il construisit un château, des casernes, et y fonda une collégiale qui fut supprimée en 1743. — En 1678, le duc de Humières s'empara de ce château, qui resta au pouvoir des Français jusqu'en 1697; Louis XIV en avait fait augmenter les fortifications par Vauban. Il reste à peine quelques vestiges de ces ouvrages.

Hombourg est bâti sur le revers d'une montagne de forme oblongue, dont le sommet est couronné par les ruines de l'ancien château fort; la Roselle baigne le pied de cette montagne, après avoir parcouru, depuis St-Avold jusqu'à Hombourg, une vallée des plus pittoresques. Au bas de l'éminence se trouvent le village, les forges et le château de Hombourg-Bas; et à côté le hameau du Rocher, composé de quelques cabanes groupées de la manière la plus pittoresque sur un roc escarpé.

HOMBOURG-SUR-KANER, vg. *Moselle* (pays Messin), arr., cant. et à 18 k. de Thionville, cant. de Metzervisse. Pop. 919 h.

HOMECHAMONDOT (l'), vg. *Orne* (Perche), arr. et à 15 k. de Mortagne-sur-Huine, cant. et ✉ de Longni. P. 640 h. — *Verrerie*.

HOMÉCOURT, vg. *Moselle* (pays Messin), arr., cant., ✉ et à 6 k. de Briey. Pop. 317 h.

HOMMARTING, vg. *Meurthe* (pays Messin), arr., cant., ✉ et à 9 k. de Sarrebourg. ✉. Pop. 874 h.

HOMME (l'), vg. *Sarthe* (Anjou), arr. à 28 k. de St-Calais, cant. et ✉ de la Chartre-sur-le-Loir. Pop. 1,068 h. — *Papeterie*.

HOMME-D'HEUDREVILLE, vg. *Eure*, comm. d'Heudreville-sur-Eure, ✉ de Louviers.

HOMMERT, vg. *Meurthe* (pays Messin), arr., cant., ✉ et à 14 k. de Sarrebourg. Pop. 638 h.

HOMMES, vg. *Indre-et-Loire* (Touraine), arr. et à 34 k. de Tours, cant. et ✉ de Château-la-Vallière. Pop. 1,039 h. — *Foire* le 5 nov.

HOMMET-D'ARTHENAY (le), vg. *Manche* (Normandie), arr. et à 13 k. de St-Lô, cant. de St-Jean-de-Daye, ✉ de la Périne. Pop. 687 h. — *Foire* le 28 sept.

HOMPS, vg. *Aude* (Languedoc), arr. et à 30 k. de Narbonne, cant. de Lézignan, ✉ d'Azille. Pop. 330 h. — Il est situé près de la rivière d'Aude, sur le canal du Midi, où il a un port très-favorable aux embarquements des vins et des eaux-de-vie de la contrée. Le canal passe sur un beau pont-aqueduc sous lequel coule la rivière d'Ognon. — *Briqueteries*.

HOMPS, vg. *Gers* (Armagnac), arr. et à 25 k. de Lectoure, cant. et ✉ de Mauvezin. Pop. 398 h.

HOMPS, vg. *Tarn*, comm. de Camboumès, ✉ de Brassac.

HONDAINVILLE, vg. *Oise* (Picardie), arr. et à 11 k. de Clermont, cant. et ✉ de Mouy. Pop. 238 h. Sur le Thérain.

On y voyait autrefois un château, remarquable par son site pittoresque sur la croupe d'une colline qui domine la vallée du Thérain. Le château de Hondainville, bâti en 1780, sur les ruines d'une vieille construction du XVIIe siècle, par M. Vialart de St-Morys, fut, à la révolution, partagé en deux lots, dont l'un, comprenant le château et le parc, fut vendu par la nation : l'acquéreur fit démolir le château et raser le parc. Le second lot revint en propriété à M. de St-Morys fils, qui, rentré en France après la paix d'Amiens, se retira à Hondainville dans les bâtiments accessoires du château de son père qui étaient restés debout. Sa demeure devint un véritable cabinet des arts; il y réunit une bibliothèque nombreuse, un musée d'histoire naturelle, et la collection la plus considérable qui existât alors en France d'objets du moyen âge. Il fit construire, pour loger convenablement toutes ces richesses, une maison dans le style gothique du XVe siècle. M. de St-Morys était membre du conseil général de l'Oise; il fut fait maréchal de camp et lieutenant des gardes du corps sous la Restauration. On sait qu'il périt en duel à l'âge de 45 ans, le 21 juillet 1817.

On a trouvé sur la colline où est bâti le château de Hondainville des sarcophages en pierre tendre : ils étaient rangés par lignes, et renfermaient des ossements, des lacrymatoires, des poteries, des armes brisées et autres débris.

Fabriques de couverts par procédés mécaniques. Fonderie de métaux. Laminoirs.

HONDEGHEM, vg. *Nord* (Flandre), arr., cant., ✉ et à 5 k. d'Hazebrouck. P. 1,419 h.

HONDEVILLIERS, vg. *Seine-et-Marne*

(Brie), arr. et à 21 k. de Coulommiers, cant. et ✉ de Rebais. Pop. 300 h.

HONDOUVILLE, vg. *Eure* (Normandie), arr., ✉ et à 12 k. de Louviers, cant. du Neubourg. Pop. 566 h. — Il est sur l'Iton et le ruisseau d'Hondouville. — Filature de laine. Moulin à foulon.

HONDSCHOOTE, petite ville, *Nord* (Flandre), arr. et à 23 k. de Dunkerque, chef-l. de cant. Cure. ✉. A 282 k. de Paris pour la taxe des lettres. Pop. 3,915 h. — Terrain d'alluvions modernes.

Cette ville, située sur un embranchement du canal de la Basse-Colme, et autrefois célèbre par ses manufactures, paraît avoir été fondée vers le xe siècle. Elle fut incendiée en 1383, lorsque Charles VI chassa les Anglais de cette contrée. Les Français la dévastèrent en 1558, et elle était à peine rétablie de ce désastre, que deux nouveaux incendies la détruisirent presque entièrement en 1576 et en 1582. Les Hollandais la brûlèrent en 1708 et y commirent des actes de cruauté inouïs.

Le nom de Hondschoote passera à la postérité pour y perpétuer le souvenir de la bataille mémorable qui se livra sous les règles le 8 septembre 1793 : les Français, commandés par le général Houchard, y battirent complètement l'armée anglaise, forte de dix-huit mille combattants, dont plus de six mille restèrent sur le champ de bataille.

Fabriques de chicorée-café. Blanchisseries de toiles. Brasseries. Tanneries. Moulins à huile. — *Foires* le vendredi après la Pentecôte et 2e dimanche de juillet.

HONFLEUR, *Honne Flotum, Honflorium*, ville maritime, *Calvados* (Normandie), arr. et à 16 k. de Pont-l'Evêque, chef-l. de cant. Tribunal et bourse de commerce. École d'hydrographie de 4e classe. Vice-consulats étrangers. Cure. Gîte d'étape. ✉. ⚓. A 194 k. de Paris pour la taxe des lettres. Pop. 9,580 h. — Terrain crétacé inférieur, grès vert. — *Etablissement de la marée*, 9 heures 15 minutes. Fanal d'aval à feu fixe sur la jetée de l'hôpital, à l'extrémité nord-ouest de la ville, de 10 m. de hauteur et de 12 k. de portée. Fanal d'amont sur le quai, nord du nouveau bassin, de 9 m. de hauteur et de 12 k. de portée.

Autrefois diocèse de Lisieux, parlement et intendance de Rouen, élection de Pont-l'Evêque, sergenterie, amirauté, vicomté, 3 couvents.

L'origine et la fondation de Honfleur ne présentent aucune certitude ; on sait seulement que, vers la fin du xe siècle, Guillaume le Conquérant y passa quelques jours peu de temps avant sa mort. En 1346, Edouard III, roi d'Angleterre, s'empara de cette ville, et la mit au pillage ; les indignes traitements qu'il fit subir aux habitants leur laissèrent toujours le désir de s'en venger, et ils en trouvèrent l'occasion sous Charles VI : les Anglais, réunis aux Allemands et aux Flamands, s'étant présentés avec une flotte nombreuse devant Honfleur, les habitants de cette ville, réunis aux Dieppois, les abordèrent avec courage, quoique fort inférieurs en nombre ; beaucoup de vaisseaux ennemis furent coulés à fond, et leur amiral Hugues Spencer fut fait prisonnier. Sous le règne de Charles VII, Honfleur tomba au pouvoir du roi d'Angleterre, Henri VI, qui laissa pendant dix années garnison dans cette ville, que le célèbre comte de Dunois lui enleva. Vers la fin du xvie siècle, cette ville se vit alternativement la victime de tous les partis. Henri IV y entra par capitulation en 1590, à la suite d'un siège très-meurtrier. Un capitaine du nom de Goyon parvint peu de temps après à reprendre la place, qu'il conserva jusqu'au 5 juin 1594, où il fut obligé de capituler.

Depuis cette époque jusqu'à la révolution, Honfleur n'offre rien de particulier concernant l'histoire de la marine. Mais alors se présente un événement digne d'être cité : c'est la prise du fameux Sidney Smith. M. Thomas raconte ainsi cette mémorable capture : « Le 18 avril 1796, les habitants de Honfleur furent réveillés par le bruit très-rapproché d'une canonnade qui se faisait entendre. Voici ce dont il s'agissait. Le commodore anglais sir Sidney Smith commandait la frégate *le Diamant*, et ne quittait pas la rade du Havre. Il s'était, dans la nuit, emparé par surprise, tout près de la jetée du nord-ouest, d'un petit corsaire français qui se reposait avec confiance sur son voisinage de la terre et la protection des batteries de la côte. Mais pendant que les Anglais avaient renfermé l'équipage dans la câle, ils s'étaient eux-mêmes endormis sur le pont, attendant le moment favorable pour amener le navire. On ne le comprendrait difficilement, si l'on ne savait que la capture avait eu lieu à la suite d'amples libations, et était la suite d'un pari. Un marin français (on nous a dit qu'il se nommait Lallemand et était lieutenant à bord du corsaire) avait été oublié sur le pont, où il avait feint de dormir ; il coupa sans bruit le câble qui retenait le navire à l'ancre mouillée, et le flot emporta bientôt le corsaire en rivière. Cependant le jour commençait à paraître. Les sentinelles ne tardèrent pas à apercevoir le mouvement insolite du navire ; l'éveil fut donné ; des canonniers-bricks et des bateaux-canonniers furent expédiés pour courir sus au corsaire et lui couper la retraite. C'était le bruit de leurs canons de 24, tonnant contre la prise, chassée jusque sous Vazouy, que l'on entendait. En un moment toute la côte fut couverte d'habitants, spectateurs de la reprise du corsaire, qui fut reconduit au Havre avec son double équipage, dont la position était de nouveau changée. Les Anglais, vainqueurs quelques instants, étaient devenus prisonniers. »

Les **armes de Honfleur** sont : *de gueules à une tour crénelée d'argent surmontée d'un tourillon de même et côtoyée de deux fleurs de lis d'or ; au chef d'azur chargé de trois étoiles d'or*.

La ville de Honfleur est au débouché d'une vallée, au pied d'une haute colline, sur la rive gauche de la Seine et à l'embouchure de cette rivière dans la Manche, où elle a un port assez fréquenté. Il consiste en deux bassins et un vaste avant-port ; les jetées, qui se prolongent à 200 m. des anciennes, ont été construites récemment, et on fonde en ce moment un troisième bassin. La mer monte dans le vieux bassin de 4 à 5 m. Son chenal, débouchant au milieu de hauts-fonds vaseux qui forment surtout les bancs d'Amfar et du Rattier, n'est guère accessible qu'à mer haute et seulement à des bâtiments de médiocre tonnage. L'avant-port se prolonge entre deux jetées et facilite l'accès de bassins ordinairement remplis d'un grand nombre de bateaux de pêche et de cabotage. L'entrée de ce port n'est pas le côté brillant de Honfleur, et ce n'est qu'en parcourant la ville que l'on trouve, pour racheter des rues étroites, sales et mal aérées, des portions nouvellement bâties, des habitations fort agréablement situées ; chaque jour on perce de nouvelles rues, qui finiront par changer entièrement l'ancienne physionomie de la ville. — Les édifices publics sont curieux par les bizarreries de leur vieille architecture. Dans une des églises on remarque deux beaux tableaux de Jordaëns et de Quillinus.

A environ 1 k. de Honfleur, sur une colline qui domine la ville presque à pic, s'élève la chapelle de Notre-Dame-de-Grâce, objet d'un culte particulier de la part des marins. Robert le Magnifique, duc de Normandie, voulant réaliser le projet conçu par son père, Richard III, de faire rendre au fils d'Ethelred le trône d'Angleterre, que Canut, roi de Danemark, avait usurpé, « fit, dit M. Thomas, armer en 1034 une flotte qui partit de Fécamp ; mais elle n'avait pas encore aperçu les côtes opposées, lorsqu'elle fut assaillie, au milieu de la Manche, par la plus horrible tempête. Le duc Robert courut de très-grands dangers, et fit vœu, s'il y échappait, de fonder sur les terres de son obéissance trois chapelles dédiées à Marie, dont il réclamait la puissante assistance dans cette situation désespérée. Bientôt les vents se calment, la mer s'apaise, et le duc peut débarquer à Guernesey, d'où il fait route sur le continent. » Notre-Dame-de-Grâce fut une de ces chapelles votives érigées par Robert Ier. Pour y arriver, on parcourt un chemin en corniche, que des travaux récents ont rendu praticable aux voitures ; sur la gauche de la route en montant, a dans toute son étendue, règne un bois étagé, tandis que sur la droite, à mi-côte, se distingue, au travers du feuillage, la mer chargée de vaisseaux. Bientôt on découvre les phares de la Hève et la ville du Havre ; quelques pas plus loin on n'aperçoit plus que l'infini des cieux et des eaux. Au sommet de la montagne s'élève un Christ gigantesque, près duquel, du côté de la mer, se termine le plateau de la colline. D'énormes éboulements semblent s'en détacher encore et rouler jusqu'au rivage, où le pêcheur, occupé de ses filets, apparaît comme un point sur la grève. Quel majestueux aspect ! Il rivalise avec celui des phares de la Hève, et l'emporte même par le contraste qu'offre ici sans obstacle à la vue l'opposition continuelle des deux rives, où le spectateur ravi peut contempler à la fois les vertes prairies et les bois touffus qui s'avancent sur la gauche de la Seine jusqu'au milieu de ses eaux, tandis que le pays de Caux ne présente qu'une série de falaises blanchâtres qui ne montrent que des rocs décharnés. — D'antiques ormeaux ombragent la chapelle, dont les voûtes, les piliers, les murailles sont chargés des offrandes et des *ex-voto* de ceux qui ont imploré la protection de la mère du Christ.

Biographie. Patrie de l'amiral MOTTARD.
De l'amiral HAMELIN.
Du général CHAUVEL.
De l'aéronaute ROMAIN, qui périt avec Pilâtre du Rozier en voulant traverser la Manche dans un aérostat, le 13 juin 1785.
Du peintre DAGUERRE, inventeur du diorama et du daguerréotype.

INDUSTRIE. *Fabriques* de dentelles, de biscuits de mer, d'acides minéraux. Raffineries de sucre. Machine à fabriquer les tonneaux et scierie circulaire (à Troussebourg). Tanneries. Corderies. Construction de navires. — *Commerce* de grains, cidre, melons, salaisons, harengs saurs et salés. Entrepôt réel et fictif de denrées coloniales. Armements pour la pêche de la morue, de la baleine et du veau marin.
—*Foires* les 18 oct., 25 nov. et jour de la mi-carême.

Bibliographie. * *Essai sur l'histoire de la ville de Honfleur*, in-12, 1835.
THOMAS (P.-P.-V.). *Histoire de la ville de Honfleur*, in-8, fig. et plan, 1840.
LABUTTE (A.). *Essai historique sur Honfleur et l'arrondissement de Pont-l'Évêque*, in-8, 1840.
VASTEL. *Notice sur l'ancienne et nouvelle chapelle de Notre-Dame-de-Grâce*, in-12, 1835.

HON-HERGIES, vg. *Nord* (Flandre), arr. et à 29 k. d'Avesnes, cant. et ✉ de Bavay. Pop. 1,030 h. — Carrières de pierres de taille. Scierie de marbre.

HONNECHY, vg. *Nord* (Picardie), arr. et à 27 k. de Cambrai, cant. et ✉ de Cateau. Pop. 1,170 h.

HONNECOURT, vg. *Nord* (Picardie), arr. et à 15 k. de Cambrai, cant. de Marcoing, ✉ du Catelet. Pop. 1,484 h. Sur la rive gauche de l'Escaut. — On y remarquait, avant la suppression des ordres monastiques, une belle abbaye de bénédictines, fondée en 682.

HONNORAT (île de St-), *Insula S. Honorati*, *Var*, comm. et ✉ de Cannes. — Elle est située dans la Méditerranée, à environ 12 k. d'Antibes, et à 1 k. de l'île Ste-Marguerite.

HONNOUX, vg. *Aude* (Languedoc), arr. et à 27 k. de Limoux, cant. et ✉ d'Alaigue. Pop. 275 h.

HONORAT (St-), *Drôme*, comm. de Montclenu, ✉ de Romans.

HONORAT-DE-CLUMANC (St-), vg. *B.-Alpes*, comm. de Clumanc, ✉ de Digne.

HONOR-DE-COS (l'), vg. *Tarn-et-Garonne* (Languedoc), arr., ✉ et à 13 k. de Montauban, cant. de la Française. Pop. 1,511 h.

HONORÉ (St-), vg. *Finistère*, comm. de Plougastel-St-Germain, ✉ de Quimper.

HONORÉ (St-), vg. *Isère* (Dauphiné), arr.

et à 23 k. de Grenoble, cant. et ✉ de la Mure. Pop. 710 h.

HONORÉ (St-), vg. *Isère*, comm. de St-Ondras, ✉ des Abrets.

HONORÉ (St-), petite ville, *Nièvre* (Nivernais), arr. et à 25 k. de Château-Chinon, cant. et ✉ de Moulins-en-Gilbert. Pop. 1,168 h.

Cette ville est très-agréablement située au milieu des montagnes du Morvan, à 20 k. de Château-Chinon.

Elle est renommée par des sources d'eaux thermales connues des Romains, qui, en ayant reconnu la salubrité, élevèrent dans cet endroit de superbes édifices, et y fondèrent un hôpital militaire où les bains se prenaient dans dix-neuf bassins.

En 1837 ou 1838, M. le marquis d'Epeuilles, maire de St-Honoré, acheta l'établissement, et fit faire des fouilles qui procurèrent la découverte de sources beaucoup plus chaudes que celles qu'on connaissait déjà, et qui, contenant à plus forte dose le gaz acide hydro-sulfurique, se trouvaient dans une parfaite analogie avec les eaux sulfureuses de Baréges. En creusant plus profondément, on finit par découvrir les anciens puits, très-bien conservés dans leur état de construction primitive, et une vaste enceinte circulaire de 15 m. de long, dans laquelle ils ont été creusés, avec les débris de ses parois et son magnifique dallage en marbre blanc. — L'aspect des débris de tuiles, de vases romains, de marbres superbes, et de ces vastes bassins, en attestant l'importance que les Romains avaient dû attacher à ces bains, semblent vider une question longtemps débattue entre les savants, et encore pendante : la véritable position géographique de l'*Aquæ Nisinei* de la carte de Peutinger, que les uns voient dans Alluy, les autres dans Luzy, le plus grand nombre à Bourbon-Lancy. Il ne paraît plus douteux que St-Honoré ne soit l'*Aquæ Nisinei*, placé au *Boxum* (le Beuvray), et *Degena* (Decize) sur la voie romaine qui allait d'*Augustodunum* à *Lutetia*, et passait par ces deux endroits, voie dont il reste encore çà et là des vestiges assez bien conservés.

Les sources de St-Honoré sourdent de la partie inférieure d'une montagne granitique. Elles furent analysées en 1786 par les médecins distingués de la Nièvre ; mais elles étaient à peu près oubliées, lorsque, dans ces derniers temps, M. le docteur Regnault en publia l'analyse et signala leurs propriétés. L'établissement thermal, aujourd'hui restauré, est agréable et bien tenu ; on y trouve des cabinets de bains et de douches, et des appartements très-commodes.

Foires les 15 mai et 15 nov.
Bibliographie. PILLIEN (G.-F.). *Essai topographique, historique et médical sur les eaux thermales de St-Honoré*, in-8, 1816.

HONORÉ (St-), vg. *Seine-Inf.* (Normandie), arr. et 17 k. de Dieppe, cant. et ✉ de Longueville. Pop. 185 h.

HONORINE-DE-DUCY (Ste-), vg. *Calvados* (Normandie), arr. et à 18 k. de Bayeux, cant. de Caumont, ✉ de Balleroy. Pop. 307 h.

HONORINE-DES-PERTES (Ste-), vg. *Calvados* (Normandie), arr. et à 13 k. de Bayeux, cant. et ✉ de Trévières. Pop. 558 h.

HONORINE-DU-FAY (Ste-), vg. *Calvados* (Normandie), arr. et à 17 k. de Caen, cant. et ✉ d'Evrecy. Pop. 769 h.

HONORINE-LA-CHARDONNE (Ste-), vg. *Orne* (Normandie), arr. et à 30 k. de Domfront, cant. et ✉ d'Athis. Pop. 1,541 h.

HONORINE-LA-CHARDONNETTE (Ste-), vg. *Calvados*, comm. d'Hérouvillette, ✉ de Bavent.

HONORINE-LA-GUILLAUME (Ste-), bg *Orne* (Normandie), arr. et à 33 k. d'Argentan, cant. et ✉ de Putanges. Pop. 1,247 h. — Exploitation de carrières de granit de la plus grande dureté, pour socles, trottoirs, etc.

HONORINE-LA-PETITE (Ste-), vg. *Orne*, comm. de Ménil-Gondouin, ✉ de Putanges.

HONSKIRICH, vg. *Meurthe* (Lorraine), arr. de Château-Salins, à 41 k. de Vic, cant. d'Albestroff, ✉ de Dieuze. Pop. 552 h.

HONTANX, bg *Landes* (Gascogne), arr. et à 28 k. de Mont-de-Marsan, cant. et ✉ de Villeneuve. Pop. 1,231 h. Sur le Ladon. — *Foires* les 26 août et 6 nov.

HONVAL, vg. *Pas-de-Calais*, comm. de Rebreuve, ✉ de Frévent.

HONVILLE (le), vg. *Vosges*, comm. de l'Aveline, ✉ de St-Dié.

HOPITAL (l'), vg. *Ain* (Bourgogne), arr. et à 36 k. de Nantua, cant. et ✉ de Châtillon-de-Michaille. Pop. 180 h.

HOPITAL (l'), vg. *Côtes-du-Nord*, comm. de Quesnoy, ✉ de Moncontour.

HOPITAL (l'), vg. *Jura* (Franche-Comté), arr. et à 51 k. de Lons-le-Saulnier, cant. et ✉ d'Arinthod. Pop. 330 h.

HOPITAL (l'), vg. *Lot*, comm. d'Issendolus, ✉ de Gramat.

HOPITAL (l'), ou SPIDEL, vg. *Moselle* (pays Messin), arr. et à 40 k. de Sarreguemines, cant. et ✉ de St-Avold. Pop. 781 h.

HOPITAL (les Fonds-de-l'), vg. *Seine-et-Oise*, comm. et ✉ de St-Germain-en-Laye.

HOPITAL (l'), vg. *Yonne*, comm. de Turny, ✉ de St-Florentin.

HOPITAL-AUX-BOIS, vg. *Somme*, com. du Forest, ✉ de Péronne.

HOPITAL-BELLEGARDE, vg. comm. de Réquista, ✉ de Cassagne-Bégonhès.

HOPITAL-CAMFRONT, vg. *Finistère* (Bretagne), arr. et à 30 k. de Brest, cant. de Daoulas, ✉ du Faou. Pop. 546 h.

Ce village, situé à l'extrémité d'un petit bras de mer qui communique à la baie de Châteaulin, doit son nom à une commanderie de templiers, dont on voit encore l'église, décorée extérieurement d'ornements gothiques exécutés avec beaucoup de délicatesse, et chargée d'écussons des commandeurs titulaires de ce lieu ; l'intérieur est entièrement dégradé et ne présente rien de remarquable.

HOPITAL-DE-BOUILLÉ (l'), vg. *Maine-et-Loire*, comm. de Grugé-l'Hôpital, ✉ de Pouancé.

HOPITAL-DE-CHENAY (l'), vg. *Saône-*

et-Loire, comm. de Chenay-le-Châtel, ✉ de Marcigny.

HOPITAL-DE-GRAYAU (l'), vg. *Gironde*, comm. de Grayau, ✉ de Lesparre.

HOPITAL-DE-ST-GERMAIN (l'), vg. *Gironde*, comm. de St-Germain, ✉ de Lesparre.

HOPITAL-D'ORION (l'), vg. *B.-Pyrénées* (Béarn), arr. et à 9 k. d'Orthez, cant. et ✉ de Sauveterre. Pop. 587 h.

HOPITAL-DU-GROS-BOIS, vg. *Doubs* (Franche-Comté), arr. et à 17 k. de Besançon, cant. et ✉ d'Ornans. Pop. 270 h.

HOPITAL-LE-GRAND (l'), vg. *Loire* (Forez), arr., cant., ✉ et à 12 k. de Montbrison. Pop. 324 h. — *Foire* le 13 sept.

HOPITAL-LE-MERCIER (l'), vg. *Saône-et-Loire* (Bourgogne), arr. et à 24 k. de Charolles, cant. et ✉ de Paray-le-Monial. Pop. 393 h.

HOPITAL-ST-BLAISE (l'), vg. *B.-Pyrénées* (Gascogne), arr., cant., ✉ et à 10 k. de Mauléon, et à 27 k. de St-Palais. Pop. 187 h.

HOPITAL-STE-CHRISTIE (l'), vg. *Gers*, comm. de Gravencères-l'Hôpital, ✉ de Manciet.

HOPITAL-ST-FORTUNAT, vg. *Loire*, comm. de St-Cyr-de-Favières, ✉ de Roanne.

HOPITAL-ST-JEAN (l'), vg. *Lot*, comm, de Sarrazac, ✉ de Cressenzac. — *Foires* les 22 mai, 29 août, 22 sept., 11 oct., 18 nov., et 1er lundi après Quasimodo.

HOPITAL-ST-LIEFFROY (l'), vg. *Doubs* (Franche-Comté), arr. et à 10 k. de Baume-les-Dames, cant. et ✉ de Clerval. Pop. 147 h.

HOPITAL-SOUS-ROCHEFORT (l'), vg. *Loire* (Forez), arr. et à 24 k. de Montbrison, cant. et ✉ de Boen. Pop. 293 h. — *Foires* les 22 déc. et mardi après la Trinité.

HOPITAU (l'), vg. *Deux-Sèvres*, comm. de Boussais, ✉ d'Airvault.

HOPITAUX-NEUFS (les), vg. *Doubs* (Franche-Comté), arr., cant. et à 16 k. de Pontarlier, ✉ de Jougne. Pop. 182 h.

HOPITAUX-VIEUX (les), vg. *Doubs* (Franche-Comté), arr., cant. et à 15 k. de Pontarlier, ✉ de Jougne. Pop. 340 h.

HOPITEAU (l'), vg. *Nièvre*, comm. d'Arbourse, ✉ de Châteauneuf-Val-de-Bargis.

HOQUET (le), vg. *Seine-Inf.*, comm. et ✉ des Grandes-Ventes.

HORBOURG, ou HORBORIO, *Argentoraria*, *Argentouaria*, *Argentiaria Rauracorum*, bg *H.-Rhin* (Alsace), arr., ✉ et à 3 k. de Colmar, cant. d'Andolsheim. Pop. 1,286 h.

Ce bourg occupe l'emplacement de l'antique *Argentouaria*, cité importante, dont on trouve des restes de fondations qui attestent qu'elle a subi plusieurs dévastations. On remarque, dans les murailles d'un fort, des fragments de statues, des chapiteaux, des colonnes, et jusqu'à des inscriptions, ce qui prouve que ce fort a été construit après un premier désastre.

Bibliographie. GOLBÉRY (M.-P. de). *Mémoire sur Argentouaria*, in-8, 1829.

HORÇA, vg. *H.-Pyrénées*, comm. d'Ossés, ✉ de St-Jean-Pied-de-Port.

HORDAIN, vg. *Nord* (Flandre), arr. et à 20 k. de Valenciennes, cant. et ✉ de Bouchain. Pop. 1,322 h.

HORGNE (la), vg. *Ardennes* (Champagne), arr. de Mézières et à 20 k. de Charleville, cant. d'Omont, ✉ de Poix. Pop. 256 h.

HORGNE (la), ou LE CHEVAL-ROUGE, vg. *Moselle*, comm. de Chesny, ✉ de Metz.

HORGUES, vg. *Gers*, comm. de Montbrun, ✉ de l'Isle-en-Jourdain.

HORGUES, vg. *H.-Pyrénées* (Gascogne), arr., cant., ✉ et à 6 k. de Tarbes. P. 474 h.

HORME (l'), vg. *Loire*, comm. de St-Julien-en-Jarret, ✉ de St-Chamond.

HORNAING, vg. *Nord* (Flandre), arr. et à 20 k. de Douai, cant. et ✉ de Marchiennes. Pop. 971 h. — *Fabrique de genièvre*.

HORNOY, bg *Somme* (Picardie); arr. et à 35 k. d'Amiens, chef-l. de cant. ✉. A 125 k. de Paris pour la taxe des lettres. Pop. 1,048 h. — TERRAIN tertiaire supérieur.

On voyait autrefois dans une des salles du château d'Hornoy une superbe statue de Voltaire, sculptée par Pigalle, qui a été depuis déposée au musée de Paris.

HORPS (le), bg *Mayenne* (Maine), arr. et à 16 k. de Mayenne, chef-l. de cant., bureau d'enregist. à Lassay, ✉ du Ribay. Pop. 1,583 h. — TERRAIN de transition moyen. — *Fabrique de fil de chanvre et de lin*.

HORREA (ad) (lat. 44°, long. 25°). « On remarque plus d'un lieu sous ce même nom, en suivant les voies romaines, particulièrement dans les provinces de l'empire en Afrique, dont l'Italie tirait des grains, comme la Provence, où se renferme le lieu dont il s'agit, en tire aujourd'hui de Barbarie. L'Itinéraire d'Antonin marqué ainsi *ad Horrea* entre *Antipolis*, Antibe, et *Forum Julii*, Fréjus, en décrivant sans interruption, depuis Rome jusqu'à Arles, la voie qui était appelée *Aurelia*. On trouve le même lieu dans la Table théodosienne, et la distance à l'égard d'*Antipolis* y est également marquée XII, comme dans l'Itinéraire, et XVII entre *Horrea* et *Forum Julii*, où l'Itinéraire marque XVIII. Sanson et le P. Labbe, en prenant ce lieu pour la Napoule, n'ont pu y être déterminés par la convenance des distances ; car la Napoule paraît un peu trop loin d'Antibe, et en même temps beaucoup trop près de Fréjus, pour être *Horrea*. Ce qu'il y a d'espace entre la Napoule et Fréjus ne comprend pas 9,000 toises, et ne saurait par conséquent suffire à 17 ou 18 milles romains. Honoré Bouche transporte *Horrea* dans la position de Grasse ; et en effet sa distance à l'égard d'Antibe, de 9 à 10,000 toises, pourrait convenir aux 12 milles qui paraissent dans l'Itinéraire et dans la Table, en y ajoutant une fraction qu'on supposerait négligée. Mais l'espace d'environ 15,000 toises en droite ligne de Grasse à Fréjus, sans compter ce que l'inégalité du pays doit donner de plus à la mesure itinéraire, passe les 17 milles de la Table, et même les 18 de l'Itinéraire, de plusieurs milles. D'ailleurs la position de Grasse s'écarte considérablement de la direction d'Antibe à Fréjus, et *lou Camin Aurelian*, qui est connu des Provençaux, gagne le bord de la mer en passant à Canes. Or, la distance d'Antibe à Canes, étant de 5,000 et quelques centaines de toises, répond à 7 milles romains, et il y a bien des exemples qu'en appliquant les Itinéraires au local, ce qui paraît marqué XII par méprise dans un chiffre, comme ici entre *Antipolis* et *Horrea*, ne tient lieu que de VII. On en est d'autant plus assuré, à l'égard de la distance actuelle, que l'espace de Canes à Fréjus étant de 13 à 14,000 toises, c'est précisément ce qui convient au calcul de 18 milles romains, selon l'indication de l'Itinéraire entre *Horrea* et *Forum Julii*. Il résulte de là que la position la plus convenable à *Horrea* est celle de Canes. Ce lieu, situé sur la plage, était commode pour le débarquement de l'annone, qui y était transportée par mer des cantons de pays plus abondants en grains que n'est la Provence. Vincent de Salerne, moine de Lérin, dit qu'il y avait autrefois à Canes (*Canæ*) un château appelé *Marcellinum*, qui vers l'an 1132 prit le nom de *Castrum Francum*, à cause des privilèges et immunités dont les gens du lieu jouissaient. » D'Anville. *Notice de l'ancienne Gaule*, p. 373.

HORSARRIEU, vg. *Landes* (Gascogne), arr. et à 10 k. de St-Sever, cant. et ✉ d'Hagetmau. Pop. 627 h.

HORTES, vg. *H.-Marne* (Champagne), arr. et à 18 k. de Langres, cant. de Varennes, ✉ du Fayl-Billot. Pop. 1,370 h. — PATRIE du savant docteur en médecine VIREY, membre de l'acad. roy. de médecine. — *Foires* les 10 fév., 31 août, 4 nov., et lundi après le 23 mai.

HORTOUX-ET-QUILHAN, vg. *Gard* (Languedoc), arr. et à 48 k. du Vigan, cant. et ✉ du Quissac. Pop. 372 h.

HORTOY (l'), vg. *Somme* (Picardie), arr. et à 27 k. de Montdidier, cant. d'Ailly-sur-Noye, ✉ de Flers. Pop. 97 h.

HORVILLE, vg. *Meuse* (Lorraine), arr. de Commercy, à 15 de St-Mihiel, cant. et ✉ de Gondrecourt. Pop. 180 h.

HOSMES (l'), vg. *Eure* (Normandie), arr. et à 33 k. d'Evreux, cant. de Damville, ✉ de Tillières-sur-Avre. Pop. 191 h.

HOSPICE-ST-MEEN (l'), vg. *Ille-et-Vilaine*, comm. et ✉ de Rennes.

HOSPITALET (l'), *Hospitalerüs*, *Espitaletum*, vg. *B.-Alpes* (Provence), arr. et à 22 k. de Forcalquier, cant. et ✉ de Banon. Pop. 262 h.

HOSPITALET (l'), vg. *Ariège* (pays de Foix), arr. et à 58 k. de Foix, cant. et ✉ d'Ax. Pop. 108 h.

HOSPITALET (l'), vg. *Aveyron* (Rouergue), arr. et à 21 k. de Millau, cant. de Nant, ✉ de la Cavalerie. Pop. 615 h.

HOSPITALET (l'), vg. *Aveyron*, comm. de Moyrazès, ✉ de Rodez.

HOSPITALET (l'), vg. *Lot* (Quercy), arr., ✉ et à 10 k. de Cahors, cant. de Castelnau-de-Montratier. Pop. 704 h. — *Foires* les 3 janv., 15 avril, 15 mai et 9 nov.

HOSTA, vg. *B.-Pyrénées* (Navarre), arr.

de Mauléon, ✉ et à 2 k. de St-Palais, cant. d'Iholdy. Pop. 331 h.

HOSTE (Haut et Bas-), ou HOST (Ober et Niedér-), vg. *Moselle* (pays Messin), arr. et à 20 k. de Sarreguemines, cant. de St-Avold, ✉ de Puttelange. Pop. 685 h.

HOSTENS, vg. *Gironde* (Guienne), arr. et à 39 k. de Bazas, cant. de St-Symphorien, ✉ de Villandraut. Pop. 1,663 h. — *Foires* les 26 mars, 22 mai et 18 nov.

HOSTIAS, vg. *Ain* (Bourgogne), arr. et à 26 k. de Belley, cant. et ✉ de St-Rambert. Pop. 456 h.

HOSTIEN (St-), vg. *H.-Loire* (Languedoc), arr., ✉ et à 16 k. du Puy, canton de St-Julien-Chapteuil. Pop. 1,960 h.

HOSTUN, vg. *Drôme* (Dauphiné), arr. et à 32 k. de Valence, cant. de Bourg-du-Péage, ✉ de St-Lattier. Pop. 963 h. — *Foires* le 6 mai et le lundi après St-Martin.

HOTE-DU-BOIS (l'), *Vosges*, ☞, à 11 k. de St-Dié.

HOTELLERIE (l'), vg. *Calvados* (Normandie), arr., cant. et à 12 k. de Lisieux, ✉ de Thiberville. ☞. Pop. 324 h.

HOTELLERIE-DE-FLÉE (l'), bg *Maine-et-Loire* (Anjou), arr., ✉ et à 8 k. de Segré. Pop. 691 h. — *Foire* le 27 mai.

HOTONNES, vg. *Ain* (Bourgogne), arr., ✉ et à 16 k. de Nantua, cant. de Brénod. Pop. 1,005 h. — *Foires* les 5 août et 22 oct.

HOTOT-EN-AUGE, vg. *Calvados* (Normandie), arr. et à 23 k. de Pont-l'Evêque, cant. de Cambremer, ✉ de Dozulé. Pop. 435 h.

HOTTENSCHLAG, vg. *H.-Rhin* (Alsace), arr. et à 14 k. de Colmar, cant. et ✉ de Neuf-Brisach. Pop. 170 h.

HOTTEWILLER, vg. *Moselle* (pays Messin), arr. et à 30 k. de Sarreguemines, cant. de Volmunster, ✉ de Bitche. Pop. 980 h.

HOTTOT-LES-BAGUES, vg. *Calvados* (Normandie), arr. et à 18 k. de Bayeux, cant. de Caumont, ✉ de Tilly-sur-Seulles. Pop. 750 h.

HOUAT (île d'), *Horata Insula*. Elle est située près de la côte, entre l'île de Hœdic et la pointe de Quiberon, *Morbihan*, comm. et ✉ du Palais. *Etablissement de la marée*, 3 heures 15 minutes. — Lat. 47° 23′ 32″, long. O. 5° 16′ 42″.

Après la défaite des émigrés et des royalistes à Quiberon, tout ce qui avait échappé au désastre, insurgés, armes et munitions, fut transporté à bord des vaisseaux anglais et débarqué dans la petite île d'Houat, très-exhaussée au-dessus du niveau de la mer, et où il se trouve deux petits villages habités par quelques pêcheurs.

HOUBE, vg. *Meurthe*, comm. de Dabo, ✉ de Phalsbourg.

HOUBLONNIÈRE (la), vg. *Calvados* (Normandie), arr., 2ᵉ cant., ✉ et à 9 k. de Lisieux. Pop. 311 h.

HOUCHAIN, vg. *Pas-de-Calais* (Artois), arr., ✉ et à 7 k. de Béthune, cant. de Houdain. Pop. 390 h.

HOUDAIN, vg. *Nord* (Flandre), arr. et à 27 k. d'Avesnes, cant. et ✉ de Bavay. Pop. 878 h. — Blanchisseries de toiles. Scieries de marbre.

HOUDAIN, bg *Pas-de-Calais* (Artois) arr. et à 15 k. de Béthune, chef-l. de cant. Cure. ✉. A 217 k. de Paris pour la taxe des lettres. Pop. 913 h. — TERRAIN tertiaire supérieur.

HOUDALLE, vg. *Vosges*, comm. d'Anould, ✉ de Corcieux.

HOUDAN, *Hosdeneum*, petite ville, *Seine-et-Oise* (Beauce), arr. et à 28 k. de Mantes, chef-l. de cant. Cure. Gîte d'étape. ✉. ☞. A 62 k. de Paris pour la taxe des lettres. Pop. 2,003 h. — TERRAIN crétacé inférieur.

Autrefois diocèse de Chartres, parlement et intendance de Paris, élection de Montfort-l'Amaury, prévôté ducale.

Elle est située au confluent de la Vesgre et de l'Opton. C'était jadis une ville forte entourée de murailles flanquées de tours, dont une, très-solide et fort élevée, existe encore. L'église, fondée par Robert le Pieux, est un des plus beaux monuments d'architecture gothique du département.

Près de Houdan, au lieu dit la Butte des Gargaus, se trouve un ancien cimetière, où sur un espace de 25 ares, on a trouvé plusieurs objets curieux. Les fosses sont rangées symétriquement; les corps y sont couchés sur la dos, la face tournée à l'orient. Dans ces tombes ont été trouvés des armes, des agrafes, des vases, des bijoux, des médailles d'Hadrien, de Gallien et de Gratien.

Fabrique de bas de laine. — Commerce considérable de volailles, grains, laines, chevaux et bestiaux. — *Foires* les 8 mai, 21 sept., 26 juillet et le jour des Cendres.

HOUDANCOURT, vg. *Oise* (Picardie), arr. et à 18 k. de Compiègne, cant. d'Estrées-St-Denis, ✉ de Pont-Ste-Maxence. Pop. 318 h.

HOUDELAINCOURT, vg. *Meuse* (Lorraine), arr. de Commercy, et à 45 k. de St-Mihiel, cant. et ✉ de Gondrecourt. ☞. Pop. 319 h.

HOUDELAUCOURT, vg. *Meuse* (Lorraine), arr. et à 35 k. de Montmédy, cant. et ✉ de Spincourt. Pop. 1,551 h.

HOUDELMONT, vg. *Meurthe* (Lorraine), arr. et à 23 k. de Nancy, cant. et ✉ de Vézelise. Pop. 246 h.

HOUDEMONT, vg. *Meurthe* (Lorraine), arr., cant., ✉ et à 6 k. de Nancy. Pop. 283 h.

HOUDEN, vg. *Somme*, comm. de Tours, ✉ de Valines.

HOUDETOT, vg. *Seine-Inf.* (Normandie), arr. et à 22 k. d'Yvetot, cant. de Fontaine-le-Dun, ✉ de St-Valéry-en-Caux. Pop. 451 h.

HOUDILCOURT, vg. *Ardennes* (Champagne), arr. et à 20 k. de Rethel, cant. d'Asfeld, ✉ de Tagnon. Pop. 542 h.

HOUDREVILLE, vg. *Eure-et-Loir*, comm. et ✉ d'Epernon.

HOUDREVILLE, *Audriaca Villa*, vg. *Meurthe* (Lorraine), arr. et à 25 k. de Nancy, cant. et ✉ de Vézelise. Pop. 801 h.

HOUÉCOURT, vg. *Vosges* (Lorraine), arr. et à 18 k. de Neufchâteau, cant. et ✉ de Châtenois. ☞. Pop. 794 h. — *Foires* les 15 janv., 1ᵉʳ mai, 20 juillet et 20 oct.

HOUEILLES, vg. *Lot-et-Garonne* (Condomois), arr. et à 30 k. de Nérac, chef-l. de cant., bureau d'enregistrement et ✉ de Casteljaloux. Pop. 812 h. — TERRAIN tertiaire supérieur. — *Foires* le 27 juillet et le lundi de la Pentecôte.

HOUESVILLE, vg. *Manche* (Normandie), arr. et à 23 k. de Valognes, cant. et ✉ de Ste-Mère-Eglise. Pop. 379 h.

HOUETTEVILLE, vg. *Eure* (Normandie), arr., ✉ et à 16 k. de Louviers, cant. du Neubourg. Pop. 246 h.

HOUÉVILLE, vg. *Vosges* (Lorraine), arr., cant., ✉ et à 10 k. de Neufchâteau. Pop. 225 h.

HOUGA (le), bg *Gers* (Gascogne), arr. et à 54 k. de Condom, cant. de Nogaro. ✉. A 704 k. de Paris pour la taxe des lettres. Pop. 1,596 h. — *Foires* les 2 janv., 8 mai et 2 sept.

PATRIE de M. P.-S. LAURENTIE, littérateur et publiciste.

HOUGAISE (la), vg. *Loir-et-Cher*, comm. de la Chapelle-Enchérie, ✉ d'Oucques.

HOUGUE (la), nom donné pendant la révolution à St-Wast-la-Hougue.

HOUGUE (rade de la). Elle est située sur la côte orientale du dép. de la *Manche*, au sud du cap de Barfleur, au nord-ouest des îles St-Marcoud, au sud de la Deut et de l'île Tatihou. — *Etablissement de la marée*, 8 heures 30 minutes. — Cette rade est indiquée par trois fanaux à feux fixes de 4ᵉ ordre : le premier, placé sur l'extrémité sud du fort de la Hougue, à 11ᵐ de hauteur et 12 k. de portée. Lat. 49° 34′, long. O. 3° 37′ ; le deuxième sur la butte Morsaline, hauteur 36 m., portée 12 k. Lat. 49° 34′, long. O. 3° 40′ ; le troisième sur la redoute de Reville, à la pointe de Baire, hauteur 11 m., portée 12 k. Lat. 49° 30′, long. O. 3° 34′. V. ST-WAST-LA-HOUGUE.

HOUGUEMARRE, vg. *Eure* (Normandie), arr. et à 25 k. de Pont-Audemer, cant. de Routot, ✉ de Bourg-Achard. Pop. 432 h. — Briqueterie.

HOUILLES, vg. *Seine-et-Oise* (Ile-de-France), arr. et à 19 k. de Versailles, cant. et ✉ d'Argenteuil. Pop. 1,156 h.

Ce village est fort ancien : les Normands le saccagèrent en 846 : la plaine, qui en est voisine, où furent inhumées les nombreuses victimes de la férocité de ces barbares, porte encore le nom de Martray. — Au XVIᵉ siècle, Houilles était entouré d'épaisses murailles et fermé de quatre portes fortifiées et surmontées d'une tourelle ; cependant, malgré ce formidable entourage, les huguenots s'en emparèrent en 1598.

Commerce de vins blancs et de légumes potagers.

HOULBEC (le), vg. *Eure* (Normandie), arr. et à 23 k. de Louviers, cant. d'Amfreville-la-Campagne, ✉ de Bourgthéroulde. Pop. 272 h.

HOULBEC-COCHEREL, *Cokerellus*, vg. *Eure* (Normandie), arr. et à 18 k. d'Evreux, cant. de Vernon, ✉ de Pacy-sur-Eure. Pop. 508 h. — Carrières de pierres meulières. Tuileries.

HOULDICOURT, vg. *Ardennes* (Champagne), arr. et à 18 k. de Réthel, cant. et ✉ d'Asfeld. Pop. 302 h.

HOULDIZY, vg. *Ardennes* (Champagne), arr. de Mézières, cant., ✉ et à 7 k. de Charleville. Pop. 330 h.

HOULERON, vg. *Pas-de-Calais*, comm. et ✉ d'Aire-sur-la-Lys.

HOULES (les), vg. *Eure*, comm. de St-Aubin-de-Scellon, ✉ de Thiberville.

HOULETTE, vg. *Charente* (Angoumois), arr. et à 12 k. de Cognac, cant. et ✉ de Jarnac. Pop. 411 h.

HOULETTE (la), vg. *Nord*, comm. et ✉ d'Armentières.

HOULLES, vg. *Pas-de-Calais* (Artois), arr., cant., ✉ et à 5 k. de St-Omer. P. 475 h.

HOULME (le), beau village, *Seine-Inf.* (Normandie), arr. et à 11 k. de Rouen, cant. de Maromme, ✉ de Malaunay. Pop. 1,868 h. Sur la rive droite du Cailly. — *Fabriques* d'indiennes. Filature de coton. Blanchisseries.

HOUMEAU (l'), vg. *Charente-Inf.* (Aunis), arr., cant., ✉ et à 5 k. de la Rochelle. Pop. 418 h. — *Foire* le 22 mai.

HOUMEAU-PONTROUVRE (l'), vg. *Charente* (Angoumois), arr., 2e cant., ✉ et à 3 k. d'Angoulême. Pop. 1,392 h. — Papeteries.

HOUMÉE (l'), vg. *Charente-Inf.*, comm. de la Vallée, ✉ de St-Porchaire.

HOUORT, *Var*, chef-l. de la comm. de Tanneron.

HOUPLIN, vg. *Nord* (Flandre), arr. et à 13 k. de Lille, cant. et ✉ de Seclin. Pop. 1,248 h.

HOUPLINES, vg. *Nord* (Flandre), arr. et à 17 k. de Lille, cant. et ✉ d'Armentières. Pop. 2,030 h. Sur la rive droite de la Lys. — *Fabriques* de lacets, coton à coudre et à broder. Belle filature de coton. Brasseries. Tanneries. Moulins à huile et à foulon.

HOUPPACH, *H.-Rhin*. V. HUFFACH.

HOUPPEVILLE, vg. *Seine-Inf.* (Normandie), arr. et à 11 k. de Rouen, cant. de Maromme, ✉ de Malaunay. Pop. 662 h.

HOUQUETOT, vg. *Seine-Inf.* (Normandie), arr. et à 28 k. du Havre, cant. et ✉ de Goderville. Pop. 385 h.

HOURC, vg. *H.-Pyrénées* (Gascogne), arr., ✉ et à 13 k. de Tarbes, cant. de Pouyastruc. Pop. 192 h.

HOURC-DE-BAT, HOURC-DESSUS, et HOURC-DU-MILIEU, vg. *H.-Pyrénées*, comm. de Germs, ✉ de Lourdes.

HOURDEL (le), vg. *Somme*, comm. de Cayeux, ✉ de St-Valéry-sur-Somme.

HOURGES, vg. *Marne* (Champagne), arr. et à 21 k. de Reims, cant. de Fismes, ✉ de Jonchery-sur-Vesle. Pop. 219 h. — Il est situé dans une gorge profonde. On y voit un château qu'embellissent de vastes jardins, et on y trouve de belles carrières de pierre de taille, d'où l'on a tiré une partie des pierres qui ont servi à bâtir la cathédrale de Reims.

HOURGES, vg. *Somme*, comm. de Domart-sur-la-Luce, ✉ de Moreuil. ⚭ — *Fabrique* de bonneterie.

HOURS, vg. *B.-Pyrénées* (Béarn), arr. et à 20 k. de Pau, cant. et ✉ de Pontacq. Pop. 470 h.

HOURTIN, vg. *Gironde* (Guienne), arr., ✉ et à 17 k. de Lesparre, cant. de St-Laurent-de-Médoc. Pop. 1,359 h.

HOURY, vg. *Aisne* (Picardie), arr., cant., ✉ et à 8 k. de Vervins. Pop. 149 h.

HOUSSAY, vg. *Loir-et-Cher* (Beauce), arr. et à 11 k. de Vendôme, cant. et ✉ de Montoire. Pop 551 h.

HOUSSAY, bg. *Mayenne* (Anjou), arr., cant., ✉ et à 12 k. de Château-Gontier. Pop. 1,009 h.

HOUSSAYE (la), vg. *Eure* (Normandie), arr. et à 20 k. de Bernay, cant. et ✉ de Beaumont-le-Roger. Pop. 242 h. Sur la Rille. — Haut fourneau, fonderie de chaudières, marmites, plaques de cheminées, etc.

HOUSSAYE (la), vg. *Seine-et-Marne* (Brie), arr. et à 21 k. de Coulommiers, cant. de Rozoy-en-Brie, ✉ de Tournan. Pop. 643 h.

Le château de la Houssaye, flanqué de pavillons avec des tourelles, est d'une haute antiquité. Les familles de Montmorency, de Montceaux et de Coëtlogon en ont été propriétaires. De nos jours il a été habité par le maréchal Augereau, duc de Castiglione.

PATRIE du poète et auteur dramatique JODELLE, auteur de la première tragédie française, (Cléopâtre), né au château de Jodelle.

HOUSSAYE-BÉRANGER (la), vg. *Seine-Inf.* (Normandie), arr. et à 26 k. de Rouen, cant. de Clères, ✉ de Valmartin. Pop. 489 h.

HOUSSAYE-DE-MOUETTE (la), *Eure*, comm. de Mouettes, ✉ de St-André.

HOUSSEAU (le), vg. *Mayenne* (Maine), arr. et à 24 k. de Mayenne, cant. et ✉ de Lassay. Pop. 486 h.

HOUSSELMONT, vg. *Meurthe* (pays Messin), arr. et à 19 k. de Toul, cant. de Colombey. Pop. 47 h.

HOUSSEN, vg. *H.-Rhin* (Alsace), arr., ✉ et à 7 k. de Colmar, cant. d'Andolsheim. Pop. 1,188 h.

HOUSSERAS, vg. *Vosges* (Lorraine), arr. et à 25 k. d'Épinal, cant. et ✉ de Rambervillers. Pop. 894 h.

HOUSSET, vg. *Aisne* (Picardie), arr. et à 15 k. de Vervins, cant. de Sains, ✉ de Marle. Pop. 715 h.

HOUSSÉVILLE (la), vg. *Meurthe* (Lorraine), arr. et à 18 k. de Nancy, cant. d'Haroué, ✉ de Neuviller-sur-Moselle. Pop. 422 h.

HOUSSIÈRE (la), vg. *Vosges*, comm. de Hadol, ✉ d'Épinal.

HOUSSIÈRE (la), vg. *Vosges* (Lorraine), arr. et à 25 k. de St-Dié, cant. et ✉ de Corcieux. Pop. 964 h.

HOUSSIETTE (la), vg. *Seine-et-Marne*, comm. de la Houssaye, ✉ de Tournan.

HOUSSOYE (la), vg. *Oise* (Picardie), arr., ✉ et à 15 k. de Beauvais, cant. d'Auneuil. ⚭ Pop. 425 h. — On y voit un château moderne,

bâti de 1775 à 1780, sur l'emplacement d'un ancien château fort.

HOUSSOYE (la), vg. *Oise*, comm. de Troissereux, ✉ d'Auneuil.

HOUSSOYE (la), vg. *Somme* (Picardie), arr. et à 18 k. d'Amiens, cant. et ✉ de Corbie. Pop. 509 h.

HOUTAUD, vg. *Doubs* (Franche-Comté), arr., cant., ✉ et à 5 k. de Pontarlier. Pop. 278 h.

HOUTVILLE, vg. *Manche* (Normandie), arr. et à 37 k. de Coutances, cant. de la Haye-du-Puits, ✉ de Prétot. Pop. 336 h.

HOUTQUERQUE, vg. *Nord* (Flandre), arr. et à 20 k. d'Hazebrouck, cant. et ✉ de Steenwoorde. Pop. 1,332 h.

HOUVIGNEUL, vg. *Pas-de-Calais* (Artois), arr. et à 12 k. de St-Pol-sur-Ternoise, cant. d'Avesnes-le-Comte, ✉ de Frévent. Pop. 287 h.

HOUVILLE, *Hulvilla*, vg. *Eure* (Normandie), arr. et à 10 k. des Andelys, cant. de Fleury-sur-Andelle, ✉ d'Ecouis. Pop. 158 h.

HOUVILLE-LA-BRANCHE, vg. *Eure-et-Loir* (Beauce), arr. et à 11 k. de Chartres, cant. et ✉ d'Auneau. Pop. 360 h.

HOUVIN, vg. *Pas-de-Calais* (Artois), arr. et à 12 k. de St-Pol-sur-Ternoise, cant. d'Avesnes-le-Comte, ✉ de Frévent. Pop. 304 h.

HOUX, vg. *Eure-et-Loir* (Beauce), arr. et à 16 k. de Chartres, cant. et ✉ de Maintenon. Pop. 339 h.

HOUX, vg. *Vosges*, comm. de Laveline-du-Houx, ✉ de Bruyères.

HOUYDETS, vg. *H.-Pyrénées*, comm. de Castelbajac, ✉ de Lannemezan.

HOYMILLE, vg. *Nord* (Flandre), arr. et à 11 k. de Dunkerque, cant. et ✉ de Bergues. Pop. 552 h.

HUANNE, vg. *Doubs* (Franche-Comté), arr., ✉ et à 10 k. de Baume-les-Dames, cant. de Rougemont. Pop. 304 h.

HUBANS, vg. *Nièvre*, comm. de Neuville, ✉ de Tannay.

HUBERSENT, vg. *Pas-de-Calais* (Boulonnais), arr. et à 18 k. de Montreuil-sur-Mer, cant. et ✉ d'Etaples. Pop. 409 h.

HUBERT (St-), vg. *Moselle*, comm. de Villers-Bettnach, ✉ de Metz.

PATRIE du célèbre peintre de fleurs REDOUTÉ.

HUBERT-LE-ROI (St-), vg. *Seine-et-Oise*, comm. des Essarts-le-Roi, ✉ de Rambouillet.

HUBERT-FOLIE (St-), vg. *Calvados* (Normandie), arr. et à 8 k. de Caen, cant. de Bourguebus, ✉ de May-sur-Orne. Pop. 100 h.

HUBERVILLE, *Ubervilla*, vg. *Manche* (Normandie), arr., cant., ✉ et à 3 k. de Valognes. Pop. 385 h.

HUBIERS (les), vg. *Ardennes*, comm. des Hautes-Rivières, ✉ de Charleville.

HUBY-ST-LEU, vg. *Pas-de-Calais* (Artois), arr. et à 28 k. de Montreuil-sur-Mer, cant. et ✉ de Hesdin. Pop. 727 h.

HUCHENNEVILLE, vg. *Somme* (Picardie), arr., ✉ et à 8 k. d'Abbeville, cant. et ✉ de Moyenneville. Pop. 816 h.

HUCHEPIE, vg. *Loir-et-Cher*, comm. et ⌧ de Vendôme.

HUCLEU, vg. *Seine-Inf.*, comm. du Bosc-Edeline, ⌧ de Buchy.

HUCLIER, vg. *Pas-de-Calais* (Artois), arr., ⌧ et à 7 k. de St-Pol-sur-Ternoise, cant. d'Heuchin. Pop. 129 h.

HUCQUELIERS, bg *Pas-de-Calais* (Boulonnais), arr. et à 18 k. de Montreuil-sur-Mer, chef-l. de cant. Cure. ⌧. ○. A 232 k. de Paris pour la taxe des lettres. Pop. 739 h. — TERRAIN tertiaire moyen.
Ce bourg est situé à l'intersection de six routes principales. C'était autrefois une forteresse importante, construite en 1231 et démolie en 1662 : on voit encore les restes des souterrains qui en dépendaient. — *Fabriques* considérables de souliers. — *Foires* le 4 juillet et 1ᵉʳ déc. — Marché le plus important de toute cette partie du Boulonnais.

HUDIMESNIL, vg. *Manche* (Normandie), arr. et à 25 k. de Coutances, cant. et ⌧ de Bréhal. Pop. 1,543 h.

HUDIVILLER, vg. *Meurthe* (Lorraine), arr., cant., ⌧ et à 8 k. de Lunéville. Pop. 313 h.

HUELGOAT, bg *Finistère* (Bretagne), arr. et à 35 k. de Châteaulin, chef-l. de cant. Cure. Gîte d'étape. ⌧. A 542 k. de Paris pour la taxe des lettres. Pop. 1,156 h. — TERRAIN de transition moyen. — Il possède une mine de plomb argentifère exploitée, dont nous donnerons la description à l'article POULLAOUEN.
Foires les 3 fév., 26 mars, 25 avril, 19 mai, 25 juin, 16 août, 9 sept., 28 oct., 21 nov., 9 déc. et 1ᵉʳ jeudi de carême.

HUEST, vg. *Eure* (Normandie), arr., cant., ⌧ et 7 k. d'Evreux. Pop. 223 h.

HUÊTRE, vg. *Loiret* (Orléanais), arr. et à 15 k. d'Orléans, cant. d'Artenay, ⌧ de Chevilly. Pop. 320 h.

HUEZ, vg. *Isère* (Dauphiné), arr. et à 53 k. de Grenoble, cant. et ⌧ de Bourg-d'Oisans. Pop. 424 h.

HUGEMOND, vg. *Nord*, comm. de Dompierre, ⌧ d'Avesnes.

HUGIER, vg. *H.-Saône* (Franche-Comté), arr. et à 20 k. de Gray, cant. et ⌧ de Marnay. Pop. 297 h.

HUGLEVILLE-EN-CAUX, vg. *Seine-Inf.* (Normandie), arr. et à 23 k. d'Yvetot, cant. et ⌧ d'Yerville. Pop. 532 h.

HUILLÉ, bg *Maine-et-Loire* (Anjou), arr. et à 25 k. de Baugé, cant. et ⌧ de Durtal. Pop. 793 h.
PATRIE du P. LE LOYER, dominicain, savant orientaliste, auteur d'*Edom, ou les Colonies iduméennes en Asie et en Europe*, in-8, 1620.

HUILLERIE (l'), vg. *Côte-d'Or*, comm. de la Bussière-sur-Ouche, ⌧ de Samhernon.

HUILLÉCOURT, vg. *H.-Marne* (Champagne), arr. et à 35 k. de Chaumont-en-Bassigny, cant. et ⌧ de Bourmont. P. 454 h.

HUINAULT (l'), vg. *Côte-d'Or*, comm. de Liernais, ⌧ de Saulieu.

HUIRON, vg. *Marne* (Champagne), arr., cant., ⌧ et à 7 k. de Vitry-le-François. Pop. 298 h.

HUIS (l'), bg *Ain*. V. LHUIS.

HUISMES, vg. *Indre-et-Loire* (Touraine), arr., cant., ⌧ et à 8 k. de Chinon. Pop. 1,586 h.

HUISNE (l'), *Vinea Idonea*. Cette rivière prend sa source à St-Hilaire-de-Souzay, près de la forêt de Belesme, arr. de Mortagne, dép. de l'*Orne*. Elle dirige son cours de l'ouest à l'est, arrose Mauves, Regmalard, d'où, coulant du nord au sud, elle entre, au-dessous de Condé, dans le département d'Eure-et-Loir, passe à Nogent-le-Rotrou, tourne au sud-ouest, rentre dans le département de l'Orne, d'où elle sort bientôt pour entrer dans celui de la Sarthe, où elle arrose une belle et fertile vallée, passe à la Ferté-Bernard, Connéré, Montfort, Yvré, Pont-Lieue, et se jette dans la Sarthe à 1 k. au-dessous du Mans, après un cours d'environ 100 k.

HUISNES, vg. *Manche* (Normandie), arr. et à 13 k. d'Avranches, cant. et ⌧ de Pontorson. Pop. 478 h.

HUISON, vg. *Seine-et-Oise*. V. D'HUIZON.

HUISSEAU-EN-BEAUCE, vg. *Loir-et-Cher* (Blaisois), arr., ⌧ et à 9 k. de Vendôme, cant. de St-Amand. Pop. 364 h.

HUISSEAU-SUR-COSSON, vg. *Loir-et-Cher* (Blaisois), arr., ⌧ et à 10 k. de Blois, cant. de Bracieux. Pop. 1,515 h. — Moulin à l'anglaise.

HUISSEAU-SUR-MAUVE, bg *Loiret* (Orléanais), arr. et à 17 k. d'Orléans, cant. de Meung-sur-Loire. Pop. 1,452 h. — *Foires* les 9 mars, 25 juin et 9 nov.

HUISSEL, vg. *Rhône*, comm. d'Amplepuis, ⌧ de Tarare.

HUISSERIE (l'), vg. *Mayenne* (Maine), arr., cant., ⌧ et à 6 k. de Laval. P. 740 h.

HUITAINEGLISE, vg. *Somme*, comm. de Framicourt, ⌧ de Blangy.

HULLUCH, vg. *Pas-de-Calais* (Artois), arr. et à 15 k. de Béthune, cant. et ⌧ de Lens. Pop. 530 h.

HULLY, vg. *Saône-et-Loire* (Bourgogne), arr. et à 16 k. de Louhans, cant. de Cuisery. Pop. 714 h.

HULTENHAUSEN, vg. *Meurthe* (Lorraine), arr. et à 19 k. de Sarrebourg, cant. et ⌧ de Phalsbourg. Pop. 485 h.

HULTBAUVILLE, vg. *Marne* (Champagne), arr., ⌧ et à 17 k. de Vitry-le-François, cant. de Somepuis. Pop. 157 h.

HUMBÉCOURT, vg. *H.-Marne* (Champagne), arr. et à 11 k. de Vassy, cant. et ⌧ de St-Dizier. Pop. 561 h.

HUMBEPAIRE, vg. *Meurthe*, comm. et ⌧ de Baccarat.

HUMBERCAMP, vg. *Pas-de-Calais* (Artois), arr. et à 18 k. d'Arras, cant. de Pas, ⌧ de l'Arbret. Pop. 465 h.

HUMBERCOURT, vg. *Somme* (Picardie), arr., cant., ⌧ et à 11 k. de Doullens. Pop. 594 h.

HUMBERT, vg. *Pas-de-Calais* (Artois), arr. et à 12 k. de Montreuil-sur-Mer, cant. et ⌧ d'Hucqueliers. Pop. 463 h.

HUMBERVILLE, vg. *H.-Marne* (Champagne), arr. et à 29 k. de Chaumont-en-Bassigny, cant. et ⌧ de St-Blin. Pop. 212 h. — Hauts fourneaux, forges et fenderie.

HUMBLIGNY, bg *Cher* (Berry), arr. et à 16 k. de Sancerre, cant. et ⌧ de Henrichemont. Pop. 641 h.

HUMERŒUILLE, vg. *Pas-de-Calais* (Artois), arr., cant., ⌧ et à 10 k. de St-Pol-sur-Ternoise. Pop. 290 h.

HUMES, vg. *H.-Marne* (Champagne), arr., cant., ⌧ et à 8 k. de Langres. Pop. 583 h.

HUMESNIL, vg. *Seine-Inf.*, comm. de St-Victor-l'Abbaye, ⌧ de Totes.

HUMIÈRES, vg. *Pas-de-Calais* (Artois), arr., cant., ⌧ et à 10 k. de St-Pol-sur-Ternoise. Pop. 457 h.

HUNAWIHR, vg. *H.-Rhin* (Alsace), arr. et à 18 k. de Colmar, cant. et ⌧ de Ribeauvillé. Pop. 1,150 h.

HUNDLING, vg. *Moselle* (pays Messin), arr., cant., ⌧ et à 5 k. de Sarreguemines. Pop. 463 h.

HUNDSBACH, vg. *H.-Rhin* (Alsace), arr. et à 10 k. de Wissembourg, cant. et ⌧ de Soultz-sous-Forêts. Pop. 751 h.

HUNDSBACH, vg. *H.-Rhin* (Alsace), arr., cant., ⌧ et à 9 k. d'Altkirch. Pop. 346 h.

HUNGUNUERRO (lat. 44°, long. 19°).
« C'est ainsi qu'on lit dans l'Itinéraire de Bourdeaux à Jérusalem le nom d'un de ces lieux qui y sont appelés *mutationes*, et celui-ci est entre *Auscius* ou Auch et Toulouse. On compte 13 lieues gauloises, *leūg*. depuis Auch : savoir *ad Sextum* VI, *Hungunuerro* VII. Or cette distance, qui demande 14 à 15,000 toises, conduit, en suivant la trace de la voie romaine qui se fait remarquer sur le local, vers un lieu au delà de Gimond, dont le nom actuel de Giscaro peut avoir plus d'analogie qu'il n'en paraît avec l'ancienne dénomination, qui vraisemblablement n'est pas correcte dans l'Itinéraire. » D'Anville. *Notice de l'ancienne Gaule*, p. 375.

HUNIÈRE, vg. *Seine-et-Oise*, comm. de Sonchamp, ⌧ de St-Arnoult.

HUNINGUE, ou HÉNINGEN, petite et naguère très-forte ville, *H.-Rhin* (Alsace), arr. et à 31 k. d'Altkirch, chef-l. de cant. ⌧. ○. A 485 k. de Paris pour la taxe des lettres. Pop. 1,422 h. — TERRAIN tertiaire supérieur.
Autrefois diocèse de Bâle, conseil supérieur et intendance d'Alsace, bailliage, recette de Ferrette, gouvernement particulier.
Cette ville portait autrefois le nom de Grand-Huningue pour la distinguer du Petit-Huningue, situé sur la rive droite du Rhin. En 1668, Louis XIV la convertit en une place forte importante.
Les armes d'**Huningue** sont : *tiercé, le 1ᵉʳ d'azur à trois fleurs de lis d'argent, le 2ᵉ fascé d'or, le 3ᵉ de gueules à trois couronnes renversées d'argent. — Alias : d'azur à trois fleurs de lis d'argent rangées en fasce, coupé*

de gueules à 3 couronnes renversées d'or 2 et 1, et une de fasce d'or brochant sur le tout.

Vers la fin de 1796, le général Abattucci fut chargé du commandement de la ville et du pont d'Huningue. Attaqué dans la nuit du 1ᵉʳ au 2 décembre par les Autrichiens, qui parvinrent à s'emparer de l'ouvrage à cornes, Abattucci fait une sortie à la tête de ses grenadiers et remporte un avantage signalé. Il était dans la grande île qui fait face à la ville, quand il fut mortellement atteint d'une balle au flanc. Il expira quelques jours après, à l'âge d'un peu moins de vingt-six ans. En 1803, le général Moreau lui fit élever, à l'endroit même où il avait reçu le coup mortel, un modeste monument que les armées étrangères détruisirent en 1815, et qui a été rétabli depuis.

La place d'Huningue soutint un siége mémorable en 1815, et fut prise par capitulation par les Autrichiens, qui de ses remparts firent un monceau de ruines. Les derniers jours qui ont précédé sa destruction ont été marqués par un des plus étonnants faits d'armes que présente notre siècle, si fécond en événements de ce genre. Bloquée par vingt-cinq mille Autrichiens, sa faible garnison, composée de cinq cents hommes, auxquels s'étaient joints quelques habitants, se défendit avec le plus grand courage. Ce ne fut qu'après douze jours de tranchée ouverte, et après avoir perdu la moitié de ses défenseurs, qu'elle fit une capitulation honorable, d'après laquelle la garnison devait se retirer sur l'armée de la Loire ; le lendemain de cette capitulation, une compagnie d'infanterie, deux pelotons de canonniers, cinq gendarmes, ayant à leur tête le général Barbanègre avec ses officiers d'état-major, suivis des blessés, sortirent de la place, tambour battant, en présence de l'armée ennemie et d'une foule immense de spectateurs, étonnés qu'une si faible troupe eût pu faire une défense si extraordinaire, et traiter d'égal à égal avec une armée de vingt-cinq mille hommes.

Biographie. Patrie du maréchal Molitor. De l'architecte Hurtault.

Du maréchal de camp comte de Valory.

HUNTING, vg. *Moselle* (pays Messin), arr. et à 15 k. de Thionville, cant. et ⊠ de Sierch. Pop. 386 h.

HUOS, vg. *H.-Garonne* (Comminges), arr. et à 12 k. de St-Gaudens, cant. de St-Bertrand, ⊠ de Montréjeau. Pop. 778 h.

HUPARLAC, vg. *Aveyron* (Rouergue), arr. et à 30 k. d'Espalion, cant. de St-Amand, ⊠ de Laguiole. Pop. 720 h.—*Foires* les 5 janv., 29 avril, 25 juillet et 6 déc.

HUPPACH, vg. *H.-Rhin*, comm. et ⊠ de Massevaux.

HUPPAIN, vg. *Calvados* (Normandie), arr. ⊠ et à 12 k. de Bayeux, cant. de Trévières. Pop. 223 h.

HUPPY, vg. *Somme* (Picardie), arr., ⊠ et à 12 k. d'Abbeville, cant. de Hallincourt. ⚭.
Pop. 1,028 h.

HURBACHE, vg. *Vosges* (Lorraine) ; arr. et à 10 k. de St-Dié, cant. et ⊠ de Sénones. Pop. 660 h.

HURE, vg. *Gironde* (Bazadois), arr., cant., ⊠ et à 6 k. de la Réole. Pop. 849 h.—On y a découvert récemment des fragments de mosaïques fort curieuses.

HURECOURT, vg. *H.-Saône* (Franche-Comté), arr. et à 47 k. de Lure, cant. et ⊠ de Vauvillers. Pop. 259.

HUREPOIX (le), *Morivensis pagus Hurepisium*, petit pays qui dépendait autrefois de la ci-devant province de l'Ile-de-France, et qui fait maintenant partie du dép. de *Seine-et-Oise ;* Dourdan en était la capitale.

HURES, vg. *Lozère* (Languedoc), arr. et à 22 k. de Florac, cant. et ⊠ de Meyrueis. P. 354 h.

HURIEL, petite ville, *Allier* (Bourbonnais), arr. et à 13 k. de Montluçon, chef-l. de cant. Cure. ⊠. A 224 k. de Paris pour la taxe des lettres. Pop. 2,918 h.—Terrain cristallisé.

Cette ville était autrefois entourée de murs et défendue par un château fort entouré de larges fossés, pleins d'eau. Les seigneurs de Brosse y avaient fondé une collégiale où se trouvaient leurs tombeaux, qui ont été détruits dans les temps orageux de la révolution. Toutefois les dessins de ces tombeaux ont été conservés par l'estimable M. Dufour, et quelques-uns ont été publiés dans l'ouvrage remarquable de MM. Ch. Allier et Desrosiers sur l'ancien Bourbonnais.

Foires les 6 janv., 3 fév., 8 et 23 avril, 8 juin, 29 sept., 11 nov. et 8 déc.

HURIGNY, vg. *Saône-et-Loire* (Bourgogne), arr., cant., ⊠ et à 6 k. de Mâcon. Pop. 929 h.

Patrie du littérateur Maillet-Duclairon.

HURIONVILLE, vg. *Pas-de-Calais*, com. et ⊠ de Lillers.

HURLUS, vg. *Marne* (Champagne), arr. et à 23 k. de Ste-Ménehould, cant. et ⊠ de Villesur-Tourbe. Pop. 169 h.

HURTAULT, *Ardennes*, comm. et ⊠ de Signy-l'Abbaye.

HURTIÈRES, vg. *Isère* (Dauphiné), arr. et à 30 k. de Grenoble, cant. de Goncelin. Pop. 234 h.

HURTIGHEIM, vg. *B.-Rhin* (Alsace), arr., ⊠ et à 15 k. de Strasbourg, cant. de Truchtersheim. Pop. 438 h.

HURUGE (St-), vg. *Saône-et-Loire* (Bourgogne), arr. et à 44 k. de Mâcon, cant. de St-Gengoux-le-Royal, ⊠ de Soncy. Pop. 278 h.

HUSSEREN, vg. *H.-Rhin* (Alsace), arr. et à 37 k. de Belfort, cant. de St-Amarin, ⊠ à Wesserling. Pop. 1,099 h.

HUSSEREN, vg. *H.-Rhin* (Alsace), arr., ⊠ et à 10 k. de Colmar, cant. de Wintzenheim. Pop. 679 h.

De ce village dépend Wesserling, très-beau château élevé au XVIIIᵉ siècle par le prince de Lœwenstein. Il est entouré de vastes bâtiments où sont établies des filatures de coton et des manufactures d'indiennes. Cet établissement, situé sur une petite hauteur dans une contrée pittoresque, est le plus considérable de tout le Haut-Rhin ; il occupe 2,000 ouvriers.

HUSSIGNY, vg. *Moselle* (pays Messin), arr. et à 32 k. de Briey, cant. et ⊠ de Longwy. Pop. 662 h.

HUSSON, vg. *Manche* (Normandie), arr. et à 11 k. de Mortain, cant. et ⊠ du Teilleul. Pop. 943 h.

HUTE (la Grande et la Petite-), vg. *Yonne*, comm. de Dixmont, ⊠ de Villeneuve-le-Roi.

HUTTE (la), ou Hutten, *B.-Rhin*, comm. de Belmont, ⊠ de Villé.

HUTTE (la), vg. *Sarthe*, comm. de St-Germain-de-la-Coudre, ⊠ de Fresnay-sur-Sarthe. ⚭.

HUTTE (la), vg. *Vosges*, comm. de Hennezel, ⊠ de Darney.—Forges et aciéries.—Fabriques de limes et de rapes.

HUTTENDORFF, vg. *B.-Rhin* (Alsace), arr. et à 27 k. de Strasbourg, cant. et ⊠ de Haguenau. Pop. 480 h.

HUTTENHEIM, ou Hettenem, vg. *B.-Rhin* (Alsace) ; arr. et à 16 k. de Schelestadt, cant. et ⊠ de Benfeld. Pop. 1,862 h. Sur l'Ill.

L'église paroissiale est surmontée d'un clocher regardé comme un des plus beaux et des plus élevés de l'Alsace. — Filature de coton et tissage mécanique.

HUTTES (les), vg. *Pas-de-Calais*, comm. d'Oye, ⊠ de Gravelines.

HUVEAUNE (l'), *Yvelinus*, *Ibelna*, rivière qui prend sa source au dép. du *Var*, sur le revers septentrional de la Ste-Baume, entre Naus et St-Zacharie. Elle passe à St-Zacharie, Auriol, Roquevaire, au-dessous duquel elle coule dans une riche et fertile vallée, arrose Aubagne et se jette dans la Méditerranée au-dessus de Marseille, après un cours d'environ 40 k. Ses eaux sont abondantes et ne tarissent jamais ; elles alimentent plusieurs canaux d'arrosage qui fertilisent plusieurs parties de la vallée. Les eaux d'un de ces canaux ont été détournées aux environs de la Pomme et conduites au moyen d'un aqueduc à Marseille, où elles alimentent plusieurs fontaines.

HYDS, vg. *Allier* (Bourbonnais), arr. et à 2 k. de Montluçon, cant. et ⊠ de Montmarault. Pop. 777 h.

HYÉMONDANS, vg. *Doubs* (Franche-Comté), arr. et à 24 k. de Baume-les-Dames, cant. et ⊠ de l'Isle-sur-le-Doubs. Pop. 283 h.

HYENCOURT-LE-GRAND, vg. *Somme* (Picardie), arr. et à 22 k. de Péronne, cant. de Chaulnes, ⊠ de Lihons-en-Santerre. Pop. 180 h.

HYENCOURT-LE-PETIT, vg. *Somme* (Picardie), arr. et à 22 k. de Péronne, cant. et ⊠ de Nesle. Pop. 108 h.

HYENVILLE, vg. *Manche* (Normandie), arr., ⊠ et à 7 k. de Coutances, cant. de Montmartin-sur-Mer. Pop. 389 h.

HYÈRES, *Olbia*, *Areæ*, *Castrum Arearum*, ville ancienne, *Var* (Provence), arr. et à 19 k. de Toulon-sur-Mer, chef-l. de cant. Cure. Gite d'étape. ⊠. ⚭. A 855 k. de Paris pour la taxe des lettres. Pop. 9,966 h. — Terrain tertiaire moyen.

Hyères est une ville d'origine grecque, qui porta primitivement le nom d'*Arcæ* ; les Romains la nommèrent *Hieros* et l'embellirent de plusieurs monuments qui ont entièrement disparu par l'effet désastreux des différentes incursions des barbares africains.

Il a été découvert près d'Hyères une ancienne cité romaine. On a procédé aux fouilles qui ont été dirigées par l'honorable M. Denis, alors député du Var. Les travaux, établis sur une ligne de plus de 80 à 100 m., à partir du bord de la mer, ont mis à nu un hypocauste de très-grande dimension, des réservoirs, des piscines ; plusieurs salles, dont les murailles étaient enduites d'un glacis recouvert de peintures curieuses, ont été déblayées ; l'une d'elles présente une forme semi-circulaire fort élégante. Les peintures, enfouies depuis tant de siècles, ont conservé une fraîcheur extraordinaire, mais qui semble subir une assez prompte altération par suite de l'action de la lumière ; des arabesques, des figures d'hommes et d'animaux, des fleurs, des fleurons bizarres semblables à ce qu'on trouve de plus élégant à Herculanum et à Pompéia, se rencontrent çà et là dans ces décombres. On a suivi une triple conduite souterraine pour les eaux qui devaient alors être fort abondantes sur ce point, où aujourd'hui l'on ne trouve que quelques puits fort rares. — A 130 m. du bord de la mer, parallèlement à l'un de ces murs d'origine phénicienne qu'on a signalés quelquefois sur les côtes méridionales de la France, mur qui se trouve surmonté d'une muraille de construction romaine, on a trouvé une suite de voûtes renversées, déchirées, qui semble indiquer que cet établissement a considérablement souffert, aux temps passés, des violentes secousses du sol. M. Denis pense, avec quelque raison, que les ruines romaines d'Almanare ne sont autres que celles de Pomponiana, indiquées dans l'Itinéraire maritime d'Antonin comme lieu de station pour les galères romaines.

La ville d'Hyères fut reconstruite après l'expulsion des Sarrasins du Fraxinet ; elle était défendue par un château bâti sur une grande partie de la montagne qui domine Hyères. Ce château fut assiégé sans succès par les comtes de Provence, par Raymond de Turenne, par les Carcistes, par les troupes de Henri IV, et par le baron de Vins ; le duc de Guise s'en empara de vive force et le fit détruire de fond en comble, à l'exception d'une porte antique assez bien conservée.

Les armes d'Hyères sont : *d'azur à un château de trois tours crénelées d'argent, deux aux côtés et une au milieu, avec trois besants d'or de rang posés en pointe.*

La ville d'Hyères est bâtie en amphithéâtre sur le penchant méridional qui regarde la Méditerranée, et jouit d'une perspective délicieuse sur une plaine magnifique, sur la mer et sur les riantes îles auxquelles elle donne son nom. Le printemps y est continuel, et l'hiver qui, dans les autres contrées de la France, attriste et engourdit la nature, respecte ce canton favorisé et y laisse presque toujours régner une température douce, qui y entretient la verdure et la végétation.

Le bassin d'Hyères, le plus célèbre et le plus digne de l'être parmi les abris privilégiés de la Provence, ce bassin, où tant de personnes, dont la vie a été compromise par la rigueur de nos hivers septentrionaux, vont chercher la santé et la retrouvent quelquefois, est préservé des vents du nord-est par tout le massif des montagnes des Maures, et de l'influence trop directe de la mer par la montagne des Oiseaux, située au sud-ouest. C'est une espèce de serre naturelle. Ses beaux jardins d'orangers rappellent les environs de Syracuse, ou les rivages de Majorque. — Ce site privilégié n'a que peu d'étendue, et l'on commet une grande erreur lorsqu'on répète que c'est aux îles d'Hyères qu'on trouve le doux climat qui répare les injures du Nord. Quoique situées à plusieurs kilomètres plus au sud, les îles d'Hyères ne sont pas abritées comme Hyères même ; le vent du nord-est et l'influence de la mer y reprennent leur empire.

L'intérieur de la ville n'a rien de séduisant. La plupart des rues sont étroites, escarpées, tortueuses et fort mal pavées. La partie la plus élevée est couronnée de rochers et de vastes débris de l'ancienne forteresse ; de là descend une chaîne de murs énormes qui jadis entouraient la ville. Dans cette partie s'élève un roc escarpé qui porte une des églises paroissiales, grand édifice assez curieux, classé récemment au nombre des monuments historiques. Au-dessous, on voit un château isolé, occupé par l'hôtel de ville, dont la façade donne sur la place du marché. Plus bas est la place Royale, vaste et symétrique, mais triste et mal entretenue, décorée d'une colonne qui supporte le buste en marbre blanc de Massillon, monument d'un beau travail, entouré d'une grille dorée. Le faubourg est le quartier le plus propre et celui que préfèrent les étrangers ; on y voit des hôtels et des maisons de toute beauté, d'où l'on jouit d'une perspective admirable sur une plaine couverte d'orangers, de citronniers, de vignes et d'oliviers, au milieu desquels se balancent les hautes cimes de quelques palmiers, dont le brillant feuillage, nuancé par l'éclat des fleurs et des fruits, ressemble à un jardin continuel que termine l'azur des eaux confondu avec celui du ciel.

Le territoire d'Hyères est principalement consacré à la culture de l'oranger, qui n'est pas ici un faible arbuste, mais un arbre de haute futaie, cultivé en pleine terre dans les jardins principaux, ceux de MM. Fille et Beauregard. Voici la description du jardin de M. Fille, qui, avant l'hiver de 1820, rapportait annuellement plus de 40,000 fr. Les arbres y sont si serrés les uns contre les autres, qu'il serait impossible de passer à travers les massifs. Divers sentiers y circulent et permettent la promenade. On y compte dix-huit mille orangers qui, chargés de fleurs et de fruits, offrent l'abri de leur feuillage à un nombre infini d'oiseaux, parmi lesquels se trouve une multitude de rossignols. — Les orangers attirent aussi un grand nombre d'abeilles, dont le bourdonnement se mêle au chant des oiseaux et donne de la vie à cette solitude. — Il faut aux orangers de la chaleur et de l'humidité. La chaleur, c'est le soleil de Provence qui la leur donne. L'humidité est entretenue par d'abondantes irrigations. L'eau qui tombe de la montagne est recueillie dans des réservoirs et distribuée journellement dans chaque bosquet, à l'aide de rigoles ou de tuyaux de bois. — Il suffit en outre, pour que les arbres prospèrent, de bêcher la terre au pied trois fois l'année : on a soin aussi de ne pas laisser prendre aux branches trop d'accroissement ; ils donneraient moins de fruits. Le même arbre présente à la fois des fleurs, des fruits naissants et des fruits parvenus à leur maturité. Le vert gai et luisant des feuilles, qui paraissent couvertes d'un vernis, le blanc éclatant des fleurs, les nuances diverses des fruits dorés, forment un agréable mélange. On voit aussi dans ce jardin plusieurs variétés de citronniers, de bigaradiers, de cédrats, de bergamotiers et de grenadiers ; un nombre considérable d'arbres fruitiers, pêchers, poiriers, etc., de toute espèce. — L'orange n'acquiert sa parfaite maturité que plusieurs mois après sa chute de sa fleur : si elle reste sur l'arbre à l'époque de la floraison, elle perd son suc ; mais elle le reprend quand les nouveaux fruits sont noués. — Les fruits cueillis sur l'arbre ont toujours un goût âpre, quelque mûrs qu'ils soient ; ils sont meilleurs quelques jours après avoir été cueillis. A Hyères, on récolte les oranges destinées aux pays lointains dès qu'un petit point jaune a marqué leur écorce ; on les expédie dans cet état, et elles achèvent de mûrir en moins de quarante jours.

La plaine qui se trouve au midi de la ville est d'une vaste étendue ; mais plus elle approche de la mer, plus elle devient infertile, à cause des sables et de l'aridité du sol. Au fond de cette plaine se trouve la presqu'île de Giens, qui contient l'étang de Pesquier et forme deux belles rades : celle d'Hyères, où débarqua saint Louis à son retour d'Egypte, et celle de Giens. C'est dans ces deux rades que se réunit, en 1830, la flotte de cinq à six cents voiles destinée à l'expédition d'Alger.

Au quartier St-Laurent, sur le bord de la mer, est le vaste établissement des salines, où l'on arrive par un chemin agréable et bien entretenu, à travers une plaine embellie par une verte prairie qu'arrose la rivière de Gapeau. — On ne doit pas manquer de visiter la jolie chapelle de Notre-Dame, décorée d'un tableau du Pujet représentant les douze apôtres allant visiter le saint sépulcre, et, près de là, la grotte des Fées, qui renferme une multitude de belles stalactites.

Biographie. Hyères est la patrie du célèbre prédicateur Massillon.

Du P. Gumaud, auteur de quelques ouvrages religieux.

Industrie. Fabriques d'huile d'olives. Distilleries d'eau-de-vie, de rafle d'eau et de fleur d'oranger. Filatures de soie. Culture du mûrier. — *Commerce* de vins, huile d'olives, sel, grenades, oranges, citrons et autres fruits. — *Foires* les 1er et 2 mai et 24 août.

Bibliographie. Gensollen. *Essai histori-*

que, *topographique et médical sur la ville d'Hyères*, in-8, 1820.

FELLON (P.-N.). *Hyères en Provence, ou Guide des voyageurs*, in-8, 1835.

DENIS (Alph.). *Promenades historiques à Hyères, ou Notice historique et statistique sur cette ville, ses environs et les îles* ; 2° édit., in-8, 1842.

HYÈRES (îles d'), *Stœchades insulæ*. Ces îles s'étendent dans la Méditerranée, au sud-est d'Hyères, et font partie de la commune de cette ville. Il y en a trois principales : l'île du Levant, Port-Cros et Porquerolles, lesquelles sont environnées de plusieurs autres petits îlots, îles et rochers. En dedans de ces îles se trouve un mouillage qu'on nomme le golfe d'Hyères.

L'île du Levant est située la plus à l'est, à 28 k. d'Hyères. Elle est la plus grande des trois ; mais elle est la moins élevée, la moins peuplée et la plus stérile ; une grande quantité d'écueils et de rochers à fleur d'eau l'entourent de toute part.

L'île de Port-Cros, située à 26 k. d'Hyères, doit son nom à un port très-profond, nommé Port-Maye, où les vaisseaux peuvent mouiller par trois ou quatre brasses d'eau. Elle est couverte de fraisiers et de lavande, et défendue par une batterie élevée lors de la dernière guerre continentale ; le côté de la pleine mer est taillé à pic.

L'île de Porquerolles est située la plus à l'ouest, à 16 k. d'Hyères. C'est la plus considérable par ses fortifications et par le nombre de ses habitants. Elle a environ 8 k. de long sur 3 de large. Sa partie méridionale est coupée abruptement dans toute sa longueur ; la partie qui regarde la rade d'Hyères est formée de petites collines en pente douce.

Bibliographie. HERMENTAIRE. *Description des îles d'Hyères, sur la côte de Provence, et des villages qui sont situés en icelles ; ensemble de toutes sortes d'herbes, plantes, fleurs, fruits, arbres, bêtes et autres animaux de toute espèce qui sont esdites îles.*

HYÈRES (les Salines d'), vg. *Var*, comm. et ✉ de Hyères.

HYET, vg. *H.-Saône* (Franche-Comté), arr. et à 20 k. de Vesoul, cant. et ✉ de Rioz. Pop. 205 h.

HYÈVRE-MAGNY, vg. *Doubs* (Franche-Comté), arr., cant., ✉ et à 7 k. de Baume-les-Dames. Pop. 122 h.

HYÈVRE-PAROISSE, vg. *Doubs* (Franche-Comté), arr., cant., ✉ et à 6 k. de Baume-les-Dames. Pop. 262 h.

HYLAIRE (St-), ou FAVEROLLE, vg. *Aube* (Champagne), arr. et à 15 k. de Nogent-sur-Seine, cant. de Romilly, ✉ de Pont-le-Roi. Pop. 382 h.

HYLAIRE-DE-COURS (St-), vg. *Cher* (Berry), arr. et à 38 k. de St-Amand-Montrond, cant. de Lignières. Pop. 1,768 h.

HYLAIRE-DE-GONDILLY (St-), vg. *Cher* (Berry), arr. et à 50 k. de St-Amand-Montrond, cant. de Nérondes, ✉ de Villequiers. Pop. 654 h.

HYMER (St-), vg. *Calvados* (Normandie), arr., cant., ✉ et à 3 k. de Pont-l'Evêque. Pop. 688 h.

HYMONT (St-), vg. *Vosges* (Lorraine), arr., cant., ✉ et à 5 k. de Mirecourt. Pop. 282 h.

HYPÆA (lat. 43°, long. 25°). « C'est la plus reculée des trois îles *Stœchades* dont la dénomination tirée d'un terme grec le désigne. Ces îles avaient été nommées *Stœchades* par les Marseillois, en y employant pareillement le langage grec, à cause qu'elles sont rangées de suite, *propter ordinem*, selon l'expression de Pline (lib. III, cap. 5) ; et les noms qu'il donne à chacune de ces îles en particulier, savoir : *Prote, Mese, Hipæa*, répondent à cet ordre. Or, comme il est indispensable d'appliquer la mention qui est faite des îles *Stœchades* aux îles d'Ières, celle que l'on nomme l'île du Levant, ou du Titan, succédant à l'égard de Marseille aux îles de Porqueroles et de Portiroz, doit être *Hypæa*. » D'Anville, *Notice de l'ancienne Gaule*, p. 375.

HYPOLITE (St-), vg. *Cantal* (Auvergne), arr. et à 36 k. de Mauriac, cant. et ✉ de Riom-ès-Montagne. Pop. 689 h.

HYPOLITE (St-), vg. *Corrèze* (Limousin), arr. et à 30 k. de Tulle, cant. et ✉ d'Egletons. Pop. 551 h.

HYPOLITE (St-), vg. *H.-Garonne*, comm. de Marquefave, ✉ de Noé.

HYPOLITE (St-), vg. *Orne*, comm. d'Almenèches, ✉ de Nonant.

HYPOLITE (St-) ou ST-BILD, petite ville, *H.-Rhin* (Alsace), arr. et à 22 k. de Colmar, cant. et ✉ de Ribeauvillé. Pop. 2,239 h. — Elle est située au pied d'une montagne que couronnent les vastes ruines du château de Hoh-Kœnigsbourg, à 16 k. de Colmar. Pop. 2,414 h. — Exploitation de houille grasse très-pure et fort estimée, malgré son état pulvérulent.

HYPOLITE (St-), vg. *Saône-et-Loire*, comm. de Bonnay, ✉ de St-Gengoux-le-Royal.

HYPOLITE-DE-BIARD (St-), vg. *Charente-Inf.* (Aunis), arr. et à 11 k. de Rochefort-sur-Mer, cant. et ✉ de Tonnay-Charente. ⚜. Pop. 1,023 h.

HYPOLITE-DE-CANTELOUP (St-), vg. *Calvados*, comm. de Fumichon, ✉ de Lisieux. — *Foire le 8 déc.*

HYPOLITE-LA-GRIFOUL (St-), *Tarn*, comm. et ✉ de Castres.

HYPPOLITE (St-), vg. *Aveyron* (Rouergue), arr. et à 40 k. d'Espalion, cant. et ✉ d'Entraigues. Pop. 2,048 h.

HYPPOLITE (St-), vg. *Puy-de-Dôme* (Auvergne), arr., cant., ✉ et à 8 k. de Riom. Pop. 1,157 h.

HYPPOLITE (St-), vg. *Vaucluse* (comtat Venaissin), arr., cant., ✉ et à 12 k. de Carpentras. Pop. 173 h.

I

IATINUM, postea MELDI (lat. 49°, long. 21°). « Le nom de la ville principale des *Meldi*, selon Ptolémée, est *Iatinum* ; et la position, dont le nom se lit *Fixtuinum* dans la Table théodosienne, est la même. Car la distance marquée XVI à l'égard d'*Augustomagus*, ou de Senlis, convient précisément entre Senlis et Meaux, dont les positions sont écartées l'une de l'autre d'environ 18,000 toises, le calcul de 16 lieues gauloises étant de 18,144. La continuation de la route par les lieux nommés *Calagum* et *Riobe* concourt à faire connaître, que le *Fixtuinum* de la Table ne saurait être que la capitale des *Meldi*, à laquelle le nom du peuple est devenu propre, en remplaçant le nom primitif, conformément à ce que l'on sait de la plupart des villes qui ont tenu le même rang. » D'Anville. *Notice de l'ancienne Gaule*, p. 375 h.

IATXOU, *B.-Pyrénées*. V. JATXOU.

IBAROLLE, vg. *B.-Pyrénées* (Navarre), arr. de Mauléon, ✉ et à 20 k. de St-Palais, cant. d'Iholdi. Pop. 310 h.

IBARRE, vg. *B.-Pyrénées* (Navarre), arr. de Mauléon, ✉ et à 19 k. de St-Palais, cant. d'Iholdi. Pop. 157 h.

IBIGNY, vg. *Meurthe* (Lorraine), arr. et à 19 k. de Sarrebourg, cant. de Réchicourt-le-Château, ✉ de Blamont. Pop. 238 h. — *Fabrique de faïence.*

IBLIODURUM (lat. 50°, long. 24°). « Il en est mention dans l'Itinéraire d'Antonin, entre *Virodunum*, ou Verdun, et *Divodurum*, ou Metz. En partant de *Virodunum*, on trouve *Fines* VIII, *Ibliodurum* V, *Divodurum* VIII. Je remarque que ces distances ne remplissent pas ce qu'il y a d'intervalle de Verdun à Metz. Il s'étend à environ 30,000 toises, et les opérations faites en France le veulent ainsi, en surpassant ce que donne la carte du diocèse de Toul, insérée dans l'ouvrage du P. Benoît, et dont on ne conclurait guère plus de 26,000 toises. Il se peut que M. de l'Isle, en dressant cette carte, ait déféré au compte qui résulte de l'Itinéraire, et qui, paraissant borné à 23 lieues, ne fournit au calcul qu'environ 26,000 toises. Mais ce qu'il y a d'espace déterminé par les moyens géométriques comprend 26 à 27 lieues gauloises, sans compter ce que la mesure itinéraire doit avoir de plus que la mesure directe. Il est constant que dans le nom d'*Iblio-Durum*, le *Durum* ajouté à un nom propre désigne le passage d'une rivière. C'est une circonstance que beaucoup de positions concourent à indiquer; et la rivière dont il est ici question comme traversant la route de Verdun à Metz est celle que l'on nomme Iron. Cette dénomination actuelle n'est pas tellement altérée par rapport à l'ancienne, qu'on ne reconnaisse qu'elle peut en dériver. Une ancienne voie ou chaussée de Verdun à Metz, et qu'on appelle la Grande-Charrière, traverse la rivière d'Iron à environ deux lieues d'aujourd'hui au-dessus de sa jonction avec celle d'Orne, près de Conflant, et cet endroit se nomme le Passage. La distance de ce lieu à Metz peut s'estimer d'environ 13 lieues gauloises, paraissant en droite ligne d'environ 14,000 toises : d'où il suit qu'il convient de substituer XIII à VIII dans l'Itinéraire. Il est assez fréquent, en appliquant les anciens Itinéraires au local actuel, de trouver que les copistes se soient mépris entre les nombres V et X. Remarquons même que la correction dont il s'agit nous procure l'avantage de remplir le vide que laisse l'Itinéraire entre *Virodunum* et *Divodurum*, puisque le compte de 23 n'est pas suffisant lorsque le local peut demander environ 28, comme il est évident qu'on les retrouve. » D'Anville. *Not. sur l'ancienne Gaule*, p. 376.

IBOS, vg. *H.-Pyrénées* (Gascogne), arr., cant., ✉ et à 7 k. de Tarbes. Pop. 1,930 h.
— L'église paroissiale a l'apparence d'un château fort, et a souvent servi de refuge aux protestants.

IBOUVILLERS, vg. *Oise*, comm. de St-Crépin-d'Ibouvillers, ✉ de Méru.

ICAUNA, fluv. (lat. 48°, long. 22°).
« Cette rivière nous serait inconnue par les monuments renfermés étroitement dans l'âge romain de la Gaule, si M. l'abbé Lebeuf (*Hist. d'Auxerre*) n'avait trouvé sur une pierre qu'on a employée dans la construction des murs qui font l'enceinte actuelle d'Auxerre cette inscription, *Deæ Icauni*, où il paraît qu'il faut sous-entendre *fluvii*, ou bien lire plus complètement *Icaunia*. Les habitants d'*Autisiodurum* avaient donc divinisé la rivière qui passe devant leur ville. La plus ancienne mention qui soit faite d'ailleurs de la rivière d'Ionne, sous le nom d'Icauna, est dans la Vie de saint Germain d'Auxerre, écrite avant la fin du ve siècle, par le prêtre Constance. » D'Anville. *Notice de l'ancienne Gaule*, p. 377.

ICHENDELHUTT, vg. *Moselle*, comm. d'Erstroff, ✉ de St-Avold.

ICHOUX, vg. *Landes* (Gascogne), arr. et à 65 k. de Mont-de-Marsan, cant. de Parentès-en-Borne, ✉ de Liposthey. Pop. 841 h. Il est sur un ruisseau qui se jette dans l'étang de Biscarosse. — *Fabrique* de résine. Forges et fenderie. Haut fourneau. Tourbières.

ICHTRATZHEIM, ou **Ichtertzen**, vg. *B.-Rhin* (Alsace), arr. et à 14 k. de Strasbourg, cant. de Geispolsheim, ✉ d'Erstein. Pop. 224 h.

ICHY, vg. *Seine-et-Marne* (Gatinais), arr. et à 28 k. de Fontainebleau, cant. de Château-Landon, ✉ de Beaumont. Pop. 260 h.

ICIDMAGUS (lat. 46°, long. 22°). « Ce lieu est placé dans la Table théodosienne entre *Revessio* et *Aqua Segete*, qui est une position intermédiaire d'*Icidmagus*, au *Forum Segusianorum*. La distance de *Revessio* à *Icidmagus* est marquée XIII, et d'*Icidmagus* à *Aquæ Segete* XVII. On reconnaît la position d'*Icidmagus* dans celle d'Issinhaux, petite ville du Vellai, en remarquant néanmoins que ce qu'il y a d'espace entre St-Paulhan, ou Paulian, qui est *Revessio*, ou l'ancienne capitale des *Vellavi*, et Issinhaux, n'étant que d'environ 10,000 toises, cet espace n'admet que VIII au lieu de XIII. D'Issinhaux à la position qui convient aux *Aquæ Segete*, l'intervalle de 19 à 20,000 toises se rapporte à l'indication de 17 lieues gauloises. » D'Anville. *Notice de l'ancienne Gaule*, p. 377.

ICONII (lat. 45°, long. 24°). « Il en est mention dans Strabon en deux endroits; et si on lit *Siconii* pour *Iconii* dans un de ces passages, Ortélius et l'historien de Provence, Honoré Bouche (lib. IV, p. 185 et 203), ont pensé que c'était une faute de copiste, par la répétition du *sigma* final du nom d'Ουηρουντιοις, qui précède. Il est dit dans Strabon qu'au-dessus de la partie montueuse du pays des *Salyes* sont les *Vocontii*, *Tricorii*, *Iconii*, *Pedylii*; et, d'une autre manière, qu'à la suite des *Vocontii* sont les *Siconii* (ou *Iconii*), les *Tricorii* et *Medulli*. On voit d'abord que le nom de *Pedyli* tient la place de celui de *Medulli*, qui n'est point dans le même cas d'être absolument inconnu, comme celui de *Pedyli* : et vu qu'on a des indices de la position de ces *Medulli* vers le haut de l'Isère, et dans la Maurienne; les *Iconii* et les *Tricorii* doivent prendre leur emplacement entre cette position et celle des *Vocontii*. C'est de dont on est suffisamment assuré à l'égard des *Tricorii*, parce que, selon la marche d'Annibal, ils doivent avoir occupé les bords du Drac, vers le haut de son cours. Or, si on place les *Iconii* entre eux et les *Medulli*, comme ils sont cités dans le premier passage de Strabon, on court risque de les confondre avec les *Ucenii*, que l'inscription du trophée des Alpes nomme entre les *Medulli* et les *Caturiges*. On serait donc plus libre de le ranger entre les *Vocontii* et les *Tricorii*, selon l'ordre que garde Strabon dans le passage qui paraît le plus correct, au lieu où le nom de *Medulli* n'y est point altéré comme dans l'autre. Cette position donne lieu de conclure que les *Iconii* auraient habité sur le côté des *Vocontii*, en tirant vers *Vapincum* ou Gap : et il est à remarquer que près du *Vapincum* on trouve un lieu de *Fines*, qui, bornant de ce côté-là le territoire des *Caturiges*, veut qu'on trouve un autre peuple qui leur succède dans un canton qui paraît vacant, et qu'on puisse occuper et remplir cette manière. » D'Anville, *Notice de l'ancienne Gaule*, p. 379.

ICTODURUM (lat. 45°, long. 24°). « L'Itinéraire d'Antonin et celui de Bourdeaux à Jérusalem sont d'accord à marquer XII entre *Vapincum* et *Caturiges*. Mais la Table théodosienne fournit une position intermédiaire sous le nom d'*Ictodurum*, et la distance qui est omise à l'égard de *Vapincum* est marquée VI à l'égard des *Caturiges*, que la Table nomme *Caturigomagus*. — J'observe d'abord que, quoique l'espace direct entre Gap et la position de *Caturiges*, ne soit que d'environ 10 milles romains, cependant l'inégalité du pays et un coude dans la route augmentent sensiblement la mesure itinéraire, en passant sous un château nommé Avençon, au pied duquel coule la petite rivière de Vence. En second lieu, comme on voit dans la dénomination d'*Ictodurum*, qu'il est question d'un passage de rivière, c'est en effet à peu près à égale distance de Gap comme de Chorges, que la petite rivière que je viens de nommer traverse la route, de sorte que la distance particulière de cette rivière à Chorges réponde à l'indication de la Table. » D'Anville. *Notice de l'ancienne Gaule*, p. 379.

IUCLISNA (lat. 46°, long. 18°). « Nous ne pouvons citer qu'Ausone en première date pour faire mention d'Angoulême (Epist. XV). Il parle de cette ville d'un lieu écarté des grands passages et peu fréquenté, *devium ac solum locum*; et où il se plaint que les talents de celui auquel il écrit soient cachés, *opus Camænarum tegi*. Cependant, dans la Notice des provinces de la Gaule, *civitas Ecolismensium*, est une des cités de la seconde Aquitaine, et Grégoire de Tours (*Hist.*, lib. II, sect. 13) cite un évêque d'Angoulême, nommé *Dynamius*, que l'on croit avoir vécu dans le ve siècle. » D'Anville. *Notice de l'ancienne Gaule*, p. 379.

IDAUX-MENDY, vg. *B.-Pyrénées* (Navarre), arr., cant., ✉ et à 5 k. de Mauléon, et à 26 k. de St-Palais. Pop. 200 h.

IDERNES, vg. *B.-Pyrénées* (Béarn), arr. et à 38 k. de Pau, cant. et ✉ de Lembeye. Pop. 128 h.

IDEUC (St-), vg. *Ille-et-Vilaine*, comm. de Paramé, ✉ de St-Malo.

IDRAC-RESPAILLES, vg. *Gers* (Armagnac), arr., cant., ✉ et à 4 k. de Mirande. Pop. 454 h.

IDREIN, vg. *Ariège*, comm. de Bordes, ✉ de Castillon.

IDRON, vg. *B.-Pyrénées* (Béarn), arr., cant., et à 4 k. de Pau. Pop. 462 h. — Martinets à fer..

IDS-ST-ROCH, vg. *Cher* (Bourbonnais), arr. et à 21 k. de St-Amand-Moutrond, cant. du Châtelet, ✉ de Lignières. Pop. 1,091 h.

IF (île et château d'), *Taxiana insula*, *Hypea*, *Bouches-du-Rhône*, comm. et ✉ de Marseille. Le château d'If, un des meilleurs forts de la Méditerranée, est bâti sur la plus orientale des trois petites îles situées à l'entrée du port de Marseille. Ce château a souvent servi de prison d'État; Mirabeau y fut enfermé le 23 septembre 1774, et en sortit au mois de mai 1775, pour être transféré au château de Joux.

IFFENDIC, vg. *Ille-et-Vilaine* (Bretagne), arr., cant., ✉ et à 6 k. de Monfort-sur-Meu. Pop. 4,299 h. — *Fabrique de* flanelles. Filature de laine. — Foire le 2ᵉ lundi après la St-Pierre.

IFFOUR, vg. *Lot-et-Garonne*, comm. d'Agnac, ✉ de Miramont.

IFFS (les), vg. *Ille-et-Vilaine* (Bretagne), arr., et à 20 k. de Monfort-sur-Meu, cant. et ✉ de Bécherel. Pop. 460 h. — On y remarque une jolie église gothique bien conservée, qui paraît avoir été construite au XIIIᵉ siècle. Le château de Montmuran, construit en 1036, et dont les deux énormes tours dominent la plaine, est une dépendance de la commune des Iffs. Il fut pris en 1155 par Conan le Petit sur les troupes d'Eudon, et subit un second assaut en 1380 par les Français, qui s'en emparèrent définitivement. — Du Guesclin y fut armé chevalier en 1354. Alors jeune guerrier, aspirant à la gloire qu'il acquit depuis, il se livrait aux plaisirs d'une fête que la dame châtelaine donnait au maréchal Dandreghen, quand l'alarme se répandit dans le châtel. Un parti d'Anglais, attaché aux intérêts du comte de Montfort, venait de Dinan pour troubler les divertissements de Montmuran. Bertrand s'arme à la hâte, réunit une troupe de combattants, et s'apprête à marcher à la rencontre de l'ennemi. Mais avant de partir, et porté par le désir d'illustrer son nom, il requiert chevalerie. Delatre-du-Marais, chevalier du pays de Caux, lui donne l'accolade, et du Guesclin va mériter ses éperons d'or. Il fit mordre la poussière aux Anglais. Le lieu du combat se reconnaît encore aujourd'hui; dans le voisinage du château, il est connu par les noms de Chemin et de Champ sanglants. — Foire le mardi gras.

IFS, vg. *Calvados* (Normandie), arr., cant., ✉ et à 5 k. de Caen. Pop. 772 h. — La tour de l'église paroissiale est fort belle, et paraît être une construction du XIIIᵉ siècle.

IFS (les), vg. *Eure*, comm. et ✉ de Benzeville.

IFS (les), vg. *Seine-Inf.* (Normandie), arr. et à 25 k. de Dieppe, cant. et ✉ d'Envermeu. Pop. 131 h.

IFS (les), vg. *Seine-Inf.*, comm. de Bouville, ✉ de Barentin.

IFS-SUR-LAISON, vg. *Calvados* (Normandie), arr. et à 17 k. de Falaise, cant. de Bretteville-sur-Laize, ✉ de St-Pierre-sur-Dives. Pop. 140 h.

IGAS, vg. *Landes*, comm. et ✉ de Peyrehorade.

IGÉ, vg. *Orne* (Normandie), arr. et à 25 k. de Mortagne-sur-Huîne, cant. et ✉ de Bellême. Pop. 1,880 h.

IGÉ, vg. *Saône-et-Loire* (Bourgogne), arr. et à 14 k. de Mâcon, cant. de Cluny, ✉ de St-Sorlin. Pop. 1,200 h.

IGES, vg. *Ardennes* (Champagne), arr., cant., ✉ et à 5 k. de Sedan. Pop. 164 h. Suivant la tradition, cette commune aurait été une ville gauloise; les Romains y auraient eu une cohorte, et l'on y voit encore des bases de tours romaines.

IGES (St-), vg. *Aveyron* (Rouergue), arr., ✉ et à 35 k. de Villefranche. Pop. 582 h.

IGNAC, vg. *Gironde*, comm. de Lège, ✉ de la Teste-de-Buch.

IGNAN (St-), vg. *H.-Garonne* (Comminges), arr., cant., ✉ et à 6 k. de St-Gaudens. Pop. 420 h.

IGNAUCOURT, vg. *Somme* (Picardie), arr. et à 23 k. de Montdidier, cant. de Moreuil, ✉ d'Hangest. Pop. 207 h.

IGNAT (St-), vg. *Puy-de-Dôme* (Auvergne), arr. et à 15 k. de Riom, cant. et ✉ d'Ennezat.

IGNAUVILLE, vg. *Seine-Inf.*, comm. de Tourville, ✉ de Fécamp.

IGNAUX, vg. *Ariège* (pays de Foix), arr. et à 42 k. de Foix, cant. et ✉ d'Ax. P. 259 h.

IGNÉ, vg. *Maine-et-Loire*, comm. de Cizay, ✉ de Montreuil-Bellay.

IGNEUC (St-), vg. *Côtes-du-Nord* (Bretagne), arr. et à 22 k. de Dinan, cant. et ✉ de Jugon.

IGNEY, vg. *Meurthe* (Lorraine), arr. et à 25 k. de Sarrebourg, cant. de Réchicourt-le-Château, ✉ de Blamont. Pop. 157 h.

IGNEY, vg. *Vosges* (Lorraine), arr. et à 13 k. d'Épinal, cant. de Châtel-sur-Moselle, ✉ de Nomeny. ⚜. Pop. 394 h.

IGNOL, vg. *Cher* (Bourbonnais), arr. et à 39 k. de St-Amand-Montrond, cant. et ✉ de Nérondes. Pop. 524 h.

IGNY, vg. *Cher*, comm. de la Perche, ✉ de St-Amand-Montrond.

IGNY, vg. *H.-Saône* (Franche-Comté), arr., cant. et à 16 k. de Gray, ✉ de Gy. Pop. 485 h.

IGNY, Igniacum, vg. *Seine-et-Oise* (Île-de-France), arr. et à 11 k. de Versailles, cant. et ✉ de Palaiseau. Pop. 654 h.

Igny est dans une situation agréable, sur le penchant d'un coteau, au commencement d'une belle vallée arrosée par la Bièvre. On ne connaît aucun titre qui en fasse mention avant le XIIIᵉ siècle. Dans un cartulaire du règne de Philippe Auguste, il est parlé d'un seigneur d'Igny, qui était tenu de faire la garde à son tour durant deux mois au château de Montle-Héry.

L'église d'Igny paraît être un édifice du XIIIᵉ siècle. Elle manque d'une aile vers le midi, mais elle est remplacée par une bonne tour bâtie en partie de grès. On y remarque une tombe sculptée en relief, supportée par quatre lions, autour de laquelle on lit :

Cy-gist François de Vigny, écuyer.

IGNY-DE-ROCHE (St-), vg. *Saône-et-Loire* (Bourgogne), arr. et à 32 k. de Charolles, cant. et ✉ de Chauffailles. Pop. 630 h.

IGNY-DE-VERS (St-), vg. *Rhône* (Beaujolais), arr. et à 40 k. de Villefranche, cant. de Monsol, ✉ de Beaujeu. Pop. 2,558 h. — *Foires*

les 19 mars, jeudi gras, samedi après Quasimodo, 12 mai, 7 sept., 31 oct. et 23 nov.

IGNY-LE-JARD, vg. *Marne* (Champagne), arr. et à 20 k. d'Épernay, cant. et ✉ de Dormans. Pop. 568 h. — *Foires* le 1ᵉʳ lundi après le 9 mai et le lundi après le 10 déc.

IGON, vg. *B.-Pyrénées* (Béarn), arr. et à 20 k. de Pau, cant. de Clarac-près-Nay, ✉ de Nay. Pop. 751 h. — *Fabriques* d'ouvrages au tour, de boutons et de peignes de bois.

IGORNAY, vg. *Saône-et-Loire* (Bourgogne), arr. et à 13 k. d'Autun, cant. et ✉ de Lucenay. Pop. 735 h. — Il est sur l'Arroux, qui y reçoit le Travou. — *Foires* les 12 mai et 12 oct.

IGOS, vg. *Landes* (Gascogne), arr. et à 20 k. de Mont-de-Marsan, cant. d'Arjuzanx, ✉ de Tartas. Pop. 1,378 h. — *Fabrique* d'essence de térébenthine.

IGOVILLE, vg. *Eure* (Normandie), arr. et à 13 k. de Louviers, cant. et ✉ de Pont-de-l'Arche. Pop. 423 h.

IGUERANDE, vg. *Saône-et-Loire* (Bourgogne), arr. et à 47 k. de Charolles, cant. et ✉ de Semur-en-Brionnais. Pop. 1,616 h. — *Foire* le 1ᵉʳ lundi après le 4 sept.

IHOLDY, bg. *B.-Pyrénées* (Navarre), arr. de Mauléon, ✉, bureau d'enregist. et à 16 k. de St-Palais, chef-l. de cant. Pop. 946 h. — Terrain crétacée inférieur, grès vert.

ILAY, vg. *Jura*, comm. de Chaux-de-Dombief, ✉ de St-Laurent.

ILE. V. Isle.

ILE-DE-FRANCE (l'), *Francia, Insula Franciæ*, ci-devant province de France, qui forme maintenant les dép. de la Seine, de Seine-et-Oise, de l'Oise, et une partie de ceux de Seine-et-Marne, de l'Aisne et d'Eure-et-Loir. Paris en était la capitale. Elle était bornée au nord par la Picardie, à l'est par la Champagne, au sud par l'Orléanais, et à l'ouest par le Maine et la Normandie.

Cette province faisait partie de la monarchie sous les premiers rois de France; c'était un des douze gouvernements. Dans l'origine il y eut des ducs et comtes de Paris, qui étaient du nombre des grands vassaux de la couronne. Ce duché ou comté fut réuni à la couronne en 987, sous le règne du roi Hugues Capet. Cette province était du ressort du parlement, de la généralité et du diocèse de Paris. Une partie était de la généralité de Rouen et de celle d'Orléans, et des diocèses de Rouen, Chartres, Sens et Meaux.

L'Ile-de-France était divisée en : Ile-de-France propre, Mantois, Hurepoix, Brie française et Gatinais français.

Les **armes de l'Ile-de-France** étaient : *d'azur à trois fleurs de lis d'or; deux en chef et une en pointe.*

Bibliographie. * *Mémoire pour l'amélioration des bêtes à laine dans l'Isle-de-France par le marquis de G....*, in-8, de 26 p., 1788.

* *Lettre sur les fontaines minérales et singularités de l'Isle-de-France* (Nature considérée, 1771, t. IV, p. 232).

DU BUISSON. *Armorial des principales maisons et familles du royaume, particulièrement de celles de Paris et de l'Ile-de-France*, etc., 2 vol. in-12, 1757-60.

V. aussi PARIS.—ENVIRONS DE PARIS.—DÉPARTEMENTS DE LA SEINE, DE SEINE-ET-OISE ET DE SEINE-ET-MARNE.

ILÉE, vg. *Seine-Inf.*, comm. d'Illois, ⊠ d'Aumale.

ILHAM, vg. *H.-Garonne*, comm. de Sauveterre, ⊠ de St-Gaudens.

ILHAN, vg. *H.-Pyrénées* (Bigorre), arr. et à 36 k. de Bagnères-de-Bigorre, cant. de Bordères, ⊠ d'Arreau. Pop. 101 h.

ILHARRE, vg. *B.-Pyrénées* (Navarre), arr. de Mauléon, cant., ⊠ et à 10 k. de St-Palais. Pop. 400 h.

ILHES (les), joli village, *Aude* (Languedoc), arr. et à 20 k. de Carcassonne, cant. et ⊠ de Mas-Cabardès. Pop. 266 h. Sur l'Orbieu.— Filatures.

ILHET, vg. *H.-Pyrénées* (Armagnac), arr. et à 30 k. de Bagnères-de-Bigorre, cant. et ⊠ d'Arreau. Pop. 752 h.—Il est bâti dans la gorge de son nom, où l'on voit plusieurs grottes, remarquables par leur étendue et par les formes singulières des stalactites qu'elles renferment. Non loin de l'embouchure de la gorge d'Ilhet sont de superbes carrières de marbre. — Verrerie.

ILHEU, vg. *H.-Pyrénées* (Armagnac), arr. et à 47 k. de Bagnères-de-Bigorre, cant. de Mauléon-Barousse, ⊠ de St-Bertrand. Pop. 215 h.

ILL (l'), *Hellelus*, rivière qui prend sa source au bourg de Winckell, *H.-Rhin*; elle passe à Werenthausen, Hirsingen, Altkirch, Mulhausen, Ensisheim, Colmar, Schelestadt, Benfelden, Erstein, traverse Strasbourg, et se jette dans le Rhin, à 8 k. au-dessous de cette ville, près du village de la Vantzenau. Dans son cours, qui est d'environ 116 k. elle arrose un fertile bassin, et se grossit du Doller, de la Lauch, de la Bruche, etc. L'Ill, qui participe de la rapidité du Rhin, est navigable depuis le Ladhoff jusqu'à son embouchure, sur une étendue de 99,000 m.

ILL, vg. *B.-Rhin*, comm. d'Ebersheim, ⊠ de Schelestadt.

ILLAC, vg. *Gironde* (Guienne), arr., ⊠ et à 16 k. de Bordeaux, cant. de Pessac. P. 539 h.

ILLANGE, vg. *Moselle* (pays Messin), arr., ⊠ et à 5 k. de Thionville, cant. de Metzervisse. Pop. 501 h.

ILLARTEIN, vg. *Ariége* (Gascogne), arr. et à 17 k. de St-Girons, cant. et ⊠ de Castillon. Pop. 462 h.

ILLAT, vg. *Ariége* (pays de Foix), arr. et à 15 k. de Foix, cant. et ⊠ de Lavelanet. Pop. 448 h.

ILLATS, vg. *Gironde* (Guienne), arr. et à 37 k. de Bordeaux, cant. et ⊠ de Podensacq. Pop. 1,609 h.

ILLE (l'), *Illa*, petite rivière qui prend sa source au-dessus de Montreuil, arr. de Fougères, dép. d'*Ille-et-Vilaine*, et qui se jette dans la Vilaine à Rennes, après un cours d'environ 40 k. V. CANAL D'ILLE-ET-RANCE.

ILLE, jolie petite ville, *Pyrénées-Or.* (Roussillon), arr. et à 20 k. de Prades, cant. de Vinça. Cure. Gîte d'étape. ⊠. ⚘. A. 869 k. de Paris pour la taxe des lettres. P. 3,200 h.

Cette ville est assez bien bâtie, sur la rive droite de la Tet, dans une contrée fertile, à l'extrémité de la plaine de Perpignan. Elle est entourée de murailles flanquées de tours, qui étaient autrefois bordées de belles plantations d'orangers, et entourée de jardins qui produisent les meilleurs fruits du département, notamment des pêches, qu'on expédie dans tout le Languedoc. L'église paroissiale est un édifice d'une belle construction, dont les murs extérieurs sont revêtus en marbre non poli; elle n'est éclairée que par de très-petites fenêtres rondes, ce qui la rend sombre et très-fraîche. Avec un peu plus d'ornements, cette église serait belle, même dans une grande ville : la chaire et les fonts baptismaux sont en marbre poli.

Ille soutint un siége mémorable en 1598; trois mille Français arrivèrent pendant la nuit sous ses murs, firent sauter, par une mine faite avec la plus grande diligence, une tour de ses murailles, et entrèrent par cette brèche dans la ville. Les habitants les arrêtèrent avec audace; les femmes et leurs enfants les secondèrent en jetant des pierres; et, après deux heures de combat, les Français furent forcés de se retirer, laissant les rues et la campagne jonchées de morts. On attribua cette victoire au bienheureux saint Boniface, auquel on avait adressé des prières pendant le combat; et, depuis cet événement, on fait tous les ans, le 14 mai, une procession solennelle en l'honneur de ce saint pour avoir sauvé les habitants. Tel est le motif de cette cérémonie religieuse, transcrite dans une relation manuscrite qui existait aux archives de la municipalité, et qu'on a égarée ou détruite depuis peu d'années.

En 1640, plusieurs villes et villages du Roussillon, à l'exemple de la Catalogne, s'étant soulevés contre le gouvernement espagnol, parce qu'il portait atteinte à leurs droits civils et politiques, Ille ouvrit ses portes au prince de Condé, qui commandait l'armée française. Peu de temps après, le 23 septembre, un parti de troupes espagnoles, sorti de la ville de Perpignan, vint l'assiéger avec du canon de quarante livres de balles; il battit en brèche les murs du côté de la porte de la Croix, et fut contraint de se retirer, après avoir vainement tenté, à diverses reprises, de pousser à l'assaut.

Le 2 juillet 1793, les Espagnols s'emparèrent d'Ille, ainsi que des villages de Corbère-d'Amount et Corbère-d'Abaïll; ils désarmèrent les habitants et leur déclarèrent que s'ils détournaient les eaux qui de ces villages arrivent à Thuir, ils seraient passés au fil de l'épée : pour s'assurer davantage encore de ces endroits, on enleva en otage les principaux habitants. Ille fut occupé par le régiment de Malaga, commandé par don Raphaël Adorno. La municipalité brûla les décrets de l'assemblée nationale, et, après avoir prêté serment de fidélité au roi d'Espagne, les habitants jurèrent de pratiquer la religion catholique, et de rétablir l'ancien gouvernement. On réorganisa les anciennes autorités municipales ; don Antoine de Dulçat, homme courageux et dévoué à la cause des Bourbons, accepta, au péril de ses jours, les fonctions de premier consul. Il justifia ce choix par la conduite la plus loyale et la plus sage. Le 17 septembre suivant, les Espagnols furent expulsés du poste d'Ille; de Dulçat se retira en Espagne, où presque tous les gentilshommes de cette ville le suivirent.

Fabriques de toile de ménage. Tanneries. Corderies. Filatures de soie. — *Commerce* de grains, fruits excellents, lin, chanvre, bestiaux, etc. — *Foires* le mardi de la Passion et le 24 août.

ILLE-ET-RANCE (canal d'). Ce canal réunit la Rance à la Vilaine, et établit ainsi une communication entre l'Océan et la Manche, en traversant la Bretagne, depuis la Roche-Bernard jusqu'à St-Malo. Il rapproche, par un trajet de 180 k., ces deux ports, qui sont séparés par une navigation de 600 k., dans une mer souvent orageuse. Il s'embouche dans la Vilaine, à Rennes, et dans la Rance, près le bourg d'Evran.

ILLE-ET-VILAINE (département d'). Le département d'Ille-et-Vilaine est formé d'une partie de la ci-devant province de Bretagne, et tire son nom de l'Ille et de la Vilaine, qui le coupent en deux sens différents et se réunissent à Rennes. Ses bornes sont : au nord, la Manche ; à l'est, le département de la Mayenne ; au sud, celui de la Loire-Inférieure ; à l'ouest, ceux du Morbihan et des Côtes-du-Nord.

La surface du département d'Ille-et-Vilaine est généralement inégale, entrecoupée de collines et de coteaux, de landes, de bruyères, de forêts, de plaines peu fertiles et de marais productifs. Une chaîne de montagnes peu élevées, qui se rattache à la grande chaîne des Alpes, le traverse dans sa partie septentrionale. La moitié seulement est en culture; le reste est couvert de forêts et de landes, vastes plaines revêtues d'une seule bruyère et d'un ajonc bâtard nommé pétrolé. Tout le pays présente un vaste plateau de granit recouvert de couches de schistes; la terre végétale n'a presque partout que quelques pouces d'épaisseur, de manière que le sol est à peine médiocre, et que la végétation ne s'y soutient qu'à la faveur de l'humidité de l'atmosphère. Une couche d'argile assez profonde domine dans quelques cantons.

Ce département renferme un grand nombre d'étangs considérables : on y remarque les étangs de Hédé et de Montreuil, arrondissement de Rennes ; ceux de Paimpont, de la Tour, de Perronay et de Chaillou, arrondissement de Montfort; ceux de Châtillon, de Paintourteau, de la Guerche, de Martigné et de Marcillé-Robert, arrondissement de Vitré; ceux de Châteauneuf, de Combourg, de Québriac, de Rollin, arrondissement de St-Malo; ceux de Billé, de St-Aubin-du-Cormier, de la Lande-Marelle, dans l'arrondissement de Fougères. Celui-ci, situé dans la commune de Parigné, a cela de remarquable qu'il est couvert d'une croûte d'herbages qui forme comme une île flottante, sur laquelle vont paître les bestiaux. — Les marais les plus considérables sont ceux de Dol, dans l'arrondissement de St-Malo. Ils ont été formés par un envahissement de la mer, au commencement du vIII^e siècle. Les eaux se retirèrent par degrés, et laissèrent à découvert un terrain considérable qui devint susceptible de culture, et se couvrit bientôt d'habitations; mais, en 1606 et en 1630, la mer inonda de nouveau une partie de ce terrain, qu'on n'a pu reconquérir, et elle détruisit de fond en comble les communes de Ste-Anne et de Paluel. C'est depuis ce malheureux événement que les digues de Dol ont été construites. Sous leur protection, et au moyen de nombreux canaux, on a desséché une grande partie de ces marais.

Les côtes de ce département, du côté de la Manche, présentent un assez grand nombre de rochers, que la violence des eaux a séparées du continent. Il a été construit des forts sur plusieurs d'entre eux, tels que l'île Harbourg, la Conchée, les Rimains; mais Cesembre est le seul auquel le nom d'île mérite d'être donné. Ce rocher, de près de 1 k. de circuit, est situé à 8 k. de St-Malo : on y remarque une petite chapelle creusée dans le roc, et les ruines d'un village qui a été abandonné il y a une quarantaine d'années. On sait, par tradition certaine, qu'une forêt s'étendait autrefois de Coutances jusqu'à Cesembre.

La surface totale du département est de 668,697 hectares, répartis ainsi :

Terres labourables.	397,496
Prés.	73,349
Vignes.	138
Bois.	42,519
Vergers, pépinières et jardins. . .	13,201
Oseraies, aunaies et saussaies. . .	15
Étangs, mares, canaux d'irrigation.	3,651
Landes et bruyères.	103,559
Superficie des propriétés bâties. . .	5,167
Cultures diverses.	381
Contenance imposable. . .	639,476
Routes, chemins, places, rues, etc. .	20,343
Rivières, lacs et ruisseaux. . . .	1,574
Forêts et domaines non productifs. .	6,974
Cimetières, églises, bâtiments publics.	330
Contenance non imposable. .	29,221

On y compte :
122,345 maisons.
990 moulins à eau et à vent.
7 forges et fourneaux.
63 fabriques et manufactures.
Soit : 123,405 propriétés bâties.
Le nombre de propriétaires est de. 151,647
Celui des parcelles de. 1,614,251

HYDROGRAPHIE. Les rivières principales sont : la Vilaine et ses affluents, l'Ille, le Meu, la Seiche, le Cher et le Don; la Rance et le Limon, son affluent; le Couesnon et son affluent la Nanson. La Vilaine se jette dans l'Océan au sud du département; le Couesnon et la Rance appartiennent au bassin du nord, et se perdent dans la Manche : elles ne sont navigables que près de leur embouchure. La Vilaine, au moyen de plusieurs écluses, est navigable depuis Cesson jusqu'à Redon; et, de cette ville jusqu'à la mer, elle est navigable naturellement. La marée remonte jusqu'à Redon et y amène des bâtiments de 130 à 140 tonneaux. La longueur totale de la navigation de la Vilaine est de 140,000 m. La partie supérieure a été rendue navigable de 1538 à 1575, au moyen de quinze écluses qui rachètent une pente de 24 m. 93 c. C'est la plus ancienne navigation artificielle de la France. Les premières écluses sur la Vilaine ont été construites sous François Ier, d'après les plans du célèbre Léonard de Vinci.

Le canal d'Ille-et-Rance, dont le développement est de 80,796 m., réunit l'Océan à la Manche. Son point de partage est dans la lande de Tanouam, commune de Guibel. Il est assez grand pour donner passage à des bateaux de 70 tonneaux. — Le canal de Nantes à Brest borde sur une courte étendue la partie sud-ouest du département.

COMMUNICATIONS. Le département est traversé par 11 routes royales, par 12 routes départementales et par 4 routes stratégiques.

MÉTÉOROLOGIE. Situé entre deux mers, ce département jouit d'une température généralement humide, et les grands froids, ainsi que les chaleurs excessives, y sont rares. Les hivers y sont plutôt pluvieux que rigoureux, et cela dérive naturellement de ce que les vents qui y règnent sont le plus souvent l'ouest, le nord-ouest et le sud-ouest. Les vents du nord et ceux d'est y amènent le beau temps, et ceux du sud généralement la pluie. Du reste, les orages y sont peu fréquents et n'ont pas, dans ce pays plat, le caractère effrayant qu'ils présentent dans les pays de montagnes.

PRODUCTIONS. Le territoire est presque entièrement consacré à la petite culture. Une ferme de 30 hectares est regardée comme très-considérable. Le tiers environ des terres est partagé en fermes ou métairies de 15 à 30 hectares; le reste est divisé en petites closeries de quelques hectares, exploitées souvent par les propriétaires, et séparées par des haies vives entremêlées de bouquets de bois ou de vergers qui présentent un aspect agréable. Cette grande division peut nuire aux progrès de l'agriculture : sous d'autres rapports, on est fondé à faire remarquer que celui qui ne possède qu'une petite quantité de terre y donne généralement plus de soins que celui qui en a une plus étendue à sa disposition. La mauvaise qualité du sol exige d'ailleurs tant de peines et de travaux, qu'il faut, pour le cultiver, un grand nombre de bras. Placé dans une ferme du prix de 2 à 300 fr., le villageois prend une femme, achète quelques bestiaux et élève une nombreuse famille. Si donc la population d'un État contribue à sa richesse, ce qui n'est pas prouvé, on pourra en tirer un nouvel argument en faveur de cette grande division des propriétés, qui peut-être a contribué à rendre la Bretagne une des provinces les plus peuplées de la France.

Le sol produit toutes les espèces de céréales, mais en quantité plus que suffisante pour les besoins de la population; le froment, le méteil, le seigle, l'orge, l'avoine et le sarrasin, sont les espèces que l'on cultive en plus grande quantité. Le froment, qui était rare en Bretagne il y a un siècle, est cultivé dans les meilleurs terrains du département, particulièrement dans les arrondissements de Montfort, de Rennes et de St-Malo; dans la partie de cet arrondissement qui porte le nom de Marais-de-Dol, le froment est d'une excellente qualité, et c'est presque la seule culture à laquelle se livrent les habitants. Dans certaines terres, on le sème jusqu'à trois années de suite, et ce n'est que la quatrième qu'on livre la terre au repos ou à une culture qui épuise moins le sol. Le territoire de l'arrondissement de St-Malo est un des plus fertiles du département; il produit du blé en assez grande quantité. Celui de la Guerche donne aussi d'abondantes récoltes de seigle, d'orge et d'avoine; mais on observe que les blés y réussissent mal dans les années pluvieuses, surtout vers l'automne.

Le seigle est semé, comme partout ailleurs, dans des terrains médiocres; l'arrondissement de Redon est celui où on en cultive le plus. Ce grain est presque uniquement employé à la confection du pain des laboureurs; les plus riches le mélangent avec le froment. Le méteil est assez généralement répandu; il rend un peu plus que le seigle, et se trouve en plus grande quantité dans les lieux où ce dernier est cultivé. L'orge réussit très-bien; l'avoine est abondante et de bonne qualité. Dans le commerce on donne une préférence marquée à celles de Fougères et de Châteaugiron. On sait que les gruaux de Fougères sont très-estimés à Paris, où on les emploie comme aliment pour les malades, de préférence à ceux d'autres endroits. Le sarrasin se cultive généralement dans les cantons; la raison en est que le sol maigre, argileux et de peu de consistance du département, convient parfaitement à la culture de cette plante, qui, loin de fatiguer la terre, peut être au contraire pour la préparer à recevoir le blé. Comme il supplée à l'infériorité des autres récoltes, il y a des cantons où l'on préfère sa culture à toute autre, peut-être aussi parce que ce grain est plus abondant, qu'il exige moins de travail et de dépenses. Les produits de cette culture égalent ceux du blé et du seigle réunis.

Le sol de quelques cantons de l'arrondissement de St-Malo est très-propre à la culture du tabac, qui occupe une partie de la population des campagnes.

La culture du chanvre et du lin est très-importante dans le département d'Ille-et-Vilaine : elle alimente un assez grand nombre de manufactures de toiles de ménage, de toiles à voiles et de cordages pour la marine. La culture du chanvre est répandue dans toutes les communes, mais plus spécialement dans les arrondissements de Fougères et de Vitré, dans les cantons de la Guerche, Janzé et Châteaugiron. La culture du lin l'emporte sur celle du chanvre dans les arrondissements de Montfort et de St-Malo. La plus grande partie du lin que l'on récolte est mise en œuvre dans le pays et convertie en toiles fines et en fils retors, qu'on appelle fil de Bretagne : les lins se vendent quelquefois en filasse, comme ceux que les Malouins achètent pour faire des toiles. La graine de lin elle-même est un objet de commerce important.

Les prairies naturelles sont riches sur les bords des nombreuses rivières qui sillonnent le territoire du département; partout ailleurs elles sont maigres et pauvres. Les pâturages sont excellents dans les vallées ; on y nourrit beaucoup de bestiaux, principalement des vaches, dont le lait donne du beurre très-estimé, qui passe pour le meilleur et le plus délicat de la France. Les prairies artificielles sont peu multipliées; c'est en vain que quelques cantons ont essayé la culture de la luzerne et du sainfoin, les terres sont trop fortes pour cette culture; presque partout on a préféré le trèfle.

Le pommier et le poirier sont cultivés avec succès dans toute l'étendue du département, et procurent une boisson aussi saine qu'agréable, connue sous le nom de cidre et de poiré. Le pommier est, de tous les arbres à fruit, le plus répandu. Chaque champ est traversé dans toute sa longueur de plusieurs rangs symétriques de pommiers plantés à 6 ou 7 m. de distance. Le cidre qu'ils produisent est désigné sous deux noms : premier cidre et cidre de garde. Le premier est un cidre fait avec les pommes de première floraison. Il est généralement aqueux et faible. Le cidre dit de garde est celui qui est fait à loisir avec les fruits bien mûrs et à l'époque de leur fermentation; il est plus alcoolique, plus fort et moins susceptible de tourner à l'aigre que le premier. Ce cidre est le meilleur de la France, et peut à la rigueur se conserver deux ans. Le canton de Dol produit un cidre très-estimé, qui supporte le transport par mer et même qu'il s'y bonifie.

Le sol de quelques cantons de l'arrondissement de St-Malo est très-propre à la culture du tabac, quoi y vient d'une bonne qualité. Onze cents hectares de terre, ou environ, sont employés annuellement à la culture de cette plante.

Dans la partie méridionale du département on cultive la vigne concurremment avec les fruits à cidre. On compte 138 hectares de vignes, répandus sur le territoire de 6 communes de l'arrondissement de Redon, et produisant, année moyenne, 7,000 hectolitres de vins blancs communs, d'une qualité très-médiocre. Les moins mauvais se récoltent sur le territoire de Redon; ils sont légers, assez agréables, et ont beaucoup d'analogie avec ceux des environs de Nantes.

Bois et forêts. Le département possède plusieurs belles forêts qui occupent ensemble une superficie de 42,519 hectares, formant la dix-neuvième partie de l'étendue du département. De cette quantité, 20,000 hectares appartiennent à l'État, et le surplus à des propriétaires particuliers. Les forêts d'Ille-et-Vilaine, et même presque toutes les parties de son territoire, renferment des arbres remarquables par leur grosseur et leur antiquité : un de ces arbres extraordinaires existe à St-Foix, aux environs de Rennes, et un autre près de Bécherel. Les bois dominants sont le chêne et le hêtre, et ensuite les châtaigniers, trembles et bouleaux. Les forêts les plus considérables sont celles de Rennes et de Liffré, de Paimpont, de St-Aubin-du-Cormier, de Fougères, de la Guerche, du Pertre et de Villecartier. De plus, toutes les terres sont tellement couvertes de bois, qu'au premier coup d'œil le voyageur croit être au milieu d'une forêt perpétuelle; mais ces bois, qui servent à la division des propriétés, ne sont propres qu'au chauffage.

On élève dans le département deux races distinctes de chevaux : l'une, dite race bretonne, est la moins nombreuse; l'autre, indigène, petite, faible, consommant peu, et quatre fois plus nombreuse, occupe les contrées des landes. Une autre espèce indigène, dite chevaux de charbouniers, existe en très-grand nombre dans les forêts et sur les landes de Redon et de Montfort. — Bêtes à cornes ; moutons ; chèvres en grande quantité. — Éducation des bestiaux, notamment des vaches, dont le lait donne d'excellent beurre, surtout celui connu sous le nom de la Prévalaye, et des fromages façon de Gruyère; des porcs, presque tous de couleur blanche et de la grande espèce ; des abeilles ; de la volaille (poulardes dites de Rennes, renommées). — Grand et menu gibier (sangliers, lièvres, lapins, perdrix, cailles, bécasses et oiseaux de passage). — Poisson de mer, de rivière et d'étang (huîtres estimées pêchées dans la baie de Cancale ; soles délicates de Cherrueix ; homards, turbots, raies, écrevisses).

Minéralogie. Les substances minérales exploitées dans le département, ou susceptibles de l'être, sont : 1° le schiste ardoise : cette roche donne lieu à un assez grand nombre d'exploitations à ciel ouvert, qui sont presque toutes situées dans l'arrondissement de Redon ou dans celui de Rennes ; 2° le schiste ampélieux, exploité comme pierre noire des charpentiers, à Polignué ; 3° le quartz blanc compacte, exploité dans l'arrondissement de Fougères pour les verreries ; 4° le plomb sulfuré argentifère (galène), et le zinc sulfuré (blende), formant un filon puissant à Pontpéan (commune de Brutz), lequel a été exploité autrefois et doit l'être de nouveau ; 5° le cuivre sulfuré se trouve près des environs de Romary; 6° le minerai de fer se trouve en couches plus ou moins considérables, exploitées pour les usines à fer du département, dans plusieurs communes : les principaux gîtes sont dans les communes de Pléchatel, Paimpont, Liffré, Dourdain ; 7° la chaux carbonatée, qui s'exploite sur plusieurs points pour en faire de la chaux ; 8° enfin il y a un assez grand nombre de carrières de granit, dont quelques-unes donnent une très-belle pierre de taille pour les constructions publiques et privées.

Sources minérales à St-Servan, Guichen, Fougères, Montfort, Bécherel, le Teil, etc.

Industrie. Tanneries très-importantes, produisant annuellement 600,000 kilogr. Toiles à voiles à fils simples et blanchis, façon de Russie ; toiles à voiles supérieures et rurales ; toiles de chanvre ; toiles d'emballage et de cargaison ; toiles de ménage. Cet article est l'un des plus considérables de l'industrie du département : les trois manufactures de Rennes et celle de Châteaugiron fournissent maintenant des toiles à voiles supérieures et en qualité et en beauté aux plus belles toiles étrangères. La culture plus soignée du chanvre, depuis plusieurs années, a été le résultat de cet avancement dans cette branche. Quelques encouragements pourraient élever la culture du chanvre et la fabrication de toiles à une prospérité qui se répandrait immédiatement sur tout le pays.

Les toiles à voiles rurales sont la principale industrie de 55 à 60 communes des arrondissements de Rennes et de Vitré. Les toiles en grande laize pour les usages domestiques et les fournitures militaires et de marine se fabriquent principalement dans l'arrondissement de Fougères. — Fabriques de chapellerie fine et commune, fil de lin et à coudre, tulles brodés, bonneterie en fil, biscuits pour la marine, cordages, hameçons, lignes et filets de pêche, veaux corroyés propres à à maroquinis, de poterie de terre. Blanchisseries de cire et de toiles. Amidonneries. Filatures de laine, de coton et de lin. Distilleries d'eau-de-vie. Verreries. Papeteries. Forges et hauts fourneaux. Construction de navires, d'etc., etc., etc.

Commerce de grains, gruau dit de Fougères, beurre excellent, fromage façon de Gruyère, miel pour la Hollande, marrons pour l'Angleterre, tabac, huîtres renommées, porc salé. Toiles à voiles, toiles de lin et de chanvre, fils blancs et écrus, bas de fil et de laine, peaux de veaux, cuirs, bois de chauffage, merrain. — Exploitation des marais salants. Entrepôt de sel et de denrées coloniales. Armements pour la pêche de la morue à Terre-Neuve et la pêche de la baleine dans les mers du Nord. Armements importants pour les deux Indes et les colonies. Grand et petit cabotage.

Foires. Plus de 300 foires se tiennent dans environ une centaine de communes du département. On y vend principalement dans toutes les foires des bestiaux, des instruments aratoires, et des fils dans celles de l'arrondissement de Vitré.

Mœurs et usages. Les habitants d'Ille-et-Vilaine ont en général les passions fortes; ils sont francs, braves, hospitaliers, constants dans leurs affections, et fidèles observateurs de leur parole ; mais on leur reproche d'être entêtés; et ils pourraient être plus industrieux. Les gens de la campagne restent toujours fort attachés au sol natal, et, à toutes les époques, on a vu rarement les Bretons chercher les faveurs de la cour. Cette classe d'hommes manque d'instruction, et par conséquent est fort superstitieuse. Les habitants du marais de Dol passent pour les plus grossiers ; l'atmosphère épaisse et malsaine qui les entoure influe tout à la fois sur leur physique et sur leur moral.

Dans la plupart des communes du département, la pierre à bâtir manque, et l'habitant a pour tout refuge des maisons qui, à l'exception de quelques pieds de fondation, ne sont formées jusqu'au toit que de terre battue ; au-dessous du rez-de-chaussée il n'y a point de cave ; au-dessus est un grenier planchéié où il conserve sa moisson. Une porte conduit à la basse-cour, une au cellier, une autre à l'étable ; au-devant est généralement une cour infecte dans laquelle se vautrent quelques porcs qui, tués à l'approche de l'hiver, servent à la nourriture de la famille, et où l'on élève quelques poules pour vendre à la ville les jours de marché.

L'ameublement d'une ferme bretonne est simple : une grande table règne dans le milieu de l'appartement ; elle est creuse dans l'intérieur, et sert à ramasser les choses essentielles aux repas, telles que cuillers en bois, écuelles, couteaux ; à l'entour sont des bancs à pieds inégaux, sur lesquels on passe de temps en temps une couenne de lard pour leur donner un brillant auquel on tient beaucoup. Une dalle couverte de quelques seaux, un bahut où l'on enferme les œufs, le beurre et le laitage, enfin quelques chaises en paille et des lits très-élevés, se groupent autour d'un foyer où brille dans l'hiver un feu de bois sec provenant de la dépouille des haies fourrées qui limitent chaque champ.

Dans plusieurs communes, les cultivateurs qui n'ont qu'une petite quantité de terres à labourer exercent le métier de tisserand ; et, dans toutes celles où l'on cultive le lin, les femmes le préparent et le filent, soit au rouet, soit à la main. Le fil fin se vend aux marchés de Rennes et de Bécherel. Le gros fil sert aux gens de campagne pour s'habiller ; les étoffes sont réservées pour le dimanche. Les habitants s'habillent tous de toile pour leurs travaux. — Les laboureurs tiennent fortement à leurs habitudes, à leur costume grossier, et à la routine de leur art. Couverts toute la semaine de vêtements déchirés et d'une peau de chèvre qui les met à l'abri de la pluie et du froid, c'est pour les jours de fête qu'ils réservent le ras et le cadis.

La nourriture des habitants des campagnes est le pain de seigle, d'avoine et d'orge, qui quelquefois est cuit depuis un mois ou deux. Ils mangent surtout beaucoup de galette, espèce de gâteau fait avec une pâte de farine de sarrasin non fermentée, assaisonnée de sel, et cuite à moitié sur une plaque de fer circulaire. La châtaigne fournit un supplément précieux dans plusieurs cantons. Le porc salé, la sardine pressée, le laitage et le beurre, sont leurs principaux aliments, auxquels ils ajoutent le miel de quelques ruches. Le cidre est la boisson ordinaire. — Le paysan breton ne refuse jamais au mendiant un morceau de pain, le coucher dans le chenil, et souvent la soupe et l'écuelle de lait ; aussi le pays est-il couvert de gens qui mendient les secours de l'habitant laborieux, lequel, le plus souvent, n'ose les refuser, dans la crainte de voir jeter un sort sur lui, sur ses enfants ou sur ses troupeaux !...

DIVISION ADMINISTRATIVE. Le département d'Ille-et-Vilaine a pour chef-lieu Rennes. Il envoie 7 représentants à la chambre des députés, et est divisé en 6 arrondissements :

	cant.	h.
St-Malo.	9	119,778
Fougères.	6	81,676
Rennes.	10	133,460
Redon.	7	76,035
Montfort.	5	57,576
Vitré.	6	80,692
	43 cant.	549,217 h.

25ᵉ conserv. des forêts (chef-l. Rennes). — 3ᵉ arr. des mines (chef-l. Paris). —13ᵉ division militaire (chef-l. Rennes). — Evêché et séminaire diocésain à Rennes ; écoles secondaires ecclésiastiques à Vitré et à St-Méen ; 59 cures, 303 succursales. — Académie universitaire, faculté de droit et collége royal à Rennes ; colléges communaux à Dol, à Fougères, à St-Servan et à Vitré. — Ecole de peinture, sculpture, dessin, et musée départemental à Rennes.

Biographie. Les personnages les plus distingués nés dans le département d'Ille-et-Vilaine sont :

Le célèbre astronome et mathématicien MAUPERTUIS.

Les historiens D'ARGENTRÉ, DERIC et D. LOBINEAU.

POULLAIN DE ST-FOIX, auteur des *Essais sur Paris*.

LA BLÉTERIE, traducteur de Tacite.

L'abbé TRUBLET, infatigable compilateur.

Les médecins LA MÉTHERIE et BROUSSAIS.

Le P. TOURNEMINE, philologue et littérateur.

Les jurisconsultes LA CHALOTAIS, CARRÉ et TOULLIER.

LA BOURDONNAYE, vainqueur des Anglais à Madras.

Le célèbre voyageur CARTIER,

SAVARY, voyageur et antiquaire.

Le maréchal de GUÉBRIANT.

Les conventionnels LE CHAPELIER et LANJUINAIS.

AMAURY DUVAL, savant archéologue.

ALEXANDRE DUVAL, auteur dramatique.

M. DE KÉRATRY, romancier et publiciste.

ELLEVIOU, célèbre acteur à l'Opéra-Comique, etc., etc.

Bibliographie. GIRAULT DE ST-FARGEAU (P.-A.-E.). *Histoire nationale. Dictionnaire géographique de toutes les communes du département d'Ille-et-Vilaine*, in-8, carte, gravures, costumes et portraits, 1829.

JARDOT (M.-A.). *Statistique militaire du département d'Ille-et-Vilaine*, in-4, 1836.

TOULMOUCHE. *Essai d'une description géologique et minéralogique du département d'Ille-et-Vilaine* (Ann. des mines, t. VIII, 3ᵉ série, p. 337).

BAICHE. *Notice sur le diocèse de Rennes*, in-8, 1836.

V. aussi aux articles BRETAGNE, AMANLIS, CANCALE, DOL, ESSÉ, ST-MALO, REDON, RENNES, ROMAGNÉ, TINTÉNIAC, VITRÉ.

ILLES (las), vg. *Pyrénées-Or.* (Roussillon), arr., cant., ✉ et à 17 k. de Céret. P. 250 h.

ILLETTE (Fort l'), vg. *Manche*, comm. et ✉ de St-Waast-de-la-Hougue.

ILLEVILLE-SUR-MONTFORT, vg. *Eure* (Normandie), arr. et à 18 k. de Pont-Audemer, cant. et ✉ de Montfort-sur-Rille. Pop. 1,015 h.

On pense qu'Illeville a fait partie d'une ville romaine nommée Imbert, qui a existé dans ces parages. Le sol est en effet couvert, sur une étendue de plus de deux kilomètres, de nombreux débris antiques. Il existe dans la forêt une enceinte de forme carrée, qui a gardé quelques vestiges de fortifications. Sur un autre point, vers la vallée, s'élève encore, avec des restes de murailles, une butte d'un château du xᵉ siècle, qui porte le nom de Vieux-Montfort. — L'église d'Illeville, grande et belle, bâtie en forme de croix, remonte à l'an 1050.

ILLFURTH, ou ILLFERT, vg. *H.-Rhin* (Alsace), arr., cant., ✉ et à 7 k. d'Altkirch. Pop. 1,104 h. — *Fabriques de mouchoirs et de toiles*.

ILLHAUSEREN, vg. *H.-Rhin* (Alsace), arr. et à 17 k. de Colmar, cant. et ✉ de Ribeauvillé. Pop. 683 h.

ILLIAT, vg. *Ain* (Dombes), arr. et à 35 k. de Trévoux, cant. et ✉ de Thoissey. Pop. 712 h.

ILLIBERIS (lat. 43°, long. 21°), postea HELENA. « Tite Live (lib. XXI, sect. 24) dit en parlant de la marche d'Annibal : *Pyrenæum transgreditur, et ad oppidum Illiberim castra locat*. Strabon (lib. IV, p. 182) fait mention de la ville qui porte le même nom que le fleuve *Ilybirris*. Cette ville, après avoir été puissante et riche, était réduite presque à rien, selon Méla (lib. II, cap. 5) : *Vicus Eliberris, magnæ quondam urbis, et magnarum opum, tenue vestigium* : ce qui est répété dans Pline, où le nom est *Illiberis*. Dans la Table théodosienne on trouve *Illiberre* entre deux positions, qui sont *ad Centenarium* et *Ruscione*, ou plutôt *Ruscinone*. La distance est marquée XII d'un côté et VII de l'autre. L'Itinéraire d'Antonin passe de *Ruscino* à la station de *Centuriones*, que l'on ne saurait distinguer de *Centenarium*, sans faire mention d'*Illiberis* ; et comme l'indication de la distance est XX, il s'ensuit que, la première de la Table étant XII, la seconde pourrait être VIII plutôt que VII. Quoique Sanson, et plusieurs savants très-distingués, M. de Valois (*Vales.*, p. 251), le P. Hardouin (*Hard. in Plin.*), d'après Catel (*Cat.*, liv. I, ch. 5), confondent *Illiberis* avec *Caucoliberis*, ou Collioure, cependant l'opinion que la ville d'Elne a remplacé l'ancienne *Illiberis* doit prévaloir, et la combinaison que l'on vient de voir de l'Itinéraire et de la Table, en fournit une preuve positive. La position de Collioure est éloignée de *Ruscino* de 12,000 toises au moins, dont il résulte 16 milles romains ; au lieu qu'entre *Ruscino* et Elne l'intervalle qui se trouve de 6,000 et quelques centaines de toises représente les 8 milles que l'Itinéraire, comparé avec la Table, indique pour la distance de *Ruscino* à *Illiberis*. M. de Valois (*ubi supra*) n'est pas bien informé du local, quand il dit que la rivière qui a porté le nom d'*Illiberis* a son embouchure à Collioure : *Positum*, dit-il, *ad os fluvii*, *de quo supra retulimus*. Quoiqu'on puisse estimer que *Caucoliberis* existait longtemps avant qu'il en soit fait mention, le silence des monuments romains sur son sujet n'a point permis de l'admettre dans la carte de la Gaule, et Julien de Tolède est le premier qui en parle dans le récit d'une expédition du roi Wamba, dans le viie siècle. Le rétablissement d'*Illiberis*, sous le nom d'*Helena*, mère de Constantin, est attribué à cet empereur, ou à quelqu'un de ses enfants. On sait que Constant y fut assassiné par des rebelles du parti de Magnence. L'*Épitome* d'Aurelius Victor, Eutrope, saint Jérôme, Orose, Zosime, font mention d'*Helena*, *oppidum Pyreneo proximum*, selon Victor. Il paraît néanmoins que le nom d'*Helena* ne fit point disparaître subitement celui d'*Illiberis*, puisqu'il est conservé dans la Table théodosienne, que l'on a lieu de juger postérieure au temps que la famille de Constantin a occupé le trône impérial. C'est par un cas semblable qu'*Aureliani* garde le nom de *Genabum*, et *Gratianopolis* celui de *Cularo*, dans la même Table. Il en est aujourd'hui d'Elne, comme il en fut autrefois d'*Illiberis*. Le siége épiscopal établi sous la domination des Visigoths, ou dont on n'a point de connaissance antérieure, ayant été transféré à Perpignan, il ne lui est rien resté de recommandable que son antiquité. » D'Anville. *Notice de l'ancienne Gaule*, p. 380. V. aussi Walckenaër. *Géographie des Gaules*, t. i, p. 108 ; t. ii, p. 170.

ILLIDE (St-), vg. *Cantal* (Auvergne), arr. et à 23 k. d'Aurillac, cant. et ⊠ de St-Cernin. Pop. 1,737 h. — Foires les 1er mai, 6 juin et 25 oct.

ILLIER, vg. *Ariége* (pays de Foix), arr. et à 26 k. de Foix, cant. et ⊠ de Vic-Dessos. Pop. 426 h.

ILLIERS, *Isleræ*, petite ville, *Eure-et-Loir* (Beauce), arr. et à 25 k. de Chartres, chef-l. de cant. Cure. Gîte d'étape. ⊠. ⌂. À 117 k. de Paris pour la taxe des lettres. Pop. 2,916 h. — Terrain tertiaire moyen.

Autrefois diocèse et élection de Chartres, parlement de Paris, intendance d'Orléans, châtellenie.

Il est sur la rive gauche du Loir, et remarquable par les restes d'un ancien château fort.

Fabriques de draps façon d'Elbeuf et de Louviers, couvertures de laine, bonneterie en laine à l'aiguille. Tanneries, mégisseries. Tuilerie et briqueteries. — *Commerce* de bestiaux, de moutons et de laine. — *Foires* le 2e lundi de fév., 1er vendredi de mars, 3e vendredi de juin, 3e lundi de sept., et 3e lundi de nov.

Bibliographie. Durand. *Mémoires contenant quelques détails sur Illiers* (Nouvelles Recherches sur la France, in-12, 1766, t. 1er, p. 390-400).

ILLIERS-LA-VILLE (St-), bg. *Seine-et-Oise* (Beauce), arr. et à 15 k. de Mantes, cant. de Bonnières, ⊠ de Rosny-sur-Seine. P. 129 h.
— On y voit un ancien château dont le parc renferme de beaux bois et plusieurs fontaines.

ILLIERS-LE-BOIS (St-), vg. *Seine-et-Oise* (Beauce), arr. et à 18 k. de Mantes, cant. de Bonnières, ⊠ de Rosny-sur-Seine. Pop. 369 h.

ILLIERS-L'ÉVÊQUE, bg. *Eure* (Normandie), arr. et à 26 k. d'Evreux, cant. et ⊠ de Nonancourt. Pop. 786 h.

Ce bourg était autrefois défendu par un château fort, bâti en 1113 par Henri Ier, roi d'Angleterre. En 1273, ce château devint la propriété des évêques d'Evreux, qui l'habitèrent peu ; aussi était-il en ruines dès le xvie siècle ; il en existe encore des vestiges étendus, la motte du donjon, des enceintes et des pans de murailles.

ILLIES, vg. *Nord* (Flandre), arr. et à 19 k. de Lille, cant. et ⊠ de la Bassée. P. 1,419 h.
— Fabrique de sucre indigène.

ILLIFAUT, vg. *Côtes-du-Nord* (Bretagne), arr. et à 40 k. de Loudéac, cant. et ⊠ de Merdrignac. Pop. 1,007 h.

ILLINS-MONS-LUZINAY, *Isère*. V. Luzinay.

ILLKIRCH, ou Elxirch, vg. *B.-Rhin* (Alsace), arr., ⊠ et à 6 k. de Strasbourg, cant. de Geispolsheim. Pop. 2,545 h. — On y remarque une vaste maison en bois, où fut signée la capitulation de Strasbourg, le 30 septembre 1631.

ILLOIS, vg. *Seine-Inf.* (Normandie), arr. et à 15 k. de Neufchâtel-en-Bray, cant. et ⊠ d'Aumale. Pop. 560 h.

ILLOUR, vg. *H.-Marne* (Champagne), arr. et à 4 k. de Chaumont-en-Bassigny, cant. et ⊠ de Bourmont. Pop. 385 h. — Fonderie de cloches.

ILLWICKERSHEIM, vg. *B.-Rhin*, comm. d'Ostwald, ⊠ de Strasbourg.

ILLY, vg. *Ardennes* (Champagne), arr., caut., ⊠ et à 5 k. de Sédan. Pop. 825 h. — Fabrique de forces à tondre les draps. Etablissement hydraulique pour les laines. Forges.

ILLZACH, vg. *H.-Rhin* (Alsace), arr. et à 32 k. d'Altkirch, cant. d'Habsheim, ⊠ de Mulhausen. Pop. 1,555 h.

ILPIZE (St-), vg. *H.-Loire* (Auvergne), arr. et à 13 k. de Brioude, cant. et ⊠ de la Voûte-Chilhac. Pop. 2,332 h. — Il est bâti dans une position extrêmement pittoresque, sur le penchant rapide d'une montagne qui borde la rive droite de l'Allier : ses rues escarpées, le donjon de la vieille forteresse qui domine une vaste étendue de pays, la tour élevée qu'on aperçoit de l'autre côté de l'Allier, composent un paysage charmant.

ILURO (lat. 44°, long. 17°). « L'Itinéraire d'Antonin est le plus ancien monument qui fasse mention de cette ville, en la plaçant sur une route qui part de *Cæsaraugusta* en Espagne, ou de Saragosse, pour s'arrêter à *Beneharnum*. Les distances qui s'y rapportent immédiatement sont discutées d'une part dans l'article *Aspaluca*, de l'autre dans celui qui concerne *Beneharnum*. Selon la Notice des provinces de la Gaule, *Civitas Elloronensium* est une de celles de la Novempopulane. On ignore néanmoins de quel peuple particulier Oloron, que l'on connaît pour un siége épiscopal dès le commencement du vi[e] siècle, puisque Gratus (*episcopus de civitate Olorone*) souscrivit au concile d'Agde en 506, pouvait être capitale. Cette ville est divisée en trois quartiers : Oloron, dans l'angle que forme la jonction du gave d'Aspe et du gave d'Ossau ; Ste-Marguerite, séparée par le premier de ces gaves, et Marcada par le second. On sait que le nom de gave est propre dans ce pays-là aux rivières qui descendent des Pyrénées ; et celle qui est formée par l'union des deux gaves précédents se nomme le gave d'Oloron, à la différence de celui qui passe sous la ville de Pau, appelé le gave Béarnais. Plusieurs savants ont relevé l'erreur de Joseph Scaliger, de croire qu'il est question d'Oloron dans Sidoine Apollinaire, lorsqu'il parle des *Olarionenses Lepusculi*, qu'il faut chercher dans *Ularius* ou *Olario*, l'île d'Oloron. » D'Anville. *Notice de l'ancienne Gaule*, p. 381.

IMBERT (St-), vg. *Nièvre*, com. de Chantenay, ⊠ de St-Pierre-le-Moutier. ⌂.

IMBERTS (les), vg. *Aveyron*, comm. et ⊠ de Villefranche-de-Rouergue.

IMBERTS (les), vg. *Vaucluse*, comm. de Gordes, ⊠ d'Apt.

IMBLEVILLE, vg. *Seine-Inf.* (Normandie), arr. et à 26 k. de Dieppe, cant. et ⊠ de Tôtes. Pop. 727 h.

IMBRECOURT, vg. *Vosges*, comm. de Vouxey, ⊠ de Châtenois.

IMBSHEIM, vg. *B.-Rhin* (Alsace), arr. et à 10 k. de Saverne, cant. et ⊠ de Bouxwiller. Pop. 761 h.

IMÉCOURT, vg. *Ardennes* (Champagne), arr. et à 25 k. de Vouziers, cant. et ⊠ de Buzancy. Pop. 298 h. — Forges et hauts fourneaux.

IMELDANGE, vg. *Moselle*, comm. de Bertrange, ⊠ de Thionville.

IMLING, vg. *Meurthe* (Lorraine), arr., cant., ⊠ et à 3 k. de Sarrebourg. Pop. 664 h.

IMMADRA (lat. 44°, long. 24°). « L'Itinéraire maritime en donne la position immédiatement avant que d'arriver à Marseille en faisant route le long de la côte du levant au ponant ; et la distance est marquée XII à l'égard de Marseille, comme la position qui devance celle d'*Immadra*. On ne saurait se dispenser de reconnaître ce nom d'*Immadra* dans celui que porte l'île de Maire, qui n'est séparée que par un canal fort étroit d'un cap nommé la Croisette, où se termine le golfe de Marseille vers le midi, la côte tournant ensuite vers le levant. Mais l'indication de la distance à l'égard de Marseille demande une réforme. Car, selon une carte circonstanciée du golfe, et dont l'échelle est précisément en toises, la route de l'île de Maire jusqu'à l'entrée du port de Marseille ne vaut qu'environ 5,500 toises, dont il ne résulte que 7 milles romains, en négligeant une fraction de mille. Or il est assez fréquent, dans l'examen des Itinéraires, de trouver que par méprise sur un chiffre il convient d'y substituer comme ici VII à XII. Quant à la position qui doit se rapporter d'un autre côté à celle d'*Immadra*, et qui serait *Portus Æmines*, selon ce qui paraît dans l'Itinéraire, consultez les articles sous les noms de CARSICI et d'ÆMINES.» D'Anville. *Notice de l'ancienne Gaule*, p. 382.

IMMERCOURT, vg. *Pas-de-Calais*. V. ST-LAURENT-BLANGY.

IMOGES (St-), vg. *Marne* (Champagne), arr. et à 18 k. de Reims, cant. d'Ay, ✉ d'Epernay. Pop. 243 h.

Ce village est situé au milieu des bois, à peu de distance de huit étangs qui en rendent l'air malsain, à 1 k. de la route d'Epernay à Reims, sur laquelle sont établis trois dépôts des ventes de bois que fournissent les forêts environnantes. Près de l'un de ces dépôts, nommé le Cadran, est placée, dans une entaille ou niche creusée à 4 ou 5 m. de haut dans un chêne, une image en plomb de la Vierge, qui est en grande réputation dans le pays, et qu'on vient visiter exprès de très-loin. Le chêne qui la porte, dit le *Chêne de la Vierge*, a sans doute donné son nom au village (*Ste-Image*), dont par corruption on a fait St-Imoges. Ce chêne périt assez vite, parce que chaque pèlerin emporte de son bois le plus gros morceau qu'il en peut détacher, dans la persuasion que ce bois guérit les fièvres. C'est une sorte d'abus que le domaine tolère; quand le chêne n'en peut plus d'abat, on en attache l'image en plomb à un autre chêne du voisinage, condamné à périr glorieusement de la même manière.

La Neuville-en-Beauvais, dépendance de la commune de St-Imoges, dont elle est à 4 k., est un lieu situé au milieu des bois, près d'un étang, qui passe pour avoir été autrefois une ville ou une forteresse bâtie par les Romains près de la voie antique qui conduisait de Villers-Allerand à la Neuville.

IMONVILLE, vg. *Moselle*, comm. de Lantefontaine, ✉ de Briey.

IMPHY, vg. *Pas-de-* (Nivernais), arr., cant., ✉ et à 15 k. de Nevers. Pop. 1,489 h. Sur la rive droite de la Loire.

Ce village possède une usine importante fondée en 1816, et considérablement augmentée depuis, pour la fabrication du fer-blanc, des cuivres, du bronze, du zinc, du tombac, et des tôles laminées de toute espèce. — L'établissement d'Imphy fournit à la marine de l'Etat les cuivres rouges, fers-blancs, fers noirs, caisses à eau en tôle, nécessaires au service des ports; et au commerce des tôles, fers-blancs, planches de cuivre laminée de toute espèce, fonds de chaudières martelés en cuivre et en fer, et autres articles de chaudronnerie, cuivre en feuilles à doublage pour la marine, etc. — *Foire* le 16 août.

IMUS PYRENÆUS (lat. 44°, long. 17°).

« C'est le pied du *Summus Pyrenæus*, que l'Itinéraire d'Antonin place entre *Pompelo* et *Aquæ Tarbellicæ*; et sa position est celle de St-Jean-Pied-de-Port, autrement d'*Ultra Puertos*, comme disent les Navarrois d'Espagne. L'indication de la distance à l'égard du *Summus Pyrenæus*, qui paraît V, doit être X. Le local le veut ainsi; et c'est le moyen de trouver un rapport de proportion entre cette distance et celle qui lui succède, entre *Imus Pyrenæus* et Carasa, dont on connaît la position dans celle de Garis, conformément à ce qu'indique l'Itinéraire, savoir XII. En descendant le long du Val-Carlos pour se rendre à St-Jean in *imo Pyrenæo*, on laisse sur la montagne à droite les vestiges d'un vieux château, dont le nom de Penon ou Peguon est conforme au terme espagnol de *Pena*, et remonte à celui de *Penn*, qui dans la dénomination d'*Alpis Pennina*, d'*Appeninus mons*, est de la plus haute antiquité. » D'Anville. *Notice de l'ancienne Gaule*, p. 383.

INAUMONT, vg. *Ardennes* (Champagne), arr. et à 7 k. de Réthel, cant. et ✉ de Château-Porcien. Pop. 396 h.

INCARUS (lat. 44°, long. 23°). « L'Itinéraire maritime indique XII milles dans la traversée du golfe de Marseille, en partant de cette ville pour arriver à une station, dont le nom est *Incarus*. On reconnaît distinctement ce lieu d'*Incarus* dans la position actuelle de Carri; et, selon une carte particulière et très-exacte du golfe, l'échelle de toises que porte cette carte donne 9,000 toises d'intervalle d'un point pris à la sortie du port de Marseille jusqu'à l'entrée de l'anse de Carri. Or le calcul rigoureux de 12 milles romains en fait 9,072 toises. La carte de Provence, dressée sur celle du Sr Chevalier, fournit trop d'étendue dans cet espace, parce qu'il y prend l'équivalent de 11,000 toises pour le moins; et, par ce défaut de justesse, celle qui se trouve dans l'indication de l'Itinéraire pouvait n'être pas remarquée. » D'Anville. *Notice de l'ancienne Gaule*, p. 383.

INCARVILLE, vg. *Eure* (Normandie), arr., cant., ✉ et à 2 k. de Louviers. Pop. 521 h.

INCHY, vg. *Pas-de-Calais* (Artois), arr. et à 25 k. d'Arras, cant. et ✉ de Marquion. Pop. 1,086 h.

INCHY-BEAUMONT, vg. *Nord* (Flandre), arr. et à 17 k. de Cambrai, cant. et ✉ du Câteau. Pop. 1,580 h. — *Fabriques* de tulles, tissus de coton et articles de St-Quentin. Construction de machines et de métiers à tulle. Brasseries.

INCOURT, vg. *Pas-de-Calais* (Artois), arr. et à 15 k. de St-Pol-sur-Ternoise, cant. du Parcq, ✉ de Hesdin. Pop. 208 h.

INDEVILLERS, vg. *Doubs* (Franche-Comté), arr. et à 38 k. de Montbelliard, cant. et ✉ de St-Hippolyte. Pop. 843 h. — *Foires* le 4e lundi d'avril et 4e lundi de sept.

INDRE, vg. *Loire-Inf.* (Bretagne), arr., cant. et à 9 k. de Nantes, ✉ de la Basse-Indre. Pop. 3,498 h.

INDRE (l'), *Auger*, *Andria*, rivière qui prend sa source au village de St-Pierre-la-Marche, près de Bussière-St-Georges, départ. de la *Creuse*. Elle entre peu après cet endroit dans le départ. de l'*Indre*, passe à Ste-Sévère, la Châtre, St-Vincent-d'Ardres, Châteauroux, Buzançois, Châtillon-sur-Indre, Fléré-la-Rivière, au-dessous duquel elle entre dans le départ. d'*Indre-et-Loire*, où elle arrose St-Hippolyte, St-Martin, St-Jean, Pérusson, Loches, Chambourg, Azay, Reignac, Cormery, Veigné, Montbazon, Monts, Artanne, Pont-de-Ruan, Suché, Azay-le-Rideau, Rivarennes, et se jette dans la *Loire* au port d'Ablevois, entre les embouchures du *Cher* et de la *Vienne*, après un cours d'environ 200 k.

L'Indre est navigable depuis Loches jusqu'à son embouchure, sur une longueur d'environ 70,000 m. Sa largeur moyenne est de 30 m. Sa profondeur réduite, eu égard aux retenues des moulins, est de 1 m. 62 c., et la hauteur de ses plus grandes crues de 3 m. 24 c. au-dessus de son étiage. Cette médiocre élévation des crues provient de ce que la rivière de l'Indre se trouvant toujours à plein canal par le seul effet des retenues des moulins, elle se déborde facilement à la moindre crue, et couvre toute l'étendue du vallon dans lequel elle serpente. — L'Indre circule dans une riche prairie, qu'elle féconde de ses eaux : rien de plus capricieux que le cours de cette charmante rivière; elle va, elle vient, se replie cent fois sur elle-même, et semble quitter à regret les rives qu'elle embellit et dont elle fait la richesse. Ses brochets, ses carpes, ses barbeaux, ses anguilles et ses autres poissons sont exquis.

INDRE (département de l'). Le département de l'Indre est formé du ci-devant bas Berry, et tire son nom de la rivière d'Indre, qui le traverse du sud-est au nord-ouest, et le divise en deux parties à peu près égales. — Ses limites sont : au nord, le département de Loir-et-Cher; à l'est, celui du Cher; au sud, ceux de la Creuse et de la Haute-Vienne; à l'ouest, ceux de la Vienne et d'Indre-et-Loire.

La surface de ce département est généralement très-unie, et n'offre aucune montagne proprement dite. Cependant à partir de St-Benoît-du-Saut, commence une chaîne de montagnes primitives schisteuses et granitiques, qui se prolonge dans la partie méridionale du département de la Haute-Vienne. Les coteaux qui bordent la Creuse et l'Indre présentent aussi quelque élévation, et l'arrondissement du Blanc offre par intervalles quelques monticules, d'où l'œil se repose avec plaisir sur quelques sites heureux, sur quelques points pittoresques. Le territoire offre trois divisions principales et distinctes : la première, connue sous le nom de Bois-Chaud, est entrecoupée par des haies, des fossés et des bois. Cette partie, divisée en petites exploitations, forme environ les sept dixièmes de la superficie du département, et comprend le tiers de l'arrondissement d'Issoudun, une grande partie de celui de Châteauroux, et les arrondissements de la Châtre et du Blanc. — La seconde partie, désignée sous le nom de Champagne, est un pays plat, sans bois, sans haies, sans fossés. Cette partie, qui forme les

deux dixièmes du département, est divisée en grandes exploitations ; elle comprend les deux tiers de l'arrondissement d'Issoudun et une petite partie de celui de Châteauroux. Le Bois-Chaud et la Champagne sont deux pays où tout est différent : température, mœurs, agriculture et productions. — La troisième partie, connue sous le nom de Brenne, et qui comprend une faible portion de l'arrondissement de Châteauroux et partie de celui du Blanc, est couverte d'étangs qui occupent une surface de 10,000 arpents, sans compter plus de 1,000 arpents de marais. La Brenne est une espèce de plateau presque sans inclinaison, dont le fond, formé d'argile, de marne ou de tuf glaiseux, est presque imperméable ; les eaux y séjournent tant que l'action puissante du soleil n'a pas déterminé leur entière évaporation. Ces étangs, ayant une surface considérable et très-peu de profondeur, couvrent et abandonnent alternativement les rives plates de leurs bassins ; les dépôts qu'y laissent les eaux en se retirant produisent, par leur fermentation, des exhalaisons pestilentielles qui produisent les plus funestes effets sur tous les êtres animés de cette contrée. Chaque jour, au coucher ou au lever du soleil, l'atmosphère est chargée de brouillards épais qui répandent une odeur pestilentielle.
— La qualité des terres varie à l'infini. On les divise, dans le pays, en terres fortes, terres de Beauce, terres de grouailles, terres de bornais, terres caillouteuses, terres sableuses, terres tuffeuses, terres argileuses et terres molles. La terre cailouteuse est une terre dont la surface est couverte de silex ; la culture de la vigne est celle qui lui convient davantage. Il existe environ 45,172 hectares de terre caillouteuse. La terre de Beauce, dont toutes les parties sont homogènes, passe pour être la meilleure. Il en existe 78,826 hectares. Toutes les terres labourables sont labourées, et jamais cultivées à bras.

La superficie du département est de 688,851 hectares, répartis ainsi :

Terres labourables 401,521
Prés. 85,303
Vignes. 18,110
Bois. 57,319
Vergers, pépinières et jardins. . . 4,610
Oseraies, aunaies et saussaies. . . . 36
Étangs, mares, canaux d'irrigation. 10,123
Landes et bruyères. 75,013
Superficie des propriétés bâties. . . 2,557
Autres cultures 2,749

Contenance imposable. . . 657,341

Routes, chemins, places, rues, etc. 18,859
Rivières, lacs et ruisseaux 2,444
Forêts et domaines non productifs. . 10,103
Cimetières, églises, bâtiments publics. 104

Contenance non imposable. . 31,510
On y compte :
53,056 maisons.
573 moulins à eau et à vent.
17 forges et fourneaux.
217 fabriques et manufactures.

soit : 53,843 propriétés bâties.

Le nombre des propriétaires est de. 86,977
Celui des parcelles de 1,050,523
HYDROGRAPHIE. Plus de 100 ruisseaux et 15 rivières arrosent le département. Parmi les rivières, on distingue l'Indre, la Creuse, la Claize, le Modon, la Bouzane, le Nahon, la Théols, l'Anglain, le Fouzon, l'Arnon, l'Indre et la Creuse ne font que traverser le département, dont le Cher touche la limite sur une petite longueur. — Un des embranchements du canal du Centre, latéral au Cher, longe une partie du département.
COMMUNICATIONS. Le département est traversé par 6 routes royales, par 16 routes départementales, et par 31 chemins vicinaux de grande communication.
MÉTÉOROLOGIE. Le climat de l'Indre est en général assez doux et tempéré ; rarement le froid y est âpre et la chaleur brûlante. Toutefois la température varie d'une manière extrêmement sensible dans les divers arrondissements ; le maximum de chaleur varie de 22 à +26° R., et celui du froid de 8 à —10°. L'époque de la végétation commence en mars ; celle de la floraison à la fin d'avril ; celle de la maturité des premiers fruits en juin. Cependant une partie de l'arrondissement du Blanc, et surtout les environs de cette ville, sont plus précoces que le reste du département ; la végétation, la floraison, la maturité et les récoltes y devancent presque toujours celles des autres arrondissements. En général, on fauche le foin vers la mi-juin ; on commence la récolte du blé en juillet, et celle des menus grains en août ; on fait les vendanges, dans le commencement d'octobre. — Les vents les plus dominants sont ceux du nord-ouest, du sud-ouest et du nord-est. Ils soufflent les trois quarts de l'année et dans toutes les saisons ; mais celui du nord-ouest est le plus constant et règne le plus longtemps. Le vent, connu dans le pays sous le nom de *galerne*, est très-funeste à l'agriculture ; les froids aigus qu'il apporte dépouillent subitement les campagnes et enlèvent aux cultivateurs l'espoir de leurs récoltes.
PRODUCTIONS. Le sol, en général sablonneux et graveleux, est cependant très-propice à la culture des céréales. Les coteaux fournissent des vins plus ou moins agréables. Les prairies ne sont pas assez considérables pour faire des pâturages ; mais le foin qu'elles donnent est de bonne qualité, et suffit pour la nourriture des bestiaux de toute espèce que l'on entretient l'hiver à l'étable. Le lait et la laine sont d'un grand rapport et une source principale de richesse pour le cultivateur, qui se livre encore à l'éducation de la volaille, principalement des dindons et des oies.
On récolte dans le département toutes espèces de céréales en quantité plus que suffisante pour les besoins de la population ; sarrasin, chanvre, lin, fruits, cerises, châtaignes. Peu de prairies. — 18,110 hectares de vignes, produisant annuellement environ 300,000 hectolitres de vin, dont la moitié est consommée sur les lieux, et l'autre moitié livrée à l'exportation.
— 57,319 hectares de forêts (chêne, orme, frêne, etc.). On tire un grand parti des ormes qui croissent autour des habitations ; leur feuillage sert à la nourriture des bestiaux, et les excroissances noueuses qu'une taille fréquente fait développer sur le tronc sont employées pour l'ébénisterie. — Menu gibier (quantité de lièvres et de lapins). — Poissons d'étangs et de rivières (truites, écrevisses, sangsues). — Élève en grand des oies et des dindons. Les oies les plus renommées sont celles de Levroux. — Beaucoup de mulets et de chevaux, ânes, bêtes à cornes, porcs ; quantité de moutons.

Les laines de ce département jouissent au loin et depuis longtemps d'une grande réputation ; mais les laines de la Champagne sont celles qui ont le plus contribué à cette distinction. En effet, les bêtes à laine du Bois-Chaud sont très-inférieures à celles de cette autre partie du département, par la nature et la qualité de leur laine. Dans la Champagne, la laine est rousse, courte, tassée, fine, douce, moelleuse, élastique. Dans le Bois-Chaud, elle est blanche, longue, grosse et dure. Il faut attribuer cette différence dans la qualité et la nature de la laine à la nourriture des animaux prennent et à l'atmosphère dont l'influence se fait sentir ; car les bêtes à laine que l'on transporte de la Champagne dans le Bois-Chaud n'y conservent pas la beauté de leur toison. — Dans la Champagne, les soins les plus minutieux sont prodigués aux bêtes à laine. Chaque domaine a son maître berger, dont la surveillance s'étend sur tous les troupeaux, et chaque troupeau a son berger et son chien. Dans le reste de la France, on ne forme qu'un seul troupeau des moutons, des brebis et des agneaux plus ou moins jeunes qui appartiennent à un domaine. Mais dans la Champagne il en est autrement ; toutes les bêtes à laine sont divisées en plusieurs troupeaux : le troupeau des mères, le troupeau des agneaux, le troupeau des vassives et vassivaux, ou agneaux qui ont atteint l'âge d'un an, et le troupeau des moutons. On recueille de grands avantages de cette division.
Toute l'année, toutes les fois que le temps le permet, les bêtes à laine sont envoyées au pacage ; lorsqu'elles ne sortent pas, leur nourriture consiste en un mélange de foin et de paille qu'on leur donne trois fois par jour. On ne fait jamais parquer les troupeaux.

MINÉRALOGIE. Nombreuses mines de fer en grains et en roches, qui produisent de la fonte douce d'excellente qualité. Carrières de marbre tacheté de rouge, et de veines blanches, très-dur et susceptible d'un poli vif et brillant, à Giroux ; de grès au Levroux ; de pierres meulières à Neret, St-Martin, Pouligny, Lignac ; de pierres calcaires dans un grand nombre de communes ; de mica, employé en poussière pour sécher le papier, à Cusion, à Dampierre, au Pin ; de silex, dont on fait des pierres à fusil, à Poulaine, à Anjouin et à Lyé ; de pierres herborisées, qui présentent des dessins curieux et variés d'une finesse extrême, aux environs de Châteauroux ; de pierres lithographiques très-estimées, à Châteauroux. Granit noir et gris, quartz, spath de différentes couleurs dans plu-

sieurs communes ; marne, terre à potier, etc.
SOURCE MINÉRALE sulfureuse à Azay-le-Ferron.

INDUSTRIE. Nombreuses manufactures de draps, dont les produits sont très-estimés. Fabriques de faux, toiles, bonneterie, chandelles; papiers, belle poterie et porcelaine. Filatures de laines. Nombreuses tanneries, parcheminer-ies, brasseries. Hauts fourneaux, feux de forges, fenderies, martinets, etc. Les forges sont situées sur l'Indre, l'Anglin, l'Abloux, la Théols, et trois sur des étangs. Les plus importantes du département sont celles de Clavières ; elles sont au nombre de trois : la forge Haute, la forge Basse et la forge de l'Ile.

COMMERCE de grains; vin, draps, laines, bois, fer, pierres à fusil, poisson, bœufs, porcs et moutons gras.

FOIRES. 340 foires environ se tiennent dans une cinquantaine de communes du département. Les transactions ont pour principal objet les bestiaux de toute sorte et notamment des bêtes à laine. On vend des chevaux à Neuvy-St-Sépulcre ; beaucoup de moutons à Issoudun, de la cire à Mézières-en-Brenne, des cercles à Reuilly ; Châteauroux a ses foires aux laines ; il y a location de domestiques à Bagneux le 20 juin, à Argy le 8 juillet, et à Reuilly le 26 oct.

MŒURS ET USAGES. Les habitants du département sont laborieux, patients, modérés dans leurs désirs et dans leurs passions. La douceur est le trait distinctif de leur caractère ; ils sont religieux, sans superstition et sans intolérance. — On les accuse de manquer d'énergie, d'activité sans vivacité dans leurs haines, et peut-être aussi sans ardeur dans leurs affections. — Ils sont naturellement soumis aux lois, respectueux envers les hommes dépositaires de l'autorité ; mais ils veulent être administrés avec justice et bienveillance. — Ils se montrent toujours charitables, hospitaliers et reconnaissants, sachant apprécier le bien qu'on leur fait, quoique par apathie se plaignant peu du mal qu'on leur cause, et le supportant avec un calme et une résignation qu'il faut éviter néanmoins de pousser à bout, car ils ne sont pas moins difficiles à apaiser qu'à irriter. On les trouve peu empressés d'avoir des difficultés à surmonter, et ils mettent volontiers en première ligne le repos et la tranquillité ; aussi, à aucune époque de notre histoire, les réactions civiles n'y ont-elles été sanguinaires ni prolongées ; mais il ne faut pas croire néanmoins qu'ils manquent au besoin de courage ou de résolution ; ils en ont au contraire fait preuve dans toutes les occasions où ces deux qualités ont été nécessaires ; mais en même temps, ils ne rechercheraient pas ces occasions.

On ne trouve pas communément dans l'Indre de ces femmes qui, par leur beauté traditionnelle, excitent l'admiration ; mais, si les femmes ne sont pas absolument jolies, elles sont dédommagées par des qualités plus réelles, sur lesquelles la main du temps est plus impuissante, qui attachent et qui fixent d'une manière plus durable, par les qualités de l'esprit et du cœur. Leur esprit est naturel, leur jugement est droit, leur cœur est délicat et sensible ; elles sont modestes dans leur parure, et presque sans luxe : leurs maris, leurs enfants, qu'elles allaitent elles-mêmes, partagent toute leur affection, et les soins de leur ménage font leurs plus douces occupations. Seulement peut-être elles sont trop timides ; et cette timidité, qui semble les tenir dans une réserve continuelle et dans une espèce de gêne, leur fait perdre quelque chose de leur agrément dans la société, et à ceux qui les fréquentent, quelques charmes de plus qu'ils pourraient trouver auprès d'elles.

La langue française est la seule en usage dans le département. On la parle généralement sans aucun accent et avec une correction remarquable.

DIVISION ADMINISTRATIVE. Le département de l'Indre a pour chef-lieu Châteauroux. Il envoie 4 représentants à la chambre des députés, et est divisé en quatre arrondissements :

	cant.	h.
Châteauroux. . .	8	95,036
Le Blanc. . . .	6	56,433
Issoudun. . . .	4	47,016
La Châtre. . . .	5	54,591
	23 cant.	253,076 h.

21ᵉ conserv. des forêts (chef-l. Bourges). — 2ᵉ arr. des mines (chef-l. Paris). — 15ᵉ division militaire (chef-l. Bourges). — École secondaire ecclésiastique à St-Gauthier. 25 cures, 152 succursales. — Collèges communaux à la Châtre, à Issoudun, à Châteauneuf et à St-Benoît-du-Sault. — Société d'agriculture, sciences et arts à Châteauroux.

Biographie. Le département de l'Indre est le lieu de naissance :
De MARIVAUX, spirituel auteur dramatique.
De l'archéologue DU MERSAN.
Du commentateur LUNEAU DE BOIS-GERMAIN.
De ROUGIER DE LA BERGERIE, ancien préfet, poëte et économiste.
De l'acteur BARON.
Du général BERTRAND, compagnon dévoué et fidèle ami de Napoléon.
Du marquis DE RIVIÈRE, ambassadeur à Constantinople sous la restauration.

Bibliographie. GRÉTRÉ (préfet). *Mémoire sur le département de l'Indre*, in-4, an VIII.
ALPHONSE (d'), préfet. *Mémoire statistique du département de l'Indre*, in-f°, 1804.
PEUCHET et CHANLAIRE. *Statistique du département de l'Indre*, in-4, 1810.
BARBANÇOIS (de). *Mémoire sur les moyens d'améliorer les laines et d'augmenter le produit des bêtes à laine dans le département de l'Indre*, in-8, an XII.
— *Classification des terres du département de l'Indre*, broch. in-8, 1818.
CHALUMEAU. *Culture du département de l'Indre, suivie d'un traité de l'impôt*, broch. in-8, an VII, 1799.
* *Esquisses pittoresques sur le département de l'Indre, ou Choix de vues de châteaux, églises, monuments, ruines et maisons particulières, accompagnées de notices historiques et descriptives, illustrées par des encadrements, vignettes et lettres ornées représentant 500 sujets*, 2 vol. grand in-8, 1841 et années suiv.
V. aussi BERRY, LA CHÂTRE, LA MOTTE-FEUILLY.

INDRE-ET-LOIRE (département d'). Le département d'Indre-et-Loire est formé en entier de l'ancienne province de Touraine, et tire son nom de l'Indre, une des rivières du second ordre qui l'arrosent, et de la Loire qui le traverse de l'est à l'ouest et le divise en deux parties, l'une septentrionale et l'autre méridionale. — Ses limites sont : au nord-est, le département de Loir-et-Cher ; au nord-ouest, celui de la Sarthe ; au sud-est, celui de l'Indre ; au sud-ouest, celui de la Vienne ; à l'ouest, celui de Maine-et-Loire.

La surface de département présente des coteaux, des collines, d'assez vastes plaines au nord et au midi, et des vallées creusées par les principales rivières qui l'arrosent. Au nord de la Loire règne une longue suite de coteaux qui ne sont interrompus que par des gorges où coulent diverses petites rivières, affluents de ce fleuve. Au delà de ces coteaux, le pays est coupé par un grand nombre de petits courants d'eau, dont la plupart ont creusé leur lit entre des collines peu élevées. Cette partie septentrionale offre une assez vaste étendue de friches ou de terrains arides, mal cultivés à défaut de bras, et surtout de bétail suffisant pour les engrais. Les habitations, plus rares, annoncent que la terre n'y répond pas aux vœux des cultivateurs, ou peut-être que ceux-ci négligent d'en tirer tout ce qu'elle pourrait leur donner. On y trouve deux vastes étangs et trois grandes forêts.

En se rapprochant des bords de la Loire, au delà et en deçà de ce fleuve, la culture prend un aspect bien différent. Là se trouvent des terres fertiles et bien cultivées, formées d'un sable gras, et connues vulgairement sous le nom de varennes ; des prairies excellentes et des vignobles de première qualité, parmi lesquels on distingue les vins blancs de Vouvray et les vins rouges de St-Nicolas et de Bourgueil. On y récolte des fruits, dont l'exportation forme une des branches du commerce du département, du chanvre, du maïs, de la réglisse, de l'anis, de la coriandre et autres productions précieuses qui attestent également la fertilité du territoire et l'industrieuse activité des habitants.

Dans la partie méridionale, entre les bassins de l'Indre et de la Vienne, et les sources de plusieurs petites rivières, se trouve un plateau qui renferme l'immense dépôt de coquillages connu sous le nom de falunière ; c'est aussi dans le midi de la Touraine que se récoltent abondamment les légumes et les fruits si vantés dans ce jardin de la France. Cette même partie contient les grandes forêts d'Amboise, de Loches et de Chinon, qui fournissent de beaux bois de construction et alimentent plusieurs forges.

En s'avançant vers le midi, on trouve d'abord les varennes sablonneuses qui séparent le Cher de la Loire; en remontant vers l'est, les coteaux qui embrassent la forêt d'Amboise et les vignobles précieux dont les vins sont connus sous le nom de vins du Cher; au sud-est, les belles prairies de l'Indre, et au sud-ouest le sol fertile du Véron. En général presque toute la partie méridionale renferme des terres à froment, des prairies, des vignobles et beaucoup d'arbres fruitiers.

Les landes couvrent une assez grande étendue du département d'Indre-et-Loire. On en compte peu dans la partie orientale de la rive droite de la Loire; il y en a davantage dans les cantons de Neuillé-Pont-Pierre, Château-Lavallière et Langeais. Le midi en offre aussi des étendues considérables dans la partie sud-est de l'arrondissement de Tours, mais surtout entre l'Isle-Bouchard, Chinon et Azay-le-Rideau : c'est ce qu'on nomme les landes du *Ruchard* ou *Ruchard*, composées d'environ 750 hectares. Elles sont portées à 1 franc de produit annuel, et imposées à 10 centimes, *minimum* fixé par la loi. Leur prix varie de 45 à 120 fr. l'hectare; elles ne sont guère louées au-dessus de 10 fr.

Le sol du bassin de la Loire est un terrain d'alluvion, qui a, dans quelques parties, plus de 7 m. d'épaisseur. On y rencontre des couches de gros sable et de cailloux. La couche supérieure, dont l'épaisseur varie de plusieurs centimètres, est une terre végétale légère et très-substantielle. La Loire par ses débordements annuels, presque périodiques, répand sur les parties situées entre elle et les levées un limon en général tellement fécond, que plusieurs cultivateurs ne les fument presque jamais, même pour les céréales. Ce sol est en même temps tellement léger, qu'un jeune homme de dix-huit ans peut faire toutes les façons avec un seul cheval. Quelques parties se cultivent à la bêche. — Presque tous les genres de culture pourraient prospérer dans ce bassin. On y rencontre des prairies, toutes les céréales, les pommes de terre, les navets, le chanvre, le lin, les haricots blancs, les petits pois, la vesce, le maïs, les citrouilles, les melons, tous les légumes, la réglisse, le fenugrec, l'anis, la coriandre (ces quatre dernières plantes dans quelques paroisses seulement), la vigne même, dont les produits au reste sont, comme on le pense bien, moins estimés que ceux des coteaux. Toutes les parties ne sont pas d'une égale fertilité: aussi le taux des fermages varie-t-il de 80 à 600 fr. l'hectare. La portion inférieure, à partir au-dessous de Langeais où commence *la vallée d'Anjou*, comprenant le Bréhémont, est un des pays de France les plus intéressants par sa culture.

Les bords du Cher, de l'Indre, de la Vienne et de la Creuse ne le cèdent guère pour la fertilité à ceux de la Loire.

Dans les vallons l'œil cherche en vain un petit coin de terre sans culture ou sans utilité quelconque pour le propriétaire. On n'a pas besoin d'ajouter que les terres labourables ne s'y reposent jamais.

La contenance totale du département est de 611,679 hectares, divisés ainsi :

Terres labourables.	334,910
Prés.	133,463
Vignes.	35,004
Bois.	79,641
Vergers, pépinières et jardins. . . .	4,416
Oseraies, aunaies et saussaies. . . .	1,016
Etangs, mares, canaux d'irrigation. .	2,766
Landes et bruyères.	62,979
Cultures diverses.	18,241
Superficie des propriétés bâties. . .	2,980
Contenance imposable. . . .	575,416
Routes, chemins, places, rues, etc. .	17,509
Rivières, lacs et ruisseaux.	8,265
Forêts et domaines non productifs. .	10,359
Cimetières, églises, bâtiments publics. .	130
Contenance non imposable. .	36,263

On y compte :
76,537 maisons.
726 moulins à eau et à vent.
46 forges et fourneaux.
199 fabriques et manufactures.

soit : 77,508 propriétés bâties.
Le nombre des propriétaires est de 111,984
Celui des parcelles de. 1,518,107

HYDROGRAPHIE. La Loire, le Cher, l'Indre, la Creuse et la Vienne traversent le département d'Indre-et-Loire et y sont navigables. Indépendamment de ces rivières, on en compte plusieurs autres, situées les unes au nord, et les autres au sud de la Loire. Elles sont en général très-petites, et approchent plutôt de la nature des ruisseaux que de celle des rivières. Dans la majeure partie de son cours, la Loire se trouve contenue par des digues ou levées qui forment un encaissement de 584 m. de largeur moyenne. Ces levées ont communément 7 m. de largeur à leur sommet, et sont revêtues, dans les parties les plus exposées au choc des eaux, de maçonnerie en pierres sèches. Le milieu de la chaussée est pavé dans presque toute sa longueur, et offre une des plus belles routes du monde, bordée de beaux rideaux de peupliers et peuplée de chaumières creusées dans le roc, de maisons de plaisance, de villes, de villages riches et populeux qui se succèdent sans interruption pendant plus de 150 k., et offrent une promenade continuelle.

Le département possède un embranchement du canal de Berry, qui opère la jonction de la Loire au Cher. Il existe un projet de canal latéral à la basse Loire, de Tours à Nantes.

COMMUNICATIONS. Le département est traversé par 6 routes royales et par 28 routes départementales.

MÉTÉOROLOGIE. Le sol du département est agréablement varié par la douceur de sa température, qui ne comporte habituellement ni chaleurs excessives, ni des hivers trop rudes et trop prolongés, qu'il s'est acquis la réputation d'être l'un des départements les plus agréables de la France. Ses fleuves, ses nombreux ruisseaux, ses coteaux vignobles, ses prairies, ses varennes, la facilité des communications, l'abondance et la beauté des fruits, tout concourt en effet à rendre ce pays aussi cher à ses habitants que recherché par les étrangers, qui de tout temps ont eu pour son séjour une prédilection toute particulière. — Le vent d'ouest, qui remonte le cours de la Loire, est celui qui souffle le plus souvent.

PRODUCTIONS. On cultive dans le département toutes les espèces de céréales, dont les produits se sont sensiblement accrus depuis quelques années; pendant longtemps ils suffisaient rarement à la consommation des habitants et des animaux; quelquefois même ils étaient d'un quart au-dessous des besoins; maintenant ils fournissent à l'exportation hors du département.

Un des produits les plus importants est le vin. 35,004 hectares sont consacrés à la culture de la vigne, c'est-à-dire environ un seizième de la superficie du département. Elle occupe dans l'arrondissement de Chinon un huitième, et dans quelques communes entre un sixième et un cinquième de leur superficie.

Après ces cultures, une des plus productives est celle du chanvre. Cette plante réussit d'une manière extraordinaire, mais presque exclusivement, du moins en grand, dans quelques communes du bassin entre la Loire, l'Indre et la Vienne, au-dessous du confluent actuel du Cher. Ce chanvre provient de graine du Piémont, qu'on est obligé de renouveler au moins tous les trois ans. Un hectare des meilleures terres du Bréhémont semé de la sorte peut donner jusqu'à 2,000 kilog. de chanvre. Il se vend, prix moyen, 40 fr. le quintal. Dans quelques parties, les cultivateurs n'ensemencent que dix ou douze ares de bonne terre en chanvre; ils en vendent un ou deux quintaux, le reste est façonné par eux, filé par leurs femmes et enfants, et ils en font fabriquer de la toile, qui suffit à l'entretien de leurs familles. A la culture des céréales, de la vigne et du chanvre, il faut ajouter d'autres productions précieuses, telles que la réglisse, l'anis, la coriandre. — Le noyer se cultive dans tout le département. L'huile de noix est la seule qui soit employée par le peuple et sur la plupart des tables des classes moyennes. Le mélange d'une quantité plus ou moins considérable d'amandes, quelquefois de la moitié, donne à cette huile une qualité fort supérieure. Mais dans quelques parties de l'arrondissement de Chinon, principalement sur les hauteurs, il se cultive en grand, comme le pommier à cidre en Normandie et en Bretagne. Cette culture produit annuellement environ 320,000 décalitres de noix, dont le prix moyen est de 60 centimes. — Les amandes, les poires tapées et les pruneaux de Tours ont une grande réputation. Le prunier se cultive principalement dans le canton de Ligueil et dans la commune de Ste-Catherine-de-Fierbois, et particulièrement sur les hauteurs voisines de la rive gauche de la Loire et des bords de l'Indre et de la Vienne. C'est le fruit de cet arbre qui sert à la fabrication de ces pruneaux dont la réputation est établie depuis longtemps. Il s'en prépare dans l'arrondissement de Chinon environ 300,000 kilog. qui, au prix moyen de 80 centimes pour les trois qualités, donnent un produit total de 240,000 fr. pour cet arrondissement. Le reste du département n'en fournit que dans une très-petite proportion. — On recueille dans le canton de Ste-Maure des truffes qui arrivent jusqu'à Paris, et s'y débitent souvent comme truffes de Périgord. — Les fruits secs, le miel, la cire, les eaux-de-vie et le chanvre sont aussi au nombre des productions territoriales qui donnent lieu à un commerce assez étendu. — Éducation des vers à soie et des abeilles. — Grand et menu gibier. Très-bon poisson.

MINÉRALOGIE. Mines de fer abondantes, de cuivre argentifère non exploitée. Carrières de belle pierre de taille, de moellons et de pierres tendres. Les coteaux du vallon de la Loire offrent de nombreuses carrières de tuffeau, qui sert à la construction de la plupart des maisons; il s'en fait même une exportation dans les communes qui en sont privées. L'extraction de ces pierres produit un autre avantage, les excavations qui en résultent se transforment en habitations dont se servent même des personnes aisées. C'est une très-grande ressource pour la classe inférieure; dans la paroisse de Cinq-Mars-la-Pile, la moitié environ d'une population de près de 1,600 habitants est logée dans ces troglodyteries. Cette même commune exploite une quantité considérable de pierres meulières qui jouissent d'une assez grande réputation, et qui s'exportent en Bretagne et même en Amérique. On en extrait annuellement pour 50 à 60,000 fr. — Marne très-abondante; argile à briques, à poterie et à faïence. Fangites et ficoïdes. Nombreux fossiles.

SOURCES MINÉRALES à Semblançay, à Vallères et dans les environs de Château-la-Vallière.

INDUSTRIE ET COMMERCE. La fabrication des fers et des poudres, la manufacture des limes et la fabrication du minium occupent un rang distingué dans l'industrie départementale. — Les fabriques de faïence et de poterie y ont peu d'importance; il en est de même des papeteries. — La draperie, établie à Tours en 1460 par Charles VII, a eu une grande célébrité suivie de décadence; néanmoins cette industrie a repris depuis plusieurs années. Il en est de même de la fabrique de soieries et de la tannerie, qui, après avoir été dans une situation très-prospère, ont vu successivement diminuer leurs produits et leurs débouchés, et qui néanmoins, depuis quelques années, sont en voie de progrès.

La plupart des exportations du département sont des produits de l'industrie agricole. Les importations ont pour objet des denrées étrangères au sol, telles que les denrées coloniales, les verreries, faïences et porcelaines, les étoffes de coton, les toiles fines, les draps fins, la chapellerie, les articles de modes et d'ameublement, etc.

FOIRES. Environ 90 foires se tiennent dans plus de 300 communes du département. Ce sont pour la plupart des rendez-vous pour la vente des bestiaux, des grains, des légumes, des fruits secs, et de quelques articles de quincaillerie, de mercerie, de tonnellerie, de boissellerie, etc. Aux foires de l'arrondissement de Loches on vend du chanvre et de la cire; des fruits secs à celles de Chinon; des cuirs à celles de Tours.

MŒURS ET USAGES. Suivant M. Chalmel, historien de la Touraine, « cet esprit actif et entreprenant qui produit les succès et les fortunes manque à l'habitant du département d'Indre-et-Loire. Modéré dans ses goûts, exempt de passions fortes, rarement stimulé par ce sentiment ambitieux qui porte aux grandes entreprises, il s'arrête au point où commence pour lui une aisance honnête, et les exceptions en ce genre ne sont pas très-communes. Il est d'ailleurs d'un caractère doux, affable, prévenant, quoique naturellement un peu frondeur. Né avec beaucoup d'esprit, il néglige peut-être trop de le cultiver, et de remplacer par des connaissances positives ce qui lui manque en imagination. Si la Touraine a produit des hommes recommandables dans les lettres et dans les arts, il en est fort peu dont les ouvrages aient été marqués au coin du génie. L'esprit, les mœurs, le caractère, tout en général y porte l'empreinte douce et molle du climat. » Le long séjour que la cour des rois de France a fait sur les bords de la Loire a complétement popularisé la langue nationale. On y parle français purement et sans accent.

Le paysan qui habite les hauteurs est mal nourri, mal logé, petit ou d'une taille moyenne. Il a de grands espaces à parcourir, et il les parcourt lentement, car ses lourds sabots restent attachés à l'argile, ou heurtent contre les cailloux et le font chanceler. Des foudrières arrêtent ses attelages et brisent ses charrettes. Ses travaux sont uniformes, ses mouvements le sont aussi; il est donc lent et roide. Aucun voyageur ne traverse sa Thébaïde, aucune idée étrangère ne vient le distraire des pénibles calculs que lui fait faire la perte d'un bœuf estropié, d'un cheval dévoré par les loups. L'habitude de la lutte contre tant de maux, une gêne plus ou moins constante lui donnent l'air du découragement ou de la résignation. — L'homme du vallon est plus grand, mieux logé, mieux nourri. Ses routes sont praticables en tout temps; il peut, même dans la saison pluvieuse, traverser aisément ses guérets. Plusieurs sont en même temps mariniers, artisans, cultivateurs; la diversité de leurs occupations donne de la variété à leurs mouvements. Aussi sont-ils plus droits et beaucoup moins pesants que leurs frères des hauteurs; quelques-uns même sont fort lestes; on en voit achever en courant des journées de quinze heures de travail. Leur tournure, leur mise, sont celles des artisans des villes, et la danse est leur principal divertissement.

DIVISION ADMINISTRATIVE. Le département d'Indre-et-Loire a pour chef-lieu Tours; il envoie 4 représentants à la chambre des députés, et est divisé en 3 arrondissements ou sous-préfectures :

Tours	14 cant.	154,013 h.
Chinon	7 —	89,674
Loches	6 —	162,640
	24 cant.	306,327 h.

21e conserv. des forêts (chef-l. Tours). — 2e arr. des mines (chef-l. Paris). — 4e divis. milit. (chef-l. Tours). — Archevêché à Tours, ayant pour suffragants les évêchés du Mans, d'Angers, de Rennes, de Nantes, de Quimper, de Vannes et de St-Brieuc. — Séminaire diocésain et école secondaire ecclésiastique à Tours. 34 cures; 219 succursales. — Collége royal à Tours. Colléges communaux à Chinon et à Loches. — Société d'agriculture, sciences, arts et belles-lettres à Tours.

Biographie. Le département d'Indre-et-Loire est le lieu de naissance :

D'AGNÈS SOREL.

De GABRIELLE D'ESTRÉES.

De RABELAIS.

De DESCARTES.

D'ANDRÉ DUCHESNE, historien et généalogiste.

Des poëtes GRÉCOURT et ALFRED DE VIGNY.

Des poëtes latins COMMIRE, RAPIN et QUILLET.

De DESTOUCHES et de BOUILLY, auteurs dramatiques.

De PAUL-LOUIS COURRIER DE MÉRÉ, savant helléniste et pamphlétaire, assassiné en 1824.

Du romancier BALZAC.

Du musicien LAMBERT.

Du cardinal Geog. D'AMBOISE.

De l'illuminé ST-MARTIN, dit le Philosophe inconnu.

De BÉROALDE DE VERVILLE, auteur du *Moyen de parvenir*.

De l'historien de la Touraine CHALMEL.

Du célèbre graveur ABRAHAM BOSSE, mort en 1660.

Du peintre VIGNON.

Du fameux horloger JULIEN LEROY.

Du surintendant des finances SEMBLANÇAY.

Des maréchaux de France BOUCICAUT, D'EFFIAT, D'HUMIÈRES.

Des généraux MEUSNIER, MENOU, MARECOT, PILLET.

Des célèbres médecins GENDRON et HEURTELOUP.

Du financier GRASLIN, à qui la ville de Nantes doit une partie de ses embellissements.

Bibliographie. MOREAU. *Statistique commerciale du département d'Indre-et-Loire*, in-8, 1811.

DUVEAU (A.). *Essai statistique sur le département d'Indre-et-Loire*, brochure in-8, 1828.

CROY (R.-C. de). *Études statistiques, historiques et scientifiques sur le département d'Indre-et-Loire*, in-18, 1838.

DUFOUR. *Dictionnaire historique, géographique, biographique, etc., des trois arrondissements d'Indre-et-Loire*, 2 vol. in-8, 1813.

DE CHERGÉ. *Promenade archéologique faite en 1836 dans une partie du département d'In-*

-dre-et-Loire (Mém. de la soc. des antiq. de l'Ouest, t. II, p. 355).

Massé. *Rapport sur les monuments d'Indre-et-Loire* (Bull. de M. de Caumont, t. IV, p. 278).

* *Mémoire sur les landes du Ruchard*, in-4, 1826.

Aubert du Petit-Thouars. *Mémoire sur la route de Chinon à Saumur*, in-4, 1820.

Dureau de la Malle. *Lettres sur les départements de la Sarthe et d'Indre-et-Loire* (Journal le Globe, 6 janvier 1827).

Pétracj (A.). * *Annuaire d'Indre-et-Loire pour l'an x; avec une Notice biographique sur les hommes célèbres du département*, in-12, 1803.

Voyez aussi Touraine, Amboise, St-Antoine-du-Rocher, Candé, la Selle-Guénaud, Champigny, Chenonceaux, Chinon, Cinq-Mars, Cormery, Langeais, Loches, Ste-Maure, Mettray, Riché, Richelieu, Rochecorbon, Tours, Ussé.

INDREMONT, nom donné pendant la révolution à la ville de Châtillon-sur-Indre.

INDRET, vg. *Loire-Inf.*, comm. d'Indre, ✉ de la Basse-Iudre. — Vaste établissement de la marine royale pour la construction des machines à vapeur et des bâtiments de l'Etat, situé dans une île que forme la Loire au-dessous de Nantes.

INDREVILLE, nom donné pendant la révolution à la ville de Châteauroux.

INDROYE (l'), *Andrisia*, *Andrisius*, petite rivière qui prend sa source dans un étang à 4 k. E. du village de Préaux, cant. d'Ecueville, arr. de Châteauroux, dép. de l'*Indre*. Elle passe à Préaux, Loché, Villeloin, Montrésor, Chemillé, Genillé, St-Michel, et se jette dans l'Indre à Azay, après un cours d'environ 40 k.

INÉ, vg. *Ille-et-Vilaine*, comm. et ✉ de Fougères.

INEUIL, vg. *Cher* (Bourbonnais), arr. et à 19 k. de St-Amand-Montrond, cant. de Lignières, ✉ de Châteauneuf-sur-Cher. P. 488 h.

INFERNET (port de l'), vg. *H.-Alpes*, com. et ✉ de Briançon.

INFORNATS (les), vg. *Tarn*, comm. de Jonquievel, ✉ de Pampeloine.

INFOURNAS (les), vg. *H.-Alpes* (Dauphiné), arr. et à 22 k. de Gap, cant. et ✉ de St-Bonnet. Pop. 154 h.

INFREVILLE, vg. *Eure* (Normandie), arr. et à 30 k. de Pont-Audemer, cant. et ✉ de Bourgthéroulde. Pop. 602 h. — *Fabriques* de poterie de terre. Briqueterie.

INGENA, postea Abrincatui (lat. 49°, long. 17°). « Quoique Ptolémée ait mal placé les *Abrincatui*, nous lui avons l'obligation de savoir que le nom de leur capitale était *Ingena*. Elle prit dans la suite, de même que la plupart des capitales, le nom du peuple, qu'elle conserve dans celui d'Avranches. Selon la Notice de l'empire, *Abrincatæ* était le poste d'un commandant particulier, dans le district appelé *Tractus Armoricanus*; et il faut croire que c'est de cette ville que des corps de troupes ro-

maines, dont il est mention dans la même Notice, sont appelés *Abrincateni*. Il ne faut point omettre que dans la Notice des provinces *Civitas Abrincatum* est une de celles de la Lionoise-seconde. » D'Anville. *Notice de l'ancienne Gaule*, p. 384.

INGENHEIM, vg. *B.-Rhin* (Alsace), arr. et à 13 k. de Saverne, cant. et ✉ de Hochfelden. Pop. 680 h.

INGERSHEIM, vg. *H.-Rhin* (Alsace), arr., ✉ et à 6 k. de Colmar, cant. de Kaysersberg. Pop. 2,315 h.

INGHEM, vg. *Pas-de-Calais* (Artois), arr. et à 8 k. de St-Omer, cant. et ✉ d'Aire. Pop. 303 h.

INGLANGE, vg. *Moselle* (pays Messin), arr., ✉ et à 10 k. de Thionville, cant. de Metzervisse. Pop. 353 h.

INGLEVERT (St-), vg. *Pas-de-Calais* (Boulonnais), arr. et à 22 k. de Boulogne-sur-Mer, cant. et ✉ de Marquise. Pop. 501 h.

INGOLSHEIM, vg. *B.-Rhin* (Alsace), arr., ✉ et à 8 k. de Wissembourg, cant. et ✉ de Soultz-sous-Forêts. Pop. 254 h.

INGOUVILLE, vg. *Calvados*, comm. de Moult, ✉ de Vimont.

INGOUVILLE, joli bourg, *Seine-Inf.* (Normandie), arr., bureau d'enregist. et à 1 k. du Havre, chef-l. de cant. Cure. ✉. A 212 k. de Paris pour la taxe des lettres. Pop. 9,888 h.

Ingouville a partagé les destinées du Havre, dont il n'est séparé que par les fortifications de cette ville. C'était dans l'origine une maison de campagne qui portait le nom d'Ingulfi Villa ; sa physionomie est toute moderne, et ses principaux édifices datent d'une époque très-rapprochée. Il est bâti en amphithéâtre, sur une côte très-élevée, à 1 k. de la mer, et possède un grand nombre de belles maisons de plaisance, appartenant à de riches négociants qui ont au Havre leurs comptoirs et leurs magasins. Là, de leurs jardins, de leurs fenêtres, ils peuvent distinguer, à 20 ou 30 k. en mer, les vaisseaux qui arrivent au port ou qui en sortent ; ils jouissent d'une vue délicieuse sur la ville, dont les maisons sont entrecoupées par les mâts et les pavillons des nombreux vaisseaux de toutes les nations qui remplissent les bassins intérieurs. C'est du sommet des coteaux d'Ingouville que M. Casimir Delavigne, en contemplant la riante vallée du Havre, cette ville hérissée de navires, et cet horizon dont la diversité ne le cède qu'à l'étendue, s'écriait avec un enthousiasme bien naturel pour un délicieux pays :

Après Constantinople, il n'est rien de plus beau!

Fabriques de cordages, faïence, produits chimiques. Raffineries de sucre. — *Foire* le 29 sept. (30 jours). — Marché tous les lundis.

INGOUVILLE, vg. *Seine-Inf.* (Normandie), arr. et à 25 k. d'Yvetot, cant. et ✉ de St-Valéry-en-Caux. Pop. 967 h.

INGRANDE, bg *Indre* (Berry), arr., cant., ✉ et à 8 k. du Blanc. Pop. 408 h.

Autrefois baronnie en Anjou, diocèse et

élection d'Angers, parlement de Paris, intendance de Tours.

Ce bourg est situé sur l'Anglin, que l'on y passe sur un pont suspendu, d'une seule arche très-hardie. On y voit un petit château à demi ruiné, dont une des tours, couverte de lierre jusqu'au sommet, est d'un effet pittoresque.

INGRANDE, petite ville, *Maine-et-Loire* (Anjou), arr. et à 32 k. d'Angers, cant. de St-Georges-sur-Loire. ✉. A 338 k. de Paris pour la taxe des lettres. Pop. 1,452 h. — Elle est située au pied d'une colline, sur la rive droite de la Loire. On y jouit d'une vue très-étendue sur le cours du fleuve. — Verrerie considérable. Entrepôt de houille. — *Foires* les 24 mai, 21 juin, 21 sept. et à la mi-carême.

INGRANDE, *Ingorandis*, vg. *Vienne* (Poitou), arr., ✉ et à 7 k. de Châtellerault, cant. de Dangé. ✉. Pop. 878 h.

INGRANDES, bg *Indre-et-Loire* (Touraine), arr. et à 25 k. de Chinon, cant. de Langeais, ✉ de Bourgueil. Pop. 694 h. — *Foire* le 20 nov.

INGRANNE, bg *Loiret* (Orléanais), arr. et à 27 k. d'Orléans, cant. de Neuville-aux-Bois, ✉ de Vitry-aux-Loges. Pop. 594 h.

INGRÉ, bg *Loiret* (Orléanais), arr., cant., ✉ et à 6 k. d'Orléans. Pop. 2,767 h. — *Foires* le 8 déc. et 2e jeudi de juillet.

INGREMARD, vg. *Eure*, comm. d'Ailly, ✉ de Gaillon.

INGUINIEL, *Inguiniel*, vg. *Morbihan* (Bretagne), arr. et à 29 k. de Lorient, cant. de Plouai, ✉ d'Hennebont. Pop. 2,334 h.

INGWILLER, ou Hengwiller, petite ville, *B.-Rhin* (Alsace), arr. et à 21 k. de Saverne, cant. et ✉ de Bouxwiller. Gîte d'étape. Pop. 2,170 h. Sur la Moder. — *Fabriques* de bonneterie, savon, potasse, mainon, poterie de terre. — *Foires* le mardi d'avril (2 jours), 2e mardi avant la St-Louis et 3e mardi de nov.

INIMONT, vg. *Ain* (Bugey), arr., ✉ et à 13 k. de Belley, cant. de Rossillon. Pop. 371 h.

INJOUX, vg. *Ain* (Bugey), arr. et à 31 k. de Nantua, cant. et ✉ de Châtillon-de-Michaille. Pop. 794 h.

INNENHEIM, ou Innlen, vg. *B.-Rhin* (Alsace), arr. à 32 k. de Schelestadt, cant. et ✉ d'Obernai. Pop. 827 h.

INNOCENCE (Ste-), vg. *Dordogne* (Périgord), arr. et à 19 k. de Bergerac, cant. et ✉ d'Eymet. Pop. 376 h.

INNOCENTS (les), vg. *Seine-Inf.*, comm. de la Crique, ✉ de Bellencombre.

INOR, vg. *Meuse* (Lorraine), arr. et à 16 k. de Montmédy, cant. et ✉ de Stenay. P. 728 h.

INOS, vg. *Lozère*, comm. de Massagros-Salle, ✉ de Séverac. — *Foire* le 17 mai (à Massagros).

INSMING, vg. *Meurthe* (Lorraine), arr. et à 38 k. de Château-Salins, et à 38 k. de Vic, cant. d'Albestroff, ✉ de Dieuze. Pop. 872 h. — *Foires* les 26 juin, 14 sept., mardi après Pâques, et mardi après la Pentecôte.

INSOS, vg. *Gironde*, comm. de Préchac, ✉ de Villandraut.

INSUBRES (lat. 46°, long. 23°). « C'était

un peuple dépendant des *Ædui*, quoiqu'il n'en soit point mention dans César (lib. v) au nombre de ceux qu'il cite comme étant dans la même dépendance. Mais Tite Live en parle comme d'un *pagus* des *Ædui*, en disant que les Gaulois qui avaient passé les Alpes et le Tésin, trouvant un canton du même nom d'*Insubres* que celui qui était propre à cette portion des *Ædui*, se déterminèrent d'y fonder une ville à laquelle ils donnèrent le nom de *Mediolanum* : Quùm in quo considerant, agrum Insubrium appellari audiissent, cognomine Insubribus, pago Æduorum, ibi, omen sequentes loci, condidere urbem, Mediolanum appellarunt. Pline (lib. III) attribue de même aux *Insubres* la fondation de Milan, comme aux *Boii*, qui avaient également passé les Alpes, la fondation d'une autre ville, qui a été connue sous le nom de *Laus Pompeia*, aujourd'hui *Lodi-Vecchio*. Sanson, qui place les *Insubres* dans la Bresse, en imaginant qu'il y a une ressemblance avec la finale du nom d'*Insubres*, devait être informé que la Bresse doit son nom au *Brexius Saltus*, de même que les noms de plusieurs autres cantons de pays, la Brie, le Perche, dont il commence par être des noms de forêts, *Briegius Saltus*, *Perticus Saltus*; et il est évident que le nom de *Brexius Saltus* n'est point celui des *Insubres*. Mais il vient en pensée que les fondateurs de *Mediolanum*, auxquels il avait paru favorable de trouver un terrain du nom des *Insubres*, n'ont eu d'autre raison de choisir en conséquence le nom de *Mediolanum*, plutôt qu'un autre, que parce que les *Insubres* sortaient d'un lieu qui portait le même nom. Or nous connaissons un *Mediolanum* entre le *Forum* des *Segusiani* et *Lugdunum*. Comme il n'est pas douteux, par le témoignage de César, que les *Segusiani*, étaient dépendants (*clientes*, selon l'expression dont il se sert) des *Ædui*, un lieu qui se trouvé dans ce territoire peut avoir appartenu à un peuple également sujet des *Ædui*, et qui, n'étant point nommé dans César ni depuis lui, aura été confondu avec les *Segusiani*. Un savant, dont il respecte les lumières et la critique, et qui a remarqué de même qu'en trouvant le nom de *Mediolanum* chez les *Ædui*, c'était une indication du canton des *Insubres*, a mis en avant un autre *Mediolanum*, dont le nom actuel est Malain. Mais ce qui ne permet point d'admettre ce *Mediolanum*, c'est qu'il appartient aux *Lingones*, peuple puissant qui n'a jamais été dans le cas de relever des *Ædui*. C'est pour avoir été du territoire des *Lingones* que Malain dont il s'agit est actuellement du diocèse de Dijon, démembré tout récemment du diocèse de Langres. Les *Mandubii*, dépendants des *Ædui*, étaient limitrophes des *Lingones* de ce côté-là ; et il est constant par le nom de Fins qui se conserve aux frontières des *Mandubii*, comme on peut voir à l'article de leur nom, que les limites des diocèses répondent aux territoires des cités. » D'Anville. *Notice de l'ancienne Gaule*, p. 384. V. aussi Walckenaer. *Géographie des Gaules*, t. 1, p. 216 ; t. II, p. 27.

INSULA ALLOBROGUM (lat. 46°, long. 23°). « On voit dans Tite Live (lib. xxi, sect. 3.) qu'Annibal, après avoir passé le Rhône, tourna sur la gauche et traversa le territoire des *Tricastini*. Il nous dit en même temps, d'après Polybe, qu'en quatre jours de marche, *quartis castris*, en remontant le long du Rhône ; il arriva au confluent d'une rivière qui se joignait au Rhône. Quoique le nom de cette rivière se lise *Apapos* dans Polybe, parce qu'on y a substitué ce nom à un autre qui paraissait corrompu dans son texte, et quoiqu'on trouve pareillement *Arar* dans Tite Live, cette rivière ne saurait être l'*Arar*, ou la Saône. Car il faudrait supposer qu'une nombreuse armée, avec des éléphants et des bagages, eût fait plus de 40 lieues françaises en quatre jours ; c'est même beaucoup que d'en admettre 20 pour le moins, en partant du Rhône plus bas que ne sont les *Tricastini*, pour arriver jusqu'à l'Isère, qu'Annibal devait rencontrer avant que d'aller plus avant. D'ailleurs il est à remarquer qu'Annibal n'a connaissance des *Allobroges* qu'en arrivant à cette rivière ; au lieu qu'il eût déjà traversé l'étendue de leurs terres s'il fût parvenu à la jonction de l'*Arar* avec le Rhône. Les critiques les plus judicieux sont donc persuadés que le nom de la rivière dont il est question est *Isar* ou *Isara*. Or, selon Polybe et Tite Live, les terres renfermées entre les deux rivières étaient désignées par le nom d'*Insula*, quoique ce canton ne soit pas une île rigoureusement parlant ; comme il en est de ce que nous appelons aujourd'hui Isle-de-France. L'intérieur de cette île était habité par les *Allobroges*, et le terme *propé*, dont se sert Tite Live ne rend point à cet égard l'expression de Polybe, qui est néanmoins son auteur original sur ce sujet. » D'Anville. *Notice de l'ancienne Gaule*, p. 386.

INSWILLER, vg. *Meurthe* (Lorraine), arr. de Château-Salins, à 38 k. de Vic, cant. d'Albestroff, ✉ de Dieuze. Pop. 614 h.

INTEL, vg. *Morbihan*, comm. d'Edeven, ✉ d'Auray.

INTRAVILLE, vg. *Seine Inf.* (Normandie), arr. et à 14 k. de Dieppe, cant. et ✉ d'Envermeu. Pop. 203 h.

INTRÉMAIRE, vg. *Eure*, comm. de Canappeville, ✉ de Louviers.

INTREVILLE, vg. *Eure-et-Loir* (Beauce), arr. et à 38 k. de Chartres, cant. de Janville, ✉ d'Angerville. Pop. 320 h. — *Fabrique de bonneterie en laine.*

INTVILLE-LA-GUÉTARD, vg. *Loiret* (Orléanais), arr. et à 10 k. de Pithiviers, cant. de Malesherbes, ✉ de Sermaises. P. 153 h.

INVAL, vg. *Oise*, comm. de Courcelles-lès-Gisors, ✉ de Gisors.

INVAL-BOIRON, vg. *Somme* (Picardie), arr. et à 49 k. d'Amiens, cant. et ✉ d'Oisemont. Pop. 310 h.

INVILLIERS, vg. *Loiret*, comm. de Givraines, ✉ de Boynes.

INXENT, vg. *Pas-de-Calais* (Boulonnais), arr., et à 10 k. de Montreuil-sur-Mer, cant. d'Etaples. Pop. 321 h.

INZINZAC, vg. *Morbihan* (Bretagne), arr. et à 15 k. de Lorient, cant. et ✉ de Hennebont. Pop. 2,175 h. — *Foires* les 3 mai, 30 juin et 14 sept.

IPPÉCOURT, vg. *Meuse* (Lorraine), arr. et à 33 k. de Bar-le-Duc, cant. de Triaucourt, ✉ de Beauzée. Pop. 420 h.

IPPLING, vg. *Moselle* (pays Messin), arr., cant., ✉ et à 5 k. de Sarreguemines. P. 466 h.

IRAI, vg. *Orne* (Normandie), arr. et à 25 k. de Mortagne-sur-Huine, cant. de l'Aigle, ✉ de St-Maurice. Pop. 798 h. — On y trouve une source d'eau minérale.

PATRIE de M. LE PRÉVOST D'IRAI, membre de l'Institut.

Bibliographie. TERREDE. *Eaux d'Irai* (Examen analytique des eaux minérales des environs de l'Aigle, chap. 5).

IRAIS, vg. *Deux-Sèvres* (Poitou), arr. et à 31 k. de Parthenay, cant. et ✉ d'Airvault. Pop. 374 h.

IRANCY, vg. *Yonne* (Champagne), arr. et à 14 k. d'Auxerre, cant. de Coulange-la-Vineuse, ✉ de St-Bris. Pop. 1,015 h. — Il est situé dans un territoire fertile en excellents vins. En 1568, les habitants de ce bourg ayant tué l'enseigne des gens du prince de Condé, les troupes allemandes, pour se venger, passèrent au fil de l'épée tous les habitants, sans même épargner les femmes et les enfants, dont ils jetèrent les corps dans les puits.

PATRIE de SOUFFLOT, architecte de l'église Ste-Geneviève de Paris, aujourd'hui le Panthéon.

IRAZEIN, vg. *Ariége* (Comminges), arr. et à 20 k. de St-Girons, cant. et ✉ de Castillon. Pop. 163 h.

IRÉ-LE-SEC, vg. *Meuse* (pays Messin), arr., cant., ✉ et à 6 k. de Montmédy. Pop. 553 h.

IRÉ-LES-PRÉS, vg. *Meuse*, comm. et ✉ de Montmédy.

IRIBERRY-UGARÇAN, vg. *B.-Pyrénées*, comm. d'Ossés, ✉ de St-Jean-Pied-de-Port.

IRIGNY, bg *Rhône* (Lyonnais), arr. et à 11 k. de Lyon, cant. et ✉ de St-Génis-Laval. Pop. 1,124 h. — *Foires* les 2 mai, 26 juillet, 6 déc. et jeudi gras.

IRISRARRY, vg. *B.-Pyrénées* (Navarre), arr. de Mauléon, ✉ et à 22 k. de St-Palais, cant. d'Iholdy. Pop. 1,192 h.

IRLAND, vg. *Deux-Sèvres*, comm. du Vanneau, ✉ de Mauzé.

IRLES, vg. *Somme* (Picardie), arr. et à 27 k. de Péronne, cant. et ✉ d'Albert. Pop. 429 h.

IRMSTETT, vg. *B.-Rhin* (Alsace), arr. et à 22 k. de Strasbourg, cant. et ✉ de Wasselonne. Pop. 148 h.

IRODOUER, vg. *Ille-et-Vilaine* (Bretagne), arr. et à 14 k. de Montfort-sur-Meu, cant. et ✉ de Bécherel. Pop. 1,714 h.

IRON, vg. *Aisne* (Picardie), arr. et à 25 k. de Vervins, cant. et ✉ de Guise. Pop. 781 h. — *Fabriques de châles, gazes et nouveautés.*

IROULÉGUY, ou URRULLE, vg. *B.-Pyrénées* (Navarre), arr. de Mauléon, à 35 k. de St-

Palais, cant. de St-Etienne-de-Baïgorry, ✉ de St-Jean-Pied-de-Port. Pop. 498 h.

IRREVILLE, *Iravilla*, vg. *Eure* (Normandie), arr., cant., ✉ et à 10 k. d'Evreux. Pop. 264 h. — *Fabrique* de toiles de coton. Briqueteries.

IRUBE, B.-*Pyrénées*. V. ST-PIERRE-D'IRUBE.

IRVILLAC, vg. *Finistère* (Bretagne), arr. et à 30 k. de Brest, cant. de Daoullas, ✉ du Faou. Pop. 2,452 h. — *Foires* les 8 fév., 8 mai, 8 août et 8 nov.

ISAAC, vg. *Lot-et-Garonne*, comm. de St-Pardoux, ✉ de Miramont.

ISAC (l'), petite rivière qui prend sa source près du village d'Abbaretz, *Loire-Inf.*; elle passe à Blain, Guerrouet, et se jette dans la Vilaine un peu au-dessous de Rieux, après un cours d'environ 60 k. Elle est navigable depuis Guerrouet jusqu'à son embouchure, sur une étendue de 13,000 m.

ISANT-DE-SOUDIAC (St-), vg. *Gironde*, comm. de St-Savin, ✉ de Cavignac.

ISARA (lat. 50°, long. 21°). « C'est ainsi que je suis persuadé qu'il faut lire dans la Table théodosienne, au lieu de *Lura*, sur la route qui conduit de *Samarobriva*, ou d'Amiens à *Augusta Suessionum*, ou Soissons ; car le passage de la rivière d'Oise sous Noyon est précisément le terme désigné par cette dénomination ; et la Table y figure un cours de rivière qui coupe la trace de la voie dont il s'agit. On sait que la Table est souvent fautive dans la manière dont les noms y sont écrits. Je remarque d'ailleurs que les distances qui se rapportent au passage de l'Oise, savoir VIIII à l'égard du lieu nommé *Rodium*, et XVI à l'égard d'*Augusta Suessionum*, sont très-convenables. Pourr ce qui regarde la première, on peut consulter l'article *Rodium*. Quant à la seconde, je trouve entre le passage de l'Oise, au lieu nommé Pont-l'Evêque jusqu'à Soissons, en s'y rendant par Vic-sur-Aisne, environ 18,000 toises. Or le calcul rigoureux de 16 lieues gauloises est de 18,144 toises. Une colonne, numérotée VII, a été trouvée à Vic-sur-Aisne. Il y passait donc une voie romaine, et la distance de Vic-sur-Aisne à Soissons étant d'environ 8,000 toises, elle convient fort aux 7 lieues gauloises, dont le calcul est de 7,938 toises. » D'Anville. *Notice de l'ancienne Gaule*, p. 387.

ISARA, FLUV. (lat. 46°, long. 23°). « Nous avons deux rivières de ce nom dans la Gaule. La première à citer est celle de la province Viennoise, qui appelée par Cicéron (lib. x, epist. 4), dit être *flumen maximum quod in finibus est Allobrogum*. Les écrivains grecs, Strabon, Ptolémée, nomment cette rivière *Isar*, et je suis d'un même sentiment avec M. de Valois (lib. xxi, p. 255); qu'il convient de lire dans Tite Live *Isar*, et non pas *Arar*, lorsqu'il est question de la marche que tint Annibal pour se rendre en Italie. La source de la rivière Isar est dans le pays des *Centrones*, qu'elle traverse avant que d'entrer dans celui des *Allobroges*, pour finir son cours dans le Rhône. Son nom n'a point reçu d'altération sensible dans celui d'Isère. » D'Anville. *Notice de l'ancienne Gaule*, p. 388.

ISARA, FLUV. (lat. 50°, long. 22°). « Il n'en est pas de même de l'autre rivière, dont le nom d'*Isara* ne paraît pas moins ancien, à en juger par la dénomination évidemment celtique de *Briva Isarae*, que fournit l'Itinéraire d'Antonin, en indiquant Pontoise. Ce nom d'*Isara* a été altéré dans le moyen âge en celui d'*Esia* ou *Æsia* : et la mention que l'on trouve dans Vibius Sequester du nom d'*Esia*, comme propre à une rivière qui se rend dans la Seine, m'est très-suspecte de nouveauté, et paraît bien être une de ces notes marginales de mains postérieures, qui ont été fourrées dans des textes d'auteurs anciens. » D'Anville. *Notice de l'ancienne Gaule*, p. 388.

ISAUT-DE-L'HOTEL, vg. *H.-Garonne* (Languedoc), arr. et à 12 k. de St-Gaudens, cant. et ✉ d'Aspet. Pop. 890 h.

ISBERGUE, vg. *Pas-de-Calais* (Artois), arr. et à 30 k. de Béthune, cant. de Norrent-Fontès, ✉ d'Aire-sur-la-Lys. Pop. 764 h.

ISCHES, vg. *Vosges* (Lorraine), arr. et à 44 k. de Neufchâteau, cant. et ✉ de Lamarche. Pop. 845 h. — *Foires* les 9 fév., 15 mai, 24 juillet et 26 nov.

ISDES, vg. *Loiret* (Orléanais), arr. et à 29 k. de Gien, cant. et ✉ de Sully. Pop. 570 h.

IS-EN-BASSIGNY, vg. *H.-Marne* (Champagne), arr. et à 28 k. de Chaumont, cant. et ✉ de Nogent-le-Roi. Pop. 928 h.

ISÉ, ou IZÉ, vg. *Mayenne* (Maine), arr. et à 26 k. de Mayenne, cant. et ✉ de Baix. Pop. 1,858 h.

ISENAY, vg. *Nièvre* (Nivernais), arr. et à 25 k. de Château-Chinon, cant. et ✉ de Moulins-en-Gilbert. Pop. 471 h.

ISENEN, vg. *H.-Rhin*. V. ISSENHEIM.

ISÈRE (l'), *Scoras*, *Isara*, rivière qui prend sa source au pied du mont *Isereau* en Piémont; elle passe à Tigue, à St-Maurice, à Moustier, où elle commence à être flottable ; à Conflans et à Montmeillan, où elle devient navigable ; un peu au-dessous de cette ville elle entre dans le dép. de l'Isère, passe près du Fort-Barreaux, à Domaine, Grenoble, St-Quentin, Romans, et se jette dans le Rhône, à 8 k. au-dessus de Valence, après un cours très-rapide d'environ 280 k. Elle reçoit les eaux de l'Arc, du Drac, etc. La longueur de la navigation depuis la frontière jusqu'à son embouchure est de 139,500 m.

ISÈRE (département de l'). Le département de l'Isère est formé d'une partie de la ci-devant province du Dauphiné, et tire son nom de la rivière de l'Isère, qui le traverse du nord-est au sud-ouest, et arrose dans son cours les vallées les plus productives. Ses bornes sont : au nord, le département de l'Ain ; à l'est, la Savoie et partie du département des Hautes-Alpes ; au sud, les départements des Hautes-Alpes et de la Drôme ; à l'ouest, celui du Rhône et partie de celui de la Drôme.

Ce département est hérissé de montagnes, qui se lient aux Alpes de la Savoie et du Piémont, et laissent souvent entre elles de magnifiques vallées et des plaines vastes et fertiles. Dans la région haute, où les rochers dominent, où ne récolte que peu de grains et de légumes : les neiges y couvrent la terre pendant un long hiver; sur les sommités des montagnes il y a même des neiges perpétuelles et des glaciers aussi vieux que le monde, non loin desquels existent des sources d'eau chaude et des fontaines à l'abri des froids les plus rigoureux. Les flancs de ces montagnes sont couverts de belles forêts de sapins, et peuplés de villages entourés de beaux pâturages où paissent de nombreux troupeaux. On y trouve un assez grand nombre de lacs, dont les principaux sont ceux de Paladru, de Lemps, de Laffrey et de Sept-Laux. Le pays abonde en gibier de toute espèce : le chamois y bondit, l'aigle et le vautour planent sur les affreux précipices qu'on y rencontre de toute part. Les coteaux sont couverts d'arbres fruitiers et de vignes, les vallées sont fertiles en froment, grains, chanvre, et fruits de toute espèce ; on y trouve aussi des plaines arides et sablonneuses, et des marécages assez étendus. Les sites pittoresques se multiplient à l'infini dans ce pays de montagnes ; on voit de tous côtés des rochers, des vallées, des gorges et des défilés, de sombres forêts, des torrents, des cascades, des grottes, les images de la fertilité et de la stérilité, séparées par un millier de toises. La partie qui porte le nom de Grande-Chartreuse est surtout remarquable par ses bois magnifiques, ses sites pittoresques et ses montagnes agrestes, sillonnées par de nombreux torrents qui en descendent avec impétuosité, se précipitent de chute en chute, et vont se fracasser ensevelir leurs eaux au fond d'abîmes affreux. Les habitants tirent tout le parti possible d'un territoire aussi diversifié : dans la partie montueuse leur industrie est au-dessus de tout éloge ; ils coupent leurs montagnes en étages successifs, soutenus par des murs de pierres sèches, et y transportent de la terre : aussi on peut dire que le département est cultivé partout où l'homme peut se transporter avec quelques instruments aratoires. La culture cesse sur les montagnes à la hauteur d'environ 900 m., et de 1,400 à 1,500 m. les bois ne croissent plus qu'avec difficulté.

Des canaux d'irrigation sont établis partout où le terrain peut le permettre, et portent la fertilité dans les terres les plus arides. Dans les vallées de l'Oysans, où les eaux bienfaisantes de la Romanche ont un cours rapide qui permet de les employer facilement, on voit des deux côtés des ouvrages destinés à l'arrosement des prairies. A Bourgoin, les eaux de la Bourbre, qui peut mouvoir les usines, portent l'abondance dans une plaine étendue qui leur doit sa fertilité ; mais le plus bel ouvrage de ce genre que l'on connaisse dans le département est le canal d'Echirolles, qui traverse la plaine de ce nom et s'étend jusqu'aux portes de Grenoble.

L'arrondissement de Grenoble ne renferme pas de plaines ; la culture embrasse les vallées et les flancs des montagnes. Parmi les vallées, celle de Grésivaudan, dont la fertilité a passé en proverbe, est une des plus riantes, des plus fertiles et des mieux cultivées de la France : sa longueur, depuis Chapareillan jusqu'à l'entrée des gorges de Voreppe, est d'environ 48 k.; sa largeur varie de 6 à 7 k. Elle est bordée dans toute son étendue par deux chaînes de montagnes, dont les groupes varient à l'infini, et qui sont couvertes, vers le pied, de champs cultivés, de prairies, de vergers et de bosquets ; vers le milieu, de forêts et de pâturages ; vers la cime, de neiges ou de rochers nus. Quelques-unes sont même cultivées jusqu'à leur sommet, ou garnies de forêts de chênes et de châtaigniers, qui forment un rideau sur lequel l'œil aime à se reposer. Les noyers, les mûriers, les cerisiers, mêlés avec la vigne, qui s'entrelace dans des érables de médiocre hauteur, occupent une partie de la plaine, tandis que la vigne basse, telle qu'on la cultive dans la Bourgogne et la Champagne, garnit le coteau qui regarde le midi. Au pied de la vigne haute (que l'on nomme hautin), toutes les productions se succèdent avec les saisons. Jamais aucune partie ne reste sans culture ; l'hiver même y laisse apercevoir les traces de plusieurs récoltes, qui n'attendent, pour fixer les soins du cultivateur, que les premiers rayons du soleil du printemps. Ici le trèfle a succédé au blé, ou va croître avec lui ; là, sous des taillis épais, le chanvre a pris la place du froment ; plus loin, l'orge ou le maïs ont remplacé le chanvre ; et partout ce qui nourrit l'homme se recueille à côté du jus de la treille.—De nombreuses maisons de campagne offrent le tableau de l'aisance ; et la moindre cabane, loin d'attrister l'imagination de celui qui l'approche, lui laisse l'impression flatteuse de l'abondance, fille du travail et de l'industrie. Cette magnifique vallée est partagée dans toute sa longueur par l'Isère, dont on contemple avec regret les effets trop souvent désastreux, et dont on désirerait voir les eaux plus limpides. De chaque côté de cette rivière, une grande route, garnie d'arbres magnifiques, se présente comme l'allée principale d'un immense jardin paysager, partout vaste, partout embelli par l'industrie, le travail et la main bienfaisante de la nature. Dire quelle source de richesse découle chaque année de cette plaine, dire combien d'hommes cette heureuse terre nourrit, combien de familles y puisent leur existence et tous les douceurs de la vie, serait s'exposer à faire révoquer en doute la vérité elle-même. Rien n'est comparable à l'aspect qu'offre la vallée de Grésivaudan, vue du sommet de la montagne du Sapey, située sur la route de Grenoble à la Grande-Chartreuse ; de cet endroit elle présente un coup d'œil d'autant plus ravissant, qu'il forme un parfait contraste avec le pays affreux, sauvage et solitaire qui entoure cet ancien monastère.—La culture diffère dans les montagnes autant que le climat et la qualité des terres. Dans la vallée, le chanvre et la vigne occupent tous les bras ; dans les montagnes, on cultive principalement le seigle, l'avoine, et un peu de froment : les bœufs sont presque exclusivement employés à cette culture ; quelques petits propriétaires se servent cependant de vaches ou de mulets, mais c'est le plus petit nombre. Les parties des montagnes qui ne peuvent être cultivées se louent par les particuliers ou les communes qui en sont propriétaires aux bergers provençaux, ou servent de pâture aux troupeaux de différents villages sur le territoire desquels elles sont situées ; mais, comme il serait trop dispendieux pour chacun d'avoir un pâtre particulier, il s'en trouve qui se chargent d'y conduire les bestiaux pour une somme qui varie de 30 à 50 centimes par tête de mouton. Moyennant cette légère rétribution, on est dispensé des soins qu'exige le troupeau, pendant quatre mois qu'il reste sans descendre du pâturage. Dans une assez grande partie de l'Oysans, les montagnes sont trop rapides pour que l'on puisse cultiver ou récolter avec des animaux ; tout s'y fait à bras d'hommes. Les terres s'y piochent ou s'y lèchent ; les engrais y sont portés sur le dos ; enfin les récoltes sont mises en tas, renfermées dans des draps, et emportées dans la grange par les propriétaires et leur famille.

L'arrondissement de St-Marcellin présente, au nord, une vaste plaine connue sous les noms de plaines de Bièvres et de la Côte-St-André. Les terres en sont généralement graveleuses et privées d'eau courante ; aussi toutes les prairies dont on fait usage y sont-elles des prairies artificielles ; il est fort rare d'en trouver de naturelles, si ce n'est quelques parties basses au pied des coteaux. Le centre est couvert de collines, dont toutes les sont garnies de bois ou de broussailles. Les coteaux, ainsi que les vallons, sont cultivés avec soin ; la plupart des terres y sont de bonne qualité, et rapportent du froment. Une autre partie de cet arrondissement est couverte de hautes montagnes qui joignent, d'un côté, celles de Sassenage, et de l'autre, celles de Vercors, et qui se prolongent, au sud, sur toute la rive gauche de l'Isère : cette partie comprend une portion considérable de l'ancien Royannais, et peut être regardée comme la plus industrieuse. Enfin une quatrième partie est connue sous le nom de vallée de Tullins, qui n'est autre chose que le prolongement de celle de Grésivaudan, à laquelle elle ne cède ni en fertilité ni en beauté. L'aspect que présente ce vaste bassin est le plus pittoresque que l'on puisse s'imaginer : la vue, bornée par une montagne dont la partie basse est extrêmement fertile, se prolonge sur des monceaux de neige presque toujours permanents. Au pied de ces montagnes coule l'Isère, divisée en plusieurs parties, formant des îles qui semblent dessinées par l'art plutôt que par le cours naturel des eaux. Partout les terres sont cultivées avec un soin particulier, et fournissent au moins deux récoltes. On trouve dans presque tous les fonds des mûriers, des noyers, des vignes, du chanvre, du blé, ou du trèfle, sans qu'aucune de ces plantes nuise à la qualité ou à l'abondance des autres.

La partie méridionale de l'arrondissement de la Tour-du-Pin, connue sous le nom de Terres froides, est entrecoupée de vallées étroites. La partie septentrionale n'offre que des coteaux de moyenne hauteur entremêlés de petites plaines, quelquefois humides et marécageuses. C'est dans cet arrondissement que se trouvent les lacs de Paladru et de Lemps, et les vastes marais de Bourgoin.

L'arrondissement de Vienne, le plus populeux et le plus étendu après celui de Grenoble, offre dans sa partie nord une vaste plaine aride et sablonneuse, où l'on cultive beaucoup de seigle. Le centre est couvert de collines, dont les parties basses sont riches et bien cultivées, tandis que les sommets sont couronnés de bois. Le midi présente une plaine extrêmement fertile, connue sous le nom de la Valoire. Outre le grain et le vin, on y récolte encore en abondance des laines, des huiles, et l'on s'y livre avec succès à l'éducation des vers à soie.

Élévation des principales montagnes ayant plus de 2,000 mètres au-dessus du niveau de la mer.

	Mètres.
Le grand Pelvoux.	3,934
Les trois Elions.	3,511
Le Goléon.	3,429
Le col du Saix.	3,344
La roche Granier.	3,000
Le pic de Belledonne.	2,982
Le col supérieur des Sept-Laux.	2,970
Le Taillefer.	2,861
Le perron des Encombres.	2,827
Le pic du col du Freney.	2,809
Le Chevalier.	2,664
Le glacier de la Bérarde.	2,636
L'O, en Trièves.	2,628
La Richardière.	2,352
Le grand Veymont.	2,346
La Moucherolle.	2,188
Le col de la Coche.	2,091
La Chame-Chaude.	2,091
Le grand Son.	2,030

Principaux lieux habités se trouvant à plus de 1,000 mètres au-dessus du niveau de la mer.

	Mètres.
Le Sappey.	1,009
Le Perier.	1,009
Venosc.	1,066
Articol, commune d'Allemond.	1,066
La Grande-Chartreuse.	1,210
Le Rivier, commune d'Allemond.	1,298
Mont-de-Lans.	1,298
Le Désert, commune de Valjouffrey.	1,298
Le Rivier, commune d'Ornon.	1,356
St-Christophe-en-Oysans.	1,363
La Bérarde, comm. de St-Christophe.	1,963
Expl. de la mine d'argent d'Allemond.	2,013

Cascades, grottes et curiosités naturelles. Parmi les nombreuses et belles cascades du département de l'Isère, les plus curieuses sont celles du Perier, du Maupas et du Rivier (cette dernière sur la commune d'Allemond), celle de Craponot, sur la limite des communes de Bernin et de Crolles ; la Pisse, sur la commune du Villard-Eymond, et le Pichou, sur la commune de la Ferrière, tombant d'une hauteur de plus de 195 m. Le Bréda, dans le canton

teurs qui se mettent en marche dans le seul but de les consulter. »

ISLE-D'ESPAGNAC (l'), vg. *Charente* (Angoumois), arr., cant., ✉ et à 4 k. d'Angoulême. Pop. 502 h.

ISLE-DIEU (l'), *Ogia*, *Insula Dei*, vg. *Vendée* (Poitou), arr. et à 49 k. des Sables, chef-l. de cant. Cure. ✉. A 489 k. de Paris pour la taxe des lettres. Pop. 2,492 h. — TERRAIN cristallisé, granit.

L'Isle-Dieu est un rocher de granit de 12 k. de superficie. La côte de l'ouest est escarpée, inaccessible, formée de rochers profondément enracinés dans la mer et d'environ 13 m. d'élévation au-dessus de sa surface; ces masses énormes frappent l'œil par la singularité de leurs formes, leurs contours, leurs enfoncements, leurs saillies, et offrent en plusieurs endroits des aspects vraiment pittoresques. Au centre de cette côte on voit les ruines majestueuses d'un ancien château fort, de forme quadrangulaire, flanqué de tours, bâti sur un énorme rocher séparé de la côte voisine par un fossé profond que la mer remplit et laisse à sec deux fois par jour. — La côte de l'est, au contraire, est basse, sablonneuse et peu au-dessus du niveau des eaux de la mer. Les bancs de rochers peu élevés, que la mer recouvre à chaque marée, se prolongent dans une direction perpendiculaire au rivage, et la divisent en plusieurs anses qui permettent un abordage facile aux chaloupes ainsi qu'aux autres petits bâtiments. — On a établi pour la défense de l'île un fort et plusieurs batteries.

L'île entière est qu'un vaste rocher recouvert d'une couche plus ou moins épaisse de terre végétale, qui va toujours en diminuant à mesure qu'on approche des hauteurs, où le roc se montre à découvert. La moitié seulement de l'île est consacrée à la culture; l'autre moitié est couverte de bruyères. Les femmes travaillent à la terre; les hommes sont presque tous marins et vivent du produit de leur pêche. A l'exception de quelques bêtes à cornes et d'un petit nombre de brebis, on n'élève point de bestiaux dans l'île, faute de pâturages.

Le port principal, nommé Port-Breton, situé au centre de la côte de l'est, est abrité par des rochers et par des môles en maçonnerie; il peut recevoir des navires de 150 à 200 tonneaux. Les violents coups de mer qu'il reçoit par son entrée septentrionale font éprouver aux bâtiments un tangage très-fatigant. Cependant, comme aux marées de vives eaux la mer y monte de 5 à 6 m., il offre aux barques affalées par le gros temps ou poursuivies par l'ennemi un secours très-avantageux. — *Etablissement de la marée du port*, 3 heures. — Phare visible jusqu'à la distance de 28 k.

ISLE-D'OLÉRON, (l'), *Charente-Inf*. V. CHATEAU-D'OLÉRON.

ISLE-D'OLONNE, *Olona*, bg *Vendée* (Poitou), arr., cant., ✉ et à 8 k. des Sables. Pop. 780 h. — Il est situé près de l'Océan, au milieu de marais desséchés, très-fertiles en blé et en excellents fourrages. — *Commerce* de chevaux, mulets et bestiaux.

ISLE-EN-BARROIS (l'), vg. *Meuse* (Lorraine), arr., ✉ et à 14 k. de Bar-le-Duc, cant. de Vaubécourt. Pop. 223 h.

ISLE-EN-DODON (l'), petite ville, *H.-Garonne* (Comminges), arr. et à 38 k. de St-Gaudens, chef-l. de cant. Cure. ✉. A 746 k. de Paris pour la taxe des lettres. Pop. 1,818 h. — TERRAIN tertiaire supérieur. — *Foires* le dernier vendredi de mars, sept., oct. et nov.

ISLE-EN-JOURDAIN (l'), *Castellum Ictium*, *Insula Jordani*, jolie petite ville, *Gers* (Armagnac), arr. à 22 k. de Lombez, chef-l. de cant. Cure. Gîte d'étape. ✉. ⚓. A 721 k. de Paris pour la taxe des lettres. Pop. 4,933 h. — TERRAIN tertiaire moyen.

Autrefois comté, diocèse et parlement de Toulouse, intendance d'Auch, élection de Lomagne, sénéchaussée, maîtrise particulière, collégiale.

Cette ville est bâtie dans une situation agréable, sur la rive droite de la Save. C'était autrefois une ville très-forte, défendue par un château. Après avoir été plusieurs fois prise, reprise et ravagée, ses remparts furent abattus et son château rasé en 1799. Elle fut saccagée par les troupes républicaines, à la suite d'une insurrection royaliste. C'est une ville propre, bien bâtie et bien percée: on y remarque une belle place, une belle église paroissiale et une vaste halle. — *Fabriques* de cuirs, Tuileries et briqueteries. Roulage considérable. — *Foires* le samedi de la 2e semaine de chaque mois, et le jour de la St-Martin (2 jours).

ISLE-EN-RIGAUT (l'), vg. *Meuse* (Lorraine), arr. et à 11 k. de Bar-le-Duc, cant. d'Ancerville, ✉ de Saudrupt. Pop. 378 h.

Le village de JAX-D'HEURS est une dépendance de la commune de l'Isle-en-Rigaut. On y remarque le château de M. le maréchal Oudinot, et une belle papeterie mécanique, dont les produits sont fort estimés. Hauts fourneaux, forges, martinets, fours à pudler, etc.

ISLE-JOURDAIN (l'), *Insula Jordani*, petite ville, *Vienne* (Poitou), arr. et à 37 k. de Montmorillon, chef-l. de cant. Cure. Gîte d'étape. ✉. A 401 k. de Paris pour la taxe des lettres. Pop. 689 h. — TERRAIN jurassique, étage inférieur du système oolitique. — Elle est bâtie dans une situation agréable, sur la rive droite de la Vienne. — *Foires* les 19 et 20 de chaque mois.

ISLE-LA-LOGE, vg. *Seine-et-Oise*, comm. du Port-Marly, ✉ de St-Germain-en-Laye.

ISLE-LA-MONTAGNE, nom donné pendant la révolution à l'île de Noirmoutiers.

ISLE-MADAME (l'), petite île fortifiée du dép. de la *Charente-Inf.*, située à l'embouchure de la Charente, arr., à 12 k. N. et ✉ de Marennes.

ISLE-MOLÈNE (l'), vg. *Finistère* (Bretagne), arr. et à 33 k. de Brest, cant. et ✉ de St-Renan. Pop. 363 h.

ISLE-ROUSSE (l'), jolie petite ville maritime, *Corse*, arr. et à 20 k. de Calvi, chef-l. de cant. Trib. de comm. ✉. A 1,250 k. de Paris pour la taxe des lettres. Pop. 1,466 h. — TERRAIN cristallisé ou primitif.

L'Isle-Rousse doit son nom à deux petits îlots situés près de la côte, et dont les roches sont d'une couleur rougeâtre. Vers la fin du XVIe siècle, le gouvernement génois avait fait réunir par une jetée la première île à la terre, et construire sur ce point de la côte une tour, pour défendre la Balagne contre les Maures qui infestaient ces rivages. Vers l'an 1760, Pascal Paoli conçut et exécuta le projet de substituer une ville à cette tour. Les Génois étaient resserrés dans les places maritimes; les Corses, maîtres des campagnes, ne communiquaient plus avec eux, ne pouvaient que difficilement avoir avec les étrangers quelques relations commerciales. Le territoire fertile de la Balagne offrait des denrées à exporter, et l'Isle-Rousse, située presque au centre de cette province, était propre aux embarquements. En peu de temps on y éleva quelques maisons et des magasins. Les droits qu'on y percevait au nom du gouvernement corse rendaient des sommes considérables, et étaient la branche la plus productive du gouvernement national: tels furent les commencements de l'Isle-Rousse. Le maréchal de Vaux voulut donner son nom à cette ville encore naissante; mais il reste à peine quelques traces de cette dénomination, qui ne fut que momentanément adoptée. On ne construisit les murs qui lui servent d'enceinte. Peu à peu l'Isle-Rousse s'agrandit; des familles de l'intérieur vinrent y bâtir des magasins et l'habiter. Le gouvernement, en donnant des ordres pour le prolongement de son môle, a rendu son port plus sûr et capable de recevoir de plus gros bâtiments.

Commerce d'huile d'olive, cire jaune, amandes, oranges, citrons, etc. — *Foire* de trois jours le 1er sept.

ISLE-ST-DENIS (l'), joli village, *Seine* (Ile-de-France), arr., cant., ✉ et à 2 k. de St-Denis. Pop. 249 h.

Ce village est bâti dans une île charmante que forme la Seine: l'église en occupe la pointe, les maisons sont rangées en forme de quai sur le bord de la rivière, et offrent une perspective fort agréable. C'est dans la belle saison le rendez-vous des habitants de Saint-Denis et des communes environnantes, qui viennent y jouir du plaisir de la pêche, ou y manger des matelotes justement renommées.

L'Isle-Saint-Denis renfermait jadis une forteresse, qui a été remplacée par un joli château environné de bois et de jardins. On ne pouvait y aborder autrefois qu'en bacs, qui ont été remplacés en 1844 par un joli pont suspendu, qui met en communication directe l'Isle-St-Denis et toute la presqu'île où se trouvent les communes de Colombes et Génevilliers avec la ville de St-Denis.

ISLE-ST-GEORGES, vg. *Gironde* (Guienne), arr. et à 18 k. de Bordeaux, cant. de Labrède, ✉ de Castres. Pop. 425 h.

ISLE-ST-MARTIN (l'), vg. *Indre-et-Loire*, comm. et ✉ de la Chapelle-sur-Loire.

ISLE-ST-MARTIN, vg. *Indre-et-Loire*, comm. de Rigny, ✉ de Chinon.

ISLE-SUR-LE-DOUBS (l'), bg *Doubs* (Franche-Comté), arr. et à 23 k. de Baume-les-Dames, chef-l. de cant. ⊠. ⚒. A 455 k. de Paris pour la taxe des lettres. Pop. 1,255 h. — TERRAIN jurassique.
Il est situé sur la rive gauche du Doubs et sur le canal du Rhône au Rhin. — *Fabriques* de clous d'épingles, Forges. Tréfileries. Tanneries. — *Commerce* de bois. — *Foires* le 3e lundi de chaque mois.

ISLE-SUR-LE-SEREIN (l'), bg *Yonne* (Bourgogne), arr. et à 14 k. d'Avallon, chef-l. de cant. Cure.⊠. A 217 k. de Paris pour la taxe des lettres. Pop. 865 h. — TERRAIN jurassique. — Carrières de pierres lithographiques. — *Foires* les 23 mars, 10 avril, 27 juin, 24 août, 9 oct., 9 déc., lundi gras, mardi après Pâques, mardi de la Pentecôte et jeudi avant le 11 nov.

ISLE-SUR-MARMANDE, vg. *Allier* (Bourbonnais), arr. et à 5 k. de Montluçon, cant. et ⊠ de Cérilly. Pop. 513 h.

ISLE-SUR-MARNE, vg. *Marne* (Champagne), arr., ⊠ et à 13 k. de Vitry-le-François, cant. de Thiéblemont. Pop. 164 h. Près de la Marne.

ISLE-SUR-SUIPPE. V. ISLES-SUR-SUIPPE.

ISLE-TUDY (l'), vg. *Finistère* (Bretagne), arr. et à 20 k. de Quimper, cant. et ⊠ de Pont-l'Abbé. Pop. 298 h.

ISLES (Grandes et Petites-), vg. *Isère*, com. et ⊠ de Moirans.

ISLES-BARDEL (les), vg. *Calvados* (Normandie), arr., cant. et à 14 k. de Falaise, ⊠ de Pont-d'Ouilly. Pop. 322 h.

ISLES-LÈS-VILLENOY, vg. *Seine-et-Marne* (Brie), arr., ⊠ et à 8 k. de Meaux, cant. de Claye. Pop. 253 h.

ISLES-SOUS-RAMERUPT, ou ISLES-SUR-AUBE, vg. *Aube* (Champagne), arr. et à 12 k. d'Arcis-sur-Aube, cant. et ⊠ de Ramerupt. Pop. 351 h.

ISLES-SUR-SUIPPE, vg. *Marne* (Champagne), arr. et à 17 k. de Reims, cant. de Bourgogne. ⊠. ⚒. A 172 k. de Paris pour la taxe des lettres. Pop. 646 h. — Il est sur la Suippe, qui y forme plusieurs îles, et fait mouvoir deux moulins et une foulerie. — *Fabrique* de mérinos. Filature de laine pour la fabrique de Reims.

ISLES-ST-THAURAIN, *Loir-et-Cher*, comm. de Selles-St-Denis, ⊠ de Salbris.

ISLETTES (les), vg. *Meuse* (Lorraine), arr. et à 31 k. de Verdun-sur-Meuse, cant. et ⊠ de Clermont-en-Argonne. Pop. 1,317 h. — Verreries à bouteilles.

ISMIER (St-), vg. *Isère* (Dauphiné), arr., cant. et à 11 k. de Grenoble, ⊠ de Crolles. Pop. 1,373 h. — *Foire* le 21 sept.

ISNÉAUVILLE, vg. *Seine-Inf.* (Normandie), arr., ⊠ et à 8 k. de Rouen, cant. de Darnetal. Pop. 1,024 h.

ISOLACCIO, vg. *Corse*, arr. et à 63 k. de Corté, cant. de Prunelli-di-Fiumorbo, ⊠ de Vezzani. Pop. 1,310 h.

ISOMES, vg. *H.-Marne* (Champagne), arr. et à 30 k. de Langres, cant. et ⊠ de Prauthoy. Pop. 337 h.

ISON, vg. *Drôme* (Dauphiné), arr. et à 64 k. de Nyons, cant. et ⊠ de Séderen. Pop. 159 h.

ISPAGNAC ou ISPANHAC, *Ispagnacum*, joli bourg, *Lozère* (Languedoc), arr., cant., ⊠ et à 9 k. de Florac. Gîte d'étape. Pop. 1,767 h.
Ispagnac est un bourg bien bâti, dans une vallée agréable, sur la rive droite du Tarn. On y trouve une source d'eau minérale ferrugineuse froide. — *Fabriques* de toile de coton, mouchoirs, étoffes de soie. Filature de coton. — *Foires* les 3 fév., 4 mai, 8 sept. et 12 oct.
La route de Mende à Florac passe par Ispagnac, et traverse le plateau calcaire et aride qui sépare le bassin du Tarn de celui du Lot. Cette haute plaine porte le nom de Causse-de-Sauveterre; privée d'arbres, de ressources et presque de terre végétale, elle est frappée d'une affreuse stérilité qui n'a permis à aucun habitant de s'y établir. On trouve seulement à 1 k. sur la gauche de la route, dans un petit enfoncement, le Fressinet, misérable hameau, où le relais de poste est placé. La Causse-de-Sauveterre a une largeur d'environ 12 k., et est élevée de 975 m. au moins au-dessus de la mer. Le froid, la neige et les tourmentes en rendent quelquefois le trajet périlleux; des voyageurs y sont morts en la traversant dans les hivers rigoureux.

ISPÉGUY, vg. *B.-Pyrénées*, comm. de St-Etienne-de-Baïgorry, ⊠ de St-Jean-Pied-de-Port.

ISPORUE, vg. *B.-Pyrénées* (Navarre), arr. de Mauléon, cant. et à 30 k. de St-Palais, ⊠ de St-Jean-Pied-de-Port. Pop. 591 h.

ISQUES, vg. *Pas-de-Calais* (Boulonnais), arr., ⊠ et à 6 k. de Boulogne-sur-Mer, cant. de Samer. Pop. 248 h.

ISSAC, vg. *Dordogne* (Périgord), arr. et à 24 k. de Bergerac, cant. de Villamblard, ⊠ de Mussidan. Pop. 459 h.

ISSAMOULENC, vg. *Ardèche* (Languedoc), arr. et à 21 k. de Privas, cant. et ⊠ de St-Pierreville. Pop. 816 h.

ISSANCOURT - RUMEL, vg. *Ardennes* (Champagne), arr., cant. et ⊠ de Mézières, et à 10 k. de Charleville. Pop. 459 h.

ISSANLAS, vg. *Ardèche*, comm. de Mazan, ⊠ de Montpezat.

ISSANS, vg. *Doubs* (Franche-Comté), arr., cant., ⊠ et à 7 k. de Montbéliard. P. 150 h.

ISSARLÈS, vg. *Ardèche* (Languedoc), arr. et à 59 k. de Largentière, cant. de Coucouron, ⊠ de Pradelles, Pop. 1,499 h. — On y voit un lac d'environ 8 k. de tour qui occupe le cratère d'un ancien volcan, et qui abonde en truites d'une grosseur extraordinaire. — *Foires* le 13 janv. et le lundi avant le lundi gras.

ISSARS (les), vg. *Ariège* (Languedoc), arr., cant., ⊠ et à 11 k. de Pamiers. Pop. 210 h.

ISSE, vg. *Marne* (Champagne), arr., cant., ⊠ et à 17 k. de Châlons-sur-Marne. Pop. 141 h.

ISSÉ, vg. *Loire-Inf.* (Bretagne), arr. et à 13 k. de Châteaubriant, cant. de Moisdon-la-Rivière, ⊠ de la Meilleraie. Pop. 1,551 h. — *Foire* le 3 fév.

ISSEL, vg. *Aude* (Languedoc), arr., cant., ⊠ et à 7 k. de Castelnaudary. Pop. 784 h. Sur le ruisseau d'Issel. — On trouve auprès d'Issel, dans le vallon où coule le petit ruisseau d'Argentouire, une fontaine d'eau minérale que les médecins de Castelnaudary ordonnent avec avantage. On la connaît dans le pays sous le nom de *la foun del couïré* (la fontaine du cuivre), sans doute à cause de sa saveur styptique. — *Fabrique* de poterie de terre.

ISSENDOLUS - L'HOPITAL, bourg *Lot* (Quercy), arr. et à 29 k. de Figeac, cant. de la Capelle-Marival, ⊠ de Gramat. Pop. 979 h. *Foires* les 5 mai, 5 août, 5 nov. et 5 déc.
On y remarque les vastes ruines d'un monastère de religieuses de l'ordre de Malte; c'était dans l'origine un hospice fondé en 1220 par un seigneur de Thémines, pour recevoir les pèlerins qui se rendaient à la terre sainte. Vers la fin du XIIIe siècle, un autre seigneur de la même maison donna cet établissement aux chevaliers de l'ordre de Saint-Jean de Jérusalem pour y former un couvent de femmes de leur ordre. Ce monastère mérita le nom de Beaulieu, par sa situation sur un plateau élevé et fertile qui offre des mouvements de terrain très-variés; on y trouvait de nombreux appartements pour les étrangers, un grand corps de logis pour les pensionnaires, des cloîtres pour vingt-quatre religieuses, et une église; le couvent et un vaste jardin étaient entourés d'une muraille très-épaisse, d'environ 10 m. de hauteur. — Le territoire de la commune renferme une source d'eau minérale qui paraît avoir les mêmes propriétés que celle de Miers, mais qui est moins renommée.

ISSENHAUSEN, vg. *B.-Rhin* (Alsace), arr. et à 18 k. de Saverne, cant. et ⊠ de Hochfelden. Pop. 143 h.

ISSENHEIM, ou ISENEN, vg. *H.-Rhin* (Alsace), arr. et à 23 k. de Colmar, cant. et ⊠ de Soultz. ⚒. Pop. 1,436 h. Sur la Lauch. — Filature de coton. — *Foires* les 13 août (2 jours), 6 sept. et 11 nov.

ISSEPTS, vg. *Lot* (Quercy), arr., ⊠ et à 14 k. de Figeac, cant. de Livernon. Pop. 727 h. — *Foires* les 13 mars, 14 mai, 30 juin, 18 août, 23 oct. et 17 déc.

ISSERPENT, vg. *Allier* (Bourbonnais), arr., cant., ⊠ et à 12 k. de la Palisse, et à 14 k. de Cusset. Pop. 896 h. — *Foire* le 3 mars.

ISSERTAUX, vg. *Puy-de-Dôme* (Auvergne), arr. et à 30 k. de Clermont-Ferrand, cant. de Vic-le-Comte, ⊠ de Billom. Pop. 1,586 h.

ISSIGEAC, petite ville, *Dordogne* (Périgord), arr. et à 20 k. de Bergerac, chef-l. de cant. Cure. ⊠. A 542 k. de Paris pour la taxe des lettres. Pop. 1,068 h. — TERRAIN tertiaire moyen. — *Fabriques* de cuirs. — *Foires* les 15 janv., 22 fév., 10 mai, 4 juillet, 3 août, 2 sept., 4 oct., 6 nov., 13 déc. et mercredi après Pâques.

ISSINGEAUX, *H.-Loire*. V. YSSINGEAUX.

ISSIRAC, vg. *Gard* (Languedoc), arr. et à

d'Allevard ; la Bourne, dans celui du Pont-en-Royans, et le Furon, dans les cantons du Villard-de-Lans et de Sassenage, offrent aussi plusieurs chutes dignes d'attention et de remarque.

On doit citer également les balmes de Fontaine et de Pariset, les grottes de Sassenage, la Lutinière-du-Fontauil, le Goulet-de-la-Rousse, sur la commune de Montalieu ; le Ragne ou le Trou sans fond, sur la commune de Barraux ; le trou de la Jeanotte, au hameau des Guillets, sur la commune d'Allevard ; Pont-Haut et le Bout-du-Monde, sur la même commune ; le lit du Bens, dans lequel ce torrent roule ses eaux à 39. m. au-dessous du Pont-du-Diable, sur le territoire de la Chapelle-du-Bard ; les glaciers du Glaizin, sur la commune de Pinsot ; la grande Cristalière, dans le canton d'Oysans ; le mont inaccessible, sur la commune de Chichilianne ; la fontaine ardente, près du village de St-Barthélemy, sur la commune du Gua ; le jet d'eau naturel, dans une grotte près de St-Etienne-de-St-Geoirs, sur la rive droite d'un torrent ; la source de l'Auron, près de St-Barthélemy, dans le canton de Beaurepaire, la fontaine du pré de Bachelard, près de Septème ; le gouffre du ruisseau de la Véronne, près de St-Jean-de-Bournay ; le Beaumont, qui sort, en bouillonnant, du pied d'une montagne, dans le canton de Rives ; la Grande-Chartreuse et ses environs, le trou du Glaz, près de la Chartreuse ; le saut du Rhône près de Vertrieu ; les grottes sur le territoire de cette commune ; la grotte et le lac de la Balme, sur la commune de ce nom, dans le canton de Crémieu ; la source intermittente, près d'Eydoche, et d'autres curiosités de ce genre qui toutes ne sont point sans intérêt.

La surface du département est de 829,031 hectares, divisés ainsi :

Terres labourables.	316,387
Prés.	66,713
Vignes.	27,698
Bois.	168,420
Vergers, pépinières et jardins.	7,109
Oseraies, aunaies et saussaies.	988
Etangs, mares, canaux d'irrigation.	1,778
Landes et bruyères.	1,990
Autres cultures.	2,305
Superficie des propriétés bâties.	4,334
Contenance imposable.	767,722
Routes, chemins, places, rues, etc.	13,616
Rivières, lacs et ruisseaux.	13,711
Forêts et domaines non productifs.	33,792
Cimetières, églises, bâtiments publics.	190
Contenance non imposable.	61,309

On y compte :
109,543 maisons.
1,367 moulins à eau et à vent.
419 forges et fourneaux.
969 fabriques et manufactures.

Soit : 111,998 propriétés bâties.

Le nombre des propriétaires est de. 179,575
Celui des parcelles de. 1,529,893

HYDROGRAPHIE. Le Rhône et l'Isère sont les seules rivières navigables du département, qui est arrosé par un grand nombre de rivières et de ruisseaux, dont les plus considérables sont le Drac, la Romanche, le Guiers-Vif, la Boubre et la Gère. Il n'y a pas de canaux de navigation ; mais on y compte plusieurs canaux d'irrigation, parmi lesquels on remarque ceux d'Echirolles, de Corps, de Valbonnais.

Il y a plusieurs lacs dans le département ; mais aucun d'eux, à proprement parler, n'est remarquable ni par son étendue ni par sa profondeur. Celui de Paladru, le plus grand de tous, et qui, situé dans les cantons de Virieu et de St-Geoirs, baigne le territoire des communes du Pin, de Charavines, de Bilieu, de Paladru et de Montferrat, n'a guère que 5 k. de long sur 1 k. de large ; sa profondeur est presque partout de 32 à 45 mètres : ses eaux sont claires et limpides, on y trouve diverses sortes de poissons, tous d'une qualité supérieure à celle des poissons de rivière et d'étang, le brochet, la carpe, la perche, la tanche, le meunier, le vairon, la rosse et principalement l'hombre, qui est son espèce particulière. — Les autres lacs principaux sont celui de Valencogne et du Grand-Lemps ; les lacs de Laffrey et de Pierre-Châtel ; le lac Robert sur la commune d'Uriage ; le lac Laita, sur la commune de Pinsot, ainsi nommé de la couleur blanche de ses eaux ; les lacs de Notre-Dame ou les Sept-Laux, parce qu'ils sont au nombre de sept, sur les communes de la Ferrière et de Vaujany, à 2,452 m. au-dessus du niveau de la mer, et qui abondent en truites recherchées ; le lac Domin et le lac Blanc dans les montagnes de Chalauche ; le lac Loviétel, situé sur la commune de Venosc, l'un des plus élevés des Alpes, et placé à plus de 1,000 m. au-dessus même des Sept-Laux ; et le lac de Jarrie, dont les eaux croissent et décroissent à des époques périodiques.

COMMUNICATIONS. Le département de l'Isère est traversé par 7 routes royales et par 17 routes départementales.

MÉTÉOROLOGIE. L'air de ce département est fort sain, mais le climat est généralement plus froid que tempéré, ce qui provient sans doute de ce qu'il est extrêmement montagneux. Quoique les hivers y soient longs, tous les fruits de la terre y mûrissent parfaitement, parce qu'en été les chaleurs sont ordinairement très-fortes ; en général, dans les plaines, la végétation est plus précoce qu'à Paris ; il y fait plus froid l'hiver et plus chaud l'été ; l'automne est la saison la plus agréable. Sur les hauteurs, la température est d'autant plus froide qu'on s'élève davantage, et le sommet des montagnes est couvert de neige plus de huit mois de l'année, et même, dans quelques parties, la neige souvent ne fond pas de l'année entière. Les vents dominants dans la plaine, excepté en été, sont ceux du nord et du nord-ouest ; les vents du sud ou du sud-est amènent la pluie, qui tombe annuellement pendant 80 à 90 jours.

PRODUCTIONS. Le département de l'Isère produit toutes espèces de céréales en quantité plus que suffisante pour la consommation des habitants. On y recueille en abondance le froment, seigle, orge, maïs, sarrasin, légumes secs, pommes de terre, fruits de toute espèce, noix, mûres, amandes, plantes médicinales ; soie, dont le produit est immense, dans la vallée de Grésivaudan. — 27,698 hectares de vignes, cultivées principalement en hautins et en treillages. On appelle hautins une souche ou plant de vigne supporté par un arbre ou un bois mort d'une grande hauteur : les hautins en bois vif sont soutenus par des érables ou des cerisiers ; on emploie généralement le châtaignier pour la culture des hautins en bois mort. On évalue la récolte annuelle à 450,000 hectolitres de vin, dont environ moitié est consommée sur les lieux, et le surplus livré à l'exportation : les vins des coteaux bien exposés se conservent longtemps, et supportent parfaitement le voyage. Les principaux vignobles et ceux qui fournissent les meilleurs vins sont situés dans l'arrondissement de Vienne. — 168,420 hectares de forêts (chênes, hêtres, sapins). — Grand et petit gibier (bouquetins, chamois, ours, perdrix rouges et blanches, ortolans, alpins, gelinottes, etc.). Poissons de rivières, d'étangs et de lacs. — Nombreux troupeaux de moutons, dont la laine est fine et moelleuse ; vaches de petite taille, mais dont le lait abondant fournit, dans les environs de Lans et de Méandres, l'excellent fromage dit de Sassenage ; beaux chevaux, dont la race s'améliore chaque jour ; mulets d'une haute taille et très-beaux ; quantité de porcs, de chèvres et de volaille, qui sont pour le pays la source d'un commerce déjà considérable, et qui tend à se développer encore. Le chanvre que l'on cultive partout est d'une très-bonne qualité et fort recherché dans le commerce. La culture du mûrier et l'élève des vers à soie prennent aussi chaque année une extension nouvelle, et donnent des produits abondants.

MINÉRALOGIE. Le département de l'Isère est regardé comme un des plus riches et des plus variés dans toutes les productions du règne minéral. Le bourg d'Oysans est surtout une localité extrêmement remarquable par le nombre et la variété de ses espèces ; il a produit des échantillons qui font l'admiration de tous les connaisseurs, et qui décorent agréablement les collections. Les rochers sont quartzeux, granitiques, schisteux ou calcaires. Aucune des montagnes ne renferme des produits volcaniques. Il y a une mine d'or à la Gardette et une mine d'argent à Allemond, dont on a souvent repris et abandonné l'exploitation. Le canton d'Allevard est riche en mines de fer. Les environs de Vienne, d'Allemond et de la Gardette renferment des mines de plomb ; Chichilianne, Allemond et Allevard possèdent des mines de cuivre. Les houillères sont assez nombreuses, celles de la Motte et des environs sont particulièrement remarquables. A Val-Senestre, canton d'Entraigues, existe une carrière de marbre statuaire. Enfin on trouve dans plusieurs localités de l'antimoine, du zinc, du cobalt, du cristal de roche, du vitriol, du soufre, des carrières de marbre, de granit, de porphyre, de grès, de gypse, d'ardoises et de vastes tourbières.

Sources minérales à Uriage, à la Motte, à Mens et à Chorainche.

Industrie. Fabriques en grand de liqueurs fines renommées (notamment eau de la Côte et ratafia de Grenoble). Manufactures importantes de toiles à voiles, de linge de table, de toiles de ménage et d'emballage à Voiron et à Mens. Fabriques considérables de gants de peau, dits gants de Grenoble, de draps pour l'habillement des troupes, de toiles de coton, d'indiennes, d'acides minéraux. Grands ateliers de mégisserie et de chamoiserie. Hauts fourneaux. Forges, fonderies de fer, de plomb et de cuivre; aciéries, taillanderies, laminoirs et martinets pour le zinc et le cuivre. Scieries de marbre. Belles filatures de coton. Papeteries renommées pour la beauté de leurs vélins. Clouteries, teintureries. Verreries. Éducation des vers à soie; filature et organsinage de la soie, etc., etc.

Commerce de grains, vins, marrons, liqueurs, cuirs, toiles, peaux, ganterie, soies moulinées et organsinées. Térébenthine, laines, chanvre, fromages d'Oysans et de Sassenage, huile de noix, plomb et cuivre laminé, etc., etc.

Dans l'industrie et le commerce du département, il faut distinguer : 1° le commerce des toiles de Voiron, qui est le dépôt des fabrications de plus de soixante communes, dont la plupart des habitants n'ont pas d'autres occupations durant les saisons mortes ; 2° la fabrication des toiles de St-Marcellin, Vienne, Crémieu et Mens ; 3° le chanvre ouvré, qui est une branche considérable de commerce de la vallée de Grésivaudan, de Moirans, Tullins et Grenoble ; 4° les ratines de Vienne et de Roybon ; 5° la draperie de Pont-en-Royans ; 6° les soies de la vallée de Grésivaudan ; 7° les plâtres de la carrière de Champs ; 8° les liqueurs de la côte St-André ; 9° les farines de Bourgoin ; 10° les gants de Grenoble, et les produits des tanneries et des chamoiseries de la même ville.

Foires. 400 foires ou environ se tiennent dans plus de 450 communes du département. Elles sont presque toutes consacrées à la vente des grains, laines, cuirs, chevaux, mulets et bestiaux. On vend principalement du fer et de l'acier à Rives, des toiles et du chanvre aux foires de Voiron.

Division administrative. Le département de l'Isère a pour chef-lieu Grenoble. Il envoie 7 représentants à la chambre des députés, et est divisé en 4 arrond. où sous-préfectures :

Grenoble.	20 cant.	218,334 h.
St-Marcellin.	7	86,173
La Tour-du-Pin.	8	132,960
Vienne.	10	151,193
	45	588,660 h.

14° conserv. des forêts (chef-l. Grenoble). — 14° arr. des mines (chef-l. St-Etienne). — 7° division militaire (chef-l. Lyon). — Évêché, séminaire diocésain, et école secondaire ecclésiastique à Grenoble ; 2° école second. ecclés. à Bourg-d'Oysans. 47 cures ; 43 succursales.

Église consistoriale à Mens ; 9 temples ou maisons de prières. — Académie universitaire, faculté de droit, faculté de sciences, collège royal et école normale primaire à Grenoble. Collèges communaux à Pont-de-Beauvoisin et à Vienne. — Société des sciences et arts à Grenoble.

Biographie. Parmi les personnages distingués nés dans le département de l'Isère, on cite principalement :

Bonnot de Condillac.

L'abbé Bonnot de Mably.

Le poëte Gentil Bernard.

Les historiens du Dauphiné Chorier, Bourchenu de Valdonnais et Mermet.

Le mathématicien La Faye.

Le chevalier Bayard.

Le maréchal de Lesdiguières.

Le farouche baron Des Adrets.

Barnave, un des grands orateurs de l'assemblée constituante.

Bérenger, pair de France.

Cretet, ministre de l'intérieur sous l'empire.

Dubouchage, ministre de la marine sous la restauration.

La Tour-du-Pin-Gouvernet, ministre de la guerre sous Louis XVI.

Casimir Périer, orateur célèbre et ministre du gouvernement de juillet.

Camille Périer, pair de France.

Français (de Nantes), directeur général des droits réunis.

Lenoir de la Roche, sénateur et pair de France.

Mounier, un des membres les plus distingués de l'assemblée constituante.

Le conventionnel Réal.

Les députés Dumolard, Garnier-Pagès, Sapey, Savoie-Rollin, A. Périer, etc.

Les jurisconsultes Berriat-St-Prix, Bourguignon, Bourguignon-Dumolard, Guerre-Dumolard, Rey, etc.

Le savant minéralogiste Barral, colonel du génie.

Le physicien Déparcieux.

Dolomieu, minéralogiste et géologue.

Le botaniste Liotard.

Le médecin Mazet, que la fièvre jaune de Barcelone enleva à la science.

La famille Jubié, qui a introduit dans le département de l'Isère la culture en grand du mûrier.

L'orateur chrétien Jacques Raillon, archevêque d'Aix.

Les littérateurs Barginet (de Grenoble), Dubois de Fontanelle, Pichard, auteur de *Turnus*, de *Léonidas*.

Le chef d'escadre Albert ; l'amiral Morard de Galles ; les généraux Arnaud, Barral, Bron, Debelle, Debelle de Gachetier, Lapoype, Lespinasse, Magallon de la Morlière, Marchand, Marigny, Montfalcon, Murinais (un des déportés de fructidor), Rey, Rogniat, Servez, etc.

Bibliographie. Barral (le baron de). *Statistique de l'Isère*, in-8, an vii (1799).

Perrin-Dulac. *Description générale du département de l'Isère*, 2 vol. in-8, 1806.

Pluchet et Chanlaire. *Statistique de l'Isère*, in-4, 1811.

Haussez (baron d'). *Souvenirs pour servir à la statistique de l'Isère*, in-8, 1828.

Berriat-St-Prix. *Notice sur diverses contrées du département de l'Isère connues sous un nom particulier*, br. in-8 (avec Champollion-Figeac).

Héricart de Thury. *Description minéralogique du département de l'Isère* (Journ. des mines, n° 189, p. 199 ; n° 192, p. 431 ; n° 193, p. 53 ; n° 202, p. 261).

Gueymard (Émile). *Sur la minéralogie et la géologie du département de l'Isère*, in-8, 1831.

Gros (Scipion). *Mémoire sur l'âge géologique des couches anthracifères du département de l'Isère* (Ann. des mines, t. XVI, 3° série, p. 381).

Notice sur les fabriques d'acier de l'Isère (Journ. des mines, n° 191, p. 394).

Concours pour la minéralogie de l'Oisans (Journ. des mines, n° 114, p. 486).

Élie de Beaumont. *Faits pour servir à l'histoire des montagnes de l'Oisans* (Ann. des mines, t. V, p. 3).

Mermet (aîné). *Rapports sur les monuments remarquables de l'arrondissement de Vienne*, in-8 ; 1829.

Bulletin de la société de statistique et du progrès industriel de l'Isère, in-8.

V. aussi Dauphiné, Allevard, Ars, Balme, St-Barthélemy, Bourgoin, Chalanches, Grande-Chartreuse, Épone, La Gardette, St-Gervais, Grenoble, La Motte-les-Bains, Oullins, Uriage, Vienne, Voreppe.

Iseu, vg. *Ain* (Bourgogne), arr., cant., ⊠ à 17 k. de Belley. Pop. 338 h.

Isigny, petite ville maritime, *Calvados* (Normandie), arr. et à 37 k. de Bayeux, ch.-l. de cant. Trib. de commerce. Cure. Gîte d'étape. ⊠. ⚘. A 283 k. de Paris pour la taxe des lettres. Pop. 2,363 h. — Terrain d'alluvions modernes, voisin du terrain jurassique. — Établiss. de la marée, 8 heures 50 minutes.

Autrefois diocèse et élection de Bayeux, parlement de Rouen, intendance de Caen.

Cette ville est bâtie dans une belle situation, au fond d'un golfe formé par la Manche, à l'embouchure de la Vire et de l'Aure inférieure, où elle a un port qui reçoit des navires de 100 à 120 tonneaux, et d'un tirant d'eau de 3 m. On remarque à 2 k. le pont du Vay sur la Vire ; il est construit en granit et à 5 arches de 6 m. chacune, avec des portes de flot.

Commerce considérable d'excellent beurre salé (environ 100,000 pots par an, produisant plus de 1,500,000 fr.), de bon cidre, de salaisons, jambons, graine de trèfle, cire jaune, plume et duvet d'oies, bestiaux, moutons, charbon de terre, etc. — Foire le 2° mercredi de mai. Marché considérable tous les mercredis.

Isigny, vg. *Manche* (Normandie), arr. et à 20 k. de Mortain, chef-l. de cant. Cure. ⊠

et bureau d'enregist. de St-Hilaire-du-Harcouet. Pop. 351 h. — Terrain de transition moyen. — Foire le 26 sept.

ISING, vg. *Moselle*, comm. d'Ebersswiller, ✉ de Bouzonville.

ISLAND, vg. *Yonne* (Bourgogne), arr., cant., ✉ et à 5 k. d'Avallon. Pop. 494 h.

ISLE (l'), rivière qui prend sa source près de Ladignac (*H.-Vienne*); elle passe à Savagnac, Périgueux, St-Astier, Mussidan, Montpont, Coutras et Libourne, où elle se jette dans la Dordogne, après un cours d'environ 200 k. L'Isle reçoit la haute Vézère, la Loue, la Dronne et plusieurs autres petites rivières; elle est navigable depuis Périgueux jusqu'à son embouchure, sur une étendue de 116,000 m.

ISLE, vg. *Bouches-du-Rhône*, comm. et ✉ de Martigues.

ISLE (St-), vg. *Mayenne* (Maine), arr. et à 15 k. de Laval, cant. de Loiron, ✉ de la Gravelle. Pop. 185 h.

ISLE (l'), *Insulæ*, jolie petite ville , *Vaucluse* (Comtat) , arr. et à 22 k. d'Avignon, chef-l. de cant. Cure. Gîte d'étape. ✉. ⚘. A 699 k. de Paris pour la taxe des lettres. Pop. 6,262 h. — Terrain d'alluvions modernes.

L'origine de cette ville est toute démocratique. Quelques pêcheurs avaient construit leurs cabanes au milieu des marécages de la Sorgue. Il se forma là insensiblement un bourg qui porta le nom de St-Laurent. Le bourg s'agrandit et s'entoura de murailles, au pied desquelles on fit passer l'un des canaux de la Sorgue. Il devint alors un lieu de refuge pour les populations des bourgs voisins, qui, hors d'état de résister aux compagnies qui désolaient le comté Venaissin, prirent le parti d'y transporter leur habitation. Dès lors, considérablement agrandi, le bourg commença à s'appeler les *Isles*, *Insulæ*, puis par abréviation *l'Isle*. Cette ville ne reconnaissait point d'autre seigneur que le pape; elle avait toujours joui du droit de commune: les rois de France, les comtes de Provence, les comtes du Venaissin, et enfin les papes, avaient tous successivement reconnu et confirmé ses privilèges municipaux. Enfin elle prétendait n'avoir jamais eu d'autre garnison que ses propres citoyens. Elle était autrefois entourée de remparts, qui ont été en grande partie démolis. L'église paroissiale mérite d'être visitée.

Les **armes de l'Isle** sont : *burelé ondé d'argent et d'azur, à une flamme de gueules mouvante de tout le chef.*

Cette ville est dans une situation délicieuse, au milieu d'une île que forme la Sorgue, dont les divers rameaux circulent à travers des prairies et des vergers. Enlacée dans les bras azurés de cette jolie rivière, qui, après avoir quitté les arides rochers de Vaucluse, coule sous un ombrage continuel et sur des gazons d'une éternelle verdure, entourée de prairies, de bosquets et de canaux, cette petite ville offre un séjour véritablement enchanteur. Nulle part la Sorgue n'a des bords si frais et si riants ; nulle part ses eaux limpides ne sont aussi poissonneuses. C'est ordinairement le point de départ pour visiter la fontaine de Vaucluse : on ne doit pas manquer de se régaler des excellentes truites de la Sorgue, en s'arrêtant, suivant l'usage de tous les voyageurs, dans la charmante auberge de Pétrarque et Laure, située hors de la ville, sur la route de Vaucluse : on commande son dîner en passant, et au retour de la fontaine on trouve un repas presque entièrement servi en poissons, où figurent les plus belles écrevisses, les meilleures anguilles et les truites les plus exquises de la France.

Patrie de l'abbé d'Arnavon, auteur d'une description de la fontaine de Vaucluse.

Fabriques de couvertures de laine. Filatures de laine et de soie. Tanneries. — *Commerce* de soie, étoffes de laine, laines filées, etc. — *Foires* les 12 mai, 17 août, 19 mars, 28 oct. et 8 déc.

ISLE, vg. *H.-Vienne* (Limousin), arr., cant., ✉ et à 14 k. de Limoges. Pop. 1,482 h. Sur la rive droite de la Vienne. — *Fabriques* de cartons. Filatures hydrauliques de laines. Papeteries. Usine pour la trituration des substances propres à faire de la porcelaine.

ISLE-ADAM (l'), *Insula Adami*, jolie petite ville, *Seine-et-Oise* (Ile-de-France), arr. et à 15 k. de Pontoise, chef-l. de cant., bureau d'enregist. à Beaumont. ✉. A 32 k. de Paris pour la taxe des lettres. Pop. 1,613 h. — Terrain tertiaire inférieur.

Cette ville est dans l'une des plus belles situations des environs de Paris, sur la rive gauche de l'Oise, vis-à-vis d'une île que forme cette rivière que l'on passe sur trois ponts, au milieu d'une contrée pittoresque couverte de villages, de châteaux et de maisons de campagne très-agréables. Elle paraît devoir son origine à un château qu'Adam, connétable de France sous Philippe Ier, fit bâtir en 1019. La terre de l'Isle-Adam devint la propriété de la famille de Montmorency, en 1527. Elle passa en 1632 dans la maison de Condé, par l'effet du mariage de la sœur du maréchal de Montmorency avec le prince de Condé. Avant la révolution, elle appartenait à la maison de Bourbon-Condé, et avait titre de baronnie.

L'Isle-Adam renferme un grand nombre d'habitations remarquables. Le superbe château qui faisait partie des domaines du prince de Conti, bâti dans l'île que forme l'Oise, a été détruit au commencement de la révolution, et l'orangerie vendue. Les écuries en étaient fort belles ; il ne reste plus de ce château que deux pavillons et les bâtiments dits de la Conciergerie et du Prieuré.

Au hameau de Stors, situé sur la pente de la colline et au bord de la rivière, est un château dont la vue pittoresque est un des plus grands agréments. Le parc et les jardins sont remplis d'un nombre infini de plantes exotiques, aussi rares que curieuses, les mieux choisies et les mieux cultivées.

Le château de Cassan, ou Cassant, situé à 1 k. de l'Isle-Adam, sur la rive droite de l'Oise, est une dépendance de cette commune. Tout respire dans ces lieux le goût, la magnificence et la simplicité. La nature s'y développe sous les formes les plus agréables, les plus imposantes, les plus variées. Douze grandes allées aboutissent à un superbe gazon, et à chaque bout on a élevé un petit pavillon pour y loger les amis du maître du château.

Patrie de Jean Villiers de l'Isle-Adam, qui s'empara de Pontoise sur les Anglais et facilita à Henri IV la prise de Paris.

Du général Magallon, gouverneur de l'Ile-de-France sous l'empire.

Manufacture de porcelaine. — *Commerce* de grains et de farines.

ISLE-ARNÉ (l'), vg. *Gers* (Armagnac), arr. et à 17 k. d'Auch, cant. et ✉ de Gimont. Pop. 216 h.

ISLE-AUMONT, vg. *Aube* (Champagne), arr., ✉ et à 12 k. de Troyes, cant. de Bouilly. Pop. 174 h.

Ce village a des souvenirs fort anciens, et a eu, sous le régime féodal, beaucoup plus d'importance qu'aujourd'hui. La terre d'Aumont, érigée en duché en 1665, relevait du roi seul , à cause de la grosse tour de Troyes. Dès le ive siècle, elle est mentionnée dans les anciennes légendes. Saint Urbain y établit alors un monastère, qui fut ruiné par les Normands dans le ixe siècle, et rétabli environ 200 ans après par saint Robert, natif de Troyes, fondateur des abbayes de Molesmes et de Citeaux. Plus tard ce monastère fut de nouveau détruit. — Au commencement du xiiie siècle, un autre couvent fut fondé à Isle par des religieux connus, sous le nom de *bons-hommes*; il a aussi disparu. — A l'époque où le calvinisme pénétra à Troyes, les partisans de la nouvelle religion établirent à Isle un prêche, qui devint un objet de dissensions dans le pays.

On voit encore à Isle les traces d'un ancien château fort, bâti sur une hauteur formée de terres rapportées, et entouré de fossés. Aucun souvenir historique ne se rattache à cette construction, dont on ignore l'origine ainsi que l'époque de la destruction.

ISLE-AUX-MOINES (l'), *Morbihan* (Bretagne), arr., cant., ✉ et à 11 k. de Vannes. Pop. 1,702 h.

Cette île, située dans le golfe du Morbihan, doit son nom à un ancien monastère dont on voit encore quelques ruines. Le terrain y est fort inégal, entrecoupé de coteaux et de vallons; mais il est cultivé avec beaucoup de soin. Outre les plantations de céréales, de lin et de chanvre, on y voit quelques vignobles qui produisent des vins blancs passables. L'île ne renferme ni chevaux, ni moutons ; on y trouve seulement des vaches en assez grand nombre. Les hommes étant presque tous marins, ce sont les femmes qui cultivent les terres ; elles labourent et sèment, employant la charrue attelée de deux bœufs.

On remarque dans l'île un beau dolmen double, que les habitants nomment l'*Autel du sacrifice*. On y a aussi découvert plusieurs tombeaux de pierre grossièrement taillée, et qui renfermaient, outre des fragments de statues imparfaitement exécutées, plusieurs lames de cuivre et de silex.

ISLE-BAISE, ou ISLE-DE-NOÉ, vg. *Gers* (Armagnac), arr., ⊠ et à 8 k. de Mirande; cant. de Montesquiou. Pop. 943 h. — Foires les 30 juin et 1er mercredi de janv.

ISLE-BARBE, *Insula Barba*, vg. *Rhône*, comm. de St-Rambert-l'Isle-Barbe, ⊠ de Lyon. — Elle forme au-dessus de Lyon une île environnée par les eaux du Rhône, que l'on passe sur un pont suspendu. C'est un but de promenade très-fréquenté par les Lyonnais dans la belle saison.

Bibliographie. ARROY (Bésian). *Briève et dévote Histoire de l'abbaye de l'Isle-Barbe*, in-12, 1668.

LE LABOUREUR (Claude). *Les Mazures de l'abbaye de l'Isle-Barbe-lès-Lyon, ou Recueil historique de tout ce qui s'est fait de plus mémorable dans cette église*, in-4, 1682.

DUGAST DE BOIS SAINT-JUST. *Les Sires de Beaujeu, ou Mémoires historiques sur le monastère de l'Isle-Barbe*, etc., 2 vol. in-8, 1810.

PERRIN (Narcisse). *Notice géographique et historique sur l'Isle-Barbe, près Lyon, suivie du Catalogue des manuscrits de la bibliothèque rassemblés dans cette île par Charlemagne, et extraits d'un voyage inédit dans les départements méridionaux*, in-8, 1820.

ISLE-BASCOUS (l'), vg. *Gers*, comm. de Ramouzens, ⊠ d'Eauze.

ISLE-BOUCHARD (l'), *Insula Bochardi*, petite ville, *Indre-et-Loire* (Touraine), arr. et à 17 k. de Chinon, chef-l. de cant. Cure. ⊠. ⚒. A 267 k. de Paris pour la taxe des lettres. Pop. 1,716 h. — TERRAIN d'alluvions modernes.

Autrefois baronnie, diocèse et intendance de Tours, parlement de Paris, élection de Richelieu.

Cette ville est située dans une île formée par la Vienne, qui la divise en deux parties, à l'embouchure de la Manse. Elle forme deux communes distinctes : l'une, au nord, sous le nom de St-Gilles, et l'autre, au sud, sous celui de St-Maurice. — Dans le milieu de la Vienne existait autrefois un château fort, construit vers le ixe ou xe siècle par les barons de l'Isle-Bouchard. Les comtes d'Anjou tentèrent vainement, à différentes reprises, de s'emparer de cette place. Les Anglais la surprirent sous le règne du roi Jean, mais ils furent contraints de la rendre par le traité de Brétigny. Elle fut prise, en 1632, par les religionnaires, qui y commirent de grandes cruautés.

Les armes de l'Isle-Bouchard sont : *de gueules à deux lions passants d'argent*.

Biographie. Patrie d'ANDRÉ DUCHESNE, historiographe qui, par ses recherches pénibles, ses nombreux travaux et son immense érudition, mérita d'être appelé le père de l'histoire de France. Parmi les cent volumes in-fo de matériaux utiles à l'histoire qu'il a publiés, on distingue : *Historiæ Francorum scriptores coætanei*, etc., 5 vol. in-fo, 1636-49 ; *Historiæ*

Normanorum scriptores antiqui, etc., in-fo, 1619 ; 7 vol. in-fo de généalogies de diverses familles ; et l'*Histoire des rois, ducs et comtes de Bourgogne et d'Arles*, 4 vol. in-4, 1628.

De FRANÇOIS DUCHESNE, fils du précédent et également né à l'Isle-Bouchard ; on lui doit l'*Histoire des chanceliers et gardes des sceaux de France*, in-fo, 1680, et la continuation de plusieurs ouvrages historiques commencés par son père.

Commerce de vins, eau-de-vie, huile de noix, fruits secs, cire, etc.

ISLE-BOUIN (l'), *Vendée*. V. BOUIN.

ISLE-BOUZON (l'), vg. *Gers* (Armagnac), arr. et à 9 k. de Lectoure, cant. et ⊠ de St-Clar. Pop. 947 h.

ISLE-DABEAU, vg. *Isère* (Dauphiné), arr. et à 31 k. de Vienne, cant. de la Verpillière, ⊠ de Bourgoin. Pop. 1,018 h.

ISLE-D'AIX, *Charente-Inf.* V. AIX.

ISLE-D'ALBI (l'), jolie petite ville, *Tarn* (Languedoc), arr., bureau d'enregist. et ⊠ de Gaillac, chef-l. de cant. ⊠. A 684 k. de Paris pour la taxe des lettres. Pop. 4,951 h. — TERRAIN tertiaire moyen. — Elle est située sur la rive droite du Tarn, et se compose en général d'une grande rue, traversée par la route d'Albi, coupée par une place régulière et décorée d'une belle fontaine. Ses alentours offrent de charmantes promenades. — Foires les 22 janv., 11 juin, 28 août, 18 oct., 30 nov., 1er jeudi de carême et après Quasimodo.

ISLE-D'ARZ, vg. *Morbihan* (Bretagne), arr., cant., ⊠ et à 10 k. de Vannes. Pop. 1,200 h.

ISLE - DE - BAIX, vg. *Drôme*, comm. de Mirmande, ⊠ de Loriol.

ISLE-DE-BATZ (l'), vg. *Finistère* (Bretagne), arr. à 35 k. de Morlaix, cant. de St-Pol-de-Léon, ⊠ de Roscoff. Pop. 1,132 h.

ISLE-DE-LA-LIBERTÉ, nom donné pendant la révolution à l'île d'Oléron.

ISLE-D'ELLE (l'), vg. *Vendée* (Poitou), arr. à 19 k. de Fontenay-le-Comte, cant. de Chaillé-les-Marais, ⊠ de Marans. Pop. 1,673 h.

ISLE-DE-NOÉ. V. ISLE-BAISE.

ISLE-DE-SEIN (l'), *Finistère* (Bretagne), arr. et à 68 k. de Quimper, cant. de Pont-Croix, ⊠ d'Audierne. Pop. 462 h.

Cette île est située vis-à-vis la baie de Douarnenez, à 5 k. du continent, dont elle n'est séparée que par le passage du Raz. Elle a 4 k. de long sur 1 k. de large. La partie la plus élevée est celle du nord, à 10 m. au-dessus du niveau de la mer; dans les hautes marées les terres sont submergées en mars, surtout dans la partie que l'on cultive. Ces terres sont entièrement dépouillées, on n'y voit pas une ronce ; quelques fougères, quelques bouquets de landes sont les seules productions naturelles de l'île. Le curé soigne un seul pied d'arbre, mais dès qu'il surpasse son mur il est coupé, brûlé par le vent du sud-ouest. Tous les hommes y sont pêcheurs, les femmes cultivent la terre à la main, et leurs maris ignorent quelquefois la place de leurs propriétés.

On ne doit chercher dans cette île ni fleurs,

ni fruits, ni cette multitude d'oiseaux faits pour animer la nature. Il y règne d'affreuses tempêtes, une humidité continuelle, une éternelle mélancolie. Les brouillards, les frimas s'y promènent habituellement en tourbillons, comme les sables dans l'Afrique. La vie s'y prolonge communément jusqu'à soixante-dix et soixante-quatorze ans. Les maladies chroniques y sont inconnues ; du vin, une nourriture plus délicate, une poule bouillie, sont les seuls remèdes qu'on y connaisse ; la médecine n'a pas encore pénétré dans cette demeure de la sobriété, de la sagesse et de la pauvreté.

Les habitants de l'île de Sein n'aiment point que les étrangers viennent s'établir dans leur île ; ils sont d'ailleurs hospitaliers, vous reçoivent à bras ouverts, se disputent la possession de ceux qui viennent les visiter. Tous volent au secours des naufragés ; à quelque heure de la nuit que le canon se fasse entendre, les pilotes sont à bord ; malgré les vents, le froid, la grêle, la tempête et la mort, tout le monde se porte sur le rivage. Le malheureux qui se sauve à la nage est recueilli dans le meilleur lit du ménage ; il est soigné, chauffé, nourri ; ses effets ne sont point volés, on les respecte avec un sentiment de piété inconnue sur les côtes de la grande terre. Ils sauvèrent le magnifique vaisseau de soixante-quatorze, de l'escadre de Dorvilliers. Le 9 nivôse an III, ils rendirent le même service au lougre l'*Ecureuil* ; une multitude de bâtiments d'une moindre importance doivent leur salut à ces bons, à ces honnêtes, à ces respectables pêcheurs.

Touché de leur état, de leur misère, le duc d'Aiguillon leur offrit une habitation commode sur le continent, tous les secours, les avances dont ils auraient besoin pour s'y fixer ; ce fut en vain : l'idée de quitter leurs rochers leur fit verser des larmes ; ils demandèrent à genoux qu'on ne les arrachât point à leur misère, aux sables qui les avaient vus naître. Le duc, attendri, fit faire une jetée dans la partie du sud ; elle s'étend du sud-est au nord-ouest, préserve les champs cultivés et les maisons des eaux qui les inondaient autrefois. Cette digue a près de 1 k. de long et 1 m. 25 c. d'élévation.

Il est difficile de rien voir de plus effrayant que le passage entre le Raz et l'île de Sein ; la moindre erreur, une fausse manœuvre précipitera jamais dans des gouffres, sur des rochers, sans aucun espoir de salut. La passe n'a que 3 k. entre Chat et la Vielle ; on y trouve trente-six brasses d'eau.

L'île de Sein était connue dès la plus haute antiquité. « L'île de Sein, dit Pomponius Mela, est sur la côte des Osismiens ; ce qui la distingue particulièrement, c'est l'oracle d'une divinité gauloise. Les prêtresses de ce dieu gardent une perpétuelle virginité ; elles sont au nombre de neuf. Les Gaulois les nomment Cènes ; ils croient qu'animées d'un génie particulier elles peuvent, par leurs vers, exciter des tempêtes et dans les airs et sur la mer, prendre la forme de toute espèce d'animaux, guérir les maladies les plus invétérées, prédire l'avenir. Elles n'exercent leur art que pour les navigateurs qui se mettent en marche dans le seul but de les consulter. »

ISLE-D'ESPAGNAC (l'), vg. *Charente* (Angoumois), arr., cant., ✉ et à 4 k. d'Angoulême. Pop. 502 h.

ISLE - DIEU (l'), *Ogia, Insula Dei*, vg. *Vendée* (Poitou), arr. et à 49 k. des Sables, chef-l. de cant. Cure. ✉. A 489 k. de Paris pour la taxe des lettres. Pop. 2,492 h. — Terrain cristallisé, granit.

L'Isle-Dieu est un rocher de granit de 12 k. de superficie. La côte de l'ouest est escarpée, inaccessible, formée de rochers profondément enracinés dans la mer et d'environ 13 m. d'élévation au-dessus de sa surface; ces masses énormes frappent l'œil par la singularité de leurs formes, leurs contours, leurs enfoncements, leurs saillies, et offrent en plusieurs endroits des aspects vraiment pittoresques. Au centre de cette côte on voit les ruines majestueuses d'un ancien château fort, de forme quadrangulaire, flanqué de tours, bâti sur un énorme rocher séparé de la côte voisine par un fossé profond que la mer remplit et laisse à sec deux fois par jour. — La côte de l'est, au contraire, est basse, sablonneuse et peu au-dessus du niveau des eaux de la mer. Les bancs de rochers peu élevés, que la mer recouvre à chaque marée, se prolongent dans une direction perpendiculaire au rivage, et la divisent en plusieurs anses qui permettent un abordage facile aux chaloupes ainsi qu'aux autres petits bâtiments. — On a établi pour la défense de l'île un fort et plusieurs batteries.

L'île entière n'est qu'un vaste rocher recouvert d'une couche plus ou moins épaisse de terre végétale, qui va toujours en diminuant à mesure qu'on approche des hauteurs, où le roc se montre à découvert. La moitié seulement de l'île est consacrée à la culture; l'autre moitié est couverte de bruyères. Les femmes travaillent à la terre; les hommes sont presque tous marins et vivent du produit de leur pêche. A l'exception de quelques bêtes à cornes et d'un petit nombre de brebis, on n'élève point de bestiaux dans l'île, faute de pâturages.

Le port principal, nommé Port-Breton, situé au centre de la côte de l'est, est abrité par des rochers et par des môles en maçonnerie; il peut recevoir des navires de 150 à 200 tonneaux. Les violents coups de mer qu'il reçoit par son entrée septentrionale font éprouver aux bâtiments un tangage très-fatigant. Cependant, comme aux marées de vives eaux la mer y monte de 5 à 6 m., il offre aux barques affalées par le gros temps ou poursuivies par l'ennemi un secours très-avantageux. — *Etablissement de la marée du port*, 3 heures. — Phare visible jusqu'à la distance de 28 k.

ISLE-D'OLÉRON. (l'), *Charente-Inf*. V. Château-d'Oléron.

ISLE-D'OLONNE, *Olona*, bg *Vendée* (Poitou), arr., cant., ✉ et à 8 k. des Sables. Pop. 780 h. — Il est situé près de l'Océan, au milieu de marais desséchés, très-fertiles en blé et en excellents fourrages. — *Commerce de chevaux, mulets et bestiaux.*

ISLE-EN-BARROIS (l'), vg. *Meuse* (Lorraine), arr., ✉ et à 14 k. de Bar-le-Duc, cant. de Vaubécourt. Pop. 223 h.

ISLE - EN - DODON (l'), petite ville, *H.-Garonne* (Comminges), arr. à 38 k. de St-Gaudens, chef-l. de cant. Cure. ✉. A 746 k. de Paris pour la taxe des lettres. Pop. 1,818 h. — Terrain tertiaire supérieur. — *Foires* le dernier vendredi de mars, sept., oct. et nov.

ISLE - EN - JOURDAIN (l'), *Castellum Ictium, Insula Jordani*, jolie petite ville, *Gers* (Armagnac), arr. à 22 k. de Lombez, chef-l. de cant. Cure. Gîte d'étape. ✉. ⌑. A 721 k. de Paris pour la taxe des lettres. Pop. 4,933 h. — Terrain tertiaire moyen.

Autrefois comté, diocèse et parlement de Toulouse, intendance d'Auch, élection de Lomagne, sénéchaussée, maîtrise particulière, collégiale.

Cette ville est bâtie dans une situation agréable, sur la rive droite de la Save. C'était autrefois une ville très-forte, défendue par un château. Après avoir été plusieurs fois prise, reprise et ravagée, ses remparts furent abattus et son château rasé en 1799. Elle fut saccagée par les troupes républicaines, à la suite d'une insurrection royaliste. C'est une ville propre, bien bâtie et bien percée : on y remarque une belle place, une belle église paroissiale et une vaste halle. — *Fabriques* de cuirs. Tuileries et briqueteries. Roulage considérable. — *Foires* le samedi de la 2ᵉ semaine de chaque mois, et le jour de la St-Martin (2 jours).

ISLE-EN-RIGAUT (l'), vg. *Meuse* (Lorraine), arr., ✉ à 11 k. de Bar-le-Duc, cant. d'Ancerville, ✉ de Saudrupt. Pop. 378 h.

Le village de Jax-d'Heurs est une dépendance de la commune de l'Isle-en-Rigaut. On y remarque le château de M. le maréchal Oudinot, et une belle papéterie mécanique, dont les produits sont fort estimés. Hauts fourneaux, forges, martinets, fours à pudler, etc.

ISLE-JOURDAIN (l'), *Insula Jordani*, petite ville, *Vienne* (Poitou), arr. à 37 k. de Montmorillon, chef-l. de cant. Cure. Gîte d'étape. ✉. A 401 k. de Paris pour la taxe des lettres. Pop. 689 h. — Terrain jurassique, étage inférieur du système oolitique. — Elle est bâtie dans une situation agréable, sur la rive droite de la Vienne. — *Foires* les 19 et 20 de chaque mois.

ISLE-LA-LOGE, vg. *Seine-et-Oise*, comm. du Port-Marly, ✉ de St-Germain-en-Laye.

ISLE-LA-MONTAGNE, nom donné pendant la révolution à l'île de Noirmoutiers.

ISLE-MADAME (l'), petite île fortifiée du dép. de la *Charente-Inf*., située à l'embouchure de la Charente, arr., à 12 k. N. et ✉ de Marennes.

ISLE-MOLÈNE (l'), vg. *Finistère* (Bretagne), arr. à 33 k. de Brest, cant. de St-Renan. Pop. 363 h.

ISLE-ROUSSE (l'), jolie petite ville maritime, *Corse*, arr. à 20 k. de Calvi, chef-l. de cant. Trib. de comm. ✉. A 1,250 k. de Paris pour la taxe des lettres. Pop. 1,466 h. — Terrain cristallisé ou primitif.

L'Isle-Rousse doit son nom à deux petits îlots situés près de la côte, et dont les roches sont d'une couleur rougeâtre. Vers la fin du XVIᵉ siècle, le gouvernement génois avait fait réunir par une jetée la première île à la terre, et construire sur ce point de la côte une tour, qui devint, dit Filippini, le boulevard de toute la Balagne contre les Maures qui infestaient ces rivages. Vers l'an 1760, Pascal Paoli conçut et exécuta le projet de substituer une ville à cette tour. Les Génois étaient resserrés dans les places maritimes; les Corses, maîtres des campagnes, ne communiquant plus avec eux, ne pouvaient que difficilement avoir avec les étrangers quelques relations commerciales. Le territoire fertile de la Balagne offrait des denrées à exporter, et l'Isle-Rousse, située presque au centre de cette province, était propre aux embarquements. En peu de temps on y éleva quelques maisons et des magasins. Les droits qu'on y percevait au nom du gouvernement corse rendaient des sommes considérables, et étaient la branche la plus productive du gouvernement national : tels furent les commencements de l'Isle-Rousse. Le maréchal de Vaux voulut donner son nom à cette ville encore naissante; mais il ne reste à peine quelques traces de cette dénomination, qui ne fut que momentanément adoptée. On en construisit les murs qui lui servent d'enceinte. Peu à peu l'Isle-Rousse s'agrandit; des familles de l'intérieur vinrent y bâtir des magasins et l'habiter. Le gouvernement, en donnant des ordres pour le prolongement de son môle, a rendu son port plus sûr et capable de recevoir de plus gros bâtiments.

Commerce d'huile d'olive, cire jaune, amandes, oranges, citrons, etc. — *Foire* de trois jours le 1ᵉʳ sept.

ISLE-ST-DENIS (l'), joli village, *Seine* (Ile-de-France), arr., cant., ✉ et à 2 k. de St-Denis. Pop. 249 h.

Ce village est bâti dans une île charmante que forme la Seine : l'église en occupe la pointe; les maisons sont rangées en forme de quai sur le bord de la rivière, et offrent une perspective fort agréable. C'est dans la belle saison le rendez-vous des habitants de Saint-Denis et des communes environnantes, qui viennent y jouir du plaisir de la pêche, ou y manger des matelotes justement renommées.

L'Isle-Saint-Denis renfermait jadis une forteresse, qui a été remplacée par un joli château environné d'un beau parc. On ne pouvait y aborder autrefois qu'en bacs, qui ont été remplacés en 1844 par un joli pont suspendu, qui met en communication directe l'Isle-St-Denis et toute la presqu'île où se trouvent les communes de Colombes et Gennevilliers avec la ville de St-Denis.

ISLE-ST-GEORGES, vg. *Gironde* (Guienne), arr. à 18 k. de Bordeaux, cant. de Labrède, ✉ de Castres. Pop. 425 h.

ISLE-ST-MARTIN (l'), vg. *Indre-et-Loire*, comm. et ✉ de la Chapelle-sur-Loire.

ISLE-ST-MARTIN, vg. *Indre-et-Loire*, comm. de Rigny, ✉ de Chinon.

ISLE-SUR-LE-DOUBS (l'), bg *Doubs* (Franche-Comté), arr. et à 23 k. de Baume-les-Dames, chef-l. de cant. ✉. ☞. A 455 k. de Paris pour la taxe des lettres. Pop. 1,255 h. — Terrain jurassique.

Il est situé sur la rive gauche du Doubs et sur le canal du Rhône au Rhin. — Fabriques de clous d'épingles, Forges. Tréfileries. Tanneries. — *Commerce* de bois. — *Foires* le 3ᵉ lundi de chaque mois.

ISLE-SUR-LE-SEREIN (l'), bg *Yonne* (Bourgogne), arr. et à 14 k. d'Avallon, chef-l. de cant. Cure.✉. A 217 k. de Paris pour la taxe des lettres. Pop. 865 h. — Terrain jurassique. — Carrières de pierres lithographiques. — *Foires* les 23 mars, 10 avril, 27 juin, 24 août, 9 oct., 9 déc., lundi gras, mardi après Pâques, mardi de la Pentecôte et jeudi avant le 11 nov.

ISLE-SUR-MARMANDE, vg. *Allier* (Bourbonnais), arr. et à 5 k. de Montluçon, cant. et ✉ de Cérilly. Pop. 513 h.

ISLE-SUR-MARNE, vg. *Marne* (Champagne), arr., ✉ et à 13 k. de Vitry-le-François, cant. de Thiéblemont. Pop. 464 h. Près de la Marne.

ISLE-SUR-SUIPPE. V. Isles-sur-Suippe.

ISLE-TUDY (l'), vg. *Finistère* (Bretagne), arr. et à 20 k. de Quimper, cant. et ✉ de Pont-l'Abbé. Pop. 298 h.

ISLES (Grandes et Petites-), vg. *Isère*, com. et ✉ de Moirans.

ISLES-BARDEL (les), vg. *Calvados* (Normandie), arr., cant. et à 14 k. de Falaise, ✉ de Pont-d'Ouilly. Pop. 322 h.

ISLES-LÈS-VILLENOY, vg. *Seine-et-Marne* (Brie), arr., ✉ et à 8 k. de Meaux, cant. de Claye. Pop. 253 h.

ISLES-SOUS-RAMERUPT, ou Isles-sur-Aube, vg. *Aube* (Champagne), arr. et à 12 k. d'Arcis-sur-Aube, cant. et ✉ de Ramerupt. Pop. 351 h.

ISLES-SUR-SUIPPE, vg. *Marne* (Champagne), arr. et à 17 k. de Reims, cant. de Bourgogne. ✉. ☞. A 172 k. de Paris pour la taxe des lettres. Pop. 646 h. — Il est sur la Suippe, qui y forme plusieurs îles, et fait mouvoir deux moulins et une foulerie. — *Fabrique* de mérinos. Filature de laine pour la fabrique de Reims.

ISLES-ST-THAURAIN, *Loir-et-Cher*, comm. de Selles-St-Denis, ✉ de Salbris.

ISLETTES (les), vg. *Meuse* (Lorraine), arr. et à 31 k. de Verdun-sur-Meuse, cant. et ✉ de Clermont-en-Argonne. Pop. 1,317 h. — Verreries à bouteilles.

ISMIER (St-), vg. *Isère* (Dauphiné), arr., cant. et à 11 k. de Grenoble, ✉ de Crolles. Pop. 1,373 h. — *Foire* le 21 sept.

ISNÉAUVILLE, vg. *Seine-Inf.* (Normandie), arr., ✉ et à 8 k. de Rouen, cant. de Darnetal. Pop. 1,024 h.

ISOLACCIO, vg. *Corse*, arr. et à 63 k. de Corte, cant. de Prunelli-di-Fiumorbo, ✉ de Vezzani. Pop. 1,310 h.

ISOMES, vg. *H.-Marne* (Champagne), arr.

et à 30 k. de Langres, cant. et ✉ de Prauthoy. Pop. 337 h.

ISON, vg. *Drôme* (Dauphiné), arr. et à 64 k. de Nyons, cant. et ✉ de Sédéron. Pop. 159 h.

ISPAGNAC ou Ispahnac, *Ispagnacum*, joli bourg, *Lozère* (Languedoc), arr., cant., ✉ et à 9 k. de Florac. Gîte d'étape. Pop. 1,767 h.

Ispagnac est un bourg bien bâti, dans une vallée agréable, sur la rive droite du Tarn. On y trouve une source d'eau minérale ferrugineuse froide. — *Fabriques* de toile de coton, mouchoirs, étoffes de soie. Filature de coton. — *Foires* les 3 fév., 4 mai, 8 sept. et 12 oct.

La route de Mende à Florac passe par Ispagnac, et traverse le plateau calcaire et aride qui sépare le bassin du Tarn de celui du Lot. Cette haute plaine porte le nom de Causse-de-Sauveterre; privée d'arbres, de ressources et presque de terre végétale, elle est frappée d'une affreuse stérilité qui n'a permis à aucun habitant de s'y établir. On trouve seulement à 1 k. sur la gauche de la route, dans un petit enfoncement, le Fressinet, misérable hameau, où le relais de poste est placé. La Causse-de-Sauveterre a une largeur d'environ 12 k., et est élevée de 975 m. au moins au-dessus de la mer. Le froid, la neige et les tourmentes en rendent quelquefois le trajet périlleux; des voyageurs y sont morts en la traversant dans des hivers rigoureux.

ISPÉGUY, vg. *B.-Pyrénées*, comm. de St-Etienne-de-Baigorry, ✉ de St-Jean-Pied-de-Port.

ISPORUE, vg. *B.-Pyrénées* (Navarre), arr. de Mauléon, et à 30 k. de St-Palais, cant. et ✉ de St-Jean-Pied-de-Port. Pop. 591 h.

ISQUES, vg. *Pas-de-Calais* (Boulonnais), arr., ✉ et à 6 k. de Boulogne-sur-Mer, cant. de Samer. Pop. 248 h.

ISSAC, vg. *Dordogne* (Périgord), arr. et à 24 k. de Bergerac, cant. de Villamblard, ✉ de Mussidan. Pop. 1,136 h.

ISSAMOULÈNC, vg. *Ardèche* (Languedoc), arr. et à 21 k. de Privas, cant. et ✉ de St-Pierreville. Pop. 816 h.

ISSANCOURT - RUMEL, vg. *Ardennes* (Champagne), arr., cant. et ✉ de Mézières, et à 10 k. de Charleville. Pop. 459 h.

ISSANLAS, vg. *Ardèche*, comm. de Mazan, ✉ de Montpezat.

ISSANS, vg. *Doubs* (Franche-Comté), arr., cant., ✉ et à 7 k. de Montbelliard. Pop. 150 h.

ISSARLÈS, vg. *Ardèche* (Languedoc), arr. et à 59 k. de Largentière, cant. de Coucouron, ✉ de Pradelles. Pop. 1,499 h. — On y voit un lac d'environ 8 k. de tour qui occupe le cratère d'un ancien volcan, et qui abonde en truites d'une grosseur extraordinaire. — *Foires* le 13 janv. et le lundi avant le lundi gras.

ISSARS (les), vg. *Ariège* (Languedoc), arr., cant., ✉ et à 11 k. de Pamiers. Pop. 210 h.

ISSE, vg. *Marne* (Champagne), arr., cant. et à 17 k. de Châlons-sur-Marne. Pop. 141 h.

ISSÉ, vg. *Loire-Inf.* (Bretagne), arr. et à 13 k. de Châteaubriant, cant. de Moisdon-la-Rivière, ✉ de la Meilleraie. Pop. 1,551 h. — *Foire* le 3 fév.

ISSEL, vg. *Aude* (Languedoc), arr., cant., ✉ et à 7 k. de Castelnaudary. Pop. 784 h. Sur le ruisseau d'Issel. — On trouve auprès d'Issel, dans le vallon où coule le petit ruisseau d'Argentoire, une fontaine d'eau minérale que les médecins de Castelnaudary ordonnent avec avantage. On la connaît dans le pays sous le nom de *la foun del coüré* (la fontaine du cuivre), sans doute à cause de sa saveur styptique. — *Fabrique* de poterie de terre.

ISSENDOLUS - L'HOPITAL, bourg *Lot* (Quercy), arr. et à 29 k. de Figeac, cant. de la Capelle-Marival, ✉ de Gramat. Pop. 979 h. *Foires* les 5 mai, 5 août, 5 nov. et 5 déc.

On y remarque les vastes ruines d'un monastère de religieuses de l'ordre de Malte; c'était dans l'origine un hospice fondé en 1220 par un seigneur de Thémines, pour recevoir les pèlerins qui se rendaient à la terre sainte. Vers la fin du XIIIᵉ siècle, un autre seigneur de la même maison donna cet établissement aux chevaliers de l'ordre de Saint-Jean de Jérusalem pour y former un couvent de femmes de leur ordre. Ce monastère mérita le nom de Beaulieu, par sa situation sur un plateau élevé et fertile qui offre des mouvements de terrain très-variés : on y trouvait de nombreux appartements pour les étrangers, un grand corps de logis pour les pensionnaires, des cloîtres pour vingt-quatre religieuses, et une église; le couvent et un vaste jardin étaient entourés d'une muraille très-épaisse, d'environ 10 m. de hauteur. — Le territoire de la commune renferme une source d'eau minérale qui paraît avoir les mêmes propriétés que celle de Miers, mais qui est moins renommée.

ISSENHAUSEN, vg. *B.-Rhin* (Alsace), arr. et à 18 k. de Saverne, cant. et ✉ de Hochfelden. Pop. 143 h.

ISSENHEIM, ou Isenem, vg. *H.-Rhin* (Alsace), arr. et à 23 k. de Colmar, cant. et ✉ de Soultz. ☞. Pop. 1,436 h. Sur la Lauch. — Filature de coton. — *Foires* les 13 août (2 jours), 6 sept. et 11 nov.

ISSEPTS, vg. *Lot* (Quercy), arr., ✉ et à 14 k. de Figeac, cant. de Livernon. Pop. 727 h. — *Foires* 13 mars, 14 mai, 30 juin, 18 août, 23 oct. et 17 déc.

ISSERPENT, vg. *Allier* (Bourbonnais), arr., cant., ✉ et à 12 k. de la Palisse, et à 14 k. de Cusset. Pop. 896 h. — *Foire* le 3 mars.

ISSERTAUX, vg. *Puy-de-Dôme* (Auvergne), arr. et à 30 k. de Clermont-Ferrand, cant. de Vic-le-Comte, ✉ de Billom. Pop. 1,586 h.

ISSIGEAC, petite ville, *Dordogne* (Périgord), arr. et à 20 k. de Bergerac, chef-l. de cant. Cure. ✉. A 542 k. de Paris pour la taxe des lettres. Pop. 1,068 h. — Terrain tertiaire moyen. — *Fabriques* de cuirs. — *Foires* les 15 janv., 22 fév., 10 mai, 4 juillet, 3 août, 2 sept., 4 oct., 6 nov., 13 déc. et mercredi après Pâques.

ISSINGEAUX, *H.-Loire*. V. Yssingeaux.

ISSIRAC, vg. *Gard* (Languedoc), arr. et à

30 k. d'Uzès, cant. et ✉ de Pont-St-Esprit. Pop. 613 h.

ISSIS, vg. *Aveyron*, comm. de Cresseils, ✉ de Millau.

ISSOIRE, *Iciodorum Arvernorum*, *Issiodurum*, ville ancienne, *Puy-de-Dôme* (Auvergne), chef-l. de sous-préf. et d'un cant. Trib. de 1ʳᵉ instance et de commerce. Collège communal. Cure. Gîte d'étape. ✉. ⚘. P. 5,224 h.
— TERRAIN tertiaire moyen.

Autrefois diocèse de Clermont, parlement de Paris, intendance de Riom, chef-lieu d'élection, prévôté, abbaye de St-Benoît.

Issoire était florissante sous les Romains, et avait une école très-célèbre. Saint Austremoine, premier évêque de Clermont, après avoir établi la religion catholique en Auvergne, se retira près d'Issoire, et y fut massacré l'an 295. Cette ville fut saccagée d'abord par les Romains, puis par les Visigoths, les Vandales, les dauphins d'Auvergne et les armées royales. Pendant le peu de temps où elle jouit de quelque repos, elle augmenta son industrie et répara ses ruines et ses fortifications ; mais les guerres de religion attirèrent sur elle de nouvelles calamités. En 1573, un de ses habitants, Merle, qui s'était fait protestant et chef d'une horde de dévastateurs, s'empara de cette ville, la saccagea et en dévasta le territoire. L'année suivante, une armée, commandée par les ducs d'Anjou et de Guise, s'avança pour chasser Merle, et fit le siége d'Issoire. La ville ut prise par les soldats catholiques, qui, irrités de la résistance, se livrèrent à tous les excès. Les habitants s'étaient réfugiés dans l'église paroissiale ; ils y furent massacrés, et la ville fut brûlée. Une nouvelle ville se forma quelques années après ; les ligueurs l'assiégèrent, la prirent et la pillèrent ; les habitants de Clermont, qui tenaient pour Henri IV, vinrent les en chasser et reprirent la ville.

Les armes d'Issoire sont : *d'azur, à la lettre capitale Y d'or couronnée de même, la queue étroite et recourbée en rond par le bas.*

Issoire est située agréablement dans la partie la plus vivante de la Limagne, au milieu d'un beau bassin entouré de coteaux plantés de vignes, près du confluent de la Couze et de l'Allier. Elle est en général bien bâtie, propre et bien percée. Au centre est une place très-vaste où se tiennent les marchés.

On doit voir à Issoire les décorations extérieures de l'église paroissiale, classée au nombre des monuments historiques ; et aux environs les eaux minérales de Leins, ainsi que plusieurs rochers volcaniques d'une forme singulière.

PATRIE du chancelier DUPRAT.

Du journaliste MICHEL ALTAROCHE.

Du physicien et littérateur BRÈS.

Fabriques de chaudrons et ouvrages en cuivre. Nombreuses huileries. — *Commerce* considérable de bestiaux et d'huile de noix. — *Foires* les 26 janv., lundi de Quasimodo, 10 août et le samedi veille de Notre-Dame de sept.

A 52 k. S.-S.-E. de Clermont, 417 k. de Paris.

L'arrondissement d'Issoire est composé de 9 cantons : Ardes, Besse, Champeix, St-Germain-Lambron, Issoire, Jumeaux, Sauxillanges, Tauves, la Tour.

Bibliographie. * *Discours du siége de la ville d'Issoire, par Mgr le duc d'Anjou, et la prise d'icelle*, in-8, 1577.
* *La Prise de la ville d'Yssoire, en Auvergne, par le comte de Randan* (pour la Ligue) (Mémoires de la Ligue, t. IV, p. 42).
* *La Résolution des trois états du bas pays d'Auvergne, avec la Prise de la ville d'Issoire, par M. le comte de Randan*, 2 avril 1589, in-8, 1589.

Notice sur l'histoire de la ville de Clermont-Ferrand, le siége d'Issoire, etc., in-8, 1816.

DEVÈZE DE CHABROL. *Essai géologique sur la montagne de Boulade, près d'Issoire* (avec Bouillet), in-fᵒ, et planches, 1826-27.

ISSON, vg. *Marne*, comm. et ✉ de St-Remy-en-Bouzemont.

ISSONCOURT, vg. *Meuse* (Lorraine), arr. et à 26 k. de Bar-le-Duc, cant. de Triaucourt, ✉ de Beauzée. Pop. 224 h.

ISSOR, vg. *B.-Pyrénées* (Béarn), arr. et à 17 k. d'Oloron, cant. et ✉ d'Aramitz. Pop. 951 h.

ISSOU, vg. *Seine-et-Oise* (Beauce), arr., ✉ et à 7 k. de Mantes, cant. de Limay. Pop. 384 h.

Il est dans une belle situation, sur le penchant d'un coteau, près de la grande route de Paris à Caen, à peu de distance de la Seine. On y voit un beau château, dont le parc renferme des sources abondantes et de belles plantations.

ISSOUDUN, bg *Creuse* (Marche), arr. et à 11 k. d'Aubusson, cant. et ✉ de Chénérailles. Pop. 1,317 h.

ISSOUDUN, *Uxellodunum*, *Ernodurum*, *Exoldunum*, ancienne et jolie ville, *Indre* (Berry), chef-l. de sous-préf. et de 2 cantons, Trib. de 1ʳᵉ instance et de commerce. Chambre consult. des manuf. Collège communal. 2 cures. Gîte d'étape. ✉. ⚘. Pop. 12,234 h. — TERRAIN jurassique, étage moyen du système oolitique.

Autrefois diocèse et intendance de Bourges, parlement de Paris, chef-lieu d'élection, bailliage et prévôté royale, gouvernement particulier, abbaye de St-Benoît, 5 couvents.

L'origine de cette ville n'est pas connue ; on prétend qu'elle fut une des vingt cités réduites en cendres dans un seul jour par les anciens Gaulois, afin d'affamer l'armée de César, et que quand ce conquérant fut devenu maître des Gaules, il la releva de ses ruines. Quoi qu'il en soit, cette ville ne commence à figurer dans l'histoire qu'au VIIIᵉ siècle. Sous Louis d'Outremer, c'était une forteresse considérable ceinte de murailles flanquées de tours. En 1195, Mercadier, chef des cotereaux et l'un des lieutenants de Richard Cœur de lion, surprit Issoudun, en brûla les faubourgs avec une partie de l'église St-Paterne, et enleva le château,

qu'il garda pour le compte de son maître. L'année suivante, Philippe Auguste reprit la ville et pressait vivement le château, quand Richard, accourant de la Normandie à marches forcées, se jeta dans la place et força Philippe à la retraite. — En 1200, Jean sans Terre abandonna Issoudun pour servir de dot à Blanche de Castille, qui fut fiancée à Louis, fils ainé de Philippe Auguste. — Après le rétablissement de son pouvoir, Charles VII fit don à Agnès Sorel de la châtellenie d'Issoudun, et la dot royale de la mère de saint Louis tomba ainsi aux mains de la favorite. — Louis XI vint en pèlerinage à Issoudun, où l'attirait sa dévotion particulière à la sainte Vierge, sous l'invocation de laquelle était l'abbaye du château, et concéda à la ville la franchise de sept foires déjà fort anciennes. — Un incendie considérable détruisit le château et toute la ville haute en 1185 ; un autre incendie consuma deux cents maisons en 1504 ; mais un désastre du genre beaucoup plus terrible eut lieu en 1651, et fut accompagné de circonstances particulières. La ville était alors assiégée par l'armée des frondeurs et soutenait un assaut furieux ; les habitants, occupés à combattre sur les remparts, laissèrent à l'incendie le temps de faire des progrès insurmontables ; douze cents maisons furent dévorées par la flamme, et plus de six cents femmes et enfants périrent sous les décombres de leurs habitations. Pendant ce temps, les bourgeois repoussaient les assiégeants et les mettaient en pleine déroute. Louis XIV vint peu de jours après à Issoudun, et vit les débris encore fumants ; il accorda plusieurs priviléges aux habitants, et entre autres droits, celui d'élire leurs magistrats municipaux, et de conférer la noblesse héréditaire à leur maire par élection. — Déjà, en 1589, la ville avait donné une preuve éclatante de son dévouement, en soutenant un siége contre l'armée des ligueurs, commandée par la Châtre, et en chassant de ses murs ceux qui étaient parvenus à s'y introduire par trahison. L'anniversaire de cette journée fut longtemps célébré par une réjouissance publique. — La révocation de l'édit de Nantes porta un coup fatal à Issoudun, et priva cette ville de ses principaux fabricants.

Les armes d'Issoudun sont : *d'azur à une Y d'or, cantonnée de trois fleurs de lis d'or.*

La ville d'Issoudun est située en partie sur le penchant d'une colline au pied de laquelle s'étend une plaine charmante, garnie de jardins et de plantations, arrosée par la Théols, rivière que l'on traverse sur trois ponts dans différents faubourgs, à l'ouest et au sud. Une partie de la ville, ayant été reconstruite après plusieurs incendies, est bien bâtie et bien percée ; mais la partie appelée le Château est encore à peu près telle qu'elle était au moyen âge. On y voit plusieurs maisons ayant de hautes terrasses fort agréables ; mais les abords en sont repoussants, en raison des rues sales, étroites et tortueuses qui y conduisent. Ceci s'applique particulièrement à la partie dite le Bas-Château, car dans le Haut les rues sont plus larges, le quartier est aéré, et on y remarque, entre autres belles maisons, l'hôtel de la sous-préfecture, où Louis XIV a séjourné, et l'hôtel de la mairie, servant également aux tribunaux ; ce dernier édifice, d'une construction presque moderne, est fort agréablement situé. Vis-à-vis de la façade, et dans le haut d'un jardin bizarrement pittoresque, s'élève une vieille tour, dite la Tour-Blanche, très-intéressante par les souvenirs qui s'y rattachent et par le point culminant qu'elle occupe : cette tour, classée depuis peu parmi les monuments historiques de France, est aussi un des points de second ordre dans la grande triangulation opérée pour la topographie de la France. Les antiques murailles de cette tour, si glorieuse de combats et de souvenirs, ont 4 m. 22 c. d'épaisseur, et s'élèvent à 29 m. divisés en quatre étages, et peuvent braver encore autant de siècles qu'elles en ont vu passer. On ne pénétrait dans ce nid d'hommes d'armes qu'au moyen d'une échelle et de deux petites portes à plein cintre ouvrant sur le second étage. Près de l'une de ces portes commence, dans l'épaisseur du mur, un escalier en spirale montant aux étages supérieurs. C'est, à vrai dire, dans cette pièce que se concentre l'intérêt archéologique du monument : les arceaux en ogive de sa voûte, qui, d'une hauteur de 8 m. 11 c., retombent sur des colonnettes aux angles d'une division octogone ; les arcades en plein cintre, qui terminent largement les ébrasements des petites fenêtres de guerre, où l'on montait par des escaliers ; le demi-jour qu'elles laissent pénétrer : tout cet ensemble de grandeur et de simplicité transporte l'antiquaire aux hommes et aux faits du XII° siècle. — En 1833, on a mis à découvert, au nord de la tour, les murs et les voûtes d'une petite crypte chrétienne, dont l'angle sud-ouest est absorbé dans les fondations du donjon, et dont la construction paraît remonter au v° siècle.

On remarque encore à Issoudun le beffroi et l'ancienne porte de ville convertie en maison de détention ; l'hôtel-Dieu, fondé et doté avec munificence par les seigneurs d'Issoudun. On voit incrustés dans le mur intérieur de sa chapelle deux espèces de monuments sculptés en relief qui paraissent être un hommage de la reconnaissance contemporaine. Chacune de ces sculptures se compose d'un arbre emblématique, couchée sur son tombeau, et dont les branches portent des personnages de la Bible. La caserne, établie dans l'ancien couvent des ursulines ; la maison particulière, avec parc, dans l'ancien couvent des carmélites ; la salle de spectacle, nouvellement restaurée ; les promenades, etc.

Biographie. Patrie du jésuite GUILL. BERTHIER.

Du philologue F. THUROT.

Du littérateur LUNEAU DE BOIS-GERMAIN.

De MARION DU MERSAN, numismate et l'un des plus féconds auteurs dramatiques de notre époque.

De J.-M.-P. DEGUERLE, auteur de la fameuse proclamation du camp de Jalès.

INDUSTRIE. *Fabriques* de draps communs, étoffes de laine, toiles de coton, bonneterie. Filatures de laine. Blanchisseries. Brasseries. Nombreuses parcheminerics. Tanneries et corroieries. — *Commerce* de grains, vins, draperie, laines, bestiaux, bois, fer d'une qualité supérieure, etc. — *Foires* importantes pour la vente des laines et des moutons les 27 janv., 2 mai, 23 juin, 7 et 21 juillet, 12 sept., oct., 25 nov., 24 déc. et samedi après la mi-carême.

A 27 k. N.-E. de Châteauroux, 233 k. S. de Paris. Lat. 40° 56′ 53″, long. O. 21′.

L'arrondissement d'Issoudun est composé de 4 cantons : Issoudun N., Issoudun S., St-Christophe, Vatan.

IS-SUR-TILLE, petite ville, *Côte-d'Or* (Bourgogne), arr. et à 24 k. de Dijon, chef-l. de cant. Cure. ⊠. A 309 k. de Paris pour la taxe des lettres. Pop. 1,420 h.—TERRAIN jurassique, étage inférieur du système oolitique.

Autrefois diocèse, parlement, intendance, bailliage et recette de Dijon, mairie, couvent de capucins.

Cette ville, autrefois fortifiée avec trois portes et ponts-levis, a essuyé des révolutions qui ont causé sa décadence. En 1373, la duchesse Marguerite manda aux habitants de faire de bonnes fortifications autour de leur église, contre les incursions des grandes compagnies de robeurs. Le duc Jean ordonna la même chose en 1408. Ce fut, en 1418, le rendez-vous de la noblesse assemblée pour la défense de la province. Guillaume, évêque de Langres, en conformité des lettres de Philippe le Bon de 1420, fit fortifier la ville. Ces sages précautions n'empêchèrent pas qu'elle ne fût pillée en 1433, pendant la guerre du sire de Château-Vilain, et en 1440 par les écorcheurs. Les lettres de Philippe le Bon apprennent qu'elle fut détruite de « tout en tout, » et que « de plus de neuf vingts feux il n'en resta que quarante qui valent peu. »—En septembre 1513 les Suisses, après avoir saccagé Fontaine-Française, Lux, Til-Châtel, Marey, entrèrent dans la maison forte d'Is, brûlèrent devant l'église les titres cachés dans la maison de la confrérie, emportèrent les coffres et les bons meubles sur des chariots, et ruinèrent les murs, qui ne furent rétablis qu'en 1588, par permission de Henri III ; mais le plus grand désastre arriva du temps de la Ligue. La ville, qui étoit royaliste, fut prise en juin 1589, par le duc de Nemours, à la tête de 6,000 Lorrains, grands larrons et ligueurs, disent les Mémoires de Tavannes ; ils y commirent toutes sortes d'excès pendant dix-huit jours qu'ils y restèrent. —Gaston, duc d'Orléans, campa le 21 juin 1632, durant deux jours, avec 1,200 hommes à Is, d'où il vint insulter Dijon en allant en Languedoc joindre le duc de Montmorency. — La peste enleva une partie des habitants en 1636 et 1637 ; enfin la révocation de l'édit de Nantes, en 1685, lui fit perdre beaucoup de son commerce et de sa population. Plusieurs gentilshommes et négociants sortirent de cette ville : cent familles se retirèrent à Genève ou en Suisse.

La grosse tour carrée, reste de l'ancien château des ducs, est fameuse par l'ordonnance de François Ier, donnée en octobre 1535, appelée l'ordonnance d'Is, concernant la police des prisons. « Ce prince, dit St-Julien de Baleure, s'aimoit fort en ce bourg, situé en belle assiette, tant pour le plaisir de la chasse et de la volerie, qu'aux commodités favorisant son naturel. »

Is-sur-Tille est situé dans un vallon arrosé par l'Ignon, qui, dans son cours, depuis Pellerey jusqu'à Diénay, fait mouvoir plusieurs forges, fourneaux, moulins à blé et à écorce. Elle est en général assez mal bâtie ; il y a cependant un hôtel de ville fort joli, élevé sur une assez belle place, et des promenades très-agréables.

PATRIE du général BOUCEU.

INDUSTRIE. *Fabriques* de draps. Forges et martinets. Filature hydraulique de laine. Moulins à blé, à tau et à foulon. Education des bestiaux et des abeilles. — *Foires* les 23 fév., 12 avril, 12 juin, 27 août, 19 oct. et 2 déc.

ISSUS, vg. *H.-Garonne* (Languedoc), arr. et à 20 k. de Villefranche-de-Lauragais, cant. et ⊠ de Montgiscard. Pop. 449 h.

ISSY, Issiacus, Issiacum, joli village, *Seine* (Ile-de-France), arr., cant. et à 8 k. de Sceaux. ⊠. A 8 k. de Paris pour la taxe des lettres. Pop. 2,629 h. Ecole secondaire ecclésiastique (succursale de St-Sulpice). Omnibus pour Paris.

Issy est bâti dans une situation charmante, sur une petite colline dont la pente insensible s'étend jusqu'à la rive gauche de la Seine, qui passe à peu de distance. Plusieurs sources se trouvent sur le territoire de cette commune et contribuent à en rendre le séjour délicieux : aussi y remarque-t-on un grand nombre de jolies maisons de campagne. En face de l'église, on voit sur une hauteur un édifice de construction gothique, appelé la Maison de Childebert, qui occupe, dit-on, l'emplacement d'un ancien manoir royal que ce roi possédait à Issy.— *Fabriques* de blanc, produits chimiques, poudre fulminante, chaux hydraulique. Tuileries et briqueteries, etc. — Fête patronale le dimanche après le 17 sept.

Bibliographie. BATÈRE (de). *Notice sur le château seigneurial d'Issy, connu sous le nom de château de Childebert, sur quelques antiquités qui y ont été découvertes, suivie d'un coup d'œil sur le séminaire*, in-8, 1841.

ISSY-L'ÉVÊQUE, Issium, Issiacum, bg *Saône-et-Loire* (Bourgogne), arr. et à 44 k. d'Autun, chef-l. de cant., ⊠ de Luzy. Pop. 1,960 h.

Ce bourg est situé dans un pays montueux et inégal. Il y avait autrefois un château fort, dont on voit encore quelques restes de l'enceinte et des fossés. — *Foires* les 20 janv., 17 mars, 2 mai, 7 juin, 7 nov. et 24 juillet.

ISTOURNET, vg. *Aveyron*, comm. de Ste-Radegonde, ⊠ de Rodez.

ISTRES, petite ville, *Bouches-du-Rhône* (Provence), arr. et à 49 k. d'Aix, chef-l. de cant. ⊠. A 748 k. de Paris pour la taxe des lettres. Pop. 3,122 h.— Terrain d'alluvions modernes.

La fondation d'Istres paraît remonter au VIIIe siècle ; le plus ancien titre où il en est fait mention est une charte de 963. Cette ville est bâtie sur une petite colline, au fond d'une anse que forme dans sa partie méridionale l'étang de l'Olivier, qui communique à l'étang de Berre par un beau canal. Elle est entourée de remparts en ruine d'une solide construction, et dominée par les restes d'un ancien château fort dont on voit encore quelques tours. Les rues sont étroites et assez mal percées ; mais les faubourgs sont spacieux, régulièrement bâtis, et ornés de plusieurs allées d'arbres qui forment de jolies promenades. Deux fontaines abondantes y entretiennent la fraîcheur et la propreté.

Sur le territoire d'Istres est l'étang desséché de Bassuin, où est établie une importante manufacture de soude et de produits chimiques, l'un des plus vastes établissements industriels que possède le département. — *Commerce* d'huile d'olives, de fruits et de kermès. — *Foires* les 28 avril, 30 août et 15 nov.

Istres (les), vg. *Marne* (Champagne), arr. et à 12 k. d'Epernay, cant. et ✉ d'Avize. Pop. 132 h.

Isturits, vg. *B.-Pyrénées* (Navarre), arr. et à 30 k. de Bayonne, cant. de la Bastide-Clairence, ✉ de Hasparren. Pop. 676 h.

Itancourt, vg. *Aisne* (Picardie), arr., ✉ et à 6 k. de St-Quentin, cant. de Moy. Pop. 864 h.

Iteuil, vg. *Vienne* (Poitou), arr. et à 12 k. de Poitiers, cant. et ✉ de Vivonne. Pop. 973 h. — *Foires* les 1er fév., 14 avril et 12 déc.

Ithorots-Olhaïby, vg. *B.-Pyrénées* (Navarre), arr. de Mauléon, cant., ✉ et à 8 k. de St-Palais. Pop. 278 h.

Itium Promontorium (lat. 51°, long. 20°). « Ptolémée faisant mention d'un promontoire sur la côte qui suit l'embouchure de la Somme, en s'avançant vers les embouchures de l'Escaut et de la Meuse, on ne peut en reconnaître d'autre sur le local que le Gris-Ness. La côte qui jusqu'à cette pointe avancée dans la mer court au nord s'y replie subitement vers l'orient d'été jusque dans la Zélande. Ce sont ces gisements différents dans la côte qui font du Gris-Ness l'endroit du rivage de la Gaule qui regarde de plus près le rivage de la Grande-Bretagne ; et il est évident que si quelque endroit en cette extrémité du continent a dû se faire remarquer et être désigné par un nom particulier, c'est le Gris-Ness. Il semble que préférer à cette circonstance du local, qui saute aux yeux, quelque autre endroit qui ne se distingue pas de la même manière, c'est en agir arbitrairement. Boulogne ou l'embouchure de la Canche à Etaples n'ont point de promontoires qu'on puisse comparer au Gris-Ness, quoiqu'en plaçant en ces lieux le *Portus Itius* Nicolas Sanson et Adrien de Valois aient dû supposer que l'*Itium Promontorium* se faisait remarquer dans le voisinage. Si l'on objecte que Ptolémée, procédant du sud au nord dans le dénombrement des lieux sur la côte, faisait mention de *Gesoriacum*, ou de Boulogne, au delà du promontoire, au lieu de le placer en deçà, nous répondrons que cette objection ne peut avoir de force qu'autant que la géographie de la Gaule, dans Ptolémée, paraîtra moins imparfaite, et qu'on n'y trouvera pas autant de positions déplacées qu'on y en trouve. Convient-il de subordonner à Ptolémée ce qui résulte de la position du local ? Le terme de *ness*, dans le nom de Gris-Ness, est propre à plusieurs langues du Nord pour désigner de grands promontoires. » D'Anville. *Notice de l'ancienne Gaule*, p. 388. V. aussi Walckenaer. *Géographie des Gaules*, t. I, p. 452.

Itius Portus (lat. 51°, long. 20°). « César s'étant embarqué dans ce port pour passer dans la Grande-Bretagne, les savants se sont exercés à rechercher quel était ce port, et leurs opinions sont fort partagées sur ce sujet. M. de Valois croit que le port *Itius* est l'embouchure de la Canche sous Etaples. Cluvier, Sanson, le P. le Quien, veulent au contraire que ce soit Boulogne. L'opinion la plus singulière est celle de Malbranq, auteur d'un gros ouvrage sur les *Morini*, qui suppose que la mer formait autrefois un golfe assez profond pour pénétrer jusqu'à *Sithiu*, ou St-Omer, et auquel le nom de *Sinus Itius* conviendrait. M. Ducange, dans une des dissertations qu'il a jointes à l'*Histoire de saint Louis* par le sire de Joinville, opine que le port *Itius* est Wit-Sand, et Cambden le présumait de même avant lui. Wit-Sand, ou, selon qu'on écrit ou qu'on prononce communément, Wissan, en altérant les termes qui composent cette dénomination, et qui signifient *blanc sable*, est au fond d'une anse, entre le Gris-Ness, appelé autrefois *Promontorium Itium*, et une autre pointe nommée Blanc-Nez. Je ne vois point de lieu plus convenable au port *Itius*, et j'en développe les preuves, plus en détail que je ne me le permets ici, dans un Mémoire donné à l'Académie en cette même année 1757. César parle du port qu'il avait choisi pour son embarquement comme de l'endroit d'où il avait connaissance que le trajet dans la Grande-Bretagne est le plus facile : *Quo ex portu commodissimum in Britanniam trajectum esse cognoverat*, la traversée étant d'environ 30 milles, *circiter millium passuum XXX*. Dans Strabon, le trajet que fit César est indiqué sur le pied de 320 stades, ou de 300 seulement au rapport d'Eustathe. Le témoignage de César ne permet pas de tirer de ce nombre de stades 37 ou 40 milles, à raison de 8 stades pour un mille, selon la compensation la plus ordinaire, mais 30 ou 32, à raison de 10 stades pour un mille, selon que le prescrit une mesure particulière de stade usitée dans l'antiquité, et propre spécialement au trajet de la Gaule dans la Grande-Bretagne, comme on peut voir dans l'article *Gesoriacum*. César, qui passa deux fois dans l'île des Bretons, nous apprend, en parlant du premier trajet, qu'arrivant sur la côte britannique, et la trouvant bordée de falaises escarpées qui rendaient la descente impraticable, il fut obligé de ranger cette côte l'espace de 8 milles pour trouver un rivage uni et découvert, *littus apertum et planum*, où il pût aborder et mettre pied à terre. Or, sa navigation ayant été, comme nous en sommes instruits, de 30 ou 32 milles, il en résulte que, du port où il avait mis à la voile jusqu'au point de reconnaître la côte britannique, le trajet était de 22 milles, ou de 24 au plus ; et en effet ce qu'il y a de largeur de canal entre le rivage de Wissan et celui de l'Angleterre, au pied des falaises qui le bordent, répond précisément à 24 milles. Ce qui convient ainsi au rivage de Wissan ne convient à aucune autre position, et particulièrement à celle de *Gesoriacum*, dont la distance en droite ligne du rivage de la Grande-Bretagne le moins écarté, et aux environs de Douvres, est de 34 milles. Par un examen de toutes les circonstances de l'un et de l'autre trajet de César, en les appliquant à la disposition du local, on reconnaît qu'il fit descente sur la plage de *Hyth*, à l'ouest de Douvres, et où il existait du temps des Romains un port sous le nom de *Lemanis*. C'est vers cet endroit qu'un rivage uni et découvert, *apertum et planum littus*, succède à une côte roide et escarpée, qui règne dans un espace d'environ 16 milles. Le Mémoire dont j'ai parlé ci-dessus est accompagné d'un plan particulier des deux rivages opposés de la Gaule et de la Grande-Bretagne, fixés dans leur position en rigueur géométrique ; et ce plan met ainsi sous les yeux ce qui correspond à tous les faits exposés dans le Mémoire. L'argument qu'on a le plus fait valoir en faveur de *Gesoriacum*, c'est qu'il paraît que sous les empereurs ce port de cette ville a été le plus fréquenté pour faire le trajet de la Gaule dans la Grande-Bretagne. Mais il ne s'ensuit pas que César ne pût préférer un lieu où il envisageait l'avantage d'un autre trajet : *Quod erat brevissimus in Britanniam trajectus*. L'histoire des temps qui ont suivi la domination romaine nous apprend, par beaucoup de faits particuliers, que l'on a fréquemment passé de France en Angleterre en s'embarquant à Wissan. M. Ducange et un savant anglais, Edmond Gibson, qui a pareillement écrit sur le port *Itius*, ont remarqué que Guillaume de Poitiers et Guillaume de Jumiège, en parlant du passage d'Alfred, frère de saint Edouard, en Angleterre, l'un de ces historiens appelle *Portus Icius* et l'autre appelle *Portus Wisanti*. Il faut observer que le nom d'Itius se trouve écrit diversement ou par un T ou par un C. Les manuscrits de César, selon Fulvius Ursinus, ont un T, et Strabon pareillement. Le texte grec de Ptolémée porte un κ dans le nom d'*Icium Promontorium*. L'orthographe des écrivains d'un temps moins reculé, qui ont doublé le C, ne fait point autorité. » D'Anville. *Notice de l'ancienne Gaule*, p. 389. V. aussi Walckenaer. *Géographie des Gaules*, t. I, p. 449; t. II, p. 268.

Dufresne-Ducange (Charles). *Du port Iccius ou Itius* (c'est la dix-huitième dissertation que cet auteur a mise après l'*Histoire de saint Louis* par le sire de Joinville, p. 300, in-f°, 1668).

ITTEVILLE.

BERNARD (Pierre). *De Portus Iccius* (c'est le chapitre II de l'ouvrage intitulé : Annales de Calais, St-Omer, etc. Toutes les opinions proposées sur le port *Iccius* reparaissent dans ce chapitre; in-4, 1715).

QUIEN (le P. le). *Dissertation sur le port Iccius* (Mémoire de littér. et l'Hist. de M. Desmolets, t. VIII, II° part., p. 325, 307).

VOIDEUL. *Lettre à M. d'H... sur le port Iccius de César* (Mercure, p. 1902, 1903, sept. 1739).

MAILLART. *Lettre à M. l'abbé Lebœuf, au sujet des voyages faits par César en Angleterre* (Mercure, p. 206, 213, fév. 1736; Choix des Mercures, t. XXXV, p. 91, 100).

HALLEY. *Mémoire pour déterminer dans quel temps et dans quel endroit Jules César fit sa première descente en Angleterre* (Transact. philosoph., n° 193).

WASTELAIN (P.-Ch.). *Examen de la situation du port Iccius* (dans sa Description de la Gaule belgique).

RIBAUD DE LA CHAPELLE. *Mémoire sur le port Itius de César* (imprimé à la fin des Mémoires sur quelques villes et provinces de France, in-12, 1766).

ANVILLE (d'). *Mémoire sur le port Itius et sur le lieu du débarquement de César dans la Grande-Bretagne* (Mém. de l'acad. roy. des belles-lettres, t. XXVIII, p. 397, 409).

Dissertation sur Itius Portus (Hist. de l'acad. roy. des inscript. et belles-lettres, t. I, p. 149; Mémoires, ibid., t. XXVII, p. 377, 409).

ITON (l'); *Itona*, rivière qui prend sa source dans les montagnes du département de l'*Orne*, près de la Trappe. Elle passe à Bonnefoy, St-Aubin-sur-Iton, St-Ouen-sur-Iton, Chanday, entre dans le département de l'*Eure* à la Chaise-Dieu, arrose Francheville, Cintray, St-Nicolas, St-Ouen-d'Attez, Bourth, Breteuil, Blanday, Damville. Près de là, l'Iton se perd à Villolet, et ne sort des canaux souterrains qu'il a parcourus qu'à 15,587 m. plus loin, ce qui a fait donner à cette partie le nom de Fol-Iton. Cette rivière reparaît à Vieux-Conches et à Bonneville par un grand nombre de sources, arrose Conches, Bonneville, et se jette dans l'Eure aux Planches, après un cours d'environ 120 k. L'Iton fait mouvoir plus de 40 moulins à blé, filatures de laine et de coton, usines à zinc, scieries hydrauliques, etc., etc.

ITRES, vg. *Somme* (Picardie), arr., ⊠ et à 20 k. de Péronne, cant. de Combles. Pop. 1,113 h.

ITSATSOU, vg. *B.-Pyrénées* (Gascogne); arr. et à 22 k. de Bayonne, cant. d'Espelette, ⊠ d'Ustarits. Pop. 1,515 h.

ITTENHEIM, vg. *B.-Rhin* (Alsace), arr., ⊠ et à 12 k. de Strasbourg, cant. d'Oberhausbergen. ⚹. Pop. 892 h.

ITTERSWILLER, vg. *B.-Rhin* (Alsace), arr. et à 13 k. de Schelestadt, cant. et ⊠ de Barr. Pop. 498 h.

ITTEVILLE, vg. *Seine-et-Oise* (Gatinais), arr. et à 20 k. d'Étampes, cant. et ⊠ de la Ferté-Aleps. Pop. 745 h.

IVRY-LA-BATAILLE.

ITTLENHEIM, vg. *B.-Rhin* (Alsace), arr. et à 20 k. de Strasbourg, cant. de Truchtersheim, ⊠ de Wasselonne. Pop. 224 h.

ITXASSOU, vg. *B.-Pyrénées*. V. ITSATSOU.

ITZAC, vg. *Tarn* (Languedoc), arr. et à 18 k. de Gaillac, cant. de Vaour, ⊠ de Cordes. Pop. 413 h.

IUNGHOLTZ, vg. *H.-Rhin*, comm. et ⊠ de Soultz.

IVERGNY, vg. *Pas-de-Calais* (Artois), arr. et à 20 k. de St-Pol-sur-Ternoise, cant. d'Avesnes-le-Comte, ⊠ de Frévent. Pop. 541 h.

IVERNY, vg. *Seine-et-Marne* (Brie), arr., ⊠ et à 11 k. de Meaux, cant. de Claye. Pop. 373 h.

IVIERS, vg. *Aisne* (Picardie), arr. et à 20 k. de Vervins, cant. d'Aubenton, ⊠ de Brunhamel. Pop. 1,140 h.

IVILLE, vg. *Eure* (Normandie), arr. et à 22 k. de Louviers, cant. et ⊠ de Neubourg. Pop. 611 h. — Fabrique de toiles de coton. Briqueterie.

IVILLERS, vg. *Oise*, comm. de Villeneuve-sur-Verberie, ⊠ de Verberie.

IVOIRY, vg. *Meuse*, comm. d'Epinonville, ⊠ de Varennes-en-Argonne.

IVORS, vg. *Oise* (Picardie), arr. et à 35 k. de Senlis, cant. de Betz, ⊠ de la Ferté-Milon. Pop. 395 h.

IVORY, vg. *Jura* (Franche-Comté), arr. de Poligny, à 9 k. d'Arbois, cant. et ⊠ de Salins. Pop. 307 h.

IVOUX, vg. *Vosges*, comm. de la Chapelle, ⊠ de Corcieux.

IVOY. V. Yvoy.

IVOY-LE-PRÉ, vg. *Cher* (Berry), arr. et à 29 k. de Sancerre, cant. et ⊠ de la Chapelle-d'Angillon. Pop. 2,703 h. — Haut fourneau, forges, laminoirs et fonderie.

IVREY, vg. *Jura* (Franche-Comté), arr. de Poligny, à 20 k. d'Arbois, cant. et ⊠ de Salins. Pop. 244 h.

IVRY, *Ivræium*, vg. *Côte-d'Or* (Bourgogne), arr. et à 21 k. de Beaune, cant. et ⊠ de Nolay. ⚹. Pop. 605 h. — *Foires* les 14 fév., 21 mai, 19 août et 27 oct.

IVRY-LA-BATAILLE, *Ebriacum, Castellum, Ebroicum Castrum, Evriacum, Eburovicum, Ibericum*, bg *Eure* (Normandie), arr. et à 34 k. d'Évreux, cant. de St-André. ⊠. A 101 k. de Paris pour la taxe postale. Pop. 1,010 h. — Terrain crétacé supérieur, craie. Au X° siècle, Ivry appartenait à Raoul, comte de Bayeux, frère utérin de Richard I°', duc de Normandie, dont la femme fit bâtir sur la crête de la montagne une forteresse qui fut une des plus fameuses de l'époque. Le domaine d'Ivry fut attribué par Guillaume le Bâtard à Roger de Beaumont, son échanson, qui, en 1071, fonda au-dessous du château un monastère de l'ordre de St-Benoît. En 1119, Henri I° d'Angleterre, tenait une forte garnison dans la tour d'Ivry : Louis le Gros, après plusieurs vives attaques, y mit le feu et en resta maître. Louis le Jeune et Henri II d'Angleterre eurent en 1176, près d'Ivry, en présence du légat du pape, une entrevue dans laquelle

IVRY-LA-BATAILLE.

ils firent une alliance. En 1188, le roi d'Angleterre, poursuivi par Philippe Auguste qui le provoquait au combat, se retira dans le château dont Philippe Auguste s'empara en 1193. — Au XV° siècle, il y avait, indépendamment de l'abbaye et du bourg situés dans la vallée, une haute ville contiguë au château. Talbot vint, en 1418, assiéger Ivry : la ville fut prise d'assaut, et le château capitula au bout de quarante jours. La butte sur laquelle était placée l'artillerie du siége existe encore et porte le nom de butte Talbot. En 1424, nouveau siége par le duc de Bedford, qui était à la tête de 10,000 hommes : la ville fut emportée, et le château se rendit au bout d'un mois environ. Ivry fut repris en 1449 par le comte de Dunois, qui fit démolir les fortifications. Les vestiges qui en restent sont fort étendus.

Ivry a donné son nom à la bataille décisive et fameuse qui fut gagnée, le 14 mars 1590, dans la plaine voisine, par Henri IV sur le duc de Mayenne. — Les troupes de la Ligue s'étaient concentrées le 13 mars autour d'Ivry : lorsqu'elles s'avancèrent dans la plaine, elles formaient un total de 3,500 chevaux et 13,000 fantassins, avec quatre bouches à feu. Henri IV avait 8,000 hommes de pied, 2,500 chevaux, 4 pièces de canons et 2 couleuvrines. Les différentes positions de la bataille comprennent les territoires de St-André, Foucrainville, Serez, Neuville, Neuvillette, Boussey, Epieds et Garennes.— La plaine d'Ivry s'étend au couchant de la rivière d'Eure, entre Anet et Ivry : aucune digue, aucune haie, aucun obstacle naturel ne la coupe ; le seule terrain s'abaisse au milieu par une courbe presque imperceptible, en sorte que l'armée royale, appuyée d'un côté au village de St-André, de l'autre à celui de Turcanville, ne pouvait être atteinte par l'artillerie ennemie. Henri IV, après avoir fait reposer ses troupes, vint occuper cette position le mardi 13 mars, partageant sa cavalerie, presque toute composée de gentilshommes, et sur laquelle il comptait le plus comme plus accessible au point d'honneur, en sept corps, appuyés chacun par deux régiments d'infanterie. Le maréchal d'Aumont, le duc de Montpensier, le grand prieur assisté de Givry, maréchal de camp, le baron de Biron, le roi, le maréchal de Biron et Schomberg, commandant des reîtres étaient à la tête de sept divisions. Pendant que l'armée prenait place sur le terrain, elle fut rejointe successivement par Duplessis, de Muy, la Trémoille, d'Humières et Rosny, qui avec deux ou trois cents chevaux arrivaient du Poitou, de la Picardie et de l'Ile-de-France pour prendre part à cette bataille impatiemment attendue. Ces derniers venus étaient presque tous huguenots. Jusqu'alors on n'en avait compté qu'un très-petit nombre dans l'armée.

Le duc de Mayenne ne supposait pas que Henri voulût l'attendre ; mais il se flattait de l'atteindre au passage de quelque rivière dans sa retraite vers la basse Normandie, et il pressait sa marche dans cette espérance, non sans exposer ses propres troupes au désordre dans lequel il croyait trouver celles de l'ennemi. Mais, entré le 13 mars après midi dans la plaine d'Ivry, il vit devant lui les royalistes qui l'attendaient et qui s'étaient rangés en bataille avec tout l'avantage du terrain. Il ralentit sa marche pour remettre de l'ordre dans son armée, et il n'arriva à portée des ennemis que le soir, lorsqu'il était déjà trop tard pour songer à engager le combat. Le temps était très-mauvais, et les soldats de la Ligue, fatigués par les pluies froides qu'ils avaient essuyées pendant toute la marche, furent obligés de coucher à découvert; quelques officiers seulement purent réussir à dresser leurs tentes, tandis que les royplistes se restaurèrent pendant la nuit dans les villages de St-André et de Turcanville.

Le mercredi 14 mars au matin, l'armée royale vint reprendre la même position qu'elle occupait la veille. Les deux armées ne furent point rangées en bataille avant dix heures du matin. D'Aubigné rapporte qu'en mettant son casque Henri adressa ce peu de mots à ses compagnons d'armes. « Mes compagnons, Dieu est pour nous, voici ses ennemis et les nôtres, voici votre roi ; donnons à eux ! Si vos cornettes vous manquent, ralliez-vous à mon panache blanc, vous le trouverez au chemin de la victoire et de l'honneur. » Ces paroles furent accueillies par un cri général de Vive le roi, et la bataille commença. L'artillerie royaliste porta en plein sur les ligueurs, qui se découvraient sur le renflement du terrain ; celle de la Ligue au contraire ne put atteindre les royalistes, abrités dans son enfoncement. Le comte d'Egmont, qui était à l'extrême droite de l'armée de Mayenne, ne voulut pas attendre une troisième décharge de cette artillerie et se précipita avec fureur sur la cavalerie légère du grand prieur qui lui était opposée et qu'il culbuta. Avec la même impétuosité il parvint jusqu'aux canons du roi qui avaient maltraité sa troupe.

« Compagnons, cria-t-il, je vais vous montrer comme il faut traiter cette armée de lâches et d'hérétiques, » et, faisant en même temps tourner son cheval, il vint frapper de la croupe contre la batterie royale. Il n'y eut pas un de ses hommes d'armes qui ne voulût se vanter d'en avoir fait autant. Ils ne perdirent pas seulement leur temps à cette bizarre manœuvre, toute la cavalerie d'Egmont se mit en désordre; elle n'avait plus l'élan qui avait fait sa force, lorsqu'elle fut chargée en même temps par le maréchal d'Aumont, le baron de Biron, le grand prieur et Givry. Egmont fut tué avec ses principaux officiers, tout le reste fut enfoncé et mis en pièces. Chef d'une autre partie de la ligue, le duc de Brunswick, qui conduisait les reîtres des ligueurs, fut également tué. Ces reîtres avaient coutume après chaque charge de passer dans les intervalles laissés à dessein entre chaque bataillon pour aller se réformer derrière la ligne ; mais le vicomte de Tavannes, que Mayenne avait chargé de ranger son armée en bataille, avait la vue si courte, qu'il s'était trompé sur l'intervalle qu'il devait laisser entre les corps, et que l'espace lui manquait pour cette manœuvre. Les reîtres, en revenant de la charge, vinrent donc donner dans l'escadron de lanciers du duc de Mayenne et le mirent en désordre. Le duc fut obligé de les repousser à coups de lance, il ne put point faire prendre carrière à ses chevaux ; et, tandis qu'il s'efforçait en vain de les remettre en ordre, il fut chargé avec fureur par le roi, qui voyait son embarras. Il fut enfoncé et forcé de s'enfuir vers le bois. Bientôt toute la cavalerie de la Ligue fut entraînée dans la même déroute ; les bataillons de fantassins qu'elle avait couverts se trouvèrent alors isolés au milieu de la plaine et de toutes parts attaqués par les troupes du roi. Les Suisses, quoiqu'ils ne fussent point encore entamés, soulevèrent leurs armes en signe qu'ils voulaient se rendre et furent aussitôt reçus à quartier par le maréchal de Biron. Les lansquenets, encouragés par cet exemple et affaiblis en même temps par cette défection, levèrent à leur tour leurs piques et crièrent qu'ils se rendaient. Mais Henri IV et ses soldats nourrissaient contre eux une profonde rancune : plusieurs d'entre eux avaient déjà pris part à la trahison d'Arques, où ils avaient feint de se rendre ; plusieurs, engagés par les princes protestants pour renforcer l'armée de Henri IV, avaient passé à ses ennemis ; le roi déclara qu'ils avaient forfait à la loi militaire, et qu'il ne leur accordait aucun quartier. Le massacre dura une heure entière ; mais pendant qu'on les tuait sans défense, le roi criait : « Sauvez les Français, et main basse sur l'étranger. » Les fuyards de la Ligue allèrent chercher un asile les uns à Chartres, les autres à Mantes.

Une pyramide d'environ 17 m. de hauteur, entourée de grilles en fer, fut élevée en cet endroit vers la fin du siècle dernier par le duc de Penthièvre, pour perpétuer le souvenir de cette victoire mémorable. Cette pyramide, détruite pendant les temps orageux de la révolution, fut réédifiée par Napoléon, en 1809.

Fabriques d'instruments à vent renommés, peignes d'ivoire. Filature de coton. Tanneries. — *Commerce* de grains, chevaux et bestiaux. — *Foires* les 24 juin, 10 août et samedi veille de Quasimodo. Fête champêtre le 1er dimanche de mai.

Bibliographie. * *Déclaration de la bataille faite à Ivry-la-Chaussée, et de la victoire obtenue par le roi sur ceux de la Ligue*, in-4, 1590.
* *Discours véritable de la victoire obtenue par le roi en la bataille d'Ivry* (t. v des Mémoires de la Ligue, p. 254).

IVRY-LE-TEMPLE, vg. *Oise* (Vexin), arr. et à 27 k. de Beauvais, cant. et ⊠ de Méru. Pop. 448 h. — Aux environs de ce village, à l'extrémité d'une prairie, on remarque un bosquet planté dans une excavation en forme de vase arrondi, d'où il sort une source intermittente qui ne donne de l'eau que dans des intervalles très-éloignés, son écoulement ne se renouvelant que tous les neuf, dix et douze ans.

IVRY-SUR-SEINE, *Ivriacum*, *Evriacum Mauripense*, vg. *Seine* (Ile-de-France), arr. et à 15 k. de Sceaux, cant. de Villejuif. ⊠. A 8 k. de Paris pour la taxe des lettres. Pop. 6,886 h. — Omnibus pour Paris.

Ce village est très-agréablement situé sur une colline qui borde la rive gauche de la Seine ; il forme une commune composée d'Ivry, et des hameaux de la Gare, d'Austerlitz et de St-Frambourg.

Le prévôt des marchands Bosc-Dubois avait fait bâtir à Ivry un magnifique château, dont il ne reste plus qu'une terrasse d'où l'on jouit d'une belle vue sur Paris et les environs. On voit aux alentours plusieurs belles maisons de campagne. — L'église paroissiale, bâtie au sommet de la colline qui domine la commune, offre des constructions du XIIe au XVe siècle.

Fabriques de colle forte, de gélatine, produits chimiques, pointes de Paris, alènes, cuirs vernis, papiers peints, encre d'imprimerie, etc. Vastes entrepôts de conservation de vins dans des caves naturelles, taillées dans le roc, à doubles courants d'air. — Maison de santé très-renommée pour le traitement des aliénés, fondée par M. Esquirol. — A LA GARE, verrerie à bouteilles et à vitres, etc., où sont employés 340 ouvriers.

Bibliographie. EMMERY (H.-C.). *Pont d'Ivry en bois, sur piles en pierre, traversant la Seine près du confluent de la Marne*, in-4, 1832.

IWUY, vg. *Nord* (Flandre), arr., cant., ⊠ et à 9 k. de Cambrai. Pop. 3,732 h. — *Fabriques* de bonneterie en laine et en coton, de coutellerie commune. Clouteries. Brasseries. Préparation et commerce en grand du lin de fin.

IZAGUETTES, vg. *Aveyron*, comm. de St-Hippolyte, ⊠ de Montsalvy.

IZAIRE (St-), vg. *Aveyron* (Rouergue), arr. et à 15 k. de St-Affrique, cant. de St-Cernin. Pop. 1,124 h. — *Foire* le 28 avril.

IZAOURT, vg. *H.-Pyrénées* (Navarre), arr. et à 43 k. de Bagnères-de-Bigorre, cant. de Mauléon-Barousse, ⊠ de St-Bertrand. Pop. 401 h.

IZÉ, vg. *Ille-et-Vilaine* (Bretagne), arr., cant., ⊠ et à 10 k. de Vitré. Pop. 2,155 h.

IZEAUX, vg. *Isère* (Dauphiné), arr. et à 41 k. de St-Marcellin, cant. et ⊠ de Rives. Pop. 1,582 h. — *Foires* les 21 mars, 1er juin et 1er sept.

IZEAUX, vg. *H.-Pyrénées* (Navarre), arr. et à 25 k. de Bagnères-de-Bigorre, cant. et ⊠ de la Barthe-de-Neste. Pop. 267 h.

IZEL-LES-EQUERCHIN, vg. *Pas-de-Calais* (Artois), arr. et à 16 k. d'Arras, cant. de Vimy, ⊠ de Douai. Pop. 660 h.

IZEL-LÈS-HAMEAUX, vg. *Pas-de-Calais* (Artois), arr. et à 20 k. de St-Pol-sur-Ternoise, cant. et ⊠ d'Aubigny. Pop. 702 h. — *Fabrique* de sucre indigène.

IZENAVE, vg. *Ain* (Bourgogne), arr., ⊠ et à 20 k. de Nantua, cant. de Brenod. Pop. 448 h. — *Fabrique* de tuiles.

IZERNORE, bg. *Ain* (Bourgogne), arr., ⊠, bureau d'enregist. et à 14 k. de Nantua, chef-l. de cant. (la cure est à Mornay). Pop. 1,011 h. — TERRAIN jurassique.

Le bourg d'Izernore occupe l'emplacement

d'une ancienne ville de ce nom, qui était déjà considérable avant l'invasion des Romains ; il est bâti à peu près au centre d'une plaine d'environ 4 k. d'étendue du nord au sud, sur près de 2 k. de l'est à l'ouest. Cette plaine est bornée au nord, à l'est et à l'ouest, par une petite vallée en demi-cercle, peu profonde, et qui ne ressemble pas mal à des fossés. Dans l'intérieur de cet espace on voit, à des distances régulières, des jetées de terre qui paraissent avoir été des fortifications faites de main d'homme. Si jadis ces jetées furent revêtues de murs, c'est ce dont on ne saurait guère douter ; mais il n'en subsiste plus de traces. C'était précisément dans cette plaine, depuis les fortifications jusqu'au bourg actuel, qu'était bâtie l'ancienne Izernore. Dans le milieu de la plaine, entre le bourg et les fortifications, on voit encore des élévations ou tertres couverts de gazon et de cailloux. En quelque endroit que l'on fouille la terre au-dessous de ce que le soc peut retourner, on trouve des ruines, des emplacements de maisons, dans lesquelles on reconnaît jusqu'à la distribution des appartements. On a même découvert, en 1733, plusieurs souterrains antiques, dont la direction était du nord au sud : l'intérieur était recouvert d'un mastic de chaux et de briques pilées.

À quelque distance du bourg et à l'est de l'ancienne ville, on admire encore les restes d'un temple, dont la figure était un parallélogramme. Les trois angles encore subsistants démontrent que cet édifice avait 19 m. 30 c. de long sur 14 m. 68 c. de large ; le massif du mur qui l'environnait ne s'élevait qu'à la hauteur de 2 m. 68 c. environ, et avait 1 m. 48 c. d'épaisseur. Ces murs étaient construits de blocs considérables, bien taillés en tous sens ; ils étaient assemblés sans mortier ni ciment, mais affermis et retenus par des boulons de cuivre qui entraient dans chacun de 6 c. environ. Sur les quatre angles de cet édifice s'élevaient quatre masses ou piliers angulaires, carrés par la partie extérieure, et, dans la partie intérieure, présentant deux sections ou quarts de colonne d'ordre toscan : autant qu'on en peut juger, l'ensemble de ces pilastres s'élevait à la hauteur d'environ 5 m. 70 c. à 6 m. 04 c. Ces pilastres sont en pierres du pays ; deux sont entiers et montent jusqu'au couronnement du fût, ou à l'astragale qui se voit au-dessous des chapiteaux ; ils sont formés de trois blocs ; leur diamètre, près de l'arête de l'angle jusqu'à la partie convexe la plus relevée, et près des bases, est à peu près de l'épaisseur du mur. Les deux pilastres angulaires, encore entiers, sont sans chapiteaux ; le troisième pilier ne monte qu'à la hauteur de 3 à 4 m. ; le dernier bloc qui le portait jusqu'au chapiteau a été enlevé, ainsi que le quatrième pilier et le mur latéral du côté du nord. Le carré du temple n'en est pas moins donné par l'alignement des piliers angulaires subsistants et par les fossés mêmes formés par l'enlèvement des fondations. Ce temple paraît d'une construction antérieure à l'arrivée des Romains dans ces contrées.

Izernore paraît avoir été, sous les Romains et sous la première race, une place importante. On connaît en effet des sous d'or mérovingiens frappés dans cette ville, et dans lesquels on est forcé de reconnaître un travail bourguignon. Ils offrent, d'un côté, le nom de la ville *Isarnoderofit*, autour d'un buste revêtu d'un *paludamentum* ; de l'autre, une croix ancrée sur des degrés, et accostée des initiales 7S avec le nom du monétaire PROCTEBALUS MON. ou VENTRIO. Ce dernier nom se trouve aussi sur un certain nombre d'autres tiers bourguignons, entre autres sur ceux de Châlon-sur-Saône.

Foires les 6 mars, 8 mai, 14 juin, 13 août, 18 oct. et 19 déc.

Bibliographie. *Notice sur Izernore* (Recherches sur les origines celtiques du Bugey, par Bacon Tacon ; *Mémoire sur les monuments d'Izernore*, in-8°).

IZERON, vg. *Isère* (Dauphiné), arr., ✉ et à 5 k. de St-Marcellin, cant. de Pont-en-Royans. Pop. 888 h. — Papeterie. — *Foires* le jeudi gras et le 1er sept.

IZESTE, vg. *B.-Pyrénées* (Béarn), arr. et à 20 k. d'Oloron, cant. et ✉ d'Arudy. Pop. 492 h.

Au-dessus d'Izeste on remarque des roches de marbre gris, au sein desquelles est creusée la profonde grotte d'Espalungue, dont l'entrée est en partie fermée par un mur. Cette grotte est une des plus grandes de celles qui existent dans toute la chaîne des Pyrénées ; elle est ornée de nombreuses stalactites, très-variées dans leurs formes et leurs accidents.

Patrie du célèbre médecin THÉOPHILE BORDEU, mort à Paris, pendant son sommeil, d'une apoplexie foudroyante, ce qui donna occasion de dire alors que la mort craignait si fort cet habile médecin, qu'elle l'avait surpris en dormant.

IZEURE, *Iciodorum*, vg. *Côte-d'Or* (Bourgogne), arr. et à 20 k. de Dijon, cant. et ✉ de Genlis. Pop. 367 h.

IZEUX, vg. *Somme* (Picardie), arr. et à 20 k. d'Amiens, cant. et ✉ de Picquigny. Pop. 314 h.

IZIER, vg. *Côte-d'Or* (Bourgogne), arr. et à 15 k. de Dijon, cant. et ✉ de Genlis. Pop. 305 h.

IZIEUX, bg *Loire* (Forez), arr. et à 10 k. de St-Étienne, cant. et ✉ de St-Chamond. Pop. 2,431 h. — Fabriques de rubans, lacets, poêles à frire, clouterie. — *Commerce de vins.*

IZON, vg. *Gironde* (Guienne), arr., cant. et à 11 k. de Libourne, ✉ de St-Loubès. Pop. 1,517 h.

IZOTGES, vg. *Gers* (Armagnac), arr. et à 40 k. de Mirande, cant. et ✉ de Plaisance. Pop. 264 h.

IZY, vg. *Loiret* (Orléanais), arr. et à 14 k. de Pithiviers, cant. d'Outarville, ✉ de Neuville-aux-Bois. Pop. 410 h.

J

JAALONS, vg. *Marne* (Champagne), arr. et à 15 k. de Châlons-sur-Marne, cant. d'Écury-sur-Coole. ✉. ✆. À 155 k. de Paris pour la taxe des lettres. Pop. 531 h. — Ce village est situé près de la rive gauche de la Somme-Soude, non loin de son embouchure dans la Marne. Il est environné de marais assez étendus, qui exhalent durant l'été des vapeurs méphitiques et qui entretiennent pendant l'hiver une humidité non moins funeste. — Filature de coton.

JABLINES, vg. *Seine-et-Marne* (Brie), arr. et à 15 k. de Meaux, cant. et ✉ de Lagny. Pop. 277 h.

JABREILLES, vg. *H.-Vienne* (Limousin), arr. et à 34 k. de Limoges, cant. de Laurière, ✉ de Razès. Pop. 1,151 h.

JABRON, vg. *Var*, comm. et ✉ de Comps.

JABRON (le), petite rivière qui prend sa source près de Dieulefit, arr. de Montélimart, *Drôme* ; elle reçoit le Roubion à Montélimart, et se jette dans le Rhône près de cette ville, après un cours d'environ 40 k.

JABRUN, vg. *Cantal* (Auvergne), arr. à 32 k. de St-Flour, cant. et ✉ de Chaudesaigues. Pop. 570 h.

JACOU, vg. *Hérault* (Languedoc), arr., ✉ et à 8 k. de Montpellier, cant. de Castries. P. 117 h. — Il possède un château entouré d'un parc d'une grande étendue.

JACOURETS (les), *Var*, comm. de Cabris, ✉ de Grasse.

JACQUE, vg. *H.-Pyrénées* (Gascogne), arr., ✉ et à 18 k. de Tarbes, cant. de Pouyastruc. Pop. 135 h.

JACQUELIN, vg. *Vienne*, comm. de Doussais, ✉ de Châtellerault.

JACQUELINIÈRE, vg. *Indre-et-Loire*, comm. et ✉ de la Chapelle-sur-Loire.

JACQUES (St-), vg. *B.-Alpes* (Provence), arr. et à 30 k. de Digne, cant. et ✉ de Barrême. Pop. 190 h.

JACQUES (faubourg St-), vg. *Aube*, comm. et ✉ de Troyes.

JACQUES (St-), vg. *Calvados* (Normandie), arr., cant., ✉ et à 14 k. de Lisieux. P. 1,827 h.

JACQUES (St-), vg. *Côtes-du-Nord*, com. de Tréméven, ✉ de Châtelaudren.

JACQUES (St-), ou St-Jacques-de-la-Lande, vg. *Ille-et-Vilaine* (Bretagne), arr., cant., ✉ et à 6 k. de Rennes. Pop. 772 h.

JACQUES (St-), vg. *Oise*, comm. et ✉ de Beauvais.

JACQUES (St-), ou St-Jacques-de-Thouars, vg. *Deux-Sèvres* (Poitou), arr. et à 25 k. de Bressuire, cant. et ✉ de Thouars. P. 318 h.

JACQUES-CHRISTOPHE (St-), ou St-Jacob-Christophe, vg. *Moselle*, comm. de Charleville, ✉ de Boulay.

JACQUES-D'ALIERMONT (St-), vg. *Seine-Inf.* (Normandie), arr. et à 17 k. de Dieppe, cant. et ✉ d'Envermeu. P. 325 h.

JACQUES-D'AMBUR, vg. *Puy-de-Dôme* (Auvergne), arr. et à 30 k. de Riom, cant. et ✉ de Pontgibaud. Pop. 652 h.

JACQUES-D'ATTICIEUX (St-), vg. *Ardèche* (Vivarais), arr. et à 40 k. de Tournon, cant. et ✉ de Serrières. Pop. 265 h.

JACQUES-DES-ARRÊTS (St-), vg. *Rhône* (Beaujolais), arr. et à 33 k. de Villefranche-sur-Saône, cant. de Monsol, ✉ de Beaujeu. Pop. 450 h.—*Foires* les 6 mai, 25 juin, 7 sept. et jeudi après Pâques.

JACQUES-DES-BLATS (St-), vg. *Cantal* (Auvergne), arr. et à 30 k. d'Aurillac, cant. et ✉ de Vic-sur-Cère. Pop. 1,983 h.

JACQUES-DES-GUÉRETS (St-), vg. *Loir-et-Cher* (Beauce), arr. à 24 k. de Vendôme, cant. et ✉ de Montoire. Pop. 139 h.

JACQUES-DUPONT-LEVET, ou St-James, vg. *Aude*, comm. de la Bastide-d'Anjou, ✉ de Castelnaudary.

JACQUES-DU-STAT (St-), vg. *Vosges*, comm. d'Arrentès-de-Corcieux, ✉ de Corcieux.

JACQUES-EN-VALGODEMAR (St-), vg. *H.-Alpes* (Dauphiné), arr. et à 30 k. de Gap, cant. de St-Firmin-en-Valgodemar, ✉ de Corps. Pop. 592 h.

JACQUES-LA-CROISÉE (St-), vg. *Isère*, comm. et ✉ de Moirans.

JACQUES-SUR-DARNETAL (St-), vg. *Seine-Inf.* (Normandie), arr. et à 9 k. de Rouen, cant. et ✉ de Darnetal. Pop. 1,329 h.

JACQUEVILLE, vg. *Seine-et-Marne* (Gatinais), arr. et à 18 k. de Fontainebleau, cant. et ✉ de la Chapelle-la-Reine. Pop. 140 h.

JACUT (St-), vg. *Morbihan* (Bretagne), arr. et à 44 k. de Vannes, cant. d'Allaire, ✉ de Rochefort-en-Terre. Pop. 1,250 h. — *Foires* les 9 fév. et 12 août.

JACUT-DU-MÉNÉ (St-), vg. *Côtes-du-Nord* (Bretagne), arr. et à 30 k. de Loudéac, cant. de Colinée, ✉ de Moncontour. P. 692 h.

JACUT-LANDOUART (St-), vg. *Côtes-du-Nord* (Bretagne), arr. et à 25 k. de Dinan, cant. de Ploubalay, ✉ de Plancoët. P. 1,011 h.

JADEZ, vg. *Vosges*, comm. de la Croix-aux-Mines, ✉ de St-Dié.

JÆGUERSTHAL, *B.-Rhin*, cant. et ✉ de Niederbronn. Hauts fourneaux, forges et fonderies.

JAGÉE, vg. *H.-Marne*, comm. de Ceffons, ✉ de Montiérender.

JAGNY, *Johanniacum*, vg. *Seine-et-Oise* (Ile-de-France), arr. à 30 k. de Pontoise, cant. et ✉ de Luzarches. Pop. 232 h.

JAGON, vg. *H.-Vienne*, comm. de St-Georges-les-Landes, ✉ d'Arnac-la-Poste.

JAGONNAS, vg. *H.-Loire*, comm. de Rauret, ✉ de Cayres.

JAGONZAC, vg. *H.-Loire*, comm. de St-Haond, ✉ de Cayres.

JAIGNES, vg. *Seine-et-Marne* (Brie), arr. et à 21 k. de Meaux, cant. et ✉ de Lizy. Pop. 434 h.

JAILLANS, vg. *Drôme*, comm. de Beauregard, ✉ de Romans.

JAILLE-YVON (la), bg *Maine-et-Loire* (Anjou), arr. à 16 k. de Segré, cant. et ✉ du Lion-d'Angers. Pop. 745 h. — Carrières d'ardoises.

JAILLETTE (la), vg. *Maine-et-Loire*, com. de Louvaines, ✉ de Segré.

JAILLEUX, vg. *Ain*, com. et ✉ de Montluel.

JAILLON, vg. *Meurthe* (pays Messin), arr., ✉ à 12 k. de Toul, cant. de Domèvre. Pop. 293 h.

JAILLY, vg. *Nièvre* (Bourbonnais), arr. et à 35 k. de Nevers, cant. et ✉ de St-Saulge. Pop. 282 h.

JAILLY (le Grand et le Petit-), vg. *Nièvre*, comm. de Bazolles, ✉ de Châtillon-en-Bazois.

JAILLY-LES-MOULINS, vg. *Côte-d'Or* (Bourgogne), arr. et à 24 k. de Semur, cant. et ✉ de Flavigny. Pop. 427 h.

JAINVILLOTTE, vg. *Vosges* (Lorraine), arr., cant., ✉ et à 14 k. de Neufchâteau. P. 326 h.

JAISOUS, vg. *Var*, comm. de Cabris, ✉ de Grasse.

JAL (St-), vg. *Corrèze* (Limousin), arr. et à 23 k. de Tulle, cant. de Seillac, ✉ d'Uzerche. Pop. 1,672 h.

JALBERTIE (la), vg. *H.-Garonne*, comm. de St-Félix, ✉ de Réval.

JALÈCHES, vg. *Creuse* (Marche), arr. de Boussac et à 28 k. de Chambon, cant. et ✉ de Chatelus. Pop. 480 h.

JALESNE, vg. *Maine-et-Loire*, comm. et ✉ de Montsoreau.

JALEYRAC, vg. *Cantal* (Auvergne), arr., cant., et à 6 k. de Mauriac. Pop. 763 h.

Dans un beau et fertile vallon.

Au-dessous de ce village naît une montagne primitive une source d'eau minérale ferrugineuse froide, autrefois très-fréquentée du gens du pays.

Bibliographie. ROUSSERIE (de la). *Recherches analytiques de la fontaine minérale de Jaleyrac*, in-12, 1780.

JALIGNY, petite ville, *Allier* (Bourbonnais), arr. de la Palisse, à 35 k. de Cusset, chef-l. de cant., bureau d'enregist. au Donjon. Cure. ✉. À 352 k. de Paris pour la taxe des lettres. Pop. 689 h.—TERRAIN tertiaire moyen. —Elle est située dans une contrée fertile, sur la Bèbre. — *Foires* les 30 mars, 1er avril et 17 août.

À Bert, hameau dépendant de Jaligny, gisement de houille exploitée pour les fours à chaux de St-Gérand-le-Puy et le chauffage des habitants du voisinage, vu la rareté toujours croissante des bois dans cette partie du département.

JALLAIS, bg *Maine-et-Loire* (Anjou), arr., cant. et à 12 k. de Beaupréau, ✉ de Chemillé. Pop. 3,247 h. Sur l'Oudon. — *Fabriques d'étoffes de laine*. — *Foires* les 25 août et 30 nov.

JALLANGES, vg. *Côte-d'Or* (Bourgogne), arr. et à 27 k. de Beaune, cant. et ✉ de Seurre. Pop. 591 h. — *Foires* les 4 janv., 24 avril et 24 sept.

JALLANS, vg. *Eure-et-Loir* (Beauce), arr., cant., et à 3 k. de Châteaudun. P. 253 h.

JALLAUCOURT, vg. *Meurthe* (Lorraine), arr. de Château-Salins, à 15 k. de Vic, cant. et ✉ de Delme. Pop. 517 h.

JALJE (Ste-), vg. *Drôme* (Dauphiné), arr. et à 18 k. de Nyons, cant. et ✉ du Buis. Pop. 651 h. — *Foires* les 17 juin, lundi gras et 24 août.

JALLERANGE, vg. *Doubs* (Franche-Comté), arr. et à 24 k. de Besançon, cant. d'Audeux, ✉ de Marnay. Pop. 399 h.

JALLET (Ste-), vg. *Indre*, comm. de St-Plantaire, ✉ d'Aigurande.

JALLIÈRES, vg. *Isère*, comm. de Pisieu, ✉ de Beaurepaire.

JALLIEU, vg. *Isère* (Dauphiné), arr. de la Tour-du-Pin, cant. et à 6 k. de Bourgoin. Pop. 3,019 h. — *Fabriques d'indiennes et de toiles. Papeterie et moulin à blé*.—*Commerce de chanvre*.—*Foire* le 29 sept.

JALLINIEUX, vg. *H.-Vienne*, comm. de Bessines, ✉ de Morterolles.

JALOGNES, vg. *Cher* (Berry), arr., cant., et à 12 k. de Sancerre. Pop. 572 h. — *Foires* les 1er juin, 24 août et 18 oct.

JALOGNY, vg. *Saône-et-Loire* (Bourgogne), arr. et à 25 k. de Mâcon, cant. et ✉ de Cluny. Pop. 539 h.

JAMAILLE, vg. *Moselle*, comm. de Rosselange, ✉ de Thionville. — *Fabriques de cylindres*.

JAMBET (le), vg. *Sarthe*. V. St-Christophe-du-Jambet.

JAMBLES, vg. *Saône-et-Loire* (Bourgogne), arr. et à 13 k. de Chalon-sur-Saône, cant. et ✉ de Givry. Pop. 777 h.

JAMBLUSSE, vg. *Lot*, comm. de Saillac, ✉ de Limogne.

JAMBVILLE, bg *Seine-et-Oise* (Beauce), arr. et à 13 k. de Mantes, cant. de Limay, ✉ de Meulan. Pop. 848 h. — On y voit un beau château dont le parc renferme de magnifiques plantations.

JAMES (St-), vg. *Manche* (Normandie), arr. et à 18 k. d'Avranches, chef-l. de cant. Cure. Gîte d'étape. ✉. À 320 k. de Paris pour la taxe des lettres. Pop. 3,236 h. — TERRAIN de transition inférieur.

Guillaume le Conquérant construisit à St-James une des forteresses les plus considérables du pays, afin de défendre les limites de ses possessions contre les agresseurs de la Bretagne. Les Anglais furent longtemps en possession du château de St-James, qui fut repris en 1448 par le maréchal de Lohéac. Depuis lors il est resté à la France, et l'histoire n'en fait plus mention. On ne voit plus à St-James aucune trace de fortifications; elles ont été aplanies dans le XVIe et le XVIIe siècle. Du côté où le Beuvron coule, près de l'enceinte de la ville, on aperçoit le château de la Paluelle, qui offre un très-beau point de vue.

PATRIE de SILVESTRE DE LA CERVELLE, évêque de Coutances depuis 1371 jusqu'en 1386. C'est à lui que cette dernière ville doit la restauration et la conservation de sa cathédrale.

Commerce de bestiaux, blés, beaucoup de lin, de chanvre et de fil, etc. — Foires le 1er lundi de fév., mai, juin, juillet, déc., lundi gras, vendredi saint, 1er jeudi de sept. et dernier lundi de nov.

JAMES (St-), vg. *Seine*, comm. et ⊠ de Neuilly-sur-Seine.

JAMES, vg. *Nièvre*, comm. et ⊠ de Moulins-en-Gilbert.

JAMES-SUR-SARTHE (St-), vg. *Sarthe* (Maine), arr. et à 18 k. du Mans, cant. de Ballon, ⊠ de Beaumont-sur-Sarthe. Pop. 749 h.

JAMETZ, *Jamesium*, petite ville, *Meuse* (pays Messin), arr., cant. et à 12 k. de Montmédy, ⊠ de Louppy. Pop. 858 h. — C'était autrefois une ville forte, qui fut prise en 1589, et dont les fortifications ont été rasées.

Les armes de Jametz sont : *parti d'azur et de gueules, à un demi-vol ou aile d'argent.*

Fabriques importantes de bas de fil de lin à l'aiguille, dont le produit annuel est d'environ 6,000 paires de bas, du prix de 1 fr. 75 c. à 3 fr. — Foires les 8 avril et 8 nov.

Bibliographie. * *Discours abrégé sur la prise et reddition de la ville et château de Jamets, par monseigneur le marquis de Pont-à-Mousson*, in-12, 1589.

JAMEYSIEU, vg. *Isère* (Dauphiné), arr. de la Tour-du-Pin et à 21 k. de Bourgoin, cant. et ⊠ de Crémieu. Pop. 156 h.

JAMMERICOURT, vg. *Oise* (Normandie), arr. et à 24 k. de Beauvais, cant. et ⊠ de Chaumont-en-Vexin. Pop. 418 h.

JAMMES, vg. *Aveyron*, comm. de Maleville, ⊠ de Villefranche-de-Rouergue.

JAMMES (St-), vg. *Seine-et-Oise*, comm. de Feucherolles, ⊠ de St-Germain-en-Laye.

JAMMES-LA-HAGÈDE (St-), vg. *B.-Pyrénées* (Béarn), arr. et à 12 k. de Pau, cant. et ⊠ de Morlaas. Pop. 284 h.

JANAILLAC, vg. *H.-Vienne* (Limousin), arr. et à 15 k. de St-Yrieix, cant. et ⊠ de Nexon. Pop. 778 h.

JANAILLAT, vg. *Creuse* (Marche), arr., ⊠ et à 11 k. de Bourganeuf, cant. de Pontarion. Pop. 1,519 h.

PATRIE de TRISTAN L'ERMITE, auteur dramatique du commencement du XVIIe siècle; on a de lui un roman intitulé *le Page disgracié*, où il a retracé les divers événements dont sa vie fut agitée. C'est à lui qu'on applique ces vers de la première satire de Boileau :

Mais qui n'étant vêtu que de simple bureau
Passe l'été sans linge et l'hiver sans manteau.

Fabriques de sabots.

JANCIGNY, *Jansigniacum*, vg. *Côte-d'Or* (Bourgogne), arr. et à 31 k. de Dijon, cant. et ⊠ de Mirebeau-sur-Bèze. Pop. 223 h.

PATRIE de J.-B. DUBOIS, auteur dramatique, qui fut successivement directeur des théâtres de la Porte-St-Martin et de la Gaieté.

JAN-D'HEURS. V. L'ISLE-EN-RIGAULT.

JANDUN, vg. *Ardennes* (Champagne); arr. de Mézières, et à 20 k. de Charleville, cant. de Signy-l'Abbaye, ⊠ de Launoy. Pop. 904 h. — On y voit un château dont la construction remonte à l'an 1580.

JANIERS (les), vg. *Jura*, comm. de Prénovel, ⊠ de St-Laurent.

JANINS (les), vg. *Isère*, comm. de Charavines, ⊠ de Virieu.

JANNEYRIAS, vg. *Isère* (Dauphiné), arr. et à 31 k. de Vienne, cant. et ⊠ de Meyzieux. Pop. 518 h. — *Foire* le mardi après Pâques.

JANOUTAS, vg. *Lot-et-Garonne*, comm. de Lisle, ⊠ de Mézin.

JANS, vg. *Loire-Inf.* (Bretagne), arr. et à 22 k. de Châteaubriant, cant. et ⊠ de Derval. Pop. 973 h.

JANS-CAPPEL (St-), vg. *Nord* (Flandre), arr. et à 19 k. de Hazebrouck, cant. et ⊠ de Bailleul. Pop. 1,044 h.

JANYERIE (la), vg. *Loir-et-Cher*, comm. de Monteaux, ⊠ d'Écure.

JANVILLE, vg. *Calvados* (Normandie), arr. et à 18 k. de Caen, cant. et ⊠ de Troarn. Pop. 285 h.

JANVILLE, *Jenvilla, Hieuvilla*, petite et ancienne ville, *Eure-et-Loir* (Beauce), arr. et à 41 k. de Chartres, chef-l. de cant. Cure. ⊠. A 88 k. de Paris pour la taxe des lettres. Pop. 1,086 h.

TERRAIN tertiaire moyen.

Cette ville était jadis défendue par un mur d'enceinte flanqué d'une tour énorme dont il ne reste plus que la base, et entourée d'un large et profond fossé. Les rois de France y avaient un palais au XIVe siècle. — Les Anglais l'assiégèrent en 1428 ; la place offrait de capituler ; mais les termes de cette capitulation n'ayant pas été acceptés, Janville fut pris d'assaut et tous les habitants massacrés.

Les armes de Janville sont : *d'azur à une tour crénelée d'argent maçonnée de sable et surmontée d'un tourillon sans créneaux, accompagné de deux gerbes d'or en chef.*

PATRIE du poète COLLARDEAU.

Fabriques considérables de bonneterie et de bas tricot, qui emploient plus de 3,000 femmes et enfants de la commune et des environs. — *Foires* les 8 mars et 25 oct.

JANVILLE, vg. *Oise* (Picardie), arr., cant., ⊠ et à 6 k. de Compiègne. Pop. 214 h.

JANVILLE, *Joanvilla*, vg. *Seine-et-Oise*, comm. d'Auvers, ⊠ d'Étrechy.

JANVILLIERS, vg. *Marne* (Brie), arr. et d'Épernay, cant. et ⊠ de Montmirail. Pop. 190 h.

JANVRY, vg. *Marne* (Champagne), arr. et à 12 k. de Reims, cant. de Ville-en-Tardenois, ⊠ de Jonchéry-sur-Vesle. Pop. 227 h.

JANVRY, *Genveriæ*, vg. *Seine-et-Oise* (Ile-de-France), arr. et à 32 k. de Rambouillet, cant. et ⊠ de Limours. Pop. 383 h. — Il est situé dans une plaine élevée. On y remarque un puits de 73 m. de profondeur, dont on tire l'eau au moyen d'une grande roue, dans laquelle se placent quatre ou cinq hommes.

JANZAT, bg. *Allier* (Bourbonnais), arr., cant., ⊠ et à 10 k. de Gannat. Pop. 1,138 h.

JANZÉ, bg. *Ille-et-Vilaine* (Bretagne), arr. et à 25 k. de Rennes, chef-l. de cant. Cure. ⊠. A 359 k. de Paris pour la taxe des lettres. Pop. 4,304 h. — TERRAIN de transition moyen.

Fabriques de toiles à voiles. Éducation en grand de la volaille. — *Commerce* de poulards renommés, dites poulardes de Rennes. — *Foires* les 11 nov., 2e mercredi d'avril, de mai, de juin, de juillet et d'oct.

JARCIEUX, vg. *Isère* (Dauphiné), arr. et à 26 k. de Vienne, cant. de Beaurepaire, ⊠ de Bougé-Chambalud. Pop. 794 h. — *Foires* les 21 sept., lundi des Rogations et 1er samedi d'août.

JARD (le), vg. *Aube*, comm. d'Aix-Othe, ⊠ d'Estissac.

JARD (la), vg. *Charente-Inf.* (Saintonge), arr., cant., ⊠ et à 12 k. de Saintes. ☞. Pop. 453 h.

La Jard possède une église romane de la fin du XIe siècle, qui dépendait d'un monastère fort célèbre. L'abside est à demi arrondie, ayant des fenêtres romanes, surmontées d'un taillior qui la traverse après s'être recourbé sur les archivoltes, dont les claveaux sont en saillie. Un entablement, supporté par des modillons, la termine. Le clocher est bas, carré, coiffé d'un toit plat, ayant sur chaque face une fenêtre à plein cintre et à volute. La façade et les bas-côtés ont subi de nombreuses restaurations.

JARD (le Petit-), vg. *Seine-et-Marne*, comm. de Vert-St-Denis, ⊠ de Melun. V. VOISENON.

JARD, vg. *Vendée* (Poitou), arr. et à 12 k. des Sables, cant. de Talmont, ⊠ d'Avrillé. Pop. 1,039 h.

JARDAY, vg. *Loir-et-Cher*, comm. de Villerbon, ⊠ de Ménars.

JARDIN (le), vg. *Corrèze* (Limousin), arr. et à 33 k. de Tulle, cant. et ⊠ d'Egletons. Pop. 382 h.

JARDIN, vg. *Isère* (Dauphiné), arr., cant., ⊠ et à 5 k. de Vienne. Pop. 580 h.

JARDIN (le), vg. *Orne*, comm. de Damigny, ⊠ d'Alençon.

JARDRES, vg. *Vienne* (Poitou), arr. et à 18 k. de Poitiers, cant. de St-Julien-l'Ars, ⊠ de Chauvigny. Pop. 400 h. — *Foires* les 18 sept. et 27 déc.

JARDRES, vg. *Vienne*, arr. de Poitiers, cant. de la Villedieu, ✉ de Vivons. — *Foire* le 18 juin.

JARDY-LÈS-VAUCRESSON, vg. *Seine-et-Oise*, comm. de Marnes, ✉ de Ville-d'Avray. Patrie de Cléry, valet de chambre de Louis XVI, auteur de : *Journal de ce qui s'est passé au Temple pendant la captivité de Louis XVI.*

JAREY, vg. *Saône-et-Loire*, comm. de Cuiseaux, ✉ de St-Amour.

JARGE (la), vg. *Deux-Sèvres*, comm. de Laurigné, ✉ de Sauzé.

JARGEAU, *Gargosilum*, *Gergolium*, petite ville, *Loiret* (Orléanais), arr. et à 20 k. d'Orléans, chef-l. de cant. Cure. ✉. ☞. A 139 k. de Paris pour la taxe des lettres. Pop. 2,247 h. — Terrain d'alluvions modernes.

Jargeau était autrefois une ville forte, qui fut assiégée par le comte de Salisbury en 1428. La garnison capitula et se retira derrière la Loire.

Elle est située sur la rive gauche de la Loire, que l'on y passe sur un beau pont. Les rois de France y avaient une maison de plaisance au IXe siècle.

Les armes de Jargeau sont : *d'argent à trois annelets de gueules deux et un ; au chef d'azur chargé de trois fleurs de lis d'or.*

Foires le 1er mercredi de fév., avril, août, déc. et dernier mercredi de juin.

JARIOLE (la), vg. *Cher*. ☞. A 31 k. de Bourges.

JARJAYES, vg. *B.-Alpes*, comm. de Noyers, ✉ de Sisteron.

JARJAYES, vg. *H.-Alpes* (Provence), arr., ✉ et à 11 k. de Gap, cant. de Tallard. Pop. 560 h. — *Foire* le 30 août, pour cochons et volailles.

JARLAC, vg. *Charente-Inf.*, comm. de Montils, ✉ de Pons.

JARMENIL, vg. *Vosges* (Lorraine), arr., cant. et à 15 k. de Remiremont, ✉ d'Epinal. Pop. 518 h.

JARNAC, vg. *Ariège*, comm. de Mercus, ✉ de Tarascon-sur-Ariège.

JARNAC, *Jarnacum*, jolie petite ville, *Charente* (Angoumois), arr. et à 12 k. de Cognac, chef-l. de cant. Cure. Gîte d'étape. ✉. ☞. A 472 k. de Paris pour la taxe des lettres. Pop. 2,510 h.

Jarnac est célèbre par la victoire que le duc d'Anjou, depuis Henri III, y remporta au mois de mars 1569, sur l'armée des calvinistes, commandée par le prince de Condé.

L'armée des protestants, commandée par Coligny, occupait la rive droite de la Charente, et cherchait à empêcher l'armée catholique de passer cette rivière. Cette armée était commandée par le duc d'Anjou. Ce prince s'empara, le 12 mars, de Châteauneuf, situé sur la rive méridionale ; le pont de cette ville était rompu ; les catholiques parvinrent à le rétablir pendant la nuit, et y passèrent la rivière sans être aperçus. Dès que Coligny en fut averti, il fit mettre son armée en retraite, et expédia à Montgommery, à d'Acier, à Guy-Viaud, qui étaient dispersés avec leurs troupes à d'assez grandes distances, l'ordre de se diriger vers Bassac, abbaye peu éloignée de Jarnac, où il les attendait. Mais il fut mal obéi ; l'armée du duc d'Anjou avait tout entière passé la Charente avant que tous ses corps l'eussent rejoint. Il vit qu'il ne pourrait éviter la bataille, et se décida à attendre l'ennemi à 1 k. de Bassac, pour profiter d'un petit ruisseau qui le couvrait.

Ce fut sur les bords de ce ruisseau que se livra la bataille de Jarnac. Le corps de cavalerie que conduisait Guy-Viaud venait d'être mis en désordre ; mais il avait été soutenu à temps par la Noue, la Loue et Dandelot, et il s'était rangé derrière le ruisseau, dont il défendait quelque temps les bords. Enfin le passage fut forcé par Brissac, qui commandait l'avant-garde catholique ; la Noue et la Loue furent faits prisonniers, et déjà le duc de Montpensier avait ordonné qu'ils fussent pendus, lorsqu'aux représentations du vicomte de Martigues, Coligny cependant avait fait reculer les catholiques qui s'étaient trop avancés, et les avait chassés de Bassac ; il avait ensuite continué sa retraite jusqu'à un second ruisseau, où il était encore couvert par un marais, et c'était là qu'il avait fait dire à Condé de venir le soutenir.

« Condé, blessé la veille par une chute de cheval, portait le bras en écharpe ; au moment où il rejoignit Coligny, un cheval fougueux de son beau-frère, le comte de la Rochefoucauld, lui cassa la jambe par une ruade. « Allons, » noblesse française, » s'écria-t-il en s'adressant à trois cents gentilshommes environ qui l'entouraient, et auxquels il montrait sa jambe, « voici le combat que nous avons tant » désiré ; souvenez-vous en quel état Louis de » Bourbon y entre pour Christ et sa patrie. » C'était la devise de sa cornette.

DOUX LE PÉRIL POUR CHRIST ET LE PAYS.

Mais, avec quelque vaillance qu'il conduisit la charge contre la cavalerie ennemie, il était trop tard ; une petite partie seulement de la cavalerie des calvinistes se trouvait engagée contre toute l'armée catholique ; une charge de reîtres qui s'appuyait au marais, renversa le corps qui s'appuyait au marais, Chastelier Portaut, qui le commandait, renversé de son cheval et fait prisonnier, fut reconnu pour celui qui avait tué Charry cinq ans auparavant, et tué aussitôt. Soubise et Languillier furent pris aussi ; Condé, ayant son cheval tué sous lui, fut renversé avec son cheval tué sous lui. Les gentilshommes qu'il avait menés au combat se retirèrent autour de lui pour le défendre encore ; on y vit entre autres un vieillard nommé la Vergne, qui, avec vingt-cinq jeunes gens, ses fils, ses petits-fils et ses neveux, combattit autour du prince jusqu'à ce que lui-même et quinze des siens fussent tués et les autres faits presque tous prisonniers, enfin Condé se trouva sans défenseurs. Entre les ennemis qui l'entouraient il reconnut Cibar Tisson, seigneur de Fissac et d'Argence, auquel il avait précédemment sauvé la vie ; il l'appela et se rendit à lui, en lui tendant son gantelet. Argence, secondé par Saint-Jean de Roches, promit de le protéger. Mais ceux qui entouraient le duc d'Anjou, et Montesquiou, capitaine des gardes suisses, s'avança aussitôt. Condé, l'ayant reconnu, s'écria : « Je suis mort, d'Argence, tu ne me sauveras jamais ! » En effet Montesquiou, arrivant sur lui par derrière, le tua d'un coup de pistolet. Le duc d'Anjou témoigna de cette mort la joie la plus indécente : il se fit apporter le corps du premier prince du sang attaché sur une vieille ânesse, il l'insulta par des quolibets ; il parla de faire élever une chapelle où Condé avait été tué. Enfin son ancien gouverneur, Carnavallet, lui fit sentir l'inconvenance de sa conduite, et le corps de Condé fut rendu au duc de Longueville, son beau-frère, qui le fit enterrer à Vendôme, auprès de ses ancêtres.

Une pyramide quadrangulaire fut élevée dans le temps sur le lieu même où cet acte de vengeance fut commis ; détruite en 1793, elle a été remplacée par un monument de construction récente.

Jarnac est une ville bien bâtie, située dans une contrée très-fertile en vins, au milieu de vastes prairies, sur la Charente, rivière que l'on y passe sur un beau pont suspendu, et qui forme en cet endroit un petit port important par sa situation.

Industrie. Nombreuses distilleries d'eaux-de-vie en grand. — *Commerce* très-considérable d'eaux-de-vie dites de Cognac, qui se fabriquent dans les communes voisines, d'excellents vins rouges, de bestiaux, cuirs. — *Foires* de 3 jours les 3 mai, 5 sept. et le 5 des autres mois.

Bibliographie. Quénot (J.-P.). *Mémoire sur le pont suspendu en fil de fer construit sur la Charente à Jarnac, et détails de sa construction*, in-4, 1828. V. aussi Moncontour.

JARNAC-CHAMPAGNE, bg *Charente-Inf.* (Saintonge), arr. à 16 k. de Jonzac, cant. et ✉ d'Archiac. Pop. 1,160 h.

JARNAGES, jolie petite ville, *Creuse* (Marche), arr. de Boussac, à 26 k. de Chambon, chef-l. de cant. Cure. ✉. A 338 k. de Paris pour la taxe des lettres. Pop. 881 h. — Terrain cristallisé, granit.

Cette ville est bâtie dans une agréable situation. Elle était autrefois fortifiée, et fut prise en 1591, pendant les guerres de la Ligue. — *Commerce* de bestiaux, beurre et fromages estimés. — *Foires* les 22 janv., 2 mai, 12 août, 30 sept. et 6 déc. — Marchés considérables tous les jeudis.

JARNE (la), vg. *Charente-Inf.* (Aunis), arr., ✉ et à 7 k. de la Rochelle, cant. de la Jarrie. Pop. 653 h. — *Foire* le 8 sept.

JARNIOST, vg. *Rhône*, comm. de Ville-sur-Jarnioux, ✉ de Villefranche-sur-Saône.

JARNOSIS, vg. *Nièvre*, comm. de St-Agnan, ✉ de Saulieu.

JARNOSSE, vg. *Loire* (Forez), arr. et à 18 k. de Roanne, cant. et ✉ de Charlieu. Pop. 1,214 h.

JARNY, vg. *Moselle* (pays Messin), arr., ⊠ et à 15 k. de Briey, cant. de Conflans. ◯. Pop 709 h. — Papeterie.

JARRET, vg. *H.-Pyrénées* (Gascogne), arr. d'Argelès, cant., ⊠ et à 4 k. de Lourdes. Pop. 239 h.

JARRETIÈRE (la), vg. *Orne*, comm. de Villiers-sous-Mortagne, ⊠ de Mortagne-sur-Huine.

JARREY (le), vg. *Seine-et-Oise*, comm. de Bazoches, ⊠ de Montfort-l'Amaury.

JARRIE (la), bg *Charente-Inf.* (Aunis), arr. et à 18 k. de la Rochelle, chef-l. de cant. Cure. ⊠ de Croix-Chapeau. Pop. 1,023 h. — Terrain jurassique. — *Foires* les 22 juillet, 11 nov. et le lundi de Pâques.

JARRIE, vg. *Isère* (Dauphiné), arr. et à 11 k. de Grenoble, cant. et ⊠ de Vizille. Pop. 1,067 h. — *Foire* le 11 juin.

JARRIE-AUDOUIN (la), vg. *Charente-Inf.* (Saintonge), arr. et à 10 k. de St-Jean-d'Angely, cant. et ⊠ de Loulay. Pop. 566 h.

JARS, vg. *Cher* (Berry), arr., ⊠ et à 15 k. de Sancerre, cant. de Vailly. Pop. 1,491 h. — *Foires* les 7 janv., 21 mai, 22 juillet et 4 oct.

JARTOUX, vg. *Creuse*, comm. de St-Amand-Jartoudeix, ⊠ de Bourganeuf.

JARVILLE, vg. *Meurthe* (Lorraine), arr., cant., ⊠ et à 3 k. de Nancy. Pop. 593 h.

Jarville est célèbre par la victoire que le duc de Lorraine, René II, remporta en 1477 sur Charles le Téméraire, duc de Bourgogne. Dans cette mémorable circonstance, l'armée de Bourgogne ne put soutenir le choc des Lorrains, réunis aux Suisses et à la garnison de Nancy. Il fut fait un horrible carnage des Bourguignons, et Charles le Téméraire termina sa carrière dans les marais de l'étang St-Jean, près de Nancy. A l'endroit même où son corps, entièrement dépouillé, fut retrouvé le lendemain de la bataille, on a érigé, il y a quelques années, une colonne destinée à rappeler le souvenir d'un événement qui mit fin à une guerre opiniâtre et désastreuse.

De Jarville dépend la Malgrange, château bâti en 1736, sur le terrain où fut jadis la maison de plaisance des ducs de Lorraine. Stanislas y avait fondé, en 1742, un hospice de capucins, que 89 a aujourd'hui détruit. Depuis quelques années, la Malgrange a été convertie en une maison de santé pour le traitement des aliénés, embellie par de vastes et superbes promenades, par de beaux jardins ornés de jets d'eau et de fontaines, qui en rendent le séjour on ne peut plus agréable.

Fabrique de draps. Amidonnerie.

JARY (le), vg. *Seine-et-Marne*, comm. et ⊠ de Tournan.

JARZAY, vg. *Vienne*, comm. de Massognes, ⊠ de Mirebeau.

JARZÉ, joli bourg, *Maine-et-Loire* (Anjou), arr., et à 9 k. de Baugé, cant. de Seiches. Pop. 1,792 h. — On y remarque un château, situé sur un coteau élevé, regardé comme un des plus beaux édifices de l'Anjou. Du haut de ses tours, la vue s'étend à 30 ou 40 k. à la ronde sur une campagne bien cultivée, dont les sites sont agréablement diversifiés par des collines, des vallons, des plaines et des forêts. — On voit dans le château deux portraits remarquables : le premier est celui du ministre J. Bourré ; le second, celui du marquis de Jarzé, qui osa prendre la liberté grande de faire une déclaration d'amour à la reine Anne d'Autriche, veuve de Louis XIII, alors âgée de plus de cinquante ans. Le marquis, beau, bien fait et le plus fat des courtisans de son temps, crut entrevoir que cette princesse ne dédaignerait pas ses hommages. Ébloui, enivré des plus brillantes espérances, il osa écrire. Anne d'Autriche reçut la lettre, la lut avec mépris, et l'aventure en serait restée là, sans le cardinal Mazarin, qui obligea la régente à chasser de la cour le marquis. — *Foires* les 23 avril, 2ᵉ mardi de juin et dernier mardi d'août.

JAS, vg. *Loire* (Forez), arr. et à 29 k. de Montbrison, cant. et ⊠ de Feurs. Pop. 336 h.

JAS-DE-PUIVERT (le), vg. *Vaucluse*, comm. de Puivert, ⊠ de Cadenet.

JASNEY, vg. *H.-Saône* (Franche-Comté), arr. et à 36 k. de Lure, cant. de Vauvillers, ⊠ de St-Loup. Pop. 714 h.

JASOUPE, vg. *Saône-et-Loire*, comm. de Demigny, ⊠ de Chagny.

JASSANS, vg. *Ain* (Dombes), arr., cant., ⊠ et à 5 k. de Trévoux. Pop. 376 h.

JASSEINES, vg. *Aube* (Champagne), arr. et à 23 k. d'Arcis-sur-Aube, cant. de Chavanges, ⊠ de Ramerupt. Pop. 412 h.

JASSERON, vg. *Ain* (Bresse), arr., ⊠ et à 8 k. de Bourg-en-Bresse, cant. de Ceyzériat. Pop. 831 h. — *Foires* les 23 juin, 4 oct., lundi après le 24 août.

JASSES, vg. *B.-Pyrénées* (Béarn), arr. et à 22 k. d'Orthez, cant. et ⊠ de Navarrenx. Pop. 368 h.

JASSON (le), vg. *Var*, comm. et ⊠ d'Hyères.

JATXOU, vg. *B.-Pyrénées* (Navarre), arr. et à 15 k. de Bayonne, cant. et ⊠ d'Ustarits. Pop. 439 h.

JAU, vg. *Gironde* (Guienne), arr. et à 15 k. de Lesparre, cant. et ⊠ de St-Vivien. Pop. 1,730 h.

JAUCOURT, vg. *Aube* (Champagne), arr., cant., ⊠ et à 7 k. de Bar-sur-Aube. Pop. 347 h.

JAUDONNIÈRE (la), vg. *Vendée* (Poitou), arr. et à 23 k. de Fontenay-le-Comte, cant. et ⊠ de Ste-Hermine. Pop. 858 h. — *Foire* le 4ᵉ jeudi de mars, mai, août, sept., oct. et nov., au lieu des 15 janv., mars, mai, juin, sept., nov., 24 avril ou août, 22 juillet, 18 oct.

JAUDRAIS, vg. *Eure-et-Loir* (Beauce), arr. et à 27 k. de Dreux, cant. et ⊠ de Sénonches. Pop. 374 h.

JAUGÉ, vg. *Vendée*, comm. de Lairoux, ⊠ de Luçon.

JAUGENAY, vg. *Nièvre*, comm. de Chevenon, ⊠ de Magny.

JAUGEY, vg. *Côte-d'Or*, comm. de Barbirey-sur-Ouche, ⊠ de Sombernon.

JAUJAC, bg *Ardèche* (Languedoc), arr. et à 15 k. de Largentière, cant. de Thueyts, ⊠ d'Aubenas. Pop. 2,327 h. Sur l'Alignan. — On y trouve une source d'eau thermale, dite du Peschier, située un peu au-dessous du cratère de la Coupe-de-Jaujac.

Aux environs de Jaujac, on remarque le cratère de l'ancien volcan de St-Lager, enceinte circulaire formée par des roches granitiques disposées en amphithéâtre et terminées à pic. L'intérieur offre des plaines cultivées et des nappes d'eaux minérales froides ou chaudes, qui sortent, les unes du centre du cratère, et les autres des hauteurs d'alentour. Ce qui distingue ce cratère de celui des autres volcans, c'est que son élévation est peu considérable. Il est placé au pied d'une montagne, et dans un vallon au fond duquel coule la rivière d'Ardèche, qui baigne ses laves. Cette situation contribue beaucoup sans doute au grand nombre et à la chaleur des eaux minérales qui en sortent, ainsi qu'aux phénomènes qu'il présente ; car il faut savoir que ce cratère s'échappent en abondance des vapeurs méphitiques qui donnent la mort à tout être animé qui les respire.

Patrie du littérateur distingué Victorin Fabre, et de son frère, Auguste Fabre, historien et littérateur.

Fabriques d'étoffes de soie. Filatures de soie.
— *Foires* les 13 et 21 janv., 4 mai, 15 et 29 sept., 9 déc., et jeudi d'avant le dimanche de la Passion.

JAULDES, bg *Charente* (Angoumois), arr. et à 17 k. d'Angoulême, cant. et ⊠ de la Rochefoucauld. Pop. 1,326 h. — *Foires* les 29 mars, 29 mai et 29 juillet.

JAULGES, vg. *Yonne* (Champagne), arr. et à 30 k. d'Auxerre, cant. et ⊠ de St-Florentin. Pop. 513 h.

JAULGONNE, vg. *Aisne* (Brie), arr., ⊠ et à 15 k. de Château-Thierry, cant. de Condé-en-Brie. Pop. 630 h. — *Foires* les 20 mai et 20 oct.

JAULNAY, vg. *Indre-et-Loire* (Touraine), arr. et à 32 k. de Chinon, cant. et ⊠ de Richelieu. Pop. 334 h. — *Foire* le mercredi des Cendres.

JAULNAY, Gelnacus, vg. *Vienne* (Poitou), arr. et à 10 k. de Poitiers, cant. de St-Georges-les-Baillargeaux. ⊠. A 317 k. de Paris pour les lettres de poste. Pop. 1,623 h. — *Foires* les 2 juin, jour des Cendres, lundi de Pâques et 2 nov.

JAULNES, vg. *Seine-et-Marne* (Brie), arr. et à 21 k. de Provins, cant. et ⊠ de Bray-sur-Seine. Pop. 396 h.

Ce village a été le théâtre d'une bataille sanglante, dont parlent Pithou dans ses Notes sur la coutume de Troyes, et l'abbé Velly dans son Histoire de France, t. II, p. 57. Mais ni l'un ni l'autre ne nous dit à quelle occasion cette bataille fut donnée, et quelles en furent les suites. Tout ce que l'on sait, c'est que les nobles de Champagne furent défaits aux fossés de Jaulnes, qu'ils périrent presque tous, et que les comtes de Champagne, pour rétablir le corps de la noblesse, qui sans cela aurait couru les risques d'une entière extinction, furent forcés de déroger à l'usage constant de la France, en accordant aux Champenois le droit de pouvoir tirer leur noblesse du côté de leur mère. Ce droit, par lequel *le ventre anoblit*, est ainsi exprimé dans le premier article de la Coutume de Troyes : « Les aucuns sont nobles, les autres non nobles : ceux sont nobles qui sont issus en mariage de père ou de mère noble, et suffit que le père ou la mère soit noble, posé que l'autre desdits conjoints soit non noble, ou de serve condition. » V. CHAMPAGNE (bibliographie).

JAULNY, vg. *Meurthe* (Lorraine), arr. et à 38 k. de Toul, cant. et ✉ de Thiaucourt. Pop. 500 h.

JAULT (les). V. ST-BENIN-DES-BOIS.

JAULZY, vg. *Oise* (Picardie), arr. à 23 k. de Compiègne, cant. d'Attichy, ✉ de Couloisy. ✧. Pop. 403 h.

JAUME (St-), vg. *Var*, comm. et ✉ de Lorgues.

JAUMEGARDE, vg. *Bouches-du-Rhône*. V. ST-MARC-DE-JAUMEGARDE.

JAUNAC, vg. *Ardèche* (Languedoc), arr. et à 5 k. de Tournon, cant. et ✉ de Chaylard. Pop. 243 h.

JAUNAC, vg. *H.-Pyrénées*, comm. de Tibiran-Jaunac, ✉ de St-Laurent-de-Neste.

JAUNAY, vg. *Deux-Sèvres*, comm. d'Azay-Brûlé, ✉ de St-Maixent.

JAUNAYE (la), vg. *Loire-Inf.*, comm. et ✉ d'Aigrefeuille. ✧.

JAUNET (le), vg. *Allier*, comm. de Serbannes, ✉ de Gannat.

JAURE, vg. *Dordogne* (Périgord), arr. et à 28 k. de Périgueux, cant. et ✉ de St-Astier. Pop. 437 h.

JAUSAC, vg. *Drôme* (Dauphiné), arr. et à 2 k. de Die, cant. et ✉ de Luc-en-Diois. Pop. 173 h.

JAUSIERS, vg. *B.-Alpes* (Dauphiné), arr., cant., ✉ et à 10 k. de Barcelonnette. Pop. 2,004 h. — Il est situé dans une partie de la vallée de Barcelonnette, qui offre une plaine couverte de jardins, de vergers et de prairies arrosées par l'Ubaye, et se compose de maisons bien bâties, couvertes pour la plupart en ardoises, et communiquant entre elles par des arcades qui bordent les rues. L'église paroissiale est moderne et assez jolie; elle a pour clocher la tour de l'ancienne église, élevée à une certaine distance sur un roc escarpé. — *Fabriques d'étoffes de soie.*

JAUVARD, vg. *Indre*, comm. de Bélabre, ✉ de Blanc.

JAUX, vg. *Oise* (Picardie), arr., cant., ✉ et à 6 k. de Compiègne. Pop. 1,134 h.

JAUZÉ, bg *Sarthe* (Maine), arr. et à 18 k. de Mamers, cant. et ✉ de Bonnétable. Pop. 386 h.

JAVARZAY, *Gavarciacum*, vg. *Deux-Sèvres*, comm. et ✉ de Chef-Boutonne. — C'est un fort ancien, où les rois de France avaient autrefois une maison de plaisance.

JAVAUGUES, vg. *H.-Loire* (Auvergne), arr., cant., ✉ et à 9 k. de Brioude. P. 293 h.

JAVEL, *Seine*, comm. et ✉ d'Issy. — *Fabrique* importante de produits chimiques.

JAVENÉ, vg. *Ille-et-Vilaine* (Bretagne), arr., cant., ✉ et à 4 k. de Fougères. Pop. 1,161 h.

JAVERDAT, vg. *H.-Vienne* (Limousin), arr. et à 22 k. de Rochechouart, cant. de St-Junien, ✉ de la Barre. Pop. 1,021 h.

JAVERLHAC, bg *Dordogne* (Périgord), arr., cant., ✉ à 11 k. de Nontron. Pop. 1,453 h. — Forges et hauts fourneaux.

JAVERNANT, vg. *Aube* (Champagne), arr. et à 29 k. de Troyes, cant. et ✉ de Bouilly, dans un territoire fertile en vins ordinaires de bonne qualité. Pop. 291 h.

JAVIE (la), vg. *B.-Alpes* (Provence), arr., ✉, bureau d'enregist. et à 21 k. de Digne, chef-l. de cant. Cure. Pop. 472 h. — TERRAIN jurassique. — *Foire* le 24 fév.

JAVOLS, *Anderitum, Gabalum, Gabalorum*, bg *Lozère* (Languedoc), arr. et à 21 k. de Marvejols, cant. et ✉ d'Aumont. Pop. 1,008 h. Sur le Trébonlin.

On est porté à croire que ce lieu devint, après la ruine d'*Anderitum*, Antérieux, la capitale des Gabali, qui plus tard fut transférée à Mende. Des antiquités romaines trouvées à diverses reprises à Javols confirment cette opinion. — Au m⁰ siècle, Javols devint le siège d'un évêché, qui deux siècles après fut transféré à Mende. Les Vandales le saccagèrent au v⁰ et au vi⁰ siècle, et les Sarrasins le détruisirent entièrement dans le vii⁰. Javols n'est plus aujourd'hui qu'un bourg peu important, où l'on trouve toutefois des vestiges de son ancienne splendeur. En 1829, en extrayant des pierres pour la restauration de l'église paroissiale, on trouva une enceinte circulaire de murailles assez vaste, formant probablement un cirque, au milieu de laquelle était une colonne en pierre calcaire, dédiée, ainsi que le portait une inscription latine, par la cité des Gabales à Posthumne, qui, après avoir été préfet des Gaules, devint empereur en 258. Cette découverte donna l'éveil; on fit d'autres fouilles, et on reconnut les vestiges d'édifices considérables. Parmi les décombres se trouvèrent des statuettes de dieux lares et autres, des couteaux, des médailles, des styles, des clefs, des ustensiles en bronze, des débris de poterie rouge et grise, avec des dessins en relief (représentant des feuilles, des fleurs, des sujets de chasse, etc.), des fragments de marbre précieux et des pavés en mosaïque. — Les médailles ont été déposées au musée de Mende, elles sont de la colonie de Nîmes, avec l'effigie des enfants d'Agrippa, d'Auguste, ayant au revers l'autel de Lyon, consacré à Rome et à cet empereur par soixante nations gauloises au confluent de la Saône et du Rhône; de Tibère, de Claude, de Domitien, de Trajan, d'Adrien, d'Antonin, de Marc Aurèle et de Claude le Second dit le Gothique.

On trouve aux environs des sources d'eaux thermales.

Fabrique de cadis.

JAVORNOZ, vg. *Ain*, comm. et ✉ de St-Rambert.

JAVREZAC, vg. *Charente* (Angoumois), arr., cant., ✉ et à 2 k. de Cognac. P. 607 h.

JAVRON, bg *Mayenne* (Maine), arr. et à 25 k. de Mayenne, cant. de Couptrain, ✉ de Ribay. Pop. 2,506 h. — On remarque aux environs, entre Javron et St-Cyr-en-Pail, la belle carrière d'ardoises de Chatemoux, qui occupe près de 300 ouvriers, et produit plus d'un million d'ardoises de première qualité.

JAX, vg. *H.-Loire* (Auvergne), arr. et à 35 k. de Brioude, cant. et ✉ de Paulhaguet. Pop. 506 h.

JAXU, vg. *B.-Pyrénées* (Navarre), arr. de Mauléon, à 22 k. de St-Palais, cant. et ✉ de St-Jean-Pied-de-Port. Pop. 500 h.

JAYAC, vg. *Dordogne* (Périgord), arr. et à 23 k. de Sarlat, cant. et ✉ de Salignac. Pop. 636 h.

JAYAT, vg. *Ain* (Bresse), arr. et à 21 k. de Bourg-en-Bresse, cant. et ✉ de Montrevel. Pop. 1,231 h.

JAYMES-DE-LÉON (St-), vg. *Gers*, comm. de St-Michel-St-Jaymes, ✉ de Mirande.

JAYS (Grand et Petit-), vg. *Gironde*, comm. de Lussac, ✉ de Libourne.

JAZENEUIL, bg *Vienne* (Poitou), arr. à 24 k. de Poitiers, cant. et ✉ de Lusignan. P. 1,098 h. — *Foires* les 11 juin, 29 août, 15 nov. et lendemain de l'Ascension.

JAZENNES, bg *Charente-Inf.* (Saintonge), arr. et à 21 k. de Saintes, cant. de Gémozac, ✉ de Pons. Pop. 585 h. — L'église paroissiale, dédiée à Notre-Dame, est un édifice roman admirablement bien conservé et d'une architecture gracieuse, qui date de la fin du xi⁰ siècle.

JEAN (Fort de St-), *Bouches-du-Rhône*, comm. et ✉ de Marseille.

JEAN (St-), vg. *Côtes-du-Nord*, comm. de Plouivy, ✉ de Paimpol.

JEAN (St-), vg. *Eure*, comm. et ✉ de Louviers.

JEAN (St-), vg. *Eure-et-Loir*, comm. et ✉ de Nogent-le-Rotrou.

JEAN (St-), vg. *Gers*, comm. d'Escornebœuf, ✉ de Gimont.

JEAN (St-), vg. *Landes*, comm. de Duhort, ✉ d'Aire-sur-l'Adour.

JEAN (St-), vg. *Moselle* (pays Messin), arr. de Briey, cant. de Longuyon.

JEAN (St-), vg. *Oise*, comm. et ✉ de Beauvais.

JEAN (les St-), vg. *Puy-de-Dôme*, comm. et ✉ de Lezoux.

JEAN (St-), vg. *Saône-et-Loire*, comm. de Santenay, ✉ de Chagny.

JEAN-AUX-AMOGNES (St-), ou DE-LICAX, vg. *Nièvre* (Nivernais), arr. à 20 k. de Nevers, cant. et ✉ de St-Bénin-d'Azy. Pop. 583 h.

JEAN-AUX-BOIS (St-), vg. *Ardennes* (Champagne), arr. et à 30 k. de Rethel, cant. et ✉ de Chaumont-Porcien. Pop. 860 h. — *Foires* les samedis avant la Décollation de saint Jean et avant la Conception.

JEAN-AUX-BOIS (St-), vg. *Oise* (Picardie), arr., cant., ⊠ et à 17 k. de Compiègne. Pop. 404 h.

JEAN-BAPTISTE-DE-BRIAL (St-), vg. *Tarn-et-Garonne*, comm. de Bressols, ⊠ de Montech.

JEAN-BLANC, vg. *Lot-et-Garonne*, com. de Bournel, ⊠ de Villeréal.

JEAN-BONNEFOND (St-), vg. *Loire* (Forez), arr., cant., ⊠ et à 6 k. de St-Etienne. Pop. 4,808 h. — *Foire le 30 juin.*

JEAN-CHAMBRE (St-), vg. *Ardèche* (Vivarais), arr. et à 37 k. de Tournon; cant. et ⊠ de Vernoux. Pop. 1,210 h.

Patrie du comte Boissy d'Anglas, membre de l'assemblée constituante et de la convention, qu'il présida avec un si grand courage lors de l'assassinat du député Ferraud ; membre du conseil des cinq cents, président de tribunat, sénateur et pair de France.

JEAN-CHAZORNÉ (St-), vg. *Lozère* (Languedoc), arr. et à 48 k. de Mende, cant. et ⊠ de Villefort. Pop. 321 h.

JEANCOURT, vg. *Aisne* (Picardie), arr., ⊠ et à 15 k. de St-Quentin, cant. de Vermand. Pop. 665 h.

JEAN-D'AIGUES-VIVES (St-), vg. *Ariège* (pays de Foix), arr. et à 29 k. de Foix, caut. et ⊠ de Lavelanet. Pop. 167 h.

JEAN-D'ALCAPIÈS (St-), vg. *Aveyron* (Rouergue), arr., cant. et ⊠ de St-Affrique.

JEAN-D'ANGELY (St-), *Ingeriacum, Angeriacum, S. Johannes Angeriacus*, ville ancienne, *Charente-Inf.* (Saintonge), chef-l. de sous-préfect. (3ᵉ arr.) et d'un cant. Trib. de 1ʳᵉ instance et de commerce. Société d'agric. Collège communal. Cure. Gîte d'étape. ⊠. ↭. Pop. 6,107 h. — Terrain jurassique, étage supérieur du système oolitique.

St-Jean-d'Angely doit son origine à un château bâti par les anciens ducs d'Aquitaine dans une forêt nommée *Angeriacum*. A la place de ce château, Pepin le Bref fonda, vers 768, un monastère, où on déposa, dit-on, le chef de saint Jean Baptiste; cette relique attira un si grand concours de pèlerins, qu'il fallut des hôtelleries pour les loger, lesquelles, s'étant beaucoup multipliées, formèrent une ville, comme cela est arrivé dans quantité d'autres lieux. Sous Philippe Auguste, St-Jean-d'Angely était déjà une place fort importante : ce roi y établit un maire et des échevins, auxquels il accorda la noblesse, en considération de ce que les habitants avaient chassé les Anglais de leur ville. En 1562, le duc de la Rochefoucauld, un des chefs du parti protestant, l'assiégea sans succès. Quelque temps après, les troupes du même parti parvinrent à s'emparer de cette place, et en augmentèrent les fortifications. Le duc d'Anjou, qui depuis fut Henri III, en fit le siège en 1569. Deux mille hommes des plus braves du parti protestant s'y défendirent avec un courage héroïque, et ne se rendirent qu'après avoir tué plus de dix mille hommes aux assiégeants. La ville fut prise; mais elle retomba bientôt au pouvoir des réformés, qui en firent une de leurs places fortes, et la conservèrent jusqu'aux troubles arrivés en 1620 et 1621. Louis XIII la prit alors, et, pour punir les habitants de leur longue résistance, fit raser les fortifications, et voulut même changer le nom de St-Jean-d'Angely en celui de Bourg-Louis; mais l'expérience a prouvé que les rois n'ont point en cela le pouvoir de se faire obéir.

Les armes de St-Jean-d'Angely sont : *d'azur semé de fleurs de lis d'or ; au chef de saint Jean d'argent dans une coupe d'or sur le tout.*

St-Jean-d'Angely est une ville agréablement située sur la rive droite de la Boutonne, qui commence à cet endroit à être navigable pour des barques de 30 à 40 tonneaux. Elle est assez mal bâtie et mal percée, mais embellie de la propreté générale qui distingue les habitations de cette partie de l'Aunis, où l'on a pour usage de reblanchir à neuf les maisons tous les ans, ce qui leur donne un ton ravissant de fraîcheur et de gaieté. Le milieu de la place principale est occupé par une jolie halle, dont l'enceinte est formée par une petite colonnade; sur la même place est un superbe vauxhall. La maison de l'ancienne abbaye est remarquable par sa façade ; elle renferme un beau vaisseau de bibliothèque et un bel escalier. — On remarque encore dans cette ville la salle de spectacle, les bains publics, etc. Sur la rivière de la Boutonne, au sortir du faubourg qui conduit à Saintes, sont deux petites poudrières, dont les produits jouissent d'une célébrité méritée.

Industrie. Distilleries d'eau-de-vie, dont les produits sont répandus dans le commerce sous le nom d'eau-de-vie de Cognac. — *Commerce* de vins, céréales, graines de trèfle et de luzerne, graines oléagineuses. Eaux-de-vie, bois de construction, etc. — *Foires* le 13 juin et le 3ᵉ samedi de chaque mois.

A 26 k. S.-E. de la Rochelle, 438 k. S.-O. de Paris.

L'arrondissement de St-Jean-d'Angely est composé de 7 cantons : Aulnay, St-Hilaire, St-Jean-d'Angely, Loulay, Matha, St-Savinien, Tonnay-Boutonne.

Bibliographie. * *Récit véritable de ce qui s'est passé au siège de St-Jean-d'Angely*, in-8, 1621.
* *La Réduction de St-Jean-d'Angely au roi*, in-12, 1621.
* *Lettres patentes du roi, en forme d'édit, par lesquelles Sa Majesté veut et ordonne que les murailles de la ville de St-Jean-d'Angely soient rasées, et les fossés comblés, avec privation de tous les privilèges dont ladite ville a ci-devant joui*, in-8, 1621.
* *Discours de ce qui s'est passé au siège de St-Jean-d'Angely, du 15 décembre 1569*, in-8, 1569.
* *Discours de la bataille de Moncontour, avec le siège de St-Jean-d'Angely* (en 1569), in-12, 1621.
* *Prise et Réduction de la ville de St-Jean-d'Angely*, in-8, 1621.
* *Entrée de Sa Majesté le roi (Louis XIII) en la ville de St-Jean-d'Angely* (Cérémonial de Godefroy, t. 1, p. 987).

JEAN-D'ANGLE (St-), bg *Charente-Inf.* (Saintonge), arr. et à 20 k. de Marennes, cant. de St-Aignan, ⊠ de Rochefort-sur-Mer. Pop. 576 h. — *Foires* les 24 juin, 1ᵉʳ mardi de fév. et 3ᵉ mardi d'août.

JEAN-D'ANGLES (St-), vg. *Gers*, comm. de St-Arailles, ⊠ de Vic-Fézensac.

JEAN-D'AOUT (St-), vg. *Landes* (Gascogne), arr., cant., ⊠ et à 1 k. de Mont-de-Marsan. Pop. 795 h.

JEAN - D'ARDIÈRES (St-), vg. *Rhône* (Beaujolais), arr. et à 14 k. de Villefranche-sur-Saône, cant. et ⊠ de Belleville-sur-Saône. Pop. 1,104 h. — *Foires* les 23 avril et 25 juin.

JEAN-D'ASNIÈRES (St-), *Asneriæ*, vg. *Eure* (Normandie), arr. et à 20 k. de Pont-Audemer, cant. et ⊠ de Cormeilles. P. 180 h.

JEAN-D'ASSÉ (St-), vg. *Sarthe* (Maine), arr. et à 20 k. du Mans, cant. de Ballon, ⊠ de Beaumont-sur-Sarthe. Pop. 1,909 h.

JEAN-D'ATAUX (St-), vg. *Dordogne* (Périgord), arr. et à 16 k. de Ribérac, cant. et ⊠ de Neuvic. Pop. 306 h.

JEAN-D'AUBRIGOUX (St-), vg. *H.-Loire* (Vélay), arr. et à 43 k. du Puy, cant. et ⊠ de Craponne. Pop. 1,104 h.

JEAN-D'AVELANNE (St-), vg. *Isère* (Dauphiné), arr. de la Tour-du-Pin, à 27 k. de Bourgoin, cant. et ⊠ du Pont-de-Beauvoisin. Pop. 960 h.

JEAN-DE-BARROU (St-), vg. *Aude* (Languedoc), arr. et à 35 k. de Narbonne, cant. de Durban, ⊠ de Sijean. Pop. 300 h.

JEAN-DE-BASSEL (St-), vg. *Meurthe* (Lorraine), arr. et à 10 k. de Sarrebourg, cant. et ⊠ de Fénétrange. Pop. 910 h.

JEAN - DE - BAZÉLLAC (St-), vg. *Gers*, comm. d'Ordan-l'Arroque, ⊠ d'Auch.

JEAN-DE-BEAUREGARD (St-), vg. *Seine-et-Oise* (Ile-de-France), arr. et à 30 k. de Rambouillet, cant. de Limours, ⊠ d'Orçay. Pop. 180 h.

JEAN-DE-BÈRE (St-), vg. *Loire-Inf.*, comm. et ⊠ de Châteaubriant.

JEAN-DE-BEUGNE, vg. *Vendée* (Poitou), arr. et à 8 k. de Fontenay-le-Comte, cant. et ⊠ de Ste-Hermine. Pop. 568 h.

JEAN-DE-BLAIGNAC (St-), vg. *Gironde* (Guienne), arr. à 17 k. de Libourne, cant. de Pujols, ⊠ de Branne. Pop. 530 h.

JEAN-DE-BŒUF (St-), vg. *Côte-d'Or* (Bourgogne), arr. et à 41 k. de Dijon, cant. et ⊠ de Sombernon. Pop. 180 h.

JEAN-DE-BOISSEAU (St-), bg *Loire-Inf.* (Bretagne), arr. et à 30 k. de Paimbœuf, cant. et ⊠ du Pellerin. Pop. 2,121 h. — *Foires* le 29 déc.

JEAN-DE-BONNEVAL (St-), vg. *Aube* (Champagne), arr. et à 25 k. de Troyes, cant. et ⊠ de Bouilly. Pop. 383 h. — Il est situé à l'est de l'ancienne voie romaine de Troyes à Auxerre, qui dans cette partie du département est fort bien conservée. L'église paroissiale, dont la construction remontait à une époque reculée, s'est écroulée subitement il y a quelques années; elle a été rebâtie dans un style élégant et moderne par M. l'architecte Gauthier.

JEAN-DE-BOURNAY (St-), vg. *Isère* (Dauphiné), arr. et à 24 k. de Vienne, chef-l. de cant. Cure. ✉. A 516 k. de Paris pour la taxe des lettres. Pop. 3,492 h. — TERRAIN tertiaire supérieur, alluvions anciennes. — Il est situé sur le ruisseau de la Véronne, qui, après avoir fait mouvoir plusieurs usines, se perd tout à coup pour ne plus reparaître.

Fabriques de draps croisés. Raffinerie de sucre de betteraves, Tanneries. Moulins à foulon. — *Foires* les 25 janv., avril, 29 août, 28 oct., 22 déc., et mardis après Pâques et Pentec.

JEAN-DE-BRAYE (St-), vg. *Loiret* (Orléanais), arr., cant., ✉ et à 5 k. d'Orléans. Pop. 1,304 h.

JEAN-DE-BREVELEY (St-), vg. *Morbihan* (Bretagne), arr. et à 32 k. de Ploërmel, chef-l. de cant., ✉ de Josselin. Pop. 2,253 h. — TERRAIN cristallisé ou primitif.

On remarque aux environs, sur la lande de Lanvaux et non loin de la chapelle de Kerdranguen, plus de 120 pierres de différentes longueurs dispersées sans ordre, les unes verticales, les autres gisantes, qui couvrent les deux sommités principales de cette lande. — *Foires* les 25 juin, 23 nov., mardi de Quasimodo, mardi après la Pentecôte et 2ᵉ mardi après le 25 juin.

JEAN-DE-BUÉGES (St-), vg. *Hérault* (Languedoc), arr. et à 12 k. de Montpellier, cant. et ✉ de St-Martin-de-Londres. Pop. 637 h.

JEAN-DE-CAUQUESSAC (St-), vg. *Tarn-et-Garonne*, comm. et ✉ de Beaumont de Lomagne.

JEAN-DE-CEIRARGUES (St-), vg. *Gard* (Languedoc), arr., ✉ et à 16 k. d'Alais, cant. de Vézenobres. Pop. 239 h.

JEAN-DE-CELLES (St-), vg. *Tarn*, comm. et ✉ de Gaillac.

JEAN-DE-CHASSAGNE (St-), vg. *H.-Alpes*, comm. et ✉ de Gap.

JEAN-DE-CHÉPY (St-), vg. *Isère*, comm. et ✉ de Tullins.

JEAN-DE-COCULLES (St-), vg. *Hérault* (Languedoc), arr. et à 21 k. de Montpellier, cant. ✉ des Matelles. Pop. 176 h.

JEAN-DE-COLE (St-), bg *Dordogne* (Périgord), arr. et à 22 k. de Nontron, cant. et ✉ de Thiviers. Pop. 902 h. — *Foires* les 24 fév., 6 mai, 25 juin, 29 août, 21 déc. et mercredi après la Pentecôte.

JEAN-DE-CORCOUÉ (St-), vg. *Loire-Inf.* (Bretagne), arr. et à 30 k. de Nantes, cant. et ✉ de Légé. Pop. 1,270 h. — *Foire* le 30 août.

JEAN-DE-CORNIES (St-), vg. *Hérault* (Languedoc), arr. et à 23 k. de Montpellier, cant. de Castries, ✉ de Lunel. Pop. 71 h.

JEAN-DE-COURTZERODE (St-), vg. *Meurthe* (Lorraine), arr. et à 14 k. de Sarrebourg, cant. et ✉ de Phalsbourg. Pop. 183 h.

JEAN-DE-CRIEULON (St-), vg. *Gard* (Languedoc), arr. et à 43 k. du Vigan, cant. et ✉ de Sauve. Pop. 176 h.

JEAN-DE-DAYE (St-), bg *Manche* (Normandie), arr. et à 15 k. de St-Lô, chef-l. de cant. Cure. ✉ de la Périne. ⌂. Pop. 513 h. TERRAIN du trias. — *Commerce* de bestiaux. *Foires* les 13 oct. et 4ᵉ vendredi de juin.

JEAN-DE-DONNE (St-), vg. *Cantal*, comm. de St-Simon, ✉ d'Aurillac.

JEAN-DE-DURAS (St-), vg. *Lot-et-Garonne* (Agénois), arr. et à 30 k. de Marmande, cant. et ✉ de Duras. Pop. 661 h.

JEAN - DE - FOLLEVILLE (St-), *Cava Villa*, vg. *Seine-Inf.* (Normandie), arr. et à 33 k. du Havre, cant. et ✉ de Lillebonne.

JEAN-DE-FOS (St-), vg. *Hérault* (Languedoc), arr. et à 25 k. de Lodève, cant. et ✉ de Gignac. Pop. 1,518 h. — Il est fort agréablement situé, près de la rive droite de l'Hérault, et non loin de son débouché dans la plaine d'Aniane. On voit sur la place une fontaine couronnée d'une sorte de lanterne, ornée d'une frise, et supportant des têtes variées entremêlées de feuilles d'acanthe, provenant de l'ancienne abbaye de St-Guilhem-le-Désert. — Vis-à-vis du village est un pont remarquable, sur l'Hérault, dont les culées reposent sur d'énormes masses calcaires.

Entre St-Jean-de-Fos et le château de Montpeyroux est une espèce d'entonnoir appelé le puits du Drac ou du Diable, gouffre dont l'ouverture, masquée par des pierres, reçoit toutes les eaux de pluie, et qui quelquefois, sans qu'il ait plu dans les environs, jette de l'eau en telle abondance, qu'il inonde tout ce qui l'entoure.

Fabriques d'essences, vert-de-gris, briques vernissées. Poterie de terre. — *Commerce* considérable de câpres.

JEAN-DE-FRENEL (St-), vg. *Eure*, com. de Boisemont, ✉ d'Ecouis.

JEAN-DE-GONVILLE (St-), vg. *Ain* (Valromey), arr. et à 17 k. de Gex, cant. et ✉ de Collonges. Pop. 666 h. — *Foires* les 23 sept. et 12 nov.

JEAN-DE-LA-BLAQUIÈRE (St-), vg. *Hérault* (Languedoc), arr., cant., ✉ et à 11 k. de Lodève. Pop. 406 h.

JEAN-DE-LA-CROIX (St-), vg. *Maine-et-Loire* (Anjou), arr. et à 13 k. d'Angers, cant. des Ponts-de-Cé. Pop. 386 h.

JEAN-DE-LA-FORÊT (St-), vg. *Orne* (Perche), arr. et à 18 k. de Mortagne-sur-Huine, cant. de Nocé, ✉ de Bellême. Pop. 487 h.

JEAN-DE-LA-HAIZE (St-), vg. *Manche* (Normandie), arr., cant., ✉ et à 4 k. d'Avranches. Pop. 737 h.

JEAN-DE-LA-LÉQUERAIÉ (St-), vg. *Eure* (Normandie), arr. et à 17 k. de Pont-Audemer, cant. et ✉ de St-Georges-du-Vièvre. Pop. 381 h.

JEAN-DE-LA-MOTTE (St-), vg. *Sarthe* (Anjou), arr. et à 12 k. de la Flèche, cant. de Pontvalain. Pop. 1,947 h.

JEAN - DE - LA - NEUVILLE (St-), vg. *Seine-Inf.* (Normandie), arr. et à 33 k. du Havre, cant. et ✉ de Bolbec. Pop. 635 h.

JEAN-DE-LA-RIVE (St-), vg. *Tarn*, com. de Graulhet, ✉ de Lavaur.

JEAN-DE-LA-RIVIÈRE (St-), vg. *Manche* (Normandie), arr. et à 26 k. de Valognes, cant. et ✉ de Barneville. Pop. 352 h.

JEAN-DE-LA-RUELLE (St-), vg. *Loiret* (Orléanais), arr., cant., ✉ et à 3 k. d'Orléans. Pop. 672 h.

JEAN-DE-LAURS (St-), vg. *Lot* (Quercy), arr. et à 36 k. de Figeac, cant. et ✉ de Cajarc. Pop. 688 h.

Ce village est bâti près d'un ruisseau qui sort d'un gouffre appelé le Lantouy, d'où il sort constamment un volume d'eau considérable ; ce gouffre est si profond, que toutes les années les torrents y entraînent une immense quantité de blocs de pierre sans qu'on s'aperçoive que le fond ait reçu le moindre exhaussement.

On remarque dans cette commune les restes d'un retranchement construit en petits blocs avec un ciment très-dur. Ce retranchement domine la vallée du Lot, et décrit un demi-cercle dont les extrémités aboutissent à un rocher à pic qui termine une montagne d'une pente rapide. A la base du rocher, et sous cette espèce de camp, existe une vaste grotte, renfermant une grande masse d'albâtre, devant laquelle on avait bâti une épaisse muraille dont les fondations existent encore. Cette grotte porte le nom de grotte de Waiffres : la tradition rapporte que la population du pays y chercha inutilement un refuge et y fut massacrée par les troupes de Pepin, lorsque celui-ci poursuivait le duc d'Aquitaine. — *Foires* les 13 avril, 23 juin, 14 sept. et 20 nov.

JEAN-DE-LINCOURT, vg. *Meurthe* (Lorraine), arr. et à 18 k. de Nancy, cant. et ✉ de Nomeni. Pop. 399 h.

JEAN-DE-LIER (St-), vg. *Landes* (Gascogne), arr. et à 23 k. de Dax, cant. de Montfort, ✉ de Tartas. Pop. 509 h.

JEAN-DE-LINIÈRES (St-), vg. *Maine-et-Loire* (Anjou), arr., ✉ et à 9 k. d'Angers, cant. de St-Georges-sur-Loire. Pop. 400 h.

JEAN-DE-LIVERSAY (St-), vg. *Charente-Inf.* (Aunis), arr. et à 25 k. de la Rochelle, cant. de Courçon, ✉ de Nuaillé. Pop. 2,229 h. — *Foires* les 24 juin, 29 sept., et le 2ᵉ lundi de fév., mars, avril, mai et nov.

JEAN-DE-LIVET (St-), vg. *Calvados* (Normandie), arr., cant., ✉ et à 6 k. de Lisieux. Pop. 220 h.

JEAN-DE-LIZE (St-), *Gaudrelisæ*, vg. *Moselle* (pays Messin), arr., ✉ et à 15 k. de Briey, cant. de Conflans. Pop. 1,938 h.

JEAN-DE-LOSNE (St-), *Latona Oscarensium*, *Sancti Joannis Laudunensis*, *Côte-d'Or* (Bourgogne), arr. et à 36 k. de Beaune, chef-l. de cant. Trib. de commerce. Cure. ✉. ⌂. A 341 k. de Paris pour la taxe des lettres. Pop. 2,134 h. — TERRAIN d'alluvions modernes.

Cette ville est avantageusement située dans un terrain aquatique, au milieu d'une vaste prairie, sur la rive droite de la Saône, à la jonction du canal de Bourgogne et près de l'embouclure du canal du Rhône au Rhin. Dès le vi⁰ siècle, c'était déjà une ville de quelque importance, où Dagobert tint une cour plénière en 629. — Une charte de commune fut accordée aux habitants par Hugues IV en 1236. Il joignit à la liberté de se choisir quatre échevins les immunités les plus avantageuses. Il les exempta à perpétuité de toutes tailles, impôts, contribution de péage, droits de vente et autres coutumes qui avaient lieu à Dijon. Il rendit cette place une espèce de lieu d'asile, excepté aux larrons et aux homicides. Ce précieux titre fut enlevé pendant les ravages des Anglais au XIV⁰ siècle, et renouvelé par lettres du roi Jean, datées de Beaune, 1361. Ces privilèges honorables furent confirmés par les ducs souverains et par les rois de France jusqu'à Louis XV.

En 1273, le duc Robert ayant en guerre avec des seigneurs franc-comtois, ceux-ci détachèrent cinq cents soldats déguisés en femmes, pour surprendre St-Jean-de-Losne. Les habitants, quoique occupés alors à réparer leurs murailles, ayant découvert le stratagème, massacrèrent ces nouvelles amazones et préservèrent la place.

Pendant les troubles qui agitèrent si fort la fin du règne de Henri III et le commencement de celui de Henri IV, loin de se laisser entraîner au torrent de la Ligue, à l'exemple de la capitale, sans craindre le ressentiment du redoutable duc de Mayenne, gouverneur de la province, cette ville refusa ses offres, et se déclara ouvertement pour son souverain, à l'instigation de Lescotet et de Martène, deux des principaux citoyens. Elle se fortifia à ses propres dépens; et demanda à Guillaume de Tavannes, commandant en Bourgogne, une garnison qui pût la mettre hors d'insulte de la part des ligueurs voisins. Cette résistance en fit résoudre le siège. Joannes, capitaine de Nuits, l'investit, et fut forcé de se retirer.

St-Jean-de-Losne est surtout célèbre par le siège que ses courageux habitants soutinrent contre Galas en 1636, et qui lui valut le nom de *Belle-Défense*. La ville était peu fortifiée, n'avait que huit petites pièces de canon sans canonniers, une garnison de 150 hommes, très-mal disposés, qu'on ne put retenir qu'en leur payant comptant six cents écus d'or, et contenait à peine trois cents habitants capables de porter les armes. Mais quels prodiges n'opèrent pas les sentiments de l'honneur et l'amour de la patrie! Malgré le feu terrible d'une nombreuse artillerie, un furieux assaut de trois heures, une brèche ouverte de 12 toises, ils tinrent ferme, et rien ne fut capable d'ébranler leur constance. Au moment où le feu de l'ennemi était le plus terrible, une délibération formulée par les échevins Desgranges et Lapre fut portée de poste en poste, et signée de presque tous les bourgeois; ils firent serment de combattre jusqu'à la mort pour le service de la patrie : « Si le nombre des assiégeants l'emportait, il fut décidé qu'au chacun, au son de la grosse cloche, mettrait le feu à sa maison, périrait ensuite les armes à la main, en se défendant de rue en rue, en se retirant par la porte du pont de Saône dont on abattrait une arche, pour rendre cette conquête inutile aux ennemis. »
Ainsi fortifiés, les citoyens soutinrent pendant quatre heures, avec une valeur incroyable, un second assaut encore plus meurtrier que le premier. Ils s'y battirent en désespérés, aidés de leurs femmes, qui donnèrent des preuves d'un courage au-dessus de leur sexe : elles versaient des graisses, des huiles bouillantes, du plomb fondu sur les assiégeants, dépavaient les rues pour les écraser à coups de pierres, prenaient les armes et la place de leurs maris, de leurs frères tués ou blessés, et combattaient avec tout l'acharnement du désespoir et de la vengeance. Malgré cette belle résistance, c'en était fait de la place, si douze habitants d'Auxonne, accourus au secours de leurs voisins, et qui partagèrent leurs périls à la dernière heure de l'assaut, n'eussent annoncé l'approche d'un secours qu'amenait le comte de Rantzau, qui arriva au commencement de la nuit, en força Galas à lever le siège. Ce fait mémorable, trop peu cité par les historiens, fut gravé sur une pierre placée dans le mur, à l'endroit où avait été fait une large brèche.

Une défense si glorieuse, qui avait sauvé la Bourgogne, méritait une récompense. Louis XIII combla d'éloges les députés de la ville présentés par le prince de Condé. Par lettres patentes de décembre 1636 et mars 1637, enregistrées au parlement, il l'exempta de toutes tailles, taillons, crues de prévôt des marchands et de tous autres subsides et impositions quelconques, avec l'exemption de droits de francs-fiefs, privilèges qui furent confirmés par Louis XIV en 1643, et par Louis XV en 1716.

— Le 7 juillet 1789, les habitants de St-Jean-de-Losne se montrèrent aussi patriotes qu'ils avaient été courageux. Ils envoyèrent à l'assemblée nationale un député chargé de porter au nom de leur ville l'abandon général de tous les privilèges dont elle jouissait depuis plus de six siècles, ainsi que de ceux qui lui avaient été accordés en récompense de leur belle défense en 1636.

Les **armes de St-Jean-de-Losne** sont : *tiercé en face le chef, parti le 1ᵉʳ d'azur semé de fleurs de lis d'or à la bordure componée d'argent et de gueules; le 2ᵉ d'azur bandé d'or à la bordure de gueules; le 2ᵉ tiercé d'or lisant du 1ᵉʳ, le 3ᵉ tiercé de gueules à une bouche ronde enflammée d'or*.

— Le pont de bois sur la Saône a 162 m. de long sur 6 m. 50 c. de large; il fut construit au temps de la Ligue. — Le plan de St-Jean-de-Losne est elliptique, et représente, selon M. de la Mare, un arc tendu, dont le bord élevé de la Saône servirait de corde. Elle n'est fermée que de simples murailles de briques; mais au dehors est une fausse braie, qui fait un marchepied au bas du mur, ensuite un large fossé, enfin une enceinte formée par trois bastions et trois courtines en terre.

Biographie. Patrie du savant bénédictin D. MARTÈNE.

Fabriques de draps, serges. Brasseries. — *Commerce* considérable d'exportation par la Saône et par les deux canaux, de grains, vins, bois, charbons, fer, briques, etc. — *Foires* de 8 jours le 16 août, et de 3 jours le 10 des mois de mars, de mai et d'oct.

Bibliographie. * *Lettre sur un fait historique de l'année 1630, concernant la ville de St-Jean-de-Losne en Bourgogne* (Mercure, 1765, mars, p. 82).

DESSIEUX. *Les Héros françois, ou le Siège de St-Jean-de-Losne, drame héroïque en prose, suivi d'un précis historique de cet événement*, in-8, 1773.

JEAN-DE-LUZ (St-), petite ville maritime, B.-Pyrénées (Gascogne), arr. et à 21 k. de Bayonne, chef-l. de cant. Cure. Gîte d'étape. ✉. ⌀. À 807 k. de Paris pour la taxe des lettres. Vice-consulats étrangers. Pop. 3,208 h. — TERRAIN crétacé inférieur, grès vert. — *Etablissement de la marée*, 3 heures 15 m.

Cette ville est située sur la rive droite de la Nivelle, qui s'y embouche dans l'Océan. C'était jadis une ville très-florissante dont le port était très-fréquenté; mais la violence de la mer dans ce fond du golfe de Biscaye l'expose à de fréquents ravages. En 1777, une tempête affreuse manqua de la submerger, et rompit la digue qui la défend contre les vagues. Cette brèche fut réparée; mais, au mois de mars 1782, un ouragan plus terrible encore renversa presque entièrement le quai sur une longueur d'environ 160 toises. La digue fut reconstruite longtemps après, au moyen de pierres énormes liées entre elles avec de fortes barres de fer, et cependant tout ce travail fut encore emporté par les flots le 21 décembre 1822. Depuis on a fait d'importantes réparations qui paraissent mettre le port de St-Jean-de-Luz à l'abri de pareils ravages; il est susceptible de recevoir les plus gros navires, qui malheureusement n'y sont pas en sûreté.

Cette ville est généralement bien bâtie, propre, assez bien percée, et communique par un pont de bois avec le bourg de Sibourre, bâti sur la rive opposée de la Nivelle. Elle est défendue par les forts de Ste-Barbe et de Soccoa; près de ce dernier est un phare de 3ᵉ ordre, visible à la distance de 16 k.

Le mariage de Louis XIV avec Marie-Thérèse, infante d'Espagne, fut célébré à St-Jean-de-Luz en 1660. À l'époque de la révolution, on avait changé le nom de cette ville en celui de CHAUVIN-LE-DRAGON.

Près de St-Jean-de-Luz est le camp de la Baïonnette, position dans les Pyrénées où se donna la bataille fameuse par l'invention de cette arme. Les Basques avaient épuisé leurs cartouches; ne pouvant plus tirer, ils attachèrent leurs couteaux au bout de leurs fusils et taillèrent en pièces les Espagnols : comme cette bataille eut lieu non loin de Bayonne, la nouvelle arme prit le nom de baïonnette.

Pêche de la sardine et du poisson frais. Armements pour la pêche de la morue. — *Foires* de 2 jours le 25 juin.

Bibliographie. DAGUERRE (Matthieu). *Mémoire sur les travaux à faire pour conser-*

ver la grande route, le port et la ville de St-Jean-de-Luz dans leur état actuel, in-4, 1829.

JEAN-DE-MAGREPREBEYRE, vg. *Tarn*, comm. de Gibrondes, ✉ de Castres.

JEAN - DE - MARSACQ (St-), vg. *Landes* (Gascogne), arr. et à 24 k. de Dax, cant. et ✉ de St-Vincent-de-Tyrosse. Pop. 1,279 h. — *Foires* le lundi de la 3e semaine de mai , lundi de la 1re semaine d'août, de sept., lundi de la dernière semaine de sept., lundi de la 3e semaine d'oct., lundi de la 1re et de la dernière semaine de nov.

JEAN - DE - MARVÉJOLS (St-), vg. *Gard* (Languedoc), arr. et à 28 k. d'Alais, cant. et ✉ de Barjac. P. 1,291 h. —*Foire* le 29 août.

JEAN-DE-MOIRANS (St-), vg. *Isère* (Dauphiné), arr. et à 43 k. de St-Marcellin, cant. de Rives, ✉ de Moirans. Pop. 1,186 h.

JEAN - DE - MONT (St-), bg *Vendée* (Poitou), arr. et à 40 k. des Sables, chef-l. de cant. Cure. ✉ et bureau d'enregist. de St-Gilles-sur-Vie. Pop. 3,680 h.—TERRAIN d'alluvions modernes.

JEAN - DE - MONTEILS (St-), vg. *Tarn*, comm. de Castelnau-de-Montmirail, ✉ de Gaillac.

JEAN - DE - MUZOLS (St-), vg. *Ardèche* (Vivarais), arr., cant., ✉ et à 3 k. de Tournon. Pop. 905 h.

JEAN-DE-NAY (St-), vg. *H.-Loire* (Vélay), arr., ✉ et à 18 k. du Puy, cant. de Loudes. Pop. 1,455 h.

JEAN-DE-NIOST (St-), vg. *Ain* (Bresse), arr. et à 40 k. de Trévoux, cant. et ✉ de Meximieux. Pop. 507 h.

JEAN - DE - PARACOL (St-), vg. *Aude* (Languedoc), arr. et à 24 k. de Limoux, cant. et ✉ de Chalabre. Pop. 394 h.

JEAN - DE - PIERRE - FIXTE (St-), vg. *Eure-et-Loir* (Beauce), arr., cant., ✉ et à 8 k. de Nogent-le-Rotrou. Pop. 295 h.

JEAN - DE - POURCHARESSE (St-), vg. *Ardèche* (Languedoc), arr. et à 28 k. de Largentière, cant. et ✉ des Vans. Pop. 509 h.

JEAN - DE - REBERVILLIERS (St-), vg. *Eure-et-Loir* (Beauce), arr. et à 17 k. de Dreux, cant. et ✉ de Châteauneuf-en-Thimerais. Pop. 306 h.

JEAN - DE - RIVES (St-), vg. *Tarn* (Languedoc), arr., cant., ✉ et à 7 k. de Lavaur. Pop. 357 h.

JEAN - DE - SAVIGNY (St-), vg. *Manche* (Normandie), arr. et à 13 k. de St-Lô, cant. de St-Clair, de Cerisy-la-Forêt. Pop. 548 h.

JEAN-DES-BAISANT (St-), vg. *Manche* (Normandie), arr. et à 11 k. de St-Lô, cant. et ✉ de Torigny. Pop. 1,092 h.

JEAN - DES - BOIS (St-), vg. *Orne* (Normandie), arr. et à 19 k. de Domfront, cant. et ✉ de Tinchebrai. Pop. 1,055 h.

JEAN - DES - CHAMPS (St-), vg. *Manche* (Normandie), arr. et à 22 k. d'Avranches, cant. et ✉ de la Haye-Pesnel. Pop. 1,027 h.

JEAN - DES - CHAUMES (St-), vg. *Indre*, comm. de Meunet-Planche, ✉ d'Issoudun.

JEAN - DES - CHOUX (St-), vg. *B.-Rhin* (Alsace), arr., cant., ✉ et à 5 k. de Saverne. Pop. 794 h. — Ce village, qui portait autrefois le nom de Mayenhamswiller, a pris son nom actuel d'une abbaye fondée en 1126, dont l'église existe encore à peu près telle qu'elle fut construite dans le XIIe siècle; c'est un des édifices les plus remarquables du département du Bas-Rhin. — *Foire* le 24 juin.

JEAN-DES-ÉCHELLES (St-), vg. *Sarthe* (Perche), arr. et à 41 k. de Mamers, cant. de Montmirail, ✉ de la Ferté-Bernard. P. 436 h.

JEAN-DE-SERRES (St-), vg. *Gard* (Languedoc), arr. et à 17 k. d'Alais, cant. et ✉ de Lédignan. Pop. 334 h.

JEAN-DES-ESSARTIERS (St-), vg. *Calvados* (Normandie), arr. et à 25 k. de Vire, cant. d'Aulnay-sur-Odon, ✉ de Mesnil-Auzouf. Pop. 485 h.

JEAN - DES - ESSARTS (St-), vg. *Seine-Inf.*, comm. de Cerlangue, ✉ de St-Romain.

JEAN-DES-MARAIS (St-), vg. *Morbihan*, comm. de Rieux, ✉ de Redon.

JEAN - DES - MARAIS (St-), vg. *Somme*, comm. et ✉ de Rue.

JEAN-DES-MAUVRETS (St-), joli bourg, *Maine-et-Loire* (Anjou), arr. et à 13 k. d'Angers, cant. des Ponts - de - Cé, ✉ de Brissac. Pop. 1,132 h. — Près de la rive gauche de la Loire. — On y remarque une chapelle dédiée à Notre-Dame-de-Lorette, qui est le but d'un pèlerinage très-fréquenté.

JEAN - DES - MEURGERS (St-), vg. *Orne* (Perche), arr. et à 45 k. de Mortagne-sur-Huine, cant. de Longny, ✉ de la Loupe. ☞. Pop. 160 h.

JEAN-DES-OLLIÈRES (St-), vg. *Puy-de-Dôme* (Auvergne), arr. et à 45 k. de Clermont-Ferrand, cant. et ✉ de St-Dier. Pop. 2,342 h.

A CHAVAROC, dépendance de cette commune, exploitation de carrières de pierre meulière, occupant une vingtaine d'ouvriers.

JEAN-DE-SOUDIN (St-), vg. *Isère* (Dauphiné), arr., cant. et ✉ de la Tour-du-Pin, et à 10 k. de Bourgoin. Pop. 736 h.

JEAN - DES - PIERRES (St-), vg. *H.-Garonne* (Languedoc), arr. et à 18 k. de Toulouse, cant. et ✉ de Verseil. Pop. 101 h.

JEAN - DES - PRÉS (St-), vg. *Morbihan*, comm. de Guillac, ✉ de Josselin.

JEAN - D'ESTISSAC (St-), vg. *Dordogne* (Périgord), arr. et à 24 k. de Bergerac, cant. de Villamblard, ✉ de Mussidan. P. 549 h.

JEAN - DES - VIGNES (St-), vg. *Rhône* (Lyonnais), arr. et à 13 k. de Villefranche-sur-Saône, cant. et ✉ d'Anse. Pop. 208 h.

JEAN-DES-VIGNES (St-), vg. *Saône-et-Loire* (Bourgogne), arr., cant., ✉ et à 1 k. de Chalon-sur-Saône. Pop. 108 h. — *Foires* les 6 mai et 31 août.

JEAN - DE - TARTAGE (St-), vg. *Tarn*, comm. et ✉ de Gaillac.

JEAN - DE - THOUARS (St-), vg. *Deux-Sèvres* (Poitou), arr. et à 25 k. de Bressuire, cant. et ✉ de Thouars. Pop. 2,244 h. —*Foire* le 24 juin.

JEAN-DE-THURAC (St-), vg. *Lot-et-Garonne* (Agenois), arr. et à 14 k. d'Agen, cant. et ✉ de Puymirol. Pop. 672 h.

JEAN - DE - THURIGNEUX (St-), ou RANCÉ, vg. *Ain* (Dombes), arr., cant., ✉ et à 7 k. de Trévoux. Pop. 515 h.

JEAN-DE-TOURTRAC (St-), vg. *Tarn*, comm. et ✉ de Puylaurens.

JEAN - DE - TOUSLAS (St-), vg. *Rhône* (Lyonnais), arr. et à 25 k. de Lyon, cant. de Givors, ✉ de Rive-de-Gier. Pop. 450 h.

JEAN - DE - TRÉZY (St-), vg. *Saône-et-Loire* (Bourgogne), arr. et à 29 k. d'Autun, cant. et ✉ de Conches. Pop. 621 h.

JEAN-DE-VALÉRISCLE (St-), vg. *Gard* (Languedoc), arr. et à 16 k. d'Alais, cant. et ✉ de St-Ambroix. Pop. 823 h. — *Foire* le 3 sept.

JEAN-DE-VALS (St-), vg. *Tarn* (Languedoc), arr. et à 13 k. de Castres, cant. et ✉ de Roquecourbe. Pop. 143 h.

JEAN - DEVANT - POSSESSES (St-), vg. *Marne* (Champagne), arr. et à 26 k. de Vitry-le-François, cant. et ✉ de Heiltz-le-Maurupt. Pop. 117 h.

JEAN-DE-VAULX (St-), vg. *Isère* (Dauphiné), arr. et à 26 k. de Grenoble, cant. et ✉ de Vizille. Pop. 631 h.

JEAN-DE-VAUX (St-), vg. *Saône-et-Loire* (Bourgogne), arr. et à 14 k. de Chalon-sur-Saône, cant. de Givry, ✉ de Bourgneuf. Pop. 590 h. — *Foires* les 8 avril, 8 août et 18 sept.

JEAN-DE-VÉDAS (St-), vg. *Hérault* (Languedoc), arr., cant., ✉ et à 6 k. de Montpellier. Pop. 628 h.

JEAN-DE-VERGES (St-), vg. *Ariège* (pays de Foix), arr., cant., ✉ et à 5 k. de Foix. Pop. 534 h.

JEAN - D'EYRAUD (St-), vg. *Dordogne* (Périgord), arr., et à 16 k. de Bergerac, cant. de Villamblard. Pop. 500 h.

JEAN-D'HÉRANS (St-), vg. *Isère* (Dauphiné), arr. et à 44 k. de Grenoble, cant. et ✉ de Mens. Pop. 759 h.

JEAN-D'HEURS (St-), vg. *Puy-de-Dôme* (Auvergne), arr. et à 10 k. de Thiers, cant. et ✉ de Lezoux. Pop. 490 h.

JEAN-D'ORMONT (St-), vg. *Vosges* (Lorraine), arr. et à 8 k. de St-Dié, cant. et ✉ de Sénones. Pop. 310 h.

JEAN-DU-BOIS (St-), bg *Sarthe* (Anjou), arr. et à 23 k. de la Flèche, cant. de Malicorne, ✉ de Noyon-sur-Sarthe. Pop. 534 h.

JEAN - DU - BOS (St-), vg. *Gironde*, comm. de Pujols, ✉ de Podensac.

JEAN - DU - BOUZET (St-), vg. *Tarn-et-Garonne* (Languedoc), arr. et à 23 k. de Castel-Sarrazin, cant. et ✉ de Lavit. Pop. 332 h.

JEAN-DU-BREUIL (St-), vg. *Charente-Inf.*, comm. de Landray, ✉ de Surgères.

JEAN - DU - BRUEL (St-), petite ville, *Aveyron* (Rouergue), arr. et à 34 k. de Millau, cant. de Naut. cant. de Paris pour la taxe des lettres. Pop. 3,218 h.

Cette ville est bâtie au pied des montagnes

qui se rattachent à la chaîne des Cévennes. Une longue rue la traverse du nord au sud, et le centre en est marqué par une place spacieuse. — *Fabriques* d'étoffes de laine commune, bonneterie en coton, chapeaux. — *Commerce* de tonneaux, merrain, planches, fruits, grains et bestiaux.—*Foires* les 7 janv., 18 fév., 27 juin, 6 sept., 6 oct. et 4 nov.

JEAN-DU-CARDONNAY (St-), vg. *Seine-Inf.* (Normandie), arr., ✉ et à 12 k. de Rouen, cant. de Maromme. Pop. 1,039 h.

JEAN-DU-CASTILLONNAIS (St-), vg. *Ariége* (Comminges), arr. et à 19 k. de St-Girons, cant. et ✉ de Castillon. Pop. 277 h.

JEAN-DU-CORAIL (St), vg. *Manche* (Normandie), arr. et à 18 k. d'Avranches, cant. et ✉ de Brecey. Pop. 216 h.

JEAN-DU-CORAIL (St-), vg. *Manche* (Normandie), arr., cant., ✉ et à 5 k. de Mortain. Pop. 644 h.

JEAN-DU-DÉSERT (St-), vg. *Bouches-du-Rhône*, comm. et ✉ de Marseille.

JEAN-DU-DOIGT (St-), vg. *Finistère* (Bretagne), arr., ✉ et à 15 k. de Morlaix, cant. de Lanmeur. Pop. 1,454 h.

Le site de ce village est riant, agréable et borné : la mer, pressée par deux montagnes, forme une anse où peuvent aborder les bâteaux, et les flots viennent mourir sur des prairies coupées d'ormeaux et de sapins ; des haies d'épine blanche et de rosiers sauvages entourent quelques vergers, soutiennent des toits de chaume, et coupent agréablement ce délicieux paysage. Au milieu de la colline, dont la pente est presque insensible, s'élèvent des bâtiments renfermant une fontaine consacrée à saint Jean, dont l'eau passe pour avoir la vertu de guérir toutes les maladies, et est sans cesse entourée de femmes et d'enfants, d'hommes à barbe grise, qui se lavent les mains, les yeux, les genoux, etc. Toutes les parties du corps que la douleur attaque reçoivent, dit-on, du soulagement par l'emploi de cette eau admirable : elle charme l'ennui, dissipe les chagrins ; le moly des anciens, le serpent d'Esculape, tous les secrets de l'île de Cos, produisaient jadis moins d'effet ; et dans les temps modernes, l'Averne à Rome, St-Jacques de Compostelle, le tombeau de Mahomet et Notre-Dame de Lorette font gagner moins d'indulgences aux fidèles qui les visitent.

L'église, dont l'architecture gothique est un chef-d'œuvre de délicatesse et de légèreté, est surmontée d'un joli clocher couvert en plomb ; les colonnes très-élevées qui supportent le comble de l'édifice sont évidées, et n'ont pas 66 centimètres de diamètre.

JEAN-DU-FALGA (St-), vg. *Ariége* (pays de Foix), arr., cant., ✉ et à 4 k. de Pamiers. Pop. 533 h.

JEAN-DU-GARD (St-), petite ville, *Gard* (Languedoc), arr. à 28 k. d'Alais, chef-l. de cant. Cure. Gîte d'étape. ✉. ⚐. A 657 k. de Paris pour la taxe des lettres. Pop. 4,192 h.— TERRAIN cristallisé ou primitif.

Cette ville est située dans les Cévennes, sur la rive gauche du Gardon d'Anduze. Elle est généralement mal bâtie, et formée pour ainsi dire d'une seule rue fort longue et malpropre ; mais le paysage qui l'environne est délicieux.

PATRIE du comte J. PELET DE LA LOZÈRE, membre de la convention nationale et du conseil des cinq cents, préfet de Vaucluse, ministre de la police générale sous l'empire.

Fabriques importantes de bonneterie de soie. Etoffes de soie et de filoselle. Poterie de terre. Nombreuses et belles filatures de soie. Brasseries, Tanneries. Exploitation de manganèse.— *Foires* les 24 juin, 25 oct., 10 déc. et mercredi après les Rameaux.

JEAN-DU-MARCHÉ (St-), vg. *Vosges* (Lorraine), arr. et à 25 k. d'Epinal, cant. et ✉ de Bruyères. Pop. 352 h. — Centre de la fabrique d'une grande quantité de couteaux de table et de poche, de bonne trempe et à bas prix, dits couteaux de St-Jean.

JEAN-DU-PIN (St-), vg. *Gard* (Languedoc), arr., cant., ✉ et à 2 k. d'Alais. Pop. 489 h.

JEAN-DU-TEMPLE (St-), vg. *Côtes-du-Nord*, comm. de Plélo, ✉ de Châtelaudren.

JEAN-DU-THENNEY (St-), vg. *Eure* (Normandie), arr. et à 15 k. de Bernay, cant. et ✉ de Broglie. Pop. 410 h.

JEAN-DU-VIGAN (St-), vg. *Tarn*, comm. de Cadalen, ✉ de Gaillac.

JEAN-EN-ROYANS (St-), petite ville, *Drôme* (Dauphiné), arr. et à 44 k. de Valence, chef-l. de cant. ✉. A 586 k. de Paris pour la taxe des lettres. Pop. 2,516 h. — TERRAIN tertiaire moyen.

Cette ville est située dans une vallée délicieuse entourée de hautes montagnes, qui rappelle les belles vallées de la Suisse ; c'est le rendez-vous des peintres paysagistes, et les plus habiles artistes en ce genre se sont mis à reproduire sur la toile les nombreux sites pittoresques des environs. — Les catholiques y soutinrent un siège contre les protestants en 1586. — AU CHATEAU DE LA CHARTRONNIÈRE, dépendance de cette commune, on voit deux tombeaux romains d'une parfaite conservation.

Fabriques d'étoffes de laine. Filatures de soie. Papeteries.—*Foires* les 21 avril, 21 juin, 26 et 27 déc. et lendemain des Rameaux.

JEAN-EN-VAL (St-), vg. *Puy-de-Dôme* (Auvergne), arr. et à 11 k. d'Issoire, cant. et ✉ de Sauxillanges. Pop. 574 h.

JEAN-ET-ST-PAUL (St-), vg. *Aveyron* (Rouergue), arr., ✉ et à 24 k. de St-Affrique, cant. de Cornus. Pop. 994 h.

JEAN-FROIDMENTEL (St-), vg. *Loiret-et-Cher* (Beauce), arr. à 29 k. de Vendôme, cant. de Morée, ✉ de Cloyes. Pop. 774 h.

JEAN-KERDANIEL (St-), vg. *Côtes-du-Nord* (Bretagne), arr. et à 13 k. de Guingamp, cant. de Plouagat, ✉ de Châtelaudren.

JEAN-LA-BUSSIÈRE (St-), vg. *Rhône* (Beaujolais), arr. et à 35 k. de Villefranche-sur-Saône, cant. et ✉ de Thisy. Pop. 1,771 h. — *Foire* le 6 déc.

JEAN-LA-CHALME (St-), vg. *H.-Loire* (Vélay), arr. et à 19 k. du Puy, cant. et ✉ de Cayres. Pop. 1,049 h. — *Foires* les 26 avril, 13 mai, 26 juin, 15 sept., 6, 20 et 30 nov.

JEAN-LA-FOUILLOUSE (St-), vg. *Lozère* (Languedoc), arr. et à 30 k. de Mende, cant. et ✉ de Châteauneuf-de-Randon. Pop. 571 h.

JEAN-LA-VÊTRE (St-), vg. *Loire* (Forez), arr. et à 40 k. de Montbrison, cant. et ✉ de Noirétable.

JEAN-LE-BLANC (St-), vg. *Calvados* (Normandie), arr. et à 22 k. de Vire, cant. de Condé-sur-Noireau, ✉ de Vassy. P. 1,106 h.

JEAN-LE-BLANC (St-), vg. *Loiret* (Orléanais), arr., cant., ✉ et à 1 k. d'Orléans. Pop. 838 h.

JEAN-LE-CENTENIER (St-), vg. *Ardèche* (Languedoc), arr. et à 22 k. de Privas, cant. et ✉ de Villeneuve-de-Berg. Pop. 677 h.— *Foires* les 15 et 21 août.

JEAN-LE-COMTAT (St-), vg. *Gers* (Armagnac), arr., cant., ✉ et à 10 k. d'Auch. Pop. 508 h.

JEAN-LE-PRICHÉ (St-), vg. *Saône-et-Loire* (Bourgogne), arr.; cant., ✉ et à 7 k. de Mâcon. Pop. 158 h.

JEAN-LÈS-BUZY (St-), vg. *Meuse* (pays Messin), arr. et à 27 k. de Verdun-sur-Meuse, cant. et ✉ d'Etain. Pop. 485 h.

JEAN-LES-DEUX-JUMEAUX (St-), vg. *Seine-et-Marne* (Brie), arr., ✉ et à 11 k. de Meaux, cant. de la Ferté-sous-Jouarre. ⚐. Pop. 802 h.

JEAN-LÈS-MAROILLE (St-), vg. *Moselle*, comm. du Petit-Failly, ✉ de Longuyon.

JEAN-LESPINASSE (St-), vg. *Lot* (Quercy), arr. et à 38 k. de Figeac, cant. et ✉ de St-Céré. Pop. 569 h.

JEAN-LE-THOMAS (St-), vg. *Manche* (Normandie), arr. et à 16 k. d'Avranches, cant. et ✉ de Sartilly. Pop. 304 h. — On y voit les restes d'un ancien château qui fut démoli au commencement du XIIIe siècle par ordre du roi Philippe Auguste ; son domaine confisqué fut donné en partie à l'abbaye du Mont-St-Michel et en partie à Fouques Paisnel, seigneur puissant dans cette contrée de l'Avranchin. On y voit, comme à plusieurs autres châteaux bâtis sur des hauteurs, de gros blocs de maçonnerie arrachés et précipités sur la pente d'un coteau escarpé qui s'étend jusqu'au bord de la mer. De là on découvre parfaitement le rocher de Tombelaine et celui du Mont-St-Michel derrière le premier.

JEAN-LE-VIEUX (St-), vg. *Ain* (Bourgogne), arr. et à 32 k. de Nantua, cant. de Poncin, ✉ de Pont-d'Ain. Pop. 1,622 h. — *Foires* les 8 janv., 25 fév., 26 juin et lundi après Quasimodo.

JEAN-LE-VIEUX (St-), vg. *Isère* (Dauphiné), arr. et à 17 k. de Grenoble, cant. et ✉ de Domène. Pop. 317 h.

JEAN-LE-VIEUX (St-), vg. *B.-Pyrénées* (Navarre), arr. de Mauléon et à 23 k. de St-Palais, cant. et ✉ de St-Jean-Pied-de-Port. P. 1,101 h.

JEAN-L'HERM (St-), vg. *H.-Garonne* (Languedoc), arr. et à 20 k. de Toulouse, cant. et ✉ de Montastruc. Pop. 329 h.

JEAN-LIGOURE (St-), vg. *H.-Vienne* (Limousin), arr. et à 19 k. de Limoges, cant. et ✉ de Pierre-Buffière. Pop. 1,036 h.

JEANLAIN, vg. *Nord*, ⚜. A 10 k. de Valenciennes.

JEANMÉNIL, vg. *Vosges* (Lorraine), arr. et à 30 k. d'Epinal, cant. et ✉ de Rambervillers. Pop. 1,089 h.

JEAN-MIRABEL (St-), vg. comm. de St-Félix, ✉ de Figeac.

JEANNET (St-), vg. *Var* (Provence), arr. et à 27 k. de Grasse, cant. et ✉ de Vence. Pop. 1,323 h.

JEANNET-D'ASSE (St-), vg. *B.-Alpes* (Provence), arr. et à 28 k. de Digne, cant. et ✉ de Mezel. Pop. 303 h.

JEAN-PIED-DE-PORT (St-), petite ville forte, *B.-Pyrénées* (Navarre), arr. de Mauléon, et à 30 k. de St-Palais, chef-l. de cant. ✉. A 832 k. de Paris pour la taxe des lettres. Place de guerre de 4ᵉ classe. Cure. Gîte d'étape. Pop. 2,332 h.—Terrain du trias, grès bigarré.

Autrefois capitale de la Navarre.

Cette ville doit son nom à sa position au pied des ports ou passage de France en Espagne. Elle est dans une situation pittoresque, sur la Nive, au centre de plusieurs vallons divergents qui pénètrent jusqu'à la frontière, et se compose d'un petit nombre de rues étroites : elle n'a d'importance que par sa position, qui en fait une des clefs de la France, et surtout par sa citadelle placée sur une hauteur, d'où elle domine les trois gorges par lesquelles on peut arriver d'Espagne. Les environs recèlent des traces de mines d'argent qui furent jadis exploitées.

Les armes de St-Jean-Pied-de-Port sont : *d'azur à un château donjonné de trois pièces d'argent, maçonné de sable et ouvert, fenestré d'un saint Jean Baptiste d'argent, tenant sa main dextre appuyée sur un des donjons, et de l'autre tenant une longue croix posée en pal de même.*

Pendant la révolution elle a porté le nom de Nive-Franche.

Aux environs de St-Jean-Pied-de-Port on doit visiter Roncevaux, premier lieu d'Espagne, rendu fameux par la défaite de l'arrière-garde de Charlemagne en 778, où périt le célèbre paladin Roland. Après avoir passé le col, couvert d'une épaisse forêt de hêtres, par lequel on pénètre d'un royaume à l'autre, on trouve l'abbaye de Roncevaille, que nous nommons Roncevaux, elle se compose de grands et solides bâtiments, habités par des moines de l'ordre des grands augustins, qui conservent quelques armes du paladin, entre autres deux boulets de 25 c. de diamètre, attachés par deux chaînons de fer à un manche de 77 c. de long, garni de fer à l'extrémité. Le souvenir de Roland est vivant et glorieux dans ces lieux : c'est dans la plaine, à 1 k. au midi de l'abbaye, près du village de Barguette, que se donna la bataille où succomba le preux. Près du lieu dit château Pignon existe une ruine nommée l'hôpital de Roland, où ce guerrier, blessé mortellement, parvint à se réfugier et rendit le dernier soupir ; non loin de là est une fontaine que les gens du pays regardent comme bienfaisante à cause de Roland.

Foires le mardi de Pâques et le mardi de la Pentecôte.

JEAN-PLA-DE-CORS (St-), vg. *Pyrénées-Or.* (Roussillon), arr., cant. et à 6 k. de Céret, ✉ du Boulon. Pop. 524 h. Sur la rive gauche du Tech.

La plaine de cette commune est mémorable par la déroute de l'armée française sous les ordres du maréchal de Schomberg. Surprise dans la nuit, en 1674, par l'armée espagnole, commandée par le duc de St-Germain, vice-roi de Catalogne; les officiers et les soldats n'eurent le temps ni de s'armer, ni même de s'habiller ; beaucoup d'entre eux arrivèrent à Perpignan en chemise.

On y remarque les ruines d'un château construit vers la fin du XIIᵉ siècle.

JEAN-POUDGE (St-), vg. *B.-Pyrénées* (Béarn), arr. et à 42 k. de Pau, cant. et ✉ de Garlin. ⚜. Pop. 300 h.

JEAN-POUTGÉ (St-), vg. *Gers* (Armagnac), arr. et à 20 k. d'Auch, cant. et ✉ de Vic-Fézensac. Pop. 420 h.

JEAN-ROHRBACH (St-), vg. *Moselle* (pays Messin), arr. et à 20 k. de Sarreguemines, cant. de Sarralbe, ✉ de Puttelange. Pop. 1,046 h.

Patrie du général d'artillerie Eblée.

JEAN-ROURE (St-), vg. *Ardèche* (Vivarais), arr. et à 45 k. de Tournon, cant. de St-Martin-de-Valamas, ✉ du Chaylard. P. 841 h.

JEAN-SAGNIÈRE (St-), vg. *Loire* (Forez), arr. et à 440 k. de Montbrison, cant. de St-Georges-en-Couzan, ✉ de Boen. P. 440 h.

JEAN-ST-GERVAIS (St-), vg. *Puy-de-Dôme* (Auvergne), arr. et à 17 k. d'Issoire, cant. et ✉ de Jumeaux. Pop. 627 h.

JEAN-ST-NICOLAS (St-), vg. *H.-Alpes* (Dauphiné), arr. et à 42 k. d'Embrun, cant. d'Orcières, ✉ de St-Donnet. Pop. 783 h.

JEAN-SOLEYMIEUX (St-), vg. *Loire* (Forez), arr. et à 15 k. de Montbrison, chef-l. de cant. Cure. Bureau d'enregist. à St-Bonnet-le-Château. ✉. A 459 k. de Paris pour la taxe des lettres. Pop. 710 h.—Terrain cristallisé ou primitif.

JEAN-SUR-CAILLY (St-), vg. *Seine-Inf.*, comm. de St-André-sur-Cailly, ✉ du Fréneau.

Patrie de Ph.-Jacq. Guilbert, littérateur et biographe.

JEAN-SUR-COUESNON (St-), vg. *Ille-et-Vilaine* (Bretagne), arr. et à 15 k. de Fougères, cant. et ✉ de St-Aubin-du-Cormier. Pop. 797 h.

JEAN-SUR-ERVE (St-), bg. *Mayenne* (Maine), arr. et à 3 k. de Laval, cant. de Ste-Suzanne, ✉ de Vaiges. Pop. 1,190 h.

On remarque à 4 k. S. de ce village, sur la rivière d'Erve, les ruines de l'ancienne capitale des Erviens (*Arvii*). Les curieux qui ont exploré ces ruines les ont reconnues dans une grande quantité de vieilles fondations qui éloignent la charrue de ce terrain, toujours inculte, et nommé encore la Cité : on y trouve plusieurs débris d'antiquités ; ce qui, joint à la dénomination du lieu, a déterminé l'opinion de d'Anville, à qui l'on doit la découverte de cette cité gauloise, inconnue avant lui.

Directement au-dessous sont les grottes de Sauge, vulgairement connues sous le nom de Caves à Margot. Ces grottes sont creusées dans deux rochers énormes, entre lesquels passe la rivière d'Erve ; elles offrent plusieurs salles de différentes grandeurs, décorées de belles concrétions. Les plus vastes ont 20 m. de diamètre ; les voûtes en sont formées par des rochers dont quelques-uns semblent être sur le point de tomber. Il y en a qui, comme des colonnes naturelles, s'élèvent de la terre jusqu'à la voûte. En quelques endroits, le sol des grottes est formé d'énormes blocs de rochers offrant des fentes et des fissures dont une sonde de 33 m. n'a pas rencontré le fond; dans d'autres salles c'est un banc de terre argileuse assez molle et sur laquelle on distingue les traces de quelques animaux qui cherchent un refuge dans ces souterrains ; on y trouve de distance en distance des flaques d'eau limpide, mais peu profondes. Les Caves à Margot n'offrent pas d'écho ; la voix n'y est répercutée que d'une manière très-sourde ; elles sont d'ailleurs encore peu connues, n'ayant été qu'imparfaitement explorées.

JEAN-SUR-INDRE (St-), bg *Indre-et-Loire* (Touraine), arr., ✉ et à 6 k. de Loches, cant de Léon. Pop. 657 h.

JEAN-SUR-MAYENNE (St-), vg. *Mayenne* (Maine), arr., cant., ✉ et à 10 k. de Laval. Pop. 1,481 h.

JEAN-SUR-MOIVRE (St-), vg. *Marne* (Champagne), arr., ✉ et à 18 k. de Châlons-sur-Marne, cant. de Marson. Pop. 248 h.

JEAN-SUR-REYSSOUSE, vg. *Ain* (Bresse), arr. et à 29 k. de Bourg-en-Bresse, cant. et ✉ de St-Trivier-de-Courtes. Pop. 1,668 h.— On y trouve une source d'eau minérale.

JEAN-SUR-TOURBE (St-), vg. *Marne* (Champagne), arr., cant. et à 20 k. de Ste-Ménehould, ✉ de Suippe. Pop. 349 h.— *Foires* les 24 et 25 juin.

JEAN-SUR-VEYLE (St-), vg. *Ain* (Bresse), arr. et à 30 k. de Bourg-en-Bresse, cant. de Pont-de-Veyle, ✉ de Mâcon. Pop. 1,099 h. —On y trouve une source d'eau minérale.

JEAN-SUR-VILAINE (St-), vg. *Ille-et-Vilaine* (Bretagne), arr. et à 11 k. de Vitré, cant. et ✉ de Châteaubourg. Pop. 882 h.

JEANTES, vg. *Aisne* (Picardie), arr. et à 13 k. de Vervins, cant. d'Aubenton, ✉ de Plomion. Pop. 1,047 h.

JEAN-TROLIMON (St-), vg. *Finistère* (Bretagne), arr. et à 20 k. de Quimper, cant. et ✉ de Pont-l'Abbé. Pop. 1,022 h.

JEAN-VARENNES, vg. *Indre*, comm. de Thizay, ✉ d'Issoudun.

JEANVRAIN (St-), vg. *Cher* (Berry), arr. et à 27 k. de St-Amand-Montrond, cant. et ✉ de Châteaumeillant. Pop. 435 h.

JEBSHEIM, vg. *H.-Rhin* (Alsace), arr., ✉ et à 12 k. de Colmar, cant. d'Andolsheim. Pop. 1,227 h.

JEGUN, petite ville, *Gers* (Armagnac), arr., ✉, bureau d'enregist. et à 17 k. d'Auch, ch.-l. de cant. Cure. Pop. 2,076 h. — TERRAIN tertiaire moyen.
Foires le dernier jeudi de janv., fév., avril, mai, juillet, août, oct., nov. et déc.

JENLAIN, vg. *Nord* (Flandre), arr. et à 33 k. d'Avesnes, cant. et ✉ du Quesnoy. ⚭. Pop. 1,000 h.

JENNEVILLE, vg. *Seine-Inf.*, comm. d'Offranville, ✉ de Dieppe.

JENOUILLY, vg. *Côte-d'Or*, comm. de Dompierre-en-Morvant, ✉ de la Maison-Neuve.

JENS-D'HEURES, vg. *Meuse*, comm. de l'Isle-en-Rigault, ✉ de Saudrupt.

JERCEY, vg. *Eure*, comm. d'Illiers-l'Evêque, ✉ de Nonancourt.

JÉROME (St-), vg. *Ain* (Bourgogne), arr. et à 35 k. de Nantua, cant. de Poncin, ✉ de Cerbon. Pop. 1,032 h.

JÉROME (St-), vg. *Bouches-du-Rhône*, comm. et ✉ de Marseille.

JÉROME (St-), vg. *Tarn*, comm. de Castelnau-de-Montmiral, ✉ de Gaillac.

JÉSONVILLE, vg. *Vosges* (Lorraine), arr. et à 22 k. de Mirecourt, cant. et ✉ de Darney. Pop. 449 h.

JESSAINS, vg. *Aube* (Champagne), arr. et à 13 k. de Bar-sur-Aube, cant. et ✉ de Vendœuvre. Pop. 345 h.

JETTERSWILLER, vg. *B.-Rhin* (Alsace), arr., ✉ et à 11 k. de Saverne, cant. de Marmoutier. Pop. 330 h.

JETTINGEN, vg. *H.-Rhin* (Alsace), arr., cant., ✉ et à 12 k. d'Altkirch. Pop. 560 h.

JEUFOSSE, vg. *Eure*, comm. de St-Aubinsur-Gaillon, ✉ de Gaillon.

JEUFOSSE, vg. *Seine-et-Oise* (Beauce), arr. et à 16 k. de Mantes, cant. et ✉ de Bonnières. Pop. 394 h.

JEUGNY, vg. *Aube* (Champagne), arr. et à 25 k. de Troyes, cant. et ✉ de Bouilly. Pop. 472 h.

JEU-LES-BOIS, vg. *Indre* (Berry), arr. et à 18 k. de Châteauroux, cant. et ✉ de Ardentes-St-Vincent. Pop. 656 h. — Bel établissement de culture.

JEU-MALOCHES, vg. *Indre* (Berry), arr. et à 32 k. de Châteauroux, cant. et ✉ d'Ecueillé. Pop. 320 h.

JEUMONT, vg. *Nord* (Flandre), arr. et à 28 k. d'Avesnes, cant. et ✉ de Maubeuge. Pop. 826 h. — Scieries de marbre. Fonderie de fer.

JEUNETAI (le), vg. *Cher*, comm. de Soulangis, ✉ des Aix-d'Angillon.

JEURE, vg. *H.-Loire* (Languedoc), arr., ✉ et à 11 k. d'Yssengeaux, cant. de Tence. Pop. 2,650 h. — Foires les 24 mars, 15 mai, 23 juin, 10 sept., 7 et 31 oct.

JEURE-D'ANDAURE (St-), vg. *Ardèche* (Vivarais), arr. et à 40 k. de Tournon, cant. et ✉ de St-Agrève. Pop. 900 h.

JEURE-D'AY (St-), vg. *Ardèche* (Vivarais), arr. et à 15 k. de Tournon, cant. et ✉ de Satilieu. Pop. 468 h.

JEURRE, vg. *Jura* (Franche-Comté), arr. et à 18 k. de St-Claude, cant. et ✉ de Moirans. Pop. 417 h.

JEUXEY, vg. *Vosges* (Lorraine), arr., cant., ✉ et à 4 k. d'Epinal. Pop. 462 h. — Carrières de pierre meulière.

JEUX-LES-BARDS, vg. *Côte-d'Or* (Bourgogne), arr., cant., ✉ et à 12 k. de Semur. Pop. 144 h.

JEVONCOURT, vg. *Meurthe* (Lorraine), arr. et à 37 k. de Nancy, cant. d'Haroué, ✉ de Neuviller-sur-Moselle. Pop. 153 h.

JEZAINVILLE, vg. *Meurthe* (Lorraine), arr. et à 25 k. de Nancy, cant. et ✉ de Pont-à-Mousson. Pop. 673 h.

JEZEAUX, vg. *H.-Pyrénées* (Armagnac), arr. et à 38 k. de Bagnères-de-Bigorre, cant. et ✉ d'Arreau. Pop. 331 h.

JOACHIM (St-), bg *Loire-Inf.* (Bretagne), arr. et à 25 k. de Savenay, cant. et ✉ de Pont-Château. Pop. 3,280 h. — Ce bourg est situé au centre des immenses marais de la grande Brière, sur un îlot élevé, entouré en hiver d'une vaste nappe d'eau formée par les inondations du Brière. Il se compose d'un grand nombre de maisons très-éloignées les unes des autres, interrompues par des ormeaux qui se dessinent agréablement sur une plaine immense. Depuis l'îlot sur lequel le bourg est bâti, jusqu'au coteau le plus proche, vers l'ouest, le sol n'est qu'une tourbière, dont l'exploitation remonte à une époque très-reculée.

JOANNAS, vg. *Ardèche* (Languedoc), arr., cant., ✉ et à 7 k. de Largentière. Pop. 913 h.

JOB, vg. *Puy-de-Dôme* (Auvergne), arr., cant., ✉ et à 9 k. d'Ambert. Pop. 3,360 h.

JOBOURG, vg. *Manche* (Normandie), arr. et à 23 k. de Cherbourg, cant. et ✉ de Beaumont. Pop. 810 h.

JOCH, vg. *Pyrénées-Or.* (Roussillon), arr. et à 12 k. de Prades, cant. et ✉ de Vinça. Pop. 302 h.

JOCHES, vg. *Marne* (Champagne), arr. et à 27 k. d'Epernay, cant. de Montmort, ✉ d'Etoges. Pop. 90 h.

JODARD (St-), vg. *Loire* (Forez), arr. et à 23 k. de Roanne, cant. de Néronde, ✉ de Neulise. Pop. 626 h.

JOELS (St-), vg. *Aveyron*, comm. de Castelnau-Peyralès, ✉ de Sauveterre.

JŒUF, vg. *Moselle* (pays Messin), arr., cant., ✉ et à 7 k. de Briey. Pop. 216 h.

JOGANVILLE, vg. *Manche* (Normandie), arr. et à 10 k. de Valognes, cant. et ✉ de Montebourg. Pop. 140 h.

JOIENVAL, vg. *Seine-et-Oise*, comm. de Chambourcy, ✉ de St-Germain-en-Laye.

JOIGNY, vg. *Ardennes* (Champagne), arr. de Mézières, cant., ✉ et à 10 k. de Charleville. Pop. 612 h.

JOIGNY, *Joviniacum, Joiniacum*, ville ancienne, *Yonne* (Champagne), chef-l. de sous-préf. (2ᵉ arr.) et d'un cant. Trib. de 1ʳᵉ inst. et de comm. Collège communal. Cure. Gîte d'étape. ⚭. Pop. 6,741 h. — TERRAIN crétacé supérieur, craie.

Autrefois diocèse de Sens, parlement et intendance de Paris; chef-lieu d'élection, prévôté, bailliage, grenier à sel, brigade de maréchaussée, couvent de capucins.

Quelques auteurs pensent que Joigny occupe l'emplacement de l'ancienne *Bandritum*; que la Table de Peutinger place entre Sens et Auxerre. Guillaume II affranchit les habitants par une charte de 1238.

Les armes de Joigny sont : *d'azur à un plan de la ville avec ses murailles, tours et portes d'or, entourées d'un fossé de sinople*.

Cette ville est bâtie en amphithéâtre sur un coteau au pied duquel coule la rivière d'Yonne. On y entre, du côté de Sens, par une belle grille, après laquelle un quai spacieux et très-élevé règne le long de l'Yonne, jusqu'à une grille semblable placée à son extrémité, où aboutit la route de Dijon. Vers le milieu du quai, on traverse l'Yonne sur un beau pont de pierre qui conduit à un faubourg où aboutit la route d'Auxerre. La ville proprement dite est groupée au-dessus du quai, contre la pente du coteau qui règne le long de la rive droite de l'Yonne. Les rues en sont étroites, mal percées et d'un accès difficile; quelques-unes même ne sont praticables qu'au moyen de rampes en fer, fixées le long des maisons. Dans la partie la plus élevée sont les restes d'un ancien château, commencé par le duc de Villeroy, mais qui n'a jamais été achevé; les murs sont en bossages rustiques d'un genre singulier. Des terrasses de ce château on jouit d'une vue magnifique sur les bords de l'Yonne et sur la campagne environnante.

La cathédrale est un édifice du XVᵉ siècle, très-élégant et très-orné; à la voûte du chœur est une clef en saillie d'une sculpture immense. Cette église se trouvait autrefois dans l'enceinte du château, ainsi qu'une jolie chapelle bâtie sur le sommet du coteau, et convertie aujourd'hui en paroisse.

On remarque encore à Joigny le quartier de cavalerie et la salle d'audience du tribunal.

Biographie. Patrie du bénédictin dom VIDAL.

Du savant médecin BOURDOIS DE LA MOTHE.

INDUSTRIE. Fabriques de grosses draperies, toiles, feuillettes. Distilleries d'eau-de-vie. Vinaigreries. Tanneries. — Commerce de grains, vins, tonneaux, bois, charbon; raisiné que l'on fabrique à Cerisiers, Dixmont, Piffonds, et autour de Joigny, etc. Marchés considérables pour les grains, les mercredis et samedis. — Foires les 2 janv., 10 août, 14 sept., 1ᵉʳ oct. et lundi de Pâques.

A 35 k. N.-O. d'Auxerre, 141 k. S.-E. de Paris.

L'arrondissement de Joigny est composé de 9 cantons : Aillant-sur-Tholon, Bleneau, Brienon, Cerisiers, Charny, Joigny, St-Fargeau, St-Julien-du-Sault, Villeneuve-le-Roi.

Bibliographie. THIBAUT. Extrait d'un rapport sur les fouilles faites en mars 1820, sur le monticule de Mouchette, au territoire de Joigny (Mém. de la société royale des antiq. de France, t. VII, 1826, p. 273).

JOINVILLE, *Jovilia, Jovis Villa*, ville ancienne, *H.-Marne* (Champagne), arr. et à 18 k. de Vassy, chef-l. de cant. Cure. Gîte d'étape. ⊠. ✇. A 241 k. de Paris pour la taxe des lettres. Pop. 3,196 h. — Terrain jurassique, étage supérieur du système oolitique.

Autrefois principauté et château, diocèse et intendance de Châlons, parlement de Paris, chef-lieu d'élection, bailliage, collégiale, 5 couvents.

L'origine de cette ville est inconnue, car nous croyons inutile de faire ressortir l'absurdité qui en attribue la fondation à Janus. Les premiers titres où il en est fait mention ne remontent pas au delà du IX⁹ siècle. Sur le sommet de la montagne qui la domine s'élevait jadis une tour de construction romaine, connue sous le nom de tour de Jovin, dont les derniers débris n'ont disparu qu'en 1649. Cette tour étant devenue un des points de défense du pays, tout porte à croire que des habitations se groupèrent à l'entour, et qu'en se multipliant elles formèrent une ville qui prit le nom de Joinville.

Joinville était autrefois une place forte, que Charles-Quint assiégea, prit et brûla en 1544, après la capitulation de St-Dizier. François I⁹ʳ la fit rebâtir peu de temps après. La terre de Joinville avait primitivement le titre de baronnie. Henri II l'érigea en principauté, en 1551, en faveur de François de Guise (celui qui fut assassiné par Poltrot). Un magnifique château couronnait alors la montagne qui domine la ville.

Le château de Joinville fut bâti au XI⁹ siècle, sous le règne du roi Robert, par Etienne de Vaux, et agrandi successivement par les seigneurs qui l'habitèrent. A l'extrémité du chemin qu'il faut gravir aujourd'hui pour parvenir à l'emplacement qu'occupait ce château était bâtie la porte d'entrée, située près des restes de la tour de Jovin, regardée généralement comme la construction primitive autour de laquelle se forma la ville. L'église centrale, précédée d'un cimetière fermé de murs, s'offrait ensuite aux regards du visiteur. A cette église se rattachait une chapelle faisant saillie au dehors, laquelle communiquait par une galerie couverte aux salles du château. Non loin de là, et du milieu des bâtiments, s'élançait une tour garnie de meurtrières à son sommet, qui dominait tout l'édifice. La grande salle avait vue sur la ville et donnait sur une large terrasse ornée d'appuis à jour et taillée dans le roc vif; en dehors de cette façade existait un cabinet où fut signée, le 2 janvier 1585, la fameuse Ligue dite du bien public. La salle des gardes s'avançait à l'angle du bâtiment, et conduisait par un grand escalier de pierre au jeu de paume, qui se prolongeait sur le penchant du coteau près de la tour dite de Boutefeu. Derrière le château étaient les cours et les jardins. Au delà de cette première enceinte existait une vaste esplanade qui s'allongeait du côté du bois pour y former trois bastions.

Aujourd'hui tout est bien changé. A la place des tours et des salles, à la place d'une vaste cuisine où l'on comptait sept cheminées colossales, croissent maintenant des sapins et des peupliers. L'esplanade est couverte d'un bois épais où l'œil ne rencontre plus vestige de construction. Le prolongement du jeu de paume se reconnaît à peine; et s'il reste sur un terrain du voisinage des portions de murailles ou quelques briques amoncelées, la pioche et le marteau s'occupent à les faire entièrement disparaître. En 1790, le duc d'Orléans, père de S. M. Louis-Philippe, mit en vente les bâtiments du château (dont on négligeait l'entretien depuis longues années), à la charge de faire tout démolir. Ses intentions furent exécutées, et bientôt disparut le vieux manoir d'Etienne de Vaux, dont les descriptions les plus minutieuses, les dessins les plus exacts, ne rendront jamais parfaitement l'aspect imposant et pittoresque. L'Eglise resta jusqu'en 1792; mais les objets rares et précieux que renfermait le trésor, les tombeaux des sires de Joinville, monument curieux de l'histoire de l'art, n'échappèrent pas aux dévastations; tout fut brisé, anéanti !

Toutefois le souvenir de la bienfaisance des princes de Joinville préservant leurs restes mortels, que le conseil municipal fit solennellement transporter dans le cimetière de la ville, au pied d'une ancienne chapelle qui existe encore. En 1841, un artiste du pays, M. F.-A. Pernot, réclama du jeune prince de Joinville une tombe pour ceux qui avaient porté son illustre nom, et le roi fit les frais d'un monument, consistant en une tombe en marbre noir provenant des anciens tombeaux des sires de Joinville et retrouvée il y a quelques années. Le 13 septembre 1841, eut lieu l'inauguration de ce monument, sur lequel on a placé l'inscription suivante :

†

Dans le cimetière de Joinville,
Sous une tombe de marbre, seul fragment des tombeaux
de l'ancienne église collégiale du château,

REPOSENT :

Jean, sire de Joinville, historien du roi saint Louis ;
Anselme, avec lui et ses deux femmes :
Laure de Sarzebruk et Marguerite de Vaudemont.
Ferri I de Lorraine et Marguerite de Joinville;
Ferri II et Yolande d'Anjou, reine de Sicile, de Naples
et de Jérusalem.
Henri de Lorraine, évêque de Metz.
Claude de Lorraine,
premier duc de Guise, mort à Joinville, le 12 avril 1550,
et Antoinette de Bourbon, son épouse.
François de Lorraine, duc de Guise, prem. prince de Joinville,
assassiné, près d'Orléans, par Poltrot;
Charles de Guise, fils de Henri le Balafré;
Henri II, Charles-Louis de Joyeuse; François, de Joinville,
tous fils de Charles.
Louis de Joyeuse et Louis-Joseph de Lorraine,
avant-dernier rejeton de cette illustre tige
si féconde en grands hommes.

Leurs restes, transportés le 22 novembre 1792 au cimetière paroissial, d'après le vœu du peuple, ont été recouverts de ce marbre, donné par la ville, posé aux frais du roi, le 13 septembre 1841.

Près des dernières maisons du faubourg, où existait autrefois le couvent de Ste-Anne, se trouve un immense enclos, nommé le Grand-Jardin, au milieu duquel s'élève l'ancienne maison de plaisance des ducs de Guise, appelée isle Petit-Château. Les trois dômes ou clochers dont il était surmonté ont été rasés, l'escalier principal est devenu double, et la chapelle du château forme un grenier ; mais l'extérieur de l'édifice est bien conservé.

Les **armes de Joinville** sont : *d'azur à trois broyes d'or bouclées d'argent posées en face ; au chef d'argent au lion naissant de gueules.*

La ville de Joinville est bâtie dans une situation agréable sur la Marne, au pied de la montagne sur laquelle s'élevait le château. Des coteaux riants, couverts de bois et de riches vignobles, des villages nombreux animent ses alentours. Au bord de la rivière, des forges, des hauts fourneaux toujours en activité, suffisent à peine pour exploiter le minerai de fer que l'on trouve en abondance aux environs.

Biographie. Patrie de Jean, sire de Joinville, historien de saint Louis.

Du poëte Guyot-Desherbiers, député au conseil des cinq cents et membre du corps législatif.

Du compositeur de musique Devienne, auteur des *Visitandines*, etc., etc., mort à Charenton en 1803.

Industrie. Fabriques de bonneterie en laine, de serges, droguets, tiretaines, toiles, treillis. Filatures de laine. Forges et hauts fourneaux. — Foires les 21 mars, 19 juin, 17 sept. et 21 déc.

Bibliographie. Fériel (Jules). *Notes historiques sur la ville et les seigneurs de Joinville, avec un appendice contenant les pièces relatives à l'ouverture et à la violation des tombeaux des ducs de Guise, à l'enterrement de Claude de Lorraine, etc.*, in-8, 1835.

Histoire et Description de la chapelle Ste-Anne, au cimetière de Joinville, in-8, 1838.

Pernot (F.-A.). *Notice sur le château de Joinville, sur les tombeaux qu'il renfermait et sur le monument érigé le 13 septembre 1841, qui recouvre les restes mortels des sires, barons et princes de Joinville*, br. in-8, 1841.

JOINVILLE-LE-PONT, ou la Branche-du-Pont-de-St-Maur, vg. *Seine* (Ile-de-France), arr. et à 18 k. de Sceaux, cant. de Charenton-le-Pont. ⊠. A 10 k. de Paris pour la taxe des lettres. Pop. 729 h. — Fabrique de cuirs vernis.

JOIRE (St-), vg. *Meuse* (Lorraine), arr. de Commercy, à 40 k. de St-Mihiel, cant. de Gondrecourt, ⊠ de Ligny. P. 620 h.

JOISELLE, vg. *Marne* (Brie), arr. et à 47 k. d'Epernay, cant. et ⊠ d'Esternay. Pop. 226 h.

JOLIMETZ, vg. *Nord* (Flandre), arr. et à 33 k. d'Avesnes, cant. et ⊠ du Quesnoy. Pop. 998 h.

JOLIVET, ou Huviller, vg. *Meurthe* (Lorraine), arr., cant., ⊠ et à 2 k. de Lunéville. Pop. 530 h.

JONAGE, vg. *Isère* (Dauphiné), arr. et à 34 k. de Vienne, cant. et ⊠ de Meyzieux. Pop. 897 h.

JONCELS, vg. *Hérault* (Languedoc), arr. ✉ et à 15 k. de Lodève, cant. de Lunas. Pop. 757 h. — Ce bourg est situé dans un pays agréable et fertile, sur le ruisseau de Gravaison. Il doit sa formation à une abbaye que détruisirent les Sarrasins, et qui fut rétablie par Pepin. — *Foires* les 29 août et 29 oct.

JONCHE, vg. *Yonne*, comm. et ✉ d'Auxerre.

JONCHÈRE (la), vg. *Vendée* (Poitou), arr. et à 32 k. des Sables, cant. des Moutiers, ✉ d'Avrillé. Pop. 341 h.

JONCHÈRE (la), vg. *H.-Vienne* (Limousin), arr. et à 27 k. de Limoges, cant. de Laurière, ✉ de Razès. Pop. 550 h.

JONCHÈRES, vg. *Drôme* (Dauphiné), arr. et à 31 k. de Die, cant. et ✉ de Luc-en-Diois. Pop. 312 h.

JONCHÈRES, vg. *H.-Loire*, comm. de Rauret, ✉ de Cayres.

JONCHERETS (les), vg. *Orne*, comm. et ✉ de la Ferté-Macé.

JONCHEREY, vg. *H.-Rhin* (Alsace), arr. et à 18 k. de Belfort, cant. et ✉ de Delle. Pop. 474 h.

JONCHERY, vg. *H.-Marne* (Champagne), arr., cant., ✉ et à 6 k. de Chaumont-en-Bassigny. Pop. 350 h.

JONCHERY - SUR - SUIPPE, vg. *Marne* (Champagne), arr. et à 62 k. de Châlons-sur-Marne, cant. et ✉ de Suippe. Pop. 493 h.

A Jonchery commence un aqueduc romain, construit vraisemblablement pour amener à Reims une partie des eaux de la Suippe. Cet aqueduc, dont on voyait naguère de grandes parties intactes, mais dont il ne reste plus guère que quelques débris dont on pouvait suivre la trace sur une étendue de 27 à 30 k., traversait les territoires de Jonchery, Auberive, Prosnes, Prunay, Puisieux, etc., et aboutissait jusqu'au delà des Deux-Maisons, à 6 k. de Reims. Dans certains endroits il apparaissait presque à fleur du sol, et dans d'autres à 10, 15 et 20 m. au-dessous; il faisait beaucoup de lignes brisées, et à chaque angle était un regard au-dessus d'une fosse ou d'un bassin dans lequel chacun pouvait puiser. L'eau coulait sur de larges dalles; les parois étaient en grandes et épaisses briques, et la voûte en moellons durs; la hauteur du dallage à la voûte était de 1 m. 53 c. et la largeur de 1 m.; la hauteur ordinaire de l'eau était de 80 c.

JONCHERY - SUR - VESLE, vg. *Marne* (Champagne), arr. à 18 k. de Reims, cant. de Fismes. ✉. ☞. A 138 k. de Paris pour la taxe des lettres. Pop. 562 h. — Ce village, autrefois considérable, est agréablement situé sur la Vesle et sur la route de Fismes à Reims, qui en forme la principale rue. On y voit une belle habitation qu'embellit un vaste jardin paysager, orné de belles eaux vives. — *Foires* les 1er fév., veille de la Pentecôte, 31 août et 25 nov.

JONCOURT, vg. *Aisne* (Picardie), arr. et à 13 k. de St-Quentin, cant. et ✉ du Catelet. Pop. 860 h.

JONCQUIÈRES, vg. *Vaucluse* (Comtat), arr., cant., ✉ et à 8 k. d'Orange. P. 2,202 h. — Moulins à garance. Filatures de soie.

JONCREUIL, vg. *Aube* (Champagne), arr. et à 45 k. d'Arcis-sur-Aube, cant. et ✉ de Chavauges. Pop. 273 h.

JONCY, bg *Saône-et-Loire* (Bourgogne), arr. et à 34 k. de Charolles, cant. de la Guiche. Gîte d'étape. ✉. A 382 k. de Paris pour la taxe des lettres. Pop. 1,174 h. — *Foires* les 12 fév., 25 mai, 12 sept. et 23 nov.

JONOUX, vg. *Cher*, comm. de Maisonnais, ✉ de Châteaumeillant.

JONQUERETS (les), *Jonquereta*, vg. *Eure* (Normandie), arr., ✉ et à 8 k. de Bernay, cant. de Beaumesnil. Pop. 422 h.

JONQUERETTES, vg. *Vaucluse* (Comtat), arr. et à 10 k. d'Avignon, cant. de l'Isle, ✉ de Sorgues. Pop. 275 h.

JONQUERY, vg. *Marne* (Champagne), arr. et à 23 k. de Reims, cant. de Châtillon-sur-Marne, ✉ de Port-à-Binson. Pop. 137 h.

JONQUETS, vg. *Eure*, comm. et ✉ de Beuzeville.

JONQUIÈRE (la), vg. *Nord*, comm. de Mons-en-Pevèle, ✉ de Douai.

JONQUIÈRES, vg. *Aude* (Languedoc), arr. et à 30 k. de Narbonne, cant. de Durban, ✉ de Sijean. Pop. 153 h.

JONQUIÈRES, petite ville, *Bouches-du-Rhône*, comm. et ✉ des Martigues, ville à laquelle elle a été réunie en 1581. V. MARTIGUES.

JONQUIÈRES, vg. *Gard* (Languedoc), arr. et à 16 k. de Nîmes, cant. et ✉ de Beaucaire. Pop. 1,342 h.

JONQUIÈRES, vg. *Hérault* (Languedoc), arr. et à 18 k. de Lodève, cant. et ✉ de Gignac. Pop. 304 h.

JONQUIÈRES, vg. *Oise* (Picardie), arr., ✉ et à 10 k. de Compiègne, cant. d'Estrées-St-Denis. Pop. 702 h. — Il existe sur le territoire de cette commune, près de la route de Clermont à Compiègne, une éminence sablonneuse, appelée la Tombeissoire, qui pourrait être un tumulus. La tradition locale veut qu'il y ait des trésors enfouis sous ce tertre. La Tombeissoire est de forme ovale, a 15 m. d'étendue selon son grand diamètre, et seulement 2 à 3 m. d'élévation.

JONQUIÈRES, vg. *Tarn*, comm. de Gibrondes, ✉ de Castres.

JONS, vg. *Isère* (Dauphiné), arr. à 36 k. de Vienne, cant. et ✉ de Meyzieux. P. 545 h.

JONVAL, vg. *Ardennes* (Champagne), arr. et à 25 k. de Vouziers, cant. de Tourteron, ✉ d'Attigny. Pop. 505 h.

JONVELLE, bg *H.-Saône* (Franche-Comté), arr. et à 46 k. de Vesoul, cant. et ✉ de Jussey. Pop. 869 h.

Ce bourg était déjà considérable en 1450, époque où les plénipotentiaires du duc de Bourgogne et les officiers du roi de Sicile s'y rendirent pour terminer une contestation élevée entre ces deux souverains au sujet de la terre de St-Loup. On y voit les vestiges d'un château qui annoncent la puissance des anciens possesseurs de ce manoir.

Jonvelle fut assiégé et pris par Louis XIII en 1637; Galas le reprit l'année suivante pour le roi d'Espagne. Louis XIII le fit assiéger de nouveau par Grancey, qui s'en empara, fit démolir le château et incendier le bourg, qui ne s'est jamais relevé de ses ruines. — *Foires* les 22 janv., 30 juin, 14 sept., 13 nov. et lundi de Quasimodo.

JONVILLE, vg. *Meuse* (Lorraine), arr. de Commercy, à 29 k. de St-Mihiel, cant. et ✉ de Vigneulles. Pop. 187 h.

JONVILLE, vg. *Seine-et-Marne*, comm. de St-Fargeau, ✉ de Ponthierry.

JONZAC, petite et ancienne ville, *Charente-Inf.* (Saintonge), chef-l. de sous préf. (5e arr.) et d'un cant. Trib. de 1re inst. Cure. ✉. ☞. Pop. 2,569 h. — TERRAIN crétacé inférieur, grès vert.

Autrefois diocèse et élection de Saintes, parlement de Bordeaux, intendance de la Rochelle.

Cette ville est située sur la Seugne, dans un territoire fertile en grains et abondant en vins, dont on fait d'excellentes eaux-de-vie. Le château, placé dans l'enceinte et à l'extrémité orientale de la ville, sur un mamelon dont le pied est baigné par la Seugne, présente un aspect majestueux. Il est entouré de trois côtés par un fossé creusé dans le roc, large de 7 m. et profond de 15. Le quatrième côté est élevé de 22 m. au-dessus de la rivière; on y entre par un pont-levis. C'était autrefois une petite forteresse, sous laquelle de vastes souterrains se prolongeaient jusqu'aux portes de la ville.

Fabriques de serges, droguets, calmouks et autres grosses étoffes de laine qui se vendent principalement aux foires de Beaucaire et de Bordeaux. — *Commerce* d'eaux-de-vie supérieures, grains, bestiaux, œufs et excellentes volailles pour l'approvisionnement de Bordeaux. — *Foires* de 3 jours le lundi après le 19 juillet, et le 2e vendredi de chaque mois.

A 39 k. S.-E. de la Rochelle, 500 k. S.-O. de Paris.

L'arrondissement de Jonzac renferme 7 cantons: Archiac, St-Genis, Jonzac, Mirambeau, Montendre, Montguyon, Montlieu.

JONZAIS, vg. *Allier*, comm. de Villefranche, ✉ de Moutmarault.

JONZIEUX, vg. *Loire* (Forez), arr. et à 18 k. de St-Etienne, cant. et ✉ de St-Genet-Malifaut. Pop. 1,076 h.

JONZY, vg. *Saône-et-Loire* (Bourgogne), arr. et à 30 k. de Charolles, cant. et ✉ de Semur-en-Brionnais. Pop. 260 h.

JOPPÉCOURT, vg. *Moselle* (pays Messin), arr. et à 20 k. de Briey, cant. et ✉ d'Audunle-Roman. Pop. 375 h.

JORES (St-), vg. *Manche* (Normandie), arr. et à 32 k. de Coutances, cant. de Périers, ✉ de Prétot. Pop 846 h.

JORLIÈRE (le), vg. *Loire*, comm. de St-Vincent-de-Boisset, ✉ de Roanne.

JORQUENAY, vg. *H.-Marne* (Champagne), arr., cant., ✉ et à 7 k. de Langres. P. 189 h.

JORT, vg. *Calvados* (Normandie), arr. et à 14 k. de Falaise, cant. de Coulibœuf. ✉. A

CHÂTEAU DE JOSSELIN.

216 k. de Paris pour la taxe des lettres. Pop. 470 h.

JORXEY, bg *Vosges* (Lorraine), arr., ⊠ et à 10 k. de Mirecourt, cant. de Dompaire. Pop. 294 h.

JORY (St-), bg *H.-Garonne* (Languedoc), arr. et à 18 k. de Toulouse, cant. de Fronton. ⊠. ♡. A 671 k. de Paris pour la taxe des lettres. Pop. 1,082 h. — *Foire* le 1er fév.

JORY-DE-CHALAIS (St-), bg *Dordogne* (Périgord), arr. et à 23 k. de Nontron, cant. de Jumillac-le-Grand, ⊠ de Thiviers. Pop. 1,295 h.

JORY-LASELOUX (St-), vg. *Dordogne* (Périgord), arr. à 34 k. de Périgueux, cant. et ⊠ d'Excideuil. Pop. 682 h.

JOSAT, vg. *H.-Loire* (Auvergne), arr. et à 21 k. de Brioude, cant. et ⊠ de Paulhaguet. Pop. 538 h.

JOSELIÈRE (la), vg. *Loire-Inf.*, comm. de Clion, ⊠ de Pornic.

JOSEPH (St-), vg. *Bouches-du-Rhône*, comm. et ⊠ de Marseille.

JOSEPH (St-), vg. *Ille-et-Vilaine*, comm. de Paramé, ⊠ de St-Malo.

JOSEPH (St-), vg. *Nord*, comm. d'Esquelbecq, ⊠ de Wormhoudt.

JOSEPH-DE-LA-RIVIÈRE (St-), vg. *Isère* (Dauphiné), arr. de St-Marcellin, cant. et ⊠ de Tullins.

JOSNES, vg. *Loir-et-Cher* (Orléanais), arr. et à 31 k. de Blois, cant. de Marchenoir, ⊠ de Mer. Pop. 1,559 h.

JOSSE, bg *Landes* (Gascogne), arr. et à 20 k. de Dax, cant. et ⊠ de St-Vincent-de-Tyrosse. Pop. 432 h. — Il est sur la rive droite de l'Adour, où il a un port très-fréquenté.

JOSSE (St-), vg. *Pas-de-Calais* (Picardie), arr., cant. et à 10 k. de Montreuil. Pop. 726 h. — On y trouve une source d'eau minérale.

JOSSELIN, petite ville, *Morbihan* (Bretagne), arr. et à 12 k. de Ploërmel, chef-l. de cant. Cure. Gîte d'étape. ⊠. ♡. A 426 k. de Paris pour la taxe des lettres. Pop. 2,756 h.— Terrain de transition moyen.

Autrefois diocèse et recette de St-Malo, parlement et intendance de Rennes, abbaye de St-Augustin, gouvernement particulier.

Cette ville est bâtie dans une situation agréable sur l'Oust. On y voit un des plus beaux châteaux de la Bretagne.

Le château de Josselin était autrefois une forteresse de la plus haute importance, dont l'histoire se lie entièrement à celle de la Bretagne. On ignore l'époque précise de sa construction et le nom de son fondateur : les uns l'attribuent au comte Guethenoc, dans le xie siècle, et c'est l'opinion la plus commune; d'autres veulent qu'il ne date que du xiie siècle. Henri II, roi d'Angleterre, prit et rasa ce château en 1162; c'est de là que sortit, en 1354, le maréchal de Beaumanoir, qui commandait cette place, pour se rendre à la lande de Mivoie, située entre Josselin et Ploërmel, où trente Bretons vainquirent trente Anglais en combat singulier. Le château de Josselin fut rebâti, tel que nous le voyons aujourd'hui, au commencement du xive siècle. Marguerite de Rohan l'ayant apporté en dot au connétable de ⸺isson, son époux, ce seigneur se plut à l' ⸺, et y ajouta en 1390 plusieurs fortifica⸺ tamment un donjon formidable. Mon⸺ siégea le château de Josselin en 1393. A ⸺ a⸺ veur de la nuit, Clisson sortit de cette forteresse, dont il laissa la garde à Marguerite de Rohan, son épouse. Celle-ci, douée de ce courage si commun chez les femmes bretonnes, soutint avec avantage tous les assauts. Désespérant de se rendre maître de la place et de pouvoir continuer la guerre avec avantage, Montfort écouta les propositions faites par le sire de Rohan, beau-frère de Clisson, consentit à congédier ses troupes et à cesser les hostilités; mais, pour qu'on ne pût dire qu'il avait échoué devant Josselin, défendu par une femme, on baissa les ponts-levis, le duc les passa seul à cheval, s'avança au delà de la porte, reçut les clefs, et en repassant les ponts-levis il les remit à un des officiers de Marguerite. Montfort mourut en 1399, et nomma Clisson tuteur de ses enfants. Sa fille, la comtesse de Penthièvre, qui conservait l'espérance de voir rentrer un jour son époux en possession du duché de Bretagne, osa lui proposer de faire mourir les enfants du duc. Clisson, outré de colère, s'élança de son lit, saisit une hallebarde qui se trouvait dans l'appartement, et aurait tué sa fille, si celle-ci n'eût évité le coup en prenant la fuite. Elle sauva sa précipitamment, qu'elle tomba dans l'escalier et se cassa une jambe, accident qui la rendit boiteuse pour toute sa vie.

Clisson mourut au château de Josselin, à l'âge de soixante-treize ans, le 20 avril 1407; il fut enterré dans la chapelle du château, où on lui éleva un mausolée magnifique, dont il ne reste plus que des débris, consistant en une table de marbre noir qui formait le dessus du sarcophage, et autour de laquelle est écrite, en caractère gothique carré, l'inscription suivante :

CHI GIST NOBLE ET PUISSANT SEIGNEUR MONSEIGNEUR
OLIVIER DE CLISSON,
JADIS CONNESTABLE DE FRANCE,
SEIGNEUR DE CLISSON, DE PORHOUET,
DE BELLEVILLE ET DE LA GARNACHE,
QUI TRESPASSA EN AVRIL LE JOUR DE SAINT-JORGE
L'AN MCCCC ET VII.
PRIEZ DIEU POUR SON AME, AMEN.

Sur cette table étaient placées les statues en marbre blanc du connétable et de Marguerite de Rohan ; ces statues existent encore dans la sacristie ; mais elles sont très-mutilées. Clisson est représenté armé de toutes pièces, excepté la tête ; par-dessus sa cuirasse il porte une cotte d'armes ample et flottante, mais très-courte ; son épée est suspendue à son côté par un baudrier à demi déceint ; les brassards et les cuissards s'offrent que peu de lames articulées, ces pièces d'armure n'étant pas alors aussi perfectionnées qu'elles le furent vers la fin du siècle suivant. La statue de Marguerite de Rohan offre un exemple du costume des dames du xive siècle ; ses cheveux sont tressés, et ces tresses, partagées sur les côtés, sont retenues à droite et à gauche par un réseau orné de perles ; au-dessus est une coiffure carrée ; sur sa longue robe est un surcot fourré d'hermine, dont les manches sont longues et serrées.

Les ligueurs s'emparèrent du château de Josselin en 1589. Après la réduction de la Bretagne sous l'obéissance de Henri IV, ce monarque le fit démanteler en 1599, ainsi que beaucoup d'autres forteresses qui eussent pu redevenir des points de rassemblement et de résistance contre l'autorité souveraine. Le donjon érigé par Clisson fut à fait démoli ; le reste de l'édifice a été conservé.

Le magnifique château de Josselin appartient à M. le duc de Rohan, qui l'a fait réparer récemment. Le principal corps de logis est bien entier, et l'on admire surtout la façade qui donne sur la grande cour : toute la délicatesse, toute la richesse d'ornements dont est susceptible l'architecture gothique, y sont déployées avec magnificence. On remarque principalement les balustrades des croisées, formées par de grandes lettres découpées à jour et composant les mots *a plus, a moins*, devise de la maison de Rohan. Le côté extérieur de ce corps de logis, où l'on montre encore la chambre où mourut Clisson, ainsi que l'escalier où sa fille se cassa la cuisse en fuyant sa colère, donne sur la rivière d'Oust ; il est flanqué de tours, et ses murs sont surmontés d'une galerie saillante à créneaux et mâchicoulis.

L'église de Josselin possède une chaire en fer doré d'un travail remarquable. On y voit le tombeau du connétable Olivier de Clisson et de Marguerite de Rohan, son épouse, érigé en 1407, détruit en 1793, et réédifié en 1830.

Les **armes** de Josselin sont : *de gueules au lion d'argent.*

Commerce de grains. Le marché de Josselin est un des plus considérables du département. — *Foire* le dernier samedi de chaque mois.

JOSSERAND, vg. *Loire*, comm. de Perreux, ⊠ de Roanne.

JOSSIGNY, vg. *Seine-et-Marne* (Ile-de-France), arr. à 22 k. de Meaux, cant. et ⊠ de Lagny. Pop. 531 h.

JOUAC, *Jocundiacensis*, *Juveniacum*, vg. *H.-Vienne* (Limousin), arr. à 35 k. de Bellac, cant. de St-Sulpice-les-Feuilles, ⊠ d'Arnac-la-Poste. Pop. 599 h. — Les rois de France y avaient un palais au ixe siècle.

JOUAIGNES, vg. *Aisne* (Picardie), arr. et à 25 k. de Soissons, cant. et ⊠ de Braisne. Pop. 306 h.

JOUAN, golfe, *Var* (Provence), formé par la Méditerranée, entre les îles de Lérins et le cap de la Garoupe. Ce fut le lieu de débarquement de Napoléon, à son retour de l'île d'Elbe, le 1er mars 1815.

JOUANCY, vg. *Yonne* (Bourgogne), arr. et à 22 k. de Tonnerre, cant. et ⊠ de Noyers. Pop. 152 h.

JOUANCY, vg. *Yonne*, comm. de Soucy, ⊠ de Sens.

JOUAN-DE-L'ISLE (St-), petite ville, *Côtes-du-Nord* (Bretagne), arr. et à 25 k. de

Dinan, chef-l. de cant. Cure. ✉ et bureau d'enregistrement de Broons. Pop. 653 h. — Terrain de transition moyen.

Cette ville est située sur une hauteur au pied de laquelle coule la Rance. Elle doit son nom à un ancien château qui existait au sud dans une île formée par la Rance. St-Jouan ne forme pour ainsi dire qu'une seule rue, traversée par la route de Rennes à Brest.—*Fabriques* de clous. Tannerie. Belle papeterie mécanique, d'après le système anglais, établie en 1825 sur le bord de la Rance par M. de St-Pern-Couëllan. Exploitation d'ardoises. — *Foires* les 26 juin et 28 déc.

JOUAN-DES-GUÉRETS (St-), vg. *Ille-et-Vilaine* (Bretagne), arr. et à 7 k. de St-Malo, cant. et ✉ de St-Servan. Pop. 1,729 h. — On trouve aux environs une source d'eau minérale froide.

JOUANIÈRE (la), vg. *Loir-et-Cher*, comm. de Viévy-le-Rayé, ✉ d'Oucques.

JOUANNET (St-), vg. *Landes*, comm. de Losse, ✉ de Gabarret.

JOUARRE, *Jotrum, Jovis Ara*, bg *Seine-et-Marne* (Mantois), arr. et à 20 k. de Meaux, cant. et ✉ de la Ferté-sous-Jouarre. Pop. 2,722 h.

Ce bourg doit son origine à Adon, frère de St-Ouen, qui fonda en ce lieu, en 630, un monastère sous la règle de saint Colomban. Saint Agilbert et saint Ebrigisile se joignirent à Adon. Puis sainte Aguilberte, sœur du premier, suivie de Mode et de Balde, voulut marcher sur les mêmes traces, et toutes trois ensemble jetèrent la fondation d'une communauté où affluèrent plusieurs imitatrices. On vit donc ce monastère se former double dès son origine, c'est-à-dire qu'outre une communauté de filles, qui était la principale, il y en avait une autre de religieux. Auprès de ce monastère se forma bientôt un bourg considérable, qui fut l'origine de Jouarre.

Ce bourg est bâti dans une situation délicieuse, sur une haute éminence d'où l'on jouit d'une vue unique dont la variété et la beauté du paysage : de ce point on découvre la ville entière de la Ferté, traversée par la Marne, avec une grande étendue de cette rivière, ainsi que quantité de villages, hameaux, châteaux et autres habitations, disséminés dans une superbe vallée, dont les deux côtés sont couverts de vignes et couronnés de bois. Au bas du coteau coule la rivière du petit Morin, qui en cet endroit fait tourner trois moulins. Il ne reste plus de l'abbaye de Jouarre, en partie démolie, que l'abbatiale, qui forme une maison de campagne, dont le site est fort agréable.

— L'église paroissiale était autrefois une collégiale desservie par douze chanoines. Dans le cimetière de cette paroisse est une crypte fort ancienne et fort remarquable, à la réparation de laquelle le ministre de l'intérieur a affecté récemment une allocation de 17,000 fr.

Ce monument consiste en une petite chapelle basse, où l'on descend par un degré de cinq marches, qui mène à un parvis soutenu de tous côtés par des murs en terrasses ; de ce parvis on descend par un autre degré de neuf marches. Ce double sanctuaire, qui n'a point d'autre nom que celui de Ste-Chapelle de Jouarre, était toujours ouvert à la dévotion des peuples. On y entrait alors par une voûte souterraine assez longue, éclairée de deux soupiraux. La chapelle St-Paul présente d'abord à la vue un rang de tombeaux, au nombre de six, placés sur une estrade, le long du mur qui formait la clôture des religieuses. Six colonnes corinthiennes, deux d'albâtre et cannelées, deux de jaspe et deux de porphyre, toutes surmontées d'une corniche d'un dessin différent, en soutiennent la voûte. Un septième tombeau occupe l'angle du fond, à main gauche en entrant, et c'est celui que l'on croit être de saint Agilbert. Les six autres sont disposés de manière que celui de sainte Telchide tient le milieu entre trois au septentrion, et deux au midi. Le premier à main gauche passe pour être celui de l'illustre fondateur ; celui qui suit immédiatement n'est pas à beaucoup près aussi ancien que les autres ; il représente une princesse en relief, penchée sur le côté droit et habillée en religieuse avec une ceinture à nœuds ; elle a sur la tête une couronne ouverte fleuronnée alternativement de roses et de petits fleurons. On prétend que c'est le tombeau de sainte Ozanne, reine d'Écosse. — La crypte de Ste-Ebrigisile est ornée de quinze colonnes corinthiennes, dont cinq de marbre, qui soutiennent le sanctuaire. L'autel qu'on y voyait avant l'an 1704 ne subsiste plus : Le tombeau du saint est au bout du sanctuaire, dans l'angle du mur qui sépare cette crypte de celle de St-Paul.—Tous les ans, le mardi de la Pentecôte, les habitants des environs viennent en pèlerinage à la Ste-Chapelle de Jouarre ; l'affluence est quelquefois si considérable, qu'on y compte jusqu'à dix mille personnes.

Commerce de grains, bestiaux et meules à moulin. — *Foires* le 2 nov. et dimanche de Quasimodo.

JOUARS-PONTCHARTRAIN, vg. *Seine-et-Oise* (Ile-de-France), arr. à 28 k. de Rambouillet, cant. de Chevreuse, ✉ de Pontchartrain. Pop. 1,490 h.

Pontchartrain est un petit village dépendant de la commune de Jouars, situé sur la route de Paris à Brest, avec relais de poste. On y voit un château magnifique bâti près de la grande route, par le chancelier de France, petit-fils de ce Pontchartrain qui reçut de Henri IV la charge de secrétaire des commandements de Marie de Médicis, laquelle il fut d'un grand secours dans les temps orageux de sa régence.

Le château de Pontchartrain est situé dans une large vallée coupée par de petits ruisseaux qui serpentent dans un jardin anglais et entourent l'édifice. En 1813, le propriétaire a fait ériger auprès de l'église un monument sépulcral en l'honneur de son épouse ; ce monument, de forme gothique, est entouré d'une masse de peupliers d'une hauteur considérable et présente un aspect imposant.

JOUAVILLE, vg. *Moselle* (pays Messin), arr., cant., ✉ et à 12 k. de Briey. P. 351 h.

JOUCAS, vg. *Vaucluse* (Provence), arr., ✉ et à 13 k. d'Apt, cant. de Gordes. Pop. 364 h. — *Foires* les 29 août et 27 déc.

JOUCOU, vg. *Aude* (Languedoc), arr. et à 45 k. de Limoux, cant. de Belcaire, ✉ de Quillan. Pop. 200 h.

JOUDES, vg. *Saône-et-Loire* (Bourgogne), arr. et à 26 k. de Louhans, cant. et ✉ de Cuiseaux. Pop. 618 h.

JOUDREVILLE, vg. *Moselle* (pays Messin), arr., ✉ et à 13 k. de Briey, cant. d'Audun-le-Roman. Pop. 235 h.

JOUÉ, bg *Indre-et-Loire* (Touraine), arr., cant., ✉ et à 6 k. de Tours. Pop. 1,791 h. — Ce bourg est situé dans un territoire fertile en excellents vins. On y remarque une fontaine dont les eaux forment des incrustations calcaires, qui ont la propriété de conserver parfaitement les plantes et autres objets qu'on y dépose.

JOUÉ, vg. *Loire-Inf.* (Bretagne), arr. et à 28 k. d'Ancenis, cant. de Riaillé, ✉ de Nort. Pop. 2,520 h. Sur la rive gauche de l'Erdre. — On y remarque le joli château de la Chauvelière, bâti sur le penchant d'un coteau qui s'abaisse jusqu'à l'Erdre. — Aux environs forges et fonderie. — *Commerce* de grains. — *Foires* les 25 mars, 6 juin, 26 juillet, 2 oct. et veille du dimanche des Rameaux.

JOUÉ, vg. *Maine-et-Loire* (Anjou), arr. et à 35 k. d'Angers. cant. de Thouarcé, ✉ de St-Lambert-du-Lattay. Pop. 1,100 h. — *Foires* les 3 mai, 11 nov., lundi de la Passion.

JOUÉ-DU-BOIS, vg. *Orne* (Normandie), arr. et à 40 k. d'Alençon, cant. et ✉ de Carrouges. Pop. 1,450 h.

JOUÉ-DU-PLAIN, vg. *Orne* (Normandie), arr. et à 10 k. d'Argentan, cant. et ✉ d'Ecouché. Pop. 811 h.

JOUÉ-EN-CHARNIE, vg. *Sarthe* (Maine), arr. et à 34 k. du Mans, cant. et ✉ de Coulans. Pop. 1,423 h.

JOUÉ-L'ABBÉ, vg. *Sarthe* (Maine), arr. et à 13 k. du Mans, cant. et ✉ de Ballon. Pop. 651 h.

JOUERS, vg. *B.-Pyrénées*, comm. d'Accous, ✉ de Bedous.

JOUET, vg. *Cher*, comm. de St-Germain-sur-l'Aubois, ✉ de la Guerche-sur-l'Aubois.

JOUEY, vg. *Côte-d'Or* (Bourgogne), arr. et à 37 k. de Beaune, cant. et ✉ d'Arnay-le-Duc. Pop. 744 h.

JOUGLAS, vg. *Var*, comm. de Six-Fours, ✉ de la Seyne.

JOUGNE, vg. *Doubs* (Franche-Comté), arr. et à 22 k. de Pontarlier, cant. de Mouthe. ✉ ✵. A 482 k. de Paris pour la taxe des lettres. Pop. 1,189 h. — On y remarque les restes d'un château fort, célèbre dans les annales du comté de Bourgogne. — *Fabrique* de faux, serrurerie, fléaux de balances. Tanneries. — *Commerce* de fromages. Entrepôt de sel. — *Foires* les 17 mars et 25 août.

JOUHAU (le), vg. *Gers*, comm. de Labarrère, ✉ de Condom.

JOUHE, vg. *Jura* (Franche-Comté), arr.,

⬜ et à 7 k. de Dôle, cant. de Rochefort. Pop. 642 h.

Sur le territoire de ce village, à l'extrémité d'une vallée agréable, on voit dans un pré une fontaine d'eau minérale assez abondante, dont les eaux forment un petit ruisseau qui ne tarit jamais. On fait usage de l'eau de Jouhe en boisson, à la dose de deux ou trois verres jusqu'à deux litres. Elle passe pour être efficace dans les maladies des viscères, les catarrhes invétérés, les maladies de la peau, etc. La saison la plus favorable est depuis le commencement de juin jusqu'à la fin de septembre.

A quelque distance de Jouhe, on voit des grottes curieuses par les congélations qu'elles renferment.

Bibliographie. * *Observations sur la nature, la vertu et l'usage des eaux minérales et médicinales de Jouhe*, in-8, 1710.
VUILLEY (P.). *Analyse des eaux de Jouhe* (Histoire du second royaume de Bourgogne, par Dunod de Charnage, t. II, p. 456).
NORMAND (C.-J.). *Analyse des eaux de Jouhe, proche la ville de Dôle*, 1740, in-12.

JOUHET, vg. *Vienne* (Poitou), arr., cant., ⬜ et à 8 k. de Montmorillon. Pop. 632 h.

JOUILLAC, vg. *Creuse* (Marche), arr., cant., ⬜ et à 11 k. de Guéret. Pop. 1,582 h.

JOUIN (St-), vg. *Calvados* (Normandie). arr. et à 18 k. de Pont-l'Evêque, cant. de Dives, ⬜ de Dozulé. Pop. 356 h.

JOUIN (St-), vg. *Seine-Inf.* (Normandie), arr. et à 17 k. du Havre, cant. et ⬜ de Criquetot-Lesneval. Pop. 1,517 h.

JOUIN-DE-BLAVOU (St-), vg. *Orne* (Perche), arr., ⬜ et à 10 k. de Mortagne-sur-Huîne, cant. de Pervenchères. Pop. 844 h.

JOUIN-DE-MARNES (St-), vg. *Deux-Sèvres* (Poitou), arr. et à 32 k. de Parthenay, cant. et ⬜ d'Airvault. Pop. 1,238 h.—Foires les 24 fév., 1er juin, 22 août, 9 sept. et 24 oct.

JOUIN-DE-MILLY (St-), vg. *Deux-Sèvres* (Poitou), arr. et à 15 k. de Bressuire, cant. et ⬜ de Cerisay. Pop. 494 h. — *Fabriques* de toiles de fil. Pompe hydraulique pour nettoyer la graine de trèfle (au château de Vaudoré).

JOUIN-SOUS-CHATILLON (St-), vg. *Deux-Sèvres* (Poitou), arr. et à 25 k. de Bressuire, cant. et ⬜ de Châtillon-sur-Sèvre. Pop. 753 h.

JOUQUES, joli village, *Bouches-du-Rhône* (Provence), arr. et à 26 k. d'Aix, cant. et ⬜ de Peyrolles. Pop. 1,775 h.

Jouques paraît avoir été habité par les Romains, ainsi que l'attestent l'aqueduc de Fraconade et divers monuments ou objets d'antiquité trouvés sur son territoire. Ce village est disposé en gradins sur le penchant de la colline, et descend jusqu'à la route de Peyrolles à Rians, qui passe dans le faubourg; l'intérieur est assez mal distribué, mais les dehors sont fort agréables. On y remarque les ruines d'un ancien château, désigné autrefois sous le nom de *Castrum Jocis*, et un joli château moderne, bâti dans un site agréable et environné de beaux jardins. Cinq fontaines de l'eau la plus pure fournissent abondamment aux besoins des habitants ; l'eau provient de la fontaine de Fraconade, appelée *Traou de Muri*, dont C. Marius fit conduire les eaux à la colonie d'Aix, non-seulement en la faisant élever lorsqu'il en était besoin sur des arceaux, dont plusieurs existent encore, mais en perçant le plateau de Venelles qui a plusieurs kilomètres d'étendue. L'issue de ce canal souterrain, travail prodigieux dont on pense à se servir pour les dérivations projetées de la Durance, est aux portes d'Aix, et a été fermé depuis peu par mesure de police.

A 4 k. E. de Jouques est la chapelle de St-Bâche, objet d'un pèlerinage où affluent, le 7 octobre, les habitants des communes environnantes. — *Foire* de 2 jours le lundi après le 7 oct.

JOUQUEVIEL, vg. *Tarn* (Languedoc), arr. et à 43 k. d'Albi, cant. et ⬜ de Pampelonne. Pop. 608 h.

JOURGNAC, vg. *H.-Vienne* (Limousin), arr. et à 15 k. de Limoges, cant. et ⬜ d'Aixe. Pop. 637 h.

JOURLAND, vg. *Nièvre*, comm. de St-Martin-du-Puits, ⬜ de Lormes.

JOURNANS, vg. *Ain* (Bresse), arr., et à 13 k. de Bourg-en-Bresse, cant. et ⬜ de Pont-d'Ain. Pop. 438 h.

JOURNET, vg. *Vienne* (Poitou), arr. et à 8 k. de Montmorillon, cant. et ⬜ de la Trimouille. Pop. 1,033 h.

JOURNIAC, vg. *Dordogne* (Périgord), arr. et à 32 k. de Sarlat, cant. et ⬜ du Bugue. Pop. 888 h.

JOURNY, vg. *Pas-de-Calais* (Artois), arr. et à 16 k. de St-Omer, cant. et ⬜ d'Ardres. Pop. 292 h.

JOURS, vg. *Côte-d'Or* (Bourgogne), arr. et à 30 k. de Châtillon-sur-Seine, cant. et ⬜ de Baigneux-les-Juifs. Pop. 254 h.

JOURS-EN-VAUX, *Jocevallis villa*, vg. *Côte-d'Or* (Bourgogne), arr. et à 23 k. de Beaune, cant. et ⬜ de Nolay. Pop. 473 h.

JOURSAC, bg *Cantal* (Auvergne), arr. et à 15 k. de Murat, cant. et ⬜ d'Allanche. Pop. 1,108 h. — Sur un plateau basaltique très-rapproché de ce bourg, on voit les superbes ruines du fort de Mardogne qui commandent la vallée et une partie de la Planèze.

JOURSAT, vg. *Puy-de-Dôme*, comm. de Vinzelles, ⬜ de Maringues.

JOURVILLE, vg. *Seine-Inf.*, comm. de Gainneville, ⬜ d'Harfleur.

JOU-SOUS-MONJOU, vg. *Cantal* (Auvergne), arr. et à 25 k. d'Aurillac, cant. et ⬜ de Vic-sur-Cère. Pop. 502 h.

JOUSSÉ, vg. *Vienne* (Poitou), arr. et à 22 k. de Civray, cant. de Charroux, ⬜ d'Usson. Pop. 403 h.—*Foires* les 24 juin, 29 août et 2e lundi de chaque mois.

JOUSSEAUX, vg. *Jura*, comm. de Coges, ⬜ de Bletterans.

JOUSSEROTS (les), vg. *Jura*, comm. de Longwy, ⬜ de Chemin.

JOUSSON, vg. *Deux-Sèvres*, comm. de Magné, ⬜ de Niort.

JOUVEAUX, vg. *Eure* (Normandie), arr. et à 17 k. de Pont-Audemer, cant. de Cormeilles, ⬜ de Lieurey. Pop. 300 h. — *Commerce* de fil.

JOUVENCE, vg. *Seine-Inf.*, comm. et ⬜ de Gournay.

JOUVENÇON, vg. *Saône-et-Loire* (Bourgogne), arr. et à 15 k. de Louhans, cant. et ⬜ de Cuisery. Pop. 673 h.

JOUVENCOURT, vg. *Oise*, comm. et ⬜ de Senlis.

JOUVENT (St-), vg. *H.-Vienne* (Limousin), arr. et à 18 k. de Limoges, cant. et ⬜ de Nieul. Pop. 1,116 h.

JOUX, vg. *Bouches-du-Rhône*, comm. d'Auriol, ⬜ de Roquevaire.

JOUX (château fort de), vg. *Doubs*, comm. de la Cluse, ⬜ et à 4 k. de Pontarlier.

Le château fort de Joux est bâti dans une situation pittoresque, sur un mamelon isolé d'environ 200 m. de hauteur, au pied duquel coule le Doubs. Il défend l'entrée des gorges de la Cluse et de Verrières, et se compose de trois enceintes entourées de larges fossés, sur lesquels sont jetés trois ponts-levis. C'est dans la troisième enceinte qu'ont été renfermés successivement Mirabeau, Toussaint-Louverture, le gouverneur de Rome, Cavalchini ; et dans la seconde, plus récemment, le marquis de Rivière et le général ex-ministre de la guerre Dupont, après la capitulation de Baylen.

Les armes du Fort de Joux sont : *d'azur au château d'argent côtoyé de deux tours crénelées de même, posé sur une terrasse de sinople*.

JOUX (vallée de). La vallée de Joux s'étend entre deux chaînes de mont Jura ; elle commence au Noirmont et se termine aux Charbonnières ; elle a environ 30 k. de long sur 4 à 6 k. de large. Le fond est couvert de prairies mêlées de champs, de quelques villages et d'habitations isolées, dont la propreté indique l'aisance des habitants. L'absence des arbres cependant se remarque et en rend l'aspect un peu monotone ; on ne voit de forêts qu'à une certaine hauteur, sur la pente des montagnes.

JOUX (la), vg. *Jura*, comm. de Septmoncel, ⬜ de St-Claude.

JOUX, vg. *Rhône* (Beaujolais), arr. et à 35 k. de Villefranche-sur-Saône, cant. et ⬜ de Tarare. Gîte d'étape. Pop. 1,380 h. — Joux, ancienne baronnie du Lyonnais, est situé sur la Tardine et sur la route du Bourbonnais. — *Fabriques* d'étoffes de soie et de mousselines. Mines de plomb sulfuré. — *Foires* les 5 fév. et 17 déc.

JOUX, vg. *Yonne* (Bourgogne), arr. et à 18 k. d'Avallon, cant. de l'Isle-sur-Serein, ⬜ de Lucy-le-Bois. Pop. 1,186 h. — *Foires* les 1er mars, 25 juin, 3 déc. et lundi après le 8 sept.

JOUX-LAVAUX, vg. *Doubs*, comm. de Charquemont, ⬜ de St-Hippolyte.

JOUY, vg. *Aisne* (Picardie), arr. et à 20 k. de Soissons, cant. de Vailly, ⬜ de Chavignon. Pop. 234 h.

JOUY, vg. *Cher* (Bourbonnais), arr. et à

33 k. de St-Amand-Montrond, cant. et ⊠ de Sancoins. Pop. 186 h.

JOUY, vg. *Eure-et-Loir* (Beauce), arr., cant., ⊠ et à 8 k. de Chartres. Pop. 1,112 h.

JOUY, vg. *Loiret* (Orléanais), arr. et à 12 k. de Pithiviers, cant. d'Outarville. P. 412 h.

JOUY, vg. *Marne* (Champagne), arr., ⊠ et à 9 k. de Reims, cant. de Ville-en-Tardenois. Pop. 169 h.

JOUY, vg. *Seine-et-Oise*, comm. de Breux, ⊠ de St-Chéron.

JOUY, vg. *Yonne* (Gatinais), arr. et à 24 k. de Sens, cant. et ⊠ de Chéroy. Pop. 455 h.

JOUY-AUX-ARCHES, vg. *Moselle* (pays Messin), arr., ⊠ et à 10 k. de Metz, cant. de Gorze. Pop. 859 h.

Ce village, situé sur la rive droite de la Moselle, doit son surnom à un bel aqueduc romain, dont on voit encore de beaux restes, qui, sur une longueur de 1,120 m., joignait les deux coteaux entre lesquels coule la Moselle, et qui était destiné à conduire les eaux de Gorze à Metz. La longueur totale de cet aqueduc, depuis le moulin de Gorze jusqu'aux vignes de Montigny, était de 24,746 m., près de sept lieues de poste ; il avait communément aux œuvre 2 m. de hauteur sur 1 m. de largeur. La maçonnerie en était très-soignée et recouverte d'un ciment qui est encore intact et très-bien conservé partout où l'on retrouve cet aqueduc, soit dans la vallée de Gorze, soit sur les flancs des coteaux de Novéant, d'Ancy, de Jouy, etc. Il reste encore de ce beau monument cinq arches sur la rive gauche de la Moselle, et dix-sept dans le village de Jouy, sur la rive droite ; l'arche sous laquelle passe à Jouy la route de Metz à Nancy a 18 m. 51 c. de haut.

JOUY-DEVANT-DOMBASLES, vg. *Meuse* (pays Messin), arr. et à 13 k. de Verdun-sur-Meuse, cant. et ⊠ de Clermont-en-Argonne. Pop. 250 h.

JOUY-EN-JOSAS, *Joyacum*, joli village, *Seine-et-Oise* (Ile-de-France), arr., cant., ⊠ et à 6 k. de Versailles. Pop. 1,415 h.

Jouy était déjà un village assez considérable dès le IXᵉ siècle. Le célèbre connétable de Clisson en était seigneur sous Charles VI ; Charles d'Escoubleau, marquis de Sourdis, le fit ériger en comté en 1654. — Ce village est situé dans un vallon agréable, sur la Bièvre, qui y fait tourner plusieurs moulins. On y jouit d'une vue délicieuse sur une vallée profonde et bien boisée, arrosée par cette petite rivière, et traversée par l'aqueduc de Buc, par lequel les eaux des étangs de Saclé sont conduites dans les réservoirs de Versailles : cet aqueduc, percé de 19 arcades de 22 m. de hauteur, dénué de toute espèce d'ornements, produit cependant un effet imposant et pittoresque par la belle masse de son ensemble.

On voit à Jouy un magnifique château bâti à la moderne, et situé dans un fond, entre deux coteaux qui en bornent entièrement la vue. L'orangerie, qui est en face d'un étang, est remarquable par sa grandeur et par la beauté de son exécution. Le parc a 150 hectares clos de murs.

Manufacture de toiles peintes, l'une des plus célèbres et des plus considérables de l'Europe, fondée par M. Oberkampf en 1760. Blanchisserie de toiles. Haras. — Fête patronale le dimanche après le 16 août.

PATRIE de M. DE JOUY, littérateur et auteur dramatique distingué, membre de l'Académie française.

JOUY-LA-FONTAINE, vg. *Seine-et-Oise*, comm. de Jouy-le-Moutier, ⊠ de Pontoise.

JOUY-LE-CHATEL, bg *Seine-et-Marne* (Brie), arr. et à 18 k. de Provins, cant. de Nangis, ⊠ de Champcenest. Pop. 1,259 h. Près des sources de l'Yères.

C'était anciennement une petite ville ; on voit à l'une de ses extrémités un donjon en ruine, qui tient à l'ancien château de Vigneaux. On remarque, dans l'église paroissiale de ce bourg, un lutrin en bois, du XVIᵉ siècle, et une jolie Vierge gothique en pierre, portant l'enfant Jésus.

Foire le 24 sept.

JOUY-LE-COMTE, vg. *Seine-et-Oise* (Vexin), arr. et à 15 k. de Pontoise, cant. et ⊠ de l'Isle-Adam. Pop. 704 h.

JOUY-LE-MOUTIER, *Joyaci*, vg. *Seine-et-Oise* (Ile-de-France), arr., cant., ⊠ et à 9 k. de Pontoise. Pop. 790 h. Sur la rive droite de l'Oise.

JOUY-LE-POTHIER, vg. *Loiret* (Orléanais), arr. et à 19 k. d'Orléans, cant. et ⊠ de Cléry. Pop. 564 h. — Foires les 14 juin et 5 sept.

JOUY-MAUVOISIN, vg. *Seine-et-Oise* (Beauce), arr. et à 6 k. de Mantes, cant. de Bonnières, ⊠ de Rosny-sur-Seine. P. 161 h.

JOUY-SOUS-LES-COTES, vg. *Meuse* (Lorraine), arr., cant. et ⊠ de Commercy, à 20 k. de St-Mihiel. Pop. 752 h.

JOUY-SOUS-TELLE, vg. *Oise* (Picardie), arr. et à 20 k. de Beauvais, cant. d'Auneuil, ⊠ de Chaumont-en-Vexin. Pop. 808 h.

Ce village était autrefois défendu par un fort qui fut pris, en 1432, par les Bourguignons ; malgré les trèves qui existaient alors, la garnison dévasta le pays. Le roi Charles VII donna la destruction de cette forteresse, mais on ne put l'effectuer, et les Anglais s'en rendirent maîtres l'année suivante. Le château de Jouy, qui subsiste encore, est un amas irrégulier de plusieurs corps de bâtiments construits en différents temps, et entourés de larges fossés ; les plus anciens remontent sans doute très-haut ; on distingue une grosse tour édifiée en 1349, accompagnée de tourelles, créneaux et autres fortifications du moyen âge ; le corps de logis attenant doit être de la fin du XVᵉ siècle et un autre corps de logis en retour d'équerre, d'une architecture ornée, appartient à l'époque de la renaissance des arts. Le cardinal Pellevé, un des chefs de la Ligue, a été inhumé dans ce château.

PATRIE de CHARLES LEBRUN, célèbre peintre d'histoire, né en 1618.

Fabriques de dentelles noires.

JOUY-SUR-EURE, *Gaugiacus*, vg. *Eure* (Normandie), arr., cant., ⊠ et à 14 k. d'Evreux. Pop. 508 h.

JOUY-SUR-MORIN, bg *Seine-et-Marne* (Brie), arr. et à 16 k. de Coulommiers, cant. et ⊠ de la Ferté-Gaucher. Pop. 1,721 h. Sur le grand Morin. — Belles papeteries, chamoiseries, moulins à huile et à farine.

JOVEM (ad), lat. 44°, long. 19°. « Il est mention de ce lieu dans l'Itinéraire de Bourdeaux à Jérusalem, comme d'une mutation, ou d'un relais, en position immédiate à l'égard de Toulouse, et la distance qui conduit à cette ville est marquée VII, avec la désignation de *leuga*, ou de lieues gauloises, selon l'usage de cette mesure qui convient dans la Novempopulane, mais qui pourrait ne pas convenir également dans l'étendue du territoire de Toulouse, parce que ce territoire appartient à la Narbonoise. C'est sur quoi je m'explique plus en détail dans l'article *Bucconis*. Quant au lieu dont il s'agit ici, je crois le reconnaître dans la direction de la voie, et sous le nom de Guévin ou le Guevin ; et autant qu'il m'est permis d'estimer la distance, à la prendre du centre de Toulouse, je la crois d'environ 10 milles, qui font à peu près 7 lieues gauloises. » D'Anville. *Notice de l'ancienne Gaule*, p. 386.

JOYEUSE, *Gaudiosa*, petite ville, *Ardèche* (Languedoc), arr. et à 13 k. de Largentière, chef-l. de cant. Cure. Gîte d'étape. ⚔. ☩. A 661 k. de Paris pour la taxe des lettres. Pop. 2,351 h. — TERRAIN jurassique.

Autrefois duché-pairie, diocèse et recette de Viviers, parlement de Toulouse, intendance de Montpellier.

Elle est située au pied des Cévennes, sur la Beaume.

Les armes de Joyeuse sont : *d'azur à trois pals d'or ; au chef de gueules chargé de trois hydres d'or*.

Filature et commerce important de soie. — Foires les 25 janv., 25 avril, 20 juin, 18 oct., 25 nov. et mercredi des Cendres. Marchés très-fréquentés.

JOYEUX, vg. *Ain* (Bourgogne), arr. et à 27 k. de Trévoux, cant. et ⊠ de Meximieux. Pop. 234 h.

JOZE, vg. *Puy-de-Dôme* (Auvergne), arr. et à 20 k. de Thiers, cant. et ⊠ de Maringues. Pop. 1,075 h. — Ce village est bâti sur une hauteur qui domine le cours de l'Allier. Il y avait autrefois un magnifique château, détruit depuis plus d'un siècle, où résidaient les seigneurs de la Tour d'Auvergne.

A peu de distance de Joze, on trouve au hameau de Médagues, sur les bords de l'Allier, deux sources d'eaux minérales acidules froides ; une troisième source existe dans une île au milieu de la rivière. Les deux premières sont connues dans le pays sous le nom de Petit-Bouillon et de Grand-Bouillon. Elles sourdent dans une prairie, à peu de distance l'une de l'autre, ont les mêmes propriétés, et sont également abondantes. Ces eaux sont claires, transparentes ; elles ont une saveur acidule, vive, piquante, et laissent échapper de grosses bulles d'air qui viennent crever à leur surface.

Les bestiaux les recherchent beaucoup, et l'on assure que ceux qui en boivent sont préservés des maladies endémiques ou épidémiques dont souvent ont été affectés les bestiaux des autres parties du département.

En général, on remarque que partout où l'on trouve des eaux minérales froides ou d'une température modérée, les animaux les recherchent de préférence aux autres. M. Legrand d'Aussi a eu lieu de faire cette observation à Médagues ; pendant plus de deux heures il n'a vu aucun animal venir se désaltérer à la rivière : moutons, vaches et autres, tous venaient aux deux sources. Il en était de même pour celle de l'île : il a vu successivement six volées de pigeons s'y abattre pour boire : pas un seul de ces oiseaux ne s'est désaltéré à la rivière, quoiqu'elle coulât des deux côtés.

JOZERAND, vg. *Puy-de-Dôme* (Bourbonnais), arr. et à 15 k. de Riom, cant. et ✉ de Combronde. Pop. 595 h.

JUAN (St-), ou ST-JEAN-D'ADAM, vg. *Doubs* (Franche-Comté), arr., cant., et à 8 k. de Baume-les-Dames. Pop. 536 h.

JUAYE, vg. *Calvados* (Normandie), arr., ✉ et à 9 k. de Bagneux, cant. de Balleroy. Pop. 514 h.

JUBAINVILLE, vg. *Vosges* (Lorraine), arr., ✉ et à 15 k. de Neuf-Château, cant. de Coussey. Pop. 322 h.

JUBAUDIÈRE (la), vg. *Maine-et-Loire* (Anjou), arr., cant., ✉ et à 10 k. de Beaupréau. Pop. 613 h.

JUBÉCOURT, vg. *Meuse* (pays Messin), arr. à 19 k. de Verdun-sur-Meuse, cant. et ✉ de Clermont-en-Argonne. Pop. 238 h.

JU-BELLOC, vg. *Gers* (Armagnac), arr. et à 36 k. de Mirande, cant. et ✉ de Plaisance. Pop. 635 h.

JUBLAINS, *Nœdunum*, bg *Mayenne* (Maine), arr., ✉ et à 10 k. de Mayenne, cant. de Bais. Pop. 1,883 h.

Ce bourg occupe l'emplacement de la principale ville des *Diablintes*, à laquelle les Romains avaient donné le nom de *Nœdunum*, et à peu de distance de laquelle ils avaient établi un camp ou un castellum, improprement appelé Camp de César. La ville de Nœdunum a existé, sous quelque autre nom sans doute, longtemps avant l'établissement des Romains dans cette contrée, et a dû exister assez longtemps encore après la chute de leur domination dans les Gaules. Cette ville dut à la munificence de Tite, empereur romain, un colysée et un temple à la Fortune, dont on a retrouvé des vestiges : on y a découvert aussi beaucoup de médailles, de belles mosaïques, des vases de construction romaine de différentes formes, des débris de colonnes et de statues, etc. Une très-ancienne fontaine, située près du bourg, porte le nom de Fontaine-des-Caves, et quelques restes d'anciennes voûtes ont fait présumer qu'on avait construit près de là les bains publics : quelques personnes même avaient supposé que le nom de Jublains pouvait être venu, par corruption, de *Julii balnea*, bains de Jules César ; mais l'établissement du camp dont nous avons parlé est d'une date postérieure à Jules César, et il est plus naturel de chercher dans le mot Diablintes l'étymologie de celui de Jublains, que l'on retrouve au surplus écrit *Jublent* dans de très-anciens actes. On croit que l'ancienne ville de Nœdunum a été détruite par les Normands vers l'an 867.

Le camp, ou plutôt le fort antique de Jublains, offre une enceinte carrée, de 107 m. de chaque face, formée de murailles hautes de 4 m., et larges de 3 m., construites en pierres liées avec du ciment. Les pierres qui parent leurs faces extérieures sont des parallélipipèdes rectangles presque entre eux ; on y remarque de 1 m. en 1 m. un cordon de briques superposées. Aux quatre angles du carré sont placées des tours : d'autres tours garnissent, au nord, à l'est et à l'ouest, les intervalles compris d'un angle à l'autre. Du côté du midi, le terrain est en pente. On n'y trouve qu'une seule tour de forme carrée. L'enceinte n'offre aucun vestige de porte ; on y entre maintenant par une brèche pratiquée dans la muraille. A environ 17 m. de distance de cette muraille, et au centre du castellum, se trouvent les débris d'une autre fortification carrée de dimensions moitié moindres, et dont les décombres sont presque cachés par un bois taillis : cette forteresse centrale paraît avoir eu par son analogie avec les donjons des châteaux du moyen âge. Du castellum de Jublains, la vue s'étend au loin au sud et au sud-est. On distingue la petite ville de Sainte-Suzanne, éloignée de 12 k., et les environs de la cité des Arviens (*Vagoritum*). Une voie romaine partait de Jublains, et était couverte par une fortification, nommée la Haie-de-Terre, aujourd'hui en grande partie détruite ; elle conduisait à un camp dont les traces existent encore au confluent de la rivière d'Aron et de la Mayenne, et au milieu duquel est situé le bourg de Moulay.

A 3 k. de Jublains, sur la route d'Aron, on remarque dans un terrain aride et inculte un énorme piédestal de granit de 2 m. de largeur sur 3 m. de hauteur, qu'on appelle la Chaire du Diable. Suivant M. Rallier, ce n'est autre chose qu'une pointe naturelle de rocher qui a été disposée assez grossièrement pour servir de piédestal à une croix. Toutefois, il ne serait pas impossible que cette pierre eût très-anciennement servi de support à quelque attribut du paganisme, ou plutôt à quelque objet consacré à un culte que l'on détestait comme hétérodoxe.

Bibliographie. MAGDELAINE. *Lettres sur la forteresse gallo-romaine de Jublains* (Bul. de M. de Caumont, t. VII, p. 65, 430).

VERGER (F.-J.). *Notice sur Jublains. Fouilles faites en 1834, 2ᵉ édit., suivie de la relation de nouvelles fouilles faites en 1835*, in-8, 1836.

— *Notice sur la Chaire au Diable, près de Jublains*, in-8, 1835.

JUCH (le), vg. *Finistère*, comm. de Ploaré, ✉ de Douarnenez.

JUDAINVILLE, vg. *Loiret*, comm. de Charmont, ✉ d'Angerville.

JUDIE (la), vg. *H.-Vienne*, comm. de St-Martin-le-Vieux, ✉ d'Aixe.

JUDOCE (St-), vg. *Côtes-du-Nord* (Bretagne), arr. et à 12 k. de Dinan, cant. et ✉ d'Evran. Pop. 825 h.

JUÉRY (St-), vg. *Aveyron* (Rouergue), arr. et à 23 k. de St-Affrique, cant. et ✉ de St-Sernin. Pop. 874 h. — *Foire le 9 nov.*

JUÉRY (St-), vg. *Lozère* (Languedoc), arr. et à 44 k. de Marvejols, cant. de Fournels, ✉ de St-Chély. Pop. 307 h.

JUERY (St-), vg. *Tarn* (Languedoc), arr., ✉ et à 6 k. d'Albi, cant. de Villefranche. Pop. 1,179 h. Sur le Tarn.

Ce village occupe le côté gauche de la belle cataracte de la Saut-de-Sabo. Depuis Ambialet, le Tarn, qui coule sur un roc schisteux, a un cours assez régulier ; mais, arrivé au Saut-de-Sabo, il se précipite tout à coup et avec une extrême rapidité dans les tranchées qu'il a pratiquées lui-même à travers un barrage naturel de près de 20 m. de hauteur. Les sillons et les aspérités dont est recouverte la superficie de ce barrage font connaître que ce n'est qu'après une longue suite de siècles que la rivière est parvenue à se creuser à travers les roches d'une dureté extrême les tranchées profondes par où elle s'écoule. On ne peut se lasser d'admirer cet accident de terrain, qu'on aime à considérer sous tous ses aspects. Les cataractes que présente ce passage du Tarn sont au nombre de trois : le Saut-de-Sabo proprement dit, qui a 10 m. de hauteur ; le Saut-de-Caramantran, qui en a un peu moins ; la dernière est peu considérable.

Depuis quelques années, une compagnie a utilisé une partie de la force motrice de ce cours d'eau, sur lequel elle a établi une papeterie et une aciérie magnifique, avec laminoirs, fourneaux à réverbère, aiguiseries, etc. Un chemin de ronde est construit au pourtour de l'usine, ménagé dans l'épaisseur d'un mur presque circulaire qui enveloppe et protège l'établissement contre la violence des crues. Le Tarn peut encore s'élever à des hauteurs considérables sans que le travail cesse ; alors les ouvriers, sur la tête desquels se suspendue cette rivière qui semble les menacer par ses mugissements, n'en travaillent pas moins en toute sécurité. Sa fureur vaine vient se briser contre cette barrière que lui oppose la volonté de l'homme. Mais, lorsque les eaux s'élèvent à une hauteur telle qu'elles envahissent l'intérieur de l'usine, on n'a plus qu'à déménager promptement, après avoir fermé les vannes de prise d'eau et celles du canal, afin qu'il n'y ait pas de courant dans l'intérieur de l'usine, et que les eaux se trouvent stagnantes ne produisent pas des dégradations. Heureusement que ces envahissements par les eaux sont rares, de courte durée, et que l'activité de l'usine n'en peut souffrir sensiblement. — *Foires les 19 fév., 16 mai, 16 août et 16 nov.*

JUGAZAN, vg. *Gironde* (Bazadois), arr. et à 22 k. de Libourne, cant. et ✉ de Branne. Pop. 325 h.

JUGEALS, vg. *Corrèze* (Limousin), arr.,

cant. et à 13 k. de Brives, ⊠ de Noailles. Pop. 485 h.

JUGLIN, vg. *Landes*, comm. d'Arue, ⊠ de Roquefort.

JUGON, petite ville, *Côtes-du-Nord* (Bretagne), arr. et à 24 k. de Dinan, chef-l. de cant. Cure. Gîte d'étape. ⊠. ⌒. A 397 k. de Paris pour la taxe des lettres. Pop. 531 h. — Terrain cristallisé, micaschiste.

Cette ville, située sur l'Arguenon, passe pour n'avoir été bâtie qu'en 1109 ; mais il y avait antérieurement à côté, sur le sommet d'une montagne, un château dont aucun historien ne fait connaître l'origine ; on sait seulement que cette place était très-forte, tant par sa situation que par ses ouvrages de défense, au point qu'elle était l'objet du proverbe : *Qui a la Bretagne sans Jugon, a chape sans chaperon*. Ce château fut démoli en 1420, par ordre du duc de Bretagne, Jean V.

Tanneries et moulins à tan. — *Foire* le 25 avril.

JUGY, vg. *Saône-et-Loire* (Bourgogne), arr. et à 21 k. de Chalon-sur-Saône, cant. et ⊠ de Sennecey. Pop. 616 h.

JUIC, vg. *Charente-Inf*. (Saintonge), arr., ⊠ et à 12 k. de St-Jean-d'Angély, cant. de St-Hilaire. Pop. 444 h.

JUIF, vg. *Saône-et-Loire* (Bourgogne), arr., ⊠ et à 28 k. de Louhans, cant. de Moutret. Pop. 652 h.

JUIFS (les), vg. *Gironde*, comm. de Virelade, ⊠ de Podensac.

JUIGNAC, vg. *Charente* (Saintonge), arr. et à 28 k. de Barbezieux, cant. et ⊠ de Montmoreau. Pop. 1,628 h.

JUIGNÉ-BÉNÉ, vg. *Maine-et-Loire* (Bretagne), arr., cant., ⊠ et à 9 k. d'Angers. Pop. 525 h.

JUIGNÉ-DES-MOUTIERS, vg. *Loire-Inf.* (Bretagne), arr., ⊠ et à 16 k. de Châteaubriant, cant. de St-Julien-de-Vouvantes. Pop. 856 h. Près de la vaste forêt de Juigné.

JUIGNÉ-SUR-LOIRE, vg. *Maine-et-Loire* (Anjou), arr. et à 11 k. d'Angers, cant. des Ponts-de-Cé, ⊠ de Brissac. Pop. 1,027 h.

JUIGNÉ-SUR-SARTHE, vg. *Sarthe* (Anjou), arr. et à 29 k. de la Flèche, cant. et ⊠ de Sablé. Pop. 1,117 h.

JUIGNETTES, vg. *Eure* (Normandie), arr. et à 51 k. d'Évreux, cant. et ⊠ de Rugles. Pop. 182 h.

JUILLAC (le Petit), *Charente-Inf.*, com. de St-Martial-de-Coculet, ⊠ d'Archiac.

JUILLAC, bg *Corrèze* (Limousin), arr. et à 30 k. de Brives, chef-l. de cant. Cure. ⊠. A 468 k. de Paris pour la taxe des lettres. Pop. 2,435 h. — Terrain cristallisé, micaschiste. —*Foires* les 25 janv., 22 fév., 6 mai, 26 juin, 26 juillet, 22 août, 14 sept., 4 et 24 oct., 23 nov., 28 déc., et le 1er vendredi de chaque mois.

JUILLAC, vg. *Gers* (Armagnac), arr. et à 25 k. de Mirande, cant. et ⊠ de Marciac. Pop. 426 h.

JUILLAC, vg. *Gironde* (Guienne), arr. et à 33 k. de Libourne, cant. de Pujols, ⊠ de Castillon. Pop. 417 h.

JUILLAC, vg. *Lot*, comm. de Belaye, ⊠ de Castelfranc.

JUILLAC-LE-COQ, vg. *Charente* (Angoumois), arr. et à 12 k. de Cognac, cant. et ⊠ de Ségonzac. Pop. 893 h.

JUILLACQ, vg. *B.-Pyrénées*, comm. de Maspie-Lalonquère-Juillacq, ⊠ de Lembeye.

JUILLAGUET, vg. *Charente* (Angoumois), arr. et à 20 k. d'Angoulême, cant. et ⊠ de la Valette. Pop. 288 h.

JUILLAN, vg. *H.-Pyrénées* (Gascogne), arr., ⊠ et à 10 k. de Tarbes, cant. d'Ossun. Pop. 1,673 h.

JUILLÉ, vg. *Charente* (Angoumois), arr. et à 12 k. de Ruffec, cant. et ⊠ de Mansle. Pop. 811 h.

JUILLÉ, vg. *Sarthe* (Maine), arr. et à 25 k. de Mamers, cant. et ⊠ de Beaumont-sur-Sarthe. Pop. 499 h.

JUILLÉ, vg. *Deux-Sèvres* (Poitou), arr. et à 15 k. de Melle, cant. et ⊠ de Brioux. Pop. 252 h.

JUILLENAY, vg. *Côte-d'Or* (Bourgogne), arr. et à 17 k. de Semur, cant. de Saulieu, ⊠ de la Maison-Neuve. Pop. 194 h.

JUILLES, vg. *Gers* (Armagnac), arr. et à 20 k. d'Auch, cant. et ⊠ de Gimont. Pop. 905 h.

JUILLEY, vg. *Manche* (Normandie), arr. et à 11 k. d'Avranches, cant. et ⊠ de Ducey. Pop. 940 h.

UILLY, vg. *Côte-d'Or* (Bourgogne), arr., cant., ⊠ et à 5 k. de Semur. Pop. 132 h.

Patrie de Gaspard Pontus de Thyard, auteur de l'*Histoire de Pontus de Thyard de Bissy*, suivie de la généalogie de cette maison et de la campagne de 1664 en Hongrie, in-8, 1784.

JUILLY, *Juliacum*, vg. *Seine-et-Marne* (Brie), arr. et à 18 k. de Meaux, cant. et ⊠ de Dammartin. Pop. 747 h.

En 1182, un seigneur du nom de Foucauld de St-Denis, ayant perdu un fils bien-aimé, fit bâtir à son intention dans cet endroit une église où il établit quelques chanoines réguliers, avec un revenu suffisant pour assurer le service divin. Cette église fut, à la requête du fondateur, érigée en abbaye l'an 1191, et c'est là que fut déposé, en 1535, le cœur du roi de Navarre Henri d'Albret. En 1638, l'abbaye de Juilly, par suite de la réforme des maisons de chanoines réguliers, fut réunie à la congrégation de l'Oratoire, et, le 3 novembre suivant, le P. de Condron, qui avait succédé comme général de l'ordre au cardinal de Bérulle, fonda à Juilly un collège qui ne tarda pas à jouir d'une grande réputation, tant pour les études solides qu'y faisait la jeunesse que pour les principes d'ordre qu'elle y puisait. Aussi reçut-il de Louis XIII, l'année même de sa fondation, le titre d'académie royale. Juilly, jusqu'à l'époque de la première révolution, fut le principal collège de l'Oratoire, et de plus une maison de retraite dont le silence et le recueillement, favorables à la méditation et à l'étude, attirèrent tour à tour tous les écrivains, tous les savants illustres que cette congrégation a produits en si grand nombre.

Lorsque la révolution eut dispersé les ordres religieux, les bâtiments et le parc de Juilly furent rachetés par l'un des pères, auquel s'associèrent plus tard plusieurs autres anciens oratoriens, pour restaurer leur collège, et même avec l'espérance d'y reconstituer leur congrégation, dont ce lieu avait été en quelque sorte le centre. Les études en effet y reprirent leur cours, et rappelèrent l'ancienne splendeur de Juilly ; mais l'ordre ne se recruta pas, et ses derniers représentants durent chercher en dehors de leur congrégation des successeurs à qui ils pussent remettre un fardeau devenu trop pesant pour leur âge. Ils cédèrent en 1828 le collège de Juilly à deux anciens aumôniers de l'université, les abbés de Scorbiac et de Salinis, qui, après l'avoir dirigé avec des succès divers pendant douze ans, l'ont eux-mêmes, en 1841, cédé à une société de savants ecclésiastiques. La maison actuelle de Juilly a le caractère d'institution de plein exercice, et est appelée à rendre encore d'importants services à la cause de l'éducation. — Les frères de Napoléon, Louis et Jérôme, ont terminé leurs études au collège de Juilly. M. Berryer, membre de la chambre des députés, y a commencé et achevé son éducation.

Patrie du général H.-Alex. Haquin, membre du corps législatif sous l'empire.

Bibliographie. Adry (J.-Félic.). * *Notice sur le collège de Juilly*, in-8, 1807, 1816.

JUINE (la), *Junna Stampensis*, rivière qui prend sa source dans le dép. du *Loiret* ; elle entre peu après dans le dép. de Seine-et-Oise, passe à Étampes, dont elle prend le nom, et se jette dans l'Essonne, au-dessous de la Ferté-Aleps. La Juine fait mouvoir un grand nombre de moulins à farines pour l'approvisionnement de Paris.

JUIN (St-), vg. *Lot-et-Garonne*, comm. de Lagruère, ⊠ de Tonneins.

JUIRE-CHANGILLON (St-), vg. *Vendée* (Poitou), arr. et à 22 k. de Fontenay-le-Comte, cant. et de Ste-Hermine. Pop. 1,109 h.

JUJOLS, vg. *Pyrénées-Or.* (Roussillon), arr. et à 19 k. de Prades, cant. et ⊠ d'Olette. Pop. 195 h.

JUJURIEUX, vg. *Ain* (Bugey), arr. et à 30 k. de Nantua, cant. de Poncin, ⊠ de Cerdon. Pop. 1,778 h. — Vaste établissement pour le tissage de la soie, où sont occupées deux cents jeunes filles. — *Foires* les 8 mars, 8 mai, 8 août et 8 nov.

JUL, vg. *Tarn*, comm. de Pratviel, ⊠ de Lavaur.

JULIACUM (lat. 51°, long. 25°). « Ce lieu est connu par l'Itinéraire d'Antonin, où on le rencontre en deux endroits, et par la Table théodosienne. La distance à l'égard de *Colonia Agrippina*, marquée également dans l'Itinéraire et dans la Table, paraît très-convenable à l'espace que donne le local. Car, entre Cologne et Juliers, ou Giulik, comme disent les Allemans, j'estime qu'il répond à peu près au calcul de 18 lieues gauloises, d'environ 20,400 toises. L'abbé Eginhart, cité par M. Wesseling, indiquant la distance entre *Juliacus, antiquum municipium*, et *Vicus Aquensis*, ou Aix-la-Chapelle, sur le pied de 8 lieues, *VIII leucarum spatio* (*Itiner.*, p. 315); je remarque que la mesure de lieue y tient plus de la lieue gauloise que de toute autre mesure itinéraire. Car, à juger de cet intervalle proportionnément à l'espace d'entre Juliers et Cologne, il ne s'évalue qu'à environ 12,000 toises. On n'est point du tout assuré que *Juliacum* ait tiré son nom de Jules César précisément, quoique Witekind de Corbie et l'auteur des merveilles opérées par saint Bernard l'aient écrit. » D'Anville. *Notice de l'ancienne Gaule*, p. 392.

JULIA-DE-BEC (St-), vg. *Aude* (Languedoc), arr. et à 34 k. de Limoux, cant. et ✉ de Quillan. Pop. 450 h.

JULIA-DE-GRACAPOU, vg. *H.-Garonne* (Languedoc), arr. et à 20 k. de Villefranche-de-Lauragais, cant. et ✉ de Revel. P. 1,003 h. — *Foires* les 27 avril, 3 août et 22 déc.

JULIE (Ste-), vg. *Ain* (Bourgogne), arr. et à 8 k. de Belley, cant. et ✉ de Lagnieu. Pop. 451 h.

JULIEN (St-), vg. *B.-Alpes* (Provence), arr., cant., ✉ et à 12 k. de Castellane. Pop. 170 h.

JULIEN (St-), ou **SANCEY**, vg. *Aube* (Champagne), arr., cant., ✉ et à 3 k. de Troyes. Pop. 503 h.

Ce village est bâti dans une agréable position, sur la rive gauche de la Seine. Au-dessous de St-Julien, cette rivière se divise en plusieurs bras que l'on côtoie par des chemins ombragés, bordés de haies vives, de jolies maisons, de moulins et de manufactures, qui offrent une suite continuelle de promenades agréablement diversifiées. La beauté des alentours et les agréments qu'offre le château des Cours, nouvellement restauré et qu'embellissent de beaux jardins, attirent chaque année à St-Julien, à l'époque de la fête patronale, une réunion brillante, où se font remarquer les plus séduisantes beautés de la ville de Troyes. Le château des Cours a été longtemps le rendez-vous de plusieurs hommes de lettres distingués, parmi lesquels on cite Bouhours, Tournemine, Fontenelle, Baluze, Sacy, etc. Sur les bords de la Seine et non loin des prairies ombragées où le peuple aime à se livrer au plaisir de la danse, on remarque un bel arbre de la liberté, dont la plantation remonte aux beaux jours de notre première révolution.

JULIEN (St-), vg. *Bouches-du-Rhône*, comm. et ✉ de Marseille. Il existe dans ce village un puits très-profond et d'un grand diamètre, qui passe pour être l'ouvrage des Romains; il fournit seul aux besoins du pays, qui n'a ni ruisseaux ni fontaines.

Devant l'église paroissiale, on voit une croix élevée sur une base antique portant une inscription romaine.

JULIEN (St-), vg. *Calvados*, comm. et ✉ de Caen.

JULIEN (St-), vg. *Côte-d'Or* (Bourgogne), arr., cant., ✉ et à 10 k. de Dijon. P. 540 h.

JULIEN (St-), vg. *Côtes-du-Nord* (Bretagne), arr., cant., ✉ et à 6 k. de St-Brieuc. Pop. 875 h.

JULIEN (St-), vg. *Doubs* (Franche-Comté), arr., cant., ✉ et à 7 k. de Montbelliard. Pop. 228 h.

JULIEN (St-), vg. *Doubs* (Franche-Comté), arr. et à 44 k. de Montbelliard, cant. et ✉ de Russey. Pop. 271 h.

JULIEN (St-), vg. *Drôme*, comm. de Grand-Serre, ✉ de Moras.

JULIEN (St-), vg. *H.-Garonne* (Languedoc), arr. et à 30 k. de Muret, cant. et ✉ de Rieux. Pop. 440 h.

JULIEN (St-), ou **ST-JULIEN-DE-REIGNAC**, vg. *Gironde* (Guienne), arr. et à 21 k. de Lesparre, cant. de Pauillac. ✉. A 605 k. de Paris pour la taxe des lettres. Pop. 1,379 h.

JULIEN (St-), vg. *Hérault* (Languedoc), arr. et à 22 k. de St-Pons, cant. et ✉ d'Olargues. Pop. 1,068 h.

JULIEN (St-), vg. *Ille-et-Vilaine*, comm. de Renac, ✉ de Redon.

JULIEN (St-), vg. *Jura* (Franche-Comté), arr. et à 35 k. de Lons-le-Saulnier, chef-l. de cant. Cure. ✉ et bureau d'enregist. de St-Amour. Pop. 755 h. — TERRAIN jurassique.

PATRIE du comte DE LEZAY-MARNEZIA, littérateur et publiciste, préfet du Rhin-et-Moselle et du Bas-Rhin sous l'empire.

Foires les 18 janv., 12 mars, 19 avril, 27 juin, 29 août, 2 oct. et 12 déc.

JULIEN (St-), vg. *Landes* (Gascogne), arr. et à 33 k. de Mont-de-Marsan, cant. et ✉ de Gabarret. Pop. 446 h.

JULIEN (St-), vg. *Lot-et-Garonne*, comm. et ✉ de Port-Ste-Marie.

JULIEN (St-), vg. *Marne*, comm. de Pierry, ✉ d'Epernay.

JULIEN (St-), vg. *Meuse* (Lorraine), arr., cant. et ✉ de Commercy, à 11 k. de St-Mihiel, Pop. 337 h.

JULIEN (St-), vg. *Rhône* (Beaujolais), arr., cant., ✉ et à 8 k. de Villefranche-sur-Saône. Pop. 648 h.

JULIEN (St-), vg. *H.-Saône* (Franche-Comté), arr. et à 39 k. de Vesoul, cant. de Vitrey, ✉ de Cintrey. Pop. 256 h.

JULIEN (St-), vg. *Tarn-et-Garonne*, com. et ✉ de Moissac.

JULIEN (St-), ou **JULIEN-LE-MONTAGNIER** (St-), vg. *Var* (Provence), arr. et à 42 k. de Brignoles, cant. de Rians, ✉ de Barjols. Pop. 1,354 h. — *Foires* les 28 août, 1er jour de carême, vendredi saint et lundi de la Trinité.

JULIEN (St-), vg. *Vosges* (Lorraine), arr. et à 48 k. de Neufchâteau, cant. et ✉ de Lamarche. Pop. 563 h.

JULIÉNAS, vg. *Rhône* (Beaujolais), arr. et à 24 k. de Villefranche, cant. de Beaujeu, ✉ de Romanèche. Pop. 1,302 h. — Il est situé dans une contrée fertile en vins renommés, sur les confins de la Bourgogne. — Le château de Juliénas est remarquable : on y voit une cuve d'une contenance extraordinaire. — L'église, d'une architecture moderne, est très-jolie.

— *Foires* le dernier lundi de fév., 1er lundi d'avril et dernier lundi d'oct.

JULIEN-AUX-BOIS (St-), vg. *Corrèze* (Limousin), arr. et à 52 k. de Tulle, cant. de Servières, ✉ de St-Privat. Pop. 1,471 h.

JULIEN-BOUTIÈRES (St-), vg. *Ardèche* (Vivarais), arr. et à 49 k. de Tournon, cant. et ✉ de St-Martin-de-Valamas. Pop. 1,541 h.

JULIEN-CHAPTEUIL (St-), vg. *H.-Loire* (Velay), arr., ✉ et à 17 k. du Puy, chef-l. de cant. Cure. ✉ du Puy. Pop. 3,115 h. Près de la rive gauche de la Sumène. — TERRAIN cristallisé, voisin du terrain volcanique.

On y remarque les ruines du château fort de Chapteuil, qui couronnent une masse de basalte prismatique très-élevée et d'un bel effet. — *Foires* le dernier lundi de janv., avril, juin et oct.

JULIEN-D'AIDAT (St-), vg. *Puy-de-Dôme*, comm. d'Aidat, ✉ de Veyre.

JULIEN-D'ANCE (St-), vg. *H.-Loire* (Velay), arr. et à 34 k. du Puy, cant. et ✉ de Craponne. Pop. 1,217 h.

JULIEN-D'ARPAON (St-), vg. *Lozère* (Languedoc), arr., ✉ et à 9 k. de Florac, cant. de Barre. Pop. 579 h.

JULIEN-DE-BOURDEILLES (St-), vg. *Dordogne* (Périgord), arr. et à 26 k. de Périgueux, cant. de Brantôme, ✉ de Bourdeilles. Pop. 272 h.

JULIEN-DE-BRIOLA (St-), vg. *Aude* (Languedoc), arr. et à 28 k. de Castelnaudary, cant. de Fanjeaux, ✉ de Villasavary. P. 403 h.

JULIEN-DE-BURENS (St-), vg. *Tarn*, comm. de Gibrondes, ✉ de Castres.

JULIEN-DE-CASSAGNAS (St-), vg. *Gard* (Languedoc), arr. et à 19 k. d'Alais, cant. et ✉ de St-Ambroix. Pop. 255 h.

JULIEN-DE-CASTELNAU (St-), vg. *Dordogne*, comm. de Cenac, ✉ de Domme.

JULIEN-DE-CHEDON (St-), vg. *Loir-et-Cher* (Touraine), arr. et à 36 k. de Blois, cant. et ✉ de Montrichard. Pop. 401 h.

JULIEN-DE-CIVRY (St-), vg. *Saône-et-Loire* (Bourgogne), arr., cant., ✉ et à 9 k. de Charolles. Pop. 1,545 h.

JULIEN-DE-CONCELLES (St-), vg. *Loire-Inf.* (Bretagne), arr. et à 15 k. de Nantes, cant. et ✉ du Loroux. Pop. 3,694 h. — *Foire* le 24 août.

JULIEN-DE-COPEL (St-), vg. *Puy-de-Dôme* (Auvergne), arr. et à 30 k. de Clermont-Ferrand, cant. et ✉ de Billom. Pop. 2,204 h.

JULIEN-DE-CRAY (St-), vg. *Saône-et-Loire* (Bourgogne), arr. et à 46 k. de Charolles, cant. et ✉ de Semur-en-Brionnais. Pop. 903 h. — *Foires* les 5 mai, 13 juin et 24 août.

JULIEN-DE-CREMPSE, vg. *Dordogne* (Périgord), arr. et à 16 k. de Bergerac, cant. de Villamblard, ✉ de Douville. Pop. 506 h.

JULIEN-DE-GRAS-CAPOU (St-), vg. *Ariège* (pays de Foix), arr. et à 24 k. de Pamiers, cant. et ✉ de Mirepoix. Pop. 158 h.

JULIEN-DE-LA-LIÉGUE (St-), vg. *Eure*

(Normandie), arr. et à 15 k. de Louviers, cant. et ✉ de Gaillon. Pop. 248 h.

JULIEN-DE-LAMPON (St-), vg. *Dordogne* (Périgord), arr., ✉ et à 14 k. de Sarlat, cant. de Carlux. Pop. 1,028 h. — *Foire* le 19 sept.

JULIEN-DE-LA-NEF (St-), vg. *Gard* (Languedoc), arr., ✉ et à 13 k. du Vigan, cant. de Sumène. Pop. 291 h.

JULIEN-DE-LERMS (St-), vg. *Isère*, comm. de Primarette-St-Julien, ✉ de Beaurepaire.

JULIEN-DE-L'ESCAP (St-), vg. *Charente-Inf.* (Saintonge), arr., cant., ✉ et à 2 k. de St-Jean-d'Angely. Pop. 481 h.

Les alentours de St-Julien présentent diverses excavations que l'on attribue aux Celtes, et l'on y trouve des vestiges d'un édicule romain, que les gens du pays croient être gaulois et qu'ils appellent *Chapelle-trompeloup*. Les ruines de ce petit temple occupent aujourd'hui le milieu d'un champ, dans un angle communiquant à plusieurs chemins vicinaux entre les villages appelés la *Grande* et la *Petite-Elie*. — L'église paroissiale, sous le vocable de saint Julien, appartient au style roman du xie siècle; mais elle a subi de nombreuses restaurations.

St-Julien, situé à une petite distance de St-Jean-d'Angely, a figuré dans les événements des guerres de religion du xvie siècle. Il a été le théâtre d'un combat livré en 1585 par Laval aux troupes royales commandées par Mayenne. Deux ponts jetés sur la Boutonne, et portant encore les armes et la date de 1593, ont été construits par ordre de Henri IV.

JULIEN-DE-MAILLOC (St-), vg. *Calvados* (Normandie), arr., ✉ et à 11 k. de Lisieux, cant. d'Orbec. Pop. 202 h. — *Foire* le 6 sept.

JULIEN-DE-MALNON (St-), vg. *Aveyron*, comm. de St-Cyprien, ✉ de Rodez.

JULIEN-D'EMPARE (St-), vg. *Aveyron* (Rouergue), arr. et à 26 k. de Villefranche-de-Rouergue, cant. d'Asprières, ✉ d'Aubin. Pop. 1,481 h.

JULIEN-DE-PEYROLAS (St-), vg. *Gard* (Languedoc), arr. et à 33 k. d'Uzès, cant. et ✉ de Pont-St-Esprit. Pop. 1,080 h.

JULIEN-DE-PIGANIOL (St-), vg. *Aveyron*, comm. de St-Santin, ✉ de Maurs.

JULIEN-DE-RAZ (St-), vg. *Isère* (Dauphiné), arr. et à 25 k. de Grenoble, cant. et ✉ de Voiron. Pop. 382 h.

JULIEN-DE-RODELLE (St-), vg. *Aveyron*, comm. de Rodelle, ✉ de Rodez.

JULIEN-DES-CHAZES (St-), vg. *H.-Loire* (Auvergne), arr. et à 38 k. de Brioude, cant. et ✉ de Langeac. Pop. 544 h.

JULIEN-DES-LANDES (St-), vg. *Vendée* (Poitou), arr. et à 17 k. des Sables, cant. et ✉ de la Mothe-Achard. Pop. 736 h.

JULIEN-DES-POINTS (St-), vg. *Lozère* (Languedoc), arr. et à 42 k. de Florac, cant. et ✉ de St-Germain-de-Calberte. Pop. 212 h.

JULIEN-DE-TERRE-FOSSE (St-), vg. *Lot-et-Garonne*, comm. de Madaillan, ✉ d'Agen.

JULIEN-DE-THEVET, vg. *Indre* (Berry), arr., cant., ✉ et à 9 k. de la Châtre. Pop. 946 h.

JULIEN-DE-TOURNEL (St-), vg. *Lozère* (Languedoc), arr. et à 19 k. de Mende, cant. et ✉ de Blaymard. Pop. 1,275 h. Sur la rive gauche du Lot. — Il doit son origine et son nom à un ancien château qui appartenait, au xiie et au xiiie siècle, à une des plus illustres familles de France, dont était membre le chevalier Guérin, évêque de Senlis et chancelier de France, qui commandait à Bouvines l'armée de Philippe Auguste. Le château de Tournel était une des huit baronnies du Gévaudan. — Aux environs, mines de plomb exploitées à diverses époques.

JULIEN-DE-TOURSAC (St-), vg. *Cantal*, comm. de Rouziers, ✉ de Maurs.

JULIEN-DE-VALGALGUES (St-), vg. *Gard* (Languedoc), arr., ✉ et à 7 k. d'Alais, cant. de St-Martin-de-Valgalgues. Pop. 675 h.

JULIEN-DE-VOUVANTES (St-), bg *Loire-Inf.* (Bretagne), arr., bureau d'enregist., ✉ et à 14 k. de Châteaubriant, chef-l. de cant. Cure. Pop. 1,701 h. — TERRAIN de transition moyen.

On remarque à St-Julien des ruines qui semblent annoncer que c'était autrefois une ville considérable et fortifiée; cependant l'histoire n'en fait aucune mention. — Près de l'église, on voit trois fontaines dont les eaux passent pour guérir de plusieurs maladies. Dans l'une d'elles est empreint un fer à cheval que l'on dit être celui de saint Julien. Tous les ans, huit à neuf cents Bas-Bretons, qui ont beaucoup de confiance en ce saint, se rendent en pèlerinage à St-Julien-de-Vouvantes, pour y faire leurs adorations et boire de l'eau des fontaines. Là il se fait entre eux des luttes qui rappellent à l'observateur les jeux des anciens. Avant la révolution, le vainqueur recevait un louis, qui lui était donné par le seigneur de la Motte-Glain. — *Foires* les 26 mars et 28 août.

JULIEN-D'EYMET (St-), vg. *Dordogne* (Périgord), arr. et à 19 k. de Bergerac, cant. et ✉ d'Eymet. Pop. 263 h.

JULIEN-DU-GUA (St-), vg. *Ardèche* (Languedoc), arr. et à 18 k. de Privas, cant. et ✉ de St-Pierreville. Pop. 383 h.

JULIEN-DU-PINET (St-), vg. *H.-Loire* (Velay), arr., cant., ✉ et à 9 k. d'Yssingeaux. Pop. 717 h.

JULIEN-DU-PUY (St-), vg. *Tarn* (Languedoc), arr. et à 22 k. de Castres, cant. de Lautrec, ✉ de Réalmont. Pop. 936 h.

JULIEN-DU-SAULT (St-), petite ville, *Yonne* (Champagne), arr. et à 11 k. de Joigny, chef-l. de cant. Bureau d'enregist., ✉ de Villeneuve-le-Roi. Cure. ✉ de Villevallier. Pop. 2,298 h. — TERRAIN crétacé supérieur, craie. — Elle est située dans un territoire fertile en vin de bonne qualité, sur la rive droite de l'Yonne. — *Fabriques* de draps communs. Filature de laines, Tanneries et moulin à tan. — *Foires* les 25 août, 19 oct., jour des Cendres et mardi de la Pentecôte.

Bibliographie. HATIN (Jules). *Relation historique du choléra-morbus épidémique qui a ravagé la ville de St-Julien-du-Sault*, in-8, 1832.

JULIEN-DU-SERRE (St-), vg. *Ardèche* (Languedoc), arr. et à 24 k. de Privas, cant. et ✉ d'Aubénas. Pop. 802 h.

JULIEN-DU-TERROUX (St-), vg. *Mayenne* (Maine), arr. et à 28 k. de Mayenne, cant. et ✉ de Lassay. Pop. 860 h.

JULIEN-EN-BEAUCHÊNE (St-), vg. *H.-Alpes* (Dauphiné), arr. et à 40 k. de Gap, cant. d'Aspres-lès-Veynes, ✉ de Veynes. Pop. 700 h.

On y voit les vestiges d'une tour établie sur le sommet d'une chaîne de rochers, au travers de laquelle on a pratiqué intérieurement, et au lieu dit la Rochette, une ouverture en forme d'œil-de-bœuf où passe le chemin. — *Foires* les 3 fév. et 4 sept.

JULIEN-EN-BORN (St-), vg. *Landes* (Gascogne), arr. et à 42 k. de Dax, cant. et ✉ de Castels. Pop. 1,123 h.

JULIEN-EN-CHAMPSAUR (St-), *H.-Alpes* (Dauphiné), arr. et à 15 k. de Gap, cant. et ✉ de St-Bonnet. Pop. 1,790 h. — *Foires* les 16 avril et 7 oct.

JULIEN-EN-ST-ALBAN (St-), vg. *Ardèche* (Languedoc), arr., ✉ et à 11 k. de Privas, cant. de Clomérac. Pop. 670 h.

JULIEN-GAULÈNE (St-), ou ST-JULIEN-DE-PRADOUX, vg. *Tarn* (Languedoc), arr. et à 23 k. d'Albi, cant. et ✉ de Valence-en-Albigeois. Pop. 616 h.

JULIEN-LA-BROUSSE (St-), vg. *Ardèche* (Languedoc), arr. et à 41 k. de Tournon, cant. et ✉ du Chaylard. Pop. 1,267 h.

JULIEN-LA-GENESTE (St-), vg. *Puy-de-Dôme* (Auvergne), arr. et à 43 k. de Riom, cant. et ✉ de St-Gervais. Pop. 434 h.

JULIEN-LA-GENETE (St-), vg. *Creuse* (Auvergne), arr. et à 31 k. d'Aubusson, cant. et ✉ d'Evaux. Pop. 552 h.

JULIEN-LARS (St-), vg. *Vienne* (Poitou), arr., ✉, bureau d'enregist. et à 13 k. de Poitiers, chef-l. de cant. Cure. Pop. 871 h. — TERRAIN jurassique. — *Foires* le 1er juin et 12 oct.

JULIEN-LE-BAS (St-), vg. *Doubs*, com. et ✉ de Morteau.

JULIEN-LE-CHATEL (St-), vg. *Creuse* (Combraille), arr. de Boussac, cant. et à 14 k. de Chambon, ✉ de Gouzon. Pop. 553 h.

JULIEN-LE-FAUCON (St-), vg. *Calvados* (Normandie), arr. et à 14 k. de Lisieux, cant. de Mézidon, ✉ de Livarot. Pop. 366 h. — *Foires* les 23 avril et 16 sept.

JULIEN-LE-PAUVRE (St-), vg. *Cher*, comm. de St-Symphorien, ✉ de Châteauneuf-sur-Cher.

JULIEN-LE-PÈLERIN (St-), vg. *Corrèze* (Limousin), arr. et à 50 k. de Tulle, cant. de Merceur, ✉ d'Argental. Pop. 579 h.

JULIEN-LE-PETIT (St-), vg. *H.-Vienne* (Limousin), arr. et à 39 k. de Limoges, cant. et ✉ d'Eymoutiers. Pop. 1,488 h.

JULIEN-LE-ROUX (St-), vg. *Ardèche* (Vivarais), arr. et à 37 k. de Tournon, cant. et ✉ de Vernoux. Pop. 400 h.

JULIEN-LÈS-GORZE (St-), vg. *Moselle* (pays Messin), arr. et à 23 k. de Metz, cant. et ✉ de Gorze. Pop. 361 h.

JULIEN-LÈS-METZ (St-), vg. *Moselle* (pays Messin), arr., cant., ✉ et à 3 k. de Metz. Pop. 465 h.

JULIEN-LÈS-SENNECEY (St-), vg. *Saône-et-Loire*, comm. et ✉ de Sennecey.

JULIEN-LE-VENDONNOIS (St-), vg. *Corrèze* (Limousin); arr. et à 51 k. de Brives, cant. et ✉ de Lubersac. Pop. 609 h.

JULIEN-LE-VIEUX (St-), vg. *Tarn*, com. de Puicelci, ✉ de Gaillac.

JULIEN-MAUMONT (St-), vg. *Corrèze* (Limousin), arr. et à 24 k. de Brives, cant. et ✉ de Meyssac.

JULIEN-MOLHESABATHE, vg. *H.-Loire* (Velay), arr. et à 29 k. d'Yssingeaux, cant. et ✉ de Monfaucon. Pop. 1,116 h.

JULIENNE, vg. *Charente* (Angoumois), arr. et à 10 k. de Cognac, cant. et ✉ de Jarnac. Pop. 439 h.

JULIEN-PRÈS-BORT (St-), vg. *Corrèze* (Limousin), arr. et à 23 k. d'Ussel, cant. et ✉ de Bort. Pop. 1,538 h.

JULIEN-PUY-LA-VÈZE (St-), vg. *Puy-de-Dôme* (Auvergne), arr. et à 43 k. de Clermont-Ferrand, cant. et ✉ de Bourg-Lastic. Pop. 759 h.

JULIEN-SUR-BIBOST (St-), vg. *Rhône* (Lyonnais), arr. et à 25 k. de Lyon, cant. et ✉ de l'Arbresle. Pop. 792 h. — *Foires* les 2 janv., 3 fév. et 28 août.

JULIEN-SUR-CALONNE (St-), vg. *Calvados* (Normandie), arr., ✉ et à 3 k. de Pont-l'Évêque, cant. de Blangy. Pop. 279 h. — *Foire* le 25 juillet.

JULIEN-SUR-CHER (St-), vg. *Loir-et-Cher* (Berry), arr., ✉ et à 9 k. de Romorantin, cant. de Menuetou. Pop. 426 h.

JULIEN-SUR-DHEUNE (St-), vg. *Saône-et-Loire* (Bourgogne), arr. et à 33 k. d'Autun, cant. et ✉ de Couches. Pop. 291 h.

JULIEN-SUR-SARTHE (St-), bg *Orne* (Perche), arr. et à 15 k. de Mortagne-sur-Huîne, cant. de Pervenchères, ✉ du Mesle-sur-Sarthe. Pop. 1,450 h. — *Foire* le 28 janv.

JULIEN-SUR-VEYLE (St-), vg. *Ain* (Bourgogne), arr. et à 37 k. de Trévoux, cant. et ✉ de Châtillon-lès-Dombes. Pop. 747 h.

JULIEN-VOCANCE (St-), vg. *Ardèche* (Languedoc), arr. et à 37 k. de Tournon, cant. et ✉ d'Annonay. Pop. 1,211 h.

JULIETTE (Ste-), vg. *Aveyron* (Rouergue), arr. et à 18 k. de Rodez, cant. et ✉ de Cassagnes-Bégonhès. Pop. 795 h.

JULIETTE (Ste-), vg. *Tarn-et-Garonne* (Languedoc), arr. et à 29 k. de Moissac, cant. et ✉ de Lauzerte. Pop. 357 h.

JULIOBONA (lat. 50°, long. 19°). « Ptolémée, qui nous indique les capitales des cités, nomme ici la ville des *Caletæ* ou *Caleti*. Il en est aussi mention dans l'Itinéraire d'Antonin et dans la Table théodosienne : et quand on suit la trace des voies romaines qui ont rapport à cette position, on reconnaît, à n'en pouvoir douter, que c'est Lilebone. Ce lieu conservait dans le moyen âge le nom de *Juliobona*, et les ducs de Normandie en trouvaient le séjour fort agréable, comme on le voit dans la Chronique de Robert, abbé du mont St-Michel : *Juliobona, in Caletensi pago, a dominis Normannorum multum amata est et frequentata*. Orderic-Vital, moine d'*Uticum*, ou de St-Evroul, et la souscription de quelques actes, nous apprennent que Guillaume le Conquérant y tenait sa cour. L'historien que je viens de citer, parlant du concile assemblé à *Juliobona* en 1080, ajoute : *Hæc synodus in vico regali, secus Sequanam, celebrata est*. Il dit que de son temps le nom de *Juliobona* était vulgairement Illebone : *Barbara locutio Illebonam, corrupto nomine vocat*. Ainsi, le temps postérieur n'a fait qu'y ajouter une lettre initiale en forme d'article. J'ai cru qu'il était nécessaire d'alléguer ces autorités, pour constater la position de *Juliobona*, nonobstant l'opinion de M. de Valois, qui, adhérant à celle de Cluvier, transporte ce lieu à Dieppe : et comme le déplacement d'une position entraîne celles qui sont liées, M. de Valois (p. 129 et 256) plaçant au Crotoi sur la Somme le *Corocotinum* de l'Itinéraire, qui prend sa position à Harfleur sur l'embouchure de la Seine, il a vu plus de rapport et de proximité entre Dieppe et le Crotoi, qu'entre le Crotoi et Lilebone. La souscription d'un évêque de *Juliobona*, *ecclesiæ* de *Juliobona*, au concile tenu à Challon sous Clovis II, qui régnait sur la Neustrie comme sur la Bourgogne au milieu du VIIe siècle, paraît suspecte à M. de Valois. Mais, pourquoi la cité des *Caleti*, distincte et indépendante de celle des *Veliocasses*, qui renferme la ville de Rouen, n'aurait-elle pas eu autrefois des évêques particuliers? La dignité de métropole attachée à l'Église de Rouen, jointe à la proximité de ce diocèse, ne peut-elle pas avoir donné lieu à l'extinction d'un évêque chez le *Caleti*? Sanson en agit étrangement à l'égard de *Juliobona*, et il en fait deux villes différentes. Le nom de *Juliobona* étant écrit *Lutiobona* dans la Table, ce géographe distingue une position particulière de *Lutiobona* dans celle de Lilebone ; et quoique *Juliobona* soit la capitale des *Caleti*, Sanson l'a transportée ailleurs, et dans la position de Bayeux, capitale des *Bajocasses*. Ces arrangements étant arbitraires et sans fondement, on est dispensé de les réfuter. » D'Anville. *Notice de l'ancienne Gaule*, p. 393.

V. aussi WALCKENAER. *Géographie des Gaules*, t. I, p. 434.

BELLEY (l'abbé). *Dissertation sur Juliobona* (Mém. de l'acad. royale des belles-lettres, t. XIX, p. 633, 642, 650).

Dissertation sur Juliabona (Lillebonne) (Histoire de l'acad. royale des inscriptions et belles-lettres, t. XXXI, p. 271).

CAYLUS (le comte de). *Remarques sur les antiquités de Juliobona* (Recueil d'antiq., t. VI, p. 393).

JULIOMAGUS, postea ANDECAVI (lat. 48°, long. 18°). « Le nom de la ville principale des Andecavi est *Juliomagus* dans Ptolémée, et cette ville est figurée comme une capitale sous le même nom dans la Table théodosienne. Elle a quitté ce nom pour prendre celui du peuple où elle tenait le premier rang. Ainsi, dans la Notice des provinces de la Gaule, le nom de *Civitas Andecavorum* est employé dans la troisième Lionoise. L'usage dans le moyen âge a été d'écrire *Andecavis*, ou *Andegavis*, d'où est venu le nom d'Angers. Quant aux distances qui s'y rapportent en suivant une voie romaine tracée dans la Table, comme ces distances sont plus nécessaires à fixer les lieux de position immédiate, c'est à l'article de ces lieux qu'il est convenable de les discuter. » D'Anville. *Notice de l'ancienne Gaule*, p. 394. V. aussi Walckenaer. *Géographie des Gaules*, t. I, p. 375.

JULLIANGES, vg. *Lozère* (Languedoc), arr. et à 54 k. de Marvejols, cant. de Malzieu, ou Malzieuville. Pop. 254 h.

JULLIANGES, vg. *H.-Loire* (Auvergne), arr. et à 40 k. de Brioude, cant. de la Chaise-Dieu, ✉ de Craponne. Pop. 1,153 h.

JULLIÉ, vg. *Rhône* (Beaujolais), arr. et à 26 k. de Villefranche-sur-Saône, cant. de Beaujeu, ✉ de Romanèche. Pop. 1,038 h. — On récolte sur son territoire des vins qui passent pour les meilleurs du Beaujolais. — *Foires* les 10 janv., 10 mars, 25 avril, 12 mai, 10 juin, 26 juillet, 18 août, 6 sept., 18 oct. et 9 nov.

JULLIEN-D'ASSE (St-), vg. *B.-Alpes* (Provence), arr. et à 33 k. de Digne, cant. et ✉ de Mézel. Pop. 333 h.

JULLIEN-D'ODDES (St-), vg. *Loire* (Forez), arr. et à 30 k. de Roanne, cant. et ✉ de St-Germain-Laval. Pop. 376 h.

JULLIEN-EN-JARRET (St-), vg. *Loire* (Forez), arr. et à 14 k. de St-Etienne, cant. et ✉ de St-Chamond. Pop. 3,203 h.

JULLIEN-EN-QUINT (St-), vg. *Drôme* (Dauphiné), arr. et à 45 k. de Die. Pop. 602 h. — On remarque aux environs, sur le sommet d'une colline, les ruines d'un château fort qui a soutenu plusieurs sièges pendant les guerres féodales. Louis XI l'habita en 1451, et faillit, en chassant aux alentours, être dévoré par un ours. On dut la vie au courage de deux paysans qui tuèrent cet animal furieux, et qui, pour récompense, reçurent des lettres de noblesse. — *Foires* les 6 mai et 30 déc.

JULLIEN-EN-VERCORS (St-), vg. *Drôme* (Dauphiné), arr. et à 44 k. de Die, cant. et ✉ de la Chapelle-en-Vercors. Pop. 559 h. — On trouve sur son territoire une grotte remarquable par les belles stalactites dont elle est tapissée. — *Foire* le 10 août.

JULLIEN-LA-VÊTRE (St-), vg. *Loire* (Forez), arr. et à 38 k. de Montbrison, cant. et ✉ de Noirétable. Pop. 860 h.

JULLIEN-MOLIN-MOLETTE (St-), bg *Loire* (Forez), arr. et à 30 k. de St-Etienne, cant. de Bourg-Argental. ✉. A 495 k. de Paris pour la taxe des lettres. Pop. 1,318 h. —

Il est situé au pied du mont Pilat, près des confins du département de l'Ardèche.

Le territoire de ce bourg renferme une mine de plomb sulfuré exploitée, dont les nombreux filons présentent toutes les variétés connues de plomb sulfuré, mêlé avec les substances qui ordinairement l'accompagnent ; le zinc sulfuré y est particulièrement très-commun. Le minerai de cette concession donne, outre le plomb, plusieurs quintaux de galène ou alquifoux, que les potiers emploient pour vernir leur poterie.

Le mont Pilat offre beaucoup d'intérêt par la variété prodigieuse des plantes qui y croissent, et par l'étendue immense qu'on découvre de ce point ; la vue s'étend sur un vaste horizon, que terminent les montagnes de la Suisse et du Cantal, le Mont-d'Or et le Puy-de-Dôme. — *Foires* les 13 janv., 12 mai, 25 juillet et 21 sept.

JULLIEN-SUR-REYSSOUSE, bg *Ain* (Bresse), arr. et à 24 k. de Bourg-en-Bresse, cant. et ✉ de St-Trivier-de-Courtes. Pop. 982 h. — *Foires* les 3 fév., 9 mars, 26 juin et 9 déc.

JULLY, vg. *Yonne* (Champagne), arr. et à 27 k. de Tonnerre, cant. et ✉ d'Ancy-le-Franc. Pop. 540 h.

JULLY-LÈS-BUXY, vg. *Saône-et-Loire* (Bourgogne), arr. et à 19 k. de Chalon-sur-Saône, cant. et ✉ de Buxy. Pop. 662 h. — *Foires* les 22 mars, 20 juin, 18 sept., 22 nov. et 3 déc.

JULLY-SUR-SARCE, vg. *Aube* (Bourgogne), arr., cant., ✉ et à 5 k. de Bar-sur-Seine. Pop. 571 h.

JULOS, vg. *H.-Pyrénées* (Gascogne), arr. d'Argelès, cant., ✉ et à 6 k. de Lourdes. Pop. 345 h.

JULVÉCOURT, vg. *Meuse* (pays Messin), arr. et à 19 k. de Verdun-sur-Meuse, cant. de Souilly, ✉ de Clermont-en-Argonne. Pop. 276 h.

JUMEAUVILLE, vg. *Seine-et-Oise* (Beauce), arr., cant. et à 12 k. de Mantes, ✉ d'Épône. Pop. 400 h.

JUMÉAUX, vg. *Puy-de-Dôme* (Auvergne), arr. et à 16 k. d'Issoire, chef-l. de cant., bureau d'enregistr. à St-Germain-Lembron. ✉. Pop. 1,820 h. — Terrain cristallisé voisin du terrain carbonifère. — Construction de presque tous les bateaux pour les transports dirigés sur Paris, Rouen et Nantes.

JUMEAUX (les), *Deux-Sèvres* (Poitou), arr. à 23 k. de Parthenay, cant. de St-Loup, ✉ d'Airvault. Pop. 332 h.

JUMEP, v. *Somme* (Picardie), arr. et à 23 k. de Montdidier, cant. d'Ailly-sur-Noye, ✉ de Flers. Pop. 324 h.

JUMELLES, vg. *Eure* (Normandie), arr. et à 15 k. d'Évreux, cant. et ✉ de St-André. Pop. 200 h.

JUMELLES, vg. *Maine-et-Loire* (Anjou), arr. et à 12 k. de Baugé, cant. et ✉ de Longué. Pop. 1,524 h.

JUMELLIÈRE (la), bg *Maine-et-Loire* (Anjou), arr. et à 26 k. de Beaupréau, cant. et ✉ de Chemillé. Pop. 1,500 h.

JUMENCOURT, vg. *Aisne* (Picardie), arr. et à 30 k. de Laon, cant. et ✉ de Coucy-le-Château. Pop. 313 h.

JUMET, vg. *H.-Pyrénées*, comm. de Beyrède-Jumet, ✉ d'Arreau.

JUMIÉGES, *Gemeticum*, bg *Seine-Inf.* (Normandie), arr. et à 27 k. de Rouen, cant. et ✉ de Duclair. Pop. 1,678 h.

Jumiéges est un bourg fort agréablement situé, près de la rive droite de la Seine. Il doit son origine à un monastère fondé en 661, brûlé par les Normands en 841 et en 851, et relevé par Guillaume Longue-Épée, qui fit construire le bel édifice dont on admire aujourd'hui les ruines majestueuses. — Les rois de France avaient fort anciennement à Jumiéges une maison de plaisance, où Charles VII résida souvent. C'est là qu'il perdit la gente Agnès Sorel, dont le corps fut inhumé à Loches ; mais son cœur resta à Jumiéges, où on lui éleva un magnifique tombeau dans la chapelle de la Vierge.

Les ruines de l'abbaye de Jumiéges sont aujourd'hui trop délabrées pour pouvoir donner une juste idée de leur ancienne splendeur ; mais elles prêtent au paysage le charme de leurs accidents et celui de leurs souvenirs. L'extrémité orientale n'est plus qu'un monceau de débris : au centre, les restes encore subsistants de la lanterne laissent deviner la grandeur des dimensions de la tour. Le toit de la nef a disparu aussi bien que celui qui surmontait la voûte des collatéraux. Ces voûtes elles-mêmes, ébranlées, crevassées dans toute leur longueur, grossiront bientôt par leur chute l'amas de ruines accumulées au-dessous d'elles. Les tours du portail occidental sont encore debout, sauf la toiture de l'un des clochers. Au pied de ces tours, qui signalent au loin, comme deux phares, la route des caboteurs de la Seine, les murailles sans toitures et souvent interrompues de cet ancien monastère élèvent dans les airs leurs pierres blanches, qui ont reçu, sans s'altérer, tant de pluies d'automne, tant de brouillards de printemps ; nulle part elles ne sont assez entières pour rappeler les beaux jours de leur longue existence ; nulle part aussi la main de l'homme n'a fait assez de ravages pour que tous les vestiges de leur antique splendeur aient disparu. Derrière ces tours, de l'ouest à l'est, s'étend la grande église avec ses colonnes qui ne supportent plus de voûtes, et sa large nef démantelée du côté de l'orient. Au midi de ce vaisseau, l'église St-Pierre, longue seulement comme la nef du temple principal, s'étend parallèlement à cette construction ; le chapitre et le dortoir des anciens moines sont situés vers le bas de cette seconde basilique ; un vaste cloître, au milieu duquel est resté un if, aussi vieux peut-être que le monastère, les séparait de la salle de gardes de Charles VII, qui s'étend du nord au sud, à la hauteur du porche de la grande église ; dans cette salle, de vieilles fresques, à moitié enlevées avec le revêtement qui les supportait, et dans lesquelles dominent surtout les couleurs tranchantes, rappellent les traditions de l'antique histoire du monastère, sans leur donner plus d'authenticité. Rien n'est aussi imposant pour les esprits susceptibles d'impressions fortes à la vue des monuments des vieux âges, qu'une promenade à travers les ruines de l'abbaye de Jumiéges, sous la voûte de son porche, surmonté de longues tours carrées qu'habitent de nombreuses familles de choucas. — *Foires* les 29 juin et dernier lundi d'oct.

Bibliographie. LANGLOIS (E.-Hyac.). *Essai sur les énervés de Jumiéges, et sur quelques décorations singulières des églises de cette abbaye*, in-4, 1839.

GUTTINGUER (Ulric). *Jumiéges.* Vers et prose, in-18, 1839.

JUMIGNY, vg. *Aisne* (Picardie), arr. et à 22 k. de Laon, cant. de Craonne, ✉ de Beaurieux. Pop. 281 h.

JUMILLAC-LE-GRAND, bourg très-ancien, *Dordogne* (Périgord), arr. et à 38 k. de Nontron, chef-l. de cant. Cure. ✉. A 442 k. de Paris pour la taxe des lettres. P. 3,194 h. Près des sources de l'Isle. — Terrain cristallisé. — On y remarque un beau château qui a soutenu plusieurs sièges ; les Anglais, s'en étant emparés au XIVᵉ siècle, en furent chassés par le connétable du Guesclin. — Forges et fonderies. — *Foires* les 7 mai, 1ᵉʳ mercredi de fév., de mars, de juin, d'août, d'oct. et de déc.

JUMILLAC-LE-PETIT, V. JUMILLAC-DE-COLE.

JUNAC, vg. *Ariège* (pays de Foix), arr. et à 23 k. de Foix, cant. et ✉ de Tarascon-sur-Ariège. Pop. 240 h.

JUNAS, vg. *Gard* (Languedoc), arr. et à 21 k. de Nîmes, cant. et ✉ de Sommières. Pop. 588 h.

JUNAY, vg. *Yonne* (Champagne), arr., cant., ✉ et à 4 k. de Tonnerre. Pop. 181 h.

JUNCALAS, vg. *H.-Pyrénées* (Gascogne), arr. d'Argelès, cant., ✉ et à 6 k. de Lourdes. Pop. 391 h.

L'église de ce village avait autrefois une petite porte particulière, aujourd'hui murée, et un bénitier extérieur, qui étaient exclusivement à l'usage des Cagots, dont il existe encore deux un ou trois familles à Juncalas.

JUNHAC, vg. *Cantal* (Auvergne), arr. et à 30 k. d'Aurillac, cant. et ✉ de Montsalvy. Pop. 1,093 h. — *Foire* le 11 mai.

JUNIEN (St-), *S. Junianus*, petite ville, *H.-Vienne* (Limousin), arr. et à 11 k. de Rochechouart, chef-l. de cant. Cure. ✉. ♥. A 412 k. de Paris pour la taxe des lettres. Pop. 5,467 h. — Terrain cristallisé.

Autrefois diocèse, intendance et élection de Limoges, parlement de Bordeaux.

Cette ville doit son origine à saint Junien, solitaire recommandable par ses vertus, qui mourut vers l'an 587, et fut enterré dans un lieu autrefois nommé Comodoliac. La haute réputation de piété dont jouissait saint Junien attira de toute part, autour de son tombeau, une foule de dévots pèlerins ; plusieurs s'y établirent, et de cette dévotion se forma une ville qui prit le nom du saint à qui elle dut son origine.

Les calvinistes la ravagèrent en 1569. Pendant les guerres de religion, le vicomte de Rochechouart essaya en vain de la prendre par escalade. On voit dans les environs le vieux château de Châtelard, près duquel fut exterminée, en 1522, une bande de partisans qui désolaient le pays.

La ville de St-Junien est bâtie en amphithéâtre, sur le penchant d'un coteau dont le pied est baigné par la Vienne, qui y reçoit la rivière de Glane. Elle est entourée de boulevards garnis de belles plantations, d'où l'on découvre de jolis jardins, de belles prairies, et des campagnes dont la culture est très-variée. L'église paroissiale, classée au nombre des monuments historiques, est une des plus belles du département ; c'est un édifice d'un style aussi hardi qu'imposant, qui présente dans ses détails le genre d'ornement qui caractérise les ouvrages du xii° et du xiii° siècle; quelques parties sont néanmoins d'une date plus récente : on y remarque surtout le maître-autel, revêtu de beaux marbres, et décoré d'un superbe bas-relief représentant les disciples d'Emmaüs. Derrière cet autel est le tombeau du saint à qui la ville doit son nom.

A l'entrée du pont jeté sur la Vienne se trouve une chapelle dédiée à la Vierge, à laquelle Louis XI avait une dévotion particulière; il la visita en 1465, et donna des ordres pour sa reconstruction et pour son embellissement.

Fabriques de serges, couvertures de laine et de coton, pelleteries, gants de peau, faïence, poterie commune. Manufacture de porcelaine. Nombreuses papeteries. Teintureries. Blanchisseries de cire. Tanneries. — Commerce considérable de chevaux et de mulets. — *Foires* les 7 mai, 1er mercredi de fév., de mars, de juin, d'août, d'oct. et de déc.

JUNIEN-LA-BRUGÈRES (St-), vg. *Creuse* (Marche), arr., ⊠ et à 8 k. de Bourganeuf, cant. de Royère. Pop. 768 h.

JUNIEN - LÈS - COMBES (St-), vg. *H.-Vienne* (Limousin), arr., cant., ⊠ et à 8 k. de Bellac. Pop. 551 h.

JUNIÈS (les), vg. *Lot* (Quercy), arr. et à 25 k. de Cahors, cant. de Catus, ⊠ de Castelfranc. Pop. 892 h. — *Foire* le 7 déc.

JUNIVILLE, bg *Ardennes* (Champagne), arr. et à 15 k. de Rhétel, chef-l. de cant. Cure. ⊠ de Tagnon. P. 1,460 h. Sur la Retourne. — TERRAIN crétacé supérieur, craie. — *Fabriques* d'étamines. — *Foires* les 16 août, lundi avant les Rameaux, lundi avant la Pentecôte et 17 déc.

JUON, vg. *Aveyron*, comm. de Thérondels, ⊠ de Mur-de-Barrez.

JUPILLES, bg. *Sarthe* (Maine), arr. et à 34 k. de St-Calais, cant. et ⊠ de Château-du-Loir. Pop. 1,340 h.

JURA MONS (lat. 47°, long. 25°). « César (*Comment.* 1) dit que cette montagne fait la séparation des *Helvetii* d'avec les *Sequani* : *Monte Jura altissimo, qui est inter Sequanos et Helvetios*, et dans un autre endroit : *Montem Juram, qui fines Sequanorum ab Helvetiis dividit*. Il a bien connu que la chaine de cette montagne s'étendait jusqu'au bord du Rhône : *Iter per Sequanos angustum et difficile, inter montem Juram et Rhodanum*. Le nom est *Jurassus* dans Strabon et dans Ptolémée. Mais Ptolémée, en plaçant les *Helvetii* au delà de cette montagne, est mal informé de sa situation en la faisant contiguë aux *Lingones*; car ce qui pourrait se dire du *Vogesus*, que ce géographe n'a point connu, ne convient point au *Jurassus*. Le nom de Jura est proprement attaché à ce qui s'élève depuis le Rhône jusqu'à la source du Doubs et au delà ; mais ce qui se prolonge ensuite jusqu'au Rhin près de l'embouchure de l'*Aar*, et sur les limites des *Rauraci*, prend des noms différents. » D'Anville. *Notice de l'ancienne Gaule*, p. 394.

JURA (le), *Jura mons, Jurassus*. Quelques géographes ne donnent le nom de Jura qu'à la chaine de montagnes qui, dominant le lac de Genève, va se terminer au bord du Rhin. D'autres comprennent sous cette dénomination, non-seulement tous les chaînons situés au nord-ouest de la chaine principale, mais encore toutes les hauteurs renfermées entre la Suisse, le lac de Genève, le Rhône et les plaines de l'Alsace. — Les divers systèmes de montagnes qui sillonnent la France sont formés d'agglomérations superposées poussant dans toutes les directions des chaines et des ramifications. Le système du Jura au contraire est composé de longs chaînons parallèles (au nombre de six principaux) qui observent entre eux une symétrie assez parfaite, et sont dirigés du sud-sud-ouest au nord-nord-est. — Leur plus grande longueur est d'environ 320 k., et leur largeur de 64 à 80. Derniers échelons des Alpes septentrionales, les montagnes du Jura sont d'autant plus élevées qu'elles s'en rapprochent davantage. Leurs principales sommités se trouvent donc sur le chaînon oriental, qui, du côté de l'est, a le Rhône pour limite, forme la frontière entre la France et la Suisse, et est terminé au nord par le Doubs et ses affluents; quelques élévations de terrain établissent de ce côté la liaison des Vosges avec le Jura. Les chaînons occidentaux ne forment pas, comme la chaine orientale, des séries de montagnes élevées et non interrompues ; ce sont des monticules allongés, des géants généralement isolés, ou ne se liant que par leur base. — Les vallées sont rarement transversales; elles courent presque toutes dans le sens de la longueur des chaines.

Vu du lac de Genève, le Jura se présente comme une longue muraille d'environ 1,500 m. d'élévation ; sur cette ligne, d'ailleurs peu ondulée, s'élèvent quelques éminences, qui sont les plus hautes sommités de la chaine, le Reculet, le mont Tendre, la Dôle et le Colombier, dont l'élévation est de 1,675 à 1,717 m. Ces montagnes sont encore de 1,000 m. au-dessous de la ligne où les neiges deviennent permanentes sur les Alpes. — Les sommets les plus remarquables du second chaînon, la Sale, le Gros-Taureau, le Châteleu et le mont Larba, ont de 1,232 à 1,326 m. La hauteur moyenne du troisième chaînon est un peu moindre. On y remarque cependant le mont Chamvent, qui a 1,201 m., les Prés-Hauts, 1,251, et la Chalame, au nord-est de Nantua, qui atteint une élévation de 1,404 m. La plus haute montagne du quatrième chaînon, celle que surmonte le château de l'Aigle, ne dépasse pas 980 m.; celles du cinquième ne sont que de 6 à 800, et le sixième chaînon se maintient à peu près à la même hauteur moyenne ; mais on y remarque le mont Poupet et la Roche-d'Or, de 850 m.; la montagne de Hautchel, de 854 m.; le mont Ste-Ursanne, de 967 m. et le mont des Tronchats, de 990 m. — Le mont Terrible, qui avait donné son nom à un ancien département français, n'est aussi escarpé ni aussi haut qu'on pourrait le croire d'après son nom ; le sommet de cette montagne est seulement à 793 m. au-dessus du niveau de la mer : le mot Terrible est sans doute une corruption de *Terri*, qui paraît être son vrai nom.

Voici la hauteur au-dessus du niveau de la mer des principales sommités du Jura ; elles appartiennent toutes à la ligne de crête.

Le Reculet	1,817 m.
Le mont Tendre	1,690
La Dôle	1,681
Le Colombier	1,675
La Chasseral	1,617
Le Chasseron	1,610
Le mont Suchet	1,569
La Dent-de-Vaulion	1,493
Le Creux-du-Vent	1,466
Le mont d'Or	1,462
L'Hasenmatte	1,456
Le Racine	1,442

Le col ou passage du Machairn (entre Aubonne et le lac de Joux), 1,434 m.

JURA (département du). Ce département est formé d'une partie de la ci-devant Franche-Comté, et tire son nom d'une longue chaîne de montagnes calcaires parallèles aux Alpes, qui a conservé le nom de Jura depuis les Gaulois, et qui s'étend depuis l'extrémité méridionale du département de l'Ain jusque beaucoup au delà du département du Haut-Rhin. Ses limites sont : au nord, le département de la Haute-Saône ; au nord-est, celui du Doubs ; à l'est, la Suisse et le département de l'Ain ; et, à l'ouest, ceux de Saône-et-Loire et de la Côte-d'Or.

Le territoire du département du Jura est entrecoupé de montagnes, de plaines et de marais ; aussi les productions y sont-elles différentes en raison de la nature du sol. Les deux tiers de son étendue se trouvent dans la partie des Alpes qui porte le nom de Jura, dont les plus hautes sommités sont le Reculet, la Dôle et le mont Poupet. Le sol semble être naturellement divisé dans toute sa longueur en trois zones très-distinctes : la première commence à l'ouest et a une basse plaine; elle a environ 12 k. de largeur et aboutit à la seconde zone, celle du premier degré des montagnes, qui s'élève subitement comme un mur, et forme un plateau d'à peu près 16 k. de large ; enfin la haute montagne, qui n'est qu'une série sans fin de cimes très-élevées et de vallées très-creuses, forme à l'est la troisième zone, à peu près aussi large que les deux premières. En général le sol du Jura est argileux, composé de lits alternatifs de terre et de galets en plaine, de poudingues très-nombreux sur la côte, et d'un rocher solide et plein de fossiles dans toutes les montagnes. Sa surface, calcaire et marneuse, est facile à labourer et assez productive ; les récoltes, quoique abondantes dans les plaines, suffisent à peine à la consommation des habitants du département : les montagnes ne produisent que des menus grains ; mais elles sont riches en pâturages, et l'on y nourrit, en été, beaucoup de gros bétail et des chevaux excellents. Pendant cette saison, des chalets, construits sur les hauteurs, servent d'habitations aux bergers, et d'étables aux bêtes à cornes ; on y fait du beurre et des fromages, que l'on exporte dans plusieurs départements. Au commencement d'octobre, les bergers redescendent avec leurs troupeaux dans les régions inférieures ; car les vents impétueux qui règnent dans les contrées élevées y rendent l'hiver rigoureux. C'est sur les plus hautes cimes de ces montagnes qu'on trouve les plantes qui s'emploient en vulnéraire ou thé suisse, dont il se fait une assez grande consommation.

Les habitations du premier degré des montagnes sont solidement bâties, mais peu élevées : écurie, grange, habitation des hommes et fenil, tout se communique, tout est sous le même toit, dans la même enceinte ; c'est une sorte de pavillon carré fort aplati ; les murs sont en pierres et chaux ; le toit, couvert en gros tavaillons, et semé de pierres éparses nécessaires pour leur donner la résistance aux vents, n'offre pas plus d'élégance, et peut-être n'a-t-il pas plus de solidité qu'un toit couvert en chaume. Tous les animaux logent dans la même étable : elle est, comme dans toutes les montagnes, planchéiée en dessus et en dessous. Cette précaution est nécessaire pour deux motifs : l'excès du froid l'hiver, et la nécessité de tenir propres les animaux, auxquels on ne fait aucune litière ; le plancher est assez déjoint pour que l'urine puisse s'écouler. Cette étable traverse le bâtiment d'un mur à l'autre ; c'est une espèce de halle, où les animaux sont rangés sur la longueur, placés sur deux rangs, derrière vers la muraille et la tête vers le milieu ; ils sont liés à des crèches qui régnent aussi dans toute la longueur, parallèlement aux murs.

Cette description de l'étable laisse assez entrevoir quel doit être, à peu près, le logement des hommes : c'est, pour ainsi dire, une espèce de cheminée carrée de 3 à 4 m. sur chaque face ; un grand nombre de personnes se rangent aisément autour des brasiers, et la fumée s'élève perpendiculairement par le large tuyau qui est au-dessus ; le plafond n'est pas élevé au-dessus du sol que de 2 m. 33 c., et c'est au milieu de ce plafond qu'est pratiqué le tuyau de cheminée, qui toute l'année sert de fenêtre, et qui, dans les hivers excessivement neigeux, sert de porte. Ce tuyau traverse le grenier, et s'élève à 66 c. seulement au-dessus du toit ; le haut se termine en forme de triangle sur deux faces, et se trouve à moitié couvert d'une espèce de trappe qui est portée par un axe traversant la cheminée dans sa largeur, et reposant sur le sommet des deux triangles opposés : cette trappe est un carré long que son axe partage dans le milieu, et chacune de ses parties peut couvrir un des côtés de la cheminée ; elle conserve sur son axe le mouvement de bascule, et sa destination est de fermer la cheminée au vent, à la neige, à la grêle, qui s'introduiraient si aisément par sa large ouverture. Au moyen d'une perche accrochée à la trappe, et qui descend dans l'appartement, on donne à la bascule le mouvement que l'on veut, et toujours on ferme le côté de la cheminée par où le vent souffle ; l'autre côté, qui se trouve ouvert, donne entrée à la lumière. Dans les hivers très-abondants en neige, l'habitation en est quelquefois enveloppée jusqu'au-dessus du toit ; c'est alors par la cheminée qu'à l'aide d'une petite échelle on pénètre à l'extérieur. A côté de l'appartement où est la cheminée se trouve une mauvaise chambre où sont deux grabats, l'un pour le père et mère, et l'autre pour les filles ; quant aux garçons, ils n'ont d'autre lit que le grenier à fourrage.

Les chalets sont des habitations bâties fort solidement, qui ont la forme des maisons décrites ci-dessus, mais beaucoup moins de hauteur ; elles ont, dans l'intérieur, une division pour les hommes, et c'est là que sont préparés les fromages ; une autre division pour y placer les fromages faits ; le reste n'est qu'une étable. Cette maison est à peu près au centre d'une étendue de trois ou quatre cents arpents, qui est cernée d'un petit mur en pierres sèches, où les vaches paissent et dorment en liberté. Les femmes n'habitent jamais à l'extrême hauteur où sont construites ces habitations ; les hommes eux-mêmes n'y sauraient habiter l'hiver : ils n'y passent pas quatre mois, depuis le 1ᵉʳ juin jusqu'au 9 octobre. Il y a ordinairement un berger pour quinze ou vingt vaches, et un faiseur de fromages pour quatre-vingts vaches. Les bergers n'ont que le soin de garder et de traire les vaches ; les fruitiers cuisent et salent les fromages. Les vaches ne se couchent jamais dans l'étable ; elles y entrent d'elles-mêmes pour se faire traire, attendant leur tour, et ensuite elles retournent vaquer dans la vaste enceinte soumise nuit et jour à leur domination. Le jour de la St-Denis est l'époque très-fixe du retour des vaches dans le pays bas ; c'est un spectacle intéressant de la localité ; chaque berger ploie sa garde-robe, qui n'est pas volumineuse, et l'attache entre les cornes des vaches les plus distinguées. Mais, comme toutes les vaches ne sont pas du même village, le berger ne suit que celles du sien ; les autres descendent seules, une conductrice générale en tête, et dirigent vers leur propre village, et chacune va d'elle-même se rendre à la maison du maître auquel elle appartient.

La contenance totale du département est de 496,924 hectares, divisés ainsi :

Terres labourables.	183,113
Prés.	50,547
Vignes.	21,027
Bois.	115,614
Vergers, pépinières et jardins.	2,339
Oseraies, aunaies et saussaies.	334
Étangs, mares, canaux d'irrigation.	1,422
Landes et bruyères.	79,009
Cultures diverses.	127
Superficie des propriétés bâties.	1,824
Contenance imposable.	455,356
Routes, chemins, places, rues, etc.	7,527
Rivières, lacs et ruisseaux.	4,091
Forêts et domaines non productifs.	29,780
Cimetières, églises, bâtiments publics.	470
Contenance non imposable.	41,368

On y compte :
57,930 maisons.
632 moulins à eau et à vent.
101 forges et fourneaux.
345 fabriques et manufactures.

soit : 59,008 propriétés bâties.
Le nombre des propriétaires est de. 123,064
Celui des parcelles de. 1,370,995

HYDROGRAPHIE. Un grand nombre de rivières arrosent le département ; l'Oignon lui sert de limite au nord ; le Doubs le traverse du nord-est au sud-ouest ; la Loue y entre au nord-est, et va s'y réunir au Doubs, au-dessous de Gévri ; l'Ain y prend sa source, et, y coulant du nord au sud, en sort au midi. L'Ain, le Doubs et la Loue sont les seules navigables. Les rivières secondaires les plus importantes sont la Bienne, la Cuisance et la Furieuse. — La Bienne est en partie flottable ; on évalue la longueur de la ligne livrée au flottage à environ 60,000 m. — La partie septentrionale du département est traversée par le canal du Rhône au Rhin.

Le département renferme plusieurs petits lacs, parmi lesquels on remarque le lac des Rousses, situé à l'est, dans les montagnes, près des limites de la Suisse ; celui de Marigny, situé à l'est de Lons-le-Saulnier, et le lac du Grand-Vaux, qui se trouve à peu près à une égale distance des deux premiers. — On y trouve aussi des étangs d'une étendue assez considérable. Le plus grand nombre existe dans la basse plaine occidentale située entre Lons-le-Saulnier, Poligny et le Doubs. On les met successivement, et tous les deux ou trois ans, en eau et en culture. La mise à sec a lieu pendant l'hiver. Au printemps, on les sème en avoine, et on y remet ensuite l'eau en septembre, après la moisson.

COMMUNICATIONS. Le département est traversé par 5 routes royales, par 24 routes départementales, et par 30 chemins vicinaux de grande communication.

MÉTÉOROLOGIE. Formée de deux natures de sol bien opposées, la plaine et la montagne, la température de ce département offre une grande différence suivant l'élévation où l'on se trouve : en général les hivers sont longs, à cause des neiges dont les montagnes sont couvertes jusqu'au mois d'avril, et des vents et des pluies froides qui leur succèdent; la plaine est elle-même plus froide que les lieux éloignés des montagnes placées sous la même latitude. L'air est humide et lourd dans la basse plaine, frais et pur sur le plateau, léger, froid, sec et très-vif dans les montagnes. — Les vents dominants sont le nord-ouest et le sud-ouest; l'est et le sud s'élèvent aux jours de transition d'une saison à une autre; le nord-ouest, toujours froid, se fait vivement sentir; sa durée est ordinairement de 3 à 6 jours. Le sud-ouest est moins régulier; il précède les grandes pluies et est favorable à la végétation naissante; en été, il est malfaisant, car alors il flétrit en quelques jours les plantes peu profondément enracinées dans les terres légères.

Productions. Les récoltes en céréales, dont le produit annuel est évalué à 1,105,676 hectol., suffisent à la consommation des habitants; elles sont très-abondantes dans la plaine, principalement en blé, seigle, maïs, sarrasin. Sur le plateau, elles consistent en orge, avoine, maïs, navette et noix; dans les montagnes, on ne recueille que de l'orge, de l'avoine en petite quantité, et dans quelques endroits un peu de froment et de chanvre. — Les vignes sont un des objets considérables de la culture du Jura; elles donnent de vins de très-bonne qualité, notamment ceux d'Arbois, de Château-Chalon et des environs de Lons-le-Saulnier. — Dans quelques parties du département on récolte du chanvre, de la navette, des noix, des fruits de bonne qualité. Les pâturages des montagnes abondent en plantes médicinales. — Le Jura, proportionnellement moins riche en chevaux que la France moyenne, l'est beaucoup plus en individus de la race bovine; c'est une des grandes sources de richesse. On fait de très-bon beurre et une grande quantité de fromages, tels que ceux de Sept-Moncel et ceux dits de Gruyère. Les bêtes à laine sont peu nombreuses. Les laines du département fournissent à peu près le quart de la quantité nécessaire à la consommation. On élève aussi beaucoup de volailles et d'abeilles. Ces dernières, dont l'éducation est très-soignée dans les montagnes, donnent un miel excellent. — Grand et menu gibier; excellent poisson de rivière, de lac et d'étang.

Minéralogie. Le Jura contient quelques richesses minérales très-précieuses; on y trouve des traces de mines d'or et quelques pyrites cuivreuses, une mine de plomb non exploitée et plusieurs mines de fer en exploitation. Il y a quelques mines de houille non exploitées, et des tourbières de peu de profit sur différents points. Les carrières de marbre y sont abondantes. On y a aussi trouvé de l'albâtre blanc rubané de veines jaunâtres et susceptible d'un beau poli, ainsi qu'une pierre lithographique d'un grain très-fin. Il y a aussi plusieurs sources salées exploitées: celles de Salins donnent 15 kilog. de sel pour 100 kilog. d'eau; celles de Moutmorot sont moins productives.

Industrie et commerce. L'industrie est active et variée dans le Jura. La métallurgie y occupe une grande place; on compte dans le pays 78 forges, hauts fourneaux et martinets. — Il y existe aussi 18 papeteries. — On travaille l'horlogerie aux environs de Morez. La vaste et ancienne fabrication dite tournerie de St-Claude convertit le buis, le bois, la corne, l'écaille, l'ivoire, les os en objets divers, que le commerce répand ensuite dans toute l'Europe. — On travaille en grand les pierres factices et les pierres fines à Sept-Moncel, aux Molunes et à Morez. — La Mouille, ainsi que Morez, renferment des fabriques de tournebroches. Dans la plupart des communes industrielles, des cours d'eau habilement ménagés donnent le mouvement aux machines dont se servent les ouvriers. — Fabriques de grosses draperies, toiles, mouchoirs, acides minéraux, sel, futailles, acier, faux. Fonderies, clouteries de toute espèce; nombreuses tuileries; tanneries renommées. Préparation en grand, dans la montagne, du fromage façon de Gruyère et de Sept-Moncel.

Lorsque les habitants de l'arrondissement de St-Claude manquent de travail chez eux, ils émigrent à des époques déterminées, et vont les uns en Suisse faire des foires à chaux ou des entreprises de routes, les autres dans les départements voisins peigner le chanvre et aider aux vendanges. Les plus actifs et les plus industrieux partent avec leurs petits chariots comtois fabriqués dans la montagne et attelés d'un seul cheval, et vont au loin vendre leurs fromages, de la boissellerie, des planches de sapin, en échange desquels, après avoir fait le roulage sur tous les points de la France, ils rapportent des produits dont ils espèrent trouver un débit facile dans leurs montagnes.

Commerce de vins, eaux-de-vie, fromages façon de Gruyère, volailles, huile de navette, tabletterie, ouvrages au tour, horlogerie, boissellerie, planches de sapin, bois, merrain, etc.

Foires. Plus de 90 foires se tiennent dans environ 600 communes du département. On y vend beaucoup de gros et de menu bétail, des bœufs de trait et de boucherie, des cochons gras, des chevaux de roulage, d'équipage et propres au halage de la navigation; des mules et des mulets qui s'exportent en Savoie et en Dauphiné. Les foires de Baume-les-Messieurs fournissent des ânes pour le colportage dans la montagne. On vend des volailles grasses et maigres à St-Amour, du duvet et de la plume pour lits à Longwy, beaucoup de souliers à celles de Nozeroy, des laines et du fil à Voiteur. La foire de Fretigny du 2 mars est le rendez-vous d'un grand nombre d'ouvriers et de domestiques. La montagne s'approvisionne en grains à ces foires, auxquelles elle fournit des fromages, des bois de sapin et de construction, du merrain, des planches, des cuveaux, des sabots de hêtre, des chaises, etc.

Division administrative. Le département du Jura a pour chef-lieu Lons-le-Saulnier. Il envoie 4 représentants à la chambre des députés, et est divisé en 4 arrondissements ou sous-préfectures:

Lons-le-Saulnier.	11 cant.	109,231 h.
Dôle.	9 —	75,940
Poligny.	7 —	80,745
St-Claude.	5 —	50,968
	32 cant.	316,884 h.

13e conserv. des forêts (chef-l. Lons-le-Saulnier). — 13e arr. des mines (ch.-l. St-Étienne). — 6e division militaire (chef-l. Besançon). — Évêché à St-Claude. Séminaire diocésain à Lons-le-Saulnier. Écoles secondaires ecclésiastiques à Vaux et à Nozeroy. 32 cures; 303 succursales. — Collèges communaux à Arbois, Dôle, Courtefontaine, Lons-le-Saulnier, Orgelet, Poligny, Salins, St-Amour, St-Claude. — Sociétés d'agriculture à Lons-le-Saulnier, Dôle, St-Claude.

Biographie. Au nombre des hommes distingués nés dans le Jura, on cite principalement:

Gab. Chapuis, romancier, auteur d'*Amadis de Gaule*, en 24 vol. in-12.

Jacques Coictier, médecin de Louis XI.

Le prédicateur le Jeune.

Le grammairien d'Olivet.

L'économiste Boncerf.

Les mathématiciens Jantes et Jacques.

Le mécanicien Janvier.

Le savant médecin Tissot.

Rouget de Lisle, auteur célèbre de la *Marseillaise*.

Le président du tribunal révolutionnaire Dumas.

Le préfet Lezay-Marnezia.

Le sénateur Vernier.

Les généraux d'Arçon, Guyot, Longchamp, Préval, Rome, Lecourbe, Pichegru, Mallet, etc., etc.

Bibliographie. Peuchet et Chanlaire. *Statistique du Jura*, in-4, 1811.

Pyot (M.-R.). *Statistique générale du Jura*, in-8, 1838.

Statistique du canton de Clairvaux, in-8, 1833.

Tablettes jurassiennes, ou Histoire abrégée des ducs et comtes palatins de Bourgogne, suivie de la topographie statistique, industrielle et agricole des trente-deux cantons du Jura, in-8, 1836.

Lequinio (Jos.-Marie). *Voyage pittoresque et physico-économique dans le Jura*, 2 vol. in-8, carte, 1801.

Cordienne (Alex.-Jos.). *Notice phyto-topographique de quelques lieux du Jura*, in-8, 1843.

Principales-Hauteurs du Jura (Annales des voyages, 2e série, t. xi, p. 135).

Hassenfratz. *Observations sur les salines du Jura* (Journ. des mines, n° 2, p. 69; n° 3, p. 3).

David de St-Georges (J.-Jos.). *Mémoire sur les tourbières des arrondissements de St-Claude et de Poligny; et Antiquités celtiques et romaines des mêmes arrondissements*, in-8, 1808.

Guyétant (S.). *Essai sur l'état actuel de l'a-*

griculture dans le Jura, in-8, fig., 1822.
MONNIER. *Vestiges d'antiquités (mœurs, etc.) du Jura* (Mém. de la société des antiq. de France, t. IV, p. 338).
Les Jurassiens recommandables, in-8, 1828.
Vocabulaire de la langue rustique du Jura (Mém. de la soc. roy. des antiq. de France, t. V et VI, 1823-1824).
LEZAY MARNEZIA (le marquis de). *Soirées alsaciennes et franc-comtoises*, in-8, 1790.
Mémoires de la société d'émulation du Jura, in-8, 1832.
BRUAND. *Annuaire historique et statistique du Jura*, in-8, 1813-1814.
MONNIER (D.). *Annuaires du Jura*, in-8, 1840-1845 (contiennent beaucoup de documents sur les communes, les monastères et les châteaux du pays, l'histoire locale et l'archéologie).
V. aussi : FRANCHE-COMTÉ, CHATEAU-CHALON, CLAIRVAUX, ST-CLAUDE, DOLE, FERNEY-VOLTAIRE, GRANDVILLARD, JOUHE, LOISIA, LONS-LE-SAULNIER, ORGELET, POLIGNY, SALINS.

JURANÇON, vg. *B.-Pyrénées* (Béarn), arr., cant., ✉ et à 2 k. de Pau. Pop. 2,144 h. — Il est situé sur un coteau qui fournit les meilleurs vins du département. Les vins de Jurançon sont de trois sortes : les vins rouges, les vins paillets et les vins blancs. Les premiers ont une belle couleur, du corps, du spiritueux, de la sève et un joli bouquet ; les vins paillets, qui proviennent du mélange des raisins rouges et des raisins blancs, sont très-légers, fins, délicats et d'un goût fort agréable ; les vins blancs se distinguent par un goût et un parfum approchant de celui de la truffe ; ils sont de bonne garde et gagnent à vieillir.

JURANVILLE, vg. *Loiret* (Gatinais), arr. et à 23 k. de Pithiviers, cant. et ✉ de Beaune-la-Rolande. Pop. 669 h.

JURÉ, vg. *Loire* (Forez), arr. et à 27 k. de Roanne, cant. et ✉ de St-Just-en-Chevalet. Pop. 627 h.

JURE (St-), vg. *Moselle* (pays Messin), arr. et à 23 k. de Metz, cant. de Verny, ✉ de Solgne. Pop. 441 h.

JUREN, vg. *B.-Pyrénées*, comm. de St-Médard, ✉ de Lacq.

JURIEUX, vg. *Loire*, comm. de Pavezin, ✉ de Condrieu.

JURIGNAC, vg. *Charente* (Marche), arr. et à 20 k. d'Angoulême, cant. et ✉ de Blanzac. Pop. 796 h. — *Foires* les 26 juillet, 26 août, 26 sept., 26 oct., 26 nov. et 26 déc.

JURIGNY, vg. *Creuse*, comm. de St-Marien, ✉ de Boussac.

JURQUES, vg. *Calvados* (Normandie), arr. et à 24 k. de Vire, cant. d'Aulnay-sur-Odon, ✉ de Mesnil-Auzouf. Pop. 888 h.

JURS (St-), vg. *B.-Alpes* (Provence), arr. et à 33 k. de Digne, cant. et ✉ de Riez. Pop. 490 h.

JURSON (St-), vg. *B.-Alpes* (Provence), arr. et à 11 k. de Digne, cant. et ✉ de Mézel. Pop. 63 h.

JURVIELLE, vg. *H.-Garonne* (Languedoc), arr. et à 54 k. de St-Gaudens, cant. et ✉ de Bagnères-de-Luchon. Pop. 137 h.

JURY, vg. *Moselle* (pays Messin), arr., ✉ et à 7 k. de Metz, cant. de Verny. Pop. 135 h.

JUSCORPS, vg. *Deux-Sèvres* (Poitou), arr., ✉ et à 15 k. de Niort, cant. de Prahec. Pop. 359 h.

JUSIX, vg. *Lot-et-Garonne* (Agénois), arr., ✉ et à 10 k. de Marmande, cant. de Meilhan. Pop. 604 h.

JUSSAC, vg. *Cantal* (Auvergne), arr., cant., ✉ et à 10 k. d'Aurillac. Pop. 1,507 h.

JUSSARUPT, vg. *Vosges* (Lorraine), arr. et à 32 k. de St-Dié, cant. de Corcieux, ✉ de Bruyères. Pop. 569 h.

JUSSAS, vg. *Charente-Inf.* (Saintonge), arr. et à 21 k. de Jonzac, cant. et ✉ de Montendre. Pop. 302 h.

JUSSAT, vg. *Puy-de-Dôme*, comm. de Chanonat, ✉ de Veyre.

JUSSAT-SOUS-RANDANS, vg. *Puy-de-Dôme*, ✉ de Randans.

JUSSÉCOURT, vg. *Marne* (Champagne), arr. et à 18 k. de Vitry-le-François, cant. et ✉ de Heiltz-le-Maurupt. Pop. 188 h.

JUSSEY, jolie petite ville, *H.-Saône* (Franche-Comté), arr. et à 38 k. de Vesoul, chef-l. de cant. Cure. Gîte d'étape. ✉. ⚭. A 328 k. de Paris pour la taxe des lettres. Pop. 2,789 h.
— TERRAIN jurassique.
Cette ville est bâtie à l'entrée d'un vallon fort étendu, mais resserré entre des coteaux très-élevés. La partie basse s'ouvre davantage, et présente, à la sortie de la ville, du côté de la Haute-Marne et des Vosges, le bassin magnifique d'une prairie spacieuse, partagée par une longue et large chaussée, et fécondée par les deux bras de la Mance et par la Saône. La position de Jussey, au pied d'une montagne, est très-avantageuse pour les eaux. Presque chacun des habitants de la grand'rue possède une fontaine dans sa cave, ou un réservoir dans son jardin ; et les quatre fontaines publiques, construites il y a quelques années, sont un embellissement que les plus grandes villes pourraient envier.
A en juger par les nombreux débris d'antiquités trouvés dans ses environs, par les restes d'une voie romaine et les fondations de vastes édifices qui existent sur son territoire, on peut penser que l'origine de Jussey remonte à une époque fort ancienne. C'était d'ailleurs une ville fortifiée : on voit dans les champs, au sud, de profondes ravines qui paraissent décrire des fossés d'enceinte, on conserve dans ses archives des lettres patentes de Philippe II, roi d'Espagne, de 1580, portant exemption, « pour les habitants de sa ville de Jussey, de toutes tailles et arrérages d'impositions, pour leur faciliter les moyens de réparer les fortifications et les portes de leur ville, ruinées par les guerres. »
Il y avait un château fort, dont la garnison capitula en 1595, après une vigoureuse résistance, devant l'armée de Tremblecourt, et sur les ruines duquel on éleva, en 1621, un couvent de capucins.
PATRIE du botaniste ALEX. CORDIENNE.
Foires le dernier mardi de fév., d'avril, d'août, d'oct. et de déc.

JUSSEY, vg. *Yonne* (Bourgogne), arr. et à 10 k. d'Auxerre, cant. et ✉ de Coulange-la-Vineuse. Pop. 491 h. Dans un territoire fertile en excellents vins.

JUSSY, vg. *Aisne* (Picardie), arr. et à 17 k. de St-Quentin, cant. de St-Simon, ✉ de Flavy-le-Martel. Pop. 1,272 h.

JUSSY-CHAMPAGNE, vg. *Cher* (Berry), arr., ✉ et à 20 k. de Bourges, cant. de Baugy. Pop. 326 h.

JUSSY-LE-CHAUDRIER, bg *Cher* (Berry), arr. et à 26 k. de Sancerre, cant. et ✉ de Sancergues. Pop. 902 h.

JUSSY (St-), vg. *Moselle* (pays Messin), arr., ✉ et à 8 k. de Metz, cant. de Gorze. Pop. 220 h.

JUST (St-), vg. *Ain* (Bresse), arr., cant., ✉ et à 4 k. de Bourg-en-Bresse. Pop. 363 h.

JUST (St-), vg. *Ardèche* (Languedoc), arr. et à 16 k. de Privas, cant. et ✉ du Bourg-St-Andéol. Pop. 1,003 h.

JUST (St-), vg. *Aude* (Languedoc), arr. et à 30 k. de Limoux, cant. et ✉ de Quillan. Pop. 342 h.

JUST (St-), bg *Aveyron* (Rouergue), arr. et à 35 k. de Rodez, cant. de Naucelle, ✉ de Sauveterre. Pop. 1,618 h.

JUST (St-), vg. *Bouches-du-Rhône*, comm. et ✉ de Marseille.

JUST (St-), vg. *Cantal* (Auvergne), arr., ✉ et à 22 k. de St-Flour, cant. de Ruines. Pop. 646 h.

JUST (St-), bg *Charente-Inf.* (Saintonge), arr., cant., ✉ et à 6 k. de Marennes. Pop. 1,926 h. — *Foires* le 16 août et le 4ᵉ lundi de mars et de mai.

JUST (St-), vg. *Cher* (Berry), arr., ✉ et à 14 k. de Bourges, cant. de Levet. ⚭. P. 354 h.

JUST (St-), vg. *Côtes-du-Nord*, comm. de Plouc, ✉ de Moncontour.

JUST (St-), vg. *Eure* (Normandie), arr. et à 35 k. d'Évreux, cant. et ✉ de Vernon. Pop. 329 h. — On voit aux environs un château bâti dans une belle position, d'où l'on jouit d'une vue étendue sur la vallée de la Seine ; il a appartenu au maréchal Suchet, qui y a fait faire de nombreux embellissements.

JUST (St-), vg. *Gard* (Languedoc), arr., ✉ et à 14 k. d'Alais, cant. de Vézenobres. Pop. 459 h.

JUST (St-), vg. *Hérault* (Languedoc), arr. et à 23 k. de Montpellier, cant. et ✉ de Lunel. Pop. 426 h.

JUST (St-), vg. *Ille-et-Vilaine* (Bretagne), arr. et à 16 k. de Redon, cant. de Pipriac, ✉ de Lohéac. Pop. 1,200 h. — *Foires* les 10 mai et 25 août.

JUST (St-), bg *Marne* (Brie), arr. et à

64 k. d'Epernay, cant. et ✉ d'Auglure. Cure. Pop. 1,199 h.

JUST (St-), vg. *Seine-et-Marne* (Brie), arr. et à 16 k. de Provins, cant. et ✉ de Nangis. Pop. 228 h.

JUST (St-), vg. *Seine-Inf.* (Normandie), arr. et à 20 k. de Dieppe, cant. et ✉ de Bacqueville. Pop. 342 h.

JUST (St-), vg. *H.-Vienne* (Limousin), arr., cant., ✉ et à 12 k. de Limoges. Pop. 1,196 h.

JUSTARET, vg. *H. - Garonne*, comm. du Pin, ✉ de Muret.

JUST-BÉLENGARD (St-), vg. *Aude* (Languedoc), arr. et à 18 k. de Limoux, cant. et ✉ d'Alaigne. Pop. 160 h.

JUST - CHALEYSSIN (St-), vg. *Isère* (Dauphiné), arr. et à 13 k. de Vienne, cant. d'Heyrieux, ✉ de la Verpillière. Pop. 977 h. — *Foire* le 5 mai.

JUST-D'AVRAY (St-), vg. *Rhône* (Beaujolais), arr. et à 25 k. de Villefranche-sur-Saône, cant. de Bois-d'Oingt, ✉ d'Amplepuis. Pop. 1,634 h. — *Fabriques* considérables de toiles de coton. — *Foires* les 5 mai, 4 juin et 4 juillet.

JUST-DE-BAFFIE (St-); vg. *Puy-de-Dôme* (Auvergne), arr. et à 13 k. d'Ambert, cant. de Viverols, ✉ d'Arlanc. Pop. 1,251 h.

JUST - DE - CLAIX (St-), vg. *Isère* (Dauphiné), arr. et à 10 k. de St-Marcellin, cant. et ✉ de Pont-en-Royans. Pop. 690 h.

JUST - DES - MARAIS (St-), bg *Oise* (Picardie), arr., cant., et à 2 k. de Beauvais. Pop. 604 h. — Il n'est séparé que par un ruisseau du faubourg St-Quentin de Beauvais, dont il forme la continuation. — *Fabriques* de poterie de grès, de passementerie. Filatures de laine cardée. Tuileries et briqueteries.

JUST - EN - BAS (St-), vg. *Loire* (Forez), arr. et à 29 k. de Montbrison, cant. de St-Georges-en-Couzon, ✉ de Boën. Pop. 1,006 h. — *Foires* les 12 mai et 2 sept.

JUST-EN-CHAUSSÉE (St-), petite ville, Oise (Picardie), arr. et à 17 k. de Clermont, chef-l. de cant. Cure. ✠. A 78 k. de Paris pour la taxe des lettres. Pop. 4,364 h. — TERRAIN tertiaire supérieur.

Autrefois diocèse de Beauvais, parlement de Paris, intendance d'Amiens, élection de Montdidier.

Elle est bâtie sur la pente d'un coteau, en face de la montagne de Miremont, sur le chemin de fer de Paris à Lille.

A l'ouest de St-Just, et à 2 k. de cette commune, on visite la trouée de Nourard, chemin large comme une porte cochère, à travers lequel on distingue les clochers de Laon, à 100 k. de distance, et les tours de Coucy-le-Château, dans le département de l'Aisne.

PATRIE du savant minéralogiste et physicien R.-J. HAÜY, membre de l'Institut, et de son frère VALENTIN HAÜY, fondateur de l'Institut des aveugles travailleurs.

Fabriques de bonneterie en bourre de soie.

— *Foires* les 18 et 19 oct., et le dimanche des Rameaux.

Bibliographie. ESCALOPIER (Charles de l'). *Essai sur la châtellenie et l'abbaye de St-Just*, in-8, 1835.

JUST - EN - CHEVALET (St-), bg *Loire* (Forez), arr. et à 30 k. de Roanne, chef-l. de cant. Cure. Gîte d'étape. ✠. ✠. A 404 k. de Paris pour la taxe des lettres. Pop. 2,701 h. — TERRAIN phétoomique, porphyre rouge. — *Foires* les 9 janv., 6 mai, 2 juillet, 23 août, 25 oct., 13 déc., à la mi-carême et veille du dimanche de la Passion.

JUST-EN-DOIZIEU (St-), vg. *Loire*, com. de Doizieu, ✉ de St-Chamond.

JUSTIAN, vg. *Gers* (Condomois), arr. et à 19 k. de Condom, cant. de Valence, ✉ de Vic-Fezensac. Pop. 333 h.

JUSTIN (St-), vg. *Gers* (Condomois), arr. et à 22 k. de Mirande, cant. et ✉ de Marciac. Pop. 632 h.

JUSTIN (St-), bg *Landes* (Gascogne), arr. et à 25 k. de Mont-de-Marsan, cant. et ✉ de Roquefort. P. 1,667 h. Près de la rive gauche de la Douze. — *Foires* les 25 juillet (3 jours) et 20 août.

JUSTINE, vg. *Ardennes* (Champagne), arr. et à 12 k. de Rethel, cant. de Novion, ✉ de Wasigny. Pop. 424 h.

JUSTINIAC, vg. *Ariége* (pays de Foix), arr. et à 17 k. de Pamiers, cant. et ✉ de Saverdun. Pop. 247 h.

JUST-LA-PENDUE (St-), vg. *Loire* (Forez), arr. et à 25 k. de Roanne, cant. et ✉ de St-Symphorien-de-Lay. Pop. 2,606 h. — *Foires* les 31 mai, 22 juillet, 9 et 29 oct.

JUST - MALMONT (St-), vg. *H.-Loire* (Vélay), arr. et à 36 k. d'Yssingeaux, cant. et ✉ de St-Didier-la-Sauve. Pop. 1,796 h. — *Foires* les 24 avril, 22 mai, 25 juillet, 3 sept. et 6 déc.

JUST-PRÈS-BRIOUDE (St-), vg. *H.-Loire* (Auvergne), arr., cant., ✉ et à 7 k. de Brioude. Pop. 1,318 h.

JUST - PRÈS - CHOMÉLIX (St-), vg. *H.-Loire* (Auvergne), arr. et à 26 k. du Puy, cant. d'Allègre, ✉ de St-Paulien. P. 1,616 h. — *Foire* le 15 mars.

JUST - SUR - DIVES (St-), bg *Maine-et-Loire* (Anjou), arr. et à 12 k. de Saumur, cant. et ✉ de Montreuil-Bellay. Pop. 392 h. — *Foire* le 10 mai.

JUST-SUR-LOIRE (St-), vg. *Loire* (Forez), arr. et à 19 k. de Montbrison, cant. de St - Rambert, ✉ de Sury-le-Comtal. Pop. 2,322 h. — Il est situé près de la rive droite de la Loire, que l'on passe sur un pont suspendu. — *Foire* le 3 mai.

JUST - YBARRE (St-), vg. *B.-Pyrénées* (Navarre), arr. de Mauléon, ✉ et à 19 k. de St-Palais, cant. d'Iholdy. Pop. 670 h.

JUTIGNY, vg. *Seine-et-Marne*, comm. de Paroy, ✉ de Donnemarie.

JUVAINCOURT, vg. *Vosges* (Lorraine), arr., cant., ✉ et à 8 k. de Mirecourt. Pop. 580 h.

JUVANCOURT, vg. *Aube* (Champagne), arr. cant. et à 19 k. de Bar-sur-Aube, ✉ de Clairvaux. Pop. 340 h.

JUVANZÉ, vg. *Aube* (Champagne), arr. et à 16 k. de Bar-sur-Aube, cant. et ✉ de Vendeuvre. Pop. 100 h.

JUVARDEIL, bg *Maine-et-Loire* (Anjou), arr. et à 31 k. de Segré, cant. et ✉ de Châteauneuf-sur-Sarthe. Pop. 1,115 h. — *Foire* le 10 oct.

JUVAT (St-), vg. *Côtes-du-Nord* (Bretagne), arr. et à 12 k. de Dinan, cant. et ✉ d'Evran. Pop. 1,383 h.

JUVELIZE, vg. *Meurthe* (pays Messin), arr. de Château-Salins, cant. et à 11 k. de Vic, ✉ de Moyenvic. Pop. 406 h.

JUVIGNAC, vg. *Hérault* (Languedoc), arr., cant., ✉ et à 5 k. de Montpellier. Pop. 88 h.

Juvignac est un petit et ancien village, voisin de Celleneuve, actuellement faubourg de Montpellier. On attribue à Charlemagne la construction de l'église de ce faubourg : elle est à mâchicoulis. On voit, à gauche, sur la route de Montpellier à ce faubourg, le château de la Piscine, qui fut habité, en 1814, par la princesse Élisa Borghèse. C'est une des maisons de plaisance les plus remarquables des environs de cette ville. Il y a un parc avec de très-beaux arbres et des perspectives d'un bel effet.

JUVIGNÉ, bg *Mayenne* (Maine), arr. et à 30 k. de Laval, cant. de Chailland, ✉ d'Ernée. Pop. 2,932 h. — *Foires* le 1er mardi de mars, avril, mai, juin, juillet, août, sept. et oct.

JUVIGNY - SOUS - ANDAINE, bg *Orne* (Normandie), arr. et à 13 k. de Domfront, chef-l. de cant. Cure. ✠. A 245 k. de Paris pour la taxe des lettres. Pop. 1,812 h. — TERRAIN tertiaire moyen.

On y rencontre un des débris de fabrique féodale les plus curieux qui se voient dans nos départements; le lieu se nomme BONVOULOIR, à moins de 1 k. de distance du lit de la Gione. Bonvouloir offre une petite enceinte presque carrée, close jadis de fossés profonds que les eaux d'un étang voisin devaient remplir à pleins bords; ses tours défendaient l'entrée, et l'une d'elles, bien crénelée, bien couverte, bien entière, se montre encore comme aux anciens jours. Un petit escalier tournant en forme de tourelle ou de vigie s'y rattache, et s'élève de 10 m. environ au-dessus du niveau des coteaux voisins. C'était un observatoire d'où l'on voyait l'arrivée ou les mouvements de l'ennemi pendant les petites guerres de seigneur à seigneur. La tourelle a 100 marches et 20 m. à peu près d'élévation; elle est de granit gris, en sont épais, et le jour y pénètre, ainsi que dans la tour, par de nombreuses meurtrières. Une très-vieille porte de chêne, garnie de lames de fer, sert à la fermer depuis les quatre ou cinq siècles de sa fondation. Près de là une autre tour grise moins entière, une chapelle transformée en ferme, un large puits de belle construction, remplissent le bord de l'enceinte, que bordent de vieux hêtres d'une immense étendue. Tout cet ensemble est de l'effet le plus original et le plus pittoresque.

Fabriques de toiles. — *Foire* le 25 sept.

JUVIGNIES, vg. *Oise* (Picardie), arr., ✉ et à 12 k. de Beauvais, cant. de Nivillers. Pop. 330 h.

JUVIGNY, vg. *Aisne* (Picardie), arr., cant., ✉ et à 10 k. de Soissons. Pop. 379 h.

JUVIGNY, bg *Manche* (Normandie), arr., ✉, bureau d'enregist. et à 10 k. de Mortain, chef-l. de cant. Pop. 839 h. — Terrain cristallisé, granit. — *Foires* les 26 avril, 14 et 30 juin, et 9 sept.

JUVIGNY, vg. *Marne* (Champagne), arr., cant., ✉ et à 11 k. de Châlons-sur-Marne. Pop. 590 h.

JUVIGNY - EN - PERTHOIS, vg. *Meuse* (Lorraine), arr. et à 21 k. de Bar - le - Duc, cant. d'Ancerville, ✉ de St - Dizier. Pop. 282 h.

JUVIGNY - SUR - LOISON, vg. *Meuse* (pays Messin), arr., cant. et à 7 k. de Montmédy, ✉ de Louppy. Pop. 750 h.

JUVIGNY-SUR-ORNE, vg. *Orne* (Normandie), arr., cant., ✉ et à 4 k. d'Argentan. Pop. 138 h.

JUVIGNY-SUR-SEULLES, vg. *Calvados* (Normandie), arr. à 23 k. de Caen, cant. et ✉ de Tilly - sur - Seulles. ♂. Pop. 120 h.

JUVILLE, vg. *Meurthe* (pays Messin), arr. de Château-Salins et à 26 k. de Vic, cant. et ✉ de Delme. Pop. 374 h.

JUVIN (St-), vg. *Ardennes* (Champagne), arr. à 20 k. de Vouziers, cant. et ✉ de Grandpré. Pop. 539 h.

JUVINAS, vg. *Ardèche* (Languedoc), arr. et à 34 k. de Privas, cant. d'Antraigues, ✉ d'Aubenas. Pop. 1,391 h. — *Foire* le 10 avril.

JUVINCOURT, vg. *Aisne* (Picardie), arr. et à 30 k. de Laon, cant. de Neufchâtel, ✉ de Berry-au-Bac. Pop. 806 h. — Filature de laine (à Mauchamp).

JUVISY, ou JUVISY-SUR-ORGE, *Gevisiacum*, vg. *Seine-et-Oise* (Ile-de-France), arr. et à 14 k. de Corbeil, cant. de Longjumeau, ✉ de Fromenteau. Pop. 416 h.

Ce village est situé dans une belle vallée, sur la rivière d'Orge, près de la grande route de Paris à Fontainebleau. Autrefois la grande route descendait par une pente rapide, étroite et sinueuse, dans le village de Juvisy. En 1728, une nouvelle route fut tracée en ligne droite dans toute la plaine, depuis Villejuif. A son arrivée au hameau de Fromenteau, à la naissance de la pente ; elle se développe par une belle courbe jusque dans le vallon de l'Orge. Pour lui donner une pente douce et uniforme, il a fallu d'abord faire une tranchée profonde et fort large, ensuite un remblai de plus de 1,500 m. de longueur ; ce remblai, qui traverse les deux bras de la rivière d'Orge, a nécessité deux ponts, dont un est particulièrement remarquable ; il a 20 m. de largeur entre les têtes, se compose d'une seule arche en plein cintre de 13 m. 33 c. d'ouverture, et reposant sur les culées qui lui donnent 17 m. de hauteur sous clef. La disposition générale de ce pont, dont les parapets s'élèvent de 20 m. au-dessus de l'eau, le fait paraître comme s'il était composé de deux étages d'arcades, et présente un ensemble imposant et pittoresque. Les parapets sont décorés de deux fontaines, dont l'eau, abondante et pure, vient d'une source découverte en faisant la tranchée. Des piédestaux de mauvaise forme supportent, l'un un trophée, et l'autre le Temps, tenant le buste en médaillon de Louis XV et terrassant l'Envie. Ces groupes, présentement mutilés, sont de Coustou le fils ; les angles des corniches sont décorés de têtes de boucs et de quatre faces de mascarons. Sur la fontaine, à gauche, on lit sur le marbre cette inscription :

LUD. XV REX
CHRISTIANISSIMUS
VIAM HANC ANTEA DIFFICILEM
ARDUAM AC PENE INVIAM
SCISSIS DISJECTISQUE RUPIBUS,
EXPLANATO COLLE,
PONTE ET AGGERIBUS CONSTRUCTIS
PLANAM, REGIABILEM ET AMOENAM
FIERI CURAVIT.
ANNO MDCCXXVIII.

Du pont des Belles-Fontaines on jouit d'un coup d'œil admirable ; la vue s'y promène sur un vaste bassin que la Seine enrichit de ses brillants contours ; de riches coteaux offrent une foule de jolies habitations qui se dessinent parmi des groupes de beaux arbres. Dans le nombre des villages qu'on découvre de ce point on remarque Juvisy, connu dans l'histoire de nos troubles civils pour être le lieu où Jean sans Peur, duc de Bourgogne, arrêta, en 1405, Louis de Bavière, Montagut et le comte de Dammartin, qui conduisaient auprès d'Isabeau, retirée à Corbeil, le dauphin, fils de Charles VI. — Le parc de Juvisy, traversé par la rivière d'Orge, a été dessiné par le Nôtre. L'exposition est magnifique. V. FROMENTEAU.

JUVRECOURT, vg. *Meurthe* (Lorraine), arr. de Château-Salins, cant. et à 6 k. de Vic, ✉ de Moyenvic. Pop. 258 h.

JUXUE, vg. *B.-Pyrénées* (Navarre), arr. de Mauléon, ✉ et à 12 k. de St-Palais, cant. d'Iholdy. Pop. 463 h.

JUZANCOURT, vg. *Ardennes* (Champagne), arr. à 25 k. de Rethel, cant. d'Asfeld, ✉ de Château-Porcien. Pop. 258 h. — On y remarque un ancien château fort entouré de fossés.

JUZANVIGNY, vg. *Aube* (Champagne), arr. et à 29 k. de Bar-sur-Aube, cant. de Soulaines, ✉ de Brienne. Pop. 195 h.

JUZENNECOURT, vg. *H.-Marne* (Champagne), arr. et à 16 k. de Chaumont-en-Bassigny, chef-l. de cant. Cure. ✉. ♂. A 236 k. de Paris pour la taxe des lettres. Pop. 348 h. — Terrain jurassique, étage moyen du système oolitique. — *Foires* les 8 fév., 8 mai, 8 août et 8 nov.

JUZES, vg. *H.-Garonne* (Languedoc), arr., ✉ et à 10 k. de Villefranche - de - Lauragais, cant. de Revel. Pop. 384 h.

JUZET - DE - LUCHON, vg. *H.-Garonne* (Languedoc), arr. et à 43 k. de St-Gaudens, cant. et ✉ de Bagnères - de - Luchon. Pop. 408 h.

JUZET-D'ISAUT, vg. *H.-Garonne* (Comminges), arr. et à 18 k. de St-Gaudens, cant. et ✉ d'Aspet. Pop. 902 h.

JUZIERS, vg. *Seine-et-Oise* (Beauce), arr. et à 12 k. de Mantes, cant. de Limay, ✉ de Meulan. Pop. 1,000 h. — Il est dans une belle situation, sur le penchant et au bas d'une colline qui borde la rive droite de la Seine.

JUZURIEUX, vg. *Ain*. V. JUJURIEUX.

K

KAELBLING, vg. *H.-Rhin*, comm. de Soultzmatt, ✉ de Rouffach.

KALEMBOURG, vg. *Moselle*, comm. de Laumesfeld, ✉ de Bouzonville.

KALHAUSEN, vg. *Moselle* (pays Messin), arr. à 15 k. de Sarreguemines, cant. et ✉ de Rorbach. Pop. 901 h.

KALTENHAUSEN, vg. *B.-Rhin* (Alsace), arr. et à 26 k. de Strasbourg, cant. et ✉ de Haguenau. Pop. 883 h. Sur la Moder. — De cette commune dépend le hameau de MARIENTHAL, qui avait jadis un couvent de guillemites, où l'on se rendait de fort loin en pèlerinage. — Fabrique de poterie de terre.

KANDY, vg. *Côtes-du-Nord*, comm. de Ploumilliau, ✉ de Lannion.

KANFEN, vg. *Moselle* (pays Messin), arr., ✉ et à 12 k. de Thionville, cant. de Cattenom. Pop. 532 h.

KAPPELEN, vg. *H.-Rhin* (Alsace), arr. et à 12 k. d'Altkirch, cant. de Landser, ✉ de Sierentz. Pop. 408 h.

KAPPELKINGER, vg. *Moselle* (pays Messin), arr. et à 22 k. de Sarreguemines, cant. de Sarralbe, ✉ de Puttelange. Pop. 690 h.

KATZENTHAL, vg. *H.-Rhin* (Alsace),

arr., ✉ et à 8 k. de Colmar, cant. de Kaysersberg. Pop. 611 h.

KATZTHAL, ou **KATZENTHAL**, vg. *B.-Rhin*, comm. de Lembach, ✉ de Wissembourg.

KAUFFENHEIM, vg. *B.-Rhin* (Alsace), arr. et à 40 k. de Strasbourg, cant. de Bischwiller, ✉ de Roeschwoog. Pop. 240 h.

KAYSERSBERG, *Cæsaris Mons*, petite ville, *H.-Rhin* (Alsace), arr. et à 14 k. de Colmar, chef-l. de cant. Cure. ✉. A 433 k. de Paris pour la taxe des lettres. P. 3,138 h.
— TERRAIN d'alluvions modernes.

Kaysersberg était anciennement une ville très-forte, qui fut prise par Robert de Hapsbourg au XIIIe siècle, et par les Suédois en 1632. Elle a été affranchie en 1293 par Aldolphe, roi des Romains, qui la déclara ville libre impériale.

Les armes de Kaysersberg sont : parti de gueules et d'azur à une haute tour crénelée de 3 pièces d'argent, close d'une enceinte de murs crénelée aussi d'argent, posée sur un coupeau de cinq coupeaux de sinople.

Cette ville est agréablement située sur la Weis, qui descend du lac Blanc, au pied d'une montagne où l'on aperçoit les ruines du château de Kaysersberg, bâti, ainsi que la ville, sous le règne de l'empereur Frédéric II. En 1354, Charles IV convoqua dans ce château les députés de toutes les villes libres impériales de l'Alsace.

A 2 k. de cette ville on voit les ruines de l'église d'Alspach, où l'on distingue encore des sculptures fort curieuses.

PATRIE de J. GAYLET, professeur à l'université de Fribourg, où il se distingua par la vigueur de son éloquence.

De MATH. ZELL, puissant auxiliaire de la réforme en Alsace, mort en 1548.

Fabriques de siamoises. Filatures de coton, de lin et de chanvre. Teintureries. Tanneries.
— Commerce de bons vins que produit le territoire. — Foires les 4 avril, 4 juillet, 5 sept., 3 oct. et 5 déc.

KÉDANGE, vg. *Moselle*, comm. de Hombourg-sur-Kaner, ✉ de Thionville.

KEFFENACH, vg. *B.-Rhin* (Alsace), arr. et à 11 k. de Wissembourg, cant. et ✉ de Soultz-sous-Forêts. Pop. 223 h.

KEITENBOURG, vg. *B.-Rhin*, comm. de Siégen, ✉ de Lauterbourg.

KELLER (île de), vg. *Finistère*, comm. d'Ouessant, ✉ de St-Renan.

KEMBS, bg *H.-Rhin* (Alsace), arr. et à 36 k. d'Altkirch, cant. et ✉ de Habsheim. ♂. Pop. 1,318 h.

KEMLAND, vg. *Nord*, comm. de Steenwerck, ✉ de Bailleul.

KEMPEN, vg. *Nord*, comm. de Loon, ✉ de Gravelines.

KEMPLICH, vg. *Moselle* (pays Messin), arr., ✉ et à 20 k. de Thionville, cant. de Metzervisse. Pop. 616 h.

KERBACH, vg. *Moselle* (pays Messin), arr. et à 12 k. de Sarreguemines, cant. et ✉ de Forbach. Pop. 1,076 h.

KERDEFF, vg. *Morbihan*, comm. de Riantec, ✉ de Port-Louis.

KÉRENTRÉ, *Morbihan*, comm. et ✉ de Lorient.

KERFEUNTEUN, vg. *Finistère* (Bretagne), arr., cant., ✉ et à 1 k. de Quimper. Pop. 2,110 h.

KERGAL, vg. *Côtes-du-Nord*, comm. de Plouha, ✉ de Châtelaudren.

KERGLOFF, vg. *Finistère* (Bretagne), arr. et à 45 k. de Châteaulin, cant. et ✉ de Carhaix. Pop. 904 h.

KERGRIST, vg. *Morbihan* (Bretagne), arr., ✉ et à 10 k. de Pontivy, cant. de Cléguerec. Pop. 1,020 h.

KERGRIST-MOELOU, vg. *Côtes-du-Nord* (Bretagne), arr. et à 40 k. de Guingamp, cant. et ✉ de Rostrenen. Pop. 2,399 h.

KERHOET, vg. *Morbihan*, comm. de Groix, ✉ de Port-Louis.

KÉRIEN, vg. *Côtes-du-Nord* (Bretagne), arr. et à 25 k. de Guingamp, cant. de Bourbriac, ✉ de Plésidy. Pop. 868 h.

KÉRIEUFF, vg. *Côtes-du-Nord*, comm. de Ploëzal, ✉ de Pontrieux.

KÉRITY, vg. *Côtes-du-Nord* (Bretagne), arr. et à 37 k. de St-Brieuc, cant. et ✉ de Paimpol. Pop. 2,005 h.

KÉRITY, vg. *Finistère*, comm. de Penmarch, ✉ de Pont-l'Abbé.

KERLARD, vg. *Morbihan*, comm. de Groix, ✉ de Port-Louis.

KERLING-LÈS-SIERCK, vg. *Moselle* (pays Messin), arr. et à 18 k. de Thionville, cant. de Metzervisse, ✉ de Sierck. Pop. 754 h.

KERLIVIOU, vg. *Côtes-du-Nord*, comm. de Plouha, ✉ de Châtelaudren.

KERLOUAN, vg. *Finistère* (Bretagne), arr. et à 35 k. de Brest, cant. et ✉ de Lesneven. Pop. 3,362 h.

KERMARIA, vg. *Côtes-du-Nord*, comm. de Plouha, ✉ de Châtelaudren.

KERMARIA-SULARD, vg. *Côtes-du-Nord* (Bretagne), arr., ✉ et à 10 k. de Lannion, cant. de Perros-Guirec. Pop. 978 h.

KERMARIO, vg. *Morbihan*, comm. de Groix, ✉ de Port-Louis.

KERMEN, vg. *Finistère*, comm. de Cléden-Capsizun, ✉ de Pontcroix.

KERMOISAN, vg. *Loire-Inf.*, comm. de Batz, ✉ de Guérande.

KERMOROCH, vg. *Côtes-du-Nord* (Bretagne), arr., ✉ et à 10 k. de Guingamp, cant. de Bégard. Pop. 556 h.

KERNEVEL, vg. *Finistère* (Bretagne), arr. et à 28 k. de Quimperlé, cant. de Bannalec, ✉ de Rosporden. Pop. 1,903 h.

KERNEVEL, vg. *Morbihan*, comm. de Ploemeur, ✉ de Lorient.

KERNILIS, vg. *Finistère* (Bretagne), arr. et à 25 k. de Brest, cant. de Plabennec, ✉ de Lesneven. Pop. 993 h. — On y remarque les ruines pittoresques du château de Carman, consistant en quelques pans de murailles avec de longues cheminées, en une grosse tour ronde revêtue en pierres de taille et surmontée des restes d'une tourelle.

KERNOUES, vg. *Finistère* (Bretagne), arr. et à 28 k. de Brest, cant. et ✉ de Lesneven. Pop. 681 h.

KERPERT, vg. *Côtes-du-Nord* (Bretagne), arr. et à 25 k. de Guingamp, cant. de Bothoa, ✉ de Plésidy. Pop. 1,242 h.

KERPRICH-AUX-BOIS, vg. *Meurthe* (Lorraine), arr., cant., ✉ et à 8 k. de Sarrebourg. Pop. 400 h.

KERPRICH-LÈS-DIEUZE, vg. *Meurthe* (Lorraine), arr. de Château-Salins, à 15 k. de Vic, cant. et ✉ de Dieuze. Pop. 409 h.

KERSAINT-PLABENNEC, vg. *Finistère* (Bretagne), arr. et à 15 k. de Brest, cant. de Plabennec, ✉ de Landerneau. Pop. 796 h.

KERTZFELD, vg. *B.-Rhin* (Alsace), arr. et à 20 k. de Schelestadt, cant. et ✉ de Benfeld. Pop. 1,01 0h.

KERVATEL (du), vg. *Loire-Inf.*, comm. de Batz, ✉ de Guérande.

KERVÉDAN, vg. *Morbihan*, comm. de Groix, ✉ de Port-Louis.

KERVIGNAC, vg. *Morbihan* (Bretagne), arr. et à 16 k. de Lorient, cant. de Port-Louis, ✉ d'Hennebont. Pop. 2,448 h. — Foires les 14 avril, 14 mai, 4 et 28 juin, et 10 août.

KESKASTEL, vg. *B.-Rhin* (Alsace), arr. et à 46 k. de Saverne, cant. et ✉ de Saar-Union. Pop. 1,354 h.

KESSELDORF, vg. *B.-Rhin* (Alsace), arr. et à 21 k. de Wissembourg, cant. et ✉ de Seltz. Pop. 490 h.

KESTLACH, vg. *H.-Rhin* (Alsace), arr. et à 15 k. d'Altkirch, cant. et ✉ de Ferrette. Pop. 635 h.

KFIAT, vg. *Côtes-du-Nord*, comm. de St-Gouen, ✉ de Moncontour.

KFOT, vg. *Côtes-du-Nord*, comm. d'Yvias, ✉ de Paimpol.

KFOURNE, vg. *Morbihan* (Bretagne), arr., cant., ✉ et à 11 k. de Pontivy.

KFULHER, vg. *Morbihan*, comm. de Penestein, ✉ de la Roche-Bernard.

KGAL, vg. *Morbihan*, comm. de Moréac, ✉ de Locminé.

KGOLOT, vg. *Côtes-du-Nord*, comm. de Pléguien, ✉ de Châtelaudren.

KGREE, vg. *Côtes-du-Nord*, comm. de Bocqueha, ✉ de Châtelaudren.

KGRIST, vg. *Côtes-du-Nord*, comm. de Plounez, ✉ de Paimpol.

KHIDOUÉ, vg. *Côtes-du-Nord*, comm. de Pludnal, ✉ de Châtelaudren.

KHORS, vg. *Morbihan*, comm. et ✉ d'Hennebont.

KIDREUFF, vg. *Finistère*, comm. de Plouhinec, ✉ de Pont-Croix.

KIENHEIM, vg. *B.-Rhin* (Alsace), arr. et à 20 k. de Strasbourg, cant. et ✉ de Truchtersheim. Pop. 283 h.

KIENTZHEIM, ou KOENTZEN, petite ville, *H.-Rhin* (Alsace), arr. et à 12 k. de Colmar, cant. et ✉ de Kaysersberg. Pop. 1,180 h.

KIÉROIS, vg. *Côtes-du-Nord*, comm. de St-Gouen, ✉ de Moncontour.

KIFFIS, ou KIEFFES, vg. *H.-Rhin* (Alsace), arr. et à 27 k. d'Altkirch, cant. et ✉ de Ferrette. Pop. 450 h. — Il est situé près de la montagne de Blochmont, au haut de laquelle on aperçoit les ruines du château de ce nom.

KILLEM, vg. *Nord* (Flandre), arr. et à 22 k. de Dunkerque, comm. et ✉ de Hondschoote. Pop. 1,373 h.

KILSTETT, vg. *B.-Rhin* (Alsace), arr., ✉ et à 13 k. de Strasbourg, cant. de Brumath. Pop. 800 h.

KINDWILLER, vg. *B.-Rhin* (Alsace), arr. et à 40 k. de Wissembourg, cant. et ✉ de Niederbronn. Pop. 554 h.

KINGERSHEIM, vg. *H.-Rhin* (Alsace), arr. et à 24 k. d'Altkirch, cant. et ✉ de Mulhausen. Pop. 628 h. — *Fabrique d'indiennes.*

KINOU, vg. *Finistère*, comm. de Lambézellec, ✉ de Brest.

KINTZHEIM, ou KŒNTZEN, vg. *B.-Rhin* (Alsace), arr., cant., ✉ et à 5 k. de Schelestadt. Pop. 1,484 h. Au pied des montagnes. — Il appartenait autrefois à la ville de Schelestadt, qui l'avait acquis avec le château, en 1492, de Jean de Hadstadt, et fut incendié en 1298, par les habitants de Châtenois.

Les **armes de Kintzheim** sont : *parti diapré d'argent et d'or, à un barbet debout de sable, accolé et bouclé de gueules brochant sur le tout.*

Sur une colline dominant ce village sont les ruines pittoresques du château, dont les murailles, en partie tapissées de lierre, offrent un ensemble où règne une certaine coquetterie. On y voit une haute tour parfaitement conservée au dehors. On ne peut pénétrer à l'intérieur qu'à l'aide d'une échelle, par une ouverture pratiquée à la moitié de sa hauteur. Au-dessus d'une vaste salle souterraine est une autre salle dont les fenêtres donnent sur la campagne, et d'où l'on jouit d'une vue magnifique. Tout auprès est un oratoire avec un autel en pierre. Sous l'une des terrasses, dans l'une des cours, est un petit passage fort étroit et fort bas, dans lequel on descend par plusieurs marches, et qui aboutit à une tour carrée à moitié démolie. Deux chemins en pente douce conduisent au château. La forêt qui l'environne est un but charmant de promenade.

KIRCHBERG, vg. *H.-Rhin* (Alsace), arr. et à 25 k. de Belfort, cant. et ✉ de Massevaux. Pop. 697 h.

KIRCHEIM, vg. *B.-Rhin* (Alsace), arr. et à 20 k. de Strasbourg, cant. et ✉ de Wasselonne. Pop. 509 h. — On croit qu'il occupe l'emplacement d'un vaste palais des rois francs, dont il reste encore quelques vestiges de murs encastrés dans des habitations particulières.

KIRRBERG, vg. *B.-Rhin* (Alsace), arr. et à 30 k. de Saverne, cant. et ✉ de Drulingen. Pop. 404 h.

KIRRWILLER, vg. *Moselle* (pays Messin), arr. et à 22 k. de Sarreguemines, cant. et ✉ de Sarralbe. Pop. 276 h.

KIRRWILLER, vg. *B.-Rhin* (Alsace), arr. et à 19 k. de Saverne, cant. et ✉ de Bouxwiller. Pop. 675 h.

KIRSCHE - LÈS - SIERCK, vg. *Moselle* (pays Messin), arr. et à 23 k. de Thionville, cant. et ✉ de Sierck. Pop. 488 h.

KIRSCHNAUNEN, vg. *Moselle* (pays Messin), arr. et à 22 k. de Thionville, cant. et ✉ de Sierck. Pop. 974 h.

KJARNO, vg. *Loire-Inf.*, comm. d'Herbignac, ✉ de la Roche-Bernard.

KLANG, vg. *Moselle*, comm. de Kemplich, ✉ de Thionville.

KLEIN-D'HAL, ou PETIT-D'HAL, vg. *Moselle*, comm. de Longeville-lès-St-Avold, ✉ de St-Avold.

KLEINFRANKENHEIM, vg. *B.-Rhin* (Alsace), arr. et à 17 k. de Strasbourg, cant. et ✉ de Truchtersheim. Pop. 184 h.

KLEINGŒFFT, vg. *B.-Rhin* (Alsace), arr. et à 10 k. de Saverne, cant. de Marmoutier, ✉ de Wasselonne. Pop. 161 h.

KLIEUX, vg. *Morbihan*, comm. de Pénestin, ✉ de la Roche-Bernard.

KLINGENTHAL, vg. *B.-Rhin* (Alsace), comm. de Bœrsch, ✉ d'Obernay. Pop. 376 h. — Il est bâti dans une charmante vallée, et doit son nom à une célèbre manufacture d'armes blanches. — Haut fourneau. Martinet à cuivre. Moulins à émoudre.

KLOURY, vg. *Côtes-du-Nord*, comm. de Plounez, ✉ de Paimpol.

KNEUR, vg. *Côtes-du-Nord*, comm. de Tonquédec, ✉ de Lannion.

KNEURSACH, vg. *Finistère*, comm. de Moëlan, ✉ de Quimperlé.

KNŒRSHEIM, vg. *B.-Rhin* (Alsace), arr. et à 12 k. de Saverne, cant. de Marmoutier, ✉ de Wasselonne. Pop. 269 h.

KNOKINGEN, vg. *H.-Rhin* (Alsace), arr. et à 18 k. d'Altkirch, cant. d'Huningue, ✉ de St-Louis. Pop. 229 h.

KNUTANGE, vg. *Moselle* (pays Messin), arr. et à 15 k. de Briey, cant. d'Audun-le-Roman, ✉ de Fontoy. Pop. 687 h.

KŒKING, vg. *Moselle*, comm. de Garsche, ✉ de Thionville.

KŒNIGSBERG, vg. *Moselle*, comm. de Goetzenbrück, ✉ de Bitche.

KŒNIGSMACHER, vg. *Moselle* (pays Messin), arr., cant. et à 16 k. de Thionville, cant. de Metzervisse. Pop. 1,655 h. — *Foire* le 2e lundi après le 16 août.

KETZINGEN, vg. *H.-Rhin* (Alsace), arr. et à 12 k. d'Altkirch, cant. de Landser, ✉ de Siérentz. Pop. 372 h.

KŒUR-LA-GRANDE, vg. *Meuse* (Lorraine), arr. de Commercy, ✉ et à 6 k. de St-Mihiel, cant. de Pierrefitte. Pop. 300 h.

KŒUR - LA-PETITE, vg. *Meuse* (Lorraine), arr. de Commercy, ✉ et à 6 k. de St-Mihiel, cant. de Pierrefitte. Pop. 600 h.

KOGENHEIM, ou KŒKKEM, vg. *B.-Rhin* (Alsace), arr. et à 12 k. de Schelestadt, cant. et ✉ de Benfeld. Pop. 1,324 h.

KOLBSHEIM, vg. *B.-Rhin* (Alsace), arr., ✉ et à 14 k. de Strasbourg, cant. d'Oberhausbergen. Pop. 530 h. — Il est situé au pied d'une colline, près de la Bruche. On y remarque les châteaux d'ATTENAU et de FACKENHAGEN.

KONTZ (Basse-), vg. *Moselle* (pays Messin), arr. et à 18 k. de Thionville, cant. de Cattenom, ✉ de Sierck. Pop. 661 h.

KONTZ (Haute-), vg. *Moselle* (pays Messin), arr. et à 18 k. de Thionville, cant. de Cattenom, ✉ de Sierck. Pop. 687 h.

KRAFFT, vg. *B.-Rhin*, comm. d'Erstein, ✉ de Benfeld. ☞.

KRAUTERGERSHEIM, vg. *B.-Rhin* (Alsace), arr. et à 29 k. de Schelestadt, cant. et ✉ d'Obernay. Pop. 1,208 h.

KRAUTWILLER, vg. *B.-Rhin* (Alsace), arr. et à 18 k. de Strasbourg, cant. et ✉ de Brumath. Pop. 136 h.

KRIEGSHEIM, vg. *B.-Rhin* (Alsace), arr. et à 19 k. de Strasbourg, cant. et ✉ de Brumath. Pop. 376 h.

KRIO, vg. *Côtes-du-Nord*, comm. de Pléguien, ✉ de Châtelaudren.

KRUTH, ou GREUTH, ou GRITH, vg. *H.-Rhin* (Alsace), arr. et à 53 k. de Belfort, cant. de St-Amarin, ✉ de Wesserling. P. 1,894 h.

KSAINT, vg. *Finistère*, comm. de Landunvez, ✉ de St-Renan.

KUENHEIM, vg. *H.-Rhin* (Alsace), arr., ✉ et à 17 k. de Colmar, cant. d'Andolsheim. Pop. 666 h.

KUHLENDORF, vg. *B.-Rhin* (Alsace), arr. et à 17 k. de Wissembourg, cant. et ✉ de Soultz-sous-Forêts. Pop. 182 h.

KUNTZICH, vg. *Moselle*, comm. de Distroff, ✉ de Thionville.

KURTZENHAUSEN, vg. *B.-Rhin* (Alsace), arr. et à 18 k. de Strasbourg, cant. et ✉ de Brumath. Pop. 515 h.

KUTTOLSHEIM, ou KŒTTELSEN, vg. *B.-Rhin* (Alsace), arr. et à 22 k. de Strasbourg, cant. et ✉ de Truchtersheim. Pop. 862 h.

Il existe dans la partie haute de ce village une source d'eau sulfureuse acidule froide, qui sourd dans une maison particulière et se répand de là dans toutes les rues du village, en laissant échapper une odeur hydrosulfureuse très-prononcée.

KUTZENHAUSEN, vg. *B.-Rhin* (Alsace), arr. et à 18 k. de Wissembourg, cant. et ✉ de Soultz-sous-Forêts. Pop. 1,370 h.

KVÉNAC, vg. *Côtes-du-Nord*, comm. de Pléguien, ✉ de Châtelaudren.

KVOANNIC, vg. *Côtes-du-Nord*, comm. de Pludual, ✉ de Châtelaudren.

KYVON, vg. *Côtes-du-Nord*, comm. de Pleumeur-Bodou, ✉ de Lannion.

L

LAA-MONDRAS, vg. *B.-Pyrénées* (Béarn), arr., ✉ et à 3 k. d'Orthez, cant. de Lagor. Pop. 431 h.

LAAS, vg. *Gers* (Armagnac), arr., cant., ✉ et à 10 k. de Mirande. Pop. 568 h.

LAAS, vg. *Loiret* (Orléanais), arr., cant., ✉ et à 6 k. de Pithiviers. Pop. 347 h.

LAAS, vg. *B.-Pyrénées* (Béarn), arr. et à 14 k. d'Orthez, cant. et ✉ de Sauveterre. P. 614 h. — Manufacture de faïence. Tuilerie.

LABABAN, vg. *Finistère*, comm. de Pouldreuzic, ✉ de Pont-Croix. — Foire le 31 mars.

LABALME-DE-CHEIGNIEU, vg. *Ain*, comm. de Contrevoz, ✉ de Belley.

LABARBEN. V. BARBEN.

LABARDE, vg. *Gironde* (Guienne), arr. et à 23 k. de Bordeaux, cant. de Castelnau-de-Médoc, ✉ de Margaux. ♂. Pop. 363 h.

LABARRÈRE, vg. *Gers* (Armagnac), arr. et à 19 k. de Condom, cant. et ✉ de Montréal. Pop. 633 h.

LABARTHE, vg. *H.-Garonne* (Languedoc), arr., cant., ✉ et à 7 k. de Muret. Pop. 547 h.

LABARTHE, vg. *H.-Pyrénées* (Bigorre), arr. et à 40 k. de Bagnères-de-Bigorre, cant. et ✉ de Castelnau-Magnoac. Pop. 58 h.

LABARTHE, vg. *H.-Pyrénées* (Gascogne), arr. et à 21 k. de Tarbes, cant. et ✉ de Rabastens. Pop. 108 h.

LABARTHE, vg. *Tarn-et-Garonne* (Languedoc), arr. et à 26 k. de Montauban, cant. et ✉ de Molières. Pop. 1,204 h.

LABARTHE-BLEYS, vg. *Tarn* (Languedoc), arr. et à 31 k. de Gaillac, cant. et ✉ de Cordes. Pop. 440 h.

LABARTHE-D'ASTARAC, vg. *Gers* (Armaguac), arr., cant., ✉ et à 21 k. d'Auch. Pop. 311 h.

LABARTHE-INARD, vg. *H.-Garonne* (Gascogne), arr., cant., ✉ et à 9 k. de St-Gaudens. Pop. 823 h.

LABARTHE-MOUR. V. BARTHE-NESTE (la).

LABARTHE-LA-RIVIÈRE, vg. *H.-Garonne* (Comminges), arr., cant., ✉ et à 1 k. de St-Gaudens. Pop. 1,300 h. — On y trouve une source d'eau thermale anciennement connue des Romains.

LABARTHÈRE, vg. *H.-Garonne*, comm. d'Alan, ✉ de Martres.

LABARTHÈTE, vg. *Gers* (Armagnac), arr. et à 50 k. de Mirande, cant. et ✉ de Riscle. Pop. 413 h.

LABASSÈRE, vg. *H.-Pyrénées* (Gascogne), arr., cant., ✉ et à 7 k. de Bagnères-de-Bigorre. Pop. 710 h.

LABASTIDE. V. BASTIDE (la).

LABAT, vg. *Ariége*, comm. de St-Paul-de-Jarrat, ✉ de Foix.

LABATHUDE, vg. *Lot* (Quercy), arr. et à 18 k. de Figeac, cant. et ✉ de la Capelle-Marival. Pop. 581 h.

LABATMALE, vg. *B.-Pyrénées* (Béarn), arr. et à 25 k. de Pau, cant. et ✉ de Pontacq. Pop. 350 h.

LABATUT, vg. *Ariége* (pays de Foix), arr. et à 21 k. de Pamiers, cant. et ✉ de Saverdun. Pop. 199 h.

LABATUT, bg *Landes* (Gascogne), arr. et à 23 k. de Dax, cant. de Pouillon, ✉ de Peyrehorade. Pop. 1,553 h.

LABATUT, vg. *H.-Pyrénées* (Gascogne), arr. et à 36 k. de Tarbes, cant. de Maubourguet. Pop. 859 h.

LABATUT-FIGUÈRE, vg. *B.-Pyrénées* (Béarn), arr. et à 34 k. de Pau, cant. de Montaner, ✉ de Morlaas. Pop. 495 h.

LABBEVILLE, vg. *Seine-et-Oise* (Vexin), arr. et à 13 k. de Pontoise, cant. et ✉ de l'Isle-Adam. Pop. 346 h.

LABÉCÈDE-LAURAGAIS, vg. *Aude* (Languedoc), arr., cant., ✉ et à 16 k. de Castelnaudary. Pop. 1,205 h. Au pied de la montagne Noire. — Foire le 10 août.

LABÉGE, vg. *H.-Garonne* (Languedoc), arr. et à 13 k. de Toulouse, cant. de Fronton, ✉ de Castanet. Pop. 509 h.

LABEJEAN, vg. *Gers* (Armagnac), arr. cant. et à 9 k. de Mirande. Pop. 617 h.

LABENNE, vg. *Landes* (Gascogne), arr. et 36 k. de Dax, cant. de St-Vincent-de-Tyrosse, ✉ de Bayonne. Pop. 526 h.

LABERGEMENT. V. ABERGEMENT (l').

LABERGEMENT, vg. *Saône-et-Loire*, comm. de Châtel-Moron, ✉ du Bourgœuf.

LABESCAU, vg. *Gironde* (Bazadois), arr. et à 11 k. de Bazas, cant. et ✉ de Grignols. Pop. 215 h. — Foires les 1er et 31 mai, 28 juin, 1er, 30 juillet et 29 août.

LABESSERETTE, vg. *Cantal* (Auvergne), arr. et à 27 k. d'Aurillac, cant. et ✉ de Montsalvy. Pop. 991 h.

LABESSETTE, vg. *Puy-de-Dôme* (Auvergne), arr. et à 20 k. d'Issoire, cant. et ✉ de Tauves. Pop. 475 h.

LABESSIÈRE-CANDEIL, vg. *Tarn* (Languedoc), arr., ✉ et à 16 k. de Gaillac, cant. de Cadalen. Pop. 1,082 h. — Foires les 3 fév., 4 mai, 25 juin et 28 déc.

LABETS, vg. *B.-Pyrénées* (Navarre), arr. de Mauléon, cant., ✉ et à 7 k. de St-Palais. Pop. 356 h.

LABEUVILLE, vg. *Meuse* (pays Messin), arr. et à 36 k. de Verdun-sur-Meuse, cant. de Fresnes-en-Voëvre, ✉ de Manheulles. Pop. 358 h.

LABEYRIE, vg. *B.-Pyrénées* (Béarn), arr., et à 15 k. d'Orthez, cant. d'Arthez. Pop. 225.

LABOISSIÈRE. V. BOISSIÈRE (la).

LABORDE, vg. *H.-Pyrénées* (Comminges), arr. et à 21 k. de Bagnères-de-Bigorre, cant. et ✉ de la Barthe-de-Neste. Pop. 585 h.

LABOREL, vg. *Drôme* (Dauphiné), arr. et à 61 k. de Nyons, cant. et ✉ de Séderon. Pop. 594 h.

LABOUFFIE. V. ST-PAUL-LABOUFFIE.

LABOUHEYRE, vg. *Landes* (Gascogne), arr. et à 56 k. de Mont-de-Marsan, cant. de Sabres, ✉ de Liposthey. Pop. 447 h. — Très-anciennement ce village était une ville qui portait le nom d'Herbefaverie, où l'on entrait par plusieurs portes en pierres, dont celle du côté de l'est existe encore ; l'évêché d'Acqs y fut transféré en 900. Ce n'est plus aujourd'hui qu'un village remarquable par ses jolis jardins, et par un télégraphe qui correspond avec Pissos et Escource. — Commerce de chevaux, bestiaux, cire, résine. — Foires le lundi de la 2e semaine de carême, et lundi de la 2e semaine de sept.

LABOULBÈNE, vg. *Tarn* (Languedoc), arr., cant., ✉ et à 8 k. des Castres. P. 193 h.

LABOUQUERIE, vg. *Dordogne* (Périgord), arr. et à 32 k. de Bergerac, cant. et ✉ de Beaumont. P. 483 h.

LABOUR (le), *Lapurdensis Tractus*, petit pays qui dépendait anciennement de la ci-devant province de Gascogne (pays des Basques), et dont Bayonne était la capitale : il fait maintenant partie du département des *Basses-Pyrénées*.

Le Labour, troisième province des Basques françaises, avait des états appelés *bilçar* (des mots bil, réunion, et çar, contraction de cahar, vieillard), dont la tenue était bien plus républicaine que celle des états du Béarn, de la Navarre et de la Soule. C'était une espèce de sénat, composé des chefs de famille. Les séances ne se tenaient ni dans un palais, ni dans aucune enceinte close de murs, mais sur une éminence, dans un bois voisin d'Ustaritz. Les prêtres et les nobles en étaient exclus, peut-être moins parce qu'on redoutait leur influence que parce que l'institution remontait au delà du christianisme et de la féodalité. L'assemblée commune se composait des députés de trente communautés. V. BASQUES.

LABOURGADE, vg. *Tarn-et-Garonne* (Languedoc), arr., ✉ et à 14 k. de Castel-Sarrasin, c. de St-Nicolas-de-la-Grave. P. 430 h.

LABOUTARIÉ, vg. *Tarn* (Languedoc), arr. et à 19 k. d'Albi, cant. et ✉ de Réalmont. Pop. 173 h.

LABRÈDE, bg *Gironde* (Guienne), arr. et

à 20 k. de Bordeaux, chef-l. de cant., bureau d'enregist. et ✉ de Castres. Cure. P. 1,329 h. — TERRAIN tertiaire supérieur.

Ce bourg est situé sur un ruisseau d'eau limpide qui se jette dans la Garonne. On y remarque le château où naquit l'immortel Montesquieu le 18 janvier 1689. Ce château est un bel édifice gothique, de forme hexagone ; il est majestueusement assis au milieu d'une immense prairie, que l'on traverse entre deux fortes haies d'aubépine, servant d'avenues jusqu'à la cour d'honneur. Un fossé large, creusé dans le roc vif, toujours plein d'une eau limpide et courante, baigne le pied de la tour.

Ce fut Montesquieu qui, chez nous, mit à la mode les jardins anglais, et il est assez curieux d'en retrouver à Labrède la première ébauche. Le philosophe fit disparaître le pont-levis avec ses pesants leviers ; mais on a toujours continué de suivre, au milieu d'un labyrinthe de fleurs, les détours obliques et les passages crénelés qui conduisent à la principale entrée du château.

On lit les vers suivants sur la porte d'entrée :

Berceau de Montesquieu, séjour digne d'envie,
Où d'un talent sublime il déposa les fruits,
Lieux si beaux, par le temps vous serez tous détruits,
Mais le temps ne peut rien sur son divin génie.

L'intérieur du château est vaste et bien distribué ; mais les jours y sont mal pris, et les appartements y manquent presque tous de lumière. Dans la grande salle, ornée des portraits des aïeux de la famille Secondat, s'ouvre en large fer à cheval une cheminée antique, où les preux et les damoisels des châteaux du voisinage, assis l'hiver autour d'un vaste foyer, ont dû raconter jadis plus d'une aventure d'amour et de guerre. Dans la chambre où travaillait Montesquieu, on a conservé avec soin, tel qu'il était autrefois, l'ameublement qui servit à ce grand homme : il se compose d'un lit fort simple, de quelques fauteuils de forme gothique, et d'une galerie de portraits de famille. Le vaste bureau où fut composé l'*Esprit des lois* est encore là, ainsi qu'un volume d'*Appien*, annoté de la main du grand homme. Un paysage grossièrement ébauché sur le trumeau de la cheminée en fait, avec quelques bariolures, le seul ornement. Point de glaces, point de tentures, mais de simples planches de noyer ajustées sans art, et formant autour des murs un rustique lambris. Une fenêtre ouverte au midi laisse apercevoir une prairie d'une immense étendue. A l'issue de cette chambre se trouve un petit escalier très-roide, par où l'on descend dans un cachot féodal, où, dans le bon vieux temps, chaque seigneur avait droit d'enfermer, sans autre forme de procès que son bon plaisir, ceux de ses vassaux dont il croyait avoir le droit de se plaindre. Un autre escalier conduit au sommet de l'ancien donjon du château, surmonté d'une terrasse circulaire, sur le mur de laquelle on lit les noms des personnes qui ont visité ces lieux. On remarque encore, parmi une longue suite d'appartements gothiques, la bibliothèque, sur les rayons de laquelle Montesquieu a écrit de sa main les titres de quelques-uns de ses ouvrages. Sur la poutre qui traverse cette salle sont figurés les douze signes du zodiaque.

Le château de Labrède a été acheté en 1839 par S. A. R. le duc d'Orléans.

PATRIE de MONTESQUIEU.

Foires les 1er mai, 26 juin, 29 août et 13 déc.

Bibliographie. GROUET (Ch.). *Notice sur le château de Labrède*, in-8, 1839.

LABREVACH, vg. *Finistère*, comm. de Landéda, ✉ de Lannilis. V. ABREVERACH. — Etablissement de la marée, 3 heures 25 minutes, et non 4 heures 30 minutes.

LABRETONNIE, vg. *Lot-et-Garonne* (Agénois), arr. et à 18 k. de Marmande, cant. de Castelmoron, ✉ de Tonneins. Pop. 498 h.

LABRICHE, vg. *Gers* (Armagnac), arr. à 28 k. de Lectoure, cant. et ✉ de Mauvezin. Pop. 460 h.

LABRIT, *Leporetum*, bg *Landes* (Gascogne), arr., ✉ et à 27 k. de Mont-de-Marsan, chef-l. de cant. Cure. Pop. 961 h. — TERRAIN tertiaire supérieur.

Labrit, autrefois ALBRET, est un village situé au milieu des Landes. — C'était autrefois une ville assez considérable, chef-lieu du duché-pairie d'Albret, érigé en 1556 par Henri II en faveur d'Antoine de Bourbon, père de Henri IV, qui le réunit à la couronne. Louis XIV céda ce duché au duc de Bouillon en 1651, en échange de la principauté de Sedan.

Depuis longtemps, l'antique ville d'Albret a disparu dans les grandes landes. Il ne reste plus du château, habité jadis par Henri IV, qu'une forte redoute et quelques fossés.

Foires les lundis de la 1re semaine de carême et de la 2e semaine d'août.

LABROQUÈRE, vg. *H.-Garonne* (Gascogne), arr. et à 15 k. de St-Gaudens, cant. de St-Bertrand, ✉ de Montrejeau. Pop. 602 h.

LABROUSSE, vg. *Cantal* (Auvergne), arr., cant. et à 15 k. d'Aurillac, ✉ de Mur-de-Barrez. Pop. 861 h.

LABROUSSE, vg. *H.-Loire* (Auvergne), arr., ✉ et à 10 k. de Brioude, cant. d'Auzon. Pop. 201 h.

LABROYE, vg. *Pas-de-Calais* (Artois), arr. et à 33 k. de Montreuil-sur-Mer, cant. et ✉ de Hesdin. Pop. 347 h.

LABRUGUIÈRE, petite ville, *Tarn* (Languedoc), arr., bureau d'enregist., ✉ et à 9 k. de Castres, chef-l. de cant. Cure. P. 3,656 h. — TERRAIN tertiaire moyen.

Elle est assez bien bâtie, sur la rive gauche du Thoré.

Les armes de Labruguière sont : *d'argent au chêne de sinople posé sur une terrasse de même chargé d'un B d'or.*

Fabriques de grosses draperies et de couvertures de laine. Briqueteries. — *Commerce* de bestiaux. — *Foires* les 30 mai, 1er sept., 29 déc. et lundi de Pâques.

LABRUYÈRE, vg. *Côte d'Or* (Bourgogne), arr. et à 31 k. de Beaune, cant. et ✉ de Seurre. Pop. 350 h.

LABRUYÈRE, vg. *H.-Garonne* (Languedoc), arr. et à 15 k. de Muret, cant. et ✉ d'Auterive. Pop. 186 h.

LABRY, vg. *Moselle* (pays Messin), arr., ✉ et à 10 k. de Briey, cant. de Conflans. Pop. 394 h.

LABURGADE, vg. *Lot* (Quercy), arr. et à 12 k. de Cahors, cant. et ✉ de l'Albenque. Pop. 421 h.

LABUSSIÈRE, vg. *Aisne*, comm. de Flavigny-le-Grand, ✉ de Guise.

LAC (le), vg. *Ardèche*, comm. et ✉ de Privas.

LAC (le), vg. *Aude*, comm. et ✉ de Sijean.

LAC (le), vg. *Aveyron*, comm. de Vors, ✉ de Rodez. — *Foire* le 6 mai.

LAC (le), ou VILLERS, vg. *Doubs* (Franche-Comté), arr. et à 34 k. de Pontarlier, cant. et ✉ de Morteau. Pop. 1,565 h.

A peu de distance de ce village on remarque le lac de Chaillaxon, magnifique réservoir formé par le Doubs, qui, de ce côté, sépare la France du canton de Neufchâtel. Au-dessous de ce réservoir, le Doubs coule entre des rochers agrestes couronnés de sapins, et se précipite d'une hauteur de 26 m. 65 c. — Les bords du lac de Chaillaxon furent embellis pendant plusieurs années par une fête annuelle, qui se donnait de concert avec les autorités suisses.

Fabrique de faux.

LAC (le), vg. *Saône-et-Loire*, comm. de Chambilly, ✉ de Marcigny.

LACABARÈDE, vg. *Tarn* (Languedoc), arr. et à 34 k. de Castres, cant. de St-Amans-la-Bastide, ✉ de la Bastide-Rouairoux. Pop. 937 h. — *Foires* les 26 juillet et 4 oct.

LACADÉE, vg. *B.-Pyrénées* (Béarn), arr., ✉ et à 12 k. d'Orthez, cant. d'Arthez. Pop. 279 h.

LACADIÈRE, ou SÉREYROL-DE-ST-MIHIEL, vg. *Gard* (Languedoc), arr. et à 24 k. de St-Hippolyte. Pop. 164 h.

LACAJUNTE, vg. *Landes* (Gascogne), arr. et à 25 k. de St-Sever, cant. de Geaune, ✉ d'Arzacq. Pop. 339 h.

LACALM, *Aveyron*. V. CALME (la). — *Foires* les 1er fév., 3 mai, 29 août et 5 nov.

LACANAU, vg. *Gironde* (Guienne), arr. et à 44 k. de Bordeaux, cant. et ✉ de Castelnau-de-Médoc. Pop. 894 h.

LACANAU, vg. *Gironde*, comm. de Mios, ✉ de la Teste-de-Buch.

LACANCHE, vg. *Côte-d'Or* (Bourgogne), arr. et à 25 k. de Beaune, cant. et ✉ d'Arnay-le-Duc. Pop. 585 h.

LACANEDA, vg. *Dordogne* (Périgord), arr., cant., ✉ et à 5 k. de Sarlat. Pop. 162 h.

LACAPELLE. V. CAPELLE (la).

LACAPELLE-MARIVAL. V. CAPELLE-MARIVAL. — *Foires* les 26 janv., 11 fév., 7 mars, 12 mai, 25 juin, 13 juillet, 11 août, 22 sept., 21 oct., 19 nov., 11 déc. et le lundi de Quasimodo.

LACARRE, vg. *B.-Pyrénées* (Navarre), arr. de Mauléon, et à 20 k. de St-Palais, cant. et ✉ de St-Jean-Pied-de-Port. Pop. 259 h.

LACARRY, vg. *B.-Pyrénées* (Navarre),

arr. de Mauléon, et à 35 k. de St-Palais, cant. et ✉ de Tardets. Pop. 668 h.

LACASSAGNE, vg. *Dordogne* (Périgord), arr. et à 24 k. de Sarlat, cant. et ✉ de Terrasson. Pop. 549 h.

A peu de distance de ce village, à l'extrémité d'une gorge reculée qu'entourent des collines extrêmement arides et escarpées, on voit une des plus belles sources du département, connue sous le nom de Fontaine de Ladoux. Son bassin est de forme presque ronde ; sa plus grande largeur est de 42 m., son pourtour de 172 m. ; ses eaux ont la transparence du cristal et sont très-salubres ; sa surface est nette et n'est couverte d'aucune plante aquatique : on voit seulement le long de ses bords de belles nappes de cresson, dont le vert tendre contraste agréablement avec la couleur noire de l'abîme. Le bassin de cette source est entouré d'une chaussée, afin d'en élever les eaux pour rendre leur chute plus forte : ces eaux, en sortant du réservoir, font tourner un moulin à blé de quatre paires de meules et un pressoir ; sur les autres côtés du bassin sont quatre déversoirs, susceptibles de mettre encore en mouvement plusieurs établissements d'industrie.

LACASSAGNE, vg. *H.-Pyrénées* (Gascogne), arr. et à 18 k. de Tarbes, cant. et ✉ de Rabastens. Pop. 478 h.

LACASSE, vg. *H.-Garonne* (Gascogne), arr., cant., ✉ et à 13 k. de Muret. P. 344 h.

LACASTAGNÈRE, vg. *Gers* (Armagnac), arr., cant., ✉ et à 9 k. d'Auch. Pop. 189 h.

LACAUGNÉ, vg. *H.-Garonne* (Languedoc), arr. et à 22 k. de Muret, cant. de Rieux, ✉ de Noé. Pop. 411 h.

LACAUNE, petite ville, *Tarn* (Languedoc), arr. et à 47 k. de Castres, chef-l. de cant. Cure. Gîte d'étape. ✉. A 763 k. de Paris pour la taxe des lettres. Pop. 3,965 h. — TERRAIN cristallisé ou primitif.

Fabrique de grosses draperies. Exploitation de mines de fer. — Commerce de bestiaux. — Foires les 1er fév., 20 mars, 18 mai, 16 août, 4 oct. et 22 déc.

LACAUSSADE, vg. *Lot-et-Garonne* (Agénois), arr. et à 17 k. de Villeneuve-sur-Lot, cant. et ✉ de Monflanquin. Pop. 450 h.

LACAVE, vg. *Ariége* (Gascogne), arr. et à 14 k. de St-Girons, cant. et ✉ de St-Lizier. Pop. 417 h. Sur le Salat. — Construction de bateaux.

LACAVE, vg. *Lot* (Quercy), arr. et à 24 k. de Gourdon, cant. et ✉ de Souillac. P. 619 h.

LACAZE, vg. *Tarn* (Languedoc), arr. et à 40 k. de Castres, cant. et ✉ de Vabre. Pop. 2,520 h. — On y voit les restes d'un ancien château qui fut pris par les habitants de Castres en 1562. — *Foires* les 10 fév., 25 avril, 20 mai, 20 août, 9 sept. et 15 oct.

LAC-DES-ROUGES-TRUITES (le), vg. *Jura* (Franche-Comté), arr. à 32 k. de St-Claude, cant. et ✉ de St-Laurent. Pop. 687 h.

LACELLE. V. CELLE (la).

LACELLE (la), vg. *Orne* (Normandie), arr., cant. et à 24 k. d'Alençon, ✉ de Prez-en-Pail. Pop. 682 h.

LACENAS, vg. *Rhône* (Beaujolais), arr., cant., ✉ et à 6 k. de Villefranche-sur-Saône. Pop. 652 h.

LACÈNE, vg. *Lot-et-Garonne*, comm. de Sembas, ✉ de Villeneuve-sur-Lot.

LACÉPÈDE, vg. *Lot-et-Garonne* (Agénois), arr. et à 21 k. d'Agen, cant. de Prayssas, ✉ de Clairac. Pop. 822 h.

LACHALADE, vg. *Meuse* (Champagne), arr. et à 34 k. de Verdun-sur-Meuse, cant. et ✉ de Varennes-en-Argonne. Pop. 652 h.

LACHALEUR, vg. *Côte-d'Or* (Bourgogne), arr. et à 40 k. de Dijon, cant. et ✉ de Sombernon. ✉. Pop. 228 h.

LACHAMP, vg. *Drôme* (Dauphiné), arr., ✉ et à 8 k. de Montélimart, cant. de Marsanne. Pop. 446 h.

LACHAMP, vg. *Lozère* (Languedoc), arr. et à 19 k. de Mende, cant. de St-Amans, ✉ de Serverette. Pop. 601 h.

LACHAMP-RAPHAËL, vg. *Ardèche* (Vivarais), arr. et à 5 k. de Privas, cant. d'Antraigues, ✉ d'Aubenas. Pop. 608 h.

LACHAPELLE. V. CHAPELLE (la).

LA CHASSAGNE - ST - CYPRIEN, vg. *Rhône* (Lyonnais), arr. de Villefranche, cant. d'Anse.

LACHAU, vg. *Drôme* (Dauphiné), arr. et à 71 k. de Nyons, cant. et ✉ de Séderon. Pop. 727 h. — *Foires* les 11 juin, 1er et 21 déc.

LACHAUSSÉE. V. CHAUSSÉE (la).

LACHAUX, vg. *Puy-de-Dôme* (Auvergne), arr. et à 20 k. de Thiers, cant. et ✉ de Châteldon. Pop. 1,029 h. — *Foires* les 19 mai, lundi des Rameaux, 18 juin, 14 juillet, 4 sept. et 30 nov.

LACHÉ-ASSARS, vg. *Nièvre* (Nivernais), arr. et à 30 k. de Clamecy, cant. de Brinon-les-Allemands, ✉ de St-Révérien. Pop. 464 h.

LACHENAUD, vg. *Vendée*, comm. de St-Paul-en-Pareds, ✉ des Herbiers.

LACHÈZE. V. CHÈZE (la).

LACHY, vg. *Marne* (Brie), arr. et à 37 k. d'Epernay, cant. et ✉ de Sézanne. P. 399 h.

LACLASTRE, vg. *H.-Garonne* (Languedoc), arr. et à 21 k. de Villefranche-de-Lauragais, cant. et ✉ de Caraman. Pop. 61 h.

LACLAU, vg. *Aveyron*, comm. de Vesins, ✉ de Séverac.

LACŒUIL, vg. *Ain*, comm. de Poncin, ✉ de Cerdon.

LACOLLONGE, vg. *H.-Rhin* (Alsace), arr., ✉ et à 9 k. de Belfort, cant. de Fontaine. Pop. 213 h.

LACOLOUGE, vg. *Loire*, comm. d'Ambierle, ✉ de St-Germain-l'Espinasse.

LACOMBE, vg. *Ardèche*, comm. de Pranles, ✉ de Privas.

LACOMBE, vg. *Aveyron*, comm. de Castelnau-Peyralès, ✉ de Sauveterre.

LACOMBE, vg. *Lot*, comm. de la Capelle-Cabanac, ✉ de Puy-l'Evêque.

LACOMMANDE, vg. *B.-Pyrénées* (Béarn), arr. et à 12 k. d'Oloron, cant. et ✉ de Lasseube. Pop. 288 h.

LACOSTE, ou MARCIGOL, vg. *Gard*, com. de St-Just, ✉ d'Alais.

LACOSTE, vg. *Hérault* (Languedoc), arr. et à 15 k. de Lodève, cant. et ✉ de Clermont. Pop. 289 h.

LACOSTE, vg. *Lot*, comm. d'Aynac, ✉ de Gramat.

LACOSTE, vg. *Vaucluse* (Provence), arr., ✉ et à 13 k. d'Apt, cant. de Bonnieux. Pop. 602 h.

LACOU, vg. *H.-Alpes*, comm. du Noyer, ✉ de St-Bonnet.

LACOUDRE, ou PONT-A-LA-VIEILLE, vg. *Manche*, comm. de Négreville, ✉ de Valognes.

LACOULEYRE, vg. *Gironde*, comm. de Landiras, ✉ de Podensac.

LACOUR-DORIGNY, vg. *Yonne*, comm. de Ste-Colombe-en-Morvant, ✉ de Lucy-le-Bois.

LACOURCETTE, vg. *H.-Vienne*, comm. de Rançon, ✉ de Bellac.

LACOURT, vg. *Ariége* (Gascogne), arr., cant., ✉ et à 5 k. de St-Girons. Pop. 1,278 h. Sur le Salat. — On y voit les ruines d'un ancien château et d'une tour dite la Tour de Marmande. — Carrière de marbre. Tuilerie.

LACOURT, vg. *Tarn-et-Garonne* (Quercy), arr. et à 28 k. de Moissac, cant. et ✉ de Montaigut. Pop. 935 h. — *Foires* les 13 janv., 6 fév., 7 mai, 17 juin, 18 août, 3 sept. et 15 déc.

LACOURT-ST-PIERRE, vg. *Tarn-et-Garonne* (Languedoc), arr. et à 15 k. de Castel-Sarrasin, cant. et ✉ de Montech. Pop. 512 h.

LACOURTADE-CORNEBOUC, ou ST-JEAN-DE-RIVIÈRE, vg. *Tarn*, ✉ de Gaillac.

LACOUX, vg. *Ain* (Bourgogne), arr. et à 30 k. de Belley, cant. de Hauteville, ✉ de St-Rambert. Pop. 344 h.

LACQ, vg. *B.-Pyrénées* (Béarn), arr. et à 15 k. d'Orthez, cant. de Lagor, ✉ d'Artix. Pop. 659 h.

LACQUY, vg. *Landes* (Gascogne), arr. et à 24 k. de Mont-de-Marsan, cant. et ✉ de Villeneuve. Pop. 557 h.

LACRABE, vg. *Landes* (Gascogne), arr. et à 18 k. de St-Sever, cant. et ✉ d'Hagetman. Pop. 383 h.

LACRES, vg. *Pas-de-Calais* (Boulonais), arr. et à 20 k. de Boulogne-sur-Mer, cant. et ✉ de Samer. Pop. 330 h.

LACROISILLE, vg. *Tarn* (Languedoc), arr. et à 18 k. de Lavaur, cant. de Cuq-Toulza, ✉ de Puylaurens. Pop. 356 h.

LACROIX, vg. *Sarthe*, comm. de Ligron, ✉ de Foulletourte.

LACROT, vg. *Saône-et-Loire*, comm. de Préty, ✉ de Tournus.

LACROUZETTE, vg. *Tarn* (Languedoc), arr. et à 15 k. de Castres, cant. et ✉ de Roquecourbe. Pop. 229 h. — On remarque aux environs plusieurs monuments celtiques. — *Fabriques de bonneterie en laine. — Foires les 15 fév., 12 mai, 16 août et 19 nov.*

LACS (les), *B.-Alpes*, comm. d'En-trevaux.

LACS, vg. *Indre* (Berry), arr., caut., ✉ et à 3 k. de la Châtre. Pop. 426 h.

LACTENCIN (St-), vg. *Indre* (Berry), arr. et à 17 k. de Châteauroux, cant. et ✉ de Buzançais. Pop. 636 h.

LACTORA, et **LACTORATES**, lat. 44°, long. 19°. « Aucun des anciens géographes n'en fait mention ; mais plusieurs inscriptions du temps des Antonins portent le nom de *Lactorates*, et de *Civitas Lactoratensis*. Dans la Notice des provinces de la Gaule, *Civitas Lactoratium* est une de celles de la Novempopulane. Je pense même qu'en recherchant quelles peuvent être les neuf cités qui ont donné lieu à ce nom de Novempopulane, celle des *Lactorates* paraît devoir y tenir une place. Outre le nom de *Lactora* dans la Table théodosienne, on y voit celui de *Lactorates*. Entre les souscriptions du concile d'Agde tenu en 506, est celle de *Vigilius, episcopus de civitate Lactorensi*. Le nom des *Lactorates* n'a pourtant point fait celui de la contrée des environs qui est appelée *Leomania*, la Laumague. L'Itinéraire d'Antonin place *Lactorá* entre *Aginnum* et *Climberrum*, ou Auch ; et la distance à l'égard de l'une et de l'autre de ces villes est marquée XV. Je suis informé qu'on reconnaît la trace de la voie romaine entre Lectoure et Auch ; et selon les opérations faites en France, l'intervalle en droite ligne est, à quelques centaines de toises près, de 17,000. Or le calcul de 15 lieues gauloises donne environ 17,000 toises ; et il en est à peu près de même entre Lectoure et Agen. » D'Anville. *Notice de l'ancienne Gaule*, p. 395. V. aussi Walckenaer. *Géographie des Gaules*, t. i, p. 196, 287.

LACUS, vg. *H.-Garonne*, comm. de Couledoux, ✉ d'Aspet.

LACUS LAUSONIUS (lat. 47°, long. 25°). « C'est la position d'un lieu particulier, plutôt que le lac Léman, qui se trouve désigné par ce nom dans l'Itinéraire d'Antonin et dans la Table théodosienne, avec cette différence qu'on lit Losonne dans la Table. Les habitants du lieu sont appelés *Lousonnenses* dans une inscription, que M. Bochat dit avoir été déterrée en 1739. Ce n'est point dans l'emplacement actuel de Lausane, mais plus près du lac et dans un district appelé *Vidi*, qu'on a trouvé cette inscription, et plusieurs autres vestiges d'habitation. La translation du siège épiscopal d'*Aventicum* vers la fin de VI° siècle a fait l'illustration de Lausane. La Table marque XIII entre la position appelée *Lacus Lasonius* et *Viriscus* ; l'itinéraire XX entre *Equestris* et *Lacus Lausonius*. Ces indications, qui ne donnent que 33, ne paraissent pas suffisantes. Une colonne miliaire à St-Saphorin, près de *Viviscus*, ou de Vevai, ou dont le numéro qui est XXXVII, ne peut se rapporter qu'à la position de Nion, ou de la colonie équestre, fait connaître que la mesure itinéraire demande au moins 38 dans l'intervalle de Nion à Vevai ; et en admettant XIII entre *Viviscus* et *Lousone*, la distance de *Lousone* à *Equestris* serait XXV. Mais cette définition des distances n'est point en proportion avec les intervalles que donne le local de *Viviscus* à *Lousone*, et de *Lousone* à *Equestris*. Car on pourrait estimer XVII, au lieu de XIII que marque la Table, entre *Lousone* et *Viviscus*, et environ XXI de *Lousone* à *Equestris*, parce que l'indication de l'Itinéraire est un peu courte sur le pied de XX. Il faut ajouter qu'en ces distances il ne peut être question que du mille romain, comme prenant moins d'espace que la lieue gauloise; et il est naturel de voir la mesure du mille employée sur une voie qui sort d'une colonie romaine, à laquelle le numéro des colonnes paraît avoir été relatif. Je remarque même que les distances qui, au delà de *Viviscus*, et en traversant la vallée Pennine conduisent au passage des Alpes, pour entrer en Italie, sont pareillement en milles romains. » D'Anville. *Notice de l'ancienne Gaule*, p. 396.

LACYDON PORTUS (lat. 44°, long. 24°). « C'est le nom du port de Marseille, selon Pomponius Méla, et Eustathe sur Denis Périégète. On lit *Halycidon* dans quelques éditions de Méla. » D'Anville. *Notice de l'ancienne Gaule*, p. 397.

LADAPEYRE, bg *Creuse* (Marche), arr., cant. et à 16 k. de Guéret, ✉ de Jarnages. Pop. 1,596 h.

LADAUX, vg. *Gironde* (Guienne), arr. à 25 k. de la Réole, cant. de Targon, ✉ de Cadillac. Pop. 287 h.

LADERN, vg. *Aude* (Languedoc), arr. et à 18 k. de Limoux, cant. et ✉ de St-Hilaire. Pop. 523 h. — *Foire* le 12 juin.

LADEVÈZE-RIVIÈRE, vg. *Gers* (Armagnac), arr. et à 29 k. de Mirande, cant. et ✉ de Marciac. Pop. 713 h.

LADEVÈZE-VILLE, petite ville, *Gers* (Armagnac), arr. et à 30 k. de Mirande, cant. et ✉ de Marciac. Pop. 633 h.

LADIGNAC, vg. *Aveyron*, comm. de Thérondels, ✉ de Mur-de-Barrez.

LADIGNAC, vg. *Corrèze* (Limousin), arr., cant., ✉ et à 10 k. de Tulle. Pop. 593 h.

LADIGNAC, vg. *Lot-et-Garonne*, comm. de Penne, ✉ de Villeneuve-sur-Lot.

LADIGNAC, vg. *H.-Vienne* (Limousin), arr., cant., ✉ et à 12 k. de St-Yrieix. Pop. 2,585 h. — Forges et hauts fourneaux. — *Foires* les 23 mars, 23 mai, 23 oct. et 23 déc.

LADINHAC, vg. *Cantal* (Auvergne), arr. et à 26 k. d'Aurillac, cant. et ✉ de Montsalvy. Pop. 1,123 h.

LADIVERT, vg. *H.-Garonne*, comm. et ✉ de St-Béat.

LADIVILLE, vg. *Charente* (Angoumois), arr., cant., ✉ et à 10 k. de Barbézieux. Pop. 425 h.

LADOIX, vg. *Côte-d'Or*, comm. de Serrigny, ✉ de Beaune.

LADON, vg. *Loiret* (Gatinais), arr. et à 15 k. de Montargis, cant. de Bellegarde. ✉. A 124 k. de Paris pour la taxe des lettres. Pop. 1,245 h. — *Foires* les 17 janv., 1er mardi de carême, 1er mai, 24 août et 2 nov. — Fabriques de serges.

LADONCHAMP, vg. *Moselle*, comm. de Woippy, ✉ de Metz.

LADORNAC (la), vg. *Dordogne* (Périgord), arr. et à 29 k. de Sarlat, cant. et ✉ de Terrasson. Pop. 743 h.

LADOS, vg. *Gironde* (Bazadois), arr., ✉ et à 7 k. de Bazas, cant. d'Auros. Pop. 327 h.

LADOSSE, vg. *Dordogne* (Périgord), arr. et à 15 k. de Nontron, cant. et ✉ de Mareuil. Pop. 433 h.

LADOUX, vg. *Allier*, comm. de Beaune, ✉ de Montmarault.

LADOUZE, bg *Dordogne* (Périgord), arr., ✉ et à 22 k. de Périgueux, cant. de St-Pierre-de-Chignac. Pop. 1,005 h. — *Foires* les 30 avril, 30 nov. et jeudi saint.

LADOYE, vg. *Jura* (Franche-Comté), arr. et à 20 k. de Lons-le-Saulnier, cant. et ✉ de Voiteur. Pop. 247 h.

LADRÉE, vg. *Saône-et-Loire*, comm. et ✉ d'Épinac.

LADRET, vg. *Drôme*, comm. de Lachamp, ✉ de Séderon.

LADUZ, vg. *Yonne* (Champagne), arr. et à 15 k. de Joigny, cant. et ✉ d'Aillant-sur-Tholon. Pop. 370 h.

LADY, *Seine-et-Marne*, ✉ de Mormant.

LAFARE. V. **Fare** (la).

LAFAT, vg. *Creuse* (Marche), arr. à 27 k. de Guéret, cant. et ✉ de Dun-le-Palleteau. Pop. 1,028 h.

LAFAT, vg. *Indre*, comm. de Montchévrier, ✉ d'Aigurande.

LAFAYE, vg. *Saône-et-Loire*, comm. et ✉ de St-Germain-du-Bois.

LAFERRIÈRE. V. **Ferrière** (la).

LAFFAUX, vg. *Aisne* (Picardie), arr., ✉ et à 15 k. de Soissons, cant de Vailly. P. 291 h.

LAFFITAU, vg. *H.-Garonne* (Comminges), arr., cant., ✉ et à 11 k. de St-Gaudens. Pop. 62 h.

LAFFITTE, vg. *Lot-et-Garonne* (Agénois), arr. et à 28 k. de Marmande, cant. de Tonneins, ✉ de Clairac. Pop. 1,060 h. — *Foires* les 1er mars, 25 mai, 13 juin, 12 août, 9 sept. et 18 nov.

LAFFITTE-VIGORDANE, vg. *H.-Garonne* (Languedoc), arr. et à 24 k. de Muret, cant. du Fousseret, ✉ de Rieux. Pop. 508 h.

LAFFREY, vg. *Isère* (Dauphiné), arr. et à 24 k. de Grenoble, cant. et ✉ de Vizille. ✧. Pop. 466 h. — Il est situé dans une haute vallée dont le fond est occupé par trois lacs. Patrie du féroce baron DES ADRETS. De J.-V. DUMOLARD, député à l'assemblée législative et membre du corps législatif. Carrière de marbre noir exploitée. — *Foires* les 3 et 3e jeudi d'oct.

LAFITE, vg. *Tarn-et-Garonne* (Languedoc), arr., ✉ et à 12 k. de Castel-Sarrasin, cant. de St-Nicolas-de-la-Grave. Pop. 537 h.

LAFITEAU, vg. *H.-Garonne*, comm. de Cardeilhac, ✉ de Boulogne.

LAFITOLE, vg. *H.-Pyrénées* (Bigorre), arr. et à 26 k. de Tarbes, cant. et ✉ de Maubourguet. Pop. 981 h.

LAFITTE, vg. *H.-Garonne*, comm. de Castelnau-d'Estrefons, ✉ de St-Jory.

LAFITTE-TROUPIÈRE, vg. *H.-Garonne* (Comminges), arr. et à 22 k. de St-Gaudens, cant. et ✉ de St-Martory. Pop. 404 h.

LAFON, vg. *Charente-Inf.*, comm. de St-Augustin-sur-Mer, ✉ de la Tremblade.

LAFOND, vg. *Charente-Inf.*, comm. de Cognehors, ✉ de la Rochelle.

LAFOND-ROI, vg. *Indre*, comm. de St-Août, ✉ de Châteauroux.

LAFORCE, petite ville, *Dordogne* (Périgord), arr., bureau d'enregist., ✉ et à 11 k. de Bergerac, chef-l. de canton. Cure. Pop. 893 h. — Terrain tertiaire moyen.

Elle était autrefois célèbre par son ancien château, l'un des plus beaux monuments d'architecture du XVIe siècle, détruit pendant les orages de notre première révolution.

Commerce de vins et de bestiaux. — *Foires* le 1er de chaque mois.

LAFOUX. V. Foux (la).

LAFOX, vg. *Lot-et-Garonne* (Agénois), arr., ✉ et à 11 k. d'Agen, cant. de Puymirol. Pop. 317 h.

LAFRANÇAISE. V. Française (la). — *Foires* les 18 janv. (3 jours), 24 avril, 30 juin, 29 sept. et 6 nov.

LAFRAYE, vg. *Oise* (Picardie), arr., ✉ et à 18 k. de Beauvais, cant. de Nivillers. Pop. 230 h.

LAGAMAS, vg. *Hérault* (Languedoc), arr. et à 23 k. de Lodève, cant. et ✉ de Gignac. Pop. 78 h.

LAGANE, vg. *Cantal*, comm. de Menet, ✉ de Bort.

LAGARDE. V. Garde (la).

LAGARDÈRE, vg. *Gers* (Armagnac), arr. et à 14 k. de Condom, cant. et ✉ de Valence. Pop. 262 h.

LAGARDIOLLE, petite ville, *Tarn* (Languedoc), arr. et à 19 k. de Castres, cant. et ✉ de Dourgne. Pop. 302 h.

LAGARENGUE, vg. *Gironde*. V. Garengue (la).

LAGARRIGUE, vg. *Tarn* (Languedoc), arr., ✉ et à 5 k. de Castres, cant. de Labruguière. Pop. 270 h.

LAGEIVAC, vg. *H.-Vienne*, comm. et ✉ de Chalus.

LAGER (St-), vg. *Ardèche* (Vivarais), arr. et à 13 k. de Privas, cant. et ✉ de Chomérac. Pop. 741 h.

LAGER (St-), bg *Rhône* (Beaujolais), arr. et à 14 k. de Villefranche-sur-Saône, cant. et ✉ de Belleville-sur-Saône. Pop. 1,142 h. — On y voit un vieux château qui a appartenu aux sires de Beaujeu. — *Foires* les 1er et 2 mai, 29 juin et 29 sept.

LAGERVILLE, vg. *Seine-et-Marne*, com. de Chaintreaux, ✉ d'Egreville.

LAGERY, vg. *Marne* (Champagne), arr. et à 23 k. de Reims, cant. et ✉ de Ville-en-Tardenois. Pop. 446 h. — *Foires* les 31 mai, 4 juillet, 24 sept. et 26 déc.

LAGES, vg. *H.-Garonne*. V. St-Pierre-de-Lages.

LAGESSE, vg. *Aube* (Champagne), arr. et à 21 k. de Bar-sur-Seine, cant. et ✉ de Chaource. Pop. 526 h.

LAGNELAS, vg. *Isère*, comm. et ✉ de Voiron.

LAGNEN, vg. *H.-Alpes*, comm. de Risoul, ✉ de Mont-Dauphin.

LAGNES, vg. *Vaucluse* (Comtat), arr. et à 28 k. d'Avignon, cant. et ✉ de l'Isle. Pop. 901 h. — *Foires* les 3 mai et 14 sept.

LAGNEY, vg. *Meurthe* (pays Messin), arr., cant., ✉ et à 10 k. de Toul. Pop. 797 h.

LAGNICOURT, vg. *Pas-de-Calais* (Artois), arr. et à 22 k. d'Arras, cant. et ✉ de Marquion. Pop. 822 h.

LAGNIEU, *Lagniacus*, petite ville, *Ain* (Bourgogne), arr. et à 50 k. de Belley, chef-l. de cant. Cure. Gîte d'étape. ✉. A 461 k. de Paris pour la taxe des lettres. Pop. 2,531 h. — Terrain d'alluvions modernes. — Elle est bâtie près de la rive droite du Rhône, qu'on passe sur un pont suspendu, près de deux montagnes couvertes de vignes, du pied desquelles sortent deux fontaines considérables dont les eaux alimentent plusieurs usines, se répandent dans la ville, où elles entretiennent la propreté, et vont ensuite servir à l'irrigation des prairies environnantes.

Fabriques de chapeaux de paille façon d'Italie, et culture de cette paille. Tanneries. Moulins à blé. — *Foires* les 22 et 23 janv., 25 juin, 29 août, 7 déc. et 2e lundi de carême.

LAGNY, vg. *Oise* (Picardie), arr. et à 33 k. de Compiègne, cant. de Lassigny, ✉ de Noyon. Pop. 838 h.

LAGNY, *Laniacum, Latiniacum Brigensæ*, petite ville très-ancienne, *Seine-et-Marne* (Ile-de-France), arr. et à 20 k. de Meaux, chef-l. de cant. Cure. Gîte d'étape. ✉. A 31 k. de Paris pour la taxe des lettres. Pop. 2,212 h. — Terrain tertiaire inférieur.

Cette ville est bâtie dans une situation fort agréable, sur la rive gauche de la Marne, entre deux coteaux couverts de vignes et de belles prairies. Son origine est presque aussi ancienne que la monarchie. — Au VIIe siècle, un seigneur écossais y fonda une abbaye, que les comtes de Champagne Thibaut II et Thibaut IV comblèrent de biens considérables. En 835, Louis le Débonnaire y tint un parlement où il ordonna la réparation des églises qui avaient été ruinées pendant les troubles. Dans le XIe siècle, les Normands pillèrent et détruisirent le monastère de Lagny. Cette ville paraît avoir été fortifiée au commencement du XIIIe siècle ; il paraît même qu'elle a eu deux clôtures, dont une plus vaste que celle qui existe, et dont il subsiste encore quelques vestiges du côté de la partie orientale. En 1358 la ville fut prise et brûlée par les Anglais. En 1418 les Armagnacs, partisans de Charles VII, s'emparèrent de Lagny.

Sous le règne de François Ier les moines de l'abbaye, auxquels s'étaient joints les habitants de Lagny, se révoltèrent contre les troupes du roi, qui envoya le capitaine de Lorges pour les soumettre. En 1544 ce capitaine vint mettre le siège devant Lagny, dont les habitants se défendirent courageusement. De Lorges, indigné de leur résistance, pressa vivement ses attaques, donna assaut sur assaut, et parvint à s'emparer de la ville. Le soir même il ordonna une fête où il invita toutes les dames de Lagny ; mais cette conduite, pacifique en apparence, cachait des projets de violence et de perfidie : au milieu de la fête, de Lorges fait fermer les portes, et dans un instant tous les hommes en état de porter les armes furent massacrés, et toutes les femmes livrées sans distinction à l'impétueuse luxure des soldats. Lagny fut dépeuplé d'hommes. Les femmes, fécondées par les caresses brutales des militaires, produisirent bientôt une nouvelle génération qui repeupla la ville.

Les habitants de Lagny, auxquels dans la suite on reprocha leur origine, ne peuvent encore aujourd'hui souffrir qu'on la leur rappelle. Ils entrent alors en fureur, et prouvent leur excessive sensibilité au reproche d'un événement dont ils furent les malheureuses victimes. Celui qui, pour une faible allusion au quolibet de Lorges, demanderait, à Lagny, *Combien vaut l'orge?* serait très-mal accueilli par les habitants. Ils étaient autrefois dans l'usage de faire arrêter le questionneur indiscret, en criant *l'orge! l'orge!* de le traîner vers une fontaine, de lui faire faire plusieurs fois le tour du bassin, et puis de le tremper suffisamment dans l'eau.

Cette fontaine, dont les eaux sont aussi abondantes que salubres, est située au milieu de la place du marché, devant l'église de l'ancienne abbaye. Sur la pile qui s'élevait au centre du principal bassin étaient gravés des vers latins qui attestaient la susceptibilité des habitants et leur manière de se venger d'une plaisanterie souvent innocente. En voici la traduction :

« Arrête-toi, naïade, n'abandonne pas un lieu où tu es chérie : qu'as-tu à craindre sous les auspices de l'amitié ? C'est toi qui nous venges des injures adressées aux humains ; et si quelque mauvais plaisant se présente, ton onde lui apprendra à se taire. »

Le ministère public a dû s'opposer plusieurs fois aux désordres qu'occasionnait souvent l'innocente plaisanterie des étrangers, dont plusieurs payèrent de leur vie leur immersion dans les eaux glacées de la fontaine. En 1739, une sentence de police faisait défense de demander combien valait l'orge, à peine de trente livres d'amende ; et aux habitants d'user de violence et de voies de fait envers ceux qui feraient cette question. Mais cette sentence ne fut guère respectée. — Depuis on a fait disparaître l'inscription qui était sur la fontaine.

Les armes de **Lagny** sont : *d'azur à la lettre gothique L couronnée d'or au côté dextre, et un clou d'or couronné du côté senestre.*

Lagny possède une jolie église, qui n'est que le chœur d'un vaste édifice inachevé, vers le milieu du XIVe siècle, par Pierre de la Crique, après le départ des Anglais ; elle a double rang de bas côtés et cinq chapelles autour du sanctuaire. — Les fossés et les restes des anciennes fortifications ont été convertis en promenades publiques.

Commerce de grains, farines, fromages de Brie, bois, plâtre, chanvre, volailles et bestiaux. — Manufacture d'albâtre. — *Foires* les 3 janv., 1er dimanche de juillet, 24 août et 30 nov. Celle du 1er dimanche de juillet donne lieu à un pèlerinage, sous l'invocation de saint Prix, qui dure neuf jours.

LAGNY-LE-SEC, *Latiniacum*, vg. *Oise* (Picardie), arr. et à 17 k. de Senlis, cant. de Nanteuil-le-Haudouin, ✉ de Dammartin. Pop. 379 h.

Lagny est un village fort ancien, où les rois de France avaient une maison de plaisance au VIe siècle. Les templiers y avaient un établissement, dont on retrouva le cimetière en 1808. Le défrichement fit rencontrer trente cercueils de pierre, dont quelques-uns renfermaient des armes à l'usage des chevaliers du Temple. — Il y avait aussi dans ce village un ancien château flanqué de quatre tours, qui a été démoli en 1820. — L'église paroissiale, sous l'invocation de saint Pierre et saint Paul, offre des restes d'architecture romane ; la nef est moderne ; le clocher est une tour carrée à fenêtres en plein cintre, surmontée d'une flèche, couverte en ardoises.

La montagne de Lagny, au nord du village, offre de son sommet une vue magnifique sur le Santerre et le Vermandois. Sur la déclivité méridionale de cette colline existe une tombelle nommée le Châtelet. C'est une butte circulaire, haute de 15 m., large de 40. Elle est couronnée par un bouquet de vieux arbres qui la font distinguer de fort loin.

LAGOR, bg *B.-Pyrénées* (Béarn), arr., ✉ et à 17 k. d'Orthez, chef-l. de cant. Pop. 1,736 h.

LAGORCE, vg. *Ardèche* (Languedoc), arr. et à 21 k. de Largentière, cant. et ✉ de Vallon. Pop. 1,843 h. — *Foire* le 20 janv.

LAGORCE, vg. *Gironde* (Guienne), arr. et à 21 k. de Libourne, cant. de Guîtres, ✉ de Coutras. Pop. 1,280 h. — *Foires* les 14 avril, 14 mai, 13 juin, 17 juillet, 25 août et 25 sept.

LAGORD, bg *Charente-Inf.* (Aunis), arr., cant., ✉ et à 3 k. de la Rochelle. Pop. 960 h.

LAGORGUE. V. GORGUE (la).

LAGOS, vg. *B.-Pyrénées* (Béarn), arr. et à 16 k. de Pau, cant. de Clarac-près-Nay, ✉ de Nay. Pop. 370 h.

LAGOUARDE, vg. *Gers*, comm. de Lartigue, ✉ d'Auch.

LAGOURGUE, vg. *Lot-et-Garonne*, com. et ✉ de Clairac.

LAGRAND, vg. *H.-Alpes* (Dauphiné), arr. et à 40 k. de Gap, cant. d'Orpierre, ✉ de Serres. Pop. 249 h. — *Foires* les 4 avril et 8 sept.

LAGRANDVILLE, vg. *Moselle*. V. CONSLA-GRANDVILLE.

LAGRASSE, *Grassa, Crassa*, petite ville, *Aude* (Languedoc), arr. et à 35 k. de Carcassonne, chef-l. de cant. Cure. ✉. A 815 k. de Paris pour la taxe des lettres. Pop. 1,316 h. — TERRAIN crétacé inférieur, grès vert.

Lagrasse est une commune fort ancienne, qui doit son origine à une abbaye fondée avant le VIIIe siècle dans un vallon désert arrosé par l'Orbiel, et environné de rochers escarpés. Les bâtiments de ce monastère, reconstruits ou réparés à différentes époques, ont été conservés, et sont encore aujourd'hui en bon état ; ils forment une étendue immense, et sont très-susceptibles d'être convertis en manufactures. La partie moderne de l'abbaye peut être comparée, pour l'élégance de son architecture, aux plus beaux édifices de la capitale ; l'église renferme plusieurs tableaux estimés de l'Espagnolet, représentant les sacrements.

Les armes de **Lagrasse** sont : *d'azur à un pont d'argent d'une seule arche supportant trois tours crénelées de même, et une rivière d'argent ombrée d'azur posée en pointe.*

Fabriques de cuirs. Moulins à huile et à foulon. Mines de fer importantes qui alimentent plusieurs forges. — *Foires* les 3 août et 17 oct.

LAGRASTIÈRE, vg. *Isère*, comm. de Miribel, ✉ des Echelles.

LAGRAULAS, vg. *Gers* (Armagnac), arr. et à 27 k. de Condom, cant. d'Eauze, ✉ de Vic-Fézensac. Pop. 515 h.

LAGRAULET, vg. *H.-Garonne* (Armagnac), arr. et à 42 k. de Toulouse, cant. et ✉ de Cadours. Pop. 455 h.

LAGRAULET, vg. *Gers* (Armagnac), arr. et à 15 k. de Condom, cant. de Montréal, ✉ de Gondrin. Pop. 1,136 h. — *Foires* les 23 juillet et 29 déc.

LAGRAULIÈRE, vg. *Corrèze* (Limousin), arr. et à 20 k. de Tulle, cant. et ✉ de Seillac. Pop. 1,930 h. — *Foires* les 13 janv., 5 fév., 3 mai, 2 juillet, 1er et 6 août, 1er et 15 sept., 11 et 19 nov., 21 et 29 déc., et lundi après la mi-carême.

LAGRAVE, petite ville, *Tarn* (Languedoc), arr., cant., ✉ et à 9 k. de Gaillac. P. 820 h. Sur le Tarn.

Cette ville était autrefois défendue par un château fort, dont le comte Raymond s'empara en 1211, et voici comment. Les habitants, qui subissaient la domination de Montfort, désiraient fort de rentrer sous celle de Raymond, et un tonnelier leur en procura le moyen, mais un moyen trop cruel pour mériter un succès durable. Comme le gouverneur du château faisait réparer un tonneau, l'ouvrier, qui ne cherchait que l'occasion de tuer ce gardien incommode, lui persuade d'entrer un moment dans le tonneau, pour bien juger s'il est réparé suivant ses intentions ; le gouverneur se courbe pour examiner l'intérieur du tonneau, et le tonnelier lui abat la tête d'un seul coup de hache. Aussitôt les habitants de Lagrave prennent les armes, et font main basse sur toute la garnison. Mais le fameux Baudouin, allié de Montfort, averti de cette perfidie, arriva de grand matin devant le château avec une troupe de gens bien armés et portant la bannière du comte de Toulouse. Les habitants, trompés par cette bannière, lui ouvrent leurs portes, et Baudouin, profitant de leur erreur et de leur surprise, les fit tous passer au fil de l'épée.

Foire le 20 mai.

LAGROT, vg. *Saône-et-Loire*, comm. d'Ozolles, ✉ de Charolles.

LAGRUÈRE, vg. *Lot-et-Garonne* (Agenois), arr. et à 15 k. de Marmande, cant. du Mas-d'Agenais, ✉ de Tonneins. Pop. 1,251 h.

LAGUENNE, vg. *Corrèze* (Limousin), arr., cant., ✉ et à 5 k. de Tulle. Pop. 899 h. — Dans l'église paroissiale, édifice moderne à l'exception de deux chapelles du XVIe siècle, on remarque une suspension où l'on conservait autrefois l'eucharistie ; c'est une colombe en cuivre rouge ciselé et émaillé, dont les pattes reposent sur un disque attaché par trois chaînettes à un cercle décoré de tourelles, et suspendu lui-même à la voûte. — On voit aussi dans cette église une châsse ciselée et émaillée, en forme de maison recouverte d'un toit. Sur la face principale, Jésus-Christ ou Dieu le Père, en ronde bosse, donne sa bénédiction de la main droite et tient un livre de la gauche ; deux anges en bas-relief l'encensent. A sa gauche, une figurine d'évêque, de dimension plus petite, fait saillie sur le cuivre ; de l'autre côté saint Calmine est revêtu d'un froc. Les faces latérales des deux extrémités sont ornées de figures de saint Pierre et de saint Paul, gravées au trait sur le cuivre doré et se détachant sur un fond bleu. — *Foire* le 13 déc.

LAGUÉPIE, bg *Tarn-et-Garonne* (Languedoc), arr. et à 65 k. de Montauban, cant. et ✉ de St-Antonin. Pop. 1,178 h. — *Foires* le 14 de chaque mois.

LAGUES (las), vg. *H.-Pyrénées*, comm. de Campan, ✉ de Bagnères-de-Bigorre.

LAGUETTE, vg. *Côte-d'Or*, comm. de Liernais, ✉ de Saulieu.

LAGUIAN-MIÉLAN, vg. *Gers* (Armagnac), arr. et à 17 k. de Mirande, cant. et ✉ de Miélan. Pop. 533 h.

LAGUILLON, vg. *Ariège*, comm. de Belesta, ✉ de Lavelanet.

LAGUINGE, vg. *B.-Pyrénées* (Gascogne), arr. de Mauléon, à 34 k. de St-Palais, cant. et ✉ de Tardets. Pop. 185 h.

LAGUIOLE, petite ville, *Aveyron* (Rouergue), arr. et à 25 k. d'Espalion, chef-l. de cant. Cure. Relais d'étape. ✉. A 549 k. de Paris pour la taxe des lettres. P. 2,174 h. — TERRAIN volcanique, basalte.

Cette ville est bâtie dans une contrée sauvage, au centre des montagnes de Viadène, sur le penchant d'une roche basaltique au pied de laquelle coule la rivière de la Selve. C'était jadis une des châtellenies du Rouergue, où l'on avait établi un séminaire et un collège secondaire.

Le sommet de la montagne où s'élève Laguiole a servi de point d'observation à MM. Delambre et Méchain, qui en ont évalué la hauteur à 1,096 m. au-dessus du niveau de la mer. — Le sang est aussi beau dans cette ville que l'air y est pur ; les femmes surtout y sont d'une extrême fraîcheur.

Laguiole est le centre d'un commerce assez considérable d'excellents fromages qui se fabriquent dans les montagnes environnantes ;

ils sont de la même nature et de la même forme que ceux du Cantal, mais supérieurs à ceux-ci pour la qualité. Le fromage de Laguiole ne le cède pas à celui de Hollande, auquel il ressemble pour la pâte comme pour le goût ; et s'il prenait envie à quelques propriétaires montagnards qui le fabriquent, de lui donner la forme et la dimension de ce dernier, il n'y a pas de doute que cette espèce de contrefaçon ne trompât beaucoup d'amateurs.

Fabriques de bas à l'aiguille et d'étoffes de laine. — *Commerce* de fromages et de bestiaux. — *Foires* importantes pour la vente des bestiaux les 8 août, 23 sept., 25 nov., 29 déc., et le samedi qui précède le dimanche de la Passion.

LAGUPIE, vg. *Lot-et-Garonne* (Bazadois), arr., ✉ et à 9 k. de Marmande, cant. de Seyches. Pop. 585 h.

LAHAGE, vg. *H.-Garonne* (Gascogne), arr. et à 24 k. de Muret, cant. et ✉ de Rieumes. Pop. 201 h.

LAHAIMEIX, vg. *Meuse* (Lorraine), arr. de Commercy, ✉ et à 12 k. de St-Mihiel, cant. de Pierrefitte. Pop. 347 h.

LAHAISE, vg. *Eure*, comm. de Bémécourt, ✉ de Breteuil.

LAHARIE, vg. *Landes*, comm. d'Onesse, ✉ de Tartas.

LAHARMAND, vg. *H.-Marne* (Champagne), arr., cant., ✉ et à 7 k. de Chaumont-en-Bassigny. Pop. 184 h.

LAHAS, vg. *Gers* (Armagnac), arr. et à 10 k. de Lombez, cant. et ✉ de Samatan. Pop. 653 h.

LAHAYVILLE, vg. *Meuse* (Lorraine), arr. de Commercy, cant. et à 20 k. de St-Mihiel, ✉ de Noviant-aux-Prés. Pop. 84 h.

LAHEYCOURT, vg. *Meuse* (Lorraine), arr. et à 19 k. de Bar-le-Duc, cant. de Vaubécourt, ✉ de Revigny. Pop. 1,282 h. — *Foires* les 9 mai et 9 nov.

LAHILLAIRE, vg. *Gers*, comm. de Monblanc, ✉ de Lombez.

LAHITAU, vg. *H.-Pyrénées*, comm. de Sénac ; ✉ de Rabastens.

LAHITÈRE, vg. *H.-Garonne* (Languedoc), arr. et à 43 k. de Muret, cant. et ✉ de Montesquieu-Volvestre. Pop. 234 h.

LAHITTE, vg. *Gers* (Armagnac), arr., cant., ✉ et à 8 k. d'Auch. Pop. 201 h.

LAHITTE, vg. *H.-Pyrénées* (Gascogne), arr. et à 20 k. de Bagnères-de-Bigorre, cant. et ✉ de la Barthe-de-Neste. Pop. 174 h.

LAHITTE, vg. *H.-Pyrénées* (Gascogne), de Bonnefont, ✉ de Trie.

LAHITTE-ÈS-ANGLES, vg. *H.-Pyrénées* (Gascogne), arr. d'Argelès, ✉ et à 7 k. de Lourdes. Pop. 305 h.

LAHITTE-TOUPIÈRE, vg. *H.-Pyrénées* (Gascogne), arr. et à 32 k. de Tarbes, cant. et ✉ de Maubourguet. Pop. 616 h.

LAHONCE, vg. *B.-Pyrénées* (Gascogne), arr., cant., ✉ et à 8 k. de Bayonne. P. 628 h.

LAHONTAN, vg. *B.-Pyrénées* (Béarn), arr. et à 18 k. d'Orthez, cant. et ✉ de Salies. Pop. 1,880 h.

LAHOSSE, vg. *Landes* (Gascogne), arr. et à 25 k. de St-Sever, cant. et ✉ de Mugron. Pop. 613 h.

LAHOURCADE, vg. *B.-Pyrénées* (Béarn), arr. et à 24 k. d'Oloron, cant. et ✉ de Monein. Pop. 745 h.

LAIFOUR, vg. *Ardennes* (Champagne), arr. de Mézières, ✉ et à 20 k. de Charleville, cant. de Monthermé. Pop. 239 h.

L'AIGLE, vg. *Oise*, comm. de Caisne, ✉ de Noyon.

LAIGLE, vg. *Orne*. V. AIGLE (l').

LAIGNE (la), vg. *Charente*, comm. de Condac, ✉ de Ruffec.

LAIGNE (la), vg. *Charente-Inf.* (Aunis), arr. et à 32 k. de la Rochelle, cant. de Courçon, ✉ de Mauzé. ⚘. Pop. 554 h.

LAIGNÉ, bg *Mayenne* (Anjou), arr., cant., ✉ et à 10 k. de Château-Gontier. P. 1,076 h.

LAIGNÉ-EN-BÉLIN, bg *Sarthe* (Maine), arr. et à 17 k. du Mans, cant. et ✉ d'Ecommoy. Pop. 1,418 h.

LAIGNELET, vg. *Ille-et-Vilaine* (Bretagne), arr., cant., ✉ et à 8 k. de Fougères. Pop. 1,002 h. — Verrerie pour gobeleterie.

LAIGNES, bg *Côte-d'Or* (Bourgogne), arr. et à 19 k. de Châtillon-sur-Seine, chef-l. de cant. Cure. ✉. A 242 k. de Paris pour la taxe des lettres. Pop. 1,563 h. A la source de la Laignes. — TERRAIN jurassique.

Autrefois diocèse de Langres, parlement et intendance de Paris, élection de Tonnerre.

Fabriques de toiles. — *Commerce* de chanvre, laines et bestiaux. — *Foires* les 23 fév., 7 mai, 3 juillet, 24 sept. et 14 nov.

LAIGNES (la), ruisseau qui prend sa source près de Laignes, dép. de la *Côte-d'Or* ; il passe aux Riceys, et se jette dans la Seine à Polizy, après un cours d'environ 30 k.

LAIGNEVILLE, vg. *Oise* (Picardie), arr. et à 11 k. de Clermont, cant. et ✉ de Liancourt. ⚘. Pop. 695 h.

LAIGNY, vg. *Aisne* (Picardie), arr., cant., ✉ et à 6 k. de Vervins. Pop. 1,135 h.

LAIGNY (Bois-de-), vg. *Aisne*, comm. de Laigny, ✉ de Vervins.

LAILLÉ, vg. *Ille-et-Vilaine* (Bretagne), arr. et à 32 k. de Redon, cant. de Guichen, ✉ de Rennes. Pop. 1,706 h. — *Foires* le 29 sept. et lundi de Quasimodo.

LAILLERY, vg. *Oise*, comm. et ✉ de Chaumont-en-Vexin.

LAILLY, vg. *Gironde*, comm. de Virelade, ✉ de Podensac.

LAILLY, bg *Loiret* (Orléanais), arr. et à 24 k. d'Orléans, cant. et ✉ de Beaugency. Pop. 1,967 h. — *Foire* le 18 avril.

LAILLY, ou LAILLY-SUR-VANNE, vg. *Yonne* (Champagne), arr. et à 15 k. de Sens, cant. et ✉ de Villeneuve-l'Archevêque. P. 517 h. — Il est agréablement situé à l'extrémité d'une grande prairie arrosée par le Lalain. L'abbaye royale de Vaulaisant, fondée en 1127, dépendait de cette commune. L'église, construite dans le XIIe siècle, est un édifice d'une belle proportion ; le sanctuaire est majestueux ; les piliers qui soutiennent la coupole n'ont pas 67 c. de diamètre, et sont travaillés avec une grande délicatesse.

LAIMIÈRE (la), vg. *Deux-Sèvres*, comm. de Courlay, ✉ de Bressuire.

LAIMONT, vg. *Meuse* (Lorraine), arr., ✉ et à 12 k. de Bar-le-Duc, cant. de Revigny. Pop. 758 h.

LAIN, vg. *Yonne* (Nivernais), arr. et à 30 k. d'Auxerre, cant. et ✉ de Courson. P. 555 h.

LAINES-AUX-BOIS, *Lanæ ad Nemus*, vg. *Aube* (Champagne), arr., cant., ✉ et à 11 k. de Troyes. Pop. 657 h. — Il est situé au pied d'un coteau planté en vignes, qui donnent des vins d'ordinaires très-estimés dans le pays.

Un vitrail de l'église paroissiale de ce village représente la généalogie de Jésus-Christ. Au bas, à genoux, est saint Bernard, qui reçoit dans sa bouche un ruisseau de lait que la Vierge, assise, fait jaillir de son sein, tandis que l'enfant Jésus, placé sur les genoux de sa mère, donne sa bénédiction à l'illustre orateur sacré. Ce sujet est assez fréquemment reproduit sur les vitraux des églises communales du département de l'Aube.

Près de Laines-aux-Bois on voit, sur un coteau isolé de toute part, les restes de l'ancien fort de Montaigu, qui, dans les temps où les signaux de feu étaient en usage, faisait signal au fort du Mont-Aymé, près de Vertus (*Marne*). Le fort ou château de Montaigu, l'un des plus anciens des domaines royaux, avait été construit comme point fortifié entre la Bourgogne, la Champagne et le Gatinais, et servait de refuge aux habitants de la contrée dans les guerres si fréquentes du XIVe siècle. Par ordonnance de Charles VI, datée de Troyes le 3 juin 1420, le château de Montaigu fut livré aux Anglais, qui le firent démolir. Rétabli peu de temps après, il fut encore détruit, réédifié de nouveau, et enfin totalement démoli. On voit encore très-distinctement la trace des trois fossés, qui embrassaient la cime de la montagne sur laquelle ce fort était construit.

LAINS, vg. *Jura* (Franche-Comté), arr. et à 30 k. de Lons-le-Saulnier, cant. de St-Julien, ✉ de St-Amour. Pop. 404 h.

LAINSECQ, vg. *Yonne* (Bourgogne), arr. et à 40 k. d'Auxerre, cant. et ✉ de St-Sauveur. Pop. 1,008 h. — *Foires* les 19 mars, 25 mai, 25 oct., 5 juillet, 9 sept. et 27 nov.

LAINVILLE, vg. *Seine-et-Oise* (Beauce), arr. et à 12 k. de Mantes, cant. de Limay, ✉ de Meulan. Pop. 343 h.

LAIRE, vg. *Doubs* (Franche-Comté), arr., cant., ✉ et à 9 k. de Montbelliard. P. 201 h.

LAIRES, vg. *Pas-de-Calais* (Artois), arr. et à 25 k. de St-Omer, cant. de Fauquembergue, ✉ de Fruges. Pop. 596 h.

LAIRIÈRE, vg. *Aude* (Languedoc), arr. et à 45 k. de Carcassonne, cant. de Mouthoumet, ✉ de Davejean. Pop. 316 h.

LAIROUX, vg. *Vendée* (Poitou), arr. et à

36 k. de Fontenay-le-Comte, cant. et ⊠ de Luçon. Pop. 588 h.
LAIS (Haut et Petit-Haut du), vg. *Côte-d'Or*, comm. de Verlaut, ⊠ de Laignes.
LAISSAC, bg *Aveyron* (Rouergue), arr. et à 46 k. de Millau, chef-l. de cant. ⊠. A 610 k. de Paris pour la taxe des lettres. Pop. 1,282 h. TERRAIN jurassique.
Au sud de ce bourg, sur le sommet de la montagne de Montberle, existe un camp retranché dont l'enceinte pouvait contenir dix à douze mille hommes : on y voit des tranchées, des glacis et des épaulements bien conservés.
Fabriques de cadis. Manufactures considérables de poterie de terre. Filatures de laine. Papeterie. — *Foires* les 23 avril, 8 juin et 13 déc.
LAISSEY, vg. *Doubs* (Franche-Comté), arr. et à 12 k. de Baume-les-Dames, cant. et ⊠ de Roulans. Pop. 153 h.
LAITRE-LÈS-DENEUVRE, vg. *Meurthe*, comm. de Deneuvre, ⊠ de Baccarat.
LAITRE-SOUS-AMANCE, vg. *Meurthe* (Lorraine), arr., cant., ⊠ et à 12 k. de Nancy. Pop. 344 h.
LAIVES, vg. *Saône-et-Loire* (Bourgogne), arr. et à 19 k. de Chalon-sur-Saône, cant. et ⊠ de Sennecey. Pop. 1,354 h. — *Foires* les 12 nov. et 2e mardi après Pâques.
LAIX, vg. *Moselle* (pays Messin), arr. et à 35 k. de Briey, cant. et ⊠ de Longwy. Pop. 360 h.
LAIZ, vg. *Ain* (Bresse), arr. et à 33 k. de Bourg-en-Bresse, cant. et ⊠ de Pont-de-Veyle. Pop. 581 h.
LAIZÉ, vg. *Saône-et-Loire* (Bourgogne), arr., cant., ⊠ et à 11 k. de Mâcon. Pop. 713 h.
LAIZE-LA-VILLE, vg. *Calvados* (Normandie), arr. et à 13 k. de Caen, cant. de Bourguébus, ⊠ de May-sur-Orne. Pop. 195 h.
LAIZY, vg. *Saône-et-Loire* (Bourgogne), arr., ⊠ et à 10 k. d'Autun, cant. de Mesvres. Pop. 992 h.
LAJACUNTE, vg. *Landes* (Gascogne), arr. et à 25 k. de St-Sever, cant. de Geaune, ⊠ d'Arzacq. Pop. 339 h.
LAJEMAYE, vg. *Dordogne* (Périgord), arr., ⊠ et à 13 k. de Ribérac, cant. de St-Aulaye. Pop. 449 h. — *Foires* les 7 janv., 26 juillet, 2e lundi de fév., de mars, d'avril, de mai, de juin, d'août, de sept., d'oct., de nov. et de déc.
LAJESSE, vg. *Aube* (Champagne), arr. et à 21 k. de Bar-sur-Seine, cant. et ⊠ de Chaource. Pop. 526 h.
LAJO, vg. *Lozère* (Languedoc), arr. et ⊠ de Marvejols, cant. de St-Alban.
LALACQUE, vg. *Pas-de-Calais*, comm. et ⊠ d'Aire-sur-la-Lys.
LALAING, vg. *Nord* (Flandre), arr., cant., ⊠ et à 6 k. de Douai. Pop. 1,692 h. —Il était autrefois défendu par un château fort qui renfermait l'église et une partie du village. Louis XIV, qui y entretenait une forte garnison, fit sauter ce château le 31 mai 1674.
L'église paroissiale, sous l'invocation de sainte Aldegonde, renfermait les tombeaux des anciens seigneurs. Celui du comte Charles II de Lalaing, en marbre blanc, représentant un homme nu qui vient de mourir, passait pour un chef-d'œuvre. — *Carrières* de grès exploitées pour le pavage des routes.
LALANDE. V. LANDE (la).
LALANDE, vg. *Aude*. V. ST-MARTIN-LA-LANDE.
LALANDE, vg. *H.-Garonne*, comm. et ⊠ de Toulouse.
LALANDE, vg. *Lot-et-Garonne*, comm. de Castelmoron-sur-Lot, ⊠ de Clairac.
LALANDUSSE, vg. *Lot-et-Garonne* (Agénois), arr. et à 37 k. de Villeneuve-sur-Lot, cant. et ⊠ de Castillonnès. Pop. 604 h.
LALANNE, vg. *Gers* (Armagnac), arr. à 18 k. de Lectoure, cant. et ⊠ de Fleurance. Pop. 307 h.
LALANNE, vg. *H.-Pyrénées* (Gascogne), arr. et à 13 k. de Tarbes, cant. et ⊠ de Trie. Pop. 247 h.
LALANNE-ARQUÉ, vg. *Gers* (Armagnac), arr. et à 31 k. de Mirande, cant. et ⊠ de Masseube. Pop. 456 h.
LALANNE-D'ASTARAC, vg. *H.-Pyrénées* (Bigorre), arr. et à 50 k. de Bagnères-en-Bigorre, cant. et ⊠ de Castelnau-Magnoac. Pop. 381 h.
LALANNE-BACANÉ, vg. *Gers*, comm. d'Esclassan, ⊠ de Masseube.
LALAUPIE, vg. *Drôme* (Dauphiné), arr., ⊠ et à 10 k. de Montélimart, cant. de Marsanne. Pop. 560 h. — *Foires* les 24 août et 18 nov.
LALAYE, ou LACH, vg. *B.-Rhin* (Alsace), arr. et à 20 k. de Schelestadt, cant. et ⊠ de Villé. Pop. 928 h.
LALBARÈDE, vg. *Tarn* (Languedoc), arr., ⊠ et à 18 k. de Castres, cant. de Vielmur. Pop. 398 h.
LALBENQUE, petite ville, *Lot* (Quercy), arr. et à 18 k. de Cahors, chef-l. de cant. Cure. ⊠. A 592 k. de Paris pour la taxe des lettres. Pop. 1,971 h. — TERRAIN jurassique, voisin du terrain tertiaire moyen.
Elle était autrefois défendue par un château fort, regardé comme une place importante lors de l'occupation du Quercy par les Anglais.
Les **armes** de Lalbenque sont : *de gueules à un massacre de bœuf d'or, accompagné en chef d'un croissant d'argent.*
PATRIE du lieutenant général comte MARCHAND.
Fabrique considérable de belles tresses pour chapeaux de paille. — *Foires* les 4 et 20 fév., 19 mars, 4 mai, 25 juin, 3 sept., 7 et 24 déc.
LALE, vg. *Gard*, comm. de St-Félix-de-Pallières, ⊠ de St-Hippolyte.
LALEU, bg *Charente-Inf.* (Aunis), arr., cant., ⊠ et à 4 k. de la Rochelle. P. 959 h. — *Foire* le 2e mardi d'août.
LALEU, vg. *Loir-et-Cher*, comm. et ⊠ de Pontlevoy.
LALEU, vg. *Maine-et-Loire*, comm. de Savennières, ⊠ de St-Georges-sur-Loire.

LALEU, vg. *Orne* (Normandie), arr. et à 30 k. d'Alençon, cant. et ⊠ du Mesle-sur-Sarthe. Pop. 1,121 h.
LALEU, vg. *Somme* (Picardie), arr. et à 35 k. d'Amiens, cant. de Mollieus-Vidame, ⊠ d'Airaines. Pop. 124 h.
LALEUGNE, vg. *Gers*, comm. de Sarragachies, ⊠ de Biscles.
LALHEUE, vg. *Saône-et-Loire* (Bourgogne), arr. et à 18 k. de Chalon-sur-Saône, cant. et ⊠ de Sennecey. Pop. 829 h. — *Foire* le 23 juillet.
LALIBERT, vg. *Ariége*, comm. de Fougax, ⊠ de Lavelanet.
LALINDE, petite ville, *Dordogne* (Périgord), arr. et à 24 k. de Bergerac, chef-l. de cant. Cure. ⊠. Pop. 1,941 h.—TERRAIN crétacé inférieur, grès vert.
On croit que cette ville répond à la station romaine *Diolindum*, dont il est fait mention dans la Table théodosienne, et sa position géographique indique qu'elle était sur la voie romaine qui conduisait de Périgueux à Cahors. Il paraît hors de doute qu'elle a été jadis florissante; mais, comme la plupart des villes du département, elle a été victime des guerres qui ont désolé le Périgord.
Foires les 1er déc., 3e jeudi de janv., jeudi gras et 3e jeudi de chaque mois, excepté fév., mars et avril.
L'ALIZOLLE, vg. *Allier* (Auvergne), arr. et à 20 k. de Gannat, cant. et ⊠ d'Ebreuil. Pop. 820 h.
LALLEU, ou ST-JOUIN, vg. *Ille-et-Vilaine* (Bretagne), arr. et à 53 k. de Redon, cant. du Sel, ⊠ de Bain. Pop. 792 h. — *Foires* le 1er jeudi de mai et d'oct.
LALLEY, vg. *Isère* (Dauphiné); arr. de Grenoble, cant. et ⊠ de Clelles. ☞.
LALLEYRIAT, vg. *Ain* (Bourgogne), arr., cant., ⊠ et à 13 k. de Nantua. Pop. 583 h.
LALLIGIER, vg. *Ardèche*, comm. de Mazan, ⊠ de Montpezat.
LALO, vg. *Aveyron*, comm. de St-Laurent-d'Olt, ⊠ de la Canourgue.
LALOBBE, vg. *Ardennes* (Champagne), arr. et à 20 k. de Rethel, cant. de Novion, ⊠ de Wasigny. Pop. 1,026 h.
LALOCHÈRE, vg. *Côte-d'Or*, comm. de Créancey, ⊠ de Pouilly-en-Auxois.
LALŒUF, vg. *Meurthe* (Lorraine), arr. et à 35 k. de Nancy, cant. et ⊠ de Vézelise. Pop. 314 h.
LALONGUE, vg. *B.-Pyrénées* (Béarn), arr. et à 25 k. de Pau, cant. et ⊠ de Lembeye. Pop. 635 h.
LALONQUETTE, vg. *B.-Pyrénées* (Béarn), arr. et à 34 k. de Pau, cant. de Thèze, ⊠ d'Auriac. Pop. 334 h.
LALOUBÈRE, vg. *H.-Pyrénées* (Gascogne), arr., cant., ⊠ et à 4 k. de Tarbes. Pop. 964 h. — On y voit un château environné d'un joli parc, renfermant de belles eaux.
Laloubère est renommé par ses courses de chevaux de premier ordre pour les départements des Hautes-Pyrénées, des Basses-Pyré-

nées, de la Haute-Garonne, du Gers, de l'Ariége, du Tarn, de l'Aude, de l'Hérault, des Pyrénées-Orientales et de Tarn-et-Garonne. Elles ont lieu dans la première quinzaine de juillet, dans un cirque en forme d'ellipse, qui a 810 m. dans sa plus grande longueur, 383 m. de large, et un parcours de 4,000 m. en deux tours. Ce cirque, où l'on jouit de la magnifique perspective des monts Pyrénées, offre un spectacle tout à fait propre à attirer la foule, qui y afflue de fort loin et des divers établissements thermaux environnants ; c'est une occasion de rendez-vous pour la bonne compagnie, une véritable fête publique.

LALOURET, vg. *H.-Garonne* (Comminges), arr., cant., ✉ et à 9 k. de St-Gaudens. Pop. 240 h.

LALUQUE, vg. *Landes* (Gascogne), arr. et à 41 k. de St-Sever, cant. et ✉ de Tartas. Pop. 698 h. — Foires le mardi de la 1re semaine de mai, le mardi de la 2e semaine de juin et d'août.

LAMA, vg. *Corse*, arr., bureau d'enregist. et à 50 k. de Bastia, chef-l. de cant., ✉ de Belgodère. Pop. 431 h. — TERRAIN crétacé supérieur, craie.

Le territoire de ce canton produit du froment, de l'orge, et abonde en oliviers qui sont très-productifs. Les huiles de Lama sont comparables aux huiles d'Aix, et sont fort recherchées dans le pays.

LAMAGUÈRE, vg. *Gers* (Armagnac), arr., ✉ et à 20 k. d'Auch, cant. de Saramon. Pop. 290 h.

LAMAIDS, vg. *Allier* (Bourbonnais), arr., cant. et à 15 k. de Montluçon, ✉ d'Huriel. ☞. Pop. 280 h.

LAMAIN (St-), vg. *Jura* (Franche-Comté), arr. et à 15 k. de Lous-le-Saulnier, cant. et ✉ de Sellières. Pop. 294 h.

LAMAIRÉ, vg. *Deux-Sèvres* (Poitou), arr. et à 18 k. de Parthenay, cant. de St-Loup, ✉ d'Airvault. Pop. 352 h.

LAMANON, vg. *Bouches-du-Rhône* (Provence), arr. d'Arles-sur-Rhône, à 45 k. de Tarascon, cant. d'Eyguières, ✉ d'Orgon. Pop. 413 h. — Il est adossé à la colline de Calès, tout à fait au pied, et n'a qu'une seule rue composée d'environ cinquante maisons, à l'extrémité de laquelle est le château.

Près du village de Lamanon, on voit sur le sommet d'une colline un site fort intéressant connu sous le nom de Calès : on y parvient par une montée rapide, terminée par une plateforme allongée, bordée à droite et à gauche de rochers escarpés. L'entrée est barrée par un mur transversal, dans lequel une porte est ouverte pour donner accès à la plate-forme ; une tour et des débris de murailles s'élèvent à gauche sur les rochers. Quand on a franchi la porte, on se trouve dans un enclos assez semblable à une rue ; les rochers qui en forment les côtés sont percés d'un très-grand nombre de trous qui sont l'entrée d'autant de grottes. Du côté exposé au midi il y en a six étages, dont le premier est de plain-pied ; et ce qu'il y a d'extraordinaire, c'est qu'on ne trouve ni dans l'intérieur des premières grottes, ni sur la surface du rocher, aucune montée pour parvenir aux rangs supérieurs. Du côté opposé, les grottes sont moins nombreuses et disposées moins régulièrement ; mais il y existe des passages intérieurs, des puits pour monter de celles d'en bas aux plus élevées.

LAMARCHE. V. MARCHE (la).

LAMARCHE, *Marchia*, vg. *Vosges* (Lorraine), arr. et à 37 k. de Neufchâteau, chef-l. de cant. Cure. ✉. A 343 k. de Paris pour la taxe des lettres. Pop. 2,302 h. — TERRAIN du trias, muschelkalk. — Foires les 24 avril, 4 août, 19 oct. et 29 déc.

PATRIE du maréchal VICTOR.

LAMARGELLE, vg. *Côte-d'Or* (Bourgogne), arr. et à 39 k. de Dijon, cant. et ✉ de St-Seine. Pop. 641 h. — Foires les 15 mars et 20 sept.

LAMARQUE, vg. *Gironde* (Guienne), arr. et à 35 k. de Bordeaux, cant. de Castelnau-de-Médoc, ✉ de Margaux. Pop. 840 h. — Commerce de vins. — Foire le 24 août (3 jours).

LAMARQUE-PONTACQ, vg. *H.-Pyrénées* (Gascogne), arr. et à 24 k. de Tarbes, cant. d'Ossun, ✉ de Nay. Pop. 804 h.

LAMARQUE-RUSTAN, vg. *H.-Pyrénées* (Gascogne), arr. et à 26 k. de Tarbes, cant. et ✉ de Trie. Pop. 186 h.

LAMASQUÈRE, vg. *H.-Garonne* (Armagnac), arr., ✉ et à 8 k. de Muret, cant. de St-Lys. Pop. 322 h.

LAMATH, vg. *Meurthe* (Lorraine), arr., ✉ et à 7 k. de Lunéville, cant. de Gerbeviller. Pop. 246 h.

LAMAURELLE, vg. *Lot-et-Garonne*, com. de Dolmayrac, ✉ de Ste-Livrade.

LAMAYOU, vg. *B.-Pyrénées* (Béarn), arr. et à 32 k. de Pau, cant. de Montaner, ✉ de Morlaas. Pop. 510 h.

LAMBACH, vg. *Moselle* (Lorraine), arr. et à 33 k. de Sarreguemines, cant. et ✉ de Rorhbach. Pop. 746 h.

LAMBADER, vg. *Finistère*, com. de Plouvorn, ✉ de Landivisiau. — On y voit une ancienne église, qui a été classée récemment au nombre des monuments historiques.

LAMBALLE, *Ambiliates*, *Lambalium*, jolie ville, *Côtes-du-Nord* (Bretagne), arr. et à 24 k. de St-Brieuc, chef-l. de cant. Cure. Gîte d'étape. ☞. A 436 k. de Paris pour la taxe des lettres. Pop. 4,206 h. — TERRAIN cristallisé, granit.

Autrefois duché, recette de St-Brieuc, parlement et intendance de Rennes, gouvernement particulier.

Lamballe est une ville fort ancienne, considérée par quelques auteurs comme la capitale des Ambiliates, dont parle César. En 1084, un monastère y fut construit par Geoffroy Ier, comte de Penthièvre, sur une montagne qu'on nommait la vieille Lamballe, cité armoricaine qui paraît avoir été détruite au IXe siècle par les Normands. Lamballe devint ensuite le chef-l. du comté de Penthièvre. On y construisit un château fort, à l'abri duquel, après la destruction de la vieille ville, se forma la ville nouvelle, qui fut bientôt entourée de murailles, devint une place forte, et fut souvent assiégée. Lors du siège de 1591, Lanoue Bras de Fer y fut tué en faisant une reconnaissance. Dans le XVIe siècle, la ville fut plusieurs fois prise, reprise et pillée. En 1626, le seigneur de Penthièvre ayant pris parti contre le cardinal Richelieu, ce ministre tout-puissant fit détruire le château de Lamballe, qui était flanqué de quatorze tours et très-fort pour ce temps. Pris, repris, démoli et rebâti en différents temps, ce château appartient aujourd'hui au roi des Français.

Les armes de **Lamballe** sont : *Ecartelé le 1er et le 4e de gueules à trois gerbes de blé d'or, le 2e et le 3e d'argent semé de mouchetures d'hermines de sable, 3, 2 et 3.*

Lamballe est située sur le Gouessant, sur le penchant d'un coteau que domine l'église Notre-Dame, et au-dessous duquel se trouvent les faubourgs traversés par la grande route de Paris à Brest. C'est une ville assez jolie, riche et industrieuse, qui s'embellit tous les jours. On y remarque une agréable promenade plantée d'arbres verts et feuillus, établie sur l'emplacement de l'ancien château, dont la chapelle a été conservée. Placée sur le point le plus élevé de la ville, cette chapelle, aujourd'hui l'église Notre-Dame, présente une masse imposante : une partie de l'église porte la date de 1545 ; mais il est évident que cette partie de l'édifice fut seule conservée ; l'architecture de deux portes prouve qu'elle a été construite dans le Xe ou dans le XIe siècle.

Le havre de Dahouet, situé à 12 k. de Lamballe, peut être considéré comme le port de cette ville.

PATRIE du jurisconsulte et législateur J.-R. DELAPORTE.

Fabriques de serges et autres étoffes de laine. Tanneries. Filatures de laine. — Commerce considérable de miel, cire, blé, cuirs, poterie, chevaux et bestiaux. — Foires les 25 juin, 24 août, 9 et 28 oct., 1er mardi de carême, jeudi après l'Ascension, et jeudi avant Noël.

LAMBELPRÉ, vg. *Vosges*, comm. des Granges-de-Plombières, ✉ de Plombières.

LAMBERCOURT, vg. *Somme*, comm. de Mismay, ✉ d'Abbeville.

LAMBERCY, vg. *Aisne*, comm. de Dagny-Lambercy, ✉ de Rozoy-sur-Serre.

LAMBERSART, vg. *Nord* (Flandre), arr., cant., ✉ et à 3 k. de Lille. Pop. 1,026 h.

LAMBERT (St-), vg. *Ardennes* (Champagne), arr. et à 15 k. de Vouziers, cant. et ✉ d'Attigny. Pop. 613 h.

LAMBERT (St-), vg. *B.-Alpes* (Provence), arr., ✉ et à 20 k. de Digne. Pop. 126 h.

LAMBERT (St-), vg. *Bouches-du-Rhône*, comm. et ✉ de Marseille.

LAMBERT (St-), vg. *Calvados* (Normandie), arr. et à 31 k. de Falaise, cant. et ✉ d'Harcourt-Thury. Pop. 636 h.

LAMBERT (St-), vg. *Eure*, comm. de Beaumesnil, ✉ de Bernay.

LAMBERT (St-), vg. *Gironde*, comm. et ✉ de Pauillac. — Il est situé dans un territoire fertile en vins des premiers crus du Médoc, à 25 k. de Lesparre. — Le fameux premier cru Château-Latour se trouve dans la commune de Saint-Lambert. Les Anglais apprécient infiniment ce vin, qui a plus de consistance que celui de Château-Lafitte, mais qui a besoin d'être gardé un an de plus en tonneau pour acquérir sa maturité. Le prix du vin de Château-Latour est de 2,300 à 2,400 fr. le tonneau.

LAMBERT (St-), ou St-Lambert-des-Bois, vg. *Seine-et-Oise* (Ile-de-France), arr. et à 30 k. de Rambouillet, cant. et ✉ de Chevreuse. Pop. 257 h.

Au hameau de Vaumurier, on voit les ruines d'un ancien château où se tenaient les écoles de la célèbre abbaye de Port-Royal-des-Champs, qui en était à 2 k.

LAMBERT-DE-LAPOTERIE (St-), bg *Maine-et-Loire* (Anjou), arr., ✉ et à 9 k. d'Angers, cant. de Thouarcé. Pop. 429 h. — Foire le 18 sept.

LAMBERT-DES-LEVÉES (St-), bg *Maine-et-Loire* (Anjou), arr., cant., ✉ et à 3 k. de Saumur. Pop. 1,707 h.

LAMBERT-DU-LATTAY (St-), vg. *Maine-et-Loire* (Anjou), arr., cant. et à 23 k. d'Angers. ✉. ⚘. A 326 k. de Paris pour la taxe des lettres. Pop. 1,295 h.

Ce bourg a été le théâtre d'un combat sanglant en 1793. Le 19 septembre, après quelques avantages remportés sur les troupes du général Santerre, à Coron, le comte d'Elbée, à la tête de sept mille Vendéens d'élite, se prépara à attaquer la division d'Angers, commandée par le général Duhoux et postée à St-Lambert. Duhoux avait dispersé la veille les royalistes au pont Barré, où un de leurs détachements fut mis en déroute. A l'approche des Vendéens, qui le rencontrèrent près de Beaulieu, il se hâta de disposer sa troupe en tirailleurs par trois colonnes, l'une sur Beaulieu, l'autre sous le pont Barré, et la troisième dans un enfoncement formé par des chemins vicinaux. Le premier feu des républicains effraya les deux ailes, des royalistes qui commencèrent à plier; mais le centre de leur armée marcha sur les républicains, qui se dispersèrent sans combattre; les bataillons de Jemmapes et d'Angers restèrent seuls à leurs postes, et furent sabrés sur la place; les bagages et l'artillerie furent abandonnés dans des chemins affreux, au pouvoir des Vendéens. Cinq cents pères de famille d'Angers, que l'ennemi avait tournés au pont Barré, furent presque tous massacrés sans défense. La perte des républicains fut évaluée, par les Vendéens, à quatre mille hommes tués, blessés ou prisonniers.

LAMBERT-SUR-DIVE (St-), vg. *Orne* (Normandie), arr. et à 15 k. d'Argentan, cant. et ✉ de Trun. Pop. 394 h.

Patrie du marquis de Mannoury-Dectot, auteur de plusieurs mémoires antilibéraux, publiés après la rentrée des Bourbons.

LAMBERTES, vg. *Lozère*, comm. de St-Alban, ✉ de Serverette.

LAMBERVILLE, vg. *Manche* (Normandie), arr. et à 16 k. de St-Lô, cant. et ✉ de Torigni. Pop. 528 h.

LAMBERVILLE, vg. *Seine-Inf.* (Normandie), arr., cant. et à 19 k. de Dieppe, ✉ de Bacqueville. Pop. 432 h.

LAMBESC, jolie petite ville, *Bouches-du-Rhône* (Provence), arr. et à 21 k. d'Aix, chef-l. de cant. Cure. Gîte d'étape. ✉. A 742 k. de Paris pour la taxe des lettres. Pop. 3,587 h.— Terrain crétacé inférieur, grès vert.

Autrefois principauté, diocèse, parlement, intendance, viguerie et recette d'Aix, couvent de trinitaires.

Lambesc est une ville qui ne date guère que du xe siècle. Il paraît qu'elle a succédé à l'ancien *Oppidum Amholiacense*, c'est-à-dire bourg du Marché, établi par les Grecs de Marseille, entre Roques et l'emplacement actuel de Lambesc. Cette ville acquit de l'importance depuis 1664, époque où elle devint le lieu ordinaire des séances des assemblées des états.

Les armes de Lambesc sont : *d'azur à une double croix d'or dite de Lorraine*.

Lambesc est une petite ville bâtie au pied de la colline de Berthoire, sur la grande route d'Aix à Avignon. L'ancienne ville, qui occupe la partie haute, est assez mal construite; mais la ville neuve, qui borde la grande route, se fait remarquer par des maisons d'une élégante construction. On y remarque cinq églises abondantes, un bel hôpital, deux promenades agréables, et la tour de l'horloge, ornée de deux statues, dont l'une frappe les heures, tandis que l'autre fait la révérence.

Patrie de l'orientaliste J.-Toussaint Reinaud, membre de l'Institut.

Fabriques d'huile d'olives, de soude et de savon. Filatures de soie. Teintureries. — *Commerce* de grains, vin, huile, amandes, etc. — *Foires* les 6 janv., 24 fév., 22 août, 19 sept., 9 oct. et 2e fête de la Pentecôte.

LAMBÉZELLE, vg. *Finistère* (Bretagne), arr., cant., ✉ et à 4 k. de Brest. Pop. 9,54 8h.

LAMBLORE, vg. *Eure-et-Loir* (Beauce), arr. et à 36 k. de Dreux, cant. et ✉ de la Ferté-Vidame. Pop. 308 h.

LAMBOUR, vg. *Finistère*, comm. et ✉ de Pont-l'Abbé.

LAMBRE, vg. *Drôme*, comm. de Divajeu, ✉ de Crest.

LAMBRES, vg. *Nord* (Flandre), arr., cant., ✉ et à 2 k. de Douai. Pop. 739 h.

LAMBRES, vg. *Pas-de-Calais* (Artois), arr. et à 5 k. de Béthune, cant. de Norrent-Fontes, ✉ d'Aire-sur-la-Lys. Pop. 555 h.

LAMBREY, vg. *H.-Saône* (Franche-Comté), arr. et à 27 k. de Vesoul, cant. de Combeau-Fontaine, ✉ de Jussey. Pop. 288 h.

LAMBRUISSE, vg. *B.-Alpes* (Provence), arr. et à 42 k. de Digne, cant. et ✉ de Barrême. Pop. 255 h.

LAMÉAC, vg. *H.-Pyrénées* (Gascogne), arr. et à 21 k. de Tarbes, cant. et ✉ de Rabastens. Pop. 508 h.

LAMÉCOURT, vg. *Oise* (Picardie), arr., cant., ✉ et à 7 k. de Clermont. Pop. 170 h.

LAMÉLAIE, vg. *Indre-et-Loire*, comm. de Beaumont-Veron, ✉ de Chinon.

LAMELOUSE, vg. *Gard* (Languedoc), arr. et à 17 k. d'Alais, cant. de St-Martin-de-Valgalgues, ✉ de Laval. Pop. 384 h.

LAMENAY, vg. *Nièvre* (Nivernais), arr. et à 50 k. de Nevers, cant. de Dornes, ✉ de Decize. Pop. 225 h.

LAMENÈCLE, vg. *Charente* (Angoumois), arr. et à 31 k. de Barbezieux, cant. et ✉ d'Aubeterre. Pop. 122 h.

LAMENSANS, vg. *Landes*, comm. de Bordères, ✉ de Grenade-sur-l'Adour.

LAMER, vg. *H.-Saône*, comm. de Faucogney, ✉ de Luxeuil.

LAMÉRAC, bg *Charente* (Saintonge), arr. et à 8 k. de Barbezieux, cant. et ✉ de Baignes. Pop. 533 h.

LAMEREY, vg. *Vosges*, com. de Madonne, ✉ de Dompaire.

LAMERIES, vg. *Nord*, comm. de Vieux-Reng, ✉ de Maubeuge.

LAMETZ, vg. *Ardennes* (Champagne), arr. et à 20 k. de Vouziers, cant. de Tourteron, ✉ d'Attigny. Pop. 450 h.

LAMIDOU, vg. *B.-Pyrénées* (Béarn), arr. et à 27 k. d'Orthez, cant. et ✉ de Navarrenx. Pop. 112 h.

LAMILLARIÉ, vg. *Tarn* (Languedoc), arr. et à 10 k. d'Albi, cant. et ✉ de Réalmont. Pop. 511 h.

LAMMERVILLE, vg. *Seine-Inf.* (Normandie), arr. et à 17 k. de Dieppe, cant. et ✉ de Bacqueville. Pop. 937 h.

LAMNAY, vg. *Sarthe* (Maine), arr. et à 42 k. de Mamers, cant. de Montmirail, ✉ de la Ferté-Bernard. Pop. 1,252 h.

LAMOLÈRE, vg. *Landes*, comm. de Campet, ✉ de Mont-de-Marsan.

LAMOLÈRE, vg. *Lot-et-Garonne*, comm. et ✉ de Clairac.

LAMONGERIE, vg. *Corrèze* (Limousin), arr. et à 52 k. de Tulle, cant. d'Uzerches, ✉ de Masseret. Pop. 373 h.

LAMONTÉLARIÉ, vg. *Tarn* (Languedoc), arr. et à 35 k. de Castres, cant. d'Angles, ✉ de Brassac. Pop. 911 h.

LAMONTGIE, vg. *Puy-de-Dôme* (Auvergne), arr. et à 11 k. d'Issoire, cant. de Jumeaux. Pop. 1,194 h. — *Foires* les 15 janv., 3 fév., 2 mai, 22 juillet, 26 août, 22 sept. et 22 déc.

LAMONZIE-MONTASTRUC, vg. *Dordogne* (Périgord), arr., cant. et à 13 k. de Bergerac, ✉ de Mouleydier. Pop. 968 h. — *Foire* le 16 août.

LAMONZIE-ST-MARTIN, vg. *Dordogne* (Périgord), arr., ✉ et à 10 k. de Bergerac, cant. de Sigoulès. Pop. 1,279 h. — *Foires* le dernier jeudi de chaque mois.

LAMOTHE, ou Lamotte. V. Mothe, Motte (la).

LAMOTHE, vg. *Gironde*, comm. et ✉ de Podensac.

LAMOTTE, *Seine-et-Marne*. V. Couternois.

LAMOUILLY, vg. *Meuse* (pays Messin),

arr. et à 11 k. de Montmédy, cant. et ⊠ de Stenay. Pop. 301 h.

LAMOURA, vg. *Jura* (Franche-Comté), arr., cant. et ⊠ de St-Claude.

LAMPAGNY, vg. *Saône-et-Loire*, comm. de Gigny, ⊠ de Sennecey.

LAMPAUL, vg. *Finistère* (Bretagne), arr. et à 25 k. de Morlaix, cant. et ⊠ de Landivisiau. Pop. 2,496 h.

LAMPAUL-ISLE-D'OUESSANT, vg. *Finistère*, comm. de l'Isle-d'Ouessant, ⊠ de St-Renan.

LAMPERTHEIM, vg. *B.-Rhin* (Alsace), arr., ⊠ et à 9 k. de Strasbourg, cant. d'Oberhausbergen. Pop. 867 h.

LAMPERTSLOCH, vg. *B.-Rhin* (Alsace), arr. et à 20 k. de Wissembourg, cant. et ⊠ de Wœrth-sur-Sauer. Pop. 584 h. — On y trouve une source d'eau bitumineuse exploitée, qui occupe une centaine d'ouvriers, et dont les eaux sont employées avec succès pour la guérison des maladies cutanées.

LAMPLO-PLOUARZEL, vg. *Finistère* (Bretagne), arr. et à 25 k. de Brest, cant. de Ploudalmézeau, ⊠ de St-Renan. Pop. 628 h.

LAMPLO-PLOUDALMÉZEAU, vg. *Finistère* (Bretagne), arr. et à 25 k. de Brest, cant. de Ploudalmézeau, ⊠ de St-Renan. Pop. 941 h.

LAMPONT, vg. *Isère*, comm. de Ville-sous-Aujon, ⊠ du Péage.

LANANS, vg. *Doubs* (Franche-Comté), arr., cant., ⊠ et à 10 k. de Baume-les-Dames. Pop. 384 h.

LANARVILY, vg. *Finistère* (Bretagne), arr. et à 21 k. de Brest, cant. de Plabennec, ⊠ de Lerneven. Pop. 502 h.

LANAS, vg. *Ardèche*, comm. de St-Maurice, ⊠ de Villeneuve-de-Berg.

LANCÉ, vg. *Loir-et-Cher* (Vendômois), arr., ⊠ et à 12 k. de Vendôme, cant. de St-Amand. Pop. 627 h.

LANCERF, vg. *Côtes-du-Nord*, comm. de Plourivo, ⊠ de Paimpol.

LANCEY, vg. *Isère*, comm. de Villard-Bonnot, ⊠ de Domène.

LANCHARRE, vg. *Saône-et-Loire* (Bourgogne), arr. et à 33 k. de Mâcon, cant. et ⊠ de St-Gengoux-le-Royal. Pop. 146 h.

LANCHÈRES, vg. *Somme* (Picardie), arr. et à 23 k. d'Abbeville, cant. et ⊠ de St-Valéry-sur-Somme. Pop. 950 h. — *Foire* le 25 juillet.

LANCHES-ST-HILAIRE, vg. *Somme* (Picardie), arr. et à 17 k. de Doullens, cant. et ⊠ de Domart. Pop. 427 h.

LANCHY, vg. *Aisne* (Picardie), arr. et à 17 k. de St-Quentin, cant. de Vermand, ⊠ de Ham. Pop. 196 h.

LANCIÉ, vg. *Rhône* (Beaujolais), arr. et à 19 k. de Villefranche, cant. de Belleville-sur-Saône, ⊠ de Romanèche. Pop. 905 h.

LANCIEUX, vg. *Côtes-du-Nord* (Bretagne), arr. et à 25 k. de Dinan, cant. de Ploubalay, ⊠ de Plancoët. Pop. 880 h.

LANCOME, vg. *Loir-et-Cher* (Beauce), arr. et à 18 k. de Blois, cant. et ⊠ d'Herbault. Pop. 233 h.

LANÇON, vg. *Ardennes* (Champagne), arr. et à 22 k. de Vouziers, cant. et ⊠ de Grand-Pré. Pop. 347 h.

LANÇON, vg. *Bouches-du-Rhône* (Provence), arr. et à 30 k. d'Aix, cant. et ⊠ de Salon. Pop. 1,934 h. — Ce village est bâti autour des ruines d'un ancien château fort, sur une colline qui domine la vallée où passe le canal de Craponne. Il est entouré de remparts fort hauts et flanqués de tours, construits sous le règne de François Iᵉʳ. — *Foire* le 4ᵉ samedi après Pâques.

LANÇON, vg. *H.-Pyrénées* (Gascogne), arr. et à 39 k. de Bagnères-de-Bigorre, cant. et ⊠ d'Arreau. Pop. 86 h.

LANCRANS, vg. *Ain* (pays de Gex), arr. et à 32 k. de Gex, cant. de Collonges, ⊠ de Châtillon-de-Michaille. Pop. 2,040 h. — *Foires* les 19 mars, 21 mai et 24 août.

LANDANGE, vg. *Meurthe* (Lorraine), arr. et à 13 k. de Sarrebourg, cant. et ⊠ de Lorquin. Pop. 425 h.

LANDAS, vg. *Nord* (Flandre), arr. et à 22 k. de Douai, cant. et ⊠ d'Orchies. P. 2,360 h.

LANDEAU (Petit-), vg. *H.-Rhin* (Alsace), arr. et à 33 k. d'Altkirch, cant. et ⊠ d'Habsheim. Pop. 710 h.

LANDAUL, vg. *Morbihan* (Bretagne), arr. et à 28 k. de Lorient, cant. de Pluvigner, ⊠ d'Auray. Pop. 851 h. — *Foires* les 25 mai et 13 juillet.

LANDAVILLE, vg. *Vosges* (Lorraine), arr., cant., ⊠ et à 9 k. de Neufchâteau. Pop. 726 h.

LANDAVRAN, vg. *Ille-et-Vilaine* (Bretagne), arr., cant., ⊠ et à 8 k. de Vitré. Pop. 223 h.

LANDE (la), vg. *Eure* (Normandie), arr. et à 17 k. de Pont-Audemer, cant. et ⊠ de Beuzeville. Pop. 380 h.

LANDE (la), vg. *H.-Vienne*, comm. de Montrol-Senard, ⊠ de Bellac.

LANDE (la), vg. *Yonne* (Gatinais), arr. et à 25 k. d'Auxerre, cant. et ⊠ de Toucy. Pop. 404 h.

LANDÉAN, vg. *Ille-et-Vilaine* (Bretagne), arr., ⊠ et à 8 k. de Fougères. Pop. 1,770 h.

Aux environs de ce village, dans la forêt de Fougères, à 850 m. en deçà de l'église de Landéan, on remarque un vaste souterrain connu depuis un temps très-éloigné sous le nom de Celliers-de-Landéan. M. Rallier, qui a exploré et décrit ce souterrain, a reconnu qu'il consiste en une seule cavité voûtée en plein cintre, et ayant 15 m. 10 c. de longueur sur 6 m. 33 c. de largeur et 4 m. 22 c. de hauteur sous clef. Ce souterrain ne communique à aucun autre; l'on pouvait y descendre par un grand escalier et par un escalier plus petit, dont les rampes, en partie voûtées, se croisaient à angle droit, et aboutissaient à un même pilier. Les portes étaient disposées de manière à ce qu'on pût les barricader en dedans avec beaucoup de solidité, et, pour se ménager après cela les moyens de sortir du souterrain, on avait pratiqué au sommet de la voûte un petit soupirail qu'il était facile de masquer. — Le fond du souterrain avait été taillé en pente, et à son extrémité la plus basse on avait pratiqué un puisard où se rassemblaient les eaux de filtration. Au-dessus de ce fond en pente régnait un plancher en madriers supporté par des poutres, qui étaient elles-mêmes supportées par des sommiers d'inégale épaisseur.

Ce souterrain existait en 1173, époque où Henri II, roi d'Angleterre, fit attaquer Raoul II, baron de Fougères, dont il avait fait raser le château en 1166 ; et tout porte à croire que c'est pour suppléer à ce château, qui lui avait servi jusqu'alors de place de sûreté, que Raoul II fit creuser dans la forêt de Fougères ce souterrain, pour y cacher ses effets les plus précieux. En 1173, Raoul, surpris par l'approche inopinée des troupes de Henri II, crut avoir au moins le temps de sauver ses trésors les plus précieux, qu'il dirigea vers le souterrain de Landéan; mais ce convoi fut surpris en route et attaqué par l'armée de Henri, qui s'en empara et y fit un riche butin.

LANDEBAÉRON, vg. *Côtes-du-Nord* (Bretagne), arr., ⊠ et à 10 k. de Guingamp, cant. de Regard. Pop. 654 h.

LANDEBIA, vg. *Côtes-du-Nord* (Bretagne), arr., ⊠ et à 25 k. de Dinan, cant. de ⊠ de Plancoët. Pop. 242 h.

LANDEC (la), vg. *Côtes-du-Nord* (Bretagne), arr., ⊠ et à 12 k. de Dinan, cant. de Plélan. Pop. 374 h.

LANDE-CHASLE (la), vg. *Maine-et-Loire* (Anjou), arr., ⊠ et à 10 k. de Baugé, cant. de Longué. Pop. 284 h.

LANDECOURT, vg. *Meurthe* (Lorraine), arr. et à 13 k. de Lunéville, cant. de Bayon, ⊠ de Gerbeviller. Pop. 254 h.

LANDÉDA, vg. *Finistère* (Bretagne), arr. et à 35 k. de Brest, cant. et ⊠ de Lannilis. Pop. 2,177 h.

LANDE-D'AIROU (la), vg. *Manche* (Normandie), arr. à 20 k. d'Avranches, cant. et ⊠ de Villedieu. Pop. 1,034 h. — *Foires* les 16 nov. et 2ᵉ lundi de chaque mois.

LANDE-DE-CUBZAC (la), vg. *Gironde* (Guienne), arr. et à 15 k. de Libourne, cant. de Fronsac, ⊠ de St-André-de-Cubzac. Pop. 592 h.

LANDE-DE-GOULT (la), vg. *Orne* (Normandie), arr. et à 20 k. d'Alençon, cant. et ⊠ de Carrouges. Pop. 535 h.

LANDE-DE-LIBOURNE (la), vg. *Gironde* (Guienne), arr., cant., ⊠ et à 6 k. de Libourne. Pop. 497 h.

LANDE-DE-LONGÉ (la), vg. *Orne* (Normandie), arr. et à 23 k. d'Argentan, cant. de Briouze, ⊠ de Rânes. Pop. 285 h.

LANDES-DE-VERCHÈS (la), vg. *Maine-et-Loire*, comm. de Verchès, ⊠ de Doué.

LANDE-EN-SON (la), vg. *Oise* (Picardie), arr. et à 28 k. de Beauvais, cant. du Coudray-St-Germer, ⊠ de Gournay. Pop. 247 h.

LANDEHEN, vg. *Côtes-du-Nord* (Bretagne), arr. et à 25 k. de St-Brieuc, cant. et ✉ de Lamballe. Pop. 918 h.

LANDELEAU, vg. *Finistère* (Bretagne), arr. et à 35 k. de Châteaulin, cant. et ✉ de Châteauneuf-du-Faou. Pop. 1,211 h. — *Foires* les 30 avril, 22 juin et 29 sept.

LANDELLE (la), vg. *Oise* (Picardie), arr. et à 20 k. de Beauvais, cant. du Coudray-St-Germer, ✉ de Gournay. Pop. 532 h.

LANDELLES, vg. *Calvados* (Normandie), arr. et à 10 k. de Vire, cant. et ✉ de St-Sever. Pop. 1,646 h.

LANDELLES, vg. *Eure-et-Loir* (Beauce), arr. et à 22 k. de Chartres, cant. et ✉ de Courville. Pop. 334 h.

LANDEMONT, vg. *Maine-et-Loire* (Anjou), arr., ✉ et à 25 k. de Beaupréau, cant. de Champtoceaux. Pop. 967 h.

LANDE-PATRI (la), vg. *Orne* (Normandie), arr. et à 22 k. de Domfront, cant. et ✉ de Flers. Pop. 2,515 h. — *Fabrique* de toiles. Clouteries.

LANDE-PÉREUSE, vg. *Eure* (Normandie), arr., ✉ et à 12 k. de Bernay, cant. de Beaumesnil. Pop. 378 h.

LANDERFANG, vg. *Moselle*, comm. de Tritteling, ✉ de Faulquemont.

LANDERNEAU, petite ville maritime, vg. *Finistère* (Bretagne), arr. et à 25 k. de Brest, chef-l. de cant. Cure. Gîte d'étape. ✉. ⚓. à 577 k. de Paris pour la taxe des lettres. Pop. 4,906 h. — TERRAIN cristallisé, gneiss. — *Établissement de la marée*, 4 heures 3 minutes.

Autrefois baronie, diocèse et recette de St-Pol-de-Léon, parlement et intendance de Rennes.

Landerneau était autrefois fortifié. Jean IV, duc de Bretagne, s'en empara en 1374 et passa au fil de l'épée la garnison française qui la défendait. Guy-Eder dit Fontenelle la prit et la pilla en 1592.

Les armes de Landerneau sont : *d'or au lion de sable.*

Cette ville est située à l'embouchure de l'Elorn, qui y forme un joli port, entouré de collines fort hautes et fort escarpées sur la rive gauche de la rivière, mais qui s'abaissent graduellement sur la rive droite et forment une plaine assez étendue dans laquelle la partie la plus considérable de la ville est bâtie. La ville haute renferme beaucoup de maisons fort anciennes; une des plus remarquables porte la date de 1518, et est bâtie sur le pont qui traverse l'Elorn. Trois fontaines fournissent de l'eau aux divers quartiers ; celle de Ploudiry est en forme d'obélisque et verse ses eaux dans une cuvette demi-circulaire d'un beau travail.

L'aspect de Landerneau est extrêmement agréable. Des eaux claires et limpides descendent de tous côtés des montagnes et vont se perdre dans le port après avoir traversé les rues. Le port peut recevoir des bâtiments de 3 à 400 tonneaux. Les quais sont vastes, commodes, bien revêtus, bien pavés, et se prolongent au delà d'une jolie promenade ; les cales sont larges et d'un abord facile. De belles maisons bordent le port et lui donnent un air de vie, de mouvement, qui se lie agréablement avec celui qu'offrent les bâtiments flottants dans le chenal. De la promenade, plantée de deux rangs d'arbres et bordée d'un parapet en granit, on jouit d'une vue étendue sur les sinuosités de la rivière, bornée d'un côté par les beaux coteaux de Kerlarau et par la forêt, et de l'autre par le couvent et l'allée du Calvaire. L'hôpital succursal de la marine est un grand et bel établissement qui occupe les bâtiments de l'ancien couvent des ursulines.

L'église principale est sous l'invocation de saint Houardon ; c'est un édifice gothique du XVIe siècle ; on admire l'élégance de son portique. La marine possède une belle caserne qui peut contenir 1,500 hommes ; elle est placée au milieu d'un enclos de 5 hectares cerné de murs de 5 m. de hauteur. — A 1 k. de Landerneau et sur la rive gauche de l'Elorn se trouve un vaste bâtiment occupé par les dames de la congrégation du Calvaire ; une promenade parfaitement plantée conduit de la ville à cette maison.

On doit visiter, à 1 k. de Landerneau, la chapelle de Beuzit qui renferme le tombeau d'Olivier de la Pallue, décoré dans son contour d'arcades gothiques remplies d'écussons armoriés. Sur le dessus est la statue, soigneusement exécutée, d'Olivier de la Pallue, représenté couché, les mains jointes, les pieds posés sur un lion, et revêtu de l'armure du XVIe siècle ; son épée nue est posée à côté de lui.

Biographie. Patrie de l'abbé LEGRIS-DUVAL, prédicateur.

Du littérateur IVES DE QUERBEUF.

Du conventionnel baron DE ROUJOUX, préfet de Saône-et-Loire, du Pas-de-Calais et d'Eure-et-Loir.

INDUSTRIE. Manufactures importantes de cuirs et de toiles à carreaux. *Fabriques* de toiles et de chapeaux vernis. Blanchisserie de toiles et de cire. — *Commerce* important de toiles de toutes sortes, toiles à carreaux, toiles à voiles, fils blancs et écrus, chemises, pantalons, guêtres pour fournitures militaires, cuirs tannés et corroyés, goudron, suif, graisse, miel, cire, chandelles estimées, fromages de Hollande, grains, chevaux, etc., etc. — *Foires* de 15 jours, le 2e dimanche de juillet et 24 nov. (2 jours), le samedi avant la St-Michel, avant Pentecôte, et 3e samedi de janv., mars, juillet, sept. et nov.

LANDERONDE, vg. *Vendée* (Poitou), arr. et à 24 k. des Sables, cant. et ✉ de la Mothe-Achard. Pop. 862 h.

LANDERROUAT, vg. *Gironde* (Bazadois), arr. et à 30 k. de la Réole, cant. de Pellegrue, ✉ de Monségur. Pop. 248 h.

LANDERROUET, vg. *Gironde* (Bazadois), arr. et à 8 k. de la Réole, cant. et ✉ de Monségur. Pop. 223 h. — *Foires* les 22 mai, 24 juin, lundi de Pâques et lundi de la Pentecôte.

LANDERSHEIM, vg. *B.-Rhin* (Alsace), arr. et à 12 k. de Saverne, cant. de Marmoutier, ✉ de Wasselonne. Pop. 214 h.

LANDES (canal des). Il joint la Garonne à l'Adour par la Midouze de Lavardac à Mont-de-Marsan.

LANDES (département des). Le département des Landes est formé d'une partie de la ci-devant province de Gascogne, et tire son nom de la qualité d'une grande partie des terres sablonneuses et peu fertiles qu'il renferme. Ses limites sont : au nord, le département de la Gironde ; à l'est, ceux de Lot-et-Garonne et du Gers ; au sud, celui des Basses-Pyrénées, dont l'Adour le sépare en partie ; et à l'ouest l'Océan.

Le territoire de ce département présente deux divisions naturelles formées par le cours de l'Adour. La première, qui est située au sud de cette rivière, porte le nom de Chalosse ; elle offre des plaines couvertes de froment et de maïs, et de riants coteaux tapissés de vignes. La seconde division, qui forme la partie la plus considérable du département, est presque entièrement couverte de bruyères, de bois, de marais, d'étangs et de vastes plaines de sable. Cette contrée est connue sous le nom de grandes et petites Landes, vaste espace qui s'étend le long de l'Océan depuis Bordeaux jusqu'à Bayonne.

L'aspect des Landes est peu propre à inspirer des idées riantes : un sol uni, couvert d'un tapis de bruyères, du milieu desquelles se détachent des massifs de pins, se déroule sans cesse, et ne présente que l'idée d'une continuité de désert. Çà et là, et toujours à d'immenses distances, des bâtiments d'une architecture sauvage sont disposés pour servir de refuge aux bestiaux que le besoin de se procurer une chétive nourriture entraîne loin des habitations. Souvent, la vue cherche en vain un objet sur lequel elle puisse se fixer ; elle ne découvre que des plaines sans bornes, une espèce d'océan sans rivage, dans l'horizon duquel se dessinent quelques pâtres montés de hautes échasses ; malheureux que leurs habitudes et le peu de développement de leurs idées ravalent presque jusqu'aux animaux qu'ils soignent. Quelquefois aussi les masses d'arbres verts offrent d'heureuses combinaisons ; mais ces terres sans culture, ces déserts dont le silence n'est troublé que par le cri de la cigale ou par le son du cornet qui sert au pâtre à réunir ses troupeaux (car le chant même des oiseaux ne s'y fait pas entendre), ces déserts ont un caractère de grandiose qui étonne au premier moment et ne tarde pas à inspirer une fatigue et un ennui que les habitudes de l'enfance peuvent seules prévenir. Mais quelle est la surprise, quelle est la jouissance du voyageur, lorsqu'à travers les troncs dégarnis des pins il aperçoit un de ces lacs magnifiques qui séparent la contrée des landes de celles des dunes ! Il approche, et sa vue se repose sur une vaste nappe d'eau découpée au milieu des pignadas (forêts de pins), et dont les bords sont ornées de villages d'un effet délicieux. D'immenses prairies couvertes de bestiaux qu'elles nourrissent, hélas ! sans utilité ; des marais dont les roseaux servent de refuge à des buffles, et des landes plus sèches où des troupes de chevaux sauvages déploient leur vitesse, embellissent ce *riant* paysage, qu'animent les frêles nacelles des pêcheurs. Tout ce qui contribue à la décoration d'un site heureux; tout ce que l'imagination peut créer de plus gracieux, se trouve réuni; et peut-être oublierait-on que l'on parcourt les landes, si un des côtés du cadre de ce tableau n'était formé par les dunes qui s'étendent le long de la mer sur une distance de 100 k. du nord au sud, sur une largeur de 8 k. de l'est à l'ouest, et dont la hauteur varie de 35 à 50 m., avec une pente de 25 degrés à peu près du côté de la mer. Le versant opposé offre un talus de 50 degrés. Là, un autre aspect, une autre nature, mais une monotonie plus affreuse encore que celle des landes, attendent le voyageur : tantôt les dunes sont disposées en chaînes régulières, tantôt elles présentent des surfaces unies; quelquefois elles sont isolées et séparées par des vallons désignés sous le nom de Lettes. Leur forme varie continuellement : elles s'élèvent, elles s'abaissent, s'éloignent, se rapprochent suivant le caprice des vents qui les poussent dans la direction de l'est à l'ouest, et leur font parcourir chaque année une distance d'environ 20 m.

Un ouragan met en mouvement cette masse énorme de sable à laquelle rien ne résiste, et qui couvre les champs les plus précieux, les lieux les plus peuplés ; elle avance, et bientôt on ne reconnaît plus la place qu'occupaient les habitations et les terrains cultivés qu'aux branches de quelques pins jadis plantés devant la porte de chaque maison, et dont la cime perce encore la surface du sol. C'est ainsi qu'à Mimizan l'église, menacée par une dune de 40 m. d'élévation, allait disparaître, comme l'a fait une portion considérable du village, lorsque l'ensemencement en pins de cette montagne l'a fixée à 2 m. environ de l'édifice. C'est ainsi qu'à l'autre extrémité des landes, à peu de distance de l'embouchure de la Garonne, la flèche élancée du clocher de Soulac voit passer, à travers les élégantes découpures de ses croisées en ogive, les sables qui se sont amoncelés et sur l'édifice dont elle faisait l'ornement et sur une ville déshéritée de souvenirs et de traditions, mais dont l'existence est révélée par le monument d'une architecture trop riche pour avoir appartenu à un simple village. Maintenant, transformée en vigie, cette flèche avertit le navigateur du danger qui l'attend sur une plage où les éléments semblent combiner leurs efforts pour se rendre funestes à l'homme. Tout est triste, tout est mort dans cette malheureuse contrée. A l'exception de quelques oiseaux de mer qui planent à une grande distance, on n'y aperçoit pas d'êtres vivants. — Depuis 1787, on a commencé à fixer les dunes du golfe de Gascogne par des semis de pin maritime ; c'est à la persévérance de Brémontier qu'est dû le succès des premiers essais ; ils ont prouvé qu'avec des soins assidus on pouvait parvenir à arrêter ces montagnes mobiles qui menacent sans cesse le pays d'une double invasion. Les sables des dunes, chassés dans la plaine par les vents violents du nord-ouest, en portant au loin la stérilité sur des terrains qui offraient auparavant des pâturages de quelque valeur, ou en interceptant dans leur marche les chenaux d'écoulement, produisent une submersion à laquelle aucune plante ne peut résister. Nous avons déjà cité l'exemple du village du Vieux-Soulac, qui a disparu sous les sables, et que les malheureux habitants ont été forcés de reconstruire à 4 kilom. en arrière dans l'intérieur des terres. Les bourgs de Mimizan et de la Teste auraient subi le même sort, sans les semis qui ont été faits autour de ces communes, rendues maintenant à la plus entière sécurité par ces abris protecteurs.

Il existe dans les Landes deux classes de marais désignés sous le nom de marais de première et de seconde classe ; les premiers sont situés sur les deux rives de l'Adour, où ils occupent une étendue considérable des meilleurs terrains. Partout où l'on a tenté de les utiliser, on a vu succéder à l'état de malaise des habitants un aspect d'aisance et de santé, qu'ils n'auraient jamais connues si l'on n'avait fait disparaître les eaux dont la présence anéantissait à la fois et la population et les productions qui devaient la nourrir. Les marais dits de seconde classe ne présentent pas d'aussi grands avantages ; mais ils exigent des avances beaucoup moins fortes. Le sol des Landes étant généralement élevé (la rapidité des ruisseaux et la profondeur de leur lit le prouvent), il serait aussi simple que facile d'opérer le desséchement des marais, au moyen du creusement de quelques canaux d'une moyenne étendue. La retraite des eaux laisserait alors à découvert des terres enrichies depuis plusieurs siècles par les débris de la végétation et impatientes d'échapper à leur longue stérilité.

Le grand territoire circonscrit entre les limites des départements de Lot-et-Garonne et du Gers, le cours de la Garonne et de la Gironde d'un côté, celui de l'Adour de l'autre, et qu'on peut appeler fort justement le Delta des Landes, présente de grands plateaux dont certaines parties, se relevant dans un sens opposé à la pente générale, n'offrent pendant toute ou pendant une grande partie de l'année qu'un pays voué à la submersion, puisque les eaux, n'ayant que peu ou point d'issue pour s'écouler, ne peuvent en être extraites que par l'évaporation.

On compte aussi dans les Landes environ 800,000 hectares de terres vaines et vagues, qui sont livrées à l'abandon, et n'offrent de culture qu'autour des sommités sur lesquelles ont été placées les habitations pour n'être pas atteintes par les eaux. Au lieu des nombreux troupeaux que ces landes pourraient nourrir, si elles étaient desséchées, on n'y rencontre qu'une espèce rare et chétive qui ne subsiste que de quelques plantes broutées au milieu des lagunes où les maladies la déciment chaque année, et où, dans les hivers rigoureux, le manque de nourriture la fait périr presque en totalité. Cet état de choses explique pourquoi les pâtres de ces déserts, afin d'échapper aux inconvénients de leur séjour au milieu des flaques d'eaux croupissantes, sont obligés de s'élever sur de hautes échasses ; d'où ils suivent leurs troupeaux dans l'épaisseur des genêts et ajoncs qu'ils ont à traverser ; pourquoi ce pays qui, s'il était assaini, serait éminemment propre à l'éducation des abeilles, où ses habitants trouveraient une source de richesses, n'offre cependant en cire et en miel que des produits grossiers et insignifiants ; pourquoi la race de chevaux des Landes, si renommés par leur sobriété et leur vigueur infatigable, ne peut s'étendre et s'améliorer sur un sol voué à tant de causes d'improduction et d'insalubrité.

La superficie du département est de 915,139 hectares, répartis ainsi :

Terres labourables 168,044
Prés. 26,594
Vignes. 20,679
Bois. 226,645
Vergers, pépinières et jardins. . . . 4,604
Oseraies, aunaies et saussaies. . . . 3,491
Etangs, mares, canaux d'irrigation. 9,711
Landes et bruyères. 392,113
Autres cultures 2,762
Superficie des propriétés bâties. . . 3,855

Contenance imposable. . . 858,498

Routes, chemins, places, rues, etc. 12,890
Rivières, lacs et ruisseaux. 5,490
Forêts et domaines non productifs. . 38,087
Cimetières, églises, bâtiments publics. 174

Contenance non imposable. . 56,641
On y compte.
45,721 maisons.
762 moulins à eau et à vent.
31 forges et fourneaux.
351 fabriques et manufactures.

soit : 46,865 propriétés bâties.
Le nombre des propriétaires est de. 40,549
Celui des parcelles de 655,775

HYDROGRAPHIE. Le département compte trois rivières navigables : l'Adour, depuis St-Sever; le Gave de Pau, depuis Peyrehorade ; et la Midouze, depuis Mont-de-Marsan. — On évalue la longueur totale de la partie de leur cours livrée à la navigation à 136,000 m. — Le département ne renferme la source d'aucune rivière importante. La Leyre, petit fleuve qui débouche dans l'Océan par le bassin d'Arcachon, est seulement flottable sur une partie de son cours. Les autres rivières flottables du département sont : la Douze, le Midou, le Luy de Béarn, le Louts, le Bèz et la Bidouze. — Le littoral du département présente de vastes lagunes, que l'on désigne dans le pays sous le nom d'étangs. On en compte neuf principaux : ce sont les étangs de Cazau, de Biscarosse, de Parentis (ou grand étang de Biscarosse), de Mimizan (ou d'Aureilhan), de St-Julien, de Léon, de Soustons, de Tosse et d'Orx. Ils forment une chaîne qui commence aux limites du département, près de la Teste-de-Buch, et se prolonge sur un espace d'environ 125,000 m. jusqu'à Bayonne. — Plusieurs de ces étangs communiquent ensemble : celui de Cazau avec celui de Parentis, au moyen de l'étang de Biscarosse, et celui de Parentis avec l'étang de Mimizan, par un canal naturel qu'on appelle le courant de Ste-Eulalie.

L'étang de Mimizan a une passe qui permet aux eaux surabondantes de s'écouler dans la mer. — Les étangs de St-Julien et de Léon sont isolés; ils reçoivent les eaux d'un grand nombre de petites rivières, et communiquent avec la mer par des canaux naturels ouverts à travers les dunes. — Les étangs de Soustons et de Tosse communiquent ensemble par un petit canal, et l'étang de Soustons se dégorge dans le havre du Vieux-Boucaut. — L'étang d'Orx a une issue qui permet à ses eaux de s'écouler dans l'ancien lit de l'Adour, qui forme aujourd'hui, depuis le Vieux-Boucaut jusqu'à l'embouchure actuelle du fleuve, une série de petites lagunes.

COMMUNICATIONS. Le département est traversé par 7 routes royales et par 11 routes départementales. La route royale de 1re classe, de Paris en Espagne par Bordeaux et Bayonne, est devenue depuis quelques années une chaussée magnifique.

MÉTÉOROLOGIE. Le climat des Landes est moins chaud qu'on ne pourrait s'y attendre d'après sa position méridionale du pays. Le voisinage de la mer et la proximité des Pyrénées expliquent cette douceur de la température. — Les environs des étangs, couverts de brouillards épais pendant l'hiver, sont très-malsains. — Les vents dominants sont les vents d'ouest et de nord-ouest.

PRODUCTIONS. Le département des Landes produit du froment en petite quantité, beaucoup de seigle, sarrasin, maïs, millet, panis, en quantité suffisante pour la consommation des habitants. Légumes secs et potagers. Amandes, pruneaux, excellents fruits. Chanvre, lin, safran, garance, pastel. — 20,679 hectares de vignes produisent annuellement 603,800 hectol. de vin, qui, au prix moyen de 6 fr. 94 c., donnent 4,225,072 fr. Les vins de première classe sont ceux du Cap-Breton, de Soustons, de Messange, et du Vieux-Boucaut. Parmi les vins de la Chalosse, on estime particulièrement ceux de Gamarde et de Montfort. Environ 200,000 hectol. de ces vins sont consommés par les habitants ; le surplus est livré au commerce d'exportation, ou converti en eaux-de-vie, qui se vendent à Mont-de-Marsan sous le nom d'eaux-de-vie d'Armagnac, avec lesquelles elles sont en concurrence sur ce marché.

Des divers produits des Landes, le plus important, celui du revenu le plus assuré, est sans contredit le pin maritime, qui croît spontanément partout dans ce pays. Quoique le chêne et quelques autres essences s'y élèvent aussi à de grandes dimensions, ils sont généralement peu exploités. Dévorés à leur naissance par les troupeaux, à cause du déplorable usage du parcours, ceux qui survivent sont mutilés plutôt qu'exploités, et l'on ne voit guère de beaux chênes qu'autour des habitations ; c'est là où l'on peut juger de quelle admirable végétation le terrain est susceptible. On remarque aussi dans le Maransin des forêts de chênes-liéges d'une hauteur et d'un diamètre extraordinaires, et sur les revers des coteaux, à l'exposition du sud-ouest, des châtaigniers, et même quelques

hêtres fort beaux. Mais ce qui surtout mérite d'être observé, c'est le volume et la saveur des fruits et des légumes qui croissent dans les jardins que les gardes des dunes ont formés dans les sables des vallons à portée de leurs cabanes, à Mouleau, à Piquey, sur le bassin d'Arcachon, au Flamand, commune d'Hourtins, et au Verdon, près la pointe de Grave. C'est là aussi qu'on trouve des pâturages qui, malgré leur aspect un peu terne, sont cependant si substantiels par la nature des herbes la plupart aromatiques qui y croissent, que les vaches qu'on y nourrit donnent un lait abondant et d'un goût exquis ; c'est là encore que quelques hommes laborieux ont établi des prairies artificielles, qui, par leur produit et la qualité de leurs herbes, prouvent tout le parti qu'on tirerait de ces vallons, si les dunes qui les entourent étaient fixées. — Les bestiaux, qui indépendamment de leur utilité comme moyens d'engrais sont dans tous les pays une des branches les plus lucratives de l'agriculture, ne présentent dans ceux-ci aucune chance de profit. Mal nourris, assujettis à un régime destructeur, ils sont sans utilité comme sans valeur ; sans utilité, puisque le lait des vaches ne sert à aucun des usages auxquels il pourrait être si utilement employé ; que la laine des moutons est de la plus mauvaise qualité ; que la petitesse des chevaux empêche qu'ils ne soient affectés à aucun des travaux de l'agriculture. On ne nourrit donc que le bétail nécessaire au labourage ; mais il ne donne jamais assez d'engrais pour tenir les terres cultivées dans le meilleur état possible. — Nombreux troupeaux de bêtes à laine. Quantité de chèvres. Porcs dits de bois, dont la chair est estimée. Volailles, abeilles. Grand et menu gibier. Poisson de toute espèce d'étang et de rivière.

MINÉRALOGIE. Mines de fer en grains, en bancs et en roches, presque à la superficie du sol. Cristaux de sulfate de fer. Mica, houille. Carrières de marbre, de pierres de taille très-variées, de grès à paver, quartz, de plâtre en roches, de pierres lithographiques, craie, ocre, marne. Alumine. Argile supérieure à celle de Sarreguemines, l'une des plus belles de France. Terre à creusets. Fossiles rares et curieux. Tourbières. Mines de bitume, etc.

SOURCES MINÉRALES à Arjuzanx, Escalans, la Glorieuse, Mont-de-Marsan, Onnesse, Castets, Dax, Gamarde, St-Laurent, Lit-et-Mixe, Pandelon, Pouillon, Préchacq, Saubusse, Saugnac, Sort, Tercis, Donzacq, St-Loubère, Maylis, Ponson, etc.

INDUSTRIE ET COMMERCE. Fabriques de grosses draperies, poterie façon anglaise, faïence, liqueurs fines ; six forges et hauts fourneaux ; six fabriques de noir de fumée. Fonderie de résine, poix, goudron. Verreries. Papeteries. Tanneries renommées. Distilleries d'eaux-de-vie. Brasseries. Teintureries. Huileries. — Exploitation des sapins qui couvrent les landes. — Préparation des jambons délicats connus sous le nom de jambons de Bayonne.

Commerce de grains, vins, eaux-de-vie, légumes, huile de lin, fruits, matières résineu-

ses, cire, miel, pelleteries, cuirs, laines, bestiaux, porcs gras. Oies grasses, salées et confites; ortolans de table. Bois de marine et de charpente, etc. — Entrepôt du commerce entre la France et l'Espagne.

FOIRES. 135 foires environ se tiennent dans plus de 45 communes. On y vend principalement des grains, toute sorte de bestiaux, notamment des porcs gras ; des chevaux, des mules, des mulets, des ânes ; des laines du pays, des étoffes grossières, des bérets. On trouve spécialement du lin à Sorde, de la cire à Labouheyre, Roquefort, Sabres ; de la résine à Tartas, à Labouheyre ; des oies à St-Géours-de-Maremne.

MŒURS ET USAGES. Les vastes espaces occupés par les landes sont interrompus par des villages où résident un grand nombre de familles très-pauvres et quelques propriétaires fort riches. Dans une société perfectionnée, des nuances insensibles réunissent les diverses positions assignées par la fortune ; elles adoucissent même les contrastes trop brusques des contrées entre elles. Ici rien ne prépare la transition du désert au pays le mieux cultivé, de la cabane du paysan à la demeure du riche propriétaire. A l'aspect de ce qu'a la misère réunit de plus affligeant succède l'appareil d'une grande recherche dans tout ce qui peut contribuer à l'agrément de la vie et au bonheur. Une maison ombragée par de beaux arbres, et entourée d'un tapis de verdure, annonce l'aisance et le bon goût. Dans l'intérieur, une distribution commode, une extrême propreté, confirment l'idée que l'on s'était faite de ce séjour, et bientôt l'hospitalité déploie tout son luxe, comme pour faire oublier au voyageur les fatigues et l'ennui au prix desquels il lui a fallu acheter une aussi flatteuse réception.

Le physique, comme les mœurs de la classe riche, offre aussi le contraste le plus frappant avec les formes grêles et la rudesse de la classe indigente. Une stature élevée, de belles formes, un air ouvert, des manières distinguées, fruits d'une heureuse éducation, font douter si deux races bien distinctes n'ont pas originairement concouru à former la population de ce pays ; mais bientôt la réflexion indique la cause de la disparate dans la différence du régime, des habitudes et de l'éducation. Ainsi, comme l'Arabie, les Landes ont leurs oasis, et présentent, au milieu des déserts et à côté d'une population chétive et ignorante, une nature plus favorisée et tous les charmes de la civilisation.

Les paysans landais mènent un genre de vie tout à fait rustique et presque sauvage ; ils habitent dans des cabanes isolées, mal construites, et encore plus mal meublées : la plupart ne sont même que des tentes, afin de pouvoir plus facilement les transporter d'un lieu à un autre. Ils couchent à terre sur des peaux de moutons, et un capot, pareillement de peau de mouton, leur sert de couverture. Des vêtements grossiers, toujours mal assortis à la température du climat, les accablent pendant l'été, sans les préserver du froid pendant l'hiver ; mais, insouciants sur leurs besoins comme sur leurs jouissances, l'idée d'un changement ne se présente jamais à leur inactive imagination. Les femmes, les jours de travail, au lieu de coiffe, mettent deux ou trois serviettes en forme de capuce; mais, les jours de fête ou de cérémonie, elles se parent d'un habillement assez élégant, et leur bonnet est orné de larges barbes dentelées de rouge. — Les Landais agrestes sont d'une taille moyenne et d'un caractère assez doux, quoique peu ouvert et dissimulé. Ce peuple possède peu de chose, mais ce peu qu'il a ne lui appartient plus dès qu'un être souffrant le réclame : l'instruction, qui lui manque absolument, n'aurait en ce genre rien à ajouter à ses heureuses inclinations. L'hospitalité est dans le pays une vertu d'instinct ; on l'exerce avec un empressement qui ferait croire que le service est pour celui qui le rend. A toutes les époques de l'année, l'étranger, quel qu'il soit, est assuré d'être accueilli dans la plus riche comme dans la plus pauvre habitation de ces déserts, d'y trouver des soins affectueux, des prévenances qu'on lui refuserait dans nos grandes villes.

Ces rustiques habitants des Landes, au lieu de chapeaux, portent une barrette à la manière des Béarnais; ils font usage d'un gilet fort court, ayant des manches qui leur viennent jusque sur les poignets ; par dessus est un autre gilet dont la manche ne dépasse point le coude. Le tout est surmonté d'une espèce de doliman de peau de mouton dont le poil est en dessus, qui tantôt tombe jusque sur les talons, mais qui ordinairement ne va que jusqu'à la ceinture de la culotte. Au lieu de bas, ils portent des espèces de guêtres qu'ils recouvrent d'une demi-peau de mouton assez mal attachée aux extrémités. Les bergers mettent ordinairement par-dessus tout cet accoutrement un grand manteau de drap gris sale; ils ont sur la tête un capuchon dépendant du même manteau, qui est garni de bandes terminées en pointes bariolées de rouge, et ornées de crins de cheval. Comme il est difficile de marcher dans les sables et dans les flaques d'eau dont le sol des Landes est couvert, ils se servent de longues échasses nommées changuées. L'agilité avec laquelle ils marchent ainsi juchés sur ces hauts échalas est étonnante; un cheval au trot ne peut les suivre. Dans cet état, ils tiennent toujours un long bâton dont ils se servent pour les aider à franchir des fossés de plus ou quelquefois vingt pieds de large. Quand ils veulent mettre leurs échasses, ils montent sur le haut d'une armoire ou sur le manteau de la cheminée, qui est ordinairement fort élevé ; mais ce moyen n'est pas nécessaire à la plupart ; ils savent fort bien se relever de terre avec les changuées les plus hautes.

Ici, comme dans une grande partie des départements voisins des Pyrénées, le besoin force une portion du peuple à voyager presque toujours, soit pour transporter au loin le superflu des produits de la contrée, soit plutôt pour aller chercher les objets de consommation les plus essentiels qui y manquent. Pendant leurs voyages, les Landais ont, comme les autres peuples pyrénéens, des stations fixes et invariables; chaque bouvier conduit un petit char traîné par deux bœufs, et porte avec lui sa nourriture et celle de ces patients animaux. Il n'a pour lui qu'un mauvais pain, mal pétri, excessivement cuit, formé de farine de seigle ou de maïs grossièrement tamisée, et qu'il assaisonne quelquefois avec des sardines de Galice. Il donne à ses bœufs des tiges sèches de panis, auxquelles il a ajouté un peu de son ou de sel, ou de résidu de la farine de la semence de lin, dont on a extrait l'huile, et qu'il a eu soin de pulvériser de nouveau. Après les avoir forcés en quelque sorte à prendre cette nourriture, il les lâche sur la lande, songe enfin à lui, dort trois heures au plus ; puis il part avec le reste de la caravane et s'achemine vers le lieu de sa destination.

Les habitations de ce peuple sont peu élevées et la toiture en est écrasée; au centre est ordinairement une pièce commune, et un feu autour duquel se réunissent tous les habitants de la maison ; les autres chambres sont étroites, basses et humides ; le sol, assez mal battu, tient lieu de carrelement et de plancher ; ces chambres ne sont séparées les unes des autres que par des madriers presque bruts et mal joints, ou par des torchis entr'ouverts en plusieurs endroits : l'air ne s'y renouvelle jamais parfaitement ; de petites lucarnes y tiennent lieu de croisées, et la lumière du jour n'y pénètre qu'avec peine : le froid et le chaud s'y font sentir avec une égale intensité. C'est dans ces sombres demeures qu'on place de mauvais grabats où reposent ces hommes laborieux et faibles, entassés, pour ainsi dire, les uns sur les autres, le plus souvent entre deux lits de plume ; couche d'autant plus malsaine, dit M. Thore, qu'on y éprouve une chaleur incommode, ou des sueurs aussi funestes par leur excès que dangereuses par les suites d'une suppression presque inévitable.

DIVISION ADMINISTRATIVE. Le département des Landes a pour chef-lieu Mont-de-Marsan. Il envoie trois représentants à la chambre des députés, et est divisé en 3 arrondissements ou sous-préfectures :

Mont-de-Marsan. 12 cant. 94,145 h.
Dax. . . . . . . 8 — 105,345
St-Sever. . . . . 8 — 88,587

28 cant. 288,077 h.

31ᵉ conserv. des forêts (chef-l. Bordeaux). — 17ᵉ arr. des mines (chef-l. Montpellier). — 11ᵉ division militaire (chef-l. Bordeaux).— Evêché et école secondaire ecclésiastique à Aire. Séminaire diocésain à Dax. 28 cures, 224 succursales. — Collèges communaux à Aire, à Dax, à Mont-de-Marsan et à St-Sever. — Sociétés d'agriculture, arts et commerce à Mont-de-Marsan.

Biographie. La partie de la Gascogne dont a été le département des Landes est le lieu de naissance :

De saint VINCENT DE PAULE.
Du vicomte d'ORTHEZ, si digne d'éloge pour sa conduite lors des massacres de la St-Barthélemy.
Du fameux captal de Buch J. DE GRAILLY.
Des peintres LARRIEU et JAIR.
Du graveur GRATELOUP.
Du mathématicien BORDA, inventeur du cercle qui porte son nom.
Du célèbre chimiste DARCET, membre du sénat conservateur.
Du littérateur DUBROCA.
De l'agronome POYFÉRÉ DE CÈRE.
De ROGER-DUCOS, membre du directoire et second consul de la république française.
Du maréchal PÉRIGNON.
Des généraux DARRICAU, DURRIEU, LANUSSE, MARANSIN, CARDINEAU, D'ARGOUBIT, DUCOS, LAFFITTE, LAMBERT, LAMOTTE, LONGCHAMP, MONET, PEYRÈS, SOUSTHAR, etc., etc.

Bibliographie. DESMILY. *Mémoire sur la meilleure manière de tirer parti des landes de Bordeaux, quant à la culture et à la population, qui a remporté le prix en 1776, au jugement de l'académie de Bordeaux*, in-4, 1776.

Description abrégée du département des Landes, publiée par l'administration départementale, in-8, an VIII.

THORE (Jean). *Coup d'œil rapide sur les landes du département de ce nom*, in-8, 1812.

HAUSSEZ (le baron d'). *Étude administrative sur les landes, ou Collection de mémoires et d'écrits relatifs à la contrée renfermée entre la Garonne et l'Adour*, in-8, 1826.

LEFEVRE. *Notice géologique sur quelques points du département des Landes, suivie d'Observations sur les dunes de Gascogne*.

SAINTOURENS (J.-B.). *Opuscule sur les minéraux des Landes*, 1815.

ST-AMANS (Jean-Fl. B. de). *Précis d'un voyage agricole, botanique et pittoresque dans les Landes*, in-8, 1799.

ST-SAUVEUR. *Voyage à Bordeaux et dans les Landes*, in-8, fig., an VI.

DEPÈRE. *Extrait d'un voyage agronomique fait dans l'été de 1809, au sud-ouest de la France, suivi de Vues générales sur la culture des landes que se partagent les trois départements de la Gironde, des Landes et de Lot-et-Garonne*, in-8, 1812.

BRÉMONTIER (Nic.-Théod.). *Mémoires sur les dunes, et particulièrement sur celles qui se trouvent entre Bayonne et la pointe de Grave, à l'embouchure de la Gironde*, in-8, 1796.

TASSIN. *Rapport sur les dunes du golfe de Gascogne*, in-8.

VANDERMEY (Henri). *Mémoire sur le défrichement des landes*, in-8, sans date.

THORE (Jean). *Essai d'une chloris ou flore du département des Landes*, petit in-8, an XI (1798); sec. édit., in-8, 1803.

POYFÉRÉ DE CÈRE. *Mémoire sur l'amélioration des bêtes à laine du département des Landes*, in-8 et une carte, in-8, 1806.

DESCHAMPS. *Des travaux à faire pour l'assainissement et la culture des landes*, in-4, fig., 1832.

JOUANNET. *Notice sur les produits naturels des Landes et de la Gironde*, in-8.
Entreprise d'exploitation et de colonisation des landes de Bordeaux (Statuts de la compagnie), in-8, 1834.
SAINTOURENS (J.-B.). *Guide pittoresque du voyageur dans le département des Landes, orné de la carte, portraits et vues, établissements d'eaux minérales et les châteaux pittoresques, les édifices, monuments, sites remarquables,* etc., in-8, 1835.
MORTEMART DE BOISSE (le baron de). *Voyage dans les landes de Gascogne, et Rapport à la société royale et centrale d'agriculture sur la colonie d'Arcachon*, in-8, fig., 1840.
BILLAUDEL (J.-B.). *Les Landes en 1826*, in-4, 1826-1838.
De la nécessité d'un port sur les côtes du golfe de Gascogne, et Notice sur les anciens marins du Cap-Breton, etc., in-8, 1814.
SINOT (F.-Ch.). *Mémoire sur le canal des grandes landes, établissant la jonction définitive de l'Adour à la Garonne*, in-4, 1841.
DUFAU (Ant.). *Vues nouvelles sur la médecine pratique du département des Landes...*
Annales de la société économique d'agriculture, commerce, arts et manufactures du département des Landes, in-8.
V. aussi : GUIENNE, BASTENNES, CAP-BRETON, DAX, MONT-DE-MARSAN, POUILLON, PRÉCHACQ, TERCIS.

LANDES (les), vg. *Aveyron*, comm. et ⊠ de Camarès.

LANDES, vg. *Calvados* (Normandie), arr. et à 23 k. de Caen, cant. et ⊠ de Villers-Bocage. Pop. 447 h.

LANDES, bg *Charente-Inf.* (Saintonge), arr., cant., ⊠ et à 8 k. de St-Jean-d'Angely. Pop. 755 h.

LANDES, vg. *H.-Garonne*, comm. de Blajan, ⊠ de Boulogne.

LANDES, vg. *Loir-et-Cher* (Blaisois), arr. et à 15 k. de Blois, cant. d'Herbault, ⊠ de la Chapelle-Vendômoise. Pop. 880 h.

LANDES - ST - SIMÉON (la), vg. *Orne* (Normandie), arr. et à 31 k. de Domfront, cant. et ⊠ d'Athis. Pop. 536 h.

LANDES (les), vg. *Maine-et-Loire*, comm. et ⊠ d'Ingrande.

LANDES-GENUSSON (les), vg. *Vendée* (Poitou), arr. et à 40 k. de Bourbon-Vendée, cant. de Mortagne-sur-Sèvre, ⊠ de Tiffauges. Pop. 1,031 h.

LANDE-SUR-DROME (la), vg. *Calvados* (Normandie), arr. et à 35 k. de Bayeux, cant. et ⊠ de Caumont. Pop. 203 h.

LANDE-SUR-EURE (la), vg. *Orne* (Perche), arr. et à 30 k. de Mortagne-sur-Huine, cant. et ⊠ de Longni. Pop. 663 h.

LANDES-VIEILLES-ET-NEUVES (les), vg. *Seine-Inf.* (Normandie), arr. et à 17 k. de Neufchâtel-en-Bray, cant. de Blangy, ⊠ d'Aumale. Pop. 325 h.

LANDEVANT, bg *Morbihan* (Bretagne), arr. et à 25 k. de Lorient, cant. de Pluvigner, ⊠ d'Hennebont. ⚜. Pop. 1,514 h. — Commerce de chevaux. — *Foires* les 22 fév., 5 avril, 15 mai, 11 juin, 4 juillet, 29 sept. et 25 nov.

LANDE-VAUDEMONT (la), vg. *Calvados* (Normandie), arr., cant., ⊠ et à 7 k. de Vire. Pop. 216 h.

LANDEVENNEC, *Vindana Portus*, bourg maritime, *Finistère* (Bretagne), arr. et à 25 k. de Châteaulin, cant. de Crozon, ⊠ du Faou. Pop. 838 h. — *Etablissement de la marée*, 3 heures 30 minutes. — Il doit son origine à l'abbaye de son nom, fondée, à ce que l'on présume, vers la fin du IV° siècle par le roi Grallon, qui s'y retira après la destruction de la cité d'Is, et y fut enterré. Gusdestein, abbé de Landevennec, raconte naïvement que les religieux de cette abbaye ne mouraient point. Consumés par les austérités d'une vie pénitente, ces religieux se plaignirent de ne plus voir le terme de leurs souffrances. Saint Guénolé fit rentrer la mort dans ses droits ; mais, pour laisser quelques traces du premier miracle, elle fut assujettie à ne prendre que les plus anciens, et ils ne mouraient que selon leur rang et leur âge. Toutefois la confiance qu'avaient les jeunes religieux de vivre longtemps ayant causé quelque relâchement dans la discipline monastique, le ciel remit, dit-on, les choses dans leur état naturel ; la mort prit les jeunes et les vieux, sans ordre et sans égard pour leur âge.

LANDEVIEILLE, vg. *Vendée* (Poitou), arr. et à 16 k. des Sables, cant. de St-Gilles-sur-Vie. Pop. 405 h.

LANDEVILLE, vg. *H.-Marne* (Champagne), arr. et à 35 k. de Vassy, cant. de Doulaincourt, ⊠ de Sailly. Pop. 81 h.

LANDEYRAT, vg. *Cantal* (Auvergne), arr. et à 20 k. de Murat, cant. et ⊠ d'Allanche. Pop. 459 h.

LANDIFAY, vg. *Aisne* (Picardie), arr. et à 19 k. de Vervins, cant. de Nouvion, ⊠ de Guise. Pop. 1,000 h.

LANDIGOU, vg. *Orne* (Normandie), arr. et à 7 k. de Domfront, cant. et ⊠ de Flers. Pop. 761 h.

LANDIN (le), vg. *Eure* (Normandie), arr. et à 25 k. de Pont-Audemer, cant. de Routot, ⊠ de Bourg-Achard. Pop. 245 h.

LANDIRAS, vg. *Gironde* (Guienne), arr. et à 42 k. de Bordeaux, cant. et ⊠ de Podensac. Pop. 2,336 h. — *Foires* les 3 et 4 fév., 22 mai, 17 août et 11 nov.

LANDISACQ, vg. *Orne* (Normandie), arr. et à 9 k. de Domfront, cant. et ⊠ de Flers. Pop. 1,240 h.

LANDIVISIAU, jolie petite ville, *Finistère* (Bretagne), arr. et à 25 k. de Morlaix, chef-l. de cant. Cure, Gîte d'étape. ⚜. A 561 k. de Paris pour la taxe des lettres. Pop. 3,217 h.

Cette ville est située sur une colline d'où l'on jouit d'un horizon fort étendu ; elle est bien bâtie, bien percée et bien pavée. On y remarque une belle église paroissiale surmontée d'un clocher à flèche d'une architecture élégante et hardie ; vu de loin, et sous certains aspects, les pilastres légers qui le soutiennent disparaissent à l'œil, et il semble en quelque sorte suspendu dans les airs. Partout dans le Finistère, et particulièrement dans la partie qui formait l'ancien évêché de Léon, on rencontre des clochers du même genre : à quelque différence près, tous sont du plus joli effet et se dessinent dans la perspective de la manière la plus pittoresque ; quelques-uns étonnent par l'extrême hardiesse de leur construction. — A gauche de l'église, sur une grande place, s'élève une halle neuve qui fait le contraste le plus frappant avec tous les édifices de même destination répandus dans la Bretagne. — *Foires* le 2° mercredi de chaque mois.

LANDIVY, bg *Mayenne* (Maine), arr. et à 40 k. de Mayenne, chef-l. de cant. Bureau d'enregist. à Gorron. Cure. ⊠ de Fougerolles. Pop. 1,950 h. Dans un pays couvert et abondant en pâturages. — *Foires* les 22 mars, 21 mai, 4 juillet, 10 août et 11 déc.

LANDOGNE, vg. *Puy-de-Dôme*, comm. et ⊠ de Pontaumur.

LANDONVILLERS, vg. *Moselle* (pays Messin), arr. et à 18 k. de Metz, cant. de Pange, ⊠ de Courcelles-Chaussy. Pop. 186 h.

LANDORTHE, vg. *H.-Garonne* (Comminges), arr., cant., ⊠ et à 6 k. de St-Gaudens. Pop. 521 h.

LANDOS, vg. *H.-Loire* (Languedoc), arr. et à 23 k. du Puy, cant. et ⊠ de Pradelles. Pop. 960 h.

LANDOUVILLE, vg. *Eure-et-Loir* (Beauce), arr. et à 17 k. de Dreux, cant. et ⊠ de Châteauneuf-en-Thimerais. Pop. 48 h.

LANDOUZY-LA-COUR, vg. *Aisne* (Picardie), arr. et à 6 k. de Vervins. Pop. 525 h.

LANDOUZY-LA-VILLE, vg. *Aisne* (Picardie), arr., ⊠ et à 10 k. de Vervins, cant. d'Aubenton. Pop. 1,660 h. — Fabrique de vannerie fine.

LANDOY, vg. *Seine-et-Marne*, comm. et ⊠ de la Maison-Rouge.

LANDRAY, vg. *Charente-Inf.* (Aunis), arr. et à 22 k. de Rochefort-sur-Mer, cant. d'Aigrefeuille, ⊠ de Surgères. Pop. 768 h.

LANDRECIES, *Landericiacum, Landrecium*, petite et très-forte ville, *Nord* (Hainaut), arr. et à 17 k. d'Avesnes, chef-l. de cant. Place de guerre de 4° classe. Cure. Gîte d'étape. ⊠. ⚜. A 182 k. de Paris pour la taxe des lettres. Pop. 4,111 h. — TERRAIN tertiaire inférieur.

Autrefois diocèse de Cambrai, parlement de Douai, intendance de Maubeuge, prévôté royale, recette, gouvernement particulier, couvent de carmes.

Landrecies n'était au XI° siècle qu'un simple village ; Nicolas, seigneur d'Avesnes, y construisit un château en 1150, et une ville ne tarda point à s'y former. Devenue place forte, Landrecies subit plusieurs fois les conséquences de la guerre : elle fut prise en 1477 par les Français, qui l'incendièrent en se retirant ; elle n'éprouva pas un meilleur sort lorsque le duc de Vendôme s'en empara en 1521. François Ier s'en rendit maître en 1543, et Charles-Quint l'assiégea inutilement la même année. Toutefois, après la conclusion de la paix, l'empereur obtint cette place du duc d'Arschot, en échange d'une autre seigneurie, et elle passa ainsi sous la domination de ce souverain en 1545.

La ville de Landrecies fut prise en 1637 par les Français, qui la conservèrent pendant dix ans; l'archiduc Léopold, frère de l'empereur, s'en empara en 1647; les maréchaux de Turenne et de la Ferté s'en rendirent maîtres en 1655; elle a été cédée à la France, par le traité des Pyrénées, en 1659. Cette ville fut encore assiégée en 1712 par le prince Eugène de Savoie, qui fut obligé de se retirer après la victoire du maréchal de Villars à Denain. Sa possession fut définitivement assurée à la France en 1713, par le traité d'Utrecht.—Les Autrichiens la bloquèrent en 1794: une compagnie de canonniers, formée dans ses murs, postée au Bas-Moulin, qu'elle était chargée de défendre, fut en grande partie engloutie par l'explosion d'un moulin à poudre. Les ennemis, repoussés dans une sortie de la garnison, commencèrent le bombardement, qui fut terrible : presque tous les édifices publics et particuliers furent renversés. Les habitants, secondés par leurs femmes, déployèrent dans ce siège le plus grand courage; mais la place, n'ayant pas été secourue à temps, se rendit le 30 avril. Huit jours après la bataille de Fleurus, quinze mille républicains entreprirent le siège de cette ville, que les Autrichiens rendirent à discrétion le 17 juillet 1794. Les Russes l'occupèrent de 1815 à 1818.

Cette ville est située au milieu de belles prairies, sur la Sambre, et est navigable. Ses fortifications ont été construites par le chevalier Deville, et augmentées par Vauban; elles sont entourées d'un fossé que l'on peut remplir d'eau pour la défense de la place. — L'église paroissiale et les casernes sont les seuls édifices remarquables.

Les armes de Landrecies sont : *d'azur à une tour crénelée à trois pans d'or, maçonnée de sable, surmontée de trois tourillons crénelés d'or et posée sur une terrasse de sinople.* — Alias : *de gueules à trois amades d'or.*

Commerce de grains, houblon, lin de gros et de fin, fromages dits de Marolles, bois, charbon, ardoises, bestiaux, etc. Verrerie à bouteilles.—Foires le 3e mardi de chaque mois, si le mardi ne tombe pas un 19; dans ce cas la foire est remise au lendemain.

Bibliographie. BILLY (Jacques de). *La Prise et la Réduction de la ville de Landrecies*, in-8, 1637.

* *Les Furieuses Attaques contre la ville de Landrecies*, in-8, 1637.
* *Journal de ce qui s'est passé au siège et à la prise de Landrecies*, in-4, 1655.

LANDRECOURT, vg. *Meuse* (Lorraine), arr., ✉ et à 7 k. de Verdun-sur-Meuse, cant. de Souilly. Pop. 229 h.

LANDREFANG, vg. *Moselle* (pays Messin), arr. de Metz, cant. de Faulquemont, ✉ de St-Avold.

LANDREMONT, vg. *Meurthe* (Lorraine), arr. et à 22 k. de Nancy, cant. et ✉ de Pont-à-Mousson. Pop. 312 h.

LANDREMONT, vg. *Moselle*, comm. de Silly-sur-Nied, ✉ de Courcelles-Chaussy.

LANDRES, vg. *Champagne* (Champagne), arr. et à 27 k. de Vouziers, cant. et ✉ de Buzancy. Pop. 580 h.

LANDRES, vg. *Moselle* (pays Messin), arr. et à 13 k. de Briey, cant. et ✉ d'Audun-le-Roman. Pop. 503 h.

LANDRESSE, vg. *Doubs* (Franche-Comté), arr. et à 16 k. de Baume-les-Dames, cant. de Pierre-Fontaine. ✉. A 450 k. de Paris pour la taxe des lettres. Pop. 424 h. — Foires les 2e jeudi de mars, de mai et de juillet.

LANDRETHUN-LE-NORD, vg. *Pas-de-Calais* (Picardie), arr. et à 22 k. de Boulogne-sur-Mer, cant. et ✉ de Marquise. Pop. 495 h.

LANDRETHUN-LÈS-ARDRES, vg. *Pas-de-Calais* (Artois), arr. et à 20 k. de St-Omer, cant. et ✉ d'Ardres. Pop. 545 h.

LANDREVANGE, vg. *Moselle*, comm. de Boussé, ✉ de Thionville.

LANDREVILLE, bg *Aube* (Champagne), arr., ✉ et à 9 k. de Bar-sur-Seine, cant. d'Essoyes. Pop. 1,419 h. — *Commerce* de vins de son territoire. — Foires les 2 avril et 7 sept.

LANDRICHAMPS, vg. *Ardennes* (Flandre), arr. et à 42 k. de Rocroi, cant. et ✉ de Givet. Pop. 139 h. — Laminoirs. Batterie et tréfilerie pour la fabrication du cuivre et du zinc.

LANDRICOURT, vg. *Aisne* (Picardie), arr. et à 25 k. de Laon, cant. et ✉ de Coucy-le-Château. Pop. 320 h.

LANDRICOURT, vg. *Marne* (Champagne), arr. et à 24 k. de Vitry-le-François, cant. et ✉ de St-Rémy-en-Bouzemont. Pop. 230 h.

LANDRIEUX, vg. *Ille-et-Vilaine*. V. ROZ-LANDRIEUX.

LANDROFF, vg. *Moselle* (pays Messin), arr. et à 50 k. de Sarreguemines, cant. de Gros-Tenquin, ✉ de Faulquemont. P. 570 h.

LANDSER, bg *H.-Rhin* (Alsace), arr. et à 14 k. d'Altkirch, chef-l. de cant. Cure. ✉ de Mulhausen. Pop. 582 h. — Foires les 16 août et 2e mercredi de carême.

LANDUDEC, vg. *Finistère* (Bretagne), arr., ✉ et à 15 k. de Quimper, cant. de Plougastel-St-Germain. Pop. 979 h.

LANDUGEN, vg. *Côtes-du-Nord*, comm. et ✉ de Callac.

LANDUJAN, vg. *Ille-et-Vilaine* (Bretagne), arr. et à 15 k. de Montfort-sur-Meu, cant. et ✉ de Montauban. Pop. 1,045 h.

LANDUNVEZ, vg. *Finistère* (Bretagne), arr. et à 30 k. de Brest, cant. de Ploudalmézeau, ✉ de St-Renan. Pop. 1,580 h.

On remarque vis-à-vis de ce village, situé au bord de la mer, un rocher d'une grande élévation au-dessus des eaux, nommé le Four, qui n'est jamais recouvert par les eaux de la mer, et que l'on regarde comme le point de séparation de l'Océan et de la Manche. — Près de Landunvez sont les vastes ruines d'un ancien châtel, dont une grande partie des pierres ont servi à la construction de l'église St-Louis et de la salle de spectacle de Brest. Le fameux Tanneguy Duchâtel naquit, dit-on, dans ce châteu. — Foire le 22 déc.

LANDUZIÈRE, vg. *Loire*, comm. de St-Genêt-Lerpt, ✉ de St-Etienne.

LANDZÉCOURT, vg. *Meuse* (pays Messin), arr. et à 5 k. de Montmédy, ✉ de Louppy. Pop. 126 h.

LANECORBIN, vg. *H.-Pyrénées*, comm. de Montastruc-la-Laude, ✉ de Trie.

LANÉRIA, vg. *Jura* (Franche-Comté), arr. et à 37 k. de Lons-le-Saulnier, cant. de St-Julien, ✉ de St-Amour. Pop. 70 h.

LANES, vg. *H.-Garonne*, comm. de Montastruc, ✉ de St-Martory.

LANESPÈDE, vg. *H.-Pyrénées* (Gascogne), arr. et à 21 k. de Tarbes, cant. et ✉ de Tournay. Pop. 457 h.

LANET, vg. *Aude* (Languedoc), arr. et à 50 k. de Carcassonne, cant. de Monthoumet, ✉ de Davejean. Pop. 290 h.

LANEUFFRET, vg. *Finistère* (Bretagne), arr. et à 32 k. de Brest, cant. de Plondiry, ✉ de Landerneau. Pop. 231 h.

LANFAINS, vg. *Côtes-du-Nord* (Bretagne), arr. et à 5 k. de St-Brieuc, cant. de Pleuc, ✉ de Quintin. Pop. 2,316 h. — Foires le 3e lundi d'avril et 1er lundi d'oct.

LANFROICOURT, vg. *Meurthe* (Lorraine), arr., ✉ et à 21 k. de Nancy, cant. de Noméry. Pop. 320 h.

LANGAN, vg. *Ille-et-Vilaine* (Bretagne), arr. et à 16 k. de Montfort-sur-Meu, cant. et ✉ de Bécherel. Pop. 593 h.

LANGANNERIE, vg. *Calvados*, comm. de Grainville-la-Campagne. ✉. ⚲. A 229 k. de Paris pour la taxe des lettres.

LANGAST, vg. *Côtes-du-Nord* (Bretagne), arr. et à 17 k. de Loudéac, cant. de Plouguenast, ✉ de Moncontour. Pop. 1,356 h. — Foires les 1er et 3e mardis de mai et de juin.

LANGAST-PRÊT, vg. *Côtes-du-Nord*, comm. de Plessala, ✉ de Moncontour.

LANGATTE, vg. *Meurthe* (Lorraine), arr., cant. et à 7 k. de Sarrebourg. Pop. 787 h.

LANGÉ, vg. *Indre* (Berry), arr. et à 32 k. de Châteauroux, cant. de Valençay. Pop. 774 h.

LANGEAC, petite ville, *H.-Loire* (Auvergne), arr. et à 28 k. de Brioude, chef-l. de cant. Cure. ✉. A 484 k. de Paris pour la taxe des lettres. Pop. 3,231 h. — TERRAIN carbonifère, houille.

Autrefois diocèse de St-Flour, parlement de Paris, intendance de Riom, élection de Brioude, prévôté royale, 2 couvents.

Cette ville est bâtie dans une situation agréable, sur la rive gauche de l'Allier. On trouve aux environs une source d'eau minérale froide.

Les **armes de Langeac** sont : *d'or à trois pals vairés d'argent et d'azur.*

Langeac donne son nom à un bassin houiller situé dans la petite vallée de Marsanges, dont l'unique concession de ce bassin a pris le nom ; elle s'étend dans les communes de Langeac et de Teissac, et embrasse une surface de 687 h. Les mines de Langeac ont une certaine célébrité géologique par la netteté des impressions de fougères qu'on y recueille, et surtout par la présence de fruits ovoïdes qui existent avec quelque abondance au milieu des schistes qui accompagnent la houille.

Fabriques de dentelles. Carrières de meules à aiguiser et de pierres de taille. Exploitation de houille (à MARSANGES). — *Foires* les 2 mai, 3 juillet, 25 nov., 1er jeudi de carême, mi-carême, mercredi saint, 1er jeudi de juin, d'août, de sept., d'oct. et de déc.

LANGEAIS, *Alingavia*, *Lingia*, *Lingiacum*, petite ville très-ancienne, *Indre-et-Loire* (Touraine), arr. et à 30 k. de Chinon, chef-l. de cant. Cure. Gîte d'étape. ✉. ⌘. A 257 k. de Paris pour la taxe des lettres. Pop. 3,138 h. — TERRAIN crétacé inférieur, grès vert.

Cette ville est située dans une belle et fertile contrée, sur la rive droite de la Loire, entre le fleuve et le coteau ; c'est une des premières villes où saint Martin prêcha l'Évangile ; il y fit bâtir une église où il plaça des reliques de saint Jean. Vers la fin du xe siècle, Foulques Nerra y fit construire un château fort, dont il existe encore quelques vestiges, à peu de distance du château actuel, édifice gothique d'une belle conservation, bâti au milieu du XIIIe siècle, par Pierre et de la Brosse, ministre favori de Philippe le Hardi, qui empoisonna le fils aîné de ce monarque, accusa la reine de ce crime, mais fut reconnu coupable et pendu en 1278. C'est dans la grande salle de ce château, aujourd'hui convertie en écurie, que fut célébré, en 1491, le mariage de Charles VIII et de la duchesse Anne de Bretagne, par suite duquel la Bretagne fut réunie à la couronne ; époque historique que rappellent quelques sculptures que l'on remarque au-dessus d'une ancienne cheminée. C'est aussi au château de Langeais que furent rédigées pour la première fois par écrit les coutumes de Touraine, dans l'assemblée que s'y tint le 14 mars 1460, par ordre de Charles VII.

PATRIE du conventionnel CHAMPIGNY-AUBIN, membre de la chambre des représentants pendant les cent jours.

Fabrique considérable de toiles de ménage, de tuiles et de carreaux qui s'expédient au loin. — *Commerce* de grains, graines diverses, vins, excellents fruits, etc. — *Foires* les 6 janv., 24 juin, 8 août et 11 nov.

Bibliographie. *Notice historique et archéologique sur le château de Langeais*, in-8, 1839.

LANGENNERIE, *Loiret*. V. CHEVILLY.

LANGENSOULTBACH, vg. *B.-Rhin* (Alsace), arr. et à 22 k. de Wissembourg, cant. et ✉ de Woert-sur-Sauer. Pop. 584 h.

LANGERON, vg. *Nièvre* (Nivernais), arr. et à 30 k. de Nevers, cant. et ✉ de St-Pierre-le-Moûtier. Pop. 631 h.

LANGESSE, vg. *Loiret* (Gâtinais), arr., cant. et à 18 k. de Gien, ✉ de Noyon-sur-Vernisson. Pop. 187 h. — Langesse est remarquable par des ruines d'anciens édifices, notamment dans les bois du Chesnoy, où l'on voit encore des fossés très-larges et très-profonds qui entouraient l'ancien château. Les bois qui couvrent actuellement l'emplacement ne permettent pas d'en reconnaître ni la forme ni l'étendue ; on n'y découvre plus que l'entrée des caves, dans lesquelles il est difficile de pénétrer. Le nouveau château, qu'on nomme aujourd'hui Langesse, et qui est fort éloigné de l'autre d'environ 2,000 m., paraît aussi très-ancien. C'était un rendez-vous de chasse lorsque la cour séjournait à Lorris.

LANGEY, vg. *Eure-et-Loir* (Beauce), arr. et à 11 k. de Châteaudun, cant. et ✉ de Cloyes. Pop. 752 h.

LANGIS-LÈS-MORTAGNE (St-), vg. *Orne* (Perche), arr., cant., ✉ et à 1 k. de Mortagne-sur-Huîne. Pop. 635 h. — Cette commune est citée pour les jardins enchanteurs de Prulay, illustrés par les vers de l'abbé Delille.

LANGLADE, vg. *Gard* (Languedoc), arr. et à 11 k. de Nîmes, cant. de Sommières, ✉ de Calvisson. Pop. 504 h.

LANGLADE, vg. *Lozère*, comm. de Brenoux, ✉ de Mende.

LANGLADE, vg. *Puy-de-Dôme*, comm. de Vic-le-Comte, ✉ de Veyre.

LANGLE, vg. *Ille-et-Vilaine*, comm. de Miniac-Morvan, ✉ de Châteauneuf-en-Bretagne.

LANGLÉ, vg. *Lot-et-Garonne*, comm. et ✉ de St-Martin-de-Villeréal.

LANGLE, vg. *H.-Saône*, comm. de la Proselière, ✉ de Luxeuil.

LANGLES, vg. *Nièvre*, comm. de Chaulgues, ✉ de la Charité.

LANGLET, vg. *Eure*, comm. de Morgny, ✉ d'Étrépagny.

LANGLEY, vg. *Vosges* (Lorraine), arr. et à 20 k. de Mirecourt, cant. et ✉ de Charmes. Pop. 110 h.

LANGOAT, vg. *Côtes-du-Nord* (Bretagne), arr. et à 18 k. de Lannion, cant. et ✉ de Tréguier. Pop. 1,808 h. — *Foires* les lundi, mardi et mercredi des Rogations.

LANGOËLAN, vg. *Morbihan* (Bretagne), arr. et à 27 k. de Pontivy, cant. et ✉ de Guémené. Pop. 1,347 h.

LANGOGNE, petite ville, *Lozère* (Languedoc), arr. et à 44 k. de Mende, chef-l. de cant. Cure. Petit séminaire. Gîte d'étape. ✉. ⌘. A 540 k. de Paris pour la taxe des lettres. Pop. 2,803 h. — TERRAIN cristallisé ou primitif.

Autrefois diocèse et recette de Mende, parlement de Toulouse, intendance de Montpellier.

Cette ville est bâtie sur un des plateaux les plus élevés du département de la Lozère, sur la rive gauche et près des sources de l'Allier. Elle doit son origine à un monastère fondé dans le xe siècle, dont le vieil édifice religieux existe encore et sert d'église paroissiale. On voit aux environs, sur le Mont-Milan, les vestiges d'un camp romain. — *Fabriques* de draps. Martinets à cuivre. — *Commerce* de mulets et de bestiaux. — *Foires* les 4 janv., 1er fév., 3 mai, 1er sept., 14 nov., 13 déc. et samedi de la Passion.

LANGOIRAN, vg. *Gironde* (Guienne), arr. et à 26 k. de Bordeaux, cant. et ✉ de Cadillac. Pop. 1,602 h. — Il est bâti dans une situation pittoresque, près la rive droite de la Garonne, et dominé par un château gothique élevé sur le sommet d'une hauteur escarpée. On remarque sur la côte plusieurs habitations creusées dans le roc, et trois grottes tapissées de belles stalactites d'une blancheur éblouissante : une de ces grottes est à deux étages et traversée par un ruisseau. — *Commerce* de vins. Exploitation de belles carrières de pierre dure. — *Foires* les 1er lundi de fév. et d'août.

LANGOLEN, vg. *Finistère* (Bretagne), arr., ✉ et 15 k. de Quimper, cant. de Briec. Pop. 906 h.

LANGON, *Alingo*, *Alangonus Portus*, jolie petite ville, *Gironde* (Bazadois), arr. et à 15 k. de Bazas, chef-l. de cant. Cure. Gîte d'étape. ✉. ⌘. A 607 k. de Paris pour la taxe des lettres. Pop. 3,986 h. — TERRAIN tertiaire supérieur, alluvions anciennes.

Langon était autrefois entourée de murs et défendue par un château. Le marquis de Sauveboeuf en fit le siège le 15 novembre 1649. Il y avait dans la place 300 hommes du régiment de la Marine, l'un des corps de France qui avait le plus de réputation. Comme la ville n'était pas fortifiée du côté de terre, on fit dans le dehors des barricades et des retranchements que les assiégeants furent obligés d'enlever l'épée à la main : le plus grand nombre de leurs meilleurs officiers y périrent. La garnison, réduite aux extrémités, se retrancha dans le château et dans l'église. On la somma de se rendre : elle répondit que le régiment de la Marine ne se rendait jamais. Cependant la valeur fut obligée de céder au nombre, après la plus héroïque résistance.

Les armes de Langon sont : *d'or à trois pals de gueules*.

Cette ville est dans une situation très-avantageuse pour le commerce, dans une plaine charmante, sur la rive gauche de la Garonne, que l'on y passe sur un pont suspendu. La marée, qui se fait sentir jusqu'à cet endroit, lui procure un port commode, où il se fait de grands chargements des excellents vins blancs que produit le territoire de Langon. Elle est en général assez mal bâtie, mais entourée de promenades délicieuses, d'où l'on jouit d'une fort belle vue sur les bords riants de la Garonne, et sur la petite ville de St-Macaire, bâtie sur la rive opposée.

PATRIE du poète dramatique P. DE LAMONTAGNE.

Fabriques de tonnellerie. Distilleries d'eau-de-vie. Tanneries. — *Commerce* de vins, eaux-de-vie, merrain. — *Foires* les 1er vendredi de fév., 1er mars (2 jours), vendredi saint, 8 mai, 19 juin, 1er vendredi de juillet et d'août, 29 et 30 sept., 20 oct., 20 nov., 1er vendredi de déc.

Bibliographie. MILBORDE (Burchard). *De la fontaine auprès de Langon*, in-8, 1556.

MARTIN (P.-D.). *Description du pont suspendu, construit sur la Garonne, à Langon*, in-4, 1832.

LANGON, vg. *Ille-et-Vilaine* (Bretagne), arr., cant., ⊠ et à 22 k. de Redon. Pop. 1,475 h. — On y voit une ancienne chapelle, dont la plus grande partie des murs est en petit appareil romain, formé de cubes de 9 à 11 c. de haut et de large, enchâssés dans une épaisse couche de mortier et divisés par quelques cordons de grandes briques. — *Foires* les 15 mai et 16 nov.

LANGON, vg. *Loir-et-Cher* (Blaisois), arr. et à 11 k. de Romorantin, cant. et ⊠ de Mennetou. Pop. 586 h.

LANGON (le), vg. *Vendée* (Poitou), arr., cant., ⊠ et à 12 k. de Fontenay-le-Comte. Pop. 1,595 h. — *Foires* les 4ᶜˢ lundis de fév., d'avril, de sept. et 3ᵉ lundi de mai.

LANGONNET, bg *Morbihan* (Bretagne), arr. et à 54 k. de Pontivy, cant. de Gourin, ⊠ du Faouet. Pop. 3,442 h. Sur la Laita. — Conon y fonda, en 1137, une abbaye de l'ordre de Citeaux, où l'on a placé, en 1807, un dépôt d'étalons. — On voit aux environs deux menhirs de 6 m. de hauteur.

LANGOT, vg. *Calvados*. V. ST-GERMAIN-LANGOT.

LANGOUÈDRE, vg. *Côtes-du-Nord*, com. de Plénée-Jugon, ⊠ de Jugon. ⚭.

LANGOUET, vg. *Ille-et-Vilaine* (Bretagne), arr. et à 20 k. de Rennes, cant. et ⊠ d'Hédé. Pop. 515 h.

LANGOURLA, vg. *Côtes-du-Nord* (Bretagne), arr. et à 40 k. de Loudéac, cant. de Collinée, ⊠ de Merdrignac. Pop. 1,348 h. — *Foires* les 19 fév., 2ᵉ lundi de janv. et 1ᵉʳ mardi après la Pentecôte.

LANGOURLA, vg. *Côtes-du-Nord*, comm. de St-Véran, ⊠ de Merdrignac.

LANGOUSTIER (fort du Grand-), vg. *Var*, comm. et ⊠ d'Hyères.

LANGRES, *Audomatunum Lingonum*, très-ancienne ville, *H.-Marne* (Champagne), chef-l. de sous-préf. (3ᵉ arr.) et d'un canton. Trib. de 1ʳᵉ instance et de commerce. Évêché. Cure. Grand et petit séminaire. Place forte. Gîte d'étape. ⊠. ⚭. Pop. 8,303 h. — Terrain jurassique, étage inférieur du système oolitique.

Autrefois duché-pairie et évêché, intendance de Châlons, parlement de Paris, chef-lieu d'élection, bailliage, présidial, juridiction consulaire, gouvernement particulier, collège et séminaire, 7 couvents.

La position de la capitale des *Lingones*, nommée *Audomatunum* par Ptolémée, nous est donnée par les mesures de l'Itinéraire d'Antonin et de la Table de Peutinger, qui toutes portent à Langres par quatre routes différentes, partant de *Durocatalaunum*, Châlons-sur-Marne, *Tullum*, Toul, *Cabillonum*, Chalon-sur-Saône, *Vesontio*, Besançon. Dans les derniers temps de la puissance romaine, cette ville prit le nom du peuple, *Lingones*, et dans l'ancien français elle se nomma d'abord Langone ou Langoine. — On a trouvé à Langres un grand nombre d'antiquités, et il n'y a peut-être pas de ville en France autour de laquelle on découvre plus de vestiges de routes romaines : outre les quatre déjà mentionnées, et dont on aperçoit encore quelques restes, on en voit d'autres qui se dirigent sur Troyes, sur Avallon, sur Saulieu, sur la Marche, sur Bar-sur-Ornain.

Langres faisait partie de la Belgique. Sous Auguste, elle fut comprise dans la Gaule Celtique, et demeura jointe jusqu'au règne de Dioclétien, qui la plaça dans la première Lyonnaise. Les Lingons s'étaient alliés aux Romains dès le commencement de l'entrée de César dans les Gaules. Ils persistèrent dans cette alliance, et refusèrent de se rendre à l'assemblée générale convoquée par Vercingétorix. Les empereurs romains eurent pour eux une grande considération ; Othon leur accorda le titre et les privilèges de citoyens romains ; et plus tard, Valentinien ayant voulu les rendre tributaires comme les autres peuples de la Gaule, ils lui firent dire : « Que l'empereur sache que les Lingons aiment avant tout la liberté ; s'il veut les forcer à faire quelque chose qui y soit contraire, il verra bientôt combien ils sont prompts à prendre les armes. » Langres fut une des villes que les Romains s'attachèrent à décorer de beaux édifices : elle eut un capitole, des temples et un théâtre. Plusieurs arcs de triomphe en l'honneur des empereurs y furent élevés ; on en voit encore un enclavé dans les murailles de la ville.

Comme beaucoup d'autres villes de France, Langres a été exposée à de nombreux désastres. En 306, les Allemands pénétrèrent jusqu'à Langres ; Constance fut lui-même surpris hors de cette ville ; l'ennemi arriva avant lui jusqu'aux portes, et le général, pour rejoindre son armée, fut obligé de se faire hisser avec des cordes par-dessus les murs. Mais en moins de quatre heures, ses troupes se réunirent ; à leur tête, il sortit de Langres, il attaqua les Allemands, dont il fit un massacre effroyable, et il obligea le reste de leur armée à repasser le Rhin. Cette ville, prise et brûlée par Attila, se rétablit pour éprouver le même sort sous le règne d'Honorius, lors de l'irruption des Vandales en 407. Rebâtie peu de temps après l'invasion de l'empire romain par les barbares, elle tomba au pouvoir des Bourguignons, et continua de faire partie du royaume de Bourgogne, jusqu'au partage de ce royaume sous les enfants de Louis le Débonnaire, où elle échut alors à Charles le Chauve, et eut ensuite des comtes particuliers jusqu'à ce que Hugues III, duc de Bourgogne, ayant acheté le comté de Langres à Henri, duc de Bar, le donna en 1179 à Gauthier, son oncle, évêque de Langres, en échange du duché de Dijon. Louis VII érigea ce comté en duché-pairie, en annexant la ville à la couronne. Pendant les guerres contre les Anglais, Langres resta fidèle au roi de France. Dans le XVᵉ siècle, les habitants de cette ville, malgré les suggestions de leur évêque, soutinrent courageusement les assauts réitérés des Anglais, qui les cernaient de toutes parts, et firent même avec succès à l'ennemi une guerre extérieure. Sortant de leurs murs, ils les attaquèrent à leur tour, détruisirent les châteaux de Changey, de St-Broing, d'Heuilly-Coton, de Cohons, de Bourg, d'Humes et du Pailly, et démolirent une foule de forteresses, repaires ordinaires de petits tyrans féodaux, recélant alors des gens d'armes anglais ou bourguignons, qui mettaient la campagne au pillage. — Il ne paraît pas que Langres ait eu à souffrir pendant la guerre de 1544, contre Charles-Quint. Sous la Ligue, cette ville se prononça pour la cause royale contre les ligueurs, et proclama Henri IV.

En 1814, l'armée dite coalisée marcha sur cette ville. A son approche, le maréchal Mortier, qui l'occupait avec 10,000 hommes, se retira sur Bar-sur-Aube, abandonnant la défense de Langres à 50 soldats de la garde impériale et au courage des habitants ; mais que pouvaient-ils sans armes et sans munitions, derrière des remparts en ruine, et que le bruit du canon eût suffi pour faire écrouler ? D'ailleurs, la trahison formait déjà des espérances que nos malheurs vinrent bientôt réaliser. « Des signaux, dit M. Montrol, furent faits du haut des murs. Les Autrichiens, prévenus que le maréchal Mortier s'était retiré, ne laissant de garnison que pour la garde d'une porte, se présentèrent au nombre de 30,000. Il fallut capituler ; les 50 soldats, qui n'étaient pas prévenus de la capitulation, n'eurent que le temps de jeter leurs armes et de se cacher dans les maisons, d'où on les fit plus tard échapper : un d'eux, ne pouvant se résoudre à fuir devant ces Autrichiens, qu'il avait peut-être poursuivis de bataille en bataille, depuis Marengo jusqu'aux champs de Lutzen, aima mieux mourir que de reculer ; immobile sous cette porte, dont on venait de livrer les clefs, il attendit, la baïonnette croisée, les premiers escadrons qui accouraient. Ils ne purent entrer dans la ville qu'en passant sur son cadavre.

Langres fut forcé de se rendre à discrétion. La rigueur des proclamations vouait la ville au pillage et à l'incendie pour s'être opposée, à main armée, à l'entrée des troupes de la coalition. Le prince de Schwartzemberg commua cette sentence de destruction en une contribution pécuniaire pour la sûreté de laquelle des otages furent pris parmi les plus riches habitants.

On assure que les affaires qui étaient mises en délibération au congrès de Châtillon se traitaient à Langres. Le fait est que les princes alliés s'y trouvèrent réunis à la même époque. De Langres, ils se rendirent à Chaumont, où fut signé plus tard le fameux traité par lequel les alliés s'engagèrent à ne mettre bas les armes qu'après l'entière défaite de Napoléon.

L'évêché de Langres avait été fondé dans le IIIᵉ siècle. L'évêque Albéric y reçut, en 830, l'empereur Louis le Débonnaire et Lothaire, son fils aîné, et tint en leur présence un concile provincial pour la réformation du clergé séculier et régulier. Les évêques de Langres eurent donc, depuis le règne de Philippe Auguste, le titre de ducs et pairs de France. Au sacre des rois, ils s'étaient chargés de porter le sceptre. L'évêché de Langres était encore, en 1830, un de ceux dont la possession assurait la nomination à la pairie.

Les **armes de Langres** sont : *d'azur au sautoir de gueules cantonné de 4 fleurs de lis d'or*, avec cette devise : Mihi sunt sacra lilia cordi. — Alias : *semé de France au sautoir de gueules*.

Langres est située sur une montagne escarpée qui domine un pays bien cultivé ; c'est, avec Briançon, la ville de France la plus élevée au-dessus du niveau de la mer : l'air y est vif et sain, la température variable ; plusieurs rivières, dont les plus considérables sont la Marne, la Meuse, l'Amance et la Vingeanne, prennent leur source à peu de distance, et portent leurs eaux, les unes à l'Océan, les autres à la Méditerranée. Son plan est de forme presque ovale ; la ville est généralement bien bâtie ; les rues sont larges, propres et assez bien percées.

Le monument le plus remarquable de Langres est l'église cathédrale, une des plus anciennes de France. Le péristyle du chœur paraît être le reste d'un temple dédié à quelque divinité du paganisme ; son architecture est d'ordre corinthien, orné de têtes de béliers. Il existe derrière le maître-autel une colonne sur laquelle on dit qu'était posée la statue de Jupiter Ammon. Le reste de l'église est gothique roman, et, suivant la tradition, fut bâti vers l'an 380. On trouve dans quelques manuscrits le passage suivant, qui se rapporte à la fondation de ce monument :

L'an septante neuf et trois cents,
Gratian le quart empereur,
Fonda le saint lieu de céans,
Au nom de notre créateur.
Regnant Priam duc de France,
En Bourgogne Chilpéric roi,
Tous chrétiens avez y fiance,
Il est aussi en bonne foi.

Le jubé, en forme d'arc de triomphe, date de 1555. Le portail est un ouvrage du XVIII° siècle ; il est d'architecture moderne. On admire dans cette cathédrale le retable et le devant du maître-autel, qui est en argent, et représente l'histoire de saint Mamès et de saint Jean l'Évangéliste, ancien patron de l'église. La chaire épiscopale, en marbre rouge, est d'un beau travail.

L'arc de triomphe dont il a été question ci-dessus est le seul monument romain qui se soit conservé entier à Langres ; il fait partie de la muraille de la ville, avec laquelle il paraît confondu. Ce qui reste de la façade est maintenant composé de cinq pilastres corinthiens, et de deux arcades de même proportion ; un entablement couronne les pilastres ; sa corniche est très-dégradée, et on n'y distingue que quelques modillons. La frise était entièrement remplie par des armures, on en distingue encore çà et là des boucliers groupés et apposés avec beaucoup d'art. L'architecture est assez bien conservée. Les chapiteaux sont d'un bon travail. La construction offre la même régularité et la même finesse d'appareil que les plus beaux édifices antiques. — Une tradition très-vague attribue l'érection de cet édifice aux deux empereurs Gordien, père et fils, qui, associés au même triomphe, y passèrent ensemble sous deux arcades égales, ayant contribué également à la même victoire.

On remarque encore à Langres l'hôtel de ville de construction moderne ; la bibliothèque, renfermant 7,000 volumes ; le musée, établi dans l'ancienne église St-Didier.

On ne doit pas manquer de visiter la promenade de Blanche-Fontaine, formée par une superbe avenue de tilleuls centenaires de 1 k. de long, qui, par une pente insensible, conduit à une magnifique fontaine environnée d'arbres majestueux. A l'extrémité de cette avenue est une grande arcade voûtée, du haut de laquelle une grenouille colossale en bronze jette une masse d'eau limpide, qui ne tarit ni ne diminue dans aucun temps de l'année. Cette eau est d'abord reçue dans un bassin, situé à quelques mètres de distance, d'où elle s'épanche en deux nappes successives dans un autre bassin demi-circulaire qui se trouve au niveau du sol de l'arcade. De là par des conduits souterrains l'eau va jaillir en nappe dans un autre bassin situé à plusieurs mètres au-dessous. Enfin par une nouvelle conduite souterraine, cette eau alimente un jet situé à 10 ou 12 m., dont le jus n'est interrompu ni par les nuits ni par les saisons les plus rigoureuses. Ces trois terrasses, construites en lignes directes et encadrées de verdure séculaire, produisent un effet magique.

Biographie. Langres est le lieu de naissance de JULIUS SABINUS et d'ÉPONINE, son épouse, dont l'amour héroïque et la fin tragique sont si connus.

Du célèbre philosophe DIDEROT.
De l'évêque de Nantes DUVOISIN.
De N. MAHUDEL, antiquaire et savant numismate.
De LOMBARD DE LANGRES, ambassadeur en Hollande sous le directoire.
De FR. ROGER, littérateur et auteur dramatique, membre de l'Académie française.
De J. BARBIER D'AUCOURT, littérateur, membre de l'Académie française.
De l'auteur dramatique FALLET.
De M.-F. CALMET, ingénieur en chef des mines.
Du comédien DÉSESSARTS.
Du généalogiste VITON DE ST-ALLAIS.
Du chimiste CHEVALLIER, etc., etc.

INDUSTRIE. *Fabriques de coutellerie très-estimée.* — *Commerce* de grains, farines, vins, lin, chanvre, bestiaux, coutellerie, meules à émondre, etc. — Foires les 7 janv. (8 jours), 15 fév., 1er mai, lendemain de la Fête-Dieu, 18 août, 30 sept. et 25 nov.

A 40 k. S.-S.-E. de Chaumont, 66 k. N. de Dijon, 288 k. E.-S.-E. de Paris. Lat. 47°51′59″ ; long. 2° 39′ 50″ E.

L'arrondissement de Langres est composé de 10 cantons : Auberive, Bourbonne, Fays-Billot, la Ferté-sur-Amance, Langres, Longeau, Montigny-le-Roi, Neuilly-sur-Suize, Prauthoy, Varennes.

Bibliographie. GAULTEROT (Denis). *L'Anastase de Langres, tiré du tombeau de son antiquité, ou Langres payenne et chrétienne*, in-4, 1641.

TABOUROT (Th.). *Histoire de la ville de Langres*, 7 avril 1689.

MIGNERET (S.). *Précis de l'Histoire de Langres*, in-8, 1836.

LUQUET (J.-F.-O.). *Antiquités de Langres*, in-4, 1838.

Dissertation sur quelques inscriptions trouvées à Langres depuis deux siècles (Hist. de l'acad. royale des inscriptions et belles-lettres, t. IX, p. 137).

* *Sur quelques monuments trouvés à Langres* (Antiquités de M. de Caylus, t. IV, p. 396).

MANGIN. *Histoire ecclésiastique, civile, politique et littéraire du diocèse de Langres et de celui de Dijon*, 3 vol. in-12, 1765.

Abrégé chronologique de l'Histoire ecclésiastique et civile des évêques et du diocèse de Langres, broch. in-8, 1808.

VIGNIER (le P. Jacques). *Les Chroniques de l'évêché de Langres, traduites du latin, continuées jusqu'en 1792* ; et annotées par Emile Jolibois, in-8, 1843.

LANGROLAY, vg. Côtes-du-Nord (Bretagne), arr., ⊠ et à 15 k. de Dinan, cant. de Ploubalay. Pop. 864 h.

LANGRUNE-SUR-MER, *Langronia, Chlorogæa Vidurassium, Terra Viridis*, bourg maritime, Calvados (Normandie), arr. et à 18 k. de Caen, cant. de Douvres. Cure. ⊠ de la Délivrande. Pop. 2,301 h. — Il est situé sur la Manche, où il a un établissement de bains de mer.

Langrune est un bourg fort ancien dont il est fait mention dans les chartes du moyen âge sous le nom de *Langrun, Langronia*. — L'église paroissiale est remarquable par ses fenêtres en lancettes et par sa corniche à dents de scie ; c'est un édifice du XIII° siècle, surmonté d'une tour qui paraît être du XIV° siècle. Cette église a été classée récemment au nombre des monuments historiques.

LANGUEDIAS, vg. Côtes-du-Nord (Bretagne), arr., ⊠ et à 15 k. de Dinan, cant. de Plélan. Pop. 430 h.

LANGUEDOC (canal du). V. CANAL DU MIDI.

LANGUEDOC (le), *Narbonensis prima*, ancienne, grande, belle et ci-devant province de France, qui forme maintenant les dép. de l'Aude, du Tarn, de l'Hérault, de la Lozère, de l'Ardèche et du Gard, ainsi que les arr. de Toulouse et de Villefranche (H.-Garonne), l'arr. de Castel-Sarrasin (Tarn-et-Garonne), et les arr. du Puy et d'Yssingeaux (H.-Loire).

Cette province porta successivement les noms

d'*Occitanie*, de *Gaule narbonnaise* et de *Septimanie*. L'empereur Honorius**, qui possédait le Languedoc, en fit donation aux Goths, qui jouirent de ce pays pendant près de deux cents ans. Les Sarrasins se rendirent maîtres de cette province, et en furent chassés en 725 par Charles Martel. Le Languedoc fut ainsi soumis à la puissance des rois de France. Après la mort du dernier comte de Toulouse, arrivée en 1270, le roi Philippe le Hardi en devint propriétaire. Le Languedoc fut enfin réuni à la couronne en 1361, sous le roi Jean.

Le nom de Languedoc, que portait cette province, lui vient de la langue qu'on y parlait lorsque la France était divisée en deux langues : *la langue d'oui*, dont Paris était la principale ville, et *la langue d'oc*, du mot *òc* dont on se sert dans le Midi pour dire oui, ayant Toulouse pour capitale.

Le Languedoc avait environ 350 k. de long sur 100 à 150 k. de large. Il était borné au nord par l'Auvergne et le Lyonnais, à l'est par le Dauphiné et la Provence, au sud par le Roussillon et la Méditerranée, et à l'ouest par la Guienne. On divisait autrefois cette province en haut Languedoc, capitale Toulouse; bas Languedoc, capitale Montpellier ; Cévennes, capitale Alais.

Le Languedoc était, sous les Romains, au nombre des sept provinces de la Gaule qui jouissaient du droit italique, et dont les représentants se réunissaient tous les cinq, dix ou vingt ans, pour contribuer volontairement aux dépenses publiques. Cette organisation se maintint sous la domination des Visigoths et sous celle des comtes. En 1271, le sénéchal de Carcassonne, au nom de Philippe le Hardi qui venait de prendre possession du pays, jura de respecter les anciens usages et de n'imposer de charges aux habitants que de leur consentement, donné dans des assemblées générales.

En obtenant plus tard de leurs seigneurs immédiats l'établissement des communes, les villes de Languedoc ne firent donc que rentrer dans l'usage où la plupart avaient été, sous la domination des Romains et sous celle des Visigoths et des rois de la première race, de se gouverner par leurs propres lois et par leurs propres magistrats, différence entre elles et les villes du nord de la France, qui n'avaient jamais joui d'une pareille liberté avant le xiie siècle.

L'Eglise fut représentée par les évêques diocésains, la noblesse par un certain nombre de barons, le tiers par les principales villes. Ce fut Charles VII qui introduisit cette organisation. En 1533 François Ier ordonna que les députés se réuniraient alternativement dans l'une des trois sénéchaussées. Quant à la présidence, les archevêques de Narbonne se la virent disputer plusieurs fois par les évêques du diocèse où siégeait l'assemblée; mais enfin on la leur attribua définitivement. L'ordre du clergé se composait de trois archevêques et de vingt évêques ; l'ordre de la noblesse, du comte d'Alais, du vicomte de Polignac et de vingt et un barons, votant en vertu de leur droit individuel ; le tiers, des soixante-huit maires, consuls et députés des villes épiscopales et des villes diocésaines, qui avaient, chacune à leur tour, droit d'entrée aux états. Ce dernier ordre disposait d'autant de voix que les deux autres ordres réunis. Ce doublement du tiers, disposition protectrice des intérêts populaires, fut l'exemple que l'on fit valoir en 1788 pour assurer à la bourgeoisie, aux états généraux, une place moins indigne d'elle. La province avait en outre sept fonctionnaires, qui étaient députés de droit; c'étaient les trois syndics généraux des anciennes sénéchaussées, deux greffiers et deux trésoriers de la bourse.

Le Languedoc était un des douze grands gouvernements, et un pays d'états du parlement de Toulouse.

Les armes du Languedoc étaient : *de gueules à la croix vidée, cléchée et pommetée de douze pièces d'or*.

Bibliographie. NOGUIER (A.). *Histoire tolosaine ou de la province de Languedoc, depuis son origine jusqu'en 1557*, in-fol., 1556.

CASSAN (J. de). *Panégyrique ou Discours sur l'antiquité et excellence du Languedoc*, in-8, 1617.

ANDOQUE (Pierre). *Histoire de Languedoc, jusqu'en 1610*, in-fol., 1628-1648.

CATEL (G. de). *Mémoires de l'histoire de Languedoc*, in-fol., 1633.

LOUVET (Pierre). *Remarques sur l'histoire de Languedoc*, in-4, 1657.

— Les mêmes sous ce titre : *Abrégé de l'histoire de Languedoc*, in-8, 1662.

— *Le Trésor inconnu des grandeurs du Languedoc*, in-4, 1662.

LAMOIGNON DE BAVILLE (N. de). *Mémoires pour servir à l'histoire du Languedoc*, in-8, 1734.

VAISSETTE (dom J.). * *Histoire générale de la province de Languedoc*, 5 vol. in-fol., 1730-45.

— *Nouvelle édition, commentée et continuée jusqu'en 1830, et augmentée d'un grand nombre de chartres et de documents sur les départements de la Haute-Garonne, etc., par Alex. Dumége*, 10 vol. in-8, 1838-45.

— *Abrégé de l'histoire de Languedoc*, in-12, 6 vol., 1749.

VIDAL (L.-J.). *Résumé de l'histoire du Languedoc*, in-18, 1825.

Recueil de jurisprudence féodale de la province de Languedoc, 2 vol. in-8.

CAUX (H. de). *Catalogue général des gentilshommes de la province de Languedoc, avec les noms, armes et blasons de chacun*, in-fol., 1676.

BÉRARD (J.). *Recueil des titres, qualités, blasons et armes des seigneurs, barons et états de Languedoc tenus à Montpellier*, in-fol., 1686.

BAUDEAU (Jacques). *Armorial des états de Languedoc*, in-4, 1686.

GASTELIER DE LA TOUR (D.-F.). *Armorial des états de Languedoc*, in-4, 1767.

— *Nobiliaire historique du Languedoc*, 3 vol. in-4, 1778.

* *Essai sur le gouvernement de Languedoc depuis les Romains, par M. D****, in-8, 1773.

ESCORBIAC. *Priviléges de la province de Languedoc et des villes de Languedoc* (imprimés avec le Recueil des arrêts publiés par le même auteur, in-fol., 1620).

CASENEUVE (P. de). *Traité de l'origine, antiquité et priviléges des états généraux de la province de Languedoc* (imprimé avec son Traité du franc-alleu de la province de Languedoc, in-fol., 1645).

MARICOTTE. *Mémoire concernant la forme des assemblées des états de Languedoc*, in-4, 1704.

Procès-verbal de l'assemblée des états généraux du Languedoc, in-fol., 1780.

TROUVÉ (le baron). *Essai historique sur les états généraux de la province de Languedoc*, 2 vol. in-4, 1818-1819.

CASENEUVE. *Le Franc-Parleur de la province de Languedoc*, in-fol., 1645.

GRAVEROL (F.). *Notice et Abrégé historique de vingt-deux villes, chefs de diocèse de la province de Languedoc*, in-fol., 1696.

BOUROTTE (dom F.). * *Mémoire sur la Description géographique et historique du Languedoc*, in-4, 1759.

Voyage du Languedoc, Provence et du comtat d'Avignon, in-12, 1774.

BRACHET (J.-F.). *Description poétique du Languedoc*, in-12, 1817.

RENOUVIER (J.). *Monuments divers pris dans quelques anciens diocèses du bas Languedoc*, in-4, 1836-41.

VILBÄCK (Renaud de). *Voyage dans les départements formés de la province de Languedoc* (Hérault), in-8, fig., 1825.

ROUX-FERRANT. *Souvenirs d'un voyage en Suisse, en Savoie et dans le midi de la France*, in-8, 1835.

ASTRUC (Jean). *Mémoires pour l'histoire naturelle de la province de Languedoc*, in-4, 1737.

GENSSANE (de). *Histoire naturelle de la province de Languedoc, partie minéralogique et géoponique*, 5 vol. in-8, 1776-79.

PARMENTIER. *Mémoire sur les avantages que la province du Languedoc peut retirer de ses grains*, in-4.

SAUVAGES (de). *Dictionnaire languedocien et français*, in-8, 1756.

FOREST (l'abbé). *Almanach historique et chronologique de Languedoc*, in-8, 1752-53-54.

* *Mémoires pour l'histoire naturelle de la province de Languedoc*, in-4, 1737.

BARTÈS (de). *Essais sur divers avantages que l'on pourrait retirer de la côte de Languedoc, relativement à la navigation et à l'agriculture*, in-4, 1769.

MERCADIER (V.). *Recherches sur les ensablements des ports de mer et sur les moyens de les empêcher à l'avenir; particulièrement dans les ports de Languedoc*, in-4, 1788.

RIQUET DE BONREPOS (Pierre-Paul). *Histoire du canal du Languedoc, rédigée sur les* pièces authentiques conservées à la bibliothèque impériale et aux archives du canal. V. aussi aux articles Ardèche, Aude, Gard, Haute-Garonne, Hérault, Haute-Loire, Lozère, Tarn.

LANGUENAN, vg. *Côtes-du-Nord* (Bretagne), arr. et à 10 k. de Dinan, cant. et ✉ de Plancoët. Pop. 1,092 h.

LANGUEUX, vg. *Côtes-du-Nord* (Bretagne), arr., cant., ✉ et à 3 k. de St-Brieuc. Pop. 2,120 h.

LANGUEVOISIN, vg. *Somme* (Picardie), arr. et à 23 k. de Péronne, cant. et ✉ de Nesle. Pop. 354 h.

LANGUIDIC, bg *Morbihan* (Bretagne), arr. et à 20 k. de Lorient, cant. et ✉ d'Hennebont. Pop. 6,105 h. — Foires les 1er janv., 5 fév., 1er mars, 1er avril, 1er et 28 mai, 5 juin, 5 et 31 juillet, 5 août, 9 sept., 18 oct., 10 nov., 5 déc. et 4e lundi de carême.

LANGUIMBERG, vg. *Meurthe* (pays Messin), arr. et à 18 k. de Sarrebourg, cant. de Réchicourt-le-Château, ✉ de Bourdonnay. Pop. 775 h.

LANGUIN, vg. *Loire-Inf.*, comm. et ✉ de Nort. V. Nort.

LANGY, vg. *Allier* (Bourbonnais), arr. de la Palisse à 22 k. de Cusset, cant. de Varennes-sur-Allier, ✉ de St-Gérand-le-Puy. Pop. 453 h.

LANHAC, vg. *Aveyron*, comm. de Rodelle, ✉ de Rodez.

LANHÉLIN, vg. *Ille-et-Vilaine* (Bretagne), arr. et à 28 k. de St-Malo, cant. et ✉ de Combourg. Pop. 430 h.

LANHÈRES, vg. *Meuse* (Lorraine), arr. et à 26 k. de Verdun-sur-Meuse, cant. et ✉ d'Etain. Pop. 218 h.

LANHOUARNEAU, village fort ancien, *Finistère* (Bretagne), arr. et à 60 k. de Morlaix, cant. de Plouescat, ✉ de Lesneven. Pop. 1,241 h.

Aux environs on remarque les pignons, les hautes cheminées et les tours féodales du château de Kerjean-Coatanscours, construit avec magnificence sous le règne de Louis XIII. — Foires les 25 avril, 6 mai, 11 juin, 17 juillet et 25 août.

LANILDUT, vg. *Finistère* (Bretagne), arr. et à 28 k. de Brest, cant. de Ploudalmézeau, ✉ de St-Renan. Pop. 400 h.

LANING, vg. *Moselle* (pays Messin), arr. et à 30 k. de Sarreguemines, cant. de Gros-Tenquin, ✉ de St-Avold. Pop. 652 h.

LANISCAT, vg. *Côtes-du-Nord* (Bretagne), arr. et à 35 k. de Loudéac, cant. de Goarec, ✉ de Rostrenen. Pop. 3,200 h.

LANISCOURT, vg. *Aisne* (Picardie), arr., ✉ et à 7 k. de Laon, cant. d'Anisy-le-Château. Pop. 273 h.

LANLEFF, vg. *Côtes-du-Nord* (Bretagne), arr. et à 30 k. de St-Brieuc, cant. et ✉ de Plouha. Pop. 504 h.

On voit dans ce village un monument antique connu sous le nom de temple de Lanleff, qui excite depuis des siècles la curiosité des savants. C'est une double tour ronde, construite en granit et en tuffeau, dont on suppose que la hauteur a dû être de 15 m., et qui sert de vestibule à une vieille église, dans laquelle on descend par plusieurs marches. Cette tour, ou plutôt ces tours, sont formées par une double enceinte de murailles, l'une intérieure, l'autre extérieure, dont la première renferme un espace circulaire de 10 m. de diamètre; la seconde est à 3 m. de la première, et lui est concentrique. Au milieu de la plus petite enceinte s'élève un if majestueux auquel on donne trois cents ans d'existence, dont la cime sert de dôme au monument. L'enceinte intérieure est percée de douze arcades voûtées en plein cintre, décorées de pilastres et d'une largeur inégale; douze colonnes de grandeurs diverses sont adossées à la muraille, une entre chaque arcade; les plus petites, au nombre de huit, ont 2 m. 59 c. de haut, y compris les chapiteaux et les soubassements; les quatre plus grandes sont hautes de 5 m., sans chapiteaux, et placées aux quatre points cardinaux. L'enceinte extérieure, située à 3 m. de l'autre, présente aussi douze colonnes qui paraissent avoir soutenu une voûte à clef. Il ne reste qu'un tiers de cette voûte; c'est la partie située du côté de l'église. Deux arcades voisines de la porte, fermées par une maçonnerie, forment aujourd'hui la sacristie; une autre sert à soutenir l'escalier du clocher; enfin une quatrième a été convertie en chapelle. Entre les colonnes qui soutiennent la voûte, et en face des grandes arcades, sont douze fenêtres décorées de colonnes et construites comme les meurtrières des anciennes fortifications. Au-dessus de chaque couple d'arcades se trouve une grande ouverture cintrée par en haut. L'enceinte du temple a été couverte; on aperçoit encore les traces de l'endroit où le toit s'appuyait; il n'y avait qu'une seule porte d'entrée, voûtée en plein cintre et large de 3 m. 33 c. sur 4 m. 22 c., à laquelle on arrive; elle est située du côté de l'orient. — L'église est construite en granit rouge et gris, qui a de l'analogie avec le poudingue siliceux. L'intérieur du monument a été garni d'un pavé; on en trouve quelques fragments entre les arcades et l'enceinte extérieure. La maçonnerie est par assises régulières jusqu'au-dessus des arcades; le reste est composé de pierres de dimensions différentes. L'architecture est un mélange grossier d'ordre toscan et d'ordre gothique; les ornements des chapiteaux et les socles des colonnes ne sont ni de la même forme ni de la même grandeur. Les chapiteaux représentent des pommes de pin; ils sont surmontés d'un listel et d'une volute peu saillants, représentant par le profil diverses têtes de béliers. On remarque, sur les chapiteaux des colonnes qui soutiennent le plein cintre de l'arcade intérieure qui fait face à la porte, deux bas-reliefs: l'un, sur la colonne du côté du midi, représentant deux béliers superposés; l'autre, sur la colonne du nord, offrant un cercle rayonnant, image grossière du soleil.

Les savants bretons sont loin d'être d'accord sur le monument de Lanleff: les uns y voient un ancien temple armoricain, les autres une construction romaine consacrée au culte du soleil, quelques-uns un ancien hôpital pour les pèlerins revenant de la terre sainte, ceux-ci une église bâtie par les templiers, ceux-là un baptistère des chrétiens primitifs.

Bibliographie. * *Remarques sur un monument antique qui se voit à Lanleff* (Antiq. de M. de Caylus, t. vi, p. 390).
Mauduit de Penhoüet (le comte). *Dissertation sur un ancien édifice connu sous le nom de temple de Lanleff*, in-4, 1824.
Notice sur le temple de Lanleff (Mém. de l'acad. celtique, t. iii, p. 34).

LANLOUP, ou **St-Loup**, vg. *Côtes-du-Nord* (Bretagne), arr. et à 30 k. de St-Brieuc, cant. et ✉ de Plouha. Pop. 573 h. — Ce village, situé près d'un riant vallon, est précédé d'une promenade agréable. Il se compose d'une cinquantaine de maisons groupées autour d'une église gothique, où l'on entre par un petit porche où sont grossièrement sculptés en pierre les douze apôtres. Sur la hauteur qui le domine s'élève l'antique manoir de Lanloup.

LANMÉRIN, vg. *Côtes-du-Nord* (Bretagne), arr., ✉ et à 10 k. de Lannion, cant. de Tréguier. Pop. 586 h.

LANMEUR, petite ville, *Finistère* (Bretagne), arr., ✉ et à 15 k. de Morlaix, chef-l. de cant. Cure. Pop. 2,750 h. — Terrain de transition inférieur.

Lanmeur est une ville fort ancienne qui portait autrefois le nom de Ker-Feunteun, et qui était le siège d'une justice royale; on y voit plusieurs maisons remarquables par leur ancienneté. La principale église, dédiée à saint Mélair, est un édifice de la fin du xe siècle ou du commencement du xie siècle, bâti sur une crypte ou église souterraine, dont les voûtes basses, les arcades surbaissées et à plein cintre, soutenues par de lourds piliers, indiquent les premiers siècles du christianisme. Cette crypte renferme une fontaine révérée dont les eaux sont reçues dans un bassin de forme circulaire.

On voit encore à Lanmeur une autre église fort intéressante par son antiquité, c'est celle du prieuré de Notre-Dame de Kernitroun, édifice bâti vers le milieu du xie siècle, et parfaitement conservé. — Foires le 1er vendredi de mars, de mai, de juillet, de sept., de nov. et de déc.

LANMODEZ, vg. *Côtes-du-Nord* (Bretagne), arr. et à 38 k. de Lannion, cant. de Lezardrieux, ✉ de Tréguier. Pop. 617 h.

LANNE (St-), vg. *H.-Pyrénées* (Gascogne), arr. et à 46 k. de Tarbes, cant. et ✉ de Castelnau-Rivière-Basse. Pop. 543 h.

LANNE, vg. *B.-Pyrénées* (Béarn), arr. et à 18 k. d'Oloron, cant. et ✉ d'Aramitz. Pop. 1,408 h.

LANNE, vg. *H.-Pyrénées* (Gascogne), arr. et à 13 k. de Tarbes, cant. d'Ossun. Pop. 579 h.

LANNÉANOU, vg. *Finistère* (Bretagne), arr. et à 20 k. de Morlaix, cant. et ✉ du Ponthou. Pop. 1,029 h.

LANNÉBERT, vg. *Côtes-du-Nord* (Bretagne), arr. et à 26 k. de St-Brieuc, cant. et ✉ de Lanvollon. Pop. 882 h.

LANNECAUBE, vg. *B.-Pyrénées* (Béarn), arr. et à 28 k. de Pau, cant. et ⊠ de Lembeye. Pop. 463 h.

LANNÉDERN, vg. *Finistère* (Bretagne), arr. et à 20 k. de Châteaulin, cant. et ⊠ de Pleyben. Pop. 577 h.

LANNEGRACE, vg. *B.-Pyrénées*, comm. de Lespielle, ⊠ de Lembeye.

LANNEMAIGNAN, vg. *Gers* (Armagnac), arr. et à 51 k. de Condom, cant. et ⊠ de Cazaubon. Pop. 435 h.

LANNEMEZEAN, petite ville, *H.-Pyrénées* (Gascogne), arr. et à 25 k. de Bagnères-en-Bigorre, chef-l. de cant. Cure. ⊠. ✧. A 743 k. de Paris pour la taxe des lettres. Pop. 1,408 h. — TERRAIN tertiaire supérieur. — Cette ville est située au milieu des landes, d'où lui vient sa dénomination. On voit aux environs les traces d'une voie romaine qui se prolongeait jusqu'à Bordeaux. — *Foires* le mercredi après la St-Mathias, après la quinzaine de Pâques, veille de l'Ascension, mercredi après l'Invention de la croix, avant St-Jean, après St-Mathieu et après Ste-Catherine.

LANNEPAX, vg. *Gers* (Armagnac), arr. et à 23 k. de Condom, cant. d'Eauze, ⊠ de Vic-Fezensac. Pop. 1,508 h.

Cette ville est située sur une hauteur, au milieu de vastes landes. C'est une ancienne ville des Elusates, qui doit son nom à sa situation dans la Lanne ou Lande, et à la paix qui y fut conclue entre les chefs des Elusates et Crassus, général des Romains. On voit dans ses environs les traces d'une voie antique, et les restes d'un pont de construction romaine, qui porte encore le nom de pont de César. — *Foires* les 2 mai, 26 juillet, 2 nov. et mercredi avant le mercredi des Cendres.

LANNEPLAA, vg. *B.-Pyrénées* (Béarn), arr., cant., ⊠ et à 6 k. d'Orthez. Pop. 475 h.

LANNERAY, vg. *Eure-et-Loir* (Beauce), arr., cant., ⊠ et à 7 k. de Châteaudun. Pop. 750 h.

LANNES, vg. *Aube*, comm. ⊠ des Riceys.

LANNES, vg. *Lot-et-Garonne* (Agénois), arr. et à 15 k. de Nérac, cant. et ⊠ de Mézin. Pop. 942 h.

LANNES, vg. *H.-Marne* (Champagne), arr., ⊠ et à 12 k. de Langres, cant. de Neuilly-l'Evêque. Pop. 640 h.

LANNE-SOUBIRAN, vg. *Gers* (Armagnac), arr. et à 49 k. de Condom, cant. et ⊠ de Nogaro. Pop. 275 h.

LANNILIS, bg *Finistère* (Bretagne), arr. et à 25 k. de Brest, chef-l. de cant. Cure. ⊠. A 617 k. de Paris pour la taxe des lettres. Pop. 3,124 h. — TERRAIN cristallisé, granit.

Ce bourg est situé dans un pays pittoresque arrosé par la rivière d'Aber-Benouhic; il était déjà considérable dès le XVIe siècle. On y voit une église dont la construction remonte à cette époque, qui renferme le tombeau de François du Com, seigneur de Kérangart; il est représenté couché, armé de toutes pièces, les mains jointes, et les pieds appuyés sur un lion qui tient un os dans ses pattes de devant. A gauche de la statue est placée une épée, et à la droite une dague. Sa tête est nue et paraît reposer sur une sorte de suaire que deux figures d'anges tiennent étendu.

A 2 k. de Lannilis, on voit, sur le penchant d'une colline dominant une vallée couverte de bois, les ruines de la chapelle gothique de St-Tariec, dont les vitraux offrent les écussons de plusieurs seigneurs de la province. L'intérieur renferme le tombeau d'Olivier Richard, docteur en théologie; c'est un sarcophage dont l'entablement, orné de sculpture imitant un feuillage, est supporté par des pilastres engagés, entre lesquels sont sculptées petites figures de moines, gothiquement sculptées, dans l'attitude de la prière et de la douleur. Au milieu d'elles est un ange soutenant un écusson aux armes d'Olivier, représenté couché sur le dessus du tombeau et revêtu de ses habits sacerdotaux. Son bonnet carré est posé à côté de sa tête, de chaque côté de laquelle on voit une figure d'ange à genoux; ses pieds sont appuyés sur un cerf couché. — *Fabrique* de poterie de terre. — *Foires* le 2e mercredi de janv., de mars, de mai, de juillet, de sept. et de nov.

LANNING, vg. *Moselle* (pays Messin), arr. **LANNILON**, vg. *Finistère*, comm. de St-Pierre-Quilbignon, ⊠ de Brest.

LANNION, *Lanium, Lanionum*, petite ville maritime, *Côtes-du-Nord* (Bretagne), chef-l. de sous-préf. (1er arr.) et d'un canton. Trib. de 1re inst. Société d'agriculture, collège communal. Cure. Gîte d'étape. ⊠. ✧. Pop. 5,650 h. — TERRAIN cristallisé, mi cachiste et granit.

Lannion était autrefois le chef-lieu d'un comté. Elle était alors fortifiée, et fut prise par trahison par les Anglais en 1346; la ville fut saccagée, une partie des habitants fut rançonnée, et l'autre égorgée.

Les **armes de Lannion** sont: *d'azur à un agneau pascal d'argent diadémé d'or, couché sur une terrasse de sinople, tenant une croix d'or où est un guidon d'argent à la croix de gueules.*

Cette ville est dans une situation avantageuse pour le commerce, sur le Leguer, où elle a un port peu éloigné de l'Océan et d'un accès facile. La ville proprement dite est triste, mal bâtie, formée de rues étroites et escarpées; elle possède deux petites places, deux fontaines, un collège, une caserne et deux hôpitaux. L'église paroissiale est un édifice dont la construction remonte au XIIe siècle.

Le port de Lannion offre un quai large et spacieux. D'un côté il est bordé de maisons, de l'autre se trouve l'hôpital; à l'extrémité du quai est une jolie promenade d'où la vue s'étend sur une belle campagne. Le gisement de ce port est ouest-sud-ouest, et la hauteur de ses eaux est de quatre brasses et demie à mer haute; à mer basse il n'y reste que l'eau de la rivière.

Lannion possède une source d'eau minérale ferrugineuse froide, dont les eaux sont employées avec succès, principalement pour la maladie de la vessie. Duguay-Trouin leur a dû le rétablissement de sa santé, et le duc d'Aiguillon en fit usage avec succès en 1760. Cependant, bien que l'on ressente chaque jour les salutaires effets de ces eaux, il n'y a encore aucun établissement, et les buveurs sont réduits à aller eux-mêmes puiser l'eau dont ils ont besoin.

Fabriques de toiles, de chapeaux. Papeteries. Corderies. Blanchisseries de cire. Tanneries. — *Commerce* important de grains, chanvre, graines de chanvre et de lin, lin, fil, beurre, graisse, suif, bestiaux, vins de Bordeaux, cidre, sapin du Nord, denrées coloniales, etc. — *Foires* le 3e mercredi de janv., fév., mars, juin, août, sept. nov. et déc., 4e mercredi d'avril et de mai, le 6 oct. au village du Vieux-Marché, le lundi après le 3e mercredi de juillet au bourg de Plouaret.

A 75 k. N.-O. de St-Brieuc, 494 k. O. de Paris.

L'arrondissement de Lannion est composé de 7 cantons: Lannion, la Roche-Derrien, Lezardrieux, Perros-Guirec, Plestin, Plouaret, Tréguier.

Bibliographie. AUBERT (le P.). *Mémoire sur les eaux minérales de Lannion* (Mémoires de Trévoux, janvier 1728, p. 107. Bibliothèque de médecine de Planque, t. IV, p. 189... Dictionnaire minéral. et hydrol. de la France, t. I, p. 375).

LANNOAN, vg. *Finistère*, comm. de Cléden-Capsizun, ⊠ de Pontcroix.

LANNOY, petite ville, *Nord* (Flandre), arr. et à 12 k. de Lille, chef-l. de cant. Bureau d'enregist. à Roubaix. Cure. ⊠. A 252 k. de Paris pour la taxe des lettres. Pop. 1,481 h. — TERRAIN tertiaire supérieur.

Lannoy était une ville très-florissante dans les XIIe, XIIIe et XIVe siècles, par ses fabriques de pannes, de serges, de camelots, et d'une étoffe nommée tripp; les bûchers dont Philippe II couvrit la Flandre pendant qu'il y exerça sa puissance sanguinaire, dépeuplèrent cette ville, habitée en grande partie par des réformés. Jean de Lannoy la fit entourer de murailles et de fossés, et y fit construire une église et un château vers la fin du XVe siècle. Il ne reste plus que les décombres du château, et les murailles, qui tombaient en ruine, furent détruites dans la campagne de 1792.

Les **armes de Lannoy** sont: *d'or à trois têtes de limiers de sable, 2 et 1.*

Fabriques de ras, basin, couvertures de coton. Culture de la tulipe. Filatures de coton. Brasserie. Moulins à huile. — *Foire* le 2e dimanche d'oct.

LANNOY, vg. *Somme*, comm. et ⊠ de Rue.

LANNOY-CUILLÈRE, vg. *Oise* (Picardie), arr. et à 47 k. de Beauvais, cant. et ⊠ de Formerie. Pop. 477 h.

LANNUET, vg. *Finistère*, comm. de Cléden-Capsizun, ⊠ de Pontcroix.

LANNUX, vg. *Gers* (Armagnac), arr. et à 57 k. de Mirande, cant. et ⊠ de Riscle. Pop. 545 h.

LANO, vg. *Corse*, arr., ✉ et à 13 k. de Corté, cant. de St-Laurent. Pop. 144 h.

LANOBRE, bg *Cantal* (Auvergne), arr. et à 28 k. de Mauriac, cant. de Champs, ✉ de Bort. Pop. 1,831 h.

LANOUAILLE, bg *Dordogne* (Périgord), arr. et à 49 k. de Nontron, chef-l. de cant. Bureau d'enregist. à Jumillac. Cure. ✉ d'Excideuil. Pop. 1,554 h. — TERRAIN jurassique voisin du terrain cristallisé. — *Foires* les 14 fév., 2e mardi de janv., mars, avril, mai, 1er mardi d'août, 2e mardi de sept., 1er mardi d'oct., 2e mardi de nov. et déc.

LANOUÉE, vg. *Morbihan* (Bretagne), arr. et à 19 k. de Ploërmel, cant. et ✉ de Josselin, sur une hauteur. Pop. 3,213 h. — Forges. — *Foires* les 31 mai et 31 nov.

LANOUX, vg. *Ariége* (Languedoc), arr. et à 16 k. de Pamiers, cant. du Fossat, ✉ du Mas-d'Azil. Pop. 152 h.

LANQUAIS, ancien bourg, *Dordogne* (Périgord); arr. et à 18 k. de Bergerac, cant. de la Linde, ✉ de Mouleydier. Sur la Dordogne. Pop. 839 h. — On croit qu'il est le lieu de naissance de saint Front, premier évêque de Périgueux, qui vivait vers le milieu du IIIe siècle. — *Foire* le 30 avril.

LANQUÉS, vg. *H.-Marne* (Champagne), arr. et à 20 k. de Chaumont-en-Bassigny, cant. et ✉ de Nogent-le-Roi. Pop. 441 h.

LANQUETOT, vg. *Seine-Inf.* (Normandie), arr. et à 36 k. du Havre, cant. et ✉ de Bolbec. Pop. 770 h.

LANRELAS, vg. *Côtes-du-Nord* (Bretagne), arr. et à 33 k. de Dinan, cant. et ✉ de Broons. Pop. 1,624 h.

LANRIEC, vg. *Finistère* (Bretagne), arr. et à 27 k. de Quimper, cant. et ✉ de Concarneau. Pop. 1,073 h.

LANRIGAN, vg. *Ille-et-Vilaine* (Bretagne), arr. et à 34 k. de Rennes, cant. de Hédé, ✉ de Combourg. Pop. 204 h.

LANRIVAIN, vg. *Côtes-du-Nord* (Bretagne), arr. et à 30 k. de Guingamp, cant. de Bothoa, ✉ de Plésidy. Pop. 1,652 h. — *Foires* les 12 juin, 9 et 10 oct., 1er lundi de juillet et de sept.

LANRIVOARÉ, vg. *Finistère* (Bretagne), arr. et à 20 k. de Brest, cant. et ✉ de St-Renau. Pop. 473 h.

LANRODEC, vg. *Côtes-du-Nord* (Bretagne), arr. et à 12 k. de Guingamp, cant. de Plouagat, ✉ de Châtelaudren. Pop. 1,423 h.

LANS, vg. *Isère* (Dauphiné), arr., et à 25 k. de Grenoble, cant. de Villard-de-Lans. Pop. 1,180 h. — *Foire* le 1er sept.

LANS, vg. *Saône-et-Loire* (Bourgogne), arr., cant., ✉ et à 5 k. de Chalon-sur-Saône. Pop. 231 h.

LANSAC, vg. *Bouches-du-Rhône*, comm. et ✉ de Tarascon-sur-Rhône.

LANSAC, vg. *Gironde* (Guienne), arr. et à 15 k. de Blaye, cant. et ✉ de Bourg-sur-Gironde. Pop. 625 h.

LANSAC, vg. *H.-Pyrénées* (Gascogne), arr., ✉ et à 13 k. de Tarbes, cant. de Pouyastruc. Pop. 120 h.

LANSAC, vg. *Pyrénées-Or.* (Roussillon), arr. et à 35 k. de Perpignan, cant. de la Tour-de-France, ✉ d'Estagel. Pop. 69 h.

LANSARGUES, bg *Hérault* (Languedoc), arr. et à 18 k. de Montpellier, cant. de Mauguio, ✉ de Lunel. Pop. 1,454 h. — Distilleries d'eau-de-vie.

LANSO, vg. *H.-Pyrénées* (Gascogne), arr. d'Argelès, cant., ✉ et à 9 k. de Lourdes. Pop. 46 h.

LANTA, petite ville, *H.-Garonne* (Languedoc), arr. et à 22 k. de Villefranche-de-Lauragais, chef-l. de cant. Bureau d'enregist. à Caraman. A 705 k. de Paris pour la taxe des lettres. Pop. 1,715 h. — TERRAIN tertiaire moyen. — *Foires* les 2 fév., 23 avril, 28 août et 28 oct.

LANTABAT, vg. *B.-Pyrénées* (Béarn), arr. de Mauléon, ✉ et à 24 k. de St-Palais, cant. d'Iholdy. Pop. 843 h.

LANTAGES, vg. *Aube* (Champagne), arr. et à 14 k. de Bar-sur-Seine, cant. et ✉ de Chaource. Pop. 620 h.

LANTAN, vg. *Cher* (Berry), arr. et à 26 k. de St-Amand-Montrond, cant. et ✉ de Dun-le-Roi. Pop. 387 h.

LANTEFONTAINE, vg. *Moselle* (pays Messin), arr., cant., ✉ et à 2 k. de Briey. Pop. 275 h.

LANTENAY, vg. *Ain* (Bugey), arr., et à 42 k. de Nantua, cant. de Brenod. Pop. 628 h. — *Foires* les 21 mars, 11 juin et 2 sept.

LANTENAY, vg. *Côte-d'Or* (Bourgogne), arr., cant., ✉ et à 17 k. de Dijon. P. 467 h. — Il est situé au pied d'une montagne boisée, et remarquable par un beau château.

LANTENNE - VERTIÈRE, vg. *Doubs* (Franche-Comté), arr. et à 20 k. de Besançon, cant. d'Audeux, ✉ de St-Wit. Pop. 500 h.

LANTENOT, vg. *H.-Saône* (Franche-Comté), arr., ✉ et à 8 k. de Lure, cant. de Luxeuil. Pop. 473 h.

LANTERNE (la), petite rivière qui prend sa source entre Lanterne et Cromagny, *H.-Saône*; elle passe à Conflans, Faverney, et se jette dans la Saône à Conflandey, après un cours d'environ 50 k.

LANTERNE (la), vg. *H.-Saône* (Franche-Comté), arr. et à 14 k. de Lure, cant. et ✉ de Luxeuil. Pop. 690 h.

LANTEUIL, vg. *Corrèze* (Limousin), arr., ✉ et à 13 k. de Brives, cant. de Beynac. Pop. 1,287 h. — *Foires* le 9 janv., et lundi après le 27 sept.

LANTHENANS, vg. *Doubs* (Franche-Comté), arr. et à 23 k. de Baume-les-Dames, cant. et ✉ de l'Isle-sur-le-Doubs. Pop. 197 h.

LANTHENAY, vg. *Loir-et-Cher* (Blaisois), arr., cant., ✉ et à 3 k. de Romorantin. Pop. 1,263 h.

LANTHEUIL, vg. *Calvados* (Normandie), arr. et à 16 k. de Caen, cant. et ✉ de Creully. Pop. 537 h.

LANTIC, vg. *Côtes-du-Nord* (Bretagne), arr. et à 12 k. de St-Brieuc, cant. d'Etables, ✉ de Binic. Pop. 1,312 h.

LANTIGNIÉ, vg. *Rhône* (Beaujolais), arr. et à 19 k. de Villefranche-sur-Saône, cant. et ✉ de Beaujeu. Pop. 729 h.

LANTILLAC, vg. *Morbihan* (Bretagne), arr. et à 19 k. de Ploërmel, cant. de Rohan, ✉ de Josselin. Pop. 377 h.

LANTILLY, vg. *Côte-d'Or* (Bourgogne), arr., cant., ✉ et à 7 k. de Semur. P. 331 h.

LANTIN, vg. *Charente*, comm. de Triac, ✉ de Jarnac.

LANTIS, vg. *Lot*, comm. d'Egagnac, ✉ de Gourdon.

LANTON, vg. *Gironde* (Guienne), arr. et à 41 k. de Bordeaux, cant. et ✉ d'Audenge. Pop. 554 h.

LANTRIAC, vg. *H.-Loire* (Languedoc), arr. et à 12 k. du Puy, cant. de St-Julien-Chapteuil, ✉ du Mouastier. Pop. 1,504 h.

LANTY - SUR - AUBE, vg. *H.-Marne* (Champagne), arr. et à 33 k. de Chaumont-en-Bassigny, cant. et ✉ de Château-Villain. Pop. 643 h.

LANUÉJOLS, vg. *Aveyron*, comm. de Privezac, ✉ de Riguac.

LANUÉJOLS, vg. *Gard* (Languedoc), arr. et à 45 k. du Vigan, cant. et ✉ de Trèves. Pop. 1,028 h.

LANUÉJOLS, vg. *Lozère* (Languedoc), arr., cant., ✉ et à 8 k. de Mende. P. 654 h.

Un monument romain, le mieux conservé et le plus considérable de tous ceux du Gévaudan, se trouve à l'entrée de ce village. Divers auteurs l'ont mal à propos désigné comme le mausolée de Munatius Plancus, fondateur de Lyon, dont le tombeau existe, suivant Vaysse de Villiers, à Gaëte dans le royaume de Naples. L'architecture du monument de Lanuéjols indique un monument du IIIe siècle. C'est un quadrilatère dont chaque côté est tourné vers un des points cardinaux : les faces extérieures ont une largeur de 6 m. 75 c.; chaque angle est décoré de pilastres d'ordre corinthien. L'ordonnance générale de l'édifice offre quatre portiques diversement décorés.

Plusieurs anciens châteaux existent sur le territoire du village ; on y remarque le château du Boy et les ruines de celui de Chapieu, qui appartenaient à l'ancienne maison de Châteauneuf-Randon, de laquelle sont sorties celles de l'Apchier et de Joyeuse.

LANUSSE, vg. *B.-Pyrénées*, comm. de Miossens-Lanusse, ✉ d'Auriac.

LANUSSE, vg. *H.-Pyrénées*, comm. de Castera-Lanusse, ✉ de Tournay.

LANVALLAY, vg. *Côtes-du-Nord* (Bretagne), arr., cant., ✉ et à 1 k. de Dinan. Pop. 1,121 h.

LANVAUDAN, vg. *Morbihan* (Bretagne), arr. et à 20 k. de Lorient, cant. de Plouay, ✉ d'Hennebont. Pop. 966 h.

LANVELLEC, vg. *Côtes-du-Nord* (Bretagne), arr. et à 23 k. de Lannion, cant. et ✉ de Plestein. Pop. 1,817 h.

LANVÉOC, village maritime, *Finistère*, comm. et ✉ de Crozon. — Il est situé sur le bord méridional de la rade de Brest, où il a deux petits ports. — On peut exécuter par terre un curieux voyage de Lanvéoc jusqu'au Faou, sans quitter la côte, et jusqu'au Port-Launay par la rivière d'Aulne. Dans cet espace les aspects se multiplient avec une incroyable variété : on voit au nord les revers de Plougastel dominés par de vastes rochers couverts de terres de rapport ; leur culture, la multitude de petits jardins placés entre de grands plateaux, les sinuosités des anses, la culture diversifiée de chaque site, les eaux limpides, les rochers avancés qui semblent suspendus dans les airs, et au pied desquels sont placés des jardins et des vergers, offrent des aspects réellement enchanteurs. — *Foire* le 1er jeudi après la St-Michel.

LANVÉNÉGEN, vg. *Morbihan* (Bretagne), arr. et à 51 k. de Pontivy, cant. et ✉ du Faouet. Pop.1,770 h.

LANVÉZÉAC, vg. *Côtes-du-Nord* (Bretagne), arr., ✉ et à 13 k. de Lannion, cant. de la Roche-Derrien. Pop. 179 h.

LANVILLE, vg. *Charente*, comm. de Marcillac-Lanville, ✉ d'Aigre.

LANVOLLON, bg *Côtes-du-Nord* (Bretagne), arr. et à 24 k. de St-Brieuc, chef-l. de cant. ✉. À 483 k. de Paris pour la taxe des lettres. Pop. 1,466 h. — Terrain cristallisé, granit. — Il doit sa naissance au célèbre monastère de Ballon, situé autrefois sur son territoire. — On y remarque une maison en bois fort curieuse, dont la construction remonte à 1559 ; on y voit sculptées diverses figures, entre autres un homme d'armes dont le bras gauche porte un écu. — On doit visiter aux environs les restes du château de Coëtmen. — *Commerce* de fil.— *Foires* le dernier vendredi de janvier, le vendredi avant le carême, après la mi-carême, avant Pâques, vendredi avant le 24 juin, le vendredi avant la Nativité et dernier vendredi d'oct. — Marchés importants tous les vendredis pour la vente du fil, de l'étoupe et du lin en bois.

LANZAC, *Glanum*, *Lot* (Quercy), arr. et à 21 k. de Gourdon, cant. et ✉ de Souillac. P. 728 h.

LANZY, vg. *Saône-et-Loire*, comm. de Marcilly-lès-Buxy et St-Privé, ✉ de Buxy.

LAON, *Bibrax Suessionum*, *Lugdunum Clavatum*, très-ancienne ville, *Aisne* (Picardie), chef-l. de sous-préf (3e arr.) et d'un cant. Trib. de 1re inst. Collège communal. Cure. Ecole secondaire ecclésiastique. ✉. ✝. Pop. 9,406 h. —Terrain crétacé supérieur.

Autrefois comté-pairie et évêché, parlement de Paris, intendance de Soissons, chef-lieu d'élection, présidial, bailliage, prévôté, gouvernement particulier, commanderie de Malte, 10 couvents, collège, séminaire.— L'évêché de Laon fut fondé en 497. Le titulaire était duc et pair de France.

Il n'est fait mention de Laon dans aucun monument de l'âge romain, quoiqu'il y ait tout lieu de croire qu'elle existait dès cette époque. Saint Remy, qui érigea cette ville en siège épiscopal, et lui assigna un territoire aux dépens de celui de Reims, vivait vers la fin du ve siècle ; et il paraît assez constant que saint Gerbaud, premier évêque de Laon, fut sacré avant l'an 500.

Sous Clotaire, Laon, qui avait fait partie du royaume de Soissons, passa dans celui d'Austrasie ; la reine Brunehaut y fixa son séjour après la fin tragique de Sigebert. Gellimer, maire du palais de Neustrie, assiégea cette ville, la prit et la saccagea en 682. Pepin et Carloman s'en emparèrent en 742. Les Normands l'assiégèrent sans succès en 882. Après la déposition de Charles le Gros, Eudes, comte de Paris, mit le siège devant Laon, et s'en empara sans coup férir en 892 ; mais Charles le Simple la reprit vers 893. Sous le règne de ce roi, Laon s'éleva au plus haut point de gloire que que ville ambitionner : elle était la résidence des souverains, le chef-lieu de leur domaine, la capitale de leur empire. En 920, Charles le Simple ayant été déclaré incapable de régner, Robert de France s'empara de Laon, qu'il garda jusqu'en 923, époque de sa mort. Louis d'Outremer y fixa sa cour. En 940, le comte de Vermandois assiégea inutilement cette place, qui fut cédée à Hugues, duc de France, pour la rançon de Louis d'Outremer, fait prisonnier par les Normands en 944. Ce monarque tenta sans succès de la reprendre en 947, et ne parvint à y rentrer qu'en 949. A la mort de Louis V, Charles, duc de Lorraine, s'empara de Laon, où il fut bientôt assiégé par Hugues Capet, qui entra dans la ville nuitamment, et le fit prisonnier. Après la domination de la race carlovingienne, Laon cessa d'être la résidence des rois, et perdit une partie de sa prééminence. Robert II s'y fit couronner en 996.

La ville de Laon fut érigée en commune au commencement du xiie siècle ; mais, en 1112 les ecclésiastiques et les nobles obtinrent, à prix d'argent, la soumission de la commune, ce qui provoqua une sédition qui éclata le 25 avril de la même année dans laquelle l'évêque et plusieurs seigneurs perdirent la vie ; à la suite de cette sédition, la ville fut en partie détruite par un incendie.

En 1411 le duc de Bourgogne se rendit maître de Laon, après quelques jours de siège. Trois ans après, les troupes royales reprirent cette ville, dont les habitants chassèrent la garnison bourguignonne. En 1418 elle retomba au pouvoir du duc de Bourgogne. En 1419 Philippe le Bon, fils de Jean sans Peur, la livra aux Anglais, qui en furent chassés par les habitants en 1429. Les calvinistes tentèrent inutilement de s'emparer de cette ville en 1567. L'autorité de la Ligue s'établit à Laon le 17 février 1589 : le cardinal de Bourbon y fut reconnu roi sous le nom de Charles X, et les ligueurs firent frapper dans cette ville des monnaies à son effigie. C'est aussi à cette époque que commencèrent à Laon les processions dont les mémoires du temps font des tableaux si grotesques, et qui, par cela même qu'elles étaient des farces indécentes, n'étaient que plus propres à enflammer l'imagination du peuple. Henri IV entreprit le siège de cette ville en 1594, et s'en empara le 2 août. Les conquêtes et les traités de Louis XIV ayant de beaucoup reculé les frontières, les fortifications de Laon devinrent inutiles et cessèrent d'être réparées. Le 9 et le 10 mars 1814 Napoléon livra sous les murs de cette ville un combat mémorable, à la suite duquel Laon fut occupé par l'ennemi. En 1815 Laon, quoique presque entièrement démantelé, soutint un siège de quatorze jours contre les armées étrangères.

Les armes de Laon sont : *d'argent à trois merlettes de gueules, au chef d'azur chargé de trois fleurs de lis d'or.*

Laon est une ville située sur le sommet d'une montagne isolée, au milieu d'une plaine vaste et fertile. Le vent y souffle souvent avec force. Les brouillards y sont fréquents, l'air y est vif, mais sain, et l'expérience dément le préjugé qu'il est contraire aux poitrines faibles : car nulle part on ne meurt moins de la pulmonie. Il est peu de lieux où le nombre des vieillards soit dans une proportion plus considérable avec le reste de la population. On y a compté souvent un octogénaire sur cinquante personnes. La salubrité de Laon confirme ce que dit Hippocrate, que la position la plus favorable est celle qui est battue par tous les vents.

L'enceinte actuelle de la ville a 7,750 pas de circuit. Sa longueur est de près de 2 k. ; sa largeur, qui varie selon celle de la montagne, est fort resserrée au centre, et s'élargit aux extrémités. Laon, autrefois très-mal bâti, comme toutes les villes qui ont l'honneur d'être antiques, s'embellit tous les jours. Quelques édifices sont dignes d'être remarqués. Les dehors sont charmants : une promenade agréable circule autour des murs, et, de tous ses points, l'œil se repose avec plaisir sur le tapis de verdure des vignes qui couvrent le penchant de la montagne, ou parcourt avec délices les scènes variées de la plaine.

Les caves de Laon présentent un phénomène remarquable pour la physique, la minéralogie et l'histoire naturelle. Elles ont, même dans les chaleurs de l'été, une température beaucoup plus basse non-seulement que l'air extérieur, mais que celle que conservent les caves de l'Observatoire de Paris. Elles sont à deux étages : les premières, appelées Celliers, ont environ 4 m. de profondeur, elles sont taillées dans le banc de pierre calcaire ; les autres sont à 6 ou 7 m. plus bas, et dans la partie inférieure du même banc, qu'on soutient par des massifs laissés en les creusant, ou par des piliers construits de distance en distance.

Les principaux édifices et établissements publics de Laon sont :

L'ÉGLISE CATHÉDRALE. On ignore l'époque précise de la fondation de cette basilique. On sait seulement qu'elle fut presque entièrement détruite, ou du moins fortement endommagée par un incendie, en 1112. Les revenus du chapitre étant insuffisants pour réparer ce dégât, il fut arrêté que les reliques qui avaient été sauvées du feu, seraient promenées religieusement dans le royaume, ce qui produisit d'abondantes aumônes, au moyen desquelles les travaux furent achevés dans le milieu de l'année 1114. Cette église est très-vaste, mais c'est là son principal mérite ; la façade, bien qu'elle ait été probablement construite au xiiie siècle, est d'une lourdeur et d'une irrégularité propres à faire déconsidérer l'art du moyen âge. Les autres parties sont plus remarquables ; l'intérieur est assez grandiose; mais le chœur, qui se termine carrément, et qui, par sa disposition, par son genre d'architecture et même par ses dimensions, est complétement semblable à la nef, est certainement quelque chose de rare, mais qui n'a rien de très-beau. Les voûtes se croisent de deux piliers en deux piliers, d'où résulte l'alternance d'un pilier fort et d'un pilier faible, comme dans les églises à plein cintre et dans celles de transition; le pilier faible est une simple colonne ronde, et le pilier fort également, sauf qu'il est entouré de huit ou dix colonnettes ou fuseaux isolés et rattachés seulement, de loin en loin, par un tenon de pierre à la colonne qui lui sert de centre. Bizarre arrangement, qui a encore le mérite de la rareté, mais qui n'a pas celui de la solidité ; du moins ces entourages de colonnes paraissent avoir été brisés dans presque toute l'église, et il n'en reste plus que trois comme échantillon.

L'ÉGLISE SAINT-MARTIN, édifice dont une grande partie de la construction date du XIIe siècle. A l'exception du portail et de la première fenêtre de la nef attenant au portail, cette église est, à l'extérieur, complétement à plein cintre. Les fenêtres ont cela de particulier, qu'elles sont extrêmement allongées ; elles ont au moins trois fois et demie plus de hauteur que de largeur. Tout le long de la nef il règne sous le toit une corniche fort remarquable par la simplicité, par la netteté et le nerf de son exécution ; les fenêtres sont tout simplement entourées d'un tore ou boudin de moyenne grosseur, surmonté de deux filets creux. Le transept sud porte des traces du style de transition; c'est un mélange de pleins cintres et d'ogives presque insensibles ; on y voit aussi une rosace à jour composée de petits arcs à plein cintre rayonnant vers le centre; enfin l'abside se termine carrément et par un fronton, et on y re trouve la même corniche et les mêmes fenêtres que sur les murs de la nef. L'intérieur de l'église est d'une extrême simplicité; il n'y a ni galerie ni colonnettes. Les arcades qui séparent la nef des collatéraux sont à ogive, et les fenêtres supérieures à plein cintre. Une grande colonne engagée, tout unie et sans anneaux, flanquée de deux petites colonnes assises, file le long des piliers carrés jusqu'aux combles.

A l'entrée de la nef de cette église on voit un tombeau sur lequel Enguerrand Ier est sculpté couché dans son armure ; cette figure colossale a de la rudesse et de la roideur, mais quelque chose de grandiose et d'imposant ; on dirait que ce chevalier de pierre rumine encore les moines de St-Martin qu'il traitait si durement pendant sa vie.—L'histoire de ce tombeau est curieuse : Enguerrand, en mourant, avait ordonné que son corps fût enterré dans l'église de l'abbaye; les moines, lui gardant rancune, refusèrent de le recevoir, et le tombeau que l'on voit aujourd'hui fut construit hors de l'église, devant le portail. Les Enguerrand se fâchèrent, il y eut querelle acharnée entre le château et l'abbaye, et ce ne fut qu'après cent ans de procès que les religieux se résignèrent à céder. ce qu'ils firent de la manière suivante : ils jetèrent bas la façade de leur église, et la reconstruisirent 4 m. plus loin ; de cette façon le tombeau ne fut plus à la porte, et les Enguerrand n'eurent rien à dire ; mais les moines ne conservèrent pas le nouveau portail, et leur ennemi n'en resta pas moins privé de la terre sainte.

L'HÔTEL DE LA PRÉFECTURE. Il occupe les bâtiments d'une vaste abbaye fondée vers 645, sous le nom de Notre-Dame, et qui, par la suite, prit celui de St-Jean. Elle renfermait sept églises dans son enceinte. Sa règle prescrivait l'oraison perpétuelle. Les trois cents religieuses qu'elle comptait déjà du temps de Salaberge, étaient partagées en sept chœurs ; et le service était célébré dans toutes les églises alternativement, jour et nuit. Cette maison éclipsa, dès sa naissance, les plus illustres communautés de femmes.

L'HÔTEL-DIEU. Il est établi dans les superbes bâtiments de l'abbaye St-Martin, qui offraient, sous tous les rapports, les avantages que doit réunir un hospice bien distribué. Des salles vastes et bien aérées ont été construites en assez grand nombre pour que les maladies n'y fussent pas confondues ; et on a pris sur les jardins très-étendus des terrains suffisants pour procurer aux malades de belles promenades ; la cour d'entrée est très-spacieuse, est en grande partie plantée d'arbres disposés en allées. On y voit un bon tableau de Barthélemy, qui orne la chapelle, et un magnifique escalier, moins fameux cependant que celui de Prémontré.

L'HÔPITAL GÉNÉRAL. On peut regarder le cardinal d'Estrées comme le véritable fondateur de cet hôpital, où sont entretenus 90 vieillards des deux sexes, qui y occupent des bâtiments particuliers.

LA BIBLIOTHÈQUE PUBLIQUE. Elle occupe une partie des bâtiments de l'ancienne abbaye de St-Jean, où est aujourd'hui établie la préfecture. Elle se compose d'environ 15,000 volumes, rangés dans un local spacieux et commode. Parmi les manuscrits on remarque un Térence du XIIIe siècle, avec figures blanches, c'est-à-dire préparées seulement pour être coloriées ; un beau glossaire grec du XIIe siècle ; plusieurs missels à miniatures, et une belle collection de plus de deux mille pièces autographes de la main de presque tous les rois de France et des hommes les plus célèbres aux différents âges de notre histoire : la plus ancienne a été signée par Lothaire en 972 ; c'est la confirmation de l'établissement des bénédictins de St-Vincent. — La bibliothèque de Laon est augmentée journellement au moyen d'une souscription dont cent personnes de la ville font les frais.

On y voit une belle statue en marbre blanc de Gabrielle d'Estrées ; elle est représentée quelque temps avant sa mort; son visage est souffrant, mais encore d'une grande beauté ; ses vêtements et tous les accessoires sont traités avec une délicatesse extrême.

On remarque encore à Laon l'hôtel de ville, le collége, une jolie salle de spectacle et les casernes.

Biographie. Au nombre des personnages célèbres nés à Laon on cite principalement :

LOTHAIRE, roi de France, né en 941, mort en 986.

SAINT REMY, archevêque de Reims, fondateur de l'évêché de Laon, mort en 533.

P.-F.-A. MÉCHAIN, célèbre astronome, membre de l'Institut, né en 1744, mort en 1803.

J. BODIN, l'un des plus grands publicistes des temps modernes, considéré, dans son livre de la République, comme le précurseur de Montesquieu.

A. NIEL, fondateur des frères de la doctrine chrétienne.

J.-F.-L. DEVISME, membre de l'assemblée constituante, du corps législatif et de la chambre des représentants.

BEFFROX DE RÉGNY, dit le Cousin Jacques, poëte et auteur dramatique, mort en 1811.

J.-M.-P. SÉRURIER, maréchal de France ; les batailles de Mondovi et de Castiglione, la prise de Mantoue et de Gradiska ; le passage du Tagliamento et de l'Isonzo, rendent à jamais célèbre le nom de ce guerrier illustre.

Les lieutenants généraux comte d'HÉDOUVILLE, comte WATTIER DE ST-ALPHONSE, DULAULOY.

INDUSTRIE. Fabriques de clous et de chapellerie. Le dépôt de mendicité fabrique aussi des couvertures de laine, des draps communs, des bas et des chaussons de laine tricotés, des bas de fil et quelques autres articles. — Commerce de blé, vin et légumes d'excellente qualité. Les artichauts sont renommés comme les meilleurs de France. — Foires les 10 août, 21 et 22 sept., lundi après le 1er janv. et 1er lundi après la Fête-Dieu.

A 46 k. E. de St-Quentin, 49 k. N.-O. de Reims, 129 k. E. de Paris.

L'arrondissement de Laon se compose de 11 cantons : Anisy-le-Château, Chauny, Coucy, Craonne, Crécy, la Fère, Laon, Marle, Neufchâtel, Rosoy, Sissonne.

Bibliographie. *Dissertation sur la ville de Laon* (Hist. de l'académie royale des inscript. et belles-lettres, t. XXXI, p. 272).

LAURENT (Jean). *Abrégé de l'histoire de Laon*, in-8, 1645.

DEVISME. *Histoire de la ville de Laon*, 2 vol. in-8, 1822.

* *Lettres du roi sur la capitulation avec la ville de Laon.*

* *Visite à l'ancienne cathédrale de Laon*, in-8 de 2 feuilles, 1842.

MARION (Jules). *Essai historique et archéologique sur l'église cathédrale de Notre-Dame de Laon*, in-8, 1842.

AMAND D'AMBRAINE (L.-J.-A.). *Aux Laonnais. Sur la destruction de la tour du Bourg, dite de Louis d'Outre-mer* (à Laon), in-8, 1832. *Note sur les caves de Laon* (Journ. des mines, n° 32, p. 651).

LEMAISTRE. *Essai sur la topographie minéralogique du ci-devant district de Laon* (Journ. des mines, n° 35, p. 853).

LAON (St-), vg. *Vienne* (Poitou), arr., cant., ✉ et à 8 k. de Loudun. Pop. 237 h.

LAONAIS (le), *Pagus Laudunensis*, petit pays autrefois compris dans la ci-devant province de Picardie et dont Laon était la capitale. Il fait aujourd'hui partie du département de l'Aisne.

LAONE, vg. *Côte-d'Or*, ✉ de St-Jean-de-Losne. — Foire le 15 mars.

LAONS, vg. *Eure-et-Loir* (Beauce), arr. et à 16 k. de Dreux, cant. de Brezolles, ✉ de Nonancourt. Pop. 865 h. — Manufacture importante de couvertures de laine.

LAPALUD. V. PALUD (la).

LAPAN, bg *Cher* (Berry), arr. et à 20 k. de Bourges, cant. et ✉ de Levet. Pop. 308 h.

LAPANOUSE, vg. *Aveyron* (Rouergue), arr. et à 32 k. de Millau, cant. et ✉ de Sévérac. Pop. 970 h.

Biographie. Le village de Lapanouse revendique la gloire d'avoir donné le jour au célèbre TH. RAYNAL, dont nous avons indiqué le lieu de naissance à St-Geniez. « Raynal, nous écrit-on de Lapanouse, est né dans la maison du domaine patrimonial de ses pères, qui a passé par droit de succession à la famille Séguret, de St-Geniez, où plus tard ils habitèrent. L'on voit encore sur le fronton de la porte cochère une de ses devises : *Deux cœurs dans un cœur*, et autour : *Duo continet unus*. »

LAPANOUSE-DE-CERNON, vg. *Aveyron* (Rouergue), arr. de St-Affrique, cant. de Cornus.

LAPARROUQUIAL, vg. *Tarn* (Languedoc), arr. et à 30 k. d'Albi, cant. et ✉ de Monestiés. Pop. 250 h.

LAPATERRE, vg. *Vendée*, comm. de Landeronde, ✉ de la Mothe-Achard.

LAPÉGE, vg. *Ariége* (Roussillon), arr. et à 23 k. de Foix, cant et ✉ de Tarascon-sur-Ariége. Pop. 474 h.

LAPEIRÈRE, vg. *H.-Garonne* (Languedoc), arr. et à 31 k. de Muret, cant. et ✉ de Montesquieu-Volvestre. Pop. 343 h.

LAPENCHE, vg. *Tarn-et-Garonne* (Languedoc), arr. et à 31 k. de Montauban, cant. de Montpezat, ✉ de Caussade. Pop. 423 h.

LAPENNE, vg. *Ariége* (Languedoc), arr. et à 11 k. de Pamiers, cant. et ✉ de Mirepoix. Pop. 750 h.

LAPENTY, vg. *Manche* (Normandie), arr. et à 12 k. de Mortain, cant. et ✉ de St-Hilaire-du-Harcouet. Pop. 1,072 h.

LAPERRIÈRE, vg. *Côte-d'Or*, comm. de Poiseul-la-Ville, ✉ de Baigneux-les-Juifs.

LAPÉRUSE, vg. *Charente* (Saintonge), arr. et à 16 k. de Confolens, cant. et ✉ de Chabanais. Pop. 601 h.

LAPEYRE, vg. *Aveyron*, comm. de St-Félix-de-Sorgue, ✉ de St-Affrique.

LAPEYRE, vg. *H.-Pyrénées* (Gascogne), arr. et à 29 k. de Tarbes, cant. et ✉ de Trie. Pop. 102 h.

LAPEYROUSE, vg. *H.-Garonne* (Languedoc), arr. et à 13 k. de Toulouse, cant. et ✉ de Montastruc. Pop. 648 h. — Foires les 22 avril et 24 oct.

LAPIDEI CAMPI (lat. 44°, long. 23°). « Strabon, Méla, Pline, Solin, en font mention ; et on connaît la fable d'une pluie de pierre, dont Jupiter avait favorisé le combat d'Hercule contre les deux fils de Neptune. Strabon, plus réservé que Méla et Pline, n'a pas jugé à propos d'en parler ; et si ce n'est qu'il resserre trop étroitement l'étendue de ce champ dans l'espace de cent stades, ce qu'il dit de ses pâturages, et même des salines qui s'y trouvent, témoigne qu'il était bien instruit. Le nom de Crau, que l'on donne à cette plaine, pourrait être de la plus haute antiquité, en admettant qu'il soit analogue au terme celtique de *Craig*, selon l'opinion du docte Cambden, *in Britannia*. On trouve dans un aveu rendu par un seigneur des Baux à l'archevêque d'Arles, en 1226 : *Totum affare meum, quod habeo in Cravo, sive in agro lapidoso*. » D'Anville. *Notice de l'ancienne Gaule*, p. 397.

LAPINESSE, vg. *Gironde*, comm. de Barsac, ✉ de Podensac.

LAPINOLIE, vg. *Dordogne*, comm. de Limeyrat, ✉ d'Azerac.

LAPISTE, vg. *B.-Pyrénées*, comm. de Behasque, ✉ de St-Palais.

LAPLAUD, vg. *Charente* (Angoumois), arr. et à 15 k. de Confolens, cant. et ✉ de St-Claud. Pop. 253 h.

LAPLEAU, vg. *Corrèze* (Limousin), arr. et à 45 k. de Tulle, chef-l. de cant. Cure. Bureau d'enregistr. et ✉ d'Egletons. Pop. 862 h. — TERRAIN carbonifère, houille. — Lapleau donne son nom à un petit bassin houiller, qui s'étend sur une partie des communes de Meymac et de Maussac. Il forme une seule concession dont la surface est de 3,500 h. — Exploitation de houille. — Foires les 10 janv., 19 mai, 6 juin et 10 déc.

LAPOUJADE, vg. *Lot*, comm. de Gaillac, ✉ de Castelfranc.

LAPOUYADE, vg. *Gironde* (Guienne), arr. et à 25 k. de Libourne, cant. et ✉ de Guîtres. Pop. 744 h. — Foire le 23 juillet.

LAPPION, vg. *Aisne* (Picardie), arr. et à 30 k. de Laon, cant. de Sissonne, ✉ de Montcornet. Pop. 666 h. — Foire le 20 avril.

LAPPUIE, vg. *Vienne* (Poitou), arr. et à 25 k. de Châtellerault, cant. de Pleumartin, ✉ de Chauvigny. Pop. 833 h.

LAPRADE. V. PRADE (la).

LAPRADE, vg. *Charente* (Angoumois), arr. et à 32 k. de Barbézieux, cant. et ✉ d'Aubeterre. Pop. 606 h. — Foire le 9 août.

LAPRADE, vg. *Lozère*, comm. d'Altier, ✉ de Villefort. — Foires les 28 avril, 6 sept. et 8 oct.

LAPS, vg. *Puy-de-Dôme* (Auvergne), arr. et à 25 k. de Clermont-Ferrand, cant. et ✉ de Vic-le-Comte. Pop. 699 h.

LAPTE, vg. *H.-Loire* (Languedoc), arr. et à 14 k. de Brioude, cant. et ✉ d'Yssingeaux. Pop. 2,712 h. — Foire le 30 sept.

LAPURDUM (lat. 44°, long. 17°). « Ce lieu n'est connu dans l'âge romain de la Gaule que par la Notice de l'empire, en ces termes : *In provincia Novempopulana, tribunus cohortis Novempopulanæ Lapurdo*. Sidoine Apollinaire (lib. VIII, epist. 12) parle des *locustæ lapurdenses*, espèce de poisson, que les gens du pays appellent langoste. Grégoire de Tours (lib. IX, cap. 10) fait mention de *Lapurdum*, dans l'accord fait entre les rois Childebert et Gontram. Le nom de Baïone ayant succédé à celui de *Lapurdum*, le canton de pays renfermé entre l'Adour et le Vidaso, ou Bidassoa, a retenu le nom de *Labourd*; et c'est par ignorance que dans quelques cartes il est écrit Labour, comme on pourrait l'écrire d'une terre à labourer. Le nom de Baï-ona est tiré de la langue vascu-ence où basque, dans laquelle Baia-une, comme on l'apprend d'Oihenart (*Not. vascon.*, p. 540), désigne un port, et signifie littéralement *navalis vel portus locum*. On trouve le nom de *civitas Baionia* dans Roger de Horeden, annaliste anglais sous l'an 1177. Thomas de Walsingham, sous l'an 1239, reconnaît Baïone pour la capitale du pays des Basques : *Terram Basclorum, cujus caput est civitas Baiona*. Comme on ne voit point que Baïone fût un siége épiscopal avant l'évêque Léon, sous le règne de Charles le Simple, au commencement du Xe siècle, il est plus que vraisemblable que le diocèse de cette ville est un démembrement de celui d'Aqs, qui conserve une partie de la basse Navarre, et qui comprenait le pays de Soule jusqu'au pied des Pyrénées, avant que ce pays eût été joint au diocèse d'Oloron. On pourrait néanmoins supposer qu'entre les peuples d'un rang inférieur aux nations ou cités principales de la Novempopulanie, comme Pline en nomme plusieurs, quelqu'un de ces peuples étant subordonné aux *Tarbelli*, dont Aqs était la capitale, occupait les environs de *Lapurdum* ; mais ce peuple nous est peu connu. La Gaule ne reconnaissait point d'autres limites de ce côté-là que le sommet des plus hautes Pyrénées, selon les bornes du diocèse de Baïone, avant que Philippe II, sous prétexte des progrès de l'hérésie en France, eût fait détacher de ce diocèse les vallées de Bastan et de Lérin, pour être confiées provisoirement à l'administration de l'évêché de Pampelune, sous le titre de vicaire apostolique en cette partie. L'acte par lequel Arsius, *Laburdensis episcopus*, qui siégeait vers la fin du Xe siècle, décrit l'étendue de son diocèse, s'en explique ainsi : *Omnis vallis quæ Circia dicitur* (la Cise), *usque Caroli crucem*. Cette croix était placée où est aujourd'hui une chapelle de St-Sauveur, au port nommé *Ivagnete*, sur le sommet de la montagne par laquelle on descend de *Roncavallis* ou Roncevaux, et la vallée qui y conduit en partant de St-Jean, *in imo Pyrenæo*, ou Pied-de-Port, qui est actuellement démembrée de la basse Navarre, se nomme encore val Carlos. Il est à propos d'ajouter que ce passage des Pyrénées répond au *Summus Pyrenæus* que l'on trouve dans l'Itinéraire d'Antonin, entre Pompelo et *Aquæ Tarbellicæ*. Mais, en reprenant l'acte de l'évêché d'Arsius, les vallées qui sont encore du diocèse de Baïone dans la basse Navarre, outre la Cise, savoir : Baigorri, Arberoue et Ossez, y sont énoncées de suite à ce qui précède : *Vallis quæ dicitur Bigur, vallis quæ Erberua dicitur, vallis quæ Ursacia dicitur*; et immédiatement après, *Bastan item vallem, usque in medio portu Belat, vallem quæ dicitur Larin*. On connaît le port de Belate, ici nommé pour être le passage des Pyrénées qui répond plus directement à la position de Pampelune, et il faut observer que les vallées de Bastan et de Lérin renferment le cours du Uidaso ou de la rivière de Bidassoa, laquelle ne peut ainsi servir de limite à la Gaule que vers son embouchure. Ptolémée sépare l'Espagne d'avec la Gaule par un promontoire qu'il croit formé par les Pyrénées : il le nomme OEaso, et il fait mention d'une ville de même nom, qu'il comprend dans les limites de l'Espagne. Méla (lib. III, cap. 1) dit de la nation des *Varduli* : *Ad Pyrenæi jugi promontorium pertinens, claudit Hispanias*. Le fleuve *Magrada* dont il parle immédiatement avant que de faire mention des *Varduli*, et sur lequel il place deux villes, *Iturissa* et *Easo*, paraît être le *Uidaso*. Si Méla ne s'est point mépris sur la position de la première de ces villes, savoir : *Iturissa*, et qu'elle soit différente de *Turissa*, que l'on trouve dans l'Itinéraire d'Antonin entre *Pompelo* et *Summus Pyrenæus*, je crois retrouver le nom de cette *Iturissa* de Méla dans celui d'Iturin, qu'un lieu ainsi nommé communique à une vallée, dont les eaux tombent sur la rive gauche du *Uidaso*, entre les vallées de Bastan et de Lérin. Quant à *Easo*, on voit bien que c'est l'*OEaso* de Ptolémée. Strabon (lib. III, p. 161) indique une ville voisine de l'Océan, précisément aux confins de l'Aquitaine et de l'Ibérie, dont le nom, qui se lit *Idanusa* dans le texte que Xilander a traduit, est *Oidasune* selon plusieurs manuscrits, comme Casaubon en avertit, et pareillement selon la version qui a précédé celle de Xilander. Or je remarque que le nom d'*Oidasune* et celui de *Uidaso* sont évidemment les mêmes ; et conséquemment la ville que place Méla sur la rivière qui porte le nom de *Uidaso*, doit être la même qu'*Oisadune*, comme elle ne diffère point d'*Easo*, que cite Ptolémée. Je pense qu'il faut trouver cette ville dans la position d'Irun, près de Fontarabie, plutôt que dans celle de Fontarabie, quoique aujourd'hui Irun soit un lieu peu considérable, sur le bord du *Uidaso*. Le nom de Fontarabie chez les Basques est *Ondarrabia*; celui d'Irun dans leur langue est un terme appellatif pour désigner une ville, ils en appellent Pampelune *Iruna*. Une pointe de terre qui déborde l'embouchure du *Uidaso*, du côté de Fontarabie, et que l'on nomme pointe de Figuera, paraît être le promontoire d'*OEaso* de Ptolémée, quoique cette pointe ne tienne rien de l'élévation des Pyrénées, prolongée, à ce qu'il semble, par Méla ainsi que Ptolémée, jusqu'à ce promontoire ; mais ce serait en vain qu'on en chercherait quelque autre aux environs. Dans Pline (lib. III, cap. 3, et lib. IV, cap. 20), *littus Olarsonis* est un des termes qu'il prend en mesurant la largeur de l'Espagne, et le nom d'*Olarso* est répété dans un autre endroit (*Not. vascon.*, p. 169). On lit *Larso* dans Macianus Capella ; Oihénart applique ce nom à *Ojarzum*, qui est à une lieue d'Irun, sur une petite rivière de même nom qui tombe dans le port du Passage. La position de *Lapurdum* était celle qui me mettait plus à portée de discuter ainsi cette matière des limites, et de revendiquer ce qui appartient à la Gaule dans cette partie-là. L'extension qu'avait autrefois le diocèse de Baïone, jusqu'à St-Sébastien, porterait plus loin ces limites. La description qu'Arsius, évêque de *Lapurdum*, a laissée du territoire de son siége épiscopal, ajoute à ce qu'on a vu ci-dessus : *Terran de Ernania* (Ernani) *et Sanctum Sebastianum de Pusico*. La province de Guipuscoa ne s'étendait point autrefois comme aujourd'hui jusqu'au *Uidaso* ; elle était bornée à St-Sébastien, ainsi que le témoigne un titre de l'église de San-Millan, ou de St-Emilien, en Espagne. Car, après avoir terminé la Biscaye à la rivière nommée Deva, ce titre porte : *De ipsa Deva usque ad Sanctum Sebastianum, id est tota Ipuscoa*. Les vicomtes de Baïone étendaient leur domaine jusqu'au port Oyarçun, appelé Huiars par Roger de Horeden, qui comme Anglais pouvait être bien informé de ce qui était de la mouvance de l'Aquitaine et de la Gascogne, possédées de son temps par les rois d'Angleterre. » D'Anville. *Notice de l'ancienne Gaule*, p. 397. V. aussi Walckenaer. *Géographie des Gaules*, t. 1, p. 298.

LAGUENEXY, vg. *Moselle* (pays Messin), arr., ✉ et à 12 k. de Metz, cant. de Pange. Pop. 460 h.

LAQUEUILLE, vg. *Puy-de-Dôme* (Auvergne), arr. et à 36 k. de Clermont-Ferrand, cant. et ✉ de Rochefort. Pop. 1,415 h. — *Foires* les 25 avril, 28 juillet et 18 oct.

LARA, vg. *Ariége*, comm. de Montjoie, ✉ de St-Girons.

LARAGNE, bg. *H.-Alpes* (Dauphiné), arr. et à 38 k. de Gap, chef-l. de cant. Bureau d'enregistr. à Ventaven. ✉, ✆, A 683 k. de Paris pour la taxe des lettres. Pop. 793 h. — TERRAIN jurassique. — Il est situé dans une contrée abondante en plantes rares, près de la rive gauche du Buech. — On trouve à peu de distance deux sources d'eaux minérales froides. — *Fabriques* de draps et de toiles. — *Foires* les 7 janv., 25 avril, 25 oct., 1er jeudi de carême et lendemain de la Fête-Dieu.

LARAJASSE, vg. *Rhône* (Forez), arr. et à 31 k. de Lyon, cant. et ✉ de St-Symphorien-sur-Coise. Pop. 2,617 h. — *Foires* les 3 fév., 28 mai, 2 août et 26 nov.

LARAMADE, vg. *Ariége*, comm. d'Illier, ✉ de Tarascon-sur-Ariége.

LARAMELIÈRE, vg. *Isère*, comm. de St-Geoire, ✉ de Voiron.

LARAMIÈRE, vg. *Lot* (Quercy), arr. et à 46 k. de Cahors, cant. et ✉ de Limogne. Pop. 1,057 h.

LARBEY, vg. *Landes* (Gascogne), arr. à 16 k. de St-Sever, cant. et ✉ de Mugron. Pop. 508 h.

LARBONT, vg. *Ariége* (Languedoc), arr. et à 20 k. de Foix, cant. et ✉ de la Bastide-de-Serou. Pop. 232 h.

LARBROYE, vg. *Oise* (Picardie), arr. et à 25 k. de Compiègne, cant. et ✉ de Noyon. Pop. 247 h. — Il est situé sur une montagne entourée de vignobles, d'où l'on distingue St-Quentin, le château de Ham, les tours de Coucy, ainsi qu'une vaste étendue du Cambrésis et du Vermandois.

LARCAN, vg. *H.-Garonne* (Comminges), arr., cant., ✉ et à 8 k. de St-Gaudens. Pop. 452 h.

LARCAT, vg. *Ariége* (Quercy), arr. et à 26 k. de Foix, cant. et ✉ de Cabanes. Pop. 589 h.

LARÇAY, vg. *Indre-et-Loire* (Touraine), arr., cant., ✉ et à 10 k. de Tours. P. 435 h.

LARCEAU, vg. *Charente-Inf.*, comm. et ✉ de Marennes.

LARCEVEAU, vg. *B.-Pyrénées* (Gascogne), arr. de Mauléon, ✉ et à 14 k. de St-Palais, cant. d'Ioldy. Pop. 230 h.

LARCHAMP, bg *Mayenne* (Maine), arr. et à 30 k. de Mayenne, cant. et ✉ d'Ernée. Pop. 2,284 h.

LARCHAMP, vg. *Orne* (Normandie), arr. et à 13 k. de Domfront, cant. et ✉ de Tinchebrai. Pop. 614 h.

LARCHANT, vg. *Seine-et-Marne* (Gatinais), arr. et à 18 k. de Fontainebleau, cant. et ✉ de la Chapelle-la-Reine. Pop. 730 h.

L'église paroissiale de ce village, construite au XIIIe siècle par le chapitre de Notre-Dame de Paris, est très-remarquable ; une des portes est ornée de statues et statuettes sur les parois ; la voussure et le tympan représentent le jugement dernier.

Près de Larchant on voit sur le penchant d'une colline une fontaine dédiée à saint Mathurin, et où la tradition veut que ce saint, qui est né à Larchant, ait baptisé Constance Chlore, père de Constantin ; c'est un lieu de pélerinage très-fréquenté. — *Foire* le lendemain de l'Ascension.

LARCHE, petite ville, *Corrèze* (Limousin), arr., bureau d'enregistr. à 11 k. de Brives, chef-l. de cant. Curé. A 484 k. de Paris pour la taxe des lettres. Pop. 815 h. Sur la rive gauche de la Vezère. — TERRAIN du trias. — *Foires* les 13 janv., 20 mars, 26 avril, 25 mai, 5 et 15 juin, 1er juillet, 1er août, 1er sept., 9 oct., 9 nov. et 6 déc.

LARÇON, vg. *Hérault*, comm. de St-Martin, ✉ de St-Pons.

LARDENNE, vg. *H.-Garonne*, comm. et ✉ de Toulouse.

LARDENNE-FERREY, vg. *H.-Garonne*, comm. de Tournefeuille, ✉ de Toulouse.

LARDERET, vg. *Jura* (Franche-Comté), arr. de Poligny et à 22 k. d'Arbois, cant. et ✉ de Champagnole. Pop. 261 h.

LARDIÈRES, vg. *Oise* (Picardie), arr. et à 21 k. de Beauvais, cant. et ✉ de Méru. Pop. 179 h.

LARDIERS, vg. *B.-Alpes* (Dauphiné), arr., ✉ et à 17 k. de Forcalquier, cant. de St-

Etienne-les-Orgues, Pop. 378 h. — *Foire* le 15 oct.

LARDIERS, vg. *H.-Alpes* (Provence), arr. et à 22 k. de Gap, cant. de Tallard, ✉ de la Saulce. Pop. 557 h. — *Foires* les 24 mai et 14 sept.

LARDIMALIE, vg. *Dordogne*, comm. de St-Pierre-de-Chignac, ✉ de Périgueux.

LARDOISE, vg. *Gard*, comm. de Laudun, ✉ de Roquemaure.

LARDY, *Larziacum*, vg. *Seine-et-Oise* (Ile-de-France), arr. et à 15 k. d'Etampes, cant. de la Ferté-Aleps, ✉ d'Arpajon. Pop. 672 h. Sur le chemin de fer de Paris à Orléans.

LARÉE, vg. *Gers* (Armagnac), arr. et à 37 k. de Condom, cant. et ✉ de Cazaubon. Pop. 541 h.

LARÉOLE. V. RÉOLE (la).

LARGA (lat. 48°, long. 25°). « On trouve ce lieu dans l'Itinéraire d'Antonin entre deux positions fort connues : *Epamanduodurum*, ou Mandeure, et *Mons Brisiacus*, ou Brisac. On le trouve aussi dans la Table théodosienne, qui conduit d'*Epamanduodurum* à Cambes, ou Kembs, en passant par *Larga*. La position de *Larga* prend celle d'un lieu nommé Largitzen, entre Alt-Kirk et Granvillars, dans le Suntgaw. Il y a une position intermédiaire d'*Epamanduodurum* à *Larga* dans l'Itinéraire ; sous le nom de *Gramatum*, et on ne peut mieux le rapporter qu'à Granvillars, qui se rencontre entre Mandeure et Largitzen. Mais les distances marquées dans cet intervalle, savoir XVIIII et XXV, donnent un total qui excède ce qu'il y a de distance absolue depuis Mandeure jusqu'à Largitzen. La Table, qui ne connaît point *Gramatum*, indiquant XVI entre *Epamanduodurum* et *Larga*, c'est à peu près ce qui convient au local en lieues gauloises ; et je remarque que 25 milles romains y conviendraient aussi, ce qui ferait admettre sur ce pied-là un des nombres indiqués dans l'Itinéraire, en supprimant l'autre, parce que la position de *Gramatum* étant comprise dans cette distance, l'indication particulière qui l'accompagne est superflue. L'intervalle de *Larga* à *Mons Brisiacus* est rempli dans l'Itinéraire de cette manière : *Uruncis* XVIII, *Monte Brisiaco* XXIIII. Or ce qu'il y a d'espace entre Largitzen et Brisac s'estime en droite ligne à peu près de 31,000 toises, dont il ne peut résulter qu'un peu plus de 27 lieues gauloises, mais qui contiennent 41 milles romains, et que la mesure itinéraire peut bien étendre jusqu'à 42, c'est-à-dire autant que donne le total dans l'Itinéraire. On ne doit pas être surpris de reconnaître le mille romain en quelques endroits de cet Itinéraire, où la lieue devrait être employée par préférence au mille. Car il est à propos d'observer qu'en d'autres endroits les distances étant en même temps comptées en milles et en lieues, cette double manière de compter peut avoir été négligée là où elle ne se trouve pas comme ailleurs. Et la preuve qu'il faut l'entendre ainsi entre *Larga* et *Mons Brisiacus* précisément, c'est qu'une des distances qui en font l'intervalle, savoir *Urunci* à *Mons Brisiacus*, porte la double indication dans un autre endroit de l'Itinéraire, M. P. XXIII (au lieu de XXIIII), leugas XV. On ne doit pas croire que cet emploi du mille donne quelque atteinte à l'usage prédominant de la lieue. — L'indication de la Table entre *Epamanduodurum* et *Larga* ne peut convenir qu'à la lieue gauloise, comme je l'ai remarqué ci-dessus ; et il faut ajouter que ce que marque ensuite la Table entre *Larga* et *Cambes*, savoir XII, ne répond à l'espace du local, d'environ 14,000, qu'en mesurant des lieues et non des milles. » D'Anville. *Notice de l'ancienne Gaule*, p. 401.

LARGEASSE, vg. *Deux-Sèvres* (Poitou), arr. et à 23 k. de Parthenay, cant. et ✉ de Moncoutant. Pop. 863 h.

LARGENTIÈRE, *Argentaria*, petite ville, *Ardèche* (Languedoc), chef-l. de sous-préf. (3° arr.), cant. et ✉, inst. Société d'agric. Cure. ✉. A 645 k. de Paris pour la taxe des lettres. Pop. 3,088 h. — TERRAIN jurassique.

Cette ville est située dans une vallée pittoresque, resserrée entre de hautes montagnes, sur le torrent de Ligne. Elle doit son origine à la cupidité des évêques de Viviers, des comtes de Toulouse et de plusieurs autres seigneurs. Avant la découverte de ses mines d'argent elle portait le nom de Segnalières, qu'elle changea, lorsque la jalousie des propriétaires des mines eut fait bâtir *maintes forteresses, maintes tours et bastions*, en celui de Largentière, la capitale du pays de ce nom, pays qui a joué un rôle important dans les guerres contre les Albigeois. Après avoir été successivement sous la domination des comtes de Toulouse, d'un évêque, d'un pape, de son légat, d'un général des croisés, elle fut enfin réunie à la couronne. Les religionnaires la prirent en 1562, et en mutilèrent les édifices religieux.

Les armes de Largentière sont : *d'azur au château crénelé de cinq créneaux et donjonné ayant deux guérites, le donjon aussi crénelé et surmonté d'une girouette, le tout d'argent ouvert et maçonné de sable.*

L'église paroissiale, de construction gothique, est remarquable par son élégance et par sa légèreté. Les trois nefs sont soutenues par des piliers d'une élévation hardie ; mais la voûte du chœur, la plupart des chapelles et le clocher, sont beaucoup plus modernes que le reste de l'édifice.

On remarque à Largentière une grotte composée de plusieurs salles, dont l'entrée n'est pas également accessible. Après être parvenu à la troisième, dont la voûte est soutenue par une pile en cône renversé, et après avoir passé à travers des blocs de granit amoncelés qui sont tombés de la voûte, on arrive à une flaque d'eau limpide, mais croupissante et couverte d'une pellicule blanchâtre de la couleur du terrain. Le lac, qu'on ne peut franchir, s'étend jusqu'à d'autres salles, que l'on aperçoit à la lueur des flambeaux.

PATRIE de l'historien SOULAVIE, député du clergé aux états généraux.

Fabriques de soie ouvrée. Filatures de soie. Tanneries, corderies. — *Commerce* de vins, soies grèges et ouvrées, bestiaux, etc. — *Foires* les 22 janv., 15 mars, 18 juillet, 11 nov. et 7 déc.

A 42 k. S.-O. de Privas, 645 k. S.-S.-E. de Paris.

L'arrondissement de Largentière renferme 10 cantons : Burzet, Coucouron, St-Etienne-de-Lugdarès, Joyeuse, Largentière, Montpézat, Thueyts, Valgorge, Vallon, les Vans.

Bibliographie. GIRAUD-SOULAVIE (l'abbé). *Histoire naturelle de Largentière et de ses environs*, in-8, 1784.

LARGILLAY - MARSONNAY, vg. *Jura* (Franche-Comté), arr. et à 20 k. de Lons-le-Saulnier, cant. et ✉ de Clairvaux. P. 245 h.

LARGILLIAT, vg. *Doubs*, com. de la Longeville, ✉ de Pontarlier.

LARGITZEN, vg. *H.-Rhin* (Alsace), arr. et à 9 k. d'Altkirch, cant. d'Hirsingen. Pop. 426 h.

LARGNY, vg. *Aisne* (Picardie), arr. et à 35 k. de Soissons, cant. et ✉ de Villers-Cotterets. Pop. 375 h.

LARIANS, vg. *H.-Saône* (Franche-Comté), arr. et à 28 k. de Vesoul, cant. et ✉ de Montbozon. Pop. 317 h.

LARIN, vg. *Ardèche*, comm. de Félines, ✉ du Péage.

LARMES, vg. *Tarn*, comm. de Puyhégon, ✉ de Lavaux.

LARMONT, vg. *H.-Garonne*, comm. de Castera, ✉ de l'Isle-en-Jourdain.

LARN, vg. *Tarn*. V. PONT-DE-LARN.

LARNAC, vg. *Gard*, comm. de St-Jean-de-Valeriscle, ✉ de St-Ambroix.

LARNAGE, vg. *Drôme* (Dauphiné), arr. et à 22 k. de Valence, cant. et ✉ de Tain. Pop. 721 h.

LARNAGOL, vg. *Lot* (Quercy), arr. et à 30 k. de Figeac, cant. et ✉ de Cajarc. Pop. 750 h. — *Foires* les 3 mai et 9 nov.

LARNAS, vg. *Ardèche* (Languedoc), arr. et à 42 k. de Privas, cant. et ✉ du Bourg-St-Andéol. Pop. 153 h.

LARNAT, vg. *Ariège* (pays de Foix), arr. et à 25 k. de Foix, cant. et ✉ des Cabannes. Pop. 364 h.

LARNAUD, vg. *Jura* (Franche-Comté), arr. et à 7 k. de Lons-le-Saulnier, cant. et ✉ de Bletterans. Pop. 831 h.

LARNOD, vg. *Doubs* (Franche-Comté), arr., ✉ et à 8 k. de Besançon, cant. de Boussières. ✍. Pop. 181 h.

LAROBARDERIE, vg. *Indre-et-Loire*, comm. de Marçay, ✉ de Chinon.

LAROCHE. V. ROCHE (la).

LAROCHE, vg. *Cher*, comm. de Corquois, ✉ de Châteauneuf-sur-Cher.

LAROCHE, vg. *H.-Vienne*, comm. de Razès, ✉ de Chanteloube.

LAROCHE-CHALAIS. V. ROCHE-CHALAIS.

LAROCHEFOUCAULT. V. ROCHEFOUCAULT (la).

LAROCHEPOT. V. ROCHEPOT (la).

LAROCHETTE, vg. *Indre*, comm. et ⊠ de Châteauroux.

LAROCHE - VANNEAU. V. ROCHE-VAN-NEAU (la).

LAROIN, vg. *B.-Pyrénées* (Béarn), arr., cant., ⊠ et à 6 k. de Pau. Pop. 598 h.

LARONXE, vg. *Meurthe* (Lorraine), arr., cant., ⊠ et à 1 k. de Lunéville. Pop. 629 h.

LAROQUE. V. ROQUE (la) et LARROQUE.

LAROQUE - STE - MARGUERITE, vg. *Aveyron* (Rouergue), arr. à 15 k. de Millau, cant. et ⊠ de Peyreleau. Pop. 855 h.

LAROUILLIES, vg. *Nord* (Hainaut), arr., cant. et à 9 k. d'Avesnes, ⊠ d'Etrœungt. Pop. 602 h.

LARRA, vg. *H.-Garonne*. V. ST-SEVERIN.

LARRAN, vg. *H.-Pyrénées* (Gascogne), arr. et à 38 k. de Bagnères-en-Bigorre, cant. et ⊠ de Castelnau-Magnoac. Pop. 200 h.

LARRAU, vg. *B.-Pyrénées* (Gascogne), arr. de Mauléon et à 50 k. de St-Palais, cant. et ⊠ de Tardets. Pop. 1,188 h. Près des frontières d'Espagne.

LARRAZET, vg. *Tarn-et-Garonne* (Languedoc), arr. et à 19 k. de Castel-Sarrasin, cant. et ⊠ de Beaumont - de - Lomagne. Pop. 935 h. — *Foires* les 26 fév., 29 juin, 15 nov. et lundi de Pâques.

LARRÉ, vg. *Morbihan* (Bretagne), arr. et à 21 k. de Vannes, cant. de Questembert, ⊠ d'Elven. Pop. 781 h.

LARRE, vg. *Orne* (Normandie), arr., cant., ⊠ et à 10 k. d'Alençon. Pop. 353 h.

LARREBIEU, vg. *B. - Pyrénées*, comm. d'Arrast-Larrebieu, ⊠ de Mauléon.

LARRESSINGLE, vg. *Gers* (Coudomois), arr., cant., ⊠ et à 5 k. de Condom. P. 322 h.

LARRESSORE, vg. *B.-Pyrénées* (Gascogne), arr. et à 15 k. de Bayonne, cant. et ⊠ d'Ustaritz. Pop. 911 h.

LARRET, vg. *Finistère* (Bretagne), arr. et à 23 k. de Brest, cant. de Ploudalmézeau, ⊠ de St-Renan. Pop. 167 h.

LARRET, vg. *H.-Saône* (Franche-Comté), arr. et à 24 k. de Gray, cant. et ⊠ de Champlitte. Pop. 260 h.

LARREULE, vg. *B.-Pyrénées* (Gascogne), arr. et à 27 k. d'Orthez, cant. et ⊠ d'Arzacq. Pop. 470 h.

LARREULE, vg. *H.-Pyrénées* (Béarn), arr. et à 26 k. de Tarbes, cant. et ⊠ de Maubourguet. Pop. 730 h.

LARREY, vg. *Côtes-d'Or* (Bourgogne), arr. et à 13 k. de Châtillon-sur-Seine, cant. et ⊠ de Laignes. Pop. 461 h. — Haut fourneau.

LARREY, vg. *Côte-d'Or*, comm. et ⊠ de Dijon.

LARRIBAR, vg. *B.-Pyrénées* (Navarre), arr. de Mauléon, cant., ⊠ et à 5 k. de St-Palais. Pop. 243 h.

LARRIVIÈRE, vg. *Vosges*, comm. du Val-d'Ajol, ⊠ de Plombières.

LARRIS, vg. *Eure*, comm. de Ste-Marthe, ⊠ de Conches.

LARRIVIÈRE, vg. *Landes* (Gascogne), arr., cant. et à 15 k. de St-Sever, ⊠ de Grenade-sur-l'Adour. Pop. 1,004 h.

LARRODE, vg. *Puy-de-Dôme* (Auvergne), arr. et à 75 k. d'Issoire, cant. et ⊠ de Tauves. Pop. 1,221 h. — *Foires* le 17 de chaque mois.

LARRONVILLE, vg. *Somme*, comm. et ⊠ de Rue.

LARROQUE, vg. *H.-Garonne* (Armagnac), arr. et à 15 k. de St-Gaudens, cant. et ⊠ de Boulogne. Pop. 1,140 h.

LARROQUE, vg. *H.-Pyrénées* (Gascogne), arr. et à 48 k. de Bagnères-en-Bigorre, cant. et ⊠ de Castelnau-Magnoac. Pop. 324 h.

LARROQUE, vg. *Tarn* (Languedoc), arr., ⊠ et à 26 k. de Gaillac, cant. de Castelnau-de Montmiral. Pop. 736 h.

LARROQUE-BOUILLAC, vg. *Aveyron*, comm. de Livinhac-le-Haut, ⊠ d'Aubin.

LARROQUE-DES-ARCS, vg. *Lot* (Quercy), arr., cant., ⊠ et à 5 k. de Cahors. Pop. 1,736 h.

LARROQUE - ENGALIN, vg. *Gers* (Armagnac), arr., cant., ⊠ et à 9 k. de Lectoure. Pop. 354 h.

LARROQUE - ORDAN, *Gers*. V. ORDAN-LARROQUE.

LARROQUE-BOUCAZEL, vg. *Tarn*, com. de Cadix et de Tribas, ⊠ de Valence.

LARROQUE-SUR-LOSSE, vg. *Gers* (Condomois), arr. et à 8 k. de Condom, cant. et ⊠ de Montréal. Pop. 613 h.

LARROQUE-TOIRAC, vg. *Lot* (Quercy), arr. et à 15 k. de Figeac, cant. et ⊠ de Cajarc. Pop. 418 h.

LARRORY, vg. *B.-Pyrénées*, comm. de Moncayotte-Larrory-Mendibieu, ⊠ de Mauléon.

LARROUMIEU, bg *Gers* (Condomois), arr., cant., ⊠ et à 11 k. de Condom. Pop. 1,390 h. — C'était autrefois une ville fermée de portes, de murailles et de fossés, où l'on voit une riche et belle collégiale, qui avait été fondée en 1318 par le cardinal Arnaud d'Aux, qui, en 1311, prit la parole dans le concile général de Vienne, et insista pour que les templiers ne fussent pas jugés sans être entendus.

Foires les 2 juin, 13 août, 30 sept., 2 nov., jour des Cendres et lendemain de Pâques.

LARROUQUEAU, vg. *Gers*, comm. de Mongausy, ⊠ de Lombez.

LARSICOURT, vg. *Marne* (Champagne), arr., ⊠ et à 15 k. de Vitry-le-François, cant. de Thieblemont. Pop. 946 h.

LARTIGUE, vg. *Gers* (Armagnac), arr. et à 18 k. d'Auch, cant. et ⊠ de Saramon. Pop. 520 h.

LARTIGUE, vg. *Gironde* (Bazadois), arr. et à 23 k. de Bazas, cant. et ⊠ de Captieux. P. 210 h. — *Foires* les 9 août et 1er lundi de juin.

LARUNS, bg *B.-Pyrénées* (Béarn), arr. et à 29 k. d'Oloron, chef-l. de cant. Bureau d'enregistr. à Arudy. Cure. ⊠ À 799 k. de Paris pour la taxe des lettres. Pop. 1,814 h. — TERRAIN de transition.

Il est situé dans le fond d'une vallée assez large où débouchent les deux vallées étroites des Eaux-Bonnes et des Eaux-Chaudes. Ce bourg est sujet aux ravages de l'Arriousé, torrent qui descend impétueusement des montagnes boisées de l'ouest. C'est le premier dépôt des mâtures et autres bois de marine qui s'exploitent dans les montagnes au-dessus de Gabas. On y remarque de vastes hangars pour les mâts, et des forges où l'on répare les outils employés à l'exploitation. — *Foires* les 4 et 5 oct. V. EAUX-CHAUDES.

LARY (St-), vg. *Ariège* (Gascogne), arr. et à 22 k. de St-Girons, cant. et ⊠ de Castillon. Pop. 1,630 h. — Sur le territoire de cette commune et sur celui de Portet sont établies des pantières, où filets, au moyen desquels on prend quelquefois par centaines les palombes et les bisets qui passent en septembre et en octobre par les gorges que laissent entre elles les montagnes.

LARY (St-), vg. *H.-Garonne* (Armagnac), arr. et à 14 k. de St-Gaudens, cant. et ⊠ de Boulogne. Pop. 430 h.

LARY (St-), vg. *Gers* (Armagnac), arr., ⊠ et à 13 k. d'Auch, cant. de Jégun. Pop. 361 h.

LARY (St-), vg. *Gers* (Armagnac), arr., à 11 k. de Lectoure, cant. et ⊠ de Fleurance. Pop. 423 h.

LARY (St-), vg. *H.-Pyrénées* (Gascogne), arr. et à 46 k. de Bagnères-de-Bigorre, cant. de Vieille-Aure, ⊠ d'Arreau. Pop. 211 h.

LARZAC, vg. *Dordogne* (Périgord), arr. et à 26 k. de Sarlat, cant. et ⊠ de Belvès. Pop. 276 h.

LAS, vg. *Nièvre*, comm. de Childes, ⊠ de Luzy.

LASALLE, bg *Gard* (Languedoc), arr. et à 30 k. du Vigan, chef-l. de cant. Cure. ⊠. À 668 k. de Paris pour la taxe des lettres. Pop. 2,354 h. — TERRAIN jurassique.

Il est situé dans les montagnes, et consiste principalement en une rue longue, étroite et tortueuse, bordée de maisons généralement mal bâties ; mais ses alentours sont on ne peut plus pittoresques. — *Fabriques* de bonneterie et de fleurets. Filatures de soie. Tanneries. Exploitation de belles carrières de plâtre. — *Foires* les 8 et 22 janv., 18 juillet, 2 et 16 déc.

LASAUGE, vg. *Isère*, comm. de St-Geoire, ⊠ de Voiron.

LAS-BESSADES, vg. *Aveyron*, arr. et ⊠ d'Espalion. — *Foires* les 13 janv., 13 avril, 13 mai et 13 nov.

LASBORDES, vg. *Aude* (Languedoc), arr., cant., ⊠ et à 10 k. de Castelnaudary. Pop. 730 h.

LASCABANES, vg. *Lot* (Quercy), arr. et à 18 k. de Cahors, cant. et ⊠ de Montcuq. Pop. 793 h. — *Foires* les 11 janv., 16 mai, 14 oct. et 20 nov.

LASCABESSES, vg. *Ariège*, comm. de Riverenert, ⊠ de St-Girons.

LASCABREIRIES, vg. *Lot*, comm. de Peyrilles, ⊠ de Frayssinet.

LASCAPERNADE, vg. *Lot*, comm. de Bélaye, ⊠ de Castelfranc.

LAS-CARRÉTÈRES, vg. *H.-Garonne*, comm. d'Eoulx, ⊠ de Martres.

LAS-CASES. V. REVEL.

LASCAUX, vg. *Corrèze* (Limousin), arr.

et à 35 k. de Brives, cant. et ⊠ de Juillac. Pop. 464 h.

LASCAZÈRES, vg. H.-Pyrénées (Gascogne), arr. et à 84 k. de Tarbes, cant. et ⊠ de Castelnau-Rivière-Basse. Pop. 680 h.

LASCELLE, vg. Cantal (Auvergne), arr., cant., ⊠ et à 13 k. d'Aurillac. Pop. 1,804 h.

LASCHAMPS, vg. Puy-de-Dôme, comm. de St-Genest-Champanel, ⊠ de Clermont-Ferrand.

LASCLAVERIES, vg. B.-Pyrénées (Béarn), arr. et à 20 k. de Pau, cant. de Thèse, ⊠ d'Auriac. Pop. 383 h.

LASCLOTTES, vg. Tarn (Languedoc), arr., ⊠ et à 25 k. de Gaillac, cant. de Salvagnac. Pop. 737 h.

LASCOURS, vg. Bouches-du-Rhône, comm. et ⊠ de Roquevaire.

LASERRA, vg. Ain, comm. de Germagnat, ⊠ de Coligny.

LAS-ESCALDAS. V. Angoustrine.

LASFAILLADES, vg. Tarn (Languedoc), arr. et à 25 k. de Castres, cant. et ⊠ de Brassac. Pop. 206 h.

LASGRAISSES, vg. Tarn (Languedoc), arr., ⊠ et à 18 k. de Gaillac, cant. de Cadalen. Pop. 725 h. — Foires les 25 avril, 14 juin, 30 août et 15 déc.

LAS-ILLES. V. Illes (las).

LASLABAGNES, vg. Hérault, comm. de St-Guilhem-le-Désert, ⊠ de Gignac.

LASLADES, vg. H.-Pyrénées (Gascogne), arr., ⊠ et à 12 k. de Tarbes, cant. de Pouyastruc. Pop. 358 h.

LASMARTRES, vg. Gers, comm. de St-Pesserre, ⊠ d'Astafort.

LASPLANQUES, vg. Tarn, comm. de Tanus, ⊠ de Pampelonne. Ce village offre une singularité de position fort extraordinaire : pour y arriver, on descend pendant plus d'une heure par des sentiers tortueux et sombres, et lorsque enfin on ne voit d'espace dans le ciel que la grandeur du vallon étroit où l'on se trouve, il faut remonter sur un rocher en pain de sucre où sont placées, l'une auprès de l'autre, dix ou douze chaumières, et une église si rapprochée des bords escarpés du Viaur, qu'un pauvre curé, récitant son bréviaire, et voulant qu'il était impossible de faire le tour de l'église, tomba dans le précipice et y termina ses jours.

LASPUGNE, vg. H.-Garonne (Languedoc), arr. et à 17 k. de St-Gaudens, cant. et ⊠ de Boulogne. Pop. 338 h.

LASQUE, vg. B.-Pyrénées (Béarn), arr. et à 40 k. de Pau, cant et ⊠ de Garlin. P. 229 h.

LASSALLES, vg. H.-Pyrénées (Armagnac), arr. et à 30 k. de Bagnères-de-Bigorre, cant. et ⊠ de Castelnau-Magnoac. P. 225 h.

LASSAY, vg. Loir-et-Cher (Blaisois), arr., ⊠ et à 9 k. de Romorantin, cant. de Selles-sur-Cher. Pop. 211 h.

LASSAY, petite ville, Mayenne (Maine), arr. et à 20 k. de Mayenne, chef-l. de cant. Cure. — A 243 k. de Paris pour la taxe des lettres. Pop. 2,565 h. — Terrain cristallisé, granit.

Cette ville doit son nom et son origine à un ancien château, qui avait autrefois le titre de marquisat, et dont la construction remonte à l'an 825. Ce château, le mieux conservé de toutes les vieilles forteresses qui existent dans le département, offre une masse considérable de tours et de murs crénelés, épais, mais peu élevés : on y entre par un pont-levis flanqué de deux fortes tours. Dans l'épaisseur des murailles ont été ménagées des pièces mal éclairées, qui servaient autrefois d'habitations. Le château de Lassay était une forteresse importante qui a joué un grand rôle dans les guerres qui ont désolé le pays. Il a été attaqué et pris par Guillaume le Conquérant, en 1054. Sous le règne de Charles VI, les Anglais s'en emparèrent et en firent une place d'armes, d'où ils sortaient pour aller piller les maisons, et où ils se réfugiaient quand ils étaient trop vivement poursuivis. Ambroise de Loré, les y assiégea, et, après une vive résistance, les obligea à capituler, et délivra ainsi le pays de leurs déprédations.

Commerce de grains, lin, chanvre, fromages, volailles et bestiaux. — Foires les 15 mai, 1er sept., 30 nov., 30 déc., 3e mercredi de mars, de juin et d'oct.

LASSE, vg. Maine-et-Loire (Anjou), arr. et à 8 k. de Baugé, cant. et ⊠ de Noyant. P. 884 h.

LASSE, vg. B.-Pyrénées (Navarre), arr. de Mauléon et à 33 k. de St-Palais, cant. de St-Etienne-de-Baigorry, ⊠ de St-Jean-Pied-de-Port. Pop. 766 h.

LASSERAN, vg. Gers (Armagnac), arr., cant., ⊠ et à 7 k. d'Auch. Pop. 359 h.

LASSERON, vg. Loire-Inf., comm. de Belligné, ⊠ de Varades.

LASSERRADE, vg. Gers (Armagnac), arr. et à 32 k. de Mirande, cant. et ⊠ de Plaisance. Pop. 593 h.

LASSERRE, vg. Ariége, comm. de Tourtouse, ⊠ de St-Girons.

LASSERRE, vg. Aude (Languedoc), arr. et à 24 k. de Limoux, cant. et ⊠ d'Alaigne. Pop. 422 h.

LASSERRE, vg. H.-Garonne (Languedoc), arr. et à 25 k. de Toulouse, cant. de Leguevin, ⊠ de Lévignac. Pop. 422 h.

LASSERRE, vg. H.-Garonne, comm. de Landorthe, ⊠ de St-Gaudens.

LASSERRE, vg. Lot-et-Garonne (Condomois), arr., ⊠ et à 11 k. de Nérac, cant. de Francescas. Pop. 363 h.

LASSERRE, vg. B.-Pyrénées (Armagnac), arr. et à 38 k. de Pau, cant. et ⊠ de Lembeye. Pop. 254 h.

LASSERRE, vg. B.-Pyrénées, comm. de Montaner, ⊠ de Vic-en-Bigorre.

LASSERRE-BERDOUES, vg. Gers (Armagnac), arr., cant., ⊠ et à 3 k. de Mirande. Pop. 309 h.

LASSEUBE, bg. B.-Pyrénées (Armagnac), arr. et à 14 k. d'Oloron, chef-l. de cant. Bureau d'enregist. à Moncin, Cure. ⊠. — A 773 k. de Paris pour la taxe des lettres. P. 3,040 h. — Terrain tertiaire moyen.

LASSEUBE-PROPRE, vg. Gers (Armagnac), arr., cant., ⊠ et à 8 k. d'Auch. Pop. 357 h.

LASSEUBETAT, vg. B.-Pyrénées (Béarn), arr. et à 14 k. d'Oloron, cant. et ⊠ de Lasseube. Pop. 547 h.

LASSICOURT, vg. Aube (Champagne), arr. et à 29 k. de Bar-sur-Aube, cant. et ⊠ de Brienne. Pop. 148 h.

LASSIGNY, bg. Oise (Picardie), arr. et à 27 k. de Compiègne, chef-l. de cant. Cure. ⊠. — A 106 k. de Paris pour la taxe des lettres. P. 902 h. — Terrain crétacé inférieur.

On remarque près de ce bourg la tour Roland, ancienne construction qui ne consiste plus qu'en une motte circulaire, ayant 180 m. de circonférence, entourée de fossés larges de 15 m., et recouvrant une grande quantité de fondations, d'où l'on extrait journellement des pierres de taille et autres matériaux. On y a trouvé à différentes reprises des médailles, des ossements, des fragments de vases, des armes.

Foires les 1er juillet, lundi saint, mardi avant la Pentecôte, 3e mardi de nov., 6 oct. et le 14 de chaque mois. — Marché tous les jeudis.

LASSON, vg. Calvados (Normandie), arr. et à 10 k. de Caen, cant. de Creully, ⊠ de Bretteville-l'Orgueilleuse. Pop. 408 h.

LASSON, vg. Yonne (Bourgogne), arr. et à 29 k. de Tonnerre, cant de Flogny, ⊠ de St-Florentin. Pop. 380 h.

LASSOUTS, vg. Aveyron, comm. de Gabriac, ⊠ d'Espalion.

LASSUR, vg. Ariége (pays de Foix), arr. et à 31 k. de Foix, cant. et ⊠ de Cabannes. Pop. 244 h.

LASSY, Laceium, vg. Calvados (Normandie), arr. et à 19 k. de Vire, cant. de Condé-sur-Noireau, ⊠ de Vassy. Pop. 1,062 h.

LASSY, vg. Ille-et-Vilaine (Bretagne), arr. et à 45 k. de Redon, cant. de Guichen, ⊠ de Lohéac. Pop. 612 h.

LASSY, vg. Seine-et-Oise (Ile-de-France), arr. et à 32 k. de Pontoise, cant. et ⊠ de Luzarches. Pop. 172 h.

LASTEL, vg. Manche (Normandie), arr. et à 28 k. de Coutances, cant. de Périers, ⊠ de Prétot. Pop. 210 h.

LASTENS, vg. Tarn, comm. d'Algans, ⊠ de Puy-Laurens.

LASTIC, vg. Cantal (Auvergne), arr., cant. et à 13 k. de St-Flour, ⊠ de Massiac. Pop. 383 h.

LASTIC, vg. Puy-de-Dôme, comm. et ⊠ de Bourg-Lastic.

LASTOURS, vg. Aude (Languedoc), arr. et à 17 k. de Carcassonne, cant. de Mas-Cabardès. Pop. 282 h. — Il est bâti dans une situation pittoresque, au milieu des montagnes, dans un pays frais, arrosé par l'Orbiel, et près de la belle fontaine de Pestil, dont les eaux abondantes, réunies à celles de l'Orbiel, font mouvoir un grand nombre de manufactures. Ce village était autrefois un poste important par les châteaux de Cabaret et de Cabardès, qui ont souvent été le théâtre des guerres des Albigeois, et dont Simon de Montfort tenta vainement de se rendre maître.

LASTOURS, vg. *Lot*, comm. de Ste-Croix, ⊠ de Montcuq.

LASTOURS, vg. *H.-Vienne*, comm. de Rilhac-Lastours, ⊠ de Nexon.

LASTREILLES, vg. *Lot-et-Garonne*, com. de St-Front, ⊠ de Fumel.

LASVAUX, vg. *Lot*, comm. de Cazillac, ⊠ de Cressensac.

LATAILLE, vg. *Indre-et-Loire*, comm. de St-Nicolas-de-Bourgueil, ⊠ de Bourgueil.

LATARA (lat. 44°, long. 22°). On lit dans Méla (lib. II, cap. 5) : *Ultra (Rhodani ostia) sunt stagna Volcarum, Lodium flumen, castellum Latara*. Ce lieu est sur le Lez, près de son embouchure dans l'étang de Maguelone, ou de Pérols. Dans les temps postérieurs, il est appelé *Castrum de Latis*, et on a dit la tour de Lates. Il en est aussi mention dans les actes du XII° et XIII° siècle, sous le nom de *Castrum de Palude*; et l'étang qui en est voisin est désigné dans Pline (lib. IX, cap. 8) sous le nom de *Stagnum Latera*. » D'Anville. *Notice de l'ancienne Gaule*, p. 403.

LATAULLE, vg. *Oise* (Picardie), arr. et à 20 k. de Compiègne, cant. et ⊠ de Ressons. Pop. 269 h.

LATET (le), vg. *Jura* (Franche-Comté), arr. de Poligny et à 22 k. d'Arbois, cant. et ⊠ de Champagnolle. Pop. 215 h.

LATETTE (la), vg. *Jura* (Franche-Comté), arr. de Poligny et à 41 k. d'Arbois, cant. et ⊠ de Nozeroy. Pop. 274 h.

LATHUS, vg. *Vienne* (Poitou), arr., cant., ⊠ et à 13 k. de Montmorillon. Pop. 1,878 h.

LATILLÉ, vg. *Vienne* (Poitou), arr. à 22 k. de Poitiers, cant. de Vouillé, ⊠ d'Ayron. Pop. 1,249 h. Sur l'Auzance. — Papeterie. — *Foires* les 12 fév., 1er avril, 1er lundi d'avril, 16 juin, 22 sept., 28 oct., 4 déc., lundi avant la mi-carême, lundi avant Pâques, 1er lundi de mai, mardi après le 11 juin, lundi avant St-Matthieu, dernier lundi d'oct. et 1er lundi de déc.

LATILLY, vg. *Aisne* (Picardie), arr. et à 15 k. de Château-Thierry, cant. et ⊠ de Neuilly-St-Front. Pop. 340 h.

LATOUE, vg. *H.-Garonne* (Gascogne), arr., ⊠ et à 9 k. de St-Gaudens, cant. d'Aurignac. Pop. 835 h.

LATOUR. V. Tour (la).

LATOUR, vg. *Ariége*, comm. de Ganac, ⊠ de Foix.

LATOUR, vg. *Aveyron*, comm. de St-Jean-d'Alcapiés, ⊠ de St-Affrique.

LATOUR, ou LATOUR-ST-PARDOUX, petite ville, *Puy-de-Dôme* (Auvergne), arr. et à 55 k. d'Issoire, chef-l. de cant. Cure. ⊠ et bureau d'enregist. de Tauves. Pop. 1,921 h. — TERRAIN volcanique, basalte.

Le château de Latour, qui avait anciennement le titre de baronnie, a été le berceau de la très-ancienne maison d'Auvergne, appelée la Tour d'Auvergne, d'où sont issus le duc de Bouillon, le duc de la Tour, lieutenant général, et le célèbre Turenne. — La ville est bâtie sur le penchant occidental d'une côte rapide, formée de superbes prismes basaltiques que l'on voit très-bien sur le champ de foire. — Le château, dont il reste à peine des traces aujourd'hui, était aussi sur un plateau basaltique à colonnes prismatiques, mais moins considérables, et moins régulières que celles du champ de foire. La vue de ce point est magnifique et des plus étendues.

Les environs de Latour sont, comme ceux de tout le voisinage du Mont-Dore, très-pittoresques. Le costume des habitants, des femmes surtout, a aussi quelque chose de très-original.

St-Pardoux, dépendant de Latour, possède une belle église paroissiale.

Foires les 25 janv., 14 mars, 9 mai, 6 déc. et mardi de la Pentecôte.

LATRAUT, vg. *Nièvre*, comm. de Breugnon, ⊠ de Clamecy.

LATRECEY, vg. *H.-Marne* (Bourgogne), arr. et à 30 k. de Chaumont-en-Bassigny, cant. et ⊠ de Château-Villain. Pop. 915 h. — *Foires* les 4 fév., 22 mai, 22 sept. et 25 nov.

LATRESNE, vg. *Gironde* (Guienne), arr., ⊠ et à 10 k. de Bordeaux, cant. de Créon. Pop. 988 h.

LATRILLE, vg. *Landes* (Gascogne), arr. et à 33 k. de St-Sever, cant. et ⊠ d'Aire-sur-l'Adour. Pop. 307 h.

LATTAINVILLE, vg. *Oise* (Picardie), arr. et à 27 k. de Beauvais, cant. et ⊠ de Chaumont-en-Vexin. Pop. 149 h.

LATTERIE, vg. *H.-Vienne*, comm. de Dournazac, ⊠ de Châlus.

LATTES, *Latara*, vg. *Hérault* (Languedoc), arr., cant., ⊠ et à 7 k. de Montpellier. Pop. 331 h.

Lattes est un village très-ancien, bâti sur l'emplacement du *Castellum Latera* de Pomponius Méla et de l'étang *Latera* de Pline; au XII° siècle c'était un port très-fréquenté communiquant avec la Méditerranée par des étangs des canaux obstrués depuis longtemps ; il possédait aussi un château qui était la demeure principale des évêques de Montpellier.

L'église de Lattes a été construite vers 1139, par Guillem VI, seigneur de Montpellier. Le portail roman de cette église se distingue des autres églises romanes du Midi par le grand nombre de figures qui y sont sculptées.

On trouve dans les marais qui avoisinent cette commune des chevaux sauvages gris-blanc, très-bons coureurs, que l'on emploie principalement à battre le blé et autres grains.

En suivant le cours du Lez, de Montpellier à Lattes, vers l'embouchure de cette rivière dans l'étang de ce nom, on arrive aux canaux de Lunel et de Cette, qui se croisent au-dessus de Lattes. Les bords de la rivière, aux quatre canaux, sont couverts d'une ligne de cabanes qui forment un véritable village de chaume, d'un effet charmant, habité par des pêcheurs.

LATTES, vg. *Var*, comm. de St-Auban, ⊠ d'Escragnolles.

LATTIER (St-), vg. *Isère* (Dauphiné), arr., cant. et à 12 k. de St-Marcellin. ⊠. A 575 k. de Paris pour la taxe des lettres. Pop. 1,709 h. Près de l'Isère.

LATTRE-ST-QUENTIN, vg. *Pas-de-Calais* (Artois), arr. et à 22 k. de St-Pol-sur-Ternoise, cant. et ⊠ d'Avesnes-le-Comte. Pop. 277 h.

LAU, vg. *H.-Pyrénées* (Gascogne), arr., cant. et ⊠ d'Argelès et à 14 k. de Lourdes. Pop. 273 h.

LAUBACH, vg. *B.-Rhin* (Alsace), arr. et à 31 k. de Wissembourg, cant. et ⊠ de Wœrth-sur-Sauer. Pop. 218 h.

LAUBAGNE, vg. *H.-Garonne*, comm. et ⊠ d'Aspet.

LAUBIES, vg. *Lozère* (Languedoc), arr. et à 25 k. de Mende, cant. de St-Amans, ⊠ de Serverette. Pop. 622 h. — On trouve aux environs une source d'eau minérale acidule, très-fréquentée depuis quelques années.

LAUBRESSEL, vg. *Aube* (Champagne), arr. et à 12 k. de Troyes, cant. et ⊠ de Lusigny. Pop. 459 h. — Il a été le théâtre d'un combat sanglant le 3 mars 1814. L'arrière-garde de l'armée française, pour couvrir la retraite de l'armée par Troyes, avait garni de troupes Laubressel, qui, vers la fin de la journée, fut emporté d'assaut à la baïonnette sous la protection d'une artillerie formidable, mais, après une vive résistance et un grand carnage.

LAUBRIÈRES, bg *Mayenne* (Maine), arr. et à 34 k. de Château-Gontier, cant. et ⊠ de Cossé-le-Vivien. Pop. 470 h. — *Foire* le 4 oct.

LAUBRUCK, vg. *Moselle*, comm. d'Ebersviller, ⊠ de Bouzonville.

LAUCH (la), *H.-Rhin*, rivière qui prend sa source à Steinbach, passe à Buhl, Guebwiller, Issenheim, Muxheim, Gundelsheim, Herliheim, et se jette dans l'Ill au-dessous de Colmar, après un cours d'environ 50 k. Lauch est flottable depuis sa source jusqu'à Guebwiller, sur une étendue de 16,000 m.

LAUCOURT, vg. *Somme* (Picardie), arr. et à 11 k. de Montdidier, cant. et ⊠ de Roye. Pop. 261 h.

LAUDE (la), vg. *Lot*, comm. de Bélaye, de Castelfranc.

LAUDI-LA-TARINQUIE, vg. *Aveyron*, comm. de Privezac, ⊠ de Rignac.

LAUDOUR, vg. *Lot*, comm. de Creysse, ⊠ de Martel.

LAUDUN, bg *Gard* (Languedoc), arr. et à 22 k. d'Uzès, cant. et ⊠ de Roquemaure. Pop. 2,226 h. — On a trouvé sur son territoire des débris de mosaïques, des lampes, des armes et des monnaies qui attestent son antiquité. — *Foire* le 25 août.

LAUGNAC, vg. *Lot-et-Garonne* (Agénois), arr. et à 14 k. d'Agen, cant. de Brayssas, ⊠ de Ste-Livrade. Pop. 908 h. — *Foires* les 23 janv., 24 mars, 1er juillet et 30 sept.

LAUJUBEAU, vg. *H.-Alpes*, comm. de Savournon, ⊠ de Serres.

LAUJUZAN, vg. *Gers* (Armagnac), arr. et à 46 k. de Condom, cant. et ⊠ de Nogaro. Pop. 401 h.

LAULERY, vg. *Vendée*, comm. de Lairoux, ⊠ de Luçon.

LAULNE, vg *Manche* (Normandie), arr. et

à 25 k. de Coutances, cant. de Lessay, ⊠ de la Haye-du-Puits. Pop. 720 h.

LAUMESFELD, vg. *Moselle* (pays Messin), arr. et à 23 k. de Thionville, cant. et ⊠ de Sierck. Pop. 508 h.

LAUNAC, vg. *H.-Garonne* (Armagnac), arr. et à 30 k. de Toulouse, cant. et ⊠ de Grenade-sur-Garonne. Pop. 1,054 h. — *Foires* les 2 fév., 2 avril, 8 juin, 4 août et 8 nov.

LAUNAGNET, vg. *H.-Garonne* (Languedoc), arr., cant., ⊠ et à 10 k. de Toulouse. Pop. 390 h.

LAUNAI, vg. *Côtes-du-Nord*, comm. et ⊠ de Merdrignac.

LAUNAY, vg. *Calvados* (Normandie), arr., ⊠ et à 3 k. de Pont-l'Evêque, cant. de Blangy. Pop. 351 h.

LAUNAY, vg. *Eure* (Normandie), arr. et à 13 k. de Bernay, cant. et ⊠ de Beaumont-le-Roger. Pop. 272 h. — Filature de coton.

LAUNAY, vg. *Eure*, comm. de Fontaine-sous-Jouy, ⊠ d'Evreux.

LAUNAY, vg. *Seine-Inf.*, comm. de St-Paër, ⊠ de Duclair.

LAUNAY, vg. *Deux-Sèvres*, comm. de Louzy, ⊠ de Thouars.

LAUNAY-BERTIN, vg. *Seine-et-Oise*, comm. et ⊠ de Montfort-l'Amaury.

LAUNAY - VILLIERS, bg *Mayenne* (Maine), arr. et à 23 k. de Laval, cant. de Loiron, ⊠ de la Gravelle. Pop. 634 h.

LAUNEUC (St-), vg. *Côtes-du-Nord* (Bretagne), arr. et à 33 k. de Loudéac, cant. et ⊠ de Merdrignac. Pop. 467 h. — On y remarque le château de la Hardouinaie, où fut assassiné Gilles de Bretagne, après quarante-six mois de captivité. Louis de Rohan, chancelier de Bretagne, ayant épousé la nièce d'Arthur de Montauban, l'ennemi le plus acharné du jeune prince, signa et scella lui-même un ordre adressé à Olivier de Meel et Robert Roussel, ses geôliers, pour le mettre à mort. Ceux-ci, craignant encore d'encourir la responsabilité de leur crime, au lieu de porter leurs mains sur leur prince, l'enfermèrent dans une salle basse au fond d'une tour, et défendirent qu'on lui portât à manger ou à boire. Les cris de ce malheureux furent cependant entendus par une pauvre femme, qui, se glissant chaque nuit dans les fossés du château, réussit à lui faire passer, au travers des grilles, du pain et de l'eau par une sarbacane. L'agonie de Gilles de Bretagne dura six semaines. Les geôliers, n'ayant point découvert les secours qu'il recevait, en conclurent que quelque aide diabolique soutenait sa vie. Ils entrèrent enfin le 25 avril 1450 de grand matin dans sa chambre, et, le trouvant endormi, ils essayèrent de l'étrangler avec des serviettes ; réveillé en sursaut, le prince put encore se défendre quelque temps avec une flûte qu'il trouva sous sa main ; cependant ils réussirent à l'étouffer sous des matelas.

LAUNOY, vg. *Aisne* (Picardie), arr. et à 20 k. de Soissons, cant. et ⊠ d'Oulchy. Pop. 247 h.

LAUNOY, ou LAUNOIS, bg *Ardennes* (Champagne), arr. de Mézières, et à 20 k. de Charleville, cant. de Signy-l'Abbaye. Gîte d'étape. ⊠. ᗐ. A 215 k. de Paris pour la taxe des lettres. Pop. 1,114 h. — *Foires* les 22 juillet, 29 août, 6 déc. et la veille du dimanche de la Passion.

LAUNSTROFF, *Moselle* (pays Messin), arr. et à 30 k. de Thionville, cant. et ⊠ de Sierck. Pop. 1,000 h.

LAUPIES (les), vg. *Aveyron*, comm. de Dourbies, ⊠ de Nant.

LAUR, vg. *Gers*, comm. de Lanjuzan, ⊠ de Nogaro.

LAURABUC, vg. *Aude* (Languedoc), arr., cant., ⊠ et à 9 k. de Castelnaudary. Pop. 607 h. — *Foires* les 27 fév., 21 mai, 1er sept. et 17 nov.

LAURAC, vg. *Ardèche* (Languedoc), arr., cant., ⊠ et à 7 k. de Largentière. P. 1,682 h.

LAURAC, bg *Aude* (Languedoc), arr., ⊠ et à 16 k. de Castelnaudary, cant. de Fanjeaux. Pop. 604 h. — *Foires* les 7 août et 19 nov.

LAURAC, vg. *Gers*, comm. de Polastron, ⊠ de Samatan.

LAURADE, vg. *Bouches-du-Rhône*, comm. et ⊠ de Tarascon-sur-Rhône.

LAURAET, vg. *Gers* (Condomois), arr. et à 11 k. de Condom, cant. de Montréal, ⊠ de Gondrin. Pop. 510 h. — *Foires* les 12 janv. et le lendemain de l'Ascension.

LAURAGUAIS (le), petit pays qui dépendait autrefois de la ci-devant province du Languedoc, et est aujourd'hui compris dans le dép. du Tarn. On le divisait en haut Lauraguais, qui renfermait l'évêché de St-Papoul ; et en bas Lauraguais, qui formait l'évêché de Lavaur.

LAURAGUEL, vg. *Aude* (Languedoc), arr., ⊠ et à 8 k. de Limoux, cant. d'Alaigne. Pop. 439 h.

LAURAS, vg. *Aveyron*, comm. de Roquefort, ⊠ de St-Affrique.

LAURE, vg. *Aude* (Languedoc), arr. et à 20 k. de Carcassonne, cant. et ⊠ de Peyriac-Minervois. Pop. 1,170 h. — Il est entouré de murailles qui annoncent une ancienne origine.

LAURE, vg. *Bouches-du-Rhône*, comm. de Gignac, ⊠ de Marignane.

LAURE (St-), vg. *Puy-de-Dôme* (Auvergne), arr. et à 15 k. de Riom, cant. et ⊠ d'Ennezat. Pop. 621 h.

LAURE - SUR - SEREIN, *Côte-d'Or*. V. VIEUX-CHATEAU.

LAUREDE, bg *Landes* (Gascogne), arr. et à 26 k. de Dax, cant. de Montfort, ⊠ de Tartas. Pop. 769 h. — On trouve sur son territoire une source d'eau minérale sulfureuse, située sur la rive droite du Louts, et très-fréquentée par les habitants des communes environnantes.

LAURENAN, vg. *Côtes-du-Nord* (Bretagne), arr. et à 20 k. de Loudéac, cant. et ⊠ de Merdrignac. Pop. 1,146 h. *Foires* les 15 avril, 1er lundi d'août.

LAURENÇANNE, *Charente-Inf.* V. ST-MAURICE-DE-LAURENÇANNE.

LAURENS, vg. *Hérault* (Languedoc), arr., ⊠ et à 20 k. de Béziers, cant. de Murviel. Pop. 843 h.

LAURENT (St-), vg. *B.-Alpes* (Provence), arr. et à 60 k. de Digne, cant. et ⊠ de Riez. Pop. 159 h.

LAURENT (St-), vg. *H.-Alpes* (Dauphiné), arr. et à 12 k. de Gap, cant. et ⊠ de St-Bonnet. Pop. 1,066 h.

LAURENT (St-), vg. *Ardennes* (Champagne), arr., cant., ⊠ et à 4 k. de Mézières, et à 5 k. de Charleville. Pop. 988 h.

LAURENT (St-), vg. *Cher* (Berry), arr. et à 25 k. de Bourges, cant. de Mehun-sur-Yèvre, ⊠ de Vierzon. Pop. 538 h.

LAURENT (St-), vg. *Corrèze*, comm. d'Allassac, ⊠ de Donzenac.

LAURENT (St-), vg. *Corse*, arr., ⊠ et à 18 k. de Corte, chef-l. de cant. Pop. 592 h. TERRAIN crétacé supérieur, craie.

LAURENT (St-), vg. *Côtes-du-Nord* (Bretagne), arr., ⊠ et à 10 k. de Guingamp, cant. de Bégard. Pop. 823 h.

LAURENT (St-), vg. *Côtes-du-Nord*, comm. de Plouezec, ⊠ de Paimpol.

LAURENT (St-), vg. *Creuse* (Marche), arr., cant., ⊠ et à 7 k. de Guéret. P. 674 h.

LAURENT (St-), vg. *Eure*, comm. de Corneville-sur-Rille, ⊠ de Pont-Audemer.

LAURENT (St-), vg. *Gard* (Languedoc), arr. et à 28 k. de Nîmes, cant. d'Aigues-Mortes, ⊠ de Lunel. Pop. 1,595 h.

LAURENT (St-), vg. *H.-Garonne* (Gascogne), arr. et à 27 k. de St-Gaudens, cant. et ⊠ de l'Isle-en-Dodon. Pop. 642 h.

LAURENT (St-), vg. *Ille-et-Vilaine*, com. et ⊠ de Rennes.

LAURENT (St-), vg. *Indre-et-Loire* (Touraine), arr. et à 27 k. de Tours, cant. et ⊠ de Château-Renault. Pop. 897 h.

LAURENT (St-), bg *Jura* (Franche-Comté), arr. et à 26 k. de St-Claude, chef-l. de cant. Cure. Gîte d'étape. ⊠. ᗐ. A 438 k. de Paris pour la taxe des lettres. Pop. 1,300 h. — TERRAIN jurassique.

St-Laurent est un grand et riche bourg, situé au milieu d'une vaste plaine élevée sur une éminence entourée de tous côtés par de hautes montagnes. Il a porté pendant la révolution le nom de MAIN-LIBRE.

PATRIE du grammairien LEMARE, inventeur des caléfacteurs qui portent son nom.

Commerce de bois et de fromage façon Gruyère. — Education des abeilles. — *Foires* les 12 avril ; 17 juin, 11 août, 17 oct. et 16 déc.

LAURENT (St-), vg. *Landes* (Gascogne), arr. et à 40 k. de Dax, cant. de St-Esprit, ⊠ de Biaudos. Pop. 855 h. — On y trouve une source saline dont les eaux sont employées par les habitants aux usages domestiques.

LAURENT (St-), vg. *Landes*, comm. de Fréche, ⊠ de Mont-de-Marsan.

LAURENT (St-), vg. *Lot-et-Garonne* (Agénois), arr. et à 15 k. de Nérac, cant. de Lavardac, ⊠ de Port-Ste-Marie. Pop. 693 h. —

Foires les 20 janv., 23 avril, 1ᵉʳ juin, 16 août et 19 oct.

LAURENT (St-), vg. *Lot-et-Garonne*, comm. de Sèches, ✉ de Marmande.

LAURENT (St-), vg. *Meuse* (Lorraine), arr. et à 20 k. de Montmédy, cant. de Spincourt, ✉ de Damvillers. Pop. 849 h.

LAURENT (St-), vg. *Morbihan* (Bretagne), arr. et à 42 k. de Vannes, cant. de Rochefort-en-Terre, ✉ de Malestroit. Pop. 225 h.

LAURENT (St-), *Moselle*, comm. de Serrouville, ✉ de Briey.

LAURENT (St-), vg. *Nièvre* (Nivernais), arr. et à 10 k. de Cosne, cant. et ✉ de Pouilly-sur-Loire. Pop. 488 h. — *Foires* les 13 avril, 23 juin et 27 oct.

LAURENT (St-), vg. *Nord*, comm. de Steenvoorde, ✉ de Cassel.

LAURENT (St-), vg. *Orne*, comm. et ✉ de Séez.

LAURENT (St-), vg. *Tarn-et-Garonne*, com. et ✉ de Moissac.

LAURENT (St-), vg. *Tarn-et-Garonne*, comm. et ✉ de Monclar.

LAURENT (St-), vg. *Var*. V. St-Laurent-du-Var.

LAURENT (St-), vg. *Vienne* (Poitou), arr. et à 26 k. de Montmorillon, cant. et ✉ de Lussac. Pop. 315 h.

LAURENT (St-), vg. *Vosges* (Lorraine), arr., cant., ✉ et à 5 k. d'Épinal. Pop. 481 h.

LAURENT-BLANGY (St-), vg. *Pas-de-Calais* (Artois), arr., cant., ✉ et à 3 k. d'Arras. Pop. 1,264 h. — *Fabrique* de sucre indigène. — Hauts fourneaux, forges et laminoirs.

LAURENT-BRETAGNE (St-), vg. *B.-Pyrénées* (Béarn), arr. et à 17 k. de Pau, cant. et ✉ de Morlaas. Pop. 321 h.

LAURENT-CHABREUGES (St-), vg. *H.-Loire* (Auvergne), arr., cant., ✉ et à 4 k. de Brioude. Pop. 312 h.

LAURENT-D'AGNY (St-), vg. *Rhône* (Lyonnais), arr. et à 18 k. de Lyon, cant. et ✉ de Mornant. Pop. 1,049 h. — *Foires* les 4 janv., 1ᵉʳ avril et 6 août.

LAURENT-D'ARCE (St-), bg *Gironde* (Guienne), arr. et à 27 k. de Bordeaux, cant. et ✉ de St-André-de-Cubzac. Pop. 794 h. — On remarque dans cette commune la chapelle de Mugrigues, petit monument roman d'une extrême simplicité, qui sert aujourd'hui de grenier à foin. — *Foires* les 3 fév. et 10 août.

LAURENT-D'AUDENAY (St-), vg. *Saône-et-Loire* (Bourgogne), arr. et à 28 k. de Chalon-sur-Saône, cant. et ✉ de Buxi. Pop. 422 h.

LAURENT-DE-BEAUMÉNIL (St-), vg. *Orne*, comm. de St-Gervais-du-Perron, ✉ de Séez.

LAURENT-DE-BELZAGUOT (St-), vg. *Charente*. V. St-Laurent-de-Montmoreau.

LAURENT-DE-BOSEGROS (St-), vg. *Tarn*, comm. de Peyrole, ✉ de l'Isle-d'Albi.

LAURENT-DE-BRÉVÉDENT (St-), vg. *Seine-Inf.* (Normandie), arr. et à 14 k. du Havre, cant. de St-Romain-du-Colbosc, ✉ de Harfleur. Pop. 665 h.

LAURENT-DE-BROSSAC (St-), vg. *Cha-* *rente* (Saintonge), arr. et à 22 k. de Barbezieux, cant. et ✉ de Brossac. Pop. 376 h.

LAURENT-DE-CARNOLS (St-), vg. *Gard* (Languedoc), arr. à 25 k. d'Uzès, cant. et ✉ de Pont-St-Esprit. Pop. 385 h.

LAURENT-DE-CASTELNAUD (St-), vg. *Dordogne* (Périgord), arr. et à 22 k. de Sarlat, cant. de Domme, ✉ de Belvès. P. 861 h. *Foires* les 23 juin, 9 et 24 août.

LAURENT-DE-CERDA (St-), ou De-Cerdans, bg *Pyrénées-Or.* (Roussillon), arr. et à 29 k. de Céret, cant. de Prats-de-Mollo. ✉. A 893 k. de Paris pour la taxe des lettres. Pop. 2,631 h. — Il est situé dans une vallée agréable, sur un ruisseau affluent du Tech. — *Fabriques* de toiles, vinaigre et clous. Teintureries. Forges et martinets. Education des abeilles. — *Commerce* considérable d'exportation en velours d'Amiens, étoffes communes, rouenneries, toiles, mercerie, cercles de fer et de châtaignier, etc. Les fers fabriqués par les quatre forges de St-Laurent jouissent, en Espagne, d'une grande réputation. — *Foires* les 20 oct. (3 jours) et 2ᵉ lundi de carême (2 jours).

LAURENT-DE-CÉRIS (St-), vg. *Charente* (Angoumois), arr. et à 17 k. de Confolens, cant. et ✉ de St-Claud. Pop. 1,299 h. — *Foires* les 5 janv., 8 juin, et le 14 des autres mois.

LAURENT-DE-CHAMOUSSET (St-), bg *Rhône* (Lyonnais), arr. et à 29 k. de Lyon, chef-l. de cant. ✉. A 441 k. de Paris pour la taxe des lettres. Pop. 1,630 h. — Terrain cristallisé, gneiss. — *Foires* les 13 janv., lundi saint, 11 juin, 1ᵉʳ août, 29 sept. et 6 déc.

LAURENT-DE-COGNAC (St-), vg. *Charente* (Angoumois), arr., cant., ✉ et à 6 k. de Cognac. Pop. 739 h.

LAURENT-DE-CONDÉ (St-), vg. *Calvados* (Normandie), arr. et à 26 k. de Falaise, cant. de Bretteville-sur-Laize, ✉ de May-sur-Orne. Pop. 518 h.

LAURENT-DE-CUVES (St-), vg. *Manche* (Normandie), arr. et à 22 k. de Mortain, cant. de St-Pois, ✉ de Sourdeval. Pop. 1,411 h.

LAURENT-DE-LA-BARRIÈRE (St-), vg. *Charente-Inf.* (Saintonge), arr. et à 18 k. de St-Jean-d'Angely, cant. et ✉ de Tonnay-Boutonne. Pop. 169 h.

LAURENT-DE-LA-CABRERISSE (St-), vg. *Aude* (Languedoc), arr. et à 30 k. de Narbonne, cant. de Durban, ✉ de la Grasse. Pop. 600 h.

LAURENT-DE-L'AIN (St-), vg. *Ain* (Bresse), arr. et à 34 k. de Bourg-en-Bresse, cant. de Bagé, ✉ de Mâcon. Pop. 1,399 h. — C'est un gros village agréablement situé en face de Mâcon, sur la rive gauche de la Saône. — *Commerce* considérable de blé, seigle, méteil, orge, avoine, farines, planches de sapin, minerai, chanvre, chevaux, bestiaux, cuirs en poil, etc. Marchés considérables pour les grains : les marchés de St-Laurent sont, après ceux du Bourg, les plus forts du département. — Moulin à grains à vapeur. — *Foires* les 20 mai, 10 août, 1ᵉʳ et 29 nov., et jeudi gras.

LAURENT-DE-LANGEAIS (St-), vg. *Indre-et-Loire*, comm. et ✉ de Langeais.

LAURENT-DE-LA-PEYROUSE (St-), vg. *Tarn*, comm. de Grazac, ✉ de Rabastens.

LAURENT-DE-LA-PLAINE (St-), bg *Maine-et-Loire* (Anjou), arr. et à 25 k. de Beaupréau, cant. de St-Florent-le-Vieil, ✉ de Chemillé. Pop. 1,593 h.

LAURENT-DE-LA-PRÉE (St-), vg. *Charente-Inf.* (Aunis), arr., cant., ✉ et à 11 k. de Rochefort-sur-Mer. Pop. 918 h. — *Foire* le 15 août.

LAURENT-DE-LA-SALANQUE (St-), bg *Pyrénées-Or.* (Roussillon), arr. et à 14 k. de Perpignan, cant. de Rivesaltes, ✉. A 826 k. de Paris pour la taxe des lettres. P. 3,613 h.

Saint-Laurent-de-la-Salanque est un bourg considérable, situé dans un pays fertile, bâti sur la rive gauche de l'Agly, à peu de distance de son embouchure dans la mer, et possède une plage sans abri qui facilite l'exportation des vins du pays. — Pêche et commerce assez considérable d'anchois et de sardines. — *Commerce* de vins et d'eau-de-vie.

A peu de distance de St-Laurent se trouve le joli ermitage de Notre-Dame-de-Jouègues, très-fréquenté dans la belle saison par les habitants de la plaine du Roussillon.

LAURENT-DE-LA-SALLE (St-), vg. *Vendée* (Poitou), arr., cant. et à 14 k. de Fontenay-le-Comte, cant. de l'Hermenault. Pop. 712 h. — *Foires* le 3ᵉ mercredi d'avril et d'août.

LAURENT-DE-LEVEZOU (St-), vg. *Aveyron*, comm. de St-Léons, ✉ de Millau.

LAURENT-DE-LIN (St-), vg. *Indre-et-Loire* (Anjou), arr. et à 43 k. de Tours, cant. et ✉ de Château-la-Vallière. Pop. 451 h.

LAURENT-DE-MAYNET (St-), vg. *Tarn-et-Garonne*, comm. de Montricoux, ✉ de Réalville.

LAURENT-DE-MÉDOC (St-), bg *Gironde* (Guienne), arr. et à 20 k. de Lesparre, chef-l. de cant., ✉. A 605 k. de Paris pour la taxe des lettres. Pop. 2,692 h. — Terrain tertiaire supérieur.

Il est situé au centre d'une contrée fertile en vins estimés dont il se fait à St-Laurent un commerce considérable, ainsi que de brai et de goudron, qui se recueillent dans le canton. — *Foire* le 22 juillet.

LAURENT-DE-MONTMOREAU (St-), vg. *Charente* (Saintonge), arr. et à 24 k. de Barbezieux, cant. et ✉ de Montmoreau. Pop. 495 h.

LAURENT-DE-MURE (St-), vg. *Isère* (Dauphiné), arr. et à 24 k. de Vienne, cant. d'Heyries, ✉ de la Verpillière, ⌖. P. 1,230 h. — *Foires* les 11 avril et 11 août.

LAURENT-DE-MURET (St-), vg. *Lozère* (Languedoc), arr., cant., ✉ et à 10 k. de Marvejols. Pop. 645 h.

LAURENT-DE-NESTE (St-), vg. *H.-Pyrénées* (Gascogne), arr. et à 33 k. de Bagnères-de-Bigorre, cant. de Nestier. Cure. A 757 k. de Paris pour la taxe des lettres. Pop. 1,553 h.

LAURENT-DE-POMPIRAC (St-), vg. *Tarn*, comm. et ✉ de Gaillac.

LAURENT-DES-ARBRES (St-), vg. *Gard* (Languedoc), arr. et à 23 k. d'Uzès, cant. et ⊠ de Roquemaure. Pop. 913 h.

LAURENT - DES - AUTELS (St-), vg. *Maine-et-Loire* (Anjou), arr., ⊠ et à 25 k. de Beaupréau, cant. de Champtoceaux. Pop. 1,290 h.

LAURENT-DES-BATONS (St-), vg. *Dordogne* (Périgord), arr. et à 29 k. de Bergerac, cant. de St-Alvère, ⊠ de Douville. Pop. 688 h.

LAURENT-DES-BOIS (St-), *Campania*, vg. *Eure* (Normandie), arr. et à 28 k. d'Evreux, cant. et ⊠ de St-André. Pop. 187 h.

LAURENT-DES-BOIS (St-), vg. *Loir-et-Cher* (Blaisois), arr. et à 35 k. de Blois, cant. de Marchenoir, ⊠ d'Oucques. Pop. 560 h.

LAURENT-DES-COMBES (St-), vg. *Gironde* (Guienne), arr., ⊠ et à 10 k. de Libourne, cant. de Castillon. Pop. 312 h.

LAURENT-DES-EAUX (St-), bg *Loir-et-Cher* (Orléanais), arr. et à 27 k. de Blois, cant. de Bracieux, ⊠ de Beaugency. Pop. 1,388 h.

LAURENT-DES-GRÈS (St-), vg. *Eure* (Normandie), arr. et à 19 k. de Bernay, cant. de Broglie, ⊠ de Montreuil-Largillé. P. 201 h.

LAURENT-DES-HOMMES (St-), vg. *Dordogne* (Périgord), arr. et à 29 k. de Ribérac, cant. et ⊠ de Mussidan. Pop. 1,131 h.

LAURENT - DES - MORTIERS (St-), bg *Mayenne* (Anjou), arr., ⊠ et à 13 k. de Château-Gontier, cant. de Bierné. Pop. 576 h. — *Foire* le mardi après Pâques.

LAURENT-DES-MOUTIERS (St-), vg. *Calvados*, comm. de Boulon, ⊠ de May-sur-Orne.

LAURENT-DES-NIÈRES (St-), vg. *Hérault*, comm. de St-Gervais-Ville, ⊠ de Bédarieux.

LAURENT-DES-VIGNES (St-), vg. *Dordogne* (Périgord), arr., cant., ⊠ et à 6 k. de Bergerac. Pop. 384 h.

LAURENT-DE-TERRE-GATTE (St-), vg. *Manche* (Normandie), arr. et à 15 k. d'Avranches, cant. et ⊠ de St-James. P. 1,363 h.

LAURENT-DE-TRÈVES (St-), *Trévidon*, vg. *Lozère* (Languedoc), arr., cant., ⊠ et à 8 k. de Florac. Pop. 521 h.
Bibliographie. DES OURS DE MANDAJORS. *Recherches sur la position de Trevidon près St-Laurent de Trèves, maison de campagne de Ferréol, préfet du prétoire des Gaules* (Hist. de l'acad. des belles-lettres, t. III, p. 259-262).
* *Mémoire sur le village de St-Laurent-de-Trèves*, in-8, 1819.

LAURENT-DE-VAUX (St-), vg. *Rhône* (Lyonnais), arr. et à 17 k. de Lyon, cant. et ⊠ de Vaugneray. Pop. 130 h.

LAURENT-DE-VEYRES (St-), vg. *Lozère* (Languedoc), arr. et à 35 k. de Marvejols, cant. de Fournels, ⊠ de St-Chély. Pop. 226 h.

LAURENT - D'OINGT (St-), vg. *Rhône* (Lyonnais), arr. et à 15 k. de Villefranche-sur-Saône, cant. et ⊠ de Bois-d'Oingt. Pop. 813 h.

PATRIE du savant docteur en médecine CHERVIN.

LAURENT - D'OLT (St-), vg. *Aveyron* (Rouergue), arr. et à 52 k. de Millau, cant. de Campagnac, ⊠ de la Canourgue. P. 2,114 h. — *Foires* les 16 août, 23 nov. et 28 déc.

LAURENT-DU-BOIS (St-), vg. *Gironde* (Guienne), arr. et à 12 k. de la Réole, cant. de St-Macaire, ⊠ de Caudrot. Pop. 374 h.

LAURENT-DU-MONT (St-), vg. *Calvados* (Normandie), arr. et à 15 k. de Lisieux, cant. de Mézidon, ⊠ de Cambremer. Pop. 288 h.

LAURENT-DU-MOTTAY (St-), vg. *Maine-et-Loire* (Anjou), arr. et à 22 k. de Beaupréau, cant. de St-Florent-le-Vieil, ⊠ d'Ingrande. P. 1,132 h.

LAURENT-DU-PAPE (St-), vg. *Ardèche* (Vivarais), arr. et à 26 k. de Privas, cant. et ⊠ de Lavoulte. Pop. 1,231 h. — *Foires* les 1er janv., 2 fév., 23 mars, 24 et 25 juin, 6 août, 8 sept., 29 oct., 8 déc.

LAURENT-DU-PLAN (St-), vg. *Gironde* (Guienne), arr. et à 9 k. de la Réole, cant. de St-Macaire, ⊠ de Caudrot. Pop. 163 h.

LAURENT - DU - PONT (St-), bg *Isère* (Dauphiné), arr. et à 33 k. de Grenoble, chef-l. de cant. Cure. ⊠ des Echelles. Pop. 1,734 h.
— TERRAIN crétacé inférieur, grès vert.
Il est bâti dans une situation pittoresque, sur la route qui conduit à la grande Chartreuse, au pied de montagnes à pic d'une grande élévation, qui, vues d'une certaine distance, ressemblent à des fortifications.
La seigneurie de St-Laurent appartenait autrefois aux chartreux; c'était là qu'étaient les réservoirs et les étangs du couvent. V. CHARTREUSE.
Foire le 11 août.

LAURENT-DU-RIEU (St-), vg. *Calvados*, comm. de Baynes, ⊠ de Littry.

LAURENT-DU-TENCEMENT (St-), vg. *Eure* (Normandie), arr. et à 28 k. de Bernay, cant. de Broglie, ⊠ de Montreuil-Largillé. P. 132 h. — *Fabriques de clous par procédés mécaniques. Papeteries. Usine pour le laminage du zinc et du cuivre.*

LAURENT-DU-VAR (St-), bg *Var* (Provence), arr. et à 26 k. de Grasse, cant. de Vence, ⊠. A 949 k. de Paris pour la taxe des lettres. Pop. 856 h. — Il est bâti sur la rive droite et près de l'embouchure du Var, que l'on y passe sur un pont de 800 m. de long sur 24 de large, qui établit une communication facile entre Nice et le département du Var.
Le territoire de St-Laurent produit des vins muscats renommés, dont il se fait un grand commerce.

LAURENT - EN - BEAUMONT (St-), vg. *Isère* (Dauphiné), arr. et à 43 k. de Grenoble, cant. de Corps, ⊠ de la Mure. P. 815 h.

LAURENT-EN-BRIONNAIS (St-), vg. *Saône-et-Loire* (Bourgogne), arr. et à 25 k. de Charolles, cant. et ⊠ de la Clayette. Pop. 966 h.

LAURENT-EN-CAUX (St-), vg. *Seine-Inf.* (Normandie), arr. et à 20 k. d'Yvetot, cant. et ⊠ de Doudeville. ☼. Pop. 1,220 h. — *Foires* les 25 avril, 19 juin, 19 août et 19 oct.

LAURENT-EN-ROYANS (St-), bg *Drôme* (Dauphiné), arr. et à 48 k. de Valence, cant. et ⊠ de St-Jean-en-Royans. Pop. 1,208 h. — Forges et hauts fourneaux. Filatures de soie. Papeteries. — *Foires* les 3 mai et 30 sept.

LAURENT-LA-CONCHE (St-), vg. *Loire* (Forez), arr. et à 18 k. de Montbrison, cant. et ⊠ de Feurs. Pop. 418 h.

LAURENT-LA-GATINE (St-), vg. *Eure-et-Loir* (Beauce), arr. et à 14 k. de Dreux, cant. et ⊠ de Nogent-le-Roi. Pop. 390 h.

LAURENT-LA-ROCHE (St-), vg. *Jura* (Franche-Comté), arr. et à 10 k. de Lons-le-Saulnier, cant. et ⊠ de Beaufort. Pop. 610 h.
— Il prend sa dénomination d'un pic très-haut sur lequel il est bâti, et dont le sommet, qui s'élève encore fort haut au-dessus du village, est couronné par les ruines d'un ancien château d'où l'on découvre un horizon qui s'étend à plus de 60 k. de distance.

LAURENT-LA-VERNÈDE (St-), vg. *Gard* (Languedoc), arr. et à 11 k. d'Uzès, cant. et ⊠ de Lussan. Pop. 416 h.

LAURENT-LE-MINIER (St-), vg. *Gard* (Languedoc), arr., et à 10 k. du Vigan, cant. de Sumène. Pop. 1,170 h.

LAURENT-LES-BAINS (St-), vg. *Ardèche* (Languedoc), arr. et à 35 k. de Largentière, cant. de St-Étienne-de-Lugdarès, ⊠ de Langogne. Pop. 1,036 h.
Ce village, bâti dans un vallon étroit, offre un spectacle tout à la fois bizarre et majestueux. Des rochers escarpés, des montagnes très-élevées, la plupart arides, dont la chaîne, projetée par un contour irrégulier, ne laisse apercevoir qu'un horizon très-circonscrit; des pierres noires et presque calcinées; des schistes, des granits, des pyrites, différentes espèces d'ardoises, des laves incrustées dans des scissures de rochers, s'aperçoivent de toutes parts. Mais ce lieu semble être dédommagé des rigueurs de la nature par des eaux thermales dont la réputation s'accroît tous les jours.
La source des eaux thermales sort par une ouverture horizontale, au pied d'un haut escarpement de rochers granitiques. Les eaux, après s'être réunies à une autre source, qui jaillit un peu plus bas, sont conduites dans les établissements des bains. La température de la première source est de +50° du thermomètre centigrade; celle du second est de +48°.
St-Laurent offre trois établissements pour les bains, et dans chacun d'eux un local formant deux bassins collatéraux. La température du premier bassin, pour l'usage du bain, est déterminée depuis +34° jusqu'au +37°; celle du second, depuis +32 jusqu'à +34 : en variant les degrés de température suivant les différentes constitutions des malades et le caractère de la maladie, on rend l'opération des bains si douce et si tranquille, qu'on évite une infinité d'accidents que la chaleur trop forte occasionne ordinairement. Les eaux de St-Laurent ont les mêmes propriétés que les eaux salines ther-

males. Elles tiennent en dissolution du sous-carbonate et du sulfate de soude, du chlorure de sodium, de la silice et de l'alumine. La rétribution perçue par les propriétaires des différents établissements est de 25 c. par jour.

Les eaux de St-Laurent s'emploient en boisson, en bains, en douches. On les boit le matin à jeun, pendant ou après le repas, à la dose de sept ou huit verres. Elles sont très-salutaires dans le traitement des paralysies, des affections rhumatismales, de la goutte, des tumeurs blanches, et en général dans toutes les maladies chroniques. Elles produisent aussi de bons effets dans les affections nerveuses, les fistules, les ulcères et les maladies cutanées. La saison des eaux commence en juillet, et se prolonge jusqu'en septembre. Environ huit cents malades fréquentent annuellement les eaux de St-Laurent.

Bibliographie. COMBALUSIER. *Mémoire sur les eaux de St-Laurent* (Assemblée de la Soc. royale des sciences de Montpellier, in-8, 1743).

ESTÈVE. *Lettre sur les eaux de St-Laurent* (Nat. considérée, 1774, t. v, p. 33).

BONIFACE. *Analyse des eaux minérales de St-Laurent*, in-12, 1779.

BONNAURE DE LABLACHÈRE (J.-C.). *Guide pratique aux eaux thermales de St-Laurent-les-Bains*, br. in-8, 1843.

LAURENT-LES-ÉGLISES (St-), vg. *H.-Vienne* (Limousin), arr. et à 28 k. de Limoges, cant. d'Ambazac, ⊠ de Razès. Pop. 1,142 h.

LAURENT-OISELIER (St-), vg. *Seine-et-Oise*, comm. et ⊠ de Dourdan.

LAURENT-PRÈS-MONTCUQ (St-), vg. *Lot* (Quercy), arr. et à 27 k. de Cahors, cant. et ⊠ de Montcuq. Pop. 631 h.

On remarque au village de Bordiers, qui fait partie de cette commune, un souterrain pratiqué dans une colline adossée à la chaîne de montagnes qui court parallèlement à la vallée de St-Laurent. On y pénètre, en passant par une cave du village, au moyen d'une ouverture circulaire d'une pente très-rapide, qui conduit à un corridor d'environ 78 c. de large sur 2 m. de haut, lequel se divise ensuite en deux branches, dont l'une se dirige vers le sud-est et l'autre vers le couchant. Ces branches conduisent à des espèces de chambres de 4 m. de long sur 3 m. de large, qui communiquent entre elles par des corridors formant une sorte de labyrinthe. Au-dessus de la colline où a été creusé ce souterrain, un rocher qui s'avance en forme de promontoire, porte les ruines d'un antique château fort, séparé du reste de la chaîne par une coupure profonde qui lui servait de fossé; c'est dans ce château que le comte Baudouin fut fait prisonnier pendant la croisade de Simon de Montfort.

LAURENT-PRÈS-ST-CÉRÉ (St-), vg. *Lot* (Quercy), arr. et à 42 k. de Figeac, cant. et ⊠ de St-Céré. Pop. 570 h.

Il est bâti sur l'emplacement d'une ancienne ville, où l'on voit encore les traces de plusieurs rues et d'une place assez spacieuse. On remarque aux environs les tours élevées dont il est parlé à l'article St-Céré. — *Foires* le 23 de chaque mois.

LAURENT-ROCHEFORT (St-), vg. *Loire* (Forez), arr. et à 26 k. de Montbrison, cant. et ⊠ de Boen. Pop. 848 h.

LAURENT-SOUS-COIRON (St-), vg. *Ardèche* (Vivarais), arr., et à 16 k. de Privas, cant. et ⊠ de Villeneuve-de-Berg. Pop. 517 h.

LAURENT-SUR-GORRE (St-), vg. *H.-Vienne* (Poitou), arr., ⊠ et à 14 k. de Rochechouart, chef-l. de cant. Pop. 1,305 h. — TERRAIN cristallisé.

LAURENT-SUR-MANOIRE (St-), vg. *Dordogne* (Périgord), arr., ⊠ et à 10 k. de Périgueux, cant. de St-Pierre-de-Chignac. Pop. 430 h.

LAURENT-SUR-MER (St-), vg. *Calvados* (Normandie), arr. et à 20 k. de Bayeux, cant. et ⊠ de Trévières. Pop. 311 h. — *Foire* le 2 août.

LAURENT-SUR-SÈVRE (St-), vg. *Vendée* (Poitou), arr. et à 51 k. de Bourbon-Vendée, cant. et ⊠ de Mortagne-sur-Sèvre. P. 1,970 h. — *Foire* le 22 déc.

LAURESSES, bg *Lot* (Quercy), arr. et à 24 k. de Figeac, cant. de la Tronquière, ⊠ de Maurs. Pop. 1,055 h.

LAURET, vg. *Hérault*, comm. de Sauteyrargue, ⊠ des Matelles.

LAURET, vg. *Landes* (Gascogne), arr. et à 42 k. de St-Sever, cant. de Geaune, ⊠ d'Arzacq. Pop. 316 h.

LAURET-STE-GEMME, vg. *Gers* (Armagnac), arr. et à 26 k. de Lectoure, cant. et ⊠ de Mauvezin. Pop. 413 h.

LAURI (lat. 53°, long. 23°). « On trouve ce lieu dans la Table théodosienne, sur une route qui, de *Lugdunum* des *Batavi* ou de Leyde, remonte le long du Rhin, et se rend à *Noviomagus* ou à Nimègue. La distance d'un lieu nommé *Niger Pullus* à *Lauri* est marquée V, et de *Lauri* à *Fletione* XII. La position de *Niger Pullus* s'appuie sur celle d'*Albiniana*, que l'on retrouve actuellement sous le nom d'Alfen, et dont la distance de *Niger Pullus* est marquée II. *Fletio*, qui de l'autre part renferme *Lauri*, correspond à un lieu connu sous le nom de Vleuten. Ainsi pour placer *Lauri* il faut mesurer VII en partant de la position d'Alfen, et XII en partant de celle de Vleuten. Mais on peut recourir à l'article *Fletio* pour connaître que, dans l'application de ces distances au local, c'est la partie du mille romain qui s'y trouve convenable. D'Anville. *Notice de l'ancienne Gaule*, p. 404.

LAURIE, vg. *Cantal* (Auvergne), arr. et à 31 k. de St-Flour, cant. et ⊠ de Massiac. Pop. 622 h.

LAURIE (la), vg. *Lot*, comm. de Belaye, ⊠ de Castelfranc.

LAURIÈRE, bg. *H.-Vienne* (Limousin), arr. et à 36 k. de Limoges, chef-l. de cant. Cure. ⊠ de Razès. Pop. 1,299 h. — TERRAIN cristallisé. — *Foires* les 19 mai, 2 déc., mardi avant Pâques et le 29 de chaque mois.

LAURIS, vg. *Vaucluse* (Provence), arr. et à 20 k. d'Apt, cant. et ⊠ de Cadenet. Pop. 1,706 h. Près de la rive droite de la Durance. — *Foire* le 2 fév.

LAUROUX, vg. *Hérault* (Languedoc), arr., cant., ⊠ et à 7 k. de Lodève. Pop. 439 h.

LAURS (St-), vg. *Deux-Sèvres* (Poitou), arr. et à 28 k. de Niort, cant. et ⊠ de Coulonges. Pop. 687 h.

LAUSSAC, vg. *Aveyron*, comm. de Thérondels, ⊠ de Mur-de-Barrez.

LAUSSONNE, vg. *H.-Loire* (Languedoc), arr. et à 18 k. du Puy, cant. et ⊠ du Monastier. Pop. 2,005 h.

LAUSSOU, vg. *Lot-et-Garonne* (Agénois), arr. et à 26 k. de Villeneuve-sur-Lot, cant. de Montflanquin, ⊠ de Villeréal. Pop. 600 h.

LAUTARET (le), vg. *H.-Alpes*, comm. de Villars-d'Arène, ⊠ de Grave-en-Oisans.

Le Lautaret est un des plus jolis cols qui existent dans toute l'étendue de la chaîne des hautes Alpes : la richesse de ses prairies a été célébrée dans la Flore du Dauphiné, de M. Villars. Au pied de la montagne s'élève l'hospice de la Madeleine, établi pour offrir un asile aux voyageurs que la faim, le froid, les neiges, les avalanches et l'obscurité dans les mauvais temps exposeraient à périr sans secours. Des perches placées de distance en distance indiquent la route qui y conduit; une cloche qui sonne pendant la nuit sert à y ramener ceux qui pourraient s'égarer. L'hospice rapporte annuellement de 4 à 600 fr., qu'on distribue aux pauvres du Monastier, après avoir pourvu à l'entretien de la maison et des bâtiments d'exploitation : les baux imposent au fermier l'obligation de donner gratuitement aux pauvres voyageurs un peu de soupe et un asile à la grange ou à l'écurie, suivant la saison.

LAUTENBACH, vg. *H.-Rhin* (Alsace), arr. et à 32 k. de Colmar, cant. et ⊠ de Guebwiller. Pop. 1,634 h.

LAUTENBACH-ZELL, vg. *H.-Rhin* (Alsace), arr. et à 37 k. de Colmar, cant. et ⊠ de Guebwiller. Pop. 1,310 h.

LAUTER (la), rivière qui prend sa source à Lauterbronn, dans la Bavière rhénane; elle entre sur le territoire français à Wissembourg (*B.-Rhin*), et se jette dans le Rhin, au-dessous de Neubourg, après un cours d'environ 60 k. Cette rivière est flottable de Wissembourg à Lauterbourg sur une étendue de 20,000 m.

LAUTERBOURG, jolie et forte ville, *B.-Rhin* (Alsace), arr. et à 20 k. de Wissembourg, chef-l. de cant. Place de guerre de 4e classe. ⊠. A 493 k. de Paris pour la taxe des lettres. Pop. 2,459 h. — TERRAIN d'alluvions modernes.

Cette ville est dans une situation élevée, sur la Lauter, près de son confluent avec le Rhin. Elle passe pour avoir été bâtie sur l'emplacement d'un fort élevé par les Romains. Les Français détruisirent, dans le XVIIe siècle, ses fortifications, qui furent rétablies dans le siècle suivant. Les Autrichiens s'en emparèrent en 1744. — *Fabriques* de potasse. Blanchisserie de toiles. Fonderies. Tuileries et briqueteries. — *Foires* la semaine avant Pâques (2 jours), et les semaines avant la Pentecôte et avant Saint-Gall.

LAUTERUPT, vg. *Vosges*, comm. de Laveline, ✉ de St-Dié.

LAUTIERS, vg. *Vienne* (Poitou), arr. et à 23 k. de Montmorillon, cant. et ✉ de Chauvigny. Pop. 167 h.

LAUTIGNAC, vg. *H.-Garonne* (Languedoc), arr. et à 25 k. de Muret, cant. et ✉ de Rieumes. Pop. 520 h.

LAUTREC, petite ville, *Tarn* (Languedoc), arr., ✉ et à 14 k. de Castres, chef-l. de cant. Cure. P. 3,467 h. — TERRAIN tertiaire moyen.

Cette ville, autrefois capitale d'une vicomté d'Albigeois, était anciennement défendue par un château dont il reste à peine quelques vestiges.

Les **armes de Lautrec** sont : *parti le premier d'argent à un laurier arraché de sinople; le deuxième de gueules à une tour crénelée surmontée de trois tourillons d'argent et posée sur une montagne de sinople.*

Fabriques de grosses draperies. — *Commerce* de bestiaux. — *Foires* les 22 janv., 24 fév., mai, nov., 30 juin, 2 août, 6 sept., 28 déc., vendredi avant les Rameaux et avant Noël.

LAUTRET, vg. *Charente*, comm. de Triac, ✉ de Jarnac.

LAUTRETTE, vg. *H.-Vienne*, comm. de Pageas, ✉ de Chalus.

LAUVEAU, vg. *Finistère*, com. de Crozon, ✉ d'Argol.

LAUVERGNAC, vg. *Loire-Inf.*, comm. et dé Guérande.

LAUVERNE, vg. *Finistère*, comm. de Plonéour, ✉ de Pont-l'Abbé.

LAUVIGNEC, vg. *Côtes-du-Nord*, comm. et ✉ de Paimpol.

LAUVIRAT, vg. *Gironde*, comm. et ✉ de Coutras.

LAUW, vg. *H.-Rhin* (Alsace), arr. et à 20 k. de Belfort, cant. et ✉ de Masseveaux. Pop. 532 h.

LAUWIN-PLANQUE, vg. *Nord* (Flandre), arr., cant., ✉ et à 3 k. de Douai. P. 523 h.
— Il était autrefois célèbre par un ermitage qui était le but d'un pèlerinage très-fréquenté.

LAUX-MONTAUD, vg. *Drôme* (Dauphiné), arr. à 52 k. de Nyons, cant. et ✉ de Remusat. Pop. 91 h.

LAUZACH, vg. *Morbihan* (Bretagne), arr. et à 18 k. de Vannes, cant. de Questembert, ✉ de Muzillac. Pop. 412 h.

LAUZAS (le), vg. *Gard*, comm. de Pompignan, ✉ de St-Hippolyte.

LAUZERTE, *Lauzerta*, petite ville, *Tarn-et-Garonne* (Languedoc), arr. et à 23 k. de Moissac, chef-l. de cant. Cure. ✉. A 611 k. de Paris pour la taxe des lettres. Pop. 3,444 h.
— TERRAIN tertiaire moyen. — Elle est bâtie sur une hauteur, près de la petite Barguelonne, dans un territoire fertile en grains, en vins et en fruits.

PATRIE du baron A.-P. DE FÉRUSSAC.

Commerce de grains, vins et bestiaux. — *Foires* les 27 janv., 22 fév., mercredi saint,

17 mai, juin, oct., 17 juillet, 26 août, 21 sept., 3 nov., 2 et 22 déc.

LAUZERVILLE, vg. *H.-Garonne* (Languedoc), arr. et à 23 k. de Villefranche-de-Lauragais, cant. et ✉ de Lanta. Pop. 190 h.

LAUZES, vg. *Lot* (Quercy), arr. et à 22 k. de Cahors, chef-l. de cant., bureau d'enregist. à St-Géry. Cure. ✉ de Pélacoy. Pop. 427 h.
— TERRAIN jurassique, étage moyen du système oolitique.

LAUZET (le), joli bourg, *B.-Alpes* (Provence), arr. et à 25 k. de Barcelonnette, chef-l. de cant. Cure. Gîte d'étape. ✉. A 706 k. de Paris pour la taxe des lettres. Pop. 913 h. — TERRAIN crétacé supérieur, craie.

Ce bourg est grand, assez bien bâti, près de l'Oubaye, et formé de maisons qui entourent une vaste place carrée. A peu de distance, sur une hauteur qui commande le pays, on aperçoit les vestiges d'un vieux château fort, détruit vers 1680. Au-dessous de cette côte existe un lac de forme ovale d'environ 500 m. de circonférence, dont les eaux sont très-abondantes et peuplées de superbes carpes. — *Foires* les 2 mai et 8 oct.

LAUZET, vg. *H.-Alpes*, comm. du Monetier, ✉ de Briançon.

LAUZUN, petite ville, *Lot-et-Garonne* (Agénois), arr. et à 25 k. de Marmande, chef-l. de cant. Cure. ✉. A 556 k. de Paris pour la taxe des lettres. Pop. 1,349 h. — TERRAIN tertiaire moyen.

Autrefois comté-pairie, diocèse du Mans, parlement de Paris, intendance de Tours, chef-lieu d'élection, gouvernement particulier, présidial, justice consulaire, 2 collégiales, 7 couvents.

Cette ville est bâtie sur une éminence, fermée de murailles, et possède les restes d'un ancien château fort appartenant à la famille de Biron. Nompar de Caumont, seigneur de Lauzun dans le XIVᵉ siècle, se distingua par sa fidélité à la France et par son refus de se soumettre au roi d'Angleterre. La ville était alors une baronnie; elle fut érigée en comté de 1570, et en duché de 1692.

On remarquait à Lauzun, auprès de la chapelle du château, un autel votif en marbre, qui, d'abord élevé dans le temple des dieux tutélaires de Bordeaux, et ensuite transporté à Tonneins, avait disparu de cette ville, et fut retrouvé dans le XVIIIᵉ siècle à Lauzun. Ce marbre est précieux pour l'histoire du Midi; il porte une inscription que l'on a ainsi expliquée : *Tutelae Augustae, lascivosos Cantilius ex voto locus datus ex decreto Decurinorum*, qui établit que la ville de Bordeaux a joui sous les empereurs des privilèges accordés aux colonies romaines, et qu'elle avait en conséquence des magistrats particuliers. — *Foires* les 25 janv., 1ᵉʳ mai, 4 août, 15 sept., 16 nov. et samedi de la mi-carême.

LAVA (le), vg. *Doubs*, comm. de Gilley, ✉ de Pontarlier.

LAVACOURT, vg. *Seine-et-Oise*, comm. de Moisson, ✉ de Bonnières.

LAVAL, vg. *Aisne* (Picardie), arr. et à

10 k. de Laon, cant. d'Anizy-le-Château, ✉ de Chavignon. Pop. 430 h.

LAVAL, vg. *Allier*, comm. de St-Sornin, ✉ de Montel.

LAVAL, vg. *H.-Alpes*, comm. de Ceillac, ✉ de Mont-Dauphin.

LAVAL, vg. *Aveyron*, comm. de Montagnol, ✉ de Camares.

LAVAL, vg. *Aude*, comm. de Cabrespine, ✉ de Peyriac-Minervois.

LAVAL, vg. *Corrèze* (Limousin), arr. et à 45 k. de Tulle, cant. de Lapléau, ✉ d'Egletons. Pop. 612 h.

LAVAL, vg. *Doubs* (Franche-Comté), arr. et à 55 k. de Montbelliard, cant. et ✉ de Russey. Pop. 188 h.

LAVAL, vg. *Gard* (Languedoc), arr. et à 10 k. d'Alais, cant. de St-Martin-de-Valgalgues. ✉. A 664 k. de Paris pour la taxe des lettres. Pop. 1,371 h.

LAVAL, vg. *Isère* (Dauphiné), arr. et à 26 k. de Grenoble, cant. et ✉ de Domène. Pop. 1,100 h. — *Foire* le 23 août.

LAVAL, vg. *H.-Loire* (Auvergne), arr., ✉ et à 21 k. de Brioude, cant. de la Chaise-Dieu. Pop. 587 h.

LAVAL, vg. *Lot*, comm. de Reilhaguet, ✉ de Payrac.

LAVAL, vg. *Marne* (Champagne), arr., cant. et à 20 k. de Ste-Ménehould, ✉ de Stuippes. Pop. 235 h.

LAVAL, *Lavallum*, *Vallis Guidonis*, ville ancienne, chef-l. de préfecture du dép. de la *Mayenne* (2ᵉ arr.) et de 2 cant. Trib. de 1ʳᵉ inst. et de comm. Chambre de comm. Société d'agric. Collège comm. 2 Cures. ✉. Pop. 17,348 h. — TERRAIN de transition moyen.

Laval paraît devoir son origine à un antique château bâti dans le VIIᵉ siècle pour arrêter les courses des Bretons. Cette forteresse fut détruite par les Danois ou par les Normands, et rebâtie en 840 par Guyon, troisième fils de Guy-Valla, comte du Maine. Plusieurs habitations s'étant groupées autour du château formèrent en peu de temps une petite ville, que Guyon fit entourer de murailles et de tours. Au XIᵉ siècle, Laval devint le chef-lieu d'une baronnie, à laquelle fut attaché le surnom de Guy par le pape Pascal II, vers l'an 1101, en faveur de Guy IV, baron de Laval, et de ses descendants, pour les services qu'il avait rendus à la chrétienté dans la terre sainte, sous Godefroy de Bouillon; privilège qui fut confirmé par lettres patentes du roi de France Philippe Iᵉʳ. Sous Charles VII, cette baronnie devint un comté, qui fut érigé en duché par Louis XI en 1481. Dans le XVᵉ siècle, Laval était une ville importante; l'Anglais Talbot la prit en 1466, mais elle fut reprise par les Français l'année suivante.

C'est dans les environs de Laval qu'a pris naissance la chouannerie : quatre villageois, les frères Chouan, en furent les créateurs et les premiers chefs. — Les environs de Laval ont été le théâtre d'une bataille sanglante en octobre 1793. Les républicains éprouvèrent une perte immense en hommes, bagages et artillerie; quinze mille d'entre eux, qui s'étaient réfugiés derrière les murs d'Angers, purent à peine achever de se réorganiser dans l'espace de douze jours. Le général Léchelle ne put survivre à ce grand désastre : en butte aux insultes de ses propres soldats, et aux menaces de Merlin de Thionville, il mourut peu après à Nantes de honte et de douleur. Il avait obtenu, quelque temps avant cette malheureuse affaire, trois brillantes victoires sur les Vendéens, mais la défaite de Laval les avait effacées.

Les armes de Laval sont : *de gueules au léopard, grimpant d'or.*

Laval est une ville bâtie dans une situation pittoresque, sur la pente d'un coteau au pied duquel coule la Mayenne. On y arrive, du côté de la ville de ce nom, par un beau faubourg qui forme, en population et en étendue, environ un tiers de la ville, avec laquelle il communique par un beau pont en pierre de taille. Au pied de l'amphithéâtre, dont la ville occupe le centre, coule la Mayenne, bordée des deux côtés par des maisons irrégulièrement bâties, les unes en saillie, les autres en retraite : quelques terrasses, quelques petits jardins, quelques bouquets d'arbres et quelques tapis de verdure, s'entremêlent à ces habitations, et concourent à former deux rives extrêmement confuses, qui ne sont agréables que par leur variété, mais belles pour la peinture ; aussi ce point de vue a-t-il été souvent dessiné! Sous le pont, la rivière s'étend en nappe ; plus haut et plus bas, elle se précipite tout entière en cascade par des chaussées de moulins, dont l'inégale structure répond à l'inégalité des deux rives de la Mayenne. Les méandres que décrit cette rivière sont interrompus, à gauche, par l'église gothique d'Avenières, dont le clocher pyramidal couronne heureusement la perspective ; à droite, la vue est bornée par le monticule pittoresque de Bel-Air, sur lequel s'élève une charmante habitation, bâtie dans une situation des plus délicieuses : son enclos embrasse à la fois le sommet et le pied, le flanc et les escarpements de la colline ; le plateau est occupé par la maison et ses jardins, par des plantations et des allées ; le bas par d'autres allées et par un vaste tapis de prairies qui s'étendent le long de la rivière, et qui se développent en tous sens au milieu des rochers, des mousses, des grottes et des fontaines, en un mot de tout ce que la nature a de plus frais et de plus romantique. Après le jardin de Bel-Air, les étrangers voient avec intérêt ceux de la Perine, dont les terrasses fixent agréablement les regards lorsqu'on passe sur le pont.

La ville est ceinte d'un cordon de murailles fortifiées dont quelques parties sont assez bien conservées. Elle est généralement mal bâtie, et ne présente qu'un entassement de vieilles maisons, séparées par deux rues aussi noires qu'escarpées, aussi étroites que tortueuses. Une de ces rues se prolonge sous des maisons voûtées ; une autre, également couverte, est percée en galerie, et l'on ne peut rien voir de plus triste et de plus malpropre que cette singulière rue. La rue qui s'ouvre vis-à-vis du pont gravit directement et si rapidement la colline, qu'on la croirait inaccessible aux voitures, si l'on ne voyait rouler sur son pavé de marbre des chariots traînés à pas lents par des chevaux et des bœufs ; une rue large, bien bâtie et d'un accès beaucoup plus facile, conduit de la partie haute de la ville dans le faubourg de Bretagne. La plupart des maisons qui bordent ces rues, sont construites en bois et remarquables par leur ancienneté ; il en est qui n'ont pas moins de six à sept cents ans d'existence, et qui ne sont point encore dégradées : elles étonnent les curieux et les voyageurs par les poutres d'une longueur et d'une grosseur peu communes que l'on y remarque. La tradition veut que ces poutres proviennent des chênes que l'on a abattus sur la place même où les maisons sont construites ; ce qui paraît d'autant plus probable, que l'on concevrait difficilement comment on aurait pu transporter d'un lieu plus éloigné ces énormes masses de bois.

Au milieu du triste groupe de bâtiments qui composent la ville s'élève sur le bord de la Mayenne un énorme et antique château, surmonté d'une haute tour ronde qui en forme le donjon. Cette ancienne demeure, d'abord des ducs de Laval, ensuite des ducs de la Trimouille, et aujourd'hui celle des détenus, mérite d'être visitée intérieurement : on y voit une grande cour, servant de préau, de vastes pièces converties en cachots, une chapelle souterraine, une tour remarquable par sa magnifique charpente, et une immense salle qui était destinée aux délibérations des vassaux, quand il plaisait au seigneur suzerain de les convoquer. — A côté de cette ancienne demeure féodale s'élève un édifice d'une construction plus récente et d'un meilleur effet : c'était la galerie du château, qui a été convertie en palais de justice. Cet édifice présente une jolie cour plantée d'arbres, et une charmante façade, dont l'architecture et les sculptures sont de l'époque de la renaissance ; l'intérieur offre d'assez belles pièces d'audience d'où l'on jouit d'une fort belle vue.

L'église de la Trinité, que l'on croit avoir été construite sur l'emplacement d'un temple de Jupiter, offre plusieurs détails d'architecture gothique qui méritent d'être remarqués. Celle des Cordeliers est plus intéressante, par sa voûte en bois entièrement peinte, ainsi que par ses trente-six colonnes en marbre rouge et en marbre noir, dont douze, plus grandes que les autres, décorent le maître autel. L'église de St-Vénérand se distingue par un portail qui offre l'association bizarre d'un haut et assez majestueux portique moderne, reposant sur des imposies et des jambages gothiques. L'église d'Avenières n'appartient pas à la ville ; les maisons qui l'entourent forment une commune séparée, quoique leur proximité semble en faire un faubourg ; elle a été bâtie en 1040.

On remarque encore à Laval deux hospices fort bien tenus, dont la fondation primitive paraît remonter à l'an 900 ou 924 ; la bibliothèque publique, renfermant 10,000 vol. ; une belle et vaste halle aux toiles, le collège, etc., etc.

Biographie. Patrie des savants médecins Guill. Bigot et Daniel Tauvry.

Du mathématicien David Rivault de Fleurance.

De l'oratorien Julien Loriot, auteur de sermons estimés.

Du colonel Boudet, membre de la chambre des représentants.

De l'auteur dramatique Dubuisson.

Industrie. Laval a des fabriques importantes de toiles, qui sont une source de prospérité pour le pays. L'origine de cette industrie est due à un des anciens seigneurs de cette ville, qui, ayant épousé Béatrix de Flandre, attira des ouvriers flamands à Laval, et ses vassaux apprirent d'eux la fabrication des toiles, qu'ils ont beaucoup perfectionnée depuis. La halle aux toiles reçoit tous les samedis les produits des divers fabricants, soit de la ville, soit de la campagne. Le fil est aussi un objet considérable de commerce ; il se vend à la même halle, et il se fait souvent dans certains marchés pour plus de 50,000 fr. d'affaires, tant en fil qu'en toiles.

Fabriques considérables de toiles dites de Laval, de fils et chaînes de lin, de calicots, linge de table, basins, siamoises, mouchoirs, étamines, serges, flanelles, savon vert. Nombreuses blanchisseries de toiles. Tanneries et teintureries.

Commerce de graine de trèfle, vins, eaux-de-vie, fils et chaînes de lin, bois, fer, marbre. — Marchés considérables pour les toiles tous les samedis. — Entrepôt du commerce de fil de lin fabriqué dans les cantons environnants. — *Foires* les 9 sept. (8 jours), 3 nov., mardi après la mi-carême, avant St-Jean, dernier mercredi d'avril, et 1er samedi de chaque mois.

A 74 k. N. d'Angers, 136 k. N.-E. de Nantes, 73 k. E. de Rennes, 283 k. S.-O. de Paris. Long. O. 3° 6′ 38″, lat. 48° 4′ 14″.

L'arrondissement de Laval est composé de 9 cantons : Argentré, Chailland, Evron, Laval E., Laval O., Loiron, Meslay, Montsurs, Ste-Suzanne.

Bibliographie. * *Recherches historiques sur la ville et comté de Laval*, par M. G. Y. D. B. E. D. (Nouv. recherches sur la France, in-12, 1766, t. 1er, p. 401-434).

Duchemin-Devillers. *Essais historiques sur la ville et le pays de Laval*, in-8, 1844.

Sicotière (de la). *Rapport sur les monuments de Laval* (Bull. de M. de Caumont, t. IV, p. 306).

* *Mémoires ecclésiastiques concernant la ville de Laval*, in-8, 1842.

* *Notice sur le monument élevé à la mémoire d'Ambroise Paré en la ville de Laval*, in-8, 1840.

LAVAL, vg. *Seine-et-Marne* (Brie), arr. et à 32 k. de Fontainebleau, cant. et ✉ de Montereau. Pop. 381 h.

LAVAL, vg. *Tarn*, comm. de Puicelcy, ✉ de Gaillac.

LAVAL, vg. *Vosges* (Lorraine), arr. et à 25 k. d'Épinal, cant. et ✉ de Bruyères. Pop. 424 h.

LAVALADE, vg. *Dordogne* (Périgord), arr. et à 42 k. de Bergerac, cant. et ✉ de Monpazier. Pop. 229 h.

LAVALADE, vg. *Lot-et-Garonne*, comm. de St-Martin-de-Villeréal, ✉ de Villeréal.

LAVAL-ATGER, vg. *Lozère* (Languedoc), arr. et à 42 k. de Mende, cant. et ✉ de Graudrieu. Pop. 360 h.

LAVAL-D'AIX, vg. *Drôme* (Dauphiné), arr., cant., ✉ et à 6 k. de Die. Pop. 192 h.

LAVAL-D'AURELLE, vg. *Ardèche* (Languedoc), arr. et à 32 k. de Largentière, cant. de St-Etienne-de-Lugdarès, ✉ de Langogne. Pop. 221 h.

LAVALDENS, vg. *Isère* (Dauphiné), arr. et à 40 k. de Grenoble, cant. d'Entraigues; ✉ de la Mure. Pop. 633 h.

LAVAL-DU-TARN, vg. *Lozère* (Languedoc), arr. et à 30 k. de Marvejols, cant. et ✉ de la Canourgue. Pop. 404 h.

LAVALLÉE. V. VALLÉE (la).

LAVALLET, vg. *H.-Garonne* (Languedoc), arr. et à 17 k. de Toulouse, cant. de Verfeil, ✉ de Montastruc. Pop. 535 h. — *Foires* les 25 mars, 14 août et 8 sept.

LAVALETTE, vg. *Ardèche*, comm. de Burzet, ✉ de Montpezat.

LAVALETTE, vg. *Hérault* (Languedoc), arr., ✉ et à 8 k. de Lodève, cant. de Lunas. Pop. 255 h.

LAVALLETTE, vg. *Ille-et-Vilaine* (Bretagne), arr., ✉ et à 20 k. de Vitré, cant. de Châteaubourg. Pop. 260 h.

LAVAL-MARTIN, vg. *Seine-et-Oise*, com. de St-Nom-la-Bretèche, ✉ de St-Germain-en-Laye.

LAVAL-MORENCY, vg. *Ardennes* (Champagne), arr., cant. et à 12 k. de Rocroi, ✉ de Maubert-Fontaine. Pop. 537 h.

LAVAL-ROQUECEZIÈRE, vg. *Aveyron* (Rouergue), arr. et à 40 k. de St-Affrique, cant. et ✉ de St-Sernin. Pop. 1,656 h. — *Foires* les 25 juin et 4 nov.

LAVAL-ST-ROMAN, vg. *Gard* (Languedoc), arr. et à 33 k. d'Uzès, cant. et ✉ de Pont-St-Esprit. Pop. 308 h.

LAVAL-SUR-TOURBE, vg. *Marne* (Champagne), arr., cant., ✉ et à 20 k. de Ste-Menehould. Pop. 235 h.

LAVANCIA, vg. *Jura* (Franche-Comté), arr. et à 22 k. de St-Claude, ✉ de Dortan. Pop. 241 h.

LAVANGEOT, vg. *Jura*, comm. de Lavans, ✉ d'Orchamps.

LAVANNES, vg. *Marne* (Champagne), arr. et à 13 k. de Reims, cant. de Bourgogne, ✉ d'Isle-sur-Suippe. Pop. 918 h. — Il est bâti en amphithéâtre sur le penchant d'un coteau au sommet duquel s'élève l'église paroissiale, vaste et ancien édifice flanqué d'une grosse tour carrée à chacune de ses extrémités. Les contre-forts et les arcs-boutants de cette église sont d'une solidité exagérée ; la voûte de la nef, élevée et hardie, paraît avoir été peinte à fresque. Ce village était autrefois entouré de remparts et de fossés qui existent encore en partie.
Fabriques d'étoffes de laine, qui occupent environ 200 métiers. Filature de laine pour les fabriques de Reims.

LAVANS, vg. *Jura* (Franche-Comté), arr. et à 14 k. de Dôle, cant. de Rochefort, ✉ d'Orchamps. Pop. 510 h.

LAVANS-LES-LOUVIÈRES, vg. *Jura* (Franche-Comté), arr., cant., ✉ et à 8 k. de St-Claude. Pop. 628 h.

LAVANS-QUINGEY, vg. *Doubs* (Franche-Comté), arr. et à 22 k. de Besançon, cant. et ✉ de Quingey. Pop. 224 h.

LAVANS-SUR-VALOUSE, vg. *Jura* (Franche-Comté), arr. et à 40 k. de Lons-le-Saunier, cant. et ✉ d'Arinthod. Pop. 400 h.

LAVANS-VUILLEFANS, vg. *Doubs* (Franche-Comté), arr. et à 29 k. de Besançon, cant. et ✉ d'Ornans. Pop. 344 h.

LAVAQUERESSE, vg. *Aisne* (Picardie), arr. et à 25 k. de Vervins, cant. de Guise, ✉ d'Etreux. Pop. 842 h.

LAVARDAC, petite ville, *Lot-et-Garonne* (Condomois), arr., bureau d'enregist. et à 7 k. de Nérac, chef-l. de cant. Cure. ✉. A 646 k. de Paris pour la taxe des lettres. Pop. 1,738 h. — TERRAIN tertiaire moyen.

Elle est située sur la Baïse, qui y est navigable. — *Fabriques* de bouchons de liège. — *Commerce* de farines. — Fabrique considérable d'eau-de-vie (au Pont de Bordes). — *Foires* les 17 janv., 10 mai et 6 août.

LAVARDENS, petite ville, *Gers* (Armagnac), arr., ✉ et à 15 k. d'Auch, cant. de Jégun. Pop. 1,117 h. — A 1 k. de cette ville on trouve une source d'eau thermale dont on fait peu d'usage ; elle est désignée dans le pays sous le nom de Fontaine chaude. — *Foires* le 1er lundi de janv., fév., mars, juillet, sept., nov., 2e lundi de mai et 3e lundi d'août.
Bibliographie. CORTADE. *Observations sur les eaux minérales de Lavardens*, pet. in-8.
LACOSTE. *Dissertations sur les eaux de Lavardens*, in-8....

LAVARDIN, *Lavarzinum*, bg *Loir-et-Cher* (Blaisois), arr. de Vendôme, cant. et ✉ de Montoire. Pop. 534 h. — Il est situé dans un pays fertile et bien cultivé, à peu de distance de la rive gauche du Loir, et dominé par un coteau sur le penchant duquel s'élèvent les ruines de la tour antique de Lavardin, démantelée par ordre de Henri IV, en même temps que le château de Vendôme. Les grandes ruines de cette tour, les profonds ravins et les précipices affreux qui en défendent l'approche, offrent un coup d'œil imposant. — *Fabriques* de bonneterie. Blanchisserie de toiles.
Bibliographie. * *La Défaite des troupes de Lavardin, ensemble la prise d'icelui, et prise du comte de Soissons*, par M. le duc de Merceur, etc., in-8, 1589.

LAVARDIN, vg. *Sarthe* (Maine), arr. et à 5 k. du Mans, cant. et ✉ de Conlie. P. 603 h. — On y voit les ruines intéressantes d'un château qui servit de retraite à Charles VII, lors du siège du Mans par les Anglais. Une ancienne tradition veut que ce roi ait fait creuser dans le roc, aux environs du château, des caves d'une forme singulière, destinées à mettre en sûreté les filles d'honneur : ces caves portent encore aujourd'hui le nom de caves des Vierges. Une tour carrée, d'une élévation remarquable, est encore debout au point culminant de la côte ; elle est du XIVe siècle. Un souterrain, creusé au XIIIe siècle, faisait, dit-on, communiquer le château de Lavardin à celui de Montoire ; il n'en reste plus que des vestiges. — L'église, située au pied du château, paraît remonter au XIIIe siècle ; le côté septentrional paraît avoir été construit avec des pierres sculptées et aujourd'hui très-frustes, provenant d'un ancien édifice. Dans le clocher, au premier étage, est une chapelle voûtée dont l'autel est sous une arcade au fond de laquelle on voit les restes bien distincts d'une fresque.

LAVARÉ, vg. *Sarthe* (Maine), arr. et à 20 k. de St-Calais, cant. et ✉ de Vibraye. Pop. 1,233 h.

LAVARS, vg. *Isère* (Dauphiné), arr. et à 45 k. de Grenoble, cant. et ✉ de Mens. Pop. 364 h.

LAVASTRIE, bg *Cantal* (Auvergne), arr., cant., ✉ et à 13 k. de St-Flour. Pop. 740 h.

LAVATAY, vg. *Ain*, comm. et ✉ de Gex.

LAVATOGGIO, vg. *Corse*, arr., ✉ et à 12 k. de Calvi, cant. d'Algajola. Pop. 406 h.

LAVAU, vg. *Aube* (Champagne), arr., cant., ✉ et à 3 k. de Troyes. Pop. 241 h.

LAVAU, vg. *Loire-Inf.* (Bretagne), arr., cant., et à 6 k. de Savenay. Pop. 808 h. — *Foire* le 25 août.

LAVAU, vg. *Yonne* (Champagne), arr. et à 55 k. de Joigny, cant. et ✉ de St-Fargeau. Pop. 976 h.

LAVAU-ST-PIERRE (le), vg. *Ardennes*, comm. d'Autrecourt, ✉ de Mouzon.

LAVAUCHERIE, vg. *Indre-et-Loire*, comm. de Rivière, ✉ de Chinon.

LAVAUD-MONJOURDE, vg. *H.-Vienne*, comm. de Folles ✉ de Monterolles.

LAVAUDIEU, vg. *H.-Loire* (Auvergne), arr., cant., ✉ et à 7 k. de Brioude. Pop. 771 h.

LAVAUGUYON, vg. *H.-Vienne*, comm. des Salles, ✉ de Rochechouart.

LAVAUR, vg. *Dordogne* (Périgord), arr. et à 41 k. de Sarlat, cant. de Villefranche-de-Belvès, ✉ de Monpazier. Pop. 425 h.

LAVAUR, *Vaurium*, *Vaurum*, ville ancienne, *Tarn* (Languedoc), chef-l. de sous-préfect. (4e arr.) et d'un cant. Trib. de 1re instance. Société d'agriculture. Collége communal. Cure. ✉. ✵. A 595 k. de Paris pour la taxe des lettres. Pop. 7,122 h. — TERRAIN d'alluvions modernes.

Lavaur, qui depuis fut élevé au rang de ville épiscopale, n'était en 1211 qu'un fort château appartenant à une veuve nommée Guiraude, son son frère Aimery de Montréal étant venu joindre avec quatre-vingts chevaliers, après avoir été dépouillé par les croisés de ses propres fiefs. Aimery et Guiraude, ainsi que plusieurs de leurs défenseurs, professaient la réforme des Albigeois ; ils avaient ouvert dans leurs murs un asile aux malheureux réformés, qu'on persécutait dans le reste de la province, en sorte qu'on regardait leur forteresse, qui était bien munie de vivres, entourée d'épaisses murailles et ceinte de fossés profonds, comme un des sièges principaux de l'hérésie.

Le fanatique Fouquet, évêque de Toulouse, ayant persuadé à une partie des habitants de cette ville que leur mélange avec les hérétiques les rendait un objet d'horreur pour les chrétiens, les enrôla dans une société qu'on nomma la *Compagnie blanche*, qui s'engageait par serment à détruire les hérétiques par le fer et par le feu ; cinq mille de ces fanatiques furent envoyés au siége de Lavaur, le 3 mai 1211. Simon de Montfort ayant jugé la brèche praticable, les croisés se préparèrent pour l'assaut ; les évêques, l'abbé de la Courdieu, qui exerçait les fonctions de vice-légat, et tous les prêtres revêtus de leurs habits pontificaux, se livrant à la joie de voir commencer le carnage, entonnèrent l'hymne *Veni, Creator* ; les chevaliers se précipitèrent sur la brèche, la résistance devint impossible, et Simon de Montfort n'eut pas d'autre soin que d'empêcher les croisés de faire main basse sur les habitants de Lavaur, et de les exhorter à faire des prisonniers, pour ne point priver les prêtres du Dieu vivant des joies qui leur étaient promises.

« Bientôt, dit le moine de Vaux-Cernay, on entraîne hors du château Aimery, seigneur de Montréal, et d'autres chevaliers jusqu'au nombre de quatre-vingts. Le noble comte ordonna aussitôt qu'on les suspendît tous à des potences : mais dès qu'Aimery, qui était le plus grand d'entre eux, eut été pendu, les potences tombèrent ; car, dans la grande hâte où l'on était, on ne les avait pas suffisamment fixées en terre. Le comte, voyant que cela entraînerait un grand retard, ordonna qu'on égorgeât les autres ; et les pèlerins, recevant cet ordre avec la plus grande avidité, les eurent bientôt tous massacrés en ce même lieu. La dame du château, qui était sœur d'Aimery et hérétique exécrable, fut, par l'ordre du comte, jetée dans un puits que l'on combla de pierres ; ensuite nos pèlerins rassemblèrent les innombrables hérétiques que contenait le château, *et les brûlèrent vifs avec une joie extrême* (1). »

Les armes de Lavaur sont : d'or à un château crénelé de gueules sommé de trois tours de même et adossé sur une ancre de sable posée en pal.

Cette ville fut érigée en évêché en 1317. Elle est bâtie dans une contrée fertile, sur la rive gauche de l'Agout, que l'on y passe sur un pont très-hardi de 48 m. 73 c. d'ouverture, et de 27 m. 45 c. de hauteur. On y trouve une petite bibliothèque publique, renfermant environ 4,000 volumes.

INDUSTRIE. Fabriques d'étoffes de soie pour meubles, de serges, burats, bonneterie. Filature

---

(1) Cum ingenti gaudio. Petrj Val., Cern. Hist. Albigens, c. xII, p. 598, 599.

de coton et de soie. Teintureries. Éducation en grand des vers à soie. — Foires les 4 fév., 11 jours après St-Marc, jeudi après St-Jean, 9 sept., mardi avant la Toussaint et mardi avant Noël.

L'arrondissement de Lavaur est composé de 5 cant. : Cuq-Toulza, Graulhet, Lavaur, St-Paul, Puylaurens.

LAVAURETTE, vg. *Tarn-et-Garonne* (Quercy), arr. et à 35 k. de Montauban, cant. et ✉ de Caussade, Pop. 655 h.

LAVAUT, vg. *Nièvre*, comm. de Fretoy, ✉ de Château-Chinon.

LAVAUX-ST-ANNE, vg. *Allier* (Bourbonnais), arr., cant., ✉ et à 5 k. de Montluçon. Pop. 417 h.

LAVAZAN, vg. *Gironde* (Bazadois), arr. et à 10 k. de Bazas, cant. et ✉ de Grignols. Pop. 377 h.

LAVEDAN (le), *Levitania*, pays qui dépendait autrefois du Bigorre, et qui se trouve aujourd'hui compris dans le département des Hautes-Pyrénées. Le Lavedan commence près de Lourdes et se continue vers Luz, en y comprenant le bassin d'Argelès. Les vallées de Salles, d'Azum, de Bun, de St-Savin, ou de Cauteretz, de Gavarnie, de Gèdre et d'Héas, sont généralement comprises sous la dénomination de vallée de Lavedan, parce que toutes y débouchent et n'en sont des ramifications plus ou moins étendues.

LAVEISSIÈRE, vg. *Cantal* (Auvergne), arr., cant. et ✉ de Murat.

LAVELANET, jolie petite ville, *Ariége* (pays de Foix), arr. et à 27 k. de Foix, chef-l. de cant. Cure. Gîte d'étape. ✉. ⚒. A 796 k. de Paris pour la taxe des lettres. Pop. 2,898 h.
— TERRAIN crétacé supérieur, craie.

Cette ville est bâtie dans une situation agréable, sur la Touire. Aux environs, entre Lavelanet et le village de Laroque, on voit un gouffre profond où se jette une partie de la rivière de Touire. — Fabriques de draps, cuirs-laine, coatings. Filatures de laine. Tannerie. Teinturerie. Moulins à foulon. Scieries hydrauliques de planches. Forges. — Foires les 2 mai, 28 juin, 6 août (2 jours), 16 oct., 7 déc. et 2º vendredi après les Cendres.

LAVELANET, vg. *H.-Garonne* (Languedoc), arr. et à 17 k. de Muret, cant. et ✉ de Rieux. Pop. 579 h.

LAVELINE, *Aquilina*, vg. *Vosges* (Lorraine), arr., cant., ✉ et à 18 k. de St-Dié. P. 2,030 h.

LAVELINE-DEVANT-BRUYÈRES, vg. *Vosges* (Lorraine), arr., cant., ✉ et à 30 k. de Bruyères. Pop. 230 h.

LAVELINE-DU-HOUX, vg. *Vosges* (Lorraine), arr., cant., ✉ et à 25 k. de Bruyères. Pop. 714 h.

LAVELLE-SOUS-MOUX, vg. *Nièvre*, com. de Moux, ✉ de Montsauche.

LAVENAY, vg. *Sarthe* (Maine), arr. et à 17 k. de St-Calais, cant. de la Chartre-sur-le-Loir, ✉ de Bessé-sur-Braye. Pop. 582 h.

LÆVENCAS, h. *Aveyron*, cant. de St-Georges-de-Luzençon, ✉ de Millau. — Exploitation de houille. — *Fabriques* de sulfate d'alumine et de sulfate de fer.

LAVENEAU, vg. *Dordogne*, comm. de Savignac-de-Noutron, ✉ de Nontron.

LAVENTIE, bg *Pas-de-Calais* (Artois), arr. et à 20 k. de Béthune, chef-l. de cant. Cure. ✉ d'Estaires. Pop. 4,297 h. — TERRAIN d'alluvions modernes. — *Fabrique* de toiles de lin. Éducation des abeilles. Tanneries.

LAVENTURE, vg. *Nord*, comm. d'Illies, ✉ de la Bassée.

LAVERAËT, vg. *Gers* (Armagnac), arr. et à 16 k. de Mirande, cant. et ✉ de Marciac. Pop. 505 h.

LAVERCANTIÈRE, vg. *Lot* (Quercy), arr., ✉ et à 14 k. de Gourdon, cant. de Salviac. Pop. 672 h. — Foires les 13 janv., 13 mai, 13 juillet et 13 déc.

LAVERCQ, ou LAOVERD, vg. *B.-Alpes*, comm. de Méolans, ✉ du Lauzet.

LAVERDIN, vg. *Loir-et-Cher*. V. LAVARDIN.

LAVERDINE, vg. *Cher* (Berry), arr. de Bourges, cant. de Bougy, ✉ de Villequiers. Pop. 201 h. — Foires les 18 mai et 22 sept.

LAVERGNE, vg. *Lot-et-Garonne* (Agénois), arr. et à 24 k. de Marmande, cant. de Lauzun, ✉ de Miramont. Pop. 1,205 h.

LAVERGNE, vg. *H.-Vienne*, comm. de Laurière, ✉ de Chanteloube.

LAVERNAT, bg *Sarthe* (Anjou), arr. et à 37 k. de la Flèche, cant. de Mayet, ✉ de Château-du-Loir. Pop. 883 h.

LAVERNAY, vg. *Doubs* (Franche-Comté), arr. et à 16 k. de Besançon, cant. d'Audeux, ✉ de Marnay. Pop. 423 h.

LAVERNHE, vg *Aveyron* (Rouergue), arr. et à 30 k. de Millau, cant. et ✉ de Sévérac. Pop. 862 h.

Ce village doit son origine à un monastère de l'ordre de Saint-Benoît, fondé par Raymond, fils du comte de Rouergue. Dans le XIº siècle, ce monastère, dont les bâtiments existent encore, était un lieu d'asile contre les nobles maraudeurs qui, par passe-temps, ravageaient le pays.

Quatre sommités dominent la plaine de Lavernhe, et sont couronnées par des retranchements à triple enceinte parfaitement conservés : il en est deux surtout fort remarquables : l'un taillé à pic à la pointe du marteau dans une épaisseur du roc dit de la Folie ; l'autre, plus singulier, sur le plateau de Courry, au point appelé Putcharlou, s'élève à la seconde enceinte en double mamelon conique d'environ 20 m. sur une large base. — Exploitation de houille. — Foire le 8 juin.

LAVERNOSE, vg. *H.-Garonne* (Gascogne), arr., cant. et à 10 k. de Muret. P. 592 h.

LAVERNOY, vg. *H.-Marne* (Champagne), arr. et à 20 k. de Langres, cant. de Varennes, ✉ de Montigny-le-Roi. Pop. 259 h.

LAVERSINE, vg. *Aisne* (Picardie), arr. et à 15 k. de Soissons, cant. et ✉ de Vic-sur-Aisne. Pop. 178 h.

LAVERSINES, bg *Oise* (Picardie), arr. et à

10 k. de Beauvais, cant. de Nivillers, ✉ de Bresles. Pop. 800 h.

Les évêques de Beauvais avaient anciennement à Laversines un château avec murs et fossés, dont il ne restait déjà plus que des ruines dans le milieu du xve siècle.

On découvrit vers l'année 1810, près de l'église St-Germain, un souterrain qui paraissait remonter à une haute antiquité. En creusant une cave, on rencontra à 3 m. sous terre un vide indiquant une excavation souterraine. On pénétra d'abord dans une chambre, haute d'environ 2 m., large de 2 m. 33 c. et longue de 3 m. 33 c. : ses côtés se réunissaient en voûte; de cette chambre on avançait par un passage large de 1 m., haut de près de 2 m., et long de 5 m. 33 c. A la droite était une autre chambre dont le sol contenait une grande quantité d'ossements trop petits pour être des débris de corps humains. Au fond du passage, dans un massif de moellons de craie réunis avec du ciment, était l'empreinte de deux vases dont l'ouverture était posée horizontalement, mais perpendiculairement au sol, à peu près à portée d'un homme qui aurait voulu y introduire la main ; ils étaient distants de 1 m. entre eux. A 1 m. 33 c. avait le fond de la galerie ; et à la hauteur de 50 c. du niveau du sol, était un trou rond d'environ 40 c. de diamètre, profond de 1 m. 70 c., et par lequel on pénétrait, non sans peine, dans un nouvel appartement. Celui-ci laissait voir un pilier central ayant un diamètre de 2 m., autour duquel régnait une galerie circulaire dont le mur avait 12 m. de tour ; ce mur, dans toute sa circonférence, excepté vis-à-vis l'entrée, massif où étaient deux vases placés comme ceux du premier conduit, était taillé de manière à former cette sa partie inférieure, un banc élevé de 50 c., et par conséquent au niveau du trou qui servait d'accès à la galerie.

Il paraît certain, par le polissage des murs dans toutes leurs parties saillantes, que le souterrain était fréquenté ; il est peu probable, vu la difficulté d'y pénétrer, qu'il ait pu servir à des usages domestiques ; on peut donc présumer qu'il était consacré au culte druidique.

Bibliographie. *Notice sur le souterrain découvert à Laversines* (Mém. de la société des antiq. de France, t. 1, p. 340).

LAVERUNE, joli village, *Hérault* (Languedoc), arr., ✉ et à 7 k. de Montpellier. Pop. 510 h. — On y voit un des plus beaux parcs et une des plus belles habitations de la contrée. Le château de Laverune appartenait avant la première révolution aux évêques de Montpellier. Le parc est bien dessiné et bien entretenu ; les eaux y abondent ; une multitude d'arbres des plus agréables à la vue, tels que des cèdres du Liban, des magnolias, des catalpas et autres arbres exotiques et de haute futaie, répandus avec discernement, en font un séjour délicieux.

LAVESNES, vg. *Aisne*, comm. de Tugny, ✉ de Ham.

LAVEYRIE, vg. *Gironde*. V. VEYRIE (la).

LAVEYRON, vg. *Drôme* (Dauphiné), arr. et à 36 k. de Valence, cant. et ✉ de St-Vallier. Pop. 492 h.

LAVEYSSIÈRE, vg. *Dordogne* (Périgord), arr., ✉ et à 14 k. de Bergerac, cant. de Villamblard. Pop. 236 h.

LAVEZE, vg. *Doubs* (Franche-Comté), arr., cant. et ✉ de Besançon.

LAVIALLE, vg. *Cantal*, comm. de Vigean, ✉ de Mauriac.

LAVIÉVILLE, vg. *Vosges*, comm. de Dompaire, ✉ de Mirecourt.

LAVIEU, vg. *Loire* (Forez), arr. et à 10 k. de Montbrison, cant. et ✉ de St-Jean-Soleymieux. Pop. 207 h.

LAVIGNAC, vg. *H.-Vienne* (Limousin), arr. et à 28 k. de St-Yrieix, cant. de Châlus, ✉ d'Aix. Pop. 315 h.

LAVIGNÉVILLE, vg. *Meuse* (Lorraine), arr. de Commercy, ✉ et à 9 k. de St-Mihiel, cant. de Vigneulles. Pop. 294 h.

LAVIGNEY, vg. *H.-Saône* (Franche-Comté), arr. et à 32 k. de Vesoul, cant. de Vitrey, ✉ de Combeaufontaine. Pop. 482 h.

LAVIGNY, vg. *Jura* (Franche-Comté), arr. et à 6 k. de Lons-le-Saunier, cant. et ✉ de Voiteur. Pop. 529 h.

LAVILLEBEDEUC, vg. *Côtes-du-Nord*, comm. de Plemet, ✉ de Loudéac.

LAVILLE-DIEU. V. VILLE-DIEU (la).

LAVILLENEUVE. V. VILLENEUVE (la).

LAVILLENEUVE, *Morbihan*, comm. et ✉ de Lorient.

LAVINCOURT, vg. *Meuse* (Lorraine), arr. et à 13 k. de Bar-le-Duc, cant. d'Ancerville, ✉ de Saudrupt. Pop. 246 h.

LAVINCOURT, vg. *Nord*, comm. de Monsen-Pevèle, ✉ de Douai.

LAVIOLLE, vg. *Ardèche* (Vivarais), arr. de Privas, cant. d'Autraigues.

LAVIRON, vg. *Doubs* (Franche-Comté), arr. et à 21 k. de Baume-les-Dames, cant. de Pierrefontaine, ✉ de Landresse. Pop. 710 h.

LAVISCO (lat. 46°, long. 24°). « Sur une route qui, à partir de Vienne, conduit jusqu'au passage de l'*Alpis Graia*, ou du petit St-Bernard, en passant par la Tarantaise, on trouve *Lavisco*, ou *Labisco*, entre *Augustum* et *Lemincum*, dans l'Itinéraire d'Antonin et dans la Table théodosienne. La distance y est également marquée XIIII à l'égard d'*Augustum* et de *Lemincum*. Ces positions, qui renferment celle de *Lavisco*, sont Aoste d'un côté, près de l'entrée du Guier dans le Rhône, et de l'autre un lieu situé vis-à-vis de Chamberri, et dont le nom de Lémens rappelle celui de *Lemincum*. Or ce qu'il y a d'espace dans cet intervalle ne peut s'estimer que d'environ 17 ou 18 milles romains en droite ligne ; et on a peine à croire que la mesure itinéraire puisse s'étendre jusqu'à 28, par la répétition donnée du nombre XIIII en chacune des deux distances. L'examen du local fait connaître que *Lavisco* ne saurait s'appliquer qu'au passage de la petite Laisse vers sa source, où se rencontre un lieu nommé Novalèse ; et à raison de ce qui paraît d'éloignement à l'égard d'*Augustum*, on juge qu'il serait convenable que l'indication fût VIIII, plutôt que XIIII, par le changement d'un chiffre romain, sur lequel on remarque assez souvent de la méprise dans les anciens Itinéraires, qui pour devenir conformes au local ont besoin d'être corrigés de cette manière. Le mont de l'Épine qu'il faut franchir doit allonger la mesure du chemin dans la distance ultérieure, ou de *Lavisco* à *Lemincum*. Ce n'est point trop hasarder que de trouver de l'analogie entre le nom de *Lavisco* et celui que porte ce nom, et qui forme au-dessous un étang d'assez grande étendue, avant que de continuer son cours jusqu'à la rencontre du Guier. » D'Anville. *Notice de l'ancienne Gaule*, p. 403.

LAVIT, ou LAVIT-DE-LOMAGNE, petite ville, *Tarn-et-Garonne* (Armagnac), arr. et à 20 k. de Castel-Sarrasin, chef-l. de cant. Cure. Gîte d'étape. ✉. A 664 k. de Paris pour la taxe des lettres. Pop. 1,605 h. — TERRAIN tertiaire moyen.

Les armes de Lavit sont : *d'azur à trois douves de tonneau d'or*, 2 et 1.

Foires les 17 janv., 24 fév., 24 août, 8 mai, 11 juin, 26 juillet, 21 sept., 18 oct., 21 déc., et 1er vendredi de mars, d'avril et de nov.

LAVONCOURT, vg. *H.-Saône* (Franche-Comté), arr. et à 29 k. de Gray, cant. de Dampierre-sur-Salon. ✉. A 348 k. de Paris pour la taxe des lettres. Pop. 397 h. — *Foires* les 14 fév., 7 juin, 7 août et 7 oct.

LAVOURS, vg. *Ain* (Bourgogne), arr., cant., ✉ et à 11 k. de Belley. Pop. 373 h.

LAVOUTE, vg. *Ain*, comm. de St-Germain-de-Joux, ✉ de Nantua.

LAVOUTE-CHILHAC, bg. *H.-Loire* (Auvergne), arr. et à 18 k. de Brioude, chef-l. de cant. ✉. A 471 k. de Paris pour la taxe des lettres. Pop. 709 h. — TERRAIN cristallisé ou primitif. — *Foires* les 2 janv., 9 sept. et 12 nov.

LAVOUTE-SUR-LOIRE, vg. *H.-Loire* (Languedoc), arr. et à 12 k. du Puy, cant. et ✉ de St-Paulien. Pop. 744 h. — Il est situé sur la rive droite de la Loire, et remarquable par les restes d'un ancien château construit dans une situation extrêmement pittoresque.

LAVOUX, vg. *Vienne* (Poitou), arr. et à 15 k. de Poitiers, cant. de St-Julien-Lars, ✉ de Chauvigny. Pop. 837 h.

LAVOYE, vg. *Meuse* (Champagne), arr. et à 34 k. de Bar-le-Duc, cant. de Triaucourt, ✉ de Beauzée. Pop. 524 h.

LAW (la), rivière qui prend sa source dans le dép. du *Pas-de-Calais* ; elle passe à Béthune, et se jette dans le Lys au-dessous de la Gorgue (*Nord*), après un cours de 40 k.

La Law est navigable depuis Béthune jusqu'à son embouchure sur une étendue de 21,629 m. Les objets de transport sont en grains, graines grasses, vins, eau-de-vie, jusqu'à son embouchure, bois, fourrages, engrais, briques, etc.

LAWARDE-MAUGER. V. WARDE-MAUGER.

L'AX, *Aveyron*, comm. de Vors-de-Rodez, ✉ de Rodez.

LAXOU, vg. *Meurthe* (Lorraine), arr., cant., ✉ et à 4 k. de Nancy. Pop. 1624 h.

De Laxou dépend l'hospice départemental de Maréville, affecté au traitement des aliénés des deux sexes, dont le nombre s'élève à environ 600. Un vaste local, un site agreste, un air pur et d'agréables jardins concourent à rendre cet asile favorable au traitement des malheureux qui y sont enfermés.

LAY, petite ville, *Loire* (Beaujolais), com. de St-Symphorien-de-Lay. Lay était autrefois une ville fortifiée, et la 4ᵐᵉ prévôté du Beaujolais. Elle était autrefois entourée de murs dont on voit encore des vestiges, et la tradition rapporte qu'elle a soutenu un siége. Lay est situé à environ 2 k. au nord de St-Symphorieu, chef-l. de la commune.

Patrix du poëte Berchoux, auteur de *la Gastronomie*.

Fabriques de mousseline et de broderies. V. St-Symphorien.

LAY, vg. *B.-Pyrénées* (Béarn), arr. et à 26 k. d'Orthez, cant. et ⊠ de Navarrenx. Pop. 251 h.

LAY. V. **Hay** (l').

LAY (le), rivière qui se forme au-dessous de St-Vincent (*Vendée*), de deux ruisseaux nommés le Grand et le Petit-Lay ; elle passe à Mareuil, où elle commence à être navigable, et se jette dans l'Océan, à l'anse de l'Aiguillon, après un cours de 80 k. Les objets de transport consistent en grains, vins, fourrages, bois de chauffage et de marine, charbons, etc. — La longueur de la partie navigable est de 33,000 m., dont 12,000 m. appartiennent exclusivement à la navigation maritime.

LAYE, vg. *H.-Alpes* (Dauphiné), arr. et à 11 k. de Gap, cant. et ⊠ de St-Bonnet. Pop. 396 h.

LAYE, vg. *Loire*, comm. et ⊠ de St-Symphorien-de-Lay.

LAYEGOUTTE, vg. *Vosges*, comm. de Bonipaire, ⊠ de St-Dié.

LAYER-LE-FRANC, vg. *Côte-d'Or*, comm. de Saulon-la-Chapelle, ⊠ de Gevrey.

LAYER-SUR-ROCHE, vg. *Côte-d'Or*, com. de Bissey-la-Côte, ⊠ de Montigny-sur-Aube.

LAYMONT, vg. *Gers* (Comminges), arr., cant., et à 9 k. de Lombez. Pop. 760 h.

LAYON (le), *Ladio*, rivière qui prend sa source dans l'arr. de Saumur, *Maine-et-Loire*; elle passe à Passavent, Nueil, Touarcé, Rablay, St-Aubin et Châlonne, où elle se jette dans la Loire, après un cours de 72 k.

LAYRAC, vg. *H.-Garonne* (Languedoc), arr. et à 35 k. de Toulouse, cant. de Villemur, ⊠. Pop. 437 h.

LAYRAC, *Lauracum*, petite ville, *Lot-et-Garonne* (Agénois), arr. et à 10 k. d'Agen, cant. d'Astaffort, ⊠. A 617 k. de Paris pour la taxe des lettres. Pop. 2,756 h.

Layrac est situé sur le Gers, près de son confluent avec la Garonne. C'était anciennement une ville forte, qui fut démantelée par ordre du maréchal de Roquelaure, en 1622. On y remarque les beaux bâtiments, l'église plus belle encore d'un ancien couvent de bénédictins fondé en 1071 par Hunaud, vicomte de Brullois. Cette église a été classée récemment au nombre des monuments historiques. — *Foires* les 6 mai, 6 août, 18 déc. et 1ᵉʳ jeudi de carême.

LAYRISSE, vg. *H.-Pyrénées* (Gascogne), arr., ⊠ et à 16 k. de Tarbes, cant. d'Ossun. Pop. 195 h.

LAY-ST-CHRISTOPHE, vg. *Meurthe* (Lorraine), arr., cant., ⊠ et à 8 k. de Nancy. ⚭. Pop. 1,005 h. — Carrières de pierres de taille.

LAY-ST-REMY, vg. *Meurthe* (Lorraine), arr., cant., ⊠ et à 10 k. de Toul. ⚭. Pop. 407 h.

LAYSSAC. V. **Layssac**.

LAY-SUR-LE-DOUBS, vg. *Saône-et-Loire* (Bourgogne), arr. et à 36 k. de Louhans, cant. et ⊠ de Pierre. Pop. 601 h. — *Foires* les 19 mars, 30 juin, 16 août et 22 sept.

LAZ, vg. *Finistère* (Bretagne), arr. et à 25 k. de Châteaulin, cant. et ⊠ de Châteauneuf-du-Faou. Pop. 1,404 h.

LAZARE (St-), vg. *Dordogne* (Périgord), arr. et à 32 k. de Sarlat, cant. et ⊠ de Terrasson. Pop. 520 h. — *Fabriques* de chaux hydraulique, verrerie, et fabrique de tuiles plates en verre bleu (au Lardin). — Exploitation de houille.

LAZARE (St-), vg. *H.-Vienne*, comm. et ⊠ de Limoges.

LAZENAY, vg. *Cher* (Berry), arr. et à 27 k. de Bourges, cant. de Lury, ⊠ de Vierzon. Pop. 942 h.

LAZER, vg. *H.-Alpes* (Dauphiné), arr. et à 33 k. de Gap, cant. et ⊠ de Laragne. Pop. 304 h.

LÉALVILLERS, vg. *Somme* (Picardie), arr. et à 19 k. de Doullens, cant. et ⊠ d'Acheux. Pop. 450 h.

LÉARY, vg. *Jura*, comm. de Bouchoux, ⊠ de St-Claude.

LÉAUPARTIE, vg. *Calvados* (Normandie), arr. et à 16 k. de Pont-l'Évêque, cant. et ⊠ de Cambremer. Pop. 202 h.

LÉAZ, vg. *Ain* (pays de Gex), arr. et à 31 k. de Gex, cant. et ⊠ de Collonges, Pop. 1,026 h. — *Foires* les 10 mars, 28 juin et 4 août.

LEBÉTAIN, vg. *H.-Rhin* (Alsace), arr. et à 22 k. de Belfort, cant. et ⊠ de Delle. Pop. 325 h.

LEBEUVILLE, vg. *Meurthe* (Lorraine), arr. et à 38 k. de Nancy, cant. d'Haroué, ⊠ de Neuviller-sur-Moselle. Pop. 314 h.

LEBÉZIER, vg. *Orne*, comm. et ⊠ de la Ferté-Macé.

LEBIEZ, vg. *Pas-de-Calais* (Artois), arr. et à 24 k. de Montreuil-sur-Mer, cant. et ⊠ de Fruges. Pop. 549 h.

LEBIGNON. V. **Bignon** (le).

LEBIZEY, vg. *Calvados*, comm. d'Hérouville, ⊠ de Caen.

LEBOULIN, vg. *Gers* (Armagnac), arr., cant., ⊠ et à 8 k. d'Auch. Pop. 202 h.

LECA, vg. *Pyrénées-Or.*, comm. de Corsavy, ⊠ d'Arles-sur-Tech.

LECAUDE, vg. *Calvados* (Normandie), arr. et à 15 k. de Lisieux, cant. de Mezidon, ⊠ de Cambremer. Pop. 302 h.

LECCI, vg. *Corse*, arr. et à 65 k. de Sartène, cant. de Porto-Vecchio, ⊠ de Bonifacio. Pop. 190 h.

LECELLES, vg. *Nord* (Flandre), arr. et à 14 k. de Valenciennes, cant. et ⊠ de St-Amand-les-Eaux. Pop. 2,191 h.

Ce village fut le berceau de la réforme dans cette contrée. Les habitants d'une rue qui borde la frontière professent la religion protestante ; la partie du village de Rongy (appartenant à la Belgique) qui touche à cette rue suit le même culte. Le pasteur réside à Rongy, mais le temple est sur le territoire français. — *Fabriques* de savon, clous, instruments aratoires. Blanchisserie de toiles.

LECEY, vg. *H.-Marne* (Champagne), arr., ⊠ et à 8 k. de Langres, cant. de Neuilly-l'Évêque. Pop. 382 h.

LECHAN, vg. *H.-Pyrénées*, comm. de Hèches, ⊠ de la Barthe-de-Neste.

LECHARDERIE, vg. *Maine-et-Loire*, com. de Chiefles, ⊠ de Châteauneuf-sur-Sarthe.

LÈCHES (les), vg. *Dordogne* (Périgord), arr. et à 22 k. de Bergerac, cant. de la Force, ⊠ de Mussidan. Pop. 642 h. — On y voit une antique chapelle qui a été classée au nombre des monuments historiques.

LÈCHES, vg. *Drôme* (Dauphiné), arr. et à 30 k. de Die, cant. et ⊠ de Luc-en-Diois. Pop. 454 h.

LÉCLUSE, bg *Nord*. Ce bourg, dont nous avons seulement indiqué le nom et l'arrondissement à l'article Ecluse (l'), était autrefois une place forte défendue par un château fort dont l'empereur Henri IV s'empara en 1102. Les Français s'en rendirent maîtres et furent obligés de la rendre à Hellin de Dèze, mais ils la prirent de nouveau en 1486 et y mirent le feu. Cette forteresse fut rétablie, et les Français s'en emparèrent encore en 1581, et furent obligés de la rendre aux Espagnols au mois d'octobre de l'année suivante. Les fortifications ont été démolies vers 1654, et les matériaux employés à bâtir la citadelle d'Arras. — Exploitation de tourbe. Brasseries.

LECOUDRÉ, vg. *Indre-et-Loire*, comm. de Seully, ⊠ de Chinon.

LÉCOURT, vg. *H.-Marne* (Champagne), arr. et à 30 k. de Langres, cant. et ⊠ de Montigny-le-Roi. Pop. 195 h.

LECOUSSE, vg. *Ille-et-Vilaine* (Bretagne), arr., cant., ⊠ et à 2 k. de Fougères. Pop. 972 h.

LECQUES, vg. *Gard* (Languedoc), arr. et à 26 k. de Nîmes, cant. et ⊠ de Sommières. Pop. 209 h.

LECT, vg. *Jura* (Franche-Comté), arr. et à 22 k. de St-Claude, cant. et ⊠ de Moirans. Pop. 566 h.

LECTOCE (ad) (lat. 45°, long. 23°). Dans l'Itinéraire de Bourdeaux à Jérusalem, la distance qui est marquée XIII, à l'égard d'*Arausio*, ou d'Orange, ne me paraît tenir lieu que de VIII, parce que les circonstances du local me font connaître qu'il n'est question du passage d'une petite rivière dont le nom est Lez ; et que l'espace qui y conduit depuis Orange, vers

Boulène, n'excède guère 6,000 toises. » D'Anville. *Notice de l'ancienne Gaule*, p. 404.

LECTOURE, *Lactora*, *Lactoracium*, ville ancienne, *Gers* (Armagnac), chef-l. de sous-préf. (2ᵉ arr.) et d'un cant. Trib. de 1ʳᵉ inst. Collège comm. Cure. Gîte d'étape. ⊠. ⌑. Pop. 6,262 h. — Terrain tertiaire moyen.

Autrefois évêché fondé vers l'an 510, intendance d'Auch, parlement de Toulouse, sénéchaussée, présidial, justice royale, chef-lieu d'élection, chapitre.

Lors de l'invasion des Gaules par les Romains, Lectoure était la capitale des *Lactorates*, un des peuples de la Novempopulanie. Du temps de Gordien, qui fut salué empereur en 238, elle était colonie romaine avec titre de république. Les Romains y élevèrent divers édifices, dont quelques débris existent encore enchâssés dans les murs de la grande salle de l'hôtel de ville et dans les piliers des halles. La situation élevée de Lectoure en fit une place importante : un château fort immense, une triple enceinte de murs énormes, la rendaient presque imprenable; cependant peu de villes ont plus souffert des horreurs de la guerre. L'histoire de ses premiers désastres est peu connue ; celle de ses malheurs subséquents ne l'est que trop. Son château fut longtemps la résidence des comtes d'Armagnac ; Jean V, l'un d'eux, épris d'une passion criminelle pour sa sœur Isabelle, jeune personne d'une rare et célèbre beauté, avec laquelle il se maria dans la chapelle du château de Lectoure, et dont il eut trois enfants, encourut la haine de Charles VII, qui envoya une armée de 34,000 hommes pour assiéger la ville de Lectoure. Les époux se réfugièrent chez le roi d'Aragon : la ville se rendit, et les terres du comte d'Armagnac furent confisquées ; sa sœur se retira au monastère de Mont-Lion, près Barcelone, où elle prit le voile. Louis XI, à son avénement à la couronne, rendit au comte d'Armagnac tous ses domaines ; celui-ci épousa Jeanne, seconde fille du comte de Foix. De nouveaux démêlés s'étant élevés entre lui et le roi, Louis envoya contre lui une armée nombreuse. Lectoure, assiégée une seconde fois, se rendit par capitulation ; mais la ville fut reprise par le comte l'année suivante. Louis XI envoya, pour s'en emparer, de nouvelles troupes, dont il confia le commandement à Jean Geoffroi, cardinal-archevêque d'Albi, qui mit, en 1473, le siège devant Lectoure, où s'était enfermé le comte d'Armagnac. Celui-ci demandait à traiter, mais le cardinal ne voulut entendre pendant deux mois à aucune proposition d'accommodement ; cependant, comme toutes ses attaques étaient repoussées, il consentit enfin à donner audience à l'évêque de Lombez et à Gratien Faure, chancelier du roi. La négociation présenta moins de difficultés qu'Armagnac ne s'y était attendu ; le cardinal promit que la ville de Lectoure conserverait ses privilèges, et que la comtesse Jeanne, fille de Gaston VI, comte de Foix, aurait le choix d'un lieu sûr pour y faire sa résidence. Le 4 mars cette capitulation fut jurée ; le 5 le sire de Beaujeu et les autres prisonniers d'Armagnac furent remis en liberté ; le comte livra le château, et vint avec sa femme, qui était grosse de sept ou huit mois, se loger dans une maison de la ville. Le 6, pendant que les deux députés du duc étaient en conférence avec le cardinal, Balzac et son lieutenant Montfaucon entrèrent dans la ville, à la tête de leurs gendarmes et de leurs francs archers, par la porte qui leur avait été livrée ; ils se rendirent aussitôt à la maison qu'occupait le comte ; ils entrèrent dans la chambre où il était assis auprès de sa femme, et, après lui avoir rendu son salut, Montfaucon se retourna vers Pierre Gorgia, franc archer, qui l'avait suivi : « Exécutez, lui dit-il, ce qui vous a été commandé. » Celui-ci, se jetant aussitôt sur Armagnac, le poignarda sous les yeux de sa femme ; d'autres massacrèrent ses serviteurs ; ils arrachèrent leurs joyaux à la comtesse et à celles de ses femmes qu'ils laissèrent en vie. Gaston du Lion, qui entra dans cet instant, empêcha de nouveaux attentats, et fit conduire la comtesse avec ses dames au château de Buzet. Mais peu de jours après deux secrétaires du roi, Macé Guervadan et Olivier le Roux, se présentèrent chez elle avec un apothicaire, et la contraignirent à prendre un breuvage destiné à la faire avorter. Le poison était trop fort, la mère y succomba dès le second jour avec l'enfant qu'elle portait dans son sein. Pour jeter un voile sur toutes ces horreurs, le cardinal ne voulut pas qu'il restât dans Lectoure un homme qui pût réclamer contre la foi violée ; les soldats se répandirent dans les maisons, pillèrent tout, égorgèrent tout, pour être assurés que personne ne leur avait échappé, ils mirent ensuite le feu à la ville. En effet, de toute la population de Lectoure, il ne survécut que trois femmes et trois à quatre hommes auxquels on avait permis de suivre la comtesse. Charles Iᵉʳ, frère du comte d'Armagnac, fut enfermé à la Bastille pendant quatorze années, où on lui fit subir les plus horribles traitements ; enfin, pour comble d'atrocités, l'on vit, le 4 août 1477, les enfants du duc de Nemours, Jacques d'Armagnac, arrosés du sang de leur père et détenus à la Bastille dans des cachots en forme de hotte ; ils n'en sortirent qu'en 1484, à l'avénement de Charles VIII. — A peine rebâtie et repeuplée, Lectoure fut dévastée par les guerres religieuses, et tour à tour prise, reprise, pillée, saccagée par les partis contraires. En 1632, son château servit de prison au duc de Montmorency, qui n'en sortit que pour porter à Toulouse sa tête sur l'échafaud.

Les armes de Lectoure sont : *de gueules à deux moutons passants d'argent posés l'un sur l'autre.*

La situation de Lectoure est aussi singulière, aussi pittoresque qu'elle est forte ; la ville couronne un immense rocher, isolé des collines environnantes par de profondes vallées, de tous côtés fort escarpé, et qui n'est séparé de la colline dont il forme le prolongement par une vaste tranchée. Le sommet du terrain est un plateau de forme ovale, étroit et fort allongé, entouré de falaises coupées à pic et parsemé des vastes débris de ses anciennes fortifications. A l'extrémité extérieure du plateau s'élevait le château détruit, et aujourd'hui remplacé par un hôpital ; là s'ouvre une rue propre, presque droite et régulière, qui traverse toute la ville ; vers son autre extrémité s'élève l'église paroissiale, grand et beau vaisseau de style saxongothique élevé par les Anglais, et surmonté d'un haut clocher carré : ce clocher portait une flèche d'une hauteur extraordinaire, qui, souvent frappée de la foudre et menaçant ruine, a été démolie.

Près de l'église est situé l'ancien palais épiscopal, acquis par le maréchal Lannes, duc de Montebello, et donné par sa veuve à la ville de Lectoure, qui l'a consacré à la mairie, à la sous-préfecture et au tribunal de 1ʳᵉ instance. L'espace qui en est proche a été décoré récemment de la statue en marbre blanc de ce guerrier illustre, dont le portrait ainsi que ceux de plusieurs autres hommes de guerre nés à Lectoure décorent les salles de l'hôtel de ville.

La ville de Lectoure n'est ni belle, ni bien bâtie ; mais sa situation est agréable, et ses promenades sont délicieuses. De celle dite du Bastion on jouit d'une fort belle vue, qui se prolonge vers le sud jusqu'aux Pyrénées. Dans ce vaste intervalle on distingue, entre autres objets, le monticule du Taco, couvert d'arbres et remarquable par les fossiles qu'il renferme ; un peu plus loin la ville de Terraube, encore entourée de remparts et dominée par son vieux château ; plus loin, vers le sud-est, Fleurance, et dans la même direction paraissent dans le lointain les tours de la cathédrale de la ville d'Auch : lorsque l'atmosphère est pure, on distingue facilement l'immense chaîne des Pyrénées, soulevant ses nombreuses sommités, étincelantes des neiges éternelles qui les couvrent. Cette promenade passe pour avoir été plantée par celui qui fut depuis duc de Montebello, auquel ce travail pénible rapportait six sous par jour. On dit que, lorsque la gloire en eut fait un homme célèbre, il venait souvent avec ses compagnons d'armes leur raconter sous cet ombrage de quel échelon la destinée l'avait fait partir pour commencer une route qu'il parcourut et suivit avec tant d'honneur : il se plaisait à redire le modeste salaire qui lui était accordé pour ses travaux dans son enfance. L'éclat des dignités, du rang, de la faveur, n'avait point ébloui sa raison ; modeste au sein de la grandeur, il voyait des mêmes yeux le point d'où il était parti et celui où il était arrivé.

On remarque au bas de la montagne sur laquelle est située la ville de Lectoure une fontaine antique connue sous le nom d'Hondelia, consacrée, suivant quelques auteurs, à Diane de Délos, et suivant d'autres au soleil ; quelques historiens ont pensé que le réservoir de la fontaine était un temple de Diane. Quoi qu'il en soit, ce bâtiment est vaste et de construction antique. On voit au-dessus de la façade une petite figure grossièrement sculptée, qu'on prétend être celle de la déesse. On descend par plusieurs degrés à la fontaine, dont l'architecture annonce une grande antiquité ; sa forme extérieure et sa grandeur sont à peu près celles des anciennes chapelles rurales. L'intérieur est rempli d'eau jusqu'à la hauteur d'environ 2 m.; elle se répand en abondance au dehors par des mascarons figurant des têtes de bélier. La voûte est peinte à fresque; mais les figures sont si obscurcies par la vapeur de l'eau, qu'il est impossible de reconnaître les sujets qu'elles représentent.

PATRIE du maréchal LANNES, duc de Montebello.

INDUSTRIE. Fabriques de serges et de grosses draperies. Tanneries. — Commerce de grains, mules, bestiaux, vins, eau-de-vie, cuirs. — Foires les 7 et 8 janv., 15 mai, 20 et 21 juin, 4 août, 23 sept., 11 nov. (2 jours), 10 déc., lundi de carême et 1er jeudi après Pâques.

A 36 k. N. d'Auch, 645 k. S. de Paris; lat. 43° 55′ 54″, long. 1° 42′ 49″ O.

L'arrondissement de Lectoure est composé de 5 cantons : Lectoure, Fleurance, Mauvezin, St-Clar, Miradoux.

Bibliographie. CHAUDRUC DE CRAZANNES (le baron). Notice sur les antiquités de la ville de Lectoure (Mém. de la soc. archéolog. du midi de la France, t. III, p. 109, 117).
— Notice sur quelques inscriptions d'Auch, d'Eause et de Lectoure (Mém. de la soc. archéolog. du midi de la France, t. III, p. 379).
— La ville de Lectoure a-t-elle été colonie romaine (Mém. de la soc. archéolog. du midi de la France, t. II, p. 53)?

CASSANSOLES (Ferdinand). Notices historiques sur la ville de Lectoure, depuis les premiers temps jusqu'à nos jours, in-8, 1840.

Pic (pseudonyme). Physiologie du Lectourois et de la Lectouroise, in-18, 1842.

LECUMBERRY, vg. B.-Pyrénées (Navarre), arr. de Mauléon et à 28 k. de St-Palais, cant. et ✉ de St-Jean-Pied-de-Port. Pop. 626 h.

LÉCUSSAN, vg. H.-Garonne (Armagnac), arr. et à 24 k. de St-Gaudens, cant. et ✉ de Montrejeau. Pop. 482 h.

LEDAR, vg. Ariège, comm. de St-Girons.

LEDAS, vg. Tarn (Languedoc), arr. et à 31 k. d'Albi, cant. et ✉ de Valence-en-Albigeois. Pop. 456 h.

LÉDAT, bg Lot-et-Garonne (Agénois), arr., cant., ✉ et à 7 k. de Villeneuve-sur-Lot. Pop. 810 h.

LEDENON, vg. Gard (Languedoc), arr. et à 17 k. de Nîmes, cant. de Marguerittes, ✉ de Rémoulins. Pop. 638 h.

LEDERGUES, pet. ville, Aveyron (Rouergue), arr. et à 50 k. de Rodez, cant. de Réquista, ✉ de Cassagnes-Bégonhès. Pop. 1,920 h. — Foires les 22 fév., 22 avril, 19 mai, 2 juillet, 9 août, 18 oct. et 19 déc.

LEDERZEELE, vg. Nord (Flandre), arr. et à 32 k. de Dunkerque, cant. et ✉ de Wormhoudt. Pop. 1,530 h.

LEDEUIX, vg. B.-Pyrénées (Béarn), arr., cant., ✉ et à 3 k. d'Oloron. Pop. 748 h.

LÉDIGNAN, bg Gard (Languedoc), arr. et à 17 k. d'Alais, chef-l. de cant. Cure. Gîte d'étape. ✉. ☛. A 684 k. de Paris pour la taxe des lettres. Pop. 698 h. TERRAIN crétacé inférieur, grès vert.

Autrefois diocèse et recette de Nîmes, parlement de Toulouse, généralité de Montpellier.

Tanneries. — Foire le 10 août.

LEDINGHEM, vg. Pas-de-Calais (Artois), arr., ✉ et à 25 k. de St-Omer, cant. de Lumbres. Pop. 428 h.

LEDRINGHEM, vg. Nord (Flandre), arr. et à 24 k. de Dunkerque, cant. et ✉ de Wormhoudt. Pop. 704 h.

LEDUS FLUV (lat. 44°, long. 22°). On lit dans Méla (in Melam, lib. III, cap. 4) : Ultra (Rhodani ostia) sunt stagna Volcarum, Ledum flumen, castellum Latara : et on voit qu'il est question du Lez, qui passe sous la position de Sextantio, et à l'orient de Montpellier, pour se rendre dans l'étang de Maguelone, ou de Pérols, au-dessous de Latara, ou de Lates. Il en est mention dans Festus Avienus (in Ora maritima), en lisant avec Isaac Vossius : At nuncce Ledus et Orobus, flumina, au lieu de at nunc Heledus. Dans l'endroit de Pline où on lit : Flumina Araviris, Liria, le P. Hardouin croit que le nom de Liria désigne le Ledus. Selon M. Astruc (Hist. nat, de Languedé, p. 46), ce pourrait bien être une des deux rivières de Lers ; ce qu'on ne saurait adopter qu'en supposant que Pline eût placé, le cas d'amener vers la côte de Lers, qui se rend dans la Garonne au-dessous de Toulouse, ou celui qui se joint à l'Ariège sur les confins du pays de Foix. » D'Anville. Notice de l'ancienne Gaule, p. 405. V. aussi Walckenaer. Géographie des Gaules, t. I, p. 110.

LÉE, vg. B.-Pyrénées (Béarn), arr., cant., ✉ et à 6 k. de Pau. Pop. 290 h.

LEERS, vg. Nord (Flandre), arr. et à 15 k. de Lille, cant. de Lannoy. Pop. 2,225 h.
— On remarque aux environs les ruines d'un vieux château appelé la Royère, célèbre dans les guerres des Flamands contre Philippe le Bel.

LÉES-ATHAS, vg. B.-Pyrénées (Béarn), arr. et à 26 k. d'Oloron, cant. d'Accous, ✉ de Bedous. Pop. 893 h.

LÉET, vg. Nord, comm. et ✉ de Bailleul.

LEFFARD, vg. Calvados (Normandie), arr., cant., ✉ et à 9 k. de Falaise. P. 273 h.

LEFFERINKHOUKE, vg. Nord (Flandre), arr., cant., ✉ et à 6 k. de Dunkerque. Pop. 279 h.

LEFFINCOURT, vg. Ardennes (Champagne), arr. et à 12 k. de Vouziers, cant. et ✉ de Machault. Pop. 387 h.

LEFFOND, vg. H.-Saône (Franche-Comté), arr. et à 30 k. de Gray, cant. et ✉ de Champlitte. Pop. 926 h.

LEFFONDS, vg. H.-Marne (Champagne), arr. et à 30 k. de Chaumont-en-Bassigny, cant. et ✉ d'Arc-en-Barrois. Pop. 819 h. — Foires les 22 janv., 26 mai, 26 juillet, 4 oct. et 20 déc.

LÉGE, vg. H.-Garonne (Comminges), arr. et à 34 k. de St-Gaudens, cant. et ✉ de St-Béat. Pop. 311 h.

LÉGE, vg. Gironde (Guienne), arr. et à 46 k. de Bordeaux, cant. et ✉ d'Audange. Pop. 370 h. — Il est situé entre la mer et le bassin d'Arcachon, au milieu des dunes.

Son église, précédemment transportée à près de 4 k. de l'emplacement qu'elle occupait pour la garantir de l'invasion des sables, rebâtie ensuite par la même raison au lieu où elle est aujourd'hui, n'est plus maintenant qu'à une petite distance de ces sables et de la mer, dont ils sont les précurseurs. La tradition conserve le souvenir d'un château et de quelques villages sur lesquels on donne des détails circonstanciés, et qui, d'abord ensevelis sous ces mêmes sables, ont ensuite passé sans retour sous les eaux de l'Océan.

LÉGE, petite ville, Loire-Inf. (Bretagne), arr. et à 39 k. de Nantes, chef-l. de cant. bureau d'enregist. à St-Philibert. Cure. ✉. A 427 k. de Paris pour la taxe des lettres. Pop. 3,401 h. — TERRAIN cristallisé ou primitif.

Cette ville est agréablement située, dans une contrée fertile et bien cultivée, près de la rive droite de la Logne. Elle est bâtie sur un coteau élevé d'où l'on jouit d'une fort belle vue sur les campagnes environnantes. L'air y est très-salubre.

De toutes les villes de la Vendée, Legé est celle qui a le plus souffert à l'époque où la guerre civile désolait ce malheureux pays. Elle a été prise et reprise plusieurs fois par les Vendéens et par les républicains, qui se disputaient sa position militaire, et chaque parti y a laissé après lui des traces de ses vengeances. Pendant plusieurs années ce ne fut qu'un amas de ruines désertes ou abandonnées, où aucun habitant n'osait plus revenir. Aujourd'hui on y compte 180 maisons assez bien bâties, habitées en partie par des aubergistes, des cabaretiers et des marchands de toutes sortes de denrées.

L'église paroissiale est un bel édifice entièrement construit en granit ; sa forme est celle d'une croix ; seize arcades en pierre de taille soutiennent la couverture. Elle a 38 m. 32 c. de long et 21 m. 49 c. de large dans œuvre. L'intérieur en est parfaitement décoré et orné de 4 statues colossales, dues au ciseau de M. Dominique Molchnech, et de deux tableaux peints par M. Pineau, élève de David.

Sur la route de Nantes, à peu de distance de Legé, on remarque un monument élevé en 1827 à la mémoire du général vendéen Charette, fusillé à Nantes le 9 germinal an IV (29 mars 1795).

Au nord de Legé se trouve le château de Bois-Chevallier, bâti en 1656 par Olivier-Chevallier, seigneur de Bois-Chevallier, de la Voisinière et autres lieux, et érigé en châtellenie par Louis XIV en 1666, avec permission d'y faire construire deux ponts-levis et de l'entourer de larges fossés. Ce château offre un beau corps de bâtiment, flanqué de six pavillons et surmonté au milieu d'un dôme très-élevé. Il

est entouré d'un parc fermé de murs d'environ 3 k. de circonférence, renfermant des bois, des prairies, des vignes, des jardins, des vergers, des terres labourables et deux étangs. A l'époque de son érection en châtellenie, le roi autorisa le fondateur, ainsi que ses descendants, qui le possèdent encore aujourd'hui, à prendre le nom de cette terre. En 1794, le château de Bois-Chevallier, qui avait servi plus d'une fois de retraite aux royalistes du pays, fut réduit en cendres et en partie démoli. Il a été entièrement restauré en 1800.
— Commerce de bestiaux de la plus belle espèce, de froment, seigle, mil, sarrasin, vin, fruits de toute espèce, etc. — Foires les 3ᵉ mardi de fév. et de mars, 24 avril, 24 juin et 24 août. La dernière est très-bonne et très-fréquentée ; les deux autres sont à peu près nulles.

LEGEDIA (lat. 49°, long. 17°). « Ce lieu est placé, dans la Table théodosienne, entre *Condate*, qui est Rennes, et *Cosedia* ; à XIX. de *Cosedia*, XLVIIII de *Condate*. En partant de la position qui est plus à portée et qui convient à *Cosedia*, la distance paraît conduire à la hauteur du lieu qu'on nomme actuellement le Havre de Lingreville. L'opinion de Sanson que *Legedia* le même lieu qu'*Ingena*, capitale des *Abrincatui*, n'est soutenue d'aucune preuve : elle n'est point convenable aux distances que marque la Table, sans laquelle néanmoins on n'aurait aucune connaissance de *Legedia*. » D'Anville. *Notice de l'ancienne Gaule*, p. 405. V. aussi Walckenaer. *Géographie des Gaules*, t. I, p. 396.

LÉGER (St-), vg. *H.-Alpes* (Dauphiné), arr. et à 18 k. de Gap, cant. et ✉ de St-Bonnet. Pop. 276 h.

LÉGER (St-), ou LÉGER-SOUS-BRIENNE, vg. *Aube* (Champagne), arr. et à 26 k. de Bar-sur-Aube, cant. et ✉ de Brienne. Pop. 368 h.

LÉGER (St-), vg. *Aube* (Champagne), arr. et à 7 k. de Troyes, cant. de Bouilly. P. 421 h.

LÉGER (St-), vg. *Calvados*, comm. de Carcagny. ✉. A 243 k. de Paris pour la taxe des lettres.

LÉGER (St-), vg. *Charente* (Angoumois), arr. et à 23 k. d'Angoulême, cant. et ✉ de Blanzac. Pop. 203 h.

LÉGER (St-), vg. *Charente-Inf.*, comm. de St-Mandé, ✉ d'Aulnay.

LÉGER (St-), *Côte-d'Or* (Bourgogne), arr. et à 27 k. de Dijon, cant. et ✉ de Pontailler-sur-Saône. Pop. 165 h.

LÉGER (St-), vg. *H.-Garonne*, comm. de Montaut, ✉ de Noé.

LÉGER (St-), ou ST-LÉGER-DU-BALSON, vg. *Gironde* (Guienne), arr. et à 22 k. de Bazas, cant. de St-Symphorien, ✉ de Villandraut. Pop. 470 h. — *Foire* le 1ᵉʳ juin.

LÉGER (St-), ou ST-LÉGER-DU-VIGNANE, vg. *Gironde* (Guienne), arr. et à 17 k. de la Réole, cant. et ✉ de Sauveterre. Pop. 462 h.

LÉGER (St-), vg. *Ille-et-Vilaine* (Bretagne), arr. et à 45 k. de St-Malo, cant. et ✉ de Combourg. Pop. 400 h.

LÉGER (St-), vg. *Loire*, comm. de Pouilly-les-Nonains, ✉ de Roanne.

LÉGER (St-), vg. *H.-Loire*, com. de Sembadel, ✉ de la Chaise-Dieu.

LÉGER (St-), vg. *Loire-Inf.* (Bretagne), arr. et à 19 k. de Nantes, cant. de Bouaye, ✉ de Port-St-Père. Pop. 638 h. — *Foire* le 14 avril.

LÉGER (St-), vg. *Lot-et-Garonne* (Gascogne), arr. et à 21 k. de Nérac, cant. et ✉ de Damazan. Pop. 527 h.

LÉGER (St-), vg. *Manche* (Normandie), arr. et à 17 k. d'Avranches, cant. de la Haye-Pesnel, ✉ de Granville. Pop. 303 h.

LÉGER (St-), vg. *Mayenne* (Maine), arr. et à 23 k. de Laval, cant. de Ste-Suzanne, ✉ de Vaiges. Pop. 521 h.

LÉGER (St-), vg. *Pas-de-Calais* (Artois), arr. et à 13 k. d'Arras, cant. de Croisilles, ✉ de Bapaume. Pop. 669 h.

LÉGER (St-), vg. *H.-Rhin*, comm. de Manspach, ✉ de Dannemarie.

LÉGER (St-), vg. *Seine-et-Marne* (Brie), arr. et à 14 k. de Coulommiers, cant. et ✉ de Rebais. Pop. 234 h.

LÉGER (St-), *Leodegarius*, ou ST-LÉGER-EN-IVELINE, vg. *Seine-et-Oise* (Ile-de-France), arr., cant., ✉ et à 12 k. de Rambouillet. Pop. 784 h. — Il est situé au milieu de la forêt de Rambouillet, à la source de la Vesgres.

L'existence de ce village remonte aux premiers temps de la monarchie. Les rois de France y avaient un palais au IXᵉ siècle. Une charte de commune lui fut octroyée en 1216.

En 679, sous le règne de Thierry Iᵉʳ, Leger, évêque d'Autun, fut décapité dans la forêt d'Iveline. Deux cents ans après, le roi Carloman fut tué à la chasse dans cette forêt.

On remarque dans un champ de cette commune, sur un monticule qui domine tous les alentours, un gros bloc de grès nommé *Pierre Ardroue*, ayant 9 m. 17 c. de surface, porté par quatre grosses pierres entre lesquelles est un intervalle vide. Une petite habitation existait jadis sur cette belle table, qui passe dans le pays pour avoir servi de marchepied à la Vierge lors de son assomption !

LÉGER (les Fonds-de-St-), vg. *Seine-et-Oise*, comm. et ✉ de St-Germain-en-Laye.

LÉGER (St-), ou ST-LÉGER-DE-MELLE, vg. *Deux-Sèvres* (Poitou), arr., cant., ✉ et à 1 k. de Melle. Pop. 803 h.

LÉGER (St-), vg. *Vaucluse* (Comtat), arr. et à 42 k. d'Orange, cant. et ✉ de Malaucène. Pop. 207 h. — On voit sur son territoire, derrière le mont Ventoux, une fontaine profonde nommée la Baume-de-la-Mine ; l'entrée a été taillée de main d'homme, et ce travail paraît remonter à une époque très-reculée.

LÉGER (St-), ou ST-LÉGER-DE-MONTBRISAIS, vg. *Vienne* (Poitou), arr., et à 12 k. de Loudun, cant. des Trois-Moutiers. Pop. 563 h. — *Foires* les 25 sept et 1ᵉʳ lundi de Pentecôte.

LÉGER (St-), vg. *Yonne* (Bourgogne), arr. et à 16 k. d'Avallon, cant. et ✉ de Quarré-les-Tombes. Pop. 1,633 h. — *Fabrique* de glu.

PATRIE de VAUBAN. Trente-trois places de guerre réparées, trente-trois autres fortifiées entièrement ; la conduite de cinquante-trois sièges, et cent quarante actions éternisent la gloire militaire de Vauban. Ses traités de fortifications, ses Oisivetés même rendront ses talents immortels comme son génie. — Courtépée assure avoir vu, en 1776, la maison qui fut le berceau de ce grand homme occupée par un sabotier ; elle est aujourd'hui habitée, dit-on, par un cabaretier.

Les biographes sont loin d'être d'accord sur le lieu de naissance de cet homme célèbre, que quelques-uns font naître, dans le département de l'Yonne, d'autres dans celui de la Côte-d'Or, voire même dans celui d'Ille-et-Vilaine. Pour lever tous ces doutes, le docteur Roger a publié il y a quelques années l'acte de naissance de Vauban, qu'il a pris soin de copier sur les registres de la paroisse, et d'où il résulte qu'il est né à St-Léger le 15 mai 1633.

LÉGER-AU-BOIS (St-), vg. *Seine-Inf.* (Normandie), arr. et à 20 k. de Neufchâtel-en-Bray, cant. de Blangy, ✉ de Foucarmont. Pop. 780 h.

LÉGER-AUX-BOIS (St-), vg. *Oise* (Picardie), arr. et à 16 k. de Compiègne, cant. et ✉ de Ribécourt. Pop. 770 h.

LÉGER-BRIDEREIX (St-), vg. *Creuse* (Marche), arr. et à 25 k. de Guéret, cant. de la Souterraine, ✉ de Dun-le-Palleteau. Pop. 469 h.

LÉGER-DE-FOUGERET (St-), vg. *Nièvre* (Nivernais), arr., cant., ✉ et à 10 k. de Château-Chinon. Pop. 1,276 h.

LÉGER-DE-FOURCHES (St-), vg. *Côte-d'Or* (Bourgogne), arr. et à 33 k. de Semur, cant. et ✉ de Saulieu. Pop. 994 h.

LÉGER-DE-GLATIGNY (St-), vg. *Eure* (Normandie), arr. et à 18 k. de Bernay, cant. et ✉ de Thiberville. Pop. 100 h.

LÉGER-DE-MONTBRUN (St-), vg. *Deux-Sèvres* (Poitou), arr. et à 35 k. de Bressuire, cant. et ✉ de Thouars. Pop. 842 h.

LÉGER-DE-PEYRE (St-), vg. *Lozère* (Languedoc), arr., cant., ✉ et à 6 k. de Marvejols. Pop. 797 h. — On y trouve plusieurs sources d'eaux minérales qui paraissent tenir en dissolution beaucoup de cuivre. — *Fabriques* de serges, cadis et autres étoffes de laine.

LÉGER-DES-AUBÉES (St-), vg. *Eure-et-Loir* (Beauce), arr. et à 20 k. de Chartres, cant. et ✉ d'Auneau. Pop. 328 h.

LÉGER-DES-BOIS (St-), vg. *Maine-et-Loire* (Anjou), arr. et à 12 k. d'Angers, cant. et ✉ de St-Georges-sur-Loire. Pop. 668 h.

LÉGER-DES-BRUYÈRES (St-), vg. *Allier* (Bourbonnais), arr. et à 34 k. de la Palisse, et à 60 k. de Cusset, cant. du Donjon, ✉ de Digoin. Pop. 439 h.

LÉGER-DES-VIGNES (St-), vg. *Nièvre* (Nivernais), arr. et à 35 k. de Nevers, cant. et ✉ de Décize. Pop. 1,254 h.

LÉGER-DU-BOIS (St-), vg. *Saône-et-Loire* (Bourgogne), arr. et à 13 k. d'Autun, cant. et ✉ d'Epinac. Pop. 985 h.

LÉGER-DU-BOSCDEL (St-), vg. *Eure* (Normandie), arr., cant., ⊠ et à 5 k. de Bernay. Pop. 376 h. — *Fabriques* de tissus pour bretelles.

LÉGER-DU-BOSQ (St-), vg. *Calvados* (Normandie), arr. et à 18 k. de Pont-Lévêque, cant. de Dives, ⊠ de Dozullé. A 243 k. de Paris pour la taxe des lettres. Pop. 311 h.

LÉGER-DU-BOURG-DENIS (St-), vg. *Seine-Inf.* (Normandie), arr. et à 6 k. de Rouen, cant. et ⊠ de Darnetal. Pop. 932 h. — *Fabriques* de cordes. Filatures de coton. Blanchisseries. Teintureries. Tuileries.

LÉGER-DU-GENNETEY (St-), vg. *Eure* (Normandie), arr. et à 24 k. de Pont-Audemer, cant. et ⊠ de Bourgthéroulde. Pop. 168 h.

LÉGER-DU-HOULEY (St-), vg. *Calvados*, comm. d'Ouillye-la-Ribaude, ⊠ de Lisieux.

LÉGER-DU-MALZIEU (St-), vg. *Lozère* (Languedoc), arr. et à 48 k. de Marvejols, cant. et ⊠ de Malzieu. Pop. 379 h.

LÉGER-EN-BRAY (St-), vg. *Oise* (Picardie), arr. et à 8 k. de Beauvais, cant. et ⊠ d'Auneuil. Pop. 262 h.

LÉGER-EN-PONS (St-), vg. *Charente-Inf.* (Saintonge), arr., cant., ⊠ et à 16 k. de Pons. Pop. 716 h.

LÉGER-GUÉRETOIS (St-), vg. *Creuse* (Marche), arr. et à 5 k. de Guéret, cant. et ⊠ de St-Vaury. Pop. 712 h.

LÉGER-LA-CAMPAGNE (St-), vg. *Eure*, comm. d'Emanville, ⊠ de la Commanderie.

LÉGER-LA-MONTAGNE (St-), vg. *H.-Vienne* (Limousin), arr. et à 29 k. de Limoges, cant. de Laurière, ⊠ de Razès. Pop. 1,106 h.

LÉGER-LA-PALUD (St-), vg. *Vienne*, comm. de Marigny-Brizay, ⊠ de Châtellerault. — *Foires* les 1er, 16 et 29 oct.

LÉGER-LE-PAUVRE (St-), vg. *Somme* (Picardie), arr. et à 53 k. d'Amiens, cant. d'Oisemont, ⊠ de Blangy. Pop. 64 h.

LÉGER-LE-PETIT (St-), vg. *Cher* (Berry), arr. et à 28 k. de Sancerre, cant. de Sancergue, ⊠ de la Charité. Pop. 478 h.

LÉGER-LÈS-AUTHIE (St-), vg. *Somme* (Picardie), arr. et à 15 k. de Doullens, cant. et ⊠ d'Acheux. Pop. 267 h.

LÉGER-LÈS-DOMART (St-), vg. *Somme* (Picardie), arr. et à 20 k. de Doullens, cant. et ⊠ de Domart. Pop. 499 h.

LÉGER-LÈS-PARAY (St-), vg. *Saône-et-Loire* (Bourgogne), arr. et à 15 k. de Charolles, cant. et ⊠ de Paray-le-Monial. Pop. 379 h.

LÉGER-MAGNAZEIX (St-), vg. *H.-Vienne* (Limousin), arr. et à 28 k. de Bellac, cant. de Magnac-Laval, ⊠ d'Arnac-la-Poste. Pop. 1,664 h.

LÉGER-SOUS-BEUVRAY (St-), vg. *Saône-et-Loire* (Bourgogne), arr., ⊠, bureau d'enregist. et à 17 k. d'Autun, chef-l. de cant. Cure. Pop. 1,417 h. — TERRAIN plutonique, porphyre rouge. — *Foires* le 21 janv., 4 mai et 10 déc.

LÉGER-SOUS-LA-BUSSIÈRE (St-), vg. *Saône-et-Loire* (Bourgogne), arr. et à 25 k. de Mâcon, cant. et ⊠ de Tramayes. Pop. 770 h.

— *Foires* les 12 et 20 fév., 31 mars, 23 avril, 14 mai, 7 juin, 3 août, 5 sept., 3 oct., 5 et 15 nov., 28 déc. et veille de la Passion.

LÉGER-SOUS-MARGERIE (St-), vg. *Aube* (Champagne), arr. et à 32 k. d'Arcis-sur-Aube, cant. et ⊠ de Chavanges. Pop. 240 h.

LÉGER-SUR-BONNEVILLE (St-), vg. *Eure* (Normandie), arr. et à 18 k. de Pont-Audemer, cant. et ⊠ de Beuzeville. P. 211 h.

LÉGER-SUR-D'HEUNE (St-), vg. *Saône-et-Loire* (Bourgogne), arr. et à 19 k. de Chalon-sur-Saône, cant. de Chagny, ⊠ du Bourgneuf. ☞. Pop. 1,836 h.

Le territoire de cette commune, situé sur la Dheune et sur les bords du canal du Centre, renferme de vastes carrières de gypse. La couche exploitée a généralement 9 m. d'épaisseur. Voici la coupe d'une des carrières, avec les noms des divers bancs :

Calcaire marneux.	3 m. »
Gypse ; banc de greiots.	1 50
— banc d'éclat.	» 80
Banc de marne.	2 30
Gypse ; gros banc rouge.	1 50
— banc gris.	1 »
— banc de boules.	1 »
— banc rouge.	1 »
— banc de galerie.	2 »
— banc de fond.	2 30

Le gypse exploité dans ces carrières est dur et nécessite toujours l'emploi de la poudre. Le plâtre qui provient des bancs d'éclat est d'une qualité supérieure aux autres.

La commune de St-Léger renferme aussi des terrains houillers exploités qui sont compris dans la concession de St-Berain-sur-Dheune.

— *Foires* les 6 avril et 9 sept.

LÉGER-SUR-SARTHE (St-), vg. *Orne* (Normandie), arr. et à 25 k. d'Alençon, cant. et ⊠ du Mesle-sur-Sarthe. Pop. 646 h.

LÉGÉVILLE, vg. *Vosges* (Lorraine), arr. et à 15 k. de Mirecourt, cant. et ⊠ de Dompaire. Pop. 168 h.

LÉGLANTIERS, vg. *Oise* (Picardie), arr. et à 18 k. de Clermont, cant. de Maignelay, ⊠ de St-Just-en-Chaussée. Pop. 443 h.

LÉGNA, vg. *Jura* (Franche-Comté), arr. et à 28 k. de Lons-le-Saulnier, cant. et ⊠ d'Arinthod. Pop. 451 h.

LÉGNI, vg. *Rhône* (Lyonnais), arr. et à 15 k. de Villefranche-sur-Saône, cant. et ⊠ du Bois-d'Oingt. Pop. 401 h.

LÉGRERIE (la), *Isère*. V. L'ALLÉGRERIE.

LÉGUÉ (le), vg. *Côtes-du-Nord*, comm. de Plérin, ⊠ de St-Brieuc. V. ST-BRIEUC.

LÉGUEVIN, vg. *H.-Garonne* (Armagnac), arr., bureau d'enregist. et à 18 k. de Toulouse, chef-l. de cant. Cure. ⊠. A 706 k. de Paris pour la taxe des lettres. Pop. 817 h. — TERRAIN tertiaire moyen. — *Foires* les 20 janv., 20 avril, 20 août et 20 nov.

LEGUGNON, vg. *B.-Pyrénées*, comm. de Ste-Marie-Legugnon, ⊠ d'Oloron.

LÉGUILLAC-DE-CERCLES, vg. *Dordogne* (Périgord), arr. et à 23 k. de Nontron, cant. et ⊠ de Mareuil. Pop. 1,154 h. — *Foires* les 2 janv., 3 fév., 1er juin, et lundi après le 22 sept.

LÉGUILLAC-DE-LAUCHE, vg. *Dordogne* (Périgord), arr. et à 16 k. de Périgueux, cant. et ⊠ de St-Astier. Pop. 678 h.

LÉHON, vg. *Côtes-du-Nord* (Bretagne), arr., cant., ⊠ et à 1 k. de Dinan. P. 933 h.

Ce village, situé à l'extrémité d'un des faubourgs de Dinan, doit son origine à un monastère fondé en 850, par Nominoé, roi de Bretagne. Près de l'église abbatiale de cet ancien couvent existe une chapelle gothique, bien conservée, connue sous le nom de chapelle des Beaumanoirs, où l'on voit les débris des tombeaux de cette illustre famille au nombre desquels est celui du fameux Beaumanoir qui vainquit les Anglais au combat des Trente.

Sur une hauteur qui domine le village apparaissent les vieilles tours couronnées de lierre de l'ancien château de Léhon, qui, après avoir plusieurs fois assiégé, pris, démoli et reconstruit plusieurs fois, est aujourd'hui dans un état complet de dégradation, mais dont l'aspect toutefois est éminemment pittoresque. On jouit de sa plate-forme d'un coup d'œil ravissant sur le charmant paysage qui borde le cours de la Rance, sur les rochers escarpés qui dominent certaines parties de cette rivière, et sur les ruines antiques de l'église et du monastère de Léhon.

LEICHERT, vg. *Ariège* (Languedoc), arr., ⊠ et à 12 k. de Foix, cant. de Lavelanet. Pop. 407 h.

LEIGNÉ-LES-BOIS, vg. *Vienne* (Poitou), arr. et à 16 k. de Châtellerault, cant. de Pleumartin, ⊠ de la Roche-Posay. Pop. 716 h.

LEIGNÉ-SUR-FONTAINE, vg. *Vienne* (Poitou), arr. et à 12 k. de Montmorillon, cant et ⊠ de Chauvigny. Pop. 889 h.

LEIGNÉE-SUR-USSEAU, vg. *Vienne* (Poitou), arr., ⊠, bureau d'enregist. et à 14 k. de Châtellerault, chef-l. de cant. Cure. Pop. 396 h. — TERRAIN crétacé inférieur, grès vert.

LEIGNEUX, vg. *Loire* (Forez), arr. et à 19 k. de Montbrison, cant. et ⊠ de Boën. Pop. 462 h.

LEIMBACH, vg. *H.-Rhin* (Alsace), arr. et à 32 k. de Belfort, cant. et ⊠ de Thann. Pop. 623 h.

LEINHAC, vg. *Cantal* (Auvergne), arr. et à 30 k. d'Aurillac, cant. et ⊠ de Maurs. Pop. 1,100 h.

LEINTREY, vg. *Meurthe* (Lorraine), arr. et à 25 k. de Lunéville, cant. et ⊠ de Blamont. Pop. 624 h.

LEISPARS, vg. *B.-Pyrénées*, comm. d'Ispoure, ⊠ de St-Jean-Pied-de-Port.

LEISSARD, vg. *Ain* (Bourgogne), arr. à 16 k. de Nantua, cant. d'Izernore. P. 646 h.

LEITERSWILLER, vg. *B.-Rhin* (Alsace), arr. et à 13 k. de Wissembourg, cant. et ⊠ de Soultz-sous-Forêts. Pop. 242 h.

LÉLAIS, vg. *Eure*, comm. de Séezmesnil, ⊠ de Conches.

LÉLEX, vg. *Ain* (pays de Gex), arr., cant., ⊠ et à 10 k. de Gex. Pop. 558 h.

LELIN-LAPUJOLLE, ou LOULIN, vg. *Gers* (Armagnac), arr. et à 54 k. de Mirande, cant. et ⊠ de Riscle. Pop. 518 h.

LELLING, vg. *Moselle* (pays Messin), arr. et à 35 k. de Sarreguemines, cant. de Gros-Tenquin, ⊠ de Faulquemont. Pop. 492 h.

LEMAINVILLE, vg. *Meurthe* (Lorraine), arr. et à 24 k. de Nancy, cant. d'Haroué, ⊠ de Neuwiller-sur-Moselle. Pop. 408 h.

LEMANUS LACUS. (lat. 47°, long. 25°.) « César, Strabon, Méla, Pline, Ptolémée, Lucain, Ausone, Ammien Marcellin, font mention du lac Léman. La manière dont César s'explique, *lacus Lemanus qui in flumen Rhodanum influit*, doit signifier que le Rhône est la décharge du lac Léman. Mais Ausone s'explique précisément comme si le Rhône avait son origine au lac même : *Qua rapitur preceps Rhodanus, genitore Lemano*. Strabon est plus correct, en disant que le Rhône traverse le lac Léman ; et Ammien est du nombre de ceux qui ont cru que les eaux du fleuve ne se mêlent point avec les eaux du lac : *Paludi sese ingurgitat Lemano (Rhodanus) eamque intermeans, nusquam aquis misceetur alienis*. Méla (lib. II, cap. 5) avait débité la même chose en d'autres termes : *Lemano lacu acceptus, tenet impetum, seque per medium integer agens, quantus venit, egreditur*. Dans l'Itinéraire d'Antonin, le nom du lac est *Lausonius* ; dans la Table théodosienne, *Losannette*. Les Annales de St-Bertin, sous l'an 839, l'appellent *mare Rhodani*. La ville de Genève, étant la plus considérable de celles qui en sont voisines, lui communique aujourd'hui son nom. On pourrait être tenté de croire que le nom de Léman est appellatif, et dérive d'un terme semblable au Λίμνα ou Λίμνη des Grecs. Car il y a des termes qui se trouvent être communs à des nations différentes. » D'Anville. *Notice de l'ancienne Gaule*, p. 405.

LEMBACH, vg. *B.-Rhin* (Alsace), arr., cant., ⊠ et à 14 k. de Wissembourg. Pop. 1,961 h. — Il est situé au milieu des montagnes, sur le Sarbach. — Mines de fer et de plomb. — *Foires* le lundi gras, lundi après la Pentecôte, avant la Nativité, et après la St-Martin.

LAMBÉGE, vg. *Gers*, comm. de St-Arroman, ⊠ de Masseube.

LEMBÈNE, vg. *Tarn-et-Garonne*, comm. et ⊠ de Moissac.

LEMBERG, bg *Moselle* (pays. Messin), arr. et à 35 k. de Sarreguemines, cant. et ⊠ de Bitche. Pop. 2,599 h. — *Fabrique* de faïence. Verrerie et cristallerie. *Foires* le lundi de la Pentecôte et 1ᵉʳ mercredi d'oct.

LEMBEYE, pet. ville, *B.-Pyrénées* (Béarn), arr. à 30 k. de Pau, chef-l. de cant. Cure. ⊠. A 742 k. de Paris pour la taxe des lettres. Pop. 1,401 h. — TERRAIN tertiaire supérieur. — Elle est située dans un territoire fertile en excellents vins blancs.

— Les armes de **Lembeye** sont : *d'or à une vache passante de gueules accornée, accolée et clarinée d'azur, et adossée contre une tour* crénelée d'azur posée en pal, surmontée d'un croissant montant de gueules en chef.

PATRIE du conventionnel CASENAVE.

Foires les 25 mars (2 j.) et 2ᵉ jeudi après l'Ascension.

LEMBRAS, vg. *Dordogne* (Périgord), arr., cant., ⊠ et à 7 k. de Bergerac. Pop. 624 h.

LÉMÉ, vg. *Aisne* (Picardie), arr., ⊠ et à 8 k. de Vervins, cant. de Nouvion. P. 1,664 h.

LÈME, vg. *B.-Pyrénées* (Béarn), arr. et à 15 k. de Pau, cant. de Thèse, ⊠ d'Auriac. Pop. 449 h.

LÉMÉRÉ, vg. *Indre-et-Loire* (Touraine), arr. et à 14 k. de Chinon, cant. de Richelieu, ⊠ de Champigny. Pop. 624 h.

LEMESTROF, vg. *Moselle*, comm. d'Oudren, ⊠ de Sierck.

LEMIEUX, vg. *Loire*, comm. de Chagnon, ⊠ de Rive-de-Gier.

LEMINCUM (lat. 46°, long. 24°). « En suivant une route qui conduit depuis Vienne jusqu'au passage de l'*Alpis Graia*, ou du petit St-Bernard, et qui traverse la Tarentaise, on trouve dans l'Itinéraire d'Antonin et dans la Table théodosienne une position sous le nom de Lemincum. Ce nom s'est conservé dans celui de Lémens, que porte un petit lieu trop voisin de Chambéry, dont il n'est séparé que par le cours de la rivière de Laisse, pour être aujourd'hui de quelque considération. Dans un titre de l'an 1025 ou environ, rapporté par Guichenon (t. III, p. 4), et qui est une charte de Rodolfe III, roi de Bourgogne, en faveur de l'abbaye d'Ainai, ce lieu est appelé *villa Lemensis*. En remarquant quelle est la direction qui convient à la route où *Lemincum* se rencontre, on voit que la situation de Lémens concourt avec sa dénomination, pour nous faire connaître *Lemincum* ; et le moyen d'en bien juger se développe dans l'article particulier de chacun des lieux qui y ont rapport immédiatement. Sanson, perdant de vue cette direction, a jeté *Lemincum* dans le Graisivaudan, et je vois que le nom de Lumbin, que porte un lieu situé à mi-chemin de Grenoble au fort de Barraux, lui en a imposé. Quand l'analogie, qu'on n'y découvre point, serait un peu plus évidente, elle ne se soutiendrait pas contre l'identité qui est entre Lémens et *Lemincum*. Il faut que M. de l'Isle n'ait pas connu Lémens, en plaçant *Lemincum* sur l'Isère dans sa carte de l'ancienne Italie. » D'Anville. *Notice de l'ancienne Gaule*, p. 406.

LEMMÉCOURT, vg. *Vosges* (Lorraine); arr., cant., ⊠ et à 12 k. de Neufchâteau. Pop. 125 h.

LEMMES, vg. *Meuse* (pays Messin), arr., ⊠ et à 13 k. de Verdun-sur-Meuse, cant. de Souilly. Pop. 367 h.

LEMONCOURT, vg. *Meurthe* (Lorraine), arr. et à 17 k. de Château-Salins, cant. et ⊠ de Delme. Pop. 240 h.

LEMOVICES (lat. 46°, long. 19°). « César, Strabon, Pline, Ptolémée, en font mention. Dans Ptolémée, leur nom est *Lomouici*, selon le texte grec, et dans la version latine *Limuici*. Il s'explique convenablement sur leur situation, en disant qu'ils sont avancés dans les terres, et contigus aux *Pictones*. Je pense que personne n'ignore que le diocèse de Limoges, renfermant celui de Tulle, qui n'est pas ancien ni de grande étendue, et en y comprenant l'extension de ce diocèse au dehors du Limousin, dans la province de la Marche, qui est proprement *Marchia Lemovicina*, représente les *Lemovices*. On peut croire qu'un petit lieu sous le nom de Maison-Feines, à l'extrémité de la Marche, vers le Berri, est un indice des anciennes limites des *Lemovices* du côté des *Bituriges*. Mais la répétition que l'on trouve du nom de *Lemovices*, dans le septième livre des Commentaires, forme une difficulté qu'il est plus aisé d'exposer que de résoudre. Les peuples de la Gaule fournissant leur contingent de troupes pour marcher au secours d'Alise, investie par César, les *Lemovices* sont nommés par armer également, comme les *Bellovaci*, dix mille hommes : *Bellovacis (millia) decem, totidem Lemovicibus*. On lit quelques lignes plus bas, et à la suite de plusieurs autres peuples: *Universi civitatibus quæ Oceanum attingunt, quæque eorum consuetudine Armoricæ appellantur, quo sunt in numero Curiosolites, Redones, Ambibarii, Cadetes, Osismii, Lemovices, Unelli, Sena*. Or il répugne également de voir les *Lemovices* répétés, comme de les voir au nombre des peuples maritimes, s'il faut l'entendre des *Lemovices* qui ont donné le nom au Limousin ; et cela paraît d'autant plus étrange, que les *Santones* et les *Pictones*, quoiqu'ils soient voisins de la mer, ne sont point compris dans le dénombrement entre les cités armoriques. C'est ce qui a déterminé plusieurs critiques, Joseph Scaliger, Ciacconius, à rejeter cette seconde mention des *Lemovices*, et Sanson est du même avis. Mais tous les manuscrits s'y opposent, et le métaphraste grec est d'accord avec les manuscrits. M. de Valois (p. 269) est même persuadé que saint Ouen, en écrivant la Vie de saint Eloi, et Flodoard, en parlant de saint Basle, ont dû lire dans César, il y a plus de mille ans, ce qu'on y lit aujourd'hui, parce qu'ils confondent les *Lemovices* avec ceux qui sont indiqués entre les peuples armoriques. Car dans ces auteurs il est parlé du *territorium Lemovicinum*, ou du Limousin, dont saint Eloi et saint Basle étaient sortis, comme d'un pays compris dans l'Armorique, *in partibus Armoricanis*; ce qui paraît tirer sa source de la lecture de César. M. de Valois et quelques autres savants ont cru qu'on pouvait remplacer les *Lemovices*, nommés en second, par le nom de *Leonenses*, qui désignerait le pays de Léon dans la basse Bretagne. En ce cas-là, je pense qu'il conviendrait mieux, pour s'écarter d'autant moins de ce qui est écrit *Lemovices*, de lire *Leonices*, ou même *Leonnices*, puisque dans la Chronique de Robert du Mont-St-Michel on trouve en quelques endroits *Leunnum* et *Leunnenses*. Quoique dans la Vie de saint Gildas (Acta SS. ord. S. Bened., t. I) saint Paul, qui a été évêque de Léon, soit appelé *Oximorum Ecclesiæ episcopus*, il ne s'ensuit pas en rigueur que le territoire de Léon, sur lequel le nom des *Osismii* a pu dominer, ne saurait être désigné sous le nom d'un autre peuple. Nous voyons dans les Commentaires qu'il y avait des peuples subordonnés à un peuple plus considérable, et renfermés dans son territoire. Au reste, ces considérations ne sont pas suffisantes pour se permettre d'inscrire des *Leonices* dans une carte de l'ancienne Gaule ; et il est à propos d'ajouter que, dans le passage de César qui donne lieu à cette discussion, les *Ambibarii* qu'on y voit dénommés sont demeurés inconnus : car c'est deviner avec Sanson, que de les confondre avec les *Abrincatui*. Les *Cadetes* sont dans le même cas, supposé qu'on ne juge pas convenable de lire plutôt *Caleti* ou *Caletes*. » D'Anville. *Notice de l'ancienne Gaule*, p. 407. V. aussi Walckenaer. *Géogr. des Gaules*, t. i, p. 134, 337, 370.

LEMPAUT. vg. *Tarn* (Languedoc), arr. et à 31 k. de Lavaur, cant. et ✉ de Puylaurens. Pop. 821 h.

LEMPDES, bg *H.-Loire* (Auvergne), arr. et à 15 k. de Brioude, cant. d'Auzon. Cure. ✉. ☞. A 435 k. de Paris pour la taxe des lettres. Pop. 1,426 h. — *Foires* les 21 août et 1er oct.

LEMPDES, vg. *Puy-de-Dôme* (Auvergne), arr. et à 10 k. de Clermont-Ferrand, cant. et ✉ de Pont-du-Château. ☞. Pop. 1,728 h.

LEMPIRE, vg. *Aisne* (Picardie), arr. et à 21 k. de St-Quentin, cant. et ✉ du Catelet. Pop. 498 h.

LEMPIRE, vg. *Meuse* (pays Messin), arr., ✉ et à 9 k. de Verdun-sur-Meuse, cant. de Souilly. Pop. 136 h.

LEMPS, vg. *Ardèche* (Vivarais), arr., cant., ✉ et à 10 k. de Tournon. Pop. 513 h.

LEMPS, vg. *Drôme* (Dauphiné), arr. et à 38 k. de Nyons, cant. et ✉ de Rémusat. Pop. 335 h. — *Foires* les 3 fév., 3 mai, 24 juin, 27 août, 21 oct. et 6 déc.

LEMPTY, vg. *Puy-de-Dôme* (Auvergne), arr. et à 20 k. de Thiers, cant. et ✉ de Lezoux. Pop. 458 h.

LEMPZOURS, vg. *Dordogne* (Périgord), arr. et à 28 k. de Nontron, cant. et ✉ de Thiviers. Pop. 391 h.

LEMUD, vg. *Moselle* (pays Messin), arr. et à 18 k. de Metz, cant. de Pange, ✉ de Solgne. Pop. 227 h.

LEMUY, vg. *Jura* (Franche-Comté), arr. de Poligny, à 23 k. d'Arbois, cant. et ✉ de Salins. Pop. 619 h.

LÉNARDS (le), vg. *Ain*, comm. de Garnerans, ✉ de Thoissey.

LÉNAULT, vg. *Calvados* (Normandie), arr. et à 23 k. de Vire, cant. de Condé-sur-Noireau, ✉ de Vassy. Pop. 511 h.

LENAX, vg. *Allier* (Bourbonnais), arr. de la Palisse, à 40 k. de Cusset, cant. et ✉ du Donjon. Pop. 1,025 h.

LENAY, vg. *Maine-et-Loire*, comm. ✉ de Montreuil-Bellay.

LENCEPLAINE, vg. *Dordogne*, comm. de Coux, ✉ de Bugue.

LENCLOITRE, vg. *Vienne* (Poitou), arr., ✉ et à 17 k. de Châtellerault, chef-l. de cant.

Cure. Pop. 1,422 h. — TERRAIN crétacé inférieur, grès vert.

LENCOUACQ, vg. *Landes* (Gascogne), arr. et à 28 k. de Mont-de-Marsan, cant. et ✉ de Roquefort. Pop. 1,175 h. — *Foires* les 9 mai, 1er et 2 sept.

LENDRESSE, vg. *B.-Pyrénées* (Béarn), arr. et à 14 k. d'Orthez, cant. de Lagor, ✉ d'Artix. Pop. 230 h.

LENGELSHEIM, vg. *Moselle* (pays Messin), arr. et à 36 k. de Sarreguemines, cant. de Volmünster, ✉ de Bitche. Pop. 610 h.

LENGLET, vg. *Pas-de-Calais*, comm. et ✉ d'Aire-sur-la-Lys.

LENGRONNE, *Chlorogea Unellorum, Terra viridis*, vg. *Manche* (Normandie), arr. et à 15 k. de Coutances, cant. et ✉ de Gavray. Pop. 2,014 h.

LENGROS, vg. *Gers*, comm. de St-Aunix-Lengros, ✉ de Plaisance.

LENHARRÉE, vg. *Marne* (Champagne), arr. et à 34 k. d'Epernay, cant. et ✉ de Féré-Champenoise. Pop. 273 h.

LÉNING, vg. *Meurthe* (Lorraine), arr. de Château-Salins, à 33 k. de Vic, cant. d'Albestroff, ✉ de Dieuze. Pop. 501 h. — *Foires* le lundi après le 25 août, ou le 25 août si ce jour tombe un lundi.

LÉNISEUL, vg. *H.-Marne* (Champagne), arr. et à 36 k. de Chaumont-en-Bassigny, cant. et ✉ de Clefmont. Pop. 335 h.

LENNEVEZ-EN-DOL, vg. *Côtes-du-Nord*, comm. de Ploubazlanec, ✉ de Paimpol.

LENNON, vg. *Finistère* (Bretagne), arr. et à 15 k. de Châteaulin, cant. et ✉ de Pleyben. Pop. 1,395 h.

LENONCOURT, vg. *Meurthe* (Lorraine), arr. et à 11 k. de Nancy, cant. et ✉ de St-Nicolas-du-Port. Pop. 521 h.

LENS, *Elena, Lenense*, petite ville, *Pas-de-Calais* (Artois), arr. à 20 k. de Béthune, chef-l. de cant. Cure. Gîte d'étape. ✉. ☞. A 210 k. de Paris pour la taxe des lettres. Pop. 2,673 h. — TERRAIN crétacé supérieur, craie.

Autrefois diocèse d'Arras, conseil d'Artois, parlement de Paris, intendance de Lille, recette, brigade de maréchaussée, collégiale, 2 couvents.

Lens est une ville très-ancienne, qui portait autrefois le nom d'Eleux, et où les rois de France avaient un palais en IXe siècle. Elle était jadis fortifiée, et a été prise plusieurs fois. En 1648, le prince de Condé remporta sous ses murs une victoire signalée sur les Espagnols. Jamais on ne vit une victoire plus complète ; le général Beck y fut blessé à mort et fait prisonnier ; le prince de Ligne, général de la cavalerie espagnole, eut la même destinée, aussi bien que presque tous les principaux officiers allemands, et tous les officiers tant espagnols qu'italiens. Ils laissèrent sur le champ de bataille trente-huit pièces de canon et huit mille hommes ; on leur prit plusieurs étendards et tout leur bagage. Le nombre des prisonniers se montait à cinq mille, etc.

Fabriques considérables d'eaux-de-vie de grains et de pommes de terre. Tanneries. Savonneries. — *Commerce* de grains, lin et chanvre. — *Foire* le 8 sept.

Bibliographie. PEYRÈRE (Isaac DE LA). *La bataille de Lens, donnée le 20 août 1648*, in-f°, 1649.

* *Relation de la bataille de Lens, gagnée par le prince de Condé sur les Espagnols*, in-4, 1648.

LENS, vg. *Deux-Sèvres*, comm. de St-Symphorien, ✉ de Niort.

LENS-LESTANG, vg. *Drôme* (Dauphiné), arr. et à 58 k. de Valence, cant. du Grand-Serre, ✉ de Moras. Pop. 1,602 h. — *Foires* les 27 avril, 24 juin, 11 sept. et 27 nov.

LENT, vg. *Jura* (Franche-Comté), arr. et à 22 k. de Poligny, cant. et ✉ de Champagnole.

LENT-EN-DOMBES, ou LENS-SUR-VEYLE, bg *Ain* (Bresse), arr., cant., ✉ et à 11 k. de Bourg-en-Bresse. ☞. Pop. 1,039 h. Sur la rive gauche de la Veyle.

PATRIE de FR.-P. BELLAY, médecin des armées des Alpes et d'Italie.

Commerce considérable de chevaux. — *Foires* les 1er mars, 25 avril, 6 juin, 22 juillet, 1er oct. et lundi après le 8 déc.

LENTIER, vg. *Var*, comm. d'Ampus, ✉ de Draguignan.

LENTIGNY, vg. *Loire* (Forez), arr., cant., ✉ et à 10 k. de Roanne. Pop. 409 h.

LENTILLAC-PRÈS-FIGEAC, vg. *Lot* (Quercy), arr., cant., ✉ et à 11 k. de Figeac. Pop. 579 h. — Il est bâti dans une contrée pittoresque, sur le ruisseau de Souscyrac, qui se précipite de 12 m. de haut et forme en cet endroit une fort belle cascade. A 2 k. plus bas, ce même ruisseau forme une autre cascade dont la chute est de 15 m. ; là trois croupes de montagnes se sont détachées, sont tombées dans le ruisseau, l'ont forcé d'élever son lit et de se précipiter en majestueuse cataracte.

A peu de distance du bourg on voit sur le sommet d'un rocher coupé à pic les restes d'un oratoire dédié à la Vierge, près duquel est un ermitage.

LENTILLAC-PRÈS-LAUZÈS, vg. *Lot* (Quercy), arr., cant. et à 25 k. de Cahors, cant. de Lauzès, ✉ de Pélacoy. Pop. 655 h. — Il est situé près du ruisseau de Sabadel, qui coule entre des montagnes dont les flancs offrent les accidents de rochers les plus variés et les plus pittoresques.

On voit sur le territoire de cette commune un dolmen placé sur une butte conique, à l'entour duquel on a découvert dix tombeaux qui renfermaient un ou plusieurs squelettes. — *Foires* les 2 avril, 5 mai et 24 déc.

LENTILLAC-PRÈS-ST-CÉRÉ, bg *Lot* (Quercy), arr. et à 35 k. de Figeac, cant. et ✉ de St-Céré. Pop. 968 h.

LENTILLÈRES, vg. *Ardèche* (Languedoc), arr. et à 35 k. de Privas, cant. et ✉ d'Aubenas. Pop. 380 h.

LENTILLES, vg. *Aube* (Champagne), arr. et à 42 k. de Bar-sur-Aube, cant. et ✉ de Chavanges. Pop. 465 h.

LENTILLY, vg. *Rhône* (Lyonnais), arr. et à 17 k. de Lyon, cant. et ✉ de l'Arbresle. Pop. 1,225 h. — *Foires* les 2 janv., 29 juin, 11 août et 9 oct. — Marché tous les jeudis.

LENTIOL, vg. *Isère* (Dauphiné), arr. et à 30 k. de St-Marcellin, cant. de Roybon, ✉ de Beaurepaire. Pop. 386 h.

LENTO, vg. *Corse*, arr., ✉ et à 44 k. de Bastia, cant. de Campitello. Pop. 552 h.

LENT-SUR-VEYLE. V. LENT-EN-DOMBES.

LENZEUX, vg. *Pas-de-Calais* (Artois), arr., cant. et à 11 k. de St-Pol-sur-Ternoise, ✉ de Frévent. Pop. 376 h.

LÉOBARD, vg. *Lot* (Quercy), arr., ✉ et à 8 k. de Gourdon, cant. de Salviac. P. 747 h.

LÉOBAZEL, vg. *Corrèze* (Limousin), arr. et à 40 k. de Tulle, cant. de Mercœur, ✉ d'Argentat. Pop. 271 h.

LÉOCADIE (Ste-), vg. *Pyrénées-Or.* (Roussillon), arr. et à 60 k. de Prades, cant. de Saillagouse, ✉ de Bourg-Madame. P. 131 h.

LÉOGEATS, vg. *Gironde* (Bazadois), arr. et à 16 k. de Bazas, cant. et ✉ de Langon. Pop. 1,001 h. — *Foire* le 17 oct.

LÉOGNAN, bg *Gironde* (Guienne), arr., ✉ à 12 k. de Bordeaux, cant. de Labrède. Pop. 1,796 h. Dans une contrée fertile en vins estimés. — Education des mérinos. — *Foires* le 30 avril et le lundi après le 15 août.

LÉOJAC, vg. *Tarn-et-Garonne* (Quercy), arr., cant., ✉ et à 8 k. de Montauban. Pop. 454 h.

LÉOMER (St-), vg. *Vienne* (Poitou), arr. et à 10 k. de Montmorillon, cant. et ✉ de la Trimouille. Pop. 391 h.

LÉOMONT, vg. *Meurthe*, comm. de Vitrimont, ✉ de Lunéville.

LÉON (St-), vg. *Allier* (Bourbonnais), arr. de la Palisse, à 40 k. de Cusset, cant. de Jaligny, ✉ du Donjon. Pop. 999 h. — *Foire* le 21 mai.

LÉON (St-), bg *Dordogne* (Périgord), arr. et à 23 k. de Bergerac, cant. et ✉ d'Issigeac. Pop. 415 h.

LÉON (St-), vg. *Gers*. V. ST-JAYMES-DE-LÉON.

LÉON (St-), vg. *H.-Garonne*, comm. de Villefranche-de-Lauragais, ✉ de Montgiscard.

LÉON, vg. *Landes* (Gascogne), arr. et à 28 k. de Dax, cant. et ✉ de Castets. Pop. 1,402 h.

LÉON (St-), vg. *Gironde* (Guienne), arr. et à 30 k. de Bordeaux, cant. et ✉ de Créon. Pop. 612 h.

LÉON (St-), vg. *Lot-et-Garonne* (Gascogne), arr. et à 21 k. de Nérac, cant. et ✉ de Damazan. Pop. 540 h.

LÉON-LE-FRANC, vg. *Creuse*, comm. de Boisroger, ✉ d'Aubusson.

LÉONARD (St-), ou LE HAMEAU-LA-RIVIÈRE, vg. *Calvados* (Normandie), arr. et à 16 k. de Pont-l'Evêque, cant. et ✉ de Honfleur. Pop. 684 h.

LÉONARD (St-), vg. *Gers* (Armagnac), arr. et à 16 k. de Lectoure, cant. et ✉ de St-Clar. Pop. 664 h.

LÉONARD, vg. *H.-Garonne*, comm. de Graguague, ✉ de Montastruc.

LÉONARD (St-), vg. *Loir-et-Cher* (Blaisois), arr. et à 31 k. de Blois, cant. de Marchenoir, ✉ d'Oucques. Pop. 1,200 h. — *Foires* le 2e samedi de fév., 3e lundi après Pâques et le 16 juillet.

LÉONARD (St-), vg. *Maine-et-Loire*, comm. et ✉ de Chemillé.

LÉONARD (St-), vg. *Maine-et-Loire*, comm. et ✉ de Durtal.

LÉONARD (St-), vg. *Manche*, comm. de Vains, ✉ d'Avranches.

LÉONARD (St-), vg. *Oise* (Picardie), arr., cant., ✉ et à 6 k. de Senlis. Pop. 560 h.

LÉONARD (St-), ou ST-LÉONARD-PONT-DE-BRIQUES, vg. *Pas-de-Calais* (Boulonnais), arr., ✉ et à 4 k. de Boulogne-sur-Mer, cant. de Samer. Pop. 274 h. — *Foire* les 3 et 4 nov.

LÉONARD (St-), ou SANCT-LÉONHARD, vg. *B.-Rhin*, comm. de Bœrsch, ✉ d'Obernai.

LÉONARD (St-), *Seine-Inf.* (Normandie), arr. et à 36 k. du Havre, cant. et ✉ de Fécamp. Pop. 1,113 h.

LÉONARD (St-), *Nobiliacum*, ville ancienne, *H.-Vienne* (Limousin), arr. et à 22 k. de Limoges, chef-l. de cant. Cure. Gîte d'étape. ✉. ✝. A 402 k. de Paris pour la taxe des lettres. Pop. 5,680 h. — TERRAIN cristallisé.

L'emplacement qu'occupe aujourd'hui cette ville était couvert autrefois de bois très-épais, que les chroniques du pays appellent la forêt du Pavum. Saint Léonard, fils de Rigomer, comte du Mans et de la famille de Clovis, s'y retira, suivant le récit des légendaires, vers le milieu du VIe siècle. A l'entrée de la même forêt était alors un château royal où Clovis vint séjourner après la bataille de Vouillé. Les prières du saint ermite ayant, à ce qu'on prétend, secouru la reine Clotilde dans les douleurs de l'enfantement, le roi, par reconnaissance, accorda à saint Léonard ; toute propriété et sans aucune servitude, une portion de la forêt pour y bâtir un oratoire. Autour de cette demeure religieuse, où accoururent bientôt les pèlerins, s'éleva en peu de temps une ville qui, par suite de la donation de Clovis, reçut le nom de Noblac, celui de son fondateur.

Dans le cours du moyen âge, la ville de St-Léonard était assez bien fortifiée, et avait un château fort qui fut plusieurs fois pris ou assiégé par les Anglais. En 1423, les habitants obtinrent de Charles VII la permission d'enlever les matériaux de ce fort démoli depuis longtemps, de peur que les Anglais ne vinssent le rebâtir de nouveau.

L'église actuelle de la ville, sous l'invocation de saint Léonard, était celle d'un monastère (devenu depuis une collégiale) fondé, à ce qu'on croit, dans le IXe siècle, rétabli dans cette dernière époque (1062) occupé par des chanoines réguliers. Cette église, réparée encore en 1484, est d'un style très-remarquable, et offre quelques parties évidemment antérieures au gothique. Le clocher rappelle la construction de celui de Saint-Martial de Limoges, et présente de même ces frontons aigus et ces arcades à plein cintre, soutenus par de lourds piliers. La masse entière de ce clocher repose sur deux murs latéraux et sur six colonnes d'une forte dimension, dont les chapiteaux offrent des figures bizarres et d'une exécution grossière.

St-Léonard est une ville agréablement située, au sommet d'un mamelon, sur la rive droite de la Vienne, que l'on y passe sur un beau pont ; elle est entourée de boulevards ornés de belles plantations, d'où l'on découvre de superbes prairies.

Biographie. PATRIE du célèbre chimiste GAY-LUSSAC, membre de l'Institut.

Fabriques de grosse draperie, couvertures de laine. Manufacture de porcelaine. Filature de laine. Nombreuses papeteries. Martinets à cuivre. Tanneries. — *Commerce* de bestiaux, papiers et autres articles de ses manufactures. — *Foires* le 1er lundi de chaque mois.

LÉONARD (St-), vg. *Vosges* (Lorraine), arr., ✉ et à 13 k. de St-Dié, cant. de Fraize. Pop. 1,040 h.

LÉONARD-DE-FOUGÈRES (St-), vg. *Ille-et-Vilaine*, comm. d'Epiniac, ✉ de Dol.

LÉONARD-DES-BOIS (St-), bg *Sarthe* (Maine), arr. et à 39 k. de Mamers, cant. et ✉ de Fresnay-sur-Sarthe. Pop. 1,756 h.

Bibliographie. * *Excursion à St-Léonard-des-Bois*, in-8, 1841.

LÉONARD-DES-PARCS (St-), vg. *Orne* (Normandie), arr. et à 24 k. d'Alençon, cant. de Courtomer, ✉ du Merlerault. Pop. 254 h.

LÉONE (la), vg. *Lot-et-Garonne*, comm. de Naresse, ✉ de Villeréal.

LÉONS (St-), vg. *Aveyron* (Rouergue), arr., ✉ et à 17 k. de Millau, cant. de Vezins. Pop. 1,287 h. — *Foires* les 2 juin, 12 sept. et 6 oct.

LÉON-SUR-L'ISLE (St-), vg. *Dordogne* (Périgord), arr. et à 23 k. de Périgueux, cant. et ✉ de St-Astier. Pop. 1,093 h.

LÉON-SUR-VÉZÈRE (St-), vg. *Dordogne* (Périgord), arr. et à 20 k. de Sarlat, cant. et ✉ de Montignac. Pop. 937 h. — *Foires* le dernier jeudi de chaque mois.

LÉOPARDIN-D'AUGY (St-), vg. *Allier* (Bourbonnais), arr. et à 24 k. de Moulins-sur-Allier, cant. de Lurcy-Lévy, ✉ du Veurdre. Pop. 282 h. — Il portait autrefois le nom d'Augy, qu'il a changé en 1843, époque où les territoires des communes d'Augy et de Léopardin ont été réunis.

LÉOTOING, vg. *H.-Loire* (Auvergne), arr. et à 17 k. de Brioude, cant. de Blesle, ✉ de Lempdes. Pop. 718 h.

LÉOUDARY, vg. *H.-Garonne*, comm. de Montespan, ✉ de St-Martory.

LÉOUVILLE, vg. *Loiret* (Orléanais), arr. et à 14 k. de Pithiviers, cant. d'Outarville, ✉ d'Angerville. Pop. 162 h.

LÉOUZE, vg. *Ardèche*, comm. de Flaviac, ✉ de Privas.

LÉOVILLE, vg. *Charente-Inf.* (Saintonge), arr., cant., ✉ et à 12 k. de Jonzac. Pop. 684 h. — *Foires* le 3e mardi d'avril, de mai, de juin, de juillet, d'août et de sept.

LÉPANGES, vg. *Vosges* (Lorraine), arr., cant., ✉ et à 23 k. de Bruyères. Pop. 807 h.

LÉPAUD, joli bourg, *Creuse* (Combraille), arr. de Boussac, cant., ✉ et à 6 k. de Chambon. Pop. 851 h. — Il est situé sur une hauteur. On y voit un ancien château bâti en briques, où fut exilée en 1662 Mlle de Montpensier après avoir fait tirer le canon de la Bastille sur les troupes de la cour. — *Foires* les 19 janv., 11 juin, 17 août et 25 nov.

LÉPAUX, *Nièvre*, comm. et ✉ de Donzy.

LÉPAXE, vg. *Vosges*, comm. de Biffontaine, ✉ de Corcieux.

LÉPINAS, vg. *Creuse* (Marche), arr. et à 21 k. de Guéret, cant. et ✉ d'Ahun. Pop. 915 h.

LÉPINE (Notre-Dame-de-). V. ÉPINE.

LÉPINOUX, vg. *Charente-Inf.*, comm. de Néré, ✉ d'Aulnay.

LÉPINOY, vg. *Pas-de-Calais* (Picardie), arr., ✉ et à 9 k. de Montreuil-sur-Mer, cant. de Campagne-lès-Hesdin. Pop. 327 h.

LÉPOIX, vg. *Vendée*, comm. de Bouin, de Beauvoir-sur-Mer.

LEPONTII (lat. 47°, long. 27°). « César fait sortir le Rhin des *Lepontii* ; et je remarque à ce sujet, que la partie des Alpes qui s'étend depuis les sources du Rhône jusqu'au delà de l'Unter-Rhin, ou du Rhin postérieur, a été appelée *Livinen Alpen*, comme la vallée par laquelle descend le Tésin au pied du mont St-Gothard se nomme *Leventina*. L'inscription du trophée des Alpes, Strabon, Pline, font mention de ce peuple, et Ptolémée leur donne la ville d'*Osula*, aujourd'hui Domo-d'Osula, qui est au delà des monts, ainsi que la vallée Léventine, qui s'étend jusqu'à Bellinzone. Mais les *Lepontii* tiennent aussi à la Gaule, puisque les *Viberi*, faisant partie de cette nation, au rapport de Pline, avaient leur territoire dans la vallée Pennine. » D'Anville. *Notice de l'ancienne Gaule*, p. 409. V. aussi Walckenaer, *Géogr. des Gaules*, t. I, p. 255, 556 ; t. II, p. 64.

LÉPONTRAN, vg. *Vosges*, comm. de Granges, ✉ de Corcieux.

LÉPRON, vg. *Ardennes*, comm. de Villaine-Vaux-Lépron, ✉ de Rocroi.

LEPSEN, *B.-Rhin*. V. LIPSHEIM.

LÈQUE (la), *Bouches-du-Rhône*, comm. de Fos, ✉ des Martigues.

LÈQUES (les), vg. *Var*, comm. de St-Cyr, ✉ du Beausset.

LÉRAN, joli village, *Ariége* (pays de Foix), arr. et à 35 k. de Pamiers, cant. et ✉ de Mirepoix. Pop. 1,008 h. — On y voit un antique château remarquable par un écho qui répète jusqu'à dix-sept syllabes. — *Fabriques* de bonneterie, peignes de buis et de corne. Filature de laine. Moulin à jaiet. Tannerie. — *Foires* les 6 sept., 5 nov., jeudi gras et mardi de la Trinité.

LERCOUL, vg. *Ariége* (pays de Foix), arr. et à 27 k. de Foix, cant. et ✉ de Vic-Dessos. Pop. 310 h.

LÉRÉ, joli bourg, *Cher* (Berry), arr. et à 18 k. de Sancerre, chef-l. de cant. Cure. ✉.

A 188 k. de Paris pour la taxe des lettres. Pop. 1,451 h. Près de la rive gauche de la Loire. — TERRAIN crétacé inférieur, grès vert. — *Foires* les 13 mai, 9 juin, 25 sept. et 12 nov.

LÉREN, vg. *B.-Pyrénées* (Béarn), arr. et à 25 k. d'Orthez, cant. et ✉ de Salies. Pop. 431 h.

LERIGNEUX, vg. *Loire* (Forez), arr., cant., ✉ et à 12 k. de Montbrison. P. 325 h.

LERINA (lat. 44°, long. 25°). « Le nom de cette île, dans Strabon, est *Planasia*, parce qu'en effet elle est très-unie et sans hauteurs ; ce qui a donné lieu à plusieurs écrivains, depuis l'établissement du christianisme, à commencer par Sidoine Apollinaire, de dire que de cette île si basse beaucoup de saints personnages qui y ont embrassé la vie monastique se sont élevés vers le ciel comme des montagnes. Elle est aussi très-resserrée dans son étendue, n'ayant environ que 700 toises de longueur sur 200 de largeur. Il en est mention sous son nom de *Lerina* dans Pline et dans l'Itinéraire maritime. Toute petite qu'elle est, elle avait renfermé une ville, selon Pline (lib. III, cap. 5) : *In qua* (*Lerina*, dit-il) *Vergoani oppidi memoria*. Le nom de *Planasia* en a imposé à l'historien de Provence, Honoré Bouche, qui veut que Lérin soit la *Planasia* où Agrippa Posthume fût relégué, quoique le lieu d'exil de ce fils d'Agrippa et de Julie, fille d'Auguste, soit aujourd'hui Pianosa, peu éloignée de l'île d'Elbe, et, comme la désigne Dion Cassius (lib. LV) en parlant de cet exil, voisine de Corse. L'île de Lérin a été plus recommandable par le monastère de St-Honorat que par aucune autre circonstance. Le nom de *Lerina* est sans difficulté un diminutif de celui de *Lero*, qui est une île plus étendue, et dont elle n'est séparée que par un canal d'environ 300 toises : On comprend même Lérin sous le nom de l'île qui la surpasse en grandeur, quand on rassemble l'une et l'autre, en disant les îles de Ste-Marguerite. » D'Anville. *Notice de l'ancienne Gaule*, p. 409.

LÉRINS (îles de), *Lerinus*, *Lerina*, *Var* (Provence), arr. de Grasse. Ces îles, connues sous les noms de Ste-Marguerite et de St-Honorat, sont situées vis-à-vis de Cannes, entre le cap Roux et celui de la Guaroupe.

L'ÎLE STE-MARGUERITE, la plus grande et la plus voisine de la côte, dont elle n'est éloignée que de 2 k., avait été défrichée par les religieux de St-Honorat ; mais en 1637 le cardinal de Richelieu en fit prendre possession au nom du roi. Le gouvernement y fit élever un château fort qui subsiste encore, et dut à sa position insulaire l'honneur de renfermer des prisonniers de haut rang, notamment le célèbre Masque de fer, dont toute l'Europe a connu les infortunes, et dont jamais personne n'a connu le nom. Cette île a 6 k. de long ; elle n'a d'autres habitants que la garnison et quelques familles de pêcheurs. Presque toute son étendue est couverte par une forêt de pins que M. Talou, prisonnier d'État, fit percer de plusieurs allées.

L'ÎLE ST-HONORAT, séparée de la précédente par un canal de 1 k., n'a pas plus de 1,000 pas de long sur 400 de large ; elle est aussi agréable que l'autre est triste et stérile. Cette île est célèbre dans l'histoire ecclésiastique par un des plus anciens monastères des Gaules, fondé par saint Honorat vers l'an 410.

Ce monastère devint bientôt le plus célèbre des communautés de la Gaule, tant par la foule des solitaires de toutes les nations qui s'y retiraient, que par le nombre des prélats et des savants qui en sortirent. Ce fut dans cette retraite que les Hilaire, les Fauste, les Eucher, les Vincent, puisèrent les connaissances nécessaires pour répandre plus au loin les lumières de la foi et pour combattre les ennemis que le semi-pélagianisme lui suscita. Cette époque fut la plus brillante du monastère ; car la ferveur des premiers temps s'affaiblit peu à peu, des symptômes de décadence commencèrent à se montrer, et bientôt la dissolution amena l'anarchie. Des dissensions éclatèrent, des cellules furent renversées, et la plupart des moines s'éloignèrent de ce théâtre de désordres. Ceux des religieux que la contagion n'avait pu gagner tendirent alors vers le roi Clovis II des mains suppliantes, et le conjurèrent de leur accorder un abbé capable d'extirper les vices qui s'étaient répandus parmi eux. Ayguble, moine de Fleury, fut chargé d'opérer cette réforme ; sa douceur et sa courageuse fermeté parvinrent à ramener les esprits. Mais, deux ans après, deux moines, Arcadius et Columbus, soulèvent une partie de leurs frères, obtiennent des secours d'un Mummulus, comte d'Utica, qu'ils avaient séduit en flattant son avarice, saisissent l'abbé et les religieux restés fidèles, leur coupent la langue, leur crèvent les yeux, et les déportent ensuite dans l'île de Capraria, où, après deux ans de détention, ils vont leur donner la mort. Cependant la réforme eut lieu, et le monastère devint si florissant et si peuplé, que l'on trouve dans des Mémoires fort anciens que vers 700 saint Amand y gouvernait plus de 3,700 moines. Ce que l'on dit de la ferveur des religieux est plus probable que ce que l'on dit de leur nombre. La communauté de Lérins ne se releva de cette première chute que pour retomber dans un état plus déplorable encore. Mais alors ce ne furent plus des dissensions intérieures qui causèrent ces nouvelles calamités. Les Sarrasins, maîtres d'Arles, se répandirent dans la Provence et surprirent l'île de Lérin. Saint Porcaire, qui en était alors abbé, avait eu révélation des malheurs qui le menaçaient ; il avait engagé les religieux à souffrir un glorieux martyre plutôt que d'imprimer sur leur front la tache de l'apostasie. Des enfants, au nombre de seize, et trente-six moines, dont la jeunesse inspirait des craintes sur leur fermeté, sont envoyés en Italie ; les reliques sacrées sont cachées, et saint Porcaire attend la mort au milieu de cinq cent cinq religieux, résignés comme lui. Les barbares, maîtres de Lérins, leur offrirent la vie s'ils voulaient renoncer à leur culte. Ils ne purent les pervertir, et le sang de ces pieux cénobites fut versé. Deux seulement, Colomb et Eleuthère, avaient cherché à se soustraire au supplice ; ils se cachèrent dans une grotte du rivage. Mais Colomb rougit bientôt de sa lâcheté, et alla partager le sort de ses frères. Les infidèles rasèrent les églises et les bâtiments, s'embarquèrent, emmenant avec eux quatre religieux des plus jeunes et des mieux faits, qu'ils avaient épargnés, et allèrent relâcher à Agay. Là, les quatre prisonniers parvinrent à se sauver, et retournèrent le jour suivant à Lérins, où, aidés d'Eleuthère, ils rendirent à leurs frères les derniers devoirs. Ceux qui avaient été envoyés en Italie furent rappelés; le monastère fut relevé, et la conduite en fut confiée à Eleuthère. Huit années après, les Sarrasins firent une seconde incursion; mais ils n'eurent pas le temps d'exercer leurs cruautés.

Ce fut pour se mettre à l'abri des barbares que, vers 1088, Aldebert II, abbé de Lérins, y fit jeter les fondements de la tour qui existe encore à la pointe sud de l'île. Quelques années après, vers 1107, l'ancien monastère fut pillé et brûlé par les infidèles le jour de la Pentecôte, pendant que les pères assistaient aux offices. Cette nouvelle invasion détermina les moines à hâter, autant qu'ils le pourraient, la construction de la tour ; mais elle ne fut achevée que vers 1400. Le 10 mai de cette année, des pirates génois s'en emparèrent pendant la nuit et par escalade. Ils ne furent pas longtemps maîtres de l'île : des gentilshommes de la Provence, aidés de la milice de Grasse et des autres villes voisines, vinrent les attaquer, et, malgré leur vigoureuse résistance, les firent prisonniers.

Le 21 juin 1525, François Ier, conduit en Espagne après la bataille de Pavie, voulut s'arrêter dans cette île, et y passa la nuit. Vingt-neuf ans après, la flotte espagnole, destinée à favoriser l'incursion du connétable de Bourbon, se rendit maître de Lérins et la pilla. En 1566, elle fut encore prise par André Doria. En 1635, les Espagnols, sous les ordres du marquis de Santa-Cruz, s'en emparèrent, et n'en furent chassés que deux ans après par l'archevêque de Bordeaux, Sourdis, et Henri de Lorraine-Elbeuf, comte d'Harcourt. Le 31 décembre 1746, elle tomba au pouvoir des Anglais et des Autrichiens, qui détruisirent les forêts qui l'ombrageaient, et la dévastèrent. Le chevalier de Belle-Isle la reprit le 25 mai de l'année suivante.

L'un des manuscrits les plus précieux qui fussent à Lérins est une Bible qui date du viie ou ixe siècle. Elle fut portée à divers conciles, et entre autres à celui de Trente et à celui de Constance. On nous assure qu'elle se trouve aujourd'hui dans la bibliothèque du grand séminaire de Fréjus.

Pendant la révolution, l'île de Lérins fut vendue par le domaine : elle appartient à M. Sicard de Vallauris, que nous voudrions engager à conserver précieusement les ruines et les débris qui seuls attestent encore l'existence du plus célèbre monastère des Gaules.

Le cloître avait été bâti d'abord dans l'intérieur de l'île, non loin d'un puits que saint Honorat avait fait creuser, et qui fournit une eau très-abondante et très-fraîche, quoique au-dessous du niveau de la mer. On y remarquait sur un grand carré de marbre blanc cette inscription latine, composée en 1600 par Vincent Barral de Salerne :

Lucidum ductor lymphæ medicavit amaras,
Et virga fontes exudit e silice.
Aspice, ut hic rigido surgant e marmore rivi
Et salso dulcis gurgite vena fluat.
Pulsat Honoratus rupem, laticesque redundant
Et sudis ac virgæ Mosis adæquat opus.
Mara exod. 15. $\frac{1}{3}$ sin. num. 20.

Cette inscription a été conservée sur le mur extérieur. Près de là sont les ruines de plusieurs chapelles agglomérées. La plus grande, sous l'invocation de saint Honorat, est d'une architecture simple et élancée. La voûte en ogive, s'étant écroulée dans le milieu, se présente sous un des aspects les plus pittoresques. L'entrée était décorée de deux colonnes d'ordre corinthien en granit rouge. Une seule est encore debout. L'autre fut transportée à Marseille, et de là à Antibes, où elle est actuellement. Inscriptions très-anciennes, débris d'autels, armoiries, caveaux, lavabo en marbre blanc d'une construction très-élégante, tels sont les objets qui s'offrent aux regards des curieux.

La tour, qui fut construite sur une pointe de rochers s'avançant dans la mer au sud de l'île, existe encore, mais dans un état de dégradation qui en fait craindre le prochain anéantissement. Ce vaste édifice, dont un seul côté porte créneaux, n'offre rien de remarquable au dehors. Seulement quelques boulets fixés aux murs, et les traces d'autres qui ont marqué leur passage de profonds sillons dans les assises des pierres, témoignent encore que cette pieuse retraite ne fut pas à l'abri du fléau de la guerre. Dans l'intérieur, on voit un vaste appartement à jour, où se trouve une belle citerne, et autour une galerie formée de colonnes gothiques qui se distinguent par leur légèreté et par l'irrégularité de leurs chapiteaux. À l'étage supérieur existe un second péristyle, dont les colonnes, plus petites et plus nombreuses, sont en marbre blanc statuaire. Deux escaliers conduisent aux innombrables appartements qui renferme cette tour massive. On reconnaît encore une chapelle, plusieurs oratoires, deux énormes cuisines, un réfectoire, et une infinité de cellules disposées avec ordre. Dans quelques-unes plus grandes, en remarquant les peintures qui en décorent les plafonds, on est surpris d'y trouver des sujets mythologiques alliés à des sujets sacrés. L'on ne gravit pas sans danger jusqu'aux étages supérieurs ; mais, si l'on parvient à franchir ces escaliers presque verticaux et souvent interrompus, et l'on ne craint pas de se confier à des planchers mouvants, on est amplement dédommagé par la magnificence du spectacle qui se déroule à la vue : l'immensité de la mer, dont les flots viennent battre avec fracas et miner sourdement le pied de la tour ; les sombres crêtes du cap Roux, le vaste amphithéâtre de la Napoule et de son château ruiné, Cannes et ses jardins embaumés d'orangers, Mougins que l'on prendrait pour une forteresse, Grasse se détachant sur des montagnes arides, et les Alpes, couronnant le tableau de leurs cimes majestueuses, offrent un coup d'œil des plus majestueux.

Bibliographie. AUGERY (Gaspard). *Le Trésor de Lérins, ou Abrégé de la chronologie de l'abbaye et vénérable monastère de St-Honorat*, in-8, 1644.

L'HUILLIER. *Mémoire statistique et historique sur les îles de Lérins* (Rec. de mém. de médec. et chirurg. milit., t. XVII, 1824).

ALLIEZ (l'abbé L.). *Visite aux îles de Lérins*, in-8, 1840.

LERIOLS, vg. *Tarn* (Languedoc), arr. et à 42 k. de Gaillac, cant. de Vaour, ⊠ de Cordes. Pop. 401 h.

LERO (lat. 44°, long. 25°). « Strabon place à la suite des îles *Stœchades* celles de *Planasia* et de *Lero*, qu'il dit être habitées, et *Lero*, située vis-à-vis d'*Antipolis*. Pline (lib. IV, p. 185), qui après les *Stœchades* nomme plusieurs îles trop obscures pour qu'on puisse les distinguer, s'exprime en finissant par *Lero* et *Lerina*, conformément à Strabon, *adversum Antipolim*. Mais cette manière d'indiquer ces îles ne doit pas être prise en rigueur. L'Itinéraire maritime marque XI milles de distance entre *Antipolis* et les îles *Lero* et *Lerina* ; et on peut admettre autant de route de mer, ou à peu près, parce qu'en sortant d'Antibe cette route circule nécessairement autour d'un promontoire fort avancé au large, et dont le nom est *Caput Galupe*, selon Vincent de Salerne, moine de Lérin, aujourd'hui la Garoupe. Ptolémée est encore moins précis que Strabon et Pline sur la position de l'île, qu'il indique seule sous le nom de *Lerone*, en la plaçant sous l'entrée du Var. L'indication de l'Itinéraire, dans l'intervalle de *Lero* et de *Lerina* et de *Forum Julii*, qui est XXIV, n'a pèche point par un excès marqué, vu le circuit auquel la disposition de la côte oblige, quoique l'espace direct entre le fort de Ste-Marguerite sur *Lero* et le point de Fréjus ne passe guère 14,000 toises. On doit conjecturer que le monastère dédié à sainte Marguerite, dont cette île porte aujourd'hui le nom, avait pris la place du monument consacré à *Lero*, dont il est parlé dans Strabon. » D'Anville. *Notice de l'ancienne Gaule*, p. 410.

LERM. V. *Herm* (l').

LERM, vg. *Gironde* (Bazadois), arr. et à 13 k. de Bazas, cant. de Grignols, ⊠ de Captieux. Pop. 823 h.

LERNÉ, bg *Indre-et-Loire* (Touraine), arr., cant., ⊠ à 12 k. de Chinon. Pop. 763 h.— On y voit un beau château construit en 1336 par Boutillier de Chavigny, surintendant des finances.

LÉROUVILLE, vg. *Meuse* (Lorraine), arr., cant., ⊠ à 8 k. de Commercy. Pop. 804 h.

LERRAC, ou OLEYRA, vg. *Charente*, com. et ⊠ de la Rochefoucauld.

LERRAIN, vg. *Vosges* (Lorraine), arr. à 20 k. de Mirecourt, cant. et ⊠ de Darney. Pop. 912 h.

LERS (le), *Lertius*, rivière qui prend sa

source dans le département de l'*Ariége* ; elle passe à Belesta, Chalabre, Mirepoix, Mazères, Calmont, et se jette dans l'Ariége à Cintegabelle (Haute-Garonne), après un cours d'environ 100 k.

LERS (le), rivière qui prend sa source dans le canton de Sales, arr. de Castelnaudary, département de l'*Aude* ; elle passe à Sales, à St-Michel, traverse le canal du Midi au-dessus de Villefranche, passe à Baziége, et se jette dans la Garonne vis-à-vis de Grenade (Haute-Garonne), après un cours d'environ 90 k.

LERSTREM. V. LESTREM.

LÉRY, vg. *Côte-d'Or* (Bourgogne), arr. et à 42 k. de Dijon, cant. de St-Seine, ✉ de Chanceaux. Pop. 361 h.

LÉRY, *Leirsium*, vg. *Eure* (Normandie), arr. et à 11 k. de Louviers, cant. et ✉ de Pont-de-l'Arche. Pop. 1,036 h.

La modeste église de ce village est un monument du XIᵉ ou du XIIᵉ siècle, conservé dans son intégrité. Elle est particulièrement remarquable. La porte est petite, abritée d'un auvent en bois ; les trois fenêtres qui sont au-dessus, image de la Trinité, sont à plein cintre ; une chouette est placée debout au sommet de l'église. L'ordonnance de ce charmant édifice est pleine de sévérité ; sa forme est celle d'une croix, du centre de laquelle s'élève une sorte de tour courbe et carrée, qui a perdu avec le temps sa forme pyramidale.

La reine Blanche, veuve de Philippe de Valois, avait à Léry un château de plaisance, détruit par un incendie en 1814.

LÉRY (St-), vg. *Morbihan* (Bretagne), arr. et à 24 k. de Ploërmel, cant. et ✉ de Mauron. Pop. 288 h.

LERZY, vg. *Aisne* (Picardie), arr. et à 12 k. de Vervins, cant. et ✉ de la Capelle. Pop. 738 h.

LESBŒUF, vg. *Somme* (Picardie), arr., ✉ et à 18 k. de Péronne, cant. de Combles. Pop. 725 h.

LESBOIS, vg. *Mayenne* (Maine), arr. et à 23 k. de Mayenne, caut. et ✉ de Gorron. Pop. 717 h.

LESCALE, ou LE BLAU, vg. *Aude*, comm. de Puivert, ✉ de Chalabre.

LESCAR, *Benearnum*, *Beñeharnum*, *Benearnensium*, *Benarnensium*, petite et très-ancienne ville, *B.-Pyrénées* (Béarn), arr., bureau d'enregist. et à 7 k. de Pau, chef-l. de cant. Cure. ✉. A 762 k. de Paris pour la taxe des lettres. Pop. 2,096 h. — TERRAIN d'alluvions modernes.

Plusieurs historiens, au nombre desquels est M. Walkenaer, ont pensé que Lescar a été bâti sur les ruines de Beneharnum, ville ancienne et considérable, siège d'un évêché, qui fut détruite par les Normands en 845. D'Anville a combattu cette opinion, et a essayé de prouver que l'ancienne Beneharnum était située dans les environs d'Orthez.

La fondation de Lescar est aujourd'hui connue dans tous ses détails par l'ancien cartulaire de cette ville, que Marca a publié. On apprend par ce cartulaire qu'après l'invasion des Normands tout le beau coteau qui domine Lescar n'était qu'une vaste forêt, et qu'il n'y avait qu'une petite église ou chapelle ruinée consacrée à la Vierge et à saint Jean Baptiste, lorsque dans le commencement du XIᵉ siècle, en 1034, Lopofort, poussé par le remords d'un crime qu'il avait commis pour obéir au duc de Gascogne, d'après le conseil de son évêque, se retira en ce lieu avec sa femme pour s'y consacrer à Dieu.

Les **armes de Lescar** sont : *de gueules à une étoile de cinq raies d'or placée au-dessus d'un croissant montant d'argent*.

Cette ville est située dans une belle vallée, sur le ruisseau de l'Herre et près du gave de Pau. Elle est bâtie au pied et sur le penchant d'une colline, et se divise en haute et basse ville.

Lescar souffrit beaucoup dans les guerres de religion ; le comte de Montgommery saccagea les églises, et détruisit les tombeaux des princes de Béarn, qui avaient leur sépulture dans la cathédrale. Avant la révolution de 1789, il y avait un évêché et une communauté de cénobites qui desservaient un beau collège, dont les bâtiments sont affectés aujourd'hui à une manufacture.

L'église a été classée récemment au nombre des monuments historiques.

PATRIE du comte DE ST-CRICQ, ex-directeur des douanes.

Fabriques de toiles, bonneterie en laine. Filatures de coton. — *Foires* de 2 j. le 1ᵉʳ jeudi de fév. et le 2ᵉ jeudi après la Pentecôte.

LESCHELLE, vg. *Aisne* (Picardie), arr. et à 20 k. de Vervins, cant. du Nouvion. ✉. ✆. A 167 k. de Paris pour la taxe des lettres. Pop. 1,183 h.

LESCHÈRES, vg. *Jura* (Franche-Comté), arr., cant., ✉ et à 13 k. de St-Claude. Pop. 378 h.

LESCHÈRES, vg. *H.-Marne* (Champagne), arr. à 22 k. de Vassy, cant. et ✉ de Doulevant. Pop. 518 h.

LESCHEROLLES, vg. *Seine-et-Marne* (Brie), arr. à 22 k. de Coulommiers, cant. et ✉ de la Ferté-Gaucher. Pop. 334 h. — Il est situé sur le penchant d'un coteau, dans une gorge arrosée par des eaux claires et abondantes qui sortent de deux belles fontaines, dont l'une s'élève au milieu et l'autre à l'extrémité du village.

LESCHEROUX, vg. *Ain* (Bresse), arr. à 28 k. de Bourg-en-Bresse, cant. et ✉ de St-Trivier-de-Courtes. Pop. 1,203 h.

LESCHES, vg. *Seine-et-Marne* (Brie), arr. et à 14 k. de Meaux, cant. et ✉ de Lagny. Pop. 184 h.

LESCOUDREAUX, vg. *Indre-et-Loire*, comm. de Beaumont-Verron, ✉ de Chinon.

LESCOUET, vg. *Côtes-du-Nord* (Bretagne), arr. et à 30 k. de Dinan, cant. et ✉ de Jugon. Pop. 889 h.

LESCOUET, vg. *Côtes-du-Nord* (Bretagne), arr. et à 28 k. de Loudéac, cant. de Goarec, ✉ de Rostrenen. Pop. 805 h.

LESCOUSSE, vg. *Ariége* (pays de Foix), arr., cant., ✉ et à 9 k. de Pamiers. P. 252 h.

LESCOUT, vg. *Tarn* (Languedoc), arr. et à 33 k. de Lavaur, cant. et ✉ de Puylaurens. Pop. 582 h.

LESCUN, ou LESCUNS, vg. *B.-Pyrénées* (Béarn), arr. et à 30 k. d'Oloron, cant. d'Accous, ✉ de Bedous. Pop. 1,470 h.

Il est situé au pied du pic d'Anie, sur la rive gauche du gave d'Aspe, qui traverse la vallée de Lescun, que l'âpreté des monts qui la séparent de l'Espagne font surtout remarquer. Cette vallée communique avec les vallées d'Anso et d'Etcho par deux ports : à la droite du premier apparaissent les rochers de Petre-Jaime, moins élevés que ceux d'Anie ; à la gauche du port d'Etcho, les Montagnes-Rouges, sur l'extrême frontière, vont se joindre au pays indivis où sont le lac et la montagne d'Aistaince, ainsi que le mont Arnosse, lieux déserts et sauvages, sur le revers méridional desquels existe la vallée de Confranc, dans laquelle les voyageurs parviennent en traversant le Col-des-Moines.

Des croyances superstitieuses se rattachent au nom du pic d'Anie : sa masse, formée de rochers blanchâtres, contraste avec l'éternelle et sombre forêt d'Isseaux, située non loin de sa base, et peuplée de sapins séculaires.

Carrières de marbre.

LESCUNS, vg. *H.-Garonne* (Gascogne), arr. et à 39 k. de Muret, cant. de Cazères, ✉ de Martres. Pop. 126 h.

LESCURE, vg. *Ariége* (Comminges), arr., cant., ✉ et à 9 k. de St-Girons. Pop. 1,708 h.

LESCURE, vg. *Aveyron* (Bourgogne), arr. et à 60 k. de Rodez, cant. de la Salvetat, ✉ de Sauveterre. Pop. 630 h.

LESCURE, vg. *Seine-Inf.*, comm. d'Amfreville-la-Mi-Voie, ✉ de Rouen. — *Fabrique* de soude, verrerie à vitres. Blanchisseries de toiles.

LESCURE, petite ville, *Tarn* (Languedoc), arr., cant., ✉ et à 6 k. d'Albi. Pop. 2,081 h. — C'était autrefois une place assez importante, défendue par un château fort.

Entre cette ville et la rive droite du Tarn, on remarque sur une petite éminence une église champêtre et isolée, qui est entièrement semblable aux édifices construits pendant le Xᵉ siècle, avant la première croisade. Le portail est placé sous trois marches, et au-dessus s'élève un socle où reposent six colonnes, dont les chapiteaux sont ornés de bas-reliefs. Ces colonnes supportent des arcs à plein cintre, au nombre de douze, et qui sont alternativement placés sur un pied-droit et une colonne. On remarque des animaux fantastiques ayant deux corps unis à une seule tête ; on y voit successivement des fleurons et des têtes de chat. L'archivolte est ornée de perles et de dés. Aux angles et au-dessus d'une petite corniche qui couronne la partie inférieure, sont placées deux colonnes qui correspondent à deux autres, lesquelles reposent sur le socle. Les chapiteaux de ces colonnes sont ornés de feuilles d'eau. Ils supportent un entablement très-bien décoré.

L'architrave est chargée de dés, ainsi que l'archivolte ; au-dessus sont placées deux consoles enrichies de figures et d'ornements symboliques. On y remarque, dans les espaces laissés entre les consoles, des têtes ou faces rondes qu'on pourrait prendre pour autant de figures du soleil ; enfin une corniche termine le monument. Entre l'archivolte et l'architrave on remarque une pierre carrée, sur laquelle on a sculpté un cadre circulaire ; il contient le monogramme du Christ, formé d'un X, *chi*, et d'un P, *rho*. Ces deux lettres sont cantonnées d'un A, *alpha*, et d'un O, *omega*. Des figures semblables sont placées à la droite et à la gauche de l'archivolte ; les chapiteaux des angles offrent quelques sujets tirés de l'histoire sainte, et plusieurs compositions allégoriques. On remarque sur le premier, placé à gauche, Adam et Eve auprès de l'arbre de la science du bien et du mal, au moment où l'esprit tentateur leur présente la pomme fatale ; le suivant représente Abraham, à l'instant même où il va frapper son fils unique, et où l'ange vient lui porter l'ordre de ne point consommer ce cruel sacrifice.

Sur le premier chapiteau, à droite, on voit un personnage tenant ou une boule, ou une bourse, et tourmenté par deux démons, ce qui semble indiquer ou l'ambition ou l'amour des richesses. Le second chapiteau offre l'image d'un vieillard assis ; sa tête est couverte du corno ou bonnet phrygien ; il tient sur ses genoux et serre du bras gauche une figure juvénile ; son bras droit est élevé. En regard de ce groupe on remarque un mauvais génie emportant un autre personnage encore jeune. Les figures que l'on voit sur les consoles peuvent en grande partie être considérées comme des symboles du cours du soleil ; on y reconnaît les signes du Bélier, du Taureau, du Lion, de la Vierge ; les figures ou faces rondes placées entre les consoles pourraient être des images du soleil dans les différents signes, et il est à croire que l'architecte aurait placé douze faces entre les consoles, si le nombre des intervalles le lui avait permis.

Selon quelques curieux, ce monument présente des symboles relatifs au culte de Mithra. Suivant d'autres, on y remarque l'*Anna Perenna* des Latins. M. Dumège observe à ce sujet que le cadre circulaire qui a été sculpté entre l'archivolte et l'architrave, contenant le monogramme du Christ, les caractères que l'on voit sur le portail signifient seulement que le Christ est la fin et le commencement de toutes choses.

LESCURRY, vg. *H.-Pyrénées* (Gascogne), arr. et à 18 k. de Tarbes, cant. et ✉ de Rabastens. Pop. 314 h.

LESDAIN, vg. *Nord* (Flandre), arr., ✉ et à 10 k. de Cambrai, cant. de Marcoing. Pop. 1,070 h.

LESDINS, vg. *Aisne* (Picardie), arr., cant., ✉ et à 7 k. de St-Quentin. Pop. 456 h.

LESGES, vg. *Aisne* (Picardie), arr. et à 20 k. de Soissons, cant. et ✉ de Braisne. Pop. 192 h.

LESGOR, vg. *Landes* (Gascogne), arr. et à 35 k. de St-Sever, cant. et ✉ de Tartas. Pop. 443 h.

LÉSIGNAC-SUR-GOIRE, vg. *Charente*, comm. de St-Maurice, ✉ de Confolens.

LÉSIGNAN-LA-CÈBE, vg. *Hérault* (Languedoc), arr. et à 26 k. de Béziers, cant. de Montagnac, ✉ de Pézenas. Pop. 644 h.

PATRIE de CARRION-NISAS.

LÉSIGNAT-DURAND, vg. *Charente* (Angoumois), arr. et à 22 k. de Confolens, cant. de Montembœuf, ✉ de la Rochefoucauld. Pop. 1,065 h.

LÉSIGNY, *Liciniacum*, vg. *Seine-et-Marne* (Ile-de-France), arr. et à 25 k. de Melun, cant. et ✉ de Brie-Comte-Robert. Pop. 389 h. — On y voit un beau château, construit en pierres et en briques, précédé d'une belle avant-cour en hémicycle terminée par deux pavillons à jour. — Foires les 22 fév., 22 mars, 22 avril, 22 mai, 22 sept., 22 oct. et 22 déc.

LÉSIGNY-SUR-CREUSE, vg. *Vienne* (Poitou), arr. et à 18 k. de Châtellerault, cant. de Pleumartin, ✉ de la Roche-Posay. P. 961 h.

LESLAY (le), vg. *Côtes-du-Nord* (Bretagne), arr. et à 25 k. de St-Brieuc, cant. et ✉ de Quintin. Pop. 354 h.

LESME, vg. *Saône-et-Loire* (Bourgogne), arr. et à 53 k. de Charolles, cant. et ✉ de Bourbon-Lancy. Pop. 197 h.

LESMONT, *Latus-Mons*, bg *Aube* (Champagne), arr. et à 35 k. de Bar-sur-Aube, cant. et ✉ de Brienne. Pop. 542 h. — TERRAIN crétacé inférieur, grès vert.

Ce bourg est agréablement situé, à l'embranchement de plusieurs grandes routes, sur l'Aube. Il était autrefois beaucoup plus considérable, et a été presque entièrement détruit par un incendie en 1725. Dans la guerre de 1814, la plupart des maisons ont été brûlées ainsi que le pont, pour retarder la marche des armées étrangères.

On voit dans une plaine environnée de monts auxquels ce bourg doit son nom, un camp formé par un rempart de gazon de 3 à 4 m. de haut et 2 m. de large. On donne à ce retranchement dans le pays le nom de camp de César.

Lesmont était autrefois le chef-lieu d'un comté ; le seigneur percevait sur le pont un péage, dont le tarif offrait quelques articles singuliers : « Il y était dit qu'un cheval ayant les quatre pieds blancs était franc de péage ; qu'un homme chargé de verres, devait le second verre au choix du sieur comte de Lesmonts, en donnant par ledit sieur comte aux marchands, du vin plein le verre ; qu'un juif passant dans le comté se devait mettre à genoux devant la porte dudit sieur comte de Lesmonts ou de son fermier et en recevoir un soufflet ; qu'un chaudronnier passant avec ses chaudrons devait deux deniers, si mieux n'aimait dire un *Pater* et un *Ave* devant la porte dudit sieur comte de Lesmonts ou de son fermier, etc., etc. »

Les carpes de Lesmont avaient autrefois de la célébrité : elles provenaient d'un étang aujourd'hui desséché.

Bibliographie. CAYLUS (le comte de). *Camp de César près de Lesmont* (Rec. d'antiq., t. VI, p. 346).

Foires les 24 fév., 25 avril, 29 août, 18 oct. et 1er lundi après la St-Martin.

LESNEVEN, *Evenopolis*, petite et ancienne ville, *Finistère* (Bretagne), arr. et à 25 k. de Brest, chef-l. de cant. Cure. Gîte d'étape. ✉. A 589 k. de Paris pour la taxe des lettres. Pop. 2,832 h. — TERRAIN cristallisé, micaschiste.

Cette ville est située sur une hauteur, au milieu d'une plaine fertile. Sa fondation paraît remonter au VIe siècle, époque où Even, comte de Léon, célèbre par sa vaillance, en fit son séjour habituel et lui donna son nom. Depuis, Lesneven fut une place forte qui soutint plusieurs sièges. Le duc Jean IV la prit en 1374, et en fit passer les habitants au fil de l'épée.

Lesneven possède un hospice renfermant treize salles où peuvent être soignés plus de cent malades.

PATRIE de N. MIORCEC DE KERDANET, membre du corps législatif et de la chambre introuvable.

De son fils D.-L.-M. MIORCEC DE KERDANET, antiquaire et littérateur.

Commerce considérable de grains.

On trouve aux environs de cette ville une chapelle gothique, dite chapelle de la Fontaine blanche, dans laquelle on voit un bas-relief fort curieux, dont le sujet représente l'accouchement de la Vierge, où Dieu le père est représenté faisant les fonctions de sage-femme.

A 1 k. de Lesneven on remarque l'église célèbre de Notre-Dame du Folgoat. V. FOLGOAT.

On doit visiter aussi à 4 k. de Lesneven le château de Penmarek, édifice gothique bien conservé, consistant en un corps de logis avec deux ailes, percé de nombreuses fenêtres décorées dans le goût du XIVe siècle, ainsi que la grande porte d'entrée. Derrière le corps de logis principal est un pavillon carré auquel est adossée une tourelle ronde qui surmonte tout l'édifice ; l'extrémité de l'aile droite est flanquée d'une forte tour ronde ayant une galerie crénelée et des mâchicoulis ; cette tour est recouverte d'un toit surmonté d'un beffroi.

Le costume des habitants de la campagne des environs de Lesneven est singulier ; ils portent de grandes culottes et des sabots sans bas ; sur des gilets fort courts, une casaque de toile à capuchon ; leur bonnet rond de laine bleue, espèce de calotte épaisse, n'enveloppe que la partie haute du crâne ; leur front est découvert, leurs oreilles sont nues ; des cheveux longs et plats flottent sur leurs épaules, couvrent leurs yeux : aussi le mouvement le plus commun, chez les Bretons, est celui qui rejette sur leurs oreilles les houppes de cheveux qui leur dérobent les objets, et gênent toutes leurs actions. Il paraît certain que ce costume si gênant, que ces larges culottes, que ces culottes de Quimper et des environs, qui ne couvrent que la moitié des fesses, qui ne permettent pas à l'homme de se baisser sans courir risque d'offrir aux yeux ce qu'ils veulent cacher ; que les sabots qu'ils portent habituellement et de préférence, que leur costume enfin fut inventé sous le gouvernement féodal par des seigneurs impérieux, intéressés à les contenir, à comprimer toute espèce d'élan, à les mettre hors d'état de résister, de fuir, quand des soldats lestes et façonnés leur intimaient les ordres de leurs maîtres. C'est ce principe, dit-on, qui força les femmes de la Chine à ne porter que de petits souliers : les conceptions de la tyrannie sont les mêmes par toute la terre.

Bibliographie. MIORCEC DE KERDANET. *Notice sur la ville de Lesneven*, in-18, 1825.

LESPARRE, petite ville, *Gironde* (Guienne), chef-l. de sous-préf. (4ᵉ arr.) et d'un cant. Trib. de 1ʳᵉ instance. Soc. d'agriculture. Cure. Gîte d'étape. ⊠. ⌥. Pop. 1,520 h. — TERRAIN tertiaire supérieur.

Cette ville est située dans une contrée extrêmement fertile en grains et en fort bons légumes, au milieu d'un riche vignoble. On estime les fruits que produit son territoire et les bestiaux que nourrissent ses excellents pâturages.

Les armes de Lesparre sont : *lozangé d'or et de gueules*.

Commerce de chevaux, bœufs, porcs, vins, denrées du pays, etc. Au marché du samedi, le haut Languedoc vient s'approvisionner des grains du Médoc, qui sont abondants et d'une qualité supérieure ; l'excédant est conduit à Bordeaux, ainsi que celui du bois, qui, comme le blé, se vend un prix au-dessus de celui des autres contrées.

Foires de 2 jours le 1ᵉʳ vendredi de chaque mois.

À 69 k. N.-O. de Bordeaux, 630 k. O. de Paris. Lat. 45° 18′ 33″, long. 3° 17′ 8″ O.

L'arrondissement de Lesparre est composé de 4 cantons : St-Laurent-de-Médoc, Pauillac, Lesparre, St-Vivien.

LESORA MONS (lat. 45°, long. 22°). « Sidoine Apollinaire, dans une pièce qu'il adresse au recueil de ses poésies : *Hinc te Lesora, Caucasum Scytharum vincens, aspiciet, citusque Tarnis*. Pline (lib. XI, cap. 42), parlant des fromages estimés à Rome : *Nemausensi præcipua (laus) Lesuræ, Gabalicique pagi*. C'est le mont Lozère, d'où sort le Tarn, sur les confins du diocèse de Mende, qui est le *Gabalicus pagus*, et du diocèse d'Uzez, qui a fait partie des *Arecomini*, dont Nemausus était la capitale. » D'Anville. *Notice de l'ancienne Gaule*, p. 411.

LESPÈRES, vg. *H.-Garonne*, comm. et ⊠ de Rieumes.

LESPERON, vg. *Ardèche* (Languedoc), arr. et à 32 k. de Largentière, cant. de Coucouron, ⊠ de Pradelles. Pop. 721 h.

LESPERON, vg. *Landes* (Gascogne), arr. et à 58 k. de Mont-de-Marsan, cant. d'Arjuzanx, ⊠ de Castets. Pop. 1,060 h.

LESPESSES, vg. *Pas-de-Calais* (Artois),

arr. et à 20 k. de Béthune, cant. de Norrent-Fontès, ⊠ de Lillers. Pop. 243 h.

LESPIELLE, vg. *B.-Pyrénées* (Béarn), arr. et à 30 k. de Pau, cant. et ⊠ de Lembeye. Pop. 382 h.

LESPIGNAN, vg. *Hérault* (Languedoc), arr., cant., ⊠ et à 11 k. de Béziers. P. 1,336 h.

LESPINAS, vg. *Ariège*, comm. de Belesta, ⊠ de Lavelanet.

LESPINASSE, vg. *H.-Garonne* (Languedoc), arr. et à 14 k. de Toulouse, cant. de Fronton, ⊠ de St-Jory. Pop. 278 h.

LESPINASSIÈRE, vg. *Aude* (Languedoc), arr. et à 35 k. de Carcassonne, cant. et ⊠ de Peyriac-Minervois. Pop. 1,044 h. — *Foires* les 7 août et 8 nov.

LESPITAU, vg. *H.-Garonne* (Comminges), arr., cant., ⊠ et à 6 k. de St-Gaudens. Pop. 167 h.

LESPOUEY, vg. *H.-Pyrénées* (Gascogne), arr. et à 13 k. de Tarbes, cant. et ⊠ de Tournay. Pop. 232 h.

LESPOUNE, vg. *H.-Pyrénées*, comm. et ⊠ de Bagnères-de-Bigorre.

LESPOURCY, vg. *B.-Pyrénées* (Béarn), arr. et à 20 k. de Pau, cant. et ⊠ de Morlaas. Pop. 343 h.

LESQUERDE, vg. *Pyrénées-Or* (Languedoc), arr. et à 30 k. de Perpignan, cant. et ⊠ de St-Paul-de-Fenouillet. Pop. 165 h.

LESQUIELLES-ST-GERMAIN, vg. *Aisne* (Picardie), arr. et à 27 k. de Vervins, cant. et ⊠ de Guise. Pop. 1,635 h.

LESQUIN, vg. *Nord* (Flandre), arr., ⊠ et à 8 k. de Lille, cant. de Seclin. Pop. 1,213 h. — *Fabriques* de sucre indigène. Moulins à huile.

LESSAC (Petit-), bg *Charente* (Poitou), arr., cant., ⊠ et à 6 k. de Confolens. P. 888 h.

LESSARD, vg. *Calvados* (Normandie), arr., cant., et à 12 k. de Lisieux, ⊠ de Livarot. Pop. 269 h.

LESSARD, vg. *Ille-et-Vilaine*, comm. et ⊠ de la Guerche.

LESSARD-EN-BRESSE, vg. *Saône-et-Loire* (Bourgogne), arr., ⊠ et à 19 k. de Chalon-sur-Saône, cant. de St-Germain-du-Plain. Pop. 534 h. — *Foires* les 23 avril, 14 août et 22 oct.

LESSARD-LE-ROYAL, vg. *Saône-et-Loire* (Bourgogne), arr., ⊠ et à 10 k. de Chalon-sur-Saône, cant. de Chagny. Pop. 227 h.

LESSARTS, vg. *Seine-Inf.*, comm. d'Ardouval, ⊠ des Grandes-Ventes.

LESSARTS, *Exaquium*, vg. *Seine-Inf.*, comm. de Pommeréval, ⊠ des Grandes-Ventes.

LESSAY, *Exaquense Oppidum*, bg *Manche* (Normandie), arr. et à 24 k. de Coutances, chef-l. de cant., bureau d'enregist. à Périers. Cure. ⊠. A 332 k. de Paris pour la taxe des lettres. Pop. 1,718 h. — TERRAIN de transition moyen.

Ce bourg doit son origine à une abbaye de bénédictins, fondée par Turfin-Halduc, parent de Guillaume le Conquérant. — L'église de ce monastère, classée récemment au nombre des monuments historiques, est dans un bel état de construction.

L'architecture appartient tout entière au temps de la fondation du monastère et de la conquête de l'Angleterre. On ignore quels obstacles en retardèrent l'achèvement ; ce qu'il y a de constant, c'est elle ne fut consacrée qu'en 1178, par Roirou, archevêque de Rouen, et par Richard de Bohon, évêque de Coutances. Mais ce retard n'apporta aucun changement au plan des fondateurs. Tout est du XIᵉ siècle : aucune partie ne donne l'idée de la manière de bâtir au XIIᵉ. Le portail occidental est la seule partie qui soit ornée ; ses ornements sont d'un style compliqué.

Les maisons de l'abbé et des religieux subsistent et sont aussi parfaitement conservées ; elles furent construites au milieu du siècle dernier : sous le rapport de la solidité, de l'ensemble et du bon goût, c'est en ce genre ce que possède de mieux le département. — Cinq ou six religieux peu réguliers, sous la conduite d'un prieur, formaient en 1790 toute la population de cette maison et se partageaient 28 mille livres de rentes. Leur expulsion, dit M. de Gerville, n'a certainement pas été un mal pour la société.

Foire le 12 sept.

Biographie. DE GERVILLE. *Notice sur l'abbaye de Lessay* (Mém. de la soc. des antiq. de Normandie, t. I, p. 98 ; t. II, p. 63).

LESSE, vg. *Meurthe* (Lorraine), arr. de Château-Salins et à 27 k. de Vic, cant. et ⊠ de Delme. Pop. 414 h.

LESSERT, vg. *Deux-Sèvres*, comm. de Coulon, ⊠ de Niort.

LESSEUX, vg. *Vosges* (Lorraine), arr., cant., ⊠ et à 14 k. de St-Dié. Pop. 223 h.

LESSON, vg. *Vendée* (Poitou), arr. et à 21 k. de Fontenay-le-Comte, cant. de Maillezais, ⊠ d'Oulmes. Pop. 266 h.

LESSY, vg. *Moselle* (pays Messin), arr., ⊠ et à 8 k. de Metz, cant. de Gorze. Pop. 405 h.

LESTAGUE, vg. *Bouches-du-Rhône*, com. et ⊠ de Marseille.

LESTANVILLE, vg. *Calvados*, comm. de Grandchamp, ⊠ d'Isigny.

LESTANVILLE, vg. *Seine-Inf.* (Normandie), arr. et à 22 k. de Dieppe, cant. et ⊠ Bacqueville. Pop. 221 h.

LESTAP, vg. *Tarn*, comm. de Jouat, ⊠ de Castres.

LESTARDS, vg. *Corrèze* (Limousin), arr. et à 47 k. d'Ussel, cant. et ⊠ de Bugeat. Pop. 393 h.

LESTELLE, vg. *H.-Garonne* (Comminges), arr. et à 16 k. de St-Gaudens, cant. et ⊠ de St-Martory. Pop. 780 h.

LESTELLE, vg. *B.-Pyrénées* (Béarn), arr. et à 24 k. de Pau, cant. de Clarac-près-Nay, ⊠ de Nay. ⌥. Pop. 1,034 h. — Il est situé dans une belle vallée, à peu de distance du Calvaire-de-Bétharram. — Petit séminaire diocésain.

LESTERNE, vg. *Lot-et-Garonne*, com. de Prayssas, ⊠ de Port-Ste-Marie.

LESTERPS, bg *Charente* (Limousin), arr.

cant., ⊠ et à 8 k. de Confolens. P. 1,385 h. — *Foires* les 22 juillet, 29 août et le 24 des autres mois.

LESTIAC, vg. *Gironde* (Guienne), arr. et à 29 k. de Bordeaux, cant. et ⊠ de Cadillac. Pop. 553 h.

LESTIOU, vg. *Loir-et-Cher* (Orléanais), arr. et à 27 k. de Blois, cant. et ⊠ de Mer. Pop. 428 h.

LESTRE, vg. *Manche* (Normandie), arr. et à 12 k. de Valognes, cant. et ⊠ de Montebourg. Pop. 718 h.—*Foire* le 1ᵉʳ lundi d'oct.

LESTREM, vg. *Pas-de-Calais* (Artois), arr. et à 15 k. de Béthune, cant. de Laventie, ⊠ d'Estaires. Pop. 3,512 h.

LESURA FLUV (lat. 51°, long. 25°). « Ausone en fait mention dans son poëme sur la Moselle, *Exilis Lesura :* aujourd'hui Leser, que la Moselle reçoit sur sa rive gauche entre Numagen et Bern-Castel. » D'Anville. *Notice de l'ancienne Gaule*, p. 414.

LÉTANG, vg. *Seine-et-Marne*, comm. de Verneuil, ⊠ de Guignes.

LÉTANNE, vg. *Ardennes* (Champagne), arr. et à 25 k. de Sedan, cant. et ⊠ de Mouzon. Pop. 289 h.

Suivant la tradition, il a existé sur le territoire de Létanne, au lieu dit Vincy, une ville de ce nom, à l'emplacement de laquelle on a trouvé, en labourant la terre, des pièces de monnaies fort anciennes. On y a aussi découvert des tombeaux et des débris qui prouvent que ce lieu a été couvert d'habitations. Enfin, on y voit encore les ruines d'un ancien château désigné sous le nom de Mont-Fort, ainsi que des lignes de retranchements militaires.

LÉTHUIN, vg. *Eure-et-Loir* (Beauce), arr. et à 31 k. de Chartres, cant. d'Auneau, ⊠ d'Angerville. Pop. 273 h.

LETIA, vg. *Corse*, arr. et à 58 k. d'Ajaccio, cant. et ⊠ de Vico. Pop. 819 h.

LETING, vg. *Moselle*, comm. de Gros-Tenquin, ⊠ de Faulquemont.

LÉTRA, vg. *Rhône* (Beaujolais), arr. et à 17 k. de Villefranche-sur-Saône, cant. et ⊠ de Bois-Doingt. Pop. 881 h. — Il est sur l'Azergue, et possède un château moderne d'où l'on jouit d'une belle vue sur la riante vallée qu'arrose cette rivière. — *Fabriques* de toiles de fil. Blanchisseries.

LÉTRICOURT, vg. *Meurthe* (Lorraine), arr. et à 23 k. de Nancy, cant. et ⊠ de Nomény. Pop. 464 h.

LETTEGUIVES, vg. *Eure* (Normandie), arr. et à 30 k. des Andelys, cant. et ⊠ de Fleury-sur-Andelle. Pop. 275 h.

LETTRAYE, vg. *Vosges*, comm. de Ramonchamp, ⊠ du Tillot.

LETTRET, vg. *H.-Alpes* (Dauphiné), arr. et à 13 k. de Gap, cant. de Tallard. Pop. 121 h.

LEU, vg. *Allier*, comm. d'Ussel, ⊠ de Chantel.

LEU (la), vg. *Loiret*, comm. d'Egry, ⊠ de Boynes.

LEU (St-), *Seine-et-Marne*, comm. de Cesson, ⊠ de Melun.

LEUBRINGHEN, vg. *Pas-de-Calais* (Boulonais), arr. et à 19 k. de Boulogne-sur-Mer, cant. et ⊠ de Marquise. Pop. 306 h.

LEUC, vg. *Aude* (Languedoc), arr., cant., ⊠ et à 11 k. de Carcassonne. Pop. 665 h.

LEUCAM, vg. *Cantal* (Auvergne), arr. et à 25 k. d'Aurillac, cant. et ⊠ de Monsalvy. Pop. 662 h.

LEUCATA (lat. 43°, long. 21°). « Méla (lib. II, cap. 5) : *Ultra (Rubresum lacum) est Leucata, littoris nomen, et Salsulæ fons.* Cela veut dire simplement, qu'entre l'étang de Sigean et Salses, le rivage est appelé *Leucata,* quoique sur la hauteur qui domine ce rivage il existe un lieu nommé Leucate. Je suis de l'opinion de M. de Valois (p. 274), que cette dénomination peut être grecque. Elle sera la même que celle du *mons Leucatæ* dont parle Virgile, et qui fait la pointe de la presqu'île de *Leucas* dans l'Acarnanie, et ainsi nommée, selon Servius, *ex candore saxorum.* Festus Avienus (in *Ora maritima*) doit avoir cité sur la côte de Narbone un promontoire sous le nom de *Candidum,* dont l'endroit est perdu par quelque lacune : car c'est ce qu'on doit conclure de ce vers :

Ille eminenti porrigit, quod Candidum dixi vocari.

Et M. Astruc a fait la même remarque (*Hist. nat. de Langued.*, p. 76). Roger de Hoveden, qui a continué l'Histoire de Béda jusqu'à la fin du XIIᵉ siècle, décrivant la route d'une flotte anglaise, parle de Leucate en ces termes : *Quamdam arenam protensam in mari, quæ dicitur caput Leucate.* Aujourd'hui ce promontoire se nomme communément le cap de la Franqui, qui est le nom d'une petite île plate rangée dans l'enfoncement de la côte au nord du cap. » D'Anville. *Notice de l'ancienne Gaule*, p. 412.

LEUCATE, *Leucata, Leocata Promontorium,* petite ville, *Aude* (Languedoc), arr. et à 39 k. de Narbonne, cant. et ⊠ de Sijean. Syndicat maritime. Conseil de prud'hommes pêcheurs. Pop. 1,215 h.

Leucate est une ville très-ancienne, mentionnée par Pomponius Méla ; elle est située sur une langue de terre qui s'étend entre l'étang de son nom et la mer, et doit son nom à la blancheur des rochers qui bordent le rivage.

Au XIVᵉ siècle, c'était une ville assez importante et bien fortifiée ; sa situation sur la frontière de la France et du Roussillon, province qui appartenait alors aux Espagnols, et sa position dans une presqu'île, entre la mer et l'étang de son nom, donnaient à cette place une grande importance pour la défense de cette partie du territoire français ; aussi fut-elle tour à tour le théâtre de la guerre et le siège de grands travaux pour en faire un port de mer.

Philippe le Bel, qui avait su apprécier l'importance de la position des côtes de Leucate, tenta d'y établir un port pour remplacer celui d'Aigues-Mortes, que le dépôt des sables et son éloignement de la mer rendaient de jour en jour plus impraticable. En 1309, il acheta la propriété de Leucate, de la maison de Durban, et la haute justice aux vicomtes de Narbonne ; mais bientôt de fréquentes émigrations diminuèrent considérablement la population de cette ville, parce que tous les habitants étant serfs de corps et de casalage, personne ne voulait s'y établir. Le roi les délivra de toutes servitudes, moyennant 300 livres de finances, et fit travailler avec activité à la construction du port. Louis le Hutin et Charles le Bel continuèrent les travaux, que l'on finit par abandonner.

Philippe de Valois entreprit, en 1337, de mettre à exécution le projet de Philippe le Bel ; mais, la seule ville de Narbonne ayant consenti à contribuer aux frais que nécessitait la construction de ce port, les travaux furent de nouveaux suspendus. Tout porte à croire que le lieu choisi par Philippe le Bel et par Philippe de Valois, pour construire un port, est le même que l'on appelle aujourd'hui Anse de la Franqui, port naturel, situé à 4,500 toises environ de la Nouvelle, entre Perpignan et Narbonne, dont le bon fond et les abris naturels feraient une excellente relâche pour les bâtiments qui passent de l'Océan dans la Méditerranée. La profondeur d'eau, étant plus considérable que celle du port de Cette, permettrait l'entrée de ce port aux vaisseaux de guerre de premier rang (en 1743, un vaisseau anglais de 50 canons y mouilla presque à toucher terre. — Un cap défend l'Anse de la Franqui contre les vents du midi ; et contre celui du nord-ouest, appelé *cers* dans le pays ; ce dernier, souvent impétueux, loin de nuire à la navigation, faciliterait au contraire la sortie du port, et l'expulsion des sables qui pourraient s'y déposer ; quant au vent du nord, il souffle rarement, et est d'ailleurs très-faible dans ces parages. De l'eau douce en abondance ; un emplacement susceptible de tous les moyens de défense, un plateau, d'où l'on pourrait bombarder à une grande distance les escadres ennemies ; des carrières abondantes, d'où l'on extrairait, à peu de frais, les matériaux pour la construction du môle, qu'il serait nécessaire de construire pour procurer au port deux entrées, et le mettre à l'abri des vents d'est ; tels sont les principaux avantages que l'on a reconnus dans tous les temps à l'anse de la Franqui, avantages qui font vivement désirer l'établissement d'un port en cet endroit.

En 1483, sous le règne de Charles VIII, Leucate, qui avait été aliéné par Louis XI, fut réuni à la couronne.

En 1503, sous le règne de Louis XII, le maréchal de Rieux, qui était campé avec 20,000 hommes aux environs de la Palme, fut attaqué par une armée supérieure, commandée par le roi d'Espagne ; les Français furent défaits, et se retirèrent sur Leucate, dont le duc d'Albe, capitaine général des Espagnols, s'empara, par capitulation, le 28 octobre. Par suite de cette défaite, plusieurs places tombèrent au pouvoir de l'ennemi ; de ce nombre furent la Palme, Sigean, Fitou, Roquefort, Castelmaure, St-Jean-de-Barrou, Fraisse et Villesèque. L'armée espagnole s'arrêta à Narbonne, où les Français opposèrent une vigoureuse résistance. Tout ce que les Espagnols trouvèrent sur leur passage fut détruit ou brûlé.

Pendant que les fureurs de la Ligue désolaient la France, en 1590, il se passa dans cette ville une action mémorable. Barri de St-Aunez, qui en était gouverneur pour le roi et les protestants, apprend que les Espagnols ont débarqué au grau de la Nouvelle; il part aussitôt pour avertir le duc de Montmorency, commandant de la province de Languedoc, et recevoir ses ordres. Il a le malheur, en chemin, de tomber entre les mains des ligueurs; mais il trouve le moyen de faire savoir sa détention à Constance de Cezeli sa femme, lui recommande de se jeter dans Leucate, et de ne consentir à aucune proposition pour rendre la place. Constance de Cezeli se rend à Leucate, où elle relève par sa présence le courage de la garnison. Les Espagnols et les ligueurs l'attaquent peu de temps après; mais elle se défend avec tant de valeur, qu'elle rend leurs efforts inutiles. Les ligueurs, irrités de sa résistance, font étrangler son mari, et renvoient son corps à Leucate. La garnison, par représailles, demandé à la veuve de lui livrer Loupian, prisonnier de guerre que le duc de Montmorency lui avait envoyé pour répondre de la vie de son mari; elle se refusa constamment à cet acte de vengeance. Le roi laissa le gouvernement de Leucate à cette dame jusqu'à ce que son fils, Hercule de Barri, fût en état de l'exercer. Ce dernier eut occasion de signaler son courage, lorsqu'en 1627 les Espagnols vinrent encore assiéger Leucate; il résista à toutes leurs attaques jusqu'à l'arrivée du duc d'Hallin, gouverneur du Languedoc, qui força les Espagnols à lever le siège et à se rembarquer.

Les fortifications de Leucate ont été démolies en 1664. Il n'y a plus aujourd'hui qu'une redoute près du cap et du grau de la Franqui.

Bibliographie. Paulhac, *Siège de Leucate* en 1637, in-4, 1638.

LEUCHEY, vg. H.-Marne (Champagne), arr. à 22 k. de Langres, cant. et ✉ de Prauthoy. Pop. 198 h.

LEU-D'ESSERENT (St-), bg Oise (Picardie), arr. et à 15 k. de Senlis, cant. de Creil, ✉ de Chantilly. Pop. 1,231 h.

Ce bourg est bâti sur la pente du coteau qui borde la rivière d'Oise à l'ouest. L'église paroissiale, placée sur le coteau même, s'aperçoit de fort loin, et semble indiquer par ses vastes proportions un lieu qui fut autrefois important. St-Leu offre, en effet, l'aspect des anciennes villes à rues tortueuses et pavées; les maisons y sont solidement construites en pierres de taille. — La partie du bourg où se trouve l'église, et où était autrefois un couvent, était ceinte de murs fortifiés dont il subsiste encore des restes, surtout du côté de la rivière. Cette partie s'appelait proprement St-Leu; le reste du village se nommait Esserent; il existait avant le couvent, mais devait toute son importance et son accroissement successif à cet établissement considérable.

La fondation du couvent ou prieuré conventuel de St-Leu date de la fin du xie siècle. Hugues, comte de Dammartin, seigneur d'Esserent, ayant été fait prisonnier dans un pèlerinage en Palestine, sa rançon fut, dit-on, payée par les religieux d'une petite maison de bénédictins, qui existait auprès du bois de St-Michel. Hugues, par reconnaissance, fit bâtir l'église et un couvent dans l'enceinte d'un château fort, auprès de la rivière, et les remit entre les mains de Guy, évêque de Beauvais, à condition de les donner à l'église de Cluny et d'y établir un monastère de cet ordre, ce qui fut accepté. Le comte de Dammartin donna de plus à cette maison le cimetière, la dîme, les terres labourables, les bois, prés, vignes, serviteurs et servantes, hôtes, serfs, justice et coutumes, la rivière et son travers, enfin tout ce qu'il possédait à Esserent; tels sont les termes de la charte qui est datée de l'an 1081. Il fut inhumé dans l'église, ainsi que sa femme, l'un à droite, l'autre à gauche du sanctuaire. Dans la suite, de nouvelles donations des comtes de Dammartin et de Clermont augmentèrent les richesses du prieuré de St-Leu, dont les moines acquirent divers droits et prérogatives.

En 1359, St-Leu fut surpris et pillé par les Anglais et Navarrais de la garnison de Creil; une partie des habitants fut tuée, et le reste s'enfuit pour éviter la mort; les religieux furent pris et obligés de payer rançon, sous peine de voir brûler l'église et le couvent.

L'église de St-Leu, encore très-entière, est un monument remarquable de l'époque dite de transition. C'est un bel édifice de forme oblongue, sans croix, terminé circulairement à l'est. Sa longueur totale est de 71 m., sa largeur de 21 m. 33 c., sa hauteur, sous voûte, de 27 m. Le portail est fermé d'une grande ogive romane, d'un style lourd, offrant trois rangs de zigzags, dont l'extérieur est double et à angles opposés; ces ornements reposent sur des colonnes romanes courtes, à chapiteaux grossiers. Derrière le portail est un porche, profond de 6 m., s'étendant sur toute la largeur de l'église, et supportant au-dessus une salle très-vaste, qui servait de bibliothèque aux moines. Cette salle est voûtée, ornée d'arceaux romans à doubles zigzags, soutenus sur des piliers dont les chapiteaux offrent des figures bizarres et fantastiques. A la droite du portail est un clocher fort élégant à deux rangs superposés d'arcades romanes légères, surmonté d'une flèche octogone dont la maçonnerie extérieure est disposée en damier ou écailles de poisson; à chaque angle est un clocheton d'un travail fort délicat; la hauteur totale du clocher est d'environ 50 m. Sur le côté méridional de cette tour on remarque une grande ogive romane, exactement semblable à celle du portail, mais bouchée, et au-dessus une croisée également bouchée, mais à plein cintre. — La façade de l'église présente huit croisées dont six seulement éclairent la salle dont on vient de parler, les deux autres étant comprises dans la tour du clocher; ces croisées sont parfaitement romanes et ornées de moulures nattées très-élégantes. Le toit du porche est une plate-forme en dalles, coupant par le milieu une grande rosace placée au-dessus de la porte par laquelle on entre immédiatement dans l'église, défaut de raccordement qui semblerait indiquer deux époques de construction. — L'église est pourvue de bas côtés qui tournent autour du chœur et du sanctuaire, dont ils sont séparés par de grandes et larges arcades anguleuses, appuyant sur vingt-quatre gros piliers romans à chapiteaux dépareillés, ornés de feuillages. On a adossé contre plusieurs de ces piliers des colonnes gothiques qui s'élancent depuis le sol de l'église jusqu'à la naissance de la voûte; sur les autres piliers les colonnettes gothiques commencent seulement sur le chapiteau. Au-dessus des arcades règne une galerie circulaire à petites ogives géminées, dépourvue d'ornements; les jours extérieurs de cette galerie, aujourd'hui bouchés, étaient de petites croisées romanes alternant avec des rosaces. — Au-dessus de la galerie, quarante-deux larges et hautes croisées anguleuses éclairent l'église et atteignent la voûte, soutenue par des arceaux gothiques. — Le chœur et le sanctuaire réunis n'ont pas moins de 27 m. de longueur; la nef en a 30; le chœur a conservé ses stalles. L'autel, isolé au milieu du sanctuaire, est en marbre vert d'Égypte et en brèche rouge. — Parallèlement au sanctuaire s'élève sur chaque bas côté une tour romane carrée et sans flèche. — Derrière le chœur sont cinq chapelles, dont l'une est dédiée à la Vierge, une autre à St-Nicolas, patron des mariniers, et une troisième, où était l'autel paroissial, à saint Leu patron du pays et archevêque de Sens, dont on conserve encore quelques reliques. — Sur les côtés sud et nord, l'église est entourée d'arcs-boutants et de contre-forts qui lui donnent de loin l'aspect d'un édifice gothique récent. Les arcs-boutants rejoignent les murs au-dessus des petites croisées romanes qui ont dû éclairer en premier lieu l'intérieur du bâtiment; et c'est probablement à l'époque où l'on ajouta ces appuis que les petites croisées furent bouchées.

St-Leu possède un hospice dont la fondation est due à une confrérie de charité, qui a été établie dans cette commune vers 1666, pour le soulagement des malades et spécialement en faveur des ouvriers blessés dans les carrières. Cette confrérie reçut différents legs et donations, et en 1695 ses ressources devinrent assez considérables pour qu'elle pût acquérir une maison devant l'église et la convertir en hôtel-Dieu. Depuis cette époque, de nouvelles donations ont augmenté ses revenus; un des bienfaiteurs de l'établissement est M. Baudoin, curé de St-Leu, qui a institué l'hospice pour son héritier universel.

St-Leu est célèbre par l'importance de ses carrières de pierres, qui occupent une grande partie de la population. Ces carrières constituent une excavation immense, composée de deux étages: le supérieur, actuellement abandonné, percé dans la pierre dure ou *vergelet*; l'intérieur, encore exploité, qui donne la *pierre douce*. On extrait les pierres par galeries séparées par des piliers tournés, en laissant en outre de petits piliers ou contre-forts appuyés sur les murs et nommés *tauquettes* par les ouvriers; les galeries sont nommées *rues* lorsqu'elles sont parallèles aux filières de la masse calcaire, et *chambres* lorsqu'elles coupent ces filières à angle droit. On pénètre dans les carrières par deux bouches appelées, l'une entrée St-Christophe et l'autre entrée du Couvent, parce que les religieux de St-Leu s'étaient réservé l'usage exclusif de cette dernière ouverture.

Fabriq. de dentelles. — *Foires* les 1er et 2 sept.

LEUDEVILLE, vg. *Seine-et-Oise* (Ile-de-France), arr. et à 15 k. de Corbeil, cant. et ✉ d'Arpajon. Pop. 312 h.

LEUDON, vg. *Seine-et-Marne* (Brie), arr. et à 19 k. de Coulommiers, cant. et ✉ de Laferté-Gaucher. Pop. 200 h.

LEUGLAY, vg. *Côte-d'Or* (Champagne), arr. et à 21 k. de Châtillon-sur-Seine, cant. et ✉ de Recey-sur-Ource. Pop. 610 h. — Il est situé au fond d'un vallon, sur l'Ource, qui le divise en deux parties. — Haut fourneau. Forges (à Froidvent). Faïencerie. Tuileries. Salinerie dont les produits sont employés à la fabrication du verre blanc.

LEUGNEY, vg. *Doubs*, comm. de Brémondans, ✉ de Landresse. — On y remarque les ruines d'un château fort dont la construction remonte au xiiie siècle. L'église est aussi fort ancienne; il en est fait mention dans une charte de donation de Rodolphe II, roi de Bourgogne, en date de 1028.

LEUGNY, vg. *Côte-d'Or*, comm. de la Roche-Vanneau, ✉ de Flavigny.

LEUGNY, vg. *Yonne* (Bourgogne), arr. et à 22 k. d'Auxerre, cant. et ✉ de Toucy. Pop. 682 h. — *Foires* les 15 fév., 25 mars, 25 août, 21 oct., 19 juin et 28 déc.

LEUGNY-SUR-CREUSE, vg. *Vienne* (Poitou), arr. et à 16 k. Châtellerault, cant. de Dangé, ✉ de la Haye-Descartes. Pop. 554 h.

LEUHAN, vg. *Finistère* (Bretagne), arr. et à 30 k. de Châteaulin, cant. et ✉ de Châteauneuf-du-Faou. Pop. 1,418 h.

LEUILLY, vg. *Aisne* (Picardie), arr. et à 22 k. de Laon, cant. et ✉ de Coucy-le-Château. Pop. 644 h.

LEULINGHEM, vg. *Pas-de-Calais* (Artois), arr. et à 18 k. de Boulogne-sur-Mer, cant. et ✉ de Marquise. Pop. 277 h.

LEULINGHEM, vg. *Pas-de-Calais* (Artois), arr., ✉ et à 5 k. de St-Omer, cant. de Lumbres. Pop. 261 h.

LEURVILLE, vg. *H.-Marne* (Champagne), arr. et à 33 k. de Chaumont-en-Bassigny, cant. de St-Blin, ✉ d'Andelot. Pop. 316 h.

LEURY, vg. *Aisne* (Picardie), arr., cant., ✉ et à 6 k. de Soissons. Pop. 145 h.

LEU-TAVERNY (St-), *S. Lupi Tabernicum*, beau village, *Seine-et-Oise* (Ile-de-France), arr. et à 15 k. de Pontoise, cant. de Montmorency. ✉. A 25 k. de Paris pour la taxe des lettres. Pop. 1,219 h.

Ce village, situé dans la vallée de Montmorency, est dominé dans toute sa longueur par la forêt, qui n'en est éloignée que de quelques pas. Il offre de tous côtés des points de vue et des sites charmants. Au centre du village est une petite place publique; des sources abondantes y alimentent quatre fontaines et trois grands lavoirs couverts.

La terre de St-Leu a longtemps appartenu à la maison de Montmorency. Plus tard elle passa dans celle de Condé. Le château faisait autrefois partie des domaines du duc d'Orléans; le roi Louis-Philippe y passa les premiers jours de son enfance. Sous l'empire, il devint la propriété de la reine Hortense, qui y fit faire de grands embellissements et qui répandit de nombreux bienfaits sur les habitants du village de St-Leu. Le dernier prince de Condé le posséda ensuite; il y termina sa carrière, et le légua par son testament à la baronne de Feuchères. — Il ne reste aujourd'hui aucun vestige de ce château, qui a été vendu et démoli de fond en comble; le parc et les magnifiques jardins ont été détruits et morcelés. Là où se trouvaient des grottes, de riantes fabriques, des sources d'eau vive, un lac et des plantations de la plus rare beauté, on cultive des choux, des carottes et autres légumes potagers. — A l'endroit même où le dernier prince de Condé s'est suicidé, les partisans de la légitimité quand même ont fait élever une haute croix en pierre pour perpétuer la mémoire de cet événement, qu'ils attribuent à une tout autre cause.

L'église de St-Leu, classée récemment au nombre des monuments historiques, est d'une architecture simple et de bon goût; l'intérieur est décoré avec élégance. Au centre du chœur s'élève un monument, servant d'entrée à un caveau, dans lequel sont déposés les restes mortels du père de l'empereur Napoléon et du fils de Louis Bonaparte. Sur un autre point de l'édifice, on voit une chapelle dans laquelle la duchesse de St-Leu a fait construire un mausolée pour y déposer le corps de la baronne de Broc, son amie, qui périt sous ses yeux en Suisse, entraînée au fond d'un précipice.

Fabrique de colle forte.

Bibliographie. BELLEVILLE (Adolphe de). *Secrets* (les) *de St-Leu; notice curieuse sur ce château et ses propriétaires, Aiglantine de Vendôme, la reine Hortense, etc., suivie d'une Biographie complète sur la baronne de Feuchères, et de détails sur la mort du duc de Bourbon*, in-18, 1831.

LEUTENANTSGEFELDT, vg. *Moselle*, comm. et ✉ de St-Avold.

LEUTENHEIM, ou LITTENHEIM, vg. *B.-Rhin* (Alsace), arr. et à 39 k. de Strasbourg, cant. de Bischwiller, ✉ de Roeschwoog. Pop. 893 h.

LEUVILLE, *Lunvilla, Lunavilla*, Seine-et-Oise (Ile-de-France), arr. à 22 k. de Corbeil, cant. d'Arpajon, ✉ de Linas. P. 824 h.

LEUVRIGNY, vg. *Marne* (Champagne), arr. et à 15 k. d'Epernay, cant. de Dormans, ✉ de Port-à-Binson. Pop. 448 h.

LEUY (le), vg. *Landes* (Gascogne), arr., et à 13 k. de St-Sever, cant. de Tartas. P. 413 h.

LEUZE, vg. *Aisne* (Picardie), arr. et à 20 k. de Vervins, cant. et ✉ d'Aubenton. Pop. 838 h.

LEVACI (lat. 52°, long. 22°). « Ils sont nommés dans le cinquième livre des *Commentaires*, entre les peuples qui obéissaient aux *Nervii, qui sub eorum imperio sunt*. Comme les rivières ont souvent donné le nom à des cantons, je trouve beaucoup d'analogie entre le nom des *Levaci* et celui de la *Lieva*, qui à Gand se joint à l'Escaut, et dont on se servit en 1339 pour ouvrir un canal de Gand jusqu'à Damm, entre Bruges et l'Ecluse, lequel a précédé celui qui ne fut creusé qu'en 1613, tendant à Bruges directement. » D'Anville. *Notice de l'ancienne Gaule*, p. 411.

LEVÆ FANUM (lat. 52°, long. 24°). « Il est placé, dans la Table théodosienne, sur la route qui de *Lugdunum* des *Batavi*, où de Leyde, remonte le long du Rhin; et c'est en position intermédiaire de *Fletio* et de *Carvo*, en marquant de *Fletio* à *Levæ Fanum* XVI et de *Levæ Fanum* à *Carvo*, VIII. On peut voir, à l'article *Fletio*, que sa position est celle d'un lieu nommé Ulleuten, et on présume que celle de *Carvo* se place vis-à-vis de Wageningen, ou à peu près. La distance actuelle et directe entre ces positions répondant à environ 35 milles romains, dont la mesure est celle qui, généralement parlant, cadre aux distances indiquées dans le territoire de *Batavi*; il s'ensuit que la Table est en défaut, et on peut y soupçonner quelque lacune. Car on n'y voit point *Trajectum*, situé à environ 5 milles au delà de *Fletio*, ni *Batavodurum*, ou Vick-Durstède, qui est en deçà du lieu qui convient à *Carvo*. Il n'y a donc point de fond à faire sur les nombres de la Table en cet espace; et si quelque circonstance locale peut y suppléer, pour nous indiquer *Levæ Fanum*, c'est de trouver un peu au delà de Durstède, sur la rive opposée à celle des Batavi, un lieu dont le nom de Liven-Dael (c'est-à-dire Vallis Levæ) conserve celui de la divinité qui avait un temple dans ce canton. » D'Anville. *Notice de l'ancienne Gaule*, p. 412.

LEVAINVILLE, *Eure-et-Loir* (Beauce), arr. et à 20 k. de Chartres, cant. d'Auneau, ✉ de Gallardon. Pop. 346 h.

LEVAL, vg. *Nord* (Flandre), arr. et à 10 k. d'Avesnes, cant. et ✉ de Berlaimont. Pop. 507 h.

LEVAL, vg. *H.-Rhin* (Alsace), arr. et à 15 k. de Belfort, cant. et ✉ de Massevaux. Pop. 355 h.

LEVAL, vg. *H.-Saône* (Franche-Comté), arr., cant., ✉ et à 9 k. de Lure. Pop. 84 h.

LEVANT (île du), ou du TITAN. On nomme ainsi la plus orientale et la plus grande des îles d'Hyères. Sur la pointe orientale s'élève un phare à feu fixe de 75 m. de hauteur et de 20 k. de portée. Lat. 23° 2′, long. E. 4° 10′. V. HYÈRES (îles d').

LEVARÉ, bg *Mayenne* (Maine), arr. et à 27 k. de Mayenne, cant. et ✉ de Gorron. Pop. 733 h.

LEVAULT, vg. *Yonne* (Bourgogne), arr., cant., ✉ et à 5 k. d'Avallon. Pop. 852 h.

LEVAUX, vg. *Isère*, comm. de Varacieux, ✉ de Vinay.

LEVAVILLE-ST-SAUVEUR, vg. *Eure-*

(Beauce), arr. et à 18 k. de Dreux, ⌧ de Châteauneuf-en-Thymerais. Pop. 438 h.

LEVÉCOURT, vg. *H.-Marne* (Lorraine), arr. et à 39 k. de Clermont-en-Bassigny, cant. et ⌧ de Bourmont. Pop. 400 h.

PATRIE du célèbre imprimeur CRAPELET.

LEVÉE (la), vg. *Jura*, comm. d'Arlay, ⌧ de Bletterans.

LEVENON, vg. *Cher*, comm. d'Uzay, ⌧ de Châteauneuf-sur-Cher.

LÉVENS, vg. *B.-Alpes* (Provence), arr. et à 46 k. de Digne, cant. et ⌧ de Moustiers. Pop. 152 h.

LEVERGIES, vg. *Aisne* (Picardie), arr. et à 10 k. de St-Quentin, cant. et ⌧ du Catelet. Pop. 1,088 h.

LÈVES, bg *Eure-et-Loir* (Beauce), arr., cant., ⌧ et à 3 k. de Chartres. Pop. 1,118 h.

On remarque dans une forêt dépendante de cette commune une éminence entourée de fossés, que l'on nomme montagne des Lieues. Près de là est une profonde et vaste caverne, creusée dans la partie orientale de la colline, où l'on présume que les druides enseignaient la science occulte de leurs mystères religieux. A quelques pas de l'entrée de cette caverne est une fontaine. Elle consiste en une butte ou monticule de terre, en forme de cône tronqué, sa circonférence est de 166 m., celle du plateau, qui la termine au sommet, de 40 m., et sa hauteur perpendiculaire de 10 m. Elle est couverte d'arbustes et de fossés qui l'environnent, et ont 2 m. de profondeur.

Dans la vallée voisine existent encore beaucoup de grottes creusées dans le roc ou dans le tuf. Suivant les traditions du pays, elles étaient la demeure des druides de ce sanctuaire, alors très-célèbre. Ces grottes servent aujourd'hui de celliers aux nombreux vignerons du canton.

LÈVES (les), vg. *Gironde* (Guienne), arr. et à 45 k. de Libourne, cant. et ⌧ de Ste-Foy. Pop. 1,013 h.

LEVESVILLE-LA-CHENARD, vg. *Eure-et-Loir* (Beauce), arr. et à 31 k. de Chartres, cant. et ⌧ de Janville. Pop. 408 h.

LEVET, vg. *Cher* (Berry), arr., bureau d'enregistr., et à 19 k. de Bourges, chef-l. de cant. Cure. ⌧. ⚘. A 239 k. de Paris pour la taxe des lettres. Pop. 791 h. — TERRAIN jurassique, voisin du tertiaire moyen.

LEVÈZE, vg. *Lot-et-Garonne*, comm. de Sos, ⌧ de Mézin.

LEVEZOU (montagne du). V. dép. de l'AVEYRON.

LÉVIE, vg. *Corse*, arr., ⌧ et à 25 k. de Sartène, chef-l. de cant., bureau d'enregistr. à Carbini. Cure. Pop. 1,674 h, — TERRAIN cristallisé ou primitif. — Il est bâti dans une situation pittoresque, sur six petites collines.

LÉVIER, vg. *Doubs* (Franche-Comté), arr. et à 19 k. de Pontarlier, chef-l. de cant. Cure. Gîte d'étape. ⌧. ⚘. A 421 k. de Paris pour la taxe des lettres. Pop. 1,450 h. — TERRAIN jurassique.

Foires les 2es mercredis de mars, de juin, d'août, de sept. et d'oct.

LÉVIGNAC, vg. *Aveyron*. V. LIVINHAC.

LEVIGNAC, bg *H.-Garonne* (Armagnac), arr. et à 25 k. de Toulouse, cant. de Léguevin. ⌧. A 714 k. de Paris pour la taxe des lettres. Pop. 950 h. — *Foires* les 17 fév., 25 avril, 27 mai, 12 août, mardi saint, 22 nov., 21 et 22 déc.

LÉVIGNAC, vg. *Lot-et-Garonne* (Agénois), arr., ⌧ et à 15 k. de Marmande, cant. de Seiches. Pop. 1,768 h. — *Foires* les 25 juillet, 29 sept., 26 déc. et lundi de Pâques.

LÉVIGNACQ, *Landes*, ⌧ de Dax. — *Foires* le lundi de la 3e semaine de mai, lundi de la 2e semaine de nov., et de déc.

LÉVIGNEN, *Laviniacum*, vg. *Oise* (Picardie), arr. et à 29 k. de Senlis, cant. et ⌧ de Betz. ⚘. Pop. 371 h.

Lévignen était le chef-lieu d'un comté, et l'une des premières terres du duché de Valois; il est nommé *Laviniacum* dans les chartes latines. Un château fort y fut fondé longtemps avant le palais de Burgny, connu dans les chroniques dès le règne de Clotaire Ier.

L'église paroissiale de ce village est une des plus anciennes du diocèse de Soissons.

En 1313 Philippe Ier affranchit les habitants de Lévignen, les exempta de toute servitude, de main morte, de fort mariage; il leur permit de disposer de leurs biens, de se marier où bon leur semblerait, et de prendre la tonsure. Ce dernier privilége fut celui qui flatta le plus les habitants; ils se firent tous couper les cheveux, et même raser en signe de liberté. Au lieu d'obtenir du public la distinction honorable qu'ils se proposaient, on leur donna le surnom de Tondus de Lévignen; sobriquet qui est resté à leurs descendants.

LÉVIGNY, vg. *Aube* (Champagne), arr. et à 10 k. de Bar-sur-Aube, cant. de Soulaines, ⌧ de Ville-sur-Terre. Pop. 288 h.

LÉVIS, *Livies*, vg. *Yonne* (Gatinais), arr. et à 28 k. d'Auxerre, cant. et ⌧ de Toucy. Pop. 488 h.

LÉVONCOURT, ou LUBENDORF, vg. *Meuse* (Lorraine), arr. de Commercy, à 19 k. de St-Mihiel, cant. de Pierrefitte, ⌧ de Villotte-devant-St-Mihiel. Pop. 250 h.

A peu de distance de Lévoncourt, on voit sur une hauteur, au milieu du bois, les vastes ruines du château de Morimont, brûlé par les Suédois pendant la guerre de trente ans. On ignore l'époque de sa fondation; mais il résulte du titre d'oblation du comté de Ferrette à l'évêché de Bâle, qu'en 1271 il était déjà fort ancien.

LÉVONCOURT, vg. *H.-Rhin* (Alsace), arr. à 25 k. d'Altskirch, cant. et ⌧ de Ferrette. Pop. 321 h.

LEYRECEY, vg. *H.-Saône*, comm. de Velleguindry, ⌧ de Vesoul.

LEYREZY, vg. *Ardennes* (Champagne), arr. de Mézières, et à 15 k. de Charleville, cant. de Monthermé. Pop. 380 h.

LEVRIÈRE (la), vg. *Seine-et-Oise*, comm. et ⌧ de Marines.

LEVROUX, *Gabatum*, *Leprosum*, *Leprosium*, petite et très-ancienne ville, *Indre* (Berry), arr. et à 20 k. de Châteauroux, chef-l. de cant. Cure. Gîte d'étape. ⌧. ⚘. A 238 k. de Paris pour la taxe des lettres. P. 3,166 h. — TERRAIN jurassique, voisin du tertiaire moyen.

Autrefois diocèse et intendance de Bourges, parlement de Paris, élection d'Issoudun, collégiale.

Cette ville, dont le nom primitif est *Gabatum*, existait sous les Romains, qui l'ornèrent d'un amphithéâtre, d'un hippodrome, de bains, et d'autres édifices dont ils ne décoraient que les villes de premier ordre. Elle fut entièrement ruinée à une époque qu'il est impossible de préciser, et on chercherait vainement aujourd'hui quelques restes des monuments qui l'embellissaient; mais des fouilles entreprises à diverses époques ont procuré la découverte d'un grand nombre de médailles et de fragments d'architecture et de sculpture dont le beau style a pu faire juger de la magnificence de ses anciens édifices. Après les incursions des barbares, Gabatum sortit de ses ruines et acquit une nouvelle importance; on l'entoura de murailles flanquées de tours, et on construisit un fort château au milieu duquel s'élevait une tour colossale. Un de ses premiers seigneurs ayant été guéri de la lèpre d'une manière qui parut, dit-on, surnaturelle, voulut que la ville rappelât ce prétendu miracle, et la nomma *Leprosum*, d'où s'est formé le nom moderne. Dans le moyen âge, elle a été souvent exposée aux désastres de la guerre. Philippe Auguste l'assiégea et la prit après une assez longue résistance.

Cette ville est située dans une plaine, sur le Nahon. On voit encore quelques restes de ses fortifications; la porte Chastel ou de Champagne, achevée en 1506, sert aujourd'hui de prison.

L'église paroissiale de Levroux est la plus belle de tout l'ancien bas Berry. Plus petite de moitié dans toutes ses dimensions que la cathédrale de Bourges, elle a dans œuvre 55 m. de long, sur 12 m. 50 c. de large; la nef principale communique avec les collatéraux par des arcades élevées en ogive aiguë, que surmonte une galerie ouverte par des baies divisées ou non divisées par des meneaux perpendiculaires, ou simplement carrées. Au-dessus de cet ordre, des fenêtres en plein cintre éclairent l'intérieur. Le chœur est terminé par une abside à huit pans marqués par les nervures qui s'élèvent au haut de la voûte et s'y réunissent en un large médaillon où l'on voit Jésus-Christ en buste dans l'attitude de la bénédiction. Les statues des quatre évangélistes sont placées au-dessus des consoles. — De chaque côté, le col latéral, au lieu de faire le tour du chœur, est terminé par une abside particulière. Dans l'épaisseur du mur qui sépare l'abside centrale de l'abside du nord, est engagé un tombeau que l'on dit être celui de François de Fiesque, seigneur de Levroux, tué au siége de Montauban en 1581. — La façade de l'église se distingue par un portail dont les archivoltes sont ornées de statuettes d'anges et de saints, et dont le tympan se termine inférieurement par une plate-bande représentant en bas-relief une résurrection des morts. On voit ceux-ci emportant sur leurs épaules les planches de leurs cercueils, et, sur la droite, l'enfer est figuré par une gueule de monstre dans laquelle les diables jettent les réprouvés.

A quelques pas de Levroux, on remarque les restes d'un théâtre antique, que coupe en deux parties la route de Châteauroux, et à l'ouest la fontaine de St-Silvain, très-renommée au loin pour la guérison du mal de tête!...

Au nord de Levroux, et au delà du ruisseau de Sept-Fonts, on voit sur une éminence les tours demi-ruinées d'un château gothique. C'était là qu'était l'ancienne ville. L'histoire n'a point retracé toutes les vicissitudes qu'a subies cette vieille cité; mais le sol est rempli des témoignages de son ancienne importance. On y trouve dans une telle abondance des médailles d'une peuplade de Celtes dont on ignore encore la position géographique, que l'on serait tenté de croire que là était la demeure de ces Gaulois qui signaient du nom grécisé d'*Abudos* leurs pièces de monnaie, et que dès cette époque la civilisation et les arts étaient déjà avancés dans cette contrée, à en juger par la perfection des empreintes que les peuples ont laissées.

Fabriques de draps. Tanneries et corroieries. *Commerce* de grains, vins, laines et bestiaux. — *Foires* les 2 janv., 1er mars, 6e lundi après Pâques, 16 juin, 1er juillet et 2e lundi du même mois, 18 sept. et 24 oct.

LEVRY, vg. *Marne*, comm. de l'Echelle-le-Franc, ✉ de Montmirail.

LEVTENBACH, vg. *Meurthe*, comm. des Métairies-de-St-Quirin, ✉ de Lerquin.

LÉVY-ST-NOM, vg. *Seine-et-Oise* (Ile-de-France), arr. et à 18 k. de Rambouillet, cant. de Chevreuse, ✉ de Trappes. Pop. 374 h. — Il est situé dans une vallée arrosée par l'Yvette, et dominé par une colline sur le sommet de laquelle est bâtie l'église paroissiale.

Le hameau d'Ivette, dépendance de Lévy-St-Nom, était anciennement une abbaye de bénédictins.

LEWARDE, vg. *Nord* (Flandre), arr., cant., ✉ et à 7 k. de Douai. Pop. 1,146 h.

LEXIN, vg. *Moselle*, comm. de Rouling, ✉ de Sarreguemines.

LEXOBIE. V. PLOULECH.

LEXOS, vg. *Tarn-et-Garonne*, comm. de Varen, ✉ de St-Antonin.

LEXOVII (lat. 50°, long. 18°). « Leur nom se trouve diversement écrit : *Lexovii* ou *Loxobii*, dans César, comme dans Strabon, qui a connu leur position sur le bord de la mer et vers l'embouchure de la Seine, selon la manière dont il s'explique en parlant du commerce de la Gaule. Pline commence l'énumération des peuples de la Lionoise par les *Lexovii*. Ptolémée range les *Lexubii* après les *Caletæ*. Il n'est pas exact de les faire suivre immédiatement par les *Veneli*, puisque ceux-ci, reculés dans le Cotentin, sont séparés du diocèse de Lizieux par toute l'étendue du diocèse de Bayeux, partagée entre les *Viducasses* et les *Bajocasses*. » D'Anville. *Notice de l'ancienne*

Gaule, p. 413. V. aussi Walckenaer, t. I, p. 387, 394; t. II, p. 251.

LEXY, vg. *Moselle* (pays Messin), arr. et à 40 k. de Briey, cant. et ✉ de Longwy. Pop. 352 h.

LEY, vg. *Meurthe* (Lorraine), arr. et à 16 k. de Château-Salins, cant. et à 12 k. de Vic, ✉ de Moyen-Vic. Pop. 346 h.

LEYME, bg *Lot* (Quercy), arr. et à 28 k. de Figeac, cant. de la Capelle-Marival, ✉ de St-Céré. Pop. 662 h.

On y remarque les bâtiments d'une abbaye de bernardines fondée en 1221 dans une vallée profonde, entre des montagnes couvertes de hêtres touffus qui forment un ombrage épais et donnent au pays un aspect sombre. Sous l'église de ce monastère, qui a été conservée, existe encore une partie de l'ancienne église où l'on inhumait les religieuses; elle n'a que la dimension d'une petite chapelle et est dépourvue d'ornements.

LEYMEN, vg. *H.-Rhin* (Alsace), arr. et à 28 k. d'Altkirch, cant. d'Huningue, ✉ de St-Louis. Pop. 927 h.

Non loin de Leymen, sur une hauteur qui domine la jolie vallée qui porte son nom, on aperçoit les restes de l'antique château de Landscron, dont la destruction est toute récente. L'époque de sa fondation est inconnue; on sait seulement qu'au XIIIe siècle c'était une forteresse importante, dont l'empereur Frédéric II s'empara en 1215. Ses ruines couvrent aujourd'hui la colline, et ne sont pas le temps qui les a dispersées : Landscron a été pris et rasé en 1814 par un corps d'armée des étrangers coalisés contre la France, sur soixante conscrits qui manquaient de vivres et qui soutenaient depuis trois jours les efforts de leurs nombreux ennemis.

Au delà de Landscron, en détournant la colline, on remarque une chapelle taillée dans le roc, connue sous le nom de Notre-Dame de la Pierre.

LEYMENT, vg. *Ain* (Bourgogne), arr. et à 45 k. de Belley, cant. et ✉ de Lagnieu. Pop. 559 h.

LEYNES, vg. *Saône-et-Loire* (Bourgogne), arr., ✉ et à 11 k. de Mâcon, cant. de la Chapelle-Guinchay. Pop. 675 h. — *Foires* les 7 janv., 26 mars, 1er juin et 15 nov.

LEYR, vg. *Meurthe* (Lorraine), arr., ✉ et à 14 k. de Nancy, cant. de Nomény. P. 745 h.

LEYRAT, vg. *Creuse* (Bourbonais), arr., cant., ✉ et à 6 k. de Boussac, et à 24 k. de Chambon. Pop. 359 h.

LEYRE (le), *Igmanus*, rivière qui prend sa source près de Tauriet, arr. de Mont-de-Marsan, *Landes*; elle passe à Moustey, Mons, Salles, la Mothe, et se jette dans le bassin d'Arcachon (Gironde), après un cours d'environ 80 k. Le Leyre est flottable, en trains, depuis le port de Beliet jusqu'à son embouchure, sur une étendue de 30,000 m.

LEYRIEU, vg. *Isère* (Dauphiné), arr. et à 34 k. de la Tour-du-Pin, et à 18 k. de Bourgoin, cant. et ✉ de Crémieu. Pop. 417 h.

LEYRITS-MONTCASSIN, vg. *Lot-et-Ga-*

ronne (Gascogne), arr. et à 31 k. de Nérac, cant. et ✉ de Casteljaloux. Pop. 706 h.

LEYSON (la), vg. *Gironde*, comm. de Bernos, ✉ de Bazas.

LEYSSAC, vg. *Gironde*, comm. de St-Estèphe, ✉ de Pauillac.

LEYVAL, vg. *Vosges*, comm. du Val-d'Ajol, ✉ de Plombières.

LEYVAUX, vg. *Cantal* (Auvergne), arr. et à 38 k. de St-Flour, cant. de Massiac, ✉ de Blesle. Pop. 353 h.

LEYWILLER, vg. *Moselle* (Lorraine), arr. et à 25 k. de Sarreguemines, cant. de Gros-Tenquin, ✉ de Puttelange. Pop. 496 h.

LEZ (le), *Ledus*, *Ledum*, rivière qui prend sa source au-dessus de St-Matthieu, arr. de Montpellier, *Hérault*; elle passe à Montferrier et à Montpellier, où elle devient navigable, et va se perdre dans le canal des Etangs.

LEZ (canal du), *Hérault*. Ce n'est autre chose que la rivière de Lez qui a été rendue navigable au moyen de trois écluses, depuis le pont de Juvénal, à 1,400 m. de Montpellier, jusqu'à la remonte du canal des Etangs à la rivière du Lez.

LEZ, vg. *H.-Garonne* (Comminges), arr. et à 35 k. de St-Gaudens, cant. et ✉ de St-Béat. Pop. 306 h.

LEZAN, vg. *Gard* (Languedoc), arr. et à 14 k. d'Alais, cant. et ✉ de Lédignan. Pop. 784 h.

LÉZARDRIEUX, bg *Côtes-du-Nord* (Bretagne), arr. et à 33 k. de Lannion, chef-l. de cant. ✉. A 504 k. de Paris pour la taxe des lettres. Pop. 2,134 h. — TERRAIN cristallisé, granit. — *Foires* les 3e jeudi de mars, 4e jeudi de juin, dernier jeudi de sept. et 2e jeudi de nov.

LEZAT, petite ville, *Ariége* (pays de Foix), arr. et à 29 k. de Pamiers, cant. du Fossat, ✉. A 729 k. de Paris pour la taxe des lettres. Pop. 2,934 h.

Cette ville a été fondée en 1139 pour défendre l'abbaye de son nom, située sur la rivière de Lèze. On trouve journellement son territoire un grand nombre de médailles romaines. — *Foires* les 18 janv., 2 mars, 2 juin, 8 juillet, 29 août, 2 oct., 20 nov., 20 déc. et mardi après Quasimodo.

LEZAT, vg. *Jura* (Franche-Comté), arr. et à 17 k. de St-Claude, cant. et ✉ de Morez. Pop. 310 h.

LEZAT, vg. *Puy-de-Dôme*, comm. de Bas, ✉ de Randans.

LEZAY, vg. *Deux-Sèvres* (Poitou), arr. et à 8 k. de Melle, chef-l. de cant., consistoire et temple protestant. ✉. A 386 k. de Paris pour la taxe des lettres. Pop. 2,534 h. — TERRAIN jurassique.

On remarque aux environs trois anciens châteaux : celui de Lezay, à 2 k. du bourg, qui a longtemps appartenu aux Lusignan; celui des Marais, à cent pas de Lezay; celui de Boissec, qui en est à 3 k. Six autres châteaux se trouvent encore près des environs. Haras de chevaux et de baudets. Tuileries. — *Foires* les 20 janv., 30 avril, 8 juin, 1er et 29 sept.,

30 oct., 30 nov., 21 déc. et 1er lundi de carême.

LEZENEL, vg. *Morbihan*, comm. de Riantec, ✉ de Port-Louis.

LEZENNES, vg. *Nord* (Flandre), arr., cant., ✉ et à 6 k. de Lille. Pop. 1,160 h.

LEZER (St-), vg. *H.-Pyrénées* (Gascogne), arr. et à 18 k. de Tarbes, cant. et ✉ de Vic-en-Bigorre. Pop. 448 h.

LEZÉVILLE, vg. *H.-Marne* (Champagne), arr. et à 40 k. de Vassy, cant. de Poissons, ✉ de Sailly. Pop. 224 h.

LEZEY, vg. *Meurthe* (Lorraine), arr. de Château-Salins, cant. et à 9 k. de Vic, ✉ de Moyenvic. Sur le canal de flottage de Moyenvic. Pop. 306 h.

On voit aux environs les ruines de deux châteaux détruits par les Suédois, où l'on a trouvé à différentes époques des monnaies et des armes.

LEZ-FONTAINE, vg. *Nord* (Hainaut), cant. de Solre-le-Château, arr. et à 15 k. d'Avesnes. Pop. 266 h.

LÉZIGNAN, bg *Aude* (Languedoc), arr. et à 25 k. de Narbonne, chef-l. de cant. Cure. Gîte d'étape. ✉. A 799 k. de Paris pour la taxe des lettres. Pop. 2,168 h. — TERRAIN d'alluvions modernes.

Lézignan était autrefois une baronnie du diocèse de Narbonne. Elle appartenait en 1422 à Jacques, comte de la Marche et de Castres, qui épousa en secondes noces Jeanne II, reine de Naples et de Sicile. Lorsqu'il fut chassé de Naples, il se réfugia dans les États de Venise, et fit vendre ses biens de la Marche et de Castres, pour ressaisir le sceptre et se soutenir sur le trône. A son retour en France il fonda, le 7 janvier 1422, deux places de religieux, dans le monastère de St-Antoine-en-Viennois, pour lesquelles il hypothéqua sa baronnie de Lézignan, à condition que ce monastère ferait fondre une cloche de 80 quintaux, qui sonnerait chaque jour, pendant sa vie, autant de coups qu'il avait d'années. Lézignan fut pris par les religionnaires en 1576; il se soumit au duc de Montmorency en 1632.

Les armes de Lézignan sont : *d'azur à trois tours crénelées d'argent, couvertes et girouettées de même, posées de rang.*

Distilleries d'eau-de-vie. — Foires les 4 sept. et 4 déc. A ces deux époques de l'année le bourg de Lézignan prend une activité extraordinaire. Les habitants des villages voisins s'y rendent en foule pour s'y pourvoir de tous les objets nécessaires à la vie et aux besoins de l'agriculture. La foire de septembre surtout, qui arrive un peu avant les vendanges, y attire tous les vignerons des environs, pour l'achat des cercles d'osier, des douves et des tinettes appelées *comportes*, indispensables pour cette récolte. Cette foire rassemble beaucoup de jeunes gens et de demoiselles des communes voisines, et comme le seul but qu'ils se proposent est de se livrer au plaisir, et de revoir des connaissances que l'on rencontre rarement ailleurs, cette réunion ressemble à une grande fête de famille.

LÉZIGNAN, vg. *H.-Pyrénées* (Gascogne), arr. d'Argelès, ✉ et à 33 k. de Lourdes. Pop. 420 h.

LÉZIGNÉ, vg. *Maine-et-Loire* (Anjou), arr. et à 19 k. de Baugé, cant. de Seiches, ✉ de Durtal. Pop. 617 h.

LÉZIGNEUX, vg. *Loire* (Forez), arr., cant., ✉ et à 6 k. de Montbrison. P. 1,129 h.

LEZIN (St-), vg. *Maine-et-Loire* (Anjou), arr. et à 20 k. de Beaupréau, cant. et ✉ de Chemillé. Pop. 854 h.

LEZINNES, vg. *Yonne* (Champagne), arr., ✉ et à 11 k. de Tonnerre, cant. d'Ancy-le-Franc. Pop. 626 h.

LEZONS, vg. *B.-Pyrénées*, comm. de Mazères-Lezons, ✉ de Pau.

LEZOUX, ancienne et jolie petite ville, *Puy-de-Dôme* (Auvergne), arr. à 15 k. de Thiers, chef-l. de cant. Cure. ✉. ⚘. A 400 k. de Paris pour la taxe des lettres. Pop. 3,601 h. — TERRAIN cristallisé ou primitif.

Cette ville, située dans une plaine fertile, est généralement bien bâtie, et possède des promenades agréables. Les troupes du roi s'en emparèrent par escalade en 1592 ; peu de temps après, les ligueurs la prirent d'assaut et massacrèrent la garnison.

On doit visiter aux environs les châteaux de FONTENILLES et de LIGONÈS.

Les armes de Lezoux sont : *d'azur à trois fleurs de lis d'or, deux en chef et une en pointe; au chef de sable à deux clefs d'argent en sautoir.*

Fabriques de faïence et de poterie de terre. Tanneries. — Foires les 3e samedi de fév., 2e samedi d'avril, 4e samedi de juin, 1ers samedis de sept. et de déc.

L'HAUX, H.-Pyrénées, com. de Bordes, ✉ de Tournay.

L'HEURINE (Ste-), vg. *Charente-Inf.* (Saintonge), arr. et à 14 k. de Jonzac, cant. et ✉ d'Archiac. Pop. 835 h.

L'HERM. V. HERM (l').

L'HEZ, vg. *H.-Pyrénées* (Gascogne), arr. et à 15 k. de Tarbes, cant. et ✉ de Tournay. Pop. 182 h.

L'HOMMAIS, vg. *Indre-et-Loire*, comm. d'Esvres, ✉ de Cormery.

L'HOMMAIZÉ, vg. *Vienne* (Poitou), arr. et à 22 k. de Montmorillon, cant. et ✉ de Lussac. Pop. 667 h.

L'HOR, vg. *Meurthe* (Lorraine), arr. de Château-Salins et à 31 k. de Vic, cant. d'Albestrof, ✉ de Dieuze. Pop. 527 h.

L'HOUMOIS, vg. *Deux-Sèvres* (Poitou), arr., ✉ et à 16 k. de Parthenay, cant. de Thenezay. Pop. 420 h.

L'HUIS, vg. *Ain* (Bugey), arr., ✉ et à 15 k. de Belley, chef-l. de cant. Pop. 1,305 h. — TERRAIN jurassique. — Foires les 23 juillet, 16 août, 25 oct., 30 nov. et mardi après Pâques.

L'HUITRE, vg. *Aube* (Champagne), arr., ✉ et à 12 k. d'Arcis-sur-Aube, cant. de Ramerupt. Pop. 635 h. — Foires les 9 oct. et lundi de la 3e semaine de carême.

L'HUYS, vg. *Aisne* (Picardie), arr. et à 30 k. de Soissons, cant. et ✉ de Braisnes. Pop. 254 h.

LIAC, vg. *H.-Pyrénées* (Gascogne), arr. et à 23 k. de Tarbes, cant. et ✉ de Rabastens. Pop. 319 h.

LIAMATOU, vg. *Aveyron*, comm. de Cantoin, ✉ de Laguiole.

LIAMONE (le), rivière de l'île de *Corse*, qui prend sa source dans le lac de Creno, cant. de Vico, arr. d'Ajaccio; elle se jette dans la Méditerranée, au golfe de Sagone, après un cours d'environ 70 k.

LIANCOURT, ou LIANCOURT-SOUS-CLERMONT, joli bourg, *Oise* (Picardie), arr. et à 7 k. de Clermont, chef-l. de cant. ✉. A 56 k. de Paris pour la taxe des lettres. Pop. 1,364 h. — TERRAIN crétacé inférieur.

Ce bourg est très-agréablement situé sur la pente d'une colline qui domine une vallée délicieuse, appelée la vallée dorée, à cause de la richesse de sa végétation et de la fécondité de son sol. Il jouira toujours d'une célébrité justement acquise par la vie honorable et les bienfaits de l'illustre de la Rochefoucauld, dont la famille, qui est en possession de la terre de Liancourt depuis 1611, était déjà distinguée par la naissance de plusieurs hommes d'un grand mérite.

Le château de Liancourt était majestueusement assis au milieu d'un paysage enchanteur et de jardins magiques, où tout ce que l'art peut créer était joint à tout ce que la nature peut prodiguer de plus délicieux : le duc de Liancourt y transporta, au XVIIIe siècle, tous les progrès de la civilisation le mieux éclairée. Après avoir recueilli, dans plusieurs voyages qu'il avait faits en Angleterre, les documents les plus sûrs, et s'être instruit de tous les procédés propres à augmenter la prospérité de l'agriculture, M. de la Rochefoucauld forma à Liancourt un établissement sur le modèle des fermes anglaises, propagea et naturalisa en France la culture des prairies artificielles, pour détruire le système des jachères, et encouragea la culture des turneps, pour nourrir les bestiaux pendant l'hiver. Il fit venir en même temps de la Suisse et de l'Angleterre les races de bestiaux les plus fécondes, qui s'acclimatèrent facilement à Liancourt et y prospérèrent. Il y fonda une école d'instruction dans les arts et métiers pour les fils des pauvres militaires. En se promenant au milieu de ces enfants, il applaudissait aux succès des uns et encourageait les autres. Il établit près de son château trois manufactures importantes qui existent encore : l'une faisait des cardes aussi belles que celles d'Angleterre, l'autre était une filature de coton, et la troisième une fabrique de faïence.

Les cours, la façade, une aile du château, furent détruites à la révolution ; on ne conserva qu'une partie de ce vaste bâtiment qui contenait la bibliothèque, et M. de Liancourt ne dut la conservation d'une partie de sa fortune qu'au prytanée qu'on avait placé dans son château. Il fut proscrit, exilé ; mais les années de son exil n'ont pas été perdues pour sa patrie : elle reçut alors de lui le plus grand des bienfaits. Il lui rapporta de sa retraite le moyen de se préserver à l'avenir des ravages du fléau le plus cruel; il importa en France la vaccine, la propagea, et sauva ainsi d'une mort précoce des millions d'hommes.

Retiré dans un pavillon, le propriétaire, fermier, manufacturier de Liancourt, continua d'exécuter toutes les conceptions que ses lectures, ses voyages et la fréquentation des hommes instruits avaient pu lui procurer. Il répandit chez tous ses voisins les procédés de la nouvelle agriculture, les aida de ses conseils, de ses moyens, et leur inspira pour leur état l'amour qu'il éprouvait lui-même. En même temps le duc de Liancourt suivait, dans ses opinions sur les affaires publiques, les principes sages qui ont dirigé sa vie entière. Il fut toujours libéral, c'est-à-dire qu'il voulait que le gouvernement fût aussi généreux que lui.

Dans les mauvais jours de la restauration, M. de la Rochefoucauld-Liancourt, après avoir consacré sa vie et sa fortune au soulagement des malheureux, s'est vu, par l'acte le plus injuste et le plus impolitique, privé de la faculté de leur prodiguer plus longtemps ses bienfaits. Mais aucune puissance humaine ne pouvait l'empêcher de continuer sa vie telle qu'elle avait été jusqu'à cette époque; il ne cessa point de faire le bien, de prendre part à tous les établissements utiles, de rendre service chaque jour par ses recommandations particulières. C'est lui qui fonda l'admirable institution de la caisse d'épargne, la plus parfaite de toutes celles que la bienfaisance a produites.

Le duc de la Rochefoucauld était né le 11 janvier 1747. Il mourut le 27 mars 1827, et vit arriver sa fin avec le courage le plus simple. « Il faut que tout se passe, » a-t-il dit le plus naturellement. Ces derniers moments furent ceux d'un véritable homme de bien. Nous ne rappellerons pas les scènes de désordre et de profanation qui se passèrent aux funérailles de ce grand homme; jamais un plus sauvage attentat n'a été commis au sein d'une nation civilisée! jamais il n'y eut un acte plus illégal, plus révoltant et plus impie! Le corps de cet homme de bien repose sous un monument simple qu'il avait fait élever au milieu de son parc pour être son dernier asile, et que le curé de Liancourt avait béni.

Ses ancêtres ont fondé en 1645, dans ce bourg, un hospice dirigé par les sœurs de charité de Nevers; il est l'asile de vingt-quatre vieillards des deux sexes, et fournit des secours à domicile à plusieurs communes environnantes.

PATRIE du marquis FR. GAÉTAN DE LA ROCHEFOUCAULD-LIANCOURT, littérateur et publiciste.

INDUSTRIE. *Fabriques* de cardes, de sabots, de coton retors et de fil de lin pour cordonniers et tissage. Manufacture de limes et d'acier. Manufacture de faïence et de carreaux. — *Commerce* de grains, haricots, légumes, fruits à noyau. — Marché considérable tous les vendredis. — *Foires* les 27 mars, 5 juillet et 13 nov.

LIANCOURT-FOSSE, vg. *Somme* (Picardie), arr. et à 26 k. de Montdidier, cant. et ⊠ de Roye. Pop. 595 h.

LIANCOURT-ST-PIERRE, vg. *Oise* (Picardie); arr. et à 30 k. de Beauvais, cant. et ⊠ de Chaumont-en-Vexin.

LIAROLES, vg. *Gers* (Armagnac), arr., cant., ⊠ et à 7 k. de Condom. Pop. 179 h.

LIART, vg. *Ardennes* (Champagne), arr. et à 27 k. de Rocroi, cant. de Rumigny, ⊠ d'Aubenton. Pop. 552 h.

LIAS, vg. *Gers* (Armagnac), arr. et à 40 k. de Condom, cant. et ⊠ de Cazaubon. Pop. 625 h.

LIAS, vg. *Gers* (Gascogne), arr. et à 22 k. de Lombez, cant. et ⊠ de l'Isle-en-Jourdain. Pop. 475 h.

LIAS, vg. *H.-Pyrénées* (Gascogne), arr. et à 10 k. d'Argelès, cant. et ⊠ de Lourdes. Pop. 123 h.

LIAT, vg. *Isère*, comm. de Maubec, ⊠ de Bourgoin.

LIAUCOUS, vg. *Aveyron*, comm. de Mostuéjouls, ⊠ de Millau.

LIAUMONT, vg. *H.-Saône*, comm. d'Aillevillers, ⊠ de St-Loup.

LIAUSSON, vg. *Hérault* (Languedoc), arr. et à 11 k. de Lodève, cant. et ⊠ de Clermont. Pop. 159 h.

LIAUZU, vg. *Lot*, comm. d'Ornhac, ⊠ de Pélacoy.

LIBARDE (la), *Gironde*. V. BOURG.

LIBAROS, vg. *H.-Pyrénées* (Armagnac), arr. et à 34 k. de Tarbes, cant. de Galan, ⊠ de Trie. Pop. 447 h.

LIBARRENX, vg. *B.-Pyrénées* (Gascogne), arr., cant. et ⊠ de Mauléon, et à 24 k. de St-Palais. Pop. 186 h.

LIBERCOURT, vg. *Pas-de-Calais*, comm. et ⊠ de Carvin.

LIBERMONT, vg. *Oise* (Picardie), arr. à 45 k. de Compiègne, cant. et ⊠ de Guiscard. Pop. 448 h.

LIBERTÉ (ile de la), nom donné pendant la révolution à l'île d'Oleron.

LIBONNET, vg. *Ardèche*, comm. de Juvinas, ⊠ de Montpezat.

LIBOS, vg. *Lot-et-Garonne*, comm. et ⊠ de Fumel.

LIBOS, vg. *Lot-et-Garonne*, com. de Monsempron, ⊠ de Fumel.—Foires les 26 mars et mercredi de Quasimodo.

LIBOSSOU, vg. *Lot-et-Garonne*, comm. de Tournon, ⊠ de Fumel.

LIBOU, vg. *Gers*, comm. de Lamaguère, ⊠ d'Auch.

LIBOURNE, *Condate Lillæ* ou *ad Lillam*, *Liburnia*, ancienne et jolie ville, *Gironde* (Guienne), chef-l. de sous-préf. (2ᵉ arr.) et d'un cant. Trib. de 1ʳᵉ inst. et de comm. Bourse de comm. Ecole d'hydrographie de 1ʳᵉ classe. Collège communal. Cure. Gîte d'étape. ⊠. ☞. Pop. 9,814 h. — TERRAIN tertiaire moyen. — *Etablissement de la marée*, 7 heures 10 minutes.

Autrefois diocèse, parlement, intendance et élection de Bordeaux, sénéchaussée, présidial.

L'existence de cette ville remonte à une haute antiquité; le poëte Ausone en parle souvent dans ses épîtres. Elle a été rebâtie en 1286 par Edouard Iᵉʳ, roi d'Angleterre, à 1 k. de l'ancien *Condates Portus*, dont il ne reste plus de vestiges. Cette ville a été assiégée et prise par trois grands capitaines : du Guesclin, Dunois et Talbot. La cour des aides de Bordeaux y a été transférée à différentes époques, et elle y a tenu ses séances de 1675 à 1690; le parlement de Bordeaux y a été plusieurs fois exilé.

Les armes de Libourne sont : *d'azur à un navire d'or, les voiles ferlées, sur une onde d'argent ombrée d'azur, avec un croissant montant d'argent, et trois fleurs de lis d'or en chef, une sur chaque mât de navire*.

Libourne est dans une situation très-agréable, au milieu d'un riche et beau pays, sur la rive droite de la Dordogne et au confluent de l'Isle, que l'on passe sur un pont suspendu d'une élégance remarquable. Peu de villes sont bâties sur un plan aussi régulier : la place du Centre est vaste et fort belle; les rues sont larges, tirées au cordeau, formées de maisons construites avec élégance et pour la plupart bordées de trottoirs; de bonnes murailles l'environnent, et de charmantes promenades ajoutent encore au charme de son admirable situation. Son port, où la marée s'élève de 4 à 5 m., reçoit des navires de 300 tonneaux; il est sur la Dordogne, mais les bâtiments stationnent également sur l'Isle.

Cette ville possède une bibliothèque publique, renfermant 3,000 volumes; une salle de spectacle; un musée; un jardin de botanique; un beau quartier de cavalerie, auquel est joint un vaste manége couvert, dont on admire la superbe charpente cintrée. On y remarque aussi un beau pont, en pierres et en briques, de neuf arches à plein cintre, jeté sur la Dordogne; le passage de ce pont a été livré au public en 1825.

PATRIE du conventionnel GARREAU; du duc DECAZES, ex-ministre de la justice sous la restauration, membre de la chambre des pairs.

INDUSTRIE. *Fabriques* de petites étoffes. Filature de coton. Verrerie considérable. Tanneries. Corderies. Clouteries. Construction de navires. — *Commerce* considérable de vins et eaux-de-vie, merrain, fer, houille, etc. Entrepôt de sel. Entrepôt du commerce de Bordeaux. — *Foires* les 1ᵉʳ juin (4 jours), 11 nov. (4 jours), le 10ᵉ jour avant Pâques et le 2ᵉ mardi de chaque mois.

A 30 k. E. de Bordeaux, 545 k. S.-O. de Paris.

L'arrondissement de Libourne est composé de 9 cantons : Brannes, Castillon, Coutras, Ste-Foy-la-Grande, Fronsac, Guîtres, Libourne, Lussac, Pujols.

Bibliographie. SOUFFRAIN (J.-B.-Alex.). *Essais, Variétés historiques et Notices sur Libourne et ses environs*, 2 vol. in-8, 1806.

« Du pont de Cubzac et de l'ambition de Libourne, in-8, 1832.

LIBRECY, vg. *Ardennes*, comm. et ✉ de Signy-l'Abbaye.

LIBRE-VAL, nom donné pendant la révolution à la ville de St-Amand (Cher).

LIBRE-MONT, nom donné pendant la révolution à la ville de Remiremont.

LICEY-SUR-VINGEANNE, vg. *Côte-d'Or* (Bourgogne), arr. et à 36 k. de Dijon, cant. et ✉ de Fontaine-Française. Pop. 218 h.

LICHANS, vg. *B.-Pyrénées* (Gascogne), arr. de Mauléon, à 34 k. de St-Palais, cant. et de Tardets. Pop. 205 h.

LICHARDIE (Basse-), *Tarn*, comm. de Monestiés, ✉ de Cramaux.

LICHARRE, bg *B.-Pyrénées* (Gascogne), comm. et ✉ de Mauléon.

LICHÈRE (la), vg. *Charente*, comm. de Mérignac, ✉ de Jarnac.

LICHÈRES, vg. *Charente* (Angoumois), arr. et à 15 k. de Ruffec, cant. et ✉ de Mansle. Pop. 319 h.

LICHÈRES-PRÈS-AIGREMONT, vg. *Yonne* (Bourgogne), arr. à 25 k. d'Auxerre, cant. et ✉ de Chablis. Pop. 433 h.

LICHÈRES-PRÈS-CHATEL-CENSOIR, vg. *Yonne* (Bourgogne), arr. et à 25 k. d'Avallon, cant. et ✉ de Vézelay. Pop. 249 h.

LICHOS, vg. *B.-Pyrénées* (Béarn), arr. et à 27 k. d'Orthez, cant. et ✉ de Navarreux. Pop. 178 h.

LICHTENBERG, vg. *B.-Rhin* (Alsace), arr. et à 20 k. de Saverne, cant. de Bouxviller, ✉ de la Petite-Pierre. Pop. 1,040 h.

Ce village, situé au milieu des montagnes, était autrefois le chef-lieu d'un comté, qui a été conquis en 1793 par les armées françaises. — Sur un haut rocher qui le domine s'élève le fameux château de Lichtenberg, où résidaient jadis les comtes de ce nom. Une seule porte voûtée conduit dans l'enceinte des murs extérieurs, qui s'appuient sur des rochers escarpés et sont entourés d'un fossé ; en face est le fort avec deux tours, du haut desquelles on jouit d'une vue magnifique. Dans l'une de ces tours est une chambre qui sert de magasin à poudre ; en-dessous se trouve une voûte d'arête, où un frère, pour se venger de l'autre, le fit mourir de faim. Pendant quelque temps ce malheureux prolongea sa triste existence en léchant l'humidité qui dégouttait des pierres ; le barbare qui le retenait, ayant pénétré le secret, fit lambrisser les murs. Sous la nervure de la voûte, trois bustes éternisent cette histoire horrible : le premier représente le prisonnier dans la force de la santé ; le second fait voir sa figure maigre et décharnée, après qu'il eut passé quelque temps dans le cachot ; le troisième est dégoûtant : le sang coule de la bouche à grands flots. Il est assez difficile de se faire ouvrir cette voûte, à cause de la proximité du magasin à poudre.

Le château de Lichtenberg, dont la garde est confiée à vingt-cinq vétérans, fut pris en 1678, après un siège de huit jours, par le maréchal de Créqui. Il n'a point ouvert ses portes aux armées étrangères en 1814. Il y existe une vieille église, où les habitants du voisinage se rendent quelquefois en procession. Les avenues du château, tant du côté de Rothbach que de celui d'Ingwiller, sont charmantes.

LICHY, *Nièvre*, comm. de Bona, ✉ de St-Saulge.

LICONNA, vg. *Jura*, comm. de Villechantria, ✉ de St-Amour.

LICOURT, vg. *Somme* (Picardie), arr. et à 15 k. de Péronne, cant. et ✉ de Nesle. Pop. 728 h.

LICQ, vg. *B.-Pyrénées* (Gascogne), arr. de Mauléon, à 37 k. de St-Palais, cant. et ✉ de Tardets. Pop. 450 h.

LICQUES, bg *Pas-de-Calais* (Boulonnais), arr. et à 32 k. de Boulogne-sur-Mer, cant. de Guines, ✉ d'Ardres. Pop. 1,576 h. — *Foires* les 3 mai, 22 juillet, 28 déc. et 1er lundi de chaque mois.

LICY-LES-MOINES, vg. *Aisne* (Brie), arr. et à 15 k. de Château-Thierry, cant. de Neuilly-St-Front, ✉ de Gandelu. Pop. 191 h.

LIDON, *Charente-Inf*. V. ST-ANDRÉ-DE-LIDON.

LIDREQUIN, vg. *Meurthe* (Lorraine), arr., cant., ✉ et à 15 k. de Château-Salins. Pop. 83 h.

LIDREZING, vg. *Meurthe* (Lorraine), arr. de Château-Salins, à 1 k. de Vic, cant. et ✉ de Dieuze. Pop. 327 h.

LIÉ (Notre-Dame de), vg. *Vendée* (Poitou), arr., ✉ et à 14 k. de Fontenay-le-Comte, cant. de Maillezais. Pop. 653 h.

LIÉBENSWILLER, vg. *H.-Rhin* (Alsace), arr. et à 27 k. d'Altkirch, cant. d'Huningue, ✉ de St-Louis. Pop. 283 h.

LIEBSDORFF, vg. *H.-Rhin* (Alsace), arr. et à 21 k. d'Altkirch, cant. et ✉ de Ferrette. Pop. 361 h.

LIEBVILLERS, vg. *Doubs* (Franche-Comté), arr. et à 22 k. de Montbéliard, cant. et ✉ de St-Hippolyte. Pop. 264 h.

LIEDERSCHEIDT, vg. *Moselle* (pays Messin), arr. et à 45 k. de Sarreguemines, cant. de Volmunster, ✉ de Bitche. Pop. 489 h.

LIEFFRANCS, vg. *H.-Saône* (Franche-Comté), arr. et à 25 k. de Vesoul, cant. de Scey-sur-Saône, ✉ de Frétigné. Pop. 179 h.

LIEFNANS, vg. *Jura*, comm. de Charésier, ✉ de Clairvaux.

LIÉGE (le), bg *Indre-et-Loire* (Touraine), arr. et à 15 k. de Loches, cant. et ✉ de Montrésor. ✆ Pop. 313 h.

LIEHON, vg. *Moselle* (pays Messin), arr. et à 15 k. de Metz, cant. de Verny, ✉ de Solgne. Pop. 225 h.

LIENCOURT, vg. *Pas-de-Calais* (Picardie), arr. et à 20 k. de St-Pol-sur-Ternoise, cant. et ✉ d'Avesnes-le-Comte. Pop. 241 h.

LIÉOUX, vg. *H.-Garonne* (Comminges), arr., cant., ✉ et à 7 k. de St-Gaudens. Pop. 268 h.

LIEPVRE, ou LEBERAU, ou LEVRAU, vg. *H.-Rhin* (Alsace), arr. et à 37 k. de Colmar, cant. et ✉ de Ste-Marie-aux-Mines. Pop. 2,148 h. C'était autrefois une ville que les Armagnacs réduisirent en cendres en 1444.

Fabriques de toiles de coton.

Bibliographie. GRANDIDIER (l'abbé Philippe-André). *Histoire de la vallée de Lièvre*, in-8, 1810.

LIEPVRE (Petite-), ou KLEIN-LEBERAU, vg. *H.-Rhin*, comm. et ✉ de Ste-Marie-aux-Mines.

LIÉRAMONT, vg. *Somme* (Picardie), arr. et à 12 k. de Péronne, cant. et ✉ de Roisel. Pop. 846 h.

LIERCOURT, vg. *Somme* (Picardie), arr., ✉ et à 12 k. d'Abbeville, cant. d'Hallencourt. Pop. 444 h.

Sur le territoire de Liercourt existe un camp romain, le plus vaste de tous ceux qu'on remarque dans le département. Il contient à l'intérieur 32 hectares 42 ares 74 centiares. M. le comte d'Allonville, qui a décrit ce camp, pense qu'il a été construit par César, dans la 8e année de la guerre des Gaules ; mais on ne trouve rien dans les Commentaires qui vienne à l'appui de cette opinion.

LIÈRES, vg. *Pas-de-Calais* (Artois), arr. et à 20 k. de Béthune, cant. de Norrent-Fontès, ✉ de Lillers. Pop. 259 h.

LIERETTES, vg. *Pas-de-Calais*, comm. de Lières, ✉ de Lillers.

LIERGUES, vg. *Rhône* (Lyonnais), arr. et à 5 k. de Villefranche-sur-Saône, cant. d'Anse. Pop. 736 h.

LIERNAIS, vg. *Côte-d'Or* (Bourgogne), arr. à 60 k. de Beaune, chef-l. de cant. Bureau d'enregist. à Arnay. Cure. ✆ A 270 k. de Paris pour la taxe des lettres. Pop. 1,232 h. — *Terrain* jurassique voisin du terrain cristallisé. — *Foires* les 12 mars, 11 mai, 10 juin, 10 juillet, 8 sept. et 12 déc.

LIERNOLLES, vg. *Allier* (Bourbonnais), arr. de la Palisse, à 45 k. de Cusset, cant. de Jaligny, ✉ du Donjon. Pop. 689 h. — *Foire* le 25 nov.

LIERRE, vg. *Seine-et-Oise*, comm. de Ste-Geneviève-des-Bois, ✉ de Linas.

LIERRU, vg. *Eure*, comm. de Ste-Marguerite-de-l'Autel, ✉ de Breteuil.

LIERVAL, vg. *Aisne* (Picardie), arr. et à 10 k. de Laon, cant. de Craonne, ✉ de Corbeny. Pop. 386 h.

LIERVILLE, vg. *Oise* (Normandie), arr. et à 25 k. de Beauvais, cant. et ✉ de Chaumont-en-Vexin. Pop. 178 h.

LIES, vg. *H.-Pyrénées* (Gascogne), arr., cant., ✉ et à 7 k. de Bagnères-de-Bigorre. Pop. 344 h.

LIESGUES, vg. *Vienne*, comm. de Champigny-le-Sec, ✉ de Mirebeau.

LIESLE, vg. *Doubs* (Franche-Comté), arr. et à 27 k. de Besançon, cant. et ✉ de Quingey. Pop. 1,061 h.

LIESSIES, *Lætia*, vg. *Nord* (Flandre), arr. et à 10 k. d'Avesnes, cant. et ✉ de Solre-le-Château. Pop. 1,194 h.

LIESVILLE, vg. *Manche* (Normandie), arr. et à 26 k. de Valognes, cant. et ✉ de Ste-Mère-Eglise. Pop. 379 h.

LIETTRES, vg. *Pas-de-Calais* (Artois), arr. et à 25 k. de Béthune, cant. de Norrent-Fontès, ✉ d'Aire-sur-la-Lys. Pop. 382 h.

LIEU (le), vg. *Loir-et-Cher*, comm. de Lanthenay, ✉ de Romorantin.

LIEU (Bas-), vg. *Nord* (Flandre), arr., cant., ✉ et à 4 k. d'Avesnes. Pop. 395 h.

LIEU (Haut-), vg. *Nord* (Flandre), arr., cant., ✉ et à 2 k. d'Avesnes. Pop. 406 h.

LIEUCAMP, vg. *Aveyron*, comm. de Sonnac, ✉ de Villefranche-de-Rouergue.

LIEUCOURT, vg. *H.-Saône* (Franche-Comté), arr. et à 13 k. de Gray, cant. et ✉ de Pesmes. Pop. 190 h.

LIEU-DIEU, *Locus Dei*, vg. *Côte-d'Or*, comm. de Marey-lès-Fussey, ✉ de Nuits.

LIEU-DIEU (le), vg. *Dordogne*, comm. de St-Laurent-sur-Manoire, ✉ de Périgueux.

LIEU-DIEU, vg. *Isère* (Dauphiné), arr. et à 26 k. de Vienne, cant. et ✉ de St-Jean-de-Bournay. Pop. 375 h.

LIEURAC, vg. *Ariége* (Languedoc), arr. et à 16 k. de Foix, cant. et ✉ de Lavelanet. Pop. 326 h.

LIEURAN-CABRIÈRES, vg. *Hérault* (Languedoc), arr. et à 42 k. de Béziers, cant. de Moutagnac, ✉ de Clermont. Pop. 303 h.

LIEURAN-LÈS-BÉZIERS, vg. *Hérault* (Languedoc), arr., cant., ✉ et à 10 k. de Béziers. Pop. 332 h.

LIEUREY, vg. *Calvados* (Normandie), arr. et à 27 k. de Lisieux, cant. et ✉ de St-Pierre-sur-Dives. Pop. 236 h.

LIEUREY, bg *Eure* (Normandie), arr. et à 16 k. de Pont-Audemer, cant. de St-Georges-du-Vièvre. ✉. A 162 k. de Paris pour la taxe des lettres. Pop. 2,542 h.

Ce bourg est situé dans une belle plaine. Dans l'église paroissiale, dont le clocher paraît être une construction du XI° siècle, on conserve une châsse renfermant le chef de saint Léger, sauvé de la destruction de l'abbaye de Préaux.

Fabriques de toiles de coton, rubans de fil et de coton, stoffs, satins de laine, damas pour meubles et nouveautés en laine peignée et cardée, sangles, etc.

Commerce de bestiaux et de toiles de coton. — *Foires* le 1er samedi de juillet et le 11 nov. Marché tous les samedis.

LIEURON, vg. *Ille-et-Vilaine* (Bretagne), arr. et à 28 k. de Redon, cant. de Pipriac, ✉ de Loheac. Pop. 699 h.

LIEURSAINT. V. LIEUSAINT.

LIEUSAINT, vg. *Manche* (Normandie), arr., cant., ✉ et à 4 k. de Valognes. Pop. 324 h.

LIEUSAINT, *Locus Sanctus*, vg. *Seine-et-Marne* (Ile-de-France), arr. à 13 k. de Melun, cant. de Brie-Comte-Robert. ✉. ◯. A 31 k. de Paris pour la taxe des lettres. Pop. 588 h. — Il est situé dans une plaine assez vaste, à peu de distance de la forêt de Senart, et paraît devoir son nom à saint Quintin, qui a demeuré sur son territoire.

Lieusaint, que souvent on appelle Lieursaint, a acquis une certaine célébrité par la comédie de Collé, ayant pour titre : *la Partie de chasse*

de Henri IV. Il est le lieu de la scène. L'aventure qui en fait le fond est au reste fort douteuse, et Collé avoue lui-même que sa pièce est une imitation de celle de l'imprimeur anglais Dodsley, jouée à Londres au commencement du siècle dernier.

LIEU-ST-AMAND, vg. *Nord* (Flandre), arr. et à 17 k. de Valenciennes, cant. et ✉ de Bouchain. Pop. 601 h.

LIEUTADÈS, vg. *Cantal* (Auvergne), arr. et à 34 k. de St-Flour, cant. et ✉ de Chaudesaigues. Pop. 1,098 h.

LIEUTEL, vg. *Seine-et-Oise*, comm. de Galluis-la-Queue, ✉ de la Queue-Galluis.

LIEUVILLERS, vg. *Oise* (Picardie), arr. et à 13 k. de Clermont, cant. et ✉ de St-Just-en-Chaussée. Pop. 471 h.

LIEUVIN (le), *Lexoviensis*, *Lisvini*, pays de la ci-devant haute Normandie, dont Lisieux était la capitale. Il était borné par le pays d'Ouche, par le Roumois, par l'embouchure de la Seine et par le pays d'Auge.

Ce pays est aujourd'hui compris dans les départements de l'Eure et du Calvados : Bernay, Pont-l'Evêque, Pont-Audemer et Lisieux en étaient les principales villes.

LIEUX-LA-FENASSE (St-), vg. *Tarn* (Languedoc), arr. et à 22 k. d'Albi, cant. et ✉ de Réalmont. Pop. 748 h. — *Foires* les 21 mars, mercredi après Pâques, 16 mai, 17 août et 25 octobre.

LIEUX-LÈS-LAVAUR (St-), vg. *Tarn* (Languedoc), arr., cant., ✉ et à 11 k. de Lavaur. Pop. 584 h.

LIÉVAL, vg. *Aisne*, comm. de Rosières, ✉ de Soissons.

LIÉVANS, vg. *H.-Saône* (Franche-Comté), arr., ✉ et à 17 k. de Vesoul, cant. de Noroy-le-Bourg. Pop. 294 h.

LIÉVIN, vg. *Pas-de-Calais* (Artois), arr. et à 20 k. de Béthune, cant. et ✉ de Lens. Pop. 1,392 h.

LIÈVRE (le), vg. *Seine-et-Oise*, comm. de Bazainville, ✉ d'Houdan.

LIÉVREMONT, vg. *Doubs* (Franche-Comté), arr., ✉ et à 11 k. de Pontarlier, cant. de Montbenoît. Pop. 456 h.

LIEZ, vg. *Aisne* (Picardie), arr. et à 30 k. de Laon, caut. et ✉ de la Fère. Pop. 306 h.

LIEZ, vg. *Indre-et-Loire*, comm. de Chezelles, ✉ de l'Isle-Bouchard.

LÉZAY, vg. *Vosges* (Lorraine), arr. de St-Dié, cant. et ✉ de Gérardmer. — Cette commune a été formée, en 1836, par la distraction d'une partie du territoire des communes de Gérardmer, de Granges et de Champdray.

LIFFOL-LE-GRAND, ou MORVILLIERS, bg *Vosges* (Lorraine), arr., cant., ✉ et à 10 k. de Neufchâteau. Pop. 1,652 h.

Patrie du comte FRANÇOIS DE NEUFCHATEAU, littérateur et auteur dramatique, ministre de l'intérieur sous l'empire, membre de l'Académie française, mort en 1828.

Fabriques de rouets à filer, clous, quincaillerie, etc. — *Foires* les 20 janv., 20 avril, 20 juillet et 20 oct.

LIFFOL-LE-PETIT, vg. *H.-Marne* (Champagne), arr. à 44 k. de Chaumont-en-Bassigny, cant. et ✉ de St-Blin. Pop. 448 h.

LIFFRÉ, vg. *Ille-et-Vilaine* (Bretagne), arr. et à 17 k. de Rennes, chef-l. de cant. Bureau d'enregist. à St-Aubin-d'Aubigné. Cure. ✉. ◯. A 328 k. de Paris pour la taxe des lettres. Pop. 2,402 h. — TERRAIN de transition moyen. — *Commerce* de bestiaux. — *Foires* les 2 mai, 11 juin, 29 sept. et 9 oct.

LIGARDES, vg. *Gers* (Condomois), arr., cant., ✉ et à 17 k. de Lectoure. Pop. 664 h. — *Foire* le 2° mardi d'avril.

LIGAUDRY, vg. *Eure-et-Loir*, comm. de Neuvy-en-Dunois, ✉ de Bonneval.

LIGER FLUV. (lat. 46° 22′, long. 48° 16′). « C'est ainsi que ce nom est au nominatif dans tous les auteurs anciens, et même dans plusieurs du moyen âge, et non pas *Ligeris*, comme dans quelques autres du même temps. On lit, dans César, *Liger ex nivibus creverat*. Strabon fait sortir la Loire des monts *Cemmeni*, la fait passer à *Genabum* vers le milieu de son cours, et la conduit à la mer entre les *Pictones* et les *Namnetes*, ce qui est convenable en toutes ses circonstances. Ptolémée a connu de même l'embouchure de cette rivière. Pline, en parlant de la Lionoise, cite *flumen clarum Ligerim*. On sait qu'Auguste, en donnant plus d'étendue à l'Aquitaine, recula ses bornes jusqu'à la Loire; et Vibius Sequester, dans son Traité des fleuves, s'explique ainsi en conséquence : *Liger Galliæ, dividens Aquitanos et Celtas*. Mais dans ce qu'il ajoute, *in Oceanum Britannicum evolvitur*, qui ne voit que le nom de *Gallicum* serait plus convenable ? » D'Anville. *Notice de l'ancienne Gaule*, p. 413.

LIGESCOURT, vg. *Somme* (Picardie), arr. et à 25 k. d'Abbeville, cant. de Crécy, ✉ de Bernay. Pop. 425 h.

LIGINIAC, vg. *Corrèze* (Limousin), arr. et à 19 k. d'Ussel, cant. et ✉ de Neuvic. Pop. 1,486 h.

LIGLET, vg. *Vienne* (Poitou), arr. et à 20 k. de Montmorillon, cant. et ✉ de la Trémouille. Pop. 1,115 h.

LIGNAC, vg. *Indre* (Berry), arr. et à 22 k. du Blanc, cant. et ✉ de Bélabre. Pop. 1,724 h. — *Foire* le 3 janv.

LIGNAC, vg. *B.-Pyrénées*, comm. de Casteide-Cami, ✉ de Lacq.

LIGNAIROLLES, vg. *Aude* (Languedoc), arr. et à 24 k. de Limoux, cant. et ✉ d'Alaignes. Pop. 266 h.

LIGNAN, vg. *Gironde* (Guienne), arr., cant., ✉ et à 6 k. de Bazas. Pop. 402 h.

LIGNAN, vg. *Gironde* (Guienne), arr. et à 14 k. de Bordeaux, cant. et ✉ de Créon. Pop. 328 h.

LIGNAN, vg. *Hérault* (Languedoc), arr., cant., ✉ et à 6 k. de Béziers. Pop. 329 h.

LIGNAREIX, vg. *Corrèze* (Limousin), arr., cant., ✉ et à 9 k. d'Ussel. Pop. 266 h.

LIGNAT, vg. *Puy-de-Dôme*, comm. de Lussat, ✉ de Pont-du-Château.

LIGNAUD, vg. *Indre*, comm. de Lourdoueix-St-Pierre, ✉ d'Aigurande.

LIGNÉ, vg. *Charente* (Angoumois), arr. et à 15 k. de Ruffec, cant. et ✉ d'Aigre. Pop. 397 h.

LIGNÉ, vg. *Loire-Inf.* (Bretagne), arr. et à 18 k. d'Ancenis, chef-l. de cant., ✉ d'Oudon. Pop. 2,144 h. — *Foires* les 10 mai, 15 juillet et 1er oct.

LIGNÉ, vg. *Maine-et-Loire*, comm. des Vergers, ✉ de Doué.

LIGNERAC, vg. *Corrèze* (Limousin), arr. et à 17 k. de Brives, cant. et ✉ de Meyssac. Pop. 805 h.

LIGNÈRES-LA-DOUCELLE, vg. *Mayenne* (Maine), arr. et à 42 k. de Mayenne, cant. et ✉ de Couptrain. Pop. 2,762 h. — On y trouve une source d'eau minérale ferrugineuse. — *Foire* le 14 août.

LIGNEREUIL, vg. *Pas-de-Calais* (Artois), arr. et à 17 k. de St-Pol-sur-Ternoise, cant. et ✉ d'Avesnes-le-Comte. Pop. 253 h.

LIGNEROLLE, vg. *Loiret*, comm. de Coinces, ✉ de Patay.

LIGNEROLLES, vg. *Allier* (Bourbonnais), arr., cant., ✉ et à 10 k. de Montluçon. Pop. 721 h.

LIGNEROLLES, vg. *Calvados*, comm. de Castillon, ✉ de Balleroy.

LIGNEROLLES, vg. *Côte-d'Or* (Bourgogne), arr. et à 31 k. de Châtillon-sur-Seine, cant. et ✉ de Montigny-sur-Aube. Pop. 303 h.

LIGNEROLLES, vg. *Eure* (Normandie), arr. et à 23 k. d'Evreux, cant. et ✉ de St-André. Pop. 314 h.

LIGNEROLLES, vg. *Eure*, comm. et ✉ de Breteuil.

LIGNEROLLES, vg. *Indre* (Berry), arr. et à 15 k. de la Châtre, cant. et ✉ de St-Sévère. Pop. 438 h.

LIGNEROLLES, vg. *Orne* (Normandie), arr. et à 7 k. de Mortagne-sur-Huîne, cant. et ✉ de Tourouvre. Pop. 298 h.

LIGNERON-LE-VENDÉE. V. ST-CHRISTOPHE-DU-LIGNERON.

LIGNEUX, vg. *Gironde* (Guienne), arr. et à 31 k. de Libourne, cant. et ✉ de Ste-Foy. Pop. 273 h.

LIGNÉVILLE, vg. *Vosges* (Lorraine), arr. et à 23 k. de Mirecourt, cant. et ✉ de Rémoncourt. Gîte d'étape. ⚘. Pop. 576 h.

— Patrie du conventionnel POULAIN DE GRANDPRÉ.

De Mme HELVÉTIUS, femme du philosophe de ce nom, connue par son inépuisable bienfaisance.

LIGNIÈRES, vg. *Aube* (Champagne), arr. et à 38 k. de Bar-sur-Seine, cant. de Chaource, ✉ d'Ervy. Pop. 684 h.

LIGNIÈRES, vg. *Charente* (Angoumois), arr. et à 20 k. de Cognac, cant. et ✉ de Ségonzac. Pop. 605 h.

LIGNIÈRES, petite ville, *Cher* (Berry), arr. et à 26 k. de St-Amand-Montrond, chef-l. de cant. ✉. ⚘. A 266 k. de Paris pour la taxe des lettres. Pop. 2,197 h. — TERRAIN jurassique, étage inférieur du système oolitique.

Cette ville est située dans un riant et fertile vallon, sur l'Arnon, près du vaste étang de Villiers. C'était autrefois une ville forte environnée de fossés, ceinte de murailles flanquées de tours, et défendue par un château fort qui servit souvent de refuge à Charles VI et à Charles VII, pendant la domination des Anglais sur une partie de la France. Au XVe siècle, le château de Lignières passa de la maison d'Amboise dans celle de la Rochefoucauld. Au XVIe siècle, il a été acquis par Jérôme de Nouveau, surintendant général des postes, qui fit reconstruire le château tel qu'il est aujourd'hui. Depuis, Anne de Gonzague de Clèves et Colbert l'ont successivement possédé : on y voit encore le buste de ce grand ministre.

L'ancien manoir de Lignières fut longtemps le séjour de l'infortunée Jeanne de France ; une ancienne chronique rapporte ainsi le fait : « Jeanne de Valois, épouse de Louis XII, duchesse d'Orléans, fut élevée à Lignières, et, même après qu'elle eut été répudiée, elle habita de nouveau ce château de Lignières. En 1476, Louis XI avait affranchi de tailles, aides et subsides, les habitants de la basse-cour, en considération de ce que madame Jeanne avait été nourrie dans ledit château. »

Lignières fut le berceau du calvinisme dans le Berry ; Calvin, lorsqu'il faisait son droit à Bourges, venait s'y exercer à prêcher, et y était favorablement accueilli par le seigneur et par les habitants. En 1569, pendant les troubles occasionnés par les guerres de religion, la ville et le château de Lignières furent pris et dévastés par les protestants.

Commerce de bestiaux et de pâtés renommés. — *Foires* les 13 fév., 25 juin, 6 août, 11 nov., mercredi avant jeudi gras, lundi saint, 1er jeudi de mai, jeudi avant la Pentecôte, avant la St-Michel et avant la St-Martin.

LIGNIÈRES, bg *Indre-et-Loire* (Touraine), arr. et à 29 k. de Chinon, cant. et ✉ d'Azay-le-Rideau. Pop. 865 h.

LIGNIÈRES, vg. *Loir-et-Cher* (Blaisois), arr. et à 14 k. de Vendôme, cant. de Morée, ✉ de Pezou. Pop. 550 h.

LIGNIÈRES, vg. *Maine-et-Loire*, comm. des Verchers, ✉ de Doué.

LIGNIÈRES, vg. *Meuse* (Lorraine), arr. de Commercy, ✉ et à 19 k. de St-Mihiel, cant. de Pierrefitte. Pop. 336 h.

LIGNIÈRES, vg. *Orne* (Normandie), arr. et à 30 k. d'Argentan, cant. et ✉ de Merlerault. Pop. 155 h.

LIGNIÈRES, vg. *Somme* (Picardie), arr., cant., ✉ et à 8 k. de Montdidier. Pop. 274 h.

LIGNIÈRES-CHATELAIN, vg. *Somme* (Picardie), arr. et à 45 k. d'Amiens, cant. et ✉ de Poix. Pop. 500 h. — *Foire* le 18 oct.

LIGNIÈRES-HORS-FOUCAUCOURT, vg. *Somme* (Picardie), arr. et à 50 k. d'Amiens, cant. et ✉ d'Oisemont. Pop. 218 h.

LIGNIÈRES-LA-CARELLE, vg. *Sarthe* (Maine), arr. et à 20 k. de Mamers, cant. de la Fresnaye, ✉ d'Alençon. Pop. 271 h.

LIGNIERS-LANGOUST, vg. *Vienne* (Poitou), arr. et à 20 k. de Loudun, cant. de Monts, ✉ de Mirabeau. Pop. 149 h.

LIGNOL, vg. *Aube* (Champagne), arr., cant. et à 9 k. de Bar-sur-Aube, ✉ de Colombey-les-Deux-Eglises. Pop. 424 h.

LIGNOL, vg. *Morbihan* (Bretagne), arr. et à 17 k. de Pontivy, cant. et ✉ de Guémené. Pop. 1,722 h.

LIGNON, vg. *Eure*, comm. de Vernon, ✉ du Neubourg.

LIGNON, vg. *H.-Loire*, comm. de St-Maurice-de-Lignon, ✉ d'Yssingeaux.

LIGNON, vg. *Marne* (Champagne), arr. et à 21 k. de Vitry-le-François, cant. et ✉ de St-Rémy-en-Bouzemont. Pop. 207 h.

LIGNON, vg. *Orne* (Normandie), arr. et à 30 k. d'Argentan, cant. et ✉ de Briouze. Pop. 549 h.

LIGNORELLES, vg. *Yonne* (Champagne), arr. et à 17 k. d'Auxerre, cant. et ✉ de Ligny-le-Châtel. Pop. 438 h.

LIGNY, *Lincium*, jolie petite ville, *Meuse* (Lorraine), arr. et à 16 k. de Bar-le-Duc, chef-l. de cant. Cure. Gîte d'étape. ⚘. A 249 k. de Paris pour la taxe des lettres. Pop. 3,147 h. — TERRAIN jurassique.

Autrefois comté, diocèse de Toul, parlement de Paris, intendance de Lorraine, bailliage et recette de Bar-le-Duc, prévôté royale, collégiale, collége, gouvernement particulier, 4 couvents.

Suivant quelques auteurs, cette ville doit son origine, ou tout au moins son accroissement, à la destruction de *Nasium*, avec laquelle elle communiquait, dit-on, par un passage souterrain. C'était autrefois une place forte qu'entourait un double rempart en pierre et en gazon, flanqué de bastions et de tours. — La maison des Luxembourg avait jadis dans Ligny, avec les prérogatives de la principauté, un château considérable. Cette seigneurie avait été apportée en dot, en 1155, à Renaud II, comte de Bar, par Agnès de Champagne ; Vers le commencement du XIIIe siècle, Henri II, leur petit-fils, la donna sa fille, qui épousa Henri Ier, comte de Luxembourg, dont les descendants ont possédé Ligny pendant 500 ans sans interruption. La réunion de cette seigneurie au duché de Lorraine fut effectuée en 1719 ; par la vente qu'en fit un Montmorency-Luxembourg au duc Léopold, moyennant 2,600,000 livres. En 1467, la république de Metz tenta vainement de s'emparer de Ligny. Dom Calmet et d'autres auteurs font mention d'une peste et d'une famine horrible qui désolèrent cette ville, le Barrois et la Lorraine, depuis 1630 jusqu'en 1637 ; déjà, en 1486, elle avait été ravagée par une épidémie meurtrière. Après avoir été longtemps exposée aux désastres de la guerre, Ligny avait joui d'une longue paix, lorsqu'en 1814 les armées étrangères y reparurent ; les conscrits y étaient rassemblés : seuls, et sans chefs supérieurs, ils s'y défendirent pendant deux jours avec une rare intrépidité contre une division de l'armée russe, dans les rues ouvertes, dans les jardins et dans les vignes. 1,100 hommes de cette division, numériquement deux fois plus forte que les Français, y furent tués avec le général qui les commandait.

Les **armes** de **Ligny** sont : *d'azur à un*

chardon montant feuillé de sinople fleuri d'or, surmonté en chef de trois croissants d'argent entrelacés, et pour devise : EN MES PEINES JE VAIS CROISSANT.

Ligny est une ville agréablement située, dans une belle plaine, sur la rive gauche de l'Ornain. Les rues en sont larges, propres, bien percées, et aboutissent à une belle place publique ; il ne reste plus des anciennes fortifications qu'une tour d'une belle construction, qui domine le cours de l'Ornain. Les promenades du parc de l'ancien château passent à juste titre pour les plus belles et les plus agréables du département. Les sinuosités du territoire couvert de vignes, qui entoure la ville, offrent plusieurs aspects pittoresques : au sud-ouest, à mi-côte apparaît un joli paysage, dont la ville est le centre ; de la côte nord-ouest on aperçoit la ville haute de Bar-le-Duc et les environs de Naix (l'ancien *Nasium*); sur cette même élévation, dite le Mont-Liban ou Pile-Vêtu, on remarque les fondations d'une forteresse considérable, qui n'a point été achevée, François I*er* ayant menacé d'aller la démolir à la tête de dix mille lansquenets, si on continuait sa construction.

On remarque encore à Ligny, dans un coin de l'ancienne enceinte de la ville, entre le bastion dit la grosse tour et l'arcade qui supporte l'hôtel de la ville, un des plus beaux échos du vallon, qui répète plusieurs fois des mots tout entiers ; l'hôpital, fondé par Marguerite de Savoie, veuve d'Antoine de Luxembourg.

La tradition rapporte que le château de Ligny, aujourd'hui entièrement détruit, a été habité par la fée Mélusine, parente des Luxembourg. On montrait encore, il y a environ cent ans, la chambre à coucher et le cabinet de toilette de cette princesse, qui était représentée sur un bas-relief placé au-dessus de la principale porte d'entrée, sous la forme d'une sirène, figure qui était aussi reproduite dans tous les appartements et jusque dans la chapelle.

PATRIE du littérateur A.-L. DE VILLETERQUE, mort en 1811.

Du général comte BARROIS.

Fabriques d'enclumes renommées en fer corroyé. Filature hydraulique de coton. Tanneries. Aux environs, nombreuses forges et hauts fourneaux. —*Commerce* de vins, bois, laines, etc. — *Foires* les 7 janv., 22 avril, 8 juin et 27 oct.

Bibliographie. * *Description sommaire de la ville de Ligny, de l'église paroissiale de Notre-Dame et de la chapelle de Saint-Pierre-de-Luxembourg*, in-4, 1841.

LIGNY, vg. *Nièvre*, comm. de Crux-la-Ville, ✉ de St-Saulge.

LIGNY, vg. *Nièvre*, comm. de St-Bénin-des-Bois, ✉ de St-Saulge.

LIGNY, vg. *Nord* (Flandre), arr., ✉ et à 15 k. de Cambrai, cant. de Cléry. P. 1,676 h.

LIGNY, vg. *Nord* (Flandre), arr. et à 12 k. de Lille, cant. et ✉ de Haubourdin. P. 145 h.

LIGNY, vg. *Puy-de-Dôme*, comm. de Giat, ✉ de Pontaumur.

LIGNY, vg. *Saône-et-Loire* (Bourgogne), arr. et à 28 k. de Charolles, cant. et ✉ de Semur-en-Brionnais. Pop. 1,283 h.

LIGNY-LE-CHATEL ; bg *Yonne* (Champagne), arr. et à 21 k. d'Auxerre, chef-l. de cant. Cure. ✉. A 169 k. de Paris pour la taxe des lettres. Pop. 1,602 h. — TERRAIN crétacé inférieur, grès vert.

Il est bâti dans une situation agréable, sur la rive droite du Serain. — *Fabriques* de couvertures. — *Commerce* de grains. — *Foires* les 19 mars, 25 mai, 25 oct., 5 juillet, 9 sept. et 27 nov.

LIGNY-LE-GRAND, vg. *Nord*, comm. d'Illies, ✉ de la Bassée.

LIGNY-LE-PETIT, vg. *Pas-de-Calais*, comm. de Lorgies, ✉ de la Bassée.

LIGNY-LE-RIBAULT, vg. *Loiret* (Orléanais), arr. et à 26 k. d'Orléans, cant. et ✉ de la Ferté-St-Aubin. Pop. 788 h. — *Foires* le lundi après le 26 juillet et le 3 nov.

LIGNY-LÈS-AIRE ou LÈS-RELY, vg. *Pas-de-Calais* (Artois), arr. et à 30 k. de Béthune, cant. de Norrent-Fontès, ✉ d'Aire-sur-la-Lys. Pop. 699 h.

LIGNY-SUR-CANCHE, vg. *Pas-de-Calais* (Artois), arr. et à 15 k. de St-Pol-sur-Ternoise, cant. d'Auxy-le-Château, ✉ de Frévent. Pop. 411 h.

LIGNY-ST-FLOCHEL, vg. *Pas-de-Calais* (Artois), arr., cant., ✉ et à 7 k. de St-Pol-sur-Ternoise. Pop. 333 h.

LIGNY-TILLOY, vg. *Pas-de-Calais* (Artois), arr. et à 25 k. d'Arras, cant. et ✉ de Bapaume. Pop. 1,030 h.

LIGONDEIX (le), vg. *Creuse*, comm. de Chambouchard, ✉ d'Evaux.

LIGOTS, vg. *Tarn*, comm. d'Andouque, ✉ de Cramaux.

LIGRÉ, vg. *Indre-et-Loire* (Touraine), arr., ✉ et à 8 k. de Chinon, cant. de Richelieu. Pop. 1,173 h.

LIGRON, vg. *Sarthe* (Anjou), arr. et à 12 k. de la Flèche, cant. de Malicorne, ✉ de Foulletourte. Pop. 1,024 h.

LIGSDORFF, vg. *H.-Rhin* (Alsace), arr. et à 20 k. d'Altkirch, cant. et ✉ de Ferrette. Pop. 552 h.

LIGUAIRE (St-), vg. *Deux-Sèvres* (Poitou), arr., cant. et à 3 k. de Niort. ✉. Pop. 1,032 h. — *Foires* les 9 oct., lundi de Pâques et 28 juin.

LIGUEIL, vg. *Charente-Inf.*, comm. de Courant, ✉ de Loulay.

LIGUEIL, petite ville, *Indre-et-Loire* (Touraine), arr. et à 18 k. de Loches, chef-l. de cant. Cure. ✉. A 264 k. de Paris pour la taxe des lettres. Pop. 1,929 h. — TERRAIN crétacé inférieur, grès vert.

Cette ville est située sur la rivière de l'Estrigneuil, qui arrose de belles prairies. Elle était autrefois fermée de murs et défendue par un château fort. Les protestants s'en emparèrent en 1562 et y commirent de grands excès ; mais, peu de temps après, les catholiques étant parvenus à la reprendre, s'y livrèrent de tels actes de cruauté dignes des nations les plus barbares : ils massacrèrent tous les protestants qui leur tombèrent sous la main, se saisirent du ministre, lui crevèrent les yeux, et le firent brûler sur la place publique.

C'est dans cette commune et dans celles limitrophes que se récoltent les excellents pruneaux de la Touraine.

Commerce de grains et de pruneaux. — *Foires* le 1*er* de chaque mois, excepté juin et août.

LIGUEMARE, vg. *Seine-Inf.*, comm. de Smermesnil, ✉ de Neufchâtel-en-Bray.

LIGUERITS (les), *Lineriæ*, *Liguariæ*, vg. *Orne*, comm. d'Ecorches, ✉ de Trun.

LIGUEUX, *Ligurium*, vg. *Dordogne* (Périgord), arr. et à 19 k. de Périgueux, cant. de Savignac, ✉ de Sorges. Pop. 538 h. — Il y avait avant la révolution une abbaye de bénédictines, fondée en 1100. — *Foires* les 3 fév., 1*er* lundi de juillet, 24 août et 28 déc.

LIGUGE, vg. *Vienne* (Poitou), arr., cant., ✉ et à 8 k. de Poitiers. Pop. 804 h. — *Foires* les 24 janv., lundi de la Pentecôte et 10 nov.

LIGURES (lat. 44°, long. 25°). « Leur nom chez les Grecs est Λίγυες. On a dit aussi *Ligustini*, quoique ce terme soit plutôt un dérivé qu'un nom simple. Strabon (lib. II, p. 128) les distingue des Gaulois comme une nation différente, nonobstant que leur manière de vivre fût semblable ; et Denis d'Halicarnasse (lib. I) témoigne que leur origine est inconnue. Ils s'étaient étendus le long de la côte jusqu'aux frontières de l'Espagne, et Scylax (*in Periplo*) le fait connaître, en établissant des Ligyes depuis les Ibériens jusqu'au Rhône. Les Ligures, selon Festus Aviénus (*in Ora maritima*) avaient occupé la montagne de Sette : *Ad internum mare, Setiena ab arce, et rupe saxosi jugi sese extulere*. Leur nom, assez obscur de ce côté-là, a été plus célèbre entre le Rhône et les Alpes, où ils étaient contigus à la Ligurie proprement dite, qui occupait la partie maritime de l'Italie, depuis le sommet des Alpes et sur le penchant de l'Apennin, jusqu'au fleuve Arno, où ils confinaient aux Toscans ou Etrusques. Ce fut en Ligurie, suivant Marcien d'Héraclée, que Marseille fut fondée ; on lit dans Justin (lib. XLIII) : *Inter Ligures et feras gentes Gallorum*. Aussi a-t-on désigné les *Ligures* en cette partie par le nom de *Gallo-Ligures*, ou, comme on lit dans Aristote (lib. de Mirab.), *Celto-Ligyes*. Les plus puissants des peuples de cette contrée, les *Salyes*, qui ont dominé depuis le Rhône jusque vers les Alpes, sont, au dire de Pline (lib. III, cap. 5) : *Ligurum trans Alpes celeberrimi*. Mais on remarque qu'entre les peuples *Inalpini* il place des *Capillati*. Selon Dion Cassius (lib. LIV), le nom de *Ligures comati* ou *criniti* ne se bornerait pas à une branche de nation particulière, et il s'étendrait à tous les peuples des Alpes maritimes, parce que c'est en parlant collectivement des nations de ces Alpes, qu'Auguste réduisit à l'obéisance, qu'il cite les Liguriens chevelus. C'est ce que dit Pline (lib. III, cap. 20) confirme en un point de mots : *Capillatorum plura genera, ad confinium Ligustici maris*. On leur avait apparemment fait quitter la longue chevelure qui les distinguait, comme il s'ensuit de ce vers de Lucain : *Et nunc tonse Ligur, quondam per colla decora, crinibus effusis.* Pour ne rien omettre de ce qui se renferme dans l'ancienne Gaule, il était indispensable de faire une mention expresse des *Ligures.* » D'Anville. *Notice de l'ancienne Gaule*, p. 414. V. Walckenaer. *Géographie des Gaules*, t. 1, p. 4, 19, 32, 36, 50, 59, 145, 161.

LIHONS-EN-SANTERRE, *Leontium, Lehunum*, petite ville ; Somme (Picardie), arr. et à 22 k. de Péronne, cant. de Chaulnes. ⊠. A 144 k. de Paris pour la taxe des lettres. Pop. 1,212 h. — Télégraphe.

Il y avait avant la révolution un prieuré de bénédictins, dont le dernier abbé fut le célèbre cardinal Maury.

PATRIE du général BOUFERS.

Fabriques de bonneterie. — *Foires* le vendredi saint et le 1ᵉʳ jeudi après la St-Luc.

Bibliographie. ROUILLARD (Séb.). *Li-Huns en Sancterre, ou Discours de l'antiquité et des privilèges du monastère de Li-Huns, situé près Roye, en Picardie,* in-4, 1627.

LIHU, vg. *Somme*, comm. et ⊠ de Lihons-en-Santerre.

LIHUS, *Oise*. V. BOIS-DE-LIHUS.

LIHUS, ou MANNEVILLETTE, vg. *Oise* (Picardie), arr. et à 23 k. de Beauvais, cant. de Marseille, ⊠ de Crèvecœur. Pop. 1,034 h.

LIHUS, vg. *Seine-Inf.*, comm. et ⊠ de St-Saëns.

LILE, vg. *Charente-Inf.*, comm. d'Etaules, ⊠ de la Tremblade.

LILETTE, *Gers*, comm. de l'Isle-Arné, ⊠ de Gimont.

LILHAC, vg. *H.-Garonne* (Comminges), arr. et à 23 k. de St-Gaudens, cant. et ⊠ de l'Isle-en-Dodon. Pop. 226 h.

LILIGNOD, vg. *Ain* (Bourgogne), arr. et à 27 k. de Belley, cant. de Champagne, ⊠ de Culoz. Pop. 123 h.

LILLE (de), vg. *Manche*, comm. de Tribehou, ⊠ de la Périne.

LILLE, *Isla, Insula*, grande, belle, riche et très-forte ville, située sur la ligne du chemin de fer de Paris en Belgique, chef-l. du dép. du *Nord* (Flandre), du 3ᵉ arr. et de 5 cant. Trib. de 1ʳᵉ inst. et de comm. Banque. Conseil de prud'hommes. Soc. des sciences et arts. Acad. royale de musique. Ecole acad. Collége comm. 6 cures. Cours pratiq. de méd., chirurg. et pharm. Cours publics et gratuits de physiq., de chim. appliquée aux arts et à l'industrie, de zool. et de botan. Ecole de peint. Cours gratuits de chant pour la classe ouvrière. Association lilloise pour l'encouragement des lettres et des arts. Chef-l. de la 16ᵉ div. milit. Gîte d'étape. 3ᵉ conserv. des forêts. Hôtel des monnaies (W). ⊠. ⚐. Pop. 72,537 h. — TERRAIN tertiaire supérieur, alluvions anciennes.

Autrefois capitale de la Flandre française, ville forte, diocèse de Tournai, parlement de Douai, gouvernement de province et particulier, chef-lieu d'intendance et de subdélégation, bureau des finances, bailliage, juridiction des eaux et forêts, cour des monnaies, chambre du commerce, siége échevinal, chambre syndicale, juges consuls, prévôté de maréchaussée, collégiale, trois collèges, arsenal, magasins à poudre, dix-neuf couvents.

La ville de Lille a pris son nom d'un village entouré d'eau, qui devait lui-même son origine à un château bâti dans les derniers siècles de l'empire des Romains dans la Belgique, et autour duquel quelques habitants, attirés par la sûreté qu'il procurait, vinrent s'établir. Les chroniques du temps ne font plus mention de Lille jusqu'à Baudouin Iᵉʳ, dit Bras de fer, qui, en 863, fit pendre plusieurs de ses ennemis aux murailles du château de Lille. Les courses des Normands pendant le IXᵉ siècle et pendant une partie du Xᵉ durent nécessairement nuire au progrès de Lille, et il faut arriver à Baudoin IV, qui fit bâtir en 1007 un grand nombre de maisons, et donna une forme positive à la ville. Il l'entoura de murs et de fossés en 1030, et sa population s'accrut si promptement que Baudouin V se vit obligé de l'agrandir. Ses fortifications nouvellement construites ne l'empêchèrent pas de tomber, en 1054, au pouvoir de l'empereur Henri III, qui venait de ravager la Flandre ; mais elle fut bientôt reprise et réparée par les bienfaits de Baudouin, qui la rétablit et releva ses murs abattus ; l'année suivante, ce prince érigea l'église collégiale de St-Pierre, qu'il dota richement en 1066. A cette époque, Lille était divisée en deux parties : la plus ancienne comprenait l'église St-Etienne ; la seconde, qui seule était entourée de murailles, ne comprenait que la paroisse St-Pierre. En 1147, la ville avait une enceinte que déterminent encore actuellement les canaux de Poissonceaux, des Ponts-de-Comines et des Sœurs-Noires.

La ville de Lille fut prise trois fois dans l'année 1213 : d'abord par Philippe Auguste, après un siége de trois jours, puis par le comte de Flandre Ferrand, en faveur duquel elle se révolta, et ensuite par le même Philippe, qui, irrité de sa rébellion, la réduisit totalement en cendres. Lorsque après ce désastre on la reconstruisit, elle fut augmentée presque du double de sa grandeur, et l'on y entrait par six portes. Philippe le Bel l'attaqua, et la prit par capitulation après onze semaines de siége, au commencement de septembre 1297 ; mais les habitants ouvrirent leurs portes, en 1302, à Jean de Namur, comte de Flandre, qui venait de gagner sur les Français la bataille de Courtrai. En 1303, après la bataille de Mons-en-Puelle, Philippe le Bel attaqua Lille, qui ouvrit son siége de onze semaines, après lesquelles les bourgeois, manquant de vivres, demandèrent à capituler. Malgré leur longue résistance, ils obtinrent la conservation de leurs priviléges. En 1304, Lille devint alors ville française. Peu de temps après, la ville fut entourée de murailles et de fossés par le comte Guy de Dampierre. Robert de Béthune, comte de Flandre, tenta sans succès de s'en rendre maître en 1314. Un incendie la consuma presque entièrement en 1382. La ville de Lille fut rendue à la Flandre par Philippe le Hardi. En 1476, elle passa à la maison d'Autriche. Vingt ans après, les Pays-Bas ayant été réunis à la couronne d'Espagne, Lille fut soumise à la domination de cette puissance, qui la conserva en son pouvoir pendant deux siècles. En 1667, Louis XIV l'assiégea à la tête d'une puissante armée, et la prit le 27 août, après neuf jours de tranchée ouverte. Ce monarque agrandit son enceinte, et y fit construire par Vauban de nouvelles fortifications, et une citadelle qui passe pour l'une des plus belles de l'Europe. Lors de la guerre de la succession d'Espagne, la ville fut reprise par les alliés, le 23 octobre 1708, après un siége de quatre mois. Elle fut enfin cédée à la France par le traité d'Utrecht, en 1713. Lille s'est agrandie en 1786 de tout le beau quartier qui s'étend depuis la porte de la Barre jusqu'à celle de la Madeleine.

Le siége le plus mémorable que cette ville ait eu à soutenir, celui dans lequel les habitants montrèrent un courage égal à celui de nos guerriers les plus intrépides, est sans contredit celui de 1792. Tandis que les Autrichiens et les Prussiens occupaient la Champagne, le duc de Saxe-Teschen semblait se préparer à quelque grande tentative sur la Flandre française : les ingénieurs autrichiens qui se trouvaient répandus dans différentes places avaient reçu ordre de se réunir à l'armée active. Des canons, des munitions de guerre et des mortiers les mirent en mesure, sur divers points, d'attaquer une ou plusieurs places françaises, et découvrirent bientôt leur intention de faire une diversion avantageuse, au moment où la France portait toutes ses forces dans la Champagne, sur Châlons et Ste-Menehould. Aussitôt les Autrichiens partagèrent en trois colonnes les divisions qu'ils avaient cantonnées aux environs de Mons, et les firent marcher, la première, commandée par le général Beaulieu, sur Bosne, par les routes de Quiévrain et de Valenciennes ; la seconde, aux ordres du général Lisien, sur Maubeuge ; et la troisième, dirigée par le général Starray, sur Philippeville. Le général Latour paraissait également menacer par sa position Lille et Douai.

Dès le 10 septembre, le général Ruault, commandant à Lille, se prépara à repousser les efforts des Autrichiens, qui semblaient devoir se porter principalement sur cette ville. Il distribua les dix mille hommes qui formaient sa garnison sur les diverses positions de la Haute-Deûle, telles que le Haut-Bourdin et l'abbaye de Loos ; et de la Basse-Deûle, telles que Vambrechies et le Quesnoy. Mais la discipline était en ce moment très-relâchée parmi les troupes, et les généraux français avaient de la peine à s'en faire obéir. — Le 17 septembre, le duc de Saxe-Teschen transporta son quartier général à Tournai, où se replièrent aussi les colonnes qui menaçaient auparavant Valenciennes, Maubeuge et Philippeville. Les Autrichiens, au nombre de 24 à 25,000 hommes, vinrent établir leur camp le 24 à Hélemmes, à la vue de Lille, qui fut bloquée le lendemain, depuis la Madeleine, sur la basse Deûle, jusqu'à la hauteur du Haut-Bourdin, sur la haute Deûle. N'ayant pas assez de monde pour compléter le blocus, ils furent forcés de laisser libre le côté de la porte d'Armentières, qui ménageait à la place une communication avec Dunkerque. Le duc fit répandre le même jour une proclamation; il s'était flatté qu'en faisant éclater sur la ville une forte pluie de boulets rouges et de bombes il en serait bientôt le maître. Mais les Français commencèrent par brûler les faubourgs de Fives et de St-Maurice, qui pouvaient favoriser les Autrichiens pour s'approcher de la place. Le général Labourdonnaye eut ordre du ministre de la guerre de ramasser des troupes dans les plaines de Lens, afin de tourmenter les Autrichiens sur leurs communications. Les ennemis avaient reçu d'Ath une nombreuse artillerie et un amas prodigieux de poudre, de bombes et de boulets; ils commencèrent donc leurs travaux dans la nuit du 25 au 26, du côté des portes de Fives et des Malades; mais ils en furent délogés par les assiégés, qui firent une sortie dès l'après-midi, se jetèrent sur la tête de leurs ouvrages, et les obligèrent de les abandonner. Les deux jours suivants, les Autrichiens s'étendirent sur la gauche et sur la droite, à l'abri des masures du faubourg de Fives, et y placèrent de formidables batteries avec des grils pour rougir les boulets. Après avoir achevé leurs travaux et reculé à Aspes leur quartier général, ils envoyèrent au commandant et à la municipalité le major autrichien d'Aspes, précédé d'une trompette, avec deux sommations: on y flattait les habitants d'être traités avec la plus grande modération s'ils voulaient oublier la cause qu'ils avaient servie jusqu'à ce jour, et se livrer à leur souverain; et on les menaçait en même temps de tous les fléaux de la guerre s'ils opposaient quelque résistance. Le parlementaire est renvoyé sans avoir rien obtenu. Les Lillois avaient juré de s'ensevelir sous leurs murailles plutôt que d'ouvrir leurs portes à l'ennemi, et les premières bombes lancées sur la ville ne font que ranimer ce noble dévouement. Vingt-quatre pièces de canon de gros calibre, chargées de boulets rouges, tirent sur la ville avec une extrême violence. Les Lillois oublient leurs propres intérêts pour ne songer qu'à se défendre et à veiller à l'intérêt général : ils agissent dans le plus grand ordre. Des veilleurs étaient postés dans tous les quartiers pour arrêter les ravages des bombes, aux lieux où elles tombaient; des vases pleins d'eau étaient prêts à toutes les portes. Un canonnier bourgeois servait une batterie sur les remparts; on accourt l'avertir qu'un boulet rouge a incendié sa maison; il se retourne, voit les flammes qui la dévoraient, et continue sa charge en disant : *Je suis ici à mon poste; rendons-leur feu pour feu.* Quand une maison ne pouvait plus être habitée, on s'empressait d'offrir un asile aux malheureux qui en avaient été possesseurs; et dès lors tout leur était commun. *Buvez, mangez*, leur disait-on, *tant que ma provision durera; la Providence pourvoira à l'avenir.*

La fureur de ce siège était encore excitée par l'archiduchesse Christine, gouvernante des Pays-Bas, qui le dirigeait elle-même, en plaisantant sur les calamités des malheureux Lillois. Ceux-ci répondaient vivement de leurs remparts au feu terrible de l'ennemi; mais ce n'était qu'un faible secours pour la ville. L'incendie avait consumé l'église St-Étienne et plusieurs maisons voisines; le quartier de la paroisse St-Sauveur était encore plus endommagé. Le 1er octobre, l'ennemi continua un feu très-vif; des incendies partiels se manifestèrent à l'hôpital militaire et à l'hôtel de ville. Le même jour, le général Lamorlière entra dans la place avec huit bataillons. Le feu, qui avait paru se ralentir dans la journée du 2, reprit le lendemain avec une telle violence, que les pompes de la ville ne furent pas suffisantes, et que ce fut avec la plus grande reconnaissance qu'on vit arriver celles de Béthune, d'Aire, de St-Omer et de Dunkerque. Le bombardement et la canonnade duraient depuis cent quarante-quatre heures sans interruption, et les ennemis semblaient moins acharnés contre les remparts et les troupes que sur les demeures des malheureux habitants. Six mille bombes et trente mille boulets étaient déjà tombés dans la ville, dont la garnison se vit augmentée du 2, par de nouveaux bataillons de volontaires et d'un bataillon de troupes de ligne. Le feu des Autrichiens diminua dès lors sensiblement jusqu'au 6 octobre, où il cessa tout à fait dans l'après-midi. Des traits d'une rare fermeté se multiplièrent durant ce mémorable siège. Un boulet, tombé dans le lieu des séances du conseil de guerre, fut déclaré en permanence comme l'assemblée; d'un autre côté, un Larbier ramasse un éclat de bombe, et, avec cette gaieté naturelle aux Français, même au fort des plus grands dangers, il s'en sert de bassin pour raser quatorze citoyens. Fatigué de la résistance des Lillois, averti d'ailleurs des avantages des Français en Champagne, et de l'obligation où ils avaient mis les alliés de battre en retraite, le duc de Saxe-Teschen songea lui-même à se retirer.

L'armée du camp de Lens augmentait de jour en jour; Dumouriez était près de s'y réunir. Le duc courait donc les risques, en demeurant quelques jours de plus devant Lille, de se trouver entre deux armées, l'une sortie des murs de la place, l'autre venant de Champagne vers Valenciennes, et se portant entre Tournai et ses derrières pour le couper, quand il eût le temps d'être secouru par le général Clerfait. Il fut forcé en conséquence d'abandonner une place dont il avait tenté vainement de faire la conquête, et qu'il avait cruellement incendiée par un bombardement inutile, puisque, loin de pouvoir entreprendre un siège en règle, il n'avait pas même assez de troupes pour le cerner. On apprit pendant la nuit la retraite des Autrichiens à la droite de la rivière de Marque, à Pont-à-Tressin. On se mit sur-le-champ à détruire les travaux de l'ennemi, qui perdit cette tentative un grand nombre d'affûts et d'attirails d'artillerie, et environ deux mille hommes, tués ou blessés. Les Français eurent à regretter à peu près autant de leurs camarades, outre le dommage immense qu'éprouva cette ville célèbre.

Les armes de Lille sont : *de gueules à une fleur de lis d'argent.*

La ville de Lille est située dans une contrée extrêmement fertile, sur le canal qui communique de la Sensée à la mer, et sur la moyenne Deûle, qui la traverse et y est navigable. Elle est entourée de fortifications immenses, et défendue par une bonne citadelle.

On y compte 34 places ou marchés; 25 ou 30 ponts, tant grands que petits; près de 200 rues, et un grand nombre de ruelles et de cours ou impasses; de 8 à 9,000 maisons, et environ 73,000 habitants. Ses rues sont bien percées, garnies de trottoirs; les maisons, presque toutes régulières et pour la plupart d'un goût moderne, présentent généralement de belles façades à deux ou même trois étages, ayant des caves peu profondes dans lesquelles, en certains quartiers, loge une quantité prodigieuse de peuple, ce qui nuit considérablement à sa santé. Mais, grâce aux efforts d'une administration paternelle, le nombre de celles qui servent d'habitations est considérablement diminué, et tout fait espérer qu'elles cesseront d'être consacrées à cet usage. Les maisons sont solidement bâties de briques ou de pierres calcaires, qu'on tire des carrières de Lezennes, près de Lille.

La citadelle est un pentagone régulier, défendu et couvert à l'extérieur par tout ce que l'art et le génie ont pu inventer; c'est avec raison qu'on la regarde comme la plus belle qu'il y ait en Europe. Elle est séparée de la ville par une très-grande esplanade, dont l'extrémité, du côté de la ville, est plantée de plusieurs allées d'arbres parallèles à un très-beau canal. Cette vaste et magnifique promenade, ornée au milieu d'un bassin avec un jet d'eau, est terminée par un joli portique avec gradins et colonnes, formant une belle perspective. Le canal fut creusé en 1750, pour joindre la haute Deûle à la basse Deûle. Les eaux de ces deux parties de la même rivière coupent la ville en un grand nombre de petits canaux nécessaires aux diverses manufactures qui y sont établies. Il faut une armée considérable pour faire la circonvallation de cette place, qui est en état de soutenir avec succès le siège le plus vif et le plus opiniâtre. L'enceinte intérieure du corps de la ville a 2,338 m. 81 c. de longueur sur 1,169 m. 40 c. de largeur. Elle est de forme ovale; la partie qui regarde l'ouest est un peu plus large que l'autre. La citadelle, qui est au sud-ouest de la ville, a environ 389 m. 80 c. de diamètre.

On ne compte à Lille qu'un petit nombre de monuments et d'établissements publics; les plus remarquables sont :

L'ÉGLISE ST-MAURICE, dont la construction remonte à 1022. Elle est encore assez belle, malgré la démolition de sa tour, et est ornée des statues de saint Pierre et de saint Paul, sculptées par Bra.

L'ÉGLISE ST-PAUL est aussi une fort belle église, dont la tour était surmontée d'une flèelle qui a été incendiée pendant le siège de 1792.

Le palais de Rihour, construit par Jean sans Peur en 1430. Ce palais fut ensuite habité par Charles-Quint, et prit le nom de Cour de l'empereur. Philippe IV, roi d'Espagne, le céda aux magistrats de Lille en 1660, et il sert depuis ce temps d'hôtel de ville. L'aile gauche, par ses tours à créneaux et ses croisées gothiques, montre suffisamment qu'elle date de l'époque de la construction du palais de Jean sans Peur ; mais l'aile droite est d'un style moderne : un incendie consuma toute cette partie droite, qui fut rétablie dans le siècle dernier. Dans cette aile de bâtiment siège, avec l'administration municipale, le tribunal de première instance. L'escalier à droite, reste de l'ancien palais, conduit au cabinet d'histoire naturelle et aux salons de la société des arts, des sciences et de l'agriculture.

Le mont-de-piété, très-bel établissement philanthropique, fondé en 1610 par Bartholomé Masurel, qui lui fit don de cent mille francs, à charge de prêter sans intérêt.

La porte de Paris, bel arc triomphal, élevé en 1682 à la gloire de Louis XIV. Ce monument, d'ordre dorique, est surmonté de plusieurs trophées : celui du milieu représente la Victoire assise, couronnant le buste du monarque ; aux deux côtés, entre les colonnes, sont deux belles statues colossales, représentant Minerve et Hercule, qui ont vu passer successivement Louis XIV, Louis XV, Napoléon, Louis XVIII, Charles X, Louis-Philippe, grands personnages qui tour à tour ont reçu les flagorneries que les magistrats sont dans l'habitude d'adresser aux souverains dans de semblables circonstances.

L'hôpital général, édifice d'une architecture noble, fondé en 1739 pour y recevoir des vieillards et des enfants des deux sexes.

La salle de spectacle, bel édifice, offrant la figure d'un parallélogramme régulier. On y pénètre par un beau péristyle élevé de sept marches, dont l'entablement et le balcon sont soutenus par six colonnes d'ordre dorique, ordre qui règne sur les quatre faces de l'édifice.

La salle des concerts, qui passe pour l'une des plus belles qu'il y ait en France.

Le musée, établi dans un ancien couvent de récollets. La façade est digne d'attention : au premier est la bibliothèque de la ville, riche d'environ 20,000 volumes et 500 manuscrits. La plupart de ces manuscrits sont du XIVᵉ et du XVᵉ siècle ; on en compte à peine quelques-uns du XIIᵉ, parmi lesquels on remarque un Evangile in-folio de la plus grande beauté ; la table de concordance qui le précède et de nombreuses figures dont il est parsemé sont coloriées avec une rare magnificence. La bibliothèque est ouverte tous les jours, les dimanches et vendredis exceptés, depuis dix heures du matin jusqu'à trois heures.

L'étage au-dessus offre une belle galerie où se trouve le musée, qui se compose d'environ 160 tableaux, parmi lesquels il y a quelques ouvrages de bons maîtres. Le morceau capital est un Christ en croix de Van-Dyck. Les autres tableaux les plus remarquables sont : deux Martyrs, par Crayer ; une Sainte Famille, attribuée à André del Sarte ; une jolie tête d'enfant, par Rubens ; plusieurs Philippe de Champagne, etc. Le local est spacieux, mais assez mal éclairé.

Les archives de la ville sont classées et conservées avec un soin religieux : toutes les pièces sont en ordre et forment une sorte de petit musée ; les chartes sont au nombre de 2 ou 3,000 ; les plus rares sont exposées avec leurs sceaux derrière des châssis vitrés. La plus ancienne est de Baudouin XI, datée de 1202. La capitulation de Lille, en 1304, portant les sceaux des neuf signataires, pendus au même parchemin, est une pièce singulièrement précieuse. — Cette collection renferme en outre toute espèce de sceaux ou cachets de rois, de comtes et comtesses, d'abbés et d'abbesses, de papes, d'évêques et de villes. On y conserve aussi tous ceux des ducs de Bourgogne et de Charles-Quint.

Les archives départementales, provenant des provinces et des abbayes du département, sont également fort nombreuses.

Le pont Napoléon. Ce pont, de construction légère et fort élégante, réunit la partie de l'esplanade qui se trouve entre le canal et la citadelle avec celle qui sert de promenade.

On remarque encore à Lille l'hôtel de la préfecture, autrefois l'intendance, les prisons, l'abattoir, la place d'armes, les marchés, le jardin de botanique, etc., etc.

Biographie. La ville de Lille a donné le jour à plusieurs hommes de mérite, parmi lesquels nous citerons :

Gauthier de Chatillon, poëte latin, qui florissait dans la dernière moitié du XIIᵉ siècle.

P. Oudegherst, auteur des Chroniques et Annales de Flandre.

Les poëtes Feutry et Fourmantel.

P.-F.-J.-C. Gosselin, l'un des plus savants géographes de l'Europe.

Le médecin Guill. Daignan.

L'abbé J.-R.-A. Duhamel, auteur de quelques ouvrages de théologie.

Ferd. de Lannoy, maréchal de camp.

M. de Saulcy, membre de l'Institut.

Le fécond traducteur Fauconpret.

Ch.-Jos. Panckoucke, littérateur.

Le comte de Brigode, membre de la chambre des pairs.

Le baron de Brigode, membre du corps législatif et de la chambre des députés.

Industrie et commerce. Les fabriques de Lille jouissent depuis longtemps de la plus haute réputation, et donnent l'idée la plus avantageuse de l'intelligence et de l'activité de ses habitants. La fabrique de fils de lin retors est l'une des plus anciennes et des plus importantes. Les autres fabriques fournissent au commerce des draps, des couvertures de lit, des camelots, des étoffes de coton, de soie et de laine de toutes espèces ; des basins et mollletons ; des toiles de ménage de toutes qualités ; des indiennes, du linge de table, des voitures, des papiers propres à l'écriture et à l'impression, des sucres de betteraves et des sucres raffinés, des savons, de l'amidon, des rubans de coton et de fil, et des tulles qui peuvent rivaliser avec ceux de l'Angleterre. La fabrication des huiles est une des plus importantes de l'arrondissement, tant à cause des grands capitaux qui sont versés dans cette industrie que pour le nombre d'ouvriers qu'elle occupe. Il n'est pas de voyageur qui, arrivant à Lille par les routes de Douai et d'Avesnes, ne soit frappé du coup d'œil que présente cette foule de moulins qui hérissent et animent la plaine. On compte trois cents moulins dans l'arrondissement ; ils sont en activité toute l'année lorsqu'ils ont le vent.

On trouve à Lille une manufacture de tabacs, des manufactures de cardes, de bleu d'azur, de blanc de céruse, de tapis, de chapeaux ; des machines à vapeur, des fonderies en fer et en cuivre ; une usine extrayant de l'huile un gaz destiné à l'éclairage, et qui se distribue dans la ville par des canaux souterrains ; des filatures de coton, laine et lin, et un grand nombre de brasseries ; d'importantes teintureries, des blanchisseries ; de nombreuses fabriques de sucre indigène. On y distille une eau-de-vie de grains nommée genièvre. La bière est la boisson du pays.

Lille, par sa situation à l'extrême frontière, fait un grand commerce d'entrepôts et de denrées coloniales, qui arrivent par les ports de Dunkerque, de Boulogne, de Calais, et même du Havre. Le commerce de Lille s'étend non seulement dans toute la France, la Hollande, la Belgique et l'Allemagne, mais encore dans toute l'Espagne, l'Italie, la Savoie, le Portugal, l'Angleterre, les différents États du Nord, les îles françaises et espagnoles, et jusqu'aux échelles du Levant. Lille fournit à ces pays les productions de son sol, et les différentes marchandises qui sortent tant de ses fabriques que de celles de Roubaix et de Tourcoing, et reçoit en échange les diverses productions de ces contrées, qu'elle verse ensuite dans le commerce.

Commerce principal de toiles, fils, lins, dentelles, coton filé, laines peignées, graines grasses, tabac, garance, chicorée, café, épiceries, vins, eaux-de-vie, genièvre, houblon, cire, charbon de terre, cuirs, huiles, etc. Le commerce a adopté à Lille, pour la conservation des huiles, de vastes citernes en cendrée de Tournai, à l'instar des fosses destinées, sous le nom de piles, au commerce d'huile d'olives dans les provinces méridionales.

Foires les 29 août (9 j.) et 14 déc.

A 45 k. O.-S.-O. de Bruxelles, 33 k. N. de Douai, 48 k. N.-N.-E. d'Arras, 241 k. N. de Paris. Long. orient. 0° 44′ 16″, latit. 50° 37′ 50″.

L'arrondissement de Lille est composé de 16 cantons : Armentières, la Bassée, Cysoing, Haubourdin, Lannoy, Lille (centre), Lille (N.-E.), Lille (O.), Lille (S.-E.), Lille (S.-O.), Quesnoy-sur-Deûle, Pont-à-Marcq, Roubaix, Seclin, Tourcoing (N.), Tourcoing (S.).

Bibliographie. Van-ter-Haer (Floris). *Les*

chastelains de Lille, leur ancien estat, office et famille, ensemble l'estat des anciens comtes de la république et empire romain, des Goths, Lombards, Bourguignons, François, et au règne d'iceux, des forestiers et comtes anciens de Flandre, pet. in-4, 1611.

Tiroux. * *Histoire de Lille et de sa châtellenie, par le S...*, in-12, 1730. — *Supplément à l'histoire de Lille, avec des notes et justifications*, par le même, in-12, 1732.

Le Clerc de Montlinot (Charles-Antoine). * *Histoire de la ville de Lille, par M. D. M. C. D. S. P.*, in-12, 1764.

Wartel (le P.). * *Observations sur l'histoire de Lille* (de l'abbé le Clerc de Montlinot), in-12, 1765.

Rosny (Lucien. de). *Histoire de Lille, capitale de la Flandre, depuis son origine jusqu'en 1830*, in-8, 1838.

* *Le Siége de la ville de Lille, avec le journal de ce qui s'est passé en la marche de S. M. depuis le 1er août 1667*, in-4. — *Suite du journal de ce siége*, in-4, 1667.

Journal précis du siége de Lille en 1792, in-8, 1833.

Brun Lavaine. *Les Sept Siéges de Lille*, in-8, 1838.

Blismon. *Histoire du siége de Lille en 1792*, in-18, 1842.

Derode (Vict.). *Le Siége de Lille, 1792*, in-8, 1843.

* *Le département du Nord pendant la révolution française, septembre et octobre 1792*. Bombardement de la ville de Lille, in-8, 1843.

Seur (J. de). *La Flandre illustrée par l'institution de la chambre du roi à Lille, l'an 1385, par Philippe le Hardi, avec les ordonnances..., les noms des présidents, etc.*, pet. in-8, 1713.

Recueil des lettres et statuts de toutes les corporations et communautés de métiers de la ville de Lille, 2 vol. in-4...

Tableau du maximum des viandes fraîches, salées et cuites, poissons de mer secs, salés et fumés, légumes, etc., qui se consomment dans l'étendue du district de Lille, fixé en exécution de la loi du 11 brumaire, in-4, an II.

Pascal. *Du projet d'agrandissement de la ville de Lille*, in-8, 1839.

Regnault-Warin. *Lille ancienne et moderne*, in-12, 1803.

* *Antiquités, fondations et dédicaces des abbayes, villes, paroisses et églises de la ville et châtellenie de Lille*, in-12, 1597.

Martin l'Hermite. * *Histoire des saints de la province de Lille, etc.*, in-4, 1638.

Histoire de Notre-Dame de la Treille, auguste et miraculeuse, dans l'église collégiale de St-Pierre, patronne de la ville de Lille, composée en latin par le P. Vincart, et traduite par lui-même, in-8, 1761.

Richard (le P. Ch.-L.). *Histoire du couvent des dominicains de Lille et de celui des dames dominicaines de la même ville, dit de Ste-Marie de l'Abbiette*, in-12, 1782.

Anciennes fêtes célébrées à Lille (Hist. de l'acad. roy. des inscript. et belles-lettres, t. VII, p. 290 et suiv.).

* *Description des feux d'artifice faits à l'honneur du roi d'Espagne Charles II, à Lille, et de la réjouissance publique de la paix, en 1680*, in-f°, 1680.

* *Relation du séjour du roi (Charles X) à Lille, les 7 et 8 septembre 1827*, in-8, 1828.

Festival de Lille (en 1838) (Revue du nord de la France, t. I, p. 241).

Dinaux (Arthur). *Iconographie lilloise, graveurs et amateurs d'estampes de Lille* (extrait des Annales du nord de la France et du midi de la Belgique), in-8, 1842.

* *Catalogue de la bibliothèque de la ville de Lille* (Sciences et arts, in-8, 1839 ; Belles-lettres, in-8, 1841).

Brun-Lavaine. *Atlas topographique et historique de la ville de Lille, accompagné d'une histoire abrégée de cette ville et de notes explicatives des cartes, vues, etc.*, in-f°, 1834-36.

Lestiboudois (Thém.). *Rapport général sur l'épidémie du choléra qui a régné à Lille en 1832*, in-8, 1833.

Gosselet (A.). *Statistique des maladies épidémiques dans l'arrondissement de Lille, de 1832 à 1843*, in-8 de 5 feuilles et demie, 1844.

Dupont (J.-B.). *Topographie historique, statistique et médicale de l'arrondissement de Lille*, in-8, 1833.

Panckoucke (A.-J.). *Dictionnaire historique et géographique de la châtellenie de Lille*, in-12, 1733.

Demeunynck et Devaux. *Précis historique et statistique sur l'arrondissement de Lille* (Annuaire statistique du Nord, in-8, 1830).

Almanach du commerce, des arts et métiers de Lille, Armentières, Roubaix, etc., in-32, 1828-43.

Guide des étrangers à Lille, ou Description de la ville, par son histoire, in-12, 1772.

Nouveau Conducteur, ou Guide de l'étranger dans Lille et ses environs, in-12, 1826.

Mémoires de la société royale des sciences de Lille, in-8, 1819 à 1841 (environ 1 vol. par année).

LILLEBONNE, *Julia bonna, Illebonna*, vg. Seine-Inf. (Normandie), arr. et à 35 k. du Havre, chef-l. de cant. ✉. ⚘. A 173 k. de Paris pour la taxe des lettres. Pop. 3,671 h. — Terrain tertiaire.

Autrefois diocèse, parlement et intendance de Rouen, élection de Caudebec.

Cette ville doit sa fondation à César-Auguste, qui la nomma *Julia Bonna* en l'honneur de sa fille Julie, et qui en fit une forteresse importante. Guillaume le Conquérant y fit bâtir un palais, où il résidait fréquemment, et d'où sont datées plusieurs chartes. Ce fut là qu'il décida l'invasion de l'Angleterre.

Des monuments authentiques prouvent que Lillebonne était le point de départ de plusieurs voies romaines ; l'une d'elles conduisait à Grainville-la-Teinturière et au delà ; la seconde passait par Beuzeville et Bolbec, et conduisait au bord de la mer en se repliant vers Fécamp ; la troisième se dirigeait vers Harfleur ; la quatrième conduisait à Rouen et de là à Paris ; la cinquième menait au bord de la Seine et se continuait de l'autre côté jusqu'à Pont-Audemer. Plusieurs vestiges de ces anciennes chaussées subsistent encore. A ces restes antiques de la grandeur passée de Lillebonne, on peut joindre des souterrains, des tombeaux, des médailles, des lacrymatoires et des urnes sépulcrales qu'on y a trouvés en différents temps.

La ville de Lillebonne est située au pied d'un coteau rapide, à l'extrémité d'une vallée boisée où coule un ruisseau de Bolbec, qui y reçoit le ruisseau de Becquet. Rien n'est plus pittoresque que l'aspect de cette vallée, aperçue des points les plus élevés du coteau ; d'un côté la ville se présente, avec son église à flèche gothique, ses maisons en bois, si lourdes et si tristes, ses établissements industriels d'une construction si légère, et les ruines de son ancien château ; de l'autre côté la vallée fuit dans une longueur de près de 2 k. jusqu'à la Seine, et laisse apercevoir au delà du fleuve le port de Quilleboeuf et la ligne de ses maisons adossées à la ligne des falaises blanches, dont le pied est battu chaque jour par la marée. L'abbaye de Valasse s'élève d'une manière pittoresque au milieu de cette vallée, et présente une retraite austère et mélancolique.

Le château de Lillebonne, appelé aussi le château d'Harcourt, est un des monuments les plus curieux et les mieux conservés de la Normandie. Il est flanqué à l'est d'une tour ronde fort élevée, construite en cailloux, qui s'aperçoit à une grande distance : on monte jusque sur sa plate-forme par un escalier à vis, qui conduit à trois étages différents, dont les plafonds sont en ogives sont terminés vers le milieu par un cul-de-lampe : on y arrive par un pont-levis de 11 m., jeté sur le fossé profond qui l'environne ; elle a 17 m. de diamètre, et les murs ont 4 m. 22 c. d'épaisseur. L'intérieur n'offre plus qu'une vaste cour entourée de plusieurs salles en ruines ; les appartements du premier étage sont éclairés par des fenêtres cintrées avec une architrave supportée par deux petites colonnes. Ces fenêtres sont couvertes et bouchées presque en entier par une grande quantité de lierres ; le pignon d'un des bouts de la principale salle existe encore en entier, couvert, comme le reste de ces ruines, par les lierres d'une grande épaisseur ; le nombre considérable de mouches qu'ils attirent en été dans ces débris y produit un bourdonnement qui s'entend de très-loin. Les pièces du rez-de-chaussée sont éclairées par de grandes arcades parallèles, également traversées par une architrave d'où pendent des lianes et des ronces de l'effet le plus pittoresque. On voit aussi les ruines d'une autre tour de forme hexagone, très-élevée, qui paraît avoir eu plusieurs étages dans son intérieur, à en juger par l'extrémité des arcs-boutants des voûtes restés aux murailles. La face de cette tour du côté du midi est encore entière et percée de croisées à chaque étage, de la forme des églises gothiques, ce qui lui donne l'air d'une ancienne chapelle.

La vaste cour intérieure du château est dominée par diverses terrasses sur lesquelles on monte par des degrés presque rompus, ou recouverts de décombres et de mousse. En se plaçant sur l'une des terrasses du côté du midi et s'avançant vers l'embrasure d'une profonde croisée, on peut jouir de la plus belle vue sur les riantes prairies qui bordent le cours de la Seine, souvent couverte de vaisseaux ; à droite on aperçoit les ruines du château de Tancarville ; en face on voit la ville de Quillebœuf, bâtie sur un rocher qui s'avance comme un cap au milieu du fleuve, et dans le lointain on découvre l'embouchure de la Seine et les côtes de la basse Normandie.

La porte d'entrée du château est située sur l'ancienne route de Caudebec ; une voûte sombre et d'un aspect féodal conduit par cette entrée jusqu'à une habitation moderne, qu'on est étonné de découvrir au milieu de ces débris, dont le lierre tapisse les murs crevassés. Les restes de cette antique forteresse du moyen âge présentent un aspect imposant. « Là, dit Bernardin de St-Pierre (1), s'élèvent de hautes tours crénelées, du sommet desquelles sortent de grands arbres qui paraissent dans les airs comme une épaisse chevelure : on aperçoit çà et là, à travers les tapis de lierre qui en couvrent les flancs, des fenêtres gothiques qui ressemblent à des entrées de cavernes ; on ne voit voler autour de cette habitation désolée que des buses qui planent en silence, et si l'on y entend parfois la voix d'un oiseau, c'est celle de quelque hibou qui y fait son nid. Quand je me rappelai, à la vue de ce manoir, qu'il était autrefois habité par de petits tyrans qui, avant que l'autorité royale fût suffisamment établie dans le royaume, exerçaient çà et là leurs brigandages sur leurs malheureux vassaux, et même sur les passants, il me semblait voir la carcasse et les ossements de quelque grande bête féroce. » Du haut du principal donjon, où l'homme d'armes du vieux temps veillait à la sûreté de son seigneur et maître, on jouit d'une vue magnifique sur la délicieuse vallée de Lillebonne.

Un peu au-dessous du château, et sur un point traversé par la route même, on a découvert récemment l'enceinte demi-circulaire d'un ancien théâtre construit par les Romains, avec des escaliers encore entiers et des arcades pour le service intérieur ; témoignage positif de la magnificence et de l'importance dont ce lieu jouissait autrefois.

INDUSTRIE. La population de Lillebonne appartient presque sans exception à la classe industrielle ou ouvrière. Presque toute la vallée entre Lillebonne et Bolbec est couverte de fabriques de tissus de coton, de filatures hydrauliques de coton. Nombreuses tanneries. — Commerce de draps, cuirs, épiceries, quincaillerie, bestiaux, miel du pays. — Foires les 8 oct., 2ᵉ mercredi de mai, 25 mars et 16 sept.,

(1) Études de la Nature.

où le mardi après, si le 25 mars et le 16 sept. tombent un lundi.

Bibliographie. REVER (F.). *Mémoires sur les Ruines de Lillebonne, arrondissement du Havre* (Seine-Inférieure), avec un appendice contenant la description de quelques cachets inédits d'anciens oculistes, in-8, 1821.

GAILLART. *Mémoire sur le Balnéaire de Lillebonne*, in-8, et atlas in-4.

GUILMETH (Aug.). *Histoire de la ville et des environs de Lillebonne, etc.*, in-8, figures, 1842.

V. aussi JULIOBONA.

LILLEMER, vg. *Ille-et-Vilaine* (Bretagne), arr. et à 16 k. de St-Malo, cant. et ✉ de Châteauneuf-en-Bretagne. Pop. 442 h.

LILLERS, *Lillerium*, petite et ancienne ville, *Pas-de-Calais* (Artois), arr. et à 15 k. de Béthune, chef-l. de cant. Cure, ✉. ⚜. A 210 k. de Paris pour la taxe des lettres. Pop. 4,879 h. — TERRAIN d'alluvions modernes.

Lillers était autrefois une ville forte qui fut cédée à la France par le traité des Pyrénées.

Cette ville est agréablement située sur la Nave, au milieu d'une plaine verdoyante, et remarquable par la beauté de ses eaux ; il y a des fontaines dans toutes les maisons de quelque importance, et il en est qui fournissent, au sortir de leur bassin, un volume d'eau assez considérable pour faire tourner des moulins. C'est à Lillers où fut foré le premier puits artésien exécuté en France.

Les armes de Lillers sont : *de gueules à une tour à pans d'argent, et deux fleurs de lis d'argent en chef.*

Fabriques de poterie de terre. Blanchisserie. Brasserie. Tanneries. Teintureries. Moulins à huile. — *Foires* les 12 nov. et mardi après le 4ᵉ dimanche de carême.

LILLETOT, vg. *Eure*, comm. de Fourmetot, ✉ de Pont-Audemer.

LILLETTE, vg. *Vienne*, com. de Buxeuil, ✉ de la Haye-Descartes.

LILLY, *Liliacum*, vg. *Eure* (Normandie), arr. et à 23 k. des Andelys, cant. et ✉ de Lyons-la-Forêt. Pop. 201 h.

LIMAGNE (la), *Lemane*, *Limania*, riche et magnifique contrée, comprise dans la ci-devant basse Auvergne, qui fait aujourd'hui partie du département du Puy-de-Dôme. Billom en était la capitale ; les autres villes principales sont : Thiers, Usson, Châteldon, Lezoux, etc.

La Limagne s'étend, du sud au nord, depuis St-Germain-Lembron jusqu'à la butte de Montpensier, près d'Aigueperse ; dans une longueur d'environ 60 k.

Sa largeur est très-variable. Elle est traversée dans toute sa longueur par la rivière d'Allier. Une infinité de ruisseaux et de petites rivières la sillonnent en tous sens. La Limagne n'est pas seulement une plaine des plus fertiles de France ; on y trouve encore des paysages pittoresques et riants. Elle est bornée à l'ouest par les montagnes granitiques qui supportent la chaîne de volcans connus sous le nom de monts Dômes ; à l'est

par les montagnes également granitiques du Forez. Sur sa surface on observe plusieurs montagnes isolées, formées la plupart par des éruptions volcaniques. Les coteaux ou les montagnes inférieures qui bordent les hautes montagnes et semblent leur servir de soubassement, ont leur beauté particulière. Les coteaux et les petites montagnes semés çà et là dans la plaine, produisent, par leurs heureuses dispositions, des contrastes piquants et des effets admirables. Les bords de l'Allier l'emportent encore en richesses et surtout en beautés ; à chaque pas ils déploient des accidents pittoresques, des paysages délicieux où des lointains magnifiques ; enfin ce pays présente l'image d'une belle nature qui conserve toutes les grâces et toute la vigueur de la jeunesse.

Le climat de la Limagne est très-variable, à cause de la proximité des montagnes ; le passage du chaud au froid est quelquefois très-brusque. Il arrive souvent que dans les grandes chaleurs de l'été on peut à peine y respirer, et alors il n'est pas prudent de s'engager dans ce qu'on appelle le marais, la plaine entre Riom, le Pont-du-Château et Clermont. V. AUVERGNE.

LIMALONGES, bg *Deux-Sèvres* (Poitou), arr. et à 6 k. de Melle, cant. et ✉ de Sauzé. Pop. 1,532 h.

LIMANDRE, vg. *H.-Loire*, comm. de Vazeilles-Limandre, ✉ du Puy. ⚜.

LIMANS, vg. *B.-Alpes* (Provence), arr., cant., ✉ et à 7 k. de Forcalquier. P. 570 h.

LIMANTON, vg. *Nièvre* (Nivernais), arr. et à 25 k. de Château-Chinon, cant. de Châtillon-en-Bazois, ✉ de Moulins-en-Gilbert. Pop. 1,016 h. — Haut fourneau.

LIMARES, vg. *Eure*, comm. de Crestot, ✉ du Neubourg.

LIMAS, vg. *Rhône* (Beaujolais), arr., cant., ✉ et à 1 k. de Villefranche-sur-Saône. Pop. 1,082 h. — Fabrique de toiles de coton.

LIMAY, bg *Seine-et-Oise* (Beauce), arr., ✉, bureau d'enregist. et à 1 k. de Mantes, chef-l. de cant. Cure. Pop. 1,398 h. — TERRAIN crétacé supérieur ; craie.

Ce bourg est situé au pied d'une colline sur la grande route de Paris à Caen. Il n'est séparé de la ville de Mantes que par la Seine, que l'on y passe sur deux ponts, à cause d'une île que forme cette rivière.

On trouve à peu de distance une source abondante, dont l'eau est conduite par des tuyaux en fonte, placés sous le pavé des ponts, jusque dans la ville de Mantes, où elle alimente les fontaines.

L'église paroissiale de Limay est décorée d'un assez joli portail. L'ermitage St-Sauveur, dont la chapelle ainsi qu'une petite habitation sont creusées dans le roc, est le but d'un pèlerinage qui attire, le 2ᵉ dimanche de carême et le 6 août, un grand concours de monde.

LIMAYRAC, vg. *Aveyron*, comm. de Colombiès, ✉ de Rignac.

LIMBEUF, vg. *Eure* (Normandie), arr. et à 16 k. de Louviers, cant. d'Amfreville-la-Campagne, ✉ du Neubourg. Pop. 114 h.

LIMBRASSAC, vg. *Ariége* (Languedoc), arr. et à 24 k. de Pamiers, cant. et ✉ de Mirepoix. Pop. 327 h.

LIMÉ, vg. *Aisne* (Picardie), arr. et à 22 k. de Soissons, cant. et ✉ de Braisne. P. 348 h.

LIMEIL-BREVANNES, *Limolium*, vg. *Seine-et-Oise* (Ile-de-France), arr. et à 20 k. de Corbeil, cant. et ✉ de Boissy-St-Léger. Pop. 374 h.

Ce village, contigu à celui de Valenton, est environné de maisons de campagne charmantes. Au village de Brevannes, qui en est une dépendance, on voit un château remarquable par son architecture, par la beauté de ses avenues et de son parc, dessiné par Lenôtre. Les bois de cette superbe terre sont renommés par les bals champêtres d'été, qui réunissent pendant la belle saison les habitants des châteaux et des maisons de campagne des environs.

Limeil possède une petite place publique, une fontaine abondante, et un lavoir public. L'église, d'architecture moderne, est assez bien décorée intérieurement.

Fête patronale le dimanche après la translation de St-Martin.

LIMEJOULS, vg. *Dordogne*, comm. de Carlux, ✉ de Sarlat.

LIMENDOUS, vg. *B.-Pyrénées* (Béarn), arr. et à 16 k. de Pau, cant. de Pontacq. Pop. 390 h.

LIMERAY, bg *Indre-et-Loire* (Touraine), arr. et à 32 k. de Tours, cant. et ✉ d'Amboise. Pop. 1,107 h. — *Foires* les 9 mai et 9 sept.

LIMERCOURT, vg. *Somme*, comm. de Huchenneville, ✉ d'Abbeville.

LIMERSHEIM, vg. *B.-Rhin* (Alsace), arr. et à 29 k. de Schelestadt, cant. et ✉ d'Erstein. Pop. 456 h.

LIMERY, vg. *Seine-et-Oise*, comm. de Soisy-sur-Ecole, ✉ de Milly.

LIMERZEL, vg. *Morbihan* (Bretagne), arr. et à 34 k. de Vannes, cant. de Questembert, ✉ de Rochefort-en-Terre. Pop. 1,411 h.

On remarque le nord, à 1 k. de Limerzel, deux rangées de tombelles contiguës demi-sphériques, dont la principale a la forme d'un cône tronqué et environ 4 m. d'élévation.

LIMET (le), *Mayenne*. V. ST-MARTIN-DU-LIMAY.

LIMETZ, vg. *Seine-et-Oise* (Beauce), arr. et à 17 k. de Mantes, cant. et ✉ de Bonnières. Pop. 795 h. — Filature de coton.

LIMEUIL, *Limenium*, petite ville, *Dordogne* (Périgord), arr. et à 38 k. de Bergerac, cant. de St-Alvère, ✉ du Bugue. Gîte d'étape. Pop. 880 h. — Elle est située sur une colline, au confluent de la Dordogne et de la Vezère. — *Foires* les 19 mai, 1er août et 23 nov.

LIMEUX, vg. *Cher* (Berry), arr. et à 23 k. de Bourges, cant. de Lury, ✉ de Vierzon. Pop. 409 h.

LIMEUX, vg. *Eure*, comm. de St-Denis-du-Béhélan, ✉ de Breteuil.

LIMEUX, vg. *Somme* (Picardie), arr., ✉ et à 12 k. d'Abbeville, cant. de Hallencourt. Pop. 374 h.

LIMEY, vg. *Meurthe* (Lorraine), arr. et à 28 k. de Toul, cant. de Thiaucourt, ✉ de Noviant-aux-Prés. Pop. 316 h.

LIMEYRAT, vg. *Dordogne* (Périgord), arr. et à 24 k. de Périgueux, cant. de Thenon, ✉ d'Azerac. Pop. 529 h.

LIMEZY, vg. *Seine-Inf.* (Normandie), arr. et à 23 k. de Rouen, cant. de Pavilly, ✉ de Barentin. Pop. 1,429 h. — *Foire* le 24 juillet.

LIMIERS, vg. *Loiret*, comm. de Vrigny, ✉ de Boynes.

LIMODIN (le), vg. *Seine-et-Marne*, com. de la Houssaye, ✉ de Tournan.

LIMOËLAN, vg. *Côtes-du-Nord*, comm. de Sévignac, ✉ de Broons.

LIMOGES, vg. *Puy-de-Dôme*, comm. d'Aix-la-Fayette, ✉ de St-Germain-de-l'Herm.

LIMOGES, *Augustoritum Lemovicum*; *Ratiastum Lemovicum*, grande et très-ancienne ville, chef-l. du dép. de la *H.-Vienne* (Limousin), chef-l. du 2e arr. et de 2 cant. Cour royale d'où ressortissent les dép. de la *H.-Vienne*, de la *Corrèze* et de la *Creuse*. Tribunaux de première instance et de commerce. Chambre consultative des manufactures. Académie universitaire. Collège royal. Société d'agriculture, sciences et arts. Hôtel des monnaies (lettre J). Evêché. Trois cures. Séminaire diocésain. Gîte d'étape. ⌖. Pop. 29,870 h.

— TERRAIN cristallisé ou primitif.

Autrefois évêché, parlement de Bordeaux, chef-l. de généralité et élection, sénéchaussée, présidial, prévôté, justice royale, lieutenance de maréchaussée, hôtel des monnaies, juges-consuls, bureau des finances, dix-huit couvents.

La position d'*Augustoritum*, ancienne capitale des *Lemovices*, à Limoges est prouvée par quatre routes romaines, fournies par la Table de Peutinger et par l'Itinéraire d'Antonin, lesquelles routes, dans leurs différents embranchements, se rattachent à *Bituriges*, Bourges, *Augustonemetum*, Clermont, *Vesunna*, Périgueux, *Mediolanum*, Saintes, et *Limonum*, Poitiers. Cette ville est appelée *Limofex* par Magnon, contemporain de Charles le Chauve, et *Lemovices* dans la *Notice de l'empire*.

Cette cité passa des Romains aux Visigoths, auxquels Clovis l'enleva après la bataille de Vouillé. Les Normands la brûlèrent en 836. Henri II, roi d'Angleterre, s'y fit couronner duc d'Aquitaine en 453, et trente ans après il vint mettre le siège devant ses murailles. En 1189, Nothilde, épouse de Richard Cœur de lion, vint assiéger Limoges, qu'elle livra à toutes les horreurs du pillage. Sous Charles VII, qui deux fois la visita, elle vit des jours plus prospères, surtout quand le brave Dunois, en 1432, entièrement expulsé les Anglais de l'Aquitaine. Les guerres de religion furent aussi funestes; mais, après cette époque orageuse, la ville respira et releva ses ruines.

Les armes de Limoges sont : *de gueules au chef de St-Martial orné à l'antique d'argent, ombré de sable; au chef d'azur chargé de trois fleurs de lis d'or.*

La ville de Limoges était anciennement remarquable, non-seulement par son étendue, mais par la beauté de ses édifices; il semble que les Romains s'étaient attachés à l'orner de tous les monuments de leur magnificence. Elle avait un Capitole, un amphithéâtre, on y voyait un grand nombre de beaux temples et de riches palais; elle était le centre de plusieurs routes qui lui ouvraient de faciles communications avec les autres principales villes de la Gaule. Enfin elle fut du nombre des soixante cités qui élevèrent à Lyon des statues à Auguste, et qui obtinrent la permission de prendre le nom de ce prince; elle fut en conséquence appelée Augustoritum, et garda ce nom jusqu'à la fin du XVe siècle, époque où elle reprit celui du peuple qui en avait fait sa capitale. Mais dans les guerres qui suivirent la chute de l'empire romain, cette ville ne tarda pas à déchoir de son antique splendeur; les barbares renversèrent ses anciens monuments, et ce qui avait échappé à leur fureur a été insensiblement détruit.

Cette ville est située au sommet et sur le penchant d'une colline dont le pied est baigné par les eaux de la Vienne, que l'on traverse sur trois ponts, dont l'un, récemment construit en granit, est remarquable par son élévation. Comme toutes les anciennes cités, elle est assez mal bâtie : ses maisons sont presque toutes construites en bois, à partir du premier étage; mais on y voit aussi beaucoup de constructions modernes d'une belle apparence; quelques rues ont été réparées à neuf, élargies et alignées, et un grand nombre d'améliorations en tout genre se sont effectuées dans ces derniers temps. Depuis que l'on a renversé les tours et les murailles qui la rendaient obscure et malsaine, la ville est entourée de larges boulevards bien ombragés. L'air qu'on y respire est extrêmement pur et tempéré; de nombreuses fontaines y versent continuellement une eau limpide et extrêmement légère : aussi le sang y est-il très-beau, notamment chez les personnes du sexe. On y trouve plusieurs places publiques, dont deux seulement sont remarquables. La première, qu'on regarde à juste titre comme la plus belle de la ville, est le Champ de Juillet; la seconde est la place d'Orsay, dont une partie a été consacrée à l'emplacement du palais de justice. La place de la Mairie offre un aspect gracieux et aéré.

Les édifices les plus remarquables de Limoges sont :

LA CATHÉDRALE, dédiée à St-Etienne. Cette ancienne basilique, consacrée par le pape Urbain II, fut incendiée dans le cours du XIIe siècle. Les travaux de l'église actuelle furent commencés en 1272, sous l'épiscopat de Hélie de Malemort; plusieurs fois abandonnés et repris, ils n'étaient pas terminés en 1515. En 1637 Jean de Langeac entreprit de continuer l'église en l'unissant au clocher, qui, d'un style différent et d'une autre époque, ne se trouve pas placé dans l'axe de la nef; il se compose de quatre étages, dont chacun est percé de deux ou trois ouvertures assez étroites surmontées d'ogives peu aiguës; sur les quatre angles s'élèvent des tourelles octogones que terminent des lanternes élégantes. De ce projet, abandonné après la mort de son auteur, il ne reste que les fondations des murs et des piliers de quatre chapelles. Un des accessoires les plus remarquables de cette église est le jubé, que l'on doit à M. de Langeac. Il a 11 m. 3 c. de longueur, et fut exécuté en 1533. La partie qui sert de tribune, et qui forme une saillie en corbellement, est soutenue par quatre colonnes demi-arabesques; leurs intervalles sont occupés par six niches, dont les statues ont été enlevées; au-dessous sont des bas-reliefs qui représentent les travaux d'Hercule. Le devant de la tribune offre six culs-de-lampe très-élégants, ornés de statues et surmontés de petites colonnes d'une extrême délicatesse.

Il ne reste de l'édifice primitif que la base du clocher, le commencement la nef et de la crypte placée, selon l'usage, sous le sanctuaire. Tout le reste a été reconstruit au XIIIe siècle et dans les siècles suivants. La crypte, obstruée en grande partie par les décombres, ne fut pas utilisée dans les reconstructions. Une petite partie réservée pour la sépulture des évêques correspond au sanctuaire primitif. Cette crypte est ornée de belles peintures murales; sur la voûte, Jésus-Christ, vêtu d'une robe rouge et d'un manteau bleu, bénit entre les symboles des évangélistes; un personnage de petites proportions baise ses pieds. Sur le tailloir des chapiteaux à galbe uni, des cercles concentriques de couleurs variées forment des saillies hémisphériques dont le relief, à la distance de quelques pas, trompe les yeux les plus exercés. Des zones multicolores, où chantent des oiseaux au riche plumage, courent sur le plat du mur. Tout porte à croire que ces peintures sont les plus antiques qui existent en France. — Dans cette même église, une guirlande d'anges a été peinte sur la voûte du chœur au XIVe siècle. A la même époque ont été élevées les chapelles de l'abside, dont deux d'entre elles ont des peintures contemporaines représentant des scènes de la vie des saints.

Le tombeau de Jean de Langeac, évêque de Limoges, mort en 1541, est placé au pourtour intérieur du chœur; il se compose d'un soubassement richement décoré de bas-reliefs et d'arabesques, et de quatre colonnes corinthiennes supportant un entablement en attique, dont la frise surhaussée est, comme le soubassement, revêtue de magnifiques bas-reliefs qui reproduisent des scènes empruntées à l'Apocalypse. Plusieurs personnes placent ce tombeau au rang des œuvres les plus remarquables de la renaissance; il occupe l'intervalle de deux piliers, et se trouve adossé à la clôture du chœur exécutée pendant le XVIe siècle, et rétablie économiquement en 1802.

Non terminée comme celle de Beauvais et de Narbonne, la cathédrale de Limoges n'a que le chœur, et ce chœur est de toute beauté. Elle est destinée à une durée d'autant plus longue qu'elle a été bâtie en granit; aussi est-elle parfaitement conservée. — Les portes du côté de la rue Neuve-de-St-Etienne sont en bois, et offrent quelques bas-reliefs passablement exécutés. On y reconnaît le martyre de saint Étienne, et sainte Valérie portant sa tête. Le premier de ces deux sujets se retrouve encore exprimé par plusieurs statues, d'un ciseau gothique, qui ornent la face extérieure du rond-point ou chevet de la même église.

L'église Saint-Michel-des-Lions, monument gothique, remarquable par la légèreté de la voûte, et surtout des piliers, au nombre de dix, qui la soutiennent, et par la hardiesse du clocher, terminé par une boule d'une grosseur extraordinaire.

Saint-Pierre-du-Queyroix. L'époque de la fondation de ce monument est très-incertaine. La flèche est hardie, mais l'intérieur de l'église est d'un style peu gracieux. On doit s'arrêter devant un très-beau vitrail placé à droite du principal autel. Une horloge dont le mécanisme fait agir un squelette qui, armé d'une faux, frappe les heures sur un globe et agite les mâchoires, est aussi un morceau assez curieux.

L'évêché, palais entièrement bâti en granit, comme la cathédrale, est d'une architecture noble, qui en fait le plus beau bâtiment moderne de la ville; le prélat qui l'habite peut se considérer comme un des mieux logés de France. Il faut en voir les deux façades : celle de derrière est la plus belle. Les jardins qui accompagnent le palais en terrasses sur la Vienne, et offrent une fort belle vue.

Fontaine d'Aigouléne. Parmi les monuments du moyen âge les plus anciens que possède la ville de Limoges, on doit sans doute placer la belle fontaine d'Aigouléne, qui fournit en toute saison, à la partie supérieure de la ville, et même à la plupart des autres quartiers, des eaux aussi pures qu'abondantes. Elle prend sa source au village de Corgnac, à l'est de la ville, à 2,000 m. du bassin où elle s'épanche. Elle coule à 15 m. de profondeur, dans un canal de 1 m. 50 c. de largeur. Ce fut en 1645 qu'on plaça au-dessus de la fontaine quatre dauphins et quatre mufles qui jetaient de l'eau, le tout surmonté d'une figure de saint Martial, revêtu de ses habits pontificaux. Cette figure, qui était en pierre et de grandeur naturelle, la face tournée vers l'église de St-Martial, s'était conservée jusqu'à l'époque de la révolution; elle a été remplacée tout récemment par une pyramide en granit et quelques accessoires d'assez mauvais goût. On croit que le bassin où retombent les eaux de la fontaine est d'un seul morceau de granit, ce qui serait remarquable, cette pièce ayant environ 12 m. de circonférence. Cette fontaine alimente un étang situé au-dessous, et dont les eaux, qui s'écoulent toutes les vingt-quatre heures, enlèvent les immondices des boucheries, et portent aux jardins environnants des eaux grasses et fertilisantes.

On remarque encore à Limoges la bibliothèque publique, renfermant 12,000 volumes; le cabinet d'antiquités de M. Maurice Ardent; le quartier de cavalerie; l'hôtel de la préfecture; la salle de spectacle; les hôpitaux, etc. —Sur le devant de la porte de l'ancienne église St-Aurélien,—St-Cénadre, dont sont en possession les bouchers de la ville, est une croix en pierre du XVe siècle, d'un travail original et gracieux. Les douze apôtres, dans des niches superposées, forment l'arbre ou la hampe de cette croix. Au-dessous du Christ, des anges supportent l'écusson de Limoges; la traverse et le sommet sont ornés de fleurons et de feuilles de chou, légères et profondément fouillées.

Limoges a des courses de chevaux de premier ordre pour trente-deux départements.

Biographie. Patrie du pape Clément VI.
Du chancelier H.-F. d'Aguesseau.
Du bibliographe J. de Cordes.
Du célèbre orateur de la convention nationale Vergniaux, mort sur l'échafaud révolutionnaire le 31 oct. 1793.
Du conventionnel Gorsas, le premier des membres de la convention qui périt sur l'échafaud.
Du maréchal de France Jourdan.
Des généraux Cate, Dalesme, Dupuy.
Du professeur d'anatomie Cruveilhier.
Du botaniste Ventenat.
De l'évêque Verthamon de Chavagnac.
De l'agronome Juge-St-Martin.
Du théologien janséniste Tabaraud.
De l'ex-ministre Bourdeau.

Industrie. Limoges est une ville importante par son imprimerie, par son commerce de librairie, et par ses manufactures considérables de porcelaine et de creusets. —*Fabriques* de draps, casimirs, droguets, cuirs de laine, flanelles, mouchoirs, bougies, sabots, colle forte, clous pour la ferrure des chevaux, cardes, papiers peints. Filatures de laine. Papeteries, etc.—*Commerce* de grains, châtaignes, vins, eaux-de-vie, liqueurs, sel, fer, cuivre jaune, laiton, émaux, kaolin. — Entrepôt du commerce de Toulouse et des départements méridionaux.—*Foires* les 1er avril (10 jours), 22 mai, 16 juin, 1er juillet, 1er sept., 28 nov., 28 déc., jeudi après le dimanche des Rameaux et après la St-Gérald, et le dernier jeudi de chaque mois.

A 80 k. N. N.-E. de Périgueux, 96 k. d'Angoulême, 113 k. S.-E. de Poitiers, 380 k. S. de Paris. Long. occ. 1° 4′ 52″, lat. 45°.49′ 53″.

L'arrondissement de Limoges est composé de 10 cantons : Aixe, Ambazac, Châteauneuf, Eymoutiers, Laurrières, St-Léonard, Limoges N.-E., Limoges S., Nieul, Pierre-Buffières.

Bibliographie. Barny de Romanet (le chevalier). *Histoire de Limoges et du haut Limousin, mise en harmonie avec les points les plus curieux de l'histoire de France, sous le rapport des mœurs et des coutumes,* in-8°, 1821.

Gillier (Pierre). *Tableau descriptif de la ville de Limoges, des variations de son site et de la forme de ses édifices depuis 46 ans avant l'ère vulgaire, époque la plus haute que l'histoire permette d'en rechercher l'origine, avec indication du progrès des connaissances de la langue, de la religion, des mœurs, du commerce; et industrie de ses habitants depuis la même époque*, in-8, 1838.

JUGE-ST-MARTIN. *Changements survenus dans les mœurs des habitants de Limoges, depuis une cinquantaine d'années*, 2ᵉ édit., *augmentée des changements survenus depuis 1808 jusqu'à 1817, où l'on a mentionné les nouveaux établissements et quelques faits inédits historiques. On y a joint des observations sur les préjugés et usages singuliers accrédités dans le département de la Haute-Vienne, et une liste des proverbes populaires réputés vrais*, in-8, 1808 ; 2ᵉ édit., in-8, 1817.

BONAVENTURE DE ST-AMABLE. *Entrée du roi Philippe le Hardi à Limoges, en* 1272.

—*Entrée du roi Charles VII et du dauphin son fils, en* 1438, *à Limoges.*
—*Entrée de Louis XI, en* 1462, *à Limoges.*
—*Entrée de Henri, roi de Navarre, en* 1529, *à Limoges.*
—*Entrée de Marguerite, reine de Navarre, en* 1539, *à Limoges.*
—*Entrée d'Eléonore, reine de France, en* 1541, *à Limoges.*
—*Entrée d'Antoine de Bourbon et de Jeanne d'Albret, roi et reine de Navarre, en* 1556, *à Limoges.*
—*Entrée du roi Henri IV, en* 1709, *à Limoges.*

Toutes ces entrées sont décrites dans les Annales de Limoges (t. III de la Vie de St-Martial) par le père Bonaventure de St-Amable.

DESMARETS. *Éphémérides de la généralité de Limoges, pour l'année* 1765, in-4, 1765.

LAURENT. *Nouvelles Éphémérides de Limoges*, in-8, 1837.

GAUJAL (de). *Sur l'amphithéâtre romain de Limoges* (Bul. monum. de M. de Caumont, t. I, p. 160).

ARDANT (Maurice). *Notice historique sur les émaux, les émailleurs, leurs ouvrages et les procédés de fabrication en usage à Limoges*, br. in-8, 1842.

PETIT (M.-D.). *Notice sur le crucifix et sur les émaux et émailleurs de Limoges*, 1843.

TEXIER (l'abbé). *Essai sur les argentiers et les émailleurs de Limoges*, in-8 et 9 pl.....

ALLOU. *Notice sur les manuscrits historiques conservés à Limoges* (Annuaire historique de la Soc. de l'histoire de France, in-18, 1837, p. 221).

Éphémérides de la généralité de Limoges, in-18, 1765.

Indicateur du diocèse de Limoges, in-12, 1788.

QUINEAU. *Sur les progrès du commerce à Limoges depuis le* XVᵉ *siècle*, in-8, 1822.

LIMOGES (Petit-), *H.-Vienne.* V. COUZEIX.

LIMOGES-FOURCHES, *Limodium*, vg. *Seine-et-Marne* (Gâtinais), arr. et à 11 k. de Melun, cant. de Brie-Comte-Robert, ✉ de Coubert. Pop. 178 h. — On y remarque une église gothique dont le chœur date du XIIIᵉ siècle.

LIMOGNE, vg. *Lot* (Quercy), arr. et à 36 k. de Cahors, chef-l. de cant. Cure. ✉. ☞. A 613 k. de Paris pour la taxe des lettres. Pop. 1,247 h.—TERRAIN jurassique.—Foires les 21 fév., 1ᵉʳ avril, 2 juin et 7 nov.

LIMOISE, vg. *Allier* (Bourbonnais), arr. et à 33 k. de Moulins-sur-Allier, cant. de Lurcy-Lévy, ✉ du Veurdre. Pop. 313 h. — Foires les 29 janv., 28 avril, 23 juin et 15 sept.

LIMON, vg. *Lot-et-Garonne*, comm. de Feugarolles, ✉ de Port-Ste-Marie.

LIMON, vg. *Nièvre* (Nivernais), arr. et à 25 k. de Nevers, cant. et ✉ de St-Bénin-d'Azy. Pop. 379 h.

LIMON, vg. *Seine-et-Marne*, comm. et ✉ de la Ferté-sous-Jouarre.

LIMONE, vg. *Saône-et-Loire*, comm. de Boyer, ✉ de Sennecey.

LIMONEST, vg. *Rhône* (Lyonnais), arr., ✉ et à 9 k. de Lyon, chef-l. de cant. Bureau d'enregist. à St-Cyr-au-Mont-d'Or. ☞. Télégraphe. Pop. 1,082 h. — TERRAIN cristallisé, gneiss.

Il est situé au pied de la montée du Mont-d'Or, sur la grande route de Lyon à Mâcon. La montagne dite de Limonest ou de Verdun est le point culminant du mont d'Or.

LIMONHE, *Lot.* V. LIMOGNE.

LIMONS, vg. *Puy-de-Dôme* (Auvergne), arr. et à 17 k. de Thiers, cant. et ✉ de Maringues. Pop. 1,033 h.

LIMONT-FONTAINE, vg. *Nord* (Flandre), arr. et à 10 k. d'Avesnes, cant. et ✉ de Maubeuge. Pop. 492 h.

LIMONUM, *postea* PICTAVI (lat. 47°, long. 18°). « Il est mention de cette ville dans le huitième livre des Commentaires, comme d'une place devant laquelle les Gaulois, qui étaient encore en armes contre les Romains dans la dernière des campagnes de César, mirent le siège. *Limonum* est l'une des deux villes que Ptolémée nomme chez les Pictones. L'autre est *Ratiatum*, et non *Augustoritum*, comme on peut voir à l'article qui concerne *Ratiatum :* et il faut croire que Ptolémée ne cite *Limonum* en second lieu que parce que sa position est ultérieure ou plus reculée dans le compte de la longitude. Car il convient de regarder *Limonum* comme la capitale des *Pictavi*, et tomber d'accord que Magnon (voyez l'art. *Augustoritum*, p. 127), qui vivait dans le IXᵉ siècle, n'est point en faute de dire *Limonum*, quoi qu'en pense M. de Valois (p. 449). Il y a apparence aussi que ce n'est point Magnon qui a déterminé Sanson à placer *Limonum* à Poitiers; mais qu'il a été y être conduit par les voies romaines, comme toute personne assez intelligente en matière géographique, pour conférer l'Itinéraire d'Antonin et la Table théodosienne avec le local, en conviendra. La carte de la Gaule fait voir la trace de plusieurs routes qui se croisent à *Limonum*, et qui tendent à cette position en partant de quatre points différents ; de *Mediolanum* des *Santones*, ou de Saintes ; de *Namnetes*, ou de Nantes ; de *Cæ-sarodunum* ou de Tours ; d'*Argentomagus*, ou d'Argenton en Berry. Le terme de ces différentes routes est également convenable à l'emplacement de Poitiers, et ne peut se rapporter à aucun autre lieu de considération. A cette exposition générale il faut ajouter ce qui résulte en particulier de chacune des positions marquées sur ces routes, et qui sont expliquées dans les articles de leur nom, auquel on peut avoir recours pour plus grand éclaircissement. Comme la route qui part de *Cæsarodunum* paraît sans aucune mention de lieu intermédiaire dans la Table théodosienne, c'est ici l'endroit d'en parler séparément, pour observer que les XLII lieues gauloises marquées par la Table répondent précisément à ce qu'il y a d'espace entre Tours et Poitiers. M. de Valois ne reconnaissant point que *Limonum* est Poitiers, lui substitue *Augustoritum*, et Joseph Scaliger l'avait précédé dans la même opinion. Mais, comme la capitale des *Lemovices* réclame incontestablement le nom d'*Augustoritum*, la position de *Limonum* à Poitiers ne souffre point de difficulté par cet endroit ; et de ce que M. de Valois méconnaît cette position il s'ensuit que *Limonum* est un lieu inconnu pour lui ; *quœ urbs fuerit, fatemur non constare.* Alta-Serra (Rer. Aquitanic., p. 67), prenant *Augustoritum* pour Poitiers, est dans le même cas à l'égard de *Limonum* ; *cujus vestigia,* dit-il, *nec eo situ, nec ex nomine agnoscuntur.* Il ne faut point être surpris qu'il ne subsiste plus de nom de lieu qui ait rapport à *Limonum*, puisque le nom de *Limonum* a fait place à celui de *Pictavi*, que l'on trouve dans Ammien Marcellin, dans la Notice des provinces de la Gaule, et dans la Notice de l'empire. Les *Taïfali*, dont cette dernière Notice place une milice à Poitiers, et qui étaient Scythes de nation, sont connus pour avoir occupé dans le territoire même des *Pictavi* un canton, qui a été appelé *pagus Taïfalgicus*, et dont le nom subsiste dans celui de Tiffauge, petite ville voisine de Nantes. » D'Anville. *Notice de l'ancienne Gaule*, p. 415. V. aussi :

WALCKENAER. *Géographie des Gaules*, t. 1, p. 53, 362.

BELLEY (l'abbé). *Dissertation sur Limonum, ancienne ville des peuples Pictones avec une carte de M. d'Anville* (Mém. de l'acad. royale des belles-lettres, t. XIX, 691, 707.

MAILLART. *Lettre de M. Lebœuf sur le Lemovicum de César, sur le Limonum de Ptolémée, et sur le Vetus Pictavis des Annales de France* (Mercure, t. II, p. 2793, 2801, déc. 1735).

LIMONY, vg. *Ardèche* (Vivarais), arr. et à 36 k. de Tournon, cant. et ✉ de Serrières. Pop. 723 h. Dans un territoire fertile en vins estimés.

Le vignoble de Limony, élevé sur des coteaux voisins du Rhône, donne des vins qui ont de la finesse, beaucoup de spiritueux et un goût agréable. Les meilleurs peuvent être classés parmi les vins d'ordinaire de première qualité.

LIMORT, vg. *Deux-Sèvres*, comm. de Clussais, ✉ de Sauzé.

LIMOUILLAS, vg. *Deux-Sèvres*, comm. de la Foye-Monjault, ✉ de Beauvoir-sur-Niort.

LIMOURS, *Limors*, petite ville, *Seine-et-Oise* (Île-de-France), arr. et à 10 k. de Rambouillet, chef-l. de cant. ✉. A 33 k. de Paris pour la taxe des lettres. Pop. 960 h. — Terrain tertiaire moyen.

Autrefois comté, diocèse, parlement, intendance et élection de Paris, bailliage et prévôté, couvent de Picpus.

On ne connaît aucun titre qui fasse mention de Limours avant le XIe siècle. Il en est parlé pour la première fois, sous le nom de *Limors*, dans la donation que Geoffroy, évêque de Paris, fit de l'église de ce lieu, en 1091, à Baudry, abbé de Bourgueil en Anjou, qui lui en avait fait la demande.

La terre de Limours était possédée, sous le règne de Philippe Auguste, par un nommé Gauthier de Limours. Jean de Chastillon en était seigneur à la fin du XVe siècle, et Jean Poncher la possédait en 1516, époque où il fut permis d'y établir un marché et deux foires chaque année. Cette terre, ayant été réunie à la couronne en 1538, fut donnée par François Ier, en 1545, à la duchesse d'Étampes, sa maîtresse, qui y fit construire un superbe château. Le séjour de ce lieu parut si agréable à François Ier, qu'il le choisit pour y dissiper le double ennui que lui causaient et la mort de Henri VIII, roi d'Angleterre, et les accès de la fièvre lente dont il fut attaqué quelques jours avant de mourir. Henri II la donna, en 1563, à Diane de Poitiers, aussi sa maîtresse, qui la transmit à ses héritiers. En 1607, la seigneurie de Limours fut érigée en comté en faveur de Louis Hurault, chancelier de France. Le cardinal de Richelieu l'acquit en 1623, et y fit de grandes dépenses; par ses soins le château fut embelli de statues, de tableaux et de fontaines, et devint l'une des plus magnifiques demeures du royaume. Quelques années après, ce cardinal, s'en étant dégoûté, le vendit à Gaston d'Orléans, frère de Louis XIII, moyennant la somme de 375,000 liv. Mme la comtesse de Brionne en devint ensuite propriétaire. Le château a été démoli au commencement du XIXe siècle.

L'église paroissiale de Limours est un bâtiment assez beau, construit sous le règne de François Ier. Elle est bâtie en forme de croix, mais sans ailes. A côté du portail est une tour commencée par Gaston d'Orléans, et qui n'a jamais été achevée. Les voussures du portail sont sculptées en grès, à l'imitation du gothique; le sanctuaire et la nef sont à plein cintre; les piliers sont formés d'un faisceau de colonnes engagées, sur lesquelles viennent se fondre les arceaux du comble.

Fabrique de poterie de terre. — *Foires* le dernier jeudi d'avril et le 1er jeudi de sept.

LIMOUSE-ST-JEAN, vg. *Aveyron*, comm. d'Onet-le-Château, ✉ de Rodez.

LIMOUSIN (le), *Lemovicinus Pagus*, ci-devant province de France bornée autrefois par la Marche, par l'Auvergne, par la Guienne et par la Saintonge. — Cette province fut comprise par Auguste dans la première Aquitaine. Le Limousin tomba au pouvoir des Visigoths dans le Ve siècle, et fut pris sur eux par les Français sous Clovis. Cette province changea souvent de maîtres jusqu'au règne du roi Dagobert; après lui elle fut sujette des rois de Neustrie, jusqu'à ce que Eudes, duc d'Aquitaine, s'en rendit souverain absolu. Elle fut prise par Pepin dans le VIIIe siècle. Éléonore, duchesse d'Aquitaine, l'apporta en dot à son second mari Henri II, roi d'Angleterre. Après sa mort, elle appartint successivement à Richard Cœur de lion et à Jean sans Terre. Philippe Auguste la reprit vers l'an 1203. Charles V la réunit à la couronne. — La province du Limousin était du gouvernement général de la Guienne, du ressort du parlement de Bordeaux, de la généralité de Limoges, qui avait trois élections dans la province, celles de Limoges, de Tulle et de Brives. Le Limousin avait deux évêchés: l'évêché de Limoges et l'évêché de Tulle.

Le Limousin était divisé en haut Limousin, capitale Limoges; bas Limousin, capitale Tulle. Il forme aujourd'hui les départements de la Haute-Vienne et de la Corrèze.

Les **armes du Limousin** étaient: *d'argent semé de moucheture d'hermine de sable, à la bordure de gueules.*

Bibliographie. Maldammat. *Remarques et Mémoires pour l'histoire du Limousin*, in-4, 1664.

Bonaventure de St-Amable. *La vie de saint Martial*, etc., 3 vol. in-fo, 1676-85 (le t. III contient l'histoire et les antiquités du Limousin).

Leymarie. *Le Limousin historique, histoire générale de l'ancienne province du Limousin*, 1 vol. grand in-4, 1838.

* *Le Limousin historique, recueil de toutes les pièces manuscrites pouvant servir à l'histoire de l'ancienne province du Limousin*, in-8, 1839.

Marvaud. *Histoire politique, civile et religieuse du bas Limousin, depuis les temps anciens*, in-8, 1842.

Descoutures (Simon). *Nobiliaire de la généralité de Limoges, contenant les noms et généalogies des gentilshommes des élections de Limoges, Angoulême, échevinage d'Angoulême, St-Jean-d'Angely, Brives, Tulle, Bourganeuf, Saintes, Coignac*, in-fo, 1666.

Tripon. *Historique monumental de l'ancienne province du Limousin* (publié en 40 liv., formant 4 part.), in-4.

Juge-St-Martin (J.-J.) *Notice des arbres et arbustes qui croissent naturellement ou qui peuvent être élevés en pleine terre dans le Limousin*, in-8, 1790.

Gay de Vernon (le baron). *Considérations sur les chevaux limousins, sur les causes de la destruction presque totale de cette race, et sur les moyens de la reproduire pour le service des remontes militaires*, in-8, 1840.

V. aussi les départements de la Corrèze et de la Haute-Vienne.

LIMOUX, *Limosum, Limosium*, jolie ville, *Aude* (Languedoc), chef-l. de sous-préfect. (4e arr.) et d'un cant. Trib. de 1re instance et de commerce. Chambre consultative des manufactures. Soc. d'agriculture. Collège communal. 2 cures. Gîte d'étape. ✉. ☎. Pop. 7,417 h. — Terrain tertiaire moyen.

Autrefois diocèse de Narbonne, parlement et généralité de Toulouse, présidial, sénéchaussée.

Il est fait mention pour la première fois de Limoux, en 854, dans un diplôme de Charles le Chauve, en faveur d'Ana, abbé de St-Hilaire, au diocèse de Carcassonne. Cependant quelques auteurs assurent que cette ville existait du temps de Jules César, et qu'elle était défendue par un château appelé *Rheda*. — En 1209, après la prise de Carcassonne, Limoux se soumit à Simon de Montfort, qui en fit raser le château. En 1218, après la mort de Simon de Montfort, les habitants de plusieurs villes qui avaient été soumises à ce dernier écrivirent à Amauri, son fils, pour lui donner des marques de leur fidélité. On assure que ce comte, en reconnaissance de l'affection que les habitants de Limoux lui témoignèrent en cette occasion, l'érigea en ville, de simple château qu'il était auparavant. Le pape Jean XXII l'érigea en évêché; mais, à la sollicitation des évêques de Narbonne, le siège fut transféré à Alet. Les habitants de Limoux se déclarèrent d'abord contre les Albigeois; mais ils se joignirent ensuite à eux, et les favorisèrent de tous leurs moyens; conduite qui les fit excommunier au son des cloches et à l'extinction des cierges, lors du concile tenu à Narbonne en 1226. A la suite des troubles de religion et des guerres du comte de Toulouse, la ville de Limoux, qui était auparavant située sur une colline, fut détruite par ordre du roi de France, et rebâtie dans la plaine. En 1574, Limoux, alors au pouvoir des religionnaires, fut assiégée par le maréchal de Mirepoix, qui battit la place en brèche avec 16 pièces d'artillerie. Après deux assauts successifs, où les assiégeants furent repoussés, ils en tentèrent un troisième qui leur réussit. Un habitant de Limoux, de concert avec eux, les introduisit dans la ville, dont ils se rendirent maîtres, et qu'ils livrèrent au pillage. Les catholiques y firent un grand butin et y commirent mille horreurs.

Les **armes de Limoux** sont: *d'or à une figure de saint Martin vêtu d'azur et de gueules, sur un cheval d'argent posé sur une terrasse de sinople.*

Limoux est dans une situation charmante, au milieu d'un fertile vallon, sur la rive gauche de l'Aude. Elle est arrosée à ses deux extrémités par le Cougain, par l'Agagnoux et la Corneilla. Les coteaux qui l'entourent sont entièrement couverts de vignes, et se lient à des montagnes élevées qui entourent le vallon de trois côtés, et donnent au paysage un aspect pittoresque. — Les rues de Limoux sont en général bien percées et bordées d'assez belles maisons. On y compte quatre fontaines, dont la principale est située sur une place irrégulière, où se trouvent deux halles, servant l'une de marché, l'autre de boucherie; son bassin est spacieux, mais d'une construction grossière.

Limoux renferme un hospice civil, un bureau de bienfaisance et une petite salle de spectacle assez bien décorée.

L'église paroissiale, dédiée à saint Martin, est vaste et bien ornée.

On remarque aux portes de Limoux un beau jardin très-bien entretenu, dont le propriétaire laisse l'entrée libre à tous les habitants. La ville est environnée de charmantes promenades, et de jardins potagers qui contribuent à son embellissement.

Vue du côté de la montagne, où était anciennement bâtie la ville de Rhéda, Limoux présente l'aspect le plus riant et le plus pittoresque; de cette montagne la vue s'étend avec délice sur une belle vallée arrosée par l'Aude, et bornée à l'horizon par des masses de montagnes. Au nord-est on aperçoit la ville qui se développe sur les deux rives de l'Aude, réunies par des ponts d'architecture ancienne, et l'on suit le cours ombragé de cette belle rivière, dont les eaux serpentent à travers de riches campagnes. On remarque avec plaisir la belle habitation créée par M. de Caudeval, sur l'emplacement d'un ancien couvent; les riants coteaux couverts de vignes qui avoisinent la ville, et surtout ces jolies cabanes où les habitants ont su réunir tout ce qui peut plaire au goût, et dans lesquels ils vont, dans leurs soirées d'été, jouir des agréments de la campagne.

A peu de distance de Limoux, sur une petite éminence au pied de laquelle coule l'Aude, on remarque une petite chapelle connue sous le nom de Notre-Dame-de-Limoux, placée sous l'invocation de Notre-Dame-de-Marseille. Pour y arriver, on suit une route pavée et coupée à différentes distances par des pierres qui indiquent des stations. A mi-côte, on trouve une fontaine d'où coule goutte à goutte une eau prétendue merveilleuse, à laquelle les croyants attribuent le pouvoir de guérir les maladies d'yeux, les fièvres, etc., etc. A l'extrémité de la colline est la chapelle construite il y a environ quatre siècles, et dont l'origine est due, dit-on, à plusieurs événements miraculeux. C'est un édifice assez bien décoré, où l'on remarque une grande fresque bien conservée, et quelques tableaux médiocres. Au milieu de l'enceinte est un grand puits, dont l'eau; à ce que l'on prétend, a la vertu de guérir toutes les maladies. La Vierge, objet de la vénération des fidèles, est placée dans une petite niche dorée. C'est une statue en bois entièrement couverte de bijoux de toute espèce, tels que chaines d'or, bagues, boucles d'oreille, etc., etc. On remarque aussi des petits bras, des jambes et des oreilles en or et en argent, représentant les parties du corps qui ont été guéries, dit-on, par l'intercession de la Vierge. L'intérieur de l'église est entièrement couvert d'ex-voto : les uns représentent des maçons tombant d'un édifice élevé, et arrêtés miraculeusement au milieu de leur chute; d'autres des loups, doux comme des agneaux en présence d'un malheureux qu'ils allaient dévorer, et qui avait eu le bon esprit de se recommander à la Vierge; d'autres enfin représentent la Vierge miraculeuse calmant les flots au milieu d'un orage, et suspendant la foudre sur le point d'anéantir plusieurs malheureux.

Biographie. Patrie du baron GUIRAUD, membre de l'Institut.

De FABRE D'EGLANTINE, membre de la convention nationale, mort sur l'échafaud révolutionnaire le 3 avril 1794.

De l'abbé REYNAUD, auteur d'ouvrages curieux contre les convulsionnaires, mort en 1796.

Du général ANDRIEUX.

INDUSTRIE. Manufactures importantes de draps qui produisent annuellement de 11 à 12,000 pièces, de 6 à 15 fr. le mètre. Nombreuses filatures de laine. Tanneries et teintureries.—Commerce de vins, huile d'olive, savon vert, cuirs, etc. — Entrepôt de fers des forges environnantes. — Foires les 25 et 26 janv., 23 et 24 avril, 23 et 24 juin, 10 et 11 sept., 12 et 13 nov.

Ces deux dernières attirent un grand nombre d'étrangers qui se rendent en pèlerinage à la chapelle Notre-Dame citée plus haut.

A 30 k. S.-O. de Carcassonne, 806 k. S. de Paris.

L'arrondissement de Limoux renferme 8 cantons : Alaigne, Belcaire, Chalabre, Couiza, Limoux, Quillan, Roquefort-de-Sault, St-Hilaire.

Bibliographie. FONS LAMOTHE. Notices historiques sur la ville de Limoux, in-8, 1838.

LIMOUZA, vg. Ardèche, comm. de Rompon, ⊠ de la Voulte.

LIMOUZINIÈRE (la), vg. Loire-Inf. (Bretagne), arr. et à 27 k. de Nantes, cant. et ⊠ de St-Philbert. Pop. 1,182 h. — Foires le 1er mai et mardi après la Pentecôte.

LIMOUZINIÈRE (la), vg. Vendée (Poitou), arr., cant., ⊠ et à 11 k. de Bourbon-Vendée. Pop. 234 h.

LIMOUZIS, vg. Aude (Languedoc), arr. et à 16 k. de Carcassonne, cant. de Conques, ⊠ de Mas-Cabardès. Pop. 382 h.

LIMPIVILLE, Limpivilla, Leopini villa, vg. Seine-Inf. (Normandie), arr. et à 25 k. d'Yvetot, cant. et ⊠ de Valmont. Pop. 680 h.

LIN (St-), vg. Deux-Sèvres (Poitou), arr. et à 8 k. de Parthenay, cant. de Mazières, ⊠ de Nautebis. Pop. 477 h.

LINAC, vg. Lot (Quercy), arr., cant., ⊠ et à 11 k. de Figeac. Pop. 759 h.

LINANT, vg. Yonne, comm. de Turny, ⊠ de St-Florentin.

LINARD, vg. Dordogne, comm. de St-Mémin, ⊠ d'Excideuil.

LINARDS, vg. Creuse (Marche), arr. et à 20 k. de Guéret, cant. et ⊠ de Bonnat. Pop. 655 h.

LINARDS (les), vg. Isère, comm. et ⊠ de Tullins.

LINARDS, vg. H.-Vienne (Limousin), arr. et à 30 k. de Limoges, cant. de Châteauneuf, ⊠ de St-Germain-les-Belles. Pop. 1,829 h. — Foires les 13 janv., 8 juin, 3 août et 18 sept.

LINARS, vg. Charente (Angoumois), ⊠ et à 5 k. d'Angoulême, cant. d'Hiersac. P. 473 h.

LINAS, vg. Lot, comm. de Concorès, ⊠ de Frayssinet.

LINAS, Linaias, bg Seine-et-Oise (Ile-de-France), arr. et à 20 k. de Corbeil, cant. d'Arpajon, ⊠. A 25 k. de Paris pour la taxe des lettres. Pop. 1,197 h.

LINAS (le), vg. Tarn, comm. de Boissezon-d'Augmontel, ⊠ de Mazamet.

LINAY, vg. Ardennes (pays Messin), arr. et à 25 k. de Sedan, cant. et ⊠ de Carignan. Pop. 300 h.

LINAZAIS, vg. Vienne (Poitou), arr., cant., ⊠ et à 10 k. de Civray. Pop. 527 h.

LINCARQUE, vg. Tarn, comm. de Cestayrols, ⊠ de Gaillac.

LINCEL, vg. B.-Alpes (Provence), arr. et à 13 k. de Forcalquier, cant. et ⊠ de Reillanne. Pop. 161 h.

LINCHAMPS, vg. Ardennes, comm. des Hautes-Rivières, ⊠ de Charleville.

LINCHEUX, vg. Somme, comm. de Hallivillers-Lincheux, ⊠ de Poix.

LINCK, vg. Nord, comm. de Cappelbrouck, ⊠ de Bourbourg.

LINCOU, vg. Aveyron, comm. de Requista, ⊠ de Cassagnes-Bégonhès.

LINCOURT, vg. Oise, comm. de Flavacourt, ⊠ de Gisors.

LINDE (la), Dordogne. V. LALINDE.

LINDEBŒUF, vg. Seine-Inf. (Normandie), arr. et à 20 k. d'Yvetot, cant. et ⊠ d'Yerville. Pop. 732 h.

LINDOIS (le), vg. Charente (Angoumois), arr. et à 30 k. de Confolens, cant. de Montembeuf, ⊠ de la Rochefoucauld. Pop. 976 h.

LINDRE (étang de), Meurthe (Lorraine), arr. de Château-Salins. Cet étang, grossi par la Seille et par plusieurs ruisseaux, peut, à raison de son étendue et de sa profondeur, être considéré comme un lac. Il est divisé en trois principales branches, ayant chacune environ 3 k. de longueur, occupant une vaste superficie ; la pêche produit à peu près 12,000 myriagrammes de poisson tous les ans.

La circonférence de l'étang de Lindre est de plus de 25 k.; il forme plusieurs îles ou se trouvent les villages de Marsal, Tarquinpol, Albestroff et Assenoncourt.

LINDRE-BASSE, vg. Meurthe (Lorraine), arr. de Château-Salins, à 18 k. de Vic, cant. et ⊠ de Dieuze. Pop. 479 h. — Il est situé à la sortie de la Seille de l'étang de Lindre.

LINDRE-HAUTE, vg. Meurthe (Lorraine), arr. de Château-Salins, à 18 k. de Vic, cant. et ⊠ de Dieuze. Pop. 145 h. — Il est bâti sur une petite éminence qui domine une plaine marécageuse, près de l'étang de Lindre.

LINDRY, bg Yonne (Champagne), arr. et à 13 k. d'Auxerre, cant. de Toucy, ⊠ de Pourrain. Pop. 1,200 h.

LINEXER, vg. H.-Saône (Franche-Comté),

arr., ✉ et à 8 k. de Lure, cant. de Luxeuil. Pop. 220 h.

LINGÉ, vg. *Indre* (Berry), arr., ✉ et à 14 k. du Blanc, cant. de Tournon-St-Martin. Pop. 665 h.

LINGEARD, vg. *Manche* (Normandie), arr. et à 15 k. de Mortain, cant. de St-Pois, ✉ de Sourdeval. Pop. 321 h.

LINGELBERG, vg. *H.-Rhin*, comm. de Vœgtlinshoffen et Guébèrschwihr, ✉ de Colmar.

LINGÈVRES, vg. *Calvados* (Normandie), arr. et à 14 k. de Bayeux, cant. de Balleroy, ✉ de Tilly-sur-Seulles. Pop. 959 h.

LINGEY, vg. *Aube*, comm. d'Avirey-Lingey, ✉ de Riceys.

LINGHEM, vg. *Pas-de-Calais* (Artois), arr. et à 25 k. de Béthune, cant. de Norrent-Fontès, ✉ d'Aire-sur-la-Lys. Pop. 243 h.

LINGOLSHEIM, vg. *B.-Rhin* (Alsace), arr., ✉ et à 6 k. de Strasbourg, cant. de Geispolsheim. Pop. 850 h.

LINGONES (lat. 48°, long. 23°). « Entre les nations de la Gaule qui passèrent les Alpes pour s'établir en Italie, Tite Live (lib. v, sect. 35) nomme les *Lingones*. Ils se distinguent dans les Commentaires de César par leur inclination pour les Romains. Pline leur donne le titre de *Fœderati* ou d'Alliés, et Frontin (*Stratag.*, lib. m), applique à la cité des *Lingones* l'épithète d'*Opulentissima*. Selon Pline et selon Ptolémée, elle était comprise dans la Belgique. Ainsi ne pourrait être que postérieurement au temps de Ptolémée, qui a vécu sous Antonin-Pie et Marc-Aurèle, que les *Lingones* auraient été rangés dans la Lionoise, et ils font partie de la Lionoise première dans la Notice des provinces de la Gaule. On ne peut juger de l'étendue de leur territoire que par le diocèse de Langres, avant qu'on eût démembré ce qui compose aujourd'hui le diocèse de Dijon. » D'Anville. *Notice de l'ancienne Gaule*, p. 417. V. aussi :

DEMANGIN (l'abbé). *Histoire ecclésiastique du diocèse de Langres et de celui de Dijon*, 3 vol. in-12, 1765.

Mémoires de l'académie des inscriptions, t. IX, p. 238 à 240.

WALCKENAER. *Géographie des Gaules*, t. I, p. 71, 75, 80, 86, 95, 416 ; t. II, p. 165.

LINGREVILTE, vg. *Manche* (Normandie), arr. et à 4 k. de Coutances, cant. de Montmartin-sur-Mer, ✉ de Bréhal. Pop. 1,600 h.

LINGUIZZETTA, vg. *Corse*, arr., ✉ et à 38 k. de Corte, cant. de Piétra-de-Verde. Pop. 466 h.

LINIÈRE-BOUTON, vg. *Maine-et-Loire* (Anjou), arr. et à 17 k. de Baugé, cant. et ✉ de Noyant. Pop. 243 h.

LINIEZ, vg. *Indre* (Berry), arr. et à 20 k. d'Issoudun, cant. et ✉ de Vatan. Pop. 750 h.

LINSDORFF, vg. *H.-Rhin* (Alsace), arr. et à 24 k. d'Altkirch, cant. et ✉ de Ferrette. Pop. 262 h.

LINSELLES, vg. *Nord* (Flandre), arr. et à 15 k. de Lille, cant. et ✉ de Tourcoing. Pop. 3,592 h.

LINSTROF, vg. *Moselle*, comm. de Gros-Tenquin, ✉ de Faulquemont.

LINTHAL, vg. *H.-Rhin* (Alsace), arr. et à 38 k. de Colmar, cant. et ✉ de Guebwiller. Pop. 1,163 h.

LINTHELLES, vg. *Marne* (Brie), arr. et à 42 k. d'Épernay, cant. et ✉ de Sézanne. Pop. 192 h.

LINTHÉRIC, vg. *Hérault*, comm. de Cabrérolles, ✉ de Bédarieux.

LINTHES, vg. *Marne* (Brie), arr. et à 40 k. d'Épernay, cant. et ✉ de Sézanne. Pop. 142 h.

LINTIGNAT, vg. *Lot-et-Garonne*, comm. de Moulinet, ✉ de Cancon.

LINTOT, vg. *Seine-Inf.* (Normandie), arr. et à 14 k. de Dieppe, cant. et ✉ de Longueville. Pop. 295 h.

LINTOT, vg. *Seine-Inf.* (Normandie), arr. et à 43 k. du Havre, cant. et ✉ de Bolbec. Pop. 676 h.

LINVERVILLE, vg. *Manche*, comm. de Gouville, ✉ de Coutances.

LINXE, bg *Landes* (Gascogne), arr. et à 31 k. de Dax, cant. et ✉ de Castets. P. 1,074 h.

LINY-DEVANT-DUN, vg. *Meuse* (pays Messin), arr. et à 24 k. de Montmédy, cant. et ✉ de Dun-sur-Meuse. Pop. 698 h.

LIOCOURT, vg. *Meurthe* (Lorraine), arr. de Château-Salins, et à 24 k. de Vic, cant. et ✉ de Delme. Pop. 304 h.

LIOMER, vg. *Somme* (Picardie), arr. et à 40 k. d'Amiens, cant. et ✉ d'Hornoy. Pop. 449 h.

LION-D'ANGERS (le), jolie petite ville, *Maine-et-Loire* (Anjou), arr., bureau d'enregist. et à 14 k. de Segré, chef-l. de cant. Cure. Gîte d'étape. ✉. ☞. A 317 k. de Paris pour la taxe des lettres. Pop. 2,732 h. — TERRAIN de transition moyen. — Il est bien bâti et très-agréablement situé sur l'Oudon, un peu au-dessus de son confluent avec la Mayenne. — Commerce de vins, cidre, bestiaux, merceries, etc. — Foires les 2 fév., 22 avril, 11 sept., 18 déc., 11 juin, 2ᵉ jeudi de juillet et peu avant veille de la foire dite du Sacre.

LION-DEVANT-DUN, vg. *Meuse* (pays Messin), arr. et à 17 k. de Montmédy, cant. et ✉ de Dun-sur-Meuse. Pop. 747 h.

LION-D'OR (le), vg. *Bouches-du-Rhône*. ☞. A 17 k. d'Arles.

LION-EN-BEAUCE, vg. *Loiret* (Orléans), arr. et à 30 k. d'Orléans, cant. et ✉ d'Artenay. Pop. 260 h.

LION-EN-SULIAS, vg. *Loiret* (Gatinais), arr. et à 12 k. de Gien, cant. et ✉ de Sully. Pop. 425 h.

LION-SUR-MER, *Leones Vellocassium Lionum*, vg. *Calvados* (Normandie), arr. et à 15 k. de Caen, cant. de Douvres, ✉ de la Délivrande. Pop. 1,431 h.

LIONS (St-), vg. *B.-Alpes* (Provence), arr. et à 36 k. de Digne, cant. et ✉ de Barrême. Pop. 193 h.

LIORAC, vg. *Dordogne* (Périgord), arr. et à 17 k. de Bergerac, cant. et ✉ de Lalinde. Pop. 697 h.

LIOTARD, vg. *Hérault*, comm. de Valmascle, ✉ de Clermont.

LIOUC, vg. *Gard* (Languedoc), arr. et à 45 k. du Vigan, cant. et ✉ de Quissac. P. 113 h.

LIOUD, vg. *Isère*, comm. de Roussillon, ✉ du Péage.

LIOUMIERS, vg. *Tarn*, comm. de Mirandol, ✉ de Pampelonne.

LIOURDRES, vg. *Corrèze* (Limousin), arr. et à 42 k. de Brives, cant. et ✉ de Beaulieu. Pop. 582 h.

LIOUVILLE, vg. *Meuse* (Lorraine), arr. et ✉ de Commercy, cant. et à 10 k. de St-Mihiel. Pop. 223 h.

LIOUX, vg. *Vaucluse* (Provence), arr., ✉ et à 13 k. d'Apt, cant. de Gordes. P. 469 h.

LIOUX-LES-MONGES, vg. *Creuse* (Combrailes), arr. et à 21 k. d'Aubusson, cant. et ✉ d'Auzances. Pop. 367 h.

LIPOSTHEY, vg. *Landes*, comm. de Pissos. ✉. A 636 k. de Paris pour la taxe des lettres.

LIPSHEIM, ou LEPSEN, vg. *B.-Rhin* (Alsace), arr. et à 13 k. de Strasbourg, cant. de Geispolsheim, ✉ d'Erstein. Pop. 582 h.

LIQUAIRE (St-), vg. *Deux-Sèvres* (Poitou), arr., cant., ✉ et à 4 k. de Niort. Pop. 1,032 h.

LIQUIER (le), vg. *Aveyron*, comm. et ✉ de Nant.

LIQUIÈRE (la), vg. *Hérault*, comm. de Cabrerolles, ✉ de Bédarieux.

LIQUISSE-BASSE (la), vg. *Aveyron*, com. et ✉ de Nant.

LIQUISSE-HAUTE (la), vg. *Aveyron*, comm. et ✉ de Nant.

LIRAC, vg. *Gard* (Languedoc), arr. et à 22 k. d'Uzès, cant. et ✉ de Roquemaure. Pop. 429 h.

LIRÉ, bg *Maine-et-Loire* (Anjou), arr. et à 23 k. de Beaupréau, cant. de Champtoceaux, ✉ d'Ancenis. Pop. 2,059 h.

LIREY, *Lireyum*, vg. *Aube* (Champagne), arr. et à 25 k. de Troyes, cant. et ✉ de Bouilly. Pop. 261 h.

LIRONCOURT, vg. *Vosges* (Lorraine), arr. et à 50 k. de Neufchâteau, cant. de Lamarche, ✉ de Bourbonne. Pop. 385 h.

LIRONVILLE, vg. *Meurthe* (Lorraine), arr. et à 25 k. de Toul, cant. de Thiaucourt, ✉ de Noviant-aux-Prés. Pop. 280 h.

LIRY, vg. *Ardennes* (Champagne), arr. et à 12 k. de Vouziers, cant. et ✉ de Monthois. Pop. 461 h.

LISBOURG, bg *Pas-de-Calais* (Artois), arr. et à 20 k. de St-Pol-sur-Ternoise, cant. d'Heuchin, ✉ de Fruges. Pop. 1,171 h.

LISCORNO, vg. *Côtes-du-Nord*, comm. de Lannebert, ✉ de Châtelaudren.

LISI, vg. *Cher*, comm. de Pigny, ✉ de Bourges.

LISIER-DU-PLANTÉ (St-), vg. *Gers* (Gascogne), arr., cant., ✉ et à 8 k. de Lombez. Pop. 454 h.

LISIÈRE-DU-BOIS (la), vg. *Aube*, comm. et ✉ de St-Mards-en-Othe.

LISIEUX, *Neomagus*, *Noviomagus*, *Lexovium*, *Lexobium*, ancienne et jolie ville, *Cal-*

vados (Normandie), chef-l. de sous-préf. (4e arr.) et de 2 cant. Trib. de 1re inst. et de comm. Chamb. consult. des manufactures. Collège communal. 3 cures. Petit séminaire. ⊠. ⚥. Pop. 11,378 h. — TERRAIN jurassique.

Autrefois évêché, parlement de Rouen, intendance d'Alençon, chef-lieu d'élection, gouvernement particulier, grenier à sel, collége, abbaye de filles de l'ordre de St-Benoît.
— L'évêché de Lisieux fut fondé au ve siècle. L'évêque était comte de Lisieux, mais cédait son autorité pour deux jours, le 10 et le 11 juin, au chapitre, qui élisait deux chanoines pour l'exercer pendant quarante-huit heures avec le titre de comte. « Ils montaient à cheval en surplis ayant de grandes bandoulières de fleurs par-dessus, et des bouquets de fleurs à la main, et étaient précédés de deux bâtonniers, de deux chapelains et de vingt-cinq hommes d'armes, le casque en tête, la cuirasse sur le dos et la hallebarde sur l'épaule : les officiers de la haute justice les suivaient aussi à cheval, en robes, avec des bandoulières et des bouquets. En cet équipage, ils allaient prendre possession des quatre portes de la ville, où ils laissaient un nombre d'hommes armés de pied en cap pour les garder. Les droits de la coutume et de la foire qui se tient le jour de St-Ursin leur appartenaient, à condition de donner à chaque chanoine un pain et deux pots de vin. L'évêque, qui était comte de Lisieux, cessait d'être comte pendant ces deux jours, et les chanoines-comtes faisaient ses fonctions. Leurs officiers étaient chargés de la police, et jugeaient toutes les causes civiles et criminelles. Si, pendant ce temps, quelque bénéfice venait à vaquer, les deux chanoines-comtes y présentaient. »

Lisieux est une ville ancienne, autrefois capitale des *Lexovii*. Le seul monument ancien où la capitale des *Lexovii* soit mentionnée, c'est la Notice des provinces, et il y est porté le nom du peuple, *Civitas Lexoviorum*; on a cru pendant que Lisieux moderne n'occupait pas le même emplacement que cette ancienne cité, que Valois place à Nogent-sur-Andelle. Cependant en 1770 l'ingénieur des ponts et chaussées Hubert découvrit les ruines d'une ancienne ville dans le champ des Tourettes, à 1 k. de Lisieux, où l'on a trouvé des médailles romaines. Ces ruines indiquent une ville quadruple de Lisieux, et on la considère même par raison comme celles de l'ancienne capitale des *Lexovii*. Mais les mesures des itinéraires qui partant de Rouen, *Rotomagus*, passaient par *Breviodurum*, Pont-Auton, *Civitas Viducassium*, le village de Vieux, au sud de Caen, et Bayeux, *Augustodurus*, déterminent invariablement *Noviomagus* à Lisieux, et nous montrent que *Noviomagus* était l'ancien nom de la capitale des *Lexovii*. Une colonne milliaire trouvée à Frénouville, à 10 k. de Caen, vers l'est, et sur la route de Lisieux avec le chiffre xxv, qui démontrait par l'exactitude de sa distance avec Lisieux, qu'elle était restée jusqu'alors à son ancienne place, a permis d'accorder enfin les mesures anciennes pour tous les itiné-

raires de la Normandie. » Walckenaër. *Géographie des Gaules*, part. II, chap. 11, p. 395, 397.

Lisieux est baigné à l'ouest par la Touques. Au delà de cette rivière est situé le faubourg de St-Désir (ainsi nommé d'une abbaye voisine), au milieu duquel se termine une gorge formée par le revers de la côte d'ouest et par une côte dont le revers fait partie d'une troisième gorge qui porte le nom de St-Clair. A l'ouverture de ces deux gorges est bâti Lisieux. C'est sur les sommets des deux côtes, et dans l'espace qui les sépare, qu'on a découvert, en 1769, les ruines de la ville antique. — Dans le ive siècle, les Saxons s'emparèrent de cette cité, qu'ils détruisirent de fond en comble, et fondèrent avec une partie de ses débris la ville moderne. Quatre siècles plus tard, les Normands pillèrent cette ville et s'y établirent. En 1130, dans une incursion des Bretons, elle fut presque détruite par les flammes ; Philippe Auguste la prit en 1203, les Anglais en 1415, Charles VII les en chassa en 1448, les ligueurs s'en emparèrent en 1574, et enfin Henri IV s'en rendit maître en 1588.

Lisieux était une place forte et une ville épiscopale dont l'évêque prenait le titre de comte et réunissait la puissance temporelle et spirituelle.

Les **armes de Lisieux** sont : *d'azur à deux clefs d'argent posées en sautoir, contournées de quatre étoiles d'or; au chef de gueules chargé de trois fleurs de lis d'or.* — Alias : *d'azur à une crosse d'or contournée posée en pal, accostée de deux fleurs de lis de même.*

La ville de Lisieux occupe le fond d'une charmante vallée qu'embellissent et fertilisent les eaux de l'Orbec et de la Touques. Ses environs verdoyants sont ornés de jolies maisons de campagne, de potagers et de jardins. La ville n'a qu'une belle et grande rue que suit la route de Caen à Evreux ; les autres rues sont étroites ou tortueuses, formées de maisons hautes, la plupart bâties en bois, vieilles et tristes.

La cathédrale est le plus bel édifice de Lisieux ; elle est située à l'angle d'une place spacieuse. C'est un édifice du xiie siècle et du bon style gothique ; la jolie chapelle de la Vierge, d'une construction plus récente, est un monument expiatoire élevé par Pierre Cauchon, d'abord évêque de Beauvais, puis de Lisieux, l'un des bourreaux de l'héroïque Jeanne d'Arc.

Le palais épiscopal est un beau bâtiment, les jardins sont moins superbes. — La salle de spectacle est jolie. Les cours sur les anciens boulevards offrent d'agréables promenades. Aux alentours de la ville sont d'autres promenades d'où l'on jouit d'une vue délicieuse.

Biographie. Patrie du savant chimiste LAUGIER, membre de l'Institut.

De N. COURTIN, avocat, préfet de police pendant les cent jours.

Des littérateurs L. DUBOIS et J.-B.-Ch. GRAINVILLE.

Fabriques de toiles cretonnes, draps, frocs, flanelles, molletons, couvertures tissues en fil

et en poil de bœuf, rubans de fil, peignes à tisser. Filatures de laine et de coton. Blanchisseries de toiles. Teintureries. Tanneries. Papeteries. Moulin à frise et à foulon.—*Commerce* de grains, fruits, cidre, chanvre, lin, bestiaux, etc. — *Foires* les 30 juin, 1er août, 16 oct., 9 nov. (8 jours), le jeudi saint et le jour des Cendres.

A 49 k. E. de Caen, 176 k. O.-N.-O. de Paris. Lat. 49° 8′ 50″, long. 2° 6′ 28″ O.

L'arrondissement de Lisieux est composé de 6 cantons : Lisieux 1re section, Lisieux 2e section, Livarot, Mézidon, Orbec, St-Pierre-sur-Dives.

Bibliographie. *Dissertation relative à Lisieux* (Hist. de l'académie royale des inscriptions et belles-lettres, t. v, p. 73).

Origine du nom du terrain des Tourelles sur la route de Lisieux à Caen (Hist. de l'académie royale des inscriptions et belles-lettres, t. v, p. 73).

DUBOIS (Louis). *Notice sur les ruines de Nœomagus Lexoviorum* (l'ancien Lisieux) (Mém. de la soc. des antiquaires de France, t. iv, p. 494).

FORMEVILLE (de). *Note sur des antiquités romaines trouvées à Lisieux* (Mém. de la soc. des antiquaires de Normandie, t. viii, p. 385).

CHALLAMEL. *Étude d'un maison du XVIe siècle à Lisieux*, 9 pl. et texte in-4.

LEPRÉVOST (Aug.). *Pouillés du diocèse de Lisieux*, in-4, 1844.

FORMEVILLE (H. de). *Notice historique sur la manufacture d'étoffes de laine de Lisieux, depuis sa fondation comme corporation en 1435 jusqu'à la suppression des communautés d'arts et métiers en 1791*, in-8, 1838.

DESHAYES. *Mémoire pour servir à l'histoire des évêques de Lisieux*, publié par MM. Leprévost et de Formeville, in-8.

* *Catalogue général de la bibliothèque de la ville de Lisieux*, in-8, 1840.

LISINES, vg. *Seine-et-Marne* (Brie), arr. et à 14 k. de Provins, cant. de ⊠ de Donnemarie. Pop. 715 h.

LISLE, petite ville, *Dordogne* (Périgord), arr. et à 14 k. de Périgueux, cant. de Brantôme, ⊠ de Bourdeilles. Pop. 1,217 h.

Cette ville est bâtie dans une belle situation, sur la rive gauche de la Drôme. Elle était connue dès le xiie siècle et a soutenu plusieurs siéges, dont un remarquable en 1593.

A 4 k. de Lisle on remarque les ruines du château de Maroite, un des édifices les plus pittoresques du département. — *Foires* le 1er mardi de janv., de mars, de mai, de juillet et de sept.

LISLE, vg. *Loir-et-Cher* (Vendômois), arr. et à 8 k. de Vendôme, cant. de Morée, ⊠ de Pezou. Pop. 255 h.

LISLE-MONTFALCON, vg. *Isère*, comm. de Séchilienne, ⊠ de Vizille.

LISLET, vg. *Aisne* (Picardie), arr. et à 35 k. de Laon, cant. de Rozoy-sur-Serre, ⊠ de Montcornet. Pop. 236 h.

LISON, vg. *Calvados* (Normandie), arr. et à 32 k. de Bayeux, cant. et ⊠ d'Isigny. Pop. 665 h.

LISORES, vg. *Calvados* (Normandie), arr. et à 62 k. de Lisieux, cant. de Livarot, ⊠ de Vimoutier. Pop. 675 h.

LISORS, vg. *Eure* (Normandie), arr. et à 15 k. des Andelys, cant. et ⊠ de Lyons-la-Forêt. Pop. 536 h.

LISSAC, vg. *Ariége* (pays de Foix), arr. et à 22 k. de Pamiers, cant. et ⊠ de Saverdun. Pop. 410 h.

LISSAC, vg. *Corrèze* (Limousin), arr. et à 12 k. de Brives, cant. et ⊠ de Larche. Pop. 781 h.

Fabrique de draps communs, de croisés pour porcs, de papeteries, couvertures de laine, papiers, vinaigre, bleu de Prusse. Filature hydraulique de laine. Papeterie. — *Foires* les 18 janv. et 2 nov.

LISSAC, vg. *H.-Garonne*, comm. de Montbrun, ⊠ de Baziége.

LISSAC, vg. *H.-Loire* (Languedoc), arr. et à 15 k. du Puy, cant. et ⊠ de St-Paulien. Pop. 560 h.

LISSAC, bg *Lot* (Quercy), arr., cant., ⊠ et à 5 k. de Figeac. Pop. 1,340 h. — *Foires* les 10 mars, 2 mai et 30 juillet.

LISSAY, vg. *Cher* (Berry), arr. et à 14 k. de Bourges, cant. et ⊠ de Levet. Pop. 339 h.

LISSE, vg. *Lot-et-Garonne* (Condomois), arr. et à 8 k. de Nérac, cant. et ⊠ de Mézin. Pop. 476 h.

LISSE, vg. *Marne* (Champagne), arr., cant. et à 12 k. de Vitry-le-François, ⊠ de la Chaussée. Pop. 283 h.

LISSENDRE, vg. *Lot-et-Garonne*, comm. de Castelmoron-sur-Lot, ⊠ de Clairac.

LISSES, vg. *Seine-et-Oise* (Ile-de-France), arr., cant. et à 5 k. de Corbeil, ⊠ d'Essonnes. Pop. 528 h.

LISSEUIL, vg. *Puy-de-Dôme* (Auvergne), arr. et à 28 k. de Riom, cant. et ⊠ de Menat. Pop. 307 h.

LISSEY, vg. *Meuse* (pays Messin), arr. et à 19 k. de Montmédy, cant. et ⊠ de Danvillers. Pop. 463 h.

LISSIEU, vg. *Rhône* (Lyonnais), arr. et à 13 k. de Lyon, cant. de Limonest, ⊠ de Chasselay. Pop. 475 h.

LISSIRON, vg. *Aveyron*, comm. de Gaillac, ⊠ de Laissac.

LISSY, *Liciacum*, vg. *Seine-et-Marne* (Brie), arr. et à 10 k. de Melun, cant. de Brie-Comte-Robert, ⊠ de Coubert. Pop. 127 h.

Le château de Lissy était flanqué de trois tourelles, dont deux ont été détruites lors de la révolution; la troisième, n'ayant pu être démolie, existe encore en très-bon état; elle a soutenu jadis plusieurs sièges.

LISTRAC, vg. *Gironde* (Guienne), arr. et à 33 k. de Bordeaux, cant. et ⊠ de Castelnau-de-Médoc. Pop. 1,727 h. — *Foires* les 16 août et 11 nov.

LISTRAC-DE-DURÈZE, vg. *Gironde* (Guienne), arr. et à 22 k. de la Réole, cant. de Pellegrue, ⊠ de Monségur. Pop. 214 h.

LIT et **MIX**, bg *Landes* (Gascogne), arr. et à 43 k. de Dax, cant. et ⊠ de Castets. Pop. 1,483 h. Près de l'étang de St-Julien.

On remarque près de Lit, au pied d'une dune de sable, une fontaine d'eau minérale ferrugineuse intermittente, connue sous le nom de Yone, qui sourd dans les sables, et dont les eaux se perdent à vingt pas de là. Cette eau a une saveur sensiblement martiale et légèrement acidule; elle est très-renommée parmi le peuple des environs, qui en fait un fréquent usage.

Hauts fourneaux, forges et martinets (à Uza).

LITANOBRIGA (lat. 50°, long. 21°). Dans l'Itinéraire d'Antonin ce lieu est placé entre *Cæsaromagus* et *Augustomagus* ou Senlis. La distance à l'égard de *Cæsaromagus* est marquée XVIII, à l'égard d'*Augustomagus*, IIII; et ces nombres doivent être corrects, à en juger par la Table théodosienne, qui, sans faire mention de Litanobriga, marque entre *Cæsaromagus* et *Augustomagus* XXII, en une seule distance. On ne saurait douter qu'il ne faille chercher Litanobriga au passage de la rivière d'Oise, dont le cours divise l'espace entre Senlis et Beauvais, et le terme de *Briga* paraît avoir été le même que celui de *Briva*. J'ai d'abord jeté les yeux sur Pont-Ste-Maxence. Il est constant qu'une chaussée romaine partant de Beauvais, et qui porte le nom de Brunehaut, se joint, après avoir passé sous Clermont, à une chaussée qui part de Pont-Ste-Maxence. Mais les nombres de l'Itinéraire et de la Table seraient insuffisants par rapport au grand détour que la position de Pont-Ste-Maxence met entre Beauvais et Senlis. La distance à l'égard de Senlis est de 5 lieues gauloises bien complètes au lieu de IIII; et à l'égard de Beauvais, la mesure de la chaussée donne XX lieues, et ne serait réduit point à XVIII. Je remarque que la rivière d'Oise est plus voisine de Senlis au pont de Creil, quoique la distance passe les 4 lieues gauloises d'environ une demie. De là, en joignant sous Clermont la chaussée dont j'ai parlé, ce que je trouve de mesure itinéraire jusqu'à Beauvais paraît valoir exactement 17 lieues et demie. De sorte que, une compensation des fractions de lieue, les 22 lieues prescrites également par la Table comme par l'Itinéraire conviennent précisément à cette route. » D'Anville. *Notice de l'ancienne Gaule*, p. 417.

LITHAIRE, vg. *Manche* (Normandie), arr. et à 29 k. de Coutances, cant. et ⊠ de la Haye-du-Puits. Pop. 957 h.

St-Lithaire est renommé pour son château situé à la pointe d'une montagne, sur un emplacement d'où la vue est extrêmement étendue de tous les côtés. Ce château est aperçu de très-grandes distances, et même des côtes de l'île de Jersey, qui en sont à près de 40 k. Il n'en existe peut-être pas un seul dans le pays qui soit plus connu des navigateurs de la Manche, et qui soit plus montré au doigt par ceux qui voyagent dans le Cotentin. — Mais quand, en l'examinant de près, on veut en assigner l'origine et en indiquer l'usage aux différentes époques de sa longue existence, il n'est pas facile de parler d'une manière bien assurée. Est-ce un château du moyen âge? N'est-ce pas plutôt le travail des Romains? Voilà deux questions que l'on entend faire depuis longtemps et auxquelles nous ne croyons pas qu'on y ait jamais fait une réponse satisfaisante. — Est-il d'origine romaine, saxonne ou normande? Est-ce une vigie ou un corps de garde, comme le croient les habitants du lieu? Est-ce un *castellum exploratorium* des Romains ou un château du moyen âge qui aura servi pour la défense et l'habitation? En voyant la simplicité et l'uniformité de sa construction, ses murs droits sans accessoires, sans créneaux, sans mâchicoulis, sans corbeaux sans toiture, sans saillie, tellement unis au sommet, qu'on s'y promène facilement, mais sans parapets, d'une hauteur au-dessous de la moyenne, mais d'une grande épaisseur, il est difficile de croire qu'il ait jamais pu exister une garnison entre quatre murs très-rapprochés; mais en voyant vers le midi deux portes dans un mur assez épais pour qu'on y ait pu pratiquer une espèce de galerie couverte, il est difficile de ne pas croire qu'on a eu l'intention d'y placer des factionnaires ou des *excubiatores* en petit nombre, dont la consigne était de voir venir, mais non d'attendre l'ennemi, ce qui s'accorderait assez avec l'idée de corps de garde que l'on a aux environs de Lithaire.

L'enceinte du château forme un carré long. Sa longueur extérieure du nord au sud est de 16 m. 24 c., sa dimension intérieure du même côté est de 9 m. 10 c., ce qui donne 7 m. 14 c. pour l'épaisseur des murs. L'autre côté est est et ouest à 8 m. 11 c. dans œuvre, et 14 m. 95 c. extérieurement. — Le mur septentrional a été démoli par Philippe Auguste, à ce qu'on croit : il en reste des masses de maçonnerie qui ont roulé jusqu'au pied de la montagne, qui est très-escarpée de ce côté; d'autres sont restées en chemin. Le mur méridional est entier, il a 4 m. d'épaisseur. Deux ouvertures ou portes à plein cintre sont au milieu de ce mur. De ce côté la montagne est encore très-escarpée, mais la descente est moins longue. — La hauteur des murs était d'environ 8 m. 50 c.; il n'y a ni aux encoignures ni aux portes aucune pierre de taille. Tout est d'un grès quartzeux très-rude, qu'on trouve en abondance sur le lieu, et de la même nature que les rochers dont le sommet du mont est hérissé. *Mémoires de la société des antiquaires de Normandie*, t. II, p. 201 et suiv.

Foire le 7 mai.

LITTEAU, vg. *Calvados* (Normandie), arr. et à 26 k. de Bayeux, cant. et ⊠ de Balleroy. Pop. 608 h.

LITTENHEIM, vg. *B.-Rhin* (Alsace), arr., cant., et à 9 k. de Saverne. Pop. 390 h.

LITTRY, vg. *Calvados* (Normandie), arr. et à 16 k. de Bayeux, cant. de Balleroy, ⊠. A 264 k. de Paris pour la taxe des lettres. Pop. 2,482 h.

Littry possède une source d'eau minérale et une mine importante de houille dont la concession s'étend sur une surface de 11,586 hectares. Ce bassin renferme une seule couche, dont la découverte remonte à 1741. L'exploitation en fut presque aussitôt commencée, et, en 1749, une machine à vapeur, la première que l'on ait établie en France, fut placée sur un des puits pour extraire les eaux de la mine. C'est encore à Littry que fut faite, en l'an VIII, la première application de la vapeur à l'extraction de la houille. Pendant très-longtemps on n'a exploité que le lit inférieur; mais depuis que les cultivateurs ont reconnu les utiles propriétés de la chaux, la houille maigre, si propre à fabriquer ce produit, est devenue précieuse elle-même; de sorte qu'on revient la chercher dans les travaux où on l'avait négligée pendant plus d'un siècle, et elle répand maintenant la fertilité sur un très-vaste territoire.

La mine de Littry rend annuellement 12 millions de kil. de houille, qui seraient la cargaison de 120 navires de cent tonneaux. Ses propres ouvriers forment une bourgade populeuse dans un canton où on ne voyait, en 1741, que des huttes de loin en loin, et où les terres étaient à peine cultivées. Les fours à chaux qu'elle alimente à 40 k. à la ronde donnent par an 83 millions de kilog. d'engrais qui forment la charge de 8,000 voitures à quatre chevaux, et qui améliorent 75,000 hectares de terres.

Bibliographie. MONNET. *Analyse des eaux de Littry* (Traité des eaux minérales, in-12, 1768).

LITZ, vg. *Oise* (Picardie), arr., cant. et à 8 k. de Clermont, ✉ de Bresles. P. 314 h.

LIVAIE, vg. *Orne* (Normandie), arr., et à 15 k. d'Alençon, cant. de Carrouges. Pop. 575 h.

LIVAROT, bg *Calvados* (Normandie), arr. et à 22 k. de Lisieux, chef-l. de cant. Cure. Gîte d'étape. ✉. ✽. A 192 k. de Paris pour la taxe des lettres. Pop. 1,291 h. — TERRAIN crétacé inférieur, grès vert.

On y remarque les ruines d'un ancien château qui a été possédé par Charles le Mauvais, roi de Navarre. — *Commerce* de beurre et de fromages estimés. — *Foires* les 13 mai et 1er déc.

LIVERDUN, bg *Meurthe* (Lorraine), arr. et à 20 k. de Toul, cant. de Domèvre, ✉ de Nancy. Pop. 1,065 h.

Ce bourg est bâti dans une situation extrêmement pittoresque, sur le revers d'une côte escarpée, au bas de laquelle coule la Moselle. Les rochers sur lesquels il s'élève en partie; les bois qui l'entourent à l'ouest et au sud; les prairies riantes que baignent les eaux de la Moselle; quelques vieux restes de fortifications encore intacts, forment un ensemble admirable, qui a souvent exercé les pinceaux des artistes.

La fondation de ce bourg date, dit-on, du temps des Romains. Vers la fin du IVe siècle c'était déjà un lieu considérable: une charte de Dagobert dit que les Vandales l'assiégèrent sans succès en 406. La forteresse, brûlée et rasée par Jean, duc de Calabre et de Lorraine, fut réparée pendant le XIIe siècle par Pierre de Brixey. Louis XIII en fit augmenter les fortifications, et donna à Liverdun le titre de ville en 1636. Cette place fut démantelée lors de la réunion du duché de Lorraine à la couronne. — *Foires* le lundi après le 1er dimanche de carême, et lundi après Noël.

Bibliographie. LEPAGE. *Liverdun* (Extrait de la statistique historique et administrat. du département de la Meurthe, in-18, 1843).

LIVERDY, *Liberdunum*, vg. *Seine-et-Marne* (Brie), arr. et à 21 k. de Melun, cant. et ✉ de Tournan. Pop. 501 h.

LIVERNON, vg. *Lot* (Quercy), arr. et à 18 k. de Figeac, chef-l. de cant. Cure. ✉ de la Capelle-Marival. Pop. 850 h. — TERRAIN jurassique, étage moyen du système oolitique.

Cette commune possède trois grottes fort étendues, ornées de belles stalactites, mais qui sont moins curieuses que la grotte de Blars ou de Marcillac. On y voit aussi le dolmen le mieux conservé et le plus remarquable du département; la pierre horizontale a 7 m. 33 c. de long, 3 m. 33 c. de large et 42 c. d'épaisseur; elle est si parfaitement en équilibre sur les deux pierres verticales qui lui servent de support et qui sont légèrement renflées vers le milieu, que la seule pression de la main suffit pour la faire osciller et lui imprimer un mouvement qu'elle conserve pendant plusieurs minutes.

PATRIE de M. DELPON, ancien député, auteur d'une *Statistique du département du Lot*, couronnée par l'Académie des sciences.

LIVERS-CAZELLES, vg. *Tarn* (Languedoc), arr. et à 24 k. de Gaillac, cant. et ✉ de Cordes. Pop. 545 h. — Il a reçu le surnom de Cazelles en 1839, époque de la réunion à son territoire de celui de cette commune.

LIVET, vg. *Isère* (Dauphiné), arr. et à 27 k. de Grenoble, cant. et ✉ de Bourg-d'Oisans. Pop. 1,327 h.

LIVET, vg. *Orne*, comm. de Beaufai, ✉ de l'Aigle.

LIVET - EN - CHARNIE, bg *Mayenne* (Maine), arr. et à 26 k. de Laval, cant. et ✉ d'Evron. Pop. 385 h.

LIVET-EN-OUCHE, vg. *Eure* (Normandie), arr., ✉ et à 10 k. de Bernay, cant. de Beaumesnil. Pop. 136 h.

LIVET-EN-SAONOIS, bg *Sarthe* (Maine), arr. et à 13 k. de Mamers, cant. de St-Pater, ✉ d'Alençon. Pop. 188 h.

LIVET-SUR-AUTHOU, vg. *Eure* (Normandie), arr. et à 20 k. de Bernay, cant. et ✉ de Brionne. Pop. 353 h. — On voit aux environs les traces d'un ancien camp désigné sous le nom de Bois-Martel.

LIVIANA (lat. 44°, long. 21°). « Dans la Table théodosienne, entre Carcassone et Narbone, à XII de Carcassone, et XI en deçà du lieu nommé *Usuerva*. L'Itinéraire de Bourdeaux à Jérusalem, qui suit la même voie, confirme ces distances, parce qu'on y compte également 23 milles entre Carcassone et *Hosuerbas*, que l'on reconnaît aisément pour le même lieu qu'*Usuerva*. La différence entre cet Itinéraire et la Table ne consiste qu'à prendre un autre lieu dans le même intervalle de positions, comme on peut voir à l'article TRECESIMUM. » D'Anville. *Notice de l'ancienne Gaule*, p. 418.

LIVIÈRE (Ste-), *Liguria*, vg. *Marne* (Champagne), arr. et à 24 k. de Vitry-le-François, cant. et ✉ de St-Rémy-en-Bouzemont. Pop. 358 h.

LIVILLIERS, vg. *Seine-et-Oise* (Vexin), arr., ✉ et à 6 k. de Pontoise, cant. de l'Isle-Adam. Pop. 368 h.

LIVINHAC - LE - HAUT, vg. *Aveyron* (Rouergue), arr. et à 37 k. de Villefranche-de-Rouergue, cant. d'Aubin, ✉ de Decazeville. Pop. 1,359 h. — Il est situé dans une belle et riche plaine, dont la fertilité est si grande, qu'on peut cultiver en plein champ les plantes les plus délicates des jardins.

PATRIE du savant professeur de philosophie LAROMIGUIÈRE.

Foires les 1er juin, 12 sept., 16 nov., et mercredi avant Pâques.

LIVINIÈRE (la), vg. *Hérault* (Languedoc), arr. et à 30 k. de St-Pons, cant. d'Olonzac, ✉ d'Azille. Pop. 1,163 h. — Carrières de pierres meulières.

LIVOSSART, vg. *Pas-de-Calais*, comm. de Febvin-Palvart, ✉ d'Aire-sur-la-Lys.

LIVOYE. V. NOTRE-DAME-DE-LIVOYE.

LIVRADE (Ste-), vg. *H.-Garonne* (Languedoc), arr. et à 32 k. de Toulouse, cant. de Léguevin, ✉ de Lévignac. Pop. 426 h. — *Foires* les 20 janv., 30 avril, 16 juin et dernier lundi d'août.

LIVRADE (Ste-), *Liberata*, petite ville, *Lot-et-Garonne* (Agenois), arr., bureau d'enregist. et à 11 k. de Villeneuve-sur-Lot, chef-l. de cant. Cure. ✉. A 584 k. de Paris pour la taxe des lettres. Pop. 3,209 h. — TERRAIN tertiaire moyen.

Cette ville, située sur la rive gauche du Lot, était jadis assez importante; elle fut prise par le sire de Montpezat en 1419. — *Commerce* de pruneaux renommés. Tanneries. — *Foires* les 20 janv., 30 avril, 16 juin et dernier lundi d'août.

LIVRADE (Ste-), vg. *Tarn-et-Garonne*, comm. et ✉ de Moissac.

LIVRÉ, vg. *Ille-et-Vilaine* (Bretagne), arr. et à 28 k. de Rennes, cant. et ✉ de Liffré. Pop. 1,632 h. — *Foire* le 2 mars.

LIVRÉ, ou LA TOUCHE, vg. *Mayenne* (Anjou), arr. et à 24 k. de Château-Gontier, cant. et ✉ de Craon. Pop. 1,571 h.

LIVRON, petite ville, *Drôme* (Dauphiné), arr. et à 19 k. de Valence, cant. et ✉ de Loriol. Pop. 3,730 h.

Il est souvent question de Livron dans l'histoire de nos discordes civiles; il fut brûlé en 1345, dans la guerre des épiscopaux contre l'évêque de Valence et le comte de Valentinois; mais les habitants le fortifièrent de nouveau, et lors des troubles religieux du XVIe siècle, c'était une des places les plus importantes du Dauphiné. Livron est surtout célèbre par un siège de sept mois que les protestants, commandés par Dupuy-Montbrun et Lesdiguières, y soutinrent contre Henri III, dont l'armée, forte de 18,000 hommes, fut contrainte de se retirer avec perte, après trois assauts successifs. les femmes se défendirent vaillamment et du haut des murs criaient aux assiégeants : « Ho! massacreurs, vous ne nous poiguarderez pas dans nos lits, comme vous avez fait de l'amiral et des autres. Amenez-nous ces mignons goudronnés et parfumés, et ils apprendront à leurs dépens qu'il n'est pas si aisé qu'ils pensent de nous ravir l'honneur. » Puis, par forme de raillerie, les assiégés placèrent sur le haut des murailles de vieilles femmes filant tranquillement leurs fuseaux.

Livron est bâti sur le penchant d'un coteau escarpé, dominant la belle plaine qui forme comme un riant jardin au confluent de la Drôme et du Rhône. On y remarque un beau pont jeté sur la première de ces deux rivières, d'où l'on jouit d'une vue admirable et célèbre par le combat dont il fut le théâtre en 1815. — *Fabriques* de faïence et de poterie de terre. — Filatures de soie. Martinets. Fours à chaux. Tuileries. Tanneries. Moulins à blé. — *Foires* les 16 août, 18 oct., mercredi après Pâques et après la Pentecôte.

LIVRON, vg. *Hérault*, comm. et ✉ de Vias.

LIVRON, vg. *B.-Pyrénées* (Béarn), arr. et à 22 k. de Pau, cant. et ✉ de Pontacq. Pop. 402 h.

LIVRY, vg. *Calvados* (Normandie), arr. à 22 k. de Bayeux, cant. et ✉ de Caumont. Pop. 1,271 h.

LIVRY, vg. *Marne* (Champagne), arr. et à 19 k. de Châlons-sur-Marne, cant. de Suippes; ✉ des Petites-Loges. Pop. 276 h.

LIVRY, vg. *Nièvre* (Nivernais), arr. et à 35 k. de Nevers, cant. et ✉ de St-Pierre-le-Moutiers. Pop. 1,563 h. — *Foires* les 10 mai et 25 oct.

LIVRY, vg. *Seine-et-Marne* (Gâtinais), arr., cant., ✉ et à 5 k. de Melun. P. 269 h.

LIVRY, ou LIVRY-EN-LAUNOY, *Liberiacum*, *Livriacum*, joli village, *Seine-et-Oise* (Ile-de-France), arr. et à 45 k. de Pontoise, cant. de Gonesse, ✉. A 22 k. de Paris pour la taxe des lettres. Pop. 1,012 h.

Autrefois marquisat, diocèse, parlement, intendance et élection de Paris, abbaye de Saint-Augustin.

Livry est un village fort ancien, longtemps célèbre par son abbaye et par son château fort, qui appartenait en 1128 à Etienne de Garlande. Ce château fort était tellement considérable, qu'il fallut toutes les forces de Louis le Gros pour le réduire. L'abbé Suger raconte, dans sa Vie de Louis le Gros, qu'Etienne de Garlande ayant pris parti pour Amaury de Montfort, qui était en guerre contre le monarque, celui-ci forma aussitôt le siège du château d'Etienne. Le roi d'Angleterre et Thibaud, comte de Champagne, volèrent en même temps à son secours, et mirent dans le château assiégé une forte garnison. Louis n'en devint que plus opiniâtre dans le dessein de se rendre maître de la place ; des deux côtés on fit des préparatifs pareils pour la défense et pour l'attaque. Louis doubla le nombre de ses troupes, et fit construire et amener toutes les machines alors en usage dans les sièges. Il livra plusieurs assauts toujours rendus inutiles par la vigoureuse résistance des troupes renfermées dans la forteresse. Enfin, après un dernier assaut où il avait employé tous ses soldats et ses machines de guerre, le monarque français se rendit maître de la place ; mais les assiégés s'étaient défendus avec tant d'acharnement, que l'armée française y fit une perte immense en morts et en blessés. Raoul, comte de Vermandois, cousin de Louis, perdit un œil à cette attaque, et le roi lui-même y fut blessé à la cuisse par une pierre qu'une des machines de la place avait lancée contre lui. Ces deux accidents lui inspirèrent une telle fureur, qu'il ne fit aucun quartier aux assiégés, et fit détruire de fond en comble le château.

Les rois de France ont eu aussi un château ou maison royale à Livry, car on a d'eux plusieurs chartes datées de cette résidence. Philippe le Bel y était en 1303 et 1311, et Philippe le Long en 1317.

L'abbaye de Livry devait son origine à une chapelle située près de Livry, que Guillaume de Garlande et sa femme, en 1186, voulurent faire desservir par des chanoines réguliers de l'abbaye de Saint-Vincent de Senlis. Le roi Philippe Auguste accorda d'abord en 1197, une somme de quarante livres pour aider à établir cette abbaye, et confirma les donations faites par le seigneur de Livry, en sorte que, dès l'an 1200, l'abbaye se trouva fondée, et l'église élevée. Cette abbaye, qui eut parmi ses abbés plusieurs hommes remarquables pour leur temps, fut détruite pendant la révolution, et vendue comme bien national.

Le village de Livry possède une petite place publique, ornée d'une élégante fontaine. Les promenades des environs sont délicieuses. — Fête patronale le 15 août. — *Foire* le 2e dimanche d'août.

Le CHÂTEAU DE RAINCY, bâti en 1652 par Leveau, pour Bordier, secrétaire du conseil des finances, et aujourd'hui propriété de S. M. Louis-Philippe, fait partie de la commune de Livry. Une partie de ce château a été abattu ; il ne reste du péristyle que six colonnes ioniques. Les écuries et le chenil sont d'un beau style, et parfaitement accompagnés par des masses d'arbres groupés avec art. Un hameau, formé d'une suite de maisons élégantes qui s'étendent le long d'une belle pièce d'eau, offre d'agréables logements aux hôtes du château, lorsqu'ils sont très-nombreux. L'orangerie mérite aussi d'être remarquée. Le parc, un des premiers qui aient été plantés dans le genre paysager, renferme une source d'eau minérale froide. La disposition des fabriques, des rochers, des ponts jetés sur des eaux courantes, et des plantations, en font un modèle en ce genre.

LIXHAUSEN, ou LUCKOLSHAUSEN, vg. *B.-Rhin* (Alsace), arr. et à 18 k. de Saverne, cant. et ✉ de Hochfelden. Pop. 380 h.

LIXHEIM, jolie petite ville, *Meurthe* (Lorraine), arr., ✉ et à 11 k. de Sarrebourg, cant. de Phalsbourg. Pop. 1,080 h.

Cette ville, située dans une plaine au pied des Vosges, a été bâtie en 1608, sur l'emplacement d'une ancienne abbaye, par le comte palatin Frédéric V, qui la fortifia pour servir de refuge aux luthériens. Les rues en sont propres et tirées au cordeau.

Foires les 13 juin et 29 oct.

LIXIÈRES, vg. *Moselle* (Lorraine), arr. et à 22 k. de Nancy, cant. et ✉ de Noměny. Pop. 280 h. — Il est situé au pied d'une montagne dont le sommet est couronné par les ruines d'un ancien château d'où l'on découvre une vaste étendue de pays.

LIXIÈRES, vg. *Moselle*, comm. de Fléville, ✉ de Briey.

LIXING, vg. *Moselle* (pays Messin), arr., cant., ✉ et à 10 k. de Sarreguemines. Pop. 360 h.

LIXING, vg. *Moselle*, comm. de Laning, ✉ de St-Avold.

LIXY, vg. *Yonne* (Gâtinais), arr. et à 16 k. de Sens, cant. et ✉ de Pont-sur-Yonne. Pop. 513 h. — Lixy fut pillé par les Anglais en 1428, en 1567 par les troupes de Coligny, et fut presque entièrement ruiné en 1652 pendant les guerres de la Fronde.

Le hameau de Fontenelles, dépendance de cette commune, est situé des deux côtés d'une gorge étroite et profonde, bordée de roches calcaires, où sont creusées la plupart des habitations.

LIZAC, vg. *Tarn-et-Garonne*, comm. et ✉ de Moissac.

LIZAIGNE (Ste-), vg. *Indre* (Berry), arr., cant., ✉ et à 7 k. d'Issoudun. Sur le Théols. Pop. 1,133 h.

LIZANT, bg *Vienne* (Poitou), arr., cant., ✉ et à 8 k. de Civray. Pop. 981 h. — *Foires* les 22 janv., 6 mai, 13 août et 25 nov.

LIZAY, vg. *Loire*, comm. de Débats-Rivière-d'Orpra, ✉ de Boën.

LIZERAY, vg. *Indre* (Berry), arr., cant., ✉ et à 8 k. d'Issoudun. Pop. 384 h.

LIZEROLES, vg. *Aisne*, comm. de Montenourt-Lizeroles, ✉ de St-Quentin.

LIZIER (St-), *Austria Consarranorum*, *Calagorgis Consaranum*, *Calugorgis Consorannorum*, petite et ancienne ville, *Ariège* (Guienne), arr. de St-Girons, chef-l. de cant. Cure. ✉. A 786 k. de Paris pour la taxe des lettres. Pop. 1,272 h. — TERRAIN jurassique.

St-Lizier était autrefois la capitale du Couserans, petite contrée où l'on ne peut faire un pas sans rencontrer des restes de monuments, de temples antiques, de tombeaux, etc., qui attestent le séjour des Romains. Cette ville a porté primitivement le nom de *Civitas Consoranorum*, puis celui d'*Austria*, et plus tard enfin celui de St-Lizier.

Le Couserans, après avoir été pendant 492 ans sous la domination romaine, fut séparé de l'empire et cédé aux Goths par Honorius en 411. Des Goths il passa aux Bourguignons, et ensuite aux rois d'Austrasie, qui le conservèrent jusqu'à la conquête qu'en firent les Sarrasins de 719 à 759. Charlemagne l'érigea en comté vers 778, et ce pays fut gouverné d'abord par des comtes, et ensuite par des vicomtes.

La ville de Couserans devint le siège d'un évêché dans le courant du ve siècle. En 708, elle fut assiégée et prise par une armée formidable de Goths, et délivrée, selon la tradition, par les prières efficaces de saint Lizier. Les Sarrasins et les Visigoths réunis la prirent et la saccagèrent en 736. Peu après, elle fut rebâtie par les soins de Charles Martel et de saint Lizier. Cette ville fut réduite en cendres en 1120 ou en 1130, par Bernard Ier, comte de Comminges. Dans la suite, les évêques la relevèrent de ses ruines ; mais elle perdit dans cette construction jusqu'aux traces de son ancienne splendeur ; les matériaux de ses anciens édifices furent employés sans goût ; des pièces d'architecture antique, des sculptures, des marbres rares, furent enfouis dans la fondation des nouveaux édifices.

Les **armes** de St-Lizier sont : *d'azur à une cloche d'argent bataillée de sable.*—*Alias : d'or à une cloche d'azur.*

Cette ville est bâtie sur le penchant méridional d'une colline, et sur la rive droite du Salat. La partie supérieure, qui se présente en amphithéâtre, est couronnée par le palais épiscopal, bel édifice que fit élever à grands frais l'évêque Bernard de Marmiesse, de 1655 à 1680 ; la façade, décorée de trois tours semi-circulaires, se prolonge de l'est à l'ouest, et produit un bel effet de perspective, vue du côté de St-Girons ; il est occupé par l'hospice général du département. On remarque encore à St-Lizier l'hôpital civil, fondé en 1750, et rebâti sur un plan plus vaste en 1751 ; le pont sur le Salat, etc.

Fabriques de tissus coton et laine. Filatures de laine. Papeteries. Moulin à tan. Scierie hydraulique de marbre. — *Foires* les 4 fév., 28 août, 29 nov. et 3e lundi de juin.

LIZIER-D'USTOU, vg. *Ariége*, com. d'Ustou, ⊠ de St-Girons.

LIZIÈRES, vg. *Creuse* (Marche), arr. et à 23 k. de Guéret, cant. de Grand-Bourg, ⊠ de la Souterraine. Pop. 678 h.

LIZIEUX, vg. *Isère*, comm. de Varacieu, ⊠ de Vinay.

LIZINE, vg. *Doubs* (Franche-Comté), arr. et à 26 k. de Besançon, cant. d'Amancey, ⊠ d'Ornans. Pop. 286 h.

LIZIO, vg. *Morbihan* (Bretagne), arr., et à 17 k. de Ploërmel, cant. de Malestroit. Pop. 1,021 h. — *Foire* le 11 avril.

LIZOS, vg. *H.-Pyrénées* (Gascogne), arr., ⊠ et à 7 k. de Tarbes, cant. de Pouyastruc. Pop. 116 h.

LIZY, vg. *Aisne* (Picardie), arr. et à 13 k. de Laon, cant. et ⊠ d'Anisy-le-Château. Pop. 349 h.

LIZY, ou LIZY-SUR-OURCQ, bg *Seine-et-Marne* (Brie), arr. et à 16 k. de Meaux, chef-l. de cant. Cure. ⊠. A 59 k. de Paris pour la taxe des lettres. Pop. 1,566 h. — TERRAIN tertiaire inférieur.

Autrefois diocèse et élection de Meaux, parlement et intendance de Paris.

On remarquait anciennement à Lizy un château bâti du temps de François Ier. C'était une espèce de forteresse placée sur la rivière d'Ourcq. Trois moulins et une jolie maison de campagne, entourée d'un parc, le remplacent actuellement. Ce château appartenait jadis à M. de Mosnier, capitaine suisse, protestant ainsi que toute sa famille. Il y tenait le prêche, et avait fait de sa demeure un des chefs-lieux du calvinisme dans la province ; le culte réformé s'y professait dans un temple public. En 1683 ou l'année suivante, les calvinistes y tinrent un synode fameux, où se rendirent de diverses provinces cinquante-quatre ministres.

Lizy est située dans une vallée agréable, au confluent de l'Ourcq et de la Marne, à la naissance du canal de l'Ourcq.

Commerce considérable de grains et de farines. Filatures de laine. Huileries. Carrière de pierres de taille. — *Foires* les 1er mai et 9 oct.

LLAGONNE (la), vg. *Pyrénées-Or.* (Roussillon), arr. et à 49 k. de Prades, cant. et ⊠ de Montlouis. Pop. 482 h.

LLAURO, vg. *Pyrénées-Or.* (Roussillon), arr. et à 25 k. de Perpignan, cant. et ⊠ de Thuir. Pop. 319 h.

LLIVIA, ville espagnole enclavée dans le territoire du canton de Saillagouse (*Pyrénées-Orientales*), et où l'on ne peut arriver que par un chemin neutre qui traverse le territoire français. V. SAILLAGOUSE.

LLO, vg. *Pyrénées-Or.* (Roussillon), arr. et à 58 k. de Prades, cant. de Saillagouse, ⊠ de Montlouis. Pop. 409 h. — Il est situé dans une belle vallée, sur la rive droite de la Sègre. Llo possède plusieurs sources d'eaux thermales dont la température varie de 26 à 28° R., et une fontaine intermittente. Cette dernière, nommée fontaine de Cayelle, est située sur la montagne de Llo. On observe le flux et le reflux pendant une demi-heure tous les jours ; il est précédé par un bruit souterrain très-distinct. Après le reflux, il ne reste qu'une source peu considérable, tandis que pendant le flux elle coule par cinq ou six branches. — Plusieurs sources d'eaux minérales froides jaillissent aussi à Llo à travers des roches schisteuses.

LLUPIA, vg. *Pyrénées-Or.* (Roussillon), arr. et à 15 k. de Perpignan, cant. et ⊠ de Thuir. Pop. 281 h.

LLUS, vg. *Pyrénées-Or.*, comm. de Ste-Léocadie, ⊠ de Montlouis.

LO, vg. *H.-Garonne*, comm. de Sauveterre, ⊠ de St-Gaudens.

LO (St-), *Briovera, Sanctus Laudi*, ville ancienne, chef-l. du département de la *Manche* (Normandie), du 2e arr. et d'un cant. Trib. de 1re instance et de commerce. Chamb. consult. des manufact., arts et métiers. Collège communal. 2 cures. Gîte d'étape. ⊠. ☞. P. 8,931 h. — TERRAIN de transition inférieur.

St-Lô n'existait pas au temps des Romains. La route de Bayeux à Coutances en était éloignée d'une lieue. Son ancien nom de *Briovère* ne signifie pas, comme on l'a dit, *pont sur Vire*, mais *pointe de terre*, ou *élévation sur une rivière*. Ce nom fut changé après la mort de saint Lô, évêque de Coutances, qui en était seigneur. Charlemagne y fit construire une forteresse quand il visita les côtes septentrionales de la France, et fortifia les embouchures des rivières pour garantir le pays contre les incursions des Normands. A la fin du IXe siècle, les Normands firent le siège de St-Lô. Les retranchements élevés par Charlemagne leur opposèrent une résistance invincible ; mais Rollon, chef des Normands, fit couper un aqueduc qui portait l'eau dans la forteresse, et dans peu de jours la soif fit ce que la force n'avait pu faire ; la garnison capitula, et les ennemis, maîtres de la place, violèrent la capitulation ; ils égorgèrent ceux auxquels ils avaient promis la vie. Les fortifications furent démolies, *castrum solo coœquatum est* (Duch.). Pendant deux siècles après ce désastre, l'histoire ne parle plus de St-Lô. Son château fut cité parmi ceux que Henri, comte du Cotentin, fils de Guillaume le Conquérant, fit fortifier en 1090. Geoffroy Plantagenet, comte d'Anjou, l'enleva, en 1141, aux partisans d'Etienne de Blois. En 1203, Philippe Auguste s'en empara. En 1346, St-Lô fut pris par Edouard III. Froissart parle beaucoup de la richesse de la ville à cette époque. Il y avait huit à neuf mille habitants que le commerce avait beaucoup enrichis, et que les Anglais ruinèrent en un instant. — En 1377 et les années suivantes, il se fit dans le Cotentin un grand rassemblement de troupes françaises destinées à réduire les forteresses que le roi de Navarre occupait dans ce pays. St-Lô fut le rendez-vous de ces troupes, et le quartier général de sire Bureau de la Rivière, premier chambellan de Charles V. Le 28 mars 1417, Jean Tesson et Guillaume Carbonnel, capitaine de St-Lô, rendirent le château au duc de Glocester. Les Anglais conservèrent cette place jusqu'en 1449 ; elle leur fut reprise au mois de septembre par les troupes du connétable de Richemont.

St-Lô jouit alors de la tranquillité ; mais en 1550 les calvinistes y ramenèrent les malheurs de la guerre. En 1562, ils s'en emparèrent : et, après avoir pillé et brûlé les églises, les établissements publics et les maisons des particuliers, ils en firent le boulevard de leur parti dans le Cotentin, et commencèrent à en rétablir les fortifications. Les Bretons, sous les ordres du comte d'Etampes, les en chassèrent à la fin de 1562 ; mais, sous prétexte de représailles contre les huguenots, ils firent aussi beaucoup de mal à la ville. Le comte de Montmorency les força à l'abandonner l'année suivante. Peu de temps après, elle fut rendue au roi en conséquence d'un édit de pacification, mais reprise et rendue de nouveau en 1570.

Le comte de Montgommery, échappé au massacre de la St-Barthélemy, alla en Angleterre solliciter des secours pour les protestants, tandis que le seigneur de Colombières préparait son parti en Normandie. Au commencement de 1574, Montgommery vint descendre dans la presqu'île du Cotentin avec une petite armée, à laquelle se joignirent les protestants du pays. Il se saisit de St-Lô et de Carentan, dont il fit rétablir les fortifications avec beaucoup d'activité et de travail. Le comte de Matignon, chef des catholiques et de la basse Normandie, vint investir St-Lô; Montgommery en sortit furtivement, et laissa le commandement à Colombières, qui mourut héroïquement à la brèche. La ville fut prise d'assaut le 10 juin 1574, après un siège de six semaines. Le maréchal de Matignon reçut de l'évêque de Coutances la baronnie de St-Lô, qui avait toujours fait partie du revenu de l'évêché. C'est lui qui fit par prévoyance augmenter les fortifications de la ville : la tour que l'on voit dans le jardin de la préfecture, et où sont les archives du département, est le dernier reste des constructions du maréchal.

La ville de St-Lô a changé son nom à l'époque de la révolution pour celui de Rocher de la Liberté.

Les armes de St-Lô sont : *de gueules à une licorne passante d'argent ; au chef d'azur chargé de trois fleurs de lis d'or*.

Les monuments antiques ne sont pas nombreux à St-Lô ; plusieurs cependant sont dignes d'attirer l'attention des voyageurs. L'église Notre-Dame est une basilique remarquable, surmontée de deux tours d'une grande hauteur. Au côté gauche extérieur on voit une espèce de chaire saillante en pierre d'une assez jolie forme, construite au XVIe siècle. On prétend que cette chaire servait à faire une double prédication aux catholiques et aux protestants, qui se réunissaient autrefois en ce lieu alors planté en jardin, et tout récemment converti en rue, les uns à droite, les autres à gauche. Les vitraux de cette église sont remarquables par la vivacité de leurs couleurs ; ils représentent des figures de saints, d'anges, de patriarches, de rois, etc. Ce fut le roi Louis XI qui les fit peindre et les donna à l'église pour récompenser les habitants de la belle conduite qu'ils avaient tenue en repoussant les Bretons qui avaient fait irruption en Normandie. Le portrait en pied de Louis XI existe encore bien conservé et parfaitement ressemblant sur les vitraux du nord ; sa physionomie est expressive et caractéristique. Il est vêtu d'une simple robe ; une escarcelle verte pend à sa ceinture ; et la petite calotte violette qu'il portait sous son chaperon couvre entièrement sa tête.

L'église de Ste-Croix est une des plus anciennes du royaume ; elle est de 805. La façade romane de cette église offre une décoration très-singulière, au-dessus du portail plein cintre à deux archivoltes, la première à zigzag simple avec feuille d'ornement à trois lobes unguiculés dans le triangle externe, l'archivolte rentrante à bâton rompu ou grecque.

L'archivolte supérieure est couronnée d'un gros tore composé de six serpents rampants, trois de chaque côté, la queue de l'un nouée avec la tête du suivant. La queue des deux plus élevés s'entortille en formant une espèce de T sur le sommet de l'arc. Au-dessus, à distance, est le corps d'un gros quadrupède assez informe qu'on peut prendre pour un ours, couché verticalement à plat ventre la tête en bas, lié par le cou d'une chaîne qui descend de chaque côté dans la main d'un homme vêtu d'une sorte de jaquette. Dans la partie supérieure du triangle décrit par les deux chaînes est un chien à courte queue, courant et aboyant après l'ours.

Pendant longtemps l'église Ste-Croix a servi en commun à l'usage de la paroisse et à celui de l'abbaye qui était contiguë. Cette abbaye eut, au commencement du XIIIe siècle, une église qui a été détruite pendant notre première révolution.

L'église St-Thomas, bâtie de 1624 à 1630, sert aujourd'hui de halle aux grains.

Le musée de la société d'agriculture, d'archéologie et d'histoire naturelle de St-Lô, renferme plusieurs tapisseries en laine représentant des scènes pastorales ; elles proviennent, nous a-t-on dit, du château de l'Aune, appartenant à M. de Plaisance, qui en a fait don à cette société. A l'aide d'un mécanisme ingénieux qui empêche tout frottement nuisible, on les expose ou les dérobe à volonté aux regards des visiteurs.

La partie centrale de la ville est bâtie sur un roc qui domine la rivière de Vire, et jette sept ou huit rues en tous sens, comme les longues pattes d'une araignée faucheuse. Ces rues n'ont rien de régulier, et presque toutes ont une pente plus ou moins rapide. Peu de maisons sont bien bâties. Celles que l'on construit depuis quelques années ne manquent pas d'élégance. La place du Champ-de-Mars est belle et bien plantée. Les environs de la ville sont très-pittoresques et offrent de délicieuses promenades.

INDUSTRIE. Avant la révolution, on faisait à St-Lô beaucoup de gros draps pour les congrégations religieuses. On n'a conservé que la fabrique des droguets, sorte d'étoffe de fil et de laine dont s'habillent les paysans et le bas peuple. 2,400 ouvriers s'en occupent à St-Lô et dans les campagnes. Quelques mécaniques filent de la laine. Les droguets s'exportent en partie à la foire de Guibray. — *Fabriques* de rubans de fil, de peintes, de toile. Tanneries, blanchisseries, teintureries.

Biographie. Patrie du cardinal DU PERRON. De l'évêque d'Avranches BOUCARD.
Du général HOUEL.

Commerce de chevaux propres à la remonte de la cavalerie, dont il y a un dépôt depuis quelques années dans le chef-lieu ; de bestiaux de toute espèce, grains, mercerie, taillanderie, draps, toiles, arbres, etc. Marché le mardi, le jeudi et le samedi. — *Foires* les 25 janv., 28 avril, 22 juillet et sept., 29 nov., 3e jeudi de carême et 1er jeudi de sept. (3 j.).

A 62 k. O. de Caen, 285 k. O. de Paris. Longit. occid., 3° 25′ 53″ ; latit., 49° 6′ 57″.

L'arrondissement de St-Lô est composé de 9 cantons : Canisy, Carentan, Marigny, Percy, St-Clair, St-Jean-de-Daye, St-Lô, Tessy, Torigny.

Bibliographie. * *La Prinze de la ville de St-Lô, le 10 juin 1574, par M. de Matignon*, in-8, 1574.
* *Prise de la ville de St-Lô, en 1574, sur les huguenots*.

LOBE (la), vg. *Moselle*. ○. A 18 k. de Metz.

LOBSANN, ou LUSANNE, vg. *B.-Rhin* (Alsace), arr. et à 15 k. de Wissembourg, cant. et ✉ de Soultz-sous-Forêts. Pop. 657 h.

Ce village, situé sur la Soultzbach, possède une usine d'asphalte importante, qui occupe environ 350 ouvriers. L'exploitation se fait par puits et galeries au moyen de machines d'extraction. Le calcaire asphaltique, en grande masse riche, puissante et de bonne qualité, sert de toit ou de recouvrement à la mine de molasse bitumineuse ou de goudron minéral pisasphaltique plus ou moins riche, et souvent à peine ou légèrement sableux.

Bibliographie. CALMELET (Timoléon). *Description de la mine de lignite de Lobsann* (Journ. des mines, t. XXXVII, p. 369).
* *Notice sur les produits bitumineux des mines de Lobsann*, in-8, 1833.

LOCARN, vg. *Côtes-du-Nord* (Bretagne), arr. et à 45 k. de Guingamp, cant. de Maël-Carhaix, ✉ de Callac. Pop. 1,642 h. — Foires le 1er lundi de mai et de sept.

LOC-BRÉVALAIRE, vg. *Finistère* (Bretagne), arr. et à 20 k. de Brest, cant. de Plabennec, ✉ de Lesneven. Pop. 236 h.

LOC-EGUINER, vg. *Finistère* (Bretagne), arr. et à 34 k. de Brest, cant. de Ploudiry, ✉ de Landivisiau. Pop. 740 h.

LOCH, vg. *Côtes-du-Nord*, comm. de Peumérite-Quintine, ✉ de Callac.

LOCH-WURTH, vg. *H.-Rhin*, comm. de Jettingen, ✉ d'Altkirch. ○.

LOCHÉ, vg. *Eure-et-Loir*, comm. de Ver-les-Chartres, ✉ de Chartres.

LOCHÉ, vg. *Indre-et-Loire* (Touraine), arr. et à 18 k. de Loches, cant. et ✉ de Montrésor. Pop. 1,203 h.

LOCHÉ, vg. *Saône-et-Loire* (Bourgogne), arr., cant., ✉ et à 7 k. de Mâcon. P. 307 h.

LOCHE-BORGNE, vg. *Aube*, comm. de Chessy, ✉ d'Ervy.

LOCHÈRE, vg. *Meuse*, comm. d'Aubréville, ✉ de Clermont-en-Argonne.

LOCHES, vg. *Aube* (Champagne), arr., et à 14 k. de Bar-sur-Seine, cant. d'Essoyes. Pop. 1,234 h. — On y voit des tours en ruines, restes d'un ancien château fort détruit à une époque déjà éloignée.

PATRIE du docteur en chirurgie GERDY, professeur à la faculté de médecine de Paris, membre de l'académie royale de médecine.

Foires les 24 août, 5 sept. et 21 déc.

LOCHES, *Lochiæ, Lociæ, Cuca*, petite ville, *Indre-et-Loire* (Touraine), chef-l. de sous-préf. et d'un cant. Trib. de 1re inst. Collége communal. 2 cures. Gîte d'étape. ✉. ☞. Pop. 4,581 h. — TERRAIN crétacé inférieur, grès vert.

Autrefois comté et château, diocèse et intendance de Tours, parlement de Paris, chef-lieu d'élection, bailliage, maîtrise particulière, grenier à sel, chapitre. 4 couvents.

Cette ville est très-agréablement située, dans une contrée fertile, sur la rive gauche de l'Indre, à peu de distance de Beaulieu, dont elle n'est séparée que par une suite de ponts jetés sur plusieurs bras de l'Indre. Elle est bâtie en amphithéâtre, et dominée par les restes d'un antique château.

Les **armes de Loches** sont : *de gueules à six* (alias, *à trois*) *poissons d'argent péris en fasce, trois en chef, deux en fasce et un en pointe ; au chef d'azur chargé de trois fleurs de lis d'or*.

La construction du château de Loches paraît remonter au commencement de la monarchie française. Il passa sous la domination des ducs d'Aquitaine, puis sous celle des comtes d'Anjou.

Ce château, bâti sur un rocher isolé et entièrement escarpé de trois côtés, ne consistait dans le principe qu'en une tour carrée, à laquelle on ajouta une enceinte de petites tours rondes, dont les restes existent encore ; ensuite on doubla cette étendue, et l'on construisit un palais qui fut successivement habité par les rois Charles VII, Louis XI, Charles VIII, Louis XII, François Ier, Henri II, et par Charles IX. Le donjon, qui sert aujourd'hui de maison de détention, est parfaitement conservé, ainsi que la partie des bâtiments où on a établi la sous-préfecture.

Le château de Loches a servi de prison à plusieurs illustres personnages, entre autres au cardinal de la Balue, au duc d'Alençon en 1456, à Charles de Melun, qui y eut la tête tranchée en 1468 ; à Philippe de Commines en 1486.

Au plus haut du château est bâtie une église, couverte en pierre, qui offre à son sommet deux pyramides hautes d'environ 50 m., accompagnées de deux clochers.

Au milieu du chœur se voyait le tombeau d'Agnès Sorel, élevé par les chanoines de Loches, auxquels la gente Agnès avait légué deux mille écus d'or. Il était en marbre noir décoré de plusieurs inscriptions et épitaphes, au nombre desquelles se trouve celle-ci, la seule qui soit en français : « Cy gist noble demoiselle Agnès Seurelle, en son vivant dame de Beauté, de Roquesériers, d'Issoudun et de Vernon sur Seine, piteuse envers toutes gens, et qui largement donnoit de ses biens aux églises et aux pauvres ; laquelle trespassa le neufvième jour de février, l'an de grâce mil quatre cent quarante-neuf. Priez Dieu pour l'âme d'elle. » V. FROMENTEAU.

Le tombeau d'Agnès Sorel, qui remonte à la naissance des beaux-arts en France, était tout à fait dégradé et avait été relégué dans une chapelle, où il était menacé d'une destruction totale. Par les soins du général Pommereul, préfet d'Indre-et-Loire, il a été restauré en 1806, ainsi que la statue d'Agnès, et placé dans une tour dont l'entrée donne sur la terrasse du château.

A peu de distance de Loches était la chartreuse du Liget, fondée par Henri II, roi d'Angleterre, en expiation du meurtre commis sur la personne de Thomas Becket, archevêque de Cantorbéry, dans un vallon solitaire peu éloigné de l'Indrois. Il ne reste que très-peu de chose de ce beau monastère. — Non loin de là, dans la forêt, sont les ruines de la chapelle de St-Jean du Liget, près de la fontaine du même nom. — Au sud de la chartreuse du Liget, dans la portion de la forêt de Loches nommée le Châtellier, on voit les restes de retranchements d'un camp qui offre une superficie d'environ 5,500 m. carrés, établi, à ce que l'on suppose, pour conserver la ligne stratégique et les communications entre la garnison de Loches et celle de Montrichard.

PATRIE de l'inspecteur général LAMBLARDIE.

Fabriques de toiles et de grosses draperies. Filatures de laine. Papeterie. — *Commerce* de vins, bois et bestiaux. — *Foires* le 1er mercredi de chaque mois, excepté nov.

A 41 k. S.-E. de Tours, 249 k. S.-O. de Paris, par Tours.

L'arrondissement de Loches est composé de 6 cantons : la Haye, Liguiel, Loches, Montrésor, Pressigny-le-Grand, Preuilly.

Bibliographie. PIERRES (le chev. Adolphe de), *Tablettes chronologiques de l'histoire, du château et de la ville de Loches*, in-4, 1843.

LOCHEUR (le), vg. *Calvados* (Normandie), arr. à 18 k. de Caen, cant. et ✉ de Villers-Bocage. Pop. 404 h.

LOCHIEU, vg. *Ain* (Bourgogne), arr. à 25 k. de Belley, cant. de Champagne, ✉ de Culoz. Pop. 301 h.

LOCHRIST, vg. *Finistère*, comm. du Conquet, ✉ de St-Renan. — Il donne son nom à une grande baie foraine située entre la pointe de St-Matthieu et le Conquet, où l'on trouve depuis quatre jusqu'à sept brasses d'eau.

L'église de Lochrist, dont le clocher sert de point de reconnaissance aux navigateurs qui s'aventurent sur cette côte fréquente en naufrages, renferme un assez beau tombeau en marbre noir de Michel le Nobletz, apôtre de la basse Bretagne, né au château de Kerodern en Plouguerneau. Sa statue, de proportion humaine, bien modelée en terre cuite et peinte de couleur naturelle, est à genoux sur son tombeau, tenant les mains jointes et le visage tourné vers l'évangile du maître autel.

LOCHWILLER, vg. *B.-Rhin* (Alsace), arr., ✉, et à 6 k. de Saverne, cant. de Marmoutier. Pop. 574 h.

LOCH-WURTH, vg. *H.-Rhin*. ☞. A 13 k. d'Altkirch.

LOCHY, vg. *Cher*, comm. de Lissay, ✉ de Bourges.

LOCMALO, vg. *Morbihan* (Bretagne), arr. et à 18 k. de Pontivy, cant. et ✉ de Guémené. Pop. 1,390 h.

LOCMARIA, vg. *Côtes-du-Nord*, comm. de Plouguernevel, ✉ de Rostrenen.

LOCMARIA, vg. *Finistère* (Bretagne), arr., ✉ et à 14 k. de Brest, cant. de St-Renan. Pop. 1,226 h. — On y remarque les ruines pittoresques d'une église gothique dont les arceaux, la nef et les piliers sont couverts de lierre.

LOCMARIA, vg. *Finistère* (Bretagne), arr. et à 35 k. de Châteaulin, cant. et ✉ de Huelgoat. Pop. 996 h.

LOCMARIA, vg. *Finistère*, comm. et ✉ de Quimper.

LOCMARIA, vg. *Morbihan* (Bretagne), arr. et à 76 k. de Lorient, cant. de Belle-Isle-en-Mer, ✉ du Palais. Pop. 1,599 h. — Il est situé à l'extrémité méridionale de l'île de Belle-Isle, près de l'Océan, entre la pointe du Canon et la pointe de Locmaria.

LOCMARIA, vg. *Morbihan*, comm. de Groix, ✉ de Port-Louis.

LOCMARIAQUER, village maritime, *Morbihan* (Bretagne), arr. et à 54 k. de Lorient, cant. et ✉ d'Auray. Pop. 2,096 h.

Il est situé près de l'Océan, où il a un port qui peut recevoir des bâtiments de toute grandeur.

Locmariaquer, aujourd'hui chétif village, occupe l'emplacement de *Dariorieum*, métropole de la belliqueuse peuplade des Venètes. On y voit les restes d'un cirque, les débris d'une voie romaine, et de nombreux monuments druidiques ; parmi ces derniers, le plus remarquable est un grand dolmen, classé au nombre des monuments historiques, dont la surface intérieure offre des caractères inconnus sculptés en creux, qui ont près de 33 c. de longueur. Non loin de là est un menhir colossal de 21 m. de longueur, brisé en six parties. — *Commerce* d'huîtres. — Cabotage.

LOCMÉLARD, vg. *Finistère* (Bretagne), arr. et à 30 k. de Morlaix, cant. de Sizun, ✉ de Landivisiau. Pop. 1,094 h.

LOCMINÉ, *Lok-Menekh*, petite ville, *Morbihan* (Bretagne), arr. de Pontivy, chef-l. de cant. Cure. Gîte d'étape. ✉. ☞. A 431 k. de Paris pour la taxe des lettres. Pop. 1,858 h. — TERRAIN cristallisé, micaschiste.

On voit dans le voisinage de cette ville, devant la porte d'une maison particulière, deux statues provenant de la démolition du château de Quimpili, qui ont acquis une certaine célébrité par les dissertations auxquelles elles ont donné lieu, et qui ont inutilement jusqu'ici exercé la patience des antiquaires.

Fabriques de chapeaux communs. Carrières de beau granit exploitées. — *Commerce* important de beurre. — *Foires* la veille de l'Ascension et 1er jeudi de chaque mois, excepté de mai.

LOCMIQUÉLIE, vg. *Morbihan*, comm. de Riantec, ✉ de Port-Louis.

LOCOAL-MENDON, vg. *Morbihan* (Bretagne), arr. et à 27 k. de Lorient, cant. de Belz, ✉ d'Auray. Pop. 1,846 h.

LOCON, vg. *Pas-de-Calais* (Artois), arr., cant., ✉ et à 6 k. de Béthune. Pop. 1,722 h.

LOCONVILLE, vg. *Oise* (Picardie), arr. et à 26 k. de Beauvais, cant. et ✉ de Chaumont-en-Vexin. Pop. 170 h.

LOCQUÉMEAU, vg. *Côtes-du-Nord*, com. de Trédrez, ✉ de Lannion.

LOCQUÉNOLÉ, vg. *Finistère* (Bretagne), arr., ✉ et à 7 k. de Morlaix, cant. de Taulé. Pop. 417 h.

LOCQUENVEL, vg. *Côtes-du-Nord* (Bretagne), arr. et à 29 k. de Guingamp, cant. ✉ de Belle-Isle-en-Terre. Pop. 412 h.

LOCQUIGNOL, vg. *Nord* (Flandre), arr. et à 35 k. d'Avesnes, cant. et ✉ du Quesnoy. Pop. 699 h.

LOCQUIREC, vg. *Finistère* (Bretagne), arr., ✉ et à 25 k. de Morlaix, cant. de Lanmeur. Pop. 1,067 h.

LOCRONAN, bg *Finistère* (Bretagne), arr., cant., ✉ et à 15 k. de Châteaulin. Gîte d'étape. Pop. 773 h. — Manufactures de toiles à voiles et de toiles à sacs. — *Foires* les 1er mai, mardi après la St-Michel, 1er mardi de fév., d'avril, de mai et de nov.

LOCTUDY, vg. *Finistère* (Bretagne), arr. et à 20 k. de Quimper, cant. et ✉ de Pont-l'Abbé. Pop. 1,538 h.

LOCUNOLÉ, vg. *Morbihan* (Bretagne), arr. et à 48 k. de Pontivy, cant. et ✉ du Faouet. Pop. 463 h.

LOCUON, vg. *Morbihan*, comm. de Langoëlan, ✉ de Guémené.

LODDES, vg. *Allier* (Bourbonnais), arr. de la Palisse, à 32 k. de Cusset, cant. et ✉ du Donjon. Pop. 526 h.

LODES, vg. *H.-Garonne* (Comminges), arr., cant., ✉ et à 9 k. de St-Gaudens. Pop. 650 h.

LODÈVE, *Forum Neronis Arecomicum*, *Luteva*, *Lodova*, ville ancienne, *Hérault* (Languedoc), chef-l. de sous-préf. (1er arr.) et d'un cant., Trib. de 1re inst. et de comm. Chambre de comm. Conseil de prud'hom. Société d'agricult. Collège comm. Cure. Gîte d'étape. ✉. Pop. 10,477 h. — TERRAIN jurassique voisin du trias, et du terrain volcanique.

Autrefois évêché, parlement de Toulouse, généralité de Montpellier, chef-lieu d'une recette, bailliage, abbaye de Saint-Benoît. — L'évêché de Lodève, un des plus anciens de France, fut fondé vers 415. Son premier évêque fut saint Flour. L'évêque, qui au XVIIIe siècle, prenait encore le titre de comte de Montbrun, était seigneur temporel et spirituel de sa ville, et avait haute et basse justice et la suzeraineté sur tout son diocèse, où huit cents petits fiefs étaient dans sa mouvance. En outre il avait le pouvoir de bâtir des tours et des forteresses, et prenait rang parmi les grands seigneurs du midi.

Une route de la Table de Peutinger, qui conduit d'*Agatho*, Agde, à *Sigodunum*, Rodez, détermine la position de *Luteva* à Lodève. De la domination romaine cette ville passa sous celle des Goths, qui la ravagèrent. Pepin la réunit à la couronne en 759. Elle fut prise, en 1573, par les Albigeois, qui, après l'avoir pillée et saccagée, y commirent toutes sortes d'excès.

Les armes de Lodève sont : *d'azur à la croix d'or*.

Lodève est une ville agréablement située au pied des Cévennes, dans un joli vallon, sur la rive gauche de l'Ergue, qui y reçoit la Salondres. Elle est entourée de bonnes murailles, mal bâtie et mal percée ; mais l'air y est pur et les environs sont délicieux. De belles avenues la précèdent, et l'on y arrive de Montpellier par un joli pont jeté sur l'Ergue, qui en embellit l'entrée. Les montagnes qui l'environnent sont cultivées jusqu'à leurs sommets. Quoique son territoire soit en général sec, il est presque partout couvert de vignes, d'oliviers et de mûriers ; la campagne offre des coups d'œil ravissants. Les rives de l'Ergue présentent de magnifiques tapis de verdure, et les environs de la ville sont embellis de maisons de campagne bâties dans des sites réellement enchanteurs.

L'ancienne église cathédrale de St-Etienne renferme le mausolée de l'évêque Plantaviti de la Pause, exécuté dans la première partie du XVIIe siècle par un habile artiste d'Italie. Ce mausolée, en beau marbre blanc statuaire, est porté sur quatre lions aussi en marbre, posés à chacune des extrémités du monument. Il est surmonté de la statue couchée de l'évêque de Plantaviti, en habits pontificaux.

Lodève possède des sources d'eau minérale qui attiraient beaucoup d'étrangers avant la découverte de la source thermale de Balaruc. — Aux environs on voit la grotte dite des Juifs, qui mérite d'être visitée pour les belles stalactites qu'elle renferme.

Biographie. Patrie du cardinal DE FLEURY. Du conventionnel BRUNEL. Du général LAGARDE, etc.

INDUSTRIE. *Manufactures* de draps pour les Echelles du Levant et l'habillement des troupes. Lodève, Clermont, Villeneuvette, Bédarieux, St-Pons, St-Chinian, Riols, où l'on trouve 65 filatures et 2,000 métiers pour le tissage, occupent environ 15,000 ouvriers.

Fabriques d'étoffes de laine, bas, savon, bougies. Tanneries, etc. — *Commerce* de draps, vins, eaux-de-vie, amandes, etc.

Foires les 26 et 27 août, lundi après le 3 fév. (2 jours), lendemain de St-Fulcran (2 jours) et lundi de la 3e semaine de nov. (2 jours).

A 52 k. N.-N.-O. de Montpellier, 696 k. S. de Paris. Lat. 43° 43' 47", long. 0° 58' 48" E.

L'arrondissement de Lodève est composé de 5 cantons : le Caylar, Clermont, Gignac, Lodève, Lunas.

Bibliographie : * *Histoire, Antiquités et Architectonique de l'église de Lodève et du prieuré conventuel de St-Michel de Grandmont*, in-4, 1839.

ESTÈVE. *Lettre sur les eaux de St-Laurent, de Lodève et de Braségur* (Nat. considérée, t. v, p. 33, 1774).

LODS, vg. *Doubs* (Franche-Comté), arr. et à 32 k. de Besançon, cant. et ✉ d'Ornans. Pop. 1,125 h.

Sur le territoire de ce village, au fond d'un petit vallon exposé au levant, on remarque une fort belle grotte, connue sous le nom de Grande-Baume. L'ouverture a 5 m. de largeur sur 10 m. de hauteur : on entre d'abord dans une première salle, en forme de four, de 15 m. de profondeur, parfaitement éclairée ; cette salle est ornée de belles stalactites très-variées et d'un bel effet. Dans l'enfoncement on aperçoit une ouverture fort étroite par laquelle on s'introduit dans une seconde salle remplie d'une multitude de stalactites et de stalagmites fort curieuses, dont quelques-unes offrent une représentation assez exacte de trois femmes couvertes d'un domino, tenant des enfants dans leurs bras.

Fabriques de kirsch-wasser. Forges, tréfileries, clouteries, épinglerie, et belle fabrication de fil de fer à cardes.

LŒUILLEY, vg. *H.-Saône* (Franche-Comté), arr., ✉ et à 18 k. de Gray, cant. d'Autrey. Pop. 242 h. — Forges et haut fourneau.

LŒUILLY, vg. *Aisne*, comm. et ✉ de Laon.

LŒUILLY, vg. *Seine-Inf.*, comm. d'Etainpuis, ✉ de Tôtes.

LŒUILLY, vg. *Somme* (Picardie), arr. et à 20 k. d'Amiens, cant. de Conty, ✉ de Flers. Pop. 889 h.

LOFFRE, vg. *Nord* (Flandre), arr., cant., ✉ et à 6 k. de Douai. Pop. 161 h.

LOGE (la), vg., *Loir-et-Cher*, comm. de Theillay, ✉ de Vierzon, ⚒.

LOGE (la), vg. *Mayenne*, comm. de Villiers, ✉ de Château-Gontier, ⚒.

LOGE (la), vg. *Pas-de-Calais* (Boulonais), arr. et à 26 k. de Montreuil-sur-Mer, cant. et ✉ de Hesdin. Pop. 293 h.

LOGE (la), vg. *H.-Saône*, comm. de Germiguey, ✉ de Gray.

LOGE-AUX-CHÈVRES, vg. *Aube* (Champagne), arr. et à 28 k. de Bar-sur-Aube, cant. et ✉ de Vendeuvre, Pop. 229 h.

LOGE-BORGNE, *Aube*. V. LOCHE-BORGNE.

LOGE-FOUGEREUSE (la), vg. *Vendée* (Poitou), arr. à 19 k. de Fontenay-le-Comte, cant. et ✉ de la Châtaigneraie. Pop. 590 h. — Filature de laine cardée. — *Foires* le 1er mercredi de sept. et d'oct.

LOGE-MÉGRIGNY (la), *Aube*. V. LOGE-AUX-CHÈVRES (la).

LOGE-POMBLIN (la), vg. *Aube* (Champagne), arr. et à 28 k. de Bar-sur-Seine, cant. et ✉ de Chaource. Pop. 183 h.

LOGELBACH (le), vg. *H.-Rhin*, comm. de Colmar et Vintzenheim, ✉ de Colmar. — Manufacture d'indiennes, ⊙ 1806-19-23-27-39-44. Filatures importantes de coton, ⊙ 1839-44.

LOGES (les), vg. *Calvados* (Normandie) arr. et à 25 k. de Vire, cant. d'Aulnay-sur-Odon, ✉ de Mesnil-Auzouf. Pop. 306 h.

LOGES (les), vg. *Calvados*, comm. et ✉ de Lisieux.

LOGES (les), vg. *H.-Marne* (Champagne), arr. et à 16 k. de Langres, cant. et ✉ du Fayl-Billot. Pop. 437 h.

LOGES (les), vg. *Nièvre*, comm. et ✉ de Pouilly-sur-Loire.

LOGES (les), vg. *Nièvre*, comm. de Saxi-Bourdon, ✉ de St-Saulge.

LOGES (les), vg. *Seine-et-Oise*, comm. et ✉ de St-Germain-en-Laye. — Foire remarquable et très-importante le 1er sept. (8 jours). V. St-Germain-en-Laye.

LOGES (lès), vg. *Seine-Inf.* (Normandie), arr. et à 29 k. du Havre, cant. et ✉ de Fécamp. Pop. 1,876 h. — Foires le 3e lundi de mars, ou le lundi suivant si le 3e lundi tombe le jour des Rameaux; 2e lundi d'oct., ou lundi 23 oct. si le 2e lundi tombe le 16 oct.

LOGES (les), vg. *Somme*, comm. de Beuvraignes, ✉ de Roye.

LOGES-EN-JOSAS (les), vg. *Seine-et-Oise* (Ile-de-France), arr., cant., ✉ et à 5 k. de Versailles. Pop. 301 h. — Il est bâti sur une éminence qui domine un joli paysage.

LOGES-GRAVES (les), vg. *Eure*, comm. de Ste-Marthe, ✉ de Conches.

LOGES-MARCHIS (les), vg. *Manche* (Normandie), arr. et à 21 k. de Mortain, cant. et ✉ de St-Hilaire-du-Harcouet. Pop. 1,492 h.

LOGES - MARGUERON (les), vg. *Aube* (Champagne), arr. et à 22 k. de Bar-sur-Seine, cant. et ✉ de Chaource. Pop. 391 h. — Verrerie à bouteilles.

LOGES - SAULCES (les), vg. *Calvados* (Normandie), arr., cant., ✉ et à 9 k. de Falaise. Pop. 367 h.

LOGES-SUR-BRÉCEY (les), vg. *Manche* (Normandie), arr. et à 18 k. d'Avranches, cant. et ✉ de Brécey. Pop. 547 h.

LOGIS (le), vg. *Orne*, comm. de Damigni, ✉ d'Alençon.

LOGIS-NEUF (le), vg. *Ain*, com. de Confrançon, ✉. ⌑. A 417 k. de Paris pour la taxe des lettres.

LOGLENHEIM, ou Logèle, vg. *H.-Rhin* (Alsace), arr. et à 10 k. de Colmar, cant. et ✉ de Neuf-Brisach. Pop. 421 h.

LOGNES, vg. *Seine - et - Marne* (Ile-de-France), arr. et à 28 k. de Meaux, cant. de Lagny, ✉ de Torcy. Pop. 119 h.

LOGNY-BOGNY, vg. *Ardennes* (Champagne), arr. et à 22 k. de Rocroi, cant. de Rumigny, ✉ d'Aubenton. Pop. 398 h.

LOGNY - LES - AUBENTON, vg. *Aisne* (Picardie), arr. et à 25 k. de Vervins, cant. et ✉ d'Aubenton. Pop. 214 h.

LOGNY-LES-CHAUMONT, vg. *Ardennes* (Champagne), arr. et à 24 k. de Réthel, cant. et ✉ de Chaumont-Porcien. Pop. 165 h.

LOGONNA, vg. *Finistère* (Bretagne), arr. et à 30 k. de Brest, cant. de Daoulas, ✉ du Faou. Pop. 1,383 h.

LOGONNA - QUIMERCH, vg. *Finistère* (Bretagne), arr. et à 15 k. de Châteaulin, cant. et ✉ du Faou. Pop. 254 h.

LOGRAS, vg. *Ain*, comm. de Péron, ✉ de Collonges.

LOGRIAN, vg. *Gard* (Languedoc), arr. et à 45 k. du Vigan, cant. et ✉ de Sauve. Pop. 339 h.

LOGRON, vg. *Eure-et-Loir* (Beauce), arr., cant., ✉ et à 10 k. de Châteaudun. Pop. 789 h.

LOGUIVY - LEZ - LANNION, vg. *Côtes-du-Nord* (Bretagne), arr., cant. et à 2 k. de Lannion. Pop. 370 h.

LOGUIVY - PLOUGRAS, vg. *Côtes-du-Nord* (Bretagne), arr. et à 30 k. de Lannion, cant. de Plouaret, ✉ de Belle-Isle-en-Terre. Pop. 3,084 h. — Foire la veille de Pâques.

LOHÉAC, vg. *Ille-et-Vilaine* (Bretagne), arr. et à 32 k. de Redon, cant. de Pipriac, ✉. ⌑. A 386 k. de Paris pour la taxe des lettres. Pop. 446 h. — Terrain de transition moyen.

Commerce d'étoffes de laine, bestiaux, instruments aratoires.—*Foires* les 5 avril, 5 août, 27 déc., samedi de Pâques, jeudi après la Pentecôte, mardi après la St-Martin.

LOHITZUN, vg. *B.-Pyrénées* (Navarre), arr. de Mauléon, cant., ✉ et à 10 k. de St-Palais. Pop. 384 h.

LOHR, vg. *B.-Rhin* (Alsace), arr. et à 20 k. de Saverne, cant. et ✉ de la Petite-Pierre. Pop. 605 h.

LOHUEC, vg. *Côtes-du-Nord* (Bretagne), arr. et à 35 k. de Guingamp, cant. et ✉ de Callac. Pop. 968 h.

LOIGNÉ, vg. *Mayenne* (Anjou), arr., cant., ✉ et à 7 k. de Château-Gonthier. Pop. 1,005 h.

LOIGNY, vg. *Eure-et-Loir* (Beauce), arr. et à 31 k. de Châteaudun, cant. d'Orgères, ✉ de Patay. Pop. 391 h.

LOING (le), *Lupia*, rivière qui prend sa source près de Ste-Colombe-en-Puisaye, au-dessus d'Auxerre (*Yonne*); elle passe à St-Fargeau, Bléneau, Rogny, Châtillon-sur-Loing, Montargis, Nemours, Moret, et se jette dans la Seine, un peu au-dessous de cette ville, après un cours d'environ 120 k.

Le Loing est flottable depuis St-Fargeau, et navigable, au moyen du canal de son nom, depuis Montargis jusqu'à son embouchure dans la Seine. La quantité de bois flotté annuellement sur cette rivière s'élève à environ 25,000 stères de bois de chauffage pour l'approvisionnement de Paris.

LOING (canal du), ou de Montargis (*Loiret et Seine-et-Marne*). Ce canal fait suite aux canaux d'Orléans et de Briare; il est alimenté par ces deux canaux, ainsi que par les eaux de la rivière de Loing. Il commence à Montargis, au pont de Loing, passe à Cepoy, Nargis, Nemours, Moret, et se jette dans la Seine à St-Mamert, après un développement de 52,934 m. Le canal du Loing reçoit celui d'Orléans à Buges, à 3,934 m. de son origine, et s'embranche un peu plus loin avec une portion de canal qui se dirige sur Puits-la-Lande, ouverte en 1759 pour faciliter l'exploitation des bois de la forêt de Montargis. L'époque du chômage annuel est du 1er août au 1er novembre.

Bibliographie. * *Edit du roi portant permission de faire construire un canal de navigation à commencer depuis la rivière de Loire, près d'Orléans, jusqu'à celle de Loing, qui tombe dans la Seine*, in-4, 1669.

LOINVILLE, vg. *Eure-et-Loir*, comm. de Champseru, ✉ de Gallardon.

LOIR (le), *Lidus, Leda, Lidericus*, rivière qui prend naissance dans la commune de St-Eman, cant. d'Illiers, arr. de Chartres *Eure-et-Loir*. Il avait à la fois sa source dans le bois du Loir, commune des Corvées, canton de la Loupe, et était alimenté par les étangs de Villebon, de Cernay, des Châteliers, etc.; mais aujourd'hui ces étangs étant en partie desséchés, la source du Loir ne remonte pas au delà de la commune de St-Eman, où se trouvent plusieurs fontaines. Cette rivière, qui tient le second rang parmi celles du département, coule d'abord du nord au sud, passe à Illiers, St-Avit, Saumeray, Alluyes, Bonneval, St-Martin-en-Peou, St-Maur, Marboué, Châteaudun, d'où elle se dirige au sud-ouest, arrose Douy, Montigny, Cloyes, au-dessous duquel elle entre dans le département de Loir-et-Cher, passe à Morée, Freteval, Vendôme, Montoire, quitte ce département, coule dans celui de la Sarthe, arrose Poncé, la Chartre, Château-du-Loir, le Lude, la Flèche, entre dans le département de Maine-et-Loire, passe à Durétal, Seiches, et se jette dans la Sarthe, au-dessous de Briolay, après un cours d'environ 240 k. Ses principaux affluents dans le département d'Eure-et-Loir sont la Thironne, le Foussard, l'Ozanne, la Conie et l'Hyère.

Le Loir commence à être flottable à Poncé, au confluent de la Braye, et navigable à Coëmont, près du château du Loir (Sarthe). La longueur de la partie flottable est de 28,000 m., et celle de la partie navigable est de 113,894 m. La navigation du Loir est susceptible d'être portée jusqu'au-dessus de Bonneval. Cette rivière a cela d'avantageux qu'elle est toujours abondamment pourvue dans toutes les saisons de l'année, même dans les plus grandes sécheresses, et qu'elle n'est jamais ou presque jamais prise par les glaces. Il y a sur la rivière du Loir quarante portes marinières, dont trente-neuf en bois, et une en maçonnerie construite à Pont-l'Évêque; leur largeur varie de 4 m. 50 c. à 5 m. La navigation n'a jamais remonté au delà de Château-du-Loir; le plus souvent même elle ne remonte que jusqu'à la Flèche, ou le halage se fait à la corde avec des hommes, et le chemin n'est autre chose qu'un sentier d'un mètre de large. Mais le plus grand avantage de cette navigation résultera de l'exécution du projet de jonction du Loir avec l'Eure.

LOIRAC, vg. *Gironde*, comm. de Jau, ✉ de l'Esparre.

LOIRAS, vg. *Hérault*, comm. du Bosc, ✉ de Lodève.

LOIRE, vg. *Charente-Inf.* (Saintonge), arr., cant., ✉ et à 9 k. de Rochefort-sur-Mer. Pop. 242 h.

LOIRÉ, vg. *Charente-Inf.* (Saintonge), arr. et à 19 k. de St-Jean-d'Angely, cant. et ✉ d'Aulnay. Pop. 696 h.

LOIRÉ, vg. *Charente-Inf.*, comm. de Vérines, ✉ de Nuaillé.

LOIRÉ, bg *Maine-et-Loire* (Anjou), arr. et à 13 k. de Segré, cant. et ✉ de Candé. Pop. 1,560 h. — *Foire* le 9 sept.

LOIRE, vg. *Rhône* (Forez), arr. et à 25 k. de Lyon, cant. de Ste-Colombe, ✉ de Givors. Pop. 1,308 h.

LOIRE (la), *Liger*, l'un des principaux fleuves de la France par l'étendue de son cours. Il prend sa source au mont Gerbier-le-Joux, près du village de Ste-Eulalie, canton de Burzet, arrondissement de l'Argentière, département de l'Ardèche; arrose un vaste bassin de plus de 800 k. d'étendue; partage la France en deux parties presque égales; établit une communication entre l'Océan et la Méditerranée par le canal du Centre, et facilite les opérations commerciales d'un grand nombre de villes du royaume.

Ce fleuve majestueux coule d'abord resserré entre les montagnes agrestes du Vivarais; il traverse ensuite le Vélay, le Forez, le Berry, le Nivernais, et se dirige à peu près du sud-est au nord-ouest, depuis sa source jusqu'à Orléans; au-dessous de cette ville il prend son cours directement à l'ouest et traverse un fertile bassin bordé de coteaux boisés et de collines plantées de vignes, au pied desquels s'étendent de belles et vastes plaines, couvertes des plus riches produits de l'agriculture, et de riantes prairies parsemées de bouquets d'arbres. De nombreux hameaux, des bourgs, des villes, des villages, des châteaux, des habitations creusées dans le roc, de riches vignobles, bordent ses deux rives et se réfléchissent dans ses eaux, dont un grand nombre de barques sillonnent les ondes, et animent le charmant paysage qui se prolonge pendant plus de 150 k. jusqu'aux environs d'Angers.

La Loire n'offre pas de bassin constant pour la navigation; le déplacement des sables d'un bord sur l'autre fait varier à chaque crue le chemin que doivent suivre les bateaux. Les eaux de ce fleuve étaient en général peu encaissées; il a fallu, dans le double but de les réunir en temps de sécheresse et de les contenir lors des grandes crues et des débâcles de glaces, construire à droite et à gauche de son lit des digues ou levées qui en dirigent le cours et opposent une barrière à ses inondations. Ces levées n'étaient dans l'origine qu'une suite de faibles digues, faites à la hâte pour se préserver des inondations imprévues; il est certain qu'elles n'ont eu d'autre direction que le cours même du fleuve; plus tard on eut l'idée heureuse d'utiliser doublement les digues de la rive droite, en y établissant la voie publique. Le premier fondateur de cette levée fut Louis le Débonnaire, qui accorda aux habitants de grands privilèges pour accélérer ces travaux importants. Trois siècles après, en 1150, une violente éruption des eaux de la Loire détruisit tous ces travaux; le duc d'Anjou, Henri II, roi d'Angleterre, plusieurs années après, fit venir des troupes pour travailler avec les habitants à terminer cette grande entreprise. Plusieurs successeurs de Henri perfectionnèrent ce bel ouvrage, et surtout la reine de Sicile vint y mettre la dernière main. Ces levées ont communément 7 m. de hauteur, 8 m. de largeur à leur sommet, et sont revêtues, dans les parties les plus exposées au choc des eaux, de maçonnerie en pierres sèches, nommé perré. Le milieu de la chaussée est pavé dans presque toute sa longueur, et offre une des plus belles routes du monde; elle est bordée de deux rangs de peupliers; et, peuplée de maisons de plaisance, de villes, de villages, qui, se succédant sans interruption, en font une promenade continuelle. On ne peut voir sans plaisir ces montagnes calcaires où sont creusées des habitations souterraines, surmontées de jardins et de vignobles, ni ces sites pittoresques répandus avec tant de profusion sur les bords de cette rivière majestueuse, presque toujours couverte de grosses barques, et qui de temps en temps se dérobe par plusieurs sinuosités aux yeux du voyageur. Les grandes crues de la Loire, les débâcles des glaces, mettent la levée en danger et obligent parfois les habitants de la vallée soit à fortifier la digue, soit à l'exhausser temporairement sur divers points. Les traditions locales, en transmettant le souvenir de quelques ruptures et des désastres qui les ont suivies, justifient les craintes et les précautions des habitants. — De 1496 à 1711, on compte vingt-trois ruptures de la digue; l'inondation qui suivit celle de 1615 est appelée encore le *Déluge de Saumur*: l'eau séjourna quinze jours dans la ville et dans les faubourgs. — Plusieurs de ces ruptures sont marquées par de petits lacs que la Loire, en se précipitant dans la vallée, a creusés au pied de la levée, comme à la Brèche-Pilot, à Boumois, etc. Ils ne tarissent point, même pendant les plus grandes sécheresses.

La Loire commence à être flottable à Retournac, département de la Haute-Loire, et navigable à la Noirie, département de la Loire. La longueur de la partie flottable est de 51,500 m.; le flottage se fait en trains, et sert au transport de sapins destinés à la construction des bateaux. La longueur de la partie navigable est de 812,769 m.; mais depuis la Noirie jusqu'à Roanne, sur une étendue de 72,000 m., la navigation n'a lieu qu'à la descente. Ce n'est qu'à Roanne que l'on embarque la majeure partie des marchandises de Lyon, du Languedoc, de la Provence et du Dauphiné. Les principaux objets de transport consistent en grains, farines, vins, eaux-de-vie et esprits, liqueurs, huiles, fruits du midi, denrées coloniales, sels, laines, chanvres, fers forgés, fontes, quincaillerie, charbon de terre, bois de marine et de construction, cordages, brai, goudron, etc.

La Loire passe à Bas-en-Basset, Aurec, près de St-Rambert, à Roanne, Digoin, Decize, Imphy, Nevers, la Charité, Pouilly, Cosne, Neuvy, Bonny, Châtillon-sur-Loire, Briare, Gien, Sully, Châteauneuf, Jargeau, Combleux, Orléans, Meun, Beaugency, St-Dié, Blois, Amboise, Montlouis, Tours, Luynes, Langeais, Candes, Montsoreau, Saumur, St-Mathurin, les Ponts-de-Cé, Chalonne, Ingrande, au-dessous duquel elle entre dans le département de la Loire-Inférieure, en côtoyant encore quelque temps celui de Maine-et-Loire, arrose Varades, Ancenis, Oudon, le Cellier, Mauves, Nantes, Chantenay, Basse-Indre, le Couëron, le Pellerin, Paimbœuf, Donges et St-Nazaire, et se jette dans l'océan Atlantique, au-dessous de cette dernière ville. Dans son cours, qui est d'environ 880 k., elle reçoit l'Arroux, la Bèbre, l'Arron, la Nièvre, l'Allier, grossi de la Sioule, le Loiret, le Cosson, le Beuvron, le Cher, grossi de l'Arnon, l'Indre, la Vienne, grossie de la Creuse et du Clain, le Thouet, l'Authion, la Mayenne, grossie de la Sarthe et du Loir, la Sèvre-Nantaise, l'Erdre, l'Achenau, et quantité d'autres rivières. Après avoir, dans un espace de plus de 880 k., traversé un pays fertile, où elle répand l'abondance, et baigne les cités opulentes dont elle fait la richesse, la Loire vient enfin, auprès de St-Nazaire, décharger dans l'Océan la masse de ses eaux. Son onde, claire et limpide, prend cependant la teinte jaunâtre du sable et des graviers qu'elle entraîne. Son cours, rapide et majestueux à la fois, respecte ordinairement les limites que la nature lui a données; mais en hiver, lorsque la fonte des neiges a grossi ses flots, c'est un torrent irrité qu'aucun obstacle n'arrête; il inonde les plaines immenses qui le bordent, et les énormes glaçons qu'il charrie, rompant les câbles des navires qui n'ont pas eu la précaution de chercher un abri, occasionnent souvent les plus grands désastres.

La Loire a toujours été et sera toujours célèbre dans les annales du commerce. Dès la plus haute antiquité, les vaisseaux de tous les peuples sont venus lui apporter les tributs des quatre parties du monde. Elle a près de 12 k. de large à son embouchure entre Paimbœuf et St-Nazaire, où elle forme une rade immense presque toujours couverte de vaisseaux de toutes les nations, que le peu de profondeur de ses eaux, en plusieurs endroits, empêche de remonter jusqu'à Nantes.

L'énorme quantité de sable que la Loire entraîne avec elle dans son cours, et que lui portent les rivières affluentes, principalement l'Allier, donne naissance à un grand nombre de bancs mobiles ou fixes de sables, qui gênent la navigation et l'interrompent même tout à fait pour les grands bâtiments pendant l'été. A cette époque, lorsque la mer est basse, ces bancs se développent tout entiers à la vue. Quelques-uns sont formés d'une grève déjà durcie et unie comme une plaine; d'autres sont mobiles, et les flots y tracent chaque jour de longues ondulations. En approchant de Paimbœuf, le sable se désagrège davantage; il se dérobe entièrement sous le poids qui le foule, et ne présente à la vue que des formes indécises, des sillons que le moindre flot efface. Parmi ces bancs, les plus considérables de ceux qui sont consolidés sont ceux de Chésine, de Chantenay, de la Queue-des-Plombs et de Belle-Ile, sur lesquels il ne reste, dans les basses eaux, que 72 c. à 84 c. d'eau, et qui, dans les plus fortes marées, ne donnent que 4 m. 72 c., 2 m. 27 c., 2 m. 33 c. d'eau. Indépendamment de ces bancs, la rade est obstruée par plusieurs autres, et, à l'ouest du port, par une barre qu'un vaisseau tirant 5 m. d'eau ne peut franchir qu'à l'aide du vent et de la marée. Enfin la rade de Mindin est fermée, à 8 k. au large, par une autre barre que les frégates du premier rang ne peuvent traverser qu'à la pleine mer.

Dans le dernier siècle, on songea à maintenir la navigation de la Loire en réunissant les eaux de la rivière dans un seul canal; mais ce projet, qu'on essaya de mettre à exécution, a coûté des sommes immenses sans qu'on ait éprouvé des améliorations sensibles. Un ingénieur a proposé depuis de creuser un canal de Nantes au Croisic, parallèlement au cours de la Loire. Aujourd'hui la navigation est plus difficile que jamais. En été, de simples canots sont obligés d'attendre le retour de la marée pour se rendre de Paimbœuf à Nantes, souvent même d'une île à l'autre.

L'entrée de la Loire est très-dangereuse : son embouchure et son golfe sont semés d'une quantité de récifs et de hauts-fonds. Elle n'a pas de rade au large, et n'offre pas d'abri à la côte. St-Nazaire n'est pas tenable dans les gros vents, et Mindin est trop découvert et peu sûr. Aussi est-ce à Quiberon que les navires vont chercher un refuge dans les mauvais temps. Les bâtiments restent en quarantaine à St-Nazaire, où est une agence de la commission sanitaire établie à Nantes. Les navires d'un fort tonnage opéraient autrefois leur chargement à Paimbœuf ; leur gargaison était apportée à Nantes dans des embarcations appelées gabarres; mais depuis l'établissement des bateaux remorqueurs mus par la vapeur la plupart des bâtiments, dans les vives eaux, remontent jusqu'à Nantes.

L'embouchure de la Loire est indiquée par deux phares des tours d'Aiguillon et du Commerce, sur la rive nord de la Loire, à 1,950 m. de distance l'un de l'autre : 1° Phare d'Aiguillon, feu d'aval fixe de 31 m. de hauteur et de 16 k. de portée. Lat. 47° 15′, long. O. 4° 36′. 2° Phare du Commerce, feu d'amont, varié par éclats de 3 min. en 3 min., de 39 m. de hauteur et de 18 k. de portée. Lat. 47° 15′, long. O. 4° 35′.

La Loire a généralement 65 c. de pente pour 1,950 m. et une vitesse proportionnelle à cette pente. La hauteur de ses plus basses eaux, qui n'est pas de 49 c. de hauteur réduite au-dessus de son lit, ne permet aucune espèce de navigation pendant trois ou quatre mois de l'année. Ses crues moyennes et ordinaires sont de 3 m. 24 c. et 4 m. 55 c. au-dessus de son étiage ou de ses plus basses eaux ; ses grandes crues extraordinaires de 5 m. 84 c. : celle de 1789 fut de 6 m. 98 c.; ce qui, de mémoire d'homme, n'était point arrivé. Dans la majeure partie de son cours, la largeur moyenne entre l'encaissement des levées est de 584 m. 51 c.; celle de ses eaux de 383 m.

LOIRE (canal latéral à la). Ce canal remplace, de Digoin à Briare, la navigation difficile, incertaine et périlleuse que la Loire présente entre ces deux villes, et remplit ainsi la lacune qui existait, pour ainsi dire, dans la communication établie entre les deux mers par le canal du Centre.

LOIRE (département de la). Le département de la Loire a été formé en l'an II (1793) d'une portion du département du Rhône, comprenant la ci-devant province du Forez, ainsi qu'une petite partie de celles du Lyonnais et du Beaujolais. Il tire son nom de la Loire, qui le traverse, du sud au nord, dans toute son étendue. Ses limites sont : au nord, le département de Saône-et-Loire ; à l'est, ceux du Rhône et de l'Isère ; au sud, ceux de l'Ardèche et de la Haute-Loire ; à l'ouest, ceux de Puy-de-Dôme et de l'Allier.

Le territoire de ce département se compose de hautes montagnes et de fertiles plaines qui s'étendent sur les deux rives de la Loire. Une chaîne de montagnes, formant un prolongement de l'énorme groupe du Vivarais, des Cévennes et du Vélay, le sépare du département du Rhône, se dirige du midi au nord, et se joint aux montagnes de la Bourgogne. À l'ouest, une autre chaîne part des montagnes de l'Auvergne, court également du midi au nord, s'abaisse insensiblement, et va s'anéantir dans les plaines du Bourbonnais. L'espace qui sépare la chaîne de l'est et celle de l'ouest forme deux plaines, l'une au midi, connue sous le nom de plaine du Forez, et l'autre au nord, appelée la plaine de Roanne : ces deux plaines sont séparées par une ramification de montagnes, d'une étendue d'environ 12 k. sur 12 k. de base, qui joint les deux chaînes de l'est et de l'ouest. Les points les plus élevés de ces monts sont : au midi, le mont Pila, dont la hauteur absolue est de 1,215 m. au-dessus du niveau de la mer, et de 460 prise du pied; à l'ouest, Pierre-sur-Haute, montagne élevée de 1,184 m., et la Madelaine, haute seulement de 860 m. au-dessus du niveau de la mer. La plupart de ces montagnes sont couvertes de simples et abondent en pâturages excellents, où l'on nourrit beaucoup de bestiaux et où l'on fait des fromages estimés ; quelques-unes sont cultivées jusqu'à une certaine hauteur ; d'autres sont plantées de vignes qui donnent des vins d'assez bonne qualité, et de châtaigniers, dont les fruits se vendent à Paris sous le nom de marrons de Lyon.

Le Forez a eu ses volcans comme le Vivarais, le Vélay et l'Auvergne ; mais ils ont laissé des traces bien différentes. On n'y voit ni cratères anciens, ni lacs formés par des cratères inondés ou produits par des affaissements, ni scories de laves ou basaltes éparses. Les volcans du Forez ne paraissent être que des fusées qui se sont fait jour de bas en haut et ont formé des buttes volcaniques surgissant hors de terre, non-seulement dans la plaine et au pied des montagnes de l'ouest, mais encore dans la haute montagne, à près de 500 m. au-dessus du niveau de la mer. Ces buttes se composent en général de basaltes noirs, compactes, pesants, sans cellules : quelques-uns sont prismatiques à quatre ou cinq faces ; leur surface, longtemps exposée à l'air, prend une couleur grise foncée, et ils se changent en une argile cendrée, noirâtre et très-fertile.—Plusieurs des buttes volcaniques du Forez, parmi lesquelles on cite le mont d'Usore, la butte de Montbrison, celle de St-Romain-le-Puy, le mont Supt, le mont de Château-Neuf, etc., étaient jadis couronnées de châteaux forts ou d'anciennes abbayes ; il en existe encore quelques ruines ; elles ont été ou sont encore entourées d'habitations, et l'on y découvre des souterrains, des caves, des citernes. On compte environ trente de ces buttes dans le département. Leur direction passe par une ligne qui se dirige du nord au sud. À l'exception de trois, qui s'élèvent dans la plaine du Forez, la majeure partie se trouve sur le bord occidental de cette plaine et au pied de la montagne. Les principales sont : le pic de Montauboux, le pic de Marcilly, le pic de Montverdun, le pic d'Usoré, le pic de Montbrison, le pic de St-Romain-le-Puy, le mont Supt, le mont Claret, etc., etc.

La superficie du département est de 474,614 hectares, répartis ainsi :

Terres labourables. 248,104
Prés. 85,632
Vignes. 13,897
Bois. 63,462
Vergers, pépinières et jardins. 3,513
Oseraies, aunaies et saussaies. 274
Etangs, mares, canaux d'irrigation. . 8,925
Landes et bruyères. 37,363
Canaux de navigation. 39
Cultures diverses. 13
Superficie des propriétés bâties. . . 2,294

Contenance imposable. 458,516

Routes, chemins, places, rues, etc. . 11,933
Rivières, lacs et ruisseaux. 3,913
Forêts et domaines non productifs. . 185
Cimetières, églises, bâtiments publics. 67

Contenance non imposable. . . 16,098

On y compte :
68,669 maisons.
936 moulins à eau et à vent.
94 forges et fourneaux.
714 fabriques et manufactures.

soit 70,413 propriétés bâties.
Le nombre des propriétaires est de. 93,367
Celui des parcelles de. 885,567

HYDROGRAPHIE. Le département, arrosé par une multitude de ruisseaux, n'est traversé par aucune rivière importante ; mais deux fleuves majestueux portent, l'un jusqu'à l'Océan, l'autre jusqu'à la Méditerranée, les produits de son commerce ou de son industrie; ces fleuves sont: la Loire, qui a donné son nom au département, et le Rhône, qui lui sert de limite au sud-est. — La Loire traverse le département du midi au nord, sur une longueur de 123,480 m.; elle y entre à St-Paul-en-Cornillon, limite du département du côté de la Haute-Loire, et en sort à Iguerande, confins de celui de Saône-et-Loire; sa pente est rapide et elle est sujette à des inondations qui causent toujours de grands ravages. — Les affluents principaux de la Loire sont l'Ondène, le Furens, la Coise, le Lignon, le Sornin, etc. — Le Gier est un affluent du Rhône, qui a déjà reçu les eaux du Janon avant de se réunir à ce fleuve. Le Rhône sert de limite au département, sur une longueur de 11,690 m. — La Loire et le Rhône sont navigables sur toute la longueur de leur cours dans le département (ensemble 135,170 m.).

Outre le canal latéral à la Loire, de Roanne à Digoin, il existe dans le département un canal de navigation assez important qui va de Rive-de-Gier à Givors, sur le Rhône. — On compte dans le département environ 500 étangs, dont 450 dans le seul arrondissement de Montbrison, 45 dans celui de Roanne, et 5 dans celui de St-Etienne. Leur superficie totale est évaluée à 3,200 hectares. Il en est quelques-uns d'une étendue considérable. L'étang Lecomte, à Prétieux, a 120 hect.; les étangs du Roi, de Lavernay, de Savigueux, ont de 50 à 20 hect.

COMMUNICATIONS. Le département de la Loire est traversé par 6 routes royales, par 11 routes départementales et par 21 chemins vicinaux de grande communication.

Il existe dans ce département quatre chemins de fer, savoir: de St-Etienne à Lyon (partie dans le département de la Loire), longueur   26,133 m.
D'Andrézieux au pont de l'Ane (à St-Etienne),   20,473
D'Andrézieux à Roanne, depuis le point de jonction sur le chemin précédent, près de la Quérillière, jusqu'au Coteau, à l'entrée de Roanne,   66,000
De Montbrison à Montrond,   14,640
Développement total,   127,246 m.

Le chemin de fer d'Andrézieux est le premier qui ait été exécuté en France; il a été livré aux transports le 30 juillet 1827. Ses courbes sont un peu fortes; les machines à vapeur n'y fonctionnent pas. — Le chemin de fer de St-Etienne à Lyon est le second qui ait été exécuté dans le département de la Loire; il a exigé des travaux de percements et de terrassements considérables; il traverse plusieurs flancs de montagnes qu'il a fallu percer. Les deux galeries souterraines les plus considérables dans le département sont: celles de Terre-Noire qui a 1,500 m. de longueur, et celle de Rive-de-Gier qui en a 1,000. — Le chemin de fer de Roanne à Andrézieux est le plus long

de ceux du département de la Loire. Il communique au précédent par l'intermédiaire du chemin d'Andrézieux. Il a des plans inclinés d'une forte pente. Sur l'un de ces plans les wagons sont remorqués au moyen d'une machine à vapeur fixe placée au sommet de la butte de Balbigny. — Le chemin de Montbrison à Montrond, qui se relie avec le précédent, a été entrepris par une réunion de propriétaires, dans un intérêt public, pour combler la lacune qui existait dans la communication des trois chefs-lieux d'arrondissement par ce nouveau mode de circulation.

MÉTÉOROLOGIE. Le climat de ce département est en général fort sain; mais la température est loin d'être uniforme dans toutes ses parties. Celle des hautes montagnes diffère essentiellement de celle des plaines, et elle varie nécessairement selon que les vents viennent de l'est ou de l'ouest; aussi n'est-il pas rare de voir succéder le froid au chaud et le chaud au froid d'une manière subite et instantanée. Toutefois les plus fortes chaleurs n'ont jamais excédé +32 degrés du thermomètre de Réaumur, et les plus grands froids —19 degrés. Année commune, les jours de pluie ou de neige sont au nombre de 145. Il tombe annuellement 62 c. d'eau. Le vent dominant est celui du nord: viennent ensuite ceux du nord-ouest, du sud et du sud-ouest. Le vent du nord maintient les jours sereins; les vents du sud et du sud-ouest amènent des pluies abondantes; elles sont rares quand souffle celui du nord-ouest. Les vents d'est sont peu fréquents et leurs effets peu sensibles.

PRODUCTIONS. Le département de la Loire produit du froment, du seigle, de l'orge, de l'avoine, etc., en quantité insuffisante pour la consommation des habitants. Ce qui manque est fourni par les départements du Puy-de-Dôme, de l'Isère et de la Haute-Loire; les pommes de terre et les châtaignes offrent d'ailleurs une grande ressource dans plusieurs cantons. On récolte dans ce département d'excellents fruits, de la gaude, des graines oléagineuses.

Le chanvre est cultivé avec succès dans l'arrondissement de Montbrison; il est d'une belle qualité et fait d'excellente toile; on l'emploie aussi pour la petite corderie, dont le mouvement commercial et industriel fait rapidement écouler les produits. — Quantité de plantes vulnéraires dans les montagnes. — Élève de chevaux d'une taille moyenne et d'espèce généralement commune. Bêtes à cornes de petite taille. Beaucoup de moutons de race indigène, recherchés pour la délicatesse de leur chair. Quantité de volailles. — 13,897 hectares de vignes, produisant, année moyenne, 336,568 hectolitres de vin d'assez bonne qualité, mais qui ne se conserve pas longtemps; moitié est consommée par les habitants et moitié livrée au commerce d'exportation. Les vins les plus estimés sont ceux de Boën, de Luppé, Chuynes, Chavenay, St-Michel, St-Pierre-de-Bœuf; ils joignent à une belle couleur, du corps, beaucoup de spiritueux, et même un bouquet agréa-

ble; ce sont de bons vins d'ordinaire de première qualité. Renaison et St-Haon-le-Châtel produisent des vins d'une couleur foncée, assez spiritueux et de bon goût, mais épais et pâteux. Le Château-Grillet, propriété isolée à 2 k. de Condrieu (Rhône), au-dessous de St-Michel, a dans ses dépendances des vignes qui produisent un vin blanc vif, très-spiritueux, d'un goût fort agréable, qui a de la sève et un joli bouquet; on le préfère à celui de Condrieu, avec lequel il a de la ressemblance. — 63,642 hectares de forêts, presque toutes placées sur les montagnes; elles sont peuplées de pins, sapins, hêtres et chênes. Les principales sont celles de la Tarantaise, de Paradis, de l'Ermitage, de Sorillard, de Fleur-de-Lière. Les sapins de la forêt de Tarantaise sont magnifiques; leur hauteur ordinaire est entre 30 à 35 m.; ils pourraient être employés pour la haute mâture, mais les moyens de transport ne permettent de leur laisser que 15 m. 33 c. de long. Sur la montagne de Pilat on débite une quantité immense de planches; on profite des plus petits filets d'eau pour y établir des moulins à scie; il y en a environ 120 dans l'arrondissement de St-Etienne; les montagnes de l'ouest alimentent la construction des bateaux de la Loire. La forêt de Bas s'étend en partie dans la plaine de Roanne; quant à la plaine de Montbrison ou du Forez, elle n'offre que quelques bouquets ou lisières sans importance. — Sur la montagne de Pierre-sur-Haute on fabrique avec le bois de sapin d'excellentes bennes à vendange; elles se vendent à la foire de Boutresse. Dans les villages et hameaux de la Madeleine, on fait du charbon de bois et de la sabotterie.

Les environs des communes d'Usson, d'Apinac et d'Estivareille (canton de St-Bonnet-le-Château) sont exploités par des fabricants de poix, de cire et de résine; annuellement 16 à 17,000 pieds de pin sont consacrés à ce genre d'industrie. La fabrication donne environ 700 quintaux métriques de poix. — Les châtaigneraies font la richesse des communes de Chuyes, la Chapelle, Pavezin, Pelussin, où elles couvrent le dixième du territoire; on en trouve aussi de fort belles à Maclas, Bessay, Roisey, Veranne et St-Apolinard (arrondissement de St-Etienne). Les produits de ces châtaigneraies sont envoyés à Lyon, et de là à Paris, où ils partagent avec les marrons et les châtaignes de l'Ardèche l'honneur d'être vendus sous le nom de marrons de Lyon.

Beaucoup de gibier (chevreuils, lièvres, grives, oiseaux aquatiques).

MINÉRALOGIE. Le département de la Loire ne se distingue point par la variété de ses mines; mais si à cet égard la nature a manqué de générosité, elle y a mis une compensation par la libéralité avec laquelle elle a donné au même département l'une des substances minérales les plus précieuses, les plus importantes et les plus utiles; la houille, combustible d'une nécessité impérieuse, indispensable pour les besoins de l'économie domestique, pour les arts, pour la navigation fluviale et maritime, pour multiplier et faciliter les relations commerciales par les voies de terre, etc. — On ne compte encore dans le département de la Loire que trois espèces de mines : les mines de plomb, les mines de fer et les mines de combustible fossile. Ces trois variétés de richesse minérale furent exploitées et le sont encore sur plusieurs points.

Le bassin houiller de la Loire est le plus important du royaume par son étendue, sa position, l'excellence du charbon qu'il produit et le développement qu'y a pris l'exploitation. Il s'étend du nord-est au sud-ouest sur une longueur de 46,250 m., et il occupe toute la largeur de cette zone étroite du Forez qui sépare la Loire du Rhône au point où ces deux fleuves approchent le plus l'un de l'autre, entre St-Rambert et Givors. — La position du bassin de la Loire lui permet d'alimenter de combustible à la fois Marseille, Mulhouse, Paris et Nantes. Deux chemins de fer ont été ouverts pour exploiter ses produits ; le plus ancien met St-Etienne en communication directe avec la Loire; le second, qui réunit St-Etienne à Lyon, a assuré à ce riche bassin la plupart des marchés du Rhône. Depuis la construction de ces chemins de fer, le produit des mines de la Loire a plus que triplé; il n'était en 1820 que de 3,338,000 quintaux métriques. Il s'est élevé en 1839 à 11,842,740, valant 8,600,000 fr. ; à lui seul il donne plus du tiers de la production totale des houillères de la France. Il comprend 61 concessions.

Le département renferme des carrières de pierres de taille, de granit, de porphyre, de pierres à aiguiser; de l'argile à poteries et à briques, etc.

EAUX MINÉRALES. Il y a des sources d'eaux minérales acidules à St-Alban, Montbrison, Moingt, Sail-sous-Couzan et St-Galmier. Les eaux sont prises en boisson chaque année par trois à quatre mille personnes. — Les eaux de St-Alban, de Sail-sous-Couzan et de St-Galmier sont aussi administrées en bains : elles se trouvent à la température ordinaire. — A Roanne il existe des sources ferrugineuses et sulfureuses à la température ordinaire. Elles sont administrées en bains et en boisson : quatre à cinq cents personnes les fréquentent annuellement. — A Sail-les-Bains il y a des eaux alcalines à la température de +34°, que l'on ne fréquente point. — D'autres sources alcalines, mais à la température ordinaire, existent à Sail-en-Donzy, St-Priest-la-Roche, et Cremeaux. — Enfin à Feurs on trouve des eaux ferrugineuses, à la température ordinaire, que l'on ne fréquente pas non plus.

INDUSTRIE ET COMMERCE. Il est peu de départements où l'industrie soit plus active et plus importante que dans le département de la Loire; ses produits en houille, en armes de guerre et de luxe, en grande et petite ferronnerie, en tissus de soie, en rubans, en crêpes, en velours, en étoffes de fil et de coton, ses aciéries, ses verreries, ses briqueteries, etc., etc., donnent lieu à un commerce immense.

La fabrication des rubans occupe, sans contredit, le premier rang de l'industrie manufacturière du département. C'est un commerce particulier aux villes de St-Etienne et de St-Chamond, qui lui doivent en majeure partie les grandes fortunes qui existent dans ces deux villes. — La fabrication des lacets emploie pour environ 1,100,000 fr. de matière première, qui double de valeur par la mise en œuvre. La fabrique de velours et de peluches pour chapeaux occupe un grand nombre de métiers, notamment dans la commune de Bourg-Argental. Plus de 2,000 métiers consacrés à la fabrication des étoffes de soie ont été établis depuis quelques années dans le canton de Charlieu, arrondissement de Roanne ; la filature de coton est aussi une des branches importantes de cet arrondissement. — La fabrication des tissus de coton comprend les mousselines, guinées, calicots, cotonnades, etc. Ce travail s'exécute en grande partie avec les cotons filés dans le pays, sur des métiers établis pour la plupart dans la campagne, et principalement dans les localités où se trouvent des filatures. Il existe plusieurs grands établissements de tissage à Charlieu, à St-Symphorien-de-Lay, à St-Denis-de-Cabanne, et à Roanne. La fabrique de cette ville mérite surtout d'être remarquée par l'extension qu'elle a prise depuis quelques années. — La filature de lin est répandue dans toutes les communes de l'arrondissement de Roanne, et s'y exerce avec plus ou moins d'activité. Ce sont principalement les femmes qui s'en occupent pendant cinq ou six mois de la mauvaise saison. Cet ouvrage ingrat ne produit guère au delà de 20 à 25 centimes par jour. — Dans la fabrication des toiles de chanvre et de lin est circonscrite dans les communes de l'arrondissement de Montbrison, où l'on s'occupe le plus de la filature du chanvre. Cette fabrication a principalement pour objet le linge de table ; on fabrique aussi quelques toiles de ménage et une assez grande quantité de toile dite *cordat*, pour sacs. — Dans le canton de St-Bonnet, et particulièrement dans la commune d'Usson, les femmes sont occupées une grande partie de l'année à fabriquer de la dentelle. On en fabrique de plusieurs espèces, en fil, en coton et en soie.

La fabrication des armes de guerre et de chasse est une des plus anciennes de la ville de St-Etienne. Les armuriers de cette ville jouissent depuis longtemps d'une réputation méritée, en France comme à l'étranger. Mais depuis quelques années ils ont fait faire à cette industrie de grands progrès. Rien n'a paru de nouveau dans les fabriques les plus renommées, qu'ils ne soient parvenus à l'imiter avec succès, et ils ont en outre le mérite d'avoir créé un grand nombre d'améliorations et de perfectionnements dans les diverses parties de la fabrication.

La fabrication de la quincaillerie occupe dans le département un grand nombre de bras. Elle comprend les marteaux, limes, vrilles, tenailles, pieds de roi, compas, outils de cordonniers, étaux, enclumes, etc., etc., moulins à moudre, étrilles, fourchettes, cuillers, fleurets-manchettes, fers de flèches pour le Canada, fers à repasser, boucles et fournitures de selliers, fers de bottes, mouchettes, fers à friser, vis à bois, etc. On peut y ajouter la serrure relative à la construction, telle que targettes, fiches, etc.

La coutellerie est une branche d'industrie très-ancienne à St-Etienne, où on suppose qu'elle a précédé la fabrication des armes; elle n'a fait presque aucun progrès dans le département ; ce qu'elle offre de plus remarquable, c'est la fabrication des couteaux de poche connus sous le nom d'*eustaches*, pour laquelle aucune fabrique n'a pu rivaliser avec St-Etienne. Le prix de ces couteaux varie suivant les grandeurs, entre 40 c. la douzaine et 1 fr. 33 c. — A St-Julien et à St-Chamond il se fabrique plus de cent espèces de clous, et plus de quatre-vingts à St-Etienne et Firminy; une grande partie de ces produits s'écoule dans le midi de la France, d'où on les expédie pour diverses destinations. Leur principal emploi est pour la construction des vaisseaux. — La fabrication de la serrurerie a son siège principal dans le canton de St-Bonnet-le-Château, arrondissement de Montbrison ; il existe dans ce canton plusieurs établissements qui font travailler un grand nombre d'ouvriers.

On compte dans le département de la Loire quatre hauts fourneaux pour la fusion des minerais de fer, sept forges pour la conversion de la fonte en fer malléable, six ateliers de moulages, six aciéries pour acier de forge, cémenté ou fondu, une fabrique de faux et deux fabriques de limes. — Toutes ces usines prises ensemble ont une fort haute importance; elles livrent annuellement au commerce des produits considérables qui sont fort estimés et très-recherchés. — La ville de Roanne possède quelques fabriques de faïence ; et il existe plusieurs fabriques de poterie grossière soit à Roanne, soit dans les communes de St-Georges, Savigneux, Montbrison et St-Etienne. — Il y a un grand nombre de tuileries et briqueteries dans le département de la Loire; elles sont réparties sur plusieurs communes, et principalement dans celles de Firminy, le Chambon, Valbenoîte, St-Etienne, Outre-Furens, Montaud, St-Chamond, Rive-de-Gier, Sury, Riorges, Mably, Perreux et plusieurs autres. — Les fours à chaux sont aussi très-répandus ; il y en a dans les trois arrondissements et dans plusieurs communes ; mais nulle part il n'en existe un aussi grand nombre qu'à Sury.

De nombreux fours de verrerie sont en activité à Rive-de-Gier, à St-Etienne, etc.

A Roanne et à St-Rambert, mais à St-Rambert surtout, on construit depuis plus de cent vingt ans les bateaux qui transportent par la Loire et le canal de Briare les houilles de St-Etienne, les vins de Renaison et autres produits à Paris, à Orléans, à Nantes. — Enfin on doit placer parmi les produits de l'industrie agricole de la Loire les dindes de St-Chaumont, les châtaigneraies de Chuyes et de Pelussin, les mûriers et les vers à soie de Bourg-Argental, etc., etc., etc.

Foires. Plus de 300 foires se tiennent dans environ 80 communes du département. On vend principalement des chevaux et des mulets aux foires de Montbrison. Celles du 22 juillet à la Pacaudière, du 23 avril à St-Germain-Laval, sont spéciales pour la vente des moutons. On trouve des bois de sapin et de construction à celles de Bourg-Argental, de Boën, de Renaison; des grains à Boën, Chazelles-sur-Lyon, St-Georges-en-Cousans; des chanvres à Maclas, Ste-Agathe-la-Bouteresse, Boën; du lin et du chanvre à St-Haon-le-Châtel; des toiles communes à St-Chamond, Ambierle, St-Genêt-Malifaux, Pelussin, St-Georges-en-Cousans; de la graine de chanvre à St-Just-sur-Loire; de la volaille à Ste-Agathe-la-Bouteresse; des tonneaux et ustensiles de vendange aux mêmes foires.

DIVISION ADMINISTRATIVE. Le département de la Loire a pour chef-lieu Montbrison. Il envoie 5 membres à la chambre des députés, est divisé en trois arrondissements ou sous-préfectures.

Montbrison	9 cant.	126,460 h.
Roanne	10	128,187
St-Etienne	9	179,438
	28 cant.	434,085 h.

23ᵉ conserv. des forêts (chef-l. Moulins). — 12ᵉ arr. des mines (chef-l. St-Etienne). — 7ᵉ division militaire (chef-l. Lyon). Diocèse de Lyon et Vienne. Ecoles secondaires ecclésiastiques à Montbrison, à St-Jodard, à Verrières. 31 cures, 266 succursales. Eglise du culte réformé à St-Etienne. — Collèges communaux à St-Chamond, à St-Etienne, à Roanne. Ecole normale primaire à Montbrison. — Sociétés d'agriculture à St-Etienne et à Montbrison.

Biographie. Le département de la Loire est le lieu de naissance :

De l'historien PAPIRE MASSON.
De l'antiquaire dom PERNETY.
Des jurisconsultes J. PAPON, CLAUDE et PIERRE DUPUY.
D'HONORÉ D'URFÉ, auteur de l'Astrée.
Du poëte BERCHOUX.
De M. AUG. BERNARD, historien du Forez.
Des graveurs en médailles THIOLIER, DUPRÉ, DUMAREST, GALLE.
Du maréchal DE SAINT-ANDRÉ, JACQUES D'ALBON, tué à la bataille de Dreux.
De l'amiral BONNIVET, tué à la bataille de Pavie.
De l'abbé TERRAY.
Du critique JULES JANIN.
De M. RAVEZ, président de la chambre des députés sous la restauration, etc., etc., etc.

Bibliographie. DULAC (Hector de la Tour d'Aurec). *Précis historique et statistique sur le département de la Loire*, 2 vol. in-8, 1807.
DUPLESSY (J.). *Essai statistique sur le département de la Loire, contenant des renseignements sur sa topographie, sa population, son histoire, ses antiquités, son agriculture, son commerce, son industrie et son administration*, in-12, 1818.

PEYRET (Alphonse). *Statistique industrielle du département de la Loire*, in-8, 1835.
LEVET (H.). *Observations sur le transfert de la préfecture de la Loire*, in-8, 1834.
BLAVIER. *Observations géologiques faites dans les départements de la Loire et du Rhône* (Journ. des mines, t. III, 1796).
BEAUNIER. *Topographie extérieure et souterraine du bassin de St-Etienne et de Rive-de-Gier* (Ann. des mines, t. 1ᵉʳ, p. 1).
Mémoire pour servir à l'histoire naturelle dans le département de la Loire (Annales scientif. de l'Auvergne, t. XIII, p. 272).
PASSINGES. *Mémoires pour servir à l'histoire naturelle du département de la Loire* (Journal des mines, nº 35, p. 813; nº 38, p. 117; nº 39, p. 481).
GUENYVEAU, *Rapport sur les mines et usines du département de la Loire* (Journal des mines, nº 150, p. 461).
GRUNER. *Mémoire sur la nature des terrains de transition et des porphyres du département de la Loire* (Ann. des mines, t. XIX, 3ᵉ série, p. 53).
BOURNON. *Essai sur la lithologie des environs de St-Etienne*, etc., in-8, 1785.
BARRÈS père. *Description du canton de Blesle*, in-8.
Almanach du district de Roanne, in-18, 1791.
Annuaire du département de la Loire, in-8, 1809.

V. aussi LYONNAIS, ST-ALBAN, ANDRÉZIEUX, ST-ETIENNE, ST-GALMIER, MONTBRISON, RIVE-DE-GIER, SAIL-SOUS-COUZAN.

LOIRE (département de la Haute-). Le département de la Haute-Loire est formé du Velay et de partie du Gévaudan, du Forez et de l'Auvergne. Il tire son nom de sa situation physique par rapport au cours de la Loire, qui le traverse du sud-est au nord-est. — Ses bornes sont : au nord, les départements du Puy-de-Dôme et de la Loire; à l'est, ceux de la Loire et de l'Ardèche; au sud, ceux de l'Ardèche et de la Lozère; à l'ouest, ceux de la Lozère et du Cantal.

Le territoire de ce département est circonscrit de tous les côtés par des montagnes élevées, et coupé intérieurement par deux chaînes de montagnes qui se rejoignent à celles qui l'environnent. L'une, partant de Pradelles, se dirige d'abord du sud-est au nord-ouest par les communes de la Sauvetat, du Bouchet, Cayres, Sennéjols, Vergezac et le Pic de la Durande; tournant ensuite vers le nord, elle va se rattacher aux montagnes de la Chaise-Dieu par Vozeilles, Fix, Allègre, Moulet, St-Léger et Sembadel. La seconde chaîne du mont Mezenc, sépare les communes de Chaudeyroles et de St-Front, de Champelause et de Montuselat, traverse celle de Queyrières, passe au Pertuis, en formant le territoire des communes de Bessamorel, de Glavenas et de St-Julien du Pinet, est coupée par la Loire à Chamalières. Elle reprend sur la rive gauche par la montagne de Miaune, et, traversant celles de St-Pierre-du-Champ, de Chomelix, de Beaune, de Craponne

et de St-Jean-d'Aubrigoux, va rejoindre la première dans le canton de la Chaise-Dieu. La première chaîne sépare les deux grands bassins de la Loire et de l'Allier, et verse ses eaux dans les deux rivières; la seconde déverse une partie de ses eaux dans le Lignon. Une contrée ainsi environnée de montagnes, et traversée par les chaînes que nous venons d'indiquer, doit être et est en effet sillonnée de rivières, de ruisseaux et de torrents. Sur la plupart de ces montagnes, où la neige séjourne pendant plus de six mois de l'année, s'étendent des forêts et de vastes pâturages où l'on élève une quantité considérable de bestiaux, de mules et de mulets, qui font la principale richesse du pays. Quelques coteaux sont couverts de châtaigniers et de vignes cultivées avec soin. Dans les vallées, on trouve des plaines étendues et plus fertiles que ne le ferait présumer leur agreste situation. Le sol est en général très-fertile, surtout dans les vallées et sur les coteaux; il est presque partout le même, c'est-à-dire couvert de laves et de pouzzolanes de toute espèce.

Les roches trachytiques et phonolithes, regardées comme les plus anciennes des terrains volcaniques, forment dans le département une suite de montagnes de différentes configurations, qui s'étendent depuis le mont Mezenc jusqu'à St-Maurice-de-Roche, au delà de la Loire, sur une longueur d'environ 48 k. Les basaltes, postérieurs à ces roches, occupent une grande étendue dans le département : la presque totalité du sol compris entre la limite méridionale du département et Allègre, d'une part; de l'autre, entre la chaîne intérieure des montagnes qui s'étend de Pradelles à Fix et la chaîne trachytique, est un terrain basaltique, ainsi que partie des cantons de Paulhaguet, de Langeac, de Lavoûte, de Brioude et de Blesle. Mais les plateaux ou coulées de laves n'ont point ici l'aspect moderne des volcans de la basse Auvergne, où l'on croit apercevoir encore la matière enflammée couler en torrent dans les plaines et les vallées. Les basaltes du Vélay sont en général plus ou moins recouverts de terre, produit de leur propre décomposition. L'érosion seule des eaux a mis de nouveau leurs flancs à nu sur une foule de points. Dans quelques endroits, les torrents et les ruisseaux ont à peine usé la roche pour s'y frayer un issue; en d'autres lieux, au contraire, il ne reste que quelques fragments qui couronnent les sommités de plusieurs monticules isolés. Sur quelques points, les eaux ont mis à nu de belles colonnades, des prismes de forme régulière, dont les plus remarquables se voient aux environs de St-Arcons, de Chillac, d'Arlempdes, de Goulet, d'Espaly, etc.

Au-dessus du terrain basaltique s'élèvent de distance en distance des mamelons, des cônes nombreux plus ou moins hauts, mais en général bien conservés. Ce sont, si on en juge par leur surface, d'énormes amas de laves poreuses et légères, de scories rouges ou noires, divisées et agglutinées de laves volcaniques et de terres provenant soit de la simple désagrégation de ces matières, soit de leur véritable décomposition. Ces cônes si multipliés paraissent avoir été autant de montagnes ignivomes ; les plus remarquables par leur élévation et la forme conservée de leurs cratères sont : le bois de Bard, qui domine Allègre; le lac du Bouchet et les pics de Breysse.

Les coulées basaltiques, dont les plateaux et leurs débris recouvrent aujourd'hui une bonne partie du département, ne sont pas les plus anciens produits ignés qui, postérieurement aux trachytes, sont venus encombrer cette contrée. Des volcans antérieurs, occupant sans doute les points les plus élevés, tels que le Mezenc, avaient vomi d'autres laves, dont les fragments charriés, divisés et remaniés par les eaux ont été déposés par elles sur les argiles et les marnes, couche par couche, lit par lit. Le rocher de Corneille, celui d'Aiguilhe, les buttes qui supportent les châteaux de Polignac, de Ceyssac, d'Espaly, Denise, Cheyrac, etc., ne sont que les restes de matières volcaniques qui, triturées par les courants, étaient venues remplir les vallées, et que d'autres eaux ont encore usées et balayées de nouveau. Plus compactes, liées sans doute par un ciment plus fort, ces pyramides naturelles ont résisté aux éléments destructeurs, comme pour en attester les ravages.

La superficie du département est de 498,560 hectares, répartis ainsi :

Terres labourables	226,072
Prés	79,432
Vignes	5,855
Bois	74,030
Vergers, pépinières et jardins	3,792
Oseraies, aunaies et saussaies	388
Etangs, mares, canaux d'irrigation	325
Landes et bruyères	90,239
Autres cultures	35
Superficie des propriétés bâties	1,507
Contenance imposable	481,675
Routes, chemins, places, rues, etc.	11,454
Rivières, lacs et ruisseaux	5,131
Forêts et domaines non productifs	218
Cimetières, églises, bâtiments publics	82
Contenance non imposable	16,885

On y compte :
60,292 maisons.
1,877 moulins à eau et à vent.
5 forges et fourneaux.
181 fabriques et manufactures.

soit : 62,355 propriétés bâties.
Le nombre des propriétaires est de 93,181
Celui des parcelles de 1,290,419

HYDROGRAPHIE. La Loire, navigable seulement sur quelques points, et l'Allier sont les deux grands cours d'eau du département. Ces deux rivières y coulent dans le même sens, mais non pourtant parallèlement; ils s'inclinent, en s'éloignant de leurs sources, le premier vers le nord-est, le second vers le nord-ouest, de toute sorte que, éloignés seulement de 1 m. 2 à 6 k. vers la limite sud, ils le sont de 6 m. 8 k. en sortant du département par la limite nord. — La Loire et l'Allier reçoivent, dans les limites du département, un grand nombre d'affluents. Ceux de la rive droite de la Loire, la Gazeille, le Liguon et la Somme lui sont envoyés par les montagnes du Vivarais et du Lyonnais ; ceux de la rive gauche, par les montagnes du Forez : ce sont la Borne, l'Arzon et l'Ance. Les montagnes du Forez envoient aussi à la droite de l'Allier, par leur pente opposée ou occidentale, la Javaux et la Sénouire. L'Ance, la Suéjols, la Dége, la Cronce et l'Alagnon, tributaires de l'Allier par la gauche, lui viennent de la Margeride. L'Alagnon n'appartient au département de la Haute-Loire que pour une petite portion de son cours ; sa partie supérieure et la plus étendue est sur le département du Cantal, et son confluent dans celui du Puy-de-Dôme.

COMMUNICATIONS. Le département est traversé par 6 routes royales et par 12 routes départementales.

MÉTÉOROLOGIE. Environné et couvert en grande partie de hautes montagnes, le département de la Haute-Loire éprouve des variations remarquables dans sa température. La hauteur absolue du Mezenc est de 1,774 m.; les eaux de l'Allier à Vézezoux, près de la limite du département, sont élevées au-dessus de l'Océan de 390 m., ce qui porte la différence entre le point le plus élevé et le point le plus bas du département à 1,384 m. Ainsi donc les deux extrémités de l'échelle naturelle d'après laquelle doit se graduer la température du département y sont séparées par un intervalle d'environ 1,400 m. de distance verticale, ce qui indique combien doit être grande l'inégalité des saisons et la variation de la température. — La quantité d'eau tombant annuellement est évaluée à 54 c. Le maximum d'humidité au Puy a été, en 1822, de 100°.00, et le minimum de 59°,00. La moyenne thermométrique des 24 mois de 1821 et 1822, à midi, au Puy, est de +13°.82 du therm. Le maximum d'élévation du thermomètre a été, en juin 1822, de +31°,50, et le minimum, le 29 décembre, de —5°,50. La pression moyenne de l'atmosphère soutient, au Puy, une colonne de mercure de 705^m,91, tandis qu'à Paris cette colonne est de 756^m,50. Le maximum d'élévation du baromètre, en mars 1822, a été au Puy de 720^m,20, et le minimum, en octobre, de 693^m,00. — Les vents semblent avoir pour axe la ligne qui va du nord-nord-ouest au sud-sud-est ; les vents nord-est, est, sud-ouest et ouest sont ceux qui durent le moins longtemps. Le vent de sud-est est ordinairement violent, et peut durer des semaines entières en n'amenant que très-peu de pluie dans la Haute-Loire, tandis qu'il amène des pluies continues dans l'Ardèche. Les vents de nord-ouest et d'ouest amènent des pluies de longue durée, mais qui sont intermittentes.

PRODUCTIONS. Le département produit en quantité suffisante pour la consommation des habitants. Froment, méteil, seigle, orge, avoine. Quantité de légumes secs; haricots, fèves et lentilles, cultivés en grand. Prairies naturelles et artificielles. Beaucoup d'arbres à fruits. — 5,855 hectares de vignes, produisant annuellement environ 62,000 hectolitres de vins de médiocre qualité, qui ne suffisent pas à la consommation des habitants ; le surplus est fourni par le Languedoc, la côte du Rhône et la Bourgogne. — 74,030 hectares de forêts (arbres verts et feuillus). — L'élève des chevaux réussirait certainement ; mais les cultivateurs préfèrent s'adonner à la production des mules et des mulets, qui ont en Espagne un débouché assuré. L'engrais des bêtes à cornes et des porcs donne des résultats avantageux. Troupeaux de bêtes à laine de races indigènes. — Education des abeilles. — Grand et menu gibier (sangliers, chevreuils, blaireaux, lièvres, grives, becfigues, cailles, etc.). Loups, renards, chats sauvages. — Bon poisson.

MINÉRALOGIE. La nature géognostique du sol est très-variée ; les roches primordiales se composent de granits, de gneiss et de micaschiste ; on y trouve de la serpentine commune et du quartz en roche. Le grès houiller se rencontre fréquemment dans les terrains secondaires. Les terrains tertiaires présentent des argiles, des marnes, des calcaires marneux et des gypses. — Minerai de fer non exploité sur plusieurs points. Mine de plomb exploitée à Chambonnet, commune d'Yssingeaux ; d'antimoine sulfuré exploitée à la Lécoulne, commune d'Ally. Indice de cuivre à Maleys, commune de Rosières. Exploitation de houille. Grenat, corindon, télésie-saphir, zircon, améthystes, tourmalines, etc. Carrières de marbre susceptibles d'exploitation. Granit, gneiss, micaschiste, pierres meulières, pierres de taille, plâtre, grès blanc, quartz en roche, marne, ossements fossiles, laves, basaltes, etc.

SOURCES MINÉRALES non exploitées à Estreys, commune de Polignac ; aux Salles, commune de Brignon ; aux Poudraux, commune de Lautriac ; à Margeaix, commune de Beaulieu ; à Laprat, près de St-Julien-d'Ance ; à la Souchèyre, canton de Craponne ; à Coubon ; à Andruéjols, commune de Saugues ; à Prades ; à Paulhac, aux environs de Fay-le-Froid. Aucune des eaux n'est thermale ni sulfureuse ; elles sont généralement salines et acidules.

INDUSTRIE ET COMMERCE. L'industrie de la Haute-Loire est pauvre et sans développement. Quelques tuileries, des briqueteries et des poteries, un petit nombre de tanneries, de mégisseries, de fabriques d'étoffes communes de laine, de rubans, de grelots à mulets, la constituent presque tout entière. Les femmes des classes pauvres s'occupent principalement de la confection de dentelles et de bloudes, en fil et en soie. Les soies et les fils employés à cette fabrication étant tirés du dehors, c'est-à-dire les soies du Midi, et les fils des départements du Nord et de la Hollande, le bénéfice que ce genre d'industrie procure à la Haute-Loire ne porte que sur la main-d'œuvre, et le profit des commerçants, et il ne peut guère être évalué au delà de 2,000,000 de francs. Le nombre des ouvrières en dentelles de soie est plus grand que celui des ouvrières en dentelles de fil. — La fabrique du Puy est la seule qui produise les

LOIRE (département de la Haute-).

petites blondes dans les bas prix. La dentelle est achetée directement par les négociants aux femmes qui la font au Puy et dans tous les villages environnants. — Dans l'arrondissement d'Yssingeaux on s'occupe de l'organsinage de la soie. — Les ouvriers en rubanerie sont disséminés dans les campagnes comme les ouvrières en dentelles. Ils sont au nombre de 5,500. — C'est au Puy que depuis plus d'un siècle les muletiers et les rouliers du centre et du midi de la France s'approvisionnent de grelots.

La misère du pays oblige chaque année environ 3,000 ouvriers scieurs de long, colporteurs, terrassiers, ramoneurs et commissionnaires à sortir du département pour aller exercer ailleurs leur industrie au dehors. Leur absence dure environ six mois : ils rapportent, tous frais faits, 72 francs par tête. Total : 216,000 francs.

Le commerce consiste principalement en grains, légumes secs, mulets, bêtes à laine, dentelles, cuirs et papiers.

FOIRES. Environ 300 foires se tiennent dans une cinquantaine de communes du département. Les bestiaux gras et maigres, les toiles communes, les laines, le fromage, le beurre, les grains, les légumes secs, y forment les principaux objets de commerce. Les foires de l'arrondissement du Puy sont spécialement consacrées à la vente des chevaux et des mulets. On vend des bois de construction aux foires du Puy et de Langeac; des planches à celles de Loudes; des dentelles à celles du Puy, de Craponne; des chars à celles d'Alleyros et de Loudes.

DIVISION ADMINISTRATIVE. Le département de la Haute-Loire a pour chef-lieu le Puy. Il envoie 3 représentants à la chambre des députés, et est divisé en 3 arrondissements ou sous-préfectures :

Le Puy. . . . . 14 cant. 132,368 h.
Brioude. . . . . 8 — 83,198
Yssingeaux. . . 6 — 82,571
                28 cant. 298,137 h.

30ᵉ conserv. des forêts. — 12ᵉ ar. des mines (chef-l. St-Etienne). — 19ᵉ division milit. (chef-l. Clermont-Ferrand). — Evêché et séminaire diocésain au Puy. Ecoles secondaires ecclésiastiques à Charensac et à Monistrol. 30 cures ; 215 succursales. — Eglise consistoriale à St-Voy. Temples à St-Voy, à Tence et à Vastres. — Colléges communaux au Puy et à Brioude. Ecole normale primaire au Puy. — Société d'agriculture, sciences, arts et commerce au Puy. Sociétés d'agriculture à Brioude et à Yssingeaux.

Biographie. Le département de la Haute-Loire est le lieu de naissance :

Du cardinal DE POLIGNAC, poëte latin.

Du général LAFAYETTE, qui contribua si puissamment à l'affranchissement des Etats-Unis.

Des maréchaux LAFAYETTE et LATOUR-MAUBOURG.

Des généraux LACOSTE, MORANGIEZ, ROMEUF, etc., etc.

Bibliographie. ARNAUD (J.-A.-M.). Histoire du Vélay jusqu'à la fin du règne de Louis XV, 2 vol. in-8, 1816.

MANDET (F.). Documents relatifs à l'histoire du Vélay, in-4, 1842.

ROBERT-ROCHEMURE (Ang.). Essai historique-poétique du pays de Vélay, et notamment du vieux château de Polignac et de sa banlieue, origine de l'illustre famille de ce nom, et des divinités qu'on y adorait dans le temps, dont on remarque encore plusieurs monuments, in-8, 1830.

SAUZET. Mémoire sur les origines étymologiques du Vélay, in-8, 1840.

FAUJAS DE ST-FOND (Barth.). Recherches sur les volcans éteints du Vivarais et du Vélay. V. ARDÈCHE.

DERIBIER. Dictionnaire topographique du département de la Haute-Loire, in-8, 1820.

DERIBIER DE CHEISSAC. Description statistique du département de la Haute-Loire (ouvrage couronné par l'Académie), in-8, 1824.

AULANIER (Alph.). Aperçu sur la géologie et l'agriculture du département de la Haute-Loire, in-8, 1823.

BERTRAND-ROUX (J.-M.). Description géognostique des environs du Puy en Vélay, et particulièrement du bassin au milieu duquel cette ville est située, in-8, 1824.

BERTRAND DE LOM. Considérations minéralogiques et géologiques sur les buttes volcaniques de St-Michel, de Corneille, de Polignac, de Denise, de Geyssac et d'Espaly, in-8 d'une demi-feuille.

ARNAUD. De quelques eaux minérales de la Haute-Loire (Ann. des mines, t. I, 3ᵉ série, p. 414).

ARNAUD. Analyse de quelques eaux minérales de la Haute-Loire (Ann. scient. de l'Auvergne, t. II, p. 231).

VITAL-BERTRAND. Essai sur l'histoire naturelle et sur l'agriculture de l'arrondissement du Puy, etc., in-8, 1811.

ARNAUD. Flore du département de la Haute-Loire, in-8, 1825.

DU LAC DE LA TOUR. Histoire du département de la Haute-Loire (canton du Puy), in-8, 1813.

MANGON DE LA LANDE (Ch.-F.-J.). Antiquités du département de la Haute-Loire (Mém. de la soc. roy. des antiq. de France, t. IV, p. 64).

— Essais historiques sur les antiquités du département de la Haute-Loire, in-8, 1826.

— Rectifications à faire au mémoire sur : Essais historiques sur les antiquités du département de la Haute-Loire (par le même) (Mém. de la soc. des antiq. de France, t. IV, p. 527).

BRANCHE (Dominique). Rapport sur les monuments de la Haute-Loire (Bull. de M. de Caumont, t. VII, p. 405).

Annales de la société d'agriculture, sciences et commerce du Puy, in-8, 1829 et années suiv. (renferment divers Mémoires sur les antiquités, l'histoire, l'histoire naturelle, etc., de la Haute-Loire).

V. aussi : LANGUEDOC, BRIOUDE, LANGEAC, POLIGNAC, LE PUY.

LOIRES, vg. Charente-Inf. (Aunis), arr. cant., ⊠ et à 8 k. de Rochefort. Pop. 215 h.

LOIRET (le), Ligericinus, Ligerutus, petite rivière qui a son origine au château de la Source, dans le département auquel elle donne son nom, et qui va jeter dans la Loire des eaux qu'elle n'a promenées qu'un jour, après avoir vivifié un grand nombre d'usines.

La source du Loiret sort du sol large comme le grand bassin du jardin des Tuileries, dans le parc d'un château situé à 6 k. d'Orléans, et dépendant de la commune de St-Cyr-en-Val. Ce château est nommé par cette raison le château de la Source. — En effet, le Loiret n'avait autrefois qu'une seule source, qui fut obstruée en 1672 par un éboulement de terres et de pierres. Les eaux, privées d'issue, diminuèrent alors sensiblement. Mais bientôt le terrain s'affaissa à une petite distance, et l'on vit sortir de terre le Bouillon, qui, quoique la plus nouvelle, est la plus remarquable des deux sources du Loiret. — Qu'on se figure, dans un site agréablement pittoresque, non loin d'un petit coteau calcaire, dans un lieu entouré de hauts arbres, tapissé de gazon, un bassin d'environ 15 m. de diamètre, au milieu duquel on voit l'eau s'élever rapidement d'une grande profondeur, former à la superficie un bouillonnement incessamment impétueux et se précipiter avec vitesse dans un canal qui traverse le parc et longe le château. — L'Abîme, c'est le nom de l'ancienne source, est moins abondant que le Bouillon ; mais sa profondeur est telle, qu'on ne peut en voir le fond. Leurs eaux réunies forment le Loiret, qui se grossit bientôt de plusieurs ruisseaux (le Duis, le Lazin et l'Archet), et de plusieurs sources qui jaillissent sur divers points dans le lit même de la rivière. A Olivet, on en voit sourdre quelques-unes au-dessus et au-dessous du pont.

Le Loiret porte bateau presque au sortir de sa source, et est navigable depuis les moulins de la chaussée inférieure. Après un cours d'environ 12 k., il se jette dans la Loire, et lui porte en tout temps autant d'eau que ce fleuve en a eu au-dessus de leur jonction. Il fait tourner nombre de moulins et vivifie plusieurs usines ; ses eaux ne gèlent presque jamais, ce qu'on attribue à la haute température qu'elles ont en sortant de terre, et à la brièveté de leur cours.

La réunion du Loiret avec le Duis offre quelque chose de remarquable : au lieu de recevoir les eaux de ce ruisseau, le Loiret, pendant une partie de l'année, va quelquefois les rejoindre ; et voici comment. Le Duis, dont le cours est très-lent, rencontre avant d'arriver au Loiret un abîme semi-circulaire que dans le pays on nomme la Gèvre, et où s'engouffre une partie de ses eaux. Un canal courbé en coude conduit de la Gèvre au Loiret ; dans certaines saisons, et quand les eaux de cette rivière sont abondantes, elles remontent le canal, et vont se perdre dans le gouffre avec le Duis. Au milieu du tournoiement on peut distinguer facilement les deux rivières jusqu'au centre, où elles sont absorbées. L'eau du Loiret est toujours limpide et celle du Duis toujours trouble. Quelquefois le gouffre, au lieu d'absorber les eaux, en fournit lui-même au Loiret, en en rejetant au dehors des quantités considérables. On a beaucoup exagéré la profondeur de l'abîme de la Gèvre, auquel on suppose des communications souterraines avec la Loire. Des expériences faites avec soin semblent prouver que cette profondeur ne dépasse pas 15 m.

Bibliographie. Héricard de Thury. *Observations sur la rivière du Loiret* (Journ. des mines, t. IX, 1799).

LOIRET (département du). Le département du Loiret est formé du ci-devant Orléanais propre, du Gatinais, du Dunois orléanais et d'une petite partie du Berry. Il tire son nom d'une petite rivière qui, après un cours de 12 k. seulement, se jette dans la Loire au-dessous d'Orléans. Ses bornes sont : au nord, les départements de Seine-et-Oise et de Seine-et-Marne ; à l'est, ceux de l'Yonne et de la Nièvre ; au sud, ceux de Loir-et-Cher et du Cher ; à l'ouest, celui d'Eure-et-Loir.

Le territoire de ce département est divisé en deux parties bien distinctes par la Loire. La partie située au sud de ce fleuve faisait autrefois partie de la Sologne, et n'offre qu'un sol ingrat et sablonneux, où l'on trouve cependant quelques coteaux plantés de vignes qui donnent des vins rouges et blancs d'assez bonne qualité. La partie au nord de la Loire se compose de plaines fertiles et bien cultivées, de vastes forêts, de belles prairies et de nombreux pâturages. Une chaîne de collines peu élevées traverse le département du sud-est au nord-ouest.

L'arrondissement d'Orléans produit toutes sortes de grains, d'excellents vins, des légumes, du chanvre, du safran, des fruits de toute espèce. Au nord, le pays est entrecoupé de coteaux boisés et de vallons fertiles ; à l'est, il est traversé par le canal d'Orléans et par une partie de la forêt de ce nom. La partie qui s'étend sur la rive gauche du fleuve n'offre qu'un pays sablonneux et peu productif. — La Loire traverse l'arrondissement de Gien dans toute sa longueur. Au nord-ouest on trouve de vastes forêts, des plaines et des coteaux fertiles qui produisent des grains, du vin, du safran et des fruits. Au sud, le pays offre une assez grande quantité de landes et de bruyères. — Le territoire de l'arrondissement de Montargis est traversé par les canaux de Briare et d'Orléans, par le Loing, et par une multitude de ruisseaux qui prennent leurs sources dans des étangs, et sur les bords desquels s'étendent de riches prairies qui nourrissent un grand nombre de bestiaux. Au nord et à l'est, le pays est couvert de forêts, dont une partie considérable est celle de Montargis. — L'arrondissement de Pithiviers, traversé du sud-ouest au nord-est par le ruisseau de l'OEuf, est en général uni, fertile et bien cultivé : on y récolte quantité de grains, et du safran qui passe pour le meilleur de la France.

La surface du département est de 667,623 hectares, divisés ainsi :

Terres labourables.	394,590
Prés.	24,464
Vignes.	39,882
Bois.	99,474
Vergers, pépinières et jardins.	5,965
Oseraies, aunaies et saussaies.	451
Étangs, mares, canaux d'irrigation.	4,641
Landes et bruyères.	56,860
Canaux de navigation.	325
Superficie des propriétés bâties.	2,872
Contenance imposable.	629,564
Routes, chemins, places, rues, etc.	17,451
Rivières, lacs et ruisseaux.	6,219
Forêts et domaines non productifs.	14,225
Cimetières, églises, bâtiments publics.	164
Contenance non imposable.	38,059

On y compte :
61,566 maisons.
999 moulins à eau et à vent.
4 forges et fourneaux.
213 fabriques et manufactures.

Soit : 62,782 propriétés bâties.
Le nombre des propriétaires est de 115,370
Celui des parcelles de.. 1,727,118

HYDROGRAPHIE. Les rivières qui arrosent le département sont : la Loire, le Loiret, le Loing, l'Essonne, le Vermisson, l'Ouanne, le Bied, le Fusain, la Remarde, l'OEuf, le Cosson, le Beuvron, l'Isle, l'Hui, le d'Hui, la Bionne, la Cense, la Mauve, l'Ocre, l'Ime, le Puiseau, etc. La Loire, qui le traverse du sud-est à l'ouest-nord-ouest dans toute sa longueur, est dominée au nord et à peu de distance par une chaîne d'élévations peu sensibles, qui établissent la séparation des bassins de la Loire et de la Seine. Le Loing et l'Essonne, l'un et l'autre affluents de la gauche de la Seine, arrosent la partie du département située au nord de cette ligne. Le Loiret, qui a donné son nom au département, prend sa source à 6 k. d'Orléans, au château de la Source.

Le département possède trois canaux de navigation : le canal de jonction de la Loire et de la Seine, dont les deux embranchements se nomment canal d'Orléans et canal du Loing, mais ne forment en réalité qu'une seule communication navigable ; le canal de Briare, qui joint la Haute-Loire à la Seine par le canal du Loing ; enfin la partie supérieure du canal latéral à la Loire, à partir de Châtillon.

On compte dans le département 800 étangs, qui occupent une superficie de 3,949 hectares.

COMMUNICATIONS. Le département est traversé par 9 routes royales, par 14 routes départementales, et par un grand nombre de chemins vicinaux. — Orléans communique avec Paris par un chemin de fer, qui se joindra incessamment aux lignes qui se dirigent sur Nantes et sur Bordeaux.

MÉTÉOROLOGIE. Le climat du département est sain et tempéré ; celui de l'arrondissement de Montargis passait autrefois pour si salubre, que les reines de France choisissaient le château de cette ville pour y passer le temps de leurs couches. Dans quelques parties cependant les exhalaisons du canal et de quelques étangs rendent le climat fiévreux. Les vents dominants sont ceux de l'ouest et du sud-ouest.

PRODUCTIONS. Le département du Loiret est extrêmement fertile dans la partie située à droite de la Loire, formée de l'ancienne Beauce et du ci-devant Gatinais. Il produit dans les deux tiers de son étendue une très-grande quantité de blés et beaucoup plus de froment que de seigle. L'autre tiers, formé d'une partie de la ci-devant Sologne, est un pays peu productif : il n'y a guère que les environs d'Orléans et les bords du Loiret qui soient améliorés. Montargis est presque seul en possession du commerce des grains qui se récoltent dans le Gatinais. Le département fournit à peine dans cette partie du territoire pour la consommation des habitants. La vallée de Soupes, de Nemours à Montargis, ne donne, dans ses meilleurs fonds, que cinq à six pour un. Le sol des environs de Montargis ne rapporte que trois et un quart à trois et demi pour un. Du côté d'Amélie on trouve cependant des fonds qui rendent huit pour un. Toutefois les récoltes de la totalité des terres du département sont plus que suffisantes pour les besoins de la population. L'excédant s'exporte, par la Loire, fort au loin. Mais les grains qui se récoltent aux environs d'Orléans n'étant pas suffisants malgré leur quantité pour alimenter le grand trafic en ce genre qu'en font les marchands d'Orléans, on y supplée par ceux de la Beauce, de l'Anjou, du Poitou et de la basse Auvergne, que l'on emmagasine pour les exporter ensuite dans les départements où les récoltes ont été peu abondantes. Le département est riche en avoine ; il peut en exporter annuellement environ 500 000 hectolitres. — Les plantes potagères et légumineuses abondent sur presque tous les points du département, et y sont d'excellente qualité. Leur culture cependant n'a lieu en grand dans aucun canton. Dans les environs d'Orléans on cultive l'asperge dans les vignes, entre les ceps, sur une étendue d'environ 2 à 3,000 hectares. Ce légume est si abondant dans les marchés de la ville, que les gens riches qui ont des potagers ne prennent pas la peine d'y en planter. Il part d'Orléans, dans la saison, des voitures chargées d'asperges pour Paris, et pour les bourgs et villes des cantons voisins. Les asperges d'Orléans sont en général plus belles que celles que l'on cultive à Aubervilliers, dans la plaine de St-Denis. — Le safran est un objet de culture assez important pour quelques cantons de la partie septentrionale du département ; quand la récolte est favorable, c'est un moyen de fortune pour les habitants qui se livrent à cette culture, qui ne peut être entreprise avec succès que par des pères de famille propriétaires du fonds, parce qu'elle exige beaucoup de bras, et une surveillance minutieuse et très-active. Les fleurs du safran cultivé sont d'un gris violet, striées, longues de près de 18 c., et se développent en automne avant la pousse des feuilles.

Ces dernières croissent pendant tout l'hiver et le printemps; elles sont un très-bon fourrage pour les bestiaux. — La récolte du safran commence ordinairement vers les premiers jours d'octobre. Alors les cultivateurs n'ont aucun moment de repos, car les fleurs se succèdent avec une grande rapidité. Cette récolte dure ordinairement trois semaines. Pendant ce temps hommes, femmes, enfants, vont dès la pointe du jour dans les champs avec des paniers, et chacun se mettant à califourchon sur une rangée de plants de safran, la suit dans sa longueur, coupant de la main droite avec l'ongle, ou simplement rompant les fleurs qui sont complétement développées ou qui commencent à s'ouvrir. Comme ces fleurs passent promptement et que plus elles restent longtemps épanouies et plus leur pistil, seul but de la culture, perd de sa qualité et est difficile à enlever; il faut, autant que possible, que la récolte de chaque jour soit terminée avant que la rosée soit dissipée. La première année, un hectare ne fournit guère que 4 à 5 k. de safran; mais la seconde et la troisième il en produit jusqu'à 15, 20, et même 25 k.

On évalue le terrain planté en vignes dans le département du Loiret, à 39,882 hectares, répartis sur le territoire de 339 communes, et produisant annuellement 1,095,515 hectolitres de vin, dont environ 250,000 sont consommés par les habitants; le surplus est livré au commerce et s'expédie dans les départements voisins, sous le nom de vins d'Orléans. Aucun des vins de ce pays ne se distingue par les qualités qui constituent les vins fins; mais beaucoup sont estimés comme vins d'ordinaire; ils ont en général une belle couleur, peu de spiritueux, un goût agréable et franc. Les communes de Beaugency, Beaulne, Beaulette, Guignes, St-Jean-de-Bray, la Chapelle, St-Ay, Fourneaux, St-Jean-le-Blanc, Meun, Sandillon, St-Denis-en-Val et Combleux, de l'arrondissement d'Orléans, fournissent des vins rouges de première classe. Jargeau, St-Denis-de-Jargeau, Brou, Mardié, Olivet, St-Mesmin, St-André et Cléry, du même arrondissement, donnent en première cuvée de bons vins d'ordinaire de troisième qualité. Les autres vignobles produisent des vins communs assez bons, mais en général inférieurs aux précédents. — Les arrondissements de Montargis et de Pithiviers fournissent beaucoup de vins communs, pour la plupart très-colorés, grossiers et peu spiritueux. Les vins de l'arrondissement de Gien se conservent difficilement, et ne supportent pas le transport à de grandes distances.

Les communes de St-Mesmin, Marigny et Rebrechin, de l'arrondissement d'Orléans, produisent une assez grande quantité de bons vins blancs, dont quelques-uns sont fort agréables. Loury et plusieurs autres vignobles du même arrondissement fournissent des vins blancs de basse qualité, qui servent ordinairement à la fabrication du vinaigre connu sous le nom de vinaigre d'Orléans. — Le siége principal du commerce des vins et des vinaigres est à Orléans. Cette ville fait aussi un grand commerce d'eaux-de-vie qui portent son nom, mais dont elle n'est que l'entrepôt, car on n'en fabrique dans ce pays que lorsque les récoltes sont très-abondantes.

Les pommiers, les poiriers et toutes les espèces d'arbres fruitiers du nord et du centre de la France sont cultivés avec succès dans toute l'étendue du département. Le cognassier y croît abondamment; aussi beaucoup de confitures de coings, qui, avec le débit des arbres fruitiers et d'agrément, ne laissent pas de faire une branche de commerce assez considérable, non-seulement avec Paris et l'intérieur de la France, mais encore avec les pays étrangers.

Le département du Loiret contient 99,474 hectares de forêts. Les essences dominantes sont le chêne, le hêtre et le bouleau; l'orme et le châtaignier y sont communs. Les forêts les plus considérables sont celles d'Orléans et de Montargis : la première, qui a environ 80 k. de long sur 25 k. de large, renferme plusieurs plaines où se trouvent beaucoup de villages et de hameaux; la seconde a environ 10 k. de long sur autant de large.

La race bovine est généralement assez belle, et l'on a beaucoup amélioré celle des moutons par des croisements successifs; néanmoins les moutons de la Sologne, quoique leur laine soit assez fine, sont restés petits et chétifs. — Les bois étaient autrefois peuplés de sangliers, de cerfs, de chevreuils; mais le nombre en a beaucoup diminué. Le menu gibier et le gibier à plumes de toute espèce est très-abondant. L'éducation des abeilles est très-soignée dans la partie du département appartenant à la ci-devant province du Gâtinais. Une méthode très-avantageuse et très-recommandable, en ce qu'elle augmente la quantité et la qualité de la cire et du miel, et qu'elle augmente le commerce dont les abeilles sont la source, se pratique dans ce département, c'est celle de transporter les ruches d'un pays à l'autre. Cette manière de faire voyager les abeilles s'appelle dans le pays mener en herbage. On voit dans la saison des colonies entières de ruches passer successivement d'un endroit à un autre et à des distances considérables. Ce transport s'opère sur des charrettes qui contiennent trente ou quarante ruches; on marche au pas jusqu'à la nuit, et autant qu'on le peut dans des chemins doux et sur un terrain égal. Après la récolte des sainfoins et des vesces, lorsque la Beauce est nette, les propriétaires d'abeilles conduisent leurs ruches dans le Gâtinais, ou aux environs de la forêt d'Orléans, où se trouvent de la bruyère et du sarrasin en fleur; les émigrations se font souvent à plus de 40 k. Il n'est pas rare de voir, dans l'automne, jusqu'à trois mille ruches étrangères dans un petit village; on les y laisse environ deux mois. Des paysans se chargent du soin des abeilles moyennant un très-modique salaire. Les ruches sont en général d'un bon produit. Dans certaines années à la vérité elles fournissent peu de miel et de cire, ou donnent des essaims; mais dans d'autres aussi elles dédommagent amplement le propriétaire. On estime, toute compensation faite, le produit annuel d'une ruche à six francs; il va souvent à dix. La Loire, le Loing, le Loiret et les nombreux étangs situés dans les arrondissements de Montargis, de Gien et dans partie de celui d'Orléans, abondent en poisson très-estimé, dont une grande partie est expédiée à Paris par les canaux de Briare et d'Orléans.

MINÉRALOGIE. Mines d'antimoine. Carrières de pierres à bâtir, pierres à chaux, pierres susceptibles de recevoir un beau poli, dites diamants d'Olivet; marne, terre à potier.

SOURCES MINÉRALES à Segray, à Beaugency, à Châteauneuf, à Noyers, à Ferrières, et dans plusieurs autres communes.

INDUSTRIE ET COMMERCE. Le nombre des fabriques et surtout des fabriques florissantes est peu considérable dans le département du Loiret.

Dans l'arrondissement d'Orléans, et particulièrement dans la ville de ce nom, on trouve des fabriques de draps fins, de flanelles, de bonneterie orientale, de couvertures de laine et de coton, des filatures de laine, des raffineries de sucre, des ateliers nombreux pour le blanchissage de la cire, la préparation de la céruse suivant le procédé hollandais, et la fabrication du vinaigre, ainsi que quelques fabriques de papiers et de feutres. — L'arrondissement de Pithiviers est sans manufactures; l'industrie agricole s'exerce principalement sur la culture du safran, dont les produits donnent lieu à un commerce assez important; c'est au marché de Pithiviers qu'on apporte le safran du Gâtinais pour le livrer au commerce. Cette ville est aussi renommée par ses gâteaux d'amandes et par ses pâtés d'alouettes, qui jouissent d'une grande réputation parmi les gastronomes, et s'expédient dans plusieurs villes de France. Quelques filatures de coton, cinq papeteries et des tanneries composent presque toute l'industrie de l'arrondissement de Montargis. Dans celui de Gien on trouve une manufacture de faïence et une fabrique de draps.

Le département du Loiret, situé presque au centre de la France, traversé par deux canaux de navigation, par un grand fleuve, par plusieurs lignes de chemins de fer et par plusieurs grandes routes, est le centre d'un commerce important, dont la ville d'Orléans est l'entrepôt. Les principaux objets de commerce consistent en grains, farines, vins, vinaigres, eau-de-vie, épiceries, drogueries, fruits, arbres fruitiers, légumes secs, châtaignes, cidre, poisson, abeilles, miel excellent, safran estimé, sel, laines d'Espagne et du pays, bois à brûler, merrain, charbon de bois, bestiaux, etc.

FOIRES. Environ 220 foires se tiennent dans plus de 60 communes du département. On y vend principalement des bestiaux de toute espèce, des chevaux, des mulets, beaucoup de volailles, des laines, des étoffes et autres objets d'habillement, de la mercerie, de la quincaillerie pour les besoins du pays, et toute sorte de denrées.

DIVISION ADMINISTRATIVE. Le département du Loiret a pour chef-lieu Orléans. Il envoie

5 représentants à la chambre des députés, et est divisé en 4 arrondissements ou sous-préfectures :

Orléans	14 cant.	144,032 h.
Gien	5 —	44,188
Montargis	7 —	70,385
Pithiviers	5 —	59,847
	31 cant.	318,452 h.

1re conservation des forêts (chef-l. Orléans). — 1er arr. des mines (chef-l. Paris). — 1re division militaire (chef-l. Paris). Évêché, séminaire diocésain, et école secondaire ecclésiastique à Orléans. 41 cures, 248 succursales. — Église consistoriale à Orléans. 6 temples ou maisons de prières. — Académie universitaire. — Collége royal et école normale primaire à Orléans. Collége communal à Montargis. — Société royale des sciences et belles lettres à Orléans.

Biographie. Le département du Loiret est la patrie de plusieurs personnages distingués, parmi lesquels on cite :

L'amiral DE COLIGNY, assassiné à l'époque de la St-Barthélemy.

Le maréchal DE COLIGNY.

GAB. DE MONTGOMMERY, meurtrier involontaire de Henri II.

GUILL. DE LORRIS et J. CLOPYNEL, l'un auteur et l'autre continuateur du roman de la Rose.

ET. DOLET, imprimeur du XVIe siècle, brûlé vif à Paris comme athée en 1546.

P. DANIEL, bibliographe et littérateur.

Le savant jésuite D. PETAU.

S.-D. POISSON, astronome et mathématicien.

Le chancelier HUE DE MIROMÉNIL.

Le célèbre jurisconsulte POTHIER.

Le physicien et aéronaute CHARLES.

Le célèbre peintre GIRODET-TRIOSSON.

Le graveur SIMONNEAU.

J.-M. DE LA MOTHE-GUYON, fameuse quiétiste.

Le conventionnel LÉONARD BOURDON.

P. MANUEL, membre de la commune de Paris, mort sur l'échafaud révolutionnaire.

ET. AIGNAN, littérateur, membre de l'Académie française.

Le général DARNAUD, etc., etc., etc.

Bibliographie. * Table alphabétique de toutes les paroisses qui suivent la coutume d'Orléans, et qui dépendent en entier ou en partie du bailliage, et des différents siéges qui le composent (t. 1er des Coutumes du duché, bailliage et prévôté d'Orléans, in-12, 1740).

HÉRICART DE THURY (le vicomte). *Observations sur la rivière du Loiret* (Journ. des mines, t. IX, 1799).

BIGOT DE MOROGUES. *Essai sur la constitution minéralogique et géologique du sol des environs d'Orléans*, in-8, 1810.

ROGER (le baron). *Notice sur la découverte d'un emplacement de forges, de bains et d'autres ruines, d'établissements romains dans le département du Loiret* (Mém. de la soc. des antiq. de France, t. I, p. 252).

TRISTAN (le comte). *Observation sur la marche des orages dans le département du Loiret*, in-8, 1828.

VERGNAUD ROMAGNESI (C.-F.). *Album du département du Loiret*, petit in-fol., 1826-28.

— *Archéologie du département du Loiret*, in-8, fig., 1836.

— *Rapport sur le département du Loiret, fait à la société pour la conservation des monuments historiques, réunie à Tours le 25 juin 1838*, in-8, 1839.

— *Sur les études archéologiques du département du Loiret* (Bul. de M. de Caumont, t. IV, p. 319).

JOLLOIS. *Mémoires sur les antiquités du département du Loiret*, in-fol., orné de 27 pl., 18...

PUVIS (A.). — *De l'agriculture du Gatinais et de la Sologne*, etc., in-8, 1833.

Almanach du Loiret de 1843, in-8. M. Marchand a publié dans cet annuaire des notices historiques sur le château de la Bussière, sur l'ancien château royal de Gien, sur l'église d'Ouzouer, sur Trézée et sur l'église de Cerdon. On y trouve aussi des notes sur St-Benoit-sur-Loire, Cléry, Châteauneuf-sur-Loire, St-Gondon, Dampierre, Breteau et Gien.

V. aussi : ORLÉANAIS, BEAUGENCY, ST-BENOIT-SUR-LOIRE, BRIARE, FERRIÈRE, MONTARGIS, ORLÉANS, SEGRAY, SULLY-SUR-LOIRE.

LOIR-ET-CHER (département de). Le département de Loir-et-Cher est formé du Blaisois, du Vendômois et d'une grande partie de la Sologne, qui dépendaient du ci-devant Orléanais. Il tire son nom des rivières du Loir et du Cher qui l'arrosent ; la première, dans sa partie septentrionale du nord-est au sud-ouest, et la seconde, dans sa partie centrale, de l'est à l'ouest.—Il est borné, au nord-ouest, par le département de la Sarthe; au nord-est, par celui du Loiret; au sud, par celui de l'Indre; au sud-est, par celui du Cher, et au sud-ouest par celui d'Indre-et-Loire.

Le sol de ce département est généralement assez élevé et ne renferme, à proprement parler, aucune montagne, mais un grand nombre de vastes plaines dont la pente est peu sensible. Il est traversé par la Loire, qui le divise en deux parties presque égales ; une longue suite de collines et de coteaux plantés de vignes ou d'arbres fruitiers borde les deux rives du fleuve et repose agréablement la vue ; çà et là de jolis villages ombragés de bouquets d'arbres embellissent les plus charmants paysages, animés sans cesse par le passage de la grande route et une navigation presque continuelle. « La nature champêtre, sous quelque forme qu'elle se présente, observe M. Petitain, dans son Annuaire du département de Loir-et-Cher, a toujours des droits de plaire à celui qui peut sentir et sait en apprécier les beautés. Mais il est des pays qui semblent être à cet égard plus favorisés, qui paraissent plus propres à constituer un séjour agréable et vraiment fait pour l'homme. Les plaines immenses, couvertes d'abondantes moissons, donnent, avec l'idée de l'abondance qu'elles font naître, celle de grande culture, de richesses et de prospérité publique, qui naturellement s'y lient. Dans les pays de montagnes, de grands accidents, des masses gigantesques, une variété infinie de sites et d'aspects, tour à tour délicieux et effrayants, semblent promettre chaque jour des plaisirs nouveaux. Ici la nature, toujours vivante et animée, moins silencieuse que dans les plaines, moins bruyante que dans les montagnes, lui réserve des plaisirs plus doux et d'autant plus variés, qu'il peut y réunir toutes les productions propres aux deux extrêmes, sans aucune des privations qu'on peut y ressentir. Car presque dans toutes les parties du département, un propriétaire, sans être grand terrien, peut voir presque tout à la fois d'un coup d'œil ses champs couverts de moissons, ses taillis, ses vignobles, et se reposer sa vue sur l'émail des prairies. Sans que nous fassions les frais d'une description étudiée, le lecteur imaginera aisément les sites agréables et variés à l'infini que, dans leur mélange et leur combinaison, ces différents objets peuvent offrir. Sur le plus beau fleuve de la France, de grands et nombreux bateaux voguant à la faveur de larges voiles blanches et étendues, dont la courbure élégante, se dessinant sur le coteau, forme de loin un contraste piquant avec la verdure ; partout ailleurs des rivières ou des ruisseaux limpides, promenant leurs eaux sinueuses dans de longues vallées qui s'étendent et se resserrent successivement ; là des bouquets de bois suspendus sur les coteaux ; dans la plaine, avec des ombrages frais, une culture variée ; plus loin une vaste forêt qui rembrunit de l'horizon ; puis enfin des hauteurs plus ou moins escarpées, d'où la vue, embrassant simultanément tous ces objets, jouit d'un ensemble ravissant, à la fois imposant et flatteur, et où la nature paraît dans sa plus douce majesté : tel est en général le département de Loir-et-Cher. Mais l'arrondissement de Romorantin (l'ancienne Sologne) offre un aspect bien différent. Dans cet arrondissement le sol n'offre à sa superficie qu'un sable clair, assez fin, mélangé de gravier et de cailloux, toujours peu chargé de terre végétale, et peu propre aux riches cultures. On peut en dire autant de la partie nord-ouest de l'arrondissement de Vendôme, qui n'offre qu'un terrain aride et en général couvert de landes. »

La surface totale du département est de 625,965 hectares, répartis ainsi :

Terres labourables	369,627
Prés	31,634
Vignes	26,591
Bois	70,210
Vergers, pépinières et jardins	5,882
Oseraies, aunaies et saussaies	402
Étangs, mares, canaux d'irrigation	9,329
Landes et bruyères	80,996
Superficie des propriétés bâties	2,457
Cultures diverses	1,417
Contenance imposable	596,575

Routes, chemins, places, rues, etc. .	13,458
Rivières, lacs et ruisseaux.	4,295
Forêts et domaines non productifs. .	11,460
Cimetières, églises, bâtiments publics.	177
Contenance non imposable. .	29,390

On y compte :
53,842 maisons.
465 moulins à eau et à vent.
61 forges et fourneaux.
194 fabriques et manufactures.

Soit : 54,562 propriétés bâties.
Le nombre des propriétaires est de. 93,727
Celui des parcelles de. 1,314,394

HYDROGRAPHIE. Parmi les nombreuses rivières qui arrosent le département, la Loire et le Cher sont les seules navigables. La longueur totale de la partie de leur cours livrée à la navigation est évaluée à 156,000 m. Les rivières les plus considérables sont ensuite : le Loir, le Beuvron, le Cosson, la Cise et la Sauldre. Le canal du Cher traverse l'extrémité septentrionale du département.

Le département renferme un grand nombre d'étangs, situés presque en totalité sur la rive gauche de la Loire. Ces étangs sont tellement multipliés dans l'arrondissement de Romorantin, que plusieurs vallons en contiennent souvent cinq ou six à la suite les uns des autres. Ces étangs sont formés par des digues élevées pour retenir les eaux. — On en compte dans l'arrondissement de Romorantin 954 d'une superficie totale d'environ 3,691 hect. — Sur 30 communes il n'y en a que 9 qui n'en renferment pas. — On voit dans le même arrondissement (commune de Soing), à l'est de Contres, un lac ou amas d'eau formé naturellement, dont la superficie, dans les eaux moyennes, est de près de 20 hectares, et sur les bords duquel des fouilles ont fait découvrir des vases et d'autres ustensiles, qui témoignent du séjour que les Romains ont fait dans ce pays.

COMMUNICATIONS. Le département de Loir-et-Cher est traversé par 6 routes royales, par 16 routes départementales, et par 11 chemins vicinaux de grande communication.

MÉTÉOROLOGIE. Le climat est en général doux et tempéré. L'air y est pur et sain, à l'exception de quelques parties de l'arrondissement de Romorantin, dont les marécages et les étangs entretiennent des exhalaisons nuisibles à la santé des habitants. — Les vents dominants sont ceux de l'ouest.

PRODUCTIONS. Le département produit des céréales de toute espèce, en quantité plus que suffisante pour les besoins de la population ; de bons légumes ; quantité d'excellents fruits ; de très-beau chanvre. — Excellents pâturages. Belles prairies naturelles. Nombreuses pépinières d'arbres à fruits. Les landes sablonneuses de la Sologne offrent de belles plantations de pins. — Les vignes sont après les grains la culture la plus considérable et la plus importante du département ; on cite les vins rouges de la côte de Grouez, de Chambon, de la côte du Cher ; et les vins blancs de la côte de Néels, de Marbline ; on recueille dans la Sologne des vins de Gros-Noroo ou de teinture. — Education en grand des moutons de petite race dite de Sologne, dont la laine est assez fine et la chair d'excellente qualité ; cette race est très-susceptible de s'améliorer par des croisements avec les mérinos. — On connaît dans le département deux races de chevaux très-distinctes par leurs formes : ceux de l'arrondissement de Vendôme, dits percherons, sont d'excellents chevaux de trait ; ceux de l'arrondissement de Romorantin, ou de race solognote, sont d'une taille médiocre et ont des formes peu agréables ; mais ils se recommandent par la bonté et la durée de leur service. — Les bêtes à cornes sont généralement d'espèce médiocre. — Toutes les rivières sont plus ou moins poissonneuses : on y pêche, ainsi que dans les étangs, du brochet, de la carpe, de la perche, du barbeau, de l'anguille et de la tanche. La Loire fournit des saumons, des lamproies et des aloses, et le Loir des carpes dorées. On pêche de la truite dans quelques rivières. Les écrevisses se trouvent dans tous les ruisseaux. — Les étangs de la Sologne fournissent aussi une assez grande quantité de sangsues.

MINÉRALOGIE. Mines de fer ; carrières d'albâtre, de pierre de taille, de silex pyromaque qui fournissent la France entière et une partie de l'Europe de pierres à fusil ; marne excellente ; argile à tuile et à potier.

SOURCES MINÉRALES à St-Denis, à St-Mandé.

INDUSTRIE ET COMMERCE. Manufactures de grosses draperies, couvertures de laine, molletons, cotonnades, bonneterie, gants de peau, sucre indigène. Filatures de laine. Tanneries. Verreries. Faïenceries et fabriques de poterie.

Commerce considérable de grains, vins, eau-de-vie, laines ; de draperies, bas et gants de laine, cuirs, gants de peau, pierres à fusil, etc., etc.

FOIRES. Environ 160 foires se tiennent dans cinquante communes du département. Les principaux objets de commerce consistent en bestiaux, détail de draperie et de mercerie, et sur quelques points, de la laine, de la filasse, du chanvre, de la toile, des chevaux, des ânes et de la volaille.

DIVISION ADMINISTRATIVE. Le département de Loir-et-Cher a pour chef-l. Blois. Il envoie 3 représentants à la chambre des députés, et est divisé en 3 arrondissements ou sous-préfect. :

Blois.	10 cant.	111,200 h.
Romorantin. .	6	—	43,624
Vendôme. . . .	8	—	72,830
	24 cant.	227,654 h.

21e conservation des forêts (chef-l. Blois). — 2e arr. des mines (chef-l. Paris). — 4e division milit. (chef-l. Tours). — Evêché, séminaire diocésain et école secondaire ecclésiastique à Blois. 26 cures, 247 succursales. — Collèges communaux à Blois et à Romorantin. — Société d'agriculture à Blois.

Biographie. Au nombre des personnages distingués nés dans le département on cite :
LOUIS XII, surnommé le Père du peuple.
DENIS PAPIN, un des premiers inventeurs de la machine à vapeur.
J. ADAM, de l'Académie française.
BERNIER et BOURGEOIS, médecins.
Les historiens CHARENTON et SALABERRY.
HURAULT DE CHEVERNY, chancelier de France sous Henri III.
Le cardinal D'AMBOISE, ministre de Louis XII.
Le maréchal DE ROCHAMBEAU.
Le marquis DE FAVRAS.
Le chef de chouans DE ROCHECOTTE.
Le célèbre jurisconsulte PARDESSUS, membre de l'Institut.
CH.-ELOI JOHANNEAU, antiquaire, etc., etc.

Bibliographie. PEUCHET et CHANLAIRE. *Statistique de Loir-et-Cher*, in-4, 1810.
PETIGNY (de). *Statistique du département de Loir-et-Cher...*
BEAUCHAMPS (Alp. de). *Mémoires du comte Fortuné de Rochecotte, etc., commandant en chef les royalistes du Maine, du Perche et du pays Chartrain*, in-8, 1818 (contiennent des notices sur plusieurs localités du département d'Indre-et-Loire et de Loir-et-Cher).
* *Voyage historique, statistique, et Descriptions pittoresques dans le département de Loir-et-Cher*, in-8, 1835.
SAUSSAYE (de la). *Rapport sur les monuments historiques du département de Loir-et-Cher, qu'il serait nécessaire de réparer et d'achever* (Bul. de M. de Caumont, t. IV, p. 278).
PASSAC (Ph.-J.-G.). *Vendôme et le Vendômois, ou Tableau statistique, historique et bibliographique du duché, aujourd'hui arrondissement de Vendôme*, in-4, 1824-25.
PUYS (A.). *De l'agriculture du Gatinais et de la Sologne, etc.*, in-8, 1833.
BOURDON. *Mémoire sur la situation agricole de la Sologne, et sur les moyens d'améliorer cette province*, in-8, 1840.
BIGOT DE MOROGUES (le baron P.-Marc-Sébastien). *Essai sur la topographie de la Sologne, et sur les principaux moyens d'amélioration qu'il présente*, in-8, 1811.
* *Quelques Réflexions sur la Sologne*, in-8, 1836.
AUTROCHE (Gl. Deloynes d'). *Mémoire sur l'amélioration de la Sologne*, in-8, 1787.
HUET DE FROBERVILLE (J.-B.). *Vues générales sur l'état de l'agriculture dans la Sologne, et sur les moyens de l'améliorer*, in-8, 1788.
THUAULT DE BEAUCHÊNE. *Innovations agricoles en Sologne, par l'association du propriétaire avec ses fermiers*, br. in-8, sans date, 1844.
LECOMTE-BRUÈRE. *Réponse à la brochure de M. de Beauchêné, intitulée : Innovations agricoles en Sologne, etc.*, br. in-8, sans date, 1844.

V. aussi : ORLÉANAIS, ST-AIGNAN, BLOIS, CHAMBORD, LAVARDIN, LAFERTÉ-IMBAULT, MONTDOUBLEAU, PONT-LEVOY, VENDÔME.

LOIRE-INFÉRIEURE (dép. de la). Le département de la Loire-Inférieure est formé d'une partie de la haute Bretagne, et tire son nom du cours physique de la Loire qui le traverse de l'est à l'ouest et s'y embouche dans l'Océan. Il est borné au nord par les départements du Morbihan et d'Ille-et-Vilaine; à l'est, par ceux de la Mayenne et de Maine-et-Loire; au sud, par celui de la Vendée; et à l'ouest, par l'Océan.

La surface de ce département offre un pays plat, entrecoupé de collines, sans montagnes proprement dites, et sillonné par un grand nombre de rivières, dont plusieurs sont navigables. Il y a environ 80 k. de côtes, que les atterrissements de la mer agrandissent sans cesse en plusieurs endroits; les marais salants qui s'y trouvent sont d'un grand rapport. Le sol, généralement uni, n'offre sur plus d'un tiers de son étendue que des forêts, des landes et des marais; le reste consiste en terres labourables, qui produisent toutes sortes de grains, en vignes, en prairies et en pâturages.

L'arrondissement de Nantes, traversé par la Loire, arrosé par l'Erdre, par la Sèvre nantaise et par plusieurs rivières et ruisseaux, offre une multitude de sites pittoresques et de charmants paysages. Au nord, il est traversé par l'Erdre, rivière navigable depuis Nort jusqu'à Nantes, qui, sur une partie de son cours, prend une largeur de 7 à 8 k. sur une longueur de 20 à 25, et forme un lac charmant, bordé de collines verdoyantes et peuplé de villages et de maisons de campagne, parmi lesquelles on remarque le château de la Verrière, regardé comme la demeure du redoutable Barbe-Bleue, et le château de la Gâcherie, surmonté du son beffroi féodal. Rien n'est surtout plus pittoresque que les rives de l'Erdre de la Gâcherie au village de Sucé. Dans la partie sud-ouest de cet arrondissement on remarque le lac de Grandlieu, vaste réservoir de 8,000 hect. de superficie. — A l'est du lac de Grandlieu commence la contrée connue sous le nom de Bocage, qui s'étend jusque dans le département de la Vendée. Ainsi que l'indique son nom, le Bocage est couvert d'arbres; on y voit peu de grandes forêts, mais chaque champ, chaque prairie, est entouré d'une haie vive qui s'appuie sur des arbres plantés irrégulièrement et fort rapprochés. Ces enceintes ne renferment jamais un grand espace. Le terrain est fort divisé; il est peu fertile en grains; souvent des champs assez étendus restent longtemps incultes; ils se couvrent alors de genêts ou d'ajoncs épineux; toutes les vallées et même les dernières pentes des coteaux sont couvertes de prairies. — Les chemins du Bocage sont tous comme creusés entre deux haies; ils sont étroits, et quelquefois les arbres joignant leurs branches les couvrent d'une espèce de berceau; ils sont bourbeux l'hiver et raboteux l'été. Souvent ils suivent le penchant des collines, et servent en même temps de lit à un ruisseau; ailleurs ils sont taillés dans le rocher, et gravissent les hauteurs par degrés irréguliers; tous ces chemins offrent un aspect du même genre.

L'arrondissement d'Ancenis, traversé au nord par l'Erdre, et baigné au sud par la Loire, offre aussi un aspect assez agréable. Il est principalement fertile en vins, en grains, et possède une assez vaste étendue de bois et de bons pâturages.

L'arrondissement de Châteaubriant est âpre et triste, et n'offre presque qu'une forêt continuelle. Il produit cependant du froment, du seigle, du lin, du cidre d'automne et des vins médiocres.

L'arrondissement de Paimbœuf se compose de landes étendues et de quelques cantons fertiles. Il est baigné en grande partie par l'Océan et par la Loire. Ou y trouve des terres labourables assez bien cultivées, des vignes et des pâturages.

L'arrondissement de Savenay se divise en deux parties distinctes; ses contours sont cultivés et fertiles; l'intérieur n'offre qu'une vaste plaine presque partout inculte et déserte. On y trouve des marais d'une étendue immense, coupés par une multitude de ruisseaux et de canaux : les terrains que ces marais renferment sont appelés des îles; quelques-unes sont couvertes de villages très-populeux, qui communiquent les uns aux autres par des chaussées ferrées ou pavées et par des canaux. La Brière est une vaste tourbière d'environ 100 k. de circonférence, y compris les marais qui l'environnent : lorsque, dans les hautes eaux, la Loire inonde les campagnes, elle couvre la Brière, et cette vaste plaine est transformée en un lac immense, où l'on découvre çà et là quelques hameaux bâtis sur de petites éminences, dont les habitants ne peuvent sortir qu'à l'aide de leurs toues, petites embarcations attachées à la porte de chaque maison. Lorsque les eaux se retirent, le lac devient une belle prairie où l'on élève de nombreux troupeaux. Cet arrondissement produit du blé, du seigle, du lin et du cidre. On y compte près de 30,000 œillets de marais salants.

On trouve à St-Lyphar, à Herbignac, la Chapelle-des-Marais, Ste-Reine, Pont-Château, Besné, Crossac, St-Gildas-des-Bois, Dreffeac, St-Etienne-de-Mont-Luc, St-Andrédes-Eaux, Cordemais, Bouée, Chapelle-Launay, Prinquiau, des tourbes lacustres : St-Andrédes-Eaux donne en outre des tourbes marines, et les communes de St-Joachim, Moutoire et Donges n'offrent que ces dernières. Ces marais tourbeux occupent une grande surface; en y fouillant, on trouve enfouis des arbres entiers d'un bois qui a acquis une belle couleur noire et un degré de dureté qui le rend susceptible d'un beau poli ; on en fait des chênets et des cerisiers. — Onze communes usent en commun du marais de Montoire, soit pour leur chauffage particulier, soit pour leur commerce. On estime que chaque famille peut récolter annuellement 150 à 200 milliers de mottes, et que l'exportation totale peut s'élever à 325,700 milliers.

La surface du département est de 684,697 hectares, divisés ainsi :

Terres labourables.	321,601
Prés.	105,062
Vignes.	29,346
Bois.	33,075
Vergers, pépinières et jardins.	10,984
Oseraies, aunaies et saussaies.	249
Etangs, mares, canaux d'irrigation.	2,288
Landes et bruyères.	129,352
Superficie des propriétés bâties.	2,926
Cultures diverses.	896
Contenance imposable.	635,779
Routes, chemins, places, rues, etc.	28,847
Rivières, lacs et ruisseaux.	15,416
Forêts et domaines non productifs.	4,477
Cimetières, églises, bâtiments publics.	178
Contenance non imposable.	48,918

On y compte :
100,719 maisons.
1,698 moulins à eau et à vent.
52 forges et fourneaux.
76 fabriques et manufactures.

Soit : 102,545 propriétés bâties.
Le nombre des propriétaires est de. 132,534
Celui des parcelles de. 2,249,459

HYDROGRAPHIE. La Loire traverse le département de l'est à l'ouest, et le divise en deux parties d'inégale étendue, la plus considérable est au nord ou sur la rive droite. Elle a sur le département un cours de 10 myriam., depuis Ingrande (Maine-et-Loire) jusqu'à la mer. La largeur du fleuve y est considérable; l'estuaire qu'il forme en confondant ses eaux avec celles de l'Océan a près de 8 k. d'ouverture. — Dans cet intervalle la Loire baigne Ancenis, Nantes et Paimbœuf, et se grossit de plusieurs affluents, dont aucun toutefois n'est très-important. Les principaux sont, par la gauche ou du côté du sud, la Sèvre nantaise et l'Achenau, celui-ci servant de déversoir au lac de Grandlieu ; par la droite ou du côté du nord, l'Erdre, qui se jette dans la Loire à Nantes même. — La Vilaine forme, pendant quelques kilom., la limite commune du département et de ceux de Maine-et-Loire et du Morbihan; dans cet intervalle elle reçoit le Don et l'Isac, qui arrosent la région septentrionale du département. — Les autres rivières navigables du département sont la Maine, la Moine, l'Erdre, la Tence, le Brivé, la Boulogne et l'Ognon. — Le canal de Nantes à Brest y commence; il y a un développement de 89,537 m.

COMMUNICATIONS. Le département est traversé par six routes royales, par dix-sept routes départementales, par douze routes stratégiques, et par un grand nombre de chemins vicinaux.

MÉTÉOROLOGIE. Le climat est sain, mais habituellement humide; on y éprouve peu de grands froids, mais souvent, en été, la température s'y élève à un aussi haut degré que dans les régions équatoriales. Les transitions des vents dominants causent souvent des variations brusques dans la température. Ceux de mer sont relativement plus frais en été, et plus chauds en hiver. Les variations barométriques sont considérables au printemps et pendant l'automne.

PRODUCTIONS. Les récoltes des céréales suffisent à peu de chose près pour la consommation des habitants du département ; on y récolte principalement du froment, du seigle et du sarrasin. Le froment de Bourgneuf est très estimé ; Bordeaux, Nantes, et l'étranger en tirent beaucoup en certaines circonstances de ce canton fertile. Le seigle et le méteil se récoltent dans tous les cantons ; il n'en est pas de même de l'orge, dont la culture est négligée en beaucoup d'endroits. — Les prairies situées dans les îles que forme la Loire et celles qui bordent les deux rives du fleuve sont vastes, excellentes, et les produits en sont considérables ; celles qui avoisinent les marais sont d'une qualité souvent au-dessous de la médiocre. Les pâturages de la rive gauche de la Loire sont aussi très-bons ; on y nourrit des bœufs d'une belle race et de très-bons chevaux, quoique d'une petite taille ; mais en général la quantité des prairies naturelles et des pâturages est insuffisante. — Le pommier est généralement cultivé dans tout le département pour en obtenir du cidre ; le plus estimé est celui du territoire compris entre l'Erdre, la Vilaine et l'Isac. — Le département de la Loire-Inférieure est un de ceux où le bois se trouve en plus grande abondance : presque toute sa partie septentrionale n'est qu'une forêt continue ; la plupart des coteaux sont très-boisés, et nous avons déjà fait remarquer en parlant du Bocage que chaque champ, chaque prairie est entouré de haies vives qui servent à la division des propriétés et produisent annuellement quantité de bois de chauffage. Les principales forêts sont celles de la Bretèche, du Gâvre, d'Aveize, du Teillé, de Juigné, de Maumusson, de Saffré, de Princé, du Cellier et de Machecoul. — On compte dans le département 29,346 hect. de vignes, répartis dans quarante-deux communes, et produisant annuellement 1,600,000 hectolit. de vin : 120,000 sont consommés à Nantes ; plus de 500,000 sont bus dans le pays ; une partie de l'excédant, prise parmi les vins blancs de la moindre qualité, remonte la Loire, et est convertie en vinaigre à Orléans ou bien, changée en vins de Bourgogne, sert à l'approvisionnement de Paris ; le surplus est converti en eaux-de-vie qui est loin d'être de la qualité. Les principaux vignobles sont situés dans les arrondissements de Nantes et d'Ancenis ; Varades et Montrelais récoltent les meilleurs vins blancs du pays ; Vallet, la Chapelle-Heulin, la Haye, le Loroux, le Pallet, Maisdon et St-Fiacre, de l'arrondissement de Nantes, St-Géréon, St-Herblon, de l'arrondissement d'Ancenis, produisent des vins doux, légers, d'un goût agréable, et qui se conservent assez bien.

Le département de la Loire-Inférieure est, avec celui d'Ille-et-Vilaine, un de ceux formés de l'ancienne province de Bretagne, où l'on rencontre la plus belle espèce de gros bétail. Sur toute la rive gauche de la Loire on trouve une très-belle race de bœufs bien nourris et bien soignés, et des vaches laitières qui donnent du lait en abondance dont on fabrique un beurre estimé. — On élève dans le département une grande quantité de chevaux d'une petite taille, mais de formes assez élégantes ; ils sont sobres, ardents et bons marcheurs. Dans les meilleurs cantons on élève quelques chevaux de race bretonne.

La pêche est une des principales occupations des habitants voisins des bords de la mer ; la plupart même ne vivent en partie que de son produit. Sur les côtes de l'Océan, on pêche le maquereau, le hareng, la sardine, le turbot, la sole, la raie, le homard, les chevrettes, les huîtres, etc. Le saumon, l'alose, la lamproie et la civelle (petite anguille nouvellement née qui passe de la mer dans les rivières) remontent l'embouchure de la Loire. Le lac de Grandlieu abonde en poisson de toute espèce.

MINÉRALOGIE. Le granit, le quartz vitreux, le feldspath, le mica et le kaolin se rencontrent dans l'arrondissement de Nantes. Celui de Châteaubriant possède des carrières d'ardoises exploitées, situées au Grand-Auverné, à Moisdon et à St-Vincent-des-Landes. Dans les environs de Rougé, Abbaretz, St-Aubin-des-Châteaux, Sion, Erbray, Meilleray, Moisdon, arrondissement de Châteaubriant et de Riaillé, arrondissement d'Ancenis, on trouve des mines de fer limoneuses très-abondantes qui alimentent treize forges et sept hauts fourneaux ou fonderies. L'aimant se trouve à l'embouchure de la Loire, sur la rive droite, à la surface du sol, en morceaux isolés et disséminés dans les champs situés à la pointe de Ville-ès-Martin. — Dans la commune de Crossac on trouve une mine de plomb non exploitée. La commune de Piriac possède une petite mine d'étain oxydé dont la découverte date de 1813. — La houille abonde dans les arrondissements de Châteaubriant et d'Ancenis. On exploite, à Nort et à Montrelais, des mines très-importantes de ce combustible, dont les produits sont considérables et d'excellente qualité.

Les salines qui existent le long de la côte sont d'un produit considérable ; elles entretiennent une population remarquable par sa beauté, son air de santé et d'aisance, surtout sur la côte septentrionale. Sur la côte du sud elles sont moins nombreuses et moins productives. On compte 70,273 œillets de marais salants exploités.

SOURCES MINÉRALES à la Plaine, Pornic, la Bernerie, la Chapelle-sur-Erdre, la Barberie, l'Ebaupin. — Bains de mer à la Plaine et à Pornic.

INDUSTRIE ET COMMERCE. L'industrie du département consiste principalement dans la fabrication des toiles de lin et de coton, du coutil, des toiles peintes, des serges et des étoffes de laine communes. Cette industrie s'exerce particulièrement à Nantes, à Clisson, à Châteaubriant et à Guérande ; des chantiers pour les constructions navales sont établis à Nantes, à Paimbœuf et au Pellerin. Nantes fabrique encore des cordages et des biscuits pour la marine, des câbles en fer et du feutre pour le doublage des navires ; il y a de belles raffineries de sucre et des filatures de lin et de coton, etc. Dans diverses communes on trouve plusieurs papeteries, un grand nombre de tanneries et de mégisseries, des manufactures de faïence et de porcelaine, des verreries, des forges, fonderies et hauts fourneaux, des fabriques d'instruments aratoires, etc. On distingue principalement au nombre de ces établissements les ateliers d'Indret, consacrés à la fabrication des machines à vapeur pour la marine royale.

Le département fait avec les départements voisins un commerce considérable au moyen du roulage et de la navigation intérieure. Les principaux objets exportés par cette voie consistent en grains, fruits, légumes secs et verts, vins, eau-de-vie, sel, beurre de Bretagne, chevaux, bestiaux, fer, plomb, antimoine, charbon de terre, tourbe, bois merrain, toile de lin et de coton, draperie, chapellerie, rouennerie, mercerie, quincaillerie et autres objets de ses manufactures.

Par le petit cabotage, le département reçoit les cidres et les bois de chauffage de la Vilaine ; les poissons frais, secs et salés du Morbihan ; les grains, les laines, le houblon, les toiles, les laines, la terre à faïence, et les bois de construction des Côtes-du-Nord, ainsi que beaucoup d'autres denrées des départements voisins. Par cette voie il exporte des cotons, des cafés, des sucres, des eaux-de-vie, des vins, des châtaignes, du miel, des sels, des cuirs tannés et corroyés, des toiles, du linge, du coton, des futaines, des indiennes de Nantes et autres produits du commerce et de l'industrie ; et il reçoit des vins, des eaux-de-vie, des liqueurs, des draps de la Rochelle et de Bordeaux ; des résines, du brai, des planches et du chocolat de Bayonne ; des eaux-de-vie, du verdet, des huiles, du savon, des drogues et des parfums de la Méditerranée ; et des cuirs, du chanvre, du fer, de l'étain, etc., des ports de différentes villes maritimes de l'Europe, auxquels il exporte en échange des produits divers du sol et de l'industrie de la France. Le grand cabotage consiste en expéditions de toutes espèces de denrées et de marchandises pour le Sénégal, l'Espagne, le Portugal, la Hollande, les pays du Nord, qui fournissent en échange de l'ivoire, des gommes, des parfums, des laines, des huiles, des bois de campêche et quantité d'autres produits. A ces principaux éléments de prospérité commerciale il faut encore ajouter les armements pour la pêche de la baleine dans les mers du Nord, pour celle de la morue au banc de Terre-Neuve, et au cap Breton pour la pêche du hareng, du maquereau et de la sardine.

FOIRES. Plus de 340 foires se tiennent dans environ 120 communes du département. Le commerce des bestiaux de toute espèce, des draps et de la mercerie pour les besoins du pays, fait le fond des principales transactions.

Nantes a une foire spéciale pour la vente des moutons mérinos et des laines de race espagnole.

MŒURS ET USAGES. Les vertus caractéristiques des habitants de la Loire-Inférieure sont la franchise, la charité et la modestie ; tous les devoirs qu'inspirent l'humanité, la famille, la patrie, ils les remplissent naturellement et sans ostentation. Dans les cantons les moins favorisés de la nature, comme dans les cantons les plus riches et les plus fertiles, jamais un individu malheureux ne se présente à la porte d'une ferme ou d'une chaumière sans recevoir des secours ou l'hospitalité : le pauvre, si souvent rebuté dans les villes, va réellement chercher sa vie dans les campagnes ; il la trouve à toutes les portes ; il s'assied à tous les foyers, il n'est jamais éconduit, et la misère, si hideuse, si désolante dans les cités, n'occasionne ici ni honte ni confusion à celui qui la supporte. On demande sa vie dans les campagnes parce qu'on est enfant et qu'on ne peut encore gagner sa vie, parce qu'on est trop vieux et qu'on ne peut plus la gagner. On la trouve partout dans ce pays, à ces deux époques de la vie ; et le malheureux, admis à partager le pain du laboureur, est encore souvent servi le premier.
— Peu de paysans savent lire et écrire, et encore le font-ils fort mal ; mais si le Breton ne se distingue pas par une grande instruction, il cause avec bon sens de ce qu'il connaît, et se distingue par l'extrême pureté de ses mœurs, par sa probité, par son respect et par sa compassion pour l'infortune d'autrui, et par la noble patience avec laquelle il supporte lui-même le malheur. Persuadé que nulle puissance humaine ne peut modifier la destinée qu'il doit subir, il s'y soumet sans effort, sans murmure. Se sent-il dangereusement malade, son premier soin est d'appeler un prêtre, et il attend ensuite paisiblement, sur son grabat, le dénoûment qui doit décider de son sort, fortement assuré que s'il doit guérir, il n'a pas besoin de médecin, et que s'il succombe il a du moins épargué une dépense inutile à ses héritiers. Le père de famille est toujours grave et austère avec sa femme et ses enfants adultes, qu'il n'a pas l'habitude de tutoyer et envers lesquels il n'est pas prodigue de caresses. Aux soins particuliers qu'il prend de son bétail et à l'empressement qu'il met à faire appeler le matois rusé qui usurpe la qualification de vétérinaire, tandis qu'il abandonne à la Providence seule un frère ou un père en danger, on aurait tenté de croire qu'il a plus d'attachement pour ses bestiaux que pour sa famille. Cependant il est loin d'en être ainsi.

Les progrès de la civilisation, en dissipant les ténèbres et les préjugés de l'ignorance, tendent chaque jour à détruire les traditions superstitieuses ; cependant ils conservent encore quelques lieux de retraite. En Bretagne surtout, des habitations éparses, des habitudes d'isolement, si favorables à la superstition, entretiennent les erreurs du vulgaire. La magie, la sorcellerie ne passent pas pour des chimères, et les sorciers de Montoir sont encore un objet d'horreur et d'effroi. Ce sont eux qui, dans leurs danses nocturnes, tracent sur la prairie les cercles magiques où l'on voit l'herbe jaune et flétrie ; brûlée sous leurs pieds, elle ne doit plus reverdir : ce sont eux qui, pendant la nuit, prennent plaisir à tresser la crinière des chevaux égarés, et malheur au téméraire qui oserait démêler les crins nattés par leurs mains infernales. Un laboureur voit-il ses brebis périr d'une maladie inconnue, elles sont ensorcelées ; si, frappé lui-même, il ignore la cause du mal qui le dévore, s'il souffre, s'il languit, c'est qu'on lui a jeté un sort ; si ses récoltes trompent ses espérances, c'est que, transportées par un pouvoir magique, elles ont passé dans un champ voisin ; ainsi, lorsqu'il éprouve quelques revers, c'est toujours un sorcier qui en est la cause. Des revenants, des bruits sourds, des flammes nocturnes annoncent ce qui doit arriver de sinistre, et la crainte d'un maléfice arrache souvent une aumône que n'aurait pu obtenir la seule indigence.—A l'époque des veillées, les ménages se visitent dans les hameaux et travaillent en commun. Les hommes s'occupent à tailler quelques ustensiles en bois, à réparer leurs instruments, ou à quelques ouvrages de vannerie. Les femmes filent, et les enfants qui entourent le foyer écoutent attentivement la conversation, dont le sujet ordinaire n'est pas ce qui intéresse l'agriculture, mais ce que suggère la superstition. On apprend là par quelles dévotions il faut honorer le saint qui préserve de la grêle ou procure la pluie ; à quelle fontaine il faut aller boire pour se guérir de la fièvre ou prévenir les maléfices, etc., etc. Ce qu'on doit remarquer, c'est que la vieillesse, qui seule peut citer des époques éloignées et des témoins qui n'existent plus, n'est pas seule à raconter ces merveilles.

Chaque canton de ce département offre quelque variété dans le costume. En général le bleu est la couleur favorite des vêtements. Le costume des femmes est éclatant par l'emploi fréquent des rubans brochés d'or. Dans quelques cantons, les femmes comme les hommes portent, aux jours de cérémonie, des manteaux courts à collet droit, et qui dépassent la tête. Un peuple particulier habite les tourbières, c'est le Brierois, qui, habillé de la bure brune qu'il tond de ses brebis noires, coiffé de longs cheveux, la barbe hérissée, la figure enfumée et sauvage, semble être sorti de la tourbe bretonne. Dans le canton de Guérande, les habitants d'Escoublac, de St-André-des-Eaux, de St-Liphar et autres lieux voisins, se font remarquer par un costume singulier et bizarre, composé d'une veste et d'un gilet d'étoffe de laine brune, d'un haut-de-chausse et de guêtres d'une étoffe mélangée de laine brune et de fil croisé ; ils portent un chapeau de forme ronde et basse dont les contours n'ont au plus que trois doigts de largeur. Dans les campagnes presque toutes les femmes se servent d'une espèce de voile taillé en coiffe, qui prend la forme de la tête, s'étend sur les épaules, se retresse par devant ou se baisse de manière à ne pas cacher la figure. Mais de tous ces costumes celui des paludiers, nommé costume guérandais, est le plus singulier. Ces paludiers, qui habitent le bourg de Batz et les villages environnants, portent un vêtement qui rappelle celui des Gaulois ; c'est encore la souquenille de toile de nos ancêtres, leurs larges braies. Les jours de fête ils remplacent la blouse par trois ou quatre gilets de différentes couleurs, disposés en étage, tandis qu'en toute saison leurs cuisses ne sont couvertes que d'un caleçon en toile. Lorsqu'ils assistent à quelques cérémonies, ils jettent sur leurs épaules un petit manteau noir à l'espagnole. Le costume des jeunes mariées est surtout digne de fixer l'attention : leurs cheveux, séparés avec art, sont retenus par un ruban sous une petite coiffe de batiste, aussi remarquable par sa blancheur que par sa finesse ; une collerette de dentelle annonce une recherche de toilette, et une élégance peu communes en Bretagne, parmi les villageoises ; un corset de drap blanc, bordé de velours noir, fait ressortir l'éclat des manchettes écarlates, et sur la poitrine l'on voit briller un ruban broché d'or qui sert à lacer le corset. Ce corset, soutenu par d'épaisses baleines, larges de trois doigts, ne ressemble pas mal aux cuirasses des anciens chevaliers, et, pour compléter cette espèce d'armure, les femmes portent trois ou quatre jupons fort épais, qui semblent destinés à les protéger contre toute entreprise téméraire ; ces jupons sont assez courts, et laissent à découvert un bas de laine rouge à fourchette bleue.

La langue française est la seule usitée dans le département ; mais on y traîne un peu les finales des mots et des phrases : dans les campagnes, chaque commune a, en quelque sorte, son idiome composé de mots celtiques, d'anciens mots romains ou tudesques, et de mots français, qu'une mauvaise prononciation défigure, ou dont le sens est extrêmement altéré.

DIVISION ADMINISTRATIVE. Le département de la Loire-Inférieure a pour chef-lieu Nantes ; il envoie 7 représentants à la chambre des députés, et est divisé en 5 arrondissements ou sous-préfectures :

Nantes	17	cant.	216,148 h.
Ancenis	5	—	46,132
Châteaubriant	7	—	64,261
Paimbœuf	5	—	43,346
Savenay	11	—	116,899
	45	cant.	486,806 h.

26e arr. forestier (chef-l. Nantes). — 3e arr. des mines (chef-l. Paris). — 12e divis. milit. (chef-l. Nantes). — Evêché, séminaire diocésain et école secondaire ecclésiastique à Nantes ; école secondaire ecclésiastique à Guérande ; 50 cures, 174 succursales. — Eglise consistoriale à Nantes. — Collège royal, école normale primaire et école secondaire de médecine à Nantes ; collèges communaux à Ancenis et à Paimbœuf. — Société académique et société d'horticulture à Nantes. Sociétés d'agriculture à Nantes, Ancenis, Châteaubriant, Paimbœuf et Savenay.

Biographie. Parmi les personnages célèbres nés dans la Loire-Inférieure on cite :
Anne de Bretagne, épouse de deux rois de France.
Le savant et infortuné Abeilard.
Le connétable de Clisson.
L'astronome Bouguer.
L'architecte Boffrand.
Le célèbre marin Cassard.
Le voyageur Caillaud.
Le diplomate et ami des arts Cacault.
Les poètes René Lefays et Desforges-Maillard.
Mme Dufrenoy.
Mlle la princesse de Salm-Dick.
Mlle Elisa Mercœur, l'une des plus gracieuses muses de la Bretagne.
L'orientaliste de la Croze.
Le médecin Laennec.
Les historiens de la Bretagne Ogée, Travers, Ed. Richer, Mellinet, Guépin.
Le statisticien Huet de Coëtlizan.
Les généraux Cambronne et Mellinet.
L'ex-ministre de la police Fouché.
François de Nantes, directeur général des droits réunis sous l'empire.
Le journaliste royaliste Pelletier, etc., etc.

Bibliographie. Huet de Coëtlizan (J.-B.-Cl.-Regn.). *Statistique du département de la Loire-Inférieure*, in-8, 1802.
— *Recherches économiques et statistiques sur le département de la Loire-Inférieure*, in-4, 1804.
Peuchet et Chanlaire. *Statistique du département de la Loire-Inférieure*, in-4, 1809.
* *Aperçus statistiques sur le département de la Loire-Inférieure*, in-8.
Boyer (J, le). *Notice sur les villes et les principales communes du département de la Loire-Inférieure*, etc., 2e édit., in-12.
Girault de Saint-Fargeau (P.-A.-E.). *Histoire nationale. Dictionnaire géographique de toutes les communes du département de la Loire-Inférieure*, in-8, carte, gravures, costumes et portraits, 1829.
Tonnelier. *Notes sur quelques substances minérales du département de la Loire-Inférieure* (Journal des mines, n° 97, p. 77).
Desvaux (M.). *Minéralogie méthodique du département de la Loire-Inférieure*, in-8, 1843.
James Lloyd. *Flore de la Loire-Inférieure*, in-18, 1844.
* *Rapport général sur l'état de l'agriculture dans le département de la Loire-Inférieure*, in-8, 1840.
Bertin (G.). *Statistique des engrais du département de la Loire-Inférieure*, in-8, 1841.
Richer (Édouard). *Voyage pittoresque dans le département de la Loire-Inférieure*, 2 vol. in-4, 1820-23.
* *Promenade de Nantes à la mer. Guide à Paimbœuf, Pornic, St-Nazaire, Guérande, le bourg de Batz, le Croisic et leurs environs*, in-18, 1841.
V. aussi Bretagne, Clisson, Croisic, Languin,

Meilleray, Montrelais, Nantes, la Plaine, Pornic, Savenay.

LOIRON, bg *Mayenne* (Maine), arr. et à 15 k. de Laval, chef-l. de cant. Bureau d'enregist. à St-Ouen. Cure. ✉ de la Gravelle. Pop. 1,289 h. — Terrain de transition moyen. —*Fabrique* de toiles.—*Commerce* de bestiaux. —*Foires* le 1er mardi de carême, dernier mardi de mai, après la Sainte-Anne, après l'Assomption, dernier mardi d'oct. et mardi le plus près de la Saint-Georges.

LOIS-DELBAS, vg. *Lot-et-Garonne*, com. de Bournel, ✉ de Villeréal.

LOISAIL, vg. *Orne*, comm. et ✉ de Mortagne-sur-Huine.

LOISÉ, vg. *Orne*, comm. et ✉ de Mortagne-sur-Huine.

LOISELIÈRE, vg. *Seine-Inf.*, comm. de la Remuée et des Trois-Pierres, ✉ de St-Romain.

LOISEY, vg. *Meuse* (Lorraine), arr., ✉ et à 10 k. de Bar-le-Duc, cant. de Ligny. Pop. 854 h.

LOISIA, vg. *Jura* (Franche-Comté), arr. et à 25 k. de Lons-le-Saulnier, cant. et ✉ de St-Amour. Pop. 712 h.

A peu de distance de ce village on remarque les belles grottes de Loisia. Le chemin que l'on suit ordinairement pour y arriver est dans la combe à droite en sortant de Gigny ; il suit la direction de cette combe en remontant du midi vers le nord. On longe immédiatement la base de la montagne de droite, qui est fort élevée, mais dont la pente n'est pas très rapide et se prête aisément à la culture des grains. Après une demi-heure de marche, et fertile coteau se dérobe tout à coup ; on est alors en face et au pied d'une belle demi-lune qui rentre dans la montagne : celle-ci se trouve échancrée régulièrement du haut en bas, et cette échancrure peut avoir deux cents pas entre ses deux extrémités, mais un peu moins de profondeur ; elle fait interruption dans la colline, et contraste avec elle par son aplomb. Les yeux sont frappés surtout de l'aspect aride d'une bande large et semi-circulaire qui couronne toute cette demi-lune ; c'est une bordure de rochers de 20 m. de hauteur qui se coupe aussi verticalement qu'un mur, et ne prend naissance qu'à 163 m. au-dessus de la plaine. La côte qui descend de cette bordure n'est point nue comme elle ; au contraire elle est ornée de bois taillis dont la verdure fait ressortir encore plus l'éclatante nudité de ce demi-cercle pierreux qui la surmonte. C'est au fond de la demi-lune, à la haute élévation où commence la bordure du rocher, que se trouve l'entrée spacieuse des grottes de Loisia, dont l'ouverture est en forme de porte cintrée de 3 m. de large sur 7 m. de haut. A gauche de cette ouverture est un pilier taillé dans la roche ; il a 1 m. d'épaisseur, monte jusqu'au plafond de la grotte, et laisse entre la paroi latérale gauche et lui un espace vide et large de 34 c., formant une fenêtre verticale. L'intérieur de la grotte est assez bien cintré : elle se porte en ligne droite à 117 m. dans la montagne ; à 16 ou 20 m. de l'entrée

elle s'élargit et la voûte s'élève ; à 100 m. la voûte se rabaisse et va se terminer en cul-de-lampe. Vers les deux tiers de la longueur de cette grotte s'ouvre, sur la gauche, une seconde grotte plus large, dont la longueur est de 24 m. Au milieu de cette seconde grotte une ouverture d'environ 1 m. 33 c. introduit au milieu d'une troisième de 20 m. de long ; et dans celle-ci un trou de 50 c. de large conduit dans une quatrième grotte de 26 m. de long, qui est le dernier réduit où l'on puisse pénétrer. Les voûtes des quatre grottes et leurs parois latérales sont plus ou moins couvertes de stalactites et de pétrifications : on y voit une multitude de figures bizarres, auxquelles chacun attribue des ressemblances avec l'objet qu'il veut. Nulle part on ne jouit, sans flambeaux, jouir du spectacle qu'offre l'intérieur de ces vastes cavernes : le sol y est jonché de pétrifications ; dans quelques endroits il y a des tas d'une ordure infecte, provenant de la fiente de chauves-souris qui habitent ces cavités, aux voûtes desquelles elles sont accrochées par groupes les unes sous les autres. Combien de temps n'a-t-il pas fallu pour que, dans une des grottes, il ait pu se former un monceau de fumier de 4 m. 87 c. de diamètre et d'environ 1 m. 66 c. de haut !

Les grottes de Loisia sont fréquemment visitées ; il ne s'y trouve point de cavités qui ne portent les noms ou les traces de la présence des voyageurs. A différentes époques elles ont servi de retraites pendant les guerres civiles ; mais aujourd'hui elles sont assez souvent un lieu de réunion pour la jeunesse des deux sexes de plusieurs communes du Jura, qui, tous les ans à des jours marqués, y viennent en caravanes joyeuses, guidées par la curiosité et escortées par le plaisir. Le lundi de Pâques est la fête réservée pour les pélerins de Gigny : des vivres, des instruments de musique, de la gaieté, voilà les provisions de ce très court voyage. On dîne, on chante, on danse ; la troupe folâtre s'enivre de joie, et les échos n'ont à répéter ce jour-là que de tendres déclarations et de doux serments d'amour.

Bibliographie. Houry. *Notice sur les concrétions des grottes de Baume et de Loisia, lue à la séance de la société d'émulation le 27 septembre 1835*, in-8, 1835.

LOISON, vg. *Meuse* (pays Messin), arr. et à 32 k. de Montmédy, cant. et ✉ de Spincourt. Pop. 400 h.

LOISON, vg. *Pas-de-Calais* (Artois), arr. et à 20 k. de Béthune, cant. et ✉ de Lens. Pop. 397 h.

LOISON, vg. *Pas-de-Calais* (Artois), arr., ✉ et à 14 k. de Montreuil-sur-Mer, cant. de Campagne-lès-Hesdin. Pop. 463 h.

LOISY, vg. *Ardennes*, comm. de Grévy-Loisy, ✉ de Vouziers.

LOISY, vg. *Meurthe* (Lorraine), arr. et à 25 k. de Nancy, cant. et ✉ de Pont-à-Mousson. Pop. 420 h.

LOISY, vg. *Oise*, comm. de Ver, ✉ de Dammartin.

LOISY-EN-BRIE, vg. *Marne* (Champagne), arr. et à 38 k. de Châlons-sur-Marne, cant. et ✉ de Vertus. Pop. 514 h.

LOISY-SUR-MARNE, vg. *Marne* (Champagne), arr., cant., ✉ et à 5 k. de Vitry-le-François. Pop. 764 h.

LOIVRE, vg. *Marne* (Champagne), arr., ✉ et à 11 k. de Reims, cant. de Bourgogne. Pop. 690 h.

LOIX, vg. *Charente-Inf.* (Aunis), arr. et à 29 k. de la Rochelle, cant. d'Ars-en-Ré, ✉ de St-Martin-de-Ré. Pop. 1,318 h. — Il est situé dans l'île de Ré, où il a un port qui est le plus sûr de cette île. — *Fabrique* de vinaigre.

LOIZÉ, vg. *Deux-Sèvres* (Poitou), arr. et à 3 k. de Melle, cant. et ✉ de Chef-Boutonne. Pop. 563 h.

LOIZY, vg. *Ardennes* (Champagne), arr., cant., ✉ et à 5 k. de Vouziers. Pop. 215 h.

LOIZY, vg. *Saône-et-Loire* (Bourgogne), arr. et à 18 k. de Louhans, cant. et ✉ de Cuisery. Pop. 1,089 h.

On rapporte qu'en 1814, lors de la première invasion, M. Garnier, propriétaire des moulins de Loisy, eut la pensée de creuser un des nombreux monticules qui couvrent la plaine de Loisy à Simandre, afin d'y cacher certains objets, et qu'il y trouva, à 2 m. de profondeur, des ossements humains, des armes et des plateaux de chêne, qui n'étaient pas entièrement consumés. M. le baron de la Chapelle, en 1821, ayant fait enlever de la terre à la superficie du plus haut des tertres du pré de la Morte, en a vu retirer plusieurs fers de chevaux. Cette découverte l'engagea à fouiller à la profondeur de 4 m. : c'est à peu près la hauteur du pré environnant. A 33 c. on a trouvé une couche de cendres d'une teinte noirâtre et de 6 c. environ d'épaisseur ; à 66 c. plus bas on a rencontré une couche semblable ; à 1 m. 33 c. au-dessous de celle-ci une troisième couche plus épaisse ; enfin à 66 c. plus bas encore une dernière couche semblable à celles supérieures. La cendre est mêlée de débris d'ossements presque décomposés, dont le plus intact était la mâchoire d'un cheval. Des monticules ou *tumuli* de la même espèce se rencontrent dans les plaines qui bordent la Saône, sur une étendue très-considérable, depuis Ormes jusqu'à la Truchère. Ces monuments funéraires attestent que des événements militaires importants se sont passés dans ce lieu. M. D. Monnier, du Jura, dans une notice publiée dans l'*Annuaire* de 1824, y place le théâtre d'une bataille sanglante que Septime Sévère livra à Albinus, son compétiteur au trône.

Foires les 16 mai, 20 juin, 3 août, 12 déc.

LOLIF, vg. *Manche* (Normandie), arr. et à 18 k. d'Avranches, cant. de Sartilly. Pop. 1,058 h.

LOLME, vg. *Dordogne* (Périgord), arr. et à 38 k. de Bergerac, cant. et ✉ de Montpazier. Pop. 336 h.

LOLMIE, vg. *Lot*, comm. de St-Laurent-près-Montcuq, de Montcuq.

LOMAGNE (la), *Leomaniana*, petit pays compris autrefois dans la ci-devant province de Gascogne, dont Lectoure était la capitale ; il est compris maintenant dans les départements de la Haute-Garonne et du Gers.

LOMBARD, vg. *Doubs* (Franche-Comté), arr. et à 23 k. de Besançon, cant. et ✉ de Quingey. Pop. 324 h.

LOMBARD, vg. *Jura* (Franche-Comté), arr. et à 14 k. de Lons-le-Saulnier, cant. et ✉ de Sellières. Pop. 336 h.

LOMBARDIE, vg. *Seine-et-Oise*, comm. de Bennecourt, ✉ de Bonnières.

LOMBERS, *Lomberium*, *Lombariæ*, vg. *Tarn* (Languedoc), arr. et à 15 k. d'Albi, cant. et ✉ de Réalmont. Pop. 1,772 h.

En 1165, il fut tenu à Lombers un concile contre les hérétiques qui se faisaient appeler Bonshommes : c'étaient les disciples de l'hérésiarque Henri, contre lequel saint Bernard avait entrepris, vingt ans auparavant, une mission qui ne produisit pas grand effet. Malgré les prédications du saint abbé, l'hérésie, s'étant propagée, donna lieu à une conférence qui se tint à Lombers entre les catholiques et les sectaires, lesquels consentirent à rendre compte de leur croyance devant des commissaires choisis par les deux partis, en présence des évêques, abbés et autres ecclésiastiques dénommés dans l'acte, et de quelques personnes laïques. Une foule de peuple s'y était rendue, ainsi que presque tous les seigneurs des châteaux de l'Albigeois. Dans cette conférence, les sectaires répondirent aux questions que leur faisait l'évêque de Lodève, et on voit par leurs réponses quels étaient les points sur lesquels ils erraient. Ils s'autorisaient de certains passages de l'Ecriture sainte; mais l'évêque leur en opposait d'autres en plus grand nombre et bien plus formels. Enfin on en vint au jugement, qui ne leur était pas favorable. Les sectaires, pour mettre le peuple de leur côté, firent hautement une profession de foi qui fut trouvée assez exacte. On exigeait seulement qu'ils la confirmassent par serment ; mais c'était un point de leur doctrine qu'il n'était pas permis de jurer, et on leur avait promis, disaient-ils, qu'on ne les forcerait pas à cela. Sur leur refus, ils furent déclarés infâmes et hérétiques, et toute l'assemblée donna les mains à ce jugement. C'est depuis cette condamnation que les hérétiques vaudois commencèrent à être appelés albigeois.

Foires les 3 et 4 fév., 24 avril, 11 juin et 14 sept.

LOMBERVALLE, vg. *Seine-Inf.*, comm. de Campneuseville, ✉ de Blangy.

LOMBEZ, *Lombaria*, *Lumbarium*, petite ville, *Gers* (Comminges), chef-l. de sous-préfect. Trib de 1re instance. Cure. ✉. P. 1,677 h. — TERRAIN tertiaire moyen.

Autrefois évêché, parlement de Toulouse, intendance d'Auch, élection de Comminges, chapitre, séminaire.

Cette ville doit son origine à une abbaye consacrée à la Vierge, bâtie en ce lieu en 793. Elle est située dans une plaine de la plus grande fertilité, sur la rive gauche de la Save, dont les débordements causent souvent des ravages considérables. Avant la révolution c'était le siège d'un évêché érigé en 1317.

Les **armes de Lombez** sont : *de gueules à une pique d'argent posée en bande.*

PATRIE du célèbre médecin Senac, membre de l'académie des sciences, mort en 1770.

Fabriques de cuirs. — *Commerce de grains, laine, cuirs, bestiaux,* etc. — *Foires* les 7 sept., 25 oct., dernier vendredi de chaque mois. Ces foires sont considérables pour la vente des mules ; les Espagnols y font ordinairement des achats considérables.

L'arrondissement de Lombez est composé de quatre cantons : Lombez, Cologne, l'Isle-Jourdain et Samatan.

A 36 k. S.-E. d'Auch, 730 k. S. de Paris.

LOMBIA, vg. *B.-Pyrénées* (Béarn), arr. et à 20 k. de Pau, cant. et ✉ de Morlaas. P. 395 h.

LOMBRAY, vg. *Aisne* (Picardie), arr. et à 45 k. de Laon, cant. de Coucy-le-Château, ✉ de Blérancourt. Pop. 72 h.

LOMBRÈS, vg. *H.-Pyrénées* (Gascogne), arr. et à 37 k. de Bagnères-de-Bigorre, cant. de Nestier, ✉ de St-Laurent-de-Neste. Pop. 185 h.

LOMBREUIL, vg. *Loiret* (Gatinais), arr., cant., ✉ et à 10 k. de Montargis. Pop. 238 h.

LOMBRON, bg *Sarthe* (Maine), arr. et à 22 k. du Mans, cant. de Montfort, ✉ de Connerré. Pop. 1,593 h.

LOMBUT, vg. *Ardennes*, comm. d'Euilly, ✉ de Mouzon.

Le château de cette commune de Lombut était autrefois l'une des quatre filles d'Ivoy-Carignan. Il fut assiégé en 1443, et pris par les troupes de Philippe le Bon, duc de Bourgogne. Il a été rétabli depuis, et formait un gros pavillon flanqué de quatre tours.

LOMDÉES (les), vg. *Eure*, comm. de Trouquay, ✉ de Lyons-la-Forêt.

LOMENER, vg. *Morbihan*, com. de Groix, ✉ de Port-Louis.

LOMME, vg. *Nord* (Flandre), arr., ✉ et à 6 k. de Lille, cant. d'Haubourdin. P. 2,309 h. — *Fabriques de toiles.* — Filatures de coton.

LOMMERANGE, vg. *Moselle* (pays Messin), arr. et à 10 k. de Briey, cant. d'Audun-le-Roman, ✉ de Fontoy. Pop. 275 h. — On voit aux environs un tumulus de 10 m. d'élévation et de 20 m. de diamètre à la base.

LOMMOYE, vg. *Seine-et-Oise* (Beauce), arr. et à 18 k. de Mantes, cant. et ✉ de Bonnières. Pop. 504 h.

LOMNÉ, vg. *H.-Pyrénées* (Gascogne), arr. et à 20 k. de Bagnères-de-Bigorre, cant. et ✉ de la Barthe-de-Neste. Pop. 304 h.

LOMONT, vg. *Doubs* (Franche-Comté), arr., cant., ✉ et à 7 k. de Baume-les-Dames. Pop. 336 h.

LOMONT, vg. *H.-Saône* (Franche-Comté), arr., et à 13 k. de Lure, cant. d'Héricourt. Pop. 913 h. — *Fabriques de tissus de coton.* Tuileries.

LOMONTOT, vg. *H.-Saône*, com. de Lomont, ✉ de Lure.

LOMPNAS, vg. *Ain* (Bourgogne), arr., ⊠ et à 23 k. de Belley, cant. de l'Huis. P. 420 h.

LOMPNES, vg. *Ain* (Bourgogne), arr. et à 36 k. de Belley, cant. de Hauteville, ⊠ de St-Rambert. Pop. 431 h.
— PATRIE du comte ADOLPHE D'ANGEVILLE, auteur d'une statistique de la population française.
— Fruitières d'association pour la fabrique du fromage façon de Gruyère. — *Foires* les 23 avril et 14 sept.

LOMPNIEU, vg. *Ain* (Bourgogne), arr. et à 26 k. de Belley, cant. de Champagne, ⊠ de Culoz. Pop. 457 h.

LOMPRET, vg. *Nord* (Flandre), arr., ⊠ et à 7 k. de Lille, cant. de Quesnoy-sur-Deule. Pop. 617 h.

LON (St-), vg. *Landes* (Gascogne), arr. et à 15 k. de Dax, cant. et ⊠ de Peyrehorade. Pop. 2,742 h. — Exploitation de houille.

LONCEULX, vg. *Eure-et-Loir*, comm. d'Oinville-sur-Aunau, ⊠ d'Auneau.

LONCHAMP, vg. *Aube* (Champagne), arr., cant. et à 17 k. de Bar-sur-Aube, ⊠ de Clairvaux. Pop. 534 h. Sur l'Auzon. — Forges.

LONCHAMP-LES-MILLIÈRES, vg. *H.-Marne* (Champagne), arr. et à 26 k. de Chaumont-en-Bassigny, cant. et ⊠ de Clefmont. Pop. 244 h.

LONCHAMP - SOUS - CHATENOIS, vg. *Vosges* (Lorraine), arr. et à 15 k. de Neufchâteau, cant. et ⊠ de Châtenois. Pop. 481 h.

LONCON, vg. *B.-Pyrénées* (Béarn), arr. et à 32 k. d'Orthez, cant. et ⊠ d'Arzacq. Pop. 332 h.

LONDE (la), vg. *Eure*, comm. de Farceaux, ⊠ d'Étrépagny.

LONDE (la), vg. *Eure*, comm. de Henqueville, ⊠ des Andelys.

LONDE (la), vg. *Seine-Inf.* (Normandie), arr. et à 20 k. de Rouen, cant. et ⊠ d'Elbeuf. Pop. 1,612 h. — *Foires* les 15 avril et 20 août.

LONDEMARE, vg. *Eure*, comm. de Crestot, ⊠ du Neubourg.

LONDIGNY, vg. *Charente* (Angoumois), arr., ⊠ et à 9 k. de Ruffec, cant. de Villefagnan. Pop. 448 h.

LONDINIÈRES, *Nundinariæ*, bg *Seine-Inf.* (Normandie), arr. et à 14 k. de Neufchâtel-en-Bray, chef-l. de cant. ⊠. A 154 k. de Paris pour la taxe des lettres. P. 1,053 h.
— TERRAIN tertiaire moyen, voisin du terrain crétacé supérieur.
— Il est bâti dans une situation agréable, sur l'Eaulne. — *Commerce* de laine et de bestiaux.
— *Foires* considérables pour les laines les 28 et 29 juin, 28 oct. et 3ᵉ jeudi de chaque mois.

LONDRES, vg. *Lot-et-Garonne*, comm. de Puymiclan, ⊠ de Marmande.

LONE, *Ladona, Latona*, vg. *Côte-d'Or* (Bourgogne), arr. et à 43 k. de Beaune, cant. et ⊠ de St-Jean-de-Losne. Pop. 1,279 h.
— Culture des plantes médicinales.

LONG, vg. *Somme* (Picardie), arr. et à 15 k. d'Abbeville, cant. d'Ailly-le-Haut-Clocher, ⊠ de Flixecourt. Pop. 1,573 h. Sur le canal de la Somme. — Exploitation de tourbe, construction de bateaux. — *Foires* le dernier jeudi de chaque mois.

LONGAGES, vg. *H.-Garonne* (Languedoc), arr. et à 15 k. de Muret, cant. de Carbonne, ⊠ de Noé. Pop. 1,014 h. — *Foires* les 20 janv. et 1ᵉʳ déc.

LONGAGNE (la), vg. *Lot*, comm. de Valprionde, ⊠ de Montcuq.

LONGAULNAY, vg. *Ille-et-Vilaine* (Bretagne), arr. et à 43 k. de St-Malo, cant. de Tinteniac, ⊠ de Bécherel. Pop. 853 h.

LONGAVESNE, vg. *Somme* (Picardie), arr. et à 11 k. de Péronne, cant. et ⊠ de Roisel. Pop. 326 h.

LONGAVOINE, vg. *Aisne*, comm. de Viviers, ⊠ de Villers-Cotterets.

LONGCHAMP, vg. *Ain*, comm. de Lent-en-Dombes, ⊠ de Bourg-en-Bresse.

LONGCHAMP, vg. *Aisne* (Picardie), arr. et à 30 k. de Vervins, cant. et ⊠ de Guise. Pop. 370 h.

LONGCHAMP, vg. *Côte-d'Or* (Bourgogne), arr. et à 22 k. de Dijon, cant. et ⊠ de Genlis. Pop. 551 h. — Education des abeilles. — *Foires* les 12 mai et 26 déc.

LONGCHAMP, vg. *Eure* (Normandie), arr. et à 22 k. des Andelys, cant. et ⊠ d'Etrépagny. Pop. 768 h. — Il était autrefois défendu par un château fort qui fut pris en 1202 par Philippe Auguste, et détruit dans les guerres du XVᵉ siècle ; on voit encore des débris de murailles et les larges fossés de cette forteresse.

LONGCHAMP, vg. *Meuse* (Lorraine), arr. de Commercy et à 19 k. de St-Mihiel, cant. de Pierrefitte, ⊠ de Villotte-devant-St-Mihiel. Pop. 501 h.

LONGCHAMP, vg. *Seine*, comm. et ⊠ de Boulogne. V. BOULOGNE.

LONGCHAMP, vg. *Vosges* (Lorraine), arr., cant., ⊠ et à 8 k. d'Epinal. Pop. 294 h.

LONGCHAMPS-EN-PERTHOIS, vg. *H.-Marne*, comm. et ⊠ de Perthes.

LONGCHAUMOIS, vg. *Jura* (Franche-Comté), arr. et à 11 k. de St-Claude, cant. et ⊠ de Morez. Pop. 1,832 h. — *Foires* les 25 juin et 30 sept.

LONGCOCHON, vg. *Jura* (Franche-Comté), arr. de Poligny, et à 37 k. d'Arbois, cant. et ⊠ de Nozeroy. Pop. 611 h.

LONG-DU-BOIS, vg. *Aube*, comm. de Rumilly, ⊠ de St-Parres-les-Vaudes.

LONG-DU-BOS, vg. *Oise*, comm. de Bézancourt, ⊠ de Gournay.

LONGEAU, vg. *H.-Marne* (Champagne), arr. et à 13 k. de Langres, chef-l. de cant. Cure. ⊠. A 299 k. de Paris pour la taxe des lettres. Pop. 471 h. — TERRAIN jurassique, étage inférieur du système oolitique. — Il est situé dans un superbe vallon entouré de coteaux couverts de vignes.

LONGEAULT, vg. *Côte-d'Or*, comm. de Pluvault-Longeault, ⊠ de Genlis.

LONGEAUX, vg. *Meuse* (Lorraine), arr. et à 21 k. de Bar-le-Duc, cant. et ⊠ de Ligny. Pop. 376 h.

LONGE-CHAUX, vg. *Doubs* (Franche-Comté), arr. et à 25 k. de Baume-les-Dames, cant. de Vercel, ⊠ du Valdahon. Pop. 133 h.

LONGE-CHENAL, vg. *Isère* (Dauphiné), arr. de la Tour-du-Pin, et à 20 k. de Bourgoin, cant. et ⊠ du Grand-Lemps. Pop. 714 h.

LONGECOMBE, vg. *Ain* (Bourgogne), arr. et à 30 k. de Belley, cant. d'Hauteville, ⊠ de St-Rambert. Pop. 641 h. — *Foires* les 22 avril et 14 sept.

LONGECOURT, vg. *Côte-d'Or* (Bourgogne), arr. et à 17 k. de Dijon, cant. et ⊠ de Genlis. ⚘. Pop. 620 h. Sur le canal de Bourgogne.
— On y remarque un beau château de construction moderne, flanqué à chacun des quatre angles de quatre tours, restes d'un ancien château fort. — *Foires* les 25 sept. et lundi après le 23 mai.

LONGECOURT - LES - CULÊTRES, vg. *Côte-d'Or* (Bourgogne), arr. et à 27 k. de Beaune, cant. et ⊠ d'Arnay-le-Duc. P. 202 h.

LONGEMAISON, vg. *Doubs* (Franche-Comté), arr. et à 37 k. de Baume-les-Dames, cant. de Vercel, ⊠ du Valdahon. P. 242 h.

LONGEPIERRE, vg. *Saône-et-Loire* (Bourgogne), arr. et à 35 k. de Chalon-sur-Saône, cant. de Verdun-sur-le-Doubs, ⊠ de Seurre. Pop. 808 h. — *Foires* les 12 juin et 9 août.

LONGERON (le), bg *Maine-et-Loire* (Anjou), arr. et à 25 k. de Beaupréau, cant. et ⊠ de Montfaucon. Pop. 1,608 h.

LONGEROY, vg. *Vosges*, comm. de Harol, ⊠ d'Épinal.

LONGES et TRÈVES, vg. *Rhône* (Forez), arr. et à 33 k. de Lyon, cant. de Ste-Colombe, ⊠ de Condrieu. Pop. 1,426 h. — *Foire* le 30 avril.

LONGESSAIGNE, vg. *Rhône* (Lyonnais), arr. et à 32 k. de Lyon, cant. de St-Laurent-de-Chamousset. P. 1,038 h. — *Foires* les 29 déc. et lundi après la Pentecôte.

LONGEVELLE, vg. *Doubs* (Franche-Comté), arr. et à 44 k. de Montbelliard, cant. et ⊠ de Russey. Pop. 94 h.

LONGEVELLE, vg. *H.-Saône* (Franche-Comté), arr. et à 13 k. de Lure, cant. et ⊠ de Villersexel. Pop. 376 h.

LONGEVELLE, vg. *H.-Saône*, comm. de Vantoux, ⊠ de Gy.

LONGEVELLE - SUR - LE - DOUBS, vg. *Doubs* (Franche-Comté), arr. et à 27 k. de Baume-les-Dames, cant. et ⊠ de l'Isle-sur-le-Doubs. Pop. 399 h.
— On y remarque les vestiges d'un palais romain, renfermant une magnifique mosaïque dont une partie a été extraite et transportée au musée de Besançon.

LONGÈVES, vg. *Charente-Inf.* (Aunis), arr. et à 14 k. de la Rochelle, cant. de Marans, ⊠ de Nuaillé. Pop. 590 h.

LONGÈVES, vg. *Vendée* (Poitou), arr., cant., ⊠ et à 4 k. de Fontenay. Pop. 688 h.

LONGEVILLE, vg. *Aube* (Champagne), arr. et à 25 k. de Troyes, cant. et ⊠ de Bouilly. Pop. 171 h. — De cette commune dépendait l'abbaye de Boullancourt, qui existait dès l'année 1093, et que les comtes de Champagne, les seigneurs de Joinville et de Villehardouin enrichirent de leurs dons.

LONGEVILLE, vg. *Doubs* (Franche-Comté), arr. et à 33 k. de Besançon, cant. et ⊠ d'Ornans. Pop. 337 h.

LONGEVILLE (la), vg. *Doubs* (Franche-Comté), arr., ⊠ et à 16 k. de Pontarlier, cant. de Montbenoît. Pop. 740 h.

LONGEVILLE, vg. *H.-Marne* (Champagne), arr. et à 22 k. de Vassy, cant. et ⊠ de Montiérender. Pop. 784 h.

LONGEVILLE, bg *Meuse* (Lorraine), arr., cant., ⊠ et à 5 k. de Bar-le-Duc. P. 1,425 h.

LONGEVILLE, bg *Vendée* (Poitou), arr. et à 24 k. des Sables, cant. de Talmont, ⊠ d'Avrillé. Pop. 1,479 h.—Foires les 23 août et 27 sept.

LONGEVILLE-LÈS-CHEMINOT, vg. *Moselle*, comm. de Cheminot, ⊠ de Solgne.

LONGEVILLE-LÈS-METZ, vg. *Moselle* (pays Messin), arr., cant., ⊠ et à 3 k. de Metz. Pop. 657 h.— *Fabriques* de liqueurs, pipes de terre.

LONGEVILLE-LÈS-ST-AVOLD, ou LOUVELEN, vg. *Moselle* (pays Messin), arr. et à 40 k. de Metz, cant. de Faulquemont, ⊠ de St-Avold. Pop. 2,148 h. — Il est bâti sur la pente et au pied d'une haute montagne, où la route de Metz à Sarrebrück forme de nombreux replis, et domine la vallée de la Roselle, si remarquable par sa fraîcheur et ses beaux points de vue. Le château qui existe aujourd'hui sur la partie élevée du village, et d'où l'œil découvre St-Avold ainsi que les montagnes agrestes qui l'avoisinent, fut le siége d'une abbaye de bénédictins fondée au vi⁰ siècle, ruinée en 1552 par le duc de Brandebourg et par les Suédois en 1635.

PATRIE de F.-J.-J. DURBACH, membre du corps législatif, de la chambre des représentants et de la chambre des députés.

Foires le 1ᵉʳ lundi d'avril et d'oct.

LONGEVILLES (les), vg. *Doubs* (Franche-Comté), arr. et à 21 k. de Pontarlier, cant. de Mouthe, ⊠ de Jougne. Pop. 670 h.

LONGFOSSÉ, vg. *Pas-de-Calais* (Boulonais), arr. et à 18 k. de Boulogne-sur-Mer, cant. de Desvres, ⊠ de Samer. Pop. 281 h.

LONGINE (la), vg. *H.-Saône* (Franche-Comté), arr. et à 27 k. de Lure, cant. et ⊠ de Faucogney. Pop. 772 h.

LONGIS (St-), bg *Sarthe* (Maine), arr., cant., et à 12 k. de Mamers. Pop. 406 h.

LONGJUMEAU, *Longum Gemellum*, gros bourg, *Seine-et-Oise* (Ile-de-France), arr. et à 22 k. de Corbeil, chef-l. de cant. Cure. ⊠. ✶. A 20 k. de Paris pour la taxe des lettres. Pop. 1,995 h.—TERRAIN tertiaire inférieur.

Autrefois prieuré de St-Augustin, diocèse, parlement, intendance et élection de Paris.

Longjumeau un bourg fort ancien où la convocation des plaids publics des rois de France fut quelquefois fixée. On ne connaît cependant rien de certain sur son origine; et le premier titre où il en est fait mention ne remonte pas au delà du xiᵉ siècle.

Ce bourg, situé entre deux collines, sur l'I-vette, et traversé par la grande route de Paris à Orléans, ne consiste qu'en une rue fort longue, bordée de maisons bien bâties. Près de l'église, dont le portail est de construction gothique, est une belle fontaine à laquelle tient un abreuvoir. La mairie est vaste, bien construite et renferme une grande salle de réunion où se donnent quelquefois des bals publics.— On y trouve aussi un petit théâtre particulier qui peut contenir environ 400 personnes.

Tanneries et mégisseries. — *Commerce* de grains, farines, vins, légumes, cuirs et bestiaux.
—*Foires* les 24 et 25 juin, 29 sept., 21 déc. et mercredi de la semaine sainte. — Fête patronale le dimanche et le lundi après la Translation de saint Martin.

LONG-LA-VILLE, vg. *Moselle*, comm. de Herserange, ⊠ de Longwy.

LONGMESNIL, vg. *Seine-Inf.* (Normandie), arr. et à 20 k. de Neufchâtel-en-Bray, cant. et ⊠ de Forges. Pop. 123 h. — *Commerce* de bestiaux.

LONGNE, vg. *Sarthe* (Maine), arr. et à 24 k. du Mans, cant. de Loué, ⊠ de Coulans. Pop. 371 h.

LONGNES, vg. *Seine-et-Oise* (Ile-de-France), arr. et à 13 k. de Mantes, cant. de Houdan, ⊠ de Septeuil. Pop. 986 h.

LONGNI, bg *Orne* (Perche), arr. et à 20 k. de Mortagne-sur-Huine, chef-l. de cant. Cure. ⊠. ✶. A 144 k. de Paris pour la taxe des lettres. Pop. 2,946 h. —TERRAIN tertiaire moyen. — *Fabriques* de cuirs. — Haut fourneau, forges et fonderies. —*Foires* les 24 fév., dernier mardi de mars, 1ᵉʳ mai, 29 juin, 21 sept. et 21 déc.

LONGPERRIER, vg. *Seine-et-Marne* (Brie), arr. et à 22 k. de Meaux, cant. et ⊠ de Dammartin. Pop. 324 h.

LONGPONT, vg. *Aisne* (Picardie), arr. et à 20 k. de Soissons, cant. et ⊠ de Villers-Cotterets. P. 238 h. —*Foires* les 25 avril et 24 août.

LONGPONT, vg. *Pas-de-Calais*, comm. de Blendecques, ⊠ de St-Omer.

LONGPONT, vg. *Seine-et-Oise* (Ile-de-France), arr. et à 18 k. de Corbeil, cant. de Longjumeau, ⊠ de Linas. Pop. 612 h.

Au ixᵉ siècle, Longpont était un bourg assez considérable, dont dépendaient plusieurs villages des environs. Guy de Mont-le-Héry y fonda, en 1061, un monastère qui fut l'origine d'un célèbre prieuré conventuel de l'ordre de Cluny, détruit en partie dans ces derniers temps. Les bâtiments de ce monastère étaient construits en grès et en briques; ils formaient un carré parfait avec une cour au milieu et un cloître autour.

L'abbaye de Longpont et les biens dépendants du prieuré furent vendus, à l'exception de l'église, en 1791. Le bâtiment conventuel a été transformé en une belle maison de plaisance.

En 1819, l'église menaçant ruine, on se décida à en abattre une partie; lors de sa restauration, en 1820, on en supprima le chœur et les chapelles du chevet, et placé le grand autel au centre de la croisée. Malgré ces démolitions, cette église est encore une des plus remarquables des environs de Paris. La façade est d'un ensemble lourd et irrégulier; mais les détails ne manquent pas de grâce et de légèreté. La grande porte en ogive est divisée en deux parties par un pilier contre lequel est adossée une statue de la Vierge ; de chaque côté de l'arcade on remarque quatre figures, dont l'une représente saint Barthélemy, un des patrons titulaires de l'église. Dans le double cordon de l'ogive on a sculpté des anges portant, les uns des coupes, et les autres des encensoirs ; et à son extrémité supérieure on a représenté le Père éternel bénissant les vierges sages, dont les figures sont placées à sa droite; à sa gauche sont les vierges folles, ayant leurs lampes renversées ; au pied de la dernière est un arbre desséché avec une cognée déjà dans la racine, tandis que sous les vierges sages est un arbre chargé de fruits.

Le château de Villebouzin est une dépendance de Longpont. La chapelle, la salle de spectacle, l'orangerie et le parc, arrosé par des eaux vives, en font une habitation des plus agréables.

Bibliographie. * *Chronique de l'abbaye de Longpont*, in-4, 1834.

LONGPONT, vg. *Aisne* (Picardie), comm. de Haramont, ⊠ de Villers-Cotterets.

LONGPRÉ, vg. *Loir-et-Cher* (Vendômois), arr. et à 17 k. de Vendôme, cant. de St-Amand, ⊠ de Château-Renault. Pop. 105 h.

LONGPRÉ-LES-CORPS-SAINS, vg. *Somme* (Picardie), arr. et à 17 k. d'Abbeville, cant. d'Hallencourt, ⊠ d'Airaines. P. 1,622 h. —Extraction de tourbe. — *Fabrique* d'huiles. Brasseries.

LONGPREY, vg. *Aube* (Champagne), arr. et à 14 k. de Bar-sur-Seine, cant. d'Essoyes, ⊠ de Vendeuvre. Pop. 297 h.

LONGRAIS, vg. *Eure*, comm. de St-Aubin-le-Vertueux, ⊠ de Bernay.

LONGRAND (le Grand et le Petit-), vg. *Yonne*, comm. de Champlay, ⊠ de Bassou.

LONGRAYE, vg. *Calvados* (Normandie), arr. et à 16 k. de Bayeux, cant. de Caumont, ⊠ de Tilly-sur-Seulles. Pop. 519 h.

LONGRÉ, vg. *Charente* (Angoumois), arr. et à 18 k. de Ruffec, cant. et ⊠ de Villefagnan. Pop. 671 h.

LONGROY, vg. *Seine-Inf.* (Normandie), arr. et à 35 k. de Dieppe, cant. et ⊠ d'Eu. Pop. 370 h.

LONGSART, vg. *Nord*, comm. d'Esnes, ⊠ de Cambrai.

LONGSOLS, *Longus Saltus*, vg. *Aube* (Champagne), arr. et à 22 k. d'Arcis-sur-Aube, cant. de Ramerupt, ⊠ de Coclois. Pop. 256 h.—Il est situé à la source du ruisseau de Longsols, dont les eaux passent pour être ferrugineuses.

LONGUÉ, petite ville, *Maine-et-Loire* (Anjou), arr. et à 19 k. de Baugé, chef-l. de cant. Cure. ⊠. ✶. A 299 k. de Paris pour la taxe des lettres. Pop. 4,287 h. Sur le Laton.—TERRAIN tertiaire moyen.

Fabriques de sabots, huileries, tanneries. — *Commerce* de grains, graine de trèfle, fruits, chanvre, bœufs, sangsues, etc. — *Foires* le 3ᵉ jeudi d'avril, de juin, d'août, d'oct. et de déc.

LONGUE (la), vg. *Somme*, comm. de Montmarquet, ✉ d'Aumale.

LONGUEAU, vg. *Somme* (Picardie), arr., cant., ✉ et à 5 k. d'Amiens. Pop. 605 h.

LONGUEFUYE, bg *Mayenne* (Anjou), arr., ✉ et à 9 k. de Château-Gontier, caut. de Bierné. Pop. 446 h.

LONGUEHAYE (la), vg. *Ardennes*, comm. de Monthermé, ✉ de Charleville.

LONGUEIL, vg. *Seine-Inf.* (Normandie), arr., ✉ et à 11 k. de Dieppe, cant. d'Offranville. Pop. 872 h.

Patrie du poète Richer, connu par une traduction des Eglogues et une Vie de Virgile, par un recueil de fables et un grand nombre de pièces de littérature assez médiocres, parmi lesquelles on distingue toutefois une Description en vers de la vallée de Longueil, où se trouvent réunies à la vérité de la peinture la fraîcheur, la grâce et la beauté des détails.

LONGUEIL-STE-MARIE, vg. *Oise* (Picardie), arr. et à 13 k. de Compiègne, cant. d'Estrées-St-Denis, ✉ de Verberie. P. 776 h.

—Il est situé au pied d'un coteau, au bas duquel on trouve une source d'eau minérale, connue sous le nom de Fontaine de fer, dont les habitants font usage pour arrêter les hémorragies.

Il y avait à Longueil, dans le moyen âge, un château fortifié, dont les Anglais tentèrent de s'emparer vers 1358. Ils étaient déjà parvenus dans l'intérieur et avaient mis à mort le commandant, lorsqu'un nommé Ferret, homme d'une force extraordinaire, se présenta pour les arrêter. Armé d'une énorme hache, il se défendit avec courage, tua l'officier anglais qui commandait le détachement, ainsi que 45 soldats. Les Anglais voulurent battre en retraite et regagner la brèche par laquelle ils étaient entrés, mais Ferret ne leur en donna pas le temps ; ayant tué de sa main le porte-drapeau et quarante hommes, il précipita du haut des remparts une grande partie des fuyards dans les fossés de la place, où ils furent noyés ; les autres se réfugièrent dans les caves et dans les escaliers du château, où ils furent tous mis à mort. A peine s'en sauva-t-il quelques-uns de cette déroute complète. Plus tard le château de Longueil fut pris et repris par les Anglais, qui ne furent enfin chassés en 1429 par un détachement de l'armée du maréchal de Boussac, qui marchait au secours de Compiègne. Les restes du château de Longueil, convertis en ferme, subsistent à côté de l'église. Les fortifications furent démolies en 1750. On voit encore des murs élevés, décorés de sculptures, et la base d'un donjon qui s'élevait à une grande hauteur.

LONGUEIL - SOUS - THOUROTTE, vg. *Oise* (Picardie), arr. et à 9 k. de Compiègne, cant. et ✉ de Ribécourt. Pop. 278 h.

LONGUELUNE, *Longa Linea*, vg. *Eure*, comm. de Pisieux, ✉ de Verneuil.

LONGUENESSE, vg. *Pas-de-Calais* (Artois), arr., cant., ✉ et à 2 k. de St-Omer. Pop. 672 h.

LONGUENOË, vg. *Orne* (Normandie), arr. et à 20 k. d'Alençon, cant. et ✉ de Carrouges. Pop. 243 h.

LONGUÈRE (la), vg. *B.-Pyrénées*, comm. de Maspic, ✉ de Lembeye.

LONGUEROIE, vg. *Seine-Inf.*, comm. de Pierrecourt, ✉ de Blangy.

LONGUE-RUE, vg. *Aisne*, comm. de Jeantes, ✉ de Vervins.

LONGUERUE, vg. *Seine-Inf.* (Normandie), arr. et à 18 k. de Rouen, cant. et ✉ de Buchy. Pop. 299 h.

LONGUES, vg. *Calvados* (Normandie), arr. et à 9 k. de Bayeux, cant. et ✉ de Ryes. Pop. 361 h.

LONGUESSE, vg. *Seine-et-Oise* (Beauce), arr. et à 15 k. de Pontoise, cant. de Marines, ✉ de Meulan. Pop. 234 h.

LONGUET, vg. *Vosges*, comm. de St-Nabord, ✉ de Remiremont.

LONGUEVAL, vg. *Aisne* (Picardie), arr. et à 30 k. de Soissons, cant. de Braisne, ✉ de Fismes. Pop. 434 h.

LONGUEVAL, vg. *Calvados*, comm. de Ranville, ✉ de Bavent.

LONGUEVAL, vg. *Somme* (Picardie), arr., ✉ et à 20 k. de Péronne, cant. de Combles. Pop. 551 h.

LONGUEVILLE, vg. *Aube* (Champagne), arr. et à 20 k. d'Arcis-sur-Aube, cant. et ✉ de Méry-sur-Seine. Pop. 327 h.

LONGUEVILLE, vg. *Calvados* (Normandie), arr. et à 23 k. de Bayeux, cant. et ✉ d'Isigny. Pop. 603 h.

LONGUEVILLE, vg. *Lot-et-Garonne* (Agénois), arr., cant., ✉ et à 6 k. de Marmande. Pop. 854 h.

LONGUEVILLE, vg. *Lot-et-Garonne*, com. et ✉ de Clairac.

LONGUEVILLE, vg. *Manche* (Normandie), arr. et à 26 k. de Coutances, cant. de Bréhal, ✉ de Granville. Pop. 606 h.

LONGUEVILLE, vg. *Manche*, comm. de St-Eny, ✉ de Carentan.

LONGUEVILLE (la), vg. *Nord* (Flandre), arr. et à 28 k. d'Avesnes, cant. et ✉ de Bavay. Pop. 1,188 h.

LONGUEVILLE, vg. *Pas-de-Calais* (Boulonnais), arr., ✉ et à 18 k. de Boulogne-sur-Mer, cant. de Desvres. Pop. 152 h.

Patrie du lieutenant général comte Musnier de la Converserie.

LONGUEVILLE, vg. *Seine-et-Marne*, comm. de Lourps, ✉ de Provins.

LONGUEVILLE, vg. *Seine-et-Oise*, comm. de D'Huison, ✉ de la Ferté-Aleps.

LONGUEVILLE, *Longa Villa*, bg *Seine-Inf.* (Normandie), arr. et à 16 k. de Dieppe, chef-l. de cant. Cure. ✉. A 169 k. de Paris pour la taxe des lettres. Pop. 589 h. — Terrain tertiaire moyen, voisin du crétacé supérieur.

Longueville était un bourg déjà considérable et honoré même du titre de comté lorsque Guillaume le Bâtard se rendit maître de l'Angleterre. La rivière de Scie, sur laquelle il est situé, forme en cet endroit, et presque dans toute l'étendue de son cours, une vallée très-étroite, parce que les montagnes qui la bordent ne laissent guère entre elles que l'espace de terrain nécessaire pour le libre passage de ses eaux. Le bourg, ainsi resserré entre deux côtes très-voisines l'une de l'autre, ne pouvait plus s'étendre que du midi au nord le long de la rivière, et c'est sans doute ce qui lui a fait donner le nom de Longueville.

Nous avons dit que Longueville avait le titre de comté sous Guillaume le Conquérant ; Charles V le donna au connétable du Guesclin en 1364 ; il fut érigé en duché non-pairie, par lettres patentes en date du mois de mars 1444, en faveur du fameux comte de Dunois, bâtard d'Orléans, après la mort duquel ce duché fut réuni au domaine de la couronne. On voit encore au milieu d'un riant paysage les ruines de l'ancien manoir des comtes de Dunois.

Commerce de bestiaux, toiles, étoffes et merceries. — *Foires* le 16 nov. et le lundi de Pâques. — Marché tous les dimanches.

LONGUEVILLETTE, vg. *Somme* (Picardie), arr., cant., ✉ et à 6 k. de Doullens. Pop. 261 h.

LONGUYON, petite ville, *Moselle* (pays Messin), arr. et à 35 k. de Briey, chef-l. de cant. Cure. Gîte d'étape. ✉. ⚡. A 299 k. de Paris pour la taxe des lettres. Pop. 1,773 h. — Terrain jurassique, étage inférieur du système oolitique.

Autrefois diocèse de Trèves, intendance et parlement de Lorraine, bailliage, collégiale.

Cette ville est bâtie dans une situation agréable, au confluent du Chiers et de la Crusne. On voit aux environs les ruines pittoresques du château de Mussy. — Forges et haut fourneau. — *Foires* les 2 avril et 29 sept.

LONGVAY, vg. *Côte-d'Or*, com. de Villy-le-Moutier, ✉ de Nuits.

LONGVIC, vg. *Côte-d'Or* (Bourgogne), arr., cant., ✉ et à 5 k. de Dijon. Pop. 353 h.

Ce village est très-ancien, il en est fait mention dans la Vie manuscrite de saint Urbain, sixième évêque de Langres au IVe siècle. — En 1636, le prince de Condé y rassembla six mille hommes pour tâcher de secourir St-Jean-de-Lône, assiégé par Galas. Le comte de Tavannes, du temps de la Fronde, pour se venger de Comeau, qui n'avait pas voulu lui livrer le château de Dijon, fit mettre le feu à sa maison de Longvic ; l'incendie se propagea, et une partie du village fut consumée le 16 février 1650.

LONGVILLERS, vg. *Calvados* (Normandie), arr. et à 29 k. de Caen, cant. et ✉ de Villers-Bocage. Pop. 530 h.

LONGVILLERS, vg. *Pas-de-Calais* (Boulonnais), arr. et à 10 k. de Montreuil-sur-Mer, cant. et ✉ d'Etaples. Pop. 512 h.

LONGVILLERS, vg. *Somme* (Picardie), arr. et à 21 k. d'Abbeville, cant. de Crécy, ✉ de St-Riquier. Pop. 424 h.

LONGVILLIERS, vg. *Seine-et-Oise* (Ile-de-France), arr. et à 18 k. de Rambouillet, cant. de Dourdan, ✉ de St-Arnoult. P. 343 h.

— Il est situé sur la Remarde, qui y fait tourner quatre moulins.

Le hameau de PLESSIS-LE-GRAND est une dépendance de cette commune. On y voit les ruines et le principal corps de bâtiment d'un ancien château qui a appartenu au fameux Duplessis-Mornay, qui y avait établi un temple pour les protestants.

LONGWÉ, ou LONGWÉ-LA-CROIX, vg. *Ardennes* (Champagne), arr., cant., ✉ et à 7 k. de Vouziers. Pop. 504 h.

LONGWY, vg. *Jura* (Franche-Comté), arr. et à 20 k. de Dôle, cant. et ✉ de Chemin. Pop. 932 h. — *Foire* le 29 sept. (3 jours).

LONGWY, *Longus Vicus*, *Longum Castrum*, petite ville forte, *Moselle* (pays Messin), arr. et à 40 k. de Briey, chef-l. de cant. Place de guerre de 4ᵉ classe. Cure. Gîte d'étape. ✉. ☞. ⚔ 317 k. de Paris pour la taxe des lettres. Pop. 4,197 h. — TERRAIN jurassique, étage inférieur du système oolitique.

Autrefois prévôté, diocèse de Trèves, parlement et intendance de Metz, recette de Thionville, bailliage, subdélégation, gouvernement particulier, couvents de carmes, de récollets et de filles de la Visitation. — La prévôté de Longwy fut cédée à la France par le traité de Nimègue du 17 septembre 1678 et par celui de Ryswick de l'an 1697. Mais par le traité fait à Paris avec le duc de Lorraine, le 28 janvier 1718, cette cession fut restreinte à la ville de Longwy et aux dix villages qui l'environnent : le surplus de la prévôté demeura annexé au Barrois mouvant, sous le duché de Bar, et formait le bailliage de Villers-la-Montagne.

Cette ville doit son origine à un camp retranché que les Romains avaient établi sur le plateau de Titelberg, et qui communiquait par une voie militaire avec le camp fortifié dont on retrouve encore les vestiges à Briey. Elle fut longtemps possédée par des comtes souverains, et passa successivement sous la domination des ducs de Luxembourg, des comtes de Bar et des ducs de Lorraine. Le duc Ferry III y abolit la servitude en 1276. — Longwy avait un vaste château flanqué de tours et environné de hautes murailles, dont l'enceinte contenait un magnifique palais et un grand nombre de maisons : le maréchal de la Ferté le prit de vive force en 1647, et le marquis de Genlis en 1670. Sur ses ruines Louis XIV fit construire, en 1682, la ville haute de Longwy, d'après les plans du maréchal de Vauban ; c'est un hexagone régulier, où l'on parvient par une rampe pratiquée dans les flancs de la montagne.

Longwy fut pris par les Prussiens en 1792, après quelques jours de bombardement ; mais il fut évacué après la bataille de Valmy. En 1815, quinze mille Prussiens se concentrèrent autour de cette place. Dans le dessein d'en faire lever le siége, le général Hugo, gouverneur de Thionville, fit porter secrètement une colonne de douze cents hommes qui déroba heureusement sa marche à l'ennemi, tomba à l'improviste sur les assiégeants, les battit, s'empara de leur artillerie, détruisit leurs ouvrages et revint à Thionville, après s'être acquittée de sa mission de la manière la plus glorieuse. Les Prussiens reprirent toutefois leur position autour de Longwy ; le bombardement recommença, et fut poussé avec un acharnement sans égal. Après avoir fait des efforts inouïs pour conserver cette place, le général Ducos, qui en était gouverneur, fut contraint de capituler ; il quitta ses décombres et défila sur les glacis avec une centaine de blessés qui composaient toute sa garnison.

Les **armes de Longwy** sont : *d'azur à la bande d'argent*.

On remarque à Longwy l'hôtel de ville ; l'église paroissiale, construite en 1690 ; l'hôpital ; la boulangerie militaire ; les casemates et les puits de la ville haute. La ville basse n'est qu'une espèce de village placé en amphithéâtre sur la partie inférieure de l'escarpement méridional de la montagne. On y voit les bâtiments de plusieurs anciens couvents, dont l'aspect noirâtre contraste avec les jolies habitations particulières isolées sur les deux rives du Chiers.

PATRIE du général comte VILLATTE.

Fabriques de toiles de coton, mouchoirs, tapis en laine et en coton, pointes de Paris, apprêtage de plumes à écrire. Manufactures de faïence et de terre de pipe dite cailloutage. Brasseries. Tanneries. — *Commerce* de lard et de jambons renommés. — *Foires* le 1ᵉʳ mercredi de janv., 24 juin, 24 août, 15 oct., jour des Cendres et le lendemain de Pâques.

Bibliographie. BÉGIN (Mᵐᵉ). * *Essai sur l'histoire de Longwy, suivi de Considérations relatives à l'industrie et au commerce de cette ville, et de Notices biographiques sur les hommes illustres qui y ont pris naissance*, in-8, 1829.

LONJUMEAU. V. LONGJUMEAU.

LONLAY-L'ABBAYE, *Longiledium*, vg. *Orne* (Normandie), arr., cant., ✉ et à 7 k. de Domfront. Pop. 3,639 h.

LONLAY-LE-TESSON, vg. *Orne* (Normandie), arr. et à 24 k. de Domfront, cant. et ✉ de la Ferté-Macé. Pop. 855 h.

LONNES, vg. *Charente* (Angoumois), arr. et à 11 k. de Ruffec, cant. et ✉ de Mansle. Pop. 497 h.

LONNY, vg. *Ardennes* (Champagne), arr. de Mézières et à 12 k. de Charleville, cant. et ✉ de Renwez. ☞. Pop. 402 h.

LONRAY, *Longreium*, vg. *Orne* (Normandie), arr., cant., ✉ et à 5 k. d'Alençon. Pop. 625 h.

On remarquait autrefois à Lonray un château construit au XIVᵉ siècle, détruit par les Anglais, rétabli vers 1591, et augmenté par Louis de Matignon, qui sauva les protestants d'Alençon du massacre de la Saint-Barthélemy. Devenu la propriété de la famille Colbert, ce château passa ensuite à M. Mercier, qui depuis peu d'années l'a fait reconstruire dans le goût moderne.

LONS, vg. *B.-Pyrénées* (Béarn), arr., ✉ et à 5 k. de Pau ; cant. de Lescar. Pop. 891 h.

LONS-LE-SAULNIER, *Ledo Salinarius*, jolie ville, chef-l. de préfect. du dép. du *Jura* (Franche-Comté), du 4ᵉ arr. et d'un cant. Trib. de 1ʳᵉ inst. et de comm. Société d'agric. Cure. Gîte d'étape. ✉. ☞. Pop. 8,565 h. — TERRAIN jurassique, calcaire à griphées.

Autrefois diocèse, parlement et intendance de Besançon, bailliage, présidial, collége, prieuré, abbaye de filles, couvents de capucins et d'ursulines.

Lons-le-Saulnier passe pour une ville ancienne qui était autrefois fortifiée. Les Français la prirent en 1393 ; l'empereur Maximilien la reprit en 1500 ; elle soutint encore un siége meurtrier en 1572 ; enfin elle fut prise d'assaut par les Français en 1637, et souffrit toutes les horreurs qu'entraîne après lui un pareil fléau.

Les **armes de Lons-le-Saulnier** sont : *écartelé, au premier d'azur à une N d'or surmontée d'une étoile rayonnante de même ; au deuxième d'azur à la bande d'or ; au troisième de gueules au cor d'argent ; au quatrième d'or plein*.

Cette ville est située au fond d'un vaste bassin formé par des montagnes d'environ 150 à 200 toises de hauteur, et plantées de vignes jusqu'à leur cime, qui offrent des nuances assez semblables dans leurs teintes, mais très-variées par la forme différente des coteaux : toutes les surfaces sont animées par la gaieté du pampre ; la campagne est vivante comme le sont tous les vignobles soigneusement cultivés, et sur tous les côtés l'aspect en est riant pendant toute la belle saison. Par quelque côté que l'on arrive, hors celui du couchant, on plonge sur la ville, qui, à vue d'oiseau, paraît encore moins grande qu'elle ne l'est en effet.

Lons-le-Saulnier est une ville généralement bien bâtie, propre, bien percée et éclairée au gaz : la principale rue est bordée d'arcades qui forment des espèces de galeries, comme on en voit à la Rochelle et dans quelques autres cités. On y remarque plusieurs belles fontaines jaillissantes ; celle qui décore la place principale forme un vaste bassin élevé et entouré de quatre bassins plus petits, alimentés par cinq jets continus qui les tiennent toujours pleins ; au milieu du grand bassin s'élève un piédestal, surmonté jadis de la statue pédestre en bronze du général Pichegru, qui a été renversée en 1830.

A l'angle septentrional de la ville est le puits des salines, de forme carrée, et de 19 m. 50 c. de profondeur sur environ 5 m. de largeur. Quatre pompes tirent sans discontinuer l'eau salée, la versent dans un auget de bois formé de canal qui la porte aux salines, situées à 2 k. de là, dans une gorge à l'ouest de la ville, où des tournants font monter les eaux salées à environ 10 m. de haut dans de vastes bâtiments de graduation, où elles filtrent, pour ainsi dire, goutte à goutte, à travers des épines amoncelées avec art, et se dépouillent de leurs parties hétérogènes ; elles parviennent ensuite, par des canaux souterrains, dans d'immenses chaudières, sous lesquelles un feu toujours égal les évapore, les cristallise et les réduit en sel.

On remarque encore à Lons-le-Saulnier la

bibliothèque publique, contenant 3,000 volumes; le musée de tableaux et d'antiques; la salle de spectacle.
Biographie. Patrie de CL. VEZOU, historiographe et savant ingénieur.
Du lieutenant général LECOURBE.
De ROUGET DE L'ISLE, homme de lettres et compositeur dramatique, auteur des paroles et de la musique de l'hymne célèbre de la *Marseillaise*.
Du jurisconsulte TH. VERNIER, membre de l'assemblée constituante, du conseil des cinq cents, sénateur et pair de France.
Du savant BOURDON DE SÉGRAIS, membre de l'académie des inscriptions.
De CL.-M. GIRAUD, médecin et littérateur.
De M. J.-B.-G. ROUX DE ROCHELLE, littérateur et diplomate.
De Mme DE TERCY, auteur de romans historiques estimés.
INDUSTRIE. *Fabriques* de bonneterie, de potasse. Nombreuses tanneries et corroieries. — *Commerce* considérable de sel, qui se consomme dans les départements environnants et qui s'exporte dans plusieurs cantons suisses; de fer, bois de construction, ustensiles de ménage en bois de sapin, vins, eaux-de-vie, fromage façon de Gruyère, etc. — Entrepôt du commerce du Jura pour Lyon et pour l'intérieur de la France. — *Foires* le 1er jeudi de chaque mois.
BUTS D'EXCURSIONS: aux roches de Baume, site grandiose et fort pittoresque; au fond de la vallée se trouve l'ancienne abbaye de Baume-les-Messieurs; — à l'église de Coldre ou de St-Etienne, l'une des plus anciennes de la Franche-Comté, placée sur le premier plateau du Jura, et près de laquelle on voit un chemin romain parfaitement conservé; — aux ruines du château de Montmorot; — au château du Pin, où séjourna Henri IV; — au château d'Arlay, remarquable par la belle habitation du prince d'Arenberg et par les ruines bien conservées de l'ancien château fort.
A 113 k. N.-O. de Genève, 409 k. S.-E. de Paris. Long. orient. 3° 14′ 19″, lat. 46° 40′ 34″.
L'arrondissement de Lons-le-Saulnier est composé de 11 cantons: St-Amour, Arinthod, Beaufort, Bletterans, Clairvaux, Conliége, St-Julien, Lons-le-Saulnier, Orgelet, Sellières, Voiteur.
Bibliographie. DUNOD DE CHARNAGE. *Histoire des abbayes de Sainte-Claire, à Lons-le-Saulnier, Migette et Montigny*, dans le diocèse de Besançon (se trouve tome 1er de son Histoire des Séquanois, etc., in-4, 1735, 2e partie, p. 163, 174).
CHARBAUT. *Mémoire sur la géologie des environs de Lons-le-Saulnier*, 1819.
LONZAC, bg. *Charente-Inf.* (Saintonge), arr. et à 21 k. de Jonzac, cant. et ✉ d'Archiac. Pop. 451 h. — *Foires* le 3e mercredi de chaque mois.
LONZAC (le), bg *Corrèze* (Limousin), arr. et à 35 k. de Tulle, cant. et ✉ de Treignac. Pop. 2,644 h.

Ce bourg est bâti sur un plateau qui domine d'excellentes prairies et de belles châtaigneraies. Au milieu de ses maisons, presque toutes semblables, s'élève la pyramide du clocher, qui, comme la tour de Pise, penche sensiblement sans en être moins solide. On est frappé de l'uniformité qui règne en tout, dans cette commune, tant dans les logements, les coutumes, que dans les habitudes domestiques; uniformité qui contribue à l'esprit d'ordre et d'union qui distingue toutes les familles.
Foires les 17 août, 17 sept. et le 15 des autres mois. Marché tous les mercredis.
LONZAT, vg. *Allier*, comm. de Marcenat-sur-Allier, ✉ de St-Pourçain.
LOOBERGHE, vg. *Nord* (Flandre), arr. et à 19 k. de Dunkerque, cant. et ✉ de Bourbourg. Pop. 1,440 h.
LOON, vg. *Nord* (Flandre), arr. et à 14 k. de Dunkerque, cant. et ✉ de Gravelines. Pop. 1,733 h.
LOOS, joli village, *Nord* (Flandre), arr. et à 5 k. de Lille, cant. et ✉ d'Haubourdin. Pop. 3,404 h.
Ce bourg, situé sur la haute Deule, possédait avant la révolution une belle abbaye, fondée en 1147, dont les vastes bâtiments ont été convertis en une maison centrale de détention qui peut contenir 1,550 individus.
Fabriques d'indiennes, blanc de céruse. Raffinerie d'acide sulfurique et de soude. — A la maison de détention, fabriques de linge de table, toiles de lin, calicots, sarraux, cordes, souliers pour Paris. Filatures de coton et de lin.
LOOS, vg. *Pas-de-Calais* (Artois), arr. et à 15 k. de Béthune, cant. et ✉ de Lens. Pop. 841 h.
LOOS, vg. *B.-Pyrénées*, comm. de Caubios-Loos, ✉ de Lescar.
LOOZE, vg. *Yonne* (Champagne), arr., cant., et à 5 k. de Joigny. Pop. 484 h.
LOPÉREC, vg. *Finistère* (Bretagne), arr. et à 10 k. de Châteaulin, cant. et ✉ du Faou. Pop. 2,056 h.
LOPERHET, ou LOPERCHET, vg. *Finistère* (Bretagne), arr. à 20 k. de Brest, cant. de Daoulas, ✉ de Landerneau. Pop. 1,252 h.
LOPIGNA, vg. *Corse*, arr., et à 36 k. d'Ajaccio, cant. de Sari. Pop. 454 h.
LOPOSAGIUM (lat. 48°, long. 25°). « La Table théodosienne en fait mention de cette manière: *Vesontione XIII. Loposagio XVIII. Epomanduo*. En suivant la voie de Besançon à Mandeure, dont le nom est *Epamanduodurum*, la distance conduit à peu près vers Baume-les-Nones. M. Dunod, dans son Histoire des Séquanois, paraît avoir été dans la même route, et *Loposagium*, selon son opinion, est un lieu qu'on appelle Luciol, dont je trouve que la position est entre le 13 et 14 lieues gauloises de mesure itinéraire en partant de Besançon. » D'ANVILLE. *Notice de l'ancienne Gaule*, p. 419.
LOQUEFFRET, vg. *Finistère* (Bretagne), arr. et à 25 k. de Châteaulin, cant. et ✉ de Pleyben. Pop. 1,892 h.

On voit sur son territoire la belle cascade de St-Darbot, de 66 m. de chute sur une longueur de 200 m. et une largeur de 20 m.; elle coule sur une montagne de granit couverte de chênes, de bêtres et de sorbiers. Non loin de là sont les ruines pittoresques du château de Rusquer, dont une partie des murs sont couverts de lierre. — *Foire* le lundi le plus près du 26 juillet.
LOQUIN (Bas-), vg. *Pas-de-Calais*, comm. de Haut-Loquin, ✉ d'Ardres.
LOQUIVY, vg. *Côtes-du-Nord*, comm. de Ploubazlanec, ✉ de Paimpol.
LOR, vg. *Aisne* (Picardie), arr. et à 35 k. de Laon, cant. et ✉ de Neufchâtel. Pop. 260 h.
LORAINE, vg. *Saône-et-Loire*, comm. de Martigny-le-Comte, ✉ de Charolles.
LORAY, vg. *Doubs* (Franche-Comté), arr. de l'Isle-sur-le-Doubs, ✉ du Valdahon. Pop. 378 h.
LORBÉHAYE, vg. *Manche*, comm. de Montaign-les-Bois, ✉ de Gavray.
LORCÉ, vg. *Indre-et-Loire*, comm. de Restigny, ✉ de Bourgueil.
LORCIÈRES, vg. *Cantal* (Auvergne), arr. et à 20 k. de St-Flour, cant. et ✉ de Ruines. Pop. 684 h.
LORCY, vg. *Loiret* (Orléanais), arr. et à 25 k. de Pithiviers, cant. et ✉ de Beaune-la-Rolande. Pop. 679 h.
LORDAT, vg. *Ariège* (pays de Foix), arr. et à 31 k. de Foix, cant. et ✉ des Cabannes. Pop. 290 h. — On y voit les restes d'un ancien château fort dont l'enceinte est très-vaste. Carrières de marbre.
LORDONNOIS, vg. *Yonne*, comm. et ✉ de Ligny-le-Châtel.
LORÉ, vg. *Orne* (Normandie), arr. et à 15 k. de Domfront, cant. de Juvigny-sous-Andaine, ✉ de Couterne. Pop. 532 h.
LORENTZEN, vg. *B.-Rhin* (Alsace), arr. et à 35 k. de Saverne, cant. et ✉ de Sarreunion. Pop. 525 h.
LORENZO (San-), vg. *Corse*. V. ST-LAURENT.
LORETO-DE-CASINCA, vg. *Corse*, arr. et à 35 k. de Bastia, cant. de Vescovato, ✉ de la Porta. Pop. 876 h.
LORETO-DI-TALLANO, vg. *Corse*, arr. et à 19 k. de Sartène, cant. de Ste-Lucie, ✉ de Venzolasca. Pop. 143 h.
LORETTE, vg. *Loire*, com. de St-Genis-Terre-Noire, ✉ de Rive-de-Gier.
LORETTE (la), vg. *Nord*, com. de Catillon, ✉ du Cateau.
LOREUR (le), vg. *Manche* (Normandie), arr. et à 22 k. de Coutances, cant. et ✉ de Bréhal. Pop. 344 h.
LOREUX, vg. *Loir-et-Cher* (Blaisois), arr., cant., ✉ et à 8 k. de Romorantin. Pop. 441 h.
LOREY, vg. *Eure* (Normandie), arr. et à 25 k. d'Évreux, cant. et ✉ de Pacy-sur-Eure. Pop. 170 h. Sur l'Eure. — On remarque dans la vallée deux menhirs assez bien conservés.
LOREY (le), bg *Manche* (Normandie), arr.

et à 12 k. de Coutances, cant. de St-Sauveur-Lendelin, ✉ de Marigny. Pop. 1,510 h. — Foire le 18 juillet.

LOREY, vg. *Meurthe* (Lorraine), arr. et à 22 k. de Lunéville, cant. de Bayon, ✉ de Neuviller-sur-Moselle. Pop. 428 h.

LORGES, vg. *Loir-et-Cher* (Orléanais), arr. et à 34 k. de Blois, cant. de Marchenoir, ✉ de Mer. Pop. 564 h. — *Foires* les 24 fév., 11 juin, 18 oct. et 6 déc.

LORGIÈS, vg. *Pas-de-Calais* (Artois), arr. et à 13 k. de Béthune, cant. de Laventie, ✉ de la Bassée. Pop. 1,397 h.

LORGUES, *Leonas*, *Leonicæ*, jolie petite ville, *Var* (Provence), arr. et à 11 k. de Draguignan, chef-l. de cant. Cure. Gîte d'étape. ✉. ⚜. A 853 k. de Paris pour la taxe des lettres. Pop. 4,196 h. — TERRAIN du trias, muschelkalk.

Lorgues est une ville assez bien bâtie, près de la rive gauche de l'Argens, et traversée par la grande route d'Aix à Draguignan. On y remarque une jolie église paroissiale, de construction moderne.

Les armes de Lorgues sont : *d'argent à la fasce d'azur à trois fleurs de lis d'or*.

Fabriques de draps et d'huile d'olives. Moulins à blé. Tanneries. Tuileries. Distilleries d'eau-de-vie. Carrières de marbre. — *Foires* les 7 août, 3ᵉ vendredi de mars, 18 sept., 28 oct., 4 et 28 déc.

LORIANI, vg. *Corse*, comm. de Cambia, ✉ de Corté.

LORIENT, *Morbihan* (Bretagne), grande et belle ville maritime, chef-l. de sous-préf. (3ᵉ arr.) et de deux cant., place de guerre de 3ᵉ classe. Préfecture maritime. Trib. de 1ʳᵉ inst. et de comm. Chambre et bourse de commerce. Ecole d'hydrographie de 2ᵉ classe. Collége communal. 2 cures. Gîte d'étape. Comité d'agriculture. Direction des douanes. ✉. ⚜. Pop. 23,621 h. — TERRAIN cristallisé ou primitif.

Autrefois diocèse et recette de Vannes, parlement et intendance de Rennes. Mairie royale. Gouvernement particulier.

Au commencement du XVIIᵉ siècle, Lorient n'était qu'un village peu considérable qui fut donné en 1666 à la compagnie des Indes, dont les armements se faisaient alors au Havre. A l'époque où Mᵐᵉ de Sévigné visita Lorient, ce n'était encore qu'un entrepôt établi pour recevoir provisoirement les cargaisons qu'il avait été impossible de transporter directement, soit à Nantes, soit au Havre, où se faisaient les ventes générales ; mais déjà les avantages du port sûr et facile qu'offrait une baie profonde, au confluent de deux rivières navigables, avaient été trop bien appréciés par les directeurs de la compagnie pour qu'ils ne s'empressassent point d'en profiter. Peu de temps après le voyage de la spirituelle marquise, ils se firent concéder une parcelle de la lande de Lorient d'environ 600 toises de longueur sur 250 de largeur, et en fixèrent les limites par le mur, qui sépare encore le mur qu'ils voulaient établir, de la ville à laquelle il a donné naissance. Les ouvriers qu'ils recrutèrent dans les campagnes, certains d'être employés pendant plusieurs années à un prix bien plus élevé qu'ils ne trouvaient ailleurs, vinrent s'établir sur le terrain contigu au mur de clôture, y construisirent des chaumières, et devinrent ainsi, sans s'en douter, les fondateurs d'une des plus jolies villes du royaume. En 1708, le nouveau village était devenu assez considérable pour qu'il fût nécessaire de l'ériger en paroisse. Dix ans après, la compagnie des Indes s'installa définitivement dans le port, et ce fut alors qu'elle créa ces vastes et nombreux établissements qui subsistent encore ; qu'elle éleva ces magasins magnifiques, aujourd'hui abandonnés, quoique enviés par les premières villes commerçantes de l'Europe. Le 7 juin 1738, Lorient fut constitué en corps de ville. Sa population s'élevait à cette époque à 14,000 habitants, accourus de toutes les provinces, pour se fixer sur un point qui, quarante ans auparavant, n'offrait qu'une réunion de 200 manœuvres. Enfin le 15 avril 1744, la nouvelle cité obtint l'autorisation de s'entourer de murailles. Ces fortifications ne tardèrent pas à lui être utiles, car, en 1746, les Anglais, commandés par le général Saint-Clair, firent une descente dans la baie de Pouldu à 8 k. de Lorient, et s'avancèrent vers la place, dans l'espoir de la surprendre. Au lieu de brusquer un assaut qui probablement aurait eu pour eux un favorable résultat, ils perdirent un temps précieux à former un camp, à parlementer et à lancer quelques projectiles qui n'occasionnèrent que de légers dommages. On voit encore aujourd'hui incrusté dans la façade de la chapelle des Congréganistes un boulet que l'on conserve comme un trophée de ce siège. Abandonnés à eux-mêmes, et effrayés des sommations menaçantes de l'ennemi, les habitants étaient néanmoins disposés à se rendre, lorsque le comte de Tintenniac amena un secours de quelques centaines d'hommes. Admis au conseil où l'on traitait avec le parlementaire anglais, ce brave Breton déchira le projet de capitulation, répondit sur sa tête du salut de la ville, s'empara de la garde des portes, et ordonna de battre la générale sur les remparts et dans tous les quartiers. Les assiégeants, craignant d'être attaqués par des forces supérieures, se rembarquèrent avec une telle précipitation, qu'ils firent sauter leurs poudres, et abandonnèrent quatre canons et un mortier, dont le roi fit présent aux habitants de Lorient. Pour conserver à jamais la mémoire de cette heureuse délivrance, que les Lorientais attribuèrent à la protection de la sainte Vierge, le corps municipal, dans sa gratitude, vota une statue d'argent à son auguste libératrice, et arrêta qu'elle serait portée en triomphe, chaque année, dans une procession solennelle fixée au premier dimanche d'octobre. Après la mort du capitaine Marion, dévoré par les naturels de la Nouvelle-Zélande, la famille de cet infortuné obtint l'autorisation de décorer de la croix de Saint-Louis, qu'il avait obtenue, la même effigie de Notre-Dame-de-Victoire, qu'on vit depuis la porter en écharpe jusqu'au moment où l'une et l'autre furent englouties dans l'immense creuset révolutionnaire.

En 1763, la ville continua à s'embellir et à s'organiser ; des écriteaux indiquèrent le nom des rues. En 1764, une école gratuite de dessin y fut créée.

En 1770, le gouvernement, ayant retiré à la compagnie des Indes son privilége, se chargea de la liquidation de ses affaires, et prit possession du port, des vaisseaux, des magasins et de toutes ses propriétés. Le port de Lorient devint alors un des quatre départements de la marine royale. Mais ce ne fut qu'après la catastrophe financière du prince de Rohan-Guéméné que la ville fut affranchie de la suzeraineté de ce seigneur, moyennant une somme de onze millions, pour laquelle il céda au roi ses droits de mouvance. Trompée par les avantages que semblait lui promettre la franchise de son port, elle crut compenser la perte du monopole dont elle avait joui durant un demi-siècle, en obtenant cette nouvelle faveur. A peine lui fut-elle accordée, que ses magasins ne purent suffire pour recevoir tous les produits de l'industrie anglaise, dont elle ne put tirer aucun parti, puisque l'exportation dans l'intérieur lui en était interdite, à moins de supporter des droits dont ils étaient passibles en sortant de ses murs. Elle reconnut alors combien elle s'était abusée, et s'estima trop heureuse de ce que le gouvernement voulut bien consentir à la débarrasser du fardeau qu'elle s'était elle-même imposé par l'impéritie de ses administrateurs. Pour le consoler d'une bévue aussi grossière, le ministre Calonne s'imagina aussi facilement qu'elle, et que plusieurs courtisans ruinés, qu'en rétablissant une nouvelle compagnie des Indes Lorient recouvrerait son ancienne splendeur, et la France sa prépondérance sur la Péninsule et sur les bords du Gange. L'arrêt de cette résurrection trop tardive, parut en 1785 ; mais on ne put trouver les principaux actionnaires que parmi quelques ministres et grands seigneurs, devenus commanditaires d'une douzaine d'agents plus ou moins obscurs, et qui furent placés à la tête de l'administration. La masse des premiers capitaux fut si modique, que, dans l'impossibilité de se procurer les vaisseaux nécessaires pour l'exploitation d'un si grand commerce, on fut obligé de traiter pour leur fret et leur armement avec la compagnie amateur de Lorient, qui bientôt ne put lui-même remplir ses obligations qu'à l'appui des arrêts de surséance qu'on lui délivrait annuellement. La France ne possédant plus dans l'Inde que trois ou quatre comptoirs discrédités, les agents de la nouvelle association ne purent jamais lui procurer pour ses retours que le rebut des Anglais. Ainsi végéta cette compagnie, jusqu'au moment où tous les priviléges furent à la fois anéantis. Il faut cependant reconnaître que, pendant son existence éphémère, la ville reprit un aspect florissant. Sa population s'accrut d'un cinquième. Beaucoup de riches négociants vinrent s'y établir ; de nouvelles rues se formèrent comme par enchantement ; une multitude de baraques furent remplacées par des édifices plus dignes d'une ville redevenue le rendez-vous annuel des principaux commerçants de la France et de la Suisse; enfin l'exécution de nombreux projets, arrêtés pour son accroissement, son embellissement et son utilité, allait commencer lorsque la révolution éclata.

A dater de cette époque, la prospérité renaissante de cette cité déclina de jour en jour, et bientôt ses malheureux citoyens n'eurent plus qu'à gémir sur le triste sort qui leur était réservé. Le commerce maritime une fois anéanti, un grand nombre de négociants et de capitalistes allèrent se fixer dans d'autres contrées, et une foule d'habitants cosmopolites ne tarda pas à imiter cet exemple. En moins de deux années l'émigration devint si considérable, que les revenus communaux ne purent plus suffire pour faire face aux dépenses les plus urgentes. Ce fut alors que le corps municipal crut devoir, pour combler tout ce *déficit*, recourir à une partie de la population rurale et étrangère, dont le territoire s'étendait jusqu'au pied des glacis de la place. Il sollicita en conséquence du gouvernement républicain une indemnité de quelques milliers de villageois pour compenser la perte de ses ex-administrés. Cette pétition singulière fut non-seulement accueillie avec faveur, mais aussitôt suivie du décret qui métamorphosait cinq mille campagnards en citadins externes, c'est-à-dire en citoyens d'une ville close, avec laquelle ils ne pourraient cependant communiquer que lorsque les portes leur en seraient ouvertes à des heures réglées. Ainsi fut formé le premier *extra muros* des villes du Morbihan.

En l'an IV (1796) il fut formé à Lorient un bagne, qui depuis a été affecté aux militaires condamnés pour insubordination. Ce bagne offre un tout autre intérêt que ceux destinés aux forçats; car les hommes qu'il renferme ne sont pas des criminels. Il faut assurément punir l'insubordination; mais il y a loin de cette faute aux crimes qui envoient les forçats aux galères. C'est être honnête homme et n'être pas né pour l'état militaire, dont la discipline a besoin d'être rigoureuse. Cependant, je le dis à regret, le régime alimentaire, le coucher, l'ordre des travaux, les chaînes, l'habillement et le trousseau sont absolument comme à Toulon, Rochefort et Brest. L'intérieur des salles présente absolument le même coup d'œil que celui des bagnes. L'âge moyen des soldats détenus à Lorient est de trente-quatre ans. Les récompenses journalières sont, après la première année, d'être mis en chaîne brisée; la seconde année de porter la manille; et enfin la troisième année de porter seulement une manille beaucoup plus légère, et ils restent ainsi jusqu'à leur libération, s'ils se conduisent bien.

Les **armes de Lorient** sont : *de gueules au vaisseau d'argent voguant sur une mer de sinople, à un soleil d'or levant derrière des montagnes d'argent : au franc quartier d'hermine; au chef d'azur chargé de trois besants d'or.*

La ville de Lorient est située sur l'Océan, au fond de la baie de St-Louis, à l'embouchure de la rivière de Scorf; elle est grande, très-bien bâtie, et entourée de fortifications. Les rues sont spacieuses, larges, bien pavées, tirées au cordeau, et bordées de maisons d'une architecture agréable. Les places publiques sont vastes et régulières; les promenades très-agréables. Le port est grand, sûr et très-commode; il est entouré de bâtiments magnifiques, bordé de beaux quais où les plus gros navires peuvent faire leurs chargements, et précédé d'une superbe rade, où peuvent mouiller en sûreté les plus fortes escadres. Ce port peut être considéré comme un des premiers chantiers du royaume par la quantité des cales qu'il renferme, et où l'on peut construire à la fois trente vaisseaux de guerre.

On remarque dans le port l'hôtel de la préfecture maritime, la salle des ventes, le parc d'artillerie, la machine à mâter, la poulierie mue par une machine à vapeur, qui fait aussi mouvoir de grandes forges et alimente une fonderie; la cale couverte; le bassin de construction, où se trouvent plusieurs cales découvertes pour les vaisseaux, les frégates et les corvettes; la tour des signaux, haute de 37 m. et demi, située sur une petite montagne au sud du port. Cette tour sert à la fois de phare, de girouette pour reconnaître les aires du vent, et d'observatoire : de son sommet, et d'un seul coup d'œil, on découvre entièrement le plan du port, ses arsenaux, ses vaisseaux, ses chantiers et ses beaux jardins. Les magasins de la marine sont grands et vastes. Les divers bâtiments qu'avait fait construire l'ancienne compagnie des Indes ont été convertis en une caserne pour les marins. Les casernes de l'artillerie sont remarquables, et peuvent contenir 1,800 hommes.

La place Royale, plantée de plusieurs rangs de tilleuls, offre de jolies constructions. La place est ornée et décorée d'une colonne en granit, élevée en 1833 à la mémoire de l'intrépide Bisson; elle a 8 m. de hauteur, et est surmontée de la statue en bronze du jeune héros.

Le quartier le plus beau est celui du quai, dont les maisons sont construites sur un plan uniforme; quatre rangées d'ormes y donnent un ombrage agréable, à l'abri duquel on peut jouir de la vue de la rade et du port. C'est sur le quai, près de cette promenade, que les navires caboteurs viennent décharger leurs marchandises. On y remarque une belle fontaine, dont la cuvette ou citerne contient 1,200 bariques d'eau.

La salle de spectacle est jolie, mais petite.

L'église paroissiale offre dans son architecture une bizarrerie qui étonne; cet édifice devait le disputer en grandiose à nos plus belles basiliques. On lui avait donné d'immenses proportions; mais, après trente ans de travail, désespérant de le terminer, on prit la singulière résolution d'en démolir une partie pour finir le reste.

L'hôtel de ville est mal situé, mais bien distribué. On y remarque surtout la salle où se font les mariages; elle a la forme d'un prétoire antique et est d'une décoration simple et élégante. Les boucheries de Lorient méritent d'être citées à cause de leur extrême propreté. Les faubourgs de la ville sont également assez bien bâtis; le plus considérable est celui de Kerentreich.

A 2 k. de Lorient se trouve un vaste polygone pour les exercices de l'artillerie et le tir des bouches à feu. Au milieu de la rade est l'île St-Michel, sur laquelle on a construit il y a peu d'années un vaste lazaret, d'où l'on découvre un panorama magnifique.

Biographie. Lorient est le lieu de naissance de plusieurs personnages distingués, parmi lesquels on cite :

Le philologue CAMBRY, ancien préfet de l'Oise, mort en 1807.

L'architecte MAZOIS, membre de l'Institut.

Mlle S. ULLIAC DE TREMADEURE, auteur de romans estimés publiés sous le pseudonyme de Mlle Dudrezène.

Le littérateur et auteur dramatique FONTAN.

Les amiraux BOUVET, BOMPART, LE MARANT, DAUGIER.

Le général BOURKE, membre de la chambre des pairs.

Le général MONISTROL, etc., etc.

INDUSTRIE. Premier port de constructions navales de France, cale couverte, bassin pour la réparation des vaisseaux, atelier pour la fabrication des machines à vapeur, fonderies, forges, presses hydrauliques pour l'essai des fers. — *Fabriques* de chapeaux. Pêche de la sardine. — *Commerce* de vins, eaux-de-vie, cire, miel, sardines, sel. Commerce d'importation et d'exportation avec les principaux ports de l'Europe, de l'Amérique et des Indes. Navigation au long cours; grand et petit cabotage. — Le commerce de Lorient, quoiqu'il ne puisse être comparé à ce qu'il était autrefois, est encore très-important; les exportations consistent en farines, vins, eaux-de-vie, liqueurs et autres provisions de bouche; draps, fer, plomb, étoffes de laine et de coton, quincaillerie, mercerie, horlogerie, etc. — Foire de 15 jours le dimanche des Rameaux.

A 56 k. O.-N.-O. de Vannes, 149 k. S.-E. de Brest, 498 k. O.-S.-O. de Paris.

L'arrondissement de Lorient est composé de 11 cantons : Auray, Belle-Isle, Belz, Hennebon, Lorient (1er), Lorient (2e), Plouay, Pluviger, Pontscorff, Port-Louis, Quiberon.

Bibliographie. APPERT (B.). *Voyage aux bagnes de Brest, Lorient et Rochefort*, in-8, 1828.

LORIGÈS, vg. *Allier* (Bourbonnais), arr. à 25 k. de Gannat, cant. et ✉ de St-Pourçain. Pop. 417 h.

LORIGNAC, bg *Charente-Inf.* (Saintonge), arr. et à 23 k. de Jonzac, cant. de St-Genis, ✉ de St-Fort. Pop. 1,202 h.

LORIGNÉ, vg. *Deux-Sèvres* (Poitou), arr. et à 5 k. de Melle, cant. et ✉ de Sauzé. Pop. 1,021 h.

LORIOL, *Laureolum*, *Aureoli*, petite ville, *Drôme* (Dauphiné), arr. et à 21 k. de Valence, chef-l. de cant. Cure. Gîte d'étape. ⌂. ⌘. A 582 k. de Paris pour la taxe des lettres. Pop. 3,460 h. — TERRAIN d'alluvions modernes.

Autrefois diocèse et élection de Valence, parlement et intendance de Grenoble.

Quelques auteurs pensent que Loriol est le *Batiana* des itinéraires romains; d'autres attribuent sa fondation à l'empereur Aurélien, qui lui donna son nom et le fortifia.

Cette ville est située au pied d'un coteau, à peu de distance du village de Livron, dont elle est séparée par la Drôme, que l'on passe sur un très-beau pont. Elle a souvent été prise et reprise du temps des guerres de religion du XVIe siècle.

Filatures de soie. Commerce de peaux. Pépinière. — *Foires* les 10 mai, lundi après le 1er dimanche de juill., 22 août, 22 déc. et 8 nov.

LORIOL, vg. *Vaucluse* (Comtat), arr., cant., ⌂ et à 5 k. de Carpentras. Pop. 505 h.

LORLANGE, vg. *H.-Loire* (Auvergne), arr. et à 12 k. de Brioude, cant. de Blesle, ⌂ de Lempdes. Pop. 621 h.

LORLEAU, vg. *Eure* (Normandie), arr. et à 27 k. des Andelys, cant. et ⌂ de Lyons-la-Forêt. Pop. 448 h.

LORMAISON, vg. *Oise* (Picardie), arr. et à 22 k. de Beauvais, cant. et ⌂ de Méru. Pop. 379 h. — *Fabriques* d'éventails et de galoches.

Les habitants de Lormaison jouissent d'une espèce d'aisance qu'ils doivent à leur patience, à leur économie, à leur sobriété, à leur assiduité au travail. Leur genre d'industrie consiste à recueillir de vieux souliers, à les raccommoder, à les vendre de 50 à 60 c., et cette industrie leur procure une vie douce, abondante et tranquille sur un terrain ingrat. Pendant que les hommes s'occupent à recoudre, à placer, à rhabiller de vieux morceaux de cuir, les femmes sont chargées d'aller vendre le résultat de ce travail. Les filles et les veuves du village font des blondes pour les manufacturiers de Chantilly.

Outre les vieux cuirs du voisinage qu'ils réunissent, les habitants de Lormaison s'en procurent une très-grande quantité par un mouvement de commerce peu connu. Les hommes de St-Saulieu et des communes voisines, département de la Somme, viennent charger à crédit leurs voitures de poteries à Savignies, près de Beauvais; ils échangent, en parcourant la France, contre de vieux souliers, de vieilles bottes. A leur retour, ils passent à Lormaison, et réalisent en argent le prix de leur spéculation.

LORMAYE, vg. *Eure-et-Loir* (Beauce), arr. et à 18 k. de Dreux, cant. et ⌂ de Nogent-le-Roi. Pop. 425 h.

LORME, vg. *Eure-et-Loir*, com. de Boisville-la-St-Père, ⌂ de Voves.

LORMEL (St-), vg. *Côtes-du-Nord* (Bretagne), arr. et à 20 k. de Dinan, cant. et ⌂ de Plancoët. Pop. 620 h.

LORMERIE (la), vg. *Calvados*, comm. et ⌂ de Pont-l'Évêque.

LORMES, petite ville, *Nièvre* (Nivernais), arr. et à 30 k. de Clamecy, chef-l. de cant. Cure. ⌂. ⌘. A 243 k. de Paris pour la taxe des lettres. Pop. 3,214 h. — TERRAIN cristallisé ou primitif.

Autrefois diocèse d'Autun, parlement de Paris, intendance de Paris et de Moulins, élection de Vézelay et Château-Chinon.

Cette ville est située sur un plateau élevé, dans un riant bassin arrosé par un ruisseau alimenté par les étangs des environs. C'est une ville fort ancienne, qui était autrefois fortifiée et défendue par un château encore existant, bâti hors des murs, dans une situation élevée et très-pittoresque. — *Exploitation* de pierres de taille. Tuileries. — *Foires* les 18 janv., 3 fév., 25 juin, 11 août, 1er oct., 3 nov., 4 déc., samedi après carnaval, veille des Rameaux, lendemain de Quasimodo et jeudi après la Pentecôte.

LORMOIS, vg. *Seine-et-Marne*, comm. de Courpalay, ⌂ de Rozoy-en-Brie.

LORMONT, vg. *Gironde* (Guienne), arr. et à 5 k. de Bordeaux, cant. et ⌂ de Carbon-Blanc. Pop. 2,383 h. — Il est situé près de la rive droite de la Gironde, où il a un petit port. — *Établissement de la marée*, 6 heures 30 minutes. — Construction de navires.

LORO-MONTZEY, vg. *Meurthe* (Lorraine), arr. et à 26 k. de Lunéville, cant. de Bayon, ⌂ de Neuviller-sur-Moselle. Pop. 250 h.

LOROUX (le), ou LOROUX-BOTTEREAU, petite ville, *Loire-Inf.* (Bretagne), arr. et à 18 k. de Nantes, chef-l. de cant. Cure. ⌂. A 392 k. de Paris pour la taxe des lettres. P. 5,012 h.

Le Loroux-Bottereau est une des paroisses les plus anciennes du diocèse; les légendes en parlent dès l'année 550. Cette petite ville a eu jadis ses seigneurs particuliers. Leur vieux château s'y voit encore; ses ruines dominent un coteau dont la base est baignée par un étang solitaire. Ce site est d'une grande tristesse; ses tours démantelées ont été habitées par le fameux Landais, et longtemps possédées par les seigneurs de Goulaine.

Sur une place circulaire, entourée d'arbres, s'élève une statue de Louis XVI, donnée à la commune de Loroux par M. le comte Desbrosses.

Commerce de bestiaux et de vins de bonne qualité, que produit le territoire. — *Foires* les 3 fév., 25 nov. et 2e mardi de chaque mois.

LOROUX (le), vg. *Ille-et-Vilaine* (Bretagne), arr., cant., ⌂ et à 13 k. de Fougères. Pop. 1,077 h.

LORPE, vg. *Ariége*, comm. de St-Araille, ⌂ de St-Girons.

LORQUEL, vg. *Lot*, comm. de Caillac, ⌂ de Castelfranc.

LORQUIN, bg *Meurthe* (pays Messin), arr. et à 10 k. de Sarrebourg, chef-l. de cant. Cure. ⌂. A 400 k. de Paris pour la taxe des lettres. Pop. 1,374 h. — TERRAIN du trias, grès bigarré.

Ce bourg est situé sur la rive gauche de la Sarre-Blanche. C'est un des principaux débouchés des montagnes des Vosges pour l'extraction des bois de construction, que l'on flotte sur les deux Sarres. — Tanneries. — *Foires* le 1er lundi de mai, de sept., d'oct. et de déc.

LORRAINE (la), *Germania Lotringen*, *Austrasia*, *Lotharingia*, ancienne, grande et ci-devant province de France, comprise aujourd'hui dans les départements des *Vosges*, de la *Meurthe*, de la *Moselle* et de la *Meuse*. Après avoir été rangée par les Romains dans la première Belgique, et plus tard dans le royaume d'Austrasie par les successeurs de Clovis, cette province fut réunie à l'empire de Charlemagne. Elle fut dans la suite érigée en duché. — Le duché de Lorraine a été possédé par des ducs de la maison d'Autriche. François, fils de Léopold, qui avait épousé Marie-Thérèse d'Autriche, fille de l'empereur Charles VI, prit possession du duché de Lorraine et de Bar en 1730, et, par le traité conclu à Vienne, le 18 novembre 1736, ces deux duchés furent échangés contre celui de Toscane, et cédés à Stanislas Leczinski, roi de Pologne et beau-père de Louis XV, pour qu'il en jouît durant sa vie, et qu'après sa mort ces deux duchés fussent réunis à la France. Stanislas étant décédé le 3 février 1766, la réunion eut lieu, et les deux duchés ont appartenu à la France depuis cette époque.

Cette province avait environ 160 k. de long sur 140 de large; elle était bornée au nord par l'Allemagne, à l'est par l'Alsace, au sud par la Franche-Comté, et à l'ouest par la Champagne. Les principales rivières qui l'arrosent sont : la Meurthe, la Meuse, la Moselle et la Sarre, qui y sont navigables.

La Lorraine était divisée en duché de Lorraine, subdivisé en Lorraine proprement dite, capitale Nancy; duché de Bar ou Barrois, capitale Bar-sur-Ornain; pays des Trois-Évêchés, capitale Metz.

Les **armes de la Lorraine** étaient : *d'or à la bande de gueules chargée de trois alcyons d'or.*

Bibliographie. REMY (Nicolas). *Discours des choses advenues en Lorraine depuis le décès du duc Nicolas de Lorraine, en 1473, jusqu'à celui du duc René, en 1508*, in-4, 1605-1617; in-8, 1626.

CHAMPIER (Symphorien). *Recueil ou Chronique des histoires du royaume d'Austrasie, ou France orientale, dite à présent Lorraine*, in-4, 1509-1510.

VASSEBOURG (Richard de). *Antiquités du royaume d'Austrasie et de Lorraine jusqu'à François Ier* (imprimées avec celles de la Gaule belgique du même auteur, 2 vol. in-f°, 1549).

ESTIENNE (Charles). *Discours des histoires de Lorraine et de Flandre*, in-4 et in-8, 1552.

RUYR. *Recherches des saintes antiquitez de la Vosge, province de Lorraine*, in-4, 1634.

MUSSEY (Jean). *La Lorraine ancienne et moderne*, in-8, 1712.

* *Lettre sur l'histoire de Lorraine* (Mercure, 1747, septembre).

GRACE (de). *Histoire de la Lorraine depuis*

l'an 511 jusqu'à sa réunion au royaume de France. — C'est le premier chapitre du t. II de l'Introduction à l'histoire de l'univers, par Puffendorf et Bruzen de la Martinière, 1754.

CHEVRIER (Fr.-Ant.). Histoire civile, militaire, ecclésiastique, politique et littéraire de Lorraine et de Bar, 7 vol. in-12, 1738.

CALMET (D. Augustin). Histoire ecclésiastique et civile de Lorraine, etc., etc. — Nouvelle édition revue, corrigée et augmentée des règnes de Léopold Ier et de François III, 7 vol. in-f°, 1745-1757.

DURIVAL (Nic.-Luton.). Mémoire sur la Lorraine et le Barrois, suivi de la table alphabétique et topographique des lieux, in-4, 1753.

— * Introduction à l'histoire de la Lorraine et du Barrois, in-8, 1775.

BEXON (l'abbé Gab.-Léop.-Ch.-A.). Histoire de Lorraine, 1 vol. in-8, 1777 (le seul publié).

CALMET (D. Augustin). Abrégé de l'histoire de Lorraine, in-8, 1734.

HENRIQUEZ. Abrégé chronologique de l'histoire de Lorraine, 2 vol. in-8, 1775.

MICHEL (Louis-Ant.). Abrégé de l'histoire de Lorraine, in-12, 1822.

ÉTIENNE fils. Résumé de l'histoire de la Lorraine (article sur le), extrait du Bulletin universel des sciences, in-8, 1826.

RAGON (F.) (avec FABRE D'OLIVET). Précis de l'histoire de Lorraine, in-18, 1834.

MAILLET (de). Essai chronologique sur l'histoire du Barrois, in-12, 1757.

* Tables synchroniques de l'histoire de Lorraine, in-4, d'une feuille et demie, plus un tableau in-f° et 60 tableaux in-4.

ROLAND (le P. Aubert). Histoire de la guerre de René II, duc de Lorraine, contre Charles le Hardi, duc de Bourgogne, tué devant Nanci, in-8, 1742.

MAILLET (Cl. de). Mémoires alphabétiques pour servir à histoire au Pouillé, et à la description générale du Barrois, in-12, 1749.

— Essai chronologique sur l'histoire du Barrois, in-12, 1757.

ANDREU DE BILISTEIN (Charles-Léopold). Essai sur les duchés de Lorraine et de Bar, in-12, 1762, 1764.

BÉGIN (Mme). Histoire des duchés de Lorraine et de Bar, et des Trois-Évêchés, Meurthe, Meuse, Moselle, Vosges, 2 vol. in-8, 1832-1834.

Histoire de la guerre de Lorraine et du siège de Nancy, gr. in-8, 1837.

NOËL. Mémoires pour servir à l'histoire de Lorraine (règnes des ducs Léopold, François II et Stanislas, de 1698 à 1766, 2 vol. in-8, 1838-1841.

STEMER (Nic.-Fr.-Xavier). Traité ou Description du département de Metz (ou des trois évêchés de Lorraine), in-4, 1755.

CALMET (Augustin). * Notice de la Lorraine, qui comprend les duchés de Bar et de Luxembourg, l'électorat de Trèves, les trois évêchés de Metz, Toul et Verdun ; les villes principales et autres lieux les plus célèbres, rangés par ordre alphabétique ; ornée de plusieurs descriptions, 2 vol. in-f°, 1756 ; 2e édit., 2 vol. in-8...

DURIVAL (Nic.-Luton.). Table alphabétique des villes, bourgs, villages et hameaux de la Lorraine et du Barrois, in-8, 1749-1766.

— Description de la Lorraine et du Barrois, 4 vol. in-8, 1778-1783.

FABERT (Abraham). Description du pays Messin, in-f°, 1597.

* Description de la Lorraine et des évêchés de Metz, Verdun et Toul (se trouve dans le grand atlas de Blaeu, t. VIII, p. 740, 762).

HÉRÉ (Emm.). Recueil des plans, élévations et coupes des châteaux, jardins et dépendances que le roi de Pologne occupe en Lorraine, 2 vol. in-8, sans date.

* Histoire, détail et devis des édifices publics et autres établissements qu'a faits Sa Majesté le roi de Pologne, duc de Lorraine et de Bar, pour l'utilité et l'ornement de ses Etats, 1 vol. in-f°, orné de figures et plans, 1765.

LEUPOL. La Lorraine : antiquités, chroniques, légendes, histoire des faits et des personnages célèbres, description des sites et des monuments remarquables de cette province (avec Mirecourt), 2 vol. in-8, 1839-1840.

BEAULIEU (L.). Archéologie de la Lorraine, ou Recueil de notices et documents pour servir à l'histoire des antiquités de cette province, 2 vol. in-8, 1840-1843.

THIBAULT (Fr.-Timothée). Histoire des bénéfices, loix et usages de la Lorraine et du Barrois, in-f°, 1762.

BEAUPRÉ. Recherches historiques et bibliographiques sur les commencements de l'imprimerie en Lorraine, et sur ses progrès jusqu'à la fin du XVIIe siècle, in-8, 1845.

* Chroniques lorraines, in-8, 1844.

BOURNON (Jacques). Chroniques, lois, mœurs, coutumes et usages de la Lorraine au moyen âge, in-4.

ALIX (le président). Histoire des singularités de la Lorraine...

RICHARD. Essai chronologique sur les mœurs, coutumes et usages anciens les plus remarquables dans la Lorraine, in-12, 1835.

CALMET (D. Aug.). Bibliothèque de Lorraine, ou Histoire des hommes illustres qui y ont fleuri, in-8, 1751.

CHEVRIER (Fr.-Ant.). Mémoires pour servir à l'histoire des hommes illustres de Lorraine, etc., 2 vol. in-12, 1754. — Réimprimé sous le titre de : Histoire secrète de quelques personnages illustres de Lorraine, 2 vol. in-12, 1784.

MICHEL (Louis-Antoine). Biographie historique et généalogique des hommes marquants de l'ancienne province de Lorraine, formée plus particulièrement des personnages distingués, morts ou vivants, nés ou domiciliés dans le département de la Meurthe, in-12, 1829.

FORTIA (le marquis de). Histoire des Lorrains, par Hugues de Toul, extraite des Annales du Hainaut, par Jacques de Guyse, in-8, 1838.

SAULCY (F. de). Recherches sur les monnaies des ducs héréditaires de Lorraine, in-4, 1841.

LEFEBVRE. Mémoire sur l'origine des maisons et duché de Lorraine, in-f°, 1642.

ANSELME DE STE-MARIE (le P.). Le Palais d'honneur, contenant les généalogies historiques des illustres maisons de Lorraine et de Savoie, etc., in-4, 1668, 1668.

HUSSON (Matthieu). Simple Crayon de la noblesse des duchés de Lorraine et de Bar, et des Trois-Évêchés, in-4, 1674.

BENOÎT (Picart dit le P.). * Origine (l') de la très-illustre maison de Lorraine, in-8, 1704.

— Supplément à l'histoire de la maison de Lorraine, in-12, 1711, 1712.

BERMANN (de). Dissertation historique sur l'ancienne chevalerie et la noblesse de Lorraine, in-12, 1763.

LALLAIN (de Montigny de). Anoblis des duchés de Lorraine et de Bar, et le blazon de leurs armes, depuis le règne de René, en 1382, jusqu'au règne de Stanislas, en 1752, in-8, 1753.

PELLETIER (Ambroise). Nobiliaire ou Armorial général de la Lorraine et du Barrois, en forme de dictionnaire, t. Ier et unique, in-f°, 1758.

CALLOT. Recueil des armes de la noblesse de Lorraine, in-f°...

BUC'HOZ (P.-Jos.). Catalogue des mines, terres, fossiles et cailloux qu'on trouve dans la Lorraine et les Trois-Évêchés, etc., in-12, 1769.

DIETRICH (le baron P.-Fréd.). Description des gîtes de minerai et des bouches à feu de France, 6 parties en 3 vol. in-4, 1786-1800.

La 1re part. du second volume traite de la Lorraine méridionale.

Le tome III contient la suite de la description de la Lorraine méridionale et celle de la Lorraine septentrionale.

NICOLAS. Dissertation chimique sur les eaux minérales de la Lorraine, in-8, 1778.

BUC'HOZ (P.-Jos.). Catalogue des animaux, quadrupèdes, reptiles, oiseaux, poissons, insectes, vermisseaux et coquillages qui habitent la Lorraine, in-12, 1771.

— Traité historique des plantes qui croissent dans la Lorraine et les Trois-Évêchés, 10 vol. in-12 et pl. in-4, 1762 ; 2e édit., 11 vol. in-12 et pl., 1770 ; 3e édit., sous ce titre : Histoire naturelle des végétaux, etc., 10 vol. in-12, 1772.

VILLEMET. Phytographie encyclopédique, ou Flore de l'ancienne Lorraine et des départements circonvoisins, 3 vol. in-8, 1805.

GODRON (D.-A.). Flore de Lorraine (Meurthe, Moselle, Meuse, Vosges), 3 vol. in-12, 1843-1844.

* *Histoire naturelle des ci-devant provinces de Lorraine et des Trois-Evêchés, divisées actuellement en cinq départements, la Meurthe, la Moselle, la Meuse, les Vosges et les Ardennes. Extrait de la grande collection d'histoire naturelle de J.-B. Buc'hoz.* 2e édit., entièrement revue et corrigée, grand in-f°, 1797.

CALMET (D. Aug.). * *Dissertation sur les grands chemins de Lorraine,* in-4, 1724 ou 1727.

MATTHIEU. *Voyage agricole dans les Vosges en 1820, ou Exposé succinct des principaux vices et des principales améliorations de l'économie rurale vosgienne,* in-8 , 1821.

RENAUT DE BACCARAT. *Mémoire sur les causes de la dégradation des forêts dans la ci-devant province de Lorraine,* in-4 , an VIII.

MORELLET (l'abbé). *Mémoire des fabricants de Lorraine et de Barr...', contenant le projet d'un nouveau tarif, et servant de réponse à un ouvrage* (de Coster) *intitulé : Lettre d'un citoyen à un magistrat,* in-8, 1782.

On y joint habituellement :

Réponse d'un citoyen à un citoyen.

Lettre de M. D... à M. M... sur le commerce de la Lorraine et sur le projet d'un nouveau tarif.

LORREZ-LE-BOCAGE, bg *Seine-et-Marne* (Gatinais), arr. et à 32 k. de Fontainebleau, chef-l. de cant. ✉. A 92 k. de Paris pour la taxe des lettres. Pop. 882 h. — TERRAIN tertiaire moyen.

Ce bourg est situé sur le Lunain ; il fut pillé dans les guerres de la Ligue par un sieur de Champlivaut, qui tenait le parti du roi de Navarre.

LORRIS, *Lauriacum, Loriacum*, petite ville , *Loiret* (Gatinais), arr. et à 21 k. de Montargis, chef-l. de cant. Cure. ✉. A 132 k. de Paris pour la taxe des lettres. ☞. Pop. 1,847 h. — TERRAIN tertiaire moyen.

Lorris est une ville fort ancienne située dans une contrée marécageuse, coupée par une multitude de ruisseaux. Cette ville possédait jadis un manoir royal, qui a été habité par plusieurs rois de France; elle était alors assez considérable , et occupait un espace très-étendu , ainsi que le démontrent les ruines de deux vieilles tours situées maintenant hors des murs, et d'anciens fossés qui se prolongent à une assez grande distance. Le château, dont il reste encore des vestiges dans une enceinte nommée les Salles, fut rebâti sur la fin du XIe siècle par le roi Philippe Ier. La dévotion de ce prince pour l'ordre de St-Benoit, et particulièrement pour l'abbaye de Fleury-sur-Loire, prouve qu'il habitait souvent Lorris, qui n'en est éloigné que de 16 k. — A voir le grand nombre de chartes qui furent données à Lorris sous le règne de Louis le Jeune, on serait tenté de croire que ce prince y tenait habituellement sa cour. — Mais celui de tous les rois qui paraît avoir eu le plus d'affection pour la ville de Lorris, c'est Philippe Auguste, qui , séduit par la pureté de l'air qu'on y respirait, par la fécondité du sol et par l'agrément de la situation , y faisait très-souvent sa résidence , et prenait dans la forêt voisine le divertissement de la chasse.

Ce fut dans le XIVe siècle que les rois de France cessèrent de résider à Lorris. Sans doute que le palais, bâti quatre cents ans auparavant, et dans un temps où les rois de France étaient moins puissants ou moins fastueux , ne fut pas jugé susceptible des embellissements que le luxe commençait à rendre nécessaires. Peut-être aussi serait-il devenu inhabitable, par une suite de troubles auxquels la France fut en proie pendant tant de siècles. Quel que soit le motif de cette désertion, il n'en est pas moins vrai que la ville de Lorris perdit presque entièrement à cette époque l'importance dont elle avait joui jusqu'alors.

L'histoire a consacré, sous le nom de *paix de Lorris*, le traité conclu dans cette ville entre Saint Louis et Raimond, comte de Toulouse.

Les armes de Lorris sont : *d'azur à la lettre capitale L, couronnée d'or, accompagnée de trois fleurs de lis d'or, deux en chef et une en pointe, surmontée d'un lambel d'argent de trois pendants en chef.*

La ville de Lorris est célèbre par ses coutumes, qui passaient pour les plus anciennes du royaume, et qui ont régi pendant longtemps une assez grande partie de la France, notamment les duchés d'Orléans et de Nemours ; les bailliages de Montargis, Gien, Beaugency et Aubigny; Meun, le Gatinais, la Beauce, la Sologne , le pays de Puisaye , le duché de Berry, sous le ressort de Concressault, et partie de celui de Bourges , Courtenay , Châtillon , St-Brisson et Chaumont-en-Bassigny. Elles tirent leur origine des privilèges que le roi Louis le Gros accorda aux habitants de Lorris au commencement du XIIe siècle. Louis le Jeune avait confirmé ces privilèges, et déjà plusieurs seigneurs s'étaient empressés d'en faire jouir leurs vassaux ; mais la charte originale, le seul titre qui les rendait authentiques, ayant été brûlée en 1187, dans un incendie qui réduisit en cendres les trois quarts de Lorris, les habitants de cette ville malheureuse eurent quelque temps à craindre qu'à la perte de leurs maisons et de leurs meubles ne se joignît encore celle de leurs droits les plus précieux. Heureusement Philippe Auguste se trouvait alors à Lorris. Voulant récompenser l'attachement et la fidélité que les bourgeois de Lorris lui avaient souvent donné des preuves, ainsi qu'aux rois ses prédécesseurs , ce prince s'occupa des moyens de réparer leur infortune, et , par charte donnée à Bourges l'année même de cet incendie, il renouvela en leur faveur les coutumes et franchises qu'ils avaient obtenues de Louis le Gros.

La coutume de Lorris se composait de trente-cinq articles, dont voici le résumé :

1. Tout habitant payera six deniers de cens pour sa maison et pour chaque arpent de terre qu'il possédera dans la paroisse.

2. Aucun d'eux ne payera aucun droit sur ce qu'il achètera pour sa subsistance, ou quand il vendra les productions de ses terres.

3. Aucun d'eux ne sera tenu de marcher pour une expédition militaire, s'il ne peut être revenu chez lui le même jour.

L'article 4 les exempte de tous péages , depuis Melun jusqu'à Orléans.

5. La confiscation de leurs biens ne pourra être prononcée que dans le cas de délits commis envers le roi ou ses hôtes (on appelait hôtes du roi ceux à qui il avait donné une maison, moyennant une redevance annuelle).

6. Ceux qui iront aux marchés et aux foires de Lorris, ou en reviendront, ne pourront être arrêtés que pour un délit qui aurait été commis le jour même. On ne pourra, pendant ces foires et marchés, saisir le gage d'une caution, si le cautionnement n'a été donné à pareil jour , c'est-à-dire pendant qu'on les tenait aussi.

7. Les amendes de soixante sous seront réduites à cinq ; celles de cinq sous à douze deniers ; on réduira à quatre deniers ce qu'on paye pour la présentation d'une requête ou d'une plainte au prévôt.

8. Aucun habitant ne sera obligé de sortir de la commune pour plaider avec le roi.

9. Aucune taille, aucun don, ne pourront être exigés, par le roi ou par tout autre, des habitants de Lorris.

10. Aucun n'y aura droit de ban vin, si ce n'est le roi pour le vin de son propre cellier.

11. Le roi aura quinze jours pour payer les vivres achetés pour lui et pour la reine ; les gages donnés pour la sûreté du payement pourront être vendus huit jours après l'échéance.

12. Si un homme en offense un autre, et qu'ils s'accommodent avant que la plainte ait été formée en justice, l'offenseur ne devra pas l'amende. Il n'en sera de non plus aucune si , la plainte formée, elle n'est suivie d'aucune condamnation envers l'une ou l'autre des deux parties.

13. On peut disposer d'un serment qu'on aurait pu exiger.

14. Si , après avoir donné, du consentement du prévôt, les gages de bataille, les parties s'accommodent avant que les otages soient livrés, elles payeront chacune deux sous six deniers ; elles payeront sous six deniers si les otages avaient déjà été donnés ; le combat fini , les otages du vaincu payeront cent douze sous d'amende.

15. Aucune corvée ne sera due au roi , si ce n'est de conduire, une fois par année, son vin à Orléans ; et encore n'y aura-t-il d'obligés que ceux qui ont des charrettes et des chevaux, et qui auront été sommés de le faire ; le roi ne sera pas tenu de les nourrir. Les gens de la campagne apporteront du bois pour sa cuisine.

16. Aucun habitant ne pourra être détenu comme prisonnier, s'il donne caution de se représenter en justice (article mémorable encore, qui passa dans la législation des peuples voisins et qui se perdit dans la nôtre).

17. Tout habitant sera libre de vendre ses

biens, et, après avoir payé les lods-et-ventes, de sortir de la commune, à moins qu'il n'y ait commis un délit.

18. Quiconque aura demeuré un an et un jour à Lorris, sans que nous ou notre prévôt nous y soyons opposés, pourra y demeurer toujours librement et tranquillement.

19. On ne plaidera que pour obtenir ce qu'on a droit d'exiger.

Les art. 20, 21 et 22 déterminent les droits que payeront les marchaudises de Lorris à Orléans; ceux que les laboureurs payeront aux sergents, dans le temps des moissons; il ne sera rien dû au crieur public ni à celui qui fait le guet, à l'occasion des mariages.

L'article 23 règle ce qu'il faudra faire si les animaux des particuliers causent du dommage dans les bois du roi.

24. Il n'y aura pas de porteurs de pain aux fours banaux, c'est-à-dire des porteurs qu'on soit obligé de choisir et de payer.

25. Les habitants ne seront point assujettis à faire le guet, à monter la garde.

26. Ils ne payeront qu'un denier par charrette pour le sel ou le vin qu'ils porteront à Orléans.

27. Les prévôts d'Étampes, de Pithiviers, des autres villes du Gatinais, ne pourront exiger une amende des habitants de Lorris.

L'art. 28 désigne quelques villes où ces habitants seront dispensés de payer le tonlieu. L'art. 30 fixe l'époque où ils devront le payer, au plus tard, dans leur propre commune. L'art. 29 les avait autorisés à prendre hors de la forêt du bois mort pour leur usage.

31. Les habitants qui auront une maison, une vigne, un pré, un champ, une possession quelconque, dans les lieux dépendant de St-Benoît, ne seront pas justiciables de l'abbé, si ce n'est pour le non-payement du cens ou du droit de gerbe; et dans ce cas même ils ne seront pas tenus à sortir de Lorris pour être jugés.

32. Tout habitant accusé se purgera par son seul serment; il n'y a aucune preuve par témoins contre lui.

33. Les habitants ne payeront aucun droit sur ce qu'ils achèteront au marché pour leur usage.

L'art. 34 déclare toute la loi commune à quelques habitants voisins. L'art. 35 veut que toutes les fois qu'on nommera un nouveau prévôt ou de nouveaux sergents, ils jurent tous d'observer fidèlement les coutumes de Lorris.

L'un des articles de ces coutumes avait donné lieu au proverbe suivant :

C'est un proverbe et commun ris,
Qu'à la coutume de Lorris,
Quoi qu'on soit juste demande,
Le battu paye l'amende.

Parce que d'après les anciens usages de ce pays, lorsqu'en matière civile ou criminelle il se présentait quelque cas difficile à résoudre, et que les parties ne pouvaient appuyer leurs réclamations de témoignages ou de preuves écrites, le juge ordonnait le combat ou le duel, à l'épée pour les gentilshommes, et à coups de poing pour les roturiers. Suivant l'historien du Gatinais, « le combat était modéré par deux règles : l'une, que le combat à outrance ne serait permis, sinon en cas de crime. Trois choses concourantes, à savoir : crime capital autre que larcin ; commencement de preuves, et grande conjecture et présomption, et la preuve non entière. Les casuistes toutefois admettent seulement deux causes légitimes de duel. — La première est : quand un prince justement offensé, n'a pas argent suffisant, ni assez de gens pour faire la guerre, lors il peut demander le combat singulier. — La seconde, quand quelqu'un, calomnié à tort, prévoit par la déposition de faux témoins, qu'il sera mis à mort, ou aura quelque membre coupé, il lui est permis d'accepter le duel.

» L'autre règle était qu'en matière civile on ne combattait à outrance, mais de personne à personne avec les poings. On combattait en présence du juge, qui donnait la cause gagnée au vainqueur, d'où est venu le susdit proverbe, qu'en la coutume de Lorris, le battu paye l'amende ; car celui qui était vaincu était battu, perdait sa cause, et payait à justice l'amende de sa folle litigation. »

Biographie. Patrie de GUILLAUME DE LORRIS, auteur du roman de la Rose, dans lequel on remarque beaucoup d'invention, un style vif et agréable, et des descriptions charmantes, notamment celles du printemps, de l'été et du temps.

Du médecin BILLIARD.

Commerce de bois. — *Foires* les 16 janv., mardi de Pâques, 23 juin, 3 août, 16 sept. (2 jours) et 30 nov.

Bibliographie. THAUMAS DE LA THAUMASSIÈRE (Gaspard). *Coutumes de Lorris, bailliage de Montargis, avec les apostilles de Dumoulin, et le traité du franc-alleu, par Galand*, in-fol., 1679.

LORRY-DEVANT-LE-PONT, vg. *Moselle* (pays Messin), arr. et à 18 k. de Metz, cant. de Verny, ✉ de Gorze. Pop. 707 h.

LORRY-LÈS-METZ, vg. *Moselle* (pays Messin), arr., cant., et à 5 k. de Metz. Pop. 825 h. — *Fabriques* de ruches pour les abeilles.

LORTET, vg. *H.-Pyrénées* (Armagnac), arr. et à 25 k. de Bagnères-de-Bigorre, cant. et ✉ de La Barthe-de-Neste. Pop. 612 h. — On y voit des grottes devenues fameuses par les fortifications qu'on y a bâties dans des temps reculés.

LOSA (lat. 45°, long. 17°). « On trouve ce lieu dans l'Itinéraire d'Antonin, sur une route qui conduit d'Aqs à Bourdeaux, entre *Segosia* et *Boii*, c'est-à-dire entre un lieu nommé Escoussé et la position de Tête-de-Buch. Vers le milieu de cet espace, un petit canton, sous le nom de Leuche, semble répondre à *Losa*. La distance marquée XII à l'égard de *Segosa*, s'y trouve assez convenable : et si elle paraît croiser une autre voie tendante de Bourdeaux à *Cocosa*, je présume que c'est au passage d'une petite rivière, près d'un lieu dont le nom est Pontens. Quant à la distance de *Losa* à *Boii*, je remarque dans l'article *Segosa* que, pour se conformer au local, il convient de prendre pour XII l'indication qui, par une méprise facile à commettre dans le chiffre romain, est figurée VII dans l'Itinéraire. » D'Anville. *Notice de l'ancienne Gaule*, p. 419.

LOSCOUET (le), vg. *Côtes-du-Nord* (Bretagne), arr. et à 45 k. de Loudéac, cant. et ✉ de Merdrignac. Pop. 1,057 h.

LOSNE, *Ladona*, *Côte-d'Or*. V. LONE.

LOSSE, vg. *Landes* (Gascogne), arr. et à 45 k. de Mont-de-Marsan, cant. et ✉ de Gabarret. Pop. 1,027 h.

LOSSE (la), rivière qui prend sa source près de Rabastens, arr. de Tarbes, *H.-Pyrénées* ; elle passe à Vic-en-Losse, et se jette dans la Baysse à Lavardac, département de *Lot-et-Garonne* après un cours d'environ 100 k.

LOSSIÈRE, vg. *Indre*, comm. de Chaillac, ✉ de St-Benoît-du-Sault.

LOSTANGES, vg. *Corrèze* (Limousin), arr. et à 26 k. de Brives, cant. et ✉ de Meyssac. Pop. 570 h.

LOSTEBARNE, vg. *Pas-de-Calais*, comm. de Louches, ✉ d'Ardres.

LOSTROFF, vg. *Meurthe* (Lorraine), arr. de Château-Salins, et à 27 k. de Vic, cant. d'Albestroff, ✉ de Dieuze. Pop. 283 h.

LOT (le), *Olda*, *Oldus*, *Oldis*, *Lotus*, rivière qui prend sa source dans les montagnes de Cévennes, près du villages de Bleymard, arr. de Mende, *Lozère* ; elle passe à Bleymard, Bagnols-les-Bains, Mende, Chañac, St-Geniez, St-Cosme, Espalion, Estaing, Entraygues, Livignac, Bouillac, Capdenac, Cajarc, St-Cirq, Cahors (où elle commence à porter bateau), St-Vincent, Luzech, Puy-l'Évêque, Duravel, Libos, Villeneuve-d'Agen, Ste-Livrade, Castelmoron, Clairac et Aiguillon, au-dessus duquel elle se jette dans la Garonne, après un cours d'environ 250 k.

Le Lot est flottable à bûches perdues depuis St-Laurent-de-Rivedolt jusqu'à St-Geniez, département de l'Aveyron, sur une longueur de 13,500 m. La longueur de la partie navigable est de 295,000 m.

LOT (département du). Le département du Lot est formé de la majeure partie de l'ancien Quercy, et tire son nom de la rivière de Lot, qui le traverse de l'est à l'ouest. Il est borné : au nord, par le département de la Corrèze ; à l'est, par ceux du Cantal et de l'Aveyron ; au sud, par celui de Tarn-et-Garonne ; à l'ouest, par ceux de Lot-et-Garonne et de la Dordogne.

Un vaste plateau de calcaire secondaire, recouvert d'espace en espace par des dépôts argileux et siliceux, occupe la plus grande étendue de ce département. Ce plateau, sur lequel courent des chaînes de collines dans toutes les directions, et qui, sur quelques espaces, est creusé en profondes vallées, s'appuie à l'est sur le sol granitique ou primitif, formé par le prolongement des montagnes du Cantal. Le sol primitif est hérissé de montagnes, ou à flancs escarpés ou à croupes arrondies, serrées les unes contre les autres, enchâssées sans ordre, séparées par des ravins très-profonds qui commencent quelquefois à la cime des chaînes, et se dirigent les uns vers le nord, les autres vers le midi ou le couchant. Entre les chaînes existent des plateaux étendus, creusés, d'espace en espace, en vallées étroites et plus ou moins profondes. On y distingue trois chaînes principales : l'une qui part de Labastide-du-Haut-Mont, après avoir décrit de nombreux contours, se termine sous une chaîne calcaire ; l'autre court de l'est à l'ouest, et finit non loin des bords de la Bave et de la Dordogne ; la troisième suit la rive droite de la Cère. — Trois sommets de la première chaîne, Labastide, St-Bressou et le Peindit, sont les points les plus élevés du département. Du premier de ces sommets on jouit d'un horizon immense : à l'est on voit les montagnes de l'Auvergne s'élever en amphithéâtre depuis la base des plus basses jusqu'au sommet de la chaîne imposante du Cantal ; plus loin apparaît le majestueux Puy-de-Dôme ; au sud-est on découvre les riches montagnes d'Aubrac ; au nord on peut suivre les contours des vallées qu'arrosent la Cère, la Bave, la Dordogne ; à l'ouest les regards parcourent toute la longueur du département et se perdent dans un lointain qui s'étend jusqu'au bord de l'Océan ; au sud-est la chaîne des Pyrénées paraît sous la forme d'un nuage grisâtre. — Les montagnes qui bordent les vallées s'éloignent, se rapprochent pour s'éloigner encore, pour se rapprocher de nouveau, et souvent ne laissent entre elles qu'un passage aux torrents. De toutes parts sortent des sources qui tantôt se répandent en nombreux filets sur des pentes rapides, tantôt se précipitent en cascades, tantôt jaillissent en écume, brisées par les angles des granits, des gneiss et des autres rochers qui leur servent de lit.

Le département du Lot renferme une grande variété de terrains relativement aux productions, variété qui est due peut-être moins encore à la diversité des substances qui constituent le sol qu'à la profondeur des couches, à leur position sur des plateaux unis, sur les sommets des montagnes, sur leurs flancs, dans les bassins sans issues, dans les vallées ouvertes, et à leur exposition au nord ou au midi, à l'orient ou au couchant. Sous le rapport de la culture, on peut le diviser en sept classes, dont la première comprend les jardins, la deuxième les champs ou les terres labourables, la troisième les prés, la quatrième les vignes, la cinquième les terres à châtaigniers, la sixième les bois, la septième les pâturages.

La surface totale du département est de 525,290 hect., divisés ainsi :

Terres labourables. 232,593
Prés. 25,825
Vignes. 58,627
Bois. 87,255
Vergers, pépinières et jardins. . . 1,671
Oseraies, aunaies et saussaies. . . 3
Étangs, mares, canaux d'irrigation. 20
Autres cultures. 30,890
Landes et bruyères. 71,284
Superficie des propriétés bâties. . 2,293

Contenance imposable. . 510,401

Routes, chemins, places, rues, etc. 10,343
Rivières, lacs et ruisseaux. 4,446
Cimetières, églises, bâtiments publics. 98

Contenance non imposable. . 14,889

On y compte :
  66,602 maisons.
  890 moulins à eau et à vent.
  3 forges.
  490 fabriques et manufactures.

Soit : 67,985 propriétés bâties.
Le nombre des propriétaires est de . 107,886
Celui des parcelles de 1,198,226

HYDROGRAPHIE. Deux grandes rivières arrosent le département et s'y replient en nombreuses sinuosités : le Lot au sud, dont le département tire son nom ; au nord, et près de la frontière, la Dordogne. Le Lot n'a, dans le département, d'affluents quelque peu notables que par la droite : le Cellé, le plus important, vient du Cantal. Les principaux affluents de la Dordogne sont la Bave et la Cère. Les seules rivières navigables du département sont le Lot et la Dordogne, encore la première ne l'est-elle que durant quelques mois de l'année.

La Cère, la Bave, le Cellé et quelques autres ruisseaux affluents de ces rivières sont flottables. C'est par les ruisseaux de Veyres, de Berbezou et par le Célé, qu'au moyen d'un canal de dérivation, qui remonte au XIe siècle, Figeac est approvisionné de bois de chauffage. — Le pays est en outre arrosé par un grand nombre de ruisseaux. Quelques-uns, tels que celui de la Gane, disparaissent dans des gouffres, coulent pendant quelque temps dans un lit souterrain et reviennent continuer leur cours à la surface de la terre. D'autres, tels que les ruisseaux de Reyrevinhes, de Sonac, de Miers, d'Assier, de Thémine et de Théminettes, se perdent pour ne plus reparaître. — Le ruisseau de Théminettes parcourt une vallée sans issue et se perd dans une des étroites ouvertures dans un gouffre situé à la base d'un rocher qui le termine. Il est arrivé plusieurs fois que des crues survenues au moment de la fenaison ont bouché ces ouvertures avec du foin entraîné par le courant, et alors les eaux ont inondé la vallée.

COMMUNICATIONS. Le département est traversé par quatre routes royales, par 11 routes départementales, et par 37 chemins vicinaux de grande communication.

MÉTÉOROLOGIE. La variété et l'inégalité du sol du département produisent de grandes différences dans la température sur l'étendue de sa surface. L'hiver règne encore sur les plateaux de la partie orientale de l'arrondissement de Figeac, quand le printemps commence dans les vallées du Lot et de la Dordogne ; la douce température de l'automne se prolonge sur les plateaux calcaires, tandis que la neige tombe à gros flocons sur les parties les plus élevées des cantons de la Tronquière, de la Capelle, de St-Céré, de Bretenoux. Sous le rapport météorologique, le département se partage en trois régions : la première comprend les montagnes si-

liceuses ; la seconde offre tout le plateau calcaire ; la troisième renferme les vallées des rivières et des grands ruisseaux, et se divise naturellement en vallées hautes et en vallées basses. La première partie, élevée partout de 550 m. au-dessus du niveau de la mer, coupée de nombreux cours d'eau et parsemée de marécages, est soumise à une température froide, humide et variable ; l'hiver y commence au mois de novembre et se prolonge jusqu'en avril ; la neige, les longues pluies s'y succèdent continuellement, précédées ou suivies des vents froids. Le climat de la partie calcaire est moins rigoureux, et surtout moins humide ; l'automne s'y prolonge jusque vers le milieu de novembre. Les grandes vallées, en général plus basses que les plateaux calcaires de 250 à 400 m., abritées contre le vent du nord, éprouvent moins les rigueurs de l'hiver que les deux autres parties, mais elles sont particulièrement exposées aux gelées printanières. L'époque de la moisson varie selon les lieux et la température des saisons ; mais le plus souvent on coupe le seigle et l'orge dans les parties basses du département du 20 au 25 juin, et sur le plateau granitique du 10 au 20 juillet. On met un intervalle de quinze jours entre la moisson du seigle et celle du froment ; vient ensuite la moisson de l'orge d'été ou baillarge. Ce n'est qu'au commencement d'octobre qu'on ramasse le blé sarrasin et le maïs sur les plateaux calcaires. — Les vents dominants sont ceux du nord-ouest, de l'ouest et du sud.

PRODUCTIONS. Tout le département, à l'exception du sol granitique où le maïs ne croît pas, présente à peu près le même mode de culture. Les terres profondes y sont consacrées au froment, au maïs, à l'orge, à l'avoine ; les terres plus légères au seigle, aux raves, au sarrasin ; les plus fertiles, ou celles qui ont reçu le plus d'engrais, au chanvre, au tabac. Les coteaux qui dominent les rivières sont en général plantés en vignes. Si on a des terres compactes ou humides, on les convertit en prairies. On ne pratique ordinairement que des assolements bisannuels. — Le département produit des céréales en quantité plus que suffisante pour la consommation des habitants. — Les vignes produisent, année moyenne 600,000 hectolitres de vin, dont 200 sont consommés sur les lieux, et le surplus livré au commerce ou converti en eau-de-vie ; les vins les plus estimés sont ceux de Cahors et du Grand-Coustant.

Le mûrier blanc est cultivé presque partout, et l'éducation des vers à soie est très-active. — Le département est un de ceux où la culture du tabac est autorisée. 1,853 hectares sont annuellement consacrés à cette culture, qui produit 933,331 k. de feuilles, vendues à l'administration pour 807,388 fr., soit 438 fr. 95 c. par hectare. — Le département produit une grande partie des truffes estimées qui sont livrées à la consommation sous le nom de *truffes de Périgord*. Cressensac est le centre de ce commerce. — Dans plusieurs cantons on cultive le prunier dit peau de serpent, qui donne étant greffé la prune d'ente, dont on fait des pruneaux excellents. Voici de quelle manière on procède dans le Lot. — Tous les matins on ramasse les prunes quand elles sont mûres, c'est-à-dire quand elles sont d'elles-mêmes détachées des branches, d'où on les fait tomber en secouant doucement l'arbre. Celles qui ne sont pas entièrement mûres sont rejetées, ainsi que celles qui sont véreuses ou défectueuses. Les prunes ramassées, on les range, et sans les entasser, côte à côte sur de la paille ou des claies dans un endroit bien exposé au soleil. On les laisse sécher jusqu'à ce qu'elles soient fleuries ; mais si le temps est à la pluie, il faut les rentrer, car l'humidité les fait moisir, et elles n'auraient plus la même saveur lors même qu'on parviendrait à les faire sécher parfaitement. On les tourne souvent pour qu'elles soient également fleuries de tous côtés. Dès que ce résultat est obtenu, on chauffe les fours modérément, ou, après que le pain en est tiré, on y place les prunes côte à côte, sur des claies, et quand elles sont sèches d'un côté, on les retire pour les retourner, en les changeant de place, les laissant au four pendant que la chaleur dure, pour qu'elles sèchent également de tous côtés. On réchauffe ensuite le four jusqu'à ce que la chaleur soit augmentée d'un degré, on y remet les prunes en renouvelant cette opération trois fois, ménageant la chaleur du four pour que les prunes ne sèchent pas trop vite ; enfin on les retire, et, après les avoir laissées refroidir un jour entier, on les serre. En procédant de cette manière, le jus se concentre dans les pruneaux, et les rend délicieux.

Les races d'animaux domestiques sont généralement médiocres. Cependant quelques propriétaires possèdent de beaux troupeaux de mérinos. Les chèvres du pays, surtout celles à poil court, ont un duvet très-fin, qui pourrait être sans doute employé à former des tissus. Chaque chèvre en fournirait à peu près une demi-once. — Les cultivateurs engraissent un grand nombre de porcs qui sont revendus dans les départements voisins. On élève aussi un grand nombre de dindons et d'oies, que l'on fait confire dans la graisse. On évalue à 60,000 le nombre des oies préparées ainsi chaque année. — Les sangliers et les chevreuils ne se rencontrent que très-rarement ; le lièvre et le lapin abondent ; les lièvres acquièrent dans le pays calcaire une telle grosseur, qu'on en tue qui pèsent jusqu'à dix livres. Le gibier ailé et les oiseaux de toute espèce sont fort multipliés. — Les rivières sont poissonneuses ; on pêche dans la Dordogne, outre la truite saumonée et tous les poissons d'eau douce, la lamproie, le saumon, la vandoise, l'alose, etc. La Cère nourrit une grande quantité d'anguilles. Les carpes du Lot pèsent jusqu'à 15 k.

Minéralogie. Le département est peu riche en métaux. — Il y existe quelques mines de fer. On y trouve du plomb et de la calamine ; de la houille, de la pierre calcaire, de la pierre de taille dure, de la pierre lithographique, de la pierre meulière, de beaux marbres, de l'albâtre, de la serpentine, du granit, du spath calcaire ; des carrières d'argile savonneuse, de marne, d'argile à potier, de terre à foulon, etc., et quelques tourbières.

Sources minérales à Miers, à la Garde et à Grammat.

Industrie et commerce. Le département du Lot est peu favorisé sous le rapport des établissements industriels. Il possède deux forges et deux hauts fourneaux pour moulerie, des martinets à cuivre, quelques fabriques de ratine, de cadis, de bonneteries, d'étoffes de coton et de toile ; mais l'industrie y est encore si peu développée, qu'il est obligé de demander aux départements voisins les draps et les cuirs fabriqués avec les laines et les peaux qu'il leur a vendues. Il existe pourtant encore une trentaine de tanneries. L'arrondissement de Cahors renferme quatre papeteries. Parmi les petites industries particulières au pays on peut citer la fabrication des ouvrages en buis, moules de boutons, cuillers, etc., qui occupe les habitants de St-Cirq. — Il existe dans le département quelques mines de houille peu riches et pauvrement exploitées ; des tuileries et des fabriques de poteries. — Les moulins à blé ont seuls quelque importance ; on en compte 922, offrant 1,928 tournants.

Le commerce consiste principalement en grains, farines, vin, eaux-de-vie, huile de noix, pruneaux excellents, tabac, chanvre, toiles, étoffes de laine, bestiaux, cuirs, sel, fer, merrain, mercerie, épiceries.

Foires. Près de 680 foires se tiennent dans environ 145 communes du département. Elles sont toutes destinées à la vente des bestiaux de toute espèce. On vend particulièrement des mulets aux foires d'Assier, de Vaylat, de Prudhomat, de Limague ; des chevaux à celles d'Assier, la Capelle-Marival ; des volailles, des oies, des dindons à celles de Belay, le Boulve, Fontaines, l'Hospitalet, Luzech, Mondoumerc, Pern, Puy-l'Evêque, Vers ; des laines à celles de Catus, Lalbenque, Aujols ; du chanvre aux foires de Cahors, Puy-l'Evêque ; des toiles et des fils à celles d'Assier, de Capdenac, la Capelle-Marival, Fons, St-Céré, Souceyrac ; des cerceaux pour cuves à Luzech. On traite du prix des vins dits vins noirs à la foire de St-Vincent-de-Rive-d'Olt du 7 novembre.

Moeurs et usages. L'habitant des sol granitique se nourrit de pain de seigle, de galettes de blé noir, de lait de vache, de pommes de terre, et principalement de châtaignes pendant l'hiver et le printemps ; sa seule boisson ordinaire est de l'eau pure et du lait ; mais s'il trouve l'occasion de boire du vin, il en use avec excès. Quelque peu favorisé qu'il soit par le sort, on le voit rarement, à l'exemple des habitants de l'Auvergne, ses voisins, aller chercher fortune dans des pays lointains. Il veut mourir sur le sol qui l'a vu naître ; il aime ses marécages, ses montagnes humides, comme l'Arabe ses déserts brûlants. Toutefois la population de cette contrée est active et industrieuse ; elle combine et médite ses projets ; les obstacles ne l'arrêtent pas, elle cherche plutôt à les éviter qu'à les vaincre ; elle aime les travaux mêlés de patience et d'adresse ; son esprit inquiet la porte à chercher le mieux, à tirer parti de tout ce qui l'entoure ; les innovations ne lui déplaisent pas, et elle les adopte dès qu'elle en reconnaît l'avantage ; son habitation est plus soignée qu'on ne devrait l'attendre de ses faibles ressources. — Dans la presque totalité du pays calcaire, la classe la plus nombreuse se nourrit d'un pain noir, mais substantiel, composé de seigle, d'orge, d'avoine et d'un peu de froment ; aux environs de Cahors et de Gourdon, on mêle le maïs au froment. Lorsque les habitants travaillent leurs champs, ou lorsqu'ils se nourrissent eux-mêmes en travaillant pour les autres, ils sont aussi sobres que laborieux ; à peine mangent-ils, dans la journée, une livre de pain grossier, quoiqu'ils commencent leurs travaux à l'aube, et les prolongent bien avant dans la nuit. Souvent même, après avoir bêché pendant le jour le champ de quelque propriétaire, ils vont à la pâle lueur de la lune cultiver leur petit héritage. Ce n'est qu'à force de peines et de privations qu'ils parviennent à s'arracher aux besoins sur une terre qui ne semblait pas destinée à nourrir l'homme. Leur demeure indique que leur activité n'a qu'un but, celui d'obtenir de ses travaux ses aliments pour eux et leur famille : presque toutes les maisons du sol calcaire, réduites au seul rez-de-chaussée, n'ont qu'une seule pièce ; quelquefois les ânesses, les brebis, les cochons, la volaille, partagent la même habitation que l'homme, respirent le même air que lui. Néanmoins, dans la partie de l'arrondissement de Gourdon, appelée la Bourriane, les maisons sont plus soignées et plus spacieuses ; fréquemment blanchies à la chaux en dedans et au dehors, entourées de haies d'aubépine et de beaux arbres à haute futaie, elles donnent aux villages de cette contrée un aspect riant et propre, qui contraste avec celui que présentent les masures grisâtres, couvertes de mousses, de lichens et de byssus, de la plus grande partie du sol calcaire. — La nourriture des habitants des basses vallées du département est meilleure et plus substantielle que celle des contrées précédemment citées ; le pain s'y compose de farine de froment et de maïs, le vin fait partie de tous les repas.

Division administrative. Le département du Lot a pour chef-lieu Cahors ; il envoie 5 représentants à la chambre des députés, et est divisé en 3 arrondissements ou sous-préfectures.

Cahors	12 cant.	117,353 h.
Figeac	8 —	89,442
Gourdon	9 —	80,944
	29 cant.	287,739 h.

27e conserv. des forêts. — 8e arr. des mines (chef-l. Montpellier). — 20e division militaire (chef-l. Périgueux). — Evêché et séminaire diocésain à Cahors. — Ecole secondaire ecclésiastique à Montfaucon, 32 cures, 420 succursales. — Académie universitaire, collège royal et école normale primaire à Cahors. Collèges communaux à Figeac et à Martel. — Société d'agriculture, sciences et arts, à Cahors.

Biographie. Au nombre des hommes distingués nés dans le département on cite :
Le poète CLÉMENT MAROT.
Le romancier LA CALPRENÈDE.
L'illustre FÉNELON, archevêque de Cambrai.
Le comte DE MOSBOURG, ancien ministre des finances du royaume de Naples.
Le statisticien DELPON.
Les médecins DUBOIS, ANDRAL, GASC.
Le général P. RAMEL, assassiné à Toulouse en 1815, et son frère J.-P. RAMEL, général de brigade sous la république, mort sur l'échafaud révolutionnaire en 1793.
Le maréchal BESSIÈRES, duc d'Istrie.
Les généraux AMBERT, DUFOUR, MONTFORT, etc., etc.

Bibliographie. CORDIER (P.-L.-Ant.). *Statistique du département du Lot* (Journ. des mines, t. XXI, 1807).
DELPON. *Statistique du département du Lot* (ouvrage couronné par l'académie des sciences), 2 vol. in-4, 1831.
SAINT-AMANS (Jean-Florimond-Boudon de). *Essai sur les antiquités du département du Lot. Première notice sur la position et les limites du pays occupé par les Nitiobriges; quatrième notice sur Cassiloginum*, in-8, 1820.
CHAUDRUC DE CRAZANNES (le baron). *Sur les monuments historiques du Lot* (Bulletin monumental de M. de Caumont, tome 1er, p. 1).
Mines et Usines du département du Lot (Journal des mines, n° 126, p. 445; n° 127, p. 5).
VIDAILLET (J.-B.). *Biographie des hommes célèbres du département du Lot*, in-8, 1829.
ROBERT (P.-F.). *Annuaire statistique et administratif du Lot*, in-18, 1828.
Annuaires statistiques et administratifs du Lot, in-8, 1832-43.
V. aussi QUERCY, CAHORS, FIGEAC, GRÉALOU, MARTEL, MIERS, ROCAMADOUR.

LOT-ET-GARONNE (département du). Le département de Lot-et-Garonne est formé de la presque totalité de l'ancien Agénois, d'une partie du diocèse de Condom, de quelques portions de ceux de Bazas, de Lectoure et de Cahors. Il tire son nom de la Garonne et du Lot, qui le traversent, la première du sud-est au nord-ouest, la seconde du nord-est à l'ouest. Ses bornes sont : au nord, le département de la Dordogne ; à l'est, ceux du Lot et de Tarn-et-Garonne ; au sud, celui du Gers ; à l'ouest, ceux des Landes et de la Gironde.

Ce département n'offre aucune chaîne de montagnes dominantes ; mais on peut s'en représenter la surface comme une haute plaine sillonnée à différentes profondeurs par des vallées, dont la longueur, la largeur et la direction varient comme la masse et la rapidité des eaux qui se sont creusées pour s'ouvrir un passage. Les coteaux qui forment les parois de ces vallons ont reçu de l'action des courants une inclinaison qui approche plus ou moins de la perpendiculaire à l'horizon. Les coteaux qui bordent les plaines sont couverts de vignes et d'arbres fruitiers ; ceux des rives du Dropt et de la Baïse sont moins élevés et plus fertiles ; ceux qui se dirigent vers le Lot sont plus escarpés et souvent incultes.

Situé sous le plus beau ciel de la France, le département de Lot-et-Garonne produit tout ce qui est nécessaire à la vie ; mais pour avoir une idée juste de la nature de son sol, il faut bien se garder de le juger d'après les larges vallées que la Garonne et le Lot présentent aux voyageurs. Sans doute sa surface est variée par de nombreux coteaux, mais il s'en faut qu'ils soient tous riants et fertiles ; leur sommet, presque partout dénué de bois, n'offre le plus souvent que des terres médiocres délavées par les pluies, la plupart stériles et quelquefois incultes. Vers la partie orientale, à peu de distance des bords de la Garonne et du Lot, ces coteaux deviennent arides, et ne sont formés que de rocailles calcaires, où l'on voit échouer toutes les ressources de l'agriculture. Dans la partie du ci-devant haut Agénois, le pays change surtout et d'aspect et de nature ; la terre n'est presque partout dans cette contrée qu'une argile rebelle, fortement colorée par le fer. Enfin la portion des landes, assez étendue pour former le huitième du département, ne se compose en général que de plaines d'un sable aride, où s'élèvent quelques buttes au lieu de coteaux ; de marécages dont les eaux, en s'évaporant, empoisonnent l'atmosphère ; de terres qu'un travail opiniâtre oblige à porter quelques maigres épis ; de pâturages où languissent des troupeaux aussi faibles que les pasteurs qui les conduisent. Un triste horizon, terminé par un rideau de pins et d'arbres à liége, dont la sombre et monotone verdure paraît une tenture funèbre jetée sur les campagnes, tel est l'aspect que présente une partie des arrondissements de Nérac et de Marmande.—Tel est le sol du département de Lot-et-Garonne, trop avantageusement jugé d'après la partie de son territoire que traversent ses rivières navigables et ses grandes routes. Plus des deux tiers de sa surface sont loin de mériter la réputation de fertilité qui lui a été trop légèrement accordée.

CONTENANCE. La contenance totale du département est de 530,711 hectares, divisés ainsi :

Terres labourables	286,101
Prés	42,322
Vignes	69,349
Bois	68,618
Vergers, pépinières et jardins	2,760
Oseraies, aunaies et saussaies	941
Etangs, mares, canaux d'irrigation	84
Landes et bruyères	39,652
Cultures diverses	3,996
Superficie des propriétés bâties	2,107
Contenance imposable	515,925
Routes, chemins, places, rues, etc.	9,528
Rivières, lacs et ruisseaux	5,051
Forêts et domaines non productifs	»
Cimetières, églises, bâtiments publics	207
Contenance non imposable	14,786

On y compte :
85,170 maisons.
1,138 moulins à eau et à vent.
9 forges et fourneaux.
239 fabriques et manufactures.

soit : 86,556 propriétés bâties.

Le nombre des propriétaires est de 122,965
Celui des parcelles de 1,401,104

HYDROGRAPHIE. Le département de Lot-et-Garonne est traversé par le canal latéral à la Garonne et par un grand nombre de rivières et de ruisseaux. La Garonne, le Lot et la Baïse y sont navigables ; les autres rivières les plus considérables sont le Dropt, le Gers, la Seaune, la Pélise, la Lide, l'Allemance, l'Avence et les deux Talzats.

COMMUNICATIONS. Le département est traversé par 6 routes royales et par 16 routes départementales.

MÉTÉOROLOGIE. Quoique le ciel du département de Lot-et-Garonne soit regardé comme un des plus beaux de la France, il est cependant sujet à de longues alternatives de pluies et de sérénité qui dérangent souvent le cours des saisons et nuisent beaucoup aux récoltes. L'hiver commence à s'y faire sentir vers le 1er novembre ; le froid, qui s'adoucit assez ordinairement pendant une partie de ce mois, est suivi de fortes pluies en décembre et de gelées rigoureuses en janvier ; cette saison se prolonge au delà du mois de mars ; souvent le printemps ne fait que se montrer, et l'hiver paraît renaître en avril et en mai, quand l'été arrive tout à coup, sans avoir été en quelque sorte précédé de la douce température du printemps. Ordinairement l'été commence avec le mois de juin, et se prolonge jusqu'à la mi-septembre ; alors l'automne commence et dure jusqu'aux froids ; ce trop court espace de temps est pour le département la plus belle saison de l'année. La chaleur de l'été varie ordinairement depuis +18° R. jusqu'à +28°, et le froid depuis −3° jusqu'à 7°. Les vents les plus dominants sont : le vent *solaire*, ou celui qui parcourt les points de l'horizon avec le soleil ; c'est celui qui en été donne les plus beaux jours, et en hiver les plus inconstant ; le vent d'ouest amène les jours pluvieux et tempérés de l'hiver ; le nord-ouest les pluies froides ou la neige. Les vents du nord et du nord-est règnent avec les froids rigoureux, les jours sereins, les fortes gelées et les frimas.

PRODUCTIONS. Le département produit du froment, du seigle, du maïs, etc. ; en quantité suffisante pour la consommation des habitants ; les récoltes excèdent même les besoins d'un quart dans les bonnes années. — On y compte 69,349 hectares de vignes, produisant annuellement 600,000 hectol. de vins, dont moitié est consommée sur les lieux ; partie du surplus est convertie en eau-de-vie ; le reste est livré au commerce et s'expédie principalement pour Bordeaux. Il n'y a de crus distingués que ceux de Thésac, de Péricard, de Buzet, de Clairac, de l'Arrocal et de Mauzac.

Les communes de Clairac, du Temple, de Castelmoron, de Monclar, de Ste-Livrade, etc., cultivent principalement le prunier d'ente ou de *robe-serpent*, dont les fruits confits, sous le nom de *pruneaux d'Agen*, sont l'objet d'un commerce étendu. Les prix varient suivant l'importance de la récolte et le plus ou moins d'empressement des acheteurs. On évalue la valeur des exportations à 600,000 fr. — Les figues séchées de Clairac sont aussi très-recherchées, et passent pour supérieures à celles de Marseille. — La récolte des châtaignes, dans les cantons limitrophes du département de la Dordogne, est évaluée à 40,000 hectol., dont 7 à 8,000 sont exportés à Bordeaux et dans les départements voisins. — Le département de Lot-et-Garonne est un de ceux où la culture du tabac est permise. Cette culture a lieu principalement dans les communes de Tonneins, de Port-Ste-Marie et d'Aiguillon; elle occupe 2,030 hectares, qui ont produit, en 1833, 746,526 kilog. de feuilles, évaluées à 559,870 fr., à raison de 75 c. le kilog. — Les prairies sont peu nombreuses, mais il y a de vastes pâturages où l'on élève des bêtes à cornes d'une belle espèce, quelques chevaux, beaucoup de mulets et de nombreux troupeaux de moutons.

Les essences qui dominent dans les bois sont le pin maritime, le chêne et le chêne-liége; la forêt qui fournit la majeure partie du liége nécessaire à la consommation de la France se trouve sur la rive gauche de la Gelise, où elle occupe un espace d'environ 40 k. carrés.

Le département produit aussi du chanvre d'excellente qualité et un peu de lin. L'engrais des volailles y a de l'importance, surtout aux environs d'Agen, où l'on remarque de nombreux troupeaux d'oies d'une très-belle espèce. Ces oies, engraissées avec du maïs, confites à la graisse et mises en pots, sont fort estimées; leurs plumes et leur duvet donnent lieu à un commerce assez important. — Grand et menu gibier en abondance (sangliers, lièvres, perdrix rouges). Bon poisson d'eau douce.

MINÉRALOGIE. Les seules richesses minéralogiques du département consistent en mines de fer qui alimentent plusieurs forges et hauts fourneaux. Carrières de belles pierres de taille, spath calcaire cristallisé, gypse, marne. Tourbières.

INDUSTRIE ET COMMERCE. Manufactures de toiles à voiles et de toiles de ménage. Fabriques d'indiennes, molletons, serges, amidon, poterie de terre. Filatures de laine et de coton. Nombreuses distilleries d'eau-de-vie. Nombreuses et riches miroiteries pour le long cours. Atelier de marbrerie. — On compte dans le département (à Nérac, à Mézin, à Barbaste et dans les environs) près de 70 fabriques de bouchons, qui occupent 700 ouvriers et livrent annuellement au commerce 130,000 quintaux métriques de bouchons ou de liége façonné.—Hauts fourneaux, forges, fonderies, martinets à cuivre. Verrerie de verre blanc. Papeteries. Nombreux fours à chaux. Corderies. Tanneries. Teintureries. Manufacture royale des tabacs.

Commerce de farine d'excellente qualité, d'eaux-de-vie, tabac, pruneaux excellents, figues sèches et confites, oies grasses, chanvre, toile de chanvre, bouchons de liége, brai, goudron, etc., etc.

FOIRES. 675 foires environ se tiennent dans plus de 120 communes du département. On vend principalement des farines à celles de Barbaste et de Nérac; des vins et des eaux-de-vie à Marmande, Casseneuil, Villeneuve; des châtaignes à celles de Fumel, Libos, Montflanquin, la Capelle-Birou; des truffes à Fumel; des pruneaux à Castelmoron, Villeneuve, la Parade, Marmande, Clairac; des volailles à Astaffort, Layrac, la Montjoie, et surtout des dindons à la Roque-Timbaut et Castelnau; des oies à Agen, qui a aussi sa foire aux jambons; du chanvre à Aiguillon, Port-Ste-Marie, Miramont, Tonneins, Mézin; des fils de chanvre et des toiles à Miramont, Villeneuve; des toiles à Port-Ste-Marie et à Tonneins; du bois à brûler, de la résine et du goudron au Mas-d'Agen; du liége à Casteljaloux, etc., etc.

DIVISION ADMINISTRATIVE. Le département de Lot-et-Garonne a pour chef-lieu Agen; il envoie 5 représentants à la chambre des députés, et est divisé en 4 arrondissements ou sous-préfectures :

Agen	9 cant.	85,018 h.
Marmande	9 —	103,742
Nérac	7 —	60,989
Villeneuve-d'Agen	10 —	97,324
	35 cant.	347,073 h.

33e conserv. des forêts (chef-l. Bordeaux). — 18e arr. des mines (chef-l. Montpellier). — 20e divis. milit. (chef-l. Périgueux). — Evêché, séminaire diocésain et école secondaire ecclésiastique à Agen. 47 cures, 360 succursales. — Eglises consistoriales à Tonneins, Clairac, Nérac, Lafitte, Castelmoron; 19 temples ou maisons de prières. — Colléges communaux à Agen, Aiguillon, Marmande, Mézin, Villeneuve-d'Agen. — Société d'agriculture, sciences et arts à Agen. — Sociétés d'agriculture à Marmande, Nérac, Villeneuve-d'Agen.

Biographie. Les personnages distingués nés dans le département sont :
L'historien SULPICE SÉVÈRE.
Le féroce BLAISE DE MONTLUC.
Le savant chronologiste SCALIGER.
Le philosophe cartésien SYLVAIN RÉGIS.
L'historien P. DUPUY.
Le célèbre BERNARD DE PALISSY.
L'illustre naturaliste DE LACÉPÈDE.
Le géographe et naturaliste BORY DE SAINT-VINCENT.
Le poëte provençal JASMIN.
Les poëtes gascons CORTÈLE et DAUBASSE.
Le poëte cynique THÉOPH. VIAUD.
La célèbre Mme COTTIN, auteur d'un grand nombre de romans estimés.
LAFONT DE CUJALA, auteur d'une statistique de Lot-et-Garonne.
BOUDON DE SAINT-AMANS, archéologue, historien et naturaliste.
Le conventionnel PAGANEL.

Le baron CHAUDRUC DE CRAZANNES, savant antiquaire.
LACUÉE DE CESSAC, ancien ministre, membre de l'Académie française.
Les généraux DE VALENCE, LAFITTE-CLAVÉ, LAFOND-BLAGNAC, MENNE-NARBONNE, RIGAUD, etc., etc.

Bibliographie. PIEYRE fils. *Statistique du département de Lot-et-Garonne*, in-8, an x.

SAINT-AMANS (J.-Fl. Boudon de). *Description abrégée du département de Lot-et-Garonne*, in-8, 1800.
— *Coup d'œil sur le département de Lot-et-Garonne, ou Rapide Aperçu de l'état de son agriculture, de sa population et de son industrie en 1828*, in-18, 1828.

LAFONT DE CUJALA (C.-M.). *Annuaire ou Description statistique du département de Lot-et-Garonne*, in-8, 1806.

BELLOC (J.-L.). *Topographie physique, philosophique et médicale du département de Lot-et-Garonne*, in-8, 1806.

PEUCHET et CHANLAIRE. *Statistique de Lot-et-Garonne*, in-4, 1809.

CASSANY-MAZET. *Essais statistiques et historiques sur le 4e arrondissement du département de Lot-et-Garonne*, in-8, 1839.

CHAUDRUC DE CRAZANNES (le baron). *Etat des recherches et des travaux archéologiques dans les départements du Lot, de Lot-et-Garonne et du Gers* (Bulletin de M. de Caumont, t. IV, p. 341).

SAINT-AMANS (J.-Fl. Boudon de). *Voyage agricole, botanique et pittoresque dans une partie des landes de Lot-et-Garonne et de celles de la Gironde*, in-18, 1818.
— *Flore agénoise, ou Description méthodique des plantes observées dans le département de Lot-et-Garonne*, in-8, 1820.
— *Histoire ancienne et moderne du département de Lot-et-Garonne, depuis l'an 56 avant J.-C. jusqu'en 1813*, 2 vol. in-8, 1836.

BEZOUT. *Voyage dans les départements de la Gironde et de Lot-et-Garonne, par terre et par eau*, in-12, 1828.

Mémoires de la société d'agriculture, sciences et arts d'Agen, 2 vol. in-8.

V. aussi GUIENNE, AGEN, BERGERAC, CASTELJALOUX, le MAS-D'AGEN, NÉRAC, TONNEINS.

LOTHAIN (St-), vg. *Jura* (Franche-Comté), arr. et à 20 k. de Lons-le-Saulnier, cant. de Sellières, ✉ de Poligny. Pop. 1,282 h.

LOTHÉA, vg. *Finistère*, comm. et ✉ de Quimperlé.

LOTHEY, vg. *Finistère* (Bretagne), arr. ✉ et à 6 k. de Châteaulin, cant. de Pleyben. Pop. 900 h.

LOTHIERS, vg. *Indre*, comm. de Luant, ✉ d'Argenton-sur-Creuse. ✧.

LOTIÈRE (la), *H.-Saône*, com. de Chaux-la-Lotière, ✉ de Rioz.

LOTTINGHEN, vg. *Pas-de-Calais* (Boulonnais), arr. et à 27 k. de Boulogne-sur-Mer, cant. de Desvres, ✉ de Samer. Pop. 407 h.

LOTUM (lat. 50°, long. 19°). « Dans l'intervalle qui sépare la position de *Juliobona* de celle qui se rapporte à *Rotomagus*, quoique le nom se lise *Latomagus* dans l'Itinéraire d'Antonin, cet Itinéraire place une mansion sous le nom de *Lotum*, autrement *Loium*, selon la leçon de quelques manuscrits. La distance à l'égard de *Juliobona* est marquée VI, et à l'égard de *Rotomagus* XIII ou XIV : car les exemplaires varient ainsi sur ce nombre. La carte que les frères Magin, arpenteurs très-habiles et employés par le ministère, ont levée de l'embouchure de la Seine et de son cours en remontant jusqu'au-dessus du Pont-de-l'Arche, étant manuscrite entre mes mains, je trouve que la distance en droite ligne de Lilebone à l'église métropolitaine de Rouen est de 21 à 22,000 toises. Mais en suivant la route, dont on reconnaît la trace en quelques endroits, spécialement au nom que porte St-Thomas de la *Chaussée* entre Caudebec et Rouen, la mesure itinéraire paraît de 22 à 23,000 toises; et il en résulte 20 lieues gauloises, dont le calcul rigoureux, sur le pied de 1,134 toises par lieue, est de 22,680 toises. L'indication de VI, entre *Juliobona* et *Lotum*, conduit à Caudebec, et non au delà, parce que la distance actuelle entre Lilebone et Caudebec est au moins de 7,000 toises, et que les 6 lieues gauloises n'en donnent que 6,800. De là au centre de Rouen 15,000 toises, et quelque chose de plus en mesure itinéraire, dont on conclut 13 à 14 lieues gauloises, ou un *mezzo termine* entre les variantes de l'Itinéraire sur cette distance. Si l'on a formé quelque doute que *Latomagus* dans les éditions de l'Itinéraire soit *Rotomagus*, ce doute ne saurait subsister vis-à-vis de cette analyse des distances, vu leur correspondance avec le local. Caudebec est connu dans le moyen âge, et dès le IX° siècle, sous le nom de *Calidum Beccum* : mais quelque lieu qui était adhérent à sa position pouvait être distingué par un nom particulier. » D'Anville. *Notice de l'ancienne Gaule*, p. 419.

LOUAILLÉ, vg. *Sarthe* (Maine), arr. et à 20 k. de la Flèche, cant. et ✉ de Sablé. Pop. 400 h.

LOUAN, vg. *Seine-et-Marne* (Brie), arr. et à 19 k. de Provins, cant. et ✉ de Villiers-St-Georges. Pop. 337 h.

A peu de distance de Louan, on remarque les ruines majestueuses et pittoresques du château fort de Montaiguillon, dont plusieurs parties sont dans un bel état de conservation et méritent à plusieurs égards de fixer l'attention. Cette ancienne forteresse est située sur un mont sablonneux au milieu d'une forêt de 350 hectares ; elle passait autrefois pour la plus forte place de la Brie. Les Anglais l'assiégèrent sans succès en 1424. L'ordre de Malte la possédait en 1432, époque où elle fut prise et brûlée par les Anglais, après le siège qu'ils firent de Provins. On lit dans une chronique de Villenauxe, que la forteresse de Montaiguillon fut démantelée en 1613 par ordre de Louis XIII, qui donna en dédommagement à M. de Villemoutée, son possesseur, une somme de 60,000 écus.

La situation de ces ruines isolées au milieu d'un bois, leur masse imposante, les arbustes et le lierre rampant qui en tapissent les murs, tout se réunit pour leur donner un aspect des plus romantiques. Le château se composait de plusieurs tours rondes encore debout, réunies par des terrasses au haut desquelles on avait pratiqué un chemin de ronde que l'on voit encore en partie. Des pans de murs énormes, détruits par les efforts de la mine, et qui semblent être tombés d'hier, gisent dans les larges douves qui environnent la forteresse ; de nombreux étages multipliaient les logements pour les seigneurs et leur suite ; mais la séparation de ces étages a disparu : on aperçoit seulement les ruines distinctes d'une chapelle, ainsi que quelques débris d'escaliers et de cheminées gothiques, qui pendent dans les angles des murs à 10 m. de hauteur.

On ignore l'époque de la construction du château de Montaiguillon. Tout porte à croire qu'il fut bâti vers le milieu du XIII° siècle, par des chevaliers de Malte.

LOUAND (St-), vg. *Indre-et-Loire*, comm. et ✉ de Chinon.

LOUANNEC, vg. *Côtes-du-Nord* (Bretagne), arr., ✉ et à 10 k. de Lannion, cant. de Perros-Guirec. Pop. 1,605 h.

LOUANS. V. MORANXIS.

LOUANS, vg. *Indre-et-Loire* (Touraine), arr. et à 24 k. de Loches, cant. de Ligueil, ✉ de Monthelan. Pop. 695 h.

LOUARGAT, vg. *Côtes-du-Nord* (Bretagne), arr. et à 20 k. de Guingamp, cant. et ✉ de Belle-Isle-en-Terre. Pop. 4,042 h.

LOUATRE, vg. *Aisne* (Picardie), arr. et à 20 k. de Soissons, cant. et ✉ de Villers-Cotterets. Pop. 422 h.

LOUBAJAC, vg. *H.-Pyrénées* (Gascogne), arr. d'Argelès, ✉ et à 7 k. de Lourdes, cant. de St-Pé. Pop. 467 h.

LOUBARESSE, vg. *Ardèche* (Languedoc), arr. et à 26 k. de Largentière, cant. de Valgorge. Pop. 265 h. — *Foires* les 1er, 10 et 28 mai, 24 sept. et 8 oct.

LOUBAUT, vg. *Ariége* (pays de Foix), arr. et à 31 k. de Pamiers, cant. et ✉ du Mas-d'Azil. Pop. 98 h.

LOUBE, vg. *Gard*, comm. et ✉ de St-Gilles-les-Boucheries.

LOUBE-AMADES (St-), vg. *Gers* (Gascogne), arr., cant., ✉ et à 8 k. de Lombez. Pop. 304 h.

LOUBÉDAT, vg. *Gers* (Armagnac), arr. et à 40 k. de Condom, cant. et ✉ de Nogaro. Pop. 350 h.

LOUBÉJAC, vg. *Dordogne* (Périgord), arr. et à 41 k. de Sarlat, cant. et ✉ de Villefranche-de-Belvès. Pop. 875 h.

LOUBENS, vg. *Ariége* (pays de Foix), arr. et à 13 k. de Pamiers, cant. et ✉ de Varilles. Pop. 534 h. — On y remarque une grotte d'environ 400 m. de longueur qui mérite d'être visitée. — Tuilerie.

LOUBENS, vg. *H.-Garonne* (Languedoc), arr. et à 25 k. de Villefranche-de-Lauragais, cant. et ✉ de Caraman. Pop. 749 h. — *Foires* les 6 juin, 10 sept. et 4 nov.

LOUBENS, vg. *Gironde* (Bazadois), arr., cant., ✉ et à 6 k. de la Réole. Pop. 383 h. — On voit à peu de distance le château de Lavison, ancienne demeure des rois d'Angleterre et des ducs de Guienne, remarquable par l'épaisseur de ses murs et la solidité de sa construction.

LOUBENS, vg. *Landes*, comm. de Houtaux, ✉ de Mont-de-Marsan.

LOUBERG (St-), vg. *Gironde* (Guienne), arr. et à 15 k. de Bazas, cant. et ✉ de Langon. Pop. 194 h.

LOUBERS, vg. *Tarn* (Languedoc), arr. et à 22 k. de Gaillac, cant. et ✉ de Cordes. Pop. 277 h.

LOUBERSAN, vg. *Gers* (Armagnac), arr., cant., ✉ et à 8 k. de Mirande. Pop. 393 h.

LOUBERT, vg. *Charente* (Angoumois), arr. et à 13 k. de Confolens, cant. et ✉ de St-Claud. Pop. 115 h.

LOUBERT (la), vg. *H.-Marne*, comm. et ✉ de St-Dizier.

LOUBÈS (St-), bg *Gironde* (Guienne), arr. et à 17 k. de Bordeaux, cant. de Carbon-Blanc. ✉. Pop. 2,478 h. — *Foires* les 2 fév., 1er mai, 29 juin, 30 juillet et 2 nov.

LOUBÈS-BERNAC, vg. *Lot-et-Garonne* (Agénois), arr. et à 34 k. de Marmande, cant. et ✉ de Duras. Pop. 1,065 h. — *Foires* les 29 juin, 8 sept. et 15 de chaque mois.

LOUBEYRAT, vg. *Puy-de-Dôme* (Auvergne), arr., ✉ et à 14 k. de Riom, cant. de Manzat. Pop. 1,035 h.

LOUBIÉNG, vg. *B.-Pyrénées* (Béarn), arr., ✉ et à 8 k. d'Orthez, cant. de Lagor. Pop. 1,233 h.

LOUBIÈRE (la), vg. *Aveyron* (Rouergue), arr., ✉ et à 9 k. de Rodez, cant. de Bozouls. Pop. 651 h.

LOUBIÈRES, vg. *Ariège* (pays de Foix), arr., cant., ✉ et à 5 k. de Foix. Pop. 103 h.

LOUBIGNÉ, vg. *Deux-Sèvres* (Poitou), arr. et à 4 k. de Melle, cant. et ✉ de Chef-Boutonne. Pop. 334 h.

LOUBIGNÉ, vg. *Deux-Sèvres*, comm. d'Exoudun, ✉ de la Mothe-St-Héraye.

LOUBILLÉ, vg. *Deux-Sèvres* (Poitou), arr. et à 6 k. de Melle, cant. et ✉ de Chef-Boutonne. Pop. 865 h.

LOUBION, vg. *Gers* (Armagnac), arr. à 47 k. de Condom, cant. et ✉ de Nogaro. Pop. 34 h.

LOUBIX, vg. *B.-Pyrénées* (Béarn), arr. et à 27 k. de Pau, cant. de Moutaner, ✉ de Morlans. Pop. 50 h.

LOUBOUER (St-), vg. *Landes* (Gascogne), arr. et à 19 k. de St-Sever, cant. et ✉ d'Aire-sur-l'Adour. Pop. 1,267 h.

Il est situé dans une contrée fertile en vins estimés, et possède un établissement de bains d'eaux thermales sulfureuses, très-fréquenté dans la belle saison par les habitants des cantons environnants. Le bâtiment a été reconstruit à neuf en 1820, et on n'y a rien négligé pour la commodité et l'agrément des malades.

LOUBRESSAC, bg *Lot* (Quercy), arr. et à 41 k. de Figeac, cant. et ✉ de St-Céré. Pop. 1,512 h.

Ce bourg est bâti sur un point des plus élevés du plateau calcaire du département, dont le sommet est couronné par un ancien château d'où l'on découvre un horizon encore plus étendu que celui qu'on aperçoit de Castelnau ; c'est un édifice assez régulier, flanqué de hautes tours, d'une construction simple et des plus solides. Le territoire de la commune renferme un grand nombre de pierres levées, et une carrière de marbre rouge non exploitée.

Foires les 25 janv., 4 et 6 juin, 29 oct. et lendemain de Quasimodo.

LOUBROUIL, vg. *Gers* (Armagnac), arr. et à 16 k. d'Auch, cant. de Jégun, ✉ de Barran. Pop. 209 h.

LOUCASTAIGNER, vg. *Gers*, com. de St-Martin, ✉ de Nogaro.

LOUCÉ, vg. *Orne* (Normandie), arr. et à 9 k. d'Argentan, cant. et ✉ d'Ecouché. Pop. 309 h.

LOUCELLES, *Lucella*, vg. *Calvados* (Normandie), arr. et à 19 k. de Caen, cant de Tilly-sur-Seulles, ✉ de St-Léger. Pop. 259 h.

LOUCHAPT, vg. *Lot*, comm. et ✉ de Martel.

LOUCHES, vg. *Pas-de-Calais* (Picardie), arr. et à 20 k. de St-Omer, cant. et ✉ d'Ardres. Pop. 833 h.

Ce village est situé dans une plaine agréable et fertile. Aux environs, sur le sommet de la montagne déserte de St-Louis, on remarque les vestiges d'un camp romain, dont le centre est occupé par les ruines d'une antique chapelle : on jouit de cet endroit d'une vue pittoresque et fort étendue.

LOUCHETTE, vg. *Deux-Sèvres*, comm. de Magné, ✉ de Niort.

LOUCHY-MONFAND, vg. *Allier* (Bourbonnais), arr. et à 25 k. de Gannat, cant. et ✉ de St-Pourçain. Pop. 686 h.

LOUCRUP, vg. *H.-Pyrénées* (Gascogne), arr., ✉ et à 18 k. de Tarbes, cant. d'Ossun. Pop. 332 h.

LOUDÉAC, petite ville, *Côtes-du-Nord* (Bretagne), chef-l. de sous-préfect. (4ᵉ arr.) et d'un cant. Trib. de 1ʳᵉ inst. Chambre consultative de manufact. Soc. d'agricult. Collége communal. Cure. Gîte d'étape. ✉. ⚜. Pop. 6,521 h. — TERRAIN de transition inférieur.

Autrefois diocèse et recette de St-Brieuc, parlement et intendance de Rennes.

Dans le xᵉ siècle, Loudéac n'était qu'un rendez-vous de chasse désigné sous le nom de Loupiat. Les documents authentiques qui en font mention sous le nom de Loudéac ne datent que du xɪɪᵉ siècle. Ses environs offrent sur une éminence des traces de fortifications, en forme de camp retranché, qui remontent au temps de la Ligue.

Loudéac est le centre d'une fabrication très-étendue de toiles dites de Bretagne. On y remarque une belle église paroissiale surmontée d'un clocher fort élevé, et un marché couvert pour la vente des toiles.

Fabriques de toiles. Forges et martinets. Papeteries. — *Commerce* de toiles, cidre, ardoises, etc. — *Foires* le 1ᵉʳ samedi de chaque mois.

A 50 k. S. de St-Brieuc, 476 k. O. de Paris.

L'arrondissement de Loudéac est composé de 9 cantons : Colinée, Corlay, Goarec, la Chèze, Loudéac, Merdrignac, Mur, Plouguenast, Uzel.

LOUDENVIELLE, vg. *H.-Pyrénées* (Gascogne), arr. et à 43 k. de Baguères-de-Bigorre, cant. de Bordères, ✉ d'Arreau. P. 397 h.

LOUDERVIELLE, vg. *H.-Pyrénées* (Bigorre), arr. et à 43 k. de Baguères-de-Bigorre, cant. de Bordères ✉ d'Arreau. P. 205 h.

LOUDES, vg. *H.-Loire* (Languedoc), arr., bureau d'enregist., ✉ et à 15 k. du Puy, chef-l. de cant. Pop. 1,323 h. — TERRAIN volcanique ; basalte.

Ce bourg est situé dans une vaste et fertile plaine. On y remarque les restes d'un ancien château dont il n'existe plus qu'une tour ; le lac de Gollange, et une grotte taillée dans le roc.

Foires le 30 juin, lendemain de Quasimodo, trente-quatre jours francs après Quasimodo et 13ᵉ jour après la Pentecôte.

LOUDET, vg. *H.-Garonne* (Comminges), arr. et à 14 k. de St-Gaudens, cant. et ✉ de Montrejeau. Pop. 392 h.

LOUDIER, vg. *Aisne*, comm. de Neuve-Maison, ✉ d'Hirson.

LOUDREFING, vg. *Meurthe* (Lorraine), arr. de Château-Salins et à 28 k. de Vic, cant. d'Albestroff, ✉ de Dieuze. ⚜. P. 796 h. Près du canal de navigation de la Seille à la Sarre.

LOU-DU-LAC, vg. *Ille-et-Vilaine* (Bretagne), arr. et à 9 k. de Montfort-sur-Meu, cant. et ✉ de Montauban. Pop. 206 h.

LOUDUN, *Juliodunum, Lodunum, Lausdunum Castrum*, ville ancienne, *Vienne* (Poitou), chef-l. de sous-préfect. Trib. de 1ʳᵉ instance. Soc. d'agriculture. Collége communal. Cure. Gîte d'étape. ✉. ⚜. Pop. 5,028 h. — TERRAIN crétacé inférieur.

Autrefois diocèse de Poitiers, parlement de Paris, intendance de Tours, chef-l. d'élection, bailliage et prévôté, gouvernement particulier, collégiale, 8 couvents, commanderie de Malte.

Sous le règne de Hugues Capet, Loudun n'était qu'un château nommé *Castrum Lodunum*, autour duquel s'élevèrent quelques habitations qui s'accrurent insensiblement et formèrent une petite ville que Philippe Auguste réunit à la couronne avec le pays de Loudunois. Ce pays, sous Charles V, fut détaché ; mais en 1476 Louis XI le réunit à son domaine. En 1616, un traité fut conclu en cette ville entre le parti des protestants et celui du roi. Avant la révolution de 1789, Loudun possédait trois paroisses, deux chapitres et plusieurs couvents d'hommes et de femmes. L'un de ces couvents, celui des ursulines, a acquis une bien triste célébrité par le procès de l'infortuné Urbain Grandier, curé et chanoine de St-Pierre de Loudun, procès dans lequel on ne sait ce qui doit affliger le plus, ou la condescendance coupable des religieuses, ou la perversité des juges, assez scélérats ou assez stupides pour entendre et recevoir comme preuves le témoignage des diables. Nous ne rapporterons que les principaux faits de cette histoire, aussi singulière que révoltante. La possession des deux bénéfices que cumulait Urbain Grandier lui avait fait des ennemis parmi les ecclésiastiques de la ville ; sa beauté, son éloquence, son goût pour la galanterie lui firent des jaloux et des rivaux dans plusieurs états de la société. Brouillé avec les prêtres et les maris, favorisé des femmes, il avait cependant su gagner l'estime des savants et des honnêtes gens du pays. Mais il avait un ennemi puissant dans le cardinal de Richelieu, lorsque celui-ci n'était que prieur de Coussay. Richelieu ne put alors se venger du curé Grandier ; mais, lorsqu'il fut parvenu au ministère, il en trouva l'occasion. Voici comment elle se présenta. Quelques pensionnaires des ursulines de Loudun, pour épouvanter les religieuses de la communauté, s'étant amusées à jouer le rôle de revenants, les ennemis de Grandier aperçurent, dans ces espiègleries, des moyens de favoriser leur vengeance. Les vieilles religieuses, ayant été effrayées des soi-disant esprits qui fréquentaient la communauté, s'en plaignirent au curé Mignon, qui fit servir à leurs projets de vengeance leur crédulité. Au lieu de revenants il substitua des diables et des possédés ; insensiblement il habitua les plus déterminées du couvent à faire des tours de souplesse, à tomber à propos en convulsion, enfin à jouer passablement le rôle de démoniaques. Ces religieuses, persuadées que les farces auxquelles elles allaient se prêter devaient tourner à la gloire de la religion, déclarèrent, dans le premier exorcisme public, que le malin esprit était entré dans leur corps par le moyen d'un bouquet de roses dont elles avaient respiré l'odeur ; quand on leur demanda le nom de celui qui leur avait envoyé ces fleurs, elles répondirent : Urbain Grandier. Le 3 décembre 1633, le conseiller Laubardemont arriva secrètement à Loudun, fit saisir Urbain Grandier pendant qu'il se rendait à l'église, et le fit transporter au château d'Angers. Le 9 avril 1634, il en fut tiré et transporté dans les prisons de Loudun. Bientôt après, les exorcismes continuèrent, mais le rôle étrange et fatigant qu'on faisait jouer aux religieuses porta quelques-unes à se rétracter publiquement. Laubardemont ne fit que rire de leur rétractation. Enfin après une longue suite d'iniquités, de séductions et de violences, Laubardemont et ses satellites, qui composaient la commission, s'assemblèrent le 18 août 1634, déclarèrent Urbain Grandier dûment atteint et convaincu de crime de magie, et le condamnèrent à être brûlé vif. Sous prétexte de lui arracher l'aveu des complices qu'il n'avait point, on lui fit donner la question extraordinaire. Pendant ce supplice, les jambes du patient crevèrent, et la moelle sortit des os. C'est dans cet état qu'on le conduisit sur le bûcher; et comme il se disposait à parler au peuple, les moines, qui avaient un grand intérêt à le faire taire, lui jetèrent une si grande quantité d'eau bénite sur le visage, qu'il en fut suffoqué. Peu après, le bûcher fut allumé, et le corps de la malheureuse victime brûlé vif. Ce fut par ces moyens absurdes, iniques et atroces que la vengeance de Richelieu et l'animosité d'une troupe de prêtres et de moines furent satisfaites. C'est cependant dans un siècle renommé par ses lumières, par les grands hommes qui l'ont illustré, et à l'époque de la fondation de l'Académie française, que fut commis cet assassinat juridique. Depuis le jugement des templiers, la France n'avait pas vu commettre de crime aussi exécrable ; crime qui fut cependant surpassé, cent trente-deux ans plus tard, à Abbeville, par le supplice du jeune chevalier de la Barre.

Les armes de Loudun sont : *de gueules à une tour crénelée d'argent maçonnée de sable; au chef d'azur chargé de trois fleurs de lis d'or.*

La ville de Loudun est située sur un coteau élevé qui domine une plaine fertile très-étendue, entourée de coteaux couverts de bois et de vignobles qui produisent des vins délicats fort estimés. Elle est assez grande, mais elle n'est pas peuplée en raison de son étendue ; la destruction de son château sous le ministère du cardinal de Richelieu et la révocation de l'édit de Nantes en ayant considérablement diminué le nombre des habitants. On y trouve de grandes rues bien percées et des maisons spacieuses. Sur l'emplacement de l'ancien château, dont il reste encore une tour assez bien conservée, on a formé une jolie promenade, dont la position est fort agréable, la vue variée et très-étendue.

Biographie. Patrie d'ISMAEL BOUILLAUD, voyageur et littérateur.

De C. BOULLENGER, philosophe et historien.

D'URBAIN CHEVREAU, historien et compilateur.

De CL. MAUGET, garde des sceaux sous Louis XIII.

De THÉOPHRASTE RENAUDOT, créateur de la *Gazette de France.*

De GAUCHER et LOUIS DE STE-MARTHE, historiographe et philosophe.

Fabriques de draps, toiles, dentelles communes, objets d'orfévrerie remarquables par leur fini. Tanneries.

Commerce de grains de toute espèce, graine de trèfle et de luzerne, vins blancs. Huile de noix, cuirs, cire, miel, fruits secs, lin, chanvre, moutons. — *Foires* les 14 sept., mardi avant la mi-carême, le 14 avril, mardi avant le 8 mai, 11 juin, 25 août et 15 nov.

À 53 k. N.-O. de Poitiers, 303 k. S.-O. de Paris.

L'arrondissement de Loudun est composé de 4 cantons : Loudun, Moncontour, Monts, les Trois-Moutiers.

Bibliographie. LE PROUST (François), sieur de Ronday). *De la ville et du château de Loudun, du pays de Loudunois et des habitants de la ville et du pays.* — Imprimé au-devant des Commentaires de Pierre le Proust, sieur de Beaulieu, fils de l'auteur, sur la coutume du Loudunois, in-4, 1612.

AUBIN. *Histoire des diables de Loudun, ou de la possession des religieuses ursulines, et de la condamnation et du supplice d'Urbain Grandier, curé de la même ville; cruels effets de la vengeance du cardinal de Richelieu,* in-12, 1693, 1716.

ARNAULT-POIRIER. *Monuments celtiques de l'arrondissement de Loudun* (Mém. de la Soc. des antiq. de l'Ouest, t. III, p. 81).

DUMOUSTIER DE LA FOND. *Essai sur l'histoire de la ville de Loudun,* 2 vol. in-8, 1778.

LOUDUNOIS (le), *Pagus Lausdunensis*; petit pays du ci-devant Poitou, aujourd'hui compris dans le département de la *Vienne.* Loudun en était la capitale.

LOUE (la), rivière qui prend sa source au-dessus d'Aubonne, *Doubs,* et qui, à quelques pas de sa source, fait mouvoir plusieurs usines. Elle passe à Villafans, Ornans, Quingey, et se jette dans le Doubs au-dessous du pont de Parcey, *Jura,* après un cours d'environ 80 k. Cette rivière est flottable depuis Cramans jusqu'à son embouchure, sur une étendue de 31,500 m.

LOUÉ, bg *Sarthe* (Maine), arr. et à 31 k. du Mans, chef-l. de cant. Cure. ✉ de Coulans. Bureau d'enregist. à Vallon. P. 1,903 h. — TERRAIN jurassique.

On y remarque le château de Coulaines, édifice du XVᵉ siècle entouré de fossés, où l'on entre par un pont-levis. — *Fabriques* de toiles communes. Papeterie. Ateliers de marbrerie. Briqueteries et fours à chaux. — *Foires* le mardi après le 30 août et lundi de l'octave du St-Sacrement.

LOUER, vg. *Landes* (Gascogne), arr. et à 21 k. de Dax, cant. de Montfort, ✉ de Tartas. Pop. 149 h.

LOUERRE, bg *Maine-et-Loire* (Anjou), arr. et à 23 k. de Saumur, cant. de Gennes, ✉ de Brissac. Pop. 733 h.

LOUESME, vg. *Yonne* (Champagne), arr. et à 35 k. de Joigny, cant. de Bléneau, ✉ de Villiers-St-Benoit. Pop. 228 h.

LOUESMES, vg. *Côte-d'Or* (Bourgogne), arr. et à 18 k. de Châtillon-sur-Seine, cant. et ✉ de Montigny-sur-Aube. Pop. 357 h.

LOUESTAULT, vg. *Indre-et-Loire* (Touraine), arr. et à 27 k. de Tours, cant. et ✉ de Neuvy-le-Roi. Pop. 390 h. — On y remarque le château de Fontenailles, ancienne habitation d'Agnès Sorel et de Charles VII.

LOUET-SUR-LOZON (St-). V. LOZON.

LOUET-SUR-SEULLES (St-), vg. *Calvados* (Normandie), arr. et à 28 k. de Caen, cant. et ✉ de Villers-Bocage. Pop. 283 h.

LOUET-SUR-SIENNE (St-), vg. *Manche,* comm. de Trelly, ✉ de Coutances.

LOUET-SUR-VIRE (St-), vg. *Manche* (Normandie), arr. et à 18 k. de St-Lô, cant. de Tessy, ✉ de Torigny. Pop. 423 h.

LOUEUSE, vg. *Oise* (Picardie), arr. et à 32 k. de Beauvais, cant. de Songeons, ✉. Pop. 340 h.

LOUÈVRE, vg. *Yonne,* com. de la Celle-St-Cyr, ✉ de Joigny.

LOUEY, vg. *H.-Pyrénées* (Gascogne), arr., ✉ et à 12 k. de Tarbes, cant. d'Ossun. Pop. 572 h.

LOUGARBANÉ, vg. *Gers,* comm. d'Artigue-Dieu-Garrané, ✉ de Masseube.

LOUGE-SUR-MAIRE, *Longeium,* vg. *Orne* (Normandie), arr. et à 20 k. d'Argentan, cant. de Briouze, ✉ de Ranès. Pop. 874 h.

LOUGIVES, vg. *Vendée* (Poitou), arr., cant., ✉ et à 4 k. de Fontenay-le-Comte. Pop. 633 h.

LOUGNERON, vg. *Yonne,* comm. de Champlay, ✉ de Bassou.

LOUGRATTE, vg. *Lot-et-Garonne* (Agenois), arr. et à 26 k. de Villeneuve-sur-Lot, cant. et ✉ de Castillonnès. Pop. 1,021 h.

LOUGRES, vg. *Doubs* (Franche-Comté), arr., cant., ✉ et à 12 k. de Montbelliard. Pop. 317 h.

LOUHAGET, vg. *Gers,* comm. de Sorbets, ✉ de Nogaro.

LOUHANS, *Loens, Loans, Lovingium,* petite et ancienne ville, *Saône-et-Loire* (Bourgogne), chef-l. de sous-préfect. (4ᵉ arr.) d'un cant. Trib. de 1ʳᵉ instance et de commerce. Collège communal. Cure. Gîte d'étape. ✉. ⚒. P. 3,686 h. — TERRAIN d'alluvions modernes.

Autrefois baronie en Bourgogne, diocèse de Besançon, intendance de Dijon, mairie, grenier à sel, traites foraines, sous-brigade de maréchaussée, collège, couvent de cordeliers.

Cette ville est située au centre de trois petites rivières : la Seille, qui commence à y être navigable, la Salle et le Solnan. C'est une ville longue et étroite, en grande partie formée d'anciennes maisons, dont les rues en forme d'auvents offrent un aspect peu agréable. On y a trouvé plusieurs restes d'antiquités qui annoncent que les Romains y ont fait un séjour prolongé. En 870, ce n'était plus qu'un village, qui vers le Xᵉ siècle commença à acquérir quelque importance. Sous la Ligue, Louhans tint pour Henri IV, fut assiégé, pris, et éprouva toutes les calamités qu'entraînent après elles les dissensions civiles. Henri IV, pour récompenser la fidélité des habitants, et pour les dédommager des pertes qu'ils avaient éprouvées, créa à Louhans un bailliage en 1595; mais la ville de Chalon s'opposa toujours à l'érection de ce tribunal. La guerre avec la Franche-Comté vint mettre, sous Louis XIII, le comble à ses maux. Ce ne fut qu'à la prise de Besançon que ce pays fut rendu à la paix.

La ville de Louhans dépendait anciennement du comté d'Auxonne, où elle tenait le second rang en 1545. — Henri de Vienne, sire d'Antigny accorda aux habitants de Louhans, en 1269, une charte d'affranchissement par laquelle il les exempte « de tous droits de guette, complainte, fille mariée, rachat, voyage d'outremer, remuance de seigneurie, taille, charrois, foin, paille, gelines, lits, coêtres, coussins, réparations de fossés, etc., etc. » Ces privilèges furent confirmés en 1506, par Louis d'Orléans, et en 1576 par Françoise d'Orléans, douairière de Condé. — Au mois de juin 1370, les grandes compagnies incendièrent Louhans, qui eut également beaucoup à souffrir de la part des Armagnacs lorsqu'ils assiégèrent son château fort. Cet ancien manoir des sires de Vienne fut ruiné pendant les guerres de religion, époque désastreuse pour Louhans. Poncenac en 1562, Tavannes en 1589, le marquis de Treffort en 1591, s'en emparèrent alternativement. Voici en quels termes les élus du comté d'Auxonne exposèrent les infortunes de cette ville aux états généraux de Bourgogne assemblés à Dijon en 1596 : « Louhans a esté prins et reprins souventes foys par les uns et par les aultres. Les pauvres habitants miz captifs et prisonniers; dont ils ne se sont rédimez, sinon avec ranceons excédans leurs moyens, et enfin ayant esté pillés et saccagés... etc. » (*Manuscrit inédit.*)

Les **armes de Louhans** sont : *de gueules à deux clefs d'argent en sautoir, et une fleur de lis d'or, en chef, entre les deux clefs.*

La Seille est navigable au moyen d'écluses, depuis Louhans jusqu'à son embouchure, sur une étendue de 391,500 m. La navigation de cette rivière a principalement pour objet la remonte jusqu'à Louhans des charbons de terre et des pierres dont son arrondissement est entièrement privé, et la descente des vins, des bois, des fers, des cercles, des tonneaux et d'une grande quantité d'échalas pour les vignes situées le long de la Saône et du Rhône.

L'église paroissiale, qui appartient au style ogival, présente un type original et peut-être unique en son genre. Elle se compose de deux églises distinctes, d'inégale longueur, placées l'une à côté de l'autre, ayant chacune sa porte dans l'axe de la nef et communiquant entre elles par une ouverture en ogive pratiquée dans le mur mitoyen. — On remarque dans ce singulier édifice la galerie qui termine la tour du clocher, dont les pierres découpées à jour forment ces mots :

AVE MARIA GRATIA PLENA DOMINVS TECVM.

L'hôpital, jouissant de 24,000 fr. de revenus; est une construction du XVe siècle; il renferme de très-belles boiseries.

Biographie. Patrie du jurisconsulte G.-B. BATTUR.

De P. BÉGAT, ingénieur hydrographe de la marine.

De J. PAREDIN, médecin de François Ier, auteur d'épigrammes, dizains, huitains, et d'un ouvrage en vers intitulé Micropédie.

D'ÉT. PASQUIER, traducteur des opuscules de Plutarque.

De GAB. GAUCHAT, docteur en théologie.

Fabriques de cuirs. Nombreux moulins à farine. — *Commerce* de blés très-recherchés, farines, maïs, volailles, chapons, poulardes, porcs gras, chevaux, bœufs. Entrepôt de marchandises qui passent de Lyon en Suisse. — *Foires* le dernier samedi de janv., fév., mars, avril, mai, juin, juill., août, sept., déc. et le 12 nov.

A 49 k. N.-E. de Mâcon, 378 k. S.-E. de Paris.

L'arrondissement de Louhans est composé de 8 cantons : Beaurepaire, Cuiseaux, Cuisery, St-Germain-du-Bois, Louhans, Montpont, Montret, Pierre.

LOUHOSSOA, vg. *B.-Pyrénées* (Gascogne), arr. et à 28 k. de Bayonne, cant. d'Espelette, ✉ d'Hasparren. Pop. 551 h. — Exploitation de kaolin et de petuntsé pour la préparation des pâtes à porcelaine.

LOUIGNAC, vg. *Corrèze* (Limousin), arr. et à 30 k. de Brives, cant. d'Ayen, ✉ d'Objat. Pop. 746 h.

LOUILLEUX, vg. *Isère*, comm. de St-Quentin, ✉ de la Verpillière.

LOUIN, vg. *Deux-Sèvres* (Poitou), arr. et à 2 k. de Parthenay, cant. de St-Loup, ✉ d'Airvault. Pop. 1,097 h.

LOUIS (St-), vg. *Aude* (Languedoc), arr. et à 36 k. de Limoux, cant. et ✉ de Quillan. Pop. 418 h.

LOUIS (St-), vg. *Bouches-du-Rhône*, com. et ✉ de Marseille.

LOUIS (St-), vg. *Dordogne* (Périgord), arr. et à 26 k. de Ribérac, cant. et ✉ de Mussidan. Pop. 237 h.

LOUIS (St-), vg. *Landes*, comm. de St-Pierre, ✉ de Mont-de-Marsan.

LOUIS (St-), ou HEYERSBERG, vg. *Meurthe* (Lorraine), arr. et à 12 k. de Sarrebourg, cant. et ✉ de Phalsberg. Pop. 852 h.

LOUIS (St-), ou MUNTZTHAL, vg. *Moselle*, comm. de Lembourg, ✉ de Bitche.

LOUIS (St-), ou BOURG-LOUIS, vg. *H.-Rhin* (Alsace), arr. et à 28 k. d'Altkirch, cant. de Huningue. ✉. ⚓. A 457 k. de Paris pour la taxe des lettres. Pop. 1,603 h. — Bureau principal des douanes. — *Fabrique* de chapeaux vernis.

LOUIS-DE-LA-PETITE-FLANDRE (St-), *Charente-Inf.*, comm. de Muron, ✉ de Tonnay-Charente.

LOUISFERT, vg. *Loire-Inf.* (Bretagne), arr., ✉ et à 7 k. de Châteaubriant, cant. de Moisdon. Pop. 616 h.

LOUIT, vg. *H.-Pyrénées* (Gascogne), arr., ✉ et à 14 k. de Tarbes, cant. de Pouyastruc. Pop. 269 h.

LOULANS, vg. *H.-Saône* (Franche-Comté), arr. et à 23 k. de Vesoul, cant. et ✉ de Montbozon. Pop. 504 h. — Haut fourneau.

LOULAPPE, vg. *Eure-et-Loir*, comm. de St-Luperce, ✉ de Courville.

LOULAY, vg. *Charente-Inf.* (Saintonge), arr., bureau d'enregist. et à 12 k. de St-Jean-d'Angely, chef-l. de cant. Cure. ✉. A 386 k. de Paris pour la taxe des lettres. Pop. 514 h. — *Terrain* jurassique. — *Foires* les 4e mercredi de mars, 1er mercredi de mai, 3e mercredi de sept. et 4e mercredi de nov.

LOULLE, vg. *Jura* (Franche-Comté), arr. de Poligny, à 23 k. d'Arbois, cant. et ✉ de Champagnole. Pop. 345 h.

LOUP (le), *Lupius*, petite rivière qui a sa source entre la montagne de Lubac et celle d'Audibergue, et qui se jette dans la Méditerranée à 7 k. d'Antibes.

LOUP (St-), vg. *Allier* (Bourbonnais), arr. et à 28 k. de Moulins-sur-Allier, cant. de Neuilly-le-Réal, ✉ de Bessay-sur-Allier. Pop. 397 h. — *Foires* les 1er sept. et 13 déc.

LOUP (St-), vg. *Ardennes* (Champagne), arr. et à 15 k. de Rethel, cant. de Château-Porcien, ✉ de Taguon. Pop. 472 h.

LOUP (St-), ou ST-LOUP-AUX-BOIS, vg. *Ardennes* (Champagne), arr. et à 25 k. de Vouziers, cant. de Tourteron, ✉ d'Attigny. Pop. 635 h.

LOUP (St-), vg. *Bouches-du-Rhône*, com. et ✉ de Marseille.

LOUP (St-), ou ST-LUC, *Charente-Inf.* (Saintonge), arr. et à 10 k. de St-Jean-d'Angely, cant. et ✉ de Tonnay-Boutonne. Pop. 828 h.

LOUP (St-), *Côtes-du-Nord*. V. LANLOUP.

LOUP (St-), vg. *Creuse* (Combraille), arr. de Boussac, cant. et à 13 k. de Chambon, ✉ de Gouzon. Pop. 727 h.

LOUP (St-), vg. *Eure-et-Loir* (Beauce), arr. et à 16 k. de Chartres, cant. d'Illiers. ✉. A 108 k. de Paris pour la taxe des lettres. Pop. 511 h.

LOUP (St-), vg. *H.-Garonne* (Comminges), arr. et à 18 k. de St-Gaudens, cant. et ✉ de Boulogne. Pop. 264 h.

LOUP (St-), vg. *H.-Garonne* (Languedoc), arr., cant., ✉ et à 13 k. de Toulouse. Pop. 279 h.

LOUP (St-), vg. *Jura* (Franche-Comté), arr. et à 20 k. de Dôle, cant. et ✉ de Chemin. Pop. 397 h.

LOUP (St-), vg. *Loir-et-Cher* (Blaisois), arr. et à 15 k. de Romorantin, cant. et ✉ de Mennetou-sur-Cher. Pop. 354 h.

LOUP (St-), vg. *Loiret*, comm. de St-Jean-de-Braye, ✉ d'Orléans.

LOUP (St-), vg. *Lot-et-Garonne*, com. de Montaguae, ✉ de Nérac.

LOUP (St-), vg. *Manche* (Normandie), arr., cant., ✉ et à 6 k. d'Avranches. Pop. 651 h.

LOUP (St-), vg. *Marne* (Brie), arr. et à 40 k. d'Epernay, cant. et ✉ de Sézanne. Pop. 158 h.

LOUP (St-), vg. *H.-Marne* (Champagne), arr. et à 20 k. de Langres, cant. d'Auberive, ✉ d'Arc-en-Barrois. Pop. 233 h.

LOUP (St-), vg. *Nièvre* (Nivernais), arr., cant., ✉ et à 10 k. de Cosne. Pop. 737 h.

LOUP (St-), vg. *Rhône* (Lyonnais), arr. et à 24 k. de Villefranche-sur-Saône, cant. et ✉ de Tarare. Pop. 695 h. — *Fabriques* considérables d'étoffes de soie et de mousselines.

— *Foires* les 17 janv., 22 mars, 6 mai, 26 juill., 31 août, 18 sept. et 28 oct.

LOUP (St-), vg. *H.-Saône* (Franche-Comté), arr., cant., ✉ et à 13 k. de Gray. Pop. 266 h.

LOUP (St-), petite ville, *H.-Saône* (Franche-Comté), arr. et à 33 k. de Lure, chef-l. de cant. Cure. ✉. A 306 k. de Paris pour la taxe des lettres. Pop. 2,563 h. — *Terrain* du trias, grès bigarré.

Le premier nom de cette ville fut *Grannum*; c'était un *castrum* que les Romains avaient bâti sur les frontières des Vosges pour tenir en bride les belliqueux Angrons, dont le territoire s'étendait jusqu'à la Saône. Plus tard, ce castrum devint une forteresse vaste et capable d'une longue résistance. Ses habitants; qui en formaient la garnison, y osèrent braver la fureur d'Attila ; mais ils furent victimes de leur courage, et massacrés après la prise de leur ville. Quelques-uns s'étaient sauvés dans les bois, d'où ils revinrent ensuite relever leurs habitations. — Après la mort de saint Loup, évêque de Troyes, qui avait su arrêter les progrès d'Attila, les habitants de Grannum prirent ce saint pour patron et donnèrent son nom à leur ville. Cependant il ne les préserva ni des Bourguignons ni des Sarrasins, qui y renouvelèrent les cruautés d'Attila. — Après diverses guerres non moins acharnées, St-Loup, qui appartenait au duc de Bar, fut assiégé en 1340 par Thiébaud, duc de Bourgogne. Malgré l'intrépidité de la défense, la ville et le château furent pris et abandonnés à la rage des vainqueurs. Tout y périt : les habitants et les maisons disparurent dans les flammes. Une ville et une population nouvelle éprouvèrent en 1475 la colère de Charles le Téméraire. Lorsque Louis XI s'empara des deux Bourgognes, St-Loup devint pays de surséance, et dut à cette espèce d'indépendance une période de calme et d'amélioration. Bien que la ville ne fit pas partie de la Franche-Comté, Louis XIV s'en empara par un coup d'autorité, y mit garnison et lui donna le titre de ville. Elle est restée à la France depuis ce temps.

St-Loup est situé au pied des Vosges, au milieu de paysages pittoresques et au bord d'une plaine arrosée par la Seymouse, l'Angronne et le Combeauté.

PATRIE de J.-B. DEMANDRE, député du clergé aux états généraux, élu évêque métropolitain de Besançon en 1798.

Fabriques de droguets, de chapeaux de paille, de glu renommée. Filature hydraulique de laine. Brasserie. Huileries. Tanneries et mégisseries. — Entrepôt important des eaux-de-vie de cerises qui se distillent dans le canton. — *Foire* le 1er lundi de chaque mois.

Bibliographie. DESCHARRIÈRES (J.-Jos.-Cl.). *Essai sur l'histoire militaire du bourg de St-Loup, chef-lieu de canton, département de la Haute-Saône, dédié aux gardes nationales par un citoyen,* in-8, 1790.

LOUP (St-), vg. *Saône-et-Loire,* com. d'Artaix, ⊠ de Marcigny.

LOUP (St-), petite ville, *Deux-Sèvres* (Poitou), arr. et à 19 k. de Parthenay, chef-l. de cant. Cure. ⊠ et bureau d'enregist. à Airvault. Pop. 1,686 h. — TERRAIN tertiaire moyen. On voit à St-Loup un assez beau château, bâti sous Louis XIII, par le cardinal de Sourdis, qui lui avait donné la forme d'un H, en l'honneur d'une Henriette, sa cousine et sa maîtresse. Le prélat en avait orné l'escalier de peintures tellement obscènes, que la pudeur des propriétaires qui lui ont succédé n'a pu leur supporter. Ce domaine a appartenu à un homme bienfaisant, qui donnait 300 livres à quiconque venait s'établir à St-Loup avec un métier quelconque. Cette générosité y attira plusieurs ouvriers en draperie, et l'on voit encore dans quelques maisons de fort bons tapis, fabriqués à St-Loup. Après la mort de ce bon citoyen, l'industrie cessa d'être encouragée, et il ne resta plus que quelques métiers, employés aujourd'hui à fabriquer des tapis grossiers. — Tanneries.

Biographie. St-Loup est le lieu de naissance du père de Voltaire. C'est un séjour fort agréable ; les habitants passent pour avoir hérité d'une partie de l'esprit d'Arouet.

Commerce de vins, cuirs, laines et moutons. — *Foires* les 13 janv., 11 juin, 25 août et 25 nov.

LOUP (St-), vg. *Tarn-et-Garonne* (Armagnac), arr. et à 22 k. de Moissac, cant. et ⊠ d'Auvillars. Pop. 850 h.

LOUP-DE-BUFFIGNY (St-), vg. *Aube* (Champagne), arr., ⊠ et à 15 k. de Nogent-sur-Seine, cant. de Romilly-sur-Seine. Pop. 291 h.

LOUP-DE-FRILOIS (St-), vg. *Calvados* (Normandie), arr. et à 17 k. de Bayeux, cant. de Mézidon, de Cambremer. Pop. 181 h.

LOUP-DE-LA-SALLE (St-), vg. *Saône-et-Loire* (Bourgogne), arr. et à 33 k. de Chalon-sur-Saône, cant. et ⊠ de Verdun-sur-le-Doubs. ⌑. Pop. 987 h. — *Foires* les 28 mars, 19 août et 12 déc.

LOUP-DE-NAUD (St-), vg. *Seine-et-Marne* (Brie), arr., cant., ⊠ et à 8 k. de Provins. Pop. 800 h.

L'église paroissiale est romane ; le portail, plus récent, est dans le style ogival, est orné de fort belles sculptures. On y remarque de grands personnages nimbés, les apôtres, la Vierge et des figures fantastiques. Cette église a été classée récemment parmi les monuments historiques.

LOUP-DES-CHAUMES (St-), vg. *Cher* (Bourbonnais), arr. et à 15 k. de St-Amand-Montrond, cant. et ⊠ de Châteauneuf-sur-Cher. Pop. 378 h.

LOUP-DES-VIGNES (St-), vg. *Loiret* (Orléanais), arr. et à 20 k. de Pithiviers, cant. de Beaune-la-Rolande, ⊠ de Bois-Commun. Pop. 680 h. — *Foires* les 1er et 2 septembre.

LOUP-DE-VARENNES (St-), vg. *Saône-et-Loire* (Bourgogne), arr., cant., ⊠ et à 7 k. de Chalon-sur-Saône. Pop. 678 h.

LOUP-D'ORDON (St-), vg. *Yonne* (Champagne), arr. et à 21 k. de Joigny, cant. de St-Julien-du-Sault, ⊠ de Villevallier. P. 633 h.

LOUP-DU-DORAT (St-), vg. *Mayenne* (Anjou), arr. et à 24 k. de Château-Gontier, cant. et ⊠ de Grez-en-Bouère. Pop. 493 h.

LOUP-DU-GAST (St-), bg *Mayenne* (Maine), arr. et à 9 k. de Mayenne, cant. et ⊠ d'Ambrières. Pop. 974 h.

LOUPE (la), bg *Eure-et-Loir* (Beauce), arr. et à 23 k. de Nogent-le-Rotrou, chef-l. de cant. ⌑. ⌑. A 124 k. de Paris pour la taxe des lettres. Pop. 1,161 h. — TERRAIN tertiaire moyen. — *Commerce* de laines, chevaux et bestiaux. — *Foires* les mardis après le 2 fév., après Quasimodo, après le 1er juill., et 1er mardi d'oct.

LOUPE (la), vg. *Moselle,* comm. d'Arry, ⊠ de Metz. ⌑.

LOUPEIGNE, vg. *Aisne* (Picardie), arr. et à 25 k. de Soissons, cant. d'Oulchy, ⊠ de Fère-en-Tardenois. Pop. 220 h.

LOUPERSHAUSEN, vg. *Moselle* (pays Messin), arr., cant. et à 12 k. de Sarreguemines, ⊠ de Puttelange. Pop. 556 h.

LOUPES, vg. *Gironde* (Guienne), arr. et à 15 k. de Bordeaux, cant. et ⊠ de Créon. Pop. 134 h.

LOUP-FOUGÈRES, vg. *Mayenne* (Maine), arr. et à 21 k. de Mayenne, cant. de Villaine-la-Juhel, ⊠ du Ribay. Pop. 1,028 h.

LOUP-HORS (St-), vg. *Calvados* (Normandie), arr., cant., ⊠ et à 2 k. de Bayeux. Pop. 212 h.

LOUPIA, vg. *Aude* (Languedoc), arr., cant., ⊠ et à 12 k. de Limoux. Pop. 324 h.

LOUPIAC, vg. *Aveyron* (Rouergue), arr. et à 36 k. de Villefranche-sur-Aveyron, cant. d'Aspières, ⊠ de Villeneuve. P. 1,146 h. — *Foires* les 9 fév., 18 avril, 2 juill. et 29 nov.

LOUPIAC, vg. *Cantal* (Auvergne), arr. et à 15 k. de Mauriac, cant. de Pléaux, ⊠ de St-Martin-Valmeroux. Pop. 508 h. — Le château de Branzac, quoique maintenant délabré, offre l'aspect d'un édifice jadis somptueux, et qui contraste singulièrement avec les sites pittoresques, mais sauvages, qui l'entourent, sur la rive gauche de la Maronne.

LOUPIAC, vg. *Lot,* comm. de Laramière, ⊠ de Limogne.

LOUPIAC, vg. *Lot* (Quercy), arr. de Gourdon, cant. et ⊠ de Payrac.

LOUPIAC, vg. *Lot,* comm. et ⊠ de Puy-l'Évêque.

LOUPIAC, vg. *Tarn* (Languedoc), arr. et à 10 k. de Gaillac, cant. et ⊠ de Rabastens. P. 349 h.

LOUPIAC-DE-BLAIGNAC, vg. *Gironde* (Bazadois), arr., cant., ⊠ et à 5 k. de la Réole. Pop. 299 h.

LOUPIAC-DE-CADILLAC, vg. *Gironde* (Guienne), arr. et à 34 k. de Bordeaux, cant. et ⊠ de Cadillac. Pop. 902 h.

LOUPIAN, vg. *Hérault* (Languedoc), arr. et à 31 k. de Montpellier, cant. et ⊠ de Mèze. Pop. 1,104 h.

LOUPILLE, vg. *Eure-et-Loir,* comm. de Pérouville, ⊠ de Patay.

LOUPLANDE, vg. *Sarthe* (Maine), arr. et à 17 k. du Mans, cant. de la Suze, ⊠ de Chemiré-le-Gaudin. Pop. 1,055 h.

LOUP-LE-BOSQUET (St-), vg. *Tarn,* comm. et ⊠ de Puylaurens.

LOUP-LE-GONOIS (St-), vg. *Loiret* (Gatinais), arr. et à 18 k. de Montargis, cant. et ⊠ de Courtenay. Pop. 153 h.

LOUPMONT, vg. *Meuse* (Lorraine), arr. de Commercy, cant., ⊠ et à 11 k. de St-Mihiel. Pop. 520 h.

LOUPOURRET, vg. *Gers,* comm. de Labarthète, ⊠ de Riscle.

LOUPPY, ou LOUPPY-SUR-LOISON, vg. *Meuse*

(pays Messin), arr., cant. et à 9 k. de Montmédy. ⊠. A 278 k. de Paris pour la taxe des lettres. Pop. 475 h.

LOUPPY-LE-CHATEAU, vg, *Meuse* (Lorraine), arr., ⊠ et à 13 k. de Bar-le-Duc, cant. de Vaubécourt. Pop. 599 h.

LOUPPY-LE-PETIT, vg. *Meuse* (Lorraine), arr., ⊠ et à 12 k. de Bar-le-Duc, cant. de Vaubécourt. Pop. 545 h.

Bibliographie. CAUNIER. *Statistique agricole et industrielle de la commune de Louppy-le-Petit*, in-8, 1841.

LOUPS, vg. *Gironde*, comm. de Landiras, ⊠ de Podensac.

LOUP-SUR-ARRON (St-), vg. *Nièvre*, comm. de St-Germain-Chassenay, ⊠ de Decize.

LOUPTIÈRE (la), vg. *Aube* (Champagne), arr., cant., ⊠ et à 15 k. de Nogent-sur-Seine. Pop. 366 h.

PATRIE du célèbre chimiste THÉNARD, membre de l'Institut.

LOURCHES, vg. *Nord* (Flandre), arr. et à 12 k. de Valenciennes, cant. et ⊠ de Bouchain. Pop. 2,816 h.

LOURDE, vg. *H.-Garonne* (Comminges), arr. et à 20 k. de St-Gaudens, cant et ⊠ de St-Bertrand. Pop. 437 h.

LOURDES, *Lapurdum*, petite ville, *H.-Pyrénées* (Gascogne), arr. et à 20 k. de Tarbes, chef-l. de cant. Trib. de 1ʳᵉ instance de l'arr. Cure. ⊠. ⌘. A 772 k. de Paris pour la taxe des lettres. Pop. 4,146 h. — TERRAIN jurassique, voisin du terrain cristallisé.

Lourdes est une ville très-ancienne, où l'on voit quelques restes de tours qui passent pour avoir été construites au temps de César. L'historien Froissard attribue leur construction aux Romains, pour contenir sous leur obéissance les peuples insoumis des vallées. Cette ville doit son origine au château bâti sur la pointe d'un rocher très-élevé qui la domine, et dont le pied est baigné par les eaux du gave de Pau. Du temps de Charlemagne, ce château fut appelé Mirambel; il a été possédé successivement par les Goths, les Vandales, les Anglais, les comtes de Bigorre, et les vicomtes de Béarn. Cette forteresse était regardée par ses possesseurs comme comme une des plus importantes du pays; elle a été donnée souvent en otage par les comtes de Bigorre pour sûreté de leurs engagements. Le comte de Leicester s'empara de ce château; Éléonore, son épouse, le céda au roi de Navarre, qui y établit un gouverneur. Après le traité de Brétigny, il fut sous la puissance des Anglais. Le duc d'Anjou tenta, sans succès, de s'en emparer en 1372. Les Béarnais, commandés par le baron d'Arros, incendièrent la ville en 1573.

La ville de Lourdes est avantageusement située à la jonction de quatre vallées. Elle entoure, de l'autre côté du gave, le roc qui supporte le château, et s'étend dans un ravin traversé par un torrent. C'est une ville assez bien bâtie, mais irrégulière. Une grosse tour carrée forme la masse principale du château; le logement du gouverneur, une chapelle, et une caserne pour une garnison de 100 soldats, composent le reste. — Au milieu de la place d'armes est un bloc scellé en 1794, le jour anniversaire de la mort de Louis XVI. Sur une de ses faces, on lit : LA LOI; sur une autre : LIBERTÉ; sur la troisième : ÉGALITÉ. On a gravé sur la troisième ce principe d'éternelle justice : « Ne fais pas à autrui ce que tu ne voudrais pas qui te fût fait. »

Il existe encore à Lourdes quelques familles signalées comme devant leur origine à la race des Cagots, ce qui ne les empêche pas de s'allier par des mariages avec les autres habitants. Au nord-ouest de la ville, sur la rive droite du ruisseau Lapaca, est un petit hameau isolé, de médiocre apparence, appelé *des Cagots*, que la tradition désigne comme ayant été autrefois l'asile exclusif de cette race. Les individus de ce hameau avaient autrefois dans l'église de Lourdes une place particulière, ainsi qu'une petite porte et un bénitier affectés à leur usage.

On remarque près de Lourdes plusieurs grottes creusées dans une montagne calcaire, sur la rive gauche du gave; ce sont de longues galeries, où l'on pénètre à la lueur des flambeaux. La plus belle est celle dite du Loup : l'entrée en est étroite et difficile; mais à peine y est-on introduit, que le dôme s'élève, et l'on marche commodément. Elle est divisée ensuite en trois énormes crevasses, dont celle du milieu est terminée par un affreux précipice. — A peu de distance, au nord-ouest de la ville, est le lac de Lourdes, qui a environ 4 k. de circonférence, et qui abonde en anguilles et en brochets monstrueux.

PATRIE du lieutenant général baron MARANSIN.

Fabriques de toiles de lin, mouchoirs, crépons, bas rayés, etc. — *Commerce* de vaches laitières. — *Foires* de 3 jours les 2 mai, 18 oct. et 1ᵉʳ déc.

LOURDIOS-ICHÈRE, vg. *B.-Pyrénées* (Béarn), arr. et à 21 k. d'Oloron, cant. d'Accous, ⊠ de Bedous. Pop. 661 h.

LOURDOUEIX-ST-MICHEL, vg. *Indre* (Berry), arr. et à 26 k. de la Châtre, cant. et ⊠ d'Aigurande. Pop. 1,262 h.

LOURDOUEIX-ST-PIERRE, vg. *Creuse* (Marche), arr. et à 27 k. de Guéret, cant. de Bonnat, ⊠ d'Aigurande. Pop. 2,227 h.

LOURES, vg. *H.-Pyrénées* (Armagnac), arr. et à 43 k. de Bagnères-de-Bigorre, cant. de Mauléon-Barrousse, ⊠ de St-Bertrand. Pop. 447 h.

LOURESSE-ROCHEMENIER, vg. *Maine-et-Loire* (Anjou), arr. et à 25 k. de Saumur, cant. et ⊠ de Doué. Pop. 606 h.

LOURMAIS, vg. *Ille-et-Vilaine* (Bretagne), arr. et à 34 k. de St-Malo, cant. et ⊠ de Combourg. Pop. 352 h.

LOURMARIN, bg *Vaucluse* (Provence), arr. et à 15 k. d'Apt, cant. de Cadenet. ⊠. A 744 k. de Paris pour la taxe des lettres. Pop. 1,570 h. — Il est fameux dans le XVIᵉ siècle par son attachement aux doctrines de Calvin. C'était une place forte, dont les protestants avaient fait le centre de tous leurs mouvements dans cette contrée. — *Foires* les 1ᵉʳ et 30 nov., et 1ᵉʳ jeudi d'août.

LOURNAND, vg. *Saône-et-Loire* (Bourgogne), arr. et à 28 k. de Mâcon, cant. et ⊠ de Cluny. Pop. 656 h.

On remarque aux environs, sur une colline élevée, les ruines pittoresques du château de Lourdan. Fortifié par sa position et par l'art, ce château soutint plusieurs attaques; il fut pris dans le XIIᵉ siècle par le comte de Chalon, et dans le XVIᵉ siècle par les protestants et par les catholiques, qui s'en emparèrent tour à tour. Les excès commis par les garnisons qui l'occupèrent ayant excité les réclamations les plus vives de la part des états du Mâconnais, un arrêté de 1614 en ordonna la destruction, qui n'eut lieu toutefois qu'en 1622. Des débris de colonnes d'une hauteur inégale, rangées sur les murailles, l'enceinte d'un jeu de paume, une tour percée de meurtrières, et des pans de murailles renversés çà et là, à une assez grande distance les unes des autres, voilà à peu près tout ce qui reste de cet immense édifice, où était jadis déposé le trésor de l'abbaye de Cluny.

LOUROUER, vg. *Indre* (Berry), arr., cant., et à 5 k. de la Châtre. Pop. 386 h.

LOUROUER-LES-BOIS, vg. *Indre* (Berry), arr. et à 7 k. de Châteauroux, cant. d'Ardentes-St-Vincent. Pop. 1,036 h.

LOUROUX (le), vg. *Indre-et-Loire* (Touraine), arr. et à 19 k. de Loches, cant. de Ligueil, ⊠ de Monthelan. Pop. 703 h.

LOUROUX-BECONNAIS (le), bg *Maine-et-Loire* (Anjou), arr. et à 27 k. d'Angers, chef-l. de cant. Bureau d'enregist. à St-Georges-sur-Loire. Cure. ⊠. A 328 k. de Paris pour la taxe des lettres. Pop. 2,523 h. — TERRAIN de transition moyen. — *Foires* les 23 mai et 11 août.

LOUROUX-BOURBONNAIS, vg. *Allier* (Bourbonnais), arr. et à 34 k. de Montluçon, cant. et ⊠ d'Hérisson. Pop. 770 h.

LOUROUX-DE-BEAUNE, vg. *Allier* (Bourbonnais), arr. et à 25 k. de Montluçon, cant. et ⊠ de Montmarault. Pop. 421 h.

LOUROUX-DE-BOUBLE, vg. *Allier* (Bourbonnais), arr. et à 30 k. de Gannat, cant. et ⊠ d'Ebreuil. Pop. 728 h.

LOUROUX-HODEMENT, vg. *Allier* (Bourbonnais), arr. et à 20 k. de Montluçon, cant. et ⊠ d'Hérisson. Pop. 608 h.

LOURPS, vg. *Seine-et-Marne* (Brie), arr., cant., et à 9 k. de Provins. Pop. 214 h.

LOURQUEN, vg. *Landes* (Gascogne), arr. et à 24 k. de Dax, cant. de Montfort, ⊠ de Mugron. Pop. 416 h.

LOURTIES, vg. *Gers* (Armagnac), arr. et à 13 k. de Mirande, cant. et ⊠ de Masseube. Pop. 257 h.

LOURY, vg. *Loiret* (Orléanais), arr. et à 18 k. d'Orléans, cant. de Neuville-aux-Bois. ⊠. A 119 k. de Paris pour la taxe des lettres. Pop. 1,315 h.

LOUSLITGES, vg. *Gers* (Armagnac), arr.

et à 23 k. de Mirande, cant. et ✉ de Montesquiou. Pop. 366 h.

LOUSPEYROUX, vg. *Lot-et-Garonne*, comm. de St-Maur-de-Peyriac, ✉ de Mézin.

LOUSSOUS-DEBAT, vg. *Gers* (Armagnac), arr. et à 33 k. de Mirande, cant. et ✉ d'Aignan. Pop. 240 h.

LOUTEHEL, vg. *Ille-et-Vilaine* (Bretagne), arr. et à 38 k. de Redon, cant. de Maure, ✉ de Plélan. Pop. 403 h.

LOUTREMANGE, ou LAUTREM, vg. *Moselle* (pays Messin), arr. et à 20 k. de Metz, cant. et ✉ de Boulay. Pop. 159 h.

LOUTTEVILLE, vg. *Seine-et-Oise*, comm. de Champcueil, ✉ de Menneçy.

LOUTZWILLER, vg. *Moselle* (pays Messin), arr. et à 35 k. de Sarreguemines, cant. de Volsmunster, ✉ de Bitche. Pop. 668 h.

LOUVAGNY, vg. *Calvados* (Normandie), arr. et à 14 k. de Falaise, cant. de Coulibœuf, ✉ de Jort. Pop. 124 h.

LOUVAILLES, vg. *Seine-Inf.*, comm. de la Vaupalière, ✉ de Rouen.

LOUVAINES, bg *Maine-et-Loire* (Anjou), arr., cant., ✉ et à 5 k. de Segré. Pop. 931 h.

LOUVATANGE, vg. *Jura* (Franche-Comté), arr. et à 24 k. de Dôle, cant. de Gendrey, ✉ d'Orchamps. Pop. 187 h.

LOUVE (la), *Lupa*, rivière qui prend sa source au-dessus de Pontarlier (Doubs), passe à Villafons, Ornans, près de Quingey, à Lesney, et se jette dans le Doubs, à 8 k. S. de Dôle, après un cours d'environ 125 k.

LOUVECIENNES, ou LUCIENNES, *Lupicinus*, *Lovecenæ*, vg. *Seine-et-Oise* (Ile-de-France), arr. et à 7 k. de Versailles, cant. de Marly-le-Roi, ✉ de St-Germain-en-Laye. Pop. 710 h.

Louveciennes est un village très-ancien dont il est fait mention de ix° siècle; il est situé sur la pente d'une montagne, et embelli par plusieurs maisons de campagne. Près de là est le bel aqueduc de Louveciennes ou de Marly, composé de trente-six arcades et long de 660 m., aux deux extrémités duquel sont deux châteaux d'eau; l'une est élevée de la Seine dans cet aqueduc, et de là elle est amenée dans des réservoirs qui alimentent les fontaines et jets de Versailles. — Le village de Louveciennes est digne de fixer l'attention des amateurs de la belle nature par les sites délicieux qui l'environnent. — Les promenades sont charmantes, notamment celles du bois de Marly et de la Selle-lès-St-Cloud. — L'église paroissiale présente deux ordres d'architecture très-distincts; l'un paraît remonter au xive siècle, l'autre est tout à fait moderne. — Six lavoirs publics sont établis sur différents points du village, où il existe aussi des sources abondantes qui arrosent et fertilisent son territoire.

Le château de Louveciennes est assez joli; mais ce qui en fait la principale beauté, c'est un pavillon construit en 1772, par Ledoux, pour la fameuse Dubarry. Cet édifice est peu éloigné du château; il est bâti sur une terrasse dans la plus magnifique exposition. Sa façade, du côté de l'entrée, est ornée de refends, et présente un vestibule semi-circulaire, ouvert par trois entre-colonnements ioniques, dont le fût des colonnes est cannelé. L'intérieur de ce péristyle est décoré de deux statues et d'un bas-relief, par Lecomte. — Le plan de ce pavillon est carré; il présente dans sa distribution une salle à manger ovale, revêtue de marbre blanc et décorée de pilastres corinthiens, avec bases et chapiteaux de bronze doré; un salon carré, orné d'une magnifique corniche composée à consoles. Les peintures de ce salon sont de Feuillet, de Metivier et de Fragonard; à droite est un salon de jeu, et à gauche un boudoir richement orné, dont le plafond est dû au pinceau de Briard. La façade, du côté de la rivière, sur laquelle donne le grand salon, est décorée de quatre colonnes ioniques élevées sur un stylobate; le même entablement compose tout l'édifice. Rien n'était plus riche et plus recherché que les meubles et les ornements de ce petit palais; les tables, les feux, les chambranles des cheminées, les serrures, etc., étaient d'un fini précieux. Après la construction de ce pavillon, Louis XV se retira presque entièrement dans cette habitation, où Louis XV venait régulièrement la voir. A la mort de ce monarque, Louis XVI lui intima l'ordre de se rendre à l'Abbaye-aux-Dames; cependant, par respect pour son aïeul, il révoqua bientôt cet ordre, et autorisa Mme Dubarry à fixer sa résidence à Louveciennes, où l'ancienne liaison qu'elle avait formée avec le duc de Brissac suppléa aux cercles brillants dont elle avait été si longtemps entourée.

Le château de Louveciennes était naguère la propriété de M. Jacques Laffitte.

Louveciennes, vu des bords de la Seine, a un effet très-pittoresque; on le voit comme suspendu en l'air. Quoiqu'au haut d'une montagne, cette maison de plaisance renferme ce qui donne de la vie à un paysage, des eaux pures et abondantes. Des canaux, qui communiquent avec ceux de l'aqueduc, conduisent les eaux dans l'intérieur du parc. Le pavillon est surtout agréable par les points de vue immenses qu'il présente : de ce lieu enchanteur, la Seine paraît être à deux pas; sur la gauche, on distingue la forêt et la terrasse de St-Germain. Un peu plus loin, dans l'enfoncement, on aperçoit les hauteurs de Mareil; sur la droite le fort du mont Valérien; en face se déroule la Seine et s'étend la vallée de Chatou, que termine le bois de Vésinet.

Fête patronale le dimanche après le 4 juillet.

LOUVEMONT, vg. *H.-Marne* (Champagne), arr., cant., ✉ et à 7 k. de Vassy. Pop. 993 h. — Forges.

LOUVEMONT, vg. *Meuse* (pays Messin), arr., et à 10 k. de Verdun-sur-Meuse, cant. de Charny. Pop. 268 h.

LOUVENCOURT, vg. *Somme* (Picardie), arr. et à 16 k. de Doullens, cant. et ✉ d'Acheux. Pop. 651 h.

LOUVENNE, vg. *Jura* (Franche-Comté), arr. et à 30 k. de Lons-le-Saulnier, cant. de St-Julien, ✉ de St-Amour. Pop. 420 h.

LOUVENT, vg. *Isère*, comm. de Primarette-St-Julien, ✉ de Beaurepaire.

LOUVERCY, *Luperciacum*, vg. *Marne* (Champagne), arr. et à 18 k. de Châlons-sur-Marne, cant. de Suippes, ✉ des Petites-Loges. Pop. 270 h.

LOUVERGNY, vg. *Ardennes* (Champagne), arr. et à 20 k. de Vouziers, cant. et ✉ du Chêne. Pop. 429 h.

LOUVERNÉ, bg *Mayenne* (Maine), arr., ✉ et à 8 k. de Laval, cant. d'Argentré. Pop. 1,478 h. — Fours à chaux.

LOUVEROT (le), vg. *Jura* (Franche-Comté), arr. et à 8 k. de Lons-le-Saulnier, cant. et ✉ de Voiteur. Pop. 225 h.

LOUVERS (les), vg. *Jura*, comm. de Petit-Noir, ✉ de Chemin.

LOUVERREY, *Louversiacum*, vg. *Eure* (Normandie), arr. et à 22 k. d'Evreux, cant. et ✉ de Conches. Pop. 352 h.

LOUVESC, vg. *Ardèche* (Vivarais), arr. et à 33 k. de Tournon, cant. et ✉ de Satillieu. Pop. 819 h. — On y remarque le tombeau de saint François Régis, but d'un pélerinage qui attire annuellement plus de cent mille personnes. — Foires les 8 mai, 21 juin, 15 sept. et 26 oct.

LOUVETOT, vg. *Seine-Inf.* (Normandie), arr. et à 6 k. d'Yvetot, cant. et ✉ de Caudebec. Pop. 872 h.

LOUVICAMP, vg. *Seine-Inf.*, comm. de Mesnil-Mauger, ✉ de Forges.

LOUVIE-JUZON, vg. *B.-Pyrénées* (Béarn), arr. et à 21 k. d'Oloron, cant. et ✉ d'Arudy. Pop. 1,603 h. Près de la rive droite du gave d'Osseau. ⚒. — Carrières de marbre. Forges.

LOUVIE-SOUBIRON, vg. *B.-Pyrénées* (Béarn), arr. et à 29 k. d'Oloron, cant. et ✉ de Laruns. Pop. 353 h.

LOUVIÈRE (la), vg. *Aude* (Languedoc); arr. et à 28 k. de Castelnaudary, cant. et ✉ de Salles-sur-l'Hers. Pop. 414 h. — Il y avait autrefois une chartreuse fondée en 1315 par P. de Roquefort, évêque de Carcassonne.

LOUVIÈRES, vg. *Calvados* (Normandie), arr. et à 22 k. de Bayeux, cant. de Trévières, ✉ de Formigny. Pop. 197 h.

LOUVIÈRES, vg. *H.-Marne* (Champagne), arr. et à 18 k. de Chaumont-en-Bassigny, cant. et ✉ de Nogent-le-Roi. Pop. 257 h.

LOUVIÈRES, vg. *Orne* (Normandie), arr. et à 18 k. d'Argentan, cant. et ✉ de Trun. Pop. 228 h.

LOUVIERS, *Luparia*, *Loverium*, *Loverii*, ville ancienne, *Eure* (Normandie), chef-l. de sous-préf. (2e arr.) et d'un cant. Trib. de 1re inst. et de comm. Chambre consultative de manufactures. Conseil de prud'hommes. Cure. Gîte d'étape. ⚒. Pop. 9,998 h. — TERRAIN crétacé supérieur, craie.

Autrefois comté, diocèse d'Evreux, parlement et intendance de Rouen, élection du Pont-de-l'Arche, gouvernement particulier, couvent de pénitents et de capucins.

L'histoire ne commence à faire mention de Louviers que vers la fin du xiie siècle. En 1195 Philippe Auguste et Richard Cœur de lion y eurent une entrevue dans laquelle ils fixèrent par un traité les limites de leurs territoires respectifs. — Louviers fut un des domaines que Richard Cœur de lion céda en 1197 à l'archevêque de Rouen en échange de celui d'Andelys. Depuis cette époque jusqu'à la révolution, les archevêques en eurent la seigneurie sous le titre de comté. Froissart mentionne Lonviers au XIVe siècle comme une grosse ville riche et fort marchande; mais elle n'était pas fermée.

En 1346 cette ville fut pillée par les Anglais sous la conduite d'Édouard III : ils y entrèrent encore en 1356, la pillèrent de nouveau et en restèrent maîtres jusqu'en 1360. Après ces événements, les bourgeois commencèrent en 1366 à fortifier leur ville. — En 1418, Henri V vint à la tête de 10,000 hommes en faire le siège : il essuya une vigoureuse résistance de vingt-six jours : après la capitulation, cent vingt bourgeois furent mis à mort, et les autres eurent à payer une rançon de 15,000 écus. — En 1430 une troupe française, composée en grande partie des bourgeois de la ville qui en avaient été exilés, y entra par surprise et en expulsa les Anglais. L'année suivante, le duc de Bedford, à la tête de 12,000 hommes, en entreprit le siège : après une défense qui dura vingt-trois semaines, tout fut rasé, les murailles, le manoir des archevêques, les halles, etc. : la ville fut même abandonnée en partie et relevée seulement en 1440.

Charles VII accorda aux bourgeois, en mémoire de leurs services, de nombreuses exemptions. En 1449 il résida à Louviers pendant le siège de Château-Gaillard. Après la guerre dite du Bien-Public, le duc de Bourbon se rendit maître de la ville en 1466 pour Louis XI. Les états de Normandie y tinrent leurs séances en 1500, à cause de la contagion qui régnait à Rouen. — En 1562, pendant que les protestants occupaient cette ville, le parlement se tint à Louviers ; son séjour, qui dura quatre mois, fut marqué par un arrêt fort rigoureux rendu contre les protestants. — Les bourgeois furent ligueurs ardents ; mais en 1591 le maréchal de Biron les réduisit.

Les *armes de Louviers* sont : *d'azur au lion d'or, à la bordure de gueules chargée de besants d'or.*

Louviers, autrefois *Loviers*, est situé sur l'Eure, qui est navigable et sur laquelle les bateaux de la Seine remontent jusqu'à Jarry. Elle est bâtie dans un vallon riant et fertile qu'entourent des bois étendus, et il paraît que les sites, aussi variés qu'agréables, qui l'entourent, lui ont fait donner son premier nom, qu'elle a conservé jusque sous le XVe siècle.

Cette ville, située jadis sur la rive gauche, et aujourd'hui, par ses accroissements successifs, sur les deux rives de l'Eure, est presque entièrement bâtie en bois dans sa partie vieille, composée de trois ou quatre larges rues, communiquant entre elles par un grand nombre de ruelles. La partie neuve, bâtie en briques et en pierres de taille, a de beaucoup agrandi son enceinte, dont les vieux quartiers rajeunissent aussi tous les jours. La rue longue et belle qui sert de passage à la grande route, franchit les bras de l'Eure sur trois ponts, dont le plus considérable est bombé comme les vieux ponts, et large comme les ponts modernes.

L'enceinte de la ville, qui avait trois portes, était formée de murailles protégées par un large fossé et flanquées de tours carrées : ces fortifications ont disparu dans le XVIIIe siècle. Il a existé deux couvents, l'un de pénitents et l'autre de religieuses dites de Saint-Louis : les bâtiments de ce dernier renferment aujourd'hui les établissements publics de la ville. C'est ce couvent qui, vers 1642, fut le théâtre de la célèbre affaire de sorcellerie connue sous le nom de Possession des religieuses de Louviers : quinze d'entre elles se prétendirent possédées par autant de démons.

L'église est un magnifique édifice qui paraît avoir été construit au temps des premières croisades. On reconnaît à ses ogives élancées les élégantes traditions de l'architecture syrienne. La masse de l'édifice est cependant soutenue par d'énormes piliers d'architecture lombarde. Un certain nombre de croisées mauresques ont été percées dans les murailles. Des colonnes de même goût, admirables par leur élégance et le travail parfait de leurs bases et de leurs chapiteaux, décorent le grand portail. Dans sa partie principale, et dans le pilastre du milieu, on ne peut méconnaître l'époque de la renaissance. La seconde ligne des bas-côtés, à la gauche de la nef, et le joli portail du midi, si remarquable par ses aiguilles élégantes, ses hardis pendentifs et la profusion de ses dentelles à jour, ont été terminés vers 1496. Les fenêtres au midi sont à peu près de ce temps : le côté du nord est de 1540. Les vitraux de l'église sont du XIIIe siècle ; on le reconnaît à leurs tons rudes, à leur dessin anguleux, et surtout à la naïveté et à la bizarrerie des sujets.

On remarque encore à Louviers la maison des templiers, bâtie vers la fin du XIIe siècle, dont le style et le caractère sont d'autant plus curieux qu'il reste infiniment peu d'habitations particulières d'une époque aussi reculée; la bibliothèque publique, la salle de spectacle, les promenades, etc.

Biographie. Patrie du poëte Michel Linant.

Du littérateur J.-L. Jamet.

Du médecin Th. Dagoumer.

Industrie. Il paraît que dès le XIIe siècle Louviers avait des fabriques de toiles importantes ; ces fabriques étant tombées vers le milieu du XVIe siècle, cette ville commença à tirer ses laines de l'étranger, et s'abandonna particulièrement à la fabrication des draps fins. La manufacture de draperie de Louviers ne date toutefois que de 1681, époque où elle fut créée par arrêt du conseil. Douze ou quinze ans plus tard il y avait déjà huit à neuf maîtres, qui pouvaient occuper quarante métiers et fabriquer neuf cents pièces. Aujourd'hui les riches et nombreuses fabriques de Louviers sont au nombre de plus de quarante, et occupent sept à huit mille ouvriers, tant hommes que femmes et enfants. Ces fabriques méritent surtout d'être remarquées à cause du bel ensemble de machines qu'elles présentent et qui, pour la plupart, ont été améliorées ou renouvelées depuis la fin du premier quart de ce siècle. — Avant la révolution, il se fabriquait à Louviers, année commune, trois à quatre mille pièces. En 1837, la fabrication totale s'élevait de douze à quinze mille pièces de draps, et elle s'est encore accrue depuis cette époque. Les prix des draps varient depuis 16 fr. jusqu'à 65 fr. l'aune; mais il s'en fait très peu dans cette dernière qualité. C'est dans les prix de 30 à 40 fr. qu'on en fabrique le plus. Il faut remarquer, à l'avantage de cette ville, que les draps qu'elle livre aujourd'hui à la consommation, sont, à qualité égale, de 15 à 20 pour cent meilleur marché qu'en 1820. Toutefois Louviers, par une erreur qui lui a été fatale, n'a suivi que fort tard le mouvement progressif de l'époque ; mais, éclairée par l'expérience, elle a renoncé à son système exclusif de belles fabrications, et s'en trouve bien. Louviers, comme Elbeuf, fabrique maintenant des draps pour toutes les bourses, et qui trouvent dans la consommation intérieure les débouchés qui naguère lui manquaient à l'intérieur pour ses beaux produits. On y fabrique aussi des étoffes nouveautés pour pantalons, des tartans pour manteaux de dames, etc., etc.

La ville de Louviers a mérité des distinctions de premier ordre à toutes les expositions de l'industrie nationale. Les produits de ses manufactures s'expédient dans tout l'intérieur du royaume, ainsi que dans le midi de l'Europe, particulièrement en Piémont et en Italie. Les États-Unis font aussi quelques demandes, mais peu considérables. Louviers exporte environ un tiers de sa fabrication, elle entretient aussi plusieurs filatures de laine travaillant principalement pour Elbeuf. On y trouve aussi une importante fabrique de cardes, des tanneries qui préparent trois à quatre mille cuirs ; des blanchisseries de toiles, et des ateliers remarquables dans lesquels on fabrique des machines pour filer et pour tisser la laine et le coton, des machines à vapeur à haute pression, des appareils de chauffage pour teinture, etc., etc., etc. Nombreuses teintureries. Briqueteries. — *Commerce* de grains, bois, charbon, lin, laines, chardons à carder, draps, casimirs et articles de ses manufactures. — *Foires* les 24 fév., 23 avril, 4 juillet, 29 sept. et 11 nov.

A 24 k. N. d'Évreux, 34 k. S. de Rouen, 110 N.-O. de Paris.

L'arrondissement de Louviers est composé de 5 cantons : Amfreville, Gaillon, Louviers, le Neubourg, Pont-de-l'Arche.

Bibliographie. Morin (Louis-René). *Histoire de Louviers, augmentée de traits historiques placés suivant l'ordre chronologique, dans lesquels il s'en trouve qui concernent l'histoire de la Normandie, avec quelques détails et réflexions sur les hommes qui ont eu de l'influence sur le sort de l'État,* 2 parties in-12, 1822.

Dixon (Paul). *Essai historique sur Louviers*, in-8 et fig., 1836.

Bréauté (L.). *Catalogue de la bibliothèque de la ville de Louviers, publié en exécution de l'article 38 de l'ordonnance du 22 fév. 1839*, in-8, 1844.

Gauffre (N. le). *Récit de ce qui s'est passé aux exorcismes de plusieurs religieuses de Louviers*, in-8, 1643.

* *Trois Questions touchant l'accident arrivé aux religieuses de Louviers*, in-4.

Breton (Jean le). *Défense de la vérité, touchant la possession des religieuses de Louviers*, in-4, 1643.

Ivelin. *Examen de la possession des religieuses de Louviers*, in-4, 1643.

* *Censure de l'Examen*, 1643.

* *Réponse à l'Examen*, in-4, 1643.

* *Apologie pour l'auteur de l'Examen de la possession des religieuses de Louviers*, 1643.

* *Réponse à l'Apologie de l'Examen*, in-4, 1644.

* *Traité des marques des possédés, et les preuves de la possession des religieuses de Louviers*, par P. M. D., in-4, 1644.

Borosger (Esprit du). *La piété affligée, ou Discours historique et théologique de la possession des religieuses de Louviers*, in-4, 1652; in-12, 1700.

* *Histoire de Magdeleine Bavent, religieuse du monastère de St-Louis de Louviers, convaincue du crime de magie*, etc., in-4, 1652.

LOUVIGNÉ, bg *Mayenne* (Maine), arr., ✉ et à 10 k. de Laval, cant. d'Argentré. Pop. 569 h.

LOUVIGNÉ-DE-BAIS, vg. *Ille-et-Vilaine* (Bretagne), arr. et à 15 k. de Vitré, cant. et ✉ de Châteaubourg. Pop. 1,630 h.

LOUVIGNÉ-DU-DÉSERT, bg *Ille-et-Vilaine* (Bretagne), arr. et à 15 k. de Fougères, chef-l. de cant. Cure. ✉. ⚘. A 298 k. de Paris pour la taxe des lettres. Pop. 3,524 h. — Terrain cristallisé, granit.

Il y avait jadis dans ce bourg une maison de templiers dont quelques bâtiments encore existants faisaient partie; l'église est devenue l'église paroissiale, et quoiqu'une partie ait été reconstruite dans un genre plus moderne, on y reconnaît encore de beaux restes d'architecture gothique. — Tanneries. — Foires les 25 juin et 29 sept.

LOUVIGNIES-BAVAY, vg. *Nord* (Flandre), arr. et à 24 k. d'Avesnes, cant. et ✉ du Bavay. Pop. 636 h.

LOUVIGNIES-QUESNOY, vg. *Nord* (Flandre), arr. et à 31 k. d'Avesnes, cant. et ✉ de Quesnoy. Pop. 1,067 h.

LOUVIGNY, *Luvigneium*, vg. *Calvados* (Normandie), arr., cant., ✉ et à 6 k. de Caen. Pop. 672 h.

LOUVIGNY, vg. *Moselle* (pays Messin), arr. et à 20 k. de Metz, cant. de Verny, ✉ de Solgne. Pop. 939 h. Près de la rive droite de la Seille, à 16 k. de Metz.

Il était autrefois défendu par une forteresse que René II, duc de Lorraine, assiégea et prit en 1490, et dont il fit pendre ou noyer la garnison. Durant les guerres de la Ligue, les Messins prirent Louvigny aux Lorrains, le 28 février 1590; mais, à la fin d'avril de la même année, le duc de Lorraine reprit d'assaut cette forteresse et fit pendre la garnison.

LOUVIGNY, vg. *B.-Pyrénées* (Béarn), arr. et à 30 k. d'Orthez, cant. et ✉ d'Arzacq. Pop. 418 h.

LOUVIGNY, vg. *Sarthe* (Maine), arr., cant., ✉ et à 15 k. de Mamers. Pop. 573 h.

LOUVIL, vg. *Nord* (Flandre), arr. et à 14 k. de Lille, cant. et ✉ de Cysoing. P. 734 h.

LOUVILLE-LA-CHENARD, vg. *Eure-et-Loir* (Beauce), arr. et à 27 k. de Chartres, cant. et ✉ de Voves. Pop. 611 h.

LOUVILLIERS-EN-DROUAIS, vg. *Eure-et-Loir* (Beauce), arr., cant., ✉ et à 7 k. de Dreux. Pop. 135 h.

LOUVILLIERS-LES-PERCHES, vg. *Eure-et-Loir* (Beauce), arr. et à 27 k. de Dreux, cant. et ✉ de Senonches. Pop. 282 h.

LOUVOIS, *Loup-vois*, joli village, *Marne* (Champagne), arr. et à 19 k. de Reims, cant. et ✉ d'Aï. Pop. 400 h.

Autrefois marquisat, intendance de Châlons, élection d'Epernay, diocèse de Reims.

Il est assez bien bâti au fond d'une gorge en pente douce à partir du château, sur la Livre, qui a sa source à peu de distance. C'est une ancienne baronnie, érigée ensuite en marquisat, dont Gaucher de Châtillon, qui vivait en 1218, est le premier seigneur connu. Cette seigneurie passa, en 1656, au chancelier Michel Letellier, dans la famille duquel elle est restée jusqu'en 1776, époque où elle devint la propriété de Mesdames de France, tantes de Louis XVI, en faveur desquelles elle fut érigée en duché-pairie par lettres patentes de juin 1777. — Le château, dont une partie des bâtiments ont été démolis à l'époque de la révolution, forme encore une habitation remarquable; les bâtiments, les jardins, les fossés et les cours occupent une superficie de 25 hectares, non compris un parc fermé de murs, de la même contenance, qui s'élève en amphithéâtre derrière le château. Une place semi-circulaire, servant de champ de foire, a été ménagée en avant de la grille de cette belle demeure, qu'embellissent les eaux de la Livre et celles du ruisseau de la Trinité qui s'y réunissent. — L'église, dont le clocher a été reconstruit en 1825, renferme plusieurs tombes qui ne sont pas sans intérêt.

Vertuelle, dépendance à 1 k. de Louvois, est une ferme située dans une gorge au milieu des bois, qui a un puits alimenté par un ruisseau bruyant, dont l'eau est conduite par un canal voûté jusque dans les jardins du château de Louvois. Au regard des prés de la Trinité, un filet qui se détache de ce ruisseau arrose une prairie et borde le bois du *Champ-Roger*, où la tradition place l'ancienne ville ou forteresse de *Bulon*; on y voyait naguère quelques vestiges d'anciens bâtiments, aujourd'hui démolis. A peu de distance est une croix au bas de laquelle on lit : *Posée le 17 juin 1821, en* ce lieu dit *Bulons*, en souvenir d'une ancienne ville de ce nom.

La surface du territoire planté en vignes est de 5 hectares, du prix de 4 à 6,000 francs l'hectare, produisant ensemble annuellement 80 pièces de vin de bonne qualité, du prix moyen de 60 francs la pièce. — Éducation des abeilles.

LOUVRECHIES, vg. *Somme* (Picardie), arr. et à 18 k. de Montdidier, cant. d'Ailly-sur-Noye, ✉ de Flers. Pop. 273 h.

LOUVRES, *Lupera*, *Luvra*, bg *Seine-et-Oise* (Ile-de-France), arr. et à 37 k. de Pontoise, cant. de Luzarches. ✉. ⚘. A 24 k. de Paris pour la taxe des lettres. Pop. 926 h.

Autrefois diocèse, parlement, intendance, élection de Paris.

Biographie. Patrie de l'historien Bonamy, de l'académie des inscriptions.

De Barbier Vémart, auteur des Annales des arts et des manufactures.

Louvres est un bourg très-ancien, dont il est parlé dans les actes de St-Rieul, qui remontent, dit-on, au IIIe siècle. Ce bourg possédait autrefois deux églises parallèles qui n'étaient séparées que par un passage très-étroit; celle de St-Rieul, et l'église paroissiale, dédiée à saint Justin, martyrisé dans ce lieu.

L'ancienne église de Louvres a été en partie démolie à la révolution, mais son clocher est encore debout; sa partie inférieure paraît être du IXe ou du Xe siècle; le reste est évidemment beaucoup plus moderne. Ce qui reste de cette église sert actuellement de prison. L'église de St-Justin a un portail en plein cintre, qui paraît être du XIe siècle; sur le côté méridional et au bas de l'église, est un portail très-orné, dans le goût du XVe siècle.

Fabriques de blondes et de dentelles. Exploitation de pierres de taille. — Foires les 15 mars, 1er mai et 25 nov.

LOUVROIL, vg. *Nord* (Flandre), arr. et à 16 k. d'Avesnes, cant. et ✉ de Maubeuge. Pop. 722 h.

LOUYE, *Auditus*, vg. *Eure* (Normandie), arr. et à 31 k. d'Evreux, cant. et ✉ de Nonancourt. Pop. 265 h.

LOUZAC, vg. *Charente* (Angoumois), arr., cant., ✉ et à 6 k. de Cognac. Pop. 455 h.

LOUZÉ, vg. *H.-Marne* (Champagne), arr. et à 21 k. de Vassy, cant. et ✉ de Montiéren-der. Pop. 779 h.

LOUZE, bg *Sarthe* (Maine), arr., ✉ et à 11 k. de Mamers, cant. de la Fresnaye. P. 410 h.

LOUZIGNAC, *Charente-Inf.* (Saintonge), arr. et à 26 k. de St-Jean-d'Angely, cant. et ✉ de Matha. Pop. 413 h.

LOUZOUER, vg. *Loiret* (Gatinais), arr. et à 14 k. de Montargis, cant. et ✉ de Courtenay. Pop. 341 h.

LOUZOURM, vg. *H.-Pyrénées*, comm. de Jarret, ✉ et à 6 k. de Lourdes.

LOUZY, bg *Deux-Sèvres* (Poitou), arr. et à 4 k. de Bressuire, cant. et ✉ de Thouars. Pop. 736 h. — Foire le dimanche après le 12 juin.

LOVESTELLE, vg. *Nord*, com. de Vatten, ✉ de St-Omer.

LOVESTELLE, vg. *Pas-de-Calais*, comm. de Serques, ✉ de St-Omer.

LOXEVILLE, vg. *Meuse* (Lorraine), arr., cant. et à 16 k. de Commercy, et à 24 k. de St-Mihiel, ✉ de Ligny. Pop. 260 h.

LOYAT, vg. *Morbihan* (Bretagne), arr., cant., ✉ et à 8 k. de Ploërmel. Pop. 2,130 h.

LOYE, vg. *Cher* (Bourbonnais), arr., ✉ et à 12 k. de St-Amand-Montrond, cant. de Saulzais-le-Potier. Pop. 795 h.

LOYE (la), vg. *Jura* (Franche-Comté), arr. et à 10 k. de Dôle, cant. de Montbarrey, ✉ de Mont-sous-Vaudrey. Pop. 1,048 h. — *Foires* les 22 avril et 29 août.

LOYE, vg. *Vendée*, com. de Ste-Florence, ✉ du Fougerais.

LOYER-DES-CHAMPS (St-), vg. *Orne* (Normandie), arr. et à 8 k. d'Argentan, cant. et ✉ de Mortrée. Pop. 347 h.

LOYÈRE (la), vg. *Saône-et-Loire* (Bourgogne), arr., cant., ✉ et à 8 k. de Chalon-sur-Saône. Pop. 198 h.

LOYES, vg. *Ain* (Bresse), arr. et à 38 k. de Trévoux, cant. et ✉ de Méximieux. Pop. 1,185 h. — *Foires* le lundi avant la St-Thomas, 22 fév., 3 mai et 22 août.

LOYETTES, bg *Ain* (Bourgogne), arr. et à 70 k. de Belley, cant. et ✉ de Lagnier. Pop. 1,025 h. — *Foires* les 27 mai et 10 sept.

LOZANE, vg. *Rhône* (Lyonnais), arr. et à 14 k. de Villefranche-sur-Saône, cant. et ✉ d'Anse. Pop. 343 h.

LOZAY, vg. *Charente-Inf.* (Saintonge), arr. et à 12 k. de St-Jean-d'Angely, cant. et ✉ de Loulay. Pop. 554 h.

LOZE, vg. *Tarn-et-Garonne* (Quercy), arr. et à 50 k. de Montauban, cant. et ✉ de Caylus. Pop. 549 h.

LOZENT (St-), vg. *Eure-et-Loir*, comm. des Corvées, ✉ de Champrond.

LOZÈRE (la), *Lozera*, haute montagne des Cévennes, située à l'extrémité orientale du département auquel elle a donné son nom, à 8 k. S.-E. de Mende, 8 k. O. de Villefort. Son élévation est de 1,490 m. au-dessus du niveau de l'Océan. La Lozère offre un plateau granitique, en forme de dos d'âne, de 12 à 16 k. de long, couvert de beaux pâturages et d'épaisses forêts.

LOZÈRE (département de la). Le département de la Lozère est formé de l'ancien pays de Gévaudan et d'une partie des ci-devant diocèses d'Alais et d'Uzès. Il tire son nom de la Lozère, chaîne de montagnes moins remarquable par sa hauteur que par ses beaux pâturages et par la nature des roches de granits quartzeux mêlés de mica noir et de feldspath qui la composent. — Ses bornes sont : au nord, les départements de la Haute-Loire et du Cantal ; à l'est, ceux de l'Ardèche et du Gard ; au sud, ceux du Gard et de l'Aveyron : ce dernier département le borne aussi à l'ouest.

Le sol de ce département est divisé en trois régions : celle du nord est basaltique ou granitique, et porte le nom de Montagnes ; celle du centre, du midi au couchant, est calcaire : on la nomme Causses ; celle du midi au levant est schisteuse et forme les Cévennes. Les neiges dont les hauteurs sont couvertes une partie de l'année donnent naissance à quatre rivières fort connues : l'Allier, le Lot, le Tarn et le Gardon de Mialet, l'une des branches du Gard ; les trois premières versent leurs eaux dans l'Océan, et la quatrième dans la Méditerranée. Au haut de la côte de St-Laurent-de-Trèves, la grande route de Mende à Nîmes passe près de l'endroit où se fait le partage des eaux du Tarn et de celles du Gard, et l'œil du voyageur peut embrasser à la fois les deux vallées dont les eaux coulent dans des directions opposées. Voici la hauteur des principales montagnes et de quelques lieux élevés du département :

Le plateau du Palais du roi.	1,548 m.
La Margeride.	1,519
La Lozère.	1,490
La source de l'Allier.	1,432
Le mont Mimat.	1,111
La Causse de Sauveterre.	975
Le pont de Langogne.	896
La Causse de l'Hospitalet.	780
Les sources du Tarn et de la Cèze.	770

La région connue sous le nom de Montagnes ne produit que du seigle, très-peu d'orge et d'avoine, et des fourrages. Les Causses produisent du froment, de l'orge, de l'avoine, peu de seigle, des fourrages et des fruits ; c'est la partie la plus fertile du département. Dans les Cévennes, on récolte beaucoup de châtaignes, très-peu de seigle, une assez grande quantité de pommes de terre, et l'on se livre à la culture du mûrier. La vigne est aussi cultivée dans cette partie du département ; mais les vins de la Lozère supportent difficilement le transport.

Le département se divise en deux régions distinctes quant au caractère moral de sa population. La partie nord, composée des arrondissements de Mende et de Marvejols, est toute catholique ; la partie sud, formant l'arrondissement de Florac, est principalement protestante. C'est dans l'arrondissement de Florac, au Pont-de-Montvert, qu'a commencé la guerre de religion des Cévennes, dans laquelle la puissance de Louis XIV et le talent militaire du maréchal de Villars triomphèrent avec peine de quelques centaines de Camisards (c'est ainsi qu'on nommait les protestants révoltés). La nature des lieux favorisa beaucoup ceux-ci dans leur résistance. On a pratiqué depuis des routes destinées à rendre plus faciles l'action des troupes et le transport de l'artillerie : ces routes ont tourné, sous d'autres rapports, à l'avantage du pays.

Le genre de culture qui occupe la population des Cévennes contribue autant et plus que la religion à lui imprimer un caractère particulier ; elle est adonnée à la culture des arbres, particulièrement du mûrier. Le travail du mûrier se fait tout à la main ; il exige beaucoup de soin et d'industrie ; l'éducation des vers, qui en est la suite, et la filature de la soie, en exigent plus encore : tout cela ouvre davantage l'esprit que le simple labourage, qui est l'occupation des paysans dans le nord du département.

Le Cévenol se nourrit principalement de châtaignes, et vend l'excédant de sa récolte, qui lui sert à acheter un peu de blé. Son industrie s'exerce dans l'art des irrigations : il détourne de loin les sources, et fait des barrages en travers des torrents, pour amener les eaux dans ses prairies. Il construit des murs de terrassement en pierre sèche, pour soutenir les terres sur le penchant des montagnes, et forme ainsi une suite de terrasses pour la plantation des mûriers, ou pour empêcher que les eaux pluviales ne ruinent et n'entraînent les terres. Ces travaux rendent l'aspect des Cévennes extrêmement pittoresque. On ne peut circuler dans les vallées qu'elles laissent entre elles, que par des sentiers escarpés ; ou en suivant le lit des torrents. C'est sans doute un grand inconvénient pour la prospérité du pays ; mais c'est un attrait de plus pour le voyageur que la curiosité y conduit. A chaque instant, les yeux sont frappés de quelque spectacle nouveau : ici apparaissent des maisons suspendues sur des rochers ; là on voit les protestants assemblés célébrant leur culte du dimanche sous l'ombrage des châtaigniers ; plus loin, c'est une réunion nombreuse de jeunes filles qui viennent se louer pour la récolte des châtaignes ; chacune porte à la main son petit paquet, qu'elle remet en gage au cultivateur quand ils sont tombés d'accord.

Cette peinture des Cévennes s'applique plus particulièrement au canton de St-Germain-de-Calberte, dans l'arrondissement de Florac. Le lieu principal des loghes pour la récolte des châtaigniers est le village pittoresque des Aires, sur la crête d'une montagne dont les eaux se versent d'un côté dans le Gardon de St-Germain, de Mialet et d'Anduse ; de l'autre, dans le Gardon d'Alais.

L'un des sites les plus curieux de ce canton est celui des Rousses, situé sur la route de St-Germain-de-Calberte aux Aires : ce pont est jeté sur un torrent qui coule sur un lit de rochers aussi polis et aussi brillants que l'argent. On ne peut fréquenter cette route autrement qu'à cheval ; encore le pied des chevaux a-t-il peine à gravir une côte toute formée d'ardoises qui réfléchissent les rayons du soleil.

Les hautes montagnes de la Lozère sont couvertes d'une pelouse, où vont pâturer en été les troupeaux du Languedoc. Malheur au voyageur qui rencontre sur la grande route ces immenses troupeaux au moment de leur migration annuelle : le bruit lointain des sonnettes suspendues au cou des béliers annonce leur approche ; la poussière qui s'élève dans les airs ; les bergers marchant en tête, suivis d'un âne portant leurs bagages, et de leurs chiens fidèles ; les enfants du village retenant les brebis, malgré leurs bêlements, pour en tirer un peu de lait, sont autant d'obstacles pour le voyageur. S'il va dans le même sens qu'un troupeau, il le fend ses rangs qu'à force de beaucoup de peine pour poursuivre sa route ; s'il marche en sens contraire, il est obligé de s'arrêter et de laisser défiler ce troupeau, qui l'enveloppe d'un épais nuage de poussière.

La superficie du département est de 514,795 hectares, répartis ainsi :

Terres labourables	208,660
Prés	35,166
Vignes	983
Bois	44,589
Vergers, pépinières et jardins	660
Étangs, mares, canaux d'irrigation	2
Landes et bruyères	179,033
Superficie des propriétés bâties	711
Cultures diverses	29,026
Contenance imposable	498,830
Routes, chemins, places publiq., etc.	9,594
Rivières, lacs et ruisseaux	5,625
Forêts et domaines non productifs	700
Cimetières, églises, bâtiments publics	46
Contenance non imposable	15,945

On y compte :
29,491 maisons.
780 moulins à eau et à vent.
1 fabrique et manufacture.

soit : 46,272

Le nombre des propriétaires est de.. 45,227
Celui des parcelles de.......... 554,506

HYDROGRAPHIE. Le département renferme un grand nombre de cours d'eaux vives et excellentes ; mais aucune des rivières ne sont navigables. Les quatre principales y ont leur source ; le Lot, le Tarn, l'Allier et le Gard, donnent leur nom à quatre départements.—On y compte encore sept rivières secondaires, qui sont : le Bès (affluent de la Trueyre), la Trueyre et la Colagne (affluents du Lot), la Chassézac (affluent du Gard), le Tarnon, la Jonte et la Mimente (affluents du Tarn).— Les hautes montagnes de la Lozère et des Cévennes, qui impriment leur direction aux rivières, envoient les eaux du Lot, du Tarn et de l'Allier dans l'Océan, et celles du Gard dans la Méditerranée.

Le département renferme quatre lacs, tous situés dans les montagnes d'Aubrac. — Ce sont ceux de Born, de St-Andéol, de Soubeyrol et de Saillans. — La forme circulaire du lac de Born fait croire qu'il occupe le cratère d'un ancien volcan. — Le lac de St-Andéol, qui est le plus grand, semble avoir été, sinon creusé, du moins augmenté par le travail des hommes. On remarque à fleur d'eau au couchant, et du côté où est la pente du terrain, les pointes des poutres qui ont servi à consolider la fondation d'une digue. — Ces deux lacs sont très-poissonneux. — Ceux de Soubeyrol et de Saillans communiquent ensemble par la rivière de la Garde. Il existe depuis longtemps des projets pour leur desséchement, opération qui semblerait pouvoir être effectuée facilement, et qui livrerait au pâturage des bestiaux une excellente prairie d'environ 40 hectares de superficie.

COMMUNICATIONS. Le département est traversé par 5 routes royales et 21 routes départementales. Une grande partie des transports s'y font à dos de mulets.

MÉTÉOROLOGIE. La température est extrêmement variable dans le département de la Lozère. Quelquefois, et à certains degrés de hauteur, on éprouve deux ou trois températures différentes dans la même journée. Au nord, l'hiver dure six mois, et il est des années où cette saison en dure neuf ; vers le midi, l'hiver n'est guère que de quatre mois. En général, la température n'est douce que dans les vallons ou dans la partie méridionale des Cévennes ; les hivers sont ordinairement rigoureux, les printemps pluvieux, les étés souvent orageux, les automnes assez beaux, mais vers la fin seulement. Le commencement de l'équinoxe d'automne amène communément des pluies si abondantes, que les torrents qui en proviennent occasionnent de grands dégâts dans les Cévennes. Dans le vallon de Mende, la gelée pénètre ordinairement à 70 c. de profondeur ; elle va jusqu'à 1 m. 33 c. sur les montagnes du nord. La hauteur moyenne du baromètre est de 70 c. Les extrêmes limites du thermomètre sont communément de — 15° et de + 25° Réaumur. — Les vents dominants sont ceux du nord et de l'est dans le nord du département, et ceux de l'ouest et du midi dans le sud. — En général, le pays est assez sain ; les hommes et les animaux sont robustes et vigoureux.

PRODUCTIONS. Les montagnes présentent, en beaucoup d'endroits, des obstacles à l'agriculture qui ôtent l'espoir de toute amélioration ; cependant le pays est peut-être un de ceux qui, en France, offrent des prodiges de culture. Dans certaines localités, les vallons situés entre des monts escarpés sont cultivés comme des jardins ; les flancs des montagnes sont couverts de vignes, d'arbres fruitiers et de moissons ; mais les pluies, qui entraînent les terres, rendent souvent très-pénibles les travaux du laboureur. Les moyens de grande culture ne pouvant pas être employés à cause des montagnes, on voit peu de grandes fermes. Le labourage se fait avec des bœufs. — Les céréales qu'on y récolte sur les plateaux calcaires appelés Causses sont : le froment, l'orge, l'avoine et un peu de seigle. Les montagnes ne produisent que du seigle, très-peu d'orge et d'avoine, et des fourrages. On cultive et on récolte une assez grande quantité de pommes de terre dans les Cévennes, où elles réussissent parfaitement dans les terrains granitiques décomposés. Les navets de Chastel (arrondissement de Mende) sont justement renommés. — On estime les fruits de la vallée du Tarn. — Dans quelques localités, les habitants font de l'huile avec des baies de genièvre. — Les pâturages des montagnes sont excellents et nourrissent de nombreux troupeaux dont la laine est l'objet du travail d'une partie de la population. — Quoique placé sous une zone tempérée, le départ. ne produit que des vins médiocres, et en petite quantité. La vigne n'est cultivée que dans les Cévennes, les vallons du Tarn, du Tarnon, de la Colagne et dans le territoire de Villefort. L'âpreté du climat s'oppose à cette culture dans le reste du pays. Ces vins supportent difficilement le transport, même d'un canton à un autre. Les habitants tirent des départements voisins la majeure partie de ceux nécessaires à leur consommation. Les plantations de mûriers sont assez multipliées, et l'éducation des vers à soie a fait de grands progrès dans l'arrondissement de Florac. St-Germain-de-Calberte est le centre de cette branche importante de l'industrie agricole. — On s'adonne aussi dans les environs de cette commune à l'éducation des abeilles, trop négligée dans le reste du département. — Le chanvre est cultivé dans quelques cantons du côté de Saugues, à la Garde-d'Apchier, à Grandrieu, et dans les Cévennes. Le lin prospère dans le vallon de Marvejols. — Les châtaignes font la base de la nourriture des habitants des Cévennes pendant plusieurs mois de l'année, et souvent leur unique nourriture. On en fait sécher des quantités considérables pour la marine. — Bons fourrages. Garance. Pastel. Plantes tinctoriales et médicinales très-abondantes. — 44,589 hectares de forêts (chênes, hêtres, sapins, châtaigniers, etc.). — Peu de chevaux ; mulets en assez grand nombre ; bêtes à cornes de petite taille, mais vigoureuses. Pâturages qui reçoivent de nombreux troupeaux de moutons transhumants. — Grand et menu gibier (chevreuils, blaireaux, lièvres et lapins en quantité ; pluviers dorés, sarcelles, perdrix, grives, cailles, bécasses, etc.). — Loups. — Excellent poisson de rivière et de lacs (truites, anguilles).

MINÉRALOGIE. Les montagnes du département de la Lozère renferment des richesses minérales susceptibles de devenir l'objet d'exploitations considérables. L'Hospitalet, St-Etienne-du-Valdonnès, St-Georges-de-Levejac possèdent des mines de fer que la pénurie d'eau et de bois ne permet pas d'exploiter. Allenc, St-Julien, Blaymar, les Colombettes près d'Ispagnac, possèdent des mines de plomb, dites de vernis : celle d'Allenc est seule exploitée par les habitants, qui vendent le minerai aux potiers d'Alais ou du Cantal. Le canton de Villefort abonde en minéraux de toute espèce : on n'y compte toutefois qu'une exploitation importante, celle des mines de plomb argentifère de Vialas, dont le produit en plomb payé, dit-on, la dépense, et laisse pour revenu net une masse d'argent valant de 80 à 100 mille francs. St-Michel-de-Dèze et le Collet-de-Dèze possèdent des mines d'antimoine et de plomb sulfuré exploitées. Les environs de St-Etienne, arrondissement de Florac, ceux de Moissac, renferment des mines de cuivre peu susceptibles d'exploitation : on voit un très-beau filon, qui mériterait d'être exploité, dans le territoire de St-Léger-de-Peyre, où il sort plusieurs sources d'eau cuivreuse. Après les grandes pluies, le Gardon et la Cèze roulent des paillettes d'or. — Carrières de marbre, porphyre, granit, gypse, etc.

SOURCES MINÉRALES. Établissements d'eaux minérales à Bagnols et à la Chaldette. Sources minérales à Sarroul, près St-Chély, à St-Pierre, près Malzieu, à Javols, à Cologne, au Mazel-Chabrier, au Mazel-des-Laubies, au roc de St-Amand, à Laval-d'Auroux, à Laval-d'Atver, à Quesac, à Ispagnac et à Florac.

INDUSTRIE ET COMMERCE. L'exploitation des

mines et le service des usines qu'elles alimentent occupent un grand nombre d'ouvriers. — Outre du plomb, de l'argent et du cuivre, la fonderie centrale de Villefort livre au commerce de la grenaille, de la litharge rouge et de l'oxyde blanc de plomb. — La filature de la laine, et la fabrication des serges et des cadis ont leur centre dans l'arrondissement de Mende. La fabrication des escots est plus spéciale à l'arrondissement de Marvejols, où il existe aussi des manufactures de laines peignées et de couvertures de laine, des filatures et des fabriques de toiles de coton, des fabriques de tricots de laine, etc. Dans cet arrondissement on fait, à St-Chely, le commerce des cheveux. — La production et la filature de la soie sont particulières à l'arrondissement de Florac, où l'on trouve aussi des filatures de coton et des fabriques de toiles et de mouchoirs. — Le département renferme des papeteries, des teintureries, des fabriques de chapeaux feutrés, des tanneries, des parcheminneries, des fabriques de tuiles et de poteries, etc.

Commerce de châtaignes, fromages, grosse draperie, bestiaux gras et maigres, bœufs de labour, chevaux, mules et mulets, etc.

Foires. Quarante communes environ ont des foires, où l'on vend principalement de la cadisserie et toute sorte de gros et de menu bétail gras et maigre; des chevaux à celles de Villefort, Mende, Serverette, St-Alban, Pont-de-Montvert; des chevaux, des mules et des mulets à celles de Marvejols, St-Chély, Barre; de la toile à Ispagnac; de la toile, de la laine et des châtaignes à St-Chély et à St-Alban.

Mœurs et usages. Vivant au milieu d'âpres montagnes, dans une contrée pauvre et aride, exposés aux atteintes d'un climat rigoureux, les cultivateurs de la Lozère ont nécessairement des mœurs agrestes, des habitudes rudes et grossières. Néanmoins leur caractère est bon et simple. Ils sont naturellement doux et même affables envers les étrangers, paisiblement soumis aux autorités qu'ils respectent, remplis de vénération et de dévouement pour leurs parents qu'ils aiment. Leur vie est laborieuse et pénible; la plupart ont à lutter contre la stérilité naturelle du pays qui les environne. — Leur nourriture est simple et frugale : elle se compose de laitage, de beurre, de fromage, de lard, de vache salée, de légumes secs, de pain de seigle; ils y joignent des pommes de terre ou des châtaignes. — Leur boisson habituelle est l'eau de source; mais on les accuse d'aimer le vin et de se laisser aller à l'ivrognerie quand les foires ou d'autres occasions les conduisent dans les villages où se trouvent des cabarets. — L'habitant de la Lozère a une physionomie agréable, qui paraît douce et timide. Les hommes, par leur costume et leur rire niais, sembleraient avoir servi de modèle à quelques rôles de comédies. Les femmes, avec leur teint frais, leurs traits délicats, leurs yeux bleus, font trouver agréable leur air tant soit peu égaré. Mais il ne faut pas, dit-on, se fier à l'apparence :

Ces femmes ont de la sirène
La voix trompeuse et les appas.

Or, de méchantes langues prétendent que les oréades du Gévaudan arrêtent quelquefois le voyageur en lui adressant des paroles gracieuses; qu'elles l'attirent dans des réduits solitaires, d'où il est fort heureux de sortir ou ne laissant que sa bourse, ses vêtements et quelques lanières de sa peau.

Les habitations des laboureurs sont généralement basses, humides, incommodes et malsaines; les trous à fumiers qui les avoisinent répandent à l'entour des miasmes putrides. Les habitants sont fort attachés à leur religion, et grands amateurs de cérémonies religieuses : tous, catholiques et protestants, ont un égal respect pour les ministres de leur culte. — Ils conservent aussi avec ténacité leurs vieilles habitudes, tiennent à leurs préjugés, à leur routine agricole, au costume grossier qu'ils portent depuis leur enfance. Ils sont peu empressés de changer, même quand leur intérêt doit profiter du changement. Leur lenteur, leur apathie et leur indifférence suffisent pour faire avorter tous les projets d'améliorations. — Chaque année un grand nombre d'ouvriers de la Lozère émigrent dans le midi de la France, où ils s'occupent des travaux de la fenaison et de la moisson, et du soin des vers à soie. Quelques-uns vont jusqu'en Espagne, où ils sont connus sous l'ancien nom de Gavachos, et où on les emploie à tous les ouvrages pénibles. Les habitants du Gévaudan suppléent ainsi par leur industrie à la pauvreté de leur territoire. La plupart des émigrants appartiennent à la partie orientale du département ou aux Cévennes proprement dites.

Division administrative. Le département de la Lozère a pour chef-lieu Mende; il envoie 3 représentants à la chambre des députés, et est divisé en 3 arrondissements ou sous-préfectures.

Mende. . . . . 7 cant. 46,548 h.
Florac. . . . . 7 — 40,635
Marvejols. . 10 — 53,605

24 cant. 140,788 h.

29ᵉ conserv. des forêts (chef-l. Privas). — 16ᵉ arr. des mines (chef-l. Montpellier). — 9ᵉ div. militaire (chef-l. Montpellier). — Évêché, séminaire diocésain et école secondaire ecclésiastique à Mende ; 26 cures, 162 succursales. — Églises consistoriales pour le culte réformé à Meyrueis, Florac, Vialas, Barre, St-Germain-de-Calberte; 8 temples ou maisons de prières. — Collège communal et école normale primaire à Mende. — Société d'agriculture, arts et commerce à Mende; sociétés d'agriculture à Florac et à Marvejols.

Biographie. Les hommes remarquables nés dans la Lozère sont :

Le pape Urbain V.
Le cardinal Blain.
L'évêque de Senlis Guérin.
Le comte de Rivarol, spirituel littérateur, membre de l'Académie française.
Le publiciste Salaville.
Le comte Pelet de la Lozère, membre de la chambre des pairs et ancien ministre.

M. de Nogaret, préfet sous l'empire.
Les généraux Borelli, Brun de Villeret, Chalbos, Meynadier, Thilorier, etc., etc.

Bibliographie. Louvreleul (J.-Bap.). *Mémoires historiques sur le pays de Gévaudan et sur la ville de Mende qui en est la capitale*, 2 part. in-12, 1726.
— *Le Fanatisme renouvelé, ou l'Histoire des sacrilèges, des incendies, des meurtres et attentats que les calvinistes ont commis dans les Cévennes*, 4 vol. in-12, 1701-1706.
Bruzys. *Histoire du fanatisme de notre temps*, 3 vol. in-12, 1692 ; nouv. édit., 4 vol. in-12, 1713 ; 3 vol. in-12, 1737.
Cavalier. *Mémoire sur la guerre des Cévennes* (en anglais), in-8, 1726.
* *Le Théâtre sacré des Cévennes*, in-8, Londres, 1707.
Court. *Histoire des troubles des Cévennes, ou de la guerre des camisards sous le règne de Louis XIV*, 3 vol. in-12, 1768; nouv. édit., 3 vol. in-12, 1819.
Fléchier. *Lettres choisies sur divers sujets*, 2 vol. in-12, 1711, 1715 (on y trouve une relation des troubles des Cévennes).
Rabaut St-Étienne. *Le Vieux Cévenol*, in-8, 1780 ; 2ᵉ édit., in-8, 1821.
Prouzet (l'abbé). *Annales pour servir à l'histoire du Gévaudan et des provinces circonvoisines*, in-8, 1843.
D'Hombres-Firmas. *Mémoire sur l'arrosement dans les Cévennes*, in-8, 1819.
Blanquet (Samuel). *Examen de la nature et des vertus des eaux minérales qui se trouvent dans le Gévaudan*, in-8, 1718.
Jerphanion. *Statistique du département de la Lozère*, gr. in-8, 1802.
Dunois. *Nouvelle Topographie descriptive du département de la Lozère* (contient un dictionnaire des communes de ce département), in-12, 1840.
Maisonneuve. *Notice sur la montagne de la Lozère* (Journal des mines, n° 113, p. 401).
Marrot (L.). *Notice sur la constitution géologique et sur les richesses minérales du département de la Lozère* (Ann. des mines, t. VIII, p. 459).
Dolomieu. *Rapport sur les mines du département de la Lozère* (Journal des mines, n° 44, p. 577).
Caxx (J.-A.). *Notice sur plusieurs tombeaux, et autres monuments, tant antiques que du moyen âge, qui se trouvent dans le département de la Lozère* (Mém. de la soc. des ant. de France, t. VIII, p. 228).
Ignon (J.-J.-M.). *Notices historiques sur quelques édifices religieux du département de la Lozère* (Extrait des mém. de la société de l'agricult., etc., de Mende, in-8, 1838).
— *Notice sur l'ancienne existence d'une colonie juive dans le Gévaudan* (Mém. de la société des ant. de France, t. VIII, p. 320).
Mémoires et Analyses des travaux de la société d'agriculture, etc., de la ville de Mende, in-8, 1828.
Ignon. *Annuaire de la Lozère pour 1819*, in-8.

Annuaires du département de la Lozère, in-12, 1828-43.

V. aussi : LANGUEDOC, BAGNOLS (Lozère), FLORAC, MENDE, MEYRUEIX, VIALAS, VILLEFORT.

LOZINGHEM, vg. *Pas-de-Calais* (Artois), arr. et à 12 k. de Béthune, cant. de Norrent-Fontes, ✉ de Lillers. Pop. 324 h.

LOZON, vg. *Manche* (Normandie), arr. et à 14 k. de St-Lô, cant. et ✉ de Marigny. P. 337 h.

LOZZI, vg. *Corse*, arr., ✉ et à 24 k. de Corté, cant. de Calacuccin. Pop. 823 h.

LUANT, vg. *Indre* (Berry), arr., cant., ✉ et à 13 k. de Châteauroux. Pop. 659 h.

LUART (le), bg *Sarthe* (Maine), arr. et à 41 k. de Mamers, cant. de Tuffé, ✉ de Connerré. Pop. 1,070 h.

LUBAC, vg. *Var*, comm. de Montauroux, ✉ de Fayence.

LUBBON, vg. *Landes* (Gascogne), arr. et à 49 k. de Mont-de-Marsan, cant. et ✉ de Gabarret. Pop. 420 h.

Il s'y tient une foire curieuse, où on ne trafique uniquement que des sonnettes que l'on suspend au cou des bestiaux. Résolus de se tromper mutuellement, les habitants ne se rendent à cette foire que la nuit. Au milieu des ténèbres et jusqu'au point du jour, ils vendent, ils échangent leurs sonnettes, qui retentissent dans toutes les parties de la foire aux oreilles des acheteurs. Celles surtout qui sont fêlées, et c'est le plus grand nombre, sont les plus bruyantes. Ils ont l'art de les raccommoder momentanément, et de les agiter avec précaution. Les plus fins comme les moins connaisseurs sont également dupés dans ces transactions nocturnes, et ne s'aperçoivent qu'au retour de l'aurore des mauvais marchés qu'ils ont faits.

LUBE, vg. *B.-Pyrénées*, comm. de Coslédaa, ✉ d'Auriac.

LUBÉCOURT, vg. *Meurthe* (Lorraine), arr., cant., ✉ et à 3 k. de Château-Salins et à 9 k. de Vic. Pop. 263 h.

LUBERSAC, petite ville, *Corrèze* (Limousin), arr. et à 47 k. de Brives, chef-l. de cant. Cure. ✉. A 451 k. de Paris pour la taxe des lettres. Pop. 3,768 h. — TERRAIN cristallisé ou primitif.

PATRIE du lieutenant général SOUHAM.

Foires les 20 juin et 1er mercredi de chaque mois.

LUBERSAC, vg. *Lot-et-Garonne*, comm. de St-Sernin, ✉ de Duras.

LUBEY, vg. *Moselle* (pays Messin), arr., ✉ et à 6 k. de Briey, cant. de Conflans. Pop. 218 h.

LUBIER, vg. *Allier*, comm. et ✉ de la Palisse.

LUBILHAC, vg. *Ardèche*, comm. et ✉ de la Mastre.

LUBILHAC, vg. *H.-Loire* (Auvergne), arr. et à 14 k. de Brioude, cant. de Blesle, ✉ de Massiac. Pop. 742 h.

LUBIN (St-), vg. *Côtes-du-Nord*, comm. de Plemet, ✉ de Loudéac.

LUBIN-DE-CRAVANT (St-), vg. *Eure-et-Loir* (Beauce), arr. et à 22 k. de Dreux, cant. et ✉ de Brezolles. Pop. 133 h.

LUBIN-DE-LA-HAYE (St-), vg. *Eure-et-Loir* (Beauce), arr. et à 18 k. de Dreux, cant. d'Anet, ✉ de Houdan. Pop. 775 h.

LUBIN-DES-CINQ-FONDS (St-), vg. *Eure-et-Loir*, comm. d'Authon, ✉ de Nogent-le-Rotrou.

LUBIN-DES-JONCHERETS, vg. *Eure-et-Loir* (Beauce), arr. et à 13 k. de Dreux, cant. de Brezolles, ✉ de Nonancourt. P. 1,521 h. — Il est sur l'Avre et possède un beau château entouré des eaux vives de cette rivière. — Filature et fabrique de tissus de coton. — *Foire* le 25 mars.

LUBIN-D'ISIGNY, vg. *Eure-et-Loir*, comm. de Marboué, ✉ de Châteaudun.

LUBIN-EN-VERGONNOIS (St-), vg. *Loir-et-Cher* (Blaisois), arr., cant. et à 8 k. de Blois. ✉. A 184 k. de Paris pour la taxe des lettres. Pop. 456 h.

LUBINE, vg. *Vosges* (Lorraine), arr., ✉ et à 20 k. de St-Dié, cant. de Saales. P. 912 h.

LUBLÉ, vg. *Indre-et-Loire* (Anjou), arr. et à 45 k. de Tours, cant. et ✉ de Château-la-Vallière. Pop. 300 h.

LUBRET, vg. *H.-Pyrénées* (Gascogne), arr. et à 25 k. de Tarbes, cant. ✉ de Trie. Pop. 174 h.

LUBY, vg. *H.-Pyrénées* (Gascogne), arr. et à 23 k. de Tarbes, cant. et ✉ de Trie. Pop. 256 h.

LUC, vg. *Aveyron* (Rouergue), arr., cant., ✉ et à 7 k. de Rodez. Pop. 1,056 h.

LUC (St-), vg. *Eure* (Normandie), arr., cant., ✉ et à 9 k. d'Evreux. Pop. 137 h.

LUC, vg. *Lozère* (Languedoc), arr. et à 41 k. de Mende, cant. de Langogne. Pop. 1,103 h.

LUC, vg. *B.-Pyrénées* (Béarn), arr. et à 30 k. de Pau, cant. de Lembeye. Pop. 393 h.

LUC (St-), vg. *H.-Pyrénées* (Gascogne), arr. et à 26 k. de Tarbes, cant. et ✉ de Trie. Pop. 220 h.

LUC (St-), vg. *H.-Pyrénées* (Gascogne), arr. et à 18 k. de Tarbes, cant. et ✉ de Tournay. Pop. 460 h.

LUC (le), *Lucus Augusti*, *Lucus Vocontius*, bg *Var* (Provence), arr. et à 28 k. de Draguignan, chef-l. de cant. Bureau d'enregist. à Lorgues. Gîte d'étape. Cure. ✉. ⚜. A 842 k. de Paris pour la taxe des lettres. Pop. 3,441 h. — TERRAIN du trias, muschelkalk.

Autrefois diocèse de Fréjus, comté, parlement et intendance d'Aix.

Luc est un gros bourg situé sur la grande route de Marseille à Nice, dans un territoire fertile en excellents marrons. Autrefois célèbre par son ancienne abbaye, il a joué un rôle important dans l'histoire du moyen âge. C'est aujourd'hui un bourg qui habite les forêts voisines, et qui fait un grand commerce de cuirs que fournissent ses nombreuses tanneries. Les restes de l'abbaye offrent une sacristie curieuse d'architecture romane du IXe ou du Xe siècle ; le reste de l'église est en ogive.

Fabriques de draps, bouchons de liége, sel de Saturne, huile d'olives. Filatures de laine. Distillerie d'eau-de-vie. Nombreuses tanneries. — Aux environs, belle verrerie où l'on fabrique des verres blancs dits de Bohême et des cristaux. — *Commerce* de marrons renommés. — *Foires* les 15 janv., 6 juin, 10 oct., 8 déc. et lundi après le 1er sept.

LUC (le Petit-), vg. *Vendée*, comm. des Lucs, ✉ de Palluau. V. Lucs (les).

LUÇAY (Forges-de-), vg. *Indre*, comm. de Luçay-le-Mâle, ✉ de Valençay.

LUÇAY-LE-CAPTIF, vg. *Indre* (Berry), arr. et à 17 k. d'Issoudun, cant. et ✉ de Vatan. Pop. 400 h.

LUÇAY-LE-MALE, bg *Indre* (Berry), arr. et à 39 k. de Châteauroux, cant. et ✉ de Valençay. Pop. 1,845 h. — Hauts fourneaux, forges et fonderies. *Foires* les 15 mai et 8 oct.

LUCBARDEZ, vg. *Landes* (Gascogne), arr., cant. et à 15 k. de Mont-de-Marsan, ✉ de Roquefort. Pop. 522 h.

LUCCARRÉ, vg. *B.-Pyrénées* (Béarn), arr. et à 30 k. de Pau, cant. et ✉ de Lembeye. Pop. 217 h.

LUCCIANA, vg. *Corse*, arr., ✉ et à 19 k. de Bastia, cant. de Borgo. Pop. 652 h. — Il est bâti au fond d'une vallée, théâtre de l'action du poème de la Dionomachia, et se glorifie des ruines à peu près imperceptibles d'un aqueduc antique.

LUCE (Ste-), vg. *Gironde*, comm. et ✉ de Blaye.

LUCE (Ste-), vg. *Isère* (Dauphiné), arr. et à 57 k. de Grenoble, cant. et ✉ de Corps. Pop. 260 h.

LUCE (Ste-), vg. *Loire-Inf.* (Bretagne), arr., ✉ et à 6 k. de Nantes, cant. de Carquefou. Pop. 1,027 h. — *Foires* les 1er mars et 25 juin.

LUCÉ (Grand, Vieux et Petit-), *Eure-et-Loir*, comm. de Mainvilliers, ✉ de Chartres.

LUCÉ, vg. *Orne* (Normandie), arr., ✉ et à 8 k. de Domfront, cant. de Juvigny-sous-Andaine. Pop. 593 h.

LUCÉ (le Grand-), *Sarthe* V. GRAND-LUCÉ (le).

LUCEAU, vg. *Sarthe* (Maine), arr. et à 41 k. de St-Calais, cant. et ✉ de Château-du-Loir. Pop. 1,257 h.

LUCELANS, vg. *Doubs* (Franche-Comté), arr. et 12 k. de Montbéliard, cant. et ✉ de Pont-de-Roide. Pop. 44 h.

LUCELLE ou LUTZEL, vg. *H.-Rhin* (Alsace), arr. et à 29 k. d'Altkirch, cant. et ✉ de Ferrette. Pop. 300 h.

Ce village est agréablement situé dans la belle vallée de son nom. Il y avait jadis une abbaye célèbre de l'ordre de Cîteaux, qui devint la proie des flammes en 1524. Sur une des montagnes qui environnent Lucelle on voit les belles ruines du château de Lœwenbourg, qui appartenait à cette abbaye ; plus loin, sur un autre pic, sont les ruines encore plus belles du château de Blomont, brûlé par les Bâlois en 1449.

Forges et martinets. Verreries.

LUCENAY, vg. *Rhône* (Lyonnais), arr. et à 7 k. de Villefranche-sur-Saône, cant. et ✉ d'Anse. Pop. 889 h.

LUCENAY, ou LUCENAY-L'ÉVÊQUE, *Lucennacum*, bg *Saône-et-Loire* (Bourgogne), arr. et à 15 k. d'Autun, chef-l. de cant. Cure. ✉. A 281 k. de Paris pour la taxe des lettres. Pop. 1,221 h.—TERRAIN, roches plutoniques, porphyres rouges.

Ce bourg est situé sur le Ternin, qui y met en mouvement plusieurs usines. C'était jadis une des quatre anciennes baronnies de l'Autunois, avec un château que l'évêque Hugues d'Arcée fit fortifier en 1293; il a été démoli en 1756. — *Foires* les 10 sept., 9 oct., 24 nov., jeudi gras, mercredi après Pâques et mardi après la Pentecôte.

LUCENAY-LE-DUC, ou LUCENAY-LA-MONTAGNE, vg. *Côte-d'Or* (Bourgogne), arr. et à 29 k. de Semur, cant. et ✉ de Montbard. Pop. 536 h.

LUCENAY-LÈS-AIX, bg *Nièvre* (Nivernais), arr. et à 60 k. de Nevers, cant. et ✉ de Dornes. Cure. Pop. 1,579 h. — *Foires* les 17 janv., 6 mai, 25 juillet et 27 août.

LUCENAY-LÈS-BIERRE, vg. *Côte-d'Or*, comm. de Bierre-lès-Semur, ✉ de la Maison-Neuve.

LUCÉ-SOUS-BALLON, vg. *Sarthe* (Maine), arr. et à 27 k. de Mamers, cant. de Marolles-lès-Braux, ✉ de Beaumont-sur-Sarthe. Pop. 475 h.

LUC-EN-DIOIS, *Lucus*, bg *Drôme* (Dauphiné), arr. et à 21 k. de Die, chef-l. de cant. Bureau d'enregist. à Châtillon. Cure. ✉. A 649 k. de Paris pour la taxe des lettres. Pop. 800 h. — TERRAIN jurassique.

Ce bourg est situé dans les montagnes, sur la Drôme. Sa fondation remonte aux temps les plus reculés. C'était anciennement la capitale du pays des Voconces. Après la conquête des Gaules, ce fut une des villes municipales des Romains qui rivalisa d'importance avec Die, jusqu'à ce que cette dernière se fût élevée, sous Auguste, à l'état florissant où on la vit dans la suite. Tacite rapporte que Fabius Valens, général romain, en retournant en Italie pour soutenir le parti de Vitellius, exerça contre Luc toutes sortes de rapines et de brigandages; il menaça d'y mettre le feu, si chaque habitant ne lui livrait pas une certaine somme d'argent; ceux qui n'en avaient point l'apaisèrent en lui livrant leurs femmes et leurs filles. Luc déclina ensuite au point de n'être plus qu'une simple mansio, où les voyageurs pouvaient se retirer et passer la nuit. Sur la montagne appelée Pied-de-Luc sont les ruines considérables de constructions romaines; la colonne de la fontaine publique est un fragment de chapiteau antique, et le bassin, un cercueil d'une seule pierre, d'environ 2 m. de long.

Quelques auteurs ont avancé que Lucus avait été submergé par les eaux de la Drôme, lorsqu'elles formèrent le lac qu'on voit sur le territoire de Luc; c'est une erreur: le bourg occupe encore l'emplacement de l'ancienne ville, et le lac en est à 2 k. On sait que ce lac fut formé en 1450 par un éboulement de rochers qui tombèrent dans la Drôme, dont les eaux, arrêtées par cet obstacle, s'élevèrent, remplirent la plaine jusqu'à la hauteur des rochers, et, arrivées à ce niveau, retombèrent par cascades dans le lit où la rivière coulait précédemment. Cet énorme éboulement de rochers, dont l'étendue est de 800 à 900 m., mérite d'être visité.

Foires les 28 avril, 19 sept., 10 déc. et lundi avant la St-Martin (2 jours).

LUCEY, vg. *Côte-d'Or* (Champagne), arr. et à 29 k. de Châtillon-sur-Seine, cant. et ✉ de Recey-sur-Ource. Pop. 341 h. — *Fabriques* de cercles et de tonneaux. Éducation des abeilles.

LUCEY, vg. *Meurthe* (Lorraine), arr., cant., ✉ et à 7 k. de Toul. Pop. 924 h.

LUGGARRIER, vg. *B.-Pyrénées* (Béarn), arr. et à 19 k. de Pau, cant. et ✉ de Pontacq. Pop. 518 h.

LUCHAC, vg. *Charente*, comm. de Chassors, ✉ de Jarnac.

LUCHAPT, vg. *Vienne* (Poitou), arr. et à 27 k. de Montmorillon, cant. et ✉ de l'Isle-Jourdain. Pop. 852 h. — *Forges*.

LUCHAT, vg. *Charente-Inf.* (Saintonge), arr., ✉ et à 11 k. de Saintes, cant. de Saujon. Pop. 230 h. — On voit aux environs un vaste tumulus.

LUCHÉ, vg. *Charente-Inf.*, comm. de St-Jean-de-Liversay, ✉ de Nuaillé.

LUCHÉ, *Luceium*, vg. *Sarthe* (Anjou), arr., ✉ et à 13 k. de la Flèche, cant. du Lude. Pop. 2,683 h.

L'église paroissiale, dédiée à saint Martin, dépendait d'un prieuré que Raoul de Beaumont et Emmeline de Montsoreau, sa femme, dame du Lude et de Luché, donnèrent et vendirent en partie pour 500 sous aux moines de St-Aubin, vers le milieu du XIᵉ siècle. La construction de l'édifice actuel, postérieure à l'acte de donation, offre deux époques bien distinctes: la partie orientale, qui appartient à la première moitié du XIIIᵉ siècle, consiste dans une tour centrale et un chœur rectangulaire dont la trèsgrande étendue relative, puisque sa largeur répond à peu près à la longueur d'une extrémité à l'autre des transepts; le tout voûté en tuffeau appareillé, à nervures rondes disposées en sautoir, accompagnées d'autres nervures qui suivent la direction du faîtage et d'autres la direction des tirants de la charpente, soutenue d'un côté par les colonnettes groupées le long des murs, et de l'autre par deux colonnes cylindriques et isolées au milieu de l'édifice. Le chœur est éclairé par huit fenêtres à lancettes, avec pieds-droits ornés de colonnes à l'intérieur, deux au nord, deux au midi, et quatre à l'orient.—La tour centrale repose sur quatre piliers cantonnés de quatre demi-colonnes qui supportent les arcs-doubleaux, et des colonnettes interposées pour recevoir les nervures des arêtures. On remarque, à l'un des transepts voûtés au XVIᵉ siècle, cinq médaillons qui représentent Jésus-Christ et les symboles évangéliques de l'Apocalypse. — La vaste nef, élevée au commencement du XVIᵉ siècle, n'a de remarquable que ses fenêtres à meneaux ornées de tympans flamboyants.—Cette église possède quatre autels bien conservés avec retable, en pierre, accompagné de niches et de dais dans le style ogival secondaire, et celui de la renaissance.—*Foires* le 4ᵉ samedi de juin, 2ᵉ samedi de sept. et de nov.

LUCHÉ-SUR-BRIOUX, vg. *Deux-Sèvres* (Poitou), arr. et à 6 k. de Melle, cant. et ✉ de Brioux. Pop. 210 h.

LUCHÉ-THOUARSAIS, vg. *Deux-Sèvres* (Poitou), arr. et à 6 k. de Bressuire, cant. de St-Varent, ✉ de Thouars. Pop. 356 h.

LUCHEUX, bg *Somme* (Picardie), arr., c., ✉ et à 8 k. de Doullens. Pop. 1,226 h. — On y fait un commerce considérable de bois, provenant de la vaste forêt qui avoisine ce bourg. Au milieu du parc du château on aperçoit la tour ruinée du château de Guy-de-Châtillon.

L'abside de l'église fixe aussi l'attention: les chapiteaux des piliers du chœur sont remarquables par les figures grotesques dont ils sont ornés.

Culture du houblon. — *Fabrique* de boissellerie et de sabots.

LUCHON. V. BAGNÈRES-DE-LUCHON.

LUCHON (vallée de). Cette vallée, située dans le dép. de la *H.-Garonne*, commence au pied des Pyrénées, à la source de la Pique. Plusieurs vallées débouchent dans celle de Luchon; le Larboust, qui est parallèle à la chaîne centrale, à quelques gorges qui se dirigent vers l'Espagne, entre autres le val de Midasol. La vallée du Lys, qu'admirent chaque année des groupes de voyageurs accourus de toutes les parties de l'Europe, se termine aussi dans celle de Luchon, qui court ensuite parallèlement à la vallée de Barousse jusqu'à Cierp, où elle s'embranche dans la vallée de la Garonne, et de là jusqu'à Isaourt, où elle s'ouvre dans la plaine de St-Bertrand.

LUCHUEL, vg. *Somme*, comm. de Gronche-Luchuel, ✉ de Doullens.

LUCHY, vg. *Oise* (Picardie), arr. et à 36 k. de Clermont, cant. de Crevecœur. P. 611 h.

LUCIA-DI-MORIANI (Santa-), vg. *Corse*, arr. et à 50 k. de Bastia, cant. de San-Nicolao, ✉ de Cervione. Pop. 306 h.

LUCIE (Ste-), vg. *Aude*, comm. de Gruissan, ✉ de Narbonne.

LUCIE (Ste-), ou STE-LUCIE-DI-TALLANO, vg. *Corse*, arr., ✉ et à 18 k. de Sartène, chef-l. de cant. Pop. 770 h. — TERRAIN cristallisé.

On y remarque les bâtiments d'un ancien couvent de franciscains, dont l'église renferme le tombeau de Serena, fille de Rurricio: sa figure couchée (bas-relief de marbre) la représente tenant un chapelet auquel pend une bourse, emblème de sa libéralité envers les franciscains.

Au pied de la montagne de Tallano, sur la rive gauche du Fiumicicoli, sont des bains sulfureux estimés pour les rhumatismes et les maladies cutanées, mais sans établissement: l'unique bassin reçoit séparément et tour à tour les hommes et les femmes.

Le territoire du canton de Ste-Lucie est bien cultivé, et produit beaucoup de blé, du vin, de l'huile, des châtaignes et des fruits exquis.

LUCIE (canal de Ste-). Ce canal, commencé en l'an XI et livré à la navigation en 1810, est une prolongation du canal et de la Robine de Narbonne (Aude) ; il remplace, par une communication sûre et prompte, celle qui existait déjà au moyen des étangs entre la Robine et le port de la Nouvelle.

LUCIE-DE-MERCURIO (Ste-), vg. *Corse*, arr., ✉ et à 10 k. de Corté, cant. de Sermano. Pop. 525 h.

LUCIEN (St-), vg. *Eure-et-Loir* (Beauce), arr. et à 24 k. de Dreux, cant. et ✉ de Nogent-le-Roi. Pop. 320 h.

LUCIEN (St-), vg. *Oise*, comm. de Notre-Dame-du-Thil, ✉ de Beauvais.

LUCIEN (St-), vg. *Seine-Inf.* (Normandie), arr. et à 33 k. de Neufchâtel-en-Bray, cant. et ✉ d'Argueil. Pop. 349 h.

LUCIENNES, *Seine - et - Oise*. V. LOUVECIENNES.

LUCIOU, vg. *Indre*, com. de Foutguenand, ✉ de Valençay.

LUCMAU, vg. *Gironde* (Bazadois), arr. et à 13 k. de Bazas, cant. de Villandraut, ✉ de Captieux. Pop. 795 h.

LUÇON, vg. *Eure-et-Loir*, comm. d'Ermenonville-la-Grande, ✉ de St-Loup.

LUÇON, *Lucio, Luciona, Lucionum*, petite ville, *Vendée* (Poitou), arr. et à 28 k. de Fontenay-le-Comte, chef-l. de cant. Evêché. Séminaire diocésain. Cure. Gîte d'étape. ✉. ⚓. A 459 k. de Paris pour la taxe des lettres. Pop. 4,244 h. —TERRAIN jurassique, étage inférieur du système oolitique.

Autrefois évêché (fondé en 1317), parlement de Paris, intendance de Poitiers, élection de Fontenay, séminaire , couvents de capucins et d'ursulines.

Cette ville doit son origine à un très-ancien monastère fondé par saint Philibert, ruiné par les Normands, et rebâti par Ebles, évêque de Limoges. Le comte Gui, époux d'Aldéarde, fille de Robert, duc de Bourgogne, commença à bâtir la ville vers l'an 1068 et brûla l'abbaye, qui fut réparée avant l'an 1091 ; l'église fut dédiée en 1121. Jean XXII érigea cette abbaye en évêché, par une bulle du 13 août 1317. Luçon fut dévasté à plusieurs reprises durant les guerres de religion du XVIe siècle ; en 1568 un des chanoines de l'abbaye se fortifia dans la cathédrale, où, après avoir soutenu un long siège contre les protestants, il fut massacré avec la garnison qui s'était retirée dans l'église. Le cardinal de Richelieu fut nommé évêque de Luçon en 1606, à l'âge de vingt-deux ans, et se démit de cette dignité en 1624.

Le 28 juin 1793 un combat sanglant fut livré sous les murs de Luçon entre les républicains et les Vendéens ; ces derniers furent mis en déroute après avoir perdu quatre cents hommes tués et plus de cent cinquante prisonniers. Le 1er octobre de la même année, les généraux vendéens Charette, d'Elbée et Royrand, à la tête de trente-cinq mille insurgés, attaquèrent les républicains commandés par le général Tuncq, qui n'avait pour défendre Luçon que neuf mille hommes et quelques pièces d'artillerie légère. Ce général attendit de pied ferme les Vendéens, les cribla par sa mousqueterie et la mitraille de son artillerie, mit en désordre dans leurs rangs, et les força à la retraite après avoir perdu l'élite de leur troupe et abandonné leur artillerie. Cette affaire fut une des plus sanglantes qu'eussent jusque-là essuyées les royalistes : ils laissèrent six à sept mille morts sur le champ de bataille, sans compter ceux que la cavalerie atteignit dans leur fuite et auxquels elle ne faisait pas de quartier. L'armée fugitive avait repris le chemin par lequel elle avait débouché : lorsqu'elle fut arrivée au pont Minclet, elle trouva le passage barré par deux pièces de canon démontées. Cet obstacle augmenta bientôt la confusion, et toute l'armée serait tombée au pouvoir des républicains, sans la bravoure de quelques transfuges de la légion germanique, qui se portèrent à la tête du pont, firent face aux républicains, et donnèrent ainsi le temps aux Vendéens de filer dans le Bocage.

Les **armes** de **Luçon** sont : *d'azur à trois brochets d'argent posés en fasce.*

La ville de Luçon est située au bord des marais, à l'extrémité du canal de son nom, qui traverse les marais desséchés de Fraissy, de St-Michel-en-Lherm, et se jette dans la mer à l'anse d'Aiguillon. C'est une ville assez grande, mais triste, mal percée, malpropre et entourée de marais qui en rendent l'air malsain ; ses maisons sont vastes, commodes, d'un aspect assez agréable, et ont presque toutes une cour et un jardin. Le seul édifice qu'on y remarque est la cathédrale, grande église gothique à trois nefs spacieuses, surmontée d'un beau clocher à flèche travaillé à jour, qui n'a pas moins de 167 m. d'élévation.

Biographie. Patrie du cardinal-archevêque de Sens A.-L.-H. DE LA FARRE.

Du général vendéen BERNARD DE MARIGNY, fusillé par les soldats de Stofflet en juillet 1794.

COMMERCE. Le canal de Luçon, navigable par allèges de 50 à 60 tonneaux qui remontent jusque dans le port, favorise l'exportation des riches produits de la plaine, consistant principalement en grains, feves, bois de construction, merrain, cercles, feuillards, grosse poterie, vins d'Aunis, de Saintonge, de Bordeaux, et autres produits du Midi. — Foires les 3 fév., 21 mars, 23 mai, 5 juillet, 16 août, 9 sept. et 25 nov.

LUÇON (canal de), *Vendée*. Ce canal est un vieux chenal, amélioré en 1807 et 1808 par des travaux exécutés aux frais du gouvernement, entre Luçon et l'écluse dite du Chapitre. Il a son origine à Luçon, traverse les marais desséchés de Fraissy et de St-Michel-en-Lherm, et se jette dans la mer à l'anse de l'Aiguillon. Il reçoit, un peu au-dessous de Luçon, par une rigole dite *canal ou ceinture des Hollandais*, les eaux des marais inondés de la Vendée, est en outre alimenté, pendant les sécheresses, par la retenue des eaux de la mer qu'on y introduit.

Le canal de Luçon est navigable par allèges de 50 tonneaux, et par le flux et reflux de la mer qui remonte les marchandises de la Rochelle et de l'île de Ré. Il sert à des exportations assez considérables de grains, de fèves, de bois de marine et de chauffage ; les importations consistent en vins, eaux-de-vie, huiles, savons, résines, etc. En hiver, lorsque les marais sont couverts d'eau, la navigation ne se borne pas au seul canal de Luçon ; les bateaux entrent dans la ceinture des Hollandais, côtoient le desséchement, traversent les marais au-dessous de Vouillé, passent dans la Vendée et dans la Sèvre, et descendent à Marans. Le commerce entre cette ville et Luçon est assez actif.

LUCQ, vg. *B.-Pyrénées* (Béarn), arr., ✉ et à 14 k. d'Oloron, cant. de Monein. Pop. 2,607 h.

LUCQUY, vg. *Ardennes*, comm. de Faux, ✉ de Saulces-aux-Bois.

LUCS (les), vg. *Vendée* (Poitou), arr. et à 19 k. de Bourbon-Vendée, cant. du Poiré-sous-Bourbon, ✉ de Palluau. Pop. 2,559 h.

Cette commune est formée de deux villages désignés sous les noms de Grand et de Petit-Lucs. Entre ces villages se trouve une multitude de pierres grisâtres qui, au premier coup d'œil, paraissent être les débris d'une antique cité. Tous les champs, tous les chemins sont hérissés d'énormes pierres en forme de menhir ou de dolmen. Sur les coteaux, des fragments de granit, restés debout comme des colonnes qui auraient été rongées par les siècles et ne conserveraient plus l'empreinte du ciseau, présentent à la vue étonnée tantôt des scènes de ruines, des temples, des tombeaux, tantôt rappellent ces hauts lieux dévastés où s'élevaient les colonnes informes des temples d'Irmensul. Ici tout est obscur, tout est vague, et c'est en vain qu'on interroge les feuillets de l'histoire sur les annales de ces pierres ; les faits qui s'y rattachent, mystérieux comme l'avenir, se voilent de toute l'obscurité des âges, et n'ont laissé que le souvenir de leur nom de *Bois consacrés*. Les innombrables débris qui jonchent les vallées et dominent les coteaux sont muets : pas la moindre inscription, pas le plus léger vestige ; les conjectures restent seules à l'antiquaire. Les vastes landes qui environnent les Lucs dénotent seulement, par les sillons innombrables que l'œil observateur y reconnaît de toutes parts, que dans le moyen âge toutes ces plaines, aujourd'hui infertiles, étaient alors cultivées, et que de riches moissons y roulaient en longues ondulations l'or flottant de leurs épis.

Il ne reste plus rien aujourd'hui de cette abondance ; mais c'est ici que l'admirateur de la belle nature doit venir promener ses rêveries. Un peintre a-t-il besoin de ces aspects romantiques où les eaux, les rochers et les bois se confondent, tantôt groupés en pyramides sur la cime des monts, tantôt courbés en berceaux mystérieux sur l'onde écumante qui se brise dans les vallées profondes, qu'il vienne s'asseoir au milieu de ces rochers pendants, au fond de ces vallées ombragées, auprès de ces chutes d'eau, et une foule d'effets plus pittoresques les uns que les autres, d'études heureuses et charmantes, viendront soudain se disputer le droit d'occuper ses pinceaux.

Foire le 25 nov.

LUC-SUR-AUDE, vg. *Aude* (Languedoc), arr. et à 15 k. de Limoux, cant. et ✉ de Couriza. Pop. 263 h.

LUC-SUR-MER, vg. *Calvados* (Normandie), arr. et à 15 k. de Caen, cant. de Douvres, ✉ de la Délivrande. Pop. 1,598 h.

Il est situé sur la Manche, où il a un établissement de bains de mer dans une belle exposition. — *Commerce* de salaisons; pêche du hareng. Toutes les salaisons de Caen se font dans cette commune. Voitures pour Caen deux fois par jour.

LUC-SUR-ORBIEU, vg. *Aude* (Languedoc), arr. à 22 k. de Narbonne, cant. et ✉ de Lézignan. Pop. 555 h. — On y voit un vaste et beau château, auquel est joint un parc distribué en jardin paysager, ainsi qu'une superbe orangerie. Aux environs on remarque une chapelle gothique renfermant une source abondante en grande vénération dans le pays. — Distilleries d'eau-de-vie.

LUCTERI CADURCI (lat. 45°, long. 20°).

« Je préviens le lecteur que cet article ne roule que sur une simple conjecture, faute de pouvoir établir quelque chose de positif sur un endroit de César, qui a grand besoin d'être éclairci et corrigé. Quoiqu'il soit mention des *Cadurci*, sous le simple nom de *Cadurci*, en plusieurs endroits du septième livre des Commentaires, cependant on trouve le même nom précédé d'un autre nom, qui parait y mettre une distinction dans le même livre : et les *Cadurci*, cités de cette manière et en second lieu, semblent encore distingués par leur condition, savoir d'être assujettis ainsi que les *Gabali* et les *Vellavi* au pouvoir des *Arverni*. Ce nom distinctif est *Eleutheri* dans plusieurs éditions, notamment dans celle d'Oudendorp ; comme si un terme purement grec n'était pas étranger dans une dénomination celtique, et que sa signification, qui caractérise la liberté, pût s'accorder avec la dépendance spécifiée par César. Sanson (*Rem. sur la C. de l'anc. Gaule*, art. *Heleuteri*) a jugé à propos de faire un peuple particulier d'*Heleuteri*, auquel son emplacement *on n'a rien de reste à donner*, comme il nous explique, que l'Albigeois. Il n'a pas pris garde au défaut de vraisemblance que les *Arverni* aient soumis une portion des *Cadurci* dans un canton que le domaine des *Ruteni* couvre en entier. Le nom dont il s'agit est écrit diversement : mais dans la plupart des manuscrits, selon Oudendorp, on lit *Eleutetis*. Si ce nom n'est pas correct, on peut remarquer que César désigne par le nom de Lucterius un homme qui était puissant chez les *Cadurci*, et qui tenait dans sa dépendance *Uxellodunum*, place des plus fortes dans la partie du pays des *Cadurci* qui tient à l'Auvergne, et sur laquelle les *Arverni* étaient plus à portée de dominer, comme sur les *Gabali* et les *Vellavi*,

qui étaient limitrophes et contigus. Or, le nom de *Lucterius* pourrait être le dérivé d'un nom national qui serait *Lucteri*, dans lequel on démêlera suffisamment de ressemblance avec les diverses leçons qui en occupent la place. Je répéterai néanmoins que mon opinion sur ce sujet n'est que celle qu'on doit avoir d'une conjecture, quoique je ne sache point que jusqu'à présent on ait donné quelque solution convenable ou plus heureuse de ce qui fait la difficulté. Ce que propose Alta-Serra (*Rer. Aquitan.* p. 35), de lire dans César *Helvii* au lieu d'*Heleuteri*, n'est pas recevable, par la raison qu'il est question en cet endroit des peuples de la Gaule qui s'arment contre les Romains, non d'aucun de ceux de la province romaine, du nombre desquels étaient les *Helvii*, qui, dans cette même campagne, dont le septième livre des Commentaires rapporte les événements, avaient signalé leur fidélité, en souffrant un échec considérable, pour n'être point entrés dans la ligue formée par les *Arverni*. On ne doit point objecter à ce qui est ici proposé pour remplacer une leçon peu correcte dans le texte de César, que le même terme d'*Eleutheri*, en parlant d'après quelques éditions, se trouve joint au nom de *Suessiones*, et conclure de là qu'il ne convient pas de lire autrement dans un endroit que dans l'autre. Car les meilleures éditions séparent le nom de *Suessiones* de ce qui le précède par un point, et ce qui précède se lit *Helviciis*, et non *Eleutheris* dans les anciens manuscrits, selon Vossius. Mais le nom d'*Helvii*, que le même Vossius et Oudendorp substituent à cette leçon des manuscrits, est à rejeter, étant en contradiction avec les faits, comme je viens de le remarquer. Qu'est-ce qui peut douter que dans des noms propres non familiers il n'y ait quelque faute de la part des copistes ? La diversité des leçons n'en est-elle pas un indice ? » D'Anville. *Notice de l'ancienne Gaule*, p. 421.

LUCUS AUGUSTI (lat. 45°, long. 24°).

« Pline (lib. III, cap. 4) nomme deux capitales chez les *Vocontii* ; *Vasio* ou Vaison, et *Lucus Augusti*. Dans Tacite (*Hist.*, lib. I, sect. 66) *Lucus municipium Vocontiorum est*. L'Itinéraire d'Antonin, la Table théodosienne et l'Itinéraire de Bourdeaux à Jérusalem indiquent la position de *Lucus* comme immédiate, à celle de *Dea Vocontiorum*, en s'accordant à marquer XII pour la distance. Cette ville a été détruite par la chute d'un rocher, qui, ayant arrêté le cours de la Drôme, a donné lieu à cette rivière de s'épancher, et de former des lacs, qui ont couvert une partie de son territoire. Il subsiste actuellement dans le voisinage et à l'issue de ces lacs un petit lieu qui conserve le nom de Luc. » D'Anville. *Notice de l'ancienne Gaule*, p. 433. — V. aussi Walckenaer. *Géographie des Gaules*, t. I, p. 222 et ci-dessus Luc-en-Diois, p. 410.

LUCVIELLE, vg. *Gers*, comm. de St-Sauvy, ✉ de Gimont.

LUCY, vg. *Aisne*, comm. de Ribemont, ✉ d'Origny-Ste-Benoîte.

LUCY, vg. *Meurthe* (Lorraine), arr. de Châ-

teau-Salins, et à 22 k. de Vic, cant. et ✉ de Delme. Pop. 607 h.

LUCY, vg. *Seine-Inf.* (Normandie), arr., cant., ✉ et à 5 k. de Neufchâtel-en-Bray. Pop. 372 h.

LUCY-LE-BOCAGE, vg. *Aisne* (Picardie), arr., ✉ et à 15 k. de Château-Thierry, cant. de Charly. Pop. 312 h.

PATRIE de l'abbé DE MONTMIGNON, auteur du *Choix des lettres édifiantes* et de plusieurs autres ouvrages.

LUCY-LE-BOIS, vg. *Yonne* (Bourgogne), arr., cant. et à 9 k. d'Avallon. Cure. ✉. ❦. A 209 k. de Paris pour la taxe des lettres. Pop. 1,014 h.

LUCY-LE-HAMEAU, vg. *Marne* (Champagne), arr. et à 17 k. d'Epernay, cant. et ✉ de Moutmort. Pop. 139 h.

LUCY-SUR-CURE, vg. *Yonne* (Bourgogne), arr. et à 26 k. d'Auxerre, cant. et ✉ de Vermenton. Pop. 280 h.

LUCY-SUR-YONNE, vg. *Yonne* (Bourgogne), arr. et à 35 k. d'Auxerre, cant. et ✉ de Coulange-sur-Yonne. Pop. 600 h.

LUD (le Grand-), vg. *Seine-et-Marne*, com. de Guérard, ✉ de Faremoutiers.

LUDAN (St-), ou SANCT-LOTTEN, vg. *B.-Rhin*, comm. de Hipsheim, ✉ de Benfeld, ❦.

LUDE (le), *Lusdum*, *Ludum*, jolie petite ville, *Sarthe* (Anjou), arr. et à 22 k. de la Flèche, chef-l. de cant. Cure. Gite d'étape. ❦. A 257 k. de Paris pour la taxe des lettres. Pop. 3,295 h. — TERRAIN crétacé inférieur, grès vert.

Autrefois diocèse d'Angers, parlement de Paris, intendance de Tours, élection de Baugé, couvent de récollets.

Le Lude est une ville assez bien bâtie, sur la rive gauche du Loir. Elle est formée de rues étroites et mal percées, où l'on remarque l'hôtel de ville, l'hôpital et quelques maisons ornées d'arabesques et de médaillons sculptés d'assez bon goût. Le château, situé près de l'église paroissiale, est sans contredit un des plus beaux de cette partie de la France : sa hauteur majestueuse, sa construction partie gothique et partie moderne, les énormes tours rondes qui ressortent de ses angles, lui donnent un aspect imposant auquel ajoute encore sa situation avantageuse sur le bord du coteau qui domine le Loir.

Les *armes du Lude* sont : *d'azur à la croix engrêlée d'argent*.

Fabriques de toiles et d'étoffes de laine. Tanneries. — *Commerce* de grains, noix, marrons, chanvre, fil, bœufs, porcs, volailles, etc. — Foires le 3ᵉ jeudi de janv., 1ᵉʳ jeudi d'avril, 1ᵉʳ jeudi de juillet, 1ᵉʳ mercredi de mai, 1ᵉʳ jeudi de juin, jeudi après le 8 sept., 3ᵉ jeudi d'oct. et de déc.

LUDELANGE, vg. *Moselle*, com. de Tressange, ✉ de Briey.

LUDES, vg. *Marne* (Champagne), arr., ✉ et à 12 k. de Reims, cant. de Verzy. P. 884 h. Dans un territoire fertile en vins de Champagne rouges de deuxième classe. — *Foires* le

2e lundi après le 29 août et le 1er lundi après le 24 juin.

LUDESSE, vg. *Puy-de-Dôme* (Auvergne), arr. et à 18 k. d'Issoire, cant. et ✉ de Champeix. Pop. 665 h.

LUDIÈS, vg. *Ariége* (Languedoc), arr., cant., ✉ et à 8 k. de Pamiers. Pop. 95 h.

LUDON, vg. *Gironde* (Guienne), arr. et à 19 k. de Bordeaux, cant. et ✉ de Blanquefort. Pop. 1,070 h.

LUDRES, vg. *Meurthe* (Lorraine), arr., cant., ✉ et à 9 k. de Nancy. Pop. 502 h.
Ce village est situé au pied du mont Affrique, sur lequel on voit les vestiges d'un camp romain et ceux de l'ancienne cité d'Affrique. M. le marquis de Ludres a fondé et doté récemment à Ludres un magnifique hôpital.
Bibliographie. MATHIEU (Ch.-Léopold).
Ruines de l'ancien château de Ludres et du camp romain dit de la cité d'Affrique, qui l'avoisine sur la côte de Ludres et d'Affrique, derrière Messein, près de la Moselle, ainsi que celles du camp romain de Jaillon, qui l'a précédé ; toutes dans le département de la Meurthe, in-8, 1829.
BEAULIEU. *Dissertation sur les camps romains connus sous le nom de cité d'Affrique, situés près de Nancy* (Mém. de la soc. des antiq. de France, t. VII, p. 160).

LUE, vg. *Landes* (Gascogne), arr. et à 61 k. de Mont-de-Marsan, cant. de Sabres, ✉ de Liposthey. Pop. 790 h.

LUÉ, vg. *Maine-et-Loire* (Anjou), arr. et à 13 k. de Baugé, cant. de Seiches, ✉ de Suette. Pop. 350 h.

LUEMSCHWILLER, vg. *H.-Rhin* (Alsace), arr., cant., ✉ et à 7 k. d'Altkirch. Pop. 794 h.

LUET, vg. *Eure-et-Loir*, comm. de Béville-le-Comte, ✉ d'Auneau.

LUGAGNAC, vg. *Lot* (Quercy), arr. et à 33 k. de Cahors, cant. et ✉ de Limogne. Pop. 455 h.—*Foires les 8 janv., 8 mai et 29 oct.*

LUGAGNAN, vg. *H.-Pyrénées* (Gascogne), arr. d'Argelès, cant., ✉ et à 4 k. de Lourdes. Pop. 433 h.

LUGAIGNAC, vg. *Gironde* (Guienne), arr. et à 17 k. de Libourne, cant. et ✉ de Branne. Pop. 355 h.

LUGAIGNAC, vg. *Gironde*, comm. de Vertheuil, ✉ de Pauillac.

LUGAN, vg. *Aveyron* (Rouergue), arr. de Villefranche, cant. de Montbazens, ✉ de Rignac.

LUGAN, vg. *Aveyron*, comm. de Quins, ✉ de Sauveterre.

LUGAN, vg. *Tarn* (Languedoc), arr., cant., ✉ et à 10 k. de Lavaur. Pop. 520 h.

LUGARDE, vg. *Cantal* (Auvergne), arr. et à 35 k. de Murat, cant. et ✉ de Marcenat. Pop. 747 h.

LUGASSON, vg. *Gironde* (Bazadois), arr. et à 24 k. de la Réole, cant. de Targon, ✉ de Sauveterre. Pop. 395 h.

LUGAUT, vg. *Landes* (Gascogne), arr. et à 33 k. de Mont-de-Marsan, cant. de Sabres, ✉ de Roquefort. Pop. 1,808 h.

LUGAZAU, vg. *Landes*, comm. de Vielle-Soubiran, ✉ de Roquefort.

LUGDUNUM (lat. 46°, long. 23°). « Cette ville porte un nom celtique, qu'on sait lui être commun avec plusieurs autres villes de la Gaule, et que l'on doit croire antérieur à l'établissement d'une colonie romaine par Munatius Plancus, qui, au rapport de Dion Cassius (lib. XLVI), reçut ordre du sénat, peu après la mort du dictateur César, et avant la formation du triumvirat, de rassembler à *Lugdunum* les habitants de Vienne, chassés de leur ville par les Allobroges. Cette colonie devint très-puissante en peu de temps ; et Strabon, contemporain d'Auguste et de Tibère, dit qu'elle ne cédait qu'à Narbone par le nombre des habitants, qu'elle était la résidence des gouverneurs de la Gaule, et qu'on y frappait des monnaies d'or et d'argent. Elle tira des avantages d'avoir vu naître, selon que le dit Suétone, l'empereur Claude ; et dans plusieurs inscriptions elle est appelée *Colonia Copia Claudia Augusta*. Dion Cassius veut que l'ancienne manière d'écrire le nom de *Lugdunum* était *Lugudunum*, et il y a des inscriptions qui y sont conformes. Je ne m'arrêterai point aux diverses interprétations que l'on donne à cette dénomination. Ptolémée range mal à propos *Lugdunum* entre les villes des Ædui. Cette ville fut construite dans le territoire des *Segusiani* : *In quorum agro*, selon les termes de Pline (lib. IV, cap. 18), *Colonia Lugdunum*. Les *Segusiani*, après avoir été *Clientes Æduorum*, sont ensuite qualifiés de *Liberi*. L'emplacement de *Lugdunum* s'étendrait à la rive droite de la Saône, sur la pente d'un coteau, qui tire de la dénomination de *Forum Vetus* le nom actuel de Fourvière, qu'on peut regarder comme une altération du nom de For-Vieil : et Claude Paradin (lib. II, p. 255), dans son *Histoire de Lion*, cite un ancien titre où ce quartier est dénommé précisément *Forum Vetus*. Ce qui fait aujourd'hui le plus considérable partie de Lion entre la Saône et le Rhône n'a commencé à se remplir que sous le règne de Louis XII et de François Ier. C'est néanmoins à l'extrémité de cette langue de terre, serrée entre les deux rivières, qu'étaient situés le temple et l'autel que soixante cités de la Gaule avaient élevés à Auguste, et dont il est question dans un article particulier sous le nom d'*Ara Lugdunensis*. » D'Anville. *Notice de l'ancienne Gaule*, p. 423. V. aussi :
Remarques sur l'origine du mot Lugdunum, par Bachet de Méziriac (t. I des *Commentaires sur Ovide*, in-8, 1716).
—*Epistola historica de ortu et situ primo Lugduni*, etc., auct. Petro Labbé, in-4, 1664.
—*Epistola ejusdem, de antiquo statu Lugduni*, in-8, 1664.
—*Dissertation sur la double fondation de Lyon et sur son nom*, par le P. Ménestrier (Caractères des ouvrages historiques, etc., in-12, 1694).
—Walckenaer. *Géographie des Gaules*, t. I, p. 196, 262, 325.

LUGDUNUM BATAVORUM (lat. 53°, long. 23°). « On trouve cette ville dans Ptolémée, comme dans l'Itinéraire d'Antonin et dans la Table théodosienne. Les positions données par Ptolémée n'ayant pas le degré de précision qui puisse exiger qu'on les adopte en rigueur, nous ne supposerons point avec Menso-Alting, deux villes du même nom, au lieu d'une seule ; en se fondant uniquement sur ce que le point de *Lugodinum* des *Batavi* dans Ptolémée ne répond pas exactement à la position actuelle de Leyde. L'expression de *Caput Germaniarum* qui accompagne la mention qui est faite de *Lugdunum* dans l'Itinéraire ne signifie pas que cette ville fut la capitale des Germanies, mais le commencement de cette frontière des Gaules, qui avait pris le nom de Germanie, ce que plusieurs savants ont déjà fait remarquer. On peut néanmoins faire attention à ce que la position de *Lugdunum* est figurée dans la Table, comme celle des villes que l'on sait avoir dominé sur le district d'une cité particulière. Dans ces actes du moyen âge son nom est communément *Leithis*. Ainsi, on dit *Leitheu*, avant que de prononcer comme aujourd'hui Leyden. On reconnaît le *dunum*, qui a fait partie de l'ancienne dénomination, dans une éminence au milieu de l'emplacement qu'occupe la ville, mais sur la rive gauloise du Rhin, comme on le juge plus convenable, et servant d'assiette à une ancienne tour. » D'Anville. *Notice de l'ancienne Gaule*, p. 424.

LUGDUNUM, postea CONVENÆ (lat. 44°, long. 19°). « Strabon (lib. IV, p. 190) parle de *Lugdunum* des *Convenæ*. Il en est aussi mention dans Ptolémée : mais la qualification de colonie que porte la version latine n'est point dans le texte grec. On sait seulement par Strabon qu'entre les peuples de l'Aquitaine les *Convenæ*, ainsi que les *Ausci*, avaient obtenu la prérogative dont jouissaient les villes latines. L'Itinéraire d'Antonin place *Lugdunum* des *Convenæ* sur la route d'*Aquæ Tarbellicæ*, ou d'Aqs à Toulouse ; et il y a une autre route qui d'*Aginnum* conduit à *Lugdunum*. Cette ville avait pris le nom de *Convenæ* avant qu'elle fût détruite par le roi Gontran l'an 585. Dans la Notice des provinces de la Gaule, *Civitas Convenarum* est une de celles de la Novempopulanie. Le même nom se trouve dans Sidoine Apollinaire et dans Grégoire de Tours, qui décrit la situation de cette ville en ces termes : *Est enim urbs in cacumine montis sita, nulliqua monti contigua*. C'est dans le même emplacement que Bertrand, évêque de Cominge, et fils d'Atton-Raimond, seigneur de l'Isle-Jourdain, rebâtit une ville dans les premières années du XIIe siècle ; et cette ville a pris le nom de St-Bertrand. Les plus grands vestiges d'antiquités subsistent néanmoins dans un lieu situé au pied de la montagne, près de la Garonne, et dont le nom de Val-Crabère vient de *Vallis Capraria*. M. Wesseling remarque qu'un fragment d'inscription sur une porte de la ville, et où on lit : *Civit. Conven.*, appartient au temps de l'empereur Claude, et non à celui d'Auguste ou de Tibère, comme on l'avait jugé auparavant. » D'Anville, *Notice de l'ancienne Gaule*, p. 424.

LUGEAC, vg. *H.-Loire*, comm. de Lavandieu, ⊠ de Brioude.

LUGET (le), vg. *Puy-de-Dôme*, comm. d'Anzat-le-Luget, ⊠ d'Ardes.

LUGLON, vg. *Landes* (Gascogne), arr. et à 31 k. de Mont-de-Marsan, cant. et ⊠ de Sabres. Pop. 813 h.

LUGNET (le), vg. *Isère*, comm. des Avenières, ⊠ de Morestel.

LUGNY, vg. *Aisne* (Picardie), arr., cant., ⊠ et à 10 k. de Vervins. Pop. 242 h.

LUGNY, bg *Saône-et-Loire* (Bourgogne), arr. et à 21 k. de Mâcon, chef-l. de cant. Cure. ⊠ de St-Oyen. Pop. 1,247 h. — TERRAIN jurassique, étage inférieur du système oolitique.

C'était autrefois une ville assez considérable, défendue par un vaste et beau château que les différents partis se disputèrent souvent lors des guerres civiles, et que les paysans brûlèrent en 1789. — *Foires* les 12 mars, 23 avril, 29 août, 14 sept., 6 déc. et lundi de la Pentecôte.

LUGNY-BOURBONNAIS, vg. *Cher* (Berry), arr. et à 29 k. de St-Amand-Montrond, cant. de Nérondes, ⊠ de Blet. Pop. 130 h.

LUGNY-CHAMPAGNE, vg. *Cher* (Nivernais), arr. et à 17 k. de Sancerre, cant. et ⊠ de Saucergues. Pop. 494 h.

LUGNY-LÈS-CHAROLLES, vg. *Saône-et-Loire* (Bourgogne), arr., cant., ⊠ et à 6 k. de Charolles. Pop. 588 h.

LUGO-DE-VECCHIO, *Corse*, arr., ⊠ et à 11 k. de Corté, cant. de Serraggio. Pop. 342 h.

LUGO-DI-MAZZA, vg. *Corse*, arr. et à 43 k. de Corté, cant. et ⊠ de Vezzani. Pop. 472 h.

LUGON, vg. *Gironde* (Guienne), arr. et à 11 k. de Libourne, cant. de Fronsac, ⊠ de St-André-de-Cubzac. Pop. 845 h.

LUGOS, vg. *Gironde* (Guienne), arr. et à 46 k. de Bordeaux, cant. et ⊠ de Belin. Pop. 419 h. — *Fabriques* de câbles et chaînes en fer. — *Haut fourneau*, forges et aciérie.

LUGY, vg. *Pas-de-Calais* (Artois), arr. et à 40 k. de Montreuil-sur-Mer, cant. et ⊠ de Fruges. Pop. 293 h.

LUHIER, vg. *Doubs* (Franche-Comté), arr. et à 49 k. de Montbéliard, cant. et ⊠ de Russey. Pop. 181 h.

LUIGNÉ, vg. *Maine-et-Loire* (Anjou), arr. et à 25 k. d'Angers, cant de Thouarcé, ⊠ de Brissac. Pop. 430 h.

LUIGNY, vg. *Eure-et-Loir* (Beauce), arr., cant. et à 20 k. de Nogent-le-Rotrou, ⊠ de Beaumont-les-Autels. Pop. 649 h.

LUIRENEAU, *Côte-d'Or*, comm. de Blânot, ⊠ de Saulieu.

LUISANS, vg. *Doubs* (Franche-Comté), arr. et à 35 k. de Baume-les-Dames, cant. de Pierrefontaine, ⊠ de Morteau. Pop. 334 h.

LUISAUT, vg. *Eure-et-Loir* (Beauce), arr., cant., ⊠ et à 8 k. de Chartres. Pop. 578 h.

LUISETAINES, vg. *Seine-et-Marne* (Brie), arr. et à 16 k. de Provins, cant. et ⊠ de Donnemarie. Pop. 280 h.

La position de cette commune est très-agréable, et l'on y jouit de points de vue superbes sur une vallée riante que la Seine fertilise par ses nombreuses sinuosités.

LUITRÉ, vg. *Ille-et-Vilaine* (Bretagne), arr., cant., ⊠ et à 10 k. de Fougères. Pop. 1,786 h.

LUMBIN, vg. *Isère* (Dauphiné), arr. et à 21 k. de Grenoble, cant. de Touvet, ⊠ de Crolles. ✶. Pop. 660 h. — *Foire* le 23 juillet.

LUMBRES, vg. *Pas-de-Calais* (Artois), arr., ⊠ et à 14 k. de St-Omer, chef-l. de cant. Pop. 908 h. — TERRAIN crétacé supérieur, craie. — *Fabrique* de papier. — *Foires* les 1er mai et 9 oct.

LUMEAU, vg. *Eure-et-Loir* (Orléanais), arr. et à 35 k. de Châteaudun, cant. de Pontarion, ⊠ d'Artenay. Pop. 463 h.

LUMES, vg. *Ardennes* (Champagne), arr., cant. et ⊠ de Mézières, à 5 k. de Charleville. Pop. 301 h.

On y remarque les ruines d'un ancien château que le seigneur de Buzancy, de la maison d'Apremont, avait fortifié et livré aux Impériaux, qui en profitèrent pour faire des courses. Ce château fut attaqué en 1551, et le comte d'Apremont, qui le défendait, fut blessé à mort. Cependant, comme le siège traînait en longueur, le capitaine Villefranche, qui le commandait, voulant à tout prix s'emparer de ce château, se servit à cet effet d'un stratagème : il plaça vers le soir des simulacres d'hommes armés vis-à-vis des sentinelles, et pénétra de l'autre côté dans le château, qu'il rasa, et où il trouva de grandes richesses.

LUMÉVILLE, vg. *Meuse* (Champagne), arr. de Commercy, et à 6 k. de St-Mihiel. Pop. 288 h.

LUMIER-EN-CHAMPAGNE (St-), vg. *Marne* (Champagne), arr., cant. et à 9 k. de Vitry-le-François, ⊠ de la Chaussée. Pop. 439 h.

LUMIÈRES (Notre-Dame-de-), *Vaucluse*, comm. de Goult, ⊠ d'Apt. ✶.

LUMIGNY, vg. *Seine-et-Marne* (Brie), arr. et à 15 k. de Coulommiers, cant. et ⊠ de Rozoy-en-Brie. Pop. 513 h. — On y voit un ancien château remarquable par le séjour qu'y firent Charles IX et sa mère, Catherine de Médicis, et par leur entrevue avec l'amiral de Coligny. On prétend qu'Helvétius y composa son livre *De l'esprit*.

Près du château existe un parc aussi étendu qu'agréable, au milieu duquel est une montagne d'environ 45 m. de hauteur, surmontée d'une vieille tour d'où l'on découvre 28 à 30 k. de pays.

LUMINE-DE-CLISSON (Ste-), vg. *Loire-Inf.* (Bretagne), arr. et à 25 k. de Nantes, cant. et ⊠ de Clisson. Pop. 1,328 h. — *Tuilerie*.

LUMINE-DE-COUTAIS (Ste-), vg. *Loire-Inf.* (Bretagne), arr. et à 30 k. de Nantes,

cant. de St-Philbert, ⊠ de Machecoul. Pop. 1,154 h.

LUMIO, vg. *Corse*, arr., ⊠ et à 8 k. de Calvi, cant. de Calenzana. Pop. 853 h.

LUNAC, vg. *Aveyron* (Rouergue), arr. et à 17 k. de Villefranche-de-Rouergue, cant. et ⊠ de Najac. Pop. 1,011 h. — *Foires* les 3 et 12 janv., 6 mai, 25 juin, 30 sept. et 28 déc.

LUNAGUET, vg. *Tarn*, comm. et ⊠ de Pampelonne.

LUNAIRE (St-), vg. *Ille-et-Vilaine* (Bretagne), arr. et à 10 k. de St-Malo, cant. de Pleurtuit, ⊠ de Divard. Pop. 1,065 h.

LUNAISE (Ste-), vg. *Cher* (Berry), arr. et à 21 k. de Bourges, cant. et ⊠ de Levet. Pop. 112 h.

LUNAN, vg. *Lot* (Quercy), arr., cant., ⊠ et à 5 k. de Figeac. Pop. 628 h.

LUNAS, vg. *Dordogne* (Périgord), arr., ⊠ et à 13 k. de Bergerac, cant. de la Force. Pop. 533 h.

LUNAS, vg. *Hérault* (Languedoc), arr., ⊠, bureau d'enregist., et à 13 k. de Lodève, chef-l. de cant. Cure. Pop. 1,504 h. — TERRAIN jurassique, étage inférieur du système oolitique.

Cette ville, où l'on arrive de Lodève par une route nouvelle et très-pittoresque, qui passe sur la belle montagne de l'Escaudorgue, est bâtie sur une hauteur, au pied de la montagne, dans un joli site ; elle est dominée par un rocher dont le sommet est couronné par les restes d'un ancien château, et baignée par le ruisseau de Gravaison. On y voit une petite église d'un aspect assez agréable. Les environs offrent des sites délicieux.

Le château de Lunas existait en 1200 : il soutint plusieurs sièges durant les guerres de religion.

Carrières de pierres à bâtir. *Tanneries*. — *Fabriques* et commerce d'excellents fromages. *Foires* les 25 mai, 24 sept. et 29 déc.

LUNAX, vg. *H.-Garonne* (Comminges), arr. et à 29 k. de St-Gaudens, cant. et ⊠ de Boulogne. Pop. 227 h.

LUNAY, vg. *Loir-et-Cher* (Vendômois), arr. et à 12 k. de Vendôme, cant. de Savigny, ⊠ de Montoire. Pop. 1,600 h. — *Commerce* de chanvre.

LUNEAU, vg. *Allier* (Bourbonnais), arr. de la Palisse et à 35 k. de Cusset, cant. et ⊠ du Donjon. Pop. 785 h.

LUNE-DE-BRULON, vg. *Sarthe*. ✶. A 32 k. du Mans.

LUNEGARDE, vg. *Lot*, comm. du Bastit, ⊠ de Gramat.

LUNEL, *Lunate*, *Lunellum*, ancienne et jolie ville, *Hérault* (Languedoc), arr. et à 23 k. de Montpellier, chef-l. de cant. Cure. Gîte d'étape. ⊠. ✶. A 729 k. de Paris pour la taxe des lettres. Pop. 6,385 h. — TERRAIN d'alluvions modernes.

Autrefois baronnie, diocèse, généralité et recette de Montpellier, parlement de Toulouse, viguerie, justice royale.

Dans le xe siècle, Lunel avait un château fort ; elle était presque entièrement habitée par des Juifs. Vers la fin du xiie siècle, le célèbre rabbin Salomon Jarchi y avait une synagogue fameuse. La ville, après avoir successivement fait partie du domaine de la couronne et de celui de la maison d'Etampes, fut réunie définitivement à la couronne en 1400. C'était autrefois une ville forte, qui fut prise et reprise plusieurs fois pendant les guerres de religion ; le cardinal de Richelieu en fit raser les fortifications en 1632.

Les armes de Lunel sont : *d'azur au croissant montant d'argent.*

Cette ville est située dans un territoire fertile en vins muscats d'excellente qualité, près de la rive droite du Vidourle, sur le chemin de fer de Montpellier à Nîmes et sur le canal de Lunel, qui débouche dans l'étang de Mauguio, par lequel elle communique au Rhône, à la Méditerranée et au canal du Midi. Elle possède une jolie promenade, une caserne d'infanterie et de cavalerie, une belle fontaine en forme d'obélisque, etc.

PATRIE du savant professeur de médecine BAUMES.

Les vins muscats de Lunel jouissent de la même réputation que ceux de Frontignan : ils sont plus précoces et plus fins; mais ils ont moins de corps, un goût de fruit plus prononcé, et ne se conservent pas aussi longtemps. Ce genre de vin n'est qu'une faible partie du produit des vignobles de Lunel, qui fournissent une grande quantité de vins rouges communs, que l'on convertit en eau-de-vie.

Fabriques de liqueurs, nombreuses distilleries d'eau-de-vie et d'esprits. — *Commerce* de grains, farines, laines en suint et lavées, vins muscats excellents du cru du territoire, eaux-de-vie, esprits, liqueurs, raisins secs, productions du pays. — Entrepôt des marchandises du haut Languedoc et de denrées coloniales. — *Foires* les 24 août, 25 nov., lundi de la Pentecôte (2 jours), samedi après la St-Barthélemy, et après la Ste-Catherine.

Bibliographie. * *La Réduction de la ville et château de Lunel à l'obéissance du roi, ensemble la défaite de 12 à 1,500 rebelles, mis et taillés en pièces par le régiment des gardes, entre Nismes et Lunel,* in-8, 1622.

LUNEL (canal de), *Hérault.* Ce canal établit une communication entre Lunel et l'étang de Mauguio ; il est alimenté par les eaux d'une source qu'il reçoit au-dessous de Lunel et par celles de l'étang de Mauguio.

LUNEL-VIEL, vg. *Hérault* (Languedoc), arr. et à 20 k. de Montpellier, cant. et ✉ de Lunel. Pop. 886 h.

On y voit des grottes très-remarquables, renfermant un dépôt considérable d'ossements fossiles qu'on y a découvert il y a quelques années. C'est sur le territoire de Lunel-Viel que se trouve le coteau renommé qui produit le délicieux muscat de Lunel.

PATRIE de FOUQUET DE LUNEL, troubadour du XIIIe siècle.

Bibliographie. SERRES (Marcel de). *Notice sur les cavernes à ossements fossiles des carrières du calcaire grossier situées aux environs de Lunel-Viel, département de l'Hérault,* in-8, 1826 ; in-4, 1839 (avec Dubreuil et Jeanjean).

LUNERAY, bg *Seine-Inf.* (Normandie), arr. et à 7 k. de Dieppe, cant. et ✉ de Bacqueville. Pop. 1,778 h.— Ce bourg est remarquable par ses belles plantations. Il y a une église catholique et un temple pour le culte réformé. — *Fabriques* de tissus de lin et de coton. — *Foire* le 1er mai. — Marchés tous les samedis.

LUNERY, vg. *Cher* (Berry), arr. et à 20 k. de Bourges, cant. de Charost, ✉ de St-Florent. Pop. 886 h.

LUNÉVILLE, *Mortana*, ancienne et jolie ville, *Meurthe* (Lorraine), chef-l. d'arr. de sous-préf. (5e arr.) et de deux cant. Trib. de 1re inst. Société d'agriculture. Collège communal. 2 cures. Gîte d'étape. ✉. ⚜. Pop. 16,418 h. — TERRAIN du trias, marne irisée.

Autrefois duché, diocèse de Toul, cour souveraine et intendance de Lorraine, bailliage, abbaye de chanoines réguliers, école militaire, couvents de minimes, de capucins et de religieuses de la congrégation.

L'origine de Lunéville, ainsi que celle de beaucoup d'autres villes, est enveloppée des plus épaisses ténèbres. On sait seulement que des fouilles faites aux environs firent découvrir autour d'une fontaine des médailles romaines représentant Diane ou la Lune. La tradition rapporte qu'il y avait en cet endroit un temple de Diane, et que Lunéville tire son nom du culte que l'on rendait à cette déesse. L'histoire ne parle de ce lieu avant le xe siècle que comme d'un hameau ou d'une maison de chasse ; c'était à cette époque le chef-lieu d'un comté considérable, que le duc Mathieu II réunit à ses Etats. Ses successeurs fortifièrent Lunéville dont Charles le Téméraire s'empara en 1476, mais qui fut reprise la même année par le prince de Vaudémont. Le duc de Lorraine, Charles III, augmenta les fortifications de Lunéville en 1587, pour mettre cette place en état de résister à l'armée des protestants d'Allemagne, qui allaient en France secourir les calvinistes. Sous Louis XIII, Lunéville fut prise et reprise plusieurs fois par les Français et les Lorrains ; les Français finirent, par l'emporter d'assaut en 1638, après quinze jours de siège, et en firent démolir les fortifications.

En 1801 il se tint à Lunéville un congrès, et le 9 février fut signé en cette ville le traité de paix qui terminait la guerre de la deuxième coalition. D'après ce traité, le thalweg du Rhin, depuis sa sortie du territoire helvétique jusqu'à son entrée sur le territoire batave, formait la limite de la France et de l'Allemagne.

Lunéville possède un très-beau palais, construit par Léopold, et considérablement embelli par Stanislas : il ne reste de charmants bosquets qui l'environnaient que celui qui sert de promenade publique. La marquise du Châtelet, célébrée par Voltaire, a son tombeau dans l'église paroissiale, dont l'architecture moderne mérite d'être remarquée. Lunéville possède aussi un immense quartier de cavalerie ; un vaste manège couvert, dont le toit est soutenu par une charpente en bois de châtaignier hardie et bien ajustée ; un champ de Mars de deux cents hectares de superficie. C'est une des plus belles garnisons de cavalerie qu'il y ait en France : on y réunit assez fréquemment en automne un camp de cavalerie pour exercer les troupes aux grandes manœuvres.

Les armes de Lunéville sont : *d'or à la bande d'azur* (alias : *de gueules*)*, chargé de trois croissants montants d'argent.*

Biographie. Patrie de SONNINI DE MANONCOURT, voyageur et naturaliste.

Du chevalier STAN. J. DE BOUFFLERS, poëte et littérateur agréable, membre de l'Académie française.

De Mme A. DE BRÉCY, auteur de romans qui offrent quelque intérêt.

Du jésuite ANTOINE, auteur de divers ouvrages de théologie.

Du célèbre chirurgien L.-SÉB. SAUCEROTE.

Du maréchal de BEAUVEAU.

Du comte STANISLAS DE GIRARDIN, élève de J.-J. Rousseau, membre du corps législatif, général, préfet et membre de la chambre des députés.

Des lieutenants généraux KLEIN et HAXO.

Du général vendéen STOFFLET, condamné à mort et fusillé à Angers le 23 février 1796.

Du comédien et auteur dramatique MONVEL.

INDUSTRIE. *Fabriques* de draps communs, calicots, bonneterie, dentelles, broderies, gants de peau et de laine pour fourrure, fourneaux et cheminées de tôle. Manufactures de faïence rembruni. Filatures de laine et de coton. Blanchisseries de toiles. Brasseries. — *Commerce* de vins, grains, eaux-de-vie, chanvre, lin, bois, broderies. — *Foires* les 16 mars (3 jours), 23 avril, 24 juin, 12 sept., 1er oct. et lundi gras.

A 30 k. E.-S.-E. de Nancy, 343 k. E. de Paris.

L'arrondissement de Lunéville est composé de 6 cantons : Baccarat, Bayon, Blâmont, Gerbéviller, Lunéville N., Lunéville S.-E.

Bibliographie. GUERRIER. *Essai historique sur Lunéville,* in-8, 1817. — 2e édit. sous le titre : *Annales de Lunéville, ou Essai historique sur cette ville depuis sa fondation jusqu'à nos jours, édition revue et augmentée de détails intéressants sur l'affaire de Malseine et le congrès de Lunéville,* in-8, 1818.

MARCHAL. (Ch.-Léopold-J.-B.). *Histoire de Lunéville,* avec une lith., in-12, 1829.

SAUCEROTE (Constant). *Topographie médicale de Lunéville et de son arrondissement,* in-8, 1834.

DEHAN. *Notice sur les chevaux de l'arrondissement de Lunéville,* in-8, 1827.

LUNEZAY, vg. *Cher,* comm. d'Isseuil, ✉ de Châteauneuf-sur-Cher.

LUNGHIGNANO, vg. *Corse,* arr., ✉ et à 16 k. de Calvi, cant. de Calenzana. P. 224 h.

LUNION ou BELBÈZE, ou ST-JEAN-DE-KYRIE-ELEYSON, vg. *H.-Garonne* (Languedoc), arr., cant., ✉ et à 10 k. de Toulouse. Pop. 882 h.

LUNNA (lat. 47°, long. 23°). « Ce lieu est placé dans l'Itinéraire d'Antonin entre *Assa Paulini* et *Matisco*, en indiquant la distance M. P. XV, leugas X, à l'égard d'*Assa Paulini* comme de *Matisco*. Dans la Table théodosienne on trouve *Ludna* à XIIII de *Matisco*, XVI de *Lugdunum*. Je remarque que si l'Itinéraire et la Table ne sont point d'accord dans les distances particulières entre *Lugdunum* et *Matisco*, il y a néanmoins de la convenance dans un total, qui est de 30 lieues gauloises. Car dans l'Itinéraire, la distance d'*Assa* à l'égard de *Lugdunum* est la même que d'*Assa* à *Lunna*, et de *Lunna* à *Matisco*, par conséquent 30 en trois distances, comme la Table les donne en deux. Une première opinion dans un ouvrage précédent sur la Gaule m'a fait estimer que *Lunna* pouvait avoir été remplacé par le lieu que l'on nomme aujourd'hui Belleville. Mais je pense actuellement que Belleville est trop près d'Anse, qui est *Assa Paulini*, et trop loin de Mâcon pour répondre à l'égalité de distance que marque l'Itinéraire, et cette égalité se trouve mieux vers les limites communes du Mâconnais et du Beaujolais. Quoique la position de Belleville parût convenir davantage selon les nombres de la Table, on pourrait aussi la juger un peu trop éloignée d'Anse, pour n'avoir que 6 à ajouter aux 10 qui sont entre Lion et Anse. De quelque manière au reste que les 30 lieues gauloises se répartissent entre Lion et Mâcon, je crois convenables à l'espace actuel, parce que le calcul de 30 lieues gauloises, qui est de 34,000 toises, peut entrer comme mesure itinéraire dans un espace direct de 32 à 33,000 toises, vu l'arc que la voie est obligée de décrire par rapport au cours de la Saône. » D'Anville. *Notice de l'ancienne Gaule*, p. 425.

LUONCY, vg. *Loiret*, comm. de Villamblain, ✉ de Patay.

LUOT (le), vg. *Manche* (Normandie), arr., ✉ et à 10 k. d'Avranches, cant. de la Haye-Pesnel. Pop. 342 h.

LUPCOURT, vg. *Meurthe* (Lorraine), arr. et à 12 k. de Nancy, cant. et ✉ de St-Nicolas-du-Port. Pop. 300 h.

LUPÉ, vg. *Loire* (Forez), arr. et à 39 k. de St-Etienne, cant. et ✉ de Pélussin. P. 313 h.

LUPERCE (St-), vg. *Eure-et-Loir* (Beauce), arr. et à 13 k. de Chartres, cant. et ✉ de Courville. Pop. 554 h.

LUPERSAC, bg *Creuse* (pays de Combraille), arr. et à 14 k. d'Aubusson, cant. et ✉ de Bellegarde. Pop. 2,184 h.

LUPIAC, bg *Gers* (Armagnac), arr. et à 28 k. de Mirande, cant. d'Aignan. ✉. A 713 k. de Paris pour la taxe des lettres. Pop. 1,332 h. — *Foires* les 4 janv., 23 avril, 18 juin et 1er sept.

LUPIAC, vg. *Lot-et-Garonne*, comm. de la Réunion, ✉ de Casteljaloux.

LUPICIN (St-), vg. *Jura* (Franche-Comté), arr., cant., ✉ et à 10 k. de St-Claude. Pop. 694 h.

L'église de St-Lupicin, classée provisoirement parmi les monuments historiques, est la seule église de l'arrondissement de St-Claude qui remonte au XIe siècle; elle est de style roman et en forme de basilique, à trois nefs, terminées chacune par une abside. A l'intérieur, les arcs en fer à cheval sont assez nombreux et caractérisent ce monument.

Foires les 21 mai, 1er juillet, 14 sept. et 16 nov.

LUPIEN (St-), ou SOMME-FONTAINE, vg. *Aube* (Champagne), arr. et à 25 k. de Nogent-sur-Seine, cant. et ✉ de Marcilly-le-Hayer. Pop. 288 h.

LUPIEUX, vg. *Ain*, comm. et ✉ de St-Rambert.

LUPLANTÉ, vg. *Eure-et-Loir* (Beauce), arr. et à 18 k. de Chartres, cant. d'Illiers, ✉ de St-Loup. Pop. 528 h.

LUPONAY-SUR-VEYLE, vg. *Ain*, comm. de Vonnas, ✉ de Châtillon-les-Dombes.

LUPPÉ, vg. *Gers* (Armagnac), arr. et à 52 k. de Condom, cant. et ✉ de Nogaro. Pop. 352 h.

LUPPY, vg. *Moselle* (pays Messin), arr. et à 20 k. de Metz, cant. de Pange, ✉ de Solgne. Pop. 823 h.

LUPSAULT, vg. *Charente* (Angoumois), arr. et à 23 k. de Ruffec, cant. et ✉ d'Aigre. Pop. 404 h.

LUPSTEIN, vg. *B.-Rhin* (Alsace), arr., cant., ✉ et à 9 k. de Saverne. Pop. 662 h.

LUGUET, vg. *H.-Pyrénées* (Gascogne), arr. et à 24 k. de Tarbes, cant. d'Ossun, ✉ de Pau. Pop. 481 h.

LURAIS, vg. *Indre* (Berry), arr. et à 11 k. du Blanc, cant. et ✉ de Tournon-St-Martin. Pop. 557 h.

LUVRAY, vg. *Eure-et-Loir* (Beauce), arr., cant., ✉ et à 4 k. de Dreux. Pop. 333 h.

LURBE, vg. *B.-Pyrénées* (Béarn), arr., cant., ✉ et à 10 k. d'Oloron. Pop. 806 h.

La majeure partie des habitants de Lurbe descendait des familles de Cagots ; ils y avaient un quartier séparé par un pont qui existe encore.

LURCY, vg. *Ain* (Bourgogne), arr. et à 17 k. de Gex, cant. de St-Trivier-sur-Moignans, ✉ de Montmerle. Pop. 390 h.

LURCY-LE-BOURG, *Luperciacum*, vg. *Nièvre* (Nivernais), arr. et à 60 k. de Cosne, cant. et ✉ de Prémery. Pop. 1,137 h. — *Foires* les 17 janv., 15 mai et 26 juillet.

LURCY-LE-SAUVAGE, ou LURCY-LÉVY, bg *Allier* (Bourbonnais), arr. et à 46 k. de Moulins-sur-Allier, chef-l. de cant. Cure. ✉. A 272 k. de Paris pour la taxe des lettres. Pop. 2,761 h. — TERRAIN tertiaire moyen.

Ce bourg est situé dans un pays boisé et couvert d'étangs, dont quelques-uns sont remarquables par la quantité de sarcelles qui se couvrent aux approches de l'hiver.

Fabriques de poterie de terre. Manufacture de porcelaine. — *Commerce* considérable de grains, vins, poisson, bestiaux, charbon, etc. Carrières de kaolin. — *Foires* les 13 janv., 1er mars, 1er; 3, 10, 17, 21, 24 et 31 mai, 7, 14 et 21 juin, 23 août et 10 nov.

LURÉ, vg. *Loire* (Forez), arr. et à 26 k. de Roanne, cant. et ✉ de St-Germain-Laval. Pop. 305 h.

LURE, *Lutera*, *Ludera*, *Lurense Monasterium*, jolie petite ville, *H.-Saône* (Franche-Comté), chef-l. de sous-préfect. (3e arr.) et d'un cant. Trib. de 1re inst. Société d'agricult. Collège communal. Cure. Gîte d'étape. ✉. ⚓. Pop. 3,058 h. — TERRAIN du trias, marnes irisées.

Suivant Perreciot, Lure existait déjà sous l'empire romain. Sa position sur la voie romaine de Luxeuil à Mandeure et la grande quantité de tuiles antiques trouvées dans son territoire donnent quelques présomptions favorables à l'opinion de ce savant. Il est du moins certain qu'il y avait déjà une église à Lure en 610, quand saint Déile ou Déicole, disciple de saint Colomban, vint fonder une abbaye dans le voisinage de cette ville.

En 870 Lure était une ville assez importante pour qu'il en fût fait mention dans le partage qui eut lieu entre Charles le Chauve et Louis le Germanique. C'était une ville forte au XIVe siècle. Elle souffrit plusieurs fois le pillage et l'incendie durant les guerres qui précédèrent la conquête de Louis XIV ; ce monarque s'en empara le 1er juillet 1674.

Lure est située au milieu d'une plaine vaste et marécageuse. Le terrain sur lequel s'élève la ville est presque entièrement entouré de marais. Les routes royales de Paris à Bâle et de Besançon aux Vosges traversent la principale rue ; une belle avenue de peupliers sur la route d'Alsace sert de promenade aux habitants. — On remarque dans la grande rue plusieurs grandes maisons. La sous-préfecture occupe les vastes et beaux bâtiments du ci-devant prince abbé de Lure. Le collège est un bâtiment spacieux et régulier. L'église paroissiale, peu remarquable à l'extérieur, est intérieurement décorée avec goût.

Fabriques de bonneterie, tissus de coton, chapeaux de paille. Tanneries. — *Foires* le 1er mardi de janv., fév., mars, avril, mai, juillet, août et sept. ; marchés très-fréquentés tous les mardis.

A 31 k. N.-E. de Vesoul, 391 k. E.-S.-E. de Paris par Vesoul.

L'arrondissement de Lure est composé de 10 cantons : Champagney, Faucogney, Héricourt, St-Loup, Lure, Luxeuil, Melisey, Saulx, Vauvillers, Villersexel.

LUREUIL, vg. *Indre* (Berry), arr., ✉ et à 14 k. du Blanc, cant. de Tournon-St-Martin. Pop. 402 h.

LUREY, vg. *Marne* (Champagne), arr. et à 62 k. d'Epernay, cant. d'Anglure, ✉ de Pont-le-Roi. Pop. 176 h.

LURI, vg. *Corse*, arr. et à 33 k. de Bastia, chef-l. de cant., ✉ de Rogliano. Pop. 1,662 h. — TERRAIN crétacé supérieur, craie.

Ce village est dans une situation extrêmement pittoresque ; la Suisse n'a point pour la vue de plus belle vallée que celle de Luri, et celle-ci a de plus la vue de la mer. Cultivée avec intelligence, rafraîchie par un torrent, elle est partagée par une large et solide avenue de 4 k., qui va jusqu'au rivage. Le chemin est affermi contre le torrent par un mur, véritable ouvrage cyclopéen fait de la main des habitants sans la savante intervention des ponts et chaussées. Le conducteur des travaux était tout simplement le juge de paix, M. Estella, un de ces Corses capables, aventureux, qui a pendant vingt ans habité le Pérou, parcouru l'Amérique du Sud, visité l'Angleterre, et dirigé le brillant café des Mille Colonnes à Paris, où trônait une belle limonadière corse, déesse déchue et depuis obscurément reléguée à l'Ile-Rousse.

L'église de Luri est jolie ; cinq autels et le maitre-autel sont en marbre blanc. Au-dessus de ce dernier on remarque une bonne copie d'une des plus admirables têtes du Père éternel de Raphaël.

On cultive avec avantage sur le territoire du canton la vigne, les oliviers, la pomme de terre, les mûriers, les orangers et les citronniers ; les vins et les huiles de ce canton sont en général d'une excellente qualité.

LURIECQ, vg. *Loire* (Forez), arr. et à 20 k. de Montbrison, cant. de St-Jean-de-Soleymieux, ✉ de St-Bonnet-le-Château. Pop. 1,270 h.

LURS, vg. *B.-Alpes* (Provence), arr., ✉ et à 12 k. de Forcalquier, cant. de Peyruis. Pop. 1,131 h.

LURY, petite ville, *Cher* (Berry), arr. et à 28 k. de Bourges, chef-l. de cant. Cure. ✉ et bureau d'euregist. de Vierzon. Pop. 644 h. Près de la rive droite de l'Arnon. — TERRAIN crétacé inférieur, grès vert.

LUSANNE, *B.-Rhin*. V. LOBSANN.

LUSANS, vg. *Doubs* (Franche-Comté), arr. et à 13 k. de Baume-les-Dames, cant. et ✉ de Roulans. Pop. 128 h.

LUSCAN, vg. *H.-Garonne* (Comminges), arr. et à 17 k. de St-Gaudens, cant. et ✉ de St-Bertrand. Pop. 142 h.

LUSIGNAC, vg. *Dordogne* (Périgord), arr. et à 12 k. de Ribérac, cant. et ✉ de Verteillac. Pop. 607 h.

LUSIGNAN, vg. *Lot-et-Garonne*, comm. de la Bastide, ✉ de Marmande.

LUSIGNAN, *Lusinianum*, petite ville, *Vienne* (Poitou), arr. et à 24 k. de Poitiers, chef-l. de cant. Cure. Gîte d'étape. ✉. ♀. A 359 k. de Paris pour la taxe des lettres. Pop. 2,393 h. — TERRAIN jurassique, étage inférieur du système oolitique.

Autrefois diocèse, intendance et élection de Poitiers, parlement de Paris, siége royal, mairie.

Cette ville conserve quelques restes d'une des plus belles et des plus anciennes forteresses de France. Quelques historiens pensent que cette forteresse fut bâtie par Geoffroi à la Grand'Dent ; ils se fondent sur ce qu'on voyait autrefois l'effigie du comte au-dessus de la principale entrée de la grande tour : mais il paraît constant que la fondation de ce château est due à Hugues II, dit le Bien-Aimé, seigneur de Lusignan. La terre de Lusignan passa, au XIVe siècle, dans le domaine royal : Hugues le Brun ayant fait à Philippe le Bel des dons considérables, Guy, son frère, irrité de cette disposition, jeta le testament au feu. Le roi le fit accuser de conspiration, et s'empara du comté de Lusignan par voie de confiscation : on rapportait qu'à cette occasion l'ombre de Mélusine s'était lamentée sur la plate-forme du château pendant douze nuits consécutives...

Le château de Lusignan soutint à diverses époques des sièges très-meurtriers, et fut redoutable à la plupart des généraux qui tentèrent de s'en emparer. Ce château fut pris par Henri II, roi d'Angleterre. Le duc d'Orléans, qui devint roi sous le nom de Louis XII, y fut enfermé. L'amiral de Coligny le prit en 1569, et en donna le commandement au baron de Mirambeau, qui fut forcé de le rendre au mois de septembre de la même année. Les protestants le reprirent en 1574. Peu de temps après, le duc de Montpensier l'assiégea et le prit par famine, le 25 janvier 1575, et en fit ruiner toutes les fortifications, lesquelles cependant furent rétablies en 1622 ; mais peu de temps après, le roi les fit démolir. Ainsi fut détruite cette vaste forteresse, un des plus puissants boulevards de la féodalité. Elle était entourée de trois enceintes, distantes l'une de l'autre de 200 pas, dominait sur la ville, et en était séparée par une grande esplanade ; de ce côté était une espèce de bastion, qu'on nommait la porte Geoffroi. Deux grandes tours et un fossé large et profond défendaient cette porte, par laquelle on entrait par un pont-levis ; il fallait encore passer par deux autres enceintes fermées de murs et de fossés ; à la dernière était la tour Poitevine. A gauche de la grande place était le beffroi. Hors du corps de la place s'élevait la tour de Mélusine, dont le fond était occupé par la fameuse fontaine de ce nom, sur laquelle on a fait tant de fables. Il ne reste aujourd'hui aucune trace de tant de murs et de tours ; on acheva de les détruire sous le règne de Louis XIII. — Sur l'emplacement de cet ancien monument de la féodalité on a formé une promenade publique, où l'on jouit d'une vue agréable ; le château n'offre plus qu'une vague idée des nombreux édifices qui l'entouraient, et dont la grandeur gigantesque exerça l'esprit de nos vieux romanciers.

L'opinion populaire attribue la construction du château de Lusignan à la fameuse fée Mélusine. — De toutes nos fées Mélusine est, sans contredit, la plus célèbre. C'était la patronne de la maison de Lusignan, et la plupart des femmes de cette famille portèrent son nom. — Jean d'Arras, poëte du XIVe siècle, a écrit en vers l'histoire de cette fée. Fille d'un roi d'Albanie, elle avait été, en punition d'une faute, condamnée par sa mère à être fée et serpent tous les samedis, jusqu'au jour du jugement dernier, à moins qu'elle ne pût trouver un chevalier qui consentît à l'épouser et ne pût jamais la voir sous cette forme. Raymondin, fils du comte de Forez, l'ayant rencontrée dans un bois, en devint amoureux et l'épousa. Ce fut pour lui qu'elle bâtit le fameux château de Lusignan en Poitou. Mais malheureusement il ne tint point la promesse qu'il lui avait faite de ne jamais chercher à la voir le samedi, et un jour il la surprit lorsqu'elle était métamorphosée en serpent. Elle s'échappa par une fenêtre en poussant un grand cri, et ne reparut plus. Seulement toutes les fois que le château de Lusignan changeait de seigneur, ou qu'il devait mourir quelque personne de sa famille, on la voyait pendant trois jours apparaître sur le donjon en exhalant de lugubres gémissements.

Le manoir de Raymond resta plein des souvenirs de la *mère des Lusignan*, tour à tour nommée *mère Lusigne*, *Merlusine*, enfin *Mélusine*. Les bonnes gens parlaient sans cesse des huit fils de la femme-serpent, *tous esfroyables à veoir*, tous marqués de signes surnaturels. La statue de l'un d'eux, Geoffroi à la Grand'Dent, se dressait même sur la maîtresse porte, comme pour attester de la réalité de la tradition. Parfois un serpent aux cercles noueux se glissait la nuit le long des escarpements de la forteresse ; s'il en faisait trois fois le tour, on pouvait être certain de la menace d'un assaut. Les cris prophétiques de la fée redoublaient au trépas de quelque prince de la famille royale de France.

Les constructions les plus anciennes et les plus renommées du Poitou, ainsi que des provinces voisines, étaient également attribuées à la femme-serpent ; entre autres les châteaux de Morvant, de Vouvant, de Parthenay, de Parc-Soubise, du Coudray, de Salbart, de Béruges en Poitou, de Marmande en Touraine, d'Issoudun en Berry, etc. ; et dans leurs vieilles ceintures de murailles flanquées de tours, dans leurs ruines majestueuses, les mêmes apparitions se répétaient.

La tradition de Mélusine était encore en pleine vigueur vers la fin du XVIe siècle. Brantôme raconte très-sérieusement « que les bonnes vieilles femmes qui lavaient la lessive à la fontaine de Lusignan disaient que quand il devait arriver quelque grand désastre au royaume, ou changement de règne, on était incommodé des parents de Mélusine, les plus grands de la France, on l'oyait crier d'un cri aigu et très-effroyable par trois fois ; plusieurs personnes de là qui l'ont ouï l'assurent et le tiennent de père en fils, et même lorsque le siège y vint force soldats et gens d'honneur l'affirmèrent qui y étaient. Mais surtout quand la sentence fut donnée d'abattre et de ruiner les châteaux, ce fut alors qu'elle fit ses plus hauts cris et clameurs. »

Catherine de Médicis, qui était, comme on sait, fort adonnée à la magie, prit alors un grand plaisir à se faire répéter ces traditions par les vieilles femmes qui lavaient leur linge à la fontaine près du vieux château.

Biographie. Patrie du professeur de physique BABINET, membre de l'Institut. Du littérateur FRADIN. -P. FRADIN.

INDUSTRIE. Fabriques de serges. Tanneries. — *Commerce* important de graines de trèfle et de luzerne, de grains et de mules. — Foires les 22 fév., 30 juin, 22 juillet, 1er août, 13 oct.,

nov., 22 déc., lundi avant la Pentecôte et 1er mercredi de chaque mois.
Bibliographie. * *Les Efforts et Assauts faits et donnés à Lusignan, la vigile de Noël, par M. le duc de Montpensier, prince et pair de France*, par P. G. S. D. L. C., in-8, 1575.
* *Discours des choses les plus remarquables advenues par chacun jour devant le siège de Lusignan en l'an 1574*, in-8, 1575.
* *Des anciens seigneurs de Lezignent ou Lusignan* (Hist. généalogique du P. Simplicien, t. III, p. 75).
Histoire de Mélusine, tirée des chroniques du Poitou, in-12, 1698.

LUSIGNAN-GRAND, bg *Lot-et-Garonne* (Agénois), arr., ✉ et à 11 k. d'Agen, cant. de Port-Ste-Marie. Pop. 549 h.

LUSIGNAN-PETIT, vg. *Lot-et-Garonne* (Agénois), arr., ✉ et à 13 k. d'Agen, cant. de Preyssas. Pop. 490 h.

LUSIGNY, vg. *Allier* (Bourbonnais), arr. et à 12 k. de Moulins-sur-Allier, cant. et ✉ de Chevagnes. Pop. 851 h.

LUSIGNY, *Lusigneium*, bg *Aube* (Champagne), arr. et à 17 k. de Troyes, chef-l. de cant. Cure. ✉. A 175 k. de Paris pour la taxe des lettres. Pop. 1,105 h. — TERRAIN crétacé inférieur, grès vert.
Ce bourg est situé dans une plaine fertile, près d'une belle prairie arrosée par la Barse et bornée par la forêt de Larivour.
Lusigny souffrit beaucoup dans le temps de la Ligue de la part des reîtres venus au secours de Henri IV. Ils incendièrent une partie du village, connu encore sous le nom de Maison brûlée. C'est aussi une des communes qui ont le plus souffert de l'invasion des étrangers en 1814. Les Français y arrêtèrent pendant trois jours, au pont de la Guillotière, l'armée des coalisés, qui y éprouva des pertes considérables.
Après la bataille de Montereau, il se tint à Lusigny des conférences qui avaient pour objet de traiter des conditions d'un armistice de quinze jours, pendant lequel on devrait s'occuper de poser les bases d'une paix définitive; mais, comme les alliés ne voulaient que gagner du temps, ces conférences militaires n'eurent aucun résultat.
Larivour, ancienne abbaye d'hommes de l'ordre de Citeaux, située sur la rive droite de la Barse et dont il ne reste plus que des ruines, est une dépendance de la commune de Lusigny.
V. GÉRAUDOT.
Foires les 24 mai et 2 nov.

LUSIGNY-SUR-OUCHE, *Lusiacum, Lucinidcum*, vg. *Côte-d'Or* (Bourgogne), arr. et à 16 k. de Beaune, cant. et ✉ de Bligny-sur-Ouche. Pop. 407 h.

LUS-LA-CROIX-HAUTE, vg. *Drôme* (Dauphiné), arr. et à 38 k. de Die, cant. et ✉ de Châtillon. ⚒. Gîte d'étape. Pop. 1,637 h.
Ce village, situé au milieu de hautes montagnes, possède des mines de fer et de cuivre, et des carrières de cristal de roche. Scieries hydrauliques. — *Foires* les 7 janv., 6 sept., 2

nov., mercredi après Pâques, 15 jours après la Pentecôte et lundi après la St-Michel.

LUSSAC, vg. *Charente* (Angoumois), arr. et à 25 k. de Confolens, cant. et ✉ de St-Claud. Pop. 465 h.

LUSSAC, vg. *Charente-Inf.* (Saintonge), arr., cant., ✉ et à 6 k. de Jonzac. Pop. 103 h.

LUSSAC, bg *Gironde* (Guienne), arr., ✉, bureau d'enregist. et à 15 k. de Libourne, chef-l. de cant. Cure. Gîte d'étape. Pop. 2,381 h. — TERRAIN tertiaire moyen.
Foires le dernier jeudi de fév., d'avril, de juin, d'août, d'oct. et de déc.

LUSSAC, vg. *Lot-et-Garonne*, comm. de Leyrits, ✉ de Casteljaloux.

LUSSAC, vg. *Lot-et-Garonne*, comm. de St-Sardos, ✉ de Clairac.

LUSSAC, ou LUSSAC-LES-CHATEAUX, petite ville, *Vienne* (Poitou), arr., à 12 k. et bureau d'enregist. de Montmorillon, chef-l. de cant. Cure. Gîte d'étape. ✉. ⚒. A 377 k. de Paris. P. 1,534 h. — TERRAIN jurassique, étage inférieur du système oolitique.
Cette ville est située dans une contrée fertile en chanvre estimé, sur la rive droite de la Vienne, que l'on passe sur un pont près duquel fut tué en 1369 le célèbre Chandos, qui avait été cause de la prise du roi Jean à la trop mémorable journée de Maupertuis, ou bataille de Poitiers, le 19 septembre 1356 ; c'est lui qui fit prisonnier en Bretagne, en 1364, le brave connétable du Guesclin, et qui eut la générosité de lui donner tout l'argent qu'il avait pour l'aider à payer la rançon que lui demandait le prince de Galles. C'est encore lui que le roi d'Angleterre Edouard III fit lieutenant général de toutes les terres qu'il possédait hors de l'Angleterre et connétable de son fils le prince de Galles, lorsqu'il érigea le duché d'Aquitaine en principauté en faveur de ce prince. Chandos fut, de l'aveu de tous les historiens, nonseulement un grand homme de guerre, mais encore un sage ministre, ennemi des impôts excessifs, et dont les conseils modérés auraient empêché la guerre, si son maître avait voulu les suivre.
Commerce de chanvre. — *Foires* le 15 de chaque mois.

LUSSAC-LES-ÉGLISES, vg. *H.-Vienne* (Limousin), arr. et à 30 k. de Bellac, cant. de St-Sulpice-les-Feuilles , ✉ du Dorat. Pop. 1,512 h. — *Foires* les 6 mai, 6 juin, 10 déc. et mercredi avant le dimanche de la Passion.

LUSSAGNET, vg. *Landes* (Gascogne), arr. et à 26 k. de Mont-de-Marsan, cant. de Grenade-sur-l'Adour, ✉ de Cazères. Pop. 174 h.

LUSSAGNET, vg. *B.-Pyrénées* (Béarn), arr. et à 25 k. de Pau, cant. et ✉ de Lembeye. Pop. 396 h.

LUSSAN, bg *Gard* (Languedoc), arr., bureau d'enregist. et à 16 k. d'Uzès, chef-l. de cant. ✉. A 676 k. de Paris pour la taxe des lettres. Pop. 1,078 h. — TERRAIN crétacé inférieur, grès vert. — *Foires* les 5 sept. et 25 nov.

LUSSAN, vg. *H.-Garonne* (Languedoc),

arr. et à 49 k. de Muret, cant. de Fousseret, ✉ de Martres. Pop. 580 h.

LUSSAN, bg *Gers* (Armagnac), arr. et à 13 k. d'Auch, cant. et ✉ de Gimont. Pop. 430 h.

LUSSANT, vg. *Charente-Inf.* (Aunis), arr. et à 13 k. de Rochefort-sur-Mer, cant. et ✉ de Tonnay-Charente. Pop. 741 h.

LUSSAS, vg. *Ardèche* (Vivarais), arr. et à 20 k. de Privas, cant. et ✉ de Villeneuve-de-Berg. Pop. 840 h.

LUSSAS, vg. *Dordogne* (Périgord), arr., cant., ✉ et à 9 k. de Nontron. Pop. 1,320 h.

LUSSAT, vg. *Creuse* (pays de Combraille), arr. de Boussac, cant. et à 6 k. de Chambon, ✉ de Gouzon. Pop. 1,018 h.

LUSSAT, vg. *Puy-de-Dôme* (Auvergne), arr. et à 15 k. de Clermont-Ferrand, cant. et ✉ de Pont-du-Château. Pop. 873 h.

LUSSAUD, vg. *Cantal*, comm. de Laurie, ✉ de Massiac.

LUSSAULT, vg *Indre-et-Loire* (Touraine), arr. et à 18 k. de Tours, cant. et ✉ d'Amboise. Pop. 466 h.

LUSSAY, vg. *Loir-et-Cher*, comm. de Séris, ✉ de Mer.

LUSSAY, vg. *Deux-Sèvres*, comm. et ✉ de Chef-Boutonne.

LUSSE, vg. *Vosges* (Lorraine), arr., ✉ et à 18 k. de St-Dié, cant. de Saales. P. 1,526 h.

LUSSERAY, vg. *Deux-Sèvres* (Poitou), arr. et à 5 k. de Melle, cant. et ✉ de Brioux. Pop. 418 h.

LUSSON, vg. *Landes*, comm. de Perquie, ✉ de Mont-de-Marsan.

LUSSON, vg. *B.-Pyrénées*, comm. de Lussagnet, ✉ de Lembeye.

LUSSONNES, vg. *Landes*, comm. de Losse, ✉ de Gabarret.

LUSTARD, vg. *H.-Pyrénées* (Gascogne), arr. et à 31 k. de Tarbes, cant. et ✉ de Trie. Pop 321 h.

LUTECIA, postea PARISII (lat. 49°, long. 21°). « César fait mention de *Lutecia*, pour y avoir tenu les états de la Gaule. La situation de cette ville dans une île de la Seine est aussi marquée dans les Commentaires, et Strabon la répète, à quelque différence près, dans la dénomination qui est *Lucotocia*. Ptolémée, que l'on peut juger mieux instruit que les *Parisii* sur d'autres peuples de la Gaule, par une circonstance particulière, qui est de les placer sur Julien, nomme leur capitale *Lucotecia*. Julien, dans son Misopogon, a écrit *Leucetia*, comme par affectation de faire dériver ce nom d'un terme pris dans la langue grecque, dont il se servait en écrivant cet ouvrage. M. de Valois (p. 440) ne veut point que le *Locus Locotitius*, où, selon un ancien titre, Childebert Ier fonda l'église de St-Vincent, ait aucun rapport de dénomination à *Lutecia*; non plus que le *Collis Leuticius*, sur lequel l'ancienne basilique de St-Pierre et de St-Paul, aujourd'hui Ste-Geneviève, est située. On ne saurait néanmoins disconvenir que dans Strabon et dans Ptolémée le nom de Lutèce ne paraisse sous une forme presque semblable à celle que des lieux adhérents à cette ville conservaient dans le moyen âge. C'est sous le nom du peuple, devenu propre en qualité de ville capitale, qu'elle est citée dans la Notice des provinces, et comprise dans la Sénonoise, ou la quatrième des Lionoises, et appelée *Civitas Parisiorum*. On apprend de la Notice des dignités de l'empire que le gouvernement romain y tenait une flotte : *In provincia Lugdunensi Senonia, præfectus classis Anderitianorum Parisiis*. Et comme on pourrait être curieux de savoir d'où vient ce nom d'*Anderitiani* aux mariniers de la flotte de Paris, je hasarderai une conjecture que le nom d'*Andresi*, qui semble tout formé d'*Anderitium*, et l'avantage de la situation du lieu ainsi nommé immédiatement au-dessous de la jonction de l'Oise avec la Seine, ne permet de former. On peut rappeler, qu'entre les monuments qui furent déterrés en 1711 dans l'église de Notre-Dame, une inscription porte *Nautæ Parisiaci*, et, comme le remarque M. de Valois, les habitants de Paris, qui avaient toujours une flotte sous les yeux, peuvent en avoir pris le navire qui remplit l'écusson des armes de la ville. Il faut convenir qu'en considérant notre ancienne Lutèce resserrée entre les bras de la Seine, on ne doit point être surpris de la voir appeler simplement *Castellum* par Ammien Marcellin, Πολιχνην, ou *Oppidulum*, par Julien. Mais croyons en même temps que des habitations extérieures, des édifices même publics, comme le palais des Thermes, des Arènes, ou un amphithéâtre sur le mont *Leuticius*, suppléaient dès le temps des Romains à l'espace étroit de la Cité. Et quand on lit dans le Syncelle, qui écrivait au IXᵉ siècle, que Paris est fort inférieur en grandeur aux autres villes de la Gaule, cet historien byzantin pouvait ignorer que ce qui conserve l'enceinte et le nom de Cité dans plusieurs de nos anciennes villes, coûte fort peu d'espace. Les avantages de la situation de Paris ont beaucoup contribué à son élévation au rang de ville royale, dès le commencement du vɪᵉ siècle, et à son agrandissement ; mais il n'est point de mon sujet de suivre Paris dans ses progrès ; et je me bornerai à résoudre la difficulté que forme M. de Valois (p. 439), sur ce que Julien marque que la distance de cette ville à la mer est d'environ 900 stades. De ce nombre de stades M. de Valois concluant 112 milles, ce qui résulte en effet de la compensation la plus ordinaire entre les stades et les milles, à raison de huit stades pour un mille, trouve à redire que l'Itinéraire d'Antonin ou d'*Ethicus* comme il l'appelle, ne fasse compter que 74 milles entre Lutèce et le lieu maritime nommé *Corocotinum*. Or il est aisé de voir que M. de Valois ne fait point la distinction du milles d'avec la lieue gauloise, qui, étant égale à 1,500 pas romains, comprend par conséquent 12 stades : de sorte que les 900 stades ne fournissent que 75 lieues gauloises. D'ailleurs, le compte de l'Itinéraire entre Lutecia et *Corocotinum* est d'environ 83, et ne se borne pas à 74, comme l'accuse M. de Valois. De ce compte de l'Itinéraire il résulte environ 1,000 stades ; d'où il suit que la distance marquée par Julien ne doit pas être portée jusqu'à *Corocotinum*, et qu'elle s'arrête en deçà vers l'endroit où l'embouchure de la Seine commence à se former sons Quileboeuf ; car on peut dire, que la mer pénétrant dans les terres, y vient au-devant de la Seine. Or la route qui conduit jusque-là, à en juger par ce que l'on compte des lieues gauloises entre *Lutecia* et la position de *Juliobona*, voisine de l'embouchure de la Seine, savoir environ 73, comme on peut voir dans les articles concernant les lieux situés sur cette route, peut s'évaluer à 75, ce qui remplit le compte des 900 stades donné par Julien. Cette discussion est propre à faire voir que la combinaison des distances, leur application au local, la manière d'entendre et d'expliquer les Itinéraires dans le détail, demandent quelques notions particulières qui ont été trop négligées par des savants d'un ordre très-distingué. » D'Anville. *Notice de l'ancienne Gaule*, p. 426. V. aussi Walckenaer. *Géographie des Gaules*, t. ɪ, p. 404.

LUTEVA, vel FORUM NERONIS (lat. 44°, long. 22°). « Pline, en différents endroits de la partie géographique de son ouvrage, désigne les villes par leur ethnique au pluriel, et c'est ainsi qu'il fait mention (lib. ɪɪɪ, cap. 4) dans la Narbonoise de *Luteva* sous le nom de *Lutevani*. On lit dans la Table théodosienne *Loteva*. Selon la Notice des provinces de la Gaule, *Civitas Lutevensium* est une de celles de la Narbonoise première. Entre les souscriptions du concile d'Agde de l'an 506 on trouve *Maternus episcopus Lutevensii*, et du concile de Narbonne de l'an 589, *Agrippinus de Civitate Loteva*, qu'en ce que la première manière de l'écrire paraît la plus ancienne (p. 52 et 137), et que c'est de la dernière qu'est sorti le nom actuel de Lodève. Cependant le savant auteur de l'histoire naturelle de Languedoc croit qu'il y a de l'erreur à proposer les *Lutevani* de Pline à Lodève. Il se fonde sur ce qu'au nom de *Lutevani* Pline ajoute : *Qui et Foro Neronienses*, ne jugeant point à propos de reconnaître d'autre *Forum Neronis* que celui que Ptolémée attribue aux *Mimeni* ou *Memini*, dans la partie de la Narbonoise qui est à l'orient du Rhône. Mais il y a, ce me semble, plus d'inconvénient et de violence à ôter le nom de *Lutevani* à *Luteva*, pour le transporter où l'on n'a point de connaissance qu'il ait existé, que de voir le nom de *Forum Neronis* répété à l'égard de deux villes séparées par un intervalle de 40 lieues. C'est sur une route qui de *Segodunum* des Ruteni va joindre une autre grande voie romaine à *Cessero* qu'on trouve *Loteva* dans la Table théodosienne ; et je m'explique dans l'article en lieu appelé *Condatomagus*, et placé entre *Segodunum* et *Luteva* ; sur la manière de faire l'application des distances au local en cette partie. Quant à l'intervalle de *Loteva* à *Cessero*, l'indication de la Table, savoir XXVIII, ne souffre point de difficulté, parce que la route de Lodève à St-Tibéri, en suivant les replis de la vallée où coule l'*Araur̀is*, ou l'Éraut, passe 21,000 toises. » D'Anville. *Notice de l'ancienne Gaule*, p. 429. V. aussi Walckenaer. *Géographie des Gaules*, t. ɪɪ, p. 182.

LUTHENAY, vg. *Nièvre* (Nivernais), arr. et à 25 k. de Nevers, cant. de St-Pierre-le-Moutier, ✉ de Magny. Pop. 970 h. — Foire le 25 sept.

LUTHEZIEU, vg. *Ain* (Bourgogne), arr. et à 20 k. de Belley, cant. de Champagne, ✉ de Culoz. Pop. 290 h.

LUTILLOUS, vg. *H.-Pyrénées* (Comminges), arr. et à 23 k. de Bagnères-de-Bigorre, cant. et ✉ de Lannemezau. Pop. 297 h.

LUTRAN, ou LUTTER, vg. *H.-Rhin* (Alsace), arr. et à 16 k. de Belfort, cant. et ✉ de Dannemarie. Pop. 239 h.

LUTTANGE, vg. *Moselle* (pays Messin), arr., ✉ et à 15 k. de Thionville, cant de Metzervisse. Pop. 707 h.

LUTTENBACH, vg. *H.-Rhin* (Alsace), arr. et à 24 k. de Colmar, cant. et ✉ de Münster. Pop. 815 h.

Ce village, situé sur la rive gauche de la Lauch, avait autrefois un chapitre, dont l'église est fort remarquable. La chaire à prêcher est surtout digne d'attention : le baldaquin représente saint Michel foudroyant le diable ; d'une main il tient une épée flamboyante, et de l'autre une balance. Le diable soulève un des plateaux, qui cède à cette impulsion, et dans l'autre est un personnage qui prie.

Fabriques de papiers. Blanchisserie de toiles.

LUTTER, vg. *H.-Rhin* (Alsace), arr. et à 24 k. d'Altkirch, cant. et ✉ de Ferrette. Pop. 436 h.

LUTTERBACH, vg. *H.-Rhin* (Alsace), arr. et à 24 k. d'Altkirch, cant. et ✉ de Mulhausen. Pop. 1,093 h. — Manufactures de toiles peintes.

LUTTOMAGUS (lat. 51°, long. 20°). « Dans la Table théodosienne, sur la route de *Gesoriacum*, ou de Boulogne à *Samarobriva*, ou Amiens, voyez l'article *Duroicoregum* ; et parce que la distance de *Gesoriacum* à ce lieu, dont le nom se lit *Luttomagus*, paraît se réduire à VIIII, au lieu de XIIII, on peut en conclure qu'elle tombe sur une position dont le nom actuel est Lacre, d'où la voie tend directement au passage de la Canche à Brimen, sa trace étant indiquée précisément par un lieu qu'elle rencontre sous le nom de l'Estrée ou de *Strata*. » D'Anville. *Notice de l'ancienne Gaule*, p. 430.

LUTZ-EN-DUNOIS, vg. *Eure-et-Loir* (Beauce), arr., cant., ✉ et à 6 k. de Châteaudun. Pop. 700 h.

LUTZELBOURG, vg. *Meurthe* (Lorraine), arr. et à 19 k. de Sarrebourg, cant. et ✉ de Phalsbourg. Pop. 614 h. — Il est situé au milieu des forêts, sur la rive droite de la Zorn, et dominé par une hauteur dont le sommet est couronné par les ruines pittoresques d'un ancien château, où fut détenu prisonnier le comte de Sarreverden en 1159. — On trouve aux environs une source d'eau minérale dont on fait usage à Phalsbourg en boisson et en bains.

LUTZELHAUSEN, vg. *B.-Rhin* (Alsace),

arr. et à 39 k. de Strasbourg, cant. de Moisheim, ⊠ de Schirmeck. Pop. 1,325 h.

LUTZELSTEIN, B.-Rhin. V. LA PETITE-PIERRE.

LUVIGNY, vg. Vosges (Lorraine), arr. et à 40 k. de St-Dié, cant. et ⊠ de Raon-l'Etape. Pop. 488 h.

LUX, vg. Côte-d'Or (Bourgogne), arr. et à 27 k. de Dijon, cant. et ⊠ d'Is-sur-Tille. Pop. 682 h.

Ce village est situé sur la Tille. On y voit un ancien et vaste château d'un aspect imposant.

Aux environs, dans une contrée appelée le Val-d'Ognés, se trouvent les ruines de l'ancien bourg d'Ognés, détruit par l'empereur Aurélien lors de la fondation de Dijon. On y rencontre fréquemment des briques romaines, des fragments de vieilles armes, et des médailles du Haut-Empire.

Dans la plaine à 200 pas de la Tille, entre Lux et Thil-Châtel, il se tint en 867 des assises générales; on y comptait encore par nuits, suivant l'usage des Gaulois. Le 8 juin 1116 on y convoqua les grands plaids de Dieu pour remédier aux maux que causaient les troupes de brigands qui désolaient les campagnes et les monastères : l'assemblée s'y tint sous des tentes de feuillages; les châsses des saints y furent exposées à la vénération publique. Guy de Bourgogne, qui devint pape sous le nom de Calixte II, alors archevêque de Vienne et légat de Sa Sainteté présida ces grandes assises, auxquelles assistèrent les souverains de la contrée, les évêques et les abbés des provinces de Bourgogne et de Champagne. Une multitude immense couvrait la plaine; les injustices publiques y furent dénoncées avec véhémence par le légat et réprimées; une foule de différends particuliers y furent jugés. Les esprits se calmèrent, la paix générale fut jurée sur les reliques des saints, avec promesse de s'abstenir dorénavant de toutes malversations et rapines.

Belles carrières de pierres de taille, dont l'exploitation occupe annuellement 30 à 40 ouvriers.

LUX, vg. H.-Garonne (Languedoc), arr., cant., ⊠ et à 8 k. de Villefranche-de-Lauragais. Pop. 308 h.

LUX (Grand et Petit-), vg. Saône-et-Loire, comm. de Sevrey, ⊠ de Chalon-sur-Saône.

LUXAIR, vg. Deux-Sèvres, comm. de Cherveux, ⊠ de St-Maixent.

LUXÉ, vg. Charente (Angoumois), arr. et à 17 k. de Ruffec, cant. et ⊠ d'Aigre. Pop. 893 h.

LUXEMBOURG, vg. Seine-Inf., comm. de Douvrend, ⊠ d'Envermeu.

LUXÉMONT, vg. Marne (Champagne), arr., cant., ⊠ et à 5 k. de Vitry-le-François. Pop. 208 h.

LUXEBOY, vg. Côte-d'Or, comm. de Saulx-le-Duc, ⊠ d'Is-sur-Tille.

LUXE-SOMBERRAUTE, vg. B.-Pyrénées (Navarre), arr. de Mauléon, cant., ⊠ et à 5 k. de St-Palais. Pop. 294 h.

LUXEUIL ou LUXEU, Lexovium, Luxoviensis Monasterium, ancienne et jolie ville, H.-Saône (Franche-Comté), arr. et à 20 k. de Lure, chef-lieu de cant. École secondaire ecclésiastique. Cure. Gîte d'étape. ⊠. ☞. A 374 k. de Paris pour la taxe des lettres. P. 4,036 h.—TERRAIN du trias, voisin du terrain d'alluvions modernes.

Autrefois prévôté, abbaye de l'ordre de St-Benoît, couvent de capucins.

On est porté à croire que Luxeuil doit son origine à ses eaux minérales, déjà célèbres avant l'invasion des Gaules par Jules César, puisque ce conquérant ordonna à son lieutenant Labienus de réparer les thermes de Luxeuil, ainsi que le prouve l'inscription suivante, tirée des ruines des anciens thermes en 1755, et conservé à l'hôtel de ville.

LIXOVII. THERM.
REPAR. LABIENUS.
IVSS. C. IVI. CÆS.
DIF.

Luxeuil, à cette époque, était rangé parmi les villes du second ordre. Elle conserva sa réputation et son importance jusqu'au temps où Attila la détruisit de fond en comble; ses monuments, qui furent alors tous renversés, et qui, après être restés longtemps ensevelis sous les décombres, sont exhumés journellement, attestent son ancienne splendeur. En 590 saint Colomban y fonda une abbaye, qui devint en peu de temps une des plus célèbres de cette époque, par ses écoles et par les grands hommes qu'elle donna à l'Église et à l'État.

Au VIIe siècle, la vaste enceinte de ce monastère comprenait une grande partie de la ville et des faubourgs de Luxeuil, et suffisait à peine à la foule d'étrangers qui y accouraient de toutes parts. L'Écosse, l'Irlande, l'Allemagne, l'Italie, la Bourgogne et la France lui fournissaient des élèves. Il y avait université, académie, collège, séminaire. Tous les professeurs étaient des savants du plus grand mérite.—Au VIIIe siècle, les Sarrasins massacrèrent la population de la ville et les moines de l'abbaye. Charlemagne rétablit le monastère, qui devint le plus considérable de toute la Bourgogne. En 888 et en 1201 l'abbaye fut de nouveau dévastée.—Pendant les guerres qui agitèrent la province sous le gouvernement des ducs de Bourgogne, Luxeuil fut plusieurs fois détruit et relevé. En 1222 ce n'était plus qu'un village. En 1308 on y reconstruisit l'abbaye qui existait encore en 1789, et dont on voit encore les magnifiques bâtiments.—Durant le XVIe et le XVIIe siècle, Luxeuil, fortifié de nouveau, eut plusieurs siéges à soutenir, entre autres en 1644 contre Turenne, qui accorda aux habitants une capitulation honorable. Louis XIV s'en empara en 1674.

La ville de Luxeuil est située au pied des Vosges, à l'extrémité d'une plaine fertile qu'arrosent les eaux rapides de la Lanterne et du Breuchin; de vastes forêts couvrent le pays au nord; du sud à l'ouest la vue s'étend sur un riant paysage.

Cette ville n'est séparée de la commune de St-Sauveur que par le Breuchin, qu'on traverse sur un beau pont; elle est bien bâtie, formée de rues propres et ornées de fontaines, où l'on voit plusieurs maisons particulières du XVe et du XVIe siècle. L'hôtel de ville, la maison claustrale des ci-devant bénédictins, et le collége, sont des bâtiments remarquables.

Biographie. Patrie du savant D. BRENIER.

Du cardinal J. JOUFFROY.

Des médecins J.-T. AUBRY et J.-CH. MAGNEN.

Du bénédictin GASTEL, auteur d'une Dissertation sur les eaux de Luxeuil.

De M. Boy, auteur de l'hymne républicain, Veillons au salut de l'empire.

INDUSTRIE. Fabriques de chapeaux de paille, eau-de-cerise, jambons façon de Mayence, merrain, cuirs, fers ouvrés et polis. Aux environs, papeterie, filature de coton, fabriques de tissus, de fer-blanc et de poterie de terre. Forges, hauts fourneaux, tirerie de fer, clouteries, etc. Commerce de grains, vins, eau-de-cerise, bestiaux, merrain, bois, fer, etc. — Foires les 1ers samedis de janv., de mars, de mai, de juillet, de sept. et de nov.

EAUX THERMALES DE LUXEUIL.

Les eaux salines thermales, connues dès la plus haute antiquité, ont conservé à Luxeuil une partie de la célébrité dont elles jouissaient autrefois. Aujourd'hui les différentes sources sont distribuées dans un vaste et superbe établissement thermal, situé à l'extrémité nord de la rue des Romains, au milieu d'un vaste jardin d'agrément et de promenades délicieuses. Une superbe grille isole le grand parterre, qu'il faut traverser pour arriver à l'édifice thermal, dont l'architecture noble et sévère annonce au baigneur qu'on s'est occupé dans ce lieu de pourvoir à son bien-être.

L'établissement renferme cinq bains : le bain des Dames, le bain des Hommes, le bain Neuf, le Grand Bain ou des Étuves, et le Petit Bain ou bain des Cuvettes. Il y a de plus vingt cabinets de bains qui contiennent cent baignoires, dont vingt en pierre, et sept douches.

Outre les sources salines thermales, il y a deux autres sources d'eaux minérales, dont l'une est ferrugineuse et l'autre savonneuse.

SAISON DES EAUX. La saison des eaux commence le 15 mai et finit ordinairement le 15 octobre. La ville renferme un grand nombre de maisons propres et bien tenues, où trois cents étrangers peuvent trouver à se loger commodément. La vie y est à très-bon marché. Il y a un très-beau salon de réunion où l'on donne plusieurs bals par semaine. Les bois des environs sont bien percés, et offrent d'agréables promenades. Le nombre de malades qui fréquentent les eaux est annuellement de 5 à 600.

PROPRIÉTÉS MÉDICINALES. On administre les eaux de Luxeuil dans les rhumatismes chroniques, dans les paralysies, les longs catarrhes, les altérations des viscères abdominaux, dans quelques maladies nerveuses, etc. Comme elles sont moins excitantes que celles de Plombières, elles conviennent aux personnes d'une constitution frêle et délicate.

L'eau de la source savonneuse est prescrite avec avantage dans la phthisie pulmonaire, le crachement de sang et la dyssenterie.

MODE D'ADMINISTRATION. On fait usage des eaux de Luxeuil en boisson et sous forme de bains d'immersion, de bains de vapeur et de douches.

Bibliographie. GRAFFIN (dom P.-Philippe). *Histoire des ville et abbaye de Luxeuil* (couronnée par l'académie de Besançon) (inédit).

DUNOD DE CHARNAGE. *Histoire de l'abbaye de Luxeuil* (Histoire du second royaume de Bourgogne, etc., t. II, p. 458).

CALMET (dom). *Traité historique des eaux et bains de Plombières, de Bourbonne, de Luxeuil et de Bains*, in-8, 1748.

MORAND. *Lettre sur les antiquités trouvées à Luxeuil et sur les eaux thermales de cette ville* (Journal de Verdun, 1756, p. 193).

MORELLE. *Dissertation sur les eaux de Luxeuil*, in-12, 1757.

GASTEL. (Timothée). *Dissertation sur les eaux thermales de Luxeuil*, in-12, 1761.

FABERT. *Essai historique sur les eaux de Luxeuil*, in-12, 1773.

DIDELOT. *Description topographique et médicale des montagnes de la Voge* (Hist. de la Soc. royale de médecine, t. II, p. 107). (il y est question des eaux de Luxeuil).

MONNET. *Notice sur les eaux de Luxeuil* (Nouvelle Hydrologie, ch. 6).

PAILLARD. *Observations sur les eaux de Luxeuil* (Diction. minér. et hydrol. de la France, t. I, p. 389).

MOLIN. *Notice sur Luxeuil et ses eaux minérales*, in-8, 1833.

REVILLOUT (Victor). *Recherches sur les propriétés physiques, chimiques et médicales des eaux de Luxeuil*, in-8, 1838.

LONGCHAMP. *Sur les eaux thermales de Luxeuil* (Ann. des mines, t. II, 3ᵉ série, p. 462).

JACQUIN, de Sancy. *Le Voyage du poète à Luxeuil*, in-8, 1842.

LUXEY, bg *Landes* (Gascogne), arr. et à 46 k. de Mont-de-Marsan, cant. de Sore, ✉ de Sabres. Pop. 1,532 h.

Près de Luxey, dans une lande des plus arides, on remarque le vaste champ de bataille de Capdet, où se voient encore quelques vestiges de redoutes.

Haut fourneau et fonderie. Verrerie. — Commerce de grains, cire, miel, laines, pelleteries, etc. Marchés considérables et très-fréquentés tous les dimanches.

Foire le 16 août.

LUXIOL, vg. *Doubs* (Franche-Comté), arr., cant., ✉ et à 4 k. de Baume-les-Dames. Pop. 295 h.

LUXOVIUM (lat. 48°, long. 25°). « Entre divers monuments d'antiquités, que M. le comte de Caylus m'a dit avoir été déterrés depuis peu de temps à Luxeu, il y a des inscriptions où se trouve le nom de *Luxovium* ou *Lixovium*. On lit dans une de ces inscriptions *Luxovio* et *Brixiæ*; et le dernier de ces noms se fait connaître dans celui d'un lieu voisin de Luxeu, qui est Breuche; et de même dans celui de la petite rivière qui passe à Luxeu, et qui s'appelle Breuchin. De semblables monuments nous découvrent des lieux que le silence des écrivains de l'âge romain nous laisse ignorer. Les bains chauds qui sont près du Luxeu avaient été décorés par les Romains, comme on en peut juger par ce que rapporte le moine Jonas, qui a écrit dans le VIIᵉ siècle la vie de saint Colomban, fondateur du monastère de Luxeu : *Castrum quod olim munitissimum, priscis temporibus Luxovium nuncupatum, ubi etiam thermæ eximio opere extructæ habebantur.* » D'Anville. *Notice de l'ancienne Gaule*, p. 431. V. aussi Walckenaer. *Géographie des Gaules*, t. I, p. 320.

LUXURAIN, vg. *Landes*, comm. de Miramont, ✉ d'Arzacq.

LUY (le), rivière formée par deux ruisseaux nommés le Luy-de-France et le Luy-de-Béarn, qui prennent leurs sources dans l'arrondissement de Pau, B.-Pyrénées, et qui se réunissent au-dessous d'Amou (*Landes*); elle passe à Cambran, Siest, et se jette dans l'Adour, à 8 k. au-dessous de Dax, après un cours d'environ 100 k.

LUYÈRES, *Lucria*, *Aube* (Champagne), arr. et à 12 k. de Troyes, cant. de Lusigny, ✉ de Piney. Pop. 305 h.

LUYNES, *Malleum*, *Malliacum*, petite ville, *Indre-et-Loire* (Touraine), arr., cant., ✉ et à 12 k. de Tours. ⌂ Pop. 2,003 h.

Cette ville est bâtie dans une situation très-pittoresque, près de la rive droite de la Loire, à l'entrée d'un vallon qui débouche, au midi, dans une fertile varenne. Elle est adossée à un rocher calcaire, dans lequel sont creusées la plupart des habitations, dont le sommet est couronné par les restes d'un ancien château, qui domine au loin la contrée.

Dans l'origine, cette ville portait le nom de Maillé et était le chef-lieu d'une baronnie érigée en comté en 1572 en faveur de Jean de Laval. En 1619 le comté fut érigé en duché-pairie, sous le nom de Luynes, en faveur de Charles-Albert de Maillé, qui devint favori de Louis XIII, garde des sceaux, et enfin connétable de France. La ville changea alors son nom de Maillé en celui de Luynes, qu'elle a conservé jusqu'à ce jour.

A peu de distance de Luynes on remarque les ruines d'un aqueduc fort ancien; une cinquantaine de piliers carrés sont encore debout, mais il ne reste plus que huit arcades entières, dont l'élévation est de 8 m. du cintre à la base, qui repose sur un mur de fondation ou espèce de chaussée pratiquée dans toute l'étendue que parcourait l'aqueduc. Les piliers ont environ 2 m. à la base sur chacune de leurs quatre faces, mais ils diminuent progressivement d'environ 12 c. par mètre. Tous sont construits en moellon dur de pierre calcaire de 16 c. de parement, posés sur un lit de mortier à ciment. L'ouverture de chaque arcade est de 3 m. 33 c. à la base et de 4 m. 16 c. vers le cintre.

Biographie. Luynes est la patrie de PAUL- Louis COURIER DE MÉRÉ, savant helléniste et l'un des écrivains les plus originaux de notre époque, assassiné près de cette ville en 1824. Ses brochures politiques, remarquables par la naïveté du style, par la finesse et la vérité des observations, resteront comme des modèles en ce genre.

Fabriques de passementeries. Blanchisseries de cire. — *Foires* les 3 janv., 30 juin, lundi gras et lundi après la Pentecôte.

LUZ, *Eluso*, *Elusio*, petite ville, *H.-Pyrénées* (Gascogne), arr. d'Argelès, à 31 k. de Lourdes, chef-l. de cant. Cure. ✉. ⌂. A 803 k. de Paris pour la taxe des lettres. Pop. 2,640 h. — TERRAIN de transition.

Cette ville est bâtie dans la vallée de son nom, au pied du pic de Bergoms, montagne élevée mais d'un accès facile, d'où l'on jouit d'une perspective magnifique.

L'église de Luz est signalée dans le pays comme bâtie par les templiers. C'est une nef romane, couverte d'une voûte en ogive évasée et ornée de corbeaux bizarres, surmontée d'un rang de fenêtres en forme de mâches, éclairant une galerie qui servait de défense. Elle est entourée d'une chemise de murailles élevées, garnies de meurtrières et de créneaux; l'entrée est gardée par une tour carrée. Le portail du nord a des archivoltes ornées de nombreuses sculptures romanes, de bâtons rompus, palmettes, feuilles grossières, et de quelques compartiments peints, en partie effacés, mais où l'on distingue encore des bustes de chevaliers ayant l'épée au poing. Sur le claveau du milieu est une main bénissant avec deux doigts levés, puis le Christ entouré de symboles évangéliques. Autour de ce tympan est tracée une inscription latine mutilée.

Il y avait autrefois à Luz un grand nombre de Cagots, dont il ne reste plus aujourd'hui que le souvenir. On voit encore dans l'église la porte, aujourd'hui murée, et le bénitier qui leur étaient particulièrement affectés.

A peu de distance de Luz on aperçoit sur un rocher très-élevé qui domine tout le vallon les ruines de l'ancien château de Ste-Marie, que le comte de Clermont reprit sur les Anglais en 1404; il n'en reste plus qu'une tour ronde et une tour carrée réunies par un mur.

Une curiosité du vallon de Luz est la fontaine pétrifiante qui se trouve sur la rive gauche du gave, au-dessous de St-Sauveur, et que M. de Vaudreuil compare à celle de St-Alyre, à Clermont. Le ruisseau qu'elle produit dépose sur le sol des incrustations calcaires en forme de dalles de pierre; les plantes, les racines, les mousses qui se trouvent sur le passage de l'eau, et tout corps qu'on y expose, en sont enveloppés promptement. — *Foires* les 15 août et 30 sept.

LUZAC, vg. *Charente-Inf.*, comm. de St-Just, ✉ de Marennes.

LUZAIS, vg. *Vendée*, comm. et ✉ de Noirmoutiers.

LUZANCY, vg. *Seine-et-Marne* (Brie), arr. et à 25 k. de Meaux, cant. ✉ de la

Ferté-sous-Jouarre. Pop. 620 h. — Scieries hydrauliques. Tuileries.

LUZANGER, vg. Loire-Inf. (Bretagne), arr. et à 19 k. de Châteaubriant, cant. et ⊠ de Dorval. Pop. 1,051 h.

LUZARCHES, Lusargia, Lusarcha, Lusarca, petite ville, Seine-et-Oise (Île-de-France), arr. et à 32 k. de Pontoise, chef-l. de cant. Cure. Gîte d'étape. ⊠. ⚒. A 30 k. de Paris pour la taxe des lettres. P. 1,422 h. — TERRAIN tertiaire inférieur.

Autrefois diocèse, parlement, intendance et élection de Paris, couvent de Picpus.

L'origine de cette ville remonte à une époque très-reculée ; tout porte à croire que son emplacement actuel a été occupé par un palais habité par quelques-uns des princes de la première race, notamment par Clovis II et Clovis III, qui tinrent leurs plaids au palais de Lusarca, en 680 et 692. Les ruines encore existantes de ce palais ne donnent pas une grande idée de la magnificence et du luxe des habitations royales de ce temps. — En 1103, Louis le Gros s'empara du château de Luzarches, que défendait le comte Matthieu de Beaumont, et dont la résistance occasionna la ruine de la ville et de ses habitants.

Luzarches est dans une belle situation, au milieu d'une fertile contrée, entrecoupée de vignes, de prairies et de terres labourables. La position agréable de cette ville, les points de vue charmants qu'offrent ses prairies entrecoupées de ruisseaux et parsemées de bouquets d'arbres de toute espèce faisaient les délices de J.-J. Rousseau, comme ils le font encore de tous ceux qui visitent ces lieux.

HÉRIVAUX, ancienne abbaye fondée au XIIe siècle, fait partie de la commune de Luzarches. L'église, ainsi qu'une partie des bâtiments qui en dépendaient, ont été vendus pendant la révolution ; ce qui en reste forme actuellement une maison de campagne. Le vallon solitaire où était située cette abbaye, couvert au midi par une haute montagne, et presque entouré par la forêt de Halate, n'est découvert que du côté de Luzarches, point vers lequel la vue s'étend agréablement.

PATRIE d'ÉTIENNE DE LUZARCHES, célèbre architecte, qui commença la cathédrale d'Amiens.

Fabriques de dentelles et de boutons de métal. — Commerce de grains, bestiaux. — Foires les 28 sept., 28 oct. et le 6e jeudi de carême.

LUZAY, vg. Deux-Sèvres (Poitou), arr. et à 5 k. de Bressuire, cant. de St-Varent, ⊠ de Thouars. Pop. 607 h.

LUZÉ, vg. Indre-et-Loire (Touraine), arr. et à 33 k. de Chinon, cant. et ⊠ de Richelieu. Pop. 502 h.

LUZE, vg. H.-Saône (Franche-Comté), arr. et à 24 k. de Lure, cant. et ⊠ d'Héricourt. Pop. 467 h.

LUZECH, petite ville, Lot (Quercy), arr. et à 18 k. de Cahors, chef-l. de cant. Cure. ⊠ de Castelfranc. Pop. 1,707 h. — TERRAIN jurassique, étage supérieur du système oolitique.

Cette ville est fort agréablement située au pied d'une montagne escarpée, dans une presqu'île formée par le Lot. On voit aux environs des traces de fortifications et les restes d'un château fort dont la construction paraît remonter au XIIe siècle.

Commerce de vins. — Foires le 15 sept. et dernier mardi de mars, de mai et de nov.

LUZENAC, vg. Ariège (pays de Foix), arr. et à 34 k. de Foix, cant. et ⊠ de Cabannes. Pop. 475 h. — Forges.

LUZENAC, vg. Ariège, comm. de Moulis, ⊠ de St-Girons.

LUZERET, vg. Indre (Berry), arr. et à 27 k. du Blanc, cant. et ⊠ de St-Gaultier. Pop. 412 h.

LUZERNE (la), Lucerna, vg. Manche (Normandie), arr., cant., ⊠ et à 5 k. de St-Lô. Pop. 102 h.

LUZERNE-D'OUTRE-MER (la), vg. Manche (Normandie), arr. et à 16 k. d'Avranches, cant. et ⊠ de la Haye-Pesnel. Pop. 930 h.

— On y remarque l'église de l'abbaye de la Luzerne, bâtie vers 1164. Cet édifice présente un des derniers exemples de la lutte entre l'architecture romane et les lancettes. Le portail est tout entier formé d'arches semi-circulaires et de détails de la fin du siècle antérieur. Quelques parties du cloître sont du même travail. Le reste peut être cité comme un bon modèle du gothique léger qui s'était introduit alors dans les constructions. Cette église est encore passablement conservée par le propriétaire, qui y a établi une filature.

LUZIERS, vg. Gard, comm. de Mialet, ⊠ d'Anduze.

LUZILLAT, vg. Puy-de-Dôme (Auvergne), arr. et à 17 k. de Thiers, cant. et ⊠ de Maringues. Pop. 2,135 h.

LUZILLÉ, vg. Indre-et-Loire (Touraine), arr. et à 36 k. de Tours, cant. et ⊠ de Bléré. Pop. 1,402 h.

LUZINAY, vg. Isère (Dauphiné), arr., cant., ⊠ et à 9 k. de Vienne. Pop. 1,073 h. — Foire le 13 nov.

LUZOIR, vg. Aisne (Picardie), arr. et à 11 k. de Vervins, cant. et ⊠ de la Capelle. Pop. 742 h.

LUZY, vg. H.-Marne (Champagne), arr., cant., ⊠ et à 8 k. de Chaumont-en-Bassigny. Pop. 385 h.

LUZY, vg. Meuse (pays Messin), arr. et à 16 k. de Montmédy, cant. et ⊠ de Stenay. Pop. 402 h.

LUZY, petite ville, Nièvre (Nivernais), arr. et à 35 k. de Château-Chinon, chef-l. de cant. Cure. Gîte d'étape. ⊠. ⚒. A 310 k. de Paris pour la taxe des lettres. Pop. 2,273 h. — TERRAIN cristallisé ou plutonique.

Commerce de bois, charbon de bois, porcs, gibier. — Foires les 25 et 26 juin, 22 sept., 3 nov., 5 déc., mercredi après la mi-carême et 1er mercredi après les Rois.

LYAS, vg. Ardèche (Vivarais), arr., cant., ⊠ et à 5 k. de Privas. Pop. 778 h.

LYÉ (St-), vg. Aube (Champagne), arr., cant., ⊠ et à 10 k. de Troyes. Pop. 937 h.

Vers le milieu du VIe siècle, St-Lyé eut un monastère connu sous le nom d'abbaye de Montenay, bâti par saint Romain, natif de cette paroisse, en l'honneur de saint Gervais et de saint Protais ; il ne reste aucun vestige de cette abbaye, sur les ruines de laquelle les rois de France, qui affectionnaient la situation de ce lieu, firent bâtir un château dont on fit dans la suite une forteresse considérable. Au XIe siècle, Louis VII, dit le Jeune, donna à Matthieu, évêque de Troyes, le village et le château de St-Lyé, pour être uni à l'évêché comme bien patrimonial. Dans le siècle suivant, vers 1207, Philippe-Auguste confirma les donations de son père à Matthieu, en faveur de l'évêque Hervé. En 1315, Louis X, dit le Hutin, épousa en secondes noces, dans ce château, Clémence, fille de Martel, roi de Hongrie, et sœur de Robert, roi de Sicile ; voici à quelle occasion. Peu de semaines après la mort de Philippe le Bel, Louis X avait fait partir pour Naples Hugues de Bouville, chevalier et son chambellan, pour demander au roi Robert sa nièce en mariage. On nommait cette princesse napolitaine Clémence de Hongrie, parce qu'elle était fille de Charles Martel, frère aîné de Robert, qui avait porté le titre de roi de Hongrie, sans avoir jamais vu ce pays. Pour accomplir ce mariage, il fallait que Marguerite de Bourgogne, première femme de Louis, accusée d'adultère, laissât la place vide. Louis X l'épargna tant que se prolongea la négociation ; quand il sut que Robert avait promis Clémence à ses ambassadeurs, il fit, au commencement d'avril 1315, étouffer Marguerite entre deux linceuls au Château-Gaillard, où elle était renfermée. Toutefois, jusqu'au mois de juillet, il ne lui vit point arriver sa nouvelle épouse. Clémence cependant s'était embarquée à Naples pour venir le joindre, mais son vaisseau, battu par la tempête, ayant fait naufrage, elle perdit ses joyaux, ses robes de prix, et l'argent de sa dot qu'elle apportait au roi. Cette dernière perte venait bien à contre - temps ; Louis X avait trouvé, à ce qu'on assure, le trésor de son père vide, et, faute d'argent, différé de se faire sacrer. Enfin il s'était mis en route pour Reims, le 30 juillet, comptant sur l'argent de sa nouvelle épouse, lorsque Clémence le rejoignit en route, absolument dépouillée de tout. Louis, renonçant alors à des dépenses qui surpassaient ses moyens, célébra son mariage avec elle le 3 août, à St-Lyé, près de Troyes en Champagne ; il se rendit ensuite à Reims, où le roi et la reine furent sacrés, avec peu de pompe, le 15 août 1315, par les mains de l'archevêque de cette ville, Robert de Courtenay.

La forteresse de St-Lyé est nommée dans les lettres de privilége que Charles VII accorda à la ville de Troyes, lorsqu'en 1429, à la sollicitation de l'évêque Jean Léguisé, les Troyens chassèrent les Anglais de leur ville pour en ouvrir les portes au roi, qui allait se faire sacrer à Reims.

LYÉ, vg. Indre (Berry), arr. et à 47 k. de Châteauroux, cant. et ⊠ de Valençay. Pop. 1,157 h.

LY-FONTAINE, vg. *Aisne* (Picardie), arr., ✉ et à 14 k. de St-Quentin, cant. de Moy. Pop. 347 h.

LYNDE, vg. *Nord* (Flandre), arr., cant., ✉ et à 10 k. d'Hazebrouck. Pop. 882 h.

LYOFFANS, vg. *H.-Saône* (Franche-Comté), arr., cant., ✉ et à 37 k. de Lure. P. 461 h.

LYON, *Ludunum*, *Lugdunum Segusianorum*, *Lugdunum Celtarum*, ancienne, grande, belle, et l'une des plus riches et des plus considérables villes de France. Chef-l. du dép. du *Rhône* (Lyonnais); du 2e arr. et de 6 cant. Cour royale, d'où ressortissent les dép. de l'*Ain*, de la *Loire* et du *Rhône*. Trib. de 1re inst. et de commerce. Chambre et bourse de commerce : conseil de prud'hommes. Chef-l. de la 19e div. militaire. Gîte d'étape. Hôtel des monnaies (lettre D). Académie royale des sciences, belles-lettres et arts. Académie universitaire. Collège royal. Ecole spéciale des beaux-arts. Conservatoire des arts. Ecole d'économie rurale vétérinaire. Institution des sourds-muets. Ecole d'arts et métiers dite institution de la Martinière. Société d'agriculture, histoire naturelle et arts utiles. Sociétés littéraire, linnéenne, de jurisprudence, de médecine, de pharmacie. Faculté de théologie. Archevêché. 6 Cures Séminaire diocésain. Ecole secondaire ecclésiastique. ✉. ⚜. Petite poste. Pop. 155,939 h. — TERRAIN d'alluvions anciennes.

Autrefois capitale du Lyonnais, comté, archevêché, parlement de Paris, cour et hôtel des monnaies, présidial et sénéchaussée, juridiction ecclésiastique, généralité et intendance, chef-lieu d'élection, gouvernement de place, tribunal du commerce, justice consulaire, maîtrise des ponts et chaussées, eaux et forêts, bureau des finances, chambre syndicale, douane, prévôté générale de maréchaussée, 7 collégiales, 14 paroisses, 2 séminaires, 2 collèges, commanderie de Malte, abbaye d'hommes ordre de St-Benoît, 3 abbayes et un prieuré de filles ordre de St-Benoît, couvents des pères de l'Oratoire, de St-Lazare, de missionnaires, de chanoines réguliers, de mathurins, de dominicains, de grands carmes et carmes déchaussés, de grands augustins et augustins réformés, de cordeliers de St-Bonaventure et de l'Observance, de célestins, minimes, capucins, Picpus, feuillants, récollets, d'ursulines, carmélites de Ste - Claire, du tiers-ordre de St - François, de la Visitation, de Citeaux et du Verbe incarné ; hôpital et Hôtel-Dieu, collège de médecine, académie des sciences, belles-lettres et arts, société royale d'agriculture, école vétérinaire, académie d'éducation pour la noblesse, bibliothèque publique. — L'archevêché de Lyon, fondé à la fin du second siècle, avait pour suffragants les évêques d'Autun, de Langres, de Mâcon et de Chalon-sur-Saône, Son revenu était de 45,000 livres. — L'archevêque de Lyon portait le titre de primat, et exerçait réellement sa juridiction sur les archevêques de Sens et de Tours. Celui de Rouen a constamment refusé de la reconnaître, malgré plusieurs bulles pontificales, et il en est de même du clergé de Bretagne, soumis seulement à celle de l'archevêque de Tours. L'archevêque de Lyon eut au moyen âge de longs démêlés avec les comtes du Forez jusqu'en 1193, où intervint une transaction qui assura à l'archevêque la juridiction temporelle sur Lyon et sur son diocèse. Ce prélat devint dès lors un des princes les plus puissants de l'ancien royaume d'Arles. Les violences des bourgeois de Lyon l'obligèrent d'implorer l'assistance des rois de France, qui la lui accordèrent, et, lui enlevant la souveraineté de la ville, ne lui laissèrent que l'administration de la justice (1307). Mais, en 1563, l'archevêque mit en vente son droit de justice, qui fut adjugé au roi comme dernier enchérisseur. On y comptait 378 paroisses ; l'une d'elles, celle de St-Jean, n'avait pas moins de 200,000 livres de rentes en terres que lui avaient données les anciens ducs de Bourgogne.

— La taxe de l'archevêque, qui portait le titre de comte de Lyon, était de 3,000 florins. — Parmi les 13 abbayes renfermées dans ce diocèse, la plus célèbre était celle de St-Claude, dont l'abbé était jadis seigneur d'un district étendu, et avait le droit d'anoblir les bourgeois de la ville de St-Claude ou des autres possessions du monastère ; celui d'accorder à ses vassaux des lettres de légitimation, de grâce, de rémission en cas de crime, etc. Au nombre des reliques de cette abbaye on remarquait le corps de saint Claude, qui était encore, disait-on, souple et sans aucune altération, quoiqu'il fût là depuis plus de douze siècles ; il était permis à tous les fidèles de baiser à nu la plante de ses pieds ; les nobles pouvaient baiser ses genoux et ses cuisses ; enfin pour les princes on tirait le corps tout entier hors de sa châsse !...

L'origine de Lyon se perd dans la nuit des siècles, et il parait presque impossible de déterminer l'époque précise de sa fondation. Lors de la conquête des Gaules par César, c'était déjà une place de quelque importance et le principal marché des Ségusiens, bâtie un peu au-dessus du confluent de la Saône et du Rhône. Du temps de Strabon c'était la ville la plus considérable de la Gaule celtique. Tout porte à croire que cette ville a été bâtie dans la situation où elle existe aujourd'hui par le consul Lucius Munatius Plancus, qui la peupla de citoyens romains que les Allobroges avaient chassés de Vienne. Voici comment l'historien des Gaulois (A. Thierry) explique son origine : « De graves dissensions domestiques s'étaient élevées dans l'enceinte des murs de Vienne durant les guerres de César et de Pompée ; une partie des habitants avait chassé l'autre ; réfugiés sur les bords du Rhône, près de son confluent avec la Saône, les bannis viennois y vécurent longtemps campés dans des cabanes ou sous des tentes. L'année qui suivit la mort du dictateur, le sénat romain forma le projet de les coloniser et de leur bâtir une demeure ; il chargea de ce soin le gouverneur de la province, Plancus, dont il redoutait et voulait occuper l'esprit turbulent. A l'endroit où la Saône se jette dans le Rhône, sur le penchant d'une colline qui la borde à l'occident, était situé un village ségusien, nommé *Lugdunum* ; Plancus s'en empara, le reconstruisit et en fit une ville où il établit les exilés. Plus tard, Auguste, charmé de la beauté du site, y attira une colonie militaire. » On la nommait encore *Leopolis* (ville de Lyon) et *Leontopolis*. Elle porta aussi le surnom de Nouvelle-Athènes. Au temps de saint Irénée, cette ville se nommait *Rhodanusia*.

Admirablement placé pour la navigation, *Lugdunum* s'enrichit et acquit en peu de temps une assez grande importance commerciale. Auguste en fit la métropole de la Gaule celtique, qui dès lors changea de nom et prit celui de Gaule lyonnaise. Il vint lui-même dans cette ville, accompagné de Tibère, d'une garde nombreuse (l'an 738 de Rome), et fut reçu dans un palais construit sur le penchant de la colline de Fourvières, qui prit le nom de palais impérial. L'empereur séjourna trois ans dans cette ville, où il organisa une cour et une espèce de sénat semblable à celui de Rome. Il y établit un collège des soixante qui rendait la justice avec dépendance immédiate du sénat romain, un athénée où des orateurs s'exerçaient à des disputes éloquentes, un collège particulier pour les citoyens romains, un surveillant des collèges, un maître de navigation et des ports, etc., etc. Enfin il embellit cette cité de tant de monuments, il y répandit tant de bienfaits, que soixante nations gauloises, pour témoigner leur reconnaissance, firent construire en son honneur, au confluent du Rhône et de la Saône, un temple qui était un des monuments les plus célèbres de l'antiquité. Agrippa, gendre d'Auguste, contribua aussi beaucoup à la prospérité de *Lugdunum*; il en fit le point de départ des quatre grandes voies militaires qui traversaient les Gaules, dont l'une allait aux Pyrénées par les Cévennes, l'Auvergne et l'Aquitaine ; la seconde, vers le confluent du Rhin et de la Meuse ; la troisième, à l'Océan par la Bourgogne, et la quatrième, à la Méditerranée par Marseille et Narbonne : on voit encore des restes considérables de ces voies romaines aux environs de Lyon. Tibère, pour éterniser la mémoire d'Auguste, qui l'avait choisi pour héritier, institua les augustaux (prêtres du culte d'Auguste), et fut honoré lui-même d'une statue équestre par les trois provinces de la Gaule lugdunaise. Caligula habita le palais impérial de Lyon. Durant son séjour dans cette ville, il commença par soumettre les particuliers à des taxes, sous le nom spécieux de présents, et ne craignit pas ensuite de condamner à mort les plus opulents d'entre eux pour s'emparer de leurs richesses. Ce tyran, d'un caractère bizarre, aimait les choses ridicules ; il institua près de l'autel d'Auguste de nouvelles conférences grecques et latines, et prit plaisir à tourmenter cette foule d'orateurs qui venaient à Lyon pour disputer le prix d'éloquence, en imposant pour punition aux vaincus de fournir à leurs dépens les prix aux vainqueurs, et en les contraignant d'effacer leurs propres ouvrages avec la langue ; en cas de refus, ils étaient battus de verges et même précipités dans le Rhône. Ce tyran quitta Lyon pour retourner à Rome, où il fut assassiné.

L'empereur Claude orna la ville de Lyon de magnifiques aqueducs et d'autres monuments. Il obtint du sénat (l'an 48 de l'ère chrétienne) qu'elle serait mise au rang de cité romaine, et prononça à ce sujet un discours qui s'est conservé sur deux tables de bronze, où les Lyonnais le firent graver pour perpétuer leur reconnaissance. L'état florissant de cette cité ne fut pas de longue durée ; le plus terrible incendie dont la mémoire des hommes ait conservé le souvenir, et dont Sénèque a peint vivement les affreux effets, anéantit dans une seule nuit cette magnifique cité. Néron la fit bientôt renaître de ses cendres. Trajan, Adrien et Antonin concoururent aussi au rétablissement de sa prospérité, en y faisant construire de somptueux édifices et en lui accordant plusieurs privilèges ; mais, suivant M. Cochard, ce qui contribua le plus à lui donner de l'éclat, ce fut l'établissement des foires qui se tinrent chaque année dans son enceinte, et qui y attirèrent des diverses contrées de l'Europe et de l'Asie une affluence prodigieuse d'étrangers. Le commerce ne pouvait se fixer sur un sol plus prospère ; aussi il s'y développa avec une rapidité étonnante, et y jeta de si profondes racines, que les siècles et les révolutions n'ont pu l'anéantir. Lorsqu'après la mort de Pertinax, Albin et Septime Sévère se disputèrent l'empire, la fortune ayant secondé le premier dans les Gaules, Lyon se déclara en sa faveur, et, après sa défaite aux plaines de Trévoux, eut le courage de lui ouvrir ses portes. Sévère entra dans cette ville en vainqueur irrité et la livra à la fureur de ses soldats, qui n'en firent qu'un monceau de cendres et de ruines, et passèrent les habitants au fil de l'épée : dix-neuf mille hommes, sans compter les femmes et les enfants, périrent dans cet horrible massacre (l'an 197). A peu près vers cette époque, saint Pothin y propagea le christianisme et y périt avec cinquante-huit de ses disciples. Saint Irénée lui succéda, et succomba avec dix-neuf mille chrétiens dans une seconde persécution qui eut lieu en 202. Sous les empereurs, Lyon fut encore prise d'assaut et pillée par les peuples du Nord, qui se disposaient à y mettre le feu, lorsqu'ils furent surpris et exterminés par Julien. Vers le milieu du ve siècle, Attila, saccagea cette ville et fit disparaître tout ce qui restait de monuments romains. En 458, Sidonius Apollinaire livra Lyon à Théodoric, roi des Visigoths. En 476, Gunderic s'en empara et en fit la capitale du royaume de Bourgogne, qui subsista près d'un siècle. Vers la fin du ve siècle, Lyon passa sous la domination des rois de France. Une armée de Sarrasins venus d'Espagne s'en empara dans le viiie siècle, renversa les églises et les murailles, détruisit une partie des maisons, et passa au fil de l'épée un grand nombre d'habitants. La protection et les bienfaits de Charlemagne rendirent à Lyon une partie de sa prospérité ; il fit relever ses ruines, et établit une belle bibliothèque dans le monastère de l'île Barbe. Lors du partage de l'empire entre les enfants de Lothaire, Lyon devint la capitale du royaume de Provence, situé entre les Alpes, le Rhône et la mer, qui échut au prince Charles. En 879, cette ville passa de la domination des enfants de Charlemagne sous celle de Boson, à qui la royauté fut déférée par vingt-trois prélats : Aurélien, premier archevêque de Lyon, eut grande part à cette élection. Après la mort de Rodolphe, roi de Bourgogne, Burchard, son frère, archevêque de Lyon, retint pour lui cette ville et une partie du Lyonnais, comme étant l'héritage de sa mère Mathilde. De cette époque date la souveraineté que les archevêques de Lyon s'arrogèrent, et qui leur fut confirmée par une bulle de l'empereur Barberousse, en date du 18 novembre 1157. Un siècle après, les exactions exercées par les officiers de l'archevêque, l'absence de tous moyens de justice, forcèrent les habitants de courir aux armes ; ils se formèrent en compagnies, nommèrent les plus notables pour veiller à la sûreté de tous, organisèrent le gouvernement municipal, et s'emparèrent des tours et du pont du Rhône : cette première révolte se termina par une transaction. Trente-quatre ans après, la guerre se rallama entre l'église et les habitants, qui furent excommuniés par l'archevêque et n'en tinrent pas compte. Louis IX fut pris pour arbitre ; il profita de ces démêlés pour rentrer en possession de la justice temporelle. Après son départ, les chanoines recommencèrent la guerre avec une nouvelle fureur, ils s'emparèrent par surprise du fort de la Madeleine, et passèrent la garnison au fil de l'épée ; par représailles, les bourgeois ayant surpris pendant la nuit les partisans des chanoines les massacrèrent inhumainement et livrèrent leurs maisons aux flammes. Chaque parti semblait disputer le prix de la fureur : trois fois les habitants de Lyon montèrent à l'assaut du couvent de St-Just, où les chanoines s'étaient retranchés, et ils en furent repoussés trois fois. Enfin Louis IX envoya de Nîmes des commissaires, les hostilités cessèrent, et Philippe le Bel, en faisant rentrer la ville de Lyon sous l'autorité des rois de France, mit fin pour toujours à cette lutte cruelle et impie. — Sous le gouvernement des rois de France, l'industrie et le commerce se développèrent avec une activité extraordinaire : par suite des guerres civiles d'Italie, des familles opulentes, fuyant la persécution qui désolait ce pays, lui apportèrent des capitaux et des arts. Les Pazzi, forcés de céder leur fortune aux Médicis, s'y retirèrent de Florence avec un grand nombre de maisons de leur parti, et les Génois y jetèrent, au temps de François Ier, les fondements de ces manufactures de soie qui depuis sont parvenues à un si haut degré de célébrité. Lyon jouissait alors d'une entière liberté, était administré par des hommes de son choix, était exempt d'impôts, et offrait ainsi au commerce toutes les garanties désirables. Les foires dont Charles VII gratifia cette ville en 1420, mais qui ne furent organisées définitivement que sous Louis XI, en 1463, influèrent aussi d'une manière sensible sur les progrès de son commerce ; les privilèges concédés aux marchands qui les fréquentaient firent affluer une foule d'étrangers industrieux sur les rives du Rhône ; la fortune qu'ils y acquirent les y naturalisa. La décadence de ces foires commença avec le xviiie siècle ; cependant elles n'ont cessé qu'à la révolution de 1789, et leur suppression n'a même apporté aucun changement notable dans les opérations commerciales de Lyon, parce que les manufactures des soieries avaient pris dès lors une telle extension, qu'elles n'avaient plus besoin de leur appui pour se soutenir et pour prospérer.

Vers le milieu du xive siècle, les rois de France et d'Angleterre ayant licencié leurs troupes après la paix de Brétigny, des Allemands, des Flamands, des Brabançons, qui s'étaient mis au service des souverains dans l'année même où la guerre cessa, et qui pour cette raison furent nommés *tard venus*, se voyant sans ressources et sans emplois, se mirent à faire la guerre pour leur compte, pillant sans distinction les sujets de l'un et de l'autre prince. Campés dans la plaine de Brignais, à 8 k. de Lyon, ils mettaient à contribution les voyageurs et le pays. Les Lyonnais sortirent pour aller les débusquer de ce poste, et c'est à cette affaire, où Jacques de Bourbon et les siens furent tués, qu'on a donné le nom de bataille de Brignais.

En 1525, Louise de Savoie, mère de François Ier, convoqua à Lyon, de sa propre autorité, une assemblée de princes et de notables, pour procurer la liberté au roi et pourvoir à la défense du royaume. On y arrêta qu'André Doria, général des galères, et le sieur de la Fayette, vice-amiral, seraient envoyés vers la côte de Naples pour retirer le duc d'Albanie et le ramener en France pour défendre le royaume ; qu'on donnerait ordre au marquis de Saluces de quitter Savone, et de revenir en France pour le même objet, ce qui fut exécuté fort heureusement.

En 1560, les calvinistes s'emparèrent de Lyon par surprise, mais ils n'eurent pas le temps de s'y établir, et furent chassés des points qu'ils étaient parvenus à occuper par l'abbé de Savigne. Deux ans après, ces religionnaires surprirent la ville par un coup main hardi, et établirent la liberté de conscience, et ne la rendirent qu'en 1563 au maréchal de Vieuville. La Saint-Barthélemy y exerça ses fureurs, et les massacres y furent presque aussi sanglants qu'à Paris. Après la mort de Henri III, quelques religieux fanatiques poussèrent Lyon dans le parti de la Ligue ; mais, après l'attentat de Jean Châtel, cette ville reconnut Henri IV, qui la visita en 1595.

La prospérité de Lyon fut portée à un haut degré sous le règne de Louis XIV. Cette cité, jusqu'alors peu remarquable sous le rapport architectural, s'embellit de nouveaux quais et d'un grand nombre de beaux édifices. — La révolution de 1789 lui porta un coup funeste.

Les habitants de Lyon, tous adonnés aux arts et au commerce, ne pouvaient voir avec satifaction une révolution qui, paralysant l'industrie, faisait languir les manufactures, tuait le commerce et froissait ainsi tous leurs intérêts. On ne devait donc pas s'attendre à trouver parmi les Lyonnais beaucoup de partisans de la république, ; et si l'on ajoute aux mécontents de la classe ouvrière et commerçante ceux qui tenaient au clergé et à la noblesse, on trouvera que le nombre des républicains se trouvait considérablement restreint. Cependant les gens en place et les amis de la liberté furent en assez grand nombre pour former un parti redoutable aux partisans de l'ancien régime et aux modérés. On vit alors dans Lyon deux factions bien distinctes : celle des municipaux, soutenue par la Convention, et celle des sections, composée de républicains purs et de quelques royalistes déguisés. Il était impossible que le conflit d'opinions ne réveillât les haines particulières, et que ceux qui avaient quelques discussions d'intérêt ne se prévalussent des circonstances pour faire valoir leurs prétentions ; aussi les esprits s'exaspérèrent au point que chacun s'habitua à regarder comme un ennemi irréconciliable celui qui était d'une opinion contraire, et soupirait après le moment qui devait les mettre aux prises. Il se présenta bientôt, et l'orage qui grondait depuis longtemps éclata. Le 29 mai 1793, deux commissaires de la Convention siégeaient à la municipalité avec Châlier, qui, n'ignorant pas qu'il était signalé, avait fait de la maison commune une place d'armes, dans laquelle il se tenait avec les représentants comme dans une forteresse. Les sectionnaires, de leur côté, avaient réuni leur colonne, et se tenaient sur la défensive. Il y eut trois tentatives d'accommodement que Châlier rendit inutiles. Cependant, pour ne pas mettre tous les torts de leur côté, les commissaires mandèrent un bataillon de Lyonnais ; mais aussitôt qu'il fut à portée Châlier ordonna, dit-on, une décharge d'artillerie et de mousqueterie. En un instant la place est jonchée de cadavres, et ceux qui échappent au massacre se répandent dans la ville et crient vengeance. De tous côtés on prend les armes, deux colonnes fortes d'environ 2,000 hommes partent de la place Belcour et vont assiéger l'hôtel de ville, qui était défendu par 1,800 hommes et deux pièces de canon. Le siége dura deux heures, au bout desquelles les assiégeants se rendirent maîtres de la porte ; leur victoire toutefois ne fut nullement eusanguitale : les soldats, loin de maltraiter leurs prisonniers, les garantirent de la fureur du peuple. Les deux commissaires de la Convention furent mis en liberté, à condition de faire un récit sincère de la conduite de Châlier, dont la perfidie avait amené le combat. Un premier rapport fait à la Convention nationale sur l'affaire de Lyon avait été favorable aux habitants de cette malheureuse cité ; mais, quatre jours après, les représentants peignirent les Lyonnais comme des rebelles, et demandèrent vengeance pour la représentation nationale méconnue, avilie et outragée en leur personne. Cependant les Lyonnais s'étaient nommé de nouveaux magistrats ; on créa une commission pour juger les prisonniers faits dans le combat du 29 mai. Châlier seul fut condamné à mort et exécuté ; on garda les autres prisonniers comme otages.

Cependant Kellermann, général de l'armée des Alpes, avait besoin de quelques pièces d'artillerie et d'autres objets d'approvisionnement ; il en fait la demande aux Lyonnais, qui s'empressèrent de les lui fournir. Kellermann, sensible à ce trait de dévouement et d'amour pour la patrie, devint l'intercesseur des Lyonnais, et intéressa en leur faveur Robert Lindet, commissaire de la Convention près l'armée des Alpes. Leur médiation était assez puissante pour faire rentrer la ville de Lyon dans les bonnes grâces du gouvernement français ; mais la perte des Lyonnais était irrévocablement décidée dans les arrêts du destin, et les circonstances ne firent que l'accélérer. La journée du 31 mai avait écrasé le parti modéré dans la Convention ; et, pendant que Toulon se livrait aux Anglais, Marseille envoyait une armée au secours de Lyon. Ces incidents réunis firent craindre que Lyon, faisant cause commune avec Marseille et Toulon, tout le midi de la France ne se détachât du nord et ne se soulevât contre le gouvernement. Le général Carteaux fut chargé par Kellermann de marcher contre les Marseillais avec un corps de troupes très-inférieur, mais qui devait se recruter en route par les gardes nationales et les volontaires du pays. Carteaux, s'avançant sur la rive gauche du Rhône, s'assure du Pont-St-Esprit et d'Avignon, rencontre l'ennemi à Salon, ensuite à Septèmes, le défait complètement, et prive ainsi les Lyonnais des secours qu'ils attendaient du Midi. Ceux-ci, abandonnés à leurs propres forces, sollicitèrent un armistice ; un député répond ainsi à leur demande : « Rebelles, confessez votre crime, ouvrez vos portes, montrez-vous obéissants, soyez désarmés, et devenez, à force de repentir, dignes de la clémence de la Convention. » Les Lyonnais ne pouvant croire à cette clémence, ne pouvant tourner l'orage, le siége est résolu. Une armée de 60,000 hommes, composée des troupes que Kellermann a amenées des Alpes, des gardes nationales des villes et des campagnes voisines de Lyon, et de 500 canonniers destinés au service de 100 pièces d'artillerie, fut bientôt sous les murs, n'attendant que le signal pour foudroyer cette malheureuse ville.

Les Lyonnais cependant protestaient hautement de leur soumission au décret de la Convention nationale ; ils avaient accepté, en assemblées primaires, la constitution de 1793, célébré l'anniversaire du 10 août, brûlé les titres féodaux, et invité Kellermann d'assister à cette fête ; mais, tout en entretenant avec ce général une correspondance régulière, ils évitaient de communiquer avec les commissaires de la Convention. C'était d'eux cependant que dépendait le sort de leur ville ; s'ils eussent pu se plier à des démonstrations de soumission, peut-être seraient-ils parvenus à les fléchir, et se seraient-ils épargné bien des malheurs ; mais, soit défiance, soit opiniâtreté, ils refusèrent de traiter avec les commissaires de la Convention, et, en ayant reçu des propositions équivalentes à se rendre à discrétion, ils répondirent : « Citoyens représentants du peuple, vos propositions sont encore plus atroces que votre conduite ; nous vous attendons ; vous n'arriverez à nous que sur des monceaux de cadavres, ou la cause de la liberté et de la république triomphera. » Cette réponse ne laissant plus d'espoir de conciliation, on se disposa de part et d'autre au combat. Dans Lyon toutes les têtes s'électrisent ; chacun court aux armes, et reproche à celui qui montrerait de la lâcheté ou de l'indifférence ! Les femmes ne sont pas les dernières à offrir leurs services : on les voit se montrer sur la brèche, et travailler comme des pionniers aux fortifications. On forme une caisse militaire ; mais, comme le numéraire était rare, on le remplace par des billets des principaux négociants. L'immense population de la ville nécessitait des approvisionnements considérables ; on n'épargna ni peine ni dépense pour s'en procurer. Pendant qu'on travaillait ainsi dans l'intérieur à pourvoir la ville de tout ce qui était nécessaire pendant la durée du siége, on ne négligeait rien pour la mettre en état de repousser les attaques du dehors. Un ingénieur, nommé Chenelette, traça des redoutes sur les hauteurs qui couvrent, au nord, une partie des faubourgs de la ville ; ces redoutes furent élevées avec une célérité étonnante ; les maisons furent crénelées ; on construisit des batteries, on fondit de l'artillerie ; on fabriqua de la poudre, et l'on négligea aucun des moyens qui pouvaient contribuer à la défense de la place. Le midi de la ville était occupé par les maisons des riches négociants, et protégé par le Rhône ; mais sur la plage opposée la ville était découverte ; et les édifices, mal défendus par les canons qu'on avait placés sur le quai du Rhône, étaient exposés au feu des bombes et des boulets rouges qui partaient de la rive gauche du fleuve. La principale attaque fut dirigée par Kellermann contre la partie de l'Isthme, au confluent du Rhône et de la Saône, vers le faubourg de la Croix-Rousse. Le quartier de Fourvières, compris dans la grande anse formée par le cours des eaux de la Saône, est attaqué par le faubourg de Vaise ; une autre attaque est dirigée contre la partie de la ville qui occupe les terrains nouvellement conquis sur les eaux par l'ingénieur Perrache.

A tous ces moyens d'attaque Lyon n'opposa d'abord que 25,000 hommes commandés par Préey, ancien militaire, par Virieu, ex-constituant, et par Nervo. Ces chefs militaires entretenaient à l'extérieur des intelligences dont ils faisaient un secret aux autorités civiles et administratives, et il est avéré aujourd'hui que l'insurrection lyonaise était combinée avec les mouvements des armées ennemies dans la Savoie : les Prussiens et les Autrichiens devaient pousser les Français au delà des lignes de Weissembourg, pendant qu'un corps d'armée, aux ordres du prince de Condé, aurait surpris Huningue; traversé sans obstacle la Franche-Comté, et serait venu au secours de Lyon. Ce projet échoua, ainsi qu'un autre qui avait pour but de faire avancer vers Lyon un corps d'émigrés qui s'étaient réunis dans la Suisse, et auquel le corps helvétique refusa le passage.

Quoique les assiégeants se fussent avancés très-près des murs de la ville, ils n'avaient cependant pu empêcher les Lyonnais de s'étendre au delà de l'enceinte et d'y prendre des positions avantageuses pour favoriser les communications avec Mouthrison et St-Etienne, d'où ils tiraient leurs vivres; ils étaient en outre les maîtres du pont d'Oullins, à 4 kilomètres de Lyon, des hauteurs de Ste-Foi et de celles de la Croix-Rousse. Les bataillons de garde nationale commandés pour le siège de Lyon ne se décidèrent qu'avec peine à tourner leurs armes contre leurs concitoyens; les représentants eurent besoin de toute leur autorité pour décider l'attaque; et le général Kellermann leur déclara par écrit qu'en déférant à leur réquisition il n'entendait se charger d'aucune responsabilité. Il résulta de la répugnance des troupes qu'au lieu de faire le siège de Lyon selon les règles de l'art on se borna à une attaque dirigée sur les ouvrages extérieurs, que les assiégés avaient étendus assez loin pour éloigner de leurs habitations le feu des assiégeants. Ces postes et ces batteries, qu'ils avaient placés au dehors, se trouvaient journellement et même plusieurs fois dans un jour attaqués, défendus, pris et repris, en sorte que, les pertes se trouvant égales, les résultats étaient nuls, les assiégés, ou du moins les chefs, s'opiniâtraient dans leur résistance, parce qu'ils comptaient sur l'arrivée des Piémontais, qui étaient descendus des montagnes et avaient envahi le Faucigny, la Tarentaise et la Maurienne. D'un autre côté, l'armée des Alpes, affaiblie, avait été forcée de se retirer, et l'armée française, en Savoie, se trouvait tellement engagée, que Kellermann fut obligé de laisser la conduite du siège au général Dumuy, pour aller repousser les Piémontais. Son expédition eut tout le succès possible; mais la Convention jugeant par les mouvements des armées étrangères que l'insurrection des Lyonnais n'était pas simplement locale, mais qu'elle était liée aux opérations des ennemis du dehors, ne garda plus de ménagements, et ordonna l'incendie de Lyon. Les batteries de l'est, du nord et du sud foudroyèrent la ville pendant plusieurs jours et plusieurs nuits, et portèrent partout la destruction et l'embrasement. Le quartier St-Clair, les édifices publics et les belles maisons de Bellecour furent écrasés par les boulets, par les bombes, et devinrent la proie des flammes. Tous ceux qui ne combattaient pas se réunissaient pour arrêter les progrès de l'incendie; mais, malgré toute l'activité possible, plus de cent maisons furent consumées, les magasins de munitions, de fourrage, et l'arsenal même furent dévorés par l'incendie.

Cependant les vivres s'épuisaient; les communications avec le Forez étant coupées, les moulins détruits, on commençait à ressentir toutes les horreurs de la famine. Les femmes, voulant que le pain de seigle ou de froment fût réservé aux combattants, avaient déclaré qu'elles se contenteraient d'une demi-livre de pain d'avoine par jour. Malgré ces sacrifices et ces privations, toutes les espèces de comestibles furent bientôt épuisées, au point qu'on fut obligé de faire sortir de la ville les personnes inutiles à sa défense. L'activité des assiégeants les avait rendus maîtres des hauteurs de la Croix-Rousse qui dominent la ville de plus près; de nouveaux bataillons, levés dans le département de la Saône, avaient pressé les travaux de la pointe de l'Isthme, vers Oullins et Ste-Foi. Il ne restait plus qu'à tenter une attaque générale sur les deux côtés de l'ouest et du sud; elle fut décidée, et les assiégeants furent bientôt en possession des deux quartiers de la pointe Perrache et des Brotteaux auxquels ils mirent le feu. Les Lyonnais pressés de toutes parts, et ne comptant plus sur les secours des Piémontais, auxquels Kellermann avait fait repasser le Mont-Cenis, excédés de besoin et de fatigues, se lassèrent de prendre part à une querelle dont la fin n'intéressait que les chefs. Les commissaires de la Convention, instruits de cette disposition des esprits, firent une proclamation qui eut son effet; les sections réunies nommèrent des commissaires pour entrer en négociation. Précy et Virieu, qui avaient été les moteurs et les chefs de l'insurrection, sentant qu'on ne leur ferait pas de quartier, sortirent par la porte de Vaise, accompagnés de 3,000 hommes, que la crainte de l'avenir rendit compagnons de leur fuite. Leur projet était d'aller passer la Saône à Riottier, et de traverser le département de l'Ain pour gagner la Suisse; mais les représentants envoyèrent à leur poursuite deux corps de cavalerie qui les mirent en pleine déroute. En vain ils cherchent un asile dans les forêts les plus épaisses; le tocsin sonne de toutes parts, des paysans armés de fourches les poursuivent comme des bêtes fauves et les massacrent sans pitié; il n'échappa qu'une cinquantaine d'hommes de la colonne de Précy; celle de Virieu fut totalement détruite. Le 9 octobre les républicains prirent possession de tous les postes de la ville, et y entrèrent sans éprouver la moindre résistance.

La prise de Lyon produisit une joie extraordinaire à Paris; la Convention ne négligea rien pour en tirer le plus grand parti possible. Elle l'annonça solennellement aux deux armées du Nord et de la Vendée, par proclamation invita à imiter l'armée de Lyon. En même temps elle rendit un décret présenté par Barrère et portant: « Il sera nommé une commission extraordinaire pour juger militairement et sans délai les contre-révolutionnaires qui ont pris les armes dans Lyon. Tous les habitants seront désarmés. La ville sera détruite; on n'y conservera que la maison du pauvre, les manufactures, les hôpitaux, les monuments publics et ceux de l'instruction. Lyon s'appellera désormais Commune-Affranchie; sur ses débris sera élevé un monument où seront lus ces mots: « Lyon a fait la guerre à la liberté, Lyon n'est plus. »

Collot-d'Herbois et Fouché furent choisis pour être les exécuteurs de la justice nationale. Qu'il nous soit permis de penser que la Convention ne savait pas à quelles mains elle confiait ce redoutable ministère. Ces hommes en effet ont abuséront étrangement: ils devaient entrer en fonction le 10 novembre, jour où fut célébrée à Paris la fête de la Raison. Les proconsuls préludèrent aux massacres dont ils allaient ensanglanter Lyon par une semblable fête, où, sous prétexte d'honorer la mémoire de Châlier, les cérémonies du culte catholique furent parodiées de la manière la plus grossière; au milieu d'hommes portant les vases des églises s'avançait un âne, couvert d'une chape et coiffé d'une mitre; à sa queue étaient suspendus les livres de l'Ancien et du Nouveau Testament. Ces livres furent aussitôt brûlés, et l'on fit boire l'âne dans le calice. Peu de jours après, Fouché, après avoir fait exécuter en masse les membres de la municipalité qui avaient instruit le procès de Châlier, écrivit à la Convention les termes suivants: « L'ombre de Châlier est satisfaite: ceux qui dictèrent l'arrêt atroce de son supplice sont frappés de la foudre; et ses précieux restes, recueillis par les républicains, viennent d'être portés en triomphe par toutes les rues de Commune-Affranchie: c'est au milieu même de la place où ce martyr intrépide fut immolé à la rage effrénée de ses bourreaux que ses cendres ont été exposées à la vénération publique et à la religion du patriotisme, etc... Nous le jurons, le peuple sera vengé: notre courage sévère répondra à sa juste impatience: le sol qui fut rougi du sang des patriotes sera bouleversé, tout ce que le vice et le crime avaient élevé sera anéanti. »

Les proconsuls ne tardèrent pas à tenir ce serment; nous extrayons les passages suivants de la correspondance de Collot-d'Herbois avec le comité de salut public: « Les exécutions ne font pas tout l'effet qu'on devait en attendre. La prolongation du siège et les périls journaliers que chacun a courus ont inspiré une sorte d'indifférence pour la vie, si ce n'est pas tout à fait le mépris de la mort. Hier un spectateur revenant d'une exécution disait: « Cela n'est pas trop dur; que ferai-je pour être guillotiné? Insulter les représentants? Nous avons ranimé l'action d'une justice républicaine, c'est-à-dire prompte et terrible comme la volonté du peuple..... Plusieurs fois vingt coupables ont subi la peine de leurs forfaits le même jour... Cela est encore trop lent pour la justice d'un peuple entier qui doit foudroyer tous ses ennemis à la fois, et nous nous occuperons à forger la foudre. »

« Il faudra, » écrivait le 12 décembre au conseil général de la commune un agent des deux représentants, Pelletier, « Il faudra disséminer tous ces Lyonnais dans divers points de la république, et réduire cette cité, aujourd'hui de 140,000 âmes, à 25,000 au plus;

les représentants du peuple (Fouché et Collot-d'Herbois) ont substitué aux deux tribunaux révolutionnaires qu'ils avaient créés un comité de sept juges. Cette mesure était indispensable : les deux tribunaux, sans cesse embarrassés par les formes, ne remplissaient pas les vœux du peuple ; les prisonniers entassés dans les prisons, les exécutions partielles ne faisaient plus que peu d'effet sur le peuple ; le comité des sept juge sommairement, et leur justice est aussi éclairée qu'elle est prompte. Le 14 frimaire soixante de ces scélérats ont subi la peine due à leurs crimes par la fusillade ; le 16 frimaire deux cent huit ont subi le même sort ; le 18 soixante-huit ont été fusillés et huit guillotinés ; le 19 treize ont été guillotinés ; le 21 la fusillade en a détruit en masse cinquante-trois. Sous peu de temps les coupables de Lyon ne souilleront plus le sol de la république. »

On ne peut sans horreur lire dans les récits contemporains les détails de ces épouvantables exécutions. « Les premiers députés, disent les Lyonnais dans une pétition qui fut lue le 20 décembre à la Convention, avaient pris un arrêté à la fois juste, ferme et humain ; ils avaient ordonné que les chefs conspirateurs perdissent seuls la vie, et qu'à cet effet on instituât deux commissions, qui, en observant les formes, sauraient distinguer le conspirateur des malheureux qu'avaient entraînés l'aveuglement, l'ignorance et la misère. » Cent treize coupables furent condamnés par ces commissions et exécutés. C'était à ce nombre que s'élevait le chiffre des guillotinés à la date du 4 décembre. « Alors, continuent les pétitionnaires, de nouveaux députés se sont plaints que le sang ne coulait pas avec assez d'abondance et de promptitude, et ils ont organisé une commission révolutionnaire composée de sept membres, chargés de se transporter dans les prisons et de juger en un moment les nombreux détenus qui les remplissent. A peine le jugement est-il prononcé, que ceux qu'il condamne sont exposés en masse au feu du canon chargé à mitraille. Ils tombent les uns sur les autres frappés par la foudre, et, souvent mutilés, ils ont le malheur de ne perdre à la première décharge que la moitié de leur vie. Les victimes qui respirent encore après avoir subi le supplice sont achevés à coup de sabre et de mousquet. »

Tant de désastres disparurent sous le consulat et sous l'empire, et Lyon devint plus florissante que jamais ; sa prospérité fut l'objet constant de la sollicitude de Napoléon pendant tout son règne.

En 1814, le général comte de Bubna, venant de Dôle avec le gros de son corps d'armée, se porta sur Lyon. Le général Meusnier occupait cette ville importante avec une poignée de soldats destinés à agir sur la droite de la Saône. Au premier bruit du danger que courait Lyon, Napoléon sentit la nécessité de défendre la seconde ville de l'empire, dont la reddition pouvait offrir un exemple contagieux. Le sénateur Chaptal, commissaire extraordinaire, fut envoyé à Lyon avec quelques agents pour provoquer le peuple à prendre les armes, afin d'en imposer à l'ennemi jusqu'à l'arrivée des renforts venant en poste de l'armée de Catalogne, et attendus avec d'autant plus de confiance qu'ils faisaient partie de l'armée du maréchal Suchet, duc d'Albuféra. On savait que cette armée se distinguait autant par son courage que par sa discipline. Le maréchal Augereau était en route, et venait se mettre à la tête des colonnes qu'on se flattait de rassembler assez tôt dans Lyon, pour en assurer la défense.

Les Autrichiens occupaient déjà Miribel, Montluel, Chalamont et Meximieux ; leurs avant-postes n'étaient plus qu'à 12 k. de Lyon, dépourvu de troupes suffisantes pour le préserver d'un coup de main. Le maréchal Augereau arrive, et, ne trouvant aucun moyen de défense, il poursuit sa route, espérant réunir des troupes à Valence sur le Rhône.

Le général Meusnier, avec sa faible garnison, secondé par le peuple, fait tête à l'orage. Le lendemain, à l'entrée de la nuit, une vive fusillade s'engage vers la porte St-Clair, entre les deux avant-postes français et autrichien ; les premiers se replient, et les Autrichiens pénétrèrent jusqu'au faubourg sans oser pousser plus loin leurs attaques circonspectes. Le général Meusnier ordonne à la garnison de reprendre les avant-postes ; le 24ᵉ régiment s'avance jusqu'au village de Calvine, poste militaire important, et force à la retraite les premiers détachements ennemis. Le même jour arrivent de Valence douze cents hommes d'infanterie de ligne ; une immense population se porte à leur rencontre et les accueille avec des cris de joie, comme des libérateurs. Soudain toutes les maisons du faubourg de la Guillotière, du quai du Rhône, de la place des Terreaux, sont illuminées ; c'est à qui offrira vivres et asiles à ces braves accourant à la défense de la seconde ville de l'empire, menacée par douze ou quinze mille Autrichiens : ces têtes de colonnes avancent aussitôt sur l'ennemi, qui cessa aussitôt toutes démonstrations offensives. Vingt pièces de canon et neuf cents hommes entrent encore dans Lyon, et le 21 arrivent aussi deux cents hommes de cavalerie légère, ayant le maréchal Augereau à leur tête.

Le général Bubna évacue immédiatement tous les postes aux environs de la ville, et, continuant le 22 son mouvement rétrograde, il se porte de Montluel à Meximieux et au Pont-d'Ain. Lyon et Mâcon se trouvent ainsi dégagés du même temps. Le maréchal Augereau adresse aussitôt aux Lyonnais une proclamation énergique en ces termes :

« Je vous ai trouvés désarmés devant un ennemi faible en moyens et incertain dans ses mouvements. Vous frémirez, Lyonnais, d'avoir été insultés dans vos murs par un ennemi fier d'un instant de surprise. Marchons en avant, et ne laissons à l'armée qui accourt pour vous défendre, que le soin de poursuivre jusqu'aux frontières que vous avez déjà mis en fuite. »

Le maréchal se disposait à prendre l'offensive, espérant chasser les Autrichiens de Chambéry, où ils venaient d'entrer, et de marcher droit sur Genève, pour manœuvrer ensuite sur les derrières de la grande armée alliée en Franche-Comté et en Suisse. Cependant, Chalon-sur-Saône, malgré sa première résistance, venait de succomber. Le général Legrand s'était efforcé en vain d'y rassembler des forces suffisantes. Le prince de Hesse-Hombourg avait fait attaquer la ville, s'en était emparé, et y avait pris quelques canons. Le général Bubna occupait tout le pays, depuis les environs de Grenoble sur sa gauche jusqu'aux portes de Mâcon sur sa droite, ayant son centre à Bourg-en-Bresse. La prise de Chalon ne pouvait compenser l'échec reçu devant la seconde ville de l'empire ; l'effet moral surtout fut prodigieux en faveur de Napoléon ; et dès lors on jugea la défense nationale praticable et le seul moyen de salut. Tout fut employé afin d'exciter le peuple à s'armer pour défendre pied à pied le sol de la patrie.

Le 18 mars au soir, toute l'armée avait pris position à Limonet. La journée du 19 se passa d'un côté en préparatifs d'attaque, et de l'autre en dispositions pour recevoir la bataille. La droite de l'armée française, formée par la division Pannetier, occupait Dardilly ; le centre, commandé par le général Meusnier, était posté à Limonet en avant du faubourg de Vaise, et le général Digeon, avec la gauche, défendait la route de Tarare. Le 20 mars, à la pointe du jour, le maréchal Augereau, s'étant porté sur la ligne de l'ennemi pour faire une reconnaissance générale, se vit immédiatement attaqué sur tous les points.

L'armée autrichienne montra quarante mille hommes, dont treize mille de cavalerie, et soixante pièces de canon. La lutte était inégale : en peu de temps la position de Limonet fut tournée le long de la Saône ; celle de Dardilly étant déflanquée, le général Pannetier l'abandonna également. Le général Digeon tint plus longtemps à Latour et à Grange-Blanche, opérant ensuite sa retraite en bon ordre. Vers deux ou trois heures l'armée en retraite fut acculée au faubourg de Vaise, couronnant les hauteurs. Lyon offrait un aspect désolant.

Décidé à défendre la position de la Duchère, le maréchal Augereau y reçut le choc de l'ennemi, et fut longtemps exposé de sa personne au feu des Autrichiens. Dans cet instant critique le général Digeon exécute plusieurs charges brillantes, prend dix pièces de canon à l'ennemi, lui fait neuf cents prisonniers, et pare ainsi au danger d'une trop vive poursuite et d'une retraite en désordre. L'armée française, si inférieure en nombre, soutint le combat inégal en débordant par sa droite toute la gauche de l'ennemi, et s'emparant ainsi de la route de Lyon à St-Étienne. Les différentes actions commencées à Limonet ne finirent qu'aux portes de Lyon et à la nuit. L'ennemi, à la faveur de sa supériorité numérique, pouvait entrer à Lyon en vainqueur, et user de tous ses droits. La consternation et le découragement régnaient dans la ville : les blessés y refluaient; on y était partout dans l'agitation et dans le trouble.

Les administrations s'étant assemblées le soir même pour aviser aux moyens de soustraire Lyon aux dangers qui le menaçaient, le maréchal Augereau prit séance au milieu des autorités; il ne leur dissimula rien de la gravité des conjonctures; leur fit connaître au juste la situation respective des deux armées, déclarant que Lyon ne pouvait être défendu sans être exposé à tous les désastres d'une ville prise d'assaut. La retraite fut décidée; elle s'effectua dans la nuit même par le pont de la Guillotière, l'armée se portant sur Vienne. Les généraux Barbet et Digeon formèrent l'arrière-garde, le général Barbet ayant rejoint l'armée par le pont Morand.

Le comte de Bondy, préfet du Rhône, qui pendant cette pénible et douloureuse campagne avait concouru à maintenir l'ordre dans Lyon et pourvu aux immenses besoins des habitants et de l'armée, laissa au maire une instruction à l'effet de réclamer une capitulation favorable. M. de Fargues, commissaire de la municipalité, se rendit au quartier général autrichien, et de là il obtint sans peine que la sûreté publique serait garantie et respectée, et que la garde lyonnaise ferait concurremment le service avec la garnison.

Après l'abdication de Napoléon, Lyon n'insulta point à son malheur; et lorsqu'il se présenta devant ses murs en 1815, cette ville lui ouvrit ses portes et le reçut avec enthousiasme.

Deux fois, dans ces dernières années, Lyon a été le théâtre d'événements des plus déplorables. — Vers la fin de 1831, les ouvriers en soie avaient demandé le rétablissement des anciens prix de main-d'œuvre, que les fabricants d'étoffes unies avaient été obligés, depuis plusieurs années, de réduire de 25 p. cent, à cause de la concurrence. On fit droit à cette demande par un nouveau tarif. Mais les fabricants éludèrent autant qu'ils purent leurs promesses; et les choses s'étaient rétablies sur l'ancien pied, lorsque la stagnation des affaires et la misère qui en est la suite poussèrent les ouvriers à la révolte. Elle commença par ceux de la Croix-Rousse, qui descendirent sur la ville. Des troupes furent envoyées contre eux; mais ils avaient formé des barricades et dépavé les rues, et les troupes ne pouvant avancer, on commença la fusillade. Cependant le préfet, M. Bouvier-Dumolard, et le général Ordonneau cherchèrent à parlementer, et s'avancèrent avec confiance vers les ouvriers, qui les retinrent prisonniers. Sur ces entrefaites, de nouvelles troupes, dirigées par le général Roguet, marchèrent sur la Croix-Rousse; elles refoulèrent les insurgés dans les quartiers qu'ils habitaient. Ceux-ci ayant renouvelé leurs ouvertures, le général refusa de rien écouter avant la mise en liberté du préfet et du général Ordonneau. Le premier fut rendu le 24 novembre, le second ne le fut que le lendemain.

La force armée avait d'abord semblé devoir réussir à renfermer l'émeute et le combat dans la commune de la Croix-Rousse; mais le 22, les ouvriers reprirent l'offensive; ils pénétrèrent dans la ville, occupèrent les ponts et coupèrent les communications. Le 23 au matin, après une lutte opiniâtre, ils enlevèrent l'hôtel de ville. Alors les autorités et la garnison, pour arrêter l'effusion du sang et attendre les renforts qui arrivaient de plusieurs points, évacuèrent la ville par le faubourg St-Clair.

Les attentats contre les personnes et contre la propriété, que l'on craignait de la part des insurgés, n'eurent pas lieu. Les fabricants eux-mêmes furent étonnés de cette modération. Cependant, comme la révolte n'avait pas d'autre but que d'amener ceux-ci à une augmentation de prix, les ouvriers se trouvèrent embarrassés de leur victoire. Ils remirent leurs pleins pouvoirs entre les mains de M. Bouvier-Dumolard, qui était resté dans la ville, et réunirent leurs efforts aux siens pour rétablir l'ordre et la tranquillité.

Cependant, à la première nouvelle qu'on avait reçue à Paris de l'insurrection, M. Prunelle, maire de Lyon, était parti en toute hâte. L'ordre avait été donné à un grand nombre de troupes de se diriger sur Trévoux. Le duc d'Orléans et le ministre de la guerre s'étaient rendus dans cette ville. Ils firent leur entrée dans Lyon le 3 décembre, sans avoir accédé à aucune transaction, sans avoir passé aucun engagement. Le tarif et tous les arrêtés qui s'y rapportaient furent supprimés; le désarmement fut prescrit et opéré; la garde nationale, dont une partie avait refusé de se battre contre les ouvriers, fut dissoute, et une forte garnison établie dans la ville; des travaux militaires furent ordonnés; enfin quelques jours après toutes les autorités civiles et militaires avaient repris l'exercice de leurs fonctions, et les affaires leur cours régulier.

Ainsi fut apaisé le premier soulèvement de Lyon; mais le ferment de discorde qui l'avait occasionné subsistait toujours, et il donna lieu, quelques années plus tard, à un second soulèvement. La question du salaire, la seule qui soit importante pour la tranquillité des grandes cités commerçantes, n'était pas résolue d'une manière satisfaisante dans l'intérêt des deux parties, et semblait ne favoriser que les fabricants. Les ouvriers, qui avaient agi sans direction en novembre 1831, comprirent qu'il convenait que leurs intérêts eussent des représentants pour les défendre. La société des mutuellistes fut créée; elle se composa de tous les chefs d'ateliers, qui, mieux que tous autres, pouvaient défendre les intérêts généraux de la classe ouvrière.

En février 1834, une diminution faite par quelques fabricants dans le prix de la main-d'œuvre excita un vif mécontentement parmi les ouvriers; ils en référèrent à l'association des mutuellistes, et cette association, dont les ramifications étaient nombreuses et l'autorité presque souveraine, décréta que, du 14 février jusqu'à nouvel ordre, tous les travaux de fabrication seraient suspendus. Dans la matinée du 14 les vingt mille métiers de Lyon cessèrent de battre. Le but des mutuellistes était d'obtenir une augmentation de salaire. Les fabricants persistèrent à s'y refuser; et comme leurs ressources moins bornées leur permettaient d'attendre plus longtemps, force fut enfin aux ouvriers de se soumettre; l'interdiction fut donc levée, et les travaux reprirent après dix jours environ de suspension. Mais l'autorité judiciaire crut devoir sévir, et neuf membres de la société des mutuellistes furent inculpés comme chefs de la coalition de février. L'ouverture du procès, fixée au 5 avril, fut renvoyée au 9.

« Cependant les autorités civiles et militaires se concertèrent et prirent les mesures les plus énergiques pour réprimer l'insurrection qu'ils savaient, par leurs agents, devoir éclater.

» Au jour fixé, le tribunal reprit son audience, et quelques heures après toute la ville de Lyon devint le théâtre d'une bataille acharnée qui la désola pendant cinq jours. L'insurrection s'annonça d'abord avec les caractères d'une révolte poussée jusqu'à ses dernières conséquences, et d'une opération régulièrement combinée et dirigée. Des proclamations contenant la déchéance du roi et la nomination de Lucien Bonaparte aux fonctions de premier consul étaient répandues de toutes parts; des drapeaux rouges ou noirs, des étendards portant ces mots : *Vivre en travaillant ou mourir en combattant!* étaient arborés comme point de ralliement; le tocsin appelait la population aux armes; bref, la vivacité et l'audace avec lesquelles les insurgés soutenaient le combat indiquaient en eux une résolution désespérée. C'était aussi avec une vigueur terrible que procédait l'autorité militaire exercée par le général Aymard, et les moyens de guerre les plus destructeurs étaient employés pour réduire l'insurrection. L'artillerie balayait incessamment les rues, les places et les passages à coups de mitraille, tandis que les boulets, les obus dirigés contre les maisons et les pétards attachés à leur base les renversaient et les incendiaient. Aucun habitant ne pouvait sortir de chez lui ni se montrer à la fenêtre sans être assailli aussitôt d'une grêle de balles.

» Malgré l'ardeur et l'énergie déployées par les troupes, l'insurrection conserva son terrain le 9; et le lendemain elle envahit les quartiers qui, restés calmes la veille, entrèrent dans un état de révolte ouverte. Quoique plus meurtrière et plus désastreuse que la première, cette seconde journée se passa aussi sans amener de résultat remarquable. Si le courage des troupes allait s'échauffant dans l'action et s'exaltant par les pertes qu'elles éprouvaient, la contenance des insurgés ne paraissait pas affaiblie, nonobstant les brèches faites dans leurs rangs; et la malheureuse cité, dont quelques parties étaient déjà ruinées par l'artillerie et par l'incendie, devait s'attendre à de nouveaux ravages.

» Moins animé que les deux jours précédents, le combat, la troisième journée, n'avait encore donné à l'autorité que des avantages peu importants; mais la prolongation de la lutte était toute défavorable aux insurgés, qui ne pouvaient pas se recruter, et dont les approvisionnements s'épuisaient ; aussi le quatrième jour fut-il décisif contre eux et pour le triomphe de la force publique. L'insurrection, dont la défense se ralentissait, fut attaquée et vaincue dans son foyer primitif et dans ses positions les plus fortes. Cependant deux jours s'écoulèrent encore avant que la révolte fût entièrement comprimée par l'occupation de tous les points où elle s'était montrée. »

En 1834 comme en 1831, l'insurrection lyonnaise avait été amenée par la question du salaire. Cependant la seconde fois il s'y était mêlé un caractère politique que n'avait point eu l'insurrection de 1831. Le parti républicain avait fait cause commune avec les ouvriers ; il les avait dirigés et s'était battu avec eux. Il fut vaincu alors à Lyon comme à Paris et dans toutes les villes où s'opérèrent des mouvements à la même époque. Mais il a été à peu près établi par les débats qui eurent lieu l'année suivante devant la cour des pairs que ni les ouvriers ni les républicains n'en voulaient venir aux mains avec la force publique ; qu'ils s'étaient, il est vrai, préparés à la résistance, mais qu'ils ne demandaient qu'une chose, la régularisation du salaire pour la population industrielle de Lyon.

Il s'est tenu à Lyon un grand nombre de conciles. On cite principalement ceux tenus en 199, 460, 473, 516, 517, 567, 570, en 573 qui fut une assemblée des états, en 587 en faveur des pauvres ladres, en 583, 814, 828, 829, 846, 848, 1020, 1055, 1080, 1098, 1099, en 1245, treizième concile général pour l'expédition dans la terre sainte : on voulut y déposer l'empereur Frédéric, et on y accorda le chapeau rouge aux cardinaux ; en 1274, quatorzième concile général : plus de sept cents évêques y assistèrent ; l'empereur Paléologue et les évêques d'Orient y envoyèrent leurs ambassadeurs, qui firent abjuration du schisme dans lequel ils retombèrent bientôt après ; en 1292, 1297, 1299, 1224, en 1449 dit de Lausanne, où l'antipape Félix abdiqua ; en 1511, 1527 contre l'hérésie de Luther, et pour accorder un subside au roi, afin de délivrer les enfants de France en otage en Espagne pour François I*er*.

Les armes de Lyon sont : *de gueules au lion d'argent, tenant de sa patte dextre un glaive de même ; au chef d'azur chargé de trois fleurs de lis d'or*, et pour devise :

ALIUM HÆC MONSTRAT AMOREM.

La ville de Lyon est dans une belle situation, sur la ligne du chemin de fer de Paris à Marseille, et sur celle de la Méditerranée au Rhin, au confluent du Rhône et de la Saône, entre lesquels la plus grande partie de cette ville se trouve resserrée ; au nord, elle est dominée par les montagnes de Fourvières et de St-Sébastien, qui s'élèvent en amphithéâtre sur le bord de la Saône. Le site en est infiniment riche et pittoresque ; les deux fleuves qui la baignent, les coteaux couverts de verdure et de maisons qui le bornent, les aspects variés que présentent les deux rives de la Saône, la perspective des Alpes groupées à l'orient, concourent à en faire une des villes les plus intéressantes du monde. De la montagne de Fourvières on embrasse d'un seul coup d'œil l'ensemble de cette ville et tous ses grands monuments ; l'aspect que présentent ses rues, ses ponts, ses places, ses quais, ses édifices, son active population, présente un des plus beaux panoramas de l'Europe. — Bâtie en partie sur plusieurs collines et en partie sur un terrain uni, cette ville offre peu de régularité ; l'intérieur, composé de rues étroites et tortueuses, bordées de maisons très-élevées, nuit à la beauté de son ensemble ; mais elle est dédommagée de l'aspect peu agréable de quelques quartiers par la magnificence de plusieurs autres. Trois rangs de quais, entrecoupés de nombreux ponts, presque tous de construction moderne, ainsi que les glacis, embrassent toute la partie située sur les deux rivières, et forment une superbe enceinte que l'on ne peut se lasser d'admirer. Sur les bords du Rhône, une ligne immense de maisons et de beaux édifices publics, depuis le faubourg St-Clair jusqu'à la porte Perrache, donne aux points de vue un caractère particulier de grandiose qui tient à la nature des sites de Lyon ; des trottoirs de 4 kilomètres d'étendue, garnis d'un double rang d'arbres, et d'où la vue s'étend sur une belle plaine, bordent le cours majestueux du fleuve. Sur les quais de la Saône, la colline de Fourvières, les coteaux de St-Just et de Ste-Foy offrent des tableaux rapprochés ; les regards s'y promènent sur des scènes mouvantes qui se multiplient et varient à chaque instant, sur une prodigieuse quantité de barques et de bateaux de formes différentes, qui présentent le tableau animé de la navigation au pied d'une colline pittoresque. Sur la Saône, cette navigation est tranquille comme le cours de la rivière ; mais sur le Rhône, les bateaux qui descendent le fleuve fuient avec la rapidité du trait. De toutes parts on voit des moulins, des foulons, des frises et de grands établissements hydrauliques, dont le mouvement et le bruit annoncent les travaux d'une ville de fabrique de premier ordre.

Lyon est entouré de plusieurs faubourgs : les plus remarquables dont Fourvières au sud-ouest ; la presqu'île Perrache au sud ; Serin et Vaize au nord-ouest ; la Guillotière à l'est, et la Croix-Rousse au nord ; ces deux derniers ont acquis depuis peu le droit de cité, et forment deux communes distinctes de Lyon. — Fourvières est situé sur l'ancien *Forum vetus*, où existait l'ancienne ville romaine. Le haut de la montagne est occupé par un grand nombre de belles habitations, d'où l'on jouit d'une vue magnifique sur la ville entière et sur les deux fleuves ; le bas et la partie moyenne sont habités par la classe du peuple la plus pauvre : les rues y sont noires, malpropres, insalubres, et beaucoup sont en escaliers. — Le quartier de Perrache occupe un immense terrain conquis sur le Rhône, qui a été forcé de se creuser un autre lit il y a près de soixante ans ; il doit son nom à M. Perrache, qui conçut l'idée, en 1770, de reculer de 2 k. la jonction du Rhône et de la Saône, pour allonger la ville, qu'on ne pouvait agrandir d'aucun autre côté, à cause des montagnes qui l'entourent et des fleuves qui la bordent. La presqu'île Perrache, par sa position au confluent de la Saône et du Rhône, sera un jour un nouveau Lyon, beaucoup plus beau que l'ancienne ville : les rues qu'on y a tracées sont très-larges et aboutissent presque toutes à l'une et à l'autre rivière. Quoique la distribution intérieure des maisons y laisse encore à désirer, comme dans les autres parties de la ville, les édifices sont, pour la plupart, régulièrement construits ; quelques-uns même ne manquent pas d'une certaine élégance à laquelle l'architecture lyonnaise, plus solide que brillante, n'a point en général accoutumé nos regards. C'est à Perrache qu'appartient la promenade du cours du Midi, à laquelle il ne manque que d'être un peu mieux entretenue pour être l'une des plus agréables de la ville. C'est dans ce quartier qu'on admirera sous peu d'années la plus belle place de la France et peut-être de l'Europe entière, quand l'hippodrome, entouré d'un double rang d'arbres et d'une double voie pavée, sera limité circulairement par une ligne de maisons bâties sur un plan uniforme et supportées par d'élégantes arcades à l'instar de celles qui ornent, à Paris, les rues de Castiglione et de Rivoli. Enfin le même quartier peut s'enorgueillir d'avoir la plus belle voie de la cité, qui met en communication directe avec le nord de la ville cette longue et spacieuse rue, bordée de constructions neuves et élégantes. — On peut évaluer à trois ou quatre millions la valeur des terrains que la ville de Lyon possède encore dans la presqu'île Perrache. Cette circonstance est favorable aux intérêts de la presqu'île, en ce qu'elle conquiert l'appui naturel de l'administration à tous les projets qui ont trait à son amélioration ou à son embellissement.

Le faubourg de Serin, d'une petite étendue, est dans une situation agréable, sur le côté droit de la Saône, dont les rives, terminées par des coteaux peuplés de belles maisons de campagne, offrent une charmante promenade. Au centre se trouve le grand entrepôt des vins de la ville de Lyon.

Le faubourg de Vaize commence à la place des Deux-Amants, au-dessus du rocher de Pierre-Scise. La rue principale conduit à une place circulaire à laquelle aboutissent les routes de Bourgogne et du Bourbonnais. Le centre de cette place était autrefois orné d'une pyramide dédiée à Louis XVI.

Le faubourg de la Guillotière est situé sur la rive gauche du Rhône, vis-à-vis du pont de son nom. Quoiqu'il porte encore le nom de faubourg, il n'en forme pas moins une ville distincte de Lyon, dont la population est de 25,730 h. Il ne possède que fort peu de fabriques et de manufactures, et n'est en partie composé que d'auberges et de cabarets, où descendent les nombreux rouliers de la Provence et du Languedoc. A l'extrémité de la Guillotière, on remarque le château gothique de la Motte, où Henri IV passa la première nuit de ses noces avec Catherine de Médicis.

La Croix-Rousse est aussi une petite ville située sur le plateau de la montagne qui se trouve entre le Rhône et la Saône, et presque entièrement composée de jardins et de petites guinguettes très-fréquentés les jours de fête par la population laborieuse de la ville de Lyon.

ANTIQUITÉS.

AQUEDUCS. Le besoin de pourvoir les habitants de *Lugdunum* des eaux salubres indispensables à une grande population, détermina le gouvernement de Rome, ou plutôt les magistrats qu'il avait établis dans cette cité, à faire rechercher les sources qui avoisinaient la ville, pour les conduire sur les points où elles étaient nécessaires. Les Romains construisirent successivement plusieurs aqueducs. Les eaux du Mont-d'Or, les plus rapprochées de Lyon, furent d'abord recueillies par deux branches d'aqueducs, dont l'une partait de Poleymieux, et s'étendait jusqu'à St-Didier, en traversant les collines qui ont leur penchant vers la Saône. L'autre branche, partant de Limonet, allait jusqu'à St-Didier ; là, il fut construit un seul aqueduc qui passait à Enlly, au Massu et à St-Irénée. Cet aqueduc formait une ligne courbe qui embrassait plusieurs vallées dans sa concavité, sans perdre pour cela son niveau, parce que toutes les petites collines qui le supportaient se succédaient immédiatement. Il paraît, d'après les traditions, qu'il fut construit par les soldats du camp de César, et qu'il ne servit qu'aux premiers habitants de *Lugdunum*.

L'accroissement rapide de Lyon rendit bientôt ces eaux insuffisantes. La partie de la colline de Fourvières, où l'on construisit les plus riches maisons de plaisance, et le palais des empereurs, ayant une élévation de 20 m. au-dessus du lieu d'où partaient les eaux du Mont-d'Or, il fallut recueillir celles des sources plus éloignées. Le mont Pila, éloigné de 32 k., et séparé de Lyon par plusieurs vallons, d'une grande profondeur, était le seul lieu d'où l'on pût tirer une quantité d'eau suffisante. L'exécution d'une entreprise aussi gigantesque n'effraya pas les Romains : toutes les eaux des environs du mont Pila furent réunies en un seul aqueduc, qui commençait au midi de St-Chamond. On y recueillit aussi la totalité de celles de la rivière de Giers, ainsi que toutes les eaux du ruisseau du Janon et du Furens. Une fois réunies, les eaux de ces rivières coulaient emprisonnées dans leurs canaux, parmi les campagnes qui portent aujourd'hui les noms de St-Chamond, Cellien, Chagnon, St-Genis de Terre-Noire, St-Martin-la-Plaine, St-Mauricesur-Dargoire, Mornant, St-Laurent-d'Agny, Soucieu, Chaponost, Beaunau, Ste-Foy, St-Irénée et Fourvières. L'aqueduc se terminait en ce lieu par un réservoir très-large, très-profond, solidement voûté, et encore de nos jours parfaitement conservé. Il existe sur la colline, dans l'ancien clos des Minimes ; sa longueur est de 15 m. de long sur 14 m. 46 c. de large ; son élévation est de 7 m. ; son intérieur est divisé par arcades, soutenues par de forts piliers. Le tout est revêtu d'un ciment qui s'est maintenu assez intact, ainsi que les ouvertures supérieures par où les eaux se précipitaient. Tout près de là il y avait un autre réservoir plus long et supporté par un grand nombre de voûtes, dans la direction du nord au midi ; l'eau y descendait par un puits de 50 c. carrés.

La construction des aqueducs, depuis les sources des montagnes jusqu'aux réservoirs de la cité, était fort variée, à cause des nombreux obstacles que les ingénieurs avaient rencontrés sur le passage des canaux. Ceux-ci furent ou pratiqués dans l'intérieur des collines, avec des puits supérieurs qui servaient de ventouses, ou bâtis à la surface même du sol, ou supportés par des arcades. Dans le premier cas, on entourait le canal d'un massif de maçonnerie ; ensuite on l'enduisait intérieurement d'un ciment composé de briques pulvérisées, dont la solidité égalait celle du granit. Des évasements en forme de chambre étaient pratiqués à des distances plus ou moins éloignées, pour contenir les eaux surabondantes. Quand le canal était à fleur de terre, on creusait un fossé de 1 m. 66 c. de largeur ; on lui donnait 3 m. 33 c. au moins de profondeur ; on plaçait au fond un massif de pur ciment de 50 c. Sur ce massif on élevait les deux murs de côté, en leur donnant 50 c. d'épaisseur. Ces deux murs étaient ensuite surmontés d'une voûte à plein cintre, d'un pied de flèche et d'un pied d'épaisseur. Lorsque, par l'effet des pentes du terrain, le canal se trouvait hors du sol, on l'élevait sur un mur de maçonnerie de 2 m. d'épaisseur. Mais pour une hauteur plus considérable on construisait des arcs et des piles ; et leur hauteur dépendait de l'élévation où l'on était forcé de placer le canal.

La solidité de cet ouvrage, la perfection du travail, la longueur et la difficulté de l'entreprise étonnent tous ceux qui l'examinent. Rien n'est plus propre que les vestiges qui en restent à nous donner une idée juste de la magnificence que mettaient les Romains dans la construction de leurs édifices publics. L'étendue de celui-ci, à cause de ses circuits, était de plus de 52 k., à compter de sa naissance, près de St-Chamond, jusqu'à Lyon. La construction de cet ouvrage immense est digne également de remarque : le corps de la maçonnerie est un petit moellon de roche, depuis 8 c. jusqu'à 16 c. d'épaisseur, toujours posé en bain de mortier, qui ne laissait aucun vide dans ses joints-moutons, et formait partout un corps inaltérable. Dans les parties qui ont une certaine élévation hors de terre, de grandes briques, dont on faisait régner un cours de deux assises de 1 m. 33 c. en 1 m. 33 c. de hauteur, liaient les parements avec les massifs du mur, et interrompaient le maillage en réseau. Les restes les plus considérables de cet immense travail sont ceux du grand aqueduc qui conduisait du mont Pila sur la colline de Fourvières : on en voit des débris hors des portes de St-Irénée, à côté du télégraphe, à Ste-Foy, dans le vallon de Beaunan, à Chaponost, à Brignais, à Mornant, à St-Maurice, à St-Genis de Terre-Noire et à la petite Varizelle.

NAUMACHIE. Au-dessous de l'esplanade qui domine le jardin des plantes on remarque l'emplacement d'une naumachie, dont M. Artaud a reconnu la dimension, ainsi que les canaux-aqueducs pour la conduite et la décharge des eaux. L'amphithéâtre, dont la forme elliptique est encore dessinée sur le terrain, avait une circonférence d'environ 266 m., en y comprenant les gradins et les portiques. Le bassin avait 81 m. de large sur 93 m. de long. On aperçoit encore la place des gradins, qui s'étendaient sur un emplacement de 7 m. de largeur.

Lyon renferme encore plusieurs autres restes d'antiquités, dont nous aurons occasion de parler lors de la description des édifices qui renferme cette ville. Dans une maison de santé du faubourg St-Just on voit les restes d'un bain romain très-bien conservés.

MONUMENTS RELIGIEUX.

CATHÉDRALE DE ST-JEAN. La cathédrale de Lyon doit son origine à un baptistère fondé par saint Arège au commencement du VIIe siècle, et dédié à saint Jean Baptiste. Ce baptistère n'était primitivement que l'accessoire de l'église St-Etienne, bâtie par saint Patient dans le Ve siècle ; dans la suite il devint l'église principale, et vers le Xe siècle l'église métropolitaine et primatiale des Gaules. L'église St-Jean fut ruinée et rétablie plusieurs fois. Sous Charlemagne, l'archevêque Leyderade la fit réparer. Trois siècles après on entreprit de la rebâtir telle qu'on la voit aujourd'hui. On y employa plusieurs blocs de marbre et de pierre de choin, tirés des ruines du forum construit par Trajan sur la montagne de Fourvières. Le cloître St-Jean est environné d'épaisses murailles et de tours comme une citadelle.

Le sanctuaire et la croisée sont fort anciens ; mais la grande nef paraît postérieure au siècle de saint Louis. Le portail n'a été achevé que sous le règne de Louis XI ; il présente, au-dessus des deux marches qu'il faut monter pour y arriver, trois portiques de forme semblable et de hauteur différente ; celui du milieu est surmonté d'une vaste rose circulaire. Quatre tours carrées, richement sculptées, flanquent cette basilique : trois sont désertes et entièrement vides ; la quatrième sert de clocher et renferme une cloche du poids de 35,000 livres, qui passe pour la plus grosse qu'il y ait en France. Deux galeries à balustrades, en pierre, et taillées à jour, règnent dans toute la largeur de la façade ; les ornements y sont peu prodigués ; le fronton triangulaire qui la surmonte en haut offre seul des détails un peu compliqués.

L'intérieur de l'église est d'une grande simplicité ; mais la longueur des nefs, l'élévation des voûtes, la multiplicité des colonnes, la richesse des sculptures, la beauté des vitraux, qui ne laissent pénétrer qu'un jour sombre et mystérieux, donnent à cet édifice un grand caractère de majesté. La grande nef a 79 m. de longueur dans œuvre, sur 11 m. 30 c. de largeur entre les piliers. Le maître-autel s'élève presque au centre de l'embranchement de la croisée; il n'est remarquable que par deux croix, qui rappellent que ce fut au concile œcuménique de Lyon, tenu dans cette basilique en 1274, que s'opéra la réunion momentanée de l'Eglise grecque à l'Eglise latine. Autour des petites nefs règne une suite de chapelles, fondées à diverses époques par les archevêques et par les chanoines de cette église : la plus remarquable est celle fondée dans le xv° siècle par le cardinal de Bourbon; c'est un des ouvrages gothiques les plus remarquables en ce genre par la richesse, la variété et la délicatesse de ses ornements.

Dans le bras gauche de la croisée, on remarque une fameuse horloge, chef-d'œuvre de mécanique pour son temps, qui offre un système complet d'astronomie en mouvement. Elle est construite en forme de tour terminée par un dôme, et chargée des ornements de mauvais goût du xvii° et du xviii° siècle.

Eglise St-Paul. Cette église, située rue de la Poterie, derrière le quai de Flandre, fut fondée vers l'an 549 par saint Sacerdos, archevêque de Lyon; elle fut ruinée par les Sarrasins, et restaurée sous Charlemagne par l'archevêque de Leyderade. On reconnaît le goût de cette époque dans la partie supérieure de l'édifice éclairée par un dôme octogone. Hugues I°ʳ y fit aussi faire quelques réparations en 1200.

Ou voit dans le cloître un bas-relief en marbre, exécuté, à ce que l'on croit, dans le ix° siècle; il représente le comte Richard à genoux, demandant miséricorde par ces paroles, gravées en caractères carlovingiens : *Christe, rei misererᵉ mei, medicina reorum*. Le Sauveur est au-dessus, tenant un livre de la main gauche et bénissant de la droite le prince. — L'église St-Paul a été classée au nombre des monuments historiques.

Eglise St-Pierre. On fait remonter la fondation de cette église aux premiers temps du christianisme. Dans le ix° siècle elle fut reconstruite par les soins de l'archevêque Leyderade : la porte d'entrée, qui n'a rien de remarquable, est tout ce qui reste de cette époque. Le sanctuaire consiste dans un ordre de pilastres ioniques, couronné d'un entablement, au-dessus duquel sont placés deux anges aux extrémités. Derrière l'autel, formé de marbres précieux, est une vaste tribune qui servait autrefois de chœur aux religieuses. Le retable, sur lequel on a représenté l'enterrement de Marie, est un assez beau morceau de sculpture, ainsi que celui de la chapelle de la Vierge.

Eglise d'Ainai. L'église d'Ainai fut construite sous le règne de Constantin, sur l'emplacement du temple célèbre élevé à Auguste par soixante nations gauloises. Au commencement du v° siècle des solitaires s'y réunirent et y fondèrent un monastère qui fut ruiné par les Huns. Salone, évêque de Gênes, le fit rétablir; mais il fut encore ruiné par les Vandales qui dévastèrent la Bourgogne, et ensuite par les Lombards. En 612 la reine Brunehaut fit bâtir à Ainai une nouvelle abbaye, qui peu de temps après fut brûlée par les Sarrasins. En 859 l'abbé Aurélian la fit rétablir, et Amblard réédifia l'antique église bâtie par Salone. Aujourd'hui Ainai forme une des paroisses de Lyon.

Cette église, classée au nombre des monuments historiques, présente dans sa construction le caractère de l'architecture qui s'introduisit en France du temps de Charlemagne, et qui est connue sous le nom d'architecture grecque moderne. Le dôme, la voûte du chœur, le clocher pyramidal, sont des ouvrages moins anciens que le reste de l'édifice. Au-dessus du portail ou remarque un bas-relief antique en marbre, représentant trois déesses : celle du milieu tenant une corne d'abondance et deux pommes; les deux autres tiennent chacune une pomme; au-dessus on lit ces mots :

MAT. AVG. PIE. EGN. MED.

Suivant l'opinion la plus vraisemblable, ce monument représente les déesses mères qui veillaient au salut des provinces, des princes et des particuliers.

La chapelle qui est à gauche du chœur est décorée d'ornements de la plus grande délicatesse; on en fait remonter la fondation au temps de saint Anselme. Les quatre colonnes en granit qui soutiennent le dôme sont de beaux restes du temple d'Auguste; leur diamètre est de 1 m. 12 c., et leur hauteur individuelle de 4 m. 34 c., de sorte que dans leur premier emploi chacune avait 8 m. 62 c. sans les bases et les chapiteaux : chacune de ces colonnes supportait dans le principe une statue de la Victoire.

Eglise de l'Observance. La première pierre en fut posée en 1493 par Charles VIII et Anne de Bretagne, sa femme. Anne, demeurée à Lyon pendant l'expédition sur Naples et la Sicile, surveilla elle-même les travaux de cette église, dont l'inauguration eut lieu en 1496. Ce n'est pas un vaste édifice, car il n'a guère que 50 m. de long sur 12 m. de large et un peu plus d'élévation; mais il est fort bien pris dans ses petites dimensions. La nef et le chœur sont bien conservés.

Eglise de Fourvières. Cette église, dont on fait dériver le nom de *Forum vetus*, occupe l'emplacement du Forum ou marché, construit par Trajan à l'imitation de celui que l'on voyait à Rome. Au milieu du xii° siècle, l'archevêque de Cantorbéry ayant cherché un asile à Lyon contre les persécutions dont il était l'objet, la vénération des Lyonnais pour les vertus de ce prélat, qui dans la suite fut placé au rang des martyrs, porta le doyen du chapitre de St-Jean à lui élever une chapelle. L'an 1192 l'église métropolitaine de Lyon fonda un chapitre et une église paroissiale à Fourvières, sous l'invocation de la Vierge. Cette église fut ruinée en 1562, rétablie peu de temps après, et beaucoup agrandie en 1740.

La chapelle de Fourvières est bâtie sur le point le plus élevé de la colline de son nom. Tous les samedis et aux principales fêtes de l'année elle est le rendez-vous d'une affluence considérable de pèlerins, quelques-uns attirés par la dévotion, le plus grand nombre par la beauté de sa situation ; l'intérieur est tapissé d'*ex-voto*. A côté de l'église se trouve une terrasse délicieuse qui domine les deux fleuves, et d'où l'on découvre toute la ville de Lyon, les plaines fertiles et les charmants paysages qui l'environnent, bornés à l'horizon par l'immense chaîne des Alpes.

Eglise St-Nizier. Le premier oratoire consacré à la Vierge dans les Gaules, par saint Pothin, fut élevé à l'endroit où existe aujourd'hui l'église St-Nizier ; ce n'était dans le principe qu'une crypte, sur laquelle on bâtit dans le iv° siècle une église sous l'invocation de saint Pierre et de saint Paul, qui au v° siècle reçut le nom de St-Nizier, en mémoire de cet archevêque qui y avait été inhumé. Cette église fut détruite par les Sarrasins et rééditée sous le règne de Charlemagne par les soins de l'archevêque Leyderade ; mais elle perdit alors le titre d'église cathédrale et le siège épiscopal, qu'elle avait possédés pendant longtemps. Les sectaires de Pierre de Vaux la brûlèrent en 1253. Cinquante-deux ans après elle fut érigée en collégiale.

La construction du bâtiment aujourd'hui existant date du commencement du xiv° siècle. Un négociant nommé Renouard, entreprit de refaire l'ancienne crypte, où l'on déposa dans la suite (en 1528) le corps de saint Ennemond. Le clocher ne fut commencé qu'en 1463. C'est une belle pyramide, supérieure en élévation à tous les autres édifices de la ville. Le portail a été élevé sur les dessins de Philibert Delorme ; quatre colonnes doriques cannelées, supportant un entablement denticulaire ou couronne une coupole sphérique, forment l'entrée principale; malheureusement, le frontispice n'a pas été achevé. L'avant-corps méridional est postérieur de plusieurs années au reste de l'ouvrage.

L'intérieur de l'église est remarquable par l'élévation et la hardiesse des voûtes, par la forme des piliers qui les soutiennent, par l'étendue de l'édifice, par la clarté qui y règne, et surtout par un certain caractère de sévérité imprimé à tout l'ouvrage. A gauche du chœur est la chapelle de la Vierge, décorée d'une statue de la mère du Christ : c'est un chef-d'œuvre du célèbre Coysevox, qui l'avait faite pour orner la maison qu'il habitait à l'angle de la rue Bât-d'Argent, et qui a été transférée à St-Nizier. A la suite de cette chapelle on en remarque une autre décorée d'après les dessins de l'architecte Gay; on voit sur l'autel un beau tableau de Revoil, représentant Jésus mourant sur la croix. A droite du maître-autel, et vis-à-vis de la chapelle de la Vierge, on remarque une autre chapelle nouvellement décorée, dont l'autel est surmonté d'une statue en marbre blanc, due au ciseau de Chinard, représentant saint Pothin.

L'église St-Nizier, une des plus étendues de Lyon, a été restaurée récemment ; le maître-autel est remarquable par de belles statues en marbre blanc, représentant les apôtres, exécutées par M. Legendre-Héral.

Église St-Bonaventure. Cette église, qui a son entrée sur la place du Méridien, doit son origine à un couvent de franciscains ou de cordeliers, fondé en 1220, et que saint Bonaventure rendit célèbre. Jacques Grolée en jeta les fondements au commencement de 1325, et Simon de Pavie, médecin de Louis XI, la fit achever vers la fin du xv° siècle; l'un et l'autre y eurent leur tombeau.

Les Lyonnais ayant choisi saint Bonaventure pour leur patron spécial, l'église fut consacrée sous l'invocation de ce saint en 1484. Dans la suite elle devint une des plus somptueuses de Lyon par la richesse des ornements intérieurs. Pierre de Bourbon, régent du royaume en l'absence de Charles VIII, l'enrichit de ses libéralités. Mais les excès des calvinistes, en 1562, et les dévastations de 1793, l'ont entièrement dépouillée de ce qu'il y avait de remarquable.

L'église St-Bonaventure est vaste et très-spacieuse; mais elle n'est pas élevée à proportion de sa longueur. L'architecture, quoique dans le style gothique, est d'une simplicité remarquable. La nef est accompagnée de bas-côtés où l'on voit un grand nombre de chapelles fondées par différents corps de métiers, qui y avaient établi leurs confréries.

Saint Bonaventure, ce Père de l'Église si célèbre par ses profondes connaissances, mourut à Lyon en 1274, pendant la tenue du second concile œcuménique; il fut inhumé dans le monastère qui portait son nom et dont il portait l'habit. La magnificence de ses obsèques surpassa celle des rois et des empereurs, et fut digne du deuil général que causa sa mort. Le pape avec toute sa cour, les cardinaux, les évêques et tous les prélats du concile y assistèrent. On fit mention de sa mort dans les actes de cette assemblée comme d'un événement mémorable pour tous les peuples et pour la postérité.

C'est dans le cloître des cordeliers, transformé aujourd'hui en une petite place et en plusieurs habitations particulières, que Henri IV découvrit au maréchal de Biron qu'il était instruit de ses projets de trahison. Ce dernier reconnut ses torts. Henri lui pardonna, sous la condition qu'il romprait de suite ses liaisons avec l'Espagne. On sait que Biron oublia ses promesses, fut arrêté à quelque temps de là, livré aux tribunaux et exécuté. — En août 1834, lors de l'émeute des ouvriers, cette église servit de quartier général aux insurgés, qui en furent débusqués par la fusillade et le canon; plusieurs d'entre eux furent tués sur le maître-autel.

Église St-Polycarpe. L'église St-Polycarpe a été bâtie en 1760, sur les dessins de Loyer, par les pères de l'Oratoire. Elle est décorée de colonnes d'ordre corinthien, fort petite, mais très-jolie. Le maître-autel est orné d'un beau tableau de la Nativité, peint par Blanchet, de chaque côté duquel s'élèvent deux belles colonnes de marbre de Savoie. L'architecture de la façade est riche de détails, et produirait un bel effet si elle était dégagée des vieilles maisons qui la masquent en partie.

Dans cette église repose le corps du célèbre abbé Rozier, savant agronome, tué à l'époque du siège de Lyon par une bombe partie des Brotteaux, qui l'écrasa dans son lit, la nuit du 28 au 29 septembre 1793.

Église des Chartreux. Le monastère des Chartreux fut fondé en 1585 par Henri III, qui lui donna le nom du Lys-St-Esprit, sur l'emplacement de la vieille citadelle de Lyon. L'église, commencée en 1590, a été agrandie et réparée dans le siècle dernier; elle est surmontée d'un dôme d'une grande beauté, construit en partie d'après les dessins de Servandoni. Le chœur mérite une attention particulière par sa grandeur, ses belles proportions et la manière dont il est éclairé. L'autel, composé des marbres les plus rares, est surmonté d'un baldaquin d'une forme imposante et majestueuse. Les deux tableaux qu'on voit sous ce dôme sont les derniers et les meilleurs ouvrages de la Tremollière. Les statues de saint Jean Baptiste et de saint Bruno, remarquables par leur correction, sont de Sarrazin, ainsi que deux bas-reliefs, dont l'un représente de petits anges jouant ensemble, et l'autre un saint Jean Baptiste couché.

La position de l'église des Chartreux est superbe: le dôme est aperçu de toutes parts. Si la façade de cet édifice était achevée, il serait un des plus remarquables de Lyon. — La maison des Chartreux, attenante à l'église, est un grand pavillon carré, bâti sans architecture et sans luxe; elle sert de caserne depuis 1834.

Église de St-Georges. Cette petite église fut fondée par saint Sacerdos, archevêque de Lyon; il y joignit un monastère de religieuses. Ruinée par les Sarrasins, elle fut reconstruite au commencement du ix° siècle, d'après les ordres de Leyderade. — La commanderie de St-Georges, qui touche cette église, est un bâtiment d'une grande étendue; les deux tours qui le flanquent sont d'un bon effet.

Église du Collège. La construction de cette église date de 1617; c'est l'ouvrage du frère Martel Ange, à qui l'on doit l'église du Noviciat des jésuites de Paris.

Cet édifice, dont la porte d'entrée est surmontée d'un observatoire, est d'un style lourd et manque d'ensemble dans ses parties; mais tous les ornements intérieurs sont riches et d'assez bon goût. Le chœur est décoré de grands pilastres ioniques, et la nef formée d'arcades fort élevées. L'autel, le sanctuaire et les chapelles sont revêtus de marbres de toute espèce; les niches placées entre les pilastres sont copiées d'après les plus belles de Rome; les tribunes qui règnent autour de l'église font un très-bel effet; la chaire, construite en marbres choisis, est remarquable par les marbres et les bronzes dont elle est ornée. La voûte est peinte à fresque.

Église de St-Irénée. Cette église est située à l'extrémité du faubourg de son nom, presque au sommet de la montagne où fut bâti l'ancien Lyon, qu'un affreux incendie anéantit sous le règne de Néron. Elle occupe l'emplacement de l'ancienne église des Machabées, l'un des premiers monuments du christianisme dans les Gaules, élevé sur les tombeaux de saint Epiloy et de saint Alexandre, martyrisés lors de la persécution sous Marc Aurèle. Selon la coutume de ce temps, les fidèles construisirent une chapelle souterraine, qu'ils consacrèrent à Dieu sous le nom de St-Jean; dans la suite elle fut dédiée à saint Irénée. Lorsque le culte catholique fut devenu dominant, on éleva sur cette crypte une église magnifique, que les calvinistes ruinèrent en partie en 1562. L'église actuelle est peu spacieuse et n'a rien de bien remarquable; les nombreuses réparations qu'on y a faites en ont fait disparaître la plupart des restes d'antiquités qui s'y trouvaient en assez grand nombre, et d'intrépides badigeonneurs, vrais ordres d'une fabrique ignorante, ont effacé plusieurs inscriptions qui attestaient la piété des premiers chrétiens. Le portail de la cour qui précède l'église est le premier ouvrage du célèbre Soufflot à son retour d'Italie.

L'église St-Irénée est divisée en deux parties, situées l'une au-dessus de l'autre. Le pavé de l'église haute présente quelques restes d'une mosaïque, dont la grossièreté annonce un ouvrage du ix° ou du x° siècle; on y aperçoit quelques vestiges des signes du zodiaque, des emblèmes des vertus théologales, et des fragments d'une inscription en vers latins destinée à perpétuer la mémoire des dix-neuf mille chrétiens massacrés avec saint Irénée sous Septime Sévère. L'église inférieure renferme une crypte d'un aspect sombre, dont la voûte offre encore des vestiges d'une ancienne fresque; au milieu est un puits où, selon la tradition, on recueillit les ossements des martyrs. Cette crypte paraît être de la plus haute antiquité et a été plusieurs fois restaurée.

Derrière l'église, sur une esplanade d'où la vue domine tous les environs, on remarque une représentation du Calvaire, élevé par quelques habitants de Lyon en 1813. Dans le fond d'une cour terminée en rond-point sont placées trois croix de fonte, supportant les statues du Christ et des deux larrons; au pied du Sauveur on voit cinq figures, représentant Marie Madeleine, saint Jean Baptiste, Marie Salomé, et deux anges en adoration: toutes ces figures sont en marbre blanc. Autour de la cour, douze petits autels uniformes, ornés chacun d'un tableau d'albâtre en relief, représentent les différents traits de la Passion. Le dessous du Calvaire est occupé par une chapelle souterraine, dans laquelle on voit le Christ au tombeau.

Église des Antiquailles. L'église des Antiquailles, qui tient à l'hospice de ce nom, fut consacrée en 1639, sous le vocable de Notre-Dame et des saints martyrs lyonnais. Elle est assez jolie, quoique petite. Au-dessous est un cachot que la tradition assure avoir servi de prison à saint Pothin, dont la voûte est soutenue par un pilier près duquel on a élevé un autel.

ÉGLISE DE LA CHARITÉ. L'architecture de cette église est régulière et d'une noble simplicité ; elle consiste en de simples montants élevés entre de doubles arcades qui séparent la nef des ailes. Les arcades supérieures forment de grandes tribunes où les pauvres viennent assister aux offices. Dans la chapelle de la Vierge, à droite du grand autel, on remarque l'épitaphe du cardinal Alphonse de Richelieu, et près de l'entrée principale le buste du baron de St-Trivier. Le clocher qui joint l'église a été exécuté d'après les dessins du cavalier Bernin ; il est de forme octogone et décoré de pilastres des ordres dorique et ionique.

ÉGLISE DE ST-FRANÇOIS DE SALES. Cette église, construite en 1688, n'était dans le principe qu'une chapelle commune entre la maison des Filles pénitentes et celle des Recluses. Elle est petite et n'offre rien de régulier ni de remarquable.

ÉGLISE ST-JUST. L'église paroissiale et collégiale de St-Just était dans son origine un oratoire dédié aux Machabées, où l'on déposa le corps de saint Just, mort en Égypte. Vers la fin du v⁵ siècle, saint Patient remplaça cet oratoire par une superbe basilique qui fut dédiée sous l'invocation de saint Just. Attenant à cette église, on construisit dans la suite un vaste cloître dont tous les dehors ressemblaient à une forteresse ; son enceinte était environnée de murailles épaisses de 1 m. 33 c. et hautes de 2 m., flanquées de grosses tours carrées, placées à quinze pas de distance les unes des autres. Les bâtiments de ce monastère formaient une espèce de petite ville, séparée des autres quartiers de Lyon. Dans le temps des troubles civils qui armèrent les habitants de cette ville contre le chapitre de St-Jean, il se retira à St-Just et soutint un siège contre les bourgeois, qui avaient réuni une armée de plus de vingt mille hommes. Ce monastère était assez vaste pour y recevoir les souverains ; c'est là que logea Louis VIII, lorsqu'il vint à Lyon ; Innocent IV y séjourna sept années, à la suite du concile général tenu à Lyon ; Clément V y fut couronné en présence des rois de France, d'Angleterre et d'Aragon, qu'il avait invités à cette solennité.

Le monastère et l'église de St-Just furent démolis de fond en comble par les protestants en 1562. Cent ans après le chapitre entreprit la construction de l'église qui existe aujourd'hui, que l'on plaça dans l'enceinte de la ville, beaucoup au-dessous de sa situation ancienne. Cette église fut commencée en 1664 et achevée en 1747. Le portail est composé de quatre grands pilastres ioniques couplés et cannelés, élevés sur des piédestaux qui supportent un entablement couronné d'un fronton. Les faces des ailes qui accompagnent cet avant-corps sont décorées d'un entablement d'ordre dorique à triglyphes, soutenu de pilastres. La porte du milieu est ornée de montants d'un profil régulier et de consoles qui servaient à supporter autrefois les armes du chapitre ; au-dessus est un grand vitrail de forme ovale. Toute cette façade est élevée sur un perron de sept marches, d'un contour figuré, qui contribue à lui donner une grande apparence. On remarque à l'entrée du chœur un groupe de marbre représentant l'incrédulité de saint Thomas, et au-dessus du portail les statues de saint Just et de saint Irénée, beaux morceaux de sculpture que l'on doit au ciseau de M. Legendre-Hérald.

ÉGLISE ST-LOUIS. Cette église, située sur le quai des Augustins, a été fondée en 1759 par les augustins ; elle est remarquable par sa noble et élégante construction. La façade est élevée sur un perron de treize marches, qui lui donne beaucoup de majesté.

ÉGLISE DE L'HÔPITAL. L'église de l'Hôtel-Dieu, située sur une petite place, est petite, mais solidement construite en pierres de taille. La façade, d'un genre d'architecture assez noble, est terminée par un fronton qu'accompagnent deux clochers qui produisent un bon effet. Les décorations en sont faites avec goût. La chaire est un joli ouvrage qui décorait avant la révolution l'église des Carmes déchaussés ; la rampe de cette chaire, le tambour, les stalles et les boiseries du chœur sont des chefs-d'œuvre de menuiserie et de serrurerie. Le chœur est décoré de beaux tableaux.

ARCHEVÊCHÉ. La construction du palais de l'archevêché est due au cardinal de Bourbon, qui le fit bâtir dans le xv⁵ siècle, sur les ruines d'un autre palais qui remontait, dit-on, à Charlemagne : plus tard le cardinal de Tencin le fit restaurer sur les dessins de Soufflot ; la terrasse a été construite au commencement du siècle dernier. Ce palais prend son entrée par la rue à laquelle il a donné son nom, où il se lie au bâtiment neuf de la Manécanterie, affecté aujourd'hui au mont-de-piété. Deux portails uniformes, construits aux deux angles nord-est et nord-ouest d'une vaste cour carrée, conduisent, l'un dans les appartements, et l'autre à l'église cathédrale. En général la façade n'offre rien qui puisse donner l'idée que l'on se forme d'un palais ; mais l'intérieur est vaste et beau. Les appartements sont bien distribués, et l'on y remarque quelques pièces fort belles, où l'on a malheureusement prodigué les ornements de mauvais goût du siècle de Louis XV. La salle en entrant est d'une étendue considérable ; c'est par elle que l'on parvient aux différentes chambres qui ont leur vue soit sur le quai, soit sur la place à l'issue du pont. La salle à manger, d'une construction singulière, est éclairée par un dôme en forme de lanterne. La salle de réception est ornée de plusieurs portraits de prélats distingués, parmi lesquels on remarque ceux de Bossuet et du cardinal de Bissy. Le salon à la suite est remarquable par ses dimensions et sa régularité ; il communique à une terrasse découverte qui termine le bâtiment du côté du nord. De cet endroit on jouit d'une vue délicieuse sur le cours de la Saône, qui décrit une courbe dont deux ponts bornent les extrémités ; le grand nombre de barques de toute forme et de toute grandeur qui montent et descendent cette rivière, la multitude de piétons, de chevaux et de voitures qui circulent sur les ponts et sur les quais, forment une suite de tableaux variés et pleins de mouvement, qu'embellissent encore les gracieux paysages des environs.

C'est dans la cour du palais de l'archevêché que furent massacrés en 1572 un grand nombre de protestants par suite de la St-Barthélemy. A cette époque d'odieuse mémoire, le bourreau ayant refusé son ministère en disant qu'il ne travaillait que judiciairement, on y employa des bouchers, qui se livrèrent à des excès inouïs.

ÉDIFICES CIVILS.

HÔTEL DE LA PRÉFECTURE. Depuis 1818 la préfecture du département est installée dans les bâtiments de l'ancien couvent des Jacobins, qui ont été appropriés à cette destination. L'édifice se compose d'un corps de logis central, qu'accompagnent deux ailes parallèles réunies par une grille en fer, séparées par une cour entourée de portiques. Le premier étage compose les appartements et les salles d'apparat ; l'aile gauche est occupée par les archives. Un jardin bien planté s'étend derrière les bâtiments.

HÔTEL DE VILLE. L'hôtel de ville de Lyon est le plus bel édifice en ce genre qui existe en France ; il fut commencé en 1646, et entièrement achevé en 1655, sur les dessins de Simon Maupin, architecte de la ville. Cet édifice forme un carré isolé, composé d'une façade de 13 m. 33 c. de large, qui règne sur la place des Terreaux, et de deux ailes en retour de 140 m. de longueur, qui donnent sur deux des plus belles rues de Lyon, et se terminent à la place de la Comédie : ces deux ailes forment deux cours, dont la première est beaucoup plus grande et plus élevée que la seconde, et qui se communiquent au moyen de deux terrasses découvertes, soutenues sur des arcades : l'une de ces cours est pavée en dalles. La façade principale, qui donne sur la place des Terreaux, n'appartient à aucun ordre d'architecture ; elle offre néanmoins une belle apparence, et se termine par une balustrade sur laquelle s'élèvent deux grandes statues d'Hercule et de Minerve. Les deux parties latérales sont flanquées de deux pavillons carrés surmontés de frontons et terminés en dôme. Derrière la façade est la tour de l'horloge, haute de 50 m. et couronnée par une coupole : l'horloge, placée dans cette tour, répond à quatre cadrans : celui qui regarde la place des Terreaux est accompagné des deux figures du Rhône et de la Saône. Le second portail, donnant sur la place de la Comédie, est flanqué de deux pavillons carrés, et peu inférieur au premier.

La porte d'entrée de la façade principale s'annonce par un vaste perron de douze marches, qui lui donne un aspect majestueux ; elle est pratiquée dans un enfoncement circulaire formant une espèce de portique, dont la voûte est soutenue par deux colonnes ioniques de marbre r uge. Les fenêtres du rez-de-chaussée sont percées par des arcades feintes. Les fenêtres du premier étage sont surmontées de frontons qui supportent des lions. L'attique a encore un rang de fenêtres moins grandes que les autres et ornées de festons; au milieu on remarque un bas-relief représentant Henri IV à cheval.

L'intérieur de l'hôtel de ville n'est pas moins digne d'attention que l'extérieur. A l'entrée par la porte principale est un beau vestibule en arc surbaissé d'une grande hardiesse; les deux extrémités sont occupées par deux groupes en bronze de grandeur colossale, qui ornaient autrefois le piédestal de la statue équestre sur la place Bellecour; celui placé à gauche représente le Rhône appuyé sur un lion rugissant et sur sa rame; l'autre représente la Saône appuyée aussi sur un lion, mais dans une attitude paisible. Derrière ces groupes, ouvrage des frères Coustou, se trouvaient autrefois plusieurs inscriptions, dont la plus remarquable était la harangue de l'empereur Claude; elle est placée aujourd'hui dans le palais des Arts. Du vestibule partent deux escaliers; celui à gauche du portique, qui sépare le vestibule de la grande cour, est de forme ovale, à trait sans noyau, et suspendu en spirale d'une manière ingénieuse et très-hardie. A droite est l'escalier principal, large de 2 m. 66 c., porté en demi-berceau sans appui hors des murs, et terminé par une galerie en forme de balcon. Le plafond est orné de peintures dans lesquelles Blanchet a représenté avec beaucoup d'art l'embrasement de Lyon décrit par Sénèque. Cet escalier conduit à une très-belle salle de 27 m. 33 c. de longueur sur 12 m. 66 c. de largeur, dont les peintures sont devenues la proie des flammes qui consumèrent cette partie de l'hôtel de ville en 1674. Le tableau principal, chef-d'œuvre de Blanchet, représentait le temple circulaire dédié à Auguste par les Gaulois, qu'un second incendie avait beaucoup endommagée en 1803, est entièrement rétablie et décorée à neuf. La salle du tribunal de commerce et la chambre du consulat sont aussi ornées de plafonds peints par Blanchet. La salle des archives, contiguë à cette dernière, réunit à la plus grande solidité tout ce qui est nécessaire pour conserver le dépôt important qu'on y a placé. Le rez-de-chaussée de l'aile gauche est occupé par les bureaux des contributions, de la police, etc.; celui de l'aile droite par les bureaux de la mairie et les salles d'assemblées du conseil municipal. Le premier étage renferme les appartemens d'apparat, qui sont décorés avec beaucoup de goût.

PALAIS DE JUSTICE. Ce palais est un édifice moderne de style grec, dont la façade, située sur le quai de la Saône, consiste en une colonnade corinthienne portée sur un soubassement en pierres de taille de 3 m. à 3 m. 20 c. environ de haut. Cette colonnade est composée de vingt-quatre colonnes corinthiennes cannelées, en pierres de Villebois, dont le fût a environ 11 m. de longueur. Son entablement est surmonté d'un attique, divisé en compartiments rectangulaires par des acrotères, correspondant au droit de chaque colonne, et couronnés par un ornement formant denteleure. Le perron, par lequel on s'élève jusqu'au péristyle, correspond aux quatre colonnes du centre. Une barrière en fer d'un beau et large style le ferme à peu près au milieu de sa hauteur, et s'appuie de chaque côté sur deux socles qui attendent les lions de bronze dont ils doivent être ornés.

Après avoir franchi le perron et le péristyle extérieur, on entre dans un vestibule ouvert sur le mur de façade, et dont le plafond est supporté par quatre colonnes corinthiennes, dont la dimension est moindre que celle des premières; ce vestibule ouvert conduit dans la salle des pas perdus qui distribue dans tout l'édifice, et dont voici l'ordonnance.

Sa longueur totale est divisée en trois parties par trois coupoles surbaissées, placées à la suite les unes des autres, et qui en forment la couverture. Les pendentifs de ces coupoles s'appuient sur quatre couples de colonnes corinthiennes de la même proportion que celles du vestibule, dont le fût, comme celui de ces dernières, est formé d'un seul bloc de pierre de Crussol. Ces colonnes, cannelées et d'un poli peu différent de celui du marbre, se rattachent aux murs latéraux par un entablement qui sert en même temps de contre-fort pour résister à la poussée des voûtes. Au-dessus des arcades qu'elles supportent sont ouvertes les grandes fenêtres semi-circulaires qui, au nombre de six, éclairent la salle des pas perdus.

A l'extrémité de cette salle, et faisant face au vestibule, se trouve un perron de quelques marches qui conduit dans la salle des assises rejetée sur le derrière de l'édifice, entre les deux prisons dont elle est comme flanquée, et dont chacune est destinée aux prévenus de l'un des deux sexes.

Au milieu de la salle des pas perdus, de chaque côté, se trouvent deux autres vestibules dont le plafond est supporté par quatre petites colonnes et par autant de pilastres appartenant également au style corinthien. L'un de ces vestibules, celui de gauche, conduit aux chambres de la cour royale; celui de droite dessert la partie de l'édifice destinée au tribunal de première instance. Cette dernière partie comprend trois salles, l'une au dessus de l'entrée, les deux autres à droite et à gauche, en équerre, et desservies par le même vestibule. Le reste de l'espace contenu dans l'aile droite de l'édifice est divisé en salles et en cabinets nécessaires pour l'administration de la justice, mais sans importance architecturale. Les vestiaires, les chambres du conseil, le parquet, la chambre de discipline des avocats, des avoués, des greffes, etc. La portion du palais placée à gauche, et en face de celle-ci, devra recevoir une destination analogue, et sera probablement distribuée de même.

La distribution du rez-de-chaussée correspond à celle de l'étage supérieur; au centre se trouve une immense salle recouverte très-surbaissée, en pierres de taille, qui supporte la salle des pas perdus. Ce vaste emplacement, n'étant éclairé que par des jours indirects et placés au niveau du sol des cours extérieures, ne peut guère servir que d'entrepôt, et c'est dommage si l'on considère la beauté des matériaux employés, et la hardiesse des plafonds de cette espèce de crypte souterraine. Il n'en est pas de même des pièces jetées sur les côtés, qui ont pu, à raison de leur moindre largeur, être convenablement éclairées et qui recevront d'utiles emplois.

Cet édifice occupe l'ancien palais des comtes de Roanne, qui fut rétabli en 1686. La grande salle, ornée de peintures de Blanchet, est fort remarquable. A côté, sur l'emplacement de l'ancien hôtel Fléchère, on a construit, il y a quelques années, un nouveau palais de justice qui n'a point été achevé. Ces deux palais, ayant été reconnus insuffisants, doivent être démolis, et sur leur vaste emplacement il sera élevé un édifice digne de rivaliser avec les plus beaux en ce genre que possèdent les départements.

BIBLIOTHÈQUE PUBLIQUE. Ce précieux dépôt est placé dans la partie des bâtiments du collège qui se trouve sur le quai de Retz. L'entrée ne répond point à la beauté du vaisseau: on y arrive par un petit escalier tortueux, aboutissant à une porte de peu d'apparence, qui sert d'entrée à une salle immense dont la longueur est de 50 m.; la largeur de 11, et la hauteur de plus de 13. Le pavé est de marbre, et l'intérieur orné de quatre globes, de sphères, de planisphères, de tables précieuses, et de divers bustes et bas-reliefs. Six rangs d'in-folio règnent à l'entour et sont placés dans cinquante-trois armoires grillées, renfermant 14,400 volumes; au-dessus règne une galerie à balustrade, où dix autres rangs offrent les in-4° et les in-8°, au nombre de cinquante mille. Une grille sépare cette vaste salle d'une aile collatérale, dite bibliothèque Adamoly, léguée à l'académie par l'honorable citoyen de ce nom. Une porte à glaces conduit de cette salle à celle des estampes, où sont réunies les gravures et les volumes atlantiques. Derrière cette pièce est le cabinet d'antiquités. A côté de la grande salle il s'en trouve deux autres: la première reçoit les lecteurs en hiver; la seconde renferme une collection considérable de ce qui a été imprimé sous le titre d'œuvres, et toutes celles dont les auteurs sont Lyonnais. Au-dessus de ces pièces on parvient à la salle des manuscrits et des éditions antérieures au commencement du XVIe siècle, et à un vaste dépôt où sont rassemblés presque autant de livres qu'il s'en trouve dans la grande salle.

La bibliothèque de Lyon a été formée des dons faits par les rois de France ou par divers particuliers; des livres provenant des monastères supprimés, et des fonds annuels mis par la ville à la disposition du bibliothécaire. André Gérard, grand prévôt de l'église de Bourg, légua en 1557, sa belle librairie au collège; Camille de Neuville, archevêque de Lyon, lui donna aussi la sienne en 1690; Louis XIII et Louis XIV l'enrichirent des magnifiques éditions du Louvre; Mazenod, Perrachon, Aubert, Brossete, etc., l'augmentèrent aussi d'un grand nombre de volumes; enfin la suppression des corps monastiques lui a procuré une infinité de livres rares et précieux.

Indépendamment d'une multitude de livres imprimés dans toutes les langues, la bibliothèque contient une collection considérable de gravures, de manuscrits chaldéens, syriaques, hébreux, arméniens, grecs, arabes, persans, tartares, indiens, chinois, etc.; quelques-uns sont écrits sur vélin, deux sur des feuilles de palmier ; plusieurs autres sont remarquables par le luxe des miniatures et des ornements qui y sont répandus. Parmi les ouvrages imprimés on distingue une histoire générale de la Chine en vingt volumes, imprimée à Pékin, en beaux caractères chinois ; un Tite Live en 2 vol. in-f° sur beau vélin, Venise, 1740 ; l'Histoire naturelle de Pline, sur vélin, 2 vol. in-f°, Venise, Nicolas Jeanson, 1742 ; un Cicéron en 4 tom., Milan, Minutianus, 1490-1498; les œuvres de Luther en 7 vol. in-f°, dont le dernier contient sa fameuse conférence avec le diable ; un Herbier sur vélin, avec figures, qu'on dit avoir plus de six cents ans d'antiquité, etc.

Une vaste terrasse, de 70 pas de longueur, joint la grande salle de la bibliothèque, et offre une promenade agréable d'où l'on jouit d'un point de vue magnifique ; un quai superbe, couvert d'arbres et bordé des plus belles maisons de la ville, longe le Rhône, dont les eaux rapides coulent dans un large canal traversé par plusieurs ponts ; au delà s'étend une plaine immense, qui se prolonge à l'est jusqu'aux Alpes, tandis qu'au nord elle est bornée par les coteaux de la Bresse, et au sud par le mont Pila et les montagnes du Dauphiné.

PALAIS DES ARTS. Ce magnifique édifice était, avant la révolution de 1789, une abbaye de religieuses fondée dans les premiers temps du christianisme. Au commencement du VIᵉ siècle, Godegiselle et la reine Teudelinde, son épouse, rétablirent ce monastère, qui fut détruit par les Sarrasins, reconstruit sous Charlemagne, et rebâti plus magnifiquement dans le XVIIᵉ siècle, sur les dessins de M. de la Voisinière.

Ce vaste bâtiment, qui a plus l'air du palais d'un prince que d'un monastère, est composé de quatre grands corps de logis qui forment une cour dont on a fait un parterre, orné dans le centre d'une statue d'Apollon placée sur un autel antique. La façade principale, qui donne sur la place des Terreaux, est embellie de deux ordres d'architecture en pilastres, le dorique et le corinthien ; un troisième ordre en attique s'élève au milieu et accompagne un belvéder à l'italienne, qui domine sur tout le bâtiment, et qui contribue beaucoup, de même que la balustrade qui surmonte l'entablement, à donner une grande apparence à toute cette façade ; mais la régularité malheureusement ne s'y trouve pas, et les ordres sont absolument hors de proportion. L'intérieur répond à l'apparence du dehors. La cour est entourée d'un portique solidement voûté, et dont le dessus forme une terrasse découverte, bordée d'une balustrade de fer. Au centre de cette cour, ombragée de deux côtés par des arbres, un autel antique porte l'inscription d'un vœu de Junius Sylvanus Mélanion, receveur augustal : on a élevé au-dessus de cet autel une statue en marbre blanc.

M. Artaud a mis un soin infatigable à rassembler autour des portiques plusieurs morceaux d'antiquités, dont la découverte est le fruit de ses nombreuses recherches. Les regards s'arrêtent sur un grand nombre d'inscriptions propres à piquer la curiosité. On y remarque un autel taurobolique élevé par les Lyonnais à Antonin le Pieux ; un autre taurobole, objet d'un vœu de deux dames lyonnaises pour le succès des armes de Septime Sévère, contre Albin, son compétiteur à l'empire ; un sarcophage à deux corps en marbre grec, orné sur les parties latérales de trophées composés de haches d'armes et de boucliers ; une inscription tumulaire en caractères grecs ; une colonne milliaire qui rappelle le nom de l'empereur Maxime ; des autels érigés en l'honneur des mères augustes, de tous les dieux, de Sylvain, etc. ; un cippe élevé aux mânes d'Oppius Placinus, le premier des aruspices qui faisait partie du collège des prêtres d'Auguste ; une inscription honoraire à Sextus Ligurius, et une autre à Tiberius Antistius ; un grand nombre de pierres tumulaires ; des inscriptions en l'honneur des sévirs augustaux du temple d'Auguste ; des fragments de statues et de sculptures ; des masques antiques ; des amphores ; des urnes cinéraires, etc., etc. Tous ces monuments précieux de l'histoire de Lyon attirent la curiosité des artistes et des savants.

Dans le palais des Arts sont établis : le musée des tableaux ; le cabinet des médailles ; le musée lapidaire ; la galerie des plâtres antiques ; le dépôt des pièces mécaniques pour la fabrication des étoffes de soie ; la bibliothèque du conservatoire ; l'école gratuite de dessin et différents cours.

On parvient à la grande salle du musée par un très-bel escalier où l'on voit une belle inscription en lettres d'or, qui est un des monuments historiques du progrès des manufactures de soie à Lyon. Cette salle est un très-beau vaisseau pavé en carreaux de marbre, et divisé en trois parties par des arcs élevés à plein cintre ; le plafond, orné de rosaces, de différents compartiments et de peintures d'un bel effet, est absolument plat et sans aucun point d'appui sur des pilastres ou des colonnes, ce qui est contraire à toutes les règles du goût. C'est dans la grande salle du palais que se trouvent tous les tableaux qui composent le musée. A l'entrée sont des tableaux de fleurs de Van Huysum, Van Broussel, Monnoyer, Wagner Kabel, Berjon, Bony et autres artistes distingués. A la suite sont les tableaux d'histoire de plusieurs grands maîtres des écoles italienne, vénitienne, napolitaine, hollandaise et flamande, parmi lesquels nous citerons : le grand tableau de l'Adoration des mages, par Rubens. — Les Sept Sacrements, par le Poussin. — L'Assomption de la Vierge, par le Guide. — La Prédication de saint Jean et le Baptême de Jésus-Christ, par l'Albane. — L'Ascension du Christ, par Paul Véronèse. — L'Ascension du Christ, par Pérugin. — Un portrait de chanoine, par A. Carrache. — L'Adoration des bergers et l'Invention des reliques, par Philippe de Champagne.

— La Circoncision, par Guerchin. — Saint Luc peignant la Vierge, par Giordano. — Plusieurs tableaux du Tintoret. — Les Vendeurs chassés du temple, par Jouvenet. — L'Adoration des anges, par Stella. — Le Christ à la colonne, par Palme. — Saint François d'Assise, par l'Espagnolet. — Un Clair de lune, par Bidault. — Le Tournoi de Duguesclin, par Revoil, etc., etc. — On y voit aussi plusieurs tableaux que l'on doit à l'habile pinceau de M. Bonnefond, entre autres la Visite du propriétaire, le portrait en pied du célèbre mécanicien Jacquart, dont la perte récente a été vivement sentie.

Au fond de la galerie de tableaux se trouve le cabinet des antiques et des médailles, dans lequel on a transporté, depuis la formation du musée, tous les magnifiques souvenirs des Romains qui étaient épars chez différents particuliers, ainsi que ceux qui ont été découverts dans différentes fouilles. On y voit la fameuse table de bronze, découverte en 1529 sur la colline de St-Sébastien, et qui contient en partie la harangue que prononça l'empereur Claude devant le sénat de Rome, pour faire accorder à la ville de Lyon le titre de colonie ; un fragment d'une cuisse de cheval en bronze doré ; un bas-relief en marbre représentant un sacrifice : ce morceau fort remarquable décorait autrefois la porte de l'église de l'ancien château de Beaujeu. C'est lors de la démolition de cette église qu'il a été transféré au musée ; une partie du tableau d'une mosaïque en relief, représentant l'Espérance, une statue de Vénus en marbre ; des tableaux en émail ; un modèle en relief du temple d'Isis à Pompéia ; des ouvrages en ivoire ; plusieurs monuments du moyen âge, tels que le vase de la Mère folle, des armes, des émaux, un plat et une aiguière de faïence, un calendrier scrvien, des flèches, des casse-tête, des haches en pierre, etc. On voit aussi dans quatre armoires d'un beau travail une grande quantité de figurines grecques, égyptiennes, romaines : elles sont d'une rare perfection. On y trouve également des lampes de diverses formes, des vases de verre antiques, des instruments civils, religieux et militaires, etc., et une collection de médailles en bronze et en argent. On remarque encore au musée une momie enfermée dans une caisse chargée d'hiéroglyphes.

Le pavé de la salle du musée est orné de quatre mosaïques antiques : la première, découverte dans le jardin Macors à Ainai, en 1806, représente une des courses de chevaux et de chars chez les anciens. La deuxième provient des fouilles faites à Ste-Colombe : on y voit une lutte de l'Amour et du dieu Pan. La troisième représente à peu près le même sujet, et a été extraite d'une maison de la montée du Gourguillon, en 1822. La quatrième vient de St-Romain-en-Gal : on y voit Orphée jouant de la lyre. Une cinquième doit être placée au musée ; elle a été découverte à Vienne en Dauphiné. On la restaure en ce moment.

Dans un pavillon du côté de la rue Clermont M. Richard avait établi son atelier de peinture. La décoration en est élégante; on y voit, de cet ingénieux artiste, plusieurs tableaux d'un grand prix. Tout près de là est la bibliothèque de l'école de dessin et la salle de réunion de la société des amis du commerce et des arts. On y remarque un échantillon d'étoffe qui représente un fragment de la mosaïque des jeux du cirque.

Le deuxième étage de la façade, sur la place des Terreaux, est destiné à l'école de dessin; la salle est d'une grande étendue. Cette école a déjà fourni des élèves du plus grand mérite. Les professeurs ont chacun un cabinet qui communique à la galerie; celui de M. Grobon renferme plusieurs de ses tableaux. A l'extrémité de cette salle sont placées des copies en plâtre, moulées sur les originaux, des statues d'Apollon, d'Antinoüs, de Laocoon, de Vénus et d'autres chefs-d'œuvre des arts.

On trouve dans ce palais une salle qui sert aux leçons de chimie; une autre aux leçons de physique.

L'académie, les sociétés d'agriculture, de médecine, de pharmacie, et le cercle littéraire s'assemblent dans les salles voisines.

Le musée, le cabinet d'histoire naturelle et la galerie des antiques sont ouverts au public le jeudi et le dimanche de chaque semaine, depuis onze heures jusqu'à deux. Les étrangers y sont admis tous les jours, sur la simple exhibition de leurs passe-ports.

Plusieurs bibliothèques sont réunies au palais des arts. Ce sont celles :

Du palais des Arts, contenant.	10,000 vol.
De l'académie.	8,000
De la société d'agriculture.	800
De la société linnéenne.	400
De la société de pharmacie.	100
De la société de médecine.	1,000
Total.	20,500 vol.

COLLÈGE ROYAL. Lyon ne possédait pas encore au commencement du XVIe siècle d'établissement public pour l'instruction. Une confrérie de la Ste-Trinité en établit un, en 1519, qui fut ensuite mis sous la direction des jésuites, et plus tard sous celle des oratoriens; depuis la révolution, il a eu les différentes dénominations d'Institut, d'École centrale et de Lycée.

Ce collège, situé sur le quai du Rhône, est un des monuments les plus importants de Lyon; il est traversé par la rue Ménétrier, recouverte en partie d'une arcade. La cour, qui est d'une grande étendue, est entourée de bâtiments de tous côtés; les classes occupent le rez-de-chaussée. Les dortoirs, les salles d'étude, la cuisine, la lingerie, l'infirmerie, le logement du proviseur, de l'économe, du censeur, des professeurs, sont d'une distribution commode et facile.

INSTITUTION LA MARTINIÈRE. Cette école a été fondée il y a quelques années; elle est entretenue au moyen des fonds laissés à cet effet par le major général Martin, Lyonnais, qui fut au service des Grandes-Indes. Son but est de donner à des enfants d'artisans une instruction appropriée à leurs besoins, et qui puisse les mettre dans le cas de devenir des ouvriers instruits. Elle est administrée par une commission gratuite nommée par le conseil municipal, et se trouve placée dans l'ancien claustral des Augustins, près la place des Terreaux. Deux cent vingt élèves de dix à quatorze ans y sont admis et y suivent des cours d'écriture et de grammaire, de dessin appliqué à la reproduction des machines, de mathématiques simples, de physique, de chimie appliquée aux arts, et surtout à la teinture des soies; et enfin un cours pratique des tissages des étoffes, comprenant la décomposition des tissus, et surtout des mécaniques et métiers nécessaires à la fabrication.

ÉCOLE VÉTÉRINAIRE. L'école vétérinaire de Lyon est la première de ce genre qui ait été établie en France. Sa fondation est due au célèbre Bourgelat, qui obtint, en 1761, l'autorisation d'ouvrir à Lyon une école dans laquelle on enseignerait la connaissance et le traitement des maladies des bœufs, chevaux, mulets, etc. Cette école rendit, dès sa naissance, de si grands services dans les campagnes, en arrêtant les progrès des épizooties, qu'elle mérita le titre d'école royale vétérinaire. D'abord établie au faubourg de la Guillotière, dans une maison de l'Hôtel-Dieu, elle a été transférée en l'an V à l'Observance, où elle occupe un local vaste et bien disposé. Le buste du fondateur de cet important établissement se voit dans les plus beaux ornements. Le jardin est pittoresque et bien entretenu; au fond est une jolie colline couverte d'arbres de toute espèce, d'où jaillissent des sources d'eau vive. Le jardin de botanique, la pharmacie, et le cabinet d'histoire naturelle méritent de fixer l'attention.

JARDIN DES PLANTES. Ce jardin, situé au centre de la ville, où il forme une promenade on ne peut plus agréable, a été fondé par M. Gilibert, célèbre médecin de Lyon, qui y professa longtemps la botanique. On y entre par un perron qui donne sur la place Sathonay; à gauche est l'orangerie; sur le devant est un parterre, à l'entrée duquel est placé le buste en marbre blanc du célèbre abbé Rozier : le piédestal, couronné d'une guirlande, porte l'inscription suivante :

AU COLUMELLE FRANÇAIS,
LYON, SA PATRIE.

La position en amphithéâtre de ce jardin et ses divers détours et allées peuvent donner une idée des sites de Lyon, qui varient à chaque instant par l'effet du mouvement des terrains. Dans la partie supérieure se trouve une esplanade ombragée d'arbres de différentes espèces, ainsi qu'un café très-bien tenu, environné de galeries couvertes soutenues par de légères colonnes. De cet endroit la vue domine sur une partie de la ville; on distingue les principaux édifices et les ponts sur la Saône et sur le Rhône; au levant les regards s'étendent sur la colline de Fourvières, et, dans le lointain, sur les Alpes et les campagnes du Dauphiné. Au-dessous de l'esplanade est l'emplacement d'un vaste amphithéâtre de forme circulaire, qui, du temps des Romains, servait de naumachie.

La situation du jardin sur une colline qui présente diverses expositions permet d'y cultiver toutes les espèces de plantes connues. Comme il est abrité des vents du nord, et jouit ordinairement en hiver d'une température très-douce : les fleurs y naissent lorsque partout ailleurs la nature est encore inanimée; en été la chaleur y égale quelquefois celle des côtes de la Méditerranée.

HÔTEL DES MONNAIES. La fabrication des monnaies n'a été établie à Lyon que sous le règne de Charles VI, en 1415; elle était auparavant à Mâcon. L'hôtel des monnaies occupe l'ancien local des religieuses ursulines, rue de la Charité; on y fabrique toutes les monnaies ayant cours en France, marquées à la lettre D. Le balancier a été composé de canons enlevés à l'ennemi à la bataille d'Austerlitz.

LOGE DU CHANGE. Ce joli édifice, qui fait le principal ornement de la place du Change, a été construit en 1749, sur les dessins du célèbre Soufflot, et par les soins de négociants italiens; c'était dans l'origine le lieu où les commerçants s'assemblaient pour leurs affaires de commerce et pour leurs règlements de compte. Il a été restauré il y a quelques années, et sert aujourd'hui de temple aux protestants. Lors de sa restauration on a laissé subsister une inscription gravée sur une table de marbre noir qui se trouve au centre de la façade; c'est la devise que les Gryphe, fameux imprimeurs de Lyon, plaçaient au frontispice de leurs livres :

Virtute duce, comite Fortuna.

BOURSE. La bourse occupe une vaste salle du palais des Arts, ornée de statues et de bas-reliefs en stuc, exécutés d'après les dessins de Blanchet. Elle est ouverte tous les jours, excepté les dimanches et fêtes, depuis une heure jusqu'à deux.

CONDITION DES SOIES. Ce bâtiment est isolé des autres maisons, afin de prévenir tout accident, et les appartements dont il se compose ont été voûtés; il est destiné à enlever aux soies l'humidité superflue qu'elles peuvent contracter dans les moulins, dans la route ou par quelque autre cause. Lorsqu'un ballot de soie est acheté par le fabricant, il passe à la Condition publique, où il est pesé; placé dans des armoires grillées, et exposé pendant vingt-quatre heures à une chaleur de dix-huit à vingt-deux degrés. Quand toute l'humidité est enlevée, on le pèse de nouveau, et le déchet qu'il a subi est constaté par un certificat authentique de l'établissement.

MONT-DE-PIÉTÉ. Son institution ne date que de l'année 1811. Il fut d'abord établi dans le cloître des Jacobins; maintenant il est placé dans le bâtiment de la Manécanterie, édifice d'une très-belle apparence, construit en 1768 pour loger le clergé de la cathédrale de Lyon, sur les dessins de l'architecte Decrénice. Tous les étages sont voûtés.

HÔTEL-DIEU, ou hôpital général. Il n'est guère d'établissement qui puisse le disputer en ancienneté à celui-ci. C'est une fondation de Childebert et de la reine Ultrogothe, son épouse. L'administration en fut d'abord confiée à des personnes laïques sous la direction de l'archevêque, et cette forme dura plus de dix siècles. Elle passa ensuite successivement à des religieux de différents ordres ; enfin en l'année 1486 les conseillers échevins de la ville s'en chargèrent, et gouvernèrent cet hôpital immédiatement et par eux-mêmes jusqu'en 1585, qu'ils remirent ce soin à douze citoyens, dont le nombre fut porté dans la suite à quatorze. L'entrée principale de l'hôpital a été refaite en l'année 1708. Ferdinand Delamonce, qui en a donné le dessin, a su faire valoir l'irrégularité de la situation, et en a fait un morceau d'architecture très-joli. La porte extérieure est ouverte en arcade, accompagnée de deux colonnes doriques qui portent sur des socles et soutiennent un entablement régnant. Un grand attique à pilastres s'élève au-dessus du premier ordre et renferme une table d'inscription, où est gravé le nom de cette maison. Ce portail est enchâssé dans deux portions de cercle qui se joignent aux bâtiments des côtés, et qui servent à cacher toute l'irrégularité de cette situation ; il donne entrée dans un vestibule octogone qui dégage dans l'ancien cloître par où l'on va aux appartements. Ce vestibule est voûté en croupe et décoré d'ornements qui servent à raccorder, d'une manière fort ingénieuse, les anciennes voûtes avec les nouvelles. Au centre de la cour on voit une superbe croix en fer, entourée de saules pleureurs, érigée par les administrateurs et bienfaiteurs de l'hospice, ainsi que par la sœur Olard, en 1813. — L'intérieur de l'hôpital consiste principalement dans la grande infirmerie, sur le dessin de celle de Milan. Elle est disposée en forme de croix grecque, ayant 186 m. de longueur ; dans chaque partie de laquelle il y a trois rangées de lits pour les malades. Ces vastes salles sont vulgairement appelées les quatre rangs ou des fiévreux, ont 10 m. 66 c. de largeur et 8 m. 33 c. de hauteur. Deux de ces rangs sont destinés pour les hommes et les autres pour les femmes. Au milieu de l'emplacement où aboutissent ces quatre rangs s'élève un dôme de 12 m. de diamètre, sous lequel est un autel isolé qui peut être vu des rangs les plus éloignés, mais qui manque absolument de proportion ; les prières qu'on y fait deux fois par jour peuvent être entendues de tous les appartements, et le prêtre peut être vu de tous les malades. En général tous les lits sont de fer et au nombre d'environ 1,800, compris ceux des membres de la communauté qui sont attachés au service des malades, et qui se montent à 260 ; tant que le nombre des malades le permet, on les couche seuls dans chaque lit. De la grande salle on passe au dôme principal, sous lequel se trouve un grand et bel autel bien décoré. La salle qui forme la continuation du dôme est destinée aux blessés ; elle a vue sur le quai du Rhône. On a eu soin d'ouvrir dans le dôme plusieurs grandes fenêtres, et, pour prévenir les accidents, on a

placé un grillage assez serré jusqu'à la hauteur d'environ 2 m. 33 c.

La salle des opérations et celle des femmes blessées ne sont point séparées, et c'est un grand inconvénient ; aucune salle même n'est : il serait utile de les fermer, mais alors l'air circulerait moins librement que dans un vaste espace, et ce serait un mal plus fâcheux que le premier. Cependant rien n'est plus affligeant que la vue de cette foule d'hommes réunis dans un même lieu, qui, outre les maux dont ils sont accablés, ont encore le spectacle continuel des souffrances des autres, et entendent sans cesse les cris et les gémissements de la douleur.

Outre les deux salles ci-dessus décrites il existe encore dans la partie la plus élevée de la maison deux autres chambres, appelées chambres des convalescents. Elles sont destinées à recevoir ceux qui sont guéris, sans avoir recouvré leurs forces.

La superbe bâtisse est de la plus grande beauté. Le service s'y fait avec autant de générosité que de soins. Cent cinquante sœurs servent les malades, et préparent les remèdes qui sont ordonnés. La pharmacie est remarquable par sa grandeur et par l'ordre qui y est établi ; elle fournit aux besoins du public et aux pauvres malades des paroisses, qui y trouvent les remèdes gratis. Une seconde est spécialement destinée à l'usage de la maison. La belle façade qui domine sur le quai du Rhône fut construite vers le milieu du siècle dernier par l'architecte Soufflot. C'est un magnifique bâtiment, qui n'annonce nullement l'asile de la pauvreté souffrante. Le dôme qui le couronne paraît, il est vrai, un peu massif en raison de l'élévation de l'édifice ; mais cette disproportion disparaîtrait, si la façade était entièrement terminée.

MAISON DE LA CHARITÉ. Cet établissement est une grande preuve de la charité des Lyonnais. En l'année 1531 une stérilité affreuse ayant occasionné la famine, le peuple des environs du Rhône et de la Saône fut réduit à une si grande misère, que, ne sachant que faire des bouches inutiles on les mit, dit-on, dans des bateaux où on les abandonna au courant de l'eau ; plusieurs de ces bateaux arrivèrent à Lyon. Le spectacle toucha vivement le cœur des Lyonnais ; tous ces malheureux, au nombre de douze mille, furent reçus charitablement et secourus, nonobstant la disette dont la ville souffrait aussi beaucoup. D'abord ils furent partagés dans les maisons, chacun en prit chez soi, ensuite l'on pourvut en commun à leur nourriture : on la leur distribuait, ainsi qu'aux pauvres de la ville, en différents endroits. Huit notables bourgeois furent chargés de ce soin et de recevoir les aumônes qui se faisaient pour cela : cette bonne œuvre fut continuée depuis le 19 mai jusqu'au 9 juillet, et alors le temps de la moisson ayant rappelé tous ces pauvres à la campagne, il se trouva encore entre les mains du trésorier de cette association une somme de 396 liv. 2 s. 7 den. de reste des aumônes. Il fut résolu dans une assemblée des principaux bourgeois de la ville de les employer à la nourriture des pauvres de la cité, et de continuer à

l'avenir de leur fournir les mêmes secours. On établit à cet effet une espèce de bureau dans le couvent des cordeliers de St-Bonaventure. En 1613 on fit encore plus ; car, sans discontinuer cette distribution, on bâtit une maison pour renfermer les pauvres mendiants. Ils furent d'abord logés dans la maison de St-Laurent, hors de la porte de St-Georges, sur le chemin des Etroits ; mais, ce bâtiment n'étant pas suffisant, on acheta un grand espace de terrain qui faisait partie de l'ancienne place de Bellecour, et à l'aide des libéralités de M. Marquemont, archevêque de Lyon, des chanoines de la cathédrale, de M. d'Halincourt, gouverneur, et de plusieurs riches citoyens, l'église et l'hôpital furent mis à peu près dans l'état où ils sont aujourd'hui. Dans la cour, en face de la porte d'entrée, il y a des tables noires sur lesquelles on a gravé les noms des personnes qui, en mourant, ont institué pour leurs héritiers les pauvres de cette maison.

Les bâtiments de cet hospice sont très-vastes. Neuf cours, dont une plus grande au milieu, séparent les différentes parties et contribuent à augmenter la clarté, quoique l'on ait tâché d'y ménager toutes les commodités dont on avait besoin. Les proportions de cet édifice ne sont avantageuses ni dans le détail ni dans le tout ensemble. La façade s'étend jusqu'à la caserne de cavalerie, vulgairement connue sous le nom de nouvelle Douane, et n'est remarquable que par sa noble simplicité. L'entrée principale a été restaurée en 1827. Dans la partie supérieure du portail on remarque un bas-relief exécuté par M. Legendre-Hérald : six figures à peu près de grandeur naturelle composent cet ouvrage, dont le sujet est la Charité elle-même. Jusqu'à présent, la plupart des peintres et des statuaires qui avaient essayé de représenter cette vertu, s'étaient attachés à la montrer assise, allaitant plusieurs petits enfants placés sur ses genoux. M. Legendre-Hérald a cru pouvoir sortir de la routine. La Charité est debout, le sein gauche découvert ; elle étend la main gauche vers l'enfant d'une jeune et pauvre femme qui lui demande l'aumône ; et de la main droite elle donne du pain à un malheureux vieillard, également accompagné d'un petit enfant, que l'artiste a représenté la tête et les yeux baissés ; un autre petit enfant est assis aux pieds de la Charité, et a la tête et les regards tournés vers elle.

HOSPICE DE L'ANTIQUAILLE. Il a sa principale entrée par la place de ce nom, et a occupe l'emplacement de l'ancien palais des préfets du pouvoir ou gouverneurs des Gaules. Plusieurs empereurs romains l'ont habité ; Claude et Caligula y sont nés ; et c'est aussi dans ce palais qu'Antonia accoucha de Germanicus.

L'Antiquaille n'était qu'un lieu couvert de ruines, et environné de vignes, lorsque Pierre Sala, d'une des familles de Lyon les plus distinguées dans la magistrature, fit élever à la place, l'an 1500, une belle maison somptueusement bâtie, dans laquelle il réunit les monuments de l'antiquité que ce quartier offrait en abondance. Ce fut la destination donnée à cette maison qui la fit appeler du nom de l'Antiquaille, dénomination qu'on ne trouve nulle part avant cette époque, mais qui lui fut dès lors consacrée. La propriété en passa ensuite à Symphorien Buatier, à Jeanne Buatier, et ensuite aux religieuses de la Visitation. L'église, bâtie en 1639, fut consacrée à Notre-Dame et aux martyrs lyonnais : au-dessous est un cachot qu'on assure avoir servi de prison à saint Pothin.

On trouve dans la première cour de la maison l'entrée de longues voûtes souterraines qui traversent, à une assez grande profondeur, une partie de la montagne. Cet ouvrage, conduit par l'architecte Billion, date du milieu du siècle dernier, et n'avait été exécuté qu'avec des travaux immenses, dans le but de procurer l'eau nécessaire aux besoins du monastère.

Dans l'enclos, sous le chemin qui va de la place des Minimes à Fourvières, il existe un souterrain de 33 m. de long, 4 m. de large et 5 m. de haut; il est enduit jusqu'à la naissance de la voûte, d'un ciment rouge extrêmement dur et poli, et un mur très-épais coupe en deux parties inégales ce long boyau.

L'hospice est destiné à recevoir les filles publiques, qui y sont occupées à divers genres de travaux relatifs à nos manufactures, les individus atteints de maladie vénérienne, les insensés des deux sexes, et les enfants dont les fâcheuses dispositions offrent des dangers à la société. Il renferme près de six cents individus.

Cet édifice, quoique très-vaste, a été augmenté, il y a quelques années, non-seulement d'un corps de logis considérable, au-devant duquel on a établi une terrasse fermée d'une grille de fer, mais encore d'un autre corps de logis au-dessous du grand bâtiment pour y recevoir les femmes aliénées. Cette construction, d'un caractère analogue à sa destination, est composée d'un rez-de-chaussée et d'un premier étage, de forme circulaire, dans lesquels se trouvent plusieurs dortoirs, deux salles de réunion et un grand nombre de cellules. Un portique en pierre de taille, soutenu par vingt-huit colonnes d'ordre toscan, précède les pièces intérieures et leur sert de dégagement; l'éloignement des ailes parallèles, qui viennent se rattacher au mur de la terrasse supérieure, laisse une esplanade d'environ 40 m. de diamètre, suffisante pour aérer les appartements, et pour la promenade des personnes renfermées. Un perron à quatre rangs, dans le milieu duquel on a pratiqué une niche ornée de deux colonnes, où est une fontaine, établit la communication de ce nouveau bâtiment avec la cour élevée de l'ancien. L'entrée du perron est fermée par une barrière qui fait le centre d'une grille composée de lances, dont la longueur, égale à celle de la cour, est de 40 m.

Prisons. La prison de Roanne, reconstruite sur le plan de l'architecte Bugnet, en 1784, offre un modèle de perfection en ce genre ; sa porte passe, à juste titre, pour un chef-d'œuvre.

La maison des Recluses était d'abord destinée à la correction des filles et des femmes de mauvaise vie ; elle a changé depuis de destination : elle sert maintenant de prison militaire.

La prison neuve, située dans le quartier de Perrache, est un vaste et bel édifice récemment achevé et très-bien distribué. Au centre est bâtie une jolie chapelle que couronne un dôme élégant.

Casernes. Les casernes à Lyon sont de très-beaux corps de bâtiments qui méritent d'être vus. Celle du quai de Serin, construite en 1728, était autrefois des greniers d'abondance, devenus inutiles depuis qu'on a favorisé la libre circulation des grains, on en a formé des casernes pour la cavalerie et l'infanterie.

Celle située à la suite du bâtiment de la Charité était autrefois l'hôtel des Fermes, construit quelque temps avant la révolution, sur les dessins de l'architecte Dupoux. L'édifice est très-étendu et sert de quartier pour la cavalerie et l'infanterie.

Le couvent des Colinettes, sur le coteau de St-Clair, sert de logement à l'infanterie ; la cour est grande et propre aux manœuvres ; la vue, qui s'étend très au loin et qui domine les Brotteaux, est magnifique.

Le monastère de Ste-Marie-des-Chaînes, près du quai de Serin, est un entrepôt pour les fourrages, où l'on avait commencé de belles casernes pour la cavalerie, mais les travaux ont été suspendus.

Le couvent des religieuses du Bon-Pasteur, situé rue Neyret, et l'ancien couvent des carmes déchiaux servent aussi de casernes.

La caserne de gendarmerie est un bel édifice récemment construit sur l'ancien emplacement du manège, à l'angle des rues Sala et St-François de Sales.

Rues. On compte à Lyon 230 rues, dont plusieurs sont fort longues, quelques-unes larges et assez régulières. Cependant il en est peu de véritablement dignes de la seconde ville d'un grand État. Dans les quartiers nouveaux les rues sont régulières et se coupent à angle droit ; mais elles manquent de beaux édifices. En général Lyon, surtout dans la partie basse, est percé de communications étroites, escarpées, tortueuses et bordées de maisons si élevées, qu'elles permettent rarement au soleil de pénétrer jusqu'au pavé. Ces rues, presque toujours humides et fangeuses, sont d'ailleurs mal pavées de cailloux roulés et manquent de trottoirs. Des allées obscures, servant de passage d'une rue à l'autre, des cours étroites et sombres, une population surabondante, et surtout les habitudes de malpropreté assez générales, seraient des causes d'insalubrité funeste, si la nature ne faisait, pour les détruire, plus que les habitants eux-mêmes.

La rue Mercière est une des plus longues, des plus fréquentées et des plus marchandes de Lyon ; mais elle est aussi l'une des plus étroites, des plus tortueuses et des plus malpropres. La rue de la Juiverie était autrefois une des plus belles de la ville, et elle est encore aujourd'hui une des plus larges : c'est dans cette rue que Charles VIII et Louis XII donnèrent des fêtes et des tournois durant leurs séjours à Lyon.

Les rues les plus belles et les plus régulières sont celles de St-Dominique, Royale, du Plat, Vaubecourt, Grenette, Neuve-des-Capucins, St-Pierre, Puits-Gaillot, Lafont, Sala, d'Auvergne, Clermont, Ste-Hélène, de Puzy, Bourbon, Roger, de Jarente, de la Reine, du Commerce, et toutes les rues nouvellement percées dans le quartier de Perrache.

Lyon s'est embelli récemment d'un passage couvert, désigné sous le nom de galerie de l'Argue, qui communique de la place de la préfecture à la rue de l'Hôpital. Ce passage a 120 m. de longueur sur 3 de large et 96 arcs de magasins presque tous occupés par de jolies boutiques. Un nouveau passage par la place Grenouille met la galerie de l'Argue en communication directe avec la place des Terreaux : ce passage est plus étroit que l'autre, les boutiques en sont plus profondes et occupées par des étalagistes.

Quais. Les bords du Rhône et de la Saône sont bordés de larges quais et de cours spacieux, pour la plupart bien ombragés. La disposition et la forme particulière de chacun de ces quais est assortie à la nature des lieux où ils sont placés. Les quais du Rhône forment une longue ligne droite et paraissent beaucoup plus grands que ceux de la Saône, dont les sinuosités cachent l'étendue. Les différents genres d'architecture qui distinguent les maisons de l'un et de l'autre quai ne sont pas moins en opposition que les sites : sur les rives de la Saône, le bâtiment des Antiquailles, la bibliothèque de St-Jean, les prisons, l'église d Fourvière, le dôme des Chartreux, donnent aux divers points de vue un aspect majestueux, un caractère monumental ; sur les bords du Rhône, l'architecture moderne a déployé, dans les édifices publics et les maisons particulières, toute la richesse convenable à chacun de ces genres de construction. Le contraste que présente le tableau des deux quais se retrouve encore dans la température qui règne sur les bords des deux rivières : sur les quais de la Saône on éprouve dans le printemps une chaleur douce et agréable, qui devient brûlante en été, tandis que, sur les bords du Rhône, l'atmosphère, glacée en hiver, est constamment rafraîchie en été par des courants d'air qui rendent la promenade délicieuse.

Le quai St-Clair, qui s'étend sur la rive droite du Rhône, est remarquable par l'élégance des édifices qu'on y a construits, par la promenade agréable qu'il offre, et par la vue enchanteresse dont on y jouit : c'est dans ce quartier qu'habitent la plupart des riches négociants.

A la suite du quai St-Clair est celui de Retz, bordé de maisons magnifiques et de belles plantations qui se prolongent jusqu'à la place du Concert. Ce quai communique à celui de Bon-Rencontre, qui se joint au quai de l'Hôpital, lequel se lie par le quai d'Angoulême à la belle avenue de Perrache.

Sur la rive gauche de la Saône, les quais d'Occident, de St-Antoine, des Célestins, offrent une voie extrêmement large, bordée de maisons généralement bien bâties, d'où l'on a en perspective de charmants points de vue. Ces quais se prolongent depuis le pont du Change jusqu'à celui de Serin, et offrent des ports commodes pour la navigation.

Le nombre des ports de débarquement est de dix-huit, dont quatre sur le Rhône et quatorze sur la Saône. Celui de la Feuillée, sur la Saône, est la station ordinaire des bêches, petits bateaux munis de cerceaux recouverts d'une toile, qui servent à conduire les voyageurs ou les habitants de Lyon à l'île Barbe ou dans les campagnes environnantes. Ce sont ordinairement des femmes qui exercent la profession de batelier, dans toute la partie de la Saône qui s'étend depuis le port de la Feuillée jusqu'à l'île Barbe. Ces batelières sont des femmes de tout âge, ou de jeunes filles souvent remarquables par leur beauté, qui aident à leurs mères, et qui même quelquefois conduisent seules à deux rames ; leur habillement est blanc, d'une propreté recherchée, et ressemble à peu près à celui des paysanes du Lyonnais, à l'exception de la coiffure, qui est un grand chapeau de paille orné d'un ruban noué sous le menton. Les jours de dimanche et de fête, toutes ces batelières sont assises sur le parapet du quai, à la file les unes des autres, cherchant à deviner au costume et à la démarche des passants s'ils arrivent pour faire une promenade sur la Saône ; elles les engagent, les pressent par des phrases caressantes et sonores, et leur vantent les agréments d'un voyage par eau. Des familles entières ou des sociétés d'amis se placent dans ces bâteaux, les uns pour se promener sur la Saône, d'autres pour se rendre à leurs campagnes. Souvent les amateurs s'y embarquent pour faire de la musique, et parcourent ordinairement, avec des bateaux éclairés où l'on place des pupitres, toute cette belle partie de la rivière qui s'étend de l'île Barbe à Lyon ; le mouvement de toutes ces bêches illuminées, d'où partent des sons agréables, produit un effet délicieux.

PLACES. Lyon possède plus de 50 places publiques, dont quelques-unes seulement sont vastes, assez régulières et ornées de beaux édifices ; les autres sont petites et n'offrent aucune régularité. Les principales sont :

La place Bellecour, une des plus belles et des plus vastes de l'Europe. Elle a la forme d'un parallélogramme très-allongé, de 310 m. de long sur 200 m. de large d'un côté, et 225 m. de l'autre ; irrégularité qu'on a fait disparaître par une plantation de tilleuls qui occupe toute la face méridionale, et dérobe la vue des maisons de ce côté.

Le nom de Bellecour lui vient, dit-on, de celui de *Bella Curia* que ce lieu portait depuis le second siècle de l'ère chrétienne. Elle fut ensuite nommée place Louis-le-Grand ; sous le consulat, elle reçut le nom de place Bonaparte qu'elle changea pour celui de Napoléon. Cette place offre une promenade d'autant plus agréable qu'elle est presque au centre de la ville. Aux deux extrémités sont deux corps de bâtiments symétriques, présentant une façade de trois étages, dont un avant-corps, décoré de huit pilastres, occupe le centre. La statue équestre de Louis XIV, détruite pendant nos troubles civils, a été remplacée en 1826 par une statue semblable, ouvrage du célèbre Lemot ; elle est élevée sur un piédestal entouré d'une grille de bon goût. Le terrain de la place est fermé, à une certaine distance, par une banquette de pierre de taille. Les façades du Rhône et de la Saône sont ornées de beaux trottoirs et éclairées au gaz. La promenade des Tilleuls, qui orne cette place, est fort belle et très-fréquentée.

La place des Terreaux est la plus remarquable après la place Bellecour ; son nom, qui signifie fossé dans le langage du peuple de Lyon, rappelle la première destination de ce lieu. Cette place est petite, mais régulière ; huit rues y aboutissent. L'hôtel de ville et le palais des Arts en occupent deux côtés ; les deux autres façades sont formées de différentes maisons particulières. Le centre, circonscrit par des banquettes, était autrefois décoré d'une pyramide qui a été détruite en 1660. C'est sur cette place que furent exécutés de Thou et Cinq-Mars.

La place du Méridien ou des Cordeliers. Cette place offre un des points de vue intérieurs de Lyon les plus intéressants : au milieu s'élève une colonne cannelée de plus de 20 m. de hauteur, surmontée d'une statue colossale représentant Uranie qui indique le méridien. Cette place a été le théâtre de grands événements au mois d'avril 1834 ; c'était le quartier général des ouvriers insurgés.

La place des Célestins. Cette place conduit à la belle rue St-Dominique par un passage formé de magasins. Elle est régulière, ornée de plusieurs cafés remarquables et de belles maisons nouvellement construites. L'un des côtés est occupé par le théâtre des Célestins, le plus fréquenté de Lyon.

La place du Change. Elle doit son nom à l'établissement de la banque de Lyon sous François Ier. Comme elle était beaucoup trop petite pour contenir l'affluence des négociants qui s'y rassemblaient, Henri III ordonna aux consuls d'acheter deux maisons pour l'agrandir ; mais les difficultés qu'ils rencontrèrent de la part de l'archevêque et du chapitre pour la conclusion du marché irritèrent le peuple à un tel point, que le 2 octobre 1585 il s'y porta en foule et abattit les deux maisons. Depuis cette place a encore été agrandie. Elle est assez régulière et ornée d'un joli édifice qui sert de temple aux protestants.

La place Sathonay. Elle doit son nom à la reconnaissance des habitants pour M. de Sathonay, maire de Lyon, dont l'administration fut marquée par un grand nombre de travaux importants. Cette jolie place sert d'entrée au jardin des plantes ; elle est environnée de beaux édifices, bien pavée, et ornée d'une fontaine surmontée par la statue du célèbre mécanicien Jacquard, qui a fait faire à la fabrique des étoffes de soie un pas immense par la création d'un nouveau métier qui économise le temps et les bras.

Le marché qui était sur cette place a disparu depuis la création du marché couvert de la Martinière.

Place de la Charité. La place de la Charité est belle par sa position, entre un des plus beaux quais du Rhône et la place Bellecour : au nord plusieurs hôtels réunis forment un corps d'architecture régulier, vis-à-vis est l'église de la Charité, surmontée d'un joli clocher de forme octogone.

Place de la Préfecture. Cette place, fort grande, mais très-irrégulière, précédemment nommée *Confort* et *des Jacobins*, est le centre de quartiers très-populeux ; elle sert d'avenue à l'hôtel de la préfecture et au beau passage de l'Argue. On y a construit un théâtre en 1834.

La place de l'Homme de la roche. Cette petite place doit son nom à une statue en bois représentant un guerrier avec une cuirasse et une hallebarde, tenant une bourse à la main. Si l'on interroge un homme du peuple sur ce qu'on a voulu représenter par cette statue, il répondra : « C'est le bon Allemand qui marie les filles de Vaize et de Bourgneuf et qui leur montre sa bourse pleine d'argent pour les doter. » Voici l'origine de cette tradition populaire : Jean Cléberger, de Nuremberg, après avoir exercé le commerce en Suisse, se mit à la tête d'une compagnie franche, entra en Italie avec François Ier, qu'il suivit ensuite dans sa captivité en Espagne. Après le retour de ce souverain, Cléberger se fixa à Lyon, où il devint l'un des négociants les plus distingués, et acquit le droit de bourgeoisie. En reconnaissance de ce témoignage de considération, cet homme généreux répandait ses bienfaits sur la classe ouvrière, chaque année il employait une somme considérable à la dotation des pauvres filles de son quartier. Après sa mort le peuple des faubourgs de Vaize et Bourgneuf lui éleva une statue en bois, et chaque fois que ce fragile monument s'est détruit il l'a renouvelé à ses frais. Cet usage, que la reconnaissance a consacré, n'est point tombé en désuétude : en 1820 une nouvelle statue du bon Cléberger, après avoir été promenée dans toute la ville au son des instruments, a été placée sur le roc, d'où elle domine la route de Paris, avec les mêmes cérémonies qu'en 1746. Cette statue a été remplacée en 1844, par une statue en bronze, exécutée par M. Lepping, jeune statuaire lyonnais.

Près de l'Homme de la roche était le fort de Pierre-Scise, l'un des monuments les plus curieux du moyen âge. Le grand rocher de granit sur lequel il était élevé s'avançait dans la Saône de manière à ne laisser aucun passage ; Agrippa le fit couper pour établir l'une des quatre grandes voies romaines qu'il ouvrit dans les Gaules et dont Lyon était le centre.

Quelques historiens attribuent la construction de ce château fort de Pierre-Scise aux rois de Bourgogne ; mais il paraît plus vraisemblable qu'il fut l'ouvrage des premiers archevêques de Lyon, qui, après l'avoir habité longtemps, l'abandonnèrent pour aller résider au palais St-Jean. Cette forteresse fut ensuite transformée en prison d'Etat; Louis XII y fit emprisonner Louis Sforce, duc de Milan, ainsi que son frère le cardinal Ascagne ; sous Charles IX, le farouche baron des Adrets, qui s'empara de Lyon, chassa le clergé et pilla les églises, fut ensuite enfermé dans ce château; le duc de Nemours, de Thou, Cinq-Mars y ont été également détenus. Au commencement de la révolution le peuple de Lyon s'empara de cette prison d'Etat, et en commença la démolition, qui a été continuée depuis : le roc qui la portait a lui-même disparu; abattu par la mine, il a été transformé en maisons. Au moment où nous écrivons il ne reste plus rien de ce château gothique qui, par sa position pittoresque sur un rocher au bord de la Saône, avait mérité tant de fois d'être dessiné.

PONTS. Le Rhône, devant Lyon, a une largeur d'environ 200 m.; il est traversé par quatre ponts : le pont Morand, le pont Lafayette, le pont de la Guillotière et le pont de l'Hôtel-Dieu. La largeur de la Saône est d'environ 150 m.; on la passe à Lyon sur neuf ponts : le pont de Serin, le pont de la Gare, le pont St-Vincent, le pont de la Feuillée, le pont du Change, le pont du Palais de justice, le pont de Tilsit, le pont d'Ainay et le pont d'Orléans, ci-devant de la Mulatière.

Pont Morand. Ce pont, construit en 1774 par l'habile architecte dont il porte le nom, est en bois et communique de la rue Puits-Gaillot à la promenade des Brotteaux : il a 315 m. de long sur 14 m. de large; sa charpente effraye par son étonnante légèreté et n'en supporte pas moins le poids des plus lourdes voitures; les piétons y passent librement sur de larges trottoirs en briques. Chaque pile, formée d'une seule traversée de poteaux, espacés les uns des autres, n'oppose à la rapidité du Rhône que l'épaisseur d'un poteau. Quatre pavillons symétriques, en forme de socles et en maçonnerie, servent d'ornements aux deux extrémités. Toutes les pièces de ce pont sont disposées de manière à ce qu'on en peut substituer d'autres sans déranger celles qui les touchent. Sa résistance au dégel de 1789 parut si étonnante à raison de sa fragilité, qu'après la débâcle on plaça au milieu, sur un poteau, une couronne de laurier avec cette inscription :

Impavidum ferient ruinæ.

Une crue subite du Rhône, qui eut lieu le 22 octobre 1825, entraîna des radeaux qui brisèrent et enlevèrent trois arches. Quelques mois après il a été réparé avec beaucoup de soin, et orné d'une balustrade en fer, qui ajoute encore à sa légèreté.

La vue dont jouit le spectateur placé au milieu du pont Morand, est on ne peut plus agréable : d'un côté on découvre le quai St-Clair, le cours d'Herbouville, couronné par une belle colline; de l'autre les beaux quais du Rhône, que terminent majestueusement le bâtiment et le dôme de l'Hôpital.

Pont Lafayette. Il communique de la place du Concert à une nouvelle avenue tracée aux Brotteaux. Les piles sont en belles pierres, et le reste en fer ; quatre beaux pavillons s'élèvent aux deux extrémités. La construction de ce pont a été achevée en 1829.

Pont de la Guillotière. On attribue sa construction au pape Innocent IV, qui habita pendant sept ans le cloître de St-Jean ; mais il paraît plus certain que ce pont fut construit en grande partie des libéralités des citoyens de Lyon. Sa longueur est de 193 m. Au lieu de le bâtir dans toute son étendue sur une ligne droite, une partie a été construite en retraite, ce qui forme un angle à peu près vers le milieu et lui donne la force de résister à l'impétuosité du fleuve. Dans l'origine il se composait de vingt arches, que l'on a réduites à dix-sept en supprimant une pile entre deux arches. Cette entreprise hardie fut suivie d'une autre qui ne l'était pas moins : comme ce pont était si étroit, qu'à peine il suffisait pour le passage d'une charrette, on l'a considérablement élargi récemment. Sa construction est solide, mais il n'a ni élégance ni régularité.

Le pont de la Guillotière sert de communication avec le midi de la France, la Savoie et l'Italie. C'est au pied d'une de ses arches que des pêcheurs trouvèrent par hasard le fameux bouclier où est représentée la continence de Scipion l'Africain.

Un événement tragique eut lieu sur ce pont le 11 octobre 1711. Il était sorti beaucoup de monde ce jour-là pour aller à la vogue, fête baladoire de St-Denis-de-Bron, village éloigné de 4 k. de Lyon. Cette fête pouvait se considérer comme un reste des anciennes bacchanales, car on s'y injuriait respectivement. La retraite fut sonnée de meilleure heure que de coutume ; les soldats du corps de garde avaient en l'intention de faire contribuer les citoyens à mesure qu'ils rentreraient. Le peuple arrive en foule; une voiture qui sortait et d'autres qui rentraient s'accrochent, la presse devient considérable; l'embarras, le désordre, la confusion, furent les suites de ce funeste accident, augmenté par la nuit tombante. Le consulat mit en usage tout ce qui était en son pouvoir pour désobstruer le pont; mais deux cent trente-huit personnes furent les victimes de ce terrible événement. Thomas Michel, surnommé Belair, sergent qui commandait le poste, fut rompu vif quelques jours après comme auteur principal de ce désordre.

Pont de l'Hôtel-Dieu. C'est un pont suspendu construit en 1839, entre le pont Lafayette et celui de la Guillotière.

Pont de Serin. Il communique de la caserne de Serin à l'école vétérinaire. Construit en 1815, il unit à des formes élégantes une grande solidité ; les piles sont en pierres et les arches en fer.

Pont de la Gare. C'est un pont suspendu en fil de fer, d'une grande hardiesse, qui communique de la Gare à la place du faubourg de Vaize.

Passerelle St-Vincent. Elle est suspendue et remplace le pont St-Vincent, construit en 1715, en remplacement d'un autre pont qui était tombé de vétusté. Il se composait de trois grandes travées en quart de cercle, portées sur deux palées qui reposaient elles-mêmes sur un triple rang de pieux.

Pont de la Feuillée. Ce pont, de construction récente, est suspendu et remarquable par sa rare élégance ; quatre énormes lions en fonte décorent ses extrémités.

Pont du Change (démoli en 1844). La construction de l'ancien pont du Change remonte au milieu du xie siècle ; il se composait de huit arches et avait 193 m. entre les culées. Quelques inscriptions antiques, que l'on voyait sur les piles, indiquaient que les matériaux qui avaient servi à l'établir provenaient en majeure partie des débris du célèbre temple d'Antonin.

Il existait anciennement une tour au milieu de ce pont. Dans le xiie siècle, lors des démêlés entre le clergé et les habitants, ceux-ci s'en rendirent maîtres et interceptèrent de cette position toute communication de la rive gauche à la rive droite de la Saône. Plus tard la tour fut démolie et remplacée par une jolie niche ornée d'une statue de la Vierge, à laquelle on a substitué un bâtiment élégant destiné à servir de corps de garde.

Le nouveau pont du Change sera établi en amont de son emplacement actuel. Il offrira un débouché linéaire de 132 m. et un débouché superficiel supérieur à celui offert par la construction actuelle. La longueur totale sera divisée en six arches, portant sur des piles minces de 5 m. 80 c. de hauteur, qui ne produiront qu'une faible contraction sous chaque voûte. Le nombre des arches est déterminé par l'obligation de projeter les nouvelles piles sur les anciennes, afin que le cours des eaux et la navigation ne soient pas gênés pendant la durée des travaux.

La largeur du nouveau pont sera de 13 m. entre les têtes. Le garde-corps ou parapet sera en pierres de taille, il régnera à 20 c. en saillie sur les têtes, afin de gagner un peu de largeur pour les trottoirs.

La plus petite des arches aura 21 m. d'ouverture ; les deux arches du milieu auront une hauteur de 13 m., égale à celle prescrite pour les ponts à établir sur la Saône, eu égard aux besoins de la navigation à la vapeur.

Pont du Palais de justice. Ce pont, suspendu avec une hardiesse et une légèreté remarquables, fait face à la nouvelle rue de la Préfecture et au palais de justice. Il a été élevé en remplacement d'un pont en bois construit en 1796, qui était un peu plus bas, et qu'on nommait le pont Volant à cause de sa légèreté.

Pont de Tilsitt. Le pont de Tilsitt, appelé aussi pont de l'Archevêché, a été commencé en 1788 et achevé seulement en 1808. Il se compose de cinq arches en belles pierres de choin, parfaitement égales, ayant chacune 20 m. 79 c. d'ouverture ; sa longueur d'une culée à l'autre est de 120 m. 50 c., sa largeur de 13 m. 64 c. C'est un modèle d'élégance et de construction, et il est peu d'ouvrages de ce genre en France qui réunissent autant de grâce et de solidité : une voie large et supérieurement pavée, des trottoirs construits en pierres plates, en rendent l'accès extrêmement facile aux voitures et aux piétons.

Pont d'Ainay. Ce pont, remarquable par son élégance, sa légèreté et sa solidité, a été construit par l'administration de l'hôpital de Lyon, en remplacement d'un pont de bois emporté par les eaux en 1793. Les arches sont en pièces de bois solidement liées, qui reposent sur des piles en pierres de choin.

Pont de la Mulatière. Placé à l'extrémité de l'allée Perrache, près de la jonction du Rhône et de la Saône, il aboutit au chemin des Etroits et à la route qui conduit au village d'Oullins. C'est le dernier monument élevé par la main des hommes sur la Saône; après avoir passé sous les onze arches qui le soutiennent, cette rivière termine son cours en s'unissant au Rhône, qui porte ses eaux à la Méditerranée. Le bassin où ces deux vastes cours d'eau viennent se confondre étant spacieux, et sa pente presque insensible, leur réunion s'opère paisiblement; cependant le Rhône, dans sa fierté, semble dédaigner une alliance qui retarde la vivacité de ses mouvements; il la repousse quand il est grossi par des crues abondantes. La Saône alors, presque immobile, ralentit son cours; quelquefois elle est forcée de s'arrêter entièrement, et même de remonter contre sa source : ces crues sont heureusement rares, mais elles sont toujours désastreuses. On travaille à la reconstruction de ce pont, presque entièrement détruit par l'inondation de 1840.

Voici les longueurs et largeurs des ponts de Lyon exprimées en chiffres :
Pont Morand : 209 m. sur 13 m.
Pont Lafayette : 209 m. sur 11 m.
Pont de la Guillotière : 351 m. 29 c. sur 10 m. 80 c.
Pont de l'Hôtel-Dieu : 208 m. sur 7 m.
Pont de Serin : 113 m. sur 8 m. 50 c.
Pont de la Gare : 173 m. sur 5 m. 20 c.
Passerelle St-Vincent : 90 m. sur 3 m.
Pont de la Feuillée : 101 m. 86 c. sur 7 m.
Pont du Change : 190 m. sur 6 m. 10 c.
Pont du Palais-de-Justice : 163 m. 88 c. sur 6 m.
Pont de l'Archevêché : 150 m. 30 c. sur 13 m. 64 c.
Pont d'Ainay : 114 m. 50 c. sur 9 m.
Pont de la Mulatière : 175 m. 35 c. sur 10 m. 70 c.

FONTAINES PUBLIQUES. Lyon possède plusieurs fontaines publiques, mais leur nombre est loin d'être en rapport avec les besoins d'une cité aussi populeuse; celles qui existent sont d'ailleurs peu dignes d'attention sous le rapport monumental. Les plus remarquables sont la petite fontaine St-Irénée, celles de la place des Cordeliers, de la place Grollier, et une jolie au pied du chemin Neuf.

PROMENADES. Lyon a trois rangs de quais, dont deux sur la Saône et un sur le Rhône. Ces quais dont chacun a nom différent: ils sont entrecoupés de dix-sept beaux ports, et offrent pour la plupart des promenades agréables. On remarque encore dans l'intérieur de la ville les promenades de Bellecour, de la place des Célestins, le Jardin de botanique, etc., dont nous avons déjà eu occasion de parler; et à l'extérieur la promenade des Brotteaux, l'avenue Perrache, les Etroits, la Pépinière, l'île Barbe, etc., etc.

Les Brotteaux. La vaste plaine des Brotteaux, rendez-vous général des habitants les dimanches et les jours de fête, communique à Lyon par le pont Morand. Elle est formée de plusieurs belles allées et de promenades charmantes, irrégulièrement plantées, où l'on trouve des cafés, des guinguettes, des brasseries, des bains, des petits spectacles de foire, des jardins publics, des salles de danse pour le peuple, et des amusements de toute espèce.

La vue dont on jouit de cet endroit est magnifique : le coteau de la Croix-Rousse, ceux de la Bresse, vus de la rive gauche du Rhône, déploient un vaste rideau, où des maisons de campagne entourées d'ombrages forment divers groupes variés; au-dessous, le cours d'Herbouville, planté d'arbres, et le quai St-Clair, bordent le Rhône; du côté du midi, on a sous les yeux cette belle partie de la ville qui s'étend jusqu'à l'allée Perrache; en remontant, du côté du village de Charpennes, le tableau s'agrandit, et cet immense demi-cercle de collines, depuis Miribel jusqu'au delà d'Iriguy, forme ce panorama si riche dans ses détails, si magnifique dans son ensemble, qui frappe d'étonnement au premier coup d'œil, et ne peut lasser l'admiration.

Le terrain des Brotteaux est presque au niveau du Rhône, qui le recouvre même quelquefois lors des grandes crues : l'humidité donne beaucoup de fraîcheur à la verdure et aux ombrages. Les dimanches et surtout les jours de fête extraordinaire, une population de trente à quarante mille personnes, répandue dans les promenades, sur les bords du fleuve, dans les jardins, offre le tableau des Champs-Elysées et des boulevards de Paris.

Allée Perrache. Le quartier Perrache a été conquis sur le Rhône, qui a été forcé de se chercher un autre lit et de rester dans les limites qui lui ont été assignées. Le long de ce nouveau lit règne une double allée de beaux peupliers, qui se prolonge jusqu'au pont de la Mulatière. Cette promenade est belle et très-fréquentée : à son extrémité, on jouit d'une vue admirable sur le confluent de deux grandes rivières, dont le cours inégal et la couleur différente forment un contraste plein d'intérêt; au couchant, les regards s'étendent sur le cours du Rhône, les campagnes du Dauphiné et les Alpes; à l'est, sur les jardins de Perrache, la Saône et le coteau de Ste-Foy.

Les Etroits. Les environs de Lyon offrent une multitude de sites pittoresques et de promenades variées qu'on ne se lasse jamais de parcourir; celle nommée les Etroits a fait de tout temps l'admiration des amateurs de la belle nature. Jean-Jacques Rousseau rappelle dans ses Confessions une nuit délicieuse qu'il passa sous une arcade des terrasses de ce beau lieu, ne possédant pour tout bien que son ardente imagination, quelques pièces de monnaie, et l'espérance d'un meilleur avenir.

Le chemin des Etroits, ainsi nommé à cause de son peu de largeur, s'étend sur la rive droite de la Saône, entre cette rivière et le coteau de Ste-Foy, depuis le faubourg de la Quarantaine jusqu'au pont de la Mulatière. La nature s'est plu à prodiguer toutes ses beautés le long de cette chaussée admirable; nulle part on ne peut voir des sites plus riants et de plus frais ombrages : un grand nombre de fontaines arrosent la partie du coteau qui a sa pente vers la rivière, dont les eaux tranquilles réfléchissent les charmants paysages environnants. Dans les flancs de la colline sont creusées plusieurs grottes curieuses tapissées de mousse et de verdure : l'une d'elles, plus grande que les autres, et dont le sommet est couronné d'arbrisseaux à travers lesquels coule une source abondante, offre une retraite mystérieuse; cette grotte est tapissée de brillantes stalactites, qui étincellent de toutes les couleurs de l'arc-en-ciel lorsque le soleil levant en éclaire l'entrée. D'autres fontaines jaillissent de grottes plus petites et non moins curieuses. Enfin le joli chemin des Etroits offre dans toute son étendue des sites d'une étonnante variété et véritablement enchanteurs.

La Pépinière. Elle occupe depuis 1817 l'enclos de l'ancien monastère de l'Observance : de toutes les situations des alentours de Lyon, il n'en était pas de plus convenable, sous le rapport du climat et de l'exposition. Occupant le penchant d'une colline, les sinuosités du terrain, l'enfoncement des vallons, y favorisent la maturité de toutes les espèces de fruits; le versant des coteaux et des prairies est arrosé par des ruisseaux qui aident à la végétation. Les différentes hauteurs que renferme son enceinte, on jouit d'une multitude de points de vue pittoresques; plusieurs allées agricoles, bordées d'arbres et d'arbustes à fruits des meilleures qualités, et de belles allées de botanique, offrent sur tous les points une continuité de promenades fort agréables.

Indépendamment des essais de toutes les cultures concernant la botanique, on fait à la Pépinière des essais de plantes céréales, ainsi que de plantes fourragères et tinctoriales. Tout est gratuit dans l'administration de cet établissement : ses produits sont employés à fournir des arbres forestiers pour l'embellissement des routes, à introduire de nouvelles espèces dans les forêts, à cultiver toutes les espèces d'arbres à fruits, et à favoriser l'agriculture.

Ile Barbe. A 4 k. au-dessus de Lyon, au milieu de la Saône, se montre une île de douze cents pas environ de longueur sur trois cents dans sa plus grande largeur, que la nature et l'art se sont plu à embellir. Cette île, environnée de collines en amphithéâtre, paraît placée au fond d'un vallon embelli par les eaux paisibles comme celles d'un lac; c'est l'ornement d'un des plus beaux sites des environs de Lyon.

Suivant les plus anciens auteurs, l'île Barbe et les environs furent d'abord des lieux consacrés à la retraite des druides. Sous Septime Sévère, quelques-uns des chrétiens échappés aux massacres qui eurent lieu à l'occasion des fêtes décennales cherchèrent un asile dans cette île. De ce nombre furent Etienne et Pérégrin, dont la douceur et l'esprit de charité attirèrent bientôt près d'eux des prosélytes. A peine l'île fut-elle habitée qu'on y fonda une abbaye, que Dagobert et son fils comblèrent de leurs dons. Ce monastère, qui s'accroissait chaque jour, fut ravagé par les Sarrasins. Le savant Leyderade le fit reconstruire et y ajouta plusieurs édifices nouveaux. Charlemagne voulut le connaître, et, enchanté d'une habitation placée dans une situation aussi agréable, il forma le projet de venir dans cette île se reposer des fatigues du trône. Dans cette intention, il fit rassembler une belle bibliothèque, qui fut pillée et brûlée par les calvinistes en 1562. Plusieurs rois de France ont aussi visité cet antique monastère, dont une partie des vastes bâtiments s'élèvent au-dessus de belles masses de verdure, et offrent un aspect pittoresque.

L'île Barbe est à deux époques de l'année, à Pâques et à la Pentecôte, un but de promenade vers lequel se dirige une partie de la population de la ville de Lyon et des campagnes environnantes. On élève alors, sous les arbres qui ombragent la pointe de l'île, un grand nombre de tentes où s'établissent, comme dans les fêtes foraines, des marchands de comestibles, des orchestres, des jeux, des danses, etc. L'affluence y est prodigieuse; la rivière peut à peine contenir l'immense quantité de barques et de bateaux qui la traversent, la montent et la descendent continuellement; les quais des Augustins, de St-Benoît, de Serin et les chemins qui bordent les deux rives de la Saône, sont couverts de gens à pied, à cheval, de carrioles et de brillants équipages. On ne peut voir sans intérêt cette foule d'habitants de tout rang, de tout sexe et de tout âge se dirigeant vers un même point, et s'y livrant à la plus franche gaieté. Depuis quelques années, un beau pont suspendu joint l'île aux deux côtés de la rivière, et ajoute aux agréments de ce charmant pèlerinage.

Cimetière de Loyasse. Ce cimetière, créé sous l'administration de M. de Santhonay, est situé hors de l'enceinte de la ville, à peu de distance de Fourvières; il est vaste, bien aéré et écarté des habitations. Le portail en ferme l'entrée est d'un bon style : deux larves, au milieu desquelles s'élève une croix, en forment le couronnement. L'enclos, entouré d'arbres, renferme un grand nombre de tombeaux en marbre, des mausolées et des chapelles remarquables par leur architecture.

On remarque encore à Lyon : l'école d'équitation. — Le grand théâtre. — Le théâtre des Célestins. — Le cercle musical, quai St-Antoine. — Le grenier à sel. — L'hôtel des Postes. — Le magnifique hôtel Tolozan, près du quai St-Clair. — L'hôtel Lavalette, place Bellecour. — La maison Delgat, rue du Plat. — L'hôtel Chevrières, où siége maintenant le tribunal de première instance. — L'hôtel de Jouys, rue de l'Arsenal. — L'ancien monastère de Ste-Claire, affecté aujourd'hui à une fonderie. — La maison Auriol, vis-à-vis du pont Morand. —

La maison des Caryatides, place St-Pierre. — L'hôtel du Nord. — L'atelier de l'argue. — Les bains du Rhône, des Brotteaux, de Perrache, du quai St-Clair, des Célestins, du Palais-Royal, les bains romains, etc., etc., etc.

INDUSTRIE ET COMMERCE.

L'industrie de Lyon est immense. Les étoffes de soie, renommées par la solidité de la teinture et le bon goût des dessins, en forment la base principale. Lyon est la première des villes de France qui ait possédé des fabriques de soie; elles datent du règne de Louis XI, et durent leur établissement à des Florentins et à des Lucquois qu'avaient repoussés de leur pays les querelles sanglantes des Guelfes et des Gibelins : on a des lettres patentes, données à Orléans le 23 novembre 1466, portant que, pour empêcher la sortie annuelle du royaume de quatre à cinq cent mille écus pour achat d'étoffes de soie, il sera établi à Lyon des métiers à faire des étoffes de ce genre; quatre ans après, Louis XI appela à Tours des fabricants de l'étranger. L'établissement des grandes manufactures de soieries qui ont placé Lyon à la tête des villes industrielles, et rendu le globe tributaire des produits variés de ses innombrables métiers, date de 1536. A cette époque, Etienne Turquet et Barthélemy Nariz, manufacturiers de Gênes, naturalisés Lyonnais, proposèrent au consulat de Lyon de faire venir des ouvriers pour établir des métiers en cette ville et confectionner des draps de soie et des tissus d'or et d'argent, dont on faisait alors un grand usage. Cette proposition trouva d'abord quelques opposants dans le conseil, qui toutefois arrêta à une grande majorité de présenter au conseil privé du roi la requête de Turquet, tendant à obtenir un sauf-conduit à l'égard des manœuvres qui viendraient de Gênes ou d'autres pays étrangers, leur naturalisation et leur exemption des tailles, impôts, etc. Le 2 décembre 1536 arrivèrent à Lyon les lettres patentes de François Ier, portant autorisation d'élever dans la cité lyonnaise les métiers des manufactures de draps d'or, d'argent et de soie, et la concession des priviléges demandés. Turquet exposa ensuite au conseil, que, pour donner à la fabrication des étoffes l'extension nécessaire, il avait besoin de quelques avances pour faire confectionner un moulin à filer et tordre la soie, et pour faire établir des chaudières propres à fabriquer les couleurs qu'on était obligé de faire venir de Gênes ou de Flandre. Cette demande fut prise en considération, et l'on arrêta « de prêter à Turquet, entre mars et Noël, cinq cents écus-soleil, dont il s'obligeait à les rendre dans cinq ans que finira la première compagnie; et encore, pour le mieux gratifier et l'encourager à soutenir son œuvre, on le tiendra exempt de ce qu'il pourra devoir à cause de ses marchandises de Flandre. » Aussitôt après trois métiers furent mis en activité; des chaudières de teinture furent élevées; Turquet fit venir des ouvriers de Gênes, d'Avignon, de Tours, et d'autres villes de fabriques, et commença la grande manufacture qui fit la prospérité et qui sera pen-

dant longtemps l'orgueil de la ville de Lyon.

Le nombre des ateliers, pour le travail de la soie dans toutes ses branches, s'élève à Lyon au delà de quinze mille. En 1699, on comptait dans cette ville 4,000 métiers; il y en avait 12,000 en 1788; 7,500 seulement en 1789; 10,720 en 1812; 24,000 en 1824; 30,000 en 1825. Il a été établi, dans une discussion récente, que le nombre des métiers s'élevait en 1833 à 32,000, sans compter les 2,000 qui sont employés à la fabrication des tulles et des bas. Plus de 80,000 personnes prennent part directement ou indirectement à cette industrie.

La chapellerie, la librairie, l'imprimerie, l'orfévrerie, la fabrication des liqueurs sont les branches secondaires de l'industrie et du commerce de Lyon.

Les principaux établissements consistent en manufactures importantes d'étoffes de soie de toute espèce; d'étoffes mélangées d'or et d'argent; châles bourre de soie et duvet de cachemire, rubans, tulles, crêpes, chapellerie, toiles peintes, tissus de coton, broderie, passementerie, dorures, bonneterie de soie et filoselle, dentelles d'or et d'argent, papiers peints, colle forte, cordes harmoniques, brosses et pinceaux, cardes, chandelles, cartons fins et pour apprêts, plomb laminé.

Fabriques considérables de liqueurs estimées, d'acides minéraux et autres produits chimiques. Teintureries en rouge d'Andrinople; teintureries en soie; fonderies de métaux et de caractères d'imprimerie; ateliers de tirage d'or et d'argent; verreries; faïenceries; moulins à plâtre; tanneries et corroieries estimées; nombreuses et belles brasseries. — Construction de bateaux.

Lyon, assis sur deux fleuves navigables, dont les ports de déchargement sont fort beaux, est un immense entrepôt où arrivent et s'échangent les marchandises du Midi et du Nord. Cette ville est le point où se réunissent les routes de Paris, de Marseille, de Bordeaux, de Genève et de la Suisse, de l'Italie et de l'Auvergne. Deux routes royales de 2e classe mettent Paris en communication avec la Suisse et le midi de la France en passant par Lyon. Un chemin de fer relie les villes de St-Etienne et de Rive-de-Gier à Lyon, et bientôt cette ville communiquera directement par une voie ferrée avec Paris et Avignon. A ces moyens de communications il faut joindre les voies du Rhône et de la Saône, qui contribuent puissamment à la splendeur commerciale de Lyon : la Provence, le Languedoc, Bordeaux, la Sardaigne, l'Espagne, tous les ports de la mer Méditerranée lui envoient la plus grande partie de leurs produits par le Rhône.

Les produits divers importés à Lyon soit pour la consommation intérieure, soit pour être réexportés, consistent principalement en vins, eaux-de-vie, esprits, huiles, chanvre, lin, savon, riz, sel, cotons en laine, soude, amadou, roseaux, café, indigo, soufre, cassonade, plomb, chardons cardières, garance, bois de teinture, poteries de grès, poteries grossières, faïence d'Arbouts. Les arrivages par eau occupent annuellement de vingt-quatre à vingt-huit équipages, faisant chacun neuf voyages par an, ou neuf cent quarante bateaux qui transportent ensemble de 60 à 65,000,000 de kil. Ils emploient de mille à douze cents chevaux d'une grande beauté, et dont le prix est évalué à environ 1,000,000. Moins riche au nord qu'au midi, le Rhône, en descendant des montagnes de la Suisse, apporte à Lyon peu de provenances des pays qu'il traverse : ce sont les radeaux de sapin et des mélèzes coupés dans les belles forêts du Bugey, un peu de chauffage, quelques bateaux de vins, des pommes, des pierres de Villebois, de Neuville-sur-Ain, des moellons pour la chaux, de l'asphalte ou bitume de Seyssel.

C'est par la Saône et les divers canaux que descendent de la Bourgogne à Lyon les radeaux de bois de construction tant de sapin que de chêne, les merrains, les bois de chauffage, chêne, orme et charme, des écorces d'arbre pour les tanneries, les gypses pour les fabriques de plâtre, les foins, pailles, blés et avoines ; le fer, la fonte, le minerai ; les charbons de bois, les belles pierres de Tournus, les carreaux, briques et tuiles de Verdun et de Thil, et les poissons des étangs de la basse Bresse. La Saône amène annuellement à Lyon 20,000 m. cubes de bois de chauffage et 380,000 hectol. de charbon de bois. Tous ces bateaux s'arrêtent dans les ports de Serin, soit pour se faire assurer, soit pour prendre un patron et au besoin un équipage. Outre ces nombreux transports, plusieurs gondoles et paquebots à vapeur, portant voyageurs et marchandises, se croisent tous les jours entre Lyon et Chalon-sur-Saône.

De Lyon au Rhin les communications sont ouvertes par le canal du Rhône au Rhin. De Lyon à Paris s'ouvrent aux transports trois communications par eau : l'une qui de la Saône prend le canal de Bourgogne, l'Yonne et la Seine ; la seconde qui suit le canal du Centre, le canal latéral, la Loire, le canal du Nivernais, l'Yonne et la Seine ; la troisième qui parcourt le canal du Centre, le canal latéral, ceux de Briare et de Loing, et enfin la Seine. Ces quatre grandes lignes contribuent beaucoup à la prospérité commerciale de Lyon. — Les transports de eau de Bordeaux à Lyon s'opèrent par la Garonne, par le canal du Languedoc, le canal des Étangs, l'étang de Mauguio, les canaux de la Radelle et d'Aigues-Mortes, et enfin par le Rhône, que l'on prend à Beaucaire.

Lyon fait un commerce considérable de soie en boîtes, étoffes de soie et nouveautés, de rubans, chapeaux de paille d'Italie, marrons, savon, draps, laines, toiles, chapellerie renommée, mercerie, librairie, papeterie, fers, grains, farines, chanvre, vins du Rhône, eaux-de-vie et vinaigres fines. Entrepôt de sel ; entrepôt de denrées coloniales non prohibées. — Commerce d'entrepôt de farines, de grains de toute espèce, de marrons, et de vins excellents, qui sont connus sous le nom de vins de Rivage, et qui se recueillent le long du Rhône et de la Saône.

Foires les 24 juin (5 j.) ; 29 juin (15 j.) ; 14 juillet (10 j.) ; et le jour de la Pentecôte (18 j.).
A 185 k. S.-O. de Genève, 149 k. O. de Chambéry, 114 k. N.-O. de Grenoble, 465 k. S.-E. de Paris. Long. orient. 2° 29′ 9″, lat. 45° 45′ 58″.

L'arrondissement de Lyon est composé de 16 cantons : l'Arbresle, Ste-Colombe, St-Genis-Laval, Givors, St-Laurent-de-Chamousset, Limonest, Mornant, Neuville, St-Symphorien-sur-Coise, Vaugneray, Lyon N., Lyon M., Lyon O., la Croix-Rousse, la Guillotière, Vaise.

Biographie.

Lyon est le lieu de naissance d'une multitude de personnages célèbres à divers titres. Les principaux sont :

Les empereurs romains MARC AURÈLE, CLAUDE et CARACALLA.

GERMANICUS, dont les Romains pleurèrent la mort prématurée.

Saint AMBROISE LE GRAND.
Saint IRÉNÉE.
SIDONIUS APOLLINAIRE, préfet de Rome, évêque d'Auvergne.
Le pape CLÉMENT IV.
Le P. MÉNESTRIER, un des plus savants hommes du XVIIe siècle.
Le P. COLONIA, historien de Lyon.
ANT. MONGEZ, membre de l'académie des inscriptions, historien et savant antiquaire.
CL. BROSSETTE, historien de Lyon.
L.-ALFRED DE TERREBASSE, historien et biographe.
LOUIS PRUDHOMME, libraire, historien des Révolutions de Paris.
FRANCISQUE MICHEL, littérateur et philologue.
Le P. L'ENFANT, célèbre prédicateur.
GASPARD TERRASSON, prédicateur.
L'abbé CL. MEY, canoniste.
Le convulsionnaire DESFOURS DE GENÉTIÈRE.
L'abbé MERCIER DE ST-LÉGER, savant bibliographe.
Le bibliographe DELANDINE.
L'helléniste CLAVIER.
Le lexicographe GATTEL.
J.-B. DE ROQUEFORT, philologue et antiquaire.
ANT. PERICAUD, philologue et historien.
Les jurisconsultes CL. DUPUY, MATT. TERRASSON, PROST DE ROYER, BLANC-ST-BONNET.
Le célèbre économiste JEAN-BAPTISTE SAY.
Le savant géomètre MONTUCLA.
Le savant mathématicien BOSSUT.
BOUCHARLAT, poète et mathématicien.
L'arithméticien BARRÈME, mort en 1703.
Le géomètre DÉSARGUES, mort en 1661.
NIC. BERTHOLON, physicien.
Le célèbre physicien AMPÈRE, membre de l'Institut.
TH. FAUTET DE LAGNY et FLEURIAU, célèbres hydrographes.
JAMBON et J.-SÉB. TRUCHET, mécaniciens.
L'illustre mécanicien JACQUART, inventeur du métier qui porte son nom.
CH. SPON, poète et savant médecin.

JÉROME PESTALOZZI, médecin.
FALCONET, médecin, membre de l'académie des inscriptions.
ANDRY, dit BOIS-REGARD, médecin.
CH.-L. DUMAS, docteur en médecine, professeur à la faculté de médecine de Paris.
M.-ANT. PETIT, célèbre chirurgien.
L. VITET, savant médecin.
L'abbé ROZIER, savant agronome.
JACOB SPON, voyageur et antiquaire.
P. SONNERAT, voyageur et naturaliste, mort en 1814.
Les savants botanistes TOURETTE, ANT.-LAURENT DE JUSSIEU, BERNARD DE JUSSIEU et JOSEPH DE JUSSIEU.
N. CHOMEL, auteur du Dictionnaire économique.
L'abbé TERRASSON, membre de l'Académie française.
SIMON BALLANCHE, philosophe et littérateur, membre de l'Institut.
BENJ. DELESSERT, membre de l'Institut.
Le baron DE GÉRANDO, membre de l'académie des inscriptions.
L'abbé MORELLET, membre de l'Académie française.
J. VERGIER, poète et romancier.
AN. BIGNAN, poète et littérateur.
P.-J. CHARRIN, poète chansonnier et auteur dramatique.
SERVAN DE SUGNY, poète et littérateur.
Le jésuite VIONNET, poète et littérateur.
P.-F.-AD. CARMOUCHE, auteur dramatique.
Le baron ST-CYR DE REVERONI, ficticien, romancier et auteur dramatique.
J.-A.-M. MONPERLIER, auteur dramatique.
CH. BORDES, poète tragique.
P.-ED. LEMONTEY, littérateur et auteur dramatique, député à l'assemblée législative, membre de l'Académie française.
PHILIPPON DE LA MADELAINE, littérateur et vaudevilliste.
J. PASSERON, poète et littérateur.
FABIEN PILLET, littérateur et auteur dramatique.
RIMOUTTÉ, auteur dramatique.
J.-B.-CH. VIAL, poète et auteur dramatique.
L'abbé GUILLON DE MONTLÉON, littérateur, historien de la révolution de Lyon.
A. JAL, littérateur.
Le jésuite ANT. MILIEN, littérateur.
J.-M. AUDIN, littérateur et libraire.
ANT. CAILLOT, laborieux compilateur.
DUGAS DE BOIS ST-JUST, littérateur.
J.-B.-C. ISOARD, plus connu sous le nom de DELISLE DE SALES, littérateur.
Le P. DE JUSSIEU, littérateur.
MATHON DE LA COUR, littérateur.
L.-AIMÉ MARTIN, littérateur.
LOUISE CHARLY-LABÉ, surnommée LA BELLE CORDIÈRE, célèbre par sa beauté, son courage et ses talents, morte en 1566.
Madame DEVIENNE, actrice de l'ancien Théâtre français.
Madame MARY ALLART, romancière.
Madame RÉCAMIER, la plus belle, la plus gracieuse, la plus aimable et la meilleure des

femmes, qui, par la puissance de sa beauté, les grâces de son esprit, le charme infini de ses entretiens, attira constamment près d'elle les hommes éminents de tous les partis.

Les architectes Philibert Delorme, Rondelet, Perrache, Cochet.

Les graveurs Girard Audran, Claude Audran, Andier des Rochers, Pillement, Gryphe, Orsel, Daudet, etc.

Le dessinateur Chenavard.

Cl. Boze, antiquaire, membre de l'Académie française.

Les statuaires et sculpteurs Ant. Coysevox, Guill. Coustou, Nic. Coustou, Michallon, baron Lemot, membre de l'Institut.

Le peintre Stella.

Le paysagiste Boisseau.

Le peintre d'histoire Hennequin.

Le peintre de genre Revoil.

Le peintre et antiquaire Artaud.

Le compositeur de musique Leclair.

Les célèbres organistes J.-L. Marchand et J.-M. Beauvallet Charpentier.

Le célèbre chanteur de l'Opéra Larrivée.

J.-L. Bourgelat, fondateur des écoles vétérinaires de Lyon et d'Alfort.

Ph. Chabert, directeur de l'école vétérinaire d'Alfort.

P. Flandrin, vétérinaire et anatomiste.

L'avocat Nic. Bergasse, député aux états généraux.

L'abbé Charrier de la Roche, membre de l'assemblée constituante, évêque constitutionnel de Rouen.

Le capucin Desgranges, plus connu sous le nom de Michel-Ange, qui était, dit-on, plus royaliste que le roi et plus ultramontain que le pape.

Ch.-P. Claret Fleurieu, ancien ministre de la marine et sénateur, membre de l'Institut.

Ch.-Camille d'Albon, littérateur et publiciste.

Le législateur Camille Jordan.

Le baron Lescallier, consul de France aux États-Unis de l'Amérique septentrionale sous l'empire.

L'écrivain politique Chassaignon.

L'ex-ministre Roland.

Cl. Tircuy de la Barre de Corcelles, condisciple de Napoléon, qui défendit courageusement le département du Rhône en 1815.

L'ex-président de la chambre des députés Ravez.

L'ex-directeur de la police Franchet.

M. Sauzet, défenseur de l'ex-ministre Chantelauze, président de la chambre des députés.

Le philhellène J.-G. Eynard, qui contribua si puissamment à l'affranchissement de la Grèce.

M. Jouvencel, courageux maire de Versailles en 1815.

Le maréchal Suchet, duc d'Albuféra.

Le général Duphot, assassiné à Rome en 1798.

Les généraux Servan, la Poype, Seriziot.

Le général Martin, qui a légué à la ville de Lyon une somme de plus d'un million pour la création d'une institution qui a été fondée dans cette ville sous le nom d'école de la Martinière.

Antelme Selve, connu aujourd'hui sous le nom de Soliman-Bey, l'un des principaux officiers du vice-roi d'Égypte.

Bibliographie.

Du Mas (Théophraste). *Traité de l'antiquité, origine et noblesse de l'antique cité de Lyon*, in-8, 1519.

Fontaine (Charles). * *Ordre de l'antiquité et excellence de la ville de Lyon*, in-8, 1557.

Rubys (Claude de). *Histoire véritable de la ville de Lyon*, in-fol., 1604.

St-Aubin (Jean de). *L'Histoire de la ville de Lyon, ancienne et moderne, avec les figures de toutes les vues*, 2 part. en 1 vol. in-fol., 1666.

Ménestrier (Claude-François). *Des divers caractères des ouvrages historiques, avec le plan d'une Nouvelle Histoire de la ville de Lyon, le jugement de tous les auteurs qui en ont écrit, et des dissertations sur sa fondation et sur son nom*, in-12, 1694.

— *Dissertation sur la double fondation de Lyon et sur son nom* (elle est p. 388, 427 de son livre, intitulé : Caractères des ouvrages historiques avec le plan de l'histoire de Lyon, in-12, 1694).

— *Lettre sur la situation de l'ancien Lyon* (Journal des savants, p. 362, 367, août 1697).

— *Éloge historique de la ville de Lyon*, in-4, 1669.

— *Histoire civile et consulaire de la ville de Lyon, justifiée par chartres, titres, chroniques, manuscrits, auteurs anciens et modernes, et autres preuves, avec la carte de la ville*, in-fol., 1696.

— *Histoire abrégée, ou Éloge historique de la ville de Lyon*, in-4, 1711.

Mériac (Cl.-Gaspard Bachet de). *Remarques sur l'origine de Lugdunum* (ces remarques sont au commencement du t. 1 des Commentaires sur les épîtres d'Ovide du même auteur, in-8, 1716).

Clerjon (P.). *Histoire de Lyon, depuis sa fondation jusqu'à nos jours* (continuée par Morin), 6 vol. in-8 et 55 gravures, 1829-1840.

Beaulieu (C.). *Tableau chronologique, historique et statistique de Lyon, depuis les Gaulois jusqu'à nos jours, contenant tout ce qui a rapport aux souverains, magistrats, etc.* (extrait d'une Histoire de Lyon inédite), in-8, 1836.

— *Histoire de Lyon, depuis les Gaulois jusqu'à nos jours, ornée de vignettes*, in-8, 1837-38.

Brossette (Cl.). * *Histoire abrégée, ou Éloge de la ville de Lyon*, in-4, 1711.

Poullin de Lumina (El.-Jos.). *Abrégé chronologique de l'histoire de Lyon*, in-4, 1767.

Péricaud (A.-P.). *Éphémérides lyonnaises* (avec Bréghot du Lut), in-8, 1830.

Péricaud (Antoine). * *Tablettes chronologiques pour servir à l'histoire de la ville de Lyon, de 1700 à 1750*, in-8, 1831-33.

Thomas (D.). * *Précis de l'histoire de Lyon, depuis 1600 jusqu'à 1643*, in-8, 1835.

Essai historique sur la ville de Lyon (Arch. statist. du Rhône, nos 52 à 59, 1829).

* *La Prinze de Lyon par les protestants en 1562*, in-8, 1562.

* *La juste et sainte Défense de la ville de Lyon*, in-4, 1562.

* *Discours sur les mouvements et la prinze de Lyon, etc., sa réduction à l'obéissance de Henri IV*, 1593 et 1594.

* *Les Barricades de 1594 à Lyon, brief récit contenant au vrai ce qui s'est passé en la réduction de la ville de Lyon en l'obéissance de S. M., les 7, 8 et 9 février*, in-8, 1842.

Saconay (Gabriel de). *Discours des premiers troubles advenus à Lyon, avec l'apologie de la ville*, in-8, 1596.

Duverdier (A.). *Discours sur la réduction de la ville de Lyon à l'obéissance de Henri IV*.

— *Nouvelle édition, suivie d'une lettre adressée à l'auteur du discours, d'une réponse et de cinq lettres de Henri IV adressées aux Lyonnais, publiée par P.-M. Gonon*, in-8, 1843.

Thomas (D.). * *Mémoires pour servir à l'histoire de Lyon pendant la Ligue, contenant ce qui s'est passé de plus remarquable dans le Lyonnais depuis l'année 1568 jusqu'à la fin de 1594*, in-8, 1836.

Guillon (l'abbé Aimé). *Mémoires pour servir à l'histoire de la ville de Lyon*, 3 vol. in-8. fig., 1824.

* *Notes et Documents pour servir à l'histoire de la ville de Lyon, par Ant. P.* (Annuaires de Lyon, 1838, 1839, 1840, 1841).

Nolhac (J.-B.). *Souvenirs de trois années de la révolution à Lyon*, in-12, 1844.

Maudet de Penhouet. *Lettres sur l'histoire ancienne de Lyon*, in-4, 1818.

Grandperret (Th.). *De l'état politique de la ville de Lyon, depuis le xe siècle jusqu'à l'année 1789* (mémoire couronné par l'académie de Lyon), in-8, 1843.

Cochard (N.-F.). *Séjour de Henri IV à Lyon pendant les années 1564, 1574, 1595 et 1600, etc.*, in-18, 1827.

* *Entrée du roi Charles VI à Lyon, et de sa réception faite à Avignon par le pape Clément VII l'an 1389*.

* *Entrée de Charles VIII à Lyon l'an 1495* (imprimée dans Godefroy, t. 1, dans son Cérémonial de France, p. 208 et 238).

Gonon (P.-P.-M.). *Séjours de Charles VIII et Loys XII à Lyon sur le Rosne, jouxte la copie des faits, gestes et victoires des rois Charles VIII et Louis XII*, in-8, 1841.

* *Entrée de Henry II et de Catherine de Médicis, son épouse, à Lyon, l'an 1548* (imprimée au t. 1 du Cérémonial de Godefroy).

* *Entrée du roi Charles IX à Lyon en 1564* (imprimée dans le t. 1 de Godefroy, p. 898).

Papire Masson. *Discours entier des choses qui se sont passées à la réception de la reine à*

Lyon, l'an 1564, et au mariage du roi Charles IX, in-8, 1571 (imprimé dans le t. I de Godefroy, p. 898).

FONTAINE (Ch.). *Salutation au roi Charles IX sur son entrée en sa noble et antique ville de Lyon*, 1564.

* *Ordre tenu à l'entrée de Henri III à Lyon l'an 1574* (imprimé au Cérémonial de Godefroy, t. I, p. 922).

MATHIEU (Pierre). *L'Entrée du roi Henri IV à Lyon le 4 septembre 1595.*

* *L'Entrée de Henri IV à Lyon le 4 septembre 1595.*

MATHIEU (Pierre). *Les deux plus grandes Réjouissances de la ville de Lyon : la première pour l'entrée du roi Henri IV, la seconde pour la publication de la paix*, in-4, 1598.

* *Entrée de Sa Majesté Louis XIII et de la reine son épouse dans la ville de Lyon, sommaire récit de ce qui s'est passé de remarquable en ladite entrée de Leurs Majestés*, in-fol., 1624.

* *Entrée de Sa Majesté Louis XIV à Lyon, et la réception faite à la reine par Sa Majesté*, in-4, 1658.

* *Relations des entrées solennelles dans la ville de Lyon de nos rois, reines, princes, etc., depuis Charles VI jusqu'à présent*, in-4, 1752.

GINGINS-LASSARRAZ (le baron Fréd. de). *Essai historique sur la souveraineté du Lyonnais au Xe siècle et sur la prétendue cession de la cité de Lyon comme dot de Mathilde, fille de Louis IV, dit d'Outre-Mer*, in-8, 1836.

HERMITE, dit TRISTAN. *Les Forces de Lyon, ou les Armoiries des capitaines, lieutenants et enseignes des personnages de la ville de Lyon*, 1658.

DU CHESNE (André). *Tables généalogiques des comtes de Lyon* (imprimées dans son Histoire généalogique des ducs et comtes de Bourgogne, in-4, 1628).

DUMOULIN. *Généralité de Lyon*, in-8, 1767.

BERNARD (Auguste). *De la commune lyonnaise au moyen âge*, in-8, 1843.

* *Recueil des priviléges des échevins et habitants de la ville de Lyon*, in-4, 1649.

* *Priviléges et Franchises des habitants de la ville de Lyon*, in-fol., 1674.

FRADIN. * *Ordonnances et Priviléges des foires de Lyon, et leur antiquité, avec celles de Brie et de Champagne*, in-8, 1560.

BARBIER. * *Priviléges des foires de Lyon*, octroyés par les rois, in-4, 1649.

DELANDINE. *De la milice et garde bourgeoise de Lyon*, in-4, 1787.

Mémoire pour les bourgeois de Lyon contre les consuls, in-12, 1777.

* *Lyon tel qu'il était, tel qu'il est, ou Tableau de sa grandeur passée, par A. G****, in-12, 1797.

* *Lyon et ses faubourgs mis en presqu'île*, in-8, 1827.

GROS (M.-B.). *Lettre sur la réunion à Lyon des communes sur-urbaines* (ces communes sont la Guillotière, la Croix-Rousse et Vaise), in-8, 1833.

* *La presqu'île de Perrache et la ville de Lyon. Réponse à une note récemment adressée à M. le ministre de la guerre et au génie militaire*, in-8, 1832.

GAULTHIER (F.-A.). *Chronique de Perrache*, in-4, 1835.

* *Discussion importante qui intéresse tous les habitants de la ville de Lyon. Lettre adressée au rédacteur du Courrier de Lyon, relative aux droits perçus par l'administration municipale de Lyon pour location d'usines, bateaux à laver*, in-4, 1834.

BALLEYDIER (Alph.). *Histoire politique et militaire du peuple de Lyon* (ouvrage annoncé en 3 vol. in-8, divisés en 60 livr.; 20 livr. paraissaient en décembre 1844).

BÉRAUD. *Relation du siège de Lyon, contenant le détail de ce qui s'y est passé*, in-8, 1794.

* *Histoire du siège de Lyon en 1793*, in-8, 1795.

GUILLON (l'abbé Aimé). *Histoire du siège de Lyon, des événements qui l'ont précédé et des désastres qui l'ont suivi*, 2 vol. in-8, 1797.

PETIT (J.-B.). *Détails des troubles de Lyon, et Relation du siège mémorable de cette ville par l'armée républicaine en 1793*, in-8, 1831.

* *Un Épisode du siège de Lyon* (Appendice à la galerie auxonnaise) ; trait de bravoure d'un Auxonnais, in-8, 1840.

Siège de Lyon. Histoire de Commune-Affranchie (178-1796), recueillie dans les conversations d'un soldat du siège, in-8, 1843.

GUILLON (l'abbé Aimé). *Tableau historique de la ville de Lyon*, in-12, 1792.

DELANDINE (Fr.-Ant.). *Tableau des prisons de Lyon, pour servir à l'histoire de la tyrannie de 1792 à 1793*, in-12 et in-8, 1793.

REVERCHON. *Mémoire au comité de salut public sur la réhabilitation du commerce de Commune-Affranchie*, in-8, 1834.

— *Journal de Lyon et du Midi* (pendant le séjour du premier consul à Lyon), in-8, 1802.

CARRIER SAINEVILLE. *Compte rendu des événements qui se sont passés à Lyon depuis le 3 septembre 1816 jusqu'à la fin d'octobre 1817, avec les pièces justificatives*, in-8, 1818.

FABVIER (le colonel). *Lyon en mil huit cent dix-sept*, in-8, 1834.

PELLION (L.). *De l'importance militaire de la ville de Lyon et des fortifications nécessaires à la défense de cette ville*, 2e édit., 1830.

TROLLIET. *Lettres historiques sur la révolution de Lyon, ou Une Semaine de 1830*, in-8, 1830.

MORNAND. *Une Semaine de la révolution à Lyon*, in-8, 1831.

COLLOMB. *Détails historiques sur les journées de Lyon et les causes qui les ont précédées*, in-8, 1832.

* *Événements de Lyon, ou les Trois Journées de novembre 1831, contenant l'exposé des motifs de la cause; 2° de ce qui s'est passé à Lyon les 21, 22 et 23 novembre 1831; 3° la nouvelle des désordres de cette ville, arrivée au gouvernement et aux chambres; 4° les deux adresses au roi; 5° le voyage du prince royal et son entrée à Lyon; 6° les revues*, etc., in-8, 1832.

* *Histoire de Lyon pendant les journées des 21, 22 et 23 novembre 1831, contenant les causes, les conséquences et les suites de ces déplorables événements*, in-8, 1832.

* *Notice par ordre alphabétique des morts et des blessés, civils et militaires, à la suite des événements de Lyon des 21, 22 et 23 novembre 1831; extraite des registres des hôpitaux de Lyon et de Trévoux, des mairies de Lyon et de la Croix-Rousse, des journaux*, etc., in-8, 1832.

LIONS (J.). *Précis historique, statistique et géographique de Lyon ancien et Lyon moderne jusqu'à ce jour; suivi des événements des 21, 22 et 23 novembre 1831, ou la Révolte des ouvriers en soie, des causes qui ont amené ces événements et de leurs résultats immédiats, avec figures représentant les principaux monuments de Lyon et le plan de la ville*, in-8, 1832.

MONFALCON (J.-B.). *Histoire des insurrections de Lyon en 1831 et en 1834, d'après les documents authentiques; précédée d'un essai sur les ouvriers en soie et sur l'organisation de la fabrique*, in-8, 1834.

SALA (Adolphe). *Les Ouvriers de Lyon en 1834. Esquisses historiques sur les événements d'avril*, 3e édit., in-18, 1834.

POINTE (J.-P.). *Fragment pour servir à l'histoire de Lyon pendant les événements du mois d'avril 1834*, in-8, 1836.

AMAT (Hilarion). *Réflexions sur les causes primitives des événements de Lyon*, in-4, 1834.

* *Lyon et Paris en avril 1834 ; précédé : 1° d'un précis sur Robespierre, sa doctrine et ses actes, considérés comme cause des insurrections de Lyon et de Paris; 2° d'une notice historique sur le siège qu'il a soutenu en 1793; 3° d'un plan de Lyon et de ses environs*, in-8, plan, 1834.

* *La Vérité sur les événements de Lyon au mois d'avril 1834*, in-8, 1834.

* *Aperçu complet des événements de Lyon pendant les six fatales journées des 9, 10, 11, 12, 13 et 14 avril, rendus jour par jour*, in-8, 1834.

* *Histoire des événements de Lyon, dans les journées des 9, 10, 11, 12, 13 et 14 avril, par un témoin oculaire; suivie de la dernière insurrection du cloître Saint-Merry, par un garde national*, in-8, 1834.

* *Événements de Lyon, pendant les fatales journées des 9, 10, 11, 12, 13 et 14 avril, rendus jour par jour, etc.*, in-12, 1834.

* *Précis historique des mouvements insurrec-*

tionnels républicains de Lyon, Paris, etc., en avril 1834 ; suivi d'un *Dialogue entre les membres d'une société secrète qui s'est dissoute dans les vingt-quatre heures de la promulgation de la loi du 10 avril sur les associations*, in-12, 1834.
* *Précis historique sur les événements de Lyon*, in-8, 1834.
* *Précis des événements et des troubles de Paris et de Lyon*, in-12, 1834.
* *Relation historique des événements de Lyon du 5 au 17 avril, avec un précis des troubles qui ont éclaté à la même époque dans plusieurs villes, et notamment à St-Etienne et à Paris*, in-18, 1834.
* *Relation complète des événements qui se sont passés à Lyon, à Paris et à St-Etienne, pendant le mois d'avril 1834*, in-12, 1834.
* *Note à l'appui des réclamations de la ville de Lyon, relative aux événements des 9, 10, 11, 12, 13 et 14 avril*, in-8, 1834.
Piercham (Morien). *Histoire des antiquités de la ville de Lyon*, in-8, 1548-1574.
Paradin (Guillaume). *Mémoires pour l'histoire de Lyon ; ensemble les inscriptions antiques, tumules et épitaphes qui se trouvent en divers endroits de la ville de Lyon*, in-fol., 1573.
— *Les mêmes, avec les privilèges de la ville de Lyon, recueillis par Claude de Rubys*, in-fol., 1623.
Spon (Jacob). * *Recherches des antiquités et curiosités de la ville de Lyon, avec un mémoire des principaux antiquaires et curieux de l'Europe*, in-8, 1676.
Colonia (Dominique de). *Antiquités profanes et sacrées de la ville de Lyon, avec quelques singularités remarquables recueillies et présentées à Mgr le duc de Bourgogne*, in-4, 1701 ; in-12, 1702.
— *Antiquités de la ville de Lyon*, 2 vol. in-12, 1738.
Mauder de Penhouet (le comte A.-B.-L.). * *Lettres sur l'histoire ancienne de Lyon (sur les antiquités de cette ville et particulièrement sur les aqueducs des Romains)*, in-4, pl. et grav., 1818.
Commarmont. *Antiquités de Lyon. Dissertation sur trois fragments en bronze trouvés à Lyon à diverses époques, et en particulier sur une portion de jambe de cheval, un pied d'homme en bronze, un avant-bras de statue, et autres objets antiques découverts dans la tranchée du quai Fulchiron en 1840*, in-8, 1840.
Antiquités de la ville de Lyon (Mém. de l'ac. royale des inscriptions et belles-lettres, t. II, p. 475, 487 ; t. III, p. 240. Hist., t. I, p. 212. Hist., t. III, p. 247).
Explication d'un monument antique découvert à Lyon (Hist. de l'ac. royale des inscriptions et belles-lettres, t. III, p. 247).
Explication d'un bas-relief antique qui est sur le portail de l'église d'Ainay, abbaye de Lyon (Mém. de l'acad. royale des inscript. et belles-lettres, t. VII, p. 35).

Sur une inscription sépulcrale latine et grecque trouvée à Lyon (Hist. de l'acad. royale des inscript. et belles-lettres, t. 1, p. 248).
Sur quelques inscriptions du temps des Romains nouvellement découvertes à Lyon (Hist. de l'ac. royale des inscript. et belles-lettres, t. XVII, p. 235).
Explication d'une inscription antique trouvée à Lyon, où sont les particularités des sacrifices que les anciens appelaient Tauroboles, 1705.
Colonia (le P. dom de). *Dissertation sur un monument antique découvert à Lyon sur la montagne de Fourvière au mois de décembre 1704*, in-12, fig., 1705.
Commarmont. *Notes sur les antiquités nouvellement découvertes au bas du rocher de Pierre-Scise, à Lyon* (Bull. de M. de Caumont, t. v, p. 513).
Artaud (F.). *Description d'une mosaïque représentant les jeux du cirque, découverte à Lyon*, grand in-fol., et planches coloriées, 1806.
— *Sur quelques découvertes d'antiquités faites à Lyon pendant l'été de 1811*, broch. in-8, 1811.
— *Mosaïques de Lyon et du midi de la France*, grand in-fol., 1818.
Flacheron (Alexandre). *Mémoire sur trois anciens aqueducs qui amenaient autrefois à Lyon les eaux du mont d'Or, de la Brévenne et du Gier ; suivi d'une Notice sur un ancien cloaque de construction romaine, situé dans la rue du Commerce, et sur deux souterrains qui longent les bords du Rhône, entre St-Clair et Miribel*, in-8, 1840.
Delorme (Guillaume-Marie). *Recherches sur les aqueducs de Lyon, construits par les Romains, lues dans les séances de l'académie de Lyon des 29 mai et 5 juin 1759-1760*, in-12 de 63 pages.
Artaud (Fr.). *Discours sur un projet de recherches de monuments antiques dans la ville de Lyon*, in-8, 1808.
* *Pouillé général des bénéfices de l'archevêché de Lyon et des diocèses d'Autun, Chalon-sur-Saône, Langres et Mâcon*, in-4, 1648.
Le Fèvre (Isaac). *Nombre des églises qui sont dans l'enclos et dépendance de la ville de Lyon, avec une exacte recherche des temps, et par qui elles ont été fondées ; le tout tiré des anciennes archives*, in-8, 1627.
De St-Aubin (Jean). *Histoire ecclésiastique de la ville de Lyon* (publiée par le P. Ménestrier), in-fol., 1666.
Mure (Jean-Marie de la). *Histoire ecclésiastique du diocèse de Lyon, traitée par la suite chronologique des vies des archevêques ; avec les plus mémorables antiquités de l'église cathédrale, de toutes les collégiales, abbayes et prieurés*, in-4, 1671-1674.
Poullin de Lumina (Étienne-Joseph). *Histoire de l'église de Lyon, depuis son établissement par saint Pothin dans le IIe siècle de l'Église jusqu'à nos jours*, in-4, 1770.
* *Histoire des triomphes de l'église de Lyon et la prise de Montbrison*, in-8, 1562.
Peyronnet (l'abbé). *Notre-Dame de Fourvières et ses entours, contenant, etc.*, in-8, 1841.
Hubert Lebon. *Délices de Fourvières*, in-18, 1843.
Panorama de l'Observatoire de Fourvières à Lyon, in-12 d'une demi-feuille, 1844.
Pavy (l'abbé L.-A.). *Les Cordeliers de l'Observance à Lyon, ou l'Église et le Couvent de ce nom, depuis leur fondation jusqu'à nos jours*, in-8, une planche, 1836.
— *Les Grands Cordeliers de Lyon, ou l'Église et le Couvent de St-Bonaventure, depuis leur fondation jusqu'à nos jours*, une lith., in-8, 1836.
* *Ermitage du mont Cindre, près Lyon*, in-18, 1827.
Beaulieu (C.). *Fondation de l'ermitage du mont Cindre et de la tour de la Belle-Allemande, extrait d'une chronique de 1432, avec des détails sur Lyon et ses environs*, in-12, 1835.
Quincarnon (de). *Fondation et Antiquités de l'église collégiale de Saint-Paul de Lyon*, in-12, 1606.
Crausse (Marie-Hiéronyme). *Histoire de l'établissement et du progrès du premier monastère de religieuses annonciades célestes de la ville de Lyon, etc.*, divisée en deux parties, in-4, 1699.
* *Observations sur le lieu où doit être construite l'église projetée aux Brotteaux, adressées à la commission exécutive des hospices civils de Lyon par les propriétaires de terrains acquis des hospices*, in-4, 1840.
Demogeot (J.). *Notice historique sur le collège royal de Lyon* (extrait de Lyon ancien et moderne), in-4, 1840.
Chappuzeau (Samuel). *Lyon dans sa splendeur, ou Description de la ville de Lyon*, in-4 et fig., 1656.
Clavasson (André). *Description de la ville de Lyon, avec des Recherches sur les hommes célèbres qu'elle a produits*, in-4, 1741.
Rivière de Brinais (pseud. de Clavasson). *Description de Lyon*, in-8, 1741.
Description de Lyon, avec des notes sur les hommes célèbres, in-12, 1761.
Cochard (Nic.-Fr.). *Description historique de Lyon, ou Notice sur les monuments remarquables et sur tous les objets de curiosité que renferme cette ville*, in-12, 1817.
Fortis (F.-M.). *Voyage pittoresque et historique à Lyon, aux environs et sur les rives de la Saône et du Rhône*, 2 vol. in-8, 1821.
Chapuy. *Voyage pittoresque dans Lyon, ancien et moderne, ou Choix de vues, monuments et paysages de cette ville célèbre et de ses environs*, in-4, 1824.
Jolimont. *Description historique et vues pittoresques de Lyon*, in-4, 1832.

PÉRICAUD (Antoine). * *Notice topographique sur la ville de Lyon*, in-8, 1832.

Lyon ancien et moderne, par les collaborateurs de la Revue du Lyonnais, sous la direction de *Léon Boitel*, t. I et II, in-8, 1843 (l'ouvrage doit avoir 3 volumes).

PENET (Ant.). *Plan, Pourtraict et Description de la ville de Lyon au XVIe siècle, de nouveau mis en lumière par P.-M. Gonon*, in-8 d'une feuille et demie et grav., 1844.

BERNIER. *Palais, maisons et autres édifices modernes dessinés à Lyon*. V. PERCIER.

ARTAUD (Fr.). *Nouvelles et Anciennes Statues équestres de Louis XIV à Lyon*, gr. in-fol., 1826.

DULIN. *Recueil des plus beaux tombeaux exécutés au grand cimetière de Lyon*, in-4, 1830.

* *Le Cimetière de Loyasse, ou Description de tous les monuments qui existent dans ce cimetière, avec le relevé exact des inscriptions qui y sont gravées, suivi d'un plan topographique des lieux et de planches donnant le dessin des monuments les plus remarquables*, in-8, 1834. P........

CURTEN aîné. *Essai sur les jardins, suivi du plan de la presqu'île Perrache, située au midi de la ville de Lyon, traitée en jardin*, in-8, 1807.

* *Essais historiques sur la ville de Lyon, ou Dictionnaire des rues, quais et places de cette ville*, in-8, 1828.

* *Tableau des rues, places, passages, quais, ponts et ports de la ville de Lyon et de ses faubourgs, avec l'origine de leurs noms et leurs aboutissants*, in-18, 1839.

* *Lyon vu de Fourvières. Esquisses morales, physiques et historiques*, in-8, 1835.

COCHET (Cl.). *Essai sur les moyens d'opérer la restauration du palais de justice de la ville de Lyon, suivi de plans, coupes et élévations, et d'un devis estimatif des travaux*, in-8, 1831.

* *Palais de justice de Lyon, sa reconstruction sur la place Louis XVIII*, in-8, 1831.

* *Notes sur la construction du palais de justice*, in-4, 1833.

GRILLOT (J.-Bapt.). *Lyon affligé de contagion, ou Narré de ce qui s'est passé de plus mémorable dans cette ville depuis le mois d'août 1628 jusqu'en octobre 1629*, in-8, 1629.

POINTE (J.-P.) (D.-M.). *Notice historique sur les médecins du grand Hôtel-Dieu de Lyon, lue en séance publique de l'administration des hôpitaux le 4 mai 1825*, in-8, 1826.

— *Histoire topographique et médicale du grand Hôtel-Dieu de Lyon, dans laquelle sont traitées la plupart des questions qui se rattachent à l'organisation des hôpitaux en général*, in-8, 1842.

HUMÉ jeune. *Revue et Critique sur l'Hôtel-Dieu, la Charité, l'Antiquaille et autres établissements du même genre existant à Lyon*, in-12, 1829.

ACHARD-JAMES (J.-M.). *Histoire de l'hospice de l'Antiquaille de Lyon*, in-8, 1834.

BEZ (N.). *La Ville des aumônes, tableau des œuvres de charité de la ville de Lyon*, in-8, 1840.

* *Nouvelle Notice sur l'hospice des vieillards de la Guillotière*, in-4, 1842.

POTTON (A.). *De la prostitution et de la syphilis dans les grandes villes, dans la ville de Lyon en particulier; de leurs causes, de leur influence sur la santé, les habitudes et le bien-être de la population; des moyens de remédier à ces fléaux*, in-8, 1842.

MONFALCON. *Rapport sur l'eau minérale ferrugineuse de St-Georges, à Lyon* (avec TISSIER), broch. in-8, 1829.

HÉRICART DE THURY. *Sur les puits forés, et plus particulièrement sur la nature du terrain du sol de Lyon* (Ann. des mines, t. VI, 2e série, p. 321).

* *Examen des eaux sortant des fontaines publiques de la ville de Lyon et de ses faubourgs, fait en septembre 1807 par la société de pharmacie de la même ville*, gr. in-4, 1807.

* *Note sur un projet ayant pour but d'approvisionner Lyon et ses faubourgs à l'aide des eaux du Rhône, naturellement clarifiées*, in-8 de 9 feuilles et demie, plus une planche.

DU PASQUIER. *Analyse des eaux potables des environs de Lyon*, in-8, 1840.

* *Mémoire sur la fourniture des eaux nécessaires à la ville de Lyon, sur la dérivation des sources du Mont-d'Or, combinée avec l'action d'un moteur hydraulique*, in-8, 1841.

Rapport sur le projet de dérivation et de distribution d'eaux de source à Lyon, in-8, 1843.

FOURNET (J.). *Mémoire sur les sources des environs de Lyon*.

— *Sur le lit du Rhône à Lyon*, broch. in-8, 1842.

* *Études sur la question de l'établissement d'un service hydraulique destiné à pourvoir aux besoins de la ville de Lyon et des faubourgs qui l'entourent*, in-8 de 3 feuilles, 1844.

* *Relation d'un grand malheur arrivé à la porte du Rhône à Lyon, le 11 octobre de l'année 1711, au retour de la promenade de Bron, hors du faubourg de la Guillotière*, in-4.

* *Récit des désastres terribles causés par les débordements récents du Rhône et de la Saône*, in-8, 1840.

* *Histoire de l'inondation de Lyon et de ses environs en 1840, précédée d'une notice sur les inondations de Lyon*, etc., etc., in-18, 1841.

* *Lyon inondé en 1840 et à diverses époques: Histoire de toutes les inondations qui ont affligé Lyon; suivie des mandements des archevêques de Lyon et de Bordeaux, d'une pièce de vers par Bouchard (F.) de Mâcon, et de strophes par de Lamartine (Alphonse)* (extrait de la Revue du Lyonnais), in-8, 1841.

* *Histoire des inondations du Rhône et de la Saône, depuis leur source jusqu'à leur embouchure, en l'année 1840; ouvrage précédé de l'historique des anciennes inondations*, in-8, 1841.

BOITEL (Léon). *Inondation du Rhône et de la Saône à diverses époques*, in-8, 1841.

VALMORE-DESBORDES (Mme). *L'Inondation de Lyon en 1840*, in-8, 1840.

QUEULIN (J.-E.). *Aux victimes de la Saône et du Rhône, stances dithyrambiques*, in-8, 1840.

SOYE (Mlle Emmeline). *Désastres de Lyon, poème, au bénéfice des victimes de l'inondation*, in-8, 1841.

KAUFFMANN. *Récit de toutes les inondations de Lyon, d'après des documents authentiques*, in-8, 1840.

FOURNET (J.). *Rapport de M. le Maire de Lyon sur les observations recueillies par la commission hydrométrique*, in-8....

Notice sur les mines des environs de Lyon (Journ. des mines, n° XIV, p. 23).

MEYFRED (F.). *Tableau historique et statistique de Lyon et du département du Rhône*, in-8 de 2 feuilles et demie, 1844.

BALRIS (J.-B.). *Flore lyonnaise, ou Description des plantes qui croissent dans les environs de Lyon et sur le mont Pilat*, 2 tomes en 3 vol. in-8, 1827-28.

— *Supplément à la Flore lyonnaise*, publié en 1827 et 1828, etc., in-8, 1835.

* *Une Journée au jardin des plantes de Lyon, poème en deux chants avec des notes, par C. R***, in-8, 1817.

FOULQUES (H.). *Essais historiques sur l'art monétaire et sur l'origine des hôtels de monnaies de Lyon, Mâcon et Vienne, etc.*, in-8, 1838.

ARTAUD (Fr.). *Cabinet des antiques du musée de Lyon*, in-8, 1816.

— *Inscriptions du musée de Lyon*, in-12, 1816.

* *Notice de la galerie des tableaux anciens du muséum de Lyon*, in-8, 1839.

BARD (le chev. Joseph). *Le Palais St-Pierre ou des Arts*, in-8, 1842.

BRÉGHOT DU LUT. * *Notice sur la bibliothèque de la ville de Lyon, extraite des archives historiques et statistiques du département du Rhône* (t. VI), broch. in-8, 1828.

Rapport sur les livres et estampes des bibliothèques du palais des Arts, présenté à M. Terme, maire de Lyon, in-fol. de 14 feuilles, 1844.

DELANDINE (Fr.-Ant.). *Catalogue de la bibliothèque de la ville de Lyon*, 7 vol. in-8, 1812-24.

Manuscrits, 2 vol., 1812.
Belles-lettres, 2 vol., 1816-17.
Théâtre, 1 vol., 1818.
Histoire, 2 vol., 1819-24.

COLONIA (le P. dom de). *Histoire littéraire de la ville de Lyon, avec une bibliothèque des auteurs lyonnais sacrés et profanes, distribués par siècle*, 2 vol. in-4, fig., 1728-1730. — Cet ouvrage contient les Antiquités de la ville de Lyon et la Dissertation sur un monument antique, etc., imprimés séparément en 1705 et 1738.

PERNETTI (l'abbé Jacques). * *Recherches pour servir à l'histoire de Lyon, ou les Lyonnais dignes de mémoire*, 2 vol. pet. in-8, 1757.

DELANDINE (Fr.-Ant.). *Bibliothèque historique et raisonnée des écrivains de Lyon, et des ouvrages manuscrits ou imprimés qui ont quelque rapport à l'histoire ecclésiastique et civile de cette ville et des trois provinces*, in-8, 1787.

COLLOMBET. *Etudes sur les historiens du Lyonnais*, in-8, 1844.

* *Biographie lyonnaise des auteurs dramatiques vivants, dite du terroir, rédigée dans la loge du portier des Célestins, enrichie de quelques notes, par un bon enfant*, in-32, 1826.

BRÉGHOT DU LUT. * *Mélanges biographiques et littéraires pour servir à l'histoire de Lyon*, 1 vol. in-8, 1828.

—*Biographie lyonnaise. Catalogue des Lyonnais dignes de mémoire* (avec PÉRICAUD aîné), in-8, 1839.

* *Biographie lyonnaise. Notice sur Chalier* (extrait de la Revue du Lyonnais, VIII° liv., août 1835), in-8, 1835.

BONNEVILLE (de Pazzi de). *Les Lyonnaises protectrices des Etats souverains et conservatrices du genre humain*, etc., in-8, 1771.

Archives historiques et politiques de la ville de Lyon et du département du Rhône, in-8, 1824 et années suiv.

Compte rendu de l'académie royale des sciences, belles-lettres et arts de Lyon, in-8.

PERNETTI (l'abbé Jacques). *Tableau de la ville de Lyon, avec un plan de cette ville*, in-8 de 82 pages, 1760.

COCHARD (Nic.-Fréd.). *Le Guide du voyageur et de l'amateur à Lyon, ou Description historique des monuments, curiosités et établissements publics et particuliers, que renferme cette ville, suivie d'une notice sur les rues, places, quais*, etc., in-18, 1826.

* *Nouvel Indicateur des habitants de la ville de Lyon et des faubourgs, d'après le dernier recensement administratif, avec un tableau des principales professions de la ville, mises par ordre alphabétique, précédé d'une notice topographique et historique de Lyon*, in-12, 1834.

* *Petit Guide du voyageur à Lyon, contenant*, etc., in-12, 1840.

LIONS (J.) (lic....). *Guide du voyageur à Lyon, ou Lyon ancien et moderne*, in-8, 1 pl., 3 grav., 1836.

CHAMBET (C.-J.). *Guide pittoresque de l'étranger à Lyon, panorama de la ville, de ses faubourgs et d'une partie de ses environs*, 7° édit., in-18, 1839.

Guide historique et pittoresque de Lyon à Chalon-sur-Saône, par M***, in-18 de 5 feuilles et demie, 1844.

JACQUIN fils. *Le Voyage du poële à Lyon*, poëme élégiatique en 5 chants, in-8, 1841.

BOUNEAU. *Lyon mystérieux et nocturne* (1re livraison, sept. 1844), in-8.

* *Promenade en Bellecour*, in-18 d'une feuille et demie, 1844.

MAYET. *Mémoire sur les manufactures de Lyon*, in-8 de 72 pag., 1786.

BEAULIEU (C.). *Histoire du commerce, de l'industrie et des fabriques de Lyon, depuis leur origine jusqu'à nos jours*, in-8, 1838.

DELANDINE (Fr.-Ant.). *Almanach civil, politique et littéraire de Lyon et du département du Rhône*, in-8, 1797.

Almanach historique et politique de la ville de Lyon, 1804 et années suiv.

Annuaire départemental, administratif, historique, industriel et statistique de Lyon, in-8, 1844. — Contient le 7° article de notes et documents pour servir à l'histoire de Lyon et du Lyonnais, faisant suite aux notes et documents publiés dans les Annuaires précéd.

BOUDIN. *Promenade de Lyon à Grenay pour l'étude du terrain diluvien à blocs erratiques*, in-24.

GONON (P.). *Bibliographie historique de la ville de Lyon pendant la révolution française*, 1re livraison, in-8 d'une feuille, 1843 (contient 94 articles).

LYONNAIS (le), *Ædui Lugdunenses, Lugdunensis provincia*, ci-devant province de France qui forme maintenant les départements du *Rhône* et de la *Loire*. Le Lyonnais fit partie de la première Lyonnaise sous la domination romaine. Ayant été d'abord conquis par Clovis, puis enclavé dans le royaume d'Arles, ce pays eut ensuite des comtes, devint une province du second royaume de Bourgogne, et en fut séparé pour former un comté. Philippe le Bel le réunit à la couronne en 1310. Le Franc-Lyonnais ou les Treize-Marches était un petit pays privilégié situé au delà de la Saône, qui anciennement formait une république. Le Lyonnais était un des douze grands gouvernements du ressort du parlement de Paris, de la généralité et élection de Lyon.

Le gouvernement du Lyonnais comprenait : le Lyonnais propre, capitale Lyon ; le Franc-Lyonnais, chef-lieu Neufville ; le Beaujolais, capitale Villefranche ; le Forez, capitale Feurs.

Les **armes du Lyonnais** étaient : *d'azur semé de fleurs de lis d'or*.

Bibliographie. * *Etat par ordre alphabétique des provinces du Lyonnais, Forez et Beaujolais* (se trouve à la fin de l'Almanach de Lyon), in-8, 1769.

JAL (A.). *Résumé de l'histoire du Lyonnais (Rhône)*, in-18, 1826.

DE LA MURE (Jean-Marie). *Histoire universelle, civile et ecclésiastique du pays du Forez*, in-4, 1674.

DE RHINS (Dutreuil). *Mémoire historique sur la province du Forez* (Mercure, 1748, février).

BERNARD jeune (Aug.). *Histoire du Forez*, 2 vol. in-8, 1835.

— *Les d'Urfé, Souvenirs historiques et littéraires du Forez aux XVI° et XVII° siècles*, avec fac-simile, in-8, 1839. — On trouve dans ce volume : 1° la Description du pays du Forez, par Anne d'Urfé ; 2° Appendice à la description.

* *Quelques mots sur l'Histoire du Forez*, de M. Aug. Bernard, in-8, 1836.

DULAC (J.-B. Souyer). *Observations sur l'état ancien et actuel des tribunaux du Forez*, in-8, 1781. — Contient des documents intéressants pour l'histoire du Forez, des notices biographiques sur les grands hommes qu'a produits le Forez, et des dissertations sur les droits seigneuriaux.

RICHARD DE LA PRADE. *Analyse et Vertus des eaux minérales du Forez et de quelques autres sources*, in-18, 1778.

ROUX. *Observations sur l'architecture du moyen âge dans le Forez* (Bulletin de M. de Caumont, t. VIII, p. 567).

ALLÉON DULAC. *Mémoires pour servir à l'histoire naturelle des provinces de Lyonnais, Forez et Beaujolais*, 2 vol. pet. in-8, 1765.

BRISSON. *Mémoires historiques et économiques sur le Beaujolais, ou Recherches et Observations sur les princes de Beaujeu, la noblesse, l'histoire naturelle et les principales branches d'agriculture, de commerce et d'industrie du Beaujolais*, in-8, 1770.

CLARET DE LA TOURETTE. *Voyage au mont Pilat, dans la province du Lyonnais, contenant des observations sur l'histoire naturelle de cette montagne et des lieux circonvoisins, suivies du catalogue raisonné des plantes qui y croissent*, in-8, 1770.

* *Excursion au mont Pilat*, in-8, 1835.

* *Analyse des plantes vasculaires du Lyonnais et du mont Pilat, à l'usage des botanistes en excursion*, in-18, 1838.

PUVIS (A.). * *Voyage agronomique en Beaujolais, Forez et dans la Limagne d'Auvergne*, in-8, 1821.

LYONNE, *Allier*, comm. de Cognat, ⊠ de Gannat.

LYONNIÈRES, vg. *Ain*, comm. de St-Etienne-du-Bois, ⊠ de Bourg-en-Bresse.

LYONS-LA-FORÊT (St-), *Dionysio in Leonibus, Leonis Castrum*, petite ville (Normandie), arr. et à 22 k. des Andelys, chef-l. de cant. Cure. ⊠. A 102 k. de Paris pour la taxe des lettres. Pop. 1,524 h. — TERRAIN crétacé supérieur, craie.

Cette ville, d'origine gallo-romaine, figure dans l'histoire des premières invasions barbares, sous le règne de l'empereur Probus ; elle portait alors le nom de *Lochonia*. Des fouilles faites en 1723, sur l'ancien emplacement de cette cité, ont fait découvrir des médailles en assez grand nombre, dont quelques-unes étaient du temps de Nerva et de Trajan, des fûts de colonnes ornés de bas-reliefs, des tombeaux qui renfermaient des ossements et des épées.

A l'époque où le christianisme se cachait encore dans les catacombes de cette Rome où il devait plus tard régner en maître, la forêt de Lyons était particulièrement le lieu d'assemblée des chrétiens du pays, qui avaient creusé au milieu de cette forêt impénétrable une église souterraine de 6 m. 17 c. de long sur 3 m. 57 c. de large, et 3 m. 25 c. de hauteur. Un cintre en pierre de taille supportait la voûte, qui était élevée en cailloux bruts, et à 1 m. du mur du fond, un autel isolé avait été édifié pour le prêtre. Lorsque le christianisme cessa d'être persécuté, cette église primitive fut abandonnée, et l'on éleva justement au-dessus l'église paroissiale de St-Martin. Ce ne fut qu'en 1722, en creusant dans cette église, qu'on découvrit l'antique sanctuaire, oublié depuis l'an 1460. — Ce lieu est depuis lors en grande dévotion dans le pays; mais il est douteux que les pèlerins qui s'y rendent, comprennent tout ce qu'a d'imposant ce témoin, le plus ancien peut-être de la France, des commencements de la religion chrétienne.

Sous les rois de la première race, Lyons était le nom d'un petit pays dans lequel l'abbaye de St-Denis possédait des domaines ; plusieurs villages des environs, en particulier Lilly, Fleury et Morgny, étaient appelés les hameaux ou villages de St-Denis : le chef-lieu, après avoir longtemps porté ce nom de St-Denis, finit par garder seulement celui du canton.

Le duc de Normandie Guillaume, dit Longue-Epée, eut à Lyons une habitation, où Guillaume le Bâtard résida dans sa jeunesse. Henri Ier la remplaça par un château fort de forme carrée, flanqué de quatre grosses tours. Ce fut là qu'il mourut le 1er décembre 1135.

En 1144, Louis le Jeune se fit rendre ce château par Hugues de Gournay, qui l'occupait. Philippe Auguste s'en empara à deux reprises en 1193 et 1203. Les quatre portes devaient être gardées, quand le roi y résidait, par quatre barons du voisinage : c'est à cette charge héréditaire que la famille de Marigny devait son nom primitif, le Portier, *Ostiarius*, qu'elle prenait dans ses titres. Enguerrand était né à Lyons, et il en avait la seigneurie avec celle d'Ecouis.

Au XIIIe siècle, la ville s'étendait au-dessous du château, dans la vallée, là où l'on voit aujourd'hui l'église, loin du centre actuel des habitations, qui se sont groupées sur l'emplacement du château et environnent ses fossés.

PATRIE d'ISAAC BENSERADE, poëte et auteur dramatique, mort en 1691.

Fabriques d'indiennes. Tanneries. — *Foires* le jeudi saint, le jour de la petite Fête-Dieu, et 1er jeudi après le 9 octobre.

LYLHARD (St-), vg. *Loire-Inf.* (Bretagne), arr. et à 40 k. de Savenay, cant. d'Herbignac, ✉ de la Roche-Bernard. Pop. 1,352 h. — *Foires* les 27 juin et 26 nov.

LYS (la), rivière qui prend sa source au village de Lisbourg, arr. de St-Pol, *Pas-de-Calais;* elle passe à Therouanne, Aire, St-Venant, Merville, Estaires, Sailly, Armentières, Warneton, au-dessous duquel elle entre dans le royaume des Pays-Bas, pour aller se jeter dans l'Escaut à Gand.

La Lys est navigable au moyen de plusieurs écluses, depuis Aire jusqu'à son embouchure. Son cours est d'environ 200 k. Les principaux objets de transport consistent en grains, vins, eaux-de-vie, huiles, graines grasses, cendres pour engrais, pierres à chaux, etc.

LYS (abbaye du). V. DAMMARIE-LÈS-LYS.

LYS, vg. *Nièvre* (Nivernais), arr. et à 15 k. de Clamecy, cant. et ✉ de Tannay. P. 654 h.

LYS (St-), bg. *H.-Garonne* (Languedoc), arr. et à 16 k. de Muret, chef-l. de cant., bureau d'enregist. à Rieumes. Cure. ✉. A 722 k. de Paris pour la taxe des lettres. P. 4,000 h. — TERRAIN tertiaire moyen.

Fabriques de tuiles. — *Foires* les 7 janv., 23 fév., 13 avril, 6 mai, 25 juin, 29 août, 8 oct. et 2 déc.

LYS, vg. *Saône-et-Loire,* comm. de Chissey, ✉ de St-Gengoux-le-Royal. — *Foires* les 8 mars, 28 avril, 15 juin, 8 août, 22 oct. et 22 nov.

LYS (le), vg. *Seine-et-Marne,* comm. de Dammarie-lès-Lys, ✉ de Melun.

LYS-LÈS-LANNOY, vg. *Nord* (Flandre), arr. et à 13 k. de Lille, cant. et ✉ de Lannoy. Pop. 1,171 h.

LYS-ST-GEORGES, vg. *Indre* (Berry), arr. et à 14 k. de la Châtre, cant. et ✉ de Neuvy-St-Sépulcre. Pop. 433 h.

M

MAAST, vg. *Aisne* (Picardie), arr. et à 15 k. de Soissons, cant. d'Oulchy, ✉ de Braine. Pop. 319 h.

MAATZ, vg. *H.-Marne* (Champagne), arr. et à 28 k. de Langres, cant. de Prauthoy, ✉ de Chassigny. Pop. 231 h.

MABLY, vg. *Loire* (Forez), arr., cant., ✉ et à 6 k. de Roanne. Pop. 913 h. — Tuileries.

MACAIRE (St-), petite et ancienne ville, *Gironde* (Guienne), arr., bureau d'enregist. et à 15 k. de la Réole, chef-l. de cant. Cure. ✉. A 610 k. de Paris pour la taxe des lettres. Pop. 1,513 h. — TERRAIN d'alluvions modernes, voisin du tertiaire supérieur.

Autrefois diocèse, parlement, intendance et élection de Bordeaux. Justice royale.

Les armes de St-Macaire sont : *d'azur à la figure de saint Martin d'argent, vêtu en évêque, la mitre et la crosse d'or sur une terrasse de sinople.*

Cette ville est située dans la belle vallée et sur la rive droite de la Garonne, vis-à-vis de Langon. Elle est généralement mal bâtie, entourée d'antiques murailles assez bien conservées, et possède une belle église gothique, classée au nombre des monuments historiques, ainsi qu'un petit port sur la Garonne.

PATRIE du littérateur J.-B. PUJOULX.

Commerce de vins rouges de son territoire. — *Foires* les 7 janv., 24 juin, 2e jeudi de sept. et 1er déc.

MACAIRE (St-), bg. *Maine-et-Loire* (Anjou), arr. et à 10 k. de Beaupréau, cant. et ✉ de Montfaucon. Pop. 2,067 h. — On remarque dans cette commune, sur les terres de la métairie de la Bretellière, un peulvan de la plus grande dimension ; c'est un bloc de granit brut posé verticalement, dont la circonférence est de 3 m. et la hauteur de 7 m. 30 c. — *Foires* les 1er vendredi après le St-Aubin, 1er vendredi de mai et de sept.

MACAIRE-DU-BOIS (St-); bg *Maine-et-Loire* (Anjou), arr. et à 30 k. de Saumur, cant. et ✉ de Montreuil-Bellay. Pop. 621 h.

MACAU, bg *Gironde* (Guienne), arr. et à 21 k. de Bordeaux, cant. de Blanquefort, ✉ de Margaux. Pop. 1,582 h.

Macau est un bourg populeux et riche, situé dans un territoire fertile en vins estimés, près de la rive gauche de la Garonne.

Les vins de cette commune sont rudes, dépourvus de moelleux et d'agrément ; ils s'exportent ordinairement en Amérique et dans les Indes orientales, et acquièrent dans le voyage une légèreté et une finesse qui les rendent ensuite fort agréables. Quelques propriétaires possèdent d'excellents crus ; mais celui qui a la prééminence est le château de Chantemerle, beau domaine couvert d'immenses forêts de chênes et de pins, dans lequel on remarque plusieurs belles pièces d'eau bordées d'arbres odoriférants. — *Foires* les 24 juin et 16 août.

MACAYE, vg. *B.-Pyrénées* (Gascogne), arr. et à 25 k. de Bayonne, cant. et ✉ d'Hasparren. Pop. 781 h.

MACÉ, vg. *Loir-et-Cher,* comm. de St-Denis-sur-Loire, ✉ de Blois.

MACÉ, vg. *Orne* (Normandie), arr. et à 32 k. d'Alençon, cant. et ✉ de Sées. Pop. 713 h.

MACERVILLE, vg. *Eure-et-Loir,* comm. d'Aunay-sous-Crécy, ✉ de Dreux.

MACÉ, ou MACEY, *Maceium,* vg. *Aube* (Champagne), arr., cant., ✉ et à 12 k. de Troyes. Pop. 421 h.

La montagne de MONTGUEUX, presque entièrement plantée en vignes, et où l'on cultive une espèce de navets qui jouissent d'une réputation méritée, est une dépendance de la commune de Macey. Il y avait un château, construit vers 1512, qui a été démoli au commencement de la révolution.

MACEY, vg. *Manche* (Normandie), arr. et à 20 k. d'Avranches, cant. et ⊠ de Pontorson. Pop. 486 h.

MACHAINVILLE, vg. *Eure-et-Loir*, com. de Santeuil, ⊠ d'Auneau.

MACHAULT, bg *Ardennes* (Champagne), arr., bureau d'enregist. et à 17 k. de Vouziers, chef-l. de cant. Cure. ⊠. A 205 k. de Paris pour la taxe des lettres. Pop. 744 h. — TERRAIN crétacé supérieur.

Ce bourg a été horriblement maltraité durant les guerres de la Fronde; il est encore entouré de larges fossés qui servaient alors à sa défense.

Foires les 22 fév., 30 juin, 1er août, 15 oct. et 6 déc.

MACHAULT, vg. *Seine-et-Marne* (Gatinais), arr. et à 18 k. de Melun, cant. et ⊠ du Châtelet. Pop. 1,017 h.

MACHÉ, vg. *Vendée* (Poitou), arr. et à 30 k. des Sables, cant. et ⊠ de Palluau. Pop. 640 h.

MACHECOUL, *Machicolium*, petite ville, *Loire-Inf.* (Bretagne), arr. et à 38 k. de Nantes, chef-l. de cant. Cure. Gîte d'étape. ⊠. A 436 k. de Paris pour la taxe des lettres. Pop. 3,745 h. — TERRAIN cristallisé, gneiss.

Autrefois diocèse et recette de Nantes, parlement et intendance de Rennes, brigade de maréchaussée, couvent de filles du Calvaire.

Machecoul était anciennement la capitale du duché de Retz, qui avait le titre de baronnie et duché-pairie. Les seigneurs avaient autrefois pour habitation un fort château construit dans le xe siècle, dont on ne voit plus que des ruines. Ce château, qui a, dit-on, appartenu à Gilles de Retz, si fameux par ses crimes et plus encore par son supplice, devait être assez considérable, à en juger par ce qui en reste. La ville était en outre bien fortifiée et défendue par une citadelle; elle a soutenu plusieurs sièges. C'est sous Louis XIV que le château et la citadelle ont été démantelés et démolis.

Les armes de Machecoul sont : *de gueules à trois chevrons d'argent*.

Machecoul fut la première ville qui soit tombée au pouvoir des Vendéens, à l'époque où commença la guerre civile de l'Ouest.

En 1793, la Vendée, dont la civilisation reculée d'un demi-siècle par sa position, le joug que les nobles et les prêtres qui y étaient en plus grand nombre qu'ailleurs imposaient aux paysans, leur parut le pays le plus propre à être le foyer de la guerre civile. Son voisinage des côtes la mettait d'ailleurs plus à portée de recevoir de l'Angleterre les secours que les princes français y étaient allés solliciter. Ce fut donc là que tous les nobles et les prêtres qui ne passèrent pas chez l'étranger se rendirent pour attendre l'occasion de soulever les peuples. Le décret qui ordonnait la levée de 300,000 hommes la leur fournit bientôt, et leur servit de prétexte pour insinuer aux paysans que la Convention nationale, non contente de leur avoir

enlevé leur religion et leur gouvernement légitime, les frappait encore dans ce qu'ils avaient de plus cher, en leur prenant leurs enfants pour les envoyer à la boucherie. Il n'en fallut pas davantage pour exaspérer les esprits, et porter les paysans à lever l'étendard de l'insurrection. Elle éclata d'abord dans l'Anjou méridional, puis gagna le pays de Retz et la basse Vendée, où le peuple irrité trouva des chefs redoutables qui ne demandaient pas mieux que de seconder leur rébellion. Le 10 mars le tocsin sonne dans les communes rurales, et de toutes parts il se forme des attroupements à main armée. Quinze cents insurgés pénètrent dans Machecoul, et parcourent les rues en criant : *Vive le roi!* Une centaine de gardes nationaux, soutenus par la gendarmerie, marchent à leur rencontre; mais ils sont bientôt cernés et mis en fuite, à l'exception de cinq hommes qui sont massacrés avec le commissaire du département. Les insurgés ne faisaient pas de quartier aux républicains; les femmes criaient : *Tue! tue!* les vieillards assommaient et les enfants chantaient victoire. « Un Vendéen, dit l'historien de la Vendée, courait les rues avec un cor. de chasse; il sonnait la vue quand il apercevait un républicain : c'était le signal d'assommer, puis il revenait sur la place sonner l'hallali; les enfants le suivaient en criant : *Vive le roi! victoire!* Un comité royal, présidé par Souchu, commandait ces massacres. S'il échappait quelques républicains, ce n'était qu'à force d'argent. Les insurgés, au nombre de six à sept mille hommes, dont sept à huit cents au plus avaient des fusils, se portèrent sur Pornic, dont ils s'emparèrent à quatre heures du soir, et en furent chassés deux heures après. S'il y eût eu parmi eux de l'ordre, de la discipline, ils auraient pu conserver ce poste; mais, au lieu de cela, ils attaquaient à la débandade, ils attaquaient sans ensemble, et s'enivraient de vin et d'eau-de-vie chaque fois qu'ils en trouvaient l'occasion; aussi toutes les fois que les républicains les surprenaient dans cet état, ils en avaient bon marché. Un chef des insurgés, nommé de Saint-André, poursuivi par trois gendarmes, en tue deux à coups de pistolet, et passe son épée à travers le corps du troisième. Ce trait de bravoure lui valut la confiance des Vendéens; il ne la conserva pas longtemps; car, ayant aperçu un détachement de républicains qui se dirigeaient vers une troupe de Vendéens que l'ivresse mettait hors d'état de se défendre, il leur donna l'éveil en criant : *Sauve qui peut!* Il fut dénoncé pour ce fait, et en arrivant à Machecoul il eût été fusillé s'il n'eût pas pris la fuite. On lui donna pour successeur dans le commandement, Charette de la Contrie, lieutenant de vaisseau, qui pour lors était à Fondeloze, près de la Garnache. Celui-ci, jaloux de justifier la confiance des Vendéens qui l'avaient nommé leur chef par acclamation, s'occupa sans délai à les organiser et à former sa cavalerie, qui ne fut d'abord que de cent chevaux. Il s'adjoignit dans le commandement les trois frères Laroberie, Duchaffault jeune, le chevalier de Laroche-l'Epinay, et d'Argens,

fils d'un chirurgien. Pour s'attacher plus fortement ses compagnons d'armes par la religion du serment, et donner plus de solennité à son entreprise, Charette se rendit le 14 mars dans l'église de Machecoul, et là, en présence des insurgés, il jura de périr les armes à la main, plutôt que d'abandonner son parti. Puis, regardant la troupe d'un air fier, il dit aux Vendéens : « Promettez-vous, comme moi, d'être fidèles à la cause du trône et de l'autel? — Oui, oui! s'écrièrent-ils tous d'une voix unanime. » Charette profitant de ces bonnes dispositions, marcha aussitôt contre Pornic, prit cette place et la livra au pillage. Il y trouva cinq pièces de canon, les fit sur-le-champ conduire à Machecoul, qu'il fortifia autant que les localités purent lui permettre, pour s'en faire comme une forteresse où il pût se retirer au besoin.

Pendant ce temps, Souchu, qui présidait le comité royal à Machecoul, se signalait par des massacres, et faisait de cette malheureuse ville un théâtre d'horreurs. Les chefs vendéens, persuadés que ces mesures odieuses ne pouvaient qu'aliéner les esprits, et détacher de leur parti, mirent fin à ces cruelles exécutions, et Charette, à son arrivée, fit mettre en liberté toutes les femmes républicaines. Cependant le général Canclaux, auquel le comité de salut public venait de confier le commandement de l'armée des côtes, instruit de l'insurrection des pays situés sur la rive gauche de la Loire, dirigea par Nantes le général Beysser avec des troupes de ligne pour y prendre du renfort, et voler au secours des républicains. Conformément à ces ordres, Beysser se rend à Nantes, réunit un corps de douze cents Nantais, en forme sa colonne de droite, et pénètre dans le pays de Retz. A son arrivée, le tocsin sonne de toutes parts, la colonne des républicains se dirige au port St-Père; mais elle y fut arrêtée pendant deux heures par un simple paysan. Si Charette se fût alors présenté, il aurait pu retarder la marche des républicains et défendre le pays de Retz; mais il ne voulut pas quitter son quartier général de Machecoul. Le général Beysser, dont le plan était d'abord se rendre maître des côtes et en éloigner les Vendéens qui cherchaient à s'en rapprocher; en conséquence il se concerta avec le capitaine d'une frégate stationnée dans les environs de Noirmoutiers, et eut bientôt dégagé les côtes. Bourgneuf, Pornic, Noirmoutiers, tombèrent au pouvoir des républicains; le maire de Barbâtre fut fusillé. Après ces expéditions, Beysser marcha sur Machecoul; Charette ne fut pas plutôt instruit de sa marche, qu'il abandonna la ville, y laissant son artillerie et se retira à Légé. Les Vendéens regardèrent cette retraite comme une fuite, et perdirent la confiance qu'ils avaient en cet officier; il fut même sur le point d'être massacré par des paysans que la marque de Gouléens avait soulevés contre lui. Il échappa à ce danger; mais il ne put éviter une humiliation que lui préparait Roirand. Le chef des Vendéens, jaloux sans doute du mérite de Charette, lui reprocha hautement sa lâcheté, et le menaça d'une destitution militaire. Cette disgrâce, loin de le décourager, développa son caractère. Dès ce moment sa fortune changea, et il se montra digne de la célébrité qu'il acquit dans la suite. Il n'y avait pas longtemps que les massacres avaient cessé; Machecoul, cette ville infortunée, fumait encore du sang des républicains lorsque Beysser y entra. Le barbare Souchu, craignant la mort qu'il avait mille fois méritée, abandonna lâchement son parti, et, prenant une large cocarde tricolore, alla implorer la clémence du vainqueur; Beysser allait lui accorder sa grâce, lorsque les femmes de Machecoul révélèrent les horreurs dont il s'était rendu coupable, et crièrent vengeance! Aussitôt un sapeur républicain se saisit de ce scélérat, et lui abattit la tête.

En décembre 1793, le midi de la Vendée, qui avait été le premier théâtre de la guerre civile, était rentré dans le devoir, lorsque Charette y ramena son armée au commencement de l'hiver. Il y avait peu de jours que les républicains avaient traversé le pays et l'avaient quitté, n'y trouvant pas d'ennemis à combattre. Ils avaient à peine évacué Machecoul que Charette s'en empare par surprise et fait égorger la moitié de la garnison; et il aurait tout sacrifié à sa fureur, sans le général Beaupuy, qui parcourait la Vendée à la tête d'une division. Machecoul, situé près d'une forêt entre Beauvoir et Nantes, ouvre et ferme la communication entre ces deux villes, sur une étendue de 60 k. Les généraux Hatry et Dutruy, connaissant l'importance de cette place, chargèrent le général Charpentier de s'en emparer: ce général s'y rend à marches forcées; Charette y attendait tranquillement la Cathelinière; l'armée des royalistes était rangée en bataille, couverte par la forêt et forte de quatre à cinq mille hommes. Charpentier, dont l'intention était de tenir les Vendéens en échec, pendant qu'il s'emparerait de la ville, disposa son armée sur deux lignes qui formaient une équerre. La première devait attaquer le front de l'ennemi, tandis que la seconde, soutenue par le feu d'un canon et d'un obusier placés sur une hauteur, filerait sur la gauche pour s'emparer de Machecoul. Ces dispositions prises, Charpentier donna le signal de l'attaque; les républicains la firent avec tant d'audace et d'intrépidité, que Charette fut obligé de battre en retraite. La nuit qui s'avançait, et la difficulté de la marche, sur un terrain coupé en tout sens de haies et de fossés, devaient le mettre à l'abri de toutes poursuites; mais les républicains, qu'irritaient les obstacles, s'attachèrent aux pas de l'ennemi avec tant d'ardeur, qu'on fut obligé de battre le rappel pour les faire revenir sous drapeaux. Les fatigues de la journée rendaient le repos nécessaire, et la déroute des Vendéens semblait permettre qu'on s'y livrât tranquillement; mais les républicains avaient affaire à un ennemi infatigable; aussi le général Charpentier profita-t-il de la nuit pour faire de nouvelles dispositions. Il fit bien, car dès le lendemain, Charette, qui avait rassemblé ses troupes à St-Philibert, se porta de nouveau vers Machecoul avec les débris de son armée, qui se trouvait n'être plus que de huit à neuf cents hommes. Quoique les républicains s'attendissent bien à revoir l'ennemi, cependant, comme il s'était approché par des chemins détournés, il enleva leurs premiers postes sans éprouver de résistance; mais bientôt on crie aux armes, la générale bat, et toutes les troupes sont sur pied. Les tirailleurs de Charette cherchaient à tourner Machecoul; on s'en aperçoit, le bataillon de la Haute-Saône les a bientôt culbutés. Pendant qu'on était aux prises, une manœuvre que la position des républicains rendait nécessaire, faillit occasioner une déroute. Charpentier ayant fait faire un demi-tour à droite à la moitié de sa troupe, quelques soldats prirent ce mouvement pour une retraite, et commencèrent à lâcher pied; les officiers eurent besoin de toute leur fermeté pour arrêter le désordre. Cependant la première colonne, qui filait de l'autre côté de la ville, attaque les Vendéens avec avantage; soutenus par les hussards, les républicains les poursuivirent le sabre à la main jusqu'au ruisseau de la Marne. L'affaire fut si vive sur ce point, que sans le courage de Laroberie jeune, qui retarda avec sa cavalerie la poursuite des hussards, l'armée vendéenne eût été totalement détruite: Charette lui-même ne dut son salut qu'à une fuite précipitée. Cette journée fut fatale aux Vendéens, qui perdirent beaucoup de monde, surtout dans les retraites; car, comme le défaut de discipline et la difficulté du terrain empêchaient qu'elles ne se fissent en bon ordre, les fuyards étaient facilement atteints et sabrés sans miséricorde.

Machecoul est une ville située dans une vaste plaine, appelée la Vallée-de-Chaumes, sur le ruisseau du Falleron, à peu de distance de la vaste forêt de son nom. Les rues en sont assez larges, mais elles sont mal alignées et d'ailleurs tellement malpropres et si mal pavées, que presque partout on y voit des mares d'eaux croupissantes. Les rues principales sont traversées par des ruelles dans lesquelles on entasse les fumiers et les ordures, et où même on rencontre souvent des cadavres d'animaux domestiques. Les maisons ne sont pas construites de manière à diminuer les fâcheuses influences de cet état, de malpropreté des rues; elles sont, pour la plupart, basses, mal distribuées, et plusieurs ont le sol au niveau et même au-dessous de celui du pavé. Ces diverses causes, jointes aux émanations des marais environnants, rendent le séjour de cette ville malsain.

Commerce de chevaux et de bestiaux. — *Foires* tiennent à mercredi du mois, 1er mercredi d'avril, 25 juin, 15 sept., 19 oct. et 7 déc.

MACHEIX, vg. *Corrèze* (Limousin), arr. et à 29 k. de Brives, cant. et ✉ de Beaulieu. Pop. 169 h.

MACHELLE, vg. *Maine-et-Loire*, comm. de Faveraye, ✉ de Brissac.

MACHEMONT, vg. *Oise* (Picardie), arr. et à 13 k. de Compiègne, cant. et ✉ de Ribecourt. Pop. 614 h.

MACHÈNE, vg. *Charente-Inf.*, comm. de Mazerolle, ✉ de Pons.

MACHEREN, vg. *Moselle* (pays Messin), arr. et à 30 k. de Sarreguemines, cant. et ✉ de St-Avold. Pop. 719 h.

MACHERIN, vg. *Seine-et-Marne*, comm. de St-Martin-en-Bière, ✉ de Chailly.

MACHERN, *Moselle*. V. MACKER.

MACHEROMÉNIL, vg. *Ardennes*, comm. de Corny, ✉ de Réthel.

MACHERON, *H.-Marne*. V. CHATENAY-MACHERON.

MACHEVILLE, vg. *Ardèche*, comm. et ✉ de la Mastre.

MACHEZAL, vg. *Loire*, comm. de Chirassimont, ✉ de Symphorien-de-Lay.

MACHIEL, vg. *Somme* (Picardie), arr. et à 22 k. d'Abbeville, cant. de Rue, ✉ de Bernay. Pop. 326 h.

MACHINE (la), vg. *Nièvre* (Nivernais), arr. et à 35 k. de Nevers, cant. et ✉ de Decize. Pop. 1,760 h. — Exploitation de houille au moyen de sept machines à vapeur.

MACHINE-DE-MARLY (la), vg. *Seine-et-Oise*. V. MARLY-LA-MACHINE.

MACHY, vg. *Aube* (Champagne), arr. et à 22 k. de Troyes, cant. et ✉ de Bouilly. Pop. 201 h.

MACHY, vg. *Somme* (Picardie), arr. et à 22 k. d'Abbeville, cant. de Rue, ✉ de Bernay. Pop. 382 h.

MACKENHEIM, vg. *B.-Rhin* (Alsace), arr. et à 13 k. de Schelestadt, cant. et ✉ de Marckolsheim. Pop. 932 h.

MACKER, ou MACHERN, *Moselle*, comm. de Helstroff, ✉ de Boulay.

MACKWILLER, vg. *B.-Rhin* (Alsace), arr. et à 35 k. de Saverne, cant. et ✉ de Drulingen. Pop. 798 h.

MACLAS, vg. *Loire* (Forez), arr. à 36 k. de St-Etienne, cant. et ✉ de Pélussin. Pop. 1,024 h.

MACLAUNAY, vg. *Marne* (Brie), arr. et à 40 k. d'Epernay, cant. et ✉ de Montmirail. Pop. 110 h.

MACLOU (St-), vg. *Calvados* (Normandie), arr. et à 19 k. de Bayeux, cant. de Mézidon, ✉ de St-Pierre-sur-Dives. Pop. 70 h.

MACLOU (St-), vg. *Eure*, comm. de Ste-Marie-aux-Anglais, ✉ de Pont-Audemer. — On y voit une ancienne église dont le clocher date du XIe siècle. — *Fabriques* de toile. Filature de coton.

MACLOU-DE-FOLLEVILLE (St-), *Seine-Inf.* (Normandie), arr. et à 26 k. de Dieppe, cant. et ✉ de Totes. Pop. 765 h. A la source de Scie.

MACLOU-LA-BRIÈRE (St-), vg. *Seine-Inf.* (Normandie), arr. et à 36 k. du Havre, cant. et ✉ de Goderville. Pop. 541 h.

MACOGNY, vg. *Aisne*, comm. de Montrou, ✉ de Neuilly-St-Front.

MACON, vg. *Aube* (Champagne), arr., cant., ✉ et à 5 k. de Nogent-sur-Seine. Pop. 641 h.

MACON, vg. *Côte-d'Or*, comm. de St-Martin-de-la-Mer, ✉ de Saulieu.

MACON, *Matisco, Matiscona*, très-ancienne ville, chef-l. du dép. de *Saône-et-Loire* (Bourgogne), chef-l. du 5ᵉ arr. et de 2 cant. Trib. de 1ʳᵉ inst. et de comm. Soc. d'agricult., sciences, arts, et belles-lettres. Collège royal. Ecole normale primaire. Dépôt de mendicité. Cure. Gîte d'étape. ✉. ⌘. Pop. 12,820 h. — Terrain d'alluvions modernes.

Autrefois évêché, intendance et parlement de Dijon, recette des états, bailliage, présidial et prévôté royale, mairie, chambre des décimes, grenier à sel, traites foraines, gouvernement particulier, prévôté de maréchaussée, chapitre noble, commanderie de Malte, collège, séminaire, couvents de pères de l'Oratoire, de jacobins, capucins, cordeliers, minimes, ursulines et de la Visitation. — L'évêché de Mâcon a été fondé vers 450. De cet évêché dépendait l'abbaye de Cluny, qui avait dans sa dépendance plus de deux mille monastères. Son abbé était le plus puissant de l'Europe. Au dernier siècle, l'abbé seul avait encore 40,000 liv. de rente, et ses religieux 60,000.

Mâcon est une ancienne ville de la Gaule celtique, qui faisait partie de la république des Eduens, dont l'origine remonte à la plus haute antiquité. César, après avoir pacifié la Gaule celtique, qui s'était soulevée contre les Romains, mit ses légions en garnison à Autun et dans d'autres villes du pays. Il envoya à Mâcon Q. Tullius Cicero et Publius Sulpicius, pour pourvoir aux approvisionnements de grains nécessaires à son armée. Agrippa, gendre d'Auguste, fit ouvrir un chemin qui conduisait directement de Mâcon à Autun. Les Romains y établirent bientôt une fabrique de flèches et de javelots. La ville devint bientôt très-considérable ; on y éleva des temples et plusieurs édifices publics que les incendies et les guerres détruisirent entièrement. Lorsqu'on creusa les fondations du grand hospice en 1758, on déterra des vases, des statues de bronze et d'argent, et divers autres objets précieux qui attestent que, dans cet emplacement, il exista autrefois un temple romain d'une grande magnificence. On a également découvert, dans les fouilles des fondations de l'église St-Vincent en 1810, deux pierres avec des inscriptions romaines : l'une est le fragment d'un autel élevé à Jupiter Tonnant et à Auguste par Dioratus ; l'autre est une pierre sépulcrale portant une inscription en l'honneur de Sulpicius Gallus, fils de Marcus, *duumvir quinquennalis* et flamine d'Auguste, que ses vertus firent élever aux premiers honneurs, et auquel on érigea des statues. On voit ces deux pierres dans les jardins de la préfecture, où les fit transporter M. Roujoux, préfet, qui administra sous l'empire le département de Saône-et-Loire, où il a laissé les souvenirs les plus honorables. Des monnaies romaines y furent aussi trouvées, ainsi que plusieurs colonnes de diverses grosseurs et d'une espèce de granit qu'on ne rencontre pas dans les carrières du pays. Montfaucon, Caylus, Millin et Grivaud de la Vincelle (de Chalon), ont donné des dessins ou la description de beaucoup d'antiques trouvés à Mâcon, et notamment de statuettes en bronze, dont les yeux étaient d'argent. Cette particularité, qui n'a été observée que sur des statues trouvées dans cette ville et à Chalon, donnerait lieu de croire que ce genre de travail était spécial à l'industrie de ces villes. — Mâcon, sous les Romains, était bâti sur la hauteur, dans l'emplacement des jacobins, des carmélites, de la préfecture, de l'hôpital, de la rue et du faubourg de la Barre, et s'étendait du côté de St-Brice. Plusieurs chartes des VIIᵉ, VIIIᵉ et IXᵉ siècles, attestent que l'ancienne église de St-Vincent était située hors des murs.

En 451, Mâcon fut pillé et réduit en cendres par les Huns, sous la conduite d'Attila. En 720, cette ville fut encore saccagée par les Sarrasins. En 834, Lothaire, voulant se venger des comtes Bernard et Guérin, qui avaient contribué à rendre la liberté à son père, entra dans le Mâconnais, et prit Mâcon, qu'il brûla en partie. Lors de l'usurpation de Bozon, sous Charles le Chauve, les juifs furent reçus à Mâcon : on leur traça une enceinte dans laquelle ils durent demeurer, et qui prit le nom de Sabbat. Ils construisirent, au nord de la ville, un pont qui a retenu le nom de Pont-Jud, *pons Judæorum*, et qui vient d'être démoli. Louis et Carloman assiégèrent Mâcon en 880. Bozon, qui était alors dans le Dauphiné, s'avança à la tête d'une armée, pour secourir cette ville ; mais il fut joint par les deux frères, entre Crèches et Romanèche, et entièrement défait. En 924 les Hongrois, et en 1361 les brigands connus sous les noms d'*écorcheurs*, *tard venus* et *malandrins*, pillèrent et saccagèrent Mâcon. Louis XI, dans ses démêlés avec les ducs de Bourgogne, fit assiéger cette ville par le comte Dauphin d'Auvergne. Pendant les guerres de religion, elle fut prise et reprise plusieurs fois par les troupes des deux partis. En 1140, le farouche Guillaume, comte de Chalon, *qui fut*, dit-on, *enlevé par le diable*, en punition des maux qu'il avait causés aux moines de Cluny, vint fondre sur Mâcon à la tête d'une bande de Brabançons qui dévastèrent la ville. — Les sieurs Ponsenac et d'Entragues, chefs huguenots, se rendirent maîtres de Mâcon le 5 mai 1562. Le 3 juin, Tavannes vint l'assiéger inutilement ; le mois suivant, les royalistes échouèrent dans une nouvelle tentative sur cette ville dont ils s'emparèrent enfin, par ruse, le 18 août de la même année. — En 1567, les calvinistes surprirent la tour Mayon, d'où ils furent chassés par le duc de Nevers qui vint les y assiéger à la tête de 14,000 hommes et d'une nombreuse artillerie (décembre 1567). Les protestants y firent des dégâts affreux, pillèrent et brûlèrent les églises de St-Pierre, des Jacobins, de St-Étienne, et détruisirent les archives de St-Vincent et de St-Pierre ; ils massacrèrent les prêtres et les catholiques ; ils précipitèrent du haut du clocher des Jacobins le prieur et un frère de cet ordre. Voici, au surplus, un échantillon des atrocités dont le récit se trouve dans les annales de cette époque. « Le P. Bossu, gardien des cordeliers, fut conduit dans les rues de Mâcon la corde au cou ; arrivé à la porte de St-Antoine, on lui coupa l'oreille droite ; à celle de la Barre, on lui coupa la gauche ; conduit sur la place au Prévôt, on lui coupa le nez ; mené devant le couvent des cordeliers, on lui coupa les doigts ; arrivé à l'entrée du pont, on fit un grand feu, on lui attacha une corde à chaque poignet, et on le fit passer plusieurs fois à travers les flammes et le brasier. Succombant enfin à tant de souffrances, il fut traîné au milieu du pont : on lui coupa les parties viriles, qu'on lui mit dans la bouche, et on le jeta du haut du pont dans la Saône. L'eau porta son corps sur la rive gauche, du côté de St-Laurent : un de ses bourreaux y courut, et, voyant qu'il respirait encore, lui donna un coup de pertuisane et le repoussa dans la rivière. » Lorsque les catholiques devenaient maîtres de Mâcon, ils usaient de représailles envers les protestants. On vit plusieurs fois Guillaume de St-Point, gouverneur de Mâcon pour le roi, se donner le plaisir cruel de faire sauter les protestants du haut du pont dans la rivière ; il y faisait précipiter ceux qui refusaient à faire le saut de bonne grâce. On appelait ces horreurs les *farces de St-Point*.

Le siège le plus remarquable que cette ville ait soutenu pendant les guerres de religion est celui où elle fut reprise sur les protestants et soumise à l'autorité du roi en 1567. Après neuf jours de siège, la ville, craignant un assaut, demanda à capituler. Le duc de Nevers assembla un conseil de guerre, dans lequel furent admis les gentilshommes mâconnais qui servaient dans son armée. Ils opinèrent pour que tous les protestants fussent passés au fil de l'épée ; mais, sur les observations du duc de Nevers, il accepta la capitulation, qui fut signée le 4 décembre 1567. D'après les articles de cette capitulation, les protestants furent obligés de payer une somme de trente mille écus. La garnison déposa les armes ; les soldats et les habitants protestants se retirèrent à Genève, emportant avec eux leurs effets.

Lors du massacre de la St-Barthélemy (1572), Mâcon fut préservé de ce crime royal par la prudence et l'humanité de son gouverneur Philibert de La Guiche, dont la Bourgogne est fière d'inscrire le nom à côté de ceux de Chabot-Charny et de Jeannin.

Mâcon a eu des comtes souverains depuis le IXᵉ siècle jusqu'en 1238, époque où ce comté fut acquis par saint Louis, qui le réunit à la couronne. — Ce ne fut qu'en 1346 que cette ville commença à jouir des bienfaits de l'affranchissement. Ses habitants ayant « octroyé gratieusement à Philippe de Valois, certain nombre de genz d'armes où les gaiges d'iceux pour la défense de son royaume, » le roi, par lettres données au bois de Vincennes au mois de février (1346), leur permit de s'assembler pour leurs affaires communes toutes fois qu'ils le jugeraient à propos, d'appeler avec eux le bailli ou juge majeur de Mâcon, et d'élire six prud'hommes pour poursuivre les droits et besognes de ladite ville... « toutes voyes, n'est-il mye nostre entente, dit le roi, que pour ce ilz ayent ou doivent avoir autre corps, ne commune, ne juridiction ordinaire. » — Voilà de quelle manière les rois de France favorisaient l'affranchissement des communes, événement dont nombre d'historiens leur font honneur.

Cinq conciles ont été tenus à Mâcon, dans les années 581, 585, 623, 1153 et 1286. — Cette ville était le siège d'un évêché établi dès le vi⁰ siècle, et qui fut supprimé lors de la révolution.

Le Mâconnais, dont Mâcon était la capitale, était administré depuis un temps immémorial par des états particuliers qui subsistèrent jusqu'en 1789.

Mâcon tomba au pouvoir de l'ennemi le 18 février 1814. Dans la journée du 19, le général Pannetier marcha sur cette ville, où il entra après un combat assez vif. L'ennemi, fort de trois mille hommes, y éprouva des pertes considérables en tués et en blessés : on lui fit près de deux cents prisonniers, et le résultat de cette importante opération, fut la prompte délivrance du département de Saône-et-Loire.

Les **armes** de Mâcon sont : *de gueules à trois cercles d'argent, deux en chef et un en pointe.*

Mâcon est une ville agréablement située, dans une contrée fertile, sur la rive droite de la Saône. Elle est bâtie sur le penchant et au pied d'un coteau, et, de même que la plupart des anciennes cités, les constructions sont irrégulières, les rues étroites, mal percées et pavées de cailloux roulés qui rendent la marche pénible, même sur les trottoirs dont quelques-unes sont bordées ; les places sont propres, mais petites et sans ornements. Toutefois les constructions modernes dont cette ville s'embellit chaque jour sont grandes et du meilleur goût. Depuis la destruction de ses remparts, elle est entourée de promenades agréables, d'où la vue se repose avec plaisir sur les jardins et les maisons de campagne qui l'environnent. Le quai qui longe le cours de la Saône est large, élevé, très-long, bordé de jolies maisons et de beaux cafés ; il offre une promenade très-fréquentée, formée de belles allées d'arbres qui se prolongent au-dessus et au-dessous de la ville, le long de la rivière.

Quoique dans une position excentrique, à l'extrémité septentrionale du département, Mâcon est le chef-lieu du département. Cette ville doit cet avantage à l'enthousiasme avec lequel les habitants embrassèrent le parti de la révolution de 1789. On y comptait alors douze églises, qui toutes ont été démolies, et qu'on se pressa d'autant moins de rééditier, que la plupart des Mâconnais avaient adopté le culte des théophilanthropes ; il n'en existait même pas une seule à l'époque du sacre de Napoléon. Lors du passage du pape dans cette ville, il fut obligé de célébrer la messe dans ses appartements, faute d'un édifice consacré au culte. — L'empereur, pour se concilier les suffrages des habitants de Mâcon, qui l'avaient brûlé en effigie, lorsqu'il se fit nommer consul à vie, leur accorda ce qui restait de biens nationaux non vendus dans le département, sous la condition de consacrer le produit à la construction d'un édifice religieux ; c'est à cette décision que la ville est redevable de la belle église qu'on y admire aujourd'hui : elle fut commencée en 1810, et consacrée en 1816.

Les principaux édifices de Mâcon sont : l'hôpital, commencé en 1758, et achevé en 1770, sur les plans du célèbre Soufflot ; la maison de la Charité, dont l'établissement date de 1680 ; l'hospice de la Providence, qui fut fondé en 1736 par M. Agut, prêtre de Mâcon ; l'hôtel de ville, qui appartenait, avant la révolution, à M. le comte de Montrevel, et qui contient une salle de spectacle et la bibliothèque publique ; l'hôtel de la préfecture, bâti en 1618 par Gaspard Dinet, évêque de Mâcon, sur l'emplacement de l'ancienne citadelle, et qui était, avant la révolution, la résidence de l'évêque.

Un pont de douze arches, au-dessus duquel la Saône forme une île d'un aspect enchanteur, réunit la ville au bourg de St-Laurent, qui appartient au département de l'Ain. On voit au milieu la colonne qui limite les deux départements. Ce pont est ancien, mais on ignore l'époque précise de sa construction. On présume qu'il a été construit dans le xi⁰ siècle, par Othon, comte de Mâcon et d'Auxonne, ou par son fils Geoffroy. Il passe dans le pays pour avoir été bâti par César ; mais cette assertion est de toute fausseté, puisqu'il est constant qu'il n'existait pas en 997. — On remarque encore à Mâcon un petit théâtre et une bibliothèque publique renfermant 4,000 volumes.

Biographie. Mâcon est la patrie de plusieurs personnages distingués, au nombre desquels on cite :

Le conventionnel Robeerjot, membre du conseil des cinq cents, l'un des plénipotentiaires français si lâchement assassinés à Rastadt le 28 avril 1799, dont nous avons indiqué par erreur le lieu de naissance à Chalon.

L'évêque constitutionnel de Troyes Blampoix.

M.-Alp. de Lamartine, l'un des poëtes les plus célèbres de notre époque, membre de l'Institut et de la chambre des députés.

Le savant astronome Mathieu, membre de l'Institut et de la chambre des députés.

Le comte de Rambuteau, préfet de la Seine, membre de l'Institut et de la chambre des pairs.

Le poëte Ant. Beauderon de Senecay, mort en 1737.

Samuel Guichenon, historiographe de France, auteur de l'*Histoire de la Bresse*, mort en 1664.

Le littérateur entomologiste Boitard.

Le savant botaniste Joseph Dombey, auteur de la *Flore péruvienne*, etc.

A.-V. Montpetit, peintre et mécanicien.

F. Perrier, peintre et graveur.

A.-M. Augoyat, officier supérieur du génie, auteur de savants mémoires sur le génie militaire.

Putrod de Maison-Rouge, archéologue.

Philibert Bugnon, savant jurisconsulte et poëte.

Lazare Meyssonnier, conseiller et médecin du roi, auteur d'un grand nombre d'ouvrages.

Le savant bénédictin Mathou, auteur d'ouvrages latins sur l'histoire religieuse de Sens.

P. Deschizeaux, médecin et botaniste.

J.-A. Bigonnet, député républicain au conseil des cinq cents.

Mlle Clémence Robert, poëte et prosateur aussi distinguée que féconde, etc.

Industrie. Fabriques de couvertures, d'horlogerie, de machines propres aux arts et à l'agriculture, de tonneaux, faïence, etc. Belle fonderie de cuivre.—*Commerce* de vins de Bourgogne, de grains, farines, cerceaux, merrain, bestiaux, etc. — *Foires* les 20 mai, 10 août, 29 sept., 2 nov. et jeudi gras.

A 129 k. de Dijon, 67 k. de Lyon, 399 k. de Paris. — Longit. orientale 2° 29′ 53″, lat. 46° 18′ 27″.

L'arrondissement de Mâcon est composé de 9 cantons : la Chapelle-de-Guinchay, Cluny, St-Gengoux-le-Royal, Luguy, Mâcon N., Mâcon S., Matour, Tournus, Tramayes.

Bibliographie. Pierre de St-Julien, *Trois livres des Antiquités de Mâcon*, in-8, 1581.

Agut (l'abbé). *Histoire des révolutions de Mâcon sur le fait de la religion*, in-12, 1760.

Bigel. *Topographie médicale de Mâcon*, in-8.

* *Entrée de sa majesté Louis XIII dans Mâcon, l'an 1629* (Mercure français, t. xv, p. 60, 89, 106, 110, 505).

Compte rendu des travaux de la société d'agriculture, sciences et belles-lettres de Mâcon, in-8.

* *Une Révolution au chef-lieu de Saône-et-Loire*, par Or*** (P.-C.), in-8, 1840.

MACONCOURT, vg. *H.-Marne* (Champagne), arr. et à 30 k. de Vassy, cant. de Doulaincourt, ⊠ de Joinville. Pop. 124 h.

MACONCOURT, vg. *Vosges* (Lorraine), arr. et à 22 k. de Neufchâteau, cant. ⊠ de Châtenois. Pop. 288 h.

MACONGE, vg. *Côte-d'Or* (Bourgogne), arr. et à 36 k. de Beaune, cant. et ⊠ de Pouilly-en-Montagne. Pop. 275 h.

MACONNAIS (le), *Ædui Matisconnenses, Matisvonensis Ager*, comté et petit pays qui dépendait autrefois de la ci-devant province de Bourgogne ; il fait maintenant partie du dép. de Saône-et-Loire et forme l'arrondissement de Mâcon, qui en était la capitale. Les comtes de Mâcon étaient du nombre des grands vassaux. Ce comté a été réuni à la couronne l'an 1245, sous le règne de Louis IX. Ce pays, fertile en excellents vins, était du ressort du parlement de Paris, généralité de Dijon, recette de Mâcon, diocèses de Mâcon et d'Autun.

MACONNAIS (le), *Saône-et-Loire*, comm. de Messey-sur-Grosne, ⊠ de Buxy.

MACORNAY, vg. *Jura* (Franche-Comté) arr., cant., et à 4 k. de Lons-le-Saulnier. Pop. 688 h.—Papeterie.

MACOUX, vg. *Nord*, com. et ⊠ de Condé-sur-l'Escaut.

MACOUX (St-), vg. *Vienne* (Poitou), arr., cant., ⊠ et à 6 k. de Civray. Pop. 869 h. —

Foires les 7 oct., 6 et 21 nov. et mercredi de la St-Matthieu.

MACQUEVILLE, vg. *Charente-Inf.* (Saintonge), arr. et à 29 k. de St-Jean-d'Angely, cant. et ✉ de Matha. Pop. 754 h. — Distillerie d'eau-de-vie.

MACQUIGNY, vg. *Aisne* (Picardie), arr. et à 32 k. de Vervins, cant. et ✉ de Guise. Pop. 890 h.

MADAILLAN, vg. *Lot-et-Garonne* (Agénois), arr., ✉ et à 12 k. d'Agen, cant. de Prayssas. Pop. 1,183 h.

MADAME (Isle), *Charente-Inf.* V. ISLE-MADAME.

MADECOURT, vg. *Vosges* (Lorraine), arr., ✉ et à 10 k. de Mirecourt, cant. de Vittel. Pop. 206 h.

MADEGNEY, vg. *Vosges* (Lorraine), arr. et à 15 k. de Mirecourt, cant. et ✉ de Dompaire. Pop. 189 h.

MADELAINE (la), vg. *Ain*, comm. de Varambon, ✉ de Pont-d'Ain.

MADELAINE (la), vg. *Dordogne*, comm. et ✉ de Bergerac.

MADELAINE (la), vg. *H.-Garonne*, com. et ✉ d'Auterive.

MADELAINE (la), vg. *H.-Garonne*, com. de Villemur.

MADELAINE (la), vg. *Lot*, comm. de Laroque-des-Arcs, ✉ de Cahors.

MADELAINE (la), vg. *Orne*, comm. et ✉ de l'Aigle.

MADELAINE (la), vg. *Pas-de-Calais* (Picardie), arr., ✉ et à 4 k. de Montreuil-sur-Mer. Pop. 161 h.

MADELAINE (la), vg. *B-Pyrénées*, comm. de St-Jean-le-Vieux, ✉ de St-Jean-Pied-de-Port.

MADELAINE (la), vg. *H.-Rhin* (Alsace), arr. et à 17 k. de Belfort, cant. de Giromagny, ✉ de Massevaux. Pop. 177 h.

MADELAINE (la), vg. *Rhône*, comm. de St-Maurice-sur-Dargoire, ✉ de Rive-de-Gier.

MADRID, vg. *Seine-et-Marne* (Gatinois), arr. et à 25 k. de Fontainebleau, cant. et ✉ de Château-Landon. Pop. 205 h. — Au milieu d'un bois de 8 hectares est le fief de la Tour-Bussière. La construction de cette tour doit être extrêmement ancienne; le mortier fait corps avec la pierre comme dans les monuments romains. Elle est d'une grosseur considérable. Chacune de ses quatre faces a 20 m. de base, et, malgré les ravages du temps, elle peut encore avoir 27 m. de hauteur.

MADELAINE-ST-ROMAIN (la), *Eure-et-Loir*. V. ST-ROMAIN.

MADELAINE-VILLEFROUIN (la), vg. *Loir-et-Cher* (Blaisois), arr. et à 23 k. de Blois, cant. de Marchenoir, ✉ d'Oucques. Pop. 144 h. — *Foire* le 22 juillet.

MADELEINE (la), vg. *Bouches-du-Rhône*, comm. et ✉ de Marseille.

MADELEINE (la), vg. *Eure*, comm. et ✉ d'Evreux.

MADELEINE (la), vg. *Seine-et-Marne*, comm. et ✉ de Rebais.

MADELEINE (la), vg. *Tarn-et-Garonne*, comm. et ✉ de Montpezat.

MADELEINE (la), vg. *Vendée*, comm. et ✉ de Noirmoutiers.

MADELEINE-BOUVET (la), vg. *Orne* (Perche), arr. et à 35 k. de Mortagne-sur-Huine, cant. et ✉ de Remalard. Pop. 898 h. — Haut fourneau.

MADELEINE-DE-NONANCOURT, vg. *Eure* (Normandie), arr. et à 33 k. d'Evreux, cant. et ✉ de Nonancourt. Poste télégraphique. Pop. 950 h.

La Madeleine était anciennement une paroisse de Nonancourt, et, même au XII° siècle, en raison de sa position avantageuse sur une hauteur à proximité du château, elle comprenait la plus forte partie de la population. Ses maisons étaient environnées d'une enceinte de murailles et de fossés, dont les vestiges ne sont pas entièrement disparus.

Foire importante le 22 juillet, érigée dans les premières années du XII° siècle, par Henri I°r, roi d'Angleterre.

MADEN (St-), vg. *Côtes-du-Nord* (Bretagne), arr. et à 16 k. de Dinan, cant. de St-Jouan-de-l'Isle, ✉ de Broons. Pop. 431 h.

MADIC, vg. *Cantal* (Auvergne), arr. et à 19 k. de Mauriac, cant. et ✉ de Saignes. Pop. 416 h.

Cette commune occupe un joli vallon sur la rive gauche de la Dordogne, qui la sépare du département de la Corrèze. On y remarque un beau lac, et, à la cime d'une butte, les ruines d'un château flanqué de plusieurs tours, qui pendant plus de quatre siècles fut la résidence de la maison de Chabannes.

Au-dessous de Madic, on voit la Dordogne se frayer un passage dans une gorge profonde, à travers des rochers de forme colossale, contre lesquels ses eaux viennent se heurter avec fracas : à l'aspect de ces lieux sauvages, on ne saurait se défendre d'un sentiment d'effroi; mais bientôt après, on suit le cours de ces eaux fougueuses dans les sites variés qui reposent agréablement la vue.

Au hameau de St-Thomas, on passe la Rue sur un pont d'une seule arche, et l'on est à vingt minutes du Saut-de-la-Saule, belle cascade formée par cette rivière. Pour y parvenir, on suit un sentier à droite de la rivière, et on arrive sans fatigue jusqu'à mi-chemin. Là il n'y a plus d'autre passage que le lit même de la rivière, que l'on remonte en posant le pied sur des pierres lisses et glissantes, ou sur des pointes de rocher, que l'action des eaux a mises à nu. Après avoir franchi péniblement divers accidents, on arrive en face du Saut-de-la-Saule, qui serait bien mieux nommé Saut-de-la-Rue. En cet endroit la rivière, dont le cours est généralement très-rapide, est parvenue à creuser dans le roc une espèce de canal en pente, d'où elle se précipite d'une hauteur de 8 à 10 m., dans un bassin profond, avec une impétuosité d'autant plus grande, que ce canal, très-étroit, n'est point en rapport avec la masse d'eau qui s'y accumule. De grêles broussailles, quelques arbres rabougris que l'on aperçoit sur les hauteurs qui dominent d'un côté ces lieux sauvages, sont les seuls objets qui viennent contraster avec ceux qui forment l'ensemble de ce singulier tableau.

MADIÈRE, vg. *Ariège* (Languedoc), arr., cant., ✉ et à 8 k. de Pamiers. Pop. 487 h.

MADIÈRES, vg. *Hérault*, comm. de St-Maurice, ✉ de Lodève.

MADIEU (le Grand-), vg. *Charente* (Poitou), arr. et à 19 k. de Confolens, cant. et ✉ de St-Claud. Pop. 442 h.

MADIEU (le Petit-), vg. *Charente* (Poitou), arr. et à 15 k. de Confolens, cant. et ✉ de St-Claud. Pop. 250 h.

MADINET, vg. *Loire*, comm. de Châteauneuf, ✉ de Rive-de-Gier.

MADIRAC, vg. *Gironde* (Guienne), arr. et à 18 k. de Bordeaux, cant. et ✉ de Créon. Pop. 89 h.

MADIRAN, vg. *H.-Pyrénées* (Armagnac), arr. et à 39 k. de Tarbes, cant. et ✉ de Castelnau-Rivière-Basse. Pop. 1,151 h. — *Foires* les 26 avril et 9 sept.

MADON (le), *Madonia*, rivière qui prend sa source au-dessus de Mirecourt, *Vosges*; elle passe à Mirecourt, Pont, Haroué, et se jette dans la Moselle, à Pont-St-Vincent, dép. de la *Meurthe*, après un cours de 45 k.

MADON, vg. *Loir-et-Cher*, comm. de Caudé, ✉ de Blois.

MADONNE, vg. *Vosges* (Lorraine), arr. et à 15 k. de Mirecourt, cant. et ✉ de Dompaire. Pop. 508 h.

MADRAGUE (la), vg. *Bouches-du-Rhône*, comm. et ✉ de Marseille.

MADRÉ, vg. *Mayenne* (Maine), arr. et à 30 k. de Mayenne, cant. et ✉ de Couptrain. Pop. 172 h.

MADRÉ-GRASSOLE, vg. *Côtes-du-Nord*, comm. de Plouc, ✉ de Moncontour.

MADRIAT, vg. *Puy-de-Dôme* (Auvergne), arr. et à 15 k. d'Issoire, cant. et ✉ d'Ardes. Pop. 197 h.

MADRID, *Madritum*, *Matritum*, vg. *Seine*, comm. et ✉ de Neuilly-sur-Seine.

MADURAN, vg. *Dordogne*, comm. de St-Pierre-d'Eyraud, ✉ de Bergerac.

MAËL-CARHAIX, vg. *Côtes-du-Nord* (Bretagne), arr. et à 46 k. de Guingamp, chef-l. de cant. Cure. et bureau d'enregistr. de Rostrenen. Pop. 1,969 h. — *Terrain* de transition moyen.

MAËL-PESTIVIEN, vg. *Côtes-du-Nord* (Bretagne), arr. et à 25 k. de Guingamp, cant. et ✉ de Callac. Pop. 1,503 h.

MÆNNOLSHEIM, ou MENNELSEN, vg. *B.-Rhin* (Alsace), arr., cant., ✉ et à 10 k. de Saverne. Pop. 182 h.

MAFFLIERS, vg. *Seine-et-Oise* (Ile-de-France), arr. et à 26 k. de Pontoise, cant. d'Ecouen, ✉ de Moisselles. Pop. 498 h.

MAFFRE (St-), vg. *Tarn-et-Garonne*, comm. de Bruniquel, ✉ de Monclar.

MAFFRECOURT, vg. *Marne* (Champagne), arr., cant., ✉ et à 8 k. de Ste-Menehould. Pop. 79 h.

MAGAGNOSC, vg. *Var*, comm. et ✉ de Grasse.

MAGALAS, vg. *Hérault* (Languedoc), arr. et à 13 k. de Béziers, cant. de Roujan, ✉ de Pezenas. Pop. 1,145 h.

MAGDAS, vg. *Aveyron*, comm. et ✉ de Camarès.

MAGDELAINE (la), vg. *Charente* (Angoumois), arr. et à 10 k. de Ruffec, cant. et ✉ de Villefagnan. Pop. 402 h.

MAGDELAINE (la), vg. *Lot-et-Garonne*, comm. et ✉ de Marmande.

MAGDELAINE (la), vg. *Tarn-et-Garonne*, comm. et ✉ de Moissac.

MAGDELAINE (la), vg. *Cher*, comm. de Léré, ✉ de Cosnes.

MAGDELEINE (la), vg. *Nord* (Flandre), arr., cant., ✉ et à 2 k. de Lille. Pop. 1,126 h. — *Fabriques* de pipes, bleu d'azur, amidon, fécule, produits chimiques, huiles, etc.

MAGDELEINE-DE-SEGONZAC (la), vg. *Charente* (Angoumois), arr. et à 25 k. de Cognac, cant. et ✉ de Segonzac. Pop. 79 h.

MAGE (la), vg. *Orne* (Perche), arr. et à 25 k. de Mortagne-sur-Huine, cant. et ✉ de Longni. Pop. 922 h.

MAGÉ, vg. *Deux-Sèvres*, comm. de Louzy, ✉ de Thouars.

MAGES (les), vg. *Gard* (Languedoc), arr. d'Alais, cant. et ✉ de St-Ambroix. Pop. 1,121 h.

MAGESCQ, joli bg *Landes* (Gascogne), arr. et à 20 k. de Dax, cant. de Soustons, ✉ de Castels. Pop. 1,606 h. — Il est bâti dans une situation agréable, quoiqu'au milieu des landes. — *Fabrique* de papier. Scierie hydraulique. Forges. — *Foires* les lundi de la 3e semaine de fév., lundi de la 1re semaine d'août, lundi de la dernière semaine de mai et de nov.

MAGISTÈRE (la), petite ville, *Tarn-et-Garonne* (Agénois), arr. et à 23 k. de Moissac, cant. de Valence-d'Agen. ✉. ⚜. A 623 k. de Paris pour la taxe des lettres. Pop. 1,840 h. Sur la rive droite de la Garonne. *Fabriques* de minoterie. — Commerce très considérable de grains, farines, pruneaux communs, etc.; ce commerce est très-suivi, principalement avec Moissac et Agen.

MAGNAC, vg. *Cantal*, comm. de Sarrus, ✉ de Chaudesaigues. — On y trouve une source d'eau minérale acidule ferrugineuse.

MAGNAC, vg. *Gironde*, comm. de Cauvignac, ✉ de Bazas.

MAGNAC-BOURG, vg. *H.-Vienne* (Limousin), arr. et à 25 k. de St-Yrieix, cant. et ✉ de St-Germain-les-Belles. Pop. 1,503 h. — *Fabrique* de porcelaine. — *Foires* les 3 fév., 23 mars, 1er avril, 22 juillet, 10 et 25 sept., 11 nov.

MAGNAC-LAVAL, petite ville, *H.-Vienne* (Limousin), arr. et à 16 k. de Bellac, chef-l. de cant., bureau d'enregist. au Dorat. Cure. ✉. ⚜. A 406 k. de Paris pour la taxe des lettres. Pop. 3,567 h. — Terrain cristallisé ou primitif.

Foires le lundi de chaque semaine depuis le 3e lundi de déc. jusqu'au carnaval.

MAGNAC-LA-VALETTE, vg. *Charente* (Angoumois), arr. et à 19 k. d'Angoulême, cant. et ✉ de la Valette. Pop. 666 h.

MAGNAC-SUR-TOUVRES, vg. *Charente* (Angoumois), arr., cant., ✉ et à 7 k. d'Angoulême. Pop. 932 h. — *Fabriques* de papiers et de ciment romain. Carrière de chaux hydraulique.

MAGNAGUES, vg. *Lot*, comm. de Carennac, ✉ de Martel.

MAGNAN, vg. *Aube* (Champagne), arr., ✉ et à 6 k. de Bar-sur-Seine, cant d'Essoyes. Pop. 479 h.

MAGNAN, vg. *Gers* (Armagnac), arr. et à 49 k. de Condom, cant. de Nogaro, ✉ du Houga. Pop. 480 h.

MAGNANAC, vg. *H.-Garonne*, comm. et ✉ de Villemur.

MAGNANCE (St-), vg. *Yonne* (Bourgogne), arr. et à 15 k. d'Avallon, cant. de Quarré-les-Tombes, ✉ de Bouvray. Pop. 865 h.

MAGNANVILLE, vg. *Seine-et-Oise* (Beauce), arr., cant., ✉ et à 4 k. de Mantes. Pop. 91 h.

MAGNAS, vg. *Gers* (Armagnac), arr. et à 10 k. de Lectoure, cant. et ✉ de St-Clar. Pop. 187 h.

MAGNAT, vg. *Creuse* (Marche), arr. et à 20 k. d'Aubusson, cant. et ✉ de la Courtine. Pop. 1,571 h. — *Foires* les 7 fév., 9 mars, 23 juin, 23 nov.

MAGNE (St-), vg. *Gironde* (Guienne), arr. et à 38 k. de Bordeaux, cant. et ✉ de Bélin. Pop. 859 h.

MAGNE (St-), vg. *Gironde* (Guienne), arr. et à 17 k. de Libourne, cant. et ✉ de Castillon. Pop. 1,192 h.

MAGNÉ, vg. *Charente-Inf.*, comm. de Genouillé, ✉ de Tonnay-Charente.

MAGNÉ, vg. *Deux-Sèvres* (Poitou), arr., cant., ✉ et à 7 k. de Niort. Pop. 1,238 h. — *Foires* le 8 oct. et 1er dimanche après le 6 juillet.

MAGNÉ, vg. *Deux-Sèvres*, comm. de Coulonges-sur-Lautize, ✉ de Niort.

MAGNÉ, vg. *Vienne* (Poitou), arr. et à 3 k. de Civray, cant. et ✉ de Gençais. Pop. 607 h.

MAGNELLE (Grand et Petit-), vg. *H.-Vienne*, comm. de Bessines, ✉ de Morterolles.

MAGNET, vg. *Allier* (Bourbonnais), arr. et à 15 k. de Cusset, cant. de Varennes-sur-Allier, ✉ de St-Gérand-le-Puy. Pop. 649 h.

MAGNET (le), vg. *Indre*, comm. de Mers, ✉ de Neuvy-St-Sépulchre.

MAGNEUX, vg. *Marne* (Champagne), arr. et à 25 k. de Reims, cant. et ✉ de Fismes. Pop. 303 h. — Il est bâti sur une éminence qui domine la route. On y voit les restes d'une ancienne maison de templiers et sur un point élevé l'orme dit de la Belle-Hélène, qui a servi de point de reconnaissance pour le tracé de la carte de Cassini.

MAGNEUX, vg. *H.-Marne* (Champagne), arr., cant., ✉ et à 5 k. de Vassy. Pop. 243 h.

MAGNEUX-HAUTE-RIVE, vg. *Loire* (Forez), arr., cant., ✉ et à 12 k. de Montbrison. Pop. 454 h.

MAGNEVAL, vg. *Oise*, comm. de Séry, ✉ de Crépy.

MAGNEVILLE, vg. *Manche* (Normandie), arr. et à 9 k. de Valognes, cant. de Bricquebec, ✉ de St-Sauveur. Pop. 678 h. — On voit aux environs un ancien château restauré à la moderne.

MAGNICOURT, vg. *Aube* (Champagne), arr. et à 25 k. d'Arcis-sur-Aube, cant. de Chavanges, ✉ de Brienne. Pop. 245 h.

MAGNICOURT-EN-COMTÉ, vg. *Pas-de-Calais* (Artois), arr. et à 12 k. de St-Pol-sur-Ternoise, cant. et ✉ d'Aubigny. Pop. 568 h.

MAGNICOURT-SUR-CANCHE, vg. *Pas-de-Calais* (Artois), arr. et à 12 k. de St-Pol-sur-Ternoise, cant. d'Avesnes-le-Comte, ✉ de Frévent. Pop. 223 h.

MAGNIEN, vg. *Côte-d'Or* (Bourgogne), arr. et à 35 k. de Beaune, cant. et ✉ d'Arnay-le-Duc. Pop. 717 h.

MAGNIEVILLE (verreries de), vg. *Vosges*, comm. de Portieux, ✉ de Charmes.

MAGNIÈRE, vg. *Meurthe* (Lorraine), arr. et à 23 k. de Lunéville, cant. et ✉ de Lunéville, cant. et ✉ de Gerbeviller. Pop. 749 h.

MAGNIEU, vg. *Ain* (Bugey), arr., cant., ✉ et à 4 k. de Belley. Pop. 542 h.

MAGNI-FOUCHARD, vg. *Aube* (Champagne), arr. et à 16 k. de Bar-sur-Aube, cant. et ✉ de Vendeuvre. Pop. 335 h. — Education des abeilles.

MAGNI-LE-DÉSERT, vg. *Orne* (Normandie), arr. et à 25 k. de Domfront, cant. et ✉ de la Ferté-Macé. Pop. 2,991 h.

MAGNILS (les), bg *Vendée* (Poitou), arr. et à 33 k. de Fontenay-le-Comte, cant. et ✉ de Luçon. Pop. 788 h.

MAGNITOT, vg. *Seine-et-Oise*, comm. de St-Gervais, ✉ de Magny.

MAGNIVRAY, vg. *H.-Saône* (Franche-Comté), arr. et à 13 k. de Lure, cant. et ✉ de Luxeuil. Pop. 450 h.

MAGNON, vg. *Lot-et-Garonne*, comm. de Fauillet, ✉ de Tonneins.

MAGNONCOURT, vg. *H.-Saône* (Franche-Comté), arr. et à 33 k. de Lure, cant. et ✉ de St-Loup. Pop. 425 h. — *Fabrique* de fer-blanc et de tôle.

MAGNORAY (le), vg. *H.-Saône* (Franche-Comté), arr., cant. et à 8 k. de Vesoul, cant. de Montbozon. Pop. 194 h.

MAGNOU (Grand et Petit-), *Deux-Sèvres*, comm. de Saivre, ✉ de St-Maixent.

MAGNOUX, vg. *Cher*, comm. de Préverranges, ✉ de Châteaumeillant.

MAGNY, vg. *Aisne*, comm. de Vincy-Reuil, ✉ de Montcornet.

MAGNY (le), vg. *Aube*, comm. et ✉ des Riceys.

MAGNY, vg. *Calvados* (Normandie), arr.

et à 6 k. de Bayeux, cant. et ✉ de Ryes. Pop. 162 h.

MAGNY, vg. *Eure-et-Loir* (Beauce), arr. et à 20 k. de Chartres, cant. et ✉ d'Illiers. Pop. 51 h.

MAGNY (le), vg. *Indre* (Berry), arr., cant., ✉ et à 3 k. de la Châtre. Pop. 428 h.

MAGNY, vg. *Moselle* (pays Messin), arr., ✉ et à 5 k. de Metz, cant. de Verny. Pop. 693 h.

MAGNY, vg. *Nièvre* (Nivernais), arr., cant. et à 15 k. de Nevers. ✉. ⚹. A 247 k. de Paris pour la taxe des lettres. Pop. 1,451 h. — *Foires* les 4 juin, 6 août, 4 oct. et 11 nov.

MAGNY (le), vg. *Nièvre*, comm. et ✉ de Fours.

MAGNY, vg. *Nièvre*, comm. de Millay, ✉ de Luzy.

MAGNY, ou **MENGLATT**, vg. *H.-Rhin* (Alsace), arr. et à 18 k. de Belfort, cant. et ✉ de Dannemarie. Pop. 264 h.

MAGNY (Gros et Petit-). V. GROS-MAGNY, PETIT-MAGNY.

MAGNY (les), vg. *H.-Saône* (Franche-Comté), arr. et à 21 k. de Lure, cant. et ✉ de Villersexel. Pop. 459 h.

MAGNY, vg. *Seine-et-Marne*, comm. de St-Barthélemy, ✉ de la Ferté-Gaucher.

MAGNY, *Masiniacum*, jolie petite ville, *Seine-et-Oise* (Vexin), arr. et à 22 k. de Mantes, chef-l. de cant. Cure. Gîte d'étape. ✉. ⚹. A 57 k. de Paris pour la taxe des lettres. Pop. 1,530 h. — TERRAIN tertiaire inférieur.

Autrefois diocèse et intendance de Rouen, parlement de Paris, chef-lieu d'élection, bailliage, bureau des cinq grosses fermes, brigade de maréchaussée, couvents de cordeliers, d'ursulines et de bénédictines.

On ignore l'origine de cette ville. Au XIIIᵉ siècle ce n'était encore qu'un village; aujourd'hui c'est une ville bien bâtie, dans une situation agréable sur l'Aubette. — Le domaine de Magny a été possédé par Catherine de Médicis, par le duc d'Alençon, par Mᵐᵉ de Longueville et par la famille de Villeroi. Ce fut Villeroi qui, dans le XVIᵉ siècle, fit clore la ville de murailles et de tours, et embellit l'église Notre-Dame, où l'on voit encore les tombeaux et les statues de divers membres de sa famille. On remarque aussi dans cette église un baptistère curieux du temps de la renaissance, récemment restauré, et le tombeau du curé Dubuisson, dont l'épitaphe est de Condorcet.

Les armes de Magny sont: *d'azur à deux fleurs de lis d'or en chef et une croix d'or ancrée de même en pointe.*

Magny possède un hôpital dont la fondation remonte à 1585.

A l'entrée de la ville, du côté de Paris, on voit une belle maison à l'italienne, avec un beau pavillon séparé du corps de logis par un parterre. — A l'est de Magny, du côté d'Arthieul, on a découvert l'emplacement d'un camp romain. — Le château de Boves, reconstruit en 1810, est une dépendance de Magny.

Biographie. Patrie du peintre SANTERRE. Du savant diplomate P.-M. HENNIN. De l'architecte L.-E.-A. DAMESLE.

Fabriques de bonneterie de coton. Tanneries. Mégisseries. Filature de coton. — *Commerce* de grains, cuirs, bestiaux, etc. — *Foires* les 2 fév., 1ᵉʳ mai et 29 sept.

Bibliographie. * *Statistique de toutes les communes et localités, de tous les châteaux et monuments anciens du canton de Magny* (Seine-et-Oise), suivie de digressions politiques et philosophiques relatives aux campagnes, in-12, 1835; in-8, 1836.

MAGNY (le), vg. *Vosges* (Lorraine), arr. et à 35 k. d'Épinal, cant. et ✉ de Bains. Pop. 192 h.

MAGNY, vg. *Yonne* (Bourgogne), arr., caut., ✉ et à 6 k. d'Avallon. Pop. 1,064 h.

MAGNY-CHATELARD, vg. *Doubs* (Franche-Comté), arr., ✉ et à 15 k. de Baume-les-Dames, cant. de Vercel. Pop. 66 h.

MAGNY-D'ANIGON, vg. *H.-Saône* (Franche-Comté), arr., cant., ✉ et à 9 k. de Lure. Pop. 615 h. — *Fabriques* de kirsch-wasser.

MAGNY-DEVANT-L'ISLE, vg. *Doubs*, comm. et ✉ de l'Isle-sur-le-Doubs.

MAGNY-JOBERT, vg. *H.-Saône* (Franche-Comté), arr., cant., ✉ et à 11 k. de Lure. Pop. 213 h. — *Tissage* de coton.

MAGNY-LA-CAMPAGNE, vg. *Calvados* (Normandie), arr. et à 6 k. de Falaise, cant. de Bretteville-sur-Laize, ✉ de Croissanville. Pop. 521 h. — *Fabriques* de canevas.

MAGNY-LA-FOSSE, vg. *Aisne* (Picardie), arr. et à 11 k. de St-Quentin, cant. et ✉ du Catelet. Pop. 277 h.

MAGNY-LAMBERT, vg. *Côte-d'Or* (Bourgogne), arr. et à 24 k. de Châtillon-sur-Seine, cant. et ✉ de Baigneux-les-Juifs. P. 328 h.

MAGNY-L'ANCIEN, vg. *Nièvre* (Nivernais), arr. et à 25 k. de Clamecy, cant. et ✉ de Corbigny. Pop. 331 h.

MAGNY-LA-VILLE, vg. *Côte-d'Or* (Bourgogne), arr., cant., ✉ et à 8 k. de Semur. Pop. 188 h.

MAGNY-LE-FREULE, vg. *Calvados* (Normandie), arr. et à 23 k. de Bayeux, cant. de Mézidon, ✉ de Croissanville. Pop. 435 h.

MAGNY-LE-HONGRE, vg. *Seine-et-Marne* (Brie), arr. et à 14 k. de Meaux, cant. de Crécy, ✉ de Couilly. Pop. 207 h. — *Fabrique* de fécule.

MAGNY-LES-AUBIGNY, vg. *Côte-d'Or* (Bourgogne), arr. et à 40 k. de Beaune, cant. et ✉ de St-Jean-de-Losne. Pop. 337 h.

MAGNY-LÈS-AUXONNE, vg. *Côte-d'Or* (Bourgogne), arr. et à 34 k. de Dijon, cant. et ✉ d'Auxonne. Pop. 254 h.

MAGNY-LÈS-BELLEVAUX, ou LÈS-CIREY, vg. *H.-Saône*, comm. de Beaumotte-les-Montbozon, ✉ de Bougney.

MAGNY-LES-HAMEAUX, vg. *Seine-et-Oise* (Ile-de-France), arr. et à 30 k. de Rambouillet, cant. et ✉ de Chevreuse. Pop. 472 h.

Ce village est situé à l'extrémité d'une longue plaine terminée par le bois de Trapes. On voit dans les environs les ruines de l'ancienne abbaye de Port-Royal-des-Champs.

Ce monastère était situé dans une vallée pittoresque, mais humide et malsaine. Il devait son origine à une chapelle de St-Laurent, qui fut érigée en 1204 en communauté de l'ordre de Cîteaux, par Philippe Auguste, ou plutôt par Eudes de Sully, évêque de Paris, et par Mathilde, fille de Guillaume de Garlande, et femme de Matthieu de Montmorency. Plus tard les religieuses furent transférées à Paris; mais au bout de quelques années elles rentrèrent dans leur ancienne abbaye; l'institut de Cîteaux fut changé en celui d'adoration perpétuelle, et prit seulement alors le nom de Port-Royal-des-Champs. Arnauld d'Andilly, frère du grand Arnauld, se retira dans ce monastère auprès de la mère Angélique, sa sœur, qui en était abbesse; plusieurs savants ecclésiastiques et même des séculiers le suivirent, et y composèrent divers ouvrages fort recherchés dans leur temps, et aujourd'hui complètement oubliés. On composerait des volumes, dit Dulaure, si l'on entreprenait de détailler les événements dont Port-Royal fut le théâtre, événements qui déshonorèrent la vieillesse de Louis XIV. Ignorant sur les matières religieuses et subjugué par le parti jésuitique, ce monarque prostitua la puissance royale en la faisant servir aux vengeances de ce parti, qui provoqua la suppression de l'abbaye de Port-Royal, détruite par arrêt du conseil du roi, du 27 octobre 1709.

Bibliographie. TRONCHAY (Michel). *Histoire abrégée de l'abbaye de Port-Royal, depuis sa fondation en 1204 jusqu'à l'enlèvement des religieuses en 1709*, in-12, 1710.

FOUILLOU (Jacques). *Mémoires sur la destruction de Port-Royal-des-Champs*, in-12, 1711.

ARNAUD (Marie-Angélique, abbesse et réformatrice du monastère de Port-Royal). *Relations écrites de ce qui est arrivé de plus considérable dans cette maison, depuis 1602 jusqu'au 12 janvier 1655*, in-4, 1716.

* *Recueil de plusieurs pièces pour servir à l'histoire de Port-Royal*, ou *Supplément aux mémoires de MM. Fontaine, Lancelot et Dufossé*, in-12, 1740.

PINAULT (l'abbé Olivier). *Histoire abrégée de la dernière persécution de Port-Royal, avec la vie édifiante des domestiques de cette maison*, 3 vol. in-12, 1701.

BESOIGNE (Jérôme). *Histoire de l'abbaye de Port-Royal*; 1ʳᵉ partie, *Histoire des religieuses*; 2ᵉ partie, *Histoire des Mᵐᵉˢ*, 6 vol. in-12, 1752.

* *Histoire des persécutions des religieuses de Port-Royal, écrite par elles-mêmes*, t. I, in-4, 1753 (le seul publié).

* *Mémoires pour servir à l'histoire de Port-Royal, et à la vie de la révérende mère Marie-Angélique de Ste-Madeleine Arnauld, reformatrice du monastère de Port-Royal, par différentes religieuses de Port-Royal*, etc.

CLÉMENCET (dom. Ch.). *Histoire générale de Port-Royal, depuis la réforme de cette abbaye jusqu'à son entière destruction*, 9 vol. in-12, 1755, 1757.

GUILBERT (l'abbé Pierre). *Mémoires historiques et chronologiques sur l'abbaye de Port-Royal-des-Champs*, 9 vol. in-12, 1755, 1758.

* *Abrégé chronologique de l'histoire de Port-Royal-des-Champs, office et pèlerinage, en l'honneur des saints et saintes qui ont habité ce saint désert, avec l'indication des lieux où reposent les corps qui en ont été exhumés*, in-12, 1760.

RACINE (Jean). *Abrégé de l'histoire de Port-Royal*, en deux parties, in-12, 1767.

* *Quinze planches qui représentent l'abbaye de Port-Royal, ses bâtiments, chapitres, réfectoire, infirmerie*, etc., in-4.

MAGNY - LÈS - JUSSEY, vg. *H.-Saône* (Franche-Comté), arr. et à 34 k. de Vesoul, cant. et ✉ de Jussey. Pop. 692 h.

MAGNY-LÈS-VILLERS, vg. *Côte-d'Or* (Bourgogne), arr. et à 19 k. de Beaune, cant. et ✉ de Nuits. Pop. 245 h.

MAGNY-ST-LOUP, vg. *Seine-et-Marne*, comm. de Boutigny, ✉ de Meaux.

MAGNY - ST - MÉDARD, vg. *Côte-d'Or* (Bourgogne), arr. et à 19 k. de Dijon, cant. et ✉ de Mirabeau-sur-Bèze. Pop. 373 h.

MAGNY - SUR - TILLE, vg. *Côte-d'Or* (Bourgogne), arr. et à 13 k. de Dijon, cant. et ✉ de Genlis. Pop. 345 h. Au confluent de la Tille et de la Norge. — D'un un ancien terrier, qu'à la première couche de la femme du seigneur de Magny-sur-Tille, les habitants étaient obligés de battre les fossés du château pendant quinze jours, pour empêcher les grenouilles de crier.

MAGNY-VACHERESSE, vg. *Doubs*, com. de Montandon, ✉ de St-Hippolyte.

MAGNY-VERNOIS, vg. *H.-Saône* (Franche-Comté), arr., cant., ✉ et à 3 k. de Lure. Pop. 800 h. — Forges.

Patrie du célèbre chirurgien P.-J. DESAULT.

MAGNYS (Grand et Petit-), vg. *Nièvre*, comm. de Sully-la-Tour, ✉ de Pouilly-sur-Loire.

MAGOAR, vg. *Côtes-du-Nord* (Bretagne), arr. et à 20 k. de Guingamp, cant. de Bourbriac, ✉ de Plésidy. Pop. 421 h.

MAGOUÉRO (le), vg. *Morbihan*, comm. de Ploubinec, ✉ de Port-Louis.

MAGRADA, fluv. (lat. 44°, long. 16°). « Méla (lib. III, cap. 1) fait mention de cette rivière avec des circonstances qui font juger que ce doit être la même qu'Uidaso ou Bidassoa, sur les limites de la Gaule et de l'Espagne, mais, dont le cours étant renfermé dans les vallées de Bastan et de Lérin, appartient plutôt à la Gaule qu'à l'Espagne, comme on peut voir dans l'article Lapurdum. » D'ANVILLE. *Notice de l'ancienne Gaule*, p. 431.

MAGRET, vg. *B.-Pyrénées*, comm. de Ste-Suzanne, ✉ d'Orthez.

MAGRIE, vg. *Aude* (Languedoc), arr., cant., ✉ et à 6 k. de Limoux. Pop. 493 h.

MAGRIGNE, vg. *Gironde*, comm. de Cubzac, ✉ de St-André-de-Cubzac.

MAGRIN, vg. *Aveyron*, comm. de Calmont, ✉ de Cassagnes-Bégonhès.

MAGRIN, vg. *Tarn* (Languedoc), arr. et à 14 k. de Lavaur, cant. de St-Paul-Cap-de-Joux, ✉ de Puylaurens. Pop. 349 h.

MAGSTATT-LE-BAS, vg. *H.-Rhin* (Alsace), arr. et à 14 k. d'Altkirch, cant. de Landser, ✉ de Siérentz. Pop. 324 h.

MAGSTATT-LE-HAUT, vg. *H.-Rhin* (Alsace), arr. et à 13 k. d'Altkirch, cant. de Landser, ✉ de Siérentz. Pop. 412 h.

MAGUELONNE, *Agatha, Agathopolis, Megalona* (l'île), *Hérault*, comm. de Villeneuve-les-Maguelonne, ✉ de Montpellier.

Maguelonne est une petite île ou plutôt une presqu'île d'environ deux mille pas de long, située dans l'étang de Thau, près du canal des Etangs, à 6 k. de Montpellier. Au milieu, on voit quelques maisons et une église remarquable, seuls restes d'une ville célèbre dans l'histoire du Languedoc, détruite par Charles Martel.

L'île de Maguelonne paraît être la presqu'île de Mesua, de Pomponius Mela, et l'île Metina, de Pline, voisine de l'île Blascon (Brescon), et non la ville actuelle de Mèze, dont le plus ancien titre ne remonte qu'au milieu du IXe siècle. La ville de Maguelonne dut sans doute sa fondation ou son accroissement à une colonie phocéenne de Marseille. Les avantages de sa position, son voisinage d'Agde et de Béziers, le nom qu'elle porte, tout invite à le croire. On a des données de son existence en l'an de Rome 363. Son premier évêque fut Ætherius, qui vivait dans le Ve siècle. Charles Martel la fit démanteler et combler son port en 737, sous prétexte qu'elle servait de retraite aux Sarrasins. Le siège épiscopal fut alors transféré à Substantion (V. Castelnau). Un seigneur goth, nommé Misemont, la remit en 743 à Pepin, fils de Charles Martel. Mais le siège épiscopal n'y fut rétabli qu'en 1037. Cinq siècles après, en 1536, il fut définitivement transféré à Montpellier. Le port de l'île, appelé Port-Sarrasin, fut comblé en 1586 par l'effet d'un coup de mer. Après la prise de Montpellier, en 1633, Louis XIII ordonna la destruction totale de Maguelonne.

La construction de l'église de Maguelonne remonte au VIIe siècle; elle fut réparée et dédiée en 1054. L'architecture est un mélange d'italien et d'arabe. L'intérieur, consistant en une seule nef qui sert aujourd'hui de grange et d'écurie, devait être d'une grande beauté. L'ogive encastrée dans la pleine cintre, qui signale différentes époques dans la construction; le portail en marbres de diverses couleurs, gardé par saint Pierre et saint Paul, sculptés sur les côtés, et dominés par l'Eternel placé dans le cintre; la belle arabesque antique, qui semble avoir été arrachée à la frise d'un temple grec pour recevoir une inscription mystique du XIIe siècle; les nombreuses tombes de marbre blanc et les figures en relief des prélats de Maguelonne et de Montpellier, dont le sol de l'église est pavé, rappellent l'antiquité profane et la piété du moyen âge et l'insouciance des temps modernes. Sa longueur, dans œuvre, est de 46 m. 80 c.; sa largeur, de 25 m. 33 c., dans la nef, et de 31 m. 20 c. dans le fond des deux chapelles latérales. Les colonnes du pourtour offrent cette particularité qu'aucun de leurs chapiteaux ne présente les mêmes formes. Plusieurs des sculptures des tombes épiscopales sont d'un travail distingué. Cette église fut restaurée en 1178: c'est à cette époque que fut construit le portail, et qu'on plaça l'inscription dont nous avons parlé. Elle est gravée, en forme de parallélogramme, sur les quatre côtés de l'arabesque antique qui domine la porte principale. C'est une suite d'abréviations, et l'on ne sera pas fâché de la retrouver entière ici :

𝔄𝔡 𝔭𝔬𝔯𝔱𝔲𝔪 𝔳𝔦𝔱æ 𝔰𝔦𝔱𝔦𝔢𝔫𝔱𝔢𝔰 𝔮𝔲𝔦𝔮𝔲𝔢 𝔳𝔢𝔫𝔦𝔱𝔢.
𝔥𝔞𝔰 𝔦𝔫𝔱𝔯𝔞𝔫𝔡𝔬 𝔣𝔬𯫰𝔢𝔰 𝔳𝔢𝔰𝔱𝔯𝔬𝔰 𝔠𝔞𝔪𝔭𝔬𝔫𝔦𝔱𝔢 𝔪𝔬𝔯𝔢𝔰.
𝔥𝔦𝔫𝔠 𝔦𝔫𝔱𝔯𝔞𝔫𝔰 𝔬𝔯𝔞, 𝔱𝔲𝔞 𝔰𝔢𝔪𝔭𝔢𝔯 𝔠𝔯𝔦𝔪𝔦𝔫𝔞 𝔭𝔩𝔬𝔯𝔞.
𝔔𝔲𝔦𝔡𝔮𝔲𝔦𝔡 𝔭𝔢𝔠𝔠𝔞𝔱𝔲𝔯, 𝔩𝔞𝔠𝔯𝔶𝔪𝔞𝔯𝔲𝔪 𝔣𝔬𝔫𝔱𝔢 𝔩𝔞𝔳𝔞𝔱𝔲𝔯.

𝔅𝔢𝔯𝔫𝔞𝔯𝔡𝔲𝔰 𝔡𝔢 𝔗𝔯𝔦𝔳𝔦𝔦𝔰 𝔣𝔢𝔠𝔦𝔱 𝔥𝔬𝔠 𝔞𝔫𝔫𝔬 𝔦𝔫𝔠𝔞𝔯𝔫𝔞𝔱𝔦𝔬𝔫𝔦𝔰 𝔇𝔬𝔪𝔦𝔫𝔦 M°C°LXX°VIII°.

Un escalier assez doux conduit au faîte de l'édifice, d'où la vue domine un immense horizon de mer et tout l'étang de Thau, dont la longueur est d'environ 60 k. L'île est jointe à la plage, qu'environ 200 m. sépare de la mer, par un mauvais pont en bois; la communication se fait par des gras, dont les plus praticables à la navigation sont ceux de Palavas de Perols et le port de Cette.

On attribue à Bernard de Tréviez, chanoine de Maguelonne, le roman des *Amours de Pierre de Provence et de la belle Maguelonne*, que le comte de Tressan n'a pas dédaigné de rajeunir. Maguelonne ou son diocèse est aussi la patrie de deux savants évêques qui ont porté le nom de Pélissier, dans le XVIe siècle.

Une colonne existait encore au bord de la mer vers le milieu du dernier siècle, et paraissait être le reste d'un phare qui signalait l'entrée du port sarrasin; les sables l'ont totalement ensevelie. Ainsi chaque jour voit disparaître un monument de cette île dont les souvenirs pourraient former à eux seuls une chronique du pays à l'entrée duquel elle est placée.

Bibliographie. RENOUVIER (J.). *Histoire des églises de Maguelonne, de Valmagne, de St-Guilhem-le-Désert*, etc., in-4, 1825 et années suiv.

On peut consulter aussi une dissertation curieuse de M. E. Thomas, archiviste de la préfecture de l'Hérault, insérée dans les Mémoires publiés par la Société archéologique de Montpellier (1835).

MAHALON, vg. *Finistère* (Bretagne), arr. et à 23 k. de Quimper, cant. et ✉ de Pont-Croix. Pop. 1,328 h.

MAHAUDERIE (la), vg. *Seine-et-Oise*, comm. de Boissets, ✉ de Houdan.

MAHÉRU, vg. *Orne* (Normandie), arr. et à 20 k. de Mortagne-sur-Huîne, cant. et ✉ de Moulins-la-Marche. Pop. 805 h.

MAHOURAT. V. CAUTERETS.

MAI (St-), vg. *Drôme* (Dauphiné), arr. et à 18 k. de Nyons, cant. et ✉ de Remuzat. Pop. 265 h.

MAICHE, vg. *Doubs* (Franche-Comté), arr. et à 37 k. de Montbéliard, chef-l. de cant. Cure. ✉. A 476 k. de Paris pour la taxe des lettres. Pop. 902 h. — TERRAIN jurassique, étage supérieur du système oolitique. — On y voit les vestiges d'un ancien château fort. — *Foire* le 3e jeudi de chaque mois.

MAIDIÈRES, vg. *Meurthe* (Lorraine), arr. et à 32 k. de Nancy, cant. et ✉ de Pont-à-Mousson. Pop. 347 h.

MAIE (la), petite rivière qui prend sa source au-dessus de Crécy, arr. d'Abbeville, *Somme* ; elle passe à Crécy, Machy, Rue, et se jette dans la Manche, à l'embouchure de la Somme, après un cours de 40 k.

MAIGNAUT, vg. *Gers* (Armagnac), arr. et à 9 k. de Condom, cant. et ✉ de Valence. Pop. 453 h.

MAIGNÉ, bg *Sarthe* (Maine), arr. et à 32 k. de la Flèche, cant. de Brulon, ✉ de Cheminé-le-Gaudin. Pop. 800 h.

MAIGNELAY, bg *Oise* (Picardie), arr. et à 25 k. de Clermont, chef-l. de cant. ✉. A 85 k. de Paris pour la taxe des lettres. Pop. 747 h. — TERRAIN tertiaire supérieur.

L'église de ce bourg offre un portail qui n'est pas dépourvu d'élégance. Il est décoré de branches de vignes auxquelles sont suspendues des grappes de raisin. Le bénitier est porté par le col d'une colonne d'ordre corinthien. On remarque dans cette église, dont on ignore la date de la fondation, quelques statues de marbre blanc.

En 1794 on a détruit dans l'église de Maignelay un superbe mausolée érigé en l'honneur de Florimond d'Halluin, par Marguerite-Claude de Gondy, dame de Maignelay, fille du duc de Retz, son épouse. Florimond d'Halluin fut assassiné à la Fère, dont il était gouverneur en 1591, par Colas, vice-sénéchal de Montélimart, et lieutenant des gardes du duc de Mayenne. Ce monument était en forme de tombeau, recouvert d'une grande table de marbre noir, supportant la statue en marbre blanc de Florimond, vêtu d'une cuirasse ciselée, terminée par une large bande de cuir ou d'étoffe en forme de fraise très-foncée retombant sur les reins ; une épée à fourreau rond, des brassards et des gantelets formés de lames fort étroites qui s'avançaient de 11 c. au delà du poignet, complétaient son armure.

Le château de Maignelay est d'une construction ancienne. C'était une forteresse comme la plupart des manoirs féodaux, où l'on reconnaît les restes de tours. Il est enceint de fossés et de murailles. Quelque temps avant la révolution, M. de la Rochefoucauld acheta cette terre au marquis de Longeval, qui ne la vendit qu'après avoir convoqué ses vassaux, et réduit généreusement leurs rentes à de très-faibles redevances, en abandonnant les arrérages qui lui étaient dus : noble conduite, trop rarement imitée par les possesseurs féodaux du royaume.

On voit à Maignelay deux grandes places, dont l'une est plantée de quatre rangées de hauts peupliers. De la place on communique par deux allées au bois de Maignelay, qui offre d'agréables promenades.

Fabriques de taillanderie et d'ustensiles de ménage. Tannerie et corderies. — *Commerce* considérable de moutons et de cordes de tilleul. — *Foires* les 1er mai et 1er oct.

MAIGNER (St-), vg. *Puy-de-Dôme* (Auvergne), arr. et à 50 k. de Riom, cant. et ✉ de Pionsat. Pop. 980 h.

MAIGNEVILLE, vg. *Somme*, comm. de Frettemeule, ✉ de Valines.

MAIGNY, vg. *Loiret*, comm. de Germigny-des-Prés, ✉ de Châteauneuf-sur-Loire.

MAIGRIN (St-), vg. *Charente-Inf.* (Saintonge), arr. et à 12 k. de Jonzac, cant. et ✉ d'Archiac. Pop. 1,182. *Foires* le 2e lundi d'avril, de mai, de juin, de juillet, d'août et de sept.

MAILARGUES, vg. *Lot*, comm. de Soulomès, ✉ de Frayssinet.

MAILAT, vg. *Puy-de-Dôme*, comm. de Lamontgie, ✉ de St-Germain-Lembron.

MAILHAC, vg. *Aude* (Languedoc), arr. et à 25 k. de Narbonne, cant. de Ginestas, ✉ d'Azille. Pop. 462 h.

MAILHAC, vg. *H.-Vienne* (Limousin), arr. et à 36 k. de Bellac, cant. de St-Sulpice-les-Feuilles, ✉ d'Arnac-la-Poste. Pop. 800 h. — Forges et haut fourneau. Fonderie.

MAILHOC, vg. *Tarn* (Languedoc), arr., cant., ✉ et à 12 k. d'Albi. Pop. 613 h.

MAILHOLAS, vg. *H.-Garonne* (Languedoc), arr. et à 18 k. de Muret, cant. et ✉ de Rieux. Pop. 91 h.

MAILLANE, vg. *Bouches-du-Rhône* (Provence), arr. d'Arles-sur-Rhône, à 11 k. de Tarascon, cant. et ✉ de St-Remy. P. 1,430 h.

Ce village est situé dans une petite plaine, sur le ruisseau de la Loube. Il était autrefois entouré de remparts fort épais qui existent encore dans quelques parties, ainsi qu'une porte bien conservée. Il est précédé de faubourgs assez considérables, et formé de rues généralement bien percées ; la principale, qui sert de promenade publique, aboutit à une belle place ornée de la tour de l'horloge. — L'église paroissiale est un bel édifice, composé de trois nefs, dans lequel on voit un autel en marbre d'une rare magnificence, un retable orné de belles sculptures, et des statues d'un bon goût.

Biographie. Quelques biographes pensent que ce village est le lieu de naissance de DURAND DE MAILLANE, canoniste, membre de la convention nationale, que d'autres font naître à St-Remy.

MAILLARD, vg. *Nièvre*, comm. de Chevenon, ✉ de Magny.

MAILLAS, vg. *Landes* (Gascogne), arr. et à 50 k. de Mont-de-Marsan, cant. de Roquefort, ✉ de Captieux. Pop. 517 h.

MAILLAT, vg. *Ain* (Bourgogne), arr., cant., ✉ et à 11 k. de Nantua. ⚜. — Il est situé dans un bassin fertile et bien cultivé, entouré de montagnes arides. — *Commerce* de blés pour semailles, garance, etc. — *Foires* les 22 juin et 18 sept.

MAILLÉ, vg. *Indre-et-Loire* (Touraine), arr. et à 35 k. de Chinon, cant. et ✉ de Ste-Maure. Pop. 548 h.

MAILLÉ, vg. *Vendée* (Poitou), arr., ✉ et à 14 k. de Fontenay-le-Comte, cant. de Maillezais. Pop. 1,123 h. — *Foires* le 1er mercredi d'octobre et 3e mercredi d'avril.

MAILLÉ ou ST-PIERRE-DE-MAILLÉ, vg. *Vienne* (Poitou), arr. et à 30 k. de Montmorillon, c. de St-Savin, ✉ d'Angles. P. 2,161 h.

MAILLÉ, vg. *Vienne* (Poitou), arr. et à 22 k. de Poitiers, cant. de Vouillé, ✉ d'Ayron. Pop. 442 h.

MAILLEBOIS, bg *Eure-et-Loir* (Beauce), arr. et à 22 k. de Dreux, cant. et ✉ de Châteauneuf-en-Thymerais. Pop. 466 h. — *Fabrique* de draps communs.

MAILLECOURT, vg. *Seine-et-Oise*, com. et ✉ d'Orçay.

MAILLERAYE (la), *Mespiletum*, vg. *Seine-Inf.*, comm. de Guerbaville. ✉. ⚜. A 368 k. de Paris pour la taxe des lettres.

La Mailleraye, anciennement Mesleree, est dans une situation fort agréable, sur le bord de la Seine, près de la forêt de Brotone. Le château de la Mailleraye est un édifice très-vaste, dont les terrasses élevées et les constructions irrégulières sont parallèles au cours de la Seine ; l'architecture présente le caractère de plusieurs âges. Le parc, remarquable par sa belle distribution, peut être comparé aux charmants jardins de Méréville, de Morfontaine ou d'Ermenonville. Les curieux vont surtout visiter avec empressement la ferme pittoresquement située au milieu de hautes futaies ; la ménagerie d'oiseaux aquatiques qui peuplent les étangs de cette enceinte ; l'ermitage ; le colombier, le parasol et surtout le pavillon oriental, bâti sur un tertre dont l'œil embrasse la vaste étendue du parc. On aperçoit de ce beau lieu les restes de l'abbaye de Jumiéges, dont les clochers, encore debout, indiquent l'ancienne splendeur de cette maison, située à peu de distance de la rive droite de la Seine. C'est au-dessous de la Mailleraye que communément avec la largeur de la Seine, les dangers de la navigation fluviale. Vers ce point, le chenal navigable occupe le milieu entre les deux rives ; à droite et à gauche s'étendent des bancs de sable presque élevés à fleur d'eau. La Mailleraye est la première posée de la Seine en descendant de Rouen ; mais les bâtiments n'y restent que dans les marées où le fleuve manque de profondeur dans les passes de Caudebec.

C'est à la Mailleraye que se trouvent les premiers chantiers de construction navale qu'on rencontre depuis Rouen.

La terre de Mailleraye fut érigée en marquisat par lettres patentes du mois de décembre 1653, en faveur de Louis Bretel de Grimonville.

MAILLÈRES, vg. *Landes* (Gascogne), arr., ✉. A 18 k. de Mont-de-Marsan, cant. de Labrit. Pop. 424 h.

MAILLERON-FAING, vg. *Vosges*, comm. de Bellefontaine, ✉ de Plombières.

MAILLERONCOURT - CHARETTE, vg. *H.-Saône* (Franche-Comté), arr. et à 22 k. de Lure, cant. et ✉ de Saulx. Pop. 1,080 h.

MAILLERONCOURT - PANCRAS (St-), vg. *H.-Saône* (Franche-Comté), arr. et à 44 k. de Lure, cant. et ✉ de Vauvillers. P. 760 h.

MAILLET, vg. *Allier* (Bourbonnais), arr. et à 20 k. de Montluçon, cant. et ✉ d'Hérisson. Pop. 581 h.

MAILLET, vg. *Indre* (Berry), arr. et à 23 k. de la Châtre, cant. de Neuvy-St-Sépulcre, ✉ de Cluis. Pop. 603 h.

MAILLETS (les), vg. *Oise*, comm. de Hermès, ✉ de Noailles.

MAILLEY, vg. *H.-Saône* (Franche-Comté), arr. et à 15 k. de Vesoul, cant. de Scey-sur-Saône, ✉ de Frétigny. Pop. 1,005 h. — On y voit un vieux château qui était autrefois entouré de murs et flanqué de quatre tours ; les fossés sont bien conservés et pourraient encore être inondés. — *Fabriques* de tresses pour chapeaux de paille.

MAILLEZAIS, *Mailliacum*, *Malleaca*, petite ville, *Vendée* (Poitou), arr., ✉ et à 12 k. de Fontenay-le-Comte, chef-l. de cant. Pop. 1,413 h. — TERRAIN jurassique.

Maillezais était anciennement un lieu solitaire environné de bois, où les comtes de Poitiers avaient fait bâtir un château où ils venaient prendre le plaisir de la chasse, et sur l'emplacement duquel Guillaume le Grand fonda, vers l'an 900, un monastère en l'honneur de St-Pierre et de St-Paul. En 1317, le pape Jean XXII érigea l'abbaye de Maillezais en évêché dont le siège épiscopal fut transféré à la Rochelle sous le règne de Louis XIV. — Cette abbaye, dont la renommée fut si grande au moyen âge, fut soumise à l'ordre de St-Benoît, et reçut de pieux cénobites qui se firent remarquer par leur science et par leur vertu. Les comtes de Poitiers la comblèrent de richesses, et plusieurs de ces puissants feudataires se firent enterrer dans sa basilique.

Les armes de **Maillezais** sont : *de gueules, à deux clefs d'argent passées en sautoir.*

Maillezais est une petite ville assez triste, bâtie dans l'île qui porte son nom, formée par l'Autise et la Sèvre Niortaise. Sa situation au milieu d'un marais qui la rend inaccessible en fit un point militaire très-important pendant les troubles du XVIᵉ siècle. Le château fut construit au IXᵉ siècle par les comtes de Poitou, afin de s'opposer aux descentes des Normands. Le célèbre Théodore-Agrippa d'Aubigné, aïeul de Mᵐᵉ de Maintenon, en fut longtemps gouverneur. Charles, cardinal de Bourbon, reconnu roi de la Ligue sous le nom de Charles X, fut enfermé au château de Maillezais, sous la garde de ce même d'Aubigné.

Fabriques de toiles. — *Foires* le 4ᵉ vendredi de mars et d'août.

Bibliographie. ARNAULD (Ch.). *Histoire de Maillezais, depuis les temps les plus reculés jusqu'à nos jours*, in-4, 1841.

MAILLOT (Granges-), vg. *Doubs* (Franche-Comté), arr. et à 34 k. de Besançon, cant. et ✉ d'Ornans. Pop. 93 h.

MAILLOT, vg. *Yonne* (Champagne), arr., cant., ✉ et à 3 k. de Sens. Pop. 421 h.

MAILLY, vg. *Aube* (Champagne), arr., cant. et à 20 k. d'Arcis-sur-Aube. ✉, ⚓. À 158 k. de Paris pour la taxe des lettres. Pop. 632 h.

MAILLY, vg. *Marne* (Champagne), arr., ✉ et à 13 k. de Reims, cant. de Verzy. Pop. 606 h. — Il est situé dans un territoire fertile en vins rouges de 1ʳᵉ classe, dits vins de la Montagne. — On voit aux environs un des plus beaux châteaux du département, construit par M. Moët en 1827.

MAILLY, vg. *Meurthe* (Lorraine), arr. et à 32 k. de Nancy, cant. et ✉ de Nomény. Pop. 479 h.

MAILLY, vg. *Saône-et-Loire* (Bourgogne), arr. et à 47 k. de Charolles, cant. et ✉ de Semur-en-Brionnais. Pop. 529 h.

MAILLY, vg. *Somme* (Picardie), arr. et à 25 k. de Doullens, cant. et ✉ d'Acheux. Pop. 1,438 h. — Le portail de l'église est décoré d'un bas-relief représentant Isabeau d'Ailly, à qui l'on doit la construction de ce bel édifice.

MAILLY-LA-VILLE, nom donné pendant la révolution au village de Mailly-le-Château (Yonne).

MAILLY-LA-VILLE, ou LE BAS, *Côte-d'Or*, comm. de Mailly-le-Mont, ✉ d'Auxonne.

MAILLY-LA-VILLE, *Malliacum*, bg *Yonne* (Bourgogne), arr. et à 27 k. d'Auxerre, cant. de Vermenton, ✉ d'Arcy-sur-Cure. Pop. 938 h. — *Foires* les 16 janv., 20 avril, 17 juin et 10 déc.

MAILLY-LE-CHATEAU, vg. *Yonne* (Bourgogne), arr. et à 27 k. d'Auxerre, cant. et ✉ de Coulanges-sur-Yonne. Pop. 1,040 h.

Autrefois diocèse, bailliage et recette d'Auxerre, parlement de Paris, intendance de Dijon, chambre royale.

C'était autrefois une petite ville fortifiée, défendue par un bon château. En 1180 elle fut détruite en partie par une incendie. Charles VII s'en empara en 1426. Les Bourguignons l'assiégèrent et la prirent par capitulation en 1427. Elle fut reprise par les royalistes en 1431 ; mais elle retomba de nouveau au pouvoir des Bourguignons en 1437. — Elle a porté pendant la révolution le nom de MAILLY-LA-VILLE. — *Commerce* de bois. — *Foires* les 4 mars, 4 juillet, 4 déc. et 30 août.

MAILLY-LE-MONT, vg. *Côte-d'Or* (Bourgogne), arr. et à 33 k. de Dijon, cant. et ✉ d'Auxonne. Pop. 1,357 h.

MAILLY-LE-PORT, vg. *Côte-d'Or*, com. de Mailly-le-Mont, ✉ d'Auxonne.

MAILLY-RAINEVAL, vg. *Somme* (Picardie), arr. et à 16 k. de Montdidier, cant. d'Ailly-sur-Noye, ✉ de Moreuil. Pop. 332 h.

MAILLORAT (le), *H.-Vienne*, comm. de Jabreille, ✉ de Chanteloube.

MAIMBEVILLE, vg. *Oise* (Picardie), arr., cant., ✉ et à 9 k. de Clermont. Pop. 344 h.

MAIMBRESSON, vg. *Ardennes* (Champagne), arr. et à 32 k. de Rethel, cant. et ✉ de Chaumont-Porcien. Pop. 269 h.

MAIMBRESSY, vg. *Ardennes* (Champagne), arr. et à 30 k. de Rethel, cant. et ✉ de Chaumont-Porcien. Pop. 719 h.

MAIME (St), vg. *B.-Alpes* (Provence), arr., cant. et à 7 k. de Forcalquier, ✉ de Manosque. Pop. 280 h.

MAIN (St-), vg. *Côtes-du-Nord*, comm. de Bourseul, ✉ de Plancoët.

MAIN-DU-PRINCE (la), ou HERZOGS-HAND, *Moselle*, comm. et ✉ de Bitche.

MAINCOURT, vg. *Seine-et-Oise* (Ile-de-France), arr. et à 18 k. de Pontoise, cant. et ✉ de Chevreuse. Pop. 106 h. Près de l'Yvette.

MAINCY, vg. *Seine-et-Marne* (Gatinais), arr., cant., ✉ et à 4 k. de Melun. Pop. 986 h.

Le château de Vaux-le-Praslin est une dépendance de cette commune. Ce château fut commencé en 1653 par le surintendant des finances Fouquet. L'architecte le Vau construisit les bâtiments ; les jardins commencèrent la réputation de le Nôtre ; les peintures furent exécutées par le Brun et par les meilleurs artistes du temps.

L'avant-cour du château de Vaux est décorée de portiques et fermée du côté de l'avenue par une grille que soutiennent des cariatides ; deux bassins, enrichis de groupes, l'ornent ; l'édifice est lui-même entouré de larges fossés remplis d'eau vive, et bordés d'une balustrade en pierre. Un superbe vestibule communique à un grand salon ovale dont l'architecture se compose d'arcades et de pilastres d'ordre composite. Les appartements sont ornés de figures en stuc et de peintures magnifiques. Du côté des jardins, la façade offre deux pavillons ornés de pilastres ioniques. Deux petits avant-corps, qui les accompagnent, sont surmontés d'une balustrade régnant pareillement sur le dôme, qui est terminé par une campanille. Le milieu de la façade est décoré de quatre colonnes doriques ; au-dessus sont autant de pilastres ioniques avec un fronton ; et sur l'entablement s'élèvent quatre figures. De magnifiques bassins ; une belle pièce d'eau d'un demi-hectare carré, au centre de laquelle est une figure en marbre représentant Neptune sur une coquille marine tirée par trois chevaux ; une chute d'eau ; un canal de 1 k. de long : tels sont les principaux ornements de cette immense propriété. Fouquet, possesseur d'un séjour si somptueux, y réunissait tout ce que la ville et la cour pouvaient offrir d'aimable et de grand ; jamais dissipateur des finances d'un État ne fut plus noble et plus généreux. On sait que cet homme, qui osa porter un regard téméraire sur la maîtresse de son roi, que l'opulent financier, le seigneur aimable qui pensionnait le mérite, qui choisissait Pélisson pour son commis, la Fontaine pour son poëte ; celui qui faisait faire ses divertissements par Molière et par Lulli, ses parcs par le Nôtre, ses peintures par Lebrun, l'ami des beaux-arts et de Sévigné, termina misérablement ses jours dans un cachot de la forteresse de Pignerol.

MAINDREVILLE (Grand et Petit-), vg. *Eure-et-Loir*, comm. de Fontenay-sur-Eure, ✉ de Chartres.

MAINE (la), nom que porte la rivière de la

Mayenne à partir de sa jonction avec la Sarthe au-dessus d'Angers.

MAINE (le), *Cenomania et Cenomanensis ager*, ci-devant province de France, qui forme maintenant le dép. de la Sarthe, à l'exception de l'arr. de la Flèche, les arr. de Laval et de Mayenne, du dép. de la *Mayenne*, l'arr. de Mortagne, du dép. de l'*Orne*, et partie des arr. de Dreux et de Nogent-le-Rotrou, du dép. d'*Eure-et-Loir*.

Cette province, qui, sous la domination romaine, faisait partie de la troisième Lyonnaise, fut occupée par les Francs au ve siècle. Plus tard elle devint le chef-lieu d'un comté que Foulques, comte d'Anjou, unit au sien. En 1127, Philippe-Auguste conquit ce comté sur Jean sans Terre, et le réunit à la couronne en 1203. Les comtes du Maine étaient grands vassaux de la couronne. Cette province était du ressort du parlement de Paris, du gouvernement de l'Orléanais, de la généralité de Tours ; il y avait quatre élections : celles du Mans, de Laval, de Mayenne et du Château-du-Loir. La ville du Mans était le siège de l'évêché de la province.

Le Maine était autrefois divisé en Haut-Maine, capitale le Mans ; Bas-Maine, capitale Mayenne ; Haut-Perche, capitale Mortagne ; Perche-Gouet, chef-lieu Montmirail ; Terres-Françaises, chef-lieu la Tour-Grise ; Thymerais, chef-lieu Châteauneuf.

Le Maine était borné au nord par la Normandie, à l'est par l'Orléanais, au sud par l'Anjou et la Touraine, et à l'ouest par la Bretagne. Les principales rivières qui l'arrosent sont : la Sarthe, le Loir et la Mayenne, qui y sont navigables.

Les **armes du Maine** étaient : *de gueules au lion d'or*.

Bibliographie. BOURDIGNÉ (Jean de). *Histoire aggregative des annales et chroniques d'Anjou et du Maine*, etc., in-fol., 1529.
Topographie du Maine, in-16, 1558.
BODREAU (Julien). *Les Antiquités du pays du Maine* (imprimées dans son Commentaire sur la coutume du Mans, in-fol., 1645).
Tableau historique du Maine, in-8, fig., 1781.
* *Description de la carte cénomanique, contenant les villes, forêts, rivières, paroisses, chapelles et bénéfices, tant réguliers que séculiers, situés au diocèse et comté du Maine, avec des patrons et collaborateurs*, in-12, 1673.
LEFAIGE (André-René). *Dictionnaire topographique, historique, généalogique et bibliographique de la province et du diocèse du Maine*, 2 vol. in-8, 1787.
DESPORTES (N.). *Description topographique et hydrographique du diocèse du Mans* (Sarthe et Mayenne), in-12, 1831.
La Mayenne pittoresque, in-4 d'une demi-feuille, 1844.
* *Paroisses, chapelles et bénéfices, tant réguliers que séculiers, étant situés au diocèse et comté du Maine* (imprimée avec la topographie des villes, etc., in-16, 1558).
LE COURVAISIER DE COURTEILLES (Antoine).

Histoire des évêques du Mans et de ce qui s'est passé de plus mémorable dans le diocèse pendant leur pontificat, in-4, 1648.
PERRIN (l'abbé Théodore). *Les Martyrs du Maine*, 2 vol. in-12, 1830, 1838.
HAURÉAU (Barth.). *Histoire littéraire du Maine*, in-8, 1842, 1843.
ANSART (L.-Jos.-Aug.). *Bibliothèque littéraire du Maine, ou Traité historique et critique des auteurs de cette province*, in-8, 1784. (C'est le t. 1 et unique d'un ouvrage qui devait former 8 vol.)
RENOUARD (P.). *Essais historiques et littéraires sur la ci-devant province du Maine*, 2 vol. in-12, 1811.
LEDRU (André-Pierre). *Notices historiques sur la vie et les ouvrages de quelques hommes célèbres de la province du Maine*, in-18, 1817.
DESPORTES (N.). *Bibliographie du Maine, précédée de la description topographique du département du Mans, Sarthe et Mayenne*, in-8, 1844.
* *Almanach manceau pour l'année 1728*, in-12, 1728 (On y trouve un catalogue des auteurs et grands hommes, une suite des évêques et des comtes du Maine).
V. aussi les départements de la SARTHE, de la MAYENNE, de l'ORNE et d'EURE-ET-LOIR.

MAINE (le), *Charente*, comm. de Sonneville-de-Segouzac, ⌂ de Jarnac.

MAINE-AURIOUX, vg. *Charente-Inf.*, comm. de Chaillevette, ⌂ de la Tremblade.

MAINE-ET-LOIRE (département de). Ce département est formé de la majeure partie de la ci-devant province d'Anjou, et tire son nom des deux grandes rivières, la Loire et la Mayenne, qui l'arrosent et se réunissent au-dessus d'Angers ; la seconde prend le nom de Maine à partir de sa jonction avec la Sarthe.

Ses limites sont : au nord, le département de la Mayenne ; au nord-est, celui de la Sarthe ; à l'est, celui d'Indre-et-Loire ; au sud-est, celui de la Vienne ; au sud, ceux des Deux-Sèvres et de la Vendée ; à l'ouest, celui de la Loire-Inférieure. — Le climat est en général sain et tempéré.

Le territoire du département de Maine-et-Loire est agréablement varié de collines, pour la plupart plantées de vignes, et de plaines où la terre à bruyère domine, mais très-productives. La presque totalité des possessions y sont closes, entourées de fossés bordés d'un rempart en terre de deux ou trois pieds de hauteur, plantés de haies vives, au milieu desquelles s'élèvent de distance en distance des bouquets d'arbres, qui donnent à la physionomie de ce pays un aspect fort agréable.

Aucun fleuve de l'Europe ne peut rivaliser avec la Loire pour la beauté des sites. Ses rives et les îles dont elle est semée offrent un magnifique panorama, de frais paysages, des tableaux pleins de grâce et de suavité. A la verdoyante parure des collines qui la bordent se joignent les blanches maisons des villages et des villes et les ruines noircies des vieux monuments, qui tous réveillent d'anciens souvenirs,

et font rêver d'invasions étrangères, ou, ce qui est plus triste encore, de guerres civiles. Les îles de la Loire situées dans le département passent pour les plus belles qu'embrasse le cours de cette rivière, dont la largeur varie de 583 à 778 m. — Le sol, fertile, protégé par la levée, est parsemé de vergers et de jardins, couvert de bourgs et de villages ; il se nomme la vallée de la Loire ; on en évalue le produit annuel à 4,000,000 de francs. Mais ces riches revenus arrivent rarement dans les mains des propriétaires et des fermiers sans que ceux-ci aient préalablement éprouvé de vives inquiétudes. Les grandes crues de la Loire, les débâcles des glaces mettent la digue en danger, et obligent parfois les habitants de la vallée à quitter leurs maisons, leurs champs, pour travailler soit à fortifier la levée, soit à l'exhausser temporairement, sur divers points.

La contenance totale du département est de 514,861 hectares, divisés ainsi :

Terres labourables.	354,298
Prés.	69,338
Vignes.	1,290
Bois.	26,379
Vergers, pépinières et jardins.	8,535
Oseraies, aunaies et saussaies.	59
Étangs, mares, canaux d'irrigation.	1,881
Landes et bruyères.	24,429
Cultures diverses.	2,533
Superficie des propriétés bâties.	3,727
Contenance imposable.	492,529
Routes, chemins, places, rues, etc.	19,943
Rivières, lacs et ruisseaux.	2,166
Forêts et domaines non productifs.	
Cimetières, églises, bâtiments publics.	212
Contenance non imposable.	22,332

On y compte :
74,484 maisons.
622 moulins à eau et à vent.
90 forges et fourneaux.
160 fabriques et manufactures.

soit : 75,356 propriétés bâties.
Le nombre des propriétaires est de. 74,916
Celui des parcelles de. 898,823

HYDROGRAPHIE. Les principales rivières du département sont : la Loire, le Loir, la Sarthe, la Mayenne, l'Oudon, l'Authion, le Thouet et le Layon. La Loire et la Mayenne sont navigables dans toute la partie de leur cours qui traverse le département ; les autres le sont seulement sur une partie. On évalue la longueur totale de cette ligne de navigation à 266,000 m.

COMMUNICATIONS. Le département est traversé par 9 routes royales, par 24 routes départementales, par 17 routes stratégiques, et par 33 chemins vicinaux de grande communication.

MÉTÉOROLOGIE. Le climat est sain, plutôt humide que sec. La température est généralement douce. Les hivers sont pluvieux. Les limites moyennes du thermomètre de Réaumur sont de —10° et +20°. Les vents dominants sont ceux de l'ouest et du sud-ouest.

PRODUCTIONS. Quoiqu'il se trouve dans le dé-

partement une assez grande étendue de bruyères et de laudes, le sol y est cependant très-fertile en blé, seigle, orge, avoine et légumes de toute espèce ; les récoltes suffisent et au delà à la consommation des habitants. On y récolte en abondance des vins de bonne qualité, particulièrement des vins blancs. Les 1,290 hectares de vignes produisent annuellement environ 500,000 hectolitres, dont moitié est livrée au commerce ou convertie en eau-de-vie et en vinaigre estimé, dit vinaigre de Saumur. Les vins blancs qui ont le plus de réputation sont ceux de Varrains, de Clos-Morin, de Saumur, de Faye, de Rabelais, de Bonnescaux ; on cite les vins rouges de Neuillé et de Champigné-le-Sec.
— En 1838, M. Ackerman a introduit avec succès dans le département la fabrication des vins mousseux, d'après la méthode usitée pour faire le vin de Champagne mousseux. Les vins d'Anjou champanisés sont remarquables par leur mousse blanche, leur douceur et leur légèreté, et peuvent, jusqu'à un certain point, lutter avec les vrais vins de Champagne. — 30,000 hectolitres de cidre. — Le lin et le chanvre de Maine-et-Loire sont fort estimés. — Les noix y donnent des produits importants. Tous les fruits, et principalement les fruits à cidre, y sont d'excellente qualité. On vante particulièrement les prunes et pruneaux de Ste-Catherine. — Les essences dominantes des forêts sont celles du chêne et du hêtre. On y trouve aussi des cormiers, des alisiers, des poiriers sauvages, etc. — Le genévrier, le houx, le genêt d'Espagne, l'ajonc, y sont communs. — On cultive dans les jardins une grande quantité d'arbres à fruits. — Les melons précoces d'Angers et les cantaloups d'Anjou méritent d'être cités. — Réglisse, coriandre, graines potagères et fourragères. Belles pépinières. — Belles prairies. Excellents pâturages.

Le département renferme une assez grande quantité de chevaux et de mulets, beaucoup de bêtes à cornes, et un nombre considérable de moutons mérinos, métis et indigènes. L'élève des chevaux, et surtout celle des bœufs, engraissés pour l'approvisionnement de la capitale, est une grande source de richesse pour les cultivateurs. — Les forêts du département abondent en cerfs, en chevreuils et en sangliers ; les blaireaux et les loups n'y sont pas rares, mais les renards, les fouines, les belettes, les chats sauvages y sont plus communs. — On rencontre quelquefois dans le Bocage, sur la rive gauche de la Loire, des martres et des genettes, animaux dont la peau est assez recherchée par les fourreurs. — Les plantations qui bordent les champs nourrissent des oiseaux des espèces les plus variées. — Les rivières sont poissonneuses, aussi y trouve-t-on des loutres. — Parmi les reptiles on remarque la vipère, l'aspic, la couleuvre et la salamandre terrestre.

MINÉRALOGIE. Le département ne possède d'autres richesses métalliques que du minerai de fer. On y trouve des granits, des marbres, des mines de charbon, de la pierre propre à la sculpture, de la pierre à bâtir, de l'argile, de la pierre à chaux propre à faire de la chaux hydraulique, et surtout de magnifiques carrières d'ardoises. — Les ardoisières d'Angers sont de vastes et effrayantes excavations, où l'on travaille à ciel ouvert. La majeure partie de celles qui sont exploitées actuellement sont situées dans les communes de St-Barthélemy et de Trélazé. On en voit qui ont jusqu'à 41 foncées de profondeur (120 m.). — Les ardoisières de Maine-et-Loire produisent chaque année 80,000,000 d'ardoises, dont 50,000,000 d'ardoises carrées. Elles occupent plus de 3,000 ouvriers, et se servent de trois machines à vapeur et de 500 bêtes de trait et de somme.

SOURCE MINÉRALE à Martigné-Briant.

INDUSTRIE ET COMMERCE. Manufactures de toiles à voiles et de toiles communes, de toiles dites *cholettes*, de mouchoirs de toutes couleurs et qualités, de siamoises, flanelles, etc. Filatures de laine et de coton. Teintureries, papeteries, tanneries, huileries, forges et hauts fourneaux. Exploitation en grand des carrières d'ardoise. Fabrique de chapelets en cocos et en verroteries pour les pacotilles des colonies (à Saumur). Grande fabrication de sabots, employant plus de 100 ouvriers (à Moulihèrne). Raffineries de sucre de canne et fabriques de sucre indigène. Brasseries, distilleries, blanchisseries, etc.

Commerce de grains, légumes secs, graines de trèfle, vins, eaux-de-vie, bestiaux, ardoises, cuirs, fers, etc.

FOIRES. 340 foires environ se tiennent dans plus de 90 communes du département. Les principaux objets de commerce consistent en bestiaux gras et maigres, bœufs de labour, chevaux, mules et mulets, etc. On vend principalement le lin, le chanvre, le fil, des graines de lin et de chanvre aux foires des arrondissements d'Angers, de Saumur et de Beaupréau ; des vins dans celui de Saumur ; des pruneaux aux foires de Monsoreau et de Trèves ; des futailles à St-Hilaire-le-Doyen ; des rubans de fil à Couture ; des dentelles à Passavant ; de la chapellerie à Saumur ; des anneaux de nerfs de bœufs servant à attacher les fléaux à battre le grain à Chamellier. Les foires du Louroux-Beconnais sont renommées pour la vente du gros bétail gras.

DIVISION ADMINISTRATIVE. Le département de Maine-et-Loire a pour chef-lieu Angers ; il envoie 7 représentants à la chambre des députés, et est divisé en 5 arrondissements ou sous-préfectures :

Angers . . . . 9 cant. 144,793 h.
Baugé. . . . . 6 — 80,495
Beaupréau . . 7 — 110,071
Saumur. . . . 7 — 94,021
Segré. . . . . 5 — 59,092

34 cant. 488,472 h.

26e arr. forestier (chef-l. Nantes). — 3e arr. des mines (chef-l. Paris). — 4e divis. milit. (chef-l. Tours). — Évêché, séminaire diocésain et école secondaire ecclésiastique à Angers ; 2e école secondaire ecclésiastique à Combrée. 34 cures, 361 succursales. — Académie universitaire à Angers. École secondaire de médecine, collège royal et école normale primaire à Angers. Collèges communaux à Baugé, Beaufort, Chollet, Doué, Saumur. — Société d'agriculture et société industrielle à Angers.

Biographie. Les personnages distingués nés dans le département de Maine-et-Loire sont :
SAINT HILAIRE.
F. DU BELLAY, évêque de Paris et cardinal.
J. DE BEAUVEAU, évêque d'Angers.
JOACHIM DU BELLAY, poëte latin du XVIe siècle.
Les voyageurs BERNIER et GOUZ DE LA BOULAYE.
Le spirituel et savant MÉNAGE.
La savante Mme DACIER.
SAVARY, auteur du *Dictionnaire universel du commerce*.
CH. BOURDIGNÉ, poëte français du XVIe siècle.
Le philologue LOYER.
JEAN BOURDIGNÉ, historien de l'Anjou et du Maine.
FÉLIX BODIN père, historien de l'Anjou.
Les jurisconsultes J. BODIN, R. CHAPIN, DUPINEAU, DELAUNAY.
Le célèbre médecin AMBROISE PARÉ.
Les savants médecins BÉCLARD, THOMASSEAU et BILLIARD.
Le célèbre botaniste AUBERT DUPETIT-THOUARS.
Les chimistes CHEVREUL et PROUST.
Le célèbre statuaire DAVID D'ANGERS.
Le conventionnel CHOUDIEU.
FOULON DE DOUÉ, sacrifié par le peuple lors de la prise de la Bastille.
CL. FOUCHET, évêque constitutionnel du Calvados, député à la convention nationale.
Les députés J. BODIN et LA BOURDONNAYE.
Le baron TROUVÉ, ancien préfet.
Les maréchaux de France DE CONTADES et DE SCÉPEAUX.
Le général TURPIN DE CRISSÉ.
Les généraux de la république et de l'empire QUÉTINEAU, BONTEMPS, LEMOINE, DELAAGE, DESJARDINS, GIRARD, EVAIN, BEAUREPAIRE, etc.
L'amiral DUPETIT-THOUARS.
Les généraux vendéens CATHELINEAU, BONCHAMPS, SCÉPEAUX, BOURMONT, D'AUTICHAMP.
BONNAIRE, fondateur de la manufacture de toiles à voiles d'Angers, etc.
Le comédien MONTFLEURY.

Bibliographie. BOURDIGNÉ (Jean de). *Histoire aggrégative des annales et chroniques d'Anjou et du Maine*, etc., in-f°, 1529. — Nouvelle édition, avec un avant-propos de M. le comte de Quatrebarbes, et des notes par M. Godard Faultrier. 2 vol. in-8, 1843.

BODIN (J.-F.). *Recherches historiques sur la ville de Saumur, ses monuments et ceux de son arrondissement (le haut Anjou)*, 2 vol. in-8, fig., 1812-14. — *Recherches historiques sur l'Anjou et ses monuments (Angers et le bas Anjou)*, 2 vol. in-8, fig., 1822-23.

BLORDIER-LANGLOIS. *Angers et l'Anjou sous le régime municipal, depuis leur réunion* à la couronne jusqu'à la révolution, in-8, 1845.

MÉNAGE (Gilles). *Généalogies de plusieurs familles d'Anjou et provinces voisines* (imprimées dans ses remarques sur la vie de P. Ayrault, in-4, 1675).

MAROLLES (de). *Les Histoires des anciens comtes d'Anjou*, in-4, 1681.

HIRETIUS (Jean). *Les Antiquités d'Anjou*, 1609; in-12, 1618.

NOEL. *Souvenirs pittoresques du Poitou et de l'Anjou*, in-4, 1824.

GODARD-FAULTRIER. *L'Anjou et ses monuments*, 2 vol. in-8, illustrés de 100 gravures, 1839-41.

DESVAUX (A.-N.). *Flore de l'Anjou, ou Exposition méthodique des plantes du département de Maine-et-Loire et de l'ancien Anjou, d'après l'ordre des familles naturelles, avec des observations botaniques et critiques*, in-8, 1827.

MARCHEGAY (Paul). *Archives d'Anjou, recueil de documents et mémoires inédits sur cette province*, in-8, 1843.

BIZEUL. *Rapport sur les voies romaines de l'Anjou* (Bulletin de M. de Caumont, t. VI, p. 494).

Dissertation sur l'Anjou (Mém. de l'académie royale des inscript. et belles-lettres, t. VI*, p. 383; t. X*, p. 651, 736; t. XVII, p. 359; t. XVIII, p. 433; t. XIX, p. 550).

TRISTAN (J. de). *Notice sur un crustacé renfermé dans quelques schistes, notamment dans ceux des environs de Nantes et d'Angers*, in-8, 1808 (avec BIGOT DE MOROGUE).

PUCELLE. *Reconnaissance et Description des mines de houille qui existent depuis Chalonnes jusqu'à Pont-Barré*, in-4, 1803.

MENARD DE LA GRANGE. *Notice sur le quartz commun fibreux et radié trouvé dans le département de Maine-et-Loire*, brochure in-8.

V. aussi ANGERS, BEAUFORT, BELLEFONTAINE, MONT-GLONNE, ST-FLORENT, FONTEVRAULT, MARTIGNÉ - BRIANT, MONT - JEAN, PIN-EN-MAUGES, PONT-DE-CÉ, POUANCÉ, SAUMUR, SERRANT.

MAINE - DE - BOIXE (le), vg. *Charente* (Angoumois), arr. et à 22 k. d'Angoulême, cant. et ✉ de St-Amand-de-Boixe. P. 490 h.

MAINE-QUÉRAN, vg. *Charente*, comm. de Mornac, ✉ d'Angoulême.

MAINE-SIMON, vg. *Charente-Inf*., comm. d'Etaules, ✉ de la Tremblade.

MAINFONDS, vg. *Charente* (Angoumois), arr. et à 18 k. d'Angoulême, cant. et ✉ de Blanzac. Pop. 417 h. — Foires les 30 mars, 30 avril et 30 mai.

MAING, vg. *Nord* (Flandre), arr., cant., ✉ et à 7 k. de Valenciennes. P. 1,573 h. — On y remarque un édifice très-ancien nommé le châtel des Pretz. — Fabrique de sucre indigène.

MAINGOURNOIS, vg. *Eure-et-Loir*, com. et ✉ de Maintenon.

MAIN-LIBRE, nom donné pendant la révolution au bourg de St-Laurent (*Jura*).

MAINNEVILLE, vg. *Eure* (Normandie), arr. et à 30 k. des Andelys, cant. et ✉ de Gisors. Pop. 555 h.

Mainneville avait autrefois le titre de marquisat. Il était au nombre des domaines que possédait Enguerrand de Marigny dans le Vexin, puis il passa dans la maison des Roncherolles, ensuite dans celle des Dauvet; Pierre de Roncherolles, au XV° siècle, donna aux pauvres des communes de Mainneville, Longchamps et Mesnil-sous-Vienne, les rentes qui forment encore la dotation de leurs bureaux de bienfaisance.

Ce fut du château de Mainneville que partit le roi Jean, lorsqu'en 1356 il alla à Rouen surprendre et saisir Charles le Mauvais. Ce château fut rendu au roi d'Angleterre en 1419, après la prise de Gisors. Celui qui existe est un bel édifice à tourelles de la fin du XV° ou du commencement du XVI° siècle. — Les sept paroisses de Mainneville, Hébécourt, Tierceville, St-Denis-le-Ferment, Sancourt, Heudicourt et Amécourt, ont été longtemps surnommées les sept villes de *Bleu*, à cause d'un terrain de ce nom dont elles avaient la jouissance en commun.

Foires le 1er samedi après la St-Jean et après le 2 novembre.

MAINSAT, vg. *Creuse* (Marche), arr. et à 19 k. d'Aubusson, cant. de Bellegarde, ✉ d'Auzance. Pop. 2,304. — Foires les 21 fév., 22 mars, 7 nov. et 21 déc.

MAINTENAY-ROUSSENT, vg. *Pas-de-Calais* (Picardie), arr., ✉ et à 14 k. de Moutreuil-sur-Mer, cant. de Campagne-les-Hesdin. Pop. 1,036 h.

MAINTENON, *Mesteno*, jolie petite ville, *Eure-et-Loir* (Beauce), arr. et à 18 k. de Chartres, chef-l. de cant. Cure. Gîte d'étape. ✉. ☞. A 73 k. de Paris pour la taxe des lettres. Pop. 1,842 h. — Terrain tertiaire moyen.

Autrefois marquisat, diocèse et élection de Chartres, parlement de Paris, intendance d'Orléans, collégiale, prieuré.

Cette ville est agréable par sa situation sur le chemin de fer de Paris à Rennes, dans une belle vallée, au confluent de l'Eure et de la Voise. Elle est bien bâtie, bien percée, et remarquable par un magnifique château bâti sous Philippe Auguste, et rebâti en partie par Jean Cotterau, trésorier des finances sous Louis XI et sous Charles VII. Devenu la propriété de la veuve de Scarron, ce château fut embelli par les soins de son royal amant; il appartient aujourd'hui à M. de Noailles, qui l'a fait complètement restaurer. La chapelle, dans laquelle quelques auteurs assurent que Louis XIV épousa Mme de Maintenon, renferme des vitraux dont les couleurs ont fait, par l'éclat des peintures du XV° siècle; ils représentent les principaux traits de l'histoire de la Passion. Dans le corps de logis principal est l'appartement de la marquise; la chambre où elle couchait a reçu un ameublement moderne; mais au-dessus de la cheminée est conservé son portrait peint par Mignard, où elle est vêtue d'un manteau de velours bleu doublé d'hermine: il ne manque à ce manteau que les fleurs de lis pour lui donner le signe distinctif de la royauté.

Les murs du château sont baignés par les eaux de la Voise et de l'Eure, qui, parcourant en tous sens de nombreux canaux, entretiennent dans le jardin et dans le parc une fraîcheur des plus agréables. Ce parc est très-grand et bien entretenu: on y compte cinquante ponts jetés sur les eaux des deux rivières.

Non loin du château se remarquent les imposantes ruines de l'aqueduc de Maintenon, commencé en 1684 pour conduire les eaux de la rivière d'Eure à Versailles. Un canal qui dans ses sinuosités parcourt un espace de 21 k., fut creusé depuis le bourg de Pontgouin jusqu'à cet aqueduc; sa largeur, y compris les trottoirs et les talus, est de 34 m. 10 c., et l'eau aurait coulé dans un lit de 5 m. de largeur et d'environ 3 m. 33 c. de profondeur; mais comme il était nécessaire de conserver une pente uniforme dans tout le cours du canal, on se vit obligé, dans les parties basses, d'élever les terres jusqu'au niveau dans certains endroits, de plus de 10 m., et sur une longueur de plus de 500 m. Il est facile de concevoir que des terres jectisses élevées à cette hauteur ne devaient pas opposer une grande résistance à l'eau, qui se répandait facilement dans les plaines. Les historiens du temps rapportent, que du moment où l'on ouvrit les écluses à Pontgouin, l'eau fut plus de quinze jours pour arriver à Maintenon.

Cependant l'eau n'aurait pas coulé sur la terre dans toute la longueur du canal; dans les grandes vallées où l'on n'avait pu élever les terres au niveau, on avait pratiqué des ponts dans lesquels l'eau tombait pour suivre des canaux horizontaux, remonter ensuite à peu près à la hauteur d'où elle était descendue, et reprendre son cours ordinaire.

Indépendamment de ces puits et des conduits en fonte que cette entreprise nécessitait, il fut pratiqué depuis Pontgouin jusqu'à Maintenon plus de trente ponts ou arches; mais c'est surtout dans la vallée où est située, cette dernière ville, et où coulent les eaux de l'Eure, que furent exécutés les plus grands travaux pour faire passer ces mêmes eaux à une hauteur prodigieuse au-dessus de leur niveau.

L'aqueduc, par le moyen duquel deux collines très-élevées devaient communiquer ensemble, aurait pu être comparé à tout ce que nous connaissons de plus étonnant en ce genre. Les diverses constructions se composaient de cinq divisions principales: celle qui occupe le fond de la vallée de Maintenon, dans une longueur de plus de 974 m., est la plus remarquable: elle devait se composer d'une triple rangée d'arcades construites les unes au-dessus des autres. La première rangée, la seule qui ait été construite, est composée de quarante-sept arcades de 13 m. d'ouverture et de 25 m. 33 c. d'élévation sous voûtes; les piles, armées de

CHÂTEAU DE MAINTENON.

contre-forts qui séparent ces arcades, ont 8 m. d'épaisseur et sont élevées à *frait* d'un centimètre par mètre d'élévation dans les deux façades de l'aqueduc, et les contre-forts ont 3 c. de frait par mètre de hauteur en leurs têtes, et sont élevés à plomb en leurs faces, ainsi que les piles. La hauteur totale du premier étage est de 29 m. 55 c.

Pour donner une idée des travaux immenses que nécessita la construction de ce canal, il suffit de faire observer qu'on y employa pendant plusieurs années jusqu'à 60,000 hommes de troupes, indépendamment des ouvriers et terrassiers du pays. Le projet était de détourner une partie des eaux de la rivière d'Eure à Versailles, par le moyen d'un canal qui commençait un peu au-dessus du bourg de Pontgouin, près du moulin de Boizard. Là on avait établi un barrage et des écluses, pour élever l'eau au-dessus de la vallée à la hauteur du canal, creusé en rase campagne. Ce barrage, construit par le célèbre Vauban, subsiste encore ainsi que les écluses, appelées écluses de Boizard.

Cet ouvrage immense, qui semblait devoir exister éternellement, fut soixante ans après sa construction démoli en grande partie. Les matériaux provenant de cette démolition ont été employés à la bâtisse du château de Crécy, près Dreux, en sorte que ce qui avait été fait par Louis XIV en face du château de Mme de Maintenon, fut détruit par Louis XV pour réédifier celui de la marquise de Pompadour. Voilà à quoi tenaient à cette époque la vie et la fortune des peuples.

A 2 k. au-dessus de Maintenon, près du hameau de Champgé, sur la côte occidentale de la vallée de l'Eure, est un camp romain de forme demi-circulaire, dont les larges fossés de clôture et les levées sont encore aujourd'hui très-apparents, et dont la corde, ou le diamètre qui regarde la vallée, est formée par une longue et large terrasse. Précisément au-dessous de cette terrasse, sur une langue de terre peu élevée au-dessus de l'Eure, quoique assez cependant pour être à l'abri des débordements de cette rivière, sont plusieurs monuments druidiques de la plus énorme dimension.

La chapelle St-Mamers, située à 1 k. de la ville, est l'objet d'un pèlerinage qui attire chaque année, le lundi de Pâques, un grand concours d'habitants des environs.

PATRIE de COLLIN D'HARLEVILLE, poëte et auteur dramatique, membre de l'Institut, mort en 1806.

Fabrique de sabots. — *Commerce* de grains et de farines. — *Foires* le 1er lundi de fév., après la Notre-Dame de sept. et le 20 déc.

MAINTERNE, vg. *Eure-et-Loir* (Beauce), arr. et à 18 k. de Dreux, cant. de Brézolles. Pop. 174 h.

MAINTRU, vg. *Seine-Inf.*, comm. de St-Valéry-sous-Bures, ⊠ de Neufchâtel-en-Bray.

MAINVILLE, vg. *Loiret*, comm. de Bromeilles, ⊠ de Puiseaux.

MAINVILLE, vg. *Moselle*, com. de Mairy, ⊠ de Briey.

MAINVILLE, vg. *Seine-et-Oise*, comm. de Draveil, ⊠ de Villeneuve-St-Georges.

MAINVILLERS, vg. *Moselle* (pays Messin), arr. et à 35 k. de Metz, cant. et ⊠ de Faulquemont. Pop. 435 h.

MAINVILLIERS, vg. *Eure-et-Loir* (Beauce), arr., cant., et à 2 k. de Chartres. Pop. 706 h.

PATRIE du littérateur et publiciste PHILARÈTE CHASLES.

MAINVILLIERS, vg. *Loiret* (Orléanais), arr. et à 14 k. de Pithiviers, cant. et ⊠ de Malesherbes. Pop. 309 h.

MAINXE, bg *Charente* (Angoumois), arr. et à 12 k. de Cognac, cant. de Ségonzac, ⊠ de Jarnac. Pop. 651 h.

MAINZAC, vg. *Charente* (Angoumois), arr. et à 28 k. d'Angoulême, cant. et ⊠ de Montbron. Pop. 438 h.

MAIRE, vg. *Isère* (Dauphiné), arr. et à 50 k. de Grenoble, cant. et ⊠ de la Mure. Pop. 229 h.

MAIRÉ-LÉVESCAULT, vg. *Deux-Sèvres* (Poitou), arr. et à 20 k. de Melle, cant. et ⊠ de Sauzé. Pop. 1,244 h.

MAIREGAN, vg. *Eure*, comm. de Hellenvilliers, Droisy et Paulatte, ⊠ de Nonancourt.

MAIRÈGNE, vg. *H.-Garonne*, arr. et à 51 k. de St-Gaudens, cant. et ⊠ de Bagnères-de-Luchon. Pop. 188 h.

MAIREY, vg. *Côte-d'Or*, comm. de Mont-St-Jean, ⊠ de Pouilly-en-Montagne.

MAIRIEUX, vg. *Nord* (Flandre), arr. et à 24 k. d'Avesnes, cant. et ⊠ de Maubeuge. Pop. 494 h.

MAIRY, vg. *Ardennes* (Champagne), arr. et à 10 k. de Sedan, cant. et ⊠ de Mouzon. Pop. 333 h.

MAIRY, vg. *Moselle* (pays Messin), arr., ⊠ et à 10 k. de Briey, cant. d'Audun-le-Roman. Pop. 469 h.

MAIRY-SUR-MARNE, vg. *Marne* (Champagne), arr., ⊠ et à 11 k. de Châlons-sur-Marne, cant. d'Ecury-sur-Coole. Pop. 368 h.

MAISDON, vg. *Loire-Inf.* (Bretagne), arr. et à 21 k. de Nantes, cant. et ⊠ d'Aigrefeuille. Pop. 2,027 h.

MAISEY-SUR-OURCE, vg. *Côte-d'Or* (Bourgogne), arr., cant., ⊠ et à 7 k. de Châtillon-sur-Seine. Pop. 266 h.

MAISIÈRES, vg. *Doubs* (Franche-Comté), arr. et à 19 k. de Besançon, cant. et ⊠ d'Ornans. Pop. 160 h.

MAISIÈRES. V. MAIZIÈRES, MÉZIÈRES.

MAISNIÈRES, bg *Somme* (Picardie), arr. et à 21 k. d'Abbeville, cant. et ⊠ de Gamaches. Pop. 787 h.

MAISNIL (le), vg. *Nord* (Flandre), arr. et à 19 k. de Lille, cant. et ⊠ de Haubourdin. Pop. 589 h.

MAISNIL, vg. *Pas-de-Calais* (Artois), arr., cant., ⊠ et à 7 k. de St-Pol-sur-Ternoise. Pop. 302 h.

MAISNIL-LES-RUITZ, vg. *Pas-de-Calais* (Artois), arr., ⊠ et à 13 k. de Béthune, cant. d'Houdain. Pop. 303 h.

MAISOD, vg. *Jura* (Franche-Comté), arr. et à 25 k. de St-Claude, cant. et ⊠ de Moirans. Pop. 244 h.

MAISON (la), vg. *Côte-d'Or*, comm. de Bellenot-sur-Seine, ⊠ d'Aignay-le-Duc.

MAISON-BAUDE, vg. *Côte-d'Or*, comm. de St-Didier, ⊠ de Saulieu.

MAISON-BLANCHE (la), vg. *Saône-et-Loire*, comm. et ⊠ de Romanèche. ☞.

MAISON-BLANCHE (la), vg. *Seine*, comm. de Gentilly. ⊠. A 2 k. de Paris pour la taxe des lettres. — *Fabriques* de poterie de terre et de produits chimiques.

MAISON-BLANCHE (la), vg. *Seine-et-Oise*, comm. de Coignières, ⊠ de Trappes.

MAISON-BLANCHE (la), vg. *Seine-Inf.*, comm. de Rouelles, ⊠ de Montivilliers.

MAISON-BLANCHE (la), vg. *Seine-Inf.*, comm. de St-Laurent-de-Brévédent, ⊠ d'Harfleur.

MAISONCELLE, vg. *Ardennes* (Champagne), arr., ⊠ et à 15 k. de Sedan, cant. de Raucourt. Pop. 171 h.

MAISONCELLE, vg. *Pas-de-Calais* (Artois), arr. et à 20 k. de St-Pol-sur-Ternoise, cant. du Parcq, ⊠ de Hesdin. Pop. 303 h.

MAISONCELLE, vg. *Seine-et-Marne* (Brie), arr., ⊠ et à 10 k. de Coulommiers, cant. de Crécy. Pop. 441 h.

MAISONCELLE, vg. *Deux-Sèvres*, comm. d'Assais, ⊠ d'Airvault.

MAISONCELLE-ST-PIERRE, vg. *Oise* (Picardie), arr., ⊠ et à 10 k. de Beauvais, cant. de Nivillers. Pop. 270 h.

MAISONCELLES, vg. *Loiret*, comm. de Coudray, ⊠ de Malesherbes.

MAISONCELLES, vg. *H.-Marne* (Champagne), arr. et à 34 k. de Chaumont-en-Bassigny, cant. et ⊠ de Clefmont. Pop. 285 h.

MAISONCELLES, vg. *Mayenne* (Maine), arr. et à 14 k. de Laval, cant. et ⊠ de Meslay. Pop. 552 h.

MAISONCELLES, vg. *Sarthe* (Maine), arr. et à 15 k. de St-Calais, cant. et ⊠ de Bouloire. Pop. 481 h.

MAISONCELLES, vg. *Seine-et-Marne* (Gatinais), arr. et à 21 k. de Fontainebleau, cant. et ⊠ de Château-Landon. Pop. 158 h.

MAISONCELLES, *Seine-et-Marne*, comm. de St-Martin-du-Bochet, ⊠ de Villiers-St-Georges.

MAISONCELLES, vg. *Seine-Inf.*, comm. d'Avesnes, ⊠ d'Envermeu.

MAISONCELLES-LA-JOURDAN, vg. *Calvados* (Normandie), arr., cant., ⊠ et à 5 k. de Vire. Pop. 968 h.

MAISONCELLES-PELLEVEY, vg. *Calvados* (Normandie), arr. et à 29 k. de Caen, cant. et ⊠ de Villers-Bocage. ☞. Pop. 420 h.

MAISONCELLES-SUR-AJON, vg. *Calvados* (Normandie), arr. et à 24 k. de Caen, cant. de Villers-Bocage, ⊠ d'Evrecy. Pop. 272 h.

MAISONCELLE-THUILERIE, vg. *Oise* (Picardie), arr. et à 36 k. de Clermont, cant. de Froissy, ⊠ de Breteuil. Pop. 478 h.

MAISON-COMTE, vg. *Nièvre*, comm. de Corancy, ✉ de Château-Chinon.

MAISON-DE-BOURGOGNE (la), vg. *Saône-et-Loire*, comm. de la Comelle, ✉ d'Autun. ⌛.

MAISON-DES-ALLEMANDS, vg. *Seine*, comm. et ✉ d'Ivry-sur-Seine.

MAISON-DES-CHAMPS (la), vg. *Aube* (Champagne), arr. et à 15 k. de Bar-sur-Aube, cant. et ✉ de Vendeuvre. Pop. 129 h.

MAISON-DE-SEINE, vg. *Seine*, comm. et ✉ de St-Denis.

MAISON-DES-VIGNES, vg. *Nièvre*, com. et ✉ de Neuvy-sur-Loire.

MAISON-DIEU, vg. *Côte-d'Or*, comm. de Losne, ✉ de St-Jean-de-Losne.

MAISON-DIEU, vg. *Côte-d'Or*, comm. de Vic-sous-Thil, ✉ de la Maison-Neuve.

MAISON-DIEU (la), vg. *Creuse*, comm. de Boussac-Bourg, ✉ de Boussac.

MAISON-DIEU (la), vg. *Nièvre* (Nivernais), arr. et à 10 k. de Clamecy, cant. et ✉ de Tannay. Pop. 405 h.

MAISON-DIOT, vg. *Seine-et-Oise*, comm. de Montfermeil, ✉ de Bondy.

MAISON-DU-BOIS, vg. *Doubs*, ✉ de Pontarlier. — *Fabrique* de faux.

MAISON-DU-BOIS, vg. *H.-Saône*, comm. d'Arc, ✉ de Gray.

MAISON-DU-VAUX, vg. *H.-Saône*, com. de Chassey-lès-Montbozon, ✉ de Montbozon.

MAISONFEINE, vg. *Creuse* (Marche), arr. et à 24 k. de Guéret, cant. et ✉ de Dun-le-Palleteau. Pop. 668 h.

MAISON-LA-COSTE-BEL-AIR (la), vg. *B.-Pyrénées*, à 16 k. d'Oloron. ⌛.

MAISONNAIS, vg. *Cher* (Berry), arr. et à 26 k. de St-Amand-Montrond, cant. du Châtelet, ✉ de Châteaumeillant. Pop. 830 h.

MAISONNAIS, bg. *H.-Vienne* (Limousin), arr. et à 18 k. de Rochechouart, cant. et ✉ de St-Matthieu. Pop. 1,510 h. — Forges et affinerie.

MAISONNAY, vg. *Deux-Sèvres* (Poitou), arr., cant., et à 8 k. de Melle. Pop. 212 h. — *Foire* le 21 sept.

MAISONNETTES (les), vg. *Doubs* (Franche-Comté), arr. et à 4 k. de Baume-les-Dames, cant. de Pierre-Fontaine, ✉ de Morteau. Pop. 264 h.

Ce village est situé près de la belle source du Dessoubre, rivière ou plutôt torrent qui prend naissance dans l'austère vallon de Consolation, au fond d'un antre dont les eaux s'élancent par sept issues sur un rocher d'où elles retombent en formant de fort belles chutes, qui font mouvoir plusieurs usines, disposées en amphithéâtre sur les plans supérieurs de ces cascades. Non loin de là on voit les restes de l'ancien monastère de Consolation, et au fond du vallon la roche du Prêtre, qui le domine de plus de 170 m. De cette roche on peut, en suivant un sentier périlleux, aller visiter plusieurs grottes remarquables, dont la principale a 27 m. de largeur sur 14 de hauteur et 40 de profondeur.

MAISONNETTES (les), vg. *Oise*, comm. du Vaumain, ✉ de Chaumont-en-Vexin.

MAISONNETTES (les), vg. *H.-Saône*, com. d'Arc, ✉ de Gray.

MAISONNISSES, vg. *Creuse* (Marche), arr. et à 12 k. de Guéret, cant. et ✉ d'Ahun. Pop. 613 h. — *Foires* les 29 août et 15 oct.

MAISON-MAUGIS, vg. *Orne* (Perche), arr. et à 17 k. de Mortagne-sur-Huine, cant. et ✉ de Rémalard. Pop. 323 h.

MAISON-MÉANE, vg. *B.-Alpes*, comm. de l'Arche, ✉ de Châtelard.

MAISON-NEUVE (la), joli village, *Côte-d'Or*, comm. de Précis-sous-Thil. ✉. ⌛. A 253 k. de Paris pour la taxe des lettres. — Il est bien bâti, sur les bords de la route de Paris à Dijon par Auxerre. A peu de distance on jouit d'une jolie vue sur une colline pittoresque couronnée par le vieux château de Thil-Châtel.

MAISON-NEUVE (la), vg. *Gard*, comm. de Ponteils, ✉ de Génolhac.

MAISON-NEUVE (la), vg. *Indre*, comm. du Brion, ✉ de Levroux. ⌛.

MAISON-NEUVE, vg. *Jura*, comm. de Chaux-de-Crotenay, ✉ de Champagnol. ⌛.

Il est situé sur la rivière d'Esme, qui, depuis le Pont-Cornu jusqu'à la Maison-Neuve, bondit, circule, blanchit de écume en chute, et fait vingt cascades, ou plutôt vingt torrents dans l'espace de 4 k. C'est à juste titre qu'on pourrait nommer ce trajet la vallée des Cascades; elles y sont multipliées, ou plutôt elles s'y succèdent sans interruption, et leur fracas est le seul bruit qui s'y fasse entendre. Quoique cette vallée soit très-profonde et que les montagnes s'élèvent encore d'une grande hauteur au-dessus du grand chemin, comme elle s'élargit et se rétrécit souvent, comme elle se contourne en sinuosités différentes, et qu'elle donne de temps en temps des rayons de soleil qui dorent ses forêts, elle offre plusieurs fois l'aspect de plaines et de montagnes, de coteaux cultivés et d'habitations éparses sur les monts; enfin elle varie beaucoup ses aspects et tient toujours l'âme suspendue entre le besoin de voir, la volonté de sentir et le plaisir d'admirer. — Jeune homme qui parcourez ce pays pittoresque, ne songez qu'à presser amoureusement la main de votre amie qui dort à vos côtés, tandis que la voiture vous entraîne; et vous, riche engourdi, qu'une digestion laborieuse abandonne au gré des secousses et des cahots, réveillez-vous; hommes sans soucis, sortez de votre honteuse indifférence, et daignez ouvrir les yeux : la grande, la majestueuse nature vous accompagne; elle est à vos portières; elle s'offre à vous, prenez la peine de jeter seulement les regards sur elle, et qu'au retour, lorsque dans les cercles de Paris on parlera de voyages en votre présence, vous puissiez vous rappeler du moins que vous avez vu des forêts de sapins, des montagnes et des torrents. — Aux environs forges et martinets.

MAISON-NEUVE, vg. *H.-Saône*, comm. de Hyet, ✉ de Rioz. ⌛.

MAISON-PAULIN (la), vg. *H.-Marne*, comm. et ✉ d'Arc-en-Barrois.

MAISON-PONTHIEU, vg. *Somme* (Picardie), arr. et à 23 k. d'Abbeville, cant. de Crécy, ✉ d'Auxy-le-Château. Pop. 766 h.

MAISON-RENAULT (la), vg. *H.-Marne*, comm. de Richebourg, ✉ d'Arc-en-Barrois.

MAISON-ROLLAND (la), vg. *Somme* (Picardie), arr. et à 15 k. d'Abbeville, cant. d'Ailly-le-Haut-Clocher, ✉ de St-Riquier. Pop. 349 h.

MAISON-ROUGE (la), vg. *Ardennes*, com. et ✉ de Rocroi.

MAISON-ROUGE (la), vg. *Nièvre*. ⌛. A 19 k. de Nevers.

MAISON-ROUGE (la), vg. *Seine-et-Marne*, comm. de Courtevroust. ✉. A 75 k. de Paris pour la taxe des lettres. ⌛.

MAISON-ROUGE (la), vg. *Seine-et-Marne* (Brie), arr., ✉ et à 11 k. de Provins, cant. de Nangis.

MAISON-ROUGE (la), vg. *H.-Vienne*, comm. de Bonnac, ✉ de Nieul. ⌛.

MAISON-ROUGE (la), vg. *H.-Vienne*, comm. et ✉ de Nantiat.

MAISON-ROYALE-DE-SANTÉ, vg. *Seine*, comm. de St-Maurice, ✉ de Charenton-le-Pont. V. ST-MAURICE.

MAISONS, vg. *H.-Alpes*, com. d'Arvieux, ✉ de Queyras.

MAISONS, vg. *Aube* (Champagne), arr. et à 10 k. de Bar-sur-Aube, cant. de Soulaines, ✉ de Ville-sur-Terre. Pop. 120 h.

MAISONS (les), vg. *Aube* (Champagne), arr. et à 21 k. de Bar-sur-Seine, cant. et ✉ de Chaource. Pop. 396 h.

MAISONS, vg. *Aude* (Languedoc), arr. et à 65 k. de Carcassonne, cant. de Tuchan, ✉ de Davejean. Pop. 351 h.

MAISONS, vg. *Calvados* (Normandie), arr., ✉ et à 7 k. de Bayeux, cant. de Trevières. Pop. 445 h.

MAISONS (les), vg. *Cher*, comm. de Préveranges, ✉ de Châteaumeillant.

MAISONS (les), vg. *Creuse*, comm. de Toulx-Ste-Croix, ✉ de Boussac.

MAISONS, vg. *Eure-et-Loir* (Beauce), arr. et à 27 k. de Chartres, cant. et ✉ d'Auneau. Pop. 845 h.

MAISONS (les Grandes-), vg. *Indre-et-Loire*, comm. de Chemillé-le-Blanc, ✉ de Neuvy-le-Roi.

MAISONS-ALFORT, vg. *Seine* (Ile-de-France), arr. et à 13 k. de Sceaux, cant. de Charenton-le-Pont. ✉. A 7 k. de Paris pour la taxe des lettres. Pop. 1,892 h. — Fête patronale le 1er dimanche qui suit le 1er oct.

Il est fait mention de Maisons dans des diplômes de l'an 988. Composé de quelques maisons seulement dans l'origine, il devint peu à peu plus considérable, et on y ajouta le surnom d'Alfort pour le distinguer des autres villages qui portaient le nom de Maisons. Il est bien bâti, sur la grande route de Lyon, dans une plaine qui s'étend entre la Seine et la Marne. Alfort, village dépendant de la commune de Maisons, est bâti vis-à-vis de Charenton, dont il n'est séparé que par la Marne. Placé à l'angle que forment les deux rivières à leur confluent, il communique avec la rive droite de la Marne par l'ancien pont de Charenton, et avec la rive gauche de la Seine par un pont de construction récente, dit pont de la Bosse-de-Marne. — Près d'Alfort est un château avec des dépendances considérables et un très-beau moulin à farine sur le grand bras de la Marne nommé Charentonneau. Alfort doit sa célébrité à une école vétérinaire fondée par Bourgelat en 1766. L'anatomie, la botanique, la pharmacie, l'étude des maladies tant internes qu'externes des animaux, de leurs traitements, des soins qu'on doit donner à leur éducation, font l'objet d'autant de cours que l'on y professe. Cet établissement renferme une bibliothèque spéciale de zoologie domestique, un très-beau cabinet d'anatomie comparée et un autre de pathologie, ouverts tous les jours au public; de vastes hôpitaux où les propriétaires d'animaux malades peuvent les placer en traitement. Des forges, un laboratoire de chimie, une pharmacie, un jardin de botanique, sont attachés à cet établissement. Un beau troupeau de mérinos pour le croisement des races et l'amélioration des laines y est entretenu avec le plus grand soin. La ménagerie doit aussi fixer l'attention des amateurs de l'histoire naturelle : elle renferme plusieurs espèces d'animaux étrangers. Un amphithéâtre est destiné aux leçons des différentes parties de l'art vétérinaire et de l'économie rurale. — Dans la salle du concours on remarque un très-beau buste en marbre blanc élevé à la mémoire de Bourgelat.

Cette école, par la manière dont l'instruction y est dirigée, et par les soins constants et infatigables de ses savants professeurs, rend les services les plus éminents à la science, à l'agriculture et à l'État. Partie des élèves est aux frais du gouvernement, d'autres payent une pension. Leur admission doit être autorisée par le ministre de l'intérieur. La durée des cours est de huit années.

En 1814, lorsque les étrangers menacèrent la capitale, l'école d'Alfort fut tout à coup transformée en un camp militaire. Le château fut fortifié par les élèves; les murs du parc furent créneles. Ces jeunes braves restèrent fermes aux postes où ils avaient été placés; plusieurs même y perdirent la vie.

MAISONS-BLANCHES (les), vg. *Aube*, comm. de Buchères, ✉ de Troyes.

MAISONS-BLANCHES, *Eure*, comm. et ✉ de Lyons-la-Forêt.

MAISONS-BLANCHES (les), vg. *Indre-et-Loire*, comm. de St-Cyr, ✉ de Tours.

MAISONS-BLANCHES (les), vg. *Deux-Sèvres*, comm. de Limalonges, ✉ de Sauzé. ♡.

MAISONS-DE-RAON (les), vg. *Vosges*, comm. de Bellefontaine, ✉ de Plombières.

MAISONS-DU-BOIS, vg. *Doubs* (Franche-Comté), arr., ✉ et à 11 k. de Pontarlier, cant. de Monthenoit. Pop. 262 h.

MAISONS-DU-BOIS (les), vg. *Nièvre*, com. de Crux-la-Ville, ✉ de St-Saulge.

MAISONS-EN-CHAMPAGNE, vg. *Marne*

(Champagne), arr., cant., ✉ et à 7 k. de Vitry-le-François. Pop. 343 h.

MAISONS-ROUGES (les), vg. *Aube*, com. de Chessy, ✉ d'Ervy.

MAISONS-ROUGES (les), vg. *Sarthe*, comm. de Montaillé, ✉ de St-Calais.

MAISONS-SUR-SEINE, ou MAISONS-LAFFITTE, *Mansionis*, vg. *Seine-et-Oise* (Ile-de-France), arr. et à 20 k. de Versailles, cant. de St-Germain-en-Laye. ✉. A 22 k. de Paris pour la taxe des lettres. Station du chemin de fer de Paris à Rouen. Pop. 1,422 h.

Le village de Maisons est situé dans une presqu'île formée par la Seine, sur le penchant d'une colline dont le fleuve baigne le pied, et que couronne la forêt de St-Germain. Quoique peu important malgré son heureuse situation, il remonte cependant à une époque éloignée. Il en est fait mention dans des titres du xive siècle; Maisons dépendait alors de Sartrouville, dont il n'est séparé que par la Seine.

On y voit un des plus beaux châteaux des environs de Paris, construit sur les dessins de Mansard, pour le surintendant des finances, René de Longueil. La terre et le château de Maisons furent érigés en marquisat en 1658. Le 10 avril 1671, jour du décès de Philippe, duc d'Anjou, Louis XIV et toute sa cour vinrent habiter le château. Louis XV eut un moment envie de l'acheter, en 1747, pour Mme de Pompadour. Plus tard il passa au marquis de Soyecourt et au président des Maisons. Depuis il devint la propriété du comte d'Artois : Louis XVI et Marie-Antoinette y avaient chacun un appartement. A l'époque de la révolution, le château de Maisons fut vendu comme propriété nationale. Il fut acheté plus tard par le duc de Montebello, dont l'épouse le revendit à M. Jacques Laffitte.

L'entrée de ce château, du côté du village, s'annonce par une vaste avant-cour accompagnée de pavillons décorés de colonnes doriques, avec des groupes d'enfants en amortissement. Elle s'ouvre sur trois longues avenues disposées en croix et accompagnées chacune de deux pavillons qui traversent le parc. Dans cette avant-cour, ornée des statues de Mars et de Minerve, on voit à gauche le bâtiment des écuries, décoré de pilastres doriques accouplés et terminés par deux pavillons à pans avec des portes grillées enrichies de sculptures. Le milieu de ce bâtiment s'annonce par un avant-corps de six colonnes portant des vases, et surmonté d'un attique avec un lanternon dans lequel est une horloge. Des chevaux, en bas-relief et en demi-bosse, font la décoration de cet avant-corps. Le centre des écuries est occupé par un manège couvert, au-dessus duquel est une galerie; à ce manége communiquent d'autres corps d'écuries; dans le fond est une grotte qui forme l'abreuvoir. Le château est isolé et entouré de fossés secs ainsi que la cour d'honneur qui est bordée d'une belle balustrade. Au milieu de cette cour est un bassin; aux deux côtés sont deux quinconces, celui de gauche est terminé par l'orangerie, bâtiment d'une architecture gra-

cieuse. La façade sur cette cour est décorée des trois ordres, dorique, ionique et corinthien, élevés l'un sur l'autre. Les deux pavillons carrés qui en occupent les extrémités, forment des avant-corps auxquels se rattachent deux petits bâtiments en retour sur la cour, lesquels ne s'élevant que de la hauteur de l'ordre dorique, forment terrasse au premier étage. L'avant-corps du milieu est décoré de six colonnes, à chacun des deux étages inférieurs, quatre colonnes corinthiennes, couronnées d'un fronton, s'élèvent en pavillon. Au milieu de cet avant-corps, le pavillon est surmonté d'un petit dôme carré, avec sa campanille. Les combles de ce château sont fort élevés et terminés par des balustrades en fer.

La façade qui règne sur le jardin, ou, pour mieux dire, sur la rivière, ne diffère de l'autre qu'en ce que les pavillons ont peu de saillie, et que dans ceux des étages inférieurs, l'ordre dorique forme galerie au rez-de-chaussée, ce qui donne à cette élévation une grâce particulière. A l'ensemble harmonieux de cet édifice, à l'heureuse combinaison des masses, se joignent les plus beaux détails et la plus grande pureté dans les ordres qui décorent les façades : toutes les parties en sont soignées, et il n'y a pas jusqu'aux tuyaux des cheminées qui ne soient un objet de décoration de François Mansard, qui en fut l'architecte.

L'intérieur de ce château a éprouvé de grands changements. M. Peyre, chargé dernièrement de sa restauration, a beaucoup ajouté à la beauté de la distribution, par la construction d'une galerie décorée richement et ornée de belles peintures exécutées par M. Bidault. En face du château est un beau pont sur la Seine, et près de là, sur un bras de la même rivière, est un moulin qui renferme une machine hydraulique, au moyen de laquelle les eaux du fleuve sont conduites dans l'intérieur du château et des jardins.

Les jardins sont spacieux et embellis par le voisinage de la Seine, qui baigne l'extrémité du parterre. Le parc entier est de 500 h. a été divisé et mis en vente par portions de 900 m. Une réserve de 250 h., partagée en bouquets de bois et de verdure, disséminés dans les parties mises en vente, offre des promenades variées dont les acquéreurs des différents lots ont la jouissance à perpétuité, ainsi que celle des nombreuses avenues qui coupent le parc en tous sens. Chaque acquéreur de lot a été tenu de faire construire une habitation dans le cours d'une année, à partir du jour de son acquisition.

Fête patronale le dimanche après le 15 juillet.

Bibliographie. ROUVIÈRES (de). *Histoire et Description pittoresque de Maisons-Laffitte*, in-8, 1838.

PINGRET. *Vues pittoresques de Maisons-Laffitte*, avec texte, in-fol., 1838.

MAISONTIERS, vg. *Deux-Sèvres* (Poitou), arr. et à 15 k. de Parthenay, cant. de St-Loup, ✉ d'Airvault. Pop. 220 h.

MAISSE, bg *Seine-et-Oise* (Gâtinais), arr. et à 17 k. d'Étampes, cant. de Milly, ✉ de

Gironville. Pop. 808 h. — Il est dans une vallée, près de la rive gauche de l'Essonne. — Foires les 9 juin, 24 nov. et lundi après le 8 sept.

MAISSEMY, vg. *Aisne* (Picardie), arr., ✉ et à 11 k. de St-Quentin, cant. de Vermand. Pop. 555 h.

MAISY, vg. *Calvados* (Normandie), arr. et à 30 k. de Bayeux, cant. et ✉ d'Isigny. Pop. 511 h.

MAIXANT (St-), vg. *Charente*, comm. et ✉ d'Aigre.

MAIXANT (St-), vg. *Creuse* (Marche), arr., cant., ✉ et à 4 k. d'Aubusson. Pop. 690 h.

MAIXANT (St-), vg. *Gironde* (Guienne), arr. et à 19 k. de la Réole, cant. et ✉ de St-Macaire. Pop. 611 h.

MAIXE, vg. *Meurthe* (Lorraine), arr., cant., et à 7 k. de Lunéville. Pop. 442 h.

MAIXENT (St-), vg. *Sarthe* (Maine), arr. et à 42 k. de Mamers, cant. de Montmirail, ✉ de Vibraye. Pop. 1,441 h.

MAIXENT (St-), *Maxentiopolis Pictonum*, *S. Maxentii*, ville ancienne, *Deux-Sèvres* (Poitou), arr. et à 22 k. de Niort, chef-l. de cant. Curé. Collège communal. Gîte d'étape. ✉. ⚞. A 388 k. de Paris pour la taxe des lettres. Pop. 4,320 h. — TERRAIN jurassique, étage inférieur du système oolitique.

Autrefois diocèse et intendance de Poitiers, parlement de Paris, chef-lieu d'élection, bailliage, sénéchaussée, justice royale, gouvernement particulier, abb. ordre de St-Benoît, couvent de cordeliers, de capucins, de bénédictines et filles de l'union chrétienne, collège.

L'origine de cette ville remonte au milieu du Vᵉ siècle. Agapit, abbé de St-Hilaire de Poitiers, ayant été contraint d'abandonner son monastère que les Goths avaient détruit, vint, vers 459, chercher un asile dans une vaste forêt du nom de Vauclair, dont la forêt actuelle de l'Hermilain n'est qu'une petite partie. Par ses soins et par ceux de quelques moines qui l'avaient accompagné, des cellules furent construites et un oratoire fut édifié à l'endroit même où est actuellement l'église Saint-Saturnin. Ces pieux solitaires y vivaient paisiblement, lorsqu'un religieux d'Agde, nommé Adjutor, fuyant la persécution que ses talents lui avaient attirée dans sa patrie, vint se réfugier auprès d'Agapit, et prit le nom de Maixent. Les vertus de ce nouveau cénobite engagèrent bientôt Agapit à se démettre en sa faveur du gouvernement de son abbaye. En 507, Clovis accorda au monastère les bois et le terrain qui l'avoisinaient, où bientôt les habitants des environs bâtirent plusieurs maisons dont plus tard se forma la ville de Saint-Maixent.

Les Normands ruinèrent plusieurs fois ce monastère, qu'Eble, évêque de Limoges, rebâtit entièrement. Les moines, qui étaient devenus fort riches, accordèrent de grands secours à Charles VII pendant les guerres contre les Anglais.

Les armes de **Saint-Maixent** sont : *de gueules à une couronne royale posée d'or, au chef d'azur chargé de trois fleurs de lis d'or.*

Cette ville est bâtie sur le penchant d'une colline, et baignée par la Sèvre Niortaise que l'on passe sur un beau pont, et qui n'est point encore navigable à cette hauteur. Elle est généralement très-mal construite; mais les promenades sont charmantes; la campagne environnante est de la plus grande richesse; les bords de la Sèvre sont couverts de peupliers, et offrent des points de vue délicieux. La ville est entourée de vieilles murailles, et a soutenu plusieurs sièges. En 1587, le roi de Navarre l'assiégea et parvint à s'en emparer; mais le duc de Joyeuse la reprit peu de temps après pour Henri III; elle a surtout beaucoup souffert dans les guerres de religion, et plus récemment dans les guerres de la Vendée. Le monastère des anciens bénédictins qui avaient remplacé les anciens moines d'Agapit, était naguère occupé par un séminaire. C'est un vaste et spacieux édifice où l'on voit encore de beaux morceaux de sculpture, et deux églises, l'une sur l'autre.

A 1 k. de St-Maixent, près d'un endroit appelé la Ceuille, sur la grande route qui conduit de cette ville à Poitiers, à gauche, on admire le coteau du *Puy d'Enfer*, d'où jaillit une nappe d'eau, qui tombe du milieu des rochers, par une infinité de cascades, dans un vaste gouffre, pour ressortir et former un ruisseau qui va se perdre dans la Sèvre un peu au-dessus de St-Maixent.

Biographie. Patrie du conventionnel GARRAND DE COULON.

Du médecin J.-T. DE VILLIERS.

Du docteur en chirurgie AMUSSAT, membre de l'académie de médecine.

INDUSTRIE. *Fabriques* importantes de serges, de bonneterie en laine, étoffes communes. Filature de laine. — Dépôt royal d'étalons. — *Commerce* considérable de mules et de mulets, de chevaux étalons, de grains, moutarde, laines, etc. — *Foires* les 12 janv. 4 et 24 fév., 1ᵉʳ lundi de carême, 15 et 30 mars, 22 avril, 1ᵉʳ mai, 6 sept., 28 oct. et 6 déc.

Bibliographie. RIVIÈRE (A.). *Notice géologique sur les environs de St-Maixent*, in-8, 1839.

PORCHER (Pierre). *La Fondation et Dotation de l'église de St-Maixent*, in-8, 1622.

LA FONTENELLE DE VAUDORÉ (A.-D.). *Recherches sur les chroniques du monastère de St-Maixent, en Poitou*, in-8, 1838.

MAIXENT-SUR-VIE (St-), vg. *Vendée* (Poitou), arr. et à 28 k. des Sables, cant. et ✉ St-Gilles-sur-Vie. Pop. 267 h.

MAIXME (St-), vg. *Eure-et-Loir* (Beauce), arr. et à 23 k. de Dreux, cant. et ✉ de Châteauneuf-en-Thymerais. Pop. 530 h.

MAIZE (la), vg. *H.-Saône*, comm. de la Villeneuve, ✉ de Saulx.

MAIZERAY, vg. *Meuse* (pays Messin), arr. et à 26 k. de Verdun-sur-Meuse, cant. de Fresnes-en-Voëvre, ✉ de Manheulles. P. 148 h.

MAIZERAY, vg. *Saône-et-Loire*, comm. de St-Martin-du-Tartre, ✉ de St-Gengoux-le-Royal.

MAIZEROY, vg. *Moselle* (pays Messin), arr. et à 18 k. de Metz, cant. de Pange, ✉ de Courcelles-Chaussy. Pop. 472 h.

MAIZERY, vg. *Moselle* (pays Messin), arr. et à 12 k. de Metz, cant. de Pange, ✉ de Courcelles-Chaussi. Pop. 111 h.

MAIZET, *Maesetum*, vg. *Calvados* (Normandie), arr. et à 16 k. de Caen, cant. et ✉ d'Evrecy. Pop. 293 h.

MAIZEY, vg. *Meuse* (Lorraine), arr. de Commercy, cant., ✉ et à 5 k. de St-Mihiel. Pop. 524 h.

MAIZICOURT, vg. *Somme* (Picardie), arr. et à 18 k. de Doullens, cant. et ✉ de Bernaville. Pop. 350 h.

MAIZIÈRES, vg. *Aube* (Champagne), arr. et à 30 k. de Bar-sur-Aube, cant. et ✉ de Brienne. Pop. 309 h.

MAIZIÈRES, vg. *Aube* (Champagne), comm. de Chessy, ✉ d'Ervy.

MAIZIÈRES, vg. *Calvados* (Normandie), arr. et à 15 k. de Falaise, cant. de Bretteville-sur-Laize, ✉ de Langannerie. Pop. 359 h.

MAIZIÈRES, vg. *H.-Marne* (Champagne), arr. et à 20 k. de Vassy, cant. de Chevillon, ✉ de Joinville. Pop. 320 h.

MAIZIÈRES, vg. *Meurthe* (Lorraine), arr. de Château-Salins, cant. et à 22 k. de Vic, ✉ de Bourdonnay. Gîte d'étape. Pop. 1,361 h.

MAIZIÈRES, vg. *Meurthe* (Lorraine), arr., cant. et à 18 k. de Toul, ✉ de Pont-St-Vincent. Pop. 573 h.

MAIZIÈRES, vg. *Moselle* (pays Messin), arr., cant., ✉ et à 10 k. de Metz. P. 862 h.

MAIZIÈRES, vg. *Pas-de-Calais* (Artois), arr., ✉ et à 12 k. de St-Pol-sur-Ternoise, cant. d'Aubigny. Pop. 433 h.

MAIZIÈRES, vg. *H.-Saône* (Franche-Comté), arr. et à 21 k. de Vesoul, cant. et ✉ de Rioz. Pop. 551 h. — Hauts fourneaux, forges et fenderie.

MAIZIÈRES, h. *Saône-et-Loire*, comm. de St-Loup-de-la-Salle, ✉ de Verdun-sur-le-Doubs. — Il existait dans ce lieu une abbaye de bernardins réformés de l'ordre de Cîteaux, fondée en 1132; c'était la trentième colonie de la Ferté-sur-Grône, première fille de Cîteaux. L'église de l'abbaye de Maizières (*Abbatia nostræ Dominæ Maceriarum* ou *Maceriis*), consacrée en 1216, était un édifice vaste et grandiose; on en admirait surtout le chœur et la flèche qui avait 33 m. depuis la lanterne jusqu'à la croix. Les collatéraux renfermaient les mausolées de trois évêques de Chalon et celui d'Héliodore de Thiard de Bissy, gouverneur pour Henri IV des ville et château de Verdun. — Ce brave gentilhomme, ayant été blessé de cinq coups d'épée dans un combat inégal contre les troupes du duc de Mayenne, fut conduit prisonnier au château de Beaune, où il expira peu de jours après, à l'âge de trente-trois ans, « non sans soupçon que sa mort eust esté avancée par ceux qui pansoient ses playes » (*Mém. de Tavanes*).

L'église a été entièrement démolie en 1793;

les bâtiments de l'abbaye subsistent seuls aujourd'hui.

MAIZIÈRES-LA-GRANDE-PAROISSE, *Maseriæ*, vg. *Aube* (Champagne), arr. et à 25 k. de Nogent-sur-Seine, cant. et ✉ de Romilly-sur-Seine. Pop. 1,532 h. — *Foire* le 9 oct.

MAIZIÈRES - SUR - AMANCE, vg. *H.-Marne* (Champagne), arr. et à 23 k. de Langres, cant. de la Ferté sur-Amance, ✉ du Fay-Billot. Pop. 580 h.

MAIZILLY, vg. *Loire* (Forez), arr. et à 29 k. de Roanne, cant. et ✉ de Charlieu. P. 448 h.

MAIZY-SUR-AISNE, vg. *Aisne* (Picardie), arr. et à 30 k. de Laon, cant. de Neufchâtel, ✉ de Beaurieux. P. 432 h.

MAJAC, vg. *Tarn-et-Garonne*, comm. de Parisot, ✉ de Caylux.

MAJASTRES, vg. *B.-Alpes* (Provence), arr., ✉ et à 30 k. de Castellane, cant. de Senez. Pop. 263 h.

MALABAT, vg. *Gers* (Armagnac), arr. et à 22 k. de Mirande, cant. et ✉ de Miélan. Pop. 297 h.

MALACHÈRE (la), vg. *H.-Saône* (Franche-Comté), arr. et à 22 k. de Vesoul, cant. et ✉ de Rioz. Pop. 292 h.

MALADEBIE, vg. *Eure*, comm. de Madeleine-de-Nonancourt, ✉ de Nonancourt.

MALADERIE (la), vg. *Seine-et-Oise*, com. de Beynes, ✉ de Neauphle-le-Château.

MALADETTA (la), montagne des *H.-Pyrénées*. La Maladetta, point le plus élevé des Pyrénées, est un assemblage de belles montagnes, placées en demi-cercle autour d'un pic plus élevé désigné sous le nom de pic de Nethou. Séparée de la chaîne centrale des Pyrénées par une gorge profonde, la Maladetta se présente chargée de glaciers, couronnée de neiges éclatantes, et dressant à une grande hauteur les cimes les plus aiguës. Cette vue imposante s'agrandit encore d'une échappée sur les montagnes d'Aragon, qu'on domine au sud-ouest par la vallée de Vénasque. Ramond, qui a su peindre avec tant de bonheur les divers aspects des Pyrénées, dit en parlant de la Maladetta, qu'il n'a pu gravir en entier : « A mesure qu'on monte la Peuma-Blanca, on voit se déployer l'amas énorme des montagnes environnantes. Bientôt une cime majestueuse sort du chaos de celles qu'on laisse derrière soi; du haut du col, enfin, on la voit dans toute sa hauteur, couverte de neiges éternelles, ceinte de larges bandes de glaces, et dominant tout ce qui l'entoure avec une grande supériorité. C'est la Maladetta, montagne réputée inaccessible, et nommée la Maudite, parce qu'elle ne fournit point de pâturages. »

Les hauteurs des diverses stations des observateurs qui ont essayé de gravir le sommet de la Maladetta sont déterminées de la manière suivante, par MM. Cordier, Charpentier, Reboul et Vidal ; au bout d'une demi-heure, la vallée se coude à angle droit contre la chaîne centrale, et la suit constamment en se dirigeant à l'est ; elle devient en même temps plus large.

On dépasse bientôt à gauche les pentes qui conduisent au Port-Vieux : c'est une des échancrures du faîte de la chaîne, qui sert aussi de passage pour descendre en Espagne : il est dominé par la montagne d'Aiguilaires. Il faut en tout trois heures pour arriver à de misérables cabanes qui sont au pied du Port-de-Venasque, connues sous le nom d'Hospice-Français. Le Port-de-Venasque, que l'on atteint après avoir quitté l'Hospice, en est éloigné d'environ 10 k. Le pic de Nethou, point le plus élevé de la Maladetta et de la cime des Pyrénées, a 3,475 m. de hauteur absolue.

MALADIÈRE (la), vg. *H.-Marne*, comm. et ✉ de Langres.

MALADRERIE (la), vg. *Calvados*, comm. et ✉ de Caen.

MALADRIE (la), vg. *Nièvre*, comm. et ✉ de Lormes.

MALADURIE, vg. *Indre-et-Loire*, comm. de Limeray, ✉ d'Amboise.

MALAFRETAZ, vg. *Ain* (Bresse), arr. et à 14 k. de Bourg-en-Bresse, cant. et ✉ de Montrevel. Pop. 510 h.

MALAIN, vg. *Côte-d'Or* (Bourgogne), arr. et à 31 k. de Dijon, cant. de Sombernon. Pop. 781 h. — *Foires* les 1er mars, 1er sept. et 1er déc.

MALAINCOURT-LA-GRANDE, vg. *H.-Marne* (Lorraine), arr. et à 40 k. de Chaumont-en-Bassigny, cant. et ✉ de Bourmont. Pop. 181 h.

MALAINCOURT-LA-PETITE, vg. *Vosges* (Lorraine), arr. et à 19 k. de Neufchâteau, cant. et ✉ de Bulgnéville. Pop. 328 h.

MALAIRÈDE, vg. *Aude*, comm. de Belvis, ✉ de Quillan.

MALAISE (la), vg. *H.-Vienne*, comm. de St-Brice, ✉ de St-Junien.

MALANCOURT, vg. *Meuse* (pays Messin), arr. à 19 k. de Verdun-sur-Meuse, cant. et ✉ de Varennes-en-Argonne. Pop. 1,107 h. — *Fabriques* de moules de passementerie et de moules de boutons en bois qui, malgré toutes les inventions de boutons métalliques seront toujours achetés avec faveur à cause de leur bon marché et de leur solidité quand ils sont revêtus d'une étoffe quelconque. Les habitants de ce village se sont si bien trouvés de cette industrie, qu'ils sont tous devenus faiseurs de moules de boutons, et qu'ils ont amené l'aisance dans un pays dont le sol était renommé par son ingratitude. Ce qu'il y a d'avantageux dans cette industrie, c'est qu'elle n'exige presque aucune mise de fonds, et que la presque totalité de la valeur des moules de boutons est acquise par le travail de l'ouvrier : un tour faisant marcher un emporte-pièce, un homme, deux outils ; 20 à 25 fr. de bois de hêtre par année, voilà la matière première. On aura une idée de la rapidité avec laquelle le travail s'exécute, quand on saura que des fabricants offrent 1,800 boutons pour 10 centimes.

MALANCOURT, vg. *Moselle*, comm. de Montois-la-Montagne, ✉ de Briey.

MALANDRIN, ou *Mont*, *Seine-Inf.*, com. de Frichemesnil, ✉ de Valmartin.

MALANDRY, vg. *Ardennes* (Champagne), arr. et à 27 k. de Sedan, cant. et ✉ de Carignan. Pop. 370 h. — C'était une seigneurie de haute, moyenne et basse justice ; il y avait un château qui était l'une des quatre filles d'Ivoy-Carignan, titre équivalent à ce que l'on appelait ailleurs premières baronnies, pairies et anciennes chevaleries.

MALANGE, vg. *Jura* (Franche-Comté), arr. et à 16 k. de Dôle, cant. de Gendrey, ✉ d'Orchamps. Pop. 311 h.

MALANS, vg. *Doubs* (Franche-Comté), arr. et à 25 k. de Besançon, cant. d'Amancey, ✉ d'Ornans. Pop. 375 h.

MALANS, vg. *H.-Saône* (Franche-Comté), arr. et à 24 k. de Gray, cant. et ✉ de Pesmes. Pop. 530 h.

MALANSAC, vg. *Morbihan* (Bretagne), arr. et à 38 k. de Vannes, cant. et ✉ de Rochefort-en-Terre. Pop. 2,406 h. — *Foires* les 6 mai, 13 juillet, 9 sept. et 25 nov.

MALARCE, vg. *Ardèche* (Languedoc), arr. et à 28 k. de Largentière, cant. et ✉ des Vans. Pop. 472 h.

MALARTIC, vg. *Gers*, comm. de Montaut, ✉ d'Auch.

MALASSIS, vg. *Seine-et-Oise*, comm. de Forges, ✉ de Limours.

MALASSISE, vg. *Aisne*. ✉. A 15 k. de Landrecies.

MALASSISE, vg. *Oise*, comm. de la Neuville-Messire-Garnier, ✉ de Beauvais.

MALATAVERNE, vg. *Gard*, comm. de Cendras, ✉ d'Alais.

MALATRAS (Isle), vg. *Ardèche*, comm. de St-Marcel-d'Ardèche, ✉ du Bourg-de-St-Andéol.

MALAUCÈNE, petite ville, *Vaucluse* (Comtat), arr. et à 30 k. d'Orange, chef-l. de Cure. ✉. A 687 k. de Paris pour la taxe des lettres. P. 3,290 h. — TERRAIN tertiaire moyen.

Cette ville est bâtie dans une charmante situation, au milieu d'une riante vallée arrosée par de belles eaux, et entourée de montagnes on ne peut plus pittoresques. Elle est entourée de remparts en ruine, et paraît avoir été autrefois assez considérable. On y voit une belle église, bâtie sur les fondations d'une autre fort ancienne dont on attribue la construction à Charlemagne.

A peu de distance des murs est la belle et abondante fontaine de Groseau ; située sur un point élevé, ses eaux, par la direction que l'on a donnée au canal, mettent en mouvement un grand nombre d'usines.

Non loin de la chapelle de Groseau, on remarque les ruines d'un ancien château bâti par le pape Clément V. Cette chapelle, classée au nombre des monuments historiques, dépendait autrefois d'un prieuré fondé en 684 ; les murs et le clocher sont d'une construction très-ancienne.

Fabriques de florence, de toiles, de vermicelle, de lainages, de plâtre pour la fabrication du papier. Education d'abeilles. Filatures de soie. Papeteries. Tuileries. Briqueteries. Martinets. — *Commerce* de soie, garance, grains, vins, laines. — *Foires* les 20 janv., 3 fév., 19 mars, 3 mai, 25 août, 29 sept., 11 nov. et 21 déc.

MALAUCOURT, vg. *Meurthe* (Lorraine), arr. de Château-Salins, et à 17 k. de Vic, cant. et ✉ de Delme. Pop. 444 h. — *Fabriques* de bouchons de liége, pierres à fusil, moules à boutons, glands pour passementerie.

MALAUMONT, vg. *Meuse* (Lorraine), arr., cant., ✉ de Commercy, et à 16 k. de St-Mihiel. Pop. 103 h.

MALAUNAY, *Malum Alnetum*, vg. *Seine-Inf.* (Normandie), arr. et à 12 k. de Rouen, cant. de Maromme. ✉. A 139 k. de Paris pour la taxe des lettres. Pop. 1,833 h. — Il est agréablement situé sur la grande route de Rouen à Dieppe, sur la rive gauche du Cailly. — *Filatures* importantes de coton. Papeterie.

MALAURIC, vg. *Var*, comm. de St-Julien, ✉ de Barjols.

MALAUSE, bg *Tarn-et-Garonne* (Languedoc), arr., cant., ✉ et à 9 k. de Moissac. ♉. Pop. 1,175 h.

Ce bourg est situé sur le penchant d'une colline, près de la rive droite de la Garonne. Il paraît avoir une origine ancienne : un savant recommandable, M. Perez, y découvrit, il y a quelques années, des chapiteaux corinthiens, quelques pavés en mosaïque de diverses couleurs, et beaucoup de médailles romaines. Les ruines de l'ancien château de Malause occupent un plateau élevé d'où l'on aperçoit la ville de Moissac. — *Foires* le 24 mars et dernier lundi de juillet.

MALAUSSANNE, vg. *B.-Pyrénées* (Gascogne), arr. et à 30 k. d'Orthez, cant. et ✉ d'Arzacq. Pop. 1,037 h.

MALAVAL, vg. *Aveyron*, comm. de Drulhe, ✉ de Villefranche-de-Rouergue.

MALAVILLE, vg. *Charente* (Angoumois), arr. et à 25 k. de Cognac, cant. et ✉ de Châteauneuf-sur-Charente. Pop. 647 h.

MALAVILLERS, vg. *Moselle* (pays Messin), arr. et à 15 k. de Briey, cant. et ✉ d'Audun-le-Roman. Pop. 203 h.

MALAY, vg. *Saône-et-Loire* (Bourgogne), arr. et à 40 k. de Mâcon, cant. et ✉ de St-Gengoux-le-Royal. Pop. 837 h.

MALAY-LE-ROI, ou MALAY-LE-PETIT, vg. *Yonne* (Champagne), arr., cant., ✉ et à 9 k. de Sens. ♉. Pop. 217 h.

MALAY-LE-VICOMTE, ou MALAY-LE-GRAND, vg. *Yonne* (Champagne), arr., cant., ✉ et à 6 k. de Sens. P. 908 h. Sur la Vanne. — On y voit des vestiges de murailles qui paraissent avoir appartenu à un aqueduc romain destiné à conduire les eaux de la fontaine St-Philibert à Sens.

MALBO, vg. *Cantal* (Auvergne), arr. et à 34 k. de St-Flour, cant. et ✉ de Pierrefort. Pop. 714 h.

MALBOISSET, vg. *B.-Alpes*, comm. de l'Arche, ✉ de Châtelard.

MALBOSC, vg. *Ardèche* (Languedoc), arr. et à 38 k. de Largentière, cant. et ✉ des Vans. Pop. 1,025 h. — Exploitation d'antimoine sulfuré.

MALBOUHANS, vg. *H.-Saône* (Franche-Comté), arr., cant., ✉ et à 8 k. de Lure. Pop. 657 h. — Verrerie à vitres. Tuilerie.

MALBOURGET, vg. *Isère*, comm. de Poncharra, ✉ de Goncelin.

MALBOUZON, vg. *Lozère* (Languedoc), arr. et à 25 k. de Marvejols, cant. et ✉ de Nasbinals. Pop. 231 h.

MALBRANS, vg. *Doubs* (Franche-Comté), arr. et à 18 k. de Besançon, cant. et ✉ d'Ornans. Pop. 224 h.

MALBROUCK, h. *Eure*, comm. de Carsix. — *Foire* le 28 août.

MALBUISSON, vg. *Doubs* (Franche-Comté), arr., cant. et à 15 k. de Pontarlier, ✉ de Jougne. Pop. 164 h.

MALCAP, vg. *Gard*, comm. de St-Victor, ✉ de St-Ambroix.

MALEROS, vg. *Tarn*, comm. de Cambounès, ✉ de Brassac.

MALE, vg. *Orne* (Perche), arr. et à 35 k. de Mortagne-sur-Huine, cant. du Theil, ✉ de Nogent-le-Rotrou. Pop. 1,281 h.

MALEGOUDE, vg. *Ariège* (pays de Foix), arr. et à 28 k. de Pamiers, cant. et ✉ de Mirepoix. Pop. 106 h.

MALEMBOUT, vg. *Seine-et-Marne*, comm. de St-Germain-sous-Doue, ✉ de Coulommiers.

MALEMORT, vg. *Vaucluse* (Comtat), arr., ✉ et à 9 k. de Carpentras, cant. de Mormoiron. Pop. 1,531 h. — Tuileries. Fours à plâtre.

MALÈNE (la), vg. *Lozère* (Languedoc), arr. et à 31 k. de Florac, cant. de Ste-Enimie, ✉ de la Canourgue. Pop. 639 h.

MALÉON, vg. *H.-Vienne* (Limousin), arr. et à 28 k. de Limoges, cant. de Châteauneuf, ✉ de St-Léonard. Pop. 461 h. — *Foires* les 2es jeudis de fév. et d'oct.

MALES-COMBES, vg. *Aveyron*, comm. de Pierrefiche, ✉ de St-Geniez.

MALESHERBES, petite ville, *Loiret* (Gatinais), arr. et à 19 k. de Pithiviers, chef-l. de cant. Cure. Gîte d'étape. ♉. A 79 k. de Paris pour la taxe des lettres. Pop. 1,324 h. — TERRAIN tertiaire moyen.

Autrefois diocèse de Sens, parlement et intendance de Paris, élection d'Étampes.

Cette ville est située dans un vallon marécageux, sur la rivière d'Essonne. Elle est dominée par un coteau boisé, dont le sommet est couronné par un joli château d'où l'on jouit d'une vue riante et pittoresque. Ce château a dans ses dépendances un bois de 150 hectares, percé de belles routes, et contigu à un beau parc orné de bosquets et de charmilles : on y voit encore quelques-uns des arbres exotiques plantés par le vertueux président Lamoignon de Malesherbes, défenseur de Louis XVI.

PATRIE du jurisconsulte HITTEAU, député aux états généraux en 1789.

Fabrique de bonneterie en coton. Tanneries. Mégisseries. — *Foires* le mercredi qui précède la St-Martin d'été, la St-Barthélemy, et Noël, si ces fêtes ne tombent pas un mercredi.

MALESTROIT, petite ville, *Morbihan* (Bretagne), arr. et à 18 k. de Ploermel, chef-l. de cant. Cure. Gîte d'étape. ✉. ♉. A 431 k. de Paris pour la taxe des lettres. Pop. 1,676 h. Sur l'Oust. — TERRAIN tertiaire moyen.

Cette ville fut fermée de murailles en 1463. Le duc de Mercœur la prit trois fois : en 1589, il en fit raser les fortifications, qui furent aussitôt rétablies ; en 1591 il s'en empara et les fit démolir de nouveau ; on la fortifia une troisième fois, ce qui n'empêcha pas qu'elle ne retombât en son pouvoir en 1592. — *Fabriques* de draps. — *Commerce* de cire et de miel. *Foires* le 3e lundi de chaque mois.

MALET, vg. *Aveyron*, comm. et ✉ de Cassagne-Bégonhès.

MALÉTABLE, vg. *Orne* (Perche), arr. et à 15 k. de Mortagne-sur-Huine, cant. et ✉ de Longui. Pop. 324 h. — Tréfilerie.

MALEVEZIE, vg. *H.-Garonne* (Comminges), arr. et à 16 k. de St-Gaudens, cant. et ✉ de St-Bertrand. Pop. 685 h.

MALEVILLE, vg. *Aveyron* (Rouergue), arr., ✉ et à 8 k. de Villefranche-de-Rouergue, cant. de Montbazens. Pop. 2,678 h. — *Foires* les 6 mai, 30 sept. et 10 déc.

MALGARNE, vg. *Nord*, comm. de Longueville, ✉ de Bavay.

MALGUÉNAC, vg. *Morbihan* (Bretagne), arr., ✉ et à 8 k. de Pontivy, cant. de Cléguerec. Pop. 1,957 h.

MALHARQUIER, vg. *Eure*, comm. et ✉ de Bernay.

MALHOURE (la), vg. *Côtes-du-Nord* (Bretagne), arr. et à 37 k. de St-Brieuc, cant. de Moncontour, ✉ de Lamballe. Pop. 475 h.

MALHOVE, vg. *Pas-de-Calais*, comm. d'Arques, ✉ de St-Omer.

MALIBEAU, vg. *Gironde*, comm. des Peintures, ✉ de Coutras.

MALIBAUFARGUY, vg. *H.-Vienne*, com. de Bersac, ✉ de Chanteloube.

MALICORNAY, vg. *Indre* (Berry), arr. et à 25 k. de la Châtre, cant. de Neuvy-St-Sépulchre, ✉ de Cluis. Pop. 445 h.

MALICORNE, vg. *Allier* (Bourbonnais), arr. et à 17 k. de Montluçon, cant. et ✉ de Montmarault. Pop. 522 h.

MALICORNE, vg. *Eure*, comm. de Francheville, ✉ de Breteuil.

MALICORNE, jolie petite ville, *Sarthe* (Maine), arr., bureau d'enregist., ✉ et à 15 k. de la Flèche, chef-l. de cant. Pop. 1,250 h. — TERRAIN crétacé inférieur, grès vert.

Autrefois diocèse du Mans, parlement de Paris, intendance de Tours, élection de la Flèche.

Cette ville est agréablement située sur la rive gauche de la Sarthe. Elle est précédée de belles avenues, et possède un château de construction moderne, auquel est joint un joli parc. L'ancien château, dont il ne reste aucun vestige, fut pris vers 1368 par les Anglais ; Jean II d'Alençon et Ambroise de Loré le reprirent d'assaut en 1425, et firent pendre tous les sol-

dats français qui se trouvèrent faire partie de la garnison.
Fabriques de grosses étoffes de laine, toiles communes, faïence estimée et poterie de terre. *Foires* les 1ᵉʳ mardi de janv., 3ᵉˢ mardis d'avril et de juin, et 2ᵉ mardi de sept.

MALICORNE, vg. *Yonne* (Champagne), arr. et à 32 k. de Joigny, cant. et ⊠ de Charny. Pop. 452 h.

MALIGNÉ, vg. *Maine-et-Loire*, comm. de Martigné-Briand, ⊠ de Doué.

MALIGNY, vg. *Côte-d'Or* (Bourgogne), arr. et à 30 k. de Beaune, cant. et ⊠ d'Arnay-le-Duc. Pop. 572 h.

MALIGNY, vg. *Yonne* (Champagne), arr. et à 20 k. d'Auxerre, cant. et ⊠ de Ligny. Pop. 1,322 h. — *Foires* les 22 janv., 23 août et 30 nov.

MALIJAI, vg. *B.-Alpes* (Provence), arr. et à 22 k. de Digne, cant. et ⊠ des Mées. ⚘. Pop. 514 h.

MALINCHES, vg. *Gard*, comm. de Sénéchas, ⊠ de Génolhac.

MALINCOURT, vg. *Nord* (Cambrésis), arr., ⊠ et à 30 k. de Cambrai, cant. de Clary. Pop. 958 h.

MALINES, vg. *Aveyron*, comm. de Vabre, ⊠ de St-Affrique.

MALINTRAT, vg. *Puy-de-Dôme* (Auvergne), arr., cant., ⊠ et à 8 k. de Clermont-Ferrand. Pop. 686 h.

MALISSAR, vg. *Drôme*, comm. de Chabeuil, ⊠ de Valence.

MALIVES, vg. *Loir-et-Cher* (Blaisois), arr. et à 13 k. de Blois, cant. de Bracieux, ⊠ de St-Dyé-sur-Loire. Pop. 599 h.

MALIX, vg. *Ain*, comm. de Tenay, ⊠ de St-Rambert.

MALLAURENS, vg. *Tarn-et-Garonne*, comm. et ⊠ de Castel-Sarrasin.

MALLEFOUGASSE, vg. *B.-Alpes* (Provence), arr., ⊠ et à 28 k. de Forcalquier, cant. de St-Etienne-les-Orgues. Pop. 227 h.

MALLELOY, vg. *Meurthe* (Lorraine), arr., ⊠ et à 14 k. de Nancy, cant. de Nomény. Pop. 333 h.

MALLEMOISSON, vg. *B.-Alpes* (Provence), arr., cant., ⊠ et à 14 k. de Digne. Pop. 279 h.

MALLEMORT, vg. *Bouches-du-Rhône* (Provence), arr. d'Arles, et à 49 k. de Tarascon, cant. d'Eguières, ⊠ de Lambesc. Pop. 2,165 h.
PATRIE du peintre C.-J.-ET. ROQUEPLAN.
Foires le dernier lundi de juin, et 1ᵉʳ lundi d'oct.

MALLEMORT, vg. *Corrèze* (Limousin), arr., cant., ⊠ et à 6 k. de Brives. Pop. 1,157 h. — Filature de coton.

MALLÉOU, vg. *Ariége* (pays de Foix), arr. à 13 k. de Pamiers, cant. et ⊠ de Varilhes. Pop. 236 h.

MALLERET (le), vg. *Cher*, comm. de Primelle, ⊠ de Châteauneuf-sur-Cher.

MALLERET, vg. *Creuse* (Marche), arr. et à 24 k. d'Aubusson, cant. et ⊠ de la Courtine. Pop. 328 h.

MALLERET, vg. *Creuse* (Bourbonnais), arr., cant., ⊠ et à 5 k. de Boussac, et à 27 k. de Chambon. Pop. 725 h.

MALLÉREY, vg. *Jura* (Franche-Comté); arr., ⊠ et à 11 k. de Lons-le-Saulnier, cant. de Beaufort. Pop. 132 h.

MALLET, vg. *Cantal*, comm. de Faverolles et de Sarus, ⊠ de Chaudesaigues.

MALLEVAL, vg. *Isère*, comm. de Coguin, ⊠ de Vinay.

MALLEVAL, vg. *Loire* (Forez), arr. à 42 k. de St-Etienne, cant. et ⊠ de Pélussin. Pop. 542 h.

MALLEVILLE, vg. *Isère*, comm. de Creys, ⊠ de Morestel.

MALLEVILLE-LES-GRÈS, vg. *Seine-Inf.* (Normandie), arr. et à 30 k. d'Yvetot, cant. de Cany. Pop. 296 h.

MALLEVILLE-SUR-LE-BEC, vg. *Eure* (Normandie), arr. et à 22 k. de Bernay, cant. et ⊠ de Brionne. Pop. 440 h.

MALLIARGUES, vg. *Cantal*, comm. de St-Saturnin, ⊠ d'Allanche. — *Foires* les 11 juin et 12 oct.

MALLIÈVRE, vg. *Vendée* (Poitou), arr. à 50 k. de Bourbon-Vendée, cant. et ⊠ de Mortagne-sur-Sèvre. Pop. 311 h.

Bâti en amphithéâtre sur un coteau que la Sèvre nantaise baigne au midi, Mallièvre fut jadis une ville importante par sa situation. La grande voie romaine de Poitiers à Nantes traversait l'enceinte de ses murailles et franchissait la Sèvre sous un pont qui a été reconstruit récemment. Vers l'an 400, les légions d'Honorius y construisirent la forteresse dont on voit les ruines, et qui consistent en deux tourelles à moitié détruites. Les murs de l'enceinte, au midi et au nord, ainsi que la porte d'entrée, sont évidemment de construction beaucoup plus moderne et remontent tout au plus à Charlemagne. Au reste, le tout ensemble recouvert de terre, de ronces, de jardins et de vieux chênes, n'offre au curieux qu'un monceau de décombres dont le faîte est cultivé. Mallièvre n'est plus aujourd'hui qu'un chétif village où l'on voit un mélange gracieux de ruines éparses au milieu des bois, des rochers et des eaux.

On doit visiter, à 4 k. de Mallièvre, les ruines pittoresques du château du Puy-du-Fou, détruit en 1793. On reconnaît dans ces ruines l'architecture de la renaissance. La principale porte d'entrée est au fond d'un péristyle quadrangulaire, formé par des colonnes cannelées d'ordre ionique. Au-dessus du fronton règne une balustrade qui entoure une terrasse autrefois couverte d'orangers, où maintenant les enfants du métayer cultivent quelques légumes. A l'aile gauche se trouve un autre portique que devancent quatre colonnes semblables à celles du péristyle; la terrasse qu'elles supportent est en ruines : toutes ces colonnes sont unies par des cintres pleins, et les pilastres qui ornent la façade du corps de logis sont décorés de niches où jadis étaient placés des bustes et des statues. Toutes les voûtes sont sculptées en rosaces, et celles de l'escalier, qui conduit aux cuisines souterraines, est encore si bien conservée, qu'on dirait qu'elle vient d'être achevée. — Au fond d'un cellier immense, que l'on visite à la lueur des flambeaux, est un bassin carré de 1 m. 66 c. à 2 m. de profondeur entouré de siéges en granit qui ont la forme de fauteuils antiques, devant lesquels sont de petites tables de pierre; une lampe énorme est suspendue à la voûte par un anneau en fer. On présume que cet étrange réduit était consacré aux orgies bachiques des seigneurs châtelains.

MALLING, vg. *Moselle* (pays Messin), arr. et à 13 k. de Thionville, cant. de Metzerwisse, ⊠ de Sierck. Pop. 547 h.

MALLINS, vg. *Isère*, comm. de Villemoirieu, ⊠ de Crémieu.

MALLOUÉ, vg. *Calvados* (Normandie), arr., ⊠ et à 14 k. de Vire, cant. de Béni-Bocage. Pop. 115 h.

MALMAISON (la), vg. *Aisne* (Picardie), arr. et à 30 k. de Laon, cant. et ⊠ de Neufchâtel. Pop. 747 h. — *Foires* les 15 mars et 15 nov.

MALMAISON, vg. *Côte-d'Or*, comm. de Touillon, ⊠ de Montbard.

MALMAISON (la), vg. *Eure-et-Loir*, comm. de Villiers-le-Morhier, ⊠ de Nogent-le-Roi.

MALMAISON (la), vg. *Moselle*, comm. d'Allondrelle, ⊠ de Longuyon.

MALMAISON (château de la). V. RUEIL.

MALMAISON (la), vg. *Yonne*, comm. d'Ormoy, ⊠ de Brienon.

MALMERSPACH, vg. *H.-Rhin* (Alsace), arr. et à 41 k. de Belfort, cant. de St-Amarin, ⊠ de Wesserling. Pop. 329 h.

MALMONT, vg. *Lot*, comm. de Mondoumerc, ⊠ de Montpezat.

MALMUSSOU, vg. *Dordogne*, comm. et ⊠ du Bugue.

MALMY-EN-DORMOIS, vg. *Marne* (Champagne), arr. et à 15 k. de Ste-Menehould, cant. et ⊠ de Ville-sur-Tourbe. Pop. 134 h.

MALMY-SUR-BAR, vg. *Ardennes* (Champagne), arr. de Mézières, et à 25 k. de Charleville, cant. d'Osmont, ⊠ de Flize. Pop. 100 h.

MALNAU (le), vg. *Aveyron*, comm. de St-Cirq, ⊠ de Cassagne-Bégonhès.

MALNOUE, vg. *Seine-et-Marne*, comm. d'Emerainville, ⊠ de Lagny.

MALNOYER, vg. *Orne*, comm. de Courmesnil, ⊠ d'Exmes.

MALNUIT, vg. *Seine-et-Oise*, comm. de Val-St-Germain, ⊠ de Dourdan.

MALO (St-), *Aletum novum*, ou *insula Aaronis*, *Maclovium*, ville forte et maritime, *Ille-et-Vilaine* (Bretagne), chef-l. de sous-préf. (1ᵉʳ arr.) d'un cant.; trib. de 1ʳᵉ inst. et de commerce; chambre consultative des manufactures et de commerce; direction des douanes; école d'hydrographie de première classe; consulats étrangers; société d'agriculture; place de guerre de troisième classe. Gîte d'étape. Cure. Bureau et relais de poste. Pop. 10,053 h. *Etablissement de la marée du port*,

5 heures 42 minutes. Feu de port fixe sur le musoir du nouveau môle du Noire, à gauche de l'entrée du port, de 3 k. de portée. — TERRAIN cristallisé, granit.

Autrefois évêché, parlement de Rennes, intendance de Nantes, chef-lieu d'une recette, amirauté, justice consulaire, gouvernement particulier. — L'évêché de St-Malo fut transféré dans cette ville en 1141, de l'ancienne ville d'Aleth où il avait été fondé vers 541.

St-Malo est bâti sur l'île d'Aron, qui ne tient au continent que par une chaussée baignée deux fois le jour par les eaux de la mer. Cette chaussée, nommée le Sillon, est extrêmement forte et défendue par des ouvrages avancés, ainsi que par d'immenses troncs d'arbres fichés sur la grève pour amortir la violence des flots.

Le port de St-Malo, formé par une espèce de goulet compris entre une pointe de rochers qu'on nomme le Nay et un commencement de jetée qui part de la ville et qu'on nomme l'Eperon, est vaste, sûr, commode et très-important sous les rapports nautiques et commerciaux. Il est très-fréquenté, mais d'un accès difficile, à cause des nombreux récifs qui en défendent en quelque sorte l'entrée ; c'est sans contredit un des plus beaux et des plus sûrs de France. On y construit parfaitement, et les bâtiments qui sortent de ses chantiers sont regardés comme d'excellents voiliers.

C'est un port de marée, et les vaisseaux y restent à sec à basse mer. Comme ce port est dans le fond d'un golfe étroit, la mer s'y engouffre avec rapidité, et dans les grandes marées le flot s'y élève à 13 m. au-dessus du niveau de la basse mer. Les plus gros vaisseaux peuvent entrer dans le port s'ils sont d'une forme et d'un échantillon qui leur permettent d'échouer.

Dans la session de 1836, les chambres ont adopté le projet de construction d'un bassin à flot dans l'anse qui sépare les villes de St-Malo et de St-Servan. Ce bassin aura 132 hectares de superficie, et s'étendra entre les deux villes sur toute la grève que la mer recouvre aujourd'hui ; il communiquera avec l'avant-port par une écluse à sas assez grande pour contenir au moins cinq frégates à la fois, et assez large entre les bajoyers pour donner accès aux bâtiments à vapeur de la plus grande dimension, et aux vaisseaux de 80 canons.

A l'ouest de St-Malo se trouve la rade ; elle est au dehors de l'embouchure de la rivière de Rance, et protégée par sept forts ; dont les principaux sont le Fort-Royal, celui de la Conchée, le Grand et le Petit-Bay, l'île d'Harbourg, celle de Césambre, etc., etc. Le plus remarquable de ces forts est la Conchée, ouvrage du célèbre Vauban. Cette citadelle, car on peut lui donner ce nom, est à 8 k. en mer ; elle est élevée sur un rocher presque inaccessible, où l'on ne peut aborder que d'un côté, et est garnie d'une bonne artillerie ; on y voit des pièces de 36 et de 48. Elle a été attaquée inutilement plusieurs fois par les Anglais, qui s'en emparèrent cependant le 26 octobre 1693, lorsqu'ils bombardèrent St-Malo.

L'île de Césambre se trouve, comme la Conchée, à peu près à 8 k. en mer. Elle a un petit port formé d'immenses pierres, réunies par des moines, qui y avaient jadis un couvent. On voit encore quelques ruines de leur abbaye, ainsi que les restes de l'ancienne chapelle et de la cellule de saint Brandan, qui s'y établit avec saint Malo dans le VIIe siècle. Cette cellule était située près d'une masse de rochers qui élèvent au-dessus de l'île une cime sourcilleuse. Il paraît qu'un torrent les a divisés jadis, ou qu'ils ont été désunis par la fureur des flots. On monte jusqu'au sommet, d'où l'on peut examiner la profondeur du ravin et les horreurs de ce précipice. Cette île n'est occupée aujourd'hui que par un poste de douaniers. Les Anglais s'en emparèrent en 1693, après s'être rendus maîtres de la Conchée.

La Rance renferme deux ports, le St-Père et le Solidor, séparés par une tour qui servait autrefois à défendre la navigation de la rivière.

On voit à St-Malo quelques fontaines alimentées par des sources qui se trouvent au delà de St-Servan. Les aqueducs passent sous la mer à travers la grève.

La ville de St-Malo doit son origine à l'ancienne cité d'Aleth, située dans le lieu où est actuellement St-Servan. Chassés de la terre ferme par les incursions des Normands, quelques Bretons cherchèrent, comme les Lombards en Italie, un asile sur des rochers. Ils voulaient être libres, et crurent l'être lorsqu'ils ne dépendirent plus que de la mer et d'eux-mêmes. Toujours armés pour se défendre, soit du côté de l'Océan, soit du côté de la terre, les Malouins contractèrent de bonne heure des habitudes hardies et téméraires, qui les portèrent à entreprendre des courses lointaines et nombreuses ; ils se distinguèrent en tout temps par des sentiments généreux.

Sous le règne de Charles V, du Guesclin s'empara de St-Malo. En 1376, le duc de Lancastre et une flotte anglaise assiégèrent, sans succès cette ville, qui fut défendue avec courage par les habitants, commandés par l'intrépide Jean Morte.

A l'époque de la Ligue, les Malouins ne voulurent d'abord admettre dans leur enceinte aucune troupe à la solde des partis divers qui désolaient la France. Bientôt ils finirent par ne plus vouloir de maître jusqu'au jour où les états généraux du royaume, légalement assemblés, auraient choisi un roi catholique.

Il y avait longtemps que les habitants de St-Malo vivaient en mauvaise intelligence avec leur gouverneur. On le soupçonnait de vouloir livrer la place au parti royaliste, et l'on savait qu'il gardait au château de grandes richesses, qu'il avait acquises par la faveur du roi Charles IX. On en voulait donc tout à la fois à l'homme et à son argent, et l'on résolut de se rendre maître de l'un et de l'autre. L'entreprise présentait de grandes difficultés. Il s'agissait d'escalader un château bien fortifié, défendu par une garnison nombreuse et par des murailles inaccessibles.

L'intrépidité des Malouins et leur adresse, cultivée par l'habitude des manœuvres nautiques, surmontèrent tous les obstacles. Cinquante-cinq d'entre eux escaladèrent nuitamment le château, au moyen d'une échelle de corde attachée à une couleverine qui débordait le rempart élevé de plus de 33 m., et parvinrent, après avoir couru les plus grands dangers, à s'introduire dans la forteresse ; ils attaquent la garnison surprise, qui pourtant se défend avec fureur ; mais au même instant la ville entière se soulève et se précipite vers le château. Les portes sont ouvertes par ceux du dedans à ces auxiliaires qui s'y jettent en foule : la place est emportée, comme deux siècles plus tard devait l'être la bastille. Le gouverneur périt dans cette attaque extraordinaire, et ses richesses devinrent la proie des assiégeants.

On assure que cette entreprise d'une population naturellement fière et indépendante avait eu pour objet de secouer toute espèce d'autorité étrangère, et d'établir dans cette petite cité un gouvernement républicain. Ce qu'il y a de certain, c'est qu'après leur victoire ils gardèrent eux-mêmes la ville et le château, s'emparèrent des deniers royaux, firent la guerre de leur chef aux voisins qui les incommodaient, envoyèrent ou refusèrent des secours aux ligueurs, suivant qu'ils le jugèrent à propos, continuèrent de commercer avec les nations étrangères, et se régirent, en un mot, par des formes démocratiques jusqu'en 1594 qu'ils se décidèrent à reconnaître l'autorité de Henri IV ; ils le servirent avec fidélité, et marchèrent, au nombre de huit cents hommes, contre la ville de Dinan, place d'armes de la Ligue, dont ils se rendirent maîtres.

Les Malouins sont très-braves, et leur marine a rendu de grands services à l'État. Plusieurs fois leurs corsaires ont ruiné le commerce anglais : en 1627, ils équipèrent, à leurs frais, une flotte de 25 à 30 vaisseaux, qui contribua beaucoup à réduire la Rochelle. Quelque temps après ils s'emparèrent de l'île de Fer. Dans la même année, sous la conduite de Duguay-Trouin, ils attaquèrent et prirent Rio-Janeiro, brûlèrent dans son port 60 vaisseaux marchands, 3 vaisseaux de guerre, 2 frégates, et firent éprouver aux Portugais une perte de 20 millions. En 1663, les négociants de St-Malo, outrés, ainsi que tous leurs compatriotes, de la demande que le congrès de Gertruidemberg faisait au monarque français, d'employer ses troupes pour forcer Philippe V à abandonner l'Espagne où le testament de Charles II l'avait appelé, réunirent les profits qu'ils venaient de faire dans le commerce des colonies espagnoles en Amérique, et apportèrent au roi trente-deux millions en or, lorsque les finances étaient épuisées par une longue suite d'événements malheureux. Ces trente-deux millions, distribués à temps dans les hôtels des monnaies, ranimèrent la guerre et tous les payements. La maison de Bourbon, qui règne en France, en Espagne et à Naples, n'oubliera jamais l'agitation où elle se vit dans cette circonstance, ni l'heureux moyen de soutenir ses droits qu'elle trouva au moment critique dans le désintéressement de ces estimables négociants.

Pour se venger des pertes que les Malouins causaient journellement au commerce de l'Angleterre, les Anglais formèrent le projet de détruire St-Malo. Ils parurent devant ses murailles, au mois de novembre 1693, avec une flotte nombreuse.

Après s'être emparés du fort de la Conchée, ils commencèrent contre la ville un bombardement terrible qui néanmoins ne produisit pas tout l'effet qu'ils en espéraient : une machine infernale qui, placée sur un vaisseau, arrivait à pleines voiles sur la ville, fut détournée par un coup de vent, et jetée sur un rocher, où elle échoua : son explosion fit périr celui qui l'avait inventée, ainsi que quarante hommes dont il était accompagné. Il y avait douze tonneaux de poudre pour pousser cet artifice, qui fit un bruit si effroyable que la terre aux environs en trembla, des pierres des cheminées tombèrent à près de 8 kilomètres de St-Malo ; les maisons furent découvertes, les vitres cassées ; les mâts et débris de cette machine remplirent les rues de la ville ; mais là se borna l'effet de cette infernale invention.

Vers le milieu de juillet de l'année 1695, la ville de St-Malo essuya un second bombardement par les Anglais et les Hollandais. On aperçut leur flotte le 14 juillet : elle était composée de 70 voiles, dont 30 vaisseaux de guerre de 70 à 80 canons ; 20 à 25 galiotes à bombes, et le reste en frégates et en flûtes. Les ennemis mouillèrent en ligne au nord de la Conchée, qu'ils canonnèrent et bombardèrent toute l'après-midi, et ne tuèrent qu'un seul homme. Le 15 au matin, ils bombardèrent la ville avec la plus grande vigueur : leur feu continua onze heures sans intervalle, et ils jetèrent au moins 1,600 bombes, dont il en tomba 8 à 900 sur la ville. Les forts et remparts répondaient avec la même vivacité ; c'était un feu continuel de part et d'autre. Il y eut 7 maisons brûlées et 800 endommagées ; dix personnes tuées ; le bon ordre empêcha les progrès du feu. Le 16, les ennemis continuèrent à canonner et bombarder la Conchée, qui leur répondait au mieux : ils détachèrent deux brûlots, dont un échoua ; l'autre s'attacha au fort, et brûla quelques baraques avec des munitions de guerre. On ne sait pas précisément quel dommage eurent les ennemis ; mais leur retraite précipitée, dans le temps qu'ils pouvaient désoler la ville en continuant de la bombarder, a fait croire qu'ils avaient beaucoup souffert.

En l'année 1758, les Anglais firent deux descentes dans les environs de St-Malo ; leur flotte avait paru le 4 juin à la vue de cette ville ; elle était composée de 114 à 115 voiles. Les troupes ayant été mises à terre à Cancale, se répandirent le lendemain et les jours suivants dans les campagnes, qu'elles pillèrent ; environ 2,000 hommes s'avancèrent jusqu'à St-Servan, où ils mirent le feu à 80 vaisseaux, brûlèrent les corderies, les galleteries et plusieurs autres magasins où les habitants de St-Malo tenaient les différentes choses propres aux armements. Ayant intercepté les lettres d'un courrier, dont une annonçait l'arrivée d'un secours considérable, ils se rembarquèrent précipitamment et appareillèrent le 17.

Pendant la révolution le nom de St-Malo fut changé en celui de PORT-MALO.

Les **armes de St-Malo** sont : *de gueules à une herse de porte de ville d'or, soutenant une hermine passante d'argent au naturel.*

Le port de St-Malo fut autrefois affecté au commerce de la mer du Sud. Les habitants qui se livrèrent à ce commerce acquirent en peu de temps des richesses immenses, et c'est de là que se sont formées ces fortunes considérables qui, avant de se disséminer, ont imprimé à cette ville maritime un caractère d'opulence qu'elle porte encore. Sous Louis XIV, elle parvint au plus haut point de splendeur. C'est le berceau de la compagnie des Indes. On compte encore à St-Malo un grand nombre d'armateurs qui font des expéditions pour les colonies et des armements pour les pêches lointaines. Les négociants de cette place jouissent à juste titre d'une grande réputation de probité. Ses marins sont en général intelligents, durs à la fatigue et regardés comme d'excellents hommes de mer.

Les murs de St-Malo sont d'une extrême force et d'une grande beauté. Ils ont été construits sur les dessins du célèbre Vauban, qui eût voulu cependant transporter toutes les habitations à St-Servan, et ne laisser à St-Malo qu'une citadelle qui aurait été imprenable. Ces murs sont élevés sur le roc, flanqués de tours et de bastions, et garnis d'une nombreuse artillerie. Ils sont très-larges, pavés en grandes pierres plates, et forment une belle promenade d'où l'on jouit d'une vue magnifique et extrêmement étendue. D'un côté on aperçoit la campagne, St-Servan et le port ; sur un autre point, la pleine mer et les forts avancés. L'œil peut de là se porter très-loin, et plusieurs personnes assurent que l'on voit jusqu'à Jersey. Tous les aspects sont variés et offrent des tableaux différents. Cependant, si le spectacle que l'on a sous les yeux est sublime lorsque la mer est pleine, qu'elle vient battre les murs et lancer l'écume de ses vagues jusque sur les curieux qui bordent les remparts, il est en revanche bien triste lorsqu'elle est retirée, qu'on ne l'aperçoit plus qu'au loin, que les bâtiments sont à sec, et que l'œil ne se repose que sur une plage abandonnée. Ces murs sont, au reste, la seule promenade de la ville. L'été on ne peut les fréquenter que le soir, car la chaleur y est étouffante. On ne peut aussi les aborder lorsqu'il fait du vent, attendu qu'il souffle d'une telle force à St-Malo que dans la plupart des maisons on est obligé d'avoir de doubles fenêtres.

Plusieurs rues de la ville sont bien bâties, et on y voit des hôtels magnifiques appartenant à des négociants qui ont fait de grandes fortunes dans le commerce et surtout à l'aide de leurs corsaires. La ville est jolie, et cependant le séjour en est peu agréable. La cathédrale est dans le genre gothique.

Le château, bâtiment de forme carrée, flanqué de quatre grosses tours à chacun de ses angles, fait partie des fortifications. Quoique très-ancien, il a mérité d'être conservé dans le nouveau plan. Il fut élevé par les ordres de la reine Anne ; on dit qu'elle y enferma quelques chanoines à l'occasion de démêlés qu'elle eut avec eux et avec l'évêque qui avait lancé ses excommunications sur l'entrepreneur et les ouvriers. Ces démêlés eurent pour cause divers droits de régale, que la princesse réclamait et qu'elle exigea avec une grande fermeté. Ce fut alors qu'elle fit élever une tour sur laquelle on lisait cette inscription : *Qui qu'en grogne, ainsi sera ; c'est mon plaisir.* Cette partie des fortifications a retenu le nom de Qui-qu'en-Grogne. On remarque aussi la tour appelée la Générale, par laquelle des Malouins s'introduisirent dans le château pendant la Ligue. On remarque encore le donjon, dans les murs duquel on plaça, en 1378, des boulets enlevés aux Anglais qui, sous les ordres du duc de Lancastre, avaient livré de rudes assauts à la ville et avaient été repoussés par la valeur des habitants. Enfin, on montre, sur la cour de devant, la tour où le procureur général la Chalotais, si célèbre par ses talents distingués et l'honorable fermeté qu'il déploya dans ses malheurs, fut renfermé ainsi que son fils. C'est dans les cachots de St-Malo que la Chalotais écrivit avec une cure-dent ce mémoire célèbre à l'occasion duquel Voltaire a dit : « Malheur à toute âme sensible qui ne sent pas le frémissement de la fièvre en le lisant !... Son cure-dent grave pour l'immortalité. »

L'enceinte de St-Malo est ouverte par les portes St-Vincent et St-Thomas, toutes les deux attenantes au château, l'une à droite et l'autre à gauche ; par la grande porte située à l'extrémité du bastion St-Vincent, du côté de la ville qui regarde le levant, et celle de Dinan, construite au milieu du côté de St-Malo qui regarde le midi. On ne peut arriver de terre à cette ville que par la chaussée. Il y a, près de la grande porte, un château d'eau qui fournit de l'eau aux fontaines de la ville. On y compte environ 80 rues. St-Malo a un quai fort étendu en face de la porte de Dinan, entre le bastion St-Philippe et celui de St-Louis. Il y en a deux autres au levant de la ville ; l'un s'étend depuis le bastion St-Louis jusqu'à la grande porte, et l'autre, plus large que les deux premiers, commence à quelque distance de la bourse et s'étend jusqu'à la porte St-Vincent. A la pointe du bastion St-Louis, on a construit un éperon qui s'avance dans la mer.

Depuis quelques années les bains de mer attirent à St-Malo beaucoup d'étrangers durant la belle saison ; à l'instar de Dieppe et Granville, on y trouve des tentes et de petites maisonnettes portatives ou roulantes qui stationnent sur la plage et servent à mettre la toilette des dames à l'abri de toute importunité. Sous le rapport hygiénique, les bains de mer de St-Malo méritent d'ailleurs une juste préférence : une grève vaste et unie, formée de sable le plus fin et disposée en pente douce, éloigne jusqu'à l'apparence du danger. Une eau toujours limpide, et dans une agitation continuelle sans être incommode, offre à toute heure la précieuse facilité du bain à la lame. En un mot, il n'existe pas de localité où, sous le double rapport de l'utilité et de l'agrément, les étrangers puissent aujourd'hui rencontrer mieux, dans ce genre, que les bains de mer de St-Malo.

Biographie. St-Malo est le lieu de naissance de : DUGUAY-TROUIN, qui s'éleva par son seul mérite jusqu'au grade de lieutenant général des armées navales ; à trente-quatre ans il avait déjà pris plus de trois cents navires marchands et vingt vaisseaux de guerre.

JACQUES CARTIER, voyageur et chorographe, qui découvrit le Canada en 1534.

MAHÉ DE LA BOURDONNAIE, illustre vainqueur de Madras, mort d'une maladie cruelle occasionnée par une détention de trois ans et demi à la Bastille, peu de temps après la fin d'un procès où il fut déclaré innocent ! On a de ce grand homme des mémoires sur les affaires de l'Inde.

TREVENARD (le comte), vice-amiral, ministre de la marine, sénateur et pair de France.

GRANDPRÉ (le comte L.-M.-J. DE), capitaine de vaisseau ; membre de la société royale des antiquaires de France.

GAUTHIER DUPORT, capitaine de vaisseau.

F.-J. DUPORT-DUTERTRE, auteur de l'*Histoire générale des conjurations et conspirations célèbres*, 10. vol. in-12, père de Duport-Dutertre, ministre de la justice sous Louis XVI.

DESILLES, lieutenant d'infanterie, célèbre par sa mort héroïque devant Nancy.

GAUTHIER D'ARC, orientaliste, consul général de France en Espagne et en Egypte.

NEPVEU, jésuite, auteur d'un grand nombre d'ouvrages ascétiques.

LA METTERIE, homme de lettres et médecin, mort en 1751.

MAUPERTUIS, de l'académie des sciences, dont les œuvres ont été publiées en 4 vol. in 8, 1756. Tour à tour géomètre, astronome, naturaliste, géographe et littérateur ; les matières les plus abstraites deviennent intéressantes sous sa plume, par la manière agréable dont il les présente.

TRUBLET (l'abbé), auteur de quelques ouvrages totalement oubliés aujourd'hui.

DUHAMEL, membre de l'école polytechnique, membre de l'académie des sciences.

F.-J.-V. BROUSSAIS, célèbre médecin, auteur, entre autres savants ouvrages, de l'*Histoire des phlegmasies chroniques*, qui fut le fondement de sa réputation.

LA MENNAIS (l'abbé de), l'un des plus grands écrivains de notre époque.

Mme DESROCHES, auteur de plusieurs idylles charmantes, etc., etc.

Industrie. Fabriques de bonneterie, filets de pêche, fils à voiles, poulies, cordage, savon. Manufacture d'hameçons perfectionnés. Corderies pour la marine. Construction de navires. Manufacture royale des tabacs.

Commerce de grains, fruits, vins, eaux-de-vie, salaisons, tabac excellent, sel de Guérande,

toiles de Bretagne pour l'Espagne, denrées et produits des manufactures du pays, cidre, miel, beurre, cidre, huîtres, etc.

Importation de denrées coloniales, des épiceries et autres productions de l'Inde et de la Chine ; de lin, de chanvre, et de graine de lin et de chanvre du Nord. — Entrepôt de denrées coloniales. Entrepôt de sel.

Armements considérables pour l'île de Bourbon, les Indes orientales et occidentales, l'Afrique et le Sénégal. Armements pour la pêche de la morue, de la baleine, et du maquereau. Grand et petit cabotage. — *Foire de 8 jours le 24 mai.*

A 70 k. N.-O. de Rennes, 376 k. O. de Paris. Lat. 48° 39' 3", long. 4° 21' 26" O.

L'arrondissement de St-Malo est composé de 9 cantons : Cancale, Châteauneuf, Combourg, Dol, Pleine-Fougères, Pleurtuit, St-Malo, St-Servau et Tinteniac.

Bibliographie. QUERCY (Thomas de). *De l'antiquité de la ville et cité d'Aleth ou Quidalet, ensemble de la ville de St-Malo*, in-12, 1628.

* *Discours apologétique des causes qui ont contraint les habitants de St-Malo de s'emparer du château de leur ville, avec l'histoire de la prise d'icelui, le 12 mars 1590*, in-8, 1590.

* *Entrée du roi Charles IX à St-Malo, le 24 mai 1570* (Imprimé au t. II de la Bibliothèque du P. Ménestrier, p. 102).

MANET (l'abbé). *Biographie des Malouins célèbres, nés depuis le XVe siècle jusqu'à nos jours, précédée d'une Notice historique sur la ville de St-Malo depuis son origine*, in-8, 1824.

MALO (St-), vg. *Nièvre* (Nivernais), arr. et à 40 k. de Cosne, cant. de Donzy, ✉ de Châteauneuf-Val-de-Bargis. Pop. 499 h.

MALO (St-), vg. *Orne*, comm. de la Frénaie-au-Sauvage, ✉ de Putanges.

MALO-DE-BEIGNON (St-), vg. *Morbihan* (Bretagne), arr. et à 21 k. de Ploermel, cant. et ✉ de Guer. Pop. 3,773 h.

MALO-DE-LA-LANDE (St-), vg. *Manche* (Normandie), arr., bureau d'enregist., ✉ et à 9 k. de Coutances, chef-l. de cant. Cure. Pop. 420 h. — TERRAIN de transition moyen.

MALO-DE-PHILY (St-), vg. *Ille-et-Vilaine* (Bretagne), arr. et à 40 k. de Redon, cant. de Pipriac, ✉ de Lohéac. Pop. 835 h.

Il est situé dans une contrée pittoresque, sur la rive droite de la Vilaine. On y remarque la chapelle du Mont-Serrat, dédiée à la Vierge, qui est l'objet d'un pèlerinage très-fréquenté le 8 septembre de chaque année ; il est difficile de voir quelque chose de plus curieux que la situation de cette chapelle, bâtie entre deux énormes rochers.

Les châteaux de DRINAIS et des GAUDINELAIS sont une dépendance de cette commune.

Foire le 11 juillet.

MALO-DU-BOIS (St-), vg. *Vendée* (Poitou), arr. et à 49 k. de Bourbon-Vendée,

cant. et ✉ de Mortagne-sur-Sèvre. P. 675 h.

MALOMPIZE. V. MOLOMPIZE.

MALON, vg. *Calvados*, comm. de St-Contest, ✉ de Caen.

MALON (St-), vg. *Ille-et-Vilaine* (Bretagne), arr., ✉ et à 13 k. de Monfort-sur-Meu, cant. de St-Méen. Pop. 894 h. — *Foires les 6 mai, dernier jeudi de juillet et 9 oct.*

MALONS, vg. *Gard* (Languedoc), arr. et à 48 k. d'Alais, cant. de Génolhac, ✉ de Villefort. Pop. 1,165 h.

MALOTAT, vg. *Puy-de-Dôme*, comm. de St-Genest-l'Enfant, ✉ de Riom.

MALOU (bains de la), vg. *Hérault*, comm. de Mourcairol, ✉ de Bédarieux. V. MOURCAIROL.

MALOUET, vg. *Manche*, comm. et ✉ d'Avranches.

MALOUY, *Mallogiæ, Malogium*, vg. *Eure* (Normandie), arr., cant., ✉ et à 7 k. de Bernay. Pop. 280 h. — *Fabriques de toiles et de rubans.*

MALOZARD, vg. *Isère*, comm. de St-Cassient, ✉ de Voiron.

MALPART, vg. *Somme* (Picardie), arr., cant., ✉ et à 8 k. de Montdidier. P. 166 h.

MALPAS, vg. *Doubs* (Franche-Comté), arr., cant., ✉ et à 18 k. de Pontarlier. Pop. 215 h.

MALPAS, vg. *Doubs*, comm. du Lac, ✉ de Morteau.

MALPLAQUET, vg. *Nord*, comm. de Taisnières-sur-Hon, ✉ de Bavay.

Le 11 septembre 1709 il s'y livra une bataille sanglante, entre les puissances alliées au nombre de quatre-vingt mille hommes commandés par le duc de Marlborough, et soixante-dix mille Français commandés par le maréchal de Villars. Le duc de Marlborough commandait l'aile droite où étaient les Anglais et les troupes allemandes à la solde de l'Angleterre ; le prince Eugène était au centre ; Tilli et un comte de Nassau étaient à la gauche avec les Hollandais. Boufflers à la droite et Villars à la gauche soutinrent d'abord avec succès toutes les attaques ; mais Villars ayant été blessé dans une charge où il enleva trente canons, l'aile gauche commença à plier, et Boufflers, qui prit le commandement de l'armée, dégarnit le centre pour la soutenir. Le prince Eugène profita de cette faute ; avec trente bataillons il se précipita sur le centre presque désert, enleva les retranchements, et força ainsi les ailes coupées en deux à la retraite. Si l'ennemi se fût mis à la poursuite de ces deux masses isolées de trente mille hommes, il aurait pu détruire l'une et l'autre ; mais il avait fait d'énormes pertes : vingt-cinq mille morts couvraient le champ de bataille, dont dix-sept mille alliés. Les Français n'avaient laissé ni artillerie, ni drapeaux, ni prisonniers, et leur retraite s'effectua dans le plus grand ordre.

MALRAS, vg. *Aude* (Languedoc), arr., cant., ✉ et à 5 k. de Limoux. Pop. 412 h.

MALRIC (la), vg. *Aveyron*, comm. de Ledergues, ✉ de Cassagne-Bégoulhes.

MALROMÉ, vg. *Lot-et-Garonne*, comm. de St-Jean-de-Duras, ✉ de Duras.

MALROY, vg. *H.-Marne*, comm. de Dammartin, ✉ de Montigny-le-Roi.

MALSAIGNE, vg. *Puy-de-Dôme*, comm. de Bromont-Lamothe, ✉ de Pontgibaud.

MALTAT, vg. *Saône-et-Loire* (Bourgogne), arr. et à 55 k. de Charolles, cant. et ✉ de Bourbon-Lancy. Pop. 716 h.

MALTAVERNE, vg. *Nièvre*, comm. de Tracy, ✉ de Pouilly-sur-Loire.

MALTOT, vg. *Calvados* (Normandie), arr., ✉ et à 8 k. de Caen, cant. d'Evrecy. Pop. 326 h.

MALVAL, vg. *Creuse* (Marche), arr. et à 20 k. de Guéret, cant. et ✉ de Bonnat. Pop. 199 h.

MALVAL, vg. *H.-Saône*, comm. de Saulnot, ✉ d'Héricourt.

MALVEAUT, vg. *Deux-Sèvres*, comm. de Cherveux, ✉ de St-Maixent.

MALVES, vg. *Aude* (Languedoc), arr., ✉ et à 11 k. de Carcassonne, cant. de Conques. Pop. 307 h. — On y voit un ancien château flanqué de tours à flèches très-élevées.

MALVET, vg. *Nièvre*, comm. de Garchy, ✉ de Pouilly-sur-Loire.

MALVIÈRES, vg. *H.-Loire* (Auvergne), arr. et à 33 k. de Brioude, cant. et ✉ de la Chaise-Dieu. Pop. 631 h.

MALVIES, vg. *Aude* (Languedoc), arr., ✉ et à 12 k. de Limoux, cant. d'Alaigne. Pop. 428 h.

MALVILLE, vg. *Loire-Inf.* (Bretagne), arr. et à 6 k. de Châteaubriant, cant. et ✉ de Savenay. Pop. 1,396 h. — Il est situé dans une plaine entrecoupée de prairies et de terres labourables. Aux environs on remarque les ruines du château de Goust, qui devait être jadis une place très-forte, à en juger par ce qui en reste. A ces vieilles murailles se rattache le nom du chevalier de Goust, qui défendit si bien le château de Blain contre les troupes du duc de Mercœur, commandées par Guébriant.
Foire le 26 mai.

MALVILLERS, vg. *H.-Saône* (Franche-Comté), arr. et à 35 k. de Vesoul, cant. de Vitry, ✉ de Combeau-Fontaine. Pop. 313 h.

MALZÉVILLE, vg. *Meurthe* (Lorraine), arr., cant., ✉ et à 2 k. de Nancy. P. 1,640 h. Sur la rive droite de la Meurthe. — *Fabriques* de noir d'ivoire et de bleu de Prusse. Filature de coton. Brasserie.

MALZIEU, ou **MALZIEUVILLE**, *Melzemium*, petite ville, *Lozère* (Languedoc); arr. et à 43 k. de Marvejols, chef-l. de cant. Cure. ✉. A 527 k. de Paris pour la taxe des lettres. Pop. 1,165 h. — TERRAIN cristallisé; granit.
Cette ville est située sur la Truyère. C'était jadis une place forte qui fut assiégée et prise par les protestants en 1573 et en 1577 ; le duc de Joyeuse s'en empara en 1586.
Fabriques de serges et de cadis. Tanneries. Manufacture de couvertures de laine, fondée en 1827 par le général BRUN DE VILLERET, dont le Malzieu est le lieu de naissance. —

Foires les 6 mai, 1er samedi de carême, samedi avant la St-Jean, 6 août, 23 sept., 29 oct. et 4 déc.

MALZIEU-FORAIN, vg. *Lozère* (Languedoc), arr. et à 43 k. de Marvejols, cant. et ✉ de Malzieuville. Pop. 971 h.

MALZY, vg. *Aisne* (Picardie), arr. et à 22 k. de Vervins, cant. et ✉ de Guise. Pop. 611 h.

MAMAN (St-), vg. *Drôme*, comm. de Rochefort-Sanson, ✉ de Romans.

MAMBACH, vg. *Moselle*, comm. de Bœhrenthal, ✉ de Bitche.

MAMBOUHANS, vg. *Doubs* (Franche-Comté), arr. et à 25 k. de Montbelliard, cant. et ✉ de Pont-de-Roide. Pop. 107 h.

MAMERS, *Mamercia*, ville ancienne, *Sarthe* (Maine), chef-l. de sous-préf. (1er arr.) et d'un cant. Trib. de 1re inst. et de comm. Conseil de prud'hommes. Collège communal. Cure. ✉. ⚘. Pop. 5,783 h. — TERRAIN jurassique.

L'origine de cette ville est inconnue. La tradition veut qu'elle ait été bâtie sur l'emplacement d'un temple de Mars, détruit vers le milieu du VIIe siècle. Dans le moyen âge c'était une des plus fortes places de la contrée, défendue par un château et par plusieurs forts. Dans le XIe siècle elle soutint un siège contre le comte Royer de Montgommery ; quelque temps après les Normands la prirent et l'entourèrent d'une nouvelle ligne de fortifications dont il ne reste que peu de vestiges. Les Anglais la prirent en 1359, et la restituèrent par le traité de Bretigny. En 1404 elle se rendit au connétable de Saint-Pol. Les Anglais s'en emparèrent en 1417. Le comte de Salisbury en fit raser les fortifications en 1428.

Les armes de Mamers sont : *coupé, le chef d'azur semé de fleurs de lis d'or au lion de même brochant sur le tout ; la pointe d'argent au léopard de sable.*

Cette ville s'est beaucoup embellie depuis la révolution. Elle est précédée de belles avenues, et consiste en deux belles places publiques auxquelles aboutissent plusieurs rues formées de maisons bien bâties.

On y remarque l'église paroissiale, joli édifice gothique restauré à la moderne en 1831.

On rapporte à l'an 1145 la fondation du prieuré conventuel de Notre-Dame, de l'ordre de St-Benoît, par Guillaume Talvas III, comte du Perche ; il dépendait de l'abbaye de St-Laumer, à Blois. En 1743 les moines quittèrent le prieuré, et l'église fut cédée aux paroissiens. Son plan en parallélogramme divisé par une nef principale, accompagnée de deux latéraux et de trois chapelles au midi. Quelques fenêtres cintrées au nord indiquent le style de la première église qui devait, suivant la forme la plus commune, être terminée par une abside orientale. Mais vers 1500 Catherine d'Alençon, après le décès de Jean de Laval, son mari, baron du Saonnois, fit reconstruire l'église du prieuré. Un portique, très-élevé et voûté en plein, entre sous arêtiers, précède le portail dont l'ouverture est divisée par un meneau ou colonne d'ordre do-

rique. Au-dessus s'élève une élégante petite flèche en bois, terminée en 1776. L'intérieur, dépourvu de sculptures, puisque les colonnes prismatiques s'élèvent sans chapiteaux sous les arcades et jusqu'aux voûtes, satisfait néanmoins par l'harmonie des lignes et la distribution par des fenêtres à meneaux et tympans flamboyants. Les latéraux et les chapelles offrent des voûtes en tuffeau appareillé, mais au lambris qui couronnait la nef principale a succédé en 1831 un lattis en plâtre avec nervures prismatiques transversales et en sautoir, qui imitent parfaitement une voûte en pierre.

PATRIE du comte DE SEMALLÉ, que le procès de Maubreuil a rendu si tristement célèbre.

INDUSTRIE. *Fabriques* de toiles de chanvre, calicots, cotonnades, bonneterie en laine, boutons de nacre. Blanchisseries de cire. Tanneries. Brasseries. — *Foires* les 1er lundi de mai, 4es lundis de carême, d'août, 2e lundi de sept., 4e lundi de sept. et 1er lundi de déc.

A 48 k. N.-N.-E. du Mans, 183 k. O. de Paris.

L'arrondissement de Mamers est composé de 10 cantons : Beaumont, Bonnétable, Fresnay, la Ferté-Bernard, la Fresnaye, Mamers, Marolles, Montmirail, St-Pater et Tuffé.

Bibliographie. CAUVIN (Th.). *Essai sur la statistique de l'arrondissement de Mamers*, in-12, 1829.

MUSNIER. *L'Hydrologie de la fontaine minérale de Dives, proche de la ville de Mamers*, in-12, 1687.

MAMERT (St-), vg. *Côte-d'Or*, comm. et ✉ de Châtillon-sur-Seine.

MAMERT (St-), vg. *Gard* (Languedoc), arr., ✉ et à 17 k. de Nîmes, chef-l. de cant. Pop. 606 h. — TERRAIN tertiaire moyen.

MAMERT (St-), vg. *Rhône* (Beaujolais), arr. et à 32 k. de Villefranche-sur-Saône, cant. de Monsols, ✉ de Beaujeu. Pop. 195 h.

MAMERT (St-), vg. *Isère*, comm. des Côtes-d'Aray, ✉ de Vienne.

MAMERT (St-), vg. *Dordogne*, comm. et ✉ de Douville. ⚘.

MAMERT (St-), vg. *Cantal* (Auvergne), arr. et à 48 k. d'Aurillac, chef-l. de cant. Cure. ✉. A 571 k. de Paris pour la taxe des lettres. Pop. 1,893 h. — TERRAIN cristallisé ou primitif.

On y voit un assez beau château et une ancienne église bien ornée.

Fabriques de serges et de cadis. Distilleries d'eau-de-vie. — *Foires* les 5 janv., 18 mars, 20 mai.

MAMET (St-), vg. *H.-Garonne* (Comminges), arr. et à 46 k. de St-Gaudens, cant. et ✉ de Bagnères-de-Luchon. Pop. 463 h. — *Fabrique* de cobalt.

MAMETZ ou **MARTHES**, vg. *Pas-de-Calais* (Artois), arr. et à 16 k. de St-Omer, cant. et ✉ d'Aire-sur-la-Lys. Pop. 1,384 h.

MAMETZ, vg. *Somme* (Picardie), arr. et à 18 k. de Péronne, cant. et ✉ d'Albert. Pop. 542 h.

MAMEY, vg. *Meurthe* (Lorraine), arr. et à

26 k. de Toul, cant. de Domèvre, ✉ de Noviant-aux-Prés. Pop. 391 h.

MAMIROLLE, vg. *Doubs* (Franche-Comté), arr., cant., ✉, ⚔, et à 3 k. de Besançon. Pop. 513 h.

Patrie du lieutenant général Donzelot.

MAMMES (St-), ou la Bosse, ou St-Mêmesur-Seine, vg. *Seine-et-Marne* (Brie), arr. et à 10 k. de Fontainebleau, cant. et ✉ de Moret. Pop. 1,012 h. — Il est situé sur la rive gauche de la Seine, où il a un petit port, à la jonction du canal et de la rivière du Loing.

MAMOU (Haut et Bas-), vg. *Cantal*, com. de Giou-de-Mamou, ✉ d'Aurillac.

MANAN, vg. *H.-Garonne*, comm. de Fabas, ✉ de l'Isle-en-Dodon.

MANANCOURT, vg. *Somme* (Picardie), arr., ✉ et à 13 k. de Péronne, cant. de Combles. Pop. 1,450 h.

MANAS, vg. *Drôme* (Dauphiné), arr. et à 17 k. de Montélimart, cant. de Marsanne, ✉ du Puy-St-Martin. Pop. 326 h.

MANAS, vg. *Gers* (Armagnac), arr. et à 17 k. de Mirande, cant. et ✉ de Miélan. Pop. 369 h.

MANAURIE, vg. *Dordogne* (Périgord), arr. et à 24 k. de Sarlat, cant. et ✉ du Bugue. Pop. 395 h.

MANCE, vg. *Moselle* (pays Messin), arr., cant., ✉ et à 4 k. de Briey. Pop. 404 h.

MANCELERIE (la), vg. *Eure*, comm. et ✉ de Bourg-Achard.

MANCELIÈRE (la), vg. *Eure-et-Loir* (Normandie), arr. et à 31 k. de Dreux, cant. et ✉ de Brezolles. Pop. 388 h.

MANCELLE, vg. *Eure*, comm. d'Anjou, ✉ de Bernay.

MANCELLIÈRE (la), vg. *Manche* (Normandie), arr. et à 22 k. de Mortain, cant. d'Isigny, ✉ de St-Hilaire-du-Harcouet. Pop. 619 h.

MANCELLIÈRE (la), vg. *Manche* (Normandie), arr., ✉ et à 6 k. de St-Lô, cant. de Canisy. Pop. 527 h.

MANCENANS, vg. *Doubs* (Franche-Comté), arr. et à 19 k. de Baume-les-Dames, cant. et ✉ de l'Isle-sur-le-Doubs. Pop. 379 h.

MANCENANS, vg. *Doubs* (Franche-Comté), arr. et à 38 k. de Montbelliard, cant. et ✉ de Maiche. Pop. 201 h.

MANCEY, vg. *Saône-et-Loire* (Bourgogne), arr. et à 25 k. de Chalon-sur-Saône, cant. et ✉ de Sennecey. Pop. 860 h.

On remarque sur son territoire, au hameau de Dulphey, les ruines d'un château fort dont les murs, épais de 2 m., sont si complétement tapissés de lierre, que de loin on les prendrait pour un immense cabinet de verdure. La construction du château de Dulphey date du xv° siècle. On lit dans l'histoire de Mâcon : « M. de Biron, maréchal de Bourgogne, après le siège de Beaune, qui tenait pour la Ligue, s'étant rendu à St-Geogux-le-Royal, où il arriva le 3 avril 1598, vint établir le siège du château de Dulphey, qu'il emporta d'assaut le 9 avril suivant. Une partie de la garnison y périt, l'autre fut pendue aux fourches ; un très-petit nombre évita par la fuite la juste punition de leur révolte. »

MANCHE (la), nom que l'on donne à cette partie de l'océan Atlantique qui se trouve resserrée par l'Angleterre et la France, à peu près depuis l'embouchure de la Somme jusqu'à Brest.

MANCHE (département de la). Le département de la Manche est formé de l'Avranchin et du Cotentin, qui dépendaient de la ci-devant basse Normandie, et tire son nom de sa position avancée dans la partie de l'Océan que l'on nomme la Manche. Ses bornes sont : au nord et à l'ouest, la Manche ; à l'est, la Manche, le département du Calvados et celui de l'Orne ; au sud, ceux de la Mayenne et d'Ille-et-Vilaine.

Le territoire de ce département est généralement uni et sablonneux. Il n'est remarquable ni par de hautes montagnes ni par de profonds précipices ; mais les inégalités du sol le rendent si pittoresque dans certaines parties, qu'à chaque instant le voyageur découvre un nouveau paysage, une variété de sites admirables présentant un délicieux mélange de prés toujours verts et bien arrosés, de coteaux doucement inclinés, et de campagnes où ne s'élèvent guère que des fermes modestes, mais où mûrissent le fruit du pommier et d'abondantes céréales. Les routes sont magnifiques et bien entretenues. La partie labourable est en général bien cultivée, cependant elle ne doit sa fertilité qu'à la division des propriétés, au grand nombre des habitants, et à leur infatigable industrie. Sur la côte occidentale, depuis Granville jusqu'à Regnéville, et surtout dans la commune de Lingreville, on récolte à peine assez de grains pour la nourriture des habitants ; mais la terre y est couverte de choux, d'oignons, de légumes de toute espèce, d'asperges, de melons ; c'est un immense potager. — Les prairies, baignées par les rivières et les ruisseaux qui arrosent le département, donnent en général de très-bons foins. Les excellents pâturages du Cotentin et de quelques communes adjacentes donnent un revenu considérable par la vente du beurre et des bestiaux ; d'autres moins renommés se trouvent sur les rives de la Sée et de la Sélune, et près d'Avranches, sur les bords de la mer.

Les côtes du département, généralement composées, ici de falaises très-élevées, là de vastes grèves que la mer couvre et découvre à toutes les marées, ont un grand développement, puisqu'elles bornent le département à l'est, au nord et à l'ouest : elles offrent plusieurs rades sûres, et les ports de Cherbourg, Barfleur, St-Vaast-la-Hogue, Porthail, Carteret, Regnéville, Granville, etc. De ce littoral étendu dépendent plusieurs îles ; les principales sont : le Mont-St-Michel ; Tombelaine, fortifié en 1220, tombé au pouvoir des Anglais en 1372, et vendu pendant la révolution comme propriété nationale ; l'archipel des îles Chausey, au nombre de plus de cinquante, groupées sur une étendue d'environ 12 k. : c'est un lieu de rendez-vous pour les fraudeurs de Jersey ; on y ramasse une grande quantité de varech dont on fabrique de la soude, et on y exploite de belles carrières de granit ; l'île Pelée, au nord-est de Cherbourg, à 3 k. de la côte. A l'ouest de cette roche nue est bâti le fort Royal. — L'île Tatihou, à l'est de St-Vaast : cet îlot est entièrement occupé par un lazaret. — Les deux îles St-Marcouf, à l'est de la commune de ce nom. C'est un point intermédiaire entre le Havre et Cherbourg, qui offre une protection sûre aux vaisseaux de l'État qui communiquent d'un point à l'autre. Ces îles sont fortifiées et ont constamment une garnison. Avant qu'elles fussent un poste militaire, il existait un ermitage dans l'île d'Amont ou du Large. La tradition dit qu'elles touchaient jadis au continent. Les envahissements de la mer sur ces côtes donnent quelque vraisemblance à cette tradition.

La surface du département est de 593,769 hectares, divisés ainsi :

Terres labourables.	380,415
Prés.	94,056
Bois.	23,957
Vergers, pépinières et jardins.	20,259
Oseraies, aunaies et saussaies.	70
Etangs, mares, canaux d'irrigation.	632
Landes et bruyères.	46,292
Cultures diverses.	101
Superficie des propriétés bâties.	5,529
Contenance imposable.	371,311
Routes, chemins, places, rues, etc.	19,545
Rivières, lacs et ruisseaux.	2,062
Forêts et domaines non productifs.	336
Cimetières, églises, bâtiments publics.	515
Contenance non imposable.	22,458

On y compte :
142,427 maisons.
1,625 moulins à eau et à vent.
46 forges et fourneaux.
622 fabriques et manufactures.

Soit : 144,720 propriétés bâties.
Le nombre des propriétaires est de 193,037
Celui des parcelles de 1,586,088

Hydrographie. La surface peu accidentée du pays a pour cours d'eau principaux la Vire, la Taute et la Douve, qui confondent leurs eaux dans une grande baie sablonneuse que forme la Manche entre Isigny et Carentan ; l'Ay, la Sienne, la Célune et la Sée ont leurs embouchures sur la côte occidentale. A l'extrémité méridionale de cette côte, le Couesnon vient se perdre dans la baie de St-Michel, et sert de limite, dans le bas de son cours, entre le département de la Manche et celui d'Ille-et-Vilaine.

Communications. Le département est traversé par 9 routes royales, par 23 routes départementales, et par un grand nombre de chemins vicinaux de petite communication.

Météorologie. Le climat est doux et tempéré, mais généralement humide. La température est sujette à de grandes variations : le froid moyen est de — 6° Réaumur, et la chaleur moyenne de l'été de + 16°. Les vents dominants sont ceux du sud, du sud-ouest et du nord.

Productions. Le département produit des céréales en quantité plus que suffisante pour la consommation des habitants.

Dans les meilleurs fonds on sème du froment, de l'orge et du blé noir ou sarrasin : sur les côtes on cultive beaucoup d'orge hâtif ; dans les fonds médiocres on récolte du seigle, de l'avoine et du blé noir, qui paraît s'accommoder de toute espèce de terres. C'est du blé qui fait la principale nourriture des laboureurs et de leurs familles. Le pain qu'on fait avec sa farine est noir et lourd ; les bouillies et les galettes, préparations les plus ordinaires du sarrasin, sont une assez bonne nourriture, et même ces mets, apprêtés avec soin, se servent quelquefois dans les festins. La pomme de terre est au rang des végétaux les plus cultivés : elle réussit dans presque toutes les communes.

La vigne n'est cultivée dans aucun canton.

Le cidre est la boisson du pays ; les récoltes annuelles dépassent 1,000,000 d'hectolitres. Les pommiers réussissent beaucoup mieux dans les communes du Bocage que sur les côtes. Il est rare que leurs fruits soient abondants deux années de suite, et cette alternative d'abondance et de stérilité est commune à la plupart des arbres fruitiers du pays. La culture du pommier a fait beaucoup de progrès dans beaucoup de communes ; mais il est encore des cantons entiers, surtout dans la partie méridionale de la Manche, où, sous je ne sais quelle influence de fatalité, on l'abandonne entièrement à la Providence. On cite comme le premier des cidres celui de Lolif, près d'Avranches : des gourmets, au jugement desquels on peut s'en rapporter, trouvent supérieurs certains crus de Hébécrévon, Villiers, Couvains, etc. (arrondissement de St-Lô). A l'extrémité méridionale, dans les cantons de Barenton et du Teilleul, on ne trouve guère que le poiré, auquel on doit le poiré, boisson du pays. On s'est assuré que le pommier réussirait presque aussi bien dans ces cantons que dans les cantons voisins : la principale raison que l'on donne de la préférence accordée au poirier est que, sous l'ancien régime, les fruits de cet arbre n'étaient point sujets à la dîme. — Avranches et plusieurs communes de son arrondissement ont une réputation méritée pour la culture de tous les arbres fruitiers. — Les essences dominantes dans les forêts sont celles du chêne, du hêtre et du bouleau.

Le chanvre et les lins d'hiver et d'été sont cultivés particulièrement dans les communes situées à l'est de la presqu'île, dans le val de Cères qui tire son nom de la petite rivière qui l'arrose.

Les bêtes à cornes sont grandes et fortes. Sous l'ancien régime, le Cotentin tirait des bœufs maigres du Maine, du Poitou et du Berry, et beaucoup plus de vaches que de bœufs de la Bretagne. Depuis la révolution, les herbagers ont moins fait de ces déplacements : ils en font cependant encore, et les pays appelés maigres fournissent une assez grande quantité de gros bétail, que l'on engraisse dans les pâturages, et qui sert à alimenter les marchés du Calvados, de la Seine-Inférieure et de Poissy. — Le beurre si connu sous le nom de beurre d'Isigny, est fait en grande partie dans les arrondissements de Valognes et de St-Lô. — Les moutons qu'on élève sur les côtes, surtout depuis Granville jusqu'à Regnéville, sont appelés dans le pays moutons de mielles (on nomme ainsi ces longues plages sablonneuses qui s'étendent entre la mer et les terres cultivées). La chair de ces moutons est fort estimée ; mais ils sont très-petits.

Le département de la Manche fournit des chevaux estimés : les chevaux normands eurent longtemps une réputation européenne ; ils joignaient à la vigueur et à la beauté la qualité précieuse de résister beaucoup mieux à la fatigue que les chevaux des autres parties de la France et des pays étrangers. Pendant la révolution, les réquisitions en ont considérablement réduit le nombre, et les propriétaires n'ont rien fait depuis pour ranimer cette branche importante de l'industrie française. Aujourd'hui que le gouvernement fixe son attention sur cet objet, il y a lieu d'espérer que de nombreux éleveurs s'empresseront de répondre à ses vues, et qu'on verra bientôt se ranimer cette branche précieuse de la richesse nationale. Déjà l'établissement d'un dépôt de remontes au chef-lieu a provoqué de notables améliorations. Des courses de chevaux à Cherbourg, fondées par souscription, et qui ont eu lieu pour la première fois en septembre 1836, promettent des résultats encore plus favorables. Très-bon gibier (oiseaux aquatiques de toute espèce). — Bons poissons de mer et de rivière, coquillages de toute espèce.

MINÉRALOGIE. Le département de la Manche est riche en substances minérales ; les seules exploitées sont le fer et le plomb ; on extrait aussi de la houille, du granit gris et rose. L'arrondissement de Cherbourg fournit de superbes blocs de granit pour les édifices : on estime aussi beaucoup le granit des îles de Chausey ; des marbres, de l'ardoise, des à paver, de la pierre de taille, de l'argile à potier, de la pierre à chaux, etc.; sur quelques points de la côte il existe des marais salants.

SOURCES MINÉRALES. Il en existe dans tous les arrondissements. Il en est de gazeuses ; telle est celle de Biville, dont la fontaine est toujours bouillonnante. Celle de la Taille, dans la commune de la Haye-d'Ectot, est en vogue ; celles de Dragey, dans l'arrondissement d'Avranches, de St-Lô, de Coutances, de St-Hilaire-du-Harcouet, ont aussi de la réputation. Celle de Hébécrévon, à 2 k. de St-Lô, était fort renommée il y a deux siècles.

INDUSTRIE ET COMMERCE. L'industrie du département est active et variée. Elle s'exerce sur la fonte de l'étain, l'exploitation des marbres, le travail du zinc et du cuivre. Manufactures de glaces. — Fabriques de serges, basins, calicots, droguets, coutils, étoffes de laine, dentelles, rubans de fil, tissus de crin, porcelaine, huile, bougie ; chaudronneries, poêleries, quincailleries, coutellerie. Blanchisseries de cire ; nombreuses papeteries ; filatures de coton ; tanneries et parcheminéries ; forges et hauts fourneaux ; raffineries de soude. Il se fait annuellement de 11 à 12,000 tonneaux de soude, de 1,000 kil. chacun, sur les côtes de l'arrondissement de Cherbourg. Presque tous les habitants des villages qui avoisinent la mer se livrent à ce genre d'industrie. La récolte du varech a lieu chaque jour que la mer en apporte sur les côtes, depuis le mois de juin jusqu'à la fin d'octobre. Chaque tonneau de soude rapporte environ 60 fr.; mais la récolte du varech et le soin qu'il faut prendre pour le faire sécher, avant de le brûler, exigent un travail considérable. Le résidu de la soude raffinée sert d'engrais aux terres et se vend 60 c. le demi-hectolitre. Quelques communes ont pour industrie particulière la fabrication d'objets en osier, tels que hottes, vans et paniers, qui s'exportent pour la Normandie et pour la Bretagne. — Construction de navires.

Le commerce a pour aliments principaux les produits du sol. On exporte une grande quantité de poisson frais et salé, de blé, de bestiaux, de chevaux, de volailles, cire, miel, beurre salé, plumes d'oies, sel blanc, salaisons, soude, fil, toiles de crin. Entrepôt réel et fictif. Cabotage très-actif.

École royale des arts et métiers à Angers.

FOIRES. 95 communes environ possèdent plus de 380 foires, et le commerce de chevaux se fait en grand dans toute l'étendue du département de la Manche. La cavalerie y trouve de grandes ressources pour ses remontes ; l'agriculture, la navigation et le commerce pour leurs besoins. Aussi y a-t-il chaque année des distributions de primes à la foire de St-Floxel et à celle du premier samedi d'octobre à Avranches pour l'encouragement de l'élève des chevaux normands ; il se fait aussi sur ces foires un commerce très-considérable de bétail gras et maigre pour la boucherie et pour la culture, de veaux, moutons, porcs. Paris en tire une partie de ses approvisionnements. Après les chevaux, le bétail viennent les grains, la volaille, le lin, le chanvre, le fil et la toile aux foires de Granville et à celles des arrondissements de Coutances et Valognes ; les laines aux foires de Gréville et de l'arrondissement de Valognes ; les arbres dans l'arrondissement de Coutances ; le beurre pour l'approvisionnement de Paris aux foires de Périers ; le plume pour lits à celles de St-Clair.

DIVISION ADMINISTRATIVE. Le département de la Manche a pour chef-lieu St-Lô ; il envoie 8 représentants à la chambre des députés, et est divisé en 6 arrondissements ou sous-préfectures.

St-Lô	9 cant.	100,008 h.
Avranches	9 —	113,600
Cherbourg	5 —	79,654
Coutances	10 —	134,087
Mortain	8 —	74,615
Valognes	7 —	95,370
	48 cant.	597,334 h.

1 5e conserv. des forêts. — 4e arr. des mines. — 14e div. militaire (chef-l. Rouen). — 8 places fortes : Granville, Carentan, Cherbourg et fort d'Artois, fort Royal, fort de Querqueville, île

St-Marcouf, la Hougue et Tatihou, redoute du Roule. — 1er arr. maritime (chef-l. Cherbourg). École d'hydrographie. — Évêché, séminaire diocésain et école secondaire à Coutances ; 2e école secondaire ecclésiastique à l'abbaye Blanche, près de Mortain ; 59 cures, 550 succursales. — Collèges communaux à St-Lô, Avranches, Cherbourg, Coutances, Mortain, St-Hilaire-du-Harcouët, Valognes. École primaire à St-Lô. Temples pour le culte réformé à Cherbourg et à Chefresne. — Société d'agriculture et de commerce à Caen. Société royale académique à Cherbourg.

Biographie. Les personnages les plus distingués nés dans le département sont :

Le cardinal DU PERRON, poëte et historien du XVIe siècle.

L'abbé BEAUVAIS, évêque de Senez et prédicateur.

ST-ÉVREMONT, un des plus spirituels écrivains du XVIIe siècle.

G. BREDEUF, traducteur et émule de Lucain.

L'abbé CASTEL DE ST-PIERRE, auteur de la Paix perpétuelle.

Le savant B.-Jos. DACIER, membre de l'Académie française.

Le savant médecin VICQ-D'AZIR.

Le comte DE GERVILLE, savant antiquaire.

P. LETOURNEUR, littérateur et traducteur de Shakspeare.

L'abbé LEMONIER, traducteur de Térence et de Perse.

L'helléniste MOREL.

Le bibliographe DESSESSARTS.

LETOURNEUR DE LA MANCHE, membre de la convention et du directoire.

CH.-F. LEBRUN, duc de Plaisance, troisième consul de la république française, membre de l'Institut.

Le comte DONATIEN DE SERMAISONS, agronome distingué, pair de France.

J.-A. ASSELIN, membre du conseil des cinq cents et de la chambre des représentants, éditeur d'une bonne édition de *Vaux de Vire*, d'Olivier Basselin.

GAUTIER D'ARC, orientaliste, consul général en Espagne et en Egypte.

PELOUZE, professeur de chimie, membre de l'Institut.

A. DE TOCQUEVILLE, publiciste distingué, membre de l'Institut et de la chambre des députés.

J. TRAVERS, littérateur.

Le brave amiral DE TOURVILLE.

L'amiral PLEVILLE DE PETEY, ancien ministre de la marine.

Le contre-amiral VAUTHIER.

Les généraux VALHUBERT, LEMARROIS, D'ABOVILLE.

Le général vendéen FROTTÉ.

Bibliographie. *Notices statistiques sur la Manche* (Ann. de statistique, t. II).

CAUMONT (de), *Essai sur la topographie du département de la Manche*, in-8, et atlas.

HOUEL (Charles-Juste). *Notices sur l'histoire du département de la Manche*, in-8, fig., 1825, 1828.

GUETTARD (Jean-Etienne). *Description des salines de l'Avranchin en basse Normandie*, avec 2 pl., 1758.

DUHAMEL (Guillot). *Mémoire sur la minéralogie du département de la Manche* (Journal des mines, t. II, 1793).

— *Essai sur la lithologie du département de la Manche* (Journ. des mines, n° 52, p. 249).

CAUMONT (de). *Première Course géologique dans le département de la Manche*, broch. in-8.

Mémoire sur la minéralogie du département de la Manche (Journal des mines, n° 7, p. 25 ; ibid., n° 8, p. 1).

ROUSSEL. *Topographie rurale, économique, etc., de la partie méridionale du département de la Manche, dite le Bocage*, in-8, an IX.

CANIVET (Emmanuel). *Catalogue des oiseaux du département de la Manche*, in-8, 1843.

DELALANDE (A.). *Histoire des guerres de religion dans la Manche*, in-8, 1844.

GERVILLE (C. de). *Notice sur les camps romains, dont on remarque encore les traces dans le département de la Manche* (Mém. de la société des antiq. de France, t. VII, p. 175).

— *Lettre sur l'architecture des églises du département de la Manche* (Mém. de la société des antiq. de Normandie, t. I, p. 78).

— *Mémoire sur les anciens châteaux du département de la Manche* (Mém. de la société des antiq. de Normandie, t. II, p. 177 ; t. IV et V, p. 59 ; t. VI et VII, p. 187).

— *Recherches sur les abbayes du département de la Manche* (Mém. de la société des antiq. de Normandie, t. II, p. 25).

LALMAND (l'abbé). *Revue archéologique du département de la Manche*, in-8, 1842-43.

PLUQUET (Fréd.). *Notice sur les inspirés fanatiques, imposteurs, béats, etc., du département de la Manche*, in-8, 1829.

FRIGOT. *Description topographique et historique du pays de Cotentin* (Mercure, 1743, février, mars, juin, 9 août).

BRONGNIART (Alex.). *Notice pour servir à l'histoire de cette partie du département de la Manche qu'on nomme le Cotentin* (Journal des mines, t. XXXV, p. 109).

GERVILLE (C. de). *Recherches sur les villes et voies romaines dans le Cotentin* (Mém. de la société des antiq. de Normandie, t. VI et VII, p. 1).

BILLY (Toustain de). *Histoire du Cotentin, ou Mémoires sur le diocèse de Coutances*, 3 vol. in-8, 1832.

BOUDENT-GODELINIÈRE. *Essai historique et statistique sur l'Avranchin*, in-8, 1844.

GUETTARD. *Description des salines de l'Avranchin en basse Normandie* (Mém. de l'acad. des sciences, p. 99, 1758 ; et Hist., p. 5 et suiv.).

Annuaires du département de la Manche, in-12, 1828 et années suiv. — Contiennent des notices et des détails de statistique sur plusieurs localités du département.

V. aussi : AVRANCHES, BRIQUEBEC, CHERBOURG, COUTANCES, GIBERVILLE, GRANNONA, GRANVILLE, ST-LÔ, STE-MARIE-DU-MONT, MONT-ST-MICHEL, MORTAIN, NEHOU, ST-PIERRE-DE-SEMILLY, QUERKEVILLE, NEVILLE, ST-SAUVEUR-LE-VICOMTE, TORIGNY, TOUFFREVILLE, VALOGNES.

MANCHECOURT, vg. *Loiret* (Orléanais), arr. et à 10 k. de Pithiviers, cant. et ⊠ de Malesherbes. Pop. 628 h.

MANCHES (les), vg. *Nièvre*, com. d'Arleuf, ⊠ de Château-Chinon.

MANCIET, petite ville, *Gers* (Armagnac), arr. et à 35 k. de Condom, cant. de Nogaro. ⊠. À 720 k. de Paris pour la taxe des lettres. Pop. 1,758 h. — Commerce considérable de porcs gras. — Foires les 1er mars, 1er sept. et 1er déc.

MANCIEULLE, vg. *Moselle*, comm. d'Anoux, ⊠ de Briey.

MANCINE (la), vg. *H.-Marne* (Champagne), arr. et à 14 k. de Chaumont-en-Bassigny, cant. et ⊠ de Vignory. Pop. 170 h.

MANCIOUX, vg. *H.-Garonne* (Comminges), arr. et à 22 k. de St-Gaudens, cant. et ⊠ de St-Martory. Pop. 578 h. — Fabrique de draps. Filature de laine. Manufacture de faïence.

MANCY, vg. *Marne* (Champagne), arr. et à 7 k. d'Épernay, cant. et ⊠ d'Avize. P. 169 h.

MANCY, vg. *Moselle*, comm. de Bettlainville, ⊠ de Thionville.

MANDACOU, vg. *Dordogne* (Périgord), arr. et à 19 k. de Bergerac, cant. et ⊠ d'Issigeac. Pop. 436 h.

MANDAGOUT, bg *Gard* (Languedoc), arr., cant., ⊠ et à 10 k. du Vigan. Pop. 1,234 h.

MANDAILLES, vg. *Aveyron*, comm. de Castelnau-de-Rive-d'Olt, ⊠ d'Espalion. — Foire le 14 juin.

MANDAILLES, vg. *Cantal* (Auvergne), arr., cant., ⊠ et à 25 k. d'Aurillac. Pop. 745 h. Sur la Jourdanne.

Au village de Liadouze, peu à peu de distance de Mandailles, on remarque une fort belle cascade. On doit visiter aussi, entre les hameaux de la Sanhe et de Frigivalle, le saut de la Menette, ravin très-profond que s'est creusé la Jourdanne dans la brèche trachytique ; il doit son nom à l'action d'une femme dévote qui, dans un moment d'exaltation, s'y précipita il y a fort longtemps. De chaque côté de ce ravin il existe une magnifique cascade, dont on n'admire les horribles effets qu'en descendant au fond du ravin.

MANDAZOR, vg. *Gard*, comm. de Cendras, ⊠ d'Alais.

MANDÉ (St-) ou ST-BRIX, vg. *Charente-Inf.* (Saintonge), arr. et à 21 k. de St-Jean-d'Angely, cant. et ⊠ d'Aulnay. Pop. 821 h.

MANDÉ (St-), joli village, *Seine* (Ile-de-France), arr. et à 18 k. de Sceaux, cant. de Vincennes. ⊠. A 6 k. de Paris pour la taxe des lettres. Pop. 2,474 h.

Ce village est presque entièrement composé de guinguettes et de maisons bourgeoises, placées principalement des deux côtés de la grande avenue qui des boulevards extérieurs conduit à l'une des portes du bois de Vincennes, auquel le village de St-Mandé est contigu. — Sur un des côtés du boulevard s'élève l'hospice St-Michel, fondé par M. Boulard, ancien tapissier de Paris ; douze lits y sont établis pour douze vieillards de cette profession.

Fabrique de verreries dites de Venise, d'une excellente exécution et fort recherchées. — La fabrication de la verrerie de Venise exige l'emploi de tubes de cristal incolores ou colorés, transparents ou opaques, que préparent très en grand quelques établissements : pour obtenir par leur moyen un objet garni de dessins, on associe les tubes, d'un diamètre donné, d'après leur couleur et en nombre convenable pour le dessin que l'on se propose d'obtenir, et après les avoir chauffés à une température suffisante pour qu'ils se fondent ensemble, si l'on doit produire des dessins en hélice on tourne sur lui-même l'assemblage de manière à conserver aussi exactement que possible la distance des tubes entre eux. Au moyen des tubes colorés ou incolores et de ceux que l'on a préparés, comme nous venons de le dire, on fabrique ensuite un manchon à l'aide duquel on obtient toute espèce d'objets, comme le permet le soufflage du cristal. Pour cela on place à côté l'un de l'autre, en nombre et dans l'ordre voulus, les tubes de même diamètre ou de diamètres différents, sur un plateau en terre réfractaire à rebords que l'on porte dans le four pour déterminer la soudure de tous les tubes entre eux : l'ouvrier souffle ensuite en cristal ordinaire un manchon d'une dimension telle qu'il puisse l'envelopper entièrement au moyen de la feuille produite par l'assemblage des tubes, l'enveloppe en effet avec celle-ci, et reporte au four pour souffler sa pièce à la manière ordinaire.

La fabrique de St-Mandé, fondée par M. Nocus, mérite d'être signalée par la bonne exécution des produits qu'elle livre à la consommation et le prix peu élevé pour des objets qui exigent tant de main-d'œuvre et d'habileté de la part des ouvriers.

MANDEGAUD, vg. *Deux-Sèvres*, comm. de Mellaron, ⊠ de Sauzé.

MANDELIEU, vg. *Var* (Provence), arr., cant. et à 14 k. de Grasse, ⊠ de Cannes. Pop. 258 h.

MANDELOT, vg. *Côte-d'Or*, comm. de Mavilly, ⊠ de Beaune.

MANDEREN ou **MANNEREN**, vg. *Moselle* (pays Messin), arr. de Thionville, cant. et ⊠ de Sierck. Pop. 865 h.

MANDEURE, *Epomanduorum*, vg. *Doubs* (Franche-Comté), arr. et à 11 k. de Montbelliard, cant. d'Audaincourt, ⊠ de Pont-de-Roide. Pop. 905 h. Sur le Doubs.

Ce village occupe l'emplacement d'une ancienne ville romaine dont parle César dans ses Commentaires, et désignée sous le nom d'*Epamanduorum* dans les Tables théodosiennes et la Carte de Peutinger. On y remarque les restes d'un théâtre romain qui paraît remonter au IIIe ou au IVe siècle, ainsi que des vestiges de palais, de bains, d'amphithéâtres. Sur toute l'étendue du territoire de la commune on trouve journellement des médailles, des fragments de vases et de tuiles antiques. Une belle chaussée romaine, fort peu endommagée, conduit de ce lieu à l'Isle-sur-le-Doubs.

Mandeure était autrefois le chef-lieu d'une principauté, dont la souveraineté appartenait à l'archevêque de Besançon, et qui fut réuni au territoire de la république française en l'an VI.

Fabrique de percale.

Bibliographie. BÉGIN (Mme). *Notice sur Mandeure et divers objets d'antiquités.*

MANDEVILLE, vg. *Calvados* (Normandie), arr. et à 4 k. de Bayeux, cant. et ⊠ de Trevières. Pop. 461 h.

MANDEVILLE, vg. *Eure* (Normandie), arr. et à 14 k. de Louviers, cant. d'Amfreville-la-Campagne, ⊠ d'Elbeuf. Pop. 265 h.

MANDINE (la), vg. *Tarn-et-Garonne*, com. et ⊠ de Caylux.

MANDORE, vg. *Rhône*, à 4 k. de Thizy et à 16 k. de Tarare. Pop. 2,240 h. — Situé sur la montagne. — *Fabriques* considérables de toiles de coton.

MANDOS, vg. *B.-Pyrénées*, comm. de St-Jean-le-Vieux, ⊠ de St-Jean-Pied-de-Port.

MANDOUL, vg. *Tarn*, comm. et ⊠ de Castres.

MANDORI, vg. *Tarn-et-Garonne*, comm. de St-Projet, ⊠ de Caylux.

MANDRAY, vg. *Vosges* (Lorraine), arr. et à 13 k. de St-Dié, cant. de Fraize, ⊠ de St-Dié. Pop. 1,410 h.

MANDRE, vg. *Meuse* (Champagne), arr. et à 39 k. de Bar-le-Duc, cant. de Montiers-sur-Saux, ⊠ de Gondrecourt. Pop. 451 h.

MANDRÉALE, vg. *Corse*, comm. de Santa-Maria-di-Lota, ⊠ de Bastia.

MANDRES, vg. *Eure* (Normandie), arr. et à 50 k. d'Evreux, cant. et ⊠ de Verneuil. Pop. 338 h.

MANDRES, *Mandra*, vg. *Seine-et-Oise* (Ile-de-France), arr. et à 17 k. de Corbeil, cant. de Boissy-St-Léger, ⊠ de Brunoy. Pop. 609 h. — Belle pépinière d'arbres fruitiers.

MANDRES, vg. *Vosges* (Lorraine), arr. et à 24 k. de Neufchâteau, cant. et ⊠ de Bulgnéville. Pop. 527 h.

MANDRES-AUX-QUATRE-TOURS, vg. *Meurthe* (Lorraine), arr. et à 24 k. de Toul, cant. de Domèvre, ⊠ de Noviant-aux-Prés. Pop. 432 h.

MANDRES-LÈS-NOGENT, vg. *H.-Marne* (Champagne), arr. et à 16 k. de Chaumont-en-Bassigny, cant. et ⊠, ʘ, de Nogent-le-Roi. Pop. 522 h.

MANDREVILLARS, vg. *H.-Saône* (Franche-Comté), arr. et à 27 k. de Lure, cant. et ⊠ d'Héricourt. Pop. 190 h.

MANDRIER (St-), vg. *Var*, comm. et ⊠ de la Seine.

MANDUBII (lat. 48°, long. 23°). « Ils ne sont connus que parce que la ville d'Alise assiégée par César était dans leur territoire. Strabon se méprend étrangement en les faisant limitrophes des *Arverni*. Les *Mandubii* dépendaient des *OEdui*, et habitaient sur la frontière des *Lingones*. Héric, qui dans le IXe siècle a composé un poëme, dont la vie de saint Germain d'Auxerre est le sujet, témoigne par ce vers, en parlant d'*Alesia*, Te fines OEduos, et limina sacra tuentem; que les *Mandubii* étaient renfermés dans le territoire des *OEdui*. Et les limites actuelles du diocèse d'Autun y répondent encore. Les lieux qui portent le nom de Fins, près d'Alise et de Semur en Auxois, nous apprennent même que ces limites existaient ainsi du temps de la domination romaine, et qu'ils n'ont point éprouvé de changement. L'un et l'autre de ces lieux se trouve cité sous le nom de *Fines* dans la Chronique de Hugues, moine de l'abbaye de Flavigni, qui est située à une demi-lieue d'Alise. » D'Anville. *Notice de l'ancienne Gaule*, p. 431. Voyez aussi Walckenaer. *Géographie des Gaules*, t. I, p. 54, 199 et 328.

MANDUEL, vg. *Gard* (Languedoc), arr., ⊠ et à 10 k. de Nîmes, cant. de Marguerittes. Pop. 1,519 h. — Sur le chemin de fer de Nîmes à Beaucaire.

MANE, bg *B.-Alpes* (Provence), arr., cant., ⊠ et à 3 k. de Forcalquier. Pop. 1,495 h.

On trouve sur son territoire des vestiges de sépultures anciennes, qui ont fait supposer à quelques auteurs que ce bourg occupait l'emplacement de l'antique *Forum Neronis*, que plusieurs auteurs placent à Forcalquier.

Filature de soie. — *Foires* les 6 janv., 14 sept., 4 déc. et lundi saint.

MANE, vg. *H.-Garonne* (Comminges), arr. et à 23 k. de St-Gaudens, cant. et ⊠ de Salies. ʘ. Pop. 776 h.

MANÉGLISE, vg. *Seine-Inf.* (Normandie), arr. et à 16 k. du Havre, cant. et ⊠ de Montivilliers. Pop. 613 h.

MANÉHOUVILLE, vg. *Seine-Inf.* (Normandie), arr. et à 10 k. de Dieppe, cant. et ⊠ de Longueville. Pop. 282 h.

MANENT, vg. *Gers* (Armagnac), arr. et à 28 k. de Mirande, cant. et ⊠ de Masseube. Pop. 312 h.

MANERBE, vg. *Calvados* (Normandie), arr. et à 12 k. de Pont-l'Evêque, cant. de Blangy, ⊠ de Lisieux. Pop. 847 h.

MANÈZE (la), vg. *Pyrénées-Or.* (Roussillon), arr. et à 40 k. de Céret, cant. et ⊠ de Prats-de-Mollo. Pop. 750 h.

MANET (le), vg. *Seine-et-Oise*, comm. de Montigny-le-Bretonneux, ⊠ de Trappes.

MANGIENNES, vg. *Meuse* (pays Messin), arr. et à 24 k. de Montmédy, cant. de Spincourt, ⊠ de Damvillers. Pop. 855 h.

MANGLIEUX, bg *Puy-de-Dôme* (Auvergne), arr. et à 30 k. de Clermont-Ferrand, cant. de Vic-le-Comte, ⊠ de Sauxillanges. Pop. 1,663 h. — *Foires* les 25 avril et 28 nov.

MANGONVILLE, vg. *Meurthe* (Lorraine), arr. et à 35 k. de Nancy, cant. d'Haroué, ⊠ de Neuviller-sur-Moselle. Pop. 261 h.

MANGUELY, vg. *Isère*, comm. et ⊠ de Moirans.

MANHAC, vg. *Aveyron* (Rouergue), arr. et à 18 k. de Rodez, cant. et ⊠ de Cassagne-Bégonhès. Pop. 814 h.

MANHAC, vg. *Aveyron*, comm. de Castelnau-Peyralès, ⊠ de Sauveterre.

MANHEULLES, vg. *Meuse* (pays Messin), arr. et à 18 k. de Verdun-sur-Meuse, cant. de Fresnes-en-Woëvre. ⊠. ⚙. A 269 k. de Paris pour la taxe des lettres. Pop. 662 h.

MANHOUÉ, vg. *Meurthe* (Lorraine), arr., cant., ⊠ de Château-Salins, et à 17 k. de Vic. Pop. 341 h.

MANIBAN, vg. *Gers*, comm. de Busca, ⊠ de Condom.

MANICAMP, vg. *Aisne* (Picardie), arr. et à 45 k. de Laon, cant. de Coucy-le-Château, ⊠ de Blérancourt. Pop. 1,105 h.
Centre d'une grande fabrique de toiles de ménage. Blanchisserie.

MANICAMP (canal de). V. CANAL DE ST-QUENTIN.

MANICOURT, vg. *Somme* (Picardie), arr. et à 31 k. de Montdidier, cant. de Roye, ⊠ de Nesle. Pop. 68 h.

MANIN, vg. *Pas-de-Calais* (Artois), arr. et à 20 k. de St-Pol-sur-Ternoise, cant. et ⊠ d'Avesnes-le-Comte. Pop. 327 h.

MANINES, vg. *Seine-et-Oise*, comm. de Domont, ⊠ de Moisselles.

MANINGHEM-AU-MONT, vg. *Pas-de-Calais* (Boulonnais), arr. et à 16 k. de Montreuil-sur-Mer, cant. et ⊠ d'Hucqueliers. Pop. 182 h.

MANINGHEN-WIMILLE, vg. *Pas-de-Calais* (Boulonnais), arr. et à 13 k. de Boulogne-sur-Mer, cant. et ⊠ de Marquise. P. 136 h.

MANIQUERVILLE, vg. *Seine-Inf.* (Normandie), arr. et à 32 k. du Havre, cant. et ⊠ de Fécamp. Pop. 242 h.

MANISSIEU, vg. *Isère*, comm. de St-Priest, ⊠ de St-Symphorien-d'Ozon.

MANLAY, vg. *Côte-d'Or* (Bourgogne), arr. et à 50 k. de Beaune, cant. et ⊠ de Liernais. Pop. 665 h.

MANLES. V. MANSLE.

MANNARITIUM (lat. 52°, long. 24°). « L'Itinéraire d'Antonin fait mention de ce lieu, en remontant le long du Rhin, depuis *Lugdunum des Batavi*, ou Leyde, et entre *Trajectum*, ou Utrecht, on ne lui donne point le nom est Carvo. La distance est marquée XV à l'égard de *Trajectum*, et XXII à l'égard de Carvo. On peut voir à l'art. *Carvo*, par quel moyen cette position prend place vis-à-vis de Wageningen, ou à peu près. En considérant ensuite le local, l'intervalle qui sépare Utrecht de la position de *Carvo* ne paraît suffire qu'à 29 ou 30 milles romains, quoiqu'on en compte 37 dans l'Itinéraire. Cluvier croit que le nom de Maurick que porte un lieu situé un peu au-dessus de Wick-Dursteede lui vient d'un reste de *Mannaritium*, et j'y donne la main, en remarquant néanmoins que *Mannaritium* dans cette position se trouve éloigné de *Trajectum* que de *Carvo*, au contraire de ce que paraissent vouloir les nombres de l'Itinéraire. Mais comme ces nombres paraissent excéder la mesure du local, et que l'excès est vraisemblablement dans la distance marquée XXII entre *Mannaritium* et *Carvo*, plutôt que dans celle de *Trajectum* à *Mannaritium*, la position de Maurick ne périclite point pour être plus voisine du lieu de *Carvo* que de *Trajectum*. » D'Anville. *Not. de l'anc. Gaule*, p. 432.

MANNECOURT, vg. *Vosges*, comm. et ⊠ de Châtenois.

MANNEQUEBEURRE, vg. *Pas-de-Calais*, comm. de St-Folquin, ⊠ de Gravelines.

MANNEREN, *Moselle*. V. MANDEREN.

MANNEVILLE, vg. *Seine-Inf.*, comm. de Colmesnil-Manneville, ⊠ de Dieppe.

MANNEVILLE-ÈS-PLAINS, vg. *Seine-Inf.* (Normandie), arr. et à 27 k. d'Yvetot, cant. et ⊠ de St-Valery-en-Caux. P. 724 h.

MANNEVILLE-LA-GOUPIL, vg. *Seine-Inf.* (Normandie), arr. et à 26 k. du Havre, cant. et ⊠ de Goderville. Pop. 859 h.

MANNEVILLE-LA-PIPARD, vg. *Calvados* (Normandie), arr., ⊠ et à 4 k. de Pont-l'Évêque, cant. de Blangy. Pop. 427 h.

MANNEVILLE-LA-RAOULT, vg. *Eure* (Normandie), arr. et à 17 k. de Pont-Audemer, cant. et ⊠ de Beuzeville. Pop. 616 h.

MANNEVILLE-SUR-RILLE, vg. *Eure* (Normandie), arr., cant., ⊠ et à 3 k. de Pont-Audemer. Pop. 542 h.

MANNEVILLETTE, vg. *Seine-Inf.* (Normandie), arr. et à 15 k. du Havre, cant. et ⊠ de Montivilliers. Pop. 327 h.

MANO, vg. *Landes* (Gascogne), arr. à 78 k. de Mont-de-Marsan, cant. de Pissos, ⊠ de Liposthey. Pop. 385 h.

MANŒUVRE, vg. *Seine-et-Marne*, comm. de Vincy-Manœuvre, ⊠ de May-en-Multien.

MANOIR (le), vg. *Calvados* (Normandie), arr., ⊠ et à 10 k. de Bayeux, cant. de Ryes. Pop. 264 h.

MANOIR (le), vg. *Eure* (Normandie), arr. et à 15 k. de Louviers, cant. et ⊠ de Pont-de-l'Arche. Pop. 380 h. Sur la Seine.

MANOIR (le), vg. *Eure*, comm. de St-Nicolas-d'Athez, ⊠ de Breteuil.

MANOIR (le), vg. *Oise*, comm. de Brémontier-Merval, ⊠ de Gournay.

MANOIR (le), vg. *Oise*, comm. de Milly, ⊠ de Marseille.

MANOIR-DUVAL, vg. *Seine-Inf.*, comm. de Freulleville, ⊠ d'Envermeu.

MANOIS, vg. *H.-Marne* (Champagne), arr. et à 27 k. de Chaumont-en-Bassigny, cant. et ⊠ de Blin. Pop. 457 h. — Forges et hauts fourneaux.

MANOM, vg. *Moselle* (pays Messin), arr., cant., ⊠ et à 3 k. de Thionville. Pop. 848 h.

MANONCÈRES, vg. *H.-Pyrénées*, comm. et ⊠ de Trie.

MANONCOURT-EN-VERMOIS, vg. *Meurthe* (Lorraine), arr. et à 15 k. de Nancy, cant. et ⊠ de St-Nicolas-du-Port. Pop. 278 h.

MANONCOURT-EN-VOIVRE, vg. *Meurthe* (Lorraine), arr. et à 14 k. de Toul, cant. de Domèvre, ⊠ de Noviant-aux-Prés. Pop. 272 h.

MANONCOURT-SUR-SEILLE, vg. *Meurthe* (Lorraine), arr. et à 25 k. de Nancy, cant. et ⊠ de Noméno. Pop. 312 h.

MANONVILLE, vg. *Meurthe* (Lorraine), arr. et à 20 k. de Toul, cant. de Domèvre, ⊠ de Noviant-aux-Prés. Pop. 307 h.

MANONVILLER, vg. *Meurthe* (Lorraine), arr., cant., ⊠ et à 13 k. de Lunéville. Pop. 383 h.

MANOSQUE, *Manuesca*, petite ville, B.-Alpes (Provence), arr. et à 18 k. de Forcalquier, chef-l. de cant. Trib. de comm. Cure. Gîte d'étape. ⊠. ⚙. A 754 k. de Paris pour la taxe des lettres. Pop. 5,311 h. — TERRAIN tertiaire moyen.

Autrefois diocèse de Sisteron, parlement et intendance d'Aix, viguerie et recette de Forcalquier, séminaire, commanderie de Malte, couvents d'augustins, carmes, cordeliers, capucins, cordelières, bernardines et ursulines.

Manosque doit son origine aux comtes de Forcalquier, qui y avaient fait bâtir un palais, où ils résidaient pendant l'hiver : ils le donnèrent ensuite, ainsi que la ville, à l'ordre de St-Jean de Jérusalem, et on y conserva longtemps le corps de Gérard Jung, instituteur de cet ordre.

Les armes de Manosque sont : écartelé, le 1er et le 4e d'azur avec une main dextre d'argent ; le 2e et le 3e de gueules à une main dextre aussi d'argent. Et pour devise : URBS FLORIDA.

Cette ville est dans une heureuse situation, au milieu d'un fertile territoire planté de noyers, d'oliviers et de vignes. Ses promenades sont très-agréables. En 1708 elle faillit être anéantie par un tremblement de terre.

PATRIE de l'abbé LAUGIER, auteur d'une Histoire de Venise et de plusieurs autres ouvrages.

Bibliographie. *Notre-Dame de Manosque en Provence*, in-12, 1638.
DAMASSE-ARBAUD. *Rapport sur les archives municipales de Manosque*, in-8 de 5 feuilles un quart, 1845.

Fabriques de sirop de raisin, toiles, cadis, filoselle. Tuileries. Distilleries d'eau-de-vie. Nombreux moulins à huile. Tanneries. Aux environs, exploitation de houille. — Commerce de vins, eau-de-vie, esprits, huile d'olives, amandes, graines potagères, truffes noires, miel, soie, laines, etc. — Foires les 10 janv., 24 fév., 12 et 13 mai, 11 juin, 6 et 24 août, 9 sept., oct., 6 déc. et veille du dimanche des Rameaux.

MANOT, vg. *Charente* (Angoumois), arr., cant., ⊠ et à 8 k. de Confolens. Pop. 1,320 h. — Foires les 3 avril, 3 mai, 15 juin, 17 août et 25 des autres mois.

MANOU, vg. *Eure-et-Loir* (Normandie), arr. et à 29 k. de Nogent-le-Rotrou, cant. et ⊠ de la Loupe. Pop. 840 h.

MANQUEVILLE, vg. *Pas-de-Calais*, com. et ⊠ de Lillers.

MANRE, vg. *Ardennes* (Champagne), arr. et à 20 k. de Vouziers, cant. et ⊠ de Monthois. Pop. 407 h.

MANS (le), *Vindinum Cœnomanum*, grande

et très-ancienne ville ; chef-l. du dép. de la *Sarthe* (Maine), chef-l. du 4e arr. et de 3 cant. Trib. de 1re inst. et de comm. Chambre consultative des manufactures. Société royale d'agriculture, sciences et arts. Société de médecine. Collège communal. Cours gratuits d'accouchements et école royale de dessin. Evêché, séminaire diocésain. 4 cures. Gîte d'étape. ✉. ☞. Pop. 25,189 h. — TERRAIN d'alluvions modernes, voisin du terrain crétacé inférieur.

Autrefois évêché, parlement de Paris, intendance de Tours, chef-lieu d'élection, présidial, bailliage, maîtrise particulière, gouvernement particulier, lieutenant de maréchaussée, juridiction consulaire, société d'agriculture, chambre syndicale, collégiale, séminaire, abbayes ordres de St-Benoît et de St-Augustin, collège, couvents de cordeliers, dominicains, minimes, capucins, ursulines, filles de la Visitation, dominicaines et filles-Dieu.

Le Mans est une ancienne ville des Gaules, fondée dans le IIe siècle par les Romains, qui en firent une place importante et l'entourèrent d'une muraille que l'on voit encore presque entière dans la partie nord-nord-est, sur une longueur de 4 à 500 m., et dont il reste encore une tour ronde bien conservée. Des monuments historiques non interrompus prouvent que cette ville occupe le même emplacement que celle qui, dans la Notice des provinces, est nommée *Cenomanni*. L'ancien nom est *Vindinum*, dans Ptolémée. Les Armoriques, après avoir secoué le joug romain, s'emparèrent de cette ville en 486. Clovis la prit en 510. Thierry, roi de Bourgogne, s'en rendit maître en 598, et Clotaire II s'en empara la même année. Les Bretons et les Normands la prirent et la saccagèrent en 818, 844, 849, 865 et 866. Les Normands s'en emparèrent de nouveau en 905 et en furent chassés par Louis d'Outremer en 937. Les comtes d'Anjou s'en rendirent maîtres à plusieurs reprises en 1036, 1051, 1060 et 1062. Guillaume le Conquérant la prit en 1063.

En 1070, au moment où Guillaume paraissait le plus embarrassé en Angleterre par les révoltes des Saxons, les invasions des Danois et celle des Gallois, les habitants du Maine résolurent de secouer son joug. « Les grands et le peuple, d'un accord unanime, dit un ancien historien, retirèrent leur obéissance au roi, et firent venir d'Italie le marquis Albert Azzo, avec sa femme Garisende, sœur de leur dernier prince, et son fils Hugues. » L'établissement de Hugues d'Este dans le Maine eût cependant peu de durée : son père, proche parent de la comtesse Mathilde, et l'un des seigneurs qui avaient le plus de part aux intrigues de l'Italie, ne séjourna pas assez longtemps en France pour y affermir son parti : il laissa au Mans sa femme Garisende et son fils Hugues, sous la direction de Geoffroi de Mayenne, homme noble et d'un esprit adroit, qui acquit bientôt tant de crédit sur Garisende, que chacun supposa qu'il était son amant. « Comme ce Geoffroi de Mayenne, dit l'historien contemporain des évêques du Mans, cherchait des occasions nouvelles de vexer les citoyens, et qu'il inventait des exactions pour tirer d'eux de l'argent, ceux-ci se consultèrent sur les moyens de s'opposer à ses coupables tentatives, et d'empêcher que lui-même, ou aucun autre, pût désormais les opprimer injustement. Ils formèrent donc une conspiration qu'ils nommèrent *communion* (plus tard on l'appela *commune*). Chacun d'eux se lia par les mêmes serments, et ils obligèrent Geoffroi et les autres grands de la province à jurer, quoique bien malgré eux, fidélité à leur conspiration. » L'auteur, partisan du roi d'Angleterre et de l'évêque, regardait la formation d'une commune comme une révolte ; aussi, dit-il que, « par l'audace que leur inspira cette conspiration, ils commirent des crimes innombrables, condamnant un grand nombre de gentilshommes, sans aucun droit de passer sur eux jugement, leur faisant, pour les moindres causes, arracher les yeux, ou même, ce qu'on a horreur de raconter, les faisant périr à la potence. De même ils attaquaient et brûlaient sans raison des châteaux du voisinage, dans les jours saints du carême, et même le dimanche de la Passion (1). »

Cette association des citoyens du Mans, qui forçaient la noblesse à s'unir à eux, et qui punissaient ses brigandages, tantôt par des supplices, tantôt en assiégeant et brûlant ses châteaux, d'autant plus digne d'attention, que quoiqu'elle ne fût point la seule, ni probablement la première, c'est cependant la plus ancienne dont nous ayons une date fixe et authentique, et que nous y retrouvons ; dès cette époque, l'esprit qui depuis a animé toutes les autres, aussi bien que celui des républiques d'Italie. La première commune du Mans cependant eut une fort courte durée. Geoffroi de Mayenne, qui lui avait prêté serment de fidélité, la trahit devant le siège du château de Sillé ; il livra à ses compagnons l'armée de sa patrie, qui fut surprise et mise en déroute par les gentilshommes. Les deux partis en vinrent ensuite aux mains dans l'intérieur de la ville, où plusieurs maisons furent assiégées, prises et reprises, tantôt par les bourgeois, tantôt par les nobles. Hugues d'Este, voyant peu de chances d'affermir dans le Maine son autorité, repartit pour l'Italie ; sa mère, Garisende, mourut en 1072, et l'année suivante les citoyens, fatigués, rendirent le Mans à Guillaume, roi d'Angleterre, après avoir reçu son serment de pardonner le passé et de conserver à leur cité *ses anciennes coutumes et ses justices*.

Hélie de la Flèche s'empara du Mans en 1088, en fut dépossédé par Geoffroy de Mayenne dans la même année, la reprit en 1096, en fut chassé par Guillaume le Roux en 1098, la reprit une troisième fois en 1099, en fut dépossédé la même année et y rentra en 1100. Philippe Auguste et Richard Cœur de lion la prirent sur Henri II, roi d'Angleterre, en 1189 ; Jean sans Terre la reprit en 1199 et l'abandonna de nouveau à Philippe Auguste en 1200. Les An-

(1) *Gesta pontif. Cenomann.*, p. 540.

glais la reprirent en 1424 et en furent chassés définitivement en 1448.

Vers le commencement de juillet 1592, Charles VI partit de Paris pour se mettre à la tête de l'armée qu'il voulait conduire en Bretagne : il s'arrêta sur sa route à plusieurs reprises, d'abord à St-Germain, où il séjourna quinze jours ; puis à Auneau, chez son secrétaire, Bureau de la Rivière ; puis à Chartres, et enfin au Mans. Le duc d'Orléans et le duc de Bourbon étaient partis avec le roi ; le duc de Berry, le comte de la Marche et le duc de Bourgogne vinrent successivement le joindre. Ils désapprouvaient hautement cette expédition ; mais Charles VI était devenu si violent, si emporté, qu'il était impossible de discuter avec lui ; bien plus, « depuis le premier jour d'août, dit le religieux de St-Denis, il paraissait aux officiers qui l'approchaient de plus près comme tout idiot ; il ne disait que des niaiseries et gardait des gestes et une façon de faire fort messéante à la majesté. Néanmoins il n'en était pas moins absolu, et il le fit bien voir le cinquième du mois, quand il fit publier par les hérauts et les trompettes que toute l'armée sortît en bataille de la ville du Mans. »

Ce jour choisi pour mettre l'armée en mouvement était le plus chaud qu'on eût éprouvé depuis plusieurs années ; le roi sortit du Mans entre neuf et dix heures du matin par la route d'Angers ; il portait un jaque ou justaucorps de velours noir, qui l'échauffait beaucoup, et un chaperon de vermeil ; un soleil ardent dardait sur lui ; il n'y avait aucun de ses hommes d'armes qui ne souffrît cruellement de la chaleur. Comme il traversait une forêt, un fou, qui s'était caché parmi les arbres, s'élança tout à coup à la tête de son cheval. Cet homme, déchaussé, la tête nue, couvert seulement d'un sarreau blanc, saisit la bride du cheval de Charles, en s'écriant : Roi, ne chevauche plus avant, mais retourne, car tu es trahi. » Les gardes accoururent et firent lâcher prise à ce malheureux. Le roi ne dit rien ; mais ces mots avaient frappé son imagination. Peu de moments après, étant sorti de la forêt, il se trouva dans une grande plaine sablonneuse qu'aucun ombrage n'entrecoupait. Il était alors midi ; une poussière intolérable se joignait à l'ardeur du soleil : le cortège du roi se dispersa dans la crainte de l'incommoder ; les seigneurs eux-mêmes s'écartèrent pour ne pas le couvrir de leur poudre ; quelques pages seulement le suivaient ; l'un d'eux, sommeillant, laissa tomber la pointe de sa lance sur le casque d'un de ses compagnons. Ce cliquetis du fer fit tressaillir le roi ; il se crut attaqué par les traîtres dont l'homme de la forêt lui avait dit qu'il était entouré ; et, devenant aussitôt furieux, il s'écria en tirant son épée et lançant son cheval au galop : *Avant, avant sur ces traîtres !* Il fondit ensuite sur les pages et les écuyers les plus proches de lui. Personne n'osait se défendre autrement que en fuyant, sans cet accès de fureur il tua successivement le bâtard de Polignac, chevalier de Gascogne, et trois autres hommes. Les pages croyaient encore que l'un d'eux avait commis quelque désordre qui l'avait courroucé; mais quand on le vit venir l'épée haute sur le duc d'Orléans, son frère, on comprit enfin qu'il avait perdu la raison. Le duc de Bourgogne fut le premier à crier : « Haro ! le grand meschief (malheur) ! Monseigneur est tout dévoyé (égaré). » Heureusement pour le duc d'Orléans, il était monté sur un très-bon cheval, et il put se dérober au roi, qui le poursuivait vivement. On convint, pour arrêter celui-ci, de chercher à l'épuiser de fatigue, ainsi que son cheval, et de lui laisser donner la chasse; l'un après l'autre, à ceux qu'il lui prendrait la fantaisie de poursuivre : de cette manière il en abattit encore plusieurs, qui, quand ils ne pouvaient plus l'éviter, se laissaient choir devant le coup. Enfin, comme il était déjà tout haletant, baigné de sueur, ainsi que son cheval, qui se refusait à galoper davantage, un chevalier normand qu'il aimait beaucoup, Guillaume Martel, son chambellan, s'élança sur lui par derrière, et lui arrêta les bras. On lui ôta alors son épée et ses armes; on le coucha par terre; on le couvrit de son manteau : déjà la faiblesse avait succédé à ce paroxysme de fureur; il ne parlait plus, il ne faisait plus aucun mouvement; mais ses yeux roulaient encore dans sa tête d'une manière effrayante.

Les deux oncles du roi, se trouvant alors à côté de lui, furent obéis dès qu'ils essayèrent de donner des ordres. Ils décidèrent qu'on reporterait le roi au Mans et qu'on donnerait congé à tous les gendarmes, puisque aussi bien l'expédition de Bretagne était désormais impossible. Dans un siècle superstitieux on s'empresse toujours de chercher des causes occultes aux événements naturels; ceux qui entouraient le roi disaient qu'il avait été sans doute empoisonné ou ensorcelé. On questionna ses échansons; on examina le vin qu'il avait bu; enfin le duc de Berry s'écria : « Il n'est empoisonné ni ensorcelé fors que de mauvais conseils. » Le lendemain, comme Charles VI n'était pas mieux, ses oncles ordonnèrent qu'il fût transporté au château de Cray-sur-Oise, pour y être mis sous la garde des médecins, tandis qu'eux-mêmes partirent pour Paris.

Le Mans ayant embrassé le parti de la Ligue, Henri IV assiéga cette ville en personne et la prit par capitulation en 1589. Pendant les troubles de la Fronde, les partisans du prince de Condé tentèrent en vain de s'en emparer.

Le 10 décembre 1793 eut lieu sous les murs du Mans, la fameuse bataille qui porta le dernier coup à la cause des Vendéens insurgés. Le commandement de l'armée de l'Ouest venait d'être donné au général Marceau, qui succédait à Rossignol. Les Vendéens s'étaient dirigés vers le Mans, lorsque la Rochejacquelin arriva dans cette ville le 10 décembre; ce ne fut qu'après un combat très-vif qu'il put y pénétrer. La tête du Pont-Lieu, et le pont même présentaient tranchées sur tranchées, canons, chausse-trapes et chevaux de frise. Les royalistes y passèrent tranquillement la journée du 11. Le rendez-vous général de l'armée républicaine était au village de Foultourte, où se réunirent toutes les divisions commandées par le général Marceau; de là elles devaient marcher successivement sur le Mans. Westermann, suivi de la division Müller, formait l'avant-garde. La Rochejacquelin, informé le même jour que des corps ennemis s'avançaient par les routes de Tours et d'Angers, fit battre la générale et marche droit à eux. Westermann se replie sur la division Müller, et bientôt s'avance de nouveau. Arrivé sur une hauteur flanquée de bois de sapins, en avant du Pont-Lieu, il y trouve les royalistes avantageusement embusqués. Le général Marceau arrive ensuite et dirige lui-même les mouvements. Connu de l'armée entière par sa bravoure, sa présence inspire à tous une entière confiance. Il avait dit en sortant de Rennes : *Je suis déterminé à me battre, n'eussé-je que trente hommes à commander*. La même ardeur anime le reste de quatorze mille braves de la garnison de Mayence, qui marchait à la suite de la division de Cherbourg. Déjà la cavalerie de Westermann s'étant ralliée s'avançait de nouveau, recommençait l'attaque et chargeait sans attendre le signal : elle fut soutenue par la division de Cherbourg. Les royalistes ne purent résister à l'impétuosité de ce choc; ils rentrèrent en désordre au Mans, ne se croyant plus en sûreté que dans les retranchements de cette ville. La Rochejacquelin les ralliait à mesure pour les placer par échelons en avant de Pont-Lieu, dont l'accès devint formidable. Marceau, prévenu contre Westermann, lui remet un billet du conventionnel Bourbotte, qui lui faisait des reproches de ce que, par son audace imprudente, il avait compromis le salut de l'armée; il lui était enjoint, sous peine de la vie, de ne plus engager d'action, et de se borner à éclairer les démarches de l'ennemi. Le jour commençait à baisser : Marceau donne l'ordre à Westermann de prendre position pour commencer l'attaque le lendemain. « La meilleure position, répond Westermann, malgré les menaces de Bourbotte, est dans la ville même; profitons de la fortune. » — « Tu joues gros jeu, brave homme, lui dit Marceau en lui serrant la main. N'importe, marche, et je te soutiens. » Il était quatre heures et demie, et le soleil n'éclairait plus l'horizon. Westermann, à la tête des grenadiers d'Armagnac, se porte sur le Mans dans le plus grand silence. Le capitaine Roland, monté le premier sur le pont, écarte les chevaux de frise, et veut avec sa compagnie pénétrer dans la ville. Malgré les représentations de son frère, commandant du même régiment, il se précipite en s'écriant : « Nous tenons donc enfin l'ennemi ! C'est ici qu'il faut l'exterminer ou mourir glorieusement. » Son frère marche aussitôt sur ses pas. On bat la charge; le pont et les retranchements sont forcés au même instant, et les royalistes dissipés et mis en fuite : plusieurs sont atteints et massacrés aux portes de la ville. Une batterie masquée arrête bientôt les républicains, et quelques lâches, qui déjà voulaient prendre la fuite, sont retenus par l'intrépide bravoure des grenadiers d'Armagnac. Westermann demeure ferme et inébranlable. La Rochejacquelin établit aussi des batteries sur toutes les avenues de la place du Mans, et place des tirailleurs dans les maisons voisines du lieu de l'action. Un feu continuel et meurtrier écarte les plus audacieux. Westermann, frémissant de rage, fond le sabre à la main sur ceux qui n'osent avancer; mais la position redoutable des Vendéens est un obstacle insurmontable. A neuf heures du soir, Marceau, sans cesser le feu, fait halte pour prendre position. Il veut qu'aucun ennemi ne lui échappe, et dans ce dessein il a l'intention de cerner la ville. Westermann suit son exemple, et fait arrêter sa troupe, considérablement affaiblie. Marceau lui envoie du canon pour empêcher les royalistes d'avancer, et fait occuper la route de Paris par une colonne qui file à sa droite. En même temps Westermann garnissait toutes les rues adjacentes à la grande place, qui était devenue le quartier général et le dernier retranchement des Vendéens. Une fusillade terrible, entremêlée de coups de canon, s'engage malgré les ténèbres. Un hussard républicain est tué par Talmont, qu'il avait défié au combat; Herbault est blessé à mort. La Rochejacquelin a deux chevaux tués sous lui; il quitte un instant le champ de bataille pour aller donner quelques ordres dans l'intérieur de la ville; son absence alarme ses soldats, et au moment où il reparaît au milieu d'eux, sa voix ne peut se faire entendre; elle est étouffée par le tumulte et les gémissements d'un grand nombre de femmes éplorées. Dès ce moment il ne put ni rien prévoir ni rien préparer. Une grande partie des Vendéens, plongés soit dans l'ivresse, soit dans le sommeil, se réveille au bruit du canon; cette multitude accourt et veut prendre part au combat; mais ce n'est partout que désordre et confusion. Les rues sont bientôt jonchées de cadavres, et les cris affreux des blessés et des mourants jettent partout l'épouvante et la consternation. L'encombrement des voitures augmente encore le tumulte; les hommes, pêle-mêle avec leurs chevaux, s'écrasent et se tuent. Tous les efforts de la Rochejacquelin et des autres chefs sont inutiles; croyant la bataille perdue sans ressource, pour éviter un massacre général, ils se ménagent une retraite. Ils rassemblent quelques cavaliers, et gagnent la route de Laval, la seule qui n'était point occupée par les républicains; les fuyards s'y étaient déjà portés, et l'on n'en peut rallier qu'un petit nombre. Le bruit de l'artillerie se faisait toujours entendre; la Rochejacquelin jugea qu'une partie de son armée soutenait encore le combat; il tourne bride et court au galop joindre l'arrière-garde; mais il est de nouveau entraîné par les fuyards qui lui crient que tout est perdu, qu'il n'y a plus d'espoir : et tous ses efforts sont désormais inutiles. Cependant les républicains combattaient depuis quatre heures de l'après-midi, sans avoir pu pénétrer dans la place du Mans, dont son artillerie foudroyante défendait les approches. Les batteries étaient servies par quelques Vendéens intrépides voués à une mort certaine; une pièce de douze chargée à mitraille emportait des rangs entiers des assiégeants. Vers les deux heures du matin on resta des deux côtés en observation jusqu'au point du jour, soit que la terreur, la lassitude ou l'impuissance de rien entreprendre eussent forcé les combattants à suspendre leurs coups. Mais Westermann reçut un renfort de nouvelles troupes que lui envoya le général Kléber, qui venait d'arriver avec la division mayençaise. Quoique blessé, Westermann, après avoir eu deux chevaux tués sous lui, n'avait point quitté le poste périlleux de l'avant-garde. Il recommença l'attaque, tandis que le général Carpentier, voulant enfin triompher de l'opiniâtre résistance des Vendéens, fait pointer tour à tour du canon chargé à boulets et à mitraille sur les batteries ennemies et sur les fenêtres des maisons situées dans les angles de la place. En même temps les chasseurs des Francs et de Cassel, réunis aux grenadiers d'Aunis et d'Armagnac, fondent, la baïonnette à la main, sur tout ce qui est devant eux. Rien ne put résister à cette dernière attaque. Tout ce qui échappa au fer des vainqueurs se sauva par la route de Laval, abandonnant l'artillerie presque entière, les bagages, les femmes, les enfants et les blessés. L'armée républicaine, réunie au faubourg de Pont-Lieu, fait en ce moment son entrée dans la ville au pas de charge. Le Mans, dont les rues sont encombrées de morts, de monceaux d'armes, de voitures brisées, de chevaux étouffés, de canons, de caissons, de bagages, présente l'horrible spectacle d'une ville prise d'assaut et livrée à la fureur du soldat. Les maisons, les rues, les places publiques offrent le spectacle le plus affreux ; tout est couvert de morts. Marceau, qui voit en gémissant tous les excès auxquels se portent les soldats, ne peut mettre un terme qu'en faisant battre la générale. Westermann, à la tête des grenadiers d'avant-garde, poursuit avec acharnement les fuyards sans s'arrêter au Mans. La déroute des royalistes fut si grande qu'à la Chartreuse-du-Parc, et pendant l'espace de 56 k. il ne se trouvait pas 2 m. de terrain qui ne fussent couverts de quelques cadavres. Les paysans, soit qu'ils voulussent mettre un terme aux calamités d'une guerre qui menaçait leur vie et leurs propriétés, soit qu'ils s'empressassent de prendre le parti des vainqueurs, firent des battues dans les bois, parcoururent les fermes et les habitations, où ils tuèrent un grand nombre de fuyards. La Rochejacquelin arriva dans la soirée du 13 à Laval, où tous ses partisans qui avaient évité le fer et le feu des républicains vinrent bientôt le rejoindre. Ce fut alors que les chefs vendéens purent juger de la faiblesse de leur parti. La défaite du Mans venait de leur enlever leurs plus braves soldats, leur artillerie, leurs munitions ; tous pensèrent que la prudence exigeait qu'ils se rapprochassent de la Loire, pour en tenter le passage à quelque prix que ce fût.

Le 15 octobre 1797 la ville du Mans fut assaillie à l'improviste par les chouans, qui, après avoir pillé les caisses publiques et les maisons particulières, l'évacuèrent le 17.

Les **armes du Mans** sont : *d'or à la croix de gueules à trois chandeliers d'église d'argent, 2 et 1, et une clef de même posée en pal sur le chandelier de la pointe ; au chef d'azur chargé de trois fleurs de lis d'or.*

La ville du Mans est dans une situation agréable, sur la croupe et sur le penchant d'un coteau au pied duquel coule la Sarthe, que l'on y passe sur trois ponts : le premier, nommé le pont Ysoir, sépare le quartier de Gourdaine de celui du Pré ; le second, appelé pont Perrin ou de St-Jean, conduit au quartier de ce nom ; le troisième est le pont Napoléon, où passe la route de Bretagne, qui aboutit sur la place des Halles. La partie de la ville située sur les bords de la Sarthe est généralement mal bâtie ; les rues en sont étroites, tortueuses et impraticables aux voitures. Mais la ville haute, sans être régulière, est belle, spacieuse et bien bâtie ; la plupart des maisons sont construites en pierres de taille et couvertes en ardoises. Le quartier neuf est surtout agréable ; la place des Halles où sont la plupart des auberges et où aboutissent les principales rues, est très-vaste et assez belle.

Deux promenades publiques concourent à l'agrément de la ville : celle des Jacobins offre un vaste parallélogramme rectangle en gazon, entouré d'une double rangée de tilleuls et environné de terrasses où l'on monte par des escaliers ; celle du Greffier longe la rive gauche de la Sarthe, le canal et le port, et a pour perspective les fertiles et verdoyantes prairies qui bordent la rive opposée, et le riche coteau où se font remarquer les belles maisons de campagne de la Futaye, du Buisson et de Château-Gaillard ; des quais bordent les rives de la Sarthe à partir du port jusqu'au pont Napoléon.

La CATHÉDRALE du Mans est un bel édifice gothique, construit sur l'emplacement d'une maison convertie en église par saint Julien dans le IIIe siècle. Saint Innocent, premier successeur de Julien, agrandit cette église, dont il restait fort peu de chose à la fin du VIIe siècle. L'évêque Fracón Ier la rétablit de 772 à 792, et saint Aldericke y fit de grandes augmentations de 862 à 876. À peine les travaux étaient-ils achevés qu'ils furent exposés à la dévastation des Normands, dont les ravages ne furent réparés que par l'évêque Maynard de 940 à 960. L'évêque Vulgrin entreprit la reconstruction de cette cathédrale de 1055 à 1064 ; mais le peu de solidité des fondations força son successeur Arnaud de les recommencer. Les fondements des bras de la croix et les tours furent jetés en 1055 ; à partir de 1081 les travaux furent poussés avec activité ; le toit fut posé, les ailes terminées, et les croisées décorées de somptueux vitraux colorés. Un violent incendie causé par la foudre consuma une partie de cette basilique et de la ville en 1126. Philippe Auguste ayant permis d'étendre la cathédrale au delà des murailles de la ville, l'évêque et les chanoines firent construire de 1216 à 1291 la chapelle de Notre-Dame du chevet à l'extrémité orientale des bas côtés du chœur, et de nombreux arcs-boutants destinés à augmenter la solidité de cette chapelle et de tous les bas côtés. L'évêque Geoffroy d'Assé travailla de 1274 à 1277 à l'augmentation de l'édifice, et laissa de l'argent pour exhausser et voûter une croisée. De 1398 à 1434 Adam Chastelain fit achever la croisée du bras septentrional de la croix, avec les croisées et la rose où sont encore les beaux vitraux dont nous parlerons ci-après. On peut fixer à cette époque l'entier achèvement de cette église, dont la construction dura près de quatre siècles. — Dans son état actuel, ce monument, d'une apparence si simple vu de loin du côté du nord, et d'un aspect si élégant vu du côté du sud, à l'est et au nord-est, occupe une superficie d'environ 500 m. La nef forme avec ses bas côtés, qui en sont séparés par quatre rangs de colonnes massives, un parallélogramme régulier de 58 m. de long sur 10 m. de large. Le chœur est entouré de bas côtés circulaires divisés par un rang de colonnes : onze chapelles en occupent le pourtour. La longueur totale de l'édifice dans œuvre, à partir du grand portail jusqu'au fond de la chapelle du chevet, est de 130 m. ; sa hauteur, du pavé du chœur jusqu'au sommet de la voûte, est de 33 m. La hauteur du sommet de la tour est de 66 m. au-dessus du pavé, et de 101 m. au-dessus du niveau des eaux de la Sarthe. — La partie la plus ancienne de cette cathédrale est le pignon occidental et la tour située à l'angle droit de la nef. La grosse tour, de forme carrée, est soutenue dans toute sa hauteur par d'énormes contre-forts ornés de niches dans lesquelles sont placées des statues de reines, de comtesses du Maine, de religieux, etc. ; la porte de cette tour et la croisée qui la surmonte paraissent être de la fin du XIIe siècle. La rose du bras méridional de la croix est remarquable par la richesse et l'élégance de ses découpures et par la beauté de ses vitraux. L'intérieur de la nef offre des colonnes, engagées dans des pilastres, en forme de contre-forts soutenant les murs des bas côtés, dont les chapiteaux offrent des figures monstrueuses ou grotesques de harpies, de tigres, de serpents, de griffons, etc. À la corniche extérieure qui règne tout autour de cette nef, existe, en place de modillons, une multitude de mascarons représentant des têtes monstrueuses ou grotesques de diables ou d'animaux. Les colonnes qui séparent la nef des bas côtés sont surmontées d'arcades en ogive qui paraissent d'une construction postérieure à celle des colonnes, puisque le plein cintre qui y existait d'abord s'y laisse encore apercevoir. Le chœur, d'une construction postérieure à celle de la nef, offre dans les piliers et leurs arcades, les galeries et les croisées, l'emploi du style gothique le plus élégant : celui de l'église de Beauvais est, dit-on, le seul en France qui lui soit supérieur ; il est entouré à l'extérieur de trois rangs de galeries placées à distance les unes des autres, qui permettent de circuler tout autour. Cette partie de l'église est entourée d'une grande quantité d'arcs-boutants dont on admire l'élégante légèreté. — La cathédrale du Mans conserve des traces d'architecture militaire, et sans aucun doute elle a été fortifiée. Sa position sur un plateau élevé et son isolement probable lors de sa construction lui donnaient toutes les conditions d'un château fort. Le porche méridional, appelé *le Cavalier*, est évidemment un reste des anciennes fortifications qui la défendaient. Il forme un petit avant-corps terminé en terrasse, et autrefois couronné de créneaux. Au fond du porche est un magnifique portail qui rappelle singulièrement la porte royale de Notre-Dame de Chartres, et qui a beaucoup de rapport avec le portail des Valois de l'église royale de St-Denis. La boule aux rats, qui est sculptée au-dessous de la corniche du flanc méridional de la cathédrale, tout près de l'angle de la façade occidentale, est une bizarrerie satirique assez répandue au XVIe siècle. Cette sculpture représente une boule sur laquelle gravissent des rats, tandis que quelques autres pénètrent dans l'intérieur, ou montrent leur museau par des trous qu'ils ont pratiqués.

L'orgue de la cathédrale du Mans, ouvrage de la fin du XVIe siècle, est remarquable par la beauté de sa masse, par ses ornements et par ses statues. Les stalles en bois ont été exécutées au XVIIIe siècle, en imitation des superbes boiseries de Notre-Dame de Paris qu'elles ne valent pas, mais qui néanmoins ne sont pas sans mérite; on remarque dans l'intérieur de l'église le tombeau de la reine Berangère; le mausolée en marbre blanc de Langey-Dubellay; le sarcophage de Charles IV, comte d'Anjou et du Maine.

Il existe dans la cathédrale du Mans trois vitraux fort curieux représentant différentes scènes relatives à la fabrication de la monnaie à l'époque de l'exécution de ces vitraux, qui date du XIIIe siècle. M. de la Saussaye en a donné la description dans la Revue de numismatique. Deux des vitraux forment la moitié d'un rond composé en quatre compartiments; le troisième vitrail est renfermé dans un encadrement carré. Sur le premier, un ouvrier paraît occuper à placer dans un instrument destiné à la frappe ou à en retirer des pièces de monnaie; sur le deuxième, les ajusteurs les pèsent avant de les encaisser; sur le troisième, des changeurs viennent chercher la monnaie nouvellement fabriquée. Dans ces trois petits tableaux, et au premier plan, on a représenté des tables avec des sébiles et des vases remplis de numéraire. Le premier tableau est celui qui offre le plus d'intérêt; mais il est difficile de bien se rendre compte de l'opération à laquelle se livre le monnayeur. En examinant le quart de rond sur lequel il se trouve, M. Richelet a pensé que le cylindre percé d'une longue mortaise et traversé par un levier où le monnayeur semble introduire le denier d'argent, n'était autre chose qu'une vis de pression qu'on faisait agir au moyen du levier. Dans cette hypothèse, le cylindre était terminé par une vis, au bout de laquelle se trouvait la matrice, qui aurait été composée de diverses pièces enchâssées dans un composteur, à peu près comme les caractères d'imprimerie.

Près de la cathédrale, rue St-Michel n° 1, est la maison qu'habita Scarron.

L'ÉGLISE DE LA COUTURE est un édifice dont la construction date du milieu du XIIe siècle, et réunit les deux styles roman et gothique. Cette église, où l'on ne voit plus qu'une seule nef, doit sa disposition actuelle à la suppression faite au XVIe siècle par les bénédictins, des colonnes qui la divisaient en trois parties parallèles, à l'instar des basiliques. Pour l'établissement d'une seule voûte, il fallut renforcer les murs au moyen d'un contre-mur intérieur élargi à sa base par trois grands arcs ogivés, très-ouverts, sans autre profondeur que l'épaisseur du double mur. Au-dessus de ces arcs règne une corniche portée par des mascarons variés dont quelques-uns sont fort originaux. — Le pignon du portail de cette église est rempli par un Jugement dernier de la plus belle exécution; les statues qui occupent les deux côtés et les petites figures qui se détachent sur les voussures de la porte rivalisent de grâce avec les sculptures de la cathédrale. L'église de la Couture possède une chapelle souterraine très-remarquable. Trois des huit colonnes qui en supportent les voûtes sont de marbre, et paraissent, ainsi que deux autres en pierre, provenir d'un édifice du Ve ou du VIe siècle. Les chapiteaux sont très-curieux; un autre chapiteau renversé sert de base à l'une des colonnes. Chaque travée, à l'exception de celles de la face occidentale, éclairée sur le collatéral du chœur lorsque l'autel est cintré, se distingue par un appareil de construction différente, de telle manière qu'on trouve réuni dans cette crypte des spécimens de tous les appareils alors en usage.

Les stalles de l'église de la Couture, portant la date de 1521, sont remarquables par leur couronnement en encorbellement et à clochetons, par la variété des miséricordes, et surtout par les jolies découpures de la stalle abbatiale, qui occupe le centre, au fond du chœur. — Les portes de cette église sont ornées de compartiments en bois d'un grand mérite.

L'ÉGLISE NOTRE-DAME DU PRÉ, classée au nombre des monuments historiques, est l'un des plus anciens et des plus intéressants monuments en ce genre que possède la ville du Mans. Construite, à ce que l'on présume, dans le milieu du XIe siècle, elle présente la forme d'une croix latine. Le portail occidental, cintré, est orné de colonnes grêles adossées, et surmonté d'une fenêtre légèrement ogive. Les croisées, longues, étroites et cintrées, sont surmontées d'un cordon de modillons. L'intérieur offre également partout l'emploi du style roman dans ses piliers et fûts de colonnes à chapiteaux sans entablements, avec des figures de monstres et d'animaux imaginaires; par ses arceaux voûtés supportés par des mascarons et des marmousets; par ses niches à plein cintre régnant tout le long de la partie inférieure des murs des bas côtés.

L'ÉGLISE DE L'ANCIENNE VISITATION. Si le moyen âge nous offre des monuments qui excitent notre admiration, le dernier siècle a produit aussi ses chefs-d'œuvre, au nombre desquels nous classons, dans la ville du Mans, la charmante église de l'Ancienne Visitation, bénite en 1737, et construite à très-grands frais d'après les plans de Soufflot. Son plan, en forme de croix, offre une longueur dans son œuvre de 30 m. et une largeur de 16, 65. Le tout surmonté d'un dôme à huit arcades, couvert en plomb et ardoise, élevé au-dessus du sol d'environ 40 m. Sa façade, tout en calcaire blanc de haut appareil, élevée de quinze degrés, se compose d'un avant-corps, de quatre colonnes accouplées et cannelées d'ordre corinthien à feuilles de lauriers. — La menuiserie du portail, divisé en panneaux ornés des symboles de la religion et de guirlandes de fleurs délicatement sculptées, est accompagnée d'une ferrure à équerres doubles, terminées par des palmettes découpées à jour. L'intérieur de cette église, toute voûtée en tuffeau appareillé, est remarquable par ses galeries à la naissance des voûtes, avec balcons en fer et panneaux en tôle repoussée; par ses dix-huit pilastres corinthiens, ses fenêtres avec appuis fleuronnés, et par le dôme de la voûte sphérique, de 45 m. 60 c. de diamètre, enrichie de monogrammes accompagnés de rinceaux et autres ornements.

On remarque encore au Mans l'hôtel de la préfecture, la salle de spectacle, le quartier de cavalerie, la bibliothèque publique renfermant 40,000 volumes imprimés, dont plusieurs ouvrages du XVe siècle, et 500 manuscrits historiques, remarquables par la beauté de leur exécution et leur belle conservation, parmi lesquels se trouvent une *vraie chronique de messire Bertrand du Glaiequin*, du XIVe siècle, une bible du XVe siècle riche en miniatures, et plusieurs manuscrits chinois. Cette bibliothèque occupe deux vastes salles et un grand cabinet au second étage de la préfecture. La bibliothèque du séminaire, riche de 15,000 volumes; celles de l'évêché, du tribunal civil, de la préfecture. — Le musée occupe trois grandes galeries et un salon de la préfecture; on y voit une collection des productions naturelles du département, des armures du moyen âge, diverses antiquités romaines, de beaux vitraux coloriés, et plusieurs tableaux du Guide, d'Albert Durer, de Teniers, de Van Dyck, de Vander Meulen, de l'Albane, un beau portrait en cuivre émaillé de Geoffroy Plantagenet, un soleil couchant de M. Jolivard aîné, etc., etc. — Sur la principale place s'élève une halle de forme circulaire, qui a remplacé en 1822 une vaste halle en bois dont la construction remontait à l'année 1568.

Biographie. Le Mans est le lieu de naissance.

De HENRI II, duc de Normandie et d'Aquitaine, et ensuite roi d'Angleterre.

Des maréchaux de France, COSSÉ DE BRISSAC, ARTUS DE COSSÉ et CH. DE COSSÉ.

Du comte DE TRESSAN, romancier et littérateur.

Du bibliographe LA CROIX DU MAINE.

Du médecin et botaniste MORIN.
Du célèbre sculpteur GERMAIN PILON.
Du publiciste et financier FORBONNAIS.
Du médecin et naturaliste DESPORTES.
De l'auteur dramatique MICH. DE BONNEVAL.
Du comte DE TILLÉ, de MOUTONNET, de CLAIRFONS, de J.-R. BAZIN, de l'abbé PICHON, de M. MAHERAULT, littérateurs.

INDUSTRIE. Fabriques de toiles, grosses étoffes de laine, bougie, dentelles, savon vert, bonneterie et couvertures de laine. Ateliers de marbrerie. Blanchisseries de toiles et de cire. Filatures de laine. Papeterie. Tanneries, corroieries et mégisseries. — *Commerce* considérable de toiles, fil, vieux linge, fer, sel, vins, eau-de-vie, marrons, noix, maïs, haricots, huiles, plumes, cire jaune et blanche, bestiaux, porcs, moutons, volaille estimée, etc. Centre du commerce de grains, de trèfle et de luzerne. — *Foires* le vendredi après le 1er janv., et les vendredis dernier de janv., 3e de fév., juin, juillet, août, 3e après la Toussaint, jeudi de la mi-carême, 4e vendredi d'avril, 2e de déc. et les surlendemains de Pentecôte et de Toussaint.

A 214k. S.-O. de Paris, long. occ. 2° 8′ 40″; lat. 48° 0′ 30″.

L'arrondissement du Mans est composé de 10 cantons : Ballon, Conlie, Ecommoy, Loué, le Mans (1er canton), le Mans (2e canton), le Mans (3e canton), Montfort, Sillé-le-Guillaume et la Suze.

Bibliographie. *Dissertation sur l'ancien nom du Mans* (Hist, de l'acad. roy. des inscriptions et belles-lettres, t. XIX, p. 509 ; t. XX, p. 373).

* *L'Invasion de la ville du Mans par les religionnaires en* 1562 (conversation par écrit à M. D. R. A. C., in-8, 1567).

BODREAU (Julien). *Priviléges de la ville du Mans* (imprimés avec son Commentaire sur la coutume du Mans, in-f°, 1645).

CAUVIN (Th.). *Essai sur la statistique de l'arrondissement du Mans*, in-12, 1833.

— *Essai sur l'armorial du diocèse du Mans*, in-12, 1840.

— *Recherches sur les établissements de charité et d'instruction publique du diocèse du Mans*, in-12, 1825.

Entrée du roi Louis XIII et de la reine Marie de Médicis dans la ville du Mans (imprimée au t. I du Cérémonial de Godefroy, p. 969, et au t. III du Mercure français).

RICHET. *Le Mans ancien et moderne et ses environs*, in-18, 1830.

LEBRUN (J.-C.). *Essai de topographie médicale de la ville du Mans et de ses environs*, in-8, 1812.

DESPORTES. *Description de la ville du Mans, et Guide du voyageur dans la Sarthe*, in-18.

PALLU (H.). *Dissertation sur l'antiquité des verrières de la cathédrale du Mans*, etc. (Bull. de Caumont, t. VII, p. 359).

HUCHER. *Note sur les statues du portail byzan-*

tin de la cathédrale du Mans (Bul. de M. de Caumont, t. VIII, p. 38).

Mémoires de la société royale d'agriculture, sciences et arts du Mans, in-8, 1829-41.

MANSAC, vg. *Corrèze* (Limousin), arr. et à 16 k. de Brives, cant. et ⊠ de l'Arche. Pop. 1,224 h.

MANSAN, vg. *H.-Pyrénées* (Gascogne), arr. et à 21 k. de Tarbes, cant. et ⊠ de Rabastens. Pop. 134 h.

MANSAT, vg. *Creuse* (Marche), arr., cant., ⊠ et à 4 k. de Bourganeuf. Pop. 305 h.

MANSE (la), vg. *Gers*, comm. de Roquebrune, ⊠ de Vic-Fézensac.

MANSEMPUY, vg. *Gers* (Armagnac), arr. et à 29 k. de Lectoure, cant. et ⊠ de Mauvezin. Pop. 320 h.

MANSENCOMME, vg. *Gers* (Armagnac), arr., cant. et à 10 k. de Condom, ⊠ de Valence. Pop. 250 h.

MANSES, *Ariége*. V. PORTES.

MANSIGNE, bg *Sarthe* (Anjou), arr. et à 18 k. de la Flèche, cant. et ⊠ de Poutvalin. Pop. 2,626 h.

MANSLE, petite ville, *Charente* (Angoumois), arr. et à 20 k. de Ruffec, chef-l. de cant. Cure. Gîte d'étape. ⊠. ⚘. A 418 k. de Paris pour la taxe des lettres. Pop. 1,857 h. — TERRAIN jurassique, étage moyen du système oolitique.

Autrefois diocèse d'Angoulême, parlement de Paris, intendance de la Rochelle, élection de Cognac.

Cette ville est située au milieu de belles prairies, sur la Charente; que l'on y passe sur un pont fort élevé.

Commerce considérable de grains, vins et eau-de-vie. — *Foires* le 3 mars et le 25 de chaque mois: celles du 25 mars et du 25 sept. durent trois jours.

MANSON, vg. *Puy-de-Dôme*, comm. de St-Genest-Champanelle, ⊠ de Clermont-Ferrand.

MANSONVILLE, vg. *Tarn-et-Garonne* (Armagnac), arr. et à 26 k. de Castel-Sarrasin, cant. de Lavit, ⊠ d'Auvillars. Pop. 926 h.
— *Foires* les 7 janv., 29 avril, 19 août et 21 oct.

MANSPACH, vg. *H.-Rhin* (Alsace), arr. et à 24 k. de Belfort, cant. et ⊠ de Dannemarie. Pop. 475 h.

MANT, bg *Landes* (Gascogne), arr. et à 24 k. de St-Sever, cant. et ⊠ d'Hagetmau. Pop. 893 h.

MANTAILLE, vg. *Drôme*, comm. d'Anneyron, ⊠ de St-Vallier.

MANTALA (lat. 46°, long. 24°). « Ce lieu n'a rien de commun que le nom avec celui qui est plus connu par la tenue d'un concile, l'élévation de Boson sur le trône d'Arles; l'an 879, et qui a été depuis une maison de plaisance des Dauphins, à quelque distance du Rhône au-dessous de Vienne. Le *Mantala* dont il s'agit ici est placé dans l'Itinéraire d'Antonin et dans la Table théodosienne sur une route qui en partant de Vienne, conduit par la Ta-

rentaise jusqu'au passage de l'*Alpis Graïa*, ou du petit St-Bernard. La distance est marquée XVI à l'égard de *Lemincum*, dont on connaît la position dans celle de *Lemens*, vis-à-vis de Chambérri; et cette distance, en circulant dans un pays montueux, s'arrête à un lieu nommé Gressi, près de l'Isère, et dominé par une ancienne habitation, dont le nom de Montailleu conserve beaucoup d'analogie à celui de *Mantala*.» D'Anville. *Notice de l'ancienne Gaule*, p. 432.

MANTALLOT, vg. *Côtes-du-Nord* (Bretagne), arr., ⊠ et à 15 k. de Lannion, cant. de la Roche-Derrien. Pop. 383 h.

MANTELIN, vg. *Ardèche*, comm. de Brossaine, ⊠ du Péage.

MANTELONIÈRE (la), vg. *Eure*, comm. de Cintray, ⊠ de Breteuil.

MANTENAY-MONTLIN, vg. *Ain* (Bresse), arr. et à 25 k. de Bourg-en-Bresse, cant. et ⊠ de St-Trivier-de-Courtes. Pop. 715 h.

MANTES, MANTES-SUR-SEINE, ou MANTES-LA-JOLIE, *Meduntu*, *Petro Mantalum*, jolie petite ville, *Seine-et-Oise* (Beauce), chef-l. de sous-préfecture (1er arr.) et d'un cant. Cure. Ecole secondaire ecclésiastique. Gîte d'étape. Station du chemin de fer de Paris à Rouen. ⊠. ⚘. Pop. 4,280 h. — TERRAIN tertiaire moyen.

Mantes est une ville fort ancienne, dont on prétend que les druides furent les fondateurs; c'était autrefois une place forte autour de laquelle on remarque encore des tours et des bastions qui ont échappé à l'injure du temps. — Au XIe siècle il existait dans ce lieu un château nommé Medunta. En 1087 Guillaume le Conquérant faisant la guerre à Philippe Ier, roi de France, et se dirigeant sur Paris, passa par Mantes, se jeta dans le château qu'il réduisit en cendres, s'empara de la ville, et massacra tous les habitants sans épargner les femmes ni les enfants, et la réduisit en cendres; enfin il tua, pilla et brûla tout ce qu'il rencontra jusqu'à ce qu'il fût arrivé à l'église Notre-Dame de Paris. — En 1110 Mantes reçut de Louis le Gros une charte de commune qui ne fit que confirmer ce qui existait déjà depuis plus d'un siècle; il commit le gouvernement de la ville à un maire et à douze pairs notables, élus par les bourgeois et les marchands. — Charles le Mauvais, ayant eu de Charles V le comté de Mantes, établit sa résidence ordinaire dans cette ville. Les Anglais la prirent vers le milieu du XIVe siècle; du Guesclin la reprit en 1363, mais elle retomba au pouvoir des Anglais, qui la conservèrent jusqu'en 1449, époque où elle leur fut enlevée par les officiers de Charles VII. Le roi Philippe Auguste en fit sa place d'armes et le lieu de réunion des grandes assemblées du royaume; il y mourut le 25 juillet 1223, à l'âge de cinquante-huit ans, et son coeur fut déposé au pied du grand autel de Notre-Dame. Henri IV y fit de fréquents séjours après qu'elle se fut rendue à ce monarque, en 1560.

Les armes de **Mantes** sont *d'azur à la demi-fleur de lis d'or mouvante du deuxième qui est de gueules au demi-chêne de sinople* feuillé de même, chargé de trois glands d'or.

Avant la révolution, cette ville renfermait plusieurs paroisses et un grand nombre d'établissements religieux. On n'a conservé que l'église Notre-Dame, remarquable par la délicatesse du travail de son architecture, et la belle tour de l'église de St-Maclou, regardée comme un monument précieux d'architecture gothique. On attribue à Tibère II, empereur d'Orient en 516, la fondation de cette église, classée récemment au nombre des monuments historiques. Cependant, en examinant attentivement le style de l'architecture de cet édifice, on reconnaît qu'il doit être considéré comme un ouvrage du XIIIe siècle. On croit que la reine Blanche, mère de saint Louis, et Marguerite de Provence, épouse de ce roi, concoururent à l'embellissement de cette église, dont on attribue la couverture à Thibault IV, comte de Champagne, roi de Navarre, gendre de saint Louis et seigneur de Mantes.

Mantes a deux hôpitaux, l'hôtel-Dieu, destiné aux malades, et l'hospice, servant de refuge aux vieillards et aux indigents.

Cette ville est dans une charmante situation, sur la rive gauche de la Seine, qui la sépare du bourg de Limay, avec lequel elle communique par deux beaux ponts de pierre, séparés par une île que forme cette rivière. Elle possède plusieurs fontaines publiques, alimentées par une source abondante située de l'autre côté de la rivière, près du bourg de Limay. Mais ce qui contribue le plus à l'embellissement de Mantes, c'est le pont qui traverse le bras gauche de la Seine, et dans l'axe duquel une rue alignée, de 10 m. de large, traverse toute la ville. Avant 1756 il n'y avait en ce lieu qu'un mauvais pont de 13 arches, dont la plus grande n'avait que 10 m. d'ouverture, ce qui rendait très-périlleux le passage des bateaux qui ont ordinairement 9 m. de bord. Le projet du nouveau pont fut dressé, sous le ministère de Trudaine, par Huppeau, premier ingénieur des ponts et chaussées, commencé en 1756 et suspendu par les malheurs de la guerre; la construction de ce pont fut continuée en 1763 par Perronnet, après la mort de Huppeau, et terminée en 1765: il a coûté 612,000 livres. — Le pont de Mantes se compose de 3 arches surbaissées, décrites de 11 centres : celle du milieu a 40 m. d'ouverture, et les autres 35 m. Les piles ont 26 m. d'épaisseur, les allées 9 m. La hauteur de ce pont est de 12 m. sous le couronnement. La naissance des arches est à 1 m. sous l'étiage ou niveau des plus basses eaux, la grande arche a 10 m. de flèche, et les autres 11 m.; la largeur du pont est de 11 m. entre les têtes, et 11 m. d'un parapet à l'autre.

Le pont de Limay, qui traverse le bras droit de la Seine, porte aussi le nom de Fayol, qui est celui de l'ingénieur qui l'a bâti sous le ministère du contrôleur général Orry. Ce pont a 13 arches et communique au bourg de Limay. — Les bords de la Seine offrent, dans les environs de Mantes, de très-jolies promenades: l'une est nommée l'île Champion, l'autre des Cordeliers; les arbres y sont de la plus belle végétation et d'une grande élévation. Il y a sur cette rivière quatre moulins à farine; le ru de Vaucouleurs, qui s'y réunit en fait tourner trois autres : en un mot, cette ville mérite toute l'attention des étrangers et des voyageurs curieux. — Bibliothèque publique 3,400 vol.

Biographie. Patrie de GERMAIN-ANTOINE GUYOT, avocat célèbre par ses écrits sur les droits féodaux, mort en 1750.

De ROBERT PITRON, savant ingénieur, mort en 1750.

Du célèbre musicien NIC. BERNIN.

De l'ingénieur et opticien CHEVALLIER.

Du médecin PRUDHOMME.

Du romancier LEPEINTRE.

De A.-L.-T. RAVINET, auteur d'un dictionnaire hydrographique de la France.

INDUSTRIE. Fabriques de cuirs, tanneries, et brasseries renommées, salpêtrière royale; nombreux moulins à farine.

Commerce de grains, vins, cuirs. — Foires de trois jours le mercredi après le 22 juil., et le 14 sept., le 9 oct. et mercredi après la St-André.

A 44 k. de Versailles, 58 k. de Paris.

L'arrondissement de Mantes est composé de 5 cantons: Mantes, Bonnières, Houdan, Limay et Magny.

Bibliographie. Remarques historiques sur la ville de Mantes (Nouvelles Recherches sur la France, 1766, in-12, p. 435-466 du t. I).

CASSAN (A.). Antiquités gauloises et gallo-romaines de l'arrondissement de Mantes, in-8, fig.

— Statistique de l'arrondissement de Mantes, in-8, 1833.

* Deux Mots sur la statistique de l'arrondissement de Mantes, suivis d'un essai de statistique, in-8, 1834.

MANTES-LA-VILLE, vg. Seine-et-Oise (Ile-de-France), arr., cant., et à 2 k. de Mantes. Pop. 938 h. — Le faubourg St-Lazare de la ville de Mantes fait partie de cette commune, ainsi que le château de Villiers, le hameau de Chantereine et douze moulins à farine sur le ru de Vaucouleurs.

MANTET, vg. Pyrénées-Or. (Roussillon), arr. et à 36 k. de Prades, cant. et ✉ d'Olette. Pop. 133 h.

MANTEYER. V. MENTEYER.

MANTHE, vg. Drôme, comm. et ✉ de Moras.

MANTHELAN, vg. Indre-et-Loire (Touraine), arr. et à 16 k. de Loches, cant. de Ligueil. ✿. A 265 k. de Paris pour la taxe des lettres. Pop. 1,230 h. — Foires les 25 avril et 21 oct.

MANTHELON, vg. Eure (Normandie), arr. et à 17 k. d'Evreux, cant. et ✉ de Damville. Pop. 325 h.

MANTHEVILLE, vg. Seine-Inf. (Normandie), arr. du Havre, cant. et ✉ de Goderville. Pop. 329 h.

MANTILLY, Mantile, vg. Orne (Normandie), arr., ✉ et à 15 k. de Domfront, cant. de Passais. Pop. 2,570 h.

MANTOCHE, vg. H.-Saône (Franche-Comté), arr., ✉ et à 6 k. de Gray, cant. d'Autrey. Pop. 1,013 h.

MANTRAI, vg. Deux-Sèvres, comm. d'Azai-Brûlé, ✉ de St-Maixent.

MANTRY, vg. Jura (Franche-Comté), arr. et à 18 k. de Lons-le-Saulnier, cant. et ✉ de Sellières. ✿. Pop. 1,394 h.

MANVIEU (St-), bg Calvados (Normandie), arr. et à 11 k. de Caen, cant. de Tilly-sur-Seulles, ✉ de Bretteville-l'Orgueilleuse. Pop. 888 h.

MANVIEU (St-), vg. Calvados (Normandie), arr. et à 9 k. de Vire, cant. et ✉ de St-Sever. Pop. 650 h.

MANVIEUX, vg. Calvados (Normandie), arr. et à 9 k. de Bayeux, cant. et ✉ de Ryes. Pop. 174 h.

MANY, ou NIDERUNG, vg. Moselle (pays Messin), arr. et à 35 k. de Metz, cant. et ✉ de Faulquemont. Pop. 423 h.

MANZAC, vg. Dordogne (Périgord), arr. et à 19 k. de Périgueux, cant. et ✉ de St-Astier. Pop. 981 h.

MANZAT, vg. Puy-de-Dôme (Auvergne), arr., bureau d'enregist. et à 20 k. de Riom, chef-l. de cant. Cure. ✉. A 382 k. de Paris pour la taxe des lettres. Pop. 1,986 h. — TERRAIN cristallisé ou primitif. — Foires les 26 mars et 4 juin.

MANZIAT, bg Ain (Bresse), arr. à 36 k. de Bourg-en-Bresse, cant. de Bagé, ✉ de Mâcon. Pop. 1,542 h.

MAQUELINE, vg. Oise, comm. et ✉ de Betz.

MAQUENOM, vg. Moselle, comm. d'Yutz-Basse, ✉ de Thionville.

MAQUENS, vg. Aude, comm. et ✉ de Carcassonne.

MARAC, vg. H.-Marne (Champagne), arr., cant., ✉ et à 18 k. de Langres. Pop. 472 h.

— Foire le 30 déc.

MARAINVILLE, vg. Vosges (Lorraine), arr. et à 15 k. de Mirecourt, cant. et ✉ de Charmes. Pop. 258 h.

MARAINVILLER, vg. Meurthe (Lorraine), arr., cant., ✉ et à 9 k. de Lunéville. Pop. 732 h.

MARAIS (le), vg. Calvados (Normandie), arr., ✉ et à 13 k. de Falaise, cant. de Coulibœuf. Pop. 297 h.

MARAIS (le), vg. Eure, comm. de Gros-Theil, ✉ du Neubourg.

MARAIS (les), vg. Eure, comm. de Houlbec, ✉ de Bourg-Théroulde.

MARAIS (le), vg. Isère, comm. de Valencogne, ✉ de Virieu.

MARAIS (les), vg. Loiret, comm. et ✉ de Meung-sur-Loire.

MARAIS (le), vg. Oise, comm. de St-Martin-le-Nœud, ✉ de Beauvais.

MARAIS (le), vg. Pas-de-Calais, comm. d'Allouagne, ✉ de Lillers.

MARAIS (le), vg. Seine-et-Marne, comm. de Jouy-sur-Morin, ✉ de la Ferté-Gaucher.

MARAIS (le), vg. *Seine-et-Oise*, comm. et ✉ d'Argenteuil.

MARAIS (le), vg. *Seine-et-Oise*, comm. de Juziers, ✉ de Meulan.

MARAIS (Petit-), vg. *Seine-Inf.*, comm. de Pont, ✉ d'Eu.

MARAIS, vg. *Seine-Inf.*, comm. de Sahurs, ✉ de Grand-Couronne.

MARAIS (le), vg. *Seine-Inf.*, comm. de St-Pierre-de-Manneville, ✉ de Grand-Couronne.

MARAIS-A-BOCHE, vg. *Nord*, comm. de Hergnies, ✉ de Condé-sur-l'Escaut.

MARAIS-D'ELNO, vg. *Nord*, comm. de Hergnies, ✉ de Condé-sur-l'Escaut.

MARAIS-DES-ALOUETTES, vg. *Nord*, comm. de Hergnies, ✉ de Condé-sur-l'Escaut.

MARAIS-DE-VILLIERS (le), vg. *Seine*, comm. et ✉ de Montreuil-sous-Bois.

MARAIS-DU-CURÉ, vg. *Nord*, comm. de Hergnies, ✉ de Condé-sur-l'Escaut.

MARAIS-VERNIER (le), vg. *Eure* (Normandie), arr., ✉ à 11 k. de Pont-Audemer, cant. de Quilleboeuf. Pop. 646 h.

Ce village est formé de maisons éparses, entourées de vergers, disséminées sur un territoire marécageux, mais d'une prodigieuse fertilité, où l'on cultive principalement des légumes potagers renommés d'une énorme dimension ; par exemple, des navets et des carottes de 10 à 12 c. de diamètre, et des choux pesant 10, 15 et jusqu'à 30 kilog. Le Marais-Vernier est un vaste espace qui s'étend sur la rive gauche de la Seine, entre Quilleboeuf et la pointe de Laroque ; c'est un terrain en forme de fer à cheval, terminé au nord par la Seine, et enfermé à l'ouest, au midi et à l'est par une ceinture de coteaux d'environ 80 m. d'élévation. Son étendue est d'environ 3,600 hectares. La partie la plus basse est occupée par un lac, connu sous le nom de Grande-Mare, qui ne dessèche jamais, abonde en poissons, et est presque toujours couverte d'une nuée d'oiseaux aquatiques. Tout ce marais est divisé en propriétés particulières et en propriétés communales : la partie septentrionale renferme des pâturages d'un bon rapport. Au pied des coteaux sont les jardins potagers, formés de petits parallélogrammes environnés d'eau, où les cultivateurs abordent au moyen de longues perches, qui leur servent pour franchir les fossés et passer d'un jardin dans un autre.

Ce marais, qui lui-même doit sa dénomination à d'anciens seigneurs de la contrée, paraît avoir été formé à une époque reculée par un bouleversement considérable qu'attestent de nombreux débris, d'arbres couchés sous le sol. Quelques entreprises de dessèchement, ont eu lieu à diverses époques. Henri IV en particulier provoqua, vers 1607, la formation d'une compagnie de Hollandais auxquels on doit la digue qui, réparée plusieurs fois, existe encore aujourd'hui. De grands travaux seraient nécessaires pour achever cette opération.

On doit visiter aux environs de ce village la pointe de Laroque, où l'on remarque un vaste retranchement connu sous le nom de *camp des Anglais* ; et la grotte de St-Béranger.

MARAMBAT, vg. *Gers* (Armagnac), arr. et à 23 k. de Condom, cant. d'Eauze, ✉ de Vic-Fézensac. Pop. 437 h.

MARANCOURT, vg. *Seine-et-Oise*, comm. de St-Cyr-la-Rivière, ✉ d'Étampes.

MARANDEUIL, vg. *Côte-d'Or* (Bourgogne), arr. et à 27 k. de Dijon, cant. et ✉ de Pontailler-sur-Saône. Pop. 140 h.

MARANGE (forêt de), *Charente*, comm. de Hiersac, ✉ d'Angoulème.

MARANGE-SILVANGE, vg. *Moselle* (pays Messin), arr., cant., ✉ à 15 k. de Metz. Pop. 949 h.

MARANGE-ZONDRANGE, ou MÉRINGEN, vg. *Moselle* (pays Messin), arr. et à 30 k. de Metz, cant. et ✉ de Faulquemont. P. 429 h.

MARANGEA, vg. *Jura* (Franche-Comté), arr. et à 20 k. de Lons-le-Saulnier, cant. et ✉ d'Orgelet. Pop. 115 h. — On voit des grottes curieuses et très-vastes, qui méritent d'être visitées.

MARANGIS, *Seine-et-Marne*, comm. de Vernou, ✉ de Moret.

MARANS, *Marantium*, autrefois ALIGRE, jolie petite ville maritime, *Charente-Inf.* (Aunis), arr. et à 23 k. de la Rochelle, chef-l. de cant. Cure. Vice-consulats étrangers. Syndicat maritime. ✉. ⟡. A 480 k. de Paris pour la taxe des lettres. Pop. 4,713 h. — TERRAIN d'alluvions modernes. — *Établissement de la marée*, 3 heures 40 minutes.

Autrefois diocèse, intendance et élection de la Rochelle, parlement de Paris.

Cette ville est très-bien bâtie, propre et bien percée ; la principale rue est bordée de trottoirs. Elle est avantageusement située, dans un pays entrecoupé de canaux, au confluent de la Sèvre niortaise et de la Vendée : cette dernière y forme une des belles rades foraines de la France. Les bâtiments de cent tonneaux et au-dessous peuvent seuls se mettre au quai ; ceux d'un tonnage supérieur opèrent leurs chargements et déchargements au bas de la rivière, où ils sont en sûreté. La marée monte jusqu'à l'endroit dit le Gouffre, 4 k. au-dessus de la ville. On travaille en ce moment à l'établissement d'un canal maritime à grandes sections depuis Marans jusqu'à l'extrémité inférieure de l'anse du Brault, et débouchant dans la partie du fleuve qui est constamment navigable. Ce canal, propre à la navigation des navires de 300 tonneaux, sera terminé par une écluse à doubles portes d'èbe et de flot ; il formera un véritable bassin à niveau constant, et d'un tirant d'eau suffisant pour les mouvements de la navigation.

La ville de Marans et son territoire se trouvaient autrefois dans une espèce d'île, entourée de marais impraticables, où l'on ne pouvait aborder par mer que par un chemin établi sur les terres hautes. Cette position a été importante pendant les guerres de religion dont l'Aunis fut longtemps le théâtre. Marans, qui était alors une place forte, fut prise et reprise plusieurs fois par les deux partis, notamment en 1586 et en 1587. Henri IV, qui n'était alors que roi de Navarre, s'en empara en 1588. Ce fut après cette victoire que le roi écrivit à la belle Corisandre d'Andouin la lettre suivante, qui fera juger de l'ancien état des lieux :

« J'arrivai hier au soir de Marans, où j'étois allé pour pourvoir à la seureté d'icelui : ah, que je vous y souhaitois ! C'est le lieu le plus selon votre humeur que j'aye jamais vu ; pour ce seul respect suis-je après à l'échanger ; c'est une île renfermée de marais boscageux, de cent en cent pas il y a des canaux pour aller charger le bois par basteaux ; l'eau claire peu coulante ; les canaux de toutes largeurs ; parmi ces déserts, mille jardins où l'on ne va que par basteau. L'île a deux lieues de tour, ainsi environnée. Passe une rivière au pied du chasteau, au milieu du bourg qui est aussi logeable que Pau (1) ; peu de maisons qui n'entre de sa porte dans son petit basteau. Cette rivière s'étend en deux bras qui portent non-seulement de grands basteaux, mais des navires de 50 tonneaux y viennent : il n'y a que deux lieues jusqu'à la mer ; certes, c'est un canal et non une rivière..... C'est un lieu de grand trafic ; tout par basteaux ; la terre très-pleine de blé et très-beaux, etc. »

Les marais productifs, au milieu desquels Marans est située, s'étendent au sud au delà de la ville, et sont une continuation des immenses marais de la Vendée, que nous décrirons en parlant de ce département. C'est à l'industrie et au génie cultivateur de MM. Siette et Filastre, Hollandais de nation, que la France doit la culture d'un terrain de plus de 80 k. de diamètre, situé dans ces parages. Combien de peines, de patience et d'argent n'a-t-il pas fallu à ces novateurs pour parvenir au but qu'ils se proposaient ! La mer a reçu des barrières, et, par des égouts d'une pente facile, on l'a forcée de recevoir le surcroît des eaux des marais mouillés. On a formé de terre et de gazon des digues énormes en largeur et d'une étendue de plusieurs kilomètres, qui servent à détourner les eaux du terrain de dessèchement ; et comme leur volume est trop considérable pour espérer de les chasser en entier, on leur a creusé des lits de différentes longueurs, divisés et sous-divisés, pour leur donner une pente facile, ou un cours naturel dans les ceintures ou grands canaux qui conduisent les eaux à la mer. Toutes ces divisions et sous-divisions des canaux multipliés qui entrecoupent des marais obligent tous les particuliers à avoir plusieurs bateaux de diverses grandeurs. On fait en bateaux la visite de ses possessions ; c'est en bateau qu'on va voir ses amis ; enfin sans bateau on serait prisonnier dans sa maison. — Les marais mouillés le sont pendant six mois de l'année ; lorsque les eaux se retirent, ils sont chargés d'herbes succulentes qui servent à l'engrais de nombreux troupeaux, ou ensemencés de divers grains, dont les produits abondants comblent les espérances du cultivateur. — La longue stagnation des eaux dans ces pays en exclut presque absolument les bois ; les aubiers, les saules, les peupliers, sont les seuls arbres de

(1) Le château de Marans, qui était défendu par trois forts, fut rasé en 1638.

chauffage qui y puissent croître. Toutefois la disette de ce mauvais bois de chauffage est si grande, que le cultivateur est forcé d'amasser avec soin les excréments de son bétail, d'en faire des gâteaux, qui, séchés au soleil, servent ensuite à faire du feu pour les besoins de son ménage.

Le port de Marans est l'un des marchés des céréales les plus importants de l'ouest de la France. Les exportations en grains s'y élèvent annuellement à plus de 4 millions de francs. Ce port communique par la Sèvre niortaise avec la rade de l'Aiguillon.

Les **armes de Marans** sont : *d'azur semé de croix recroisetées, au pied fiché d'or; à un croissant montant d'argent sur le tout.*

Commerce considérable de grains, légumes secs, graines oléagineuses, de luzerne et trèfle, de vin, eaux-de-vie, chanvre, lin, bois, merrain, feuillards, cercles et surtout de farines dites *minot*, recherchées pour leur excellente qualité ; on en exporte jusqu'aux Indes orientales. — Dépôt de bois de construction pour la marine royale et marchande. — Entrepôt de sel provenant des marais salants exploités aux environs.—Foires le 1er mardi de fév., d'avril de juin, de sept. et de nov. (cette dernière dure 3 jours).

Bibliographie. *Discours sommaire des choses les plus mémorables qui se sont passées ès sièges, surprises et reprises de l'isle Marans en Aulnis, ès années* 1585, 1586 et 1587 (tom. II des Mémoires de la Ligue, p. 52).

MARANS, vg. *Maine-et-Loire* (Anjou), arr., cant., ✉ et à 7 k. de Segré. Pop. 675 h.

MARANSIN, bg *Gironde* (Guienne), arr. et à 23 k. de Libourne, cant. de Guîtres, ✉ de Coutras. Pop. 1,188 h. — Foires le mardi avant les 24 juin, 17 juillet, 40 août et 18 sept.

MARANT, vg. *Pas-de-Calais* (Picardie), arr., ✉ et à 8 k. de Montreuil-sur-Mer, cant. de Campagne-lès-Hesdin. Pop. 175 h.

MARANVILLE, vg. *H.-Marne* (Champagne), arr. et à 25 k. de Chaumont-en-Bassigny, cant. de Juzennecourt, ✉ de Clairvaux. Pop. 527 h.

MARAT, vg. *Puy-de-Dôme* (Auvergne), arr. et à 15 k. d'Ambert, cant. d'Olliergue, ✉ de Cunlhat. Pop. 3,057 h.

MARAT, vg. *H.-Saône* (Franche-Comté), arr. et à 20 k. de Lure, cant. et ✉ de Villersexel. Pop. 219 h.

MARATHON, nom donné pendant la révolution à la ville de St-Maximin (*Var*).

MARATS (les), vg. *Meuse* (Lorraine), arr., ✉ et à 14 k. de Bar-le-Duc, cant. de Vaubécourt. Pop. 509 h.

MARAUCOURT, vg. *Ardennes*, comm. de Vrigne-aux-Bois, ✉ de Sedan.

MARAULT, vg. *H.-Marne* (Champagne), arr. et à 10 k. de Chaumont-en-Bassigny, cant. et ✉ de Vignory. Pop. 572 h.

MARAUSSAN, vg. *Hérault* (Languedoc), arr., cant., ✉ et à 7 k. de Béziers. P. 969 h. — Il est situé dans un territoire fertile en excellents vins muscats. — On y remarque les châteaux de Perdiguier et de Liron.

MARAVALS, vg. *H.-Garonne*, comm. de Montlaur, ✉ de Baziège.

MARAVAT, vg. *Gers* (Armagnac), arr. et à 25 k. de Lectoure, cant. et ✉ de Mauvezin. Pop. 301 h.

MARAY, vg. *Loir-et-Cher* (Blaisois), arr. et à 18 k. de Romorantin, cant. et ✉ de Mennetou-sur-Cher. Pop. 553 h.—Foire le 14 sept.

MARAYE-EN-OTHE, *Maraia*, vg. *Aube* (Champagne), arr. et à 30 k. de Troyes, cant. d'Aix, ✉ de St-Mards-en-Othe. Pop. 1,199 h.

MARBACHE, vg. *Meurthe* (Lorraine), arr., cant., ✉ et à 15 k. de Nancy. Pop. 673 h.

MARBAIX, vg. *Nord* (Flandre), arr., cant., ✉ et à 7 k. d'Avesnes. Pop. 975 h.—Exploitation de carrières de marbre noir pâle, fond noir bleu taché de blanc, et de pierre bleue pour la bâtisse et les arts.

MARBEUF, *Marbo, Marbodium, Marbotum*, bg *Eure* (Normandie), arr. et à 20 k. de Louviers, cant. et ✉ du Neubourg. Pop. 468 h.

MARBÉVILLE, vg. *H.-Marne* (Champagne), arr. et à 29 k. de Chaumont-en-Bassigny, cant. et ✉ de Vignory. Pop. 322 h.

MARBOIS, vg. *Seine-et-Oise*, comm. de Videlles, ✉ de la Ferté-Aleps.

MARBORÉ (le), montagne du dép. des H.-Pyrénées, située sur la jonction des frontières de l'Espagne et de la France. Elle est continuellement couverte de neige et forme comme une immense muraille de 150 à 170 m. de hauteur. — V. GAVARNIE.

MARBOTTE, vg. *Meuse* (Lorraine), arr. et à 8 k. de Commercy, cant. et ✉ à 8 k. de St-Mihiel. Pop. 156 h.

MARBOUÉ, vg. *Eure-et-Loir* (Beauce), arr., cant., ✉ et à 5 k. de Châteaudun. Pop. 1,024 h. — En 1834 on a trouvé dans ses environs une mosaïque dont la partie supérieure représente deux génies ailés tenant un médaillon sur lequel trouvé une inscription romaine.

MARBOZ, bg *Ain* (Bresse), arr. et à 19 k. de Bourg-en-Bresse, cant. et ✉ de Coligny, près du Sevron. Pop. 2,664 h. Foires les 7 janv., 30 avril, 7 août et 25 oct.

MARBY, vg. *Ardennes* (Champagne), arr. et à 15 k. de Rocroy, cant. de Rumigny, ✉ de Maubert-Fontaine. Pop. 286 h.

MARC (St-), vg. *Cantal* (Auvergne), arr., ✉ et à 20 k. de St-Flour, cant. de Ruines. Pop. 404 h.

MARC (St-), vg. *Charente-Inf.* (Aunis), arr. et à 28 k. de Rochefort, cant. et ✉ de Surgères. Pop. 1,404 h.

MARC (St-), vg. *Finistère* (Bretagne), arr., cant., ✉ et à 4 k. de Brest. Pop. 1,144 h.

MARC (St-), vg. *Loiret*, comm. et ✉ d'Orléans.

MARC (St-), ou ST-MARX, *Puy-de-Dôme*. V. CHAMALIÈRES.

MARC (St-), vg. *Somme*, comm. et ✉ de Valines.

MARC-A-FRONGIER (St-), vg. *Creuse* (Marche), arr., cant., ✉ et à 5 k. d'Aubusson. Pop. 995 h.

MARCAIS, vg. *Cher* (Bourdonnais), arr.,

cant., ✉ et à 41 k. de St-Amand-Montrond. Pop. 573 h.

MARÇAL (St-), vg. *Pyrénées-Or.* (Roussillon), arr. et à 28 k. de Céret, cant. et ✉ d'Arles-sur-Tech. Pop. 603 h.

MARC-A-LOUBAUD (St-), vg. *Creuse* (Marche), arr. et à 18 k. d'Aubusson, cant. de Sentioux, ✉ de Felletin. Pop. 598 h.

MARCAMPS, vg. *Gironde* (Guienne), arr. et à 18 k. de Blaye, cant. et ✉ de Bourg-sur-Gironde. Pop. 419 h.

MARCAN (St-), vg. *Ille-et-Vilaine* (Bretagne), arr. et à 31 k. de St-Malo, cant. de Pleine-Fougères, ✉ de Dol. Pop. 738 h.

MARCARERIE, vg. *Meurthe*, comm. de Taspervillers, ✉ de Lorquin.

MARÇAY, vg. *Indre-et-Loire* (Touraine), arr., ✉ et à 8 k. de Chinon, cant. de Richelieu. Pop. 690 h.

MARÇAY, vg. *Vienne* (Poitou), arr. et à 16 k. de Poitiers, cant. et ✉ de Vivonne. Pop. 864 h.

MARC-DE-COULONGES (St-), vg. *Orne*, comm. de St-Ouen-de-Sécherouvre, ✉ de Mortagne-sur-Huine.

MARC-DE-JAUMEGARDE (St-), vg. *Bouches-du-Rhône* (Provence), arr., cant. N., ✉ et à 7 k. d'Aix. Pop. 241 h. — On y voit un château anciennement fortifié pour défendre les gorges de Vauvenargues et d'Aix, qui a soutenu plusieurs sièges. Aux environs, sur un plateau élevé de 400 m. au-dessus de la mer, on remarque la tour dite des Signaux, qui correspondait avec celles du puy Sainte-Réparade et des Milles.

MARC-DE-VAUX (St-), vg. *Saône-et-Loire* (Bourgogne), arr. et à 15 k. de Chalon-sur-Saône, cant. de Givray, ✉ du Bourgneuf. Pop. 348 h.

MARC-DISSERTENS (St-), vg. *Tarn-et-Garonne*, comm. de Piquecos, ✉ de Montauban.

MARC-D'OUILLY (St-), bg *Calvados* (Normandie), arr. et à 19 k. de Falaise, cant. d'Harcourt-Thury, ✉ de Pont-d'Ouilly. Pop. 1,013 h.

MARC-DU-COR (St-), vg. *Loir-et-Cher* (Vendômois), arr. et à 23 k. de Vendôme, cant. et ✉ de Mondoubleau. Pop. 509 h.

MARCÉ, vg. *Indre-et-Loire*, comm. et ✉ de Bourgueil.

Il existe sur le territoire de cette commune plusieurs monuments celtiques, découverts récemment par M. Pierre Lambert, de Ste-Maure, consistant en un demi-dolmen, un tumulus de vaste dimension, et une grande quantité de blocs grossiers posés irrégulièrement à terre. — Le dolmen, incliné du côté du nord, est placé sur le penchant d'une côte, le tumulus et les pierres posées; la table s'étend sur une longueur de 4 m. 30 c. et sur une largeur moyenne de 2 m. 40 c.; elle porte sur un pilier haut d'environ 1 m. et long de 2 m. — Le tumulus, placé dans la plaine, est de forme conique et de très-vastes dimensions.

MARCÉ, vg. *Loir-et-Cher*, com. de Montrouveau, ✉ de Poncé.

MARCÉ, bg *Maine-et-Loire* (Anjou), arr. et à 17 k. de Baugé, cant. de Seiches, ✉ de Suette. Pop. 1,091 h.
MARCEAU (St-). V. ST-MARTIAL.
MARCEAU (St-), vg. *Ardennes* (Champagne), arr., et ✉ de Mézières, et à 7 h. de Charleville, cant. de Flize. Pop. 324 h.
MARCEAU (St-), ou LES PORTEREAUX, *Loiret*, comm. et ✉ d'Orléans.
MARCEAU (St-), bg *Sarthe* (Maine), arr. et à 31 k. de Mamers, cant. et ✉ de Beaumont-sur-Sarthe. Pop. 1,000 h.
MARCEI, vg. *Orne* (Normandie), arr. et à 13 k. d'Argentan, cant. et ✉ de Mortrée. Pop. 430 h.
MARCEL (St-), vg. *Ain* (Dombes), arr., cant., ✉ et à 17 k. de Trévoux. Pop. 252 h.
MARCEL (St-), vg. *Ardèche* (Vivarais), arr. à 56 k. de Tournon, cant. d'Annonay. Pop. 825 h.
MARCEL (St-), vg. *Aisne*, comm. et ✉ de Laon.
MARCEL (St-), vg. *Ardennes* (Champagne), arr. de Mézières, et à 12 k. de Charleville, cant. et ✉ de Renvez. Pop. 490 h.
MARCEL (St-), vg. *Aude* (Languedoc), arr., ✉ et à 13 k. de Narbonne, cant. de Ginestas. Pop. 698 h.
MARCEL (St-), vg. *Bouches-du-Rhône*, comm. et ✉ de Marseille.
MARCEL (St-), vg. *Dordogne* (Périgord), arr. à 24 k. de Bergerac, cant. et ✉ de la Linde. Pop. 518 h.
MARCEL (St-), vg. *Drôme* (Dauphiné), arr., ✉ et à 6 k. de Montélimart, cant. de Marsanne. Pop. 464 h. — *Foires* les 9 avril et 15 déc.
MARCEL (St-), vg. *Drôme*, comm. de Bourg-lès-Valence, ✉ de Valence.
MARCEL (St-), vg. *Eure* (Normandie), arr. à 33 k. d'Evreux, cant. et ✉ de Vernon. Pop. 810 h.
MARCEL (St-), vg. *Hérault*, comm. et ✉ de Mèze.
MARCEL (St-), petite ville, *Indre* (Berry), arr. à 27 k. de Châteauroux, cant. et ✉ d'Argenton-sur-Creuse. Pop. 2,072 h. Près de la Creuse.
La ville de St-Marcel a été formée des débris de l'antique cité d'Argentomagus. Vers le milieu du XV⁰ siècle c'était une ville fortifiée dont les ligueurs s'emparèrent en 1591. On rencontre fréquemment sur son territoire des débris de poteries romaines, des fragments de mosaïque, des vases, des statuettes, et au lieu nommé *le Virou* un mur de petit appareil dessine encore au-dessus du sol, l'enceinte demi-circulaire d'un théâtre romain, qui avait de largeur 78 m. et dont la longueur perpendiculaire en la corde de l'arc était de 94 m.
On voit dans une maison particulière de cette petite ville un monument dont il est difficile de déterminer l'âge et la destination première. C'est une salle carrée, à demi souterraine, dont les voûtes en plein cintre sont soutenues par un pilier central et par d'autres piliers engagés dans les angles et dans les faces latérales des murs. Dans un réduit attenant, on remarque une sorte de tombe ouverte et de petite dimension. Cette salle sert maintenant de cave. — *Foire* le 5 nov.

MARCEL (St-), vg. *Isère* (Dauphiné), arr. et à 43 k. de Grenoble, cant. du Touvet, ✉ de Chapareillan. Pop. 228 h.
MARCEL (St-), vg. *H.-Loire*, comm. d'Espaly, ✉ du Puy.
MARCEL (St-), vg. *Morbihan* (Bretagne), arr. et à 32 k. de Vannes, cant. de Questembert, ✉ de Malestroit. Pop. 452 h.
MARCEL (St-), vg. *Moselle* (pays Messin), arr. et à 17 k. de Briey, cant. de Conflans, ✉ de Mars-la-Tour. Pop. 207 h.
MARCEL (St-), vg. *Rhône* (Beaujolais), arr. à 30 k. de Villefranche-sur-Saône, cant. de Tarare. Pop. 670 h.
MARCEL (St-), vg. *Haute-Saône* (Franche-Comté), arr. à 39 k. de Vesoul, cant. de Vitrey, ✉ de Jussey. Pop. 438 h.
MARCEL (St-), vg. *Saône-et-Loire* (Bourgogne), arr., cant., ✉ et à 3 k. de Châlon-sur-Saône. Pop. 1,278 h.
Ce village a porté le nom d'Hubillac jusqu'à l'année 477, époque où saint Marcel y fut martyrisé. Gontran, roi de Bourgogne, y fonda une abbaye de bénédictins, où il fut inhumé, et dont il ne reste plus que l'église. C'est dans cette abbaye que l'infortuné et célèbre Abeilard termina ses jours le 21 avril 1142. Aussitôt après la mort de son époux, Héloïse demanda son corps avec tant d'instance à Pierre le Vénérable, abbé de Cluny, que celui-ci ne put le lui refuser; il se transporta, sous prétexte de quelques affaires, au prieuré de St-Marcel, et une nuit, pendant que les religieux reposaient, il fit exhumer le corps d'Abeilard, qu'il conduisit lui-même au Paraclet. Cette abbaye fut convertie en un simple prieuré que les calvinistes dévastèrent en 1562. Il s'y est tenu trois conciles, en 875, 887 et 915. Les bâtiments ont été détruits, à l'exception de l'église, reconstruite au XII⁰ ou au XIII⁰ siècle. — *Foires* les 12 mars et 3 sept.
MARCEL, vg. *Tarn* (Languedoc), arr. à 32 k. de Gaillac, cant. et ✉ de Cordes. Pop. 348 h.
C'était, vers le XIII⁰ siècle, un château, qui soutint un siège de plus d'un mois contre Simon de Montfort, qui fut contraint de se retirer; mais, l'ayant surpris quelque temps après, il le ruina de fond en comble. — Mine de manganèse.
MARCEL, vg. *Tarn*, comm. de Trévien, ✉ de Cramaux.
MARCEL-CAVE (St-), vg. *Somme* (Picardie), arr. à 25 k. d'Amiens, cant. de Corbie, ✉ de Villers-Bretonneux. Pop. 1,591 h. — Fabriques de bonneterie et de sucre indigène.
MARCEL-D'ARDÈCHE (St-), vg. *Ardèche* (Vivarais), arr. à 59 k. de Privas, cant. et ✉ du Bourg-St-Andéol. Pop. 600 h.
Ce bourg est bâti dans une admirable position, non loin de la rive droite du Rhône. On y jouit d'une vue charmante sur le bassin du Rhône, dont l'œil suit avec peine les contours divers; les îles nombreuses qui en contrarient le cours offrent le spectacle d'une végétation incomparable; au loin se dessinent les arches du pont St-Esprit; à l'est l'horizon s'élève en gradins pour se terminer dans les vapeurs par une ligne brisée que couronnent les pics des montagnes du Dauphiné et de la Savoie, dominées par le mont Ventoux, dont la cime arrondie et plus rapprochée attire les nuées et prépare les orages.
PATRIE du cardinal DE BERNIS.
Foires les 4 mai et 4 sept.
MARCEL-DE-BEL-ACCUEIL (St-), vg. *Isère* (Dauphiné), arr. de la Tour-du-Pin, cant., ✉ et à 9 k. de Bourgoin. Pop. 952 h. — *Foires* les 4 sept. et jour de la Pentecôte.
MARCEL-DE-CAREIRET (St-), vg. *Gard* (Languedoc), arr. à 16 k. d'Uzès, cant. et ✉ de Lussan. Pop. 669 h.
MARCEL-DE-CRUSSOL (St-), vg. *Ardèche* (Vivarais), arr. à 29 k. de Privas, cant. et ✉ de la Voulte. Pop. 952 h. — On y voit les restes d'un ancien château, qui était autrefois le siège d'une des douze baronnies du Vivarais.
MARCEL-DE-FÉLINES (St-), vg. *Loire* (Forez), arr. à 25 k. de Roanne, cant. de Néronde, ✉ de Neulise. Pop. 1,385 h. — *Foires* les 7 fév., 17 mai, 2 sept. et 6 déc.
MARCEL-DE-FONFOUILLEUSE (St-), vg. *Gard* (Languedoc), arr. à 32 k. du Vigan, cant. de St-André-de-Valborgne, ✉ de Valleraugue. Pop. 1,275 h.
MARCEL-D'EYZIN (St-), vg. *Isère*, com. d'Eyzin-Pinet, ✉ de Vienne.
MARCEL-D'URPHÉ (St-), vg. *Loire* (Forez), arr. à 30 k. de Roanne, cant. et ✉ de St-Just-en-Chevalet. Pop. 807 h. — *Foires* les 16 janv. et 5 sept.
MARCEL-EN-MARCILLAT (St-), vg. *Allier* (Bourbonnais), arr. à 26 k. de Montluçon, cant. de Marcillat, ✉ de Néris. Pop. 608 h.
MARCEL-EN-MURAT (St-), vg. *Allier* (Bourbonnais), arr. à 28 k. de Montluçon, cant. et ✉ de Montmarault. Pop. 350 h.
MARCEL-LÈS-ANNONAY (St-), vg. *Ardèche* (Vivarais), arr. à 30 k. de Tournon, cant. et ✉ d'Annonay. Pop. 948 h.
MARCELET, vg. *Calvados*, comm. de St-Mouvieu, ✉ de Bretteville-l'Orgueilleuse.
MARCELET, vg. *Somme*, comm. de Soyécourt, ✉ d'Estrées-Deniécourt.
MARCELLIN, vg. *Saône-et-Loire* (Bourgogne), arr. à 28 k. de Charolles, cant. de la Guiche, ✉ de Joncy. Pop. 409 h.
MARCELLIN, vg. *B.-Alpes*, comm. de la Bréole, ✉ du Lauzet.
MARCELLIN, vg. *H.-Alpes*, comm. et ✉ de Veynes.
MARCELLIN (St-), vg. *Ille-et-Vilaine*, comm. de Bains, ✉ de Redon.
MARCELLIN (St-), *Maclorii*, jolie petite ville, *Isère* (Dauphiné), chef-l. de sous-préf. (4⁰ arr.) et d'un cant. Trib. de 1ʳᵉ inst. Col-

lège communal. Cure. Gîte d'étape. ✉, ⚒.
Pop. 3,116 h. — TERRAIN tertiaire moyen.
   Autrefois diocèse de Vienne, parlement et intendance de Grenoble, bailliage royal, gouvernement particulier.
   De toutes les communes de l'arrondissement, St-Marcellin est la seule qui porte le nom de ville. Elle faisait autrefois partie des États des premiers dauphins, et a été prise plusieurs fois pendant les guerres de religion.
   Cette ville est située dans une contrée charmante, au pied d'un coteau fertile en excellents vins, à peu de distance de la rive droite de l'Isère. Elle est ceinte de murailles percées de quatre portes et généralement bien bâtie; les rues sont droites et ornées de belles fontaines d'eau vive. On y remarque une jolie place publique, une halle bien construite et un joli cours. Les dehors en sont délicieux.
   PATRIE du lieutenant général BRENIER DE MONTMORAND.
   De M. EUG. DE LAMERLIÈRE, auteur dramatique et romancier.
   Fabriques de faïence. Filatures de coton. — *Commerce* de vins estimés, soies écrues, fils, toiles, noix, huiles, bestiaux, et fromages de chèvres très-recherchés. — *Foires* de 2 jours les 20 janv., 2 mai, 10 août, 30 sept. et le lundi après la St-Georges.
   A 50 k. O. de Grenoble, 580 k. S.-E. de Paris.
   L'arrondissement de St-Marcellin est composé de 7 cantons : Pont-en-Royans, Rives, Roybon, St-Etienne-de-St-Geoirs, St-Marcellin, Tullins et Vinay.
   MARCELLIN (St-), petite ville, *Loire* (Forez), arr. et à 12 k. de Montbrison, cant. de St-Rambert, ✉ de Sury-le-Comtal. Pop. 1,408 h. — Papeterie. — *Foires* les 3 fév., 25 avril, 3 nov. et 9 déc.
   MARCELLIN (St-), vg. *Vaucluse* (Comtat), arr. et à 30 k. d'Orange, cant. et ✉ de Vaison. Pop. 192 h.
   MARCELLIN-DE-VARS (St-), vg. *H.-Alpes*, comm. de Vars, ✉ de Mont-Dauphin.
   MARCELLINS (les), vg. *Rhône*, comm. de Villié, ✉ de Romanèche.
   MARCELLOIS, vg. *Côte-d'Or* (Bourgogne), arr. et à 32 k. de Semur, cant. et ✉ de Vitteaux. Pop. 176 h.
   MARCELLUS, bg *Lot-et-Garonne* (Bazadois), arr. et à 8 k. de Marmande, cant. et ✉ de Meilhan. Pop. 1,606 h.
   PATRIE du comte DE MARCELLUS, publiciste, poète et chansonnier, auteur de plusieurs odes, au nombre desquelles les amateurs citent l'ode à l'Ail.
   MARCEL-PAULET (St-), vg. *H.-Garonne* (Languedoc), arr. et à 18 k. de Toulouse, cant. et ✉ de Verfeil. Pop. 402 h.
   MARCENAIS, vg. *Gironde* (Guienne), arr. et à 31 k. de Blaye, cant. de St-Savin, ✉ de Cavignac. Pop. 580 h.
   MARCENAT, bg *Cantal* (Auvergne), arr. et à 30 k. de Murat, chef-l. de cant. Cure. ✉.
   A 520 k. de Paris pour la taxe des lettres.

Pop. 2,664 h. — TERRAIN cristallisé, voisin du terrain volcanique.
   On y trouve une source d'eau minérale ferrugineuse acidule froide, dont on fait peu d'usage. — Émigration annuelle de colporteurs, ferblantiers, etc. — *Foires* les 25 avril, 27 juillet, 3 sept. et 4 oct.
   MARCENAT-SUR-ALLIER, ou VILAINE, vg. *Allier* (Bourbonnais), arr. et à 30 k. de Gannat, cant. et ✉ de St-Pourçain. P. 601 h.
   MARCENAY, vg. *Côte-d'Or* (Bourgogne), arr. et à 15 k. de Châtillon-sur-Seine, cant. et ✉ de Laignes. Pop. 369 h.
   MARC-EN-BARŒUL, vg. *Nord* (Flandre), arr., ✉ et à 4 k. de Lille, cant. de Tourcoing. Pop. 3,586 h. Sur la Marcq. — *Fabriques* de sucre indigène, de toiles cirées. Moulin à vapeur. — Filature importante de laine peignée où sont employés plus de deux cents ouvriers. Filatures de coton. Brasseries. Genièvrerie. Culture de légumes potagers pour la consommation de Lille.
   MARCERIN, vg. *B.-Pyrénées*, comm. d'Arcagnon, ✉ d'Orthez.
   MARCÉ-SUR-ESVRE, vg. *Indre-et-Loire* (Touraine), arr. et à 39 k. de Loches, cant. et de la Haye-Descartes. Pop. 346 h.
   MARCET (St-), vg. *H.-Garonne* (Comminges), arr., cant., ✉ et à 11 k. de St-Gaudens. Pop. 981 h. — *Foires* les 17 janv., 22 juillet et 7 nov.
   MARCEY, vg. *Manche* (Normandie), arr., cant., ✉ et à 5 k. d'Avranches. P. 904 h.
   MARCEVOL, vg. *Pyrénées-Or.*, comm. d'Arboussols, ✉ de Prades. — On y remarque une ancienne église, classée récemment au nombre des monuments historiques.
   MARCHAINVILLE, *Marchevilla*, bg *Orne* (Perche), arr. et ✉ de Mortagne-sur-Huîne, cant. de Longui. Pop. 735 h.
   On voit aux environs une grande quantité de fragments de laves, qui porteraient à croire que cette contrée a subi l'action des feux souterrains.
   MARCHAIS, vg. *Aisne* (Picardie), arr. à 25 k. de Château-Thierry, cant. de Condé, ✉ de Montmirail. Pop. 487 h.
   Le 11 février 1814, jour de la bataille de Montmirail, le village de Marchais fut pris et repris plusieurs fois. Enfin les Russes qui l'occupaient, chassés par le comte Bertrand et le duc de Dantzick, furent obligés de se jeter dans la forêt de Nogent, la cavalerie du général de France leur coupant la retraite sur la route de la Ferté-sous-Jouarre.
   MARCHAIS, vg. *Seine-et-Oise*, comm. de Roinville, ✉ de Dourdan.
   MARCHAIS (le), vg. *Deux-Sèvres*, comm. de Fomperron, ✉ de St-Maixent.
   MARCHAIS (les), vg. *Yonne*, comm. de Bagneaux-sur-Vanne, ✉ de Villeneuve-l'Archevêque.
   MARCHAIS-BETON, vg. *Yonne* (Champagne), arr. et à 35 k. de Joigny, cant. de Charny. Pop. 307 h.
   MARCHAIS-SOUS-LIESSE, vg. *Aisne* (Picardie), arr. et à 20 k. de Laon, cant. de

Sissonne, ✉ de Notre-Dame-de-Liesse. Pop. 666 h.
   On y voit un beau château qui appartenait autrefois au cardinal de Lorraine, et où l'on prétend que fut conçue la première idée de la Ligue. Ce fut pour y recevoir Charles IX que le cardinal fit reconstruire ce château. François Ier le visita plusieurs fois. La duchesse de Berry y séjourna lors de son pèlerinage à Liesse, depuis le 21 jusqu'au 23 mai 1821.
   MARCHAL, vg. *Cantal* (Auvergne), arr. de Mauriac, cant. de Champs, ✉ de Bort. Pop. 453 h.
   MARCHAMP, vg. *Ain* (Bourgogne), arr., ✉ et à 16 k. de Belley, cant. de l'Huis. Pop. 554 h.
   MARCHAMPT, vg. *Rhône* (Beaujolais), arr. et à 19 k. de Villefranche-sur-Saône, cant. et ✉ de Beaujeu. Pop. 972 h. — *Foire* le 26 juin.
   MARCHASTEL, bg *Cantal* (Auvergne), arr. et à 35 k. de Murat, cant. et ✉ de Marcenat. Pop. 1,262 h.
   MARCHASTEL, vg. *Lozère* (Languedoc), arr. et à 22 k. de Marvejols, cant. et ✉ de Naslinals. Pop. 318 h.
   MARCHAUX, vg. *Doubs* (Franche-Comté), arr. et à 13 k. de Besançon, chef-l. de cant. Cure. ✉. A 419 k. de Paris pour la taxe des lettres. Pop. 541 h. — TERRAIN jurassique. — *Foires* les 16 avril et 24 août.
   MARCHE (la), ci-devant province de France, qui forme actuellement le département de la Creuse, et partie des arrondissements de Limoges et de Bellac (*H.-Vienne*).
   Cette province fut comprise dans la première Aquitaine, conquise par les Visigoths, par les Francais, et eut des comtes particuliers. Philippe le Bel réunit le comté de la Marche à la couronne en 1303, et le donna à son plus jeune fils Charles. Ce prince, étant parvenu à la couronne, donna la Marche à Louis Ier, duc de Bourbon. Jacques de Bourbon, l'un des descendants de ce duc, n'eut qu'une fille nommée Éléonore, qui épousa Robert d'Armagnac, et lui apporta en mariage le comté de la Marche. Jacques d'Armagnac, leur fils, duc de Nemours et comte de la Marche, fut condamné comme criminel de lèse-majesté; et tous ses biens ayant été confisqués, Louis XI réunit ce comté à la couronne l'an 1477. Cette province était du gouvernement du Lyonnais, du ressort du parlement de Paris, du diocèse de Limoges.
   La Marche était divisée en haute Marche, capitale Guéret; basse Marche, capitale Bellac. Son territoire, qui avait environ 48 k. de long sur 100 k. de large, était borné au nord par le Berry, à l'est par le Bourbonnais et l'Auvergne, au sud par le Limousin, et à l'ouest par le Poitou. Le sol y est généralement peu fertile.
   Bibliographie. MAILLEBAY DE LA MOTHE, *Plan pour servir à l'histoire du comté de la Marche*, in-12, 1767.
   JOULLIETON. *Histoire de la Marche et du pays de Combrailles*, 2 vol. in-8, 1815-16.
   Description topographique et naturelle de la

France, pays de Combraille (Nature considérée, t. III, 1775).
V. aussi CREUSE (départ. de la).
MARCHE (la), vg. *Meuse* (Lorraine), arr. de Commercy et à 20 k. de St-Mihiel, cant. et ✉ de Vigneulles. Pop. 62 h.
MARCHE (la), vg. *Nièvre* (Nivernais), arr. et à 40 k. de Cosne, cant. et ✉ de la Charité. Pop. 516 h. Près de la rive gauche de la Loire. — Foire le dimanche après la Saint-Pierre.
MARCHE (la), vg. *Saône-et-Loire*, comm. de Villegaudin, ✉ de St-Léger, ✉ de Rebais.
MARCHE (la), *Vosges*. V. LAMARCHE.
MARCHÉ (Grand et Petit-), vg. *Seine-et-Marne*, comm. de St-Léger, ✉ de Rebais.
MARCHÉ-ALLOUARDE, vg. *Somme* (Picardie), arr. et à 27 k. de Montdidier, cant. de Roye, ✉ de Nesle. Pop. 133 h.
MARCHÉ-LE-POT, vg. *Somme* (Picardie), arr. et à 15 k. de Péronne, cant. de Nesle, ✉ d'Estrées-Deniécourt. ⚘. Pop. 649 h.
MARCHÉ-NEUF (le), vg. *Eure*, comm. de Plasnes, ✉ de Bernay. ⚘.
MARCHEMAISONS, vg. *Orne* (Normandie), arr. et à 25 k. d'Alençon, cant. et ✉ du Mesle-sur-Sarthe. Pop. 488 h.
MARCHÉMORET, vg. *Seine-et-Marne* (Brie), arr. et à 15 k. de Meaux, cant. et ✉ de Dammartin. Pop. 199 h.
MARCHENOIR, *Marcherneium*, petite ville, *Loir-et-Cher* (Beauce), arr. et à 30 k. de Blois, chef-l. de cant. Cure. Gîte d'étape. ✉ d'Oucques. Pop. 529 h. — TERRAIN tertiaire moyen.
Marchenoir est une ville aujourd'hui bien peu considérable, mais qui eut autrefois un assez haut degré d'importance, ainsi que l'attestent les ruines de sa forteresse, deux portes et les vestiges de ses murailles entourées de larges et profonds fossés. Les Bourguignons et les Anglais s'en sont successivement emparés comme d'un poste nécessaire à la défense du pays; ces derniers y établirent un gouverneur au nom du roi d'Angleterre, après avoir détruit les faubourgs, crainte de surprise. Deux siècles après, elle avait réparé toutes ses pertes; mais la révocation de l'édit de Nantes lui enleva les trois quarts de sa population, son commerce et son industrie. Enfin l'hiver de 1709 anéantit ses dernières ressources. On y compte à peine aujourd'hui 529 h. — Foires les 20 sept., 2ᵉ lundi de juin, dernier lundi de juillet, et 4ᵉ lundi d'oct.
MARCHES, vg. *Drôme* (Dauphiné), arr. et à 18 k. de Valence, cant. de Bourg-du-Péage, ✉ de Romans. Pop. 627 h.
MARCHÉS (les), vg. *Seine-et-Marne*, com. de St-Denis-lez-Rebais, ✉ de Rebais.
MARCHESEUIL, *Marcasolium*, vg. *Côte-d'Or* (Bourgogne), arr. et à 50 k. de Beaune, cant. et ✉ de Liernais. Pop. 658 h.
MARCHESEUIL, vg. *Saône-et-Loire*, com. de Changé, ✉ de Nolay.
MARCHESIEUX, bg *Manche* (Normandie), arr. et à 21 k. de Coutances, cant. et ✉ de Périers. Pop. 1,569 h.

MARCHE-SUR-SAONE (la), *Marchia*, vg. *Côte-d'Or* (Bourgogne), arr. et à 33 k. de Dijon, cant. et ✉ de Pontailler-sur-Saône. Pop. 1,169 h. — Foires les 20 mars, 15 mai et 16 août.
MARCHEVAL, vg. *Loir-et-Cher*, comm. de Millançay, ✉ de Romorantin.
MARCHÉVILLE, vg. *Eure-et-Loir* (Beauce), arr. et à 21 k. de Chartres, cant. et ✉ d'Illiers. Pop. 518 h.
MARCHÉVILLE, vg. *Meuse* (pays Messin), arr. et à 25 k. de Verdun-sur-Meuse, cant. de Fresnes-en-Voèvre, ✉ de Manheulles. Pop. 268 h.
MARCHEVILLE, vg. *Somme* (Picardie), arr. et à 16 k. d'Abbeville, cant. de Crécy, ✉ de Bernay. Pop. 356 h.
MARCHEZAIS, vg. *Eure-et-Loir* (Beauce), arr. et à 12 k. de Dreux, cant. d'Anet, ✉ de Houdan. Pop. 113 h.
MARCHIENNES ou MARCHIENNES-VILLE, *Marcianæ*, petite ville, *Nord* (Flandre), arr. et à 18 k. de Douai, chef-l. de cant. Cure. ✉. A 218 k. de Paris pour la taxe des lettres. Pop. 2,848 h. — TERRAIN carbonifère.
Cette ville est située dans une contrée marécageuse, sur la Scarpe et sur le canal de Décours. — Elle possédait, avant la révolution de 1789, une riche et célèbre abbaye, fondée vers 643; les Normands la prirent en 851 et en 879. Les Anglais s'en emparèrent et y mirent le feu en 1340; les Français la prirent et la brûlèrent en 1477. Enfin en 1566 les religionnaires détruisirent tout l'intérieur de l'abbaye. Marchiennes fut pris sur les Espagnols par les maréchaux de Gassion et de Rantzau, en 1645. Les alliés le fortifièrent en 1712 et y renfermèrent leurs munitions; mais dans la même année le maréchal de Villars s'en empara, ainsi que de tous les magasins, après un siège de trois jours. En 1793 les Autrichiens surprirent cette place, qu'ils conservèrent jusqu'au 24 juin 1794.
Marchiennes est une ville en général fort mal bâtie et mal percée. On y voyait encore, il y a peu d'années, une partie de la tour de l'ancienne abbaye, regardée comme un beau morceau d'architecture gothique. Ce fragment a été démoli en 1817.
PATRIE du lieutenant général CORBINEAU.
Fabriques de tulles brodées. Filatures de lin. Tannerie. — *Commerce* étendu d'arbres fruitiers, de lin de gros, d'asperges et de griffes d'asperges.
Bibliographie. *Relation de l'affaire de Denain et Marchienne par l'armée du maréchal de Villars*, in-4, 1712.
MARCHIENNES-CAMPAGNE, vg. *Nord* (Flandre), arr. et à 17 k. de Douai, cant. et ✉ de Marchiennes. Pop. 354 h.
MARCHIPONT, vg. *Nord*, comm. de Rombies, ✉ de Valenciennes.
MARCI (lat. 51°, long. 20°). « La Notice de l'empire place en ce lieu, sous les ordres du général de la seconde Belgique, un corps de cavalerie : *equites Dalmatæ Marcis, in littore Saxonico*. Les opinions sont partagées sur cette position. Malbranq, qui a fait un gros ouvrage sur les *Morini*, veut que ce soit Mardik. Cluvier se déclare pour Marquise, qui est un peu au-dessus d'Amfléat ou d'Ambléteuse, et Sanson a pris la même position. M. de Valois préfère Merk ou Mark, à quelque distance de la mer, entre Calais et Gravelines. Les vestiges d'un voie romaine, qui tend de Cassel à Mardik, font croire que Mardik était un lieu de quelque considération du temps des Romains; mais le nom de Mardik (*maris dika*) ne rend point aussi précisément que Marck le nom de *Marci*. Dans l'histoire des comtes de Guines, écrite au commencement du XIIIᵉ siècle par Lambert d'Ardre, Mark est appelé *Mercha*, autrement *Mercuritium*; mais, quant à cette dernière dénomination, elle me paraît une glose forgée d'après le nom de Merk ou de Mark. » D'Anville. *Notice de l'ancienne Gaule*, p. 433.
MARCIAC, vg. *Gers* (Armagnac), arr. et à 21 k. de Mirande, chef-l. de cant. Cure. Ecole secondaire ecclésiastique. ✉. A 711 k. de Paris pour la taxe des lettres. Pop. 1,535 h. — TERRAIN d'alluvions, voisin du terrain tertiaire moyen.
Cette ville a été formée dans le XIIIᵉ siècle, par la réunion de plusieurs hameaux, aux habitants desquels le comte de Pardiac et les moines de l'abbaye de la Case-Dieu concédèrent, en 1298, le terrain sur lequel elle est située. Elle s'accrut promptement, ainsi que la prospérité de son commerce; mais elle eut beaucoup à souffrir pendant le XVIᵉ siècle des guerres de religion; elle était alors fortifiée et avait des remparts qui ont été remplacés par une agréable promenade. — Verrerie de verre blanc, bleu et verre dit de fougère. — *Foires* le dernier mercredi de juillet, mercredi après le 8 sept., 1ᵉʳ mercredi de nov., mercredi après le 8 déc., 1ᵉʳ mercredi après le 25 mars, mercredi après le 3 mai.
MARCIAT, vg. *Saône-et-Loire*, comm. de Joudes, ✉ de St-Amour.
MARCIEU, vg. *Isère* (Dauphiné), arr. et à 57 k. de Grenoble, cant. et ✉ de la Mure. Pop. 416 h.
MARCIGNY, vg. *Saône-et-Loire* (Bourgogne), arr. et à 38 k. de Charolles, chef-l. de cant. Cure. Gîte d'étape. ✉. A 384 k. de Paris pour la taxe des lettres. Pop. 2,486 h. — TERRAIN d'alluvions modernes.
Autrefois prieuré de filles ordre de St-Benoît, parlement de Paris, intendance de Dijon, recette de Semur en Brionnais, gouvernement particulier, mairie, couvents de récollets et d'ursulines.
Cette ville, située à l'entrée d'une gorge fertile, a éprouvé toutes les horreurs des guerres qui ont désolé si longtemps le Charolais et la Bourgogne. Après la bataille d'Aulneau, le duc de Bouillon et le comte de Châtillon, chefs des calvinistes, passèrent à Marcigny, en 1587, avec 4,000 hommes. Le duc d'Epernou, qui tenait le parti du roi, les suivait, avec une petite armée, pour terminer avec eux certains articles d'un traité de paix déjà proposé. Le

comte de Châtillon ne voulut point y acquiescer, et se retira. Le duc de Bouillon s'arrangea avec le duc d'Epernon; dans un grand festin que celui-ci donna à cette occasion, il fut soupçonné d'avoir empoisonné ses convives. En effet à peine le duc de Bouillon et les gentilshommes de sa suite furent-ils arrivés à Genève qu'ils moururent. De là est venu le proverbe cité par de Thou : *Dieu nous préserve du dîner de Marcigny !*
PATRIE d'ANDRÉ DURYER, orientaliste, traducteur de l'Alcoran.
Du lieutenant général FRESSINET.
Fabriques de linge de table. Construction de bateaux. Tuileries. Poterie. — *Commerce* de grains. — *Foires* les 2ᵉˢ lundis de janv., d'avril, de juin, d'août et de nov.

MARCIGNY-SOUS-THIL, vg. *Côte-d'Or* (Bourgogne), arr. et à 17 k. de Montbard, cant. de Précy-sous-Thil, ✉ de la Maison-Neuve. Pop. 158 h.

MARCILHAC, vg. *Lot*, com. de la Mothe-Fénelon, ✉ de Payrac.

MARCILHAC, vg. *Lot*, com. de St-Cyprien, ✉ de Montcuq. — *Foire* le 11 oct.

MARCILLAC, petite ville, *Aveyron* (Rouergue), arr. et à 20 k. de Rodez, chef-l. de cant. Cure. ✉. A 622 k. de Paris pour la taxe des lettres. Pop. 1,575 h. — TERRAIN du trias.
Elle est bâtie au milieu d'un bassin de prairies, entouré de vignobles et de bourgs; ses dehors, ombragés de noyers et de beaux peupliers qui bordent la rivière, offrent des promenades délicieuses; mais l'intérieur est obscur et sans régularité. Le pavé des rues est continuellement couvert de paille et de feuilles; il est impossible de faire un pas sans que les pieds enfoncent dans le fumier et que l'odorat soit désagréablement affecté. — *Fabriques* de toiles. — *Commerce* de vins, d'huile de noix et de bestiaux. — *Foires* les 2 mai, 17 sept., 18 oct., 25 nov., 9 et 29 déc.

MARCILLAC, vg. *Gironde* (Guienne), arr. et à 20 k. de Blaye, cant. de St-Ciers-la-Lande, ✉ de St-Aubin. Pop. 2,008 h.

MARCILLAC, bg *Lot* (Quercy), arr. et à 29 k. de Figeac, cant. et ✉ de Cajarc. Pop. 813 h.
Ce bourg, situé sur la rive droite du Célé, possédait autrefois un monastère dont l'église, qui est vaste et fort belle, a été conservée : la nef a 36 m. de long et 8 de large, sans y comprendre les bas côtés ; la voûte est supportée par des colonnes accouplées sans chapiteau ni entablement; les ouvertures y sont étroites, très-élevées, et présentent toutes d'élégants compartiments en forme de rosaces et de feuilles de trèfle. — A peu de distance de Marcillac on remarque la grotte de ce nom, située sur la commune de Blars.
Foires les 6 et 16 mai, 16 août et 3 nov.

MARCILLAC-LA-CROISILLE, bg *Corrèze* (Limousin), arr. et à 31 k. de Tulle, cant. de la Roche-Canillac, ✉ d'Egletons. Pop. 1,765 h.

MARCILLAC-LA-CROSSE, vg. *Corrèze* (Limousin), arr. et à 27 k. de Brives, cant. et ✉ de Meyssac. Pop. 712 h.

MARCILLAC-LANVILLE, vg. *Charente* (Angoumois), arr. et à 24 k. d'Angoulême, cant. de Rouillac, ✉ d'Aigre. Pop. 1,507 h. — *Foires* le 11 de chaque mois.

MARCILLAC-ST-QUENTIN, vg. *Dordogne* (Périgord), arr., cant., ✉ et à 11 k. de Sarlat. Pop. 479 h.

MARCILLAT, bg *Allier* (Bourbonnais), arr. et à 25 k. de Montluçon, chef-l. de cant. Cure. ✉. A 334 k. de Paris pour la taxe des lettres. Pop. 1,704 h. — TERRAIN cristallisé ou primitif. — *Foires* les 24 avril et 19 juin.

MARCILLAT, vg. *Creuse*, comm. de Mars, ✉ d'Auzances.

MARCILLAT, vg. *Puy-de-Dôme* (Auvergne), arr. et à 23 k. de Riom, cant. et ✉ de Menat. Pop. 779 h.

MARCILLAT-LAFARGE, vg. *Creuse*, comm. du Compas, ✉ d'Auzances.

MARCILLÉ, bg *Mayenne* (Maine), arr., cant., ✉ et à 10 k. de Mayenne. Pop. 1,315 h.

MARCILLÉ-RAOUL, vg. *Ille-et-Vilaine* (Bretagne), arr. et à 27 k. de Fougères, cant. et ✉ d'Antrain. Pop. 800 h.

MARCILLÉ-ROBERT, vg. *Ille-et-Vilaine* (Bretagne), arr. et à 27 k. de Vitré, cant. et ✉ de la Guerche. Pop. 1,759 h. — *Foires* le 1ᵉʳ mardi de mai, ou le lendemain si le mardi est le 1ᵉʳ jour du mois, et 3ᵉ mardi de mai.

MARCILLOLES, vg. *Isère* (Dauphiné), arr. et à 30 k. de St-Marcellin, cant. de Roybon, ✉ de la Côte-St-André. Pop. 719 h.

MARCILLY, vg. *Cher* (Berry), arr. à 21 k. de Sancerre, cant. et ✉ de Sancergues. Pop. 328 h.

MARCILLY, vg. *Côte-d'Or* (Bourgogne), arr. et à 25 k. de Dijon, cant. et ✉ d'Is-sur-Tille. Pop. 163 h.

MARCILLY, vg. *Loiret*, comm. de Beaune-la-Rollande, ✉ de Bois-Commun.

MARCILLY, vg. *Manche* (Normandie), arr. et à 10 k. d'Avranches, cant. et ✉ de Ducey. Pop. 981 h.

MARCILLY, vg. *H.-Marne* (Champagne), arr. et à 15 k. de Langres, cant. de Varennes, ✉ de Montigny-le-Roi. Pop. 786 h.

MARCILLY, vg. *Nièvre*, comm. de Cervon, ✉ de Corbigny.

MARCILLY, vg. *Orne*, comm. d'Igé, ✉ de Bellême.

MARCILLY, vg. *Seine-et-Marne* (Brie), arr., ✉ et à 11 k. de Meaux, cant. de Lizy. Pop. 370 h.

MARCILLY, vg. *Yonne*, comm. de Provency, ✉ de Lucy-le-Bois.

MARCILLY-D'AZERGUES, vg. *Rhône* (Lyonnais), arr. et à 15 k. de Lyon, cant. de Limonest, ✉ de Chasselay. Pop. 444 h.

MARCILLY-EN-BEAUCE, vg. *Loir-et-Cher* (Vendômois), arr., cant., ✉ et à 7 k. de Vendôme. Pop. 187 h.

MARCILLY-EN-GAULT, vg. *Loir-et-Cher* (Blaisois), arr. et à 16 k. de Romorantin, cant. de Salbris, ✉ de Neung-sur-Beuvron. Pop. 798 h. — *Foire* le 18 août, ou le 16 lorsque la foire de Romorantin tombe le 18.

MARCILLY-EN-VILLETTE, vg. *Loiret* (Orléanais), arr. et à 18 k. d'Orléans, cant. et ✉ de la Ferté-St-Aubin. Pop. 769 h.

MARCILLY-LA-CAMPAGNE, *Marcilliacum in Campania*, vg. *Eure* (Normandie), arr. et à 35 k. d'Evreux, cant. et ✉ de Nonancourt. Pop. 1,038 h. — On voit dans le voisinage de l'église quelques vestiges d'un château fort mentionné dans le traité de 1194, entre Philippe Auguste et le roi d'Angleterre, comme faisant partie des propriétés du roi de France sur la limite de la Normandie.

MARCILLY-LA-GUEURCE, vg. *Saône-et-Loire* (Bourgogne), arr., cant., ✉ et à 4 k. de Charolles. Pop. 541 h.

MARCILLY-LE-HAYER, *Marciliacum*, *Aube* (Champagne), arr. et à 25 k. de Nogent-sur-Seine, chef-l. de cant. Cure. ✉. A 122 k. de Paris pour la taxe des lettres. Pop. 707 h. — TERRAIN crétacé supérieur, craie. — *Foires* le 17 fév. et le lundi qui suit le 1ᵉʳ dimanche de sept.

MARCILLY-LE-PAVÉ, vg. *Loire* (Forez), arr. et à 12 k. de Montbrison, cant. et ✉ de Boen. Pop. 852 h.

MARCILLY-LÈS-BUXY, vg. *Saône-et-Loire* (Bourgogne), arr. et à 24 k. de Chalon-sur-Saône, cant. et ✉ de Buxy. Pop. 1,063 h. — *Foires* les 3 mars, 27 avril, 11 juin, 4 août et 9 oct.

MARCILLY-LÈS-VITTEAUX, vg. *Côte-d'Or* (Bourgogne), arr. à 20 k. de Semur, cant. et ✉ de Vitteaux. Pop. 180 h.

MARCILLY-SOUS-MONT-ST-JEAN, vg. *Côte-d'Or* (Bourgogne), arr. et à 32 k. de Beaune, cant. et ✉ de Pouilly-en-Montagne. Pop. 435 h.

MARCILLY-SUR-EURE, *Marcilleium*, vg. *Eure* (Normandie), arr. et à 30 k. d'Evreux, cant. et ✉ de St-André. Pop. 767 h.
Le BREUIL-BENOIT, dépendance de cette commune, était une abbaye de l'ordre de Cîteaux, fondée en 1137, et qui, au XIIIᵉ siècle, était devenue en grande réputation. Les bâtiments conventuels existent encore, avec l'ancienne église qui avait été dédiée en 1224.

MARCILLY-SUR-MAULNE, vg. *Indre-et-Loire* (Touraine), arr. et à 45 k. de Tours, cant. et ✉ de Château-la-Vallière. Pop. 704 h.

MARCILLY-SUR-SEINE, *Marcilliacum*, vg. *Marne* (Champagne), arr. et à 62 k. d'Epernay, cant. et ✉ de Pont-le-Roi. Pop. 705 h. — *Commerce* de bois et de charbon.

MARCILLY-SUR-VIENNE, vg. *Indre-et-Loire* (Touraine), arr. à 33 k. de Chinon, cant. et ✉ de Ste-Maure. Pop. 385 h.

MARCK, vg. *Pas-de-Calais* (Boulonnais), arr. et à 39 k. de Boulogne-sur-Mer, cant. de Calais, ✉ de St-Pierre-lès-Calais. P. 2,074 h.
C'était autrefois une place forte, qui fut ruinée et incendiée plusieurs fois par les Espagnols. — A l'extrémité de la commune, du côté du sud, on remarque le fameux pont dit à quatre branches, où les deux canaux de St-Omer à Calais et d'Ardres à Gravelines se croisent à angles droits. La voûte du milieu de

ce pont, en forme de rotonde, et celle des quatre ouvertures, figurent autour des coupoles égales entre elles, qui représentent un petit temple antique.

MARCKOLSHEIM, ou Margelsen ou Marigelsen, petite ville, *B.-Rhin* (Alsace), arr. et à 14 k. de Schelestadt, chef-l. de cant. Cure. ⊠. ℣. A 454 k. de Paris pour la taxe des lettres. Pop. 2,327 h. — Terrain d'alluvions modernes.
Cette ville est située sur l'Ichert et le canal du Rhône au Rhin. L'évêque Berthold II y construisit un château vers le milieu du xiv⁰ siècle. Vers le même temps l'empereur Louis V la fit ceindre de murailles. Les Armagnacs s'en emparèrent en 1444. De l'autre côté du Rhin, sur le revers du Kaiserstuhl, on aperçoit les ruines du château de Limbourg, berceau de Rodolphe de Habsbourg.
Patrie du lieutenant général comte de Freytag.
Fabriques de toiles, savon, poterie de terre. Brasseries. Tuileries — *Commerce* de tabac et de chanvre.

MARC-LA-LANDE, vg. *Deux-Sèvres* (Poitou), arr. et à 20 k. de Parthenay, cant. de Mazières, ⊠ de Champdeniers. Pop. 444 h.

MARC-LA-TOUR, vg. *Corrèze* (Limousin), arr., cant., ⊠ et à 14 k. de Tulle. P. 468 h.

MARC-LE-BLANC (St-), vg. *Ille-et-Vilaine* (Bretagne), arr. et à 17 k. de Fougères, cant. et ⊠ de St-Brice-en-Cogles. Pop. 1,311 h.

MARCLOP, vg. *Loire* (Forez), arr. et à 18 k. de Montbrison, cant. et ⊠ de Feurs. Pop. 262 h.

MARCODURUM (lat. 51°, long. 25°). « On lit dans Tacite (Hist., lib. iv, 28) *Cæsæ (per Civilem) cohortes Agrippinensium in vico Marcoduro, incuriosius agentes, quia procul ripâ (nempe Rheni) agebant*. Ce lieu est donc sur la Roër, au-dessus de Juliers. Nos rois y ont eu un palais appelé *Duria Villa* ou *Dura*, dont les anciennes annales font mention en parlant des assemblées qui y ont été convoquées. » D'Anville. *Notice de l'ancienne Gaule*, p. 433.

MARCOING, vg. *Nord* (Cambrésis), arr., ⊠ et à 8 k. de Cambrai, chef-l. de cant. Cure. Pop. 1,631 h. — Terrain crétacé supérieur, craie. — *Fabrique* de fécule, de produits chimiques, de poterie de terre. Briqueteries. Brasseries.

MARCOLEZ, bg *Cantal* (Auvergne), arr. et à 20 k. d'Aurillac, cant. et ⊠ de St-Mamet. Pop. 1,502 h.
Ce bourg a été plus considérable, ainsi que l'indiquent d'anciennes portes et des murs d'enceinte. Il fut saccagé, pendant les guerres du xiv⁰ siècle, par les Anglais, et plus tard par les religionnaires. On y remarque les châteaux de Poux, de Faulat et de Morélié.
Foires les 3 avril, 23 juin, 18 oct. et 10 nov.

MARCOLIN, vg. *Isère* (Dauphiné), arr. et à 35 k. de St-Marcellin, cant. de Roybon, ⊠ de Beaurepaire. Pop. 737 h.

MARCOLS, vg. *Ardèche* (Vivarais), arr. et à 27 k. de Privas, cant. et ⊠ de St-Pierreville.

Pop. 1,889 h. — On y trouve une source d'eau thermale. — *Foires* les 1ᵉʳ fév., 20 mars, 20 avril et 20 nov.

MARCOMAGUS (lat. 51°, long. 25°). « Il en est mention dans l'Itinéraire d'Antonin et dans la Table théodosienne sur une route qui conduit de Trèves à Cologne, et à l'égard de laquelle l'Itinéraire est plus complet que la Table. *Marcomagus* devance *Tolbiacum* sur cette route en partant de Trèves; et il y a lieu d'être surpris que Cluvier, en confondant *Marcomagus* avec *Marcodurum*, n'ait pas remarqué que la position de Duren, qui est *Marcodurum*, étant au delà de *Tolbiacum*, ou de Zulpick, à l'égard de Trèves, et dans la même distance à peu près de Cologne que *Tolbiacum*, ne peut convenir au *Marcomagus* de l'Itinéraire. Adrien de Valois et Cellarius ont cru pareillement qu'il ne fallait point distinguer *Marcomagus* de *Marcodurum*. Je reconnais *Marcomagus* dans un lieu nommé Marmagen, entre Schleiden et Blankenheim, et sur la direction qui convient à la voie en tendant de Trèves à Cologne par Zulpick. L'Itinéraire donne une position intermédiaire de Marcomagus à Tolbiacum, sous le nom de *Belgica*, et répète la même distance, savoir VIII de *Marcomagus* à *Belgica*, et de *Belgica* à *Tolbiacum*. Entre Marmagen et Zulpick, et sur la voie même, à en juger par son alignement, il y a un lieu dont le nom est Bleg-Berg ou Bley-Berg, me paraît répondre à la position de *Belgica*. Mais il faut observer que tout ce qu'il y a d'espace entre Marmagen et Zulpick ne peut s'estimer que d'environ 8 lieues gauloises. D'où l'on peut inférer que *Belgica*, inséré après coup dans l'Itinéraire, aura donné lieu à la répétition de la même distance, lorsqu'il convenait de la partager selon les deux parties qui la composent. » D'Anville. *Notice de l'ancienne Gaule*, p. 434.

MARÇON, vg. *Sarthe* (Anjou), arr. et à 34 k. de St-Calais, cant. ⊠ de la Chartresur-le-Loir. Pop. 1,939 h.

MARCONNAY, vg. *Vienne*, ⊠ de Mirebeau.

MARCONNE, vg. *Pas-de-Calais* (Artois), arr. et à 28 k. de Moutreuil-sur-Mer, cant. et ⊠ de Hesdin. Pop. 701 h.

MARCONNEL, vg. *Pas-de-Calais* (Artois), arr. et à 28 k. de Montreuil-sur-Mer, cant. et ⊠ de Hesdin. Pop. 933 h.

MARCOQUET, vg. *Oise*, comm. de St-Arnoult, ⊠ de Formerie.

MARCORIGNAN, vg. *Aude* (Languedoc), arr., cant., ⊠ et à 8 k. de Narbonne. Pop. 487 h.

MARCORY (St-), vg. *Dordogne* (Périgord), arr. et à 46 k. de Bergerac, cant. et ⊠ de Montpazier. Pop. 203 h.

MARCOT, vg. *Aveyron*, comm. de Naussac, ⊠ de Villefranche-de-Rouergue.

MARCOUF (St-), vg. *Calvados* (Normandie), arr. et à 27 k. de Bayeux, cant. d'Isigny, ⊠ de Colombières. Pop. 236 h. — Il est sur la Manche, près des îles de St-Marcouf, où se trouve un petit fanal à feu fixe établi sur le fort, de 12 k. de portée. — *Etablissement de* *la marée*, 8 heures 35 minutes. — Lat. 49° 30', long. O. 3° 29'.

MARCOUF (St-), vg. *Manche* (Normandie), arr. et à 14 k. de Valognes, cant. et ⊠ de Montebourg. Pop. 811 h.

MARCOUSSIS, ou Marcoussy, vg. *Seine-et-Oise* (Ile-de-France), arr. et à 32 k. de Rambouillet, cant. de Limours, ⊠ de Linas. Pop. 1,383 h.
Ce village fut fondé en 661 par saint Wandrille, qui y fit bâtir une église et un monastère. La terre de Marcoussis avait autrefois titre de baronnie. Millon de Marcolciis en était seigneur au commencement du xiⁿ siècle. Vers la fin du xiv⁰ siècle elle échut à Jean de Montaigu, qui fit rebâtir le château, et fonda dans ce lieu un couvent de célestins, qui existait encore à l'époque de la révolution.
L'ancien château fort de Marcoussis était remarquable par sa construction. Jean de Montaigu vivait dans un temps où les châteaux étaient plutôt des forteresses que des lieux de plaisir; aussi fit-il bâtir le sien au pied d'une roche perpendiculaire, dans le fond de la vallée, afin de pouvoir profiter de l'eau des ruisseaux voisins pour en remplir les fossés. Ce château paraît avoir été commencé par un vieux corps de logis qu'on appelait la Maison-Fort, dont il restait encore une tour couverte en cône, que Montaigu fit enclaver dans un des quatre corps de logis de son nouveau château. L'entrée était couverte par un ouvrage avancé, ou avant-château, dans lequel on ne pouvait entrer que par deux ponts-levis situés aux extrémités des flancs. Après avoir traversé une cour carrée, on entrait dans le château par un second pont-levis. Sa structure formait un édifice carré oblong, dont les quatre angles étaient flanqués de quatre grosses tours rondes, couvertes d'ardoises, et les courtines munies de mâchicoulis et de demi-tours découvertes. Un donjon s'élevait au-dessus de la porte d'entrée, où l'on voyait une statue de Charles VI; dans le fond de la cour étaient deux chapelles, l'une sur l'autre : l'une au rez-de-chaussée, et l'autre au niveau du premier étage. Les chambres étaient octogones et petites.
En 1417 Jean, duc de Bourgogne, s'empara de Marcoussis, après avoir pris Montlhéry. Un traité de paix y fut conclu en 1498 entre Louis XII, Ferdinand d'Aragon et Elisabeth de Castille. Les princes de Condé et de Conti, ainsi que le duc de Longueville, furent transférés dans ce château en 1650, où ils restèrent détenus pendant trois mois. Le vieux château de Marcoussis a été détruit en 1807.
L'église paroissiale est de construction gothique : sous le portail on a représenté le mystère de la Trinité, figuré par un triple corps à trois faces et à plusieurs mains, lequel a beaucoup de ressemblance avec les idoles qui ornent les temples des Indiens.

Bibliographie. * *Recueil de plusieurs titres, mémoires et antiquités de la châtellenie de Marcoussi, de la prévôté de Montlhéry, du chapitre de St-Méry-de-Linas, et des fiefs* et seigneuries de Roue, de Bellejambe, Guillerville, Beauregard et autres lieux, in-8, 1689.

PERRON. *L'Anastase de Marcoussi, ou Recueil de plusieurs titres, mémoires et antiquités de la châtellenie dudit lieu et autres circonvoisins,* in-12, 1694.

BOUCHER D'ARGIS. *Mémoires historiques sur la seigneurie de Marcoussi (et le prieuré des Célestins qui est dans le même lieu)* (Mercure, 1742, juin, vol. 1).

* *Lettre de M. M..... au sujet de la devise de Jean de Montagu qui est au château de Marcoussi* (Mercure, 1743, janvier, p. 78).

MARCOUVILLE, ou MARCOUVILLE-EN-VEXIN, *Marcouvilla*, vg. *Eure*, comm. de Houville, ✉ d'Ecouis.

MARCOUVILLE, ou MARCOUVILLE-EN-ROUMOIS, *Marcosvilla*, vg. *Eure* (Normandie), arr. et à 31 k. de Pont-Audemer, cant. et ✉ de Bourg-Théroulde. Pop. 199 h.

Au XVIe siècle il y avait à la Mésangère un château fort qui en 1589 était au pouvoir des ligueurs. Ils en furent chassés; mais en 1592 le duc de Mayenne réduisit la garnison catholique, et la remplaça par un détachement de troupes de la Ligue. Il ne reste aucune trace de ce château.

MARCOUVILLE, vg. *Seine-et-Oise*, com. et ✉ de Pontoise.

MARCOUX, vg. *B.-Alpes* (Provence), arr., cant., ✉ et à 7 k. de Digne. Pop. 363 h.

MARCOUX, vg. *Loire* (Forez), arr. et à 16 k. de Montbrison, cant. et ✉ de Boen. Pop. 738 h.

MARCQ, vg. *Ardennes* (Champagne), arr. et à 20 k. de Vouziers, cant., et ✉ de Grandpré. Pop. 709 h.

Patrie du lieutenant général SAVARY, duc de Rovigo, ministre de la police sous l'empire.

MARCQ, vg. *Seine-et-Oise* (Beauce), arr. et à 30 k. de Rambouillet, cant. de Montfort-l'Amaury, ✉ de Thoiry. Pop. 446 h.

MARCQ-EN-OSTREVENT, vg. *Nord* (Flandre), arr., ✉ et à 15 k. de Douai, cant. d'Arleux. Pop. 329 h.

MARCQ-EN-PEWÈLE, *Nord*. V. PONT-A-MARCQ.

MARC-SUR-COUESNON, vg. *Ille-et-Vilaine* (Bretagne), arr. et à 15 k. de Fougères, cant. et ✉ de St-Aubin-du-Cormier. P. 797 h.

MARC-SUR-SEINE (St-), vg. *Côte-d'Or* (Bourgogne), arr. et à 19 k. de Châtillon-sur-Siene, c. et ✉ de Baigneux-les-Juifs. P. 391 h.

MARCY, vg. *Aisne* (Picardie), arr. et à 25 k. de Laon, cant. et ✉ de Marle. P. 427 h.

MARCY, vg. *Aisne* (Picardie), arr., cant., ✉ et à 9 k. de St-Quentin. Pop. 358 h.

MARCY, vg. *Nièvre* (Nivernais), arr. et à 20 k. de Clamecy, cant. et ✉ de Varzy. Pop. 632 h.

MARCY, vg. *Rhône* (Beaujolais), arr. et à 7 k. de Villefranche-sur-Saône, cant. et ✉ d'Anse. Pop. 900 h.

MARD (St-), vg. *Aisne* (Picardie), arr. et à 25 k. de Soissons, cant. et ✉ de Braisne. Pop. 279 h.

MARD (St-), vg. *Meurthe* (Lorraine), arr. et à 20 k. de Lunéville, cant. de Bayon, ✉ de Neuviller-sur-Moselle. Pop. 138 h.

MARD (St-), vg. *Oise*, comm. d'Auger-St-Vincent, ✉ de Crépy.

MARD (St-), vg. *Seine-et-Marne* (Brie), arr. et à 18 k. de Meaux, cant. et ✉ de Dammartin. Pop. 401 h.

MARD (St-), vg. *Somme* (Picardie), arr. et à 18 k. de Montdidier, cant. et ✉ de Roye. Pop. 204 h.

MARD-DE-RÉNO (St-), vg. *Orne* (Perche), arr., cant., ✉ et à 6 k. de Mortagne-sur-Huine. Pop. 1,344 h. — On y trouve une source d'eau minérale.

MARDEUIL, vg. *Marne* (Champagne), arr., cant., ✉ et à 2 k. d'Epernay. Pop. 536 h.

MARDICK, vg. *Nord* (Flandre), arr., cant., ✉ et à 10 k. de Dunkerque. Pop. 410 h.

Mardick, qui n'est aujourd'hui qu'un simple village, était autrefois une ville célèbre, qui passe pour avoir été un lieu de garnison romaine important. En 943 les Normands s'en emparèrent et la réduisirent en cendres. L'évêque de Norwich la prit et la saccagea en 1383. Les troupes du maréchal de Termes la dévastèrent en 1558. Les Espagnols, qui s'en étaient rendus maîtres, y firent construire un fort en 1622. Les Français prirent cette place par capitulation en 1645 et la conservèrent jusqu'en 1652, époque où elle retomba de nouveau au pouvoir des Espagnols. Turenne la reprit en 1657 et la remit aux Anglais, qui en firent réparer les fortifications. Mardick fut définitivement cédé à la France par le traité des Pyrénées; mais l'augmentation des fortifications de Dunkerque et de Gravelines ayant rendu cette forteresse sans utilité, elle fut démolie vers 1664. Louis XIV, obligé en 1713 de livrer la ville de Dunkerque aux Anglais, fit construire un nouveau port à Mardick, dont les travaux furent détruits en vertu du traité de la triple alliance du 4 janvier 1717. Alors Mardick, illustré par le séjour des Romains et théâtre de tant de combats, Mardick, qui avait été destiné à devenir une ville importante, perdit peu à peu tous ses avantages, et sa population fut réduite en 1766 à 120 habitants.

MARDIÉ, vg. *Loiret* (Orléanais), arr., cant. et à 12 k. d'Orléans, ✉ à Pont-aux-Moines. Pop. 803 h.

MARDIGNY, vg. *Moselle*, comm. de Lorry-devant-le-Pont, ✉ de Metz.

MARDILLI, vg. *Orne* (Normandie), arr. et à 30 k. d'Argentan, cant. et ✉ de Gacé. Pop. 488 h.

MARDILLY, vg. *Seine-et-Marne*, comm. d'Evry-les-Châteaux, ✉ de Brie-Comte-Robert.

MARD-LÈS-ROUFFY (St-), *Marne* (Champagne), arr. et à 22 k. de Châlons-sur-Marne, cant. et ✉ de Vertus. Pop. 139 h.

MARDOR, vg. *H.-Marne* (Champagne), arr., cant., ✉ et à 13 k. de Langres. Pop. 139 h.

MARDOR, vg. *Saône-et-Loire*, comm. et ✉ de Couches.

MARDORE, bg *Rhône* (Beaujolais), arr. et à 32 k. de Villefranche-sur-Saône, cant. et de Thizy. Pop. 2,415 h. — Foires les 6 et 23 mai et 4 sept.

MARD-SUR-AUVE (St-), vg. *Marne* (Champagne), arr. et à 16 k. de Ste-Ménehould, cant. de Dammartin-sur-Yèvre, ✉ de Tilloy. Pop. 201 h.

MARD-SUR-LE-MONT (St-), vg. *Marne* (Champagne), arr., ✉ et à 23 k. de Ste-Menehould, cant. de Dammartin-sur-Yèvre. Pop. 672 h. — Foire le 15 nov.

Ce village était autrefois groupé sur le haut de la montagne où est bâtie l'église, l'une des plus belles de la contrée, et près de laquelle est un cimetière planté de vieux arbres qui s'aperçoivent de 30 à 40 k. — La plupart des maisons y ont été détruites dans les guerres du XVIe siècle; les habitations ont été reconstruites sur le revers de la montagne et dans les vallées environnantes.

MARDALOUX, vg. *H.-Vienne*, comm. de St-Martin-le-Vieux, ✉ d'Aixe.

MARS-DE-BLACARVILLE (St-), jadis ST-MARDS-SUR-RILLE, vg. *Eure* (Normandie), arr. et cant., ✉ de Pont-Audemer. Pop. 584 h. — L'église paroissiale est remarquable par une abside et un clocher qui datent du XIe siècle. Il existe aussi à St-Mards un vieux château avec tourelles et fossés.

MARDS-DE-FRESNE (St-), vg. *Eure* (Normandie), arr. et à 11 k. de Bernay, cant. et ✉ de Thiberville. Pop. 810 h.

MARDS-EN-OTHE (St-), bg *Aube* (Champagne), arr. et à 35 k. de Troyes, cant. d'Aix-en-Othe. ✉. A 167 k. de Paris pour la taxe des lettres. Pop. 1,798 h. — Il est situé dans un pays montueux et boisé, près de la forêt d'Othe, à 24 k. de Troyes. C'était autrefois une ville murée. — *Fabriques de bonneterie en coton et de grosses étoffes de laine.* — Foires les 24 janv., 25 mai, 21 sept. et 6 déc.

MARE (la), vg. *Jura*, comm. de Chapelle-Voland, ✉ de Bletterans.

MARÉ, vg. *Nièvre*, comm. de Lurcy-le-Bourg, ✉ de Prémery.

MARE, vg. *Seine-et-Oise*, comm. de Beynes, ✉ de Neauphle-le-Château.

MARE-AUX-CLERCS (la), vg. *Seine-Inf.*, comm. de Grasville-l'Heure, ✉ du Havre.

MARE-CARNET (la), vg. *Oise*, comm. de la Bosse, ✉ de Chaumont-en-Vexin.

MARE-D'OVILLERS (la), vg. *Oise*, comm. de Mortefontaine, ✉ de Noailles.

MARE-DURE (la), vg. *Seine-Inf.*, comm. de Rogerville, ✉ d'Harfleur.

MAREAU-AUX-BOIS (le), *Loiret* (Orléanais), arr., cant. et à 9 k. de Pithiviers, ✉ de Chilleurs-aux-Bois. Pop. 768 h.

MAREAU-AUX-PRÉS (le), *Loiret* (Orléanais), arr. et à 11 k. d'Orléans, cant. et ✉ de Cléry. Pop. 1,257 h. — Foires les 22 janv. et 30 août.

MARÉCHAL (le), *Nièvre*, comm. de Ruages, ✉ de Monceaux-le-Comte.

MARÉCHAL-FERRANT (le), vg. *Nord*, comm. et ✉ de Valenciennes.

MARÉCHALE, vg. *Isère*, comm. de Bernin, ⊠ de Crolles.

MARÈCHE, vg. *Seine-et-Oise*, comm. de Tessancourt, ⊠ de Meulan.

MARECHÉAUX (les), vg. *Isère*, comm. de St-Ismier, de Crolles.

MARÉCHÈRE, vg. *Seine-et-Marne*, comm. des Marets, ⊠ de Champcenest.

MARECHETS (le), vg. *Jura*, comm. du Lac-des-Rouges-Truites, ⊠ de St-Laurent.

MARÉES-PULANTES (les), vg. *Eure*, comm. de Faverolles-les-Mares, ⊠ de Thiberville.

MAREIL-EN-CHAMPAGNE, bg *Sarthe* (Anjou), arr. et à 39 k. de la Flèche, cant. et ⊠ de Brûlon. Pop. 515 h. — On y remarque le château de l'Isle, construit dans une anse formée par la rivière de Vègre.
Fabriques de toiles. Exploitation de carrières de marbre.

MAREIL-EN-FRANCE, *Marolium*, vg. *Seine-et-Oise* (Beauce), arr. et à 30 k. de Pontoise, cant. d'Ecouen, ⊠ de Luzarches, Pop. 356 h.

MAREIL-LE-GUYON, vg. *Seine-et-Oise* (Beauce), arr. et à 17 k. de Rambouillet, cant. et ⊠ de Montfort-l'Amaury. Pop. 230 h.

MAREIL - MARLY, vg. *Seine-et-Oise* (Ile-de-France), arr. et à 11 k. de Versailles, cant. et ⊠ de St-Germain-en-Laye. P. 327 h.
Mareil-Marly est un village remarquable par sa situation pittoresque. Il est bâti sur le haut d'une colline d'où la vue s'étend sur St-Germain et sur Marly, et domine une vallée agréable, au fond de laquelle se trouve le hameau de Démonval ; à droite est le village de l'Etang ; à gauche le château de Granchamp ; le sommet de la colline est couronné par un bois qui s'étend jusqu'à Marly.

MAREIL-SUR-LE-LOIR, vg. *Sarthe* (Anjou), arr., cant., ⊠ et à 8 k. de la Flèche. Pop. 971 h.

MAREIL-SUR-MAULDRE, vg. *Seine-et-Oise* (Ile-de-France), arr. et à 26 k. de Versailles, cant. de Meulan, ⊠ de Maule. Pop. 304 h.

MAREILLES, vg. *H.-Marne* (Champagne), arr. et à 13 k. de Chaumont-en-Bassigny, cant. et ⊠ d'Andelot. Pop. 344 h.

MAREILLES-AU-PRIEUR, vg. *Creuse*, comm. de Sous-Parsat.

MARENLA, vg. *Pas-de-Calais* (Artois), arr., ⊠ et à 9 k. de Montreuil-sur-Mer, cant. de Campagne-lès-Hesdin. Pop. 342 h.

MARENNES, vg. *Isère* (Dauphiné), arr. et à 13 k. de Vienne, cant. et ⊠ de St-Symphorien-d'Ozon. Pop. 1,414 h.

MARENNES, *Marenia*, jolie petite ville, *Charente-Inf*. (Saintonge), chef-l. de souspréf. (6ᵉ arr.) et d'un cant. Trib. de 1ʳᵉ inst. et de commerce. Cure. Gîte d'étape. ⊠. Pop. 4,469 h. — TERRAIN d'alluvions modernes.
Autrefois diocèse de Saintes, parlement de Bordeaux, intendance de la Rochelle, chef-lieu d'élection, amirauté, couvent de récollets.

Cette ville est située à 2 k. de l'Océan, entre le havre de Brouage et l'embouchure de la Seudre, sur laquelle est un port de mer éloigné de la ville de 1 k. Elle est bien bâtie, entourée de marais salants d'un grand produit, et serait devenue une place de commerce importante sans l'insalubrité de l'air qu'on y respire. Les environs produisent quantité de vins rouges, que l'on convertit pour la plupart en eaux-de-vie.
Commerce considérable de sel pour la pêche et pour la consommation de l'intérieur de la France et de l'étranger, d'eaux-de-vie recherchées, de vins rouges et blancs de bonne qualité, de fèves de marais, lentilles, maïs, graine de moutarde, huîtres vertes renommées, marne fine pour les savonneries, etc. — *Foires* le 3ᵉ jeudi de chaque mois.
A 41 k. S. de la Rochelle, 489 k. S.-O. de Paris. Lat. 42° 49′ 22″, long. 3° 28′ 0″.
L'arrondissement de Marennes est composé de 6 cantons : St-Aignan, le Château (île d'Oléron), Marennes, St-Pierre (île d'Oléron), Royan et la Tremblade.
Bibliographie. TERME (le). *Règlement général et Notice sur les marais de Marennes*, in-8, 3 cartes, 1826.

MARENWEZ, vg. *Ardennes* (Champagne), arr. de Mézières, et à 25 k. de Charleville, cant. et ⊠ de Signy-l'Abbaye. Pop. 379 h.

MAREQUE, vg. *Calvados*, comm. de Janville, ⊠ de Troarn.

MARES (les), vg. *Seine-et-Oise*, comm. de Villers-en-Arthies, ⊠ de Bonnières.

MARESCHÉ, bg *Sarthe* (Maine), arr. et à 25 k. de Mamers, cant. et ⊠ de Beaumont-sur-Sarthe. Pop. 1,246 h.

MARESCHES, vg. *Nord* (Flandre), arr. et à 34 k. d'Avesnes, cant. et ⊠ du Quesnoy. Pop. 810 h.

MARESMONTIERS, vg. *Somme* (Picardie), arr., cant., ⊠ et à 6 k. de Montdidier. Pop. 177 h.

MARESQUEL, vg. *Pas-de-Calais* (Picardie), arr., ⊠ et à 15 k. de Montreuil-sur-Mer, cant. de Campagne-lès-Hesdin. Pop. 568 h. — Papeterie mécanique.

MAREST, vg. *Pas-de-Calais* (Artois), arr., ⊠ et à 12 k. de St-Pol-sur-Ternoise, cant. d'Heuchin. Pop. 193 h.

MARESTANG, vg. *Gers* (Armagnac), arr. et à 16 k. de Lombez, cant. et ⊠ de l'Isle-en-Jourdain. Pop. 436 h.

MAREST-D'AMPCOURT, vg. *Aisne* (Picardie), arr. et à 45 k. de Laon, cant. et ⊠ de Chauny. Pop. 365 h.

MAREST-SUR-MATZ, vg. *Oise* (Picardie), arr. et à 14 k. de Compiègne, cant. et ⊠ de Ribecourt. Pop. 337 h.

MARESVILLE, vg. *Pas-de-Calais* (Picardie), arr. à 10 k. de Montreuil-sur-Mer, cant. et ⊠ d'Etaples. Pop. 129 h.

MARETAY, vg. *Charente-Inf.*, comm. et ⊠ de Matha.

MARETS (les), vg. *Seine-et-Marne* (Brie), arr. et à 14 k. de Provins, cant. de Villiers-St-Georges, ⊠ de Champcenest. Pop. 262 h.

MARETTE (le), vg. *Seine-Inf.*, comm. de Sotteville-lès-Rouen, ⊠ de Rouen.

MARETTES (les), vg. *Eure*, comm. de Fidelaire, ⊠ de la Neuve-Lyre.

MARETZ, vg. *Nord* (Cambrésis), arr. et à 23 k. de Cambrai, cant. de Clary, ⊠ du Cateau. Pop. 2,314 h.

MAREUGHÉOL, vg. *Puy-de-Dôme* (Auvergne), arr. et à 13 k. d'Issoire, cant. et ⊠ de St-Germain-Lembron. Pop. 686 h.

MAREUIL, vg. *Cher* (Berry), arr. et à 30 k. de Bourges, cant. de Charost, ⊠ d'Issoudun. Pop. 1,565 h. — Forges et hauts fourneaux. — *Foire* le 28 oct.

MAREUIL, petite ville, *Dordogne* (Périgord), arr. et à 23 k. de Nontron, chef-l. de cant. Cure. Gîte d'étape. ⊠. ⚘. A 480 k. de Paris pour la taxe des lettres. Pop. 1,765 h. — TERRAIN jurassique, voisin du terrain crétacé inférieur. — *Foires* les 1ᵉʳ mars, 28 août, 12 nov., 28 déc., mercredi après Pâques et après la Pentecôte.

MAREUIL, vg. *Gironde*, comm. de Pujols, ⊠ de Podensac.

MAREUIL, vg. *Loir-et-Cher* (Blaisois), arr. et à 42 k. de Blois, cant. et ⊠ de St-Aignan. Pop. 826 h.

MAREUIL, vg. *Lot*, comm. du Roc, ⊠ de Payrac.

MAREUIL, vg. *Pas-de-Calais* (Artois), arr., ⊠ et à 15 k. d'Arras. Pop. 1,427 h. — *Fabriques* de calicots, de sucre indigène. Filature de coton.

MAREUIL, ou **MAREUIL-LÈS-MEAUX**, vg. *Seine-et-Marne* (Brie), arr., cant., ⊠ et à 4 k. de Meaux. Pop. 639 h.
Bibliographie. DUJAY (Julien). *Statistique de Mareuil-lès-Meaux* en 1834, in-8, 1834.

MAREUIL, vg. *Somme* (Picardie), arr., cant., ⊠ et à 5 k. d'Abbeville. Pop. 813 h.

MAREUIL, vg. *Vendée* (Poitou), arr. et à 22 k. de Bourbon-Vendée, chef-l. de cant. Cure. Bureau d'enregist. à Luçon. ⊠. ⚘. A 449 k. de Paris pour la taxe des lettres. Pop. 1,609 h. — TERRAIN de transition inférieur.
Il est sur le Lay, qui y est navigable. — *Foires* de 2 jours le 2ᵉ jeudi de mars, de mai, de juin, de sept., d'oct., et le 21 nov.

MAREUIL (forêt de), vg. *Vienne*, comm. de St-Pierre-des-Eglises, ⊠ de Chauvigny.

MAREUIL-DE-ROUILLAC, vg. *Charente* (Saintonge), arr. et à 27 k. d'Angoulême, cant. et ⊠ de Rouillac. Pop. 764 h.

MAREUIL-EN-BRIE, vg. *Marne* (Champagne), arr. et à 19 k. d'Epernay, cant. de Montmort, ⊠ d'Orbais. Pop. 423 h. — Il est bâti en amphithéâtre sur le penchant d'une colline rapide. On remarque dans la partie basse un lavoir couvert et une belle fontaine, située près d'une magnifique allée qui sert d'avenue à un beau château bâti sous le règne de François Iᵉʳ ; un parc de 200 arpents, clos de murs, environne cette habitation.

MAREUIL-EN-DOLE, vg. *Aisne* (Brie), arr. et à 25 k. de Château-Thierry, cant. et ⊠ de Fère-en-Tardenois. Pop. 491 h.

MAREUIL-LAMOTTE, vg. *Oise* (Picardie), arr. et à 20 k. de Compiègne, cant. de Lassigny, ✉ de Ressons. Pop. 639 h.

MAREUIL-LE-PORT, vg. *Marne* (Champagne), arr. et à 16 k. d'Epernay, cant. de Dormans, ✉ de Port-à-Binson. Pop. 1,000 h.

MAREUIL-SUR-AY, bg *Marne* (Champagne), arr. et à 28 k. de Reims, cant. et ✉ d'Ay. Pop. 808 h. — *Foires* les 24 fév. et 1er dimanche après le 27 août.

Mareuil est un lieu fort ancien. Il paraît que du temps des Romains on y passait la Marne sur un pont dont on a trouvé les fondations vers 1600, en creusant pour y établir un autre pont; on y trouva aussi une amphore peu endommagée, et une centaine de médailles aux effigies de César, Trajan, Constantin, Agrippa, etc. Le château, que Louis XIV fit démolir en 1617 et dont les matériaux ont été donnés aux jésuites, aux cordeliers et aux récollets de Châlons, avait peut-être été élevé sur les restes d'une forteresse bâtie par les Romains pour défendre ce pont. — Dans une île qui a disparu il y avait une forteresse dont on voit le plan dans le Recueil des villes de France, par Châtillon. — En 1359 Gaucher de Châtillon, qui commandait les Rémois, assiégea Mareuil, occupé par les Anglais, qu'il chassa de tous les postes. Ceux-ci se réunirent dans une île qu'ils retranchèrent, mais dont s'emparèrent les Rémois, qui passèrent les Anglais au fil de l'épée. Mareuil fut ravagé et brûlé plusieurs fois par les troupes de Charles-Quint. Lors du siège d'Epernay par Henri IV, en 1594, le fort de Mareuil fut pris par les habitants de Châlons et d'Epernay; c'est sans doute ce fort ou château que fit détruire Louis XIV en 1617. — Le Petit-Mareuil, hameau situé en avant de ce bourg, du côté d'Ay, était entouré de fossés qu'on y voit encore.

Ce bourg est fort agréablement situé entre la Marne et un vaste et riche coteau planté en vignes, qui produisent d'excellents vins rouges et blancs, qui rivalisent avec les meilleurs vins de la Champagne. On y jouit d'une vue charmante sur une belle prairie bornée par la route de Paris à Strasbourg et sur les vignobles du Ménil, Oger, Avise, Cramant, Epernay, Hautvillers et Ay. La longue et principale rue de ce bourg, dont la direction est de l'est à l'ouest, est pavée et bordée de maisons dont plusieurs sont belles, vastes et commodes, bien bâties en pierres de taille, meulières et blocailles, couvertes en tuiles ou en ardoises, et accompagnées de jardins ou de vergers. — Le château, placé vers le centre du bourg, est remarquable par ses jardins et sa terrasse. — L'église, surmontée d'un clocher élevé, est d'une ancienne construction.

Mareuil a une promenade publique appelée le Jard, composée de six allées ombragées par sept routes de tilleuls, qui s'étend entre le bourg et la Marne. En été les habitants s'y réunissent les dimanches et les jours de fête pour danser, jouer, et pour jouir d'un air frais et d'une vue charmante qu'anime la navigation.

On passe la Marne à Mareuil sur un beau pont de trois arches, reconstruit en 1827; un péage y est établi pour trente ans.

La surface plantée en vignes du territoire de la commune est de 233 hectares, du prix de 3,000 à 10,000 fr. l'hectare, produisant ensemble, année moyenne, 2,800 pièces de vin, du prix moyen de 120 fr. Les vins de Mareuil font partie des vins rouges et des vins blancs de la première classe des plus fameux crus de la Champagne.

MAREUIL-SUR-OURCQ, vg. *Oise* (Picardie), arr. et à 42 k. de Senlis, cant. et ✉ de Betz. Pop. 710 h.

MAREUX, vg. *Eure*, comm. de Caugé, ✉ d'Evreux.

MAREUX, vg. *Tarn*, comm. et ✉ de Rabastens.

MAREVILLE, vg. *Meurthe*. V. LAXOU.

MAREY (les forges de), vg. *Côte-d'Or*, comm. de Marey-sur-Tille, ✉ d'Is-sur-Tille.

MAREY, vg. *Vosges* (Lorraine); arr. et à 37 k. de Neufchâteau, cant. et ✉ de Lamarche. Pop. 377 h.

MAREY-LÈS-FUSSEY, vg. *Côte-d'Or*, (Bourgogne), arr. et à 21 k. de Beaune, cant. et ✉ de Nuits. Pop. 126 h.

MAREY-SUR-TILLE, vg. *Côte-d'Or* (Bourgogne), arr. et à 34 k. de Dijon, cant. et ✉ de Selongey. Pop. 382 h.

MARFAUX, vg. *Marne* (Champagne), arr. et à 15 k. de Reims, cant. et ✉ de Ville-en-Tardenois. Pop. 263 h.

MARFAY, vg. *Isère*, comm. de Miribel, ✉ des Echelles.

MARFONTAINE, vg. *Aisne* (Picardie), arr. et à 10 k. de Vervins, cant. de Sains, ✉ de Marle. Pop. 317 h.

MARFONTAINE, vg. *Saône-et-Loire*, comm. de Montbellet, ✉ de St-Oyen.

MARGARITS (les), vg. *Drôme*, comm. et ✉ de Moras.

MARGARNIT, vg. *Aveyron*, comm. de Gramond, ✉ de Sauveterre.

MARGATTIÈRE (la), vg. *Loire-Inf.*, comm. du Pin, ✉ d'Ancenis.

MARGAUX, bg *Gironde* (Guienne), arr. et à 28 k. de Bordeaux, cant. de Castelnau-de-Médoc. ✉. A 591 k. de Paris pour la taxe des lettres. Pop. 1,034 h. — Il est situé au milieu d'un riche vignoble, près de la rive gauche de la Gironde.

Cette commune produit les vins les plus estimés de la contrée; ils réunissent toutes les qualités propres à flatter le goût, et sont particulièrement recherchés des Anglais. C'est dans la commune de Margaux qu'est situé le fameux premier cru, si connu sous le nom de Château-Margaux, où l'on récolte annuellement environ 100 tonneaux de vin, dont 80 de première qualité, du prix de 2,300 à 2,400 fr. le tonneau. — Ces vins, parvenus à leur degré de maturité, sont pourvus de beaucoup de finesse, d'une belle couleur et d'un bouquet très-suave. — *Foire* le 8 mai.

MARGELLE (la), vg. *H.-Marne* (Champagne), arr. et à 35 k. de Langres, cant. et ✉ d'Auberive. Pop. 96 h.

MARGELSEN, vg. *B.-Rhin*. V. MARXOLSHEIM.

MARGENCY, *Margenciaco*, vg. *Seine-et-Oise* (Ile-de-France), arr. et à 18 k. de Pontoise, cant. et ✉ de Montmorency. Pop. 184 h. — Briqueterie.

MARGENS, vg. *Tarn* (Languedoc), arr., cant., ✉ et à 6 k. de Lavaur. Pop. 476 h.

MARGERETTEN, *Moselle*. V. STE-MARGUERITE.

MARGERIDES, vg. *Corrèze* (Limousin), arr. à 18 k. d'Ussel, cant. et ✉ de Bort. Pop. 722 h.

MARGERIE, vg. *Drôme*, comm. de Colonzelles, ✉ de Taulignan.

MARGERIE, vg. *Marne* (Champagne), arr. et à 24 k. de Vitry-le-François, cant. et ✉ de St-Rémy-en-Bouzemont. Pop. 370 h. — *Foire* le mardi après Pâques.

MARGERIE-CHANTAGRET, vg. *Loire* (Forez), arr. et à 12 k. de Montbrison, cant. et ✉ de St-Jean-Soleymieux. Pop. 578 h.

MARGES, vg. *Drôme* (Dauphiné), arr. et à 30 k. de Valence, cant. et ✉ de St-Donat. Pop. 408 h. — *Foire* le 16 août.

MARGILLEY, vg. *H.-Saône* (Franche-Comté), arr. et à 22 k. de Gray, cant. et ✉ de Champlitte. Pop. 347 h.

MARGIVAL, vg. *Aisne* (Picardie), arr., et à 10 k. de Soissons, cant. de Vailly. Pop. 324 h.

MARGNES-D'ANGLÈS (le), vg. *Tarn* (Languedoc), arr. et à 35 k. de Castres, cant. d'Anglès, ✉ de Brassac. Pop. 240 h.

MARGNÈS-DE-BRASSAC (le), vg. *Tarn* (Languedoc), arr. et à 34 k. de Castres, cant. et ✉ de Brassac. Pop. 318 h.

MARGNOLLES (les), vg. *Rhône*, comm. de Caluire, ✉ de Lyon.

MARGNY, vg. *Ardennes* (Champagne), arr. à 40 k. de Sedan, cant. et ✉ de Mouzon. Pop. 484 h. — Il y avait autrefois dans cette commune un château considérable appelé le fort Margny, qui a soutenu plusieurs sièges et a été détruit dans les temps qu'Ivoy et Montmédy ont été attaqués.

MARGNY, vg. *Marne* (Champagne), arr. et à 27 k. d'Epernay, cant. de Montmort, ✉ d'Orbais. Pop. 172 h.

MARGNY-AUX-CERISES, vg. *Oise* (Picardie), arr. et à 40 k. de Compiègne, cant. de Lassigny, ✉ de Guiscard. Pop. 362 h.

MARGNY-LÈS-COMPIÈGNE, vg. *Oise* (Picardie), arr., cant., ✉ et à 2 k. de Compiègne. Pop. 551 h.

MARGNY-SUR-MATZ, vg. *Oise* (Picardie), arr. et à 18 k. de Compiègne, cant. et ✉ de Ressons. Pop. 439 h. — *Foires* le 1er mardi après la St-Luc et le mardi après la St-Barnabé.

MARGON, vg. *Eure-et-Loir* (Perche), arr., cant., ✉ et à 2 k. de Nogent-le-Rotrou. Pop. 512 h.

MARGON, vg. *Hérault* (Languedoc), arr. et à 19 k. de Béziers, cant. de Roujan, ✉ de Pézenas. Pop. 194 h.

MARGOT, vg. *Aveyron*, comm. de Boscadoule, ✉ de Sauveterre.

MARGOUET-MEYMES, vg. *Gers* (Armagnac), arr. et à 34 k. de Mirande, cant. et ✉ d'Aignan. Pop. 648 h.

MARGOGUES, vg. *Aveyron*, comm. de St-Jean et St-Paul, ✉ de St-Affrique.

MARGUEBAY, vg. *Manche* (Normandie), arr. et à 27 k. de St-Lô, cant. de Percy, ✉ de Villebaudon. Pop. 404 h.

MARGUERITE (Ste-), vg. *Aisne*, comm. de Bucy-le-Long, ✉ de Soissons.

MARGUERITE (Ste-), vg. *H.-Alpes*, com. et ✉ de Gap.

MARGUERITE (Ste-), vg. *H.-Alpes*, com. de St-Martin-de-Queyrières, ✉ de Briançon.

MARGUERITE (Ste-), vg. *Bouches-du-Rhône*, comm. et ✉ de Marseille.

MARGUERITE (Ste-), v. *Manche*, comm. de Bricqueville-sur-Mer, ✉ de Bréhal.

MARGUERITE (Ste-), ou MARGERETTEN, vg. *Moselle*, comm. de Monneren, ✉ de Thionville.

MARGUERITE (Ste-), vg. *Seine-Inf.* (Normandie), arr., ✉ et à 11 k. de Dieppe, cant. d'Offranville. Pop. 505 h. Près de la mer.

En 1820 les marées de l'équinoxe d'automne découvrirent, à l'embouchure de la Saâne, près du village de Ste-Marguerite, plusieurs cercueils de gypse, renfermant des squelettes humains bien conservés, des fragments de vases de terre et des débris d'armes et d'armures. Quelque temps après on trouva, à peu de distance, en déblayant la terre, un pavé en mosaïque parfaitement composé, qui formait, à ce qu'il paraît, le pavé d'une vaste salle. Ce qui ferait présumer qu'il y a eu jadis dans ce lieu une station romaine, et que le pavé mosaïque appartenait à un temple, ou du moins que ce bâtiment aura été affecté au culte quand le christianisme s'est répandu dans cette contrée.

Postérieurement à cette époque on a découvert dans cette commune le chauffoir, l'hypocauste bien conservé, des salles souterraines, un escalier, des caves, des murs de pierre tuffeuse traversés par des conduits de chaleur, de fort belles mosaïques, des fûts de colonnes, des médailles de Néron et d'Antonin, des tombeaux renfermant des vases funéraires de terre et de verre, des stylets, des bagues, des anneaux, des boucles, des pendants d'oreilles, des agrafes de manteaux garnies de pierreries couleur hyacinthe, des armures couchées à côté des corps, et l'on a pu s'assurer que Ste-Marguerite possède une des plus belles villes gallo-romaines du nord de la France.

L'église de Ste-Marguerite appartient à une époque remarquable, celle où les Normands firent la conquête de l'Angleterre. Elle est en grande partie du XI° siècle ; elle vient d'être restaurée, et l'on a eu soin de conserver le caractère de son ancienne architecture.

MARGUERITE (Ste-), vg. *Seine-Inf.* (Normandie), arr. et à 25 k. de Neufchâtel-en-Bray, cant. et ✉ d'Aumale. Pop. 552 h.

MARGUERITE (île de Ste-), *Lero S. Margarita insulæ*, *Var*, comm. et ✉ de Cannes. Cette île, qui fait partie des îles de Lérins, est située à 2 k. de la côte. Elle a 2 k de long sur 1 k. de large.

L'île Ste-Marguerite offre une rade excellente et protège le golfe Juan. Entourée d'écueils et à peu près inculte, elle renferme un château fort et des casernes assez vastes pour recevoir 300 hommes de garnison. Les Espagnols la prirent en 1635, mais les Français la reprirent en 1638. En 1746 elle tomba au pouvoir des Anglais, qui en furent chassés par le maréchal de Belle-Ile en 1747 (V. LÉRINS).

Les **armes de l'île Ste-Marguerite** étaient : *de sinople à la crosse épiscopale d'or posée en pal, et côtoyée de deux palmes de même*.

Cette île est aujourd'hui affectée à la réclusion des prisonniers de guerre arabes de l'Algérie.

PATRIE du cardinal DE LATIL, archevêque de Reims.

MARGUERITE (Ste-), *Vosges* (Lorraine), arr., cant., ✉ et à 8 k. de St-Dié. P. 325 h.

MARGUERITE-DE-CARROUGES (Ste-), vg. *Orne*, comm. et ✉ de Carrouges.

MARGUERITE-DE-L'AUTEL (Ste-), vg. *Eure* (Normandie), arr. à 31 k. d'Evreux, cant. et ✉ de Breteuil. Pop. 1,053 h.

Lierru et les deux chapelles de Notre-Dame-de-Lorette et de St-Roch sont des dépendances de cette commune. Lierru est un ancien prieuré de chanoines réguliers de St-Augustin qui fut fondé au XI° siècle. — Les deux chapelles de Notre-Dame-de-Lorette et de St-Roch sont fréquentées par de nombreux pèlerins. — L'église renferme des bas-reliefs dignes d'être signalés. — Cette commune et celles de Baubray, Ste-Marthe, Sébécourt et le Fidelaire étaient autrefois appelées collectivement les cinq paroisses royales.

MARGUERITE-DES-LOGES (Ste-), vg. *Calvados* (Normandie), arr. et à 15 k. de Bayeux, cant. de Livarot, ✉ de Fervacques. Pop. 515 h.

MARGUERITE-DE-VIETTE (Ste-), bg *Calvados* (Normandie), arr. et à 19 k. de Bayeux, cant. de St-Pierre-sur-Dives, ✉ de Livarot. Pop. 756 h.

MARGUERITE-EN-OUCHE (Ste-), vg. *Eure* (Normandie), arr., ✉ et à 10 k. de Bernay, cant. de Beaumesnil. Pop. 299 h.

MARGUERITE-LA-FIGÈRE (Ste-), vg. *Ardèche* (Vivarais), arr. et à 37 k. de Largentière, cant. et ✉ des Vans. Pop. 525 h.

MARGUERITE-SUR-DUCLAIR (Ste-), bg *Seine-Inf.* (Normandie), arr. et à 19 k. de Rouen, cant. et ✉ de Duclair. Pop. 1,107 h.

MARGUERITE-SUR-FAUVILLE (Ste-), vg. *Seine-Inf.* (Normandie), arr. et à 15 k. d'Yvetot, cant. et ✉ de Fauville. Pop. 420 h.

MARGUERITTES, petite ville, *Gard* (Languedoc), arr., ✉ et à 8 k. de Nîmes, chef-l. de cant. Cure. Pop. 1,886 h. — TERRAIN crétacé inférieur, voisin du terrain d'alluvions modernes. — Elle est située près d'un riche vignoble, sur le Vistre et sur le chemin de fer de Nîmes à Beaucaire. — Fabrique de tapis.

MARGUERON, vg. *Gironde* (Guienne), arr. et à 49 k. de Libourne, cant. et ✉ de Ste-Foy. Pop. 497 h.

MARGUERY, vg. *Oise*, comm. de Hermes, ✉ de Noailles.

MARGUT, vg. *Ardennes* (pays Messin), arr. et à 30 k. de Sedan, cant. et ✉ de Carignan. Pop. 555 h. — Haut fourneau.

MARIAC, vg. *Ardèche* (Vivarais), arr. et à 12 k. de Tournon, cant. et ✉ du Chaylard. Pop. 1,358 h.

MARIA-DI-LOTA (Sta-), vg. *Corse*, arr., ✉ et à 10 k. de Bastia, cant. de San-Martino-di-Lota. Pop. 424 h.

MARIAKIRCH, *H.-Rhin*. V. STE-MARIE-AUX-MINES.

MARIANA. V. BIGUGLIA.

MARIAUD, vg. *B.-Alpes* (Provence), arr., ✉ et à 36 k. de Digne, cant. de Javie. Pop. 161 h.

MARICOURT, vg. *Somme* (Picardie), arr., ✉ et à 12 k. de Péronne, cant. de Combles. Pop. 602 h.

MARIE (Ste-), vg. *H.-Alpes* (Dauphiné), arr. et à 62 k. de Gap, cant. de Rosans, ✉ de Serres. Pop. 178 h.

MARIE (Ste-), vg. *H.-Alpes*, comm. de Vars, ✉ de Mont-Dauphin.

MARIE (Ste-), vg. *Ardennes* (Champagne), arr., cant., ✉ et à 5 k. de Vouziers. P. 501 h.

MARIE (Ste-), ou STE-MARIE-DU-CANTAL, vg. *Cantal* (Auvergne), arr. et à 26 k. de St-Flour, cant. et ✉ de Pierrefort. Pop. 642 h.

Ce village est dans une situation pittoresque, à l'extrémité d'une plaine riante et fertile, qui domine un profond vallon où coule la Truyère, que l'on y passe sur un pont remarquable. Il est bien bâti et jouit d'une vue très-étendue.

EAUX DE STE-MARIE.

A peu de distance de cet endroit, on trouve le hameau de Ravèles, où sourdent deux sources d'eaux minérales acidules ferrugineuses, fréquentées annuellement par environ douze cents personnes.

PROPRIÉTÉS PHYSIQUES ET CHIMIQUES. L'eau de Ste-Marie est claire, limpide, d'une saveur aigrelette et piquante très-prononcée dans les temps secs. Elle tient en dissolution du carbonate de fer et une quantité assez considérable d'acide carbonique.

PROPRIÉTÉS MÉDICALES. On fait usage de ces eaux en boisson, à la dose de quelques verres. Elles sont très-efficaces et opèrent des guérisons promptes dans le traitement de la chlorose, de l'aménorrhée, des hémorragies passives, et dans les maladies qui sont produites par l'atonie de l'appareil digestif.

Bibliographie. BARTE. *Analyse des eaux de Ste-Marie* (Gaz. salut., 1775, n. 24).

MARIE (Ste-), bg *Charente* (Saintonge), arr. et à 26 k. de Barbezieux, cant. et ✉ de Chalais. Pop. 482 h.

MARIE (Ste-), vg. *Charente-Inf.* (île de Ré), arr. et à 89 k. de la Rochelle, cant. de

St-Martin-de-Ré, ✉ de la Flotte. P. 2,429 h.
MARIE (Ste-), ou STA-MARIA-DEL-PEGGIO, *Corse*, arr. et à 56 k. de Bastia, cant. de San-Nicolao, ✉ de Cervione. Pop. 342 h. On y trouve une source d'eau minérale connue dans le pays sous le nom d'*Acque acetose*.
MARIE (Ste-), ou STA-MARIA-DI-FIGANIELLA, vg. *Corse*, arr. et à 14 k. de Sartène, cant. et ✉ d'Olmeto. Pop. 229 h.
MARIE (Ste-), vg. *Doubs* (Franche-Comté), arr., cant., ✉ et à 10 k. de Montbéliard. Pop. 431 h.
MARIE (Ste-), vg. *Gers* (Armagnac), arr. et à 25 k. d'Auch, cant. et ✉ de Gimont. Pop. 760 h.
MARIE (Ste-), vg. *Landes* (Gascogne), arr. et à 30 de Dax, cant. de St-Vincent-de-Tyrosse, ✉ de Biaudos. Pop. 1,494 h.
MARIE (Ste-), vg. *Loire-Inf.* (Bretagne), arr. et à 24 k. de Paimbœuf, cant. et ✉ de Pornic. Pop. 1,459 h. — Il y avait jadis une abbaye de l'ordre de St-Augustin fondée en 1030.
MARIE (Ste-), vg. *Nièvre* (Nivernais), arr. et à 35 k. de Nevers, cant. et ✉ de St-Saulge. Pop. 502 h.
MARIE-LEGUYON (Ste-), ou STE-MARIE-D'OLORON, petite ville, *B.-Pyrénées* (Béarn), arr., bureau d'enregist., ✉ et à 32 k. d'Oloron, chef-l. de cant. Pop. 3,629 h. — TERRAIN crétacé inférieur, grès vert.
Elle est située vis-à-vis d'Oloron, dont elle n'est séparée que par le gave d'Aspe.
Cette ville, autrefois le siége de l'ancien évêché d'Oloron, possédait un collége, un séminaire et une maison de charité ; ce dernier établissement s'est seul maintenu malgré la diminution considérable de ses revenus. Elle est bien bâtie, bien percée, et fait pour ainsi dire partie d'Oloron, auquel elle est réunie par un pont très-élevé, sous lequel on voit plusieurs moulins dont le fougueux gave d'Aspe menace l'existence dans toutes ses crues.
Il y avait autrefois à Ste-Marie beaucoup de Cagots, qui exerçaient presque tous la profession de charpentiers ; on y trouve encore une rue appelée *rue des Cagots*, où leurs descendants habitent encore de préférence.
On y voit une ancienne église, qui a été classée récemment au nombre des monuments historiques, et où les Cagots avaient une place séparée et un bénitier particulier.
MARIE (Ste-), vg. *H.-Pyrénées* (Gascogne), arr. et à 48 k. de Bagnères-de-Bigorre, cant. de Mauléon-Barousse, ✉ de St-Bertrand. Pop. 95 h.
Ce village, situé dans un pays agréable, au pied d'une montagne élevée, est renommée par ses sources thermales, dont la température est de + 14° du thermomètre de Réaumur. Ces sources ont donné lieu à la construction d'un établissement de bains, où l'on trouve plusieurs baignoires et des logements commodes.
L'eau de Ste-Marie est claire, limpide, sans odeur ; sa saveur est fade et légèrement amère. Il résulte de l'analyse faite par M. Save que cette eau tient en dissolution de l'acide carbonique, ainsi que des sulfates et des carbonates de chaux et de magnésie. On en fait usage en boisson et en bains. Les observations des médecins du pays semblent prouver son efficacité dans les maladies cutanées, les engorgements des viscères de l'abdomen, les affections nerveuses, etc.
Bibliographie. SAVE. *Mémoire sur l'analyse et les propriétés des eaux minérales de Ste-Marie.* (Bulletin de pharmacie, in-8, 1812).
MARIE (Ste-), vg. *H.-Pyrénées*, comm. de Campan, ✉ de Bagnères-de-Bigorre.
MARIE (Ste-), vg. *H.-Pyrénées*, comm. de St-Pastous, ✉ d'Argelès.
MARIE (Ste-), vg. *Pyrénées-Or.* (Roussillon), arr., cant., ✉ et à 12 k. de Perpignan. Pop. 440 h.
MARIE (Ste-), vg. *Var*, comm. de Thoronet, ✉ de Lorgues.
MARIE-A-PY (Ste-), *Marne* (Champagne), arr. et à 39 k. de Ste-Ménehould, cant. et ✉ de Ville-sur-Tourbe. Pop. 707 h.
MARIE-AU-BOSC (Ste-), vg. *Seine-Inf.* (Normandie), arr. et à 20 k. du Havre, cant. et ✉ de Criquetot-Lesneval. Pop. 256 h.
MARIE-AUX-ANGLAIS (Ste-), vg. *Calvados* (Normandie), arr. et à 18 k. de Bayeux, cant. de Mezidon, ✉ de St-Pierre-sur-Dives. Pop. 282 h. Le chef-lieu de cette commune est à Doux-Marais.
MARIE-AUX-CHÊNES (Ste-), vg. *Moselle* (pays Messin), arr., cant., ✉ et à 8 k. de Briey. Pop. 383 h.
MARIE-AUX-MINES (Ste-), ou MARKIRCH, ou MARIAKIRCH, ancienne et jolie ville, *H.-Rhin* (Alsace), arr. et à 38 k. de Colmar, ch.-l. de cant. Conseil de prud'hommes. Chambre consultative des manufactures. Cure. Gîte d'étape. ✉. ☞. A 418 k. de Paris pour la taxe des lettres. Pop. 11,429 h. — TERRAIN cristallisé, gneiss.
Cette ville est dans une situation pittoresque sur la Lieprette, au fond du val de Lièpvre, circonscrit par des montagnes élevées, couvertes de bois, et au pied de la montagne de son nom, l'un des passages les plus élevés des Vosges. Elle est assez bien bâtie et s'étend entre deux hautes montagnes sur 2 k. de longueur. La Lieprette la partage en deux parties qui avaient deux seigneurs différents : la partie septentrionale appartenait au duc de Lorraine, et depuis 1736 au roi de France ; elle était peuplée de catholiques ; la partie méridionale appartenait à la maison de Deux-Ponts et était habitée par des protestants. En 1572 un incendie consuma la partie lorraine, à l'exception de soixante-dix maisons ; cent vingt autres maisons devinrent la proie des flammes en 1580, et dans la même année quarante maisons de la partie alsacienne furent aussi réduites en cendres.
Le territoire de Ste-Marie renferme de célèbres mines d'argent, de plomb et de cuivre, qui étaient en grande activité dès 963. Un écrivain qui vivait en 1550 rapporte qu'on en tirait annuellement 6,500 marcs d'argent. Sébastien Munster ajoute qu'on trouva en 1530 et en 1539 dans différentes galeries, des masses entières d'argent natif de deux à trois quintaux ; trois mille ouvriers étaient alors employés à cette riche exploitation.
En 1623 on comptait vingt-trois filons exploités ; en 1780 il n'y avait plus que six filons en état d'exploitation, savoir : les filons de plomb dits St-Philippe et Surlatte ; trois filons d'argent, dits St-Guillaume, St-Jacques et la Petite-Liepvre ; et dans la vallée d'Echery, le filon d'argent et de cuivre de Gubengoth. La mine de Surlatte est aujourd'hui la seule en activité ; le minerai qu'elle fournit est un plomb sulfuré tenant une once d'argent au quintal ancien, il se trouve par amas fort considérables dans deux filons encaissés dans du gneiss. Les parties de cette mine qui peuvent être exploitées avec le plus d'avantages se trouvent à l'extrémité des travaux ; une longue galerie d'écoulement conduit aux ouvrages d'exploitation, dont les uns sont situés au-dessus du filon du toit, et les autres sont au fond de deux puits d'une profondeur de 40 m. Cette mine produit de trente à soixante quintaux métriques de schlich par mois ; elle a donné près de quatre cents quintaux dans le cours de 1830. Un chemin de fer y a été établi.
INDUSTRIE. La ville de Ste-Marie-aux-Mines est le centre des tissus de couleur. L'introduction du métier de la Jacquard et du battant-brocheur ouvre à cette industrie nouvelle une voie de prospérité. On y trouve des fabriques importantes de bonneterie en coton, de draps, toiles de coton, siamoises, cravates en tous genres, madras, cotonnades, guingamps. Filatures de laine et de coton. Teintureries en rouge d'Audrinople. Fouleries. Tanneries. Papeteries, etc. — *Commerce* d'eau de cerises, papiers, toiles peintes, cotons filés et autres articles de ses nombreuses manufactures. — *Foires* le 1er mercredi de chaque mois.
MARIE-CAPPEL (Ste-), vg. *Nord* (Flandre), arr. et à 11 k. d'Hazebrouck, cant. et ✉ de Cassel. Pop. 899 h.
MARIE-D'ALLOIX (Ste-), vg. *Isère* (Dauphiné), arr. et à 31 k. de Grenoble, cant. et ✉ du Touvet. Pop. 350 h.
MARIE-D'AUDOUVILLE (Ste-), *Manche*, comm. de St-Martin-d'Audouville, ✉ de Montebourg.
MARIE-DE-CHIGNAC (Ste-), vg. *Dordogne* (Périgord), arr. et à 12 k. de Périgueux, cant. et ✉ de St-Pierre-de-Chignac. P. 536 h.
MARIE-DE-FRUGIE (Ste-), vg. *Dordogne* (Périgord), arr. et à 32 k. de Nontron, cant. et ✉ de Jumilhac-le-Grand. Pop. 1,241 h.
MARIE-DES-CHAMPS (Ste-), vg. *Eure* (Normandie), arr. et à 13 k. des Andelys, cant. d'Etrépagny, ✉ des Thilliers-en-Vexin. Pop. 124 h.
MARIE-DES-CHAMPS (Ste-), *Seine-Inf.* (Normandie), arr., cant., ✉ et à 1 k. d'Yvetot. Pop. 903 h.
MARIE-DES-CHAZES (St-), vg. *H.-Loire* (Auvergne), arr. et à 38 k. de Brioude, cant. et ✉ de Langeac. Pop. 903 h.
MARIE-DE-VAUX (Ste-), vg. *H.-Vienne*

(Limousin), arr. et à 21 k. de Rochechouart, cant. de St-Laurent-sur-Gorre, ✉ de la Barre. Pop. 423 h.

MARIE-DE-VERGT (Ste-), vg. *Dordogne*, comm. de Vergt, ✉ de Périgueux.

MARIE-DU-BOIS (Ste-), vg. *Manche* (Normandie), arr. et à 12 k. de Mortain, cant. et ✉ du Teilleul. Pop. 342 h.

MARIE-DU-BOIS (Ste-), vg. *Mayenne* (Maine), arr. et à 23 k. de Mayenne, cant. et ✉ de Lassay. Pop. 1,136 h.

MARIE-DU-MONT (Ste-), bg *Manche* (Normandie), arr. et à 25 k. de Valognes, cant. et ✉ de Ste-Mère-Eglise. Pop. 1,419 h.

Cette grande et riche commune, qui n'est séparée du *Calvados* que par le bras de mer appelé le Grand Vey, fut jadis le siège d'une cour de justice dépendant du bailliage de St-Sauveur-le-Vicomte. Elle tire son nom de son église, dédiée à la sainte Vierge, et de sa situation la plus élevée du Cotentin.

Ste-Marie-du-Mont offre un des sites les plus beaux et les plus variés de tout le pays. C'est particulièrement au printemps, alors que la nature reprend un nouvel éclat, que l'on se plaît à promener ses regards sur ses vastes et riantes plaines, enrichies de verdure et émaillées de fleurs. La mer qui l'environne, semblable à un immense rideau, vient terminer d'une manière heureuse ce brillant spectacle, dont elle diversifie la beauté par l'azur de ses eaux. Les navires qui la sillonnent de toutes parts, les îles qui s'élèvent dans son sein, les montagnes et les tours que l'on aperçoit de l'autre côté, font justement admirer ce superbe point de vue. — L'église se trouve au milieu d'un bourg où se tenait jadis un marché qui n'a plus aucune importance.

Le château était un des plus antiques et des mieux fortifiés du pays. Il y avait des souterrains et des donjons en plusieurs endroits. Sa construction primitive remonte à des temps forts reculés ; mais il avait été reconstruit et entièrement restauré sous Henri IV. Le bâtiment principal, ses deux ailes, ainsi que les donjons dont il était flanqué, ont été démolis pendant la révolution. Il n'y a eu d'épargné que la partie des basses-cours, qui était la plus ancienne.

Bibliographie. Louis (l'abbé). *Notice historique sur la commune de Ste-Marie-du Mont* (Mém. de la soc. des antiq. de Normandie, t. IX, p. 524).

MARIE-DU-THORONET, vg. *Var*, comm. du Thoronet, ✉ de Lorgues.

MARIE-EN-CHANOIS (Ste-), vg. *H.-Saône* (Franche-Comté), arr. et à 19 k. de Lure, cant. et ✉ de Faucogney. Pop. 442 h.

C'est à cet endroit, contrairement à l'opinion de d'Anville, que M. Walckenaer place l'antique *Amagetobria* ou *Magetobria*, lieu célèbre par la défaite d'Arioviste par César. (V. Walckenaer, *Géogr. des Gaules*, t. I, p. 319).

MARIE-EN-CHAUX, vg. *H.-Saône* (Franche-Comté), arr. et à 21 k. de Lure, cant. et ✉ de Luxeuil. Pop. 294 h.

MARIE-EL-SICCHE (Ste-), vg. *Corse*, arr., ✉ et à 30 k. d'Ajaccio, chef-l. de cant. Cure. Pop. 561 h. — TERRAIN cristallisé ou primitif.

On y remarque la tour de Vannina, haute maison en forme de bastion, dont le nom rappelle la fin cruelle de l'épouse de Sampiero. — Aux environs sont les ruines vénérées du château que Sampiero fit bâtir en 1554, après que sa maison eut été brûlée par les Génois. Bien qu'habité par des paysans, ce château, formé de gros blocs de granit, conserve encore son air de manoir ; on y remarque les traces de l'ancien fossé et du pont-levis.

Le canton de Ste-Marie est formé de deux parties distinctes ; l'une montueuse et boisée, l'autre maritime : la partie montagneuse produit du seigle, un peu d'orge, des châtaignes et presque pas de vin ; la partie basse est très-fertile en grains, légumes, vins, huile, etc. ; les pâturages y sont excellents et nourrissent de nombreux troupeaux, ainsi que des chevaux estimés.

MARIE-KERQUE (Ste-), vg. *Pas-de-Calais* (Artois), arr. de St-Omer, cant. et ✉ d'Audruicq. Pop. 1,090 h.

MARIE-LA-BLANCHE (Ste-), vg. *Côte-d'Or* (Bourgogne), arr., cant. et ✉ à 7 k. de Beaune. Pop. 474 h. — Foire le 1er lundi après le 6 août.

MARIE-LA-PANOUZE (Ste-), vg. *Corrèze* (Limousin), arr. et à 16 k. d'Ussel, cant. de Meymac, ✉ de Neuvic. Pop. 266 h.

MARIE-LA-ROBERT, vg. *Orne* (Normandie), arr. et à 40 k. d'Alençon, cant. et ✉ de Carrouges. Pop. 382 h.

MARIE-LAUMONT (Ste-), vg. *Calvados* (Normandie), arr., ✉ et à 9 k. de Vire, cant. de Bény-Bocage. Pop. 1,208 h.

MARIÉMONT, vg. *Vosges*, comm. d'Arrentès-de-Corcieux, ✉ de Corcieux.

MARIEN (St-), vg. *Creuse* (Bourbonnais), arr., ✉ et à 8 k. de Boussac, et à 30 k. de Chambon. Pop. 354 h.

MARIENS (St-), vg. *Gironde* (Guienne), arr. à 23 k. de Blaye, cant. de St-Savin, ✉ de Cavignac. Pop. 882 h.

MARIENTHAL, vg. *Moselle*, comm. de Barst, ✉ de St-Avold.

MARIENTHAL, vg. *B.-Rhin*, comm. et ✉ d'Haguenau.

MARIE-OUTRE-L'EAU (Ste-), vg. *Calvados* (Normandie), arr. et à 16 k. de Vire, cant. et ✉ de St-Sever. Pop. 316 h.

MARIÈRE (la), vg. *Vendée*, comm. de Petit-Bourg-des-Herbiers, ✉ des Herbiers.

MARIES (les), vg. *Seine-et-Oise*, comm. des Essarts-le-Roi, ✉ de Rambouillet.

MARIES (les Stes-), ou NOTRE-DAME-DE-LA-MER, jolie petite ville, *Bouches-du-Rhône* (Provence), arr. d'Arles-sur-Rhône, à 54 k. de Tarascon, chef-l. de cant. Cure. ✉. A 748 k. de Paris pour la taxe des lettres. Pop. 910 h. — TERRAIN d'alluvions modernes.

Si l'on en croit la tradition, la ville des Saintes-Maries doit son origine à sainte Marie Jacobé et à sainte Marie Salomé, qui, après la mort du Christ, vécurent quelques années dans ces lieux et y furent inhumées près d'une source d'eau douce qui les avait désaltérées pendant leur vie. Longtemps après un comte de Provence, animé d'un pieux zèle, fit bâtir sur le tombeau de ces deux saintes une église en forme de citadelle, pour la garantir des corsaires qui infestaient la côte ; il traça à une certaine distance un grand fossé, et accorda des privilèges à tous ceux qui viendraient bâtir entre le fossé et l'église. Les pêcheurs de la côte et les bergers de l'intérieur de la Camargue s'empressèrent de profiter des avantages qui leur étaient offerts. Ainsi se forma la ville des Saintes-Maries, qui, dans les anciens titres, est désignée sous le nom de *Villa de la Mar*.

Cette ville est située sur une plage sablonneuse à une très-petite distance du bord de la mer, et à 1 k. à l'est du petit Rhône, tout près de son embouchure. Elle est garantie des flots par des dunes, entourée de remparts en grande partie démolis, et se compose d'environ cinquante maisons d'une belle apparence, formant des rues régulières et fort propres.

Le seul objet qui attire l'attention est l'église, dont l'extérieur présente l'aspect d'une citadelle. Ses murailles, en pierres de taille et fort épaisses, s'élèvent à une grande hauteur et se terminent par des créneaux, dominés aux angles par des tourelles, et au milieu par la tour du clocher. Le toit de l'édifice est en pierres plates, et la pente aboutit à une galerie qui fait tout le tour du rempart ; la crête du toit est ornée dans toute sa longueur d'une bordure de pierres taillées et percées à jour, formant une suite de courbes en ogive d'un bel effet. La façade, qui est à l'occident, présente l'entrée d'une forteresse ; le côté de l'orient est en rotonde ; dans le mur méridional une porte latérale qui sert d'entrée habituelle, près de laquelle on a incrusté dans le mur deux lions en beau marbre de Paros, beau morceau d'architecture qui semble annoncer l'ouvrage d'un ciseau grec. L'intérieur de l'église présente une seule nef, dont la voûte est fort élevée et construite en ogive. Au milieu de la nef est une grille circulaire en fer qui entoure un puits, où, dit-on, les saintes Marie se désaltéraient. Au delà du puits le sol s'élève d'environ 1 m. 63 c. au-dessus du pavé par le moyen d'une voûte : la partie supérieure forme le chœur, et la partie inférieure la chapelle souterraine. Derrière l'autel est une rotonde soutenue par huit colonnes de marbre, dont les chapiteaux gothiques diffèrent tous les uns des autres ; on y a sculpté des têtes de satyres, de béliers, de vieillards et toute sorte d'ornements d'un beau travail et d'un fini parfait. A gauche du chœur est une porte qui donne sur un escalier en spirale, par lequel on monte à la chapelle haute, boisée tout autour et carrelée en marbre ; le plafond est peint et représente Jésus-Christ, les disciples et les saintes Marie. On voit aussi dans cette chapelle quatre tableaux peints sur bois, représentant les quatre évangélistes, que l'on attribue au roi René. L'escalier en spirale continue jusqu'au clocher, d'où l'on passe sur la terrasse qui fait le tour du rempart : le point qu'on y découvre est presque sans bornes dans tout le contour de l'horizon.

MARIE-SUR-OUCHE (Ste-), vg. *Côte-d'Or* (Bourgogne), arr. et à 25 k. de Dijon, cant. et ✉ de Sombernon. Pop. 513 h.

MARIEULLES, vg. *Moselle* (pays Messin), arr. et à 15 k. de Metz, cant. de Verny, ✉ de Gorze. Pop. 659 h.

MARIEUX (les), vg. *Eure*, comm. de Romilly-près-Bougy, ✉ de Conches.

MARIEUX, vg. *Somme* (Picardie), arr. et à 10 k. de Doullens, cant. et ✉ d'Acheux. Pop. 331 h.

MARIGNA, vg. *Jura* (Franche-Comté), arr. et à 25 k. de Lons-le-Saulnier, cant. et ✉ d'Arinthod. Pop. 369 h. — *Foires* les 21 mars et 24 sept.

MARIGNA (le Petit-), vg. *Jura*, comm. de Marigna, ✉ d'Arinthod.

MARIGNA-LES-MOLINGES, vg. *Jura*, comm. de Chassal, ✉ de St-Claude.

MARIGNAC, bg *Charente-Inf.* (Saintonge), arr., cant., ✉ et à 31 k. de Pons. P. 590 h.

MARIGNAC, vg. *Drôme* (Dauphiné), arr., cant., ✉ et à 6 k. de Die. Pop. 365 h.

MARIGNAC, vg. *H.-Garonne* (Armagnac), arr. et à 31 k. de St-Gaudens, cant. et ✉ de St-Béat. Pop. 776 h.

MARIGNAC, vg. *Tarn-et-Garonne* (Languedoc), arr. et à 37 k. de Castel-Sarrasin, cant. et ✉ de Beaumont-de-Lomagne. Pop. 305 h.

MARIGNAC - LASCLARES, vg. *H.-Garonne* (Languedoc), arr. à 29 k. de Muret, cant. du Fousseret, ✉ de Rieux. Pop. 486 h.

MARIGNAC - LASPEYRES, vg. *H.-Garonne* (Languedoc), arr. et à 64 k. de Muret, cant. de Cazères, ✉ de Martres. Pop. 481 h.

MARIGNANA, vg. *Corse*, arr. et à 64 k. d'Ajaccio, cant. d'Evisa, ✉ de Vico. Pop. 671 h.

MARIGNANE, *Maritima Colonia Avaticorum*, bg *Bouches-du-Rhône* (Provence), arr. et à 25 k. d'Aix, cant. de Martigues. ✉. A 782 k. de Paris pour la taxe des lettres. Pop. 1,998 h. — TERRAIN d'alluvions modernes.

Ce bourg est bâti sur les bords de l'étang de son nom, au fond d'une petite anse ; les rues en sont assez bien percées, mais en général un peu étroites. Il était autrefois entouré de remparts qui tombent aujourd'hui en ruines, et auxquels tient le château, vaste édifice dont la façade est d'une architecture imposante. Ce bel édifice a été vendu à différents particuliers et se dégrade journellement faute d'entretien.

L'étang de Marignane est séparé de l'étang de Berre par une chaussée naturelle. Les tartanes génoises ou sardes qui viennent tous les ans charger des vins du pays mouillent à l'entrée de l'étang de Vaine, à 3 k. du bourg, où l'on a pratiqué un môle pour faciliter l'embarquement.

Commerce de vins. — *Foires* les 25 avril et 25 oct.

MARIGNÉ, vg. *Mayenne* (Anjou), arr., cant., ✉ et à 11 k. de Château-Gontier. Pop. 752 h.

MARIGNÉ, vg. *Sarthe* (Maine), arr. et à 27 k. du Mans, cant. et ✉ d'Ecommoy. Pop. 2,026 h.

On y remarque l'église paroissiale, ayant deux bas côtés séparés de la nef par des arcades semi-ogives, qui s'appuient sur de fortes colonnes rondes à chapiteaux ornés de palmes et d'arabesques : au fond et au dessus intérieur de la porte occidentale on voit un groupe de treize figures représentant Jésus-Christ au milieu des apôtres.

MARIGNÉ-SOUS-DAON, vg. *Maine-et-Loire* (Anjou), arr. et à 22 k. de Ségré, cant. et ✉ de Châteauneuf-sur-Sarthe. P. 1,217 h. — *Foires* les 23 avril, 26 mai et 26 août.

MARIGNIEU, vg. *Ain* (Bourgogne), arr. et 7 k. de Belley, cant. de Virieux-le-Grand, ✉ de Culoz. Pop. 236 h.

MARIGNY, vg. *Allier* (Bourbonnais), arr. et à 10 k. de Moulins-sur-Allier, cant. et ✉ de Souvigny. Pop. 362 h.

MARIGNY, *Marigniacum*, vg. *Aube* (Champagne), arr. et à 25 k. de Nogent-sur-Seine, cant. et ✉ de Marcilly-le-Hayer. Pop. 501 h. Dans la vallée de l'Ardusson.

Marigny était anciennement une ville, et la tradition nous apprend qu'il y avait quatorze cents feux. Il est encore entouré de fossés en partie. Au midi est une éminence qu'on nomme la tour de Blin. Un écart, nommé *le Bourdeau*, s'appelait jadis le faubourg de Provins. Partout où l'on laboure à quelque distance du village on trouve des foundations et des pierres.

Foires les 1ᵉʳ mars et 9 oct.

MARIGNY, vg. *Calvados* (Normandie), arr. et à 8 k. de Bayeux, cant. et ✉ de Ryes. Pop. 340 h. — Belles carrières de pierre de taille.

MARIGNY, vg. *Eure-et-Loir*, comm. de Châtelets, ✉ de Brézolles.

MARIGNY, vg. *Jura* (Franche-Comté), arr. et à 21 k. de Lons-le-Saulnier, cant. et ✉ de Clairvaux. Pop. 407 h.

A peu de distance de ce village on remarque le lac Chalain, dont les bords offrent un des sites les plus gracieux du département. C'est un bassin de 2 k. de diamètre dans tous les sens, renfermé dans un cercle de montagnes couvertes de bois depuis leur base jusqu'à leur sommet ; les coteaux les plus bas qui bordent le lac sont livrés à la culture ; leurs teintes, variées par diverses productions, forment des nuances décroissantes, qui, du coloris vert et foncé des bois, viennent se perdre doucement dans la blancheur transparente des eaux. Le cercle des montagnes, en s'entr'ouvrant au sud-ouest, forme l'entrée de ce riant bassin : au fond du fer à cheval est bâti à mi-côte un ancien château, d'où l'on embrasse d'un seul coup d'œil l'entrée des montagnes, les montagnes elles-mêmes, les coteaux cultivés, et le lac dans toute son étendue. Comme l'éloignement n'est pas considérable, tous les objets se distinguent à l'œil simple : dans la clarté du lac, ils se détachent, ils se prononcent parfaitement, et tous, au même instant, s'aperçoivent répétés dans le sein des eaux. Cette agréable solitude n'offre ni l'aspect majestueux et sombre des vastes forêts, ni celui imposant et triste des montagnes désertes ou des stériles rochers, mais bien celui d'une retraite charmante, où l'ami de la simple nature aimerait à couler ses jours, loin du tumulte du monde et de ses trompeuses illusions.

MARIGNY, vg. *Loiret* (Orléanais), arr. (5ᵉ cant.), ✉ et à 11 k. d'Orléans. P. 417 h.

MARIGNY, bg *Manche* (Normandie), arr., bureau d'enregist. et à 12 k. de St-Lô, chef-l. de cant. Cure. ✉. ♥. A 298 k. de Paris pour la taxe des lettres. Pop. 1,589 h. — TERRAIN de transition inférieur.

Marigny était autrefois une baronnie qui donnait droit de séance à l'échiquier de Normandie parmi les barons du Cotentin. En sortant du bourg pour aller à la grande route de Coutances à St-Lô, on voit vers le midi la grande motte de l'ancien château fort. Cette élévation factice, nommée encore Butte du Castel, est escarpée, quoique peu élevée. Elle était en grande partie défendue par les eaux du vivier qu'on y faisait refluer à volonté.

Fabriques de papier. — *Foires* le 2ᵉ mardi de mars, 3ᵉ mercredi de mai, 4ᵉ mercredi de juin et 2ᵉ mercredi de sept.

MARIGNY, vg. *Marne* (Champagne), arr. et à 48 k. d'Epernay, cant. de Fère-Champenoise, ✉ de Pleurs. Pop. 137 h.

MARIGNY, vg. *Nièvre*, comm. d'Aunay, ✉ de Châtillon-en-Bazois.

MARIGNY, vg. *Orne*, comm. et ✉ de Mortrée.

MARIGNY, vg. *Saône-et-Loire* (Bourgogne), arr. et à 38 k. de Chalon-sur-Saône, cant. de Mont-St-Vincent, ✉ de Blanzy. Pop. 424 h. — *Fabrique* de linge de table.—*Foire* le 3 fév.

MARIGNY, vg. *Deux-Sèvres* (Poitou), arr. à 16 k. de Niort, cant. et ✉ de Beauvoir-sur-Niort. Pop. 1,240 h.

MARIGNY-BRIZAY, vg. *Vienne* (Poitou), arr. et à 20 k. de Poitiers, cant. de Neuville, ✉ de Jaulnay. Pop. 752 h.

MARIGNY - CHAMEREAU, vg. *Vienne* (Poitou), arr. et à 20 k. de Poitiers, cant. et ✉ de Vivonne. Pop. 578 h.

MARIGNY-EN-ORXOIS, vg. *Aisne* (Brie), arr., cant., ✉ et à 20 k. de Château-Thierry. Pop. 728 h. — *Foires* les 22 fév., 1ᵉʳ mai, 23 juillet, 1ᵉʳ oct. et 27 déc.

MARIGNY-LE-CAHOUET, *Mariniacum*, vg. *Côte-d'Or* (Bourgogne), arr. et à 12 k. de Semur, cant. et ✉ de Flavigny. Pop. 626 h. — *Foires* les 25 avril et 2 sept.

MARIGNY-L'ÉGLISE, vg. *Nièvre* (Nivernais), arr. et à 35 k. de Clamecy, cant. et ✉ de Lormes. Pop. 1,804 h.— *Foires* les 30 juin et 9 déc.

MARIGNY - MARMANDE, vg. *Indre-et-Loire* (Poitou), arr. et à 38 k. de Chinon, cant. et ✉ de Richelieu. Pop. 917 h. — *Foires* les 8 sept. et 2 nov.

MARIGNY-SUR-REULLÉE, vg. *Côte-d'Or* (Bourgogne), arr., cant., ✉ et à 12 k. de Beaune. Pop. 275 h. — On y voit un ancien château qui était autrefois entouré de fossés (à Reullée).

MARIGNY-SUR-YONNE, vg. *Nièvre* (Nivernais), arr. et à 35 k. de Clamecy, cant. et ✉ de Corbigny. Pop. 448 h.

MARIJOULET, vg. *Aveyron*, comm. de Canet-St-Jean, ✉ de Pont-de-Salars.

MARIJOULET, vg. *Aveyron*, comm. de St-Laurent-d'Olt, ✉ de la Canourgue.

MARILLAC, bg *Charente* (Angoumois), arr. et à 23 k. d'Angoulême, cant. et ✉ de la Rochefoucauld. Pop. 796 h.

MARILLAIS (le), vg. *Maine-et-Loire* (Anjou), arr. et à 22 k. de Beaupréau, cant. de St-Florent-le-Viel, ✉ de Varades. Pop. 669 h. Sur l'Erve.

Marillais est un bourg très-ancien. Dès le VII° siècle il possédait une chapelle dédiée à la Vierge, qui était déjà l'objet d'un pèlerinage fameux. Charlemagne fit démolir la chapelle de Marillais et lui substitua une des vingt-quatre églises qu'il fit construire avec l'intention de les faire correspondre avec les vingt-quatre lettres de l'alphabet. Quoique Marillais soit considérablement déchu de son ancienne célébrité, cependant il réunit encore, le jour de Notre-Dame, grand nombre d'habitants des campagnes de la Bretagne, du Poitou et de l'Anjou ; mais le commerce et le plaisir ont aujourd'hui beaucoup de part au pèlerinage que la dévotion. Une vaste prairie, arrosée par l'Erve, sert à dresser des tentes destinées à recevoir les nombreux pèlerins, ou plutôt les étrangers qui la plupart s'y rendent dès la veille et ne s'en retournent que le lendemain.

L'intérieur de l'église n'a rien de remarquable ; mais sa porte latérale, et surtout les restes de la galerie qui était au-devant de la porte principale, conservent encore, quoique en ruine, les preuves de leur origine carlovingienne.

Foires les 22 mars, 24 juin et 8 sept.

MARILLET, vg. *Vendée* (Poitou), arr. et à 18 k. de Fontenay-le-Comte, cant. et ✉ de la Châtaigneraie. Pop. 232 h.

MARIMBAUT, vg. *Gironde* (Bazadois), arr., cant., ✉ et à 5 k. de Bazas. P. 274 h.

MARIMONT, vg. *Meurthe* (Lorraine), arr. de Château-Salins, cant. à 26 k. de Vic, cant. d'Albestroff, ✉ de Dieuze. Pop. 191 h.

MARIMONT (la Haute-), vg. *Meurthe*, com. et ✉ de Bourdonnay.

MARIN, vg. *Aveyron*, comm. de Ste-Croix, ✉ de Villefranche-de-Rouergue.

MARINES, bg *Seine-et-Oise* (Vexin), arr. et à 16 k. de Pontoise, chef-l. de cant. Cure. ✉. A 46 k. de Paris pour la taxe des lettres. Pop. 1,645 h. — TERRAIN tertiaire inférieur.

C'est un bourg fort ancien dont il est fait mention dans les titres du XII° siècle.

PATRIE du littérateur THÉOPHILE MANDAR.

Tuileries et briqueteries. — *Foires* les 24 juin et 1er mercredi après le 1er octobre. — Marché important pour la vente des veaux.

MARINGE, vg. *Loire* (Forez), arr. et à 26 k. de Montbrison, cant. de St-Galmier, ✉ de Chazelles. Pop. 305 h.

MARINGUES, *Manergium*, jolie petite ville, *Puy-de-Dôme* (Auvergne), arr. et à 20 k. de Thiers, chef-l. de cant. Cure. ✉. A 384 k. de Paris pour la taxe des lettres. Pop. 4,109 h. — TERRAIN d'alluvions modernes.

Les armes de Maringues, sont : *de gueules à trois tours crénelées et couvertes d'argent posées en pal.*

Cette ville est assez bien bâtie, sur la Morge et près de son confluent avec l'Allier. Les ligueurs la prirent en 1589, mais elle leur fut enlevée peu de temps après. — Nombreuses tanneries et chamoiseries renommées. — *Foires* les 25 juin, 2 nov., 1er lundi de carême, de sept., lundi saint, de Quasimodo, des Rogations, de Pentecôte et avant Noël.

MARINIERS (les), vg. *Yonne*, comm. de Verlin, ✉ de Villeneuve-le-Roi.

MARIOL, vg. *Allier* (Bourbonnais), arr. de la Palisse, cant., ✉ et à 17 k. de Cusset. Pop. 656 h.

MARIONS, vg. *Gironde* (Guienne), arr. et à 12 k. de Bazas, cant. et ✉ de Grignols. Pop. 525 h.

MARISSEL, vg. *Oise* (Picardie), arr., cant., ✉ et à 2 k. de Beauvais. Pop. 830 h.

Ce village, limitrophe de Beauvais, est un des lieux de réunion et de promenade les plus fréquentés par les habitants de cette ville.

L'église a été construite avec tant de soin et de goût, qu'à la faveur d'un microscope on la prendrait pour une des belles cathédrales de France. Le portail est curieux ; il est orné de guirlandes de vignes, copiées peut-être d'après les ruines d'un temple de Bacchus qui existait jadis dans les environs sur un monticule appelé le mont Caperon. Quelques personnes pensent même que cette église, qui n'est pas tournée vers l'orient, comme le sont toutes les églises chrétiennes, était jadis elle-même un temple païen. Elle domine agréablement un coteau chargé de vignes, et y forme un beau point de vue. — On a trouvé, le 12 avril 1696, à 3 ou 400 pas de cette église, en un lieu nommé la Sablonnière, entre le chemin de St-Just et la route de Clermont, une statue de Mercure, que M. Bucquet a donnée à Beauvais. Elle a été décrite et gravée par Montfaucon, et expliquée par Vaillant.

MARITIMA (lat. 44°, long. 23°). « On lit dans Méla (lib. III, cap. 5) : *Inter Massiliam et Rhodanum, Maritima Avaticorum stagnum obsidet* (autrement, *stagno assidet*, selon plusieurs éditions) *et tout de suite, fossa partem ejus navigabili ostio effundit*. Dans Pline : *ultra* (*ostia Rhodani*) (lib. III, cap. 4) *fossæ ex Rhodano, C. Marii opere et nomine insignes* : Stagnum Astromela (ou *Mastramela*, selon le texte de P. Hardouin, qui se fonde sur Etienne de Byzance), *oppidum Maritima Avaticorum, superque Campi lapidei*. Ptolémée, faisant mention de *Maritima* avec la qualification de colonie, place cette ville sur la mer, entre les bouches du Rhône et Marseille. Voilà ce qu'on trouve dans les géographies de l'âge romain sur *Maritima*, et ce qui détermine sa position dans l'intervalle du canal de Marius et de Marseille, et dans le voisinage de la mer. Je suis donc surpris qu'on puisse douter que ce ne soit pas Martigues, et de voir Honoré Bouche (*Chor. de Prov.*, l. III., c. 6), incertain sur ce sujet, et proposant Berre, ou Mariguane. La situation de ces lieux ne répond point, étant écartée de la mer, aux termes qu'emploie Ptolémée ἐπιθαλασσν κεῖται, lui surtout qui ne connaît point le *stagnum* enfoncé dans les terres, dont parlent Méla et Pline. L'historien de Provence que je viens de citer (lib. IV, cap. 4) veut ailleurs que *Maritima* soit un lieu dont il est mention dans un ancien dénombrement de la Provence sous le nom de *Castrum Sancti Genesii*, et situé à environ un quart de lieue de Jonquières, qui est une des trois villes qui composent Martigues, les deux autres étant l'Isle et Ferrières. Il conclut du silence de ce dénombrement sur l'article de ces lieux, qu'ils n'existaient point antérieurement, ce qui n'est nullement décisif. Car, employant le même argument pour refuser à Cassis et à la Ciotat l'avantage d'avoir existé dans l'antiquité, ces ports n'en sont pas moins *Carcici* et *Citharista*, dont il est mention dans l'Itinéraire maritime. Ce qu'un historien de l'Eglise d'Arles, cité par Bouche, a écrit, qu'un comte de Provence obtint de l'archevêque d'Arles, vers l'an 1230, la permission de construire une ville à Martigues, n'oblige pas de croire qu'il n'en existait point dans un siècle plus reculé. La nouvelle paraît avoir été grossie en recevant les habitants du *Castrum Sancti Genesii*, que l'on prétend avoir été abandonné vers le même temps ; ce qui a fait donner le nom d'*Insula Sancti Genesii* à l'Isle de Martigues, qui sépare Jonquières d'avec Ferrières. Il est remarquable que la tour de Bouc (ou de l'embouchure), située à l'entrée du canal qui conduit à Martigues, et sur la droite, est appelée *Castel-Marseilles* par un vieil auteur provençal, que Bouche a eu entre les mains. » D'ANVILLE. *Notice de l'ancienne Gaule*, p. 435. V. aussi Walckenaer. *Géographie des Gaules*, t. I, p. 186, 188.

MARIVAL, vg. *Aisne*, comm. de Taillefontaine, ✉ de Villers-Cotterets.

MARIZELLE, vg. *Aisne*, comm. de Bichancourt, ✉ de Chauny.

MARIZY, vg. *Saône-et-Loire* (Charollais), arr. et à 27 k. de Charolles, cant. et ✉ de St-Bonnet-de-Joux. Pop. 1,191 h. — *Foires* les 24 fév. et 8 juin.

MARIZY-STE-GENEVIÈVE ou MARIZY-LE-GRAND, vg. *Aisne* (Picardie), arr. et à 30 k. de Château-Thierry, cant. de Neuilly-St-Front, ✉ de la Ferté-Milon. Pop. 227 h.

MARIZY-ST-MARD, vg. *Aisne* (Picardie), arr. et à 25 k. de Château-Thierry, cant. et ✉ de Neuilly-St-Front. Pop. 85 h.

MARLAIX, vg. *Loire-Inf.*, comm. d'Herbignac, ✉ de la Roche-Bernard.

MARLANVAL, vg. *Seine-et-Marne*, com. de Boissy-aux-Cailles, ✉ de la Chapelle-la-Reine.

MARLANGES, vg. *Creuse*, comm. de St-Chabrais, ✉ de Chénérailles.

MARLE, *Marna, Marla*, petite ville, *Aisne* (Picardie), arr. et à 25 k. de Laon, chef-l. de cant. Cure. Gîte d'étape. ✉. ⚐. A 152 k. de Paris pour la taxe des lettres. Pop. 1,843 h. — Terrain tertiaire inférieur.

Autrefois comté, diocèse et élection de Laon, parlement de Paris, intendance de Soissons, bailliage, gruerie.

Marle fut érigé en commune, en 1174, par Raoul, premier sire de Coucy. Les Anglais pillèrent et saccagèrent ce bourg en 1339. Le duc de Bourgogne consentit, en 1419, à ce que les Anglais occupassent Marle.

En 1441, le comte de St-Pol ayant fait enlever par ses gens l'artillerie que le roi Charles VII faisait conduire de Tournay à Paris, le roi, pour s'en venger, fit entrer ses troupes sur les terres du comte et fit assiéger Marle; lui-même vint à Laon pour surveiller l'exécution de ses ordres. St-Pol, pour éviter sa ruine, donna de pleins pouvoirs à sa mère, qui vint trouver le roi à Laon, et y signa un traité qui mit fin aux hostilités.

Marle fut pillé et brûlé par les Anglais en 1525; le comte de Rœux le saccagea en 1552; les ligueurs le prirent en 1589; les Espagnols l'assiégèrent sans succès en 1650. Le 4 juillet 1652 il y eut à Marle un combat sanglant entre les frondeurs et les royalistes, à la suite duquel ces derniers furent défaits. En 1684, le régiment de Grancey, en garnison à Laon, à la suite d'une rixe que des soldats avaient eue avec des habitants, fut envoyé à Marle. Ce fut sur cette ville que les soldats firent retomber leur colère. Dans une querelle qu'ils cherchèrent aux habitants, ils mirent le feu à l'un des faubourgs : 25 maisons furent brûlées.

Commerce de laines, de toiles de chanvre et de lin. — *Foires* le 2e lundi de chaque mois. — Marchés les mardis et jeudis.

MARLEMONT, vg. *Ardennes* (Champagne), arr. et à 25 k. de Rocroi, cant. de Rumigny, ✉ d'Aubenton. Pop. 421 h. — A quelque distance de ce village on trouve les vestiges d'un établissement qui a existé à une époque très-reculée; on y a découvert des tuiles romaines et la statue d'un dieu pénate. — Il existe près de Marlemont un point élevé d'où l'on découvre, lorsque l'horizon est clair, les tours de Reims et de Laon, qui en sont éloignées de 60 k.

MARLENHEIM, bg. *B.-Rhin* (Alsace), arr. et à 21 k. de Strasbourg, cant. et ✉ de Wasselonne, bureau principal des douanes. Pop. 1,820 h. Sur la Mossig.

MARLERS, bg. *Somme* (Picardie), arr. et à 45 k. d'Amiens, cant. de Poix, ✉ d'Aumale. Pop. 307 h.

MARLES, vg. *Pas-de-Calais* (Artois), arr., ✉ et à 13 k. de Béthune, cant. de Houdain. Pop. 433 h.

MARLES, vg. *Pas-de-Calais* (Picardie), arr., ✉ et à 7 k. de Montreuil-sur-Mer, cant. de Campagne-les-Hesdin. Pop. 503 h.

MARLES, vg. *Seine-et-Marne* (Brie), arr. et à 21 k. de Coulommiers, cant. de Rozoy-en-Brie, ✉ de Fontenay-Trésigny. Pop. 532 h.

MARLHES, vg. *Loire* (Forez), arr. et à 24 k. de St-Etienne, cant. et ✉ de St-Genet-Malifaux. Pop. 2,731 h. — *Foires* les 27 avril, 25 juin, 6 oct. et jeudi avant la Septuagésime.

MARLIAC, vg. *H.-Garonne* (Languedoc), arr. et à 34 k. de Muret, cant. de Cintegabelle, ✉ d'Auterive. Pop. 313 h.

MARLIENS, vg. *Côte-d'Or* (Bourgogne), arr. et à 18 k. de Dijon, cant. et ✉ de Genlis. Pop. 234 h.

MARLIEUX, petite ville, *Ain* (Dombes), arr. et à 26 k. de Trévoux, cant. de Chalamont, ✉ de Chatillon-les-Dombes. Pop. 430 h. — *Foires* les 7 août, 4 fév., 16 mai et 12 nov.

MARLIN, vg. *Rhône*, comm. de Longes, ✉ de Condrieu.

MARLOT (les), vg. *Nièvre*, comm. de Bouhy, ✉ de Neuvy-sur-Loire.

MARLOTTE, vg. *Seine-et-Marne*, comm. de Bourron, ✉ de Fontainebleau.

MARLOUX (forêt de), vg. *Saône-et-Loire*, comm. de Mellecey, ✉ du Bourgneuf.

MARLOY, vg. *Moselle* (pays Messin), arr., ✉ et à 8 k. de Metz, cant. de Vigy. P. 249 h.

MARLOZ, vg. *H.-Saône*, comm. de Cirey, ✉ de Rioz.

MARLY, bg *Aisne* (Picardie), arr. et à 15 k. de Vervins, cant. et ✉ de Guise. P. 1,062 h. — *Fabriques* de paniers et autres ouvrages de vannerie.

MARLY, vg. *Moselle* (pays Messin), arr., ✉ et à 7 k. de Metz, cant. de Verny. Pop. 664 h.

MARLY, vg. *Nord* (Flandre), arr., cant., ✉ et à 2 k. de Valenciennes. Pop. 1,113 h.

Il est situé de la Rhonelle et forme un des faubourgs de Valenciennes, dont il n'est qu'à 2 k. Sa situation agréable en fait, pendant la belle saison, un lieu de réunion et de promenade pour toutes les classes de la société.

Fabriques importantes de chicorée-café, de sucre indigène, produits chimiques, colle forte, gélatine. Nombreuses clouteries. Briqueteries et moulin à huile.

MARLY-LA-MACHINE, *Seine-et-Oise*, comm. de Bougival, ✉ de Rueil.

Le hameau de Marly-la-Machine est situé sur la rive gauche de la Seine, à peu de distance de la chaussée de Bougival, au pied du coteau de Louveciennes. C'est là que fut établie la célèbre machine hydraulique qui passa longtemps pour un chef-d'œuvre de mécanique, et qui était réellement extraordinaire par la conception de ses détails et l'étendue de son ensemble.

Elle fut inventée par Rennequin-Sualen, Liégeois de naissance, qui en commença les travaux en 1676; il employa six années et huit millions à la construire, sous l'inspection d'un ingénieur nommé le chevalier Deville, qui s'attribua le mérite de l'invention; il en recueillit la récompense, tandis que Rennequin-Sualen, dépouillé du fruit de ses talents, mourut oublié à Bougival le 29 juillet 1708, à l'âge de soixante-quatre ans. — Un vaste bâtiment, construit sur le bras de la Seine du côté de la rive gauche, contenait quatorze roues à palettes, plongeant toutes dans le courant et portant environ 12 m. de diamètre. Elles faisaient mouvoir soixante-quatre corps de pompes qui aspiraient l'eau de la rivière et la refoulaient ensuite dans cinq tuyaux de 23 c., jusqu'aux deux puisards situés à mi-côte, à 200 m. de la rivière et à 47 m. au-dessus du fond des coursières. De ces deux puisards l'eau était élevée par soixante-dix-neuf corps de pompes et dans quatre conduites de 23 c. jusqu'au puisard supérieur, à 648 m. de la rivière, à 100 m. au-dessus du fond des coursières. Du puisard supérieur l'eau était élevée, par quatre-vingt-deux corps de pompes et dans six conduites de 23 c., jusqu'en haut d'une tour bâtie au sommet de la colline, à 1,248 m. de la rivière, à 153 m. au-dessus du fond des coursières. De la tour l'eau coulait dans l'aqueduc, dont le lit est à ce niveau, et qui est connu sous le nom d'aqueduc de Marly ou de Louveciennes ; à l'issue de l'aqueduc l'eau était conduite par des tuyaux souterrains dans les réservoirs qui la distribuaient partie à Marly et partie à Versailles. Lorsque les eaux de la Seine étaient à la hauteur convenable pour que la machine fonctionnât dans toute sa force, elle donnait en vingt-quatre heures environ 1,460 m. cubes d'eau; quand les eaux étaient basses, le produit n'était guère que de 800 m. cubes.

Le temps et les nombreux défauts de cette immense machine altérèrent bientôt ses effets et sa solidité. On s'apercevait que son produit décroissait rapidement et que les frais de son entretien augmentaient à mesure qu'elle perdait de son utilité; on songea enfin à la remplacer par une machine plus simple, plus régulière, et dans laquelle on pût mettre à profit les progrès faits par la science depuis le temps de Rennequin-Sualen. Ce fut seulement sous Napoléon que ce projet reçut son exécution. Parmi les plans divers présentés à l'empereur et examinés par ses ordres, celui de MM. Cécile, architecte distingué, et Martin, mécanicien, obtint définitivement la préférence, et les travaux commencèrent en 1812; suspendus par les événements de 1814 et de 1815, repris sans interruption les années suivantes, ils ont été terminés en 1826.

L'ancienne machine a complètement disparu. Le mécanisme actuel est d'une simplicité et d'un effet admirables. Huit corps de pompes aspirantes et foulantes fonctionnent à l'aide d'une puissance de vapeur égale à la force de soixante-quatre chevaux. Les mouvements de ces pompes ne sont pas simultanés, mais combinés au contraire de façon que les huit pompes aspirent l'eau et la foulent l'une après l'autre, dans un ordre invariable. Les coups de pompe sont tellement rapprochés et se succèdent avec tant de régularité, qu'ils ne forment plus qu'une action continue; en sorte que l'eau, affluant de toutes les pompes dans une conduite commune, s'y introduit et y monte sans intermittences, sans secousses, par un mouvement égal et constant. La conduite commune se déploie sans interruption sur toute la pente de la colline, depuis le bâtiment qui renferme la machine à vapeur jusqu'au sommet de la tour de l'aqueduc, dans lequel elle verse l'eau après l'avoir amenée d'une distance d'environ 1,400 m., et l'avoir élevée d'un seul jet à une hauteur d'environ 167 m. — La fonte des différentes parties de cette belle machine, les travaux de terrassement et de construction que nécessitait son installation, devaient employer le cours de plusieurs années, pendant lesquelles il fallait pourvoir aux besoins de Versailles, compromis par l'état d'extrême dégradation où était tombée l'ancienne machine. Pour satisfaire à cette nécessité, MM. Cécile et Martin établirent, sur l'emplacement occupé jadis par le premier équipage des pompes de l'ancienne machine, quatre pompes seulement, disposées d'après le système de la machine à vapeur et mises en mouvement par deux roues à palettes plongeant dans la rivière. Une conduite commune et continue porta jusqu'à la tour de l'aqueduc l'eau refoulée d'un seul jet par les pompes ; cet ouvrage était en quelque sorte un essai du système de la machine à vapeur, et le succès le plus heureux couronna cette épreuve. — Lorsque la machine à vapeur fut mise en activité, on conserva la machine hydraulique, du service de laquelle on n'avait qu'à s'applaudir. L'établissement de Marly se compose donc aujourd'hui de ces deux machines, dont le concours semble indispensable ; car les deux machines sont sujettes à chômer, l'une par suite des nettoyages et des réparations inévitables, l'autre lorsque les eaux sont trop hautes ou trop basses ; de sages mesures sont prises pour que, durant le chômage de l'une des machines, l'autre fonctionne sans relâche ; ainsi le service n'est jamais interrompu.

MARLY-LA-VILLE, *Mailliaco*, vg. *Seine-et-Oise* (Ile-de-France), arr. et à 36 k. de Pontoise, cant. de Luzarches, ✉ de Louvres. P. 609 h.

PATRIE de G.-FERD. TEISSIER, antiquaire et historien.

MARLY-LE-ROI, *Marliacum*, joli bourg, *Seine-et-Oise* (Ile-de-France), arr. et à 8 k. de Versailles, chef-l. de cant. Cure. ✉ de St-Germain-en-Laye. Pop. 1,167 h. — TERRAIN tertiaire inférieur.

Marly, en latin *Marliacum*, est un village très-ancien, dont il est fait mention dans les chartes du roi Thierry de l'année 676. Il y avait autrefois sur le même territoire deux paroisses différentes, l'une du nom de Marly-le-Châtel, et l'autre de celui de Marly-le-Bourg, qui est le Marly actuel. Ces deux paroisses furent réunies en une seule par Louis XIV, qui fit en même temps rebâtir l'église sur le modèle de la cathédrale de Versailles.

La terre de Marly appartenait, en 1150, à la famille de Montmorency, qui la possédait depuis un temps immémorial. Cette terre passa, en 1356, à la famille de Lévis. En 1693, elle appartenait au comte de Pontchartrain, qui l'échangea avec Louis XIV pour Neauphle-le-Châtel et ses dépendances.

Louis XIV se plaisait si fort à Marly, qu'il résolut d'en faire une résidence royale ; on y construisit en effet un magnifique château, qui coûta des sommes considérables. Au bas d'une superbe cascade, et au-dessus des plus somptueux jardins, s'élevait un gros pavillon isolé qui dominait sur une vaste esplanade enrichie de terrasses, de cascades, de parterres, de bosquets, de pièces d'eau, de plusieurs chefs-d'œuvre de sculpture ; terminée par un lointain très-varié et très-riche, et bordée d'allées d'ifs, de portiques en verdures et de douze pavillons qui faisaient allusion aux douze signes du zodiaque, comme le principal pavillon, au palais du soleil. Ces douze pavillons, dont l'architecture faisait un contraste si agréable avec les masses de verdure qui les séparaient et les couronnaient, servaient de logement aux ministres et aux princes. — Le château, ses jardins et ses bosquets ornés de statues ; les fontaines et les pièces d'eau qui formaient de cette résidence le séjour le plus délicieux et l'objet de l'admiration, ont été dévastés ou détruits. Abandonné sous Louis XIV, à la révolution il fut dépouillé de ses monuments, de tous les objets d'art, et vendu comme propriété nationale. De toute cette belle habitation il ne reste plus que l'abreuvoir et une seule dépendance qu'on appelait autrefois le Chenil, qui forme maintenant une jolie maison de campagne.

Outre la jolie habitation du Chenil, Marly possède beaucoup d'autres maisons de plaisance, toutes remarquables par leur charmante position et par le délicieux paysage qui les environne.

PATRIE du célèbre numismate JOSEPH PELLERIN.

Fabrique de draps. Filatures de laine ; fours à chaux et à plâtre.

Bibliographie. PIGANIOL DE LA FORCE (J.-Ay.). *Nouvelle Description des châteaux et parcs de Versailles et de Marly*, in-12, fig., 1701, 1707 ; 3ᵉ édition, 2 vol. in-12, 1713. Ouvrage souvent réimprimé avec des augmentations, notamment en 1751.

MARLY-SOUS-ISSY, vg. *Saône-et-Loire* (Franche-Comté), arr. et à 42 k. d'Autun, cant. d'Issy-l'Evêque, ✉ de Luzy. Pop. 526 h. — Forges.

MARLY-SUR-ARROUX, vg. *Saône-et-Loire* (Bourgogne), arr. et à 27 k. de Charolles, cant. de Toulon-sur-Arroux, ✉ de Perrecy. Pop. 695 h.

MARMAGNE, vg. *Cher* (Berry), arr. et à 9 k. de Bourges. cant. et ✉ de Mehun-sur-Yèvre. Pop. 836 h.

MARMAGNE, vg. *Côte-d'Or* (Bourgogne), arr. et à 20 k. de Semur, cant. et ✉ de Montbard. Pop. 256 h.

MARMAGNE, vg. *Saône-et-Loire* (Bourgogne), arr. et à 16 k. d'Autun, cant. et ✉ de Mont-Cenis. Pop. 1,260 h.

MARMANDE, *Marmanda*, ancienne et jolie ville, *Lot-et-Garonne* (Agénois), chef-l. de sous-préf. (2ᵉ arr.) et d'un cant. Trib. de 1ʳᵉ inst. et de comm. Collège communal. Soc. d'agric. Cure. Gîte d'étape. ✉. ⚘. Pop. 7,805 h. — TERRAIN d'alluvions modernes.

Autrefois juridiction, diocèse et élection d'Agen, parlement et intendance de Bordeaux.

La fondation de Marmande est difficile à constater, faute de documents bien précis. Plusieurs motifs porteraient à croire que son existence date d'une époque fort reculée. Les Goths, qui ravagèrent l'Italie en 270, l'occupèrent, ainsi que les troupes de Tétricus. Les Sarrasins la détruisirent dans le VIIIᵉ siècle. Richard Cœur de lion la fit reconstruire et la fortifia. En 1185, Robert de Mauvezin s'en empara par capitulation. En 1212, les Anglais, alliés du comte de Toulouse, qui s'en étaient rendus maîtres, y furent assiégés en 1214 par Simon de Montfort, qui s'empara de la ville et la livra au pillage ; quelques jours après, le château, où Simon s'était retirée, ayant capitulé, il allait être, ainsi que la ville, détruit de fond en comble et la garnison massacrée, lorsque de sages avis firent abandonner cet atroce projet ; on ne démolit qu'une partie des murailles, et on ajouta même de nouvelles fortifications au château. En 1219, Louis, fils de Philippe Auguste, et Amaury de Montfort assiégèrent cette ville, qui fut défendue avec courage par Centulle, comte d'Astarac. Les ouvrages extérieurs ayant été emportés par les assiégeants, d'Astarac, désespérant de défendre la place, se rendit à discrétion, après avoir essayé en vain d'obtenir une capitulation honorable. La brave garnison parut tête nue, à genoux, devant le prince, dont le conseil était assemblé pour délibérer sur son sort. L'évêque de Saintes prit le premier la parole, et, s'adressant au prince, dit qu'il était d'avis de faire brûler de suite les défenseurs de la ville ainsi que tous ses habitants ; l'archevêque d'Auch, les comtes de Saint-Paul et de Bretagne, s'opposèrent à une action si atroce et conseillèrent la modération. Leur conseil prévalut ; mais les troupes d'Amaury, accoutumées au meurtre, n'eurent pas plutôt appris cette décision, qu'elles pénétrèrent dans la ville, et massacrèrent, sans distinction d'âge ni de sexe, tous les habitants qui tombèrent sous leurs mains. En 1424, les Anglais assiégèrent Marmande, et ne purent s'en rendre maîtres ; ils prirent cette ville par trahison en 1427, mais elle fut reprise peu de temps après par les seigneurs d'Albret et de Montpezat. Henri IV l'assiégea sans succès en 1577. Lors de l'invasion de la France par les étrangers en 1814, une phalange de 800 guerriers, formée par les soins de l'intrépide capitaine Guilbert, de Rouen, résista pendant un mois à toute une division anglaise, commandée par lord Dalouzy.

Les **armes de Marmande** sont : *de gueules à quatre tours d'argent posées en croix, les créneaux aux extrémités, tenant à une croix d'argent posée en cœur ; au chef d'azur chargé de trois fleurs de lis d'or*.

Marmande est une ville propre et jolie. Elle couronne un plateau qui s'élève rapidement au bord de la Garonne, que la route de Tonneins franchit sur un beau pont d'une seule arche. La partie élevée jouit de vues charmantes et étendues ; une esplanade plantée d'arbres de haute futaie ceint la ville du côté de la campagne. La rue principale borde la grande route, et offre d'assez belles constructions ; les autres rues sont étroites, mais bien percées : on y trouve plusieurs places publiques assez régulières et bien entourées.

Le port de Marmande est commode et très-fréquenté. La situation de cette ville sur la rive droite de la Garonne, à une distance intermédiaire entre Agen et Bordeaux, est des plus favorables pour le commerce.

On remarque à Marmande le nouvel hôtel de ville, le palais de justice, le collège, l'hospice, etc. On trouverait difficilement ailleurs des fontaines dont les eaux soient plus belles, plus saines et plus abondantes.

PATRIE du journaliste BOUSQUET DESCHAMPS, condamné par différents jugements, en 1820, pour sa courageuse opposition, à trente-cinq années de prison !

Fabriques de chapeaux, étoffes de laine. Distillerie d'eau-de-vie. Corderies. Tanneries. — Commerce considérable de grains et de farines, vins, eau-de-vie, prunes sèches, tabac, chanvre, etc. — Foires les 21 janv., 1er juin, 22 juillet, 18 oct. et 1er mardi de chaque mois.

A 57 k. N.-O. d'Agen, 632 k. S.-S.-O. de Paris.

L'arrondissement de Marmande est composé de 9 cantons : Bouglon, Castelmoron, Duras, Lauzun, Marmande, le Mas-d'Agénois, Meilhan, Seyches et Tonneins.

MARMANHAC, vg. *Cantal* (Auvergne), arr., cant., ✉ et à 13 k. d'Aurillac. P. 2,000 h. Dans une jolie vallée.

On voit à peu de distance le château de Sédaiges, ancien manoir flanqué de tours, entouré d'un beau parc et de charmants jardins ; les eaux qui s'échappent en jets impétueux ou qui forment de bruyantes cascades, les sombres et vertes charmilles, les beaux hêtres de la forêt, les vertes prairies, tout forme un ensemble de richesses et de beautés qu'on ne voit pas sans plaisir et sans étonnement dans un pays généralement agreste et sauvage.

Sur la gauche de la vallée de Marmanhac se trouvent les restes d'un fort creusé dans le rocher, ainsi qu'une chapelle taillée elle-même dans le roc. — *Foires* les 1er avril et 1er sept.

MARMEAUX, vg. *Yonne* (Bourgogne), arr. et à 20 k. d'Avallon, cant. de Guillon, ✉ de l'Isle-sur-le-Serein. Pop. 287 h.

MARMENTRAY, vg. *Nièvre*, comm. de Crux-la-Ville, ✉ de St-Saulge.

MARMESSE, vg. *H.-Marne* (Champagne), arr. et à 20 k. de Chaumont-en-Bassigny, cant. et ✉ de Château-Villain. Pop. 220 h. — Haut fourneau.

MARMIESSE (la), vg. *Aveyron*, comm. d'Asprières, ✉ de Villefranche-de-Rouergue.

MARMIESSE, vg. *Cantal*, comm. et ✉ d'Aurillac.

MARMINIAC, vg. *Lot* (Quercy), arr. et à 37 k. de Cahors, cant. de Cazals, ✉ de Castelfranc. Pop. 1,099 h.

On y voit les restes d'un château fort qui a été pris plusieurs fois par les Anglais. — Carrière de marbre, de pétrosilex et de quartz agatisé. — *Foires* les 12 juin, 21 juillet, 12 août et 12 sept.

MARMONT, vg. *Aveyron*, comm. de Morlhom, ✉ de Villefranche-de-Rouergue. — *Foire* le 1er mai.

MARMONT (forge de), vg. *Côte-d'Or*, comm. de Ste-Colombe-sur-Seine, ✉ de Châtillon-sur-Seine.

MARMONT, vg. *Tarn-et-Garonne*, comm. de Gimat, ✉ de Laumont-de-Lomagne.

MARMONT-PACHAS, vg. *Lot-et-Garonne* (Agénois), arr. et à 16 k. d'Agen, cant. de la Plume, ✉ d'Astaffort. Pop. 319 h.

MARMORIÈRE, vg. *Aude*, comm. de Limouzis, ✉ de Mas-Cabardès.

MARMOUILLÉ, vg. *Orne* (Normandie), arr. et à 26 k. d'Argentan, cant. de Mortrée, ✉ de Nonant. Pop. 438 h.

MARMOULIÈRES, vg. *Aude*, comm. de Vinassan, ✉ de Narbonne.

MARMOULIN, vg. *Eure-et-Loir*, comm. de Chaudon, ✉ de Nogent-le-Roi.

MARMOURET, vg. *Creuse*, comm. de Mazeiras, de Chambon.

MARMOUS, vg. *B.-Pyrénées*, comm. et ✉ d'Orthez.

MARMOUTIER ou MAUERSMUNSTER, petite ville, *B.-Rhin* (Alsace), arr., ✉ et à 6 k. de Saverne. Chef-l. de cant. Cure. Pop. 2,355 h. — TERRAIN du trias.

Cette ville est très-agréablement située au pied des Vosges.

Elle doit son nom à une abbaye fondée dans le vie siècle, et avantageusement dotée par le roi Childebert II. La façade de l'église date, dit-on, du ixe siècle ; les proportions en sont élégantes ; les chapiteaux sont ornés de sculptures d'une exécution très-soignée et d'un travail particulier. La nef paraît avoir été renouvelée dans le xiiie siècle ; dans les bas côtés on voit des culs-de-lampe figurant des hommes et des femmes dans des postures grotesques, et des animaux imaginaires créés par l'imagination la plus bizarre. Le chœur a été reconstruit dans le siècle dernier, mais on a eu soin de ne rien changer au style des autres parties de l'édifice, qui a été classé récemment au nombre des monuments historiques.

Fabriques de poterie de terre. Tuileries. Blanchisseries de toiles. Brasseries. — Commerce de bestiaux. — *Foire* de 2 jours le lundi après le 1er dimanche de sept.

MARMOUTIERS, *Majus Monasterium*, vg. *Indre-et-Loire*, comm. de Ste-Radegonde, ✉ de Tours.

Il y avait autrefois une magnifique abbaye, dont il ne reste plus que quelques vestiges, entre autres un bel escalier à sept rampes et à trois étages. V. STE-RADEGONDE.

MARMUSET, vg. *Gironde*, comm. de St-Estèphe, ✉ de Pouillac.

MARNAC, vg. *Dordogne* (Périgord), arr. et à 19 k. de Sarlat, cant. et ✉ de St-Cyprien. Pop. 409 h.

MARNAND, vg. *Rhône* (Lyonnais), arr. et à 36 k. de Villefranche-sur-Saône, cant. et ✉ de Thisy. Pop. 2,134 h.

MARNANS, vg. *Isère* (Dauphiné), arr. et à 24 k. de St-Marcellin, cant. et ✉ de Roybon. Pop. 408 h. — *Foire* le 28 déc.

MARNAS, vg. *Drôme*, comm. de St-Barthélemy-de-Vals, ✉ de St-Vallier.

MARNAVAL, vg. *H.-Marne*, comm. et ✉ de St-Dizier. — Haut fourneau et martinets sur la Marne.

MARNAVES, vg. *Tarn* (Languedoc), arr. et à 33 k. de Gaillac, cant. de Vaour, ✉ de Cordes. Pop. 349 h.

MARNAY, vg. *Indre-et-Loire*, comm. de Faye-la-Vineuse, ✉ de Richelieu.

MARNAY, vg. *H.-Marne* (Champagne), arr. et à 15 k. de Chaumont-en-Bassigny, cant. et ✉ de Nogent-le-Roi. Pop. 424 h.

MARNAY, vg. *Nièvre*, comm. d'Alligny, ✉ de Saulieu.

MARNAY, vg. *Nièvre*, comm. et ✉ de Lormes.

MARNAY, petite ville, *H.-Saône* (Franche-Comté), arr. et à 25 k. de Gray, chef-l. de cant. ✉ de Paris pour la taxe des lettres. Pop. 1,282 h. — TERRAIN jurassique, étage inférieur du système oolitique.

Autrefois marquisat, diocèse et intendance de Besançon, recette de Gray.

Quelques auteurs pensent que cette ville occupe l'emplacement de l'ancienne Ruffé, ruinée par les Vandales au commencement du ve siècle. Les Français s'en emparèrent en 1595, et furent obligés de la rendre peu de temps après. Elle est bâtie sur un coteau, sur la rive droite de l'Ognon, et se compose de deux parties désignées sous les noms de Marnay-la-Ville et de Marnay-le-Château. Le château, qui était très-vaste et bien fortifié, appartient aujourd'hui à divers particuliers. — Tanneries. — *Foires* les 22 fév., 11 juin, 3 sept. et 16 juin.

MARNAY, vg. *Saône-et-Loire* (Bourgogne), arr., cant. et à 12 k. de Chalon-sur-Saône, ✉ de Sennecey. Pop. 634 h. — *Foires* les 22 juin et 4 sept.

MARNAY, vg. *Vienne* (Poitou), arr. et à 22 k. de Poitiers, cant. et ✉ de Vivonne. Pop. 1,029 h. — *Foires* les 20 mars, 1er sept. et 30 nov.

MARNAY-SUR-SEINE, vg. *Aube* (Champagne), arr., cant. et à 5 k. de Nogent-sur-Seine, ✉ de Pont-le-Roi. Pop. 363 h. — *Foire* le 16 juin.

MARNE (la), *Matrona*, rivière assez considérable qui prend sa principale source à 4 k. S. de Langres, *H.-Marne* ; après avoir réuni les eaux de plusieurs autres sources au pied de la montagne de Langres, elle traverse ce département du sud au nord en s'inclinant un peu à l'ouest, passe près de Chaumont, à Donjeux, Joinville, St-Dizier ; entre dans le département de la Marne, passe à Vitry, Châlons-sur-Marne, Épernay, Dormans ; traverse le département de l'Aisne en passant à Château-Thierry ; entre dans le département de Seine-et-Marne, où elle arrose Nogent-l'Artault, la Ferté-sous-Jouarre,

Meaux, Lagny ; parcourt un instant le département de Seine-et-Oise, puis entre dans celui de la Seine, passe à Pont-de-St-Maur, Alfort, et se jette dans la Seine à Charenton.

La Marne est navigable depuis St-Dizier jusqu'à son embouchure, sur une étendue de 342,177 m. : les principaux objets de transport consistent en vins de Champagne, légumes secs, menus grains, fruits, légumes potagers, blés, farines, foins, bois de charpente et à brûler, charbons, fers, bouteilles, pierres à plâtre, meules, etc. Dans son cours, qui est d'environ 350 k., elle reçoit le Rognon, la Saulx, la Collé, l'Ourcq, le grand et le petit Morin, et plusieurs autres rivières.

MARNE (département de la). Le département de la Marne est formé d'une grande partie de la ci-devant province de Champagne, et tire son nom de la Marne, qui le traverse du sud-est au nord-ouest, et le divise en deux parties presque égales. — Ses bornes sont : au nord, le département des Ardennes et celui de l'Aisne ; à l'est, ceux de la Meuse et de la Haute-Marne ; au sud, celui de l'Aube ; à l'ouest, ceux de Seine-et-Marne et de l'Aisne.

Ce département présente un carré irrégulier et forme une espèce de plateau qui, du centre aux extrémités, ne contient dans sa plus grande partie qu'un sol aride et presque stérile. Telle est l'étendue du terrain que l'on trouve entre Reims, Isles, Sommepuis, Ste-Ménehould, Vitry, Fère-Champenoise, Sézanne, Vertus, Epernay, Aï, et jusqu'au delà de Reims.

C'est dans cette espèce de solitude que fut livrée, en 450 ou 451, la fameuse bataille où Attila, roi des Huns, fut vaincu ; il reste encore des vestiges de son camp entre Suippe, Cuperly et Bussy-le-Château (V. Cheppe). C'est aussi à l'entrée de ce grand territoire, du côté de Ste-Ménehould, qu'une autre armée formidable, commandée par le roi de Prusse, fut arrêtée et forcée de rétrograder en 1792 (V. Valmy). Enfin, sur un autre point, l'autocrate russe rassembla sa nombreuse armée après la désastreuse campagne de 1815 (V. Vertus).

Dans cette grande plaine, on ne trouve presque partout qu'un tuf de craie ou de grève, recouvert de peu ou point de terre, d'environ 3 cent. d'épaisseur ; on y rencontre à peine quelques buissons ; les villages y sont rares, et éloignés de 16 à 20 kilomètres les uns des autres. Cependant cette grande étendue de terres est bordée de plusieurs parties fertiles : à l'ouest, de Reims jusqu'à Fismes, on remarque un pays plus favorisé de la nature ; en partant de Fismes, et en traversant la vallée de Noron, le bassin occidental de la Marne, la partie limitrophe des départements de la Haute-Marne et de l'Aube, nommée autrefois Brie champenoise, jusque vers Anglure, on trouve des terres fortes et profondes. Enfin le Perthois et la lisière des départements de la Haute-Marne et de la Marne depuis Vitry jusqu'à Ste-Ménehould et au delà, en suivant le cours de l'Aisne, présentent un sol heureux et généralement productif.

Dans toute l'étendue du département on ne voit point de hautes montagnes proprement dites ; seulement, aux abords de quelques rivières, il y a des coteaux ou revers qui ne laissent pas d'être escarpés, et dont la pente peut être évaluée de 3 à 400 mètres de hauteur, et dont la longueur est d'environ trois kilomètres. Sur les lignes de séparation entre les parties fertiles qui sont à l'est et à l'ouest du département, et la grande étendue maigre de l'intérieur, se trouvent plus particulièrement des côtes de l'élévation dont il vient d'être parlé ; mais aucunes ne sont d'un accès fort pénible, on les monte par des pentes plus ou moins adoucies jusqu'à leur sommet.

Il existe, entre Vitry et Ste-Ménehould, et entre Montmirail et Epernay, un nombre considérable d'étangs, assez poissonneux pour alimenter non-seulement les marchés de Châlons et de Reims, mais encore en partie ceux de Paris : ce commerce se fait par la voie de la Marne ; les viviers et les dépôts sont à Châlons. On trouve aussi dans le département, et surtout dans les parties boisées de l'est et de l'ouest, plusieurs marais ; on a depuis longtemps essayé de les dessécher entièrement, sans avoir pu encore y parvenir ; l'entreprise est cependant praticable, mais les procès continuels dont elle est l'objet s'opposeront longtemps à sa réussite.

La surface du département est de 817,037 hectares, divisés ainsi :

Terres labourables.	614,825
Prés.	38,454
Vignes.	18,494
Bois.	78,901
Vergers, pépinières et jardins.	7,106
Oseraies, aunaies et saussaies.	2,172
Etangs, mares, canaux d'irrigation.	3,728
Landes et bruyères.	16,961
Superficie des propriétés bâties.	2,945
Cultures diverses.	2
Contenance imposable.	783,589
Routes, chemins, places, rues, etc.	15,984
Rivières, lacs et ruisseaux.	2,645
Forêts et domaines non productifs.	14,621
Cimetières, églises, bâtiments publics.	198
Contenance non imposable.	33,448

On y compte ;
73,062 maisons.
768 moulins à eau et à vent.
2 forges et fourneaux.
620 fabriques et manufactures.
Soit : 74,452 propriétés bâties.

Le nombre des propriétaires est de 176,402
Celui des parcelles est. 2,540,836

HYDROGRAPHIE. Le département peut se diviser en bassins arrosés par plusieurs rivières, qui presque toutes ont leurs cours dirigés de l'est à l'ouest : parmi ces rivières, trois (la Marne, la Seine et l'Aisne) traversent son territoire ; cinq (la Suippe, la Vesle, le Surmelin, le petit et le grand Morin) y prennent leur source ; cinq (l'Aube, la Chée, l'Ornain, la Saulx et la Blaise) y ont leur embouchure, et beaucoup d'autres tout leur cours. — La Marne, l'Aube et la Seine sont navigables.

Le canal de Revigny, la Chée, le canal de la Planche-Coulon, l'Ornain et la Saulx, se suivent et présentent aussi une étendue navigable de 37,060 m. Le canal de Revigny commence, pour le département, à la limite des communes d'Alliancelles et de Rancourt, canton d'Heiltz-le-Maurupt, arrondissement de Vitry ; à 580 m. plus loin, il rencontre la Chée. Cette rivière a 2,280 m., jusqu'au canal de la Planche-Coulon, par lequel une partie de ses eaux se jette dans le bras principal de l'Ornain. La Chée continue ensuite son cours vers Heiltz-le-Maurupt. Le Canal de la Planche-Coulon a 800 m. de longueur ; l'Ornain, jusqu'à Etrépy, même canton, où il se jette dans la Saulx, a 7,960 m. Enfin la Saulx a jusqu'à sa jonction avec la Marne 25,440 m.

La Saulx et l'Ornain sont flottables sur une longueur de 500,000 m. Les autres rivières de quelque importance sont la Soude, la Semoigne, l'Yèvre, l'Auve, la Bionne, la Py, la Moivre, la Noblette, l'Isson, la Coole et l'Auge. Le canal de la Marne au Rhin et le canal de St-Dizier traversent une certaine étendue du département.

COMMUNICATIONS. Le département de la Marne est traversé par 8 routes royales, par 13 routes départementales, et par un grand nombre de chemins vicinaux de grande communication.

MÉTÉOROLOGIE. Le climat du département est en général assez tempéré ; l'air y est pur, excepté dans la partie occidentale, où se trouvent les étangs et les marais. Dans la grande plaine, dite Champagne pouilleuse, il est vif et sec, rien n'y attirant n'y arrêtant l'humidité. La température est sujette à de brusques variations, et, à de certaines époques de l'année, les lieux élevés sont enveloppés de brouillards épais qui gagnent aussi les parties inférieures. — Le pays étant principalement formé d'un plateau découvert, les vents y soufflent alternativement de toutes les directions ; néanmoins ceux du nord et du sud y sont les plus fréquents.

PRODUCTIONS. On cultive principalement le froment, le méteil, le seigle, l'orge, l'avoine. Les récoltes en seigle et en avoine excèdent de beaucoup les besoins de la consommation. — Les environs de Ste-Ménehould sont plantés d'arbres fruitiers, à pepins et à noyaux. — On estime les melons de Châlons.—Parmi les cultures particulières au pays on remarque les choux-fourrage, les oignons cultivés en grand, les topinambours, etc. — Les principales forêts sont celles de Tracone, de Vertus et de Montmort, de Vassy à Boursault, de Louvois et de la montagne de Reims, d'Argonne, de St-Eulien, de Trois-Fontaines, etc.—Depuis une vingtaine d'années le sol crayeux et aride commence à se couvrir de plantations et de futaies de pins d'Ecosse, de Genève et de pins sylvestres.

La principale prairie du département est celle qui borde la Marne ; elle s'étend depuis Vitry jusqu'à Epernay et au delà ; les foins y sont de bonne qualité, ainsi que ceux des prairies situées le long des rivières d'Aisne, d'Aube et de Seine. Les bassins des petites rivières sont, pour la plupart, étroits; les côtes qui les bordent sont escarpées, ce qui restreint l'étendue des prairies. Les récoltes de foin suffisent aux besoins du département. Outre les prairies, il existe un grand nombre de bas prés et de marais très-étendus, de 10, 12 et 15,000 hectares de superficie, comme ceux d'Allemanche, de Pleurs, de Jalons. Le plus vaste est celui de St-Gond, qui borde les territoires de dix-sept communes. Le sol de ces marais est une espèce de tourbe végétale, sans consistance, qui a pour base un petit gravier blanc ou jaunâtre. Ces terrains, tremblants et fangeux, ne produisent que de très-gros foin de mauvaise qualité. — La flore du département est riche et variée.

La vigne est cultivée dans les cinq arrondissements; mais ce n'est que dans ceux de Reims et d'Epernay que l'on trouve ces coteaux célèbres dont les produits sont estimés et recherchés dans tous les pays. — Les vins blancs sont renommés surtout à cause de leur délicatesse, et peut-être plus encore de cette mousse petillante qu'ils conservent jusque dans leur extrême vieillesse, et qui, si elle n'est pas ce que les vrais gourmets estiment le plus dans les vins de Champagne, est au moins ce que la foule des amateurs y recherche généralement. — Les vins rouges se distinguent aussi par beaucoup de finesse, de délicatesse et d'agrément; ils occupent un rang distingué parmi les meilleurs vins de France. — La Marne produit au moins 700,000 hectol. de vins. Aucun vin ne jouit de plus de vogue et de popularité que le vin de Champagne; aucun n'est recherché avec plus d'empressement en Europe; à ces mots: Vin de Champagne, s'associent toutes les idées de gaieté, d'esprit, de compagnie aimable et piquante. Quel repas bien ordonné se passerait de champagne! quel dessert aurait du sens, si le bruit du champagne et sa mousse petillante ne venaient dérider tous les fronts! et ce qui ajoute au charme de cette belle liqueur si animée, si vive, si limpide, c'est qu'elle ne cause aucun trouble dans la pensée, qu'elle excite, mais qu'elle n'obscurcit point, quand la modération est là pour ajouter au plaisir en le réglant. Aussi les chansonniers ont-ils célébré à l'envi cette divine liqueur. Les poëtes pindariques s'en sont mêlés en latin et en français; l'un d'eux s'écrie avec l'enthousiasme de la reconnaissance:

Massique, chanté par Horace,
Devant Sillery soumets-toi!
Falerne, descends de la place,
Dans Aï reconnais ton roi!

Le vin de Champagne est stimulant; il a une saveur piquante qui flatte et réjouit; il chasse la mélancolie; il délie la langue et provoque la saillie; il anime la conversation; l'impression en est vive et agréable, mais elle s'évanouit bientôt. Autant l'effet est prompt, autant il passe rapidement. — On sait l'énorme commerce que fait la Marne avec les étrangers. Un fait bien connu aussi, mais qui n'en est pas moins curieux, c'est

la diversité de goûts qui s'observe chez les nations comme chez les individus. Telle variété de mousseux fera pâmer d'aise un lord anglais, fervent adorateur du *champaigne*, et semblera de la piquette maussade au boyard russe ou au baron allemand. Force est alors de confectionner pour Pétersbourg ce que Vienne repousserait dédaigneusement, et d'envoyer à Edimbourg ce qui insurgerait tout un dessert parisien. Calculez maintenant la masse énorme de capitaux que ce commerce met en mouvement! calculez ensuite ce qui se vendrait de pseudo-champagne, si les tarifs de douane de tous les peuples européens ne s'interposaient entre le désir d'innocentes jouissances et le peuple qui les exploiterait si bien au profit de sa richesse! Et dire que, attendu le volume et le poids, la variété de philanthrope (1) qu'on appelle un contrebandier, est impuissante pour corriger de telles erreurs!

La culture de la vigne est par tout le département dirigée en général avec beaucoup d'intelligence. Nous ne parlons pas de la manière dont on traite les vignobles ordinaires. Cette culture y diffère peu de celle des autres cantons du royaume placés sous la même latitude; mais quant aux vignes qui produisent ces vins distingués et si renommés, l'art, peut-être encore plus que la nature, contribue à leur supériorité. Ce n'est pas cependant que le vigneron champenois ne trouve le plus grand avantage dans un sol sec, léger et pierreux, composé en grande partie d'un sable fin et d'un limon très-délié; mais il faut avouer qu'à cette faveur de la nature il a su ajouter deux autres moyens très-propres à lui assurer le succès. Nulle part on ne cultive avec plus de soin et d'activité; nulle part le propriétaire n'apporte les mêmes précautions et la même intelligence dans la manière de faire et de manipuler ses vins. Pour ce qui concerne les gros travaux, comme plantations, labours, etc., il n'est rien de bien particulier; mais on met la plus scrupuleuse attention dans le choix des plants; tout ce qui approche de la grosse race, on l'écarte, on l'arrache sans pitié. On y tient les vignes très-basses et peu serrées, pratique de la plus haute importance, pour que les rayons du soleil pénètrent plus facilement, et que les grappes, étant plus près de terre, en reçoivent plus de chaleur.

En Champagne on déploie dans la façon des vins une industrie peu commune. On sait que les vins blancs mousseux sont le grand objet de son commerce; mais ce que tout le monde ne sait pas, c'est que les meilleurs vins blancs se font avec le raisin noir. Pour atteindre une parfaite maturité, on ne commence la récolte que lorsqu'on ne peut plus la différer; Cramant est le vignoble où se fait la clôture des vendanges pour toute la France; il n'est pas rare de voir des vendangeurs cueillir encore du 8 au 10 novembre. Lorsqu'un été favorable donne une maturité parfaite, on se hâte de

(1) Mot plaisamment juste de l'économiste anglais Senior.

porter le raisin sur le pressoir, on donne trois serres, et l'on met à part le vin qui en découle et qu'on nomme vin de cuvée ou d'élite; puis on donne deux ou trois autres serres pour faire les vins dits de taille et de rebèche. Les vins de première cuvée sont transportés dans la cuve, où ils restent vingt à trente heures, après lesquelles ils sont mis en tonneau et placés dans des celliers frais. Pendant les gelées, on les soutire, on les colle, puis au bout de douze ou quinze jours on soutire et l'on colle encore; souvent même on répète trois ou quatre fois ces deux opérations. Du 20 au 30 mars on commence à mettre en bouteilles les vins que l'on veut tirer en mousseux; quelquefois on diffère jusque vers la fin de mai et même au delà, surtout dans les années où l'on se méfie de la casse. Immédiatement après le tirage les bouteilles sont descendues et entreillées dans les caves; plus celles-ci sont profondes, et moins la casse est à craindre.

Le vin blanc, dit de Champagne, ne s'obtient que des plants de choix, tant en raisins noirs qu'en blancs: tels que le plant doré qui domine sur le territoire d'Epernay; l'épinette et les pineaux, qui peuplent celui de Chouilly, comme les vignes de raisins blancs de Cramant, Avize, Oger et le Mesnil. A Vertus, vignoble à vin rouge, on rencontre principalement les pineaux et les morillons noirs. Pierry présente également de toutes ces espèces, mais depuis quelques années on y a introduit hors de toute proportion un plant appelé meunier, sans doute à cause de sa feuille blanchâtre, qui rapporte beaucoup, est moins accessible à la gelée, résiste mieux à l'intempérie des saisons, mais altère sensiblement la finesse du cru. Cette dernière espèce abonde dans toutes les pièces du vigneron en allant plus avant dans la vallée de St-Martin-d'Albois; à Moussy, Vinay, à droite; Cuis, Molins, Mancy, Montholon, Grauves sur les coteaux de la gauche. Les propriétaires qui les cultivent pas par eux-mêmes ne l'admettent guère que dans la proportion d'un huitième, et quelques-uns le casent à part, près des bois et bâtis, dans le sommet des coteaux, dans les lieux dits ou sections d'un cru inférieur; leurs vignes sont du reste peuplées de pineaux et de morillons, qui soutiennent la réputation de leurs vins rouges. Sur les territoires des rives de la Marne, à Mardeuil, Damery, Fleury, Vanteuil, Vauciennes et Boursault, etc., il en est à peu près de même: les vignes du propriétaire aisé, soigneux de la qualité de ses vins, présentent les morillons et les pineaux, et moins des autres espèces, à part ou mélangées; dans celles du vigneron, les morillons et les pineaux deviennent tous les jours moins nombreux et sont en grand mélange avec le meunier, le petit meiller, le fromenté, le gamet et le moribaud, toutes espèces plus ou moins communes, mais d'un rapport plus certain et plus abondant.

On a classé ainsi les vins blancs: dans la première classe; ceux de Sillery, Aï, Mareuil, Pierry, Epernay, Dizy; et pour les vins rouges en première ligne, ceux de Verzenay, Verzy,

Bouzy, Taissy, Cumières, Aï, Hautvillers, Mareuil, Dizy et Pierry. Quoique cet ordre puisse être attaqué, il n'en est pas moins vrai que cette classe comprend les fameux vins blancs qui font les délices de nos meilleures tables, de celles de l'Angleterre et du nord de l'Europe; et ces vins rouges délicieux, dont la réputation s'accroîtrait encore si on ne tirait pas tout au blanc. Tant de richesse, produit du sol crayeux qui donne ces excellents vins, perdrait peut-être une partie de sa valeur, si le pays n'eût pas offert en même temps des caves qui pussent conserver ces vins et les améliorer. On trouve sous le terrain qui les produit une craie ou roche de craie dans laquelle se taillent les meilleures caves que l'on connaisse.

La race des animaux domestiques est en général chétive et médiocre. Le département nourrit toutefois de nombreux troupeaux de moutons mérinos et métis, et des moutons indigènes dont la race s'est beaucoup améliorée par le croisement avec les béliers anglais. — Le gibier à poil et à plumes est abondant; les lièvres et les lapins sont nombreux; les chevreuils et les sangliers sont assez communs dans les bois de l'arrondissement de Ste-Ménehould. —Bon poisson de rivières et d'étangs. — Éducation en grand des abeilles et de la volaille.

APERÇU GÉOLOGIQUE. « Considéré sous le rapport géologique, le département de la Marne appartient à deux grandes divisions de l'écorce minérale du globe, les terrains tertiaires et les terrains secondaires, qui, presque partout, sont recouverts par le terrain d'alluvion ou de transport. Les terrains tertiaires se rencontrent dans la partie nord-ouest du département, dans les arrondissements d'Epernay et de Reims; c'est là, mais surtout dans le premier, que se termine le banc de meulières qui commence près de Paris et traverse le département de Seine-et-Marne, qu'il enrichit de ses produits; il est encore exploité à Montmirail, à St-Martin-d'Ablois, à Damery : la meulière y est recouverte par des argiles rouges, connues sous le nom d'argiles de la meulière, et accompagnée de silex. Dans plusieurs localités, et surtout à Damery, on trouve sous la meulière le calcaire siliceux lacustre, qui abonde en coquilles lacustres. — Ce calcaire est souvent couvert de dendrites; quelquefois ce banc recouvre une légère couche d'argile rougeâtre; d'autres fois il est placé sur un lit de marnes blanches entrecoupées de zones de marnes vertes renfermant quelques débris de coquilles. A ces marnes succède un banc de grès marin inférieur rempli de coquilles marines. Vient ensuite, en quelques endroits, une couche d'argile feuilletée d'un blanc jaune brun, qui recouvre un banc de calcaire grossier rempli de nodule blanc ou farine fossile; ce banc est suivi de calcaire grossier à coquilles. — A Montmirail, le banc de calcaire grossier est coupé par une couche de sable bleuâtre et une de sable rouge brun.— Le calcaire grossier se rencontre à Montmirail, Damery, Chamery, Courtagnon, etc.; les pierres dites faloises, exploitées dans le canton de Vertus, appartiennent à cette formation. Vient ensuite l'argile plastique ou à potier, dernière formation des terrains tertiaires qui couvre une partie des arrondissements de Reims et d'Epernay; les strates, très-variées, présentent des sables, des argiles, des marnes, quelquefois des bancs de calcaires et enfin des lignites. Elles renferment un grand nombre de coquilles fluviatiles ou marines et d'autres restes organiques. Les lignites ou cendres sulfureuses sont l'objet d'une grande et avantageuse exploitation, notamment à Ambonnay, Avenay, Bouzy, Champillon, etc. — A l'argile plastique succèdent les terrains secondaires. La craie, qui commence dans l'arrondissement d'Epernay et de Reims, s'étend dans ceux de Châlons, Ste-Ménehould et Vitry. Elle se divise en deux strates : la craie blanche et la craie tuffeau. La craie blanche, qui suit immédiatement l'argile plastique, offre un banc d'une puissance peu ordinaire (lors du forage d'un puits artésien à Châlons on est parvenu à une profondeur de 78 m. dans le banc de craie sans atteindre l'extrémité) : elle est superposée à la craie tuffeau, qui se rencontre dans les arrondissements de Vitry et de Ste-Ménehould. La craie renferme beaucoup de restes organiques marins, quelques minéraux et des masses ou des strates de silex pyromaque. — Dans l'arrondissement de Vitry, la craie recouvre un banc d'argile de plus de 130 m. d'épaisseur. Dans quelques localités de cet arrondissement on voit succéder à la craie les grès et les sables verts. — Toutes ces couches, toutes ces formations, sont presque généralement recouvertes par un banc plus ou moins puissant de terrain d'alluvion ou de transport. Tantôt ce sont des grèves renfermant quelques restes organiques marins; dans d'autres lieux ce sont des couches d'argile noire et des sables argileux remplis de débris d'arbres et de coquilles fluviatiles. » *Notice géologique sur le département de la Marne*, par M. Drouet fils.

MINÉRALOGIE. Dans toute l'étendue du pays maigre, sur le cours des rivières de Tourbe, de Suippe, de Vesle, d'une partie de la Marne, entre Vitry et Epernay, de la Coole, de la Somme-Soude et de la rivière de Pleurs, on ne connaît guère d'autres carrières que celles de craie. Il se trouve des grès aux environs de Sézanne, Congy, Etoges, Ste-Gemme, Passy, Vincelles, et sur d'autres terroirs peu éloignés de Châtillon-sur-Marne, à Merfy et à Brimont, dans l'arrondissement de Reims. Les côtes d'Hautvillers, Aï, Avenay, Louvois, Germaine, Trépail, et quelques autres terroirs fournissent des cailloux dits blocaille. On trouve des meulières à St-Martin-d'Ablois, à Montmirail, à Sézanne, à Fleury-la-Rivière, et dans la montagne de Rilly. Il y a peu de pierres de taille dans le département; dans tout le côté de l'est on ne connaît guère que la carrière de St-Florent, non loin de Ste-Ménehould; encore la pierre n'est-elle pas d'une dureté éprouvée. Vers l'ouest, la pierre de taille devient moins rare. — On trouve des fossiles curieux aux environs de Reims, de St-Basle, de St-Thierry, de Courtagnon et de Montmirail. — Argile à briques et à poterie. Cendres fossiles sulfureuses. Tourbières considérables; etc., etc., etc.

SOURCES MINÉRALES à Sermaize, Ambonnay, Fléchambault, Boursault, Chenay, Hermonville, Rosnay, Bayé, etc.

INDUSTRIE ET COMMERCE. La filature en grand de la laine, la fabrication des lainages et tissus de toute espèce, de la bonneterie en coton, figurent au premier rang dans l'industrie départementale. Reims est le centre de cette grande fabrication. On trouve en outre dans le département des tanneries, des teintureries, des papeteries, des verreries, des faïenceries, des poteries, des corderies, des chapelleries, des moulins à huile, des fabriques de savon noir, de meules de moulins, un grand nombre de fabriques de blanc de craie connu sous le nom de blanc d'Espagne.

École des arts et métiers à Châlons.

Commerce de grains, farines, eaux-de-vie, huiles, graines grasses, épiceries, denrées coloniales, bougies, chandelles, pain d'épices, osier blanchi, blanc, draps, étoffes de laine, tissus, bonneterie, laines peignées, coton filé, couvertures de laine, cuirs, papiers, bois et charbon pour l'approvisionnement de Paris.

Commerce important de vins de Champagne qui se fait à Reims, à Avise et à Epernay. Cette dernière ville est avantageusement placée au centre des meilleurs vignobles, et sur un terrain favorable à l'établissement de bonnes caves; creusées dans un banc de craie, elles sont vastes, très-propres à la conservation et à l'amélioration des vins, et aussi solides que si elles étaient soutenues par des voûtes en pierres; elles sont surtout remarquables par leur étendue.

FOIRES. 670 foires environ se tiennent dans plus de 57 communes. Les principaux objets de commerce consistent en bestiaux, instruments aratoires, chanvre, toile, volaille, etc. On vend des bois de charronnage et de construction à Paulfaverger, à Courtisols et dans l'arrondissement de Ste-Ménehould; des voitures et des roues ferrées et non ferrées à Ste-Ménehould; des vins renommés dans les arrondissements d'Epernay, de Châlons et de Reims; de la vannerie et de la corderie à Epernay; des oignons à Vertus.

MŒURS ET USAGES. Quoi qu'en dise un injurieux proverbe, les habitants de la Marne ne manquent ni d'esprit ni d'aptitude pour les sciences. Il est de tradition que la bonhomie, la simplicité et la bravoure sont les qualités distinctives du caractère champenois. « Malgré sa bonhomie, dit M. de Jessaint, l'habitant de la Marne calcule ses relations avec assez de sagacité pour être rarement la dupe de ceux qui se piquent le plus de finesse et de ruse; malgré sa simplicité, le luxe et les jouissances ont pénétré dans son asile comme partout ailleurs. De toutes ses qualités la bravoure est peut-être la seule que les circonstances n'ont fait qu'exalter.

En effet, ainsi que dans les anciens temps, les Champenois pendant les guerres de la révolution et de l'empire, surtout dans la mémorable campagne de 1814, se sont signalés par leur dévouement et leur courage. Ils ont glorieusement combattu les armées étrangères et bien mérité de la patrie. On a remarqué que la population du département de la Marne, qui en 1805 était portée à 311,017 habitants, ne se trouvait plus au recensement de 1820, et malgré l'accroissement graduel qui devait résulter de quinze années écoulées, que de 309,444 habitants, tant avait été considérable le nombre des braves paysans qui avaient noblement sacrifié leur vie à la défense du territoire national.

Une partie de la population de la Marne doit à sa manière de vivre et à la nature de ses travaux des habitudes et des mœurs particulières. — « L'habitant des vignobles, dit M. Menneson, est en général d'un caractère franc, ouvert et obligeant ; il a plus d'énergie et de vivacité que les autres Champenois. Naturellement gai, mais brusque et petillant comme le vin que son sol natal lui fournit, et dont il abuse quelquefois, il s'emporte et s'apaise avec la même promptitude... » — Au reste ce peuple des vignobles est très-laborieux ; il n'y a point pour lui de saison de repos ; il ne chôme que le dimanche, il travaille tout le reste de l'année, il brave l'inclémence des saisons ; il vit assez durement, sans être cependant malheureux. Il y a de l'aisance dans le pays, mais il n'y a pas de grandes fortunes. On n'y voit point le contraste affligeant de l'extrême opulence et de la misère ; la mendicité n'y règne point. — Dans le vignoble, la femme n'est vraiment que la compagne de travail de son mari ; elle partage ses fatigues ; l'intérieur du ménage, qui est ailleurs la tâche du sexe le plus faible, n'est ici que son amusement : le reste lui est commun avec le nôtre ; aussi l'habitude du plein air et d'une vie laborieuse donne aux femmes une force qu'on ne remarque pas ailleurs.

Dans le canton d'Aï, les veillées des femmes dans les caves en hiver se pratiquent assez généralement. Là, dans une température douce par comparaison, de +10 à 15°, vingt femmes ou filles, éclairées par une seule lampe, filent, cousent, tricotent, babillent, racontent, rient, chantent, pleurent sincèrement au récit de quelque histoire bien lamentable ; quelquefois aussi elles sont obligées de se barricader, quand la troupe joyeuse des garçons vient les assiéger après les avoir menacées par les soupiraux. — Les mariages sont presque toujours salués de détonations de fusils et de pistolets, et pendant le repas les garçons font mille espiègleries pour divertir la société. Après les plaisanteries variées du jour et de la première nuit, vient le matin avec sa rôtie au sucre ; le second jour a lieu la promenade des époux, que l'on fait monter sur une charrette traînée par les jeunes filles de la noce, enharnachées avec des bretelles et des cordeaux, les unes en limonières, les autres tirant en flèche ou latéralement ; et, de peur que le service ne vienne à languir, les garçons armés de fouets, stimulent des tireuses endimanchées qui rient de tout leur cœur,

même quand la plaisanterie est un peu douloureuse, ce qui arrive assez souvent. On dit que les mauvaises habitudes se conservent, et que plusieurs maris répètent le jeu en ménage, mais alors les pauvres femmes ne rient plus.

DIVISION ADMINISTRATIVE. Le département de la Marne a pour chef-lieu Châlons-sur-Marne. Il envoie 6 représentants à la chambre des députés, et est divisé en 5 arrondissements ou sous-préfectures :

Châlons-sur-Marne.	5 cant.	51,068 h.
Épernay.	9 —	89,024
Reims.	10 —	128,929
Ste-Ménehould.	3 —	36,215
Vitry-le-François.	5 —	51,396
	32 cant.	356,632 h.

10e conserv. des forêts (chef-l. Châlons). — 7e arr. des mines (chef-l. Abbeville). — 2e div. militaire (chef-l. Châlons). — Archevêché à Reims. Grand séminaire et école secondaire ecclésiastique à Reims. Évêché, séminaire diocésain, école secondaire ecclésiastique à Châlons. 28 cures, 308 succursales. — Collège royal à Reims. Collèges communaux à Châlons, Épernay, Ste-Ménehould, Vitry-le-François. École normale primaire à Châlons. — Société d'agriculture, commerce, sciences et arts à Châlons.

Biographie. Les principaux personnages célèbres nés dans le département sont :
Le pape URBAIN II.
Le cardinal DE RETZ.
Le savant archevêque de Reims ADALBÉRON.
L'évêque de Rodez ABELI.
FLODOARD, historien du xe siècle.
L'abbé VELLY, premier auteur d'une histoire de France de quelque étendue.
Dom RUINART, historien ecclésiastique.
Le célèbre astronome et mathématicien LA CAILLE.
Le mathématicien JACQUIER.
CL. MOLINET, antiquaire et numismate.
CH. COFFIN, poëte latin.
COQUILLART, poëte du xve siècle.
BERGIER, historiographe et antiquaire.
LEBATTEUX, traducteur d'Horace.
PERROT D'ABLANCOURT, traducteur de plusieurs auteurs latins.
ANT. PLUCHE, auteur de Spectacle de la nature.
Le géographe BUACHE, membre de l'Académie française.
CL. RICHET, auteur du dictionnaire qui porte son nom.
G.-CH. LATTAIGNANT, chansonnier et poëte.
LÉVESQUES DE POUILLY, littérateur.
J.-B. COLBERT, l'un des plus grands ministres dont s'honore la France.
S.-H.-N. LINGUET, avocat et publiciste.
TRONÇON DU COUDRAY, célèbre avocat, l'un des défenseurs de Marie-Antoinette.
Le chimiste BAYEN.
Le célèbre médecin LOUIS.
ROBERT NANTEUIL, célèbre graveur.

ROYER-COLLARD, philosophe et publiciste distingué, ancien président de la chambre des députés.
Le maréchal de France DROUET D'ERLON.
Les généraux ABBÉ, FAVART D'HERBIGNY, STE-SUZANNE, POINSOT.
ADRIENNE LECOUVREUR, actrice célèbre du Théâtre-Français.
La courtisane MARION DELORME.
JACQUES CLÉMENT, assassin de Henri III.

Bibliographie. BOURGEOIS - JESSAINT. *Description topographique du département de la Marne*, in-12, an x.

PEUCHET et CHANLAIRE. *Statistique de la Marne*, in-4, 1810.

CHALETTE père (J.). *Précis de la statistique générale du département de la Marne*, t. I, in-8, et 19 pl., 1844 (promis en 3 vol.).

MAIZIÈRES (Anat. de). *Notice sur le département de la Marne* (Revue encyclop., mai 1827, p. 330).

DAGOUET (G.). *Recherches statistiques sur l'aliénation mentale dans le département de la Marne*, in-8 de 3 feuil., 1843.

MENNESSON (J.-E.-A.). *L'Observateur rural de la Marne, ou Tableau historique et topographique des vignobles de ce département*, br. in-12, 1806.

LESAGE (G.). *Géographie historique et statistique du département de la Marne*, 2 vol. in-12, 1840.

ALLAIRE (Julien-Pierre). *Mémoire sur un moyen d'améliorer les laines dans le département de la Marne et d'en fortifier les mauvaises terres*, remis à la société libre d'agriculture du département le 3 frimaire an VII, br. in-8, 1787.

Annuaires ou Almanachs du département de la Marne, in-12, 1800-43.

Chacun de ces annuaires contient la statistique d'une commune ou d'un canton du département.

V. aussi AMBONNAY, OTTANCOURT, MARNESSE, BOURSAULT, CHÂLONS, CHENAY, CHEPPE, COURTISOLS, DAMERY, ÉPERNAY, ERMOUVILLE, STE-MÉNEHOULD, NOTRE - DAME - DE - L'ÉPINE, PONTTYON, REIMS, ROSNAY, SERMAISE, SÉZANNE, VERT-MONT-AIMÉ, VITRY-LE-FRANÇOIS.

MARNE (département de la Haute-). Le département de la Haute-Marne est formé d'une portion de la partie méridionale de l'ancienne province de Champagne, comprenant les pays désignés sous les noms de Perthois, de Vallage et de Bassigny ; de quelques enclaves de l'ancien duché de Bourgogne ; d'une partie assez considérable du ci-devant duché de Bar, et de quelques communes de la ci-devant Franche-Comté. Il tire son nom de la rivière de Marne qui y prend sa source et le traverse presque en droite ligne du sud au nord. — Ses bornes sont : au nord-est, le département de la Meuse ; à l'est, celui des Vosges ; au sud-est, celui de la Haute-Saône ; au sud-ouest, celui de la Côte-d'Or ; à l'ouest celui de l'Aube ; au nord-ouest, celui de la Marne.

Le département de la Haute-Marne renferme un grand nombre de montagnes, tantôt formant de grandes chaînes, et tantôt isolées ou groupées; elles donnent à la surface du département une grande variété, et forment de nombreux vallons dont la direction est ordinairement du sud au nord. C'est dans l'arrondissement de Langres que se trouvent les plus hautes montagnes : il est à peu près partagé en deux par la chaîne de Langres. La partie qui est à l'ouest de cette ville est entièrement composée de montagnes, et forme le point culminant du département; la partie de l'est est plus basse et renferme des vallées plus larges, des plaines plus étendues et plus fertiles.

Buffon a dit que la ville de Langres était le point le plus élevé de la France : cela est inexact, parce que les chaînes des Vosges, du Mont-d'Or, du Jura et des Alpes du Dauphiné, sont plus hautes que les montagnes de Langres; mais l'arrondissement de Langres, pris dans son ensemble, c'est-à-dire le sol qui constitue les coteaux et les vallées, est l'un des plus élevés de la France, puisque les eaux qui en découlent traversent, comme nous l'avons dit, la plus grande partie de la France dans trois grandes directions.

L'arrondissement de Chaumont renferme aussi beaucoup de montagnes, mais elles sont moins élevées que dans celui de Langres. L'arrondissement de Vassy est plus plat que les deux autres : on voit donc que les montagnes commencent au sud, dans les environs de Langres, et diminuent en nombre et en hauteur en se rapprochant du nord.

Le département de la Haute-Marne est l'un des plus boisés de la France : les plus grandes forêts sont dans l'arrondissement de Vassy; mais celui de Chaumont en renferme un plus grand nombre. L'arrondissement de Langres est moins boisé que les deux autres; cependant il y a encore de grandes masses de bois dans l'ouest de cet arrondissement.

On trouve dans tout le département de belles et fertiles vallées; les plus remarquables sont celles de la Vingeanne et de l'Amance, dans l'arrondissement de Langres; de la Marne et du Bassigny, dans celui de Chaumont, et du Perthois dans celui de Vassy.

Les maisons des villages sont mal bâties, basses et irrégulières, et souvent couvertes de chaume. On emploie aussi pour couverture dans beaucoup de localités, des pierres plates nommées laves; et les villages dans lesquels cette couverture est en usage sont ceux dont l'aspect est le plus triste et le plus uniforme. Les rues sont encombrées et rétrécies par des fumiers et des mares d'eau qui les rendent souvent impraticables et répandent une odeur infecte. C'est surtout dans les villages des environs de Langres que ce triste tableau se montre dans toute sa réalité : les villages des environs de Chaumont et de Vassy sont bien mieux bâtis.

La superficie du département est de 625,037 hectares, répartis ainsi :

Terres labourables	335,611
Prés	35,528
Vignes	13,136
Bois	174,275
Vergers, pépinières et jardins	3,857
Oseraies, aunaies et saussaies	114
Etangs, mares, canaux d'irrigation	616
Landes et bruyères	27,969
Autres cultures	2,693
Superficie des propriétés bâties	1,591
Contenance imposable	595,390
Routes, chemins, places, rues, etc.	9,991
Rivières, lacs et ruisseaux	1,561
Forêts et domaines non productifs	17,943
Cimetières, églises, bâtiments publics	152
Contenance non imposable	29,647

On y compte :
63,449 maisons.
647 moulins à eau et à vent.
114 forges et fourneaux.
905 fabriques et manufactures.

soit : 65,115 propriétés bâties.
Le nombre des propriétaires est de.. 110,292
Celui des parcelles de 2,222,408

HYDROGRAPHIE. Le plateau de Langres est assez élevé pour servir de point de partage aux eaux. Aussi le département renferme-t-il la source de plusieurs cours d'eau qui se dirigent dans des directions opposées. Les uns coulent du sud au nord et vont se perdre dans l'Océan, d'autres coulent du nord au sud, et se rendent dans la Méditerranée, par la Saône et le Rhône. La Marne, qui a sa source principale à 6 k. de Langres, sur le territoire de la commune de Balesme, est la plus grande rivière du département; son cours y a un développement d'environ 100,000 m. Cette rivière commence à être navigable à St-Dizier. Les autres rivières ne deviennent guère importantes que lorsqu'elles sont sorties du département. Les rivières sont la Marne, la Meuse, l'Aube, la Blaise, la Voire, la Saulx, l'Ornain, l'Apance, l'Amance, le Salon, la Vingeanne, l'Ource, l'Aujon; le Mouzon le traverse sur une petite étendue avant d'aller se jeter dans la Meuse; la Suize, la Treire, et le Rognon y ont tout leur cours. Outre ces rivières, le département est encore arrosé par une multitude de ruisseaux abondants, qui vont se perdre dans de plus grands cours d'eau après avoir parcouru seulement quelques kilomètres. — Les fontaines sont nombreuses dans le département, où les eaux, jaillissant de toute part avec rapidité sur des graviers calcaires, sont aussi saines que limpides. Les étangs sont nombreux que dans l'arrondissement de Vassy, où l'on remarque ceux d'Harmeville et de la forêt du Val.

COMMUNICATIONS. Le département est traversé par 6 routes royales, par 8 routes départementales et par plusieurs chemins vicinaux de grande communication.

MÉTÉOROLOGIE. Le département de la Haute-Marne est sujet à de grandes variations de température, laquelle se ressent un peu de l'élévation du sol. On a remarqué que la chaleur y était assez constamment de trois ou quatre degrés moins élevée dans les parties hautes, telles que Langres et Chaumont, qu'à Paris et qu'à l'extrémité septentrionale du département vers Joinville et St-Dizier, où la végétation est d'environ quinze jours plus précoce; et que le froid, par la même raison, s'y faisait sentir avec plus d'intensité et à peu près dans la même proportion. — Le climat est généralement très-sain. Le pays de la montagne, situé dans les arrondissements de Langres et de Chaumont, est celui où l'air a le plus de pureté; c'est aussi dans cette partie du département que la température est la plus froide; la vallée de la Vingeanne et le Montsaugeonnais ont une température plus chaude que le reste du département. Les vents sont très-variables, et leurs changements subits causent souvent de brusques variations dans la température de l'atmosphère; ainsi, pendant l'été, lorsque le vent passe de l'est ou du sud au nord-ouest, la température descend quelquefois de vingt degrés à sept ou huit degrés dans l'espace de quelques heures. Les orages accompagnés de tonnerre sont assez fréquents. Les gelées tardives causent souvent de grandes pertes dans les pays vignobles. Les vents dominants sont ceux du sud et du sud-ouest.

PRODUCTIONS. On récolte dans le département toute espèce de céréales en quantité suffisante pour la consommation des habitants, des légumes secs, de la navette. Moutarde blanche et noire. Champignons comestibles, chanvre. Grande gentiane et autres plantes médicinales. Cerisiers, noyers, etc. — 13,136 hect. de vignes, donnant annuellement environ 600,000 hectol. de vin, dont les deux tiers sont consommés sur les lieux; le surplus est exporté en Suisse et dans les départements des Vosges et du Haut-Rhin. Aubigny et Montsaugeon, dans le voisinage de Langres, font les meilleurs rouges; ils se distinguent par du bouquet et de la délicatesse, moindre toutefois dans ce dernier. Les vins de ce département manquent de couleur, ce qui est fait une par des moyens artificiels. — 174,275 hect. de forêts, les espèces dominantes sont le chêne, le hêtre, le frêne, le charme, le bouleau, et le tremble. — Les truffes sont communes dans les bois du centre. — Chevaux médiocres. Bonnes vaches laitières. Moutons de petite espèce, recherchés pour la délicatesse de leur chair. Beaucoup de chèvres. Education en grand des abeilles; éducation des dindons dans quelques cantons. — Grand et menu gibier très-abondant (chevreuils, sangliers, oiseaux de passage). — Bon poisson d'eau douce.

GÉOLOGIE ET MINÉRALOGIE. Le sol appartient, en général, au terrain secondaire inférieur. L'arrondissement de Langres doit être classé dans ce terrain; il faut cependant en excepter une localité où l'on trouve deux roches de granit, isolées au milieu d'un terrain keupérien. Toute la partie est de cet arrondissement (c'est-à-dire les cantons de Bourbonne, de la Ferté, du Fays-Billot et de Varennes) renferme des grès tendres, de la chaux sulfatée, de la houille, et appartient au terrain keupérien et au terrain liassique. On n'y trouve le calcaire jurassique que dans quelques localités. Les montagnes de cette contrée sont arrondies et n'offrent presque jamais des formes abruptes et des rochers un peu élevés. C'est du terrain keupérien que sortent les eaux thermales de Bourbonne. Le centre et l'ouest de l'arrondissement de Langres appartiennent au terrain jurassique. Les calcaires de cette formation renferment un grand nombre de fossiles, mais principalement des polypiers. Les montagnes ont, en général, le sommet aplati, et se terminent souvent par une ligne de rochers perpendiculaires, de 6 à 7 m. d'élévation, qui posent sur des couches d'argile, et au-dessous desquelles jaillissent des sources nombreuses. On trouve au milieu de ce terrain plusieurs mines de fer oxydé, en roche ou pisiforme, qui sont exploitées pour les forges du département.

Le minerai de fer en grains et en roche est très-abondant dans le département; c'est la seule richesse métallique qui y soit exploitée. La fabrication du fer est la principale industrie du département; les forges et les hauts fourneaux, qui sont très-nombreux, sont répartis dans les trois arrondissements. Les fers et la fonte sont de bonne qualité; on emploie presque partout le charbon de bois exclusivement. Les mines qui servent à la fabrication sont de fer oxydé, en roche ou pisiforme. On les trouve dans un grand nombre de localités. — Belles carrières de pierre de taille. Grès à paver et à aiguiser. Marbre lumachelle. Albâtre gypseux susceptible de recevoir un beau poli. Gypse, marne, argile à briques et à foulon. Pyrites martiales. Tourbières, etc.

Sources minérales à Bourbonne-les-Bains, à Attancourt, à Essey-les-Eaux, et dans quelques autres localités.

Industrie et commerce. L'exploitation des mines de fer et la fabrication de ce métal occupent le premier rang dans l'industrie départementale. On y fabrique des tôles et fers noirs, des limes, des râpes, des pointes de Paris, des poêles à frire, des ustensiles et des outils de toute espèce. La coutellerie de Langres jouit depuis longtemps d'une réputation méritée. Parmi les autres industries de quelque importance, on remarque des fabriques d'eau-de-vie de marc, des vinaigreries, des fabriques de cire, de bougies et de chandelles; des filatures de laine et de coton, etc., etc.; des fabriques de droguets, bas de laine à l'aiguille, gants de peau, plaques de cheminées, tuyaux et autres ouvrages en fonte. Brasseries. Vinaigreries. Papeteries. Tanneries et corroieries. Construction de bateaux.

Commerce considérable de bois de chauffage et de charpente, de bois en planches, merrain, fers de tous échantillons, fontes et ustensiles en fonte; de blé, vins, huile, miel, cire, navette, menles à aiguiser, coutellerie, bonneterie en laine et en poil de lapin, etc., etc.

Foires. 225 foires environ se tiennent dans plus de 102 communes du département. On vend principalement sur toutes ces foires des grains, des légumes secs, des chevaux, des bestiaux, des ustensiles de ménage et des instruments aratoires; du lard à Aprey, et beaucoup de porcs à Poulangy.

Division administrative. Le département de la Haute-Marne a pour chef-lieu Chaumont; il envoie 3 représentants à la chambre des députés et est divisé en 3 arrondissements ou sous-préfectures :

Chaumont. . . . 10 cant. 87,394 h.
Langres . . . . 10 — 101,393
Vassy. . . . 8 — 68,180
                28 cant. 257,567 h.

17e conserv. des forêts (chef-l. Chaumont). — 10e arr. des mines (chef-l. Dijon). — 18e divis. milit. (chef-l. Dijon). — Évêché, séminaire diocésain et école secondaire ecclésiastique à Langres. 28 cures, 332 succursales. — Collèges communaux à Chaumont, Langres, St-Dizier, Vassy et Bourmont. — Société d'agriculture, commerce et arts à Chaumont.

Biographie. Parmi les personnages célèbres nés dans le département de la Haute-Marne on cite principalement :

Julius Sabinus, compétiteur de Vespasien, qui le fit mourir avec Eponine, son épouse, et leurs deux enfants.

Duvoisin, évêque de Nantes.

Le savant bénédictin dom Martène.

Denis Diderot, un des plus grands écrivains du xviiie siècle.

Ch.-G. Étienne, poëte dramatique, littérateur et publiciste.

Le poëte Jos. Audin.

Ed. Boursault, poëte, compositeur dramatique et romancier.

Le poëte Le Moine.

Le mathématicien Bosc.

Le sculpteur Bouchardon.

Le célèbre jurisconsulte Henrion de Pansey.

J.-F. Roger, littérateur et auteur dramatique, membre de l'Académie française.

De Montrol, littérateur.

Viton de St-Allais, généalogiste.

Les peintres Nic. Robert et Fr. Desportes.

L'amiral Decrès, ministre de la marine sous l'empire.

Lombard de Langres, littérateur, ambassadeur en Hollande.

Bibliographie. Peuchet et Chanlaire. *Statistique de la Haute-Marne*, in-4, 1810.

Rozière. *Mémoire sur la statistique minéralogique du département de la Haute-Marne* (avec Houry) (Journal des mines, n° 102, f° 405).

Thirria. *Notice géologique sur les gîtes de minerais de fer du terroir néocomien du département de la Haute-Marne* (Ann. des mines, t. xv, 3e série, p. 11).

* *Statistique agricole, industrielle et commerciale du département de la Haute-Marne*, in-8, 1834.

Rieusset. * *Biographie du département de la Haute-Marne*, in-8, 1811.

Mangin (l'abbé). *Histoire ecclésiastique et civile, politique, littéraire et topographique du diocèse de Langres et de celui de Dijon,* qui en est un démembrement, 3 vol. in-12, 1752, 1763.

* *Recherches historiques et statistiques sur les principales communes de l'arrondissement de Langres*, in-8, 1836.

Pochinet (P.) avec Mongin (J.-C.). *Annuaire ecclésiastique et historique du diocèse de Langres* (année 1838), in-8, 1838.

De Laistre. (Juste). *Liste alphabétique des villes, bourgs et villages régis par la coutume de Chaumont*, in-4, 1723.

V. aussi Andelot, Bourbonne-les-Bains, Bourmont, Chaumont, Joinville, Langres, Vassy.

MARNE (la), vg. *Doubs*, comm. de Montferrand, ✉ de Besançon.

MARNE (la), vg. *Loire-Inf.* (Bretagne), arr. et à 33 k. de Nantes, cant. et ✉ de Machecoul. Pop. 882 h. — Il est situé près de la forêt de Machecoul, citée pour le grand nombre de reptiles qu'elle renferme.

MARNEFER, vg. *Orne* (Normandie), arr. et à 54 k. d'Argentan, cant. de la Ferté-Fresnel, ✉ de Glos-la-Ferrière. Pop. 254 h.

MARNES, vg. *Seine-et-Oise* (Ile-de-France), arr. et à 6 k. de Versailles, cant. de Sèvres, ✉ de Ville-d'Avray. Pop. 322 h.

Ce village, situé sur la pente douce d'une colline, ne fut jusqu'au xiiie siècle qu'un simple hameau de la commune de St-Cloud. L'emplacement où il est bâti était jadis occupé par une forêt : Eudes de Sully, évêque de Paris, fit arracher cette forêt et en distribua des portions de terre aux paysans qui en désirèrent; chaque père de famille reçut quatre hectares de terre labourable et un demi-hectare pour l'emplacement de sa maison. Ainsi se forma le village de Marnes, qui reçut de grands accroissements en 1702.

Marnes est un village situé à mi-côte et à l'extrémité du parc de St-Cloud, qui a une sortie directe sur ce village par un superbe chemin qui conduit à Versailles à travers les bois. — Le château de Villeneuve-l'Étang est une dépendance de cette commune.

Fête patronale le 30 juin ou le dimanche suivant.

MARNES, vg. *Deux-Sèvres* (Poitou), arr. et à 32 k. de Parthenay, cant. et ✉ d'Airvault. Pop. 696 h.

MARNÉSIA, vg. *Jura* (Franche-Comté), arr. et à 11 k. de Lons-le-Saulnier, cant. et ✉ d'Orgelet. Pop. 205 h.

MARNETTES (les), vg. *Eure*, comm. de Bosnormand, ✉ de Bourgthéroulde.

MARNHIAC, vg. *Tarn-et-Garonne*, comm. et ✉ de Monclar.

MARNIÈRES, vg. *Eure* (Normandie), arr. et à 47 k. d'Évreux, cant. de Rugles, ✉ de la Neuve-Lyre. Pop. 116 h.

MARNOUE-LES-MOINES, vg. *Seine-et-Marne*, comm. d'Equerre, ✉ de Lizy.

MARNOZ, vg. *Jura* (Franche-Comté), arr. de Poligny et à 11 k. d'Arbois, cant. et ✉ de Salins. Pop. 438 h.

MAROEIL, *Pas-de-Calais*. V. Mareuil.

MAROILLES, *Mariliæ*, vg. *Nord* (Flandre), arr. et à 12 k. d'Avesnes, cant. et ✉ de Landrecies. Pop. 2,192 h.

Maroilles est le centre d'une fabrique considérable de fromages qui se confectionnent dans trente communes environnantes, et s'exportent dans plusieurs départements sous le nom de fromages de Maroilles. Ces fromages se fabriquent ordinairement en petits pains ou briquettes quadrangulaires et aplaties, du poids d'une livre ou d'une demi-livre. Il sort aussi de la fabrique de Maroilles des fromages d'une qualité supérieure à celle de ces derniers, et d'un prix double et quelquefois triple : ceux-ci sont appelés dauphins, et ils sont moulés en croissant. — *Fabrique* de chicorée-café. Tanneries. — *Foires* le 1er jeudi de chaque mois.

MAROLES, vg. *Marne* (Champagne), arr., cant., ✉ et à 3 k. de Vitry-le-François. Pop. 149 h.

MAROLLE (la), vg. *Loir-et-Cher* (Blaisois), arr. et à 27 k. de Romorantin, cant. et ✉ de Neung-sur-Beuvron. Pop. 310 h.

MAROLLES. V. MAROILLES.

MAROLLES, vg. *Calvados* (Normandie), arr., cant., ✉ et à 11 k. de Lisieux. Pop. 927 h.

MAROLLES, bg *Eure-et-Loir* (Beauce), arr., ✉ et à 10 k. de Nogent-le-Rotrou, cant. de Thiron-Gardais. Pop. 661 h.

MAROLLES, vg. *Eure-et-Loir*, comm. de Broué, ✉ de Houdan. ⚘.

MAROLLES, vg. *Loir-et-Cher* (Blaisois), arr., cant., ✉ et à 8 k. de Blois. Pop. 521 h.

Le château de Bourneville est une dépendance de cette commune. La façade, bâtie en pierres de taille, est élégante. L'eau y arrive de 2 kilomètres, et est distribuée dans l'intérieur par un aqueduc souterrain. Le parc forme un jardin remarquable, surtout par des arbres toujours verts. Éducation très en grand des mérinos.

MAROLLES, ou MAROLLES-SUR-OURCQ, vg. *Oise* (Picardie), arr. et à 42 k. de Senlis, cant. de Betz, ✉ de la Ferté-Milon. Pop. 622 h. Sur l'Ourcq.

MAROLLES, vg. *Sarthe* (Maine), arr., cant., ✉ et à 3 k. de St-Calais. Pop. 439 h.

MAROLLES, *Matriolæ*, vg. *Seine-et-Marne* (Brie), arr., ✉ et à 28 k. de Coulommiers, cant. de la Ferté-Gaucher. Pop. 372 h.

MAROLLES, *Maroialum*, vg. *Seine-et-Oise* (Gatinais), arr., ✉ et à 10 k. d'Étampes, cant. de Méréville. Pop. 261 h.

MAROLLES, vg. *Seine-et-Oise*, comm. de Vilaines, ✉ de Poissy.

MAROLLES-EN-BRIE, vg. *Seine-et-Oise* (Ile-de-France), arr. et à 23 k. de Corbeil, cant. et ✉ de Boissy-St-Léger. Pop. 250 h.

MAROLLES-LÈS-ARPAJON, vg. *Seine-et-Oise* (Ile-de-France), arr. et à 20 k. de Corbeil, cant. et ✉ d'Arpajon. Pop. 835 h. Sur le chemin de fer d'Orléans à Paris.

MAROLLES - LÈS - BAILLY, vg. *Aube* (Bourgogne), arr., cant., ✉ et à 10 k. de Bar-sur-Seine. Pop. 326 h.

MAROLLES - LÈS - BRAUX, bg. *Sarthe* (Maine), arr. et à 14 k. de Mamers, chef-l. de

cant. Cure. ✉. A 195 k. de Paris pour la taxe des lettres. Pop. 2,222 h. — TERRAIN jurassique.

MAROLLES-SOUS-LIGNIÈRES, vg. *Aube* (Champagne), arr. et à 42 k. de Bar-sur-Seine, cant. de Chaource, ✉ d'Ervy. Pop. 526 h.

MAROLLES-SUR-SEINE, vg. *Seine-et-Marne* (Brie), arr. et à 28 k. de Fontainebleau, cant. et ✉ de Montereau. Pop. 517 h.

MAROLLETTE, vg. *Sarthe* (Maine), arr., cant., ✉ et à 3 k. de Mamers. Pop. 295 h.

MAROLS, vg. *Loire* (Forez), arr. et à 18 k. de Montbrison, cant. et ✉ de St-Jean-Soleymieux. Pop. 975 h.

MAROMME, bg *Seine-Inf.* (Normandie), arr., bureau d'enregist. et à 7 k. de Rouen, chef-l. de cant. Cure. ✉. A 128 k. de Paris pour la taxe des lettres. Pop. 3,031 h. — TERRAIN tertiaire moyen.

Il est situé sur la rive droite du Cailly, qui y fait mouvoir un grand nombre d'usines. — *Fabriques* d'indiennes et de tissus de coton. Filatures de coton. Tanneries. Teintureries. Blanchisseries de toiles. Papeteries. Moulin à poudre.

MARON, vg. *Indre* (Berry), arr., ✉ et à 14 k. de Châteauroux, cant. d'Ardentes-St-Vincent. Pop. 832 h.

MARON, vg. *Meurthe* (Lorraine), arr., cant. et à 15 k. de Nancy, ✉ de Pont-St-Vincent. Pop. 712 h.

MARONCOURT, vg. *Vosges* (Lorraine), arr. et à 26 k. de Mirecourt, cant. de Dompaire. Pop. 85 h.

MARONDE (la), vg. *Somme* (Picardie), arr. et à 39 k. d'Amiens, cant. et ✉ de Poix. Pop. 223 h.

MARONNE (la), rivière qui prend sa source près du village de Salers, arr. de Mauriac (*Cantal*); elle passe à Salers, St-Martin, et se jette dans la Dordogne au-dessous d'Argental (*Corrèze*), après un cours d'environ 70 k. Elle est flottable depuis St-Julien-les-Bois (*Corrèze*) jusqu'à son embouchure, sur une étendue de 25,000 m.

MARONNE, vg. *Calvados*, comm. de Meuvaines, ✉ de Creully.

MAROTTE (la), vg. *Seine-et-Marne*, com. de Montigny-Lencoup, ✉ de Dannemarie.

MAROUÉ, vg. *Côtes-du-Nord* (Bretagne), arr. et à 24 k. de St-Brieuc, cant. et ✉ de Lamballe. Pop. 2,477 h.

MAROUSE, vg. *Eure*, comm. du Bosc-Roger, ✉ d'Elbeuf.

MARPA, vg. *Jura* (Franche-Comté), arr. et à 23 k. de Dôle, cant. de Montmirey-la-Ville, ✉ de Pesmes. Pop. 221 h.

MARPAPS, vg. *Landes* (Gascogne), arr. et à 30 k. de St-Sever, cant. d'Amou, ✉ d'Orthez. Pop. 389 h.

MARPENT, vg. *Nord* (Hainaut), arr. et à 26 k. d'Avesnes, cant. et ✉ de Maubeuge. Pop. 548 h.

MARPIRÉ, vg. *Ille-et-Vilaine* (Bretagne), arr., cant., ✉ et à 10 k. de Vitré. Pop. 423 h.

MARQUAIX, vg. *Somme* (Picardie), arr. et à 12 k. de Péronne, cant. et ✉ de Roisel. Pop. 424 h.

MARQUAY, bg *Dordogne* (Périgord), arr., cant., ✉ et à 11 k. de Sarlat. Pop. 975 h.

MARQUAY, vg. *Pas-de-Calais* (Artois), arr., cant., ✉ et à 7 k. de St-Pol-sur-Ternoise.

MARQUE (la), vg. *Lot-et-Garonne*, comm. de la Gruère, ✉ de Tonneins.

MARQUEFAVE, vg. *H.-Garonne* (Languedoc), arr. et à 18 k. de Muret, cant. de Carbonne, ✉ de Noé. Pop. 823 h.

MARQUÉGLISE, vg. *Oise* (Picardie), arr. et à 15 k. de Compiègne, cant. et ✉ de Ressons. Pop. 333 h.

MARQUEIN, vg. *Aude* (Languedoc), arr. et à 28 k. de Castelnaudary, cant. et ✉ de Salles-sur-Lhers. Pop. 335 h.

MARQUEMONT, vg. *Oise* (Picardie), arr. et à 30 k. de Beauvais, cant. et ✉ de Chaumont-en-Vexin. Pop. 455 h.

MARQUENNEVILLE, vg. *Somme*, comm. de Vaux-Marquenneville, ✉ d'Oisemont.

MARQUERIE, vg. *H.-Pyrénées* (Languedoc), arr., ✉ et à 13 k. de Tarbes, cant. de Pouyastruc. Pop. 178 h.

MARQUES, vg. *Seine-Inf.* (Normandie), arr. et à 21 k. de Neufchâtel-en-Bray, cant. et ✉ d'Aumale. Pop. 461 h.

MARQUESTEAU, vg. *Gers* (Armagnac), arr. et à 37 k. de Condom, cant. et ✉ de Cazaubon. Pop. 320 h.

MARQUETTE, vg. *Nord* (Flandre), arr., cant., ✉ et à 5 k. de Lille. Pop. 1,461 h.

Ce village est situé sur la rive gauche de la basse Deule. Il y avait autrefois une riche abbaye de filles de l'ordre de Cîteaux, dont les bâtiments ont été démolis; il n'en reste plus que le portique et la superbe avenue qui le précède. — *Fabrique* de bleu d'azur. Blanchisseries de toiles. Teintureries.

MARQUETTE, vg. *Nord* (Flandre), arr. et à 22 k. de Valenciennes, cant. et ✉ de Bouchain. Pop. 1,772 h. — *Fabrique* de sucre indigène.

MARQUIGNY, vg. *Ardennes* (Champagne), arr. et à 22 k. de Vouziers, cant. de Monthois, ✉ du Chêne. Pop. 333 h.

MARQUILLIES, vg. *Nord* (Flandre), arr. et à 18 k. de Lille, cant. et ✉ de la Bassée. Pop. 1,149 h. — *Fabrique* de sucre indigène.

MARQUION, vg. *Pas-de-Calais* (Artois), arr. et à 27 k. d'Arras, chef-l. de cant. Bureau d'enregist. à Oisy. ✉. ⚘. A 188 k. de Paris pour la taxe des lettres. Pop. 726 h. — TERRAIN tertiaire supérieur.

MARQUISE, *Merq*, *Marci*, joli bourg, *Pas-de-Calais* (Boulonnais), arr. et à 14 k. de Boulogne-sur-Mer, chef-l. de cant. Cure. ✉. ⚘. A 250 k. de Paris pour la taxe des lettres. Pop. 2,108 h. — TERRAIN jurassique.

Autrefois diocèse et recette de Boulogne, parlement de Paris, intendance d'Amiens.

Il est assez bien bâti sur la Slack, et renommé par la pureté de ses eaux ; on y voit surtout une fontaine très-abondante dont l'eau, aussi claire que du cristal, fournit constamment le même volume, même dans les plus grandes sécheresses. — Pendant la révolution Marquise a porté le nom de Beaupré. — En face de l'église on remarque un tilleul qui passe à juste titre pour un des plus beaux arbres de la contrée ; son tronc a près de 2 m. de diamètre, et son feuillage couvre un carré de plus de 20 m. — Raffineries de sel. Brasseries. Tanneries. Exploitation des carrières de belles pierres de taille. — *Foires* le 25 juillet, lundi de la 4ᵉ semaine de carême, et le 3ᵉ jeudi de chaque mois.

MARQUIVILLERS, vg. *Somme* (Picardie), arr., cant., ✉ et à 11 k. de Montdidier. Pop. 332 h.

MARQUIXANES, vg. *Pyrénées-Or.* (Roussillon), arr. et à 5 k. de Prades, cant. et ✉ de Vinça. Pop. 589 h.

MARRAS, vg. *Gers*, comm. de Lauraet, ✉ de Condom.

MARRAY, vg. *Indre-et-Loire* (Touraine), arr. et à 30 k. de Tours, cant. et ✉ de Neuvy-le-Roi. Pop. 829 h.

MARRE (la), vg. *Eure*, comm. de Bourth, ✉ de Verneuil.

MARRE (la), vg. *Eure*, comm. de St-Denis-du-Bosc-Guérard, ✉ de Bourgthéroulde.

MARRE (la), vg. *Ille-et-Vilaine*, comm. de Miniac-Morvan, ✉ de Châteauneuf-en-Bretagne.

MARRE (la), vg. *Jura* (Franche-Comté), arr. et à 15 k. de Lons-le-Saulnier, cant. et ✉ de Voiteur. Pop. 485 h.

MARRE (la), vg. *Meuse* (pays Messin), arr., ✉ et à 9 k. de Verdun-sur-Meuse, cant. de Charny-sur-Meuse. Pop. 346 h.

MARRÉ (le Haut et le Bas-), vg. *Nièvre*, comm. de Cervon, ✉ de Corbigny.

MARRÉ, vg. *Nièvre*, comm. de Mont-en-Bazois, ✉ de Châtillon-en-Bazois.

MARRE-BAS, vg. *Eure*, comm. de Ste-Marguerite-de-l'Autel, ✉ de Breteuil.

MARRE-BLANCHE, vg. *Eure*, comm. de Francheville, ✉ de Breteuil.

MARRE-SÈCHE, vg. *Eure*, comm. de Ste-Marguerite-de-l'Autel, ✉ de Breteuil.

MARRE-TASSEL, vg. *Eure*, comm. de Thuit-Signol, ✉ d'Elbeuf.

MARREAUX, vg. *Yonne*, comm. de Magny, ✉ d'Avallon.

MARRIEU, vg. *Isère*, comm. d'Amblagnieu, ✉ de Cremieu.

MARRONS (les), vg. *H.-Alpes*, comm. de St-Michel-de-Chaillot, ✉ de Remollon.

MARROULE, vg. *Aveyron*, comm. de Martiel, ✉ de Villefranche-de-Rouergue.

MARROX, vg. *Gers*, comm. de Juilles, ✉ de Gimont.

MARS (St-). V. CINQ-MARS.

MARS, vg. *Ardennes*, comm. de Bourcq, ✉ de Vouziers.

MARS (les), vg. *Creuse* (Marche), arr. et à 23 k. d'Aubusson, cant. et ✉ d'Auzances. Pop. 817 h.

MARS, vg. *Gard* (Languedoc), arr., cant., ✉ et à 8 k. du Vigan. Pop. 245 h.

MARS, vg. *Loire* (Forez), arr. et à 23 k. de Roanne, cant. et ✉ de Charlieu. Pop. 1,330 h.

MARS (Petit-), vg. *Loire-Inf.* (Bretagne), arr. et à 42 k. de Châteaubriant, cant. et ✉ de Nort. ☞. Pop. 1,355 h.

MARS (St-), vg. *Seine-et-Marne* (Brie), arr. et à 23 k. de Coulommiers, cant. et ✉ de la Ferté-Gaucher. Pop. 285 h.

MARS (St-), vg. *Seine-Inf.* (Normandie), arr. et à 20 k. de Dieppe, cant. et ✉ de Bacqueville. Pop. 523 h.

MARSA, vg. *Aude* (Languedoc), arr. et à 50 k. de Limoux, cant. et ✉ de Quillan. Pop. 497 h.

MARSAC, vg. *Charente* (Angoumois), arr., ✉ et à 12 k. d'Angoulême, cant. de St-Amant-de-Boix. Pop. 783 h. — Papeteries.

MARSAC, vg. *Charente*, comm. de Fouquebrune, ✉ de la Valette.

MARSAC, vg. *Creuse* (Marche), arr. et à 20 k. de Bourganeuf, cant. et ✉ de Bénévent. Pop. 914 h.

MARSAC, vg. *Dordogne* (Périgord), arr., cant., ✉ et à 5 k. de Périgueux. Pop. 505 h.

MARSAC, vg. *Loire-Inf.* (Bretagne), arr. et à 34 k. de Savenay, cant. de Guémené, ✉ de Nozay. Pop. 1,283 h. Sur la rive gauche du Don. — *Foire* le 21 mai.

MARSAC, *Lot*. V. la Bastide-Marsac.

MARSAC, vg. *Lot-et-Garonne*, comm. et ✉ de Clairac.

MARSAC, bg *Puy-de-Dôme* (Auvergne), arr., cant., ✉ et à 9 k. d'Ambert. Pop. 3,300 h. — *Fabriques* de dentelles et d'objets de mercerie. Papeterie. — *Foires* les 29 août, 11 nov. et 1ᵉʳ samedi de carême.

MARSAC, vg. *H.-Pyrénées* (Gascogne), arr. et à 13 k. de Tarbes, cant. et ✉ de Vic-en-Bigorre. Pop. 315 h.

MARSAC, vg. *Tarn-et-Garonne* (Languedoc), arr. et à 29 k. de Castelsarrasin, cant. et ✉ de Lavit. Pop. 651 h.

MARSAINVILLIERS, vg. *Loiret* (Orléanais), arr., cant., ✉ et à 6 k. de Pithiviers. Pop. 273 h.

MARSAIS, vg. *Charente-Inf.* (Aunis), arr. et à 38 k. de Rochefort-sur-Mer, cant. de Surgères, ✉ de Mauzé. Pop. 1,641 h.

MARSAIS-STE-RADEGONDE, vg. *Vendée* (Poitou), arr., cant. et à 10 k. de Fontenay-le-Comte, cant. de l'Hermenault. Pop. 876 h.

MARSAL, *Bodalium* ou *Marsallium*, petite ville forte, *Meurthe* (Lorraine), arr. de Château-Salins, cant. et à 7 k. de Vic, place de guerre de 4ᵉ classe, ✉ de Moyenvic. Pop. 1,708 h.

Autrefois diocèse de Metz, cour souveraine et intendance de Lorraine, bailliage de Dieuze, gouvernement particulier, collégiale, 3 couvents.

Cette ville est située dans une plaine marécageuse arrosée par la Seille. Elle est assise sur un briquetage de 1,400,000 m. carrés, de près de 4 m. d'épaisseur, jeté sur le marais de la Seille, singulière construction qu'on attribue aux Romains, et qui a fait l'objet des recherches de M. de la Sauvagère. Considérée autrefois comme une place très-forte, ce n'est plus aujourd'hui qu'un poste militaire. Louis XIV fit relever ses fortifications en 1663; elle a beaucoup souffert du bombardement des troupes alliées en 1815. On y remarque une belle église, un hôtel de ville, quatre corps de casernes, un magasin à poudre et un arsenal.

Les **armes de Marsal** sont : *écartelé d'or et de gueules*.

Bibliographie. LA SAUVAGÈRE (Fel.-Fr. le Royer d'Artezet de). *Recherches sur le briquetage de Marsal, avec un abrégé de l'histoire de cette ville, et une description de quelques antiquités qui se trouvent à Tarquinpol*, in-8, 1740.

DUPRÉ. *Mémoire sur les antiquités de Marsal et de Moyenvic*, in-8, 1829.

MARSAL, vg. *Tarn* (Languedoc), arr., ✉ et à 13 k. d'Albi, cant. de Villefranche. Pop. 401 h.

MARSALES, vg. *Dordogne* (Périgord), arr. et à 43 k. de Bergerac, cant. et ✉ de Montpazier. Pop. 297 h.

MARSALS (les), vg. *Aude*, comm. de Rivel, ✉ de Chalabre.

MARSAN (le), petit pays qui formait la partie orientale de la Chalosse, comprise autrefois dans la ci-devant Gascogne ; Mont-de-Marsan en était le chef-lieu. Le Marsan dépendait anciennement du Béarn, dont il fut séparé en 1607. C'était un pays d'états, qui se tenaient dans la ville de Mont-de-Marsan. Il fait aujourd'hui partie du département des *Landes*.

MARSAN, vg. *Gers* (Armagnac), arr. et à 12 k. d'Auch, cant. et ✉ de Gimont. Pop. 486 h.

MARSANEIX, bg *Dordogne* (Périgord), arr., ✉ et à 12 k. de Périgueux, cant. de St-Pierre-de-Chignac. Pop. 1,012 h.

MARSANGIS, *Maximiacus*, vg. *Marne* (Brie), arr. et à 58 k. d'Epernay, cant. et ✉ d'Angluré. Pop. 81 h.

MARSANGIS, vg. *Yonne* (Champagne), arr., cant. et à 10 k. de Sens, ✉ de Villeneuve-le-Roi. Pop. 798 h. — Carrière de grès.

MARSANNAY-LA-COTE, vg. *Côte-d'Or* (Bourgogne), arr., cant., ✉ et à 7 k. de Dijon. Pop. 761 h.

Il est situé dans un terrain fertile en vins fins, dit du clos des Herbes et du clos des Resilles.

Ce fut près de Marsannay, à l'arbre de Charlemagne, en un lieu appelé la Charme, que P. de Beaufremont, un des grands seigneurs de Bourgogne, donna, en 1443, le célèbre tournoi décrit par Olivier de la Marche dans ses Mémoires, liv. I, chap. IX, et rapporté par le P. Ménétrier dans son Traité des carrousels.

Le lieu du combat fut d'abord assigné sur la chaussée d'Auxonne, à l'arbre des Ermites ; mais depuis il fut remis et exécuté à l'arbre de Charlemagne.

« Des pavillons, dressés en différents endroits, étoient garnis de meubles, de vaisselle, de buffets, de vins et de serviteurs ; le tout de manière de faire si honorable, que tous gens de biens y étoient accueillis et servis si grandement, que mieux on ne le sauroit faire. »

Pendant quarante jours que dura la fête, le baron de Charny tint cour ouverte, avec une dépense extraordinaire. Il était si bien dans les bonnes grâces du duc, que plus tard il épousa Marie, sa fille naturelle, et obtint l'érection de Charny en comté. « Les noces furent célébrées à Bruxelles, avec telle somptuosité de festins et affluence de noblesse, qu'on ne vit jamais une festivité de si grand appareil. »

Education des vers à soie.

MARSANNAY-LE-BOIS, vg. *Côte-d'Or* (Bourgogne), arr. et à 15 k. de Dijon, cant. et ⊠ d'Is-sur-Tille. Pop. 623 h. — *Fabrique* de produits chimiques.

MARSANNE, bg. *Drôme* (Dauphiné), arr., bureau d'enregist. et à 16 k. de Montélimart, chef-l. de cant. Cure. ⊠. A 594 k. de Paris pour la taxe des lettres. Pop. 1,450 h. — TERRAIN d'alluvions modernes.

Marsanne était autrefois une place forte assez considérable, que Lesdiguières assiégea sans succès en 1588.

Ce bourg, bâti sur le revers d'un coteau rapide, est formé de rues escarpées et d'un accès difficile. Quelques restes d'aqueducs et une belle fontaine semblent annoncer qu'il fut le séjour des Romains. — Culture en grand du mûrier. Education des vers à soie. Fours à chaux. Exploitation de pierres de taille.

Foires les 28 janv., 30 juil., 13 août et 19 sept.

MARSAS, vg. *Drôme* (Dauphiné), arr. et à 30 k. de Valence, cant. et ⊠ de St-Donat. Pop. 785 h. — *Foire* le 11 sept.

MARSAS, vg. *Gironde* (Guienne), arr. et à 27 k. de Blaye, cant. de St-Savin, ⊠ de Cavignac. Pop. 688 h.

MARSAS, vg. *H.-Pyrénées* (Gascogne), arr., cant., ⊠ et à 9 k. de Bagnères-de-Bigorre. Pop. 201 h.

MARSAT, bg *Puy-de-Dôme* (Auvergne), arr., cant., ⊠ et à 4 k. de Riom. Pop. 798 h.

MARSAUCEUX, vg. *Eure-et-Loir*, com. de Mézières-en-Drouais, ⊠ de Dreux.

MARSAUDIÈRE, vg. *Seine-et-Marne*, com. de Chevry-Cossigny, ⊠ de Brie-Comte-Robert.

MARSAULT (St-), vg. *Deux-Sèvres* (Poitou), arr. et à 18 k. de Bressuire, cant. et ⊠ de Moncoutant. Pop. 720 h.

MARS-DU-COUTAIS (St-), vg. *Loire-Inf.* (Bretagne), arr. et à 23 k. de Nantes, cant. de Machecoul, ⊠ de Pot-St-Père. Pop. 1,413 h. — Il est situé au milieu de marais défrichés d'une grande étendue, près de la rive droite du Tenu. — Extraction de tourbe.

MARS-DE-CRÉ (St-), vg. *Sarthe*, comm. et ⊠ du Lude.

MARS-D'ÉGRENNE (St-), bg *Orne* (Normandie), arr., ⊠ et à 8 k. de Domfront, cant. de Passais. Pop. 2,270 h.

MARS-DE-LA-BRIÈRE (St-), bg. *Sarthe* (Maine), arr. et à 16 k. du Mans, cant. de Montfort, ⊠ de Connerré, ⚘. Pop. 1,622 h. — Papeterie.

MARS-DES-PRÉS (St-), vg. *Vendée* (Poitou), arr. et à 33 k. de Bourbon-Vendée, cant. et ⊠ de Chantonnay. Pop. 472 h.

MARS-DOUTILLÉ (St-), bg *Sarthe* (Maine), arr. et à 21 k. du Mans, cant. et ⊠ d'Ecommoy. Pop. 2,293 h.

MARS-DU-DÉSERT (St-), vg. *Mayenne* (Maine), arr. et à 35 k. de Mayenne, cant. et ⊠ de Villaines-la-Juhel. Pop. 795 h.

MARS-DU-DÉZERT (St-), vg. *Loire-Inf.* (Bretagne), arr. et à 42 k. de Châteaubriant, cant. et ⊠ de Nort. Pop. 1,840 h. — *Foire* le 10 avril.

MARSEIGNE, vg. *Allier*, comm. de Jaligny, ⊠ de la Palisse.

MARSEILLAN, petite ville maritime, *Hérault* (Languedoc), arr. et à 28 k. de Béziers, cant. d'Agde, syndicat maritime. ⊠. A 795 k. de Paris pour la taxe des lettres. P. 3,504 h. Elle est située sur l'étang de Thau, où elle a un port de 200 m. de long et 33 m. de large, qui peut recevoir 60 bâtiments de petit cabotage. — Son territoire produit un vin blanc renommé.

Fabrique d'eau-de-vie. — *Foire* de 3 jours le 16 août.

MARSEILLAN, vg. *H.-Pyrénées* (Gascogne), arr., ⊠ et à 16 k. de Tarbes, cant. de Pouyastruc. Pop. 444 h.

MARSEILLAN-D'ASTARAC, vg. *Gers*, comm. d'Auterive, ⊠ d'Auch.

MARSEILLAN-PARDIAC, vg. *Gers* (Armagnac), arr., cant., ⊠ et à 8 k. de Mirande. Pop. 296 h.

MARSEILLE, *Massilia Greorum*, grande, belle, riche et très-ancienne ville maritime. Chef-l. du départ. des *Bouches-du-Rhône* (1er arr.) et de 6 cant. Bonne ville n° 3. Trib. de 1re inst. et de comm. Chambre et bourse de comm. Conseil des prud'hommes. Syndicat maritime. Consulats étrangers. Chef-l. de la 8e division militaire. Gîte d'étape. Direction des douanes. Hôtel des monnaies (lettre M). Observatoire royal de la marine. Académie des sciences, belles-lettres et arts. Athénée. Société royale de médecine. Société d'agriculture pratique et d'économie rurale. Ecole d'hydrographie de 1re classe. Collège royal. Institution des sourds-muets. Ecole secondaire de médecine. Cours de botanique et d'agriculture. Ecole spéciale de dessin. Cours de chimie appliquée aux arts. Ecole de musique. Evêché. Séminaire diocésain et école secondaire ecclésiastique. 6 cures. Eglise consistoriale réformée. Eglise succursale pour le rit grec uni. Synagogue consistoriale. ⚘. Petite poste. Pop. 154,035 h. — TERRAIN crétacée inférieur, voisin du terrain tertiaire moyen. — Deux feux de port : 1er fanal, feu fixe au pied de la tour du fort St-Jean, à gauche de l'entrée du port, de 12 k. de portée. Lat. 43° 8', long. E. 3° 1'. — 2e fanal, feu vingt par éclats de 3 min. en 3 min., sur la pointe dite Tête-de-More, à droite de l'entrée du port, de 12 k. de portée.

Autrefois évêché fondé dès le IIIe siècle, parlement et intendance d'Aix, sénéchaussée, justice consulaire, amirauté, gouvernement particulier, académie des belles-lettres, collège, chambre syndicale, chapitre, abbayes d'hommes et de filles ordre de St-Benoît, couvents d'autonins, de dominicains, de mathurins, d'augustins, de carmes, de capucins, de minimes, de récollets, de chartreux, de carmes déchaussés, de feuillants, et de prêtres de la mission, de carmélites, clairistes, augustines, ursulines, récollettes, religieuses du St-Sacrement et de la Visitation.

Marseille est regardée comme la plus ancienne ville des Gaules. On attribue son origine à une colonie de Phocéens, qui en jetèrent les fondements. Les monuments historiques s'accordent unanimement à fixer la fondation de Massilia par les Phocéens à 600 ans avant J.-C. Larcher place la fondation de Marseille en 600 ; Carly en 599 ; Simpson en 597 ; dom Bouquet en 591. Si l'on en croit Justin, les Phocéens, conduits par Protès, étant arrivés à l'endroit où est Marseille, envoyèrent une députation au roi de la contrée pour lui demander la permission de s'y établir, et pour faire alliance avec lui. Le hasard voulut que la députation arrivât précisément le jour où, suivant la coutume de ce peuple, la fille du roi devait choisir un époux, en présentant à l'un des seigneurs assemblés une coupe remplie d'eau. La princesse, ayant jeté les yeux sur Protès, lui présenta la coupe, au grand étonnement de son père, qui cependant ratifia son choix, et céda aux Phocéens le terrain où ils bâtirent Marseille, la première année de la quarante-cinquième olympiade. A peine formée, la nouvelle colonie prospéra, et bientôt forma sur cette côte une nouvelle Thessalie, avec ses temples, son culte, ses bois sacrés, sa langue harmonieuse. Peu à peu la ville s'embellit et se fortifia. Cinquante-sept ans après sa formation, la ville de Phocée étant tombée au pouvoir des Perses, la plupart des habitants de cette cité s'embarquèrent avec leurs femmes et leurs enfants, abordèrent à Marseille, où ils furent accueillis par leurs anciens compatriotes. Ces deux peuplades confondues mêlèrent leurs connaissances, et commencèrent à acquérir de la célébrité. En peu de temps la république de Marseille devint puissante, vainquit les peuples voisins qui étaient jaloux de sa prospérité, opposa ses flottes à celles de Carthage, lia ses destinées à celles de Rome, étendit son commerce au delà des colonnes d'Hercule, fonda des colonies dans tout le contour de la Méditerranée, et répandit les bienfaits de la civilisation dans toutes les Gaules. L'agriculture y fut en honneur, ses lois furent vantées des anciens, son sénat devint surtout fameux par les vertus et la probité des sénateurs ; enfin Aristote composa un ouvrage particulier sur la république de Marseille, dont malheureusement il n'est resté que le titre. Les sciences et les beaux-arts, qui y étaient cultivés avec succès, augmentèrent encore sa renommée. Sa situation, son port superbe, le génie de ses habitants, en firent nécessairement une ville maritime. La navigation fut heureusement secondée par deux savants astronomes et géographes :

l'un deux, Pythéas, partit de Marseille 320 ans avant J.-C., passa le détroit de Gibraltar, côtoya les côtes du Portugal et de la France, et remonta au nord jusqu'à l'Islande; l'autre, Euthymènes, voguant vers le sud, parcourut les côtes de l'Afrique jusqu'au Sénégal. Tant que le gouvernement de la ville de Marseille fut républicain, les sciences et les beaux-arts y fleurirent : Cicéron appelle cette ville l'*Athénée des Gaules*, et Pline, la *Maîtresse des études*. Les médailles qui nous restent de cette époque le disputent à tout ce que la Grèce a de plus précieux en ce genre, et prouvent avec quel succès on y cultivait les arts.

Quarante-neuf ans avant J.-C., Jules César assiégea Marseille, qui avait pris parti pour Pompée, et ce siège, suivant la description consignée dans les Commentaires, est un des plus fameux de l'antiquité. Subjuguée par les Romains, elle fut privée de ses lois, perdit le droit d'élire ses magistrats, et cessa d'être florissante en cessant d'être républicaine. Durant les temps malheureux qui précédèrent et suivirent la chute de l'empire romain, les Goths, les Bourguignons et les Francs se disputèrent la possession de cette grande ville; mais tous respectèrent ses libertés, et n'exercèrent leur autorité immédiate que dans la ville haute, qui avait été l'ancienne citadelle, et dans cette seule enceinte dont les Romains avaient pris possession. En 735, les Sarrasins s'emparèrent de Marseille, la bouleversèrent de fond en comble, et détruisirent ce qui restait de monuments antiques. Vers le milieu du xe siècle, cette ville passa sous la domination des comtes de Provence ou d'Arles, qui la gouvernèrent jusqu'en 1218, époque où les vicomtes qui exerçaient alors la puissance vendirent leur droit de souveraineté à la ville de Marseille, qui devint république une seconde fois. Après la mort de Béranger, sa fille Béatrix recueillit la succession et fut mariée à Charles Ier, duc d'Anjou, qui, à son retour de la terre sainte, entra en Provence et tenta d'assujettir les villes qui se gouvernaient en république. Marseille lui résista courageusement, et ce ne fut qu'après huit mois de guerre qu'elle consentit à faire la paix. Les deux traités qu'elle fit avec ce prince sont connus sous le nom de Chapitre de paix ; l'un fut conclu en 1252, et l'autre en 1253. Par ces traités solennels la ville se soumit volontairement et à titre de donation aux comtes de Provence, sous la réserve des articles convenus, qu'on nommait *franchises, libertés, immunités*, qui lui conservaient l'image du régime républicain ; mais dans le fait cette ville par ce traité cessait une seconde fois d'être république. — D'injustes exactions de Charles d'Anjou firent recommencer la guerre en 1256 ; les Marseillais mirent à leur tête le comte Boniface de Castellane, dont la maison avait depuis longtemps joui d'un grand crédit chez eux. Charles d'Anjou les assiégea l'année suivante, et, après avoir cruellement ravagé leur territoire, il les força à ouvrir leurs portes. Mais la clémence ne fut jamais la vertu de Charles d'Anjou. « Pour ce que mauvais exemple ne fût donné, et pris, dit Guillaume de Nangis, si une si grande présomption fût laissée sans vengeance, le comte Charles fit, au milieu de la cité, devant tous, couper le chef à tous ceux qu'il sut avoir ému le peuple à rébellion ; il prit par force tous les châteaux du comte Boniface, et le chassa hors de la province ; par lequel fait sa louange fut moult accrue, et le redoutèrent puis moult ses ennemis. »

En 1422, Alphonse d'Aragon s'empara de Marseille, qu'il saccagea et brûla en partie. Le bon roi René, qui succéda à Louis III, en 1437, rendit à cette ville la paix et la tranquillité, et pendant plus de quarante ans que dura son règne, elle acquit une grande réputation par ses manufactures. Charles III, successeur de René, étant mort sans postérité après dix-sept mois de règne, Louis XI, qui devint son héritier, réunit la Provence à la couronne, et Marseille fit dès lors partie du royaume de France. Le connétable de Bourbon assiégea cette ville sans succès en 1524. Charles-Quint tenta inutilement de s'en emparer en 1527.

La conspiration de Libertat est dans l'histoire de Marseille, une époque trop fameuse pour la passer ici sous silence. Les duumvirs Casaulx et Louis d'Aix, inquiets, défiants, soupçonneux, avaient imprimé la terreur dans le cœur des habitants, qui ne reconnaissaient d'autre loi que leur volonté : ils se jouaient de la vie, de la fortune des habitants, et soudoyaient la populace pour écraser les notables et les gens aisés. Ces deux despotes ne respiraient que le sang et le carnage. Pierre Libertat, Corse d'origine, forma le projet de s'en défaire, dans l'espoir qu'il y aurait de la gloire et des récompenses attachées à la destruction de la tyrannie. Casaulx, premier consul, ne se proposait rien moins que de livrer la ville à Philippe II. Libertat était capitaine de la porte Royale et pouvait tuer le consul entre les deux guichets, lorsqu'il passerait, selon son usage, pour aller faire patrouille hors la ville. Il ne lui restait plus qu'à crier ce mot qui depuis lors a produit tant de merveilles, ce mot de liberté qui devait soulever le peuple et les forçats des galères d'Espagne, et donner entrée au duc de Guise, avec lequel tout avait été concerté. Ce prince, en recevant la ville sous l'obéissance du roi, promettait que Sa Majesté maintiendrait les privilèges de Marseille sans de nouvelles impositions ; que Libertat serait viguier jusqu'au mois de mai suivant 1597, et que pendant qu'il serait en charge il commanderait dans la ville en l'absence du gouverneur ; qu'on y établirait une chambre souveraine de justice ; qu'on accorderait une amnistie aux partisans de la Ligue, excepté à Louis d'Aix, à Casaulx et à leurs adhérents ; que Libertat aurait, en récompense de ses services signalés, la somme de 160,000 écus, dont il ferait part à ceux qu'il jugerait à propos ; le commandement de la porte Royale, celui du fort Notre-Dame-de-la-Garde et de deux galères, avec augmentation d'appointements ; une terre de 2,000 écus de rente, la jouissance de ce revenu jusqu'à ce qu'il fût mis en possession de cette terre ; une abbaye en commende de 1,500 écus ; les droits sur l'épicerie et droguerie apportées par des vaisseaux étrangers, etc., etc. »

Nous dirons à ce sujet, d'après l'auteur de l'Histoire générale de Provence, dont nous avons extrait ce passage, que c'était perdre tout le mérite de l'action que de la mettre à si haut prix, et qu'il est bien rare qu'on agisse par zèle pour la patrie, lorsqu'on calcule ses intérêts avec autant d'attention.

Le roi confirma tous ces articles, hors celui du droit sur les épiceries, et les 150,000 écus furent réduits à 80,000. Le duc de Guise, de son côté, avait désigné ceux qui devaient occuper les places. Comme l'exécution de ce grand dessein approchait, ce prince porta ses forces du côté de Toulon, pour mieux surprendre la ville de Marseille.

Cependant Libertat était dans la plus grande inquiétude sur l'événement : son sort était lié à l'entreprise. Il fallait profiter du moment, ou il était perdu. Il ferma donc la porte dont il était le maître, et livra Louis d'Aix à la merci des ennemis. Casaulx, fatigué ce jour-là, était resté dans la ville ; Libertat lui fait dire de venir parce que les ennemis paraissent, et se tient près de la porte, l'épée à la main, ayant auprès de lui ses frères Antoine et Barthélemy. Casaulx, premier consul, qui le voit dans cette attitude guerrière, croit qu'il va défendre la porte contre l'armée ennemie, et s'approche de lui disant : « Eh bien, capitaine Pierre, qu'est-ce que tout ceci ? Vous le saurez, monsieur le consul, répond Libertat. » Il n'a pas plutôt dit ces mots, qu'il fond sur lui, le renverse d'un coup d'épée, et son frère Barthélemy achève de le tuer. Un sergent des mousquetaires veut le venger, il a le même sort ; le reste des mousquetaires met bas les armes et demande la vie. Jacques Martin, l'un des conjurés, placé au corps de garde voisin, y jette l'épouvante au point que le capitaine qui le commandait n'ose plus compter sur le courage de ses soldats, et, apprenant la mort de Casaulx, se rend sur parole qu'il ne lui sera fait aucun mal, à lui, ni à sa troupe. Il avait tiré un coup de canon qui était le signal convenu avec le duc de Guise. Il n'y avait déjà plus d'ennemis dans la ville quand ce prince y entra au milieu des acclamations, et Libertat, l'idole de Marseille, fut regardé comme le libérateur de la patrie et porté en triomphe.

Dans l'assemblée générale tenue par les habitants il fut délibéré qu'on élèverait dans la salle de l'hôtel de ville un monument de bronze ou de marbre, pour transmettre à la postérité l'action héroïque de Libertat. Le roi donna de grands éloges à cet officier ; il lui accorda des titres de noblesse pour lui et ses deux frères, le fit viguier de Marseille, le gratifia de 100,000 écus, lui donna le commandement de deux galères, celui de la porte Royale et de Notre-Dame de la Garde ; et le 17 octobre suivant, il accorda aux trois frères une exemption d'impôt que les états tenus en 1797 restreignirent à un feu seulement en faveur de Pierre et de ses descendants mâles, et à un quart de fief pour chacun de ses frères Antoine et Barthélemy, leur vie durant.

Libertat ne jouit pas longtemps de sa gloire : il mourut le 11 avril 1597, et fut enseveli avec beaucoup d'appareil, dans l'église de l'Observance.

Le 25 mai 1720, la peste, qui avait fait périr à Marseille, en 1580, vingt mille personnes, s'y déclara de nouveau, y exerça les plus affreux ravages, et enleva en cinq mois de temps quarante mille habitants ; les personnes qui échappèrent à ce cruel fléau, durent en partie leur salut au dévouement héroïque de M. de Belzunce, évêque de Marseille, qui signala son zèle et sa charité envers les pestiférés.

Le comte de Sade, d'ignoble mémoire, qui fit tant de bruit en 1768 pour les horreurs auxquelles il s'est porté contre une fille, sous prétexte d'éprouver des topiques, donna à Marseille, en 1770, une fête dont les suites furent effroyables. Dans un bal où il avait invité beaucoup de monde, il glissa parmi les rafraîchissements des monceaux de pastilles au chocolat si excellentes, que presque toutes les personnes en mangèrent en grande quantité. Dans la confection de ces pastilles il avait fait amalgamer des mouches cantharides, et la vertu de ce médicament s'est trouvée telle, que tous ceux qui en avaient mangé, brûlant d'une ardeur impudique, se livrèrent à tous les excès auxquels porte la fureur la plus amoureuse. Le bal dégénéra alors en une de ces assemblées licencieuses si renommées parmi les Romains : les femmes les plus sages ne purent résister à la rage utérine qui les travaillait. Le comte de Sade profita de ce délire universel pour jouir de sa belle-sœur, avec laquelle il s'enfuit pour se soustraire au supplice qu'il méritait. Plusieurs personnes moururent des excès auxquels elles s'étaient livrées, et d'autres en furent pour longtemps très-incommodées. On sait que ce monstre est mort à Charenton le 2 décembre 1814.

Les armes de **Marseille** étaient jadis : *un taureau*, animal anciennement consacré à Diane; elles furent ensuite *un lion*, emblème de la force; Marseille chrétienne en adopta de nouvelles qui sont: *d'argent à une croix d'azur*, et pour devise :

ACTIBUS IMMENSIS URBS FULGET MASSILIENSIS.

— Alias : *d'argent à la croix de gueules; au chef d'azur semé de fleurs de lis d'or.*—Alias : *d'azur à la croix pleine d'argent.*

Marseille, qui avait été longtemps à se relever des désastres occasionnés par la peste, avait acquis un haut degré de prospérité, lorsque la révolution française éclata. Marseille y prit part presque aussitôt que Paris même, et pendant toute la période révolutionnaire se montra tour à tour turbulente, frivole et sanguinaire, tour à tour montagnarde et girondine. Elle languit sous l'empire, et le commerce ne commença à prendre de l'activité qu'à la paix. Depuis l'occupation d'Alger cette ville est arrivée à un haut degré de prospérité, qui augmente annuellement, et qui n'est pas près de cesser de s'accroître.

L'ancienne ville de Marseille était située un peu plus au midi que la moderne, sur une langue de terre qui avait quinze cents pas de longueur. Le port, tourné au midi, se nommait Lacydon, ainsi que nous l'apprend Méla. La ville actuelle est située au fond d'un golfe couvert et défendu par plusieurs îles, sur le penchant et au pied d'une colline placée entre la mer et une chaîne demi-circulaire de montagnes qui renferme un riche bassin. Elle se divise naturellement en vieille et en nouvelle ville. — L'ancienne ville, celle qu'habitaient les anciens Marseillais, couvre une surface très-inégale ; elle a pour limites : le port, dont elle occupe un des côtés, la Cannebière, le Cours et la rue d'Aix. Deux rues principales et presque parallèles, la rue Ste-Marthe et la Grande-Rue, la traversent de l'est à l'ouest ; elles sont coupées presque à angle droit par les rues de Belzunce, Négrel et de l'Evêché, et par une multitude d'autres rues de moindre importance. Toutes ces rues sont en général étroites, mal percées et bordées de maisons fort hautes et d'une construction massive. On trouve dans cette partie de Marseille des places assez vastes et régulières ; telles sont les places Neuve, des Grands-Carmes, du Palais, de Luiche, de Jauguin, de l'Observance et la place Vivaux. L'esplanade de la Tourrette offre une belle promenade, d'où l'on jouit dans les belles soirées d'été d'un point de vue des plus étendus ; le boulevard des Dames est aussi une promenade fort agréable. Partout on voit des fontaines et des eaux courantes. Les quais du port sont la partie la plus fréquentée de la ville. — La nouvelle ville s'étend sur l'autre côté, dans le prolongement du port, et s'appuie au mamelon qui porte le fort de la Garde ; elle est divisée, du nord au midi, par la longue et magnifique rue dit, de la porte d'Aix, vient aboutir en ligne droite jusqu'à la place Castellane. Peu de cités présentent une plus riche perspective que celle dont on jouit en venant de la porte d'Aix : on parcourt un espace de 2 k. de longueur entre deux rangées de belles maisons dont l'élévation est en proportion avec la largeur de la rue. De quelque côté qu'on se dirige, on parcourt des rues larges, tirées au cordeau, bordées de trottoirs et ornées de superbes maisons ; la plus belle de toutes les rues est sans contredit celle de Cannebière, dont la largeur peu ordinaire permet de voir le port couvert de navires et à son extrémité les collines qui laissent douter de quel côté la mer y pénètre ; c'est à la fois une rue superbe, un bazar et une promenade, point central de toute la ligne de communication entre le port et le grand Cours, et de jonction entre la vieille et la nouvelle ville. Le quartier du canal, enfermé dans une île entourée de canaux tirés du port, est un carré long, composé de quatre rues qui se croisent à angle droit, se réunissent au milieu une place dont les maisons sont fort belles. Toutes les places sont régulières et bien décorées ; les principales sont : la place Royale, celles de St-Féréol, Monthion, du grand Théâtre, de la Porte de Rome. En général on est frappé, dans cette partie de Marseille, de la grandeur et de l'alignement des rues, de l'élégance et de la régularité des maisons, de la variété et de l'agrément des promenades ; mais on n'y voit pas de grands édifices ni de monuments remarquables, et dans toute la ville il n'y a que le seul hôtel de la préfecture qui s'écarte du système ordinaire de construction.

Les deux villes sont séparées par une belle rue ou promenade appelée le Cours, qui joint par ses deux extrémités les rues d'Aix et de Rome, et qui offre une admirable perspective. Ce Cours est bordé de deux rangs d'arbres, de maisons élégamment construites, et orné de bassins et de fontaines ; sa position au centre de la ville, les hôtels et les cafés dont il est environné, en font le rendez-vous des étrangers et des habitants de toutes les classes.

Le port de Marseille est un des plus beaux du royaume ; il a la figure d'un parallélogramme de 940 m. de longueur, sur 300 m. de largeur, et 282,000 m. de superficie, il a une ouverture étroite et recourbée vers le nord, ce qui en rend l'entrée très-difficile pour les vaisseaux qui viennent de l'est, mais c'est ce qui en fait la sûreté ; à cet égard aucun port ne peut lui être comparé, et jamais la tempête n'y a causé le plus petit accident. Un phare, placé dans l'île Planier, éclaire la marche des vaisseaux durant la nuit ; des bouées, fixées à des corps morts, tracent la ligne qui doit diriger la passe ; enfin des pilotes lamaneurs sont toujours prêts à guider les navires. Ce port est fréquenté par toutes les nations maritimes ; il réunit leurs divers pavillons, et offre, rassemblés sur un même point, les habitants de toutes les parties du globe, dont les habitudes, le langage et les vêtements divers présentent un coup d'œil unique, qu'on chercherait inutilement dans toute autre ville de l'Europe. A l'heure fraîche du jour on ne peut faire un pas sans entendre bourdonner à ses oreilles les langues les plus variées et les idiomes abâtardis qui en dérivent : l'espagnol, l'italien, l'arabe, le maltais, le grec, le suédois, le russe se croisent dans l'air, et font entendre leurs syllabes ou longues ou brèves, ou gutturales ou sonores ; les uns viennent du Caire ou d'Alexandrie ; ceux-ci arrivent d'Odessa ou de Constantinople ; d'autres vont partir, les uns pour Trieste, les autres pour Riga ; ceux-ci pour l'île Maurice, ceux-là pour les Echelles du Levant. On n'est pas moins ébloui par l'étrangeté du costume : c'est un bazar mobile de cafetans orientaux, de châles de Cachemire drapés sur les épaules d'un capitan, de hauts pantalons de velours attachés aux hanches d'un Catalan, de fourrures russes, de sandales siciliennes, de cravates de tissu rouge étranglant le cou des marins bretons, etc., etc.

L'entrée du port de Marseille est défendue par les feux croisés du fort St-Nicolas et par ceux de la tour St-Jean, ouvrage du roi René. A 4 k. S.-O. du port sont trois îles, ou plutôt trois rochers, qui semblent placés là tout exprès pour offrir des lieux où les précautions sanitaires pussent se mettre en pratique d'une manière vraiment utile. Le château d'If, belle forteresse, qui a souvent servi de prison d'État, élevée par ordre de François Iᵉʳ, est la première qui se présente à droite de l'île Ratoneau, dont le point culminant est couronné par un château entouré de quelques fortifications. À gauche est l'île de Pomègue, sur le côté méridional de laquelle on a formé, au moyen d'une digue et d'une jetée opposées aux vagues de la mer, un port qui a servi longtemps pour la quarantaine des navires venant du Levant. Les deux îles de Pomègue et de Ratoneau ont été jointes ensemble en 1824 par une digue de 300 m. de longueur, qui forme un port pouvant contenir 120 navires, destiné aux bâtiments venant de lieux suspects de contagion.

Parmi les monuments qui ont existé avant le xviiᵉ siècle, il en est peu qui se soient conservés jusqu'à nous ; on peut même dire qu'il n'est aucune grande ville en France qui offre aussi peu de restes d'une antique splendeur. Le temple de la Major, l'église de l'ancien monastère de St-Victor, quelques marbres tirés du temple de Diane, quelques maisons de la ville supérieure, sont, à proprement parler, les antiquités de Marseille ; car les édifices des Accoules, de St-Martin, de Notre-Dame-du-Mont, de St-Laurent, la tour du fort St-Jean, tous morceaux d'architecture gothique, appartiennent à des temps moins reculés. Marseille doit sans doute à la férocité des nations barbares qui l'ont tant de fois subjuguée la ruine de ses anciens monuments, et les Vandales de ces derniers temps ont fini de détruire le peu qui en restait.

Le temple de Diane était situé sur le cimetière de la Major, peut-être même le chœur de cette église en faisait-il partie.

Les murailles ont été abattues et relevées plusieurs fois, selon que la ville avait été prise ou agrandie. Celles qui fermaient Marseille avant Jésus-Christ furent détruites, quand César se rendit maître de la ville. On en rebâtit d'autres défendues par de bonnes tours qui subsistèrent jusqu'en 412. On n'est pas sûr qu'il y en ait été construit de nouvelles jusqu'en 1350, si ce n'est des parties qui devenaient indispensables, vu l'agrandissement de la ville. En 1350, la communauté jugea à propos de donner à Marseille une étendue plus vaste, et fit élever des murailles qu'on abattit encore pour un nouvel agrandissement. Elles étaient belles, bien bâties, de pierres de taille, hautes et épaisses ; elles avaient trois tours uniformes de pierres de taille, cannelées et de figure ronde. Il y en avait deux à la porte Royale, et la troisième défendait la porte du Marché. Elles coûtèrent 2,260 florins d'or, à raison de 11 florins la canne. La muraille de la cathédrale à la Tourrette coûta à raison de 3 florins la canne. On bâtit dans la suite la tour de la porte Galle, les murailles du plan Fourmiguier qui firent place au parc quelque temps après. En 1407 et 1408, on fit les murailles du côté de St-Laurent, sans toucher à la Tourrette, qui avait été réparée en 1381 ; mais on bâtit les tours du Capiscolat et de l'Ourse. Tout ce côté de la mer, depuis la porte de l'Ourse jusqu'à la Tourrette, fut achevé en 1412. On fit réparer la tour de Rostagnier, et on la munit de créneaux. En 1522, on ajouta une plate-forme contre la tour de Ste-Paule, d'où les murs s'avançaient vers la porte que l'on nomme d'Aix, descendaient à St-Martin, de là à la rue des Fabres, et fermaient ainsi la ville jusqu'au port.

Le château d'If est situé dans une île qu'on nommait anciennement *Ypea*, à cause de la quantité d'ifs qui y croissaient. Selon la tradition vulgaire, elle a servi à des usages bien différents depuis la fondation de Marseille. Des auteurs prétendent qu'il y avait un cirque du temps du paganisme. Ce fait n'est pas invraisemblable, puisque les spectacles étaient prohibés dans la république marseillaise. Il se peut que du temps de la domination romaine, ces conquérants eussent fait construire cet édifice en cet endroit, pour ne pas heurter les mœurs, à peu près comme les Génévois, qui avaient leur théâtre hors de leur domaine, afin de maintenir leurs constitutions, qui les bannissaient. Cette île, ainsi que celle de Pomègue ou *Pomponiana*, et de Ratoneau ou *Mèse*, ont servi, dans les premiers siècles du christianisme, de retraite à nombre de solitaires.

Église de la Major. Cette église passe pour être la plus ancienne de Marseille. Les titres les plus reculés en font mention, et la tradition rapporte qu'elle a été élevée sur les ruines d'un temple de Diane. L'entrée principale était autrefois au frontispice, du côté de l'ouest, elle est maintenant au midi ; du côté opposé s'ouvre, vis-à-vis de la porte, une vaste chapelle de construction moderne, presque aussi étendue que la cathédrale même. Cette église n'offre rien de bien remarquable ; on y distingue seulement l'autel de St-Lazare, le devant du maître-autel orné d'un bas-relief que l'on croit du xiᵉ siècle, le baptistère, quelques bons tableaux, et un superbe buffet d'orgues.

Église St-Victor, monastère saccagé et ruiné plusieurs fois, relevé par les vicomtes et évêques de Marseille, est regardé comme l'un des plus anciens de France. Ce fut la piété des fidèles qui donna lieu à son établissement. Ce n'était qu'une grotte ou caverne qui servait de retraite aux chrétiens pour y célébrer les saints mystères, et y ensevelir les corps des martyrs. Celui de saint Victor, martyrisé sous Dioclétien, le 20 juillet de l'an 303, y fut déposé. En 410, saint Cassien vint de l'Orient à Marseille, et fit bâtir sur la tombe de saint Victor une chapelle avec un monastère de moines, qu'on nomma cassinites. La muraille et les tours dont on avait fortifié cette maison dataient de 1196. On y voyait des inscriptions de tombeaux, des antiques, la plupart d'un mauvais goût, des colonnes de pierre dont les bases et les chapiteaux, de marbre gris et d'ordre corinthien, servaient à soutenir la voûte de l'église inférieure. Le cloître était orné de pilastres et de colonnes en marbre et en jaspe de toute couleur. On y remarquait l'autel d'une chapelle construit sous l'empereur Antonin. La grotte de cette église a été le berceau de l'Église de Marseille, dès la prédication de l'Évangile. L'église seule et cet ancien monastère est conservé ; elle est assez mesquine, et n'a rien de remarquable qu'une madone très-vénérée du peuple marseillais. Une des anciennes tours a été conservée et sert de clocher.

Église des Accoules. Cette belle église, d'architecture gothique, a été démolie lors de la première révolution. Le clocher seul a été conservé pour servir d'horloge ; il est d'une grande hauteur et domine tous les édifices de Marseille. Sa base est carrée et se termine par une plate-forme entourée d'une galerie ; au-dessus s'élèvent deux corps octogones l'un sur l'autre, couronnés par une flèche de même forme.

Église des Chartreux. Cette église, située hors de la ville, est un bel édifice construit vers le milieu du xviiᵉ siècle : Marseille n'en possède pas qui puisse lui être comparé. La façade est fort belle ; le vaisseau, d'une structure noble, est accompagné de deux campaniles, remarquables par leur légèreté.

Hôtel de ville. C'est un édifice d'un style lourd, composé de deux parties séparées par une rue, et communiquant par un pont élégant et léger placé à la hauteur du premier étage. La façade donne sur un des quais ; elle est ornée de bas-reliefs, de sculptures et d'un écusson aux armes de France, de la main du Puget, placé au-dessus de la grande porte. On remarque le grand escalier, où se trouve la statue de Libertat, et la salle du conseil, décorée de plusieurs bons tableaux.

L'hôtel de la Préfecture est le plus bel édifice de Marseille ; il occupe le fond d'une vaste cour, formée par deux ailes en retour surmontées de terrasses. On monte au principal corps de logis par un perron de quinze marches. Les façades qui donnent sur la cour et sur le jardin sont d'une architecture élégante ; les appartements intérieurs sont parfaitement distribués et meublés avec luxe. Une large terrasse, pavée en marbre, sépare le corps de logis du jardin, qui est planté pittoresquement et d'une assez grande étendue.

Grand théâtre. Construit à l'instar de l'Odéon de Paris, il fut inauguré en 1787. C'est un bel et grand édifice isolé, dont la façade se déploie sur une place assez spacieuse. Le péristyle est à six colonnes élevées sur sept marches ; la salle est vaste, mais mal distribuée sous le rapport de l'acoustique et de la perspective.

Théâtre français. La salle est petite, mais bien disposée ; on y joue le vaudeville le dimanche seulement. Les autres jours elle sert occasionnellement de salle de concert. La ville a d'autres salles de concert qui n'offrent rien de remarquable ; cependant le goût musical est très-prononcé à Marseille : on y chante bien.

FONTAINES PUBLIQUES. Elles sont très-nombreuses, surtout dans la ville vieille : c'est un bienfait pour cette partie de Marseille, où la population surabonde ; mais c'est dans la nouvelle ville que se trouvent les fontaines dignes d'être citées. — Des inscriptions indiquent la dédicace de ces monuments. On remarque surtout la fontaine de la porte Paradis, élevée en 1820 à la mémoire des Marseillais qui se dévouèrent au salut de leurs concitoyens pendant la peste de 1720. — La fontaine de la rue d'Aubagne, élevée en 1803, est dédiée à Homère par les descendants des Phocéens. — La fontaine de la place Royale est un château d'eau, qui décore dignement la plus belle place de Marseille. — La fontaine de la place des Fainéants offre un bel obélisque de 6 m. 33 c., porté par quatre lions : le tout est en marbre blanc ; ce monument, élevé en 1803, et portant une longue inscription en vers français, est dédié au peuple marseillais. — La fontaine du Puget n'a de remarquable que le nom qu'elle porte, et dont elle est peu digne : c'est une petite pyramide qui porte le buste de Puget, et qui est située devant la maison construite et habitée ordinairement par ce grand artiste.

OBSERVATOIRE. C'est un des beaux établissements dont peut se glorifier Marseille. Du haut de la plate-forme du bâtiment, situé au point culminant de la ville, on jouit d'une vue magnifique sur Marseille, la campagne et la mer. Le bâtiment se compose de trois étages, dont les deux premiers sont voûtés : l'école de navigation et celle de géométrie et mécanique pratique sont au rez-de-chaussée ; le concierge occupe le premier étage ; les astronomes le second ; le troisième est destiné à l'observatoire proprement dit.

BIBLIOTHÈQUE PUBLIQUE. Elle occupe une partie des bâtiments de l'ancien couvent des bernardines, au premier étage de l'aile située du nord au sud ; on y entre par le boulevard et en traversant la salle des Pas perdus du musée. La grande salle a 40 m. de longueur sur 6 m. de largeur : une galerie, pratiquée au-dessus des corniches qui couronnent les panneaux, règne tout autour et permet d'atteindre aux rayons les plus élevés. Le cabinet du bibliothécaire occupe le fond et renferme les livres de bibliographie et d'histoire littéraire, quelques grands ouvrages, comme l'Encyclopédie méthodique, la collection du Moniteur, les biographies générales, etc. Dans la salle qui sert d'antichambre sont disposées des armoires vitrées contenant des livres qui n'ont pu trouver place dans les rayons de la grande salle. Un cabinet supérieur à celui du conservateur contient les manuscrits. Le nombre des volumes imprimés est d'environ 49,000, et celui des manuscrits de 1,300. Cet établissement est ouvert au public les lundis, mercredis et vendredis de chaque semaine, depuis dix heures du matin jusqu'à deux heures de relevée.

MUSÉE DES TABLEAUX. Il occupe la nef et les deux galeries principales de l'église du couvent des bernardines. On y compte 141 tableaux de différents maîtres, dont 89 de l'école française, et le reste des écoles flamande et italienne. Parmi les premiers on remarque ceux de Coypel, Drouais, Mignard, Parrocel, Lesueur, Vien. L'école italienne a fourni des tableaux de Bassano, Carrache, Guerchin, Guido, Jordans, Carle Maratte, Raphaël, Salvator Rosa, Perrugin. Les tableaux flamands sont de Brugell, Champagne, Grayer, Rubens, Van Dick, etc. Le musée possède aussi plusieurs tableaux des peintres modernes, qui ont été donnés par le gouvernement ou acquis par la ville de Marseille.

CABINET DES MÉDAILLES ET DES ANTIQUES. Ce cabinet occupe la salle qui précède celle du Musée des tableaux. La collection des médailles est l'une des plus complètes que l'on puisse trouver en médailles des rois de la Grèce, du Bas-Empire, de la grande Grèce, des as, médailles consulaires et des colonies. On trouverait bien difficilement ailleurs une plus riche collection des monnaies de France. Le cabinet possède une belle suite de médailles marseillaises en argent et en bronze, et une suite précieuse de monnaies de Provence depuis Bozon. — Les médailles sont exposées méthodiquement dans une suite de pupitres vitrés, sur chacun desquels on a placé un numéro indicatif. Les antiques sont placées dans des armoires vitrées : dans l'une sont renfermées les antiquités égyptiennes, dans l'autre des antiquités grecques ; les suivantes contiennent les antiquités romaines, marseillaises, persanes, indiennes, et les antiquités barbares.

MUSÉUM D'HISTOIRE NATURELLE. Il est placé au-dessus de la salle de la bibliothèque. Ce muséum contient une assez belle collection de coquilles, de minéraux et de fossiles. On y compte 165 mammifères, dont 61 exotiques et 104 d'Europe ; 1,820 oiseaux, dont 886 d'Europe ; 251 reptiles, dont 218 exotiques et 83 d'Europe ; 458 poissons, dont 158 exotiques et 300 d'Europe ; enfin une grande quantité de mollusques, d'annélides, de crustacés, d'insectes, etc. — L'herbier se compose d'environ 8,000 plantes.

JARDIN DES PLANTES ET DE NATURALISATION. Ce jardin est situé au quartier des Chartreux. La principale porte d'entrée donne sur l'esplanade qui conduit au pont de Jarret, au sud du jardin et en face de la grande allée : une grille en fer en ferme l'entrée ; en face, du côté du nord, se présentent les bâtiments, consistant dans le logement du directeur, celui du principal jardinier, les serres, greniers, etc. La serre et l'orangerie en occupent toute la façade. — Le jardin, parfaitement nivelé et d'une forme régulière, offre dans ses divisions symétriques un agréable point de vue ; la position au bord du ruisseau de Jarret lui procure une végétation vigoureuse.

LAZARET. Le lazaret de Marseille est le plus bel établissement de ce genre qui existe sur les côtes françaises de la Méditerranée ; au retour de l'expédition d'Égypte, il reçut une armée entière. Ce vaste enclos, situé au nord de la ville, à une distance d'environ 292 m., se prolonge du midi au nord, depuis la pointe de l'anse de la Joliette jusqu'à la pointe de St-Martin-d'Aren ; une double muraille l'environne extérieurement et forme une seconde ville, tout à fait distincte de la première ; on y entre par trois portes du côté de terre. L'intérieur est divisé en sept enclos, séparés les uns des autres par des murailles ; les portes en sont ouvertes seulement pendant le jour, encore faut-il qu'il ne s'y trouve rien de suspect.

BAINS DE MER. Marseille possède des bains de mer très-fréquentés, établis aux bassins d'Aren, situés à 1 k. de la ville. Le fond de ces bassins est en grande partie sablonneux, l'eau y est toujours limpide, et constamment renouvelée. Ouvrage de la nature ; ils ont été, comme par un effet de sa prévoyance, garnis, à leur ouverture, de rochers qui les mettent, celui de gauche surtout, à l'abri de l'impétuosité des flots. Sans une étendue de rochers qui s'avancent dans la mer, les deux bassins se trouveraient réunis.

On remarque encore à Marseille le palais de justice, le phare de la pointe Joliette, l'arc de triomphe, la salle de concert, la maison du Puget, la corderie, la halle de la poissonnerie, la nouvelle halle, l'Hôtel-Dieu, les prisons, le palais épiscopal, les casernes, les chapelles Babon, de la Charité, de Notre-Dame-du-Mont, du Mont-Carmel, les temples grec et protestant, les allées de Meilhan, les cours et autres belles promenades, etc., etc.

Aux environs, on doit visiter le fort Notre-Dame-de-la-Garde, bâti en 1525 sur une grande élévation qui domine Marseille ; c'est dans ce fort que se trouve la chapelle Notre-Dame-de-la-Garde, vulgairement appelée la Bonne-Mère, patronne de Marseille et des marins provençaux ; le hameau des Grottes, environné de grottes qui ont été creusées des excavations qui ont dû servir d'habitations aux premiers habitants de cette contrée ; les Aygalades, village le plus agréable du territoire de Marseille : le château offre un point de vue magnifique sur la mer et sur la campagne environnante ; pas un navire ne vient renouveler les eaux du golfe, et pas une voiture ou un voyageur parcourir la route d'Aix, sans être aperçu des Aygalades.

Biographie. Marseille a produit plusieurs hommes illustres, dont les principaux sont :

Le satirique PÉTRONE.

PYTHÉAS et EUTHYMÈNES, astronomes et navigateurs.

GÉRARD TENQUES, fondateur de l'ordre de Malte.

FOUQUET, BERTRAND CARBONEL, RAYMOND DES TOURS, BARRAL DES BAUX, BERTRAND PUJET, RAYMOND DE SALLES, BERTRAND, ROSTANG, BÉRANGER, troubadours des XIIe, XIIIe et XIVe siècles.

GUILLAUME, peintre sur verre.

PIERRE BAYON DE LIBERTAT, capitaine qui délivra Marseille de la tyrannie de Casaulx.

Honoré d'Urfé, auteur du roman de l'Astrée.

G.-Sch. Pitton, historien de la Provence.

Ant. et A.-L. Ruffi, historiens de Marseille.

Noble de la Lauzière, historien d'Arles.

C.-M. Ollivier, géographe et historien, mort en 1736.

A. Thiers, historien, ancien ministre, membre de l'Institut et de la chambre des députés.

P. d'Hozier, célèbre généalogiste.

J.-B.-Bern. Grosson, antiquaire.

Ch. de Peyssonnel, diplomate et antiquaire, membre de l'académie des inscriptions et belles-lettres.

Ch.-Ph. Campion, abbé de Tersan, antiquaire.

Guys, diplomate et littérateur.

J.-J. Rifaud, voyageur et antiquaire.

L. d'Arvieux, orientaliste et voyageur.

Garcin de Tassy, orientaliste, membre de l'Institut.

Venture de Pasadès, orientaliste et diplomate.

J.-B.-B. Eyriès, géographe et homme de lettres, membre de l'Institut.

Espr.-M. Cousinéry, savant numismate.

César Moreau, statisticien.

Dumarsais, grammairien et philosophe.

L'abbé J.-Fr. Féroud, lexicographe.

Jules Mascaron, fameux prédicateur.

Le P. P. de Croiset, jésuite célèbre, auteur de plusieurs ouvrages ascétiques.

Balthasar de Vias, poète latin, mort en 1667.

Guill. Adhémar, poète du XIIe siècle.

Guill. d'Agoult, poète et chansonnier du XIIe siècle.

L'abbé Pellegrin, poète et littérateur.

Jos. Méry, poète satirique du XIXe siècle.

A. Barthélemy, poète satirique du XIXe siècle.

J.-P.-N. Dorange, poète, mort en 1811.

Champein, compositeur de musique.

Nic. Barthe, auteur dramatique.

Léon Gozlan, littérateur et auteur dramatique.

Albouis Dazincourt, célèbre acteur du Théâtre-Français.

G.-F. de Lantier, auteur du Voyage d'Anténor en Grèce et de plusieurs autres ouvrages.

Ch. Reybaud, littérateur et publiciste.

Alex. Ricord, littérateur et journaliste.

L. Reybaud, littérateur et romancier.

Le comte Fortia de Piles, littérateur et géographe.

Rey Dusseuil, romancier.

Marie Aycard, romancier.

B.-N.-R. Capefigue, littérateur et historien.

J.-Ch. Paul, littérateur.

J.-F.-L. de Bastide, littérateur.

J.-B. Bastide, littérateur.

Ch. Ogé Barbaroux, avocat et littérateur.

Le baron de Bruguières, traducteur et littérateur.

L.-Jér. Vidal, littérateur.

J.-B.-N. Boyer, célèbre médecin du XVIIe siècle.

F. Achard, médecin et bibliographe.

P. Demours, célèbre oculiste.

P. Puget, célèbre sculpteur.

Gautier-d'Agoty, peintre et graveur.

J.-L.-N.-Poly. Roux, peintre et naturaliste.

P. Laurent, peintre et graveur.

Ch. Barbaroux, avocat et poète, député à la convention nationale, mort sur l'échafaud révolutionnaire de Bordeaux le 17 juillet 1794.

Lauze de Peret, membre de la convention nationale, mort sur l'échafaud révolutionnaire en 1793.

Le comte Scipion Duroux, membre de la commune de Paris en 1793.

Le marquis de Pastoret, député à l'assemblée législative, ministre de l'intérieur en 1791, membre du conseil des cinq cents, sénateur, membre de la chambre des pairs et chancelier de France sous la restauration.

Ch. Magallon, consul général de France en Orient.

Le général Victor Hugues, gouverneur de la Guyane sous l'empire.

Les généraux comte Gaspard de Gardanne et P.-L. de Gardanne.

Industrie. Manufactures importantes de savon, de soude factice et autres produits chimiques. — Fabriques de cardes, de bas de laine, de bonnets façon Tunis et chapeaux fins et communs, huile d'olives, borax raffiné, colle forte, amidon, vermicelle, plomb de chasse et laminé, sparterie, eaux-de-vie, esprits, liqueurs fines; verre à vitres, faïence, cartes à jouer, pianos, bouchons de liège, bijouterie en corail, parfumeries, bougies, chapeaux de paille. Filatures de coton. Teintureries. Raffineries de sucre et de soufre. Brasseries. Tanneries et maroquineries. Nombreuses tuileries et briqueteries. Papeteries. — Manufacture royale des tabacs. — Chantiers de constructions navales. Les navires construits à Marseille se font remarquer par la beauté de leurs formes, par la finesse de leur marche et par la perfection de leurs aménagements. Malheureusement on n'obtient ces diverses conditions que par une surenchère dans la main-d'œuvre, et le prix élevé auquel reviennent ces constructions fait reporter sur la Ciotat et sur la Seyne une grande partie des travaux de ce genre, trop coûteux à Marseille. C'est du chantier de Marseille que sont sortis les plus belles frégates et les plus beaux avisos de la marine du pacha d'Egypte.

Commerce considérable de savon, d'huile d'olives de Provence, de Gênes, de Naples, du Levant, etc.; vins, eaux-de-vie, esprits, grains, farines, fruits secs et confits, oranges et autres productions des départements méridionaux; salaisons, tabacs, laine, peaux, fers, coton en laine et filé, bois de teinture et autres denrées coloniales. — Commerce d'importation et d'exportation avec l'Italie, l'Espagne, le Levant, et avec tous les principaux ports du globe. — Commerce de transit pour l'Allemagne, la Savoie, et surtout la Suisse, où Marseille expédie des marchandises de toute sorte, principalement des denrées coloniales. Elle reçoit à son tour du nord de l'Europe, et en première ligne de l'Allemagne, les articles qui transitent vers l'Italie, le Levant, l'Amérique, etc. Les bureaux par lesquels Marseille expédie la plus grande partie de ses transits sont ceux de Verrières, de Joux et Bellegarde pour la Suisse; Chapareillan pour la Savoie; St-Louis pour l'Allemagne. Les principaux articles sujets à cette exportation sont les cafés, les sucres, les huiles d'olives, les cotons, les fers, les plombs, les soufres, le jus de réglisse, etc.

A 200 k. S.-O. de Nice, 60 k. O.-N.-O. de Toulon, 791 k. S.-E. de Paris. Long. orient. 3° 2' 0'', lat. 43° 17' 49''.

L'arrondissement de Marseille est composé de 9 cantons : Aubagne, la Ciotat, Marseille 1er canton, Marseille 2e canton, Marseille 3e canton, Marseille 4e canton, Marseille 5e canton, Marseille 6e canton et Roquevaire.

Bibliographie. * *De la fondation de Marseille par les Phocéens d'Asie.*
Epoque de la fondation de Marseille (Mém. de l'ac. royale des inscript. et belles-lettres, t. XIX, p. 157; t. XX, p. 210. — Hist., ibid., t. XXIII, p. 160).
Dissertations sur Marseille (Hist. de l'acad. royale des inscript. et belles-lettres, t. V, p. 70; t. I, p. 137, 143; t. X, p. 518, 543, 567 et suiv. — Mém., idem, t. IV, p. 268).

Des Ours de Mandajors (Jean-Pierre). *Dissertation sur la fondation de Marseille* (c'est la seconde de celles qui sont à la fin de son *Histoire critique de la Gaule narbonnaise*, in-12, p. 506, 1733).

Cary (Félix). *Dissertation sur la fondation de la ville de Marseille, on l'histoire des rois du Bosphore Cimmérien*, etc., in-12, 1744.
Dissertation sur les Marseillais (Mém. de l'acad. royale des inscript. et belles-lettres, t. XX, p. 534-44).

Soliers (Jules-Raymond de). *Antiquités de la ville de Marseille, où il est traité de l'ancienne république des Marseillais et des choses les plus remarquables de leur Etat;* traduit du latin par Hector de Soliers, fils de l'auteur; in-8, 1615 (1632).

Sanson (Nicolas). *Antiquités et Origines de la ville de Marseille* (imprimées avec ses Recherches des antiquités d'Abbeville, in-8, 1637).

Ruffi (Antoine de). *Histoire de la ville de Marseille*, in-f°, 1642.
— 2e édit., revue, augmentée et enrichie de quantité d'inscriptions, sceaux, monnaies, par Louis-Antoine de Ruffi, fils de l'auteur, 2 vol. in-f°, 1696.

Fabre (Augustin). *Histoire de Marseille*, 2 vol, in-8, 1829-31.

* *Lettres écrites de Marseille, contenant au vrai les choses qui s'y sont passées les 8, 9 et 10 avril 1585*, in-8, 1585.
* *Histoire véritable de la prinze de Marseille par ceux de la Ligue, et de la reprinze par les bons serviteurs du roi, le 26 avril 1585, confirmée par lettres de S. M. et autres lettres* (imprimée au t. I de l'Histoire de la Ligue, p. 83).

BERNARD (Etienne). *Discours véritable de la prize et réduction de Marseille*, in-4, 1596; in-8, 1596.

* *Discours véritable des particularités qui se sont passées en la réduction de la ville de Marseille en l'obéissance du roi*, in-8, 1596.

DEIDIER. *La Royale Liberté de Marseille, dédiée au roi* (c'est une relation de la réduction de Marseille, par Libertat, en 1596).

* *Discours véritable de ce qui s'est passé à Marseille en 1596*, in-4, 1596.

CORDIER (Lazare de). *La Fidélité de Marseille*, in-4.

* *La Triomphante Entrée du pape Clément VII en la ville de Marseille; avec l'entrée du roi François Ier, de la reine et des enfants de France dans ladite ville, l'an 1533* (imprimée au t. I du Cérémonial de Godefroy).

MILLE (Henri). *Discours abrégé de l'entrée de Sa Majesté Louis XIII en la ville de Marseille*.

* *Histoire véritable de la réduction de Marseille à l'obéissance de Henry IV*, in-8, 1616.

LE ROY (W.). *Relation véritable de tout ce qui s'est passé en la ville de Marseille depuis le 13 et le 19 juillet 1658 jusqu'à présent*, in-4, 1658.

* *Discours de ce qui s'est passé en la prise de Marseille*, etc. (imprimée au t. IV du Journal de Henri IV, in-8, 1741).

CHICOYNEAU, avec VERNY et SOULLIER. *Relation succincte touchant les accidents de la peste de Marseille, son pronostic et sa relation*, in-8, 1720.

* *Relation historique de la peste de Marseille en 1720*.

PICHATTI DE CROISSAINTE. *Journal abrégé de ce qui s'est passé en la ville de Marseille pendant la dernière peste, tiré du Mémorial de la chambre du conseil de l'hôtel de ville*, in-4, 1721.

* *Relation historique de la peste de Marseille*, in-12, 1721.
* *Relation historique de tout ce qui s'est passé à Marseille pendant la dernière peste*, in-12.

MARTIN (Arnould). *Histoire de la dernière peste de Marseille, Aix, Arles et Toulon*, IIe part. in-12, 1732.

LOMBARD (Théodore). *Poëme sur la peste de Marseille*, in-12, 1722.

PAPON (J.-P.). *Relation de la peste de Marseille en 1720, et de celle de Montpellier en 1629*, etc., in-8, 1820.

LOURDE (C.). *Histoire de la révolution à Marseille et en Provence, depuis 1789 jusqu'au consulat*, in-8, 1838.

* *Marseille, Nîmes et ses environs en 1815, par un témoin oculaire*, in-8, 1818.

SÉGAUD (D.-M.-M.). *Tableau des prisons de Marseille, précédé d'un Coup d'œil rapide sur l'état actuel, physique et moral de cette ville*, in-8, 1826.

DE RUFFY (Antoine). *Histoire de l'abbaye de St-Victor de Marseille* (t. II de l'Histoire de Marseille, 2e édit., 1696).

* *L'Arc de triomphe de Marseille. Dialogue entre un jeune et un vieux Marseillais*, in-8, 1829.

BELZUNCE (de). *L'Antiquité de l'Eglise de Marseille et la succession de ses évêques*, in-4, 1747.

* *Antiquités de l'Eglise de Marseille*, 3 vol. in-4, 1777.

VILLENEUVE (le comte Christophe). *Promenade à Notre-Dame-de-la-Garde*, in-8, 1816.

GROSSON (J.-B.-Bernard). *Recueil des antiquités et monuments marseillais qui peuvent intéresser l'histoire et les arts*, in-4, 1773.

FAURIS ST-VINCENS (Alex.-J.-A.). *Notice des monuments antiques conservés dans le muséum de Marseille*, in-8, 1805.

* *Notice des tableaux et monuments antiques qui composent la collection du musée de Marseille*, in-12, 1827.
* *Explication des ouvrages de peinture, sculpture et architecture, exposés dans la grande salle du musée de Marseille*, in-12, 1835.

FAURIS DE ST-VINCENT (J.-Fr.-P.). *Mémoire sur les monnaies des anciens Marseillais*, in-4, 1771.

MARCHETTI (François). *Explication des usages et coutumes des Marseillais*, t. I, contenant les coutumes sacrées, in-8, 1685.

LAUTARD (B.-B.). *La Maison des fous de Marseille. Essai historique et statistique sur cet établissement, depuis sa fondation en 1699 jusqu'en 1837*, in-8, 1840.

QUIQUERAN (Pierre de). *La Nouvelle Agriculture, ou la Provence, traduite du latin par François Claret*, in-4, 1613 (1614).

L'auteur traite, dans les deux premiers livres, de l'histoire naturelle et des productions de toute espèce de la Provence. Dans le troisième livre il parle particulièrement de celle de Marseille et de quelques-uns des grands hommes qu'elle a produits anciennement.

LA ROQUE (le chev. Jean de). *Marseille savante, ancienne et moderne*, in-12, 1726.

LAUTARD (J.-B.). *Essai sur l'histoire littéraire de Marseille* (Mém. de l'acad. de Marseille, t. XII, 1814).

— *Histoire de l'académie de Marseille, depuis sa fondation en 1726 jusqu'en 1826*, 2 vol. in-8, 1828, 1831.

FLOTTE (Gaston de). *Essai sur l'état de la littérature à Marseille, depuis le XVIIe siècle jusqu'à nos jours*, in-8, 1836.

Mémoires de l'académie royale des sciences, belles-lettres et arts de Marseille, 12 vol. in-8, 1803-15; 2e série, in-8, 1815-41.

GUY (P.-Aug.). *Marseille ancienne et moderne*, in-8, 1766.

GARCIN (E.). *Histoire et Topographie de la ville de Marseille*, in-8, 1834.

CHARDON. *Tableau historique et descriptif de Marseille ancienne et moderne*, in-12, 1806; 4e édit., in-12, 1825.

LANCELOT (J.-F.). *Précis historique sur l'ancienne Marseille : topographie, population, commerce, industrie, sciences et arts de cette nouvelle Athènes des Gaules*, in-8, 1838.

BAYLE (F.-H.). *Traité sur la topographie, la population, le commerce et les arts de la ville de Marseille, à l'époque où cette Athènes des Gaules fut assiégée par Jules César*, in-8, 1838.

ROUX (Pierre-Martin). *Rapport sur les bains de mer établis par M. Giraudy aux bassins d'Arenc, fait à la société royale de médecine de Marseille au nom d'une commission spéciale*, in-8, 1829.

BARTHÉLEMY. *Marseille, petite revue d'une grande ville*, in-8, 1842.

* *La Mendicité abolie dans la ville de Marseille par l'hôpital ou maison de charité*, in-8, 1699.

RAYMOND. *Mémoire sur la topographie médicale de Marseille et de son territoire, et sur celle des lieux voisins de cette ville* (Mém. de la soc. royale de méd., t. II, p. 66).

* *Noms des rues, places, cours, marchés*, etc., *de la ville de Marseille, avec l'indication des quartiers les plus voisins, pour connaître facilement les rues qu'on désire trouver*, in-12, 1833.

CHARDON (Jos.). *Tableau des noms anciens et noms nouveaux des promenades, places publiques, boulevards, quais, rues, etc., de la ville de Marseille*, etc.; *suivi d'une Notice historique sur les principales promenades publiques que cette ville possède, ainsi que sur les campagnes de son territoire*, in-12, 1820.

* *Esquisses historiques. Marseille depuis 1789 jusqu'en 1815*, in-8, 1844 (t. I).

VACCON. *Les Principales Causes de la ruine du commerce de Marseille, et de la diversion qui s'en fait à Livourne*, in-4.

JULLIANY (Jules). *Essai sur le commerce de Marseille*, in-8, 1842.

FOUQUÉ. *Histoire raisonnée du commerce de Marseille, appliquée au développement des prospérités modernes*, t. I, in-8, 1843.

GUINET (Jean). *Mémoire sur le port de Marseille, indiquant les moyens de le remettre dans le meilleur état, avec le Projet d'un second port, pour faciliter l'arrivée des vaisseaux par tous les vents, et pour y établir le dépôt de la franchise sans nuire aux intérêts du fisc*, in-8, 1802.

FLACHAT (Eug.). *Second Mémoire pour servir aux examens de l'administration des ponts* et chaussées sur les projets de docks à Marseille, in-8, 1838.

GALY-CAZALAT. De l'assainissement du port de Marseille, in-4, 1841.

LAGRANGE (Théophile). Port de Marseille. Examen des projets d'agrandissement, in-8, 1842.

* Marseille et ses environs (Prospectus-spécimen), in-8, 1828.

ROBERT (Louis-J.-Marie). Guide des bains de mer aux thermes maritimes de Marseille, in-18, 1835.

* Nouveau Guide marseillais, ou Véritable Indicateur marseillais; précédé de l'Almanach historique et commercial de Marseille et du département des Bouches-du-Rhône pour l'année 1833, in-12, 1833.

* L'Ami du voyageur à Marseille, in-12, 1838.

BENET. Le Cicerone marseillais, ou l'Indicateur commercial, contenant, etc., pour l'année 1841, in-12, 1841.

* Marseille. — Album des étrangers et visiteurs, in-12, 1833.

GROSSON (J.-B.-Bernard). Almanach historique de Marseille, in-18, 1770.

MARSEILLE, joli bourg, Oise (Picardie), arr. et à 21 k. de Beauvais, chef-l. de cant. Cure. ⊠. ℣. A 91 k. de Paris pour la taxe des lettres. Pop. 868 h. TERRAIN crétacé supérieur, craie.

Ce bourg est situé dans un vallon, au confluent du Thérinet et du ruisseau d'Herboval.

Considéré dans son ensemble, il paraît une petite ville, quoique son étendue ne dépasse pas celle d'un village ordinaire. Les maisons qui bordent la grande route royale de Calais à Paris sont construites avec la solidité et le goût propres aux habitations urbaines. Un large pont de pierre sur le ruisseau d'Herboval, une halle couverte, l'établissement de la poste aux chevaux, plusieurs auberges de belle apparence, contribuent à l'embellissement de ce bourg, et lui donnent l'aspect animé des lieux populeux et commerçants.

Marseille est un lieu ancien du Beauvaisis qui a été fermé de murs; on y entrait par trois portes. Il y avait hors de l'enceinte du bourg, au midi, un château fortifié, dont on aperçoit encore des vestiges. Le château actuel est construit dans la vallée du ruisseau d'Herboval; c'est un bâtiment de briques, rectangulaire, flanqué de quatre tourelles, avec une avant-cour régulière, une chapelle, un moulin, des carrés d'ornement, etc.

Tanneries et mégisseries. — Foires les 25 janv., 18 et 28 oct., 30 nov. et 21 déc.

MARSEILLE-LÈS-AUBIGNY, vg. Cher (Nivernais), arr. et à 34 k. de Sancerre, cant. de Sancergues, ⊠ de la Charité. Pop. 360 h.

MARSEILLETTE, vg. Aude (Languedoc), arr. et à 17 k. de Carcassonne, cant. et ⊠ de Peyriac-Minervois. Pop. 449 h.

Il est situé sur une hauteur, entre l'Aude et le canal du Midi, au bord de l'étang desséché de son nom.

L'étang de Marseillette a été vendu à l'agriculture en 1808, et converti en une plaine couverte des plus riches moissons, par les soins de Mme Lawlesse. Quelle puissance miraculeuse a produit cette métamorphose, cette population nombreuse, ces plantations forestières, ces prairies verdoyantes, en un mot, cette nature nouvelle que l'on ne se lasse pas d'admirer? Une femme irlandaise, seule, sans le secours du gouvernement, mais forte de son caractère et de son amour pour sa nouvelle patrie, est venue à bout de cette noble entreprise, au milieu des obstacles de tous genres, que l'intérêt et l'envie ne cessèrent de lui opposer. Puisse le nom de Mme Lawlesse, auteur de ce miracle d'agriculture, passer à la postérité!

Cette vaste propriété, autrefois entièrement submergée, offre aujourd'hui un riche domaine qui s'étend autant que la vue peut le permettre, jusqu'au pied des collines qui joignent les échelons de la Montagne-Noire. Elle est bornée au midi par le canal Royal. Les canaux multipliés qui la divisent, les nombreuses habitations rurales que les besoins de l'exploitation y ont fait construire, ces champs improvisés, couverts de moissons magnifiques et de vignes vigoureuses; ces nombreux bestiaux qui errent dans les prairies naguère peuplées d'animaux aquatiques; ces plantations, malheureusement trop rares, qui bordent les canaux d'évacuation, attestent la conquête et la puissance de l'homme. L'étang de Marseillette a une superficie de 1,968 hectares, qui versent annuellement dans le commerce pour la consommation 30,000 hectolitres de blé, non compris les autres grains.

On croit que Marseillette est le lieu indiqué dans les Tables de Peutinger, sous le nom de Liviana, dans l'Itinéraire de Bordeaux. Catel et les auteurs de l'histoire générale du Languedoc ont conservé cette indication faite par Astruc. Tout porte à croire que ce dernier a raison.

MARSIGNE, vg. Nièvre, comm. de Montenoison, ⊠ de Prémery.

MARSILLAC. V. MARCILLAC.

MARSILLARGUES, petite ville, Hérault (Languedoc), arr. et à 28 k. de Montpellier, cant. et ⊠ de Lunel. Pop. 3,529 h.

Elle est bâtie dans une agréable position, sur le Vidourle, au milieu d'un pays riant et fertile. On y remarque un beau château, accompagné de deux ailes en retour, et précédé d'une belle cour. La façade offre les emblèmes de Diane de Poitiers, maîtresse de François Ier. Les grandes salles de l'intérieur sont décorées de peintures et de sculptures remarquables. Le parc a été remplacé par des champs fertiles et bien cultivés.

MARSILLAT, vg. Creuse, comm. de Jalèches, ⊠ de Boussac.

MARSILLON, vg. B.-Pyrénées, comm. d'Os-Marsillon, ⊠ d'Orthez.

MARSILLY, vg. Aisne, comm. de Barzy, ⊠ de Dormans.

MARSILLY, vg. Charente-Inf. (Aunis), arr., cant., ⊠ et à 10 k. de la Rochelle. Pop. 931 h.

MARSILLY, vg. Moselle (pays Messin), arr. et à 10 k. de Metz, cant. de Pange, ⊠ de Courcelles-Chaussy. Pop. 106 h.

MARS-LA-JAILLE (St-), vg. Loire-Inf. (Bretagne), arr., ⊠ et à 20 k. d'Ancenis, chef-l. de cant. Cure. ℣. Pop. 1,331 h. — TERRAIN de transition supérieur.

Il y avait autrefois un château très-fort, construit en 1334. Du temps de la Ligue, ce château, dont la garnison tenait pour le duc de Mercœur, fut surpris par les royalistes en 1595. Ses fortifications ont été démolies en 1598. Sur l'emplacement de cette ancienne forteresse M. de la Ferronnays avait fait bâtir en 1774 un magnifique château qui a été vendu comme bien national en 1793 et en partie démoli.

Carrières d'ardoises. — Foires les 24 avril, 3 juin, 29 août et 13 déc.

MARS-LA-RÉORTHE (St-), vg. Vendée (Poitou), arr. et à 44 k. de Bourbon-Vendée, cant. et ⊠ des Herbiers. Pop. 814 h.

MARS-LA-TOUR, bg Moselle (pays Messin), arr. et à 23 k. de Metz, cant. de Gorze. Gîte d'étape. ⊠. ℣. A 291 k. de Paris pour la taxe des lettres. Pop. 614 h.

C'était autrefois une petite place de guerre défendue par un château fort, dont le maréchal de Vieilleville s'empara en 1552. — Foires les 25 avril et 1er oct.

MARS-LOCQUENAY (St-), vg. Sarthe (Maine), arr. et à 23 k. de St-Calais, cant. ⊠ de Bouloire. Pop. 947 h.

MARSOLAN, vg. Gers (Condomois), arr., cant., ⊠ et à 7 k. de Lectoure. Pop. 1,258 h. — Foires le lundi gras et 1er dimanche d'oct.

MARSON, vg. Maine-et-Loire, comm. de Rian, ⊠ de Saumur.

MARSON, vg. Marne (Champagne), arr., ⊠ et à 13 k. de Châlons-sur-Marne, cant. de Ecury. Bureau d'enregistrement à Courtisols. Pop. 375 h. — TERRAIN crétacé supérieur, craie.

MARSON, vg. Meuse (Lorraine), arr. de Commercy et à 34 k. de St-Mihiel, cant. et ⊠ de Void. Pop. 241 h.

MARSONNAIS, vg. Ain (Bresse), arr. et à 20 k. de Bourg-en-Bresse, cant. et ⊠ de Montrevel. Pop. 1,414 h.

MARSONNAY, vg. Jura, comm. d'Aromas, ⊠ d'Arinthod.

MARSONNAY, vg. Jura, comm. de Largillay-Marsonnay, ⊠ d'Orgelet.

MARSOULAS, vg. H.-Garonne (Gascogne), arr. et à 24 k. de St-Gaudens, cant. et ⊠ de Salies. Pop. 264 h. Fabrique de faïence.

MARSOUS, vg. H.-Pyrénées (Gascogne), arr. et à 24 k. d'Argelès, à 24 k. de Lourdes, cant. d'Aucun. Pop. 716 h.

MARSPICH, vg. Moselle (pays Messin), arr., cant., ⊠ et à 7 k. de Thionville. Pop. 416 h.

MARSSAC, vg. Tarn (Languedoc), arr., cant., ⊠ et à 9 k. d'Albi. Pop. 656 h.

Il est sur le Tarn, que l'on y passe sur un

magnifique pont de pierre de taille de trois arches à plein cintre; les tympans sont percés par des ouvertures cylindriques qui favorisent le débouché des eaux; sa voie est large, et les avenues sont traitées avec un grand luxe de maçonnerie. — *Foires* les 26 fév., 9 avril et 3 sept.

MARS-SOUS-BALLON (St-), vg. *Sarthe* (Maine), arr. de Mars, cant. de Bellon, ✉ de Beaumont-sur-Sarthe.

MARS-SUR-ALLIER (St-), vg. *Nièvre* (Nivernais), arr. et à 20 k. de Nevers, cant. et ✉ de St-Pierre-le-Moutiers. Pop. 379 h. — *Foires* les 30 juin, 22 juillet et 1er oct.

MARS-SUR-COLMONT (St-), vg. *Mayenne* (Maine), arr., ✉ et à 11 k. de Mayenne, cant. de Gorron. Pop. 1,440 h.

MARS-SUR-LA-FUTAIE (St-), vg. *Mayenne* (Maine), arr. et à 35 k. de Mayenne, cant. de Landivy; ✉ de Fougerolles. Pop. 1,483 h.

MARS-SUR-RISLE, vg. *Eure* (Normandie), arr., cant., ✉ et à 4 k. de Pont-Audemer. Pop. 279 h.

MART (St-), ou St-Marc, vg. *Puy-de-Dôme*. V, Chamalières.

MARTAGNY, vg. *Eure* (Normandie), arr. et à 30 k. des Andelys, cant. et ✉ de Gisors. Pop. 449 h. — *Fabrique* de dentelles. Filatures de laine.

MARTAILLY, vg. *Saône-et-Loire*, comm. de Brancion, ✉ de Tournus.

MARTAINEVILLE-SUR-MER, vg. *Somme*, comm. de Bourseville, ✉ d'Eu.

MARTAINNEVILLE, vg. *Somme* (Picardie), arr., ✉ et à 12 k. d'Abbeville, cant. de Gamaches. Pop. 380 h.

MARTAINVILLE, vg. *Calvados* (Normandie), arr. à 14 k. de Falaise, cant. de Harcourt-Thury, ✉ de Tournebu. Pop. 215 h.

MARTAINVILLE, vg. *Seine-Inf.*, comm. et ✉ de Rouen.

MARTAINVILLE-DU-CORMIER, *Martinvilla*, vg. *Eure* (Normandie), arr. et à 15 k. d'Evreux, cant. de Pacy-sur-Eure. Pop. 461 h. — *Fabrique* de coutils.

MARTAINVILLE-PRÈS-LALANDE, ou Martinville-en-Lieuvin, *Martinvilla*, vg. *Eure* (Normandie), arr. et à 11 k. de Pont-Audemer, cant. et ✉ de Beuzeville. Pop. 835 h. Sur la Corbie. — *Fabrique* de coutils.

MARTAINVILLE-SUR-RY, vg. *Seine-Inf.*, comm. d'Épreville-Martainville, ✉ de Darnetal. ☞.

MARTAIZÉ, vg. *Vienne* (Poitou), arr. et à 12 k. de Loudun, cant. de Moncontour. Pop. 806 h.

MARTANGIS, vg. *Nièvre*, comme de Nolay, ✉ de Prémery.

MARTEAU, B.-Rhin. V. Kupferhammer.

MARTÉGAUX (les), vg. *Bouches-du-Rhône*, comm. et ✉ de Marseille.

MARTEL, *Martelli*, *Martellum*, petite ville, *Lot* (Quercy), arr. et à 36 k. de Gourdon, chef-l. de cant. Cure. Collège communal. ✉. A 522 k. de Paris pour la taxe des lettres. Pop. 3,070 h. — Terrain jurassique.

Suivant les historiens du Quercy, Martel doit son origine à une église qu'y fit bâtir Charles Martel. C'était jadis une des principales villes de la vicomté de Turenne, et le lieu de l'assemblée des états de cette principauté.

L'église paroissiale, surmontée d'un clocher en forme de tour carrée, est très-ancienne; elle offre intérieurement une vaste nef sans bas côtés, et est ornée de vitraux remarquables par la correction du dessin.

Le sanctuaire de l'église de Martel est éclairé par deux grandes fenêtres. L'une, pratiquée dans le mur latéral à gauche, offre quelques restes de vitraux colorés, si peu considérables qu'ils ne méritent aucune attention : seulement ils donnent lieu de penser que toute la fenêtre était autrefois formée de vitraux du même genre. L'autre s'élève à une hauteur remarquable, dans le mur qui est derrière le grand autel, et se termine en ogive. Sa partie supérieure offre un ornement d'architecture composé de trois feuilles de trèfle, au centre desquelles est un cœur, au milieu de trois piliers qui se réunissent à leur sommet par des arceaux en ogive, au nombre de quatre, y compris les deux qui s'appuient au mur de la croisée, à droite et à gauche.

Les vitraux de la fenêtre sont colorés jusque dans la partie inférieure, où ils ont été détruits par l'injure du temps. Ils représentent des personnages isolés ou en groupe. Les couleurs des draperies sont généralement foncées, et les chairs sont représentées par une teinte légèrement bistrée. Voici les sujets que l'on remarque sur ces vitraux. — 1° Dans la partie supérieure de la fenêtre et le premier trèfle, on voit le Père éternel, l'Ancien des jours, avec tous les insignes d'un vieillard vénérable. Le bas du tableau est embelli de fleurs et de divers ornements, remarquables par la variété, la vivacité et la combinaison des couleurs. — 2° Au-dessous du premier trèfle et dans le chœur, sont les deux évangélistes, saint Jean à droite, saint Matthieu à gauche. On distingue très-bien l'aigle, symbole de saint Jean; mais les vitraux qui représentaient l'ange, attribut de saint Matthieu, ont disparu. Dans les deux trèfles qui sont au-dessous du chœur se trouvent les deux autres évangélistes, saint Marc du côté droit, avec la tête du lion, et saint Luc du côté gauche; la tête du bœuf, symbole de ce dernier, n'existe plus. Auprès des évangélistes on remarque quelques inscriptions qui sont en partie ou brisées, ou couvertes par une sorte de mastic. Elles sont les seules qui soient sur ces vitraux, et on y lit les noms de ces évangélistes en caractères gothiques. — 3° Dans le haut de la fenêtre on remarque encore quelques peintures aux deux extrémités latérales, qui s'écartent l'une de l'autre, à mesure qu'elles descendent, jusqu'au sommet des piliers dont on a parlé. Au-dessous du Père éternel on distingue à gauche un ange tenant une trompette ; à gauche, les vitraux sont brisés. Sous ces derniers est une tête qui paraît représenter la lune, au milieu de divers ornements. Vis-à-vis, au côté droit, les verres dégradés ne laissent apercevoir que quelques bandes rouges, jaunes ou vertes. Enfin une certaine combinaison de couleurs diverses, voilà tout ce qu'on peut remarquer encore des deux côtés, et toujours en descendant, sur des vitraux pareillement brisés et dégradés. — 4° Chacune des quatre ogives formées par les murs et par les piliers, ainsi qu'on l'a expliqué plus haut, renferme un écusson appliqué à la poitrine d'un buste. Les bustes ne paraissent représenter aucun personnage historique. Le premier écusson, en commençant à droite, est celui de France : il a trois fleurs de lis dorées, sur un fond d'azur. Le second écusson est écartelé de fleurs de lis dorées et de bandes de gueules et d'argent. L'écart supérieur à droite a sur un fond d'azur huit fleurs de lis et un vase d'argent au milieu ; l'écart inférieur est bandé de gueules et d'argent ; l'écart supérieur à gauche, est bandé pareillement ; l'écart inférieur, sur un fond d'azur, offre sept fleurs de lis et un vase d'argent. Le troisième écusson est divisé par le pal en deux parties principales, dans toute sa longueur. A droite du pal, sur un fond de gueules, sont trois lièvres d'argent. La partie gauche offre trois divisions : un chef supérieur est crénelé, un chef abaissé qui est monté d'or et de gueules, et la pointe soutient d'argent, formant à peu près la moitié d'un cercle. Sur le quatrième écusson, à fond de gueules, on remarque les armes de Martel, qui sont trois marteaux. Il n'en reste plus qu'un; le marteau lui-même est d'argent, le manche est doré. — On voyait également sur la principale porte d'entrée du château des vicomtes de Turenne, à Martel, ces mêmes armoiries formées par trois marteaux, qui, dans le patois, sont appelés martels, et semblent appuyer l'opinion qui attribue l'origine ou la fondation de cette ville à Charles Martel. — 5° Au-dessous des quatre écussons sont deux rangs d'ornements, entremêlés de fleurs, de feuilles, d'étoiles et de beaucoup d'autres peintures, aussi variées par la forme que par la couleur. Enfin, pour séparer les sujets que nous venons de décrire d'un tableau représentant la passion de Jésus-Christ. Ce grand événement, par exemple l'entrée triomphante du Sauveur dans Jérusalem, est exprimé sur douze compartiments. Dans le premier, à droite, le Fils de Dieu, monté sur l'ânesse, s'avance vers la ville ingrate qui devait bientôt le livrer à la mort. On n'aperçoit plus que les jambes de l'animal, à raison du bris des vitres en cet endroit. On distingue les vêtements et les branches d'arbres jetés sur le passage du Sauveur. Une foule nombreuse l'accompagne ; une autre, non moins nombreuse, vient à sa rencontre. L'attitude, la physionomie, les gestes des personnages peignent admirablement les transports, la joie et les applaudissements excités par la présence de Jésus, qui, l'avant-bras droit levé, l'index et le doigt du milieu ouverts, les autres doigts et le pouce fermés, bénit le peuple qui l'environne. Le second représente la cène. Dans le bas du tableau on remarque un bassin : c'est probablement celui dont Notre-Seigneur se servit pour laver les pieds à ses apôtres. Ces personnages sont peints avec un air triste, sans doute parce qu'on a voulu représenter le moment où Jésus-Christ déclare qu'un des douze devait le trahir. Le Sauveur tient d'une main le pain qu'il bénit et qu'il distribue à ses disciples ; de l'autre il prend la coupe. Le sujet du troisième est l'entrée du Fils de Dieu dans le jardin des Oliviers. Des arbres, des arbustes environnent un rocher, dans lequel est pratiquée la grotte où le Sauveur se retira pour prier. Avec lui sont les trois apôtres Pierre et les deux fils de Zébédée qui l'accompagnaient. La trahison de Judas est le sujet du quatrième. Les trois apôtres y sont représentés endormis. Judas avance ses bras pour embrasser le Sauveur, dont le portrait n'existe plus. Une grande partie de ce tableau est détruit. Dans le cinquième, en commençant à droite, Jésus-Christ comparaît devant Caïphe. Ce dernier est assis sur une espèce de trône, et on le reconnaît aux habits et aux autres ornements qui distinguaient le souverain pontife de la loi judaïque. Le Fils de Dieu est environné de ses ennemis, qui ont un air empressé et inquiet.

Dans le sixième tableau, Notre-Seigneur est traduit au tribunal d'Hérode. On reconnaît aisément ce prince, assis sur son trône, la couronne sur la tête, revêtu du manteau royal, et tenant le sceptre d'une main ; de l'autre il montre avec dédain celui qui s'est dit le roi des Juifs, et il le livre à la dérision et aux insultes de sa cour impie. Le septième compartiment dépeint la flagellation du Sauveur, attaché à une colonne, les mains liées derrière le dos. Il n'a d'autre vêtement qu'une ceinture autour des reins ; ses chairs déchirées et en lambeaux laissent voir les côtes à découvert ; on ne remarque pas sans effroi et sans horreur deux bourreaux, les cheveux en désordre, les yeux hagards, l'air furieux, le visage noir, la bouche entr'ouverte et grinçant des dents, qui s'acharnent contre la victime expiatoire des péchés des hommes. Leurs bras nus et élevés au-dessus de leur tête tiennent un faisceau de branches vertes d'un arbre épineux commun en Judée. La tradition nous apprend que ce fut avec des branches de cet arbre, et non avec des fouets que le Fils de Dieu fut flagellé. Dans le huitième compartiment, Jésus-Christ, la couronne d'épines sur la tête, les épaules couvertes du manteau de pourpre figurant par dérision le manteau royal, les bras nus et liés par devant, est montré par Pilate au peuple qui demande sa mort avec fureur : c'est l'*Ecce Homo*.

Quatre autres compartiments, au-dessous des précédents, représentaient, sans aucun doute, les dernières scènes de la passion. Ils n'existent plus et ont été remplacés par des verres blancs.

La chapelle du Saint-Sacrement, au côté droit de l'église, est éclairée par une fenêtre pratiquée dans ce mur latéral et qui se termine en ogive. Au plus haut point sont les armes de France sur un fond d'azur. A gauche, un peu au-dessous, on voit celles de Martel ; trois marteaux sur un fond de sable. Viennent après quelques verres blancs qui remplacent d'autres peintures détruites par le temps. Au-dessous quatre personnages sont renfermés chacun dans une niche ; chaque niche est embellie par devant de deux colonnes ; ces niches et ces couleurs sont très-chargées d'ornements ; les couleurs sont foncées, les chairs sont représentées par la teinte bistrée. Le premier de ces personnages est saint Louis, roi de France, à droite, dans la niche supérieure. Il est revêtu du manteau royal ; il porte le sceptre et la main de justice ; on voit clairement l'hermine qui ornait ses épaules. Dans la niche inférieure paraît l'apôtre saint Paul ; d'une main il tient son livre ouvert, de l'autre une épée hors du fourreau ; il est couvert d'un manteau couleur d'azur. A gauche, dans la niche supérieure, on découvre saint Blaise évêque, avec la crosse et la mitre ; au bas de la niche on lit : *S. Blasii*. Les caractères, quoique anciens, le sont moins que ceux des vitraux du sanctuaire. Dans la niche inférieure, le martyr saint Sébastien est percé de flèches par l'ordre de l'empereur Dioclétien ; son corps est hérissé de traits qui pénètrent plus ou moins dans ses différents membres. La niche est surmontée de deux anges, environnés de divers ornements.

La chapelle de Notre-Dame, au côté gauche de l'église, vis-à-vis celle du Saint-Sacrement, a une fenêtre dans le mur latéral. Les vitraux sont dans le même genre que ceux des deux autres ; ils ont été brisés en grande partie. On y voit encore, au milieu d'ornements très-chargés, la sainte Vierge à droite, saint Joseph à gauche. Sur une banderole qui contourne les bras et la tête de la Mère de Dieu on lit : *Ecce ancilla Domini. Fiat mihi secundum Verbum tuum*. Les caractères sont gothiques. Au bas du tableau on lit le mot *Dominus*, isolé.

La construction de l'église de Martel date de 1300, c'est-à-dire du xiv⁵ siècle ; mais son clocher n'a été élevé qu'en 1513. Cette église, qui aurait succédé à une plus ancienne, bâtie par Charles Martel, est sous l'invocation de saint Maur.

Foires les 16 janv., premier et dernier jour de carême, lundi après l'Ascension, 23 juin, 2 et 26 août, 3 nov., 4 et 24 déc., jeudi de la mi-carême, et 1ᵉʳ samedi de chaque mois.

Bibliographie. CHAUDRUC DE CRAZANNES (le baron). *Dissertation sur une maison du moyen âge de la ville de Martel* (Mém. de la soc. archéol. du midi de la France, t. II, p. 313.

MARTEL, vg. *Var*, comm. de St-Cyr, ⊠ du Beausset.

MARTELLIÈRE (la), vg. *Isère*, comm. et ⊠ de Voiron.

MARTERAT (le), vg. *Saône-et-Loire* com. de Marcilly-lès-Buxy.

MARTEREY (le), vg. *Isère*, comm. de Sermérieu, ⊠ de Morestel.

MARTEVILLE, vg. *Aisne* (Picardie), arr., ⊠ et à 11 k. de St-Quentin, cant. de Vermand. Pop. 695 h.

MARTHE (Ste-), vg. *Bouches-du-Rhône*, comm. et ⊠ de Marseille.

MARTHE (Ste-), vg. *Eure* (Normandie), arr. et à 25 k. d'Evreux, cant. et ⊠ de Conches. Pop. 613 h. — *Fabriques* de boissellerie.

MARTHE (Ste-), vg. *Lot-et-Garonne*, comm. de Fourques, ⊠ de Marmande.

MARTHEMONT, vg. *Meurthe* (Lorraine), arr. et à 22 k. de Nancy, cant. et ⊠ de Vézelise. Pop. 93 h.

MARTHES, vg. *Pas-de-Calais*. V. MAMETZ.

MARTHEZ (les), vg. *Aveyron*, comm. de Colombiès, ⊠ de Rignac.

MARTHIL, vg. *Meurthe* (Lorraine), arr. de Château-Salins, et à 20 k. de Vic, cant. et ⊠ de Delme. Pop. 637 h.

MARTHON, petite ville, *Charente* (Angoumois), arr. et à 23 k. d'Angoulême, cant., ⊠ de Montbron. A 466 k. de Paris pour la taxe des lettres. Pop. 624 h. — Tanneries. — *Foires* le 21 de chaque mois.

MARTHOREY (le), vg. *Loire*, comm. et ⊠ de St-Symphorien-de-Lay.

MARTIAL, vg. *Aveyron*, comm. de Salles-Curan, ⊠ de Pont-de-Salars.

MARTIAL (St-), bg *Ardèche* (Vivarais), arr. et à 63 k. de Tournon, cant. et ⊠ de St-Martin-de-Valamas. Pop. 2,096 h.

Foires les mercredi des Cendres, mercredi après l'Epiphanie, avant l'Annonciation, dernier mercredi d'avril, mercredi avant l'Ascension, vendredi avant St-Jean-Baptiste, mercredi avant l'Assomption, avant la St-Michel, avant la Toussaint et avant la St-André.

MARTIAL (St-), vg. *Cantal* (Auvergne), arr. et à 25 k. de St-Flour, cant. et ⊠ de Chaudesaigues. Pop. 313 h.

MARTIAL (St-), ou ST-MARTIAL-DE-NABIRAT, vg. *Dordogne* (Périgord), arr. et à 21 k. de Sarlat, cant. et ⊠ de Domme. Pop. 1,213 h. — *Foire* le 15 de chaque mois.

MARTIAL (St-), vg. *Gard* (Languedoc), arr. et à 20 k. du Vigan, cant. de Sumène, ⊠ de Valleraugue. Pop. 927 h.

MARTIAL (St-), vg. *Gironde* (Guienne), arr. et à 14 k. de la Réole, cant. et ⊠ de St-Macaire. Pop. 1,010 h.

MARTIAL (St-), vg. *Puy-de-Dôme*, comm. de Martres-de-Veyres. — *Foires* les 6 mai, 8 juillet, 12 sept. et 25 nov.

MARTIAL (St-), vg. *Tarn*, comm. de Castelnau-de-Montmirail, ⊠ de Gaillac.

MARTIAL (St-), vg. *Tarn-et-Garonne*, comm. et ⊠ de Montauban.

MARTIAL (St-), ou MARCEAU, vg. *Tarn-et-Garonne*, comm. de St-Loup, ⊠ d'Auvillars.

MARTIAL (St-), vg. *Vienne* (Poitou), arr. et à 24 k. de Montmorillon, cant. et ⊠ de Chauvigny. Pop. 343 h.

MARTIAL (St-), vg. *H.-Vienne* (Limousin), arr. et à 18 k. de Bellac, cant. et ⊠ de Mézières. Pop. 459 h.

MARTIAL-D'ALBARÈDE (St-), vg. *Dordogne* (Périgord), arr. et à 36 k. de Périgueux, cant. et ⊠ d'Excideuil. Pop. 718 h.

MARTIAL-D'ARTENSET (St-), bg *Dor-*

dogne (Périgord), arr. et à 34 k. de Ribérac, cant. et ✉ de Montpont. Pop. 1,288 h.

MARTIAL-D'AUBETERRE (St-), vg. *Charente* (Angoumois), arr. et à 32 k. de Barbezieux, cant. et ✉ d'Aubeterre. Pop. 204 h.

MARTIAL-DE-CAMARENS, vg. *Tarn*, comm. et ✉ de Castres.

MARTIAL-DE-COCULET (St-), vg. *Charente-Inf.* (Saintonge), arr. et à 19 k. de Jonzac, cant. et ✉ d'Archiac. Pop. 698 h.

MARTIAL-DE-COTENSON, vg. *Aveyron*, comm. de Crespin, ✉ de Sauveterre.

MARTIAL-DE-GIMEL (St-), vg. *Corrèze* (Limousin), arr., cant., ✉ et à 15 k. de Tulle. Pop. 1,020 h.

MARTIAL-DEL-PUECH (St-), vg. *Tarn*, comm. de Burlats, ✉ de Roquecourbe.

MARTIAL-DE-MIRAMBEAU, vg. *Charente-Inf.* (Saintonge), arr. et à 15 k. de Jonzac, cant. et ✉ de Mirambeau. P. 637 h.

MARTIAL-DE-MONTMOREAU (St-), vg. *Charente* (Angoumois), arr. et à 20 k. de Barbezieux, cant. et ✉ de Montmoreau. Pop. 446 h.

MARTIAL-DE-RIBÉRAC (St-), vg. *Dordogne*, comm. et ✉ de Ribérac.

MARTIAL-DE-VALETTE (St-), vg. *Dordogne* (Périgord), arr., cant., ✉ et à 3 k. de Nontron. Pop. 1,047 h.

MARTIAL-DE-VITATERNE, vg. *Charente-Inf.* (Saintonge), arr., cant., ✉ et à 2 k. de Jonzac. Pop. 196 h.

MARTIAL-DE-VIVEYROL, vg. *Dordogne* (Périgord), arr. et à 16 k. de Ribérac, cant. et ✉ de Verteillac. Pop. 645 h.

MARTIAL-ENTRAIGUES (St-), vg. *Corrèze* (Limousin), arr. à 35 k. de Tulle, cant. et ✉ d'Argentat. Pop. 532 h.

MARTIALIS (lat. 46°, long. 21°). « Sidoine Apollinaire, qui devait connaître les environs de Clermont en Auvergne, dont il a occupé le siége épiscopal, cite un lieu qui est peu distant de cette ville entre le nord et le couchant, et qui dans un temps plus reculé que celui où il vivait avait été appelé *Martialis* (lib. II, epist. 14), parce que les légions de César y avaient eu leur quartier d'hiver : *In pago Violvascensi, qui Martialis ætate citeriore vocitatus est, propter hiberna legionum julianarum.* Ce lieu se nomme aujourd'hui Volvic, *Volovicum* dans la Vie de St-Projet, en l'honneur duquel un monastère y a été fondé. » D'Anville. *Notice de l'ancienne Gaule*, p. 436.

MARTIAL-LE-MONT (St-), vg. *Creuse* (Marche), arr., ✉ et à 12 k. d'Aubusson, cant. de St-Sulpice-des-Champs. Pop. 676 h. Sur la Creuse. — Exploitation de houille.

MARTIAL-LES-COIVERT (St-), bg *Charente-Inf.* (Saintonge), arr. et à 13 k. de St-Jean-d'Angely, cant. et ✉ de Loulay. Pop. 325 h.

MARTIAL-LE-VIEUX (St-), vg. *Creuse* (Marche), arr. et à 36 k. d'Aubusson, cant. de la Courtine, ✉ de Felletin. Pop. 861 h.

MARTIBERT, vg. *Eure*, comm. et ✉ de Bourgthéroulde.

MARTIEL, vg. *Aveyron* (Rouergue), arr., cant., ✉ et à 9 k. de Villefranche-de-Rouergue. Pop. 1,843 h. — *Foires* les 17 janv., 12 mars, 26 mai, 30 juin, 4 oct. et 7 déc.

MARTIENS, vg. *Landes*, comm. de St-Perdon, ✉ de Mont-de-Marsan.

MARTIGNAC, vg. *Ariége*, comm. de Carla-le-Comte, ✉ du Mas-d'Azil.

MARTIGNAC, vg. *Lot*, comm. et ✉ de Puy-l'Evêque.

MARTIGNAN, vg. *H.-Garonne*, comm. de Fabas, ✉ de l'Isle-en-Dodon.

MARTIGNARGUES, vg. *Gard* (Languedoc), arr., ✉ et à 15 k. d'Alais, cant. de Vézenobres. Pop. 145 h.

MARTIGNAS, vg. *Gironde* (Guienne), arr., ✉ et à 17 k. de Bordeaux, cant. de Pessac. Pop. 238 h.

MARTIGNAT, vg. *Ain* (Bourgogne), arr. et à 9 k. de Nantua, cant. et ✉ d'Oyonnax. Pop. 672 h.

MARTIGNAT, vg. *Jura* (Franche-Comté), arr. et à 20 k. de St-Claude, cant. et ✉ de Moirans. Pop. 352 h.

MARTIGNÉ, bg *Mayenne* (Maine), arr., cant. et à 13 k. de Mayenne. ✉. ⚜. A 266 k. de Paris pour la taxe des lettres. Pop. 2,163 h. — On y trouve une source d'eau minérale. — *Foires* les 13 mai, 24 sept. et 24 nov.

MARTIGNÉ, vg. *Sarthe*, comm. d'Avessé, ✉ de Sablé.

MARTIGNÉ-BRIAND, bg *Maine-et-Loire* (Anjou), arr. et à 31 k. de Saumur, cant. et ✉ de Doué. Pop. 2,124 h. — *Foires* les 23 avril, lundi gras, 8 juin, 24 août et 10 nov.

On trouve à 2 k. de ce bourg plusieurs sources d'eaux minérales froides, connues sous le nom de Joanette, et une source d'eau sulfureuse thermale. Ces sources appartiennent à la commune de Martigné-Briand, qui fait les frais de leur entretien, et en perçoit la rétribution.

Les eaux de Joanette sourdent d'un coteau qui renferme dans son sein de puissants principes minéralisateurs ; non loin de là sont des mines de houille exploitées depuis longtemps, un minerai de fer qui n'est pas exploité, mais qui pourrait l'être, des pierres calcaires de beaucoup d'espèces, des coteaux couverts de riches vignobles qui donnent les bons vins du bas Anjou, çà et là l'aspect des débris de vieux châteaux rappelle d'anciens souvenirs et offre les points de vue les plus pittoresques. L'air est très-salubre, mais particulièrement pour ceux qui habitent des lieux bas, ombragés ou humides ; aussi y voit-on arriver des buveurs des départements de l'Ouest, à qui ces eaux rendent des services remarquables.

Ces eaux furent observées dès 1706 ; mais ce n'est guère que vers le milieu du siècle dernier que M. Linacier, médecin distingué de Chinon, fut chargé de les analyser ; sur son rapport le gouvernement fit les frais d'un des établissements existants aujourd'hui, et qui ont été augmentés par M. le professeur Bourdon et par M. le comte Frottier de Bagneux, alors préfet du département.

Ces établissements consistent : 1° dans une vaste salle qui sert à abriter les buveurs ; 2° dans une maison de bains, grande et élégante ; 3° dans une autre maison pour le médecin inspecteur. Ces différents corps de logis ont été faits par le gouvernement.

Le bâtiment des bains renferme huit baignoires, placées chacune dans un cabinet séparé et fournies de tout ce qui est nécessaire pour la commodité et la propreté, et des lits pour ceux des malades qui ont besoin de repos après le bain. Des domestiques des deux sexes, très-intelligents, prodiguent aux baigneurs tous les soins nécessaires.

SAISON DES EAUX. On prend les eaux depuis la mi-juin jusqu'en septembre. Le nombre des buveurs, qui était jadis très-considérable, s'élève annuellement à environ deux cents.

L'établissement est orné de jardins paysagers très-bien ombragés ; les monticules qui l'environnent présentent des perspectives très-agréables, qui s'étendent à la distance de 20 à 25 k. Une petite rivière (le Lagon) coule non loin de là à travers de belles prairies qu'ombragent des peupliers d'Italie.

PRIX DU LOGEMENT ET DE LA DÉPENSE JOURNALIÈRE. On trouve à Martigné et à Chavagues, bourg peu éloigné, plusieurs pensions où les étrangers peuvent se procurer toutes les commodités convenables. Le prix de la pension est de 4 fr. par jour, et pour ce prix on y est fort bien.

TARIF DU PRIX DES EAUX, BAINS ET DOUCHES. Chaque buveur paye pour la saison 5 fr. ; le bain coûte 1 fr. 30 c., la douche 2 fr.

PROPRIÉTÉS MÉDICINALES. L'effet des eaux de Joanette est de toniser très-efficacement tous les systèmes de l'organisme ; aussi sont-elles un excellent remède contre les aménorrhées, les leucorrhées, les obstructions, les faiblesses d'estomac, les scrofules, les maladies chroniques, longues et invétérées, etc.

MODE D'ADMINISTRATION. On prend de six à douze verres de cette eau chaque matin, pendant vingt-cinq à trente jours et plus. On en boit aux repas.

Bibliographie. DUVERGÉ. *Lettre sur les eaux minérales de Joannète* (com. de Martigné-Briand) (Nat. considérée, 1771, t. VII, p. 235, et Diction. minér. et hydrol., t. II, p. 250).

MARTIGNÉ-FERCHAUD, vg. *Ille-et-Vilaine* (Bretagne), arr. et à 37 k. de Vitré, cant. de Rhétiers. ✉. A 356 k. de Paris pour la taxe des lettres. Pop. 3,586 h.

Il est situé près d'un grand étang formé par une des branches de la Bruc, au bord duquel on remarque les ruines d'un ancien château fort. On y trouve une source d'eau minérale ferrugineuse.

Les forges de Martigné sont placées auprès du bourg de ce nom : elles se composent d'un haut fourneau, de deux affineries, d'une fonderie et de deux martinets. — *Foires* les 1ᵉʳ et 2ᵉ vendredi de mai, 1ᵉʳ vendredi d'oct. et 1ᵉʳ vendredi de nov.

MARTIGNI, *Orne.* V. ST-GERMAIN-DE-MARTIGNI.

MARTIGNY, vg. *Aisne* (Picardie), arr., ✉ et à 10 k. de Laon, cant. de Craonne. Pop. 351 h.

On voit aux environs un énorme tilleul, connu sous le nom d'*arbre de Martigny*, qu'on aperçoit à l'horizon, au-dessus de la chaîne de montagnes au midi de Laon, et dont les rameaux ont une envergure d'au moins 50 m. Ce tilleul remonte au règne de Henri IV, cet arbre étant un des repères indicateurs établis sur tous les points culminants du royaume, à l'époque où Sully fit travailler à la construction de la carte de France. Il a été fort endommagé il y a quelques années, par suite des givres qui ont duré plusieurs jours ; des branches maîtresses d'une énorme grosseur, faisant partie de la couronne inférieure, courbant sous le faix dont elles étaient accablées, ont été arrachées du tronc ; mais ce tronc n'a point éprouvé d'autre dommage. Vu de Laon, l'arbre de Martigny n'a plus cette belle forme d'oranger qu'on lui connaissait ; mais M. de Blécourt, alors maire de la commune, a pris de sages précautions, afin que le dernier accident n'ait pas de suites fâcheuses pour ce bel arbre.

MARTIGNY, vg. *Calvados* (Normandie), arr., cant., ✉ et à 8 k. de Falaise. Pop. 428 h.

MARTIGNY, vg. *Manche* (Normandie), arr. et à 14 k. de Mortain, cant. et ✉ de St-Hilaire-du-Harcouet. Pop. 810 h.

L'église paroissiale, dont la voûte est en bois menuisé avec habileté, est décorée d'un beau vitrail du XVIe siècle ; la chaire est en bois et ornée sur tous les panneaux d'enroulements et d'arabesques remarquables ; elle date également du XVIe siècle.

MARTIGNY, vg. *Seine-Inf.* (Normandie), arr., ✉ et à 8 k. de Dieppe, cant. d'Offranville. Pop. 216 h.

MARTIGNY - BONNAT, vg. *Saône-et-Loire*, comm. de Poisson, ✉ de Paray-le-Monial.

MARTIGNY-EN-TIERRACHE, vg. *Aisne* (Picardie), arr. et à 18 k. de Vervins, cant. et ✉ d'Aubenton. Pop. 1,103 h.

MARTIGNY-LE-COMTE, vg. *Saône-et-Loire* (Bourgogne), arr., ✉ et à 13 k. de Charolles, cant. de Palinges. Pop. 1,698 h. — Forges et haut fourneau. — *Foires* les 9 mars, 4 mai, 18 sept. et 9 nov.

MARTIGNY - LÈS - GERBONVAUX, vg. *Vosges* (Lorraine), arr., ✉ et à 12 k. de Neufchâteau, cant. de Coussey. ☞ Pop. 387 h.

MARTIGNY-LÈS-LAMARCHE, vg. *Vosges* (Lorraine), arr. et à 35 k. de Neufchâteau, cant. et ✉ de Lamarche. Pop. 1,271 h.

MARTIGUE, vg. *Mayenne*, comm. de St-Denis-d'Anjou, ✉ de Sablé.

MARTIGUES (les), *Maritima Colonia Anatiliorum*, ville maritime, *Bouches-du-Rhône* (Provence), arr. et à 40 k. d'Aix, chef-l. de cant. Ecole d'hydrographie de 4e classe. Curé. ✉. A 796 k. de Paris pour la taxe des lettres. Pop. 7,772 h. — TERRAIN crétacé inférieur, grès vert.

Autrefois principauté, diocèse d'Arles, parlement, intendance, viguerie et recette d'Aix, amirauté, couvents de capucins et d'ursulines.

Les *armes de Martigues* sont : *de gueules à une tour crénelée d'argent sommée de trois tourillons, et côtoyée de deux clefs d'argent mises en pal.*

Martigues est une des villes les plus curieuses du département, par sa position au milieu des étangs, qui lui a fait donner le nom de Petite-Venise de la Provence. Elle a été formée par trois petites villes, St-Geniez, Ferrières et Jonquières, qui n'ont été réunies définitivement qu'en 1581. A cette époque elle était beaucoup plus considérable qu'aujourd'hui ; on y comptait, dit-on, en 1688, vingt mille habitants. Cette population commença à diminuer vers la fin du règne de Louis XIV ; en 1750 elle n'était plus que de six cents habitants.

Cette ville est dans une situation avantageuse, à l'entrée de l'étang de Berre et au fond d'un long canal dont l'entrée, en venant de la Méditerranée, est entre la tour de Bouc au sud, et la jetée Foucard au nord. Elle est en partie bâtie sur une île, et formée, ainsi que nous l'avons déjà dit, par la réunion de trois petites cités différentes, qui offrent l'aspect de villes flottantes au milieu des eaux. Pour en donner une idée exacte, nous la décrirons en commençant par le quartier de Jonquières, que l'on rencontre le premier en venant de Marseille. On longe d'abord des maisons qui bordent l'étang de Berre ; à gauche est un cours terminé en rotonde et bordé de maisons d'assez belle apparence, près duquel est une fontaine. Une grande rue, bien alignée, appelée grande rue de Jonquières, conduit au pont du Roi, construit en pierre sur la Bourdigue ou canal de Galifet. Avant ce pont on voit, à gauche, une petite place où est une église. Au delà du pont on trouve une première île, occupée par la halle au poisson et par les chantiers de construction. De cette île on passe à une seconde par un petit pont appelé le Pontet. Sur celle-ci on remarque l'hôtel de ville, édifice vaste et régulier, dont la porte d'entrée donne sur la place Royale, qui borde un canal servant de port. On passe de cette seconde île à la troisième par un pont de pierre, à l'extrémité duquel est la Tour de l'horloge, construite en 1561, et l'église paroissiale, ornée d'une très-belle façade. Cette troisième île renferme aussi l'hôpital et plusieurs belles rues ; la principale est la grande rue de l'île, où sont les habitations des vice-consuls étrangers ; elle conduit au pont de Ferrières, qui s'appuie sur la petite île de Terrayer, de laquelle on passe au quartier de Ferrières par le pont-levis établi sur le canal de navigation ; ce quartier est moins remarquable que les deux autres. Telle est la ville de Martigues. Sa situation entre l'étang de Berre et les canaux qui conduisent à Bouc lui procure des courants d'air qui corrigent les inconvénients résultant des eaux stagnantes. Les maisons sont proprement bâties et les rues généralement bien percées ; plusieurs canaux sont bordés de quais d'où l'on jouit d'une vue fort agréable.

Le port de Martigues est en quelque sorte une dépendance de celui de Bouc, dont il est éloigné de 4 k. ; il est formé par une suite de petits canaux navigables, creusés dans l'étang de Caronte pour l'établissement des pêcheries. Ce port est fréquenté par de petits bâtiments de mer, par des tartanes de la rivière de Gênes, et par des allèges d'Arles, qui viennent charger, à St-Chamas, de la poudre de guerre ; ils exportent aussi des sels, des produits chimiques des manufactures de Bassaen, du Plan-d'Aren, etc., et des vins, huiles et autres denrées du pays. Les habitants se livrent à la pêche avec succès, et deviennent pour la plupart d'excellents marins. La pêcherie de l'étang fait la richesse du pays : le passage périodique des poissons de la Méditerranée dans l'étang de Berre est curieux à observer ; les pêcheurs les prennent presque tous. V. aussi Bouc (port et tour de).

Biographie. Patrie de GÉRARD DE TEUQUE ou TEUC, fondateur de l'ordre hospitalier de St-Jean de Jérusalem.

Du médecin BARTHÉLEMY VIDAL.

Fabriques d'huile d'olives. — *Commerce* de poisson salé et de poutargue (pâte faite sur les lieux avec les œufs du mulot). — Construction de navires pour la marine marchande.

Bibliographie. CASTAGNY, *Opuscule médical sur la ville de Martigues*, in-8°, 1835.

MARTIGUES (étang de). V. ETANG DE BERRE.

MARTILLAC, vg. *Gironde* (Guienne), arr. et à 15 k. de Bordeaux, cant. de Labrède, ✉ de Castres. Pop. 847 h.

MARTILLY, vg. *Allier*, comm. de Bayet, ✉ de St-Pourçain.

MARTILLY-SOUS-VIRE, vg. *Calvados*, comm. de Tallevende-le-Petit, ✉ de Vire.

MARTIMONT, vg. *Oise*, comm. de Crentoy, ✉ de Couloisy.

MARTIN (Haut et Bas-), vg. *Var*, comm. du Plan-de-la-Tour, ✉ de la Garde-Freinet.

MARTIN (St-), vg. *Ain*, comm. et ✉ de Miribel.

MARTIN (St-), vg. *B.-Alpes*, comm. de Revest-en-Fangat, ✉ de Forcalquier. — Scieries hydrauliques de planches.

MARTIN (St-), vg. *Ardennes*, comm. de Hannogne-St-Martin, ✉ de Flize.

MARTIN (St-), vg. *Calvados*, comm. et ✉ de Caen.

MARTIN (St-), vg. *Corrèze* (Limousin), arr. et à 44 k. de Brives, cant. et ✉ de Lubersac. Pop. 891 h.

MARTIN (St-), vg. *Dordogne*, comm. de Lamonzie-St-Martin, ✉ de Bergerac.

MARTIN (St-), vg. *Dordogne*, comm. et ✉ de Périgueux.

MARTIN (St-), vg. *Dordogne*, comm. et ✉ de Ribérac.

MARTIN (St-), *Drôme*, comm. de Montmiral, ✉ de Romans.

MARTIN (St-), vg. *H.-Garonne*, comm. et ✉ de Baziège.

MARTIN (St-), vg. *H.-Garonne*, comm. de Montastruc, ⊠ de St-Martory.

MARTIN (St-), vg. *Gers* (Armagnac), arr. et à 50 k. de Condom, cant. et ⊠ de Nogaro. Pop. 461 h.

MARTIN (St-), vg. *Gers* (Armagnac), arr., cant., ⊠ et à 10 k. de Lombez. Pop. 345 h.

MARTIN (St-), vg. *Gers* (Armagnac), arr., cant., ⊠ et à 2 k. de Mirande. Pop. 350 h.

MARTIN (St-) ou ST-MARTIN-DE-LA-CHAUSSADE, vg. *Gironde* (Guienne), arr., cant., ⊠ et à 2 k. de Blaye. Pop. 719 h.

MARTIN (St-), vg. *Hérault* (Languedoc), arr. et à 26 k. de St-Pons, cant. et ⊠ d'Olargues. Pop. 564 h.

MARTIN (St-), vg. *Charente* (Angoumois), arr., cant., ⊠ et à 1 k. de Cognac. Pop. 600 h. — On remarque à peu de distance, vis-à-vis du petit hameau de Céchebé, une grande pierre plate, de la nature de celles qu'on trouve à la surface des carrières, et qu'on appelle vulgairement chaudron. Elle était originairement placée horizontalement sur d'autres pierres brutes de mêmenature. Mais quelques-unes de ces pierres s'étant affaissées, une moitié de celle qui les recouvrait s'est, par son propre poids, détachée de l'autre moitié ; en sorte que l'une des fragments est maintenant horizontal et l'autre incliné vers le nord-est. La pierre entière, de forme à peu près parallélogrammique, avait environ 5 m. de longueur, 3 m. de largeur, 45 cent. d'épaisseur moyenne, et devait peser au moins 12,000 k.

MARTIN (St-), vg. *Hérault*, comm. d'Aumes, ⊠ de Montagnac.

MARTIN (St-), vg. *Isère* (Dauphiné), arr. de la Tour-du-Pin, et à 28 k. de Bourgoin, cant. et ⊠ de Pont-de-Beauvoisin. Pop. 462 h.

MARTIN (St-), *Lot*, comm. de Duravel. — Foire le 2 nov.

MARTIN (St-), vg. *Lot-et-Garonne* (Agénois), arr. et à 20 k. d'Agen, cant. de Beauville, ⊠ de la Roque-Timbaut. Pop. 484 h.

MARTIN (St-), vg. *Lot-et-Garonne*, cant. de Sos.

MARTIN (St-), vg. *Lot-et-Garonne*, comm. de Ferrensac, ⊠ de Castillonnès.

MARTIN (St-), vg. *Maine-et-Loire*, comm. et ⊠ de Beaupréau.

MARTIN (St-), vg. *H.-Marne* (Champagne), arr., cant., ⊠ et à 8 k. de Langres. Pop. 161 h. — Papeterie.

MARTIN (St-), vg. *H.-Marne* (Champagne), arr. et à 16 k. de Chaumont, cant. et ⊠ de Juzennecourt. Pop. 161 h.

MARTIN (St-), vg. *Meurthe* (Lorraine), arr. et à 22 k. de Lunéville, cant. et ⊠ de Blamont. Pop. 330 h.

MARTIN (St-), vg. *Meurthe*, comm. de Thezey-St-Martin, ⊠ de Pont-à-Mousson.

MARTIN (St-), vg. *Meuse*, comm. de Sorcy, ⊠ de Void.

MARTIN (St-), vg. *Morbihan* (Bretagne), arr. et à 50 k. de Vannes, cant. de Carentoir, ⊠ de la Gacilly. Pop. 1,428 h.

MARTIN (St-), vg. *Nord* (Cambrésis), arr. et 27 k. de Cambrai, cant. et ⊠ de Solesmes. Pop. 659 h.

MARTIN (St-), vg. *Pas-de-Calais*, comm. de Cavron, ⊠ de Hesdin.

MARTIN (St-), vg. *B.-Pyrénées* (Béarn), arr. et à 23 k. d'Orthez, cant. et ⊠ de Sauveterre. Pop. 137 h.

MARTIN (St-), vg. *H.-Pyrénées* (Gascogne), arr., cant., ⊠ et à 9 k. de Tarbes. Pop. 326 h.

MARTIN (St-), vg. *H.-Pyrénées*, comm. de Clarac, ⊠ de Tournay.

MARTIN (St-), vg. *Pyrénées-Or.* (Roussillon), arr. et à 45 k. de Perpignan, cant. et ⊠ de St-Paul-de-Fenouillet. Pop. 213 h.

MARTIN (St-), vg. *B.-Rhin* (Alsace), arr. et à 18 k. de Schelestadt, cant. et ⊠ de Villé. Pop. 481 h.

MARTIN (St-), vg. *Saône-et-Loire*, comm. de St-Pantaléon, ⊠ d'Autun.

MARTIN (St-), vg. *Seine-et-Oise*, comm. et ⊠ d'Etampes.

MARTIN (St-), ou ST-MARTIN-DE-ST-MAIXENT, vg. *Deux-Sèvres* (Poitou), arr. et à 22 k. de Niort, cant. et ⊠ de St-Maixent. Pop. 1,085 h.

MARTIN (St-), vg. *Var* (Provence), arr. et à 32 k. de Brignoles, cant. et ⊠ de Barjols. Pop. 423 h.

MARTIN (St-), vg. *Vienne*, comm. de St-Gervais, ⊠ de Châtellerault.

MARTIN (St-), vg. *Yonne* (Champagne), arr., ⊠ et à 8 k. de Tonnerre, cant. de Cruzy. Pop. 337 h.

MARTIN (canal St-), Seine. Ce canal est une des branches de celui de la Seine à la Seine ; il a sa prise d'eau au bassin de la Villette, traverse le faubourg du Temple, aboutit à la garre de l'arsenal, et débouche dans la Seine au-dessous du pont d'Austerlitz.

Ce canal a 4,600 m. de longueur ; sa pente, qui est de 25 m. 20 c., est rachetée par 9 écluses, dont 8 accolées deux à deux ; la plus grande chute de ces écluses n'excède pas 3 m. La largeur du canal, formé en maçonnerie, est entre les quais de 27 m., et de 60 m. y compris les quais. Sa profondeur est de 2 m. 60 c., sa hauteur d'eau de 2 m. — Sur ce canal sont établis 10 ponts, dont 3 en pierre et 7 tournants, en fer et en bois.

L'ouverture de ce canal a eu lieu le 4 novembre 1825.

MARTIN-AU-BOSC (St-), vg. *Eure*, com. et ⊠ d'Etrépagny.

MARTIN-AU-BOSC (St-), vg. *Seine-Inf.* (Normandie), arr. à 24 k. de Neufchâtel-en-Bray, cant. de Blangy, ⊠ de Foucarmont. P. 500 h.

MARTIN-AU-LAERT (St-), vg. *Pas-de-Calais* (Artois), arr., cant., ⊠ et à 2 k. de St-Omer. Pop. 943 h. — Foire le 21 juillet, avant midi.

MARTIN-AUX-ARBRES (St-), vg. *Seine-Inf.* (Normandie), arr. et à 13 k. d'Yvetot, cant. et ⊠ d'Yerville. Pop. 681 h. — Foire le 4 juillet.

MARTIN-AUX-BOIS (St-), vg. *Oise* (Picardie), arr. et à 22 k. de Clermont, cant. et ⊠ de Maignelay. Pop. 405 h. — L'église possède des stalles sculptées en bois fort remarquables, qui datent du commencement du XVIe siècle ; les sièges, les accoudoirs et les miséricordes sont ornés de figures singulières, morales, historiques et grotesques.

MARTIN-AUX-BUNAUX (St-), vg. *Seine-Inf.* (Normandie), arr. et à 32 k. d'Yvetot, cant. et ⊠ de Cany. P. 1,762 h. — Foire le 19 sept.

MARTIN - AUX - CHAMPS (St-), *Marne* (Champagne), arr., ⊠ et à 19 k. de Châlons-sur-Marne, cant. d'Ecury-sur-Coole. Pop. 234 h.

MARTIN-AUX-CHARTRAINS (St-), vg. *Calvados* (Normandie), arr., cant., ⊠ et à 4 k. de Pont-l'Evêque. Pop. 299 h.

MARTIN-BOULOGNE (St-), vg. *Pas-de-Calais* (Boulonnais), arr., cant., ⊠ et à 1 k. de Boulogne-sur-Mer. Pop. 1,617 h.

MARTIN - BRÉTENCOURT (St-), vg. *Seine-et-Oise* (Beauce), arr. et à 20 k. de Rambouillet, cant. et ⊠ de Dourdan. Pop. 631 h.

MARTINCAMPS, vg. *Seine-Inf.*, comm. de Bully, ⊠ de Neufchâteau-en-Bray.

MARTIN-CANTALEIX (St-), vg. *Cantal* (Auvergne), arr. et à 18 k. de Mauriac, cant. et ⊠ de Pléaux. Pop. 981 h.

MARTIN - CHATEAU (St-), vg. *Creuse* (Marche), arr., ⊠ et à 11 k. de Bourganeuf, cant. de Royère. Pop. 1,210 h.

MARTIN-CHENNETRON (St-), vg. *Seine-et-Marne* (Brie), arr. et à 11 k. de Provins, cant. et ⊠ de Villiers-St-Georges. P. 208 h.

MARTIN - CHOQUEL (St-), vg. *Pas-de-Calais* (Boulonnais), arr. et à 20 k. de Boulogne-sur-Mer, cant. de Desvres, ⊠ de Samer. Pop. 314 h.

MARTINCOURT, vg. *Meurthe* (Lorraine), arr. et à 24 k. de Toul, cant. de Domèvre, ⊠ de Noviant-aux-Prés. Pop. 315 h.

On voit aux environs de Martincourt les ruines de l'ancien château fort de Pierrefort, bâti sur un rocher escarpé, par Renaud de Bar, évêque de Metz. La forteresse de Pierrefort soutint un siége très-honorable en 1369, contre le duc de Lorraine et les bourgeois de Bar réunis, qui furent forcés de se retirer en abandonnant devant cette place leur artillerie et leur bagage. Pierrefort ressemble assez à un nid d'aigle, d'où s'élançaient les oiseaux de proie de la féodalité ; ses ruines dominent une vallée où on ne descend que par un chemin étroit et escarpé. C'est un des sites les plus curieux et l'un des moins visités du département.

MARTINCOURT, vg. *Meuse* (pays Messin), arr. et à 15 k. de Montmédy, cant. et ⊠ de Stenay. Pop. 221 h.

MARTINCOURT, vg. *Oise* (Picardie), arr. et à 20 k. de Beauvais, cant. et ⊠ de Songeons. Pop. 200 h.

MARTIN-D'ABBAT (St-), bg. *Loiret* (Orléanais), arr. et à 30 k. d'Orléans, cant. et ⊠ de Châteauneuf-sur-Loire. Pop. 844 h.

MARTIN - D'ALBON (St-), vg. *Drôme*, comm. d'Albon, ⊠ de St-Vallier.

MARTIN-DAMOURS (St-), vg. *Tarn*, com. et ⊠ de Rabastens.

MARTIN-D'ANGLES (St-), vg. *Vienne*, comm. et ⊠ d'Angles.

MARTIN-D'AOUT (St-), vg. *Drôme* (Dauphiné), arr. et à 45 k. de Valence, cant. et ⊠ de St-Vallier. Pop. 414 h.

MARTIN-D'APRES (St-), vg. *Orne* (Normandie), arr. et à 23 k. de Mortagne-sur-Huîne, cant. de Moulins-la-Marche, ⊠ de l'Aigle. Pop. 508 h.

MARTIN-D'ARBEROUE (St-), vg. *B.-Pyrénées* (Béarn), arr. et à 33 k. de Bayonne, cant. et ⊠ d'Hasparren. Pop. 668 h.

MARTIN-D'ARCÉ (St-), vg. *Maine-et-Loire* (Anjou), arr., cant., et à 3 k. de Baugé. Pop. 333 h.

MARTIN-D'ARDÈCHE (St-), vg. *Ardèche* (Vivarais), arr. et à 63 k. de Privas, cant. et ⊠ du Bourg-St-Andéol. Pop. 600 h.

MARTIN-D'ARDENTES (St-). V. ARDENTES.

MARTIN-D'ARDINGHEM (St-), vg. *Pas-de-Calais* (Artois), arr. et à 21 k. de St-Omer, cant. et ⊠ de Fauquembergue. Pop. 505 h.

MARTIN-D'ARGENSON (St-), vg. *H.-Alpes*, comm. de St-Pierre-d'Argenson, ⊠ de Veynes.

MARTIN-D'ARROSA (St-), vg. *B.-Pyrénées*, comm. d'Ossès, ⊠ de St-Jean-Pied-de-Port.

MARTIN-D'ARY (St-), vg. *Charente-Inf.* (Saintonge), arr. et à 28 k. de Jonzac, cant. et ⊠ de Montguyon. Pop. 329 h.

MARTIN-DAS-PIAMON (St-), *Tarn-et-Garonne*, comm. et ⊠ de Caylux.

MARTIN-D'AUBIGNY (St-), vg. *Manche* (Normandie), arr. et à 16 k. de Coutances, cant. et ⊠ de Périers. Pop. 1,044 h.

MARTIN-D'AUDOUVILLE (St-), vg. *Manche* (Normandie), arr. et à 8 k. de Valogne, cant. et ⊠ de Montebourg. Pop. 310 h.

MARTIN-D'AUGÉ (St-), vg. *Deux-Sèvres* (Poitou), arr. et à 25 k. de Niort, cant. et ⊠ de Beauvoir-sur-Niort. Pop. 123 h.

MARTIN-D'AUXIGNY (St-), bg *Cher* (Berry), arr., bureau d'enregist. et à 16 k. de Bourges, chef-l. de cant. ⊠. A 207 h. de Paris pour la taxe des lettres. Pop. 2,318 h.— Terrain jurassique.

Commerce considérable de fruits.

MARTIN-D'AUXY (St-), vg. *Saône-et-Loire* (Bourgogne), arr. et à 28 k. de Chalon-sur-Saône, cant. et ⊠ de Buxy. Pop. 191 h.

MARTIN-DE-BAVEL (St-), vg. *Ain* (Bourgogne), arr., et à 13 k. de Belley, cant. de Virieu-le-Grand. Pop. 670 h.

MARTIN-DE-BELCASSE (St-), vg. *Tarn-et-Garonne*, comm. et ⊠ de Castel-Sarrasin.

MARTIN-DE-BIENFAITE (St-), vg. *Calvados* (Normandie), arr. et à 16 k. de Bayeux, cant. et ⊠ d'Orbec. Pop. 632 h.

MARTIN-DE-BLAGNY (St-), vg. *Calvados* (Normandie), arr. et à 23 k. de Bayeux, cant. de Balleroy, ⊠ de Littry. Pop. 316 h.

MARTIN-DE-BOISY (St-), vg. *Loire*, comm. de Pouilly-les-Nonains, ⊠ de Roanne.

MARTIN-DE-BON-FOSSÉ (St-), vg. *Manche* (Normandie), arr., ⊠ et à 11 k. de St-Lô, cant. de Canisy. Pop. 828 h.

MARTIN-DE-BOSCHERVILLE (St-), vg. *Seine-Inf.* (Normandie), arr., ⊠ et à 12 k. de Rouen, cant. de Duclair. Pop. 965 h.

Ce village, connu aussi sous le nom de St-Georges de Boscherville, portait dans le xe siècle le nom de Baucheri-Villa, dont on a fait Boscherville. Il doit le nom de St-Georges à une abbaye de bénédictins, fondée vers l'an 1060 par Raoul de Tancarville, chambellan de Guillaume le Conquérant. Une partie des bâtiments du monastère a été abattu, mais l'église et le chapitre sont encore debout. L'église est fort massive, sans arcs-boutants ni piliers-boutants ; elle a 67 m. de long en dedans, 20 m. de large et 16 m. 34 c. de haut ; la croisée a 30 m. 87 c. de long sur 8 m. 33 c. de large ; elle est terminée en rond-point aux deux extrémités, à peu près comme le fond de l'église : le clocher est élevé à la hauteur de 38 m. 48 c. ; deux tours, longues et grêles comme des obélisques, accompagnent à droite et à gauche le grand portail. Cette église est remarquable par le parfait accord de son ensemble ; là, point de partie raccordée et disparate ; point de constructions postérieures à la première construction ; en un mot, si l'on en excepte une fenêtre en ogive, évidemment faite après coup, et les deux petites campaniles du portail, l'église de Boscherville est encore telle qu'elle sortit des mains de son fondateur ; elle appartient tout entière à l'architecture à plein cintre. Le portail est aussi ravissant que bizarre ; sur l'archivolte sont figurés des ornements de toutes sortes, des demi-cercles entrelacés, des zigzags, des losanges, des ornements figurés en créneaux, et, pour encadrer le tout, une rangée de têtes d'animaux formant le plus singulier chapelet qu'il soit possible d'imaginer. Ce qui charme encore, ce sont ces fantasques figures que l'architecte accrocha aux chapiteaux des colonnes ; les deux chevaliers, si grossièrement travaillés dans la pierre qui tournoient d'une façon si naïve ; ce deux saints, dont l'un a de belles moustaches retroussées et joue du violon ; c'est l'homme qui bat monnaie sur l'enclume ; c'est la fuite en Egypte, etc. On voit aussi à l'extérieur plusieurs scènes impures où le vice est représenté dans ses actes, mais si horriblement que la vue seule suffit pour faire redouter l'enfer. Mais Satan fornique hors du temple ; l'entrée lui en est interdite. Souvent aussi on le voit supportant quelque masse de l'édifice, gémissant sous le poids ; et voulant, mais en vain, se dégager de la peine à laquelle il est condamné éternellement.

Une circonstance qui ajoute à l'intérêt de cette basilique, c'est qu'elle devait recevoir la dépouille du vainqueur d'Hastings, de ce Guillaume le Conquérant qui, dépouillé, abandonné par des serviteurs ingrats au moment où il venait de rendre les derniers soupirs, était resté nu sur son lit de mort, pendant plusieurs heures, avant que le tumulte qui suit longtemps une bataille finie, et l'ivresse du pillage qui en prolonge les horreurs, eussent permis à un soldat fidèle de s'occuper d'ensevelir ce grand roi, et de procurer un tombeau au plus fameux capitaine de ces temps intermédiaires, à ce prince qui, ayant gagné un empire, faillit manquer d'un cercueil. Grâces au soin du chevalier Helluin, qui se chargea par reconnaissance ou par pitié des frais de l'enterrement, les moines et les prêtres de St-Georges-de-Boscherville conduisirent enfin processionnellement le corps du roi d'Angleterre à leur église, où s'accomplirent les rites accoutumés des funérailles.

L'ancienne salle capitulaire est voisine de l'édifice ; il semble, à la vue de cette salle et de l'église, que les arts du xie et du xiie siècle aient rassemblé, à l'envi, dans un espace si rapproché, tout ce qu'ils pouvaient offrir de plus brillant, de plus caractéristique, de plus propre à charmer les yeux et à guider les recherches de l'antiquaire. L'intérieur présente une voûte à nervure ; trois arcades semi-circulaires, chargées de sculptures les plus délicates, forment l'entrée de la salle. Ces arcades sont soutenues par des colonnes dont les chapiteaux portent des groupes représentant des sujets tirés de l'histoire sainte. — Ce charmant édifice était voué à la destruction, et l'on a été sur le point de voir tomber l'une des plus brillantes et des plus curieuses productions du moyen âge. Par les soins de M. le baron de Vanssay, naguère préfet du département de la Seine-Inférieure, il a échappé à la ruine dont il était menacé, et est devenu, en 1822, une propriété départementale.

Bibliographie. DEVILLE (J.-A.). *Essai historique et descriptif de l'abbaye de St-Georges-de-Boscherville* (comm. de St-Martin-de-Boscherville), in-4, 1827.

MARTIN-DE-BOSSENAY (St-), vg. *Aube*, comm. de St-Pierre-de-Bossenay, ⊠ de Nogent-sur-Seine.

MARTIN-DE-BOUBAUX (St-), vg. *Lozère* (Languedoc), arr. et à 44 k. de Florac, cant. et ⊠ de St-Germain-de-Calberte. Pop. 998 h.

MARTIN-DE-BOURIANNE (St-), vg. *Charente*, comm. d'Embernac, ⊠ de Confolens.

MARTIN - DE - BOURNAZET (St-), vg. *Tarn-et-Garonne*, comm. et ⊠ de Montaigut.

MARTIN-DE-BRAMETOURLE (St-), vg. *Tarn*, comm. de Lautrec, ⊠ de Castres.

MARTIN-DE-BRELOUX (St-), vg. *Deux-Sèvres*, comm. de Breloux, ⊠ de St-Maixent.

MARTIN - DE - BREM (St-), vg. *Vendée* (Poitou), arr. et à 13 k. des Sables, cant. et ⊠ de St-Gilles-sur-Vie. Pop. 682 h.

MARTIN - DE - BROMES (St-), *B.-Alpes* (Provence), arr. et à 63 k. de Digne, cant. de Valensolle, ⊠ de Gréoux. Pop. 500 h.—On y voit une ancienne tour isolée, qui paraît avoir été une tour d'observation ou de défense. Elle est de forme carrée, divisée en quatre étages et couronnée de mâchicoulis ; sa hauteur est de 24 m. 23 c., et sa largeur sur chaque face de 6 m. 36 c. L'intérieur a été entièrement dénaturé. On attribue la construction de cette tour aux templiers, qui, selon les traditions populaires de la Provence, ont bâti presque tous les anciens monuments de ce pays.

MARTIN-DE-BROUSSE (St-), vg. *Aveyron*, comm. de Broquiès, ✉ de St-Affrique.

MARTIN-DE-CALONGES (St-), vg. *Lot-et-Garonne*, comm. de Calonges, ✉ de Tonneins.

MARTIN-DE-CARALP (St-), vg. *Ariége* (pays de Foix), arr., cant. et à 6 k. de Foix. P. 548 h.

MARTIN-DE-CARLA (St-), vg. *Tarn*, comm. et ✉ de Lavaur.

MARTIN-DE-CASTILLON (St-), vg. *Vaucluse* (Provence), arr., cant., ✉ et à 10 k. d'Apt. Pop. 1,505 h. — Foire le 12 janv.

MARTIN-DE-CASTRIES (St-), vg. *Hérault*, comm. de la Vaquerie, ✉ de Lodève.

MARTIN-DE-CAUSSANILLE (St-), vg. *Tarn-et-Garonne*, comm. de St-Georges, ✉ de Caussade.

MARTIN-DE-CENILLY (St-), vg. *Manche* (Normandie), arr. et à 17 k. de Coutances, cant. et ✉ de Cerisy-la-Salle. Pop. 590 h.

MARTIN-DE-CERNIÈRES (St-), vg. *Eure* (Normandie), arr. et à 21 k. de Bernay, cant. de Broglie, ✉ de Montreuil-Largillé. P. 309 h. — *Fabrique de clous.*

MARTIN - DE - CESQUIÈRES (St-), vg. *Tarn-et-Garonne*, comm. et ✉ de Caussade.

MARTIN-DE-CHAULIEU (St-), vg. *Manche* (Normandie), arr. et à 15 k. de Mortain, cant. et ✉ de Sourdeval. Pop. 678 h.

MARTIN-DE-CLELLES (St-), vg. *Isère* (Dauphiné), arr. et à 44 k. de Grenoble, cant. et ✉ de Clelles. Pop. 407 h.

MARTIN-DE-CLÉMENSAN (St-), vg. *Hérault*, comm. de Camplong, ✉ de Bédarieux.

MARTIN-DE-COGNAC (St-), vg. *Charente* (Angoumois), arr., cant., ✉ et à 1 k. de Cognac. Pop. 1,250 h.

MARTIN-DE-COMBES (St-), vg. *Hérault* (Languedoc), arr., ✉ et à 12¾ k. de Lodève, cant. de Lunas. Pop. 50 h.

MARTIN-DE-COMMUNE (St-), vg. *Saône-et-Loire* (Bourgogne), arr. et à 19 k. d'Autun, cant. et ✉ de Couches. Pop. 536 h.

MARTIN-DE-CONNÉE (St-), vg. *Mayenne* (Maine), arr. et à 34 k. de Mayenne, cant. et ✉ de Bais. Pop. 1,833 h. — *Forges.*

MARTIN-DE-CORCONAC (St-), vg. *Gard* (Languedoc), arr. et à 25 k. du Vigan, cant. de St-André-de-Valborgne, ✉ de la Salle. Pop. 606 h.

MARTIN-DE-CORNAS (St-), vg. *Rhône* (Lyonnais), arr. et à 22 k. de Lyon, cant. et ✉ de Givors. Pop. 139 h.

MARTIN-DE-COUX (St-), vg. *Charente-Inf.* (Saintonge), arr. et à 47 k. de Jonzac, cant. et ✉ de Montguyon. Pop. 671 h.

MARTIN-DE-CRAU (St-), vg. *Bouches-du-Rhône*, comm. d'Arles-sur-Rhône. ✉. ♀. A 730 k. de Paris pour la taxe des lettres.

MARTIN-DE-CROIX (St-), vg. *Saône-et-Loire*, comm. de Burnaud, ✉ de St-Gengoux-le-Royal.

MARTIN-D'ÉCUBLEI (St-), vg. *Orne* (Perche), arr. et à 38 k. de Mortagne-sur-Huîne, cant. et ✉ de l'Aigle. Pop. 419 h. — On y remarque l'usine de Gondrillers; tréfilerie

de fil de fer gros et fin d'après les procédés français et anglais, spécialement pour cardes, aiguilles à coudre et à bas, pour hameçons, peignes à tisser, ressorts pour siéges et lits élastiques.

MARTIN-DE-CURTON (St-), vg. *Lot-et-Garonne* (Agenois), arr. et à 40 k. de Nérac, cant. et ✉ de Casteljaloux. Pop. 759 h.

MARTIN-DE-DAUZALS (St-), vg. *Tarn*, comm. de Lautrec, ✉ de Castres.

MARTIN-DE-FENOUILLA (St-), vg. *Pyrénées-Or.*, comm. de Maureillas, ✉ de Céret. — On trouve aux environs une source d'eau minérale froide.

Bibliographie. *Notice sur les eaux acidules alcalino-ferrugineuses du Boulou et de St-Martin de Fenouilla,* in-8, 1840.

MARTIN-DE-FONTENAY (St-), vg. *Calvados* (Normandie), arr. et à 9 k. de Caen, cant. de Bourguébus, ✉ de May-sur-Orne. Pop. 450 h.

MARTIN - DE - FRAIGNEAU (St-), ou TESSON, vg. *Vendée* (Poitou), arr., ✉ et à 7 k. de Fontenay-le-Comte, cant. de St-Hilaire-des-Loges. Pop. 579 h.

MARTIN-DE-FRESNAY (St-), vg. *Calvados* (Normandie), arr. et à 25 k. de Lisieux, cant. et ✉ de St-Pierre-sur-Dives. Pop. 352 h.

MARTIN-DE-FRESSENGEAS (St-), vg. *Dordogne* (Périgord), arr. et à 22 k. de Nontron, cant. et ✉ de Thiviers. Pop. 987 h.

MARTIN-DE-FUGÈRES (St-), vg. *H.-Loire* (Vélay), arr. et à 19 k. du Puy, cant. et ✉ du Monastier. Pop. 1,311 h.

MARTIN-DE-GOYNE (St-), vg. *Gers* (Condomois), arr., cant., ✉ et à 9 k. de Lectoure. Pop. 324 h.

MARTIN-DE-CURÇON, vg. *Dordogne* (Périgord), arr. et à 38 k. de Bergerac, cant. de Villefranche-de-Lonchapt, ✉ de Monpont. Pop. 804 h.

MARTIN-DE-LINX (St-), vg. *Landes* (Gascogne), arr. et à 29 k. de Dax, cant. de St-Vincent-de-Tyrosse, ✉ du Biaudos. Pop. 1,340 h. — *Foires* le lundi de la 3ᵉ semaine de fév. et d'avril, lundi de la 2ᵉ semaine de juin et de la 4ᵉ semaine d'août.

MARTIN-DE-JOURNET (St-), vg. *Vienne*, comm. de Journet, ✉ de Montmorillon.

MARTIN-DE-JUILLERS (St-), vg. *Charente-Inf.* (Saintonge), arr. et à 13 k. de St-Jean-d'Angely, cant. et ✉ d'Aulnay. Pop. 390 h.

MARTIN-DE-JUSSAC (St-), vg. *H.-Vienne* (Limousin), arr. et à 13 k. de Rochechouart, cant. et ✉ de St-Junien. Pop. 584 h.

MARTIN-DE-LA-BLAQUIÈRE (St-), vg. *Aveyron*, comm. et ✉ de Millau.

MARTIN-DE-LA-BRASQUE (St-), vg. *Vaucluse* (Provence), arr. et à 23 k. d'Apt, cant. et ✉ de Pertuis. Pop. 395 h.

MARTIN-DE-LA-CESQUIÈRE (St-) vg. *Tarn*, comm. de Salvagnac, ✉ de Rabastens.

MARTIN-DE-LA-CLUZE (St-), vg. *Isère*, comm. de Cluze, ✉ de Vif.

MARTIN-DE-LA-COUDRE (St-), vg. *Cha-

rente-Inf.* (Saintonge), arr. et à 16 k. de St-Jean-d'Angely, cant. et ✉ de Loulay. Pop. 360 h.

MARTIN-DE-LA-GUÉPIE (St-), vg. *Tarn* (Languedoc), arr. et à 42 k. de Gaillac, cant. et ✉ de Cordes. Pop. 999 h. — Près de St-Martin-de-la-Guépie, est le petit bassin houiller de Carmeaux, situé à proximité du Tarn, qui facilite l'exportation de ses produits, et qui donne à ce terrain houiller une importance bien supérieure à celle qui résulte de sa surface, à peine de 2 k.

MARTIN-DE-LAIVES (St-), vg. *Saône-et-Loire*, comm. de Laives, ✉ de Sennecey.

MARTIN-DE-LA-LIEUE (St-), vg. *Calvados* (Normandie), arr., cant., ✉ et à 5 k. de Lisieux. Pop. 415 h.

MARTIN-DE-LA-MER (St-), vg. *Côte-d'Or* (Bourgogne), arr. et à 70 k. de Beaune, cant. et ✉ de Liernais. Pop. 805 h.

MARTIN - DE - LAMPS (St-), vg. *Indre* (Berry), arr. et à 23 k. de Châteauroux, cant. et ✉ de Levroux. Pop. 464 h.

MARTIN-DE-LANDELLE (St-), vg. *Manche* (Normandie), arr. et à 24 k. de Mortain, cant. et ✉ de St-Hilaire-du-Harcouet. Pop. 1,900 h.

MARTIN - DE - LANSUSCLE (St-), vg. *Lozère* (Languedoc), arr. et à 24 k. de Florac, cant. et ✉ de St-Germain-de-Calberte. Pop. 663 h.

MARTIN - DE - LA - PLACE (St-), vg. *Maine-et-Loire* (Anjou), arr., cant. et à 12 k. de Saumur, ✉ des Rosiers. Pop. 1,304 h.

Le château de Boumois, bâti sur la rive droite de la Loire, fait partie de cette commune. Son architecture n'a rien de bien remarquable; plusieurs vieilles tours, réunies à quelques bâtiments modernes fort simples, voilà tout. Mais il a été le berceau d'ARISTIDE DU PETIT-THOUARS, distingué par son esprit, ses talents et son courage, et sous ce rapport il doit être considéré comme un des monuments historiques de cet arrondissement. — On sait qu'Aristide du Petit-Thouars commandait à la fatale bataille d'Aboukir le vaisseau *le Tonnant*; frappé par un boulet, il fait étancher son sang, commande tant que ses forces soutiennent l'énergie de son âme, et expire en criant: *Equipage du Tonnant, ne vous rendez pas!*

MARTIN-DE-LA-ROCHE (St-), vg. *Dordogne*, comm. et ✉ d'Excideuil.

MARTIN-DE-LAS-OUMETTES (St-), vg. *Gers*, comm. de Mauroux, ✉ de St-Clar.

MARTIN-DE-LAYE (St-), vg. *Gironde* (Guienne), arr. et à 16 k. de Libourne, cant. et ✉ de Guitres. Pop. 475 h.

PATRIE du duc DECAZES ministre sous la restauration, grand référendaire de la chambre des pairs.

MARTIN-DE-LENNE (St-), vg. *Aveyron* (Rouergue), arr. et à 42 k. de Millau, cant. de Campagnac, ✉ de St-Geniès.

MARTIN-DE-LERM (St-), vg. *Gironde* (Guienne), arr. et à 8 k. de la Réole, cant. et ✉ de Sauveterre. Pop. 309 h.

MARTIN-DE-LÉZEAU (St-), vg. *Eure-et-

Loir (Beauce), comm. de Maillebois, ✉ de Châteauneuf-en-Thymerais.

MARTIN-DE-LIXY (St-), vg. *Saône-et-Loire* (Bourgogne), arr. et à 30 k. de Charolles, cant. et ✉ de Chauffailles. Pop. 242 h.

MARTIN-DE-LODIES (St-), vg. *Tarn*, comm. et ✉ de Castres.

MARTIN-DE-LONDRES (St-), petite ville, *Hérault* (Languedoc), arr. et à 28 k. de Montpellier, chef-l. de cant. Cure. Gîte d'étape. ✉. A 699 k. de Paris pour la taxe des lettres. Pop. 1,077 h. — TERRAIN jurassique, étage inférieur du système oolitique.

St-Martin-de-Londres, dont la population ne dépasse pas 1,100 habitants, conserve des fragments de murailles, débris d'une fortification commune à tous les endroits habités de quelque importance pendant la féodalité. Des boiseries, des peintures de cette époque, conservées dans un assez grand nombre de maisons de St-Martin, donneraient à penser que cette importance était, au moins comparativement, plus grande qu'aujourd'hui. On ne parle cependant pas de ce village avant le XIIe siècle. Les eaux d'une source assez éloignée du village y sont amenées par un aqueduc, fraîches et pures, dans une abondante fontaine au bord de la route.

On y remarque le château de la Roquette, ruines imposantes sur une éminence, non loin du mont St-Loup, qui s'élève derrière à 550 m., et qui, du côté de St-Martin, présente son revers taillé à pic. Le château, presque inhabitable, offre encore une guérite suspendue à l'un de ses angles. Une chapelle, qui vient se grouper devant ces restes du moyen âge, complète l'effet du paysage. — *Fabriques* de soierie, las et gants de soie. Charbonnières. *Foires* les 3 mai, 24 juin et 27 sept.

MARTIN-DELPY (St-), vg. *Tarn*, comm. de Moulayrès, ✉ de Lavaur.

MARTIN-DE-MACON (St-), bg *Deux-Sèvres* (Poitou), arr. et à 35 k. de Bressuire, cant. et ✉ de Thouars. Pop. 533 h.

MARTIN-DE-MAILLOC (St-), vg. *Calvados* (Normandie), arr. et à 8 k. de Bayeux, cant. d'Orbec, ✉ de Lisieux. Pop. 678 h.

MARTIN-DE-MELLE (St-), vg. *Deux-Sèvres* (Poitou), arr., cant., ✉ et à 2 k. de Melle. Pop. 537 h.

MARTIN-DE-MENTAURE (St-), vg. *Tarn-et-Garonne*, comm. de Durfort, ✉ de Lauzerte.

MARTIN-DE-MISÉRÉ (St-), vg. *Isère* (Dauphiné), arr., cant., ✉ et à 8 k. de Grenoble. Pop. 442 h.

MARTIN-DE-MONTROTIER (St-), vg. *Rhône*, comm. de Montrotier, ✉ de St-Laurent-de-Chamousset.

MARTIN-DE-MORSAIN (St-), vg. *Aisne*, comm. de Morsain, ✉ de Vic-sur-Aisne.

MARTIN-DE-NIGELLES (St-), vg. *Eure-et-Loir* (Beauce), arr. et à 24 k. de Dreux, cant. et ✉ de Nogent-le-Roi. Pop. 783 h.

MARTIN-D'ENTRAIGUES (St-), vg. *Deux-Sèvres* (Poitou), arr. et à 13 k. de Melle, cant. et ✉ de Chef-Boutonne. Pop. 407 h.

MARTIN-DE-PONT-CHARDON (St-), vg. *Orne* (Perche), arr. et à 35 k. d'Argentan, cant. et ✉ de Vimoutier. Pop. 351 h. — Haut fourneau.

MARTIN-DE-QUEYRIÈRES (St-), vg. *H.-Alpes* (Dauphiné), arr., ✉ et à 9 k. de Briançon, cant. de l'Argentière. Pop. 1,424 h. — Il est situé dans une jolie position, au pied d'une montagne qui l'environne en forme de demi-cercle du côté du nord-est. — Exploitation de houille.

MARTIN-DE-RÉ (St-), jolie et forte ville maritime, *Charente-Inf*. (île de Ré, Aunis), arr. à 22 k. de la Rochelle, chef-l. de cant. Tribunal de commerce. Place de guerre de 3e classe. Vice-consulats étrangers. Cure. Gîte d'étape. ✉. A 487 k. de Paris pour la taxe des lettres. Pop. 2,617 h. — TERRAIN jurassique, étage moyen du système oolitique. — *Etablissement de la marée*, 3 heures 20 minutes. — Feu de port de 12 m. de hauteur et de 8 k. de portée. Lat. 48° 12′, long. O. 3° 42′.

La ville de St-Martin est située à peu près au centre de l'île de Ré, dont elle était autrefois le chef-lieu, dans une position très-avantageuse pour le commerce, sur le bord de l'Océan, où elle a un port commode précédé d'une rade sûre. Elle est assez bien bâtie, et défendue par une bonne citadelle qui résista, en 1628, aux efforts de l'escadre anglaise commandée par le duc de Buckingham, lorsque Louis XIII assiégeait la Rochelle.

Elle fut défendue contre les Anglais avec une étonnante intrépidité par Thoiras, qui sauva l'île de Ré et le pays d'Aunis.

Cette ville était alors peu considérable ; Louis XIV la fit agrandir et fortifier par Vauban d'une nouvelle enceinte, composée de six grands bastions et de cinq demi-lunes, de fossés et de chemins couverts. La citadelle commande la ville et la campagne ; c'est un carré régulier défendu par quatre bastions, trois demi-lunes et une demi-contre-garde, le tout entouré, excepté du côté de la mer, d'un fossé sec et d'un chemin couvert. Le quatrième côté fait face à la mer, est coupé par le port et par un grand quai qui règne le long des faces des bastions ; l'entrée de ce port est défendue par un éperon en forme de demi-lune.

St-Martin occupe l'emplacement d'un ancien monastère de l'ordre de Saint-Benoit, fondé en 735 par Eudes, duc d'Aquitaine, qui y fut enterré avec Valtrude, son épouse. Eudes embrassa la vie monastique, après avoir fait crever les yeux à son propre frère et après avoir abdiqué ses États en faveur de son fils.

PATRIE de M. A. ALLIZEAU, ingénieur géomètre.

Fabriques d'eaux-de-vie. — *Commerce* de vins, eaux-de-vie, vinaigre, sel, poisson frais, chanvre, bois, planches, mâtures, goudron, fer, etc. — Armements pour la pêche de la morue et de la raie.

MARTIN-DE-REDON (St-), vg. *Lot*, com. de Duravel, ✉ de Puy-l'Évêque.

MARTIN-DE-RENACAS (St-), vg. *B.-Alpes* (Provence), arr. et à 13 k. de Forcal-

quier, cant. et ✉ de Reillanne. Pop. 188 h.

MARTIN-D'ERN (St-), vg. *Lot*, comm. de St-Laurent-près-Montcuq, ✉ de Montcuq.

MARTIN-DE-RONSACQ (St-), vg. *H.-Garonne*, comm. de Ste-Foy-d'Aigrefeuille, ✉ de Caraman.

MARTIN-DE-SALENCEY (St-), vg. *Saône-et-Loire* (Bourgogne), arr. et à 23 k. de Charolles, cant. de la Guiche, ✉ de St-Bonnet-de-Joux. Pop. 494 h.

MARTIN-DE-SALLEN (St-), vg. *Calvados* (Normandie), arr. et à 30 k. de Caen, cant. d'Evrecy, ✉ d'Harcourt-Thury. P. 1,148 h.

MARTIN-DE-SANZAY (St-), vg. *Deux-Sèvres* (Poitou), arr. et à 35 k. de Bressuire, cant. et ✉ de Thouars. Pop. 1,215 h.

MARTIN-DES-BESACES (St-), vg. *Calvados* (Normandie), arr. et à 21 k. de Vire, cant. de Bény-Bocage, ✉ de Mesnil-Auzouf. Pop. 1,600 h. — *Foire* le mardi de la semaine de la Passion.

MARTIN-DES-BOIS (St-), vg. *Calvados*, comm. de St-Sylvain, ✉ de Langannerie.

MARTIN-DES-BOIS (St-), vg. *Loir-et-Cher* (Vendômois), arr. et à 23 k. de Vendôme, cant. et ✉ de Montoire. Pop. 1,027 h.

MARTIN-DES-CHAMPS (St-), vg. *Cher* (Berry), arr. et à 22 k. de Sancerre, cant. et ✉ de Sancergues. Pop. 744 h.

MARTIN-DES-CHAMPS (St-), vg. *Finistère* (Bretagne), arr., cant., ✉ et à 5 k. de Morlaix. Pop. 1,134 h.

MARTIN-DES-CHAMPS (St-), vg. *Manche* (Normandie), arr., cant., ✉ et à 15 k. d'Avranches. Pop. 578 h.

MARTIN-DES-CHAMPS (St-), vg. *Orne*, comm. et ✉ d'Argentan.

MARTIN-DES-CHAMPS (St-), vg. *Saône-et-Loire* (Bourgogne), arr., cant., ✉ et à 2 k. de Chalon-sur-Saône. Pop. 176 h.

MARTIN-DES-CHAMPS (St-), vg. *Seine-et-Marne*, arr. et à 21 k. de Coulommiers, cant. et ✉ de la Ferté-Gaucher. Pop. 496 h.

MARTIN-DES-CHAMPS (St-), vg. *Seine-et-Marne* (Brie), arr., ✉ et à 6 k. de Provins, cant. de Villiers-St-Georges. Pop. 129 h.

MARTIN-DES-CHAMPS (St-), vg. *Seine-et-Oise* (Beauce), arr. et à 14 k. de Mantes, cant. et ✉ de Houdan. Pop. 308 h.

MARTIN-DES-CHAMPS (St-), vg. *Yonne* (Gatinais), arr. et à 47 k. de Joigny, cant. et ✉ de St-Fargeau. Pop. 360 h. — *Foires* les 12 fév., 12 août et 12 nov.

MARTIN-DE-COMBES (St-), vg. *Dordogne* (Périgord), arr. et à 19 k. de Bergerac, cant. de Villamblard, ✉ de Douville. Pop. 600 h.

MARTIN-DE-SEIGNAUX (St-), vg. *Landes* (Gascogne), arr. à 40 k. de Dax, cant. de St-Esprit, ✉ de Biaudos. Pop. 2,515 h. — *Foires* les lundis de la dernière semaine de juin, de juillet, de la 3e semaine d'août, et lundi de la 3e semaine de janv.

MARTIN-DE-SÉNOZAN (St-), vg. *Saône-et-Loire* (Bourgogne), arr., cant., ✉ et à 9 k. de Mâcon. Pop. 589 h.

MARTIN-DES-ENTRÉES (St-), vg. *Calvados* (Normandie), arr., cant., ✉ et à 4 k. de Bayeux. Pop. 430 h.

MARTIN-DE-SESCAS (St-), vg. *Gironde* (Guienne), arr. et à 10 k. de la Réole, cant. et ✉ de St-Macaire. Pop. 346 h.

MARTIN-DES-FONTAINES (St-), vg. *Vendée* (Poitou), arr., ✉ et à 12 k. de Fontenay-le-Comte, cant. de l'Hermenault. Pop. 287 h.

MARTIN-DES-LAIS (St-), vg. *Allier* (Bourbonnais), arr. et à 32 k. de Moulins-sur-Allier, cant. et ✉ de Chevagnes. Pop. 313 h.

MARTIN-DES-LANDES (St-), vg. *Orne* (Normandie), arr. et à 27 k. d'Alençon, cant. et ✉ de Carrouges. Pop. 424 h.

MARTIN-DES-MONTS (St-), vg. *Sarthe* (Maine), arr. et à 32 k. de Mamers, cant. et ✉ de la Ferté-Bernard. Pop. 270 h.

MARTIN-DES-NOYERS (St-), vg. *Calvados*, comm. et ✉ de Livarot.

MARTIN-DES-NOYERS (St-), vg. *Vendée* (Poitou), arr. et à 19 k. de Bourbon-Vendée, cant. et ✉ des Essarts. Pop. 1,590 h.

MARTIN-DES-OLMES (St-), vg. *Puy-de-Dôme* (Auvergne), arr., cant., ✉ et à 5 k. d'Ambert. Pop. 1,374 h.

MARTIN-DE-SOS (St-), vg. *Lot-et-Garonne* (Languedoc), arr. et à 22 k. de Nérac, cant. et ✉ de Mézin. Pop. 1,343 h.

MARTIN-DE-SOSSENAC (St-), vg. *Gard* (Languedoc), arr. et à 40 k. du Vigan, cant. et ✉ de Sauve. Pop. 102 h.

MARTIN-DES-PESERITS (St-), vg. *Orne* (Perche), arr. et à 17 k. de Mortagne-sur-Huîne, cant. et ✉ de Moulins-la-Marche. Pop. 352 h.

MARTIN-DES-PIERRES (St-) ou PÉRIERS, vg. *H.-Garonne* (Languedoc), arr. et à 20 k. de Toulouse, cant. de Verfeil, ✉ de Montastruc. Pop. 188 h.

MARTIN-DES-PLAINS (St-), vg. *Puy-de-Dôme* (Auvergne), arr. et à 9 k. d'Issoire, cant. de Sauxillanges, ✉ de Jumeaux. Pop. 285 h.

MARTIN-DES-PRÉS (St-), vg. *Côtes-du-Nord* (Bretagne), arr. et à 25 k. de Loudéac, cant. et ✉ de Corlay. Pop. 1,369 h. — *Foires* les 30 juin et 29 sept.

MARTIN-DES-PUITS (St-), vg. *Aude* (Languedoc), arr. et à 40 k. de Carcassonne, cant. et ✉ de Lagrasse. Pop. 110 h.

MARTIN-DESTRÉAUX (St-), vg. *Loire* (Forez), arr. et à 30 k. de Roanne, cant. de la Pacaudière. ✉. ♂. A 354 k. de Paris pour la taxe des lettres. Pop. 1,456 h.

Autrefois diocèse et intendance de Lyon, parlement de Paris, élection de Roanne.

Foires les 18 mars, 14 mai, 10 août et 18 déc.

MARTIN-DE-TESSAC (St-), vg. *Aude* (Languedoc), arr. et à 45 k. de Limoux, cant. et ✉ de Quillan. Pop. 226 h.

Ce village est situé au confluent de l'Aude et du Rebenti, près de la forêt de Fanges, sur un petit plateau dominé par des montagnes élevées sur lesquelles s'étend cette belle forêt; au bas de ces montagnes boisées, les eaux rapides de l'Aude coulent entre deux rochers immenses taillés à pic, qu'on nomme la Pierre-Lis. Sur ces rochers a été tracé, le long du cours de l'Aude, un sentier étroit et dangereux qui conduit d'Axat à Belvianes : pour continuer ce chemin, on a été obligé de percer une espèce de grotte. On doit cette utile communication au zèle de M. Armand, curé de St-Martin, dont le nom, révéré dans le pays, mérite d'être connu. Cet ecclésiastique sacrifiait chaque année la plus grande partie de ses revenus au soulagement des pauvres et à l'entretien de ce chemin, si nécessaire aux habitants des villages voisins, qui, en reconnaissance, ont doté le passage du nom de *Trou-du-Curé*, pour perpétuer ainsi la mémoire de ce digne ministre de l'Evangile.

MARTIN-DE-THEVET (St-), vg. *Indre*, comm. de St-Julien-de-Thevet, ✉ de la Châtre.

MARTIN-DE-TOURS (St-), vg. *Puy-de-Dôme*, comm. et ✉ de Rochefort.

MARTIN-DE-TRANSFORT (St-), vg. *Lot-et-Garonne*, comm. de Ferrensac, ✉ de Castillonnès.

MARTIN-DE-TREIGNAC (St-), vg. *Corrèze*, comm. et ✉ de Treignac.

MARTIN-DE-VALAMAS (St-), bg *Ardèche* (Vivarais), arr. et à 55 k. de Tournon, chef-l. de cant. Cure. ✉. A 603 k. de Paris pour la taxe des lettres. Pop. 1,973 h. — TERRAIN cristallisé ou primitif.

Ce bourg est situé dans une contrée abondante en excellents pâturages, au confluent de la Dorne et de l'Erieux. On y remarque les ruines du château de Rochebonne, dont il est fait mention dans les *Lettres* de Mme de Sévigné, et l'ancienne chartreuse de Bonnefoy.

PATRIE de A.-P. ROYER-COLLARD, professeur de droit de la faculté de Paris.

Mine de houille.

Foires les 18 janv., 3 fév., 1er et 26 mars, 2 mai, 15 août, 9 sept., 1er et 27 déc., 1er mercredi après Pâques, 1ers mardis de juin, de juillet et d'oct.

MARTIN-DE-VALGALGUES (St-), vg. *Gard* (Languedoc), arr., bureau d'enregist., ✉ et à 5 k. d'Alais, chef-l. de cant. P. 925 h. — TERRAIN jurassique, voisin du terrain carbonifère. — *Fabrique d'étoffes de soie*.

MARTIN-DE-VALOIS (St-), vg. *Cantal*, comm. de St-Cernin, ✉ de St-Martin-Valmeroux.

MARTIN-DE-WAMBEZ (St-), vg. *Oise*. V. WAMBEZ.

MARTIN-DE-VARREVILLE (St-), vg. *Manche* (Normandie), arr. et à 22 k. de Valognes, cant. et ✉ de Ste-Mère-Eglise. Pop. 480 h.

MARTIN-DE-VERS (St-), vg. *Lot* (Agénois), arr. et à 22 k. de Cahors, cant. de Lauzès, ✉ de Pélacoy. Pop. 695 h. — *Foires* les 3 fév., 6 mars, 29 avril, 25 mai, 12 sept., 12 oct., 12 nov. et 10 déc.

MARTIN-DE-VILLECOURTES (St-), vg. *Tarn*, comm. et ✉ de Gaillac.

MARTIN-DE-VILLENEUVE (St-), vg. *Charente-Inf.* (Aunis), arr. et à 33 k. de la Rochelle, cant. de Courçon, ✉ de Mauzé. Pop. 547 h.

MARTIN-DE-VILLENGLOSE (St-), vg. *Mayenne*, comm. de St-Denis-d'Anjou, ✉ de Sablé.

MARTIN-DE-VILLERÉAL (St-), vg. *Lot-et-Garonne* (Agénois), arr. et à 34 k. de Villeneuve-sur-Lot, cant. et ✉ de Villeréal. Pop. 410 h.

MARTIN-DE-VILLEREGLANS (St-), vg. *Aude* (Languedoc), arr., cant., ✉ et à 7 k. de Limoux. Pop. 357 h.

MARTIN-D'HÈRES (St-), vg. *Isère* (Dauphiné), arr., cant., ✉ et à 7 k. de Grenoble. Pop. 1,107 h.

MARTIN-D'HEUILLE (St-), vg. *Nièvre* (Nivernais), arr. et à 15 k. de Nevers, cant. de Pougues, ✉ de Guérigny. Pop. 453 h.

MARTIN-D'OLLIÈRES (St-), vg. *Puy-de-Dôme* (Auvergne), arr. et à 27 k. d'Issoire, cant. et ✉ de Jumeaux. Pop. 932 h.

MARTIN-DON (St-), bg *Calvados* (Normandie), arr., cant. et à 12 k. de Vire, cant. de Bény-Bocage. Pop. 625 h.

MARTIN-D'ONEY (St-), vg. *Landes* (Gascogne), arr., cant., ✉ et à 12 k. de Mont-de-Marsan. Pop. 699 h. — *Foires* le 11 nov.

MARTIN-D'ORDON (St-), vg. *Yonne* (Champagne), arr. et à 20 k. de Joigny, cant. de St-Julien-du-Sault, ✉ de Villevallier. Pop. 505 h. — *Foires* les 1er mars, 25 juin et 21 sept.

MARTIN-D'OYDES (St-), vg. *Ariége* (pays de Foix), arr., cant., ✉ et à 11 k. de Pamiers. Pop. 640 h.

MARTIN-DU-BEC (St-), vg. *Seine-Inf.*, comm. de Turretot, ✉ de Montivilliers.

MARTIN-DU-BOCHEZ (St-), vg. *Seine-et-Marne* (Brie), arr. et à 24 k. de Provins, cant. et ✉ de Villiers-St-Georges. Pop. 384 h.

MARTIN-DU-BOIS (St-), vg. *Gironde* (Guienne), arr. et à 15 k. de Libourne, cant. et ✉ de Guitres. Pop. 800 h.

MARTIN-DU-BOIS (St-), vg. *Lot*, comm. de Prudhomat, ✉ de St-Céré.

MARTIN-DU-BOIS (St-), vg. *Maine-et-Loire* (Anjou), arr., cant., ✉ et à 12 k. de Segré. Pop. 1,062 h. — *Foire* le 7 sept.

MARTIN-DU-BORN (St-), vg. *Lozère*, comm. du Born, ✉ de Mende.

MARTIN-DU-BOSC (St-), vg. *Hérault*, comm. du Bosc, ✉ de Lodève.

MARTIN-DU-BUT (St-), vg. *Calvados* (Normandie), arr., cant., ✉ et à 4 k. de Falaise. Pop. 412 h.

MARTIN-DU-CANIGOU (St-), vg. *Pyrénées-Or.*, comm. de Vernet, ✉ de Villefranche-de-Conflent.

MARTIN-DU-CLOCHER (St-), vg. *Charente* (Angoumois), arr., cant. et à 6 k. de Ruffec, cant. de Villefagnan. Pop. 351 h.

MARTIN-DU-DOUET (St-), vg. *Orne*, comm. de Dannemarie, ✉ de Bellême.

MARTIN - DU - FOUILLOUX (St-), vg. *Maine-et-Loire* (Anjou), arr. et à 12 k. d'Angers, c. et ✉ de St-Georges-sur-Loire. P. 813 h.

MARTIN-DU-FOUILLOUX (St-), vg. *Deux-Sèvres* (Poitou), arr., ✉ et à 15 k. de Parthenay, cant. de Ménigoute. Pop. 579 h.

MARTIN-DU-FRESNE (St-), vg. *Ain* (Bugey), arr., cant., ✉ et à 7 k. de Nantua. Pop. 912 h. — *Foires* le 1er dimanche de Quasimodo, 15 mai, 1er juin, 15 juillet et 25 sept.

MARTIN - DU - HOUR (St-), vg. *Gers*, comm. de Ste-Marie, ✉ de Gimont.

MARTIN - DU - LAC (St-), vg. *Saône-et-Loire* (Bourgogne), arr. et à 41 k. de Charolles, cant. et ✉ de Marcigny. Pop. 441 h.

MARTIN-DU-LIMET (St-), vg. *Mayenne* (Maine), arr. et à 25 k. de Château-Gontier, cant. et ✉ de Craon. Pop. 478 h.

MARTIN-DU-MANOIR (St-), vg. *Seine-Inf.* (Normandie), arr. et à 12 k. du Havre, cant. et ✉ de Montivilliers. Pop. 568 h.

MARTIN-DU-MAS (St-), vg. *Lot-et-Garonne*, comm. du Mas-d'Agenois, ✉ de Tonneins.

MARTIN - DU - MONT (St-), vg. *Ain* (Bresse), arr. et à 17 k. de Bourg-en-Bresse, cant. et ✉ de Pont-d'Ain. Pop. 1,726 h. — *Foires* les 11 août et 15 oct.

MARTIN-DU-MONT (St-), vg. *Côte-d'Or* (Bourgogne), arr. et à 27 k. de Dijon, cant. et ✉ de St-Seine. Pop. 947 h.

MARTIN-DU-MONT (St-), vg. *Saône-et-Loire* (Bourgogne), arr., ✉ et à 7 k. de Louhans, cant. de Beaurepaire. Pop. 258 h.

MARTIN-DU-PAN (St-), vg. *Eure-et-Loir*, comm. et ✉ de Bonneval.

MARTIN-DU-PARC (St-), vg. *Eure*, com. de Bec-Hellouin, ✉ de Brionne.

MARTIN-DU-PRÉ (St-), vg. *Nièvre*, com. et ✉ de Donzy.

MARTIN-DU-PUITS (St-), vg. *Nièvre* (Nivernais), arr. et à 30 k. de Clamecy, cant. et ✉ de Lormes. Pop. 1,420 h. — *Foires* les 11 mai, 9 sept. et 12 nov.

MARTIN-DU-PUY (St-), vg. *Gironde* (Bazadois), arr. et à 11 k. de la Réole, cant. et ✉ de Sauveterre. Pop. 411 h.

MARTIN-D'URIAGE (St-), vg. *Isère* (Dauphiné), arr., ✉ et à 16 k. de Grenoble, cant. de Domène. Pop. 2,591 h.

On trouve à peu de distance de ce village, dans une vallée isolée, deux sources d'eaux minérales froides, l'une sulfureuse, et l'autre ferrugineuse, spécialement étudiées dans ces derniers temps par M. Billerey, premier médecin de l'hôpital civil et militaire de Grenoble, à qui l'on doit l'idée de la création de l'établissement des eaux minérales d'Uriage.

Les principes constitutifs de l'eau sulfureuse sont l'hydrochlorate de soude, le sulfate de magnésie, une matière savonneuse blanche d'une nature animale, du gaz hydrogène sulfuré et du gaz acide carbonique en quantité très-abondante. Le principe minéralisateur de la source ferrugineuse est le carbonate de fer, tenu en dissolution par un excès d'acide carbonique. On administre l'eau sulfureuse en bains, après l'avoir fait chauffer pour lui donner la température convenable, dans les rhumatismes chroniques, et les maladies cutanées. L'eau ferrugineuse se prend en boisson, dans la chlorose et dans beaucoup de maladies abdominales.

Les Romains se servirent des eaux minérales d'Uriage pour l'usage des bains. Ils avaient fait un aqueduc pour isoler les eaux, afin que celles de filtration ne pussent pas les affaiblir. On les recevait ensuite dans des piscines (sept ont été trouvées dans les travaux de recherches) revêtues d'un ciment rougeâtre et qui conserve encore aujourd'hui tout son poli. Sous ces piscines, MM. Perrard et Gueymard ont trouvé des fourneaux ; ce qui prouve que le chauffage se faisait avec du bois, et que ces eaux n'ont jamais été thermales, comme on l'avait annoncé.

Il ne reste plus de l'ancien établissement des Romains, qui était situé sur le penchant d'un coteau, à 4 ou 500 m. de l'établissement moderne, qu'une chambre d'environ 3 m. de longueur sur 1 m. de largeur, où l'on descend par trois marches placées à l'une des extrémités. Le mur de pourtour est revêtu d'une couche d'environ 8 c. d'épaisseur, d'un ciment dur et poli à sa surface. Cette chambre pouvait contenir une douzaine de baigneurs.

L'établissement des bains d'Uriage est vraiment remarquable ; il est formé à l'ouverture de la vallée et offre tous les avantages des eaux naturellement thermales ; on y trouve presque toutes les commodités qu'on pourrait désirer dans une ville. Son voisinage de Grenoble, d'où l'on s'y rend en moins de deux heures par de petites diligences, en facilite singulièrement l'accès. Aussi, quoique terminé à peine depuis peu d'années, ses eaux attirent-elles déjà un grand concours de malades, même de pays éloignés. Le nombre des bains et douches s'élève, pendant la belle saison, de 250 à 300 par jour.

Lorsque du ravin des eaux on rétrograde vers le nord, on arrive, en gravissant un coteau escarpé, à l'ancien château d'Uriage, qui était jadis un des manoirs de la famille d'Allemands, un des plus nombreuses et des plus puissantes de l'ancien Dauphiné au moyen âge. On y a découvert récemment et fait restaurer un portrait original, peint sur bois, de l'immortel chevalier sans peur et sans reproche.

Foire le 26 mars.

Bibliographie. Berriat-St-Prix. *Rapport sur les antiquités et les bains d'Uriage près de Grenoble* (Mém. de la soc. des ant. de France, t. VIII, p. 291).

* *Eaux minérales d'Uriage* (Ann. des mines, t. XII, p. 182).

Vulfranc-Gerdy (G.). *Recherches et Observations sur l'influence thérapeutique des eaux minérales d'Uriage près de Grenoble*, in-8, 1838-40.

Dupasquier. *Nouvelle Réponse à M. le docteur Vulfranc-Gerdy, relativement aux eaux très-peu sulfureuses d'Uriage*, in-8 de 2 feuilles, 1843.

MARTIN-DU-TARTRE (St-), vg. *Saône-et-Loire* (Bourgogne), arr. et à 27 k. de Chalon-sur-Saône, cant. de Buxy, ✉ de St-Gengoux-le-Royal. Pop. 499 h.

MARTIN-DU-TAUR (St-), vg. *Tarn*, com. de Montans, ✉ de Gaillac.

MARTIN-DU-TERTRE (St-), vg. *Seine-et-Oise* (Ile-de-France), arr. et à 25 k. de Pontoise, cant. et ✉ de Luzarches. Pop. 803 h.

MARTIN-DU-TERTRE (St-), vg. *Yonne* (Champagne), arr., cant., ✉ et à 3 k. de Sens. Pop. 623 h.

MARTIN-DU-TILLEUL (St-), ou St-Martin-le-Vieux, bg. *Eure* (Normandie), arr., cant., ✉ et à 5 k. de Bernay. Pop. 244 h. — Il est situé près d'une voie antique qui conduisait de Brionne à Orbec.

Patrie de M. Auguste le Prévost, membre de l'Institut et de la chambre des députés.

Fabriques de toiles et de rubans de fil.

MARTIN-DU-TOUCH (St-), vg. *H.-Garonne*, comm. et ✉ de Toulouse.

MARTIN-DU-TRONSEC (St-), vg. *Nièvre* (Nivernais), arr. et à 10 k. de Cosne, cant. et ✉ de Pouilly-sur-Loire. Pop. 715 h.

MARTIN-DU-VICAN (St-), vg. *Aveyron*, comm. et ✉ de Nant.

MARTIN - DU - VIEUX - BELLÊME (St-), vg. *Orne* (Perche), arr. et à 16 k. de Mortagne-sur-Huine, cant. et ✉ de Bellême. Pop. 3,019 h. — *Foires* les 24 fév., 4 juillet et 20 août.

MARTIN-DU-VIVIER (St-), vg. *Seine-Inf.* (Normandie), arr. et à 6 k. de Rouen, cant. et ✉ de Darnetal. Pop. 590 h.

MARTIN-ÉGLISE (St-), vg. *Seine-Inf.* (Normandie), arr., ✉ et à 5 k. de Dieppe, cant. d'Offranville. Pop. 509 h. Sur l'Aulne.

MARTIN-EN-AUXOIS (St-), vg. *Côte-d'Or*, comm. de St-Germain-de-Modéou, ✉ de Rouvray.

MARTIN-EN-BIERRE (St-), vg. *Seine-et-Marne* (Ile-de-France), arr., cant. et à 14 k. de Melun, ✉ de Chailly. Pop. 415 h.

MARTIN-EN-BRESSE (St-), vg. *Saône-et-Loire* (Bourgogne), arr. et à 17 k. de Chalon-sur-Saône, chef-l. de cant. Cure, Bureau d'enregistr. et ✉ de Verdun-sur-le-Doubs. Pop. 1,814 h. — Terrain tertiaire supérieur. — *Foires* les 20 janv., 13 avril, 11 juin et 3 déc. *Patrie* du général Carrier.

MARTIN - EN - CAMPAGNE (St-), vg. *Seine-Inf.* (Normandie), arr. et à 13 k. de Dieppe, cant. et ✉ d'Envermeu. Pop. 547 h.

MARTIN - EN - CAILLEUX (St-), vg. *Loire* (Forez), arr. et à 14 k. de St-Étienne, cant. et ✉ de St-Chamond. Pop. 1,216 h.

MARTIN-EN-GATINAIS (St-), vg. *Saône-et-Loire* (Bourgogne), arr. et à 30 k. de Chalon-sur-Saône, cant. et ✉ de Verdun-sur-le-Doubs. Pop. 416 h.

MARTIN-EN-HAUT (St-), vg. *Rhône* (Forez), arr. et à 25 k. de Lyon, cant. de St-Symphorien - sur - Coise, ✉ de Duerne. Pop. 2,350 h. — *Foires* les 6 mai, 9 oct., 9 déc. et lundi avant le lundi gras.

MARTIN-EN-VERCORS (St-), vg. *Drôme* (Dauphiné), arr. et à 40 k. de Die, cant. ✉ de la Chapelle-en-Vercors. Pop. 1,008 h. —

Foires les 1er juin, 8 oct. et lundi après le 1er dimanche d'août.

MARTIN-ÈS-VIGNES (St-), joli village, *Aube* (Champagne), arr., cant. et ✉ de Troyes. Pop. 3,074 h.— Il est situé près des plus belles promenades de la ville de Troyes, dont il forme un des faubourgs.

Jusqu'au xvie siècle l'église de St-Martin fut où on voit les restes de la chapelle Ste-Jule ; mais en 1590 le comte de St-Paul, qui commandait à Troyes pour la Ligue, la démolit avec celle des Antonins et des Mathurins, pour en construire à Troyes le fort depuis appelé fort Chevreuse. Dès la même année on choisit pour bâtir une nouvelle église le lieu où elle est aujourd'hui. Le portail, remarquable par le péristyle de la partie supérieure, d'ordre corinthien, ne fut commencé qu'en 1681, sur les dessins de M. Maillet, architecte et chanoine de la cathédrale. Les vitraux méritent une attention toute particulière pour la vivacité des couleurs, la pureté du dessin et leur parfaite conservation.

La chapelle de Ste-Jule fut bâtie depuis la destruction de St-Martin, en 1590, dans le même lieu où était l'église paroissiale, proche le puits où sainte Jule fut martyrisée. Ce puits, dont l'eau était en réputation pour ses soi-disant propriétés fébrifuges, a été démoli, ainsi que la chapelle où l'on voyait de mauvaises peintures à fresque attribuées à l'enfance de Girardon.

MARTINET (le), vg. *B.-Alpes*, comm. de Volx, ✉ de Manosque.

MARTINET (le), vg. *Jura*, comm. de Villars-St-Sauveur, ✉ de St-Claude.

MARTINET (forêt de), vg. *Saône-et-Loire*, comm. de St-Romain-sous-Versigny, ✉ de Perrecy.

MARTINET, vg. *Vendée*, comm. de Beaulieu-sous-Bourbon, ✉ de la Mothe-Achard.

MARTINIEN (St-), vg. *Allier* (Bourbonnais), arr. et à 5 k. de Montluçon, cant. et ✉ d'Huriel. Pop. 744 h.

MARTINIÈRE (la), vg. *Charente-Inf.*, comm. de St-Médard, ✉ de Croix-Chapeau.

MARTINIÈRE (la), vg. *Seine-et-Oise*, comm. de Saclay, ✉ d'Orçay.

MARTIN-LA-BOUVAL (St-), vg. *Lot* (Quercy), arr. et à 32 k. de Cahors, cant. et ✉ de Limogne. Pop. 712 h.— *Foires* les 28 avril et 13 nov.

MARTIN-LA-CAMPAGNE (St-), vg. *Eure* (Normandie), arr., cant., ✉ et à 9 k. d'Évreux. Pop. 77 h.

MARTIN-LA-CORNEILLE (St-), vg. *Eure* (Normandie), arr. et à 20 k. de Louviers, cant. d'Amfreville-la-Campagne, ✉ d'Elbeuf. Pop. 547 h.

MARTIN-LA-FOSSE (St-), vg. *Aube* (Champagne), arr., ✉ et à 17 k. de Nogent-sur-Seine, cant. de Romilly-sur-Seine. Pop. 242 h.

MARTIN-LA-GARENNE (St-), vg. *Seine-et-Oise* (Ile-de-France) arr., ✉ et à 18 k. de Mantes, cant. de Limay. Pop. 750 h.

MARTIN-LAIGUILLON (St-), vg. *Orne* (Normandie), arr. et à 35 k. d'Alençon, cant. et ✉ de Carrouges. Pop. 802 h.

MARTIN-LA-JUMELLE (St-), vg. *Pas-de-Calais*, comm. et ✉ d'Aire-sur-la-Lys.

MARTIN-LA-LANDE (St-), vg. *Aude* (Languedoc), arr., cant., ✉ et à 1 k. de Castelnaudary. Pop. 878 h.

MARTIN-LA-MÉANNE (St-), vg. *Corrèze* (Limousin), arr. et à 30 k. de Tulle, cant. de la Roche-Canillac, ✉ d'Argentat. P. 1,432 h. — *Foires* le 28 de chaque mois.

MARTIN-LANTABAT (St-), vg. *B.-Pyrénées*, comm. de Lantabat, ✉ de St-Palais.

MARTIN-LA-PATROUILLE (St-), vg. *Saône-et-Loire* (Bourgogne), arr. et à 31 k. de Charolles, cant. de la Guiche, ✉ de Joncy. Pop. 180 h.

MARTIN-LA-PLAINE (St-), bg *Loire* (Forez), arr. et à 30 k. de St-Etienne, cant. et ✉ de Rive-de-Gier. Pop. 2,011 h.

MARTIN-LA-RIVIÈRE (St-), vg. *Vienne* (Poitou), arr. et à 20 k. de Montmorillon, cant. et ✉ de Chauvigny. Pop. 923 h.

MARTIN-LARS (St-), bg *Vienne* (Poitou), arr. et à 25 k. de Civray, cant. d'Availle, ✉ d'Usson. Pop. 826 h.

MARTIN-LARS-EN-STE-HERMINE (St-), bg *Vendée* (Poitou), arr. et à 44 k. de Bourbon-Vendée, cant. de Mortagne-sur-Sèvre, ✉ de Ste-Hermine. Pop. 498 h.

MARTIN-LARS-EN-TIFFAUGE (St-), vg. *Vendée* (Poitou), arr. et à 20 k. de Fontenay-le-Comte, cant. de Ste-Hermine, ✉ de Tiffauge. Pop. 1,006 h.

MARTIN-LA-SAUVETÉ (St-), vg. *Loire* (Forez), arr. et à 36 k. de Roanne, cant. et ✉ de St-Germain-Laval. Pop. 1,507 h. — *Foire* le 27 avril.

MARTIN-LASTIER (St-), vg. *Dordogne* (Périgord), arr. et à 6 k. de Ribérac, cant. et ✉ de Mussidan. Pop. 341 h.

MARTIN-LA-VALLÉE (St-), vg. *Saône-et-Loire*, comm. de Semur-en-Brionnais, ✉ de Marcigny.

MARTIN-LE-BEAU (St-), bg *Indre-et-Loire* (Beauce), arr. et à 19 k. de Tours, cant. et ✉ d'Amboise. Pop. 1,345 h. — *Foire* le 15 sept.

MARTIN-LE-BOUILLANT (St-), vg. *Manche* (Normandie), arr. et à 30 k. de Mortain, cant. de St-Pois, ✉ de Villedieu. Pop. 906 h.

MARTIN-LE-CHATEL (St-), vg. *Ain* (Bresse), arr. et à 14 k. de Bourg-en-Bresse, cant. et ✉ de Montrevel. Pop. 906 h.

MARTIN-LE-COLONEL (St-), vg. *Drôme* (Dauphiné), arr. et à 50 k. de Valence, cant. et ✉ de St-Jean-en-Royans. Pop. 298 h.

MARTIN-LE-DÉSARNAT (St-), vg. *Lot*, comm. de Lavercautière, ✉ de Gourdon.

MARTIN-LE-GAILLARD (St-), vg. *Seine-Inf.* (Normandie), arr. et à 23 k. de Dieppe, cant. et ✉ d'Eu. Pop. 552 h. Sur l'Isère.

MARTIN-LE-GRÉARD (St-), vg. *Manche* (Normandie), arr., ✉ et à 11 k. de Cherbourg, cant. d'Octeville. Pop. 301 h.

MARTIN-LE-HÉBERT (St-), vg. *Manche* (Normandie), arr. et à 10 k. de Valognes, cant. et ✉ de Bricquebec. Pop. 308 h.

MARTIN-LE-MAULT (St-), vg. *H.-Vienne* (Berry), arr. et à 34 k. de Bellac, cant. de St-Sulpice-les-Feuilles, ✉ d'Arnac-la-Poste. Pop. 500 h.

MARTIN-LENNE (St-), vg. *Aveyron*, comm. de St-Saturnin, ✉ de St-Geniez.

MARTIN-LE-NŒUD (St-), vg. *Oise* (Picardie), arr., cant., ✉ et à 4 k. de Beauvais. Pop. 819 h.

Ce village est bâti, comme le prouvent les nombreuses antiquités qu'on y a trouvées à diverses époques et qu'on y trouve encore journellement, sur l'emplacement d'une ancienne position militaire longtemps occupée par les armées romaines, entre deux voies ou chaussées venant du sud et du sud-ouest et aboutissant à Beauvais. Cette position comprenait une grande partie du territoire de la commune de St-Martin-le-Nœud et s'étendait entre les hameaux de Grand-Camp, Flambermaut, Château-Bleu, Sénéfontaine, jusqu'aux marais de St-Martin.

A la fin du siècle dernier, dans des fouilles faites sur la pente nord-ouest de la colline, à peu de distance des marais, on découvrit, en descendant vers Goincourt, les vestiges d'un *ustrinum*, et tout attestait qu'on y avait longtemps brûlé des corps. En effet, à 50 ou 60 c. de profondeur, sous la terre cultivée, on trouva par places une couche de terre noire charbonnée, ayant en dessous une forme arrondie qui indiquait l'endroit où la fosse circulaire du *rogus* ou bûcher funéraire ; dans les terres noires on trouva, parmi les cendres, les charbons et les ossements brûlés, des clous et quelques petites médailles de bronze plus ou moins oxydées des premiers empereurs.

Des fouilles faites dans ces derniers temps, à peu de distance de cet *ustrinum*, pour la construction d'un four à chaux, vers la limite des territoires des communes de St-Martin et de Goincourt, sur le bord du chemin des marais, ont mis à découvert un autre ancien cimetière, dans lequel, à peu de profondeur, on a trouvé plusieurs sarcophages en pierre tendre, la tête à l'ouest, les pieds à l'est, avec de nombreux squelettes, mais sans ordre ou épars dans la terre, et des ossements mêlés avec divers objets en fer et en cuivre plus ou moins bien conservés.

Dans la notice archéologique publiée sur les antiquités du département de l'Oise, M. Graves a parlé du cimetière de St-Martin-le-Nœud et des antiquités romaines qui y ont été trouvées. Elles avaient déjà été mentionnées par MM. de Cambry, du Tremblay et autres, dans leurs essais de statistique du département de l'Oise, et M. Houbigant en avait réuni une partie dans sa collection d'antiquités.

MARTIN-LE-PAUVRE (St-), vg. *Oise*, arr. de Senlis.

Bibliographie. HÉRICART DE THURY (le vicomte). *Notice historique sur la plantation de la montagne de St-Martin-le-Pauvre*, entre *Thury et Boulard* (Oise), broch. in-8, 1829.

MARTIN-LE-PIN (St-), vg. *Dordogne* (Périgord), arr., cant., ✉ et à 6 k. de Nontron. Pop. 688 h.

MARTIN-LES-CASTONS (St-), vg. *Lot-et-Garonne* (Agenois), arr., ✉ et à 9 k. de Marmande, cant. de Seiches. Pop. 511 h.

MARTIN - LES - PAMPROUX (St-), vg. *Deux-Sèvres*, comm. de Pamproux, ✉ de la Mothe-St-Héraye.

MARTIN-LESPINAS (St-), vg. *Tarn*, comm. de Castelnau-de-Montmiral, ✉ de Gaillac.

MARTIN - LES - SEYNE (St-), *B.-Alpes* (Provence), arr. et à 67 k. de Digne, cant. et ✉ de Seyne. Pop. 124 h.

MARTIN-LESTRA (St-), vg. *Loire* (Forez), arr. et à 29 k. de Montbrison, cant. et ✉ de Feurs. Pop. 1,402 h. — *Foires* les 23 juin, 9 sept., 10 nov., 31 déc. et mercredi de Pâques.

MARTIN-LE-SUPÉRIEUR (St-), vg. *Ardèche* (Vivarais), arr. et à 16 k. de Privas, cant. de Rochemaure, ✉ de Chomérac. Pop. 686 h.

MARTIN - LES - VOULANGIS (St-), vg. *Seine-et-Marne* (Brie), arr. et à 16 k. de Meaux, cant. et ✉ de Crécy. Pop. 721 h.

MARTIN-LE-VIEIL (St-), vg. *Aude* (Languedoc), arr. et à 21 k. de Carcassonne, cant. et ✉ d'Alzonne. Pop. 405 h.

Ce village est situé sur le ruisseau du Lampy, dont il portait autrefois le nom. On y récolte des céréales. C'était anciennement un prieuré dépendant de l'abbaye de Montoulieu, ainsi qu'il résulte d'une charte octroyée par Louis le Débonnaire en 815, en faveur de l'abbé Olemond. Il fut pris en 1578 par les religionnaires, et repris ensuite par les catholiques.

MARTIN-LE-VIEUX (St-), vg. *Calvados*, comm. de Gonneville, ✉ de Honfleur.

MARTIN-LE-VIEUX (St-), *Landes*, comm. d'Escalans, ✉ de Gabarret.

MARTIN-LE-VIEUX (St-), vg. *Manche*, comm. et ✉ de Bréhal.

MARTIN-LE-VIEUX (St-), vg. *H.-Vienne* (Limousin), arr. et à 17 k. de Limoges, cant. et ✉ d'Aixe. Pop. 883 h.

MARTIN-LE-VINOUX (St-), vg. *Isère* (Dauphiné), arr., cant., ✉ et à 6 k. de Grenoble. Pop. 1,204 h.

MARTIN-L'HEUREUX (St-), vg. *Marne* (Champagne), arr. et à 28 k. de Reims, cant. et ✉ de Beine. Pop. 184 h. Sur la Suippe.

MARTIN-L'HORTIER (St-), vg. *Seine-Inf.* (Normandie), arr., cant., ✉ et à 3 k. de Neufchâtel-en-Bray. Pop. 241 h. Sur la Belhune.

MARTIN-L'INFÉRIEUR (St-), vg. *Ardèche* (Vivarais), arr. et à 19 k. de Privas, cant. de Rochemaure, ✉ de Chomérac. Pop. 400 h. — *Foire* le 1er lundi après la St-Martin.

MARTIN-LONGUEAU (St-), vg. *Oise* (Picardie), arr. et à 15 k. de Clermont, cant. de Linncourt, ✉ de Pont-Ste-Maxence. Pop. 337 h.

Une tradition ancienne fait croire que cette petite commune portait jadis le nom de ville, qu'elle était couverte d'habitations et qu'on y tenait un marché très-considérable. Dans quelques excavations faites au hasard on a découvert des médailles et des ruines de tombeaux de pierre qui donnent de la vraisemblance à cette assertion.

MARTINO-DI-LOTA (San-), bg. *Corse*, arr., ✉ et à 10 k. de Bastia, chef-l. de cant. Pop. 753 h. — TERRAIN crétacé supérieur, craie.

Le canton de San-Martino, généralement montueux, est couvert d'oliviers et de vignes, mais peu propre à la culture des grains; quelques petits torrents y sont utilement employés à l'irrigation des jardins, dont les produits se débitent avantageusement à Bastia.

MARTIN-OMONVILLE (St-), vg. *Seine-Inf.* (Normandie), arr. et à 15 k. de Neufchâtel-en-Bray, cant. et ✉ de St-Saens. Pop. 1,106 h.

MARTIN-PUICH (St-), vg. *Pas-de-Calais* (Artois), arr. et à 27 k. d'Arras, cant. et ✉ de Bapaume. Pop. 986 h.

MARTIN-RIVIÈRE (St-), vg. *Aisne* (Picardie), arr. et à 45 k. de Vervins, cant. de Wassigny, ✉ d'Etreux. Pop. 1,103 h.

MARTINS (les), vg. *Isère*, comm. d'Entredeux-Guiers, ✉ des Echelles.

MARTINS (les), vg. *Jura*, comm. du Lac-des-Rouges-Truites, ✉ de St-Laurent.

MARTIN - STE - CATHERINE (St-), vg. *Creuse* (Marche), arr., cant., ✉ et à 11 k. de Bourganeuf. Pop. 1,240 h.

MARTIN - ST - FIRMIN (St-), vg. *Eure* (Normandie), arr. et à 9 k. de Pont-Audemer, cant. de St-Georges-du-Vièvre, ✉ de Lieurey. Pop. 626 h.

MARTINSART, vg. *Somme*, comm. de Mesnil-Martinsart, ✉ d'Albert.

MARTIN-SOUS-MONTAIGU (St-), vg. *Saône-et-Loire* (Bourgogne), arr. et à 12 k. de Chalon-sur-Saône, cant. de Givry, ✉ de Bourgneuf. Pop. 368 h.

MARTIN - SOUS - MOUZEUIL (St-), vg. *Vendée* (Poitou), arr., ✉ et à 15 k. de Fontenay-le-Comte, cant. de l'Hermenault. Pop. 480 h.

MARTIN-SOUS-VIGOUROUX (St-), vg. *Cantal* (Auvergne), arr. et à 28 k. de St-Flour, cant. de Pierrefort. Pop. 950 h.

MARTIN-SUR-COJEUL (St-), vg. *Pas-de-Calais* (Artois), arr., ✉ et à 9 k. d'Arras, cant. de Croisilles. Pop. 157 h.

MARTIN-SUR-LE-PRÉ (St-), vg. *Marne* (Champagne), arr. et à 9 k. de Châlons-sur-Marne. Pop. 143 h. Sur la Marne.

MARTIN-SUR-OCRE (St-), vg. *Loiret* (Gatinais), arr., cant., ✉ et à 4 k. de Gien. Pop. 538 h.

MARTIN-SUR-OCRE (St-), vg. *Yonne* (Champagne), arr. et à 21 k. de Joigny, cant. et ✉ d'Aillant-sur-Tholon. Pop. 113 h.

MARTIN-SUR-CREUSE (St-), vg. *Yonne* (Champagne), arr. et à 12 k. de Sens, cant. de Sergines, ✉ de Pont-sur-Yonne. Pop. 601 h.

MARTIN-SUR-OUANE (St-), vg. *Yonne* (Champagne), arr. et à 30 k. de Joigny, cant. et ✉ de Charny. Pop. 708 h.

MARTIN - TERRESSUS (St-), vg. *H.-Vienne* (Marche), arr. et à 20 k. de Limoges, cant. et ✉ de St-Léonard. Pop. 833 h. — Le chœur entier de l'église est peint de fleurs; dans le calice de chacune d'elles est assis un ange vêtu d'une longue robe blanche et qui joue d'un instrument de musique; les attitudes et les instruments sont très-variés. Au centre de ce bouquet rayonne le Père éternel, qui préside au concert.

MARTIN-VALMEROUX (St-), petite ville, *Cantal* (Auvergne), arr. et à 16 k. de Mauriac, cant. de Salers. ✉. A 514 k. de Paris pour la taxe des lettres. Pop. 1,540 h.

Autrefois bailliage royal, diocèse et élection de St-Flour, parlement de Paris, intendance de Riom.

Cette ville est bâtie dans un vallon fertile, arrosé par la Maronne. Derrière l'église, qui est assez belle, on voit une petite place sur laquelle on a construit une jolie fontaine. Très-près de la rive gauche de la Maronne se trouvent les eaux minérales froides acidules de la Font-Sainte, qui sont très-fréquentées dans les mois de juillet et d'août par les habitants du voisinage. D'après l'analyse de M. le docteur Mourguye, 1 kilogr. de ces eaux contient une grande quantité d'acide carbonique libre; 3 décigr. de carbonate de protoxyde de fer; 2 gr. de carbonate de chaux; 2 gr. de carbonate de magnésie. Elles déposent un sédiment ferrugineux peu abondant. — Une autre source, qui n'a point encore été analysée, existe à la sortie de St-Martin, sur la gauche du chemin qui conduit à Fontanges.

Au côté opposé de la vallée on voit sur une petite élévation les ruines de l'ancien château royal de Crèvecœur, dont il ne reste que quelques murailles et une partie d'une tour ronde.

Foires les 2 janv., 27 mars, 10 mai, 3 août, 26 sept. et 12 nov.

MARTIN-VALOIS (St-), vg. *Cantal*, com. de St-Cernin, ✉ de St-Martin-Valmeroux.

MARTINVAST, bg. *Manche* (Normandie), arr., ✉ et à 6 k. de Cherbourg, cant. d'Octeville. Pop. 810 h.

On remarque aux environs un beau dolmen composé de trois pierres brutes de 1 m. 33 c. de hauteur, et qui soutiennent un énorme bloc de quartz d'environ 4 m. de long sur 2 m. 50 c. de large, et 1 m. 10 c. à 1 m. 50 c. d'épaisseur.

Belle exploitation rurale. — *Fabriques* d'instruments aratoires. Huileries. Moulin à farine à l'anglaise, moulin à tan.

MARTINVELLE, vg. *Vosges* (Lorraine), arr. et à 47 k. de Mirecourt, cant. et ✉ de Monthureux-sur-Saône. Pop. 662 h.

MARTINVILLE, vg. *Seine-Inf.*, à 17 k. de Rouen. ℺.

MARTIS (ad) (lat. 46°, long. 25°). « C'est ainsi qu'on lit dans l'Itinéraire d'Antonin, *Martis* simplement dans la Table théodosienne, où il faut sous-entendre *statio*, parce qu'Ammien Marcellin (lib. xv) parle de ce lieu en disant *stationem nomina Martis*. Dans l'Itinéraire de Bordeaux à Jérusalem *ad Marte* pour ad Martem. La Table marque entre Gadao, ou selon l'Itinéraire de Jérusalem Gesdao, et la station de Mars, VIII; l'Itinéraire IX. De cette station à Segusio, XVII dans la Table, XVI dans l'Itinéraire ; de manière que le plus ou le moins dans les distances particulières est compensé au total, de Gesdao à Segusio, étant également 25 dans la Table comme dans l'Itinéraire. Le nombre XVI pour la distance qui répond à Segusio est confirmé par l'Itinéraire d'Antonin, Cet Itinéraire ne faisant point mention de Gesdao, marque XVIIII en une seule distance de la station de Mars à Brigantio; et on compte la même chose en détail de Brigantio à Martis, savoir VI, V, VIII, dans la Table ; autant dans l'Itinéraire de Jérusalem, savoir X et IX. Je me suis expliqué sur la station de Mars dans un ouvrage qui concerne l'Italie, et une scrupuleuse analyse des distances a paru fixer cette position à Oulx sur la route de Suze. Ce que j'ai remarqué depuis d'assez singulier, c'est que ce lieu, dont le nom actuel vient d'*Ultium*, est appelé *Plebs Martyrum* dans des lettres de Cunibert, évêque de Turin, et d'environ l'an 1165 ; ainsi il en a été de même de ce lieu que du *Mons Martyrum*, près de Paris, que la tradition veut avoir été auparavant *Mons Martis*. » D'Anville. Notice de l'ancienne Gaule, p. 436.

MARTISSAN, vg. *Tarn-et-Garonne*, com. de Cazès-Mondenard, de Luzerte.

MARTISSERIE, vg. *H.-Garonne* (Gascogne), arr. et à 39 k. de St-Gaudens, cant. et ✉ de l'Isle-en-Dodon. Pop. 308 h.

MARTIZAY, vg. *Indre* (Berry), arr., et à 19 k. du Blanc, cant. de Tournon-St-Martin. Pop. 1,841 h. Sur la Claise. — *Foires* les 2 mai, 3 juin, 15 juillet, 13 sept. et 26 déc.

MARTORY (St-), petite ville, *H.-Garonne* (Comminges), arr. et à 20 k. de St-Gaudens, chef-l. de cant. Bureau d'enregist. à Salies. Gîte d'étape. Cure. ✉. A 748 k. de Paris pour la taxe des lettres. Pop. 1,147 h. — TERRAIN crétacé inférieur, grès vert.

Autrefois diocèse et élection de Comminges, parlement de Toulouse, intendance d'Auch.

La situation de St-Martory est à la fois pittoresque et favorable à son commerce : au centre aboutissent quatre grandes routes qui communiquent aux grandes villes environnantes ou qui conduisent en Espagne. Cette ville s'étend sur les deux rives de la Garonne ; mais la partie la plus considérable occupe la rive gauche ; ses deux quartiers communiquent par un pont de trois arches, d'un effet remarquable à cause de la beauté du site. Une vieille et grosse tour carrée en ruine, une antique abbaye, qui s'élève sur un roc dont la Garonne a rongé la base, avoisinent le pont et ajoutent à son effet ; tandis qu'au-dessus, sur la rive gauche, se dressent d'âpres falaises couronnées de débris de châteaux féodaux.

Fabrique de draps. — *Foires* le 1er vendredi de janv., d'avril et d'oct., et 27 et 28 août.

MARTOT, vg. *Eure* (Normandie), arr. et à 12 k. de Louviers, cant. et ✉ de Pont-de-l'Arche. Pop. 226 h.

MARTRAGNY, vg. *Calvados* (Normandie), arr. et à 21 k. de Caen, cant. de Creully, ✉ de St-Léger. Pop. 414 h.

MARTRE (la), vg. *Var* (Provence), arr. et à 38 k. de Draguignan, cant. et ✉ de Comps. Pop. 356 h.

MARTRES, petite ville, *H.-Garonne* (Comminges), arr. et à 41 k. de Muret, cant. de Cazères. ✉. ☞. A 748 k. de Paris pour la taxe des lettres. Pop. 1,692 h. — TERRAIN d'alluvions modernes.

Autrefois justice royale, diocèse de Rieux, parlement de Toulouse, intendance d'Auch, élection de Comminges.

M. Dumège fixe sur le territoire de cette commune l'emplacement de l'ancienne *Callagúris*, patrie de Vigilance, de laquelle ont été retirées les précieuses antiquités qui ont si fort enrichi le musée de Toulouse. — On y voit quelques restes de constructions romaines qui ont été classées au nombre des monuments historiques.

Manufacture de faïence, façon anglaise. — *Foires* les 25 avril, 28 août et 13 déc.

MARTRES, vg. *Gironde* (Bazadois), arr. et à 19 k. de la Réole, cant. de Targon, ✉ de Sauveterre. Pop. 144 h.

MARTRES - D'ARTIÈRES, vg. *Puy-de-Dôme* (Auvergne), arr. et à 20 k. de Clermont-Ferrand, cant. et ✉ de Pont-du-Château. Pop. 988 h. — On y a découvert en 1756 une momie parfaitement conservée, qui fut envoyée à Paris et déposée au cabinet d'histoire naturelle. On trouve des détails intéressants sur cette momie dans le voyage en Auvergne de Legrand d'Aussi, t. I, p. 41.

MARTRES-DE-RIVIÈRE, vg. *H.-Garonne* (Comminges), arr., ✉, et à 9 k. de St-Gaudens, cant. de St-Bernard. Pop. 322 h.

MARTRES-DE-VEYRE, bg *Puy-de-Dôme* (Auvergne), arr. et à 15 k. de Clermont-Ferrand, cant. et ✉ de Veyre. Pop. 2,786 h.

On trouve à peu de distance de ce bourg trois sources d'eaux minérales froides acidules, auxquelles on donne le nom de sources de Martres-de-Veyre, ou eaux de VIC-LE-COMTE. La première, nommée fontaine de Ste-Marguerite, est sur la rive droite de l'Allier ; la deuxième, dite fontaine du Gravier, est au milieu de la rivière ; la troisième, connue sous le nom de fontaine du Tambour, se trouve sur la rive gauche. La fontaine du Gravier n'est connue que depuis 1664, époque où l'Allier s'étant ouvert pour sonder un nouvel embranchement, découvrit la petite nappe liquide sort la source. Ces trois sources ont porté pendant quelque temps le nom général de Ste-Marguerite.

L'eau de ces sources est claire et limpide ; sa saveur est aigrelette et astringente. Elle contient de l'acide carbonique, du carbonate de fer, de l'hydrochlorate et du sulfate de soude. On en fait usage en boisson ; à la dose de cinq ou six verres, dans la chlorose, la débilité de l'estomac, l'engorgement du foie, etc.

MARTRES-SUR-MORGES, vg. *Puy-de-Dôme* (Auvergne), arr. et à 12 k. de Riom, cant. et ✉ d'Ennezat. Pop. 1,020 h.

MARTRIN, vg. *Aveyron* (Rouergue), arr. et à 30 k. de St-Affrique, cant. et ✉ de St-Sernin. Pop. 1,248 h. — *Foires* les 18 avril, 18 août et 18 nov.

MARTROIS, vg. *Côte-d'Or* (Bourgogne), arr. et à 47 k. de Beaune, cant. et ✉ de Pouilly-en-Montagne. Pop. 265 h.

MARTRON, *Charente-Inf.*, comm. de Boresse, ✉ de Jouzac. — *Foires* le 4e mardi d'avril, de juin, de juillet, d'août et de sept.

MARTYRE (la), vg. *Finistère* (Bretagne), arr. et à 28 k. de Brest, cant. et ✉ de Ploudiry, ✉ de Landerneau. Pop. 1,062 h. — *Foires* les 5 août.

MARTYS (les), vg. *Aude* (Languedoc), arr. et à 33 k. de Carcassonne, cant. et ✉ de Mas-Cabardès. ☞. Pop. 782 h. — *Foires* les 3 août et 3e lundi de juillet (3 jours).

MARUÈGE, vg. *Gard*, comm. de Mons, ✉ d'Alais.

MARUÉJOLS, vg. *Gard* (Languedoc), arr. et à 16 k. d'Alais, cant. et ✉ de Lédignan. Pop. 148 h.

MARUÉJOLS-EN-VAUNAGE, vg. *Gard*, comm. de St-Côme, ✉ de Calvisson.

MARUM, vg. *Gers*, comm. de Gaujan, ✉ de Lombez.

MARVAL, vg. *Vienne* (Poitou), arr. et à 25 k. de Rochechouart, cant. et ✉ de St-Matthieu. Pop. 1,567 h. — Forges, haut fourneau et fonderies.

MARVALIN (le), vg. *Loire*, com. de Notre-Dame-de-Boisset, ✉ de Roanne.

MARVAUX, vg. *Ardennes* (Champagne), arr. et à 15 k. de Vouziers, cant. de Monthois. Pop. 292 h.

MARVEJOLS, *Marilogium*, jolie petite ville, *Lozère* (Languedoc), chef-l. de sous-préf. (1er arr.) et d'un cant. Trib. de 1re inst. Soc. d'agric. Chamb. consultat. des manuf. Collège comm. École secondaire ecclésiast. Cure. Gîte d'étape. ✉. ☞. Pop. 4,142 h. — TERRAIN jurassique, calcaire à gryphées.

Autrefois diocèse et recette de Mende, parlement de Toulouse, intendance de Montpellier, justice royale, collégiale, couvents de cordeliers, de dominicains, d'augustins, de capucins et de bénédictines.

Cette ville est située sur la rive droite de la Cologne, dans un vallon très-ouvert, planté d'une grande quantité d'arbres fruitiers. C'est une ville très-ancienne, qui eut de l'importance à l'époque des guerres contre les Anglais. Les rois Charles V et Charles VII accordèrent aux habitants plusieurs privilèges, pour les récompenser de la belle conduite et du courage qu'ils montrèrent en diverses circonstances contre les ennemis de la France.

Marvejols a beaucoup souffert pendant les guerres civiles et religieuses. En 1586, le duc de Joyeuse s'en empara pour Henri III, la pilla, y mit le feu et en fit raser les murailles. Six ans après elle fut rebâtie par Henri IV, qui encouragea sa construction par ses bienfaits. C'est aujourd'hui une ville régulièrement construite, bien pavée, ornée de fontaines, et possédant une assez belle place décorée aussi d'une fontaine et de deux bassins. Un canal de dérivation conduit dans le faubourg de Barré les eaux de la Colagne, qui alimentent des ateliers de teinturiers et font mouvoir plusieurs moulins.

Les **armes de Marvejols** sont : *d'azur au chateau d'argent sommé de trois tours crénelées de même; de celle du milieu sort une main d'argent tenant une fleur de lis d'or.*

Marvejols est la seconde ville du département pour la population et pour l'aisance dont jouissent un certain nombre de familles. Quelques-unes ont fait leur fortune dans les colonies, d'autres dans les manufactures. En général les habitants de Marvejols passent pour être moins sociables que ceux de Mende, c'est-à-dire pour se fréquenter moins les uns les autres et pour se prêter moins au désir du premier magistrat de les réunir chez lui ; c'est un défaut, si cela provient d'un manque de bienveillance; c'est une qualité, si c'est par goût pour la retraite et pour la vie de famille.

PATRIE du vice-amiral BLANQUET DE CHAYLA. *Fabriques* de cadis et autres étoffes de laine. Tanneries. Teintureries. Briqueteries. Belle filature de laine. — Commerce de serges, tricots et autres articles des fabriques environnantes. — *Foires* les 17 janv., 23 avril, 22 juillet, 30 sept., 11 nov. et 1er déc., le lundi avant le jeudi gras; 1er mardi de carême, samedi des Rameaux, mercredi saint (3 jours), le samedi après la Trinité.

A 20 k. O.-N.-O. de Mende, 553 k. S.-S.-E. de Paris.

L'arrondissement de Marvejols est composé de 10 cantons : Aumont, la Canourgue, Chanac, St-Chély, Chirac, Fournels, Malzieu (le), Marvejols, Nasbinals et Serverettes.

MARVELIZE, vg. *Doubs* (Franche-Comté), arr. et à 29 k. de Baume-les-Dames, cant. et ✉ d'Isle-sur-le-Doubs. Pop. 292 h.

MARVILLE, petite ville, *Meuse* (pays Messin), arr., cant. et à 10 k. de Montmédy, ✉. A 279 k. de Paris pour la taxe des lettres. Pop. 1,288 h.

Cette ville est située dans une vallée, sur l'Othain, qui limite en cet endroit les départements de la Meuse et de la Moselle.

Suivant M. Audenelle, Marville doit son nom; *Martis Villa*, à un ancien temple de Mars qui existait sur la côte St-Hilaire, au sommet de laquelle on trouve encore des ruines qui rappellent le souvenir d'une cité populeuse, vaste, riche et ornée de superbes monuments. La tradition rapporte qu'il y existait, au VIIIe siècle, un superbe obélisque que renversèrent les missionnaires qui vinrent prêcher l'Evangile dans le pays; sur l'emplacement de cet obélisque a été bâtie une chapelle qui existe encore.

Marville a été autrefois fortifiée; mais il ne reste de son enceinte militaire que quelques pans de murailles et les ruines des tours qui défendaient la porte de Montmédy. Le comte de Bar et l'évêque de Verdun se sont souvent fait la guerre à l'occasion de cette ville. Avant d'appartenir à la France, à laquelle elle a été cédée en 1650 par le traité des Pyrénées, Marville appartenait aux ducs de Luxembourg, qui y entretenaient, sous le nom de milice de St-Sébastien, une troupe choisie parmi les habitants pour la défense de la place et du château. Il ne reste plus aucun vestige de ce château, qui a été détruit peu de temps après la prise de possession par les Français. — Chamoiseries. — *Foires* les 3 fév., 1er juin, 30 sept., 1er déc. et veille des Rameaux.

MARVILLE-LES-BOIS, vg. *Eure-et-Loir* (Beauce), arr. et à 17 k. de Dreux, cant. et ✉ de Châteauneuf-en-Thimerais. Pop. 354 h.

MARVILLE - MOUTIERS - BRULÉ, vg. *Eure-et-Loir* (Beauce), arr., cant., ✉ et à 7 k. de Dreux. Pop. 779 h.

MARVILLIERS, vg. *Seine-et-Marne*, com. de St-Barthélemy, ✉ de la Ferté-Gaucher.

MARVOISIN, vg. *Meuse*, com. de Xivray, ✉ de St-Mihiel.

MARY (St-), vg. *Cantal*, com. de Roannes, ✉ de St-Mamet.

MARY (St-), vg. *Charente* (Angoumois), arr. et à 31 k. de Confolens, cant. de St-Claud, ✉ de Chasseneuil. Pop. 805 h.

MARY-LE-GROS (St-), bg *Cantal* (Auvergne), arr. et à 17 k. de St-Flour, cant. et ✉ de Massiac. Pop. 905 h.

MARY-LE-PLEIN (St-), bg *Cantal* (Auvergne), arr. et à 19 k. de St-Flour, cant. et ✉ de Massiac. Pop. 662 h.

MARY, vg. *Saône-et-Loire* (Bourgogne), arr. et à 38 k. de Chalon-sur-Saône, cant. de Mont-St-Vincent, ✉ de Joncy. Pop. 399 h.

MARY, ou MARY-SUR-MARNE, vg. *Seine-et-Marne* (Brie), arr. et à 17 k. de Meaux, cant. et ✉ de Lizy. Pop. 425 h. — *Commerce* de laines.

MARZAN, vg. *Morbihan* (Bretagne), arr. et à 38 k. de Vannes, cant. et ✉ de la Roche-Bernard. Pop. 1,776 h.

On remarque aux environs, sur une hauteur flanquée de rochers, une enceinte en forme d'ellipse, entourée de levées de terre de 1 m. 35 c. à 1 m. 65 c. de hauteur, et ceinte d'un fossé. M. Mahé pense que ce dut être un ténémès, où les Celtiques se réunissaient pour honorer les dieux. — *Foires* les 3 fév., 19 mars, 23 avril, 2 et 22 mai et 30 juin.

MARZAT, vg. *Dordogne*, comm. de Tursac, ✉ de Bugue.

MARZELAY, vg. *Vosges*, comm. et ✉ de St-Dié.

MARZENEIZ, vg. *Jura*, comm. de Chambéria, ✉ d'Orgelet.

MARZIALS, vg. *Aveyron*, com. de Montjaux, ✉ de Millau.

MARZILLY, vg. *Marne*, comm. d'Hermonville, ✉ de Berry-au-Bac.

MARZY, vg. *Nièvre* (Nivernais), arr., cant., ✉ et à 5 k. de Nevers. Pop. 1,227 h.

MAS (le), vg. *Charente*, comm. de la Couronne, ✉ d'Angoulême.

MAS (le), vg. *Loire*, comm. de St-Martin-la-Plaine, ✉ de Rive-de-Gier.

MAS (le), vg. *H.-Vienne*, comm. de Bessines, ✉ de Morterolles.

MAS (le), vg. *H.-Vienne*, comm. et ✉ de St-Junien.

MAS (le), vg. *H.-Vienne*, comm. de St-Victurnien, ✉ de la Barre.

MAS (le), vg. *Var* (Provence), arr. et à 40 k. de Grasse, cant. et ✉ de St-Auban. Pop. 503 h. — *Foire* le 10 juillet.

MAS-ANGLADA, vg. *Pyrénées-Or.*, com. et ✉ de Perpignan.

MAS-AUDRAN, vg. *Hérault*, comm. de Lacoste, ✉ de Clermont.

MAS-BARBU, vg. *H.-Vienne*, comm. de Bessines, ✉ de Morterolles.

MAS - BATI (le), vg. *H.-Vienne*, comm. de Bonnac, ✉ de Nieul.

MAS-BLANC, vg. *Bouches-du-Rhône* (Provence), arr., cant. et à 18 k. de Tarascon, ✉ de St-Remy. Pop. 118 h.

MAS-BLANC, vg. *Hérault*, com. de Boussagues, ✉ de Bédarieux.

MAS-BLANC, vg. *Lot*, comm. de Peyrilles, ✉ de Frayssinet.

MAS-CABARDÈS, bg *Aude* (Provence), arr. et à 23 k. de Carcassonne, chef-l. de cant. Cure. ✉. A 780 k. de Paris pour la taxe des lettres. Pop. 825 h. — TERRAIN cristallisé ou primitif.

Le Mas-Cabardès, autrefois chef-lieu de l'ancienne châtellenie de ce nom, est encore aujourd'hui un village considérable. Il est situé dans un vallon pittoresque couvert de broutières, de châtaigneraies et d'arbres à fruits. On y voit des oliviers d'une grosseur prodigieuse, plantés depuis près de deux siècles, qui, par leur position abritée, ont pu résister aux hivers les plus rigoureux. Le vallon de l'Orbiel produit d'abondants fourrages. Il est couvert de pommiers dont le fruit est renommé. — On y voit les restes d'un ancien château. — *Fabriques* de draps. Teintureries. — *Foires* les 22 juin, 25 oct. et 1er lundi de carême.

MASCAIROLLES, vg. *Lot*, comm. de Fargues, ✉ de Montcuq.

MASCARAS, vg. *Gers* (Gascogne), arr. et à 15 k. de Mirande, cant. et ✉ de Montesquiou. Pop. 283 h.

MASCARAS, vg. *B.-Pyrénées* (Béarn), arr. et à 42 k. de Pau, cant. et ✉ de Garlin. Pop. 370 h.

MASCARAS, vg. *H.-Pyrénées* (Gascogne), arr. et à 13 k. de Tarbes, cant. et ✉ de Tournay. Pop. 335 h.

MASCARVILLE, vg. *H.-Garonne* (Languedoc), arr. et à 18 k. de Villefranche-de-Lauraguais, cant. et ✉ de Caraman. P. 295 h.

MASCLAT, vg. *Aveyron*, com. de Taussac, ✉ de Mur-de-Barrez.

MASCLAT, vg. *Lot* (Quercy), arr. et à 13 k. de Gourdon, cant. et ✉ de Payrac. Pop. 682 h.

MAS-COUDERT (le), vg. *H.-Vienne*, com. de St-Paul, ✉ de Pierre-Bussière.

MAS-D'AGÉNOIS (le), *Agimensis mansus, Fines super Nitiobriges*, petite ville, *Lot-et-Garonne* (Condomois); arr. et à 13 k. de Marmande, chef-l. de cant. ⊠. A 624 k. de Paris pour la taxe des lettres. Pop. 2,414 h. — TERRAIN tertiaire moyen, voisin du calcaire supérieur.

Le Mas-d'Agénois est une ville fort ancienne que les troupes de Gontrand pillèrent en 584. Simon de Montfort l'investit en 1212, et fut obligé d'en abandonner le siège. Le duc de la Brosse l'assiégea pour Louis XIII, et ne put parvenir à s'en rendre maître, en 1615. — On y voit une église romane fort curieuse.

Foires les 22 janv., 25 avril, 9 juin et 29 sept.

Bibliographie. LAGARDE (L.-Ferd.). *Notice historique sur la ville et l'église du Mas-d'Agenais* (Echo de Marmande et de Lot-et-Garonne, nº 18, 1840).

MAS-D'AIRE (le), *Oppidum Sontiatum*, vg. *Landes*, comm. et ⊠ d'Aire-sur-l'Adour.

MAS-D'ALARY, vg. *Hérault*, comm. de Soumont, ⊠ de Lodève.

MAS-D'ARTIGE (le), vg. *Creuse* (Marche), arr. et à 25 k. d'Aubusson, cant. et ⊠ de la Courtine. Pop. 477 h.

MAS-D'AUMAS, vg. *Hérault*, comm. d'Aniane, ⊠ de Gignac.

MAS-D'AUVIGNON (le), vg. *Gers* (Armagnac), arr., cant., ⊠ et à 11 k. de Lectoure. Pop. 602 h. — *Foires* les 29 juin et 8 sept.

MAS-D'AZAI, vg. *Tarn*, comm. de Viane, ⊠ de Lacaune.

MAS-D'AZIL (le), *Asilum* ou *Mansus Asili*, petite ville, *Ariége* (pays de Foix), arr. à 22 k. de Pamiers, chef-l. de cant. Cure. Gîte d'étape. ⊠. A 754 k. de Paris pour la taxe des lettres. Pop. 3,002 h. — TERRAIN crétacé supérieur; craie.

Cette ville est située sur l'Arize, dans un beau vallon entouré de montagnes assez élevées et très-fertile. Le seul monument d'architecture qu'elle renferme est l'église paroissiale, autrefois dépendante d'une ancienne abbaye de St-Benoît, dont il ne reste depuis longues années d'autres vestiges qu'une mosaïque que l'on vient de découvrir en fouillant le terrain sur lequel s'élevait jadis le monastère.

A peu de distance de cette ville, la rivière de l'Arize passe à travers un immense rocher escarpé, où ses eaux se précipitent avec fracas. On peut traverser cet antre curieux sans flambeaux, en suivant le cours de la rivière. Vers le milieu s'élève un énorme pilier qui soutient les deux immenses voûtes dont se compose la caverne. Non loin de là on aperçoit une vaste ouverture qui donne entrée à une grotte supérieure très-profonde, et qu'on ne peut visiter qu'avec des flambeaux. Cette grotte a servi d'asile dans les anciennes guerres; elle était fermée par un mur dans lequel était pratiquée une porte, formée par une pierre sur laquelle étaient gravées les armes du comte de Foix.

Au nord et à l'est du Mas-d'Azil on voit sur les montagnes qui entourent cette ville, deux dolmens bien conservés. A Camarade est une source salée.

Fabriques d'alun et de couperose, de peignes de bois. Filature de laine. Carderie. Mine de lignite non exploitée. — *Foires* les 12 sept., 28 déc., 1er vendredi de carême, mercredi après le 2e lundi de carême, 1er mercredi de juillet.

Bibliographie. ST-PAUL (J.-F.-S.). *Mémoire historique sur le Mas-d'Azil*, in-18, 1843.

MAS-DE-BÉALÈS (le), vg. *Gard*, comm. de Cavillargues, ⊠ de Bagnols.

MAS-DE-BOUYE, vg. *Lot*, comm. de St-Germain, ⊠ de Frayssinet.

MAS-DE-CADE (le), vg. *Gard*, comm. de Cavillargues, ⊠ de Bagnols.

MAS-DE-CAMPEL (le), vg. *Aveyron*, comm. de St-Georges-de-Lusençon, ⊠ de Millau.

MAS-DE-CAUSSE (le), vg. *Aveyron*, comm. de Loupiac, ⊠ de Villefranche-de-Rouergue.

MAS-DE-FOND (le), *Ardèche*. V. FONS (les).

MAS-DE-LA-ROQUE, vg. *Lot*, comm. de Caillac, ⊠ de Castelfranc.

MAS-DE-L'ÉGLISE, (le), vg. *Hérault*, comm. de St-Etienne-d'Albagnan, ⊠ de St-Pons.

MAS-DE-L'HOM (le), vg. *Aveyron*, comm. de St-André, ⊠ de Villefranche de Rouergue.

MAS-DE-LOMBARD (le), vg. *Tarn-et-Garonne*, comm. de Puy-la-Garde, ⊠ de Caylux.

MAS-DE-LONDRES, vg. *Hérault* (Languedoc), arr. et à 28 k. de Montpellier, cant. et ⊠ de St-Martin-de-Londres. Pop. 280 h.

MAS-DE-LORENCE (le), vg. *H.-Vienne*, comm. d'Isle, ⊠ de Limoges.

MAS-DE-PALISSE (le), vg. *Gard*, comm. du Pin, ⊠ de Bagnols.

MAS-DES-COURS, vg. *Aude* (Languedoc), arr., ⊠ et à 14 k. de Carcassonne, cant. de Capendu. Pop. 109 h.

MAS-DE-POUZOU (le), vg. *Gers*. ⊠. A 14 k. de Cahors.

MAS-DE-VIEL (le), vg. *Lot*, comm. de Caillac, ⊠ de Castelfranc.

MAS-DIEU (le), vg. *Gard*, comm. de Laval, ⊠ d'Alais.

MAS-DUGES, vg. *Tarn-et-Garonne*, comm. et ⊠ de Caylux.

MAS-DU-PRED (le), vg. *Aveyron*, comm. de Nant.

MAS-DU-PUITS (le), vg. *Ain*, comm. de Fareins, ⊠ de Montmerle.

MASE (la), vg. *Ardèche*, comm. de Vinzieux, ⊠ du Péage.

MASEY, vg. *Vosges*, comm. et ⊠ de Xertigny.

MASGAUTIER, vg. *H.-Vienne*, comm. de Feytiat, ⊠ de Limoges.

MAS-GRENIER (le), petite ville, *Tarn-et-Garonne* (Languedoc), arr. et à 23 k. de Castel-Sarrasin, cant. et ⊠ de Verdun-sur-Garonne. Pop. 1,561 h. — *Foires* les 17 janv., 3 mai, 23 juin, 20 août et 29 nov.

MASIGNIEN-MOULOUÉ, vg. *Nièvre*, comm. de Mirigny-l'Eglise, ⊠ de Lormes.

MASLACQ, vg. *B.-Pyrénées* (Béarn), arr., ⊠ et à 9 k. d'Orthez, cant. de Lagor. Pop. 960 h.

MAS-MANON (le), vg. *Isère*, comm. de St-Ismier, ⊠ de Crolles.

MAS-NESPOULONS, vg. *Aveyron*, comm. de Villefranche-de-Panat, ⊠ de Cassagnes-Bégonhès.

MASMES (St-), vg. *Marne* (Champagne), arr. et à 19 k. de Reims, cant. de Beine, ⊠ d'Isles-sur-Suippe. Pop. 484 h. — Il est entouré de remparts et de fossés, sur le ruisseau d'Epoge, près de la Suippe. — *Fabriques* d'étoffes de laine.

MASMOLÈNE, vg. *Gard*, comm. de la Capelle, ⊠ d'Uzès.

MASNIÈRES, vg. *Nord* (Cambrésis), arr., ⊠ et à 7 k. de Cambrai, cant. de Marcoing. P. 1,603 h. — Verrerie à vitre et à bouteilles.

MASNY, vg. *Nord* (Flandre), arr., cant. et à 9 k. de Douai. Pop. 907 h. ⊠. A 171 k. de Paris pour la taxe des lettres. — *Fabrique* de sucre indigène.

MASONCLE, vg. *Saône-et-Loire*, comm. de Marly-sur-Arroux, ⊠ de Perrecy.

MASOS, vg. *Pyrénées-Or.* (Roussillon), arr., cant., ⊠ et à 4 k. d'Oprades. P. 369 h.

MASOS (les), vg. *Pyrénées-Or.*, comm. de Llauro, ⊠ de Perpignan.

MASPARRAUTE, vg. *B.-Pyrénées* (Navarre), arr. de Mauléon, cant., ⊠ et à 10 k. de St-Palais. Pop. 645 h.

MASPIE-LA-LOUQUÈRE-JUILLACQ, vg. *B.-Pyrénées* (Béarn), arr. et à 25 k. de Pau, cant. et ⊠ de Lembaye. Pop. 384 h. — Il a reçu le surnom de Juillacq en 1842, époque de la réunion à son territoire de celui de cette commune.

MASQUIÈRES, vg. *Lot-et-Garonne*, com. de Tournon. — *Foires* les 23 janv. et 14 sept.

MAS-RAYNAL, vg. *Aveyron*, comm. de Cornus, ⊠ de St-Affrique.

MASSABRAC, vg. *H.-Garonne* (Languedoc), arr. et à 30 k. de Muret, cant. et ⊠ de Montesquieu-Volvestre. Pop. 226 h.

MASSAC, vg. *Aude* (Languedoc), arr. et à 60 k. de Carcassonne, cant. de Monthoumet, ⊠ de Davejean. Pop. 171 h.

Il est situé dans un vallon assez fertile, arrosé par la rivière de Torgaie. Le territoire est assez productif. On y trouve une mine de jayet, anciennement exploitée, dans laquelle on vient de faire exécuter quelques travaux de recherches. Il y a aussi des carrières de marbre non exploitées qui pourraient l'être avec avantage.

MASSAC, vg. *Charente-Inf.* (Saintonge), arr. et à 26 k. de St-Jean-d'Angely, cant. et ⊠ de Matha. Pop. 480 h.

MASSAC, vg. *Tarn* (Languedoc), ⊠ et à 6 k. de Lavaur, cant. de St-Paul-Cap-de-Joux. Pop. 348 h.

MASSAGUEL, vg. *Tarn* (Languedoc), arr. et à 16 k. de Castres, cant. et ⊠ de Dourgne. Pop. 607 h.

MAS-STES-PUELLES (le), *Mansus Sanctarum Puellarum*, vg. *Aude* (Languedoc), arr., cant., ✉ et à 7 k. de Castelnaudary. Pop. 1,236 h. Près du canal du Midi.

C'était autrefois une ville forte, détruite par Louis XIII dans la guerre des Albigeois; on y voit quelques ruines d'une grande église, et les restes d'un ancien couvent. En 1355, le Mas-Stes-Puelles fut pris et brûlé par les Anglais; il a été plusieurs fois pris et repris dans les guerres de religion du XVIe siècle.

MASSAIS, vg. *Deux-Sèvres* (Poitou), arr. et à 23 k. de Bressuire, cant. et ✉ d'Argenton-Château. Pop. 603 h. — *Foire* le dimanche après le 16 août.

MASSALS, vg. *Tarn* (Languedoc), arr. et à 36 k. d'Albi, cant. et ✉ d'Alban. Pop. 311 h. — *Foires* les 18 mai, lundi après la Pentecôte, et 14 sep.

MASSANGIS, vg. *Yonne* (Bourgogne), arr. et à 19 k. d'Avallon, cant. et ✉ de l'Isle-sur-le-Serein. Pop. 576 h.

MASSANNES, vg. *Gard* (Languedoc), arr. et à 10 k. d'Alais, cant. et ✉ de Lédignan. Pop. 163 h.

MASSAT, petite ville, *Ariége* (Couserans), arr. et à 23 k. de St-Girons, chef-l. de cant. Cure. ✉. A 805 k. de Paris pour la taxe des lettres. Pop. 9,001 h., en y comprenant celle de plusieurs villages séparés, qui dépendent de cette commune. Pop. agglomérée environ 1,700 h. — TERRAIN crétacé inférieur, grès vert.

Aux environs on voit sur une colline les ruines du vieux château d'Amour; à la montagne de Lers se trouve un grand lac, au-dessus duquel un écho fort remarquable répète avec précision un grand nombre de syllabes.

Forge à la catalane. Scieries hydrauliques. Mine de plomb. Carderie. Moulins à huile et à farine. — *Commerce* de beurre et de bestiaux. — *Foires* les 8 fév., 19 juin, 24 juillet, 12 oct., 25 août, 17 sept., 22 nov., 17 déc. et lundi de Quasimodo.

MASSAVA (lat. 48°, long. 21°). « Ce lieu est placé dans la Table théodosienne entre *Brivodurum* et *Ebirno*, qui est *Nevirnum*. La distance est également marquée XVI à l'égard de *Brivodurum*, ou Briare, et de *Nevirnum*, ou Nevers. Mais on peut voir dans l'article *Brivodurum* que l'intervalle de Briare à Mesve, qui est *Massava*, surpasse l'indication de la distance, étant d'environ 25,000 toises, ce qui donne lieu de compter 22 lieues gauloises. Quant à l'intervalle de Mesve à Nevers, comme on n'y trouve qu'environ 16,000 toises, il ne paraît guère possible d'y admettre ce qu'indique la Table, parce que le calcul de 16 lieues gauloises passe 18,000 toises. Ainsi, il serait convenable que le nombre fût XIV, plutôt que XVI, par la transposition de l'unité du chiffre romain. Le continuateur de Frédégaire fait mention de *Masva Vicus, in pago Autisiodorensi* : et en effet, Mesve, quoique dans l'éloignement d'Auxerre, est dans les limites de son diocèse. La petite rivière de Masau, qui se rend dans la Loire à Mesve, conserve plus purement le nom de Massava. » d'Anville, *Notice de l'ancienne Gaule*, p. 436.

MASSAY, bg. *Cher* (Berry), arr. et à 41 k. de Bourges, cant. et ✉ de Vierzon. ❀. Pop. 1,928 h. — *Foires* les 5 juillet, 8 sept. et 15 nov.

MASSE, vg. *Côte-d'Or*, comm. de Corcelles-les-Arts, ✉ de Beaune.

MASSE (la), *Lot*, comm. des Junies, ✉ de Castelfranc.

MASSE-DU-PARC (la), vg. *Seine-Inf.*, comm. et ✉ de Rouen.

MASSEBIAU, vg. *Aveyron*, comm. et ✉ de Millau.

MASSEGROS-SALLE, vg. *Lozère* (Languedoc), arr. de Florac, cant. de St-Georges, ✉ de Séverac.

MASSEILLES, vg. *Gironde* (Bazadois), arr., ✉ et à 14 k. de Bazas, cant. de Grignols. Pop. 334 h.

MASSELS, vg. *Lot-et-Garonne* (Agénois), arr., ✉ et à 19 k. de Villeneuve-sur-Lot, cant. de Penne. Pop. 323 h.

MASSENANCOURT, vg. *Oise*, comm. d'Autrèches, ✉ de Vic-sur-Aisne.

MASSENNE, vg. *Côte-d'Or*, comm. de Pont, ✉ de Semur.

MASSÉRAT, vg. *Loire-Inf.* (Bretagne), arr. et à 37 k. de Châteaubriant, cant. et ✉ de Guéméné. Pop. 725 h. — *Foires* les 5 mai et 1er oct.

MASSERET, bg *Corrèze* (Limousin), arr. et à 51 k. de Tulle, cant. d'Uzerche, ✉. A 421 k. de Paris pour la taxe des lettres. Pop. 904 h.

Ce bourg fut assiégé et pris sur les ligueurs par le comte de Ventadour en 1595. A 1 k. de Masseret, dans la direction de l'ouest, on aperçoit un fort retranché en forme de cône tronqué, de 24 m. d'élévation, qui a 82 m. de circonférence à la base, et 17 m. à son sommet; il est entouré de deux fossés concentriques, larges chacun de 7 m. On y voit encore deux remparts, l'un de 3 m. de haut, intermédiaire aux deux fossés, l'autre extérieur d'une hauteur de 3 m. 33 c., avec deux évasements qu'on peut présumer avoir été deux portes du fort. Cet ouvrage est parfaitement conservé. La culture s'est arrêtée au pied du rempart extérieur, et un taillis de hêtres, venu accidentellement sur tous les remblais, se constituant le défenseur naturel du fort, a protégé la pureté originelle de ses ligues.

A 1 k. de là, dans la direction du nord-ouest, entre un marais et la lisière des forêts de la Vergue, on voit un camp retranché qui présente une enceinte ovalaire dont le grand diamètre, qui s'étend de l'est à l'ouest, a 24 m. 36 c. de longueur, et le petit 15 m. 60 c. Il est évasé aux deux extrémités du grand axe. Le retranchement qui regarde le nord est presque intact ; il a sur sa hauteur 16 m. 24 c., et à sa base 6 m. 50 c. de largeur. Le retranchement opposé, celui du midi, a subi des altérations qui ont formé comme trois buttes ; moins considérable que l'autre, il n'a que 10 m. de hauteur sur 3 m. de largeur. A l'extrémité de l'est et dans la direction du sud existent trois excavations de la profondeur de 3 à 4 m., qui paraissent avoir fourni les matériaux des remblais.

Foires les 29 août, 26 nov., et le 12 de chaque mois.

MASSERIES (les), vg. *Lot*, comm. de Cambayrac, ✉ de Castelfranc.

MASSERIES, vg. *Lot*, comm. de St-Géry, ✉ de Cahors.

MASSEUBE, *Massylia*, jolie petite ville, *Gers* (Armagnac), arr. et à 18 k. de Mirande, chef-l. de cant. Cure. ✉. ❀. A 701 k. de Paris pour la taxe des lettres. Pop. 1,806 h. — TERRAIN tertiaire supérieur, alluvions anciennes.

Cette ville, située sur la rive gauche du Gers, a été bâtie dans le XVe siècle. Elle était autrefois fortifiée, et est encore en grande partie entourée de ses anciennes murailles. Elle est bien bâtie, propre, et formée de larges rues tirées au cordeau, qui aboutissent à une belle place centrale : on y entre par quatre portes. — *Fabriques* de cadis, capes, couvertures. — *Commerce* de mulets pour l'Espagne. — *Foires* le 2e lundi de janv., de mars, d'avril, de juin, et 3e lundi de fév., de mai et de déc.

MASSEVAUX, ou MASMUNSTER, petite ville, *H.-Rhin* (Alsace), arr. et à 21 k. de Belfort, chef-l. de cant. Cure. ✉. ❀. A 457 k. de Paris pour la taxe des lettres. Pop. 3,244 h. Sur la Doller. — TERRAIN tertiaire supérieur.

Fabriques de calicots. Filature de coton. Haut fourneau. — *Commerce* d'eau de cerise. — *Foires* le 3e mercredi de chaque mois.

MASSEYRAL (le), vg. *H.-Vienne*, comm. d'Oradour-sur-Glane, ✉ de la Barre.

MASSIAC, petite ville, *Cantal* (Auvergne), arr. et à 27 k. de St-Flour, chef-l. de cant. Cure. Gîte d'étape. ✉. ❀. A 455 k. de Paris pour la taxe des lettres. Pop. 2,200 h. — TERRAIN cristallisé ou primitif.

Cette ville, située dans un vallon resserré, arrosé par l'Alagnon et l'Arcueil, et à laquelle on arrive par une belle allée de peupliers, est traversée par la route de St-Flour à Clermont, avec un embranchement vers Murat par la rive gauche de l'Alagnon ; ce chemin, nouvellement construit à travers des rochers et des précipices, ne cède en rien à ce qui a été fait de plus hardi dans les Alpes. L'admiration du voyageur augmente encore en contemplant une contrée aussi riante, et aussi pittoresque que celles des Alpes et des Pyrénées. Le nouveau massif construit pour le nivellement de la route vers St-Flour, au bas d'une côte extrêmement raide, n'est pas moins digne d'attention. Nous devons aussi mentionner deux rochers très-curieux qui dominent la ville sur les rives opposées de l'Alagnon, couronnés par des chapelles autrefois habitées par un ermite et par une Madeleine qui s'offraient réciproquement leurs prières.

Foires les 23 fév., 23 avril, 9 juin, 30 août et 30 sept.

MASSICOTERIE (la), vg. *Seine-et-Oise*, comm. des Essarts-le-Roi, ✉ de Rambouillet.

MASSIEU, vg. *Isère*, comm. de St-Géoire, ✉ de Voiron.

MASSIEUX, vg. *Ain* (Dombes), arr., cant., et à 6 k. de Trévoux. Pop. 312 h.

MASSIEZ (les), vg. *Tarn*, comm. de Coufouleux, ✉ de Rabastens.

MASSIGES, vg. *Marne* (Champagne), arr. et à 18 k. de Ste-Ménehould, cant. et ✉ de Ville-sur-Tourbe. Pop. 263 h.

MASSIGNAC, vg. *Charente* (Angoumois), arr. et à 25 k. de Confolens, cant. de Montembeuf, ✉ de la Rochefoucauld. Pop. 1,165 h. — *Foires* le 20 de chaque mois.

MASSIGNIEU-DE-BELMONT, vg. *Ain*, comm. de Belmont, ✉ de Belley.

MASSIGNIEU-DE-RIVES, vg. *Ain* (Bugey), arr., cant., ✉ et à 8 k. de Belley. P. 710 h.

MASSILLARGUES-ATUECH, petite ville, *Gard* (Languedoc), arr. et à 14 k. du Vigan, cant. de Sauve, ✉ d'Anduze. Pop. 373 h.

Patrie de Bassaguet de Vaucluse, membre du conseil des cinq cents.

Du lieutenant général comte de Vignolle.

MASSILIA (lat. 44°, long. 24°). « On lit *Massalia* dans les écrivains grecs; et sa fondation par les Phocéens, sortis d'une ville d'Ionie, est une chose connue, *lippis et tonsoribus*, quoique sur les circonstances historiques de cet établissement le récit de Trogue-Pompée (lib. XLIII) ou de Justin, son abréviateur, ne soit pas d'accord avec ce que rapporte Athénée d'après Aristote, et Plutarque pareillement dans la Vie de Solon. L'époque de la fondation de Marseille remonte à près de 600 ans avant l'ère chrétienne, en la fixant au temps que Tarquin l'Ancien régnait à Rome. Car ce fut alors, selon Tite Live (lib. v, sect. 24), que les Gaulois passèrent en Italie sous la conduite de Bellovèse, et ces Gaulois, au rapport de l'historien, prêtèrent leur secours aux Phocéens contre les *Salyes*, qui s'opposaient à l'établissement de ces étrangers. Trogue-Pompée avait écrit que les Phocéens remontèrent le Tibre, *temporibus Tarquinii regis*, et contractèrent une alliance avec les Romains avant que d'arriver dans la Gaule et de s'y arrêter. La nation des *Segorégiens* ou *Segobrigii*, que Justin nomme pour être celle qui reçut d'abord les Phocéens, n'est point connue d'ailleurs; et je ne crois pas qu'il soit convenable de la confondre avec les *Reii*, dont l'emplacement est éloigné de la mer. C'est avec les *Salyes* qu'on voit constamment que les Marseillois ont disputé le terrain jusqu'à ce que leur alliance avec Rome, en donnant occasion aux Romains de porter leurs armes dans la Gaule, eût assuré à ces alliés une possession paisible des établissements qu'ils avaient formés le long de la côte. Ces établissements s'étendaient d'un côté jusqu'à *Emporiæ*, à l'entrée de l'Espagne, et de l'autre jusqu'à *Nicæa* et au port *Monœcus*, que Strabon regarde comme le plus reculé vers l'Italie, et que Ptolémée leur accorde également. Les *Salyes* ayant été réduits par Sextius, Strabon (lib. IV, p. 180) fait entendre que les Marseillois obtinrent un terrain de huit stades en largeur le long de la côte, et de douze stades aux endroits qu'occupaient leurs colonies. Cependant il faut penser qu'ils avaient cherché à se placer en avant dans les terres, si l'on croit qu'Etienne de Byzance ne s'est point trompé en disant qu'*Avenio* et *Cabellio* sont des villes marseilloises, quoique renfermées dans le territoire des *Cavares*. Ce qu'on lit dans le premier livre *De bello civili*, que Pompée avait accordé à Marseille, *agros Volcarum Arecomicorum, et Iluorum* (ou *Helviorum*), selon diverses leçons, doit s'entendre simplement de quelques terres, qui dans le territoire de ces peuples pouvaient être à la bienséance de quelque établissement marseillois. Etienne de Byzance nomme plusieurs villes marseilloises, *Azania*, *Alonis*, *Trœzen*, sur lesquelles je crois qu'il convient mieux d'avouer que nous les ignorons, que de hasarder des conjectures trop incertaines. Mais ce qui fait autant d'honneur à Marseille qu'elle pouvait tirer d'avantage de ses possessions, c'est la manière dont Tacite s'exprime dans la Vie d'Agricola: *Locum græca comitate, et provinciali parcimonia, mistum, ac bene compositum.* Elle avait conservé dans une terre étrangère les mœurs et la façon de vivre qu'elle tenait de son origine: *Mirum quam facile*, dit Méla (lib. II, cap. 5), *et tunc sedem alienam ceperit, et adhuc morem suum teneat*. La littérature grecque, selon Strabon, attirait les Romains à Marseille, comme Athènes même pouvait le faire. Il faut attribuer à la chute de l'empire romain en Occident ce que dit Agathias, que Marseille de grecque était devenue barbare. On voit dans le second livre de la Guerre civile, où le siège par César mit devant Marseille est décrit, que cette ville était alors environnée de la mer presque de trois côtés; *fere ex tribus oppidi partibus mari alluitur*; et que la quatrième côté est celui par lequel elle communique à la terre; *reliqua quarta est, quæ aditum habet a terra*. Il résulte de là qu'il faut réduire l'ancienne ville de Marseille à un triangle que forme la longueur de son port avec le rivage de la grande mer; et que son étendue actuelle, qui renferme le port, et qui la borde d'un côté comme de l'autre, est plus considérable qu'elle n'était autrefois. Eumène, dans un panégyrique de Constantin, dit que Marseille ne tient au continent que par un espace de M. D. pas; et je remarque que cette mesure, si on l'entend d'un mille et demi, excède considérablement ce qui convient au local. Car depuis le fond du port, en tournant vers le bord de la mer, jusqu'à l'endroit que l'on nomme la Grande-Pointe, on ne comptera que 5 à 600 toises, ce qui ne répond qu'à 7 à 800 pas; dont 1,000 composent le mille romain. Ainsi pour entendre Eumène, il faut se rabattre au pas commun, qui n'est que la moitié du pas géométrique; et c'est de la même manière que j'ai trouvé quelquefois qu'il fallait user à l'égard des mesures d'espace qui se renferment dans une petite étendue de terrain, comme on peut considérer celle d'une ville, en comparaison d'une contrée spacieuse et vaste. Il semble que *Civitas Massiliensium* ne tienne la dernière place dans la province viennoise, selon la Notice des provinces de la Gaule, que pour être dans la position la plus éloignée à l'égard de la métropole. Cette ville mérite le premier rang qu'elle tient dans la province ecclésiastique d'Arles. » D'Anville. *Notice de l'ancienne Gaule*, p. 438. V. aussi Walckenaer. *Géographie des Gaules*, t. I, p. 1, 24, 34, 119.

MASSILIENSE ostium (lat. 44°. long. 23°). « Pline (lib. III, cap. 4) nous indique les noms des bouches du Rhône, et donne à la plus considérable celui de *Massaliotioum ostium*. Dans l'Itinéraire maritime cette bouche est appelée *Gradus Massilitanorum*. La dénomination dans Pline est conforme au langage grec, et j'ai cru devoir y employer une dénomination latine. Entre les différentes bouches du Rhône, celle-ci était la plus voisine de Marseille. Mais aujourd'hui ce n'est plus *amplissimum ostium*, selon l'expression de Pline, le Rhône s'étant porté dans un autre canal. Cependant son ancienne entrée se distingue encore par le nom de Grand-Gras, et pour plus grand éclaircissement, voyez l'article *Rhodani ostia*. D'Anville. *Notice de l'ancienne Gaule*, p. 440.

MASSILLY, vg. *Vienne*, comm. de Doussais, ✉ de Châtellerault.

MASSILLY, vg. *Saône-et-Loire* (Bourgogne), arr. et à 32 k. de Mâcon, cant. et ✉ de Cluny. Pop. 522 h.

MASSINGY, vg. *Côte-d'Or* (Bourgogne), arr., cant., ✉ à 6 k. de Châtillon-sur-Seine. Pop. 389 h.

MASSINGY-LÈS-SEMUR, vg. *Côte-d'Or* (Bourgogne), arr., cant., ✉ à 8 k. de Semur. Pop. 354 h.

MASSINGY-LÈS-VITTEAUX, vg. *Côte-d'Or* (Bourgogne), arr. et à 26 k. de Semur, cant. et ✉ de Vitteaux. Pop. 335 h.

MASSOGNES, vg. *Vienne* (Poitou), arr. et à 29 k. de Poitiers, cant. et ✉ de Mirebeau. Pop. 474 h.

MASSONNAY (les), vg. *Saône-et-Loire*, comm. de la Chapelle-Guinchay, ✉ de Romanèche.

MASSONVILLIERS, vg. *Eure-et-Loir*, comm. de Beauvilliers, ✉ de Voves.

MASSOUL, vg. *Côte-d'Or*, comm. de Nesle, ✉ de Laignes.

MASSOULES, vg. *Lot-et-Garonne* (Agénois), arr. et à 19 k. de Villeneuve-sur-Lot, cant. et ✉ de Penne. Pop. 398 h.

MASSOULIE (la), vg. *Dordogne*, comm. et ✉ de St-Astier.

MASSOURY, vg. *Seine-et-Marne*, comm. de Fontaine-le-Port, ✉ du Châtelet.

MASSUES (les), vg. *Rhône*, comm. de Tassin, ✉ de Lyon.

MASSUGAS, vg. *Gironde* (Bazadois), arr. et à 27 k. de la Réole, cant. de Pellegrue, ✉ de Montségur. Pop. 592 h.

MASSUGUIÈS, vg. *Tarn* (Languedoc), arr. et à 48 k. de Castres, cant. et ✉ de Vabre. Pop. 1,502 h. — *Foires* les 15 mai et 25 oct.

MASSURT, vg. *Lot-et-Garonne*, comm. et ✉ de Marmande.

MASSY, vg. *Saône-et-Loire* (Bourgogne), arr. et à 32 k. de Mâcon, cant. et ✉ de Cluny. Pop. 166 h.

MASSY, vg. *Seine-et-Oise* (Ile-de-France), arr. et à 25 k. de Corbeil, cant. de Longjumeau, ✉ d'Antony. Pop. 1,081 h.

Quelques écrivains font remonter l'origine de ce village au commencement du XIIe siècle, temps où vivait Aimond de Massy, le même sans doute qui déposa dans le procès de la Pucelle d'Orléans.

Le château de Massy, dont la construction remonte au commencement du XVIIIe siècle, est situé dans une prairie au bas du village. Outre ce château, on trouve encore aux environs de ce village plusieurs maisons de campagne.

Villeginis est un hameau dépendant de la commune de Massy. On y voit un très-beau château, bâti en 1755, pour mademoiselle de Sens, sur les dessins d'Ullin.

Fabriques de tuiles et de briques. — Carrières de pierres.

MASSY, vg. *Seine-Inf.* (Normandie), arr., cant., ✉ et à 7 k. de Neufchâtel-en-Bray. Pop. 503 h.

MAST (le), *Seine-et-Oise*, comm. de Bréviaires, ✉ de Rambouillet.

MASTAING, vg. *Nord* (Flandre), arr. et à 21 k. de Valenciennes, cant. et ✉ de Bouchain. Pop. 788 h.

MASTEULAT, vg. *Lot*, comm. de Dégagnac, ✉ de Gourdon.

MAS-THIBER, vg. *Bouches-du-Rhône*, comm. et ✉ d'Arles.

MASTRAMELA STAGNUM (lat. 44°, long. 23°). « Artémidore d'Éphèse, dans Étienne de Byzance, fait mention de *Mastramella* comme d'une ville et d'un étang, ou d'un lac dans la Gaule. C'est ce qu'a engagé le P. Hardouin à substituer dans Pline (lib. III, cap. 4) *Mastramela* au nom d'*Astromela*, qui s'y lisait auparavant, quoiqu'on puisse dire que les manuscrits n'ont point concouru à autoriser ce changement, puisque le savant commentateur ne les cite point en cet endroit, comme on lui est redevable de le faire ailleurs. On lit aussi *Mastramela* dans Avienus, *in ora maritima*. Strabon (lib. IV, p. 184) parle d'un lac sous le nom de *Stomalimna*, que l'on juge ne pouvoir être différent du *stagnum Mastramela*, et dont la dénomination, qui paraît devoir être appliquée particulièrement à l'ouverture du lac, plutôt qu'au lac même, est le sujet d'un article séparé. Il n'y a point de difficulté à reconnaître le *stagnum Mastramela* pour celui de Berre ou de Martigues. Quant à la ville de même nom, Honoré Bouche (*Chorog. de Prov.*, lib. III, cap. 6) croit que c'est Istres, lieu assez considérable au couchant de l'étang, et ce nom sous la forme d'*Astromela* paraîtrait favoriser cette opinion. Plusieurs autres savants veulent que cette ville ne soit pas différente de *Maritima* ou de *Martigues*, qu'Avienus semble désigner en disant *oppidum Mastramelæ priscum paludis*. » D'Anville. *Notice de l'ancienne Gaule*, p. 441.

MASTRE (la), bg *Ardèche* (Vivarais), arr. et à 30 k. de Tournon, chef-l. de cant. Cure. ✉. A 564 k. de Paris pour la taxe des lettres. Pop. 2,423 h. — TERRAIN cristallisé ou primitif.

Il est situé dans une vallée profonde, sur le Doux. Son territoire produit des châtaignes renommées pour leur excellente qualité. — *Fabriques* de draps grossiers et d'étoffes connues dans le pays sous le nom de burates.

MAS-VIEL, vg. *Aveyron*, comm. de Belmont, ✉ de Camarès.

MATAFELON, vg. *Ain* (Bresse), arr., ✉ et à 16 k. de Nantua, cant. d'Izernore. Pop. 785 h.

MATAVONIUM (lat. 44°, long. 24°). « Ce lieu est placé dans l'Itinéraire d'Antonin entre *Forum Vaconii* et *ad Turrim*, la distance à l'égard du *Forum* étant marquée XII, et à l'égard du lieu dont le nom est *Turris* XIIII. On trouve *Matavone* sur la même route dans la Table théodosienne, quoiqu'il n'y ait point de conformité dans l'indication des distances, qui paraissent plus convenables au local selon l'Itinéraire que selon la Table; car la Table marquant XXII, au lieu de XII, entre *Matavone* et le *Forum*, indépendamment de ce qui concerne l'intervalle de *Turris* à *Matavone*; cette seule indication égale ce qu'on présume qu'il y a d'espace direct entre la position du *Forum* et celle qui garde le nom de *Turris* dans celui de Tourves. Honoré Bouche place *Matavonium* dans un lieu nommé Cabasse, ce qui ne s'accorde point avec son opinion que *Forum Vaconii* est le Luc; car la distance actuelle du Luc à Cabasse ne peut s'estimer que d'environ 4 milles, lorsque l'Itinéraire en demande 12. C'est même une raison pour juger que la position de *Forum Vaconii* convient mieux à Gonfaron, comme je le fais voir ailleurs, qu'au Luc. En partant donc de Gonfaron et en passant par le Luc et par Cabasse, où des inscriptions de colonnes milliaires qu'on y a trouvées nous indiquent la trace d'une voie romaine, je remarque que les douze milles marqués par l'Itinéraire conduisent jusqu'au lieu nommé Vins, dans lequel on peut reconnaître une partie du nom de *Matavonium*. De ce lieu jusqu'à Tourves, la route qui circule dans une vallée, laissant Brignole sur la gauche, répond à l'indication du même Itinéraire, et on peut en conclure qu'il faut substituer XIII à XVII dans la Table pour la rendre conforme au local comme à l'Itinéraire. » D'Anville. *Notice de l'ancienne Gaule*, p. 441.

MATAY, vg. *H.-Garonne*, comm. de Fougaron, ✉ d'Aspet.

MATELLES (les), vg. *Hérault* (Languedoc), arr. et à 17 k. de Montpellier, chef-l. de cant. ✉. A 765 k. de Paris pour la taxe des lettres. Pop. 328 h. — TERRAIN jurassique, calcaire à griphées.

Ce village est situé près de la source du ruisseau du Liron, qui offre un aspect pittoresque, lorsque les eaux sont abondantes : elles tombent alors en cascades dans un bassin inférieur.

Le mont St-Loup se trouve dans le territoire des Matelles : c'est un des premiers contre-forts des Cévennes, et un des points de l'horizon de Montpellier. Vu de cette ville, c'est-à-dire du côté de la mer, il présente une masse conique, tantôt bleuâtre ou enrichie des couleurs du soleil séparées par de grandes ombres et diversifiées par les rochers et la verdure ; tantôt blanchie par la neige, et dessinant sous son vaste manteau les escarpements de son sommet. Du côté opposé, la montagne est coupée à pic, et même plusieurs de ses rochers surplombent dans les champs qui s'avancent vers sa base. Le pic St-Loup, formé de couches calcaires, élevé de 550 m. au-dessus du niveau de la mer, est la plus haute montagne intérieure du département de l'Hérault. Une modeste chapelle, qui s'élève sur son sommet, est le rendez-vous annuel des croyants du voisinage, qui y affluent processionnellement le 19 mars ; jour de la St-Joseph.

Ce pèlerinage ou *bota* n'attire pas moins de cinq à six mille personnes qui y vont en procession, et quoique la montagne soit âpre et difficile à gravir, l'honneur de porter, pieds nus, jusqu'à la chapelle une croix pesante ne manque pas d'attirer l'envie. Toutes les *botas* se terminent par des danses et des festins où règne l'intempérance. — L'élévation du pic de St-Loup n'est pas très-grande, et le ciel est presque toujours pur aux environs de Montpellier ; mais l'isolement de la montagne attire quelquefois des vapeurs autour du sommet ; il n'est pas rare de s'y trouver dans les nuages ou de les avoir sous les pieds. C'est un spectacle à désirer pour le voyageur, parce qu'ils ne persistent jamais longtemps, et qu'ils encadrent, en se dissipant, de merveilleuses vues sur Lunel, Montpellier, la chaîne des Cévennes et celle de la Serranne, les étangs et cette admirable mer bleue de la Méditerranée qu'on ne se lasse pas d'admirer.

Les restes du château de Montferrand, ancien domaine des évêques de Montpellier, qui a soutenu plusieurs sièges, sont perchés, à un certain éloignement, sur une montagne à pic, qui n'est que la suite du mont St-Loup. Ces ruines de tours, qui paraissent n'avoir été construites que pour l'utilité et la défense du château, jalonnent encore, de distance en distance, une ligne droite d'escarpement.

MATEMALE, vg. *Pyrénées-Or.* (Roussillon), arr. et à 54 k. de Prades, cant. et ✉ de Mont-Louis. Pop. 479 h.

MATHA, bg *Charente-Inf.* (Saintonge), arr. et à 18 k. de St-Jean-d'Angely, chef-l. de cant. Cure. École secondaire ecclésiastique. Gîte d'étape. ✉. ⌘. A 458 k. de Paris pour la taxe des lettres. Pop. 1,935 h. — TERRAIN jurassique, étage supérieur du système oolitique. — *Foires* le 2 de chaque mois, excepté août.

MATHAUX, *Mostalium*, vg. *Aube* (Champagne), arr. et à 25 k. de Bar-sur-Aube, cant. et ✉ de Brienne. Pop. 556 h. — Tuilerie et fabrique de poterie de terre.

MATHAY, vg. *Doubs* (Franche-Comté), arr. et à 8 k. de Montbéliard, cant. et ✉ de Pont-de-Roide. Pop. 755 h.

A environ deux cents pas de l'église et du village de Mathay, situé sur la grande route à 8 kilom. de Montbelliard, 4 kilom. sud-est de Pont-de-Roide, on remarque une petite éminence d'environ cent pas de diamètre, couverte de broussailles et de quelques arbres à travers lesquels on distingue encore les ruines, presque à fleur de terre, d'un assez vaste château, composé d'une cour, d'un carré long entouré des quatre côtés de bâtiments dont la façade au nord était bâtie sur le bord du Doubs, qui baignait ses murailles. Ce château était défendu par une tour ronde, placée dans le milieu de la façade, pareille à celle que l'on remarquait aussi au milieu des façades au sud-est et au nord-ouest; la quatrième tour formant l'entrée était fermée par un pont-levis, en avant duquel on voit encore un autre petit tertre sur lequel s'élevait une plus forte tour ronde, aussi entourée de fossés, tant du côté du château qu'à l'extérieur, et fermée par un second pont-levis formant une espèce de tête de pont. Parmi les vestiges de fortifications en terre, on distingue un fossé qui entourait tout le château et la tête de pont, et que l'on pouvait remplir à volonté par les eaux du Doubs qui y entraient d'un côté, l'entouraient et rentraient dans leur lit par l'autre extrémité; en temps ordinaire ce fossé était alimenté par une source abondante sortant du château, aujourd'hui tarie. Au bord de ce fossé, dans tout son pourtour, s'élève un rempart d'environ 6 m. d'épaisseur au sommet, se terminant en glacis du côté de la campagne. Ce château paraît avoir été détruit ou abandonné depuis l'invasion des Français en 1635, époque du siége de St-Hippolyte, ou en 1674, lors de la conquête de la province. Cette petite forteresse servait de défense, et était le siége d'une assez grande seigneurie qui réunissait en outre la propriété inhérente, également tenue en fief par le seigneur, de ce qu'on appelait alors la pothe (prévôté) de Mathay, espèce de tribunal qui étendait son ressort sur plus de vingt villages, dont le seigneur était le président-né et jouissait des droits seigneuriaux sur tous les villages, ainsi que du droit de convoquer chaque année, pour des plaids généraux, tous les magistrats et maires par lui désignés pour en juger les causes. Institution remarquable, sur laquelle M. Perreciot a donné des détails curieux dans son savant ouvrage sur la qualité des personnes et la condition des terres, relatant littéralement à l'appui diverses chartes du xiv° siècle, tirées des archives de MM. de St-Mauris.—Il paraît vraisemblable que ce château fut construit par la maison de Mathay, puissante dans son origine; on voit encore dans l'église de Mathay une tombe de Jean de Mathay, chevalier de l'an 1300, parmi d'autres tombeaux de la maison de St-Mauris, ainsi que leurs armoiries fascées de cinq pièces, celles de leurs femmes et de leurs quartiers, avec épitaphes encore très-distinctes.

Cette châtellenie, fief et dépendances, étant fort importante par ses attributions et comme dominant la navigation du Doubs et les abords de la Franche-Montagne, la garde et le commandement n'en furent jamais confiés par MM. de St-Mauris qu'à des gentilshommes, sous la qualification de capitaines-gouverneurs, avec émoluments analogues. Elle fut constamment possédée par la branche de cette maison issue de Jean et Berchin de St-Mauris, jusqu'à son extinction vers 1600, époque où François de St-Mauris, tué à l'âge de vingt ans au service de l'empereur d'Allemagne, la donna par testament à Marie de Grammont, sa mère, veuve d'Adrien de St-Mauris.

MATHÉFLON, vg. *Maine-et-Loire*, com. de Seiches, ✉ de Suette.

MATHENAY, vg. *Jura* (Franche-Comté), arr. de Poligny, cant., ✉ et à 8 k. d'Arbois. Pop. 253 h.

MATHES (les), vg. *Charente-Inf.* (Saintonge), arr. et à 13 k. de Marennes, cant. et ✉ de la Tremblade. Pop. 700 h.

MATHIANNIÈRE, vg. *Isère*, comm. de Bizonnes, ✉ du Grand-Lemps.

MATHIEU, vg. *Calvados* (Normandie), arr. et à 8 k. de Caen, cant. de Douvres, ✉ de la Délivrande. Pop. 880 h.

PATRIE du poëte JEAN MAROT, dont les œuvres sont imprimées avec celles de Clément Marot et de Michel Marot, son fils et son petit-fils.

MATHIEU (St-), vg. *Finistère*, comm. de Plougonvelin, ✉ de St-Renan. — Sur la pointe St-Mathieu est un phare de 2° ordre à feu tournant à éclipses de demi-minute en demi-minute, de 54 m. de hauteur et de 23 k. de portée. Lat. 48° 20′, long. O. 7° 7′. V. LE CONQUET.

MATHIEU (St-), bg *H.-Vienne* (Poitou), arr. et à 16 k. de Rochechouart, chef-l. de cant. Bureau d'enregist. à Oradour-sur-Vayres. Cure. ✉. A 427 k. de Paris pour la taxe des lettres. Pop. 2,057 h. — TERRAIN jurassique, étage moyen du système oolitique. — On y voit une ancienne église qui a été classée récemment au nombre des monuments historiques.
— *Foires* le 13 de chaque mois pour les bestiaux.

MATHIEU-DE-TRÉVIERS (St-), vg. *Hérault* (Languedoc), arr. à 21 k. de Montpellier, cant. et ✉ des Matelles. Pop. 378 h. — *Foires* les 22 août et 5 oct.

MATHON, vg. *Ardennes*, com. de Mathon, ✉ de Carignan.

MATHON-CLÉMENCY, vg. *Ardennes* (Champagne), arr. et à 20 k. de Sedan, cant. et ✉ de Carignan. Pop. 1,081 h. — Forges pour essieux et enclumes, platinerie et scierie de planches.

MATHONS, vg. *H.-Marne* (Champagne), arr. et à 14 k. de Vassy, cant. et ✉ de Joinville. Pop. 300 h.

MATHONVILLE, vg. *Seine-Inf.* (Normandie), arr. et à 18 k. de Neufchâtel-en-Bray, cant. et ✉ de St-Saens. Pop. 204 h.

MATHURIN (St-), joli bourg, *Maine-et-Loire* (Anjou), arr. à 22 k. d'Angers, cant. des Ponts-de-Cé. Gîte d'étape. ✉. ✆. A 296 k. de Paris pour la taxe des lettres. P. 2,763 h. Il est situé dans une belle et fertile vallée, sur la rive droite de la Loire. Les maisons en sont rangées en haie sur le côté septentrional du fleuve, dont le côté opposé règne en terrasse, avec parapet sur la Loire. L'autre rive est bordée par des coteaux aussi riants que variés.

MATHURIN-LÉOBAZEL (St-). V. LÉOBAZEL.

MATIGNICOURT, vg. *Marne* (Champagne), arr., ✉ et à 10 k. de Vitry-le-François, cant. de Thiéblemont. Pop. 143 h.

MATIGNON, *Mannatias*, petite ville, *Côtes-du-Nord* (Bretagne), arr. et à 30 k. de Dinan, chef-l. de cant. Cure. Gîte d'étape. ✉. A 401 k. de Paris pour la taxe des lettres. Pop. 1,307 h. — TERRAIN cristallisé, granit, micaschiste.

Commerce de grains. — *Foires* les 1er août, 1er et 30 oct., 13 nov., 1er, 2e et 3e mercredis de mai, 1er et 2e mercredis de juin.

MATIGNY, vg. *Somme* (Picardie); arr. et à 17 k. de Péronne, cant. et ✉ de Ham. Pop. 699 h.

MATILO (lat. 53°, long. 23°). « On trouve dans la Table théodosienne, sur une route qui remonte de *Lugdunum* des Batavi, ou de Leyde, le long du Rhin : *Prætorium Agrippinæ*, III *Matilone*, V *Albamanis*. Ce qu'on lit ainsi *Albamanis* est *Albiniana*, selon l'Itinéraire d'Antonin, et il faut recourir à l'article de ce nom pour savoir que ces distances sont données en milles romains. Mais, quelle que fût la mesure itinéraire, il résulterait de la proportion de III d'un côté et de V de l'autre, entre la position de *Room-Burg*, qui est le *Prætorium*, et celle d'Alfen, qui est *Albiniana*, que la position de *Matilo* se place dans l'entre-deux, qui porte actuellement le nom de Rhynen-Burg, sur le même bord de cette branche du Rhin qui se rend à Leyde. » D'Anville. *Notice de l'ancienne Gaule*, p. 442.

MATISCO (lat. 47°, long. 23°). « César fait mention de cette ville, ainsi que de Châllon, comme étant également comprise dans le territoire des *Ædui*, et située de même sur l'Arar ou la Saône (*Comment.* VII) : *Cabilloni* et *Matiscone*, in *Ædui*s, ad *Ararim*. Les distances qui ont immédiatement rapport à sa position sur la voie romaine qui y passait sont discutées dans les articles *Lunna* et *Tinurium*. La Notice de l'empire fait mention de la *Matisconensis Sagittaria*. Cette ville n'avait pas encore le rang de cité lorsque la Notice des provinces de la Gaule a été dressée, n'y étant comprise, ainsi que *Cabilonum*, que sous le titre de *Castrum*. M. de Valois (p. 323) a remarqué que, depuis plusieurs siècles, le nom de cette ville, par une transposition de lettres, a été écrit *Mastico* au lieu de *Matisco*. De là est venu le nom de Mascon : et c'est parce que l'i est même supprimé dans la prononciation actuelle, on écrit Mâcon, en appuyant sur la voyelle de la première syllabe. » D'Anville. *Notice de l'ancienne Gaule*, p. 443. V. aussi Walckenaer. *Géographie des Gaules*, p. 318.

MATIVIE (la), vg. *Lot*, comm. de Comiac, ✉ de St-Céré.

MATOUGUES, vg. *Marne* (Champagne),

arr. et à 10 k. de Châlons-sur-Marne, cant. d'Écury-sur-Coole, ✉ de Jaalons. Pop. 433 h.

MATOUR, bg. *Saône-et-Loire* (Bourgogne), arr. et à 34 k. de Mâcon, chef-l. de cant. Cure. ✉. A 402 k. de Paris pour la taxe des lettres. Pop. 1,331 h.

Autrefois diocèse d'Autun, parlement de Paris, intendance de Lyon, élection de Villefranche.

Foires le 2e jeudi de chaque mois.

MATOURNE, vg. *Var*, comm. de Flayosc, ✉ de Draguignan.

MATRA, vg. *Corse*, arr., ✉ et à 26 k. de Corté, cant. de Moïta. Pop. 300 h.

MATRAY (le), vg. *Puy-de-Dôme*, comm. de Montfermy, ✉ de Pontgibaud.

MATRÉ (St-), vg. *Lot* (Quercy), arr. et à 31 k. de Cahors, cant. et ✉ de Montcuq. Pop. 381 h.

MATRINGHEM, vg. *Pas-de-Calais* (Artois), arr. et à 40 k. de Montreuil-sur-Mer, cant. et ✉ de Fruges. Pop. 357 h.

MATRONA, fluv. (lat. 49°, long. 22°). « César en parle comme faisant la séparation des Celtes d'avec les Belges ; ce qu'Ausone exprime dans son poëme sur la Moselle, *Gallos Belgasque intersita fines*. Les écrivains du moyen âge ont écrit *Materna*. Nous disons de Marne par contraction. » D'Anville. *Notice de l'ancienne Gaule*, p. 443.

MATROY, vg. *Seine-et-Marne*, comm. de Chailly, ✉ de Coulommiers.

MATTAINCOURT, vg. *Vosges* (Lorraine), arr., cant., ✉ et à 30 k. de Mirecourt. Pop. 1,037 h. — *Fabrique* de dentelles.

MATTANVILLIERS, vg. *Eure-et-Loir*, comm. de Fessauvilliers, ✉ de Brezolles.

MATTE-DES-PRÉS (la), vg. *Yonne*, com. de Dicy, ✉ de Charny.

MATTES, vg. *Aude*, comm. de Portel, ✉ de Sijean.

MATTEXY, vg. *Meurthe* (Lorraine), arr. et à 20 k. de Lunéville, cant. et ✉ de Gerbéviller. Pop. 198 h.

MATTSTALL, vg. *B.-Rhin* (Alsace), arr. et à 18 k. de Wissembourg, cant. et ✉ de Woerth-sur-Sauer. Pop. 286 h.

MATZ (Haut et Bas-), vg. *Oise*, comm. de Ricquebourg, ✉ de Ressons.

MATZENHEIM, vg. *B.-Rhin* (Alsace), arr. et à 22 k. de Schelestadt, cant. et ✉ de Benfeld-sur-l'Ill. Pop. 775 h. — *Fabrique* de produits chimiques.

MAUBEC, vg. *Isère* (Dauphiné), arr. et à 34 k. de Vienne, cant. de la Verpillière, ✉ de Bourgoin. Pop. 746 h. — *Foire* le 14 juillet.

MAUBEC, vg. *B.-Pyrénées* (Béarn), arr. et à 31 k. de Pau, cant. de Montaner, ✉ de Morlaas. Pop. 59 h.

MAUBEC, vg. *Tarn-et-Garonne* (Armagnac), arr. et à 40 k. de Castel-Sarrasin, cant. et ✉ de Beaumont-de-Lomagne. Pop. 609 h.

MAUBEC, *Malabecum*, vg. *Vaucluse* (Comtat), arr. et à 28 k. d'Avignon, cant. et ✉ de Cavaillon. Pop. 612 h. — *Foires* les 2 fév. et 16 août.

MAUBERT (le), vg. *H.-Vienne*, comm. de Blanzac, ✉ de Bellac.

MAUBERT-FONTAINE, petite ville, *Ardennes* (Champagne), arr., cant., et à 10 k. de Rocroi. ✉. ⚘. A 198 k. de Paris pour la taxe des lettres. Pop. 1,426 h.

Cette petite ville, qui a été beaucoup plus considérable que celle-ci l'est aujourd'hui, fut bâtie en 1216 par le chapitre de Reims ; elle était entourée de fossés remplis d'eau qui ont été en partie comblés sous Louis XIII.

Patrie de CH. ST-YVES, oculiste distingué. Brasserie. — *Foires* le 1er samedi de fév., d'avril, de juin, d'août, d'oct. et de déc.

MAUBEUGE, *Malbodium*, jolie et forte ville, *Nord* (Hainaut), arr. et à 18 k. d'Avesnes, chef-l. de cant. Place de guerre de 3e classe. Cure. Gîte d'étape. ✉. ⚘. A 213 k. de Paris pour la taxe des lettres. Pop. 7,431 h. — Terrain de transition supérieur.

Autrefois diocèse de Cambrai, parlement de Douai, intendance de Valenciennes, gouvernement et recette, chapitre de chanoinesses nobles, collégiale, collège, plusieurs couvents.

Maubeuge doit son origine au monastère fondé vers l'an 650 par sainte Aldegonde, fille d'un seigneur du pays. C'était un bourg qui fut détruit en 881 par les Normands ; plus tard il devint une petite ville qui sut résister, en 1182, à une nombreuse armée commandée par le duc de Brabant et l'archevêque de Cologne. En 1339 le comte de Hainaut, qui la possédait alors, autorisa la création d'un impôt pendant dix années pour l'entourer de remparts. Un incendie la dévora en 1387, et Louis XI, qui s'en rendit maître en 1477, la fit brûler presque entièrement. Elle éprouva le même sort en 1543 et en 1553, lorsqu'elle tomba au pouvoir des Français. Le cardinal de Lavalette s'en empara en 1637, et après avoir été prise et reprise plusieurs fois par les Français et les Espagnols, elle fut cédée à la France, par le traité de Nimègue, en 1679. Elle fut alors fortifiée par Vauban, qui réduisit son enceinte au tiers de son ancienne étendue. Maubeuge fut assiégé et bloqué, en 1793, par les Autrichiens ; mais la bataille de Wattignies, gagnée par les Français, l'empêcha de tomber au pouvoir de l'ennemi.

Maubeuge fut encore assiégé en 1814 par le duc de Weimar, commandant un corps saxon ; celui-ci ne put s'en emparer, grâce à la belle défense de la garnison et des habitants. Cette ville ne fut pas aussi heureuse en 1815, lorsque, après la bataille de Waterloo, elle fut assiégée par un corps de l'armée coalisée ; les projectiles de l'ennemi incendièrent l'église et plusieurs maisons, et la garnison dut céder la place aux Prussiens. La ville fut ensuite occupée par les Russes jusqu'à la fin de 1818.

Les **armes** de **Maubeuge** sont : *écartelé un et quatre d'or à un lion de sable ; deux et trois d'or à un lion de gueules*. — Alias ; *d'or à quatre lions cantonnés de sable, et un aigle de même en chef entre les lions*.

Cette ville est dans une forte situation, sur la Sambre, qui y est navigable et favorise l'exportation de la houille, du marbre et de l'ardoise, qui se trouvent en abondance dans les environs. Elle est bien bâtie, propre et bien percée.

Patrie du littérateur A.-J.-U. HENNET.

Industrie: Fabriques d'ouvrages en fer battu et coulé, de ferblanterie, clouterie, savon, sucre indigène. Scieries de marbre. Raffinerie de sel. Tanneries. — Manufacture royale d'armes à feu. — Commerce de vins, eaux-de-vie, épicerie, fer, ardoises, houille, marbre, etc. — *Foires* le 3e dimanche de sept. et le 19 de chaque mois.

MAUBOURGUET, *Malburgetum*, petite ville, *H.-Pyrénées* (Armagnac), arr. et à 28 k. de Tarbes, chef-l. de cant. Cure. ✉. A 728 k. de Paris pour la taxe des lettres. Pop. 2,202 h. — Terrain d'alluvions modernes.

Cette ville est située sur l'Adour, et ne forme pour ainsi dire qu'une fort longue rue qui traverse une assez belle place. L'église paroissiale, bâtie par les templiers à leur retour de la terre sainte, est fort remarquable.

Foires les 6 mai et 30 sept.

MAUBRANCHE, vg. *Cher*, com. de Moulin-sur-Yèvre, ✉ de Bourges.

MAUBRY, vg. *Aisne*, comm. et ✉ de Neuilly-St-Front.

MAUBU, vg. *H.-Garonne*, comm. et ✉ de Toulouse.

MAUBUISSON, vg. *Eure*, comm. du Nuisement, ✉ de Damville.

MAUBUISSON, *Seine-et-Oise*. V. ST-OUEN-L'AUMONE.

MAUCAP, vg. *Lot-et-Garonne*, comm. et ✉ de Clairac.

MAU-CARRIÈRE (la), vg. *Deux-Sèvres*, comm. de Tessonnière, ✉ d'Airvault. ⚘.

MAUCHAMP, *Mallus Campi*, vg. *Seine-et-Oise* (Ile-de-France), arr., cant. et à 12 k. d'Étampes, ✉ d'Étréchy. Pop. 100 h.

MAUCLOUP, vg. *H.-Vienne*, comm. de Jabreilles, ✉ de Chanteloube.

MAUCO (Bas-), vg. *Landes* (Gascogne), arr., cant., ✉ et à 4 k. de St-Sever. Pop. 202 h.

MAUCO (Haut-), vg. *Landes* (Gascogne), arr., cant., ✉ et à 9 k. de Mont-de-Marsan. Pop. 505 h.

MAUCOMBLE, vg. *Seine-Inf.* (Normandie), arr. de Neufchâtel-en-Bray, cant. et ✉ de St-Saëns. Pop. 508 h.

MAUCOR, vg. *B.-Pyrénées* (Béarn), arr. et à 10 k. de Pau, cant. et ✉ de Morlaas. Pop. 240 h.

MAUCOURT, vg. *Meuse* (pays Messin), arr. et à 16 k. de Verdun-sur-Meuse, cant. et ✉ d'Etain. Pop. 278 h.

MAUCOURT (forges de), vg. *Meuse*, com. de Beaufort, ✉ de Stenay.

MAUCOURT, vg. *Oise* (Picardie), arr. et à 38 k. de Compiègne, cant. et ✉ de Guiscard. Pop. 202 h.

MAUCOURT, vg. *Somme* (Picardie), arr. et à 24 k. de Montdidier, cant. de Rosières, ✉ de Lihons-en-Santerre. Pop. 505 h.

MAUDAN (St-), vg. *Côtes-du-Nord* (Bretagne), arr., ✉ et à 7 k. de Loudéac. Pop. 382 h.

MAUDE (la), *Maldra*, petite rivière qui prend sa source dans l'étang de Maude, département de la *Creuse*; elle passe à Payrat, Bujaleuf, et se jette dans la Vienne à l'Artigue, département de la *Haute-Vienne*, après un cours de 40 k. Elle est flottable à bûches perdues depuis St-Martin-Château jusqu'à son embouchure, sur une étendue de 38,800 m. La quantité de bois flotté sur la Maude est annuellement d'environ 3,000 stères.

MAUDÉ (St-); *Morbihan*, comm. de la Croix-Helléan, ✉ de Josselin.

MAUDÉTOUR, vg. *Seine-et-Oise* (Ile-de-France), arr. et à 17 k. de Mantes, cant. et ✉ de Magny. Pop. 248 h. — On y voit un beau château dont les jardins ont été distribués par le Nôtre.

MAUDEZ (St-), vg. *Côtes-du-Nord* (Bretagne), arr., ✉ et à 7 k. de Dinan, cant. de Plélan. Pop. 419 h.

MAUFFANS, vg. *Jura*, comm. de Mantry, ✉ de Sellières, ☞.

MAUGAN (St-), vg. *Ille-et-Vilaine* (Bretagne), arr., ✉ et à 11 k. de Monfort-sur-Meu, cant. de St-Méen. Pop. 478 h.

MAUGARNY, vg. *Seine-et-Oise*, comm. de Margeney, ✉ de Montmorency.

MAUGÈNES, vg. *Cher*, comm. de Reigny, ✉ de Châteaumeillant.

MAUGUILLE (St-), vg. *Somme*, comm. de St-Riquier, ✉ d'Abbeville.

MAUGUIO, *Melgorium*, joli bourg, *Hérault* (Languedoc), arr., ✉ et à 12 k. de Montpellier, chef-l. de cant. Cure. Pop. 2,181 h. — TERRAIN d'alluvions modernes.

Ce bourg, situé sur l'étang de son nom, a laissé un nom célèbre dans l'histoire du pays et dans les annales des guerres civiles. Il existait en 900. Il y avait alors un château fort, un port, un hôtel des monnaies. Les seigneurs de Substantion (Castelnau) prirent indifféremment dans la suite le nom de comtes de Melgueil ou Melguel, dont on a fait Maugio.

On remarque presque au milieu de Mauguio un tertre de 15 à 16 m. d'élévation, surmonté d'un moulin à vent, d'où l'on jouit d'une assez belle perspective. La vue s'étend sur la côte, depuis Aigues-Mortes jusqu'à Cette, au nord jusqu'aux Cévennes; elle est bornée, du côté de Montpellier, par le mont Auberon. — Distilleries d'eaux-de-vie.

MAUGUIO (canal latéral à l'étang de), *Hérault*. Ce canal remplace la mauvaise navigation qui existait à travers l'étang de Mauguio, entre le canal de la Radelle et celui des Etangs.

MAULAIN, vg. *Marne* (Champagne), arr. de Langres, cant. et ✉ de Montigny-le-Roi. Pop. 287 h.

MAULAIS, vg. *Deux-Sèvres* (Poitou), arr. et à 20 k. de Bressuire, cant. et ✉ de Thouars. Pop. 334 h.

MAULAIX, vg. *Nièvre* (Nivernais), arr. et à 65 k. de Nevers, cant. et ✉ de Fours. Pop. 187 h.

MAULAN, vg. *Meuse* (Lorraine), arr. et à 14 k. de Bar-le-Duc, cant. et ✉ de Ligny. Pop. 172 h.

MAULAY, vg. *Vienne* (Poitou), arr., cant., ✉ et à 12 k. de Loudun. Pop. 404 h.

MAULDE, vg. *Nord* (Flandre), arr. et à 19 k. de Valenciennes, cant. et ✉ de St-Amand-les-Eaux. Pop. 1,245 h.

MAULE, ou MAULE-SUR-MAUDRE, bg. *Seine-et-Oise* (Ile-de-France), arr. et à 28 k. de Versailles, cant. de Meulan. ✉. A 45 k. de Paris pour la taxe des lettres. Pop. 1,241 h. Sur la Maudre.

Autrefois marquisat, diocèse de Chartres, parlement, intendance et élection de Paris.

MAULÉON, *Maleo*, *Malus Leo*, petite ville, *B.-Pyrénées* (Gascogne), chef-l. de sous-préf., dont le trib. de 1re inst. est à St-Palais, chef-l. du 3e arr. et d'un cant. Collège communal. Cure. ✉. A 791 k. de Paris pour la taxe des lettres. Pop. 1,167 h. — TERRAIN crétacée inférieur, grès vert.

Cette ville est dans une situation agréable, sur le gave de Gaïson, et se divise en haute et basse ville : la première occupe la pente d'un monticule que surmonte un vieux château; l'autre est dans la plaine, sur les bords de la route et du gave. C'était autrefois la principale ville du comté de Soule.

Les armes de **Mauléon** sont : *de gueules au lion d'or.*

Foires de 2 jours les 1er janv. et 1er mai.

A 36 k. O.-N.-O. de Pau, à 791 k. S.-O. de Paris.

L'arrondissement de Mauléon est composé de 6 cantons : Iholdy, Mauléon, St-Etienne-de-Baïgorry, St-Jean-Pied-de-Port, St-Palais et Tardets.

MAULÉON-BAROUSSE, *Malleo*, petite ville, *H.-Pyrénées* (Gascogne), arr. et à 50 k. de Bagnères-de-Bigorre, chef-l. de cant. Bur. d'enregist. à la Barthé. Gîte d'étape. ✉ de St-Bertrand. Pop. 775 h. — TERRAIN jurassique.

Elle est agréablement située entre le Lere et le ruisseau du Cierq. C'est une ville ancienne, autrefois chef-lieu du pays de Magnoac; on trouve dans ses environs plusieurs ruines de châteaux et de forteresses féodales.

MAULERS, vg. *Oise* (Picardie), arr. à 32 k. de Clermont, cant. et ✉ de Crèvecœur. Pop. 390 h.

L'église paroissiale de ce village présente les caractères de l'époque romane secondaire; mais elle a été modifiée au XVIe siècle. Elle possède des fonts anciens, composés d'une grande coupe que supportent quatre colonnes octogonales.

MAULETTE, vg. *Seine-et-Oise* (Beauce), arr. et à 26 k. de Mantes, cant. et ✉ de Houdan. Pop. 272 h.

MAULÉVRIER, petite ville, *Maine-et-Loire* (Anjou), arr. et à 32 k. de Beaupréau, cant. et ✉ de Cholet. Pop. 2,044 h. — *Foire* le jour de la mi-carême.

MAULÉVRIER, vg. *Seine-Inf.* (Normandie), arr. et à 9 k. d'Yvetot, cant. et ✉ de Caudebec. Pop. 1,011 h. — On a découvert aux environs plusieurs restes d'antiquités.

Bibliographie. FALLUE. *Mémoire sur les antiquités de la forêt de Brotonne, et sur la villa de Maulévrier, près de Caudebec* (Mém. de la société des antiq. de Normandie, t. x, p. 369).

MAULICHÈRES, vg. *Gers* (Armagnac), arr. et à 48 k. de Mirande, cant. et ✉ de Riscle. Pop. 239 h.

MAULIN, vg. *H.-Marne* (Champagne), arr. et à 32 k. de Langres, cant. et ✉ de Montigny-le-Roi. Pop. 287 h.

MAULINVEAU (le), vg. *Seine-et-Oise*, comm. de St-Hilaire, ✉ d'Etampes.

MAULON, vg. *Eure-et-Loir*, comm. de Beauvilliers, ✉ de Voves.

MAULVIS (St-), vg. *Somme* (Picardie), arr. et à 42 k. d'Amiens, cant. et ✉ d'Oisemont. Pop. 758 h.

MAUMUS, vg. *Gers*, comm. de Sarraguzan, ✉ de Miélan.

MAUMUSSON, vg. *Loire-Inf.* (Bretagne), arr., ✉ et à 17 k. d'Ancenis, cant. de St-Mars-la-Jaille. Pop. 1,095 h.

MAUMUSSON, vg. *B.-Pyrénées*, comm. de Baliracq, ✉ de Garlin.

MAUMUSSON (pertuis de). On nomme ainsi un petit bras de mer de 1 k. de large, situé dans le département de la *Charente-Inf.*, à l'embouchure de la Seudre, entre l'île d'Oléron et la pointe d'Arvert. Ce pertuis est tellement embarrassé de bouës et de dangers, qu'il est absolument impossible d'y donner sans pilote; encore ne peut-il admettre que de petits bâtiments. — *Etablissement de la marée*, 3 heures 10 minutes.

MAUMUSSON, vg. *Tarn-et-Garonne* (Languedoc), arr. et à 25 k. de Castel-Sarrasin, cant. et ✉ de Lavit. Pop. 300 h.

MAUMUSSON-LAGUIAN, vg. *Gers* (Armagnac), arr. et à 46 k. de Mirande, cant. de Plaisance, ✉ de Riscle. Pop. 404 h.

MAUNIERS (les), vg. *Var*, comm. et ✉ de Solliès-Pont.

MAUNY, *Malus Nidus*, vg. *Seine-Inf.* (Normandie), arr. et à 19 k. de Rouen, cant. de Duclair, ✉ de Bourg-Achard. Pop. 214 h.

MAUNY, vg. *Yonne*, comm. de St-Maurice-aux-Biches-Hommes, ✉ de Pont-sur-Yonne.

MAUPAS, vg. *Aube* (Champagne), arr., ✉ et à 25 k. de Troyes, cant. de Bouilly. Pop. 156 h.

MAUPAS, vg. *Côte-d'Or*, comm. de Sussey, ✉ de Saulieu.

MAUPAS (le), vg. *Eure*, comm. de Fidelaire, ✉ de la Neuve-Lyre.

MAUPAS, vg. *Gers* (Armagnac), arr. et à 47 k. de Condom, cant. et ✉ de Casaubon. Pop. 469 h.

MAUPAS (le Grand et le Petit-), vg. *Oise*, comm. de Carlepont, ✉ de Ribecourt.

MAUPERÉ, vg. *H.-Garonne*, comm. de St-Marcet, ✉ de St-Gaudens.

MAUPERTUIS, vg. *Manche* (Normandie), arr. et à 22 k. de St-Lô, cant. de Percy, ✉ de Villebaudon. Pop. 464 h.

MAUPERTUIS, vg. *Nièvre*, comm. de Biche, ✉ de Châtillon-en-Bazois.

MAUPERTUIS, vg. *Seine-et-Marne* (Brie), arr., cant., ✉ et à 7 k. de Coulommiers. Pop. 397 h. Sur l'Aubetin. — *Foire le 16 sept.*

Autrefois diocèse de Meaux, parlement et intendance de Paris, élection de Coulommiers.

Le beau château de Maupertuis, bâti dans la vallée qu'arrose l'Aubetin, a été démoli pendant la révolution. Les jardins qu'a célébrés dans ses vers le Virgile français, n'ont conservé que ce qu'ils tiennent de la nature, la plus magnifique végétation.

MAUPERTUS, vg. *Seine-et-Marne*, com. de Forges, ✉ de Montereau.

MAUPERTUIS, vg. *Manche* (Normandie), arr. et à 11 k. de Cherbourg, cant. et ✉ de St-Pierre-Eglise. Pop. 315 h.

MAUPREVOIR, bg *Vienne* (Poitou), arr. et à 21 k. de Civray, cant. d'Availles, ✉ de Charroux. Pop. 1,177 h. — *Foires les 27 mai, 27 juin, 27 août et le 16 de chaque mois.*

MAUQUENCHY, vg. *Seine-Inf.* (Normandie), arr. et à 20 k. de Neufchâtel-en-Bray, cant. et ✉ de Forges. Pop. 399 h.

MAUR (canal St-), ci-devant de MARIE-THÉRÈSE, *Seine*.

Le canal de St-Maur coupe la côte qui sépare les deux bassins que forme la Marne auprès de St-Maur, fait éviter aux bateaux le coude qu'elle fait en cet endroit, assure en tout temps une bonne navigation, et efface une des plus grandes sinuosités de cette rivière, en réunissant, sur une longueur de 1,110 m., deux parties que séparaient 10,000 m. Ce canal est formé d'un seul alignement, et se compose de deux parties distinctes : l'une souterraine, dont la longueur est de 600 m. environ, et l'autre à ciel ouvert, dont la longueur est de 500 m. La prise d'eau est dans la Marne à 240 m. au-dessous du pont de St-Maur, et le canal aboutit à 150 m. environ du bras de la Marne, dit Bras-des-Corbeaux. La pente du canal est de 3 m. 50 c., rachetée par un sas éclusée de 7 m. 50 c. de largeur et de 80 m. de longueur. Indépendamment de cette écluse, il y a à l'entrée du canal une tête d'écluse qui forme porte de garde. Le canal, dans toute la partie à ciel ouvert, forme une gare qui présente une largeur de 28 m. 50 c. au fond, et une ouverture en gueule de 37 m. 50 c. La partie souterraine, creusée presque en entier dans le roc vif, est recouverte d'une immense voûte de pierre meulière ; un chemin de halage, de 3 m. de largeur, borde sous la voûte un des côtés du canal, qui a lui-même 10 m. de large d'un bord à l'autre. L'extrados de la voûte est planté de quatre rangs d'arbres, qui forment une promenade aussi pittoresque par sa situation que par la vue étendue et variée dont on jouit à l'extrémité inférieure de la voûte.

Le canal St-Maur, commencé en 1809, en exécution du décret du 29 mars de la même année, a été livré à la navigation le 10 octobre 1825 ; il a coûté environ 4,760,000 fr.

MAUR (St-), bg *Cher* (Berry), arr. et à 24 k. de St-Amand-Montrond, cant. de Châteaumeillant, ✉ de Culan. Pop. 513 h.

MAUR (St-), ou ST-MAUR-SUR-LOIR, vg. *Eure-et-Loir* (Beauce), arr. et à 12 k. de Châteaudun, cant. et ✉ de Bonneval. Pop. 551 h.

Ce village est bâti au pied d'un coteau, dans un de ces sites pittoresques qui se rencontrent assez fréquemment sur les bords du Loir. Il paraît assez ancien, et l'on vient en pèlerinage à son église, dans l'espoir d'obtenir la guérison de quelques maladies.

A environ 1 k. de St-Maur, au bas de la colline, on aperçoit un de ces sanctuaires fameux qui sans doute jouissait autrefois d'une grande réputation. Il est remarquable par quatre monuments celtiques bien caractérisés ; savoir : deux vastes dolmens circulaires, un peulvan de 3 m. 33 c. de long sur 2 m. de large et 66 c. d'épaisseur, et un autre monument formé de deux plans inclinés en regard : l'un est une pierre de 4 m. de long sur 2 m. 66 c. de large, couchée sur le côté de sa plus grande dimension, relevée mais soutenue par deux espèces de bornes à 1 m. 50 c. de terre ; l'autre pierre, soutenue également par deux bornes, a une hauteur d'environ 1 m. 33 c., n'a que 2 m. 50 c. de long, 2 m. 15 c. de large, et avait été rallongée à son extrémité.

MAUR (St-), bg *Indre* (Berry), arr., cant., ✉ et à 4 k. de Châteauroux. Pop. 1,322 h.

MAUR (St-), vg. *Jura* (Franche-Comté), arr., ✉ et à 7 k. de Lons-le-Saulnier, cant. de Conliège. Pop. 333 h.

MAUR (St-), bg *Maine-et-Loire*, comm. de Toureil, ✉ de St-Mathurin. Pop. 156 h.

On y remarque les restes de l'ancienne abbaye des bénédictins de St-Maur, l'une des plus anciennes qu'il y ait en France, et la première où l'on observa la règle de St-Benoît. Il est peu, on peut-être il n'est point de monastères dont le nom rappelle une aussi longue suite d'hommes célèbres ; c'est là qu'au commencement du XVIIe siècle prit naissance cette fameuse congrégation de St-Maur, d'où sont sortis les Félibien, les Montfaucon, les Lobineau, les Vaissette, les Mabillon, les Brial, et une foule d'autres non moins illustres par leur savante et profonde érudition.

L'abbaye de St-Maur, ruinée par les Normands vers le milieu du IXe siècle, rétablie dans le même siècle sous le règne de Louis le Bègue, avait été, suivant l'usage de ces temps, bâtie et fortifiée comme une place de guerre, dans l'endroit où se trouvent aujourd'hui les bâtiments modernes. Il ne reste plus de traces de cette forteresse. Une partie de l'église encore debout, quelques tronçons de colonnes, des décombres et des ronces, voilà tout ce que l'on peut voir des premières constructions de cet ancien monastère. — *Foire le 15 janv.*

MAUR (St-), vg. *Oise* (Picardie), arr. et à 24 k. de Beauvais, cant. et ✉ de Grandvilliers. Pop. 597 h.

MAUR (St-), vg. *Oise*, com. de Gournay-sous-Arronde, ✉ de Ressons.

MAUR (le pont de St-), *Seine*. V. JOINVILLE-LE-PONT.

MAUR (St-), *Seine-Inf.*, comm. et ✉ de Rouen.

MAURAN, vg. *H.-Garonne* (Languedoc), arr. et à 38 k. de Muret, cant. de Cazères, ✉ de Martres. Pop. 414 h.

MAURANS, vg. *Bouches-du-Rhône*, comm. de Berre, ✉ d'Aix.

MAUR-DES-BOIS (St-), vg. *Manche* (Normandie), arr. et à 31 k. de Mortain, cant. de St-Pois, ✉ de Villedieu. P. 379 h.

MAURE (Ste-), *Aube* (Champagne), arr., cant., ✉ et à 7 k. de Troyes. Pop. 694 h.

Il est situé sur la rive droite de la Seine, au milieu de riches prairies.

Ce village a pris son nom d'une sainte vierge de Troyes, qui y mourut en 850, et fut inhumée dans l'église du lieu, regardée comme une des plus belles églises paroissiales du département, pour l'étendue du vaisseau, la légèreté des piliers, l'élévation, la forme et l'élégance des voûtes. On y voit plusieurs morceaux de sculpture fort remarquables. Le château, qu'embellissent de vastes jardins, a été commencé en 1696.

Ste-Maure paraît être la patrie de CHRESTIEN DE TROYES, l'un de nos plus anciens et de nos plus féconds trouvères.

La prairie de Ste-Maure, qui fait la principale richesse du pays, produit pour les chevaux une mâche fort estimée, et nourrit des troupeaux nombreux de toute espèce. Les fromages sont recherchés et d'un débit considérable. Le penchant de la colline fournit toute sorte de grains en assez grande quantité, et particulièrement de la navette ; du vin qui se consomme dans le pays. On y trouve des carrières de craie, du fond desquelles sont bâtis la plupart des anciens édifices de la ville de Troyes.

Dès le temps de Henri Ier, comte de Champagne, il y avait à Vannes, dépendance de cette commune, les moulins à papier dits du Bé, célèbres dans l'histoire de l'imprimerie, au XVe et au XVIe siècle.

MAURE (Ste-), petite ville, *Indre-et-Loir* (Touraine), arr. à 32 k. de Chinon, chef-lieu de cant. Cure. Gîte d'étape. ✉. ✧. A 267 k. de Paris pour la taxe des lettres. Pop. 2,602 h. — On y voit un ancien château.

L'église de Ste-Maure, édifice du XIIe siècle, est l'un des plus belles de la Touraine pour l'époque de transition entre le roman et le gothique. Sous l'église supérieure est une crypte romane fort remarquable.

A 3 k. de Ste-Maure, près du village de Boumiers on voit un dolmen remarquable et l'un des mieux conservés de la Touraine. Dirigé du sud-est au nord-ouest, il est composé de six pierres de dimensions différentes. La table est triangulaire, et présente dans sa plus grande largeur 2 m. 40 c. ; sa longueur est de 3 m. 40 c., et son épaisseur de 35 c. A sa surface elle offre quelques traces d'un travail grossier, c'est une rigole partant du centre et se dirigeant vers le nord. — Bien appuyée sur de grosses pierres verticalement implantées en terre, elle produit l'effet d'un toit grossier, élevé de terre de 1 m. 70 c. La pierre-pilier du midi présente une longueur de 3 m. 20 c. ; celle de l'ouest a 2 m. 90 c.; celle du nord 3 m. 30 c. de longueur et 1 m. 70 c. de hauteur ainsi que toutes les pierres d'appui. A l'ouverture du dolmen, au sud-est, on voit une large pierre couchée par terre qui a dû primitivement faire partie de la table. — Au milieu de toutes ces pierres, de beaux arbrisseaux verts ont planté leurs racines et recouvrent de leurs fleurs et de leurs feuilles toujours fraîches ces blocs vieux et grisâtres : c'est un peu de vie sur ces monuments mornes et sévères (*Mémoires de la Société archéologique de Touraine*).

Fabriques de toiles, mouchoirs, toiles peintes, étamines. — *Commerce* de pruneaux.

— *Foires* le 1ᵉʳ vendredi de fév., 4ᵉ de carême, avant la Pentecôte, 4ᵉ de juin, dernier de sept. et nov.

Bibliographie. MAUDUIT. *Notice archéologique sur l'église paroissiale de Ste-Maure.* (Bull. de M. de Caumont, t. VI, p. 387).

MAURE, vg. *B.-Alpes*, comm. et ⊠ de Seyne.

MAURE, vg. *Ille-et-Vilaine* (Bretagne), arr. et à 30 k. de Redon, chef-l. de cant. Bureau d'enregist. et ⊠ de Lohéac. Cure. Pop. 4,001 h. — TERRAIN de transition moyen. — On y voit un ancien château qui a été pris par les troupes de Henri IV en 1597.

Foires les 3 avril, 3 et 29 mai, 10 juin, 11 sept. et 5 oct.

MAURE, vg. *B.-Pyrénées* (Béarn), arr. et à 28 k. de Pau, cant. de Montaner, ⊠ de Morlaas. Pop. 340 h.

MAURECOURT, vg. *Seine-et-Oise* (Ile-de-France), arr. et à 28 k. de Versailles, cant. de Poissy, ⊠ de Triel. Pop. 421 h. — Il est sur la rive droite de la Seine, près de son confluent avec la Seine. — Belles pépinières.

MAURE-DE-PEYRIAC (Ste-), vg. *Lot-et-Garonne* (Condomois), arr. et à 25 k. de Nérac, cant. et ⊠ de Mézin. Pop. 961 h.

MAUREGARD, vg. *Seine-et-Marne* (Brie), arr. à 29 k. de Meaux, cant. de Dammartin, ⊠ du Ménil-Amelot. Pop. 238 h. — On y remarque un joli château, surmonté de terrasses d'où l'on jouit d'une vue fort étendue.

MAUREGARD, vg. *Seine-et-Oise*, comm. de Gometz-la-Ville, ⊠ de Limours.

MAUREGNY-EN-LAYE, vg. *Aisne* (Picardie), arr. et à 15 k. de Laon, cant. de Sissonne, ⊠ de Corbeny. Pop. 742 h. — *Foires* les 25 fév., 26 août, 1ᵉʳ déc. et lundi avant la Pentecôte.

MAUR-LES-FOSSÉS (St-), *Bagaudarum Castrum*, *Fossatum Bacaudarum*, vg. *Seine* (Ile-de-France), arr. et à 17 k. de Sceaux, cant. de Charenton-le-Pont, ⊠. A 11 k. de Paris pour la taxe des lettres. Pop. 1,724 h.

Ce village est fort agréablement situé dans une presqu'île, que forme la Marne avant d'arriver à Charenton, à la sortie du canal St-Maur.

L'origine de ce village paraît remonter à une haute antiquité; suivant quelques historiens, il a été fondé par des vétérans que César laissa dans les Gaules. Il est devenu célèbre par une abbaye de bénédictins, fondée sous le règne de Clovis II, par un diacre de l'église de Paris, nommé Blidegisile. Après avoir subsisté pendant environ neuf cents ans, ce monastère fut sécularisé en 1533 ; son chapitre fut réuni, en 1750, à celui de St-Louis du Louvre, à Paris, et l'abbaye presque entièrement détruite en 1786. Les religieux de St-Maur, de même que tous les moines de l'ordre de St-Benoît, s'occupaient beaucoup de la culture des lettres ; ils avaient rassemblé à St-Maur la plus belle et la plus nombreuse bibliothèque de ce temps, laquelle passa, après la sécularisation, dans la bibliothèque du roi et dans celle de St-Germain-des-Prés à Paris. Rabelais avait été moine dans ce couvent, et l'on prétend qu'il y composa son Pantagruel. Ce fut aussi à St-Maur que les confrères de la Passion essayèrent les premières représentations des leurs mystères. Charles VI fut si satisfait de ce spectacle, qu'il permit à ces religieux de s'établir dans Paris.

C'est à St-Maur-les-Fossés que Jacqueline de Breuil, maîtresse de Henri IV, qui la fit en 1604 comtesse de Moret, épousa le jeune Chanvalon. Il eut l'avantage de coucher le premier avec la mariée, mais éclairé, ainsi qu'on le disait, tant qu'il y demeura, de flambeaux, et veillé de gentilshommes par commandement du roi, qui le lendemain coucha avec elle à Paris au logis de Montauban, où il fut au lit jusqu'à deux heures après midi. On disait que son mari était couché en un petit galetas au-dessus de la chambre du roi, et ainsi était dessus sa femme; mais il y avait un plancher entre eux (*Journal de l'Etoile*, t. III, p. 240).

Manufacture de papier d'après les procédés anglais perfectionnés. Scierie hydraulique.

Bibliographie. LADOUDERIE (l'abbé JEAN). *Voyage à St-Maur*, *promenade à Longchamp, etc.*, in-18, 1807.

MAUREILHAN, vg. *Landes*, comm. de St-Cricq, ⊠ de Mont-de-Marsan.

MAUREILHAN, vg. *Hérault* (Languedoc), ⊠ et à 11 k. de Béziers, cant. de Capestang. Pop. 690 h.

PATRIE de M. FLOURENS, savant anatomiste, membre de l'Institut.

MAUREILLAS, vg. *Pyrénées-Or.* (Roussillon), arr., cant., ⊠ et à 7 k. de Céret. Pop. 974 h.

On y trouve une source d'eau minérale alcaline acidule, que l'on emploie avec succès dans la jaunisse, les fièvres intermittentes rebelles, les écoulements lymphatiques séreux; Carrère recommande de ne point ordonner l'usage de cette eau aux sujets qui ont une poitrine délicate; dans l'asthme sec et convulsif, et dans les maladies qui sont accompagnées de chaleur et d'éréthisme.

Fabriques de liège.

MAUREIX (le), vg. *H.-Vienne*, comm. de St-Martin-Terressus, ⊠ de St-Léonard.

MAUREMONT, vg. *H.-Garonne* (Languedoc), arr., cant., ⊠ et à 9 k. de Villefranche-de-Lauragais. Pop. 361 h.

MAUREMONT, vg. *H.-Garonne*, comm. de Launaguet, ⊠ de Toulouse.

MAURENS, bg *Dordogne* (Périgord), arr., ⊠ et à 13 k. de Bergerac, cant. de Villamblard. Pop. 1,135 h.

MAURENS, vg. *Gers* (Armagnac), arr. et à 14 k. de Lombez, et à 11 k. de l'Isle-en-Jourdain, ⊠ de Gimont. Pop. 506 h.

MAURENS-DE-JUZES, vg. *H.-Garonne* (Languedoc), arr., ⊠ et à 41 k. Villefranche-de-Lauragais, cant. de Revel. Pop. 365 h.

MAURENS-SCOPONT, vg. *Tarn* (Languedoc), arr., ⊠ et à 15 k. de Lavaur, cant. de Cuq-Toulza. Pop. 407 h.

MAUREPAS, bg *Seine-et-Oise* (Ile-de-France), arr. et à 25 k. de Rambouillet, cant. de Chevreuse, ⊠ de Pontchartrain. P. 288 h.

On y voit les ruines pittoresques d'une tour et d'un ancien château, qui fut autrefois le repaire d'une horde de brigands gentilshommes qui volaient, massacraient et dévastaient les environs de Paris, pendant les guerres civiles des malheureux règnes de Charles VI et de Charles VII. Le seigneur de *Massy*, le plus cruel tyran qui fût en France, dit un auteur de ce temps, qui commandait une troupe de scélérats, s'étant réfugié dans le château de Maurepas, il y fut assiégé et pris par les Anglais avec sa bande de voleurs au nombre d'un cent.

PATRIE du lieutenant général vicomte DOMON.

MAUREPAS, vg. *Somme* (Picardie), arr., ⊠ et à 10 k. de Péronne, cant. de Combles. Pop. 825 h.

MAURESSAC, vg. *H.-Garonne* (Languedoc), arr. et à 19 k. de Muret, cant. et ⊠ d'Auterive. Pop. 225 h.

MAURESSARGUES, vg. *Gard* (Languedoc), arr. et à 45 k. d'Alais, cant. et ⊠ de Lédignan. Pop. 120 h.

MAUREVILLE, vg. *H.-Garonne* (Languedoc), arr. et à 18 k. de Villefranche-de-Lauragais, cant. et ⊠ de Caraman. Pop. 420 h.

MAUREY (le), vg. *Eure*, comm. de Drucourt, ⊠ de Thiberville.

MAURIAC, vg. *Aveyron*, com. de St-Léons, ⊠ de Millau.

MAURIAC, *Mauriacum*, petite et ancienne ville, *Cantal* (Auvergne), chef-l. de sous-arr. (1ᵉʳ arr.) et d'un cant. Trib. de 1ʳᵉ inst. Collège communal. Société d'agric. Cure. Gîte d'étape. ⊠. Pop. 3,371 h. — TERRAIN volcanique, trachytes.

Autrefois diocèse de Clermont, parlement de Paris, intendance de Riom, chef-lieu d'élection; abbaye ordre de St-Benoît, collège.

Suivant quelques auteurs, Mauriac était connu dès l'an 377, époque à laquelle l'empereur Gratien y avait un palais où il venait se délasser des soins de l'empire et jouir des plaisirs de la chasse. Il paraît plus vraisemblable que cette ville doit son origine à sainte Théodechilde, fille de Clovis, qui, ayant suivi son frère Thierry en Auvergne, s'y fixa, y fit bâtir l'église de Notre-Dame-des-Miracles, et fonda un monastère qu'elle dota de biens confisqués sur un seigneur du pays, nommé Bazolus, qui avait opposé de la résistance aux Francs.

En 1357, les Anglais, commandés par Robert Knol, s'emparèrent de cette ville, qui fut prise et pillée par les protestants en 1574.

Mauriac est une ville avantageusement située sur le penchant d'une colline volcanique. Son territoire, bien cultivé, produit des grains de toute espèce, du chanvre, du lin, des fruits, d'excellents légumes, beaucoup de fourrages, et on y élève quantité de bestiaux, ainsi que des chevaux renommés.

L'église gothique de Notre-Dame-des-Miracles, fondée par Théodéchilde et reconstruite au XIIIᵉ siècle, est fort jolie, bien conservée et ornée de figures singulières. Elle doit son nom aux miracles qui s'y opéraient, dit-on, anciennement, et que l'on attribuait à une statue de la Vierge, en bois très-noir, placée au-dessus du maître-autel; cette image attire encore de nos jours, le 9 mai de chaque année, un grand concours de peuple. — Le plan de l'église de Notre-Dame de Mauriac figure une croix latine; elle est divisée en trois nefs. A l'intersection des transepts s'élève une coupole sous une tour octogône; deux autres tours carrées tout à fait modernes flanquent la façade occidentale. La nef est divisée en cinq travées. La façade est divisée en trois parties, indiquant les trois nefs. Au milieu est une porte décorée de plusieurs rangs de moulures en retrait. Sur les côtés, deux arcades bouchées étaient ornées de bas-reliefs, détruits pendant la révolution, et dont l'un représentait la Fuite en Égypte. Ces arcades s'appuyaient sur deux colonnes dont la porte est flanquée, et qui ont pour bases des lions assis. L'un d'eux a été brisé, on ne sait à quelle époque; celui qui reste est mutilé, mais il est encore parfaitement reconnaissable. L'archivolte du portail représente le zodiaque; la plupart des figures sont transposées; d'autres figures ont été ajoutées aux signes: ce sont des brebis, des chèvres, un sanglier et un autre animal. Le cordon de l'archivolte se perpétuait et formait une corniche au-dessus des arcades bouchées. Elle était ornée de diverses figures dont on ne voit que de faibles restes. Le tympan est couvert par un bas-relief qui représente l'Ascension. Il se divise en deux plans séparés par un cordon. Dans le plan inférieur sont treize personnages rangés sur la même ligne. Les têtes ont disparu; il ne reste plus que les nimbes perlés qui les décoraient. Dans le plan supérieur on voit Jésus-Christ représenté dans un cadre elliptique perlé; il a les mains levées au ciel, dans l'attitude décrite par l'antienne que l'on chante à la messe de l'Ascension; la tête est entourée d'un nimbe croisé. Jésus-Christ est vêtu d'une tunique et d'un manteau ouvert et flottant orné de broderies. A ses côtés sont deux anges en adoration. Sur le linteau de la porte et le cordon qui divise le bas-relief on voit une inscription en lettres capitales conjointes et mêlées d'onciales, telles qu'on les employait au XIᵉ siècle et au commencement du XIVᵉ; elle paraît être en vers léonins. — Ce bas-relief, quoique mutilé, est remarquable sous tous les rapports. Le dessin est correct, les détails sont terminés avec beaucoup de soin, les ailes des anges surtout sont admirablement feuillées, les draperies tombent bien: il y en a que l'on croirait imitées de l'antique; si elles avaient un peu moins de roideur. La hauteur de l'archivolte, la profusion des moulures, la pureté des lignes, donnent au portail un aspect tout à la fois riche et imposant. Il n'y a rien en Auvergne qui puisse lui être comparé, et c'est bien certainement un des restes les plus remarquables de la sculpture byzantine. — Le chœur de l'église de Notre-Dame-des-Miracles, les absides latérales, les transepts et la première travée de la nef sont de la fin du XIᵉ siècle. La forme des lettres de l'inscription du portail ne permet pas de fixer sa construction à une époque postérieure à la première moitié de ce dernier siècle. Quant à la partie ogivale de la nef, elle est probablement de la dernière moitié du XIIᵉ siècle; elle ne présente pas de caractères assez tranchés pour qu'on puisse déterminer d'une manière sûre l'époque à laquelle elle a été élevée. — La tour centrale fut ornée en 1333 d'une flèche, rétablie en 1563. La tour fut en partie reconstruite en 1620. En 1793 elle tomba sous le marteau révolutionnaire.

L'église du monastère était encore plus belle et plus antique, puisque l'époque de sa reconstruction est fixée à 820. Elle occupait l'emplacement d'un ancien temple élevé à Mercure par les Gaulois ou par les Romains. Audigier prétend qu'on en retira une inscription gravée sur une lame de cuivre, indiquant la date de la fête qu'on y célébrait. La statue de ce dieu était, dit-on, en vermeil, et fut employée à faire des calices et autres objets destinés au culte catholique lors de l'établissement du christianisme. Cette superbe église est en ruine. Le collège, fondé par Guillaume du Prat, évêque de Clermont en 1550, et l'un des premiers qui furent professés par les jésuites, soutient encore aujourd'hui son ancienne réputation.

Sur la cime d'une colline voisine se voient les restes de l'antique chapelle de St-Mary ou Marius, apôtre de la haute Auvergne. On jouit de ce point d'une vue très-étendue. C'est sur le penchant de cette butte, autour de la chapelle, que se tient la célèbre foire du 8 juin, la plus considérable de l'arrondissement.

L'immortel Monthyon fit embellir la ville au moyen d'un atelier de charité, et la fontaine en forme d'obélisque qui se voit à l'extrémité de la promenade appelée Placette est due à cet intendant philanthrope. On y lit une inscription composée par Marmontel, qui était du voisinage et qui avait fait ses premières études au collège de Mauriac. Une autre fontaine, placée plus au centre de la ville, est aussi digne de remarque.

Mauriac n'a d'édifices modernes que son hôtel de ville, qui orne la principale place, et un assez grand nombre de maisons particulières construites avec goût, quelquefois avec élégance. La sous-préfecture, le tribunal, les prisons, l'hospice et la gendarmerie occupent les bâtiments de l'ancien monastère, ainsi que ceux du couvent des religieuses de St-Dominique.

La promenade dite la Placette, en forme de terrasse et plantée par les soins de M. Grasset, ancien maire, domine de beaux jardins et un joli vallon tapissé de prairies, dont les hauts côtés sont garnis de maisons de campagne et de villages.

On remarque encore à Mauriac la pierre plantée de la Roussille; la lanterne des Morts, à l'entrée du cimetière, etc.

EXCURSIONS AUX ENVIRONS. A Salins; à la vallée et au village de Drugeau; au château de Mazerolles; aux ruines de celui de la Chambre; à la fontaine des Druides; au tumulus du hameau d'Albo; aux ruines du château de Miremont; à la source minérale de Jaleyrac; à la tour de l'Herm; aux châteaux de Montbrun, de Valens, de Veysset, de Chavaroche, de la Veissière, de Cheyrouse; aux tours de l'Herm et de Marlat; à l'ancienne ville de Cottenghé, dans le bois de Meslion; à la cascade du ruisseau de Sivière; à la Vieille-Tour, près d'Arches; au pic de Chaslus; aux ruines de Chastel et de Marlac; à la grotte des Fées.

Biographie. Mauriac a fourni quelques hommes célèbres:

Saint ODILON, abbé de Cluny, auteur de la Vie de saint Gérand d'Aurillac.

L'abbé CHAPPE, célèbre astronome, auteur d'un Voyage en Sibérie, où il avait été envoyé pour observer le passage de Vénus, en 1760.

VACHER DE TOURNEMINE, ancien président du Tribunal, magistrat éclairé et intègre, savant distingué, député consciencieux, dont les assemblées législatives ont tant de fois admiré le talent et les lumières.

INDUSTRIE ET COMMERCE. Le commerce de Mauriac, favorisé par plusieurs bonnes communications, est assez actif; c'est un entrepôt de diverses denrées et marchandises nécessaires aux montagnes, telles que les grains, les vins, les fruits, le sel, les objets de luxe et tout ce qui concerne le détail; chevaux estimés, mulets, bestiaux, cire jaune, fromages, cuirs, merrain. — Foires très-fréquentées les 22 janv., 25 avril, 17 mai, 8 et 9 juin, 12 juillet, 16 août, 18 oct., 21 nov., 22 déc., et le 2ᵉ mercredi de carême; il s'y fait un commerce considérable de bêtes à cornes, de mulets, de chevaux estimés, de moutons et cochons gras.

A 36 k. N.-N.-O. d'Aurillac, 540 k. S. de Paris. Lat. 45° 13′ 5″, long. O. 0° 0′ 19″.

L'arrondissement de Mauriac renferme 6 cantons: Champs, Mauriac, Pleaux, Riom, Saignes, Salers.

Bibliographie. DELALO. Notice sur l'église des Miracles, à Mauriac (Bulletin de M. de Caumont, t. VIII, p. 578).

DE RIBIERS (J.-B.). Extrait d'un mémoire sur les fouilles et découvertes faites dans l'arrondissement de Mauriac (Cantal), et particulièrement dans le canton de Saignes, en 1822, 1823 et 1827 (Mém. de la soc. des antiq. de France, t. VIII, p. 157).

MAURIAC, vg. Dordogne, comm. de Douzillac, ✉ de Neuvic.

MAURIAC, vg. *Gironde* (Guienne), arr. et à 22 k. de la Réole, cant. et ✉ de Sauveterre. Pop. 449 h.

MAURIAC, vg. *Tarn*, com. de Sénouillac, ✉ de Gaillac.

MAURIAN, vg. *Hérault*, com. de Taussac, ✉ de Bédarieux.

MAURICE (St-), vg. *Ain*, comm. de Charancin, ✉ de Belley.

MAURICE (St-), vg. *H.-Alpes* (Dauphiné), arr. et à 38 k. de Gap, cant. de St-Firmin, ✉ de Corps. Pop. 407 h.

MAURICE (St-), bg *Ardèche* (Vivarais), arr. et à 39 k. de Privas, cant. et ✉ de Villeneuve-de-Berg. Pop. 749 h.

MAURICE (St-), vg. *Ardèche* (Vivarais), arr. et à 43 k. de Tournon, cant. et ✉ de Vernoux. Pop. 603 h.

MAURICE (St-), vg. *Aveyron*, comm. de Montpaon, ✉ de St-Affrique.

MAURICE (St-), bg *Cantal*, comm. de Valuéjols, ✉ de St-Flour.

MAURICE (St-), bg *Charente* (Angoumois), arr., cant., ✉ et à 6 k. de Confolens. Pop. 1,783 h. Près de la Loire.

Sur la place qui avoisine l'église paroissiale de cette commune on remarque un lion taillé en pierre granitique du pays, et dont les dimensions surpassent un peu celles de la nature. Le bloc dont il est formé est adossé à un massif de maçonnerie, servant à soutenir la croix de bois au pied de laquelle on dépose les morts. Le lion, qu'on a représenté couché, offre bien plutôt une ébauche qu'un travail achevé : de simples trous représentent les yeux, le nez, la bouche et les oreilles. La grossièreté du travail, l'imperfection des formes, attestent l'enfance de l'art, et par conséquent une très-haute antiquité ; ce que confirme d'ailleurs l'ignorance complète où sont les habitants de St-Maurice sur l'origine de ce monument. Comme ils l'ont toujours vu sur la place où il est aujourd'hui, il faut que son existence remonte à une époque éloignée, pour qu'on en ait pu perdre entièrement le souvenir. L'extrême dureté de la pierre qui le compose explique d'ailleurs sa conservation.

MAURICE (St-), vg. *Charente-Inf.* (Aunis), arr., cant., ✉ et à 2 k. de la Rochelle. Pop. 437 h.

MAURICE (St-), vg. *Corrèze*, comm. de St-Robert, ✉ d'Objat.

MAURICE (St-), vg. *Creuse* (Marche), arr. et à 15 k. d'Aubusson, cant. et ✉ de Crocq. Pop. 825 h.

MAURICE (St-), vg. *Creuse* (Marche), arr. et à 34 k. de Guéret, cant. et ✉ de la Souterraine. Pop. 2,001 h.

MAURICE (St-), vg. *Dordogne*, comm. de St-Laurent-des-Bâtons, ✉ de Douville.

MAURICE (St-), vg. *Doubs* (Franche-Comté), arr. et à 15 k. de Montbelliard, cant. de Pont-de-Roide, ✉ d'Isle-sur-le-Doubs. Pop. 593 h.

MAURICE (St-), vg. *Drôme* (Dauphiné), arr., cant., ✉ et à 12 k. de Nyons. P. 657 h. — Il est remarquable par ses belles eaux, et par une fontaine très-abondante, d'où il tira le nom de Maurice-Belle-Fontaine, qu'il porta lors de la première révolution. — *Commerce* d'huile et de vin. — *Foire* le lundi après le 22 sept.

MAURICE (St-), vg. *Eure-et-Loir*, comm. et ✉ de Bonneval.

MAURICE (St-), *Eure-et-Loir*, comm. et ✉ de Chartres.

MAURICE (St-), *Gard*, arr., ✉ et à 20 k. d'Alais, cant. de Vezenobres. Pop. 576 h.

MAURICE (St-), vg. *Hérault* (Languedoc), arr., ✉ et à 23 k. de Lodève, cant. de Caylard. Pop. 838 h.

MAURICE (St-), vg. *Jura* (Franche-Comté), arr. et à 30 k. de St-Claude, cant. de St-Laurent, ✉ de Clairvaux. Pop. 543 h.

MAURICE (St-), vg. *Landes* (Gascogne), arr., cant. et à 11 k. de St-Sever, ✉ de Grenade-sur-l'Adour. Pop. 442 h.

MAURICE (St-), vg. *Lot* (Quercy), arr. et à 20 k. de Figeac, cant. et ✉ de la Capelle-Marival. Pop. 850 h.

MAURICE (St-), vg. *Lot-et-Garonne* (Agénois), arr. et à 26 k. de Villeneuve-sur-Lot, cant. et ✉ de Cancon. Pop. 346 h.

MAURICE (St-), vg. *Manche* (Normandie), arr. et à 25 k. de Valognes, cant. et ✉ de Barneville. Pop. 614 h.

MAURICE (St-), vg. *Meurthe* (Lorraine), arr. et à 29 k. de Lunéville, cant. de Baccarat, ✉ de Badonviller. Pop. 277 h.

MAURICE (St-), vg. *Nièvre* (Nivernais), arr. et à 45 k. de Nevers, cant. et ✉ de St-Saulge. Pop. 236 h.

MAURICE (St-), vg. *Orne* (Normandie), arr. et à 22 k. de Mortagne-sur-Huîne, cant. de Tourouvre, ✉. A 132 k. de Paris pour la taxe des lettres. Pop. 730 h.

MAURICE (St-), bg *Puy-de-Dôme* (Auvergne), arr. et à 18 k. de Clermont-Ferrand, cant. et ✉ de Vic-le-Comte. Pop. 1,094 h.

MAURICE (St-), vg. *Puy-de-Dôme* (Auvergne), arr. et à 30 k. de Riom, cant. de Pionsat. ✉. Pop. 1,957 h.

MAURICE (St-), vg. *B.-Rhin* (Alsace), arr. et à 15 k. de Schelestadt, cant. et ✉ de Villé. Pop. 428 h.

MAURICE (St-), vg. *H.-Saône*, comm. de Bucey-lès-Gy, ✉ de Gy.

MAURICE (St-), autrefois CHARENTON-ST-MAURICE, joli bourg, *Seine* (Ile-de-France), arr. et à 12 k. de Sceaux.

Ce village a porté le nom de Charenton-St-Maurice jusqu'en 1842, époque où par ordonnance royale il a repris le nom de St-Maurice. Charenton-St-Maurice devint célèbre au commencement du XVIIᵉ siècle, parce que ce fut l'endroit que Henri IV assigna aux protestants, le 1ᵉʳ août 1606, pour les cérémonies de leur culte. Ils y tinrent leur première assemblée, au nombre de trois mille, dès le dimanche 27 du même mois. Plus tard, ils y firent bâtir, sur les dessins de Jacques de Brosse, un temple qui pouvait contenir plus de quatorze mille personnes : il était entouré par le cimetière des familles nobles ; sa façade à pignon aigu se terminait par un lanternon sans cloche, surmonté d'un globe. A l'intérieur on remarquait deux rangs de galeries à appui qui produisait un fort joli effet. Ce fut dans ce temple que se tinrent les synodes nationaux de 1623, 1632 et 1644. Quelques catholiques essayèrent une nuit d'y mettre le feu, au mois d'août 1671 ; les réformés en portèrent plainte au parlement, et une information fut commencée ; mais après la révocation de l'édit de Nantes, on ordonna la démolition de cet édifice. On se mit à l'ouvrage le mardi 23 octobre 1685, et bien que les murs fussent épais de près de 1 m. 50 c., tout fut détruit en moins de cinq jours. Les matériaux furent abandonnés à l'hôpital général de Paris, et la place resta vide pendant seize ans, après quoi on y bâtit un couvent destiné aux religieux du St-Sacrement. Ce couvent, depuis la révolution, a été détruit et vendu en plusieurs lots avec ses dépendances.

Charenton-St-Maurice possède une célèbre maison de santé pour le traitement des aliénés, où l'on peut recevoir quatre cents individus des deux sexes. Cette maison, bâtie sur une colline, au pied de laquelle coule la Marne, offre de toute part une vue ravissante ; l'air qu'on y respire est pur, les enclos vastes, les jardins charmants, et les promenades délicieuses. Les caves, bâties à 33 m. au-dessous du sol des jardins, et pouvant contenir quinze cents pièces de vin, sont regardées comme un ouvrage de maçonnerie de la plus grande hardiesse : elles sont composées de quatre nefs, chacune de 100 m. de long sur 5 m. de large et 4 m. de hauteur ; le jour y paraît par des lanternes en forme de puits. — Cet établissement, fondé en 1644 par Sébastien Leblanc, ne fut d'abord qu'un hospice peu considérable qui ne contenait qu'une douzaine de lits, et n'était point spécialement affecté à un genre particulier de maladie : quelquefois même on s'en servait comme d'une prison. Cette maison devint en 1792 une propriété nationale, une partie de ses biens furent vendus, et l'établissement était à peu près anéanti, lorsqu'en 1797 l'abbé de Coulmiers, ancien membre de l'assemblée constituante, en fut nommé directeur.

— En l'an X de la république, un décret l'affecta spécialement au traitement des aliénés, et depuis ce temps, ces malheureux sont la seule classe de malades qu'on y admette. Mais Napoléon, dès le consulat, en fit en outre une prison d'Etat, et y envoya plus d'une fois, sans jugement, les écrivains qui osaient manifester des opinions en opposition avec ses idées. Un homme tristement célèbre, le marquis de Sade, qui déjà y avait été emprisonné avant 1789, y fut de nouveau enfermé sous le consulat, et y mourut en 1814.

Maintenant St-Maurice n'est point un hôpital proprement dit, c'est bien plutôt une maison de santé, où l'on n'est reçu qu'à titre de pensionnaire, et moyennant une pension qui varie de 800 à 1,500 francs. Cette maison contient environ cinq cents malades ; et ordinairement on y reçoit plus de femmes que d'hommes — De nouveaux bâtiments ont été construits récemment et permettront de recevoir un nombre encore plus considérable d'aliénés. Ils occupent un plateau d'où la vue s'étend sur une riante et fertile campagne. Ils sont bien aérés et ingénieusement distribués. Le chauffage et l'éclairage s'y font par les procédés les plus perfectionnés. On y a employé le chauffage à l'eau chaude circulant dans de nombreux tuyaux. C'est un système qui a pleinement réussi en Angleterre, et qui chez nous a été adopté pour le palais de la chambre des pairs, celui du conseil d'État et de la cour des comptes, les Jeunes-Aveugles et l'Observatoire.

St-Maurice est bien bâti, dans une belle position, et renferme plusieurs jolies maisons de campagne; l'une des plus remarquables est celle dite de Gabrielle d'Estrées, que l'on voit à gauche, à l'entrée du bourg, en arrivant de Paris.

PATRIE du peintre d'histoire EUG. DE LACROIX.

Fabriques de clous d'épingle, coutellerie, amidon, semoule, soie à coudre. Forges. Papeterie. Filature de soie, de coton et de laine. Scierie mécanique de bois d'ébénisterie.

Bibliographie. ESQUIROL. *Rapport statistique sur la maison royale de Charenton pendant les années 1826, 1827 et 1828* (extrait des Annales d'hygiène publique et de médecine légale), in-8, 1829.

MAURICE (St-), vg. *Seine-et-Oise* (Ile-de-France), arr. et à 37 k. de Rambouillet, cant. de Dourdan, ⊠ de St-Chéron. Pop. 320 h.

MAURICE (St-), *Seine-Inf.*, comm. de Gaillefontaine, ⊠ de Forges.

MAURICE (St-), *Seine-Inf.*, comm. et ⊠ de Malaunay.

MAURICE (St-), vg. *Tarn-et-Garonne*, comm. de la Française, ⊠ de Montauban.

MAURICE (St-), vg. *Vienne* (Poitou), arr. et à 36 k. de Civray, cant. de Gençais. Pop. 1,213 h. — *Foire* le 21 sept.

MAURICE (St-), vg. *Vosges* (Lorraine), arr. et à 30 k. d'Épinal, cant. et ⊠ de Rambervillers. Pop. 277 h.

MAURICE (St-), vg. *Vosges* (Lorraine), arr. et à 38 k. de Remiremont, cant. de Ramonchamp, ⊠ du Tillot. Gîte d'étape. Pop. 2,033 h.

MAURICE-AUX-RICHOMMES, bg *Yonne* (Champagne), arr. et à 24 k. de Sens, cant. de Sergines, ⊠ de Pont-sur-Yonne. Pop. 1,000 h.

MAURICE-DE-BEYNOST (St-), vg. *Ain* (Dombes), arr. et à 25 k. de Trévoux, cant. de Montluel, ⊠ de Miribel. Pop. 320 h.

MAURICE-DE-GALOUP (St-). V. ST-MAURICE-ST-GERMAIN.

MAURICE-DE-GOURDAN (St-), vg. *Ain* (Dombes), arr. et à 27 k. de Trévoux, cant. et ⊠ de Méximieux. Pop. 1,127 h. — *Foires* le 23 sept.

MAURICE-DE-LAURENÇANNE (St-), vg. *Charente-Inf.* (Saintonge), arr. et à 13 k. de Jonzac, cant. et ⊠ de Moutendre. Pop. 243 h.

MAURICE-DE-L'EXIL (St-), vg. *Isère* (Dauphiné), arr. et à 15 k. de Vienne, cant. de Roussillon, ⊠ du Péage. Pop. 970 h. — *Foires* les 4 fév. et 3 mai.

MAURICE-DE-LIGNON (St-), vg. *H.-Loire* (Languedoc), arr., et ⊠ à 10 k. d'Yssingeaux, cant. de Monistrol. Pop. 2,150 h. — *Foires* les 12 mars et 3 sept.

MAURICE-DE-MAIRE (St-), vg. *Deux-Sèvres*, comm. d'Aiffres, ⊠ de Niort.

MAURICE-DE-RÉMAN (St-), vg. *Ain* (Bugey), arr. et à 51 k. de Belley, cant. et ⊠ d'Ambérieux. Pop. 681 h. — *Foires* les 6 mars, 28 mai, 15 sept. et 22 nov.

MAURICE-DE-ROCHE (St-), vg. *H.-Loire*, comm. de Roche-en-Reignier, ⊠ de St-Paulien.

MAURICE-DES-CHAMPS (St-), vg. *Saône-et-Loire* (Bourgogne), arr. et à 28 k. de Chalon-sur-Saône, cant. de Buxy, ⊠ de St-Gengoux-le-Royal. Pop. 204 h.

MAURICE-DES-CHAZAUX (St-), vg. *Ain* (Bresse), arr. et à 26 k. de Bourg-en-Bresse, cant. et ⊠ de Treffort. Pop. 183 h.

MAURICE-DES-NOUES (St-), vg. *Vendée* (Poitou), arr. et à 17 k. de Fontenay-le-Comte, cant. et ⊠ de la Châtaigneraie. Pop. 909 h.

MAURICE-DES-PRÉS (St-), vg. *Saône-et-Loire* (Bourgogne), arr. et à 14 k. de Mâcon, cant. de Lugny, ⊠ de St-Oyen. P. 396 h. — *Foires* le lendemain de la Trinité et le 10 oct.

MAURICE-DES-PRIVATS (St-), vg. *Tarn*, comm. de Peyrole, ⊠ de l'Isle-d'Albi.

MAURICE-DE-TAVERNOLLE (St-), vg. *Charente-Inf.* (Saintonge), arr., cant. et à 6 k. de Jonzac. Pop. 304 h.

MAURICE-D'ÉTELAN (St-), vg. *Seine-Inf.* (Normandie), arr. et à 48 k. du Havre, cant. et ⊠ de Lillebonne. Pop. 317 h.

MAURICE-DE-VENTALON (St-), vg. *Lozère* (Languedoc), arr. et à 23 k. de Florac, cant. et ⊠ de Pont-de-Montvert. Pop. 486 h.

MAURICE-D'IBIE (St-), vg. *Ardèche* (Languedoc), arr. et à 34 k. de Privas, cant. et ⊠ de Villeneuve-de-Berg. Pop. 684 h. — *Foires* les 12 janv. et 14 mai.

MAURICE-D'ORIENT (St-), vg. *Aveyron*, comm. de Laval-Roquecézière, ⊠ de St-Sernin.

MAURICE-DU-DÉSERT (St-), vg. *Orne* (Normandie), arr. et à 12 k. de Domfront, cant. et ⊠ de la Ferté-Macé. Pop. 1,160 h.

MAURICE-EN-GOURGOIS (St-), bg *Loire* (Forez), arr. et à 24 k. de Montbrison, cant. et ⊠ de St-Bonnet-le-Château. P. 2,510 h.

Au-dessous de ce bourg on remarque sur la Loire les ruines d'un ancien pont qui n'ont point le caractère des constructions romaines; il reste sur pied deux piles pentagones fondées sur le roc vif au-dessus de l'étiage. Ces piles indiquent trois arches, dont la plus considérable était sur la rive droite, où passait probablement alors le principal courant. Les eaux se sont aujourd'hui portées sur le côté opposé, entre la pile et un vaste rocher qui supporte les restes d'une culée en maçonnerie.

MAURICE-EN-RIVIÈRE (St-), vg. *Saône-et-Loire* (Bourgogne), arr., ⊠ et à 15 k. de Chalon-sur-Saône, cant. de St-Martin-en-Bresse. Pop. 1,017 h.

MAURICE-EN-VOIVRE (St-), vg. *Meuse*, comm. de Gussainville, ⊠ d'Etain.

MAURICE-LA-FOUGEREUSE (St-), vg. *Deux-Sèvres* (Poitou), arr. et à 20 k. de Bressuire, cant. et ⊠ d'Argenton-Château. Pop. 875 h.

MAURICE-LALLEY (St-), vg. *Isère* (Dauphiné), arr. et à 65 k. de Grenoble, cant. et ⊠ de Clelles. Pop. 1,407 h.

MAURICE-LE-GIRARD (St-), vg. *Vendée* (Poitou), arr. et à 21 k. de Fontenay-le-Comte, cant. et ⊠ de la Châtaigneraie. Pop. 692 h.

MAURICE-LÈS-BROUSSES (St-), vg. *H.-Vienne* (Limousin), arr. et à 18 k. de Limoges, cant. de Pierre-Buffière, ⊠ de Nexon. Pop. 386 h.

MAURICE-LÈS-CHATEAUNEUF (St-), vg. *Saône-et-Loire* (Bourgogne), arr. et à 27 k. de Charolles, cant. et ⊠ de Chauffailles. Pop. 1,596 h.

MAURICE-LÈS-COUCHES (St-), vg. *Saône-et-Loire* (Bourgogne), arr. et à 25 k. d'Autun, cant. et ⊠ de Couches. Pop. 551 h.

MAURICE-LÈS-COURS (St-), ou ST-MAURIS-LÈS-COURT, vg. *Doubs*, comm. de Cours-St-Maurice, ⊠ de St-Hippolyte.

Dans un petit vallon du canton de Maîches se trouvent les villages, seigneuries et fiefs contigus de St-Mauris ou Moris-en-Montagne et de Cours-St-Mauris ou St-Mauris, possessions primitives, originaires et constamment héréditaires de l'antique maison chevaleresque de St-Mauris, encore existante, dont l'on voit les seigneurs prendre dès leur origine les qualifications de chevaliers et de sires de St-Mauris depuis trois siècles, celle de barons de Châtenay et de marquis de St-Mauris depuis six générations, être reçus dès les XIIe, XIIIe et XIVe siècles dans tous les chapitres nobles de la province et de Lorraine, et St-Georges dès la restauration de 1370, et donner vingt-sept chevaliers et deux gouverneurs à cette illustre association. — Ils firent construire dès cette époque, pour protéger leurs possessions et leurs vassaux, un château fort composé, d'après les descriptions qu'on en trouvait dans les notes historiques et statistiques à la bibliothèque de St-Vincent et dans les cabinets de MM. marquis de Crécy, abbé de Billy, Baverel et Dumant, d'une forte tour à créneaux, fermée à l'ouest par un pont-levis, beaucoup au-dessus duquel on remarquait un grand écusson blasonné de sable à deux fasces d'argent, qui ont toujours été leurs armoiries : pièces allégoriques qui, selon l'ancien système héraldique et l'opinion de ces antiquaires, désignaient les lices des barrières, et étaient en conséquence assez généralement dévolues aux maisons qui, par la situation de leurs possessions, semblaient être plus spécialement appelées à la défense des frontières; cet écusson était accompagné des mots : DE LA MORT JE M'EN, allusion chevaleresque aux deux syllabes du nom. Cette tour ronde était flanquée dans sa base de bâtiments moins

entourés d'un espace vide de plusieurs toises de largeur, circonscrit par une épaisse muraille à créneaux et meurtrières, aussi fermée par un pont-levis vis-à-vis de celui de la tour, défendue par deux tours rondes dont on voit encore des débris ; le tout cerné d'un fossé abreuvé par trois sources vives qui jaillissaient de dessous la grosse tour, et par un ruisseau vif et rapide qui, en sortant du fossé, se précipitait dans les rochers, et faisait plus bas tourner un moulin appelé le moulin aux sires de St-Mauris. Ce petit fort, situé au milieu d'un clos considérable qui s'étendait à l'ouest jusque sous les murs de l'église de St-Mauris, et se terminait d'un côté par un petit bois, est couronné d'un autre côté par une suite de rochers perpendiculaires de 100 m. d'élévation, au pied desquels coule le Dessoubre. Les descriptions de ce château en font attribuer la construction au courant du xie siècle. Ce château fut fut un des premiers démantelés lors de l'invasion des Français en 1635, non-seulement parce qu'il appartenait à MM. de St-Mauris, capitaines et gouverneurs héréditaires depuis plusieurs siècles du comté de la Roche et de la Franche-Montagne, lesquels à ces titres, commandaient cette frontière de la province, mais probablement surtout parce qu'il protégeait la communication des villes et châteaux de St-Hippolyte, la Roche, Montjoye, et Maiches avec ceux de Belvoir, Sancey et autres, et la route de Besançon ; et il fut entièrement détruit lors de la conquête de la province en 1674, précisément à cette époque à Hermanfroy de St-Mauris, colonel de mille cinq cents montagnards, chargé par l'Espagne de la garde des frontières sur le cours du Doubs et du commandement de la montagne qui néanmoins ne put le garantir. Sur ces ruines fut élevé en 1680 par Charles-César, son fils, lieutenant général commandant de l'Alsace, un château moderne, qui fut encore augmenté en 1760 par Charles-Emmanuel, son petit-neveu, aussi lieutenant général, ce qui acheva de le dénaturer, et enfin presque entièrement rasé dans la révolution, durant l'émigration du marquis de St-Mauris-Châtenois, maréchal des camps et depuis pair de France.

MAURICE-LE-VIEUX (St-), vg. *Yonne* (Champagne), arr. et à 20 k. de Joigny, cant. et ✉ d'Aillant-sur-Tholon. Pop. 556 h.

MAURICE-ST-GERMAIN (St-), vg. *Eure-et-Loir* (Perche), arr. et à 27 k. de Nogent-le-Rotrou, cant. et de la Loupe. Pop. 486 h. — Cette commune a été formée en 1835 de la réunion des communes de St-Germain-l'Epinay et de St-Maurice-de-Galoup.

MAURICE-SOULES (St-), vg. *Gers* (Armagnac), arr., ✉ et à 7 k. de Mirande. Pop. 328 h.

MAURICE-SOUS-LES-COTES (St-), vg. *Meuse* (Lorraine), arr. de Commercy et à 21 k. de St-Mihiel, cant. et ✉ de Vigneulles. Pop. 828 h. — *Foire* le 20 juin.

MAURICE-SUR-AVEYRON (St-), vg. *Loiret* (Gatinais), arr. et à 30 k. de Montargis, cant. et ✉ de Châtillon-sur-Loing. P. 1,534 h.

n.

— *Foires* les 23 avril, 8 juin, 3 août, 23 sept. et 11 nov.

MAURICE-SUR-D'ARGOIRE (St-), vg. *Rhône* (Lyonnais), arr. et à 26 k. de Lyon, cant. de Mornant, ✉ de Rive-de-Gier. Pop. 1,459 h.— *Foire* le 22 juillet.

MAURICE-SUR-FESSARD (St-), vg. *Loiret* (Gatinais), arr., cant. et à 9 k. de Montargis, ✉ de Ladon. Pop. 853 h.

MAURICE-SUR-HUINE (St-), vg. *Orne* (Perche), arr. et à 17 k. de Mortagne-sur-Huine, cant. de Nocé, ✉ de Rémalard. Pop. 414 h.

MAURICE-SUR-LOIRE (St-), vg. *Loire* (Forez), arr., cant., ✉ et à 12 k. de Roanne. Pop. 1,280 h.

MAURICE-SUR-VINGEANNE, vg. *Côte-d'Or* (Bourgogne), arr. et à 45 k. de Dijon, cant. et ✉ de Fontaine-Française. Pop. 536 h.

MAURICE-THIZOUAILLE (St-), vg. *Yonne* (Champagne), arr. et à 18 k. de Joigny, cant. et ✉ d'Aillant-sur-Tholon. Pop. 291 h.

MAURIÈS, vg. *Landes* (Gascogne), arr. et à 29 k. de St-Sever, cant. de Geaune, ✉ d'Aire-sur-l'Adour. Pop. 307 h.

MAURIN, vg. B.-Alpes, comm. de St-Paul, ✉ de Châtelard.

MAURIN (St-), bg *Lot-et-Garonne* (Agénois), arr. et à 27 k. d'Agen, cant. de Beauville, ✉ de Puymirol. Pop. 1,486 h. — PATRIE du médecin J.-L. BELLOC, auteur de la topographie médicale du dépt. de Lot-et-Garonne. — *Foires* les 7 janv., 15 fév., 30 sept. et lundi de Quasimodo.

MAURINES, vg. *Cantal* (Auvergne), arr. à 21 k. de St-Flour, cant. et ✉ de Chaudesaigues. Pop. 420 h.

MAURON, petite ville, *Morbihan* (Bretagne), arr. et à 21 k. de Ploërmel, chef-l. de cant. Cure. ✉. A 43 k. de Paris pour la taxe des lettres. Pop. 3,967 h. — TERRAIN de transition moyen.

En 1352 il se donna sous ses murs un combat sanglant, où le maréchal d'Offemont, qui soutenait la cause de Charles de Blois, fut tué sur la place par Tanneguy Duchâtel.

Foires le 4e jeudi de fév., de mai, d'août, de nov., et 1er vendredi de janv., d'avril, juillet et d'oct.

MAUROUX (les), vg. *Dordogne*, comm. de Nanteuil. — Papeterie.

MAUROUX, vg. *Gers* (Armagnac), arr. et à 17 k. de Lectoure, cant. et ✉ de St-Clar. Pop. 714 h.

MAUROUX, vg. *Lot* (Quercy), arr. et à 46 k. de Cahors, cant. et ✉ de Puy-Lévêque. Pop. 903 h. — *Foires* les 9 mars, 9 avril et 22 juin.

MAUROY, vg. *Nord* (Cambrésis), arr. et à 27 k. de Cambrai, cant. et ✉ du Cateau. Pop. 772 h.

MAURRIN, bg *Landes* (Gascogne), arr. et à 16 k. de Mont-de-Marsan, cant. et ✉ de Grenade-sur-l'Adour. Pop. 524 h.

MAURS, *Murtium*, petite ville, *Cantal* (Auvergne), arr. et à 40 k. d'Aurillac, chef-l. de cant. Cure. Gîte d'étape. ✉. ☞. A 598 k.

de Paris pour la taxe des lettres. Pop. 3,004 h. — TERRAIN tertiaire moyen.

Autrefois abbaye ordre de St-Benoît, diocèse de St-Flour, parlement de Paris, intendance de Riom ; élection d'Aurillac, prévôté.

Cette ville est dans une agréable situation, dans le vallon d'Arcambie arrosé par la Rance, sur la route d'Aurillac à Figeac. Elle était autrefois resserrée par un grand mur de défense, et possédait un monastère de l'ordre de St-Benoît ; c'était le chef-lieu d'une des quatre prévôtés de la haute Auvergne. Les religionnaires la prirent et la pillèrent en 1578 et 1583, et la peste y fit de grands ravages en 1588. La place publique est ornée d'une fontaine jaillissante, construite en 1818. Le climat de Maurs est le plus doux du département, et permettait jadis aux habitants d'élever des vers à soie, branche d'industrie qui est aujourd'hui abandonnée. On récolte sur son territoire de bons fruits, du froment, de l'orge et du beau chanvre.

Commerce de toiles, cire vierge, châtaignes réputées les meilleures du pays, et d'une grande quantité de cochons gras qui fournissent d'excellents jambons. — *Foires* les 24 mars (3 jours), 28 avril (8 jours), 29 mai, 27 août, 29 oct. et 18 juin.

MAURUPT-LE-MONTOIS, vg. *Marne* (Champagne), arr., ✉ et à 23 k. de Vitry-le-François, cant. de Thiéblemont. Pop. 680 h.

MAURY, vg. *Aveyron*, comm. de Camjac, ✉ de Sauveterre.

MAURY, joli bourg, *Pyrénées-Or.* (Roussillon), arr. et à 32 k. de Perpignan, cant. et ✉ de St-Paul-de-Fenouillet. Pop. 1,266 h. — Il est agréablement situé sur un monticule, dans une contrée fertile en fruits et surtout en excellents raisins.

MAUSOLEO, vg. *Corse*, arr. et à 36 k. de Calvi, cant. d'Olmi-et-Capella, ✉ de Belgodere. Pop. 166 h.

MAUSSAC, vg. *Aveyron*, comm. de Mélagues, ✉ de Camarès.

MAUSSAC, bg *Corrèze* (Limousin), arr. et à 19 k. d'Ussel, cant. et ✉ de Meymac. Pop. 545 h. — C'est sur le territoire de cette commune que se trouve la mine de houille de Laplèau, la plus considérable de toutes celles qui existent dans le département de la Corrèze.

MAUSSANNE, vg. *Bouches-du-Rhône* (Provence), arr. d'Arles-sur-Rhône, à 18 k. de Tarascon, cant. et ✉ de St-Rémy. Pop. 1,402 h. — *Foires* de 2 jours, les 22 janv. et 15 août.

MAUSSANS, vg. *H.-Saône* (Franche-Comté), arr. et à 27 k. de Vesoul, cant. et ✉ de Monthozon. Pop. 134 h.

MAUSSANS, vg. *Tarn* (Languedoc), arr., cant., ✉ et à 8 k. d'Albi. Pop. 588 h.

MAUSSÈRE, vg. *Gers*, comm. d'Aignan, ✉ de Plaisance.

MAUTES, vg. *Creuse* (Marche), arr. et à 16 k. d'Aubusson, cant. et ✉ de Bellegarde. Pop. 1,510 h.

69

MAUTHEVILLE - SUR - DURDENT, vg. *Seine-Inf.*, comm. de Grainville-la-Teinturière, ✉ de Cany.

MAUTORT, vg. *Somme,* comm. et ✉ d'Abbeville.

MAUVAGE, *Malvagia,* vg. *Meuse* (Lorraine), arr. de Commercy, et à 38 k. de St-Mihiel, cant. et ✉ de Gondrecourt. Pop. 630 h.

MAUVAIS-PAS (le), vg. *Seine-Inf.,* comm. du Mesnil-Raoul, ✉ de Rouen.

MAUVAIVILLE, vg. *Orne,* comm. et ✉ d'Argentan.

MAUVAIZIN-DE-STE-CROIX, vg. *Ariége* (pays de Foix), arr. et à 13 k. de St-Girons, cant. de Ste-Croix, ✉ de St-Lizier. Pop. 246 h.

MAUVERS, vg. *Tarn-et-Garonne,* comm. de Verdun-sur-Garonne, ✉ de Grisolles.

MAUVES, vg. *Ardèche* (Vivarais), arr., cant., ✉ et à 13 k. de Tournon. Pop. 991 h. — *Foires* les 6 juin et 28 nov.

MAUVES, bg. *Loire-Inf.* (Bretagne), arr. et à 15 k. de Nantes, cant. de Carquefou, ✉ d'Oudon. Pop. 1,409 h.

Ce bourg, situé à l'extrémité orientale d'une prairie de 12 k. de longueur à partir depuis Nantes, est l'un des points les plus remarquables du département. Il est dominé par des coteaux d'où l'on découvre tout le cours de la Loire depuis Oudon jusqu'à Nantes. D'un côté ce sont des collines qui succèdent à des collines depuis Mauves jusqu'au Cellier; de l'autre c'est la belle prairie que termine la masse isolée de St-Pierre, comme un rocher jeté dans un pays de plaine. Au delà de ces eaux resplendissantes, de ces îles couvertes de saules qui en cachent les détours, s'élèvent, l'une après l'autre, les collines embaumées du pays de Mauges. Au bord même de la rivière ce sont des rochers nus brisés dans les sens et qui forment quelquefois une muraille perpendiculaire de plus de 33 m. d'élévation. La nacelle qui passe au pied de ces rochers énormes ajoute encore à leur hauteur par sa petitesse, et l'on jouit de trouver la nature si magnifique tout en regrettant de ne voir l'homme si habile. Ni les rochers de Clisson, ni ceux de Piriac, du Croisic ou de St-Gildas, ne sont à comparer à ceux-ci : la majesté du spectacle seule le cède ici au coup d'œil imposant de la mer.

Le château de la Sailleraye, l'un des châteaux modernes les plus intéressants de la Bretagne, est situé dans cette commune, dont il occupe l'extrémité. Les terres qui en dépendent couvrent une vaste étendue de terrain dans les communes de Carquefou, de Thouaré, de Mauves et du Cellier. Quatre-vingt-douze métairies, tant grandes que petites, environnent de tous côtés le château, dont le parc seulement offre une circonférence de 4 k. La cour d'entrée, ornée d'un tapis circulaire de gazon, est remarquable. Le vestibule l'est encore davantage. Très-vaste et parfaitement éclairé, un escalier majestueux conduit à la galerie supérieure, soutenue par des arcades d'une architecture simple et hardie; il est surmonté d'un dôme élevé, décoré de figures peintes. Parmi les salles les plus remarquables, il en est une consacrée à recevoir quelques tableaux. On remarque entre autres un original de Vandick, représentant les enfants de Charles Ier; le régent, par Largilière; le maréchal de Saxe, par Rigaud; un tableau de famille, par François de Troy, l'un des plus beaux tableaux de l'école française au jugement de David; le portrait de Louis XVI, par Duplessis ; enfin quelques Mignard et quelques Jouvenet. M. de Becdelièvre possède aussi dans son cabinet une miniature d'un grand prix : c'est un Petitot.

— Le jardin, qui fait face au château dans l'ouest, est très-vaste et dans le goût français : il a été tracé par le fameux le Nôtre, qui a montré à Versailles le modèle du genre. Ce sont de longues allées régulières, interrompues entre elles par des tapis de gazon, dont la verdure tranche agréablement avec l'aspect stérile des sables dont ces allées sont couvertes, et le coup d'œil varié des fleurs répandues dans d'étroites plates-bandes. Au haut de ce jardin est une pelouse d'environ huit hectares. Le terrain qu'elle couvre monte doucement et va se terminer par un grand cintre à de vastes charmilles qui forment, dans leurs allées alignées ou contournées, mais toujours coupées symétriquement, de nombreux berceaux. Rien n'est plus insipide que les jardins français en petit. L'œil en embrasse l'étendue d'un seul regard, et ce qui fait le plaisir d'un instant cause ensuite l'ennui de toute la vie. Ce genre n'est beau qu'en grand.

La Sailleraye fut bâtie en 1671 par ce M. d'Harouy, si souvent cité par Mme de Sévigné. M. de Becdelièvre, le propriétaire actuel, a eu l'heureuse idée de placer dans son cabinet un portrait de cette femme célèbre peint par Mignard. Elle y est représentée en Diane chasseresse ; ce portrait est le plus jeune qu'on connaisse de ceux de Mme de Sévigné. Rien n'est inutile à remarquer quand il s'agit d'un auteur aussi connu. On a conservé encore au château, dans l'une des salles du rez-de-chaussée, le carré du lit qu'elle occupait. Il existe d'elle plusieurs lettres datées de la Sailleraye. Voici quelques fragments d'une du 24 septembre 1675, époque où l'on construisait le château : « Je vous le vois, ma fille, le lieu où vous avez été un jour avec moi; mais il n'est pas reconnaissable; il n'y a pas pierre sur pierre de ce qui était en ce temps-là. M. d'Harouy manda, il y a quatre ans, à un architecte de Nantes qu'il le priait de lui bâtir une maison dont il lui envoya le dessin, qui est très-beau et très-grand. C'est un grand corps de logis de 30 toises de face, 2 ailes, 2 pavillons; mais, comme il n'y a pas été trois fois pendant tout cet ouvrage, tout cela est mal exécuté. (Depuis, MM. de Becdelièvre l'ont achevé, et ont rectifié ce qu'il y avait de défectueux.) »

Foires les 22 août et 10 oct.

MAUVES, bg. *Orne* (Perche), arr., cant., ✉ et à 10 k. de Mortagne-sur-Huine. Pop. 1,344 h. — *Foires* le 30 nov., mardi de Pâques, lundi après le 29 juin, 1er lundi de sept. et lundi avant la St-Simon.

MAUVESIN-DE-L'ISLE, vg. *H.-Garonne* (Comminges), arr. à 36 k. de St-Gaudens, cant. et ✉ de l'Isle-en-Dodon. Pop. 199 h.

MAUVESIN-DE-PRATS, vg. *Ariége* (Gascogne), arr. et à 14 k. de St-Girons, cant. et ✉ de St-Lizier. Pop. 217 h.

MAUVESIN, *Maluesinum,* petite ville, *Gers* (Armagnac), arr. et à 34 k. de Lectoure, chef-l. de cant. Cure. Gîte d'étape. ✉. Pop. 2,674 h. Sur l'Arratz. — TERRAIN tertiaire moyen.

C'est une ville ancienne, où l'on voit les restes d'un ancien château fort qui a appartenu aux vicomtes de Fezenzac. — *Foires* les 30 sept., 4 nov. et 3e lundi de janv., fév., avril, mai, juin, juillet, août et déc.

MAUVESIN, vg. *Landes* (Gascogne), arr. et à 36 k. de Mont-de-Marsan, cant. et ✉ de Gabarret. Pop. 290 h.

MAUVEZIN, vg. *Lot-et-Garonne* (Agénois), arr., ✉ et à 8 k. de Marmande, cant. de Seyches. Pop. 795 h.

MAUVEZIN, vg. *H.-Pyrénées* (Gascogne), arr. et à 69 k. de Bagnères-de-Bigorre, cant. et ✉ de Lannemezan. Pop. 524 h.

On y voit les ruines d'un ancien château bâti sur un monticule très-élevé, qui passait autrefois pour imprenable ; le duc d'Anjou l'assiégea en 1374, et força la garnison à lui remettre la place, après être parvenu à lui priver de l'eau que lui fournissait un puits extérieur.

L'Escaladieu ou l'Escaladiu, autrefois riche et belle abbaye de l'ordre de Citeaux, est situé dans un charmant vallon, sur l'Onos, à peu de distance du bourg et du château de Mauvezin. Cette abbaye avait remplacé un monastère de l'ordre de Citeaux situé près de Campon et transféré en cet endroit en 1242. Béatrix, comtesse de Bigorre, et son mari, le vicomte de Marsan, enrichirent le nouveau monastère de biens considérables. — L'abbaye de l'Escaladieu devint très-recommandable par la régularité qu'on y observait et par le nombre de pieux personnages qui la choisirent pour retraite; on l'appelait l'école de la vertu, et elle fut la mère de plusieurs monastères du même ordre. — Les bâtiments de ce monastère étaient immenses; le corps de logis, les cloîtres et l'église étaient bâtis avec autant de goût que de solidité. Une partie de ces vastes bâtiments ont été démolis; le surplus est peuplé maintenant d'agriculteurs et d'ouvriers laborieux. Les vastes jardins, les riches cultures et les superbes prairies qui entourent cette magnifique propriété en font un séjour délicieux. C'est au propriétaire de cette abbaye, M. Dubernet, que l'on doit la perfection des travaux entrepris sur la route qui traverse la forêt de Kersan.

MAUVEZIN - SAVES, vg. *H.-Garonne* (Languedoc), arr., ✉ et à 17 k. de Villefranche - de - Lauragais, cant. de Naillioux. Pop. 417 h.

MAUVIÈRES, vg. *Indre* (Berry), arr., ✉ et à 7 k. du Blanc, cant. de Bélabre. Pop. 565 h.

MAUVILLY, vg. *Côte-d'Or* (Bourgogne), arr. et à 24 k. de Châtillon-sur-Seine, cant. et ✉ d'Aignay-le-Duc. Pop. 260 h.

Ce village, situé dans un petit vallon, est très-bien bâti. Il a deux belles places publiques, près de l'une desquelles est une fontaine dont l'eau remplit les fossés du château, et va de là abreuver deux étangs poissonneux.

MAUVRAIN, vg. *Nièvre*, comm. de la Celle-sur-Nièvre, ✉ de la Charité.

MAUVRON, vg. *Nièvre*, comm. de Poiseux, ✉ de Prémery.

MAUX, vg. *Rhône*, comm. de Cublizé, ✉ de Thizy.

MAUX, vg. *Nièvre* (Nivernais), arr. et à 20 k. de Château-Chinon, cant. et ✉ de Moulins-en-Gilbert. Pop. 648 h.

MAUZAC, vg. *Dordogne* (Périgord), arr. et à 27 k. de Bergerac, cant. et ✉ de la Linde. Pop. 545 h.

MAUZAC, vg. *H.-Garonne* (Gascogne), arr. et à 10 k. de Muret, cant. de Carbonne, ✉ de Noé. Pop. 512 h.

MAUZAIZE, vg. *Eure-et-Loir*, comm. de Villemeux, ✉ de Nogent-le-Roi.

MAUZÉ, ou MAUZÉ-SUR-LE-MIGNON, petite ville, *Deux-Sèvres* (Poitou), arr. et à 23 k. de Niort, chef-l. de cant. Cure. Gîte d'étape. ✉. A 434 k. de Paris pour la taxe des lettres. Pop. 1,824 h. — TERRAIN jurassique, étage moyen du système oolitique.

Cette ville est située sur la rive droite du Mignon. Elle était autrefois défendue par un château fort, sous les murs duquel périt Othon de Provence, en 1030.

PATRIE du célèbre voyageur René CAILLÉ, qui le premier pénétra jusqu'à Tombouctou, et auquel on doit une relation intéressante de ce voyage.

Foires le 1er mercredi de chaque mois.

MAUZÉ-THOUARSAIS, vg. *Deux-Sèvres* (Poitou), arr. et à 23 k. de Bressuire, cant. et ✉ de Thouars. Pop. 1,528 h.

MAUZENS, vg. *Dordogne* (Périgord), arr. et à 29 k. de Sarlat, cant. et ✉ du Bugue. P. 1,087 h. — Forges.

MAUZUN, vg. *Puy-de-Dôme* (Auvergne), arr. et à 35 k. de Clermont-Ferrand, cant. et ✉ de Billom. Pop. 344 h.

Ce village est bâti au pied d'un pic de basalte dont le sommet est couronné par les ruines majestueuses d'un antique château. La situation élevée du château de Mauzun et sa triple enceinte de murailles l'ont fait remarquer longtemps comme une des plus fortes places de l'Auvergne; depuis le XIIIe siècle jusqu'au XVIIe, il a appartenu aux évêques de Clermont, qui l'habitaient une grande partie de l'année; Massillon sollicita et obtint un arrêt du conseil pour le faire démolir, et il n'y conserva que quelques chambres qu'il convertit en prisons, où il faisait enfermer les prêtres de son diocèse qu'il voulait punir. L'enceinte extérieure de cette forteresse était défendue par dix-neuf tours, ce nombre, selon la tradition, était celui des villages qui en dépendaient; chaque village avait sa tour à garder et à défendre. Du haut de ses ruines imposantes on jouit d'un panorama immense et de la plus grande richesse, sur une partie de la Limagne. — *Foires* les 11 avril, 31 mai, 22 juillet et 29 sept.

MAVÉ, vg. *Nièvre*, comm. de Moraches, ✉ de St-Révérien.

MAVERGNEIX, vg. *H.-Vienne*, comm. de Mézières, ✉ de Bellac.

MAVES, vg. *Loir-et-Cher* (Blaisois), arr. et à 20 k. de Blois, cant. et ✉ de Mer. Pop. 836 h.

MAVILLY, *Madiliacum*, vg. *Côte-d'Or* (Bourgogne), arr., cant., ✉ et à 11 k. de Beaune. Pop. 395 h.

A 2 k. E. de ce village, dans la forêt de la Ferrée, on remarque une grotte renfermant de belles congélations, appelée dans le pays le creux de Chevroche.

Bibliographie. MORLOT (Denis). *Notice sur le village de Mavilly, canton (nord) de Beaune, département de la Côte-d'Or* (Mém. de la société des antiq. de France, t. VII, p. 122).

MAX (St-), vg. *Meurthe* (Lorraine), arr., cant., ✉ et à 3 k. de Nancy. Pop. 329 h.

MAXENT (St-), vg. *Ille-et-Vilaine* (Bretagne), arr. et à 20 k. de Montfort-sur-Meu, cant. et ✉ de Plélan. Pop. 1,808 h. — Commerce de fil.

MAXENT (St-), bg *Somme* (Picardie), arr., ✉ et à 15 k. d'Abbeville, canton de Moyenneville. Pop. 474 h.

MAXÉVILLE, vg. *Meurthe* (Lorraine), arr., cant., ✉ et à 2 k. de Nancy. Pop. 512 h.

MAXEY-SUR-MEUSE, vg. *Vosges* (Lorraine), arr., ✉ et à 13 k. de Neufchâteau, cant. de Coussey. Pop. 582 h.

MAXEY-SUR-VAISE, vg. *Meuse* (Lorraine), arr. de Commercy, et à 45 k. de St-Mihiel, cant. et ✉ de Vaucouleurs, P. 646 h. — *Foires* les 18 avril et 10 oct.

MAXILLY-SUR-SAONE, *Maxilleium*, vg. *Côte-d'Or* (Bourgogne), arr. et à 35 k. de Dijon, cant. et ✉ de Pontailler-sur-Saône. Pop. 428 h.

L'origine de ce village est inconnue. Il dépendait autrefois de la châtellenie de Pontailler, les anciens titres furent brûlés et perdus dans les guerres. Les plus anciennes archives ne remontent pas au delà du XIIIe ou du XIVe siècle. — Maxilly a été brûlé, et les habitants passés au fil de l'épée, en septembre 1636, par le général Mercy, détaché de l'armée de Galas, qui faisait alors le siège de St-Jean-de-Lône; il ne resta que l'église et quatre ou cinq maisons. Il était alors considérable. Maxilly est un des premiers et des plus anciens ports de la Saône; il s'y fait encore, au port Fleury, un commerce assez considérable de grains. Sa mesure de 32 livres était ancienne et renommée.

MAXIME (Ste-), *Sancta Maxima*, village maritime, *Var* (Provence), arr. à 35 k. de Draguignan, cant. de Grimaud, ✉ de la Garde-Freinet. Pop. 1,166 h.

Il est situé au bord de la mer, dans une position riante, sur le penchant d'une colline, et possède un petit port dont le mouillage est très-sûr, et qui offre un débouché commode aux vins, aux huiles et autres denrées que produit l'arrondissement. On y remarque une tour carrée qui sert de maison commune, et aux environs les ruines du château des Dômes; de beaux palmiers s'élèvent dans ce village, sur le bord même de la mer.

Fabriques de bouchons de liége et de roseaux pour épouletts et peignes à tisser. — *Commerce* de vins. — *Foire* le 28 avril.

MAXIMIN (St-), vg. *Gard* (Languedoc), arr., cant., ✉ et à 4 k. d'Uzès. P. 573 h.

MAXIMIN (St-), vg. *Isère* (Dauphiné), arr. et à 34 k. de Grenoble, cant. et ✉ de Goncelin. Pop. 754 h.

MAXIMIN (St-), vg. *Oise* (Picardie), arr. et à 8 k. de Senlis, cant. et ✉ de Creil. Pop. 907 h.

L'église paroissiale se compose d'un portail roman, décoré d'un ornement en dents de scie, d'une nef avec les bas côtés de construction moderne, d'un chœur gothique et d'un clocher central présentant deux rangées d'arcades romanes, et supportant quatre clochetons et une flèche octogone dont la maçonnerie est disposée en écailles de poisson. Ce clocher est élevé de 25 m.

Il y a dans cette commune une manufacture de coton et des carrières considérables qui donnent la pierre de construction connue sous le nom de pierre de Trossy. On y fait beaucoup de dentelles.

MAXIMIN (St-), *Forum Sancti Maximi*, vg. *Var* (Provence), arr. et à 20 k. de Brignoles, chef-l. de cant. Cure. Gîte d'étape. ✉. A 796 k. de Paris pour la taxe des lettres. P. 6,385 h. — TERRAIN crétacé inférieur, grès vert.

Autrefois diocèse, parlement et intendance d'Aix, chef-lieu d'un bailliage et d'une viguerie.

St-Maximin, la *Villa Lata* des Romains, a pris son nom moderne de l'un des premiers martyrs des Gaules, qui y fut inhumé après sa décollation, arrivée vers l'an 72 de notre ère, sous le règne de Domitien. Elle a joui longtemps d'une grande importance à cause de sa magnifique église, bâtie au XIIIe siècle. On s'y rendait en foule pour adorer les reliques de sainte Marie Madeleine et sept autres saints personnages qui avaient vécu, disait-on, en la compagnie de Jésus-Christ, et étaient venus mourir dans la basse Provence, on ne sait trop comment ni pourquoi. La tradition (démentie par le judicieux abbé de Fleury) veut absolument que sainte Madeleine ait achevé sa vie pénitente dans une caverne située entre Aix et Toulon, et célèbre depuis longtemps sous le nom de Ste-Baume. — St-Maximin recevait encore quelque importance d'un collége royal, dirigé par les dominicains, qui avaient en cette ville une maison riche et considérable. Ce collége avait été fondé par le bon roi René vers la fin du xve siècle ; on y enseignait les arts libéraux, la philosophie, le droit canon et la théologie.

En 1793 ou 1794, Lucien Bonaparte avait une place de garde-magasin à St-Maximin, où il épousa la fille d'un aubergiste de cette localité ; il n'eut pas lieu de se repentir d'avoir uni son sort à celui d'un ange de bonté, de vertu et de candeur qui fit le bonheur de sa vie. A cette époque il fit changer le nom de St-Maximin en celui de *Marathon*. On sait que Lucien avait alors changé son propre nom en celui de *Brutus*.

Cette ville est située dans une belle plaine, non loin de la source de l'Argens. Elle est entourée de murailles construites par ordre du roi René pour la sûreté des reliques de sainte Madeleine, qui y étaient renfermées, dit-on, dans un caveau au centre de l'église. Les troupes du duc de Savoie l'assiégèrent sans succès en 1590.

St-Maximin possède une des plus belles églises du département, construite par Charles-II, roi de Naples et comte de Provence, qui régnait en 1283. C'est un des plus beaux monuments d'architecture gothique de ce temps, admirable par ses proportions et par la hardiesse des piliers qui soutiennent la voûte. Les orgues passent pour être les plus belles du royaume ; la boiserie et les stalles du chœur sont d'un fort bon goût, mais rien n'approche de la beauté de la chaire à prêcher, sculptée en bois par un frère de l'ancien couvent, et regardée comme un véritable chef-d'œuvre. Cette église est classée au nombre des monuments historiques.

PATRIE du célèbre médecin ROSTAN, professeur à la faculté de médecine de Paris, membre de l'académie royale de médecine.

Du P. GAB. FABRICY, savant bibliographe, mort en 1800.

Fabriques d'étoffes de laine, filatures de coton, distillerie d'eaux-de-vie. — *Commerce* de safran — *Foires* le 2e lundi de mars, 16 août, 23 juillet, 10 oct., 13 déc. et 3e lundi après Pâques.

MAXIRE (St-), vg. *Deux-Sèvres* (Poitou), arr., cant., à 8 k. de Niort. Pop. 892 h. — *Foire* le 3 nov.

MAXOU, vg. *Lot* (Quercy), arr. et à 13 k. de Cahors, cant. et ✉ de Catus. Pop. 998 h.

On remarque près du village de St-Pierre-Lafeuille, qui fait partie de cette commune, les ruines de l'ancien château de Roussillon, bâti sur le sommet d'une montagne rapide, qui ne tient au plateau dont elle est une déchirure que par un isthme très-étroit. Ce château était défendu sur ce point par un large fossé sur lequel était jeté un pont-levis ; il présentait quatre corps de bâtiments formant un carré long entourant une cour intérieure ; une haute tour ronde s'élevait à chaque angle ; les murs étaient très-épais, bâtis de blocs réguliers et fort bien travaillés ; les ouvertures étaient soignées et très-multipliées ; les cheminées des divers appartements offraient des morceaux de sculpture bien exécutés. Du côté de la cour, une galerie qui conduisait à la chapelle était décorée de peintures à fresque. Tout l'édifice offrait un aspect imposant par sa masse et par sa solidité : on y remarquait surtout des prisons souterraines fort considérables, qui pouvaient renfermer plus de cinq cents personnes.

Le village de Brouelles, autre dépendance de la commune de Maxou, offre les restes d'une tour qui résista longtemps aux Anglais.

MAXSTADT, ou MAXST, vg. *Moselle* (pays Messin), arr. et à 25 k. de Sarreguemines, cant. de Grostenquin, ✉ de St-Avold. Pop. 500 h. — *Foire* le 25 juillet.

MAY (le), vg. *Maine-et-Loire* (Anjou), arr., cant. et à 12 k. de Beaupréau, ✉ de Cholet. Pop. 3,296 h.

MAY-EN-MULTIEN, joli village, *Seine-et-Marne* (Brie), arr. et à 18 k. de Meaux, cant. de Lizy, ✉. ✶. A 65 k. de Paris pour la taxe des lettres. Pop. 883 h.

Autrefois diocèse de Meaux, parlement de Paris, intendance de Soissons, élection de Crespy.

L'église paroissiale est une des plus anciennes du département. Elle présente dans sa nef et le bas côté gauche une construction intéressante du xiie siècle ; le bas côté du midi et la tour sont une belle construction du xvie siècle. Au nord et à l'ouest sont deux portails à plein cintre. A l'intérieur, des arcades ogivales sont supportées par des chapiteaux ornés de feuillages divers et d'animaux fantastiques. La tour est la plus belle du diocèse, après celle de la cathédrale de Meaux.

MAYAC, *Dordogne* (Périgord), arr. et à 25 k. de Périgueux, cant. de Savignac, ✉ de Cubjac. Pop. 635 h.

MAYENNE (la), *Meduana*, rivière qui prend sa source au village de Maine, arr. d'Alençon, *Orne* ; elle passe à Couptrain, Ambrières, Mayenne, Laval, Château-Gontier, Angers, et se jette dans la Loire à Bouchemaine, un peu au-dessous des Ponts-de-Cé.

La Mayenne commence à être flottable à St-Jean, au confluent de l'Ernée, et navigable à Laval, la longueur de la partie flottable est de 10,000 m., et celle de la partie navigable est de 94,710 m. Ses principaux objets de transport consistent en grains, vins, sel, chanvre, lin, bois de chauffage et de construction, charbons de terre, faïence, poterie, résine, brai, goudron, matériaux pour bâtir, etc.

Cette rivière prend le nom de Maine à partir de sa jonction avec la Sarthe jusqu'à son embouchure dans la Loire. Dans son cours, qui est d'environ 200 k., elle reçoit l'Ernée, l'Oudon, la Sarthe grossie du Loir, et plusieurs autres rivières.

MAYENNE (département de la). Le département de la Mayenne est formé du ci-devant bas Maine et d'une petite partie de l'Anjou : il tire son nom de la principale rivière qui le traverse dans sa longueur du nord au sud, après avoir côtoyé une partie de sa lisière septentrionale, tantôt au delà, tantôt en deçà de la limite, qui aurait été bien mieux déterminée par son cours. Ses limites sont : au nord, les départements de la Manche et de l'Orne ; à l'est, celui de la Sarthe ; au sud, celui de Maine-et-Loire ; à l'ouest, celui d'Ille-et-Vilaine.

Le territoire de ce département est inégal, parsemé de coteaux, coupé en plusieurs endroits par des vallées et des ravins. On n'y voit pas de montagnes proprement dites, mais il s'y trouve une chaîne de collines assez élevées. Le sol n'est pas également productif dans toutes ses parties : l'arrondissement de Château-Gontier produit en grande quantité des céréales de toute espèce ; le territoire de Laval ne lui cède pas en fertilité, mais le reste de cet arrondissement rentre dans la classe des terres ordinaires ; l'arrondissement de Mayenne tout entier offre une terre ingrate et rebelle, dont les produits ne suffisent pas aux besoins des habitants. Les prairies naturelles y sont rares, et cependant on y nourrit, par le secours des jachères, une grande quantité de bestiaux qui font la principale richesse du cultivateur. Le lin et le chanvre y sont l'objet d'une grande culture, ainsi que les arbres fruitiers.

Un grand nombre de rivières et de ruisseaux sillonnent le département en tous sens, et le rendent dans certaines parties difficile à parcourir. Les chemins de traverse, étroits et bordés de haies vives des deux côtés, tantôt rocailleux et escarpés, tantôt pleins de boues et de fondrières, sont impraticables pendant les trois quarts de l'année ; dans les grandes pluies, l'eau y coule à torrents, ce qui, en plusieurs endroits, les a tellement creusés, que souvent le fond du chemin est à 3 m. au-dessous du sol des champs voisins. Toutes les haies sont formées d'un fossé profond et d'un talus en terre que couvrent de grands arbres ; aussi la campagne, vue dans son ensemble et à une certaine distance, ressemble-t-elle à une vaste forêt ; les arbres dont les haies sont couvertes semblent se toucher.

Dans le bas Maine, les maisons des cultivateurs sont disséminées dans les champs, au milieu de haies épaisses qui environnent et séparent les propriétés ; aussi, excepté les jours des grands travaux, le temps des foins et de la moisson, chaque ménage reste isolé : le paysan, père de famille, entouré de sa femme, de ses enfants, de ses domestiques et de ses troupeaux, dirige tout à sa volonté, sans avoir à craindre la critique ou la curiosité du voisinage. Sa ferme lui fournit d'ailleurs à peu près tout ce qui est nécessaire à la vie ; il n'a presque rien chercher au dehors ; il a le grain que produit son champ, les légumes de son jardin, le cidre de ses pommiers, il nourrit des vaches, des cochons, des poules, qui lui fournissent le lait, le beurre, le lard, les œufs. Sa femme et ses filles filent, pour ses vêtements, la laine de ses brebis et le lin qu'il a recueilli... Vivant ainsi presque toujours seul, n'ayant point avec les autres hommes de ces relations journalières qui modifient et adoucissent le caractère, le paysan bas manceau montre, dans toutes ses manières, une véritable sauvagerie. Il tient obstinément à ses usages, et prend d'avance en aversion tout ce qui est inusité. Son premier abord ne prévient pas en sa faveur ; mais il ne faut pas croire que ces habitudes d'une existence isolée et indépendante aient endurci son cœur. Il est soumis à de vives croyances religieuses; et si sa piété dégénère parfois en superstition, il faut reconnaître aussi qu'elle se manifeste plus fréquemment par la charité. On trouverait difficilement, dans aucun pays, des hommes plus bienfaisants et plus hospitaliers.

Les fermes du bas Maine portent le nom de métairies ou closeries, suivant leur grandeur et leur produit. La grandeur des métairies est à peu près de dix à vingt hect. de terres labourables, et de trois à neuf hect. de prés. Les closeries n'ont tout au plus que le tiers de l'étendue des métairies. Les terres de chaque ferme sont partagées en plusieurs divisions, séparées et fermées par des haies; et dans ces clôtures les bestiaux paissent en liberté sans être gardés, même la nuit. La grandeur des champs et des prés varie depuis cinquante jusqu'à trois cents ares; les champs sont destinés à produire du grain et labourés à la charrue. Le métayer qui élève des bœufs et des chevaux fait non-seulement les labours de sa métairie, mais aussi presque toujours ceux d'une closerie voisine, qui, à cause de son peu d'étendue, ne peut nourrir que quelques vaches; le closier acquitte, par des journées de son travail, le payement du labourage de ses champs : il devient ainsi un auxiliaire pour le métayer, avec lequel il est lié par cette réciprocité de services.

La surface du département est de 514,861 hectares, divisés ainsi :

Terres labourables.	354,298
Prés.	69,338
Bois.	26,379
Vignes.	1,290
Vergers, pépinières et jardins.	8,595
Oseraies, aunaies et saussaies. . .	59
Etangs, mares, canaux d'irrigation.	1,881
Landes et bruyères.	24,429
Cultures diverses.	2,533
Superficie des propriétés bâties. . .	3,727
Contenance imposable. . .	492,529
Routes, chemins, places, rues, etc. .	19,943
Rivières, lacs et ruisseaux. . .	2,166
Forêts et domaines non productifs. .	11
Cimetières, églises, bâtiments publics.	212
Contenance non imposable. .	22,332

On y compte :
74,484 maisons.
622 moulins à eau et à vent.
90 forges et fourneaux.
160 fabriques et manufactures.

Soit : 75,356 propriétés bâties.
Le nombre des propriétaires est de. 74,916
Celui des parcelles de. 898,823

HYDROGRAPHIE. Les principales rivières qui arrosent le département sont : la Mayenne, l'Ernée, le Vicoin, l'Oudon, le Colincout, l'Ouette, l'Aron, la Jouanne, l'Erne et la Vaige.

COMMUNICATIONS. Le département est traversée par 5 routes royales, par 11 routes départementales, et par 18 routes stratégiques.

MÉTÉOROLOGIE. Le climat est sain, mais la température est généralement froide et humide. Elle est plus âpre dans le nord du département, qui est la partie la plus élevée; au sud, la chaleur est plus forte et la végétation plus précoce. Les vents dominants sont ceux du sud, du sud-ouest, du nord et du nord-ouest.

PRODUCTIONS. Le département produit en céréales au delà de la consommation des habitants ; on y récolte peu de froment, mais de très-beau seigle, de l'orge, de l'avoine, du sarrasin, des châtaignes, du lin, du chanvre, des fruits à noyaux et beaucoup de fruits à cidre, produisant annuellement 310,604 hectolitres de cidre. — 780 hectares de vignes, qui donnent environ 12,000 hectolitres de vins de mauvaise qualité. — 31,729 hectares de forêts (arbres verts et feuillus). Le département fournit des chevaux de petite espèce, mais forts et vigoureux. On y élève beaucoup de bestiaux, des vaches qui donnent de très-bon beurre, et de nombreux troupeaux de moutons dont la toison est estimée ; porcs. — Education de la volaille ; éducation en grand des abeilles. — Gibier très-abondant (perdrix rouges et grises). — Excellent poisson de rivières et d'étangs (truites de la Mayenne, carpes, brochets, anguilles ; beaucoup d'écrevisses).

MINÉRALOGIE. Mines de fer exploitées, produisant des fers de médiocre qualité. Carrières de marbre, granit, grès, pierres de taille, pierre à chaux, ardoise de bonne qualité. Exploitation de houille aux environs de Laval. Sable blanc pour verrerie, etc.

SOURCES MINÉRALES à Château-Gontier, Bourgneuf, la Boissière, Martigné, Ste-Suzanne, Lassay, Montandin.

INDUSTRIE ET COMMERCE. Manufactures de toiles à voiles, de toiles de Laval et de Mayenne. — Fabriques de calicots, mouchoirs, siamoises, linge de table, serges, étamines, fils et chaines de lin. Filatures de coton ; belles blanchisseries de toiles. 8 hauts fourneaux et 10 feux d'affinerie. Papeteries.

COMMERCE de grains, vin, cidre, eaux-de-vie, fruits, miel et cire estimés, bestiaux, volailles, laines, marbres, pierres de taille, ardoises, fer, bois, toiles et fil de lin, etc.

FOIRES. 215 foires ou environ se tiennent dans plus de 43 communes du département. Les principaux objets de commerce consistent en chevaux, bestiaux, lin, chanvre, graine de lin, fil, toiles et mouchoirs de Laval, etc. La plus considérable de toutes ces foires est celle de Laval, dite de Laugevine, qui se tient le 9 septembre. On vend particulièrement des toiles de grande laise dites de Domfront aux foires de Ceaucé et d'Ambrières ; des laines en suint à Bais, des grains à Laval.

DIVISION ADMINISTRATIVE. Le département de la Mayenne a pour chef-lieu Laval. Il envoie 5 représentants à la chambre des députés, et est divisé en 3 arrondissements.

Laval.	9 cant.	124,866 h.
Château-Gontier. . .	6 —	74,741
Mayenne.	12 —	161,785
	27 cant.	361,392 h.

15e arr. forestier (chef-l. Alençon). — 3e arr. des mines (chef-l. Paris). — 4e division militaire (chef-l. Tours). — Diocèse du Mans, 29 cures, 247 succursales. — Collèges communaux à Château-Gontier, Craon, Ernée. Evron, Laval, Mayenne. — Société d'agriculture à Château-Gontier.

Biographie. Entre les personnages distingués nés dans le département de la Mayenne on distingue :

L'archevêque de Bordeaux DE CHEVERUS.

L'évêque d'Orléans BERNIER, si connu dans les guerres de la Vendée sous le nom de curé de St-Laud.

Les médecins BIGOT, AMBROISE PARÉ, D. TAUVRY.

Le comte DE VOLNEY, philosophe, orientaliste, historien célèbre.

L'infortuné curé de Loudun, URBAIN GRANDIER.

DAN. HAY, mathématicien, membre de l'Académie française.

DUCHEMIN DE SCÉPEAUX, historien de la guerre civile du Maine.

Le général LAHORIE, fusillé lors de la conspiration MALLET.

Bibliographie. *Situation du département de la Mayenne pendant l'an xi* (Arch. de statistique, t. 1).

SERIÈRE (Aug. de). *Notice statistique et historique du département de la Mayenne*, in-4, 1841.

LEMERCIER. *Aperçu sur la statistique et sur la topographie médicale du département de la Mayenne*, in-18, 1842.

BLAVIER (Ed.). *Essai de statistique minéralogique du département de la Mayenne*.

RALLIER. *Observations sur quelques antiquités du département de la Mayenne* (Mém. de la Soc. des antiq. de France, t. IV, p. 290). *Catalogue des plantes qui croissent dans le département de la Mayenne*, in-18, 1838.

DUCHEMIN DE SCÉPEAUX. *Lettres sur l'origine de la chouannerie et sur les chouans du bas Maine*, 2 vol. in-8, 1825-27.

LHERMELIN (J.). *Voyage historique et descriptif sur les confins du département de la Manche, d'Ille-et-Vilaine et de la Mayenne*, in-18, 1838.

La Mayenne pittoresque, in-4, 1844.
Annuaire du département de la Mayenne pour l'an XII, in-12, 1803.
Annuaire de la Mayenne, in-18, 1821, 1822, 1828.

V. aussi MAINE, CRAON, JUBLAINS, LAVAL, SAULGES, STE-SUZANNE.

MAYENNE, *Meduana*, ancienne et jolie ville, *Mayenne* (Maine), chef-l. de sous-préf. (1er arr.) et de 2 cant. Trib. de 1re inst. et de comm. Chambre consultative des manufactures. Conseil des prud'hommes. Collège communal. 2 cures. Gîte d'étape. ✉. ☞. Pop. 9,225 h. — TERRAIN tertiaire supérieur.

Autrefois parlement de Paris, intendance de Tours, chef-lieu d'élection, gouvernement particulier, justice royale, maîtrise particulière, collège, couvent de capucins.

L'origine de Mayenne est peu connue : son histoire certaine ne remonte pas au delà du IXᵉ siècle. C'était autrefois une place importante, défendue par des fortifications considérables, et par un château fort qui passait pour imprenable.

Cette ville a soutenu plusieurs sièges : le plus remarquable est celui de 1424, où elle eut à se défendre contre l'armée anglaise commandée par le comte de Salisbury ; ce siège dura trois mois ; la ville soutint quatre assauts, et ne se rendit qu'après avoir obtenu une capitulation honorable.

Mayenne a porté primitivement le nom de Mayenne-la-Juhel, nom de celui de ses seigneurs qui fit bâtir le château. C'était une baronnie appartenant à la maison de Lorraine et de Guise, que François Iᵉʳ érigea en marquisat en 1544 ; Charles IX l'érigea en duché-pairie en faveur de Charles de Lorraine qui prit le nom de Mayenne, et devint ensuite chef de la Ligue.

Les armes de Mayenne sont : *de gueules à 6 écussons d'or, 3, 2 et 1.*

Cette ville est irrégulièrement bâtie sur le penchant de deux coteaux qui bordent les rives de la Mayenne. Le quartier de la rive droite, le plus élevé des deux, est la ville proprement dite ; celui de la rive gauche n'est qu'un faubourg, mais ce faubourg renferme à lui seul un tiers de la population totale. La grande route de Brest ne traverse pas l'extrémité et laisse la ville à droite pour continuer sa direction en face. Le voyageur en poste n'y entre que pour relayer s'il se dirige sur Laval, mais il traverse la ville dans toute sa longueur s'il suit la direction de Fougères, qui l'oblige à subir toutes les difficultés et les aspérités de ce trajet, c'est-à-dire à descendre la rue extrêmement escarpée qui conduit au pont jeté sur la Mayenne, et à gravir la rampe plus difficile encore qui conduit au haut de la ville. C'est un spectacle curieux pour un étranger que l'ascension des charrettes chargées du bas de la côte à son sommet : en été on attelle jusqu'à huit chevaux et quatre bœufs à une seule voiture ; en hiver on est quelquefois obligé d'atteler jusqu'à trente bêtes, tant bœufs que chevaux.

Les rues de Mayenne sont généralement mal percées et bordées de vieilles maisons dont l'aspect a quelque chose de bizarre ; on y trouve des habitations de construction moderne, mais qui n'ont rien de remarquable. Dans la partie élevée de la ville on voit une vaste place publique décorée d'une assez jolie fontaine ; un des côtés est occupé par la façade d'un hôtel de ville moderne, derrière lequel est une autre place presque aussi grande que la première. Sur la rive droite de la Mayenne s'élève le vieux château des seigneurs de Mayenne, qui domine le pont d'une manière pittoresque ; il est séparé d'un bâtiment qui en dépendait autrefois, et qui sert aujourd'hui de halle aux toiles, par une terrasse plantée d'arbres dont on a fait une promenade publique. La ville proprement dite n'a qu'une église paroissiale fort petite, dont la nef est assez jolie. Le faubourg possède une paroisse particulière dédiée à saint Martin. — On remarque encore à Mayenne la statue de l'archevêque de Cheverus, inaugurée en 1844.

Biographie. Patrie de l'archevêque de Bordeaux DE CHEVERUS, célèbre par ses vertus, sa tolérance et sa philanthropie.

De J. BARBEU-DUBOURG, médecin et botaniste.

A 30 k. N.-N.-E. de Laval, 253 k. O. de Paris.

L'arrondissement de Mayenne est composé de 12 cantons : Ambrières, Rais, Couptrain, Ernée, Gorron, le Horps, Landivy, Lassay, Mayenne est, Mayenne ouest, Pré-en-Pail et Villaines-la-Juhel.

INDUSTRIE. *Fabriques* de toiles de lin, coutils, mouchoirs, calicots. Filatures de coton. Blanchisseries de toiles. Teintureries. — *Commerce* considérable de toiles, fils et chaînes de lin, mouchoirs, chemises, pantalons confectionnés pour les colonies, etc.

Foires le 2 janv., vendredi avant la Passion, 22 juillet, lundi après la Trinité, 29 août, lundi avant la St-Georges, 22 sept. et 23 nov. Les trois marchés hebdomadaires de Mayenne sont spécialement ouverts à la vente de certains articles ; celui du lundi pour les toiles, bestiaux, denrées, etc. ; celui du jeudi pour les grains ; et le marché du vendredi pour les légumes, fruits, etc.

MAYET, *Maiatum*, joli bourg, *Sarthe* (Anjou), arr. et à 31 k. de la Flèche, chef-l. de cant. Cure. Bureau d'enregist. ✉ d'Ecommoy. Pop. 3,724 h. — TERRAIN crétacé inférieur, grès vert.

On y remarque le château de son nom, flanqué au nord d'une grosse tour, et à peu de distance le château de la Roche-Mayet, pavillon carré, surmonté d'une tour hexagone servant d'escalier. — *Fabriques* de toiles à voiles, cadis, droguets et couvertures de laine. — *Foires* très-fortes le 4ᵉ lundi de janv., 2ᵉ lundi de sept., déc., et 2ᵉ lundi après le 1ᵉʳ nov., 2ᵉ lundi d'avril et 1ᵉʳ lundi de juillet.

MAYET-D'ÉCOLE, vg. *Allier* (Bourbonnais), arr., cant., ✉ à 10 k. de Gannat. ☞. Pop. 829 h.

MAYET-DE-MONTAGNE, bg. *Allier* (Bourbonnais), arr. de la Palisse, à 24 k. de Cusset, chef-l. de cant. Cure. ✉. A 361 k. de Paris pour la taxe des lettres. Pop. 1,919 h. — TERRAIN cristallisé ou primitif.

Ce bourg est le chef-lieu d'un canton extrêmement pittoresque ; les deux vallées du Sichon et de la Bèbre offrent un si grand nombre de points et de sites aussi curieux et aussi beaux que ceux des contrées montagneuses de la Suisse : c'est le canton du département qui mérite le plus d'être visité par les peintres et par les amateurs d'histoire naturelle. — Mines de fer et de plomb ouvertes superficiellement il y a un grand nombre d'années. Beau moulin à farine. — *Foires* les 5 janv., 14 et 27 avril, 9 et 27 mai, 25 juin, 26 août et 23 nov.

MAYEUX (St-), *Côtes-du-Nord* (Bretagne), arr. et à 25 k. de Loudéac, cant. et ✉ de Corlay. Pop. 1,782 h.

MAYLIS, vg. *Landes* (Gascogne), arr. et à 14 k. de St-Sever, cant. et ✉ de Mugron. P. 489 h. — On y trouve une source d'eau minérale.

MAYMAC, vg. *Aveyron*, comm. de Coussergues, ✉ de Laissac.

MAYMAC, vg. *Aveyron*, comm. de Rodelle, ✉ de Rodez.

MAYME-DE-PÉREYROL (St-), vg. *Dordogne* (Périgord), arr. et à 24 k. de Périgueux, cant. et ✉ de Vergt. Pop. 634 h.

MAYMONT, vg. *Puy-de-Dôme*, comm. d'Olliergues, ✉ de St-Amand-Roche-Savine.

MAYNADIÉ, vg. *Tarn*, com. de Castelnau-de-Brassac, ✉ de Brassac.

MAYNAL, vg. *Jura* (Franche-Comté), arr. et à 17 k. de Lons-le-Saulnier, cant. de Beaufort, ✉ de Cousance. Pop. 737 h. — *Fabrique* de poterie de terre, poêles, tuyaux, etc.

MAYNARD, vg. *Tarn-et-Garonne*, comm. d'Espinas, ✉ de Caylux.

MAYNÉ (Grand-), vg. *Lot-et-Garonne*, comm. de St-Eutrope-de-Born, ✉ de Villeréal.

MAYNOUTOUR, vg. *Lot-et-Garonne*, comm. de Casseneuil, ✉ de Villeneuve-sur-Lot.

MAYOL, vg. *H.-Loire*, comm. de Bas-en-Basset, ✉ de Monistrol.

MAYONS, vg. *Var*, comm. de St-Julien, ✉ de Barjols.

MAYONS (les), vg. *Var*, comm. et ✉ du Luc.

MAYOT, vg. *Aisne* (Picardie), arr. et à 25 k. de Laon, cant. et ✉ de la Fère. P. 494 h.

MAYOUSSIÈRE, vg. *Isère*, comm. et ✉ de Vinay.

MAYRES, bg. *Ardèche* (Languedoc), arr. et à 35 k. de Largentière, cant. et ✉ de Thueyts. Gîte d'étape. Pop. 2,481 h. — On y trouve une source d'eau thermale. — *Fabrique* d'étoffes de laine. — *Foires* les 7 janv. et lendemain de Pâques.

MAYRES, vg. *Puy-de-Dôme* (Auvergne), arr. et à 20 k. d'Ambert, cant. et ✉ d'Arlanc. Pop. 976 h.

MAYREVILLE, vg. *Aude* (Languedoc), arr. et à 23 k. de Castelnaudary, cant. de Belpech, ✉ de Salles-sur-Lliers. Pop. 382 h.

MAYRINHAC (Haut-et Bas-), vg. *Aveyron*, comm. de Vimenet, ✉ de Laissac.

MAYRINHAC-LENTOUR, vg. *Lot* (Quercy), arr. et à 34 k. de Figeac, cant. de St-Céré, ✉ de Gramat. Pop. 996 h.

MAYRINHAGUES, vg. *Aveyron*, comm. de Villeneuve, ✉ de Villefranche-de-Rouergue.

MAYRONNES, vg. *Aude* (Languedoc), arr. et à 35 k. de Carcassonne, cant. et ✉ de Lagrasse. Pop. 182 h.

MAYSEL, vg. *Oise* (Picardie), arr. et à 20 k. de Senlis, cant. et ✉ de Creil. Pop. 493 h.

MAY-SUR-ORNE, vg. *Calvados* (Normandie), arr. et à 9 k. de Caen, cant. de Bourguibus, ✉. A 231 k. de Paris pour la taxe des lettres. Pop. 517 h.

MAYUN, vg. *Loire-Inf.*, comm. de la Chapelle-des-Marais, ✉ de Pont-Château.

MAYVILLER, vg. *Vosges*, comm. de St-Amé, ✉ de Remiremont.

MAZ-DES-VÉRAN (le), vg. *Bouches-du-Rhône*, comm. et ✉ de St-Remy.

MAZ-RILLIÉ (le), vg. *Ain*, comm. et ✉ de Miribel.

MAZAMET, petite ville, *Tarn* (Languedoc), arr. et à 19 k. de Castres, chef-l. de cant. Cure. ✉. ⚐. A 741 k. de Paris pour la taxe des lettres. Pop. 8,584 h. Sur l'Arnette. — TERRAIN tertiaire moyen, voisin des terrains de transition et granitique.

Autrefois parlement et généralité de Toulouse, intendance du Languedoc.

Les armes de Mazamet sont : *d'azur à un coq d'or barbé de gueules et surmonté de 3 fleurs de lis d'or, 2 et 1.*

Fabriques importantes de grosses draperies, flanelles, redins, etc. Teintureries. Moulins à foulon. Papeteries. — *Commerce* de grains, marrons de très-bonne qualité, etc. — Foires les 24 et 25 fév., 15 mai, 10 sept. et 11 nov.

MAZAN, bg *Ardèche* (Languedoc), arr. et à 48 k. de Largentière, cant. et ✉ de Montpezat. Pop. 1,666 h.

MAZAN, *Mazanum*, vg. *Vaucluse* (Comtat), arr., cant., ✉ et à 7 k. de Carpentras. Pop. 4,004 h. — Culture du safran.

MAZANGÉ, bg *Loir-et-Cher* (Vendômois), arr., cant., ✉ et à 10 k. de Vendôme. Pop. 1,052 h. — Foire le 15 sept.

MAZARGUES, vg. *Bouches-du-Rhône*, comm. et ✉ de Marseille.

MAZARIN, vg. *Seine-et-Oise*. V. CHILLY.

MAZARS, vg. *Aveyron*, comm. de St-Sauveur, ✉ de Cassagnes-Bégonhès.

MAZAS, vg. *Lozère*, comm. d'Allenc, ✉ de Blaymard.

MAZAUD, vg. *H.-Vienne*, comm. de St-Léger-la-Montagne, ✉ de Chanteloube.

MAZAUGUES, vg. *Var* (Provence), arr. et à 15 k. de Brignoles, cant. de la Roquebrussane. Pop. 625 h.

MAZAYE, vg. *Puy-de-Dôme* (Auvergne), arr. et à 24 k. de Clermont-Ferrand, cant. de Rochefort, ✉ de Pontgibaud. Pop. 836 h.

MAZÉ, bg *Maine-et-Loire* (Anjou), arr. et à 20 de Bangé, cant. et ✉ de Beaufort. Pop. 3,778 h.

Mazé est un bourg considérable, situé dans un territoire fertile en excellents légumes, dont il se fait des exportations jusqu'à Paris. — Foire le lundi avant le 22 juillet.

Le château de Montgeoffroy, un des plus beaux édifices de l'Anjou, est une dépendance de la commune de Mazé. On y arrive par trois belles avenues disposées en patte d'oie : celle du milieu se trouve perpendiculaire à la route. Ce château, d'un style simple et noble tout à la fois, se compose d'un rez-de-chaussée et de deux étages ; le milieu est décoré d'un fronton; aux deux extrémités sont deux ailes en retour, et au devant, à quelque distance du corps de logis, on voit deux belles tours rondes, restes de l'ancien château, qui servent d'appui aux deux extrémités d'une balustrade en pierre renfermant la cour. Dans la chapelle, qui paraît avoir été bâtie vers le milieu du XVI° siècle, on voit le tombeau, en marbre noir, du maréchal de Contades, sans autre ornement que ses armoiries et une épitaphe.

MAZEAUX (les), vg. *H.-Vienne*, comm. de l'Adignac, ✉ de St-Yrieix.

MAGÉGA (le), vg. *Aveyron*, comm. de St-Rome-de-Tarn, ✉ de St-Affrique.

MAZEIRAS, vg. *Creuse*, comm. de Tardes, ✉ d'Ahun.

MAZEIREIX, vg. *H.-Vienne*, comm. du Buis, ✉ de Nantiat.

MAZEL (le), vg. *Gard*, com. de la Rouvière, ✉ de Valleraugue.

MAZEL (le), vg. *Gard*, comm. de St-Romans-de-Cordières, ✉ de St-Hippolyte.

MAZEL (le), *Lozère*, comm. de Laubies, ✉ de Serverette. — On y trouve une source d'eau minérale froide.

MAZELAY, vg. *Vosges* (Lorraine), arr., ✉ et à 13 k. d'Epinal, cant. de Châtel-sur-Moselle. Pop. 500 h.

MAZENAY, vg. *Saône-et-Loire*, comm. de St-Cernin-de-Plain, ✉ de Couches.

MAZERAS, vg. *H.-Vienne*, comm. de Folles, ✉ de Morterolles.

MAZERAT, vg. *Puy-de-Dôme*, comm. d'Antoing, ✉ de St-Germain-Lembron.

MAZERAY, vg. *Charente-Inf.* (Saintonge), arr., cant., ✉ et à 5 k. de St-Jean-d'Angely. Pop. 730 h. — Foire le 2 août.

MAZÈRE (la), vg. *Gers* (Armagnac), arr. et à 18 k. de Condom, cant. de Valence, ✉ de Vic-Fézensac. Pop. 57 h.

MAZÈRE (la), vg. *Gers* (Armagnac), arr., cant., ✉ et à 6 k. de Mirande. Pop. 364 h.

MAZÈRES, *Maceriæ*, petite ville, *Ariége* (pays de Foix), arr. et à 16 k. de Pamiers, cant. de Saverdun. Gîte d'étape. A 745 k. de Paris pour la taxe des lettres. P. 3,390 h.

Autrefois diocèse et recette de Pamiers, parlement de Toulouse, intendance de Roussillon.

Mazères n'était qu'un village en 1251, époque où Béranger, abbé de Boulbonne, en fit une ville de nom. Les comtes de Foix bâtirent un château qui devint leur résidence ordinaire. C'est dans ce château que le célèbre Gaston Phébus reçut, en 1390, le roi Charles VI, auquel il offrit de magnifiques présents, tant en chevaux qu'en objets rares et précieux.

Foires les 25 avril, 12 août, 12 sept., 13 déc., jeudi gras, mercredi avant la Fête-Dieu et avant la Toussaint.

MAZÈRES, vg. *H.-Garonne* (Comminges), arr. et à 8 k. de St-Gaudens, cant. et ✉ de Salies. Pop. 442 h. — Papeterie.

MAZÈRES, *Mazera*, vg. *Gironde* (Bazadois), arr. et à 9 k. de Bazas, cant. et ✉ de Langon. Pop. 614 h.

MAZÈRES, vg. *H.-Pyrénées* (Gascogne), arr. et à 38 k. de Bagnères-de-Bigorre, cant. de Nestier, ✉ de St-Laurent-de-Neste. Pop. 596 h. — On y voyait une église, à une seule nef, bâtie, dit-on, par les templiers. Elle est surmontée de deux tourillons qui offrent un aspect pittoresque.

MAZÈRES, vg. *Tarn-et-Garonne*, comm. de Cazes-Mondenard, ✉ de Lauzerte.

MAZÈRES-CAMPEILS, vg. *Gers*, comm. de Lartigue, ✉ d'Auch.

MAZÈRES-LESONS, vg. *B.-Pyrénées* (Béarn), arr., cant., ✉ et à 4 k. de Pau. P. 249 h.

MAZERETTES, vg. *Gers* (Armagnac), comm. et ✉ de Mirande.

MAZERETTES, vg. *Ariège*, comm. et ✉ de Mirepoix.

MAZERIER, vg. *Allier* (Bourbonnais), arr., cant., ✉ et à 5 k. de Gannat. P. 483 h.

MAZERNY, vg. *Ardennes* (Champagne), arr. de Mézières et à 20 k. de Charleville, cant. d'Omont, ✉ de Poix. Pop. 393 h.

PATRIE du curé MESLIER ou MESLIERS, incrédule célèbre. On trouva chez lui après sa mort, dit Voltaire, trois copies d'un gros manuscrit entièrement de sa main, et qu'il avait intitulé : *Mon testament*. C'est de ce manuscrit qu'on a extrait l'ouvrage publié sous le titre de : *Testament de J. Meslier*. Cet extrait est dû à Voltaire, qui le publia pour la première fois en 1762, sous la date de 1742, in-8, de 51 p. Le même extrait a été réimprimé depuis dans l'*Evangile de la raison*, par Voltaire, in-24, 1768, et dans l'*Encyclopédie méthodique* (t. III *De la philosophie*). Il fait aussi partie de l'édition des œuvres de Voltaire, donnée par M. Beuchot, et c'est la première où on l'ait admis. L'extrait du *Testament* du curé Meslier se trouve aussi à la suite du livre du baron d'Holbach, intitulé le *Bon Sens*.

MAZEROLES, vg. *Aude* (Languedoc), arr. et à 18 k. de Limoux, cant. et ✉ d'Alaigne. Pop. 345 h.

MAZEROLES, vg. *Landes* (Gascogne), arr., cant., ✉ et à 6 k. de Mont-de-Marsan. Pop. 420 h.

MAZEROLES, vg. *B.-Pyrénées* (Béarn), arr. et à 27 k. d'Orthez, cant. et ✉ d'Arzacq. Pop. 674 h.

MAZEROLLE, vg. *Charente-Inf.* (Saintonge), arr., cant., ✉ et à 26 k. de Pons. P. 365 h.

MAZEROLLE, vg. *Doubs* (Franche-Comté), arr., ✉ et à 12 k. de Besançon, cant. d'Audeux. Pop. 224 h.

MAZEROLLES, vg. *Aveyron*, comm. de Villevayre, ✉ de Villefranche-de-Rouergue.

MAZEROLLES, vg. *Charente* (Angoumois), arr. et à 32 k. de Confolens, cant. de Montemboeuf, ✉ de la Rochefoucauld. Pop. 911 h.

MAZEROLLES, vg. *H.-Pyrénées* (Gascogne), arr. et à 80 k. de Tarbes, cant. et ✉ de Trie. Pop. 627 h.

MAZEROLLES, vg. *Vienne* (Poitou), arr. et à 12 k. de Montmorillon, cant. et ⌷ de Lussac. Pop. 454 h.

MAZERULLES, vg. *Meurthe* (Lorraine), arr., cant., ⌷ de Château-Salins et à 13 k. de Vic. Pop. 408 h.

MAZES, vg. *Aveyron*, comm. de Pomayrols, ⌷ de St-Geniez.

MAZET (le), H.-*Vienne*, com. de St-Just, ⌷ de Limoges. ⚭.

MAZEUC, vg. *Lot*, comm. de Montfaucon, cant. de Fraissinet.

MAZEUIL, vg. *Vienne* (Poitou), arr. et à 26 k. de Loudun, cant. de Moncontour, ⌷ de Mirebeau. Pop. 512 h.

MAZEVILLE (la), vg. *Vosges*, comm. de Fraize, ⌷ de St-Dié.

MAZEYRAT-AUROUZE, vg. *H.-Loire* (Auvergne), arr. et à 21 k. de Brioude, cant. et ⌷ de Paulhaguet. Pop. 930 h.

MAZEYRAT-CRISPINHAC, vg. *H.-Loire* (Auvergne), arr. et à 26 k. de Brioude, cant. et ⌷ de Langeac. Pop. 756 h.

MAZEYROLLES, bg *Dordogne* (Périgord), arr. et à 35 k. de Sarlat, cant. et ⌷ de Villefranche-de-Belvès. Pop. 580 h.

MAZIÈRE-AUX-BONS-HOMMES (la), vg. *Creuse* (Combrailles), arr. et à 22 k. d'Aubusson, cant. et ⌷ de Crocq. Pop. 484 h.

MAZIÈRE-BASSE (la), vg. *Corrèze* (Limousin), arr. et à 29 k. d'Ussel, cant. et ⌷ de Neuvic. Pop. 1,705 h. — *Foires* les 5 janv., 27 mai, 13 déc. et jeudi avant St-Barthélemy.

MAZIÈRE-HAUTE (la), vg. *Corrèze* (Limousin), arr., ⌷ et à 20 k. d'Ussel, cant. d'Eygurande. Pop. 304 h.

MAZIÈRES, vg. *Indre-et-Loire* (Touraine), arr. et à 29 k. de Chinon, cant. et ⌷ de Langeais. Pop. 614 h. — *Foire* le 24 mai.

MAZIÈRES, vg. *Lot*, comm. de Montcabrier, ⌷ de Puy-l'Évêque.

MAZIÈRES, bg *Maine-et-Loire* (Anjou), arr. et à 25 k. de Beaupréau, cant. et ⌷ de Chollet. Pop. 441 h.

MAZIÈRES, ou MAZIÈRES-EN-GATINE, bg *Deux-Sèvres* (Poitou), arr., bureau d'enregist., ⌷ et à 17 k. de Parthenay, chef-l. de cant. Pop. 835 h. — TERRAIN cristallisé, granit. *Commerce* de bestiaux et mulets. — *Foires* les 8 janv., 10 mars, 24 mai et jeudi après la St-Michel.

MAZIÈRES-SUR-LA-BÉRONNE, vg. *Deux-Sèvres* (Poitou), arr., cant., ⌷ et à 5 k. de Melle. Pop. 620 h.

MAZILLE, vg. *Nièvre*, comm. d'Ysenay, ⌷ de Moulins-en-Gilbert.

MAZILLE, vg. *Saône-et-Loire* (Bourgogne), arr. et à 22 k. de Mâcon, cant. et ⌷ de Cluny. Pop. 593 h.

MAZIN, vg. *Loire-Inf.*, comm. de St-Joachim, ⌷ de Pont-Château.

MAZINGARBE, vg. *Pas-de-Calais* (Artois), arr. et à 10 k. de Béthune, cant. et ⌷ de Lens. Pop. 609 h.

MAZINGHEM, vg. *Pas-de-Calais* (Artois), arr. et à 25 k. de Béthune, cant. de Norrent-Fontes, ⌷ d'Aire-sur-la-Lys. Pop. 301 h.

MAZINGHEM, vg. *Pas-de-Calais*, comm. d'Anvin, ⌷ de St-Pol-sur-Ternoise.

MAZINGHIEN, vg. *Nord* (Cambrésis), arr. et à 34 k. de Cambrai, cant. et ⌷ du Cateau. Pop. 1,027 h.

MAZION, vg. *Gironde* (Guienne), arr., cant., ⌷ et à 5 k. de Blaye. Pop. 519 h.

MAZIRAT, vg. *Allier* (Bourbonnais), arr. et à 16 k. de Montluçon, cant. de Marcillat, ⌷ de Néris. Pop. 819 h.

MAZIROT, vg. *Vosges* (Lorraine), arr., cant., ⌷ et à 4 k. de Mirecourt. Pop. 349 h.

MAZIS (le), vg. *Somme* (Picardie), arr. et à 48 k. d'Amiens, cant. et ⌷ d'Oisemont. Pop. 137 h.

MAZOIRES, bg *Puy-de-Dôme* (Auvergne), arr. et à 30 k. d'Issoire, cant. et ⌷ d'Ardes. Pop. 1,037 h.

MAZONNAIS, vg. *Loire-Inf.*, comm. et ⌷ de Blain.

MAZOUAU, vg. *H.-Pyrénées* (Gascogne), arr. et à 28 k. de Bagnères-de-Bigorre, cant. et ⌷ de la Barte-de-Neste. Pop. 97 h.

MAZOUS, vg. *Gers*, comm. de Laguian-Mielan, ⌷ de Mielan.

MAZUBI, vg. *Aude* (Languedoc), arr. et à 56 k. de Limoux, cant. de Belcaire, ⌷ du Quillan. Pop. 352 h. Sur le Rebenti.

MAZURE (la), vg. *Orne*, comm. de Chanu, ⌷ de Tinchebrai.

MAZURES (les) vg. *Ardennes* (Champagne), arr. de Mézières et à 17 k. de Charleville, cant. et ⌷ de Renwez. Pop. 1,338 h. — Hauts fourneaux.

MAZURIER (le), vg. *Creuse*, comm. de Soumans, ⌷ de Boussac.

MAZZOLA, vg. *Corse*, arr., ⌷ et à 16 k. de Corte, cant. de Sermano. Pop. 227 h.

MÉAILLES, *Medulla*, vg. *B.-Alpes* (Provence), arr. et à 51 k. de Castellanne, cant. et ⌷ d'Annot. Pop. 613 h.

On voit aux environs la grotte dite du *ciel de bœuf* d'environ 100 m. de profondeur, qui se termine par une galerie d'environ 2 k. de longueur, formant plusieurs salles remplies de stalactites de diverses couleurs et traversée par un ruisseau formant plusieurs jolies cascades.

MÉALLET, vg. *Cantal* (Auvergne), arr., cant., ⌷ et à 11 k. de Mauriac. Pop. 937 h.

Cette commune occupe un terrain inégal et peu fertile entre les rivières de Marliou et de Mars. S'il faut s'en rapporter à Grégoire de Tours, c'est là qu'on doit chercher la grotte où vécut saint Calupan, dont il ne reste plus de trace, l'entrée ayant été obstruée par des éboulements successifs de rochers. A peu de distance du village sont les ruines du château de Courdes, et un peu plus loin, sur le revers de la côte de Marliou, se trouvent les débris de la tour de l'Herm, que l'on croit avoir servi de vigie intermédiaire entre celles d'Arches et de Marlat. On y a découvert des médailles des empereurs Néron et Vespasien.

Le château de Montbrun, édifice du XIVe siècle, nouvellement restauré, situé à mi-côte de la vallée de Mars qu'il domine dans sa plus belle partie, fait aussi partie de cette commune.

MÉANNE (la), vg. *Corrèze*. V. ST-MARTIN-LA-MÉANNE.

MÉANS (les), vg. *H.-Alpes*, comm. de Réalon, ⌷ d'Embrun.

MÉANS (Port-), *Loire-Inf.*, comm. de Montoire, ⌷ de Savenay.

MÉARD (St-), bg *H.-Vienne* (Limousin), arr. et à 33 k. de Limoges, cant. de Châteauneuf, ⌷ de St-Germain-les-Belles. P. 1,135 h.

MÉARIE (la), vg. *Isère*, comm. de Billieu, ⌷ de Virieu.

MÉARIE (la), vg. *Isère*, comm. et ⌷ de Tullins.

MÉASNES, vg. *Creuse* (Marche), arr. et à 28 k. de Guéret, cant. de Bonnat, ⌷ d'Aigurande. Pop. 1,306 h.

MEAUCÉ, vg. *Eure-et-Loir* (Beauce), arr. et à 25 k. de Nogent-le-Rotrou, cant. et ⌷ de la Loupe. Pop. 307 h.

MEAUDRE, bg *Isère* (Dauphiné), arr., ⌷ et à 32 k. de Grenoble, cant. de Villard-de-Lans. Pop. 1,063 h. — *Foires* les 30 juin, 1er août et 26 sept.

MEAUFFE (la), vg. *Manche* (Normandie), arr. et à 8 k. de St-Lô, cant. de St-Clair, ⌷ de la Perine. Pop. 724 h.

MEAUGON (la), vg. *Côtes-du-Nord* (Bretagne), arr., cant., ⌷ et à 6 k. de St-Brieuc. Pop. 919 h.

MEAULNE, vg. *Allier* (Bourbonnais), arr. et à 35 k. de Montluçon, cant. de Cerilly, ⚭. A 283 k. de Paris pour la taxe des lettres. Pop. 1,009 h. — *Foires* les 21 janv., 7, 23, et 29 mai, 20 juin, 17 août et 30 nov.

MEAULTE, vg. *Somme* (Picardie), arr. et à 23 k. de Péronne, cant. et ⌷ d'Albert. Pop. 940 h.

MÉAUTIS, vg. *Manche* (Normandie), arr. et à 32 k. de St-Lô, cant. et ⌷ de Carentan. Pop. 1,109 h.

MEAUX (les), vg. *Eure-et-Loir*, comm. de Chérisy, ⌷ de Dreux.

MEAUX, vg. *Loire*, comm. de Cublize, ⌷ de Thizy.

MEAUX, *Melda*, *Meldi*, *Meldarum Urbs*, *Jatinum*, ville ancienne, *Seine-et-Marne* (Brie), chef-l. de sous-préf. (3e arr.) et d'un cant. Tribunal de 1re inst. et de commerce. Société d'agriculture, sciences et arts. Collège communal. Évêché, séminaire diocésain, école secondaire ecclésiastique. Cure. Gîte d'étape. ⚭. Pop. 9,000 h. — TERRAIN tertiaire inférieur.

Autrefois évêché, fondé en 280; parlement et intendance de Paris, chef-lieu d'élection, bailliage, présidial, prévôté, gouvernement particulier; deux chapitres, collège, séminaire, abbaye de St-Benoît, des filles de St-Augustin, prieuré de filles ordre de St-Benoît, couvents de capucins, d'ursulines, de filles de la Visitation.

L'origine de Meaux est inconnue. Sous les Romains c'était déjà une ville importante, dont le premier nom fut *Jatinum*, selon Ptolémée, et *Fixituinum*, selon la Table théodosienne. Elle fit partie du royaume d'Austrasie jusqu'au règne de Clotaire II, qui réunit la monarchie tout entière sous sa puissance. Les Normands s'en emparèrent en 862 ; mais par les soins de Charles le Chauve elle fut préservée du pillage. Quelques années après, elle fut prise et en partie consumée par les flammes.

Les comtes de Champagne possédèrent la ville de Meaux, comme les autres parties de la Brie. Assiégée par Louis le Gros en 1118, elle résista. Une charte communale fut concédée à ses habitants et confirmée de 1198 à 1308.

Pendant la guerre de la Jacquerie, en 1358, Meaux fut brûlé par les troupes royales, le maire fut pendu et les habitants dépossédés de leurs privilèges.

Meaux fut pris par les Anglais le 2 mars 1421. Henri V avait forcé Dreux à se rendre, le 20 août 1420, par capitulation ; il avait ensuite pris Beaugency, Rougemont, dont il fit noyer toute la garnison, Villeneuve-le-Roi et quelques autres forteresses ; il vint enfin le 6 octobre se loger devant la ville de Meaux. Cette ville est bâtie sur la droite de la Marne ; c'était là que commandait le bâtard de Vauru, qui avait avec lui son frère, une dizaine de chevaliers de renom, et environ mille hommes d'armes ; ses lieutenants occupaient le Marché de Meaux, forteresse indépendante sur la gauche de la rivière, et ne lui liait l'une avec l'autre place. Le roi d'Angleterre, qui avait avec lui vingt mille combattants, établit son quartier au couvent de St-Pharon ; mais ses troupes se partagèrent entre les deux rivières de la Marne, et assiégèrent les deux forteresses à la fois. La saison des pluies avait commencé, les vivres manquaient, une maladie pestilentielle, répandue dans les villages voisins, gagna le camp anglais et y causa beaucoup de ravages ; mais Henri V était déterminé à prendre Meaux, il s'obstina au siège de cette place, et il y passa huit mois entiers devant ses murs.

Au mois de janvier 1421, Henri V invita son beau-père à venir le joindre au siège de Meaux, et Charles VI, qui croyait régner encore, qui régnait en effet autant qu'il l'eût fait jamais, et qui conservait toujours son même goût pour la guerre, vint le joindre au couvent de St-Pharou, d'où il data une de ses ordonnances. Il avait laissé la reine à Vincennes, qu'ils habitaient ensemble, et celle-ci, étrangère à la politique, non moins incapable de gouverner que son mari, était comme lui satisfaite de son gendre, parce qu'il ne la troublait point dans la jouissance des plaisirs de la table, dans son attention scrupuleuse à l'étiquette et à la toilette des dames, ou dans sa passion pour accumuler.

— Le dauphin, qui se trouvait transformé en chef de parti, sans avoir ni plus de capacité que son père et que sa mère, ni plus de passions politiques, leur faisait la guerre cependant, parce que ses amis le voulaient ainsi ; mais il ne s'approchait pas des lieux où l'on combattait : au mois de novembre il s'était avancé jusqu'à Bourges, et il avait ainsi relevé les espérances des assiégés de Meaux ; mais au mois de janvier il était revenu devant Sommières,

que le sénéchal de Beaucaire assiégeait pour lui. — Pendant ce temps le siège de Meaux continuait ; le duc de Bourgogne y était arrivé au mois de janvier, mais sa suite était peu nombreuse, car le prince d'Orange et plusieurs grands seigneurs bourguignons avaient refusé de l'y accompagner, pour ne pas être appelés à prêter serment au roi Henri. Ce n'était point en cherchant à faire brèche aux murailles que les Anglais pressaient ce siège, tout comme ce n'était en brèche par des sorties que les Français se défendaient. De part et d'autre on se flattait de lasser la patience de ses adversaires, on comptait sur la famine et les maladies, qui régnaient et dans la ville et dans le camp. Surtout les assiégés, qui, par une défense de sept mois, avaient donné tant de temps au dauphin, ne pouvaient croire qu'il ne fît aucun effort pour les secourir. Ses lieutenants ne les abandonnaient pas tout à fait. Le sire d'Offemont, qui s'était récemment distingué en Picardie, essaya d'entrer dans Meaux avec quarante braves : ce petit secours avait été annoncé aux assiégés, qui avaient promis de reconnaître Offemont pour leur capitaine. Arrivé le 2 mars au pied du mur, où il avait placé une échelle, Offemont fit monter les quarante hommes devant lui, et il resta en bas le dernier pour les encourager. La planche en travers du fossé, sur laquelle il était demeuré, fut renversée par un havresac que laissa tomber un des soldats qui montaient devant lui, il fut jeté dans l'eau couvert de son armure ; le bruit qu'on fit pour le retirer, réveilla la garde anglaise ; il fut blessé et fait prisonnier comme les siens le retiraient de l'eau. Cet accident découragea les assiégés ; au bout de peu de semaines, ils résolurent d'évacuer la ville et de se retirer dans le Marché pour avoir une moindre enceinte à défendre ; mais, avant que cette évacuation fût terminée, les Anglais montèrent à l'assaut et s'emparèrent de vive force de la ville qu'on avait compté leur abandonner quelques heures plus tard. De là ils passèrent dans l'île au milieu de la Marne, où Henri V fit dresser des batteries ; une nouvelle attaque lui rendit maître des moulins bâtis sous les murs mêmes du Marché, et cette forteresse courait risque d'être prise au premier assaut. La garnison le brava cependant, et le soutint pendant sept ou huit heures avec une grande valeur ; mais les pertes qu'elle éprouva dans ce dernier combat ne lui laissèrent plus de moyens d'éviter les rudes conditions que lui imposait le vainqueur. Elle convint de livrer la place le 10 mai, si le dauphin ne venait auparavant à son secours : or le dauphin était alors à Capestan, dans le diocèse de Narbonne ; on eût dit qu'il avait voulu s'éloigner le plus possible des malheureux qui attendaient son assistance. — Aucun secours ne parut, et le Marché de Meaux fut livré aux Anglais ; le sire de Gast, le bâtard de Vauru et quatre autres capitaines furent recommandés à la merci de Henri, qui les fit pendre ; cinq autres chevaliers se rachetèrent du même supplice, en lui livrant des forteresses qu'ils possédaient dans d'autres provinces ; tous les Anglais, Écossais

et Irlandais qui se trouvaient dans Meaux furent aussi pendus ; tous les meubles des bourgeois et de la garnison furent pillés, tous leurs immeubles furent confisqués, tous les habitants enfin furent conduits dans d'horribles prisons, où les Anglais les laissèrent souffrir de la faim et de la misère. L'évêque fut chargé de fers et conduit en Angleterre.

Meaux a été le berceau du protestantisme en France. Guillaume Brissonnet, évêque de cette ville, avait réuni auprès de lui plusieurs savants distingués, notamment Jacques Fabre ou Lefèvre, surnommé d'Estaples, qui devint chantre et official de Meaux ; Guillaume Farel, professeur au collège du cardinal Lemoine ; Martial Mazurier, Girard Buffi, tous docteurs de Sorbonne. La réforme de Luther avait déjà en France de nombreux partisans. François Ier lui-même et Louise de Savoie, sa mère, se montrèrent d'abord très-disposés en faveur de la réforme. On lit dans le journal de cette princesse : « L'an 1522, mon fils et moi, par la grâce du Saint-Esprit, commençasmes à cognoistre les hypocrites blancs, noirs, gris, enfumés et de toutes couleurs, desquels, par sa clémence et bonté infinie, veuille nous préserver et défendre ; car si Jésus-Christ est menteur, il n'est point de plus dangereuse génération en toute nature humaine. » La cour de Rome s'alarma ; elle s'aout porter le chancelier Duprat, qui déjà lui avait sacrifié les intérêts de la France, et qui avait un empire absolu sur le roi et sur sa mère. Bientôt, suivant l'exemple et l'impulsion de la cour de Rome, il défendit de publier aucune traduction de livres saints, ni aucun autre ouvrage sur les matières de religion. Dénoncé par les cordeliers de Meaux, l'évêque Brissonnet est réduit à renoncer ou à paraître renoncer aux nouvelles doctrines ; mais les savants qu'il avait appelés auprès de lui sont forcés de fuir. Fabre se retira d'abord à Blois, puis à Nérac auprès de la sœur du roi, Marguerite, qui par son esprit, ses talents et sa tolérance, s'est illustrée sous le nom de reine de Navarre. Farel, après avoir séjourné quelque temps à Paris, s'enfuit en Suisse et porta le premier à Genève les principes de la réforme. Brissonnet trouva des imitateurs dans plusieurs autres évêques de France, qui, comme lui, sacrifièrent leurs opinions à leur sûreté personnelle. Odet de Coligny, le cardinal de Châtillon, eut seul le courage de ne point changer ; mais bientôt les supplices de Jacques de Pavanes, de Jean Leclerc, et l'Hermite, de Louis Berquin, avertirent les partisans de la réforme que la cour de Rome avait juré leur extermination. La reine de Navarre resta fidèle à ses premières opinions. Liset, créature du chancelier Duprat, qui l'avait nommé premier président au parlement de Paris, poursuivait les protestants avec un implacable acharnement. Les ouvrages de la reine de Navarre furent censurés par la Sorbonne. Le recteur de l'université osa parler contre cette censure. Liset mande à la barre du parlement le recteur et un étudiant qui, après avoir fait son droit à Paris, s'était réfugié à Orléans. Le recteur parvint à se sauver en Saintonge, et l'étudiant à Bâle; cet étudiant, c'était Calvin.

En 1546 plusieurs protestants furent arrêtés et mis en jugement à Meaux, et le 14 octobre de la même année soixante d'entre eux furent condamnés à mort et exécutés sur la place; d'autres furent fouettés et bannis, ceux-ci condamnés seulement à faire amende honorable en chemise et un cierge à la main.

Les réformés habitaient, à Meaux, le quartier dit le Marché, séparé de l'autre partie de la ville par la Marne. Un édit de 1562 vint autoriser l'exercice de leur culte. Le prince de Condé, l'amiral de Coligny, d'Andelot, Rohan et plusieurs autres y célébrèrent publiquement la cène. Quelques habitants firent le complot de livrer la ville aux chefs du parti des réformés; cette conjuration éclata le 25 juin, lendemain de la St-Jean, à six heures du matin et au son des cloches qui annonçaient la première messe. Après s'être emparés de toutes les portes, et, avertis que leur complot était découvert, sans attendre le signal, ils se rendirent à la cathédrale, y renversèrent les autels, brisèrent les croix et les images; l'abbaye de St-Faron subit le même sort. Pendant huit jours, Meaux fut tout à fait calviniste. Le parlement de Paris, instruit de ces désordres, lança un premier arrêt, en date du 30 juin, qui déclarait les révoltés traîtres à la patrie, et un second, en date du 13 juillet, qui les condamnait tous à mort. Un gouverneur et une garnison furent envoyés aux catholiques, qui reconquirent bientôt leurs droits. Grand nombre de calvinistes furent chassés à leur tour. Une petite troupe de protestants, réfugiée au château de Signets, est contrainte de se rendre aux catholiques. Ces protestants, conduits à Meaux, y furent, au mépris des termes de la capitulation, pendus ou étranglés.

Lors de l'affreuse journée de la St-Barthélemy, les 24 et 25 août, les rues Poitevins, St-Remy et les Vieux-Moulins se trouvèrent alors presque dépeuplées; quelques huguenots réussirent à sortir du Marché; mais un lieutenant général, Cosset, en étant informé, se mit à leur poursuite, et fit main basse sur les femmes de ceux qui s'étaient enfuis; quelques-unes d'entre elles furent indignement outragées, et on en poignarda environ vingt-cinq. Ce jour-là même, Jean Maciet, procureur au bailliage, et Gilles Lecointe, marchand drapier, furent découverts comme ils cherchaient à s'enfuir ou à se cacher. Le premier fut mis sur les fenêtres de sa maison, puis traîné par le pied jusque sur le pont et enfin jeté dans la rivière, après avoir reçu plusieurs coups de poignard. Le même jour on en trouva trois sur les tuiles d'une maison dans la rue du Château; et leurs amis, pour leur conserver la vie, s'efforcèrent de les constituer prisonniers, mais la populace se jeta sur eux et les tua sur la place. Le lendemain quelques-uns du menu peuple allèrent au château où plusieurs de ces prisonniers avaient été renfermés; ils les appelèrent par leurs noms et surnoms, comme pour les faire conduire devant le lieutenant général; et, à mesure qu'ils sortaient pour traverser la cour, on les assommait à coups de levier, et on leur passait l'épée au travers du corps. On en tua ainsi ce jour-là jusqu'à soixante-dix, dont les corps furent jetés au fond d'une tranchée que l'on avait faite exprès dans la cour même du château. Deux d'entre eux, Jean Taupin et Jean Lalone, quoique percés de coups, n'étaient point morts; ils revinrent à eux pendant la nuit, du milieu de ces cadavres; mais ils ne purent pas aller bien loin, à deux pas de là ils tombèrent défaillance. Le lendemain on les acheva; et, quoiqu'ils respirassent encore, ils furent rejetés dans la tranchée avec les autres; il en restait encore dix-sept, que l'on mena la nuit du 28 au 29 au moulin de la Juiverie, où ils furent poignardés, puis jetés dans la Marne.

En 1179, une charte souscrite, non par Henri Ier, comte de Champagne et de Brie, mais par sa femme Marie et son fils, établit la commune à Meaux; c'était déjà une petite amélioration au sort des individus; il est à remarquer que l'autorité ecclésiastique s'y opposa. En même temps fut publié l'édit de Philippe Auguste qui bannissait les juifs; Meaux en possédait plusieurs qui furent contraints de s'exiler.

En 1593 Meaux était au pouvoir des ligueurs. L'Hôpital de Vitry, qui les commandait, la rendit à Henri IV, moyennant 20,000 écus, et à condition qu'il en serait nommé bailli et gouverneur.

Le 4 septembre 1792 un corps de gendarmerie vint apporter, de Paris à Meaux, l'ordre de mettre à mort les prisonniers politiques. La municipalité s'opposa en vain à cette horrible exécution, mais le crime ne resta pas impuni, et plusieurs des meurtriers l'expièrent à Melun sur l'échafaud.

En février et en mars 1814 les armées étrangères parurent dans les environs de Meaux; lors de la première apparition, les armées françaises les battirent; mais ensuite, par un malentendu, le corps qui devait couvrir la ville, abandonna sa position avantageuse pour venir stationner dans la plaine dite Varenne de Meaux, après avoir fait sauter le beau pont de Trilport. Cette plaine était trop découverte; les Français s'y virent foudroyés par l'artillerie des Russes placée sur les hauteurs de l'autre côté de la Marne, et furent obligés de traverser la ville qu'ils laissèrent sans défense. Les Russes attaquèrent Meaux du côté de la porte Cornillon; leur artillerie, placée sur la hauteur du moulin situé en face du pont, tira sur la ville et tua plusieurs personnes; le feu fut mis au pont pour arrêter leur marche; mais, comme il brûlait mal, les Russes se mirent en devoir de l'éteindre et de le franchir; ils y seraient parvenus, si d'anciens militaires, secondés par des habitants de la ville et par des canonniers français qui avaient placé leurs pièces sur la montagne de Blamont, n'eussent fait un feu soutenu, qui força l'armée russe à la retraite. Le lendemain, les ennemis en plus grand nombre attaquèrent la ville d'un autre côté; mais un corps de Français qui arrivait de la bataille de Montmirail les battit complètement sur les hauteurs de May et de Lizy, et les rejeta dans les marais de Crouy, d'où ils se retirèrent vers Soissons. On a toujours cru que l'attaque de la ville était simulée, pour pouvoir, pendant ce temps, passer la Marne tranquillement. Quelque temps après, l'armée russe, profitant de ce moment où la ville de Meaux était dépourvue de troupes, revint par la route de la Ferté-Milon et prit la ville après qu'on eut fait sauter le magasin à poudre qui se trouvait sur la montagne de Blamont. Cette explosion fut si forte, qu'on l'entendit à plus de 60 k. et fit du dégât jusqu'à Dammartin, où des vitres furent cassées. Ce magasin à poudre avait été établi dans une maison sur la route de Paris, appartenant à M. Dassy, qui n'en a jamais reçu d'indemnité.

En 845, 962, 1080, 1204, 1229 et 1240, le clergé catholique tint à Meaux des conciles qui eurent tous pour objet le redressement des abus introduits dans la discipline ecclésiastique.

Les armes de Meaux sont : *parti de sinople et de gueules, à la lettre capitale gothique* M *d'or, couronnée d'une couronne marginale (ou comtale) d'or; au chef d'azur semé de fleurs de lis d'or.*

Cette ville est très-agréablement située près du canal de l'Ourcq, sur la Marne qui la divise en deux parties inégales et y fait mouvoir un grand nombre de moulins, servant particulièrement à la mouture des grains destinés à l'approvisionnement de Paris. Elle est assez bien bâtie; la place publique est vaste, mais irrégulière; les promenades sont belles, mais peu fréquentées.

La cathédrale de Meaux, dédiée à saint Étienne, est un chef-d'œuvre d'architecture gothique. Elle a été commencée dans le XIe siècle par Gautier Ier, évêque de Meaux, sur l'emplacement de l'ancienne cathédrale détruite par les Normands, et n'a jamais été achevée; une de ses tours reste à construire. Les dernières constructions datent du XVIe siècle. Le chœur et le sanctuaire sont admirables; les ornements en sont riches et d'une extrême délicatesse. Cette édifice est redevable de sa perfection à Jeanne, reine de Navarre, dont on voit le buste à la clef de la voûte.

Cette église porte, depuis le grand portail jusqu'à la chapelle Notre-Dame-du-Chevet, 104 m. de long sur 44 de large; dans la croisée, depuis la porte du midi jusqu'à celle du nord, elle a 32 m. de large de hauteur, sans compter 18 m. d'espace entre le dessus de la voûte et le faîte du bâtiment. La tour a environ 77 m. de hauteur; elle était couverte de sculptures extrêmement déliées, dont une partie existe encore du côté du nord et de l'est; à l'extrémité est une plate-forme environnée d'une balustrade d'où, quand le temps est beau, on découvre facilement Montmartre et le mont Valérien. Le sanctuaire est un des plus beaux que présentent nos églises gothiques; dix-huit piliers en faisceau, ou colonnes rondes, soutiennent les voûtes de la nef, et quatorze celles du chœur. Les six colonnes qui ferment ce sanctuaire sont particulièrement remarquables par leur hauteur et par leur délicatesse ; elles sont disposées avec tant d'art, que la lumière se répand par toute l'église et la rend parfaitement claire. Le chœur a 40 m. de long sur 20 m. de large ; les chapelles qui règnent autour offrent un ouvrage achevé ; elles sont d'une forme circulaire, et si bien proportionnées, que du milieu du sanctuaire on les découvre à travers les arcades. C'est dans cette église qu'est placé le monument que le département de Seine-et-Marne a fait ériger à Bossuet.

Outre l'église cathédrale, on remarque encore à Meaux le bâtiment, le jardin et la terrasse de l'évêché, où l'on a conservé le cabinet de Bossuet ; la bibliothèque publique, contenant 14,000 volumes, le collège, les hospices, la salle de spectacle, l'hôtel de ville et un beau quartier de cavalerie.

Biographie. Patrie de J. SAUVÉ DE LANOUE, auteur et artiste dramatique.

De FLORENT DE PUISIEUX, traducteur d'ouvrages scientifiques et de romans anglais.

De SIMON FESTU, évêque de Meaux.

De MÉRÉE DE LA TOUCHE, secrétaire-greffier de la commune de Paris à l'époque des massacres de septembre.

INDUSTRIE. *Fabriques de calicots, d'indiennes, de poterie de terre, de colle forte, de salpêtre, d'instruments aratoires. Nombreux moulins à farine. Tanneries et corroieries.— Commerce considérable de grains, farines, avoine, fromages de Brie, laines, volailles et bestiaux.* Les marchés de Meaux sont très-importants par le grand nombre de riches cultivateurs qui s'y réunissent ; les ventes annuelles de fromages de Brie surpassent trois millions de kilogr. — *Foires* les 6 janv. (3 jours), 15 mai, 1er mardi après l'Ascension et 11 nov.

A 56 k. N. de Melun, 44 k. E.-N.-E. de Paris. Lat. 48° 57′ 40″, long. 0° 32′ 30″ E.

L'arrondissement de Meaux est composé de 7 cantons : Claye, Crécy, Dammartin, la Ferté-sous-Jouarre, Lagny, Lizy-sur-Ourcq et Meaux.

Bibliographie. *Sur l'ancien nom de la ville de Meaux* (Mém. de l'académie royale des inscriptions et belles-lettres, t. XIX, p. 510).

NAVARRE (P.). *Essai historique sur la ville de Meaux, ancienne capitale de la Brie*, in-8, 1819.

DU PLESSIS (Toussaint). *Pouillé du diocèse de Meaux.* Se trouve à la suite des pièces justificatives du t. II de son Histoire de l'Église de Meaux, 2 vol, in-4, 1731.

— *Histoire de l'église de Meaux, avec des notes ou dissertations, et les pièces justificatives : on y a joint un recueil complet des statuts synodaux de la même église, divers catalogues des évêques, doyens, généraux d'ordre, abbés et abbesses du diocèse, et un pouillé exact*, 2 vol, in-4, 1731.

* *Notice historique et descriptive sur la cathédrale de Meaux*, in-8, 1839.

* *Topographie médicale de la ville de Meaux*, précédée de quelques réflexions sur l'origine de cette antique cité, et suivie de différents projets pour des établissements réclamés d'hygiène publique, in-12, 1826.

Almanach historique du diocèse de Meaux, in-18, 1773, 1789.

Publication de la société d'agriculture, sciences et arts de Meaux, in-8, 1834-35.

MEAUZAC, vg. *Tarn-et-Garonne* (Languedoc), arr., cant., ✉ et à 13 k. de Castel-Sarrasin. Pop. 1,027 h.

MÉCÉ, vg. *Ille-et-Vilaine* (Bretagne), arr., cant., ✉ et à 16 k. de Vitré. Pop. 831 h.

MÉCHERS, bg *Charente-Inf.* (Saintonge), arr. et à 34 k. de Saintes, cant. de Cozes, ✉ de Royan. Pop. 1,146 h.

Ce bourg, situé sur le bord de la Gironde, a été jadis une petite ville dont le port était très-fréquenté. Les Espagnols le bombardèrent en 1620. En 1840 on a découvert, à une faible distance de ses murs, un dolmen parfaitement bien conservé, dont la table était formée d'un pudding ayant des rognons siliceux de la grosseur d'un œuf et ornés de vives couleurs. Cette table mesurait 62 c. d'épaisseur.

L'église de Méchers est dédiée à saint Saturnin ; elle a été rebâtie plusieurs fois, et la nef a même été refaite il y a peu d'années. Le clocher actuel est la seule partie un peu ancienne ; c'est un morceau d'architecture du style ogival du XVe siècle, lourd quadrilatère ayant une tourelle hexagonale s'élevant jusqu'à la première assise, avec quatre baies ogivales brochées. La dernière assise a deux longues fenêtres en ogives, très-étroites et épaisses, accolées.

MECHMONT, vg. *Lot* (Quercy), arr. et à 20 k. de Cahors, cant. et ✉ de Catus. Pop. 395 h.

MÉCHY, vg. *Moselle*, comm. de Sanry-lès-Vigy, ✉ de Metz.

MÉCLEUVES, vg. *Moselle* (pays Messin), arr., ✉ et à 11 k. de Metz, cant. de Verny. Pop. 498 h.

MECQUIGNIES, vg. *Nord* (Hainaut), arr. et à 22 k. d'Avesnes, cant. et ✉ de Bavay. Pop. 996 h.

MÉCRIN, vg. *Meuse* (Lorraine), arr., cant. de Commercy, ✉ et à 8 k. de St-Mihiel. Pop. 495 h.

MÉCRINGES, vg. *Marne* (Brie), arr. et à 41 k. d'Épernay, cant. et ✉ de Montmirail. Pop. 225 h.

MÉDAGUES, vg. *Puy-de-Dôme*, comm. de Joze. — On y trouve une source d'eau minérale acidule. V. JOZE.

Bibliographie. RAULIN. *Parallèle des eaux minérales en Allemagne*, etc. (les cinq premiers articles de la septième section traitent des eaux de Médagues).

BERTRAND (C.-H.-A.). *Notice sur les eaux minérales en général, et sur celles de Médagues et de St-Alyre en particulier*, in-8, 1843.

MÉDAN, vg. *Seine-et-Oise* (Ile-de-France), arr. et à 22 k. de Versailles, cant. et ✉ de Poissy. Pop. 199 h.

MÉDARD (St-), vg. *Charente-Inf.* (Angoumois), arr., cant., ✉ et à 9 k. de Jonzac. Pop. 163 h.

MÉDARD (St-), vg. *Charente-Inf.* (Saintonge), arr. et à 14 k. de la Rochelle, cant. de la Jarrie, ✉ de Croix-Chapeau. Pop. 1,457 h.

MÉDARD (St-), vg. *Creuse* (Marche), arr. et à 10 k. d'Aubusson, cant. et ✉ de Chénérailles. Pop. 1,548 h.

MÉDARD (St-), vg. *Dordogne* (Périgord), arr. et à 28 k. de Ribérac, cant. et ✉ de Mussidan. Pop. 897 h.

MÉDARD (St-), vg. *H.-Garonne* (Comminges), arr. et à 9 k. de St-Gaudens, cant. et ✉ de St-Martory. Pop. 303 h.

MÉDARD (St-), vg. *Gers* (Armagnac), arr., cant., ✉ et à 5 k. de Mirande. Pop. 677 h.

MÉDARD (St-), *Gironde* (Guienne), arr. et à 20 k. de Libourne, cant. de Coutras. ✉. ✓. A 545 k. de Paris pour la taxe des lettres. Pop. 963 h.

MÉDARD (St-), vg. *Indre* (Berry), arr. et à 38 k. de Châteauroux, cant. et ✉ de Châtillon-sur-Indre. Pop. 198 h.

MÉDARD (St-), vg. *Landes* (Gascogne), arr., cant., ✉ et à 3 k. de Mont-de-Marsan. Pop. 4,463 h.

MÉDARD (St-), vg. *Loire* (Forez), arr. et à 26 k. de Montbrison, cant. et ✉ de St-Galmier. Pop. 778 h.

MÉDARD (St-), vg. *H.-Loire*, comm. de Chacornac, ✉ du Puy.

MÉDARD (St-), vg. *Lot-et-Garonne*, comm. de Clermont-Dessous, ✉ de Port-Ste-Marie.

MÉDARD (St-), vg. *Meurthe* (Lorraine), arr. de Château-Salins, et à 9 k. de Vic, cant. et ✉ de Dieuze. Pop. 521 h.

MÉDARD (St-), vg. *B.-Pyrénées* (Béarn), arr. et à 18 k. d'Orthez, cant. d'Arthez, ✉ d'Artix. Pop. 672 h.

MÉDARD (St-), vg. *Deux-Sèvres* (Poitou), arr. et à 12 k. de Melle, cant. et ✉ de Celles. Pop. 213 h.

MÉDARD (St-), vg. *Somme*, comm. et ✉ de Roye.

MÉDARD-DE-BARBEZIEUX (St-), vg. *Charente* (Saintonge), arr., cant., ✉ et à 3 k. de Barbezieux. Pop. 490 h.

MÉDARD-DE-DRONE (St-), vg. *Dordogne* (Périgord), arr., cant. et à 6 k. de Ribérac, ✉ de St-Apre. Pop. 593 h. — Forges et hauts fourneaux.

MÉDARD-DE-GUIZIÈRES (St-), vg. *Gironde*. V ST-MÉDARD.

MÉDARD-DE-GURÇON (St-), vg. *Dordogne* (Périgord), arr. et à 30 k. de Bergerac, cant. de Villefranche-de-Lonchapt, ✉ de Ste-Foi. Pop. 1,452 h.

MÉDARD-DE-MEIGNOS (St-), vg. *Landes*, comm. de la Glorieuse, ✉ de Mont-de-Marsan.

MÉDARD-DE-PRESQUE (St-), vg. *Lot* (Quercy), arr. et à 39 k. de Figeac, cant. et ✉ de St-Céré. Pop. 649 h. Près de la Bave.

Ce village, où l'on voit un ancien château, possède une des plus belles grottes du département; sa forme est celle d'un corridor tortueux, qui s'élargit et se rétrécit alternativement; elle est ornée de nombreuses colonnes d'albâtre, et ses parois sont couvertes de stalactites brillantes et très-diversifiées. C'est le souterrain du département où il y a le plus de concrétions, mais les masses y sont moins grandes que dans les cavernes de Blars et de Livernon.

MÉDARD-DE-ROUILLAC (St-), vg. *Charente* (Angoumois), arr. et à 29 k. d'Angoulême, cant. de Rouillac, ✉ d'Aigre. Pop. 533 h.

MÉDARD-DES-PRÉS (St-), ou St-Marc, vg. *Vendée* (Poitou), arr., cant. et ✉ de Fontenay-le-Comte. Pop. 574 h.

MÉDARD-D'EXCIDEUIL (St-), vg. *Dordogne* (Périgord), arr. et à 40 k. de Périgueux, cant. et ✉ d'Excideuil. Pop. 837 h.

MÉDARD-D'EYRANS (St-), bg *Gironde* (Guienne), arr. et à 15 k. de Bordeaux, cant. de Labrède, ✉ de Castres. Pop. 456 h.

MÉDARD-EN-JALLE (St-), vg. *Gironde* (Guienne), arr. et à 13 k. de Bordeaux, cant. et ✉ de Blanquefort. Pop. 1,822 h. — Foires les 5 mai, 9 juin, 20 août et 12 nov.

St-Médard-en-Jalle est un gros bourg assez bien bâti, remarquable surtout par sa fabrique royale de poudre à canon, établie sur la Jalle de Blanquefort. La commune renferme beaucoup de landes, de taillis de chênes, de bois de pins; elle se compose du bourg, de six villages et de quelques hameaux. Son sol, généralement sablonneux, se prête peu à la culture du froment; mais il produit beaucoup de seigle, et la vigne y réussit assez bien.

La Jalle de Blanquefort (ruisseau de 5 à 10 m. de largeur) traverse la commune, où elle a sa source; aux environs de cette source, et sur quelques autres points du territoire, il n'est pas qu'un sable aussi nu, aussi stérile, aussi mobile que celui des dunes. On remarque dans St-Médard plusieurs jolies maisons de campagne, un petit château féodal, différents tumulus, des faluns, des marnes qu'on néglige, enfin des carrières d'assez mauvaises pierres, mais qui renferment des ossements et des fossiles curieux.

C'est au sud-ouest de St-Médard, et au milieu d'une lande de près de 3,000 hectares d'étendue, que fut placé en 1845 un camp de quarante-cinq mille hommes dont S. A. R. le duc d'Aumale prit le commandement. Le prince habitait le château de Belfort. Le quartier de la cavalerie avait été établi sur les bords de la Jalle, dont l'eau est limpide et potable.

MÉDARD-NICOURBY (St-), vg. *Lot* (Quercy), arr. et à 22 k. de Figeac, cant. et ✉ de la Capelle-Marival. Pop. 850 h.

MÉDARD-PRÈS-CATUS (St-), vg. *Lot* (Quercy), arr. et à 19 k. de Cahors, cant. et ✉ de Catus. Pop. 496 h.

MÉDARD-SUR-ILLE (St-), vg. *Ille-et-Vilaine* (Bretagne), arr. et à 19 k. de Rennes, cant. et ✉ de St-Aubin-d'Aubigné. P. 985 h.

MÉDAVI, bg *Orne* (Normandie), arr. et à 12 k. d'Argentan, cant. et ✉ de Mortrée. Pop. 306 h.

MÈDE (la), vg. *Bouches-du-Rhône*, comm. de Châteauneuf-lès-Martigues, ✉ de Martigues.

MÉDEDONS, vg. *Gironde*, comm. de Preignac, ✉ de Podensac.

MÉDERIACUM (lat. 52°, long. 24°). « Ce lieu est placé dans l'Itinéraire d'Antonin entre *Sablones* et *Teudurum*, sur une route qui de *Colonia Trajana* se rend à *Colonia Agrippina*, par *Juliacum* ou Juliers. La distance est marquée X à l'égard de *Sablones*, et IX à l'égard de *Teudurum*. Ou peut voir à l'article *Sablones* que cette position convient à un lieu appelé Int-Sant, entre Venlo et Gueldre; et celle de *Teudurum* subsiste dans Tudder. Ce qu'il y a d'espace entre ces positions excède ce qu'indique l'Itinéraire, et je ne trouve point de lieu qui rappelle le nom de *Mederiacum*. Mais je crois devoir m'attacher à Bruggen, comme au lieu le plus remarquable sur la direction de la voie, au passage d'une rivière, et dont la distance à l'égard de *Sablones* peut cadrer à celle que marque l'Itinéraire, ce qui procure l'avantage de s'y conformer dans l'une des deux distances, plutôt que de s'en écarter indistinctement dans l'une comme dans l'autre. Celle de Bruggen à Tudder, étant plus forte, peut s'estimer d'environ 12 lieues gauloises. » D'Anville. *Notice de l'ancienne Gaule*, p. 443.

MÉDEYROLLES, vg. *Puy-de-Dôme* (Auvergne), arr. et à 18 k. d'Ambert, cant. de Viverols, ✉ d'Arlanc. Pop. 533 h.

MÉDIÈRE, vg. *Doubs* (Franche-Comté), arr. et à 24 k. de Baume-les-Dames, cant. et ✉ de l'Isle-sur-le-Doubs. Pop. 358 h.

MÉDILLAC, vg. *Charente* (Saintonge), arr. et à 30 k. de Barbezieux, cant. et ✉ de Chalais. Pop. 304 h.

MEDIOLANUM (lat. 46°, long. 23°). « Je place un lieu de ce nom entre *Forum Segusianorum* ou Feur, et Lion, quoique dans la Table théodosienne il paraisse entre *Rodumna* ou Rouane, et *Forum*. Mais l'examen des distances veut une pareille transposition. Car l'espace actuel entre Rouane et Feur, n'étant que de 18,000 toises, ne saurait admettre 36 lieues gauloises, comme on les compte dans la Table en laissant *Mediolanum* dans cet intervalle. Il faut ajouter à cela, qu'entre *Forum* et Lion, ce qu'on trouve dans la Table, savoir XVI, ne suffit pas à un espace qui est plus grand qu'entre Feur et Rouane. Je remarque sur la route de Feur à Lion deux endroits, dont le nom de l'*Estra* dérive du terme de *Strata*, ainsi que l'Estrée dans d'autres provinces: et un peu au delà, sur la même voie, je rencontre un lieu du nom de Meys conserve de l'analogie avec le premier et principal des deux membres dont le nom de *Mediolanum* est composé, et c'est en tronquant les anciennes dénominations qu'on les a communément altérées. Quant à la réforme dans des distances que le déplacement de *Mediolanum* paraît demander, on peut juger que celle de Rouane à Feur tient lieu d'environ 17 lieues gauloises,

et celle de Feur à Lion d'environ 22 en mesure itinéraire, la distance directe étant d'environ 24,000 toises. » D'Anville. *Notice de l'ancienne Gaule*, p. 444.

MEDIOLANUM (lat. 52°, long. 24°). « On trouve *Mediolanum* dans l'Itinéraire d'Antonin, sur une route qui conduit de *Colonia Trajana* à *Colonia Agrippina*, par *Juliacum*, ou Juliers, en s'écartant du Rhin: et la distance est marquée VIII à l'égard de *Colonia Trajana*. Un lieu nommé Moy-laut conviendrait fort par cette dénomination: mais ce lieu, que Cluvier dit être distant de *Colonia Trajana* d'environ 6 milles, ne s'en écarte que de environ 3 lieues gauloises, et l'Itinéraire prend communément un plus grand intervalle d'une position à une autre. D'ailleurs je remarque qu'à la suite de *Mediolanum*, la distance étant pareillement marquée VIII, pour arriver à un lieu nommé *Sablones*, le compte que fournit ainsi l'Itinéraire, en réunissant les deux distances depuis *Colonia Trajana*, convient à la position qui est propre à *Sablones*, savoir celle en qui on retrouve la même signification dans le nom d'Int-Sand, entre Gueldre et Venlo. Car il ne faut pas moins de 16 lieues gauloises pour remplir cet intervalle. Or, ces considérations mettant de la difficulté à adopter la position de Moy-laut pour celle de *Mediolanum*, puisque cette position, se trouvant trop près de *Colonia Trajana*, est en même temps trop éloignée de *Sablones*, pour que Moy-laut soit *Mediolanum*, il faut supposer que l'Itinéraire a dû marquer III au lieu de VIII dans la première distance, et XIII au lieu de VIII dans la seconde. J'avoue que, malgré quelque répugnance pour une pareille supposition, le nom de Moy-laut m'en impose. » D'Anville. *Notice de l'ancienne Gaule*, p. 445.

MEDIOLANUM (lat. 47°, long. 20°). « La Table indique un autre *Mediolanum* entre *Argentomagus*, ou Argenton en Berri, et *Aquæ Neræ*, ou Néris. La distance marquée XXVIII à l'égard d'*Argentomagus* paraît forte, n'étant sur le local que d'environ 25 lieues gauloises en droite ligne entre Argenton et Château-Meillan, que Grégoire de Tours appelle *Castrum Mediolanense*. De ce lieu à *Aquæ Neræ*, l'indication de la Table, qui est XII, n'est pas suffisante, parce qu'entre Château-Meillan et Néris l'espace vaut au moins 18 lieues gauloises. » D'Anville. *Notice de l'ancienne Gaule*, p. 445.

MEDIOLANUM, postea EBUROVICES (lat. 50°, long. 19°). « Ptolémée en fait mention comme de la ville principale des *Aulircii Ebuvaici*, dont le nom est ailleurs *Aulerci Eburovices*. Dans l'Itinéraire d'Antonin et dans la Table théodosienne, on trouve *Mediolanum Aulercorum*. Ammien Marcellin cite la même ville dans la seconde Lionnoise; elle est du nombre de celles qui ont perdu leur nom propre et primitif, pour prendre celui de la cité ou du peuple dont elles étaient capitales. Le nom d'*Eburovices* était déjà altéré lorsque la Notice des provinces de la Gaule a été dressée. On y lit *Civitas Ebroicorum*. Dans le moyen

âge, c'est sous le nom d'*Ebroïcæ*, ou d'Ebrons, qu'il est mention d'Evreux. » D'Anville. *Notice de l'ancienne Gaule*, p. 446. V. aussi :
ARCÈRE. *Histoire de la Rochelle*, in-4, 1756.
Walckenaer. *Géographie des Gaules*, t. I, p. 398.
BONAMI. *Conjectures sur la position de Mediolanum, ancienne ville des Gaules* (Mém. de l'acad., des belles-lettres, t. XXVIII, p. 463, 474).

MEDIOLANUM, postea SANTONES (lat. 46°, long. 17°). « Quoique le nom de la ville capitale des *Santones* soit écrit *Mediolanium* dans Strabon, dans Ptolémée, dans Marcien d'Héraclée, il semble que, sur la finale de ce nom on doit se conformer à la manière la plus commune de l'écrire pour toutes les villes qui ont porté le même nom. Ce n'est pas précisément d'après Ptolémée que Marcien d'Héraclée, quoiqu'il paraisse en tirer ses positions, se hasarde de dire que la ville des *Santones* est près de la mer et sur la Garonne. Ce qui pourrait se dire ainsi du territoire qu'occupaient les *Santones* ne convient point à la situation de la capitale en particulier. L'Itinéraire d'Antonin et la Table théodosienne font mention de *Mediolanum Santonum*. Cette ville a quitté ce nom, qui lui était propre pour prendre, comme la plupart des autres capitales, celui du peuple. Ammien Marcellin (lib. XV) la désigne sous le nom de *Santones*, entre les villes principales de l'Aquitaine ; et dans la Notice des provinces, *Civitas Santonum* est de l'Aquitaine seconde. On lit *Santonus* et *Santoni* dans Ausone et dans Sidoine Apollinaire, ce qui peut être attribué à la quantité pour la facilité du vers dans leurs poésies. La ville de Saintes conserve plusieurs vestiges des édifices publics dont elle était décorée dans la domination romaine. » D'Anville. *Notice de l'ancienne Gaule*, p. 446. V. aussi Walckenaer. *Géographie des Gaules*, t. I, p. 236.

MEDIOMATRICI (lat. 50°, long. 25°). « C'est ainsi que ce nom doit être écrit, d'après César, Strabon, Pline, Tacite, la Notice de la Gaule. Ptolémée est le seul qui donne lieu de changer la finale, en écrivant *Mediomatrices*. Si l'on prend en rigueur ce que dit César du cours du Rhin : *Per fines Sequanorum Mediomatricorum, Tribocorum, Treverorum, citatus fertur* (Comment., IV), les *Mediomatrici* auraient eu un district de grande étendue, et qui s'écartait fort de leur cantonnement principal aux environs de la Moselle, en franchissant une barrière naturelle, que la chaîne des Vosges leur opposait. Et s'il était question dans César de la plus exacte description géographique, la situation des *Triboci*, dont les limites participent de ceux des *Leuci* comme des *Mediomatrici*, et qui ne sont point contigus aux *Treveri*, demandrait que dans cette énumération les *Triboci* fussent nommés avant les *Mediomatrici*, et non pas entre les *Mediomatrici* et les *Treveri*. Il est vrai que dans le cas où l'établissement des *Triboci*, en deçà du Rhin, ainsi que celui des *Nemetes* et des *Vangiones*, aurait été pris sur une partie de l'ancien territoire des *Mediomatrici*, il serait naturel qu'il fût fait mention des *Mediomatrici*, avant que de citer les *Triboci*. Ce qui est constant, c'est que, dans les temps postérieurs à la conquête des Gaules par César, il ne paraît aucune trace ou mémoire de la possession des *Mediomatrici*, au delà de ce qu'ils ont occupé dans les limites de la première Belgique, les parties voisines du Rhin en étant bien distinctes, et composant une autre province, la Germanie première. Il y a quelques autres remarques à faire sur les limites des *Mediomatrici*. On trouve un *Fines*, qui en les séparant de la cité des *Verodunenses*, la resserre dans des bornes plus étroites que le diocèse de Verdun. Je vois encore que le *Pagus Metensis* dans le moyen âge sort de l'étendue actuelle du diocèse de Metz, et empiète sur celui de Trèves, comme il s'ensuit des lettres d'un comte Sigefrid, de l'an 963, où le *Castellum Lusilinburch* (Luxembourg) est dit situé *in Pago Metinguvo*. À l'égard de de cette dernière extension, il semble que Metz ayant été la demeure des rois d'Austrasie, cet avantage a pu étendre son ressort à un canton voisin, que l'on jugera néanmoins avoir appartenu aux anciens *Treveri*, plutôt qu'aux *Mediomatrici*. » D'Anville. *Notice de l'ancienne Gaule*, p. 447. V. aussi :
SCHOEPFLIN. *Alsatia illustrata*, t. I, p. 44.
Histoire de Metz. 5 vol. in-4, 1769 à 1787, t. I, p. 5 et 174.
COLCHEN. *Statistique de la Moselle*, in-f°, an XI, p. 28.
CAYLUS. *Sur les monuments trouvés à Metz* (Recueil d'antiquités), t. V.
WALCKENAER. *Géogr. des Gaules*, t. I, p. 517.

MÉDIS, bg *Charente-Inf.* (Saintonge), arr. et à 30 k. de Pons, cant. et ⊠ de Saujon. Pop. 1,000 h.

MÉDOC (pays de), *Medulanus, tractus Medulorum*, pays de la ci-devant province de Gascogne, compris entre la Garonne, le Bordelais, le Bazadois, le pays de Buch et l'Océan. C'est un pays de gravier et siliceux, dont la partie occidentale est presque déserte, couverte de bois et d'étangs ; il n'est bon et bien peuplé que le long de la Garonne, Lesparre en était le chef-lieu. Le Médoc est aujourd'hui compris dans le département de la Gironde ; on y récolte les meilleurs vins rouges de ce département.

Les armes du Médoc étaient : *partie le 1er d'azur à une croix d'or, le 2e de gueules, à un joint d'argent.*

MÉDOC (le fort de), *Gironde*, comm. de Cussac, ⊠ de Margaux.

MÉDONVILLE, vg. *Vosges* (Lorraine), arr. et à 18 k. de Neufchâteau, cant. et ⊠ de Bulgnéville. Pop. 535 h.

MÉDOUS. V. BAGNÈRES-DE-BIGORRE.

MÉDRÉAC, vg. *Ille-et-Vilaine* (Bretagne), arr. et à 20 k. de Montfort-sur-Meu, cant. et ⊠ de Montauban. Pop. 2,235 h. — *Foire* le 16 oct.

MEDUANA Fluv. (lat. 49°, long. 18°). « Cette rivière est citée dans les vers que plusieurs critiques veulent n'être point de Lucain, et avoir été insérés dans son poème, ce qui m'a fait douter que je fusse en droit d'en faire usage : (lib. I, v. 438) *In Nebulis Meduana tuis marcere perosus Andus, jam placida Ligeris recreatur ab unda :* quoi qu'il en soit, la dénomination par elle-même paraît ancienne et sans altération. Il faut descendre aux écrivains du moyen âge, pour pouvoir citer la Sarte et le Loir, que la Maïenne reçoit auprès d'Angers, avant que d'arriver à la Loire dans l'endroit nommé Bouche-Maine. » D'Anville. *Notice de l'ancienne Gaule*, p. 448.

MEDUANTUM (lat. 50°, long. 25°). « C'est un lieu placé dans la Table théodosienne à la suite de celui dont le nom de *Mosa* se rapporte indubitablement à la Meuse, comme on peut voir à l'article *Mosomagus* ; et la distance est marquée VIII. Je n'ai point découvert d'autre position qui fût applicable à *Meduantum*, qu'un lieu nommé Moyen. Une carte manuscrite et topographique des environs de Semois dans l'Ardenne me l'indique sur la droite de cette rivière, à un peu plus de 2,500 toises au-dessus de Chini, qui est sur la gauche. On ne disconviendra pas qu'il n'y ait de l'analogie dans la dénomination. Quant à la distance de Mouzon, comme elle peut s'estimer d'environ 10,000 toises, l'indication, si elle était VIII, y conviendrait mieux que VIII, parce que le calcul de 8 lieues gauloises n'est en rigueur que de 9,072 toises. Je crois que la route qui part de *Durocortorum*, et sur laquelle *Meduantum* se trouve dans la Table, est bien connue jusque-là. Mais il n'en est pas de même de la continuation tracée dans la table en aboutissant à *Colonia Agrippina*. Dans cet intervalle on ne voit qu'un nom de lieu auquel il manque quelques lettres, *M....merica*, sans indication de distance à l'égard de *Meduantum*. S'il faut croire que la route se rendait en effet à Cologne, la disposition du local (comme on peut s'en rapporter à la carte de la Gaule) fait présumer que cette route s'unissait, en s'approchant de *Colonia Agrippina*, à celle qui s'y rendait d'*Augusta Treverorum*, ce qui néanmoins serait plus décidé, si le lieu marqué par la Table au delà de *Meduantum* était connu. Au reste, ce défaut ne me dispensait point de m'expliquer sur ce qui peut convenir à *Meduantum* en particulier. » D'Anville. *Notice de l'ancienne Gaule*, p. 448.

MEDULI (lat. 46°, long. 17°). « Ce qui fait partie de l'ancien territoire des *Bituriges Vivisci*, sous le nom de Médoc, entre l'embouchure de la Garonne et la mer, représente les *Meduli*. Car le nom de Médoc vient de *Medulcum*, qui est dérivé de *Meduli*. Ausone désigne la situation de ce canton, comme la qualité de son terroir, en écrivant à un de ses amis nommé Théon : *Quid geris extremis positus telluris in oris, Cultor arenarum vates ? Oui littus arandum Oceani finem juxta solemque cadentem.* Il vante ailleurs *ostrea Medulica, Baianis certantia*, etc., auxquelles Sidoine Apollinaire fait allusion en parlant de ceux qu'il appelle *Medulicæ supellectilis epulones*. Dans la Chronique des Normans, sous l'an 848, le lieu dont il est mention à la suite de Bourdeaux sous le nom de *Metullium*, ne peut être attribué dans le voisinage de cette ville qu'aux *Meduli*, dont il paraît tirer sa dénomination : *Northmanni Burdegalam Aquitaniæ, Judeis prodentibus, captam, depopulatamque incendunt; deinde Metullium vicum populantes, incendio cadunt.* Je pense que Castelnau de Médoc pourrait avoir succédé à *Metullium*, comme ayant été réédifié, et en qualité de lieu principal chez les *Meduli*, il tiendrait vraisemblablement la place d'un *Noviomagus* que Ptolémée indique chez les *Bituriges Vivisci*, et dont il est mention dans un article particulier. » D'Anville. *Notice de l'ancienne Gaule*, p. 448.

MEDULLI (lat. 16°, long. 25°). « Le nom de ce peuple, dans un endroit du texte de Strabon, est *Medualli* (lib. IV, p. 203). Dans l'inscription du trophée des Alpes, rapportée par Pline, et dans celle de l'arc de Suse, on lit *Medulli*. Selon Strabon, ce peuple occupait le plus haut sommet des montagnes, et il attribue à ces montagnes 100 stades de hauteur perpendiculaire. Il ajoute (p. 204) que les *Medulli* sont fort au-dessus de l'Isère avec le Rhône : car c'est ainsi qu'il faut entendre les termes dont il se sert, μάλιστα. Τῆς συμβολῆς, pour que les *Medulli* ne descendent point trop bas dans le territoire des *Allobroges*, au-dessus desquels Ptolémée témoigne qu'étaient situés les *Medulli*. C'est probablement d'un lac qui est au pied du mont Cenis que parle Strabon, à la suite de ce qu'il dit de la position des *Medulli*, lorsqu'il ajoute que les fleuves *Druentius* et *Durias* ont leurs sources dans le voisinage et peu éloignées entre elles. Mais en conduisant ce *Durias* dans le Pô par le pays des *Salassi*, il confond *Doria Riparia*, qui passe chez les *Taurini*, avec *Doria Baltea*, dont l'origine dans l'Alpe grecque est fort distante de celle que prend la Durance dans l'Alpe cottienne. Les *Medulli*, dans l'inscription du trophée, sont placés entre le nom d'*Acitavones* et celui d'*Uceni*. On a lieu de prendre le premier de ces noms pour celui des *Centrones*, par des raisons qui sont exposées dans l'article concernant les *Centrones*, habitants de la Tarentaise. Les *Uceni* trouvent leur place dans une vallée du Daufiné, où l'on croit que le Bourg-d'Oisans conserve leur nom. Ainsi les *Medulli*, en position intermédiaire, ont dû habiter dans la Maurienne, serrée entre la Tarentaise et le Daufiné. Dans cette position où l'on voit les *Medulli* sur le dos, pour ainsi dire, des *Allobroges*, comme on doit l'inférer de Ptolémée. Ils tiennent aussi à l'Isère, en conformité du rapport de Strabon; ce qui ne peut s'entendre néanmoins que de la partie du cours de cette rivière qui, des confins de la dépendance de *Cularo*, ou Grenoble, ville des *Allobroges*, remonte jusqu'à l'entrée du pays des *Centrones*, vers le lieu nommé Conflans. Dans cet espace, et sur le penchant de la montagne qui suit la rive droite de l'Isère, le nom d'un lieu qui est Miolans paraît à quelques savants avoir du rapport à celui des *Medulli*. Ce rapport serait en effet presque aussi marqué qu'entre Meuillon du Daufiné, sur la frontière de Provence, et *Medullio*, qu'on trouve dans les titres. Il est assez fréquent de remarquer que des noms qui avaient été les mêmes pour des lieux différents, et qui dans leur état primitif ne différaient en rien, ont néanmoins éprouvé du changement et de la diversité dans leur altération en venant jusqu'à nous. Mais si Miolans pouvait convenir aux *Medulli*, ce ne serait pas comme étant situé *prope Savonam*, selon une note de Daléchamp, éditeur de Pline. » D'Anville. *Notice de l'ancienne Gaule*, p. 450. V. aussi Walckenaer. *Géographie des Gaules*, t. I, p. 543; t. II, p. 31, 65, 200.

MÉE (le), vg. *Eure-et-Loir* (Beauce), arr., ✉ et à 11 k. de Châteaudun, cant. de Clayes. Pop. 507 h.

MÉE, vg. *Mayenne* (Anjou), arr. et à 16 k. de Château-Gontier, cant. et ✉ de Craon. Pop. 542 h.

MÉE (le), vg. *Seine-et-Marne* (Gâtinais), arr., cant., ✉ et à 2 k. de Melun. P. 483 h.

MÉE-DE-LA-MADELEINE, vg. *Seine-et-Marne*, comm. de Ste-Colombe, ✉ de Provins.

MÉE-DE-NESLES (le), vg. *Seine-et-Marne*, comm. de Nesles, ✉ de Rozoy-en-Brie.

MÉEN (St-), vg. *Finistère* (Bretagne), arr. et à 28 k. de Brest, cant. et ✉ de Lesneven. Pop. 338 h.

MÉEN (St-), petite ville, *Ille-et-Vilaine* (Bretagne), arr. et à 20 k. de Montfort-sur-Meu, chef-l. de cant. École secondaire ecclésiastique. Cure. ✉. À 404 k. de Paris pour la taxe des lettres. Pop. 2,319 h. — Terrain de transition moyen.

Cette ville est située dans une contrée fertile, près de la forêt de son nom; on y remarque une belle halle et plusieurs fontaines publiques. Elle doit son origine à un monastère fondé dans le VI° siècle par Conan Méen, connu depuis sous le nom de saint Méen, et rebâti vers 799, sous le règne de Charlemagne. L'église de ce monastère est un ancien édifice, réédifié en 1008, mais exécuté sans goût, sans plan suivi, et à différentes époques, si l'on en juge par les parties qui n'ont pas été achevées, par l'incohérence et la disproportion de celles qui existent. Cette église devait être immense avant qu'on en eût démoli au moins la moitié il y a soixante ou soixante-dix ans. Le tombeau de saint Méen, trois piliers d'un beau gothique qui se trouvent dans le chœur, et les deux bassins de fonts baptismaux, qui sont d'un seul bloc de granit, méritent de fixer l'attention par le fini du travail et la beauté des matériaux avec lesquels ils sont construits.

Patrie de M. LE BRETON, archéologue distingué, membre de l'Institut.

MÉES (les), *Mediæ, Castrum de Medis*, petite ville fort ancienne, *B.-Alpes* (Provence), arr. et à 27 k. de Digne, chef-l. de cant. Cure. Gîte d'étape. ✉. À 746 k. de Paris pour la taxe des lettres. Pop. 2,030 h. — Terrain tertiaire supérieur, voisin du tertiaire moyen.

Cette ville est bâtie au pied d'une montagne, sur le versant de laquelle s'élève une longue suite de rochers de forme conique et aigus, connus sous le nom de rochers de Mées, lesquels ressemblent de loin aux *meta* des cirques. Les vestiges d'antiques sépultures, les fragments de lampes sépulcrales, les briques tumulaires trouvées en divers quartiers, les débris de mosaïques découverts dans d'autres, des médailles nombreuses qui ne sont recouvertes que par une légère couche de terre; enfin une inscription découverte au commencement de la révolution sur les bords de la Durance, et que l'on croit avoir appartenu à un temple de Jupiter, ne laissent aucun doute sur l'antiquité de cette ville.

La ville des Mées était autrefois bâtie en amphithéâtre sur le penchant et au midi de l'immense rocher qui la domine aujourd'hui ; elle était alors ceinte de remparts flanqués de tours et percés de deux portes. Vers la fin du XV° siècle, ou au commencement du XVI°, les habitants abandonnèrent cette forte position et construisirent la ville actuelle au delà des remparts et près de la Durance. Toutes les maisons, tant de l'ancienne que de la nouvelle ville, se ressentent des siècles de barbarie où elles furent construites; elles sont en général peu spacieuses, mal aérées, bâties sans goût, et n'offrent aucune des commodités qu'on donna à celles édifiées dans des temps plus modernes.

Le territoire des Mées produit des vins très-estimés.

Foires le 8 juin, jour des Cendres, jour de la Fête-Dieu, lundi après la Croix et 18 déc.

Bibliographie. ESMIEU. *Notice historique et statistique sur la ville des Mées*, in-8, 1803.

MÉES, vg. *Landes* (Gascogne), arr., cant., ✉ et à 5 k. de Dax. Pop. 425 h.

MÉES (les), vg. *Sarthe* (Maine), arr., cant., ✉ et à 14 k. de Mamers. Pop. 374 h.

MÉES (les), vg. *Seine-et-Oise*, comm. de Jouy-en-Josas, ✉ de Versailles.

MÉES (les), vg. *Vienne*, com. de Mazeuil, ✉ de Mirebeau.

MÉEZ (les), vg. *Loir-et-Cher*, comm. de St-Denis, ✉ de Blois.

MÉEZ (le), vg. *Nièvre*, comm. de la Chapelle-St-André, ✉ de Varzy.

MÉGANGE, vg. *Moselle* (pays Messin), arr. et à 25 k. de Metz, cant. et ✉ de Boulay. Pop. 303 h.

MÉGAUDAIS, vg. *Mayenne*, comm. de St-Pierre-des-Landes, ✉ d'Ernée.

MÉGE-COSTE, vg. *H.-Loire*, comm. de Ste-Florine, ✉ de Lempdes. — Exploitation de houille.

MÉGRIT, vg. *Côtes-du-Nord* (Bretagne), arr. et à 23 k. de Dinan, cant. et ✉ de Broons. Pop. 1,308 h. — Foire le lundi après la mi-août.

MÉGUILLAUME, vg. *Orne*, com. de Chenedouit, ✉ de Putanges.

MÉHARICOURT, bg. *Somme* (Picardie), arr. et à 24 k. de Montdidier, cant. de Rosières, ✉ de Lihons-en-Santerre. Pop. 1,102 h. — *Fabriques* de bonneterie et de métiers à bas.

MÉHARIN, vg. *B.-Pyrénées* (Navarre), arr. et à 36 k. de Bayonne, cant. et ✉ d'Hasparren. Pop. 621 h.

MÉHÉRAUD, vg. *Orne*, comm. et ✉ de Mortrée.

MÉHERS, vg. *Loir-et-Cher* (Blaisois), arr. et à 33 k. de Blois, cant. de St-Aignan, ✉ de Selles-sur-Cher. Pop. 331 h.

MÉHET (le), vg. *Oise*, comm. de Blacourt et Ville-en-Bray, ✉ de Songeons.

MÉHEUDIN, vg. *Orne*, comm. et ✉ d'Écouché.

MÉHONCOURT, vg. *Meurthe* (Lorraine), arr. et à 16 k. de Lunéville, cant. de Bayon, ✉ de Neuviller-sur-Moselle. Pop. 380 h.

MÉHOUDIN, vg. *Orne* (Normandie), arr. et à 22 k. de Domfront, cant. de la Ferté-Macé, ✉ de Couterne. Pop. 311 h.

MÉHUN, vg. *Nièvre*, comm. de Pougny, ✉ de Cosne.

MÉHUN-SUR-YÈVRE, *Magdunum ad Averam*, ville ancienne, *Cher* (Berry), arr. et à 17 k. de Bourges, chef-l. de cant. Cure. ✉. ☞. A 215 k. de Paris pour la taxe des lettres. Pop. 3,333 h. — TERRAIN jurassique, étage moyen du système oolitique.

Autrefois diocèse, intendance et élection de Bourges, parlement de Paris, bailliage, prévôté, collégiale.

Cette petite ville, située dans un pays fertile, sur l'Yèvre, est très-ancienne : elle a eu des seigneurs particuliers jusqu'à la fin du XIIIᵉ siècle ; alors elle passa par mariage à Robert de Courtenay, petit-fils de Louis le Gros et frère cadet de l'empereur de Constantinople. Amicie de Courtenay épousa, en 1262, Robert, comte d'Artois, neveu de saint Louis. Méhun fut confisqué en 1332 sur Robert III d'Artois, et réuni au domaine de l'État. Charles VII aimait le séjour de Méhun. Il y avait fondé une chapelle dépendante de l'église dédiée à Notre-Dame et une maladrerie ; il a voulu que ses entrailles y fussent enterrées. On voit encore près de Méhun les ruines d'un vieux château qui avait été témoin des amours de ce prince avec Agnès Sorel, et où plus tard, craignant d'être empoisonné par son fils Louis XI, il se laissa mourir de faim : après avoir passé huit jours sans manger, il s'était déterminé à prendre quelque nourriture, mais il n'était plus temps. Les débris d'une chapelle, ceux d'un escalier gothique, une tour et quelques murailles dégradées sont les seuls restes de la magnifique édifice, dont le feu du ciel a hâté la destruction.

Fabriques de droguets. Manufacture de toiles communes pour l'emballage des laines. — *Foires* les 30 nov. (2 jours), 1ᵉʳ déc. (2 jours), 1ᵉʳ mercredi de janv., de carême, de juillet, de sept. et d'oct.

MÉHUN-SUR-INDRE, vg. *Cher*, comm. de la Chapelle-Ortemale, ✉ de Châteauroux.

MEIGNANE (la), vg. *Maine-et-Loire* (Anjou), arr., cant., et à 12 k. d'Angers. Pop. 956 h.

MEIGNÉ, vg. *Maine-et-Loire* (Anjou), arr. et à 15 k. de Saumur, cant. et ✉ de Doué. Pop. 283 h.

MEIGNÉ-LE-VICOMTE, vg. *Maine-et-Loire* (Anjou), arr. et à 22 k. de Baugé, cant. et ✉ de Noyant. Pop. 818 h.

MEIGNEUX, vg. *Seine-et-Marne* (Brie), arr. et à 18 k. de Provins, cant. et ✉ de Dannemarie. Pop. 259 h.

MEIGNEUX, vg. *Somme* (Picardie), arr. et à 42 k. d'Amiens, cant. et ✉ de Poix. Pop. 471 h.

MEIGNEVILLE, vg. *Eure-et-Loir*, com. de Montainville, ✉ de Voves.

MEILHAC, vg. *H.-Vienne* (Limousin), arr. et à 26 k. de St-Yrieix, cant. et ✉ de Nexon. Pop. 652 h.

MEILHAN, vg. *Gers*, comm. d'Ordan-Laroque, ✉ d'Auch.

MEILHAN, bg *Landes* (Gascogne), arr. et à 20 k. de St-Sever, cant. et ✉ de Tartas. Pop. 1,028 h.

PATRIE du contre-amiral J.-B.-R. DE LACROSSE.

MEILHAN, petite ville, *Lot-et-Garonne* (Agenois), arr. et à 18 k. de Marmande, chef-l. de cant. Bureau d'enregist. à Cocumont. Cure. ✉. A 623 k. de Paris pour la taxe des lettres. Pop. 2,291 h. — TERRAIN d'alluvions modernes.

Cette ville, située dans une plaine fertile, doit son origine à un château fort, dont les Anglais s'emparèrent en 1420, et que les troupes de Charles VII reprirent en 1442. C'est une ville agréablement située sur la rive gauche du Dropt : elle est dominée par les ruines d'une vieille tour, bâtie au sommet d'un rocher élevé placé au bord de la rivière, et qu'on aperçoit de très-loin. On voit dans ses environs plusieurs châteaux et maisons de plaisance dont le site est très-pittoresque.

Foires les 15 janv., 8 mai, 1ᵉʳ juillet, 24 août, 29 sept. et 1ᵉʳ jeudi du mois.

MEILHARD, bg *Corrèze* (Limousin), arr. et à 51 k. de Tulle, cant. d'Uzerche, ✉ de Masseret. Pop. 1,708 h. — *Foires* le 1ᵉʳ lundi de chaque mois.

MEILHAUD, vg. *Puy-de-Dôme* (Auvergne), arr., cant., ✉ et à 8 k. d'Issoire. Pop. 437 h. Dans un vallon agréable et fertile.

MEILHEM, vg. *Gard*, comm. de St-Jean-de-Valériscle, ✉ de St-Ambroix.

MEILLAC, vg. *Ille-et-Vilaine* (Bretagne), arr. et à 36 k. de St-Malo, cant. et ✉ de Combourg. Pop. 1,914 h.

MEILLAN, vg. *Gers* (Armagnac), arr., cant. et à 20 k. de Lombez, ✉ de Simorre. Pop. 310 h.

MEILLAN, ou MEILLANT, petite ville, *Cher* (Bourbonnais), arr., cant., ✉ et à 7 k. de St-Amand-Montrond. Pop. 1,421 h. — Exploitation de carrières de pierres meulières. Hauts fourneaux qui alimentent les forges de Charenton. — *Foire* le lundi de la Passion.

MEILLARD, vg. *Allier* (Bourbonnais), arr. et à 25 k. de Moulins-sur-Allier, cant. et ✉ de Montet. Pop. 715 h.

MEILLARS, vg. *Finistère* (Bretagne), arr. et à 30 k. de Quimper, cant. et ✉ de Pont-Croix. P. 973 h. — *Foires* les 15 mai, 7 sept., lundi après le 1ᵉʳ dimanche de juillet.

MEILLART (le), vg. *Somme* (Picardie), arr. et à 12 k. de Doullens, cant. et ✉ de Bernaville. Pop. 353 h.

MEILLE (St-), vg. *Landes*, comm. d'Escalans, ✉ de Gabarret.

MEILLERAIE (la), vg. *Loire-Inf.* (Bretagne), arr. et à 19 k. de Châteaubriant, cant. de Moisdon-la-Rivière. ✉. ☞. A 341 k. de Paris pour la taxe des lettres. Pop. 1,225 h.

MEILLERAIE (la), ou MAILLERAY, bg *Loire-Inf.*, com. de Varades. ✉. ☞. A 368 k. de Paris pour la taxe des lettres.

A 1 k. S.-E. du bourg de Meilleraie, près d'un vaste étang entouré de tous côtés par un grand bois de chênes, on trouve la célèbre abbaye de la Trappe, ancien monastère de bernardins de l'ordre de Cîteaux, fondé en 1132 par deux moines de Poutron. L'édifice, commencé en 1144, a été reconstruit dans le cours du XVIIᵉ siècle ; l'architecture est moderne et d'une belle régularité. L'église fut bâtie en 1183 ; le sanctuaire a été refait à neuf par les religieux actuels. Cet ouvrage est d'un goût simple. Les stalles ont été réparées, le chœur agrandi, l'église reblanchie, la voûte en bois rétablie et peinte à l'huile, le pavé refait et réparé, et une sacristie a été ajoutée. La croix, les chandeliers, les ornements de l'autel même sont de bois. La lampe et l'encensoir seuls sont garnis de cuivre en dedans.

En 1792, les religieux du couvent de la Trappe de Mortagne passèrent en Suisse, où ils fondèrent, près de Fribourg, le couvent de la Val-Sainte. Inquiétés par les armées françaises dans leur nouveau refuge, ils émigrèrent encore ; mais leur nombre augmenta au lieu de diminuer, car les sectes et les communautés s'accroissent en raison des persécutions qu'elles éprouvent. Ils fondèrent des colonies nombreuses, dont l'une s'établit au couvent de Ste-Suzanne en Espagne, l'autre au Mont-Brach en Piémont. Il y en eut qui passèrent en Westphalie, en Hongrie et au Canada. Une seconde colonie, destinée pour ces pays, s'arrêta en Angleterre, où un riche gentilhomme lui fit bâtir un monastère à Lulworth, près de Wareham, dans le Dorsetshire, lui dota de terres à défricher, et fournit aux religieux les instruments aratoires de toute espèce.

A la paix continentale, quelques-uns des établissements des trappistes fixés dans les pays étrangers rentrèrent en France. En quittant les rives de l'industrieuse Angleterre, ils emportèrent avec eux un grand nombre d'instruments aratoires perfectionnés, et revinrent riches des connaissances agricoles qu'ils avaient puisées chez une nation où l'agriculture est en honneur jusque dans les classes les plus élevées, jusque dans celles qui avoisinent le trône. Les moines du couvent de Lulworth rachetèrent l'abbaye de Meilleraie et quelques fermes qui en dépendent, et en juin 1816 ils vinrent prendre possession de cette solitude, où ils établirent une ferme modèle, qu'ils ont été contraints d'abandonner par mesure administrative en 1831.

Foire le 11 oct.
Bibliographie. Richer (Edouard). *Voyage à l'abbaye de la Trappe de Meilleray*, in-18, 1819 ; in-4, 1823.
Saint-Gervais (de). * *Promenade au monastère de la Trappe*, avec le plan figuré, in-12, 1822.
Dubois (L.-Fr.). * *Histoire civile, religieuse et littéraire de l'abbaye de la Trappe et des autres monastères de la même observance qui se sont établis tant en France que dans les pays étrangers avant et depuis la révolution de 1789, et notamment de l'abbaye de Meilleray; suivie de pièces justificatives*, in-8, 1824.
Villefort (l'abbé de). *Trois jours au monastère des trappistes de la Meilleray, département de la Loire-Inférieure*, 2ᵉ édition, in-8, 1826.
Regnon (de). *Relation des événements qui ont précédé et suivi l'expulsion de soixante-dix-huit Anglais dits trappistes de Meilleray, du 8 au 15 novembre 1831*, in-8, 1832.
MEILLERAY, vg. *Seine-et-Marne* (Brie), arr. et à 27 k. de Coulommiers, cant. et ✉ de la Ferté-Gaucher. Pop. 347 h.
MEILLERAY (la), vg. *Deux-Sèvres*, com. de la Peiratte, ✉ de Parthenay.
MEILLERAY (la), vg. *Vendée* (Poitou), arr. et à 33 k. de Fontenay-le-Comte, cant. et ✉ de Pouzanges. Pop. 841 h.
MEILLERAYE (la), *Seine-Inf.* V. Mailleraye.
MEILLIERS, vg. *Allier* (Bourbonnais), arr. et à 23 k. de Moulins-sur-Allier, cant. et ✉ de Souvigny. Pop. 427 h.
MEILLON, vg. *B.-Pyrénées* (Béarn), arr., cant., ✉ et à 6 k. de Pau. Pop. 547 h.
MEILLONNAS, vg. *Ain* (Bresse), arr. et à 13 k. de Bourg-en-Bresse, cant. et ✉ de Treffort. Pop. 1,249 h.
Fabriques de poterie de terre et de grès, briques réfractaires, creusets, poêles, etc.— *Foires* les 6 mars, 29 oct., samedi après l'Ascension et 22 déc.
MEILLY-SUR-ROUVRE, vg. *Côte-d'Or* (Bourgogne), arr. et à 37 k. de Beaune, cant. et ✉ de Pouilly-en-Montagne. Pop. 518 h.
MEINARGUETTE, vg. *Var*, comm. de Mazaugues, ✉ de St-Maximin.
MEISENTHAL, vg. *Moselle* (pays Messin), arr. et à 35 k. de Sarreguemines, cant. et ✉ de Bitche. Pop. 623 h. — Verrerie pour verre fin, gobeleterie, gardes-vue, etc.
MEISSEL, vg. *Var*, comm. de Flayose, ✉ de Draguignan.
MEISSENGOTT, vg. *B.-Rhin* (Alsace), arr. et à 20 k. de Schelestadt, cant. et ✉ de Villé. Pop. 910 h.
MEISSIES, vg. *Isère* (Dauphiné), arr. et à 17 k. de Vienne, cant. et ✉ de St-Jean-de-Bournay. Pop. 728 h.
MEISTRATZHEIM, ou Meistertzen, bg *B.-Rhin* (Alsace), arr. et à 28 k. Schelestadt, cant. et ✉ d'Obernai. Pop. 1,666 h.
MEITRIEU, vg. *Loire*, comm. de Chuyer, ✉ de Condrieu.

MEIX (le), vg. *Côte-d'Or* (Bourgogne), arr. et à 37 k. de Dijon, cant. et ✉ de Grancey. Pop. 207 h.
MEIX. V. Tour-du-Meix.
MEIX (le Grand et le Petit-), vg. *Jura*, com. de Neublans, ✉ du Deschaux.
MEIX-ST-ÉPOING (le), vg. *Marne* (Brie), arr. et à 47 k. d'Epernay, cant. et ✉ d'Esternay. Pop. 284 h.
MEIX-TIERCELIN (le), vg. *Marne* (Champagne), arr., et à 18 k. de Vitry-le-François, cant. de Sompuis. Pop. 244 h. — Il est situé près d'une ancienne voie romaine, sur le ruisseau du Puis.
MEIZE (la), vg. *H.-Vienne* (Limousin), arr. et à 13 k. de St-Yrieix, cant. et ✉ de Nexon. Pop. 1,223 h.
MÉJANEL, vg. *Aveyron*, comm. de Prévinquières, ✉ de Séverac.
MÉJANNES-LE-CLAP, vg. *Gard* (Languedoc), arr. et à 27 k. d'Alais, cant. et ✉ de Barjac. Pop. 145 h.
MÉJANNES-LÈS-ALAIS, vg. *Gard* (Languedoc), arr., cant., ✉ et à 8 k. d'Alais. Pop. 411 h.
MÉJANTEL, vg. *Lozère*, comm. de Barjac, ✉ de Mende.
MÉLA, vg. *Corse*, arr., ✉ et à 23 k. de Sartène, cant. de Ste-Lucie-de-Callano. Pop. 178 h.
MÉLAC, vg. *Aveyron*, comm. de St-Rome-de-Sernon, ✉ de St-Affrique.
MÉLAGUES, vg. *Aveyron* (Rouergue), arr. et à 40 k. de St-Affrique, cant. et ✉ de Camarès. Pop. 1,779 h.
MÉLAIN-LA-GAMPAGNE (St-), vg. *Eure* (Normandie), arr., cant. et à 20 k. d'Evreux, ✉ de la Coummanderie. Pop. 110 h.
MÉLAINE (St-), vg. *Calvados* (Normandie), arr., cant., ✉ et à 1 k. de Pont-l'Évêque. Pop. 313 h.
MÉLAINE (St-), vg. *Ille-et-Vilaine* (Bretagne), arr. et à 12 k. de Vitré, cant. et ✉ de Châteaubourg. Pop. 403 h.
MÉLAINE (St-), vg. *Maine-et-Loire* (Anjou), arr. et à 12 k. d'Angers, cant. de Pont-de-Cé, ✉ de Brissac. Pop. 501 h.
MÉLAMARE, vg. *Seine-Inf.* (Normandie), arr. et à 28 k. du Havre, cant. et ✉ de Lillebonne. Pop. 746 h.
MÉLAN, *Melanum*, joli village, *B.-Alpes* (Provence), arr., cant., ✉ et à 25 k. de Digne. Pop. 181 h.
La grotte de St-Vincent est à 1 k. de distance du village de Mélan. Il est de tradition que St-Vincent, évêque de Digne, avait fréquenté cette grotte, et que ce fut pour en consacrer le souvenir que les habitants de Mélan lui érigèrent une chapelle contre l'entrée de la grotte, en des temps très-reculés. Ils continuent encore aujourd'hui d'y aller en procession une fois par an. Cette solitude était bien choisie, et c'était bien certainement l'endroit le plus désert de tout le département. La chapelle de St-Vincent est bâtie à 2 m. de la grotte, située au nord et au milieu de la haute montagne de Mélan, du sommet escarpé de laquelle on jouit d'un point de vue magnifique. De là on découvre au midi et très-distinctement la montagne de Ste-Victoire-d'Aix, éloignée de 80 k., les montagnes de Moustiers, de Digne, de Sisteron, de Forcalquier, celles de Méez, dont la forme est pyramidale, celles du Dévoluy, toujours couronnées de neige, et enfin presque tout le département des Hautes-Alpes. Non loin de la grotte, et à son levant, se trouve un bois de hêtres, fréquenté journellement par un grand nombre d'aigles, de corbeaux, de corneilles et de pigeons ramiers. Dans ce bois croissent des aliziers, quelques cytises des Alpes, des groseilles armées d'épines, des framboisiers, des fraisiers, la gentiane, plusieurs espèces de lis et de menthe, l'angélique, la bétoine, et une infinité d'autres plantes curieuses.

Les personnes qui viennent de Digne pour visiter la grotte font une halte au joli village de Mélan, qui, dit-on, est bâti sur la hauteur, et qui se présente en amphithéâtre au midi et sur le penchant de cette montagne, dans un site vraiment pittoresque. De là elles voient de belles prairies traversées en cent endroits par de nombreuses sources qui y répandent la fécondité et la fraîcheur. Vers le bas de ces prairies, sur les confins des terroirs de Mélan et du Castellard, se trouve une belle carrière de marbre, découverte en octobre 1834, par M. Bastiani, célèbre statuaire de Rome, actuellement fixé à Aix. Cette carrière, qui occupe 2 k. de circuit, renferme du beau marbre noir, du marbre noir à veines blanches, du marbre noir à veines jaunes, et du marbre enfin à couleurs les plus variées, les plus brillantes et les plus solides. On vient d'en découvrir des masses considérables, et on se propose de les faire exploiter. Le local est des plus favorables, et les eaux nécessaires sont plus que suffisantes pour exécuter ce projet. D'après l'opinion de M. Bastiani, ce marbre est beaucoup plus beau, plus dur et préférable enfin à celui de la carrière de St-Géniez-de-Dromond, située à 2 k. de distance de celle-ci.

La grotte de St-Vincent est une des belles horreurs de la nature. L'entrée en est fort étroite ; mais quand on l'a franchie, on voit s'incliner et s'agrandir devant soi, dans une profondeur et une largeur étonnantes, des abîmes rocailleux qui présentent des pétrifications de toutes les formes, des rochers multipliés et d'une dimension prodigieuse. Là paraissent d'abord deux creux en dessus et en dessous dans le roc, que la tradition populaire attribue aux efforts que fit St-Vincent pour résister des pieds et des mains à la chute du roc supérieur que le démon ébranlait pour l'écraser ou lui empêcher toute sortie. Ils durent être bien grands, ou les pierres devaient être moins dures alors, puisqu'elles purent s'y enfoncer jusqu'à une telle profondeur. Plus bas, et à une certaine hauteur, à gauche, se trouve une grotte qu'on appelle le Four. Plus bas encore est la forme tortueuse de deux énormes serpents ; à droite sont quatre cloches sans hune, et en dessous l'entrée d'une cave où l'on croit voir des tonneaux, mais qu'on ne peut visiter en entier, les lumières s'y éteignant immédiatement. Non loin de la cave est la forme d'une cheminée couverte de belles pétrifications, dont quelques-unes sont blanches comme l'albâtre, et d'autres d'un noir d'ébène. Ces stalactites représentent une foule de figures bizarres. A la gauche de celle-ci, et à la hauteur de 2 m. au fond de cette grotte immense est une ouverture en forme de fenêtre, d'où l'on aperçoit avec frayeur un puits qui, dans sa rondeur, paraît avoir 12 m. de diamètre, et dont la hauteur et la profondeur ne peuvent être aperçues à l'aide d'un glui enflammé qu'on y jette. Les proportions de ce puits semblent en avoir été admirablement prises ; aucune difformité n'en dégrade le pourtour ; les pierres que les curieux y précipitent parviennent à une profondeur immense, s'entre-choquent, roulent de rocher en rocher avec un fracas effroyable, et paraissent enfin tomber dans une grande masse d'eau, cinq minutes après qu'elles y ont été lancées. C'est surtout dans ses abîmes que niche une quantité innombrable de corneilles : ni la clarté des torches, ni les cris aigus des bergers qui, à l'approche d'un orage, vont chercher un abri protecteur dans ces lieux ténébreux, ni l'épaisse fumée presque sans issue des torches qu'ils y enflamment, ne sauraient les en faire sortir. Leurs cris d'alarme, que parfois elles font entendre, répétés par un millier d'échos souterrains, a quelque chose d'effrayant.

MÉLANFROY, vg. *Seine-et-Marne*, com. de Pécy, ✉ de Nangis.

MÉLANY (St-), vg. *Ardèche* (Languedoc), arr., ✉ et à 25 k. de Largentière, cant. de Valgorge. Pop. 805 h.

MÉLAS, vg. *Ardèche*, comm. du Teil, ✉ de Montélimart.

MÉLAY, vg. *Maine-et-Loire* (Anjou), arr. et à 27 k. de Beaupréau, cant. et ✉ de Chemillé. Pop. 1,204 h.

MÉLAY, vg. *H.-Marne* (Champagne), arr. et à 50 k. de Langres, cant. et ✉ de Bourbonne. Pop. 1,416 h. — *Foires* les 23 janv., 6 mai, 21 août et 7 nov.

MÉLAY, vg. *H.-Saône*, comm. de Ternuay, ✉ de Lure.

MÉLAY, vg. *Saône-et-Loire* (Bourgogne), arr. et à 46 k. de Charolles, cant. et ✉ de Marcigny. Pop. 1,892 h. — *Foires* les 26 avril et 21 juillet.

MELDI (lat. 49°, long. 21°). « Strabon, Pline, Ptolémée, en font mention. *Meldi liberi*, dans Pline ; *Meldæ*, selon Ptolémée. Ce qui composait le district de ce peuple est appelé *comitatus Meldensis* par Grégoire de Tours ; *territorium Meldicum* dans les Gestes de Dagobert Ier ; et le *Melicanus pagus*, placé dans les capitulaires de Charlemagne, entre les *Parisiacus* et les *Milidunensis*, et remplissant ainsi l'intervalle de ces *pagi*, semble embrasser tout le diocèse de Meaux ; au lieu que le nom actuel de Multien se borne à la partie qui est au nord de la Marne ; le reste étant compris dans les *Briegium*, où la Brie. » D'Anville. *Notice de l'ancienne Gaule*, p. 452. V. aussi Walckenaer, *Géographie des Gaules*, t. I, p. 55, 403, 408, 411. *Observations sur les Meldi* (Histoire de l'académie royale des inscriptions et belles-lettres, t. XXXI, p. 268).

MELDI (lat. 52°, long. 22°). « On trouve le même nom de *Meldi* dans le cinquième livre des Commentaires. César formant le projet de passer dans la Grande-Bretagne, et ayant placé toutes ses légions en quartier d'hiver chez les Belges, *in Belgis omnium legionum hiberna constituerat*, avait ordonné la construction des bâtiments nécessaires pour faire le trajet la campagne suivante. En arrivant au port *Itius*, il trouva que sa flotte s'y était rendue, à l'exception de 40 voiles, *quæ in Meldis factæ erant*, auxquelles le vent contraire n'avait pas permis de tenir leur route, et qui avaient été obligées de relâcher à l'endroit d'où elles étaient parties : *tempestate rejectas, tenere cursum non potuisse, atque eodem, unde erant profectæ, relatas*. On voit bien que ces circonstances ne peuvent s'appliquer à la cité des *Meldi*, dont il s'agit dans l'article précédent. La navigation, qui avait été favorable au plus grand nombre des bâtiments, construits selon toute vraisemblable sur la Somme, l'Autie, la Canche, devait être contraire dans une direction opposée, et en venant du nord. En conséquence de cette observation, on peut jeter les yeux sur un canton de la Flandre voisin de Bruges, dont le nom de Meld-Feldt, c'est-à-dire *Meldicus Campus*, vulgairement Maldeghem-Velt, nous transmet le nom des *Meldi* sans aucune altération. La rivière d'Iper avait autrefois plusieurs embouchures par des bras différents, et formait des ports à la hauteur de Bruges, précisément comme on peut voir à l'article *Portus Æpatiaci* : et ce que je propose ici sur les *Meldi*, dont il est parlé dans César, paraît plus recevable, que d'en effacer le nom, et d'y substituer celui des *Unelli*, en suivant Nicolas Sanson. » D'Anville. *Notice de l'ancienne Gaule*, p. 452. V. aussi Walckenaer. *Géographie des Gaules*, t. I, p. 413, t. II, p. 265.

MELECEY, vg. *H.-Saône* (Franche-Comté), arr. et à 21 k. de Lure, cant. et ✉ de Villersexel. Pop. 416 h.

MELERAY, bg *Sarthe* (Maine), arr. et à 50 k. de Mamers, cant. et ✉ de Montmirail. Pop. 1,355 h.

MÉLESSE, vg. *Ille-et-Vilaine* (Bretagne), arr. et à 12 k. de Rennes, cant. et ✉ de St-Aubin-d'Aubigné. Pop. 2,549 h. — *Foires* les 25 août et mardi après la Pentecôte.

MELEZEN, vg. *B.-Alpes*, comm. de St-Paul, ✉ de Chatelard.

MELEZIN, vg. *H.-Alpes*, com. des Orres. ✉ d'Embrun.

MELGVEN, vg. *Finistère* (Bretagne), arr. et à 28 k. de Quimperlé, cant. de Baunalec, ✉ de Rosporden. Pop. 2,195 h. — Papeterie.

MÉLICOQ, vg. *Oise* (Picardie), arr. et à 12 k. de Compiègne, cant. et ✉ de Ribecourt. Pop. 307 h.

MÉLICOURT, vg. *Eure* (Normandie), arr. et à 24 k. de Bernay, cant. de Broglie, ✉ de Montreuil-Largillé. Pop. 252 h.

MÉLIER-FONTAINE, vg. *Ardennes* (Champagne), arr. de Mézières, ✉ et à 10 k. de Charleville, cant. de Monthermé. Pop. 134 h.

MÉLIGNY-LE-PETIT, vg. *Meuse* (Lorraine), arr. de Commercy, à 31 k. de St-Mihiel, cant. et ✉ de Void. Pop. 264 h.

MÉLIGNY-LE-GRAND, vg. *Meuse* (Lorraine), arr. de Commercy, à 29 k. de St-Mihiel, cant. et ✉ de Void. Pop. 386 h.

MÉLIN, vg. *Côte-d'Or*, comm. de Marcilly-lès-Mont-St-Jean, ✉ de Pouilly-en-Montagne.

MÉLIN, vg. *H.-Saône* (Franche-Comté), arr. à 32 k. de Vesoul, cant. et ✉ de Combeaufontaine. Pop. 232 h.

MÉLIN-SOUS-ORCHES, vg. *Côte-d'Or*, comm. d'Auxay-le-Grand, ✉ de Beaune.

MÉLINCOURT, vg. *H.-Saône* (Franche-Comté), arr. et à 41 k. de Lure, cant. et ✉ de Vauvillers. Pop. 603 h.

MÉLISEY, bg *H.-Saône* (Franche-Comté), arr., ✉ et à 11 k. de Lure, chef-l. de cant. Pop. 2,359 h. Sur l'Ognon. — TERRAIN du trias, grès bigarré.

Fabrique de bonneterie, de toiles de coton, de fromages façon d'Auvergne. — *Foires* le 2e mardi de mars, de juin, de juillet, de sept. et de nov.

MÉLISEY, vg. *Yonne* (Champagne), arr., ✉ et à 12 k. de Tonnerre, cant. de Crusy. Pop. 680 h.

MELJAC, vg. *Aveyron*, comm. de Ségur, ✉ de Pont-de-Salars.

MELLAC, vg. *Finistère* (Bretagne), arr., cant., ✉ et à 5 k. de Quimperlé. P. 1,188 h.

MELLÉ, vg. *Ille-et-Vilaine* (Bretagne), arr. et à 16 k. de Fougères, cant. et ✉ de Louvigné-du-Désert. Pop. 1,357 h.

MELLE (le), vg. *Seine-et-Oise*, comm. d'Adainville, ✉ de Houdan.

MELLE, *Metallum*, petite ville, *Deux-Sèvres* (Poitou), chef-l. de sous-préf. (4e arr.). Trib: de 1re inst. Cure. Collège communal. ✉. ⚖. Pop. 2,687 h. — TERRAIN jurassique, calcaire à gryphées.

Melle passe pour la plus ancienne ville du département. On y a battu de la monnaie sous Charles le Chauve ; des fouilles faites il y a une soixantaine d'années ont procuré plusieurs monnaies de ce prince et des médailles romaines. En 1600 il y avait à Melle six cents maisons, et on n'en compte guère aujourd'hui que trois cent cinquante. Cette diminution vient des persécutions exercées contre les protestants ; tout le pays de Melle, ayant embrassé la réforme, souffrit beaucoup des guerres de religion et de la révocation de l'édit de Nantes.

Cette ville est située sur une colline escarpée, au pied de laquelle coule la petite rivière de Béronne. L'air y est très-sain et même un peu vif pour les poitrines délicates. Elle est en général fort mal bâtie, mais l'aspect en est agréable; les environs sont riants, pittoresques, et les promenades charmantes. Le sol des alentours est remarquable par sa fécondité; tout y vient heureusement, à l'exception de la vigne.

On voit près de Melle une tour remarquable, désignée sous le nom de Mellezéard (citadelle de Melle). Aux environs on trouve la fontaine sulfureuse de Fontadan, dont les eaux jouissent d'une assez grande réputation pour la guérison des maladies cutanées.

Patrie du conventionnel P.-R. Auguis; et de son fils P.-R. Auguis, membre de la chambre des députés, littérateur et savant érudit, mort en 1844.

Industrie. *Fabriques* de serges, grosses étoffes de laine d'un bon usage. Tanneries. Papeterie. — *Commerce* considérable de grains, graines de trèfle, laine, bestiaux, mulets, etc. C'est particulièrement dans l'arrondissement de Melle qu'on élève ces mulets de belle race, regardés comme les meilleurs de l'Europe. — *Foires* les 18 janv., 11 et 22 fév., 25 avril, 28 juin, 1er et 31 août, 1er vendredi d'oct. et de déc., 8 nov., mercredi de la semaine de carême et de la Passion.

A 29 k. E.-S.-E. de Niort, 391 k. S.-O. de Paris.

L'arrondissement de Melle est composé de 7 cantons : Brioux, Chef-Boutonne, Celles, Chenay, la Mothe-Ste-Héraye, Melle et Sauzé-Vaussais.

MELLECEY, vg. *Saône-et-Loire* (Bourgogne), arr. et à 11 k. de Chalon-sur-Saône, cant. de Givry, ✉ du Bourgneuf. Pop. 1,013 h. — *Foires* le 30 juillet et 30 déc.

MELLERAN, bg *Deux-Sèvres* (Poitou), arr. et à 18 k. de Melle, cant. et ✉ de Sauzé. Pop. 1,219 h.

MELLERAY, vg. *Eure-et-Loir*, comm. d'Oinville-St-Liphard, ✉ de Janville.

MELLERAY, vg. *Loiret*, comm. d'Outarville, ✉ de Toury.

MELLERAY, bg *Mayenne* (Maine), arr. et à 20 k. de Mayenne, cant. et ✉ de Lassay. Pop. 513 h.

MELLEROY, vg. *Loiret* (Gatinais), arr. et à 22 k. de Montargis, cant. et ✉ de Château-Renard. Pop. 676 h.

MELLES, vg. *H.-Garonne* (Comminges), arr. et à 43 k. de St-Gaudens, cant. et ✉ de St-Béat. Pop. 1,143 h.

MELLEVILLE, vg. *Eure*, comm. de Guichainville, ✉ d'Évreux.

MELLEVILLE, *Mellevilla*, vg. *Seine-Inf.* (Normandie), arr. et à 29 k. de Dieppe, cant. et ✉ d'Eu. Pop. 350 h.

MELLIONNEC, vg. *Côtes-du-Nord* (Bretagne), arr. et à 55 k. de Loudéac, cant. de Gouarec, ✉ de Rostrenen. Pop. 1,193 h. — *Foires* les 20 janv., 26 juin et 27 juillet.

MELLO, *Merlou*, *Mellotum*, bg *Oise* (Picardie), arr. et à 18 k. de Senlis, cant. et ✉ de Creil. Pop. 460 h.

La terre de Mello fut érigée en ville baronnie et châtellenie le 7 octobre 1200 par Guillaume, avec promesse de rendre les habitants francs et libres de toute taille.

Ce bourg, autrefois clos de murs avec portes et ponts-levis dont on ne voit plus de restes, est assis dans la vallée du Thérain, et traversé par diverses branches de cette rivière. Il est généralement bien bâti, percé de rues propres et pavées : on y voit encore beaucoup de maisons décorées d'ornements tels qu'on en faisait dans le xvie siècle.

Un château flanqué de tourelles est situé sur le haut d'un coteau qui domine le bourg. Il a été bâti par les Dreux de Mello, et existait en l'an 800. Des réparations y furent exécutées en 1400, vers 1480 et en 1770. La porte d'entrée était flanquée de deux énormes tours qui ont été démolies en 1800 : une d'elles, haute de 26 m., était surmontée d'un donjon élevé de 19 m. 50 c., du haut duquel on découvrait Beauvais, la butte Montmartre, et une immense étendue de pays. Des croisées du château, on jouit d'une vue extrêmement agréable sur la vallée du Thérain.

Un bélier hydraulique monte les eaux de la rivière jusqu'à la hauteur de 66 m. dans un réservoir au-dessus des combles, d'où elle se distribue aux communs et aux parterres. Des jardins paysagers nouvellement dessinés ajoutent à l'agrément de cette belle propriété.

L'église est en croix ou plutôt en forme de T, le chœur, qui tombait en ruines, ayant été démoli en 1741 faute d'argent pour le réparer. Le portail est maintenant sur le côté du midi; il est à plein cintre, chargé d'ornements lourds et grossiers. Les croisées des bas côtés sont romanes, à l'exception de quelques-unes qui ont été refaites en ogives. Au-dessus des premières croisées règne tout autour de l'église une galerie éclairée par des ogives géminées inscrites dans des pleins cintres; la voûte de l'église est soutenue par des arceaux gothiques; on voit par les restes du chœur qu'il était appuyé sur des contre-forts portant arcs-boutants. Dans le bas côté du nord est une chapelle ornée de demi-bas-reliefs, qui servait de sépulture à la famille de Montmorency.

Fabriques de tissus mérinos et de cachemires, de calicot et de toile de coton. Filature de laines peignées et cardées. Fabrique hydraulique de lacets. Exploitation de tourbe. — *Commerce* de bestiaux. — *Foires* les 22 et 23 juillet.

MELLOSEDUM (lat. 46°, long. 24°). « Il en est mention dans la Table théodosienne, sur la trace d'une route qui, passant à Gularo, ou Grenoble, conduit à l'*Alpis Cottia*, comme on peut voir à l'article *Catorissium*, où les difficultés qui se présentent en voulant reconnaître les lieux placés sur cette route sont exposées. Cependant il y a grande apparence que celui-ci convient à la position d'un lieu dont le nom est Mizouin, sur la Romanche, entre le bourg d'Oisans et le Lautaret. » D'Anville, *Notice de l'ancienne Gaule*, p. 453.

MELNEUF, vg. *Loire-Inf.*, comm. de Guenrouet, ✉ de Pont-Château.

MELODUNUM (*quod et* Metioseddum) (lat. 49°, long. 21°). « On trouve le nom de *Melodunum* dans César, comme étant celui d'une ville des *Senones* renfermée, de même que *Lutecia*, dans une île de la Seine (Comment., vii) : *Melodunum est oppidum Senonum, in insula Sequanæ positum, ut paullo ante Luteciam diximus*. Dans l'Itinéraire d'Antonin la position de Melun paraît sous le nom de *Mecletum*, ou suivant une autre leçon *Methetum*, selon la Table théodosienne *Meteglum*. La distance entre *Lutecia* et cette position est également marquée XVII ; et nonobstant cet accord de l'Itinéraire et de la Table, l'espace absolu demande au moins 19 lieues gauloises, par la raison que ce qu'il y a d'espace entre la cité de Paris et Melun, approche de 22,000 toises. Mais je remarque que ce qui est de moins en cette distance se retrouve en plus dans celle qui suit jusqu'à *Condate*, ou Montereau-faut-Ionne, dont la position est connue dans l'angle que forme l'union de la rivière d'Ionne avec la Seine. Car quoique l'Itinéraire et la Table conviennent encore dans leur indication, savoir XV, l'espace absolu entre Melun et Montreau ne passant guère 14,000 toises, n'admet que 13 lieues gauloises. Or 13 ajoutés à 19 font 32, de même que 15 et 17 dans l'Itinéraire et dans la Table. Si leurs indications prises séparément ne sont pas justes, ce qu'elles ont de défectueux est compensé dans leur réunion, et en faisant un total de *Lutecia* à *Condate*. C'est ce qu'on rencontre quelquefois dans l'application qu'on fait au local de plusieurs distances qui se suivent sur une même route. Les écrits du moyen âge varient sur le nom de *Melodunum*, comme les monuments qui leur sont antérieurs. On trouve *Mecledo*, conformément à la leçon de quelques manuscrits de l'Itinéraire, ou à peu près, dans une lettre que Léon, évêque de Sens, écrivait dans le vie siècle au roi Childebert Ier, pour s'opposer à l'établissement d'un siège épiscopal à Melun, renfermé dans son diocèse. Mais je ne dois pas me borner à la discussion dans le présent article, étant obligé de m'étendre sur un point fort controversé au sujet de la meution qui est faite de *Metiosedum*, dans le même livre des Commentaires d'où le nom de *Melodunum* est tiré. Il faut par rapport à cet objet étudier avec application les circonstances de l'expédition de Labienus contre les *Parisii*. Ce lieutenant de César part d'*Agedincum* ou de Sens; et aux approches de *Lutecia*, ayant inutilement tenté de traverser un marais, formé, selon ce qu'il y a de plus vraisemblable, par la rivière de Bièvre, sur la rive gauche de la Seine; il retourne par le même chemin jusqu'à *Melodunum*, ville des Senones, dans une île de la Seine, comme il est rapporté ci-dessus. S'en étant rendu maître, il y passe de l'autre côté de la rivière pour revenir se camper devant Lutèce. L'ennemi resté sur un des bords de la rivière, pour la défense de la ville, avait son camp vis-à-vis de celui de Labienus. Dans cette position, on voit que ce n'est plus le marais dont il a été parlé, mais le cours de la

Seine et l'emplacement de Lutèce qui séparent les deux armées : celle des *Parisii* et de leurs confédérés demeurent sur la rive gauche, et c'est sur la droite que l'armée romaine est campée. Cependant la nouvelle se répand aussitôt de toutes parts que César a levé le siège de *Gergovia*, et que les *Ædui* ont pris le parti de la révolte. Labienus est en même temps informé que sur ses derrières les *Bellovaci* prennent les armes, tandis que l'ennemi qu'il a devant lui ferme le passage du retour. Il confie la garde de son camp à cinq cohortes, et il en fait partir cinq autres, accompagnées de bateaux pour remonter le fleuve, *adverso flumine*, avec grand bruit dans la vue d'attirer de ce côté-là l'attention de l'ennemi. Pour lui, ayant à l'entrée de la nuit et sourdement rassemblé cinquante barques pour descendre la Seine à quatre milles au-dessous de son camp, il traverse la rivière sur ces barques vers le point du jour. L'ennemi, apprenant les mouvements des Romains, et croyant qu'ils prennent la fuite, veut également agir par trois endroits. Il laisse un corps vis-à-vis du camp romain, qui est demeuré devant Lutèce. Il en détache un autre pour suivre la route des bateaux le long du fleuve, et c'est en cet endroit que le nom de *Metiosedum* se rencontre dans le texte : *Parva manu Metiosedum versus missa, quæ tantum progrederetur, quantum naves processissent*. Avec le reste de ses forces il marcha contre Labienus. Sanson, en écrivant sur ce sujet, veut que le corps détaché vers *Metiosedum*, pour côtoyer la navigation des bateaux qui remontaient, ait pour objet de suivre les barques qui avaient descendu la rivière. Il ne prend pas garde que le stratagème de Labienus et le succès qui en résulta, consistent précisément à avoir fait exécuter cette manœuvre de nuit et sans bruit, pour en dérober la connaissance : *Prima confecta vigilia, secundo flumine progredi silentio, jubet*. Ce qu'il ordonne au contraire, en remontant la rivière, que ce soit d'une manière tumultueuse et bruyante s'est fait entendre de l'ennemi : *Magnum iræ agmen adverso flumine sonitumque remorum in eadem parte exaudiri*. Et cet ennemi, qui se persuade que les Romains cherchent le moyen de fuir, et par trois côtés différents, *quod existimabant tribus locis transire legiones, atque omnes fugam parare*, ne se porte aussi vers trois différents côtés que pour s'opposer également partout à une retraite qu'il croit précipitée. Or il est aisé de remarquer que si l'on fait marcher un de ces détachements vers le bas de la rivière, en même temps que le gros de l'armée gauloise marche vers Labienus, c'est diriger deux différents corps vers un seul et même côté, et ne pas satisfaire à tout ce que l'ennemi se propose et entreprend, en lui faisant négliger et laisser en arrière le détachement romain qui remonte la rivière, quoique dans l'opération de Labienus ce mouvement se fasse avec éclat, tandis que de l'autre côté il est secret et clandestin : je n'ai pu me dispenser d'entrer dans un pareil détail, nonobstant mon intention d'éviter la prolixité dans cet ouvrage. J'ai vu avec sur-

prise que M. de Valois, qui n'est pas volontiers d'accord avec Sanson, adoptait ici son opinion et l'interprétation sur laquelle elle est fondée (p. 337). *Suam opinionem*, en parlant de Sanson, *Cæsariana relatione stratagematis Labieni confirmat, ac verisimillimam reddit*. Cellarius (t. I, p. 208) accède aussi au même sentiment, entraîné à ce qu'il paraît par l'autorité de M. de Valois. Au reste il paraîtra plus aisé de se convaincre que la position de *Metiosedum* ne doit pas être placée au-dessous de Lutèce, en descendant la Seine, que de décider quelle est sa position du côté contraire, ou en remontant. Il semble néanmoins, quand on y fait attention, que le nom de *Metiosedum* soit employé dans le texte des Commentaires comme celui d'un lieu dont il a déjà été question, et qui a été précédemment désigné dans le cours de l'expédition, ce qui ne peut concerner que *Melodunum*. Joseph Scaliger va plus loin que l'idée de prendre *Metiosedum* pour *Melodunum* : il prétend que dans les manuscrits de César on lit *Metiosedum*, au lieu de *Melodunum*, ce qui est suspect de faux à M. de Valois. Quoi qu'il en soit, la manière diverse dont on lit le nom du même lieu, *Methetum*, *Meteglum*, *Mecledum*, a plus d'affinité avec *Metiosedum* que la dénomination même de *Melodunum*. Marlien, et quelques autres après lui, veulent qu'on lise *Josedum* plutôt que *Metiosedum*, ce qui est rejeté par Scaliger. » D'Anville. *Notice de l'ancienne Gaule*, p. 453. V. aussi Walckenaer, *Géogr. des Gaules*, t. I, p. 409, et l'article METIOSEDUM.

MELOIR (St-), vg, Côtes-du-Nord (Bretagne), arr. et à 15 k. de Dinan, cant. de Plélan, ✉ de Plancoët. Pop. 246 h.

MELOIR-DES-ONDES (St-), vg. Ille-et-Vilaine (Bretagne), arr. et à 11 k. de St-Malo, cant. et ✉ de Cancale. Pop. 3,190 h. — Foire le 22 juillet.

MELOISEY, *Molesiacum*, vg. Côte-d'Or (Bourgogne), arr., cant., ✉ et à 11 k. de Beaune. Pop. 570 h.

MELRAND, vg. Morbihan (Bretagne), arr., et à 16 k. de Pontivy, cant. de Baud. Pop. 2,705 h. — Foires le 1er samedi de mars et 2e samedi de juin.

MELS, vg. Aveyron, comm. de Ste-Geneviève, ✉ de Laguiole.

MELSHEIM, vg. B.-Rhin (Alsace), arr. et à 12 k. de Saverne, cant. et ✉ de Hochfelden. Pop. 552 h.

MELUN, *Melodunum, Senonum*, ancienne et jolie ville, Seine-et-Marne (Gâtinais), chef-l. du département de *Seine-et-Marne*. Trib. de 1re inst. Collège communal. 2 cures. Gîte d'étape. ✉. ⚘. Pop. 8,950 h. — TERRAIN tertiaire inférieur.

Autrefois diocèse de Sens, parlement et intendance de Paris, chef-lieu d'élection, bailliage, présidial, prévôté et vicomté, prévôté générale de maréchaussée, collégiale, abbaye ordre de St-Benoît, couvent de capucins.

César indique clairement la position de cette ville du pays des *Senones*, placée, dit-il, dans une île de la Seine, un peu avant *Lutetia*. On

ne peut désigner plus clairement Melun, que quelques auteurs ont eu le tort de confondre avec *Metiosedum*, qui, d'après les détails sur le siège de Paris par Labénius, a dû être situé au confluent de la Marne et de la Seine.

L'ancien Melun était situé, comme l'ancien Paris, dans une île sur la Seine ; une tradition locale le considérait comme antérieure à la capitale, et faisait même dériver son nom (MIL ET UN) de cette circonstance ; le blason de la ville, rapporté en 1627 par son plus vieil historien, F. Odon (traduit par Sébastien Rouillard), en fait foi.

Melun je svis qvi evs à ma naissance.
Le nom d'Iris, comme des vievx on sait.
Sy fvst Paris, constrvit à ma semblance,
Mille et vn àn depvis' qve je fvs faist.
Dire me pvs, svr les villes de France
Pavvre de biens, riche de loyavté,
Qvi par la gverre ay ev mainstes sovffrances,
Et par la faim de mainct rats ai tasté.

Quoi qu'il en soit, son existence est constatée dès la conquête des Gaules ; Melun faisait alors partie de la nation sénonaise, et Labienus, lieutenant de César, s'en empara l'an 52 avant J.-C. Les Romains la conservèrent jusqu'à Clovis, qui s'en rendit maître en 497. La position de cette ville sur la Seine, l'importance de sa possession, l'exposèrent à de fréquents ravages lors des démembrements de la monarchie sous la première race. Les Normands la dévastèrent aussi à diverses époques, et notamment en 845, 848, 861, 883 et 888. — Sous la troisième race, après avoir été quelque temps possédé par Eudes, comte de Chartres, qui s'en était emparé par trahison en 999, Melun devint la résidence de plusieurs rois de France; Robert Ier, sa femme Constance, et Philippe Ier, y moururent en 1031, 1032 et 1108. En 1110, Louis le Gros y assembla un parlement où fut résolue la guerre contre Hugues, seigneur du Puiset, dont les violences avaient excité tant de plaintes. — Louis le Jeune, comme ses prédécesseurs, résida à Melun, et sous son règne cette ville fut illustrée à deux reprises différentes par la présence du fameux Abaïlard, qui, forcé de quitter Paris, vint à Melun ouvrir son école, en 1138, et y resta jusqu'à ce que, poursuivi par le crédit de saint Bernard, il alla se réfugier à l'abbaye de Cluny.

A l'exemple de son père, Philippe Auguste et son fils Louis VIII habitèrent le château de Melun, et y tinrent plusieurs parlements. Philippe Auguste résidait à Melun lorsqu'il fut excommunié en 1184, pour avoir voulu répudier Ingelburge qu'il n'aimait plus, afin d'épouser Agnès de Méranie, dont il était devenu tout à coup amoureux. Cette excommunication s'étendit ensuite non-seulement sur toute sa famille et sur les seigneurs qui composaient sa cour, mais encore sur les bourgeois de Paris et de Melun, qui ne songeaient ni à divorcer d'avec leurs femmes, ni aux différends qui existaient entre le pape et leur souverain. « Pendant plus de neuf mois que dura cette excommunication, dit l'auteur des Essais sur Paris, les églises furent fermées, on ne disait plus ni messes ni vêpres. On ne se mariait point, les œuvres de mariage étaient même expressément défendues, comme illicites. » En un mot, il n'était plus permis de coucher avec sa femme, parce que le roi ne se souciait plus de coucher avec la sienne. — En 1246, saint Louis armait chevalier à Melun son frère Charles d'Anjou, et en 1255 il y mariait sa fille Isabelle à Thibault, roi de Navarre.— Melun resta dans le domaine royal jusqu'en 1848; à cette époque Philippe de Valois, ayant épousé à Brie-Comte-Robert Blanche de Navarre, lui assigna en douaire le château et la seigneurie de cette ville. Cete princesse les garda jusqu'en 1358, et les livra alors à son frère Charles le Mauvais, roi de Navarre; mais le régent, depuis Charles V, ne tarda pas à les reprendre aidé par du Guesclin, qui fut blessé devant la place en 1360. Ce prince frappa de droits excessifs les marchandises qui passaient sur le pont de Melun; un tonneau de vin était imposé à 6 écus d'or, etc. Après sa mort et pendant la longue démence de Charles VI, le château de Melun servit plusieurs fois de refuge, en 1406, à la reine Isabeau de Bavière et à son beau-frère le duc d'Orléans, chassés de Paris par les Bourguignons. Après l'assassinat de ce prince en 1408, elle s'y retira également; et lorsque Paris fut livré au duc Jean sans Peur, en 1418, ce fut encore à Melun que Tanneguy du Châtel, après avoir enlevé le Dauphin, vint l'y mettre en sûreté. — Melun fut assiégé en 1240 par les armées anglaises et bourguignonnes. Le sire de Barbazan, qui faisait partie de la suite du Dauphin, lors de l'entrevue de Montereau, où le duc de Bourgogne fut assassiné, en était gouverneur. Après une vigoureuse résistance, après avoir épuisé toutes les munitions, mangé les chevaux, les chiens, etc., etc., fait des mines, des contre-mines, où assiégeants et assiégés venaient combattre à la lueur des torches et comme en champs clos, la garnison mit bas les armes. Barbazan fut conduit à la Bastille, les bourgeois furent contraints de donner des otages, et on envoya à l'échafaud dom Simon, moine de l'abbaye du Jard, dont l'arbalète avait, dit-on, tué pendant le siége plus de 60 assiégeants. — Neuf mois après les habitants, aidés par le commandeur de Giresmes, chassèrent les Anglais; mais ils parvinrent à rentrer et gardèrent la ville jusqu'en 1435, où elle leur fut enlevée de nouveau et pour toujours. — Depuis cette époque, le château de Melun servit de prison à plusieurs personnages importantes; le duc d'Alençon y fut enfermé en 1551, Dandelot en 1558; mais il ne fut plus que rarement habité par les rois.

La coutume de Melun fut rédigée en 1506, et revue en 1558 par Christophe de Thou.

La réforme protestante compta peu de partisans dans cette ville; quelques ministres y prêchèrent en 1561, mais le temple fut aussitôt fermé, et ne devait plus se rouvrir.

Possédé par des ligueurs, Melun fut assiégé par Henri IV en 1590, et se rendit à ce prince le 11 avril, après cinq jours de siége, pendant lesquels les troupes royales incendièrent et pillèrent plusieurs couvents des alentours. — A partir de ce moment l'histoire de Melun n'offre plus rien d'intéressant.

Dans le cours de la révolution de 1789, Melun n'eut pas à gémir de ses excès; cependant on ne peut se rappeler sans douleur que c'est dans ses murs que Bailly fut arrêté.

En 1814 et en 1815, pendant les deux invasions étrangères, la ville fut occupée par les troupes russes, autrichiennes et bavaroises.

Les armes de Melun sont: *d'azur semé de fleurs de lis d'or; à la tour sommée de trois tours d'argent et couvertes de gueules, hersée de même et maçonnée de sable*; et pour devise: FIDA MURIS USQUE AD MUROS.

Melun est situé sur les deux rives de la Seine, qui y forme une île et la divise en trois parties unies entre elles par deux ponts; la plus considérable s'élève en amphithéâtre sur la rive droite du fleuve. — La ville est assez bien percée et assez bien bâtie; des travaux importants ont depuis peu contribué à l'embellir; des quais, des promenades nouvelles en font actuellement une jolie ville. Le fleuve, les grandes routes qui la traversent l'ont rendue de bonne heure importante; elle possédait autrefois plusieurs paroisses, qui n'en forment plus que deux aujourd'hui, St-Aspais sur la rive droite de la Seine, et Notre-Dame dans l'île, dont on fait remonter la fondation jusqu'au temps de Clovis. L'ancien couvent de St-Père est dans une admirable position, sur une éminence du côté de Paris; les jardins descendaient jusqu'à la Seine; il est aujourd'hui occupé par la préfecture. — Le couvent des carmes est occupé aujourd'hui par le palais de justice, par la prison, la caserne de gendarmerie et la salle de spectacle. En 1560, il se tint dans ce couvent une assemblée des trois états de la province pour la rédaction de la coutume de Melun. — L'ancien couvent, appelé la Maison-des-Frères, sert actuellement de quartier de cavalerie.

La grande place est vaste et régulière, mais la ville ne possède aucun monument remarquable. St-Aspais offre un aspect triste et sombre, ses vitraux seuls sont estimés. — L'église de Notre-Dame de Melun est une ancienne collégiale, bâtie, à ce que l'on présume, par le roi Robert. Elle est de transition entre le style à plein cintre et le style ogival. Les chapiteaux représentent des feuillages entremêlés d'oiseaux, de masques humains, d'animaux fantastiques à tête d'homme ou de monstres. Des mascarons bizarres, difformes, ouvrent la gueule et tirent la langue sur plusieurs consoles.

Dans la partie occidentale de l'île on remarquait, il y a peu de temps encore, les ruines de l'ancien château de Melun, et une vieille tour que la tradition attribuait à César et qui en portait le nom.

A l'extrémité opposée, à l'endroit où s'élève aujourd'hui la maison centrale de détention, construite elle-même sur l'emplacement de l'hôpital St-Nicolas et du couvent des Annoncia-des, on prétend, mais sans en rapporter de preuves, qu'il y avait un temple d'Isis.

Biographie. Melun est la patrie de PHILIPPE AUGUSTE, roi de France.

D'AMYOT, qui y naquit le 30 octobre 1513 de parents fort pauvres. Il fit ses études à Paris, où il arriva sans autres secours qu'un pain que sa mère lui envoyait chaque semaine: pour exister, il fut obligé de servir de domestique à d'autres écoliers de son collège. Après avoir fait ses cours d'éloquence et de poésie latine, il obtint une chaire de grec et de latin. Pendant douze ans qu'il occupa cette chaire il traduisit le roman grec de Théogène et Chariclée, et quelques vies des hommes illustres de Plutarque. François Ier, auquel il dédia cet essai, lui ordonna de continuer l'ouvrage, en lui faisant présent de l'abbaye de Belloyane. Personne ne rendit plus de services que lui à la langue française, et sa traduction a, dans le vieux style du temps, une grâce que Racine ne croyait pas pouvoir être égalée dans notre langue moderne. Amyot mourut évêque d'Auxerre le 6 février 1593, dans sa quatre-vingtième année; un superbe tombeau lui a été élevé dans la cathédrale de cette ville, dont il est un des beaux monuments.

De SÉB. ROUILLARD, traducteur de l'Histoire de Melun, de Fr. Odon.

D'EDME MAILLET, docteur en théologie.

De Mme GAIL, compositeur de musique et pianiste distinguée.

Des lieutenants généraux CH. JACQUINOT et baron SIMON.

INDUSTRIE. Fabriques de draps, étoffes de laine, toiles peintes, calicots. Filatures de coton. Tanneries. — Commerce de grains, farines, fromages, laine et bestiaux. — Maison centrale de détention pour cinq départements. — Foires de 2 jours les 24 juin, 23 sept. et 11 nov. — Dans les premiers jours de mai il y a un concours pour les bestiaux, et on distribue des prix en argent et des médailles d'or, d'argent et de bronze aux propriétaires de bestiaux primés. — Marché le mercredi et le samedi.

A 56 k. S. de Meaux, 44 S.-S.-E. de Paris. L'arrondissement de Melun est composé de 6 cantons: Brie-Comte-Robert, le Châtelet, Melun nord, Melun sud, Mormant et Tournan.

Bibliographie. ODON (Fr.). *Histoire de la ville de Melun, contenant plusieurs raretés notables et non découvertes en l'histoire générale de France; plus la vie de Bouchard, comte de Melun, sous le règne de Hugues Capet, traduite du latin d'un auteur du temps, ensemble la vie de Jacques Amyot, évêque d'Auxerre, grand aumônier de France; avec le catalogue des seigneurs et dames de la maison de Melun, recueilli de diverses chroniques et chartes manuscrites*, in-4°, 1628 (traduit du latin par Sébastien Rouillard).

NICOLET (H.-G.). *Histoire de Melun depuis son origine jusqu'à nos jours*, in-8° et pl., 1843.

BERNARD DE LA FORTELLE. *Histoire et Description de Notre-Dame de Melun*, in-4°, 1843.

LEBEUF (l'abbé). *Observation sur la position de Metiosedum voisin de Paris; avec quelques remarques sur l'île de Melun et sur l'île de Paris* (Rec. d'écrits sur l'hist. de France, t. II, p. 142, 178).

MELVE, vg. *B.-Alpes* (Provence), arr. et à 26 k. de Sisteron, cant. et ⊠ de la Motte-du-Caire. Pop. 348 h.

MELVIEU, vg. *Aveyron*, comm. de St-Rome-de-Tarn, ⊠ de St-Affrique.

MELZ, vg. *Seine-et-Marne* (Brie), arr. et à 12 k. de Provins, cant. de Villiers-St-Georges, ⊠ de Nogent-sur-Seine. Pop. 683 h.

MELZICOURT, vg. *Marne*, comm. de Servon-Melzicourt, ⊠ de Ville-sur-Tourbe.

MEMBRE, vg. *Aveyron*, comm. de Castelnau-Peyralès, ⊠ de Sauveterre.

MEMBREY, vg. *H.-Saône* (Franche-Comté), arr. et à 24 k. de Gray, cant. de Dampierre-sur-Salon, ⊠ de Lavoncourt. P. 834 h.

MEMBROLLE (la), vg. *Indre-et-Loire*, comm. de Mettray, ⊠ de Tours.

MEMBROLLE (la), *Mons Budelli*, bg *Maine-et-Loire* (Anjou), arr., cant., ⊠ et à 13 k. d'Angers. Pop. 565 h. —*Foire* le 20 mai.

MEMBROLLES, vg. *Loir-et-Cher* (Blaisois), arr. et à 53 k. de Blois, cant. et ⊠ d'Ouzouer-le-Marché. Pop. 578 h.

MÊME (St-), bg *Charente* (Angoumois), arr. et à 15 k. de Cognac, cant. de Ségonzac, ⊠ de Jarnac. Pop. 1,164 h.—*Foire* le 11 sept.

MÊME (St-), vg. *Charente-Inf.* (Saintonge), arr., cant. et à 10 k. de St-Jean-d'Angély, cant. de St-Hilaire. Pop. 339 h.

MÊME (St-), vg. *Loire-Inf.* (Bretagne), arr. et à 38 k. de Nantes, cant. de Machecoul. Pop. 761 h. — Il est situé sur le Tenu, qui commence en cet endroit à être navigable, et y forme un petit port très-fréquenté par des barques à voiles et à rames.

MÊME-SUR-SEINE (St-), vg. *Seine-et-Marne*. V. ST-MAMMÈS.

MÉMELSHOFFEN, vg. *B.-Rhin* (Alsace), arr. et à 12 k. de Wissembourg, cant. et ⊠ de Soultz-sous-Forêts. Pop. 388 h.

MÉMÉNIL, vg. *Vosges* (Lorraine), arr. et à 15 k. d'Epinal, cant. et ⊠ de Bruyères. Pop. 305 h.

MÉMER, vg. *Aveyron*, comm. de Vailhourlhès, ⊠ de Villefranche-de-Rouergue. *Foire* le 12 janv.

MEMERSBRUNN, *Moselle*. V. NARDÉFONTAINE.

MÉMIN (St-), *S. Memorius*, vg. *Aube* (Champagne), arr. et à 30 k. d'Arcis-sur-Aube, cant. de Méry-sur-Seine, ⊠ des Grès. Pop. 598 h. —*Foires* les 15 avril et 11 nov.

MÉMIN (St-), vg. *Dordogne* (Périgord), arr. et à 51 k. de Périgueux, cant. et ⊠ d'Excideuil. Pop. 1,098 h. —Forges et haut fourneau.

MEMINI (lat. 44°, long. 24°). « Il en est mention dans Pline (lib. III, cap. 4, et lib. XVII, cap. 3) en leur donnant pour ville *Capentoracte*, et le nom des *Memini* est répété dans un autre endroit. On lit *Mimeni* dans Ptolémée, avec *n* dans la seconde syllabe, et en leur attribuant une ville sous le nom de *Forum Neronis*. J'expose dans l'article *Carpentoracte* plusieurs raisons de croire que Carpentras a dû appartenir aux *Cavares* plutôt qu'à un autre peuple ; et comme la position de *Forum Neronis* de Ptolémée peut se retrouver dans celle de Forcalquier, il s'ensuit que les *Memini* ou *Mimeni* étaient placés entre les *Vulgientes* et la Durance; dans le diocèse de Sisteron. » D'Anville. *Notice de l'ancienne Gaule*, p. 457. V. aussi Walckenaer. *Géographie des Gaules*, t. I, p. 61, 185, 260; t. II, p. 218.

MEMMIE (St-), vg. *Marne* (Champagne), arr., cant., ⊠ et à 2 k. de Châlons-sur-Marne. Pop. 792 h.

Ce village, situé à la sortie de Châlons, près de la porte St-Jean, est presque entièrement composé de guinguettes et d'auberges, très-fréquentées par les militaires de la garnison. Son territoire, fertile et bien travaillé, est en grande partie affecté à la culture des légumes qui alimentent les marchés de Châlons. Ce territoire est divisé en trois sections dites de la Bitardière, du Mont-Prin et du Village.

Le village de St-Memmie a beaucoup souffert de l'invasion étrangère en 1814; il doit son nom à la retraite de l'apôtre évêque saint Memmie dans un lieu nommé Bruxère, près de Châlons; il y avait un oratoire où il fut enterré en 126. Les fidèles y construisirent une église qui fut détruite par les Normands en 855. L'abbaye de St-Memmie, qui suivait la règle de St-Augustin, fut démolie, avec son église abbatiale et paroissiale, en 1544, à l'approche de Charles-Quint. On reconstruisit l'une et l'autre, mais l'église était plus petite, et une partie des anciens matériaux servit à rétablir l'ancien bastion châlonnais dit d'Aumale. L'abbé était seigneur de St-Memmie, et passait en revue, chaque année, tous les habitants, le premier dimanche de carême. Une seconde église fut ensuite construite plus bas que St-Memmie, et prit le nom de St-Martin ; le village se partagea en deux paroisses, séparées par la grande rue. L'église St-Martin a été détruite à l'époque de la révolution.

MÉMONT, vg. *Doubs* (Franche-Comté), arr. et à 48 k. de Montbelliard, cant. et ⊠ de Russey. Pop. 102 h. — Il est situé à mi-côte, près d'un vallon, où se réunissent deux ruisseaux dont les eaux forment une jolie cascade.

PATRIE de saint SEINE, fondateur de l'abbaye de son nom, et de saint BAUDIN.

Fours à plâtre. Education des abeilles.

MENADES, vg. *Yonne* (Bourgogne), arr., cant. et 9 k. d'Avallon, ⊠ de Vezelay. Pop. 183 h.

MÉNAGERIE (la), vg. *Eure-et-Loir*, com. d'Ollé, ⊠ de Courville.

MÉNAGERIE (la), vg. *Seine-et-Oise*, com. et ⊠ de Versailles.

MENAPII (lat. 52°, long. 23°). « Quand on lit dans le quatrième livre des Commentaires que César fit marcher des détachements de son armée in *Menapios*, qui sunt in eos pagos *Morinorum, a quibus ad ipsum legati non venerant*, on est induit à croire que les *Menapii* et les *Morini* étaient contigus. Strabon, qui suit César en beaucoup d'endroits, semble l'avoir entendu de même. Cependant, cette contiguité de position souffre difficulté, comme on peut voir à l'article *Nervii*. Dans un autre endroit du même livre des Commentaires, César place les *Menapii* sur le Rhin, leur attribue même au delà du fleuve des terres, que les *Usipètes*, nation germanique, chassés par les *Suevi*, vinrent occuper : *quas regiones Menapii incolebant, et ad utramque ripam fluminis agros, aedificia, vicosque habebant*. Au sixième livre il est parlé des *Menapii* comme étant voisins des *Eburones, propinqui Eburonum finibus*; en ajoutant, *perpetuis paludibus silvisque minuti*. Les *Menapii* furent ensuite plus resserrés. Un reste de la nation des *Sicambres*, les *Gugerni*, transportés en deçà du Rhin sous Auguste, habitèrent un canton du pays entre les *Ubii* et les *Batavi*. Les *Toxandri*, en s'agrandissant dans la partie septentrionale du Brabant, prirent la place que les *Menapii* occupaient du temps de César en confinant aux *Eburones*. Quoique la Notice de l'empire fasse encore mention de quelques milices sous le nom des *Menapii*, on ne voit point d'indice de cette nation par quelque cité qui la représente dans la Notice des provinces de la Gaule, soit belgiques, soit germaniques. Leur nom ne s'éteignit pas néanmoins, et il subsista sous la domination française dans celui de *pagus Menapiscus*, ou *Menpiscus*, dont il est mention dans le partage que Louis le Débonnaire fit de ses Etats entre ses enfants. Mais ce n'était plus qu'un canton resserré vers la partie inférieure du cours de l'Escaut par le Brabant, d'un côté, et de l'autre, par la Flandre proprement dite, qui s'étendait le long de la mer aux environs de Bruges. Enfin, si l'on en croit la chronique des Normands, ces pirates, exerçant leurs brigandages le long de l'Escaut, détruisirent totalement le reste des *Menapii* l'an 800. » D'Anville. *Notice de l'ancienne Gaule*, p. 457. V. aussi Walckenaer. *Géographie des Gaules*, t. I, p. 440, 458, 500, t. II, p. 280.

MÉNARD, vg. *Lot-et-Garonne*, comm. de St-Eutrope-de-Born, ⊠ de Villeréal.

MENARDAIS (la), vg. *Loire-Inf.*, comm. de Treillières, ⊠ de Nantes.

MÉNARMONT, vg. *Vosges* (Lorraine), arr. et à 35 k. d'Epinal, cant. et ⊠ de Rambervillers. Pop. 328 h.

MÉNARS, vg. *Loir-et-Cher* (Blaisois), arr. et à 9 k. de Blois, cant. de Mer, ⊠. ○. A 168 k. de Paris pour la taxe des lettres. Pop. 712 h. Sur la rive droite de la Loire.

Autrefois marquisat, diocèse et élection de Blois, parlement de Paris, intendance d'Orléans.

Ce village possède un des plus beaux châteaux de France, construit vers le milieu du XVIe siècle ; l'architecture, qui tient à l'école de Mansard, quoique incorrecte dans quelques-unes de ses parties, a cependant quelque chose d'imposant et de monumental. Sur le bord de la Loire s'élèvent de superbes terrasses qui dominent la contrée, et d'où l'on jouit de vues délicieuses tant sur le fleuve que sur les riches paysages des environs. A l'un des plans reculés du vaste tableau qu'on a sous les yeux on aperçoit à une distance de 36 k. la flèche de l'église de Notre-Dame de Cléry (Loiret), où fut enterré Louis XI.

MENAT, *Maneta*, bg *Puy-de-Dôme* (Bourbonnais, arr. et à 33 k. de Riom, chef-l. de cant., bureau d'enregist. à Montaigu. Cure. ✉. A 349 k. de Paris pour la taxe des lettres. Pop. 2,241 h. — TERRAIN cristallisé ou primitif.

Il est situé dans une vallée extrêmement pittoresque, sur la Sioule. On voit aux environs, sur une éminence au bord de la Sioule, les ruines pittoresques du château de Blot-le-Rocher, qui ont plusieurs fois exercé le pinceau des artistes.

Exploitation de schiste bitumineux. — *Foires* les 1er et 28 juin, 22 août, 29 nov. et 2e jeudi de mars.

Bibliographie. GUETTARD. *Mémoire sur le tripoli de Menat* (Mémoires de l'acad. des sciences, 1753).

LACOQ. *Description géologique du bassin de Menat* (Ann. scientifiques de l'Auvergne, t. II, p. 433).

MENAUCOURT, vg. *Meuse* (Lorraine), arr. et à 21 k. de Bar-le-Duc, cant. et ✉ de Ligny. Pop. 466 h. — Haut fourneau.

MENAUT, vg. *Gironde*, comm. de Cérons, ✉ de Podensac.

MENAUX, vg. *Lot-et-Garonne*, comm. de Feugarolles, ✉ de Port-Ste-Marie.

MENBERTIN, vg. *Oise*, comm. et ✉ de Pont-Ste-Maxence.

MENCAS, vg. *Pas-de-Calais* (Picardie), arr. et à 45 k. de Montreuil-sur-Mer, cant. et ✉ de Fruges. Pop. 168 h.

MENCE, vg. *H.-Alpes*, comm. de Forest-St-Julien, ✉ de St-Bonnet.

MENCHOFFEN, vg. *B.-Rhin* (Alsace), arr. et à 20 k. de Saverne, cant. et ✉ de Bouxviller. Pop. 383 h.

MENDE, *Memmate*, *Mimate Gabalorum*, ville ancienne, chef-l. du département de la *Lozère* (Gévaudan), du 2e arr. et d'un cant. Tribunal de 1re inst. Évêché érigé dans le IVe siècle. Séminaire diocésain. Cure. Gîte d'étape. Chambre consultative des manufactures. Société d'agriculture, sciences et arts. Collége communal. ✉. ☉. Pop. 5,921 h. — TERRAIN jurassique, calcaire à griphées.

Autrefois comté, parlement de Toulouse, généralité de Montpellier, recette, bailliage, collége, séminaire, couvents de cordeliers, carmes, capucins et ursulines.

Au IVe siècle Mende n'était qu'un bourg nommé *Mimate* ou *Mimatensis Mons*, où fut transféré le siège épiscopal du Gévaudan après la ruine de Gabalum ou Javols. Saint Privat, évêque de Gabalum, fut martyrisé à Mende par les Vandales et enterré dans la ville même, où on lui éleva un tombeau qui devint, dit-on, célèbre par plusieurs miracles. On croit que la ville fut entourée de murailles par Adalbert III, élu évêque de Gévaudan en 1151.

Mende fut, ainsi que les autres villes du Gévaudan, le théâtre des guerres civiles, et éprouva toute la vicissitude du sort des armes. Dans l'espace de trente années, cette ville fut sept fois prise, reprise ou saccagée par les religionnaires et les catholiques. Les protestants l'assiégèrent et la prirent par composition en 1562; mais, n'y ayant laissé qu'une faible garnison, le capitaine Treillant la reprit, à la tête d'un corps de catholiques, peu de jours après. A quelque temps de là les protestants tentèrent inutilement de s'en emparer. Le capitaine Merle, un de ces brigands qui tenaient alors la campagne, l'escalada la nuit de Noël 1579, força les gardes des murailles pendant que les habitants étaient dans les églises, tua le gouverneur, pilla et ruina la ville de la manière la plus barbare; plusieurs édifices furent renversés ou brûlés, et un grand nombre d'habitants massacrés. En 1595, le duc de Joyeuse s'empara de Mende et y fit construire une citadelle qui fut détruite en 1597, après que Henri IV fut parvenu à réduire cette ville sous son obéissance.

Les révolutions, qui ont été si sanglantes dans d'autres lieux, n'ont pas produit à Mende d'excès révoltants. Après les cent jours, le préfet du département a été enfermé dans le clocher de la cathédrale, où fut aussi détenu un moment le maréchal Soult; mais le sang n'a pas coulé dans ces émotions populaires.

Les **armes de Mende** sont: *d'azur à la lettre capitale gothique M d'argent* (alias d'or) *et un soleil d'or en chef*. Et pour devise: TENEBRÆ EAM NON COMPREHENDERUNT.

Mende est une ville agréablement située sur le bord du Lot, dans un vallon entouré de montagnes d'où coulent de nombreux ruisseaux qui arrosent et fertilisent les jardins des bastides éparses autour de la ville. Ces petites maisons de campagne, toutes éclatantes de blancheur, les prairies, les vergers dont elles sont entourées, offrent un aspect des plus agréables. La ville est entourée d'un petit boulevard qui sert de promenade, mais ses rues sont mal percées, étroites et tortueuses; elle renferme un assez grand nombre de fontaines publiques, parmi lesquelles on remarque celle du Griffon.

Rien n'est beau comme le coup d'œil dont on jouit sur la côte qui domine Mende. Les montagnes verdoyantes, les ombrages qui entourent la ville, les jardins, les flèches hardies et élégantes de la cathédrale, tout cela présente un tableau des plus pittoresques.

La cathédrale est une église gothique, remarquable par ses deux clochers, dont l'un passe pour un chef-d'œuvre de délicatesse et d'art. L'ancien palais épiscopal, devenu l'hôtel de la préfecture, renferme une belle galerie et un beau salon, dont les plafonds sont enrichis de bonnes peintures par Besnard. — Mende possède une bibliothèque publique, riche de 6,600 volumes.

Sur la montagne couverte de verdure qui domine Mende, et qui s'élève en vue de la ville à plus de 200 m., est l'ermitage de St-Privat, taillé en partie dans le roc. Là, saint Privat passa, dit-on, une partie de sa vie, et y mourut fort tragiquement à l'époque de l'irruption des barbares dans le Gévaudan, sous la conduite de Crocus. Ces barbares, n'ayant pu obtenir du saint qu'il sacrifiât à leurs idoles, le placèrent dans un tonneau garni de fers tranchants, et le firent rouler du haut du rocher jusqu'au pied de la montagne. — Le sentier par lequel on y parvient présente de distance en distance des stations à la piété des fidèles. Là vécut un ermite des offrandes qu'on lui apportait ou des charités qu'il descendait recueillir: il a vu passer plusieurs révolutions sans qu'elles aient troublé son existence, comme il voyait quelquefois l'orage éclater sous ses pieds sans en être atteint.

Biographie. Patrie d'ANT. BLAUQUET, médecin et agronome distingué.

INDUSTRIE. *Fabriques et commerce* considérable de draps communs, connus sous le nom de serges de Mende, que l'on expédie pour l'Espagne, l'Italie, l'Allemagne et l'intérieur. Papeterie.

A 89 k. S.-S.-O. du Puy, 567 k. S. de Paris. Long. orient. 1° 9′ 19″, lat. 44° 30′ 42″.

L'arrondissement de Mende est composé de 7 cantons: St-Amans, Bleymard, Châteauneuf-Randon, Grandrieu, Langogne, Mende et Villefort.

Bibliographie. *Dissertation sur la ville de Mende* (Mém. de l'acad. royale des inscriptions et belles-lettres, t. V, p. 388 et 414).

BOUILÉ (Jean-Bapt.). *Discours sur la prise de Mende par les hérétiques en 1563*, in-8, 1580.

IGNON (J.-J.-M.). *Quelques recherches sur l'église cathédrale de Mende*, in-8, 1838.

Bulletin de la société d'agriculture, commerce, sciences et arts de Mende, in-8.

MENDIBIEU, vg. *B.-Pyrénées*, comm. de Moncayolle-Larrory-Mendibieu, ✉ de St-Palais.

MENDIONDE, vg. *B.-Pyrénées* (Gascogne), arr. et à 25 k. de Bayonne, cant. et ✉ d'Hasparren. Pop. 1,625 h.

MENDITTE, vg. *B.-Pyrénées* (Navarre), arr., cant. et ✉ de Mauléon, à 27 k. de St-Palais. Pop. 343 h.

MENDIVE, vg. *B.-Pyrénées* (Navarre), arr. à 30 k. de Mauléon, 30 k. de St-Palais, cant. et ✉ de St-Jean-Pied-de-Port. Pop. 615 h.

MENDOUSSE, vg. *B.-Pyrénées*, comm. de Burosse-Mendousse, ✉ de Garlin.

MENDY, vg. *B.-Pyrénées*, comm. d'Idaux-Mendy, ✉ de Mauléon.

MÉNÉ (le), vg. *Morbihan*, comm. de Groix, ✉ de Port-Louis.

MÉNÉ (St-), vg. *Bouches-du-Rhône*, comm. et ✉ de Marseille.

MÈNE-HOMME, vg. *Finistère*, comm. de Plomodiern, ✉ de Châteaulin.

MÉNÉAC, vg. *Morbihan* (Bretagne), arr. et à 27 k. de Ploërmel, cant. de la Trinité, ✉ de Mauron. Pop. 3,485 h.

MÉNÉBE, vg. *Côte-d'Or* (Bourgogne), arr. et à 28 k. de Châtillon-sur-Seine, cant. et ✉ de Recey-sur-Ource. Pop. 117 h.

MENEC (le), vg. *Côtes-du-Nord*, comm. et ✉ de Loudéac.

MENÉE, vg. *Drôme*, com. de Treschenus, ✉ de Die.

MÉNÉGATTE, vg. *Nord*, com. de Steenwerck, ✉ de Bailleul.

MÉNEHOULD (Ste-), *Auxuenna, Sancti Menichildis Fanum*, ancienne et jolie ville, *Marne* (Champagne), chef-l. de sous-préf. Trib. de 1re inst. Collége comm. Curé. Gîte d'étape. ✉. ⌖. Pop. 4,131 h. — TERRAIN crétacé inférieur, grès vert, voisin du terrain crétacé supérieur.

Cette ville doit son origine à un château construit sur un rocher isolé que surmontait jadis un temple d'Isis, sur l'emplacement duquel on éleva dans la suite une forteresse désignée dans les anciens titres sous le nom de *Castellum super Axonam*. Autour de cette forteresse se forma une bourgade et ensuite une ville qui, plus tard fortifiée elle-même, devint, sous le nom de Ste-Ménehould, la capitale de l'Argonne. Cette ville possédait un hôtel des monnaies, un gouvernement de place, etc. Goselon, duc de la basse Lorraine, l'assiégea sans succès en 1038. Théodoric, évêque de Verdun, la prit, ainsi que le château, en 1089. Arnould, autre évêque de Verdun, en fit le siège et fut tué sous ses murs en 1172. Les Anglais s'en étaient emparés en 1434, ils furent chassés en 1406 par le connétable de Richemont. Le prince Portien, général des réformés, en fit vainement le siège en 1561. Pendant les guerres de la Ligue cette ville, qui tenait pour le parti du roi, eut beaucoup à souffrir des incursions des ligueurs et des Espagnols. En 1590 son gouverneur la vendit au duc de Lorraine, Charles II, qui ne put en prendre possession, et fut obligé d'en lever le siège, les habitants ayant opposé une héroïque défense à cette trahison. Cette place sut encore résister à différentes attaques qui lui furent livrées, et plusieurs succès remportés sur les ennemis méritèrent aux habitants, de la part de Henri IV, un témoignage public de reconnaissance. Les fortifications de la ville et du château furent démolies en 1634, mais les remparts furent réédifiés l'année suivante. Le marquis de Praslin la prit en 1606. Une armée espagnole l'attaqua en 1652, et s'en empara après quatre assauts que soutinrent avec courage les habitants, qui obtinrent une capitulation honorable que les Espagnols n'observèrent point. Louis XIV la reprit le 27 novembre 1653 : ce fut le premier siège où ce jeune monarque se trouva en personne ; il fit son entrée dans la ville par la brèche. En 1719 un incendie y détruisit sept cents maisons ; l'État vint au secours des habitants et les aida à rebâtir leur ville. — Pendant la révolution, Ste-Ménehould a porté le nom de MONTAGNE-SUR-AISNE.

Les armes de Ste-Ménehould sont : *d'azur à trois croissants d'argent entrelacés*.

Ste-Ménehould est aujourd'hui une ville ouverte, située sur un terrain marécageux, entre deux rochers, dont le plus haut porte encore les ruines de l'antique forteresse. La ville s'é-

tend principalement sur la route de Verdun à Châlons, et la borde d'une longue rue assez bien bâtie, ainsi que le reste de la ville, reconstruite presque entièrement à neuf depuis l'incendie de 1719. La plupart des maisons sont en brique et en pierre, et de hauteur uniforme.

Aux deux entrées principales de la ville sont deux grandes et belles places, dont l'une, la place d'Austerlitz, est plantée de beaux arbres qui forment une jolie promenade ; sur la deuxième se déploie la façade noble et régulière de l'hôtel de ville. Les alentours sont bien boisés et offrent de jolis points de vue. La ville est entourée par l'Aisne, qui se divise en plusieurs canaux sur lesquels sont jetés deux beaux ponts. — Les jardins de Ste-Ménehould sont justement renommés pour la grosseur et la bonté des asperges qu'ils produisent, pour la saveur succulente de leurs melons, la beauté de leurs fleurs et les agréments de leurs berceaux.

Il existe à Ste-Ménehould un hôpital pour les vieillards, les veufs et les orphelins hors d'état de gagner leur vie, et pour les pauvres passants, fondé et doté par deux juifs convertis dans le ve siècle. Il y a aussi un hospice pour les malades, desservi par des religieuses.

INDUSTRIE. *Fabriques* de faïence, bonneterie, mercerie, de rouets à filer et autres ouvrages au tour. Tanneries. — Aux environs, nombreuses forges, verreries et faïenceries. — *Commerce* considérable de bois, de blé, seigle, avoine, merrain, melons, asperges, andouilles et pieds de cochons renommés. — *Foires* les 22 fév., 24 août, 11 nov. et veille de l'Ascension (3 jours).

A 42 k. de Châlons, 212 k. de Paris.

L'arrondissement de Ste-Ménehould renferme 3 cantons : Dommartin-sur-Yèvre, Ste-Ménehould et Ville-sur-Tourbe.

Bibliographie. LIÉGE (Claude de). *Notice sur l'histoire de la ville de Ste-Ménehould* (Nouvelles Recherches sur la France, t. II, p. 135, in-12, 1766.

* *Souvenirs de Ste-Ménehould*, broch. in-18, 1844 (Mélange de prose et de vers).

MÉNEIRAS, vg. *H.-Vienne*, comm. de Solignac, ✉ de Limoges.

MÉNEIREIX (la), vg. *H.-Vienne*, comm. de Château-Ponsat, ✉ de Morterolles.

MÉNERBES, *Menerbia*, vg. *Vaucluse* (Provence), arr., et à 18 k. d'Apt, cant. de Bonnieux. Pop. 1,708 h. — *Foires* les 25 août, 18 oct., 16 déc. et lundi de la Passion.

MÉNERIE (la), vg. *Eure*, comm. de Berville-en-Roumois, ✉ de Bourgtheroulde.

MÉNERVAL, *Menardi Vallis*, vg. *Seine-Inf.* (Normandie), arr. et à 30 k. de Neufchâtel-en-Bray, cant. et ✉ de Gournay. Pop. 447 h.

MÉNERVILLE, vg. *Seine-et-Oise* (Beauce), arr. et à 11 k. de Mantes, cant. de Bonnières, ✉ de Rosny-sur-Seine. Pop. 132 h.

MÉNESLIES, vg. *Somme* (Picardie), arr. et à 27 k. d'Abbeville, cant. d'Ault, ✉ de Valines. Pop. 477 h.

MÉNESPLET, bg. *Dordogne* (Périgord), arr. et à 38 k. de Ribérac, cant. et ✉ de Monpont. Pop. 811 h.

MÉNESQUEVILLE, *Menecavilla, Manequevilla*, vg. *Eure* (Normandie), arr. et à 15 k. des Andelys, cant. et ✉ de Fleury-sur-Andelle. Pop. 299 h.

MÉNESSAIRE, vg. *Côte-d'Or* (Bourgogne), arr. et à 80 k. de Beaune, cant. de Liernais, ✉ de Lucenay. Pop. 877 h.

MÉNESTÉROL-MONTIGNAC, vg. *Dordogne* (Périgord), arr. et à 31 k. de Ribérac, cant. et ✉ de Monpont. Pop. 1,104 h.

MÉNESTREAU, vg. *Loiret* (Orléanais), arr. et à 29 k. d'Orléans, cant. et ✉ de la Ferté-St-Aubin. Pop. 614 h. — *Foires* le 25 oct.

MÉNESTREAU, vg. *Nièvre* (Nivernais), arr. et à 35 k. de Cosne, cant. et ✉ de Donzy. Pop. 561 h.

MÉNET, bg *Cantal* (Auvergne), arr. et à 25 k. de Mauriac, cant. et ✉ de Riom-ès-Montagne. Pop. 2,413 h.

On y voit un beau lac et les ruines du château de MURAT-L'ARABE, qui dominent toute la contrée. Le château de LA CLIDELLE, non loin du bourg, au bord d'un précipice affreux, au bas duquel coule la Sumène, est une habitation agréable dont les alentours sont très-pittoresques. — *Foires* les 21 mai, 11 nov., mercredi après Pâques et après la Pentecôte.

MÉNETOU, bg *Indre* (Berry), arr. et à 29 k. d'Issoudun, cant. de St-Christophe, ✉ de Valençay. Pop. 248 h.

MÉNETOU-RASTEL, vg. *Cher* (Berry), arr., cant., et à 7 k. de Sancerre. Pop. 1,055 h.

MÉNETOU-SALON, bg *Cher* (Berry), arr. et à 20 k. de Bourges, cant. de St-Martin-d'Auxigny, ✉ des Aix-d'Angillon. P. 2,451 h.

PATRIE de M. J.-A. BUCHON, littérateur, éditeur de la collection des Chroniques nationales françaises.

Fabrique et *commerce* d'eau-de-vie. — Aux environs forges et hauts fourneaux. Exploitation d'ocre.

MÉNÉTREAU, vg. *Cher*, comm. de Boulleret, ✉ de Cosne.

MÉNÉTREAU, vg. *Nièvre*, comm. de St-Père, ✉ de Lerey.

MÉNÉTRÉOL-EN-SANCERRE, vg. *Cher* (Berry), arr., cant., et à 2 k. de Sancerre. Pop. 993 h.

MÉNÉTRÉOL-SOUS-LE-LANDAIS, vg. *Indre* (Berry), arr. et à 26 k. de Châteauroux, cant. d'Ecueillé, ✉ de Levroux. Pop. 225 h.

MÉNÉTRÉOL-SOUS-VATAN, vg. *Indre* (Berry), arr. et à 14 k. d'Issoudun, cant. et ✉ de Vatan. Pop. 380 h.

MÉNÉTRÉOL-SUR-SAULDRE, vg. *Cher* (Berry), arr. et à 46 k. de Sancerre, cant. ✉ d'Aubigny-Ville. Pop. 433 h.

MÉNÉTREUIL, vg. *Saône-et-Loire* (Bourgogne), arr. et à 11 k. de Louhans, cant. et ✉ de Monpont. Pop. 950 h.

MÉNÉTREUX (Bas et Haut-), vg. *Côte-d'Or*, comm. de Corsain, ✉ d'Époisses.

MÉNÉTREUX-LE-PITOIS, vg. *Côte-d'Or* (Bourgogne), arr. et à 15 k. de Semur, cant. et ✉ de Flavigny. Pop. 312 h.

MÉNÉTROL, vg. *Puy-de-Dôme* (Auvergne), arr., cant., ✉ et à 3 k. de Riom. Pop. 613 h.

MÉNÉTRU-EN-JOUX, vg. *Jura* (Franche-Comté), arr. et à 26 k. de Lons-le-Saulnier, cant. et ✉ de Clairvaux. Pop. 224 h.

MÉNÉTRU-LE-VIGNOBLE, vg. *Jura* (Franche-Comté), arr. et à 14 k. de Lons-le-Saulnier, cant. et ✉ de Voiteur. Pop. 440 h.

MÉNÉTRUEL, vg. *Ain*, comm. de Poncin, ✉ de Cerdon.

MÉNÉVILLERS, vg. *Oise* (Picardie), arr. et à 23 k. de Clermont, cant. et ✉ de Maignelay. Pop. 234 h.

MENEYROLLES, vg. *Puy-de-Dôme*, com. de St-Just-de-Laffie, ✉ d'Arlanc.

MÉNEZ, vg. *Finistère*. V. PLOUNÉOUR-MÉNEZ.

MENGE (St-), ou BASSOMPIERRE, vg. *Vosges* (Lorraine), arr., cant., ✉ et à 17 k. de Mirecourt. Pop. 412 h.

MENGES (St-), vg. *Ardennes* (Champagne), arr., cant., ✉ et à 5 k. de Sedan. P. 1,645 h. — *Fabrique de draps*.

MENGLAS, vg. *Isère*, comm. et ✉ de Mens.

MENGLON, bg *Drôme* (Dauphiné), arr. et à 16 k. de Die, cant. et ✉ de Châtillon. P. 914 h.

MENGUE, vg, *H.-Garonne*, comm. d'Aulon, ✉ de Martres.

MENIÈRE (la), vg. *Orne* (Perche), arr., ✉ et à 10 k. de Mortagne-sur Huine, cant. de Bazoches-sur-Huine. Pop. 814.

MENIERS (les), vg. *Yonne*, comm. du Mont-St-Sulpice, ✉ de Brienon.

MÉNIGOUTE, bg *Deux-Sèvres* (Poitou), arr. et à 25 k. de Parthenay, chef-l. de cant. Bur. d'enregist. de St Maixent. ✉ de Vautebis. Pop. 973 h. — TERRAIN jurassique. *Fabriques de poterie de terre. Moulin à foulon.* — *Commerce de bestiaux.* — *Foires* les 16 avril, 24 juin, 30 août et 7 nov.

MÉNIHIC, vg. *Ille-et-Vilaine* comm. de Pleurtuit, ✉ de St-Malo.

MÉNIL (le Grand et le Petit-), vg. *Aisne*, comm. de Roset-St-Albin, ✉ de Neuilly-St-Front.

MÉNIL (le), vg. *Aisne*, comm. de Vassens, ✉ de Blérancourt.

MÉNIL (le) vg. *Calvados*, comm. d'Argences, ✉ de Vimont.

MÉNIL (le), vg. *Marne*, comm. de Broussy-le-Grand, ✉ de Fère-Champenoise.

MÉNIL, bg *Mayenne* (Maine), arr., cant., ✉ et à 7 k. de Château-Gontier. Pop. 1,387 h. — *Foires* les 3 fév., 24 avril et 29 sept.

MÉNIL (le), vg. *Pas-de-Calais*, comm. de Dohem, ✉ de St-Omer.

MÉNIL (le Petit-), vg. *Seine-et-Oise*, com. de Bouray, ✉ d'Arpajon.

MÉNIL (Grand et Petit-), vg. *Seine-et-Oise*, comm. de Sagy, ✉ de Vaux.

MÉNIL (Grand et Petit-), vg. *Somme*, com. de Mesnil-St-Nicaise, ✉ de Neste.

MÉNIL, vg. *Vosges* (Lorraine), arr. et à 33 k. d'Épinal, cant. et ✉ de Rambervillers. Pop. 615 h.

MÉNIL (le), vg. *Vosges* (Lorraine), arr. et à 28 k. de Remiremont, cant. de Ramonchamp, ✉ du Tillot. Pop. 1,617 h.

MÉNIL, vg. *Vosges* (Lorraine), arr. et à 30 k. de St-Dié, cant. et ✉ de Senones. Pop. 510 h.

MÉNIL, vg. *Vosges*, comm. de Bazoille, ✉ de Mirecourt.

MÉNIL-AMELOT (le), vg. *Seine-et-Marne* (Ile-de-France), arr. et à 27 k. de Meaux, cant. de Dammartin. ✉. A 27 k. de Paris pour la taxe des lettres. Pop. 690 h.

L'église de Ménil-Amelot est une très-jolie construction du xve siècle. La façade occidentale est ornée de haut en bas de moulures perpendiculaires. Le portail est très-élégant, entouré de guirlandes de feuillages avec une statue de la Vierge au trumeau. Le chœur est décoré de boiseries fort remarquables.

MÉNIL-ANNELLES, vg. *Ardennes* (Champagne), arr., ✉ et à 11 k. de Réthel, cant. de Juniville. Pop. 307 h.

MÉNIL-AUX-BOIS, vg. *Meuse* (Lorraine), arr. de Commercy, à 14 k. de St-Mihiel, cant. de Pierrefitte, ✉ de Villote-devant-St-Mihiel. Pop. 223 h.

MÉNIL-BELLANGUET, vg. *Eure*, comm. et ✉ des Andelys.

MÉNIL-BÉRARD, vg. *Orne* (Normandie), arr. et à 30 k. de Mortagne-sur-Huine, cant. de Moulins-la-Marche, ✉ de Ste-Gauburge. Pop. 266 h.

MÉNIL-BLANCHEFACE (le), vg. *Seine-et-Oise*, comm. de Sermaise, ✉ de Dourdan.

MÉNIL-BLONDEL (le), vg. *Seine-et-Oise*, comm. de St-Aubin, ✉ d'Orçay.

MÉNIL-BROQUET (le), vg. *Eure*, comm. de St-Aubin-d'Écrosville, ✉ du Neubourg.

MÉNIL-BROUT (le), vg. *Orne* (Normandie), arr. et à 15 k. d'Alençon, cant. du Mesle-sur-Sarthe, ✉ d'Essai. ☞. Pop. 360 h.

MÉNIL-BROUT (le), vg. *Orne*, comm. de la Lande-de-Longé, ✉ de Rânes.

MÉNIL-CIBOULT (le), vg. *Orne* (Normandie), arr. et à 22 k. de Domfront, cant. et ✉ de Tinchebrai. Pop. 388 h.

MÉNIL-CONDÉ, vg. *Eure-et-Loir*, comm. de Faverolles, ✉ de Nogent-le-Roi.

MÉNIL-DAVID (le), vg. *Seine-Inf.*, com. de l'Illois, ✉ d'Aumale.

MÉNIL-DE-BRIOUZE (le), bg *Orne* (Normandie), arr. et à 35 k. d'Argentan, cant. et ✉ de Briouze. Pop. 1,324 h.

MÉNIL-EN-CEAUME (le), vg. *Eure*, com. de St-Vigor, ✉ d'Evreux.

MÉNIL-EN-XAINTOIS, vg. *Vosges* (Lorraine), arr., cant., ✉ et à 14 k. de Mirecourt. Pop. 223 h.

MÉNIL-ERREUX, vg. *Orne* (Normandie), arr. et à 13 k. d'Alençon, cant. du Mesle-sur-Sarthe, ✉ d'Essai. Pop. 434 h.

MÉNIL-FLIN, vg. *Meurthe*, com. de Flin, ✉ de Lunéville. ☞.

MÉNIL-FROGER, vg. *Orne* (Normandie), arr. et à 25 k. d'Argentan, cant. du Merlerault, ✉ de Nonant. Pop. 211 h.

MÉNIL-FROIDE, vg. *Eure*, com. de Ste-Colombe, ✉ de la Commanderie.

MÉNIL-GEOFFRY (le), vg. *Seine-Inf.*, comm. d'Ermenonville, ✉ de St-Valéry-en-Caux.

MÉNIL-GLAISE, vg. *Orne*, comm. de Batilly, ✉ d'Écouché.

MÉNIL-GONDOUIN, vg. *Orne* (Normandie), arr. et à 25 k. d'Argentan, cant. et ✉ de Putanges. Pop. 673 h.

MÉNIL-GOSSE, vg. *Eure*, comm. de Ste-Barbe-sur-Gaillon, ✉ de Gaillon.

MÉNIL-GRAIN, vg. *Seine-Inf.*, comm. de Fresne-le-Plelan, ✉ de Rouen.

MÉNIL-GRÉMICHON (le), vg. *Seine-Inf.*, comm. de St-Martin-du-Vivier, ✉ de Darnetal.

MÉNIL-GUILBERT (le), vg. *Eure*, comm. de Bézu-le-Long, ✉ de Gisors.

MÉNIL-GUYON, *Mesnillum Guidonis*, vg. *Orne* (Normandie), arr. et à 8 k. d'Alençon, cant. de Courtomer, ✉ des Sées. Pop. 315 h.

MÉNIL-GUYON (le), vg. *Seine-et-Oise*, comm. de Lommoye, ✉ de Bonnières.

MÉNIL-HERNEI, vg. *Orne* (Normandie), arr. et à 30 k. d'Argentan, cant. et ✉ de Putanges. Pop. 688 h.

MÉNIL-HUBERT-EN-EXMES, *Mesnillum Huberti*, vg. *Orne* (Normandie), arr. et à 30 k. d'Argentan, cant. et ✉ de Gacé. P. 574 h.

MÉNIL-HUBERT-SUR-ORNE, vg. *Orne* (Normandie), arr. et à 36 k. de Domfront, cant. et ✉ d'Athis. Pop. 1,215 h.

MÉNIL-HUCHON, vg. *Somme*, comm. de Frettemole, ✉ d'Aumale.

MÉNIL-IMBERT, vg. *Orne* (Normandie), arr. et à 25 k. d'Argentan, cant. et ✉ de Vimoutier. Pop. 180 h.

MÉNIL-JEAN, vg. *Orne* (Normandie), arr. et à 22 k. d'Argentan, cant. et ✉ d'Écouché. Pop. 336 h.

MESNIL-LA-COMTESSE, vg. *Aube* (Champagne), arr., ✉ et à 8 k. d'Arcis-sur-Aube, cant. de Ramerupt. Pop. 93 h.

MÉNIL-LA-HORGNE, vg. *Meuse* (Lorraine), arr. de Commercy et à 26 k. de St-Mihiel, cant. et ✉ de Void. Pop. 453 h.

PATRIE du savant bénédictin dom CALMET, auteur de la Bibliothèque de Lorraine, de l'Histoire de Lorraine et de plusieurs autres savants ouvrages.

MÉNIL-LA-TOUR, vg. *Meurthe* (Lorraine), arr., cant., ✉ et à 11 k. de Toul. Pop. 375 h.

MÉNIL-LE-HUITIER, vg. *Marne*, comm. de Festigny, ✉ de Port-à-Binson.

MÉNIL-L'ÉPINOIS, vg. *Ardennes* (Champagne), arr. et à 17 k. de Réthel, cant. de Juniville, ✉ de Tagnon. Pop. 240 h.

MÉNILLÈS, *Menilla*, vg. *Eure* (Normandie), arr., cant., ✉ et à 21 k. d'Evreux, cant. et ✉ de Pacy-sur-Eure. Pop. 1,011 h.

Il est situé sur l'Eure, que l'on y passe sur un bac.

PATRIE de GUY D'ÉVREUX, orateur et théologien du xiiie siècle.

De le Sesne de Ménilles-d'Etmare, auteur ascétique.

MÉNIL-LÈS-BAZOILLE (le), vg. *Vosges*, comm. de Bazoille, ✉ de Mirecourt.

MÉNIL-LÈS-GIRCOURT (le), vg. *Vosges*, comm. de Gircourt, ✉ de Mirecourt.

MÉNIL-LÈS-LUNÉVILLE, vg. *Meurthe*, comm. et ✉ de Lunéville.

MÉNIL-LETTRE, vg. *Aube* (Champagne), arr. et à 18 k. d'Arcis-sur-Aube, cant. de Ramerupt, ✉ de Coclois. Pop. 150 h.

MÉNILLOT, vg. *Meurthe* (Lorraine), arr., cant., ✉ et à 6 k. de Toul. Pop. 346 h.

MÉNIL-MILON (le), vg. *Eure*, comm. de Gasny, ✉ de Vernon.

MÉNIL-MITRY (le), vg. *Meurthe* (Lorraine), arr. et à 36 k. de Nancy, cant. d'Haroué, ✉ de Neuviller-sur-Moselle. Pop. 80 h.

MÉNILMONTANT, vg. *Seine*, comm. et ✉ de Belleville.

Belleville et Ménilmontant, habités en grande partie par des traiteurs et par des marchands de vin, sont très-fréquentés le dimanche et les jours de fêtes pendant la belle saison. Une foule innombrable de promeneurs, après avoir parcouru les hauteurs environnantes, se rabattent dans les nombreuses guinguettes pour se délasser de leur course champêtre; là, sous l'ombrage des arbres et dans de frais jardins, ils se rassasient à peu de frais de mets plus substantiels que succulents, dont le meilleur assaisonnement est un excellent appétit, tandis que d'autres, moins pressés ou qui ont terminé leur repas, se livrent au plaisir de la danse. Nous avons souvent entendu tourner en dérision, par quelques habitués du Théâtre-Italien et des bals de l'Opéra, les parties du dimanche, où l'ouvrier et le petit commerçant vont se délasser des travaux de la semaine, et que l'on peint comme étant presque toutes des parties fines, et nous aimons à dire que l'on calomnie gratuitement une classe qui, à tout prendre, est au moins aussi morale que celle à laquelle appartiennent ses détracteurs. Nous avons assisté par curiosité à ces jouissances du dimanche hors barrière, nous nous sommes assis sur le banc de bois, nous avons mangé le rôti de veau sur la table de chêne dressée en plein air; et presque toujours nous avons remarqué que les sociétés attablées à côté de nous étaient composées de pères de famille, environnés de leurs enfants et de leurs amis. Nous avons vu les bals, et, à quelques exceptions près, nous nous sommes convaincus que la décence y est bien autrement en honneur que dans ceux plus fameux de Mabile et de la Chaumière, voire même que ceux du Ranelagh et que ceux du Vauxhall de la capitale. Là, comme ailleurs sans doute, l'amour sait s'introduire; et dans quel lieu ne trouve-t-il pas moyen de se glisser? Mais vous qui frondez les parties de Belleville et de Ménilmontant, venez, observez vous-mêmes, au lieu de vous en rapporter aux oui-dire, et vous verrez qu'il s'y fait avec beaucoup plus d'innocence que dans certains salons de Paris, et vous vous convain-

crez que ce peuple, que vous méconnaissez, mérite plus de justice et d'intérêt.

MÉNIL-MORIN (le), vg. *Eure*, comm. de Boulay-Morin, ✉ d'Evreux.

MÉNIL-OGER (le), vg. *Calvados*. V. St-Ouen-du-Ménil-Oger.

MÉNIL-PIPART, vg. *Eure*, com. d'Acon, ✉ de Tillières-sur-Avre.

MÉNIL-PIPART, vg. *Eure*, comm. d'Ecardenville, ✉ de Beaumont-le-Roger.

MÉNIL-PONCEAU, vg. *Eure-et-Loir*, comm. de Villemeux, ✉ de Nogent-le-Roi.

MÉNIL-RACOIN, vg. *Seine-et-Oise*, com. de Villeneuve-sur-Auvers, ✉ de la Ferté-Aleps.

MÉNIL-ROLAND, vg. *Seine-et-Oise*, com. d'Orphin, ✉ de Rambouillet.

MÉNIL-SCELLEUR (le), vg. *Orne* (Normandie), arr. et à 33 k. d'Alençon, cant. et ✉ de Carrouges. Pop. 386 h.

MÉNIL-SEVIN (le), vg. *Seine-et-Oise*, comm. de St-Forget, ✉ de Chevreuse.

MÉNIL-SUR-SAUX, vg. *Meuse* (Lorraine), arr. et à 18 k. de Bar-le-Duc, cant. de Montiers-sur-Saux, ✉ de Ligny. Pop. 495 h.

MÉNIL-SUR-VAIR, vg. *Vosges*, comm. de Balléville, ✉ de Châtenois.

MÉNIL-ST-DENIS, vg. *Seine-et-Oise* (Ile-de-France), arr. et à 17 k. de Rambouillet, cant. de Chevreuse, ✉ de Trappes. Pop. 489 h.

MÉNIL-ST-GEORGES, vg. *Aube*, comm. et ✉ d'Ervy.

MÉNIL-VICOMTE, vg. *Orne* (Normandie), arr. et à 30 k. d'Argentan, cant. et ✉ de Merlerault. Pop. 121 h.

MÉNIL-VIN, vg. *Orne* (Normandie), arr. et à 30 k. d'Argentan, cant. et ✉ de Putanges. Pop. 307 h.

MÉNILS (les), vg. *Meurthe* (Lorraine), arr., cant., ✉ et à 8 k. de Pont-à-Mousson. Pop. 525 h.

MÉNITRÉE (la), vg. *Maine-et-Loire* (Anjou), arr. et à 28 k. d'Angers, cant. des Ponts-de-Cé, ✉ de St-Mathurin. Pop. 2,378 h. — Foire le mardi après le 24 juin, ou ce jour si le 24 tombe un mardi.

MENNECY, bg *Seine-et-Oise* (Ile-de-France), arr., cant. et à 7 k. de Corbeil, ✉. A 36 k. de Paris pour la taxe des lettres. Pop. 1,301 h.

Ce bourg, situé dans un vallon agréable, arrosé par la Juine, n'était encore au XIVe siècle qu'un hameau. Son accroissement est principalement dû au magnifique château de Villeroy, commencé par Neuville de Villeroy, secrétaire d'Etat, successivement en faveur sous quatre monarques, Charles IX, Henri II, Henri IV et Louis XIII. De ce château et de son beau parc il ne reste plus que des ruines.

Fabrique de produits chimiques; extraction de tourbes, carrière de grès. — *Foires*.

MENNESSIS, vg. *Aisne* (Picardie), arr. et à 35 k. de Laon, cant. et ✉ de la Fère. Pop. 222 h.

MENNETOU-COUTURE, bg. *Cher* (Berry), arr. et à 31 k. de St-Amand-Montrond, cant. de Nérondes, ✉ de Villequiers. Pop. 973 h.

MENNETOU-SUR-CHER, petite ville, *Loir-et-Cher* (Blaisois), arr., bureau d'enregist. et à 15 k. de Romorantin, chef-l. de cant. Cure. ✉. A 201 k. de Paris pour la taxe des lettres. Pop. 858 h. — *Terrain* crétacé inférieur, grès vert.

Elle est bâtie dans une situation agréable, sur la rive droite du Cher. — *Fabriques* de bonneterie et de parchemin. — *Foires* les 4 mai et 14 août.

MENNEVAL, vg. *Eure* (Normandie), arr., cant., ✉ et à 3 k. de Bernay. Pop. 599 h.

MENNEVILLE, vg. *Aisne* (Picardie), arr. et à 35 k. de Laon, cant. et ✉ de Neufchâtel. Pop. 393 h.

MENNEVILLE, vg. *Pas-de-Calais* (Boulonnais), arr. et à 21 k. de Boulogne-sur-Mer, cant. de Desvres, ✉ de Samer. Pop. 433 h.

MENNEVRET, vg. *Aisne* (Picardie), arr. et à 39 k. de Vervins, cant. de Wassigny, ✉ d'Etreux. Pop. 1,979 h.

MENNOUVEAUX, vg. *H.-Marne* (Champagne), arr. et à 24 k. de Chaumont-en-Bassigny, cant. et ✉ de Clefmont. Pop. 199 h.

MENOIRE, vg. *Corrèze* (Limousin), arr. et à 29 k. de Tulle, cant. et ✉ d'Argentat. Pop. 189 h.

MENOIS, vg. *Aube*, comm. de Rouilly-St-Loup, ✉ de Troyes.

MENOMBLET, bg *Vendée* (Poitou), arr. et à 32 k. de Fontenay-le-Comte, cant. et ✉ de la Châtaigneraie. Pop. 948 h.

MENON, vg. *Gironde*, comm. de Landiras, ✉ de Podensac.

MENONCOURT, ou **Mimingen**, vg. *H.-Rhin* (Alsace), arr., ✉ et à 8 k. de Belfort, cant. de Fontaine. Pop. 321 h.

MENONVAL, vg. *Seine-Inf.* (Normandie), arr., cant., ✉ et à 5 k. de Neufchâtel-en-Bray. Pop. 251 h.

MENONVILLE, vg. *Eure-et-Loir*, comm. de Villars, ✉ de Voves.

MENONVILLE, vg. *Meuse*, comm. et ✉ de St-Mihiel.

MENOTEY, vg. *Jura* (Franche-Comté), arr., ✉ et à 9 k. de Dôle, cant. de Rochefort. Pop. 673 h. — Carrières de meules.

MENOU, vg. *Nièvre* (Nivernais), arr. et à 20 k. de Clamecy, cant. et ✉ de Varzy. Pop. 934 h. — Foires les 7 mars, 6 juin, 1er oct. et 21 déc.

MENOUILLE, vg. *Jura*, comm. de Cernon, ✉ d'Arinthod. Près de la rive droite de l'Ain.

A peu de distance de ce village, l'Ain se précipitait autrefois par une cascade appelée le saut Mortier. Un particulier de Lyon entreprit de faire descendre par là des bateaux chargés de planches et de bois, et a réussi parfaitement; il a fait sauter le roc qui le coupait verticalement, et l'a taillé en plan incliné, dont la pente vient d'un peu loin, ce qui permet aujourd'hui à des trains de bois, et même à des bateaux chargés, de descendre jusqu'à Lyon.

MENOUVILLE, vg. *Seine-et-Oise* (Vexin), arr. et à 15 k. de Pontoise, cant. et ✉ de Marines. Pop. 80 h.

MENOUX (St-), bg *Allier* (Bourbonnais), arr. et à 16 k. de Moulins-sur-Allier, cant. et ✉ de Souvigny. Pop. 1,206 h.

L'église, aujourd'hui paroissiale, dépendait autrefois d'une abbaye de femmes de l'ordre de St-Benoît, dont la fondation remontait au delà de l'an 1100. L'édifice appartient à quatre âges distincts. La partie la plus ancienne est le narthex, dont les colonnes trapues et sans base supportent des pleins cintres à petit appareil; les chapiteaux, dont l'astragale est denticulaire, sont très-remarquables par les sculptures bizarres qui les décorent ; on peut assigner au xe siècle l'époque de cette intéressante construction. Le chœur et l'abside peuvent être cités comme un des plus beaux résultats de l'architecture connue dans le centre de la France : on peut leur attribuer pour date le commencement du xiie siècle. Les transsepts et le clocher sont de la première moitié du xiiie siècle. Enfin la nef et les bas côtés ont été en partie réédifiés au xve siècle.

Foires les 10 fév., 2 juin, 12 avril, 13 juillet, 26 août, 20 nov. et 27 déc.

MENOUX (le), vg. *Indre* (Berry), arr. et à 30 k. de Châteauroux, cant. et ✉ d'Argenton-sur-Creuse. Pop. 828 h.

MENOUX, vg. *H.-Saône* (Franche-Comté), arr. et à 24 k. de Vesoul, cant. d'Amance, ✉ de Faverney. Pop. 650 h.

MENS, bg *Isère* (Dauphiné), arr. et à 50 k. de Grenoble, chef-l. de cant. Cure. ✉. A 625 k. de Paris pour la taxe des lettres. Pop. 2,126 h. — TERRAIN jurassique.

Ce bourg est situé dans les montagnes du Trièves. Lors des guerres civiles il était, dans les moments difficiles, le lieu de retraite des protestants, qui s'y réfugièrent après la révocation de l'édit de Nantes, et qui y sont encore aujourd'hui en grand nombre. On y trouve une source d'eau minérale acidule ferrugineuse froide.

PATRIE de M. BÉRENGER, pair de France et conseiller d'État.

Fabriques de toiles. Verrerie. Entrepôt d'une grande quantité de toiles qui se fabriquent dans les villages environnants. — *Foires* les 2 mai, 15 août et 4 oct.

MENSECQUE (le), vg. *Pas-de-Calais*, comm. et ✉ de Lillers.

MENSIGNAC, vg. *Dordogne* (Périgord), arr. et à 17 k. de Périgueux, cant. et ✉ de St-Astier. ✆. Pop. 1,281 h.

MENSKIRCH, vg. *Moselle*, comm. de Dalstein, ✉ de Bouzonville.

MENTÉYER, vg. *H.-Alpes* (Provence), arr., cant., ✉ et à 11 k. de Gap. Pop. 634 h.

On y voit un joli château environné d'une garenne et de belles plantations.

La montagne de Céruse, connue par ses beaux pâturages, est couronnée d'un banc très-épais de roche calcaire, appelé la corniche. Dans la partie orientale de ce banc on remarque l'entrée d'une grotte assez profonde, nommée Trou de Sigaud, dans laquelle est un précipice affreux et un lac d'eau très-limpide : la voûte est parsemée de stalactites qui offrent un coup d'œil très-pittoresque. — *Foire* le 16 août.

MENTHEVILLE, *Montevilla*, vg. *Seine-Inf.* (Normandie), arr. et à 35 k. du Havre, cant. et ✉ de Goderville. Pop. 329 h.

MENTIÈRE, vg. *Ain*, comm. de Chézery, ✉ de Châtillon-de-Michaille.

MENTIÈRES, vg. *Cantal* (Auvergne), arr., cant., ✉ et à 6 k. de St-Flour. Pop. 334 h.

MENTQUES-NORT-BÉCOURT, vg. *Pas-de-Calais* (Artois), arr., ✉ et à 12 k. de St-Omer c ant. d'Ardres. Pop. 720 h.

MENUBRAY, vg. *Côtes-du-Nord*, comm. du Gouray, ✉ de Moncontour.

MENUCOURT, vg. *Seine-et-Oise* (Ile-de-France), arr., cant. et à 10 k. de Pontoise, ✉ de Vaux. Pop. 414 h. — Carrières de pierres à plâtre. Tuilerie.

MENULS (les), vg. *Seine-et-Oise* (Ile-de-France), arr. et à 14 k. de Rambouillet, cant. et ✉ de Montfort-l'Amaury. Pop. 665 h. — *Fabrique* de canevas. — *Commerce* de fromages renommés.

MENUS (les), vg. *Orne* (Perche), arr. et à 37 k. de Mortagne-sur-Huîne, cant. de Longni, ✉ de Laloupe. Pop. 430 h.

MENVILLE, vg. *H.-Garonne* (Languedoc), arr. et à 26 k. de Toulouse, cant. de Grenade-sur-Garonne, ✉ de Lévignac. Pop. 265 h.

MÉOBECQ, vg. *Indre* (Berry), arr. et à 23 k. de Châteauroux, cant. et ✉ de Buzançais. Pop. 658 h.

MÉOLANS, *Médiolanum*, vg. *B.-Alpes* (Provence), arr. et à 15 k. de Barcelonnette, cant. et ✉ du Lauzet. Pop. 1,143 h.

Ce village, situé sur la rive gauche de l'Ubaye, est adossé à une montagne si haute et si perpendiculaire dans cette partie, que pendant quatre mois de l'année le soleil n'éclaire presque pas les maisons ; mais lorsqu'il est parvenu à sa plus grande hauteur, il brille sur les sommités d'un rocher situé au nord, et alors tous les habitants de Méolans s'empressent de gravir le tertre, afin de le revoir pendant quelques moments et de goûter sa bienfaisante chaleur.

On voit dans ce village, ainsi que dans tous ceux qui par leur situation jouissent peu de la vue du soleil, plusieurs cadrans solaires, dessinés avec tout le luxe possible et surmontés d'une devise en vers français ou latins, contenant des maximes religieuses ou morales, et le plus souvent des louanges poétiquement exprimées. De tels hommages rendus à cet astre par des hommes qui apprécient d'autant plus ses bienfaits qu'ils en jouissent moins, ont réellement quelque chose d'intéressant.

MÉON, vg. *Maine-et-Loire* (Anjou), arr. et à 19 k. de Baugé, cant. et ✉ de Noyant. Pop. 537 h.

MÉOUILLES, vg. *B.-Alpes*, comm. de St-André-de-Méouilles, ✉ de Castellanne.

MÉOUNES, *Melna*, vg. *Var* (Provence), arr., ✉ et à 20 k. de Brignoles, cant. de la Roquebrussanne. Pop. 1,186 h. — Papeterie. Tanneries. — *Foire* le 1er lundi de sept.

MÉPILLAT, vg. *Ain* (Bresse), arr. et à 37 k. de Bourg-en-Bresse, cant. et ✉ de Pont-de-Veyle. Pop. 242 h.

MÉPILLAT (Grand et Petit-), vg. *Ain*, comm. de St-Nizier-le-Bouchoux, ✉ de St-Trivier-de-Courtes.

MER, ou MENARS, petite ville, *Loir-et-Cher* (Blaisois), arr. et à 19 k. de Blois, chef-l. de cant. Cure. ✉. ✆. A 158 k. de Paris pour la taxe des lettres. Pop. 3,686 h. — TERRAIN tertiaire moyen.

PATRIE du célèbre P. JURIEU, ministre protestant.

D'ET. LENOIR, fabricant distingué d'instruments à l'usage des sciences.

Nombreuses tanneries et corroieries. — *Commerce* de vins, eaux-de-vie et vinaigre. — *Foires* les 25 juin, 26 août, 2 nov. et mercredi des Cendres.

MER (la), vg. *H.-Saône*, comm. de Faucogney, ✉ de Luxeuil.

MERACQ, vg. *B.-Pyrénées* (Béarn), arr. et à 37 k. d'Orthez, cant. et ✉ d'Arzacq. Pop. 584 h.

MÉRAIL, vg. *Ardennes*, comm. de Hocmont, ✉ de Launoy.

MÉRAL, vg. *Mayenne* (Anjou), arr. et à 27 k. de Château-Gontier, cant. et ✉ de Cossé-le-Vivien. Pop. 1,237 h. — *Foire* le 2e vendredi d'avril à sept. inclus.

MÉRANGLE, vg. *Eure-et-Loir*, comm. d'Ouerre, ✉ de Dreux.

MÉRARD, vg. *Oise*, comm. de Bury, ✉ de Mony.

MÉRAS, vg. *Ariège* (pays de Foix), arr. et à 80 k. de Pamiers, cant. et ✉ du Mas-d'Azil. Pop. 434 h.

MÉRAUCOURT, vg. *Somme*, comm. de Mouchy-la-Gache, ✉ de Ham.

MÉRAUMONT, vg. *Moselle*, comm. de Génaville, ✉ de Briey.

MÉRAVILLE, vg. *Eure-et-Loir*, comm. de Fresnay-l'Évêque, ✉ de Janville.

MERCADIER, vg. *H.-Garonne*, comm. de Puidaniel, ✉ d'Auterive.

MERCATEL, vg. *Pas-de-Calais* (Artois), arr., ✉ et à 7 k. d'Arras, cant. de Beaumetz-les-Loges. Pop. 617 h.

MERCENAC, vg. *Ariège* (Guienne), arr. et à 8 k. de St-Girons, cant. et ✉ de St-Lizier. Pop. 708 h. — Verrerie.

MERCENNES, vg. *Sarthe*, comm. de Mulsanne, ✉ d'Ecommoy.

MERCEUIL, *Marciacum*, *Martineum*, vg. *Côte-d'Or* (Bourgogne), arr., cant., ✉ et à 11 k. de Beaune. Pop. 703 h.

MERCEY, vg. *Côte-d'Or*, comm. de St-Prix-les-Arnay, ✉ d'Arnay-le-Duc.

MERCEY, *Merceium*, vg. *Eure* (Normandie), arr. et à 28 k. d'Évreux, cant. et ✉ de Vernon. Pop. 84 h.

MERCEY (le Grand-), vg. *Doubs* (Franche-Comté), arr. et à 25 k. de Besançon, cant. d'Audeux, ✉ de St-Wit. Pop. 404 h.

MERCEY, vg. *Saône-et-Loire*, comm. de Montbellet, ✉ de St-Oyen.

MERCEY-LÈS-GÉVIGNEY, vg. *H.-Saône*, comm. de Gévigney, ✉ de Jussey.

MERCEY-SUR-SAONE, vg. *H.-Saône* (Franche-Comté), arr. et à 18 k. de Gray, cant. de Fresnes-St-Mamès, ✉ de Dampierre-sur-Salon. Pop. 392 h.

MERCIÈRE-AUX-BOIS, vg. *Oise*, comm. de la Croix-St-Ouen, ✉ de Compiègne.

MERCIGE, vg. *Ain*, comm. de St-Didier de Chalaronne, ✉ de Thoissey.

† **MERCIN**, vg. *Aisne* (Picardie), arr., cant., ✉ et à 5 k. de Soissons. Pop. 397 h.

MERCKERGHEM, vg. *Nord* (Flandre), arr. et à 28 k. de Dunkerque, cant. et ✉ de Wormhoudt. Pop. 783 h.

MERCKWILLER, vg. *B.-Rhin*, comm. de Kurtzenhausen, ✉ de Soultz-sous-Forêts.

MERCOEUR, vg. *Corrèze* (Limousin) arr. et à 43 k. de Tulle, chef-l. de cant., et bureau d'enregist. d'Argentat. Pop. 890 h. — TERRAIN cristallisé ou primitif.

MERCOEUR, vg. *H.-Loire* (Auvergne), arr. et à 15 k. de Brioude, cant. et ✉ de la Voute-Thilhac. Pop. 589 h. — Exploitation d'antimoine et fabrique de régule.

MERCOIRE, vg. *Lozère*, comm. de Chaudeyrac, ✉ de Châteauneuf-de-Randon.

MERCQ-ST-LIÉVIN, vg. *Pas-de-Calais* (Artois) arr., et à 20 k. de St-Omer, cant. de Fauquembergue. Pop. 633 h. — La tour de l'église de ce village, où des marins de la Bretagne et de la Normandie viennent souvent en pèlerinage, est remarquable par son architecture hardie.

MERCUER, vg. *Ardèche* (Languedoc), arr. et à 29 k. de Privas, cant. et ✉ d'Aubenas. Pop. 639 h.

MERCUÈS, vg. *Lot* (Quercy), arr., cant., ✉ et à 8 k. de Cahors Pop. 600 h. Près de la rive droite du Lot.

On voit aux environs de ce village, une haute montagne escarpée du côté du midi, et dont la base est baignée par le Lot, un vaste château qui a été, jusqu'à l'époque de la révolution de 1789, la maison de plaisance des évêques de Cahors. On croit que ce château fut bâti sur les ruines d'un ancien temple de Mercure : l'élévation du sol où il est placé ; la hauteur des murailles, qui présentent cinq étages ; la grande masse de l'édifice, où l'on comptait un grand nombre d'appartements ordinaires et trois salles immenses ; une grande chapelle ; une magnifique terrasse d'où la vue s'étendait sur la ville de Cahors et sur la fertile vallée du Lot ; enfin un parc étendu et de belles allées faisaient de ce château une des plus belles habitations de la province. Les Anglais s'en emparèrent en 1426, et les protestants en 1562 ; une troupe de brigands le pilla en 1627.

PATRIE du savant financier DE MOSBOURG, ancien ministre à Naples, membre de la chambre des pairs.

MERCUREY, vg. *Saône-et-Loire* (Bourgogne), arr. et à 13 k. de Chalon-sur-Saône, cant. de Givry, ✉ du Bourgneuf. Pop. 675 h.

Ce village est situé dans une contrée fertile en vins renommés. On comprend sous la dénomination de vins de Mercurey non-seulement ceux de ce vignoble, mais encore les vins de Touches, d'Estroy et de Bourgneuf ; ils se distinguent parmi les vins de la côte chalonnaise par l'agrément de leur goût ; leur légèreté et leur parfum. Les meilleurs sont des plus estimés parmi les vins d'ordinaire de première qualité.

MERCUROL, vg. *Drôme* (Dauphiné), arr. et à 20 k. de Valence, cant. et ✉ de Tain. Pop. 1,174 h. — *Foire* le lundi après le 26 juil.

MERCUS, vg. *Ariège* (pays de Foix), arr. et à 12 k. de Foix, cant. et ✉ de Tarascon-sur-Ariège. Pop. 901 h.

MERCY, vg. *Allier* (Bourbonnais), arr. et à 25 k. de Moulins-sur-Allier, cant. de Neuilly-le-Réal. Pop. 414 h.

MERCY, vg. *Yonne* (Champagne), arr. et à 22 k. de Joigny, cant. et ✉ de Brienon. Pop. 167 h.

MERCY-DIEU (la), vg. *Vienne*, comm. de la Rocheposay, ✉ de Châtellerault.

MERCY-LE-BAS, vg. *Moselle* (pays Messin), arr. et à 25 k. de Briey, cant. et ✉ d'Audun-le-Roman. Pop. 602 h. — Manufactures de draps, tricots, de mécaniques pour cardes et filatures. — *Foires* les 20 avril et 20 sept.

MERCY-LE-HAUT, vg. *Moselle* (pays Messin), arr. et à 17 k. de Briey, cant. et ✉ d'Audun-le-Roman. Pop. 627 h. — *Foires* les 15 oct. et mardi après la Trinité.

MERCY-LE-HAUT, vg. *Moselle* (pays Messin), arr., ✉ et à 8 k. de Metz, cant. de Pange. Pop. 38 h.

MERD (St-), vg. *Corrèze* (Marche), arr. et à 35 k. de Tulle, cant. de l'Apleau, ✉ d'Eglestons. Pop. 870 h. — *Foires* les 5 févr., 2 mai, 9 juin et 26 juillet.

MERD-LA-BREUILLE (St-), vg. *Creuse* (Marche), arr. et à 31 k. d'Aubusson, cant. et ✉ de la Courtine. Pop. 1,163 h.

MERD-LES-OUSSINES (St-), vg. *Corrèze* (Limousin), arr. et à 31 k. d'Ussel, cant. et ✉ de Bugeat. Pop. 691 h.

MERDOGNE, vg. *Puy-de-Dôme*, comm. de la Roche-Blanche, ✉ de Veyre.

• **MERDRIGNAC**, bg *Côtes-du-Nord* (Bretagne), arr. et à 30 k. de Loudéac, chef-l. de cant. Cure. ✉. A 429 k. de Paris pour la taxe des lettres. Pop. 2,894 h. — TERRAIN de transition inférieur. — Forges. — *Foires* les 2 nov., 1ᵉʳ mercredi de mars, 2ᵉ mardi de mai, dernier lundi de juin, 4ᵉ mardi de juillet, et mercredi avant la Nativité.

MÈRE (Ste-), vg. *Gers* (Armagnac), arr. et à 9 k. de Lectoure, cant. et ✉ de Miradoux. Pop. 454 h. — *Foires* les 6 mai et 4 déc.

MÉRÉ, vg. *Seine-et-Oise* (Beauce), arr. et à 17 k. de Rambouillet, cant. et ✉ de Montfort-l'Amaury. Pop. 450 h.

MÉRÉ, vg. *Vienne* (Poitou), arr. et à 18 k. de Châtellerault, cant. de Pleumartin, ✉ de Roche-Posay. Pop. 607 h.

MÉRÉ, vg. *Yonne* (Bourgogne), arr. et à 26 k. d'Auxerre, cant. et ✉ de Ligny-le-Châtel. Pop. 405 h.

MÉREAU, bg *Cher* (Berry), arr. et à 30 k. de Bourges, cant. de Lury, ✉ de Vierzon. Pop. 612 h.

MÉREAUCOURT, vg. *Somme* (Picardie), arr. et à 41 k. d'Amiens, cant. et ✉ de Poix. Pop. 97 h.

MÉRÉGLISE, vg. *Eure-et-Loir* (Beauce), arr. et à 29 k. de Chartres, cant. et ✉ d'Illiers. Pop. 163 h.

MÈRE-ÉGLISE (Ste-), bg *Manche* (Normandie), arr. et à 17 k. de Valognes, chef-l. de cant. Cure. ✉. A 306 k. de Paris pour la taxe des lettres. Pop. 2,894 h. — TERRAIN jurassique.

Il y avait autrefois une forteresse nommée la Fière. — *Foires* les 24 janvier et 29 oct.

MÉRÉLESSART, vg. *Somme* (Picardie), arr. et à 17 k. d'Abbeville, cant. d'Hallencourt, ✉ d'Airaines. Pop. 451 h.

MÉRELLE, vg. *Vosges*, comm. du Val-d'Ajol, ✉ de Plombières.

MÉRENS, vg. *Ariège* (pays de Foix), arr. et à 51 k. de Foix, cant. et ✉ d'Ax. Pop. 740 h.

MÉRENS, vg. *Gers* (Armagnac), arr., et à 13 k. d'Auch, cant. de Jegun. P. 139 h.

MÉRENS, vg. *Lot-et-Garonne*, comm. de Pont-du-Casse, ✉ d'Agen.

MÉRENVIELLE, vg. *H.-Garonne* (Languedoc), arr. et à 26 k. de Toulouse, cant. de Léguevin, ✉ de Lévignac. Pop. 282 h.

MÉREUIL, vg. *H.-Alpes* (Dauphiné), arr. et à 45 k. de Gap, cant. et ✉ de Serres. Pop. 216 h.

MÉRÉVILLE, vg. *Meurthe* (Lorraine), arr., et à 14 k. de Nancy, ✉ de Pont-St-Vincent. Pop. 295 h.

MÉRÉVILLE, bg *Seine-et-Oise* (Gâtinais), arr. et à 20 k. d'Etampes, chef-l. de cant. ✉ d'Angerville. Pop. 1,752 h. Sur la Juine ou rivière d'Etampes. — TERRAIN tertiaire moyen.

C'est au bourg de Méréville que la Juine est dans toute sa beauté ; c'est aussi le lieu que choisit la famille de Latour-Dupin pour faire bâtir un château, acheté ensuite par M. Delaborde, riche banquier de Paris, qui, après l'avoir démoli en partie, y fit faire des embellissements et des plantations immenses. Cet amateur des beaux-arts y dépensa plus de quatorze millions, et ce lieu, qui n'avait d'autres charmes que la petite rivière de la Juine, devint un séjour vraiment enchanteur. Méréville est comme une oasis au milieu du désert ; sa réputation fut européenne : on le cite encore aujourd'hui comme le lieu d'habitation le plus agréable des environs de Paris.

« Pour bien se rendre compte de l'étendue du plan et de la difficulté de l'entreprise exécutée par M. Delaborde, dit-on dans les Mémoires secrets, il faut se représenter un vaste marais, une tourbière environnée de collines élevées, mais traversée par la rivière d'Etampes, dont les eaux claires, abondantes et poissonneuses promettaient les plus grands effets. Il fallait dépenser plusieurs millions pour donner à ce fond mouvant et boueux de la solidité nécessaire ; c'est ce que l'on fit en employant quatre cents ouvriers à fouiller une montagne, à l'aplanir pour en étendre les déblais dans le marais, après avoir enlevé à celui-ci la première couche de vase. Ensuite on a replacé ce terrain marécageux sur la couche plane de la montagne qui avait disparu; on a amalgamé ces deux sols si différents, et il en est résulté un terrain également fécond pour les plantations. La troisième opération consistait à donner à la rivière, non point une marche en ligne droite, mais un cours tortueux que l'œil aime à considérer, et qui est d'ailleurs imité de la nature. La rivière d'Étampes circule donc à droite et à gauche en tous sens dans la plaine de Méréville. En formant cette plaine, on a eu soin de pratiquer une cascade; on a fait tomber les eaux de dessus des roches irrégulières dans un magnifique bassin, d'où elles passent sous un immense pont artificiel d'une seule arche, formée de roches irrégulières, et qui semblent menacer ruines; et il est difficile de concevoir un pont plus pittoresque. Au-dessus et à côté se trouvent des grottes souterraines, avec des sièges et des lits de mousse, etc., etc. »

Le château est situé à mi-côte et domine tout le parc. C'était jadis un de ces donjons gothiques, flanqué de tours aux quatre angles, auquel on a joint deux ailes remarquables par leur harmonie avec le caractère du bâtiment. On y voit une grande terrasse au-dessous de laquelle on a construit d'immenses salles qui servent de chapelle, d'office et de cuisine; on y retrouve l'art, si perfectionné en Angleterre, de tirer parti des anciens édifices, en se rapprochant de leur style, au lieu de les dénaturer pour les ramener à des formes plus régulières et plus modernes.

Le parc, d'une étendue de 50 hectares, est embelli de tous côtés par la rivière de Juine, qui forme plusieurs îles charmantes, et des cascades d'un bel effet, dont les eaux viennent se perdre dans des grottes immenses. Dans une île, non loin d'un moulin en forme de chalet suisse, on remarque une colonne rostrale en marbre bleu turquin, dédiée aux deux frères Delaborde, qui, partis avec l'expédition de Lapeyrouse, périrent victimes d'un acte de courage et de générosité aux côtes de la Californie. Plusieurs tours, un temple magnifique, des châteaux gothiques, un sarcophage dédié à Cook, et un grand nombre d'autres monuments placés çà et là ajoutent aux agréments de ce beau séjour.

Commerce considérable de denrées de toute espèce pour l'approvisionnement de Paris; de chevaux, vaches et autres bestiaux. Marchés très-fréquentés. — *Foires* les 14 mars, 9 mai, 15 sept. et 21 déc.

Bibliographie. DUSAULT. *Description du château et du parc de Méréville*, in-18, 1835.

V. aussi : *Mémoires secrets de la république des lettres*, t. xxxi, p. 269.

MEREY, *Mereium*, bg *Eure* (Normandie), arr. et à 25 k. d'Évreux, cant. et ✉ de Pacy-sur-Eure. Pop. 210 h.

MEREY-MONTROND, vg. *Doubs* (Franche-Comté), arr., ✉ et à 13 k. de Besançon, cant. d'Ornans. ⚘. Pop. 313 h. — Aux environs, près de la Grange-de-Vaivre, on remarque des grottes d'une étendue considérable et fort curieuses.

MEREY-VIEILLEY, vg. *Doubs* (Franche-Comté), arr. et à 12 k. de Besançon, cant. de Marchaux, ✉ de Voray. Pop. 171 h.

MERFY, vg. *Marne* (Champagne), arr., ✉ et à 8 k. de Reims, cant. de Bourgogne. Pop. 451 h.

Ce village est situé sur le versant de la montagne de Chenay, d'où descend une source qui alimente trois fontaines par des conduits en terre cuite. L'église est surmontée d'une haute flèche couverte en ardoises, que supportent quatre fortes colonnes qui entourent le chœur. — Éducation des abeilles. — Fours à chaux.

MERGEY, *Margeium*, vg. *Aube* (Champagne), arr., cant., ✉ et à 13 k. de Troyes. Pop. 569 h.

MERIA, vg. *Corse*, arr. et à 41 k. de Bastia, cant. de Luri, ✉ de Rogliano. P. 630 h.

MÉRIADEC, vg. *Morbihan*, comm. de Plumergat, ✉ d'Auray.

MÉRIAL, vg. *Aude* (Languedoc), arr. et à 62 k. de Limoux, cant. de Belcaire, ✉ de Quillan. Pop. 262 h. — Forges. Exploitation de marbre.

MÉRICOURT, vg. *Pas-de-Calais* (Artois), arr. et à 15 k. d'Arras, cant. de Vimy, ✉ de Lens. Pop. 705 h.

MÉRICOURT, vg. *Seine-et-Oise* (Beauce), arr. et à 13 k. de Mantes, cant. et ✉ de Bonnières. Pop. 237 h.

MÉRICOURT-EN-VIMEUX, vg. *Somme* (Picardie), arr. et à 28 k. d'Amiens, cant. et ✉ d'Hornoy. Pop. 260 h.

MÉRICOURT-L'ABBÉ, vg. *Somme* (Picardie), arr. et à 35 k. de Péronne, cant. de Bray-sur-Somme, ✉ d'Albert. Pop. 453 h.

MÉRICOURT-SUR-SOMME, vg. *Somme* (Picardie), arr. et à 25 k. de Péronne, cant. de Bray-sur-Somme, ✉ d'Albert. Pop. 527 h.

MÉRIEL, *Meriello*, vg. *Seine-et-Oise* (Vexin), arr. et à 11 k. de Pontoise, cant. et ✉ de l'Isle-Adam. Pop. 403 h. Sur l'Oise. — On y remarquait autrefois l'abbaye du Val, située dans une vallée, près de la forêt de l'Isle-Adam, et convertie en maison de campagne.

MÉRIFONS, vg. *Hérault* (Languedoc), arr., ✉ et à 17 k. de Lodève, cant. de Lunas. Pop. 77 h.

MÉRIGNAC, bg *Charente* (Angoumois), arr. et à 20 k. de Cognac, cant. et ✉ de Jarnac. Pop. 1,221 h. — *Foires* les 2 févr., 2 avril, 2 juin, 2 août, 2 oct. et 2 déc.

MÉRIGNAC, vg. *Charente-Inf.* (Angoumois), arr. et à 20 k. de Jonzac, cant. et ✉ de Montlieu. Pop. 547 h.

MÉRIGNAC, bg *Gironde* (Guienne), arr., ✉ et à 5 k. de Bordeaux, cant. de Pessac. P. 3,276 h.

On y remarque la tour de Veyrines, dernier reste du château de ce nom. Cette tour a 20 m. de hauteur et 10 m. sur la plus grande de ses faces; sa forme est un quadrilatère irrégulier. Le rez-de-chaussée contient une seule pièce voûtée en berceau. Sur la voûte et sur les murailles sont des peintures à fresque exécutées au xiv⁰ siècle, très-incorrectes de dessin, mais recommandables pour l'histoire de l'art. Ces peintures représentent la Vie de Jésus-Christ, saint Christophe portant l'enfant Jésus, saint Georges délivrant une jeune fille et terrassant le dragon qui allait la dévorer. Après l'ascension, on voit le Christ assis sur un arc-en-ciel, au centre d'une losange semée d'étoiles et inscrite dans un quatre-feuille. Tout autour de cette gloire des anges font de la musique et jouent de divers instruments à cordes, à vent et de percussion. Le sol de ce rez-de-chaussée est carrelé en briques rouges où sont figurés, en émail blanc et par incrustation, des aigles, des fleurs de lis, des châteaux de Castille, des rosaces, des étoiles, des entre-lacs, etc.

Foire le lundi de Pâques.

MÉRIGNAS, vg. *Gironde* (Bazadois), arr. et à 26 k. de la Réole, cant. et ✉ de Sauveterre. Pop. 479 h.

MÉRIGNAT, vg. *Ain* (Bresse), arr. et à 21 k. de Nantua, cant. de Poncin, ✉ de Cerdon. Pop. 361 h.

MÉRIGNAT, vg. *Creuse* (Marche), arr., cant., ✉ et à 4 k. de Bourganeuf. P. 537 h.

MÉRIGNEUX, vg. *Loire*, comm. de Lézigneux, ✉ de Montbrison.

MÉRIGNEUX, vg. *Loire*, comm. de Tartares, ✉ de Rive-de-Gier.

MÉRIGNIES, vg. *Nord* (Flandre), arr. et à 16 k. de Lille, cant. et ✉ de Pont-à-Marcq. Pop. 1,007 h. — *Fabrique* de sucre indigène.

MÉRIGNY, vg. *Indre* (Berry), arr., ✉ et à 10 k. du Blanc, cant. de Tournon-St-Martin. Pop. 1,080 h.

MÉRIGNON, vg. *Ariége* (Gascogne), arr. et à 12 k. de St-Girons, cant. de Ste-Croix, ✉ de St-Lizier. Pop. 392 h.

MÉRIGOT, vg. *Lot-et-Garonne*, comm. de Pardaillan, ✉ de Duras.

MÉRILHEU, vg. *H.-Pyrénées* (Gascogne), arr., cant., ✉ et à 6 k. de Bagnères-de-Bigorre. Pop. 426 h.

MÉRILLAC, vg. *Côtes-du-Nord* (Bretagne), arr. et à 35 k. de Loudéac, cant. et ✉ de Merdrignac. Pop. 632 h.

MÉRINCHAL, vg. *Creuse* (Auvergne), arr. et à 24 k. d'Aubusson, cant. et ✉ de Crocq. Pop. 2,150 h. — *Foire* le 24 avril.

MÉRINDOL, vg. *Drôme* (Dauphiné), arr. et à 23 k. de Nyons, cant. et ✉ du Buis. Pop. 420 h. — Il est situé sur le sommet d'une haute montagne, d'où l'on jouit d'un coup d'œil magnifique. — En 1302 le prince d'Orange s'empara de ce village. Raymond de Mévouillon, qui prétendait en être seigneur, en fit le siège et le reprit quelque temps après. En 1586 il tomba au pouvoir des protestants, qui s'y maintinrent après avoir soutenu plusieurs sièges. — Belles carrières à plâtre et sources d'eaux minérales froides.

Bibliographie. *Notice sur les eaux de Mérindol* (Gazette salutaire, 1774, n° xxvi).

MÉRINDOL, vg. *Vaucluse* (Provence), arr. et à 28 k. d'Apt, cant. et ✉ de Cadenet. Pop. 788 h.

Ce village est célèbre par les massacres qui y furent commis, sous le règne de François Ier, en 1545. — Sur la vague accusation d'hérésie, le roi ordonna au parlement de faire le procès aux habitants de Mérindol, de confisquer les biens de ceux qu'on ne pourrait saisir, et de détruire leurs forteresses ainsi que tous les lieux qui leur servaient d'asile. Le parlement accorda un certain délai à tous ceux qui voudraient abjurer; lorsque le terme fut expiré, il rendit ce fameux arrêt qui ordonnait que le village de Mérindol et tous les autres qui jusqu'alors avaient été le foyer de l'hérésie seraient démolis; que les forteresses et cavernes où les Vaudois se retranchaient seraient détruites; que les forêts qui leur servaient d'asile seraient coupées; que dix-neuf hommes seraient jetés vivants dans les flammes; que tous les biens des hérétiques seraient confisqués au profit du roi, et qu'il était défendu de donner asile ni de fournir des moyens de subsistance à aucuns, pas même aux femmes et aux enfants. Cet arrêt fut aussitôt mis à exécution; Mérindol et vingt-trois autres villages furent pillés et livrés aux flammes, et les habitants passés au fil de l'épée; trois mille religionnaires furent massacrés au village de Cabrières par le vice-légat d'Avignon, qui avait levé des troupes sans ordre exprès de son souverain. L'exécution de cet arrêt donna suite à une guerre civile qui fit répandre le sang dans presque toutes les communes de la Provence.
Foires les 19 avril et 21 déc.

MÉRINVILLE, vg. *Aude*, comm. de Rieux-les-Minervois, ✉ de Peyriac-Minervois. — *Foire* le 22 déc.

MÉRINVILLE, vg. *Loiret* (Gatinais), arr. et à 21 k. de Montargis, cant. et ✉ de Courtenay. Pop. 244 h.

MÉRIOT (le), vg. *Aube* (Champagne), arr., cant., ✉ et à 5 k. de Nogent-sur-Seine. Pop. 600 h.

MÉRITEIN, vg. *B.-Pyrénées* (Béarn), arr. et à 19 k. d'Orthez, cant. et ✉ de Navarrenx. Pop. 440 h.

MERLAN, vg. *Seine*, comm. et ✉ de Noisy-le-Sec.

MERLANGE, vg. *Seine-et-Marne*. V. MONTEREAU.

MERLANSON, vg. *Var*. comm. et ✉ de Brignols.

MERLAS, vg. *Isère* (Dauphiné), arr. de la Tour-du-Pin et à 35 k. de Bourgoin, cant. de St-Geoire, ✉ du Pont-de-Beauvoisin. Pop. 1,144 h.

MERLATIÈRE (la), vg. *Vendée* (Poitou), arr. et à 14 k. de Bourbon-Vendée, cant. et ✉ des Essarts. Pop. 577 h.

MERLAUT, vg. *Marne* (Champagne), arr., cant., ✉ et à 8 k. de Vitry-le-François. Pop. 400 h.

MERLE, vg. *Loire* (Forez), arr. et à 29 k. de Montbrison, cant. et ✉ de Bonnet-le-Château. Pop. 1,004 h.

MERLÉAC, vg. *Côtes-du-Nord* (Bretagne), arr. et à 20 k. de Loudéac, cant. et ✉ d'Uzel. Pop. 2,667 h. — C'est sur son territoire que se trouve la chapelle de St-Léon, édifice du XVe siècle, où l'on voit de curieux vitraux.

MERLEBACH, vg. *Moselle* (pays Messin), arr. et à 30 k. de Sarreguemines, cant. et ✉ de Forbach. Pop. 661 h. — *Fabrique* de savon.

MERLEMONT, vg. *Oise*, comm. de Warluise, ✉ de Beauvais.

MERLERAULT (le) *Merula*, bg *Orne* (Normandie), arr. et à 25 k. d'Argentan, chef-l. de cant. Cure. Gîte d'étape. ✉. A 165 k. de Paris pour la taxe des lettres. Pop. 1,449 h. — TERRAIN jurassique.

PATRIE de J.-CH. POUQUEVILLE, consul de France en Morée, historien et voyageur, membre de l'Institut.

Foires le dernier lundi d'avril, 1er et 3e samedi d'oct., et 1er samedi de déc.

MERLES (les), vg. *Dordogne*, comm. de St-Martin-de-Fressengeas, ✉ de Thiviers.

MERLES, vg. *Meuse* (pays Messin), arr. et à 19 k. de Montmédy, cant. et ✉ de Damvillers. Pop. 507 h.

MERLES, vg. *Tarn-et-Garonne* (Languedoc), arr. et à 13 k. de Moissac, cant. et ✉ d'Auvillars. Pop. 560 h.

MERLÉVENEZ, vg. *Morbihan* (Bretagne), arr. et à 19 k. de Lorient, cant. et ✉ de Port-Louis. Pop. 1,053 h.

MERLHAC, vg. *Cantal*, com. de Drugeac, ✉ de Mauriac.

MERLIA, vg. *Jura*, comm. et ✉ d'Orgelet.

MERLIE (la), vg. *H.-Vienne*, comm. de Verneuil, ✉ d'Aixe.

MERLIEUX, vg. *Aisne* (Picardie), arr. et à 10 k. de Laon, cant. d'Anizy-le-Château, ✉ de Chavignon. Pop. 333 h.

PATRIE de BAILLY DE MERLIEUX, littérateur.

MERLIMONT, vg. *Pas-de-Calais* (Picardie), arr., cant., ✉ et à 20 k. de Montreuil-sur-Mer. Pop. 765 h.

MERLINES, vg. *Corrèze* (Limousin), arr., ✉ et à 21 k. d'Ussel, cant. d'Eygurande. Pop. 418 h.

MERLUSSE, vg. *Vosges*, comm. de Lusse, ✉ de St-Dié.

MERNEL, vg. *Ille-et-Vilaine* (Bretagne), arr. et à 31 k. de Redon, cant. de Maure, ✉ de Lohéac. Pop. 862 h.

MÉROBERT, *Eure-et-Loir*, comm. de St-Georges-sur-Eure, ✉ de Courville.

MÉROBERT, vg. *Seine-et-Oise* (Beauce), arr. et à 35 k. de Rambouillet, cant. et ✉ de Dourdan. Pop. 461 h.

MÉRON, vg *Maine-et-Loire* (Anjou), arr. et à 17 k. de Saumur, cant. et ✉ de Montreuil-Bellay. Pop. 588 h.

MÉRONA, vg. *Jura* (Franche-Comté), arr. et à 13 k. de Lons-le-Saulnier, cant. et ✉ d'Orgelet. Pop. 58 h.

MÉROUVELLE, vg. *Orne*, comm. et ✉ de Laigle.

MÉROUVILLE, vg. *Eure-et-Loir* (Beauce), arr. et à 36 k. de Chartres, cant. de Janville, ✉ d'Angerville. Pop. 348 h.

MÉROUVILLIERS, vg. *Eure-et-Loir*, comm. d'Ymonville, ✉ de Voves.

MÉROUX, v. *Indre*, comm. de Ste-Lizaigne, ✉ d'Issoudun.

MÉROUX, ou MOERLINGEN, vg. *H.-Rhin* (Alsace), arr., cant., ✉ et à 7 k. de Belfort. Pop. 535 h.

MERPINS, bg. *Charente* (Angoumois), arr., cant., ✉ et à 6 k. de Cognac. Pop. 634 h. Sur la Charente. — Aux environs on remarque sur une éminence les vestiges d'un fort dont la construction est attribuée aux Romains.

MERPUIS, vg. *Ain*, comm. de Leissard, ✉ de Nantua.

MERREY, vg. *Aube* (Bourgogne), arr., cant., ✉ et à 3 k. de Bar-sur-Seine. Pop. 524 h. — *Foire* le 1er lundi de carême.

MERREY, vg. *H.-Marne* (Champagne), arr. et à 38 k. de Chaumont-en-Bassigny, cant. et ✉ de Clefmont. Pop. 243 h.

MERRI, vg. *Orne* (Normandie), arr. et à 15 k. d'Argentan, cant. et ✉ de Trun. Pop. 583 h.

Le camp de Bières-sur-Merri, qui, avant d'être occupé par les Romains et par les Normands, peut très-bien avoir été un établissement militaire des Celtes, est une dépendance de cette commune. Il est disposé sur une pointe de rochers qui forment un cap avancé au-dessus d'un petit ruisseau que l'on passe partout à gué; le camp de Bières est surtout remarquable par les retranchements formés de petits cailloux brisés qui l'enceignent de toutes parts. Le retranchement qui forme le camp a 4 à 5 m. d'élévation; sa longueur est d'environ 280 m. sur une largeur de 82 m.

PATRIE de M. ISID. BOURDON, membre de l'académie royale de médecine.

MERRIS, vg. *Nord* (Flandre), arr. et à 11 k. d'Hazebrouck, cant. et ✉ de Bailleul. Pop. 1,277 h.

MERRY-LA-VALLÉE, ou MERRIVAUX, vg. *Yonne* (Champagne), arr. et à 25 k. de Joigny, cant. et ✉ d'Aillant-sur-Tholon. Pop. 1,078 h.

MERRY-SEC, vg. *Yonne* (Bourgogne), arr. et à 18 k. d'Auxerre, cant. et ✉ de Courson. Pop. 498 h.

MERRY-SUR-YONNE, vg. *Yonne* (Bourgogne), arr. et à 31 k. d'Auxerre, cant. et ✉ de Coulange-sur-Yonne. Pop. 601 h.

MERS, bg *Indre* (Berry), arr. et à 12 k. de la Châtre, cant. et ✉ de Neuvy-St-Sépulcre. Pop. 820 h. Près de l'Indre. — *Fabriques* de pointes de Paris. Martinets. Tréfilerie. — *Foires* les 11 mai, 19 sept. et 9 nov.

MERS, vg. *Somme* (Picardie), arr. et à 35 k. d'Abbeville, cant. d'Ault, ✉ d'Eu. Pop. 426 h.

MERSANTES, vg. *Eure-et-Loir*, comm. de St-Hilaire-sur-Yerre, ✉ de Cloyes.

MERSCHWEILLER, vg. *Moselle* (pays Messin), arr. et à 23 k. de Thionville, cant. et ✉ de Sierck. Pop. 410 h.

MERSUAY, vg. *H.-Saône* (Franche-Comté), arr. et à 21 k. de Vesoul, cant. de Port-sur-Saône, ✉ de Faverney. Pop. 606 h.

MERTEN, vg. *Moselle* (pays Messin),

arr. et à 45 k. de Thionville, cant. et ✉ de Bouzonville. Pop. 897 h.

MERTRUD, vg. *H.-Marne* (Champagne), arr. et à 12 k. de Vassy, cant. et ✉ de Doulevant. Pop. 642 h.

MERTZEN, vg. *H.-Rhin* (Alsace), arr., ✉ et à 10 k. d'Altkirch, cant. d'Hirsingen. Pop. 209 h.

MERTZVILLER, vg. *B.-Rhin* (Alsace), arr. et à 36 k. de Wissembourg, cant. et ✉ de Niederbronn. Pop. 1,926 h. — Forges et haut fourneau. — *Fabrique* de vernis.

MÉRU; petite ville, *Oise* (Picardie), arr. et à 23 k. de Beauvais, chef-l. de cant. Cure. ✉. ❀. A 51 k. de Paris pour la taxe des lettres. Pop. 2,327 h. — TERRAIN crétacé supérieur, craie.

Autrefois diocèse et élection de Beauvais, parlement et intendance de Paris.

Cette ville est située dans le fond d'une vallée où abondent des sources d'eau vive, dont les eaux forment le ru de Méru, qui se jette dans l'Oise. Elle était autrefois environnée d'épaisses murailles, fermée de quatre portes et défendue par un château fort.

Méru est le centre d'un commerce considérable de tabletterie. La seule confection des bois d'éventails en ivoire, en nacre, en os et en bois des îles, occupe à Méru 48 ouvriers. A Méru et dans les environs on fabrique des billes de billard, des boutons de nacre, des dominos, des moules de boutons, des fiches, des étuis, des dés, des joujoux et des ustensiles de bureau en ivoire, en nacre et en bois exotique. On y trouve en outre des fabriques d'outils aratoires très-estimés, des tanneries, des mégisseries et des fabriques de dentelles.

Commerce de grains, chevaux, vaches laitières, bestiaux, laine. — *Foires* le 14 oct. et le vendredi saint. — Marché important tous les vendredis, très-fréquenté par les nourrisseurs de Paris.

MÉRUGE, vg. *Saône-et-Loire*, comm. de Buxy et Bissey-sous-Cruchaud, ✉ de Buxy.

MERVAL, vg. *Aisne* (Picardie), arr. et à 37 k. de Soissons, cant. de Braisne, ✉ de Fismes. Pop. 86 h.

MERVAL, vg. *Seine-Inf.*, comm. de Brémontier-Merval, ✉ de Gournay.

MERVANS, petite ville, *Saône-et-Loire* (Bourgogne), arr. et à 20 k. de Louhans, cant. de St-Germain-du-Bois. ✉. A 386 k. de Paris pour la taxe des lettres. Pop. 2,140 h. — C'est une ville ancienne, aujourd'hui très-déchue, dont la plupart des maisons sont bâties en forme d'arcades. — *Foires* les 1er mars, 2 mai, 1er août et 11 nov.

MERVENT, vg. *Vendée* (Poitou), arr., ✉ et à 8 k. de Fontenay-le-Comte, cant. de St-Hilaire-des-Loges. Pop. 1,346 h.

MERVEIL, vg. *Ariège* (pays de Foix), arr. et à 16 k. de Foix, cant. de Lavelanet, ✉ de Varilles. Pop. 184 h.

MERVILLA, vg. *H.-Garonne* (Languedoc), arr. et à 18 k. de Toulouse, cant. et ✉ de Castanet. Pop. 112 h.

MERVILLE, vg. *Calvados* (Normandie), arr. et à 18 k. de Caen, cant. de Troarn, ✉ de Bavent. Pop. 296 h.

MERVILLE, vg. *Eure*, comm. de la Madeleine-de-Nonancourt, ✉ de Nonancourt.

MERVILLE, vg. *H.-Garonne* (Languedoc), arr. et à 20 k. de Toulouse, cant. et ✉ de Grenade-sur-Garonne. Pop. 1,198 h.

MERVILLE, vg. *Morbihan*, comm. et ✉ de Lorient.

MERVILLE, *Menariacum*, *Maurontivilla*, petite ville, *Nord* (Flandre), arr. et à 14 k. d'Hazebrouck, chef-l. de cant. Cure. ✉. A 281 k. de Paris pour la taxe des lettres. Pop. 6,282 h. — TERRAIN d'alluvions modernes.

Autrefois diocèse d'Ypres, parlement de Douai, intendance de Lille, chef-lieu d'une subdélégation, couvents de capucins et de dominicaines.

Cette ville est située sur la rive gauche de la Lys, à la jonction du canal de la Bourre. Elle doit son origine à un monastère de bénédictins fondé en 674, autour duquel se forma un bourg de quelque importance, qui fut détruit, ainsi que l'abbaye, par les Normands dans le cours du IXe siècle. Quelque temps après cet événement, Merville se rétablit, et devint dans la suite une ville renommée par ses fabriques de toiles : elle fut brûlée par les Français en 1347, et saccagée par les calvinistes en 1581.

Fabriques importantes de linge de table uni et damassé en belle qualité et très-renommé, de toiles de fil et de lin. Raffineries de sel. Construction de bateaux. Brasseries. Briqueteries, etc. — *Foires* de 2 jours le second mercredi de sept. et 2e mercredi du mois.

MERVILLE-AUX-BOIS, vg. *Somme* (Picardie), arr. et à 18 k. de Montdidier, cant. d'Ailly-sur-Noye, ✉ de Moreuil. Pop. 244 h.

MERVILLER, vg. *Meurthe* (Lorraine), arr. et à 29 k. de Lunéville, cant. et ✉ de Baccarat. Pop. 782 h.

MERVILLIERS, vg. *Eure-et-Loir* (Beauce), arr. et à 39 k. de Chartres, cant. et ✉ de Janville. Pop. 134 h.

On remarque à Mervilliers, au-dessus de la porte latérale de l'église, dont l'architecture est un gothique d'un fort beau style, un bas-relief encastré dans une ogive, où l'on voit qu'il a été rapporté et ajouté tant bien que mal. Les figures qu'il représente sont d'environ 33 cent. de proportion et d'une exécution grossière. Au milieu on voit un prince assis sur une espèce de trône, et vêtu d'une tunique et d'un manteau ; il tient un sceptre à la main gauche, mais n'a pas de couronne sur la tête ; de sa main droite, qui est étendue, il paraît recevoir quelque chose que lui présente un chevalier à genoux, armé de pied en cap d'un haubert avec ses chausses de mailles. Derrière le chevalier on aperçoit son cheval que son écuyer tient d'une main, tandis que de l'autre il porte l'épée de son maître. A la gauche un ecclésiastique revêtu de ses habits sacerdotaux : il paraît bénir le présent qu'offre le chevalier, et on voit près de lui un autel sur lequel est un bénitier. Derrière l'autel une figure plus petite que les autres et qui représente un homme assis écrivant sur une feuille qui, se déroulant en forme de cartouche, va entourer tout le pourtour spacieux du bas-relief, et est chargée d'une longue inscription en caractères majuscules gothiques évidemment du XIe siècle.

Près de Mervilliers, au milieu d'un champ, est un dolmen incliné appelé pierre de Mesnil. Deux pierres verticales supportent sa plateforme, longue de 2 m. 39 c., large de 2 m. 16 c. et épaisse de 1 m. : elle est percée de part en part d'un trou assez large, qui paraît avoir été pratiqué à dessein. A peu de distance de ce dolmen se voient les restes d'un autre beaucoup plus grand, mais dont on a enlevé les pierres supérieures ; il ne reste plus maintenant que les piliers verticaux, au nombre de six, disposés sur un carré long de 8 m.

MERVON (St-), vg. *Ille-et-Vilaine* (Bretagne), arr. et à 15 k. de Montfort-sur-Meu, cant. et ✉ de Montauban. Pop. 199 h.

MERXHEIM, vg. *H.-Rhin* (Alsace), arr. et à 23 k. de Colmar, cant. de Soultz, ✉ de Rouffach. Pop. 805 h.

MÉRY, ou MÉRY-PRÉMECY, *Marne* (Champagne), arr. et à 14 k. de Reims, cant. et ✉ de Ville-en-Tardenois. Pop. 137 h.

MÉRY, bg *Oise* (Picardie), arr. et à 26 k. de Clermont, cant. et ✉ de Maignelay. Pop. 794 h.

MÉRY, vg. *Seine-et-Marne* (Brie), arr. et à 26 k. de Meaux, cant. et ✉ de la Ferté-sous-Jouarre. Pop. 483 h.

MÉRY (St-), vg. *Seine-et-Marne* (Gâtinais), arr. et à 15 k. de Melun, cant. de Mormant, ✉ de Guignes. Pop. 559 h.

MÉRY-CORBON, vg. *Calvados* (Normandie), arr. et à 24 k. de Bayeux, cant. de Mézidon, ✉ de Croissanville. Pop. 881 h.

MÉRY-ÈS-BOIS, bg *Cher* (Berry), arr. et à 38 k. de Sancerre, cant. et ✉ de la Chapelle-d'Angillon. Pop. 1,147 h.

MÉRY-SUR-CHER, vg. *Cher* (Berry), arr. et à 41 k. de Bourges, cant. et ✉ de Vierzon. Pop. 536 h.

MÉRY-SUR-OISE, *Madriacum Parisiorum*, vg. *Seine-et-Oise* (Vexin), arr. et à 8 k. de Pontoise, cant. et ✉ de l'Isle-Adam. Pop. 708 h. Sur l'Oise.

MÉRY-SUR-SEINE, *Mauriacum in Tricassibus*, *Meriacum*, urbs *Meriacensis*, très-ancienne ville, *Aube* (Champagne), arr. et à 20 k. d'Arcis-sur-Aube, chef-l. de cant. Cure. Gîte d'étape. ✉. ❀. A 138 k. de Paris pour la taxe des lettres. Pop. 1,328 h. — TERRAIN d'alluvions modernes.

La ville de Méry fut fortifiée en 1220, sous le règne de Philippe Auguste, assiégée et prise par les Anglais en 1259, fortifiée de nouveau par Charles V en 1376, prise et reprise jusqu'à trois fois pendant les troubles de la Ligue, ruinée en 1615 pendant les guerres civiles qui désolèrent le règne de Louis XIII. Incendiée en 1746 et en 1778, cette ville fut encore entièrement brûlée en 1814 par le général prussien Blücher. Méry venait d'être occupé par le corps russe du général Witgenstein, lorsque le corps d'armée du général Blücher y arriva par la route de Châlons. Napoléon, instruit de la jonction de ces deux corps d'armée, se porte en personne sur Méry, et ordonne au général Boyer de commencer l'attaque. Le bataillon qui, placé sur la rive gauche de la Seine, défendait le pont, est culbuté aussitôt et poussé au delà; il n'a pas même le temps de brûler le pont qui sépare la ville en deux. Mais l'ennemi ayant mis le feu à la fois dans plusieurs maisons, le progrès subit des flammes força les Français de repasser la Seine. Le vent soufflait avec tant de violence, que le feu se propagea partout en peu d'instants. Blücher, rappelant aussitôt les troupes qui accouraient pour soutenir ses avant-postes, fait mettre le feu au pont. Les Français se présentent en force pour le garantir et s'en emparer. Un bataillon russe et des tirailleurs prussiens leur en disputent le passage; mais ils ne peuvent résister à l'intrépidité des bataillons français. Le pont, brûlé à moitié, est repris par ces derniers, qui, attaqués par des forces supérieures et n'étant pas soutenus, sont repoussés dans la ville et forcés de repasser le pont presque détruit; retraite périlleuse, dans laquelle plusieurs soldats se noient ou sont tués. Les deux armées continuaient de tirailler d'une rive à l'autre, tandis que la malheureuse ville de Méry était la proie des flammes. Soixante mille ennemis, plaçant une barrière de feu entre eux et l'armée française, arrêtèrent son impétuosité. L'incendie se propagea avec une rapidité si effrayante, que Méry ne fut bientôt plus qu'un monceau de cendres.

Après tant de désastres, cette ville s'est relevée de ses ruines; toutes les maisons ont été reconstruites dans un goût moderne et sur un plan assez régulier; elle possède une belle place publique et de jolies promenades. Sa situation, à l'extrémité d'une belle prairie, sur deux bras de la Seine, les bouquets de bois et les haies vives qui l'environnent rendent son aspect riant et pittoresque.

Quelques auteurs placent aux environs de Méry la défaite d'Attila par Aëtius, en 451. V. CHEPPES.

Biographie. Patrie de HUON DE MÉRY, trouvère champenois du XIIIe siècle.

D'ANT. MONTREJEAN, célèbre oculiste, auteur d'un traité estimé des maladies de l'œil.

Du lieutenant général DULONG DE ROSNAY, mort en 1828, commandant de l'île de Corse.

INDUSTRIE. Une grande partie de la population est employée à la fabrique de la bonneterie en coton, qui occupe plus de 600 métiers. On trouve aussi dans cette ville une blanchisserie de bas et deux filatures de coton.

Méry est une des communes du département où on se livre avec le plus de succès à l'éducation des abeilles. On y compte environ 3,000 ruches. — Commerce de bonneterie, de grains et de planches pour l'approvisionnement de Paris. — Foires les 15 mars, 20 juin et 25 sept. — Marché tous les jeudis.

Bibliographie. POTRAINCOUT. Prise de la ville de Méry-sur-Seine, in-8, 1615.

TRASSE (Nic.). Dissertation historique et critique sur l'invasion d'Attila, roi des Huns, dans les Gaules, où l'on prouve que ce prince n'a combattu qu'une fois en bataille rangée; que cette bataille s'est donnée en Champagne, à 5 lieues de Troyes, dans la plaine de Méry-sur-Seine (Mercure, p. 1647, et mai, p. 1435, avril 1753).

MERZER (le), vg. Côtes-du-Nord (Bretagne), arr. et à 29 k. de St-Brieuc, cant. de Lanvollon, ⌫ de Guingamp. Pop. 1,000 h.

MERZER (le), vg. Morbihan, comm. de Langoëlan, ⌫ de Guémené.

MESANDANS, vg. Doubs (Franche-Comté), arr., ⌫ et à 9 k. de Baume-lès-Dames, cant. de Rougemont. Pop. 401 h.

MESANGÉ, vg. Loire-Inf. (Bretagne), arr., cant., ⌫ et à 10 k. d'Ancenis. Pop. 2,501 h. — Commerce de bestiaux. — Foires les 22 juillet et 30 août.

MÉSANGY, vg. Allier, comm. de Pouzy, ⌫ du Veurdre.

MESBRECOURT, vg. Aisne (Picardie), arr. et à 17 k. de Laon, cant. de Crécy-sur-Sorre, ⌫ de la Fère. Pop. 320 h.

MESCOULES, vg. Dordogne (Périgord), arr., ⌫ et à 16 k. de Bergerac, cant. de Sigoules. Pop. 298 h.

MESE (lat. 43°, long. 25°). « On peut voir dans l'article Stœchades insulæ, que comme ces îles sont rangées de suite, ce qui les a fait appeler ainsi par les Marseillais, les noms qui distinguent chacune des trois Stœchades en particulier sont tirés de l'ordre qu'elles gardent entre elles, et c'est Pline (lib. III, cap. 5) qui nous les indique. Or il résulte de la nécessité qu'il y a d'y reconnaître les îles d'Hyères, nonobstant une opinion contraire dans M. de Valois, que l'île qui est appelée Mèse, ou celle du milieu, doit être Porteroz, que Porqueroles précède, et que Mese porte en même temps le nom de Pomponiana, peut bien ne pas accuser juste de cette circonstance, parce que Pomponiana, selon qu'il en est mention dans l'Itinéraire maritime, demande une position différente de Mese; et ce ne point on peut consulter un article particulier concernant Pomponiana, Honoré Bouche (Chorog. de Prov., liv. 1, ch. 7), qui contredisant Pline sur l'application du nom de Pomponiana à Mese, la transporte à l'île antérieure, c'est-à-dire Prote. C'est pour n'avoir pas connu dans Pomponiana une position différente de l'une et de l'autre de ces îles. » D'ANVILLE. Notice de l'ancienne Gaule, p. 458.

MESÈRES, vg. H.-Loire (Languedoc), arr. et à 19 k. du Puy, cant. de Vorey, ⌫ d'Yssingeaux. Pop. 400 h.

MESGE, vg. Somme (Picardie), arr. et à 24 k. d'Amiens, cant. et ⌫ de Picquigny. Pop. 472 h.

MESGRIGNY, vg. Aube (Champagne), arr. et à 23 k. d'Arcis-sur-Aube, cant. de Méry-sur-Seine. Pop. 80 h.

MÉSILLEU, vg. Loire, comm. de Précieux, ⌫ de Montbrison.

MESLAIN-DU-BOSC (St-), vg. Eure (Normandie); arr. et à 27 k. de Louviers, cant. d'Amfreville-la-Campagne, ⌫ du Neubourg. Pop. 121 h.

MESLAN, vg. Morbihan (Bretagne), arr. et à 40 k. de Pontivy, cant. et ⌫ du Faouet. P. 1,650 h. — Foires les 17 avril, 22 mai et 28 juin.

MESLAND, vg. Loir-et-Cher (Blaisois), arr. et à 23 k. de Blois, cant. d'Herbault, ⌫ d'Ecure. Pop. 617 h.

MESLAY, vg. Calvados (Normandie), arr. et à 18 k. de Falaise, cant. et ⌫ d'Harcourt-Thury. Pop. 346 h.

MESLAY, vg. Loir-et-Cher (Vendômois), arr., cant., ⌫ et à 4 k. de Vendôme. P. 275 h. — Fabrique de tapis de pieds. Filature de laine.

MESLAY, bg Mayenne (Maine), arr. et à 20 k. de Laval, chef-l. de cant. Curé. Gîte d'étape. ⌫. ⚒. A 280 k. de Paris pour la taxe des lettres. Pop. 1,596 h. — TERRAIN de transition moyen.

Fabriques d'étamines. Tanneries. — Foires le vendredi qui précède les petites foires de Laval, fixées au 1er samedi de chaque mois.

MESLAY-LE-GRENET, vg. Eure-et-Loir (Beauce), arr. et à 13 k. de Chartres, cant. d'Illiers, ⌫ de St-Loup. Pop. 372 h.

MESLAY-LE-VIDAME, vg. Eure-et-Loir (Beauce), arr. et à 27 k. de Châteaudun, cant. de Bonneval, ⌫ de St-Loup. Pop. 526 h. — Education des abeilles.

MESLE-SUR-SARTHE (le), Merula, joli bourg, Orne (Normandie), arr. et à 28 k. d'Alençon, chef-l. de cant. Cure. ⌫. ⚒. A 170 k. de Paris pour la taxe des lettres. P. 775 h. — TERRAIN jurassique, voisin du terrain crétacé inférieur.

Autrefois diocèse de Séez, parlement de Rouen, intendance et élection d'Alençon.

Ce bourg est situé sur la Sarthe et traversé dans sa longueur par la grande route, qui forme son unique rue, et dans sa largeur par la Sarthe, qu'on y passe sur un large pont en pierre. — Commerce de grains et de bestiaux. — Foires le 1er mercredi de janv., d'avril, de juillet et d'oct.

MESLIER (Grand et Petit-), vg. Seine-et-Oise, comm. de Fontenay-St-Père et Guitrancourt, ⌫ de Mantes.

MESLIÈRES, vg. Doubs (Franche-Comté), arr. et à 16 k. de Montbéliard, cant. de Blamont, ⌫ de Pont-de-Roide. Pop. 346 h. — Papeterie.

MESLIN, vg. Côtes-du-Nord (Bretagne), arr. et à 20 k. de St-Brieuc, cant. et ⌫ de Lamballe. Pop. 896 h.

MESLON, vg. Cher, comm. de Coust, ⌫ de St-Amand-Montrond.

MESLY, Massalocum, Melliacum, vg. Seine, comm. et ⌫ de Créteil. — Clotaire II y tint une assemblée des grands de son royaume en 613, et Dagobert 1er y fut reconnu roi en 637.

MESMAY, vg. Doubs (Franche-Comté), arr. et à 24 k. de Besançon, cant. et ⌫ de Quingey. Pop. 202 h.

MESME (Ste-), vg. *Seine-et-Oise* (Ile-de-France), arr. et à 20 k. de Rambouillet, cant. et ✉ de Dourdan. P. 588 h.—*Foires* les 7 mai et 22 août.

MESMES, vg. *Gironde*, comm. de St-Michel-de-Castelnau, ✉ de Captieux.

MESMES (St-), vg. *Seine-et-Marne* (Brie), arr. et à 26 k. de Meaux, cant. et ✉ de Claye. Pop. 339 h.

MESMIN, vg. *Aisne*, comm. de Rozières, ✉ de Soissons.

MESMIN (St-), vg. *Côte-d'Or* (Bourgogne), arr. et à 35 k. de Semur, cant. et ✉ de Vitteaux. Pop. 397 h.

MESMIN (St-), *Loiret*, comm. de St-Hilaire.
Ce village est situé sur le Loiret, qui commence en cet endroit à être navigable. Il possédait jadis une ancienne abbaye, dont une partie des bâtiments forme aujourd'hui une jolie habitation particulière.—*Fabrique* de papier; moulins à farine.

MESMIN (St-), bg *Vendée* (Poitou), arr. et à 8 k. de Fontenay-le-Comte, cant. et ✉ de Pouzauges. Pop. 1,196 h.—*Foire* le 4ᵉ jeudi de nov.

MESMONT, vg. *Ardennes* (Champagne), arr. et à 15 k. de Rethel, cant. de Novion. ✉ de Wasigny. Pop. 413 h.

MESMONT, vg. *Côte-d'Or* (Bourgogne), arr. et à 33 k. de Dijon, cant. et ✉ de Sombernon. Pop. 275 h.

MESMOULINS, vg. *Mediis Molendinis*, vg. *Seine-Inf.*, comm. de Tourville, ✉ de Fécamp.

MESNAC, vg. *Charente* (Angoumois), arr., cant., ✉ et à 10 k. de Cognac. Pop. 502 h.

MESNARD, vg. avec LABARROTIÈRE, vg. *Vendée* (Poitou), arr. et à 32 k. de Bourbon-Vendée, cant. des Herbiers, ✉ du Fougerais. P. 436 h.

MESNAY, vg. *Jura* (Franche-Comté), arr. de Poligny, cant., ✉ et à 3 k. d'Arbois. Pop. 1,026 h.— Papeterie.

MESNEUX (les), vg. *Marne* (Champagne), arr., ✉ et à 7 k. de Reims, cant. de Ville-en-Tardenois. Pop. 317 h.

MESNIÈRES, vg. *Seine-Inf.* (Normandie), arr., cant., ✉ et à 6 k. de Neufchâtel-en-Bray. Pop. 748 h.
Il est situé dans une contrée abondante en pâturages, près de la rive droite de la Béthune.
Le château de Mesnières est une construction de la renaissance. C'est au château de Mesnières qu'Henri IV vint souvent oublier près de ses maîtresses les misères de son peuple opprimé. On y montre la chambre de Gabrielle d'Estrées et un large vestibule décoré d'une troupe de cerfs qui semblent dresser la tête au bruit du cor qui retentit si souvent sous ces voûtes.
Fabrique d'excellents fromages à la crème, dits angelots ou bondes de Neufchâtel; dont il se fait une grande consommation à Paris et en Angleterre, sous le nom de fromage de Neufchâtel.
PATRIE du marquis de VIMAR, membre de l'assemblée législative, sénateur et pair de France.

MESNIL (le), vg. *Eure*, comm. de Courbépine, ✉ de Bernay.

MESNIL (le), vg. *Eure*, comm. de Drucourt, ✉ de Thiberville.

MESNIL (le), vg. *Eure*, comm. de Vieille-Lyre, ✉ de la Neuve-Lyre.

MESNIL (le), vg. *Maine-et-Loire* (Anjou), arr. et à 23 k. de Beaupréau, cant. de St-Florent-le-Vieil, ✉ d'Ingrande. Pop. 1,851 h.
—*Foires* les 25 avril et 23 sept.

MESNIL (le), vg. *Manche* (Normandie), arr. et à 25 k. de Valognes, cant. et ✉ de Barneville. Pop. 410 h.

MESNIL (le Grand et le Petit-), vg *Seine-Inf.*, comm. de Belleville-en-Caux, ✉ de Totes.

MESNIL, vg. *Seine-Inf.*, comm. de Hénouville, ✉ de Duclair.

MESNIL (le), vg. *Seine-Inf.*, comm. de St-Martin-de-Boscherville, ✉ de Rouen.

MESNIL-ADELÉE (le), *Mainillum*, *Mausionile*, vg. *Manche* (Normandie), arr. et à 16 k. de Mortain, cant. de Juvigny, ✉ de Sourdeval. Pop. 466 h.

MESNIL-AMAND (le), vg. *Manche* (Normandie), arr. et à 22 k. de Coutances, cant. et ✉ de Gavray. Pop. 598 h.

MESNIL-AMEY, vg. *Manche* (Normandie), arr. et à 9 k. de St-Lô, cant. et ✉ de Marigny. Pop. 315 h.

MESNIL-ANGOT (le), vg. *Manche* (Normandie), arr. et à 16 k. de St-Lô, cant. de St-Jean-de-Daye, ✉ de la Périne. Pop. 215 h.

MESNIL-ASSELIN, vg. *Calvados*, comm. de St-Désir, ✉ de Lisieux.

MESNIL-AUBERT (le), vg. *Manche* (Normandie), arr. et à 13 k. de Coutances, cant. de Bréhal, ✉ de Gavray. Pop. 506 h.

MESNIL-AUBRY, *Albericus Malenutritus*, vg. *Seine-et-Oise* (Ile-de-France), arr. et à 36 k. de Pontoise, cant. et ✉ d'Ecouen. P. 513 h.

MESNIL-AU-GRAIN, *Mesnillum*, vg. *Calvados* (Normandie), arr. et à 25 k. de Caen, cant. et ✉ de Villers-Bocage. Pop. 214 h.

MESNIL-AUVAL (le), vg. *Manche* (Normandie), arr., ✉ et à 8 k. de Cherbourg, cant. d'Octeville. Pop. 539 h.

MESNIL-AUZOUF, vg. *Calvados* (Normandie), arr. et à 22 k. de Vire, cant. d'Aulnay-sur-Odon. ✉. ⁂. À 263 k. de Paris pour la taxe des lettres. Pop. 740 h.

MESNIL-BACLEY (le), vg. *Calvados* (Normandie), arr. et à 19 k. de Bayeux, cant. et ✉ de Livarot. Pop. 244 h.

MESNIL-BENOIST (le), vg. *Calvados* (Normandie), arr. et à 8 k. de Vire, cant. et ✉ de St-Sever. Pop. 142 h.

MESNIL-BŒUFS (le), vg. *Manche* (Normandie), arr. et à 20 k. de Mortain, cant. d'Isigny, ✉ de St-Hilaire-du-Harcouet. Pop. 418 h.

MESNIL-RONAND (le), vg. *Manche* (Normandie), arr. et à 22 k. de Coutances, cant. et ✉ de Gavray. Pop. 433 h.

MESNIL-BRUNTEL, vg. *Somme* (Picardie), arr., cant., ✉ et à 5 k. de Péronne. Pop. 441 h.

MESNIL-CAUSSOIS, vg. *Calvados* (Normandie), arr. et à 10 k. de Vire, cant. et ✉ de St-Sever. Pop. 281 h.

MESNIL-CLAQUE, vg. *Seine-Inf.*, comm. de Fresne-le-Plan, ✉ de Rouen.

MESNIL-CONTEVILLE (le), vg. *Oise* (Picardie), arr. et à 27 k. de Beauvais, cant. et ✉ de Grandvilliers. Pop. 302 h.

MESNIL-DE-POSES (le), vg. *Eure*, com. de Poses, ✉ de Pont-de-l'Arche.

MESNIL-DONQUEUR (le), vg. *Somme* (Picardie), arr. et à 20 k. d'Abbeville, cant. d'Ailly-le-Haut-Clocher, ✉ de St-Riquier. Pop. 277 h.

MESNIL-DREY (le), vg. *Manche* (Normandie), arr. et à 19 k. d'Avranches, cant. et ✉ de la Haye-Pesnel. Pop. 430 h.

MESNIL-DURAND (le), vg. *Calvados* (Normandie), arr. et à 14 k. de Bayeux, cant. et ✉ de Livarot. Pop. 504 h. — *Fabriques* de toiles.

MESNIL-DURAND (le), vg. *Manche*, com. de Ponthébert, ✉ de la Périne.

MESNIL-DURDENT (le), vg. *Seine-Inf.* (Normandie), arr. et à 25 k. d'Yvetot, cant. et ✉ de St-Valery-en-Caux. Pop. 151 h.

MESNIL-DUREM. V. MESNIL-PANNEVILLE.

MESNIL-EN-ARROUAISE, vg. *Somme* (Picardie), arr., ✉ et à 18 k. de Péronne, cant. de Combles. Pop. 600 h.

MESNIL-ESNARD (le), vg. *Seine-Inf.* (Normandie), arr., ✉ et à 6 k. de Rouen, cant. de Boos. Pop. 1,250 h. — Filature de coton. Briqueterie mécanique.

MESNIL-EUDES (le), vg. *Calvados* (Normandie), arr., cant., ✉ et à 7 k. de Lisieux. Pop. 222 h.

MESNIL-EUDIN (le), vg. *Somme* (Picardie), arr. et à 30 k. d'Amiens, cant. et ✉ d'Oisemont. Pop. 155 h.

MESNIL-EURY (le), vg. *Manche* (Normandie), arr. et à 13 k. de St-Lô, cant. et ✉ de Marigny. Pop. 309 h. — *Commerce* considérable d'ouvrages en osier, tels que vans, hottes, paniers, etc.

MESNIL-FOLLEMPRISE, vg. *Seine-Inf.* (Normandie), arr. et à 24 k. de Dieppe, cant. de Bellencombre, ✉ des Grandes-Ventes. Pop. 314 h.

MESNIL-FOULQUES, vg. *Seine-Inf.*, com. de Fresne-le-Plan, ✉ de Rouen.

MESNIL-FUGUET (le), *Mesnillum Fugneti*, vg. *Eure* (Normandie), arr., cant., ✉ et à 7 k. d'Evreux. Pop. 105 h.

MESNIL-GAILLARD (le), vg. *Seine-Inf.*, comm. de Sotteville-sur-Mer, ✉ du Bourg-d'Un.

MESNIL-GARNIER (le), bg *Manche* (Normandie), arr. et à 25 k. de Coutances, cant. et ✉ de Savray. P. 847 h.—*Foire* le 2ᵉ vendredi d'oct.

MESNIL-GERMAIN (le), vg. *Calvados* (Normandie), arr. et à 12 k. de Bayeux, cant. de Livarot, ✉ de Fervacques. P. 370 h.

MESNIL - GILBERT (le), vg. *Manche* (Normandie), arr. et à 15 k. de Mortain, cant. de St-Pois, ⊠ de Sourdeval. Pop. 525 h.

MESNIL-GUILLAUME (le), vg. *Calvados* (Normandie), arr., cant., ⊠ et à 7 k. de Lisieux. Pop. 388 h. — Filature de laine. Papeterie.

MESNIL-HARDRAY, *Mesnillum Hardre*, vg. *Eure* (Normandie), arr. et à 20 k. d'Evreux, cant. et ⊠ de Conches. Pop. 198 h.

MESNIL-HERMANN (le), vg. *Manche* (Normandie), arr., ⊠ et à 12 k. de St-Lô, cant. de Canisy. Pop. 268 h.

MESNIL-HEUDEGRAIN (le), vg. *Seine-Inf.*, comm. de St-Laurent-en-Caux, ⊠ de Doudeville.

MESNIL-HUE (le), *Manche* (Normandie), arr. et à 23 k. de Coutances, cant. et ⊠ de Gavray. Pop. 382 h.

MESNIL-JEAN (le), vg. *Seine-Inf.*, com. de Boissay, ⊠ de Buchy.

MESNIL-JOURDAIN, *Mesnillum Jordani*, vg. *Eure* (Normandie), arr., cant., ⊠ et à 5 k. de Louviers. Pop. 316 h.

Cette paroisse avait pour curé, au commencement du XVIIe siècle, Picard, auteur des deux ouvrages mystiques, le *Fouet des Paillards* et l'*Arsenal de l'Ame*, et dont le nom est particulièrement attaché à l'affaire fameuse de la Possession des religieuses de Louviers par suite de laquelle son corps fut exhumé et brûlé comme sorcier, le 21 août 1647. Picard eut pour successeur immédiat, à la cure du Mesnil-Jourdain, Laugeois, auteur de l'*Innocence opprimée*, ou Défense de Mathurin Picard.

Ste-Barbe, dépendance du Mesnil-Jourdain, était un couvent de pénitents.

MESNILLARD (le), vg. *Manche* (Normandie), arr. et à 13 k. de Mortain, cant. et ⊠ de St-Hilaire-du-Harcouet. Pop. 645 h.

MESNIL-LE-ROI, vg. *Seine-et-Oise* (Ile-de-France), arr. et à 20 k. de Versailles, cant. et ⊠ de St-Germain-en-Laye. Pop. 515 h.

L'ancien fief de Vaulx est une dépendance de cette commune. On regarde ce lieu comme le berceau de François Ier, qui, dit-on, y fut allaité, et y reçut sa première éducation. On remarque, sur l'extérieur d'une tourelle qui subsiste encore, un bas-relief assez bien conservé, composé d'un phénix et d'une salamandre.

MESNIL-LES-HURLUS (le), vg. *Marne* (Champagne), arr. et à 22 k. de Ste-Ménehould, cant. et ⊠ de Ville-sur-Tourbe. P. 99 h.

MESNIL-LIEUBRAY, vg. *Seine-Inf.* (Normandie), arr. et à 27 k. de Neufchâtel-en-Bray, cant. et ⊠ d'Argueil. Pop. 257 h.

MESNIL-MARTINSART, vg. *Somme* (Picardie), arr. et à 5 k. de Péronne, cant. et ⊠ d'Albert. Pop. 671 h.

MESNIL-MAUGER (le), *Mesnillum Maugeri*, vg. *Calvados* (Normandie), arr. et à 17 k. de Lisieux, cant. de Mezidon, ⊠ de Cambremer. Pop. 378 h.

MESNIL-MAUGER, *Seine-Inf.* (Normandie), arr. et à 13 k. de Neufchâtel-en-Bray, cant. et ⊠ de Forges. Pop. 433 h.

MESNIL-OPAC (le), vg. *Manche* (Normandie), arr. et à 13 k. de St-Lô, cant. de Tessy, ⊠ de Villebaudon. Pop. 433 h.

MESNIL-OURY (le), vg. *Calvados* (Normandie), arr. et à 15 k. de Lisieux, cant. et ⊠ de Livarot. Pop. 143 h.

MESNIL-OZENNE (le), vg. *Manche* (Normandie), arr. et à 13 k. d'Avranches, cant. et ⊠ de Ducey. Pop. 344 h.

MESNIL-PANNEVILLE (le), vg. *Seine-Inf.* (Normandie), arr. et à 26 k. de Rouen, cant. de Pavilly, ⊠ de Barentin. Pop. 694 h.

MESNIL-PATRY (le), *Mesnillum Patricii*, vg. *Calvados* (Normandie), arr. et à 14 k. de Caen, cant. de Tilly-sur-Seulles, ⊠ de Bretteville-l'Orgueilleuse. Pop. 280 h.

MESNIL-RAINFRAY (le), *Mesnillum Renfredi*, vg. *Manche* (Normandie), arr., ⊠ et à 14 k. de Mortain, cant. de Juvigny. P. 766 h.

MESNIL-RAOUL (le) vg. *Seine-Inf.* (Normandie), arr. et à 18 k. de Rouen, cant. et ⊠ de Boos. Pop. 599 h.

MESNIL-RAOULT (le), vg. *Manche* (Normandie), arr. et à 11 k. de St-Lô, cant. de Tessy, ⊠ de Torigny. Pop. 404 h.

MESNIL-RÉAUME (le), vg. *Seine-Inf.* (Normandie), arr. et à 28 k. de Dieppe, cant. et ⊠ d'Eu. Pop. 318 h.

MESNIL-ROBERT, vg. *Calvados* (Normandie), arr., ⊠ et à 6 k. de Vire, cant de St-Sever. Pop. 327 h.

MESNIL-ROGUES (le), vg. *Manche* (Normandie), arr. et à 24 k. de Coutances, cant. et ⊠ de Gavray. Pop. 637 h. — *Fabriques de toiles de crin pour sacs à raisin et pour tamis. Tanneries.*

MESNIL-ROUSSET, *Mesnillum Rousseti*, vg. *Eure* (Normandie), arr. et à 25 k. de Bernay, cant. de Broglie, ⊠ de Montreuil-Largillé. Pop. 323 h.

MESNIL-ROUXELIN (le), *Mesnillum Roscelini*, vg. *Manche* (Normandie), arr., cant., ⊠ et à 5 k. de St-Lô. Pop. 363 h.

MESNIL-RURY (le), vg. *Seine-Inf.*, com. du Trop-Mesnil, ⊠ de Doudeville.

MESNIL-ST-DENIS (le), vg. *Oise* (Picardie), arr. et à 26 k. de Senlis, cant. de Neuilly-en-Thelle, ⊠ de Chambly. Pop. 476 h.

MESNIL-ST-FIRMIN (le), vg. *Oise* (Picardie), arr. et à 34 k. de Clermont, cant. et ⊠ de Breteuil. Pop. 320 h.

Sur le territoire de cette commune se trouve la COLONIE DE ST-FIRMIN, fondée en 1828 et régulièrement constituée en 1839 pour l'éducation des enfants trouvés, abandonnés et orphelins pauvres. Cette colonie, dont les bâtiments peuvent loger quatre-vingts enfants, en comptait cinquante en 1842. L'exploitation s'étend sur environ 80 hectares qu'elle possède ou qu'elle a pris à ferme. Des cultures variées y occupent régulièrement les enfants à sarcler, à battre en grange, à conduire la charrue, et des ateliers les forment en même temps dans l'intérieur aux métiers accessoires à l'agriculture. — *Fabrique de sucre indigène.*

MESNIL-ST-GEORGES (le), vg. *Somme* (Picardie), arr., cant., ⊠ et à 4 k. de Montdidier. Pop. 236 h.

MESNIL-ST-LAURENT, vg. *Aisne* (Picardie), arr., cant., ⊠ et à 6 k. de St-Quentin. Pop. 258 h.

MESNIL-ST-LOUP, vg. *Aube* (Champagne), arr. et à 40 k. de Nogent-sur-Seine, cant. de Marcilly-le-Hayer, ⊠ d'Estissac. Pop. 355 h.

MESNIL-ST-NICAISE, vg. *Somme* (Picardie), arr. et à 20 k. de Péronne, cant. et ⊠ de Nesle. Pop. 463 h.

MESNIL-ST-PÈRE, vg. *Aube* (Champagne), arr. et à 25 k. de Troyes, cant. et ⊠ de Lusigny. Pop. 521 h.

MESNIL-SELLIÈRES, vg. *Aube* (Champagne), arr. et à 12 k. de Troyes, cant. et ⊠ de Piney. Pop. 449 h.

MESNIL-SIMON (le), vg. *Calvados* (Normandie), arr. et à 12 k. de Lisieux, ⊠ de Cambremer. Pop. 287 h.

MESNIL-SIMON (le), vg. *Eure-et-Loir* (Beauce), arr. et à 23 k. de Dreux, cant. et ⊠ d'Anet. Pop. 425 h.

MESNIL-SOUS-JUMIÉGES (le), vg. *Seine-Inf.* (Normandie), arr. et à 29 k. de Rouen, cant. et ⊠ de Duclair. Sur la rive droite de la Seine.

Ce lieu doit son nom à la maison ou mesnil qu'habitait Agnès Sorel pendant le séjour de Charles VII à Jumiéges. Le manoir où mourut cette favorite est à présent la demeure d'un laboureur qui en a changé la distribution intérieure ; mais les murs et les croisées gothiques subsistent encore tels qu'ils durent être au temps de la belle des belles. Lorsqu'on descend la Seine de Rouen au Havre, on aperçoit ce manoir du milieu du fleuve dans la direction à peu près de la dernière tour de l'abbaye : il est entouré par un petit bois et ombragé par un vieux châtaignier, contemporain, suivant la tradition, des constructions qui l'avoisinent. Sans doute on ne peut affirmer que ce manoir ait été habité par l'amante de Charles VII ; peut-être aurait-on rencontré plus juste en faisant de cette construction modeste la chapelle du château qui reçut ses derniers soupirs ; mais si la gente Agnès est venue dans cette chapelle offrir sa prière ; si elle s'est reposée sur le fauteuil de pierre formé par l'embrasure de la fenêtre gothique, il doit être doux encore d'y venir interroger son ombre, et de s'y figurer son image.

MESNIL-SOUS-LILLEBONNE, vg. *Seine-Inf.*, comm. et ⊠ de Lillebonne.

MESNIL - SOUS - PERRUEL, vg. *Eure*, comm. de Perruel, ⊠ de Fleury-sur-Andelle.

MESNIL-SOUS-VIENNE, *Mesnillum subter Vianam*, vg. *Eure* (Normandie), arr. et à 25 k. des Andelys, cant. et ⊠ de Gisors. Pop. 256 h.

MESNIL - SUR - BARNY, vg. *Seine-et-Marne*, comm. de St-Augustin, ⊠ de Coulommiers.

MESNIL - SUR - BLANGY, vg. *Calvados* (Normandie), arr., ⊠ et à 6 k. de Pont-l'Evêque, cant. de Blangy. Pop. 422 h.

MESNIL-SUR-BULLES (le), vg. Oise (Picardie), arr. et à 15 k. de Clermont, cant. et ✉ de St-Just-en-Chaussée. Pop. 388 h.

MESNIL-SUR-L'ESTRÉE, joli village, Eure (Normandie), arr. et à 35 k. d'Evreux, cant. et ✉ de Nonancourt. Pop. 514 h. Sur l'Avre.
— Le nom de l'Estrée, Strata, dû à la voie romaine d'Evreux à Dreux qui passe sur ce territoire, fut appliqué à une abbaye fondée d'abord en 1144 pour des moines de Cîteaux, et occupée ensuite par des religieuses de l'ordre de St-Bernard, dont, en 1714, on réunit le revenu à l'évêché de Québec dans la nouvelle France du Canada. — La population de cette commune qui, vers 1800, n'était que de 340 h., a reçu son accroissement actuel du grand établissement de papeterie et d'imprimerie fondé par M. Firmin Didot, et exploité aujourd'hui par ses fils.
Le village de Mesnil est situé sur une côte d'où l'on découvre une belle vallée. La rivière d'Avre fertilise de nombreuses prairies qui avoisinent cette commune, fait tourner plusieurs moulins, ainsi que la fabrique de papier de MM. Firmin Didot, l'une des plus importantes papeteries de France, qui occupe 250 ouvriers. On y fabrique, par les procédés anglais les plus perfectionnés, une longueur de 20 k. de papier par jour, sur 1 m. 33 c. de large. Les jardins de l'habitation forment des îles délicieuses. On y remarque un saule provenant d'un bouton du saule qui ombrage, à Ste-Hélène, le tombeau de Napoléon.

MESNIL-SUR-OGER (le), vg. Marne (Champagne), arr. et à 13 k. d'Epernay, cant. et ✉ d'Avize. Pop. 1,292 h. — Il est situé dans un territoire fertile en vins de Champagne mousseux estimés, et en vin non mousseux appelé tisane de Champagne.

MESNIL-THÉBAULT (le), vg. Manche (Normandie), arr. et à 23 k. de Mortain, cant. d'Isigny, ✉ de St-Hilaire-du-Harcouet. Pop. 569 h.

MESNIL-THÉRIBUS (le), vg. Oise (Normandie), arr. et à 20 k. de Beauvais, cant. d'Auneuil, ✉ de Chaumont-en-Vexin. Pop. 365 h.

MESNIL-THOMAS (le), vg. Eure-et-Loir (Perche), arr. et à 27 k. de Dreux, cant. et ✉ de Senonches. Pop. 672 h. — Forges et fenderies. Laminoirs. — Fabrique de poterie. Fours à chaux.

MESNIL-TOUFFREY (le), vg. Calvados (Normandie), arr. et à 17 k. de Falaise, cant. de Bretteville-sur-Laize, ✉ de Langannerie. Pop. 137 h.

MESNIL-TOVE (le), bg Manche (Normandie), arr. et à 13 k. de Mortain, cant de Juvigny, ✉ de Sourdeval. Pop. 792 h. — Papeterie.

MESNIL-VALLON, vg. Aube, comm. de Macey, ✉ de Troyes.

MESNIL-VENERON (le), vg. Manche, comm. de St-Jean-de-Daye, ✉ de la Périne.

MESNIL-VERCLIVES, vg. Eure (Normandie), arr. et à 15 k. des Andelys, cant. de Fleury-sur-Andelle, ✉ d'Ecouis. Pop. 554 h.
Le château de Verclives a été longtemps la résidence de feu M. Bignon, ambassadeur sous l'empire, membre de diverses assemblées législatives et pair de France.

MESNIL-VIGOT (le), vg. Manche, arr. et à 16 k. de St-Lô, cant. et ✉ de Marigny. Pop. 478 h.

MESNIL-VILLEMAN (le), vg. Manche (Normandie), arr. et à 25 k. de Coutances, cant. et ✉ de Gavray. Pop. 953 h.

MESNIL-VILLEMENT, vg. Calvados (Normandie), arr., cant. et à 15 k. de Falaise, ✉ de Pont-d'Ouilly. Pop. 554 h.

MESNILBUS (le), vg. Manche (Normandie), arr. et à 17 k. de Coutances, cant. de St-Sauveur-Lendelin, ✉ de Périers. P. 1,007 h.

MESNIVAL, vg. Seine-Inf., comm. de Criel, ✉ d'Eu.

MESNOY, vg. Jura (Franche-Comté), arr. et à 16 k. de Lons-le-Saulnier, cant. et ✉ de Clairvaux. Pop. 402 h.

MESPAUL, vg. Finistère (Bretagne), arr. et à 20 k. de Morlaix, cant. et ✉ de St-Pol-de-Léon. Pop. 1,305 h.

MESPEL, vg. Tarn, comm. de Larroque, ✉ de Gaillac.

MESPLÈDE, vg. B.-Pyrénées (Béarn), arr. ✉ et à 11 k. d'Orthez, cant. d'Arthez. P. 621 h.

MESPLES, vg. Allier (Bourbonnais), arr. et à 25 k. de Montluçon, cant. et ✉ d'Huriel. Pop. 360 h.

MESPOULIÈS, vg. Lot, comm. de Frayssinet-le-Gélat, ✉ de Castelfranc.

MESPUITS, vg. Seine-et-Oise (Gatinais), arr., ✉ et à 15 k. d'Etampes, cant. de Milly. Pop. 305 h.

MESQUER, vg. Loire-Inf. (Bretagne), arr. et à 53 k. de Châteaubriant, cant. et ✉ de Guérande. Pop. 1,666 h.
Il est situé à peu de distance de l'Océan, où il a un petit port de commerce. Grand et petit cabotage; exploitation des marais salants. — Foire le 26 août.

MESSAC, vg. Charente-Inf. (Saintonge), arr. et à 17 k. de Jonzac, cant. et ✉ de Montendre. Pop. 407 h.

MESSAC, ou MESSAC-SUR-VILAINE, Missiacum, Ille-et-Vilaine (Bretagne), arr. et à 31 k. de Redon, cant. et ✉ de Bain. Pop. 2,474 h.
Il est sur la Vilaine, où il a un port vis-à-vis de celui de Guipry. — Commerce de vins, salaisons, et bestiaux. — Foires le 31 juillet et le mardi après la St-Philippe.

MESSAIS, vg. Vienne (Poitou), arr. et à 19 k. de Loudun, cant. de Moncontour, ✉ de Mirebeau. P. 319 h.

MESSAN, vg. Loire-Inf., comm. de Rouans, ✉ du Pellerin.

MESSANGES, vg. Côte-d'Or (Bourgogne), arr. et à 24 k. de Dijon, cant. et ✉ de Gevrey. Pop. 236 h.

MESSANGES, vg. Landes (Gascogne), arr. et à 35 k. de Dax, cant. de Soustons, ✉ de St-Vincent-de-Tyrosse. Pop. 430 h.
Il est situé dans un territoire fertile en vins d'excellente qualité. — Culture de l'oignon, des roses de conserve, et du lin propre à faire de la dentelle.

MESSARGE, vg. Allier, comm. de Meilliers, ✉ de Souvigny. — Forge royale. Haut fourneau. Fonderie.

MESSAS, bg Loiret (Orléanais), arr. et à 24 k. d'Orléans, cant. et ✉ de Beaugency. Pop. 1,066 h.

MESSÉ, vg. Deux-Sèvres (Poitou), arr. et à 25 k. de Melle, cant. et ✉ de Lezay. Pop. 514 h.

MESSEI, Melseium, vg. Orne (Normandie), arr. et à 17 k. de Domfront, chef-l. de cant. ✉ de Flers. Pop. 1,709 h.

MESSEIN, vg. Meurthe (Lorraine), arr., cant. et à 12 k. de Nancy, ✉ de Pont-St-Vincent. Pop. 262 h.

MESSEIX, bg Puy-de-Dôme (Auvergne), arr. et à 50 k. de Clermont-Ferrand, cant. et ✉ de Bourg-Lastic. Pop. 1,951 h. — Exploitation de houille.

MESSELAN, vg. Seine-et-Oise, comm. de Frouville, ✉ de l'Isle-Adam.

MESSEMÉ, vg. Maine-et-Loire, comm. du Vaudelenay-Rillé, ✉ de Montreuil-Bellay.

MESSEMÉ, vg. Vienne (Poitou), arr., cant., ✉ et à 8 k. de Loudun. Pop. 320 h.

MESSEUGNE, vg. Saône-et-Loire, comm. de Savigny-sur-Grosne, ✉ de St-Gengoux-le-Royal.

MESSEUX, vg. Charente (Angoumois), arr., cant., ✉ et à 11 k. de Ruffec. P. 575 h.

MESSEY-LE-BOIS, vg. Saône-et-Loire, comm. de Messey-sur-Grosne, ✉ de Buxy.

MESSEY-SUR-GROSNE, vg. Saône-et-Loire (Bourgogne), arr. et à 22 k. de Châlon-sur-Saône, cant. et ✉ de Buxy. Pop. 1,155 h. — Foire le 9 sept.

MESSIA-LE-VIGNOBLE, vg. Jura (Franche-Comté), arr., cant., ✉ et à 3 k. de Lons-le-Saulnier. Pop. 421 h. — Papeterie.

MESSIAT, vg. Jura, comm. de Chambéria, ✉ d'Orgelet.

MESSIGNY, vg. Côte-d'Or (Bourgogne), arr., cant., ✉ et à 10 k. de Dijon. P. 709 h.
Ce village, situé sur la croupe d'une montagne, est fort ancien. On sait qu'il existait déjà du temps du roi Gontran et que Mummol y faisait, dit-on, exploiter une mine d'or. Il fut détruit par les Normands au IXe siècle, fut rebâti et peuplé par les soins des moines, sous l'abbé Jarenton, au XIe siècle. Il a été brûlé par les ligueurs après l'affaire de Fontaine-Française, et ruiné par des gens de guerre français et suédois qui avaient quitté leurs cantonnements de Selongey, Gémeaux, etc.
La grande rue offre quelques maisons assez bien bâties. Une place très-grande est ornée d'une promenade entre deux belles fontaines publiques. Le bassin de la fontaine supérieure est remarquable ; il est d'une seule pièce et a 11 m. de circonférence. La ligne de conduite des eaux a 3,320 m. de longueur, non compris la distribution du village ; les tuyaux sont en fonte, sur 1 m. de long, les joints sont de plomb. L'eau est prise dans la belle fontaine de Jouvence, renommée par la limpidité de ses

eaux et par ses sites pittoresques. L'eau remonte 26 m. pour arriver au village, après en avoir descendu 28 en différentes pentes.

Le projet de cet établissement atteste le patriotisme de M. Frémiet, officier supérieur, qui, blessé grièvement et abandonné au pied des remparts du Mont-Servat, en Catalogne, le 28 juillet 1812, y éprouva le plus cruel tourment qu'il soit possible d'endurer, la soif. De retour dans ses foyers, M. Frémiet forma le projet de doter le village de Messigny de fontaines publiques, ce qu'il exécuta en 1829.

On doit encore à M. Frémiet de grandes améliorations pour l'éducation des bestiaux, et l'introduction de la ruche des bois pour l'éducation des abeilles, innovation qui a complètement changé ce mode d'éducation, et centuplé les ruches, qui sont aujourd'hui répandues dans les forêts, où elles prospèrent et donnent des produits d'excellente quantité.

Foires les 3 mai, 11 juin, 26 août et 18 octobre.

MESSIMY, vg. Rhône (Lyonnais), arr. et à 15 k. de Lyon, cant. et ⊠ de Vaugneray. Pop. 1,310 h. — Foire le 19 déc.

MESSIMY-SUR-SAONE, vg. Ain (Dombes), arr. et à 15 k. de Trévoux, cant. de St-Trivier-sur-Moignans, ⊠ de Montmerle. Pop. 795 h.

MESSIN (pays), Metensis pagus, pays qui dépendait autrefois de la ci-devant province de Lorraine. Il forme aujourd'hui la plus grande partie du département de la Moselle, et partie de ceux de la Meuse et de la Meurthe. On le divisait en pays Messin proprement dit, ayant pour capitale Metz ; seigneuries du temporel de l'évêché de Toul, et châtellenies de l'évêché de Toul.

MESSINCOURT, ou MESSAINCOURT, vg. Ardennes (Champagne), arr. et à 20 k. de Sedan, cant. et ⊠ de Carignan. Pop. 740 h.

Ce village était autrefois défendu par un ancien château, qui était la première des quatre filles d'Ivoy-Carignan. Le château de Messincourt appartenait autrefois au comte de la Marck, qui envoya un défi à Charles-Quint. Cet empereur, pour l'en punir, mit le siège devant le château de Messincourt, qui fut pris par trahison. Le comte de Nassau, commandant les assiégeants, fit pendre vingt soldats de la garnison, et en eût fait autant du comte de la Marck, s'il n'en eût été détourné par ses officiers. Il fit raser le château, dont on ne voit plus actuellement que les ruines.

MESSON, Meximum, Aube (Champagne), arr. et à 15 k. de Troyes, cant. et ⊠ d'Estissac. Pop. 411 h.

MESSY, vg. Seine-et-Marne (Brie), arr. et à 15 k. de Meaux, cant. et ⊠ de Claye. Pop. 476 h.

MESSY, vg. Seine-et-Marne, comm. de Luzancy, ⊠ de la Ferté-sous-Jouarre.

MESTERRIEUX, vg. Gironde (Guienne), arr. et à 8 k. de la Réole, cant. et ⊠ de Monségur. Pop. 345 h.

MESTES, vg. Corrèze (Limousin), arr., cant., ⊠ et à 7 k. d'Ussel. Pop. 580 h.

MESTRY, vg. Calvados (Normandie) ; arr. et à 26 k. de Bayeux, cant. d'Isigny, ⊠ de Colombières. Pop. 217 h.

MESUA (lat. 44°, long. 22°). « Dans la description que donne Méla (lib. II, cap. 56) de la partie maritime de la Narbonoise, il s'explique ainsi sur ce lieu : Mesua collis, incinctus mari pene undique, ac nisi quod angusto aggere continenti annectitur insula. Il est ici question de Mese, sur le bord de l'étang de Tau, quoique cet étang, plutôt que la mer, ne resserre plus Mese de la même manière dont parle Méla. Mais le lieu est situé, comme l'a remarqué M. Astruc (Hist. nat. de Langued. p. 36), entre deux vallons profonds, presque au niveau de l'étang, et dans lesquels il a pu s'épancher autrefois. Il est mention de Mesua dans Festus Aviénus (in Ora maritima) en lisant Mesa, au lieu de Mansa, dans ce passage, tum Mesa vicus. Entre les pièces qui composent les preuves de l'histoire de Languedoc, un diplôme de Charles le Chauve (tom. I, coll. 77) fait mention de Mese en ces termes : Res in pago Agathense, hoc est qui nuncupatur castrum de Mesa. M. de Valois (p. 337) cite d'autres actes, qui, quoique postérieurs de plusieurs siècles, conservent également le nom de Mesoa. Vossius, et ce qui est plus surprenant, Catel, qui était du pays, ont cru que Mesua était la moutagne de Sette, croyant la voir dans ces termes de Méla : Collis incinctus mari pene undique. » D'Anville. Notice de l'ancienne Gaule, p. 459. V. aussi MEZE.

MESVENTS, vg. Loire, comm. de St-Vincent-de-Boisset, ⊠ de Roanne.

MESVILLERS, Somme. V. PIENNES.

MESVRIN, vg. Saône-et-Loire, ⊠ de Couches. — Forges et laminoirs.

MESVRES, Magaverum, bg Saône-et-Loire (Bourgogne), arr., bureau d'enregist. ⊠ et à 13 k. d'Autun, chef-l. de cant. Cure. Pop. 1,045 h. — TERRAIN cristallisé ou primitif.

On y a découvert en 1840 deux tombes réputées gauloises, parfaitement conservées. Dans les ruines de l'église d'un ancien prieuré, on voit la statue de la duchesse de la Tremouille, provenant du château de ce nom détruit par ordre de Louis XI.

Tuileries. — Foires les 10 fév. et 17 août.

MÉTABIEF, vg. Doubs (Franche-Comté), arr. et à 17 k. de Pontarlier, cant. de Mouthe, ⊠ de Sougne. Pop. 292 h. — Forges et martinets.

MÉTAIRIE (la), vg. Orne, comm. de St-Georges-d'Annebecq, ⊠ de Rânes.

MÉTAIRIES (les), vg. Charente (Angoumois), arr. et à 12 k. de Cognac, cant. et ⊠ de Jarnac. Pop. 500 h.

MÉTAIRIE-DE-BEAUVAIS (la), vg. Mayenne. ⊠. A 26 k. de Laval.

MÉTAIRIES-DE-ST-QUIRIN, vg. Meurthe (Lorraine), arr. et à 17 k. de Sarrebourg, cant. et ⊠ de Lorquin. Pop. 410 h.

METAPINA INSULA (lat. 44°, long. 23°). « Pline cite une île (lib. III, cap. 5) dans

l'embouchure du Rhône, in Rhodani ostio, dont le nom qui se lit Metina dans les éditions, est Metaniæ dans les manuscrits, comme le remarque le P. Hardouin ; et j'adopte la conjecture de ce savant commentateur et du P. Labbe, qui est de lire Metapina, au lieu de Metania. Car l'une des embouchures du Rhône, et la plus voisine de l'ostium Massiliense étant nommée Metapinum ostium, selon Pline, il est vraisemblable que le terrain resserré par ces embouchures ait pu participer à la dénomination par laquelle un des canaux était distingué ; et peut-être même lui communiquer le nom qui lui était propre, plutôt que de le recevoir de ce canal qui le renfermait. M. Astruc (Hist. nat. de Lang., p. 48) est d'un avis différent, croyant retrouver le nom de Metina dans celui des Tignes, que l'on donne à de petites îles fort basses et presque au niveau de la mer, par les alluvions du Rhône ont formées à l'embouchure qui est l'ostium Massiliense. » D'Anville. Notice de l'ancienne Gaule, p. 460.

METAPINUM OSTIUM (lat. 44°, long. 23°). « Nous sommes redevables à Pline (lib. III, cap. 4) de nous indiquer les noms des bouches du Rhône ; et le nom de Metapinum convient à celle des embouchures qui tient le milieu entre deux autres, os Hispaniense, et os Massalioticum ou Massiliense. On ne découvre point ce que le nom de Metapinum peut signifier, comme on voit ce qui a donné lieu aux deux autres dénominations. Cette bouche servait d'issue à un canal qui se détachait du lit principal du Rhône, près d'une tour nommée Tanpan, comme il est vraisemblable, et qui s'ouvrait à la mer une plage qui garde le même nom. Voyez l'article concernant Rhodani ostia. » D'Anville. Notice de l'ancienne Gaule, p. 460.

MÉTEREN, vg. Nord (Flandre), arr. et à 15 k. d'Hazebrouck, cant. et ⊠ de Bailleul. Pop. 2,506 h. — Fabriques de dentelles, toiles, fil. Blanchisserie de toiles. Brasseries. Tanneries.

MÉTHAMIS, vg. Vaucluse (Comtat), arr. et à 18 k. de Carpentras, cant. et ⊠ de Mormoiron. P. 955 h. — Exploitation de houille.

MÉTIGNY, vg. Somme (Picardie), arr. à 35 k. d'Amiens, cant. de Mollens-Vidame, ⊠ d'Airaines. Pop. 200 h.

METREAUX-BLANC-ET-NOIR (les), vg. Eure, comm. de Donains, ⊠ de Vernon.

METRICH, vg. Moselle, comm. de Kœnigsmacher, ⊠ de Thionville.

MÉTRING, vg. Moselle, comm. de Folschwiller, ⊠ de St-Avold.

METTING, vg. Meurthe (Lorraine), arr. et à 20 k. de Sarrebourg, cant. et ⊠ de Phalsbourg. Pop. 317 h.

METTRAY, vg. Indre-et-Loire (Touraine), arr., cant., ⊠ et à 8 k. de Tours. Pop. 1,460 h.

Mettray est un village fort intéressant par une colonie agricole de jeunes détenus fondée, il y a quelques années, dans le but de rendre à la vertu les jeunes condamnés qui se font re-

marquer par leur bonne conduite dans les maisons centrales où ils sont enfermés.
Bibliographie. *Colonie agricole de Mettray*, broch. in-8, 1843.

METTRIE (la), vg. *Côtes-du-Nord*, comm. de Lancieux, ⊠ de Plancoët.

METTRIE, vg. *Ille-et-Vilaine*, comm. de Miniac-Morvan, ⊠ de Châteauneuf-en-Bretagne.

METZ, *Divodurum Mediomatricorum*, ancienne, grande et très-forte ville, chef-l. du dép. de la *Moselle* (pays Messin), du 2ᵉ arr. et de 3 cant. Bonne ville n° 14. Place de guerre de 1ʳᵉ classe. Gîte d'étape. Cour royale d'où ressortissent les dép. de la Moselle et des Ardennes. Trib. de 1ʳᵉ inst. et de comm. Chambre et bourse de comm. Chef.-l. de la 3ᵉ divis. militaire. Académie universitaire. École royale d'application d'artillerie et du génie. Collége royal. Société des lettres, sciences et arts. Société d'encouragement de l'agriculture et de l'industrie. Écoles gratuites de dessin, de peinture, d'enseignement mutuel pour la musique. Cours publics d'accouchements et de botanique. Évêché, séminaire diocésain, école secondaire ecclésiastique. 7 cures. Pépinière départementale. Mont-de-piété. ⊠. ⚬⚬. Pop. 52,763 h.— Terrain jurassique, calcaire à griphées.

Autrefois ville forte, citadelle et évêché, capitale du pays Messin, gouvernement de province, et particulier, parlement, chambre des enquêtes et des comptes, chancellerie, bailliage royal et présidial, chef-lieu d'intendance, bureau des finances, maîtrise particulière, recette des finances, des domaines et bois, table de marbre, chambre de police, prévôté générale de maréchaussée, bureau, tribunal et fermes des traites et du tabac, justice consulaire, juridiction de la marque des fers, société royale des sciences et arts, direction de l'artillerie et du génie, école de cavalerie, chambre syndicale, quatre chapitres, deux séminaires, un collége, abbaye de filles et chapitre royal, quatre abbayes d'hommes ordre de St-Benoît, couvents de grands carmes, de capucins, d'augustins, de carmes déchaussés, de célestins, de dominicains, de minimes et de récollets, de carmélites, dominicaines, Ste-Claire, de la congrégation de l'*Ave Maria*, de la Madeleine, du Refuge, de la Propagation, de la Visitation, d'ursulines et de bénédictines.

Tacite est le premier qui ait fait connaître la capitale des *Mediomatrici*. Ptolémée, l'Itinéraire d'Antonin et la Table de Peutinger en font aussi mention. Elle avait pris ce nom du peuple dont elle était la capitale dès le temps d'Ammien Marcellin, qui la nomme *Mediomatrici*; le nom *Mettis*, d'où est dérivé celui de Metz, était déjà en usage dès le commencement du vᵉ siècle, et on le trouve dans la Notice de l'empire. Les mesures de la Table et de l'Itinéraire confirment les faits historiques sur l'identité de position de *Divodurum* et de Metz. Six routes romaines qui se joignent à *Divodurum* conduisent à Metz, en partant d'*Augusta Trevirorum*, Trèves; *Argentoratum*, Strasbourg; *Tullum*, Toul; et *Durocortorum*, Reims.

Metz, avantageusement situé dans un pays fertile, au confluent de la Moselle et de la Seille, dont l'une est navigable jusqu'au Rhin, fut pour les Romains un poste important, un agréable séjour. De nombreux monuments, dont il ne reste plus que de faibles vestiges, attestent le haut degré de splendeur où cette ville était parvenue sous les empereurs. Elle eut un vaste amphithéâtre, une naumachie, des thermes, un palais impérial, des magasins militaires et une garnison toujours nombreuse, pour repousser les Allemands qui sans cesse menaçaient d'envahir les Gaules. Metz était traversée par six grandes routes, d'où des légions pouvaient au besoin se porter sur tous les points les plus éloignés du vaste empire romain.

Sous les enfants de Clovis, Metz devint capitale du royaume d'Austrasie. Lors de la décadence de la maison de Charlemagne, cette ville et sa province passèrent sous la domination des empereurs d'Allemagne. Ces souverains, voulant opposer un rempart à la France qui convoitait toujours Metz et la Lorraine comme une portion de ce royaume, rendirent Metz puissante et forte en lui laissant une sorte de liberté politique. Devenue libre et rendue imprenable, cette ville fut rarement en paix dans l'intérieur de ses murailles, ayant sans cesse à lutter contre les prétentions d'une bourgeoisie turbulente et celles d'un hautain clergé qui voulait l'asservir. La convoitise de la France, les agressions perpétuelles des ducs de Lorraine, les ravages des grandes compagnies, la protection chèrement achetée de la cour de Rome et de l'empire devinrent autant de causes de révolutions qui préparèrent la chute de la république messine.

En 1552, sous Henri II, Metz, obligée de recourir au protectorat de la France, perdit sa liberté. Charles-Quint voulut s'en emparer en 1552, et la défense de Metz par le duc de Guise fut comptée parmi les événements les plus marquants du xviᵉ siècle. Charles-Quint avait passé le Rhin le 13 septembre avec une armée de soixante mille hommes. Il avait sous ses ordres le marquis de Marignan et le duc d'Albe, qui étaient renommés pour leurs talents militaires. Le 19 octobre, cette armée parut devant Metz, et le duc d'Albe commença aussitôt à investir la place. Charles-Quint s'était arrêté à Thionville, car sa santé délabrée ne lui avait plus permis de supporter plus longtemps la vie des camps. Henri II, de son côté, avait assemblé une armée de 40 k. à l'ouest de Metz; mais ses généraux lui conseillèrent de laisser l'armée impériale se fatiguer à un long siége, dans une saison si défavorable, plutôt que de lui présenter la bataille. Ainsi leroi se borna à envoyer des corps détachés pour inquiéter l'ennemi et lui couper les vivres. Les Impériaux s'opiniâtrèrent cependant à continuer le siége, et déjà l'artillerie avait ouvert de larges brèches dans la muraille. Mais derrière ces brèches s'élevaient de nouveaux remparts qui défendaient l'entrée de la ville assiégée. Tous les assauts furent repoussés, et il devint impossible de ramener à l'attaque les Impériaux découragés. Charles-Quint voulut encore une fois essayer sur ses soldats l'effet magique de sa présence; il se fit transporter au milieu du camp; leur courage en fut ranimé; mais le dernier effort fut encore impuissant. Déjà onze mille coups de canon avaient été tirés contre les remparts de Metz; les soldats, enfoncés dans la fange glacée, moissonnés par les maladies, étaient hors d'état de combattre; enfin l'empereur leva le siége le 1ᵉʳ janvier 1553; après avoir vu périr trente mille de ses meilleurs soldats. « La fortune, dit-il, avec une douleur amère, n'aime point les vieillards; » et il ordonna la retraite, qui fut désastreuse. Depuis lors Metz n'a point cessé d'appartenir à la France.

L'industrie messine a été longtemps florissante. Au moyen âge Metz était une ville de luxe et de plaisirs: de tous les points de l'Allemagne on accourait à ses fêtes. « Si j'avais un Francfort, disait-on, je le dépenserais à Metz. » Les infinies variétés des monnaies de l'Europe y avaient habituellement cours; soixante changeurs suffisaient à peine au commerce d'argent qui s'y faisait.— Metz est une des villes de l'Europe les plus anciennement pavées, et l'une de celles où l'on ait fait le premier usage d'artillerie: on y avait une artillerie volante dès 1512. L'imprimerie y fut introduite en 1480: ainsi Metz est l'une des dix premières cités françaises où l'art de Guttemberg se soit introduit. Dans le cours du xvᵉ siècle, on y jouait des comédies de Térence et beaucoup de mystères; ces dernières représentations eurent lieu à Metz presque aussitôt qu'à Paris. — L'étendue et la population de Metz ont singulièrement varié: sous les Romains, cette ville s'étendait entre les rives de la Seille et de la Moselle, dans une étendue de 6 k. Au fin du xvᵉ siècle, il fallut la resserrer pour résister à Charles VI et au duc de Lorraine, René Iᵉʳ. Resserrée de nouveau en 1552, elle perdit ses faubourgs, ses riches églises, ses monuments somptueux, et devint une ville forte de premier ordre. La révocation de l'édit de Nantes, fatale à son industrie et à sa civilisation, l'a été plus encore à sa population. D'autres événements malheureux la réduisirent à 22,000 âmes, de 60,000 qu'elle avait avant l'invasion de Charles-Quint. On y compte aujourd'hui 52,753 h. et 10,000 hommes de garnison.

Les armes de Metz sont: *parti d'argent et de sable*.— L'écu est surmonté d'une pucelle couronnée de tours, tenant une palme de la main gauche, pour indiquer que depuis qu'elle a été fortifiée cette ville n'a jamais été prise.

Cette ville est généralement bien bâtie et décorée de plusieurs beaux édifices. Toute la partie de la ville située sur la rive droite de la Moselle est bâtie en amphithéâtre; celle qui occupe la rive gauche est unie. La plupart des rues, quoique élargies et alignées depuis un siècle, sont encore étroites, tortueuses et incommodes; quelques-unes de celles qui se trouvent sur la rive droite de la Moselle sont escarpées et inabordables aux voitures. Metz est

MOSELLE

CATHÉDRALE DE METZ.

après Strasbourg la ville la mieux fortifiée de la France.

Metz est environné au couchant et traversé par la Moselle. La Seille entre dans la ville, au sud, après s'être auparavant partagée en deux bras, dont le plus petit baigne les murs des remparts et y entretient une eau verdâtre et vaseuse; le bras qui entre dans la ville est retenu par plusieurs vannes, fait tourner plusieurs moulins, et sert principalement aux tanneries. On passe ces deux rivières sur dix-sept ponts.

La plupart des maisons de Metz sont bâties solidement en pierres de taille; presque toutes se composent d'un rez-de-chaussée surmonté de deux ou trois étages. Quelques constructions du moyen âge, de la renaissance ou du xixe siècle sont décorées de bas-reliefs. Dans certaines rues les maisons, peu profondes, ne se composent que d'un seul corps de logis; dans d'autres elles en présentent jusqu'à trois et quatre, séparés les uns des autres par de petites cours humides et mal aérées. — On peut diviser la population en trois classes sous le rapport des cultes qu'elle professe : la majorité est catholique, la seconde classe juive, la troisième protestante. Autrefois des lignes de démarcation bien tranchées les séparaient. Il n'en est plus de même aujourd'hui : catholiques, calvinistes, israélites, vivent confondus et dans la plus parfaite harmonie. Les juifs ont commencé, depuis trente années, à quitter leur quartier humide et malsain pour habiter les autres parties de la ville. Quelques alliances même ont lieu entre la jeunesse des autres cultes et la leur; la mise des enfants d'Israël devient de jour en jour plus conforme encore à celle des autres habitants, et si les plus dévots d'entre eux conservent encore le vaste chapeau à trois cornes, la culotte de velours et la barbe en pointe, au moins on ne voit plus les chapeaux jaunes, les manteaux noirs, les rabats blancs et les barbes sales qui faisaient des juifs du xviie siècle une race toute spéciale, vouée à la risée publique.

On compte à Metz neuf portes garnies de pontslevis, dont six seulement servent aux relations extérieures; plusieurs de ces portes sont répétées deux, trois et même quatre fois, suivant les différents ouvrages de fortifications qui les défendent.

Ce sont la porte de St-Thiébaut, aboutissant à la route de Nancy et au midi du royaume; celle de France, à la route de Paris; celle de Thionville, aux routes de Longwy, Thionville et de toute la Belgique; celle des Allemands, aux routes de Sarrelouis, de Mayence et de toute l'Allemagne; celle de Mazelle conduit à Strasbourg et c'est par là qu'arrivent les riches produits des salines royales de la Meurthe. La porte du Saulcy conduit dans une île de la Moselle, occupée par des chantiers de bois, par la poudrerie et par une lunette qui couvre l'ouest de la ville et les deux bras de la Moselle. La porte de Chambière conduit à une autre île où sont le polygone de l'artillerie, le champ de manœuvre de la garnison, le port de la ville, des fabriques et diverses habitations,

le cimetière des deux premières sections; la porte de Ste-Barbe, située à l'extrémité de la rue principale du quartier des juifs, ne conduit qu'à l'arsenal de l'artillerie placé dans une île de la Seille, entre les remparts de la ville et le fort de Belle-Croix.

Les anciennes fortifications ont été remplacées par des ouvrages immenses construits d'après le nouveau système de défense, exécutés sous les ordres des maréchaux de Vauban et de Belle-Isle. Les plus importants sont les forts de Belle-Croix et de la Double-Couronne. Le premier, commencé en 1731, couvre toute la partie orientale de la ville, depuis la porte des Allemands jusqu'à la Moselle; il est établi sur le coteau de Désirémont, qui prit le nom de Belle-Croix, à cause d'une grande croix placée autrefois sur son sommet. La science des fortifications a été, pour ainsi dire, épuisée dans la construction des ouvrages de ce fort, qui ont un très-grand développement. La première pierre du fort de la Double-Couronne ou de la Ville-Neuve a été posée par le maréchal de Belle-Isle, le 29 juin 1728; les troupes qui y ont travaillé ont campé pendant deux ans dans la plaine du Ban-St-Martin. Ce fort, qui a une double enceinte et des fossés remplis d'eau, et dont les fortifications rasantes sont d'une approche très-difficile, a été achevé en trois ans; il défend la partie septentrionale de la ville. — En 1737 on construisit entre les portes de St-Thiébaut et de Mazelle une redoute considérable en terre, qui prit le nom de Pâté. Lorsqu'on élève les eaux de la Seille, elle forme une île, et l'on y pénètre de l'intérieur de la place par une galerie souterraine. — Au moyen de la retenue qui se fait au pont des Arènes et aux écluses des Allemands, les eaux de la Seille, de St-Thiébaut, etc., et forment un lac qui s'étend à plus de 4 k.

L'ESPLANADE. De l'une des portes les plus importantes, celle de St-Thiébaut, on arrive par un chemin très-court au centre de la ville, à l'une des plus belles promenades qui existent en Europe. Les premières allées de cette promenade furent plantées d'arbres en 1790; mais elle s'agrandit beaucoup lorsqu'en 1802 on entreprit de combler les fossés larges et profonds de la citadelle, sur lesquels elle est établie. Achevée en 1816, elle offre à la vue le plus riant spectacle. De là se découvre aux yeux le superbe bassin de la Moselle, un paysage riche et varié, de vastes prairies, de nombreux villages groupés en amphithéâtre sur les coteaux qui bornent l'horizon du sud au nord, et qui, tapissés de vignes, couronnés de bois, présentent l'aspect le plus gracieux. Entre les rues de cette promenade on a formé une grande place d'armes pour les exercices et parades militaires.

L'ARSENAL, établi sur l'emplacement d'une abbaye fondée dans le xe siècle, est moins remarquable par son développement et l'étendue de ses bâtiments, que par l'immensité des ressources qu'il assure constamment à l'armée : la salle d'armes contient environ 80,000 armes de guerre. Parmi les objets remarquables

qui se trouvent dans ce bel établissement, nous citerons la fameuse couleuvrine en bronze prise à Ehrenbreitstein, l'une des pièces les plus extraordinaires pour leur dimension. La longueur totale de cette pièce est de 4 m. 664 millim.; son diamètre à la culasse extérieure est de 714 millim., et à la volée de 425 millim.; le poids du boulet serait de 80 kilog.; celui de la pièce est de 1,319 kilog.

La CATHÉDRALE est un magnifique édifice dont les fondements furent jetés en 1014 par l'évêque Thierry. Cette vaste basilique, dont la construction élégante, délicate et hardie sera toujours un sujet d'étonnement et d'admiration, resta imparfaite jusqu'en 1323. A cette époque il fut repris par l'évêque Adémar de Monthil, qui continua la nef jusqu'à Notre-Dame de la Ronde. En 1486 Jacques de Linange, vicaire général du diocèse, entreprit de construire la chapelle collatérale de Notre-Dame de la Tierce. En 1497 on abattit une des tours dont Charlemagne avait fait orner cette basilique; elle avait eu près de cinq siècles et demi d'existence. En 1503 le chapitre et Henri de Lorraine jetèrent les fondements des deux dernières travées de la nef, ainsi que du chœur et de la seconde chapelle collatérale, dont l'ensemble forme une magnifique croix latine. Ce grand ouvrage ne se termina qu'en 1519. Les vitres du chœur, en verres peints, furent posées en 1521, 1523 et 1526, par Antoine Bousch, vitrier originaire de Strasbourg. On est encore frappé de la beauté des dessins et de la vivacité des couleurs, que trois siècles n'ont pu altérer. Enfin ce beau monument ne fut achevé entièrement qu'en 1546, et il fut béni le 24 mai de la même année. Pour donner une idée de sa légèreté, il suffira de dire que les vitres dont il est percé ont 4,071 m. carrés.

La cathédrale est longue de 121 m. 15 c.;
La largeur de la nef est de 14 m. 59 c.;
Celle des collatéraux de 15 m. 29 c.;
La hauteur de la nef, sous voûte, est de 33 m. 19 c., celle des collatéraux de 16 m. 24 c.

Les deux grandes chapelles collatérales du chœur ont chacune 16 m. 24 c. de longueur sur 15 m. 59 c. de largeur. La flèche, qui est sculptée et percée à jour, est haute de 121 m. 15 c. La ville la fit construire en 1497; la tour sur laquelle elle repose fut bâtie en 1381. En 1764 le chapitre de la cathédrale fit construire le portail actuel de la cathédrale, à cause du rétablissement de la santé de Louis XV dans cette ville. Le roi voulut y contribuer, et l'une des inscriptions dont ce portail est décoré en fait mention. Le chœur, tel qu'il est aujourd'hui, a été construit en 1810.

NOTRE-DAME DE LA RONDE. On ignore la date de la collégiale. On sait seulement qu'en 1130 elle fut rétablie par l'évêque Etienne de Bar, qui rebâtit l'église dont le chœur subsiste encore aujourd'hui.

L'ÉGLISE DE L'ABBAYE DE ST-VINCENT fut commencée en 1248, et n'a été consacrée qu'en 1376. Les deux dernières travées et le portail ne datent que de 1754 à 1756; elle sert aujourd'hui d'église paroissiale. En 1804 on a établi dans la maison conventuelle un lycée qui est maintenant le collège royal.

HÔPITAL MILITAIRE. Le magnifique hôpital militaire qui est contigu aux casernes fut construit sous le règne de Louis XV. Les bâtiments qui le composent, placés au bord de la Moselle, forment deux carrés longs, dont les cours spacieuses sont plantées d'arbres; ils sont traversés par un large canal, tiré des eaux supérieures de la Moselle, qui entrainent les déjections et les immondices. On y compte onze vastes salles, percées de cent quatre-vingt-quatorze croisées, où circule un air pur. Ces salles peuvent contenir aisément quinze cents malades, on y en a même vu dix-huit cents. Cet établissement, très-salubre, n'est surpassé par aucun autre en Europe.

Le PALAIS DE JUSTICE, ancien hôtel du gouvernement. En 1776 on jeta les fondements de l'hôtel du gouvernement sur l'esplanade. Ce monument, construit sur un vaste plan, est d'un style sévère, qui cependant n'est pas sans beauté. Les deux façades en regard de l'esplanade et de la Moselle sont imposantes par leur masse et par l'ordre parfait qui règne dans leurs proportions. Cet édifice renferme les tribunaux et la bibliothèque publique.

BIBLIOTHÈQUES. La bibliothèque publique, ouverte depuis le mois de novembre 1811, renferme 30,000 volumes, parmi lesquels on remarque un grand nombre d'ouvrages imprimés dans le XVe siècle et environ 800 manuscrits, dont quelques-uns remontent au Ve siècle.

La bibliothèque de l'école d'application n'a que 10,000 volumes, mais ils sont de choix. On y conserve des manuscrits de Vauban, Cormontaingne, Monge, Nollet, Fourcroy, etc., et d'immenses cartons remplis de plans, de projets ou de dissertations inédites sur l'art de la guerre.

On remarque encore à Metz les casernes, la préfecture, l'hôtel de ville, le pont des morts, l'hôtel des monnaies, l'église St-Martin, le portail de l'église Ste-Ségolène, le portail de St-Nicolas, etc., etc., etc.

A peu de distance des murs de Metz est la source d'eau minérale ferrugineuse de Bonnefontaine, dont on faisait un grand usage dans le XVe et le XVIe siècle; elle avait été longtemps oubliée, lorsque, sur l'avis d'un villageois et peu après la guerre de sept ans, un capitaine d'artillerie y conduisit ses soldats attaqués de dyssenterie; leur prompte guérison fit regarder la source comme miraculeuse, et y attira chaque année, pendant le mois de mai, une foule de pèlerins joyeux qui aimaient à s'égarer dans les bosquets des environs. M. de Calonne avait fait construire au-dessus de cette source un pavillon qui a été démoli. Aujourd'hui l'on ne voit plus à la Bonnefontaine que peu de personnes qui viennent y boire l'eau ferrugineuse, y prendre de l'exercice, y respirer l'air pur du matin.

Biographie. Metz est le lieu de naissance de plusieurs personnages distingués, au nombre desquels on cite principalement :

Le colonel BOUCHOTTE, ministre de la guerre sous le gouvernement républicain.

Le marquis ET.-FR.-ADR. DE MARNEZIA, député aux états généraux de 1789, membre de l'assemblée constituante.

BARTHÉLEMY, de la Moselle, membre du conseil des cinq cents et de la chambre des représentants.

EMMERY DE GROZYEULX, député aux états généraux et président de l'assemblée nationale.

CL.-FR. DE BOUCHEPORN, intendant de l'île de Corse en 1775.

Le marquis DE BARBÉ-MARBOIS, intendant de St-Domingue, membre du conseil des anciens, garde des sceaux, pair de France, premier président de la cour des comptes, membre de l'académie des sciences.

Le comte COLCHEN, membre du comité de salut public, préfet de la Moselle, et pair de France.

Le baron C.-FR.-ET. DUPIN, préfet des Deux-Sèvres sous l'empire.

Le comte P.-L. ROEDERER, député aux états généraux, membre de la convention nationale, sénateur, ministre des finances à Naples, pair de France, membre de l'Institut, mort en 1835.

P.-L. LACRETELLE, publiciste distingué, député aux états généraux et à l'assemblée législative, membre de l'Académie française.

CH. DE LACRETELLE, historien, membre de l'Académie française.

JOLY DE MAIZEROY, tacticien célèbre, membre de l'Institut.

J.-VICT. PONCELET, officier supérieur au corps royal du génie, membre de l'Institut.

JACOB LE DUCHAT, jurisconsulte.

CH. ANCILLON, philologue.

L.-B.-J. DEVILLY, antiquaire.

J.-M. CADET, savant minéralogiste.

Le comte DE BOURNON, savant minéralogiste.

DIEUDONNÉ DE MAUCOMBLE, auteur dramatique.

D. DE MORY, poëte et auteur dramatique.

CH.-AUG. SEWRIN, fécond et spirituel auteur dramatique et romancier.

Le comte DE PONT DE VEYLE, auteur dramatique.

Mme AMABLE TASTU, poëte distingué de notre époque.

Mlle FRANÇOISE GONTHIER, actrice distinguée de la comédie italienne et de l'Opéra-Comique.

Le chevalier DE MOUHY, fécond romancier.

Mme la comtesse DE BOURNON MALLARMÉ, auteur d'un grand nombre de romans.

M.-AUG. HENRION, littérateur.

P.-JOS. BUC'HOZ, médecin et naturaliste.

ANT. LOUIS, célèbre chirurgien, membre de l'académie royale de médecine.

CL.-FR. LALLEMAND, médecin.

AMB.-M. WILLAUME, chirurgien en chef des armées françaises.

EMILE BÉGIN, médecin et littérateur.

J.-FR. PILATRE DE ROZIER, aéronaute, qui périt dans un voyage aérien, le 15 juin 1785, en voulant passer de Boulogne en Angleterre.

GUILL. LALLEMENT, journaliste.

LOISEAU DE PERSUIS, compositeur de musique.

CHASSAL, sculpteur.

SÉB. LECLERC, ingénieur géographe, dessinateur et graveur.

ABRAHAM DE FABERT, maréchal de France.

Le comte DE CUSTINE, général de la république, condamné et exécuté révolutionnairement et exécuté le 28 août 1793.

Le général de cavalerie KELLERMANN, duc de Valmy.

Le lieutenant général baron CH. LALLEMAND, et son frère le général baron HENRI LALLEMAND.

Les généraux RICHEPANSE, LASALLE, CHERISEY, GOULLET DE RUGEY.

Le colonel d'artillerie H.-JOS. PAIXANS, membre de la chambre des députés.

L'ex-préfet de police MANGIN, si tristement célèbre.

INDUSTRIE. Fabriques de grosses draperies, flanelles, étoffes de laine, bonneterie, peluche pour chapellerie, passementerie, chapellerie, broderie sur mousseline, papiers peints, cannes en bois, colle forte, chicorée-café. Filatures de coton. Nombreuses brasseries. Amidonneries. Clouteries. Tuileries. Tanneries importantes. — Commerce de vins, eau-de-vie, bière excellente, confitures renommées, drogueries, épiceries, meubles, cuirs, fers, etc. — Foires de 15 jours le 1er mai, de 2 jours le 1er lundi de mars et dernier lundi d'oct.

A 157 k. N.-O. de Strasbourg, 57 k. N. de Nancy, 316 k. E. de Paris. Long. orient. 3° 50′ 13″, lat. 49° 7′ 10″.

L'arrondissement de Metz se compose de 9 cantons : Boulay, Faulquemont, Gorze, Metz 1er canton, Metz 2e canton, Metz 3e canton, Pange, Verny et Vigy.

Bibliographie. *Sur l'ancien nom de la ville de Metz* (Mém. de l'acad. royale des inscriptions et belles-lettres, t. XIX, p. 310.

LANÇON (Nic.-Fr.). *Mémoire sur l'état de la ville de Metz et les droits de ses évêques avant l'heureux retour des trois évêchés sous la domination de nos rois*, in-4, 1737.

CHATELAIN (Jean). *La Chronique de la noble ville et cité de Metz*, in-12, 1698.

* *Chronique ou Annales de Metz*, par le doyen de St-Thiébaud de Metz, depuis 1231 jusqu'en 1445 (imprimée dans le t. II de l'Histoire de Lorraine, par le P. Calmet, p. 170).

HUGUENIN jeune (J.-F.). *Les Chroniques de la ville de Metz, recueillies, mises en ordre et publiées pour la première fois*, in-8, 1838.

FRANÇOIS (dom Jean). *Histoire de la ville de Metz avec les preuves* (avec Tabouillot), 4 vol. in-4, 1769.

TABOUILLOT (Nic.). *Histoire de la ville de Metz*, 5 vol. in-4, 1775.

VILLIERS (Hubert-Philippe de). *Discours du siége de Metz, traduit de l'italien*, in-4, 1553.

SALIGNAC (Bertrand de). *Le Siége de Metz en 1552-1553*, in-4, 1665.

* *Le Discours de la guerre de Metz en Lorraine, contenant les alarmes et assauts faits par l'empereur, avec la défense et victoire des Français* (en 1552), in-8, 1558.
SAULCY (de). *Relation du siège de Metz en 1444* (avec Huguenin aîné), in-8, 1835.
* *Notice sur les deux sièges de Metz, de 1444 et de 1552, suivie des opérations*, etc., in-8, 1845.
Journal de ce qui s'est passé pour la réception du roi dans la ville de Metz, in-fol. et pl., 1644.
AUBURTIN DE BIONVILLE. *Journal de ce qui s'est fait à Metz au passage de la reine, avec un Recueil de plusieurs pièces sur le même sujet, par un autre auteur*, in-4, 1725.
* *Journal ou Calendrier de Metz*, in-8, 1758-1771 (fait connaître les différents états de Metz, Toul, Verdun, etc.).
* *Entrée du roi Charles IX à Metz en 1569. Voyage du roi Henri IV à Metz : à l'occasion d'icelui, ensemble les signes de réjouissance faits par les habitants pour honorer l'entrée de Sa Majesté*, etc., in-fol. (imprimée au t. 1er du Cérémonial de Godefroy, p. 1760).
CAJOT (D.-Joseph). *Les Antiquités de Metz, ou Recherches sur l'origine des Médiomatriciens*, in-12, 1760-1761.
DEVILLY (L.-J.-B.). *Antiquités médiomatriciennes, premier mémoire, monuments trouvés en 1822 à l'ancienne citadelle de Metz*, in-8, 1823.
SIMON (Victor). *Notes sur quelques antiquités trouvées à Metz*, br. in-8, 1834-35.
PONCELET (Jean - Victor). *Aperçu sur l'état des arts dans la ville de Metz aux diverses époques de son histoire. — Discours prononcé à l'ouverture de la séance générale et annuelle de la société des lettres, sciences et arts de cette ville, le 24 mai 1824*, in-8, 1824.
Mémoires de l'académie royale des lettres, sciences, arts et agriculture de Metz, in-8.
— 25e année, in-8, 1843-44.
VALLADIER. *L'Auguste Basilique de St-Arnould de Metz*, in-4, 1615.
BÉGIN (Mme). * *Histoire et Description de la cathédrale de Metz et des églises adjacentes*, grand in-8, 1835, 1842.
BÉGIN (C.-A.). *Histoire de la cathédrale de Metz*, 2 vol. in-8, 1843.
SAULCY (de). *Peinture à fresque du XIVe siècle existant à la citadelle de Metz*, broch. in-8, 1836.
MEURICE. *Histoire des évêques de l'église de Metz*, in-fol., 1833.
* *Recherches sur les monnaies des évêques de Metz*, in-8, 1835.
SAULCY (F. de). *Supplément aux Recherches sur les monnaies des évêques de Metz*, in-8, 1835.
— *Recherches sur les monnaies de la cité de Metz*, in-8, 1836.
OBERLIN (Jér.-Jacq.). *Sur l'ancien langage messin*, in-8.

GABRIEL. *Observations détachées sur les coutumes et les usages anciens et modernes du ressort du parlement de Metz*, 2 vol. in-4, 1787-88.
Monuments et usages antiques de la ville de Metz (Mém. de l'académie celtique, t. IV, p. 294).
TESSIER. * *Essai philologique sur les commencements de la typographie à Metz et sur les imprimeurs de cette ville, puisés dans les matériaux d'une Histoire littéraire, biographique et bibliographique de Metz et de sa province*, in-8, 1828-29.
BÉGIN (Mme). *Guide de l'étranger à Metz*, in-12 et in-18, 1835.
MÉTZANGE, vg. *Moselle*, comm. de Valkrange, ⊠ de Thionville.
METZ-EN-COUTURE, vg. *Pas-de-Calais* (Artois), arr. et à 31 k. d'Arras, cant de Bertincourt, ⊠ de Bapaume. Pop. 1,611 h.
METZ-LE-COMTE, vg. *Nièvre* (Nivernais), arr. et à 10 k. de Clamecy, cant. et ⊠ de Tannay. Pop. 708 h.
METZERAL, vg. *H.-Rhin* (Alsace), arr. et à 27 k. de Colmar, cant. et ⊠ de Munster. P. 1,443 h.
METZERESCHE, vg. *Moselle* (pays Messin), arr., ⊠ et à 13 k. de Thionville, cant, de Metzerwisse. Pop. 668 h.
METZERWISSE, bg *Moselle* (pays Messin), arr., ⊠ et à 10 k. de Thionville, chef-l. de cant. Cure. Pop. 792 h. TERRAIN jurassique. — Brasseries et fours à chaux.
METZING, vg. *Moselle*, comm. de Nousseviller-les-Putelanges, ⊠ de Sarreguemines.
METZ-ROBERT, vg. *Aube* (Champagne), arr. et à 22 k. de Bar-sur-Seine, cant. ⊠ de Chaource. Pop. 134 h.
MEU (le), petite rivière qui prend sa source dans le département des *Côtes-du-Nord*; elle passe à Trémore, Montfort-sur-Meu, Mordelles et se jette dans la Vilaine, un peu au-dessus de Pontorson, département d'*Ille-et-Vilaine*, après un cours d'environ 60 k.
MEUCON, vg. *Morbihan* (Bretagne), arr., ⊠ et à 7 k. de Vannes, cant. de Grand-Chany. Pop. 287 h.
MEUDON, *Meudo, Modunum, Metiosedunum*, bg *Seine-et-Oise* (Ile-de-France), arr. et à 10 k. de Versailles, caut. de Sèvres, ⊠. A 9 k. de Paris pour la taxe des lettres. P. 3,174 h.
Autrefois diocèse, parlement, intendance et élection de Paris, couvent de capucins.
Les plus anciens titres qui fassent mention de Meudon ne remontent pas au delà du XIIe siècle. Antoine Seguin, chanoine de la Ste-Chapelle, qui fut évêque d'Orléans et ensuite cardinal, en était seigneur en 1539, époque où il fit abandon de la terre de Meudon à Anne de Pisseleu, sa nièce, épouse de Jean de Bretagne, duc d'Etampes, toute-puissante à la cour par ses liaisons avec François Ier. La belle duchesse obtint en 1546 la permission de former un parc à l'entour de l'antique manoir seigneurial de Meudon. Bientôt, dégoûtée sans doute de cette terre, elle la céda à Charles, cardinal de Lorraine, qui, voulant s'y créer une habitation

digne du rang qu'il tenait à la cour, y fit bâtir, par Philibert de Lorme, un château magnifique, aujourd'hui démoli.
Dubreuil dit que de son temps les restes du manoir qui avait précédé le château bâti par le cardinal de Lorraine consistaient en plusieurs ruines de thermes ou bains qui se voyaient encore en 1639. Il y avait aussi, dans ce vieux château des tours de Mayenne et de Ronsard ; ces différentes ruines ont elles-mêmes disparu par la suite des temps. Après la mort du cardinal de Lorraine, arrivée en 1574, Meudon passa à son neveu Henri, duc de Guise, assassiné au château de Blois ; son petit-fils le vendit en 1554 au surintendant des finances Abel Servien, qui le fit ériger en baronnie. Louvois acheta en 1680 le château de Meudon ; sa veuve le vendit, en 1691, à Louis XIV, qui le céda au grand Dauphin, en échange de Choisy.
Meudon, devenu ainsi maison royale, subit des changements considérables, et reçut des embellissements que la main d'un prince pouvait seule opérer. A l'ancien château bâti par Philibert de Lorme le Dauphin en joignit un autre qu'il fit élever sur l'emplacement de la magnifique grotte que le duc de Guise avait fait construire. Les jardins, agrandis, furent plantés par le Nôtre, qui, surmontant les difficultés qu'opposait l'irrégularité du terrain, en fit un chef-d'œuvre.
Le grand Dauphin tomba malade au château de Meudon dans les premiers jours d'avril 1711. Louis XIV se rendit près de son fils pour le soigner dans sa maladie ; mais, malgré les soins des médecin Boudin et Fagon, le Dauphin succomba dans la nuit du 14 au 15 avril, à l'âge de cinquante ans. Son fils, devenu deuxième Dauphin et père de Louis XV n'habita jamais Meudon.
En 1789 le château de Meudon servait d'habitation au Dauphin, fils de Louis XVI et de Marie-Antoinette. Ce jeune prince y mourut le 4 juin de la même année à l'âge de sept ans, et le duc de Normandie, son frère, fut déclaré Dauphin. C'est ce dernier prince qui, plus connu sous le nom de Louis XVII, mourut si misérablement le 8 juin 1795.
En 1793 le château de Meudon, qui était resté longtemps sans destination, en reçut une qui lui a donné une grande célébrité. A cette époque la Convention multipliait les moyens de défense sur tous les points de la république menacés par la coalition européenne ; et en même temps qu'elle établissait à Grenelle une immense fabrique de poudre, elle créait à Meudon, par un arrêté du comité de salut public du 20 octobre 1793, un établissement national pour diverses épreuves de machines de guerre. C'est de là que sortirent ces aérostats propres à observer dans les camps les forces ennemies, et à l'application desquels nous dûmes en partie la célèbre victoire de Fleurus. Pour soustraire aux yeux du public les expériences que l'on tentait à Meudon, une espèce de camp retranché fut établi autour du vieux château, et subsista jusqu'à ce que le feu y ayant pris le 16 mars 1795, les bâtiments furent en grande

partie détruits ; on ordonna plus tard leur entière démolition.

L'ancien château de Meudon consistait en un principal corps de bâtiment et deux ailes en retour du côté de l'entrée, réunis par cinq pavillons flanqués de tourelles. Le bâtiment du fond était décoré, au rez-de-chaussée, d'un portique d'ordre dorique d'un bon style. L'ensemble de l'édifice, ses combles élevés, l'emploi des ordres grecs dans les ajustements et sur un petit module, tout rappelait cette époque de la renaissance des arts, où, sans vouloir encore abandonner entièrement la disposition des anciens châteaux forts, on les enrichissait de tous les ornements de l'architecture antique, que nos artistes allaient étudier en Italie. L'intérieur avait été décoré par Coypel, Jouvenet, Audran, Lafosse et autres artistes du premier mérite.

Le nouveau château de Meudon, élevé en 1699 sur les dessins de Mansard, est situé à droite de l'ancien ; il fut bâti en place d'une célèbre grotte construite par Philibert de Lorme, et sur l'entrée de laquelle on lisait cette inscription :

QUIETI ET MUSIS
HENRICI II GALLIÆ, PR. PPS.

Il ne reste plus de ce chef-d'œuvre que la grande terrasse de 260 m. de long sur 140 m. de large, construite en briques, avec ses rampes qui soutiennent le parterre situé au-devant du château actuel.

Le château neuf, quoique inférieur en grandeur à l'ancien, ne lui cédait point en magnificence. Tel qu'il a toujours été, les avant-corps sont décorés de colonnes doriques ; l'escalier est aussi éclairé que commode. Le grand vestibule d'entrée, décoré autrefois par le chef-d'œuvre de Jean de Bologne, l'est aujourd'hui par le groupe de Zéphire enlevant Psyché, dû à l'habile ciseau de Rutxhiel ; la gracieuse statue de Pandore du même artiste occupe le vestibule du roi ; on admire aussi dans l'une des pièces du château, toutes garnies de tableaux très-estimés, le Cupidon de Chaudet, coulé par Soyer. — Du second étage on se rend de plain-pied dans le parc ; les jardins sont coupés en terrasses qui s'élèvent les unes sur les autres ; elles se terminent vers le midi par une pente insensible jusqu'au bas du coteau, où il y a deux pièces d'eau et un canal au bout.

Après le couronnement de Napoléon, le château de Meudon, devenu palais impérial, prit beaucoup d'importance ; on y fit de grandes réparations, et il fut garni de meubles magnifiques confectionnés avec des bois indigènes ; on replanta également les jardins.

— Marie-Louise l'habita avec son fils, le roi de Rome, presque constamment depuis 1812 et durant toute la campagne de Russie. — Dans ces derniers temps, pendant les troubles du Brésil et du Portugal, il a servi de demeure à don Pedro, roi de Portugal, à la reine sa femme, et à sa fille doña Maria, aujourd'hui régnante. Le duc d'Orléans l'a aussi habité ; enfin il a été occupé depuis deux étés par un illustre guerrier, le maréchal Soult,

ministre de la guerre. On arrive au château actuel de Meudon par une longue avenue plantée de quatre rangs de tilleuls, qui, en se rejoignant aujourd'hui par le faîte, constituent une des promenades les plus agréables que l'on puisse rencontrer aux environs de Paris ; d'un côté elle aboutit à la grande terrasse du château, et de l'autre au chemin de fer, qui la croise en passant sous un pont.

Le joyeux Rabelais, qui avait été cordelier, puis bénédictin, qui quitta ensuite le froc pour endosser à Montpellier la robe de docteur en médecine, et redevint une seconde fois bénédictin, était moine à St-Maur lorsque Jean Ursin, vicaire général de l'évêché de Paris, le tira de son couvent, et le nomma à la cure de Meudon le 18 janvier 1550. Tout le monde connaît l'histoire de cet étonnant écrivain ; mais tout le monde ne sait pas qu'il fut fort exact à instruire le peuple dans sa cure de Meudon ; qu'il se plaisait à enseigner le plain-chant, qu'il possédait parfaitement ; que sa maison était ouverte à tout le monde, excepté aux femmes ; qu'il y rassemblait souvent des savants pour s'entretenir avec eux, et que les misérables y trouvaient du secours dans sa bourse ; qu'il était d'une si grande intégrité, que jamais on ne l'a trouvé manquer de parole à personne ; que sa connaissance le rendit doublement utile à sa paroisse, etc., etc. — On assure qu'on a vu longtemps sur la porte du presbytère occupé par Rabelais, dans le temps qu'il était curé, ce distique latin, qui faisait allusion aux différents états de sa vie :

Cordiger, hinc medicus, tum pastor et intus obiit ;
Si quæras nomen, te mea scripta docent.

Le 2 juillet 1815 les troupes prussiennes et anglaises, après avoir passé la Seine au Pecq, s'emparèrent de Meudon et ravagèrent ce malheureux pays. Elles y restèrent campées, en s'étendant depuis St-Cloud jusqu'à Chaville, tandis que les troupes françaises, qui brûlaient de les attaquer, étaient cantonnées dans la plaine de Montrouge.

Le château de Meudon, situé sur une éminence d'où la vue est superbe, est remarquable par sa position ; on y découvre non-seulement la ville de Paris, mais encore les rives gracieuses de la Seine, et les nombreux villages qui bordent à droite et à gauche le cours de cette rivière. Le petit parc, clos de murs, contient 250 hectares ; le grand est d'une étendue immense.

Au Bas-de-Meudon, hameau dépendant de Meudon, est une verrerie considérable, appelée vulgairement verrerie de Sèvres, à cause de la proximité de ce bourg. On y trouve une belle pépinière renfermant des plants d'arbres de toute espèce. Une manufacture de faïence est établie au Val.

C'est à Moulineaux, autre dépendance de Meudon, que se trouvent les magnifiques carrières de craie, dont les produits sont connus sous le nom de blanc d'Espagne. Ces carrières ont une immense étendue à plusieurs centaines de pieds au-dessous du sommet de la montagne

de Meudon ; elles sont soutenues de distance en distance par d'énormes piliers de craie d'une blancheur éblouissante. — Les bois de Meudon sont très-fréquentés par les habitants de la capitale, et même par les étrangers. Leur proximité de Paris et surtout l'agréable ombrage que fournissent les arbres touffus et bien venus qui les composent les font rechercher de tous les amateurs des promenades solitaires.

BELLEVUE, dépendance de la commune de Meudon, doit son origine à la marquise de Pompadour, qui, se rendant un jour de Sèvres au château de Meudon, fut frappée de la beauté du site où elle se trouvait et désira y avoir une maison de plaisance. — Louis XV, à qui la marquise avait inspiré la manie des bâtiments, trop heureux de satisfaire à la fois son goût et les désirs d'une favorite toute-puissante, l'aida de ses dons. Un immense château s'éleva comme par enchantement ; les édifices furent confiés à l'Assurance et les jardins à d'Isles, tous deux architectes renommés ; Coustou, Falconet, Adam l'aîné, Salé, Pigale, Fragonnard, Lagrenée, l'embellirent à l'envi de leurs chefs-d'œuvre. — En arrivant du côté de Meudon, on rencontrait deux pavillons carrés dont l'un existe encore ; puis, après avoir suivi une avenue de tilleuls conduisant dans une cour où étaient les écuries et la salle de spectacle, on pénétrait dans celle du château fermée de trois côtés par les ailes et le corps du bâtiment, le quatrième par une grille en fer doré qui la séparait du Paris. Il y avait au-devant une terrasse qui existe encore et d'où l'on jouit d'une vue magnifique. Les faces latérales étaient accompagnées de plusieurs pièces de parterre à l'anglaise, entourées de beaux orangers et terminées par des bassins revêtus de marbre ; au bout de l'un d'eux s'élevait un belvédère de gazon ; on descendait de la terrasse par des rampes jusqu'au pied de la colline qui baigne la rivière, dans le cours tranquille de laquelle se réfléchissent les saules des îles Seguin et Billancourt. — Là se trouvait un pavillon appelé Brimborion, construit également pour Mme de Pompadour et devenu aujourd'hui une belle propriété particulière. — On admirait surtout les jardins et le parc de Bellevue ; sa grande allée était occupée par un long tapis de verdure, où l'on voyait, au milieu d'un bassin, la statue de Louis XV, sculpté par Pigale. Le côté du jardin à droite de cette allée était divisé en deux parties ; dans la première se trouvait un labyrinthe, et dans la seconde plusieurs bosquets ornés de bassins, de grottes et de belles statues, notamment de celle de la marquise de Pompadour, que également au ciseau de Pigale. L'autre côté du jardin était planté en quatre salles avec des allées tournantes. — L'intérieur du château offrait tout ce que l'art et la richesse pouvaient alors fournir de plus beau, de plus recherché, de plus voluptueux : tout y respirait l'amour. La sculpture et la peinture portaient généralement dans leurs nombreuses productions l'empreinte d'un goût aussi dépravé que l'étaient les mœurs de cette époque. —

Louis XV affectionnait beaucoup Bellevue ; il le fit, pour ainsi dire, construire sous ses yeux et se faisait même apporter à manger au milieu des ouvriers. Ce prince y coucha pour la première fois le 24 novembre 1750. Trois ans après on y joua le *Devin du village ;* la marquise de Pompadour, qui remplissait elle-même le rôle de Colin, envoya 50 louis à l'auteur, que cette pièce contribua tant à faire connaître à la cour. Le roi devint tellement épris de la résidence de Bellevue, qu'il se la fit céder, et elle tomba alors dans le domaine de la couronne.

Louis XVI fit cadeau de Bellevue à ses tantes mesdames de France, qui reculèrent les limites du parc et augmentèrent encore l'agrément de ce séjour. — En 1793 le château de Bellevue devint propriété nationale ; compris dans le même décret que Meudon, il fut conservé et entretenu aux dépens de la république ; plus tard il fut vendu à M. Testu, qui se fit démolir en grande partie.

En 1823 M. Guillaume, ancien maître des requêtes, en fit l'acquisition et lui donna une destination nouvelle ; il fit tracer le plan d'un joli village formant aujourd'hui une cinquantaine d'habitations élégantes, qu'embellissent d'agréables jardins. — Indépendamment des deux ailes et de la terrasse, seuls restes du somptueux château de Bellevue, on doit encore mentionner, comme ayant appartenu à cette résidence royale, la fameuse tour de Marlborough, qui fait aujourd'hui le principal ornement de l'agréable propriété de M. Odier, et trois ou quatre maisonnettes, connues sous les noms de la *Ferme*, du *Cerf*, de la *Grange*, de la *Sablonnière*, etc., converties aujourd'hui en charmantes résidences d'été. — Aujourd'hui la plus belle et la plus étendue des propriétés de Bellevue est sans contredit la délicieuse habitation de Mme Delisle, qui appartenait avant la révolution à la marquise de Coislin. On y trouve réuni, dans une étendue d'environ 25 hectares clos de murs, dont les deux grilles donnent à la fois sur Sèvres et sur Bellevue, un château peu considérable, mais admirablement situé ; plusieurs pavillons d'amis formant chacun autant de petites maisons de campagne ; une jolie ferme, un délicieux chalet, une splendide chapelle où l'on célèbre fêtes et dimanches le service divin ; une vaste serre, des bains, d'une coquetterie à faire pâmer d'aise la petite-maîtresse la plus difficile, une laiterie qui n'a de rivale que celle du petit Trianon, etc., etc. Le parc, dessiné dans le genre paysager, est surtout remarquable par les accidents de terrain dont on a su tirer parti pour produire de merveilleux effets, et surtout par ses admirables points de vue ; d'un côté l'œil se repose sur une charmante vallée qui couronnent les bois de Meudon et qui se prolonge jusqu'à Ville-d'Avray, de l'autre on plonge sur le vallon de Sèvres que dominent les ombrages du parc de St-Cloud. Mais toutes ces vues le cèdent à la vue immense dont l'on jouit du grand salon du château, et notamment d'un endroit appelé à juste titre le Point-de-Point ; d'un seul coup d'œil on aperçoit une vaste étendue du cours de la Seine, les ponts de Sèvres et de St-Cloud, le château de ce nom, le mont Valérien, les clochers de St-Denis, la butte Montmartre, les sommets des principaux monuments de Paris, l'arc de triomphe de l'Étoile, le bois de Boulogne, etc., etc., etc.

Depuis le 9 septembre 1840 Meudon jouit des avantages d'un chemin de fer qui passe à mi-côte, et dont le mouvement anime singulièrement la contrée. — Si la commune a été quelque peu défigurée par la tranchée profonde faite dans ses collines pour obtenir une ligne de niveau sur tout le parcours du railway, elle en est dédommagée par la beauté du viaduc du Val-de-Fleury qui sert à franchir le profond vallon de ce nom ; ce viaduc, aussi remarquable par la pureté de son architecture que pour l'étonnante grandeur de ses proportions, comprend deux rangs d'arcades superposées ; chaque rang est composé de sept arches. Les arches inférieures présentent une ouverture de 7 m. entre les culées et une hauteur sous clef également de 7 m. L'ouverture des arches supérieures est de 10 m., leur hauteur sous clef de 20 m. ; les piles qui séparent ces dernières ont 3 m. d'épaisseur ; l'épaisseur des piles du rang inférieur est de 4 m. 80 c. Le viaduc est terminé par deux culées, et présente une longueur totale de 142 m. 70 c. La hauteur de l'ouvrage au-dessus du sol est de 36 m., mais l'élévation apparente est réduite à 31 m. 55 c., au moyen d'un remblai qui sert à niveler transversalement le vallon. — La première pierre de ce magnifique monument, qui rappelle si bien les grands aqueducs des Romains, et auquel on a donné le nom de pont Hélène, en l'honneur de la duchesse d'Orléans, fut posée le 1er octobre 1838. Trois ans et quelques mois après, une catastrophe épouvantable arrivée près de cet endroit donna au chemin de fer de Meudon une bien triste célébrité, et plongea plus de cent familles dans la désolation. Le 8 mai 1842 un convoi parti à cinq heures et demie de Versailles, où une immense affluence s'était portée pour voir jouer les grandes eaux, dérailla entre les stations de Bellevue et de Meudon. Ce convoi était traîné par deux locomotives, l'Éclair n° 2 et le Matthieu-Murray, l'une de petite dimension à quatre roues placée en tête du convoi avec son tender ; l'autre de grande dimension à six roues, construite par Sharpet et Roberts, suivait immédiatement avec son tender et le reste du convoi. — Il venait de passer un le premier site entre la station de Bellevue et la borne portant huit kilomètres ; quelques secousses réitérées, dont la cause était alors inconnue, jettent une tardive alarme. Le Matthieu-Murray franchit encore sans obstacle le passage de niveau qui coupe la route départementale n° 40, dite du Pavé-des-Gardes ; seulement il atteint et renverse en passant la guérite et la cabane du garde-barrière Carbon ; puis il va s'abattre contre le talus de gauche ; la roue motrice gauche et l'avant de son châssis pénètrent dans le talus. La violence de l'obstacle et du choc arrête subitement le convoi ; l'Éclair arrivant derrière de toute la force de sa vapeur contrariée et de l'élan du convoi, mais sans suivre la déviation gauche qu'a prise le Matthieu-Murray, brise les deux essieux du tender de cette première machine, en défonce la caisse, et la projette sur la gauche, hors de la voie, dans l'intérieur de l'angle formé par le croisement de la voie de fer avec la route n° 40. — Placé entre la résistance du talus et cette nouvelle secousse, le Matthieu-Murray se couche sur le flanc droit, la petite roue de droite dans le fossé, son foyer sur la voie. — L'Éclair, dont les roues gauches, dont la roue de derrière du moins, monte sur cet obstacle, verse à droite de la voie sur le flanc droit ; mais le mouvement que reçoit encore sa partie d'arrière, dont la petite roue est engagée dans le Matthieu-Murray, fait que, dans la dernière position qu'elle prend sur le sol, sa tête est obliquement ramenée dans la direction de Versailles. — L'angle que forment les trains d'arrière et les foyers des deux machines barre la voie. Le tender de l'Éclair, brisant son attelage, franchit l'obstacle, et, suivant la projection de gauche à droite imprimée par l'Éclair, va tomber dans sa position naturelle sur la voie de départ de Paris, à 8 ou 10 m. en avant, sans autre dommage qu'un essieu forcé. Le premier wagon découvert franchit encore dans la première direction ; il va tomber en se brisant sur le flanc droit, et verse au pied du talus de droite des voyageurs, si moins contusionnés, que cette chute préserve de l'horrible destruction qui va s'accomplir derrière eux. — Cependant l'élan s'amortit : le deuxième wagon découvert ne franchit qu'incomplètement les machines ; son arrière-train reste suspendu sur elles, tandis que l'avant-train porte en avant à terre, sur les charbons enflammés qu'ont répandus les foyers renversés des deux machines. Le premier wagon couvert s'élève et se pose en entier sur cette foyer qui va devenir un foyer d'incendie. Le deuxième wagon, qui est la quatrième voiture, après avoir enfoncé de sa barre d'attelage la boîte à fumée de l'Éclair, s'intercale encore dans cet échafaudage, dont l'élévation finit par n'être pas moindre de 10 m. — Enfin le poids du convoi lancé, pressant toujours avec violence les voitures qui, comme la diligence venant après, ne parviennent plus à gravir ce sommet placé devant elles, viennent s'écraser pour ainsi dire contre lui. Les parois se rejoignent, les banquettes intérieures se rapprochent presque entre elles, emprisonnant ainsi les voyageurs, non moins que les portières fermées à clef des voitures. — Tout cela se passe avec moins de temps qu'il n'en faut pour le dire. Bientôt les charbons répandus sur le sol communiquent le feu aux voitures amoncelées ; la peinture qui les enduit, et plus encore les vêtements des victimes en développent les progrès avec une effroyable rapidité. En dix minutes il a irréparablement envahi tout ce qui est venu toucher à son foyer ; l'eau bouillante et la vapeur qui s'échappent des machines brisées mêlent leurs ravages à ceux des flammes, et produisent les plus horribles blessures. — Le feu s'était communiqué à l'amas des voitures et des chaudières brisées, au milieu duquel se débattaient les malheureuses victimes de cet accident. Les unes couvertes de sang, les autres inondées d'eau brûlante couraient çà et là autour des blessés, tandis que de plus infortunées périssaient consumées dans les flammes sans qu'on pût leur porter secours. — Ce fut avec grand' peine qu'on parvint à retirer des cendres quarante-deux cadavres, dont sept seulement de femmes, presque entièrement consumés, et sur lesquels trente et un étaient entièrement méconnaissables. — En quelques instants, grâce à la charité publique et à l'intelligent concours de M. le commissaire de police Martinet, de M. le maire de Meudon, de la brigade de gendarmerie, de M. le curé de Meudon, des secours furent organisés de toutes parts. — Vingt-trois personnes, plus ou moins grièvement blessées, ont été immédiatement transportées dans les dépendances du château de Meudon. Quelques heures après, les chirurgiens de Paris, notamment MM. Amussat, Lisfranc, Lucien, Boyer, Demeaux, Clocquet neveu, Carot, accoururent sur l'avis du préfet de police, et vinrent seconder le zèle de MM. Oheuf père et fils. — Le lendemain de l'événement, le lieu où est arrivé l'horrible catastrophe offrait encore un spectacle affreux : les deux locomotives broyées barraient le chemin. Le Matthieu-Murray portait l'empreinte sanglante du corps de son malheureux chauffeur qui avait été broyé contre elle par l'Eclair (quel nom funeste !), ou par une masse de 17,000 kilogrammes pesant, douée de la plus grande vitesse. On voyait çà et là des débris de wagons carbonisés, les ossements calcinés, des fragments de chapeaux, de chaussures, de robes, de châles, de voiles ensanglantés, et la troupe de ligne gardant ces funèbres dépouilles que venaient examiner des familles éplorées. — A Sèvres, à Meudon, on ne rencontrait que des malheureux inquiets, au visage hagard, courant de tous côtés, cherchant dans tous les lieux convertis en dépôts, demandant à voir des débris humains, des cadavres, ou seulement des morceaux de robes, de gants, ou quelque autre fragment qui éclairât leurs investigations. — Neuf montres, dont deux en or en état complet de conservation, ont été retrouvées ; cinq autres, d'argent étaient fondues en partie ; l'une d'elles, reconnue pour avoir appartenu au malheureux Georges, marquait l'heure fatale de six heures moins un quart ; les bijoux, l'argent monnayé des voyageurs, ont été réduits en fusion. Entre autres objets on a recueilli deux alliances sur l'une desquelles on lisait : « Dutruge et Peysselon, unis le 6 mai 1842 !... — Ce n'est que deux ou trois jours après que l'on a pu connaître les victimes, et encore le nom de beaucoup d'entre elles ne le sera-t-il jamais. On apprit alors avec un vif serrement de cœur que des familles entières avaient été anéanties. M. Dumont-d'Urville, sa femme et son fils qui s'étaient rendus à Versailles pour voir jouer les eaux à l'occasion de la fête du roi, ont été victimes de la catastrophe. — En somme, l'accident du chemin de fer a coûté la vie à cinquante-six personnes ; il y a en deux fois autant de blessées, et beaucoup d'entre celles qui l'ont été grièvement, ne se rétabliront sans doute jamais. Rien de plus horrible n'est encore arrivé sur les chemins de fer ! — Une jolie chapelle gothique sous l'invocation de Notre-Dame-des-Flammes, bénite par M. Denis Affre, archevêque de Paris, a été élevée dans un champ de vignes près du théâtre témoin de tant d'infortunes par M. Lemarié, architecte, à plusieurs personnes de sa famille qu'il y a perdues, ainsi qu'aux autres victimes. Cette chapelle expiatoire est de forme triangulaire et présente un développement d'environ 4 m. à chaque angle ; elle est entièrement construite en pierres de taille, appuyée sur trois colonnes supérieures également triangulaires, et surmontée d'une statue de petite dimension de sa patronne. Sur la façade principale, au-dessus de la porte d'entrée, on lit : « Paix aux victimes du 8 mai ; » à l'intérieur, au-dessus de l'autel, est une seconde statue de Notre-Dame-des-Flammes ayant pour socle, comme la première, un globe enflammé, sur lequel est écrit en caractères de feu : « Aux victimes du VIII mai MDCCCLXII. »

Bibliographie. Du Jary (l'abbé). *Description de la maison royale de Meudon, dédiée à M. le Dauphin, traduite d'une ode latine de M. l'abbé Boutard*, broch. in-4, 1703.

Poncet de la Grave (Guill.). *Mémoires intéressants pour servir à l'histoire de France, ou Tableau historique, etc., des maisons royales, châteaux*, etc., 2 vol. in-4, 1788-89, ou 4 vol. in-12, 1788-89. Le t. IV contient la *Description de Meudon*.

Robert (Eugène). *Histoire et Description naturelle de la commune de Meudon*, in-8°, 1843.

MEUILLEY, vg. *Côte-d'Or* (Bourgogne), arr. et à 22 k. de Beaune, cant. et ✉ de Nuits. Pop. 554 h.

MEULAN, *Mellentum, Velocassium Mulaucum*, jolie petite ville, *Seine-et-Oise* (Vexin et Beauce), arr, à 35 k. de Versailles, chef-l. de cant. Cure. ✉. ⚭. A 43 k. de Paris pour la poste des lettres. Pop. 1,901 h. — Terrain tertiaire inférieur.

Autrefois diocèse de Rouen, parlement et intendance de Paris, élection de Mantes, bailliage, gouvernement particulier, couvents de bénédictins, de pénitents et d'annonciades.

Meulan est une ville ancienne dont il est fait mention dans des titres du IXe siècle sous le nom de *municipium Mallenti*. Elle était autrefois fermée de murs et défendue par un fort construit dans une petite île que forme la Seine vis-à-vis de cette ville.

La charte d'affranchissement de Meulan est une des plus anciennes que l'on connaisse ; elle lui a été octroyée ou plutôt vendue par le comte Robert en 1189. Elle est consignée dans un registre de Philippe Auguste, fol. 32. Cette charte, comme toutes celles de la même seigneurie, stipule pour l'administration de la commune 13 magistrats électifs, 1 maire et 12 pairs bourgeois. Ces magistrats, élus par les communes, réunissaient le pouvoir administratif et judiciaire. Ces doubles attributions étaient encore en 1789 exercées par la même magistrature.

En 1346 Meulan fut pris par les Anglais ; cette ville fut inquiétée en 1359 par le roi de Navarre Charles le Mauvais, qui y fit plusieurs incursions ; elle fut prise en 1363 par du Guesclin, et en 1417 par le duc de Bourgogne.

Au printemps de 1419 des armistices ayant été signés entre toutes les armées qui se partageaient la France, des négociations s'ouvrirent de toutes parts, et les rois de France et d'Angleterre convinrent d'avoir une conférence à Meulan à la fin de mai. Charles VI ayant été atteint à cette époque d'un nouvel accès de frénésie, le duc de Bourgogne fut obligé de le laisser à Pontoise. Il arriva donc à Meulan le 29 mai avec la reine seulement et sa fille Catherine, âgée alors de dix-neuf ans, et qu'on devait offrir pour femme à Henri V.

Les négociateurs qui avaient arrangé cette entrevue avaient surtout apporté le plus grand soin à l'étiquette pour conserver une égalité parfaite entre le roi des Anglais et la reine qui représentait le roi de France. Un champ près de Meulan était préparé pour leur conférence ; en sortant de leurs tentes respectives, ils devaient faire autant de pas l'un que l'autre pour se rencontrer auprès d'un pieu placé au milieu de l'enceinte ; ils devaient se rendre ensemble à une tente commune, où deux trônes élevés à une même hauteur étaient placés à deux toises l'un de l'autre. Henri V et Isabeau étaient suivis chacun de trente chevaliers, trente écuyers et seize conseillers, et l'un et l'autre avaient laissé à une égale distance une garde de mille combattants. Le roi d'Angleterre était accompagné par les ducs de Clarence et de Glocester, ses frères. Au milieu de l'enceinte il rencontra la reine, accompagnée par le duc de Bourgogne et la princesse Catherine : il l'embrassa, et il convint avec elle que l'armistice, qui était près d'expirer, se prolongerait jusqu'à huit jours après l'issue des conférences.

La jeune princesse offerte en mariage à Henri V parut lui plaire ; cependant il n'était point disposé à sacrifier pour elle aucune de ses prétentions : violent, emporté, dur avec ceux qui l'approchaient, Henri, dont on a fait un héros parce qu'il remporta une grande victoire, était un homme peu propre à concilier les esprits ou à gagner les cœurs ; ses manières arrogantes aliénèrent ceux qui désiraient le plus vivement la paix, et surtout le duc de Bourgogne, qu'il menaça de chasser lui et son roi de son royaume, si on lui refusait quelque chose de ce qu'il demandait. Il voulait qu'on le mît en possession de toutes les provinces cédées par le traité de Brétigny, auxquelles la France joindrait la Normandie, pour posséder le tout en souveraineté absolue, sans aucune vassalité envers le roi de France. Le duc de Bourgogne avait consenti à l'abandon de toute la Guienne et de la Normandie; mais il ne voulait céder aux Anglais ni la Touraine, l'Anjou et le Maine, ni la suzeraineté de la Bretagne. Tandis que, dans les conférences journalières qui se continuèrent quatre semaines, Henri V et le duc de Bourgogne disputaient sur ce point, les conseillers du dauphin s'alarmaient de ce qu'on allait faire la paix sans eux, et Tannegui Duchâtel avec Barbazan, les deux hommes les plus influents du parti, vinrent à Pontoise pour offrir au duc de Bourgogne une réconciliation complète des Armagnacs avec les Bourguignons, qui mettrait la France en état de ne plus recevoir la loi des Anglais. C'était la chose que le duc de Bourgogne désirait le plus passionnément; il aurait acheté par de grands sacrifices sa réunion avec l'héritier du trône. L'arrogance de Henri V le blessait chaque jour; l'explication du traité de Brétigny donnait lieu à des difficultés toujours croissantes. A l'issue de la conférence du 30 juin, Henri et le duc de Bourgogne se séparèrent avec aigreur, et la négociation fut rompue. Le monarque anglais en éprouva cependant du regret; il donna, le 18 juillet, commission à l'archevêque de Cantorbéry et au comte de Warwick de reprendre les conférences, comme aussi de proroger la trêve jusqu'au 29 juillet. Mais dès le 7 juillet le duc de Bourgogne avait quitté Pontoise pour se rendre à Corbeil.

Dans les guerres civiles et étrangères, sous le règne et pendant la démence de Charles VI, la ville de Meulan fut, comme toutes celles des environs de Paris, ravagée, pillée, ensanglantée tour à tour par les Anglais, les Armagnacs, les Bourguignons, et par des brigands étrangers à tous les partis. Le premier de l'an 1422 le parti des Armagnacs s'empara du pont de Meulan, et se livra à tous les crimes de la guerre. Cette place fut reprise par les Bourguignons. Les Armagnacs ou ceux du parti du dauphin Charles, après avoir conclu une trêve le 24 septembre 1435, reprirent Meulan la nuit suivante; cette prise fit renchérir les denrées dans Paris. Enfin cette ville fut définitivement réduite sous l'obéissance de Charles VII, de même que tout le reste de la France; elle fut, comme Mantes, donnée par Henri II à Catherine de Médicis.

Meulan opposa, pendant les guerres de la Ligue, une résistance opiniâtre aux troupes du duc de Mayenne, qui fut forcé d'en lever le siège.

Les armes de Meulan sont: *d'azur semé de fleurs de lis d'or.*

Cette ville, environnée de vignes et de prairies, est bâtie en amphithéâtre dans une belle situation, sur la rive droite de la Seine, et sur le chemin de fer de Paris à Rouen. Ses deux ponts furent bâtis par une comtesse de Gallerande. Celui qui est entre la ville et ce qu'on appelle *le Fort* fut rétabli sous la direction du marquis de Roi; il est de niveau dans toute son étendue, et présente de belles arches surbaissées.

Avant la révolution il y avait à Meulan trois paroisses, un prieuré, un couvent de pénitents et un couvent de religieuses annonciades. Des trois églises une a été détruite, une autre a été conservée, et sert de halle pour le marché aux grains; la troisième, sous l'invocation de saint Nicolas, est l'église paroissiale. Les couvents ont été vendus comme biens nationaux.

Biographie. Patrie d'ANT.-JOS. LEVRIER, savant magistrat, auteur de mémoires manuscrits sur l'histoire de Meulan et du Vexin, déposés à la bibliothèque du roi.

De son frère LEVRIER DE CHAMPION, littérateur et auteur dramatique.

De SIMON DE GAMACHES, membre de l'académie des sciences, auteur des Agréments du langage réduits à leurs principes.

Du J. CHEVRET, littérateur.

Du lieutenant général baron GENCY.

Fabriques de bonneterie, de cardes, de produits chimiques. Tanneries. Nombreux moulins à farines. Exploitation des carrières de pierres à plâtre. — *Commerce* considérable de grains. — *Foires* de trois jours le 28 octobre et la veille de l'Ascension.

MEULERS, vg. *Seine-Inf.* (Normandie), arr. et à 15 k. de Dieppe, cant. et ✉ d'Envermeu. Pop. 475 h.

MEULIN, vg. *Saône-et-Loire* (Bourgogne), arr. et à 30 k. de Mâcon, cant. et ✉ de Matour. Pop. 357 h.

MEULLES, bg *Calvados* (Normandie), arr. et à 22 k. de Bayeux, cant. et ✉ d'Orbec. Pop. 1,068 h.

MEULOT, vg. *Nièvre*, comm. de Montigny-aux-Amognes, ✉ de St-Bénin-d'Azy.

MEULSON, vg. *Côte-d'Or* (Bourgogne), arr. et à 27 k. de Châtillon-sur-Seine, cant. et ✉ d'Aignay-le-Duc. Pop. 179 h.

MEUN, vg. *Seine-et-Marne*, comm. d'Achères, ✉ de la Chapelle-la-Reine.

MEUNET-PLANCHE OU SUR BRIVE, vg. *Indre* (Berry), arr., cant., ✉ et à 12 k. d'Issoudun. Pop. 508 h.

MEUNET-SUR-VATAN, vg. *Indre* (Berry), arr., cant. et à 17 k. d'Issoudun, ✉ de Vatan. Pop. 487 h.

MEUNG-SUR-LOIRE, *Magdunum Carnutum, Maidunum*, petite ville, *Loiret* (Orléanais), arr. et à 18 k. d'Orléans, chef-l. de cant. Cure. A 136 k. de Paris pour la taxe des lettres. Pop. 4,315 h. — TERRAIN tertiaire moyen.

Cette ville est assez bien bâtie et fort agréablement située sur la rive droite de la Loire et sur la grande route d'Orléans à Tours. On y voit un joli château qui faisait jadis partie du domaine des évêques d'Orléans.

PATRIE de JEAN CLOPINEL, connu sous le nom de JEAN DE MEHUN, qui, quarante ans après la mort de Guillaume de Lorris, acheva le roman de la Rose, ouvrage fatigant à lire, mais très-instructif pour ceux qui veulent connaître les mœurs, les usages et surtout les opinions des XIII° et XIV° siècles. — Ce fut Jean de Meung, qui, dans ce roman de la Rose, fit contre les dames ces vers injurieux et grossièrement exprimés:

Toutes, êtes, serez ou futes
De fait ou de voulentez putes,
Et qui très-bien vous chercheroit
Toutes putes vous trouveroit.

On raconte que, pour se venger de cette injure, les filles de la reine, chacune armée d'une poignée de verges, le saisirent, et s'apprêtaient à lui donner le fouet; le poète les déconcerta en leur disant: « J'y consens, à condition que la plus grande pute de vous donnera le premier coup. » Il évita par cette audace la punition qu'il méritait, aucune des filles de la reine n'ayant osé frapper la première. — On sait que le même auteur dédia à Philippe le Bel la traduction du Traité de la consolation, par Boëce.

Fabriques de feutres. Nombreuses tanneries. Superbes moulins à farines. Belles papeteries. — *Commerce* considérable de farines et de cuirs estimés. — *Foires* les 10 avril, 29 juin, 20 sept., 9 oct., 11 nov. et vendredi saint.

MEUNIER (le), vg. *Isère*, comm. de St-Pierre-d'Entremont, ✉ des Echelles.

MEURCÉ, bg *Sarthe* (Maine), arr. et à 21 k. de Mamers, cant. de Marolles-lès-Braux, ✉ de Beaumont-sur-Sarthe. Pop. 521 h.

MEURCHIN, vg. *Pas-de-Calais* (Artois), arr. et à 25 k. de Béthune, cant. et ✉ de Lens. Pop. 701 h.

MEURCOURT, vg. *H.-Saône* (Franche-Comté), arr. et à 25 k. de Lure, cant. de Saulx, ✉ de Luxeuil. Pop. 942 h.

MEURDRAQUIÈRE (la), vg. *Manche* (Normandie), arr. et à 24 k. de Coutances, cant. de Bréhal, ✉ de Gavray. Pop. 624 h.

MEURE (la), *Jura*. V. LA MOURA.

MEURÉ, vg. *Nièvre*, comm. de Bazolles, ✉ de Châtillon-en-Bazois.

MEURES, vg. *H.-Marne* (Champagne), arr. et à 13 k. de Chaumont-en-Bassigny, cant. et ✉ de Juzennecourt. Pop. 357 h.

MEURGERS (Grands et Petits-), vg. *Seine-et-Oise*, comm. et ✉ de St-Arnoult.

MEURIVAL, vg. *Aisne* (Picardie), arr. et à 30 k. de Laon, cant. de Neufchâtel, ✉ de Beaurieux. Pop. 171 h.

MEURSAC, bg *Charente-Inf.* (Saintonge), arr. et à 17 k. de Saintes, cant. de Gémozac, ✉ de Jaujon. Pop. 1,453 h.

MEURSAULT, *Muris Saltus, Mure Caldus*, joli bourg, *Côte-d'Or* (Bourgogne), arr., cant., ✉ et à 8 k. de Beaune. Cure. P. 2,107 h.

Ce bourg est situé sur un coteau, près de la grande route de Paris à Lyon, au milieu d'un vignoble renommé par ses délicieux vins blancs; les coteaux des Charmes, des Perrières, des Genevrières et de la Goute-d'Or sont les plus estimés; c'est aussi sur son territoire que l'on récolte l'excellent vin rouge de Santenot.

Les habitants de ce bourg furent affranchis au XIV° siècle, mais à des conditions si dures et exigées avec tant de rigueur, qu'ils abandonnèrent le pays, excepté six familles.

Le château fut détruit en partie par ordre de Louis XI, en 1478: il fut totalement démantelé après la félonie de Henri de Montmorency en 1633.

L'aiguille du clocher, en pierres de taille et très-bien travaillée, est une des plus belles du département. — *Commerce* de vins. — *Foires* les 11 mai, 2 sept. et 7 déc.

Bibliographie. Rossignol. *Fouilles sur le territoire de Meursault*, in-4, 1843.

MEURTHE (la), *Murta*, rivière qui naît de deux sources dans les Vosges, au revers de la montagne du Bou-Homme, l'une sur le penchant de la montagne du Valtin, et l'autre au Montaben. Elle passe à Plainfaing, Faizé, Ste-Marguerite, St-Dié, Raon-l'Etape, à Thiaville où elle entre dans le département auquel elle donne son nom, à Baccarat, Lunéville, Rosières, Dombasle, St-Nicolas, Nancy, et se jette dans la Moselle au-dessous de Frouard. La Meurthe coule d'abord avec rapidité sur un fond de sable et de cailloux, qu'elle entraîne facilement lors de ses crues ; elle devient ensuite plus tranquille et diminue considérablement de vitesse. Dans son cours, qui est de 160 k., elle reçoit la Vezouze, la Mortagne, le Sanon.

Cette rivière commence à être flottable à Plainfaing (*Vosges*), et navigable un peu au-dessus de Nancy. La longueur de la partie flottable est de 129,000 m., celle de la partie navigable est de 11,000 m. Les objets de transport consistent principalement en planches de sapin pour la Hollande, et en bois de chauffage et de construction.

MEURTHE (département de la). Le département de la Meurthe est formé d'une partie des anciens duchés de Lorraine et de Bar, de la portion méridionale des ci-devant Trois-Évêchés et du comté de Dabo, qui étaient compris dans la ci-devant Lorraine méridionale. Il tire son nom de la Meurthe, qui le traverse du sud-est au nord, et s'y jette dans la Moselle. — Ses limites sont : au nord, le département de la Moselle ; à l'est, celui du Bas-Rhin ; au sud, celui de la Meuse.

Le territoire de ce département est remarquable par la beauté de ses sites et par la variété de ses productions. Le sol présente un terrain inégal et varié, où l'on ne trouve ni plaine bien étendue, ni montagnes proprement dites ; mais il est entrecoupé de collines qui donnent naissance à des vallons presque tous arrosés par des eaux vives. — Les plaines se composent de quatre bassins principaux : celui de la Meurthe, formé de belles prairies que des inondations fréquentes couvrent d'un sable terreux qui les fertilise ; celui de la Moselle, qui compte cinq espèces de terres d'une fertilité plus ou moins grande ; celui de la Seille, le plus fertile de tous ; celui de la Sarre, qui ne produit qu'à force d'engrais, qu'on néglige trop souvent de lui fournir. — Les montagnes les plus élevées n'ont communément que de 120 à 200 m. d'élévation au-dessus du fond qui les sépare, excepté sur le revers occidental des Vosges, où l'on leur donne de 300 à 350 m. au-dessus de la plaine. Parmi ces montagnes on distingue dans l'arrondissement de Sarrebourg le Hengst et le Spitzberg, en face et au nord de la fourche du grand et du petit Donon, points culminants de la chaîne des Vosges. Dans les autres arrondissements, on remarque les côtes d'Essey, frontières des Vosges ; de Léomont, près de Lunéville ; du Patis de la Croix, près de Jolivet ; de St-Germain, d'Angomon, de Sion, d'Amance, de Ste-Geneviève, de Mousson, du mont St-Jean, de Toulon, de Delme, de St-Michel et de Barine. — Les forêts couvrent une grande étendue de territoire et sont réparties tant dans les plaines que sur la croupe des coteaux.

La surface du département est de 618,922 hectares, divisés ainsi :

Terres labourables.	303,636
Prés.	71,851
Vignes.	16,371
Bois.	116,209
Vergers, pépinières et jardins.	6,236
Oseraies, aunaies et saussaies.	109
Étangs, mares, canaux d'irrigation.	3,447
Landes et bruyères.	6,171
Cultures diverses.	23
Superficie des propriétés bâties.	1,877
Contenance imposable.	525,930
Routes, chemins, places, rues, etc.	10,264
Rivières, lacs et ruisseaux.	5,306
Forêts et domaines non productifs.	67,051
Cimetières, églises, bâtiments publics.	371
Contenance non imposable.	82,992

On y compte :
76,888 maisons.
493 moulins à eau et à vent.
2 forges et fourneaux.
167 fabriques et manufactures.

Soit : 77,532 propriétés bâties.
Le nombre des propriétaires est de 165,382
Celui de des parcelles de. 2,185,423

Hydrographie. Le département est arrosé par un grand nombre de cours d'eau, dont les plus considérables sont la Meurthe et la Moselle, qui y sont navigables. Les autres rivières qui le traversent ou qui s'y perdent sont la Sarre, la Seille, la Mortagne, le Madon, la petite Seille, la Rouge-Eau, la Vezouze, la Blette, la Plaine, le Sanon, le Brenon, le Terrouin, le Trey, etc. — Le canal des Salines de l'Est a été entrepris pour établir la communication de la Sarre avec la Seille.

Le département renferme plusieurs étangs très-poissonneux, dont les principaux sont ceux de Lindre, de Torcheville, de Stock, de Gondrexange, de Mittersheim, de Réchicourt-le-Château, de Fouleret et de la Forêt-la-Reine.

Communications. Le département est traversé par 8 routes royales, par 15 routes départementales, et par un grand nombre de chemins vicinaux de grande communication.

Météorologie. Le climat du département de la Meurthe est extrêmement variable, et il n'est pas rare de voir la végétation du printemps arrêtée par les gelées qui viennent en mai et juin détruire les plus belles espérances : les matinées et les soirées sont généralement très-fraîches, tandis que la chaleur du milieu du jour est souvent insupportable. Cette variation de l'atmosphère, très-remarquable dans tous les temps de l'année, est bien plus sensible en été et en automne. Il règne une grande inégalité entre les saisons : ainsi tantôt les hivers sont longs et rigoureux, tantôt ils sont pluvieux et doux ; tantôt les étés sont secs et chauds, ou tout à fait humides et pluvieux ; on ne peut établir à cet égard aucun rapport uniforme et constant : le maximum du froid est de —17 degrés environ ; le maximum de la chaleur de +27 à 28. Ordinairement le froid commence à se faire sentir à la fin de novembre, et va en augmentant jusqu'à la fin de janvier. Le printemps offre rarement de beaux jours ; presque toujours il est pluvieux. C'est de la mi-juillet à la mi-août que les plus grandes chaleurs se font sentir ; quant à l'automne, il est assez ordinairement la plus belle saison du pays. — Les vents qui soufflent sur le département de la Meurthe peuvent être classés comme il suit : 1° le sud-ouest ; c'est celui qui y règne le plus ordinairement : en passant sur l'Océan, il se charge de vapeurs qui produisent des pluies, souvent d'une longue durée ; 2° le nord-ouest, dit des Ardennes : il apporte les neiges et les frimas, et détruit les espérances que donne la belle végétation des arbres à fruits, au printemps ; 3° le nord-est, qui rend le ciel pur et produit en été la sécheresse, en hiver un froid violent ; 4° le sud, qui ne souffle que rarement, mais produit une chaleur suffocante ; 5° l'est et le sud-est, qui durent ordinairement fort peu ; 6° l'ouest, qui est tantôt humide et tantôt très-froid.

Productions. Le sol du département de la Meurthe est très-fertile dans quelques parties et surtout dans la plaine ; dans d'autres il est ingrat et ne produit même pas tout ce qui est nécessaire à la subsistance des habitants. — Les céréales forment la principale culture du département. On s'y livre surtout à celle du froment, de l'avoine et de l'orge. Quelques cantons sont cités pour leur fertilité en blé, principalement ce qu'on appelle encore le comté de Vaudémont, le Vermois et tout le pays formant la vallée de la rivière de Seille. On évalue la récolte en blé, année commune, à près de 1,200,000 hectolitres, et ce qui excède les besoins des habitants et de l'agriculture est transporté sur les marchés du département des Vosges, où il se fait ordinairement des achats considérables pour les départements du Midi. Le colza est cultivé depuis quelques années avec un grand succès. — Une ancienne ordonnance des ducs de Lorraine portait défense de planter de la vigne dans tous les terrains propres à la culture du blé-froment. Depuis qu'elle est tombée en désuétude, la quantité de vigne qu'on a plantée est immense, et l'on y a consacré les meilleurs terrains. Dans les années propices, et elles sont rares, parce que les gelées du printemps et les variations nombreuses de l'atmosphère détruisent très-souvent les espérances des vignerons, on fait une très-grande quantité de vin, dont une partie se consomme dans le pays même. L'excédant s'exporte dans le département des Vosges, où la vigne n'est cultivée que dans quelques cantons. Les Alsaciens viennent aussi faire dans le département de la Meurthe des achats de vin pour le mélanger avec le leur, qui est plus dur et plus foncé en couleur. La vigne n'est pas cultivée dans toutes les parties du département, il en est quelques-unes où la température est trop froide pour que le raisin puisse mûrir. On ne la cultive point dans l'arrondissement de Sarrebourg, parce que le voisinage des montagnes des Vosges y fait régner une grande partie de l'année un froid qui y retarde beaucoup la végétation. — La pomme de terre est cultivée en grand.— Les légumes de tout genre croissent avec abondance dans toutes les parties du département. Les fruits y sont aussi très-variés et en grande quantité.— Les prairies, surtout celles qui sont situées sur les nombreux cours d'eau qui arrosent le département, produisent abondamment du foin de bonne qualité. — En général la végétation est assez tardive, surtout dans les parties du département qui avoisinent les montagnes des Vosges, et l'on remarque que les années où il y a eu des neiges abondantes et de longue durée sont celles qui produisent les plus belles récoltes.

Les chevaux du département sont en général d'une petite taille. Cela provient de ce qu'on les fait travailler étant encore trop jeunes, et surtout de ce que, dans les pâturages, les jeunes entiers étant en liberté avec les jumens, leurs produits se ressentent de la faiblesse et de la jeunesse des premiers. Toutefois l'espèce tend à s'améliorer ; les chevaux de la partie allemande du département sont déjà beaucoup améliorés, et l'on pourrait y faire une remonte pour la cavalerie légère et le train d'artillerie. Le haras de Rosières, qui, dans le temps de la monte, envoie des étalons en station sur divers points du département, contribue à l'amélioration de l'espèce, ainsi que les primes que le conseil général vote chaque année pour être distribuées aux propriétaires des plus belles jumens, poulains ou pouliches. Le cheval est employé presque exclusivement dans les travaux de l'agriculture. — Les bêtes à cornes sont d'une espèce médiocre. On n'emploie le bœuf à la culture des terres que dans la partie du département formant le revers des montagnes des Vosges. Les vaches, quoique petites, fournissent du lait en abondance.

Le porc forme la principale nourriture des habitants des campagnes et des villes ; c'est un objet de grand commerce pour le département. — On trouve encore des cerfs dans quelques grandes forêts du département. Le chevreuil y est encore en assez grande quantité et les sangliers fort nombreux ; les lièvres commencent à devenir rares. Les loups et les renards sont assez communs, ainsi que la fouine, le putois et la belette. — Les rivières sont peu poissonneuses parce qu'elles sont épuisées par la pêche; mais les étangs produisent une immense quantité de poissons et notamment de carpes, de brochets et de perches.

APERÇU GÉOLOGIQUE ET MINÉRALOGIQUE. Le sol du département de la Meurthe est formé, par les couches inférieures du terrain secondaire, par l'étage inférieur, du terrain jurassique et par les épaulements diluviens. Appuyé sur le revers occidental des montagnes des Vosges, il présente vers ses confins avec le département de ce nom le grès vosgien recouvert par le grès bigarré. On trouve ensuite, principalement aux environs de Lunéville, une grande formation de calcaire conchilien (muschelkalk), renfermant quantité de débris de corps marins, reptiles, poissons, mollusques, découverts et décrits par feu le docteur Gaillardon. Sur le muschelkalk repose le keuper, ou formation des marnes irisées, renfermant le gypse ou pierre à plâtre en grande abondance, et les mines de sel gemme, ainsi que les sources salées : celles-ci se trouvent dans une grande étendue depuis Dieuze jusqu'à Nancy, car un puits artésien foré il y a environ trente ans près de cette dernière ville a fourni de l'eau salée, et la ville de Rosières-aux-Salines possédait autrefois de telles sources qui ont été exploitées, mais qui ont été perdues et noyées par une grande abondance d'eau douce, par suite d'une réparation qui y fut faite, dit-on, maladroitement. M. Guérin, de Lunéville, ayant voulu, il y a deux ans, forer un puits artésien dans le jardin attenant à la maison qu'il habite dans cette ville, et la sonde étant descendue, quoique sans résultat, à plus de 130 m. de profondeur, elle a ramené des terres salifères, et l'eau qui remplit actuellement le trou formé par la sonde, jusqu'à 3 à 4 m. au-dessous de son orifice, est salée de manière à ne pouvoir être potable. Cette circonstance prouve que la mine de sel gemme qui est en exploitation à Dieuze a une grande étendue.

La formation de grès appelé par les Allemands Keuper-Sandstein, si puissante ailleurs où elle fournit d'excellentes pierres de taille, n'est point considérable dans le département de la Meurthe, où elle ne donne qu'un sable fin qui se vend et ne s'emploie que pour les petits besoins des ménages. Vient ensuite la grande formation du lias ou calcaire à gryphées, pierre bleuâtre servant aux constructions, et surtout à préparer une chaux hydraulique excellente connue généralement sous le nom de chaux de Metz, parce que le lias s'étend jusqu'à Metz, et même au delà de Thionville. Le lias se trouve à la superficie du sol de Nancy : il se compose d'une grande quantité d'assises épaisses de 2 ou 3 décimètres, séparées les unes des autres par une égale épaisseur de marnes argileuses remplies de débris de coquilles marines, dont le détail serait trop long. Les tuiles et les briques, qu'on fabrique avec ces marnes, sont de mauvaise qualité, parce que les fragments calcaires dont on ne peut les dépouiller, se calcinent dans la cuisson de la brique, qu'elles font ensuite éclater par la moindre humidité.

Les plaines plus ou moins étendues du département sont bornées par les collines de terrain jurassique qui les environnent en forme de cirques, rétrécis à leur entrée et à leur sortie, et paraissent avoir été ouvertes par les courants de la Meurthe et de la Moselle. Ces collines sont formées de calcaire compacte, spathique, renfermant une grande partie des pétrifications du lias et recouvert par les assises inférieures de la grande oolithe. — Le calcaire compacte, nommé ici roche, et l'oolithe dite pierre de Balin, servent aux diverses constructions ; mais celle-ci n'est propre à être employée qu'à l'intérieur, parce qu'elle est gélive. La roche, moins altérable, fournit de bons pavés, des jambages de portes, des soubassements, etc.

Les terres graveleuses, sablonneuses ou argileuses qui recouvrent non-seulement les plaines du département, mais encore le sommet de quelques-unes de ses collines les plus élevées, ont offert quelques débris d'animaux antédiluviens, quelques dents d'éléphants, etc., etc. On a trouvé dans le lias quelques veines de lignite qui ont trompé des spéculateurs, en leur donnant l'espoir de trouver de la houille.

La fertilité du sol du département doit suffire et empêcher de regretter que ses entrailles n'offrent l'apparence d'aucune richesse minérale : il existe des veines de fer oligiste dans le calcaire jurassique inférieur ; on trouve même au-dessous une oolithe ferrugineuse exploitée avec succès dans le pays Messin ; il est peut-être heureux pour le département qu'on ne puisse y augmenter le nombre des usines à feu qui y existent déjà et qui dévorent des quantités considérables de bois.

MINÉRALOGIE. Minerai de fer peu abondant à Cirey, Goguey, Fremonville. Nombreuses carrières de pierres exploitées , notamment à Viterne , Lay-St-Christophe , Norroy , Pierre , Tincry, Phalsbourg, Châtillon, Haarberg. Carrières de marbre près de Nancy et de Delme. Pierres propres à faire de la chaux dans presque toutes les localités. Pierres lithographiques. Grès rouge et gris. Grès à aiguiser. Terre à verrerie. Argile à potier. Mine de sel gemme à Vic.

SOURCES MINÉRALES à Eulcmont, Pont-à-Mousson, Nancy, Domèvre, etc. Sources salées à Dienze, Moyenvic, Rosières-aux-Salines, Château-Salins, etc.

INDUSTRIE ET COMMERCE. Il est peu de départements où l'industrie le soit plus développée depuis quelques années que dans celui de la Meurthe. C'est ce qu'attestent ses nombreux établissements industriels dans tous les genres. On y fabrique des draps communs, toiles de chanvre et de coton, broderies en tous genres, cartes à jouer, papiers peints, glaces, cristaux, pipes de terre, liqueurs, acides minéraux, chandelles , huile , ouvrages de vannerie, boissellerie. Filatures de coton ; raffineries de sucre de betteraves; forges ; fonderies de cloches ; manufactures de glaces ; belles verreries ; teintureries ; papeteries ; tanneries et hongroieries ; faïenceries et poterie.—Saline royale à Dieuze.

Le commerce du département, indépendamment des produits de ses manufactures, qui s'exportent soit dans l'intérieur, soit à l'étranger, consiste principalement dans la vente de ses grains, du vin et de l'huile provenant du colza qui s'y récolte. La cristallerie de Baccarat, les manufactures de glaces de St-Quirin et de Cirey, la saline de Dieuze et ses manufactures de produits chimiques, la draperie, la broderie, la ganterie, la faïencerie, les nombreux métiers pour le tissage du coton, qui occupent une grande partie des habitants des campagnes dans les environs de Blamont, indépendamment des établissements de tissage en grand situés dans les villes, donnent une grande activité au commerce, occupent une grande quantité de bras, et font arriver dans le département une masse de numéraire considérable. Nancy, par sa position sur la grande route de Paris à Strasbourg, et par la facilité d'y faire arriver directement des marchandises de toutes espèces, est un centre où viennent s'approvisionner toutes les petites villes, tant du département de la Meurthe que de celui des Vosges.

Foires. Une centaine de foires se tiennent dans environ 35 communes; on vend à toutes ces foires quelques bestiaux, des objets d'habillement, des instruments aratoires, des ustensiles de cuisine en fer, en fonte et en cuivre, de la mercerie et de la quincaillerie pour les besoins de la population du pays.

Mœurs, usages et coutumes. Le caractère de l'habitant du département de la Meurthe varie suivant le partage que l'on peut faire de ce département en deux grandes divisions : l'une, où la langue allemande est encore dominante ; l'autre où l'on ne parle que français. Dans la première division les habitants ont le flegme des Allemands ; les mœurs et les usages y sont encore graves, et n'ont point subi ces changements que l'on remarque partout ailleurs depuis quelques années. Dans la seconde division au contraire le caractère a toute la vivacité française, et les mœurs et les usages ont suivi le mouvement que leur ont imprimé les progrès de la civilisation. — L'habitant du département de la Meurthe se distingue par l'amour du travail et une persévérance qui le fait réussir dans tout ce qu'il entreprend. Il cultive les arts avec succès, et il a l'aptitude pour les sciences les plus abstraites. Ce département fournit chaque année un nombre remarquable d'élèves à l'école polytechnique. La jeunesse y a l'esprit militaire, et la partie allemande du département fournit surtout de bons soldats pour la cavalerie. D'après le tableau que le ministre de la guerre publie chaque année, le département de la Meurthe est un de ceux où le nombre des engagements volontaires est le plus considérable, indépendamment de deux à trois cents jeunes gens qui, chaque année, quittent le pays pour aller servir comme remplaçants dans les départements de l'intérieur.

Ce département est facile à administrer ; ses habitants sont soumis aux lois ; les impôts s'y perçoivent avec facilité, et presque sans qu'il soit besoin de faire de frais aux contribuables ; l'esprit public y est bon ; on y est ami de l'ordre, et les mœurs y sont en général fort douces.

Le luxe, depuis quelques années, a pénétré dans les campagnes, et y amènera nécessairement de grands changements dans les mœurs et coutumes. Ce luxe a plusieurs causes : d'abord, par le morcellement des propriétés, les habitants des campagnes sont aujourd'hui propriétaires, ce qui leur procure plus d'aisance et leur donne les goûts qui dérivent de leur position actuelle sous le rapport de la fortune; d'un autre côté la broderie et la ganterie, ainsi que la filature et le tissage des cotons, en procurant toute l'année de l'ouvrage à un très-grand nombre de personnes du sexe, leur fournit les moyens de satisfaire leur goût pour la toilette.

Division administrative. Le département de la Meurthe a pour chef-lieu Nancy ; il envoie 6 représentants à la chambre des députés, et est divisé en 5 arrondissements :

Nancy	8 cant.	140,899 h.
Château-Salins	5 —	70,326
Lunéville	6 —	89,179
Sarrebourg	5 —	78,213
Toul	5 —	63,986
	29 cant.	444,603 h.

Dont : Catholiques 432,703
Protestants. 5,500
Anabaptistes. . . . 900
Juifs 5,500

4ᵉ arr. forestier (chef-l. Nancy). — 9ᵉ arr. des mines (chef-l. Dijon). — 3ᵉ divis. milit. (chef-l. Metz). — Evêché et séminaire diocésain à Nancy ; école secondaire ecclésiastique à Pont-à-Mousson. — Temples protestants à Nancy, Helleringen, Lixheim. — Synagogue consistoriale et 4 rabbins communaux. — Académie universitaire et collège royal à Nancy. — Collèges communaux à Dieuze, Lunéville, Phalsbourg, Pont-à-Mousson, Toul. — Ecoles normales primaires à Nancy et à Toul. — Société royale des sciences, des lettres et des arts, et société d'agriculture à Nancy.

Biographie. Le département se glorifie d'avoir donné le jour à un grand nombre de personnages distingués dans tous les genres. Les principaux sont :
Le pape Léon IX.
L'empereur Léopold.
Le duc de Guise le Balafré, chef célèbre de la Ligue.
Le duc de Choiseul-Stainville, ministre sous Louis XV.
François de Neufchateau, ministre de l'intérieur, membre du directoire et sénateur.
Cl.-Ant. Regnier, duc de Massa, ministre de la justice sous l'empire.
Le maréchal Gouvion St-Cyr, ministre de la guerre sous la restauration.
Hercule de Serre, garde des sceaux et ambassadeur sous la restauration.
Le baron Louis, ex-ministre des finances.
Le chevalier de Rigny, ex-ministre de la marine.
Le maréchal de Beauveau.
Le maréchal de Bassompierre.
Le maréchal Lobeau.
L'évêque Grégoire, membre de la convention nationale.
Le comte Stanislas de Girardin, président de l'assemblée législative, préfet et député.
Et. Mollevaut, membre du corps législatif.
L'abbé Lyonnais, historien de Nancy.
Le poëte St-Lambert.
Le poëte Boissy, membre de l'Académie française.
Le chevalier de Boufflers, poëte et littérateur, membre de l'Institut.
Palissot de Moutenoy, critique et auteur dramatique.
Le poëte Duclos.
Ch. Mollevaut, poëte et littérateur.
H. Hoffmann, littérateur et critique.
F. Chevrier, littérateur et pamphlétaire.
Séb. Saulnier, publiciste.
Guil. de Pixérécourt, fécond auteur dramatique.
Mme de Graffigny, romancière et auteur dramatique.
Mlle de Sivry Vannoz, auteur de charmantes poésies.
Mme de St-Ouen, littérateur.
Mme Voiart, auteur d'ouvrages agréables.
J.-M. de Monvel, acteur de la comédie française et auteur dramatique.
Audinot, fondateur du théâtre de l'Ambigu-Comique.
Mlle Raucourt, actrice du Théâtre-Français.
B. Fleury, acteur du Théâtre-Français.
F.-Ig. de Mirbeck, jurisconsulte et économiste.
Le baron de Ladoucette, antiquaire et littérateur.
Matthieu de Dombasle, célèbre agronome.
Les médecins Bayard et Laflize.
L'abbé Beurard, minéralogiste.
Ch.-J.-A. Mathieu, savant minéralogiste.
Le célèbre graveur Callot.
Israel Silvestre, graveur.
S. Adam, sculpteur.
G. Jacquot, sculpteur.
And. Larue, dit Mansion, peintre en miniature.
F. de St-Urbain, graveur.
Les généraux Drouot, Gouvion, Bourcier, Rampon, Haxo, Klein, Hugo, Fabvier, J. Fririon, F. Fririon, J.-F. Fririon, Radet, Lacoste, Gomer, Grandjean, Jacquinot, Poujet, Rottembourg, etc., etc.
Le général vendéen Stofflet.

Bibliographie. Marquis. *Mémoire statistique sur la Meurthe*, in-fol. 1805.
Peuchet et Chanlaire. *Statistique de la Meurthe*, in-4, 1806.
Thibault. *Tableau moral du département de la Meurthe*, in-8, 1806.
Gironcourt (Regnard de). *Précis statistique du département de la Meurthe, pour servir d'introduction au Dictionnaire topographique, historique et statistique du même département*, in-8, 1802.
Lepage (H.). *Le département de la Meurthe, statistique historique et administrative*, in-8, 1843.

MICHEL (Louis-Antoine). *Statistique administrative et historique du département de la Meurthe*, in-12, 1822 (contient une introduction et une note historique sur la maison de Lorraine, un précis sur le département de la Meurthe, et un dictionnaire des communes de ce département).

GIRONCOURT (E.). * *Dictionnaire statistique du département de la Meurthe, contenant une introduction historique sur le pays, avec une notice sur chacune de ses villes, bourgs, villages, hameaux, censes, rivières, ruisseaux, étangs et montagnes*, in-8, 1836-1838.

LAMOUREUX (J.-B.-Just.). *Mémoire pour servir à l'histoire littéraire du département de la Meurthe, ou Tableau statistique du progrès des sciences, des lettres et des arts dans ce département, depuis 1789 jusqu'en l'an XI*, in-8, 1803.

MICHEL (L.-Ant.). *Biographie historique et généalogique des hommes marquants de l'ancienne province de Lorraine, formée plus particulièrement des personnages distingués du département de la Meurthe*, in-12, 1829.

LE JEUNE. *Notice sur les antiquités du département de la Meurthe* (Mém. de la soc. des antiq. de France, t. VIII, p. 200).

LEVALLOIS (J.). *Mémoire sur les travaux qui ont été exécutés dans le département de la Meurthe, pour la recherche de l'exploitation du sel gemme* (Ann. des mines, t. IV, 3ᵉ série, p. 37; t. VI, p. 119 et 281).

GUIBAL. *Mémoire sur le terrain jurassique du département de la Meurthe*, in-8, 1841.

LOYSEL (Jean-Bapt.). *Observations sur les salines du département de la Meurthe et du Bas-Rhin, et du pays conquis de la Layen; Observations sur les salines, les mines et les manufactures d'asphalte du département du Bas-Rhin, et les mines et manufactures des pays conquis entre le Rhin et la Moselle*, in-8, 1795.

DELISLE DE MONCEL. *Mémoire sur le repeuplement, l'augmentation et la conservation des bois dans les départements de la Meurthe, de la Moselle, de l'Aisne, de la Meuse, de la Marne, etc.*, in-8, 1791.

MONNIER (M.). *Essai de statistique agricole du département de la Meurthe, rapport fait au nom de la section de culture, lu en séance le 2 mars 1843*, in-8, 1843.

GUERRIER. *Promenades et Excursions dans les communes des six cantons de l'arrondissement de Lunéville*, in-8, 1838.

V. aussi LORRAINE, BLÉNOD-LÈS-TOUL, DABO, SCARPONE, DIEUZE, DOMÈVRE, EULEMONT, LIVERDUN, LUDRES, LUNÉVILLE, MORSAL, NANCY, PONT-A-MOUSSON, ROVILLE, TOUL, VEZELIZE, VIC.

MEURVILLE, vg. *Aube* (Champagne), arr., ⊠ et à 8 k. de Bar-sur-Aube, cant. de Vendœuvre. Pop. 393 h.

MEUSE (la), fleuve considérable qui prend sa source au-dessus du village de Meuse, arr. de Langres, *Haute-Marne*. La Meuse passe à Bourmont, disparaît tout à coup au village de Bazaille, à 4 k. de Neufchâteau, arrose Domremy, au-dessous duquel elle entre dans le département auquel elle donne son nom, passe à Vaucouleurs, Commercy, St-Mihiel, Verdun, Dun, Stenay, Mouzon, Sedan, Mézières, Charleville, Monthermé, Revin, Fumay et Givet; au-dessous de cette dernière ville elle entre en Belgique, passe à Dinant, Namur, Liége, Maestricht, Ruremonde, Vanloo, Ravenstein; à 24 k. de cette ville, ce fleuve s'unit à deux reprises avec le bras du Rhin qui porte le nom de Wahal, et prend le nom de Merwe; à Dordrecht, il se divise en deux bras, dont l'un conserve le nom de Meuse; l'autre, qui continue de porter le nom de Merwe, passe à Rotterdam. Ces deux bras se rejoignent à une assez grande distance vis-à-vis de Wardingen, et s'embouchent dans la mer du Nord, entre la Brille et Gravesand. Le cours de ce fleuve est d'environ 1,000 k., dont 600 k. sur le territoire français. Il est navigable depuis Verdun jusqu'à son embouchure, sur une longueur de 209,600 m.
— La Meuse se grossit du Chiers, du Semoy, de la Lesse, de la Sambre, de l'Ourth, de la Roër, et de plusieurs autres rivières.

Bibliographie. HÉRICART DE THURY. *Essai potamographique sur la Meuse, ou Observations sur sa source, sa disparition sous terre, etc.* (Journal des mines, t. XII, 1802).

MEUSE (département de la). Le département de la Meuse est formé d'une partie des Trois-Évêchés, du Clermontois, de la Lorraine et du Barrois; il tire son nom de la Meuse, qui le traverse du sud au nord. Ses limites sont : au nord, le département des Ardennes et le grand-duché de Luxembourg; à l'est, les départements de la Moselle et de la Meurthe; au sud, ceux des Vosges et de la Haute-Marne; à l'ouest, ceux de la Marne et des Ardennes.

La surface de ce département est entrecoupée de montagnes, de collines, de vallées et de plaines. Les montagnes, qui se rattachent à la chaîne des Vosges et aux monts Faucilles, sont élevées, couvertes en grande partie de forêts très-étendues, et peuplées de gibier de toute espèce; elles forment deux chaînes principales qui séparent le bassin de la Meuse de ceux de la Moselle et de l'Ornain; leur hauteur moyenne est de 3 à 400 m., et leurs points culminants d'environ 500 m. Les coteaux sont couverts de vignes cultivées avec soin, qui donnent des vins estimés : la Woëvre est un vaste plateau qui sépare les eaux de la Meuse de ceux de la Moselle. Le sol des plaines est en général maigre et peu fertile; mais les vallées, notamment celles de la Meuse et de l'Ornain, sont de la plus grande fertilité. De belles prairies s'étendent sur les bords de ces rivières; les montagnes sont couvertes de bons pâturages, où les habitants font un commerce assez lucratif.

La superficie du département est de 620,555 hectares, répartis ainsi :

Terres labourables	335,190
Prés	49,472
Vignes	13,540
Bois	137,755
Vergers, pépinières et jardins	7,387
Etangs, mares, canaux d'irrigation	3,236
Oseraies, aunaies et saussaies	1,131
Landes et bruyères	11,992
Superficie des propriétés bâties	1,566
Contenance imposable	561,269
Routes, chemins, places, rues, etc.	14,426
Rivières, lacs et ruisseaux	2,953
Forêts et domaines non productifs	41,482
Cimetières, églises, bâtiments publics	425
Contenance non imposable	59,286

On y compte :
64,063 maisons.
505 moulins à eau et à vent.
40 forges et fourneaux.
379 fabriques et manufactures.

soit : 64,987 propriétés bâties.

Le nombre des propriétaires est de 158,965
Celui des parcelles de 2,616,442

HYDROGRAPHIE. Les principales rivières qui arrosent le département sont : la Meuse, qui traverse le département du sud au nord et lui donne son nom, et dont la navigation commence à Verdun; l'Ornain, flottable en trains depuis Bar-le-Duc jusqu'à son embouchure; l'Aire, la Saux, la Madine, l'Orne, la Chiers, l'Aisne, la Chée, l'Oison et l'Othain.

COMMUNICATIONS. Le département est traversé par 9 routes royales, par 12 routes départementales, et par plusieurs chemins vicinaux de grande communication.

MÉTÉOROLOGIE. La température offre plusieurs variations : douce et supportable dans les vallées, elle est rude et froide sur les plateaux qui les séparent, et où l'on compte à peine six mois de beau temps. Le climat est en général plus froid que chaud. Les vents dominants dans les vallées sont ceux du nord et du sud; ceux de l'est et du nord soufflent plus particulièrement sur les plateaux.

PRODUCTIONS. Le département produit des céréales en quantités plus que suffisantes pour la consommation des habitants; l'agriculture suit généralement des méthodes perfectionnées. On cultive aussi dans le pays le chanvre, le lin et les graines oléagineuses. — On y élève des porcs, des chèvres et beaucoup de bétail, dont l'espèce s'améliore par l'effet des primes décernées annuellement. — Les chevaux y sont généralement petits. — Il existe le long de la Meuse de superbes prairies qui fournissent d'excellents fourrages. — On cultive en grand le groseillier dans les environs de Bar et de Ligny. — A Void, où on fait un grand commerce de bestiaux, on fabrique des fromages façon Gruyère, et d'autres dits de crème.

13,540 hectares de vignes produisant annuellement environ 525,000 hectolitres de vin, dont 350,000 sont consommés sur les lieux, et le reste livré au commerce et exporté en Belgique. — On cultive divers plants de vignes dont les produits diffèrent beaucoup en quantité. Ainsi un hectare planté en grosse race, peut produire jusqu'à 200 hectolitres de vin, tandis que planté en pineau il n'en donnerait que 65. On classe parmi les vins d'ordinaire de 1re qualité les vins rouges de Bar-le-Duc, de Bussy-la-Côte, de St-Michel, de Creuë, de Ligny, etc. Les meilleurs vins blancs sont ceux de Creuë et de Boncourt. Les vins de la vallée de l'Ornain sont justement renommés. On sait que les pères du concile de Trente, qui fut présidé par un cardinal de Lorraine, où figurèrent un évêque de Verdun (Nicolas Psaume, de Chaumont-sur-Aire), et plusieurs abbés et prieurs de monastères, originaires de Bar, préférèrent ce vin à tous autres, à cause de sa douceur et de sa générosité. — On fabrique dans le département, avec le marc des raisins, des eaux-de-vie ordinaires, assez bonnes lorsqu'elles ont vieilli, mais qui ont un goût empyreumatique lorsqu'elles sont nouvelles ; elles se consomment dans le pays.

On élève dans le département des chevaux de petite taille et beaucoup de bestiaux. — Grand et menu gibier (chevreuils, sangliers, rouges-gorges, etc.). — Bon poisson (truites, écrevisses de la Meuse renommées).

MINÉRALOGIE. Minerai de fer abondant. Carrières de belles pierres de taille. Marne, plâtre, argile à poterie. Fossiles curieux et d'une grande dimension.

SOURCES MINÉRALES ferrugineuses dans plusieurs localités, mais dont on ne fait aucun usage.

INDUSTRIE ET COMMERCE. Les vins, les fers, les toiles de coton, les cotons filés, les bois merrains et construction sont les principales branches de commerce du département. — Manufactures de cotonnades dites de Bar, et de toiles de coton. Nombreuses forges. Fabriques de bonneterie en coton, futailles, carton, huiles de graines et de faînes ; fromages façon Gruyère. Filature de coton et de laine. Nombreuses forges, hauts fourneaux, plusieurs verreries, belles papeteries, faïenceries, brasseries, tanneries, teintureries en rouge d'Andrinople, distilleries d'eau-de-vie de marc. — Bar et Ligny excellent dans la confection des confitures de groseilles et de framboises rouges et blanches, dont on fait des envois considérables en France et à l'étranger. L'art de les bien préparer consiste à laisser au fruit, dégagé de ses pepins, sa fraîcheur, sa saveur et sa couleur naturelles, d'entretenir le suc et le sirop parfaitement cristallisés et transparents. Verdun est depuis longtemps renommée pour ses dragées et ses liqueurs.

Commerce de grains, vins de Bar, laines, coton filé, confitures excellentes, dragées de Verdun, graines de trèfle et de luzerne, huile de navette, fromage, beurre, porcs gras, jambons, bestiaux, cuirs, planches de sapin et de chêne, bois de construction.

FOIRES. Plus de cent foires se tiennent dans environ 44 communes du département. On y vend principalement des chevaux, des bestiaux, de la boissellerie, de la vannerie, et divers objets d'habillement, de mercerie, de quincaillerie, draperie, etc. La vente des porcs est considérable en hiver.

MŒURS ET USAGES. Les femmes de la vallée de la Meuse se font remarquer par leur fraîcheur et par une activité d'esprit qui paraît plus remarquable lorsqu'on la compare à l'esprit lourd et terne des pays voisins qui ont fait partie de la Lorraine allemande. Leur costume élégant, étudié, coquet, ajoute encore à leurs grâces naturelles. Elles ont, sinon plus de sagesse que leurs voisines du Luxembourg ou des Forêts, du moins plus de discrétion et de délicatesse dans les mœurs. Les fêtes qu'elles animent flattent par la retenue, l'enjouement et l'espèce de galanterie qui y règnent, tandis que dans la plupart des cantons de l'ancienne Lorraine allemande les plaisirs champêtres ne sont que des scènes de taverne, où les deux sexes, confondus dans un local obscurci par la fumée du tabac, ne témoignent leur joie que par des éclats bruyants, des familiarités choquantes et des danses pénibles.

Un des usages les plus gracieux de la vallée de la Meuse est celui qu'on nomme le valentinage. Dans les petites villes et dans les campagnes, un jeune homme qui a choisi sa fiancée lui donne le titre de Valentine, prend lui-même celui de Valentin, et l'accompagne dans toutes les fêtes, aux bals, aux noces, etc. — C'est un sigisbéisme de bon goût et qui la fin justifie. Les autres jeunes gens prennent plaisir à proclamer Valentins avec solennité ces amants et futurs époux, afin d'en obtenir de petits présents ; l'assentiment public ajoutant ainsi une force nouvelle au choix particulier, il est rare que le valentinage donne lieu à des abus.

Les habitants de la vallée de l'Ornain ne le cèdent sous aucun rapport à ceux de la vallée de la Meuse ; ils ont les qualités et les défauts du caractère lorrain. Voici le tableau que l'auteur anonyme du Voyage aux ruines de Nasium a tracé des habitants de Bar-le-Duc.

« Les Barisiens sont amis du travail et de la gaieté ; on leur reproche cependant une certaine froideur que j'appellerai prudence. Il faut les connaître ; ils sont confiants ; ils aiment les saillies, les bons mots, les épigrammes. On ne leur contestera pas la vaillance : la patrie de cent braves éminemment distingués ne peut être taxée d'indifférence en patriotisme et en courage. — Le sexe y est généralement beau dans l'âge de l'adolescence ; les femmes y reçoivent de l'éducation, de l'instruction : autant elles ont de connaissances en affaires, autant elles ont dans les loisirs de la société l'esprit pétillant et juste. »

On rencontre parfois dans les environs de Montmédy, de Verdun, de Stenay, des bandes nomades colportant les produits des faïenceries et des verreries du département de la Moselle. Ce sont des familles bohémiennes fixées dans les cantons boisés de Bitche et de Forbach, et qui ont choisi pour moyen d'existence un genre d'industrie qui décèle leur ancien amour pour l'indépendance et la vie errante. Ces familles voyagent emportant leurs ustensiles de ménage, et suivies d'animaux domestiques qu'elles élèvent dans leurs courses : elles campent, couchent et font leur cuisine en plein air.

Les Bohémiens lorrains paraissent différer, quant à la probité du moins, des Bohémiens français du Languedoc et du Roussillon. Le mariage, dit Audenelle, dans son *Essai sur la frontière nord-est de la France*, est ignoré de ce peuple singulier ; femmes et enfants, tout vit en commun. Le chef exerce un pouvoir suprême. — L'autorité a souvent rendu hommage à la moralité des Bohémiens : atteints par la prévention qui règne contre eux, quelques-uns ont été accusés des délits qui se commettaient dans les lieux voisins de leur séjour ; mais rarement ces accusations ont été justifiées, et si un Bohémien était justement soupçonné, sa tribu le jugeait, l'exécutait et n'attendait pas que la justice le recherchât.

« Lorsqu'une troupe de Bohémiens trouve une position favorable, elle y plante le piquet et allume le feu. L'âne est déchargé du bagage. Les enfants folâtrent ; les jeunes femmes préparent le frugal repas, les plus vieilles se reposent en fumant, les hommes les imitent ou jouent de quelque instrument ; quelquefois la famille chante en chœur des airs tyroliens ; les enfants y mêlent, comme par instinct, leur faible voix sans blesser les accords, qui sont toujours justes et agréables à l'oreille. Ce peuple est naturellement musicien, et le talent, qu'il exploite dans les lieux habités de sa solitude, suffit à ses besoins peu étendus. Les femmes dansent d'une manière bizarre et se piquent de magie. Les crédules habitants se font lire leur avenir par ces sibylles de la Lorraine, qui n'ont d'ailleurs, comme celles de l'antiquité, que des antres et des cavernes pour temples. Le Bohémien a les traits nobles et réguliers ; sa physionomie est très-expressive. Il est agile, robuste, infatigable dans les exercices du corps. Son teint est basané, parce qu'il a l'habitude de s'oindre le corps et de s'exposer ainsi au soleil pour endurcir ses membres et leur donner la souplesse que nécessite sa vie sauvage. Leurs femmes sont grandes, bien faites, leur démarche est aisée. Elles portent leurs enfants à dos, ce qui ne les gêne ni dans leurs courses continuelles ni dans leurs occupations domestiques. Elles ont l'œil vif, le regard malin, la parole pressée. Leur chevelure, longue, épaisse et d'un noir d'ébène, se trouve relevée sans aucun art, et leur costume, absolument négligé, voile à peine leurs charmes hâlés et rembrunis. »

Un grand nombre d'ouvriers, émouleurs de couteaux et raccommodeurs de souliers, émigrent annuellement des environs de Bar et de Ligny, et vont chercher du travail dans les départements voisins, à Paris, et même à l'étranger. Il sort aussi chaque année des marchands de paniers d'osier du Clermontois, et des fabricants d'ustensiles de bois de Vaubecourt.

DIVISION ADMINISTRATIVE. Le département de la Meuse a pour chef-lieu Bar-le-Duc. Il envoie 4 représentants à la chambre des députés, et est divisé en quatre arrondissements :

Bar-le-Duc..	. 7	cant.	82,109 h.
Commercy.	. 7	—	88,208
Montmédy..	. 6	—	69,664
Verdun.	. 7	—	86,391
	28	cant.	326,372 h.

16ᵉ conserv. des forêts (chef-l. Bar-le-Duc). — 7ᵉ arr. des mines (chef-l. Abbeville). — 2ᵉ division militaire (chef-l. Châlons). — Evêché, séminaire diocésain et école secondaire ecclésiastique à Verdun. 28 cures ; 374 succursales. — Colléges communaux à Bar-le-Duc, Commercy, Etain, St-Michel, Verdun. Ecole normale primaire à Bar-le-Duc. — Société d'agriculture et des arts à Verdun.

Biographie. Le département de la Meuse est la patrie d'un grand nombre de personnages distingués, parmi lesquels on cite :

P. DUCHATEL, évêque d'Orléans, un des plus savants prélats du XVIᵉ siècle.

Les cardinaux HUIN et P. DE LUXEMBOURG.

Les conventionnels DROUET, HARMAND et MARQUIS.

Le jurisconsulte HENRION DE PENSEY, premier président à la cour de cassation.

Le savant DURIVAL.

Le capucin NORBERT, voyageur célèbre.

L'abbé HUGO, critique et historien.

L'érudit LEMAIRE, éditeur des classiques latins.

Le jésuite GERBILLON, profond géomètre.

L'hébraïsant HENRI.

Le géographe DELISLE.

Le célèbre hydrographe BEAUTEMPS-BEAUPRÉ.

L'ingénieur THIRIAT, qui fit construire la digue de la Rochelle.

L'antiquaire DENIS.

Le chimiste BRACONNOT.

Le grammairien BEAUZÉE.

Le bibliographe PSAUME.

Le biographe LADVOCAT.

M. CASIMIR BONJOUR, poëte et auteur dramatique.

Le littérateur REGNAUD WARIN.

Le sculpteur LEGER RICHIER.

Le peintre DUBOIS.

La fameuse comtesse DUBARRY.

L'illustre CHEVERT.

Les maréchaux OUDINOT et GÉRARD.

Les généraux EXCELMANS ; JACQUEMINOT, D'ANTHOUARD, BARROIS, BELLAVÈNE, HENRY, MORLAND, NICOLAS, PINTEVILLE, PORSON, etc., etc., etc.

Bibliographie. HENRIQUEZ (H.). *Géographie historique, statistique et administrative du département de la Meuse* (avec Renaudin), in-12, 1839.

DUBOIS (L.). *Statistique du département de la Meuse*, in-8, 1842.

Voyage historique et pittoresque sur les ruines de Nasium, à Bar-le-Duc et dans les environs, ou la vallée de l'Ornain, par R., in-18, 1825.

MANGIN (N.). *Guide du cultivateur, ou Marche à suivre pour améliorer la race des chevaux, principalement dans la Meuse*, etc., br. in-8, 1835.

HÉRICART DE THURY (le vicomte). *Essai potomographique sur la Meuse, ou Observations sur sa source, sa disparition*, etc. (Journ. des mines, t. XII, 1802).

BUVIGNIER. *Note sur les chances de succès que présentent les recherches d'eau jaillissante ou ascendante dans plusieurs parties du département de la Meuse*, in-8, 1843.

Annuaires statistiques du département de la Meuse, in-12, an XIII.

Almanachs de la Meuse, in-18, 1830-43.

Voyez aussi : LORRAINE, BAR-LE-DUC, COMMERCY, DAMVILLIERS, ETAIN, FAINS, GONDRECOURT, JAMETZ, LIGNY, ST-MIHIEL, VARENNES, VERDUN.

MEUSE, vg. *H.-Marne* (Champagne), arr. et à 28 k. de Langres, cant. et ✉ de Montigny-le-Roi. Pop. 243 h.

MEUSNES, vg. *Loir-et-Cher* (Blaisois), arr. et à 45 k. de Blois, cant. de St-Aignan, ✉ de Selles-sur-Cher. Pop. 1,109 h.

Meusnes, célèbre par ses carrières de silex pyromaque qui fournissent des quantités innombrables de pierres à fusil. — Les carrières d'où l'on extrait le silex sont situées dans les communes de Meusnes, Lie et Couffy ; elles occupent une superficie d'environ 32 k. carrés, et sont ouvertes depuis plus de 160 ans. Les cailloux propres le plus souvent à pierres à fusil se trouvent par bancs horizontaux, plus ou moins enterrés dans les marnes, à la profondeur de 15 à 17 m. L'extraction et la fabrication des cailloux sont accompagnées de dangers de toute nature qui rendent très à plaindre la condition des cailloueurs, hommes, femmes et enfants qui s'en occupent. Aussi la plupart de ces ouvriers meurent asthmatiques au bout de vingt à trente ans, après avoir toussé et langui pendant six mois. L'adresse avec laquelle on taille les cailloux est étonnante : d'un coup d'une espèce de marteau, qui en petit ressemble à la pioche des tailleurs de pierre, on détache un copeau qui n'a guère plus de 15 mill. d'épaisseur et qui se termine par un biseau vif, tel qu'on le voit, et auquel on ne touche pas. Dans ce copeau on trouve une ou deux pierres à fusil, ou plusieurs de pistolet d'arçon ou plus petites. — Un ouvrier, travaillant du matin au soir, peut tailler quatre cents pierres fines de première qualité ou six cents de la seconde. Cent chefs de famille, livrés communément à ce genre de travail avec leurs femmes et leurs enfants, peuvent fabriquer par an trente millions de pierres à feu de toute espèce. Le prix varie de 75 c. à 4 fr. le mille, selon le degré d'activité du commerce et surtout la qualité de la pierre. Meusnes est le chef-lieu de cette fabrique, la seule qui existe en France, et qui est en possession de fournir de pierres à fusil tout le monde commerçant. — L'exploitation de ces cailloux est si considérable, que dans Meusnes, près de l'église, il y a un amas de copeaux inutiles de plus de 5 à 6 m. de haut, et de plus de 30 m. de circonférence ; et on en rencontre de pareils sur tous les chemins et dans tous les hameaux. — Foire le samedi veille de la Pentecôte.

MEUSSAC, vg. *Charente-Inf.*, comm. d'Echebrune, ✉ de Pons.

MEUSSIA, vg. *Jura* (Franche-Comté), arr. et à 28 k. de St-Claude, cant. et ✉ de Moirans. Pop. 431 h.

MEUVAINES, vg. *Calvados* (Normandie), arr. et à 14 k. de Bayeux, cant. de Ryes, ✉ de Creully. Pop. 272 h.

MEUVY, *Mosa*, vg. *H.-Marne* (Champagne), arr. et à 35 k. de Chaumont-en-Bassigny, cant. et ✉ de Clefmont. Pop. 511 h.

MEUX, bg *Charente-Inf.* (Saintonge), arr., cant. ✉ et à 8 k. de Jonzac. Pop. 484 h.

MEUX (le), bg *Oise* (Picardie), arr., ✉ et à 10 k. de Compiègne, cant. d'Estrées-St-Denis. Pop. 940 h.

MEUX-LE-MONT, vg. *Oise*, comm. du Meux, ✉ de Compiègne.

MEUZAC, vg. *H.-Vienne* (Limousin), arr. et à 21 k. de St-Yrieix, cant. et ✉ de St-Germain-les-Belles. Pop. 1,187 h. — Forges.

MÈVES, vg. *Nièvre* (Nivernais), arr. et à 25 k. de Cosne, cant. de Pouilly-sur-Loire. Pop. 765 h. — Foire le dimanche avant la St-Jean.

MÉVOISINS, vg. *Eure-et-Loir* (Beauce), arr. et à 14 k. de Chartres, cant. et ✉ de Maintenon. Pop. 353 h. Sur l'Eure.

A peu de distance de ce village on voit sur le haut d'une petite colline un dolmen bien conservé, consistant en une table horizontale de pierre brute et de figure à peu près carrée, ayant 2 m. 33 c. de côté ; elle est supportée sur deux autres pierres brutes : la hauteur de ce dolmen n'est que de 1 m. 50 c.

MÉVOTERIE (la), vg. *Seine-et-Oise*, com. de Porray, ✉ de Rambouillet.

MÉVOUILLON, bg *Drôme* (Dauphiné), arr. et à 55 k. de Nyons, cant. et ✉ de Sederon. Pop. 743 h.

Mévouillon était autrefois une ville importante défendue par une citadelle que Nostradamus appelle un fort inforçable. C'était alors le chef-lieu d'un petit Etat indépendant nommé les Baronnies, qui comprenait quarante communes des environs. Après avoir longtemps appartenu à la célèbre famille de Mévouillon cette ville fut donnée en 1317 par Raymond de Mévouillon au Dauphin viennois. Un neveu du donataire, Agout de Baux, irrité de se voir ainsi frustré d'un héritage important, tenta de faire empoisonner son oncle. Un domestique de celui-ci, chargé d'exécuter le crime, fut condamné à mort et exécuté dans le village (en 1323) avec les supplices les plus horribles.

Mévouillon était défendu par une citadelle qui fut prise et reprise plusieurs fois par les protestants et les catholiques ; le fort, bâti sur une colline isolée et environnée d'un roc taillé à pic, fut démantelé par ordre de Louis XIV en 1684.

MEXANT (St-), vg. *Corrèze* (Limousin), arr., cant., ✉ et à 15 k. de Tulle. P. 973 h.

MEXIMIEUX, gros bourg, *Ain* (Bresse), arr. et à 45 k. de Trévoux, chef-l. de cant. Cure. Ecole secondaire ecclésiastique. Gîte d'étape. ✉. ☞. A 458 k. de Paris pour la taxe des lettres. Pop. 2,086 h. — TERRAIN tertiaire supérieur.

Autrefois baronnie diocèse de Lyon, parlement et intendance de Dijon, élection de Bourg-en-Bresse, collégiale et mairie.

Ce bourg est situé dans une position agréable et saine, sur le penchant d'une colline, non loin de la rive droite de l'Ain.

Foires les 2 janv., 25 juin, lundi après la St-Barthélemy, lundi après la St-Simon et le 25 nov.

MEXME-LES-CHAMPS (St-), vg. *Indre-et-Loire*, comm. et ✉ de Chinon.

MEXY, vg. *Moselle*, comm. de Réhon, ✉ de Longwy.

MEY, vg. *Mosella* (pays Messin), arr., c., ✉ et à 6 k. de Metz. Pop. 113 h.

MEYENHEIM, vg. *H.-Rhin* (Alsace), arr. et à 20 k. de Colmar, cant. et ✉ d'Ensisheim. ⚭. Pop. 832 h. — Il est situé sur l'Ill, que l'on passe sur un beau pont de pierre.

MEYENTHAL, vg. *Meurthe*, comm. de Walscheid, ✉ de Sarrebourg.

MEYLAN, vg. *Isère* (Dauphiné), arr., c., ✉ et à 7 k. de Grenoble. Pop. 1,179 h. — *Foire* le 4 nov.

MEYLAN, vg. *Lot-et-Garonne* (Agénois), arr. et à 23 k. de Nérac, cant. et ✉ de Mézin. Pop. 303 h.

MEYLIEU-MONTROND, *Mediolano*, vg. *Loire* (Forez), arr. et à 15 k. de Montbrison, cant. et ✉ de St-Galmier. Pop. 708 h. — *Foires* le 15 sept. et le 28 oct.

MEYMAC, petite ville, *Corrèze* (Limousin), arr. et à 17 k. d'Ussel, chef-l. de cant. Cure. ✉. A 481 k. de Paris pour la taxe des lettres. Pop. 3,389 h. — TERRAIN cristallisé.

Cette ville, située dans une vallée agréable, possédait autrefois un monastère de l'ordre de St-Benoît, auquel les seigneurs de Ventadour firent des dons considérables en 1080. On y remarque un hospice fort bien tenu, ainsi qu'une ancienne église décorée de sculptures et ornée de tableaux.

Fabrique d'armes à feu. — *Foires* les 20 janv., 6 et 25 mai, 11 juin, 4 juillet, 26 août, 12 sept., 1er et 15 oct., 3 et 15 nov., 1er, 3e et 5e jeudi de carême, mardi de la semaine sainte, veille de Quasimodo et 1er jeudi de l'Avent.

MEYMES, vg. *Gers*, comm. de Margouet-Meymes, ✉ de Plaisance.

MEYNAC, vg. *Gironde*, comm. de Cambianes, ✉ de Créon.

MEYNES, vg. *Gard* (Languedoc); arr. et à 19 k. de Nîmes, cant. d'Aramon, ✉ de Rémoulins. Pop. 1,055 h. — On y trouve une source d'eau minérale acidule froide.

Bibliographie. LECONTE. *Les Eaux de Meynes*, in-4, 1674. — *Vertus des eaux de Meynes* (Assemblée publique de la soc. roy. des sciences de Montpellier, du 8 décembre 1773, in-4, 1774).

MEYNIAL (le), vg. *Aveyron*, comm. de St-André-de-Vésines, ✉ de Millau.

MEYNIEL, vg. *Aveyron*, comm. de Thérondels, ✉ de Mur-de-Barrez.

MEYRAC, *Lot*, comm. de Sozy, ✉ de Souillac.

MEYRALS, vg. *Dordogne* (Périgord), arr. et à 14 k. de Sarlat, cant. et ✉ de St-Cyprien. Pop. 845 h.

On voit à peu de distance le beau château de la Roque, bâti dans une situation des plus pittoresques.

Forges, laminoirs et fonderie (à Beyssat).

MEYRAN, vg. *Gironde*, comm. de Gujan, ✉ de la Teste-de-Buch.

MEYRAND (la), vg. *Puy-de-Dôme* (Auvergne), arr. et à 25 k. d'Issoire, cant. et ✉ d'Ardres. Pop. 190 h. — Il est bâti au pied d'une montagne couronnée par les ruines d'un château fort, où l'on voit encore des fossés, une citerne, les restes d'une tour et une chapelle sous l'invocation de la Vierge.

MEYRANNES, vg. *Gard* (Languedoc), arr. et à 23 k. d'Alais, cant. et ✉ de St-Ambroix. Pop. 733 h.

MEYRARGUES, *Meiranicis*, vg. *Bouches-du-Rhône* (Provence), arr. et à 14 k. d'Aix, cant. et ✉ de Peyrolles. Pop. 1,035 h.

La tradition rapporte que Marius avait établi un camp sur cet endroit pour assurer sa communication avec Pertuis, où étaient les magasins de blé. On y a trouvé en effet les restes d'une ancienne chaussée qui se dirigeait de Meyrargues à la Durance. Les ruines romaines abondent dans ce territoire, particulièrement dans le domaine de Vauclaire; dans le vallon des Arcs on voit encore quelques arceaux du bel aqueduc romain qui conduisait les eaux de Traconade à Aix.

Ce village est généralement mal bâti, dans une gorge étroite exposée au vent du nord. Il est dominé par un antique château entouré de fortes murailles flanquées de tours, bâti sur le sommet d'un roc isolé et assez bien conservé, dont la fondation remonte au IXe ou au Xe siècle. Le château de Meyrargues frappe le voyageur par son élévation et son isolement sur une colline qui s'avance entre ce vallon et le village. Il joua un grand rôle dans les guerres du moyen âge, lorsque le vicomte Raymond de Turenne ravageait la Provence. Sa mère Éléonore de Comminges fut prise dans ce château, d'où elle soufflait le feu de la guerre civile, par le maréchal de Boucicaut en 1391. Le roi René en fit don à la famille d'Alagonia, d'où il passa dans celle de Valbelle, qui l'a porté dans celle d'Albertas.

MEYRAS, vg. *Ardèche* (Languedoc), arr. et à 25 k. de Largentière, cant. et ✉ de Thueyts. Pop. 2,263 h.

On remarque dans cette commune le cratère de l'ancien volcan de St-Lager, qui tient le milieu entre les volcans entièrement éteints et les volcans en action. Il est situé au pied d'une montagne dans un vallon, au fond duquel coule la rivière d'Ardèche; des nappes d'eaux minérales sortent du centre du cratère et des hauteurs d'alentour; des exhalaisons méphitiques, dernier effort des feux souterrains, s'échappent en abondance à travers les terres et les nappes d'eau, et donnent la mort à tout être animé qui

les respire. Lorsque le propriétaire des champs qui font partie du cratère oublie de nettoyer les trous d'où sortent les odeurs malfaisantes, le gaz volcanique s'étend dans tout le cratère et y porte la stérilité.

Foires les 3 et 11 fév., 1er et 8 mars, 1er avril et 9 sept.

MEYREUIL, *Meyronis*, vg. *Bouches-du-Rhône* (Provence), arr., cant., ✉ et à 7 k. d'Aix. Pop. 754 h.

MEYRIAT, vg. *Ain* (Bresse), arr. et à 17 k. de Bourg-en-Bresse, cant. de Ceyzeriat. Pop. 802 h.

Au Vieux-d'Izenave, village dépendant de la commune de Meyriat, *fabrique* de produits chimiques.

MEYRIÉ, vg. *Isère* (Dauphiné), arr. et à 35 k. de Vienne, cant. de la Verpillière, ✉ de Bourgoin. Pop. 390 h.

MEYRIÈS, vg. *H.-Alpes* (Provence), arr. et à 28 k. de Château-Ville-Vieille, ✉ de Queyras.

MEYRIEU, vg. *Isère* (Dauphiné), arr. et à 28 k. de Vienne, cant. et ✉ de St-Jean-de-Bournay. Pop. 664 h.

MARIGNAC-L'ÉGLISE, vg. *Corrèze* (Limousin), arr., ✉ et à 27 k. de Tulle, cant. de Corrèze. Pop. 317 h.

MEYRINHAC, vg. *Aveyron*, comm. de Brommat, ✉ de Mur-de-Barrez.

MEYRINHAC-FRANCAL, vg. *Lot*, comm. de Rocamadour, ✉ de Gramat.

MEYRONNE, vg. *Lot*, comm. de St-Sosy, ✉ de Souillac.

MEYRONNES, vg. *B.-Alpes* (Provence), arr. et à 21 k. de Barcelonnette, cant. de St-Paul, ✉ de Châtelard. Pop. 608 h.

MEYRUEIS, petite ville, *Lozère* (Languedoc), arr. et à 29 k. de Florac, chef-l. de cant. Cure. ✉. A 630 k. de Paris pour la taxe des lettres. Pop. 2,005 h. — TERRAIN jurassique, étage inférieur du système oolitique.

A peu de distance du village est le château de Salgas, propriété de la famille de Bernis, et construit dans le temps de la faveur du cardinal de ce nom. C'est un château moderne avec un parc, où l'on arrive par une route appelée encore la route Cardinale, de même qu'on donne aujourd'hui aux routes, par malignité, le nom du membre du conseil général qui en a obtenu la construction.

On voit près de Meyrueis trois grottes fort remarquables par les congélations qu'elles renferment. Les environs offrent des indices de mines de houille non exploitées.

Fabriques de chapeaux communs, de fromages façon de Roquefort. Manufactures de pointes de Paris à la mécanique, de fil à cardes et d'aiguilles à tricoter. Scierie hydraulique de planches. — *Commerce* considérable de bêtes à laine, mulets, laines, grains, etc.

Foires les 2 janv., jeudi après Pâques, mardi après la Pentecôte, 1er et 25 août, 29 sept. et 23 nov.

Bibliographie. BOUILLET. *Description de la grotte de Meyrueis* (Acad. de Béziers, décembre 1831, p. 19).

MEYS, vg. *Rhône* (Lyonnais), arr. et à 35

k. de Lyon, cant. et ✉ de St-Symphorien-sur-Coise. Pop. 1,220 h.

MEYSSAC, bg *Corrèze* (Limousin), arr. et à 20 k. de Brives, chef-l. de cant. Cure. ✉. A 486 k. de Paris pour la taxe des lettres. Pop. 2,591 h. — TERRAIN jurassique.

Culture en grand du noyer et commerce d'huile de noix. — *Foires* les 23 janv., 25 fév., 22 juillet, 13 août, 14 sept., 29 oct., 6 et 29 déc., mardi de la semaine sainte; 4e mardi après Pâques et après la Pentecôte.

MEYSSE, vg. *Ardèche* (Vivarais), arr. et à 21 k. de Privas, cant. et ✉ de Rochemaure. Pop. 1,227 h. — Filatures de soie. — *Foires* les 26 mars, 28 août et 18 oct.

MEYZIEUX, vg. *Isère* (Dauphiné), arr. et à 29 k. de Vienne, chef-l. de cant. Cure. ✉. A 481 k. de Paris pour la taxe des lettres. Pop. 1,353 h. — TERRAIN d'alluvions modernes.

Foires les 21 sept., 30 nov. et le lendemain de la Pentecôte.

MÉZARD (St-), vg. *Gers* (Armagnac), arr., cant. et à 13 k. de Lectoure; ✉ d'Astaffort. Pop. 643 h. — *Foires* les 12 fév., 3 mai et 14 août.

MEZ-DE-CHALAUX, vg. *Nièvre*, comm. de Chalaux, ✉ de Lormes.

MÉZAGE (Notre-Dame-de-), vg. *Isère* (Dauphiné), arr. et à 18 k. de Grenoble, cant. et ✉ de Vizille. Pop. 307 h.

MÉZANGÈRE (la), vg. *Eure*, comm. de Marcouville, ✉ de Bourgthéroulde.

MÉZANGÈRES (les), vg. *Eure*, comm. de Bourth, ✉ de Verneuil.

MÉZANGERS, vg. *Mayenne* (Maine), arr. et à 34 k. de Laval, cant. et ✉ d'Evron. Pop. 1,011 h.

MÉZANGUEVILLE, vg. *Seine-Inf.* (Normandie), arr. et à 25 k. de Neuchâtel-en-Bray, cant. et ✉ d'Arguéil. Pop. 417 h.

MÈZE, *Mesua*, jolie petite ville maritime, *Hérault* (Languedoc), arr. et à 22 k. de Montpellier, chef-l. de cant. Cure. Gîte d'étape. ⚓. A 752 k. de Paris pour la taxe des lettres. Pop. 4,848 h. — TERRAIN tertiaire moyen.

Suivant les historiens du Languedoc, Mèze est l'ancienne *Mesua*, citée par Pomponius Méla, et que M. Thomas, auteur d'une savante dissertation sur l'ancienne Mesua, croit être Maguelone. Le premier titre qui fasse mention de Mèze est une charte de 843, par laquelle Charles le Chauve la donne en bénéfice au diocèse d'Agde; elle y est désignée sous le nom de *Castrum de Mesoe*. Dans les siècles suivants on l'appelle indifféremment *Castrum* ou *Castellum*.

Cette ville est dans une situation agréable, au milieu d'un vignoble très-productif, sur l'étang de Thau, où elle a un port en forme de parallélogramme de 200 m. de longueur sur 50 de largeur, dont l'entrée est défendue de l'irruption des sables par deux ouvrages en forme de demi-lune. Il est abrité des vents du nord, et peut contenir soixante navires de 40 à 60 tonneaux. Le climat y est peu sain en été. — Fabriques de liqueurs. Nombreuses distilleries d'eau-de-vie. Exploitation des marais salants. — *Commerce* de grains, vins, eau-de-vie, sel, etc. — *Foire* de 8 jours le 18 août.

L'ancienne abbaye de Vallemagne est une dépendance de la commune de Mèze. Elle offre une église du XIIe siècle très-remarquable et parfaitement conservée. C'est un grand vaisseau gothique, dont les proportions sont d'une justesse et d'une régularité parfaites. Sa longueur est de 82 m.; la largeur de la nef, y compris les parties latérales, est de près de 22 m.; la largeur du bras de la croix dans œuvre dépasse 30 m.; et la hauteur depuis le pavé jusqu'à la voûte, est de 24 m. 33 c. Le ton de la lumière, à l'intérieur, est du meilleur effet; à cause des jours qui glissent derrière les piliers nombreux qu'on remarque autour du chœur.

Le cloître existe encore; il n'offre pas moins d'intérêt que l'église. Une fontaine est située au milieu de ce cloître; le bassin a 4 m. de diamètre : au milieu s'élève une pyramide, avec huit tuyaux qui jettent l'eau dans une conque, d'où elle tombe, par quatre mufles dans un vaste bassin. Une banquette, qui règne tout autour, sert de siége. Le dôme de la fontaine est soutenu par quatorze colonnes et huit piliers construits dans le XIIe siècle. Les huit piliers supportent huit arceaux à ciel ouvert, avec huit arcs-boutants d'une grande ténuité, qui, en retombant, forment un cul-de-lampe, et se réunissent par une pomme de pin, en partie détruite aujourd'hui. Cette voûte à jour et aérienne porte une treille qui en rend l'aspect plus pittoresque encore. La source qui alimente la fontaine n'a jamais tari.

L'ancienne route de Montpellier à Béziers passait par Vallemagne, la nouvelle en est peu éloignée, et le voyageur se distrait peu de son chemin pour visiter ces lieux intéressants.

Bibliographie. THOMAS (E.). *Sur l'ancienne Mesua* (Mèze) (Mém. de la soc. archéologique de Montpellier, t. 1, p. 51).

MÉZEAUNIAL (le), vg. *H.-Vienne*, comm. de la Porcherie, ✉ de Pierre-Buffière.

MEZEAUX, vg. *Vienne*, comm. de Ligugé, ✉ de Poitiers.

MEZEIRAC, vg. *Ardèche*, comm. de Mazan, ✉ de Montpezat.

MEZEL, petite ville, *B.-Alpes* (Provence), arr. à 16 k. de Digne, chef-l. de cant. Cure. Gîte d'étape. ✉. A 757 k. de Paris pour la taxe des lettres. Pop. 985 h. Sur la rive droite de l'Asse. — TERRAIN tertiaire supérieur.

Foire le 10 août.

MEZEL, vg. *Puy-de-Dôme* (Auvergne), arr. et à 20 k. de Clermont-Ferrand, cant. de Vertaison, ✉ de Billom. Pop. 1,207 h.

MEZELS, vg. *Lot*, comm. de Vayrac, ✉ de Martel.

MEZENS, vg. *Tarn* (Languedoc), arr. et à 21 k. de Gaillac, cant. de Rabastens, ✉ de la Pointe-St-Sulpice. Pop. 442 h. — *Foire* le 4 oct.

MEZERAC, vg. *Aveyron*, comm. de Gaillac, ✉ de Laissac.

MEZERAY, vg. *Sarthe* (Maine), arr. et à 18 k. de la Flèche, cant. de Malicorne, ✉ de Foulletourte. Pop. 1,960 h.

MÉZERY, vg. *Lozère*, comm. de St-Denis, ✉ de Serverette.

MÉZÉRIAT, vg. *Ain* (Bresse), arr. et à 40 k. de Trévoux, cant. de Châtillon-lès-Dombes, ✉ du Logis-Neuf. Pop. 1,209 h.

MÉZEROLLES, vg. *Somme* (Picardie), arr. et à 9 k. de Doullens, cant. de Bernaville. Pop. 465 h.

MEZERVILLE, vg. *Aude* (Languedoc), arr. et à 28 k. de Castelnaudary, cant. et ✉ de Salles-sur-l'Hers. Pop. 349 h.

MÈZES (les), vg. *H.-Marne*. V. LE PUITS-DES-MÈZES.

MÉZIARD, vg. *Eure-et-Loir*, comm. de Lubin-de-la-Haye, ✉ de Houdan.

MÉZIDON, bg *Calvados* (Normandie), arr. et à 24 k. de Lisieux, chef-l. de cant. Cure. Gîte d'étape. ✉ de Croissanville. Pop. 473 h. TERRAIN jurassique.

Fabrique de fil. Filature de lin. — *Foire* le 12 nov.

Bibliographie. *Bourg de Mézidon*, in-8 de 3 feuilles, 1844 (fait partie d'une description des départements du Calvados, de l'Eure et de la Seine-Inférieure).

MÉZIÈRE (la), vg. *Ille-et-Vilaine* (Bretagne), arr. et à 14 k. de Rennes, cant. et ✉ d'Hédé. Pop. 1,236 h.

MÉZIÈRES, *Maceriæ Maderiacum*, petite ville forte, chef-l. du département des *Ardennes* (Champagne), du 2e arr. et d'un cant. (trib. de 1re inst. à Charleville). Place de guerre de 2e classe. Société d'agriculture, sciences, arts et commerce. Cure. Gîte d'étape. ✉. ⚓. Pop. 4,905 h. — TERRAIN jurassique.

Autrefois diocèse de Reims, parlement de Paris, intendance de Châlons, élection de Réthel, collégiale, gouvernement particulier, école du génie.

L'origine de Mézières remonte à l'année 847, époque où le feu du ciel ayant réduit en cendres la ville et le château de Castrice, qui étaient situés sur une montagne nommée Banzanval, Erlebade, fils de Garlache, comte de Castrice, fit construire près des ruines de son ancien château celui de Mézières, et le plaça sur une éminence appelée encore aujourd'hui le château. En 930 les sujets de Marc, comte de Dormois, trop maltraités par leur seigneur, vinrent se réfugier auprès de Guazin, fils d'Erlebade, qui leur accorda la permission de bâtir quelques habitations sous son château, et c'est d'eux que vient la première origine de la ville de Mézières. Mais ce ne fut qu'en 1214, après la bataille de Bouvines, qu'elle prit forme de ville. Quelque temps après elle reçut un grand accroissement par l'arrivée d'un grand nombre de Liégeois que Charles le Téméraire força de venir se réfugier à Mézières pour se soustraire à sa cruauté. En 940 Balthazar, comte de Réthel, assiégea Mézières et s'en empara. L'archevêque de Reims la prit en 977. Assiégée par l'armée de Charles-Quint en 1521, cette ville fut vaillamment défendue par Bayard, qui mit dans cette circonstance le courage et la constance des habitants à une rude épreuve. François Ier, à la suite d'un conseil de guerre tenu à Reims, allait donner l'ordre de ravager le pays pour l'affamer, et de brûler Mézières, qu'il considérait comme une place trop faible pour soutenir un siége : on espérait ainsi arrêter la marche de l'armée impériale, qui venait de s'emparer de Mouzon et de ravager le Luxembourg ; Bayard s'opposa à l'incendie de Mézières, et offrit de défendre la ville, en disant au roi : « Il n'y a pas de places faibles quand il y a » des gens de bien pour les défendre. » Le roi accepta; Bayard se jeta dans Mézières avec 2,000 hommes seulement ; la ville fut aussitôt cernée sur les deux côtés de la Meuse par 40,000 Autrichiens aux ordres du comte de Nassau et du général de Sickengham, et le siége commença. Ce fut alors que furent tirées les premières bombes dont l'histoire militaire fasse mention. Pendant les six semaines que dura le siége, on en jeta plus de 3,000 dans la place. Ce feu terrible et le genre nouveau des projectiles n'abattirent point la résolution de la garnison, qui, dans sa défense, fut bravement soutenue par les bourgeois. — Les habitants de Mézières vénèrent encore la mémoire du Chevalier sans peur et sans reproche; son étendard, sur lequel on voit empreinte son effigie, est depuis trois siècles déposé à l'hôtel de ville, et chaque année, le 27 septembre, jour anniversaire de la levée du siége, une procession solennelle, portant ce glorieux drapeau, parcourt la ville, suivie par les autorités locales et escortée par la garde nationale.

Trois siècles environ après l'héroïque défense de Mézières par Bayard, cette ville eut à soutenir un nouveau siége. En 1815, après la bataille de Waterloo, les Prussiens, les Hessois et les Wurtembergeois réunis, cernèrent la place le 29 juin, et la sommèrent de se rendre ; sur le refus des habitants et de la garnison, les préparatifs de siége commencèrent ; l'artillerie, servie par les canonniers bourgeois, aidés de quelques artilleurs de l'armée, détruisit longtemps les batteries ennemies à mesure qu'on les établissait. Les alliés bombardèrent la ville. L'attaque et la défense, soutenues de part et d'autre avec opiniâtreté, durèrent 42 jours et se terminèrent par une convention honorable pour la garnison. L'ennemi avait perdu environ 5,000 hommes pendant ce siége.

Les armes de Mézières sont : *de gueules à deux râteaux d'or posés en fasce, accompagnés en pointe d'une M capitale d'argent.*

Mézières est une ville entourée de fortifications considérables, et défendue par une citadelle, située au pied et sur le penchant d'une colline, sur la rive droite de la Meuse, qui la sépare de Charleville. Elle est peu spacieuse et généralement mal bâtie. Les seuls édifices publics qu'on y remarque sont l'hôtel de ville, la préfecture, l'hôtel-Dieu, dont l'établissement remonte à 1412, et l'église paroissiale. C'est dans cette église que Charles IX épousa en 1570 Élisabeth d'Autriche, fille puînée de l'empereur Maximilien II ; une inscription, qu'on y lit encore, consacre le souvenir de cette cérémonie. Cette église est remarquable par la hauteur des voûtes et la belle proportion des piliers. La nef principale est accompagnée de chaque côté de deux nefs latérales, inégales en dimension ; celles de droite sont plus larges que celles de gauche. Quatorze grandes fenêtres ogivales s'ouvrent sur les bas côtés. Le chœur est éclairé de sept fenêtres en style flamboyant, remplies de vitraux de la fin du xve siècle et du commencement du xvie siècle, où se voient un crucifiement, les légendes de saint Éloi, de saint Médard, de saint Jacques et une partie des litanies de la Vierge. — Les deux portails latéraux sont de la plus magnifique architecture du xve siècle, deuxième moitié.

Biographie. Patrie du géomètre J.-N.-P. Hachette.

Du géographe P. Lapie.

De M. Noël de Wailly, membre de l'Institut.

Du médecin et physicien F. Savart.

Industrie. Fabriques de ferronnerie. Tanneries renommées. Brasseries. Taillanderie. Centre d'une industrie active répandue dans le voisinage. — *Commerce* de cuirs forts, serges, bonneterie, toiles de lin, etc. — *Foires* les 28 oct., jour de la mi-carême et le mercredi qui suit le dimanche des Rameaux.

A 79 k. N.-E. de Reims, 234 k. N.-E. de Paris. Long. orient. 2° 23′ 15″, latit. 49° 45′ 47″.

L'arrondissement de Mézières est composé de 7 cantons : Charleville, Flize, Mézières, Monthermé, Omout, Renwez et Signy-l'Abbaye.

Bibliographie. Pinart, *Véritable Discours du mariage de très-haut, très-puissant, très-chrétien Charles IX, roi de France, et de très-excellente et vertueuse princesse madame Élisabeth, fille de l'empereur Maximilien II, fait et célébré en la ville de Mézières (sur Meuse) le 26e jour de novembre 1570; 29 du même mois 1570,* in-fol.

Audouin de Géronval (M.-Ernest). *Relation du siège de Mézières par les troupes sous les ordres de Son Excellence M. le baron de Hake, lieutenant général au service de S. M. le roi de Prusse,* in-8, 1824.

MÉZIÈRES, vg. *Charente* (Angoumois), arr. et à 23 k. de Confolens, cant. et ⊠ de St-Claud. Pop. 341 h.

MÉZIÈRES, vg. *Ille-et-Vilaine* (Bretagne), arr. et à 21 k. de Fougères, cant. et ⊠ de St-Aubin-du-Cormier. Pop. 1,330 h.

MÉZIÈRES, vg. *Loiret* (Orléanais), arr. et à 14 k. d'Orléans, cant. et ⊠ de Cléry. Pop. 659 h.

MÉZIÈRES, *Brennacum*, vg. *Nièvre*, com. de Garchy, ⊠ de Pouilly-sur-Loire.

MÉZIÈRES, vg. *Seine-et-Oise*, comm. de Bruno-Bonnevaux, ⊠ de Gironville.

MÉZIÈRES, vg. *Seine-et-Oise* (Beauce), arr., cant. et à 7 k. de Mantes, ⊠ d'Épône. Pop. 1,001 h. Près de la rive gauche de la Seine.

MÉZIÈRES, vg. *Seine-et-Oise* (Ile-de-France), com. de Vallangoujard, ⊠ de Marines.

MÉZIÈRES, vg. *Somme* (Picardie), arr. et à 18 k. de Montdidier, cant. et ⊠ de Moreuil. Pop. 833 h. — *Fabriques* de bas de laine et de métiers à bas.

MÉZIÈRES, vg. *H.-Vienne* (Limousin), arr., bureau d'enregist. et à 12 k. de Bellac, chef-l. de cant. ⊠. A 376 k. de Paris pour la taxe des lettres. Pop. 1,389 h. — Terrain cristallisé ou primitif.

MÉZIÈRES-AU-PERCHE, vg. *Eure-et-Loir* (Beauce), arr. et à 21 k. de Châteaudun, cant. et ⊠ de Brou. Pop. 390 h.

MÉZIÈRES-EN-BRENNE, *Maceriæ*, petite ville, *Indre* (Touraine), arr. du Blanc, chef-l. de cant. ⊠. A 289 k. de Paris pour la taxe des lettres. Pop. 1,341 h. — Terrain tertiaire inférieur, voisin du tertiaire moyen.

Cette ville est située sur la Claise, dans un pays naguère inabordable, au milieu des marais et des fondrières. Les alentours ont bien changé depuis quelques années ; les marais se dessèchent, des terrains jadis abandonnés, se plantent, se cultivent, les bords de la Claise s'embellissent de jardins, des routes s'établissent dans toutes les directions, et bientôt le voyageur pourra, sans danger de s'embourber, visiter cette petite cité, dont l'origine paraît remonter au commencement du xiiie siècle. Dès cette époque Mézières possédait un château, dont Charles d'Anjou, comte du Maine, fit l'acquisition en 1445. La seigneurie de Mézières passa en 1566 dans la maison de Montpensier, par le mariage de Renée d'Anjou avec François de Bourbon, dauphin d'Auvergne. Mademoiselle de Montpensier, qui préférait le séjour du château de St-Fargeau à celui du château de Mézières, vendit cette dernière terre en 1669.

Resserré dans une enceinte circulaire environnée de fossés qu'alimentaient les eaux de la Claise ou celles des sources qui se trouvent au niveau du sol, le château de Mézières n'offre ni architecture, ni développement, et l'on se demande, en voyant ces masures presque informes, comment les grandes familles qui l'habitaient ont pu se plaire dans ce triste séjour, encore attristé par la vue de ces immenses plaines d'eau et de bruyères qui, s'étendant de la Claise jusqu'à l'horizon, formaient la plus grande partie de l'ancien domaine de Brenne.

L'église paroissiale, dédiée à sainte Marie Madeleine et consacrée en 1339, a été classée récemment au nombre des monuments historiques. On remarque à droite du chœur la chapelle dite d'Anjou, construite en 1543; tout ce qui pouvait contribuer à la décoration a été employé avec le goût qui caractérise le style de la renaissance ; les vitraux sont riches de détails et admirables par l'éclat de leurs couleurs. Dans une première fenêtre, Louis d'Anjou et Anne de la Trémouille ont pour pendant saint Louis et sainte Anne, leurs patrons; René d'Anjou et Antoinette de Chabannes sont peints sur une autre, ainsi que saint René et saint Antoine; l'un des panneaux de la troisième fenêtre a été en partie détruit, à l'exception des figures des saints patrons de Nicolas d'Anjou et de Gabrielle Moreuil, sa femme. Auprès de ces personnages sont peintes les armoiries propres à chacun d'eux et les chiffres initiaux de leurs noms. Les armes de Brabant et d'Harcourt se reproduisent de même sur les vitraux de l'église, sur les traverses et sur les montants qui soutiennent la voûte.

Forges et haut fourneau (à Corbançon). — *Foires* les 1ᵉʳ et 24 mai, 7 juin, 11 oct., 14 nov. et jeudi de la mi-carême.

MÉZIÈRES-EN-DROUAIS, vg. *Eure-et-Loir* (Beauce), arr., caut., ✉ et à 5 k. de Dreux. Pop. 1,040 h.

MÉZIÈRES-EN-GATINE, vg. *Loiret* (Orléanais), arr. et à 27 k. de Montargis, cant. et ✉ de Bellegarde. Pop. 406 h.

MÉZIÈRES-SOUS-BALLON, bg *Sarthe* (Maine), arr. et à 21 k. de Mamers, cant. de Marolles-lès-Braux, ✉ de Bonnetable. Pop. 1,299 h.

MÉZIÈRES-SOUS-LAVARDIN, vg. *Sarthe* (Maine), arr. et à 25 k. du Mans, cant. et ✉ de Conlie. Pop. 1,198 h.

MÉZIÈRES-SUR-OISE, vg. *Aisne* (Picardie), arr., ✉ et à 12 k. de St-Quentin, cant. de Moy. Pop. 550 h.

MÉZIÈRES-SUR-SEINE, vg. *Eure* (Normandie), arr. et à 12 k. des Andelys, cant. d'Ecos, ✉ de Vernon. Pop. 555 h.

MÉZILHAC, vg. *Ardèche* (Languedoc), arr. et à 26 k. de Privas, cant. d'Entraigues, ✉ d'Aubenas. Pop. 1,233 h. — *Foires* le 1ᵉʳ et 2 sept., lundi et mardi avant la St-Jean.

MÉZILLES, vg. *Yonne* (Champagne), arr. et à 35 k. de Joigny, cant. et ✉ de St-Fargeau. Pop. 1,398 h. — *Foire* le 20 oct.

MÉZIN, *Mesinum*, petite et ancienne ville, *Lot-et-Garonne* (Condomois), arr. et à 13 k. de Nérac, chef-lieu de cant. Cure. ✉. A 639 k. de Paris pour la taxe des lettres. Pop. 3,042 h. — TERRAIN tertiaire moyen.

Cette ville doit son origine à un monastère de bénédictins, fondé vers le commencement du XIᵉ siècle. Elle éprouva de grands désastres pendant les guerres contre les Anglais. Les guerres religieuses ne lui furent pas moins funestes; la ville fut prise et rançonnée en 1569 par les protestants, qui pendirent les moines, détruisirent les monastères et démolirent les quatre tours de l'église des bénédictins. Dans la guerre causée par les troubles de la Fronde, Mezin prit le parti du roi, et fit réparer ses fortifications. Le passage des troupes, lors de la guerre d'Espagne dite de la Succession, dévasta son territoire; c'est à cette époque que fut, dit-on, introduite dans le pays la culture du maïs, que les habitants nomment encore blé d'Espagne.

Mézin n'est pas une ville bien bâtie, quoiqu'elle renferme quelques jolies maisons. L'église paroissiale, classée au nombre des monuments historiques, est régulière et d'une architecture fort ancienne.

Fabriques de bouchons de liège et de poterie de terre. Nombreux moulins à farine. Papeterie. Tanneries. — *Foires* les 2 jan., 10 fév., 13 avril, 1ᵉʳ juin, 24 août, 18 oct., 9 déc. et 1ᵉʳ jeudi de juillet.

MÉZINVILLE, vg. *Seine-et-Marne*, comm. de Chenon, ✉ de Château-Landon.

MÉZIRÉ ou **MISERBACH**, vg. *H.-Rhin* (Alsace), arr. et à 12 k. de Belfort, cant. et ✉ de Delle. Pop. 389 h.

MÉZIU, vg. *Isère*, comm. et ✉ de la Frette.

MEZOARGUES, vg. *Bouches-du-Rhône* (Provence), arr. et à 20 k. d'Arles-sur-Rhône, cant., ✉ et à 10 k. de Tarascon. Pop. 210 h.

MÉZOC-DE-FROID, vg. *Nièvre*, comm. de Dun-les-Places, ✉ de Lormes.

MÉZOS, vg. *Landes* (Gascogne), arr. et à 66 k. de Mont-de-Marsan, cant. de Mimizan, ✉ de Castets. Pop. 1,286 h.

MÉZY, bg *Seine-et-Oise* (Beauce), arr. et à 40 k. de Versailles, cant. et ✉ de Meulan. Pop. 516 h.

MÉZY-MOULINS, vg. *Aisne* (Brie), arr., ✉ et à 12 k. de Château-Thierry, cant. de Condé. Près de la Marne. Pop. 364 h.

Ce village possède une église de la fin du XIIᵉ ou du commencement du XIIIᵉ siècle, remarquable par sa belle construction et par ses proportions, et une croix en pierre d'un beau travail. — Exploitation des terres végétales pyriteuses.

MHÈRE, vg. *Nièvre* (Nivernais), arr. et à 40 k. de Clamecy, cant. de Corbigny, ✉ de Lormes. P. 1,244 h. — *Foires* les 25 fév., 1ᵉʳ mardi de carême, 18 avril, 1ᵉʳ et 16 mai, 16 août et 1ᵉʳ oct.

MHIERVE (St-), vg. *Ille-et-Vilaine* (Bretagne), arr., cant., ✉ et à 11 k. de Vitré. Pop. 1,809 h.

MIALET, bg *Gard* (Languedoc), arr. et à 18 k. d'Alais, cant. et ✉ de St-Jean-du-Gard. Pop. 1,400 h. Sur le Gardon de son nom. — *Fabrique* de papier.

MIALLET, bg *Dordogne* (Périgord), arr. et à 24 k. de Nontron, cant. de St-Pardoux. ✉. A 433 k. de Paris pour la taxe des lettres. Pop. 1,905 h. — *Foires* les 3 fév., lundi après la St-Roch, jeudi de l'octave de la Fête-Dieu, lundi de Pâques, lundi de la Pentecôte, lundi avant la St-Michel et le lundi avant la Ste-Catherine.

MIALOS, vg. *B.-Pyrénées* (Béarn), arr. et à 33 k. d'Orthez, cant. et ✉ d'Arzac. Pop. 293 h.

MIANGÉ, vg. *Isère*, comm. de Chamagnieu, ✉ de Crémieu.

MIANNAY, vg. *Somme* (Picardie), arr., ✉ et à 10 k. d'Abbeville, cant. de Moyenneville. Pop. 840 h.

MIAURAY, vg. *Deux-Sèvres*, comm. de Rumans, ✉ de St-Maixent.

MIAUROY, vg. *Oise*, comm. de Notre-Dame-du-Thil, ✉ de Beauvais.

MICAUD (St-), vg. *Saône-et-Loire* (Bourgogne), arr., et à 28 k. de Chalon-sur-Saône, cant. de Mont-St-Vincent, ✉ de Joncy. Pop. 515 h.

MICHAUDE, vg. *Loire*, comm. de St-Romain-Lamotte, ✉ de St-Germain-Lespinasse.

MICHAUGUES, vg. *Nièvre* (Nivernais), arr., et à 25 k. de Clamecy, cant. de Brinon-les-Allemands, ✉ de St-Réverien. P. 355 h.

MICHAUTS (les), vg. *Nièvre*, comm. de St-Léger-de-Fougeret, ✉ de Château-Chinon.

MICHAUTS (les), vg. *Yonne*, comm. de Pourrain, ✉ de Toucy.

MICHEL (St-), bg *Aisne* (Picardie), arr. et à 12 k. de Vervins, cant. et ✉ d'Hirson. Pop. 3,201 h.

St-Michel, situé à l'entrée de l'immense forêt qui porte son nom, doit son origine à une abbaye de bénédictins, fondée en 945. Une filature occupe aujourd'hui les bâtiments de cet ancien monastère. On ne donne pas moins de 24 k. de circonférence à cette grande commune, qui renferme dix-sept villages ou hameaux, et dont les deux tiers du territoire sont occupés par des forêts.

Les Anglais saccagèrent le bourg de St-Michel en 1339; les Impériaux le pillèrent ainsi que l'abbaye en 1536, en 1542 et en 1544. Les Espagnols brûlèrent l'abbaye en 1557.

La forge de Grattepierre est une dépendance de la commune de St-Michel. Cette usine renferme une affinerie, un feu de martinet, des machines soufflantes et des marteaux, le tout pour l'affinage de la fonte et le travail du fer en barres. On fabrique annuellement à Grattepierre 2,000 quintaux de fer en barres seulement, qui sont transportés, par des chemins souvent très-mauvais, à Hirson, lieu d'entrepôt, et éloigné d'un myriamètre au moins de la forge. Le nombre d'ouvriers occupés journellement est de douze, et la consommation du charbon de bois pendant une campagne s'élève à 3,000 quintaux métriques.

Les fontes qui sont traitées dans cette forge, ainsi que dans celle de Sailly, proviennent des hauts fourneaux situés dans le département des Ardennes, et les approvisionnements sont souvent difficiles à cause du mauvais état des chemins. — *Fabrique* importante de tulles brodés. Belle filature de coton. Brasserie. — *Foires* les 2 janv., 19 mars et 29 sept.

MICHEL (St-), vg. *B.-Alpes* (Provence), arr., cant., ✉ et à 11 k. de Forcalquier. Pop. 999 h.

MICHEL (St-), vg. *Ariège* (Languedoc), arr., cant., ✉ et à 9 k. de Pamiers. P. 238 h.

MICHEL (St-), ou **ST-MICHEL-D'ENTRAIGUES**, vg. *Charente* (Angoumois), arr., caut., ✉ et à 23 k. d'Angoulême. Pop. 591 h. — *Fabriques* de toiles métalliques, formes à papier, etc; Papeteries.

MICHEL (St-), vg. *Cher* (Berry), arr. et à 10 k. de Bourges, cant. et ✉ des Aix-d'Angillon. Pop. 370 h.

MICHEL (St-), vg. *Eure*, comm. et ✉ d'Evreux.

MICHEL (St-), vg. *H.-Garonne* (Languedoc), arr. et à 41 k. de Muret, cant. et ⊠ de Cazères. Pop. 819 h.

MICHEL (St-), vg. *Gironde* (Guienne), arr. et à 28 k. de Bordeaux, cant. et ⊠ de Podensac. Pop. 229 h.

MICHEL (St-), vg. *Gironde* (Bazadois), arr., cant., ⊠ et à 9 k. de la Réole. P. 461 h.

MICHEL (St-), vg. *Gironde* (Guienne), arr., ⊠ et à 6 k. de Libourne, cant. de Fronsac. Pop. 648 h.

MICHEL (St-), vg. *Hérault* (Languedoc), arr., ⊠ et à 29 k. de Lodève, cant. du Caylard. Pop. 302 h.

MICHEL (St-), vg. *Indre-et-Loire* (Touraine), arr. et à 30 k. de Chinon, cant. et ⊠ de Langeais. Pop. 852 h. — Foire le 29 sept.

MICHEL (St-), vg. *Isère*, comm. et ⊠ du Touvet.

MICHEL (St-), vg. *Loire* (Forez), arr. à 40 k. de St-Étienne, cant. de Pelussin, ⊠ de Condrieu. Pop. 818 h.

MICHEL (St-), vg. *Loire-Inf.* (Bretagne), arr. et à 14 k. de Paimbœuf, cant. et ⊠ de Pornic. Près de l'Océan. Pop. 1,093 habitants, presque tous marins ou pêcheurs.

MICHEL (St-), vg. *Loiret* (Orléanais), arr. et à 16 k. de Pithiviers, cant. et ⊠ de Beaune-la-Rolande. Pop. 336 h.

MICHEL (St-), vg. *Lot*, comm. de Cours-St-Michel, ⊠ de Pélacoy.

MICHEL (St-), vg. *Maine-et-Loire* (Anjou), arr. et à 25 k. de Segré, cant. et ⊠ de Pouancé. Pop. 778 h.

MICHEL (St-), vg. *H.-Marne* (Champagne), arr. et à 19 k. de Langres, cant. et ⊠ de Longeau. Pop. 242 h.

MICHEL (St-), vg. *Pas-de-Calais* (Picardie), arr. et à 15 k. de Montreuil-sur-Mer, cant. et ⊠ d'Hucqueliers. Pop. 250 h.

MICHEL (St-), vg. *Pas-de-Calais* (Artois), arr., cant., ⊠ et à 2 k. de St-Pol-sur-Ternoise. Pop. 341 h.

MICHEL (canal de St-), *Pas-de-Calais*. Ce canal a été ouvert en 1686, pour établir une communication entre la Scarpe et les fossés de la ville d'Arras.

MICHEL (St-), vg. *B.-Pyrénées* (Navarre), arr. et à 46 k. de Mauléon et à 30 k. de St-Palais, cant. et ⊠ de St-Jean-Pied-de-Port. Pop. 934 h.

MICHEL (St-), vg. *Seine-et-Oise*, comm. de Bougival, ⊠ de Rueil.

MICHEL (St-), vg. *Tarn-et-Garonne* (Quercy), arr. et à 17 k. de Moissac, cant. et ⊠ d'Auvillars. Pop. 845 h.

MICHEL (St-), vg. *Vosges* (Lorraine), arr., cant., ⊠ et à 8 k. de St-Dié. Pop. 1,495 h.

MICHELBACH, vg. *H.-Rhin* (Alsace), arr. et à 29 k. de Belfort, cant. et ⊠ de Thann. Pop. 214 h.

MICHELBACH-LE-BAS, vg. *H.-Rhin* (Alsace), arr. et à 19 k. d'Altkirch, cant. d'Huningue, ⊠ de St-Louis. Pop. 382 h.

MICHELBACH-LE-HAUT, vg. *H.-Rhin* (Alsace), arr. et à 20 k. d'Altkirch, cant. d'Huningue, ⊠ de St-Louis. Pop. 534 h.

MICHEL-DE-BANIÈRES (St-), vg. *Lot* (Quercy), arr. et à 45 k. de Gourdon, cant. de Vayrac, ⊠ de Martel. Pop. 664 h. — Tuilerie importante, où l'on voit un hangar d'une étendue immense pour faire sécher la tuile, et un four d'une vaste capacité.

MICHEL-DE-BONNE-FARRE (St-). V. ST-MICHEL-MONTAGNE.

MICHEL-DE-BOULOGNE (St-), vg. *Ardèche* (Vivarais), arr. et à 19 k. de Privas, cant. et ⊠ d'Aubenas. Pop. 310 h.

Ce village tire son nom de son ancien château féodal, siège d'une des douze baronnies du Vivarais, dont les ruines couvrent le sommet d'un coteau escarpé. La main des hommes, plus meurtrière que celle du temps, a dévasté cet édifice, qui devait être magnifique à en juger par le portail, d'une superbe architecture, qui est en partie conservé.

MICHEL-DE-CASTELNAU (St-), vg. *Gironde* (Bazadois), arr. et à 19 k. de Bazas, cant. et ⊠ de Captieux. Pop. 607 h. — Forges. — Foires les 1er août et 1er oct.

MICHEL-DE-CHABRILLANOUX, vg. *Ardèche* (Vivarais), arr. et à 19 k. de Privas, cant. de la Voulte, ⊠ de Vernoux. Pop. 1,011 h.

MICHEL-DE-CHAILLOL (St-), vg. *H.-Alpes* (Dauphiné), arr. et à 22 k. de Gap, cant. et ⊠ de St-Bonnet. Pop. 538 h.

MICHEL-DE-CHAVAIGNE (St-), vg. *Sarthe* (Maine), arr., et à 20 k. de St-Calais, cant. et ⊠ de Bouloire. Pop. 1,339 h. — Fabrique de toiles.

MICHEL-DE-DÈZE (St-), vg. *Lozère* (Languedoc), arr. et à 36 k. de Florac, cant. et ⊠ de St-Germain-de-Calberte. Pop. 641 h.

MICHEL-DE-DOUBLE (St-), vg. *Dordogne* (Périgord); arr. et à 24 k. de Ribérac, cant. et ⊠ de Mussidan. Pop. 798 h.

MICHEL-DE-FEINS (St-), vg. *Mayenne* (Maine), arr., et à 12 k. de Château-Gontier, cant. de Bierné. Pop. 409 h.

MICHEL-DE-LABADIE (St-), vg. *Tarn* (Languedoc), arr. et à 32 k. d'Albi, cant. et ⊠ de Valence-en-Albigeois. Pop. 360 h.

MICHEL-DE-LA-FORÊT (St-), vg. *Orne* (Normandie), arr. et à 35 k. de Mortagne-sur-Huîne, cant. et ⊠ de l'Aigle. Pop. 354 h.

MICHEL-DE-LA-HAYE (St-), vg. *Eure* (Normandie), arr. et à 25 k. de Pont-Audemer, cant. de Routot, ⊠ de Bourgachard. Pop. 103 h.

MICHEL-DE-LANES (St-), vg. *Aude* (Languedoc), arr. et à 22 k. de Castelnaudary, cant. et ⊠ de Salles-sur-Lhers. Pop. 927 h. — Foires les 17 mars, 15 juin, 6 août et 29 nov.

MICHEL-DE-LA-NUELLE (St-), vg. *Charente-Inf.*, comm. de Pont-l'Abbé, ⊠ de St-Porchain.

MICHEL-DE-LA-PIERRE (St-), vg. *Manche* (Normandie), arr. et à 12 k. de Coutances, cant. de St-Sauveur-Lendelin, ⊠ de Périers. Pop. 541 h.

MICHEL-DE-LAURIÈRE (St-), vg. *H.-Vienne*, comm. de Laurière, ⊠ de Chanteloube.

MICHEL-DE-LESCURE (St-), vg. *Tarn*, comm. de Lescure, ⊠ d'Albi.

MICHEL-DE-LIVET (St-), vg. *Calvados* (Normandie), arr. et à 17 k. de Bayeux, cant. et ⊠ de Livarot. Pop. 314 h.

MICHEL-DE-LLOTES, vg. *Pyrénées-Or.* (Roussillon), arr. et à 28 k. de Prades, cant. de Vinça, ⊠ d'Ille. Pop. 402 h.

MICHEL-DELROC-DE-LIALS (St-), vg. *Tarn-et-Garonne*, comm. et ⊠ de Monclar.

MICHEL - DE - MONTMIRAL (St-), vg. *Drôme*, comm. de Montmiral, ⊠ de Romans.

MICHEL-DE-PALADRU (St-), vg. *Isère*. V. PALADRU.

MICHEL-DE-PLÉLAN (St-), vg. *Côtes-du-Nord* (Bretagne), arr. et à 14 k. de Dinan, cant. de Plélan, ⊠ de Plancoët. Pop. 355 h.

MICHEL - DE - PRÉAUX (St-), vg. *Eure* (Normandie), arr., cant., ⊠ et à 70 k. de Pont-Audemer. Pop. 135 h.

MICHEL DE-ROUVIAC (St-), vg. *Aveyron*, comm. et ⊠ de Nant.

MICHEL-DES-ANDAINES (St-), vg. *Orne* (Normandie), arr. de Domfront, cant. de la Ferté-Macé, ⊠ de Couterne.

MICHEL-DES-LANDES (St-), vg. *Indre-et-Loire*, comm. de Charnizay, ⊠ de St-Flovier.

MICHEL-DES-LOUPS (St-), vg. *Manche* (Normandie), arr. et à 17 k. d'Avranches, cant. et ⊠ de Sartilly. Pop. 621 h.

MICHEL-DE-SOMMAIRE (St-), vg. *Orne*, comm. de St-Nicolas - de - Sommaire, ⊠ de l'Aigle.

MICHEL-DE-ST-GEOIRS (St-), vg. *Isère* (Dauphiné), arr. et à 20 k. de St-Marcellin, cant. de St-Étienne-de-St-Geoirs, ⊠ de la Côte-St-André. Pop. 508 h.

MICHEL-D'EUZET (St-), vg. *Gard* (Languedoc), arr. et à 24 k. d'Uzès, cant. et ⊠ de Bagnols. P. 570 h.

MICHEL-DE-VAX (St-), vg. *Tarn* (Languedoc), arr. et à 29 k. de Gaillac, cant. de Vaour, ⊠ de St-Antonin. Pop. 385 h.

MICHEL-DE-VESSE (St-), vg. *Creuse* (Manche), arr., ⊠ et à 9 k. d'Aubusson, cant. de St-Sulpice-les-Champs. Pop. 656 h.

MICHEL-DE-VILLADEIX (St-), vg. *Dordogne* (Périgord), arr. et à 25 k. de Périgueux, cant. et ⊠ de Vergt. Pop. 624 h.

MICHEL - D'HALLESCOURT (St-), vg. *Seine-Inf.* (Normandie), arr. et à 23 k. de Neufchâtel-en-Bray, cant. de Forges, ⊠ de Gaillefontaine. Pop. 301 h.

MICHEL-D'OZILLAC (St-), vg. *Charente-Inf.* V. OZILLAC.

MICHEL-DU-BOIS (St-), vg. *Indre-et-Loire*, comm. et ⊠ de Preuilly.

MICHEL-DU-CASTOR (St-), vg. *Aveyron*, comm. de Coupiac, ⊠ de St-Sernin.

MICHEL-DU-HAISEL (St-), vg. *Seine-Inf.*, comm. et ⊠ de St-Romain.

MICHEL-EN-BEAUMONT (St-), vg. *Isère* (Dauphiné), arr. et à 54 k. de Grenoble, cant. et ⊠ de Corps. Pop. 230 h.

MICHEL-EN-BRENNE (St-), vg. *Indre* (Touraine), arr. et à 22 k. du Blanc, cant. et ⊠ de Mézières-en-Brenne. Pop. 652 h.

MICHEL-EN-GRÈVE (St-), bg *Côtes-du-Nord* (Bretagne), arr., ✉ et à 13 k. de Lannion, cant. de Plestin. Pop. 613 h. Sur l'Océan. — *Foires* les 14 sept. et 17 nov.

MICHEL-EN-JEGUN (St-), vg. *Gers*, com. de Jegun, ✉ d'Auch.

MICHEL-EN-L'HERM (St-), *Fanum Sancti Michaelis in Eremo*, bg *Vendée* (Poitou), arr. et à 37 k. de Fontenay-le-Comte, cant. et ✉ de Luçon. Pop. 2,677 h.

Ce bourg doit son origine à une abbaye de bénédictins, fondée vers l'an 680, par Ansoald, évêque de Poitiers. Il est à peu de distance de l'Océan, sur le canal de Fontenelle, qui débouche dans le golfe d'Aiguillon, et possède un petit port où entrent des navires de 30 à 40 tonneaux. Près des côtes on remarque des dunes de 10 m. de haut et de plus de 4 k. d'étendue, formées d'immenses amas d'huîtres fossiles.

Commerce de grains et de fèves. — *Foires* les 21 avril, 20 juin, 12 août, 29 sept. et 8 oct.

Bibliographie. RIVIÈRE (A.). *Notice sur les terrains d'atterrissement, et en particulier sur les buttes coquillières de St-Michel-en-l'Herm,* broch. in-8.

MICHEL-ESCALUS (St-), vg. *Landes* (Gascogne), arr. et à 30 k. de Dax, cant. et ✉ de Castets. Pop. 217 h.

MICHEL-LA-RIVIÈRE (St-), vg. *Dordogne*, comm. et ✉ de Roche-Chalais.

MICHEL-LA-ROE (St-), vg. *Mayenne* (Maine), arr. et à 33 k. de Château-Gontier, cant. de St-Aignan-sur-Roé, ✉ de Craon. Pop. 694 h.

MICHEL-LE-CLOUCQ (St-), vg. *Vendée* (Poitou), arr., ✉ et à 5 k. de Fontenay-le-Comte, cant. de St-Hilaire-des-Loges. Pop. 1,206 h. — *Foire* le dernier lundi de sept.

MICHEL-L'ÉCLUSE (St-), vg. *Dordogne* (Périgord), arr. à 28 k. de Ribérac, cant. de St-Aulaye, ✉ de Roche-Chalais. Pop. 1,233 h.

MICHEL-LE-BANCE (St-), vg. *Ardèche* (Languedoc), arr. à 45 k. de Tournon, cant. et ✉ du Chaylard. Pop. 464 h.

MICHEL-LÈS-GUINGAMP (St-), vg. *Côtes-du-Nord*, comm. et ✉ de Guingamp.

MICHEL-LES-PORTES (St-), vg. *Isère* (Dauphiné), arr. et à 42 k. de Grenoble, cant. de Selles, ✉ de Monestier-de-Clermont. Pop. 504 h.

MICHEL-LOUBEJOU (St-), vg. *Lot* (Quercy), arr. et à 42 k. de Figeac, cant. et ✉ de Bretenoux. Pop. 460 h.

MICHEL-MONTAIGNE, vg. *Dordogne* (Périgord), arr. et à 43 k. de Bergerac, cant. de Velines, ✉ de Castillon. Pop. 437 h.

On y remarque le château où est né l'immortel auteur des *Essais*. Ce château existait encore naguère à peu près tel qu'il était, du temps de Montaigne. Il est situé sur un des petits plateaux qui bordent la rive droite de la Dordogne, et on y jouit de belles perspectives. « Le parterre, les bâtiments, et leur forment un carré long, orienté à l'est et à l'ouest. En entrant, en face, sont les chais, à droite les écuries, à gauche le principal corps de logis, composé de deux tours irrégulières et de deux pavillons. En le visitant, on s'étonne du peu de luxe avec lequel la noblesse du XVIe siècle était logée. Derrière l'édifice et le long de la façade à l'ouest règne un petit parterre, bordé d'une terrasse à balustrade, d'où l'on découvre les coteaux du Bordelais et du Périgord. De l'autre côté de la cour, aux angles du mur d'enceinte, s'élevaient deux tours qui communiquaient par une galerie ; une de ces tours, connue sous le nom de *Trachère*, placée à l'angle nord, et actuellement en ruines, était habitée par la femme de Montaigne, l'autre était la demeure habituelle du grand écrivain dont elle a conservé le nom. Cette tour est encore à peu près telle qu'il l'a décrite dans ses *Essais*. Au rez-de-chaussée se trouve la chapelle dont on a fait ensuite les archives. La chambre où Montaigne couchait, pour être seul, occupait le premier étage ; on y monte par quatre degrés en pierre, et l'on reconnaît sa cheminée et ses deux fenêtres à profondes embrasures. Cette chambre à coucher communique avec une autre chambre qui se trouve dans une tour carrée accolée à la tour ronde. C'est là que Montaigne se tenait pendant les jours de froid. Le deuxième étage, celui dont le philosophe a parlé avec plus de complaisance, renfermait sa bibliothèque. Les poutres qui soutiennent le plafond étaient ornées de sentences grecques et latines, écrites en noir sur un plafond clair. Ces inscriptions sont encore lisibles ; nous en citerons quelques-unes : en grec : « Ce ne sont pas tant les choses qui tourmentent l'homme que l'opinion qu'il a des choses. — Il n'est point de raisonnement auquel on n'oppose un raisonnement contraire. — Le souffle enfle les outres, l'opinion enfle les hommes.»

— En latin : « Cendre et poussière, de quoi t'enorgueillis-tu ? — Notre entendement erre en aveugle dans les ténèbres, et ne peut apercevoir la vérité. » — On lit en plus gros caractères, sur la poutre du milieu, cette devise du sage : « Je ne comprends pas, je m'arrête, j'examine.»

— A la bibliothèque tient un petit cabinet ou boudoir qui avait été décoré de peintures à fresque un peu libres, et qu'une main scrupuleuse a dégradées. — C'est au-dessus de la bibliothèque, dans un petit grenier, que se trouvait la grosse cloche dont il est question dans les *Essais*.

MICHEL-MONT-MALCHUS, ou MONT-MERCURE, bg *Vendée* (Poitou), arr. et à 43 k. de Fontenay-le-Comte, cant. et ✉ de Pouzauges. Pop. 1,217 h.

Aux environs de ce bourg, sur le bord d'une vaste et belle forêt, on remarque les majestueuses ruines de l'abbaye de la Grainetière, qui eut pour origine un oratoire fondé en 1130 par Guillaume de Concampo, et érigé en abbaye en 1420. La nef de l'église et ses murs latéraux sont détruits, mais une coupole d'une légèreté et d'une hauteur admirables, appuyée sur quatre faisceaux de colonnes, s'élève sur l'embranchement des ailes latérales du sanctuaire, et, s'ouvrant en arc immense, offre l'aspect d'un énorme portique, au-dessus duquel un clocher de forme octogone monte dans les airs avec une gracieuse majesté. Le chœur est orné de colonnes admirables de légèreté. — Les bâtiments de l'abbaye sont, au midi, adossés au mur de la chapelle, et forment un vaste carré. Un seul côté du cloître qui régnait autour de la cour intérieure existe encore ; c'est une galerie soutenue par une longue ligne de petites colonnes réunies deux à deux et ornées de chapiteaux. Un des angles est occupé par une vieille tour crénelée qui est encore habitable ; c'était la demeure de l'abbé. — Un escalier étroit et tournant est pratiqué dans les piliers mêmes de l'église ; on y voit quatre cachots, dont la profondeur fait frémir, ménagés habilement dans chacun des angles de la maçonnerie qui supporte la voûte de la coupole ; ils peuvent avoir 13 m. carrés et descendaient au-dessous du pavé de la nef ; on y a trouvé des ossements humains ; l'un, entre autres, qui paraissait avoir l'os d'une jambe, était entouré d'un anneau de fer vermoulu !...

Foires le 3e lundi de janv., fév., mars, avril, mai, juin, juillet, août, sept., 12 oct., nov., déc.

MICHEL-ST-JAYMES (St-), vg. *Gers* (Armagnac), arr., cant., ✉ et à 10 k. de Mirande. Pop. 1,020 h.

MICHEL-SUR-ORGE (St-), vg. *Seine-et-Oise* (Ile-de-France), arr. à 17 k. de Corbeil, cant. d'Arpajon, ✉ de Linas. P. 575 h. Sur le chemin de fer de Paris à Orléans.

MICHERY, vg. *Yonne* (Champagne), arr. et à 13 k. de Sens, cant. et ✉ de Pont-sur-Yonne. Pop. 1,081 h.

MICOU (le), vg. *Isère*, comm. d'Oyen, ✉ de Virieu.

MIDERCHE, *Meurthe*. V. MITTERSHEIM.

MIDI (canal du), DU LANGUEDOC, OU DES DEUX-MERS. Le projet de joindre la Méditerranée à l'Océan est un des plus anciens et celui de tous les projets qui se soient reproduits sous plus de formes et à plus de fois différentes ; son utilité n'échappa pas même aux Romains, un de leurs généraux ayant eu le dessein d'unir la Saône au Rhin, et de cette manière le Rhône au Rhin. Huit siècles après, en l'an 793, Charlemagne, conçevant la même idée, mais en lui donnant une nouvelle extension, voulait faire communiquer l'Océan au Pont-Euxin en opérant leur jonction en Allemagne. Le projet de la jonction des deux mers fut encore proposé sous François Ier, sous Henri IV et sous le ministère du cardinal de Richelieu. Le projet et les plans de ce canal, présentés de nouveau en 1662 par l'ingénieur Andréossi, sous le règne de Louis XIV, furent acceptés par ce monarque, qui en confia l'exécution au célèbre Riquet de Bonrepos.

La jonction des deux mers, et le commerce de l'une à l'autre, ont été le résultat de plusieurs grandes idées combinées par le génie. La première était celle d'un amas d'eau immense dans l'espèce de coupe que forment plusieurs montagnes près de Revel, pour être la source et le réservoir du canal ; la seconde était le choix d'une éminence inférieure au réservoir, mais dominant d'un côté l'intervalle de ce point jusqu'à Toulouse, et de l'autre côté l'espace de ce même point jusqu'à Béziers ; enfin une troisième et principale idée, était la construction des écluses dans tous les points où les barques auraient à s'élever ou à descendre, l'effet de ces écluses étant, comme on le sait, de recevoir les barques, et en se remplissant ou se vidant à volonté, de leur servir comme autant d'échelons dans les deux sens, soit pour descendre, soit pour monter au niveau du canal. L'exécution de la première de ces idées, celle d'obtenir cette prodigieuse quantité d'eau nécessaire à la navigation du canal, dépendait de la possibilité de réunir dans les régions de l'est et de l'ouest, des montagnes les eaux de plusieurs rivières qui, coulant sur un terrain doucement incliné, permettaient de changer leurs directions naturelles. Il fallut encore chercher au nord-est, où se trouvent ces coteaux élevés, d'autres petites rivières qui coulent dans les vallons formés par ces coteaux, et remontent toujours vers le même point jusqu'à la montagne Noire, s'emparer aussi de plusieurs ruisseaux qui en descendent au nord et au sud. C'est ce qu'on exécuta, en creusant sur le flanc méridional de la montagne une rigole de dérivation, qui les reçut et les conduisit au pied d'une montagne inférieure appelée *Campmare*, que l'on perça pour leur faire passage jusqu'au lit de la rivière du Laudot, qui coulait du côté opposé. Grossi de toutes ces eaux, le Laudot s'échappait à travers un vallon qui fut barré à son extrémité inférieure par une digue immense, et fut ainsi transformé en un vaste réservoir qui porte le nom de St-Ferréol, dont on fit dériver les eaux dans une rigole qui les conduisit par mille sinuosités jusqu'à Naurouse.

Alors fut résolu le problème de la communication des deux mers. Un vaste bassin creusé dans le roc reçut à Naurouse les eaux de la rigole, et les versa tout auprès dans le lit du canal, qui se trouve en cet endroit sur un plan parfaitement horizontal, dans la longueur de 4,807 m. Cet espace, renfermé à l'est et à l'ouest entre deux écluses, est le point de partage.

Quand le projet et les plans du canal furent présentés à Louis XIV, ils flattèrent son orgueil ; mais la difficulté de l'exécution l'arrêta longtemps. Cependant, lorsque enfin il résolut de tenter l'entreprise, il le fit avec une sorte d'audace, et, comme s'il eût été question d'une guerre longue et périlleuse, il eut besoin de soutenir son courage par la considération de tout ce qu'il allait ajouter à sa grandeur personnelle et à la prospérité nationale : c'est ce qu'on peut juger par le préambule de l'édit d'octobre 1666 pour la construction du canal.

Bien que la proposition qui nous a été faite pour joindre la mer Océane à la Méditerranée par un canal de transnavigation, et d'ouvrir un nouveau port en la Méditerranée sur les côtes de notre province de Languedoc, ait paru si extraordinaire aux siècles passés, que les princes les plus courageux et les nations qui ont laissé les plus belles marques à la postérité d'un infatigable travail, aient été étonnés de la grandeur de l'entreprise, et n'en aient pu concevoir la possibilité ; néanmoins, comme les desseins élevés sont les plus dignes des courages magnanimes, et qu'étant considérés avec prudence ils sont ordinairement exécutés avec succès, aussi la réputation de l'entreprise, et les avantages infinis qu'on nous a représenté pouvoir revenir au commerce, de la jonction des deux mers, nous a persuadé que c'était un grand ouvrage de paix bien digne de notre application et de nos soins, capable de perpétuer aux siècles à venir la mémoire de son auteur, et d'y bien marquer la grandeur, l'abondance et la félicité de notre règne. En effet nous avons connu que la communication des deux mers donnerait aux nations de toutes les parties du monde, ainsi qu'à nos propres sujets, la facilité de faire en peu de jours d'une navigation assurée, par le trajet d'un canal au travers des terres de notre obéissance, et à peu de frais, ce que l'on ne peut entreprendre aujourd'hui qu'en passant au détroit de Gibraltar, avec de très-grandes dépenses, en beaucoup de temps, et aux hasards de la piraterie et des naufrages : ainsi, dans le dessein de rendre le commerce florissant dans notre royaume, par si considérables avantages, et néanmoins ne rien entreprendre que dans la vue d'un succès certain, nous avons, etc.

Sous un règne florissant, pour faire adopter de grandes idées étrangères à la politique et à l'ambition, il faut quelque chose de plus que le désir du bien public et le bonheur des circonstances ; il faut un homme de génie qui mette sa gloire à réaliser tout ce que ces idées promettent de grand et d'utile, qui consacre à cet objet unique son repos, sa fortune, son existence ; habile à présenter ses projets sous le point de vue le plus séduisant, et capable de subjuguer les dépositaires de l'autorité par la persévérance de ses démarches et par la force de ses raisonnements. Tel fut Pierre-Paul Riquet, seigneur de Bonrepos ; il s'empara de beau projet, le médita longtemps, et quand il se fut convaincu de la possibilité d'amener à la hauteur de Naurouse les eaux supérieures à son niveau, il présenta ses plans à Colbert, qui en fut frappé. Une commission fut chargée de les aller juger sur le terrain même où ils devaient s'exécuter. Malgré le premier rapport favorable, il resta des doutes sur la possibilité de conduire à Naurouse les eaux de la montagne Noire. Riquet proposa de faire creuser une rigole d'épreuve pour essayer la pente du terrain, et il offrit de supporter lui-même tous les frais, si l'essai n'était pas heureux. La rigole fut exécutée : on vit avec étonnement une main puissante changer à son gré tous les effets naturels du système topographique des montagnes et des coteaux. L'entreprise fut résolue en 1666 ; elle excita dans la nation un vif enthousiasme ; le résultat des travaux était attendu avec une espérance mêlée d'inquiétude. Douze mille ouvriers les poussèrent avec rapidité, et la France apprit avec admiration que le canal était ouvert, et que des barques naviguaient sur des montagnes.

Dès l'année 1667 on avait frappé une médaille qui représentait Neptune frappant la terre de son trident, et faisant jaillir un fleuve. La légende était : *Maria juncta*, et l'exergue, *A Garumna ad portum Setium*.

Le grand Corneille célébra aussi cette grande et magnifique entreprise par ces beaux vers :

La Garonne et l'Atax, dans leurs grottes profondes,
Soupiraient de tous temps pour voir unir leurs ondes,
Et faire ainsi couler, par un heureux penchant,
Les trésors de l'aurore aux rives du couchant :
Mais à des vœux si doux, à des flammes si belles,
La nature, attachée à ses lois éternelles,
Pour obstacle invincible opposait fièrement
Des monts et des rochers l'affreux enchaînement.
France, ton grand roi parle, et les rochers se fendent,
La terre ouvre son sein, les plus hauts monts descendent,
Tout cède, et l'eau qui suit les passages ouverts,
Le fait voir tout-puissant sur la terre et les mers.

On peut lire aussi les vers du père Vannière, dans son *Prœdium rusticum*. Enfin, pour achever l'éloge d'une si grande entreprise, il suffit de citer le témoignage du maréchal de Vauban, qui, en visitant le canal, regretta de n'y pas trouver la statue de Riquet, et dit en propres termes qu'il préférerait la gloire d'être l'auteur du canal de Languedoc à tout ce qu'il avait déjà fait, et pourrait faire à l'avenir.

Le canal du Midi établit une communication entre l'Océan et la Méditerranée par la Garonne et l'étang de Thau ; il se joint à la Garonne dans Toulouse, passe à Bazièges, Villefranche, Castelnaudary, Carcassonne, Capestans, Béziers, Agde, et débouche dans l'étang de Thau. Le point de partage est à Naurouse, et sa étendue de. . . . . 4,847 m.
Le versant du côté de l'Océan a une longueur de. 51,690
Celui du côté de la Méditerranée a. 187,555
Total du développement. . . . 244,092 m.

La pente du côté de l'Océan est de 63 m. 60 c., et est rachetée par 18 sas écluses ; celle du côté de la Méditerranée est de 189 m. et est rachetée par 49 sas écluses. La largeur du canal est de 10 m. au fond et de 20 m. à la superficie ; la profondeur d'eau est de 2 m. ; la largeur des sas écluses est de 6 m. et leur longueur est de 32 m. Le long des bords de chaque côté du canal sont des chemins de halage de 2 à 3 m. de largeur, au delà desquels s'élèvent les francs bords du canal ; ils ont environ 12 m., y compris le chemin qu'ils dominent d'environ 2 m., sont cultivés selon la nature du terrain, et plantés de peupliers d'Italie et de frênes qui offrent un aspect agréable. Les glacis intérieurs et extérieurs sont couverts de gazon.

Le versant de la Méditerranée suit la rive droite du Tréboul, qu'il traverse au-dessus de son embouchure dans le Fresquel, rivière dont il s'éloigne pour passer sous les murs de Carcassonne, et suivre latéralement, à partir de ce point, la rive gauche de l'Aude jusqu'au Fresquel, dont il prend une partie des eaux, et qu'il traverse sur un pont canal de trois arches, un peu au-dessus de son embouchure dans la même rivière d'Aude. Ce nouveau redressement commence en amont des écluses de Foucaud, longe les murs de Carcassonne, et finit en amont de l'écluse de Fresquel, après un développement de 7,064 m. Il a pour objet non-seulement de procurer au commerce de Carcassonne des moyens faciles de transport, mais encore de préserver le canal du Midi des ensablements que causaient les crues de la rivière de Fresquel, et qui interrompaient souvent la navigation. Cette nouvelle branche du canal du Midi est divisée en deux parties à peu près égales, par le bassin et l'écluse de Carcassonne. Ce bassin a une longueur de 142 m. 76 c. et une largeur de 46 m. 76 c. : il a la forme d'un parallélogramme arrondi par les angles, et peut contenir de 36 à 40 barques, déduction faite de la surface nécessaire au passage de celles qui doivent continuer leur marche. A partir du point de jonction du nouveau redressement, le canal continue à suivre jusqu'au-dessous d'Argens, après avoir, sur l'étendue de ce parcours, reçu le ruisseau du Trapel, traversé sous un pont de trois arches la rivière d'Orbiel dont il tire des eaux, vivifié la petite ville de Trèbes, longé l'étang de Marseillette, et recueilli les eaux du ruisseau d'Ognon, près d'Olonzac.

D'Argens, où commence la grande retenue de Font-Seranne, de 53,537 m. de longueur, le canal se dirige sous Puichéric et Ventenac, et de là, se portant au nord en s'éloignant de l'Aude, passe par le Sommail, et va traverser, sous les hauteurs d'Argeliers, sur un pont-canal de trois arches, la rivière de Cesse, qui alimente cette retenue ainsi que le canal de jonction vers Narbonne ; remonte par plusieurs méandres au-dessus de la ville et de l'étang de Capestang ; traverse, par une portion de canal-souterrain, les rochers de Malpas, non loin de l'étang de Montady ; arrive sous les murs de Béziers ; traverse, par un trajet de 869 m., la rivière d'Orb ; longe le coteau de Portiragnes ; donne, par un moyen ingénieux et sans que les eaux en soient troublées, passage au torrent du Libron, et se jette dans l'Hérault, vis-à-vis la ville d'Agde, au moyen de deux branches qui assurent, l'une, la communication immédiate avec la mer, et l'autre la communication avec l'étang de Thau pour arriver enfin au port de Cette.

Les eaux qui alimentent le canal du Midi arrivent au bief de partage par deux rigoles artificielles : la première, dite de la montagne, est creusée sur le sommet de la montagne Noire, et a une longueur de 24,351 m. Elle prend les eaux de la rivière d'Alzau à 587 m. au-dessous du bief de partage ; elle reçoit dans son cours les rivières et ruisseaux qui coulent sur les deux versants de la croupe occidentale de la montagne, ainsi que les eaux du réservoir du Lampy, et les transmet par la percée de Cammazès dans le grand réservoir de St-Ferréol, qui est situé à 192 m. au-dessus du bief de Naurouse ; la seconde rigole, dite de la plaine, découpe la base de la montagne Noire, reçoit par les vallons du Sor et du Laudot toutes les eaux de la montagne et des réservoirs, et les fait arriver au bief de partage. Le développement de cette seconde rigole est de 42,540 m.

Quand on creusa le canal de Narbonne, qui joint le canal du Midi à celui de la Robine, on dut songer à augmenter le volume des eaux fournies pour la navigation, d'autant au moins qu'il en fallait pour alimenter ce nouveau canal. Sur le revers méridional de la montagne Noire, au lieu appelé le Pas-du-Lampy, on établit un réservoir, formé par le ruisseau du même nom et d'autres ruisseaux de la montagne. Ce bassin fournit une quantité d'eau plus que suffisante. Les eaux du bassin de Lampy passent par la rigole de la montagne pour aller à Naurouse, ou directement par la rigole de la plaine, ou par le bassin de St-Ferréol.

Lorsque le lit du canal, exhaussé par les dépôts, les écluses et bassins exigent des réparations, la navigation est interrompue pendant un ou deux mois tous les deux ou trois ans. Durant le temps de chômage, le canal est mis à sec ; alors les eaux des bassins et de la rigole de la plaine sont détournées et ne fournissent plus au point de partage. Quand on veut remplir de nouveau le canal, on lui donne toutes les eaux du bassin de St-Ferréol ; il est par ce moyen rempli dans huit ou dix jours ; mais à son tour le bassin est mis à sec. On choisit ce moment pour y faire les réparations nécessaires. Les eaux qui devaient y entrer sont détournées des bassins du dessus du bief, et ramenées dans le canal d'évacuation par une petite rigole particulière. Les travaux une fois finis, on y dirige de nouveau les eaux, qui le remplissent dans quatre jours au plus.

Le bassin de Naurouse a environ 4,000 m. de long sur 3,000 m. de large. Le bassin de St-Ferréol, qui forme une partie essentielle du canal, est un des plus beaux ouvrages de construction en ce genre : il est situé à 3 k. de la petite ville de Revel, et a été formé d'un vallon dans lequel coule le ruisseau du Laudot : les deux collines qui forment ce vallon, se resserrant un peu dans l'un et l'autre endroit assez large, ont été réunies par une énorme muraille de 800 m. de longueur, de 33 m. de hauteur, garnie des deux côtés d'un terrassement, dont le pied est soutenu par un mur plus bas et plus court que celui du milieu, et qui forme une chaussée de 120 m. de largeur ; la base de ce grand ouvrage est un corps solide de maçonnerie fondé et enclavé de toute part dans le roc vif ; il n'y a qu'une petite ouverture en forme de voûte à rez de chaussée, qui a 3 m. de haut, 4 m. de large, 185 de long et sert de passage à l'eau du réservoir. Ce vaste bassin, dont la forme est irrégulière comme les collines qui lui servent de bord, peut contenir 1,800,000 m. cubes d'eau, plus que le canal tout entier. On est obligé de le mettre à sec tous les ans pour le nettoyer et y faire les réparations nécessaires. Pour faire écouler les eaux du réservoir de St-Ferréol du côté du canal, on a construit des vannes, dont la première, à l'extrémité nord de la muraille, vide les eaux de superficie jusqu'à 1 m. 95 c. de profondeur, à compter de la surface du bassin, et dont la seconde, placée à 146 m. plus loin, fait descendre l'eau jusqu'à 7 m. 47 c. ; tout le reste, jusqu'à 1 m. 95 c.

au-dessus du fond, se vide par trois tubes ou robinets de bronze de 24 c. de diamètre, scellés dans le mur avec les plus grandes précautions ; au-dessous de ces robinets est une dernière issue fermée par une porte qui s'ouvre lorsque les robinets ne donnent plus d'eau : elle sert à mettre le réservoir entièrement à sec ; et quand on donne passage aux dernières eaux, elles forment un courant si rapide, que le limon et les sables sont entraînés à 200 m. de distance. On parvient aux robinets par une longue voûte pratiquée dans un terrassement intérieur, sur lequel est appuyée la muraille qui forme le vallon. Cette voûte va en pente vers la muraille, et se termine par un escalier qui descend aux robinets, d'où les eaux s'échappent dans une autre voûte inférieure : c'est un large aqueduc bordé de deux trottoirs ; on l'appelle voûte d'enfer, à cause du bruit effrayant de la chute des eaux quand les robinets sont ouverts. L'air qu'elles entraînent forme un courant auquel on a de la peine à résister, et les masses énormes des murs et des voûtes en sont ébranlées. Sans la sécurité qu'inspire la solidité des ouvrages et l'expérience de plus d'un siècle, on serait fondé à craindre de voir crever un jour du réservoir, et les rochers auxquels elle est appuyée s'écrouler sur sa tête.

Le canal du Midi est divisé en différents endroits par plus de cent ponts pour le service des routes ; il passe lui-même sous cinquante-cinq ponts-aqueducs, en quelques endroits d'une hauteur considérable, qui donnent issue à autant de rivières. Plusieurs déversoirs servent à dégorger les eaux superflues et à les conduire aux rivières les plus voisines ; en d'autres endroits, des montagnes sont percées en voûte de part en part pour donner passage aux eaux : la plus considérable de ces voûtes est celle de Mal-Pas, creusée sous une montagne de pierre assez tendre, à peu de distance de l'écluse de Font-Seranne. La longueur de cette voûte est de 170 m. sur une largeur de 6 m. 17 c., sans compter une banquette de 97 c. ; la voûte a 7 m. 15 c. d'élévation au-dessus de l'eau ; et la montagne conserve encore en certains endroits environ 13 m. d'épaisseur au-dessus de la voûte : elle est soutenue par une maçonnerie. De distance en distance sont des chaînes de pierre de taille, sur lesquelles on a élevé des murs de refend qui vont jusqu'à la concavité de la montagne, et qui ont des portes par lesquelles on peut passer pour visiter les voûtes. Qu'on se figure donc le haut du Mal-Pas semblable au ciel d'une carrière, soutenu par vingt-cinq grosses murailles placées à environ 2 m. 92 c. de distance, et leurs intervalles voûtés en pierre de taille qui joignent ensemble les arcades sur lesquelles les murailles sont bâties. L'excavation du Mal-Pas à l'entrée et à la sortie est à ciel ouvert. Ce travail hardi pour l'époque où il fut exécuté est un de ceux qui caractérisent le plus la constance et le courage de Pierre-Paul Riquet, dont les nombreux détracteurs qui cherchaient sans cesse à lui opposer des entraves nouvelles, furent charmés que la nature les favorisât si bien ; mais il était réservé au génie de ce grand homme de vaincre les difficultés les plus insurmontables.

La navigation est suspendue tous les ans sur le canal, pour faciliter l'exécution des travaux de réparation et d'entretien ; la clôture de la navigation a lieu du 1ᵉʳ au 15 août, et son rétablissement s'opère du 20 septembre au 5 octobre.

Les grands avantages du canal du Midi sont de faciliter le transport des marchandises de l'Océan et de la Méditerranée à l'une ou à l'autre mer, sans qu'on soit obligé de faire le trajet de mer par le détroit de Gibraltar, trajet extrêmement long, et pendant lequel les vaisseaux courent souvent de grands dangers.

Les principaux objets transportés par le canal sont les denrées coloniales qui viennent de Bordeaux par la Garonne ; les vins et les eaux-de-vie qui vont à Cette, d'où on les expédie pour le nord de l'Europe ; le sel des côtes du Languedoc, les oranges de Majorque, les huiles de Gênes, de Provence et d'Espagne ; les drogues, les épiceries et toutes les marchandises du Levant ; des matériaux de toute espèce ; mais le seul article des grains qu'on exporte du haut Languedoc en Provence, surpasse tous les autres articles réunis. Les bateaux qui parcourent le canal sont moyennement du port de 100 tonneaux ; ils font annuellement neuf cent soixante voyages allée et retour. En temps de guerre le mouvement des bateaux reçoit un accroissement sensible par suite du transport des munitions.

La communication du canal du Midi avec la mer n'est pas la seule importante ; sa jonction avec le canal de Beaucaire par l'étang de Thau facilite le transport à la foire de Beaucaire des marchandises fabriquées dans le département et de celles que l'on a en rapporte.

Bibliographie. RIQUET DE BONREPOS (Pierre-Paul). *Histoire du canal du Languedoc, rédigée sur les pièces authentiques conservées à la bibliothèque impériale et aux archives du canal*, in-8, 1805.

FROIDOUR. *Relation des travaux du canal de Languedoc*, 1672.

— *Le canal du Languedoc* (Mercure, p. 162, 183, juin 1681 ; et choix des Mercures, t. VIII, p. 161 ; t. IX, p. 121). C'est une description de ce canal et une histoire des opérations de cette entreprise.

ANDRÉOSSY. *Histoire du canal du Midi, connu précédemment sous le nom de canal du Languedoc*, in-8, 1800 ; 2ᵉ édit. 2 vol. in-4, 1805.

— *Précis historique du canal du Languedoc ou des Deux-Mers*, broch. in-8, sans date.

GILLET-LAUMONT. *Rapport sur un plan en relief du canal du Midi* (Journal des mines, nᵒ 178, p. 305).

Carte du canal royal de la province du Languedoc, par Garipuy, 1771, 22 feuilles.

MIDOU (le), rivière qui prend sa source près de celle de la Douze (Gers) ; elle passe à Nogaro ; Villeneuve-de-Marsan ; Bougue et Mont-de-Marsan, où elle se réunit à la Douze après un cours d'environ 40 k. ; confondant alors leur nom ainsi que leurs eaux, elles forment ensemble la rivière qui porte le nom de Midouze.

MIDOUZE (la), rivière qui se forme à Mont-de-Marsan de la réunion de la Douze et du Midou ; elle est navigable depuis Mont-de-Marsan jusqu'au-dessous de Tartas, où elle se jette dans l'Adour, sur une étendue de 43,000 m.

MIDREVAUX, vg. *Vosges* (Lorraine), arr. ✉ et à 8 k. de Neufchâteau, cant. de Coussey. Pop. 488 h.

MIÉGES, vg. *Jura* (Franche-Comté), arr. de Poligny et à 36 k. d'Arbois, cant. et ✉ de Nozeroy. Pop. 770 h.

MIÉLAN, petite ville, *Gers* (Armagnac), arr. et à 13 k. de Mirande, chef-l. de cant. Cure. ✉. ⚖. A 718 k. de Paris pour la taxe des lettres. Pop. 2,032 h. — TERRAIN tertiaire supérieur.

Autrefois diocèse et intendance d'Auch, parlement de Toulouse, élection de Rivière-Verdun.

Cette ville, située sur le penchant d'une colline, était autrefois assez considérable et défendue par un château fort, dont les Anglais s'emparèrent en 1440. Arnaud de Guilhem la reprit peu de temps après, et en passa la garnison au fil de l'épée. La ville possède une petite promenade, d'où l'on découvre parfaitement les Pyrénées.

Commerce de moutons renommés pour la délicatesse de leur chair. — *Foires* les 25 août, lundi avant la Chandeleur, après Pâques et après la Pentecôte.

MIÉLIN, vg. *H.-Saône* (Franche-Comté), arr. ✉ et à 37 k. de Lure, cant. de Melisey. Pop. 729 h. — Fabrique de tissus de coton.

MIENNE, vg. *Eure-et-Loir*, comm. de Marboué.

Bibliographie. DE BOISVILLETTE. *Notice sur les monuments et la mosaïque trouvés à Mienne, près Marboué (Eure-et-Loir)* (Mém. de la soc. des antiq. de France, t. II, p. 153).

VERGNAUD ROMAGNESI. *Mémoire sur la mosaïque de Mienne, près de Châteaudun* (Ann. de la soc. des lettres d'Orléans, t. XIII, p. 192).

— *Addition au mémoire précédent*, br. in-8, 1838.

MIENNES, vg. *Nièvre* (Gatinais), arr. cant. ✉ et à 5 k. de Cosne. Pop. 602 h. — Fabrique de toiles à carreaux. — *Commerce* de bois.

MIENVAL, vg. *Seine-Inf.*, comm. de Pierrecourt, ✉ de Blangy.

MIERMAIGNE, vg. *Eure-et-Loir* (Beauce), arr. et à 17 k. de Nogent-le-Rotrou, cant. d'Authon, ✉ de Beaumont-les-Autels. Pop. 495 h.

MIERS, vg. *Lot* (Quercy), arr. et à 23 k. de Gourdon, cant. et ✉ de Gramat. Pop. 1,220 h.

Miers possède une source d'eau minérale ferrugineuse froide, qui jouit dans le pays d'une grande réputation. Cette source est sous l'inspection d'un médecin inspecteur nommé par le gouvernement ; elle est fréquentée annuellement par quatre ou cinq cents personnes, qui s'établissent au village d'Alvignac.

Aux environs de Miers, sur la route de Figeac à Souillac, on voit un abîme immense, de 53 m. de profondeur et de plus de 33 m. de large, laissant apercevoir dans le fond d'autres cavités dont on ne peut mesurer l'étendue. Pour en considérer l'intérieur, il faut se coucher à plat ventre afin de n'être pas précipité par le vertige que produit la vue de sa profondeur. Ce gouffre est très-nuisible à la contrée où il est situé, parce qu'il est l'asile inattaquable d'une nuée de corneilles qui de là vont ravager les récoltes.

Foires les 2 mai, 12 nov. et lundi avant le lundi gras.

Bibliographie. FABRY. *L'Admirable Vertu des eaux et fontaines nouvellement découvertes au pays de Quercy, au lieu de Mier, proche de Gramat, appelées eaux de Salmière*, in 12, 1624.

BOULAY. *Analyse de l'eau minérale de Miers* (avec Henry) (Ann. des mines, t. XIII, 3ᵉ série, p. 627).

MIÉRY, vg. *Jura* (Franche-Comté), arr. cant. ✉ de Poligny, et à 16 k. d'Arbois. Pop. 584 h.

MIESLOT, vg. *Doubs*, com. de Courcelle, ✉ de Marchaux.

MIETESHEIM, vg. *B.-Rhin* (Alsace), arr. et à 38 k. de Wissembourg ; cant. et ✉ de Niederbronn. Pop. 709 h.

MIEURLES, vg. *Pas-de-Calais*, comm. de Bourthes, ✉ d'Hucqueliers.

MIEUXÉE, *Mulceium*, vg. *Orne* (Normandie), arr., cant., ✉ et à 10 k. d'Alençon. Pop. 673 h.

MIFAGET, vg. *B.-Pyrénées* (Béarn), arr. et à 28 k. d'Oloron, cant. d'Arudy, ✉ de Nay. Pop. 241 h.

MIGÉ, vg. *Yonne* (Bourgogne), arr. et à 16 k. d'Auxerre, cant. et ✉ de Coulange-la-Vineuse. Pop. 1,041 h. — *Foires* les 25 janv., 31 juillet, 6 déc. et jeudi saint.

MIGENNES, vg. *Yonne* (Champagne), arr. et à 13 k. de Joigny, cant. de la Roche-sur-Yonne. Pop. 429 h.

MIGLOS, vg. *Ariège* (pays de Foix), arr. et à 23 k. de Foix, cant. et ✉ de Tarascon-sur-Ariège. Pop. 1,504 h. Dans une haute vallée.

Aux environs, sur la cime aiguë d'un rocher, on remarque un château moderne bâti sur l'emplacement d'un antique château fort, qui commandait les deux vallées de Miglos et de Vic-Dessos.

MIGNAFFANS, vg. *H.-Saône* (Franche-Comté), arr. et à 15 k. de Lure, cant. et ✉ de Villersexel. Pop. 207 h.

MIGNALOUX - BEAUVOIR, vg. *Vienne* (Poitou), arr., ✉ et à 9 k. de Poitiers, cant. de St-Julien-Lars. Pop. 478 h.

MIGNAUX, vg. *Seine-et-Oise*, comm. et ✉ de Poissy.

MIGNAVILLERS, vg. *H.-Saône* (Franche-Comté), arr. et à 14 k. de Lure, cant. et ⊠ de Villersexel. Pop. 687 h.

MIGNÉ, vg. *Indre* (Berry), arr. et à 22 k. du Blanc, cant. et ⊠ de St-Gaultier. Pop. 890 h. — *Foire le 6 sept.*

MIGNÉ, vg. *Vienne* (Poitou), arr., cant., ⊠ et à 6 k. de Poitiers. Pop. 2,124 h. — *Foires les 10 fév., 26 avril et 27 juillet.*

MIGNÈRES, vg. *Loiret* (Gatinais), arr., ⊠ et à 12 k. de Montargis, cant. de Ferrières. Pop. 279 h.

MIGNERETTE, vg. *Loiret* (Gatinais), arr. et à 13 k. de Montargis, cant. de Ferrières, ⊠ de Ladon. Pop. 38 h.

MIGNEVILLE, vg. *Meurthe* (Lorraine), arr. et 25 k. de Lunéville, cant. de Baccarat, ⊠ de Blamont. Pop. 344 h.

MIGNIÈRES, vg. *Eure-et-Loir* (Beauce), arr., cant. et à 11 k. de Chartres, ⊠ de St-Loup. Pop. 532 h.

MIGNON (le), rivière qui prend sa source à St-Martin-d'Ange, dans la forêt de Chizet, arr. de Melle (*Deux-Sèvres*); elle passe à Mauzé, et se jette dans la Sèvre niortaise, en face de Damprix (*Charente-Inf.*), après un cours de 40 k.

MIGNOVILLARS, vg. *Jura* (Franche-Comté), arr. de Poligny et à 43 k. d'Arbois, cant. et ⊠ de Nozeroy. Pop. 287 h. — *Commerce de fromages et de bois de sapin, Carrière de marbre bleu et jaune exploitée.*

MIGNY, vg. *Indre* (Berry), arr., cant., ⊠ et à 10 k. d'Issoudun. Pop. 202 h.

MIGRÉ, vg. *Charente-Inf.* (Saintonge), arr. et à 16 k. de St-Jean-d'Angely, cant. et ⊠ de Loulay. Pop. 795 h.

MIGRON, vg. *Charente-Inf.* (Saintonge), arr. et à 20 k. de Saintes, cant. et ⊠ de Burie. Pop. 1,450 h. — On y voit une église fort ancienne et un château entouré de douves profondes, bâti sur l'emplacement d'un ancien *castrum*.

MIGRON (le), vg. *Loire-Inf.*, comm. de Frossay, ⊠ de Paimbœuf.

MIHERVÉ (le), vg. *Maine-et-Loire*, com. de Courchamp, ⊠ de Montreuil-Bellay.

MIHIEL (St-), ville ancienne, *Meuse* (Lorraine), arr. de Commercy, chef-l. de cant., trib. de 1re inst. de l'arrondissement. Collège communal. Cure. Gîte d'étape. ⊠ ☞. A 267 k. de Paris pour la taxe des lettres. Pop. 6,462 h. — TERRAIN jurassique, étage moyen du système oolitique.

Autrefois diocèse de Metz, cour souveraine et intendance de Lorraine, baillage royal, gouvernement particulier, maîtrise particulière, recette des finances et bois, collégiale, abbaye de bénédictins, couvents de chanoines réguliers de St-Augustin, de capucins, de carmes, d'annonciades, de carmélites et de la Congrégation.

Cette ville doit son origine à un monastère fondé en 660, dans une vaste forêt, par un maire du palais du jeune Childéric, roi d'Austrasie, nommé Vulfoade, qui fit aussi bâtir près du monastère un château où il établit sa résidence. Vulfoade s'étant révolté contre Pepin le Bref, ce monarque fit détruire le château; plus tard, l'abbé Smaradge, qui faisait fleurir les sciences dans le monastère sous le règne de Charlemagne, transféra l'abbaye sur les rives de la Meuse, et cette translation fut l'origine de la ville de St-Mihiel. La richesse de l'abbaye et l'importance du passage qu'elle possédait sur la Meuse rendirent cette ville importante au moyen âge, et attirèrent sur elle les malheurs de la guerre. Le dernier siège qu'elle soutint, date de 1635, où elle fut attaquée par Louis XIII, qui, ayant manqué d'y être tué, en fit raser les fortifications.

Les armes de St-Mihiel sont : *de gueules à un saint Michel d'argent, surmontant un dragon de sinople.*

La ville de St-Mihiel est située sur les bords de la Meuse, dans un vallon que dominent d'assez hautes montagnes, sur l'une desquelles on voit les ruines d'un château fort que Sophie, comtesse de Bar, y fit bâtir en 1085. On remarque à peu de distance cinq rochers calcaires de plus de 20 m. de hauteur, adossés contre des collines, sur un des bords de la Meuse : ils sont connus dans le pays sous le nom de flaises (falaises) de St-Mihiel; placés sur une ligne et séparés par des intervalles irréguliers : leurs formes varient comme leurs distances; les uns ressemblent à des cônes entiers, d'autres à des cônes tronqués; quelques-uns semblent avoir des chapiteaux et des moulures; mais ce que toutes les flaises ont de commun, ce sont des sillons horizontaux profondément et régulièrement creusés du côté de la rivière. — La ville est assez bien bâtie, et n'offre plus aucuns vestiges de fortifications.

St-Mihiel possède plusieurs anciennes églises d'une architecture remarquable. Dans celle de St-Etienne, autrefois paroisse de la ville, on voit un monument de sculpture digne de fixer l'attention des amis des beaux-arts, connu sous le nom de sépulcre de St-Mihiel; il représente le moment où le corps de Jésus-Christ, descendu de la croix, va être placé dans le sépulcre offert par Joseph d'Arimathie. Treize figures le composent, et toutes se font remarquer par l'expression des traits, la noblesse et la convenance des poses, la perfection de l'exécution et le fini des détails. Ce sépulcre, placé dans une chapelle gothique attenant à l'église et bâtie exprès pour le recevoir, est composé de plusieurs morceaux unis avec tant d'art, qu'il est difficile de reconnaître les points de jonction; il est dû au ciseau de Léger Richer, sculpteur du XVIe siècle, un des plus dignes élèves de Michel-Ange, qui a laissé dans la ville et les environs plusieurs autres ouvrages dignes de fixer l'attention, notamment un plafond sculpté avec richesse dans une maison qui fut, dit-on, la sienne, située rue Haute-des-Fossés à St-Mihiel; une vierge en bois d'un beau travail, dans l'église St-Michel; une cheminée sculptée avec art, dans la maison curiale du village de Ham, près de St-Mihiel. Le sépulcre de St-Mihiel a été restauré en 1839 par M. Brun, sur la demande de M. Etienne, alors député de la Meuse.

PATRIE du conventionel MARQUIS, préfet de la Meurthe sous le consulat et membre du sénat conservateur.

INDUSTRIE. *Fabriques de toile de coton. Filature de coton. Forges. Taillanderie. Tanneries.* — *Commerce de grains, vins, bois, excellentes truites, gibier, etc.* — *Foires les 10 fév., 18 juillet et 30 sept.*

Bibliographie. DELISLE (Dom. Jos.). *Histoire de l'ancienne abbaye de St-Mihiel et de la ville de ce nom,* in-4, 1758. *Description du sépulcre de St-Mihiel, et notice sur Léger Richer, son auteur,* pet. in-4, 1834.

MIJANÈS, vg. *Ariége* (pays de Foix), arr. et à 62 k. de Foix, cant. de Quérigut, ⊠ d'Ax. Pop. 582 h. — *Forges.*

MIJOUX, vg. *Doubs*, comm. de la Cluse, ⊠ de Pontarlier.

MIJOUX, vg. *Jura* (Franche-Comté), arr. et cant. de St-Claude, ⊠ de Septmoncel.

Ce village est situé dans une profonde vallée, au pied des Faucilles, hautes montagnes qui forment la dernière chaîne du Jura du côté de Genève. Le passage des Faucilles est l'un des plus pittoresques qu'offre la chaîne du Jura ; traversé par les habitants de la ville de Mijoux, qui se rendent au marché de Gex. — Du point culminant de ce passage on jouit d'une vue admirable : d'un côté on plonge sur la profonde vallée de Mijoux ; de l'autre on découvre Gex, la ville de Genève et une partie du lac de ce nom, que dominent les montagnes des Alpes, dominées elles-mêmes par la haute cime du Mont-Blanc. — *Foires les 20 avril et 20 sept.*

MILESCU, vg. *Charente-Inf.*, comm. du Gué-d'Aléré, ⊠ de Nuaillé.

MILESSE (la), bg *Sarthe* (Maine), arr., cant., et à 9 k. du Mans. Pop. 900 h.

MILHAC-LE-SEC, vg. *Dordogne*, comm. de Peyrillac, ⊠ de Souillac.

MILHAGUET, vg. *H.-Vienne* (Poitou), arr. et à 20 k. de Rochechouart, cant. et ⊠ de St-Matthieu. Pop. 397 h.

MILHARS, bg *Tarn* (Languedoc), arr. et à 35 k. de Gaillac, cant. de Vaour, ⊠ de Cordes. Pop. 814 h. — *Foires les 5 janv., 22 avril et 12 oct.*

MILHAS, vg. *H.-Garonne* (Languedoc), arr. de St-Gaudens, cant. et ⊠ d'Aspet. Pop. 1,709 h. — *Mines d'étain et de fer. Cristal de roche.*

MILHAUD, bg *Gard* (Languedoc), arr., cant., ⊠ et à 7 k. de Nîmes. Pop. 1,673 h. — *Fabrique d'eau-de-vie.*

MILHAVET, vg. *Tarn* (Languedoc), arr., cant. et à 17 k. d'Albi, ⊠ de Cordes. Pop. 183 h.

MILIZAC, vg. *Finistère* (Bretagne), arr. et à 12 k. de Brest, cant. de Plabennec, ⊠ de St-Renan. Pop. 1,603 h.

MILLAC, vg. *Aveyron*, comm. de Calmont, ⊠ de Cassagnes-Bégonhès.

MILLAC, vg. *Lot* (Quercy), arr., cant., ⊠ et à 9 k. de Gourdon. Pop. 831 h. — *Foires* les 26 août, jeudi avant jeudi gras, avant l'Ascension, avant Ste-Catherine.

MILLAC, bg *Vienne* (Poitou), arr. et à 30 k. de Montmorillon, cant. et ✉ de l'Isle-en-Jourdain. Pop. 1,079 h.

MILLAC-D'AUBEROCHE, vg. *Dordogne* (Périgord), arr., ✉ et à 22 k. de Périgueux, cant. de St-Pierre-de-Chignac. Pop. 927 h.

MILLAC-DE-NONTRON, vg. *Dordogne* (Périgord), arr., ✉ et à 14 k. de Nontron, cant. de St-Pardoux. Pop. 1,597 h. — *Fabriques* de faïence, tuyaux de fontaine en grès, creusets réfractaires, etc.

MILLAM, vg. *Nord* (Flandre), arr. et à 26 k. de Dunkerque, cant. de Bourbourg, ✉ de Watten. Pop. 858 h. Sur la Colme.

Aux environs, près de la forêt de Merckeghem, on remarque une grande et ancienne chapelle dédiée à sainte Mildérède, à la puissance de laquelle les habitants attribuent plusieurs miracles : aussi est-elle l'objet d'un pèlerinage très-fréquenté par ceux qui pensent y trouver la guérison de diverses maladies.

MILLANÇAY, *Milicia Cesaris*, bg *Loir-et-Cher* (Blaisois), arr., cant., ✉ et à 11 k. de Romorantin. Pop. 875 h.

MILLAS, bg *Pyrénées-Or.* (Roussillon), arr., bur. d'enregist. et à 18 k. de Perpignan, chef-l. de cant. Cure. ✉. A 863 k. de Paris pour la taxe des lettres. Pop. 2,095 h. — *Terrain* d'alluvions modernes.

Ce bourg, situé dans une plaine fertile, avait autrefois titre de marquisat. C'était jadis une place forte, entourée de murailles flanquées de tours gothiques qui existent encore en partie. Les Espagnols le prirent en 1793, détruisirent les redoutes qui le défendaient, s'emparèrent de l'artillerie légère qui s'y trouvait, et enclouèrent les pièces qu'ils ne purent emmener. On y remarque une fontaine abondante, dite *del Rey*. — Distillerie d'eau-de-vie. Haras. — Commerce de grains, haricots renommés, chevaux, bestiaux, eau-de-vie, instruments aratoires, etc. — Foire le 27 sept.

MILLAU, *Amiliawum*, *Amblanum*, petite et ancienne ville, *Aveyron* (Rouergue), chef-l. de sous-préf. (2e arr.) et d'un cant. Tribunaux de 1re inst. et de comm. Chambre de comm. Société d'agriculture. Collége communal. ✉. ✆. Pop. 9,014 h. — *Terrain* jurassique, calcaire à griphées.

Autrefois diocèse de Vabres, parlement de Toulouse, intendance de Montauban, chef-lieu d'élection, bailliage, présidial, sénéchaussée et justice royale, brigade de maréchaussée, commanderie de Malte.

La fondation de Millau passe pour remonter avant la conquête des Gaules par les Romains, ce qu'il n'est possible d'appuyer toutefois par aucune preuve. Dans le XIe siècle cette ville passa aux rois d'Aragon, qui y bâtirent un palais dont on montrait naguère quelques vestiges. Au XVIe siècle Millau fut un des plus ardents foyers du calvinisme et l'un de ceux qu'on eut le plus de peine à éteindre au XVIIe. Ardemment dévoué à la réforme, il embrassa sa cause avec énergie, en fut un des soutiens les plus fermes, et déploya jusqu'à la fin pour sa défense cette opiniâtreté qui caractérise les habitants du Rouergue. En 1534 le calvinisme y trouva d'abord quelques sectateurs, et sa marche y fut tellement rapide, que peu d'années après tous les habitants, à l'exception d'une seule famille, renoncèrent à la religion catholique romaine : la délibération qui eut lieu à ce sujet porte que les moines se *démoinèrent* et les prêtres se *déprêtrèrent*, et l'on ajoute que, pour sceller cet acte d'union religieuse, le prieur des bénédictins épousa l'abbesse du couvent d'Arpajonie. — Après la St-Barthélemy, les calvinistes réunis à Millau nommèrent pour général Jean de Castelpers, vicomte de Panat. A l'avènement de Henri IV cette ville se soumit ; mais elle leva de nouveau l'étendard de l'insurrection quand Louis XIII voulut rétablir la religion romaine dans le Béarn, et pendant que l'assemblée de la Rochelle reculait devant les menaces et les démonstrations énergiques du roi, Millau acceptait courageusement les chances périlleuses de la lutte. C'est dans son sein que fut résolue la guerre qui éclata en 1621. La paix promulguée l'année suivante y rétablit la tranquillité, qui devait être troublée de nouveau cinquante ans plus tard par la révocation de l'édit de Nantes.

Les armes de Millau sont : *d'or à trois pals de gueules; au chef d'azur semé de fleurs de lis d'or*, et pour devise :

NISI DOMINUS CUSTODIERIT CIVITATEM FRUSTRA VIGILAT QUI CUSTODIT EAM.

Cette ville est bâtie dans un riche vallon, sur les bords du Tarn, non loin de son confluent avec la Dourbie. A mesure qu'on en approche, en venant du nord, on commence à sentir l'influence d'une nature plus méridionale : le ciel a plus de pureté, le soleil plus de force, la végétation est plus vigoureuse, la verdure présente des tons plus chauds que dans les parties septentrionales du département. Quand le froid est encore piquant sur le plateau élevé de Rodez, et que les autres parties de l'Aveyron commencent à peine à secouer leur couche de neige à un soleil encore incertain d'avril, Millau se pare déjà de ses beautés printanières. Entourée de rochers escarpés dont les pieds baignent dans le Tarn, jetée au milieu d'une nature vivace, et dans une situation que favorisent plusieurs grandes routes qui viennent y aboutir, cette ville, vue à une certaine distance, offre un séduisant spectacle. Lorsqu'on y arrive de Rodez par une belle matinée d'été, et que de loin on est emporté précipitamment sur la route rapide et aux mille détours qui y conduit, on ne peut se lasser d'admirer ces riches coteaux que le soleil anime et dont l'aspect change à chaque instant, ces maisons réunies en groupes, dont les toits réfléchissent les rayons de l'astre du jour ; mais en entrant dans la ville, lorsque de l'ensemble on passe aux détails, la scène perd beaucoup de sa splendeur. A la large rue où s'arrête la diligence et à la vaste place montée qui lui fait suite succèdent des rues étroites, quoique assez bien percées et bordées de maisons bien bâties. Les promenades sont agréables, et un pont élégant a été jeté sur le Tarn en 1817. Quant aux monuments anciens, on en chercherait inutilement qui eussent quelque caractère artistique ou une importance historique quelconque.

Biographie. Millau a donné naissance à plusieurs hommes distingués, parmi lesquels nous citerons :

Le général de division SARRET, tué en l'an II près de Barcelonnette.

Les généraux REY et SOLIGNAC.

L'agronome GIROU DE BUZAREINGUES.

Le peintre paysagiste RICHARD.

M. DE GAUJAL, auteur des *Annales du Rouergue*.

CLAUDE PEYROT, auteur de jolies poésies patoises.

PLANARD, dont les opéras-comiques ont rendu le nom populaire.

M. DE BONALD, auteur de la *Législation primitive*, pair de France, membre de l'Institut.

INDUSTRIE. *Fabriques* de draperies, gants de peau. Chamoiseries très-renommées. Tanneries. Mégisseries. Filatures de soie. — *Commerce* de laines en suint et filées, de cuirs, bois de construction, merrain, fromages de Roquefort ; vin, amandes, bestiaux, etc. — *Foires* pour les bestiaux les 5 et 7 mai, 5 et 7 août, 28 et 29 oct., 15 et 16 nov., lundi avant les Cendres.

A 72 k. S.-E. de Rodez, 629 k. N.-E. de Paris.

L'arrondissement de Millau est composé de 9 cantons : Champagnac, Laissac, Millau, Nant, Peyreleau, St-Bauzely, Salles-Curan, Sévérac-le-Château et Vezins.

MILLAUDON, vg. *H.-Saône*, comm. de Ruhans, ✉ de Rioz.

MILLAY, vg. *Nièvre* (Nivernais), arr. et à 30 k. de Château-Chinon, cant. et ✉ de Luzy. Pop. 1,131 h.

MILLEBOSCH, vg. *Seine-Inf.* (Normandie), arr. et à 31 k. de Dieppe, cant. et ✉ d'Eu. Pop. 403 h.

MILLEMONT, vg. *Seine-et-Oise* (Beauce), arr. à 25 k. de Rambouillet, cant. de Montfort-l'Amaury, ✉ de la Queue-Gallus. Pop. 224 h.

MILLENCOURT, vg. *Somme* (Picardie), arr., ✉ et à 10 k. d'Abbeville, cant. de Nouvion-en-Ponthieu. Pop. 498 h.

MILLENCOURT, vg. *Somme* (Picardie), arr. et à 29 k. de Péronne, cant. et ✉ d'Albert. Pop. 494 h.

MILLERETTE (la), vg. *Eure*, comm. de Champs-Domincil et Coulonges, ✉ de Damville.

MILLERUES (les), vg. *Seine-et-Oise*, com. de Tilly, ✉ de Septeuil.

MILLERY, vg. *Côte-d'Or* (Bourgogne), arr., cant., ✉ et à 4 k. de Semur. P. 621 h.

MILLERY, vg. *Meurthe* (Lorraine), arr. et à 18 k. de Nancy, cant. et ✉ de Pont-à-Mousson. Pop. 497 h.

MILLERY, bg *Rhône* (Lyonnais), arr. et 16 k. de Lyon, cant. et ✉ de Givors. Pop.

1,571 h. — *Foires* les 30 juin, 30 oct. et 18 déc.

MILLES (les), vg. *Bouches-du-Rhône*, com. et ✉ d'Aix.

MILLE-SAVATTES, vg. *Orne* (Normandie), arr. et à à 30 k. de Domfront, cant. et ✉ d'Athis. Pop. 321 h.

MILLEVACHE, vg. *Corrèze* (Limousin), arr. et à 27 k. d'Ussel, cant. de Sornac, ✉ de Meymac. Pop. 306 h.

MILLIÉ-DE-CHAVAGNES, vg. *Maine-et-Loire*, comm. de Chavagnes, ✉ de Brissac.

MILLIÈRE (la), vg. *Seine-et-Oise*, comm. des Menus, ✉ de Montfort-l'Amaury.

MILLIÈRES, *Milleria*, bg *Manche* (Normandie), arr. et à 17 k. de Coutances, cant. de Lessay, ✉ de Périers. Pop. 1,305 h. — *Foire* le 3 août.

MILLIÈRES, vg. *H.-Marne* (Champagne), arr. et à 24 k. de Chaumont-en-Bassigny, cant. et ✉ de Clefmont. Pop. 461 h.

MILLIEU, vg. *Isère*, com. de Monsteroux-Millieu, ✉ de Vienne.

MILLISSIEUX, vg. *Loire*, comm. de St-Martin-la-Plaine, ✉ de Rive-de-Gier.

MILLON, vg. *H.-Garonne*, comm. de Labarthe-Inard, ✉ de St-Gaudens.

MILLON-FOSSE, vg. *Nord* (Flandre), arr. et à 15 k. de Valenciennes, cant. et ✉ de St-Amand-les-Eaux. Pop. 369 h.

MILLY, *Milleium*, bg *Manche* (Normandie), arr. et à 10 k. de Mortain, cant. et ✉ de St-Hilaire-du-Harcouet. Pop. 849 h.

MILLY, ou MILLY-DEVANT-DUN, *Meuse* (pays Messin), arr. et à 19 k. de Montmédy, cant. et ✉ de Dun-sur-Meuse. Pop. 670 h.

A Milly-devant-Dun est une pierre célèbre sous le nom de la Hotte du Diable. Des historiens croient que cette pierre fut plantée pour marquer la séparation de l'Empire et de la France, par suite de l'entrevue de l'empereur Albert et de Philippe le Bel à Vaucouleurs, en 1299 ; les antiquaires pensent au contraire que c'est un monument druidique.

MILLY, bg *Oise* (Picardie), arr. et à 12 k. de Beauvais, cant. et ✉ de Marseille. Pop. 1,040 h.

Ce bourg est situé dans la vallée du Thérain et traversé par la route départementale de Beauvais à Dieppe. C'était jadis une ville très ancienne, défendue par une forteresse importante dans le moyen âge ; elle était ceinte de murs, et comptait trois portes désignées par les noms de portes de Beauvais, de Gerberoy et d'Amiens , qui ont subsisté jusqu'en 1700 : on en démolit alors deux. On voit encore aujourd'hui les restes de la porte d'Amiens dans la rue qui conduit à l'église : elle était garnie de deux tourelles et d'une herse, et s'appuyait des deux côtés sur de larges remparts.—Le fort était près de là sur un monticule, autour duquel on croit reconnaître des traces de fossés. Il soutint plusieurs sièges, et fut brûlé et démoli en 1442 par le comte d'Etampes après trois semaines de siège. — *Fabriques* de bas, serges, sabots ; filatures de laine et de chanvre.

MILLY, vg. *Saône-et-Loire* (Bourgogne), arr., cant. et à 13 k. de Mâcon, ✉ de St-Sorlin. Pop. 400 h. — Milly est le séjour de prédilection de M. Alph. de Lamartine, qui en a fait le sujet d'une de ses plus belles harmonies, intitulée *Milly ou la Terre natale*.

MILLY, *Milliacum, Mauriliacum*, petite ville, *Seine-et-Oise* (Gatinais), arr. et à 25 k. d'Etampes, chef-l. de cant. Cure. Gîte d'étape. ✉. A 77 k. de Paris pour la taxe des lettres. Pop. 2,023 h. TERRAIN tertiaire moyen.

L'origine de cette ville remonte à une époque reculée. Dagobert Ier y fut reconnu roi en 637. Sous Clotaire II, il s'y tint une assemblée de notables en 1613. Elle était jadis fortifiée et défendue par un château de construction gothique, qui est encore dans un bon état de conservation.

Milly est située dans une vallée fertile, sur l'École. On y remarque une vaste place, une halle spacieuse et un hôtel-Dieu fondé par les anciens seigneurs de Milly. Il y avait autrefois une collégiale, dont l'église sert aujourd'hui d'église paroissiale.

Commerce de grains. — *Foires* les 22 janv., 3 mai, 28 oct. et lundi de la Pentecôte.

Bibliographie. ANSON. *Lettres sur la ville de Milly en Gatinois*, par M. A. D. E. D. (Nouvelles Recherches sur la France, t. I, p. 492, 566).

MILLY, vg. *Yonne* (Bourgogne), arr. et à 16 k. d'Auxerre, cant. et ✉ de Chablis. Pop. 247 h.

MILON-LA-CHAPELLE, vg. *Seine-et-Oise* (Beauce), arr. et à 30 k. de Rambouillet, cant. et ✉ de Chevreuse. Pop. 204 h.

MIMAUDE, vg. *Saône-et-Loire*, comm. de Chaudenay, ✉ de Chagny.

MIMBASTE, vg. *Landes* (Gascogne), arr., ✉ et à 13 k. de Dax, cant. de Pouillon. Pop. 1,326 h. — On y trouve une source d'eau minérale ferrugineuse.

MIMEAU, vg. *Seine-et-Marne*, comm. de Villemareuil, ✉ de Meaux.

MIMET, *Mimetum*, vg. *Bouches-du-Rhône* (Provence), arr., ✉ et à 17 k. d'Aix, cant. de Gardanne. Pop. 585 h.

Aux environs, à mi-côte du sommet du Puy-de-Mimet, on voit, au fond d'un escarpement, une fort belle grotte creusée en partie de main d'homme, qui offre une belle église souterraine de plus de 30 m. de longueur ; elle est ornée de stalactites de formes singulières, et terminée par une double grotte, dont l'une, inférieure, forme le sanctuaire de l'église, et l'autre, supérieure, contenant un autel dédié à saint Philippe de Néri. Le sanctuaire communique par un arceau naturel très-pittoresque, avec la Baoumo Vidalo, transformée en une grande chapelle, à laquelle l'ouverture du clocher sert de dôme. Cette grotte est fréquentée dans la belle saison par une foule de curieux qui vont admirer la beauté romantique de ce désert et le magnifique point de vue dont on y jouit. — Mines de houille.

MIMEURE, vg. *Côte-d'Or* (Bourgogne), arr. et à 31 k. de Beaune, cant. et ✉ d'Arnay-le-Duc. Pop. 424 h. — *Foires* les 5 avril et 12 juin.

MIMIZAN, vg. *Landes* (Gascogne), arr. et à 74 k. de Mont-de-Marsan, chef-l. de cant. Cure. ✉ de Liposhey. Pop. 852 h. — TERRAIN d'alluvions modernes.

Ce bourg est situé près des dunes qui bordent l'Océan, à l'extrémité méridionale de l'étang d'Aureillan. C'était autrefois une ville maritime que les sables ont fini par détruire : quelques chartes et des fragments historiques conservent le souvenir du port et de la ville, aujourd'hui représentée par quelques maisons groupées près d'une vaste église de construction gothique, qui faisait partie d'une abbaye de bénédictins, construite sous la domination anglaise avec des matériaux étrangers au territoire : cet édifice n'a de remarquable que le portail, décoré de figures bizarres. Le port existait, dit-on , à un couchant du monastère, dans l'espace occupé maintenant par la dune d'Udos : il est encore parfaitement dessiné, disait M. Thore en 1810. Son existence ne saurait être contestée, puisqu'elle est prouvée par la présence des carcasses de navires que la mer découvrit il y a quelques années à la suite d'une violente tempête, mais qui furent bientôt recouvertes par de nouveau sable. Il était situé à l'embouchure de l'étang, qui était encore très-large et très-profond il y a deux cents ans, à en juger par l'Atlas de Blaeu et le Théâtre des Gaules. C'est à Mimizan et dans les communes environnantes que l'on peut voir, dans toute leur horreur, ces immenses amas de sables connus sous le nom de dunes.

Fabriques de matières résineuses. Verrerie. Pêche du poisson de mer et d'étang. La navigation est réduite à trois ou quatre pinasses de pêche, ayant rôle d'équipage de la marine.

MIMORT, vg. *Gers*, comm. de Bouzon-Gellenaye, ✉ de Plaisance.

MINARIACUM (lat. 51°, long. 21°). « Dans l'Itinéraire d'Antonin, la position de *Minariacum*, en partant de *Castellum*, ou de Cassel, conduit d'un côté à *Turnacum*, Tournai, de l'autre à *Nemetacum*, près est Arras. La distance de *Castellum* à *Minariacum* est marquée XI, et la trace de cette route subsiste en passant près d'un lieu nommé *Estrée*, puis par un autre dont le nom de *Strasella* est dérivé indubitablement de *Strata*. Les Flamands qui parlent la langue flamingante (dont le walone appellent ce chemin de *groote Streen-Straet*, comme on peut voir dans la carte du Bell-ambacht de Sanders, c'est-à-dire grand Chemin de pierre ou pavé. Il conduit directement à Esterre, sur le bord de la Lis. Cluvier, Sanson, Adrien de Valois et d'autres savants se sont mépris en plaçant *Minariacum* à Merghem ou Merville, au-dessus d'Esterre. Outre que la voie qui existe n'y conduit pas, je remarque que ce n'est qu'à un espace entre Cassel et Merville n'étant que de 10 à 11,000 toises, l'indication de l'Itinéraire n'est point remplie. Le nom de Merville, qui est *Mauronti Villa*, selon Aubert le Mire, n'a point d'affinité à celui de *Minariacum* ; et si la distance ne convient point à Merville, il n'en est pas de même à l'égard d'Esterre. Car, étant en droite ligne de plus de 12,000 toises, la mesure itinéraire peut remplir ce que valent 11 lieues gauloises, c'est-à-dire 12,500 toises ou environ. La continuation de la même voie par la Bassée, et passant à côté de Lens, conduit à Arras. L'indication de l'Itinéraire entre *Minariacum* et *Nemetacum*, qui est XVIII, paraît convenable, en ce que l'espace en droite ligne étant de 21,000 toises, la mesure itinéraire de 19 lieues gauloises bien complètes n'y ajoute que 546 toises. Quant à la distance de *Minariacum* à Tournai, l'espace qui n'est que de 24 à 25,000 toises, n'admet point ce qu'indique l'Itinéraire sur le pied de XXVII, et réduit nécessairement cette indication à XXII. » D'Anville. *Notice de l'ancienne Gaule*, p. 461.

MINATICUM (lat. 50°, long. 22°). « Ce lieu est placé sur la route de *Bagacum* à *Durocortorum*, ou de Bavai à Reims, dans l'Itinéraire d'Antonin, et pareillement dans la Table théodosienne, quoique le nom y soit étrangement écrit *Nintecasi*. La distance à l'égard de *Nerbinum*, partagée en deux distances particulières dans l'Itinéraire, dont il résulte 13, est également marquée XIII dans la Table, et elle convient à la position d'un lieu nommé Nizi-le-Comte. Ce lieu conduit, en suivant la même direction de route, au passage de la rivière d'Aisne, entre Avaux et Neufchâtel, et ce passage est bien désigné par le nom de *Auxuenna* dans la Table. La distance actuelle peut s'estimer de 8 à 9 lieues gauloises. La Table marque IX, et dans l'indication de l'Itinéraire, est XVIII, le chiffre qui fait dizaine doit être supprimé. C'est précisément par cet endroit que la somme des distances entre Bavai et Reims se réduit à 53 au lieu de 63, comme on peut voir dans l'article *Verbinum*. » D'Anville. *Notice de l'ancienne Gaule*, p. 462.

MINAUCOURT, vg. *Marne* (Champagne), arr. et à 18 k. de Ste-Ménehould, cant. et ⊠ de Ville-sur-Tourbe. Pop. 241 h. Sur la Tourbe.

MINDIN (fort), vg. *Loire-Inf.*, comm. de St-Brévin, ⊠ de Paimbœuf.

MINECOURT, vg. *Marne* (Champagne), arr. et à 19 k. de Vitry-le-François, cant. et ⊠ d'Heiltz-le-Maurupt. Pop. 219 h.

MINERAIS (les), vg. *Jura*, comm. de Dampierre, ⊠ de St-Wit.

MINERAY (le), vg. *Eure*, comm. de Bourth, ⊠ de Verneuil.

MINEROIS (les), vg. *Aube*, comm. d'Aix-en-Othe, ⊠ d'Estissac.

MINERVE, *Minerva Castrum*, village très-ancien, *Hérault* (Languedoc), arr., ⊠ et à 25 k. de St-Pons, cant. d'Olonzac. P. 395 h.

Dans le XIIᵉ siècle Minerve possédait un château situé sur un roc escarpé, environné de précipices qui lui servaient de fossés et en faisaient une des plus fortes places du royaume. Le village était séparé du château, dont il ne reste plus que quelques ruines, par une large et profonde coupure de roc; l'un et l'autre étaient bâtis dans une presqu'île, sur un rocher très-escarpé, au confluent des rivières de Brian et de Cesse, qui coulent entre deux murs de rochers. L'isthme très-étroit de cette presqu'île était défendu par une haute tour dont un angle entier est debout. Les restes de cette tour, les ruines du château, la situation agreste du village et le lit de la Cesse, qui s'est frayé un passage dans le flanc des montagnes et dont on peut suivre le cours sous une voûte qui en quelques endroits a 40 m. d'élévation, offrent une suite de tableaux sauvages et pittoresques qui méritent de fixer l'attention.

Minerve était autrefois la capitale d'un canton dont la population tout entière fut massacrée en 1210 par les troupes de Simon de Montfort. Après avoir pris d'assaut le château de Brom, il choisit entre ses habitants plus de cent malheureux auxquels il fit arracher les yeux et couper le nez, puis il les envoya dans cet état sous la conduite d'un borgne au château de Cabaret, afin d'annoncer à la garnison qui occupait cette forteresse le sort qui l'attendait. Montfort vint ensuite mettre le siège devant le château de Minerve, regardé alors comme une des plus fortes places des Gaules. Ce château appartenait à Guiraud de Minerve, vassal des vicomtes de Carcassonne, et l'un des plus braves chevaliers de la province. L'armée des croisés se présenta devant Minerve au commencement de juin; le légat Arnaud et le chanoine Théodose s'y rendirent peu après. Les habitants, parmi lesquels il y en avait un grand nombre qui avaient embrassé la réforme des albigeois, la défendirent avec une grande valeur pendant sept semaines; mais lorsque, en raison des chaleurs de l'été, l'eau commença à manquer dans leurs citernes ils demandèrent à capituler. Guiraud vint lui-même au camp des croisés un jour que le légat était absent, et il dressa avec Simon de Montfort les conditions de la reddition de la place; mais, comme on allait les mettre à exécution, l'abbé Arnaud revint au camp, et Montfort déclara aussitôt que rien de ce dont ils étaient convenus ne pouvait être considéré comme arrêté jusqu'à ce que le légat y eût donné son approbation. « A ces mots, dit Pierre de Vaux-Cernay, l'abbé fut vivement affligé. En effet il désirait que tous les ennemis du Christ fussent livrés à la mort; mais il ne pouvait prendre sur lui de les y condamner, à cause de sa qualité de moine ou de prêtre. » Il songea cependant qu'il pouvait faire naître quelque querelle entre les deux négociateurs, en profiter pour faire rompre la capitulation, et faire passer tous les habitants au fil de l'épée. Dans ce but il demanda que le comte de Montfort, d'une part, et Guiraud de Minerve, de l'autre, missent par écrit, sans le communiquer, les conditions dont ils étaient convenus. Comme Arnaud s'en était flatté, il se trouva quelque différence entre les deux rédactions; et Montfort en profita aussitôt pour déclarer au nom du légat que la négociation était rompue. Mais le seigneur de Minerve répondit à l'instant que, quoiqu'il se crût sûr de sa mémoire, il acceptait la capitulation telle que Simon de Montfort l'avait rédigée. Un des articles de cette capitulation portait que les hérétiques eux-mêmes, s'ils se convertissaient, pourraient sortir du château, et avoir la vie sauve. Lorsque la capitulation fut lue dans le conseil de guerre, « Robert de Mauvoisin, homme noble, dit le moine de Vaux-Cernay, et tout dévoué à la foi catholique, s'écria que les pèlerins n'y consentiraient jamais; que ce n'était pas pour faire grâce aux hérétiques, mais pour les faire périr qu'ils s'étaient croisés; l'abbé Arnaud lui répondit : « N'ayez point de crainte, car je crois qu'il y en aura bien peu qui se convertissent. » Le légat ne fut pas trompé dans sa sanguinaire espérance. Les croisés prirent possession du château de Minerve le 22 juillet 1210; ils y entrèrent en chantant le *Te Deum* et précédés de la croix et des peaux de Montfort. Les hérétiques s'étaient cependant réunis, les hommes dans une maison, les femmes dans une autre; et là, résignés à leur sort, à genoux, ils se préparaient par des prières au supplice qui les attendait. Montfort envoya Gui de Vaux-Cernay, pour accomplir la capitulation, se rendit auprès d'eux et commença à leur prêcher la foi catholique; mais ses auditeurs l'interrompent par un cri unanime : « Nous ne voulons point de votre foi, dirent-ils; nous avons renoncé à l'Église romaine; vous travaillez en vain; car ni la mort ni la vie ne nous feront renoncer aux opinions que nous avons embrassées. » L'abbé de Vaux-Cernay passa alors dans l'assemblée des femmes, et il les trouva tout aussi résolues et plus enthousiastes encore dans leurs déclarations. Le comte de Montfort entra à son tour auprès des uns et des autres; déjà il avait amoncelé une pile effrayante de bois sec : « Convertissez-vous à la foi catholique, dit-il aux albigeois rassemblés, ou montez sur le bûcher. » Aucun ne se laissa ébranler; on mit le feu au bûcher qui couvrait toute la place d'une vaste embrasement, et l'on y conduisit les hérétiques; mais on n'eut point besoin d'user de violence pour les y jeter; ils se précipitèrent tous volontairement dans les flammes au nombre de plus de cent quarante, après avoir recommandé leur âme à ce Dieu pour lequel ils souffraient le martyre. Trois femmes seulement, retenues de force par la noble dame de Marly, mère du sire Bouchard, furent sauvées des flammes; la terreur et l'abattement ayant succédé à leur ferveur enthousiaste, elles consentirent à se convertir.

Les environs de Minerve sont on ne peut plus pittoresques; les rives du Brian et de la Cesse présentent d'immenses escarpements. Deux montagnes percées naturellement, qu'on appelle *Ponts naturels* dans le pays, et sous lesquelles on passe, sont dignes de l'attention du voyageur curieux. De Minerve on n'est qu'à trois quarts d'heure de distance de la belle grotte de Minerve ou de la Coquille, située dans une des énormes berges de la Cesse. Cette grotte est autant remarquable par son étendue que par ses concrétions et par les amas d'os fossiles qu'on y a découverts récemment.

MINES (les Grands-), vg. *Loire-Inf.*, comm. de la Chapelle-St-Sauveur, ✉ de Varades.

MINGOT, vg. *Nièvre* (Nivernais), arr. et à 25 k. de Château-Chinon, cant. et ✉ de Châtillon-en-Bazois. Pop. 593 h.

MINGOT, vg. *H.-Pyrénées* (Gascogne), arr. et à 24 k. de Tarbes, cant. et ✉ de Rabastens. Pop. 91 h.

MINGOVAL, vg. *Pas-de-Calais* (Artois), arr. et à 20 k. de St-Pol-sur-Ternoise, cant. et ✉ d'Aubigny. Pop. 294 h.

MINHOS, vg. *B.-Pyrénées*, comm. et ✉ d'Hasparren.

MINIAC, vg. *Ille-et-Vilaine* (Bretagne), arr. et à 19 k. de Montfort-sur-Meu, cant. et ✉ de Bécherel. Pop. 1,050 h.

MINIAC-MORVAN, vg. *Ille-et-Vilaine* (Bretagne), arr. et à 18 k. de St-Malo, cant. et ✉ de Châteauneuf-en-Bretagne. Pop. 3,107 h. — *Foire* le 22 juin au lieu dit le Vieux-Bourg.

MINIER (Haut et Bas-), vg. *Aveyron*, comm. de Drulhe-et-Naussac, ✉ de Villefranche-de-Rouergue.

MINIER (le), vg. *Aveyron*, comm. de Vialadu-Tarn, ✉ de Millau.

MINIÈRE (la), vg. *Seine-et-Oise*, comm. de Guyancourt, ✉ de Versailles.

MINIÈRES (les), vg. *Eure* (Normandie), arr. et à 23 k. d'Evreux, cant. et ✉ de Damville. Pop. 157 h.

MINIÈRES, vg. *Eure-et-Loir*, comm. de Boullay-Thierry, ✉ de Nogent-le-Roi.

MINIÈRES (les), vg. *Vienne*, comm. de Pairé, ✉ de Couhé.

MINIÈRES (les), vg. *Vosges*, com. de Grand-Fontaine, ✉ de Schirmeck.

MINIHY-TRÉGUIER, vg. *Côtes-du-Nord* (Bretagne), arr. et à 23 k. de Lannion, cant. et ✉ de Tréguier. Pop. 1,377 h.

MINIMES (les), vg. *Charente-Inf.*, com. d'Aytré, ✉ de la Rochelle.

MINIMES, vg. *H.-Garonne*, comm. et ✉ de Toulouse.

MINNODUNUM (lat. 47°, long. 25°). « On lit *Minidunum* dans quelques exemplaires de l'Itinéraire d'Antonin; mais une inscription qui porte *Minnodunenses* nous instruit de la vraie leçon. Ce lieu est placé sur la voie romaine, entre *Viviscus*, ou Vevai, sur le lac Léman, et *Aventicum*. Il en est aussi mention dans la Table théodosienne, où on lit *Minodunum*. La distance à l'égard d'*Aventicum* est marquée XIII dans l'Itinéraire, XVIII dans la Table. Les Cartes de la Suisse ne sont pas d'accord sur l'espace qui y correspond, et la mesure en est trop forte dans quelques-unes. L'estime que je fonde sur les hauteurs que je crois convenables aux points de Lausane et de Neufchâtel, dont la différence d'environ un demi-degré renferme l'espace dont il s'agit, me fait conclure la distance entre Moudon, qui est *Minnodunum*, et la position d'*Aventicum* à Avanche, d'environ 13 lieues gauloises, et rien de plus. Ainsi l'indication de l'Itinéraire est préférable à celle de la Table. Il n'y a point de différence entre l'Itinéraire et la Table sur la distance de *Minnodunum* à *Viviscus*, comme on peut voir dans l'article *Bromagus*, qui est un lieu intermédiaire de *Minnodunum* et de *Viviscus*. » D'Anville. *Notice de l'ancienne Gaule*, p. 462.

MINORVILLE, vg. *Meurthe* (Lorraine), arr. et à 18 k. de Toul, cant. de Domèvre, ✉ de Noviant-aux-Prés. Pop. 366 h.

MINOS (les), vg. *Puy-de-Dôme*, com. de Luzillat, ✉ de Maringues.

MINOT, vg. *Côte-d'Or* (Bourgogne), arr. et à 36 k. de Châtillon-sur-Seine, cant. et ✉ d'Aignay-le-Duc. Pop. 710 h. *Foires* les 15 janv., 2 mars, 1er mai, 24 juin, 12 sept. et 6 nov.

MINOTTIÈRE (la), vg. *Seine-et-Oise*, com. de Gallius-la-Queue, ✉ de la Queue-Gallius.

MINQUIERS (les), banc de pierres et d'îlots, situé près des côtes occidentales du département de la *Manche*, à 32 k. de l'île de Jersey. Etablissement de la marée, 5 heures 45 minutes.

MINWERSHEIM, vg. *B.-Rhin* (Alsace), arr. et à 20 k. de Saverne, cant. et ✉ de Hochfelden. Pop. 809 h.

MINZAC, vg. *Dordogne* (Périgord), arr. et à 44 k. de Bergerac, cant. de Villefranche-de-Lonchapt, ✉ de Montpont. Pop. 1,113 h.

MIOLLES, vg. *Tarn* (Languedoc), arr. et à 33 k. d'Albi, cant. et ✉ d'Alban. P. 535 h.

MIONNAY, vg. *Ain* (Bresse), arr. et à 14 k. de Trévoux, ✉ de Miribel. Pop. 258 h.

MIONS, vg. *Isère* (Dauphiné), arr. et à 17 k. de Vienne, cant. et ✉ de St-Symphorien-d'Ozon. Pop. 336 h.

MIOS, vg. *Gironde* (Guienne), arr. et à 43 k. de Bordeaux, cant. et ✉ d'Audenge. Pop. 2,186 h. — Il est situé sur le Leyre, et sur le chemin de fer de Bordeaux à la Teste. — *Foire* le 29 août.

MIOSSENS-LANUSSE, vg. *B.-Pyrénées* (Béarn), arr. et à 23 k. de Pau, cant. de Thèse, ✉ d'Auriac. Pop. 305 h.

MIQUELLERIE (la), vg. *Pas-de-Calais*, com. de Busnes, ✉ de St-Venant.

MIRABEAU, *Mirabellum*, vg. *B.-Alpes* (Provence), arr. et à 17 k. de Digne, cant. et ✉ des Mées. Pop. 536 h.

MIRABEAU, vg. *Vaucluse* (Provence), arr. et à 33 k. d'Apt, cant. et ✉ de Pertuis. Pop. 703 h.

Il est fort agréablement situé près de la rive droite de la Durance, resserrée en cet endroit par des rochers agrestes, que l'on y passe sur un joli pont suspendu. On y voit un vieux château où l'orateur célèbre de l'assemblée nationale passa une grande partie de sa jeunesse.

C'est à Mirabeau qu'a été taillée dans le roc la prise d'eau d'un canal qui ira par Marseille se jeter dans la Méditerranée.

MIRABEL, vg. *Aveyron*, comm. et ✉ de Bignac.

MIRABEL, petite ville, *Tarn-et-Garonne* (Languedoc), arr. et à 18 k. de Montauban, cant. et ✉ de Caussade. Pop. 1,582 h.

L'origine de cette ville est entièrement inconnue, mais les monuments que l'on a découverts dans son enceinte et dans son voisinage indiquent une assez haute antiquité. Il paraît qu'elle a été détruite à la suite d'une attaque violente; les quartiers formés par les maisons de l'ancienne ville sont encore indiqués par des voies couvertes de briques et d'autres matériaux, et on ne saurait fouiller dans cette partie du territoire sans trouver des ruines. Lorsque le Quercy eut des états particuliers qui durent s'assembler tous les ans, il fut divisé en quatre villes principales, quatre châtellenies et dix-huit villes basses : Mirabel fut la première de celles-ci. Dans la suite une partie des habitants embrassèrent le calvinisme; mais l'évêque Jean Desprez en chassa les religionnaires.

Mirabel avait autrefois un fort flanqué de quatre tours surmontées de créneaux, percé de meurtrières et entouré de fossés qui portent encore le nom de fosses de la ville. Au milieu de ce fort était une église qui sert aujourd'hui de paroisse; elle est en partie voûtée, ainsi que plusieurs chapelles; le clocher est de forme octogone et très-élevé; le cimetière est entouré par les restes des murs de la forteresse.

A l'ouest de Mirabel, sur le sommet d'un coteau appelé le Lieu-du-Portal, existait un couvent de religieuses qui a été abattu par les calvinistes.

Le couvent de la Garde-Dieu, dans le voisinage de Mirabel, mérite l'attention des archéologues; on remarque sur les murs des peintures curieuses. L'église de Notre-Dame-des-Misères est célèbre dans toute la contrée, et l'on y vient en pèlerinage de plusieurs départements lointains.

Fabrique de minots. — *Foires* les 22 fév., mardi de Pâques, 11 juin, 26 août et 29 oct.

MIRABEL-AUX-BARONNIES, bg *Drôme* (Dauphiné), arr., cant., ✉ et à 6 k. de Nyons. Pop. 1,793 h.

Ce bourg, situé sur la rive gauche de l'Eygues, est entouré de mauvaises murailles percées de quatre portes, et présente trois enceintes bien marquées qui attestent l'antiquité de sa fondation et ses accroissements successifs; au centre est une promenade plantée de deux baux rangs d'arbres.

Non loin de Mirabel est une fontaine d'eau minérale; et dans les environs la chapelle de Notre-Dame-de-Bonlieu, dont la construction est antérieure au XIIIe siècle.

Commerce d'huile d'olives. — *Moulins* à soie. — *Foires* les 22 janv., 28 oct. et 1er lundi de sept.

MIRABEL-DES-GRANGES, vg. *Ardèche* (Vivarais), arr. et à 19 k. de Privas, cant. et ✉ de Villeneuve-de-Berg. Pop. 740 h. — *Foires* les 10 mai et 18 nov.

MIRABEL-EN-DIOIS, bg *Drôme* (Dauphiné), arr. et à 33 k. de Die, cant. et ✉ de Crest. Pop. 486 h.

MIRADOUX, *Miradulæ*, petite ville, *Gers* (Armagnac), arr. et à 14 k. de Lectoure, chef-

l. de cant. Cure. ⊠. A 639 k. de Paris pour la taxe des lettres. Pop. 955 h. — TERRAIN tertiaire moyen. — *Foires* les 1ᵉʳ mai, 22 juillet, 6 oct., 13 déc., jeudi gras et lendemain des Rameaux.

MIRAMAS, vg. *Bouches-du-Rhône* (Provence), arr. et à 38 k. d'Aix, cant. et ⊠ de Salon. Pop. 585 h.

Ce village occupe l'emplacement d'un ancien château qui fut assiégé et pris par le duc de Savoie en 1590. Il est bâti dans l'intérieur du fort, dont les remparts sont en ruine, sur un mamelon escarpé qui domine l'anse nord-ouest de l'étang de Berre. Les rues en sont si étroites, si tortueuses et si roides, que les bêtes de somme peuvent à peine les gravir.

MIRAMBEAU, bg *Charente-Inf.* (Saintonge), arr. et à 14 k. de Jonzac, chef-l. de cant. Cure. Gîte d'étape. ⊠. ⚭. A 512 k. de Paris pour la taxe des lettres. Pop. 2,384 h. — TERRAIN crétacé inférieur, grès vert.

Autrefois diocèse et élection de Saintes, parlement de Bordeaux, intendance de la Rochelle.

On y remarque un beau château d'où l'on jouit d'une vue magnifique, et une belle église paroissiale dont on attribue la construction aux Anglais.

PATRIE de M. le comte DUCHATEL, ministre de l'intérieur.

Fabrique de faïence. — *Foires* le dernier samedi de chaque mois.

MIRAMBEAU, vg. *H.-Garonne* (Gascogne), arr. et à 38 k. de St-Gaudens, cant. et ⊠ de l'Isle-en-Dodon. Pop. 255 h.

MIRAMONT, vg. *H.-Garonne* (Gascogne), arr., cant., ⊠ et à 2 k. de St-Gaudens. Pop. 1,670 h.

Fabriques de draps communs, cadis, ségoviennes. Filature de laine. Teinturerie.

MIRAMONT, vg. *Gers* (Armagnac), arr. et à 21 k. de Lectoure, cant. et ⊠ de Fleurance. Pop. 370 h.

MIRAMONT, vg. *Gers* (Armagnac), arr., cant., ⊠ et à 6 k. de Mirande. Pop. 662 h.

MIRAMONT, vg. *Landes* (Gascogne), arr. et à 31 k. de St-Sever, cant. de Geaune, ⊠ d'Aire-sur-l'Adour. Pop. 927 h.

MIRAMONT, jolie petite ville, *Lot-et-Garonne* (Agénois), arr. et à 21 k. de Marmande, cant. de Lauzun. ⊠. ⚭. A 649 k. de Paris pour la taxe des lettres. P. 1,636 h.

Miramont est une ville propre et bien bâtie sur la rive droite du Dropt : il s'y fait un commerce d'eau-de-vie très-actif.

PATRIE de M. MARTIGNAC, ministre de l'intérieur sous la restauration.

Foires les 17 janv., 3 mai, 20 juillet, 14 sept., 9 déc., le jour de la mi-carême et 1ᵉʳ lundi de chaque mois.

MIRAMONT, vg. *Tarn-et-Garonne* (Quercy), arr. et à 18 k. de Moissac, cant. de Bourg-de-Visa, ⊠ de Lauzerte. Pop. 852 h. — *Foires* les 17 janv., 3 mai, 20 juillet, 14 sept., le jour de la mi-carême, et le 1ᵉʳ lundi de chaque mois.

MIRAMONT-D'AIGUILLON, vg. *Lot-et-Garonne* (Agénois), arr. et à 26 k. d'Agen, cant. de Port-Ste-Marie, ⊠ d'Aiguillon. Pop. 401 h.

MIRANDE, vg. *Côte-d'Or*, comm. et ⊠ de Dijon.

MIRANDE, *Miranda*, jolie petite ville, *Gers* (Armagnac), chef-l. d'arr. de sous-préf. (5ᵉ arr.) et d'un cant. Trib. de 1ʳᵉ instance. Cure. Gîte d'étape. ⊠. ⚭. Pop. 2,724 h. — TERRAIN tertiaire moyen.

Autrefois parlement de Toulouse, intendance d'Auch, chef-lieu d'élection.

Cette ville fut fondée en 1289 par Centule, troisième comte d'Astarac; elle devint la capitale du comté de ce nom, et une place forte susceptible d'une grande résistance. Ses murs ont été plusieurs fois réparés et sont encore en bon état; ils sont percés de quatre portes, que l'on aperçoit de la place, qui en occupe le centre, et où aboutissent quatre grandes rues.

Mirande est une ville propre, bien bâtie, où l'on voit plusieurs constructions de style ancien, mais régulières et de fort belle apparence. Près de Mirande existait jadis une petite ville du nom de St-Jean-de-Leziau, qui fut détruite pendant les guerres civiles ; il n'en reste plus que les ruines du château, qui faisait sa principale défense.

Les armes de Mirande sont : *d'azur à trois miroirs ronds d'argent bordés d'or*, 2 et 1.

PATRIE du littérateur J. DELORT.

INDUSTRIE. *Fabriques* de cuirs. — *Commerce* de grains, vins, eau-de-vie, laines, plumes à écrire, etc. — *Foires* le 1ᵉʳ lundi de chaque mois et le 6 juillet.

A 24 k. S.-O. d'Auch, 705 k. S. de Paris.

L'arrondissement de Mirande est composé de 8 cantons : Mirande, Aignan, Marciac, Masseube, Mielan, Montesquiou, Plaisance, Riscle.

MIRANDE (la), vg. *Hérault*, comm. de Castelnau-de-Guers, ⊠ de Pézenas.

MIRANDE, vg. *Saône-et-Loire*, comm. de Monthellet, ⊠ de St-Oyen.

MIRANDOL, *Lozère*, comm. de Chasserades, ⊠ de Blaymard.

MIRANDOL, vg. *Tarn* (Languedoc), arr. et à 34 k. d'Albi, cant. de Pampelonne. Pop. 2,213 h.

MIRANNES, vg. *Gers* (Armagnac), arr. et à 18 k. d'Auch, cant. de Vic-Fezensac, ⊠ de Barran. Pop. 332 h.

MIRANT, vg. *Gers*, comm. de Rosez, ⊠ de Vic-Fezensac.

MIRAUMONT, vg. *Somme* (Picardie), arr. et à 27 k. de Péronne, cant. et ⊠ d'Albert. Pop. 1,098 h.

MIRAVAIL, vg. *B.-Alpes*. V. CHATEAUNEUF-MIRAVAIL.

MIRAVAL, vg. *Var*, comm. de Correns, ⊠ de Brignoles.

MIRAVAL-CABARDÈS, vg. *Aude* (Languedoc), arr. et à 23 k. de Carcassonne, cant. et ⊠ de Mas-Cabardès. Pop. 419 h. — Il est situé au fond d'une gorge resserrée arrosée par l'Orbiel.

MIRBEL, vg. *H.-Marne* (Champagne), arr. et à 25 k. de Chaumont-en-Bassigny, cant. et ⊠ de Vignory. Pop. 127 h.

MIRBEL, vg. *Seine-et-Oise*, comm. de Longnes, ⊠ de Septeuil.

MIRCOMPS, vg. *Allier*, comm. de Theil, ⊠ de Montet.

MIRÉ, vg. *Indre-et-Loire*, comm. de Ballan, ⊠ de Tours. ⚭.

Ce village est célèbre par la bataille dans laquelle Charles Martel et Eudes, duc d'Aquitaine, défirent les Sarrasins, commandés par Abdérame, qui y perdit la vie, ainsi que la plus grande partie de son armée. Charles Martel, fils de Pepin d'Héristal, gouvernait alors toute la monarchie française sous le titre de maire du palais. En 731 il avait passé la Loire à Tours pour aller se venger d'Eudes d'Aquitaine, qui avait rompu le traité qu'ils avaient fait ensemble. A peine était-il revenu victorieux de cette expédition, qu'il lui fallut reprendre les armes contre un ennemi d'autant plus dangereux, que tous les pays qu'il avait conquis n'offraient plus que l'affreux tableau du pillage, de l'incendie et de la dévastation. Les Sarrasins, connus également sous les noms d'Arabes et de Maures, après s'être emparés de l'Espagne, avaient franchi les Pyrénées, et pénétré dans la Gaule narbonnaise, autrement le Languedoc, avec l'intention de l'assujettir.

Charles, oubliant sa querelle particulière à l'aspect du danger dont les Gaules sont menacées, rassemblе son armée, passe de nouveau la Loire et vient attendre Abdérame, chef des Sarrasins, qui, après avoir saccagé la Gascogne, le Périgord, la Saintonge, le Poitou, et pillé à Poitiers l'église de St-Hilaire, marchait avec extrême diligence vers la ville de Tours pour piller également le trésor de St-Martin, qu'on estimait être le plus riche du royaume. La rencontre des deux armées se fit à environ 12 k. de Tours, dans une grande plaine qu'on nomme encore aujourd'hui les landes de Charlemagne, situées dans la commune de Miré. Les armées restèrent en présence l'une de l'autre pendant sept jours sans s'ébranler. On aurait dit, à les voir dans cette inaction, qu'elles craignaient réciproquement d'en venir aux mains. Les deux chefs qui les commandaient étaient sans contredit les généraux les plus habiles qu'il y eût alors. D'un côté, le Sarrasin avait à combattre une capitaine qui ne lui cédait en rien, et quoiqu'il comptât beaucoup sur le nombre de ses troupes, infiniment supérieures à celles de son ennemi, la taille gigantesque des Français, auprès desquels les Arabes ne semblaient que des pygmées, ne laissait pas que de lui inspirer quelque crainte. D'un autre côté, Charles Martel avait en tête un homme accoutumé à vaincre, et qui pouvait l'accabler à la longue par la multitude de ses soldats et la fréquence des combats. Profitant donc habilement du poste avantageux qu'il avait su se choisir et de l'ardeur que les Français témoignaient de marcher sur ces barbares pour venger les ravages qu'ils avaient exercés dans plusieurs provinces du royaume, il engagea l'affaire un samedi du mois d'octobre 732.—Peu de combats ont eu plus d'importance que celui que nous allons retracer. Du côté des Français, s'ils étaient battus, il ne s'agissait rien moins que de voir leur pays ravagé, leurs temples détruits, eux, leurs femmes et leurs enfants réduits en esclavage, et l'absurde islamisme substitué à la douce et consolante morale de l'Evangile dans un pays destiné à devenir le centre des sciences, des arts et de la civilisation. De leur côté, les Maures, s'ils étaient vaincus, avaient à craindre d'être entièrement exterminés : la liberté des passages pouvant leur être fermée dans le long trajet qu'ils avaient à parcourir pour regagner leurs foyers. Et en un mot, du succès de cette journée dépendait le salut des uns et la perte des autres. Dans cette égale résolution de vaincre, le premier choc dut être violent des deux côtés. Le combat se soutint pendant quelque temps avec la même ardeur, et sans qu'aucun des deux partis pliât; mais les Français, beaucoup mieux disciplinés, ayant rompu les rangs des Sarrasins, la victoire commença à se déclarer pour Charles Martel. Abdérame, qui se trouvait partout, voyant ses gens en désordre, les rallia et fit avancer des troupes fraîches, qui ranimèrent le courage abattu des premiers combattants. Les Français, qui étaient loin d'égaler en nombre leurs ennemis, dans la crainte d'être enveloppés, étaient obligés de combattre et de disputer le terrain pied à pied, d'autant mieux qu'il y avait un gros d'Arabes qu'in'avait pas donné, et que leur chef réservait pour un dernier effort. Mais ce fut précisément de ce côté que vint la déroute; car, tandis que ceux qui en étaient aux mains combattaient avec un égal acharnement, quoique au désavantage des Sarrasins, le duc d'Aquitaine, Eudes, fondit tout à coup et si à propos avec ses Aquitains sur ce corps de réserve, qu'il y jeta l'épouvante et la terreur. Le désordre se communiqua bientôt à toute l'armée des barbares, et Abdérame ayant été tué dans ces entrefaites, la victoire ne fut plus indécise, et il ne fallut seule fit cesser le carnage. Cependant ce qui restait de Sarrasins ayant gagné leurs tentes, et laissé le champ de bataille couvert de leurs morts, ils tinrent conseil, et jugèrent qu'ils n'avaient d'autre moyen de salut que de prendre la fuite, en emportant avec eux ce qu'ils avaient de plus précieux : mais ils ne laissèrent encore assez pour enrichir leurs vainqueurs. Le lendemain matin Charles Martel se disposait à leur livrer un second combat, lorsque les éclaireurs qu'il avait envoyés de côté et d'autre pour connaître la disposition de l'ennemi, vinrent lui apprendre que les Arabes avaient décampé pendant la nuit, et que, pour donner le change, ils avaient laissé leurs tentes toutes dressées. Cette nouvelle l'affligea ; car il s'était flatté qu'une seconde victoire n'en aurait pu laisser échapper un seul. Cependant, n'osant les poursuivre de peur de tomber dans quelque embuscade, il se contenta de piller leur camp, où il trouva un butin considérable, et repassa la Loire avec son armée victorieuse. — Cette mémorable journée sauva la France du danger le plus grand qu'elle eût couru depuis longtemps.

MIRÉ, vg. *Maine-et-Loire* (Anjou), arr. et à 36 k. de Segré, cant. et ⌧ de Châteauneuf-sur-Sarthe. Pop. 951 h. — *Foires* le 15 nov. et mercredi après Pâques.

MIREBEAU, *Mirebellum*, petite ville, *Vienne* (Poitou), arr. et à 28 k. de Poitiers, chef-l. de cant. ⌧. ℣. A 362 k. de Paris pour la taxe des lettres. Pop. 2,556 h.—Terrain crétacé inférieur, granit.

Autrefois baronnie, diocèse de Poitiers, parlement de Paris, intendance de Tours, élection de Richelieu, collégiale, deux prieurés, un couvent de cordeliers et un de filles.

Mirebeau doit son origine à un ancien château bâti par Foulques Néra, comte d'Anjou. Ce château soutint un siège rigoureux en 1202, parce qu'Eléonore d'Aquitaine, veuve de Henri II, roi d'Angleterre, s'y était renfermée pour se dérober à la poursuite d'Arthus, comte de Bretagne, son petit-fils. Arthus prit la ville, mais ne put parvenir à s'emparer du château. Un nommé Desroches offrit au roi de le rendre maître de la ville à la condition d'épargner les assiégés. Desroches introduisit dans la place l'armée du roi, qui fit immédiatement enfermer tous les seigneurs du parti d'Arthus, et les laissa mourir de faim. — La ville et le château de Mirebeau furent pris pendant les guerres de religion par le prince de Condé, qui fit pendre le cordelier Babelot, qui conduisait au gibet tous les protestants dont s'emparait le duc de Montpensier ; il les exhortait et les confessait malgré eux, et les faisait ensuite conduire au supplice. — Le château de Mirebeau fut détruit dans le XVII° siècle.

L'église paroissiale est celle d'une collégiale fondée en 1217 par Maurice de Blazon, évêque de Poitiers, qui y est enterré dans le chœur.

Près de Mirebeau est le village de Puy-Taillé, dont le seigneur avait le privilège héréditaire de chasser les serpents, en leur criant à haute et intelligible voix qu'ils eussent à se retirer, attendu que le seigneur de Puy-Taillé l'entendait ainsi... Ce conte absurde, consigné dans les ouvrages de Berchorius et de Dreux-Duradier, ne doit pas cependant paraître plus extraordinaire que celui sur le don de guérir les écrouelles que possédaient jadis les rois de France.

Commerce de grains, vins, laines, moutons, etc.—*Foires* les 22 juillet, 25 août, 30 nov. ; et jeudi après la mi-carême, 1er mercredi de janv., de fév., de mai, de juin et 3e mercredi de sept. et d'oct.

MIREBEAU-SUR-BÈZE, bg *Côte-d'Or* (Bourgogne), arr. et à 24 k. de Dijon, chef-l. de cant. Cure. Gîte d'étape. ⌧. ℣. A 335 k. de Paris pour la taxe des lettres. Pop. 1,293 h. —Terrain tertiaire moyen, voisin du terrain jurassique.

Autrefois marquisat, diocèse, parlement intendance et recette de Dijon, mairie.

Mirebeau était autrefois une ville assez considérable, située sur la Bèze, que le roi Robert assiégea en 1015, pour chasser un parti de brigands qui s'y étaient fortifiés et pillaient les environs. Galas s'en empara après trois jours de siège, brûla le clocher, détruisit cent dix-huit maisons, et fit périr un grand nombre de personnes. Louis XIII, en considération de ces pertes et de la belle défense des habitants, leur accorda l'exemption de toutes impositions pendant vingt ans, et plusieurs privilèges.

On prétend que ce bourg existait du temps des Romains, et qu'il était décoré d'un théâtre. Le château, situé près de la porte de Bèze, est une belle construction du commencement du règne de François Ier, à en juger par un F couronné que l'on remarque sur deux anciennes tours. On y jouit de points de vue admirables. La chapelle renferme un beau mausolée, érigé à la mémoire de Catherine de Beaufremont.

Fabriques de serges, droguets. Poterie de terre. Moulins à blé et à foulon. — *Foires* les 22 janv., 14 mars, 1er juin, 20 juillet et 14 sept.

MIREBEL, vg. *Calvados*, comm. de Quetieville, ⌧ de Croissauville.

MIREBEL, vg. *Jura* (Franche-Comté), arr., ⌧ à 15 k. de Lons-le-Saulnier, cant. de Conliège. ℣. Pop. 586 h.

MIRECOURT, *Mercurii Curtis*, *Mirecurtium*, jolie petite ville, *Vosges* (Lorraine), chef-l. de sous-préf. (2e arr.) et d'un cant. Trib. de 1re inst. et de commerce. Cure. Gîte d'étape. ⌧. ℣. Pop. 5,377 h. — Terrain du trias, marnes irisées.

Autrefois duché de Lorraine, diocèse de Toul, cour souveraine et intendance de Lorraine, bailliage royal, maîtrise des eaux et forêts, recette des finances et bois, gouvernement particulier, couvents de cordeliers, de capucins, de religieuses de St-Claire et de la Congrégation.

Le nom de cette ville est attribué au culte que ses anciens habitants rendaient à Mercure. On a trouvé des autels dédiés à ce dieu sur les collines qui environnent la ville à l'extrémité d'une vaste muraille dont on voit encore des débris et qui, à une époque très reculée, défendait ce côté des Vosges. Au XVe siècle la ville de Mirecourt appartenait aux comtes de Vaudémont; elle était fortifiée et avait un bon château. Sous Charles VII elle fut prise par la Hire. En 1670 le maréchal de Créquy la prit aussi, en détruisit les fortifications et abattit le château.

Mirecourt est dans une situation assez agréable sur le Madou ; mais elle est mal bâtie, mal percée, et n'offre aucune construction digne d'une remarque particulière. Cette ville possède une petite bibliothèque publique renfermant 7,000 volumes.

Patrie du naturaliste Séb. Gérardin, auteur d'un dictionnaire de botanique estimé et de plusieurs autres ouvrages concernant l'histoire naturelle.

Fabriques importantes de dentelles et de tulles en fil. Centre d'une fabrique renommée de violons, basses, guitares, grandes orgues pour églises, orgues portatives, serinettes, flûtes et autres instruments de musique, qui occupe dans la ville et dans les villages voisins plus de 6,000 ouvriers. — Tanneries. — *Commerce* de boissellerie, ouvrages en fer battu, planches, graines, vins, moutons, etc. — *Foires* les 9 sept., 13 déc., 1er lundi de carême, et mercredi après Pâques.

À 33 k. N.-O. d'Épinal, 345 k. E.-S.-E. de Paris.

L'arrondissement de Mirecourt renferme 6 cantons : Charmes, Darney, Dompaire, Mirecourt, Monthureux-sur-Saône, Vittel.

Bibliographie. BOULAY DE LA MEURTHE. *Notice historique, statistique, etc., de l'instruction primaire dans le canton de Mirecourt*, in-8, 1833.

MIREFLEURS, bg *Puy-de-Dôme* (Auvergne), arr. et à 13 k. de Clermont-Ferrand, cant. et ⊠ de Vic-le-Comte. Pop. 1,338 h.

Ce bourg est fort agréablement situé; les comtes d'Auvergne y avaient fait bâtir un château où ils faisaient leur principale résidence.

Chalendras, dépendance de Mirefleurs, produit des truffes noires de bonne qualité.

MIREMONT (grotte de). V. LE BUGUE.

MIREMONT, vg. *Cantal*, comm. de Chalvignac, ⊠ de Mauriac.

MIREMONT, vg. *Dordogne*, com. de Mauzens, ⊠ du Bugue. — *Foires* le mercredi de chaque mois.

MIREMONT, petite ville, *H.-Garonne* (Languedoc), arr. et à 13 k. de Muret, cant. et ⊠ d'Auterive. Pop. 1,252 h.

Elle est bâtie sur un coteau entièrement tapissé de bois, au milieu desquels sont disséminés çà et là de nombreux villages et quelques châteaux.

Patrie du général d'artillerie TIRLET.

Briqueterie. — *Foires* les 15 mai, 28 sept., 2 déc., lundi après les Rois, et 1er lundi de carême.

MIREMONT, vg. *Puy-de-Dôme* (Auvergne), arr. et à 41 k. de Riom, cant. et ⊠ de Pontau-Mur. Pop. 1,551 h.

MIREPEISSET, joli village, *Aude* (Languedoc), arr., ⊠ et à 18 k. de Narbonne, cant. de Ginestas. Pop. 361 h.

Ce village, situé sur la rivière de Cesse, touche presque au canal du Midi, qui lui offre un débouché facile pour l'expédition de ses vins. Le territoire de Mirepeisset était autrefois couvert de bois immenses, convertis aujourd'hui en riches vignobles; il produit des vins de qualité supérieure, très-recherchés dans le commerce et estimés des gourmets pour leur délicatesse. On y récolte aussi beaucoup d'huile d'excellente qualité.

MIREPEIX, vg. *B.-Pyrénées* (Béarn), arr. et à 16 k. de Pau, cant. de Clarac-près-Nay, ⊠ de Nay. Pop. 814 h.

MIREPOIX, *Mirapicis*, petite ville, *Ariége* (Languedoc), arr. et à 23 k. de Pamiers, chef-l. de cant. Cure. Gîte d'étape. Collége communal. ⊠. A 769 k. de Paris (non de la taxe des lettres. Pop. 4,160 h. — TERRAIN tertiaire moyen.

Autrefois évêché dans le haut Languedoc, parlement et généralité de Toulouse, intendance de Languedoc, recette, chapitre et séminaire.

Quelques auteurs pensent que Mirepoix était jadis la principale ville des *Tasco Deunitari* dont parle Pline. Cette ville antique, que détruisirent sans doute les Goths, les Vandales et les Sarrasins, fut, vers l'an 1000, rebâtie sur la rive droite du Lers, entre la rivière et le coteau, sous la protection d'un château fort qui venait d'y être construit, et dont on voit encore des restes imposants; elle reçut alors le nom de Mirapech ou Mirapic, dont on a fait Mirepoix. En 1289, cette ville fut détruite de fond en comble par une inondation extraordinaire de la rivière du Lers, que grossit encore la rupture d'un grand lac qui existait près de Puivert; le château fut seul préservé, par sa position élevée, de ce grand désastre, qui porta la désolation dans la contrée. Les habitants qui purent s'échapper, se réfugièrent sur la rive gauche de la rivière, où ils bâtirent la ville actuelle. En 1363 cette ville fut pillée et incendiée par une troupe de maraudeurs commandés par un nommé Jean Petit. Quelque temps après les habitants l'environnèrent de larges fossés et l'entourèrent de murailles, où l'on entrait par quatre portes.

Le plus ancien document qu'on ait du château de Mirepoix, dont les restes attestent la puissance de son fondateur et l'acharnement des guerres de son époque, est de 1062. Il y est dit que ce château fut pris le 22 septembre 1209 par l'armée des croisés commandés par Simon de Montfort, après une résistance qui n'eut pour objet que de favoriser la fuite de Roger, seigneur de Mirepoix, qui l'occupait avec un petit détachement de soldats. Le château de Mirepoix fut donné, avec titre de maréchal de la Foi, à Guy de Levis, un des lieutenants les plus distingués de Simon de Montfort. Roger se réfugia avec ses gens au château de Monségur, où ils furent tous, comme hérétiques, impitoyablement passés au fil de l'épée. Repris en 1223 par Raimond Roger, comte de Foix, qui mourut d'une maladie contractée à ce siège, le château de Mirepoix rentra bientôt en la possession de Guy de Levis, et devint depuis la résidence de ses descendants en ligne droite, jusqu'au XVIe siècle, époque à laquelle il prit le nom de château de Terride. Voici à quelle occasion :

Jean de Levis, treizième seigneur de Mirepoix, épousa, le 13 février 1563, Catherine Ursule de Lomagne, fille d'Antoine de Lomagne, vicomte de Gimois, baron de Terride (château situé près de Beaumont-de-Lomagne). Elle porta dot à son époux la baronnie de Terride, à condition que leur postérité joindrait ce nom et celui de Lomagne au nom de Levis. Ils eurent huit enfants, dont l'un d'eux, Jean de Levis, reçut le nom de comte de Terride. Ce terrible seigneur, redouté et aimé de ses voisins, parce que son caractère offrait tout à la fois un mélange de dureté et de bonté, mourut en 1644 dans le château de Mirepoix,

qu'on a depuis appelé le château Terride, nom qui ne lui porta pas bonheur, car bientôt après les seigneurs de Mirepoix transférèrent leur résidence au château de Lagarde, dans la commune de ce nom, à 4 kilomètres de Mirepoix. Ce château, cité à juste titre comme un édifice très-remarquable, fut signalé à l'époque de la première révolution comme château fort, et en grande partie démoli, quoique ses larges terrasses, les tours qui les flanquaient aux quatre angles, ses avenues, eussent été embellis à grands frais, de manière à faire perdre l'idée de ses anciennes fortifications et de son caractère primitif. Sa ruine est à déplorer, parce qu'il eût pu recevoir une destination avantageuse et profitable au pays.

Il ne reste plus de l'ancien château, qui passait à juste titre pour un des plus beaux du midi de la France, qu'une tour carrée en pierre de taille, bien conservée, qui sert d'habitation; un grand corps de logis délabré, bâti en pierres et en briques; une enceinte de fossés comblés en grande partie de ruines et de débris; deux ponts, une cour en place d'armes entourée de meurtrières, et les restes d'une enceinte de murs flanqués de tourelles.

Mirepoix était autrefois le siège d'un évêché, érigé en 1318 et supprimé en vertu du concordat de 1801. Cette ville est agréablement située, sur le Lers, qu'on y passe sur un beau pont. Elle est bien bâtie, propre, embellie de belles plantations, et ornée de fontaines publiques alimentées par une machine hydraulique exécutée sous la direction du célèbre mécanicien Abadie. Ses places publiques sont vastes, bien plantées et fort agréables; la grande place est entourée de galeries couvertes. Les larges fossés qui l'entouraient autrefois ont été comblés il y a déjà plusieurs années, et forment aujourd'hui quatre cours ou boulevards qu'embellissent de belles plantations.

Mirepoix possède un bel et vaste hospice bâti sous la direction de M. Mercadier, ancien ingénieur en chef du département, sur un terrain indépendant de l'ancien hospice qui fut démoli. Les travaux du nouveau bâtiment, commencés en 1780 sous les auspices de M. de Cambon, dernier évêque de Mirepoix, ne furent terminés qu'en 1789, et la dépense s'en éleva à la somme de 79,271 fr., provenant, savoir : 25,200 fr. de dons faits par M. l'évêque de Cambon, 8,000 fr. d'un secours accordé par le diocèse, 13,500 fr. environ de dons faits par divers particuliers, et le surplus de la caisse de l'hospice. La disposition heureuse du bâtiment a permis d'y placer depuis une pension et des écoles où les jeunes personnes suivent les leçons des professeurs attachés au collége de la ville ; une école primaire pour les jeunes élèves, et une seconde école toute gratuite pour les jeunes filles.

L'église paroissiale, qui n'a jamais été achevée, mais dont on admire le chœur entouré de sept chapelles, est surmontée d'un clocher à flèche d'une exécution remarquable ; il s'élève jusque vers le tiers de sa hauteur en forme de tour carrée que couronne une galerie flanquée aux quatre angles de quatre légères et élégantes pyramides, et d'où s'élance dans les airs une flèche octogone hérissée à tous ses angles de consoles ou modillons. A l'un des angles de la tour carrée se lie une petite tourelle octogone qui renferme l'escalier.

Le cimetière est entouré de larges allées bordées de cyprès; on y remarque une grande chapelle, des autels, des monuments funèbres ombragés de saules, des massifs d'arbres et d'arbrisseaux divers mêlés de fleurs, et une belle croix en fer élevée sur un piédestal en pierre de taille.

Le pont jeté sur la rivière du Lers est un des plus beaux du Midi : commencé en 1777 d'après les principes du célèbre Peyronnet et sur le plan de M. de Garigny, membre de l'académie des sciences de Toulouse et ingénieur de la province de Languedoc, il fut achevé en 1791. Ce pont, en belles pierres de taille, a sept arches d'environ 20 m. d'ouverture et d'une exécution parfaitement soignée; il ne laisse à désirer qu'un peu plus de largeur. La chaussée qui, par un plan parfaitement horizontal, lie, vers le midi, le pont à la ville, et, vers le nord, aux embranchements des routes de Carcassonne au levant, et de Villefranche au couchant, est aussi tout à fait digne de remarque : elle a, non compris le pont, plus de 400 m. de longueur, sur 6 m. de hauteur et 12 de largeur, en augmentant toujours vers sa base. — A une courte distance, et presque en face du pont, on voit les restes d'un ancien couvent de cordeliers, dans l'enceinte d'un vaste enclos où est le tombeau des auteurs du maréchal Clauzel, naguère possesseurs de cette propriété, qui s'étend sur le revers du coteau où gisent les ruines de l'ancien château Terride.

On remarque encore à Mirepoix l'hôtel de ville, édifice spacieux et bien distribué ; les restes des bâtiments de l'ancien évêché.

Biographie. La ville de Mirepoix a donné le jour à plusieurs hommes remarquables, parmi lesquels nous citerons l'astronome VIDAL, que le célèbre Lalande appelait l'hermégiste français.

Le maréchal CLAUZEL, membre de la chambre des députés et gouverneur d'Alger.

Fabriques de toiles communes, couvertures de laine, serges, grosses draperies, peignes de buis, scies, canards, etc. Filature hydraulique de laine. — Aux environs, exploitation de mines de fer, de jaiet et de houille. — Commerce de grains, volailles, oies, canards, etc. — Foires les 17 janv., 30 juillet, 26 et 27 sept., 21 nov., lendemain des Cendres, lendemain du 2e dimanche après Pâques, et jeudi après la Pentecôte.

MIREPOIX, vg. Gers (Armagnac), arr., cant., ✉ et à 14 k. d'Auch. Pop. 311 h.

MIREPOIX-SUR-TARN, vg. H.-Garonne (Languedoc), arr. et à 34 k. de Toulouse, cant. et ✉ de Villemur. Pop. 520 h.

MIREVAL, vg. Hérault (Languedoc), arr. et à 14 k. de Montpellier, cant. et ✉ de Frontignan. Pop. 525 h. Station du chemin de fer de Montpellier à Cette.

MIREVAL-LAURAGAIS, vg. Aude (Languedoc), arr., cant., ✉ et à 8 k. de Castelnaudary. Pop. 651 h.

Ce village, situé sur le Rieutort, est bâti à l'extrémité d'une montagne conique, sur les ruines d'un ancien fort, dont on voit des restes de remparts, de portes et de ponts-levis.

Foire le 24 juin.

MIREVAULT, vg. Seine-et-Marne, comm. de Pécy, ✉ de Nangis.

MIRGAUDON, vg. Seine-et-Oise, comm. et ✉ de St-Chéron.

MIRIBEL, Miribellum, bg Ain (Dombes), arr. et à 24 k. de Trévoux, cant. de Montluel. ✉. ⚔. A 479 k. de Paris pour la taxe des lettres. Pop. 2,636 h.

Autrefois marquisat en Bresse, diocèse de Lyon, parlement, intendance, bailliage et recette de Dijon, chef-lieu d'un mandement.

Ce bourg occupe l'emplacement d'un ancien castrum romain, construit, à ce qu'on présume, quelque temps après la victoire remportée par César sur les Helvétiens. Tout porte à croire qu'il fut bientôt entouré de constructions et forma une petite ville qui prit le nom de la forteresse. Son enceinte s'étendit au sud jusqu'au pied du coteau, et pouvait avoir de l'est à l'ouest une largeur de 500 m. Les murs des maisons étaient bâtis en briques et en cailloux roulés; sans être d'une grande élévation, ils étaient d'une épaisseur extraordinaire ; les ouvertures étaient petites et peu nombreuses, les rues étroites et tortueuses. Les ruines du château, situées sur un riant coteau dominant le Rhône, offrent encore, malgré les injures du temps et leur antiquité, des ruines dignes de fixer l'attention de l'archéologue. On voit aux environs des restes de chemins souterrains à deux voies, séparées entre elles par un mur de 70 c. d'épaisseur, ayant chacune une largeur intérieure de 2 m. sur 2 m. 60 c. d'élévation ; elles sont voûtées à plein cintre, et paraissent avoir été construites pour servir de communication aux forteresses bâties par les Romains depuis Lyon jusqu'à Genève.

Foires le lundi avant la St-Jean-Baptiste, lundi après la Notre-Dame d'août et lundi après la St-Martin.

MIRIBEL, vg. Drôme (Dauphiné), arr. à 36 k. de Valence, cant. et ✉ de Romans. Pop. 457 h. — Foires les 20 mars et 9 déc.

MIRIBEL, vg. Isère (Dauphiné), arr. à 40 k. de Grenoble, cant. de St-Laurent-du-Pont, ✉ des Echelles. Pop. 2,935 h. — Foires les 2 juillet et 22 sept.

MIRIBEL-L'ANCHATRE, vg. Isère (Dauphiné), arr. et à 30 k. de Grenoble, cant. et ✉ de Monestier-de-Clermont. Pop. 281 h. — Foire le 14 août.

MIRMANDE, vg. Drôme (Dauphiné), arr. et à 28 k. de Valence, cant. et ✉ de Loriol. Pop. 2,488 h. — Filatures de soie. — Foires les 20 juin, 3 août, 7 oct., 3 nov., 13 déc. et le lundi après le second dimanche de juillet.

MIROIR (le), vg. Saône-et-Loire (Bourgogne), arr. et à 15 k. de Louhans, cant. et ✉ de Cuiseaux. Pop. 1,071 h.

On y remarquait autrefois une abbaye célèbre, fondée en 1131, dont les vitraux représentaient, entre autres bouffonneries curieuses, une femme donnant la discipline à un moine, et un diable sous la forme d'un renard, levant la queue et éteignant d'un pet la lampe du serviteur de Dieu.

Lors de l'invasion étrangère en 1814, un mouvement du maréchal Augereau ayant forcé les Autrichiens à la retraite, les habitants de cette commune se mirent à leur poursuite et secondèrent vaillamment les efforts des troupes françaises. A leur retour, les Autrichiens se vengèrent de cet acte de patriotisme en incendiant une partie des maisons du village.

MIRVAUX, vg. Somme (Picardie), arr. et à 16 k. d'Amiens, cant. et ✉ de Villers-Bocage. Pop. 324 h.

MIRVILLE, vg. Seine-Inf. (Normandie), arr. et à 31 k. du Havre, cant. et ✉ de Goderville. Pop. 342 h.

MISCON, vg. Drôme (Dauphiné), arr. et à 27 k. de Die, cant. et ✉ de Luc-en-Diois. Pop. 189 h.

MISEREY, vg. Doubs (Franche-Comté), arr., ✉ et à 7 k. de Besançon, cant. d'Audeux. Pop. 283 h.

MISEREY, Miseri, vg. Eure (Normandie), arr., cant., ✉ et à 11 k. d'Evreux. Pop. 344 h.

MISERY, vg. Somme (Picardie), arr., ✉ et à 10 k. de Péronne, cant. de Nesle. Pop. 337 h.

MISON, vg. B.-Alpes (Provence), arr., cant., ✉ et à 14 k. de Sisteron. Pop. 1,291 h. — Foire le mardi après la St-Antoine (au hameau des Harmans).

MISSÉ, vg. Deux-Sèvres (Poitou), arr. et à 27 k. de Bressuire, cant. et ✉ de Thouars. Pop. 692 h.

MISSÉCLE, vg. Tarn (Languedoc), arr. et à 15 k. de Lavaur, cant. et ✉ de Graulhet. Pop. 273 h.

MISSÈGRE, vg. Aude (Languedoc), arr. et à 24 k. de Limoux, cant. et ✉ de Couiza. Pop. 351 h.

MISSERY, vg. Côte-d'Or (Bourgogne), arr. et à 57 k. de Beaune, cant. de Pouilly-en-Montagne, ✉ de Saulieu. Pop. 1,136 h. — Il est situé au pied d'une montagne, dans un vallon agréable. On y voit un ancien château et une jolie promenade plantée de beaux tilleuls.

MISSILLAC, vg. Loire-Inf. (Bretagne), arr. et à 23 k. de Savenay, cant. de St-Gildas-des-Bois, ✉ de Pont-Château. Pop. 2,687 h.

Le château de la Bretesche, situé à peu de distance de la grande route, près de la forêt de ce nom, était la maison seigneuriale de Missillac. Cette antique propriété de la famille de Rieux passa dans la maison de l'amiral Coligny, qui l'habita en 1558. Pendant les fureurs de la Ligue, le château fut pris par les troupes du duc de Mercœur, qui en démolirent les fortifications. Vers la fin du XVIIIe siècle, la terre de la Bretesche fut acquise par le marquis de Cussé, et au moment de la révolution elle appartenait encore à son fils le comte de Boisgelin, qui avait épousé Mlle de Boufflers. A cette époque la Bretesche était un séjour vraiment enchanteur, le rendez-vous de la meilleure compagnie et le séjour de l'opulence et des plaisirs. On vante encore la richesse et l'élégance des ameublements, la magnificence des tentures et des tableaux, le luxe des glaces et des dorures qui décoraient les appartements. Aujourd'hui ce somptueux séjour de la grandeur n'est plus qu'un monceau de ruines, asile de la chevêche et du hibou. Le chardon, l'ortie, qui se plaisent au milieu des décombres, croissent déjà dans les remises et dans les cours; la vipérine remplit les galeries, dont elle dispute l'entrée au voyageur, le lierre et les ronces, tristes symptômes de la solitude et de l'abandon, tapissent le pied des murailles et étouffent les arbustes de décoration qui ornaient jadis les terrasses. Tristes effets des discordes civiles dont les ravages préviennent la faux du temps.

En 1793 une colonne républicaine se porta sur le château de la Bretesche, le livra au pillage et y mit le feu. En un instant les flammes embrasèrent l'édifice; tout ce qui n'était pas pierre fut consumé, et de cette habitation magnifique, célèbre dans tout le canton, il ne resta que quelques pans de muraille noircis par la fumée. — En arrivant à la Bretesche, on longe les murs du parc, jadis marqués par une double charmille; mais les charmes, qui depuis maintes années n'ont point été mutilés par la serpe de l'émondeur, sont devenus de grands arbres dont les troncs dégarnis laissent à découvert une vieille muraille, tandis qu'à travers la cime l'on aperçoit des cheminées enfumées du château. Tout annonce une masure abandonnée. Mais lorsque arrivé au bord de l'étang, au delà du moulin, on s'arrête en face de l'édifice, il présente un aspect vraiment pittoresque. Le bâtiment principal, assez bien conservé, est construit en pierres de taille; le centre est occupé par une galerie dont les voûtes se prolongent en arcades élégantes, tandis qu'aux deux extrémités s'élèvent deux petits pavillons bâtis en briques, et recouverts d'une couche de plâtre.

Foires les 22 juin et 1er août.

MISSIRIAC, vg. *Morbihan* (Bretagne), arr. et à 40 k. de Vannes, cant. de Rochefort-en-Terre, ✉ de Malestroit. Pop. 654 h.

MISSISSIPI, vg. *Pas-de-Calais*, comm. et ✉ d'Aire-sur-la-Lys.

MISSON, vg. *Landes* (Gascogne), arr., ✉ et à 20 k. de Dax, cant. de Pouillon. Pop. 1,022 h.

MISSY, vg. *Calvados* (Normandie), arr. et à 18 k. de Caen, cant. et ✉ de Villers-Bocage. Pop. 632 h.

MISSY-AUX-BOIS, vg. *Aisne* (Picardie), arr., ✉ et à 10 k. de Soissons, cant. de Vic-sur-Aisne. Pop. 185 h.

MISSY-LÈS-PIERREPONT, vg. *Aisne* (Picardie), arr. et à 15 k. de Laon, cant. de Sissonne, ✉ de Notre-Dame-de-Liesse. Pop. 198 h.

MISSY-SUR-AISNE, vg. *Aisne* (Picardie), arr., ✉ et à 10 k. de Soissons, cant. de Vailly. Pop. 453 h.

MISSYSIPI, vg. *Côtes-du-Nord*, comm. de Plouagat, ✉ de Châtelaudren.

MISY, vg. *Seine-et-Marne* (Brie), arr. et à 34 k. de Fontainebleau, cant. et ✉ de Montereau. Pop. 706 h.

MITHEUIL (Grand et Petit-), vg. *Seine-et-Marne*, comm. de Mouroux, ✉ de Coulommiers.

MITRE (St-), *Castrum sancti Mitri*, vg. *Bouches-du-Rhône* (Provence), arr. et à 47 k. d'Aix, cant. d'Istres, ✉ de Martigues. Pop. 1,224 h.

Ce village est entouré de remparts, terminés par une terrasse qui permet d'en faire commodément le tour : on y entre par deux portes. Il est bâti sur un plateau d'où l'on domine toutes les collines des environs, et d'où la vue s'étend sur un horizon immense du côté du sud; elle se confond vers la mer; de celui de l'ouest elle embrasse la Crau, la Camargue, la ville d'Arles et les montagnes du Languedoc; vers le nord elle se borne qu'aux montagnes du Dauphiné; à l'est elle atteint les sommités des Alpes. Un mois avant l'équinoxe de printemps, et un mois après celui d'automne, on voit distinctement, un quart d'heure après le coucher du soleil, la chaîne des Pyrénées.

Aux environs on remarque les ruines de la ville romaine de Maritima : ces ruines sont très-considérables, mais dans un grand désordre; il ne reste sur place que quelques pans de murailles, une tour ruinée, une colonne de grès, quelques restes de quais, et une grande quantité de tombeaux taillés dans le roc.

Fabriques d'huile d'olives.

MITROIX, vg. *Ardèche*, comm. et ✉ du Bourg-St-Andéol.

MITRY, vg. *Meurthe*, comm. du Ménil-Mitry, ✉ de Neuviller-sur-Moselle.

MITRY-MORY, bg *Seine-et-Marne* (Ile-de-France), arr. et à 24 k. de Meaux, cant. de Claye, ✉ de Ville-Parisis. Pop. 1,478 h. Sur le canal de l'Ourcq.

L'église de Mitry peut être mise, par son étendue et sa régularité, au nombre des plus belles de l'arrondissement de Meaux. Son plan présente trois nefs dans la partie antérieure, et cinq nefs depuis le chœur. Elle est ornée et bien entretenue; le peintre le Sueur avait décoré jadis le maître-autel d'un de ses meilleurs tableaux représentant l'Annonciation, qui orne maintenant le musée royal.

Un usage barbare a subsisté dans ce bourg jusqu'à l'époque de la révolution de 1789. Si une femme ou une fille, de quelque âge que ce soit, était rencontrée par un homme dans les champs, dans le chemin, ou dans le village même, de nuit ou à la brune, seule et sans lumière, celui qui la rencontrait était autorisé à la meurtrir de coups, même à lui ôter la vie et à en faire parade ensuite (on peut consulter à ce sujet l'art. 34838 de la Bibliothèque historique de la France).

PATRIE de l'architecte MANGIN.

Foires les 18 et 19 oct.

MITSCHDORF, vg. *B.-Rhin* (Alsace), arr. et à 20 k. de Wissembourg, cant. et ✉ de Wœrth-sur-Sauer. Pop. 274 h.

MITTAINVILLE, vg. *Seine-et-Oise* (Beauce), arr., cant. et à 18 k. de Rambouillet, ✉ d'Epernon. Pop. 406 h.

MITTAINVILLIERS, vg. *Eure-et-Loir* (Beauce), arr. et à 15 k. de Chartres, cant. et ✉ de Courville. Pop. 441 h.

MITTELBERGHEIM, vg. *B.-Rhin* (Alsace), arr. et à 15 k. de Schelestadt, cant. et ✉ de Barr. Pop. 975 h.

MITTELBRONN, vg. *Meurthe* (Lorraine), arr. et à 17 k. de Sarrebourg, cant. et ✉ de Phalsbourg. Pop. 794 h.

MITTELHAUSBERGEN, vg. *B.-Rhin* (Alsace), arr., ✉ et à 5 k. de Strasbourg, cant. d'Oberhausbergen. Pop. 220 h.

MITTELHAUSEN, vg. *B.-Rhin* (Alsace), arr. et à 22 k. de Saverne, cant. et ✉ d'Hochfelden. Pop. 609 h.

MITTELKURTZ, vg. *B.-Rhin*, comm. de Rangen, ✉ de Wasselonne.

MITTELMUSPACH, vg. *H.-Rhin* (Alsace), arr. et à 19 k. d'Altkirch, cant. et ✉ de Ferrette. Pop. 368 h.

MITTELSCHÆFFOLSHEIM, vg. *B.-Rhin* (Alsace), arr. et à 14 k. de Strasbourg, cant. et ✉ de Brumath. Pop. 308 h.

MITTELWIHR, vg. *H.-Rhin* (Alsace), arr. et à 12 k. de Colmar, cant. et ✉ de Kaysersberg. Pop. 737 h.

MITTERSHEIM, ou MIDERCHE, vg. *Meurthe* (Lorraine), arr. et à 23 k. de Sarrebourg, cant. et ✉ de Fénétrange. Pop. 1,090 h.

MITTOIS, vg. *Calvados* (Normandie), arr. et à 23 k. de Bayeux, cant. et ✉ de St-Pierre-sur-Dives. Pop. 209 h.

MITZACH, ou MITZEN, vg. *H.-Rhin* (Alsace), arr. et à 46 k. de Belfort, cant. de St-Amarin, ✉ de Wesserling. Pop. 650 h.

MIVOIE (la), vg. *Loiret*, comm. et ✉ de Boynes.

MI-VOIE (les landes de), lieu du dép. du *Morbihan* (Bretagne), situé entre Ploërmel et Josselin, fameux par le combat de trente Bretons contre un nombre égal d'ennemis. Ce combat, célébré dans toutes les annales de la Bretagne, chanté par tous les trouvères de cette province, est une action connue aujourd'hui de tout le monde jusque dans ses moindres détails; cependant nous croyons nécessaire de le rapporter sommairement ici. — L'an 1351, pendant une des trêves qui suspendirent de temps en temps l'effusion du sang humain, lors de la longue guerre que fit Charles de Blois au comte de Montfort, son compétiteur, pour la possession du duché de Bretagne; pendant une de ces trêves, dis-je, les Anglais, auxiliaires du parti de Montfort, occupaient la ville de Ploërmel, sous le commandement d'un chevalier que les anciennes chroniques appellent Bembro ou Brembro, mais que l'on croit être un Pembrock, dont le nom est défiguré par une de ces altérations de noms propres si communes dans nos vieux auteurs. D'une autre part, Robert de Beaumanoir, maréchal de Bretagne, commandait dans Josselin pour Charles de Blois. Malgré la suspension d'armes, les Anglais de la garnison de Ploërmel, peu soucieux de l'observation de la trêve, faisaient de fréquentes excursions dans les campagnes du territoire de Josselin, détroussant les voyageurs, pillant les pauvres paysans et enlevant leurs bestiaux. — Quelques-uns de ces malheureux se rendirent au château de Josselin, et, se jetant aux pieds de Beaumanoir, implorèrent sa protection contre les maux que leur faisaient éprouver les Anglais, au mépris du droit des gens et de la foi des traités. Le noble guerrier accueillit leurs plaintes, les consola, et leur promit une prompte réparation de leurs griefs. Il se rendit incontinent à Ploërmel ; là il reprocha à Brembo sa déloyauté et ses infractions à la trêve : celui-ci répondit au maréchal avec une insolence qui l'offensa ; il s'ensuivit naturellement une vive altercation, dont le résultat fut un défi de se combattre au nombre de trente contre trente de part et d'autre. — En apprenant ce défi, tous les gentilshommes de la garnison de Josselin briguèrent l'honneur de faire partie des trente combattants, et Beaumanoir fut embarrassé relativement à la préférence. Tous, par leur valeur, avaient un droit égal d'être élus, et le maréchal craignait d'humilier par un refus ceux qu'il ne pourrait comprendre au nombre de ses compagnons d'armes ; il fallut pourtant choisir. Tous les historiens de Bretagne nous ont transmis les noms de ces trente preux ; ils varient pourtant à l'égard de plusieurs d'entre eux. — Brembro, de son côté, éprouva un embarras d'un autre genre : il ne put trouver dans sa garnison assez d'Anglais pour compléter le nombre de trente. Il fut obligé, pour y atteindre, de prendre des Flamands auxiliaires et même des Bretons du parti de Montfort. — Au jour fixé pour le combat (le 27 mars 1351) les champions des deux partis, armés de toutes pièces, montèrent à cheval et se rendirent au lieu désigné pour l'action. C'était près d'un gros chêne situé au milieu d'une lande et nommé le Chêne de Mi-Voie, parce qu'il était juste à moitié chemin de Josselin à Ploërmel. — Arrivés en ce lieu, les combattants mirent pied à terre, et, avant d'en venir aux mains il y eut un pourparler. Brembro, qui avait fait ses réflexions, représenta à Beaumanoir qu'ils s'étaient engagés trop légèrement pour en venir à une pareille action, vu l'état de trève conclu entre leurs princes respectifs ; que par conséquent il était à propos de leur demander leur autorisation pour vider leur différend les armes à la main. Il proposa donc de s'abstenir de toute hostilité jusqu'à ce qu'ils eussent obtenu ce consentement. — Beaumanoir et ses Bretons, impatients de combattre, ne voulurent consentir à aucun délai, et rejetèrent absolument la proposition de Brembro. Celui-ci, voyant l'ardeur impatiente qui animait ses adversaires, y opposa l'imperturbable et froid courage qui sut triompher ses compatriotes aux fatales batailles de Poitiers et de Crécy, où le reflux des forces ennemies bien supérieures. Il rangea ses compagnons sur une seule ligne de front, et les fit se serrer étroitement l'un contre l'autre, de manière à présenter l'aspect d'une muraille de fer hérissée de piques, fauchards, épées à deux mains, guisarmes, etc. Dans cette position il attendit l'attaque de ses ennemis. — Les Bretons, bouillants d'ardeur, s'avancèrent sans beaucoup d'ordre et se précipitèrent impétueusement sur cette redoutable ligne, qu'ils cherchèrent, mais en vain, à entamer. Ils se fatiguèrent, se consumèrent en inutiles efforts, et deux des leurs, Pierre Paclard et Geoffroy de Millon, mordirent la poussière. Yves Charruel, Carot de Bodega et Tristan de Pestivien, abattus par Brembro à coups de marteau d'armes, furent contraints de se rendre prisonniers. — La fortune semblait vouloir se déclarer pour les Anglais, mais la perte de cinq des siens n'intimida point Beaumanoir ; il fit une courte harangue à sa troupe, l'exhorta à redoubler d'efforts, et une charge vigoureuse fit reculer les Anglais, sans toutefois parvenir à les rompre. On se battit avec un acharnement sans exemple jusqu'à ce qu'enfin les deux partis, épuisés de fatigue et accablés par la chaleur, se séparèrent d'un commun accord pour se rafraîchir et reprendre haleine. — Cette courte suspension d'armes fut suivie d'un choc plus terrible que les premiers. Beaumanoir surtout y fit des prodiges de valeur ; mais il fut blessé, et la perte de son sang, jointe à la chaleur, lui causant une grande altération, il demanda à boire ; ce fut alors que l'écuyer Geoffroy du Bois lui fit cette réponse si connue : « Bois ton sang, Beaumanoir, et ta soif passera. » Le maréchal, très-affaibli, allait succomber et être fait prisonnier par Brembro, lorsque Alain de Kéraurais porta à ce dernier un coup de lance dans la visière qui lui entra dans l'œil, pénétra jusque dans la cervelle et le renversa roide mort. Le trépas de Brembro rendit libre, d'après les usages d'alors, les trois Bretons Charruel, Bodegat et Pestivien, qui étaient ses prisonniers ; ils reprirent leurs rangs parmi leurs compatriotes. Les Anglais, déconcertés par la mort de leur chef, commençaient à s'ébranler ; l'un d'eux, nommé Croquart, aventurier mais ayant des aïeux, mais d'une grande bravoure, prit le commandement, leur cria de tenir ferme et de bien se resserrer l'un contre l'autre. Ils se reformèrent leur ligne et disputèrent avec une nouvelle opiniâtreté l'avantage de cette journée aux compagnons de Beaumanoir. — Guillaume de Montauban, écuyer breton, voyant que le jour s'avançait et que malgré leurs efforts ses compagnons ne pouvaient entamer la ligne que formaient les Anglais, s'avisa d'un stratagème qui eut un plein succès. Se tirant à l'écart, il chaussa vite ses éperons, monta sur son cheval et fit semblant de fuir ; mais, décrivant un circuit, il revint au galop sur les Anglais, qu'il culbuta à coups de maillet en les foulant aux pieds de son coursier. Leur rang une fois rompu, les Bretons s'enfoncèrent de toutes parts, et achevèrent leur défaite en moins de rien. — Tel fut le combat des Trente, valeur qu'y déployèrent les deux partis, l'acharnement avec lequel la victoire y fut disputée passèrent en proverbe ; et dans la suite, lorsqu'on voulait parler d'un combat opiniâtre, on disait : On s'y battit comme au combat des Trente.

Très-anciennement, à la place où était le chêne de Mi-Voie, abattu lors des troubles de la Ligue, on avait élevé une croix sur la base de laquelle on lisait cette inscription :

« A la mémoire perpétuelle de la bataille des Trente, que Mgr le maréchal de Beaumanoir a gaignée en ce lieu le XXVII mars l'an MCCCL (vieux style). »

Cette croix, renversée à la révolution, a été remplacée par un monument érigé à la même place, consistant en un obélisque de granit d'une forme simple, mais élégante et très-élevée. Sur l'une de ses faces est incrustée une table de marbre, sur laquelle est gravée l'inscription suivante, que nous avons copiée figurativement :

« Vive le Roi longtemps ! les Bourbons toujours ! Ici, le 27 mars 1351, trente Bretons, dont les noms suivent, combattirent pour la défense du pauvre, du laboureur, de l'artisan, et vainquirent des étrangers que de funestes divisions avaient amenés sur le sol de la patrie.

POSTÉRITÉ BRETONNE IMITEZ VOS ANCÊTRES.

ROBERT DE BEAUMANOIR.	HUON DE SAINT-YVON.
LE SIRE DE TINTENIAC.	CAROT DE BODEGAT.
GUY DE ROCHEFORT.	GEOFFROY DUBOIS.
YVES CHARRUEL.	OLIVIER ARREL.
ROBIN RAGUENEL.	JEAN ROUSSELET.
GUILLAUME DE MONTAUBAN.	GEOFFROY POULART.
ALAIN TINTENIAC.	MAURICE DE TRONGUIDY.
TRISTAN DE PESTIVIEN.	GUYON DE PONTELANC.
ALAIN DE KERAURAIS.	MAURICE DU PARC.
OLIVIER DE KERAURAIS.	GEOFFROY DE BEAUCORPS.
LOUIS GOYON.	GEOFFROY DE MELLON.
N... FONTENAY.	JEAN DE SERENY.
N... FONTENAY.	GUILLAUME DE LA LANUE.
HUGUET TRAPUS.	OLIVIER DE MONTEVILLE.
GEOFFROY DE LA ROCHE.	SIMON RICHARD.

SOUS LE RÈGNE DE LOUIS XVIII, ROI DE FRANCE ET DE NAVARRE, LE XI JUILLET MDCCCXIX.

La première pierre de ce monument a été posée par le comte de Coutard, lieutenant général commandant la 13ᵉ division militaire ; A.-J.-B.-L.-M. de Charelles, baron de Lunac, officier de l'ordre royal de la Légion d'honneur, préfet du département du Morbihan, et J.-F.-M. Piou, ingénieur en chef du corps royal des ponts et chaussées ; et bénite par Pierre-Ferdinand de Bausset-Roquefort, évêque de Vannes. — Cet obélisque est au centre d'une étoile formée par des allées plantées de pins et de cyprès. Auprès est une chaumière où l'on a établi un vieux militaire gardien du monument.

Bibliographie. * Le combat des Trente, chronique du XIXᵉ siècle, in-18, 1838.

FRÉMINVILLE (de). Combat des Trente, broch. in-8.

CRAPELET (G.-A.). Le Combat de trente Bretons contre trente Anglais, publié d'après le manuscrit de la bibliothèque du roi, 2ᵉ édit., in-8, 1835.

Procès-verbal de la cérémonie de la pose de la première pierre du monument de la bataille des Trente, in-fol., 1819.

MIXE, vg. Landes, comm. de Lit, ⊠ de Castet.

MIZÉRIAT, vg. Ain, comm. de St-Didier-de-Chalaronne, ⊠ de Thoissey.

MIZÉRIEUX, vg. *Ain* (Bresse), arr., cant., ✉ et à 6 k. de Trévoux. Pop. 665 h.

MIZÉRIEUX, vg. *Loire* (Forez), arr. et à 24 k. de Montbrison, cant. de Boën, ✉ de Feurs. Pop. 337 h.

MIZOËN, vg. *Isère* (Dauphiné), arr. et à 58 k. de Grenoble, cant. et ✉ de Bourg-d'Oisans. Pop. 655 h.

MOBEC, vg. *Manche* (Normandie), arr. et à 29 k. de Coutances, cant. et ✉ de la Haye-du-Puits. Pop. 601 h.

MOCA, vg. *Corse*, arr. et à 39 k. de Sartène, cant. de Pétreto et Bicchisano, ✉ d'Olmeto. Pop. 537 h.

MOCPOIS, vg. *Seine-et-Marne*, comm. et ✉ de Château-Landon.

MOCSOURIS, vg. *Seine-et-Oise*, comm. de Gambais et Maulette, ✉ de Houdan.

MODÈNE, *Maudena, Mutina*, vg. *Vaucluse* (Comtat), arr. et à 8 k. de Carpentras, cant. et ✉ de Mormoiron. Pop. 216 h.

MODENHEIM, vg. *H.-Rhin*, comm. d'Illzach, ✉ de Mulhausen.

MODER (la), rivière qui prend sa source près de Zittersheim, *B.-Rhin*; elle passe à Ingwiller, Pfaffenhoffen, Haguenau, Bischwiller, et se jette dans le Rhin au-dessous du Fort-Louis, après un cours d'environ 50 k.

MOELAIN, vg. *H.-Marne* (Champagne), arr. et à 16 k. de Vassy, cant. et ✉ de St-Dizier. Pop. 266 h.

MOELAN, vg. *Finistère* (Bretagne), arr., ✉ et à 10 k. de Quimperlé, cant. de Pont-Aven. Pop. 4,132 h.

MOENS, vg. *Ain* (pays de Gex), arr. et à 9 k. de Gex, cant. et ✉ de Ferney. Pop. 233 h.

MOERE (la), vg. *Loire-Inf.*, comm. et ✉ de Savenay.

MOERES (les), vg. *Nord* (Flandre), arr. et à 14 k. de Dunkerque, cant. de Hondschoote, ✉ de Bergues. Pop. 884 h.

Ce village, situé à gauche du canal de Bergues à Furnes, est de création toute moderne. Les terres qui le composent étaient encore, au XVIIe siècle, un vaste marais dont l'inondation était incessamment entretenue par l'écoulement des eaux des terres environnantes. La nature n'avait fait des moëres qu'un immense égout, destiné à recevoir les eaux qui tombent sur toutes les terres environnantes, et qui sont de 2 m. 67 c. plus élevées que le sol des moëres. Il en résulte que le dessèchement de ces deux lacs ne pouvait s'opérer qu'au moyen de machines hydrauliques qui en élevassent les eaux à une hauteur suffisante pour les verser dans les canaux par lesquels elles sont portées à la mer.

Jusqu'au XVIIe siècle, les moëres restèrent dans l'état de marais; au temps des plus grandes sécheresses, elles avaient encore 1 m. 93 c. de profondeur; la stagnation des eaux dont elles étaient couvertes infectait l'air des contrées voisines, et de là les épidémies fréquentes qui moissonnaient la population, particulièrement dans la ville de Bergues.

En l'année 1619, le baron Wenceslas de Cœbergher, célèbre ingénieur belge, qui avait médité sur le système d'écoulement des eaux du pays, fit avec les souverains un traité par lequel il s'engageait à dessécher les moëres dans un délai fixé. Il entoura d'abord ces lacs d'une digue, puis d'un canal d'enceinte; il fit, en outre, construire un grand nombre de moulins, qui épuisèrent les eaux du fond des moëres, les élevèrent dans le canal; de là elles furent portées à la mer par le canal de Bergues. Cet écoulement unique n'étant pas suffisant, on permit à Cœbergher de pratiquer un écoulement direct à la mer, par le moyen d'une écluse qu'il fit construire à ses frais au fond de l'arrière-port de Dunkerque, et à laquelle il donna son nom.

Le plus heureux succès couronna les travaux de cet ingénieur; le dessèchement fut général et complet, et dès l'an 1632 on comptait cent quarante fermes, formant le village de Moëres; une belle église, dont les fondements existent encore, était le centre de cette nouvelle paroisse. Quelques heures suffirent pour détruire les travaux de vingt-sept années. Les Espagnols, assiégés dans Dunkerque en 1646, tendirent les inondations, et les moëres rentrèrent sous les eaux. Cœbergher en mourut de chagrin.

Les moëres devaient rester entièrement submergées pendant un siècle; en vain, par lettres patentes de 1669, Louis XIV en fit la concession à ses ministres Louvois et Colbert, à la charge d'en opérer le dessèchement; ils ne s'en occupèrent point, non plus que le marquis de Cahillac et la marquise de Maisons, à qui le régent fit une semblable concession par autres lettres patentes du 23 février 1716. Le comte d'Hérouville, qui obtint la même concession en 1746, se fit un devoir de remplir les conditions auxquelles cette faveur était attachée. Le gouvernement, pour favoriser son entreprise, fit, en 1752, construire une nouvelle écluse, dite de la Cunette, qui allait, par un fossé large et profond, pratiqué sous le canal même de Furnes, décharger les eaux des moëres et des terres adjacentes dans le port de Dunkerque. Dès 1762, le dessèchement de la petite moëre était entièrement fini. Les suites du traité de Versailles, en 1763, détruisirent en partie ces heureux résultats; il fallut combler le port de Dunkerque, et démolir l'écluse de la Cunette, où débouchaient les eaux des moëres: heureusement le comte d'Hérouville avait eu la précaution de faire approfondir de 2 m. 67 c. une partie du Kromnwart, jusqu'à Bernardsteet, et de rabaisser le radier de celui-ci à la même profondeur. Il en résulta que la moindre partie des moëres resta en culture, mais il devint impossible de dessécher le reste. En 1779, la compagnie hollandaise, connue sous le nom de Vandermey et compagnie, entreprit de nouveau le dessèchement; mais les mesures militaires prises en 1793 détruisirent les résultats incomplets qu'elle avait obtenus.

En 1795, MM. Herwyn frères, qui avaient antérieurement exploité les moëres belges, reprirent les travaux dans cette partie. Les moëres françaises restèrent dans un état d'abandon jusqu'en 1802, époque à laquelle les propriétaires nommèrent M. de Buyser directeur du dessèchement de ces moëres; en peu d'années, cet administrateur fut assez heureux pour réparer, autant que possible, le désastre que ce pays avait éprouvé.

Lors des événements militaires de 1814 et 1815, le gouvernement fit tendre les inondations des places fortes de Dunkerque, Bergues et de leurs forts; ces inondations dominèrent le fond des moëres de 3 m. 33 c., et les auraient infailliblement englouties, si le directeur des moëres françaises, M. de Buyser, n'avait eu la précaution de faire pratiquer des barrages sur les canaux des moëres, et sur ceux d'Hondschoote qui communiquent directement avec les moëres; la même précaution fut prise par MM. Herwyn, exploitant les moëres belges du côté de Furnes, pour arrêter les inondations que le commandant de Nieuport avait tendues par la rivière de Dyser; ainsi les moëres furent préservées d'une perte totale, mais elles souffrirent beaucoup par la filtration et le défaut d'écoulement. Si les mêmes mesures avaient été prises en 1793, on aurait épargné de grands malheurs à cette intéressante contrée.

Grâces à l'activité et à la persévérance de M. de Buyser, le dessèchement complet des terrains de la commune de Moëres a été achevé en 1826; ils ne demandent plus que des travaux d'entretien, et ces lieux qui, peuplés de reptiles et d'animaux aquatiques, étaient pour l'homme un séjour de mort et de désolation, se couvrent de riches moissons, et offrent à leurs industrieux colons une habitation saine et agréable.

MOERKERKE, vg. *Nord*, comm. des Moëres, ✉ de Bergues.

MŒURS, vg. *Marne* (Brie), arr. et à 45 k. d'Epernay, cant. et ✉ de Sézanne. P. 198 h.

MŒUVRES, vg. *Nord* (Cambrésis), arr., ✉ et à 16 k. de Cambrai, cant. de Marcoing. Pop. 895 h.

MOEZE, vg. *Charente-Inf.* (Saintonge), arr. et à 14 k. de Marennes, cant. de St-Aiguan, ✉ de Rochefort-sur-Mer. Pop. 503 h.

MOFFANS, vg. *H.-Saône* (Franche-Comté), arr., cant., ✉ et à 9 k. de Lure. Pop. 1,007 h. — *Fabrique* de tissus de coton.

MOGEVILLE, vg. *Meuse* (pays Messin), arr. et à 16 k. de Bar-le-Duc, cant. de Révigny, ✉ d'Etain. Pop. 444 h.

MOGNENEINS, bg *Ain* (Dombes), arr. et à 28 k. de Trévoux, cant. et ✉ de Thoissey. Pop. 4,201 h.

MOGNÉVILLE, vg. *Meuse* (Lorraine), arr. et à 13 k. de Bar-le-Duc, cant. d'Etain, ✉ de Révigny. Pop. 871 h.

MOGNEVILLE, vg. *Oise* (Picardie), arr. et à 9 k. de Clermont, cant. et ✉ de Liancourt. Pop. 215 h.

MOGONTIACUM (lat. 50°, long. 27°). Il n'en est point mention avant Tacite. Cependant, si nous en croyons Eutrope (lib. VII), ce lieu était antérieurement décoré d'un monument élevé à Drusus et à son fils Germanicus. On lit

Magontiacum dans Tacite et dans saint Jérôme ; selon d'autres auteurs, et dans la Notice de l'empire, c'est *Magontiacum*. Ptolémée y emploie le *x* au lieu du *v*. On trouve *Magoncia* dans Eutrope, comme dans les écrivains postérieurs et du moyen âge, Fortunat, Nithard et autres. De là s'est formé le nom de Maïence, et avec plus d'altération chez les Alemans celui de Mentz. Cette ville, par l'avantage de sa situation, devint la métropole de la Germanie première ou supérieure, et la résidence d'un général, qui sous le titre de *dux* commandait depuis la frontière du district particulier d'*Argentoratum*, confié à un comte, jusqu'aux limites de la Germanie seconde ou inférieure. La première des places sous les ordres de ce duc, selon la Notice de l'empire, c'était *Saletio* ou Seltz, et la dernière *Antunnacum* ou Andernach.» D'Anville. *Notice de l'ancienne Gaule*, p. 468.

MOGUES vg. *Ardennes* (pays Messin), arr., cant., ✉ et à 32 k. de Carignan. Pop. 435 h.

MOHON, vg. *Ardennes* (Champagne), arr., cant., ✉ et à 5 k. de Mézières, et à 2 k. de Charleville. Pop. 477 h. — Fabriques de clous, de canons de fusils et de baïonnettes.

MOHON, vg. *Morbihan* (Bretagne), arr. et à 17 k. de Ploërmel, cant. de la Trinité, ✉ de Josselin. Pop. 3,062 h.—Foires les 27 fév. et 25 avril.

MOIDREY, vg. *Manche* (Normandie), arr. et à 20 k. d'Avranches, cant. et ✉ de Pontorson. Pop. 329 h.

MOIGNANVILLE, vg. *Seine-et-Oise*, com. de Buno-Bonnevaux, ✉ de Gironville.

MOIGNÉ, vg. *Ille-et-Vilaine* (Bretagne), arr., ✉ et à 8 k. de Rennes, cant. de Mordelles. Pop. 373 h.

MOIGNY, vg. *Seine-et-Oise* (Gatinais), arr. et à 25 k. d'Etampes, cant. et ✉ de Milly. P. 583 h.

MOIMAY, vg. *H.-Saône* (Franche-Comté), arr. à 19 k. de Lure, cant. et ✉ de Villersexel. Pop. 391 h.

MOINE (la), petite rivière qui prend sa source dans le dép. de *Maine-et-Loire;* elle passe à Chollet, Montfaucon et Clisson, où elle se jette dans la Sèvre nantaise, après un cours d'environ 50 k. Ses bords sont on ne peut plus pittoresques.

MOINES (île aux). Elle est située dans le golfe du Morbihan, arr. et cant. de Vannes.— *Etablissement de la marée*, 4 heures 50 minutes.

Bibliographie. L'ECHAUDÉ D'ANISSY. *Mémoire sur des objets d'antiquités trouvés dans l'île aux Moines* (Mém. de la société des antiq. de Normandie, T. IV, p. 253).

MOIMONT, vg. *Oise*, comm. de Milly, ✉ de Marseille.

MOINAS, vg. *Gard*, comm. de St-Jean-de-Valériscle, ✉ de St-Ambroix.

MOINEAU, vg. *Oise*, comm. d'Angy et Bury, ✉ de Mouy.

MOINERIE (la), vg. *Loir-et-Cher*, comm. de Lanthenay, ✉ de Romorantin.

MOINEVILLE, vg. *Moselle* (pays Messin), arr., cant., ✉ et à 7 k. de Briey. P. 347 h.

MOINGS, vg. *Charente-Inf.* (Saintonge), arr., cant., ✉ et à 8 k. de Jonzac. P. 432 h.

MOINGT, vg. *Loire* (Forez), arr., cant., ✉ et à 10 k. de Montbrison. Pop. 736 h.

Ce village était autrefois une ville considérable, citée par Ptolémée, et que le géographe Sanson d'Abbeville désigne sous le nom de *Mediolanum Segusianorum*. Plusieurs ruines de constructions romaines, et des débris d'antiquités qu'on y découvre chaque jour attestent que cette ancienne cité était jadis fort importante. Au couchant du village on aperçoit sur un coteau élevé les restes d'un édifice de forme circulaire, dont le diamètre est de 45 m.; il est connu depuis longtemps sous le nom de *Palatium vetus*. Le mur qui forme la partie occidentale et septentrionale est soutenu à l'extérieur par des pilastres carrés, et s'est conservé à une hauteur considérable. Sur la route entre Moingt et Montbrison s'élève un ancien monastère, dont le mur méridional, qui déborde en avant du portail, a fait autrefois partie d'un temple de Cérès. Enfin dans les maisons, dans les rues, dans les jardins, il n'est pas rare d'extraire, à la moindre fouille, des débris de colonnes ou d'ornements, et des médailles d'empereurs romains.

Moingt possède une source d'eau minérale acidule, située à la droite du chemin qui conduit à Montbrison. Cette source, dont le bassin a été nettoyé depuis quelques années, forme pendant toute la belle saison un but de promenade agréable pour les habitants de Montbrison.

MOINVILLE-LA-JEULIN, vg. *Eure-et-Loir* (Beauce), arr. et à 17 k. de Chartres, cant. et ✉ d'Auneau. Pop. 153 h.

MOINVILLE-LE-BOURREAU, bg *Eure-et-Loir*, comm. de Reclainville, ✉ de Voves.

MOIRANS (St-), vg. *Drôme*, comm. de Châtel-Arnaud, ✉ de Saillans.

MOIRANS, bg *Isère* (Dauphiné), arr. et à 37 k. de St-Macellin, cant. de Rives, ✉. A 549 k. de Paris pour la taxe des lettres. Pop. 2,769 h.

Autrefois diocèse, parlement et intendance de Grenoble, élection de Romans, grenier à sel, couvents de cordeliers et d'ursulines.

Fabriques de, coutellerie. Taillanderie. Papeterie. Culture et commerce de chanvre.

MOIRANS, petite ville, *Jura* (Franche-Comté), arr. et à 20 k. de St-Claude, chef-l. de cant. Cure. Gîte d'étape. ✉. A 446 k. de Paris pour la taxe des lettres. Pop. 1,486 h.— TERRAIN tertiaire supérieur.

Cette ville est située dans une gorge étroite, entre des montagnes fort hautes qui la dérobent de toute part aux yeux du voyageur. Elle est généralement bien bâtie, formée de rues larges, propres et ornées de belles fontaines ; mais sa position au milieu des stériles rochers qui l'enveloppent en rend l'aspect triste. L'espèce d'incarcération où elle se trouve y a fait naître un usage assez rare dans les petites villes, c'est de ne commencer à habiter que le premier étage, où l'on jouit d'un air plus pur, d'une atmosphère plus saine ; les rez-de-chaussée forment des écuries, des caves et des décharges.

Aux environs on trouve une mine de fer en roche, comme celle de Monay. — A 2 k. de là sont les ruines de la ville d'Antres et le Pont-des-Arches, que nous avons décrits à l'article GRANDVILLARS.

Fabriques de chapeaux de paille d'Italie. Filatures de coton. Teintureries. — *Foires* les 30 mars, 10 mai, 22 juin, 11 août, 18 sept. et 23 nov.

MOIRAS, vg. *Lot-et-Garonne*, comm. de Laperche, ✉ de Miramont.

MOIRAUX, vg. *Isère*, comm. de St-Didier-de Bizonnes, ✉ du Grand-Lemps.

MOIRAX, vg. *Lot-et-Garonne* (Agénois), arr. et à 10 k. d'Agen, cant. de la Plume, ✉ de Layrac. Pop. 921 h. — *Foires* les 10 avril, 20 mai et 30 oct.

MOIRÉ, vg. *Rhône* (Beaujolais), arr. et à 12 k. de Villefranche-sur-Saône, cant. et ✉ de Bois-d'Oingt. Pop. 202 h.

MOIREMONT, vg. *Marne* (Champagne), arr., cant., ✉ et à 6 k. de Ste-Ménehould. Pop. 560 h.

Ce village est pittoresquement situé sur le revers de deux coteaux escarpés. Il doit son origine et son nom à une ancienne abbaye de bénédictins, fondée par le comte de Nanterre en 707.

MOIREY, vg. *Meuse* (pays Messin), arr., et à 26 k. de Montmédy, cant. et ✉ de Damvillers. Pop. 133 h.

MOIRIEU, vg. *Isère*, comm. de Villemoirieu, ✉ de Crémieu.

MOIRON, vg. *Jura* (Franche-Comté), arr., cant., ✉ et à 5 k. de Lons-le-Saulnier. Pop. 305 h.

MOIRY, vg. *Ardennes* (pays Messin), arr. et à 30 k. de Sedan, cant. et ✉ de Carignan. Pop. 299 h. — Fabrique de draps.

MOIRY, vg. *Nièvre* (Nivernais), ✉ de St-Parize-le-Châtel, ✉ de Magny.

MOISDON, ou MOISDON-LA-RIVIÈRE, bg *Loire-Inf.* (Bretagne), arr., bureau d'enregist. et à 11 k. de Châteaubriant, chef-l. de cant. Cure. ✉ de la Meilleraie. Pop. 2,305 h. — TERRAIN de transition moyen.

Il est situé sur une hauteur, près de la rive droite du Don. — Forges. Exploitation de minerai de fer. — *Foire* le 1er juin.

MOISENAY, vg. *Seine-et-Marne* (Gatinais), arr., cant., ✉ et à 8 k. de Melun, cant. du Châtelet. Pop. 731 h.

MOISEY, vg. *Côte-d'Or*, comm. de Marigny-lès-Reullée, ✉ de Beaune.

MOISLAINS, vg. *Somme* (Picardie), arr., cant., ✉ et à 8 k. de Péronne. Pop. 1,801 h.

MOISMONT, vg. *Oise*, comm. de Canny-sur-Thérain, ✉ de Formerie.

MOISSAC, bg *Cantal* (Auvergne), arr., cant., ✉ et à 10 k. de Murat. Pop. 656 h.

MOISSAC, ou NOTRE-DAME-DE-VALFRANCISQUE, vg. *Lozère* (Languedoc), arr. et à 34 k. de Florac, cant. de St-Germain-de-Calberte. ✉ de Pompidou. Pop. 720 h.

MOISSAC, *Mussiacum*, ancienne ville, *Tarn-et-Garonne* (Languedoc), chef-l. de sous-préf. (2ᵉ arr.) et d'un cant. Trib. de 1ʳᵉ inst. et de commerce. Collége communal. Cure. Gîte d'étape. ⊠. ⚜. Pop. 10,762 h. — Terrain tertiaire moyen.

La fondation de cette ville remonte à une époque fort reculée. Quelques écrivains ont avancé qu'elle existait déjà à l'époque où les Romains devinrent maîtres des Gaules; mais on ne peut appuyer cette opinion d'aucunes preuves. Des actes authentiques prouvent qu'elle avait déjà une certaine importance vers le commencement du VIIᵉ siècle. Très-anciennement un pont, dont on voit encore des restes considérables, unissait sous ses murs les deux rives du Tarn, et il paraît que ce pont avait été fondé sur les ruines d'un autre encore plus ancien.

Une tradition absurde attribue à Clovis la fondation d'un monastère à Moissac; mais les historiens du Languedoc ont prouvé que le vrai fondateur de ce monastère est saint Amand, évêque de Maëstricht, qui l'établit dans le VIIᵉ siècle, sous le règne de Dagobert II. Plusieurs souverains, parmi lesquels on compte Louis , fils de Charlemagne et de Pepin II, enrichirent cette abbaye et lui accordèrent divers priviléges.

Pendant les guerres que se firent le comte de Toulouse Raimond V et le duc d'Aquitaine Richard, ce dernier s'empara du château de Moissac, qui fut rendu dans la suite à Raimond VI, fils et successeur de Raimond V. Au commencement du XIIIᵉ siècle, les croisés, ayant à leur tête Simon de Montfort, usurpèrent les domaines du comte de Toulouse; le 14 août 1212 ils vinrent mettre le siége devant Moissac. Les habitants avaient appelé dans leurs murs un corps de routiers et quelques Toulousains; après s'être défendus pendant quelque temps, réfléchissant sur leur position et sur la cruauté de Montfort, ils résolurent de capituler, mais la garnison s'y opposa. Enfin, après plusieurs combats, les habitants traitèrent seulement avec Montfort, lui ouvrirent leurs portes, lui livrèrent les Toulousains et les 300 routiers qu'ils avaient fait venir pour leur défense; ces malheureux furent massacrés sans pitié. Les habitants rachetèrent leurs maisons du pillage en payant cent marcs d'or à l'avide commandant des croisés. En se soumettant à ce chef, ils avaient cédé à la crainte; mais, dès qu'ils crurent pouvoir secouer le joug, ils le firent avec empressement. En 1214, secondés par Raimond VI, ils attaquèrent le château où Montfort avait laissé une garnison; celui-ci marcha de suite vers Moissac; Raimond fut obligé de s'éloigner, et Montfort entra dans Moissac, dont il châtia les habitants, qui, se fiant à sa générosité, n'avaient pas abandonné leurs demeures. La tyrannie exercée par les croisés fut longue et sanglante; mais enfin, après cinq années de souffrances, les habitants de Moissac furent délivrés de leur joug.

Dans l'article 16 du traité de Paris de 1229, les fortifications de Moissac durent être rasées. Les inquisiteurs y exercèrent ensuite leur terrible ministère. Moissac demeura fidèle à la France pendant la guerre contre les Anglais. En 1346 le comte d'Armagnac convoqua dans cette ville une assemblée de deux députés de chaque bonne ville du Languedoc, afin de délibérer en commun sur les moyens de repousser les étrangers. Les fortifications de Moissac furent réparées en 1351, ce qui n'empêcha pas toutefois cette ville de subir le joug des Anglais; mais dès 1370 elle arbora l'étendard de la patrie.

Les bâtiments de l'abbaye de Moissac couvraient une très-grande surface, mais la majeure partie a été ou détruite, ou consacrée à des établissements publics. On parvient à l'église en passant sous un porche qui conduit à un péristyle carré, orné de colonnes, dont l'architecture mâle produit un très-bon effet. L'église paraît beaucoup moins ancienne que le porche et que le péristyle, et n'offre rien de bien remarquable. A l'entrée du porche est un arc en ogive; de chaque côté on voit une haute colonne engagée dans le mur; l'une supporte la statue de saint Pierre, l'autre celle de saint Paul. Ce genre de décoration, inusité dans les monuments de l'époque où celui-ci fut construit, prépare en quelque sorte au singulier spectacle que présente l'intérieur du porche, qui est formé de deux faces latérales et du grand portail intérieur. Des bas-reliefs en pierre et en marbre recouvrent ses côtés ; à droite on a représenté l'Annonciation, l'Adoration des mages, la Fuite en Egypte; à gauche des sculptures singulières attachent pendant longtemps les regards des spectateurs. Dans la partie inférieure l'artiste a offert l'image de la Luxure, sous les formes qui ont beaucoup de rapport à celles qu'on lui a données à Montmorillon. des serpents s'enlacent autour de la partie inférieure d'une femme entièrement nue, et vont sucer ses mamelles, tandis qu'un énorme crapaud s'attache à ses parties sexuelles; près de cette femme est un démon, dans la bouche duquel un crapaud verse son venin. Le bas-relief placé à côté de celui-ci représente un homme ayant sa bourse pendue à son cou, et portant un démon sur ses épaules; un pauvre s'approche et demande des secours qui lui sont refusés; nul doute qu'on n'ait voulu représenter l'Avarice. On voit en effet dans la partie supérieure des bas-reliefs, le mauvais riche, à table avec une femme, tandis qu'à sa porte est couché Lazare, dont des chiens lèchent les plaies. Plus bas on remarque le riche mourant, et son âme emportée par le génie des ténèbres, tandis que l'un d'entre eux lui montre une bourse remplie, qui indique le sujet de sa condamnation : tout auprès est une femme qui représente la Luxure tourmentée par des démons; et plus haut l'âme du juste reçue dans le sein d'Abraham. — La décoration du grand portail a été l'objet de longues controverses parmi les savants du pays; l'opinion de M. du Mége, à qui nous avons emprunté cet article, est qu'il représente Dieu, environné des signes caractéristiques des quatre évangélistes, et les vingt-quatre vieillards qui, selon saint Jean, étaient placés sur un trône près de celui de l'Eternel.

De l'église de Moissac on passe dans le cloître, remarquable par sa forme et par les sculptures dont il fut orné; une abondante fontaine était placée dans l'un des angles; le pavé était composé de briques sur lesquelles on remarquait une foule d'ornements. Ce cloître porte une date certaine; une inscription atteste qu'il fut bâti en 1100. Des chapiteaux chargés de bas-reliefs, représentant un grand nombre de scènes du Nouveau et de l'Ancien Testament, supportent des arcs en ogive peu élancés ; parmi les sculptures de ces chapiteaux on en remarque quelques-unes très-indécentes.

Les **armes de Moissac** sont : *de gueules à la croix cléchée, vidée et pommetée d'or à douze pointes; au chef d'azur chargé de trois fleurs de lis d'or.*

La ville de Moissac est dans une situation agréable et très-avantageuse pour le commerce, sur le Tarn, qui y est navigable, et que l'on passe sur un beau pont; elle est bien bâtie dans un spacieux bassin formé de coteaux pittoresques, d'aspects variés, parsemés de vignobles et de vergers. Une assez belle promenade a été tracée sur la rive droite du Tarn; de ses allées solitaires on voit de nombreuses embarcations remonter le fleuve ou descendre vers Bordeaux. Le nouveau pont, la ville, le clocher peu élevé, mais pittoresque de Saint-Pierre, la haute colline surmontée d'une croix et qui paraît peser sur les dernières habitations situées vers le nord, sont les objets que l'on remarque avec plaisir de cet endroit. Un cours ombragé de beaux arbres a remplacé les fossés de l'ancienne enceinte fortifiée.

PATRIE du conventionnel DELBREL.

Commerce considérable de très-belles farines qui s'expédient pour le Levant et pour les colonies, d'huiles, safran, vins, laines. — *Foires* le 1ᵉʳ samedi de chaque mois.

A 28 k. N.-O. de Montauban, 637 k. S. de Paris.

L'arrondissement de Moissac est composé de 9 cantons: Moissac, Auvillars, Bourg-de-Visa, Lauzerte, Montaigut, Valence.

MOISSAC, *Mosiacum*, vg. *Var* (Provence), arr. et à 41 k. de Brignoles, cant. de Tavernes, ⊠ d'Aups. Pop. 319 h.

MOISSAQUEL, vg. *Tarn-et-Garonne*, comm. de Touffailles, ⊠ de Lauzerte.

MOISSANNES, vg. *H.-Vienne* (Limousin), arr. et à 29 k. de Limoges, cant. et ⊠ de St-Léonard. Pop. 738 h.

MOISSAT, vg. *Puy-de-Dôme* (Auvergne), arr. et à 25 k. de Clermont-Ferrand, cant. de Vertoison, ⊠ de Billom. Pop. 1,802 h.

MOISSELLES, *Moisella*, *Seine-et-Oise* (Ile-de-France), arr. et à 25 k. de Pontoise, cant. d'Ecouen. ⊠. ⚜. A 22 k. de Paris pour la taxe des lettres. Pop. 334 h.

MOISSEY, vg. *Jura* (Franche-Comté), arr. et à 13 k. de Dôle, cant. de Montmirey-la-Ville. ⊠. A 369 k. de Paris pour la taxe des lettres. Pop. 968 h.

PATRIE du médecin BRENET.
Carrières de pierres meulières. Tuileries. — *Foires* les 1ᵉʳ fév., 1ᵉʳ mai, 27 sept. et 16 nov.

MOISSIEUX, vg. *Isère* (Dauphiné), arr. et à 18 k. de Vienne, cant. et ✉ de Beaurepaire. Pop. 605 h.

MOISSON, bg *Seine-et-Oise* (Ile-de-France), arr. et à 14 k. de Mantes, cant. et ✉ de Bonnières. Pop. 829 h. — Il est situé sur la rive gauche de la Seine à l'extrémité d'une presqu'île que forme cette rivière.

MOISSY-CRAMAYEL, vg. *Seine-et-Marne* (Ile-de-France), arr. et à 12 k. de Melun, cant. de Brie-Comte-Robert, ✉ de Lieusaint. Pop. 510 h.

MOISVILLE, *Moivilla*, vg. *Eure* (Normandie), arr. et à 23 k. d'Évreux, cant. de Nonancourt, ✉ de Damville. Pop. 256 h. — *Fabrique* de droguets.

MOISY, vg. *Loir-et-Cher* (Blaisois), arr. et à 41 k. de Blois, cant. d'Ouzouer-le-Marché, ✉ d'Oucques. Pop. 600 h.

MOITA, vg. *Corse*, arr., ✉ et à 28 k. de Corté, chef-l. de cant. Pop. 768 h.
Une partie du territoire du canton de Moita comprend la plaine d'Aleria, la plus belle et la plus fertile contrée de toute la Corse.

MOITIERS (les), vg. *Manche* (Normandie), arr. et à 17 k. de Valognes, cant. et ✉ de St-Sauveur-sur-Douve. Pop. 647 h.

MOITIERS-D'ALLONNE (les), vg. *Manche* (Normandie), arr. et à 25 k. de Valognes, cant. et ✉ de Barneville. Pop. 1,114 h. — *Fabriques* de brique et de poterie de terre, notamment de grands pots à beurre pour Isigny.

MOITRON, vg. *Côte-d'Or* (Bourgogne), arr. et à 30 k. de Châtillon-sur-Seine, cant. et ✉ d'Aignay-le-Duc. Pop. 218 h.

MOITRON, vg. *Sarthe* (Maine), arr. et à 32 k. de Mamers, cant. de Fresnay-sur-Sarthe. Pop. 961 h.

MOIVRE, vg. *Marne* (Champagne), arr. et à 24 k. de Châlons-sur-Marne, cant. de Marson. Pop. 214 h.

MOIVRONS, vg. *Meurthe* (Lorraine), arr., ✉ et à 20 k. de Nancy, cant. de Noményr. P. 481 h.

MOLAC, vg. *Morbihan* (Bretagne), arr. et à 28 k. de Vannes, cant. de Questambert, ✉ de Rochefort-en-Terre. Pop. 1,390 h. — *Foires* les 24 janvr., 17 juin et 16 août (à Sermain).

MOLAGNIES, vg. *Menneville*, *Seine-Inf.* (Normandie), arr. et à 40 k. de Neufchâtel-en-Bray, cant. et ✉ de Gournay. Pop. 185 h.

MOLAIN, vg. *Aisne* (Picardie), arr. et à 45 k. de Vervins, cant. de Wassigny, ✉ d'Étreux. Pop. 779 h.

MOLAIN, vg. *Jura* (Franche-Comté), arr., cant., ✉ et à 10 k. de Poligny et à 15 k. d'Arbois. Pop. 314 h.

MOLAIZE-SUR-SAONE, ou **MOLEIZE**, *Molesia*, *Saône-et-Loire*, comm. d'Écuelles-sur-le-Doubs, ✉ de Verdun-sur-le-Doubs.
Ce lieu doit son existence à une abbaye de bernardines, ordre de Cîteaux, fondée dans le milieu du xiiᵉ siècle, par Eudes II, duc de Bourgogne. Les plus illustres familles de cette province donnèrent à Molaize des religieuses et des abbesses dont on voyait les tombes dans l'église et les armoiries peintes sur les vitraux. — « C'est, dit l'un des historiens de Chalon, une maison qui paroist fort célèbre, par l'antiquité de ses tombeaux, par la structure de ses bastimens qui ont esté beaucoup ajancez et réparez par les soins da Madame Marie de Tyard, faite abbesse de ce saint monastère par la grandeur de ses mérites et par la réputation de ses vertus, etc..... » (L. Bertaut, *Illust. Orbandal*, t. ii, p. 271-1662). Il ne reste plus rien de cette antique abbaye, qui a été vendue lors de la révolution et démolie de fond en comble.

MOLAMBOZ, vg. *Jura* (Franche-Comté), arr. de Poligny, cant., ✉ et à 9 k. d'Arbois. Pop. 329 h.

MOLANDIER, vg. *Aude* (Languedoc), arr. et à 33 k. de Castelnaudary, cant. de Belpech, ✉ de Salles-sur-l'Hers. Pop. 812 h.

MOLARD (le), vg. *Drôme*, com. de Beausemblant, ✉ de St-Vallier.

MOLARD (Grand et Petit-), vg. *Saône-et-Loire*, comm. de Verizet, ✉ de St-Oyen.

MOLAS, vg. *H.-Garonne* (Languedoc), arr. et à 37 k. de St-Gaudens, cant. et ✉ de l'Isle-en-Dodon. Pop. 533 h.

MOLAY, vg. *Jura* (Franche-Comté), arr., ✉ et à 11 k. de Dôle, cant. de Chemin. Pop. 436 h.

MOLAY, vg. *H.-Saône* (Franche-Comté), arr. et à 39 k. de Vesoul, cant. de Vitrey, ✉ de Cintrey. Pop. 371 h.

MOLAY, vg. *Yonne* (Champagne), arr. et à 14 k. de Tonnerre, cant. et ✉ de Noyers. P. 313 h.

MOLÉANS, vg. *Eure-et-Loir* (Beauce), arr., cant., ✉ et à 7 k. de Châteaudun. Pop. 492 h.

MOLÈDES, vg. *Cantal* (Auvergne), arr. et à 30 k. de St-Flour, cant. de Massiac. P. 951 h.

MOLÈNE, *Finistère*. V. ILE-MOLÈNE (l').
Elle renferme une commune dont les habitants sont presque tous pêcheurs et excellents pilotes. — *Établissement* de la marée, 3 heures 40 minutes.

MOLÉON, vg. *Gers* (Armagnac), arr. et à 47 k. de Condom, cant. et ✉ de Cazaubon. P. 1,145 h.

MOLÈRE, vg. *H.-Pyrénées* (Gascogne), arr. et à 18 k. de Bagnères-de-Bigorre, cant. et ✉ de Lannemezan. Pop. 67 h.

MOLERETTE (la), vg. *Lot*, com. de Flagnac, ✉ de Montratier.

MOLES, vg. *Landes*, comm. et ✉ de Cazères.

MOLESME, petite ville, *Côte-d'Or* (Bourgogne), arr. et à 22 k. de Châtillon-sur-Seine, cant. et ✉ de Laignes. Pop. 884 h. Sur la Laignes.
On voit les restes d'une ancienne abbaye de bénédictins, fondée par saint Robert au xiiᵉ siècle. — *Fabriques* de toiles et de grosse draperie. Filature de laine. Carrières de belles pierres à bâtir. — *Foires* les 26 mars, 24 juillet et 13 oct.

MOLESME, vg. *Yonne* (Nivernais), arr. et à 24 k. d'Auxerre, cant. et ✉ de Courson. P. 384 h.

MOLEYRES, vg. *Lot-et-Garonne*, com. et ✉ de Casteljaloux.

MOLEZON, vg. *Lozère* (Languedoc), arr. et à 20 k. de Florac, cant. de Burre, ✉ de Pompidon. Pop. 540 h.

MOLF (St-), vg. *Loire-Inf.* (Bretagne), arr. et à 51 k. de Châteaubriant, cant. et ✉ de Guérande. Pop. 1,205 h. Près de l'Océan. — On y compte 1,625 œillets de marais salants. — *Commerce* de sel.

MOLHAIN, vg. *Ardennes*, com. de Vireux-Molhain, ✉ de Givet.

MOLHESABATE, *H.-Loire*. V. ST-JULIEN-MOLHESABATE.

MOLIENS, vg. *Seine-et-Marne*, comm. d'Ussy, ✉ de la Ferté-sous-Jouarre.

MOLIÈRE (la), vg. *Aveyron*, comm. de Pomayrols, ✉ de St-Geniez.

MOLIÈRE, vg. *Isère*, comm. de St-Quentin, ✉ de la Verpillière.

MOLIÈRE, vg. *Mayenne*, comm. de Chemazé, ✉ de Château-Gontier.

MOLIÈRE (la), vg. *Puy-de-Dôme*, comm. d'Yronde, ✉ de Veyre.

MOLIÈRES (les), vg. *Ardèche*, comm. de St-Pierre-la-Roche, ✉ de Privas.

MOLIÈRES, vg. *Aude* (Languedoc), arr. et à 25 k. de Limoux, cant. et ✉ de St-Hilaire. Pop. 90 h.

MOLIÈRES, vg. *Dordogne* (Périgord), arr. et à 32 k. de Bergerac, cant. de Cadouin, ✉ de la Linde. Pop. 952 h. — *Foires* les 25 juin, 16 août et 1ᵉʳ mercredi du mois.

MOLIÈRES, vg. *Drôme* (Dauphiné), arr., cant., ✉ et à 2 k. de Die. Pop. 95 h.

MOLIÈRES, vg. *Gard* (Languedoc), arr., cant., ✉ et à 5 k. du Vigan. Pop. 755 h.

MOLIÈRES, vg. *Lot* (Quercy), arr. et à 25 k. de Figeac, cant. et ✉ de St-Céré. Pop. 1,027 h.
On y remarque plusieurs souterrains que l'on peut suivre sur une longueur de plus de 500 m., et qui aboutissaient de plusieurs villages à l'église, édifice dont l'épaisseur des murs, le petit nombre et la forme des ouvertures, les créneaux qui entouraient le comble, annoncent qu'il fut bâti pour la défense des habitants.
Foires les 3 fév. et 31 mai.

MOLIÈRES, *Mòlerias*, vg. *Seine-et-Oise* (Ile-de-France), arr. et à 25 k. de Rambouillet, cant. et ✉ de Limours. Pop. 475 h. — Carrières de pierres meulières.
Bibliographie. *Description de la carrière de pierres à meules de la commune des Molières* (Journal des mines, nº 22, p. 25).

MOLIÈRES (les Grandes et les Petites-), vg. *Seine-et-Oise*, comm. de la Villeneuve-en-Chevrie, ✉ de Bonnières.

MOLIÈRES, petite ville, *Tarn-et-Garonne* (Quercy), arr. et à 23 k. de Montauban, chef-l. de cant. Cure. ⊠. A 615 k. de Paris pour la taxe des lettres. Pop. 2,599 h. — TERRAIN tertiaire moyen.

L'origine de cette ville remonte à une époque reculée. Vers le milieu du XIIIᵉ siècle, Alphonse, comte de Poitiers et de Toulouse, accorda une charte de commune aux habitants.

Foires les 25 janv., vendredi saint, 6 mai, oct. 1ᵉʳ juin, 22 juillet, 25 nov. et 1ᵉʳ vendredi de déc.

MOLIERRE, vg. *Gard*, comm. de Meyrannes, ⊠ de St-Ambroix.

MOLIETS, vg. *Landes* (Gascogne), arr. et à 35 k. de Dax, cant. de Soustons, ⊠ de St-Vincent-de-Tyrosse. Pop. 404 h.

MOLIEZBAR, vg. *Seine-et-Marne*, comm. de St-Aulde, ⊠ de la Ferté-sous-Jouarre.

MOLIGNAUX, vg. *Somme*, comm. de Croix-Molignaux, ⊠ de Ham.

MOLINCHART, vg. *Aisne* (Picardie), arr., cant., ⊠ et à 6 k. de Laon. P. 340 h.

MOLINCOURT, *Molincuria*, vg. *Eure* (Normandie), arr. et à 20 k. des Andelys, cant. d'Écos, ⊠ des Thilliers-en-Vexin. Pop. 42 h.

MOLINE (Haute et Basse-), vg. *Aube*, com. et ⊠ de Troyes.

MOLINE, vg. *Lozère*, comm. d'Ispagnac, ⊠ de Floriac.

MOLINES-EN-CHAMPSAUR, vg. *H.-Alpes* (Dauphiné), arr. et à 26 k. de Gap, cant. et ⊠ de St-Bonnet. Pop. 163 h.

MOLINES-EN-QUEYRAS, bg *H.-Alpes* (Dauphiné), arr. et à 59 k. de Briançon, cant. d'Aiguilles, ⊠ de Queyras. Pop. 1,005 h. — *Foire* après les fêtes de la Pentecôte.

MOLINET, vg. *Allier* (Bourbonnais), arr. et à 54 k. de Moulins-sur-Allier, cant. de Dompierre, ⊠ de Digoin. Pop. 861 h.

MOLINEUF, vg. *Loir-et-Cher*, comm. de St-Secondin, ⊠. A 183 k. de Paris pour la taxe des lettres.

MOLINGES, vg. *Jura* (Franche-Comté), arr., cant., ⊠ et à 11 k. de St-Claude. Pop. 370 h. Sur la Bienne.

On y voit une carrière de fort beau marbre, exploitée avec beaucoup de succès au moyen de machines hydrauliques fort simples, qui débitent le marbre en planches de fort grandes dimensions. Ce fut le curé du lieu, M. le Clerc, qui découvrit cette carrière en 1768.

En face de la carrière de Molinges, de l'autre côté de la Bienne, on voit une grande caverne, fameuse par l'asile qu'elle a donné, dans les dernières guerres de la Franche-Comté, à un chef de parti qui s'y défendit longtemps comme dans un fort.

Foire le mercredi avant la St-Léger.

MOLINGHEM, vg. *Pas-de-Calais* (Artois), arr. et à 25 k. de Béthune, cant. de Norrent-Fontes, ⊠ d'Aire-sur-la-Lys. Pop. 633 h.

MOLINIÉ, vg. *Tarn-et-Garonne*, comm. de Det, ⊠ de Caylux.

MOLINONS, vg. *Yonne* (Champagne), arr. et à 20 k. de Sens, cant. et ⊠ de Villeneuve-Larchevêque. Pop. 324 h.

MOLINOT, *Molinetum*, vg. *Côte-d'Or* (Bourgogne), arr. et à 21 k. de Beaune, cant. et ⊠ de Nolay. Pop. 644 h. — On y voit les restes d'une voie romaine et d'un ancien château. — *Foire* le 6 nov.

MOLINS, vg. *Aube* (Champagne), arr. et à 38 k. de Bar-sur-Aube, cant. et ⊠ de Brienne. Pop. 203 h.

MOLITARD, vg. *Eure-et-Loir*, comm. de Conie, ⊠ de Châteaudun.

MOLITG, village et établissement d'eaux thermales, *Pyrénées-Or.* (Roussillon), arr., cant., ⊠ et à 9 k. de Prades. Pop. 604 h.

EAUX THERMALES DE MOLITG.

On arrive ordinairement à Molitg par la grande route qui traverse la ville de Prades, les voies de communication entre le département des Pyrénées-Orientales et celui de l'Aude étant presque impraticables de ce côté. Bâti sur les deux tiers inférieurs de la montagne dont la cime borde la vallée au nord-ouest, sur un plateau plus élevé que les collines qui entourent les bains, la position de Molitg permet à l'œil de planer sur les pays circonvoisins, et de découvrir, d'un côté, la majeure partie de la vallée montueuse, mais toujours verdoyante de Castellane, dans les sinuosités de laquelle s'entrevoient, parmi les bouquets d'arbres touffus qui l'embellissent, trois ou quatre hameaux ; de l'autre côté on aperçoit le Canigou, sur lequel règnent constamment le printemps et l'hiver, et dont la masse imposante borne l'horizon. Le sol, élevé d'environ 500 m. au-dessus du niveau de la mer, est entièrement granitique, et sa surface présente de grandes inégalités ; mais l'industrie des habitants qui ont ménagé de tous côtés des canaux d'irrigation, a su le rendre propice à toute sorte de productions : aussi fournit-il tout ce qui est nécessaire à la vie.

Les sources thermales de Molitg sourdent d'une masse granitique, à 1 k. environ de cette commune, dans le fond d'une gorge de la vallée de Castellane, vis-à-vis de l'ancien château de Paracols, au confluent gauche du torrent du Riel et de la rivière de Mosset, qui a donné son nom à la vallée.

Quoique connues dès les temps les plus reculés, ces sources s'étaient fréquentées jusque vers le milieu du siècle dernier, que par les habitants des communes voisines, qui s'y baignaient lorsqu'ils avaient la gale ou lorsqu'ils étaient tourmentés par la sciatique ou par des douleurs rhumatismales ; mais la manière d'y prendre les bains était très-incommode, parce qu'il n'y avait alors à Molitg qu'un bassin creusé dans le roc, recouvert seulement d'une mauvaise voûte. En 1756 M. Carrère, professeur en médecine de l'université de Perpignan, et médecin de l'hôpital royal et militaire de la même ville, en publiant son traité des eaux minérales du Roussillon, tira les eaux de Molitg de l'oubli où elles étaient ensevelies.

Les médecins de la contrée ayant vérifié et constaté les heureux résultats que, d'après l'ouvrage de M. Carrère, les eaux sulfureuses de Molitg pouvaient leur faire espérer dans un grand nombre de cas maladifs, donnèrent à ces eaux assez de vogue pour engager le propriétaire à construire sur le plateau supérieur, le long du torrent du Riel et tout à côté de l'ancienne voûte, un modeste bâtiment qui, devenu bientôt insuffisant, a reçu quelques années après divers changements. Cet édifice présente aujourd'hui un carré oblong, divisé en deux principaux compartiments séparés entre eux par un corridor, ayant d'un côté dix cabinets renfermant un pareil nombre de baignoires ; de l'autre, un local propre à servir de lieu de repos après le bain ; plus, dans une partie du premier étage, un salon pour les personnes qui désirent être isolées ou plus tranquilles. La source anciennement usitée alimente les dix baignoires, au moyen d'un conduit en plomb, scellé dans la maçonnerie, qui reçoit l'eau minérale à son point d'émergence et la distribue par des branches collatérales dans chaque cabinet. Quatre baignoires placées plus profondément que les autres d'environ 1 m. offrent le grand avantage d'un second robinet d'eau sulfureuse, plus tempérée que la précédente, propre à la mitiger si l'état des malades le demande, ou à être employée sous forme de douches. Dans les divers bains, la chaleur de l'eau est de 29 à 30° du thermomètre de Réaumur ; mais dans le cabinet n° 3, l'eau, par son trajet dans le canal de distribution, prend un abaissement de température qui ne va pas au-dessous du 26° degré, mais qu'on peut porter jusqu'à 24°, à l'aide de la seconde source.

En 1817 le sieur Mamet, propriétaire sur le plateau inférieur d'un lambeau de terre où jaillissaient diverses sources qui jusqu'alors n'avaient servi qu'aux usages économiques des habitants de Molitg, fit constater leur analogie avec les précédentes et construire à peu de distance du premier établissement, presque sur les bords de la rivière de Castellane, un autre bâtiment où il plaça huit baignoires et une douche, dans autant de petits appartements donnant sur une galerie qui sert de lieu d'attente pour les baigneurs. Dans ce nouveau local, tous les bains placés sur le même niveau et alimentés par le même réservoir, s'y donnent de 26 à 27°.

Les dix-huit baignoires que renferment et contiennent les deux établissements sont toutes en marbre d'Italie, très-propres, et susceptibles d'être bien nettoyées ; elles ont une ouverture près de leur bord supérieur, par laquelle l'eau, arrivée à cette hauteur, s'échappe continuellement, d'où résulte pour les malades l'insigne avantage de prendre à volonté les bains, dans un milieu d'une température toujours égale et dans une eau minérale qui se renouvelle sans cesse, puisqu'à mesure qu'elle tombe des robinets, une même quantité s'échappe par l'ouverture supérieure.

On compte à Molitg douze sources thermales, peu distantes les unes des autres, dont la réunion donne environ 60 m. cubes d'eau par heure. Ces sources sont la propriété de M. le marquis de Llupia, ancien seigneur du lieu, domicilié à Barcelone en Espagne.

Aucune des sources n'a reçu de nom particulier; on les distingue, d'après leur position relative, en sources du plateau supérieur et en sources du plateau inférieur. Les premières, au nombre de quatre, déversent leurs eaux dans le torrent du Riel, ou fournissent à l'établissement de M. le marquis de Llupia; les secondes déjettent les leurs dans la rivière de Castellane et dépendent des bains dits de Mamet. Ni leur volume ni leur température, qui diffèrent entre elles, ne présentent de variations, quel que soit l'état de l'atmosphère. Leur chaleur s'élève depuis le 18° degré du thermomètre de Réaumur jusqu'au 31°.

Le gouvernement ne possède à Molitg ni établissements publics ni hôpitaux. Les pauvres, munis de certificats d'indigence, et les militaires qui y sont dirigés par l'autorité compétente, y jouissent néanmoins du droit d'en user gratuitement.

SAISON DES EAUX. Les eaux thermales de Moligt sont fréquentées depuis le mois de mai jusqu'à la fin d'octobre; néanmoins, ce n'est que du 15 juillet au 15 septembre qu'on y trouve la plus grande affluence.

On porte à quatre cents environ le nombre des personnes qui s'y rendent annuellement. Le pauvre et le riche, le guerrier et le magistrat, oublient les incommodités du lieu, dans l'espoir d'y recouvrer la santé. Ces eaux sont particulièrement fréquentées par les habitants de la contrée et par les habitants des environs de Narbonne, Limoux et Lagrace, dans le département de l'Aude, de Béziers, et de Pezenas dans l'Hérault.

Les eaux minérales de Molitg sont plutôt recommandées par l'énergie particulière dont la nature les a douées que par l'agrément qu'elles offrent à ceux qui les visitent, attendu que la commune de Molitg, résidence des malades, n'offre presque point de société, que ceux-ci ne s'y trouvent guère le plus souvent réunis qu'en petites coteries, et que les promenades à l'entour du lieu sont les seules récréations dont on y jouisse; aussi nous ne craindrons point d'avancer que ce sont de véritables maladies, de vraies infirmités qui y conduisent, et que ce sont les guérisons qu'elles ont opérées et qu'elles opèrent tous les jours qui leur ont acquis la bonne renommée et la célébrité dont elles jouissent à juste titre.

PRIX DU LOGEMENT ET DE LA DÉPENSE JOURNALIÈRE. Chacun peut, à Molitg proportionner sa dépense à ses facultés; on y trouve un hôtel vaste, bien aéré et d'une distribution régulière, où les malades sont servis suivant leurs moyens et leurs goûts. Le prix de la première table est de 4 fr. 75 c. pour ceux qui y prennent leur logement, et de 4 fr. seulement pour ceux qui n'y résident pas. Il y a de plus dans la commune environ cent vingt appartements propres à recevoir les étrangers pendant la saison thermale. Dans ces logements, les propriétaires fournissent tous les objets nécessaires au ménage, le linge excepté, aux personnes qui les préfèrent, soit dans des vues économiques, soit pour tenir un régime approprié à leur état maladif. Le prix de location est de 1 fr. à 1 fr. 50 c. par jour pour chaque appartement.

TARIF DU PRIX DES EAUX, BAINS ET DOUCHES. D'après un arrêté de M. le préfet du département des Pyrénées-Orientales, de l'année 1818, le prix du bain, fixé à une heure, ainsi que celui de la douche, est de. . . . . . 0 fr. 60 c.
Celui de la boisson journalière, de 0   05
Celui de chaque litre d'eau qu'on emporte de l'établissement. . . 0   05

PROPRIÉTÉS MÉDICINALES. Les maladies chroniques des tissus dermoïdes et musculaires, dartres, ulcères, rigidités articulaires; de même que les altérations nombreuses du système lymphatique, les affections chroniques des membranes muqueuses, telles que catharres pulmonaires, vésicaux et utérins; la dyspepsie, les vomissements et crampes d'estomac occasionnés par des sécrétions vicieuses de cet organe; les pâles couleurs, les irrégularités de la menstruation ou les dérangements qui surviennent à sa cessation; les douleurs nerveuses et autres maladies de ce dernier caractère, générales ou partielles, sont les divers accidents pathologiques qui y amènent un plus grand nombre de personnes, et qui leur ont donné le peu de vogue dont elles jouissent.

Ces eaux se prennent en bains, en douches et en boisson. Généralement on allie au dernier le premier et le second de ces modes. Leur douce température, analogue à celle du corps humain, ainsi que les vertus balsamiques, adoucissantes et relâchantes que leur accordait Carrère leur valurent de justes éloges de la part de ce médecin, qui en regardait les bains comme de vrais bains de délices, et les eaux comme applicables aux mêmes cas maladifs que l'on traite par celles de Baréges, de Cauterets et de Bonnes.

L'expérience démontre qu'elles sont peu capables de déterminer à l'économie des secousses violentes, ni de fortes perturbations, et qu'il n'est qu'un très-petit nombre de cas où elles ne puissent convenir. Les sujets cacochymes, ceux dont le genre nerveux est irritable, de même que les tempéraments secs et chauds, délicats et vifs, en obtiennent de bons effets; les personnes naturellement robustes ne peuvent qu'y trouver un remède convenable. Sous telle forme qu'elles soient employées, c'est sur la peau et les organes sous-jacents, avec lesquels elles ont des connexions plus ou moins étroites et de nombreuses sympathies, qu'elles agissent d'une manière spéciale et remarquable.

On remarque près de Molitg les ruines de l'ancien couvent de Notre-Dame-de-Corbiac, qui fut occupé d'abord par des servites, ensuite par des trinitaires, et depuis l'année 1609 jusqu'à l'époque de la révolution par des religieux de l'ordre des Grands-Augustins. On voit aussi sur une montagne les vestiges de l'ancien château de Paracolls, qui appartenait au seigneur de Molitg.

Biographie. Molitg est la patrie de BÉRENGER DE PARACOLLS, troubadour, né au château de Paracolls, dans le XII° siècle. Bérenger de Paracolls, que quelques auteurs appellent de Palasol, était un chevalier du Roussillon; il joignit aux travaux de la chevalerie les plaisirs de l'amour et le goût des vers, s'attacha à Ernestine, femme d'Arnaud d'Avignon et fille de Marie de Pierrelatte, et en fit l'objet de ses chansons : celles-ci sont assez nombreuses; elles sont en général harmonieuses, tendres et naturelles; il y en a une cependant où le troubadour, livré à la jalousie, paraît sortir de son caractère; il invective sa maîtresse, et la dépeint comme une coquette habile et remplie d'artifice.

Bibliographie. BOUIS. *Eaux minérales sulfureuses de Molitg*, avec notice médicale (avec P. Massot), in-8, 1841.

MOLLANS, bg *Drôme* (Dauphiné), arr. et à 25 k. de Nyons, cant. et ✉ du Buis. Pop. 1,219 h.

Ce bourg est bâti dans une position pittoresque, sur un roc taillé à pic, au milieu d'une gorge fortifiée naturellement, sur l'Ouvèze, qu'on y traverse sur un beau pont décoré d'une magnifique fontaine qui sert d'avenue à la porte principale. Il était jadis entouré de murs, défendu par une citadelle et par deux châteaux forts; la citadelle a été démolie en 1627 par ordre de Louis XIII. On voit encore les restes des deux châteaux, qui ont soutenu plusieurs sièges, dont un fut marqué par la cruauté du baron des Adrets, qui força un grand nombre d'habitants de se précipiter du haut des tours dans le faubourg.

Au milieu d'un vallon, formé par la montagne du Châtelard et par celle de Soutein, on trouve une source d'eau minérale sulfureuse, dont on fait usage avec un grand succès dans diverses maladies, principalement dans celles de la peau et de la poitrine.

Aux environs, du côté de Malaucène, on remarque une grotte d'une étendue considérable, terminée par un petit lac dont on ne peut mesurer la profondeur, où les habitants de Mollans vont faire de fréquentes parties de plaisir; la voûte en est irrégulière, fort élevée et ornée de cristallisations.

Foires les 15 janv., 25 avril, 26 juillet et 3 oct.

MOLLANS, vg. *H.-Saône* (Franche-Comté), arr., cant., ✉ et à 12 k. de Lure. Pop. 772 h.

MOLLARD (le), vg. *Isère*, com. de Beaucroissant, ✉ de Rives.

MOLLARD (le); vg. *Isère*, comm. de Bevenais, ✉ du Grand-Lemps.

MOLLARD, vg. *Isère*, comm. du Pin, ✉ de Virieu.

MOLLARDS (les), vg. *Isère*, comm. et ✉ de Rives.

MOLLAU, vg. *H.-Rhin* (Alsace), arr. et à 49 k. de Belfort, cant. de St-Amarin, ✉ de Wesserling. Pop. 947 h.

MOLLAY (le), vg. *Calvados* (Normandie), arr. et à 15 k. de Bayeux, cant. de Balleroy, ✉ de Littry. Pop. 754 h.

MOLLAY, vg. *Maine-et-Loire*, comm. de St-Just-sur-Dives, ✉ de Montreuil-Bellay.

MOLLE (la), *Villa de Molla*, vg. *Var* (Provence), arr. et à 53 k. de Draguignan, cant. de St-Tropez, ✉ de Cogolin. Pop. 309 h.

Ce village est situé dans une agreste et profonde vallée entourée de hautes montagnes. — Dans une des gorges arides et sauvages qu'offrent les montagnes environnantes, on voit les restes de la chartreuse d'Averne, fondée dans le xııe siècle par un religieux de l'ordre de St-Bruno. Cette chartreuse, bâtie sur le penchant d'une colline, offrait de vastes bâtiments dont il ne reste plus que la maison abbatiale et celui qui était destiné aux voyageurs.

MOLLÉGES, *Molligeni*, vg. *Bouches-du-Rhône* (Provence), arr. d'Arles-sur-Rhône et à 28 k. de Tarascon, cant. d'Orgon, ✉ de St-Remy. Pop. 684 h.

MOLLES, vg. *Allier* (Bourbonnais), arr. de la Palisse, cant., ✉ et à 12 k. de Cusset. Pop. 917 h. — *Foire le 1er mai*.

MOLLEVILLE, vg. *Aude* (Languedoc), arr. et à 16 k. de Castelnaudary, cant. et ✉ de Salles-sur-l'Hers. Pop. 194 h.

MOLLIENS-AUX-BOIS, vg. *Somme* (Picardie), arr. et à 14 k. d'Amiens, cant. et ✉ de Villers-Bocage. Pop. 613 h.

MOLLIENS-EN-BEAUVOISIS, vg. *Oise* (Picardie), arr. et à 40 k. de Beauvais, cant. et ✉ de Formerie. Pop. 1,029 h. — *Fabriques de bonneterie en laine*.

MOLLIENS-VIDAME, bg *Somme* (Picardie), arr. et à 25 k. d'Amiens, chef-l. de cant. Cure. ✉ de Picquigny. Pop. 819 h. — TERRAIN tertiaire supérieur.

Foire le 28 oct.

MOLLIÈRES (les), vg. *Ardèche*, comm. de St-Vincent-de-Durfort, ✉ de Privas.

MOLLIÈRES (les), vg. *Vosges*, comm. de Fontenay-le-Château, ✉ de Bains.

MOLLKIRCH, vg. *B.-Rhin* (Alsace), arr. et à 33 k. de Schelestadt, cant. et ✉ de Rosheim. Pop. 955 h.

Il est situé dans les montagnes, sur la Magel. — Blanchisserie.

A 2 k., sur une haute montagne, on aperçoit le château de GIRBADEN, dont les vastes ruines attestent la grandeur passée. Près du château est la chapelle de St-Valentin, qui attire beaucoup de pèlerins, surtout dans les temps d'épizooties.

MOLLON, vg. *Ain* (Bresse), arr. et à 31 k. de Trévoux, cant. et ✉ de Meximieux. Pop. 351 h.

MOLOMPIZE, bg *Cantal* (Auvergne), arr. et à 25 k. de St-Flour, cant. et ✉ de Massiac. Pop. 1,061 h. Sur la rive gauche de l'Alagnon. — On y voit une église qui remonte à une époque reculée, où l'on remarque de beaux chapiteaux de colonnes et un bénitier fort ancien. Sur la rive droite de l'Alagnon on doit visiter la chapelle de Vauclair, et au-dessus les vestiges d'un vieux château.

MOLONG, vg. *Tarn*, comm. de St-Sernin, ✉ de Puylaurens.

MOLOSME, bg *Yonne* (Champagne), arr., cant., ✉ et à 7 k. de Tonnerre. Pop. 650 h.

MOLOY, vg. *Côte-d'Or* (Bourgogne), arr. et à 32 k. de Dijon, cant. et ✉ d'Is-sur-Tille. Pop. 562 h. — Hauts fourneaux.

MOLPHEY, vg. *Côte-d'Or* (Bourgogne), arr. et à 22 k. de Semur, cant. et ✉ de Saulieu. Pop. 308 h.

MOLRING, vg. *Meurthe* (Lorraine), arr. de Château-Salins et à 28 k. de Vic, cant. d'Albestroff, ✉ de Dieuze. Pop. 90 h.

MOLSHEIM, *Molshemium*, jolie petite ville, *B.-Rhin* (Alsace), arr. et à 21 k. de Strasbourg, chef-l. de cant. Cure. Gîte d'étape. ✉. A 443 k. de Paris pour la taxe des lettres. Pop. 3,333 h. — TERRAIN d'alluvions modernes.

Autrefois diocèse de Strasbourg, conseil supérieur et intendance d'Alsace; bailliage de Dachstein, collégiale, collège, couvent de chartreux.

Molsheim est une ville agréablement située, au pied des Vosges, sur la Bruche. — Son existence remonte au delà du xe siècle. Elle fut brûlée en 1388 par le comte palatin Robert, et souffrit beaucoup de la guerre entre les évêques Georges de Brandebourg et Charles de Lorraine.

L'église paroissiale de Molsheim, remarquable par la légèreté de ses clochers, fut construite en 1580 pour un collège de jésuites; l'architecture offre un mélange bizarre du style gothique et de la sculpture moderne.

PATRIE de l'intrépide général de la république WESTERMANN, mort sur l'échafaud révolutionnaire le 6 germinal an ıı.

Fabriques de rubans de fil, armes blanches, limes, faux, grosse quincaillerie, outils, ressorts, coutellerie, etc. — *Blanchisseries de toiles. Teintureries.* — *Commerce de grains et de vins.*

MOLTIFAO, vg. *Corse*, arr., ✉ et à 25 k. de Corté, cant. de Castifao. Pop. 874 h.

MOLUNE (Haute-), vg. *Jura* (Franche-Comté), arr. à 17 k. de St-Claude, cant. et ✉ des Bouchoux. Pop. 904 h. — Travail de pierres fines et de strass.

MOLUNES (les), vg. *Jura* (Franche-Comté), arr., cant. et à 17 k. de St-Claude, ✉ de Septmoncel. Pop. 693 h.

MOLVANGE, vg. *Moselle*, comm. d'Escherange, ✉ de Thionville.

MOMAS, vg. *B.-Pyrénées* (Béarn), arr. et à 30 k. de Pau, cant. de Lescar, ✉ d'Arzacq. Pop. 693 h.

MOMBRIER, vg. *Gironde* (Guienne), arr. et à 13 k. de Blaye, cant. et ✉ de Bourg-sur-Gironde. Pop. 570 h.

MOMELIN (St-), vg. *Nord* (Flandre), arr. et à 39 k. de Dunkerque, cant. de Bourbourg, ✉ de St-Omer. Pop. 270 h.

MOMIÈRES, vg. *H.-Pyrénées* (Gascogne), arr., cant., ✉ et à 5 k. de Tarbes. Pop. 66 h.

MOMERY, vg. *Seine-et-Marne*, comm. de Villemer, ✉ de Moret.

MOMESTROFF, vg. *Moselle* (pays Messin), arr. et à 30 k. de Metz, cant. et ✉ de Boulay. Pop. 363 h.

MOMMATON, vg. *Aveyron*, comm. et ✉ de Laguiole.

MOMMENHEIM, ou MOMMELN, vg. *B.-Rhin* (Alsace), arr. et à 22 k. de Strasbourg, cant. et ✉ de Brumath. Pop. 1,280 h.

MOMUY, vg. *Landes* (Gascogne), arr. et à 18 k. de St-Sever, cant. et ✉ d'Hagetmau. Pop. 792 h.

MOMY, vg. *B.-Pyrénées* (Béarn), arr. et à 25 k. de Pau, cant. et ✉ de Lembeye. Pop. 444 h.

MONACIA, vg. *Corse*, arr., ✉ et à 3 k. de Corté, cant. de Piedicroce. Pop. 427 h. — *Fabriques de poterie légère, dans laquelle il entre de l'amiante.*

MONACO, vg. *H.-Marne*, comm. de Provenchères-sur-Meuse, ✉ de Montigny-le-Roi.

MONALS, vg. *Aveyron*, comm. de St-Santin, ✉ de Maurs.

MONAMPTEUIL, vg. *Aisne* (Picardie), arr. et à 10 k. de Laon, cant. d'Anisy-le-Château, ✉ de Chavignon. Pop. 484 h.

MONASSUT, vg. *B.-Pyrénées* (Béarn), arr. et à 20 k. de Pau, cant. et ✉ de Lembeye. Pop. 533 h.

MONASTÈRE (le), vg. *Aveyron* (Rouergue), arr., cant., ✉ et à 1 k. de Rodez. Pop. 670 h.

MONASTÈRE (le), vg. *Aveyron*, comm. de Coulisou, ✉ d'Espalion.

MONASTI-DEL-CAMP, vg. *Pyrénées-Or.*, comm. de Villemolaque, ✉ de Perpignan.

MONASTIER (le), vg. *H.-Loire* (Vélay), arr. et à 19 k. du Puy, chef-l. de cant. Cure. ✉. A 524 k. de Paris pour la taxe des lettres. Pop. 3,461 h. — TERRAIN volcanique, basalte.

C'était une des huit villes du Vélay qui envoyaient un député aux états du pays. Sur la façade de l'église, au-dessus du portail d'entrée, on voit sculptées des figures d'hommes et d'animaux qui semblent représenter les figures du zodiaque. La répétition des mêmes figures, le défaut de symétrie, quelques places vides, portent à croire que ces sculptures ont appartenu à un édifice plus ancien.

Foires les 6 mai, 25 juin, 22 juillet, 29 août, 19 nov., 29 déc., mardi de Pâques, de Pentecôte, et tous les mardis de carême.

MONASTIER, vg. *Lozère* (Languedoc), arr., ✉ et à 6 k. de Marvejols, cant. de St-Germain-du-Teil. Pop. 566 h.

Ce village doit son origine et son nom à un ancien couvent de bénédictins qui dépendait de St-Victor de Marseille, et dans lequel Guillaume de Grimoard, qui devint pape sous le nom d'Urbain V, avait fait son noviciat. Une partie de l'église de l'abbaye existe encore et sert de paroisse : c'est un vaisseau gothique, supporté par des colonnes et des pilastres ornés de figures grotesques et d'animaux fantastiques. La porte du chœur est décorée des armes d'Urbain V.

MONAY, vg. *Jura* (Franche-Comté), arr. et à 20 k. de Lons-le-Saulnier, cant. de Sellières. Pop. 367 h.

On y trouve une mine de fer très-remar-

MONBRUN. — tinue et tout à fait sans mélange ; la carrière n'est qu'à dix minutes du grand chemin, et le voyageur curieux ne regrettera pas de s'être détourné pour voir une mine aussi riche. Elle est excavée dans la montagne dont elle fait une très-grande partie ; c'est pour ainsi dire un vrai rocher de fer.

MONBADON, vg. *Gironde* (Guienne), arr., ✉ et à 17 k. de Libourne, cant. de Lussac. Pop. 386 h.

MONBAHUS, bg *Lot-et-Garonne* (Agenois), arr. et à 25 k. de Villeneuve-sur-Lot, cant. et ✉ de Cancon. Pop. 1,638 h. — *Foires* les 15 janv., 26 mars, 25 juin, 9 sept. et 2 nov.

MONBALEN, vg. *Lot-et-Garonne* (Agenois), arr. et à 19 k. d'Agen, cant. et ✉ de la Roque-Timbault. Pop. 696 h. — *Foires* les 10 janv., 11 août et 11 nov.

MONBARBAT, vg. *Lot-et-Garonne*, com. et ✉ de Clairac.

MONBARDON, vg. *Gers* (Armagnac), arr. et à 31 k. de Mirande, cant. et ✉ de Masseube. Pop. 315 h.

MONBARÉ (fort), vg. *Finistère*, comm. de St-Pierre-Quilbignon, ✉ de Brest.

MONBARLA, vg. *Tarn-et-Garonne* (Quercy), arr. et à 19 k. de Moissac, cant. et ✉ de Lauzerte. Pop. 448 h.

MONBAUDRY, vg. *Eure*, comm. et ✉ de Verneuil.

MONBAYOL, vg. *Dordogne*, comm. de Cubjac, ✉ de Périgueux.

MONBAZILLAC, bg *Dordogne* (Périgord), arr., ✉ et à 8 k. de Bergerac, cant. de Sigoulès. Pop. 1,201 h.

MONBEL, vg. *Lozère*, comm. d'Allenc, ✉ de Blaymard.

MONBENOIST, vg. *Nièvre*, comm. de Pougny, ✉ de Cosne.

MONBÉQUI, vg. *Tarn-et-Garonne* (Languedoc), arr. et à 21 k. de Castelsarrazin, cant. et ✉ de Grisolles. Pop. 475 h.

MONBERT, vg. *H.-Garonne*, comm. de Castelmauron, ✉ de Toulouse. ↷.

MONBERT, vg. *Gers* (Armagnac), arr., cant. et à 15 k. d'Auch, ✉ de Barran. Pop. 431 h.

MONBETON, vg. *Tarn-et-Garonne* (Languedoc), arr. et à 16 k. de Castelsarrazin, cant. et ✉ de Montech. Pop. 581 h.

MONBLANC, vg. *Gers* (Gascogne), arr., ✉ et à 7 k. de Lombez, cant. de Samatan. Pop. 764 h.

MONBOIN, vg. *Calvados*, comm. d'Ouilly-le-Tesson, ✉ de Langannerie.

MONBON, vg. *H.-Vienne*, comm. de St-Martin-le-Mault, ✉ d'Arnac-la-Poste.

MONBOS, vg. *Dordogne* (Périgord), arr., ✉ et à 18 k. de Bergerac, cant. de Sigoulès. Pop. 287 h.

MONBRAN, vg. *Lot-et-Garonne*, comm. de Foulayronnes, ✉ d'Agen.

MONBRIGNAND, vg. *H.-Vienne*, comm. de Mailhac, ✉ d'Arnac-la-Poste.

MONBRUN, vg. *Gers* (Armagnac), arr. et

à 25 k. de Lombez, cant. de Cologne, ✉ de l'Isle-en-Jourdain. Pop. 716 h.

MONBUISSON, vg. *Seine-et-Oise*, comm. de Louveciennes, ✉ de St-Germain-en-Laye.

MONCABRIÉ, vg. *Lot*, comm. de Duravel, ✉ de Puy-l'Évêque. — *Foires* les 15 janv., 15 fév., 15 mars, 15 avril, 15 mai, 15 juin, 13 juillet, 17 et 27 août, 12 sept., 17 oct. et 15 déc.

MONCALE, vg. *Corse*, arr., ✉ et à 11 k. de Calvi, cant. de Calensana. Pop. 418 h.

MONCALVIGNAC, vg. *Tarn-et-Garonne*, comm. de Vazérac, ✉ de Castelnau-de-Montratier.

MONCASSIN, vg. *Gers* (Armagnac), arr., cant., ✉ et à 9 k. de Mirande. Pop. 388 h.

MONCAUP, vg. *B.-Pyrénées* (Béarn), arr. et à 36 k. de Pau, cant. et ✉ de Lembeye. Pop. 837 h.

MONCAUT, vg. *Lot-et-Garonne* (Agenois), arr., cant., ✉ et à 16 k. de Nérac. Pop. 664 h. — *Foires* les 5 fév., 27 avril, 21 août et 19 nov.

MONCAY, vg. *Loiret*, comm. de Lailly, ✉ de Beaugency.

MONCAYOLLE-LARRORY-MONDIBIEU, vg. *B.-Pyrénées* (Gascogne), arr., cant., ✉ et à 20 k. de Mauléon. Pop. 690 h.

MONCÉ, vg. *Indre-et-Loire*, comm. de Limeray, ✉ d'Amboise.

MONCEAU, *Monticelli*, vg. *Côte-d'Or* (Bourgogne), arr. et à 16 k. de Beaune, cant. et ✉ de Bligny-sur-Ouche. Pop. 585 h.

MONCEAU, vg. *Loiret*, comm. d'Atray, ✉ de Neuville-aux-Bois.

MONCEAU, vg. *Loiret*, com. de Pithiviers-le-Vieil, ✉ de Pithiviers.

MONCEAU (le), vg. *Seine-et-Marne*, com. de Liverdy, ✉ de Tournan.

MONCEAU-LE-NEUF, vg. *Aisne* (Picardie), arr. et à 19 k. de Vervins, cant. de Sains, ✉ de Crécy-sur-Serre. Pop. 709 h.

MONCEAU-LÈS-LEUPS, vg. *Aisne* (Picardie), arr. et à 15 k. de Laon, cant. et ✉ de la Fère. Pop. 1,051 h.

MONCEAU-LE-VIEIL, vg. *Aisne*, comm. de Chevresis-le-Meldeux, ✉ d'Origny-Ste-Benoîte.

MONCEAU-LE-WAST, vg. *Aisne* (Picardie), arr., ✉ et à 10 k. de Laon, cant. de Merle. Pop. 281 h.

MONCEAU-ST-WAAST, vg. *Nord* (Flandre), arr. et à 8 k. d'Avesnes, cant. et ✉ de Berlaimont. Pop. 608 h.

MONCEAU-SUR-OISE, vg. *Aisne* (Picardie), arr. et à 22 k. de Vervins, cant. et ✉ de Guise. Pop. 357 h.

MONCEAUX, vg. *Calvados* (Normandie), arr., cant., ✉ et à 4 k. de Bayeux. Pop. 276 h.

MONCEAUX, bg *Corrèze* (Limousin), arr. et à 36 k. de Tulle, cant. et ✉ d'Argentat. Pop. 1,829 h.

MONCEAUX, vg. *Eure*, com. de Bouafles, ✉ des Andelys.

MONCEAUX, vg. *Oise* (Picardie), arr. et

à 14 k. de Clermont, cant. et ✉ de Liancourt. Pop. 333 h.

MONCEAUX, vg. *Oise*, com. de St-Omer-en-Chaussée, ✉ de Marseilles.

MONCEAUX, *Monticelli*, vg. *Orne* (Perche), arr. et à 17 k. de Mortagne-sur-Huine, cant. et ✉ de Longni. Pop. 302 h.

MONCEAUX, *Seine*. V. BATIGNOLLES-MONCEAUX.

PATRIE de A.-L.-M. HENNEQUIN, membre distingué du barreau de Paris.

MONCEAUX (les), vg. *Seine-et-Marne*, comm. d'Avon, ✉ de Fontainebleau.

MONCEAUX, vg. *Seine-et-Oise*, comm. de Draveil, ✉ de Villeneuve-St-Georges.

MONCEAUX-EN-AUGE, vg. *Calvados* (Normandie), arr., 2ᵉ cant., ✉ et à 9 k. de Lisieux. Pop. 131 h.

MONCEAUX-L'ABBAYE, vg. *Oise* (Picardie), arr. et à 38 k. de Beauvais, cant. et ✉ de Formerie. Pop. 258 h.

MONCEAUX-LE-COMTE, vg. *Nièvre* (Nivernais), arr. et à 20 k. de Clamecy, cant. de Tannay. ✉. A 227 k. de Paris pour la taxe des lettres. Pop. 448 h. *Foires* les 23 mai et mercredi après Quasimodo, jeudi avant la mi-carême, 22 août, 26 sept. et 27 oct.

MONCEAUX-LÈS-BRAY, vg. *Seine-et-Marne* (Brie), arr. et à 20 k. de Provins, cant. et ✉ de Bray-sur-Seine. Pop. 353 h.

MONCEAUX-LÈS-PROVINS, vg. *Seine-et-Marne* (Brie), arr. et à 19 k. de Provins, cant. et ✉ de Villiers-St-Georges. Pop. 409 h.

MONCEAUX-SUR-AZY, vg. *Nièvre*, com. et ✉ de St-Benin-d'Azy.

MONCEAUX-VERSAGNES, *Saône-et-Loire*. V. MONTCEAUX-L'ÉTOILE.

MONCÉ-EN-BÉLIN, bg. *Sarthe* (Maine), arr. et à 15 k. du Mans, cant. et ✉ d'Ecommoy. Pop. 681 h.

MONCÉ-EN-SAOSNOIS, bg *Sarthe* (Maine), arr. et à 10 k. de Mamers, cant. de Marolles-lès-Braux, ✉ de St-Cosme. Pop. 900 h.

MONCEL (le), vg. *Moselle*, comm. et ✉ de Longuyon.

MONCEL (le), vg. *Oise*, comm. et ✉ de Pont-Ste-Maxence.

MONCEL, vg. *Seine-et-Marne*, comm. de St-Cyr, ✉ de la Ferté-sous-Jouarre.

MONCEL (le), vg. *Seine-et-Marne*, comm. de St-Remy-de-la-Vanne, ✉ de la Ferté-Gaucher.

MONCEL (le), vg. *Vosges*, comm. du Val-de-Plombières.

MONCELLE (la), vg. *Ardennes* (Champagne), arr., cant., ✉ et à 5 k. de Sedan. Pop. 370 h.

Fabriques d'outils aratoires, poêles à frire, ustensiles de guerre, etc.

MONCEL-HAPPONCOURT, vg. *Vosges* (Lorraine), arr., cant. et à 8 k. de Neufchâteau, ✉ de Coussey. Pop. 326 h.

MONCEL-LÈS-LUNÉVILLE, vg. *Meurthe* (Lorraine), arr., cant., ✉ et à 4 k. de Lunéville. Pop. 322 h. — Tuileries.

MONCELET, montagne conique, située à 4

k. de St-Germain-Lembron (Puy-de-Dôme). Elle est formée de prismes basaltiques, dont on s'est servi pour établir à son sommet des constructions ressemblant à des chambres carrées de 3 à 5 m. de côté, au nombre de plusieurs centaines, et entre lesquelles il n'existe aucune communication. Le haut de la montagne est couronné par une tour carrée, dont la partie supérieure est détruite, mais qui a encore 10 m. d'élévation; elle est bâtie d'un double rang de prismes basaltiques, et n'offre qu'une entrée fort étroite; on voit à une assez grande hauteur les traces de deux petites fenêtres.

MONCEL-SUR-SEILLE, vg. *Meurthe* (Lorraine), arr., cant. et ✉ de Château-Salins, et à 10 k. de Vic. Pop. 740 h. — Il est situé dans une gorge, près de la rive gauche de la Seille. — Carrière de gypse.

MONCESSON, vg. *Tarn-et-Garonne*, com. et ✉ de Lauzerte.

MONCETS, vg. *Marne* (Champagne), arr., ✉ et à 8 k. de Châlons-sur-Marne, cant. de Marson. Pop. 275 h.

MONCETS-L'ABBAYE, vg. *Marne* (Champagne), arr., ✉ et à 10 k. de Vitry-le-François, cant. de Thiéblemont. Pop. 200 h.

MONCEY, vg. *Doubs* (Franche-Comté), arr. et à 19 k. de Besançon, cant. et ✉ de Marchaux. Pop. 176 h. — Forges.

MONCHARVILLE, vg. *Loiret*, comm. de Marsainvilliers, ✉ de Pithiviers.

MONCHAUX, vg. *Nord* (Flandre), arr., cant., ✉ et à 9 k. de Valenciennes. Pop. 437 h.

MONCHAUX, vg. *Somme*, com. de Quénd, ✉ de Rue.

MONCHAUX-SORENG, vg. *Seine-Inf.* (Normandie), arr. et à 30 k. de Neufchâtel-en-Bray, cant. et ✉ de Blangy. Pop. 570 h.

MONCHEAUX, vg. *Nord* (Flandre), arr. et à 26 k. de Lille, cant. de Pont-à-Marcq, ✉ de Douai. Pop. 986 h.

MONCHEAUX, vg. *Pas-de-Calais* (Artois), arr., cant. et à 10 k. de St-Pol-sur-Ternoise, ✉ de Frévent. Pop. 206 h.

MONCHÉAUX, vg. *Somme*, com. de Chépy, ✉ de Valines.

MONCHÉCOURT, vg. *Nord* (Flandre), arr., ✉ et à 13 k. de Douai, cant. d'Arleux. Pop. 729 h. — Fabriques de sucre indigène.

MONCHEL (le), vg. *Oise*, comm. de Savignies, ✉ de Beauvais.

MONCHEL, vg. *Pas-de-Calais* (Artois), arr. et à 15 k. de St-Pol-sur-Ternoise, cant. d'Auxy-le-Château, ✉ de Bernaville. P. 141 h.

MONCHELET, vg. *Somme*, comm. de Maisnières, ✉ de Valines.

MONCHENOT, vg. *Marne*, comm. de Villers-Allerand, ✉ de Reims. ☞.

MONCHEUTIN, vg. *Ardennes* (Champagne), arr. et à 17 k. de Vouziers, cant. et ✉ de Monthois. Pop. 288 h.

MONCHEUX (Grand et Petite-), vg. *Moselle* (pays Messin), arr. et à 25 k. de Metz, cant. de Verny, ✉ de Solgne. Pop. 340 h.

MONCHIET, vg. *Pas-de-Calais* (Artois), arr., ✉ et à 13 k. d'Arras, cant. de Beaumetz-les-Loges. Pop. 174 h.

MONCHY-AU-BOIS, vg. *Pas-de-Calais* (Artois), arr. et à 15 k. d'Arras, cant. de Beaumetz-les-Loges, ✉ de Larbret. P. 1,093 h.

MONCHY-BRETON, vg. *Pas-de-Calais* (Artois), arr., ✉ et à 10 k. de St-Pol-sur-Ternoise, cant. d'Aubigny. Pop. 410 h.

MONCHY-CAYEUX, vg. *Pas-de-Calais* (Artois), arr., ✉ et à 7 k. de St-Pol-sur-Ternoise, cant. d'Heuchin. Pop. 365 h.

MONCHY-HUMIÈRES, vg. *Oise* (Picardie), arr., ✉ et à 11 k. de Compiègne, cant. de Ressons. Pop. 710 h. — On y remarque un beau château et un parc orné de magnifiques pièces d'eau. — Foire le 11 nov.

MONCHY-LES-PREUX, vg. *Pas-de-Calais* (Artois), arr., ✉ et à 9 k. d'Arras, cant. de Vitry. Pop. 801 h.

MONCHY-SUR-EU, vg. *Seine-Inf.* (Normandie), arr. et à 28 k. de Dieppe, cant. et ✉ d'Eu. Pop. 545 h.

MONCHY-ST-ÉLOI, vg. *Oise* (Picardie), arr. et à 11 k. de Clermont, cant. et ✉ de Liancourt. Pop. 355 h.

On y voit un joli château flanqué de quatre pavillons aux quatre angles, bâti dans une situation très-agréable au pied d'une colline; il est entouré de fossés alimentés par la petite rivière de Brèche, qui traverse le village. Le parc, distribué à l'anglaise, renferme de belles plantations. — Fabriques de creusets et de sucre indigène.

MONCI, vg. *Orne* (Normandie), arr. et à 27 k. de Domfront, cant. et ✉ de Tinchebray. Pop. 636 h.

MONCLA, vg. *B.-Pyrénées* (Béarn), arr. et à 42 k. de Pau, cant. et ✉ de Garlin. P. 355 h.

MONCLAR, vg. *H.-Garonne* (Languedoc), arr., cant., ✉ et à 6 k. de Villefranche-de-Lauragais. Pop. 270 h.

MONCLAR, vg. *Gers* (Armagnac), arr. et à 42 k. de Condom, cant. et ✉ de Cazaubon. Pop. 336 h.

MONCLAR, vg. *Gers* (Armagnac), arr., ✉ et à 6 k. de Mirande, cant. de Montesquiou. Pop. 319 h.

MONCLAR, petite ville, *Lot-et-Garonne* (Agénois), arr. et à 17 k. de Villeneuve-sur-Lot, chef-l. de cant. Cure. Bureau d'enregist. à Cassenueil. ✉. A 587 k. de Paris pour la taxe des lettres. Pop. 1,984 h. — TERRAIN tertiaire moyen.

Foires les 20 janv., 16 juin, 16 août, 2 nov. et jeudi après Pâques.

MONCLAR, petite ville, *Tarn-et-Garonne* (Quercy), arr. et à 22 k. de Montauban, chef-l. de cant., bureau d'enregist. à Négrepelisse. Cure. ✉. A 659 k. de Paris pour la taxe des lettres. Pop. 2,210 h. — TERRAIN tertiaire moyen.

Monclar a été souvent ravagée pendant les guerres du XVIe siècle; elle était défendue par un château qui fut rebâti dans le XVe siècle sur les ruines d'un autre que l'on croit avoir été construit pour la reine Brunehault. On voit encore, sur un plateau qui s'élève près de la ville, les ruines de cet édifice, que les habitants de Montauban détruisirent en 1793.

MONCLARD, vg. *Dordogne*, comm. de St-Georges-de-Monclar, ✉ de Douville.

MONCLARIS, vg. *Gironde*, comm. d'Aillas, ✉ de Bazas.

MONCLIN, vg. *Ardennes*, comm. de Saulces-aux-Bois, ✉ de Réthel.

MONCOCU, vg. *Indre*, comm. de Baraize, ✉ d'Argenton-sur-Creuse.

MONCONTOUR, petite ville, *Côtes-du-Nord* (Bretagne), arr. et à 25 k. de St-Brieuc, chef-l. de cant. Cure. Gîte d'étape. Chambre consultative des manufactures. ✉. ☞. A 451 k. de Paris pour la taxe des lettres. Pop. 1,678 h. — TERRAIN cristallisé, granit.

PATRIE de l'économiste FAIGUET DE VILLENEUVE.

Fabriques de cardes, de toiles à moulin et pour emballage. Tanneries pour peaux de chevaux. — Commerce de fil, toiles de Bretagne, beurre. — Foires 1er lundi de mai, 2e de juin, 3e de juillet, 3e de sept., 2e d'oct., 1er de nov. et 1er lundi de déc. Relais de poste de Lamballe à Lorient.

MONCONTOUR, *Moncontorium*, petite ville, *Vienne* (Poitou), arr., ✉ et à 18 k. de Loudun, chef-l. de cant. Cure. ☞. Pop. 665 h. — TERRAIN jurassique, étage moyen du système oolitique.

Cette ville est située sur la Dive. Dans le XIVe siècle, Moncontour était défendu par un château fort, dont la garnison incommodait beaucoup les Anglais, qui s'en emparèrent après six jours de siège, et passèrent la garnison au fil de l'épée. Elle est encore célèbre par la bataille que le duc d'Anjou, depuis Henri III, y gagna contre l'amiral Coligny en 1569. L'armée des protestants fut entièrement détruite dans cette journée; l'amiral Coligny, que le désespoir fit combattre en soldat, eut trois dents cassées d'un coup de pistolet. Le duc d'Anjou se comporta beaucoup mieux qu'à Jarnac, mais il ne sut pas profiter de la victoire.

Bibliographie. *Discours de la bataille donnée le 5 octobre 1569, proche de Moncontour*, in-8°, Paris, 1569; in-8°, Orléans, 1569.

NEUFVILLE. *Discours de la bataille de Moncontour avec le siège de St-Jean-d'Angely en 1569*, in-12.

ALLONNEAU. *Mémoire sur la réforme religieuse, les guerres civiles du XVIe siècle et la bataille de Moncontour en 1569*, in-8° de 3 feuilles et demie, 1844.

Foires les 22 janv., 2 mai, 29 juin, 24 août, 22 sept. et 23 nov.

MONCORNEIL-DERRIÈRE, vg. *Gers*, comm. de Moncorneil-Grazan, ✉ d'Auch.

MONCORNEIL-GRAZAN, vg. *Gers* (Armagnac), arr., ✉ et à 24 k. d'Auch, cant. de Saramon. Pop. 317 h.

MONCORT, vg. *Mayenne*, comm. de Chammes, ✉ de Ste-Suzanne.

MONCOUPEAU, vg. *Marne*, comm. et ✉ de Montmirail.

MONCOURT, vg. *Meurthe* (Lorraine), arr.

et à 14 k. de Château-Salins, cant. et à 13 k. de Vic, ⊠ de Bourdonnay. Pop. 339 h.

MONCOURT, vg. *Seine-et-Marne*, comm. de Fromonville, ⊠ de Nemours.

MONCOUTANT, bg *Deux-Sèvres* (Poitou), arr. et à 13 k. de Parthenay, chef-l. de cant. Cure. ⊠. A 374 k. de Paris pour la taxe des lettres. Pop. 2,026 h. — TERRAIN cristallisé, granit.

Ce bourg, situé dans un territoire fertile en lin estimé, est le centre d'une fabrique considérable de breluches (étoffe de laine sur fil), qui s'expédient pour Guibray, Caen, le Mans, Tours, etc. — *Fabriques* de toiles et de fil fin. Education des bestiaux. — *Commerce* de grosses draperies, graine de trèfle, chevaux et bestiaux. — *Foires* les 2ᵉ lundi de fév., de juillet et de sept.

MONCOUBIER, vg. *Lot*, comm. de Larroque-des-Arcs, ⊠ de Cahors.

MONCOUX, vg. *Jura*, comm. de Lavans-sur-Valouse, ⊠ d'Arinthod.

MONCRABEAU, bg *Lot-et-Garonne* (Condomois), arr., ⊠ et à 15 k. de Nérac, cant. de Francescas. Pop. 2,370 h.

Montcrabeau était autrefois défendu par une tour très-forte qu'attaquèrent sans succès, en 1587, les trois fils du marquis de Trans, qui perdirent la vie sous ses murs. Les protestants la prirent et la pillèrent en 1588. Les troupes du prince de Condé la rançonnèrent pendant la minorité de Louis XIV. Ses fortifications furent détruites en 1622.

Ce bourg est fameux dans la Gascogne, par la pierre sur laquelle on fait asseoir le récipiendaire jugé digne d'entrer dans la confrérie des menteurs, lequel reçoit le droit de mentir en tous lieux, sans porter préjudice à autre qu'à la vérité.

Foire le 14 nov.

MONCRUX, vg. *Oise*, comm. de Mory-Moncrux, ⊠ de Breteuil.

MONCUBE, vg. *Landes* (Gascogne), arr., cant., ⊠ et à 6 k. de St-Sever. Pop. 263 h.

MONCUIT, vg. *Manche* (Normandie), arr. et à 12 k. de Coutances, cant. de St-Sauveur-Lendelin, ⊠ de Périers. Pop. 516 h.

MONDALAZAC, vg. *Aveyron*, comm. de Salles-Comtaux, ⊠ de Rodez.

MONDANE (Ste-), vg. *Dordogne* (Périgord), arr., ⊠ et à 13 k. de Sarlat, cant. de Carlux. Pop. 541 h.

MONDANT, vg. *Marne*, comm. de Courbetaux, ⊠ de Montmirail.

MONDAVEZAN, vg. *H.-Garonne* (Languedoc), arr. et à 41 k. de Muret, cant. de Cazères, ⊠ de Martres. Pop. 939 h.

MONDEBAT, vg. *Gers* (Armagnac), arr. et à 28 k. de Miranda, cant. et ⊠ de Plaisance. Pop. 912 h.

MONDEBAT, vg. *B.-Pyrénées* (Béarn), arr. et à 27 k. de Pau, cant. de Thèze, ⊠ d'Auriac. Pop. 136 h.

MONDELANGE, vg. *Moselle*, comm. de Richemont, ⊠ de Thionville. ⚒. — *Fabrique* de pipes de terre.

MONDELSEN, vg. *B.-Rhin*. V. MUNDOLS-HEIM.

MONDEMENT, vg. *Marne* (Brie), arr. et à 34 k. d'Epernay, cant. et ⊠ de Sézanne. Pop. 91 h.

MONDENARD, vg. *Tarn-et-Garonne*, comm. de Cazes-Mondenard, ⊠ de Lauzerte.

MONDESCOURT, vg. *Oise* (Picardie), arr. et à 35 k. de Compiègne, cant. et ⊠ de Noyon. Pop. 375 h.

MONDÉSIR, vg. *Seine-et-Oise*, comm. de Guillerval, ⊠ d'Etampes, ⚒.

MONDÉTOUR, vg. *Eure-et-Loir*, comm. de Boullay-les-Deux-Eglises, ⊠ de Châteauneuf-en-Thimerais.

MONDÉTOUR, vg. *Seine-Inf.*, comm. de Morgny, ⊠ de Buchy.

MONDEVERT, vg. *Ille-et-Vilaine* (Bretagne), arr., cant., ⊠ et à 11 k. de Vitré. Pop. 404 h.

MONDEVILLE, *Amondi Villa*, vg. *Calvados* (Normandie), arr., cant., ⊠ et à 4 k. de Caen. Pop. 894 h.

MONDEVILLE, *Amondivilla*, vg. *Seine-et-Oise* (Gâtinais), arr. et à 25 k. d'Etampes, cant. et ⊠ de la Ferté-Aleps. Pop. 509 h.

MONDICOURT, vg. *Pas-de-Calais* (Artois), arr. et à 80 k. de St-Pol-sur-Ternoise, cant. d'Avesnes-le-Comte, ⊠ de Doullens. Pop. 518 h.

MONDIGNY, vg. *Ardennes*, comm. de Champignol, ⊠ de Mézières.

MONDILHAN, vg. *H.-Garonne* (Gascogne), arr. et à 26 k. de St-Gaudens, cant. et ⊠ de Boulogne. Pop. 457 h.

MONDINE, vg. *H.-Garonne*, comm. de Cassagnabère, ⊠ de Martres.

MONDION, vg. *Vienne* (Poitou), arr. et à 17 k. de Châtellerault, cant. de Leigné-sur-Usseau, ⊠ des Ormes. Pop. 259 h. — *Foires* les 28 janv., 10 mars, 11 et 28 nov.

MONDON, vg. *Doubs* (Franche-Comté), arr. et à 12 k. de Baume-les-Dames, cant. et ⊠ de Rougemont. Pop. 362 h.

MONDON (forêt de), vg. *Meurthe*, comm. de Moncel-lès-Lunéville, ⊠ de Lunéville.

MONDON (forge de), vg. *H.-Vienne*, com. de Mailhac, ⊠ d'Arnac-la-Poste.

MONDONVILLE, vg. *H.-Garonne* (Languedoc), arr., cant. et à 18 k. de Toulouse, ⊠ de Verfeil. Pop. 664 h.

MONDONVILLE-STE-BARBE, vg. *Eure-et-Loir*, comm. de Moutiers, ⊠ de Voves.

MONDONVILLE-ST-JEAN, vg. *Eure-et-Loir* (Beauce), arr. et à 27 k. de Chartres, cant. et ⊠ d'Auneau. Pop. 227 h.

MONDORFF, vg. *Moselle* (pays Messin), arr. à 22 k. de Thionville, cant. de Catenom, ⊠ de Sierck. Pop. 161 h. — *Foire* le 1ᵉʳ lundi après la St-Michel.

MONDORNON, vg. *Saône-et-Loire*, com. de St-Privé, ⊠ de Buxy.

MONDOUBLEAU, *Mons Dublelli*, *Mons Geminus*, petite ville, *Loir-et-Cher* (Vendomois), arr. et à 27 k. de Vendôme, chef-l. de cant. ⊠. ⚒. A 169 k. de Paris pour la taxe des lettres. Pop. 1,671 h. — TERRAIN tertiaire moyen.

Autrefois pairie, baronnie et château, diocèse de Blois, parlement de Paris, intendance de Tours, élection de Château-du-Loir.

Cette ville est très-agréablement située sur une éminence, au pied de laquelle coule la petite rivière de la Graisne, qui arrose son fertile territoire. Un château fort, qui subsiste en grande partie avec ses tours et ses fossés, d'épaisses murailles flanquées de tourelles qui entourent encore un tiers de la ville, dénotent par leur genre d'architecture que sa fondation remonte aux premiers temps de la féodalité. C'était jadis une place très-forte, qui défendait de ce côté avec Montmirail, St-Calais et Troo, les frontières de l'ancienne province du Maine.

Fabriques importantes de serges et de cotonnades. Tanneries. — *Commerce* de fruits secs et de graines de trèfle. — *Foires* les 9 et 10 oct., 1ᵉʳ lundi de carême, 1ᵉʳ lundi après la St-Marc et après la St-Eloi.

Bibliographie. BEAUVAIS-DE-ST-PAUL. *Essai historique et statistique sur le canton et la ville de Mondoubleau*, in-8, 1843-44.

MONDOUZIL, vg. *H.-Garonne* (Languedoc), arr., cant., ⊠ et à 13 k. de Toulouse. Pop. 176 h.

MONDRAGON, *Mons Draconis*, petite ville, *Vaucluse* (Provence), arr. et à 15 k. d'Orange, cant. de Bollène, ⊠ de la Palud. P. 2,595 h. — Elle est située au pied des montagnes, près de la rive gauche du Rhône. Elle a été souvent prise et reprise par tous les partis, qui y ont commis tour à tour toute sorte d'atrocités.

Les **armes de Mondragon** sont : *de gueules, à un monde d'argent croisé d'or, sommé d'une croix de même.*

MONDRAINVILLE, *Mondrevilla*, vg. *Calvados* (Normandie), arr. à 14 k. de Caen, cant. de Tilly-sur-Seulles, ⊠ d'Evrecy. ⚒. Pop. 230 h.

MONDRANS, vg. *B.-Pyrénées*, comm. de Laa-Mondrans, ⊠ d'Orthez.

MONDRECOURT, vg. *Meuse* (Lorraine), arr. et à 28 k. de Bar-le-Duc, cant. de Triaucourt, ⊠ de Beauzée. Pop. 85 h.

MONDREPUIS, vg. *Aisne* (Picardie), arr. et à 18 k. de Vervins, cant. et ⊠ d'Hirson. Pop. 1,841 h.

MONDREVILLE, vg. *Seine-et-Oise* (Beauce), arr. et à 17 k. de Mantes, cant. de Houdan, ⊠ de Septeuil. Pop. 206 h.

MONDREVILLE, vg. *Seine-et-Marne* (Gâtinais), arr. et à 33 k. de Fontainebleau, cant. et ⊠ de Château-Landon. Pop. 456 h.

MONEIN, *Moneosi*, *Monesi*, jolie petite ville, *B.-Pyrénées* (Béarn), arr. et à 20 k. d'Oloron, cant. et ⊠. A 775 k. de Paris pour la taxe des lettres. P. 5,373 h. — TERRAIN tertiaire moyen.

Cette ville, située dans une contrée fertile en excellents vins, est bien bâtie, bien percée, et possède une jolie place publique, où aboutissent les principales rues. On trouve aux environs une source d'eau salée, et des mines de cuivre, de fer et de plomb. — *Commerce* de vins.— *Foires* les 15 et 16 avril, et 3° lundi d'oct.

MONES, vg. *H.-Garonne* (Languedoc), arr. et à 26 k. de Muret, cant. et ✉ de Rieumes. Pop. 429 h.

MONESI (lat. 44°, long. 17°). Pline (lib. IV, cap. 19) en décrivant l'Aquitaine : *Saltus Pyreneus, infraque Monesi*. On reconnaît leur nom dans celui de Monein, entre Pau et Navarreins. C'est un de ces peuples que l'on ne juge pas du rang des plus considérables, et dont cette partie de la Gaule abonde singulièrement dans Pline. D'Anville, *Notice de l'ancienne Gaule*, p. 463. V. aussi Walckenaer, *Géographie des Gaules*, t. II, p. 244.

MONESPLE, vg. *Ariége* (pays de Foix), arr. et à 12 k. de Pamiers, cant. du Fossat, ✉ du Mas-d'Azil. Pop. 223 h.

MONESTIER, vg. *Ain*, comm. de Champfromier, ✉ de Châtillon-de-Michaille.

MONESTIER, vg. *Allier* (Bourbonnais), arr. et à 27 k. de Gannat, cant. et ✉ de Chantelle. Pop. 858 h. — *Foire* le 25 avril.

MONESTIER, vg. *Dordogne* (Périgord), arr., ✉ et à 19 k. de Bergerac, cant. de Sigoulès. Pop. 817 h.

MONESTIER (le), vg. *Puy-de-Dôme* (Auvergne), arr. et à 10 k. d'Ambert, cant. et ✉ de St-Amand-Roche-Savine. Pop. 1,174 h.

MONESTIER-D'AMBEL, vg. *Isère* (Dauphiné), arr. et à 66 k. de Grenoble, cant. et ✉ de Corps. Pop. 213 h.

MONESTIER-DE-CLERMONT, *Monasterium*, bg *Isère* (Dauphiné), arr. et à 33 k. de Grenoble, chef-l. de cant. Cure. Gîte d'étape. ✉. A 590 k. de Paris pour la taxe des lettres. Pop. 837 h. — TERRAIN jurassique.

On y trouve une source d'eau minérale acidule froide.

Fabriques de tresses de paille pour chapeaux. — *Foires* les 1er août, 22 sept., 11 oct. et samedi après le 29 juin.

MONESTIER-DU-PERCY, vg. *Isère* (Dauphiné), arr. et à 55 k. de Grenoble, cant. et ✉ de Clelles. Pop. 537 h. — *Foire* le 18 oct.

MONESTIER-EN-VOCANCE, vg. *Ardèche* (Vivarais), arr. à 37 k. de Tournon, cant. et ✉ d'Annonay. Pop. 380 h. — *Foire* le 26 avril.

MONESTIER-LE-PORT-DIEU, vg. *Corrèze* (Limousin), arr. et à 21 k. d'Ussel, cant. et ✉ de Bort. Pop. 761 h.

MONESTIER-MERLINES, vg. *Corrèze* (Limousin), arr., ✉ et à 22 k. d'Ussel, cant. d'Eygurande. Pop. 386 h. — Forges et hauts fourneaux.

MONESTIÉS, *Aude*. V. CENNES-MONESTIÉS.

MONESTIÉS, *Monasterium*, petite ville, *Tarn* (Languedoc), arr. et à 23 k. d'Albi, chef-l. de cant. Cure. ✉. A 663 k. de Paris pour la taxe des lettres. Pop. 1,564 h. — TERRAIN cristallisé ou primitif.

Cette ville, située sur la rive droite du Cérou, à 20 k. d'Albi, était autrefois une place très-forte où les habitants de Cramaux et d'autres communes environnantes se retirèrent en 1359 pour se mettre à l'abri des poursuites des routiers. On y voit une ancienne église qui a été classée récemment au nombre des monuments historiques.

On remarque sur le territoire de Monestiés les ruines du château de Combefa, édifice construit pendant le XIIIe siècle, et l'une des nombreuses possessions des évêques d'Albi. De hautes tours couronnées de créneaux, une enceinte fortifiée et enveloppée d'un fossé creusé dans le roc, lui donnent l'aspect de la demeure d'un souverain. L'intérieur était décoré avec magnificence, et la chapelle était digne d'attirer les regards : on y voit des figures plus grandes que nature, sculptées en pierre et parfaitement conservées. — Lorsque le prince de Galles menaça la province d'une irruption, ce château fut mis en état de défense; mais l'évêque d'Albi qui y fut assiégé, craignant que la valeur du petit nombre de ses soldats ne suffît pas pour lui faire obtenir la victoire, se borna à excommunier ses adversaires. Cette forteresse a été détruite en 1763, par ordre de M. de Choiseul, archevêque d'Albi, frère du célèbre ministre de ce nom.

Fabrique et *commerce* considérable de toiles, fils et bestiaux. — *Foires* les 9 janv., 3 fév., 21 mars, 23 avril, 6, 18 et 30 juin, 16 juillet, 28 août, 27 sept., 20 et 29 oct. et 9 déc.

MONESTROL, bg *H.-Garonne* (Languedoc), arr., ✉ et à 10 k. de Villefranche-de-Lauragais, cant. de Nailloux. Pop. 275 h.

MONÉTAY, vg. *Jura* (Franche-Comté), arr. et à 22 k. de Lons-le-Saulnier, cant. de St-Julien, ✉ de St-Amour. Pop. 144 h.

MONÉTAY-SUR-ALLIER, vg. *Allier* (Bourbonnais), arr. et à 24 k. de Moulins-sur-Allier, cant. de Montet, ✉ de St-Pourçain. Pop. 731 h.

MONÉTAY-SUR-LOIRE, vg. *Allier* (Bourbonnais), arr. et à 47 k. de Moulins-sur-Allier, cant. et ✉ de Dampierre. Pop. 717 h.

MONÉTEAU, vg. *Yonne* (Champagne), arr., cant., et à 6 k. d'Auxerre. P. 634 h.

MONETIER (le), *Monasterium*, joli bourg, *H.-Alpes* (Dauphiné), arr., bureau d'enregist. et à 13 k. de Briançon, chef-l. de cant. Cure. Gîte d'étape. ✉. A 647 k. de Paris pour la taxe des lettres. Pop. 2,797 h. — TERRAIN jurassique.

Ce bourg est situé dans une haute et fertile vallée, sur la Guisane (une des sources de la Durance). Il est bien bâti, entouré de riantes prairies, et possède plusieurs usines et des filatures qui attestent une active industrie.

Au-dessus du bourg se trouve un établissement d'eaux thermales sulfureuses, avec des bâtiments pour les bains et pour les douches. Ces eaux sont limpides et contiennent des sulfates de soude et de chaux, et de muriate de magnésie; leur température est de 34° R. Il existe encore une autre source d'eau minérale tiède que l'on emploie avec succès dans le traitement des embarras gastriques; la température de cette dernière est de 22°. — Les eaux minérales du Monestier ont été analysées en 1805, par M. Chancel, chimiste de Besançon, ainsi que celles de la Liche, qui sourdent sur le territoire du lacs et hameaux dépendant de ce bourg.

Les sites des environs du Monestier sont pittoresques au plus haut degré. De la maison des bains on voit, à gauche, la ville et les forts de Briançon se dessiner sur plusieurs groupes de montagnes; à droite, s'élever le Lautaret sur la route de Grenoble, et le Galibier qui conduit à St-Jean-de-Maurienne; en face de soi on a la Guisanne serpentant à travers les prairies, où sont çà et là des bouquets de bois; au-dessus de son lit, au milieu de belles forêts de mélèzes, des chalets couronnent des éminences; l'horizon se termine par des glaciers.

Fabriques de toiles communes. Filatures de coton. Clouteries. — Exploitation de plombagine et de minerai de cuivre. — *Foires* les 23 avril et 1er oct.

MONÉTIER-ALLEMOND, vg. *H.-Alpes* (Dauphiné), arr. et à 27 k. de Gap, cant. de Laragne, ✉ de Veutavon. Pop. 234 h.

On trouve journellement aux environs de ce village des fondations, de belles pierres venues de Saléon, des lampes, des médailles d'or, d'argent et de bronze, des armes, des règles romaines et autres antiquités.

MONFANT, bg *Allier*, com. de Louchy-Montfand, ✉ de St-Pourçain.

MONFAUCON, vg. *Dordogne* (Périgord), arr. et à 24 k. de Bergerac, cant. de la Force, ✉ de Ste-Foy. Pop. 543 h.

MONFAUCON, vg. *H.-Pyrénées* (Gascogne), arr. et à 29 k. de Tarbes, cant. et ✉ de Rabastens. Pop. 762 h.

MONFERMIER, vg. *Tarn-et-Garonne* (Quercy), arr. et à 28 k. de Montauban, cant. et ✉ de Montpezat. Pop. 326 h.

MONFERRAN, vg. *Gers* (Armagnac), arr., ✉ et à 19 k. d'Auch, cant. de Saramon. Pop. 321 h. — *Foire* le mardi de la 1re semaine de juin.

MONFERRAN, vg. *Gers* (Armagnac), arr. et à 16 k. de Lombez, cant. et ✉ de l'Isle-Jourdain. Pop. 980 h.

MONFERRAND, vg. *Dordogne* (Périgord), arr. et à 38 k. de Bergerac, cant. et ✉ de Beaumont. Pop. 693 h. — *Foires* les 24 mai, 27 juillet, 19 oct., et 27 déc.

MONFERRAND, vg. *Drôme* (Dauphiné), arr. et à 38 k. de Nyons, cant. et ✉ de Remusat. Pop. 181 h.

MONFLANQUIN, jolie petite ville, *Lot-et-Garonne* (Agénois), arr. et à 18 k. de Villeneuve-sur-Lot, chef-l. de cant. Cure. ✉. A 589 k. de Paris pour la taxe des lettres. Pop. 5,075 h. — TERRAIN tertiaire moyen.

Monflanquin est une ville ancienne, qui tomba au pouvoir des Anglais lorsqu'ils se rendirent maîtres de l'Aquitaine. Les Français la prirent en 1295; elle se déclara pour le prince de Condé en 1562; les réformés s'en emparèrent en 1621. C'est une ville assez bien bâtie sur une hauteur, près de la Lède; la plupart des rues sont étroites, escarpées et mal percées. Sa situation élevée lui procure des points de vue étendus et très-pittoresques.

PATRIE du général de division FERRAND DE LA CAUSSADE.
Foires les 2 mai, jeudi saint, 1ᵉʳ lundi de déc. et 1ᵉʳ jeudi de chaque mois.

MONFORT, vg. *Dordogne*, comm. de Vitrac, ✉ de Sarlat.

MONFORT, vg. *Gers* (Armagnac), arr. et à 24 k. de Lectoure, cant. et ✉ de Mauvezin. Pop. 1,386 h.
PATRIE de L. CHÉNIER, consul général à Constantinople, père de André-Marie et de Marie-Joseph Chénier. On a de lui *Recherches historiques sur les Maures*, 3 vol. in-8, 1787; *Révolutions de l'empire ottoman*, in-8, 1789.
Foires le 4ᵉ mercredi de janv., fév., mars, avril, mai, juillet, sept., oct. et nov.

MONFORT, vg. *Isère*, comm. et ✉ de Crolles.

MONFOURAT, vg. *Gironde*, com. d'Eglisottes, ✉ de Roche-Chalai.

MONFRÉVILLE, vg. *Calvados* (Normandie), arr. et à 33 k. de Bayeux, cant. et ✉ d'Isigny. Pop. 304 h.

MONGAILLARD, vg. *Lot-et-Garonne* (Condomois), arr. et à 11 k. de Nérac, cant. et ✉ de Lavardac. Pop. 385 h.

MONGASTON, vg. *B.-Pyrénées*, com. de Lamayou, ✉ de Vic-en-Bigorre.

MONGAUDON, vg. *Tarn-et-Garonne*, com. de St-Nazaire, ✉ de Lauzerte.

MONGAUSY, vg. *Gers* (Armagnac), arr., cant., ✉ et à 10 k. de Lombez. Pop. 385 h.

MONGAUZY, vg. *Gironde* (Guienne), arr., cant., ✉ et à 6 k. de la Réole. Pop. 542 h.

MONGELARD, vg. *Seine-et-Marne*, com. de la Grande-Paroisse, ✉ de Montereau.

MONGET, vg. *Landes* (Gascogne), arr. et à 27 k. de St-Sever, cant. et ✉ d'Hagetmau. Pop. 337 h.

MONGIBAUD, vg. *Corrèze* (Limousin), arr. et à 57 k. de Brives, cant. de Lubersac, ✉ de Masseret. Pop. 475 h.

MONGIGNAR, vg. *Eure*, comm. de Lauville, ✉ de Bourg-Achard.

MONGOIN (Grand et Petit-), vg. *Seine-et-Marne*, comm. de St-Cyr, ✉ de la Ferté-sous-Jouarre.

MONGRAS, vg. *H.-Garonne* (Gascogne), arr. à 22 k. de Muret, cant. et ✉ de Rieumes. Pop. 141 h.

MONGRENON, vg. *Loir-et-Cher*, com. de Brevainville, ✉ de Cloyes.

MONGUILLEM, vg. *Gers* (Condomois), arr. et à 50 k. de Condom, cant. et ✉ de Nogaro. Pop. 404 h. — *Foires* les 19 mars, 19 mai, 4 août, 16 nov. et 27 déc.

MONHEURT, vg. *Lot-et-Garonne* (Gascogne), arr. et à 28 k. de Nérac, cant. de Damazan, ✉ de Tonneins. Pop. 781 h.
Monheurt était autrefois une ville forte, que Louis XIII assiégea en personne en 1621. Après une vigoureuse résistance, les habitants se virent dans la nécessité de capituler; mais Louis XIII exigea qu'ils se rendissent à discrétion. La vie fut accordée à tous ceux qui étaient dans la ville; les gentilshommes sortirent avec leur épée, les soldats avec un bâton blanc à la main, et les habitants en chemise et tête nue. Ensuite, après avoir mis l'honneur des femmes à couvert, Monheurt fut livré au pillage et brûlé; en sorte qu'il ne resta de cette malheureuse ville que ce que les flammes ne purent dévorer.

MONHOUDOU, vg. *Sarthe* (Maine), arr. et à 9 k. de Mamers, cant. et ✉ de Marolles-les-Braux. Pop. 717 h.

MONIEUX, vg. *Vaucluse* (Provence), arr. et à 30 k. de Carpentras, cant. et ✉ de Sault. Pop. 9,622 h. Sur la Nesque.
On remarque sur le territoire et au sud-est de ce village un gouffre extrêmement profond, d'environ 4 m. d'ouverture, où l'on entend un bruit souterrain tel à peu près que pourrait le produire un fort courant d'eau. — *Foires* les 4 fév. et 24 août.

MONIS (les), vg. *Eure*, comm. de Puchay, ✉ d'Ecouis.

MONISON, vg. *Marne*, comm. de la Chapelle-Monthodon, ✉ de Dormans.

MONISTROL, ou MONISTROL-SUR-LOIRE, petite ville, *H.-Loire* (Languedoc), arr. et à 30 k. d'Issingeaux, chef-lieu de cant. ✉. ⚒.
A 494 k. de Paris pour la taxe des lettres. Cure. Ecole secondaire ecclésiastique. Gîte d'étape. Etablissement de sourds-muets des deux sexes. Pop. 3,975 h. — TERRAIN cristallisé ou primitif.
Autrefois diocèse et recette du Puy, parlement de Toulouse, intendance de Montpellier.
On croit que Monistrol doit son origine à un monastère d'antonins que l'on suppose y avoir existé vers le VIIIᵉ ou le IXᵉ siècle. C'était une des huit villes qui envoyaient des députés aux états du Vélay. Le baron des Adrets la pilla en 1563.
Cette ville est dans une situation agréable, sur le ruisseau de Piat, entre deux vallons, sur un coteau d'où l'on jouit d'un coup d'œil charmant sur la vallée de la Loire. Elle possède de jolies promenades publiques, mais elle est généralement mal bâtie; presque toutes les constructions sont anciennes, irrégulières, et leur vétusté lui donne une apparence triste et désagréable. On y remarque toutefois l'ancien bâtiment des ursulines et le château qui servait autrefois de maison de plaisance aux évêques du Puy; c'est un vaste édifice flanqué de deux tours rondes, longtemps abandonné, et aujourd'hui affecté à une fabrique de rubans.
Fabriques de dentelles, blondes, rubans, quincaillerie, satins, foulards. Tannerie. Mégisseries. Teintureries. Papeterie. — Marchés importants pour la vente des grains.
Foires les 15 janv., 6 mai, juin, 15 juillet, 22 août, 20 sept., 25 oct., 20 nov., 15 déc., 1ᵉʳ lundi de carême et lundi saint.

MONISTROL - D'ALLIER, vg. *H.-Loire* (Languedoc), arr. et à 26 k. du Puy, cant. et ✉ de Saugues. Pop. 968 h. Sur la rive gauche de l'Allier.
On y remarque la chapelle de Ste-Madeleine creusée dans le basalte, les grottes ou caves de l'Esclusel, et l'effet pittoresque de ses masses basaltiques.

MONITAUX, vg. *Eure*, comm. de Giverny, ✉ de Vernon.

MONJEZIEUX, vg. *Lozère* (Languedoc), arr. de Marvejols, cant. et ✉ de la Canourgue.
Cette commune a été formée en 1836 d'une partie du territoire de la commune de Salmon, divisé en deux parties pour former les communes d'Auzillac et de Monjezieux.

MONJOIE, bg *Tarn-et-Garonne* (Agénois), arr. et à 21 k. de Moissac, cant. et ✉ de Valence-d'Agen. Pop. 739 h. Sur la Saône.—
Foires les 3 fév., 25 avril, 11 juin, 11 août, 4 oct. et 28 déc.

MONJOU, vg. *Cantal*, comm. de Jou-sous-Monjou, ✉ de Vic-sur-Cère.

MONJOURDE, vg. *H.-Vienne*, comm. de Folles, ✉ de Morterolles.

MONLAUR-BERNET, vg. *Gers* (Armagnac), arr. à 22 k. de Mirande, cant. et ✉ de Masseube. Pop. 592 h.

MONLAUZUN, vg. *Lot* (Quercy), arr. et à 29 k. de Cahors, cant. et ✉ Montcuq. Pop. 289 h.

MONLÉON-MAGNOAC, petite ville, *H.-Pyrénées* (Bigorre), arr. et à 11 k. de Bagnères-de-Bigorre, cant. et ✉ de Castelnau-Magnoac. Pop. 1,283 h. — Elle est agréablement située entre le Gers et le ruisseau de Cierq. C'est une ville ancienne, autrefois chef-lieu du pays de Magnoac. On trouve dans ses environs plusieurs châteaux et forteresses féodales.
Foires le 1ᵉʳ mardi de carême, 1ᵉʳ mardi après la Pentecôte, après Notre-Dame de sept., après Ste-Catherine.

MONLET, vg. *H.-Loire* (Languedoc), arr. et à 27 k. du Puy, cant. et ✉ d'Allègre. Pop. 1,523 h.

MONLEZUN, vg. *Gers* (Armagnac), arr. et à 49 k. de Condom, cant. et ✉ de Nogaro. Pop. 320 h.

MONLEZUN, vg. *Gers* (Armagnac), arr. et à 16 k. de Mirande, cant. et ✉ de Marciac. Pop. 778 h.

MONLIARD, vg. *Creuse*, comm. de Vierzat, ✉ de Chambon.

MONLOUVET, vg. *Aveyron*, comm. de la Bastide - l'Evêque, ✉ de Villefranche-de-Rouergue.

MONMADALES, vg. *Dordogne* (Périgord), arr. et à 18 k. de Bergerac, cant. et ✉ d'Issigeac. Pop. 221 h.

MONMARÉS, vg. *Lot-et-Garonne*, comm. et ✉ de Villeneuve-sur-Lot.

MONMARVEIX, vg. *Dordogne* (Périgord), arr. et à 23 k. de Bergerac, cant. et ✉ d'Issigeac. Pop. 167 h.

MONNA (le), vg. *Aveyron*, comm. et ✉ de Millau.

MONNACHOU, vg. *H.-Pyrénées*, comm. et ✉ d'Arreau.

MONNAI, *Monnaium, Mœnaium*, vg. *Orne* (Normandie), arr. et à 40 k. d'Argentan, cant. de la Ferté-Fresnel, ✉ du Sap. ⚒. Pop. 736 h.

MONNAIE, bg *Indre-et-Loire* (Touraine), arr. et à 15 k. de Tours, cant. de Vouvray. ✉.

A 217 k. de Paris pour la taxe des lettres. ✠. Pop. 1,728 h. — Foire le 25 oct.

MONNEAUX, vg. *Aisne*, comm. d'Essommes, ✉ de Château-Thierry.

MONNEREN, vg. *Moselle* (pays Messin), arr., ✉ et à 20 k. de Thionville, cant. de Metzervisse. Pop. 662 h.

MONNERVILLE, vg. *Seine-et-Oise* (Beauce), arr. et à 30 k. d'Etampes, cant. de Méréville, ✉ d'Angerville. Pop. 612 h.

Autrefois diocèse de Chartres, parlement de Paris, intendance d'Orléans, élection de Dourdan.

MONNES, vg. *Aisne*, comm. de Cointicourt, ✉ de Neuilly-St-Front.

MONNET-LA-VILLE, bg *Jura* (Franche-Comté), arr. de Poligny, et à 25 k. d'Arbois, cant. et ✉ de Champagnolle. Pop. 253 h.

MONNETOY, vg. *Saône-et-Loire*, comm. d'Ecuisse, ✉ de Buxy.

MONNETS (les), vg. *Jura*, comm. de Fort-du-Plasne, ✉ de St-Laurent.

MONNIÈRES, vg. *Jura* (Franche-Comté), arr., cant. et à 4 k. de Dôle. Pop. 190 h.

MONNIÈRES, vg. *Loire-Inf.* (Bretagne), arr. et à 20 k. de Nantes, cant. et ✉ de Clisson. Pop. 912 h. — Il est près de la Sèvre nantaise, qui commence en cet endroit à être navigable.

A peu de distance de ce village on remarque les ruines pittoresques du château de la Galissonnière, édifice qui n'offre plus qu'un monceau de ruines, et dont les seules parties qui soient encore debout sont presque entièrement couvertes de lierre. Ce château fut habité longtemps par Barin de la Galissonnière, lieutenant général des armées navales, connu par la victoire qu'il remporta sur l'amiral anglais Bing. Les succès militaires ne sont pas les seuls titres de l'amiral Barin de la Galissonnière à la gloire et à la reconnaissance de la patrie; ses vertus sociales ont peut-être été plus utiles à la France que ses victoires. Cet illustre marin se plaisait, au retour de ses longs voyages, à transporter et à acclimater des végétaux étrangers, dont il reste encore un certain nombre dans le parc.

MONNOIE, *Indre-et-Loire*. V. **Monnaie**.

MONOBLET, bg *Gard* Languedoc), arr. et à 34 k. du Vigan, cant. de Lasalle, ✉ de St-Hippolyte. Pop. 1,144 h.

MONOT, vg. *Saône-et-Loire*, comm. de Curtil-sur-Burnaud, ✉ de St-Gengoux-le-Royal.

MONTPALACH, vg. *Tarn-et-Garonne*, comm. et ✉ de St-Antonin.

MONPARDIAC, vg. *Gers* (Armagnac), arr. et à 15 k. de Mirande, cant. et de Marciac. Pop. 175 h.

MONPAZIER, jolie petite ville, *Dordogne* (Périgord), arr. et à 46 k. de Bergerac, chef-l. de cant. Cure. ✉. A 534 k. de Paris pour la taxe des lettres. Pop. 1,122 h. — Terrain tertiaire moyen.

Monpazier fut fondé en 1284, sous la direction du fameux captal de Buch, Jean de Grailly; c'est une ville bien bâtie, formée de rues larges et tirées au cordeau; mais elle est peu commerçante et se ressent de la pauvreté du pays au milieu duquel elle est située. Elle est dans une contrée peu fertile, sur un plateau élevé, au pied duquel coule le Dropt. — Forges.

Foires les 7 janv., 19 mars, 8 et 9 juillet, 6 août, 22 sept., 18 nov., 1ᵉʳ jeudi d'avril, mercredi des Rogations, veille de la Fête-Dieu, 1ᵉʳ jeudi d'oct. et 2ᵉ jeudi de déc.

MONPEROUX, vg. *Dordogne* (Périgord), arr. et à 42 k. de Bergerac, cant. de Villefranche-de-Lonchapt, ✉ de Castillon. Pop. 837 h.

MONPEZAT, vg. *Gers* (Gascogne), arr., cant., ✉ et à 11 k. de Lombez. Pop. 679 h.

MONPEZAT, vg. *Gironde* (Guienne), arr. et à 19 k. de la Réole, cant. de Sauveterre, ✉ de Cadillac. Pop. 119 h.

MONPEZAT, vg. *B.-Pyrénées* (Béarn), arr. et à 37 k. de Pau, cant. et ✉ de Lembeye. P. 227 h.

MONPICHET, vg. *Seine-et-Marne*, comm. de Bouleurs, ✉ de Crécy.

MONPLAISANT, vg. *Dordogne* (Périgord), arr. et à 25 k. de Sarlat, cant. et ✉ de Belvès. Pop. 407 h.

MONPLAISIR, vg. *Meurthe*, comm. de Tantonville, ✉ de Neuviller-sur-Moselle. ✠.

MONPLAISIR, vg. *Oise*, comm. d'Attichy, ✉ de Couloisy.

MONPLAISIR, vg. *Oise*, comm. de Senantes, ✉ de Songeons.

MONPONT, petite ville, *Dordogne* (Périgord), arr. et à 36 k. de Ribérac, chef-l. de cant. Cure. ✉. ✠. A 527 k. de Paris pour la taxe des lettres. Pop. 1,530 h. — Terrain d'alluvions, voisin du tertiaire moyen.

Cette ville est située dans une belle et riche plaine, près de l'Isle.

C'était jadis une ville forte que les Anglais assiégèrent sans succès en 1370 ; les calvinistes la saccagèrent en 1616. Les restes de ses murs et de ses retranchements prouvent qu'elle était autrefois plus étendue.

On voit près de Monpont les ruines d'un ancien camp romain, où l'on a découvert un grand nombre de médailles du règne de l'empereur Probus.

On remarque aussi près de cette ville la belle chartreuse de Vauclaire, célèbre autrefois par l'étendue de ses bâtiments et par la beauté de son église gothique.

Foires les 1ᵉʳ avril, 1ᵉʳ et 2 mai, 29 oct., 25 et 26 nov., 1ᵉʳ samedi de carême, lundi qui suit le dimanche après St-Roch.

MONRAYET, vg. *Lot-et-Garonne*, comm. et ✉ de Villeneuve-sur-Lot.

MONS, vg. *Ain*, comm. de Replonges, ✉ de Mâcon.

MONS, vg. *Charente* (Angoumois), arr. à 28 k. d'Angoulême, cant. de Rouillac, ✉ d'Aigre. Pop. 601 h.

MONS, vg. *Charente-Inf.* (Saintonge), arr. et à 20 k. de St-Jean-d'Angely, cant. et ✉ de Matha. Pop. 963 h.

MONS, vg. *Eure-et-Loir*, com. de Nogent-sur-Eure, ✉ de St-Loup.

MONS, vg. *Gard* (Languedoc), arr., cant., ✉ et à 9 k. d'Alais. Pop. 578 h.

MONS, vg. *H.-Garonne* (Languedoc), arr., cant., ✉ et à 13 k. de Toulouse. Pop. 320 h.

MONS, vg. *Gers*, comm. de Crastes, ✉ d'Auch.

MONS, vg. *Gironde*, comm. et ✉ de Belin.

MONS, vg. *Hérault* (Languedoc), arr. et à 24 k. de St-Pons, cant. et ✉ d'Olargues. Pop. 1,458 h.

MONS, vg. *Isère*, comm. de Luzinay, ✉ de Vienne.

MONS, vg. *H.-Loire*, comm. d'Ours-Mons, ✉ du Puy.

MONS, vg. *Pas-de-Calais* (Artois), arr., cant., ✉ et à 10 k. de St-Pol-sur-Ternoise. Pop. 169 h.

MONS, vg. *Puy-de-Dôme* (Auvergne), arr. et à 30 k. de Riom, cant. et ✉ de Randans. Pop. 1,040 h.

MONS, vg. *Seine-et-Marne* (Brie), arr. et à 18 k. de Provins, cant. et ✉ de Donnemarie. Pop. 315 h.

MONS, vg. *Var* (Provence), arr. et à 33 k. de Draguignan, cant. et ✉ de Fayence. Pop. 1,074 h.

Ce village est situé sur une éminence exposée aux effets désastreux du mistral.

On remarque sur son territoire une grotte magnifique, qui a été comparée pour sa beauté par plusieurs voyageurs à la célèbre grotte d'Antiparos. Cette grotte est située sur le penchant d'un coteau fort élevé, qui a sa direction du couchant au nord, et dont les couches, d'une pierre calcaire, sont parallèles à l'horizon. L'entrée, haute de 8 m. et large de 4 m., extérieurement décorée d'un fronton naturel, présente, sous un cintre bien formé, l'aspect d'un vestibule qui annoncerait un grand édifice ; elle inspire même le pressentiment des émotions que l'on va éprouver dans ces voies ténébreuses, où l'on ne peut pénétrer qu'avec un guide et à la lueur des flambeaux. Pour arriver dans l'intérieur, il faut traverser en rampant une petite galerie qui mène à une salle dont la voûte a un aspect effrayant, à cause des blocs de rochers en saillie qui y paraissent suspendus. La grotte se partage ensuite en différentes branches qui s'enfoncent bien avant dans la colline et qui offrent plusieurs salles curieuses : dans l'une on admire des culs-de-lampe, des buissons et des ostéocolles ; une autre présente quantité de stalagmites qui s'élèvent bas en haut, auxquelles l'imagination prête une ressemblance à des figures humaines. On voit dans une troisième salle des masses de stalactites, suspendues à la voûte, qui, par leur disposition à plus de 35 m. de hauteur, se présentent sous la forme de nuages amoncelés ; ailleurs des lambris, de belles draperies, des franges, des festons, des glands, des torsades, s'offrent encore aux regards, toujours plus étonnés d'admirer de semblables merveilles dans ces antres mystérieux.

On est agréablement surpris de trouver, presque au fond de la grotte, un emplacement sous la forme d'une chapelle, avec un bénitier rempli d'eau, de grands chandeliers, etc., etc., et à côté une rangée de colonnes ressemblant à un jeu d'orgues, vis-à-vis duquel une petite éminence donne l'idée d'une chaire à prêcher.

La grotte est enfin terminée par deux rochers d'une matière spathique, blanche, cristallisée et transparente, ainsi qu'on le voit, au rapport de Darlac, dans celle d'Antiparos, qui, selon le même auteur, n'est pas à beaucoup près aussi étendue ni aussi variée que celle-ci. Le sol offre également bien des particularités. On y remarque surtout un plat de fraises sous la forme d'un cercle parfait, bordé d'un chapelet en grains d'albâtre, dont la blancheur contraste agréablement avec la couleur jaune des fruits.

La grotte de Mons, d'un aspect généralement imposant, a, en quelques endroits, 40 m. de hauteur, et offre des salles qui en ont près de 100 de profondeur. Sa longueur totale est d'environ 400 m.; on met plus d'une heure à la parcourir.

A environ 4 k. au-dessus de la grotte se trouve un pont naturel, connu sous le nom de Pont-à-Dieu, dont l'arche est formée par un énorme bloc de rocher qui réunit deux hautes montagnes entre lesquelles un torrent coule dans un lit très-profond. Ce pont n'est guère foulé que par des troupeaux de menu bétail; aussi n'est-il connu que par les bergers et les cultivateurs qui fréquentent cette contrée.

A 2 k. au-dessous du village de Mons se trouve la belle source de la Siagne, dont les Romains avaient conduit les eaux à Fréjus au moyen du bel aqueduc dont nous avons parlé à l'article de cette ville. Le canal existe encore en partie; à un quart d'heure de son origine il passe, au bord d'un précipice affreux, sous un énorme rocher connu sous le nom de Roque-Taillade.

Foires les 2ᵉ mardi d'avril, 2ᵉ dimanche après le 29 juin et 2ᵉ lundi d'oct.

MONSAC, vg. *Dordogne* (Périgord), arr. et à 23 k. de Bergerac, cant. et ⊠ de Beaumont. Pop. 315 h.

MONSAC, vg. *H.-Vienne*, com. de Rançon, ⊠ de Bellac.

MONSAGUEL, vg. *Dordogne* (Périgord), arr. et à 18 k. de Bergerac, cant. et ⊠ d'Issigeac. Pop. 402 h.

MONSAINTOU, vg. *Tarn-et-Garonne*, comm. de la Française, ⊠ de Montauban.

MONSAURIN, vg. *Gers*, comm. de Bazugues-Mousaurin, ⊠ de Mirande.

MONS-BOUBERT, vg. *Somme* (Picardie), arr. et à 14 k. d'Abbeville, cant. et ⊠ de St-Valéry-sur-Somme. Pop. 1,297 h.

MONS BRISIACUS (lat. 49°, long. 26°).
« L'Itinéraire d'Antonin, qui en fait mention en plusieurs endroits, convient précisément à la position de Brisac, dans les distances qu'il indique à l'égard d'*Helvetus* ou d'*Helcebus* d'un côté, et à l'égard d'*Urunci* de l'autre, comme on peut voir dans les articles *Helcebus* et *Urunci*. Mais, quoique toutes les positions que parcourent l'Itinéraire et la Table le long du Rhin se trouvent situées en deçà du fleuve, il ne convient pas d'en excepter Brisac, quoiqu'on le voie aujourd'hui sur la rive ultérieure du Rhin. Il est constant que ce fleuve a changé de lit en plusieurs endroits; et selon Luitprand de Pavie (lib. IV, cap. 14), le Rhin dans le Xᵉ siècle enveloppait Brisac d'un côté comme de l'autre : *In Alsatiæ partibus castellum, Brisecgauve patrio vocabulo nuncupatum, quod et Rhenus in modum insulæ cingens, et naturalis ipsa loci asperitas munit.* M. Schœpflin (*Alsatiæ illustrib.*, t. I, p. 191) cite des Annales des dominicains de Colmar, ville voisine de Brisac, qui porte que l'an 1295 le Rhin, séparant depuis longtemps Brisac d'avec l'Alsace, s'était porté de l'autre côté de la montagne sur laquelle cette ville est située : *Rhenus, qui longo tempore oppidum Brisacum ab Alsatia diviserat, isto anno pro parte ad latus montis se aliud transferebat.* Il est donc constant que le Rhin a varié dans son cours par rapport à la position de Brisac; et quand on examine les circonstances du local sur un plan, on reconnaît des vestiges du lit par lequel il séparait Brisac de ce canton de la Souabe qui a pris le nom de *Brisigavia*. Entre les milices romaines qui prenaient leurs noms de quelques lieux en particulier, on trouve dans la Notice de l'empire les *Brisigavi Seniores* et *Juniores*. » D'Anville. *Notice de l'ancienne Gaule*, p. 463.

MONSEC, vg. *Dordogne* (Périgord), arr. et à 18 k. de Nontron, cant. et ⊠ de Mareuil. Pop. 632 h.

MONSÉGUR, petite ville, *Gironde* (Bazadois), arr. et à la Réole, cant. de cant. Cure. ⊠. A 638 k. de Paris pour la taxe des lettres. Pop 1,523 h. — TERRAIN tertiaire moyen.

Autrefois diocèse de Bazas, parlement et intendance de Bordeaux, élection de Condom, juridiction.

Foires les 2 janv., 25 avril, 10 août, 14 sept. et 1ᵉʳ vendredi de chaque mois.

MONSÉGUR, vg. *Landes* (Gascogne), arr. et à 22 k. de St-Sever, cant. et ⊠ d'Hagetmau. Pop. 662 h.

MONSÉGUR, vg. *Lot-et-Garonne* (Agénois), arr. et à 19 k. de Villeneuve-sur-Lot, cant. et ⊠ de Monflanquin. Pop. 482 h. — *Foires* les 5 fév. et 1ᵉʳ août.

MONSÉGUR, vg. *B.-Pyrénées* (Béarn), arr. et à 36 k. de Pau, cant. de Montaner, ⊠ de Morlaas. Pop. 389 h.

MONSELLE, vg. *Seine-et-Oise*, comm. d'Auvers-sur-Oise, ⊠ de Pontoise.

MONSEMPRON, vg. *Lot-et-Garonne* (Agénois), arr. et à 25 k. de Villeneuve-sur-Lot, cant. et ⊠ de Fumel. Pop. 818 h. — *Foires* les 18 mai et 17 juin.

MONS-EN-BARŒUL, vg. *Nord* (Flandre), arr., cant., et à 3 k. de Lille. Pop. 889 h.

MONS-EN-CHAUSSÉE, vg. *Somme* (Picardie), arr., cant., et à 9 k. de Péronne. Pop. 767 h.

MONS-EN-LAONNAIS, vg. *Aisne* (Picardie), arr., ⊠ et à 6 k. de Laon, cant. d'Anisy-le-Château. Pop. 627 h.

MONS-EN-PÉVÈLE, *Mons in Pobula*, bg *Nord* (Flandre), arr. et à 20 k. de Lille, cant. et ⊠ de Pont-à-Marcq. Pop. 1,783 h.

Ce village a donné son nom à une bataille gagnée sur les Flamands par Philippe le Bel.

La Flandre, mécontente de son seigneur, s'était placée sous la protection des armes de Philippe le Bel. Mais Jacques de Châtillon, lieutenant du roi dans cette riche contrée, eut l'imprudence de la traiter en pays conquis. Les Flamands opprimés se révoltèrent, Bruges égorgea sa garnison, et l'armée française, accourue à Courtray pour y chercher la vengeance, n'y trouva qu'une sanglante défaite (1302). Philippe le Bel comprit à quel peuple il avait affaire, et ne crut plus à une facile conquête. Il profita des loisirs d'une trève pour lever de l'argent et mettre sa chevalerie, ainsi que l'infanterie des communes, sur un pied plus que jamais formidable. Puis il marcha contre la Flandre (1304), força le passage de la Lys, et trouva l'armée flamande rangée en bataille près de Mons-en-Puelle.

Les Flamands, pour briser l'impétuosité de la cavalerie française, avaient formé avec leurs chariots une double enceinte qui leur servait de retranchement. Mais, instruits cette fois par l'expérience, les Français n'allèrent pas se heurter témérairement contre cet obstacle; ce furent eux au contraire qui lassèrent la patience de l'ennemi et l'attirèrent dans la plaine. Le premier choc des Flamands fut terrible; ils pénétrèrent jusqu'à la tente royale, qu'ils pillèrent, et peu s'en fallut que le roi lui-même, surpris et désarmé, ne tombât entre leurs mains; mais le sang-froid de Philippe le Bel l'abandonna pas au milieu de cette alarme. Dès qu'il eut trouvé un cheval et une arme, ce fut lui qui, au fort même de la mêlée, rallia les siens par sa voix et son exemple, et les ramena à la charge contre l'ennemi. La résistance des Flamands fut aussi opiniâtre que leur attaque avait été impétueuse. La nuit étant venue, ils continuèrent à se battre à la lueur des flambeaux. Mais enfin ils furent rompus et renversés par la cavalerie, et laissèrent le champ de bataille couvert de tous leurs bagages et de six mille cadavres. Philippe, visitant peu de jours après cette plaine ensanglantée, fit enterrer les morts, et défendit qu'aucun des Flamands reçût la sépulture.

MONSIREIGNE, vg. *Vendée* (Poitou), arr. et à 37 k. de Fontenay-le-Comte, cant. et ⊠ de Pouzauges. Pop. 732 h. — *Foires* le dernier vendredi d'avril et de mai.

MONSOL, vg. *Rhône* (Beaujolais), arr. et à 32 k. de Villefranche-sur-Saône, chef-l. de cant. Cure. ⊠ de Beaujeu. Pop. 1,238 h., répartis en 12 petits hameaux. — TERRAIN cristallisé ou primitif.

La montagne de St-Rigaud est sur le territoire de cette commune : c'est une des plus hautes de cette contrée; elle est de 1,012 m. au-dessus du niveau de la mer. Son nom lui vient d'un ancien couvent de moines de l'ordre de Cluny, qui était situé sur son sommet, et dont il ne reste aucune trace. On y trouve une fontaine, célèbre du temps des moines par les fréquents pèlerinages qu'y faisaient les femmes stériles qui voulaient être fécondées. Cette fontaine est peu visitée aujourd'hui, qu'on n'est plus assez sot pour croire à la prétendue propriété de ses eaux.

Foires le lundi avant la Chandeleur, 2ᵉ mardi de mai et d'août, et lundi avant la Toussaint.

MONSOURIS, vg. *Seine*, comm. et ✉ de Montrouge.

MONS SELEUCUS (lat. 45°, long. 24°). « Ce lieu est mémorable par la victoire que l'empereur Constance y remporta sur Magnence l'an 353. On trouve *Mons Seleucus* dans l'Itinéraire d'Antonin et dans celui de Bourdeaux à Jérusalem. Les distances qui y ont rapport sont discutées dans l'article des lieux que donne l'Itinéraire de Jérusalem, entre *Lucus Augusti* et *Mons Seleucus*, et entre *Mons Seleucus* et *Vapincum*. Les indications de l'Itinéraire d'Antonin, savoir de *Vapincum* à *Mons Seleucus* XXIIII, et de *Mons Seleucus* à *Lucus* XXVI, excèdent ce que le local fournit d'espace, et l'Itinéraire de Jérusalem paraîtra dans le même cas, en consultant l'article *Vologatis*, et un de ceux qui sont compris sous la dénomination de *Fines*. Dans les plus anciens titres du Daufiné, un château qui tient l'emplacement de *Mons Seleucus* est appelé *Bastida Montis Seleuci*, et postérieurement *Montis Solai*, comme je l'ai appris de M. le baron de la Bâtie, seigneur de ce lieu. On dit aujourd'hui la Bâtie Mont Saléon. » D'Anville. *Notice de l'ancienne Gaule*, p. 464. V. aussi Ladoucette. *Réclamation relative à Mons Seleucus* (Mém. de la société des antiq. de France, t. VIII, p. 272).

MONSTEROUX-MILLIEU, vg. *Isère* (Dauphiné), arr. et à 12 k. de Vienne, cant. et ✉ de Beaurepaire. Pop. 348 h.

MONSTIER, vg. *Puy-de-Dôme*, comm. et ✉ de Clermont-Ferrand.

MONSURES, vg. *Somme* (Picardie), arr. et à 27 k. d'Amiens, cant. de Conti, et ✉ de Flers. Pop. 404 h.

MONSWILLER, vg. *B.-Rhin* (Alsace), arr., cant., ✉ et à 2 k. de Saverne. Pop. 687 h. — *Foire* le samedi après la Pentecôte.

MONT (le), vg. *Cher*, comm. de Préveranges, ✉ de Châteaumeillant.

MONT (le), vg. *Creuse*, comm. de Nouzerines, ✉ de Boussac.

MONT (St-), vg. *Gers* (Armagnac), arr. et à 52 k. de Mirande, cant. et ✉ de Riscle. Pop. 722 h. — *Foires* les 6 mai et 2 nov.

MONT (le), vg. *Indre*, comm. de Méasnes, ✉ d'Aigurande.

MONT (le), vg. *Jura*, comm. de Dramelay, ✉ d'Orgelet.

MONT (le), vg. *Loir-et-Cher* (Blaisois), arr., ✉ et à 11 k. de Blois, cant. de Bracieux. Pop. 1,422 h.

MONT (le), vg. *Loire*, comm. et ✉ de Sury-le-Comtal.

MONT, vg. *Meurthe* (Lorraine), arr., et à 7 k. de Lunéville, cant. de Gerbeviller. Pop. 361 h.

MONT, vg. *Meuse* (Lorraine), arr. et à 16 k. de Verdun, cant. de Fresnes-en-Voëvre, ✉ de Manheules. Pop. 292 h.

MONT, vg. *Moselle*, comm. de Londres, ✉ de Briey.

MONT, vg. *Moselle*, comm. de Pange, ✉ de Metz.

MONT (le), vg. *Nièvre*, comm. d'Onlay, ✉ de Moulins-en-Gilbert.

MONT, vg. *Nièvre*, comm. d'Ouroux, ✉ de Château-Chinon.

MONT, vg. *B.-Pyrénées* (Béarn), arr. et à 12 k. d'Orthez, cant. de Lagor, ✉ d'Artix. P. 477 h.

MONT, vg. *B.-Pyrénées* (Béarn), arr. et à 47 k. de Pau, cant. et ✉ de Garlin. Pop. 305 h.

MONT, vg. *H.-Pyrénées* (Gascogne), arr. et à 43 k. de Bagnères-de-Bigorre, cant. de Bordères, ✉ d'Arreau. Pop. 169 h.

MONT (le), vg. *H.-Saône*, comm. de Plancher-Bas, ✉ de Lure.

MONT, vg. *Saône-et-Loire* (Bourgogne), arr. et à 43 k. de Charolles, cant. et ✉ de Bourbon-Lancy. Pop. 451 h.

MONT, vg. *Saône-et-Loire*, comm. de Suin, ✉ de St-Bonnet-de-Joux.

MONT (le), vg. *H.-Vienne*, comm. de Lussac-les-Eglises, ✉ du Dorat.

MONT, vg. *Vosges* (Lorraine), arr., cant., ✉ et à 4 k. de Neufchâteau. Pop. 345 h.

MONT (le), vg. *Vosges* (Lorraine), arr. et à 30 k. de St-Dié, cant. et ✉ de Senones. Pop. 292 h.

MONTA, vg. *H.-Alpes*, comm. de Ristolas, ✉ d'Abriès.

MONTA (la), vg. *Loire*, comm. d'Outrefurens, ✉ de St-Etienne.

MONTABARD, vg. *Orne* (Normandie), arr. et à 15 k. d'Argentan, cant. et ✉ de Trun. Pop. 609 h. — L'église paroissiale offre un portail curieux à cintre rond orné de trois rangs de zigzags que supportent trois colonnes.

MONTABÉ, vg. *Seine-et-Oise*, comm. de Trou, ✉ de Limours.

MONTABERT, vg. *Aube*, comm. de Montaulin, ✉ de Lusigny.

MONTABON, vg. *Isère*, comm. de la Terrasse, ✉ de Touvet.

MONTABON, vg. *Sarthe* (Maine), arr. et à 45 k. de St-Calais, cant. et ✉ de Château-du-Loir. Pop. 534 h.

MONTABOT, vg. *Manche* (Normandie), arr. et à 23 k. de St-Lô, cant. de Percy, ✉ de Villebaudon. Pop. 778 h.

MONTABOURLET, vg. *Dordogne*. V. LA CHAPELLE-MONTABOURLET.

MONTÁBY, vg. *Oise*, comm. de Mortefontaine, ✉ de la Chapelle-en-Serval.

MONTACHER, vg. *Yonne* (Champagne), arr. et à 19 k. de Sens, cant. et ✉ de Chéroy. Pop. 711 h.

Ce village est assez bien bâti et agréablement situé sur le Lunain; il était autrefois entouré de fossés, dont on voit encore les restes en plusieurs endroits.

Au hameau des Entonnoirs, dépendance de Montacher, les eaux de Lunain se perdent dans des gouffres, passent sous Chéroy, et reparaissent à Lorrez-le-Bocage, à 8 k. au-dessous, dans des fontaines qui deviennent les nouvelles sources du Lunain.

MONTACHON, vg. *Côte-d'Or*, comm. de St-Didier, ✉ de Saulieu.

MONTADES (les), vg. *Hérault*, comm. de Pezènes, ✉ de Pédarieux.

MONTADET, vg. *Gers* (Armagnac), arr., cant., ✉ et à 5 k. de Lombez. Pop. 285 h.

MONTADROIT, vg. *Jura*, comm. de Legna, ✉ d'Arinthod.

MONTADY, vg. *Hérault* (Languedoc), arr., ✉ et à 9 k. de Béziers, cant. de Capestang. Pop. 317 h.

Il est situé sur une colline élevée à pic, du côté du midi, et dominé par une haute tour carrée qui servait autrefois de guide aux navires, mais dont il ne reste plus qu'une partie.

MONTAFILANT, vg. *Côtes-du-Nord*, arr. et cant. de Dinan. — Il est entouré de larges marais, et on n'y parvient que par un sentier sinueux et rapide ; il était défendu par plusieurs ouvrages, et a conservé deux tours d'où l'on domine une vaste étendue de pays. Cette ancienne forteresse (ainsi que le Hout) présente les ruines de ces repaires de brigands privilégiés que le système féodal avait multipliés en Europe.

MONTAGAGNE, vg. *Ariége* (pays de Foix), arr. et à 17 k. de Foix, cant. et ✉ de la Bastide-de-Serou. Pop. 335 h.

MONTAGAUD, vg. *Creuse*, comm. de Roche, ✉ de Boussac.

MONTAGET, vg. *Lot*, comm. de Rueyres, ✉ de Gramat.

MONTAGNAC, *Montaniacum*, vg. *B.-Alpes* (Provence), arr. et à 52 k. de Digne, cant. et ✉ de Riez. Pop. 669 h.

MONTAGNAC, vg. *Aveyron*, comm. de St-Saturnin, ✉ de St-Geniez.

MONTAGNAC, vg. *Gard*, comm. de Moulezan, ✉ de Nimes.

MONTAGNAC, petite ville, *Hérault* (Languedoc), arr. et à 30 k. de Béziers, chef-l. de cant. Cure. ✉. A 781 k. de Paris pour la taxe des lettres. Pop. 3,466 h.

Elle est située dans un territoire fertile, sur la rive gauche de l'Hérault.

Les **armes de Montagnac** sont : *d'azur à un monde croisé d'or surmonté d'une croix, cotoyée de deux fleurs de lis d'or en face.*

PATRIE de MASERS DE LATUDE, célèbre par sa longue captivité à la Bastille et surtout par la constance de ses efforts pour recouvrer sa liberté.

Distilleries d'eau-de-vie. — Commerce de serges, laine, droguets, ratines, etc. — *Foires* les 29 et 30 août, la semaine de la Passion (6 jours) et mercredi de Pâques.

Bibliographie. *Histoire, statistique et archéologique de Montagnac, suivie d'une No-*

tice historique sur les onze communes de son canton.
MONTAGNAC-D'AUBEROCHE, vg. *Dordogne* (Périgord), arr. et à 23 k. de Périgueux, cant. de Thenon, ✉ d'Azerac.
MONTAGNAC-LA-CREMPRE, vg. *Dordogne* (Périgord), arr. et à 19 k. de Bergerac, cant. de Villamblar, ✉ de Douville. P. 1,297 h.
MONTAGNAC-SUR-AUVIGNON, vg. *Lot-et-Garonne* (Agénois), arr., cant., ✉ et à 13 k. de Nérac. Pop. 1,204 h. — *Foires* les 15 mai, 2 sept. et 1ᵉʳ déc.
MONTAGNAC-SUR-LÈDE, vg. *Lot-et-Garonne* (Agénois), arr. et à 22 k. de Villeneuve-sur-Lot, cant. et ✉ de Montflanquin. Pop. 923 h.
MONTAGNA-LE-RECONDUIT, vg. *Jura* (Franche-Comté), arr. et à 28 k. de Lons-le-Saulnier, cant. et ✉ de St-Amour. Pop. 378 h.
MONTAGNA-LE-TEMPLIER, vg. *Jura* (Franche-Comté), arr. et à 30 k. de Lons-le-Saulnier, cant. de St-Julien, ✉ de St-Amour. Pop. 436 h.
MONTAGNAT, vg, *Ain* (Bresse), arr., cant., ✉ et à 8 k. de Bourg-en-Bresse. Pop. 514 h.
MONTAGNE (la), vg. *H.-Alpes*, comm. de Montmaur, ✉ de Veynes.
MONTAGNE, vg. *Isère* (Dauphiné), arr., cant., ✉ et à 12 k. de St-Marcellin. P. 282 h.
MONTAGNE (île la), nom donné pendant la révolution à l'île de Noirmoutiers.
MONTAGNE, vg. *Isère*, comm. et ✉ de la Frette.
MONTAGNE, vg. *Pyrénées-Or.*, comm. de la Vallée-de-Carol, ✉ de Mont-Louis.
MONTAGNE (la), vg. *H.-Saône* (Franche-Comté), arr. et à 21 k. de Lure, cant. et ✉ de Faucogney. Pop. 721 h.
MONTAGNE (la), vg. *Seine-et-Oise*, comm. de l'Etang-la-Ville, ✉ de St-Germain-en-Laye.
MONTAGNE (la), vg. *Seine-et-Oise*, comm. de Morigny, ✉ d'Etampes.
MONTAGNE (la), vg. *Seine-Inf.*, comm. de Nesle-Hodeng, ✉ de Neufchâtel-en-Bray.
MONTAGNE, vg. *Somme* (Picardie), arr. et à 30 k. d'Amiens, cant. de Molliens-Vidame, ✉ d'Airaines. Pop. 478 h.
MONTAGNE-D'ÉGUILLY, ou Montagne-de-Jully, vg. *Saône-et-Loire*, comm. et ✉ de Couches.
MONTAGNE-DE-ROCHEBARON (la), vg. *H.-Loire*, comm. de Bas-en-Basset, ✉ de Monistrol.
MONTAGNE-DE-ST-GEORGES, vg. *Gironde* (Guienne), arr., ✉ et à 10 k. de Libourne, cant. de Lussac. Pop. 1,668 h. — *Foires* le 1ᵉʳ jeudi de mai et d'août.
MONTAGNE-DES-FOISONS, vg. *Saône-et-Loire*, comm. et ✉ de Couches.
MONTAGNE-D'ORIGNY, vg. *Saône-et-Loire*, comm. et ✉ de Couches.
MONTAGNE-DU-BON-AIR, nom donné pendant la révolution à la ville de St-Germain-en-Laye.
MONTAGNE-EN-LAVIEU. V. Lavieu.

MONTAGNE-LA-FORÊT, nom donné pendant la révolution à la ville de St-Aubin-du-Cormier.
MONTAGNE-SUR-AISNE, nom donné pendant la révolution à la ville de Ste-Ménehould.
MONTAGNE-SUR-MER, nom donné pendant la révolution à la ville de Montreuil-sur-Mer.
MONTAGNE-SUR-ODET, nom donné pendant la révolution à la ville de Quimper.
MONTAGNEUX, vg. *Isère*, comm. et ✉ de la Frette.
MONTAGNEY, vg. *Doubs* (Franche-Comté), arr. et à 18 k. de Baume-les-Dames, cant. et ✉ de Rougemont. Pop. 102 h. Sur l'Ognon. — Forges et hauts fourneaux.
MONTAGNEY-BÉZUCHES, vg. *H.-Saône* (Franche-Comté), arr. et à 21 k. de Gray, cant. de Pesmes, ✉ de Marnay. Pop. 607 h.
On voit sur son territoire le gouffre du Puits-des-Joncs, dont on n'a pu jusqu'à présent sonder la profondeur.
Patrie du célèbre chirurgien en chef des armées françaises, Percy, mort en 1825.
Foires les 15 mars et 20 oct.
MONTAGNIEU, vg. *Ain* (Bourgogne), arr., ✉ et à 25 k. de Belley, cant. de l'Huis. P. 542 h.
MONTAGNIEU, vg *Isère* (Dauphiné), arr., cant., ✉ et à 5 k. de la Tour-du-Pin, et à 12 k. de Bourgoin. Pop. 827 h.
MONTAGNOL, vg. *Aveyron* (Rouergue), arr. et à 25 k. de St-Affrique, cant. de Camarès, ✉ de Silvanès. Pop. 868 h.
MONTAGNY, vg. *Loire* (Forez), arr., ✉ et à 15 k. de Roanne, cant. de Perreux. Pop. 1,809 h.
MONTAGNY, vg. *Oise* (Picardie), arr. et à 4 k. de Beauvais, cant. de Chaumont-en-Vexin, ✉ de Magny. Pop. 263 h. Au pied de la molière de Sérans.
Il y avait à Montagny un château fortifié qui fut pris d'assaut et brûlé par l'armée royale dans les guerres de la Ligue. Il en reste encore la tour d'entrée, de forme carrée ; on voit au-dessus de la porte une tribune dans laquelle le seigneur rendait publiquement la justice.
A 1 k. O. des Boves sont les carrières de Montagny, percées sous la plaine qui sépare la butte de Montjavoult de la molière de Sérans ; on ignore entièrement l'époque de leur ouverture ; l'exploitation de la principale a lieu à ciel ouvert et en galeries. La matière exploitable offre immédiatement sous la terre végétale, 1° un banc de calcaire dur composé presque entièrement de miliolites, et ayant 6 m. d'épaisseur ; 2° un autre banc, tendre homogène, nommé *pierre douce* par les ouvriers : son épaisseur est aussi de 6 m. Ces bancs se répètent plusieurs fois, et au-dessous se trouve une masse de calcaire très-dur, renfermant des parties siliceuses dont la puissance est de plus de 20 m.
MONTAGNY, vg. *Rhône* (Lyonnais), arr. et à 18 k. de Lyon, cant. et ✉ de Givors. P. 490 h.

MONTAGNY, vg. *Seine-Inf.*, comm. de Nolléval, ✉ d'Argueil.
MONTAGNY-EN-BRESSE, vg. *Saône-et-Loire*, comm. d'Alleriot, ✉ de Chalon-sur-Saône.
MONTAGNY-LÈS-BEAUNE, *Montagneyum*, vg. *Côte-d'Or* (Bourgogne), arr., cant., ✉ et à 5 k. de Beaune. Pop. 438 h.
Il est situé sur une hauteur d'où l'on découvre d'un côté les montagnes du Jura, et de l'autre celles de la Côte-d'Or. — Education des abeilles.
MONTAGNY-LÈS-BUXY, vg. *Saône-et-Loire* (Bourgogne), arr. et à 18 k. de Chalon-sur-Saône, cant. et ✉ de Buxy. Pop. 380 h.
MONTAGNY-LÈS-SEURRE, vg. *Côte-d'Or* (Bourgogne), arr. et à 39 k. de Beaune, cant. de St-Jean-de-Losne, ✉ de Seurre. Pop. 337 h.
MONTAGNY-PRÈS-LOUHANS, vg. *Saône-et-Loire* (Bourgogne), arr., cant., ✉ et à 5 k. de Louhans. Pop. 651 h.
MONTAGNY-PROUVAIR, vg. *Oise*, com. de Belle-Eglise, ✉ de Chambly.
MONTAGNY-SOUS-LA-BUSSIÈRE, vg. *Saône-et-Loire* (Bourgogne), arr. et à 27 k. de Mâcon, cant. et ✉ de Matour. Pop. 353 h.
MONTAGNY-STE-FÉLICITÉ, vg. *Oise* (Picardie), arr. et à 15 k. de Senlis, cant. et ✉ de Nanteuil-le-Haudouin. Pop. 474 h.
Montagny est assez bien bâti ; les rues sont fort larges ; il a été plus considérable qu'il ne l'est aujourd'hui, car l'église, qui est maintenant à l'extrémité, se trouvait placée au milieu des habitations ; on découvre souvent des fondations en creusant dans les champs, et l'on voit même encore quelques restes de fortifications. L'église paroissiale a été reconstruite en 1600 ; elle présente quelques restes d'architecture gothique. Le clocher carré, latéral, pourvu d'une balustrade et d'un clocheton, est remarquable par sa flèche octogone très-élancée, à jour, en maçonnerie festonnée et délicate ; le clocher n'a pas moins de 65 m. de hauteur ; on l'aperçoit de tous les points du canton.
MONTAGOUDIN, vg. *Gironde* (Bazadois), arr., cant., ✉ et à 4 k. de la Réole. P. 192 h.
MONTAGRAL, vg. *Lot-et-Garonne* (Agénois), arr. et cant. de Villeneuve-d'Agen.
MONTAGRIER, vg. *Dordogne* (Périgord), arr. et à 14 k. de Riberac, chef-l. de cant. Cure. ✉ de St-Apre. Pop. 830 h. — *Terrain* crétacé inférieur. — Commerce de grains.
MONTAGUDET, vg. *Tarn-et-Garonne* (Languedoc), arr. et à 24 k. de Moissac, cant. de Bourg-de-Visa, ✉ de Lauzerte. Pop. 576 h.
MONTAGUSOU, vg. *Lot-et-Garonne*, com. de Laugnac, ✉ de Ste-Livrade.
MONTAGUT, vg. *B.-Pyrénées* (Béarn), arr. et à 26 k. d'Orthez, cant. et ✉ d'Arzacq. Pop. 383 h.
MONTAIGNAN, vg. *Gers*, comm. de Barcugnan, ✉ de Miélan.
MONTAIGNON, vg. *Charente*, comm. de Gourville, ✉ d'Aigre.
MONTAIGU, vg. *Aisne* (Picardie), arr. et

à 15 k. de Laon, cant. de Sissonne, ✉ de Corbeny. Pop. 921 h.

On y voit les restes de l'ancien château féodal de Montaigu ; bâti au sommet d'une montagne, dont la pente escarpée en rendait l'accès difficile, c'était une forteresse très-importante au xe siècle. Il fut assiégé par Louis d'Outremer, qui s'en rendit maître en 948. Thomas de Marle, à qui appartenait ce château, y fut assiégé, en 1100, par son père Enguerrand ; mais Louis le Gros le força d'en lever le siége. Les Anglais le prirent et le ruinèrent le 16 mai 1373. Le comte de Salisbury, général anglais, l'investit en 1423, et s'en rendit maître par capitulation. Enfin, en 1441, Charles VI s'en empara et le fit démolir, ainsi que les fortifications dont il ne reste plus que des ruines.

Exploitation de terres végétales pyriteuses et de terres vitrioliques. — *Foires* les 25 juin et 28 octobre.

MONTAIGU, vg. *Eure-et-Loir*, comm. de Bleury, ✉ de Gallardon.

MONTAIGU, vg. *Jura* (Franche-Comté), arr., ✉ et à 2 k. de Lons-le-Saulnier, cant. de Conliége. Pop. 745 h.

Il est situé sur le penchant d'une montagne qui domine la ville de Lons-le-Saulnier, ainsi que tout le bassin au fond duquel cette ville est bâtie.

Quelques auteurs pensent que ce village est la patrie de ROUGET-DE-L'ISLE, dont nous avons indiqué le lieu de naissance à Lons-le-Saulnier.

MONTAIGU, *Mons Acutus*, vg. *Manche* (Normandie), arr., cant., ✉ et à 8 k. de Valognes. Pop. 1,142 h.

MONTAIGU, vg. *Manche*, comm. de Placy-Montaigu, ✉ de Torigny.

MONTAIGU, vg. *Seine-et-Marne*, comm. de Villiers-sur-Morin, ✉ de Crécy.

MONTAIGU, vg. *Seine-et-Oise*, comm. de Chambourcy, ✉ de St-Germain-en-Laye.

MONTAIGU, *Mons Acutus*, petite ville, *Vendée* (Poitou), arr. et à 34 k. de Bourbon-Vendée, chef-l. de cant. Cure. Gîte d'étape. ✉ ⌂. A 407 k. de Paris pour la taxe des lettres. Pop. 1,515 h. — TERRAIN cristallisé, granit.

Autrefois diocèse de la Rochelle, parlement de Paris, intendance de Poitiers, élection de Châtillon.

Cette ville est située au bord de la Maine, sur un coteau assez élevé. Sa position passait pour très-forte pendant les troubles civils du xvie siècle. Elle fut assiégée plusieurs fois, et résista presque toujours aux attaques dont elle fut l'objet ; mais elle a été moins heureuse dans la guerre de la Vendée.

En septembre 1793 Montaigu servit de retraite aux Vendéens, après la défaite qu'ils essuyèrent à Légé au mois de septembre. Charette, le lendemain de son arrivée, y fut attaqué par une colonne de républicains que commandait le général Beysser. Dès que l'armée républicaine parut sur les hauteurs qui dominent la ville, Charette, quoique délaissé par la plupart de ses soldats, marcha contre elle, malgré des torrents de pluie ; il la rencontra au faubourg St-Georges, et bientôt une vive fusillade s'engagea entre les deux partis. Pendant ce temps, une division arrivait sur Montaigu par la route de Nantes. Son aspect inspira une telle frayeur aux Vendéens, qu'ils s'écrasaient en fuyant précipitamment et en désordre dans les rues de Montaigu, tandis que d'autres se laissaient égorger sans résistance par les troupes républicaines, qui se précipitaient sur eux la baïonnette en avant. Beysser força Montaigu sans poursuivre les royalistes, dont six cents venaient de perdre la vie dans cette affaire. Ceux qui échappèrent aux coups des vainqueurs allèrent chercher un asile plus sûr que celui d'où ils venaient d'être chassés. — Cependant les Vendéens, qui regardaient Montaigu comme une place importante, n'en voulurent pas laisser longtemps la possession aux troupes républicaines. Le 21 septembre, Charette et Bonchamp se mirent séparément en marche pour aller l'attaquer par les routes de Clisson et de Boussay, au moment où Beysser recevait l'ordre d'évacuer cette ville afin de renforcer les Mayençais, qui avaient éprouvé un échec à Torfou. Il rassemblait ses troupes pour le départ, quand on lui annonça que les Vendéens se portaient sur Montaigu. Il crut d'abord que c'était quelque renfort qui lui arrivait, et continua tranquillement le repas qu'il venait de commencer. Tout à coup il entend crier : *Aux armes*. Le commissaire Cavaignac, qui revenait des avant-postes, y avait essuyé une attaque des plus vives. Beysser rangea à la hâte quelques bataillons sous les murs de la ville ; c'était trop tard, tous les postes étaient forcés. En un moment le désordre devint général. Beysser fit en vain usage de son artillerie ; les Vendéens évitèrent le feu en se jetant promptement à terre, et se relevant aussi vite pour enlever les canons. Les chemins étaient impraticables, et, la cavalerie n'ayant pu charger, les républicains se virent forcés d'évacuer la ville et de battre en retraite sous un feu terrible. Beysser prit le commandement de l'arrière-garde, et eut dans ce poste une côte enfoncée. La ville devint le théâtre du plus affreux carnage ; les royalistes y passèrent tous les républicains au fil de l'épée. Charette, l'un des chefs les plus acharnés, poursuivit les républicains jusqu'à Aigrefeuille.

PATRIE du vertueux LA RÉVEILLIÈRE LEPEAUX, député aux états généraux et à la convention nationale, dont il fut le dernier président ; membre du conseil des cinq cents et du directoire exécutif, membre de l'Institut, mort à Paris en 1824.

Distilleries d'eau-de-vie. — *Foires* le dernier jeudi de chaque mois.

Bibliographie. * *La Prise de la ville et du château de Montaigu par le duc de Nevers, avec la capitulation*, in-8, 1588.
* *Siège de la Garnache et de Montaigu en Poitou*, l'an 1588.

MONTAIGUET, vg. *Allier* (Bourbonnais), arr. de la Palisse et à 35 k. de Cusset, cant. et ✉ du Donjon. Pop. 891 h — *Foires* les 17 janv., 24 fév., 24 mars, 25 avril, 29 mai, 23 juin, 26 juillet et 11 déc.

MONTAIGUILLON. V. LOUAN.

MONTAIGU-LE-BLIN, vg. *Allier* (Bourbonnais), arr. de la Palisse et à 28 k. de Cusset, cant. de Varennes-sur-Allier, ✉ de St-Gérand-le-Puy. Pop. 922 h. — *Foire* le 1er juin.

MONTAIGU-LES-BOIS, vg. *Manche* (Normandie), arr. et à 24 k. de Coutances, cant. et ✉ de Gavray. Pop. 680 h.

MONTAIGUT, *Mons Acutus in Combualia*, vg. *Creuse* (Marche), arr. et à 12 k. de Guéret, cant. et ✉ de St-Vaury. Pop. 725 h.

MONTAIGUT, H.-*Garonne*. V. MONTÉGUT.

MONTAIGUT, petite ville, *Puy-de-Dôme* (Auvergne), arr. et à 50 k. de Riom, chef-l. de cant. Cure. Gîte d'étape. ✉ ⌂. A 339 k. de Paris pour la taxe des lettres. P. 1,652 h. — TERRAIN cristallisé ou primitif.

Cette ville est assez bien bâtie au sommet d'une montagne qui domine une grande étendue de pays et que l'on aperçoit de très-loin.

Les armes de Montaigut sont : *d'azur à une tour crénelée posée sur une montagne d'or ; au chef d'argent à la lettre capitale M de gueules*.

Foires les 26 juin, mardi après le dimanche qui suit la Nativité de Notre-Dame, 8 sept., dernier jour de carême ; 1er mardi après Pâques, après la Pentecôte et après St-André.

MONTAIGUT, vg. *Puy-de-Dôme*, comm. de Plaine-Montaigut, ✉ de Billom.

MONTAIGUT, vg. H.-*Pyrénées* (Bigorre), arr. et à 35 k. de Bagnères-de-Bigorre, cant. de Nestier, ✉ de St-Laurent-de-Neste. Pop. 447 h.

MONTAIGUT, petite ville, *Tarn-et-Garonne* (Languedoc), arr. et à 38 k. de Moissac, chef-l. de cant. Cure. ✉. A 623 k. de Paris pour la taxe des lettres. Pop. 4,073 h. Sur la Seune. — TERRAIN tertiaire moyen.

Fabriques d'étoffes de laine. Tanneries. — *Foires* les 20 janv., 24 juillet, 16 nov., 1er jeudi de carême et veille des Rameaux.

MONTAIGUT-LE-BLANC, vg. *Puy-de-Dôme* (Auvergne), arr. et à 18 k. d'Issoire, cant. et ✉ de Champeix. Pop. 1,302 h.

Montaigut-le-Blanc était autrefois défendu par un château fort qui appartenait à Ant. de Chabannes, comte de Dammartin, un des plus cruels brigands de son temps, qui volait, pillait et désolait tous le pays environnant de Montaigut. Le comte de Pesme, qui avait été dépouillé par ce brigand, fit le siège du château de Montaigut, s'en empara par escalade, ainsi que de tout ce qu'il contenait.

Ce village, remarquable par sa situation singulière et pittoresque, possède une source d'eau minérale assez fréquentée.

On remarque sur le territoire de cette commune, près des villages de Chosoux, un beau dolmen.

PATRIE de GUÉRIN DE MONTAIGUT, grand maître de l'ordre de St-Jean de Jérusalem.

MONTAILLE, vg. *Sarthe* (Maine), arr., cant., ✉ et à 4 k. de St-Calais. Pop. 1,064 h.

MONTAILLOU, vg. *Ariège* (pays de Foix), arr. et à 46 k. de Foix, cant. ✉ d'Ax. P. 318 h.

MONTAIMÉ. V. Vertus.

MONTAIN, vg. *Jura* (Franche-Comté), arr., ✉ et à 6 k. de Lons-le-Saulnier, cant de Voiteur. Pop. 350 h.

MONTAIN, vg. *Tarn-et-Garonne* (Languedoc), arr., ✉ et à 10 k. de Castel-Sarrasin, cant. de St-Nicolas-de-la-Grave.

MONTAINE (Ste-), vg. *Cher* (Berry), arr. et à 46 k. de Saucerre, cant. et ✉ d'Aubigny. Pop. 514 h.

MONTAINVILLE, vg. *Eure-et-Loir* (Beauce), arr. et à 21 k. de Chartres, cant. et ✉ de Voves. Pop. 546 h.

A deux ou trois cents pas ouest de Montainville, il existe un dolmen incliné, formé de deux ladères plats, longs de 2 à 3 m. et larges de 1 m. 66 c. à 2 m. Les deux pierres dont la table est composée sont portées sur des appuis, et offrent une grotte autour de laquelle sont réunies 7 ou 8 grosses pierres.

MONTAINVILLE, vg. *Seine-et-Oise* (Ile-de-France), arr. et à 25 k. de Versailles, cant. de Meulan, ✉ de Maule. Pop. 431 h.

MONTALBA, vg. *Pyrénées-Or.* (Roussillon), arr. et à 19 k. de Céret, cant. d'Arles-sur-Tech, ✉ d'Amélie-les-Bains. Pop. 208 h.

MONTALBA, vg. *Pyrénées-Or.* (Roussillon), arr. et à 40 k. de Perpignan, cant. de la Tour-de-France, ✉ d'Estagel. Pop. 417 h.

MONTALEMBERT, vg. *Deux-Sèvres* (Poitou), arr. et à 30 k. de Melles, cant. et ✉ de Sauzé. Pop. 983 h.

MONTALERY, vg. *Yonne*, com. de Venoy, ✉ d'Auxerre.

MONTALET-LE-BOIS, vg. *Seine-et-Oise* (Beauce), arr. et à 12 k. de Mantes, cant. de Limay, ✉ de Meulan. Pop. 201 h.

MONTALET-SOUS-MEUDON, vg. *Seine-et-Oise*, comm. et ✉ de Meudon.

MONTALIEU, vg. *Isère* (Dauphiné), arr. et à 33 k. de Grenoble, cant. et ✉ de Touvet. Pop. 526 h.

MONTALLIEU, vg. *Isère*, comm. de Vercieu, ✉ de Crémieu.

MONTALS, vg. *Aveyron*, comm. de Coussergues, ✉ de Laissac.

MONTALZAT, bg *Tarn-et-Garonne* (Quercy), arr. et à 30 k. de Montauban, cant. et ✉ de Montpezat. Pop. 1,288 h.

MONTAMAT, vg. *Cantal*, comm. de Gros-de-Montamat, ✉ de Vic-sur-Cère.

MONTAMAT, vg. *Gers* (Armagnac), arr., ✉ et à 6 k. de Lombez. Pop. 271 h.

MONTAMBERT-TANNAY, vg. *Nièvre* (Nivernais), arr. et à 55 k. de Nevers, cant. et ✉ de Fours. Pop. 602 h.

MONTAMEL, vg. *Lot*, com. d'Ussel, ✉ de Freyssinet.

MONTAMET, vg. *Seine-et-Oise*, comm. d'Orgeval, ✉ de Poissy.

MONTAMISÉ, vg. *Vienne* (Poitou), arr., ✉ et à 8 k. de Poitiers, cant. de St-Georges-les-Baillargeaux. Pop. 900 h. — *Foires* les 21 mai et 6 oct.

MONTAMY, vg. *Calvados* (Normandie), arr. et à 19 k. de Vire, cant. de Beny-Bocage, ✉ de Ménil-Auzouf. Pop. 211 h.

MONTANAY, vg. *Ain* (Dombes), arr., cant. et à 10 k. de Trévoux, cant. de Neuville-sur-Saône. Pop. 625 h.

MONTANCEY, vg. *Dordogne*, comm. de Montron, ✉ de St-Astier. — C'était autrefois un château très-fort, situé sur un rocher escarpé. Cette place est célèbre par une bataille livrée sous ses murs en 1692, dans laquelle les troupes du roi furent taillées en pièces par les ligueurs.

MONTANCY, vg. *Doubs* (Franche-Comté), arr. et à 32 k. de Montbelliard, cant. et ✉ de St-Hippolyte. Pop. 278 h.

MONTANDON, vg. *Doubs* (Franche-Comté), arr. et à 30 k. de Montbelliard, cant. et ✉ de St-Hippolyte. Pop. 440 h. — On y voit une grotte nommée le Fondreau, dont l'ouverture a plus de 10 m. d'élévation.

MONTANEL, vg. *Manche* (Normandie), arr. et à 22 k. d'Avranches, cant. et ✉ de St-James. Pop. 1,112 h.

MONTANER, vg. *B.-Pyrénées* (Béarn), arr. et à 36 k. de Pau, chef-l. de cant., ✉ de Morlaas. Pop. 995 h. — Terrain tertiaire supérieur.

MONTANEUF, vg. *Marne*, comm. de Sermiers, ✉ de Reims.

MONTANGES, vg. *Ain* (Bugey), arr. et à 20 k. de Nantua, cant. et ✉ de Châtillon-de-Michaille. Pop. 707 h. — *Foires* les 1er avril et 15 mai.

MONTANGLAUST (Grand et Petit-), vg. *Seine-et-Marne*, comm. et ✉ de Coulommiers.

MONTANGON, *Mons Ingonis*, vg. *Aube* (Champagne), arr. et à 25 k. de Troyes, cant. et ✉ de Piney. Pop. 253 h.

MONTANT, vg. *Tarn* (Languedoc), arr., cant. et à 4 k. de Gaillac. Pop. 1,559 h. — On trouve dans ses environs plusieurs débris d'antiquités romaines. — *Foires* les 25 et 26 mai, et 2 nov.

MONTANT, vg. *Ardèche* (Vivarais), arr. et à 47 k. de Privas, cant. et ✉ de Bourg-St-Andéol. Pop. 1,614 h. — *Foire* le 3 mai.

MONTANT (le), vg. *Somme*, comm. du Quesnoy-Montant, ✉ d'Abbeville.

MONTANT, vg. *Vienne*, comm. d'Oiré, ✉ de Châtellerault.

MONTAON, vg. *Marne*, comm. de Bagneux, ✉ d'Anglure.

MONTAPAS, vg. *Nièvre* (Nivernais), arr. et à 40 k. de Nevers, cant. et ✉ de St-Saulge. Pop. 934 h. — *Foire* le lundi après la S.-Roch.

MONTARCHER, vg. *Loire* (Forez), arr. et à 23 k. de Montbrison, cant. et ✉ de St-Jean-Soleymieux. Pop. 346 h.

MONTARDIT, vg. *Ariége* (Gascogne), arr. et à 10 k. de St-Girons, cant. de Ste-Croix, ✉ de St-Lizier. Pop. 846 h.

MONTARDON, vg. *B.-Pyrénées* (Béarn), arr. et à 7 k. de Pau, cant. et ✉ de Morlaas. Pop. 422 h.

MONTARDY, vg. *Dordogne*, comm. de Montagrier, ✉ de Bourdeilles.

MONTAREAU, vg. *H.-Garonne*, comm. de Touille, ✉ de St-Martory.

MONTAREN, vg. *Gard* (Languedoc), arr., cant., ✉ et à 4 k. d'Uzès. Pop. 1,051 h.

MONTARGIS, *Vellonodunum*, *Senonum Mons Argisus*, très-ancienne ville, *Loiret* (Gâtinais), chef-l. de sous-préfect. (2e arr.) et d'un cant. Trib. de 1re inst. et de commerce. Cure. Gîte d'étape. ✉. ⌂. Pop. 7,301 h. — Terrain tertiaire moyen.

Autrefois diocèse de Sens, parlement de Paris, intendance d'Orléans, chef-lieu d'élection, siège de duché-pairie, prévôté, bailliage et présidial, gouvernement particulier, lieutenance de maréchaussée, maîtrise particulière, capitainerie des chasses, collége et couvents de barnabites, de récollets, de visitandines, d'ursulines, de dominicaines et de bénédictines.

Montargis est une ville assez bien bâtie, près de la forêt de son nom, à la jonction des canaux de Briare, d'Orléans et du Loing, dans une plaine que domine un coteau élevé, sur le sommet duquel on voyait naguère les restes d'un vaste et beau château construit par Charles V sur l'emplacement d'une tour élevée, dit-on, par Clovis pour protéger le pays contre les incursions des barbares. Ce château était considérable, bien fortifié, et pouvait contenir 6,000 hommes de garnison. Il était de forme elliptique, environée de profonds fossés et de fortes murailles flanquées d'énormes tours couronnées de créneaux. Trois vastes cours précédaient le logement du roi attenant au donjon, bâtiment où l'on remarquait une vaste salle, dont tous les historiens parlent comme d'une chose extraordinaire. La longueur intérieure de cette salle était de 56 m., et sa largeur de 17 m.; elle était décorée de peintures, de devises, d'armoiries, et percée de 17 croisées de 6 m. de haut sur 2 m. 50 c. de large, ornées de beaux vitraux. Six cheminées, de 3 m. 33 c. d'ouverture chacune, servaient à l'échauffer; sur celle du midi était représentée l'histoire du célèbre chien d'Aubry de Montdidier, qui combattit, dit-on, en présence de Charles VIII, le chevalier, Macaire, meurtrier de son maître. Il est reconnu depuis longtemps que ce combat est une fable.

Le château de Montargis a fait longtemps partie du domaine de la couronne, et les rois de France y tinrent souvent leur cour. Il était très-important par sa position et d'une défense facile. Il en reste à peine aujourd'hui quelques ruines, qui sont loin de donner l'idée de ce qu'il fut autrefois.

Les habitants de Montargis ont donné dans plusieurs circonstances des preuves de leur valeur et de leur attachement à leur pays. En 1427 les Anglais, commandés par les comtes de Suffolk et de Warwick, vinrent mettre le siège devant cette ville; mais les habitants, dirigés par le brave Villards, gouverneur du château, firent une sortie, fermèrent les écluses de la rivière et rompirent la chaussée des étangs ; bientôt une inondation rapide couvrit le pays, fit périr près de 3,000 Anglais, et força le reste de l'armée à lever le siège. En 1431 le château retomba par trahison aux mains des Anglais, qui furent forcés de l'abandonner l'année suivante. Le duc de Bourbon s'en empara en 1585.

Les **armes de Montargis** sont : *d'azur à la lettre capitale M couronnée d'or, cantonnée de trois fleurs de lis d'or, deux en chef et une en pointe qui est accompagnée de la lettre L d'or à gauche, et la lettre F de même à droite*.

Biographie. Patrie de Marie de la Mothe-Guyot, fameuse quiétiste.

De P. Manuel, procureur de la commune de Paris, mort sur l'échafaud révolutionnaire le 14 nov. 1793.

Du conventionnel le Page de Lingerville.

Du célèbre peintre Girodet-Trioson.

Du jurisconsulte L.-B. Cotelle, professeur à la faculté de droit de Paris.

Du comte de Vauban, auteur de mémoires fort intéressants pour servir à l'histoire de la Vendée.

De A.-F. Lemaire, littérateur et journaliste.

Du voyageur Foucher d'Obsonville.

De M. Ulysse Trélat, médecin et publiciste.

Du littérateur Durzy.

Du général comte Gudin.

Fabriques de draps communs. Tanneries. Papeteries. — *Commerce* de grains, safran, cire, miel, cuirs, laines et bestiaux. — *Foires* les 1er juin, 21 juillet, lundi après la St-Remy (2 jours), 11 nov., jeudi avant jeudi gras, et 3e lundi après Pâques.

A 70 k. E.-N.-E. d'Orléans, 110 k. S. de Paris. Latit. 47° 59' 58", long. 0° 23' 28" E.

L'arrondissement de Montargis est composé de 7 cantons : Montargis, Bellegarde, Château-Renard, Châtillon-sur-Loing, Courtenay, Ferrières, Lorris.

Bibliographie. * *Mémoires sur la ville de Montargis* (Nouv. Recherches sur la France, in-12, t. II, p. 1-76, 1766).

* *Les Priviléges, Franchises et Libertés des bourgeois et habitants de Montargis-le-Franc*, in-8, 1608.

L'Hoste. *Tables des villes, châtellenies, bourgs et villages sujets à la coutume de Montargis*, suivant le procès-verbal de l'année 1531 (t. II, de Lorris, Montargis, St-Fargeau, etc., 2 vol. in-12, 1738).

Maillart. *Lettre pour soutenir la vérité du fond de l'histoire du chien de Montargis* (Mercure, 1734, novembre; et Choix des Mercures, t. XXXIII, p. 59).

Boyard. *Statistique agricole, commerciale et intellectuelle de l'arrondissement de Montargis*, in-8, 1836.

* *Notice biographique sur les personnes célèbres et notables de l'arrondissement de Montargis*, in-18, 1844.

Plinguet. *Traité sur les réformations et les aménagements des forêts, avec une application à celles d'Orléans et de Montargis*, in-8, 1843.

MONTARLOT, vg. *Côte-d'Or* (Bourgogne), arr. et à 84 k. de Dijon, cant. et ⊠ d'Auxonne. Pop. 78 h.

MONTARLOT, vg. *Jura*, comm. de Chapelle-Voland, ⊠ de Bletterans.

MONTARLOT, vg. *Seine-et-Marne* (Brie), arr. et à 15 k. de Fontainebleau, cant. et ⊠ de Moret. Pop. 204 h.

MONTARLOT-LE-PETIT, vg. *H.-Saône*, comm. de Montarlot-lès-Fondremans, ⊠ de Rioz.

MONTARLOT-LÈS-FONDREMANS, vg. *H.-Saône* (Franche-Comté), arr. et à 30 k. de Vesoul, cant. et ⊠ de Rioz. Pop. 378 h.

MONTARLOT-SUR-SAOLON, vg. *H.-Saône* (Franche-Comté), arr. et à 27 k. de Gray, cant. et ⊠ de Champlitte. Pop. 454 h.

MONTARMET, vg. *Côte-d'Or*, comm. de Salives, ⊠ de Grancey.

MONTARMOT (les), *Doubs*, comm. et ⊠ de Besançon.

MONTARNAL, vg. *Aveyron*, comm. de Senergues, ⊠ d'Entraigues.

MONTARNAUD, vg. *Hérault* (Languedoc), arr. et à 16 k. de Montpellier, cant. d'Aniane, ⊠ de Gignac. Pop. 499 h.

MONTARON, vg. *Nièvre* (Nivernais), arr. et à 25 k. de Château-Chinon, cant. et ⊠ de Moulins-en-Gilbert. Pop. 664 h.

MONTAROUCH, vg. *Gironde*, comm. de Targon, ⊠ de Cadillac.

MONTARVILLE, vg. *Eure-et-Loir*, com. de Sainville, ⊠ d'Auneau.

MONTASTRUC, bg *H.-Garonne* (Armagnac), arr. et à 20 k. de St-Gaudens, cant. et ⊠ de Saliès. Pop. 1,200 h.

MONTASTRUC, vg. *H.-Garonne* (Languedoc), arr. et à 20 k. de Toulouse, chef-l. de cant. Cure. ⊠. A 704 k. de Paris par la taxe des lettres. Pop. 1,073 h. — Terrain tertiaire moyen.

Foires les 24 fév., 14 juin, 24 août, 14 sept. et 8 déc.

MONTASTRUC, vg. *Lot-et-Garonne* (Quercy), arr. et à 20 k. de Villeneuve-sur-Lot, cant. et ⊠ de Monclar. Pop. 1,096 h.

MONTASTRUC, vg. *Tarn-et-Garonne* (Quercy), arr., cant. et à 12 k. de Montauban, ⊠ de la Française. Pop. 716 h.

MONTASTRUC-LA-LANDE, vg. *H.-Pyrénées* (Gascogne), arr. à 28 k. de Tarbes, cant. de Galan, ⊠ de Trie. Pop. 716 h.

MONTASTRUC-SAVES, vg. *H.-Garonne* (Languedoc), arr. et à 29 k. de Muret, cant. et ⊠ de Rieumes. Pop. 272 h.

MONTAT (le), vg. *Lot* (Quercy), arr., cant., ⊠ et à 9 k. de Cahors. Pop. 616 h. — On y voit une ancienne église, qui a été classée récemment au nombre des monuments historiques.

MONTATAIRE, *Mons Tarensis*, joli village, *Oise* (Picardie), arr. et à 14 k. de Senlis, cant. et ⊠ de Creil. Pop. 1,535 h.

Ce village est situé partie dans la vallée du Thérain et en partie dans celle de l'Oise ; il est bien bâti, dans une position favorable. L'église et l'ancien château sont situés sur le coteau qui domine le bourg et qui conduit à Nogent.

Montataire était anciennement garni de portes et clos de murs, dont on voyait encore les restes au commencement de la révolution. Ce lieu était autrefois considérable. — On prétend que c'est à Montataire que l'ermite Pierre commença ses prédications en faveur de la première croisade.

Le château de Montataire, flanqué de tourelles, fut rebâti en 1400. De ce château on jouit de la vue la plus étendue et la plus variée sur la vallée de l'Oise. Suivant une tradition locale, César, en entrant dans le Beauvaisis, s'arrêta à Montataire, dont il admira la charmante situation. — Henri IV y vint souvent et s'y plaisait beaucoup.

L'église de Montataire présente trois époques évidentes de construction. Le portail en face du chœur et un portail latéral à droite offrent de grandes ogives romanes, telles qu'on les faisait lors de la transition de l'architecture à plein cintre à l'architecture en ogive. La nef est d'un gothique lourd, probablement du commencement du XIIIe siècle ; le chœur est plus élancé, plus récent, voûté en pierres. A droite en entrant sont les restes d'une cheminée qui existait dans la première église, et qui a été détruite lorsqu'on a reconstruit la nef. Le clocher, placé à côté du portail, est une tour carrée, sans flèche, du genre gothique qu'on appelle à lancettes.

Patrie de Ph.-Et. Lafosse, célèbre médecin vétérinaire.

Forges, fonderies et laminoirs à l'anglaise pour cuivre, tôle, fer-blanc, zinc, etc. Fonderie. Papeterie. Scierie hydraulique. Fabrique de boutons en soie, fil et poil de chèvres. — Marché tous les jeudis.

MONTATELON, vg. *Loiret*, com. d'Auxy, ⊠ de Boynes.

MONTAUBAN, *Mons Albanus*, vg. *Drôme* (Dauphiné), arr. et à 47 k. de Nyons, cant. et ⊠ de Séderon. Pop. 519 h.

MONTAUBAN, vg. *H.-Garonne* (Languedoc), arr. et à 46 k. de St-Gaudens, cant. et ⊠ de Bagnères-de-Luchon. Pop. 347 h.

MONTAUBAN, petite ville, *Ille-et-Vilaine* (Bretagne), arr. et à 11 k. de Montfort-sur-Meu, chef-l. de cant. ⊠. ☿. A 385 k. de Paris pour la taxe des lettres. Pop. 2,764 h. — Terrain de transition moyen.

Autrefois principauté, diocèse et recette de St-Malo, parlement et intendance de Rennes, sous-brigade de maréchaussée.

Avant la révolution c'était le chef-lieu d'un comté appartenant à la maison de Rohan, dont une des branches a longtemps porté le nom de Montauban.

Commerce de bestiaux. — *Foires* les 29 sept., 11 et 25 nov., et mardi après le 10 août.

MONTAUBAN, vg. *Somme* (Picardie), arr., ⊠ et à 20 k. de Péronne, cant. de Combles. Pop. 719 h.

MONTAUBAN, *Albanus Mons, Mons Aureolus, Mons Albanum*, grande et belle ville, chef-l. du dép. de *Tarn-et-Garonne* (Quercy), du 1er et de 2 cantons. Trib. de 1re inst. et de comm. Chambre consultative des manufactures. Société des sciences, d'agriculture et belles-lettres. Faculté de théologie de l'église réformée. Collége communal. Evêché. Séminaire diocésain, école secondaire ecclésiastique. Deux cures. Bonne ville n° 27. Gîte d'étape. ⌧. ✝. Pop. 23,561 h. — Terrain tertiaire moyen.

Autrefois évêché, cour des aides, bureau des finances, siége d'intendance, sénéchaussée et présidial sous le ressort du parlement de Toulouse, juges consuls, prévôté générale de maréchaussée, académie littéraire, deux chapitres; séminaires, collége, couvent de cordeliers, de carmes, de capucins, d'augustins, de dominicains, d'ursulines, de claristes et de carmélites.

L'origine de cette ville remonte à l'année 1144. Elle doit sa fondation à la haine d'une oppression qui, de toutes, était la plus odieuse parce qu'elle attaquait la pudeur, le droit de possession et les sentiments délicats auxquels les hommes attachent le plus de prix. Sous le régime féodal, la plupart des seigneurs avaient introduit le droit odieux de coucher avec la nouvelle mariée d'un de leurs vassaux, la première nuit des noces et avant que l'époux entrât dans le lit; privilége indécent que les seigneurs exerçaient pendant toute longtemps sur les nouvelles épousées de leurs fiefs. Ce droit, appelé *prélibation*, *cuissage*, *prémices* ou *déflorent*, qui prouve l'excès de la barbarie des mœurs, de la frénésie délirante des seigneurs féodaux et l'esclavage des peuples, était perçu non-seulement par les seigneurs laïques, mais encore par les moines, les abbés et les évêques. Les abbés du monastère de Montauriol exerçaient ce droit dans toute sa plénitude sur leurs jeunes vassales. En 1144, les habitants, indignés de ce honteux assujettissement, réclamèrent la protection d'Alphonse, comte de Toulouse, leur seigneur suzerain. Celui-ci, ne pouvant priver l'abbé de ses droits seigneuriaux, offrit aux habitants de leur accorder sa protection et des priviléges, s'ils voulaient venir s'établir à près d'un château, assez voisin de l'abbaye, qui lui appartenait. Le local était beau et dans une situation avantageuse; le désir des habitants était grand de secouer le joug des abbés; bientôt le bourg de l'abbaye fut déserté, et le nouvel emplacement promptement couvert d'habitations.

Alphonse et Raimond, son fils, donnèrent à la nouvelle ville, qui s'accrut rapidement, le nom de *Mons Albanus*, d'où s'est formé celui de Montauban. L'acte de cession, daté du mois d'octobre 1144, porte la clause expresse que la ville ne sera jamais vendue, engagée, inféodée, ni changée en un autre lieu.

L'abbé de Montauriol ne vit qu'avec peine ses sujets peupler la cité bâtie par le comte de Toulouse; il n'avait point de soldats à opposer ce prince, mais l'autorité papale pouvait le faire triompher: Eugène III reçut la plainte que l'abbé lui présenta, et chargea l'archevêque de Narbonne et l'évêque de Toulouse de poursuivre vivement le comte. Il ordonna de plus, que, dans le cas où Raimond refuserait de restituer à l'abbé et ses *vassaux* et ses *donats*, qui formaient la plus grande partie de la population de la nouvelle ville, celle de Toulouse serait mise en interdit, avec défense d'y administrer d'autres sacrements que le baptême et la pénitence, et en cas de nécessité urgente seulement; c'est-à-dire que les Toulousains devaient être punis du prétendu crime de leur seigneur, parce que celui-ci avait bâti une ville pour recevoir des malheureux échappés à la tyrannie et aux vexations atroces de quelques moines. La démarche de l'abbé obtint un plein succès; le comte de Toulouse fut forcé de céder la moitié de la souveraineté, des rentes et des droits de Montauban, ainsi que de toutes les terres qu'il possédait entre les rivières du Tarn et de l'Aveyron. Ainsi, les moines, en perdant quelques droits odieux, accrurent leur puissance et leurs revenus.

Lorsque le Quercy fut soumis aux Anglais, Montauban ne voulut reconnaître l'autorité du prince de Galles qu'après que ses magistrats eurent reçu à ce sujet un ordre exprès du roi de France. Ses portes venaient à peine d'être ouvertes à l'étranger, que Jean Chandos y mit une garnison de 300 hommes. Bientôt la tyrannie étrangère excita l'indignation générale: soixante villes du Quercy se soulevèrent à la fois; le prince jeta en vain un nombreux corps de troupes dans Montauban, ses soldats furent chassés; et dans la suite les Anglais n'osèrent qu'en tremblant approcher de cette ville. Comme ils en connaissaient l'importance, ils construisirent dans le voisinage quatorze forts pour l'affamer et la bloquer entièrement. Une nuit même ils s'introduisirent dans la ville et massacrèrent une partie des habitants; mais les autres vengèrent la mort de leurs concitoyens, et tous les ennemis furent passés au fil de l'épée.

Montauban fut une des premières villes qui embrassèrent les dogmes de la réformation, et une de celles qui eurent le plus à souffrir des conséquences de ce changement de religion. En 1560, Jean de Lettes, évêque de Montauban, et son official, avaient déjà embrassé le calvinisme lorsque les ministres Crescent et Vignaux vinrent prêcher publiquement la réforme. On essaya vainement de s'opposer aux progrès des sectaires qui, devenus très-nombreux, s'emparèrent des églises et en chassèrent les prêtres catholiques. Le féroce Montluc tenta d'assiéger Montauban, mais il se vit bientôt obligé de l'abandonner. Depuis, cette ville devint le théâtre de la guerre et du fanatisme; les habitants poussèrent le zèle de la défense jusqu'à l'héroïsme; on vit de ces traits de courage, de fermeté, dignes des républicains.

Après la mort de Henri IV, Montauban, qui était une des places de sûreté des protestants, affecta souvent une entière indépendance. En 1621, cette ville entra dans la révolte générale des calvinistes. Le comte d'Orval, fils du duc de Sully, en eut le commandement; des retranchements furent élevés au delà de l'enceinte fortifiée. Cependant Albias, Nègrepelisse, Caussade et Brunicquel étant tombés au pouvoir des royalistes, Montauban fut serré de près: Louis XIII s'avança vers la ville, qui fut investie de trois côtés le 19 août 1621. Tout ce que la cour avait de guerriers illustres vint prendre part à ce siége; le duc de Mayenne y fut tué en attaquant le quartier du Moustier. Dans tous les combats, dans tous les assauts, les Montalbanais furent vainqueurs; les femmes même prirent les armes, se formèrent en corps régulier, et combattirent sur les remparts. Enfin, le 7 novembre, l'armée royale, affaiblie et humiliée, fut forcée de lever le siége, après trois mois de tranchée ouverte.

En 1675, des impôts extraordinaires occasionnèrent une révolte dans la Guienne; les protestans du Quercy, invités à prendre part à la sédition, s'y refusèrent constamment. Cet acte de fidélité fut, quelques années après, récompensé par des persécutions atroces, connues sous le nom de *dragonnades*. Montauban était entièrement habité par des protestants, que l'on résolut de convertir de force au catholicisme; la ferveur de ces religionnaires était entretenue par le souvenir de ce qu'avaient souffert leurs pères pour la liberté de conscience, il n'y eut donc aucune conversion volontaire. Les moyens ordinaires pour convertir les obstinés étaient l'exclusion de toutes les charges et de tous les emplois honorables; des récompenses étaient données à tous ceux qui se faisaient catholiques; le logement forcé des gens de guerre; les galères étaient infligées aux ministres du culte réformé; des procédures prévôtales étaient exercées contre les protestants qui s'assemblaient, etc. Ces moyens ne suffisant pas, on imagina les *dragonnades*. On ne sait, dans cette circonstance, qui l'on doit trouver les plus criminels, ou les ministres du roi qui osèrent employer les troupes contre de faibles sujets et déclarer la guerre aux mères de famille, aux chefs de maison, aux enfants encore sous la garde de leurs parents; ou les lâches chefs qui, oubliant les droits sacrés de l'honneur et de la justice, se chargèrent d'une aussi méprisable commission. — Les dragons vivaient à discrétion chez les protestants; il y en eut un régiment entier établi à Montauban. Les uns se faisaient donner tout ce qui leur plaisait, occupaient les belles chambres des maisons, obligeaient les enfants et les femmes à se servir dans les choses les plus sales, exigeaient des contributions, arrachaient le nécessaire aux familles et les réduisaient à l'indigence; les autres, par un raffinement inhumain, leur interdisaient sans pitié le sommeil, en se faisant bercer le jour et la nuit; ceux-ci insultaient ouvertement à la pudicité du sexe et à l'honneur des maris; ceux-là forçaient les citoyens infortunés à racheter leur subsistance et leur repos au prix de leur honte et de leur infamie; enfin, ils se permettaient des actions telles qu'en commettent seuls les brigands. Si quelque digne magistrat, désespéré de voir l'autorité du roi aussi honteusement avilie, écrivait au ministre, on lui répondait: « Sa Majesté veut qu'on fasse éprouver les dernières rigueurs à ceux qui ne voudront pas se faire de sa religion; et ceux qui auront la sotte gloire de demeurer les derniers, doivent être poussés jusqu'à la dernière extrémité. » Qu'on juge, après un pareil ordre, dicté par le barbare Louvois, de ce que les zélés, les faux dévots et les bas valets de cour devaient oser et faire.

Les **armes de Montauban** sont : *de gueules au saule terrassé et été té d'or, ayant six branches sans feuilles, trois à destre et trois à senestre; au chef d'azur semé de fleurs de lis d'or.*

La ville de Montauban est bâtie sur un plateau qu'entoure le Tarn, le Tescou et un profond ravin ; ce plateau est élevé de 20 à 30 m. au-dessus des deux rivières, et de ce côté ses pentes sont très-rapides. Placée sous un beau ciel, baignée par un fleuve navigable, environnée de plaines fertiles, cette ville est devenue une place importante, et sa prospérité augmentera beaucoup encore lorsque le canal du Midi sera prolongé jusque sous ses murs. La ville proprement dite n'est pas très-grande, mais les faubourgs, où se trouvent les principales manufactures, sont remarquables par leur beauté et par leur étendue; on distingue surtout celui de Ville-Bourdon, qui a été bâti par des protestants chassés de Toulouse en 1562. Ces faubourgs communiquent avec la ville par un vaste pont en brique d'une apparence gothique et d'une grande solidité, formé de sept grandes arches en ogive. Au bout de ce pont et du côté des faubourgs, s'élève une porte en forme d'arc de triomphe ; à l'autre bout est l'hôtel de ville, beau et grand bâtiment carré, flanqué de quatre pavillons ; à côté est l'église St-Jacques, surmontée d'un haut clocher composé de quatre rangs d'arceaux et surmonté d'une flèche. L'intérieur de la ville n'offre rien de bien remarquable : la plupart des rues sont étroites et mal pavées ; celles des faubourgs sont droites, larges et fort propres. Les anciennes maisons sont en brique et à toits qui projettent beaucoup au-dessus des rues, ce qui les rend un peu sombres; les constructions modernes sont gracieuses et élégantes.

Montauban renferme trois belles places, qui sont celles de la préfecture, la place d'Armes et la place Royale ; cette dernière est spacieuse, carrée, bordée de maisons propres et régulières, à façades décorées de doubles portiques en brique; à chaque angle débouche une porte d'un bon style.

La préfecture est un beau bâtiment élevé sur une place qu'orne encore le grand et somptueux café de l'Etoile. Là, commence l'avenue dite des Acacias, que six rangs d'acacias ombragent; elle mène aux terrasses : ce sont de charmantes promenades qui bordent la crête de la colline du Tescou, et qui sont soutenues par des murs très-hauts, seuls restes des anciennes fortifications de Montauban. De cette position, peu ombragée encore, mais très-fréquentée, on jouit de perspectives étendues et ravissantes. La vue se promène sur la riche et fertile vallée du Tarn, sur les riantes collines du Tescou, sur la magnifique plaine intermédiaire, qui semble un parterre, un verger continuels : puis, plongeant dans un vaste horizon, y cherche, à travers les nuages et les vapeurs, les formes fugitives des Pyrénées. Quand le temps est favorable, cette chaîne se distingue nettement dans sa presque totalité, quoique éloignée de 80 à 100 k. de Montauban ; l'horizon semble alors décrire un arc d'une merveilleuse longueur, et présente une formidable barrière de monts hérissés de pics et surchargés de neiges éternelles. Les environs de Montauban offrent encore d'agréables promenades sur les bords du Tarn, qui sont embellis au-dessus de la ville par une cascade artificielle, formée par une levée qui barre obliquement la rivière. Au-dessous de la ville, on remarque une cascade semblable, une jolie île couverte de saules, et un grand et pittoresque moulin, dont la forme est celle d'un château.

La cathédrale est un bel édifice, dont la construction a été achevée en 1739 par l'architecte Larroque, qui abandonna le plan d'abord conçu d'élever un clocher sur la coupole du milieu de l'église, et remplaça cette tour par deux campaniles placés des deux côtés du frontispice, et surmontés d'une boule dorée. L'église a la forme d'une croix grecque de 87 m. de long sur 38 de large : vingt piliers en pierre de taille, ornés de pilastres d'ordre dorique, et ayant 14 m. de hauteur, supportent une voûte en stuc de 25 m. d'élévation au-dessus du pavé; seize grandes arcades, surmontées de vitraux, établissent des communications entre la nef et les bas côtés, qui sont bordés de chapelles. L'autel est isolé et placé entre le chœur et la nef, sous la coupole où aboutissent les quatre branches de la croix. Un perron, composé de onze marches, règne sur toute la façade de l'église, où l'on entre par trois portes d'un assez bon style ; la porte principale est ornée de deux colonnes d'ordre dorique, isolées et accouplées de chaque côté ; les deux autres portes, plus petites, sont accompagnées de pilastres du même ordre, avec des niches entre les deux.

On remarque encore à Montauban : la bibliothèque publique, renfermant 11,000 volumes ; l'évêché ; la salle de spectacle.

Biographie. Montauban est le lieu de naissance de :

Lefranc de Pompignan, poëte et auteur dramatique, membre de l'Académie française.

L. de Cahuzac, poëte dramatique.

Guibert (le comte de), maréchal de camp, tacticien et littérateur.

Jean Bon St-André, membre de la convention nationale, préfet de Mayence sous l'empire.

Olympe de Gouges, fougueuse républicaine, publiciste et auteur dramatique, morte sur l'échafaud révolutionnaire le 4 novembre 1793.

J.-B. Selves, publiciste, membre du conseil des cinq cents, dont la mort seule put éteindre l'ardeur processive.

Duberloi, jurisconsulte.

S. Foyon Valette, mathématicien.

M. Ingres, célèbre peintre d'histoire, membre de l'Institut.

L. Belmontet, poëte et littérateur.

P. Capelle, poëte et auteur dramatique.

J.-J. Combes, littérateur, membre de la chambre des représentants.

F.-J. Depuntis, littérateur.

Industrie. *Fabriques* importantes de draps communs, connus sous le nom de cadis de Montauban, de molletons, de bas de soie, savon, coton, faïence, eaux-de-vie. Filatures de laine. Moulins à foulon. Amidonnerie. Brasseries. Tanneries. — *Commerce* de grains, farine, cuirs forts, draps, laines, huiles, plumes d'oies, épiceries, drogueries, etc. — Entrepôt de commerce de plusieurs villes du Midi, notamment pour les grains. — *Foires* les 19, 20 et 21 mars, 23 avril, 20 mai, 26 juillet, 13 oct. et 20 nov.

A 60 k. S. de Cahors, 49 k. N. de Toulouse, 637 k. S. de Paris. Long. occ. 0° 59′ 30″, lat. 44° 0′ 55″.

L'arrondissement de Montauban contient 11 cantons : Montauban E., Montauban O., Caussade, Caylus, la Française, Molières, Monclar, Montpezat, Négrepelisse, St-Antonin, Villebrumier.

Bibliographie. Joli (H.). *Histoire particulière des mémorables choses du siége de Montauban*, in-12, 1623.

* *Histoire particulière des plus mémorables choses qui se sont passées au siége de Montauban, en forme de journal*, in-12, 1622 ; in-8, 1624.

Béraud (Pierre). *L'Etat de Montauban depuis la descente des Anglois dans l'isle de Ré, le 22 juillet 1622, jusqu'à la reddition de la Rochelle ; dédié à M. de Rohan*, in-8, 1628.

* *L'Etat du siége de Montauban du 12 août 1621*, in-8, 1621.

* *La Réduction de la ville de Montauban à l'obéissance du roi*, in-8, 1622.

Galand (Auguste). *Fondation de la ville de Montauban* (imprimé dans son Traité de franc-alleu, sans titre, in-8, 1629).

Lebret (Henri). *Récit de ce qu'a été et de ce qu'est présentement Montauban*, in-8, 1701.

Le Bret (H.). *Histoire de Montauban*, in-4, 1668 ; nouvelle édition, revue et annotée par MM. l'abbé Marcellin et Gabriel Ruck, 2 vol. in-8, 1842.

Devals aîné. *Monuments historiques de Montauban*, in-4, 1841.

MONTAUBERT, vg. Seine-et-Oise, comm. de Vert-le-Grand, ✉ de Mennecy.

MONTAUD (le), vg. Creuse, comm. des Mars, ✉ d'Auzances.

MONTAUD, vg. Drôme, com. de Léziguan, ✉ du Buis.

MONTAUD, vg. Hérault (Languedoc), arr. et à 26 k. de Montpellier, cant. de Castries, ✉ de Lunel. Pop. 280 h.

MONTAUD, vg. Isère (Dauphiné), arr. et à 31 k. de St-Marcellin, cant. et ✉ de Tullins. Pop. 592 h.

MONTAUD, bg Loire (Forez), arr., cant., ✉ et à 1 k. de St-Etienne. Pop. 1,193 h.

MONTAUDIER, vg. Seine-et-Marne, com. de la Chapelle-sous-Crécy, ✉ de Crécy.

MONTAUDIN, vg. Mayenne (Maine), arr. et à 28 k. de Mayenne, cant. de Landivy, ✉

d'Ernée. Pop. 1,568 h. — On y trouve une source d'eau minérale. — Foires les 19 mars, 21 mai, 30 juin et 11 août.

MONTAUDOIN, vg. *Eure-et-Loir*, comm. de St-Georges-sur-Eure, ✉ de Courville.

MONTAUDRAN, vg. *H.-Garonne*, comm. et ✉ de Toulouse.

MONTAULAC, vg. *Aveyron*, comm. de la Selve, ✉ de Cassagne-Bégonhès.

MONTAULIEU, vg. *Drôme* (Dauphiné), arr., cant., ✉ et à 14 k. de Nyons. P. 257 h.

MONTAULIN, *Mons Alanus*, vg. *Aube* (Champagne), arr. et à 13 k. de Troyes, cant. et ✉ de Lusigny. Pop. 542 h.

MONTAULT, vg. *Ille-et-Vilaine* (Bretagne), arr. et à 19 k. de Fougères, cant. de Louvigné-du-Désert, ✉ de St-James. Pop. 744 h.

MONTAURE, *Mons Aureus*, *Montorium*, vg. *Eure* (Normandie), arr., ✉ et à 7 k. de Louviers, cant. de Pont-de-l'Arche. Pop. 1,097 h.

MONTAURIOL, vg. *Aude* (Languedoc), arr. et à 16 k. de Castelnaudary, cant. et ✉ de Salles-sur-l'Hers. Pop. 282 h.

MONTAURIOL, vg. *Lot-et-Garonne* (Agénois), arr. et à 31 k. de Villeneuve-sur-Lot, cant. et ✉ de Castillonnès. Pop. 530 h.

MONTAURIOL, vg. *Pyrénées-Or.* (Roussillon), arr., cant., ✉ et à 17 k. de Céret. Pop. 229 h.

MONTAURIOL, vg. *Tarn* (Languedoc), arr. et à 27 k. d'Albi, cant. et ✉ de Pampelonne. Pop. 205 h.

MONTAUROUX, vg. *Lozère*, comm. de Laval-Atger, ✉ de Grandrieu.

MONTAUROUX, *Mons Orosus*, vg. *Var* (Provence), arr. et à 30 k. de Draguignan, cant. et ✉ de Fayence. Pop. 1,687 h.

Il est bâti dans une position très-agréable et domine des amphithéâtres fertiles, plantés d'oliviers, de vignes et de toutes sortes d'arbres fruitiers. On y voit les ruines du fort St-Barthélemy, détruit en 1592 par le duc d'Epernon, qui fit pendre aux créneaux cinq ou six officiers, et étrangler une soixantaine de soldats de la garnison qui avaient mis le plus d'opiniâtreté à se défendre.

Au quartier de Tournon, non loin de la rivière de la Siagne, sur un rocher posé sur plusieurs autres rochers taillés à pic, dans une profondeur de plus de 150 m., on remarque une tour crénelée fort ancienne, où l'on ne peut aborder que par un sentier étroit et fort roide, construit en maçonnerie. Au-dessous de la tour se trouve un souterrain naturel, qui faisait autrefois partie d'une forteresse inabordable.

PATRIE du botaniste CHAIX.

Foires le 3ᵉ mardi après Pâques et le 24 août.

MONTAUSSEN, vg. *Tarn*, comm. de Teulat, ✉ de Lavaur.

MONTAUT, vg. *H.-Garonne* (Gascogne), arr. et à 13 k. de Muret, cant. de Carbonne, ✉ de Noé. Pop. 662 h.

MONTAUT, vg. *H.-Garonne*, comm. de Cazeneuve, ✉ de Martres.

MONTAUT, bg *Gers* (Armagnac), arr., cant., ✉ et à 8 k. d'Auch. Pop. 942 h.

MONTAUT, joli bourg, *Landes* (Gascogne), arr., cant., ✉ et à 8 k. de St-Sever. Pop. 1,180 h.

Il est entouré de boulevards d'où l'on jouit d'une fort belle vue qui se prolonge jusqu'aux Pyrénées. L'église paroissiale est un édifice qui paraît avoir été construit au IXᵉ siècle.

Foires le 1ᵉʳ mardi d'avril, de juin, d'août et d'oct.

MONTAUT, vg. *Loir-et-Cher*, comm. de Millançay, ✉ de Romorantin.

MONTAUT, vg. *Lot-et-Garonne* (Agénois), arr. et à 28 k. de Villeneuve-sur-Lot, cant. et ✉ de Villeréal. Pop. 749 h.

MONTAUT, vg. *B.-Pyrénées* (Béarn), arr. et à 25 k. de Pau, cant. de Clarac, ✉ de Nay. Pop. 1,281 h. — Papeterie.

MONTAUT-D'ASTARAC, vg. *Gers* (Gascogne), arr. et à 14 k. de Mirande, cant. et ✉ de Miélan. Pop. 371 h.

MONTAUT-DE-CRIEN, bg *Ariège* (pays de Foix), arr. et à 9 k. de Pamiers, cant. et ✉ de Saverdun. Pop. 1,242 h.

Ce bourg, remarquable par une tour de construction gothique, existait déjà l'an 1121; il a été plusieurs fois saccagé dans les guerres de religion et a eu ses vêpres siciliennes.

MONTAUT-D'ISSIGEAC, vg. *Dordogne* (Périgord), arr. et à 20 k. de Bergerac, cant. et ✉ d'Issigeac. Pop. 315 h.

MONTAUTOUR, vg. *Ille-et-Vilaine* (Bretagne), arr., cant., ✉ et à 11 k. de Vitré. Pop. 402 h.

MONTAUVILLE, vg. *Meurthe* (Lorraine), arr. à 34 k. de Nancy, cant. et ✉ de Pont-à-Mousson. Pop. 543 h.

MONT-AUX-MALADES, vg. *Seine-Inf.*, comm. de Mont-St-Aignan, ✉ de Rouen. — Il est bâti sur le sommet d'une montagne, d'où l'œil plonge sur un immense bassin traversé par le cours de la Seine, bordé de prairies et d'une longue chaîne de montagnes, et terminé à l'horizon de pays lointains qui se prolongent jusqu'à Elbeuf, à la forêt de Pont-de-l'Arche. On y découvre une partie de la vallée de Déville, le hameau de Bapeaume et les montagnes qui le dominent, les plaines immenses des deux Quévilly, et les côtes de Canteleu et de Dieppedale qui se prolongent jusqu'à la Bouille. L'œil peut jouir de l'aspect de la ville de Rouen dans son entier et d'une grande étendue du cours de la Seine, qui de chaque côté de ses bords offre une suite non interrompue de paysages enchanteurs.

MONTAY, vg. *Nord* (Cambrésis), arr. à 26 k. de Cambrai, cant. et ✉ du Cateau. Pop. 369 h.

MONTAZAUD, vg. *H.-Vienne*, comm. et ✉ de Rochechouart.

MONTAZEAU, bg *Dordogne* (Périgord), arr. et à 34 k. de Bergerac, cant. de Velines, ✉ de Ste-Foy. Pop. 541 h.

MONTAZELS, vg. *Aude* (Languedoc), arr. et à 15 k. de Limoux, cant. de Couiza, ✉. Pop. 313 h.

MONTBARBIN, vg. *Seine-et-Marne*, com. de la Chapelle-sous-Crécy, ✉ de Crécy.

MONTBARD, *Mons Barrus*, petite ville, *Côte-d'Or* (Bourgogne), arr. et à 18 k. de Semur, chef-l. de cant. Cure. Gîte d'étape. ✉. ✆. À 227 k. de Paris pour la taxe des lettres. Pop. 2,215 h. — TERRAIN jurassique, étage inférieur du système oolitique.

Cette ville est remarquable par sa situation pittoresque, au pied et sur le penchant d'une colline, sur la Brenne et le canal de Bourgogne. Elle est assez bien bâtie, mais les rues en sont escarpées et irrégulières. L'église paroissiale est un ancien édifice qui a été classé récemment au nombre des monuments historiques.

On voit à Montbard le château où est né le célèbre Buffon, le 7 septembre 1707; les jardins sont disposés en amphithéâtre, distribués en allées magnifiques, et s'élèvent en terrasses les unes au-dessus des autres jusqu'au sommet isolé qu'on a eu le bon esprit de respecter lors de la destruction du château fort qui, dans les siècles de la féodalité, défendait ou menaçait la contrée. Le château de Montbard est un beau bâtiment construit avec une noble simplicité. Buffon, dont il fut le berceau et le séjour de prédilection, vivifiait les alentours et y répandait le bonheur, en même temps qu'il les embellissait par ses travaux et ses plantations. On montre sur la plate-forme le pavillon où il s'enfermait pour nous tracer, d'un style brillant et noble, l'histoire de la nature; c'était son cabinet de travail. C'est là qu'il a composé presque tous ses ouvrages. On sait que J.-J. Rousseau, avant d'y entrer, se mit à genoux et baisa le seuil de la porte; c'était le génie qui se prosternait devant le génie.

Les armes de Montbard sont : *d'azur à deux barbeaux d'or posés en fasce l'un sur l'autre; le premier tourné à droite et le deuxième à gauche.*

Biographie. Patrie de BUFFON, illustre naturaliste auquel la ville de Montbard vient de voter une statue.

De son collaborateur et ami DAUBENTON.

Du peintre d'histoire BARBIN.

De M. B. GUÉRARD, savant paléographe, membre de l'Institut.

INDUSTRIE. *Fabriques* de draps, droguets, lacets, tresses. Tanneries. — *Commerce* de chanvre estimé, de bois, fil, laines, etc. Entrepôt de diverses marchandises qui s'expédient par le canal de Bourgogne. — Foires les 24 fév., 4 avril, 11 mai, 10 juin, 14 juillet, 14 sept., 12 nov. et 28 déc.

Bibliographie. * *Discours véritable du siège mis devant la ville de Montbard en Bourgogne, par le sieur de Tavanné, associé des reistres du Béarnois*, 1590.

HÉRAULT DE SÉCHELLES (Mart.-Jean). *Visite à Buffon*, in-8, 1785; 2ᵉ édition sous le titre de : *Voyage à Montbard, contenant des détails très-intéressants sur le caractère, la personne et les écrits de Buffon*. in-8, 1801.

MONTBARDON, vg. *H.-Alpes*, comm. de Château-Villevieille, ✉ de Queyras.

MONTBARDON, vg. *Seine-et-Marne*, com. de la Celle, ✉ de Faremoutiers.

MONTBARREY, bg *Jura* (Franche-Comté), arr., bureau d'enregist. et à 18 k. de Dôle, chef-l. de cant., ✉ de Mont-sous-Vaudrey. Pop. 513 h. — Terrain d'alluvions modernes.

MONTBARROIS, vg. *Loiret* (Gâtinais), arr. et à 19 k. de Pithiviers, cant. de Beaune-la-Rollande, ✉ de Bois-Commun. Pop. 466 h.

MONTBARTHIER, vg. *Tarn-et-Garonne* (Languedoc), arr. et à 22 k. de Castel-Sarrasin, cant. et ✉ de Montech. Pop. 677 h.

MONTBAVIN, vg. *Aisne* (Picardie), arr. et à 10 k. de Laon, cant. d'Anizy-le-Château, ✉ de Chavignon. Pop. 121 h.

MONTBAZENS, bg *Aveyron* (Rouergue), arr. de Villefranche-de-Rouergue, chef-l. de cant. Cure. ✉. A 643 k. de Paris pour la taxe des lettres. Pop. 2,893 h. — Terrain cristallisé ou primitif.

Foires les 4 janv. et 16 oct.

Le village de Livigniac, remarquable par la richesse et la beauté de son territoire, est une dépendance de la commune de Montbazens; c'est la patrie de M. la Romiguière, profond métaphysicien et l'un de nos meilleurs écrivains.

MONTBAZIN, joli village, *Hérault* (Languedoc), arr. et à 22 k. de Montpellier, cant. et ✉ de Mèze. Pop. 931 h.

Il est situé sur la voie romaine qui traverse le département de l'est à l'ouest, et sur l'emplacement qu'occupait le *Forum Domitii*, d'après les recherches scrupuleuses de M. J.-P. Thomas. On y trouve souvent encore des fragments d'antiquités, et l'on y remarque notamment une belle pierre tumulaire d'un flamine ou sévir augustal. — Distilleries d'eaux-de-vie.

MONTBAZON, *Mons Bazonis*, petite ville, *Indre-et-Loire* (Touraine), arr. et à 13 k. de Tours, cant. ✉. ⚘. A 246 k. de Paris pour la taxe des lettres. Pop. 1,181 h. — Terrain crétacé inférieur, grès vert.

Autrefois duché-pairie, diocèse, intendance et élection de Tours, parlement de Paris, bailliage.

Elle est bâtie dans une situation riante, sur la rive gauche de l'Indre, que l'on passe sur un pont de pierre, au pied d'une colline dont le sommet est couronné par un antique château construit au commencement du XIe siècle par Foulques Nerra, comte d'Anjou. Charles VII tint sa cour dans ce château en 1439, et y reçut de François II l'hommage du duché de Bretagne. — *Commerce* de grains.

A peu de distance de cette ville, sur la rivière d'Indre, se trouve la poudrerie du Ripault, un des plus complets et des plus beaux établissements de ce genre que l'on connaisse, dont la fabrication annuelle s'élève à environ 250,000 kilog. de poudre de toute espèce. Le salpêtre nécessaire à cette fabrication est en grande partie fourni par les carrières de tuffeau des environs, qui a la propriété de se convertir presque entièrement en salpêtre.

Foires le dernier mardi de janv., mardi avant la mi-carême, 1er mardi d'août et 3e mercredi d'oct.

MONTBEISSIER, vg. *H.-Vienne*, comm. de la Meize, ✉ de St-Yrieix.

MONTBEL, vg. *Ariége* (Languedoc), arr. et à 39 k. de Pamiers, cant de Mirepoix, ✉ de la Roque. Pop. 380 h.

MONTBÉLIARDOT, vg. *Doubs* (Franche-Comté), arr. et à 49 k. de Montbelliard, cant. et ✉ de Russey. Pop. 150 h.

MONTBELLET, bg *Saône-et-Loire* (Bourgogne), arr. et à 19 k. de Mâcon, cant. de Lugny, ✉ à St-Oyen. Port et pont en fil de fer sur la Saône à Fleurville. Asile agricole fondé en 1839, et auquel le préfet a joint une ferme modèle en 1843. Pop. 1,539 h.

Ce village est fort ancien; quelques auteurs font dériver son nom *Mons Beletus* ou *Belenus*, *Mons bella*, de Belenus dieu gaulois, et pensent qu'il y avait un temple dédié à la lune (V. la Dissert. de M. Monnier, *Annuaire de la Saône-et-Loire*, 1824). — Cette opinion est fondée sur des découvertes d'antiquités faites à différentes époques sur le territoire de Montbellet; on y trouva entre autres objets, en 1823, une statuette en bronze représentant une prêtresse qui tient à la main gauche une patère, etc. — Vers le milieu du XIIIe siècle, Allard de la Tour, baron de Montbellet, qui avait reçu la qualification de *haut, cruel et redouté baron*, commit tant de crimes et de brigandages que *son château et maison forte de Montbellet fut rasé et le pal y planté*, par un arrêt du parlement de Paris.

Au hameau de Mercey était une église qui appartint à l'ordre des templiers et ensuite à la commanderie de Malte de Chalon.

Nombreux moulins à blé et battoires à chanvre sur le bief Bourbon et le ruisseau des Graviers. Fours à chaux et à plâtre. Tuilerie. Carrières. — *Foires* les 14 fév., 23 mai, 11 juin et 21 déc.

MONTBELLIARD, *Mons Piligardœ, Montis Beligardi;* jolie petite ville, *Doubs* (Franche-Comté), chef-l. de sous-préfect. (3e arr.) et d'un cant. Trib. de 1re instance. Collége communal. Cure. Gîte d'étape. ✉. ⚘. Pop. 5,789 h. — Terrain jurassique, étage inférieur du système oolitique.

Il est fait mention pour la première fois de Montbelliard dans la Vie de saint Valbert, qui vivait au commencement du IXe siècle. Dans les XIe et XIIe siècles, cette ville ne consistait qu'en un château fort, au pied duquel se groupèrent quelques habitations particulières, dont les habitants furent affranchis par une charte datée de 1283. La partie la plus moderne ne remonte qu'aux dernières années du XVIe siècle. A cette époque, Montbelliard avait une citadelle, dix portes et de hauts murs d'enceinte, flanqués de tours que baignaient de profonds fossés. Les Guises attaquèrent cette place sans succès en 1587 et 1588, et les Bourguignons tentèrent inutilement de s'en emparer, à l'époque de la guerre de trente ans. Louis, dauphin de France, l'occupa pendant quinze mois, à la suite d'une capitulation. En 1676 les troupes françaises, sous les ordres du maréchal de Luxembourg, s'en emparèrent et firent détruire la citadelle et les fortifications; la ville et le pays restèrent au pouvoir de la France jusqu'à la paix de Ryswick. En 1586 il s'y tint un colloque célèbre entre les théologiens protestants et réformés, ayant à leur tête le fameux Théodore de Bèze, ministre de l'église de Genève.

Cette ville est dans une situation agréable au centre d'un vallon tapissé de prairies arrosées par l'Allan et la Luzine. Elle est environnée de coteaux boisés et plantés de vignes, généralement bien bâtie, bien percée, ornée de fontaines publiques, de jolies promenades, et renferme une bibliothèque publique, composée de 10,000 volumes. Dans le nombre de ses édifices, on distingue le château, ancienne résidence des souverains de Montbelliard, rebâti en 1751 : il est flanqué de deux tours, dont l'une remonte au XVIe siècle; l'autre fut reconstruite en 1594. Ce château, qui domine une grande partie de la belle et riche vallée de l'Allan, sert aujourd'hui de maison d'arrêt et de dépôt pour les archives. Les autres édifices remarquables sont l'hôtel de ville, érigé en 1778; les halles, commencées en 1536; l'église St-Martin, construite de 1602 à 1607, et dont le plafond, de 27 m. de longueur sur 16 m. 50 c. de large, est soutient sans colonnes; l'église St-Georges; l'hôpital; l'ancien collége; la sous-préfecture, qui occupe une partie d'un ancien monastère fondé en 1435.

Biographie. Patrie du célèbre G. Cuvier, membre de l'Institut, l'un des génies les plus profonds et les plus universels des temps modernes, enlevé aux sciences, à la patrie, à l'Europe entière et à ses amis, le 13 mai 1832.

De son frère Fréd. Cuvier, savant zoologiste.

Du compositeur de musique et célèbre corniste Duvernoy.

Du physicien Saigney.

Industrie. Manufacture d'horlogerie, où l'on établit annuellement environ 4,000 montres finies, et une grande quantité de mouvements de pendules. — *Fabriques* de bonneterie; tissus divers, instruments aratoires, limes, faux, pointes de Paris. Filature de coton. Nombreuses tanneries. — *Commerce* de grains, épiceries, fromages, toileries, cuirs estimés, planches de sapin et de chêne, merrain, bois de construction, etc. Centre d'un commerce considérable avec la Suisse. — *Foires* le dernier lundi de chaque mois.

A 80 k. N.-E. de Besançon, 441 k. E.-S.-E. de Paris.

L'arrondissement de Montbelliard contient 7 cantons : Audincourt, Blâmont, St-Hippolyte, Maiche, Montbelliard, Pont-de-Roide, Russey.

Bibliographie. * *Franchises et libertés des bourgeois de la ville de Montbelliard*, in-4, 1732.

DUNOD DE CHARNAGE. *Abrégé de l'histoire du comté de Montbelliard* (imprimé p. 237 du t. II de son Histoire des Séquanois, etc.).

DUVERNOY. *Ephémérides du comté de Montbelliard, tableau des faits historiques de ce comté, depuis le XIII*e *siècle jusqu'en 1793*, in-8, 1832.

— Recherches étymologiques sur les noms des lieux du pays de Montbelliard, in-8, 1834.

— Souvenirs historiques et pittoresques de Montbelliard, petit in-fol., 1827.

MONTBELLIARD (comté de), situé au pied des Vosges, entre la Franche-Comté, la haute Alsace et l'ancien territoire de Bâle. Ce comté comprenait 44 communes. Après avoir appartenu longtemps aux ducs de Bourgogne, il passa en 1419 à une branche de la maison du duc de Wurtemberg. En 1617 ce petit Etat fut partagé entre les cinq fils du duc Frédéric ; mais, leur race s'étant éteinte en 1723, il retourna à la branche du duc régnant, dont le fils aîné vint s'établir à Montbelliard ; ses revenus étaient d'environ 300,000 livres. Il y exerçait la souveraine puissance, qui était tempérée dans la ville par des droits et des franchises. En 1793 le duc de Wurtemberg, prince souverain de Montbelliard, renonça à cette propriété en faveur de la France par le traité de paix du 20 thermidor an IV ; la réunion à la république française eut lieu en exécution de la loi du 11 ventôse an V. Il fait aujourd'hui partie du département du Doubs, où il forme une partie de l'arrondissement qui porte son nom.

MONTBENARD, vg. *Oise*, com. de Savignies, ✉ de Beauvais.

MONTBENARD, vg. *Seine-et-Marne*, comm. de Maisoncelle, ✉ de Crécy.

MONTBENOIT, vg. *Doubs* (Franche-Comté), arr., ✉ et à 15 k. de Pontarlier, chef-l. de cant. Cure. Pop. 150 h. TERRAIN jurassique. Il doit son origine et son nom à des chanoines réguliers de St-Benoît qui y fondèrent un prieuré dans les premières années du XIIe siècle, lequel fut ensuite converti en une abbaye qui existait encore à l'époque de la révolution, et dont les bâtiments encore existants ont été classés récemment au nombre des monuments historiques.

Bibliographie. *Sculptures bizarres de l'église de Montbenoît* (Mém. de la soc. des antiq. de France, t. VII, p. C).

MONTBÉRAUT, vg. *H.-Garonne* (Gascogne), arr. et à 42 k. de Muret, cant. et ✉ de Cazères. Pop. 781 h.

MONTBERGER, vg. *Creuse*, comm. de St-Chabrais, ✉ de Chenerailles.

MONTBERNARD, vg. *H.-Garonne* (Gascogne), arr. et à 22 k. de St-Gaudens, cant. et ✉ de l'Isle-en-Dodon. Pop. 850 h.

MONTBERNANCHON, vg. *Pas-de-Calais* (Artois), arr. et à 10 k. de Béthune, cant. de Litters, ✉ de St-Venant. Pop. 1,208 h.

MONTBERNEUX, vg. *Seine-et-Marne*, comm. de St-Germain-sous-Doué, ✉ de Coulommiers.

MONTBERON, vg. *H.-Garonne* (Languedoc), arr., cant., ✉ et à 15 k. de Toulouse. Pop. 360 h.

MONTBERT, vg. *Loire-Inf.* (Bretagne), arr. et à 19 k. de Nantes, cant. et ✉ d'Aigrefeuille. Pop. 2,190 h. — Il est situé sur un coteau près de la rive gauche de l'Ognon. Cette commune renferme l'ancienne abbaye de Geneston, fondée par Bonard, évêque de Nantes, en 1161. Le territoire contient des terres labourables, des landes, des prairies, des vignes et des bois. On y trouve de l'argile réfractaire très-recherchée pour la fabrication des fours de verrerie. — *Commerce* de bestiaux de toute espèce. — *Foires* les 23 juillet, 10 août, 13 nov. et les 3es mercredis d'avril, de mai, d'août et de sept.

MONTBERTHAULT, vg. *Côte-d'Or* (Bourgogne), arr., cant. et à 15 k. de Semur, ✉ d'Epoisses. Pop. 450 h. — *Foires* les 8 mars et 3 sept.

MONT-BERTRAND, vg. *Calvados* (Normandie), arr., ✉ et à 15 k. de Vire, cant. de Bény-Bocage. Pop. 492 h.

MONTBEUGNY, vg. *Allier*, comm. et ✉ de Moulins-sur-Allier.

MONT-BEUVRAY, lieu du département de la *Nièvre*, comm. de la Roche-Millay.

Guy Coquille, qui écrivait il y a trois siècles, dit qu'il se tenait sur la cime de ce mont « une foire renommée par toute la France, qui représente beaucoup d'antiquités : car elle se tient chaque un le premier mercredy du mois de may. A ladite cime de la montagne est une belle et grande planure, ayant terres relevées ès environs qui sont les vestiges d'une ancienne cité. » La foire se tient toujours sur le Beuvray (le 1er mardi de mai), mais rien ne prouve qu'une ville ait existé sur ce plateau ; seulement il est possible que les Romains y aient établi un camp ou une station pour les légions ; car le Beuvray est le centre commun de quatre voies romaines, et les terres relevées autour du plateau paraissent indiquer cette destination. Le Beuvray serait donc le *Boxum* de la carte de Peutinger. — Sur le versant septentrional coule une fontaine qui passe pour avoir des vertus antiféhrifuges.

MONTBIZOT, bg *Sarthe* (Maine), arr. et à 19 k. du Mans, cant. de Ballon, ✉ de Beaumont-sur-Sarthe. Pop. 950 h.

MONTBLAINVILLE, vg. *Meuse* (pays Messin), arr. à 32 k. de Verdun-sur-Meuse, cant. et ✉ de Varenne-en-Argonne. P. 708 h. — Haut fourneau, forges et fonderies.

PATRIE de N. DELACROIX, membre de la chambre des représentants et de la chambre des députés, auteur de la Statistique de la Drôme.

MONTBLANC, *Mons Albus*, vg. *B.-Alpes* (Provence), arr. et à 42 k. de Castellane, cant. d'Annot, ✉ d'Entrevaux. Pop. 135 h.

MONTBLANC, bg *Hérault* (Languedoc), arr. et à 12 k. de Béziers, cant de Servian, ✉ de Pézenas. Pop. 1,231 h.

MONTBLERU, vg. *Marne*, comm. de Neuvy-l'Abbesse, ✉ de Courgivaux.

MONTBLEUSE (la), vg. *H.-Saône*, comm. d'Etrelles, ✉ de Gy.

MONTBLIN (Grand et Petit-), vg. *Seine-et-Marne*, comm. et ✉ de la Ferté-Gaucher.

MONTBOGRE, vg. *Saône-et-Loire*, comm. et ✉ de Givry.

MONTBOILLON, vg. *H.-Saône* (Franche-Comté), arr. et à 31 k. de Gray, cant. et ✉ de Gy. Pop. 327 h.

MONTBOISSIER, ou HOUSSAY, vg. *Eure-et-Loir* (Beauce), arr. et à 18 k. de Châteaudun, cant. et ✉ de Bonneval. Pop. 516 h.

MONTBOISSIER, vg. *Puy-de-Dôme*, com. de Brousse, ✉ de St-Amand-Roche-Savine. — *Foires* les 23 juin, 15 jours après Pâques, 28 août, 21 sept. et 31 déc.

MONTBOLO, vg. *Pyrénées-Or.* (Roussillon), arr. et à 13 k. de Céret, cant. d'Arles-sur-Tech, ✉ d'Amélie-les-Bains. Pop. 435 h.

MONTBONNOT, vg. *Isère* (Dauphiné), 325 h. — *Foires* les 10 mai, 2 juillet et 2 nov.

MONTBOUCHER, vg. *Creuse* (Marche), arr., cant., ✉ et à 5 k. de Bourganeuf. Pop. 849 h.

MONTBOUCHER, vg. *Drôme* (Dauphiné), arr., cant., ✉ et à 6 k. de Montélimart. Pop. 836 h.

MONTBOUCONS (les), vg. *Doubs*, comm. et ✉ de Besançon.

MONTBOUTON, vg. *H.-Rhin* (Alsace), arr. à 30 k. de Belfort, cant. et ✉ de Delle. Pop. 311 h.

MONTBOUY, vg. *Loiret* (Gâtinais), arr. et à 17 k. de Montargis, cant. et ✉ de Châtillon-sur-Loing. Pop. 645 h.

MONTBOYER, vg. *Charente* (Périgord), arr. et à 24 k. de Barbezieux, cant. et ✉ de Chalais. Pop. 1,479 h. — *Foires* les lundi de Pâques, lundi de la Pentecôte, lendemain de Noël, 22 janv., 3es jeudis de juin, de juillet et d'août.

MONTBOZON, bg *H.-Saône* (Franche-Comté), arr. et à 22 k. de Vesoul, ✉ et ✉ de cant. Cure. Gîte d'étape. — A 379 k. de Paris pour la taxe des lettres. Pop. 841 h. — TERRAIN jurassique, étage moyen du système oolitique.

Ce bourg est assez agréablement situé sur l'Ognon. C'était anciennement une place fortifiée et le siège d'une prévôté royale, composée de soixante-douze villages.

Foires les 4 fév., 27 mai, 5 juin, 9 sept. et les lundis depuis le 4 fév. jusqu'à Pâques.

MONTBRAN, vg. *Côtes-du-Nord*, comm. de Plébouble, ✉ de Matignon. — *Foires* de dix jours le 14 sept. pour chevaux, bestiaux de toute espèce, laines, plumes. Beaucoup de marchands des villes environnantes viennent y étaler.

MONTBRAND, vg. *H.-Alpes* (Dauphiné), arr. et à 38 k. de Gap, cant. d'Aspres-lès-Veynes, ✉ de Veynes. Pop. 428 h. — *Foire* le 5 sept.

MONTBRAS, vg. *Meuse* (Champagne), arr. de Commercy et à 47 k. de St-Mihiel, cant. et ✉ de Vaucouleurs. Pop. 49 h.

MONTBRAY, *Molbraium*, bg *Manche* (Normandie), arr. et à 28 k. de St-Lô, cant. de

Percy, ✉ de St-Sever. Pop. 1,391 h. — *Foires* les 1ers et 3es jeudis de chaque mois.

MONTBRÉ, vg. *Marne* (Champagne), arr., ✉ et à 7 k. de Reims, cant. de Verzy, Pop. 260 h.

MONTBREHAIN, vg. *Aisne* (Picardie), arr. et à 15 k. de St-Quentin, cant. et ✉ de Bohain. Pop. 1,865 h. — *Fabrique* de tulles, broderies, etc. Culture du houblon.

MONTBRIEUX, vg. *Seine-et-Marne*, com. de Guérard, ✉ de Faremoutiers.

MONTBRILLAIS, vg. *Vienne*, comm. de St-Leger et Troismoutiers, ✉ de Loudun.

MONTBRISON, vg. *Drôme* (Dauphiné), arr. et à 31 k. de Montélimart, cant. de Grignan, ✉ de Taulignan. Pop. 430 h.

MONTBRISON, *Montbrisonium, Monsbrisonis*, petite et ancienne ville, *Loire* (Forez), chef-l. du département de la Loire et d'un canton. Trib. de 1re inst. Collége communal. Ecole normale primaire. Soc. d'agricult. et de commerce. Curé. Ecole secondaire ecclésiastique. Gîte d'étape. ✉. ⚘. Pop. 7,054 h. — TERRAIN cristallisé ou primitif.

Autrefois diocèse de Lyon, parlement de Paris, intendance de Lyon, chef-lieu d'élection, bailliage, sénéchaussée, maîtrise particulière, traites foraines, aides et juridiction des gabelles, lieutenance de maréchaussée, collégiale, collége, couvents de capucins, de cordeliers, de visitandines, de clarisses, hospitalières et ursulines, commanderie de Malte.

L'origine de Montbrison se perd dans la nuit des temps. Mérula lui donne le nom de *Montbrisonium*, et d'anciens titres celui de *Mons-Briso*, de *Mons*, montagne, et de *Briso*, déesse du sommeil, qui y avait jadis un temple élevé sur la butte volcanique où fut bâti depuis le château des comtes du Forez.

Montbrison ne fut d'abord qu'un gros bourg, dont à peine quelques maisons descendaient jusque vers St-André et la Madeleine, anciennes églises aujourd'hui détruites. En 1223 Gui IV, comte du Forez, affranchit les habitants de Montbrison; en 1225 il fit commencer hors des murs la construction d'une église, qui depuis est devenue la cathédrale; bientôt des maisons entourèrent cet édifice, un pont fut construit sur la rivière, et insensiblement il se forma en ce lieu une ville dont les habitants conservèrent toutefois un pied-à-terre dans l'enceinte du château, pour se mettre à l'abri en cas d'invasion.

Au XIVe siècle, les Anglais ravagèrent le Forez et en brûlèrent la capitale, où ils ne laissèrent qu'un monceau de ruines. A la suite de ces désastres, Marie de Berry, duchesse de Bourbonnais, et comtesse du Forez, octroya aux habitants une nouvelle charte de clôture; il existe encore quelques restes de ces murailles qui avaient 17 m. de hauteur, 2 m. d'épaisseur, et qui étaient flanquées de quarante-six grosses tours à deux étages, distantes les unes des autres d'environ cinquante pas.

Au commencement du XVIe siècle, une peste affreuse décima Montbrison et força les habitants à abandonner la ville et à se réfugier dans les montagnes. En 1523, le connétable de Bourbon tint à Montbrison l'assemblée des trois états du Forez; ce fut là qu'il reçut avec pompe, dans le château, l'envoyé de Charles-Quint, qui traversa la France déguisé en paysan.

Pendant les guerres de religion du XVIe siècle, Montbrison éprouva de grands malheurs : le féroce baron des Adrets s'en empara dans la nuit du 14 juillet 1562, et força plusieurs gentilshommes qui s'étaient jetés dans le château à capituler. Malgré la promesse qu'il leur aurait la vie sauve, tous furent précipités du haut d'une tour, ainsi qu'une grande partie de la garnison. Dès l'entrée des religionnaires, les rues n'avaient retenti que du cri *tue! tue!* et le lendemain matin on compta sur la place sept cent cinq personnes massacrées. Le viol, le pillage des maisons et des églises mirent le comble à toutes ces horreurs, dont la ville ne fut délivrée que longtemps après. Pour rappeler à la postérité les massacres de des Adrets, on mit cette devise autour des armes de la ville : *Ad expiandum hostile scelus.*

Après la guerre et les massacres, la peste et la famine désolèrent cette ville, qui fut encore en proie aux fureurs de la Ligue. En 1590 Nemours, à la tête des ligueurs, s'empara par surprise du château, que Henri IV fit démolir lorsqu'il eut affermi son trône; il en reste à peine quelques vestiges. — En 1625, la ville de Montbrison fut en partie renversée par un tremblement de terre. — En 1754, l'audacieux contrebandier Mandrin s'en empara par un coup de main hardi, et en sortit le lendemain après s'être emparé des caisses publiques. — A l'époque de la révolution, Montbrison fit partie du département de Rhône-et-Loire, dont Lyon devint le chef-lieu ; l'élite de la jeunesse montbrisonnaise seconda courageusement les efforts des fédérés lyonnais lors de la révolte de Lyon contre la convention. Après le siège de cette ville, la convention ayant décrété la division du département de Rhône-et-Loire en deux départements, Montbrison devint le chef-lieu du département de la Loire.

Les armes de Montbrison sont : *de gueules à une tour crénelée d'argent tenant à un mur crénelé de même ; au chef d'azur chargé de trois fleurs de lis d'or.* — Alias : *d'azur au château d'argent sommé de trois girouettes d'or et trois fleurs de lis d'or en chef.*

Montbrison est bâti autour d'une espèce de pyramide volcanique escarpée, sur laquelle existait autrefois le temple de la déesse Briso, qui depuis fut remplacé par le château des comtes de Forez. Du haut de cette masse de basalte, on jouit d'une fort belle vue sur la vaste et fertile plaine du Forez.

Cette ville est située à l'embranchement d'un chemin de fer qui se dirige sur Montrond, et communique au chemin de fer de St-Etienne à Roanne. Elle est en général assez mal bâtie, mal percée, formée de rues étroites et de maisons basses qui lui donnent un aspect pauvre ; c'est l'une des villes les moins importantes du département dont elle est le chef-lieu, avantage qu'elle ne doit qu'à sa situation centrale, et que la ville de St-Etienne a souvent tenté de lui enlever. Située dans un pays de traverse où aucune route importante n'aboutit, elle est à peu près étrangère au commerce et à l'industrie ; l'esprit des habitants y est même si peu porté, que tous les essais de manufactures qu'on a voulu y tenter ont été infructueux. Sa situation est cependant très-avantageuse pour l'établissement de manufactures, la rivière de Vizézy, qui descend des montagnes et traverse la ville, pouvant dans tous les temps de l'année fournir assez d'eau pour les plus grosses usines. — De larges et magnifiques boulevards ont remplacé les fossés et les murailles de l'antique cité, qui est aujourd'hui entourée d'une ceinture d'arbres et de charmantes promenades.

Le seul édifice remarquable de Montbrison est la cathédrale, fondée en 1225, sous le vocable de Notre-Dame, par Gui IV, comte de Forez, qui y établit un chapitre et la choisit pour lieu de la sépulture de sa famille. Ce monument, d'un style simple quoique gothique, est composé d'une nef vaste et majestueuse, flanquée de bas côtés. Cet édifice, classé au nombre des monuments historiques, ne fut totalement achevé qu'à la fin du XVe siècle, en 1466, époque à laquelle il fut consacré par l'abbé de Belleville ; on conçoit que cette construction ayant été continuée pendant près de deux siècles et demi, les différentes parties sont loin d'avoir le même style. En général on ne remarque rien de roman, mais cependant il est facile de voir dans le chœur, que la partie la plus ancienne il y a une espèce de tâtonnement que l'on ne peut expliquer que par l'hésitation que devait éprouver l'architecte pour adopter le style ogival pur. La longueur de tout l'édifice, en œuvre, est de 62 m. La petite nef de droite est bordée de chapelles qui ne furent ajoutées que successivement dans les siècles postérieurs ; dans la première en entrant, on remarque une tête triface en demi-bosse et des armoiries des maisons de Couzan et de Levis. Les voûtes sont soutenues par des faisceaux de colonnes dont les chapiteaux représentent différents ornements, soit des volutes, soit des crochets, soit encore des plantes du pays : on en remarque un surtout qui portait une rose traitée tout à fait dans le genre roman. Il paraît qu'il y eut un intervalle assez considérable entre la construction du chœur et celle de la nef, car la transition est brusque; cette dernière est ornée de fenêtres simulées qui ne se trouvent pas dans le chœur, totalement nu, et percé seulement de cinq grandes fenêtres. C'est directement derrière l'hôtel que se trouve, cachée par un tableau, l'inscription placée par Guigues IV, lorsqu'il fit poser, par son jeune fils, la première pierre. La hauteur des voûtes est de 18 m. 83 c. dans la grande nef, et 10 m. 50 c. sous les petites. On remarque à gauche une chapelle destinée à la famille Robertet, dont l'un des membres fut maître des comptes sous Louis XII et François Ier; elle a une porte gracieusement ornée : dans le chœur il y avait aussi quelques sculptures de la renaissance qui ont malheureusement été martelées.

Jadis cette église renfermait plusieurs tombeaux remarquables ; le seul qui ait été épargné par les huguenots et la révolution est celui du fondateur de l'église, encore n'a-t-on que la table de pierre sur laquelle il est représenté couché. Les lions qui le soutenaient ont été brisés, et il est mesquinement relégué dans un petit enfoncement mal imité du gothique. Le jubé qui portait les orgues et les vitraux ont également disparu.—Le grand portail de l'église est beau, quoiqu'un peu sec, il a été fait en 1443, par les ordres de Charles Ier de Bourbon, fils de Jean, duc de Bourbon, à l'apanage duquel le Forez avait été réuni à la mort de Louis Ier. C'est à ce prince ainsi qu'à son père qu'il faut rapporter les nombreux écussons de la maison de Bourbon qui sont répandus sur le fronton et sur les tours : de ces dernières, l'une, celle de droite, est à peine commencée, l'autre n'est pas achevée : d'après leur forme massive et carrée, il est très-probable qu'elles devaient servir de base à des flèches. — Derrière le chœur de la cathédrale est la grande salle dite de Diana, où jadis se réunissaient les chanoines de l'église collégiale de Montbrison, lors de leurs réunions capitulaires, et la noblesse de la province dans certaines occasions ; elle communiquait avec un cloître qui maintenant a tout à fait disparu. Des auteurs attribuent la construction de cette salle au comte Jean, au commencement du XIIIe siècle ; mais d'après les animaux fantastiques en forme de salamandre que l'on y remarque, cette salle pourrait bien se rapporter au XVIe : elle est voûtée en ogive, et cette voûte se compose de longs ais de bois qui forment des bandes verticales, toutes également larges et sur lesquelles sont peints des écussons : les mêmes armoiries sont représentées sur toute la bande au nombre de vingt, et on les retrouve en même quantité sur la bande qui correspond du côté opposé. Il faut remarquer que ces écussons, qui sont au nombre de quarante-huit différents, ornant les quarante-huit bandes qui composent la voûte, sont peints assez grossièrement pour être vus de loin, et sont altérés de manière à ce que les champs de mêmes émaux ou de mêmes métaux ne se trouvent pas à côté les uns des autres. Parmi ces armoiries, on distingue celles de France, Forez, Beaujeu, Navarre, Urfé, Rochebaron, Montfort, Bourgogne, Champagne, Beauffremont, Poitiers, Ventadour, Damas, Savoie, Aragon, etc., etc. On peut trouver là une intention de réunir les armes de toutes les familles alliées à celles des comtes du Forez. Sur la cheminée, qui maintenant n'existe plus, on voyait les armes de France, Forez, Bourbon-Vendôme, ce qui se rapporte assez à la date probable de cette salle, lorsque la maison de Bourbon possédait cette province. Cette voûte est un armorial véritable pour le Forez, et il serait bien à regretter qu'on la dégradât plus qu'elle ne l'est déjà malheureusement. Dans ce moment elle sert de grenier ; un musée départemental ne pourrait être mieux placé que sous cette voûte armoriée.

On remarque encore à Montbrison l'église St-Pierre ; l'hôtel de ville ; la bibliothèque publique contenant 15,000 volumes ; le collége ; la halle au blé ; les casernes ; la salle de spectacle, etc.

Sur le bord du Vizézy, presque au sortir de la ville, existent trois sources d'eau minérale, dont le bassin est surmonté d'une voûte de forme conique. Ces sources sont connues sous les noms de l'Hôpital, de la Romaine et de la Rivière ; leurs eaux sont froides, limpides, d'une saveur acidule et un peu austère ; elles tiennent en dissolution des carbonates de soude et de magnésie ; il se trouve en outre dans les deux dernières un peu de fer à l'état de carbonate. — Les eaux de Montbrison se prennent en boisson, le matin, à la dose de cinq à six verres. Celle de la source de la Romaine convient dans le dérangement de l'estomac et les leucorrhées constitutionnelles. L'eau de la source de l'Hôpital provoque les sécrétions urinaires et facilite la digestion ; l'eau de la troisième source est employée avec succès dans l'atonie de l'estomac, la chlorose, les fièvres intermittentes rebelles, etc.

Biographie. Montbrison est le lieu de naissance :

De saint AUBRIN, évêque de Lyon et patron de Montbrison.

De PAPORIN DE CHAUMONT, évêque de Gap.

De l'érudit capucin CHAMPOLIN, dit le P. Benoît de Montbrison.

De J. Jos. DUGUET, théologien et moraliste.

De NIC. DUREY, astronome.

D'ANT. DUVERDIER, auteur de la *Bibliothèque françoise*, in-f°, 1585.

De dom J.-P. DEFORIS, savant bénédictin.

De J. DARDILLY, jurisconsulte.

De RICHARD DE LA PRADE, médecin, auteur d'un *Mémoire sur les eaux minérales du Forez*.

D'HECTOR DULAC DE LA TOUR-D'AUREC, auteur d'un *Précis statistique sur le département de la Loire*.

Du conventionnel LALOUE.

De J.-C.-V. DE CHANTELAUZE, ex-ministre de Charles X, et l'un des signataires des ordonnances de juillet 1830.

INDUSTRIE. Fabriques de toiles. — Commerce de grains, laines et bestiaux. — *Foires* les 18 oct., 1er jeudi de carême, samedi saint, jeudi avant Pentecôte, samedi avant la Notre-Dame d'août et samedi avant Noël.

A 77 k. de Lyon, 447 k. S. de Paris.

L'arrondissement de Montbrison renferme 9 cantons : Boën, St-Bonnet-le-Château, Feurs, St-Galmier, St-Georges-en-Couzan, St-Jean-Soleymieux, Montbrison, Noirétable, St-Rambert.

Bibliographie. *Mémoire et projet d'embellissement pour la ville de Montbrison*, broch. in-8.

Observations sur les causes de l'insalubrité de la plaine de Montbrison, in-8, 1829.

BUGNOZ. *Eaux minérales de Montbrison* (Dict. minéral. et hydrol. de la France, in-8, 1772, t. II, p. 276).

RAULIN. *Eaux minérales de Montbrison* (Traité analytique des eaux minérales, in-12, 1774, t. II, c. XII).

RICHARD DE LA PRADE. *Eaux de Montbrison* (Analyse et Vertus des eaux du minérales du Forez, etc., in-12, 1778).

MONTBRISON., vg. *Tarn-et-Garonne*, comm. de St-Michel, ✉ d'Auvillars.

MONTBROIN, vg. *Côte-d'Or*, comm. de St-Léger-de-Fourches, ✉ de Saulieu.

MONTBRON, petite ville, *Charente* (Angoumois), arr. et à 27 k. d'Angoulême, chef-l. de cant. Cure. ✉. A 472 k. de Paris pour la taxe des lettres. Pop. 3,189 h. — TERRAIN jurassique, voisin du terrain cristallisé.

Forges et martinets. — Papeterie. — *Foires* les 1er fév., 1er avril, 1er juin, 1er août, 1er sept., 1er déc., et les 13 des mois de janv., mars, mai et nov.

MONTBRONN, vg. *Moselle* (pays Messin), arr. et à 30 k. de Sarreguemines, cant. et ✉ de Rorbach. Pop. 1,711 h.

MONTBRUN, vg. *Aude* (Languedoc), arr. et à 35 k. de Narbonne, cant. et ✉ de Lézignan. Pop. 296 h.

MONTBRUN, *Mons Beralfi*, bg *Drôme* (Dauphiné), arr. et à 65 k. de Nyons, cant. et ✉ de Séderon. Cure. Pop. 1,360 h.

Ce bourg est bâti en amphithéâtre, sur une colline entourée de montagnes, et était autrefois défendu par un vaste château fort, où, du temps du célèbre comte de Montbrun, qui vivait avec la magnificence d'un prince, on pouvait loger cent maîtres, vingt pages et deux cents chevaux. Cet édifice, encore très-remarquable malgré son dépérissement journalier, est bâti sur un roc, du côté du nord, et soutenu dans la façade du midi par des terrasses ; l'architecture est un mélange de gothique et de toscan ; des peintures à fresque, dues au pinceau de Mignard, décoraient les plafonds de plusieurs appartements.

Montbrun possède deux sources d'eau minérale ferrugineuse et sulfureuse.

Carrières de plâtre. — *Foires* les 29 mai, 9 sept. et 13 déc.

MONTBRUN, vg. *H.-Garonne* (Languedoc), arr. et à 45 k. de Muret, cant. et ✉ de Montesquieu-Volvestre. Pop. 1,584 h. — *Foires* les 26 avril, 17 août, 7 déc. et lundi gras.

MONTBRUN, vg. *H.-Garonne* (Languedoc), arr. et à 18 k. de Villefranche-de-Lauragais, cant. et ✉ de Montgiscard. Pop. 423 h.

MONTBRUN, vg. *Lot* (Quercy), arr. et à 20 k. de Figeac, cant. et ✉ de Cajarc. Pop. 357 h.

MONTBRUN, vg. *Lozère* (Languedoc), arr., ✉ et à 8 k. de Florac, cant. de Ste-Enimie.

MONTBRUN, vg. *H.-Vienne*, comm. de Dournazac, ✉ de Châlus.

MONTBY, vg. *Doubs*, comm. de Gondenans-Monthy, ✉ de Rougemont.

MONTCABRIÉ, vg. *Tarn* (Languedoc), arr., cant., ✉ et à 12 k. de Lavaur. Pop. 370 h.

MONTCABRIER, vg. *Lot* (Quercy), arr. de Cahors, cant. et ✉ de Puy-l'Évêque.

MONTCARRA, vg. *Isère* (Dauphiné), arr., cant. de la Tour-du-Pin, ✉ et à 9 k. de Bourgoin. Pop. 613 h.

MONTCARRET, bg *Dordogne* (Périgord), arr. et à 40 k. de Bergerac, cant. de Vélines, ✉ de Castillon. Pop. 1,162 h.

MONTCASSIN, vg. *Lot-et-Garonne*, comm. de Leyrits-Montcassin, ✉ de Casteljaloux.

MONTCAUP, vg. *H.-Garonne* (Armagnac), arr. et à 18 k. de St-Gaudens, cant. et ✉ d'Aspet. Pop. 293 h.

MONT-CAUVAIRE, vg. *Seine-Inf.* (Normandie), arr. et à 16 k. de Rouen, cant. de Clères, ✉ de Malaunay. Pop. 427 h.

MONT-CAVREL, ou MAILLY, *Mons Capreoli*, vg. *Pas-de-Calais* (Boulonnais), arr., ✉ et à 10 k. de Montreuil-sur-Mer, cant. d'Étaples. Pop. 599 h.

MONTCEAU, vg. *Saône-et-Loire*, comm. et ✉ de Blanzy.

MONTCEAUX, vg. *Ain* (Dombes), arr. et à 26 k. de Trévoux, cant. de Thoissey, ✉ de Montmerle. Pop. 591 h.

MONTCEAUX, *Moncelli, Monticelli*, vg. *Aube* (Champagne), arr. et à 20 k. de Troyes, cant. de Bouilly, ✉ de St-Parres-lès-Vandes, Pop. 384 h.

MONTCEAUX, vg. *Isère* (Dauphiné), arr. de la Tour-du-Pin, cant., ✉ et à 7 k. de Bourgoin. Pop. 766 h. — *Foire* le 28 juin.

MONTCEAUX, vg. *Seine-et-Marne* (Brie), arr., cant., ✉ et à 9 k. de Meaux. P. 480 h. On y remarque les restes d'un ancien château royal, construit par Catherine de Médicis et embelli par Henri IV, qui dans la suite le donna à Gabrielle d'Estrées. On voit encore, sous la voûte du principal escalier, les chiffres entrelacés de Gabrielle et de Henri IV, et à l'extérieur ceux de Henri de Médicis. Le château a été démoli en très-grande partie ; cependant on y remarque encore de belles colonnades. Un des quatre pavillons, restauré par le prince de Conti, a été conservé ; il servait, dit-on, de logement aux ministres de Henri IV.

MONTCEAUX, vg. *Seine-et-Oise*, comm. de Coudray, ✉ de Plessis-Chenet.

MONTCEAUX-L'ÉTOILE, vg. *Saône-et-Loire* (Bourgogne), arr. à 28 k. de Charolles, cant. et ✉ de Marcigny. Pop. 466 h.—*Foires* les 30 avril, 28 juin et 15 sept.

MONTCEAUX-RAGNY, vg. *Saône-et-Loire* (Bourgogne), arr. et à 20 k. de Chalon-sur-Saône, cant. et ✉ de Sennecey. Pop. 117 h.

MONTCEL (le), vg. *Marne*, comm. de Montenils, ✉ de Montmirail.

MONTCEL, vg. *Puy-de-Dôme* (Auvergne), arr. et à 15 k. de Riom, cant. et ✉ de Combronde. Pop. 553 h.

MONTCENIS, *Mons Cinisius, Monticinium*, petite ville, *Saône-et-Loire* (Bourgogne), arr. et à 22 k. d'Autun, chef-l. de cant. Cure. Gîte d'étape. ✉. A 324 k. de Paris pour la taxe des lettres. Pop. 1,508 h.—TERRAIN du trias, marne irisée.

Autrefois baronnie, diocèse d'Autun, parlement et intendance de Dijon, bailliage, châtellenie royale, mairie, couvent d'ursulines.

Montcenis avait le titre de baronnie et était le siége d'un bailliage d'où ressortissaient 41 paroisses. Au sommet de l'une des deux montagnes entre lesquelles est la ville, située elle-même sur une éminence, on voit les ruines de l'ancien château ducal, forteresse importante, reconstruite en 1383 par Philippe le Hardi, et dans laquelle les ducs de Bourgogne avaient un châtelain. Après la mort de Charles le Téméraire, la garnison du château de Montcenis s'étant déclarée pour Marie de Bourgogne contre Louis XI, celui-ci supprima le bailliage et le réunit à celui d'Autun. Mais, sur les représentations des seigneurs voisins et des habitants qui n'avaient pas suivi l'exemple patriotique de la garnison, cette ordonnance ne reçut pas son exécution. Durant la Ligue, la ville de Montcenis resta fidèle au parti de Henri IV. Le capitaine Matthieu, qui commandait dans le château, alla, le 19 mai 1591, à la tête de quarante arquebusiers de sa garnison, joindre le maréchal d'Aumont qui assiégeait Autun. En 1589, ce capitaine, se trouvant à Verdun lors de la prise de cette ville par les ligueurs, fut fait prisonnier, et il allait être pendu et étranglé lorsqu'il parvint à s'échapper.

Cette ville, située sur une éminence entre deux montagnes, a donné son nom à l'important établissement du Creuzot, qui en est à peu de distance. V. CREUZOT. Aux environs, source d'eau minérale, mines de fer et de houille considérables.

PATRIE de l'historien C.-Et. JONDOT.

Du général baron DE LA CHAISE, préfet du Pas-de-Calais sous l'empire.

Commerce de bestiaux et de charbon de terre. — *Foires* les 11 oct., août, 3 nov., 21 déc., 2e mercredi de janv., 1er de fév., de mars, mardi avant Pâques (2 jours), dernier mercredi d'avril (2 jours), 3e de mai, 2e de juin, de juill. et de sept.

Bibliographie. GUYTON DE MORVAU. *Mémoire contenant l'analyse d'une eau minérale du Montcenis en Bourgogne* (Obs. et Mém. sur la phys., l'hist. natur., etc., par l'abbé Rozier, 1773, p. 119). On y trouve une analyse très-détaillée des eaux du Creuzot.

MONTCET, vg. *Ain* (Bresse), arr., cant., ✉ et à 10 k. de Bourg-en-Bresse. Pop. 441 h.

MONTCET, vg. *Seine-et-Marne*, comm. de Jouy-sur-Morin, ✉ de la Ferté-Gaucher.

MONTCEY, vg. *H.-Saône* (Franche-Comté), arr., cant., ✉ et à 9 k. de Vesoul. Pop. 404 h.

MONTCHABOUD, vg. *Isère* (Dauphiné), arr. et à 13 k. de Grenoble, cant. et ✉ de Vizille. Pop. 66 h.

MONTCHAL, vg. *Loire* (Forez), arr. de Montbrison, cant. de Feurs, ✉ de Panissière. Pop. 1,042 h.

MONTCHALONS, vg. *Aisne* (Picardie), arr., cant., ✉ et à 10 h. de Laon. P. 241 h.

MONTCHAMP, vg. *Cantal* (Auvergne), arr., cant., ✉ et à 12 k. de St-Flour. Pop. 568 h.

MONTCHAMP-LE-GRAND, vg. *Calvados* (Normandie), arr., ✉ et à 17 k. de Vire, cant. de Vassy. Pop. 1,023 h.

MONTCHAMP-LE-PETIT, ou ST-CHARLES-DE-PERCY, vg. *Calvados* (Normandie), arr., ✉ et à 14 k. de Vire, cant. de Vassy. Pop. 475 h.

MONTCHANIN, vg. *Saône-et-Loire*, comm. de St-Eusèbe, ✉ de Blanzy. — *Foire* le 17 avril.

MONTCHARVOT, vg. *H.-Marne* (Champagne), arr. et à 33 k. de Langres, cant. et ✉ de Bourbonne. Pop. 279 h.

MONTCHATON, vg. *Manche* (Normandie), arr., ✉ et à 10 k. de Coutances, cant. de Montmartin-sur-Mer. Pop. 750 h.

Ce village est situé sur une colline élevée, au pied de laquelle existait naguère un beau pont, jeté sur la Sienne et nommé *pont de la Rocque* ; il se composait de onze arches en plein cintre, dont les piliers s'avançaient en pointe triangulaire, pour fendre les flots de la mer montante, qui, dans les marées, viennent battre les rivages des environs. La maçonnerie de ce pont paraît être de construction romaine, et on pourrait bien penser qu'il se trouvait sur la voie romaine qui conduisait de Valognes à Rennes en Bretagne, et qui passait par cet endroit. Aujourd'hui, ce pont est presque totalement en ruine, à l'exception de quelques arches encore entières, du côté de Montchaton. En 1812, on traversait encore la rivière sur ce pont ; mais l'écroulement de deux arches intercepta le passage, qui s'effectue depuis au moyen d'un bac ; mais la traversée de ce bras de mer est si douce, qu'on s'aperçoit à peine du mouvement du bateau.

Montchaton est remarquable par les vestiges d'un château fort, très-escarpé et d'un difficile accès, qui était bâti sur une colline de 38 m. de hauteur, du sommet de laquelle on découvre parfaitement la ville de Coutances. De tous côtés, le pied de cette colline offre un vallon très-profond qui facilitait la défense du château ; aussi la difficulté de s'en emparer était telle qu'en 1141 Raoult, de la Haye-du-Puits, y soutint un long siége contre le comte d'Anjou ; la disette l'ayant forcé de se rendre, le vainqueur détruisit le château de fond en comble.

De Montchaton, vis-à-vis le pont de la Rocque, on tire beaucoup de sable, connu sous le nom de *tangue*, engrais très-estimé dans cette contrée. De plus de 25 k. à la ronde, les cultivateurs viennent en charger leurs banneaux.

MONTCHAUDE, vg. *Charente* (Saintonge), arr., cant., ✉ et à 5 k. de Barbezieux. Pop. 909 h. — *Foire* le 19 de chaque mois.

MONTCHAUVEROT, vg. *Jura*, comm. de Mantry, ✉ de Sellières.

MONTCHAUVET, bg *Calvados* (Normandie), arr. et à 18 k. de Vire, cant. de Bény-Bocage, ✉ de Mesnil-Auzouf. Pop. 1,012 h.

MONTCHAUVET, vg. *Seine-et-Oise* (Beauce), arr. et à 13 k. de Mantes, cant. de Houdan, ✉ de Septeuil. Pop. 569 h.

MONTCHAUVIER, vg. *Jura*, comm. de St-Lamain, ✉ de Sellières.

MONTCHENON, vg. *H.-Vienne*, comm. de St-Amand-Magnazeix, ✉ de Morterolles.

MONTCHENOT, vg. *Marne*. V. MONCHENOT.

MONTCHENU, vg. *Drôme* (Dauphiné), arr. et à 37 k. de Valence, cant. et ✉ de St-Donat. Pop. 887 h. — *Foires* les 14 mai et 13 nov.

MONT-CHEVREL, vg. *Orne* (Normandie), arr. et à 38 k. d'Alençon, cant. de Courtomer, ✉ de St-Scolasse. Pop. 596 h.

MONTCHEVRIER, vg. *Indre* (Berry), arr., cant. et à 21 k. de la Châtre, ✉ d'Aigurande. Pop. 1,223.

MONTCLAR, vg. *B.-Alpes* (Provence), arr. et à 61 k. de Digne, cant. et ✉ de Seyne. Pop. 590 h.

MONTCLAR, vg. *Aude* (Languedoc), arr., ✉ et à 16 k. de Carcassonne, cauton de Montréal. Pop. 373 h.

MONTCLAR, vg. *Aveyron* (Rouergue), arr. et à 27 k. de St-Affrique, cant. et ✉ de St-Sernin. Pop. 874 h. — *Foires* les 15 janv., 1ᵉʳ mai et 25 nov.

MONTCLAR, vg. *H.-Garonne* (Rouergue), arr. et à 43 k. de Muret, cant. de Cazères, ✉ de Martres. Pop. 330 h.

MONTCLARAT, vg. *Aveyron*, comm. de St-Rome-de-Sernon, ✉ de St-Affrique.

MONTCLARD, vg. *Drôme* (Dauphiné), arr. et à 30 k. de Die, cant. et ✉ de Crest. Pop. 583 h.

MONTCLARD, vg. *H.-Loire* (Auvergne), arr. et à 18 k. de Brioude, cant. et ✉ de Paulhaguet. Pop. 514 h.

MONTCLERA, vg. *Lot* (Quercy), arr. et à 33 k. de Cahors, cant. de Cazals, ✉ de Castelfranc. Pop. 923 h. — Exploitation de minerai de fer. — *Foires* les 2 juillet, 6 août, 4 sept. et 2 déc.

MONTCLEY, vg. *Doubs* (Franche-Comté), arr., ✉ et à 14 k. de Besançon, cant. d'Audeux. Pop. 406 h. Sur l'Ognon. — Forges et hauts fourneaux.

MONTCLUS, vg. *H.-Alpes* (Dauphiné), arr. et à 43 k. de Gap, cant. et ✉ de Serres. Pop. 253 h.

MONTCLUS, vg. *Gard* (Languedoc), arr. et à 28 k. d'Uzès, cant. de Pont-St-Esprit, ✉ de Barjac. Pop. 693 h.

MONTCOMBROUX, vg. *Allier* (Bourbonnais), arr. et à 38 k. de Cusset, cant. et ✉ du Donjon. Pop. 586 h. — Exploitation de houille.

MONTCONY, vg. *Saône-et-Loire* (Rouergue), arr. et à 11 k. de Louhans, cant. et ✉ de Beaurepaire. Pop. 766 h.

On y voit un ancien château flanqué de tours, remarquable par ses formes gothiques.

Foires les 7 avril et 16 août.

MONTCORBON, bg *Loiret* (Gatinais), arr. et à 28 k. de Montargis, cant. et ✉ de Château-Renard. Pop. 956 h. — *Foire* le jour de l'Assomption.

MONTCORNET, *Mons Cornutus*, petite ville, *Aisne* (Picardie), arr. et à 35 k. de Laon, cant. de Rozoy-sur-Serre. ✉. ◊. À 151 k. de Paris pour la taxe des lettres. Pop. 1,743 h.

C'était autrefois une place assez importante, défendue par un fort dont les Espagnols s'emparèrent en 1593, et qu'ils prirent de nouveau en 1650. Vers la fin du XVIᵉ siècle, cette ville fut presque entièrement consumée par un incendie.

PATRIE de DUCLOZ-DUFRESNOY, député aux états généraux, mort sur l'échafaud révolutionnaire le 2 février 1794.

Commerce de lin, de toiles de chanvre et de lin, de chevaux et de bestiaux. — *Foires* le jour des cendres, la veille de l'Ascension et les 11 et 12 nov. Il se vend beaucoup de chevaux à cette dernière foire. — Marché tous les samedis.

MONTCORNET, vg. *Ardennes* (Champagne), arr. et à 12 k. de Charleville, cant. et ✉ de Renwez. Pop. 357 h.

Autrefois marquisat, diocèse et élection de Laon, parlement de Paris, intendance de Soissons.

C'était le chef-l. d'un marquisat de ce nom, lequel passa par succession au duc d'Aiguillon qui en fit démolir le château, édifice célèbre par son antiquité, ses vastes souterrains et la solidité de sa construction. On en voit encore les ruines, qui ont un aspect très-imposant, et qui sont dignes de fixer la curiosité du voyageur.

Commerce de chanvre, toiles de lin et bestiaux.

MONTCORNET (Grand et Petit), vg. *Oise*, comm. de la Bosse, ✉ de Chaumont-en-Vexin.

MONT-COUPEAU, vg. *Marne*, cant. et ✉ de Montmirail.

MONTCOURT, vg. *H.-Saône* (Franche-Comté), arr. et à 44 k. de Vesoul, cant. et ✉ de Jussey. Pop. 218 h.

MONTCOURT (Grand et Petit), vg. *Aisne*, comm. d'Essommes, ✉ de Château-Thierry.

MONTCOURTIEUX, vg. *Cher*, comm. de St-Saturnin, ✉ de Châteaumeillant.

MONTCOUYOUL, vg. *Tarn* (Languedoc), arr. et à 35 k. de Castres, cant. et ✉ de Montredon. Pop. 565 h. — *Foire* le 3 juin.

MONTCOY, vg. *Saône-et-Loire* (Bourgogne), arr., ✉ et à 12 k. de Châlon-sur-Saône, cant. de St-Martin-en-Bresse. Pop. 233 h.

MONTCRESSON, vg. *Loiret* (Gatinais), arr. et à 12 k. de Montargis, cant. et ✉ de Châtillon-sur-Loing. Pop. 701 h.

MONTCUQ, petite ville, *Lot* (Quercy), arr. et à 28 k. de Cahors, chef-l. de cant. ✉. À 599 k. de Paris pour la taxe des lettres. Pop. 2,314 h. — TERRAIN tertiaire moyen.

Cette ville, située entre deux vallées, sur une butte presque conique, était autrefois une place forte tellement importante, qu'elle fut une des trois villes du Quercy dont on obligea le comte Raymond, par le traité de Meaux, à détruire les murailles. On y voit, sur un rocher qui couronne le sommet de la montagne où la ville est bâtie, une tour carrée de plus de 33 m. 33 c. de hauteur, qui servait de citadelle et commandait toute la campagne. Cet édifice, assez bien conservé à l'extérieur, mais dont les voûtes de chaque étage sont en partie détruites, est bâti en pierres calcaires d'une assez grande dimension, et n'a qu'une ouverture à chaque étage ; l'escalier par lequel on y montait, était bâti dans une petite tour adossée à la tour principale.

Foires les 2 et 26 janv., 13 fév., 3 et 23 mars, 26 avril, 29 mai, 1ᵉʳ juillet, 2 août, 8 sept., 19 oct., 13 nov. et 3 déc.

MONTCUQ, vg. *Lot*, comm. de Peyrilles, ✉ de Frayssinet.

MONTCUSEL, vg. *Jura* (Franche-Comté), arr. et à 23 k. de St-Claude, cant. et ✉ de Moirans. Pop. 327 h.

MONTOY-NOTRE-DAME, vg. *Ardennes* (Champagne), arr. de Mézières, cant., ✉ et à 2 k. de Charleville. Pop. 735 h. — Exploitation de marbre.

MONTCY-ST-PIERRE, vg. *Ardennes* (Champagne), arr. de Mézières, cant., ✉ et à 2 k. de Charleville. Pop. 403 h.

Sur le territoire de cette commune existe la montagne dite le Mont-Olympe, où l'on voit les ruines d'un château bâti en 1611 par Charles de Gonzagues, et démoli en 1686.

MONTDARDIER, vg. *Gard* (Languedoc), arr., cant., ✉ et à 12 k. du Vigan. Pop. 727 h. — Il est situé sur le plateau de la Tessonne, au pied des rochers de la Tude, dont la longue crête est surmontée à son extrémité orientale par le Puech d'Anjeu, sur le versant oriental duquel se trouve une grotte à stalactites fort curieuse et d'un accès le plus facile.

MONT-D'ASTARAC, vg. *Gers* (Languedoc), arr. et à 27 k. de Mirande, cant. et ✉ de Masseube. Pop. 314 h. — *Foires* les 11 août et 9 sept.

MONT-DAUPHIN, petite ville forte, *H.-Alpes* (Dauphiné), arr. et à 27 k. d'Embrun, cant. de Guillestre. Gîte d'étape. ✉. À 692 k. de Paris pour la taxe des lettres. Pop. 313 h. — TERRAIN d'alluvions modernes.

Autrefois diocèse d'Embrun, parlement et intendance de Grenoble, élection de Gap, sénéchaussée, gouvernement particulier.

Cette ville, située au confluent du Guil et de la Durance, sur un roc élevé d'où elle commande quatre vallées, a été fortifiée par Vauban en 1694, et est regardée comme une des clefs de la France du côté de l'Italie. Elle est entourée de vieilles murailles sur la crête des falaises deux rivières du Guil et de la Durance, de bastions du côté de la montagne, et se compose de deux rues principales qui se coupent à angles droits. C'est une ville fort peu peuplée pour son étendue et fort triste. L'enceinte renferme de grandes places, des jardins, des esplanades plantées de beaux ormes, et des terrains vagues. Les casernes et les casemates sont spacieuses. On y voit de beaux greniers couverts en charpente, où les troupes peuvent manœuvrer et faire l'exercice pendant les mauvais temps. — Dans le cours de la révolution le nom de Mont-Dauphin fut changé en celui de Mont-Lyon.

Les **armes de Mont-Dauphin** sont : *parti, le premier, d'azur à trois fleurs de lis d'or à 2 et 1; le deuxième, d'azur au dauphin d'argent.*

À 2 k. de la ville et près de la grande route,

on remarque quatre sources d'eaux minérales acidules et ferrugineuses, qui coulent du midi au nord dans des canaux anciennement creusés, et alimentent l'établissement du Plan-de-Phazi; la dernière de ces sources tombait naguère dans deux bassins elliptiques et découverts, où l'on prenait les bains, et où le thermomètre de Réaumur marquait 23°; depuis lors on a construit un bâtiment, à l'extérieur duquel est un dauphin : les eaux de la source du milieu se boivent dans une maison voisine. — Les eaux du Plan-de-Phazi sont purgatives et apéritives; on les emploie avec succès dans les obstructions, la chlorose, etc.

Foires les 13 avril et 18 oct.

Bibliographie. TRIDIER. *Mémoire sur les eaux minérales du Plan de Phazy* (Ann. des mines, t. XIII, 3ᵉ série, p. 633).

MONT-DAUPHIN, vg. *Seine-et-Marne* (Brie), arr. et à 18 k. de Coulommiers, cant. et ✉ de Rebais. Pop. 669 h. — *Fabrique de céruse.*

MONT-DE-BIZONNES, vg. *Isère*, comm. de Bizonnes, ✉ du Grand-Lemps.

MONT-DE-BONNEIL, vg. *Aisne*, com. de Bonneil, ✉ de Château-Thierry.

MONT-DE-BOURG, vg. *Seine-Inf.*, comm. d'Ourville-l'Abbaye, ✉ d'Yvetot.

MONT-DE-GALIÉ, vg. *H.-Garonne* (Gascogne), arr. et à 22 k. de St-Gaudens, cant. et ✉ de St-Bertrand. Pop. 148 h.

MONT-DE-JEUX (le), vg. *Ardennes*, com. de St-Lambert, ✉ d'Attigny.

MONT-DE-LA-GRANDE-COMBE, vg. *Doubs*, comm. de la Grande-Combe, ✉ de Morteau.

MONT-DE-L'ANGE, vg. *Ain*, comm. de Torcieu, ✉ de St-Rambert.

MONT-DE-LANS, vg. *Isère* (Dauphiné), arr. et à 58 k. de Grenoble, cant. et ✉ de Bourg-d'Oisans. Pop. 1,290 h.

MONT-DE-LAVAL, vg. *Doubs* (Franche-Comté), arr. et à 52 k. de Montbéliard, cant. et ✉ de Russey. Pop. 340 h.

MONT-DE-L'IF, vg. *Seine-Inf.* (Normandie), arr. et à 29 k. de Rouen, cant. de Pavilly, ✉ de Barentin. Pop. 313 h.

MONT-DE-LILLE, vg. *Nord*, com. et ✉ de Bailleul.

MONT-DE-MARRAST, vg. *Gers* (Armagnac), arr. et à 16 k. de Mirande, cant. et ✉ de Miélan. Pop. 482 h.

MONT-DE-MARSAN, *Mons Martiani*, *Martianum*, jolie petite ville, chef-l. du département des Landes (Gascogne), d'un arrondissement et d'un canton. Trib. de 1ʳᵉ inst. Société d'agriculture, commerce et arts. Collége communal. Cure. Gîte d'étape. ✉. ⚐. Pop. 4,465 h. — TERRAIN tertiaire supérieur, alluvions anciennes.

Autrefois diocèse d'Aire, parlement et intendance de Bordeaux, chef-lieu d'une recette, sénéchaussée, gouvernement particulier, lieutenance de maréchaussée, abbaye de filles ordre de Sainte-Claire.

L'origine de Mont-de-Marsan remonte au commencement du règne de Charlemagne; plusieurs chartes écrites en langue romane font remonter cette origine à 768. La ville fut rebâtie en 1140 par les soins de Pierre Labaner, un de ses anciens souverains, prince législateur et philosophe qui, dans un siècle où l'ignorance et les préjugés tenaient les hommes à la chaîne, créa des institutions utiles, et fit des lois sages qu'il consigna dans ses chartes. — En 1560, Montgommery s'empara de Mont-de-Marsan par escalade, et souilla sa victoire par des cruautés. Cette ville passa dans la maison de Bourbon par le mariage de Jeanne d'Albret avec Antoine de Bourbon, père de Henri IV.

Les armes de Mont-de-Marsan sont : *de gueules à deux clefs d'or adossées et attenantes l'une à l'autre, pendantes à un cordon d'argent mouvant du chef.*

La ville de Mont-de-Marsan est bâtie en amphithéâtre dans une plaine sablonneuse et bien cultivée, sur la Douze et le Midou, dont la réunion forme la rivière navigable de la Midouze; un beau pont traverse cette dernière au port, en face de la place du Commerce; un deuxième pont d'une seule arche est jeté sur le Midou, et trois autres ponts traversent la Douze. Les rues sont généralement propres, bien percées, et ornées d'un grand nombre de fontaines publiques; la rue Royale, qui conduit en droite ligne de l'église paroissiale au port, est surtout remarquable par sa régularité. A l'exception de celle de Saint-Roch, les places publiques sont petites et peu régulières.

Quoique peu populeuse, et l'un des moindres chefs-lieux de préfecture du royaume, cette ville s'est considérablement accrue et embellie depuis quelques années. C'est principalement à la navigation de la Midouze qu'elle doit son grand commerce et sa prospérité toujours croissante, qui se manifeste par ses magnifiques avenues, son beau pont, ses rues larges et droites, ses maisons propres et bien bâties, même par ses édifices publics, au nombre desquels on distingue l'hôtel de la préfecture, le palais de justice, la maison de détention, l'hospice et les casernes. En y arrivant par une belle avenue de chênes antiques ; en y entrant par la belle rue Royale; en traversant une autre rue non moins belle, très-marchande et pourvue de tous les objets de luxe, on pourrait se croire dans une ville de premier ordre, tandis qu'on n'est réellement que dans la capitale du plus grand désert que renferme la France.

On ne peut passer à Mont-de-Marsan sans être frappé de la beauté du sexe de cette ville : les tailles y sont petites, mais bien prises ; les figures presque toujours gracieuses, souvent jolies, quelquefois charmantes ; elles sont merveilleusement relevées par un fichu blanc ou rouge, placé avec art autour de la tête. Cette coiffure, aussi simple que propre et élégante, est celle des simples ouvrières et des servantes basquaises. Dans les autres classes, la jeunesse et la beauté des femmes ressortent on ne peut mieux sous les capotes, de couleur ordinairement brune, qui forment leur déshabillé du matin. C'est au spectacle, c'est dans les salons et les bals, qu'elles étalent la richesse de leurs toilettes; c'est là, c'est le soir qu'on les admire; mais c'est le matin qu'on les aime ; c'est sous la coiffure modeste de cette époque de la journée que leurs grands yeux noirs laissent échapper des regards contre lesquels un jeune voyageur doit mettre son cœur en garde.

Outre les édifices dont nous avons fait mention précédemment, on remarque à Mont-de-Marsan un collége, une petite bibliothèque de 10 à 12,000 volumes, et une petite salle de spectacle. Cette ville possède aussi une pépinière départementale servant de promenade publique ; une autre promenade, dite le Jardin de la Viguotte, un établissement d'eaux thermales, et plusieurs établissements de bains publics, dont font usage les habitants de toutes les classes, ce qui prouve moins leur luxe que leur extrême propreté.

INDUSTRIE. *Fabriques* de draps communs, couvertures de laine, toiles à voiles. Tanneries. — *Commerce.* Le commerce principal de Mont-de-Marsan consiste dans l'expédition à Bayonne des vins et eaux-de-vie d'Armagnac. Pendant la guerre maritime, cette ville acquit un degré d'importance et d'activité, en servant d'entrepôt entre Bordeaux et Bayonne, au moyen de la Midouze et de l'Adour, qui établissent ses relations nautiques avec ce dernier port, et de la Garonne qui, recevant les marchandises à Langon, les transporte à Bordeaux.

Foires les 1ᵉʳ mardi après les rois, de carême, 1ᵉʳ mardi de juillet et 1ᵉʳ après la Saint-Martin.

A 109 k. S. de Bordeaux, 113 k. N.-E. de Bayonne, 690 k. S.-O. de Paris. Long. occ. 2° 49′ 55″; latit. 43° 54′ 42″.

L'arrondissement de Mont-de-Marsan renferme 12 cantons : Arjuzanx, Gabarret, Grenade, Labrit, Mimizan, Mont-de-Marsan, Parentis-en-Born, Pissos, Roquefort, Sabres, Sore, Villeneuve.

Bibliographie. * *Remarques sur la ville de Mont-de-Marsan* (Nouvelles recherches sur la France, etc., t. II, p. 77). BETBEDER. *Dissertation sur les eaux minérales de Mont-de-Marsan*, in-12, 1750.

MONTS-DES-CHATS, ou CASTBERG, vg. *Nord*, comm. et ✉ de Bailleul.

MONT-DES-OLIVES, vg. *H.-Rhin.* V. OCHLENBERG.

MONT-DEVANT-SASSEY, vg. *Meuse* (Lorraine), arr. et à 20 k. de Montmédy, cant. et ✉ de Dun-sur-Meuse. Pop. 692 h.

L'église de ce village renferme une crypte curieuse, dont le savant M. Oudet a donné la description.

MONT-DE-VEAU, vg. *Doubs*, comm. de Tournans, ✉ de Baume-les-Dames.

MONT-DE-VERGNE, vg. *Vaucluse*, com. et ✉ d'Avignon.

MONT-DE-VERS-BIZE, vg. *Doubs*, com. de Gilley, ✉ de Pontarlier.

MONT-DE-VERT-VENT, vg. *Doubs*, com. de Gilley, ✉ de Pontarlier.

MONT-DE-ROUGNEY, vg. *Doubs* (Franche-Comté), arr. et à 44 k. de Montbéliard, cant. de Maiche, ⊠ de St-Hippolyte. P. 176 h.

MONTDIDIER, vg. *Meurthe* (Lorraine), arr. de Château-Salins, à 30 k. de Vic, cant. d'Albestrof, ⊠ de Dieuze. Pop. 165 h.

MONTDIDIER, *Mons desiderii*, *Mondidirium*, vg. *Somme* (Picardie), chef-l. (4ᵉ arr.) et d'un cant. Trib. de 1ʳᵉ inst. et de comm. Société d'agricult. Collège communal. Cure. Gîte d'étape. ⊠. ⚜. Pop. 3,628 h. — TERRAIN crétacé supérieur, craie.

Autrefois diocèse et intendance d'Amiens, parlement de Paris, chef-l. d'élection, bailliage, prévôté, gouvernement particulier, prieuré ordre de Cluny, collège, couvent d'ursulines.

Quelques historiens croient que Montdidier a été bâti sur les ruines de *Bratuspance*, ancienne ville gauloise ; ils attribuent son nouveau nom à Didier, roi des Lombards, qui y fut détenu avant d'être confiné à Corbie. On assure aussi que plusieurs monarques de la troisième race y ont résidé : on dit même que Philippe Auguste y tint sa cour en 1219 ; que Charles VI y convoqua, au mois de janvier 1413, ses fidèles sujets de Picardie.

Cette ville est bâtie sur le penchant d'une montagne, au pied de laquelle coule la rivière du Dom. Elle était jadis entourée de fortifications dont on voit encore quelques restes. Les Espagnols l'assiégèrent en 1636, mais les habitants, dans une sortie vigoureuse, les défirent complètement et les forcèrent à la retraite.

Les armes de **Montdidier** sont : *d'azur semé de fleurs de lis d'or à un château alaisé d'or, crénelé et couvert en croupe, accompagné de deux tours de même couvertes en pointe et girouettées.*

L'intérieur de Montdidier est fort triste. La plupart des maisons sont vieilles, et presque toutes les rues sont inégales et mal pavées. On y remarque :

L'HÔTEL DE VILLE est un édifice du XVIIᵉ siècle, surmonté d'un beffroi où l'on voit une niche dans laquelle une petite figure, appelée Jean Duquesne, frappe les heures.

L'ANCIEN BAILLIAGE est occupé aujourd'hui par les salles du tribunal de première instance ; il existe peu de palais de justice dont les salles d'audiences et des pas-perdus soient aussi vastes et aussi majestueuses. Dans les vestibules, on voit d'anciennes tapisseries représentant la Fuite en Égypte, Moïse faisant jaillir l'eau du rocher, etc.

L'ÉGLISE ST-PIERRE est un édifice lourd et massif, malgré la quantité de sculptures à jour qui en décorent le principal porche. On voit, dans l'intérieur, un monument curieux, sculpté à une époque antérieure aux croisades, représentant Raoul II, comte de Montdidier, couché sur le dos, la tête nue sur un coussin, les mains jointes, les pieds posés sur deux lionceaux, vêtu d'une longue tunique et ayant à son côté son épée : près de la tête, à droite, est un ange avec les ailes déployées ; malheureusement la tête de l'ange, le nez et les mains du comte ont été mutilés.

LE COLLÉGE offre un joli point de vue en arrivant à Montdidier par la route d'Amiens ; cet édifice est très-vaste ; il possède un cabinet d'histoire naturelle et d'antiquités assez remarquable.

On remarque encore à Montdidier le Palais de Justice ; la statue élevée à la mémoire de Parmentier; l'hôpital, vaste établissement formé de beaux bâtiments et environné de beaux jardins.

Biographie. Montdidier est le lieu de naissance :

De la reine FRÉDEGONDE.

Du célèbre helléniste BOSQUILLON, médecin d'une rare bienfaisance, auteur, entre autres ouvrages, de la traduction des *Aphorismes et Prognostics d'Hippocrate*.

De l'agronome et célèbre philanthrope PARMENTIER.

De J. CAPPERONNIER, savant professeur de langues grecque et latine.

De l'orientaliste CAUSSIN DE PERCEVAL.

Du baron POYFERRÉ DE CÈRE, membre du corps législatif et de la chambre des députés.

Du médecin J.-FR. FERNEL, philosophe et mathématicien.

Fabriques de bonneterie, calicot, serge, prunelle, métiers à bas. Filatures de coton, tanneries et corroieries. Dans l'arrondissement on se livre à une fabrication active de bonneterie; soixante communes renferment 43,000 ouvriers qui fabriquent pour une valeur de 20 millions de francs. — *Commerce* de grains, légumes, bestiaux, charbon de terre, tourbe, crème renommée, etc. — *Foire* de 8 jours le mardi après le 8 sept.

A 36 k. S.-S.-E. d'Amiens, 78 k. N. de Paris.

L'arrondissement de Montdidier est composé de 5 cantons : Ailly-sur-Noye, Montdidier, Moreuil, Rosières, Roye.

Bibliographie. DAIRE (le P.). *Histoire civile, ecclésiastique et littéraire de la ville et du doyenné de Montdidier, avec les pièces justificatives*, in-12, 1762-1763.

MONT-DIEU, vg. *Ardennes* (Champagne), arr., ⊠ de Sedan, cant. de Raucourt. Pop. 65 h.

MONT-DOL, bg *Ille-et-Vilaine* (Bretagne), arr. et à 24 k. de St-Malo, cant. et ⊠ de Dol. Pop. 1,926 h.

Ce bourg est situé au milieu des marais. A Château-Richeux commencent les digues de Dol qui s'étendent depuis cet endroit jusqu'au pas du Bœuf, en Ras-sur-Couenon, c'est-à-dire sur un espace d'environ 26 à 27 k. Ces digues ont été faites dans l'intention de préserver les propriétés contenues dans un certain rayon, que l'on appelle enclave, des inondations qui pourraient avoir lieu à certaines époques de l'année, lors de quelques fortes marées. Elles sont la propriété et l'ouvrage de tous ceux qui possèdent dans l'enclave, lesquels ont été autorisés par le gouvernement à se réunir en association à former un petit État à part relativement à l'administration et aux règlements qu'ils jugeraient à propos de faire dans l'intérêt de tous. Les marais enclavés s'étendent depuis Châteauneuf jusqu'auprès de Pontorson. Dol se trouve être le point central, et l'assemblée des digues s'y réunit une fois par an, à l'effet de voter le budget de l'année, d'accepter ou de rejeter l'exécution des travaux proposés dans l'intérêt général.

Les marais de Dol sont très-fertiles, et l'air n'y est pas aussi malsain qu'autrefois. On l'a rendu plus salubre en faisant des dessèchements, des saignées dans les terres, en conduisant les eaux dans les rivières qui se jettent dans la mer, et en plantant sur les fossés une quantité considérable d'arbustes et d'arbres blancs. Ces marais sont un empiétement de l'homme sur les eaux de la mer, que l'on est parvenu à contenir dans les limites qu'on lui a imposées ; il semble que, comme le Créateur, on lui a dit : « Tu viendras jusque-là, tu ne passeras pas plus loin, et tu briseras ici l'orgueil de tes flots. » Faisons des vœux pour qu'elle ne franchisse point les bornes qu'on lui a données. Quels affreux dégâts ne commettrait-elle pas ! L'on ne peut s'arrêter à sa pensée, tellement l'idée seule en épouvante.—Tous les jours, en fouillant dans les marais de Dol, on trouve des arbres renversés, qui ont conservé leur forme, leur écorce, quelquefois même leurs feuilles ; tous les jours on trouve des coquillages mêlés à la terre végétale. Le territoire est très-fertile partout où l'on a pu dessécher ; c'est sans contredit le plus productif et le mieux cultivé du département ; toutes les terres sont propres au froment, que l'on sème trois années de suite ; la quatrième année est consacrée au repos ou à la culture du sainfoin. Dans les parties encore marécageuses, la terre produit, d'elle-même et sans culture, de grands roseaux qui servent aux habitants pour couvrir leurs maisons, et qui donnent aux champs l'apparence de plantations de cannes à sucre.

On remarque sur la digue deux très-beaux ponts, celui du Blanc-Essai, construit en 1778, et celui d'Angoulême, qui a été achevé en 1818. L'on a pratiqué sous les voûtes de ces ponts des portes faites de manière à ce que la mer, en arrivant, les ferme et oppose ainsi à elle-même un obstacle qu'elle ne peut franchir; lorsqu'elle est retirée, la force de l'eau douce, retenue derrière, les oblige de s'ouvrir et de lui livrer un passage sur la grève.

Le Mont-Dol domine le marais, et s'élève à une hauteur considérable ; il a environ 2 k. de tour à la base, et formait une île pendant que dura l'invasion de la mer. C'était, dit-on, un lieu consacré chez les Gaulois, où l'on voyait un collège de druides et un temple pour les sacrifices.

On jouit sur le Mont-Dol d'un bel horizon ; on aperçoit Dol, la Normandie, les environs de Rennes, le mont St-Michel et une immense étendue de mer. Sur le point le plus élevé est placé le télégraphe, qui domine un rocher à pic d'une hauteur effrayante.

Le bourg ne se compose que de quelques maisons réunies, mais son territoire est considérable : çà et là on y trouve des villages plus importants que le bourg dont ils dépendent, et plusieurs riches habitations disséminées sur cette partie fertile du département. V. Dol.

Foire le lundi après le 29 sept.

MONT-D'OR (le), *Rhône*. Le Mont-d'Or, ainsi nommé par les Romains sans doute à cause de sa grande fertilité, est un corps de montagnes séparé des autres, qui occupe un espace d'environ 12 kilomètres, et s'étend dans la direction du sud au nord depuis les environs du bourg de la Riverie jusqu'aux bords de la Saône, près de Couzon. Des différentes élévations dont se compose cette chaîne, celle qui porte spécialement le nom de Mont-d'Or se compose de trois monts nommés le Mont-Cindre, le Mont-Thoux et le Mont-d'Or; c'est au pied du premier de ces monts qu'est située la commune de St-Cyr.

Le plus élevé de ces trois sommets est celui appelé montagne de Verdun, de Polencieux ou de Limonest. Sa hauteur au-dessus du niveau de la mer est de 326 m. 4 c. On y a construit une pyramide en pierre, qui est un point trigonométrique de la carte de France. C'est aussi un des points de vue les plus remarquables : on découvre de là les admirables vallées du Rhône et de la Saône, et une étendue considérable d'un pays des plus riches et des plus productifs qu'on puisse voir.

La hauteur du Mont-Cindre est de 306 m. Sur le sommet existe un ancien ermitage, tapissé d'*ex-voto*, qui attire un grand nombre de pèlerins, et où le curé de St-Cyr va processionnellement, certains jours de l'année, célébrer la messe. Il est difficile de rendre l'impression que l'on éprouve sur la cime de ce mont, du haut duquel se déploie un immense panorama, où les plus hautes montagnes, telles que l'Iseron, le Pila, les Alpes dauphinoises et helvétiques, ne paraissent que des monticules dont les sommités ressemblent à de légères découpures. Le Rhône ne forme dans ce vaste espace qu'une ligne bleuâtre ; l'on voit serpenter la Saône comme un faible ruisseau; la ville de Lyon, qui n'est éloignée de là que d'une faible distance, ne paraît être qu'un monceau de pierres environné de vapeurs. Ce magnifique tableau a inspiré plusieurs poètes lyonnais de nos jours : on ne lit pas sans un vif intérêt la description du Mont-Cindre par le docteur Petit.

L'espace de ces coteaux, compris entre Polémieux et St-Cyr, passe pour être le terrain où les premières vignes furent plantées par les Romains dans les Gaules sous le règne de l'empereur Probus.

Les communes du Mont-d'Or où l'on élève des chèvres, sont celles de St-Cyr, St-Didier, Collonge, Limonest, Couzon, St-Romain. On peut porter le nombre de ces animaux à 18,000 environ ; plusieurs particuliers en entretiennent jusqu'à cinquante. Leur éducation dans ce pays remonte à des temps reculés. Elles sont de belle taille; leur croupe large, leurs cuisses fournies, leurs mamelles grosses, un poil long et touffu, annoncent leur vigueur. Ces chèvres sont nourries toute l'année dans l'étable, d'où elles ne sortent jamais que muselées ; on les entretient dans un grand état de propreté en les peignant souvent, et telle est l'influence du climat, qu'elles jouissent d'une santé parfaite. Dans la belle saison, on les nourrit d'herbes de toute espèce, de chardons, de bruyères, de luzerne, de feuilles d'arbres; pendant l'hiver, leur principale nourriture se compose de feuilles de vigne, que l'on maintient dans un état de fraîcheur, en les mettant dans des fosses bétonnées. Le lait de ces chèvres a un goût particulier et fournit les excellents fromages renommés dans toute la France sous le nom de fromages du Mont-d'Or.

Bibliographie, LEYMERIE (A.). *Notice familière sur la géologie du Mont-d'Or lyonnais*, in-8°, 1838.

MONT-D'OR, ou MONTE-ROTONDO, montagne située au centre de l'île de Corse, dont la hauteur est telle que de son sommet on découvre toute l'étendue de l'île, ainsi que les côtes de Sardaigne et celles de France et d'Italie.

MONT-DORE-LES-BAINS, ou BAINS-DU-MONT-DORE, vg. *Puy-de-Dôme* (Auvergne), arr. et à 35 k. d'Issoire, cant. de Besse. ⌧. ✆. A 424 k. de Paris pour la taxe des lettres. Pop. 1,061 h.

Ce village, situé dans une vallée pittoresque, entouré de montagnes qui abondent en produits minéralogiques et en plantes médicinales, est célèbre par ses bains d'eaux thermales.

Le Mont-Dore est séparé de Clermont par deux chaînes de montagnes qui étaient avant 1786 d'un difficile accès.

Les malades ne pouvaient s'y faire transporter qu'à cheval ou en litière. Deux routes y conduisent aujourd'hui : l'une, la grande route, passe par la Baraque, par Rochefort, Laqueuille-en-Murat-Lequaire. La petite route se divise d'abord en deux jusqu'à la distance de 8 kilomètres ; l'une des branches passe par Gravenoire, Thedde et Pardon ; l'autre par la Baraque, Laschamp, et rejoint la première auprès du Puy-Noir et continue par Randanne, Pessade et la Croix-Morand. La grande route tourne une partie du groupe des montagnes du Mont-Dore.

Le Mont-Dore n'était encore qu'un chétif et pauvre village, lorsqu'en 1810, sur les données de M. Ramond, alors préfet du Puy-de-Dôme, et dont le nom est demeuré si cher à l'Auvergne, les eaux furent acquises au nom du gouvernement. En 1819, les premiers fonds furent obtenus par M. de Rigny, l'un des successeurs de M. Ramond, et les travaux commencés alors n'ont plus été interrompus jusqu'à leur entier achèvement. L'industrie particulière, encouragée et sagement dirigée, a suivi l'impulsion donnée, et de nombreuses maisons bien construites sont venues remplacer les anciennes masures.

Le Mont-Dore se trouve adossé à la base de la montagne de l'Angle d'où naissent les sources, et à peu près au milieu d'une profonde vallée qui se courbe en croissant, du nord au midi ; c'est là que la Dordogne, qui y prend naissance, sillonne dans toute sa longueur. Les montagnes qui ferment la vallée, quoique fort élevées, sont partout couvertes d'une végétation vigoureuse, et présentent de nombreuses et profondes écorchures souvent couronnées par d'énormes bancs de rochers laissés à nu par les éboulements. Ces accidents de terrain sont surtout remarquables et nombreux sur les pics qui contiennent l'enceinte vers le sud. La sévérité de leur aspect, leurs pentes perpendiculaires, les flancs noircis et absolument nus de ces étroites déchirures, leur ont fait donner le nom de *Cheminées* ou Gorges d'enfer. D'énormes roches pyramidales restées debout au milieu de ce désordre, s'élancent en aiguilles du fond de l'abîme, et impriment à ce site une physionomie encore plus sauvage. Point de terres cultivées dans le fond de la vallée. Tout est en prairies. Sur les pentes, où une industrie opiniâtre dispute pas à pas le sol aux éboulements des cimes qui tendent sans cesse à l'envahir, croissent çà et là quelques hêtres et quelques arbustes. D'immenses forêts de sapins les couvraient naguère encore de leur sombre verdure ; mais elles s'éloignent et reculent chaque année vers les crêtes. Comme le reste de l'Auvergne, cette contrée fut jadis tourmentée par les éruptions volcaniques. Tout y porte leur empreinte de désordre et de dévastation ; tout, dans cet amas confus de monts de formation secondaire, entassés pêle-mêle dans ces vallées profondes, parsemées d'énormes débris de laves, sillonnées de nombreux torrents qui se précipitent des cimes, tout, disons-nous, atteste d'une manière irréfragable les effets terribles de ces effrayantes convulsions, qui, dans des siècles reculés, vinrent bouleverser ce sol.

EAUX THERMALES DU MONT-DORE.

L'époque de la découverte des eaux thermales du Mont-Dore se perd dans la nuit des temps. Depuis une longue suite d'années, les sources minérales et thermales attirèrent un nombreux concours de malades, comme l'attestent les ruines d'immenses établissements romains découverts lors des fouilles faites en 1817, avant les premiers travaux des constructions modernes ; et l'affluence des malades qui venaient y refaire une santé délabrée devait être considérable, la réputation et les effets salutaires de ces sources bien établis, si l'on en juge par la magnificence des édifices antiques, et par les soins multipliés que les Romains avaient apportés à leur construction.

Les beaux restes du temple romain appelé *le Panthéon*, que l'on croit du temps d'Auguste, attirent l'attention d'un grand nombre de personnes ; on y voit des colonnes chargées de sculptures du meilleur goût et d'une rare conservation, des arabesques, des boucliers que les Romains nommaient *pelta*, des enfants portant sur la tête des corbeilles de fleurs et de fruits, des génies ailés ; l'emblème de Rome, la louve allaitant deux enfants (Romulus et Remus) ; deux colombes, emblème de Vénus de qui César se glorifiait de tirer son origine par Enée, etc., etc. Ce temple existait en grande partie vers 1740 : il se trouvait en face des thermes romains et n'en était séparé que par une large rue. Sa forme, que M. le docteur Bertrand a eu grand soin de faire reproduire, est celle d'un parallélogramme. — En face de l'établissement, est une jolie promenade que les eaux de la Dordogne entourent ; un petit pont en fil de fer existe sur le courant le plus fort de cette rivière, et établit une communication avec la montagne du Capucin.

On compte au Mont-Dore sept différentes sources, toutes d'une température assez élevée, à l'exception de la fontaine Sainte-Marguerite qui est froide. Voici les noms de ces sources, dans l'ordre suivant lequel elles s'échappent successivement de haut en bas, des flancs de la montagne qui leur livre passage.

Fontaine Sainte-Marguerite, froide et acidule.

Fontaine Caroline, découverte pendant le séjour au Mont-Dore de Mme la duchesse de Berry, dont elle porte le nom. Temp. 45° cent.; volume, 43 décimètres cubes par minute.

Bain de César, volume 41 décimètres. Temp. 45°.

Grand Bain ou *Bain Saint-Jean*, composé de divers filets d'eau réunis. Leur température varie de 30 à 20 et 21°, des plus puissants aux plus maigres. Ils alimentent cinq baignoires placées sur la même ligne, et de leur mélange résulte une température moyenne, qui, pour la première de ces baignoires, est de 40°; pour la seconde, de 41°; la troisième, de 42° 5; la quatrième, de 42°; et la cinquième de 39° 5. Volume total du Grand Bain, 38 déc. cubes par minute.

Bain Ramond, récemment découvert, et conservé tel qu'on l'a trouvé. Volume 13 déc. cubes. Temp. 42°.

Bain Rigny, récemment découvert. Temp. 42°. Volume 12 déc. cubes par minute.

Fontaine de Sainte-Madeleine. C'est la source dont les eaux se prennent en boisson. Temp. 43° 5. Volume total, augmenté encore par les nouvelles recherches, 247 déc. cubes par minute.

Le volume et la température demeurent constamment les mêmes dans toutes les saisons de l'année. Le produit total des sources permet de donner environ sept à huit cents bains ou douches par jour. Les sources sont la propriété du gouvernement. Elles sont affermées 12,050 fr. par an.

D'abord propriété particulière, la cession des bains fut ordonnée en 1810 pour cause d'utilité publique, et moyennant indemnité. Depuis cette époque, un vaste établissement s'est élevé aux frais du trésor public. L'étendue de ses développements, la solidité et l'élégante simplicité de ses masses, sont en harmonie avec la physionomie sévère du climat et des sites au milieu desquels il se trouve placé. Sur un de ses côtés a été construit un hôpital destiné au traitement des indigents.

Entièrement construit en lave volcanique, l'établissement présente trois grandes masses ou divisions principales appuyées l'une à l'autre :

1° Le pavillon où se trouvent, chacune avec leur douche, les cinq baignoires alimentées par les sources Saint-Jean ; plus, deux autres cabinets placés sur les deux angles du carré. Cette partie est aussi connue sous le nom de Grand-Bain. On s'y baigne dans l'eau minérale pure et à sa température native.

2° La grande salle attenante au pavillon, et présentant neuf cabinets de bains sur chacune de ses ailes, en tout dix-huit bains et autant de douches. C'est là que s'administrent les bains tempérés. Sur ces dix-huit cabinets, six sont munis d'une douche ascendante.

3° Enfin, un troisième corps de logis encore plus étendu, ou bâtiment de l'administration, qui vient se développer perpendiculairement aux deux précédents, et n'est séparé de la grande salle que par le palier du grand escalier de service. Là se trouve le grand salon de réunion avec deux salles de billard, etc. Voilà ce qui constitue le premier étage.

Au rez-de-chaussée, une partie des thermes, plus spécialement désignée sous le nom de *piscines*, est exclusivement affectée au service des indigents. Deux grandes piscines, onze douches et trois baignoires le composent. Toutes les eaux qui s'y rendent sont vierges et pures de tout contact avec les eaux de vidange des parties supérieures. En avant des piscines, et séparé seulement par l'entrée des deux rampes latérales du grand escalier, se trouve un long promenoir couvert où viennent jaillir les eaux destinées à la boisson, dans quatre grandes cuvettes en lave. Le promenoir, qui forme la partie inférieure de la façade et donne entrée dans le monument, est percé de cinq larges portes en arceau, fermées par des grilles de fer. Ces voûtes sont en berceau et supportent le salon de réunion, qui est de même étendue. Aux deux extrémités du promenoir et sur les deux côtés qui terminent la façade des thermes, se trouvent les bains de pieds, les bains et les douches de vapeur. La couverture de ce vaste ensemble est surtout remarquable : elle imite la tuile romaine, mais en grandes proportions, et se compose tout entière de dalles en lave du pays.

La source de César vient sourdre dans un petit édifice isolé qui porte le caractère de la plus haute antiquité ; mais il se rattache aux thermes par un spacieux réservoir qui leur est adossé, et dans lequel ses eaux sont entreposées pour aller ensuite, mêlées avec celles de la source Caroline, fournir toutes les douches de la grande salle et des piscines.

L'une des jolies promenades pour les personnes qui visitent le Mont-Dore ou qui y séjournent pour la fortification de leur santé, c'est celle du lac de Guery, de la Roche-Tuillière et de la Roche-Sanadoire ; trois choses également remarquables et qui se trouvent très-rapprochées l'une de l'autre.

On doit visiter aussi :

LA ROCHE VENDEIX. Cône basaltique escarpé de tous côtés et placé sur la gauche de la Dordogne, entre le village des Bains et la Bourboule, au milieu des bois, dans un lieu d'un accès difficile. Le sommet supporte un château fort auquel on n'arrivait que par un sentier étroit, taillé en gouttière, sur la droite du cône. Froissard, dans ses *Chroniques*, fait une longue narration des événements qui eurent lieu vers la fin du xive siècle (1390), et à l'occasion du siège soutenu par Aimérigat-Marcel, surnommé le Roi des pillards, contre les troupes du roi commandées par Robert de Béthune, vicomte de Meaux, au haut de la roche Vendeix, il ne reste plus rien de cette ancienne forteresse ; mais le panorama magnifique dont on y jouit vaudrait seul la peine de la gravir, si on n'y était attiré par l'intérêt historique.

LE PUY ou PIC DE SANCY. Elevé de 1,887 m. au-dessus du niveau de la mer, il est impossible de se rendre compte de tout ce que l'œil aperçoit ; du haut de ce pic, l'Auvergne entière est visible, l'horizon paraît sans bornes. L'observateur a à ses pieds, de chaque côté, des escarpements, d'épouvantables précipices, qui lui font bientôt éprouver le besoin de porter sa vue au loin. Par un très-beau jour, il distingue, à l'est, les montagnes des Alpes ; au sud, très-parfaitement celles du Cantal, et en tournant vers le nord, la longue chaîne des Monts-Dômes qui vient se joindre à celle des Monts-Dorés.

LA CASCADE DE QUEUREILH. Cette cascade est très-renommée, et comme elle est assez rapprochée du village des Bains, tout le monde veut la visiter. Elle est moins haute que la Grande Cascade, mais elle est dans un lieu plus agréable. C'est ordinairement un des lieux que la société du Mont-Dore choisit pour une partie de plaisir, un repas champêtre.

LA CASCADE DE LA VERNIÈRE. Cette cascade, située à l'ouest du village des Bains, à gauche de la Dordogne, est mystérieusement cachée dans un bois de hêtres, au-dessous de la sombre forêt de sapins qui tapisse tout le côté méridional de la vallée. Pour s'y rendre on passe la Dordogne près du hameau du Genestoux ; on suit jusqu'à mi-côte le chemin de Rigolit-Bas, et, à droite, un petit sentier qui traverse des prés y conduit. Longtemps avant d'y arriver, le bruit de ses eaux se fait entendre. Sa hauteur est d'environ 7 m.; sa nappe d'eau, qui s'est pratiquée une profonde échancrure dans la roche volcanique, est divisée en deux par une masse de rocher proéminent.

LA GRANDE CASCADE, renommée par ses beaux effets de lumière et sa position singulière, est très-visible à gauche de la vallée. Lorsque les rayons du soleil l'éclairent entièrement, ils produisent l'arc-en-ciel vivement coloré que l'on admire du village des Bains. Le ruisseau qui forme la cascade s'élance du haut d'une couche puissante de trachyte coupée à pic et fortement évidée à sa base, de manière à faciliter la circulation autour de la chute d'eau et à la laisser voir sous tous les aspects. On évalue la hauteur de sa chute à 26 m.

LE CAPUCIN, montagne dont le sommet est à 1,471 m. au-dessus du niveau de la mer. Elle est formée de prismes irréguliers de trachyte ; un de ces prismes, ou plutôt une masse de trachyte qui ne tient à la montagne que par sa base, ressemble de loin à un moine dont la tête est couverte de son capuce ; c'est à la forme bizarre de ce prisme que cette montagne doit le nom de Pic du Capucin.

Peu de baigneurs partent sans avoir visité, entre les autres sites remarquables, le lac Pavin, le château de Murol, le salon de l'Arbre-Rond, les gorges d'Enfer, la vallée de la Cour. On se sert, pour faire ces courses, des chevaux du pays, habitués aux fatigues des montagnes, et que les habitants viennent offrir aux baigneurs moyennant une légère rétribution. Au retour, les charmes d'une réunion rendue plus aimable encore par l'abandon qui y règne, et deux fois par semaine les plaisirs plus bruyants du bal, appellent à d'autres distractions la population brillante, mais bien passagère, qui anime le Mont-Dore.

SAISON DES EAUX. La saison du Mont-Dore commence vers le 20 ou 25 juin, pour se terminer du 15 au 20 septembre. Cette époque est dans l'année la seule où l'on puisse espérer un temps bien favorable, dans une vallée placée à plus de 1,000 m. au-dessus du niveau de la mer, et dont les sommets des montagnes qui l'environnent de tous côtés, n'ont, pour la plupart, pas moins de 1,700 à 2,000 m. d'élévation.

Le nombre des malades qui se rendent au Mont-Dore est considérable, et tend chaque année à s'accroître depuis la création du nouvel établissement qui vient d'être terminé. Les personnes qui accompagnent les baigneurs, contribuent surtout à rendre plus nombreuse et plus brillante la société choisie qui s'y trouve à cette époque. Les étrangers se réunissent dans un vaste et beau salon, dans lequel on donne des bals plusieurs fois par semaine.

Le village du Mont-Dore peut recevoir 6 à 700 étrangers. Il s'y rend annuellement 12 à 1500 personnes, et l'on y traite en outre gratuitement près de 400 indigents.

PRIX DU LOGEMENT ET DE LA DÉPENSE JOURNALIÈRE. La dépense journalière est de 5 à 7 fr. pour la table et le logement. Des hôtels nombreux ont été récemment construits, et l'on y trouve toutes les aisances convenables. La durée du séjour n'excède pas 15 à 18 jours.

TARIF DU PRIX DES EAUX, BAINS ET DOUCHES. Bain, 1 fr. ; douche, 1 fr. ; eaux de boisson, 75 c. pour la durée du traitement ; bain de pieds, pris à l'établissement, 15 c. ; id. à domicile, 25 c.

PROPRIÉTÉS MÉDICINALES. Les eaux et les bains du Mont-Dore conviennent dans le catarrhe et la péripneumonie chroniques, mais sans fièvre, ni chaleur à la peau. On les emploie en général avec succès contre les affections chroniques survenues à la suite de la rétrocession d'un principe morbide, de la suppression de quelque flux habituel à l'économie. Elles produisent de bons effets dans les affections anciennes du cœur, de l'estomac, des intestins, de l'utérus, pourvu toutefois que ces viscères soient exempts d'altérations organiques. On les voit réussir contre les rhumatismes, les embarras goutteux des articulations, et dans les paralysies dont la cause ne réside point dans le cerveau ou ses dépendances. Enfin leur emploi est avantageux pour dissiper ou alléger les infirmités de tout genre amenées par des excès ou des habitudes vicieuses. En général, on doit espérer de bons effets de leur action dans le cas où une forte révulsion opérée sur toute la périphérie peut devenir avantageuse, et ces cas ne sont pas moins nombreux que n'est puissante la médication alors employée.

MODE D'ADMINISTRATION. On administre les eaux du Mont-Dore en boisson, en douches et en bains. Les bains sont pris à la température native des sources, ou tempérés de chaleur. On emploie aussi fréquemment et avec succès les demi-bains et les bains de pieds d'eau thermale. Des douches ascendantes, des bains et des douches de vapeur sont également établis depuis 1830.

Bibliographie. CHOMEL. *Examen des eaux du Mont-Doré en Auvergne* (Hist. de l'Acad. roy. des sciences, 1702, p. 44).
— *Description des eaux minérales, bains et douches du Mont-Dore*, etc., in-12, 1733.
LE MONNIER. *Observations d'histoire naturelle, etc.* (On y trouve une description des eaux du Mont-Dore).
MOSSIER. *Mémoire sur l'analyse des eaux minérales de Vichy, du Mont-Dore, de Néris* (Recueil de la Société de méd. de Paris, t. VIII, p. 431).
BERTRAND (Mich.). *Recherches sur les propriétés physiques, chimiques et médicinales des eaux du Mont-Dore*, in-8 ; 2ᵉ édit., in-8, 1823.
MÉRAT (F.-V.). *Manuel des eaux minérales du Mont-Dore* (Extrait d'un voyage inédit aux sources thermales de ce nom), in-18, 1838.
DUFRAISSE DE VERNINES. *Dissertation sur les anciens monuments qui se trouvent à Bains, village du Mont-Dore* (Recueil de pièces de littérature, 1748, in-8, p. 10).
SALABERRY (Charles-Marie-d'Yrum-Berry, comte de). * *Mon voyage au Mont-Dore*, par l'auteur du « Voyage à Constantinople », in-8, 1805.
BATISSIER (Louis). *Le Mont-Dore et ses environs, avec planches dessinées d'après nature, et lithographiées à deux teintes, sur bois*, etc., in-fº, 1840.
* *Statistique de l'établissement des bains du Mont-Dore* (Ann. scientifiques de l'Auvergne, t. IX, p. 179).
DELORIEUX. *Promenade à Royat et Souvenirs de Sénectaire et du Mont-Dore, vues pittoresques lithograph.*, petit in-fº, 1830-31.
LECOQ. *Le Mont-Dore et ses environs, description pittoresque*, in-8, et six vues lithographiées, 1833.
NÉRÉE BOUBÉE. *Deux promenades au Mont-Dore, pour l'étude de la question des cratères de soulèvement*, in-18, et pl.
DELARBRE (Ant.). *Essais topographiques et d'histoire naturelle du Mont-Dore et de ses environs*, 1785.
MONTLOSIER (le comte de). *Le Mont-Dore ; de sa composition, de sa formation, de son origine* (Extrait des Annales scientifiques, littéraires et industrielles de l'Auvergne), in-8, 1835.
CORDIER, *Mémoire sur la mine d'alun du Mont-Dore*, in-8, 1826.

MONTDORÉ, vg. *H.-Saône* (Franche-Comté), arr. et à 47 k. de Lure, cant. et ✉ de Vauvillers. Pop. 383 h.

MONT-D'ORIGNY, vg. *Aisne* (Picardie), arr. et à 17 k. de St-Quentin, cant. de Ribemont, ✉ d'Origny-Ste-Benoîte. Pop. 1,125 h.

MONT-D'ORIGNY, vg. *Aisne*, comm. d'Étréaupont, ✉ de la Capelle.

MONTDOUMERC, vg. *Lot* (Quercy), arr. et à 23 k. de Cahors, cant. et ✉ de Lalbenque. Pop. 863 h. — *Foires* les 14 mars, 18 mai, 13 août et 22 nov.

MONTDRAGON, vg. *Tarn* (Languedoc), arr. et à 22 k. de Castres, cant. de Lautrec, ✉ de Réalmont. Pop. 687 h. — *Foires* les 7 janv., 22 mars, 16 mai, 26 juillet, 31 août et 4 oct.

MONT-D'UNITÉ, nom donné pendant la révolution à la ville de St-Gaudens.

MONTDURAUSSE, vg. *Tarn* (Languedoc), arr., et à 34 k. de Gaillac, cant. de Salvagnac. Pop. 537 h.

MONT-DU-SAUT, nom donné pendant la révolution à la ville de St-Benoît-du-Saut.

MONTE, vg. *Corse*, arr. et à 34 k. de Bastia, cant. de Campile, ✉ de la Porta. Pop. 1,008 h.

MONTÉAN, vg. *Eure*, comm. de Dame-Marie, ✉ de Breteuil.

MONTEAUX, bg *Loir-et-Cher* (Blaisois), arr. et à 23 k. de Blois, cant. d'Herbault, ✉ d'Ecure. Pop. 637 h. — *Foires* les 3 fév. et 29 juin.

MONTEBISE, vg. *Seine-et-Marne*, comm. de Pierrelevée, ✉ de la Ferté-sous-Jouarre.

MONTEBOURG, *Montis burgus*, bg *Manche* (Normandie), arr., bureau d'enregis. et 7 k. de Valognes, chef-l. de cant. Cure. ✉. A 315 k. de Paris pour la taxe des lettres. Pop. 2,302 h. — TERRAIN jurassique.

Dans le XIVᵉ siècle, Montebourg était fortifié ; il fut pris et brûlé par les Anglais en 1346. Il y avait autrefois une riche abbaye de bénédictins, fondée en 1090. L'église du monastère, qui était la plus vaste et la plus remarquable du Cotentin, offre des ruines fort pittoresques ; elle fut consacrée en 1132. Ainsi que plusieurs églises de cette époque, elle présente le mélange de l'architecture romane et de l'ogive.

Fabriques de dentelles et de coutils. Tanneries. Haras. — *Commerce* de moutons estimés.

Foires : les 5 fév., 25 juillet, 16 août, 25 oct., 1ᵉʳ samedi de carême, samedi de la mi-carême, de Pâques fleuri, de Quasimodo, 1ᵉʳ jeudi après l'Ascension et samedi avant Noël.

MONTEBRAS, vg. *Creuse*, comm. de Soumans, ✉ de Boussac.

MONTECH, *Montegium*, petite ville, *Tarn-et-Garonne* (Languedoc), arr. et à 15 k. de Castelsarrazin, chef-l. de cant. Cure. ✉. A

643 k. de Paris pour la taxe des lettres. Pop. 2,743 h. — TERRAIN d'alluvions modernes.

Montech, bâti sur un point élevé, et que plusieurs écrivains nomment *Mons Ætius*, portait le titre de château en 1228. A cette époque, le comte Raimond VII, assiégeant Castelsarrasin, avait jeté une forte garnison dans Montech. Humbert de Beaujeu, s'avançant au secours de la place, à la tête d'une armée française, attaqua Montech, força le château après quelques jours de siége, et y fit prisonnier Othon de la Terrède, ainsi que plusieurs chevaliers.

Montech fut possédé par les Anglais lorsque ceux-ci étendirent leur domination sur la Guienne. En 1561, les protestants de Montauban ayant chassé tous les catholiques de cette ville, les chanoines de la collégiale vinrent s'établir à Montech. La garnison catholique postée dans cette ville faisait des courses jusqu'aux portes de Montauban, enlevait les blés et les bestiaux, et gênait extrêmement les communications avec l'Agenois. Ces motifs engagèrent les protestants à en faire le siége, et au mois de mai 1569 ils investirent la place avec une armée de 6,000 hommes de pied et de 600 chevaux. Les assiégés se défendirent avec la plus grande valeur, et forcèrent les protestants à lever le siége.

A l'exception de quelques restes de fossés, on ne voit presque plus de traces des fortifications de Montech.

Foires les 2 mai, 1er août, 14 oct., 21 déc. et 2e mardi de fév., de mars et de nov.

MONTECHENEIX, vg. *Puy-de-Dôme*, comm. et ✉ de Rochefort.

MONTÉCHEROUX, vg. *Doubs* (Franche-Comté), arr. et à 22 k. de Montbelliard, cant. et ✉ de St-Hippolyte. Pop. 918 h. — *Fabriques* d'outils et de fournitures d'horlogerie.

MONTECOURT, vg. *Somme*, comm. de Monchy-la-Gache, ✉ de Ham.

MONTECOUVET, vg. *Nord*, com. de Crèvecœur, ✉ de Cambrai.

MONTÉE (la), vg. *Nièvre*, comm. de Brassy, ✉ de Lormes.

MONTÉE-BLANCHE (la), vg. *Deux-Sèvres*, comm. de Limalonges, ✉ de Sauzé.

MONT-ÉGALITÉ, nom donné pendant la révolution à la ville de Formoutiers.

MONTÉGLIN, vg. *Alpes* (Dauphiné), arr. et à 36 k. de Gap, cant. et ✉ de Laragne. Pop. 100 h.

MONTÉGLISE, vg. *Manche*, comm. et ✉ de Barenton.

MONTÉGUT, vg. *Aveyron*, comm. de Gissac, ✉ de Camarès.

MONTÉGUT, vg. *H.-Garonne* (Languedoc), arr. et à 32 k. de Muret, cant. du Fousseret, ✉ de Martres. Pop. 255 h.

MONTÉGUT, vg. *H.-Garonne* (Languedoc), arr. et à 23 k. de Toulouse, cant. de Grenade-sur-Garonne, ✉ de Lévignac. Pop. 476 h.

MONTÉGUT, vg. *Gers* (Armagnac), arr., cant., ✉ et à 5 k. d'Auch. Pop. 328 h.

MONTÉGUT, vg. *Gers* (Armagnac), arr., cant., ✉ et à 5 k. de Lombez. Pop. 199 h.

MONTÉGUT, vg. *Gers* (Armagnac), arr. et à 23 k. de Mirande, cant. et ✉ de Miélan. Pop. 792 h.

MONTÉGUT, vg. *Landes* (Gascogne), arr. et à 26 k. de Mont-de-Marsan, cant. et ✉ de Villeneuve. Pop. 201 h.

MONTÉGUT-DE-VARILLES, vg. *Ariége* (pays de Foix), arr. à 11 k. de Pamiers, cant. et ✉ de Varilles. Pop. 815 h.

MONTÉGUT-DU-ST-GIRONNAIS, vg. *Ariége* (pays de Foix), arr., cant., ✉ et à 4 k. de St-Girons. Pop. 246 h.

MONTÉGUT-GURES, vg. *Gers*, comm. de St-Pierre-d'Aubeziès, ✉ de Vic-Fézenzac.

MONTÉGUT-LES-MAZIERS, vg. *H.-Garonne* (Languedoc), arr. et à 22 k. de Villefranche-de-Lauragais, cant. et ✉ de Revel. Pop. 455 h.

MONTEIGNET, vg. *Allier* (Bourbonnais), arr., cant., ✉ et à 6 k. de Gannat. Pop. 592 h.

MONTEIL, vg. *Loire*, comm. d'Outrefurens, ✉ de St-Etienne.

MONTEIL (le), vg. *H.-Loire* (Languedoc), arr., cant., ✉ et à 3 k. du Puy. Pop. 408 h.

MONTEIL, vg. *H.-Loire*, comm. de St-Privat-d'Allier, ✉ du Puy.

MONTEIL (le), vg. *H.-Vienne*, com. et ✉ de St-Junien.

MONTEIL-AU-VICOMTE (le), vg. *Creuse* (Marche), arr., ✉ et à 14 k. de Bourganeuf, cant. de Royère. Pop. 526 h. — *Foire* le 19 nov.

MONTEIL-DE-VALADY, vg. *Aveyron*, comm. de Valady, ✉ de Rodez.

MONTEIL-GUILLAUME, vg. *Creuse*, comm. de Crocq, ✉ de la Villeneuve.

MONTEILLÉ, *Mollis Tellus*, vg. *Calvados* (Normandie), arr. et à 14 k. de Bayeux, cant. de Mézidon, ✉ de Cambremer. Pop. 171 h.

MONTEILLET, vg. *Aveyron*, comm. de Coupiac, ✉ de St-Sernin.

MONTEILLET, vg. *Aveyron*, comm. de Ségur, ✉ de Pont-de-Salars.

MONTEILS, vg. *Ardèche*, comm. du Crestet, ✉ de la Mastre.

MONTEILS, vg. *Aveyron*, com. de la Selve, ✉ de Cassagnes-Bégonhès. — *Foire* le 12 fév.

MONTEILS (les), vg. *Dordogne*, comm. de Lamonzie-St-Martin, ✉ de Bergerac.

MONTEILS, vg. *Gard* (Languedoc), arr. et à 10 k. d'Alais, cant. de Vezenobres. Pop. 289 h.

MONTEILS, vg. *Tarn-et-Garonne* (Quercy), arr. et à 23 k. de Montauban, cant. et ✉ de Caussade. Pop. 935 h.

MONTEIL-AU-TEMPLE (le), vg. *Creuse*, comm. de Lioux-les-Monges, ✉ d'Auzances.

MONTEL-DE-GÉLAT, bg *Puy-de-Dôme* (Auvergne), arr. et à 55 k. de Riom, cant. de Pontaumur. Pop. 1,713 h. — *Commerce* de bestiaux. — *Foires* les 8 janv., 3 fév., 18 mai, 25 juin, 17 juillet, 26 août, 22 sept., 18 oct., nov., 21 déc. et 2e jeudi de carême.

MONTELÉGIER, vg. *Drôme* (Dauphiné), arr. cant. et à 12 k. de Valence, ✉ d'Etoile. Pop. 712 h.

Ce village est situé sur le penchant d'un coteau, dans un territoire bien cultivé. Il est dominé par un château flanqué de tours, dont les protestants s'emparèrent en 1575, et qui fut repris peu de temps après par le marquis de Gordes. — *Foires* les 10 déc. et samedi après Pâques.

MONTELICH, vg. *Moselle*. V. MONTENACH.

MONTELIER, bg *Drôme* (Dauphiné), arr. et à 12 k. de Valence, cant. et ✉ de Chabeuil. Pop. 1,400 h.

Ce bourg, bâti sur une éminence, fut brûlé par les troupes de l'évêque de Valence en 1345. On y voit un beau château gothique environné de jardins admirables. — *Foires* les 28 avril, 21 sept. et 25 nov.

MONTELIER, vg. *Vaucluse*, comm. de Courtheson, ✉ d'Orange.

MONTÉLIMART, *Mons Ademari*, *Montilium Audemari*, *Drôme* (Dauphiné), chef-l. de sous-préfect. Trib. de 1re instance. Collége communal. Cure. Gîte d'étape. ✉. 🐎. Pop. 8,245 h. — TERRAIN tertiaire moyen.

Autrefois diocèse de Valence, parlement et intendance de Grenoble, chef-l. d'élection, sénéchaussée, viguerie, gouvernement particulier, traites foraines, grenier à sel, collégiale, couvents de cordeliers, de capucins, de récollets, de visitandines et d'ursulines.

La fondation de Montélimart paraît remonter à une haute antiquité. Tout porte à croire que c'est l'*Acusio Colonia*, que les anciens géographes placent dans ces localités, sans précisément en déterminer la situation. Plus tard cette ville porta le nom de Monteil, qu'elle changea contre celui de Monteil-Adhémard, nom d'un des anciens seigneurs qui affranchit les habitants en 1198, dont on a fait Montélimart. L'ancien château, qui domine la ville et porte le nom de citadelle, est un monument d'une haute antiquité assez bien conservé, qui cependant n'offre aucun détail intéressant sous le rapport de l'art : au nord est une tour carrée, de 27 m. de hauteur ; l'ancien donjon, flanqué de tours, a été fortifié à la moderne, sur les dessins du chevalier de Ville. Cet édifice a été converti en maison de correction.

Montélimart est une des premières villes qui adoptèrent la réforme, et l'une de celles qui eurent le plus à souffrir des dissensions religieuses. Les protestants s'en rendirent maîtres en 1562, détruisirent les églises, et augmentèrent les fortifications de la place, qu'ils furent cependant obligés de rendre à de Gordes quelque temps après. L'amiral Coligny l'assiégea après la bataille de Moncontour ; mais une seconde Jeanne Hachette, nommée Margot Delaye, fit une sortie à la tête des femmes de la ville, et le força de se retirer. La ville, par reconnaissance, fit ériger un trophée à la gloire de cette héroïne, dont on voit encore la statue dégradée sur le rempart qui fut le théâtre de ses exploits. Lesdiguières s'empara de Montélimart en 1585. Le comte de Suze la reprit en 1587, après une défense opiniâtre et un carnage horrible. Les protestants en chassèrent ensuite les ligueurs, et restèrent maîtres d'une ville dépeuplée et à moitié détruite.

Les **armes** de **Montélimart** sont : *de gueules à un monde d'azur croisé d'argent bordé d'or, sommé d'une croix d'or.*

Cette ville est remarquable par sa belle situation au milieu d'un riant paysage, sur le penchant d'une colline couverte de vignes, au confluent du Roubion et du Jabron, dont il se détache plusieurs canaux qui font mouvoir quelques fabriques, fertilisent la campagne environnante, et vont mêler leurs eaux paisibles aux flots majestueux du Rhône : le système d'irrigation des prairies, alimenté par ces canaux, est surtout digne d'attention. — Montélimart est une ville généralement bien bâtie, entourée de murailles le long desquelles règnent, en dedans et en dehors, une double allée qui permet d'en faire le tour en voiture ; elle est percée de quatre portes qui correspondent aux quatre points cardinaux. La Grande-Rue, où passe la route, est pavée en basalte ; elle traverse le quartier le plus commerçant, le plus agréable et le mieux bâti. Sur le Roubion et le Jabron réunis, à la porte méridionale, est un beau pont en pierre, rendu célèbre en 1815 par le combat qu'y soutinrent les troupes commandées par le duc d'Angoulême.

Dans le quartier de Boudonean existe une source d'eau minérale gazeuse assez abondante, dont les propriétés curatives sont attestées par une longue expérience.

Biographie. Montélimart est le lieu de naissance de :

AYMAR DE PONTAYMERY, auteur de deux poëmes sur les siéges soutenus par Montélimart.

FR. BARRY, célèbre jurisconsulte du XVII° siècle.

BOISSET et JOB AYMÉ, membres de la convention nationale.

FAUJAS DE ST-FOND, célèbre géologue.

FRÉCYNET, capitaine de vaisseau, célèbre par un voyage autour du monde sur la frégate *l'Uranie.*

MENURET DE CHAMBAUD, médecin.

A.-E. DE GENOUDE, ex-rédacteur en chef de la Gazette de France.

Fabriques de soie ouvrée, ouvrages de vannerie, serges, ratines, bonneterie. Filatures de coton. Tanneries. Maroquineries. Tuileries. Fours à chaux. — Commerce de nougat estimé, de grains, farines, légumes, huile de noix et d'olives, soie ouvrée et en trames, bestiaux, etc. — Centre et point de réunion de quarante ou cinquante villages qui y portent leurs denrées et les produits de leur industrie. — *Foires* les 9 janv., 5 fév., 8 mai, 14 août, 10 juin, 16 juillet, 4 sept., 10 oct. et 13 nov.

A 45 k. S. de Valence, 45 S.-E. de Privas, 603 k. S.-E. de Paris.

L'arrondissement de Montélimart renferme 5 cantons : Dieulefit, Grignan, Marsanne, Montélimart, Pierrelatte.

Bibliographie. ROBELIN (J.). *Discours de la défaite des Suisses en Dauphiné par M. de la Valette, contenant l'histoire de la prise et reprise de la ville de Montélimart,* in-8, 1587.

PONTAYMERI (Alexandre de). *La Cité de Montélimart, ou les Trois Prises d'icelle* (en vers), in-8, 1591, réimprimée en lithographie, in-8, 1845.

FAUJAS-ST-FOND. *Mémoires sur des bois de cerfs fossiles trouvés en creusant un puits dans les environs de Montélimart en Dauphiné,* le 28 du mois d'août 1775, in-4, 1776.

* *Entrée de Sa Majesté* (Louis XIII) *à Montélimart l'an 1622* (imprimée au t. VIII du Mercure français, p. 889).

MENURET. *Histoire médico-topographique de la ville de Montélimart en Dauphiné* (Recueil d'observ. de médec. des hôp. milit., t. II, p. 121).

MONTELLI (le), vg. *Creuse*, comm. de Rougnat, ✉ d'Auzances.

MONTELOUPS, vg. *Seine-et-Oise*, comm. de Courson-Launay, ✉ de Bruyères-le-Châtel.

MONTELS, vg. *Ariége* (pays de Foix), arr. et à 12 k. de Foix, cant. et ✉ de la Bastide-de-Sérou. Pop. 485 h.

MONTELS, ou MONTELS-EN-FLOIRAC, vg. *Aveyron* (Rouergue), arr. et à 11 k. de Villefranche-de-Rouergue, cant. et ✉ de Najac. Pop. 905 h.

MONTELS, vg. *Aveyron*, comm. et ✉ de St-Sernin.

MONTELS, vg. *Hérault* (Languedoc), arr. et à 9 k. de Béziers, cant. de Capestang. Pop. 667 h.

MONTELS, vg. *Tarn* (Languedoc), arr. et à 12 k. de Gaillac, cant. de Castelnau-de-Montmirail. Pop. 181 h.

MONTEMAGGIORE, vg. *Corse*, arr., ✉ et à 12 k. de Calvi, cant. de Caleuzana. Pop. 474 h.

MONTEMAIN, vg. *Eure-et-Loir*, comm. de Saumeray, ✉ de Bonneval.

Dans une prairie de cette commune on trouve un dolmen incliné, dont le plan regarde le sud-ouest. C'est une ladère d'une forme peu régulière, et qui porte environ 2 m. 66 c. de long sur 2 m. 33 c. de large et 66 c. d'épaisseur : il est soutenu par deux appuis en pierre de même espèce.

MONTEMBŒUF, bg *Charente* (Angoumois), arr. et à 29 k. de Confolens, chef-l. de cant. Bureau d'enregist. à Vitrac. Cure. ✉ de la Rochefoucauld. Pop. 1,262 h. — TERRAIN cristallisé ou primitif. — *Foires* le 27 de chaque mois.

MONTENACH, ou MONTELICH, vg. *Moselle* (pays Messin), arr. et à 18 k. de Thionville, cant. de Sierck. Pop. 580 h.

MONTENAY, bg *Mayenne* (Maine), arr. et à 21 k. de Mayenne, cant. et ✉ d'Ernée. Pop. 2,509 h.

MONT-EN-BAZOIS, vg. *Nièvre* (Nivernais), arr. et à 30 k. de Château-Chinon, cant. et ✉ de Châtillon-en-Bazois. Pop. 347 h.

MONTENDRE, petite ville, *Charente-Inf.* (Saintonge), arr. et à 19 k. de Jonzac, chef-l. de cant. Cure. ✉. A 517 k. de Paris pour la taxe des lettres. Pop. 1,041 h. — TERRAIN tertiaire moyen. — On trouve aux environs une source d'eau minérale. — *Foires* les 11 juin, 11 nov. et 3° jeudi des autres mois.

Autrefois diocèse et élection de Saintes, parlement de Bordeaux, intendance de la Rochelle.

MONTENESCOURT, vg. *Pas-de-Calais* (Artois), arr., ✉ et à 10 k. d'Arras, cant. de Beaumetz-les-Loges. Pop. 261 h.

MONTENEUF, vg. *Morbihan* (Bretagne), arr. et à 18 k. de Ploermel, cant. et ✉ de Guer. Pop. 1,041 h.

MONTENILS, vg. *Seine-et-Marne* (Brie), arr. et à 32 k. de Coulommiers, cant. de Rebais, ✉ de Montmirail. Pop. 81 h.

MONTENOIS, vg. *Doubs* (Franche-Comté), arr. et à 8 k. de Baume-les-Dames, cant. et ✉ de l'Isle-sur-le-Doubs. Pop. 548 h.

MONTENOISON, bg *Nièvre* (Nivernais), arr. et à 55 k. de Cosne, cant. et ✉ de Prémery. Pop. 834 h.

MONTENOT, vg. *Doubs*. V. ARC-SOUS-MONTENOT.

MONTENOY, vg. *Meurthe* (Lorraine), arr., ✉ et à 15 k. de Nancy, cant. de Nomeny. Pop. 247 h.

MONTENOY, vg. *Somme*, comm. de St-Aubin-Montenoy, ✉ de Poix.

MONTEPEAU, vg. *Seine-et-Marne*, comm. de Rampillon, ✉ de Nangis.

MONTEPILLOY, vg. *Oise* (Picardie), arr., ✉ et à 9 k. de Senlis. Pop. 163 h.

On y remarque une ancienne tour en ruine, que l'on aperçoit de très-loin, ainsi que les vestiges d'un vieux château fort.

MONTEPLAIN, vg. *Jura* (Franche-Comté), arr. et à 8 k. de Dôle, cant. de Dampierre, ✉ d'Orchamps. Pop. 163 h.

MONTEPREUX, vg. *Marne* (Champagne), arr. et à 41 k. d'Epernay, cant. de Fère-Champenoise, ✉ de Sommesous. Pop. 58 h.

MONTERBLANC, vg. *Morbihan* (Bretagne), arr. et à 12 k. de Vannes, cant. et ✉ d'Elven. Pop. 913 h. — *Foires* les 16 mai, jeudi avant la Passion (mars ou avril), lundi de Quasimodo (mars, avril ou mai), lundi après le 2° dimanche de juillet, 14 juin.

MONTEREAU, vg. *Loiret* (Gatinais), arr. et à 21 k. de Gien, cant. d'Ouzouer-sur-Loire, ✉ de Lorris. Pop. 887 h.

MONTEREAU, vg. *Seine*, comm. et ✉ de Montreuil-sous-Bois.

MONTEREAU ou MONTEREAU-FAUT-YONNE, *Condate Senonum, Monasteriolum Senonum,* ville ancienne, *Seine-et-Marne* (Brie), arr. et à 23 k. de Fontainebleau, chef-l. de cant. Trib. de commerce. Cure. Gîte d'étape. ✉. (☞ au Fossat). A 77 k. de Paris pour la taxe des lettres. Pop. 4,450 h. — TERRAIN d'alluvions modernes.

Autrefois diocèse de Sens, parlement et intendance de Paris, chef-l. d'élection, bailliage, collégiale.

Cette ville occupe une position romaine que l'Itinéraire d'Antonin nomme *Condate* ; son nom actuel vient, dit-on, d'un monastère dédié à saint Martin, fondé dans les premiers siècles de l'ère chrétienne. Vers l'année 1026, un comte de Sens, fameux par ses brigandages, y fit construire un château fort à l'extrémité de l'angle que forment les rivières de la Seine et de l'Yonne. Ce château tomba ensuite au pouvoir du roi de Navarre, Charles le Mauvais, qui le posséda jusqu'en 1359, époque où le régent, depuis Charles V, s'en empara. — La position de Montereau, sur les confins de la Bourgogne et de la France, l'exposa souvent aux ravages de la guerre pendant les longues querelles des Bourguignons et des Armagnacs. — En 1419, après la paix conclue entre le roi de France, le duc de Bourgogne, le roi d'Angleterre, d'une part, et le dauphin, fils de Charles VI, d'une autre, on décida, pour opérer une réconciliation sincère, qu'une entrevue aurait lieu entre le dauphin et le duc de Bourgogne. Le pont de Montereau fut proposé pour le lieu de l'entrevue, comme l'avait été deux mois auparavant le ponceau de Pouilly, parce qu'une rivière coulant entre les deux parties mettait à l'abri de toute surprise. Le château sur la rive droite fut livré au duc pour qu'il y logeât ses gendarmes; il fut convenu que l'un et l'autre prince entrerait sur le pont avec dix chevaliers seulement; aux deux bouts, de fortes barrières fermées d'une porte devaient empêcher la foule de s'y précipiter à leur suite; au milieu du pont une loge en charpente était destinée pour l'entrevue; elle n'était point séparée au milieu par une barrière, mais de chaque côté on n'y pouvait entrer que par un passage étroit: tous les préparatifs avaient été faits par les gens du dauphin. Les gens du duc de Bourgogne, sans reconnaître précisément le danger de ces dispositions, étaient alarmés, peut-être parce qu'ils avaient remarqué la joie mal dissimulée de leurs adversaires; ils suppliaient le duc de ne point s'aventurer sur le pont, où ils lui prédisaient qu'il serait trahi, et ils renouvelèrent leurs instances au moment même où il allait y entrer, et l'examen plus détaillé des barrières redoubla leur défiance. — Le duc de Bourgogne était venu à Bray-sur-Seine le 9 septembre 1419, veille du jour fixé pour l'entrevue; les deux princes et leur suite répétèrent le serment d'observer la paix du pont de Pouilly. Le 10, à trois heures après midi, le duc de Bourgogne frappant sur l'épaule de Tannegui, qui était venu le recevoir à la barrière avec le sire de Beauveau, dit à haute voix: *Voici en qui je me fie!* Le dauphin était déjà dans sa loge avec ses huit autres chevaliers. Tannegui fit hâter le pas au duc et au sire de Navailles, frère du comte de Foix, et les sépara ainsi du reste de la suite, en les entraînant devant le dauphin. Au moment où le duc était son chaperon et pliait le genou en terre devant l'héritier du trône, Tannegui le poussa par derrière, et leva sur lui une hache d'armes. Le sire de Navailles voulut l'arrêter; il fut abattu et tué par le vicomte de Narbonne d'un coup de hache à la tête. Le sire d'Autray, qui accourait, fut aussi grièvement blessé. Pendant ce temps, Robert de Loir et le Bouteiller avaient l'un saisi, l'autre frappé le duc d'un grand coup d'épée, en criant: *Tuez! tuez!* Tannegui l'avait abattu de sa hache aux pieds du dauphin; Olivier Layet et Pierre Frottier l'avaient achevé par terre, en soulevant sa cotte d'armes pour plonger leurs poignards dans son sein. Tous ceux-là étaient au nombre des dix chevaliers du dauphin; mais en même temps les gendarmes avaient franchi les barrières du côté de la ville, et s'étaient jetés sur les autres chevaliers qui avaient suivi le duc. Tous furent arrêtés, à la réserve du sire de Montagu, qui franchit de nouveau, en fuyant, la barrière par laquelle il était entré, et qui s'enferma au château. Les gens du dauphin qui le poursuivaient se jetèrent alors sur la suite du duc, qui était restée en dehors, tuèrent plusieurs de ses gens et mirent le reste en fuite.

Le dauphin força la Trémoille, qui, avec plusieurs serviteurs du duc, s'était enfermé au château, mais qui n'y avait ni munitions ni artillerie, à le lui remettre par capitulation. La dame de Giac, son fils et Jossequin qui s'y trouvaient aussi, et qui avaient si fort contribué à amener le duc à Montereau, craignant que ses serviteurs ne les traitassent comme complices de cet assassinat, se mirent sous la protection du dauphin et ne le quittèrent plus. Dès le lendemain le dauphin écrivit à la ville de Paris et aux autres bonnes villes du royaume; il prétendit avoir reproché au duc, lorsque celui-ci se présenta à lui, de n'avoir pas encore commencé à faire la guerre aux Anglais, et le duc, dit-il, « répondit plusieurs folles paroles, et chercha son épée à nous envahir et villener en notre personne, laquelle, comme après nous avons su, il contendait à prendre et mettre en sa sujétion, de laquelle chose, par divine piété et par la bonté et aide de nos loyaux serviteurs, nous avons été préservés, et il, par sa folie, mourut en la place (1). » Cette lettre seule suffirait à prouver que le dauphin avait consenti à l'assassinat, qu'il y dissimule si gauchement par un mensonge; on lui avait aisément persuadé qu'il exerçait une prérogative royale en punissant un prince criminel.

L'endroit où ce meurtre fut commis se remarquait encore en 1630 sur le pont, par une pierre plus élevée que la chaussée, et sur laquelle on avait inscrit le quatrain suivant:

L'an mil quatre cent dix-neuf
Sur un pont agencé de neuf
Fut meurtry Jean de Bourgogne,
A Montereau où il faut l'Yonne.

Pour venger ce crime, Philippe le Bon, fils du duc de Bourgogne, secondé par le roi d'Angleterre, s'empara, le 20 juin 1420, de Montereau, qui resta jusqu'en 1428 au pouvoir des Anglais. La délivrance de cette ville, due au roi Charles VII, fut le résultat d'un long siège dans lequel se signalèrent ses premiers généraux, Dunois, Chabannes, etc. Une partie de la garnison fut pendue. — En 1567 les troubles religieux mirent la ville en la possession du prince de Condé. Reprise par le duc d'Anjou, Montereau se rangea en 1587 dans le parti de la Ligue, et fut occupé par le duc d'Épernon et par le duc de Mayenne; toutefois Henri IV y fit son entrée le 15 avril 1590.

Depuis cette époque les habitants ont joui des douceurs de la paix jusqu'en 1814. Alors que toutes les puissances de l'Europe envahirent la France, l'empereur défendait pied à pied le territoire français avec des succès mêlés de revers. Le 17 février il combattit les ennemis à Guignes; le 18 il arriva devant Montereau. Cette ville est bâtie au confluent de l'Yonne et de la Seine. La partie qui se trouve sur la rive gauche de l'Yonne, et c'est la plus considérable, est jointe à la rive droite par un pont de pierre. Un autre pont, fameux par l'assassinat ci-dessus mentionné, joint également les deux rives de la Seine. Ces deux rivières, dont la navigation est très-active à Montereau, donnent à cette petite ville un aspect riant et l'espérance de servir un jour d'entrepôt au commerce intérieur. Vers l'est et le midi une plaine riche et fertile s'étend à une assez grande distance. Montereau, ainsi qu'une partie de la plaine, est dominé par une chaîne de coteaux couverts de vignes, la plupart boisés et situés à une portée de fusil de la ville. Napoléon avait fait élever des ouvrages de défense devant Montereau; les ponts de l'Yonne et de la Seine étaient minés et devaient sauter à l'approche de l'ennemi. On s'était hâté de créneler les maisons situées sur la rive gauche de la Seine; on avait élevé des redoutes pour défendre la plaine voisine, en cherchant même à lier ces faibles ouvrages avec des batteries dressées sur les coteaux qui s'étendent derrière la ville; mais ces travaux, défendus par le corps d'armée du maréchal duc de Reggio, ne pouvaient arrêter longtemps des forces considérables. — Maître des deux rives de l'Yonne, le corps autrichien du général Bianchi déboucha sur Montereau, sans éprouver la moindre résistance, et s'empara de la ville. Le prince royal de Wurtemberg avait pris position sur la hauteur qui commande la rive droite de la Seine, près du château de Surville. Cette position, qui couvrait les ponts et la ville, protégeait aussi la retraite; car le prince de Schwartzenberg avait fait filer d'avance tous les bagages et toutes les troupes qui formaient les réserves, ne laissant devant Montereau qu'une vingtaine de mille hommes pour disputer le passage. Le 18, à la pointe du jour, le général Château, jeune officier plein de feu et d'intelligence, ouvre l'attaque avec cette impétuosité qui caractérise la valeur française; mais, n'étant pas soutenu, il est repoussé avec perte. L'intrépide général se glisse au milieu des tirailleurs, dans l'espérance de tourner la position de l'ennemi, tandis que le général Gérard accourait avec d'autres divisions pour renouveler l'attaque; il revient trois fois à la charge et tombe grièvement blessé au milieu même du pont. L'ennemi, posté d'une manière formidable, était protégé par quarante bouches à feu. Le général Gérard soutient le combat toute la matinée; une attaque combinée et

(1) Monstrelet, t. IV, c. 221, p. 193.

générale pouvait seule emporter la position. Napoléon arrive au galop par Nangis, à trois heures, avec son état-major, et ordonne de gravir le plateau. Le gros de l'armée française, réuni au nombre de 28,000 combattants et 60 pièces de canon, s'ébranle de toutes parts ; en même temps le général Pajol, qui campait dans le bois de Valence, sur la route de Melun, accourt avec des troupes fraîches et fait une charge de cavalerie sur le flanc de la position de l'ennemi, qui est débordé et tourné à l'instant même. Vivement poussé par la cavalerie et voyant la plupart de ses canons démontés, il se précipite dans Montereau, où les habitants augmentent le danger de sa retraite en tirant sur lui par les fenêtres d'un des faubourgs. — Contenu par la mitraille de soixante pièces d'artillerie dont Napoléon lui-même commande le feu, l'ennemi n'a pas même le temps de faire sauter les ponts ; et le vainqueur s'en empare contre toute espérance. Les généraux Delort et Coëtlosquet le passent au galop, et précipitent la fuite des vaincus, que presse le général Duhesme, qui entre au pas de charge dans la ville, où il fait main basse sur tout ce qu'il rencontre. A la nuit l'empereur établit son quartier général au château de Surville. — Le résultat de cette affaire fut 3,000 prisonniers, 4 drapeaux et 6 pièces de canon ; l'ennemi perdit 3,000 hommes tués ou blessés ; les Français eurent près de 2,500 hommes hors de combat.

Les armes de Montereau sont : *d'azur à trois tours crénelées d'argent 2 et 1.*

La ville de Montereau est dans une situation très-favorable pour le commerce, à l'embranchement des chemins de fer de Troyes et de Lyon, au confluent de deux rivières navigables, sur lesquelles sont jetés deux ponts d'une construction hardie. Elle est généralement bien bâtie et dominée par une montagne rapide, sur le sommet de laquelle s'élève le château de Surville, remarquable par sa belle position et par sa construction simple et moderne. De l'une des terrasses de ce château on jouit d'une vue admirable sur la ville, sur les deux ponts, sur le cours des rivières de l'Yonne et de la Seine, et sur les grandes routes environnantes. — Dans l'église collégiale de Notre-Dame on montrait naguère, suspendue à la voûte, l'épée du duc de Bourgogne.

Au village de Merlange, dépendant de la commune de Montereau, on trouve une source d'eau minérale froide, limpide, inodore et d'une saveur un peu douceâtre. Il résulte des expériences faites en 1760 par les commissaires envoyés par la faculté de médecine pour en faire l'analyse, que l'eau de Merlange contient du muriate de soude, du carbonate de soude et une petite quantité d'acide carbonique. On en recommande l'usage aux personnes d'un tempérament faible, dont les viscères sont délicats, susceptibles d'irritation, ainsi que dans les obstructions, les maladies des reins et de la vessie.

INDUSTRIE. *Manufactures* importantes de faïence et de poteries façon anglaise. Tanneries. — *Commerce* considérable de grains pour l'approvisionnement de Paris, de farines, bois flotté, bestiaux, etc. — *Foires* les 18 avril, 23 et 24 juin et 22 nov.

Bibliographie. *Notice sur le pont de Montereau-Faut-Yonne* (Mém. de l'Acad. roy. des inscriptions et belles-lettres, t. IV*, p. 563).

* *La Prise et Rendition de la ville de Montereau-Faut-Yonne à l'obéissance de M. le duc de Mayenne* etc., in-12, 1589.

* *Analyse des eaux minérales de Merlange, près de Montereau-Faut-Yonne,* in-12, 1761.

CANTWEL, avec HÉRISSANT et RIVIÈRE (de la). *Traité des eaux minérales de Merlange,* in-12, 1761.

RAULIN. *Description du site de la source de Merlange, et qualités sensibles de ses eaux* (Exposition des principes et des propriétés des eaux minérales, in-12, 1775).

* *Traité des eaux minérales de Merlange,* in-12, 1766 (Recueil de différentes pièces qui avaient déjà été publiées sur ces eaux).

MONTEREAU-SUR-JARD, vg. *Seine-et-Marne* (Brie), arr., cant., ⊠ et à 6 k. de Melun. Pop. 131 h.

MONTERFIL, vg. *Ille-et-Vilaine* (Bretagne), arr. et à 10 k. de Montfort-sur-Meu, cant. et ⊠ de Plélan. Pop. 802 h.

MONTERIOU (le Haut-), vg. *Loir-et-Cher*, comm. de St-Romain, ⊠ de St-Aignan.

MONTERNON, vg. *H.-Vienne,* comm. de St-Martin-le-Mault, ⊠ d'Arnac-la-Poste.

MONTEROL-SENARD, vg. *H.-Vienne.* V. MONTROL-SENARD.

MONTEROLLIER, vg. *Seine-Inf.* (Normandie), arr. et à 17 k. de Neufchâtel-en-Bray, cant. et ⊠ de St-Saëns. Pop. 540 h. A la source de l'Arques.

MONTERRAN, vg. *Gers*, com. de Beaumarchés, ⊠ de Plaisance.

MONTERREIN, vg. *Morbihan* (Bretagne), arr., ⊠ et à 7 k. de Ploërmel, cant. de Malestroit. Pop. 318 h.

MONTERTELOT, vg. *Morbihan* (Bretagne), arr., cant., ⊠ et à 7 k. de Ploërmel. Pop. 242 h.

MONTESAR, vg. *Seine-et-Oise.* V. le BOIS-D'AUTEL.

MONTESCOT, vg. *Pyrénées-Or.* (Roussillon), arr., cant. et à 12 k. de Perpignan, ⊠ d'Elne. Pop. 128 h.

MONTESCOT, vg. *Tarn-et-Garonne,* com. et ⊠ de Moissac.

MONTESCOURT-LIZEROLES, vg. *Aisne* (Picardie), arr. et à 14 k. de St-Quentin, cant. et ⊠ de St-Simon. Pop. 448 h.

MONTELSME, vg. *Nièvre,* comm. et ⊠ de Montsauche.

MONTESPAN, vg. *H.-Garonne* (Languedoc), arr. et à 11 k. de St-Gaudens, cant. et ⊠ de Salies. Pop. 1,111 h.

MONTESPIEU, vg. *Tarn,* com. de Navès, ⊠ de Castres.

MONTESQUIEU, vg. *Hérault* (Languedoc), arr. et à 81 k. de Béziers, cant. de Roujan, ⊠ de Bédarieux. Pop. 180 h.

MONTESQUIEU, vg. *Lot-et-Garonne* (Condomois), arr. et à 14 k. de Nérac, cant. de Lavardac, ⊠ de Port-Ste-Marie. Pop. 1,398 h.

MONTESQUIEU, vg. *Pyrénées-Or.* (Roussillon), arr. et à 15 k. de Céret, cant. d'Argelès, ⊠ de St-Génis. Pop. 354 h.

MONTESQUIEU, vg. *Tarn-et-Garonne* (Quercy), arr., cant., ⊠ et à 12 k. de Moissac. Pop. 1,477 h. — *Foires* les 22 juillet et 25 nov.

MONTESQUIEU-AVANTÈS, vg. *Ariège* (Guienne), arr., ⊠ et à 6 k. de St-Girons, cant. de St-Lizier. Pop. 831 h.

On y voit les ruines d'un vieux château et la grotte de Laguère.

MONTESQUIEU-DE-L'ISLE, vg. *H.-Garonne* (Gascogne), arr. et à 29 k. de St-Gaudens, cant. et ⊠ de l'Isle-en-Dodon. Pop. 421 h.

MONTESQUIEU-LAURAGAIS, vg. *H.-Garonne* (Languedoc), arr., cant., ⊠ et à 9 k. de Villefranche-de-Lauragais. Pop. 1,390 h. — *Foires* les 1er avril, 25 juillet, 6 sept. et 9 nov.

MONTESQUIEU-VOLVESTRE, petite ville, *H.-Garonne* (Languedoc), arr. et à 35 k. de Muret, chef-l. de cant., bureau d'enregist. à Rieux. Cure. ⊠. A 732 k. de Paris pour la taxe des lettres. Pop. 3,745 h. — TERRAIN tertiaire moyen.

Elle est située sur une hauteur, au bord du canal du Midi. — *Manufacture* de draps, ras, droguet. Salpêtrerie. Tuilerie.

Foires les 3 fév., 8 mai, 23 juin, 25 juillet, 7 et 29 sept., 31 oct., 13 déc. et lundi avant les Rameaux.

MONTESQUIOU, vg. *Gers* (Armagnac), arr., bureau d'enregist. et à 10 k. de Mirande, chef-l. de cant. Cure. ⊠. A 716 k. de Paris pour la taxe des lettres. Pop. 2,000 h. — TERRAIN tertiaire moyen.

Foires les 22 juillet, 12 nov. et le lendemain de l'Ascension.

MONTESSAUX, vg. *H.-Saône* (Franche-Comté), arr., ⊠ et à 10 k. de Lure, cant. de Mélisey. Pop. 252 h.

MONTESSON, vg. *H.-Marne* (Champagne), arr. et à 26 k. de Langres, cant. de Ferté-sur-Amance, ⊠ du Fayl-Billot. Pop. 128 h.

MONTESSON, *Monte Tessonis,* vg. *Seine-et-Oise* (Ile-de-France), arr. et à 15 k. de Versailles, cant. d'Argenteuil, ⊠ de Chatou. Pop. 1,206 h. Dans une presqu'île formée par la Seine.

MONTESTRUC, vg. *Gers* (Armagnac), arr. et à 17 k. de Lectoure, cant. et ⊠ de Fleurance. ☛. Pop. 809 h.

MONTESTRUCQ, vg. *B.-Pyrénées* (Béarn), arr., ⊠ et à 7 k. d'Orthez, cant. de Lagor. Pop. 617 h. — *Foires* les 19 mars, 4 juin, 7 août et 19 oct.

MONTET ou MONTET-AUX-MOINES (le), petite ville, *Allier* (Bourbonnais), arr. et à

35 k. de Moulins-sur-Allier, chef-l. de cant. Cure. ✉. ∾. A 318 k. de Paris pour la taxe des lettres. Pop. 600 h. — TERRAIN carbonifère, houille.

Cette ville paraît devoir son origine à un monastère fondé vers le milieu du XIe siècle. C'est un des points les plus culminants du département de l'Allier. — Exploitation de houille. — Foires les 27 fév., 18 mars, 21 juin, 25 août, 31 sept., 9 et 19 nov.

MONTET (le), vg. *Allier*, com. de Diou, ✉ de Dompierre.

MONTET (le), vg. *Lot* (Quercy), arr. et à 20 k. de Figeac, cant. de la Tronquière, ✉ de la Capelle-Marival. Pop. 494 h.

MONTET (le), vg. *Saône-et-Loire*, comm. de Palinges, ✉ de Perrecy.

MONTETON, vg. *Lot-et-Garonne* (Agénois), arr. et à 13 k. de Marmande, cant. de Seiches, ✉ de Miramont. Pop. 729 h.

MONTÉTY, vg. *Seine-et-Marne*, comm. de Lésigny, ✉ de Brie-Comte-Robert.

MONTEUL, vg. *Isère*, comm. de Colombier, ✉ de la Verpillière.

MONTEUX, ou MONTEAUX, *Montilii*, petite ville, *Vaucluse* (Comtat), arr., cant., ✉ et à 5 k. de Carpentras. Cure. Pop. 5,450 h.

Cette ville est fermée de murailles dans un bel état de conservation. C'était le séjour de prédilection du pape Clément V, et ce fut là qu'après sa mort on trouva ses trésors, qui étaient immenses et plus considérables que ceux d'un royaume de ce temps.

C'est à Monteux que la culture de la garance fut essayée pour la première fois par un Persan nommé Alten, qui avait apporté d'Asie des graines de cette plante, qu'il naturalisa avec succès dans les palus ou terres marécageuses des environs de Monteux.

Culture du safran et de la garance. Education des vers à soie.

MONTEVRAIN, *Mons Abreni*, vg. *Seine-et-Marne* (Ile-de-France), arr. et à 17 k. de Meaux, cant. et ✉ de Lagny. Pop. 464 h.

MONTEY, vg. *Aveyron*, comm. de Salles-Comtaux, ✉ de Rodez.

MONTEYNARD, vg. *Isère* (Dauphiné), arr. et à 15 k. de Grenoble, cant. et ✉ de la Mure. Pop. 470 h.

MONTEYRIBEYRE, vg. *Puy-de-Dôme*, comm. d'Albi, ✉ de Rochefort.

MONTEZIC, vg. *Aveyron* (Rouergue), arr. et à 40 k. d'Espalion, cant. de St-Amans, ✉ d'Entraigues. Pop. 900 h. — Foires les 17 avril, 17 mai, 17 juin, 5 nov., 2e, 4e et 6e lundi de carême ou lundi des Rameaux.

MONTFA, vg. *Ariége* (Languedoc), arr. et à 27 k. de Pamiers, cant. et ✉ du Mas-d'Azil. Pop. 362 h.

MONTFA, vg. *Tarn* (Languedoc), arr. et à 12 k. de Castres, cant. et ✉ de Roquecourbe. Pop. 630 h.

MONTFALCON, vg. *Isère* (Dauphiné), arr. et à 20 k. de St-Marcellin, cant. et ✉ de Roybon. Pop. 340 h. — Foire le 16 août.

MONTFALCON, vg. *Ain*. comm. de Mézeriat, ✉ de Bourg-en-Bresse.

MONTFALGOUS, vg. *Aveyron*, comm. de Montbazens, ✉ de Rignac.

MONTFALGOUSE, vg. *Lozère*, comm. de Trélans, ✉ de la Canourgue.

MONTFARVILLE, vg. *Manche* (Normandie), arr. et à 2 k. de Valognes, cant. de Quettehou, ✉ de Barfleur. Pop. 1,676 h.

MONTFAUCON, vg. *Aisne* (Brie), arr. et à 12 k. de Château-Thierry, cant. de Charly, ✉ de Vieil-Maisons. Pop. 325 h. — Education des vers à soie.

MONTFAUCON, vg. *Ariége*, comm. de Moulins, ✉ de St-Girons.

MONTFAUCON, vg. *Doubs* (Franche-Comté), arr., cant., ✉ et à 5 k. de Besançon. Pop. 270 h.

MONTFAUCON, vg. *Gard* (Languedoc), arr. et à 28 k. d'Uzès, cant. et ✉ de Roquemaure. Pop. 524 h.

MONTFAUCON, vg. *H.-Garonne*, comm. de la Trappe, ✉ de Rieux.

MONTFAUCON, *Mons Falconis*, petite ville, *H.-Loire* (Languedoc), arr. et à 18 k. d'Yssingeaux, chef-l. de cant. Cure. Gîte d'étape. ✉. A 517 k. de Paris pour la taxe des lettres. Pop. 1,140 h. — TERRAIN cristallisé ou primitif.

Montfaucon est une des plus anciennes villes du Vélay, dont elle était autrefois regardée comme la capitale. Elle envoyait ses députés aux états particuliers de la province, qui ont été tenus dans son enceinte en 1595. Les rois de France en ont été longtemps coseigneurs, et ses barons avaient droit de siéger aux états du Languedoc.

Cette ville était autrefois défendue par un château très-fort. Il fut pris en 1585 par les religionnaires, détruit de fond en comble, et une partie des habitants fut massacrée par les vainqueurs.

Fabriques de rubans. — Commerce de bois de construction, scieries hydrauliques. — Foires les 8 janv., 17 et 19 août, 22 sept., 13 oct., 2 nov., 6 déc., 1er mardi de carême, mardi des Rogations et lendemain de la Fête-Dieu.

MONTFAUCON, petite ville, *Lot* (Quercy), arr. et à 18 k. de Gourdon, cant. de la Bastide. Ecole secondaire ecclésiastique. ✉. Et à 517 k. de Paris pour la taxe des lettres. Pop. 1,881 h.

Cette ville est située sur une butte assez élevée, au pied de laquelle coule le Céou. Elle doit son origine à Henri III, roi d'Angleterre, qui fit bâtir en ce lieu un édifice pour y tenir les assises. C'était jadis une ville forte, où l'on voit encore une porte pratiquée dans un mur très-épais.

Foires les 10 et 28 mai, 11 et 16 nov.

MONTFAUCON, petite ville, *Maine-et-Loire* (Anjou), arr. et à 15 k. de Beaupréau, chef-l. de cant. Cure. ✉. A 384 k. de Paris pour la taxe des lettres. Pop. 675 h. — TERRAIN cristallisé, granit.

On y voit une tombelle qui a environ 200 m.

de circonférence à la base, et 15 à 18 m. de hauteur.

Foires les 29 juin et 22 sept., et tous les 15 jours du 1er mardi de mars jusqu'au 1er juillet.

MONTFAUCON, petite ville, *Meuse* (pays Messin), arr. et à 35 k. de Montmédy, chef-l. de cant. Cure. ✉ de Varennes-en-Argonne. Pop. 1,271 h. — TERRAIN jurassique, étage moyen du système oolitique.

Foires les 12 mai et 23 oct.

MONTFAUCON, vg. *Sarthe*. V. AUVERS-SOUS-MONTFAUCON.

MONTFAUCON, vg. *Seine*, comm. et ✉ de la Villette. V. LA VILLETTE.

MONTFAUXEL, vg. *Ardennes*, comm. de Marne, ✉ de Vouziers.

MONTFAUXELLES, vg. *Ardennes*, com. d'Ardeuil, ✉ de Vouziers.

MONTFAVEL, vg. *Vaucluse*, comm. et ✉ d'Avignon.

MONTFERMEIL, *Mons Firmalis*, beau village, *Seine-et-Oise* (Ile-de-France), arr. et à 49 k. de Pontoise, cant. de Gonesse, ✉ de Livry. Pop. 932 h.

Ce village est très-ancien ; une léproserie considérable y fut fondée dans le XIIIe siècle.

La terre de Montfermeil relevait de l'abbaye de Chelles, qui avait imposé à cette seigneurie une coutume fort originale. Lors de la prestation de serment, le seigneur qui en prenait possession se présentait *tout nu*, le corps ceint d'une corde, et, dans cet état, on le conduisait à l'abbesse, qui, prenant le bout de la corde, disait : *A qui tient-il ?* Coutume plus qu'originale, qui a inspiré à un poète moderne les vers suivants :

Ce Montfermeil, au temps des nobles us,
Était dépendance de Chelles ;
Et le seigneur, comme tous ses malotrus,
Esclaves de l'abbesse, ou matrone ou pucelle :
Le rusé temps que le temps que n'est plus.

Voir monseigneur béni par une femme,
Ce ne sont là que des faits tout charnus ;
Monsieur ici venait devant madame,
Nu comme un ver, entendre un *Oremus*... :
Le pieux temps que le temps qui n'est plus.

A ses reins tombe un bout de cordelette
Que prend madame, en disant : *A qui tient,
Corps nu, corps ceint,
Qui de nous deux est une femelette ?*
— Ah ! dit monsieur, grâce pour les corps nus !
Puis il pouvait reprendre sa jaquette :
Les jours heureux, la gentille amusette.
L'aimable temps que le temps qui n'est plus.

Montfermeil est dans une situation agréable, sur la lisière de la forêt de Bondy ; il est bien bâti, et renferme plusieurs belles maisons de campagne ; il y a deux places publiques, dont l'une est plantée de beaux tilleuls.

Ce village est dominé par une colline qui prend le nom de Bellevue ; de ce point élevé on découvre la tour de Montlhéry qui en est à environ 50 k. ; à l'est, la vue s'étend sur des coteaux charmants.

Carrières de pierres à plâtre. Tuileries. — Foires le 4e dimanche de sept., fête patronale le dimanche qui suit le 29 juin.

MONTFERMY, vg. *Puy-de-Dôme* (Auvergne), arr. et à 23 k. de Riom, cant. et ✉ de Pontgibaud. Pop. 440 h.

MONTFERNEY, vg. *Doubs* (Franche-Comté), arr. et à 17 k. de Baume-les-Dames, cant. et ✉ de Rougemont. Pop. 131 h.

MONTFERRA, vg. *Isère* (Dauphiné), arr. de la Tour-du-Pin et à 27 k. de Bourgoin, cant. de St-Geoire, ✉ des Abrets. Pop. 1,404 h. ⚘. — *Foire* le 6 mai.

MONTFERRAND, vg. *Ain*, com. de Torcieu, ✉ de St-Rambert.

MONTFERRAND, vg. *Aude* (Languedoc), arr., cant., et à 15 k. de Castelnaudary. Pop. 960 h.

Montferrand était autrefois un château fort, assiégé et pris par les croisés, en 1211, par la trahison du gouverneur, qui le rendit à Simon de Montfort en 1212. Ce château revint sous l'obéissance des comtes de Toulouse; mais dans la même année il retomba au pouvoir de Montfort.

Ce village est situé près du bassin de Naurouse, point de partage des eaux du canal du Midi. On voit aux environs, sur les rochers de Naurouse, un obélisque élevé à la mémoire de Riquet, immortel auteur du canal du Midi.

MONTFERRAND, vg. *Doubs* (Franche-Comté), arr., ✉ et à 12 k. de Besançon, cant. de Boussières. Pop. 394 h. — *Foires* les 6 juin et 4 sept.

MONTFERRAND, vg. *Gironde* (Guienne), arr. et à 19 k. de Bordeaux, cant. et ✉ de Carbon-Blanc. Pop. 686 h.

MONTFERRAND, *Monferrandum*, *Monsferrandus*, ville ancienne, *Puy-de-Dôme*, comm. et ✉ de Clermont-Ferrand, à laquelle elle a été réunie en 1731 et dont elle forme un des faubourgs. V. CLERMONT-FERRAND.

Autrefois bailliage royal, principauté, chapitre, commanderie de Malte.

L'origine de la ville de Montferrand, *Mons Ferranus* ou *Mons Ferrandus*, est couverte d'un voile aussi impénétrable que celui qui recouvre la ville de Clermont. L'étymologie de son nom, commun à plusieurs lieux de France, est aussi inconnue. Elle avait un château fort, construit vers 1186, sur le haut du monticule que la ville occupe aujourd'hui. Au XIIIᵉ siècle la seigneurie de Montferrand était qualifiée de comté et faisait partie de l'ancien comté d'Auvergne. Cette seigneurie entra dans le dauphiné d'Auvergne, par le mariage d'une comtesse de Montferrand, dont le nom est inconnu, et y resta jusqu'en 1224 que Catherine Dauphine l'apporta en dot à Guichard de Beaujeu. En 1292 ou 1298, Louis second de Beaujeu vendit au roi Philippe le Bel la ville de Montferrand, moyennant 6,000 livres et 600 livres de rente à prendre sur le temple à Paris, où était gardé le trésor du roi.

Malgré les promesses qu'avaient faites ou renouvelées plusieurs rois de France de ne jamais aliéner le comté de Montferrand, il est sorti à diverses reprises du domaine de la couronne; Louis XI l'engagea à Michelle, bâtarde d'Anjou, lors de son mariage avec Louis Jean, seigneur de Bellenave, le 11 septembre 1496, mais seulement jusqu'au payement de la somme de 10,000 livres que ce prince avait promise. Il rentra à la couronne en 1531. Vers 1570 Charles IX le donna en supplément d'apanage au duc d'Anjou, depuis Henri III, qui le rapporta à son avènement au trône. En 1773 il en fut encore détaché, mais pendant peu de temps, pour entrer dans l'apanage du comte d'Artois, depuis Charles X.

Dans le moyen âge Montferrand était une des plus fortes places de l'Auvergne, entourée de murs épais, flanqués de tours solides et de fossés larges et profonds toujours pleins d'eau; les portes de la ville, au nombre de quatre seulement, avaient chacune un pont-levis soutenu par de fortes chaînes de fer; il ne reste plus que quelques parties de murs, et le fossé a été en partie comblé.

Montferrand fut attaqué en 1110 par les Albigeois; mais comme les ponts-levis se trouvaient levés et les fossés pleins d'eau, ils furent obligés de se retirer. En 1131 Louis le Gros campa devant cette ville, avec une armée formidable, ce qui détermina les habitants à incendier leurs maisons et à se retirer dans la citadelle, d'où ils incommodaient beaucoup les troupes qui assiégeaient Clermont. Le roi chargea Amaury de Montfort de les surprendre, et quelques-uns d'entre eux étant tombés dans une embuscade, Louis le Gros, pour épouvanter les autres, leur fit couper à tous une main, et les renvoya ainsi mutilés; exploit sanguinaire, qui fut à peu près le seul de cette armée, à laquelle se soumit le comte d'Auvergne. — En 1160 les Normands tentèrent sans succès de s'emparer de Montferrand. — En 1388, le 3 ou le 13 février, jour de la foire des provisions, Montferrand fut surpris par les Anglais, commandés par Perrot le Béarnais. Ils s'emparèrent de ce que la ville contenait de plus précieux, saisirent des sommes considérables, notamment 30,000 fr. que le chancelier de Giat y avait laissés en dépôt, et sortirent dans le milieu de la nuit, emmenant avec eux 200 prisonniers. Froissard, dans ses Chroniques, donne une longue relation de cette prise. — Vers 1243 les Albigeois revinrent pour surprendre la ville; mais apprenant par leurs espions que les troupes et les habitants étaient sous les armes et que la ville avait été considérablement fortifiée depuis les dernières guerres, ils renoncèrent à leur projet.

En 1436 des Provençaux et des Gascons tentèrent de surprendre Montferrand par ruse, mais ils échouèrent dans cette tentative.

Les **armes de Montferrand** sont: *d'azur au lion d'or, couronné de gueules et armé de même*.

La ville de Montferrand est pittoresquement située au pied et sur le penchant d'un coteau élevé. La principale rue, que traverse la grande route, est très-escarpée et bordée de maisons d'une antique construction; cette rue offre un aspect singulier lorsqu'on la parcourt en venant de Clermont. — Une route magnifique de 1 kilomètre de long, tirée au cordeau, parfaitement entretenue, bordée de saules et de superbes noyers, joint Montferrand à Clermont, et forme pour l'une et l'autre ville une belle avenue qui traverse la plus riche partie de la Limagne.

L'église paroissiale, classée récemment au nombre des monuments historiques, fut fondée dans le Xᵉ siècle par un comte de Montferrand. Cette église présente un fait archéologique assez curieux. Au premier aspect elle semble offrir tous les caractères de l'unité; mais un examen scrupuleux a fait découvrir une chapelle du commencement du XIVᵉ siècle, enclavée et pour ainsi dire déguisée dans des constructions postérieures, à plus de deux siècles d'intervalle. — Au commencement du XVIᵉ siècle, la chapelle de Montferrand fut érigée en église royale; un portail assez richement sculpté s'éleva flanqué de deux tours, surmonté d'une rose et de riches balustrades à jour. Cette partie du monument a particulièrement souffert des ravages du temps et de la révolution de 1793. — On remarque dans le cimetière une lanterne dite des morts, élevée sur plusieurs rangs de gradins.

PATRIE de l'abbé GIRARD, auteur des Synonymes français.

Commerce de bestiaux, chanvre, arbres fruitiers. — *Foires* le vendredi après les Rois, vendredi avant le carême, vendredi de la mi-carême, vendredi après le 30 nov.

MONTFERRAT, ou L'ORME (Château), *Seine-et-Marne*, comm. de Courtaçon, ✉ de Champcenest.

MONTFERRAT, *Mons Ferratus*, vg. *Var* (Provence), arr. et à 11 k. de Draguignan, cant. et ✉ de Callas. Pop. 779 h. — *Foire* le 1ᵉʳ lundi d'oct.

MONTFERRER, vg. *Pyrénées-Or.* (Roussillon), arr. et à 26 k. de Céret, cant. et ✉ d'Arles-sur-Tech. Pop. 763 h.

MONTFERRIER, bg *Ariége* (pays de Foix), arr. et à 25 k. de Foix, cant. et ✉ de Lavelanet. Pop. 1,914 h. — *Foires* les 1ᵉʳ juin, 20 août et 22 oct.

MONTFERRIER, vg. *Hérault* (Languedoc), arr., 2ᵉ cant., ✉ et à 7 k. de Montpellier. Pop. 579 h.

Ce village est pittoresquement situé sur une colline volcanique isolée, de 40 m. 95 c. d'élévation au-dessus du niveau de la mer. Les bords de la rivière du Lez, qui coule au pied de Montferrier; les restes d'un ancien château, qui existait dans le XIᵉ siècle; le château moderne, bâti sur le penchant de la montagne, et dont les terrasses descendent jusqu'au grand chemin; un parc très-agréable, sur la rive gauche du Lez; les moulins, les usines, les campagnes qui bordent la rivière, les aspects variés, les perspectives étendues dont on jouit à Montferrier, en font une des localités les plus intéressantes et les plus curieuses du pays. Le château de Montferrier a été rédifié sous Louis XIV.

MONTFERRIER, vg. *Tarn*, com. d'Ambres, ✉ de Lavaur.

MONTFEY, vg. *Aube* (Champagne), arr.

et à 31 k. de Troyes, cant. et ✉ d'Ervy. Pop. 505 h.
MONTFIQUET, vg. *Calvados* (Normandie), arr. et à 23 k. de Bayeux, cant. et ✉ de Balleroy. Pop. 262 h.
MONT-FLAMBERT. V. MATIGNY.
MONTFLEUR, vg. *Jura* (Franche-Comté), arr. et à 40 k. de Lons-le-Saulnier, cant. de St-Julien, ✉ de St-Amour. Pop. 542 h. — *Foires* les 24 avril, 8 juin, 10 sept. et 27 nov.
MONTFLEURY, vg. *Isère,* comm. de Corenc, ✉ de Grenoble.
MONTFLOURS, vg. *Mayenne* (Maine), arr. et à 15 k. de Laval, cant. d'Argentré, ✉ de Martigné. Pop. 483 h.
MONTFLOVIN, vg. *Doubs* (Franche-Comté), arr., ✉ et à 14 k. de Pontarlier, cant. de Montbenoît. Pop. 112 h.
MONTFORT, vg. *B.-Alpes* (Provence), arr., ✉ et à 20 k. de Sisteron, cant. de Volonne. Pop. 231 h.
MONTFORT, vg. *Aude* (Languedoc); arr. et à 65 k. de Limoux, cant. de Roquefort-de-Sault, ✉ d'Axat. Pop. 885 h.
MONTFORT, vg. *Côte-d'Or,* comm. de Montigny-Montfort, ✉ de Montbard. — Le château de Montfort, que l'on citait comme type de manoir chevaleresque, est aujourd'hui livré à l'abandon par le propriétaire actuel, M. Poupier de Dijon, et les habitants voisins vont y prendre des pierres à volonté.
MONTFORT, vg. *Doubs* (Franche-Comté), arr. et à 25 k. de Besançon, cant. et ✉ de Quingey. Pop. 185 h.
MONTFORT, bg *Landes* (Gascogne), arr. et à 19 k. de Dax, chef-l. de cant. Cure. ✉. À 730 k. de Paris pour la taxe des lettres. Pop. 1,644 h. — TERRAIN tertiaire supérieur.
Ce bourg, situé sur la rive gauche du Louts, était autrefois une ville forte, où l'on entre encore par deux portes. — *Fabriques* de matières résineuses. — *Commerce* de bestiaux. — *Foires* le mercredi de la dernière semaine de mars, de juin, de sept. et déc.
MONTFORT, vg. *Maine-et-Loire* (Anjou), arr. et à 15 k. de Saumur, cant. et ✉ de Doué. Pop. 152 h.
MONTFORT, vg. *B.-Pyrénées* (Béarn), arr. et à 19 k. d'Orthez, cant. et ✉ de Sauveterre. Pop. 450 h.
MONTFORT, ou MONTFORT-LE-ROTROU, petite ville, *Sarthe* (Maine), arr. et à 19 k. du Mans, chef-l. de cant. Cure. ✉ de Connerré. Pop. 1,183 h. — TERRAIN crétacé inférieur, grès vert.
Cette ville est située sur un coteau qui domine le cours de l'Huine. Elle est bâtie près du village de Pont-de-Gesnes, qui en forme comme un faubourg, et se compose d'une assez jolie rue très-escarpée qui se termine par une place par régulière ornée de plantations d'ormes, sur laquelle sont construites des halles. Sur le sommet du coteau s'élève un château moderne, qui a remplacé un antique château en briques, qui n'avait de remarquable que sa situation; il est accompagné de jolis jardins et d'un bois terminé par une allée d'arbres qui conduit à l'ancien manoir de Saussure.
PATRIE du docteur en médecine MOREAU DE LA SARTHE.
Fabriques de toiles. Blanchisseries de fil. — *Commerce* de toiles, fil, chanvre, grains, légumes secs, marrons, noix estimées, etc. — *Foires* le samedi veille de la Sainte-Croix, samedi après la mi-carême, veille des Rameaux et samedi le plus près de la Saint-Gervais.
MONTFORT, *Mons fortis*, vg. *Var* (Provence), arr., ✉ et à 12 k. de Brignoles, cant. de Cotignac. Pop. 1,048 h. Sur la rive gauche de l'Argens. — *Foires* les 5 fév. et 1er sept.
MONTFORT-L'AMAURY, *Mons fortis Amalarici*, *Almaria*, *Monfortium Amalriæ*, jolie petite ville, *Seine-et-Oise* (Ile-de-France), arr. et à 16 k. de Rambouillet, chef-l. de cant. Cure. Gîte d'étape. ✉. A 54 k. de Paris pour la taxe des lettres. Pop. 1,760 h. — TERRAIN tertiaire moyen.
Autrefois diocèse de Chartres, parlement et intendance de Paris, chef-l. d'élection, bailliage ducal, maîtrise particulière, grenier à sel, brigade de maréchaussée, collégiale, couvents de capucins et de la Congrégation.
Montfort est une des plus anciennes villes de l'Ile-de-France. Suivant la tradition, son château fut construit par Robert le Pieux, premier comte de Montfort; suivant le manuscrit d'Aimoin, historien du xe siècle, il a été bâti par Guillaume de Hainaut en 996.
Cette ville est célèbre dans l'histoire par ses valeureux comtes, dont un des plus fameux fut le cruel Simon de Montfort, qui dirigea cette guerre abominable contre les Albigeois, et dans laquelle il n'épargna ni cruautés ni perfidies. La main d'une femme délivra la terre de ce monstre, tué d'un coup de pierre sous les murs de Toulouse le 25 juin 1218.
En 1627 Montfort-l'Amaury possédait plusieurs églises et chapelles, vingt-quatre étaux de bouchers, une halle et deux marchés. Pendant la révolution cette ville a porté le nom de MONTFORT-LE-BRUTUS.
Les armes de **Montfort-l'Amaury** sont : *de gueules au lion d'or; au chef d'argent chargé de trois mouchetures d'hermines de sable.*
Montfort-l'Amaury s'élève agréablement en amphithéâtre, sur un coteau dont une petite rivière baigne le pied. Elle offre encore, sur un mamelon escarpé qui la domine et qui commandait un pays fort riche, les restes de son ancien château fort. Les sculptures qui ornent les portes des deux tours encore existantes et les modillons de leur couronnement indiquent pour cette partie de construction l'époque la plus brillante de l'architecture gothique, vers le XIIIe siècle, et font connaître aussi quelle fut la richesse et la magnificence de la décoration de ce château. Les assises qui composent les murs, épais de plus de 3 m., sont alternativement de pierres et de plusieurs rang de briques, construction qui offre quelque analogie avec celle des Thermes de Julien à Paris. Les restes de ce château ont été vendus peu avant la révolution à M. Lebreton, dont les héritiers en ont fait don à la ville, à la condition d'y entretenir toujours une promenade publique; l'administration municipale a fait faire des plantations, a déblayé les ruines entre lesquelles elle a ménagé des allées et fait faire des distributions qui ont fait de ces ruines, d'où l'on jouit d'une vue admirable, l'une des promenades les plus agréables des environs de Paris.
L'église paroissiale de Montfort-l'Amaury, classée au nombre des monuments historiques, est une construction remarquable, ornée de nombreux vitraux exécutés par Pinagrier et par ses trois fils. Le cimetière, avec ses longs chemins et sa composition peu commune en France, se recommande aussi à l'attention de l'archéologue.
PATRIE de QUESNAY, doyen des économistes français.
Commerce de blé, avoine, fruits, fourrages renommés, chevaux et bestiaux. — *Foires* le 1er jeudi de la mi-carême, le 1er jeudi qui suit la Ste-Catherine et la St-Pierre, le dimanche qui suit la St-Laurent. — Marché tous les jeudis.
Bibliographie. L'HERMITE (M.-J.). *Précis historique de la ville de Montfort-l'Amaury, et histoire chronologique des seigneurs de cette ville; depuis la construction de son château fort jusqu'à la révolution (996-1792)*, in-8°, fig., 1825.
MONTFORT-LE-BRUTUS, nom donné pendant la révolution à la ville de MONTFORT-L'AMAURY.
MONTFORT-SUR-MEU, *Mons Fortis*, puis MONTFORT-DE-GAEL, petite ville, *Ille-et-Vilaine* (Bretagne), chef-l. de sous-préf. (5e arr.) et d'un cant. ; trib. de 1re inst. ; collège communal. Cure. ✉. Pop. 1,868 h. — TERRAIN de transition moyen, voisin du tertiaire moyen.
Cette ville est située sur un coteau élevé, au confluent du Meu et du Chailloux. Elle est close de remparts flanqués de plusieurs tours et environnée d'un vaste fossé. Sa population est aujourd'hui peu considérable, mais les vestiges d'une vaste enceinte, que l'on aperçoit à l'ouest, au nord et à l'orient de la ville, font présumer qu'elle a dû en contenir jadis huit ou dix fois davantage.
L'époque à laquelle remonte la fondation de Montfort ne saurait être connue que par des conjectures tirées de l'inspection de quelques vieux restes d'architecture militaire. Les ruines d'un petit Capitole, des fragments d'architecture et de constructions romaines que l'on remarque dans une tour angulaire qui est au sud-ouest de la ville, dans quelques-unes des autres tours, au parement du rempart septentrional, au jambage oriental de la porte de Coulon, à la façade d'une maison proche la tour de l'Horloge, et des restes de thermes encore existants, que l'on voit sur la rivière de Chailloux, portent à croire que Montfort a été bâti par les Romains.

Suivant la chronique britannique, il paraît que Montfort fut saccagé et détruit en 1091. Sous le règne de Charles V, Duguesclin, envoyé en Bretagne pour confisquer cette province, sous prétexte que le duc avait fait alliance avec les Anglais, mit le siège devant cette place, qui ne se rendit que lorsque ses fortifications, fort endommagées, ne lui permirent plus de tenir. Après sa reddition, le roi y mit garnison et fit travailler par corvée à la réédification des murailles. Pendant que tous les vilains d'alentour étaient occupés aux travaux des fortifications, une jeune fille, qui était venue apporter à son père sa nourriture journalière, fut enlevée par le capitaine commandant le château et placée dans la grande tour qui sert actuellement de prison. Peu après, le bruit se répandit que, s'étant mise sous l'invocation de saint Nicolas pour échapper à son ravisseur, cette jeune fille avait été transformée en canne par l'intercession de ce saint, et qu'elle s'était envolée dans l'étang qui, actuellement desséché, forme les prairies situées sur le bord de la rivière du Chailloux. Cette histoire fut, dit-on, la cause d'un soi-disant miracle annuel, qui rendit longtemps fameuse la petite ville de Montfort, laquelle en retint le surnom de la Canne.

Montfort envoyait un député aux états de Bretagne. Près de cette ville, sur la même rivière, il y avait une abbaye commendataire de l'ordre de Saint-Augustin, fondée en 1152, et occupée aujourd'hui par des religieuses bénédictines.

Les armes de Montfort sont : *d'argent à la croix ancrée de gueules.*

On trouve à Montfort une source d'eau minérale ferrugineuse, imprégnée d'un acide vitriolique que les médecins prescrivent comme tonique. A l'orient de la ville sont les restes d'anciens thermes consistant en deux bassins contigus, dont l'un a été défoncé pour agrandir le jardin dans lequel il se trouve.

Aux environs, sur le bord oriental du ruisseau de la commune de St-Malo, on voit les ruines du tombeau du célèbre Merlin dit l'enchanteur. Il est situé sur le haut de la montagne, à l'entrée de la forêt de Brescilien (quartier de Coëbois), et consiste en deux dolmen placés à une portée de fusil l'un de l'autre, dont il ne reste plus que deux tas de pierres gigantesques. Au-dessous et sur le versant de la montagne, vers le ruisseau, était la fameuse fontaine de Jouvence, entourée de pierres colossales et d'une plantation de chênes ; cette fontaine a été fort dégradée ; ce qu'elle offre aujourd'hui de plus remarquable, est un petit escalier tournant taillé dans le roc pour y descendre du sommet de la montagne. Un peu plus loin, vers l'ouest, est le château de Compère, ou de la fée Morien, qui offre des ruines extrêmement pittoresques ; et plus loin encore la merveilleuse fontaine de Baranton, surmontée du perron de Merlin, où les romanciers supposent qu'il devait y avoir une coupe merveilleuse dont ce grand enchanteur se serait servi pour opérer des sortilèges.

Dans la forêt de Montfort, située à peu de distance et au midi de la ville, on remarque un chêne d'une grosseur considérable, dont l'origine se perd dans la nuit des temps et rappelle des souvenirs de la plus haute antiquité. Il a sept brasses de circonférence et une hauteur proportionnée, on l'appelle le Chêne-au-Vendeur, parce que c'était sous son ombrage qu'on se réunissait pour les adjudications des coupes de bois qui avaient lieu dans la forêt de Montfort. Des actes authentiques ne permettent pas de douter que cet arbre a vu au moins six siècles.

Les alentours de Montfort sont fort agréables, aussi les visite-t-on souvent. On dirige principalement ses promenades vers l'abbaye, vers les bois et avenues du château du Tregail, sur la route d'Iffendic, vers les anciens thermes, ou vers le Chêne-au-Vendeur.

INDUSTRIE. — Filatures de lin. Blanchisseries de toiles et de fil. Tannerie, l'une des plus importantes et l'une des plus belles du département. — *Commerce* considérable d'excellent beurre, de suif, chanvre, bois, toiles, étoffes communes, bestiaux, instruments aratoires, etc. — *Foires* les 3 fév., 23 avril, 25 juin, 6 déc. et mardi qui suit le 18 oct., 3e vendredi de janv., de mars, de mai, d'août, de sept. et de nov.

A 20 k. O. de Rennes, 382 k. O. de Paris.

L'arrondissement de Montfort est composé de 5 cantons : Becherel, Montauban, Montfort, Plélan, St-Méen.

MONTFORT-SUR-RILLE, bg *Eure* (Normandie), arr. et à 15 k. de Pont-Audemer, chef-l. de cant. Cure. ✉ A 158 k. de Paris pour la taxe des lettres. Pop. 566 h. — TERRAIN crétacé inférieur, grès vert.

Ce bourg doit son nom à la colline qu'occupait à l'est la formidable forteresse dont on voit encore les vastes ruines. Les comtes de Montfort étaient puissants au temps des premiers ducs de Normandie : Hugues IIe du nom se distingua dans la conquête de l'Angleterre. Ce fut Hugues III qui construisit ou du moins acheva le château dans les premières années du XIIe siècle. En 1122 Hugues IV ayant pris part à une ligue contre Henri Ier d'Angleterre, ce dernier vint assiéger la forteresse, et, après plusieurs assauts, la prit et la réduisit en cendres : le grand donjon, situé au sommet, ne se rendit qu'après une défense de trois semaines. — En 1203 Jean sans Terre, voyant que Philippe Auguste devenait maître de toutes les places de Normandie, ordonna la démolition de celle de Montfort. Mais Philippe Auguste se la fit rendre intacte par le gouverneur, et confisqua les domaines des comtes de Montfort. — Charles V fit démanteler les fortifications en 1378, à la suite des troubles causés par Charles le Mauvais ; néanmoins le donjon servit encore de poste militaire dans les guerres du XVe et du XVIe siècle : les protestants y étaient cantonnés en 1591 ; des boulets en grand nombre et des débris de canons et d'armes ont été trouvés vers ce point, et une redoute s'élève encore à peu de distance. — Un épais taillis occupe aujourd'hui l'emplacement de cette antique forteresse ; à peine y reconnaît-on les vestiges des fortifications ; les tours s'écroulent successivement ; la nature, qui reprend ses droits peu à peu, couronne d'arbustes les cavaliers et les bastions ; l'herbe tapisse les murs et les parapets en ruines, et, sur les glacis de la place d'armes, que les fureurs de la guerre inondaient de sang autrefois, le pâtre fait paître ses troupeaux, s'assied en paix sur les créneaux renversés et couverts de mousse.

Fabrique de draps. Blanchisserie de fil. Papeterie. Tanneries. — *Foires* le mardi de la 4e semaine de carême, 29 juin et 28 oct.

MONTFORTIN, vg. *Seine-Inf.*, comm. du Bois-Guillaume, ✉ de Rouen.

MONTFOULON, vg. *Eure-et-Loir*, comm. de St-Avit, ✉ d'Illiers.

MONTFRANC, vg. *Aveyron*, comm. de Pousthomy, ✉ de St-Sernin. — *Foires* les 1er avril, 2 mai, 18 nov. et 22 déc.

MONTFRIN, bg *Gard* (Languedoc), arr. et à 12 k. de Nîmes, cant. d'Aramon, ✉ de Remoulins. Pop. 2,516 h. — Il est situé sur la rive gauche du Gard, que l'on y passe sur un pont suspendu. On y trouve une source d'eau minérale froide.

Foire le 3 août.

MONTFROC, vg. *Drôme* (Dauphiné), arr. et à 71 k. de Nyons, cant. et ✉ de Sederon. Pop. 315 h.

MONTFURON, *Monte Furono*, vg. *B.-Alpes* (Provence), arr. et à 20 k. de Forcalquier, cant. et ✉ de Manosque. Pop. 409 h.

MONTGACON, vg. *Puy-de-Dôme*, cant. de Luzillat, ✉ de Maringues.

MONTGAILLARD, bg *Ariège* (pays de Foix), arr., cant., ✉ et à 4 k. de Foix. Pop. 797 h. — Il est formé de deux rangées de maisons bâties sur le bord de la route, et dominées à gauche par un mamelon arrondi, que surmonte un mont isolé où l'on voit quelques vestiges d'un ancien château fort démoli par ordre de Louis XIII.

MONTGAILLARD, vg. *Aude* (Languedoc), arr. et à 65 k. de Carcassonne, cant. de Tuchan, ✉ de Davejean. Pop. 239 h.

MONTGAILLARD, vg. *H.-Garonne* (Languedoc), arr. et à 18 k. de St-Gaudens, cant. et ✉ de Boulogne. Pop. 213 h. — *Foires* les 23 mai et 6 août.

MONTGAILLARD, vg. *H.-Garonne* (Languedoc), arr. et à 18 k. de St-Gaudens, cant. et ✉ de Saliès. Pop. 428 h.

MONTGAILLARD, vg. *H.-Garonne* (Languedoc), arr., cant., ✉ et à 6 k. de Villefranche-de-Lauragais. Pop. 750 h.

MONTGAILLARD, vg. *Gers*, comm. de Cazaux-d'Anglès, ✉ de Vic-Fezensac.

MONTGAILLARD, petite ville, *Landes* (Gascogne), arr., cant., ✉ et à 19 k. de St-Sever. Pop. 1,977 h.

MONTGAILLARD, vg. *H.-Pyrénées* (Gascogne), arr., cant., ✉ et à 8 k. de Bagnères-de-Bigorre. Pop. 1,089 h. — Il y a dans ce village un assez grand nombre de cagots, qui habitaient autrefois un quartier désigné encore aujourd'hui sous le nom de *quartier des Charpentiers ou des Cagots*. Ils entraient dans l'église par une petite porte particulière aujourd'hui murée, avaient un bénitier à part et une place distincte dans le cimetière commun.

A peu de distance de Montgaillard on remarque la chapelle de Notre-Dame-de-Hourcadère, où reposent les restes du général vicomte J.-A. de Ségur, mort à Bagnères en 1805.

MONTGAILLARD, vg. *Tarn* (Languedoc), arr., ✉ et à 27 k. de Gaillac, cant. de Salvagnac. Pop. 657 h.

MONTGAILLARD, vg. *Tarn-et-Garonne* (Armagnac), arr. et à 25 k. de Castelsarrasin, cant. et ✉ de Lavit. Pop. 655 h.

MONT-GAMMÉ, vg. *Vienne*, cant. de Vouneuil-sur-Vienne, ✉ de Châtellerault.

MONTGARDÉE, vg. *Seine-et-Oise*, comm. d'Aubergenville, ✉ de Maule.

MONTGARDIN, vg. *H.-Alpes* (Dauphiné), arr. et à 15 k. de Gap, cant. de la Batie-Neuve, ✉ de Chorges. Pop. 422 h.

MONTGARDIN, vg. *Gers*, comm. de St-Médard, ✉ de Mirande.

MONTGARDON, bg *Manche* (Normandie), arr. et à 31 k. de Coutances, cant. et ✉ de la Haye-du-Puits. Pop. 1,101 h.

MONTGAREUX, vg. *Seine-et-Marne*, comm. de St-Martin-des-Champs, ✉ de la Ferté-Gaucher.

MONTGARGAN, vg. *Seine-Inf.*, comm. et ✉ de Rouen.

MONTGARNY, vg. *Aisne*, comm. de Terny, ✉ de Soissons.

MONT-GARNY, vg. *Meuse*, cant. de Froides, ✉ de Clermont-en-Argonne.

MONTGAROULT, vg. *Orne* (Normandie), arr. et à 8 k. d'Argentan, cant. et ✉ d'Ecouché. Pop. 510 h.

MONTGAUCH, vg. *Ariège* (Gascogne), arr. et à 6 k. de St-Girons, cant. et ✉ de St-Lizier. Pop. 440 h. — Il est situé près d'un coteau où se trouvent plusieurs grottes très-profondes.

MONTGAUDRI, vg. *Orne* (Perche), arr. t à 20 k. de Mortagne-sur-Huîne, cant. de Pervenchères, ✉ de Mamers. Pop. 450 h.

MONTGAUGIER, vg. *Vienne* (Poitou), arr. et à 28 k. de Poitiers, cant. et ✉ de Mireleau. Pop. 567 h.

MONTGAZIN, vg. *H.-Garonne* (Gascogne), arr. et à 19 k. de Muret, cant. de Carbonne, ✉ de Noé. Pop. 382 h.

MONTGAZON, vg. *Seine-et-Marne*, com. de Courquetaine, ✉ de Coubert.

MONTGÉ, vg. *Seine-et-Marne* (Brie), arr. t à 14 k. de Meaux, cant. et ✉ de Dammartin. Pop. 700 h.

MONTGEARD, vg. *H.-Garonne* (Languedoc), arr., ✉ et à 14 k. de Villefranche-de-Lauragais, cant. de Nailloux. Pop. 690 h.

MONT-GENÈVRE, vg. *H.-Alpes* (Dauphiné), arr., cant., ✉ et à 8 k. de Briançon. Pop. 40 h.

MONT-GENÈVRE (le), montagne située sur les confins du département des Hautes-Alpes et du Piémont.

Le col du Mont-Genèvre n'ayant pas plus de 2,000 m. d'élévation, et se trouvant en partie abrité des vents du nord, est un des passages les plus sûrs de l'Italie; il a servi à Bellovèse, à Annibal, à César, à Julien, à Charlemagne. Pour y arriver de Besançon, on monte pendant 4 k. par une gorge étroite les bords de la Durance jusqu'à la Vachette, hameau situé au pied du Mont-Genèvre, dont la montée est pratiquée au travers d'une forêt de sapins, de pins et de mélèzes. Cette montée n'offre point les longs développements du Simplon ou du mont Cenis, mais bien des tournants rapides, et des rampes courtes et nombreuses. Les Alpes ne sont nulle part plus boisées. Le plateau au milieu duquel est bâti le village du Mont-Genèvre, présente une particularité bien remarquable sur les Alpes, et bien peu remarquée par les auteurs, la culture des grains ; il est couvert de champs de seigle et d'avoine, dont les récoltes éprouvent souvent l'effet du froid, mais rarement au point de manquer entièrement.

En 1802 dix-huit communes briançonnaises se levèrent en masse à la voix de l'estimable préfet du département, M. Ladoucette, et du sous-préfet, pour ouvrir la route du Mont-Genèvre ; elles furent secondées par les soldats de la garnison de Briançon. Pour perpétuer le souvenir de l'ouverture de ce chemin, que le gouvernement nomma route d'Espagne en Italie, le département éleva, près du point de partage de la France et du Piémont, un obélisque de 20 m. de hauteur, d'un style sévère et d'une exécution savante, pour l'inauguration duquel M. le préfet Ladoucette fit frapper une médaille à l'effigie du grand homme qui régnait alors sur la France, avec cette légende :

A NAPOLÉON BONAPARTE,
L'EMPEREUR ET LE HÉROS DES FRANÇAIS ;

pour exergue au-dessous de l'obélisque :

LE MONT-GENÈVRE
OUVERT, 22 GERM. AN VII,

et pour légende :

J.-C.-F. LADOUCETTE, PRÉFET,
AU NOM DU DÉP. DES HAUTES-ALPES.

Au pied de ce beau monument, la Durance et la Doire, qui prennent leur source à peu de distance, devaient confondre leurs eaux dans un même bassin. C'était une heureuse idée de réunir les eaux de ces deux rivières prêtes à se séparer pour jamais, en se dirigeant l'une dans le golfe de Lyon, l'autre dans l'Adriatique. Leurs adieux sont exprimés ainsi dans un proverbe du pays :

Adieu, ma sœur la Durance,
Nous nous séparons sur ce mont ;
Tu vas ravager la Provence
Et moi féconder le Piémont.

Un monastère consacré à l'hospitalité fut fondé au Mont-Genèvre par le dauphin Humbert II, et reconstruit en 1804. On y donne l'hospitalité à tout le monde suivant la condition de chacun.

Lors de la retraite de l'armée d'Italie, commandée par Schérer, 500 Français battirent sur le plateau du Mont-Genèvre 3,000 soldats sardes. Au commencement de 1814, les passages du mont Cenis et du Simplon étant coupés par l'ennemi, le gouvernement se servit uniquement du Mont-Genèvre pour correspondre avec son armée d'Italie, et ce fut par là que 40,000 Français, sous les ordres du comte Grenier, revinrent dans leur patrie.

MONTGENOT, vg. *Marne* (Champagne), arr. et à 6 k. d'Epernay, cant. d'Esternay, ✉ de Villenauxe. Pop. 280 h.

MONTGENOUX, vg. *Cher* (Bourbonnais), arr. et à 28 k. de St-Amand-Montrond, cant. du Châtelet, ✉ de Châteaumeillant. Pop. 169 h.

MONTGERAIN, vg. *Oise* (Picardie), arr. et à 23 k. de Clermont, cant. et ✉ de Maignelay. Pop. 278 h.

MONTGERMONT, vg. *Ille-et-Vilaine* (Bretagne), arr., cant., ✉ et à 6 k. de Rennes. Pop. 385 h.

MONTGERON, *Mons Gisonis*, vg. *Seine-et-Oise* (Ile-de-France), arr. et à 15 k. de Corbeil, cant. de Boissy-St-Léger, ✉ de Villeneuve-St-Georges. Pop. 1,023 h.

L'origine de ce village remonte au delà du XIIe siècle. Sa situation sur une hauteur et sur la grande route de Paris à Lyon est une des plus agréables de la contrée. On y remarque un superbe château qui offre des points de vue enchanteurs ; les jardins, l'orangerie, les parterres, les terrasses, les eaux et les bosquets, tout y est de la plus grande magnificence. Une belle avenue conduit du château à la forêt de Senart.

MONTGEROULT, vg. *Seine-et-Oise* (Vexin), arr. et à 11 k. de Pontoise, cant. et ✉ de Marines. Pop. 260 h. — On y voit un château remarquable par sa position, ses terrasses et ses points de vue pittoresques.

MONTGESOYE, vg. *Doubs* (Franche-Comté), arr. et à 27 k. de Besançon, cant. et ✉ d'Ornans. Pop. 630 h.

MONTGESTY, vg. *Lot* (Quercy), arr. de Cahors, cant. et ✉ de Catus. Pop. 170 h. — *Foire* le 28 août.

MONTGEY, vg. *Tarn* (Languedoc), arr. et à 28 k. de Lavaur, cant. de Cuq-Toulzac, ✉ de Puylaurens. Pop. 700 h.

MONT-GIROUX, vg. *Mayenne*, comm. d'Alexain, ✉ de Mayenne.

MONTGISCARD, petite ville, *H.-Garonne* (Languedoc), arr. et à 14 k. de Villefranche-de-Lauragais, chef-l. de cant. Cure. ✉. A 706 k. de Paris pour la taxe des lettres. P. 1,260 h. — TERRAIN d'alluvions modernes. — Elle est située sur une hauteur, près du canal du Midi. — *Foire* le 2e jeudi de chaque mois.

MONTGISCARD, vg. *B.-Pyrénées*, com. de Salles-Montgiscard, ✉ de Saliès.

MONTGISON, vg. *Seine-et-Oise*, comm. de Guitrancourt et Fontenay-St-Père, ✉ de Mantes.

MONTGIVRAY, vg. Indre (Berry), arr., cant., ⊠ et à 3 k. de la Châtre. P. 1,065 h.

MONTGIVROUX, vg. Marne (Brie), arr. et à 33 k. d'Epernay, cant. de Sézanne, ⊠ de Baye. Pop. 30 h.

MONTGLONE, nom donné pendant la révolution à la ville de St-Florent-le-Vieil.

MONTGOBERT, vg. Aisne (Picardie), arr. et à 20 k. de Soissons, cant. et ⊠ de Villers-Cotterets. Pop. 353 h.

MONTGOIN, vg. Ain, comm. de Garnerans, ⊠ de Thoissey.

MONTGOMMERY, Calvados. V. St-Germain-de-Montgommery.

MONTGON, vg. Ardennes (Champagne), arr. et à 15 k. de Vouziers, cant. et ⊠ du Chêne. Pop. 448 h.

MONTGON, vg. H.-Loire, comm. de Grenier-Montgon, ⊠ de Massiac. — Papeterie.

MONTGOTHIER, vg. Manche (Normandie), arr. et à 23 k. de Mortain, cant. d'Isigny, ⊠ de St-Hilaire-du-Harcouet. P. 665 h.

MONTGOUBLIN, vg. Nièvre, comm. et ⊠ de St-Benin-d'Azy.

MONTGRADAIL, vg. Aude (Languedoc), arr. et à 21 k. de Limoux, cant. et ⊠ d'Alaigne. Pop. 146 h.

MONTGREDIAN, vg. Eure, comm. de St-Nicolas-d'Athoz, ⊠ de Breteuil.

MONTGRELEIX, vg. Cantal (Auvergne), arr. et à 35 k. de Murat, cant. et ⊠ de Marcenat. Pop. 333 h.

MONTGRESIN, vg. Oise, comm. d'Orry, ⊠ de la Chapelle-en-Serval.

MONTGRIFFON, vg. Ain (Bourgogne), arr. et à 40 k. de Belley, cant. et ⊠ de St-Rambert. Pop. 460 h.

MONTGRIMAULT, vg. Marne, comm. de Grauves, ⊠ d'Avize.

MONTGRIPON, vg. Loiret, comm. d'Angerville-la-Rivière, ⊠ de Puiseaux.

MONTGROLLE, Seine-et-Marne, comm. de la Chapelle-sous-Crécy, ⊠ de Crécy.

MONTGRU-ST-HILAIRE, vg. Aisne (Picardie), arr. et à 28 k. de Soissons, cant. et ⊠ d'Oulchy. Pop. 108 h.

MONTGUERS, vg. Drôme (Dauphiné), arr. et à 45 k. de Nyons, cant. et ⊠ de Séderon. Pop. 298 h.

MONTGUEUX, vg. Aube (Champagne), arr., cant., ⊠ et à 10 k. de Troyes. P. 424 h. — Il est situé sur un coteau élevé, presque entièrement planté de vignes, et où l'on cultive une espèce particulière de navets d'excellente qualité.

MONTGUICHET, vg. Seine-et-Marne, com. de Pierrelevée, ⊠ de la Ferté-sous-Jouarre.

MONTGUILLAIN (le), vg. Oise, comm. de Goincourt, ⊠ de Beauvais.

MONTGUILLON, vg. Maine-et-Loire (Anjou), arr., cant., ⊠ et à 15 k. de Segré. Pop. 354 h.

MONTGUILLON, vg. Seine-et-Marne, com. de St-Germain-lès-Couilly, ⊠ de Couilly.

MONTGUYON, petite ville, Charente-Inf. (Saintonge), arr. à 35 k. de Jonzac, chef-l. de cant. Cure. ⊠. ⚜. A 512 k. de Paris pour la taxe des lettres. Pop. 1,434 h. — Terrain crétacé inférieur, grès vert.

Fabrique de cuirs. — Foire le 1er mercredi de chaque mois.

MONTHAIRONS (les), vg. Meuse (pays Messin), arr., ⊠ et à 13 k. de Verdun-sur-Meuse, cant. de Souilly. Pop. 587 h.

MONT-HAMEL (le), vg. Eure, comm. de St-Cyr-la-Campagne, ⊠ d'Elbeuf.

MONTHARVILLE, vg. Eure-et-Loir (Beauce), arr. et à 13 k. de Châteaudun, cant. et ⊠ de Bonneval. Pop. 223 h.

MONTHAULT, vg. Ille-et-Vilaine (Bretagne), arr. et à 19 k. de Fougères, cant. et ⊠ de Louvigné-du-Désert. Pop. 741 h.

MONTHAULT, vg. Aude (Languedoc), arr. et à 18 k. de Limoux, cant. et ⊠ d'Alaigne. Pop. 199 h.

MONTHEIL, vg. H.-Vienne, comm. de Folles, ⊠ de Morterolles.

MONTHELIE, vg. Côte-d'Or (Bourgogne), arr., cant., ⊠ et à 8 k. de Beaune. P. 353 h. Au pied de deux montagnes.

MONTHELON, vg. Marne (Champagne), arr. et à 6 k. d'Epernay, cant. et ⊠ d'Avize. Pop. 438 h.

MONTHELON, Mons Tholonus, vg. Saône-et-Loire (Bourgogne), arr., cant., ⊠ et à 6 k. d'Autun. Pop. 529 h. — Papeterie.

MONTHENAULT, vg. Aisne (Picardie), arr., ⊠ et à 10 k. de Laon, cant. de Craonne. Pop. 194 h.

MONTHÉRAND, vg. Seine-et-Marne, com. de Guérard, ⊠ de Faremoutiers.

MONTHÉRAULT, vg. Charente-Inf., com. de Trizay, ⊠ de St-Porchaire.

MONTHÉRIE, vg. H.-Marne (Champagne), arr. et à 20 k. de Chaumont-en-Bassigny, cant. et ⊠ de Juzennecourt. Pop. 364 h.

MONTHERLANT, vg. Oise (Picardie), arr. et à 20 k. de Beauvais, cant. et ⊠ de Méru. Pop. 168 h.

L'ancien fief de Pontavesne fait également partie de cette commune. On y voit un château, environné de plantations d'ormes formant des avenues qui lui donnent un fort bel aspect. La vue y est variée et se porte au loin. Un petit bois, qui en est tout près, donne la jouissance de promenades fort agréables.

MONTHERMÉ, bg. Ardennes (Champagne), arr. de Mézières, ⊠, bureau d'enregist. et à 15 k. de Charleville, chef-l. de cant. P. 1,976 h. — Terrain crétacé inférieur, grès vert.

Ce bourg est très-agréablement situé sur la rive gauche de la Meuse, que l'on y passe sur un beau pont suspendu de 100 m. de largeur.

Il y avait dans cette commune, avant la révolution, une abbaye dite de Val-Dieu, de l'ordre des Prémontrés, fondée en 1128 par Witter, comte de Réthel. On ne doit pas manquer de parcourir les bords riants de la Meuse, qui, de Monthermé à Revin, offrent les plus riches points de vue et les paysages les plus variés.

Patrie de Hubert Godert, théologien et savant jurisconsulte, connu sous le nom de Hubert Monthermé.

Industrie. Fabriques de poterie de terre. Belle verrerie où l'on fabrique des verres blancs en tables, dits de Bohême, de toutes couleurs, des verres à vitres ordinaires, cylindres, etc. Ardoisière.

MONTHETY, vg. Seine-et-Marne, comm. d'Ozouer-la-Ferrière, ⊠ de la Queue-en-Brie. — Foire le 9 sept.

MONTHIÉRAULT, vg. Aube, comm. et ⊠ d'Ervy.

MONTHIÈRES, vg. Somme, comm. de Bouttancourt, ⊠ de Blangy.

MONTHIERS, vg. Aisne (Picardie), arr. et à 10 k. de Château-Thierry, cant. et ⊠ de Neuilly-St-Front. Pop. 350 h.

MONTHIEU, vg. Ain (Dombes), arr. et à 11 k. de Trévoux, cant. de St-Trivier-sur-Moignans. Pop. 387 h.

MONTHION, vg. Seine-et-Marne (Brie), arr., ⊠ et à 8 k. de Meaux, cant. de Dammartin. Pop. 1,046 h.

Il est situé sur une montagne, d'où la vue s'étend très-loin de tous côtés sur les plaines les plus fertiles en grains du département.

Le dernier seigneur de ce village était l'estimable M. de Mouthyon, fondateur des prix de vertu et de plusieurs établissements philanthropiques.

MONTHODON, vg. Indre-et-Loire (Beauce), arr. et à 35 k. de Tours, cant. et ⊠ de Château-Renault. Pop. 846 h.

MONTHOIRON, vg. Vienne (Poitou), arr., ⊠ et à 12 k. de Châtellerault, cant. de Vouneuil-sur-Vienne. Pop. 784 h.

MONTHOIS, vg. Ardennes (Champagne), arr., bureau d'enregist. et à 12 k. de Vouziers, chef-l. de cant. Cure. ⊠. A 235 k. de Paris pour la taxe des lettres. Pop. 664 h. — Terrain crétacé inférieur, grès vert. — Foires les lundi gras, lendemain de la Trinité, lundi après le 1er sept. et après le 3 nov.

MONTHOLIER, vg. Jura (Franche-Comté), arr., cant. et ⊠ de Poligny, à 15 k. d'Arbois. Pop. 624 h.

MONTHOLON. V. Montbelon.

MONTHOMÉ, vg. Seine-et-Marne, comm. de St-Cyr, ⊠ de la Ferté-sous-Jouarre.

MONTHOU-SUR-BIÈVRE, vg. Loir-et-Cher (Blaisois), arr. à 14 k. de Blois, cant. de Contres, ⊠ des Montils. Pop. 457 h.

MONTHOU-SUR-CHER, vg. Loir-et-Cher (Blaisois), arr. à 31 k. de Blois, cant. et ⊠ de Montrichard. Pop. 1,239 h.

MONT-HUCHON, vg. Manche (Normandie), arr., et à 5 k. de Coutances, cant. de St-Sauveur-Landelin. Pop. 701 h.

MONTHUREL, vg. Aisne (Brie), arr. et à 17 k. de Château-Thierry, cant. et ⊠ de Condé. Pop. 214 h.

MONTHUREUX-LE-SEC, vg. Vosges (Champagne), arr. et à 18 k. de Mirecourt, cant. de Vittel, ⊠ de Remoncourt. P. 814 h.

MONTHUREUX-SUR-SAONE, petite ville, Vosges (Lorraine), arr. et à 40 k. de Mirecourt, chef-l. de cant. Cure. ⊠. A 373 k. de

Paris pour la taxe des lettres. Pop. 1,781 h. — TERRAIN du trias, grès bigarré. —*Fabriques* de limes, couverts en fer battu, clous. Filature de coton. Blanchisserie de cire. — *Foires* les 19 mars, 29 juin, sept., 1ᵉʳ nov., 25 déc., jeudi avant la Purification et avant la Pentecôte.

MONTICELLO, vg. *Corse*, arr. et à 21 k. de Calvi, cant. et ✉ de l'Isle-Rousse. P. 821 h.

Le hameau d'Occigliono, dépendant de cette commune, passe pour être l'emplacement de la cité phénicienne d'Agilla , la plus ancienne dont il soit parlé dans l'histoire de l'île, et dont Hérodote cite les jeux magnifiques célébrés en l'honneur d'Apollon.

MONTICHI, vg. *Corse*, comm. de Cognocoli, ✉ d'Ajaccio.

MONTIER, vg. *Seine-et-Marne*, comm. de Nanteuil-lès-Meaux, ✉ de Meaux.

MONTIÉRAMEY, *Monasterium Arremary*, vg. *Aube* (Champagne), arr. et à 22 k. de Troyes, cant. et ✉ de Lusigny. ⚘. P. 713 h.

Ce lieu s'appelait autrefois Mais-Corbon. En 837 un prêtre de Troyes, nommé Amé ou Amey, fonda à peu de distance, sur les bords de la Barse, un couvent auquel il donna d'abord le nom de Neuve-Celle-en-Der, qui fut remplacé plus tard par celui de Montiéramey.

L'abbaye de Montiéramey souffrit beaucoup dans les guerres sous François Iᵉʳ. Le 17 janvier 1522, un parti d'infanterie étant venu la piller, les religieux , soutenus des habitants et de François de Champigny , garde du lieu, se défendirent avec bravoure, et il y eut de part et d'autre beaucoup de blessés. Cette abbaye ne fut pas moins célèbre que celle de l'Arrivour ; elle se glorifie du moine Nicolas, lettré du XIIᵉ siècle, secrétaire de saint Bernard, auteur de plusieurs sermons et d'un assez grand nombre de lettres qui jettent quelque lumière sur l'histoire littéraire du siècle où il écrivait, et surtout sur l'histoire de l'ordre religieux, alors célèbre, de Cîteaux.

MONTIERCHAUME, vg. *Indre* (Berry), arr., cant., ✉ et à 9 k. de Châteauroux. Pop. 968 h.

MONTIÉRENDER , *Monasterium Dervense*, bg *H.-Marne* (Champagne), arr. et à 15 k. de Vassy, chef-l. de cant. Cure. Gîte d'étape. ⚘. A 214 k. de Paris pour la taxe des lettres. Pop. 1,496 h. — TERRAIN crétacé inférieur, grès vert.

Ce bourg, situé au milieu de la forêt de Der, doit son origine et son nom à un monastère fondé au VIIᵉ siècle par le roi Childéric II. Cette abbaye était une des plus riches de l'ordre de St-Benoît; elle étendait sa seigneurie sur un grand nombre de paroisses. — Dépôt d'étalons.

Foires les 30 juin, mercredi saint, 17 juillet, 14 oct. et 12 nov.

MONTIER-EN-L'ISLE, vg. *Aube* (Champagne), arr., cant., ✉ et à 5 k. de Bar-sur-Aube. Pop. 428 h.

MONTIÈRES, vg. *Somme*, comm. et ✉ d'Amiens.

MONTIER-LA-CELLE, *Aube*. V. ST-ANDRÉ.

MONTIERS , vg. *Oise* (Picardie) , arr. et à 21 k. de Clermont, cant. et ✉ de St-Just-en-Chaussée. Pop. 397 h. — On y voit un assez joli château, dont les pièces d'eau du parc sont alimentées par la petite rivière d'Aronde et par deux puits artésiens.

MONTIERS-AUSSOS, vg. *Gers* (Armaguac), arr. et à 28 k. de Mirande, cant. et ✉ de Masseube. Pop. 535 h.

MONTIERS-NOTRE-DAME, vg. *Orne*, comm. et ✉ de Tinchebrai.

MONTIERS-SUR-SAULX, vg. *Meuse* (Lorraine), arr. et à 31 k. de Bar-le-Duc, chef-l. de cant. Bur. d'enregist. de Gondrecourt. Cure. ✉ de Ligny. Pop. 1,198 h. — TERRAIN jurassique, étage supérieur du système oolitique.— Hauts fourneaux et fonderie de tuyaux de toute dimension pour les mécaniques, ornements en fonte pour l'architecture , etc. — *Foires* les 3 mars et 25 oct.

MONTIGNAC , vg. *Aveyron* , comm. de Conques, ✉ d'Entraigues.

MONTIGNAC, vg. *Charente-Inf.*, comm. de Bougneau, ✉ de Pons.

MONTIGNAC, jolie petite ville, *Dordogne* (Périgord), arr. et à 24 k. de Sarlat, chef-l. de cant. Cure. Gîte d'étape. ⚘. A 511 k. de Paris pour la taxe des lettres. Pop. 3,752 h. — TERRAIN crétacé inférieur, grès vert.

Autrefois diocèse et élection de Sarlat, parlement et intendance de Bordeaux.

Cette ville est bâtie dans une situation riante, sur la Vézère, qui y est navigable pendant quelques mois de l'année. Elle est dominée par les restes imposants d'un ancien château qui a joué un rôle important durant les guerres contre les Anglais et dans les guerres de religion. Archambault de Talleyrand s'y renferma pour résister à l'édit de confiscation rendu en 1396 contre son père; mais il y fut surpris par le maréchal de Boucicault, arrêté et conduit à Paris, où il fut condamné à mort : cette sentence ne fut point exécutée. — Les états du Périgord se réunirent à Montignac en 1560, 1597 et 1601. En 1560, l'assemblée délibérant sur le projet de supprimer le présidial de Bergerac, un consul de Sarlat s'y opposa en disant : « Le peuple est plus aisé et soulagé si la justice est près de sa porte, et voire serait besoin qu'il l'eût dans sa maison. »

PATRIE de M. MÉRILHOU, avocat distingué du barreau de Paris.

Foires le 3ᵉ mercredi de chaque mois et le 12 fév.

MONTIGNAC, vg. *Gironde* (Bazadois), comm. et à 23 k. de la Réole, cant. de Targon, ✉ de Cadillac. Pop. 137 h.

MONTIGNAC, vg. *Lozère*, comm. de la Malène, ✉ de la Canourgue.

MONTIGNAC, *H.-Pyrénées* (Gascogne), arr., cant., ✉ et à 13 k. de Tarbes. P. 153 h.

MONTIGNAC-CHARENTE, vg. *Charente* (Angoumois), arr. et à 15 k. d'Angoulême, cant. et ✉ de St-Amant-de-Boixe. P. 642 h. — Il est situé sur la rive gauche de la Charente, qui commence en cet endroit à être navigable.

Foires le 6 de chaque mois.

MONTIGNAC-DE-LAUZUN , vg. *Lot-et-Garonne* (Agénois), arr. et à 27 k. de Marmande, cant. et ✉ de Lauzun. Pop. 1,080 h.

MONTIGNAC-LE-COQ, vg. *Charente* (Angoumois), arr. et à 33 k. de Barbezieux, cant. et ✉ d'Aubeterre. Pop. 572 h.

MONTIGNAC-TOUPINERIES, vg. *Lot-et-Garonne* (Agénois), arr. et à 18 k. de Marmande, cant. de Seyches, ✉ de Miramont. Pop. 684 h.

MONTIGNAC - SUR - VAUCLAIRE, vg. *Dordogne*; comm. de Menesterol-Montignac, ✉ de Monpont.

MONTIGNARGUES, vg. *Gard* (Languedoc), arr., ✉ et à 20 k. d'Uzès, cant. de St-Chaptes. Pop. 152 h.

MONTIGNÉ, vg. *Charente* (Angoumois), arr. et à 26 k. d'Angoulème , cant. et ✉ de Rouillac. Pop. 392 h.

MONTIGNÉ, vg. *Maine-et-Loire* (Anjou), arr., cant. et à 12 k. de Baugé , ✉ de Durtal. Pop. 1,860 h.

MONTIGNÉ , vg. *Maine-et-Loire* (Anjou), arr. et à 17 k. de Beaupréau, cant. et ✉ de Montfaucon. Pop. 1,017 h.

MONTIGNÉ , vg. *Deux-Sèvres* (Poitou) , arr. et à 9 k. de Melle, cant. et ✉ de Celles. Pop. 377 h.

MONTIGNÉ-LE-BRILLANT, bg *Mayenne* (Maine) , arr., cant., ✉ et à 9 k. de Laval. Pop. 936 h.

MONTIGNON, vg. *Nièvre*, com. d'Arleuf, ✉ de Château-Chinon.

MONTIGNY, vg. *Allier*, com. de Monétay-sur-Allier, ✉ de St-Pourçain.

MONTIGNY, vg. *Aube* (Champagne), arr. et à 24 k. de Troyes, cant. d'Ervy, ✉ d'Auxon. Pop. 566 h.

MONTIGNY, vg. *Calvados* (Normandie), arr. et à 23 k. de Caen, cant. et ✉ d'Evrecy. Pop. 213 h.

MONTIGNY, vg. *Cher* (Berry), arr. et à 16 k. de Sancerre, cant. et ✉ d'Henrichemont. Pop. 1,075 h.

MONTIGNY, vg. *Eure*, com. de St-Marcel, ✉ de Vernon.

MONTIGNY (les), bg *Jura* (Franche-Comté), arr. de Poligny, cant., ✉ et à 5 k. d'Arbois. Pop. 1,052 h.

MONTIGNY, vg. *Loir-et-Cher*, comm. et ✉ de Blois.

MONTIGNY, vg. *Loiret* (Orléanais), arr. et à 13 k. de Pithiviers, cant. d'Outarville, ✉ de Neuville-aux-Bois. Pop. 407 h.

MONTIGNY, vg. *Manche* (Normandie), arr. et à 16 k. de Mortain, cant. d'Isigny, ✉ de St-Hilaire-du-Harcouet. Pop. 607 h.

MONTIGNY, vg. *Marne*, com. de Binson, ✉ de Port-à-Binson.

MONTIGNY, vg. *Meurthe* (Lorraine), arr. et à 27 k. de Lunéville, cant. de Baccarat, ✉ de Blamont. Pop. 263 h.

MONTIGNY, vg. *Meuse* (Lorraine), arr. et à 20 k. de Montmédy, cant. et ✉ de Dun-sur-Meuse. Pop. 666 h.

MONTIGNY, vg. *Nièvre*, comm. de Pougues, ✉ de Lormes.

MONTIGNY, vg. *Nord* (Flandre), arr. et à 18 k. de Cambrai, cant. de Clary, ✉ du Cateau. Pop. 959 h.

MONTIGNY, *Muntiniacum*, vg. *Nord* (Flandre), arr., cant., ✉ et à 8 k. de Douai. Pop. 850 h.

Ce village, situé sur une hauteur, possédait autrefois un château fort, aujourd'hui converti en ferme, dont il reste encore une tour où l'on voit un cachot et un instrument de supplice dignes de la barbarie du règne féodal. Cet instrument consiste en trois madriers de bois de chêne, de la longueur de 3 m. sur 80 c. d'équarrissage, fixés et jouant entre deux montants du même bois, lesquels tiennent solidement dans une semelle, sur laquelle repose tout l'instrument. A la rencontre du premier et du second madrier sont pratiqués huit trous : deux à chaque extrémité qui les traversent, de la capacité du bras d'un homme; quatre au milieu, de la capacité du poignet à l'entrée, et évasés en dedans pour y loger le poing fermé. A la rencontre du madrier du milieu et de celui du dessous sont huit trous du diamètre de la jambe d'un homme. A l'extrémité droite, les madriers sont fixés par une charnière en fer qui tient à deux barres de fer longues et épaisses que l'on remarque dans toute la longueur du madrier supérieur et de l'inférieur, jusqu'à l'extrémité opposée, de manière à pouvoir être réunies et liées par un cadenas. Les orifices des trous sont également garnis en fer. Pour se servir de cette horrible machine, on levait les madriers par l'extrémité où était le cadenas : un seul était la charge d'un homme. Le malheureux mettait ses jambes et ses poings dans les trous, et l'on rejoignait ensuite les madriers. Dans cette situation, le détenu restait cloué à cette masse de bois. Ceux qui y étaient fixés par les poings et par les jambes devaient cruellement souffrir de leur posture forcée.

Dans l'angle de la chambre voûtée où se trouve cet instrument est une ouverture étroite où on ne peut entrer qu'en se baissant et en travers. Elle mène à un réduit de 67 c. de large, où il existe un trou comme l'ouverture d'un puits, construit en pierre de grès, de 67 c. de diamètre ; c'est l'entrée d'un fond de fosse, de la profondeur et de la longueur de 8 à 9 m., mais n'ayant que 67 c. de largeur dans toute sa longueur. Les malheureux que l'on y descendait étaient, dans la force du terme, entre deux murs, n'ayant que la liberté de s'y retourner. Une simple ouverture de 3 c. de large sur 33 c. de haut éclairait cet affreux cachot, dont le fond était au niveau des eaux des fossés presque contigus qui environnent le château.

MONTIGNY, vg. *Oise* (Picardie), arr. et à 24 k. de Clermont, cant. et ✉ de Maignelay. Pop. 1,011 h.

On y remarque les restes d'une ancienne forteresse appelée autrefois le fort Philippe. Elle fut bâtie par Philippe le Bel dans le temps de ses guerres avec le duc de Bourgogne, et pouvait contenir dix mille hommes.

MONTIGNY, vg. *Oise*. V. Russi.

MONTIGNY, bg *Sarthe* (Maine), arr. et à 21 k. de Mamers, cant. de la Fresnaye, ✉ d'Alençon. Pop. 125 h.

MONTIGNY (Bas , Haut et Moyen-) , vg. *Seine-et-Marne*, comm. de la Ferté-Gaucher et de Jouy-sur-Morin, ✉ de la Ferté-Gaucher.

MONTIGNY, vg. *Seine-Inf.* (Normandie), arr., ✉ et à 6 k. de Rouen, cant. de Maromme. Pop. 732 h.

MONTIGNY, vg. *Seine-Inf.*, comm. d'Imbleville, ✉ de Totes.

MONTIGNY, vg. *Deux-Sèvres* (Poitou), arr. et à 13 k. de Bressuire, cant. et ✉ de Cerizay. Pop. 444 h.

MONTIGNY, vg. *Somme* (Picardie), arr. et à 17 k. d'Amiens, cant. et ✉ de Villers-Bocage. Pop. 345 h.

MONTIGNY, vg. *Somme* (Picardie), arr. et à 17 k. de Doullens, cant. et ✉ de Bernaville. Pop. 301 h.

MONTIGNY, vg. *Somme*, comm. de Nampont, ✉ de Bernay.

MONTIGNY-AUX-AMOGNES, vg. *Nièvre* (Nivernais), arr. et à 15 k. de Nevers, cant. et ✉ de St-Bénin-d'Azy. Pop. 514 h.—Hauts fourneaux.

MONTIGNY-CAROTTE, vg. *Aisne* (Picardie), arr. et à 16 k. de St-Quentin, cant. et ✉ de Bohain. Pop. 1,082 h.

MONTIGNY-EN-GOHELLE, vg. *Pas-de-Calais* (Artois), arr. et à 32 k. de Béthune, cant. et ✉ de Carvin. Pop. 647 h.

MONTIGNY-EN-MORVAND, vg. *Nièvre* (Nivernais), arr., cant., ✉ et à 15 k. de Château-Chinon. Pop. 1,122 h.

MONTIGNY-L'ALLIER, vg. *Aisne* (Picardie), arr. et à 35 k. de Château-Thierry, cant. de Neuilly-St-Front, ✉ de Gandelu. Pop. 474 h.

MONTIGNY-LE-BRETONNEUX, vg. *Seine-et-Oise* (Ile-de-France), arr., cant. et à 10 k. de Versailles, cant. de Trappes. P. 288 h.

MONTIGNY-LE-CHARTIF, vg. *Eure-et-Loir* (Beauce), arr. et à 26 k. de Nogent-le-Rotrou, cant. de Thiron-Gardais, ✉ d'Illiers. Pop. 1,208 h.

MONTIGNY-LE-FRANC, vg. *Aisne* (Picardie), arr. et à 25 k. de Laon, cant. de Marle, ✉ de Montcornet. Pop. 253 h.

MONTIGNY-LE-GANNELON, vg. *Eure-et-Loir* (Beauce), arr. et à 10 k. de Châteaudun, cant. et ✉ de Cloyes. Pop. 779 h.

Patrie du peintre Léon Cochereau et du peintre de panorama Prévost.

MONTIGNY-LE-GUESDIER, vg. *Seine-et-Marne* (Brie), arr. et à 23 k. de Provins, cant. et ✉ de Bray-sur-Seine. Pop. 417 h.

MONTIGNY-LENCOUP, vg. *Seine-et-Marne* (Brie), arr. et à 24 k. de Provins, cant. et ✉ de Donnemarie. Pop. 515 h.—Fabrique de poterie de terre.

MONTIGNY-LENGRAIN, vg. *Aisne* (Picardie), arr. et à 20 k. de Soissons, cant. et ✉ de Vic-sur-Aisne. Pop. 660 h.

MONTIGNY-LE-ROI, petite ville, *H.-Marne* (Champagne), arr. et à 23 k. de Langres, chef-l. de cant. Cure. Gîte d'étape. ✉. ✆. A 285 k. de Paris pour la taxe des lettres. Pop. 1,267 h. — Terrain jurassique.

C'était autrefois une place forte qui a été prise et reprise plusieurs fois. Pendant la révolution elle a porté le nom de Montigny-Source-Meuse.

Commerce de meules à aiguiser. — Foires les 24 fév., 25 avril, 7 juin, 23 juillet, 10 sept. et 12 nov.

MONTIGNY-LE-ROI, vg. *Yonne* (Bourgogne), arr. et à 13 k. d'Auxerre, cant. et ✉ de Ligny-le-Châtel. ✆. Pop. 698 h.

MONTIGNY-LÈS-CHARLIEUX, vg. *H.-Saône* (Franche-Comté), arr. et à 38 k. de Vesoul, cant. de Vitrey, ✉ de Jussey. Pop. 890 h.

MONTIGNY-LES-CONDÉ, vg. *Aisne* (Picardie), arr. et à 22 k. de Château-Thierry, cant. et ✉ de Condé-en-Brie. Pop. 212 h.

MONTIGNY-LES-CORMEIL, vg. *Seine-et-Oise* (Ile-de-France), arr. et à 24 k. de Versailles, cant. d'Argenteuil, ✉ de Franconville. Pop. 472 h.

MONTIGNY-LÈS-METZ, vg. *Moselle* (pays Messin), arr., cant., ✉ et à 2 k. de Metz. Pop. 1,384 h.

MONTIGNY-LÈS-VAUCOULEURS, vg. *Meuse* (Champagne), arr. de Commercy et à 40 k. de St-Mihiel, cant. et ✉ de Vaucouleurs. Pop. 367 h.

MONTIGNY-LÈS-VESOUL, ou LES NONKES, vg. *H.-Saône* (Franche-Comté), arr., cant. et à 10 k. de Vesoul. Pop. 457 h.—

Il doit son surnom à une abbaye de filles de l'ordre de St-François d'Assise, fondée vers 1282, et dont les bâtiments sont aujourd'hui une propriété particulière.

MONTIGNY-MONTFORT, vg. *Côte-d'Or* (Bourgogne) , arr. et à 11 k. de Semur, cant. et ✉ de Montbard. Pop. 538 h. — On y remarque les ruines pittoresques d'un ancien château propre à donner une idée exacte de la demeure d'un ancien paladin.

MONTIGNY-ST-BARTHÉLEMY, vg. *Côte-d'Or* (Bourgogne), arr. et à 10 k. de Semur, cant. de Précy-sous-Thil, ✉ de la Maison-Neuve. Pop. 258 h.

MONTIGNY-SOURCE-MEUSE, nom donné pendant la révolution à la ville de Montigny-le-Roi.

MONTIGNY-SOUS-MARLE, vg. *Aisne* (Picardie), arr. et à 26 k. de Laon, cant. et ✉ de Marle. Pop. 229 h.

MONTIGNY-SUR-ARMANÇON, vg. *Côte-d'Or* (Bourgogne), arr., cant., ✉ et à 9 k. de Semur. Pop. 368 h.

MONTIGNY-SUR-AUBE, bg *Côte-d'Or* (Champagne), arr., bur. d'enregist. et à 23 k. de Châtillon-sur-Seine, chef-l. de cant. Cure. ✉. A 255 k. de Paris pour la taxe des lettres. Pop. 917 h. Sur la rive gauche de l'Aube. — Terrain jurassique. — Haut fourneau. Papeterie. — *Foires* les 5 mai, 30 juillet, 1ᵉʳ oct. et 16 déc.

MONTIGNY-SUR-AVRE, vg. *Eure-et-Loir* (Beauce), arr. et à 28 k. de Dreux, cant.

de Brézolles, ✉ de Tillières-sur-Avre. Pop. 390 h. — Papeterie.

MONTIGNY-SUR-CANNE, vg. *Nièvre* (Nivernais), arr. et à 30 k. de Château-Chinon, cant. et ✉ de Châtillon-en-Bazois. Pop. 712 h. — Commerce de bœufs gras. — Foires les 3 mai, 26 août et lundi après la St-Denis.

MONTIGNY-SUR-CHIERS, vg. *Moselle* (pays Messin), arr. et à 35 k. de Briey, cant. et ✉ de Longuyon. Pop. 417 h.

MONTIGNY-SUR-CRÉCY, vg. *Aisne* (Picardie), arr. et à 20 k. de Laon, cant. et ✉ de Crécy-sur-Serre. Pop. 578 h.

MONTIGNY-SUR-GIRY, vg. *Nièvre*, com. de Giry, ✉ de Prémery.

MONTIGNY-SUR-L'AIN, vg. *Jura* (Franche-Comté), arr. de Poligny et à 25 k. d'Arbois, cant. et ✉ de Champagnole. Pop. 309 h.

MONTIGNY-SUR-LOING, vg. *Seine-et-Marne* (Gatinais), arr. et à 11 k. de Fontainebleau, cant. de Moret, ✉ de Bourron. P. 813 h.

MONTIGNY-SUR-MEUSE, vg. *Ardennes* (Champagne), arr. et à 27 k. de Rocroy, cant. et ✉ de Fumay. Pop. 163 h. Sur la rive gauche de la Meuse.

Patrie de M. Gaspard Lavocat, député des Ardennes, deux fois condamné à mort sous la restauration, et qui fut chargé, après les événements de 1830, de la conduite des ministres de Charles X au fort de Ham.

MONTIGNY-SUR-VENCE, vg. *Ardennes* (Champagne), arr. de Mézières et à 15 k. de Charleville, cant. d'Omont, ✉ de Poix. Pop. 382 h.

MONTIGNY-SUR-VESLE, vg. *Marne* (Champagne), arr. et à 20 k. de Reims, cant. de Fismes, ✉ de Jonchery-sur-Vesle. P. 600 h.

MONTIGNY-SUR-VINGEANNE, vg. *Côte-d'Or* (Champagne), arr. et à 45 k. de Dijon, cant. de Fontaine-Française. Pop. 637 h. Sur la Vingeanne — Forges et martinets. — Foires les 1er mai et 28 oct.

MONTILLIER (le), vg. *Ain* (Bresse), arr. et à 26 k. de Trévoux, chef-l. de cant., ✉ de Montluel. Pop. 321 h. — Terrain tertiaire supérieur.

MONTILLIERS, vg. *Maine-et-Loire* (Anjou), arr. et à 45 k. de Saumur, cant. et ✉ de Vihiers. Pop. 1,085 h.

MONTILLON (le), vg. *H.-Vienne*, comm. de Châteauponsat, ✉ de Morterolles.

MONTILLOT, vg. *Yonne* (Bourgogne), arr. et à 16 k. d'Avallon, cant. et ✉ de Vezelay. Pop. 940 h.

MONTILLY, vg. *Allier* (Bourbonnais), arr., cant., ✉ et à 10 k. de Moulins-sur-Allier. Pop. 700 h.

MONTILLY, vg. *Orne* (Normandie), arr. et à 29 k. de Domfront, cant. et ✉ de Flers. Pop. 1,250 h. — Foire le 5 oct.

MONTILS, vg. *Charente-Inf.* (Saintonge), arr., cant., ✉ et à 17 k. de Pons. P. 1,231 h.

MONTILS (les), vg. *Loir-et-Cher* (Blaisois), arr. et à 12 k. de Blois, cant. de Contres. ✉. ☞. A 188 k. de Paris pour la taxe des lettres. Pop. 896 h. — *Fabrique de vinaigre. Filature de coton.*

MONTILS (les), vg. *Seine-et-Marne*, com. de la Chapelle-Rablais, ✉ de Nangis.

MONTIPOURET, vg. *Indre* (Berry), arr. et à 10 k. de la Châtre, cant. et ✉ de Neuvy-St-Sépulcre. Pop. 951 h.

MONTIRAT, vg. *Aude* (Languedoc), arr., ✉ et à 11 k. de Carcassonne, cant. de Capendu. Pop. 86 h. — On y voit des restes de fortifications percées de portes assez bien conservées, qui annoncent que ce lieu était autrefois une place importante.

MONTIRAT, petite ville, *Tarn* (Languedoc), arr. et à 38 k. d'Albi, cant. et ✉ de Monestiés. Pop. 2,239 h. — C'était autrefois un château fort qui dominait la rivière de Viaur, et défendit longtemps les frontières du pays pendant le XIIIe siècle. On y trouve une source d'eau minérale ferrugineuse acidule, qui a beaucoup d'analogie avec les eaux de Bussang et de Spa.

Foires les 17 et 25 janv., 2 mai, 11 et 13 juin, 20 août, 21 oct., 2 nov. et lundi de Quasimodo.

MONTIREAU, ou **ALIGRE**, vg. *Eure-et-Loir* (Beauce), arr. et à 19 k. de Nogent-le-Rotrou, cant. de la Loupe, ✉ de Champrond. Pop. 320 h.

C'est le berceau de la famille d'Aligre, qui y possédait un château qui fut détruit par un incendie à une époque déjà fort ancienne.

MONTIRON, vg. *Gers* (Gascogne), arr. et à 14 k. de Lombez, cant. de Samatan, ✉ de Gimont. Pop. 481 h.

MONTIVERNAGE, vg. *Doubs* (Franche-Comté), arr., cant., ✉ et à 8 k. de Baume-les-Dames. Pop. 137 h.

MONTIVILLIERS, *Monasterium Villaris*, petite ville, *Seine-Inf.* (Normandie), arr. et à 13 k. du Havre, chef-l. de cant. Cure. ✉. A 214 k. de Paris pour la taxe des lettres. Pop. 3,920 h. — Terrain tertiaire supérieur.

Montivilliers, ainsi que son nom l'indique, doit son origine à des moines. A l'époque où toute la civilisation s'était réfugiée dans les cloîtres, comme tout le pouvoir matériel se tenait dans les châteaux, Varaton, maire du palais, fonda cette abbaye en 682 dans un des sites les plus agréables de la Normandie. Dans un temps où les invasions des Normands étaient pour les parties septentrionales de la France la plus terrible calamité, Hasting, chef d'une émigration d'aventuriers danois, détruisit ce monastère et plusieurs autres en 850 ; mais la piété des fidèles le fit sortir bientôt de ses ruines, plus riche que jamais. La population qui entourait l'abbaye étant devenue considérable, on construisit une enceinte de murailles, et Montivilliers devint une ville d'appartenance des moines. Vers la fin du XIVe siècle on fit de cette ville une place forte, comme l'indiquent encore une porte voûtée et quelques débris de murailles. A cette même époque, lorsque le commerce maritime amenait à Harfleur les vaisseaux de la péninsule Ibérique, Montivilliers jouissait déjà depuis longtemps de l'avantage de posséder un grand nombre de fabriques de draps, alimentées par les laines fines de Castille, importées par ces navires ; dès 1379 les draps qu'on y fabriquait avaient atteint un tel degré de perfection, que dans le commerce on les estimait autant que ceux de Bruxelles et autres draps de la Flandre et du Brabant. Le cours des prospérités ne fut pas de longue durée ; le commerce d'Harfleur tomba et avec lui l'industrie de Montivilliers. Cependant cette ville, située dans une belle vallée qu'arrose un cours d'eau, pourrait obtenir la même richesse que les heureux sites de Déville et de Bolbec ; par son heureuse position elle peut recevoir à très-bas prix le combustible et les matières nécessaires à des fabriques, dont les produits seraient, en peu d'heures, conduits à l'un des grands ports de la France. Mais on prétend que les riches propriétaires de cette vallée repoussent l'établissement des manufactures.

Aujourd'hui, Montivilliers est tout bonnement une ville champêtre, située à l'extrémité d'une jolie vallée qu'arrose la Lézarde, et abritée contre les vents salins et désastreux qui attristent le Havre, dont les habitants viennent y respirer un air doux et pur. Son aspect est riant ; un ruisseau limpide circule dans ses rues et y maintient la fraîcheur et la propreté, si nécessaires à la santé. Cette ville est du petit nombre de celles qui n'ont pas tout à fait perdu le caractère du moyen âge. Sa porte d'entrée est flanquée de deux tours, et l'on rencontre à chaque pas quelques débris des grands murs de son enceinte. On y compte trois cents protestants, qui ont un temple et un pasteur.

Les armes de **Montivilliers** sont : *de gueules à une tour d'argent à pans coupés, couverte en pointe, avec deux tourelles de même aux côtés et tiercée d'argent au lézard de sinople.*

L'église de Montivilliers est l'ancien monastère, relevé à la suite de l'invasion des hommes du Nord. A l'exception d'une galerie méridionale, construite dans le goût gothique du XIVe siècle, et de quelques parties de la façade qui datent d'une époque encore plus rapprochée de la renaissance, cet édifice appartient à l'architecture du moyen âge. Sa tour fixe particulièrement l'attention.

Patrie de l'historien et antiquaire F. de Brétigny, membre de l'académie des inscriptions. De l'historien Isaac de Larrey, mort en 1729.

Fabriques de draps, dentelles, métiers à tulle. Filatures de coton. Raffineries de sucre. Tanneries. Papeteries. Blanchisseries de toiles. — *Commerce de grains, bestiaux, draps, cuirs, épicerie et quincaillerie.* — *Foires les 14 avril et 14 sept.* — Marchés considérables pour les grains tous les jeudis.

MONTJAI, vg. *H.-Alpes* (Dauphiné), arr. et à 55 k. de Gap, cant. de Rosans, ✉ de Serres. Pop. 448 h. — Foires le 1er oct. et le lundi après la Toussaint.

MONTJARDIN, vg. *Aude* (Languedoc), arr. et à 24 k. de Limoux, cant. et ✉ de Chalabre. Pop. 339 h. — *Fabrique de draps.*

MONTJARDIN, vg. *Gard*, comm. de Lanuejols, ✉ de Nant.

MONTJAUX, vg. *Aveyron* (Rouergue), arr., ✉ et à 20 k. de Millau, cant. de St-Bauzely. P. 1,484 h. *Foires* les 7 juin et 2 sept.

MONTJAVOULT, vg. *Oise* (Vexin), arr. et à 38 k. de Beauvais, cant. de Chaumont-en-Vexin, ✉ de Magny. Pop. 654 h.

On prétend que le nom de cette commune vient de ce qu'il y avait autrefois sur son territoire un temple consacré à Jupiter et dont on montre l'emplacement près de l'église. Il paraît cependant que *Mons Jovis* est un nom d'invention moderne, et probablement traduit de *Mont-Javoult*, car au XIIe siècle ce lieu portait le nom de *Mons Genvoldi*, et au IXe on l'appelait *Mons Jocondiacus* (Félibien, *hist. St-Denis*). Quant à l'emplacement du prétendu temple, il a été défriché en 1826, dans l'intention d'en retirer les pierres d'ancienne fondation qu'on savait exister en différents sens à 25 ou 30 c. au-dessous de la surface du sol. Ces fondations appartenaient à une construction dont on n'a aucun souvenir, mais qui est attestée par un titre de l'année 1686. On trouva là des murs circulaires et anguleux de 2 à 3 m. d'épaisseur et de solidité variable; les murs étaient composés en grande partie de cercueils dont chacun avait la forme d'une auge rectangulaire longue d'environ 2 m., haute et large de 66 c. creusée en dedans, et garnie d'un couvercle qui s'adaptait exactement, mais seulement par juxtaposition, à ses bords supérieurs. La pierre de ces tombes est une variété de calcaire grossier, tendre, verdâtre et sableux, qui paraît extrait des carrières des Boves, à 2 k. de Montjavoult; cette pierre était devenue tellement friable, qu'il fut impossible de conserver entière aucune tombe, ni d'en utiliser les fragments. De ces tombes les unes recouvraient les murs, d'autres formaient le corps de la bâtisse, qui, dans d'autres points, reposait sur une rangée de ces cercueils : ils étaient placés à côté et au-dessus les uns des autres dans leur sens longitudinal; nulle inscription, nulle sculpture ne décorait leur surface assez grossièrement taillée; ils étaient remplis de débris pris à la surface du sol, et d'ossements qui avaient été déplacés, car on a trouvé jusqu'à trois et quatre têtes dans un seul cercueil, dont la capacité ne pouvait cependant contenir qu'un seul corps. On découvrit plus de cent de ces tombeaux, dont la dernière assise était à 2 m. 66 c. au-dessous du sol actuel : plus bas encore étaient d'autres vestiges de constructions plus anciennes, dont on ne put constater ni la nature ni la direction. Tout ce terrain a évidemment été fouillé et retourné plusieurs fois. On trouva dans les débris un éperon de bronze à grande molette, une pièce d'argent du règne de Charles IX, et quelques petits vases circulaires en terre cuite grisâtre, contenant un peu de charbon. Cette découverte n'a pas jeté un grand jour sur l'origine du village.

Montjavoult est situé sur une butte qui domine les collines environnantes; c'est un des points les plus élevés du pays, d'où l'on découvre un horizon immense. La vue dont on jouit de cet endroit est plus vaste, mais offre à peu près les mêmes aspects que celle de Chaumont; on distingue une partie du département de Seine-et-Oise, les environs de Rouen, de la Roche-sur-Yon, la forêt de Navarre, et tous les sommets des montagnes qui s'élèvent au delà de Pontoise : l'imagination peut difficilement, sans une extrême habitude, se faire l'idée d'un aussi vaste théâtre : figurez-vous aux quatre coins de l'horizon des plaines cultivées, des forêts, des montagnes se confondant avec le ciel; disposez les objets que nous venons de citer sur divers points de cette étendue immense; placez Beaumont sur le sommet d'une montagne, Beauvais dans un vallon, Gournay sur la douce pente d'une colline; Chaumont sur les deux rives de la Troëne et sur la croupe d'une montagne, et Gisors enfin dans la plaine; liez toutes ces masses par des vapeurs, des ombres, des rayons de lumière, et vous aurez l'idée du spectacle dont on jouit du sommet élevé de Montjavoult.

L'église, sous le nom de St-Martin, est voûtée et paraît avoir été réparée à l'époque de la renaissance des arts. Le portail, placé sur le côté droit, date évidemment de cette époque : il est composé de plusieurs arcades en plein cintre, et orné de sculptures et de figures d'animaux. Le clocher est une tour sans flèche, haute de 20 m.

On trouve aux environs de Montjavoult plusieurs carrières de pierres calcaires, dont on fait de belles pierres de taille d'un grain très-fin : celles de Serans sont plus dures; celles de Montagny et de la garenne des Boves, quoique inférieures aux premières, sont aussi très-estimées. Ces carrières paraissent être en exploitation depuis des siècles; il en est plusieurs dont les rues se prolongent à 900 et 1000 m. de leur ouverture; on peut se rendre avec des voitures jusqu'à leur extrémité : elles recèlent dans l'hiver une grande quantité de renards, que les habitants chassent au flambeau avec des petits chiens courants.

MONTJAY, ou MOISENANS, vg. *Saône-et-Loire* (Bourgogne), arr. et à 25 k. de Louhans, cant. et ✉ de Pierre. Pop. 804 h.

MONTJAY, vg. *Seine-et-Oise*, comm. de Bures, ✉ d'Orçay.

MONTJEAN, vg. *Charente* (Angoumois), arr., ✉ et à 10 k. de Ruffec, cant. de Villefagnan. Pop. 688 h.

MONTJEAN, vg. *Isère*, comm. et ✉ de Vizille.

MONTJEAN, *Mons Johannis*, vg. *Maine-et-Loire* (Anjou), arr. et à 28 k. de Beaupréau, cant. de St-Florent-le-Viel, ✉ d'Ingrande. Pop. 2,910 h. — Il est bâti dans une charmante situation sur la rive gauche de la Loire, et possède des houillères considérables qui communiquent sous le lit de la Loire avec celles de Montrelais. — *Foires* les 20 mai, 6 sept. et 21 nov.

Bibliographie. CORDIER (L.). *Description technique et économique des mines de houille de St-Georges-Chatelaison*, etc. (près de Montjean) (Journ. des mines, t. XXXVII, p. 161, 257).

MONTJEAN, vg. *Mayenne* (Maine), arr. et à 15 k. de Laval, cant. de Loiron, ✉ de la Gravelle. Pop. 931 h.

MONTJÉSIEU, vg. *Lozère*, comm. de Salmon, ✉ de la Canourgue.

MONJOI, vg. *Aude* (Languedoc), arr. à 55 k. de Carcassonne, cant. de Mouthoumet, ✉ de Davejean. Pop. 230 h.

MONTJOIE, vg. *Ariége* (Guienne), arr., ✉ et à 2 k. de St-Girons, cant. de St-Lizier. Pop. 1,859 h.

Ce village est remarquable par un clocher bâti sur les restes d'un temple antique dédié à Jupiter, qui portait le nom de *Mons Jovis*, et d'où dérive le nom qu'il porte aujourd'hui. On trouve aux environs les eaux minérales d'Audinac.

MONTJOIE, vg. *Doubs* (Franche-Comté), arr. et à 30 k. de Montbelliard, cant. et ✉ de St-Hippolyte. Pop. 166 h.

Ce village est situé près du beau vallon de Glères. On y remarque les restes d'une chapelle qui dépendait de l'ancien château de Montjoie, fondé par les barons de ce nom vers le commencement du XIIe siècle, assiégé sans succès en 1428, pris par les troupes impériales en 1440 et rendu la même année : ce château fut assiégé, pris d'assaut et incendié, ainsi que le village, par les Français en 1635. — Les seigneurs de Montjoie jouissaient de divers droits régaliens, notamment de celui de battre monnaie, que leur contesta toutefois l'empereur Charles-Quint en 1554. Leur nom rappelle les souvenirs les plus atroces de la féodalité, et qu'on serait tenté aujourd'hui de révoquer en doute, s'ils ne se trouvaient consignés dans un procès célèbre : lorsque dans l'hiver les comtes de Montjoie et de Meiches étaient à la chasse, ils avaient le droit de faire éventrer deux de leurs serfs pour réchauffer leurs pieds dans leurs entrailles fumantes !...

MONTJOIE (la), vg. *Loiret*, comm. de Saran, ✉ d'Orléans.

MONTJOIE (la), petite ville, *Lot-et-Garonne* (Agénois), arr., ✉ et à 19 k. de Nérac, cant. de Francescas. Pop. 941 h.

Cette ville est située au penchant d'une petite colline, dans un riant et fertile territoire. Formée, dans le XIIIe siècle par la réunion de plusieurs hameaux, elle a été bâtie au milieu d'un territoire alors couvert de bois, et que l'on suppose avoir servi de retraite aux druides. On a découvert au lieu dit la Plaigne les fondements d'un vaste édifice qu'on croit avoir été l'un de leurs temples; cependant, ce qui pourrait porter quelque atteinte à cette opinion c'est que les mêmes ruines renfermaient des vases de marbre, des anneaux d'or ornés de pierres précieuses, et des médailles de divers empereurs. — *Foires* les 11 mai, 22 juillet, 4 oct. et 9 nov.

MONTJOIE, *Mons Jovis*, vg. *Manche* (Normandie), arr. et à 20 k. d'Avranches, cant. et ✉ de St-James. Pop. 648 h.

MONTJOIRE, bg. H.-*Garonne* (Languedoc),

arr. et à 25 k. de Toulouse, cant. et ✉ de Fronton. Pop. 815 h. — *Foires* les 16 août et 29 nov.

MONTJOLY, vg. *Eure*, comm. d'Authenay, ✉ de Damville.

MONTJOUVENT, vg. *Jura* (Franche-Comté), arr. et à 19 k. de Lons-le-Saulnier, cant. et ✉ d'Orgelet. Pop. 134 h.

MONTJOUX, vg. *Drôme* (Dauphiné), arr. et à 34 k. de Montélimart, cant. et ✉ de Dieu-le-Fit. Pop. 570 h.

MONTJOUX, vg. *Nièvre*, comm. de Préporché, ✉ de Moulins-en-Gilbert.

MONTJOYE, bg *Manche* (Normandie), arr. et à 18 k. de Mortain, cant. de St-Pois, ✉ de Sourdeval. Pop. 1,049 h.

MONTJOYE, vg. *Drôme* (Dauphiné), arr. de Montélimart, cant. de Grignan.

MONTJUSTIN, vg. *B.-Alpes* (Provence), arr. et à 22 k. de Forcalquier, cant. et ✉ de Reillanne. Pop. 241 h.

En 1589 ce village fut assiégé et pris par le duc de la Valette, qui fit passer tous les habitants au fil de l'épée.

MONTJUSTIN, vg. *H.-Saône* (Franche-Comté), arr., ✉ et à 19 k. de Vesoul, cant. de Noroy-le-Bourg. Pop. 408 h. — *Foires* les 23 fév., 30 juin, 24 août et samedi après Pâques.

MONTLAHUC, vg. *Drôme*, comm. de Bellegarde, ✉ de la Motte-Chalançon.

MONTLANDON, vg. *Eure-et-Loir* (Beauce), arr. et à 19 k. de Nogent-le-Rotrou, cant. de la Loupe, ✉ de Champrond. ☞. Pop. 548 h. — Il était autrefois défendu par un château fort dont il existe encore une vieille tour en ruine.

MONTLANDON, vg. *H.-Marne* (Champagne), arr., ✉ et à 10 k. de Langres, cant. de Neuilly-l'Évêque. Pop. 527 h.

MONTLAUR, bg *Aude* (Languedoc), arr. et à 24 k. de Carcassonne, cant. et ✉ de la Grasse. Pop. 909 h.

Ce village est situé dans une jolie vallée, sur le ruisseau des Mattes. On y voit les restes d'un ancien château qui a joué un rôle dans la guerre des Albigeois. En 1210 Simon de Montfort, passant à Capendu pour amener sa femme à Carcassonne, apprend que les habitants de Montlaur tenaient la garnison assiégée dans une tour. Simon laisse aussitôt sa femme dans un lieu de sûreté, part avec une troupe de chevaliers pour aller au secours de cette garnison, la délivre et fait pendre sans rémission tous les assiégeants qui tombent en son pouvoir. — Le château de Montlaur fut donné en 1283 par Philippe le Hardi au chevalier Simon de Melun, en récompense de ses bons services. Celui-ci le vendit en 1290 aux religieux et à l'abbé de la Grasse, moyennant 4,500 livres tournois. Ce château, tour à tour pris et repris par les religionnaires et les confédérés, fut enfin occupé par les royalistes. Les partisans du duc de Montmorency en firent le siége sans succès.

Commerce de moutons.

MONTLAUR, vg. *Aveyron* (Rouergue), arr. et à 15 k. de St-Affrique, cant. de Belmont, ✉ de Camarès. Pop. 749 h. — *Foire* le 8 mai.

MONTLAUR, vg. *Drôme* (Dauphiné), arr. et à 17 k. de Die, cant. et ✉ de Luc-en-Diois. Pop. 267 h.

MONTLAUR, vg. *H.-Garonne* (Languedoc), arr. et à 16 k. de Villefranche-de-Lauragais, cant. de Montgiscard, ✉ de Baziége. Pop. 701 h.

MONT-LAURENT, vg. *Ardennes* (Champagne), arr., cant., ✉ et à 12 k. de Réthel. Pop. 261 h.

MONTLAUX, vg. *B.-Alpes* (Provence), arr. et à 15 k. de Forcalquier, cant. de St-Etienne-les-Orgues. Pop. 268 h.

MONTLAUZUN, vg. *Lot* (Quercy), arr. et à 31 k. de Cahors, cant. et ✉ de Montcuq. Pop. 289 h.

MONTLAY, vg. *Côte-d'Or* (Bourgogne), arr. et à 18 k. de Semur, cant. et ✉ de Saulieu. Pop. 566 h.

MONTLÉAN, vg. *Marne*, comm. et ✉ de Montmirail.

MONT-LE-BON, bg *Doubs* (Franche-Comté), arr. de Pontarlier, cant. et ✉ de Morteau. Pop. 1,234 h. — *Fabriques* de siamoises, de faux, instruments aratoires, grosse taillanderie. Martinet à cuivre.

MONTLÉDIER, vg. *Tarn*, comm. de Pont-de-l'An, ✉ de Mazamet.

MONTLEGUN, vg. *Aude*, comm. et ✉ de Carcassonne.

MONT-LE-FRANOIS, vg. *H.-Saône* (Franche-Comté), arr. et à 18 k. de Gray, cant. et ✉ de Champlitte. Pop. 312 h.

MONT-LÈS-ÉTRELLES, vg. *H.-Saône* (Franche-Comté), arr. et à 24 k. de Gray, cant. et ✉ de Gy. Pop. 342 h.

MONT-LÈS-LAMARCHE, vg. *Vosges* (Lorraine), arr. et à 43 k. de Neufchâteau, cant. et ✉ de Lamarche. Pop. 504 h.

MONT-LÈS-NEUFCHATEAU, vg. *Vosges* (Lorraine), arr., cant., ✉ et à 5 k. de Neufchâteau. Pop. 345 h.

MONT-LÈS-SEURRE, vg. *Saône-et-Loire* (Bourgogne), arr. et à 30 k. de Chalon-sur-Saône, cant. et ✉ de Verdun-sur-le-Doubs. Pop. 302 h.

MONT-L'ÉTROIT, vg. *Meurthe* (Lorraine), arr. à 25 k. de Toul, cant. et ✉ de Colombey. Pop. 247 h.

MONT-L'ÉVÊQUE, vg. *Oise* (Picardie), arr., cant., ✉ et à 4 k. de Senlis. Pop. 493 h.

Ce village est situé sur la pente d'une colline qui borde la vallée de la Nonette. On y remarque un ancien château entouré de fossés remplis d'eau vive, situé sur une terrasse dominant un parc fort étendu, traversé par la rivière de Nonette, qui, au bas de cette terrasse, forme une belle pièce d'eau.

PATRIE du jurisconsulte Eus.-Nic. PIGEAU.

C'est dans la commune de Mont-l'Évêque que se trouve la fameuse abbaye de la Victoire, occupée jadis par des génofains ; elle fut fondée par Philippe Auguste, en 1212, à l'endroit où le courrier de ce prince, annonçant à son fils le gain de la bataille de Bouvines, fut rencontré, dit-on, par le courrier du fils, parti pour faire connaître à Philippe Auguste la victoire qu'il venait de remporter sur le roi Jean. Les ruines de cette abbaye offrent un aspect imposant et s'aperçoivent de plusieurs points de l'horizon à une grande distance. De cet endroit on découvre, au nord, le mont St-Christophe et le prieuré que possédait près de Senlis le brillant abbé de Bernis ; au nord-est, on distingue Montepilloy ; dans le lointain, la vue est bornée par des montagnes boisées, qui s'étendent à une assez grande distance.

MONT-LE-VERNOIS, vg. *H.-Saône* (Franche-Comté), arr., cant. et à 10 k. de Vesoul, ✉ de Traves. Pop. 544 h.

MONT-LE-VIC, vg. *Indre* (Berry), arr., cant., ✉ et à 6 k. de la Châtre. Pop. 360 h.

MONT-LE-VIGNOBLE, vg. *Meurthe* (Lorraine), arr., cant., ✉ et à 10 k. de Toul. Pop. 481 h.

MONT-LEVON, vg. *Aisne* (Picardie), arr. et à 20 k. de Château-Thierry, cant. et ✉ de Condé-en-Brie. Pop. 584 h.

MONT-LIBAUT, vg. *Marne*, comm. d'Orbais, ✉ d'Epernay.

MONT-L'HÉRY, *Mons Letherici*, petite ville, *Seine-et-Oise* (Ile-de-France), arr. et à 20 k. de Corbeil, cant. d'Arpajon, ✉ de Linas. Pop. 1,653 h.

Quelques auteurs font remonter l'origine de Mont-l'Héry jusqu'au temps des druides ; d'autres prétendent que la tour est un reste de l'ancien château de Gannes ; mais il paraît probable que cette origine ne remonte guère au delà de 798, époque où il est fait mention de ce lieu dans une charte du roi Pepin. Selon les plus grandes probabilités, le nom de Mont-lhéry dérive du celtique *Mont-le-Héry*, montée rude et difficile ; et l'on sait que l'éminence sur laquelle la ville est bâtie était couverte de bois jusqu'au commencement du XIe siècle.

En 1015 le roi Robert accorda à Thibaut, son forestier, dont il estimait la probité et le courage, la permission de bâtir la forteresse dite *Mons Letherico*. La qualité de seigneur de Montlhéry que prenait Thibaut, surnommé Fil-Etoupe à cause de ses blonds cheveux, donnerait lieu de croire que la ville existait déjà, et que ce fut pour la protéger et y retirer les gens et les effets du plat pays que le château fut bâti.

La situation avantageuse de cette forteresse, la solidité et la hauteur de ses murs et de ses tours, qui la rendaient des plus fortes places du royaume, firent bientôt repentir les rois de France de la concession faite par Robert, parce que sa liaison avec les châteaux de Corbeil et de Châteaufort interceptait toute communication entre Paris et Orléans.

Les seigneurs de Mont-le-Héry, qui succédèrent à Thibaut, devinrent en effet très-redoutables aux rois de France, et il fallut verser bien du sang pour leur ravir cette sauvage indépendance, défendue par des murailles et par des fossés. Guy, fils de Thibaut Fil-Etoupe, possédant après lui la terre et le château de Mont-le-Héry, et en jouit sous le règne de Henri Ier. Milon dit le Grand, son fils, lui succéda et excita bien des troubles dans le royaume, à cause de son grand pouvoir. Ce Milon eut quatre fils, Guy Troussel, Thibaut la Bofe, Milon, vicomte de Troyes, Rainaud, évêque de Troyes, et cinq filles. Guy Troussel, devenu seigneur de Mont-le-Héry après la mort de Milon le Grand, fut ministre de Philippe Ier, à qui il causa bien des inquiétudes. Ce roi avait inutilement employé toutes sortes d'artifices pour s'emparer de la redoutable forteresse ; et, lorsqu'il y pensait le moins, elle fut remise entre ses mains pour prix de son consentement au mariage de Philippe, comte de Mantes, l'un de ses fils, avec Elisabeth, fille de Guy Troussel. Ce seigneur reçut en échange la terre de Melun-sur-Yèvre ; mais, après la mort du roi, Milon, vicomte de Troyes, frère cadet de Guy Troussel, s'étant présenté devant le château de Mont-le-Héry avec un grand nombre de troupes, y rentra de force et en prit possession. La femme du sénéchal de France, Guy de Rochefort, et sa fille, fiancée au jeune Louis le Gros, étaient dans la tour. Le sénéchal accourut à la défense du château ; mais, pendant que les soldats de Milon assiégeaient cette tour, il engagea les Garlandes, ses auxiliaires, à se départir de l'entreprise, ce qui découragea Milon, lequel fut obligé de se retirer. — Louis le Gros, s'étant rendu très-promptement au secours du sénéchal, fut fâché de n'avoir pu se rendre maître des factieux qu'il était disposé à faire pendre ; mais, pour empêcher que les parents de Guy Troussel ne revinssent désormais à la charge, il fit abattre les fortifications et murailles du château, à la réserve d'une partie des bâtiments et de la grosse tour, qui est encore debout comme pour attester la puissance des anciens barons de Mont-le-Héry. — Un oncle de Troussel, Guy le Rouge, seigneur de Gournay et comte de Rochefort, avait longtemps joui de la faveur de Philippe Ier, dont il était grand sénéchal ; à son retour de la Palestine, où il s'était distingué, il crut pouvoir fiancer sa fille Luciane au prince Louis. Les conditions du mariage furent agréées ; mais le pape Paschal II l'annula sur la demande du prince. Le père, indigné, se retira de la cour et unit ses armes à celles de Thibaut, comte de Chartres, mécontent comme lui. Il fut arrêté par la mort dans ses projets de vengeance ; mais il laissait un fils capable de les poursuivre et de les exécuter. Hugues de Crécy porta le fer et la flamme dans tous les domaines du roi ; plus cruel et plus intrépide que tous ses ancêtres, il joignit à la terreur de son nom la force de nombreux alliés ; et Louis, désespérant de le vaincre tant qu'il serait si bien secondé, recourut d'abord à la ruse : il mit en possession des ruines de Mont-le-Héry Milon, cousin de Hugues, pour le détacher du parti de ce seigneur. Ainsi que nous en avons fait mention ailleurs, Hugues s'empara de Milon, le traîna longtemps enchaîné de châteaux en châteaux, l'étrangla de sa propre main, et le jeta par la fenêtre d'une tour, pour faire croire qu'il s'était tué lui-même. Louis, s'étant saisi du meurtrier, voulut le forcer à se justifier par le duel, selon la coutume barbare de ces temps. Hugues, qui se sentait coupable, n'osa s'exposer à cette épreuve ; il implora la clémence du roi, lui remit sa terre, et prit l'habit de moine. Le roi devint ainsi maître absolu de la tour et de ce qui restait du château de Mont-le-Héry et de ses dépendances.

Plusieurs rois de France ont résidé au château de Mont-le-Héry. Louis le Jeune y donna une charte en faveur de l'abbaye de Saint-Denis, en 1144, et Philippe Auguste, son fils, l'habitait très-souvent.

Au commencement du règne de saint Louis, les comtes de Champagne, de Bretagne et de la Marche, croyant l'occasion favorable pour reconquérir l'indépendance de leurs ancêtres, s'engagèrent par serment à ne recevoir aucun ordre du roi tant qu'il serait en bas âge ; mais ils cachèrent leurs intentions, et, afin de s'emparer de sa personne, ils l'invitèrent à se rendre à Vendôme, lui promettant hommage et satisfaction. Louis s'étant mis en marche, apprit que les rebelles faisaient secrètement avancer des troupes jusqu'à Étampes et à Corbeil afin de l'enlever ; en ayant été averti lorsqu'il était déjà à Châtres, il se décida à revenir sur ses pas, et se retira au milieu des ruines du château de Mont-le-Héry, où il se cacha dans un souterrain dont l'entrée est à quelques pas de la tour. La reine Blanche, avertie de ce danger, anima tellement les Parisiens, qu'ils vinrent en armes chercher le roi dans sa retraite ; et, le renfermant dans le centre de leurs bataillons, ils le ramenèrent à Paris.

On a vu ci-dessus que la tour du château de Mont-le-Héry subsistait toujours. En 1192 et 1193 le comte de Hainaut y fut renfermé par ordre de Philippe le Bel, contre lequel il s'était révolté. Ce même roi y fit aussi renfermer le fils aîné de Robert, comte de Flandre, en 1311.

Mont-le-Héry fut pris et repris par les Armagnacs et les Bourguignons en 1417 et 1418. Mais l'époque la plus mémorable de son histoire est celle de la sanglante bataille livrée sous ses murs en 1465. Louis XI, en montant sur le trône, déclara la guerre à la féodalité, dans l'intention de fortifier l'autorité royale ou plutôt de la rendre absolue. Il fit passer en des mains obscures les dignités et les charges conférées par son père aux principaux seigneurs, et montra ainsi son intention d'abaisser les grands pour opprimer le peuple sans leur secours. Mécontents et rebelles, les grands conspirèrent secrètement contre lui, et formèrent la ligue dite du bien public, titre spécieux qui a servi de mot d'ordre à bien des factions. Le duc de Berry, frère du roi, leva l'étendard de la révolte, aidé des ducs de Bretagne, de Bourbon et de plusieurs autres princes. Le comte de Charolais, fameux sous le nom de Charles le Téméraire, entra dans la conspiration et devint le véritable chef de la ligue sous le titre de lieutenant général du duc de Berry. A la tête de 14,000 hommes il entre en Champagne, et marche enseignes déployées sur Paris, que protégeait l'armée du roi ; après s'être emparés du pont de St-Cloud, les Bourguignons prirent position à Longjumeau ; leur avant-garde, commandée par le comte de St-Pol, occupa Mont-le-Héry, tandis que Louis XI vint camper à Châtres. L'armée des seigneurs mécontents était nombreuse, mais sans ordre ni discipline. Celle du roi était à peu près aussi nombreuse et aussi mal disciplinée. Les deux armées en vinrent aux mains le 16 juillet, sans que le roi ni le comte de Charolais eussent envie de combattre ; mais quelques troupes du roi qui arrivaient déjà dans Linas, ayant été repoussées par les Bourguignons, l'engagement devint général, le carnage fut horrible, et la perte fut considérable des deux côtés. Le comte de Charolais, atteint de plusieurs coups pendant la mêlée, manqua trois fois d'être tué : enfin son courage fougueux décida la victoire ; le comte du Maine et Jean de Rohan prirent la fuite avec 800 hommes d'armes, et le roi se retira de nuit à Corbeil ; les fuyards de l'armée royale coururent jusqu'à Amboise. Toutefois cette bataille fut plus sanglante que décisive : le comte de Charolais n'eut guère que l'avantage de rester maître du champ de bataille, qu'il se préparait, dit-on, à abandonner, lorsqu'il apprit la retraite du roi. — Cette action eut lieu dans la plaine, au nord de Mont-le-Héry, à laquelle plusieurs cantons nommés encore, l'un le *Champ de bataille*, et l'autre le *Cimetière des Bourguignons*.

Mont-le-Héry fut pris en 1562 par le prince de Condé pendant les guerres de religion ; mais cette ville rentra peu après sous la domination du roi.

Cette fameuse forteresse de Mont-le-Héry, l'effroi des rois de France et des campagnes environnantes, renommée par la tyrannie de ses seigneurs et par la force qu'elle devait à l'art et à la nature, était une châtellenie comprise dans la vicomté de Paris. La juridiction de cette châtellenie s'étendait sur cent paroisses et sur plus de cent trente-trois fiefs. Plusieurs seigneurs fieffés étaient tenus de garder le château pendant deux mois chaque année. On les qualifiait de chevaliers de Mont-le-Héry. Pour arriver au château, dont la principale entrée se trouvait du côté de la ville, il fallait ouvrir cinq portes, monter par trois terrasses élevées les unes au-dessus des autres, et franchir cinq enceintes. Chaque terrasse était soutenue par des murailles, avait sa porte, ses murs, ses tours, et 36 m. de longueur ; chaque porte était flanquée de tours rondes, munies de fossés et de ponts-levis. Dans la première enceinte, la plus vaste de toutes, et où l'on voyait une église de St-Pierre, était une porte qui donnait entrée à la première terrasse, puis on montait à la seconde, enfin à la troisième. A cette hauteur se trouvait une porte fortifiée comme les précédentes, à laquelle était adossée une construction qui devait servir de corps de garde ou de logement aux militaires ou chevaliers chargés de garder la porte ; elle était très-fortifiée, et s'ouvrait sur la plate-forme ou esplanade du château. Cette esplanade, fortifiée de murailles et de tours, contenait quelques bâtiments et le donjon; ce dernier dominait les terrasses, le bourg et une très-vaste étendue de campagne. La largeur de cette esplanade est de 14 m.; sa longueur, depuis la porte jusqu'au donjon, de 44 m. On voyait encore en 1547, autour de cette place, deux bâtiments qui se composaient de grandes salles et de galeries qui venaient adhérer à la tour du donjon; on y voit encore les restes de quatre tours qui fortifiaient l'esplanade. On estime qu'elles avaient en 20 m. de hauteur. A droite de l'entrée de l'esplanade était un puits d'une grande profondeur. Près de la tour du donjon on remarque les vestiges de l'ouverture d'un souterrain qui communiquait au bas de la montagne.

Plusieurs rois de France ont habité ce château. Le roi Jean y séjourna en novembre 1356; et son fils Charles, au commencement de décembre de la même année, s'y retira après avoir dissous l'assemblée des états généraux.

La tour du donjon, tour fameuse, encore debout, au milieu des ruines qui entourent cette relique féodale, a résisté pendant huit siècles aux ravages du temps et des hommes. Sa hauteur, à partir du sol de la plate-forme jusqu'à la cime, est aujourd'hui de 33 m. : elle paraît avoir été plus haute encore. A la tour du donjon en est accolée une seconde de moindre dimension; elle contient l'escalier, qui n'est plus abordable. Aux deux tiers de la hauteur de ce groupe de tours on voit une ceinture de supports en saillie, en pierres de taille, destinés à soutenir une galerie extérieure que les anciens nommaient *mâchicoulis*; au-dessus de cette galerie on s'aperçoit que le diamètre de la grosse tour diminue; on voit aussi des pierres qui se détachent de celles qui les supportent, et menacent de leur chute les observateurs.—Les environs de la tour de Mont-le-Héry présentent les ruines des murs et des tours qui la protégeaient; quelques-unes de ces ruines sont encore debout, d'autres sont à rase terre. On remarque surtout les restes d'une de ces tours, située au nord, dont la hauteur est d'environ 10 m. au-dessus du sol; elle est percée d'outre en outre; et son ouverture irrégulière, faite évidemment de la main des hommes, laisse apercevoir à travers ces tristes restes de construction féodale le tableau riant des campagnes. Le mur d'enceinte opposé au sud, en grande partie debout, offre une ouverture régulière qui sert de cadre à un pareil tableau. Le château de Mont-le-Héry fut entièrement démoli sous le règne de Henri IV.

Mont-le-Héry est une ville bien bâtie. La place principale est vaste; les rues sont larges, propres et assez bien percées. Les murailles qui l'entourent datent du XV⁰ ou du XVI⁰ siècle, ainsi que les portes, dont il existe encore quelques vestiges.

Commerce de bestiaux. — Foires le 4ᵉ lundi de mars, 4ᵉ lundi de juin, 4ᵉ lundi de sept. et 4ᵉ lundi de déc.

Bibliographie. Boucher d'Argis (Antoine-Gaspard). *Mémoire historique sur la ville, comté, prévôté et châtellenie de Montlhéry* (Mercure, 1837, juillet, p. 1493-1510, et août, p. 1683-1702).

* *Le Fameux Château de Montlhéry tel qu'il était à son origine*, in-4, 1839.

* *Recueil de plusieurs titres, mémoires et antiquités de la châtellenie de Marcoussi, de la prévôté de Montlhéry, du chapitre de St-Merry de Linas, et des fiefs et seigneuries de Roue, de Bellejambe, Guillerville, Beauregard et autres lieux*, in-8, 1689.

MONTLIARD, vg. *Loiret* (Gatinais), arr. et à 21 k. de Pithiviers, cant. de Beaune-la-Rolande, ✉ de Bois-Commun. Pop. 330 h.

MONT-LIBRE, nom donné pendant la révolution à la ville de Mont-Louis (*Pyrénées-Orientales*).

MONT-LIBRE, nom donné pendant la révolution au bourg de St-Laurent (*Jura*).

MONTLIEU, petite ville, *Charente-Inf.* (Saintonge), arr., bureau d'enregist. et à 28 k. de Jonzac, chef-l. de cant. Cure. Gîte d'étape. ✉. A 506 k. de Paris pour la taxe des lettres. Pop. 1,059 h. — Terrain crétacé inférieur, grès vert.

Autrefois diocèse et élection de Saintes, parlement de Bordeaux, intendance de la Rochelle.

Foires le 2ᵉ mardi de chaque mois.

MONTLIGEON, *Orne*. V. la Chapelle-Montligeon.

MONTLIGNON, vg. *Seine-et-Oise* (Ile-de-France), arr. et à 20 k. de Pontoise, cant. et ✉ de Montmorency. Pop. 380 h.

Ce village, situé entre deux collines, est entouré de sites extrêmement gracieux.

On voit à Montlignon plusieurs maisons de campagne, parmi lesquelles on remarque celle de l'acteur Larive, qui a été longtemps maire de cette commune, où il donnait l'exemple du patriotisme et de toutes les vertus qui honorent le bon citoyen.

On trouve à Montlignon une source d'eau minérale ferrugineuse froide, qu'on a cherché à utiliser, mais dont, après de grandes dépenses, on a abandonné l'exploitation.

Fabriques de tuiles et de briques. Belle pépinière.

MONTLIMARD, vg. *Maine-et-Loire*. V. St-Pierre-Montlimard.

MONTLIN, vg. *Ain*, comm. de Mantenay-Montlin, ✉ de St-Trivier-de-Courtes.

MONTLIOT, vg. *Côte-d'Or* (Bourgogne), arr., cant., ✉ et à 5 k. de Châtillon-sur-Seine. Pop. 424 h.

MONTLISSÉ, vg. *Nièvre*, comm. de Cervon, ✉ de Corbigny.

MONTLIVAULT, bg *Loir-et-Cher* (Blaisois), arr., cant. et à 12 k. de Blois, cant. de St-Dyé-sur-Loire. Pop. 908 h.

Patrie de Guyon de Montlivault, qui a été successivement préfet des Vosges, de l'Isère et du Calvados.

MONTLOGNON, vg. *Oise* (Picardie), arr.,

✉ et à 10 k. de Senlis, cant. de Nanteuil-le-Haudouin. Pop. 210 h.

MONTLONG, vg. *H.-Pyrénées* (Armagnac), arr. et à 30 k. de Bagnères-de-Bigorre, cant. et ✉ de Castelnau-Magnoac. Pop. 496 h.

MONTLONGUE, vg. *Tarn*, comm. de Grazac, ✉ de Rabastens.

MONTLOUÉ, vg. *Aisne* (Picardie), arr. et à 40 k. de Laon, cant. de Rozoy-sur-Cher, ✉ de Montcornet. Pop. 556 h.

MONTLOUET, petite ville, *Eure-et-Loir* (Beauce), arr. et à 19 k. de Chartres, cant. de Maintenon, ✉ de Gallardon. Pop. 372 h.

MONT-LOUIS, vg. *Cher* (Berry), arr. et à 24 k. de St-Amand-Montrond, cant. de Liguières, ✉ de Châteauneuf-sur-Cher. Pop. 388 h.

MONT-LOUIS, *Mons Ludovici*, vg. *Indre-et-Loire* (Touraine), arr., cant., ✉ et à 11 k. de Tours. Pop. 2,274 h.

Ce bourg est bâti au bord de la Loire, sur le penchant d'un coteau calcaire, où sont creusées de nombreuses habitations. — *Commerce* de vins. — *Foire* le 6 août.

MONT-LOUIS, petite ville forte, *Pyrénées-Or.* (Roussillon), arr. et à 45 k. de Prades, chef-l. de cant. Cure. Gîte d'étape. Inspect. des douanes, ✉. A 854 k. de Paris pour la taxe des lettres. Pop. 1,084 h. — Terrain cristallisé ou primitif.

Autrefois diocèse de Perpignan, conseil supérieur et intendance de Roussillon, viguerie de Cerdagne, gouvernement de place.

Cette ville a été bâtie par ordre de Louis XIV, et fortifiée sur les dessins de Vauban, en 1681, pour défendre le col de la Perche, qui est au sud de la place. Elle est située sur un roc escarpé, entouré de montagnes à 4 et 8 k. de distance, et domine le pont de la Tet. Les froids y sont excessifs; les plus fortes chaleurs de l'été ne font monter le thermomètre qu'au 16ᵉ degré, rarement au 18ᵉ. Le lichen d'Islande abonde autour de Mont-Louis : cette production parasite se trouve sur les broussailles et sur les rochers, mais sans adhérence sensible aux corps qui la supportent.

La ville est petite, et l'on n'y compte que huit rues, mais toutes régulières, bien percées et tirées au cordeau. Il y a deux places publiques; la principale renferme le tombeau du général Dagobert, sur lequel on a élevé une pyramide de pierre. Les maisons sont toutes d'une égale symétrie et d'une bonne construction. Les casernes sont solides, commodes et bien bâties.

On ne peut arriver à Mont-Louis que par une gorge étroite. Le chemin, ou plutôt le sentier qu'on a pratiqué sur les flancs des montagnes nues et escarpées qui bordent la rive gauche de la Tet, domine sur des abîmes dont l'œil n'ose sonder la profondeur. Le voyageur n'est pas moins saisi à la vue des rochers qui semblent prêts à l'écraser : on ne trouve dans les vallées principales, aucun passage qui inspire autant d'effroi. En arrivant à Mont-Louis, du côté de Prades, on traverse la Tet, rivière dont le cours, presque toujours très-rapide, roule en cet endroit avec un fracas remarquable ; au-dessus du pont de Mont-Louis, elle tombe de rochers en rochers, sur une inclinaison de 45°; ses flots écumants heurtent sans cesse les blocs énormes de leur lit, et indignés de leur résistance invincible, leur fureur renaissante ne se lasse point. Il semble, à l'aspect de leurs efforts, que tout à chaque instant va s'écrouler à la fois, les flots et les rochers. Comme on voit en dessous, près de soi, les restes d'une arche emportée, on ne se croirait pas en sûreté sur le pont léger de bois qui traverse le torrent, si la fréquence des fortes scènes ne familiarisait, dans les montagnes, avec le péril.

La situation de cette ville et la qualité du terroir ont rendu les eaux très-difficiles à découvrir : cependant on est parvenu à y établir un puits public dont l'eau est excellente. Depuis, on y a conduit les eaux de la fontaine dals Esclops.

L'esplanade, qui sépare la citadelle de la ville, est vaste et bien disposée. L'enceinte de la place est irrégulière, suite inévitable de sa situation sur un roc, qu'on n'a pu manier comme on l'aurait voulu : elle consiste en trois bastions et en deux grandes lignes de communication. Le parapet règne non-seulement autour de la place, comme partout ailleurs, mais il ferme encore les bastions. Les deux fronts qui forme l'enceinte sont couverts chacun d'une demi-lune; celle qui couvre la porte est à flancs et fort grande; l'autre est triangulaire et d'une moyenne grandeur. Tous ces ouvrages sont enfermés d'un fossé, excepté du côté où le roc est escarpé et inaccessible. Ce fossé est accompagné d'un chemin couvert, de traverses, places d'armes et glacis.

La citadelle est à peu près régulière. Elle se compose de quatre bastions qui forment autant de fronts ; mais celui qui est du côté de l'escarpement du roc a les flancs droits très-petits et sans fossés, n'ayant qu'un simple parapet une grande place d'armes. On y remarque de grands corps de casernes bien bâtis, de beaux et vastes magasins, un arsenal, le logement du commandant de la place, et une place d'armes spacieuse et régulière. Toute la garnison de Mont-Louis peut être logée dans les superbes casemates de la citadelle ; au milieu il y a un puits d'une énorme largeur et profondeur, qui est presque inépuisable.

Pour communiquer de Mont-Louis avec le bourg Madame, qui touche la Sègre et la frontière, un chemin libre traverse Llivia et son territoire espagnol.

Mont-Louis a porté pendant la révolution le nom de Mont-Libre.

Les **armes** de Mont-Louis sont : parti, le 1er d'azur à trois fleurs de lis d'or, 2 et 1 ; le 2e de gueules à une orle de chaîne d'or posée en croix et en sautoir.

Patrie d'Antoine de Lérix, littérateur distingué, né en 1723, mort à Paris en 1795.

— Du lieutenant général Mounier.

Foires les 3 juill. et 11 oct.

MONT-LOUIS, Seine, comm. de Charonne. Nom que portait jadis une maison de campagne appelée primitivement la *Folie Reynaud*, et plus connue sous le nom de *Maison du père la Chaise*. Cette maison fut donnée par Louis XIV au père la Chaise, son confesseur, pour témoigner à ce jésuite sa satisfaction. C'était là, dit-on, que cet intrigant religieux, abusant de l'ascendant que son état de confesseur lui donnait sur l'esprit du roi, venait satisfaire son goût pour le luxe et les plaisirs de la table, et tramait des projets de vengeance contre ses ennemis.

L'enclos au milieu duquel la maison de Mont-Louis était située, est maintenant occupé par le plus vaste des quatre cimetières de Paris, connu sous le nom de *Cimetière du père la Chaise*. Cette propriété d'un homme puissant, craint de toute la France, et dont le nom est maintenant en exécration à la majeure partie de la nation ; cette maison, fréquentée par les personnages les plus importants de l'Etat, ont été changées en un séjour de mort et de deuil. Leçon sublime, qui démontre de nouveau toute l'instabilité des choses humaines.

Le cimetière du père la Chaise offre une singularité que n'ont point les autres cimetières de Paris. Destiné autrefois à faire les délices d'un homme puissant, il conserve encore aujourd'hui des objets qui rappellent cette destination. Ainsi les allées d'arbres que l'on y voit indiquent les lieux d'agrément de cette propriété, tandis que les abricotiers, pruniers, poiriers et pommiers, qui aujourd'hui encore fleurissent et rapportent des fruits dans ce séjour de mort, annoncent l'endroit où fut le verger du révérend père.

Dans le temps que ce cimetière était un lieu de plaisir, sa position devait faire le charme principal de l'habitation du propriétaire. Il est peu d'endroits dans les environs de Paris dont la perspective soit aussi étendue et aussi variée ; à l'ouest, on domine la capitale, on aperçoit Belleville, Ménilmontant et Montmartre ; au midi la vue embrasse tout l'horizon de Bicêtre et de Meudon ; et à l'est elle plane délicieusement sur la belle plaine de St-Mandé, sur Montreuil, Vincennes et sur les rives gracieuses de la Marne.

Bibliographie. Caillot (Ant.). *Voyage religieux et sentimental aux quatre cimetières de Paris ; ouvrage renfermant un grand nombre d'inscriptions funéraires, de réflexions religieuses et morales*, 2e édit., in-8, 1809.

* Promenade aux cimetières de Paris, avec 48 dessins, in-12, 1825, par P. de St-A. (Extrait du Dictionnaire historique, topographique et militaire de tous les environs de Paris, in-12, 1816).

Arnaud (C.-P.). *Recueil de tombeaux des quatre cimetières de Paris, avec leurs épitaphes et inscriptions*, 2 vol. gr. in-8, et 100 pl.

Jolimont (F.-T. de). *Les Mausolées français, ou Recueil de tombeaux les plus remarquables élevés dans les nouveaux cimetières de Paris, considérés sous le rapport de leur structure, de leurs épitaphes et des personnages qu'ils renferment*, in-4, avec 45 pl., 1821.

Normand (Louis-Marie). *Monuments funéraires choisis dans les cimetières de Paris et dans les principales villes de France, dessinés et gravés par Normand fils*, in-fol. de 72 pl., 1829-32 ; 2e série, 12 liv. in-fol., 1843-44.

Durau avec Nyon jeune et autres. *Principaux Monuments funéraires des cimetières de Paris, gravés au burin, avec l'indication du nom de la famille à laquelle chacun appartient, précédés d'une Notice historique sur les anciens et nouveaux cimetières de la ville*, in-8, 1830.

Roger. *Le Champ du repos, ou le Cimetière Mont-Louis, dit du Père de la Chaise, etc.*, 2 vol. in-8, fig., 1816.

Viennet (J.-Pons-Guill.). *Promenade philosophique au cimetière du Père-Lachaise*, in-8, et un plan (en prose et en vers), 1824.

Marchant de Beaumont (F.-M.). *Itinéraire des curieux dans le cimetière du Père-Lachaise, ou l'Indicateur de ses plus beaux monuments et de ses plus grands souvenirs*, accompagné d'un plan, in-18, 1825.

— *Le Conducteur au cimetière de l'Est ou du Père-Lachaise*, in-18, avec pl., 1820, réimprimé sous ce titre : *l'Observateur au cimetière du Père-Lachaise*, in-18 et pl., 1821 ; et sous celui de : *Manuel et Itinéraire du curieux dans le cimetière du Père-Lachaise*, 3e édition entièrement refondue, in-18 et pl., 1828.

Richard (J.-B.). *Le Véritable Conducteur aux cimetières du Père-Lachaise, Montmartre, Mont-Parnasse et Vaugirard, etc.*, in-18, 1829.

Rousseau. *Promenades pittoresques aux cimetières du Père-Lachaise, de Montmartre, du Mont-Parnasse et autres, ou Choix des principaux monuments élevés dans ces champs du repos, lithographiés par Lasalle, d'après les dessins de Rousseau*, in-4, 1825 et années suiv.

Vues pittoresques, historiques et morales du Père-Lachaise, dessinées par Vigneron et Duplat, et gravées à l'aqua-tinta par Jazet, avec leur description par M. Marchant de Beaumont, 2 vol. in-8, 1821.

David. *La Statue et les Bas-reliefs du monument érigé à la mémoire du général Foy*, in-fol., 1831.

MONTLUC, vg. Lot-et-Garonne, comm. de St-Léger, ✉ de Domazan.

MONTLUÇON, Mons Luzzonis, vg. Allier (Bourbonnais), chef-l. de sous-préf. (1er arr.) et d'un canton. Trib. de 1re instance. Collège communal. Cure, Gîte d'étape. ✉. ☿. Pop. 5,740 h. — Terrain carbonifère.

Autrefois diocèse de Bourges, parlement de Paris, intendance de Moulins, chef-lieu d'élection, bailliage, châtellenie et justice royale, collégiale, collège, couvents de cordeliers, de capucins, de religieuses ordre de Cîteaux et d'ursulines.

Cette ville est une des plus anciennes de la ci-devant province du Bourbonnais. Sous les rois de la seconde race elle était déjà le chef-lieu d'une seigneurie qui, dès le xe siècle, appartenait aux sires de Bourbon. Les Anglais s'en emparèrent en 1171, et la conservèrent jusqu'en 1188, où elle fut reprise par Philippe Auguste. Dans le xive siècle elle partagea le sort du Bourbonnais, où les Anglais portèrent le théâtre de la guerre : lors de leur retraite de Belleperche, ils furent battus près de Montluçon. La situation de cette place l'ayant rendue presque frontière du royaume du côté des provinces possédées par les Anglais, on entretenait ses fortifications avec beaucoup de soin, et l'on trouve plusieurs lettres patentes des rois et des ducs du Bourbonnais qui imposent aux habitants des provinces voisines l'obligation d'y travailler. La ville était entourée de fossés pleins d'eau, et de murs très-épais, percés seulement de quatre portes, et flanqués de quarante tours. — Henri IV ordonna de réparer et d'entretenir cette enceinte, détruite aujourd'hui, et dont une partie est convertie en promenades. Le château, situé sur le lieu le plus élevé, était aussi fortifié particulièrement ; il avait été rebâti par le duc Louis II, qui y est décédé.

Montluçon était avant la révolution le séjour de prédilection des hobereaux du Bourbonnais. Entre autres droits singuliers qu'y percevait le seigneur de la ville, on cite celui consigné dans l'aveu de la terre du Breuil, rendu par Marguerite de Montluçon, le 27 septembre 1498, où l'on voit que le seigneur percevait une rétribution, sur chaque femme qui battait son mari; il avait aussi le droit plus étrange d'exiger de chaque fille de débauche qui entrait pour la première fois à Montluçon, dans le dessein d'y exercer la prostitution, la somme de 4 deniers, une fois payée. La fille pouvait d'une autre manière s'acquitter de cette espèce de péage : elle avait le choix de payer le seigneur en argent, ou bien de venir sur le pont du château et d'y faire un pet, rétribution digne de l'impertinence féodale qui exigeait de pareils droits.

Les armes de Montluçon sont : d'azur à un château d'argent composé de quatre tours et un donjon couvert en pointe et posé sur une montagne d'or.

La ville de Montluçon est située sur le canal du Cher, dans une vallée agréable, bordée de coteaux couverts de vignes. Elle est assez bien bâtie sur le penchant d'une colline qui descend doucement jusqu'à la rive droite du Cher, que l'on traverse sur un joli pont de pierre.

PATRIE du conventionnel CHABOT DE L'ALLIER, savant jurisconsulte.

Du poëte et littérateur J.-B. BARJAUD.

Du médecin MIZAULD.

Du physicien P. PETIT.

INDUSTRIE. Fabriques de toiles, serges, étamines, chandelles. — *Commerce* de grains, vins, fruits, fromages, bestiaux, etc. — *Foires* les 1er fév., 30 mars, 2 et 24 mai, 21 juin, 29 août et 22 déc.

A 62 k. S.-O. de Moulins, 314 k. S. de Paris.

L'arrondissement de Montluçon renferme 6 cantons : Cérilly, Hérisson, Huriel, Marcillat, Montmarault, Montluçon.

MONTLUEL, *Mons Lupelli, Mons Lupellus*, petite ville, *Ain* (Dombes), arr. et à 30 k. de Trévoux, chef-l. de cant. Cure. Gîte d'étape. ✉. ⚷. A 488 k. de Paris pour la taxe des lettres. Pop. 2,946 h. — TERRAIN tertiaire supérieur.

Autrefois diocèse de Lyon, parlement et intendance de Dijon, comté, châtellenie royale, mairie, gouvernement particulier, couvents d'augustins et de filles de la Visitation.

Cette ville est située dans une contrée fertile, au pied d'un coteau planté de vignes, au-dessus duquel se trouvent plusieurs étangs assez considérables. Elle est bâtie à l'entrée d'une gorge, où la petite rivière de Seraine, qui s'y divise en plusieurs canaux, fait mouvoir de nombreux moulins à farine et un grand nombre de battoirs à chanvre.

Près de Montluel est l'institut agricole de la Saulsaie, fondé dans le but de former des régisseurs, d'ajouter aux connaissances des fermiers ou propriétaires qui exploitent en grand.

PATRIE de CH. BREGOT DU LUT, magistrat et littérateur.

Manufactures de draps pour l'habillement des troupes. — *Fabriques* de draps croisés, cuir-laine, castorine, toiles d'emballage, fil à coudre. — *Commerce* de grains, maïs, menus grains, colza, draperies, chanvre, fil. Grand commerce de graines de chanvre. — *Foires* les 9 sept., lundi après les Rois, 1er lundi de carême, lundi après Quasimodo et lundi avant les Quatre-Temps de déc.

MONTLYON, nom donné pendant la révolution à la citadelle de Mont-Dauphin.

MONTMACHOUX, vg. *Seine-et-Marne* (Gatinais), arr. et à 29 k. de Fontainebleau, cant. de Lorrez-le-Bocage, ✉ de Montereau. Pop. 307 h.

MONTMACQ, vg. *Oise* (Picardie), arr. et à 13 k. de Compiègne, cant. et ✉ de Ribecourt. Pop. 322 h.

MONTMAGNERIE, vg. *Tarn-et-Garonne*, comm. de Brassac, ✉ de Lauzerte.

MONTMAGNY, *Mons Magniacus*, vg. *Seine-et-Oise* (Ile-de-France), arr. et à 25 k. de Pontoise, cant. et ✉ de Montmorency. Pop. 583 h.

MONTMAHOUX, vg. *Doubs* (Franche-Comté), arr. et à 37 k. de Besançon, cant. d'Amancey, ✉ d'Ornans. Pop. 288 h.

MONTMAIN, *Mons Medius*, vg. *Côte-d'Or* (Bourgogne), arr. et à 29 k. de Beaune, cant. et ✉ de Seurre. Pop. 212 h.

MONTMAIN, *Mons Medius*, vg. *Seine-Inf.* (Normandie), arr. et à 14 k. de Rouen, cant. et ✉ de Boos. Pop. 380 h.

MONTMAJOU, vg. *H.-Garonne*, com. de Cier-de-Luchon, ✉ de Bagnères-de-Luchon.

MONTMALIN, vg. *Jura* (Franche-Comté), arr. de Poligny, cant., ✉ et à 9 k. d'Arbois. Pop. 440 h.

MONTMANÇON, vg. *Côte-d'Or* (Bourgogne), arr. et à 30 k. de Dijon, cant. et ✉ de Pontailler-sur-Saône. Pop. 373 h.

MONTMARAULT, petite ville, *Allier* (Bourbonnais), arr., cant. et à 33 k. de Montluçon, chef-l. de cant. Cure. Gîte d'étape. ✉. ⚷. A 331 k. de Paris pour la taxe des lettres. Pop. 1,612 h. — TERRAIN cristallisé ou primitif.

Autrefois diocèse de Bourges, parlement de Paris, intendance de Moulins, élection de Montluçon, châtellenie royale, maîtrise particulière.

Cette ville est assez bien bâtie dans une contrée riante, fertile et abondante en bons pâturages ; c'est un des points les plus élevés du Bourbonnais, entre l'Allier et le Cher.

PATRIE de M. CAMUS DE RICHEMONT, lieutenant général et député.

Fabriques de coutellerie, de machines propres à la confection des câbles. Blanchisseries de cire. — *Commerce* de grains, fruits, châtaignes, fromage, gibier, poisson, etc. — *Foires* les 1er fév., 7 avril, 19 mai, 30 juin, 1er sept., 27 oct. et 9 déc.

MONTMARDELAIN, vg. *Yonne*, comm. de St-Germain-des-Champs, ✉ de Quarré-lès-Tombes.

MONTMARLON, vg. *Jura* (Franche-Comté), arr. de Poligny à 22 k. d'Arbois, cant. et ✉ de Salins. Pop. 62 h.

MONTMARQUET, vg. *Somme* (Picardie), arr. et à 45 k. d'Amiens, cant. d'Hornoy, ✉ d'Aumale. Pop. 366 h.

MONTMARTIN, vg. *Aube* (Champagne), arr. et à 15 k. de Bar-sur-Aube, cant. d'Essoyes, ✉ de Vendeuvre. Pop. 150 h.

MONTMARTIN, vg. *Doubs*, comm. de Huanne, ✉ de Baume-les-Dames.

MONTMARTIN, vg. *Loir-et-Cher*. V. LA CHAPELLE-MONTMARTIN.

MONTMARTIN, vg. *Oise* (Picardie), arr. et à 14 k. de Compiègne, cant. et ✉ d'Estrées-St-Denis. Pop. 154 h.

MONTMARTIN (Bas Haut-, Grand et Petit-), vg. *Seine-et-Marne*, comm. de Mouroux, ✉ de Coulommiers.

MONTMARTIN - EN - GRAIGNES, bg *Manche* (Normandie), arr. et à 20 k. de St-Lô, cant. de St-Jean-de-Daye, ✉ de la Perine. Pop. 1,580 h.

MONTMARTIN-SUR-MER, bg *Manche* (Normandie), arr., bureau d'enregist., ✉ et à 13 k. de Coutances, chef-l. de cant. Cure. P. 861 h. — TERRAIN de transition moyen.

Ce bourg est situé au milieu de landes immenses, sur une hauteur, à peu de distance de la mer, sur la Sienne. Il y a une grande place où se tient une foire, jadis célèbre dans toute l'Europe, transférée d'Agon à Montmartin, comme plus à portée de la Sienne et du port de Régneville. Les Anglais ayant plusieurs fois pillé les marchands réunis dans cette commune, la foire fut transférée à Guibray, faubourg de Falaise, où elle se tient encore aujourd'hui.

Foire le 16 août.

MONTMARTRE, *Mons Martis*, *Mons Martyrum*, bg *Seine* (Ile-de-France), arr. et à 7 k. de St-Denis, cant. de Neuilly-sur-Seine. ✉. A 6 k. de Paris pour la taxe des lettres. Pop. 7,082 h.

Ce bourg, situé sur une montagne conique à peu près isolée, remonte à une haute antiquité. Il est assez difficile d'assigner la véritable étymologie de son nom; la plus vraisemblable paraît être due à un temple de Mars qui aurait existé jadis sur cette butte, appelée *Mons Martis* dans un poëme latin que le moine Albon écrivit en 896 sur le siége de Paris. Deux des plus anciens chroniqueurs, Frédégaire et Hilduin, le nomment *Mons Mercurii*, d'un temple dédié à Mercure; enfin d'autres écrivains l'appellent *Mons Martyrum*, à cause, disent-ils, que ce fut au pied de cette montagne que saint Denis et ses compagnons furent martyrisés.

La montagne de Montmartre était couverte de maisons et formait, dès 627, un village qui fut presque entièrement détruit en 886, pendant le siége de Paris par les Normands. En 978, lors de la guerre que l'empereur Othon II fit à Hugues-Capet, celui-ci établit son quartier général à Montmartre. En 1133 Burchard de Montmorency, à qui Montmartre appartenait, le céda à Louis le Gros et à la reine Adélaïde, son épouse, qui y fondèrent une abbaye de religieuses de l'ordre de St-Benoît, célèbre tour à tour par la piété et par les déréglements de ses nonnes. Les Anglais portèrent un grand désordre dans cette maison religieuse. Henri IV y établit son quartier général pendant les guerres de la Ligue, et ses officiers, pour oublier l'ennui du siége de Paris, s'occupaient autant, dit Sauval, de la conquête des nonnes que de celle de la capitale. Le roi lui-même sut se faire aimer d'une jeune religieuse nommée Marie de Beauvilliers, cousine de Gabrielle d'Estrées, qu'il fit abbesse de Montmartre, lorsque les brillants attraits de Gabrielle eurent effacé du cœur du monarque la douceur et les charmes de la naïve religieuse. Il vécut publiquement avec elle à Montmartre, et les religieuses, à son exemple, ne connurent plus de frein dans leurs déréglements. Henri IV ayant été obligé de lever le siége de Paris, emmena avec lui sa charmante nonne, et ses officiers, imitant en cela leur prince, conduisirent à Senlis, où ils allaient, les jeunes religieuses, qui ne demandèrent pas mieux que de les suivre.

— L'abbaye de Montmartre était la plus belle, la plus riche et la plus renommée des environs de Paris; elle fut détruite en 1794; aujourd'hui une belle et vaste maison de campagne s'élève sur son emplacement.

Le bourg de Montmartre est dans une situation remarquable et très-pittoresque, sur la montagne de son nom, d'où l'on découvre, dans toute son étendue, la ville de Paris et ses gracieux environs. Cette montagne gypseuse fournit une masse énorme de plâtre et produit à elle seule plus des trois quarts de ce qui est nécessaire pour les constructions. Les carrières forment des galeries extrêmement curieuses, qui méritent d'être visitées.

La butte Montmartre, une des principales hauteurs qui dominent Paris, fut transformée en forteresse en 1814 et en 1815. Le 29 mars 1814 cette hauteur fut défendue par 15 ou 18,000 hommes de troupes françaises, au nombre desquelles étaient les braves élèves de l'école polytechnique, contre les armées des puissances coalisées, conjurées contre Napoléon. Cette petite armée soutint pendant la journée entière l'honneur national contre une supériorité numérique de plus de 40,000 ennemis, et ne se retira qu'après avoir perdu 5 à 6,000 hommes et avoir fait éprouver à l'ennemi une perte beaucoup plus considérable.

On voit à Montmartre, ainsi qu'aux alentours, plusieurs maisons de campagne, quantité de guinguettes et beaucoup de moulins à vent. Entre Montmartre et St-Ouen se trouve une glacière artificielle, établie d'après un principe ingénieux.

Montmartre possède un établissement philanthropique digne de figurer à côté des plus célèbres de la capitale, et connu sous le nom d'Asile de la Providence : c'est une espèce d'hospice, placé dans une grande et belle maison, accompagnée d'un vaste jardin, dans lequel on reçoit et l'on entretient cinquante à soixante vieillards des deux sexes. La moitié de ce nombre paye en entrant une modique pension; les autres sont entretenus gratuitement.

Montmartre a pour annexe le hameau de Clignancourt, qui est situé à l'est et au pied de la montagne. — Son territoire est entouré par ceux des Batignolles-Monceaux, de Clichy-la-Garenne, de St-Ouen et de la Chapelle. Au midi il s'étend sur les boulevards extérieurs de Paris, devant les barrières du Faubourg-St-Denis, Poissonnière, de Rochechouart, des Martyrs, Pigale, Blanche et de Clichy. Le village est disséminé sur toute la montagne, mais principalement sur le sommet et sur la pente méridionale jusqu'aux boulevards extérieurs. Il n'est pas de commune aux environs de Paris qui offre plus de changements et d'améliorations, qui atteste davantage le progrès en ce genre. — Le quartier Montmartre, en face de l'abattoir de ce nom, s'appelle village d'Orcel, parce qu'il fut commencé, il y a environ cinquante ans, par un spéculateur qui se nommait Orcel, et qu'il était alors assez éloigné des autres habitations. — Montmartre s'est non moins accru du côté des barrières Pigale, Blanche et de Clichy. Là un vaste quartier s'est élevé depuis une dizaine d'années. — L'ancienne partie du village occupe le sommet de la montagne, et s'améliore aussi rapidement par les sages dispositions prises par son embellissement. — Deux places publiques s'ouvrent l'une au sommet, près de l'église, l'autre à mi-côte, près des restes de l'ancienne abbaye. La première s'appelle place du Tertre; la seconde, place de l'Abbaye. Sur l'un des côtés de celle-ci, le maire, secondé par le conseil municipal, a récemment fait élever la nouvelle mairie, bâtiment considérable et d'une belle apparence.

La situation de Montmartre le privait naturellement d'eaux abondantes, par conséquent des avantages nombreux qui en résultent. Il possédait jadis plusieurs sources, qui ont été successivement taries par l'exploitation des carrières. Quelques-unes existent encore sur le revers de la montagne au nord, mais dans un tel état d'appauvrissement qu'elles ne sont plus d'aucune utilité. La compagnie Bourelly a rendu à la commune l'éminent service de lui procurer en abondance, jusque sur les points les plus élevés, les eaux salubres de la Seine, au moyen d'une pompe à feu établie près de St-Ouen. Un réservoir, qui reçoit ces eaux refoulées dans des tuyaux d'ascension, les distribue ensuite dans tous les quartiers, soit publiquement aux porteurs d'eau et aux particuliers, soit dans les maisons et à domicile par des concessions et abonnements annuels d'un prix très-modéré.

L'église de Montmartre, l'un des monuments les plus curieux du département de la Seine, est du XIIe siècle; elle conserve encore des traces de son origine, surtout dans quatre colonnes, qu'on a eu la maladresse de peindre au lieu de les laisser dans leur état naturel. Placée au lieu le plus élevé de la montagne, on l'aperçoit de loin et de toutes parts. L'autorité supérieure a profité de cette situation particulière, elle a fait construire sur une partie de l'église une tour et un télégraphe qui, à cette hauteur, peut correspondre avec tous les points d'un immense horizon.

Sur la hauteur on remarque le fragment d'un obélisque, sur la face méridionale duquel était gravée l'inscription suivante :

L'AN 1736,
CET OBÉLISQUE A ÉTÉ ÉLEVÉ PAR ORDRE DU ROI,
POUR SERVIR D'ALIGNEMENT
A LA MÉRIDIENNE DE PARIS DU CÔTÉ DU NORD.
SON AXE EST A 2,931 TOISES 2 PIEDS DE LA FACE
MÉRIDIONALE DE L'OBSERVATOIRE.

Cet obélisque était un des quatre-vingt-seize que l'on avait projeté d'élever d'espace en espace dans toute la longueur du méridien de Paris qui traverse la France du sud au nord ; cette ligne, qui passe par l'église St-Sulpice, et dont la perpendiculaire est élevée à l'Observatoire royal, a puissamment servi au travail de la carte générale de France. A la latitude de l'Observatoire de Paris, le degré de longitude a été trouvé de 37,568 toises, la minute de 626 toises, et la seconde de 10 toises et demie; et dans l'hypothèse que la terre est aplatie par ses pôles de 1/187e, ce degré est de 37,822. — Pour la latitude on a trouvé que de Paris à Amiens le degré était de 57,069 toises.

Deux cimetières sont établis dans la commune. L'ancien, situé près de l'église, est fermé depuis longtemps, excepté aux familles des concessionnaires à perpétuité. Le nouveau est ouvert sur le revers de la montagne, au nord. L'un des grands cimetières de Paris se trouve aussi dans la commune; il est principalement destiné aux cinq arrondissements du nord de la capitale. Il est assis dans l'emplacement d'une ancienne carrière à plâtre. On y voit plusieurs ombes remarquables, entre autres celles de M. Larmoyer, de M. et de Mme Legouvé, de Mlle Volnais, de St-Lambert, de Greuze, de M. du Bocage, du maréchal de Ségur; du sculpteur Pigale, etc., etc.

Montmartre possède l'un des principaux théâtres de la banlieue de Paris; il est situé au village d'Orcel, en face de l'abattoir, précédé d'une jolie place et d'une petite promenade.

La fête patronale de Montmartre est celle de St-Pierre, 29 juin; on la célèbre le dimanche suivant sur le plateau de la terrasse qui est près de l'église.

PATRIE du capitaine BONSERGENT, l'un des plus valeureux soldats des armées françaises.

Fabriques de tulle, savon vert, toiles cirées, instruments de marine, tapis peints et vernis, encre et produits chimiques. Fonderie de bronze. Maison de santé. Pension pour l'un et l'autre sexe.

Bibliographie. * Conjectures sur la formation de Montmartre et de la butte de Chaumont près Paris (Mercure, p. 2330, 2339, nov. 1732).

ROBERT DE PAUL DE LAMANON. Description de divers fossiles trouvés dans les carrières de Montmartre près Paris, et vues générales sur la formation des pierres gypseuses, in-4, 1782.

* Représentation d'une chapelle souterraine qui s'est trouvée à Montmartre près Paris, le 12 juillet 1611, comme on faisait les fondements pour agrandir la chapelle des Martyrs, in-fol., 1611.

LÉON (de St-Jean). Abrégé des antiquités de l'abbaye de Montmartre dans le diocèse de Paris (imprimé avec sa vie de saint Denis, in-8, 1661).

PIERRE (de Ste-Catherine, dom). Cérémonial monastique des religieuses de l'abbaye royale de Montmartre-lès-Paris, in-4, 1669.

CHERONNET (D.-J.-F.). Histoire de Montmartre, état physique de la butte, ses chroniques, son abbaye, sa chapelle, ses martyrs, sa paroisse, etc., revue et publiée par M. l'abbé Ottin, in-8, 1843.

MONTMATON, vg. Aveyron; comm. et ⊠ de Laguiole.

MONTMAUD, vg. H.-Vienne, comm. de Château-Ponsat, ⊠ de Morterolles.

MONTMAUR, vg. H.-Alpes (Dauphiné), arr. et à 16 k. de Gap, cant. et ⊠ de Veynes. Pop. 718 h.

Ce village est situé au pied de la montagne du Châtel, sur le sommet de laquelle on remarque les ruines d'un château fort : presque au centre, et au revers de la montagne, sont deux vieilles tours qui défendaient l'entrée de la forteresse.

Aux environs on remarque le passage du les Hauts-Étroits, qui forme l'entrée du Dévoluy. En cet endroit le torrent de la Béous est bordé par un chemin taillé dans un rocher dont la disposition est telle que cinquante hommes pourraient y en arrêter cinq mille : des soldats piémontais, envoyés en contrainte dans le Dévoluy en 1815, n'osèrent franchir ces effrayants Thermopyles, et s'en retournèrent. Foire le 12 sept.

MONTMAUR, bg Aude (Languedoc), cant., ⊠ et à 12 k. de Castelnaudary. Pop. 675 h.

Ce bourg, où l'on voit un ancien château, fut pris en 1563 par les religionnaires; en 1591 les ligueurs s'en rendirent maîtres. Le duc de Rohan le soumit à son parti en 1627. Foires les 20 mars, 19 mai, 24 août et 21 oct.

MONTMAUR, vg. Drôme (Dauphiné), cant., ⊠ et à 8 k. de Die. Pop. 220 h.

MONTMÉDY, Maledictus, Mons Medius, petite ville forte, Meuse (Luxembourg), chef-l. de sous-préf. (3e arr.) et d'un cant. Place de guerre de 4e classe. Trib. de 1re inst. Collège communal. Cure. Gîte d'étape. ⊠. ✠. Pop. 3,169 h. — TERRAIN jurassique, étage inférieur du système oolitique.

Autrefois prévôté, diocèse de Trèves, parlement et intendance de Metz, recette de Sedan, gouvernement particulier.

Montmédy est une place irrégulièrement bâtie, sur le penchant et au pied d'un coteau, dont la base est arrosée par le Chers; elle se divise en haute et basse ville, formées de rues étroites, mal percées, de petites places et de maisons mal construites, parmi lesquelles on remarque cependant quelques habitations modernes. La ville haute, située sur une colline qui domine la ville basse, a une enceinte composée d'une muraille et de huit bastions, entre lesquels, du côté de la campagne, sont placées des demi-lunes, ouvrage du maréchal de Vauban. L'enceinte de la basse ville a des bastions, qui ne sont à proprement parler que des tours pentagonales : on y entre par des portes couvertes par des demi-lunes. Montmédy étant placée en première ligne sur la frontière, ses fortifications ont été réparées depuis quelques années. Cette ville a été prise par les Français en 1657, et cédée à la France par le traité des Pyrénées. A l'exception des casernes et des établissements militaires, elle ne renferme aucun établissement public digne de remarque.

Les armes de **Montmédy** sont : d'azur à une forteresse d'or posée sur une montagne de sinople, avec un écusson d'argent au lion de sable, en abîme.

PATRIE du célèbre horloger LEPAUTE.

Du compositeur de musique BOCHSA.

Fabriques de bonneterie, Scieries hydrauliques. Moulins à huile. Tanneries. — Commerce de vin, pelleterie, gants de peau, clouterie, grains, etc. — Foires les 15 janv., avril, juillet, oct.

A 110 k. N. de Bar-sur-Ornain, 281 k. E. de Paris.

L'arrondissement de Montmédy contient 6 cantons : Damvillers, Dun, Montfaucon, Montmédy, Spincourt, Stenay.

MONTMEGIN, vg. Saône-et-Loire, comm. de Semur-en-Brionnais, ⊠ de Marcigny.

MONTMEILLANT, vg. Ardennes (Champagne), arr. et à 25 k. de Réthel, cant. et ⊠ de Chaumont-Porcien. Pop. 466 h.

MONTMEJEAN, bg Aveyron, comm. de St-André-de-Vesines, ⊠ de Millau.

MONTMELARD, vg. Saône-et-Loire (Bourgogne), arr. et à 41 k. de Mâcon, cant. et ⊠ de Matour. Pop. 1,178 h.

MONTMÉLAS-ST-SORLIN, vg. Rhône (Beaujolais), arr., cant., ⊠ et à 37 k. de Villefranche-sur-Saône. Pop. 284 h.

Montmélas est une bourgade, située sur une colline, qui avait autrefois titre de marquisat. De vieilles chartes prouvent même que c'était jadis une ville. — L'église se trouve dans l'enceinte du château.

MONTMÉLIANT, vg. Oise, comm. de Mortefontaine, ⊠ de la Chapelle-en-Serval. — On y jouit d'une vue superbe, sur Paris, Senlis, la forêt de Villers-Cotterets, Montepilloy, l'abbaye de la Victoire, etc., etc.

MONTMENARD (Grand et Petit-), vg. Seine-et-Marne, comm. de Saacy, ⊠ de la Ferté-sous-Jouarre.

MONTMERLE, petite ville, Ain (Dombes), arr. et à 15 k. de Trévoux, cant. de Thoissey. ⊠. A 428 k. de Paris pour la taxe des lettres. Pop. 1,740 h. Sur la rive gauche de la Saône.

Fabriques de poterie de terre. Tuileries. — Commerce de fruits, chanvre, boissellerie, merrain, cuirs, moutons, chevaux et bestiaux. — Foires de 15 jours le 8 sept., très-fréquentée par les négociants du midi et du nord de la France et par les étrangers, et 3 fév. et 9 déc.

MONTMERREI, Montmerium, bg Orne (Normandie), arr. et à 13 k. d'Argentan, cant. et ⊠ de Mortrée. Pop. 725 h.

MONTMEYAN, Monte Mejano, vg. Var (Provence), arr. et à 35 k. de Brignoles, cant. de Tavernes, ⊠ de Barjols. Pop. 768 h. — Foire le 10 oct.

MONTMEYRAN, vg. Drôme (Dauphiné), arr. et à 16 k. de Valence, cant. et ⊠ de Chabeuil. Pop. 1,934 h. — Foires les 11 mai, 3 sept., 12 nov. et 4 déc.

MONTMEZERI, vg. H.-Vienne, comm. de Montrol-Senart, ⊠ de Bellac.

MONTMIJA, vg. Ariège, comm. d'Ascou, ⊠ d'Ax.

MONTMIJA, vg. Aude. V. MONTMIA.

MONTMILLE (le), vg. Oise, comm. de Fouquenies, ⊠ de Beauvais.

MONTMIRAIL, Mons Mirabilis, petite ville, Marne (Brie), arr. et à 39 k. d'Epernay, chef-l. de cant. Cure. ⊠. ✠. A 95 k. de Paris pour la taxe des lettres. Pop. 2,545 h. — TERRAIN tertiaire inférieur.

Autrefois baronnie, diocèse et intendance de Soissons, parlement de Paris, élection de Château-Thierry.

Cette ville est située sur une éminence, près de la rive droite du Petit-Morin. On y voit un beau château, propriété de la famille le Tellier, appartenant actuellement à Mme la duchesse de Doudeauville.

PATRIE du cardinal DE RETZ.

Le 11 février 1814 l'empereur Napoléon

remporta sur le territoire de Montmirail une victoire complète sur les armées russe et prussienne.

Le 10 février, à huit heures du soir, le général Nansouty, qui s'était porté vers Montmirail avec les divisions de cavalerie de la garde des généraux Colbert et Laferrière, s'empare de la ville et d'une centaine de cosaques qui l'occupaient. Le 11, à cinq heures du matin, la division de cavalerie du général Guyot prend la même direction ; mais l'infanterie est retardée dans son mouvement par l'état affreux des chemins de Sézanne à Champ-Aubert. Jamais les trains d'artillerie n'eussent pu suivre les colonnes, sans la constance des canonniers, et sans les secours fournis par les habitants. Instruit du désastre de son arrière-garde, le général Sacken venait de quitter la Ferté-sous-Jouarre, et avait marché toute la nuit vers Montmirail, après avoir expédié plusieurs ordonnances au général York, qui marcha, mais plus tard, des environs de Meaux dans la même direction. Ainsi tout présageait une bataille dont l'issue serait d'une haute importance.

Craignant toutefois qu'au moment où l'armée française serait aux prises avec le corps de Sacken d'autres troupes ennemies ne vinssent déboucher par la route de Châlons, Napoléon dirigea le corps du maréchal duc de Raguse à Etoges, afin de couvrir l'armée sur sa droite. A onze heures du matin, le 11 février, le corps du général Sacken, renforcé par quelques régiments de celui du général York, parut en avant de Montmirail, où Napoléon venait d'arriver avec la division Ricard et la vieille garde. L'armée russe n'était que de dix-huit à vingt mille hommes. Ne pouvant plus éviter la bataille, le général Sacken appuya son centre à la ferme de l'Epine-au-Bois, sur la route de Montmirail à la Ferté-sous-Jouarre ; sa gauche au village de Fontenelle, sur la route de Montmirail à Château-Thierry, sa droite à la rivière du Petit-Morin, en arrière du village de Marchais. Napoléon, soupçonnant que les Russes voulaient déboucher par ce village, y plaça la division Ricard, sous les ordres immédiats du maréchal Ney. A peine les troupes françaises y sont-elles établies, que le général Sacken les fait attaquer. Le village de Marchais est pris et repris trois fois. Les Russes montrent pour s'en emparer autant d'acharnement que les Français déploient de constance et de bravoure pour le défendre. L'action durait depuis plus de cinq heures, et les deux armées se trouvaient encore dans leur première position. La nuit approchait ; Napoléon, recevant enfin des renforts, se décide à commencer une attaque sérieuse, sans attendre le reste de l'armée. Il ordonne au général Ricard de céder le terrain du côté de Marchais, pour amorcer l'ennemi, espérant qu'il renforcerait sur ce point ses attaques et dégarnirait son centre. Il donne en même temps l'ordre au général Nansouty de se porter avec sa cavalerie sur la droite, tandis que seize bataillons de la vieille garde, qui arrivaient de Sézanne, sous le commandement du général Friant, se forment en une seule colonne le long de la route pour attaquer le centre de l'ennemi, chaque bataillon éloigné de cent pas. Les trains d'artillerie arrivent également, et bientôt paraît aussi le duc de Trévise avec seize autres bataillons de la garde. Cette troupe d'élite débouche par Montmirail. De l'attaque du centre, ou de l'Epine-au-Bois, allait dépendre le succès de la journée : c'était la clef de la position des Russes. Quarante pièces de canon en défendaient les approches ; on avait garni les haies d'un triple rang de tirailleurs, et en arrière étaient disposés des bataillons d'infanterie pour les soutenir. Napoléon donne le signal. Le général Friant s'élance aussitôt vers l'Epine-au-Bois avec plusieurs bataillons de la garde ; le duc de Trévise se porte avec six autres bataillons sur la droite de l'attaque du général Friant, et avec le gros de la cavalerie le général Nansouty s'étend sur la droite des Russes, donnant au général Sacken l'inquiétude de voir sa retraite coupée. Resté maître du village de Marchais, ce général croit pouvoir dégarnir son centre pour renforcer sa droite ; la vieille garde profite de ce faux mouvement, s'élance sur la ferme de la Haute-Epine et aborde les Russes au pas de course. Le maréchal Ney marchait le premier. A son aspect, les tirailleurs russes se retirent épouvantés sur les masses, qui sont attaquées aussitôt. La mêlée devient sanglante ; l'artillerie ne peut plus jouer ; la fusillade est effroyable ; mais le succès est balancé encore, lorsque les lanciers, les dragons et les grenadiers à cheval de la garde, filant sur la grande route, au trot, aux cris de *Vive l'empereur !* regagnent la droite de la Haute-Epine, et se jettent sur les derrières des masses de l'infanterie russe. Assaillis et tournés à l'improviste, les Russes sont bientôt rompus et mis en désordre. L'infanterie, profitant du mouvement de la cavalerie, se précipite sur l'ennemi, qui fuit en abandonnant sa position, ses canons et ses bagages. En même temps le duc de Trévise, soutenant l'attaque de son côté, arrive au bois, enlève le village de Fontenelle, et prend six pièces de canon en batterie. Parvenue à la hauteur de l'Epine-au-Bois, la division des gardes d'honneur fait un à-gauche pour tourner le village de Marchais, tandis que le maréchal duc de Dantzick, à la tête de deux bataillons de la vieille garde, marche aussi en avant sur le village, pris alors entre deux feux. Tout ce qui s'y trouve est sabré, tué, fait prisonnier ou mis en fuite. En moins d'un quart d'heure un profond silence succède au bruit du canon et au feu roulant de la mousqueterie. Les Russes, pêle-mêle, généraux, officiers, soldats, infanterie, cavalerie, artillerie, se retirent précipitamment et en désordre par la route de Château-Thierry, mauvaise traverse, après avoir perdu cinq à six mille hommes tués, blessés ou prisonniers ; les vainqueurs n'eurent à regretter que douze à quinze cents hommes.

Napoléon coucha sur le champ de bataille, dans cette même ferme de la Haute-Epine où le combat avait été si opiniâtre.

Fabrique de cuirs. — Centre d'exploitation des meules à moulin en pierre franche, vive, poreuse. — Commerce de blés, avoines, laines, bois, bestiaux. — *Foires* les 29 et 30 juin, 16 août, 29 et 30 oct. ; 3e lundi de fév., de mars, de sept. et de déc.

MONTMIRAIL, *Monmirallium*, petite ville, Sarthe (Perche), arr. et à 49 k. de Mamers, chef-l. de cant. Cure. Gîte d'étape. ⊠. ⌨. A 165 k. de Paris pour la taxe des lettres. Pop. 1,002 h. — Terrain crétacé supérieur, voisin du tertiaire moyen.

Montmirail était jadis une place très-forte où Louis le Jeune et Henri II, roi d'Angleterre, eurent une conférence et conclurent la paix en 1169. Philippe Auguste s'empara de la forteresse et la fit raser en 1194. Charles VII, lorsqu'il n'était encore que dauphin, l'assiégea et la prit par capitulation en 1421.

Cette ville est bâtie sur une colline élevée, dont le sommet est couronné par un château en partie de construction moderne, flanqué au centre d'un donjon octogone, et sur deux de ses côtés d'une tour ronde et d'une autre tour de forme hexagone.

Fabriques de toiles. — *Foires* les 1er mai et 4e mardi de fév., d'avril, de nov. et 2e mardi de juillet.

MONTMIRAL, vg. *Drôme* (Dauphiné), arr. et à 34 k. de Valence, cant. et ⊠ de Romans. Pop. 2,148 h. — *Foires* les 26 avril et 6 déc.

MONTMIRAT, vg. *Gard* (Provence), arr., ⊠ et à 25 k. de Nîmes, cant. de St-Mamert. Pop. 255 h.

MONTMIRAT, vg. *Lozère*, comm. de St-Etienne-du-Valdonnès, ⊠ de Mende.

MONTMIRAUT, vg. *Seine-et-Oise*, comm. de Cerny, ⊠ de la Ferté-Aleps.

MONTMIREY - LA - VILLE, vg. *Jura* (Franche - Comté), arr. et à 16 k. de Dôle, chef-l. de cant., ⊠ de Moissey. Pop. 521 h. — Terrain du trias, grès bigarré.

Foires les 26 janv., 26 mars, 24 juin et 16 sept.

MONTMIREY - LE - CHATEAU, vg. *Jura* (Franche-Comté), arr. et à 17 k. de Dôle, cant. de Montmirey-la-Ville, ⊠ de Moissey. Pop. 471 h. — *Foires* les 26 janv., 26 mars, 24 juin et 16 sept.

MONTMOGIS, vg. *Seine-et-Marne*, comm. de St-Rémy-de-la-Vanne, ⊠ de la Ferté-Gaucher.

MONTMOREAU, bg *Charente* (Angoumois), arr. et à 24 k. de Barbezieux, chef-l. de cant. Cure. ⊠. A 480 k. de Paris pour la taxe des lettres. Pop. 535 h. — Terrain crétacé inférieur, grès vert.

Foires les 4 fév., 4 mars, 4 juin, 4 août, 4 oct. et 4 déc.

MONTMOREAU, vg. *Dordogne*, comm. de la Chapelle-Montmoreau, ⊠ de Nontron.

MONTMORENCY, ou Enghien, *Monmorenciacum*, *Monsmorencianus*, petite ville, *Seine-et-Oise* (Ile-de-France), arr. et à 20 k. de Pontoise, chef-l. de cant. Cure. ⊠. A 17 k. de Paris pour la taxe des lettres. Pop. 1,930 h. — Terrain tertiaire inférieur.

Si l'on en croit l'historien André Duchesne, Montmorency est le *Morantiacum* d'où les empereurs Valens, Gratien et Valentinien ont daté la loi *de officio rectoris proventiæ*; mais M. Dulaure conteste à ce lieu, avec raison, son antique origine. Suivant cet écrivain consciencieux, qui, en remontant toujours aux sources originales, a tracé un des premiers la route que doivent suivre les auteurs qui se chargent de la noble tâche d'écrire l'histoire, Hugues Bosselts possédait, vers la fin du x° siècle, une forteresse dans l'île St-Denis. Sa veuve épousa Burchard, surnommé le Barbu, et lui porta en dot cette forteresse; Burchard s'y établit, et de là faisait des excursions sur les biens de l'abbaye de St-Denis. Vivien, abbé de ce monastère, s'en plaignit souvent au roi Robert, qui enfin, cédant aux instances de cet abbé, fit raser la forteresse de l'île. Alors, vers l'an 1008, un traité fut conclu entre l'abbé et Burchard. Il fut convenu que l'abbé lui accorderait la faculté d'établir, sur le lieu appelé *Montmorandiacum*, une forteresse près de la fontaine de St-Walaric. Telle fut l'origine de la ville de Montmorency.

La terre de Montmorency, érigée en duché-pairie en 1551, fut possédée par la famille Burchard jusqu'au xviie siècle; mais Henri II, dernier duc de Montmorency, ayant eu la tête tranchée le 30 octobre 1632, cette terre fut confisquée par Louis XIII et donnée par lui au prince de Condé, duc de Bourbon, qui avait épousé la sœur du décédé. Louis XIV, en confirmant cette donation, changea, par lettres patentes du mois de septembre 1689, le nom de Montmorency en celui d'Enghien.

Pendant la révolution on l'appela EMILE. Louis XVIII a rendu à l'antique domaine des Burchard le nom d'Enghien; et malgré toutes ces vicissitudes celui de Montmorency a toujours prévalu.

Cette petite ville doit son importance à son agréable situation, qui fait qu'une foule d'étrangers vient y jouir des délices de la campagne. L'air y est pur; les fruits, et surtout les cerises et les melons, y sont excellents. Elle est assise sur le sommet d'une colline, d'où la vue s'étend sur une forêt de châtaigniers qui en est voisine, et sur une vallée délicieuse renfermant une multitude de villages et de maisons de campagne charmantes, qui y paraissent comme entassées. Les rues sont assez irrégulières et sinueuses; car l'envie de se ménager des points de vue a engagé les propriétaires à disposer les maisons presque çà et là, et sans aucun ordre. Néanmoins la plupart sont jolies, et accompagnées de jardins qui, après la vue, en font le principal ornement.

On ne trouve presque plus de traces de l'ancien château de Montmorency, quoique plusieurs parties de l'enceinte fortifiée de la ville subsistent encore; mais l'église paroissiale, autrefois collégiale, mérite l'attention des curieux par son étendue et par le style de son architecture. Suivant une ancienne inscription qui se voyait dans le sanctuaire, au bas du portrait de Guillaume de Montmorency, chambellan des rois Charles VIII, Louis XII et François Ier, ce fut ce seigneur qui fit, en 1525, rebâtir l'église de Montmorency. Mais le corps presque gothique de cette église nous paraît, par son élégance et sa légèreté, être un des plus beaux ouvrages de la fin du xve siècle. Cet édifice, comme il arrive souvent, n'était point achevé, et Guillaume ne fit sans doute que le réparer et y ajouter ou refaire la façade que l'on y voit actuellement, et dans laquelle l'emploi des ordres grecs, sur un petit module, la voûte du porche en plein cintre et les sculptures délicates, attestent l'époque de la renaissance des arts. — On voyait dans cette église le tombeau que Henri de Montmorency, décapité à Toulouse, avait érigé à son aïeul. Ce monument, ouvrage de Jean Bullant, était composé de dix colonnes soutenant une coupole hémisphérique ; il ne fut pas achevé : on le transporta au musée des Petits-Augustins.

La forêt de Montmorency, qui s'étend sur le plateau par lequel la ville est dominée, contient 2,500 hectares, et forme un des bouquets de cette vaste étendue de bois qui règne presque sans interruption sur la rive gauche de l'Oise, est souvent un objet d'excursion pour les habitants de la capitale, et le lieu d'une délicieuse promenade. — Tous les sites de ce canton sont pleins des souvenirs de l'auteur d'Emile. L'Ermitage, que Mme d'Epinay lui avait fait bâtir, se trouve à l'entrée d'une antique forêt de châtaigniers; cet ermitage, dans lequel Grétry mourut le 4 septembre 1813, est une petite maison fort simple, placée à mi-côte ; le jardin et quelques appartements ont conservé pendant longtemps la même distribution et, jusqu'à ces derniers temps, étaient pour ainsi dire le but d'un pèlerinage obligé pour les admirateurs de ces hommes célèbres. Aujourd'hui l'entrée de l'Ermitage est interdite aux visiteurs, qui d'ailleurs n'y retrouveraient plus aucun des objets ayant appartenu à Rousseau, et que les précédents propriétaires avaient jusque-là religieusement conservés.

Lorsque Jean-Jacques quitta l'Ermitage, il alla s'établir dans une maison du village appelée le petit Mont-Louis, située à l'extrémité de Montmorency, derrière la hauteur appelée la Butte - Jouvelle. Rousseau acheva dans cette habitation la Nouvelle Héloïse qu'il avait commencée à l'Ermitage, ainsi que le Contrat social. Voici comme ce philosophe parle de cet endroit au livre x de ses Confessions. « Pendant un hiver assez rude, au mois de février, j'allais tous les jours passer deux heures le matin, et autant l'après-diner, dans un donjon tout ouvert que j'avais au bout du jardin où était mon habitation. Ce donjon, qui terminait une allée en terrasse, donnait sur la vallée et l'étang de Montmorency, et m'offrait, pour terme du point de vue, le simple mais respectable château de St-Gratien, retraite du vertueux Catinat. Ce fut dans ce lieu, pour lors glacé, que, sans abri contre le vent et la neige, et sans autre feu que celui de mon cœur, je composai, dans l'espace de trois semaines, ma lettre à d'Alembert sur les spectacles. »

Les personnes que la mémoire de Rousseau intéresse visiteront avec plaisir cette demeure, qui appartient à M. Bidault, peintre de paysage, qui s'est plu à y recueillir et à y conserver quelques souvenirs du séjour de Rousseau.

Sur la terrasse du jardin qui conduit au donjon on voit une salle de verdure formée par quatre tilleuls; c'est Rousseau qui les a plantés de ses mains, avec les lilas, les seringats et les chèvre-feuilles qui forment le charmant bosquet; c'est sur la table de pierre qui est au milieu qu'il a composé son Emile et achevé son Héloïse : c'est sur cette pierre froide que furent enfantés ces chefs-d'œuvre.

On a signalé récemment l'existence, dans l'étude de M. Hébert, notaire à Montmorency, d'un titre authentique concernant Rousseau et signé par lui. Ce titre contient l'état à cette époque de son modeste mobilier, dont la plus infime brocheuse des nombreuses éditions de ses œuvres ne se contenterait pas aujourd'hui, et la déclaration qu'il fait que ce mobilier appartient à Thérèse le Vasseur. Nous reproduisons ici cette pièce, qui prouve, mieux que les plus graves commentaires, la modération des besoins de cet illustre philosophe.

Reconnaissance et obligation. — 8 mars 1758.

« Fut présent sieur Jean-Jacques Rousseau, citoyen de Genève, demeurant présentement en cette ville, lequel a reconnu que les meubles ci-après déclarés, sont et appartiennent à Thérèse Le Vasseur, fille majeure, qui les lui a prêtés pour son usage, les dits meubles consistant :

» Premièrement en deux petits chenets, pelle et pincettes de fer, deux fers à repasser le linge;

» *Item*, deux chandeliers, mouchette et porte-mouchette de cuivre jaune, avec une tringle de fer;

» *Item*, une couchette à bas pilliers, paillasse, lit et traversin de coutil rempli de plume, ainsi que deux oreillers avec leurs tayes, deux matelas de laine, deux couvertures de laine blanche, deux draps de toille de ménage, la housse complette de serge verte ornée de rubans de soye à chenille jaune à desseins;

» *Item*, une armoire ceintrée à deux battans fermant à clef, de bois de chêne et noier, deux petits tiroirs au milieu et un grand par bas;

» *Item*, six draps de toille de ménage, vingt-quatre serviettes, deux nappes, deux napérons, douze torchons;

» *Item*, douze aunes de tapisserie de Bergame, deux rideaux de toille blanche de coton, avec deux tringles de fer;

» *Item*, une commode de bois de noier aiant deux tiroirs par le haut, et deux plus bas, iceux à clef, et garnis de leurs entrées de cuivre et mains;

» *Item*, un miroir de toilette dans sa bordure de bois rouge ceintrée par le haut;

» *Item*, une tablette en forme d'encoignure, et deux tablettes à mettre livres;

» *Item*, une table couverte de drap vert à damier, et une autre table de bois noir, couverte de cuir de même couleur apliqué sur le dessus d'icelle;

» *Item*, une table de bois blanc montée sur son chassis ployant ;

» *Item*, un fauteuil de commodité couvert de tapisserie à l'éguille, et une chaise de commodité ;

» *Item*, une pendule de bois avec ses poids et cordages, et environ une douzaine de chaises de bois foncées de paille, et deux estampes enquadrées, l'une représentant un portrait garni de sa glace et l'autre un vase (1) ;

» *Item*, une couchette à bas pilliers, sur laquelle sont une paillasse, deux matelas de laine couverts de toille à carreaux, une couverture de laine blanche, traversin et oreiller de coutil rempli de plume, un lit de sangle ;

» *Item*, un porte-vaisselle de bois de sapin à deux montans par le haut et fermant à clef, à deux battans grillés de fil de laiton, par bas ;

» *Item*, une tourtière de fer battu, avec un four de campagne de fer, une passoire de fer blanc, un poids dit Romaine, une poelle, une autre percée, le tout de fer, un mortier de pierre avec son pillon de bois, deux douzaines d'assiettes de fayence, six plats aussi de fayence, et une vingtaine d'autres pièces tant terre que de fayence, deux malles fermans à clefs, un guéridon de bois, une broche à main de fer.

» Tous les dits immeubles et effets étant en deux chambres dépendans de la maison dite Mont Louis où demeure le dit sieur Rousseau, qui consent que la dite Le Vasseur en dispose comme à elle appartenant et iceux meubles évalués, pour fixer le contrôle, à la somme de trois cens livres.

» Et par les mêmes présentes le dit sieur Rousseau se reconnoit redevable envers la dite Le Vasseur sa domestique, de la somme de dix neuf cens cinquante livres pour treize années de ses gages, depuis qu'elle demeure avec lui en cette qualité jusqu'au premier mars dernier ; la quelle somme il promet et s'oblige lui payer à sa volonté et première demande.... (2).

» Tout ce que dessus a été accepté par la dite Le Vasseur à ce présente.

» Promettant, obligeant, renonçant. Fait et passé à Anguien la demeure du dit sieur Rousseau, l'an mil sept cens cinquante huit, le huit mars après midi, en présence de M. Pierre du Quesne (3), procureur au bailliage d'Anguien, et Barthelemy Tetard, maçon, demeurant en cette ville.

» Témoins à ce requis et appellés, qui ont signé avec les parties. Rayé sept mots nuls. »

J.-J. ROUSSEAU.   T. LE VASSEUR.   TETARD.
BUQUESNE.

Controllé à Anguin, le vingt deux mars 1758 ; reçu treize livres seize sols.
REGNARD.   DONÉ.

----

(1) Ce dernier mot est incertain.
(2) On lit le mot *à peines* ; la phrase ne paraît pas terminée.
(3) Ce nom écrit ici *Du Quesne* est écrit à la signature *Buquesne*.

La position élevée de Montmorency procure à cette petite ville un air excellent. Toutes les rues sont pavées et bien entretenues. La place publique est vaste et ornée de fontaines. Les alentours offrent de tous les côtés les plus charmantes promenades. Celles des Champeaux et de la forêt sont très-fréquentées. Auprès de l'Ermitage, pendant la belle saison, a lieu un bal champêtre où afflue toute la société qui habite les nombreuses maisons de campagne des environs. — Fête patronale le dimanche qui suit le 25 juillet.

Commerce important de fruits et de légumes potagers pour l'approvisionnement de Paris, de châtaignes, cercles de châtaignier, cerises renommées, etc. — Marché très-fréquenté tous les mercredis.

PATRIE de l'historien J. LE LABOUREUR.
De l'orientaliste J.-J.-E. SÉDILLOT.

Bibliographie. LEPRIEUR (J.-C.). *Description d'une partie de la vallée de Montmorency et de ses plus agréables jardins, ornée de gravures*, in-8, 1784.

LENORMANT (F.). * *Lettres à Sophie, ou Itinéraire de Paris à Montmorency, à l'Ermitage, à l'île des Peupliers, en passant par Chantilly, avec des détails historiques sur le séjour de J.-J. Rousseau dans ces divers lieux*, in-8, 1813.

— *Lettres à Jennie sur Montmorency, l'Ermitage, Ermenonville*, in-12, 1818.

Tableau pittoresque de la vallée de Montmorency, in-8, fig.

FLAMAND-GRÉTRY (L.-Vict.). *L'Ermitage de J.-J. Rousseau et de Grétry, poëme en huit chants, avec un prologue, orné de portraits, fac-simile, d'un ancien plan de l'Ermitage, de différentes vues ; dédié à S. Exc. don Pèdre de Menezès, marquis de Marialva, grand écuyer de S. M. T. F., son ambassadeur près la cour de France*, in-8, 1820.

— *Itinéraire historique, géographique, topographique, statistique, pittoresque et biographique de la vallée de Montmorency, depuis Paris jusqu'à Pontoise*, in-8 et fig., 1827-34.

MONTMORENCY-BEAUFORT, vg. Aube (Champagne), arr. et à 38 k. de Bar-sur-Aube, cant. et ⊠ de Chavanges. Pop. 463 h.

PATRIE du littérateur DESCHAMPS.

Ce village portait anciennement le nom de Beaufort, qu'il devait à un château redouté des barons voisins, et l'un des plus célèbres de la province. La châtellenie de Beaufort a appartenu à puissants seigneurs dont les noms sont conservés dans des chartes du XIIe et du XIIIe siècle ; elle passa à titre de comté à Henri III, comte de Champagne, qui l'annexa à sa seigneurie de Rosnay ; plus tard elle fut réunie à la couronne par le mariage de Jeanne de Navarre avec Philippe le Bel.

Dans le XIVe siècle, lors de l'occupation de la France par les Anglais, Beaufort devint le partage du duc de Lancastre, qui, sentant toute l'importance du château, y établit un capitaine habile avec une garnison. « Entre Châlons et Troyes, dit Froissard, au chastel de Beaufort,

héritage du duc de Lancastre, se tenoit messire Pierre d'Andelée, et couroit tout le pays d'environ. » Le même historien raconte avec détail une de ses excursions qu'il fit en 1359. Après la bataille de Nogent-sur-Seine, si fatale aux Anglais, bien que la plupart de leurs capitaines eussent abandonné les châteaux d'alentour, messire d'Andelée n'en resta pas moins à Beaufort, qui, sans doute par ses fortifications, lui offrait un asile sûr ; mais quelque temps après il mourut, dit Froissard, « de maladie en son lit, dedans le chastel de Beaufort, en Champagne ; de quoi les compagnons qui à lui se tenoient, furent moult douleus. »

Environ dix ans après, le duc de Lancastre, toujours possesseur de Beaufort, en remit la défense à un capitaine anglais, nommé Poursuivant d'Amour, qui trahit la cause de son pays et fit ses soumissions au roi de France. « Et le roi pour ce lui fit grand profit, et lui bailla ledit chastel de Beaufort en sa garde, avec un autre écuyer de Champagne, lequel on appeloit Yvain. Icelui Poursuivant d'Amour et Yvain étoient grands compaignons ensemble, et firent depuis sur les Anglois et sur ceux de leur côté maintes appertises d'armes. » — En 1404, par suite du traité conclu entre Charles VI, roi de France, et Charles III, roi de Navarre, Beaufort fut une des terres qui composèrent le duché de Nemours. En 1597, le comté de Beaufort fut érigé, par Henri IV, en duché-pairie en faveur de la belle Gabrielle d'Estrées et de César de Vendôme, leur fils naturel. Celui-ci vendit, en 1688, le duché de Beaufort au duc de Montmorency, appelé depuis duc de Luxembourg, lequel, par lettres patentes de 1689, fit changer le nom de Beaufort en celui de Montmorency.

MONTMORILLON, *Mons Mauritionis, Mons Morillum*, petite ville, Vienne (Poitou), chef.-l. de sous-préf. Trib. de 1re inst. Société d'agric. Ecole secondaire ecclésiastique. Cure. Gîte d'étape. ⊠. Pop. 4,961 h. — TERRAIN jurassique, étage inférieur du système oolitique.

Autrefois diocèse, intendance et élection de Poitiers, parlement de Paris, sénéchaussée, lieutenance de maréchaussée, collégiale, couvents d'augustins, de récollets, de cordeliers et de religieuses de Saint-François.

Cette ville est bâtie dans une situation pittoresque, sur la Gartempe, qui la divise en deux parties. C'était jadis une ville forte, défendue par un château, dont Philippe le Hardi fit l'acquisition en 1281. Les ligueurs la prirent dans le XVIe siècle ; mais le prince de Conti s'en empara pour Henri IV le 6 juin 1591, et, sur le refus que firent les soldats de se rendre, il les fit passer au fil de l'épée au nombre de trois-cents, et fit détruire les fortifications de la ville ainsi que le château.

Vers la fin du XIe siècle, Robert du Puí, revenant de Jérusalem, fonda à Montmorillon un hôpital qualifié de Maison-Dieu, destiné aux malades et aux pauvres, qui fut un des plus riches hôpitaux de toute l'Aquitaine. En 1613 les moines augustins s'y établirent et y restèrent jusqu'à la révolution, époque où les agents du domaine s'emparèrent de l'hôpital, dont tous les bâtiments furent vendus à l'administration diocésaine, et où l'on installa un séminaire qui existe encore. La construction la plus curieuse de tout l'ensemble des bâtiments qui composaient l'ancien couvent hospitalier, est un temple octogone, composé d'un caveau funéraire voûté, au-dessus duquel est une salle également surmontée d'une voûte, dont la clef est percée d'une ouverture ronde, qui répond à une ouverture hexagone de la voûte du souterrain. Cette salle sert comme de vestibule à une petite chapelle qui forme un prolongement détaché de l'octogone, au-devant du pan oriental. Chaque pan de l'édifice a un arceau, à l'exception d'un second auquel des fenêtres qui en éclairent la partie supérieure. La corniche est supportée par des modillons ornés de figures grotesques. La crypte ne reçoit qu'un jour très-faible de six petites embrasures; la voûte est un arc à plein cintre. On descend dans ce caveau par un escalier coudé et très-étroit, qui aboutit à un second escalier en limaçon. — Au-dessus de la porte d'entrée de l'octogone existe une ouverture de 2 m. 25 c. de large sur 1 m. de haut, dans laquelle sont placés quatre groupes de figures, dont jusqu'à présent on n'a donné aucune explication satisfaisante. — Le premier groupe offre, au dehors, une femme nue, ayant de longs cheveux lisses, une face difforme et hideuse; elle tire la langue, et tient entre ses mains deux gros serpents qui s'enlacent entre ses cuisses et sucent ses mamelles pendantes. À cette statue est adossée une femme, également nue, qui tient à la main deux crapauds qu'elle allaite aussi pendus à ses mamelles. — Le deuxième groupe est composé de quatre figures, trois d'hommes à longue barbe, dont une regarde en dehors de la chapelle, et les deux autres placées à droite et à gauche; la quatrième, qui tourne le dos à la première, représente un ange. — Le troisième groupe offre, en dehors et vu de face, un jeune homme, vêtu comme les vieillards, cachant ses mains sous son manteau. Du côté de l'intérieur, on voit attachés au même groupe un homme et une femme se donnant l'accolade. — Le quatrième groupe n'est composé que de deux figures adossées l'une contre l'autre. Ce sont deux femmes dont les cheveux sont partagés en deux mèches tressées qui descendent jusqu'à la ceinture.

L'église de la Maison-Dieu renfermait autrefois un monument élevé à la Hire. Ce monument ayant été détruit, on a replacé récemment dans l'église une pierre sépulcrale et l'ancienne épitaphe: « Ci-gît Etienne de la Hire, dit Vignoles, en son vivant chevalier. »

Fabriques de biscuits et de macarons renommés. Belles papeteries. Blanchisseries de toiles. — *Commerce* de bestiaux. — *Foires* le 25 de chaque mois et le 27 août au lieu du 25.

A 52 k. S.-E. de Poitiers, 388 k. S.-O. de Paris.

L'arrondissement de Montmorillon est composé de 6 cantons: Chauvigny, l'Ile-Jourdain, Lussac, Montmorillon, St-Savin, la Trimouille.

Bibliographie. *Réflexions sur le prétendu emple des Gaulois à Montmorillon* (Hist. de l'Acad. roy. des inscript. et belles-lettres, t. xxv, p. 130).
Statues découvertes à Montmorillon, au mois de mai 1750 (Journ. de Verdun, p. 116, 119, fév. 1751).
Siauve (Etienne-Marie). *Précis d'un mémoire sur l'octogone de Montmorillon, connu sous le nom de temple des druides*, in-8, 1815.
Nouveau. *Notice historique sur l'église et le chapitre de Notre-Dame de Montmorillon* (Mém. de la Soc. des antiq. de l'Ouest, t. III, p. 262).
Mémoire sur le temple de Montmorillon, par MM. Siauve et Millin (Mém. de l'Acad. celtique, t. III, p. 1).
Lenoir. *Observation sur les figures de Montmorillon*, in-8, fig.

MONTMORIN, vg. *H.-Alpes* (Dauphiné), arr. et à 37 k. de Gap, cant. et ⊠ de Serres. Pop. 704 h. — *Foires* les 22 mars, 16 août, 26 sept. et 18 nov.

MONTMORIN, vg. *H.-Garonne* (Languedoc), arr. et à 17 k. de St-Gaudens, cant. et ⊠ de Boulogne. Pop. 523 h.

MONTMORIN, vg. *Puy-de-Dôme* (Auvergne), arr. et à 30 k. de Clermont-Ferrand, cant. et ⊠ de Billom. Pop. 1,264 h.

MONTMOROT, vg. *Jura* (Franche-Comté), arr., cant., et ⊠ à 4 k. de Lons-le-Saulnier. Pop. 1,836 h. — *Foires* les 8 août et 18 oct.

MONTMORT, bg *Marne* (Champagne), arr. et à 18 k. d'Epernay, chef-l. de cant. ⊠. A 149 k. de Paris pour la taxe des lettres. Pop. 807 h. — Terrain tertiaire inférieur.

Suivant une ancienne tradition, ce bourg doit son origine à une forteresse bâtie par un nommé Croizart, vers la première année de notre ère. On y remarque un château, ou plutôt un donjon, d'une construction ancienne, presque tout en briques, offrant un massif carré flanqué de tours et de tourelles. Il est établi sur une terrasse carrée de 40 m. de côté, et haute de 20 m., entourée de fossés secs avec pont-levis, et surmontée d'un belvéder nommé la Fileuse, à cause d'une girouette qui représentait une femme filant au fuseau. On arrive au château par un escalier à rampe douce, voûté et pavé, en briques sur champ, pratiqué dans l'épaisseur de la terrasse. Le grand escalier du château a 134 marches; de sorte que la hauteur totale de l'édifice du côté de l'entrée est d'environ 52 m. La voûte des cuisines présente le millésime 1577.

Montmort avait autrefois le titre de marquisat. En 1789, le seigneur de Montmort fonda à perpétuité une fête de la Rosière, qui devait être choisie tous les ans entre les filles les plus sages du marquisat, laquelle devait recevoir une somme de cent livres et une médaille d'argent attachée à un ruban bleu. Nous ne savons pas si cette institution a été conservée.

On remarque aussi à Montmort les restes en grande partie conservés de la Charmoye, célèbre abbaye de l'ordre de Citeaux.

On trouve encore à Montmort les ruines intéressantes d'une abbaye plus ancienne appartenant à l'école romane secondaire, et une jolie église dont les premiers vestiges remontent au xe siècle, et dont les dernières constructions sont de la fin de 1400. Cet édifice, dédié à saint Pierre, a toujours été l'église paroissiale du pays. — Les deux portes latérales du porche, comme l'indique le linteau qui les ferme, sont les plus vieilles parties de l'édifice; viennent ensuite la porte d'entrée principale, la nef, ses bas côtés et le premier transsept, qui appartiennent à la première époque ogivale, de 1100 à 1200. La corniche extérieure, composée de têtes d'hommes et de consoles alternativement rangées, suffirait au besoin pour préciser cette époque. — L'histoire de ce monument, à dater du xive siècle, se trouve naturellement liée à celle des seigneurs de la terre de Montmort. En 1491 cette terre échut par alliance aux seigneurs d'Angest, qui achevèrent la démolition du château presque entièrement ruiné par les guerres et l'élevèrent tel qu'il existe aujourd'hui. C'est bien évidemment à cette époque que l'abside et le second transsept de l'église furent aussi construits, comme l'indiquent le style de l'architecture, le portrait et les armoiries que l'on remarque dans les verrières. En effet ce portrait, qui représente un chevalier en pied dans l'attitude de la prière, n'est autre que celui d'un seigneur de la maison d'Angest, qui portait d'argent à la croix de gueule, chargé de cinq coquilles d'or à la fasce crénelée d'azur en chef; c'est encore les cinq grandes fenêtres de l'abside qui s'élancent jusqu'à la voûte que sont les vitraux représentant, outre les armes et le portrait dont nous avons parlé, différents traits de la vie de N.-S., de la Vierge et du patron de la paroisse, saint Pierre. — On trouve encore dans cette partie de l'édifice de beaux détails du style de la renaissance, entre autres une très-jolie piscine et une console délicieuse qui supportait autrefois une statue de saint Jean Baptiste. Enfin, dans le sanctuaire et contre la porte de la sacristie actuelle, on voit le tombeau construit par Christine Daguerre, de la maison d'Angest, qui alla s'enfermer avec tous ses vassaux dans Epernay, pour le défendre lors du siège qu'en fit Henri IV. Ce tombeau a reçu les restes de Louis d'Angest et de Marie d'Athie sa femme, qui moururent le même jour, dans la même salle et le même lit, ainsi que le rapporte l'inscription. Il est à regretter que ce monument ait été mutilé.

Foires le 3e mardi de carême, mardi après le 29 juin, mardi avant les 11 nov. et 25 déc.

MONTMORT, vg. *Saône-et-Loire* (Bourgogne), arr. et à 34 k. d'Autun, cant. d'Issy-l'Évêque, ⊠ de Toulon-sur-Arroux. Pop. 802 h.

MONTMORT, vg. *Seine-et-Oise*, comm. des Essarts-le-Roi, ⊠ de Rambouillet.

MONTMOTIER, vg. *Vosges* (Lorraine), arr. à 34 k. d'Epinal, cant. et ⊠ de Bains. Pop. 186 h.

MONTMOURRE, vg. *Tarn*, comm. de St-Amancet-Montmourre, ⊠ de Sorèze.

MONTMOYEN, vg. *Côte-d'Or* (Bourgogne),

arr. et à 25 k. de Châtillon-sur-Seine, cant. et ✉ de Recey-sur-Ource. Pop. 465 h.

MONTMURAT, vg. *Cantal* (Auvergne), arr. et à 48 k. d'Aurillac, cant. et ✉ de Maurs. Pop. 381 h.

MONTMUREAU, vg. *Eure-et-Loir*, comm. de la Mancellière, ✉ de Brezolles.

MONTMYA, vg. *Aude*, comm. de Coudons, ✉ de Quillan.

MONTNER, vg. *Pyrénées-Or.* (Roussillon), arr. et à 25 k. de Perpignan, cant. de la Tour-de-France, ✉ d'Estagel. Pop. 234 h.

MONTNOIR, vg. *Nord*, comm. de St-Jans-Cappel, ✉ de Bailleul.

MONTNOIRON, vg. *Doubs*, comm. d'Indevillers, ✉ de St-Hippolyte.

MONT-NOTRE-DAME, vg. *Aisne* (Picardie), arr. et à 25 k. de Soissons, cant. et ✉ de Braisne. Pop. 646 h.

Ce village a été fondé sous le règne de Charles le Chauve. Dès le vi^e siècle, il y avait une maison royale, qui servit dans la suite de maison de plaisance aux vicomtes du lieu et aux évêques de Soissons.

Un détachement de troupes anglaises pilla le Mont-Notre-Dame en 1395; les royalistes s'emparèrent du château en 1422, mais il fut repris la même année par les Bourguignons ; Charles VII le prit et le fit raser en 1427. Ce château, ayant été ensuite rebâti, fut attaqué en 1567 par les calvinistes, attirés au Mont-Notre-Dame par l'espoir du pillage ; il était bien bâti, flanqué de quatre bonnes tours au milieu desquelles s'élevait un haut donjon, et aurait pu soutenir un long siège s'il eût été approvisionné et garni de troupes. Les calvinistes s'en emparèrent sans coup férir, brûlèrent les bâtiments et démantelèrent les tours. Après cet exploit ils pillèrent l'église et y mirent le feu en plusieurs endroits ; la charpente des toits et tous les combles de ce vaste édifice furent consumés en peu de temps.

La grande église du Mont-Notre-Dame, dont on voyait naguère encore de beaux restes, bâtie au xiiie siècle, vers le même temps et presque sur le même plan que la cathédrale de Soissons. C'était un vaste édifice orné de deux portiques collatéraux et d'un grand portail accompagné de deux tours fort élevées. De grandes réparations furent entreprises en 1394 : le chœur, qui menaçait ruine, fut supprimé en 1616, au moyen d'un mur de séparation entre cette partie et la nef, dont les trois arcades supérieures servirent de chœur et les quatre inférieures de nef : au moyen de cette réparation l'édifice n'eût pas laissé d'être un fort beau vaisseau, mais en 1617 un incendie, allumé par imprudence, détruisit une grande partie de ce qu'avait épargné celui de 1567. Les cinq voûtes de la nef principale s'écroulèrent en 1642. L'année suivante, on entreprit quelques réparations, qui se bornèrent à établir une charpente couverte en tuiles sur les voûtes du chœur et de la nef. A peine l'église avait-elle été mise en état d'y célébrer le service divin, qu'elle éprouva un désastre épouvantable : lorsqu'elle fut brûlée en 1567, les deux tours ne furent point endommagées ; comme elles étaient solidement bâties, les habitants du village s'y retirèrent et y renfermèrent leurs meubles et leurs effets, lors de l'approche des Impériaux, en 1650. Ceux d'entre eux qui n'avaient pu y trouver place s'étaient enfuis, excepté la servante d'un chanoine, qui, ayant eu l'indiscrétion de se montrer, fut surprise par les soldats et mise à la torture, afin de savoir d'elle où les habitants avaient caché leurs meilleurs effets. Vaincue par la douleur, la servante avoua que ce que l'on cherchait était caché dans les deux tours de l'église. Les soldats s'y portèrent aussitôt et sommèrent les habitants de se rendre ; sur leur refus, les portes de l'église sont enfoncées ; les bancs, la chaire, les confessionnaux mis en pièces, et de leurs débris on forme une pile énorme de matières combustibles à laquelle on met le feu. L'excès de la chaleur calcina les voûtes et les fit tomber ; les meubles qu'on avait portés sur ces voûtes servirent d'aliment à l'incendie ; et les habitants, qui avaient cru trouver dans ces tours un asile assuré, n'ayant pu échapper par aucune issue, furent tous brûlés vifs. — L'église du Mont-Notre-Dame fut de nouveau réparée en 1659, par les soins de Pierre Robilliart ; mais à peine les travaux étaient-ils achevés, qu'un ouragan des plus furieux en renversa la couverture et en fracassa les vitres ; toutefois ce nouveau désastre n'y suspendit que pendant fort peu de temps l'exercice du service divin.

MONTOILLE, vg. *H.-Saône*, comm. de Vaivre, ✉ de Vesoul.

MONTOILLOT, vg. *Côte-d'Or* (Bourgogne), arr. et à 44 k. de Dijon, cant. et ✉ de Sombernon. Pop. 236 h.

MONTOIR, bg *Loire-Inf.* (Bretagne), arr. et à 17 k. de Châteaubriant, cant. de St-Nazaire, ✉ de Savenay. Pop. 4,500 h.

Ce bourg, traversé par la route de Savenay à St-Nazaire, est situé sur une hauteur, au sud-est des marais de la grande Brière, à l'extrémité nord-est de la vaste prairie qui porte son nom. Cette prairie est arrosée par plusieurs canaux, et les terrains que ces canaux renferment entre eux sont appelés des îles, comme dans la tourbière. Ces îles sont couvertes de villages, dont quelques-uns sont aussi populeux que le chef-lieu de la commune : ils communiquent les uns aux autres par des canaux. Le sol de la prairie est plus exhaussé que celui de la Brière ; aussi les canaux présentent-ils plus ou moins de largeur suivant la hauteur des marées ; mais dans aucun temps ils ne débordent assez pour que le sol qu'ils fécondent soit entièrement caché sous les eaux. C'est cette prairie qui approvisionne de foin les communes de Montoir, St-Joachim, St-Nazaire et quelques-unes des environs. Chacun y reconnaît sa portion ; mais quand le foin est coupé, tout est en commun comme dans les landes du nord du département. De nombreux troupeaux, après la récolte, couvrent ainsi cette prairie immense.

M. Simonin pense qu'il se pourrait que Montoir fût l'ancienne Corbilo que les géographes latins plaçaient près de la Loire et de la mer. L'opinion de d'Anville et de Valois, qui placent cette ancienne cité commerçante à l'endroit où est actuellement le bourg de Couëron, paraît plus probable. Mais si Montoir n'a pas la gloire de reproduire à nos yeux la célèbre Corbilo, M. Athenas en fait un port non moins renommé. Ptolémée indique, dans l'Armorique, le *Brivates Portus* comme le port le plus considérable de cette partie des Gaules. Plusieurs antiquaires, entre autres l'abbé Deric et dom Morice, prétendent que c'est Brest. La longitude et la latitude indiquées par Ptolémée ne conviennent nullement à Brest, mais bien à un des ports voisins de l'embouchure de la Loire. Aussi les uns pensent-ils que c'est le Croisic, St-Brevin ou Guérande. M. Athenas le place près de l'embouchure du Brivé, et l'analogie des noms, l'inspection des lieux s'accordent assez avec cette opinion.

Le village de Méans, qui donne le nom d'Etier de Méans à la rivière du Brivé, fait partie de la commune de Montoir. Il est situé à 1 k. au-dessous du pont et a un port qui peut recevoir des barques de 50 à 60 tonneaux. On y voit ordinairement une grande quantité de chaloupes pontées, connues sous le nom de chaloupes de Méans ; ce sont des espèces de chasse-marées qui font le cabotage. Ce village, formé de maisons bien bâties et couvertes en ardoises, est assez peuplé : les habitants et ceux du pays voisin sont presque tous marins.

Fabrique de vitriol. Extraction de tourbe, dont il se fait une grande consommation à Nantes et aux environs. — *Foires* pour les bestiaux les 3 août et 15 oct.

MONTOIR, *Aureus Mons, Montorium*, jolie petite ville, *Loir-et-Cher* (Vendômois), arr. et à 18 k. de Vendôme, chef-l. de cant. Cure. Gîte d'étape. ✉. ⚭. A 195 k. de Paris pour la taxe des lettres. P. 3,306 h. — Terrain tertiaire moyen, voisin du terrain crétacé inférieur.

Autrefois châtellenie, diocèse de Blois, parlement de Paris, intendance d'Orléans, élection de Vendôme, grenier à sel.

Cette ville est située sur la rive droite du Loir, au pied de l'antique château de St-Outrille. C'était autrefois une place forte, entourée de murailles dont une partie existe encore. Au centre est une fort belle place que le duc de Tallard a fait construire lorsqu'il en était seigneur.

Les voûtes de l'église St-Gilles sont décorées de fresques romanes intéressantes, qui ont été dessinées en 1840 par M. Launay.

Fabriques de toiles, de grosse bonneterie de laine. Tanneries. — *Foires* le mercredi après le 1er janv., après le 2 mars, le 3 mai, le 4 juillet, le 5 sept. et le 6 nov.

MONTOIS (le), vg. *Seine-et-Marne*, com. de Vernou, ✉ de Moret.

MONTOIS-LA-MONTAGNE, vg. *Moselle* (pays Messin), arr., cant., ✉ et à 10 k. de Briey. Pop. 525 h.

MONTOISON, vg. *Drôme* (Dauphiné), arr. et à 48 k. de Die, cant. et ✉ de Crest. Pop. 1,385 h.

MONTOL, vg. *Saône-et-Loire*, comm. de Cruchaud, ✉ de Buxy.

MONTOLDRE, vg. *Allier* (Bourbonnais), arr. de la Palisse, à 28 k. de Cusset, cant. et ✉ de Varennes-sur-Allier. Pop. 650 h.

MONTOLIEU, petite ville, *Aude* (Languedoc), arr. et à 18 k. de Carcassonne, cant. et ✉ d'Alzonne. Ecole secondaire ecclésiastique. Pop. 1,807 h.

Cette ville fut fondée en 1146 par Roger, vicomte de Carcassonne, et portait le nom de *Castrum Malasti*. Elle fut assiégée et prise en 1231 sur les Albigeois, qui l'avaient occupée jusqu'alors. Trencavel, vicomte de Béziers et de Carcassonne, s'en empara en 1240; mais l'armée du roi l'ayant prise la même année, la ruina de fond en comble, ainsi que le château, et y fit passer la charrue. Quelque temps après l'abbé de Val-Séguier la fit rebâtir sur une colline voisine, et lui donna le nom de Montolieu. Les routiers s'en emparèrent en 1361 et en 1368; les religionnaires la surprirent en 1576, et le duc de Joyeuse en 1590.

La ville de Montolieu est pittoresquement située dans un vallon fertile, au confluent de la Rougeanne et de la Dure; elle est bâtie en amphithéâtre et domine un joli vallon, où l'on remarque une habitation charmante, entourée de jardins et de prairies ombragées d'arbres d'une rare beauté. Sa manufacture royale de draps, établie dans le faubourg, a été longtemps florissante, et ses produits, expédiés dans le Levant, y étaient très-recherchés.

PATRIE de DOMINIQUE-VINCENT RAMEL, ministre des finances sous le Directoire.

Fabriques de draps, bonnets de laine, maroquin. Filatures de laine. Moulins à foulon. Forges. Tanneries.

MONT-OLIVET, vg. *Seine-et-Marne* (Brie), arr. et à 31 k. de Coulommiers, cant. de la Ferté-Gaucher, ✉ de Rebais. P. 383 h.

Bibliographie. BEAUVAIS-DE-PRÉAUX. *Description topographique du Mont-Olivet*, in-8°, 1783.

MONTOMBLE, vg. *Yonne*, comm. de Ste-Colombe-en-Morvant, ✉ de Lucy-le-Bois.

MONTON, vg. *Puy-de-Dôme*, comm. et ✉ de Veyre.

MONTONVILLERS, vg. *Somme* (Picardie), arr. et à 15 k. d'Amiens, cant. et ✉ de Villers-Bocage. Pop. 216 h.

MONTORCIER, vg. *H.-Alpes*, comm. de St-Jean-St-Nicolas, ✉ de St-Bonnet.

MONTORD, vg. *Allier* (Auvergne), arr. et à 25 k. de Gannat, cant. et ✉ de St-Pourçain. Pop. 342 h.

MONTORGE, vg. *Doubs*, comm. de Villers-sous-Chalamont, ✉ de Salins.

MONTORGE, vg. *Saône-et-Loire*, comm. de Montaguy-les-Buxy, ✉ de Buxy.

MONTORGUEIL, vg. *Marne*, comm. de Fleury-la-Rivière, ✉ d'Epernay.

MONTORIEUX, vg. *Aisne*, comm. de St-Michel, ✉ d'Hirson.

MONTORIOL, vg. *H.-Garonne* (Languedoc), arr., cant., ✉ et à 14 k. de Toulouse. Pop. 178 h.

MONTORMEL, vg. *Orne* (Normandie), arr. et à 20 k. d'Argentan, cant. et ✉ de Trun. Pop. 231 h.

MONTORMENTIER, vg. *H.-Marne* (Champagne), arr. et à 35 k. de Langres, cant. et ✉ de Prauthoy. Pop. 88 h.

MONTORY, vg. *B.-Pyrénées* (Gascogne), arr. de Mauléon, à 39 k. de St-Palais, cant. et ✉ de Tardets. Pop. 1,251 h.

MONTOT, vg. *Côte-d'Or* (Bourgogne), arr. et à 47 k. de Beaune, cant. et ✉ de St-Jean-de-Losne. Pop. 219 h.

MONTOT, vg. *H.-Marne* (Champagne), arr. et à 25 k. de Chaumont-en-Bassigny, cant. et ✉ d'Audelot. Pop. 240 h.

MONTOT, vg. *H.-Saône* (Franche-Comté), arr. et à 16 k. de Gray, cant. et ✉ de Dampierre-sur-Salon. Pop. 370 h.

MONTOU, vg. *Aveyron*, comm. de la Salvetat, ✉ de Sauveterre.

MONTOU, vg. *Aveyron*, comm. de Lescure, ✉ de Sauveterre.

MONTOULIERS, vg. *Hérault* (Languedoc), arr. et à 36 k. de St-Pons, cant. et ✉ de St-Chinian. Pop. 284 h.

On y remarque une fontaine taillée dans le roc, dont la construction est attribuée aux Romains.

MONTOULIEU, vg. *Aude*. V. MONTOLIEU.

MONTOULIEU, vg. *Ariège* (pays de Foix), arr., cant., ✉ et à 7 k. de Foix. Pop. 814 h.

MONTOULIEU, vg. *H.-Garonne* (Gascogne), arr. et à 22 k. de St-Gaudens, cant. et ✉ d'Aurignac. Pop. 451 h.

MONTOULIEU, vg. *Hérault* (Languedoc), arr. et à 47 k. de Montpellier, cant. et ✉ de Ganges. Pop. 160 h.

MONTOURY, vg. *Creuse*, comm. de Vallières, ✉ de Felletin.

MONTOURNAIS, bg *Vendée* (Poitou), arr. et à 32 k. de Fontenay-le-Comte, cant. et ✉ de Pouzauges. Pop. 1,520 h.

MONTOURS, vg. *Ille-et-Vilaine* (Bretagne), arr. et à 13 k. de Fougères, cant. et ✉ de St-Brice-en-Cogles. Pop. 1,515 h.

MONTOURTIER, bg. *Mayenne* (Maine), arr. et à 27 k. de Laval, cant. et ✉ de Montsurs. Pop. 1,121 h.

MONTOUSSÉ, vg. *H.-Pyrénées* (Gascogne), arr. et à 28 k. de Bagnères-de-Bigorre, cant. et ✉ de la Barthe-de-Neste. Pop. 644 h.

MONTOUSSIN, vg. *H.-Garonne* (Gascogne), arr. et à 36 k. de Muret, cant. du Fousseret, ✉ de Martres. Pop. 260 h.

MONTOUVRIN, vg. *Indre-et-Loire*, com. de Tauxigny, ✉ de Cormery.

MONTOY, vg. *Moselle* (pays Messin), arr., ✉ et à 7 k. de Metz, cant. de Pange. P. 443 h.

MONT-PALIER, vg. *Seine-Inf.*, comm. de St-Victor-l'Abbaye, ✉ de Totes.

MONTPAON, vg. *Aveyron* (Rouergue), arr., ✉ et à 17 k. de St-Affrique, cant. de Cornus. P. 1,931 h. — *Foires* les 23 avril et 27 sept.

MONTPOZIER. V. MONTPAZIER.

MONTPELLIER, *Mons Pessulanus*, *Mons Puellarum*, grande et belle ville, chef-l. du dép. de l'*Hérault* (Languedoc), du 2° arr. et de 3 cant. Chef-l. de la 9° division militaire, (comprenant l'Hérault, l'Ardèche, le Gard, la Lozère et l'Aveyron). Siège d'une cour royale d'où ressortissent les dép. de l'Hérault, de l'Aveyron, de l'Aude et des Pyrénées-Orientales. Trib. de 1re inst. et de commerce. Chambre et bourse de commerce. Académie universitaire. Facultés de médecine et des sciences. Ecole spéciale de pharmacie. Collége royal. Sociétés d'agriculture et d'archéologie. Evêché, séminaire diocésain. Ecole secondaire ecclésiastique. 3 Cures. Gîte d'étape. Maison centrale de détention. Direction des douanes. ✉. ☞. Pop. 40,746 h. — TERRAIN tertiaire supérieur.

Autrefois évêché, université et faculté de médecine, société des sciences, cour des aides, chambre des comptes, bureau des finances, généralité et intendance, présidial, sénéchaussée, hôtel des monnaies, juridiction consulaire, prévôté générale de maréchaussée, chambre syndicale, plusieurs collégiales, séminaires et collèges; communautés de Malte, abbayes de filles ordre de Citeaux et de Sainte-Claire, couvents de chanoines réguliers, de dominicains, de pères de la Mercy, d'augustins, de capucins, récollets et cordeliers, de carmes déchaussés et de l'ancien Institut, d'ursulines, de dominicaines, de la Visitation, du Bon-Pasteur et du Refuge.

Montpellier est une ville dont l'origine ne remonte pas au delà du VIIIe siècle. Elle fut d'abord formée de deux villages appelés l'un Montpellier et l'autre Montpelliéret; ces deux villages, élevés sur un mont couvert d'une épaisse forêt, appartenaient aux deux sœurs de saint Fulcran, évêque de Lodève, qui en firent donation à Ricuin, évêque de Maguelonne. Ricuin donna en fief Montpellier à un seigneur nommé Guillaume, vers 990. Toutefois Montpellier dépendait encore immédiatement du siége de Maguelonne. La ruine de cette île, en 737, augmenta la population de Montpellier, qui s'accrut aussi, trois siècles plus tard, des habitants de Substantion.

Vers le Xe siècle, après la fuite des Visigoths devant les Sarrasins, les deux villages voisins, réunis en un seul, formèrent sous le nom de Montpellier une ville considérable qui tenait un rang distingué parmi celles de la Gothie. Les successeurs de Guillaume reconnurent le comte de Toulouse pour suzerain; mais Guillaume V se constitua vassal de l'évêque de Maguelonne. Quoique Montpellier ait eu beaucoup à souffrir de pestes et de guerres cruelles, l'affluence des étrangers attirés par son commerce et la prospérité de son école de médecine, créée par des médecins arabes chassés d'Espagne par les Goths vers le milieu du XIIe siècle, réparèrent en partie ses malheurs. Elle fut entourée de murailles à la fin du même siècle. Ses seigneurs prirent le titre de comte: l'un d'eux, Guillaume VI, ayant été chassé par les habitants, les fit excommunier par le pape Innocent II, et finit par rentrer dans la ville, après un long siége, aidé du comte de Barcelone.

Pierre II, roi d'Aragon, ayant épousé en

1204 la fille de Guillaume VIII, reçut en dot la ville de Montpellier, qui passa ensuite aux princes d'Aragon. Montpellier fut cédé en échange par l'évêque de Maguelonne à Philippe le Bel en 1292. Enfin Montpellier fut aliéné par Jacques III, roi de Majorque, de la branche cadette des rois d'Aragon, à Philippe de Valois, en 1349. — La seigneurie de Montpellier, devenue baronnie, fut donnée par Charles V, dit le Sage, à son frère le duc d'Anjou, gouverneur du Languedoc, auquel il avait cédé les droits d'amortissement et de francs fiefs pour l'entretien de ses armées et réparation de ses forteresses. En 1379 il leva un affouage de cinq francs et dix gros par feu ; c'était le plus exorbitant qu'aucune province eût encore payé ; cependant, comme il était parti pour conduire une expédition en Bretagne, ses conseillers, en son absence, demandèrent un nouveau fouage de douze francs d'or par année, ou un franc par mois pour chaque feu.

Le chancelier du duc d'Anjou, le sénéchal de Rouergue, et plusieurs seigneurs de leur suite se présentèrent le 21 octobre 1379 au conseil de ville de Montpellier pour lui intimer de faire percevoir un impôt aussi oppressif. Le conseil demanda quelques jours pour délibérer ; pendant ce temps la nouvelle de l'extorsion dont la province était menacée se répandit parmi le peuple ; elle y excita la fermentation la plus violente. Le conseil s'assembla de nouveau le 25 octobre et refusa avec beaucoup de courage de percevoir le fouage ; mais, pendant qu'il délibérait encore, le peuple ameuté se jeta avec fureur sur les officiers du duc, et massacra le chancelier, le sénéchal, le gouverneur de Montpellier, les deux chevaliers qui les accompagnaient, et plus de quatre-vingts personnes de leur suite. Le 30 octobre la ville de Clermont-Lodève suivit l'exemple que venait de lui donner celle de Montpellier, et massacra aussi les commissaires du duc d'Anjou. La fermentation était extrême dans toutes les villes du Languedoc ; la province semblait se préparer à une révolte générale, et elle aurait probablement éclaté, si Clément VII, arrivé depuis peu de mois à Avignon, n'avait employé toute son influence pour calmer le peuple. Il chargea le cardinal d'Albano et deux autres prélats de se rendre à Montpellier pour engager les habitants à se soumettre ; tandis que le duc d'Anjou, revenu de Bretagne à Paris et ensuite à Avignon, ne se proposait rien moins que de faire passer tous les habitants de Montpellier au fil de l'épée, de raser leur ville, et d'en labourer le sol à la charrue.

Le cardinal d'Albano avait inspiré une telle terreur aux habitants de Montpellier, en leur annonçant que les forces de toute la France allaient fondre sur eux, qu'ils consentirent à laisser entrer dans leur ville Déodat de Guillem, lieutenant du duc d'Anjou, qui fit mettre à mort tous les chefs de la sédition du mois d'octobre. Croyant alors avoir satisfait à la vengeance du duc, les habitants consentirent le 1er janvier 1380 à déclarer qu'ils recevraient le duc d'Anjou dans la ville, et qu'ils se soumettraient aveuglément à tout ce qu'il lui plairait d'ordonner.

Ayant reçu cette déclaration, le duc d'Anjou partit d'Avignon à la tête de mille lances et d'un corps d'arbalétriers à cheval. Il s'arrêta le 17 janvier à Nîmes, et le 20 il entra dans Montpellier entouré de ses troupes. Anglic de Grimoard, cardinal d'Albano, s'avança au-devant de lui, menant à sa suite tous les ordres religieux, même les religieuses recluses, tous les enfants de la bourgeoisie, les quatre facultés de l'université, les consuls qui portaient les clefs de la ville et le battant de la cloche d'alarme, enfin tout le reste des habitants ; toute cette multitude se jeta à genoux au passage du duc, en implorant miséricorde, et le cardinal d'Albano lui adressa une longue harangue pour l'exhorter à user de merci envers ces pauvres gens. Le duc, sans répondre, fit mettre des gardes dans tous les lieux par où il pouvait commander la ville ; il se fit apporter toutes les armes des habitants, et quand il ne leur eut plus laissé aucun moyen de résistance, il monta le 24 janvier sur un échafaud qu'il avait fait dresser à l'avant-portail de la sonnerie, et fit lire devant lui la sentence qu'il avait rendue contre ce peuple malheureux. Il condamnait deux cents des citoyens qu'il déclarait les plus coupables à être brûlés vifs, deux cents à être pendus, deux cents à être décapités, dix-huit cents à la confiscation de leurs biens et des notes d'infamie, et le reste de la ville à des amendes considérables. Il laissa trois jours les habitants de Montpellier sous la terreur de cette effroyable sentence ; enfin le 27 janvier il la modifia à la sollicitation du pape Clément VII, du cardinal d'Albano et divers princes. Il se réserva la punition arbitraire des plus mutins, et il réduisit à moitié environ les amendes, les confiscations et les marques d'infamie.

La ville de Montpellier resta presque indifférente à la guerre des Albigeois : du moins les fureurs des croisés ne l'atteignirent point. On y établit un tribunal de l'inquisition, qui fut aboli après s'être essayé sur une prétendue sorcière, Catherine de Sauve. Mais ses plus grands désastres devaient unître aux guerres civiles et des discordes religieuses.

En 1536 le siège épiscopal de Maguelonne fut transféré à Montpellier, qui devint bientôt le théâtre des guerres et des massacres entre les protestants nouvellement établis et les catholiques. Les premiers, s'étant emparés de la ville sous Henri III, se constituèrent en république, et conservèrent cette forme de gouvernement jusqu'en 1622, époque où Louis XIII s'en rendit maître après un siège long et meurtrier. Pour maîtriser les habitants, le roi fit construire à Montpellier une citadelle qui sert aujourd'hui de caserne. Les nouvelles révoltes qui suivirent la construction de ce fort ne furent pas moins sanglantes que celles qui l'avaient précédée ; toutefois la ville se soumit et prospéra sous le règne de Louis XIV, auquel les habitants élevèrent en 1718 une magnifique statue équestre sur la belle place du Peyrou.

Montpellier fut préservé des massacres de la St-Barthélemy par le vicomte de Joyeuse, qui commandait alors en Languedoc en l'absence du maréchal de Damville. Simon Fixes, baron de Sauve, secrétaire d'Etat, voulant sauver les religionnaires de Montpellier, sa ville natale, dépêcha un courrier qu'il chargeait d'avertir en passant le sieur des Ursières, son beau-frère, gouverneur de cette ville. Ursières confère à ce sujet avec le baron de Mousson, premier consul de Montpellier. Les ministres et les principaux religionnaires reçoivent l'invitation de se mettre en sûreté. On fait dire aux autres de se renfermer dans leurs maisons ; les catholiques prennent les armes pour maintenir la tranquillité publique, et les religionnaires sont épargnés.

Avant la révolution de 1789 Montpellier était le lieu où s'assemblaient les états du Languedoc. Dans l'origine ils ne s'assemblaient d'abord que par sénéchaussée, ils furent ensuite autorisés à se réunir constamment en états généraux, tantôt dans une ville, tantôt dans une autre ; puis Montpellier fut définitivement choisi pour le siége de leurs délibérations, et les états de la province s'y sont assemblés sans interruption depuis 1736 jusqu'à leur extinction en 1789.

Les armes de Montpellier sont : *d'azur à un portail d'église antique d'or, ayant au milieu une Notre-Dame assise vêtue d'azur* (alias : *de gueules*), *tenant l'enfant Jésus et ayant à ses pieds un écusson d'argent chargé d'un tourteau de gueules.*

Montpellier est dans une belle situation, sur une colline au pied de laquelle coule le Lez ; un chemin de fer communique de cette ville à Cette, et doit se raccorder avec le chemin de fer de Montpellier à Nîmes et à Beaucaire. De quelque côté que l'on y arrive, l'œil est enchanté ; les environs, à plus de 4 k. de circonférence, sont ornés de maisons de campagne élégamment construites, de jardins, de vergers, de coteaux couronnés de bosquets, plantés de vignes et d'oliviers. La ville s'élève en amphithéâtre sur une colline dont le point culminant, vers la place du Peyrou, est à 51 m. au-dessus du niveau de la mer ; le sommet de cette hauteur est un peu resserré, les pentes sont en général douces. La ville se dirige de l'est à l'ouest ; d'un côté elle se termine brusquement par la citadelle, et de l'autre par la place du Peyrou : elle s'étend surtout en descendant vers la grande rue, c'est-à-dire du côté du nord. Cette position, et l'inclinaison de la plupart de ses rues influent peut-être, autant que son beau climat, sur la longévité et la santé de ses habitants, causes qui, jointes à la célébrité de l'école de médecine, attirent continuellement à Montpellier une affluence considérable d'étrangers.

A l'exception de quelques points, notamment du côté du nord-est, où l'on voit encore les stigmates de boulets que lançait l'artillerie de Louis XIII lors du siège de 1622, elle est aujourd'hui dépouillée de ses anciennes murailles ; les seules restes de ses fortifications consistent dans les anciennes portes des Carmes, de la Blanquerie, du Peyrou, et dans la tour des Pins.

Montpellier est une ville très-bien bâtie, entretenue constamment dans un grand état de propreté, mais généralement mal percée ; la plupart des rues sont étroites et escarpées ; les places publiques sont petites et irrégulières ; toutefois l'ensemble de la ville est agréable et plaît généralement ; on y remarque plusieurs beaux quartiers, de belles fontaines et de magnifiques promenades. Enfin un aspect riant, une situation des plus heureuses, la douceur du climat, la salubrité de l'air, les beautés champêtres des environs, l'urbanité des habitants, et surtout les charmes du beau sexe font de cette ville un séjour délicieux, et la mettent au premier rang des villes du midi de la France.

La promenade du Peyrou est l'une des plus belles que l'on connaisse : elle consiste dans une vaste et magnifique plate-forme gazonnée, environnée de balustrades élevées de 3 à 4 m. sur une autre promenade qui l'entoure d'une allée couverte, et qui en est une dépendance ; on y monte par un perron, et l'on y entre par une grille. A l'extrémité s'élève une butte artificielle, un château d'eau construit en rotonde à six faces, et orné de belles colonnes cannelées d'ordre corinthien. L'intérieur de cet élégant édifice, voûté en coupole, renferme un bassin d'où l'eau coule en nappe et tombe en cascade sur des rochers parfaitement imités, qui la transmettent dans un bassin inférieur. Elle y est amenée par un superbe aqueduc en pierres de taille qui traverse une vallée d'environ 8 k. de large et va chercher l'eau sur le côté opposé. — On parviendrait difficilement à décrire le magnifique point de vue que l'on découvre de la promenade du Peyrou : l'œil aperçoit le Canigou, qui fait partie des Pyrénées, le mont Ventoux en Provence, et plonge avec plaisir sur la riche campagne qui environne la ville, sur l'étang de Maguelonne qui en est à 6 k., et au delà duquel la mer se déploie et présente une immense étendue qui n'a de bornes que l'horizon. — C'est aux architectes Giral et Donat que les états de Languedoc sont redevables des plans et devis de cette place, dont la première pierre fut posée le lundi 29 déc. 1766 et dont la dépense, pour acquisitions de terrains et indemnités, fut de 182,988 l. 07 s. 2 d. et celle des embellissements 989,678 14 1

Total 1,272,667 01 3

L'aqueduc, où l'architecte Pitot a dignement lutté avec les auteurs romains de celui du Gard, fut commencé en 1753 et coûta treize ans de travail. Il est composé de deux rangs d'arceaux superposés. Sa longueur totale depuis la source de St-Clément jusqu'au Peyrou est de 13,904 m., dont 8,772 m. au-dessous du niveau du sol, et 4,232 m. au-dessus de ce même niveau. Dans une longueur de 880 m., depuis le réservoir dit des Arcades jusqu'au Peyrou, on compte 53 arceaux ayant 8 m. d'ouverture, surmontés de 183 arceaux de 2 m. 78 c. de largeur. La hauteur des grands arceaux est de 16 m.; celle des petits est de 5 m. 56 c. La plus grande élévation de l'aqueduc est de 28 m. Enfin la base extérieure de la rigole

a 3 m. de large. L'eau est de bonne qualité.

La porte du Peyrou, arc de triomphe dédié à Louis XIV, est un monument d'ordre dorique mutulaire, sans colonnes ni pilastres, percé d'un seul arc à plein cintre, couronné d'un entablement. Le dessin en est de Dorbay; la construction en fut confiée à d'Aviler en 1691. Bertrand, sculpteur de Montpellier, exécuta les sculptures, qui sont remarquables. Cet arc de triomphe est dans le goût de la porte St-Denis de Paris : il mériterait d'être détaché des maisons voisines qui le gênent.

L'Esplanade est une belle et vaste promenade très-fréquentée, qui s'étend entre la ville et la citadelle. Elle touche au Champ de Mars, et longe du même côté la citadelle, espèce de fort composé de quatre bastions, où fut enfermé Cinq-Mars en 1624, et d'autres prisonniers célèbres. L'esplanade aboutit par une de ses extrémités à la place de la Comédie, que décorent une fontaine en marbre représentant les trois Grâces, la façade de la salle de spectacle, etc. — La ville est embellie d'un grand nombre de fontaines : à celle que nous venons de nommer nous ajouterons celles des Chevaux marins ou Licornes, à la halle couverte, avec un bas-relief représentant la bataille de Closterkamp, celles de la Grande rue, etc., etc. Parmi les églises on visitera celle de St-Denis, d'ordre toscan, qu'on doit à d'Aviler, celle de Ste-Eulalie, celle de Notre-Dame-des-Tables, autrefois des Jésuites, attenante au collège royal.

La cathédrale, sous l'invocation de saint Pierre, est la plus ancienne et la plus célèbre église de Montpellier. Ce fut originairement un monastère de bénédictins, fondé en 1364 par le pape Urbain V. Cette église ne fut érigée en cathédrale qu'en 1536. Trois tours s'élèvent aux angles de la nef ; la quatrième a été abattue durant les guerres de religion. La façade est précédée d'un porche assez singulier. Deux piliers cylindriques, massifs, de 4 m. 55 c. de diamètre, ayant leurs extrémités façonnées en cône, et terminées par une petite sphère, placés à 8 m. 45 c. du mur de façade, soutiennent, à la hauteur de la nef, une voûte à quatre pendentifs, qui reposent immédiatement au-dessous de la partie conique des piliers, et s'appuient de l'autre côté sur la façade de l'église. La longueur de l'édifice est de 55 m. 25 c. dans œuvre; la longueur de la nef est de 14 m. 95 c., et de 26 m. 65 c. dans le fond des chapelles : celles-ci sont au nombre de dix. Le sanctuaire, qui est d'une construction beaucoup plus moderne (1775), a 13 m. 64 c. de large et 12 m. 99 c. dans œuvre, d'un mur latéral à l'autre. Il est pavé de carreaux de marbre gris et blanc. Le chœur contient un double rang de stalles dans son pourtour ; on y remarque trois immenses tableaux, dont l'un, le plus célèbre, qu'on doit au pinceau de Sébastien Bourdon, représente la chute de Simon dit le Magicien ; les deux autres sont d'Antoine Ranc et de Jean de Troy. La cathédrale est bâtie dans un enfoncement qui nuit à sa situation ; elle est attenante à l'école de médecine.

L'école de médecine de Montpellier jouit

d'une célébrité universelle et justement acquise. Créée par les Arabes après la fondation de celle de Salerne, elle prit une forme régulière en 1220. Le bâtiment de l'école est vaste, propre, bien distribué ; c'est l'ancien évêché. On voit dans la salle des Actes le buste d'Hippocrate, en bronze, morceau précieux d'antiquité, et des bustes en marbre d'Esculape et d'Hygie. Un siège en marbre, découvert dans les arènes de Nîmes, et le buste de Chaptal décorent le bel et vaste amphithéâtre, œuvre de Lagardette. Dans la salle du Conclave, aujourd'hui du Conseil, on montre les portraits de tous les professeurs décédés depuis le XIIIe siècle, celui de Rabelais, et même au besoin la robe doctorale de ce facétieux curé de Meudon, qu'on faisait revêtir autrefois à chaque récipiendaire. On voit encore d'autres marbres antiques, encastrés dans les murs de ce bel établissement. — L'école de médecine possède une bibliothèque composée de plus de 30,000 volumes, d'environ 600 manuscrits grecs, latins, arabes, turcs, chinois, italiens, espagnols, français, et d'un cabinet de dessins originaux de grands maîtres. Parmi les livres imprimés se trouvent beaucoup de princeps du XVe siècle. Outre les dessins et les tableaux qui décorent la bibliothèque de l'école, la faculté de médecine a un musée anatomique riche en objets curieux pour la science.

La bibliothèque de Montpellier renferme plusieurs manuscrits importants venus de l'Italie. On y remarque 15 volumes in-4 de lettres écrites à la reine Christine de Suède par des hommes les plus distingués de son époque ; des copies d'ouvrages de Galilée ; 2 volumes de lettres originales adressées à C. dal Pozzo (mort en 1685), qui renferment bon nombre d'artistes et de littérateurs célèbres ; 1 volume de lettres autographes écrites à Alde le jeune et à Paul Manuce ; il s'en trouve du Tasse, de Muret, de Sigonius, du grand-duc de Toscane, etc.; 2 volumes de lettres autographes de Peiresc ; 1 volume d'observations de la propre main de Winckelmann, etc.; 34 volumes in-fol. ou in-4 formés par l'historien Guichenon, et renfermant une multitude de pièces relatives au Bugey, à la Bresse et à la Savoie. On sait que la bibliothèque entière d'Alfieri, léguée à la comtesse d'Albany, devint la propriété du peintre Fabre, qui en fit don avec le reste de ses belles collections à sa ville natale de Montpellier. Conservés à part, les livres du célèbre auteur tragique forment environ 3,000 volumes grecs, latins, italiens ; il n'y a qu'un seul auteur français, c'est Marot. Chaque ouvrage porte la signature d'Alfieri ; beaucoup renferment des notes de sa main. M. Gazzera signale un bien curieux volume dont l'existence n'était pas même soupçonnée : c'est un petit in-8 de six feuillets seulement, et contenant six sonnets que l'on ne trouve dans aucune des éditions d'Alfieri ; le titre porte qu'ils furent imprimés de sa propre main.

Le jardin botanique, fondé par Henri IV en 1593, est un des jardins des plantes les plus remarquables du royaume sous le rapport du nombre et du classement des végétaux. Plus de

8,000 plantes sont cultivées dans ce jardin. On y remarque une fort belle orangerie et une grande serre chaude, qui permet de conserver pendant vingt ans des végétaux des tropiques. — Dans une allée basse, entre de tristes murs couverts d'un épais ombrage, on découvre, sous une voûte obscure, la tombe de Narcissa, fille d'Young, si dignement célébrée par le poète des *Nuits*. — De l'école de botanique, où professa le savant de Candolle, on jouit d'une vue pittoresque des tours de la cathédrale, et des bâtiments de l'école de médecine, qui n'en sont séparés que par le boulevard. Au milieu de cette partie du jardin est un beau cyprès étalé, vulgairement appelé arbre de Montpellier.

LE JARDIN ROYAL, promenade charmante, où se trouve l'école forestière, est attenant au jardin botanique.

LE MUSÉE FABRE est un établissement magnifique. Peu de galeries de tableaux, en France, sont plus remarquables que celle de Montpellier pour le nombre et le choix des chefs-d'œuvre qu'elle renferme. Ce riche musée porte le nom de son fondateur M. le baron Fabre, qui, après un séjour de près de quarante années en Italie, sacrifiant à l'amour de la patrie la juste considération et l'heureuse existence que ses talents et les rares qualités de son cœur lui avaient acquises sur cette terre classique des beaux-arts, a réalisé, en 1825, le projet qu'il avait conçu depuis longtemps, de faire donation à Montpellier, sa ville natale, de sa superbe collection de tableaux, dessins, estampes, statues, bustes, médailles et autres objets d'art, ainsi que d'une bibliothèque de plus de 15,000 volumes, remarquable par le nombre, la variété, la richesse des éditions, dans les littératures anciennes, modernes et étrangères, et surtout par le recueil le plus complet et le plus précieux d'ouvrages qui traitent des beaux-arts. M. le baron Fabre, excellent peintre, élève de David et ami de Girodet, n'a cessé d'augmenter cette magnifique collection. La bibliothèque du musée Fabre compte environ 25,000 volumes, en y comprenant ceux qui faisaient partie de l'ancienne bibliothèque de la ville. Le musée Fabre occupe quatre belles salles, décorées avec élégance et bien éclairées : l'école de dessin y est contiguë. Cet établissement a reçu de précieux accroissements dus à la générosité d'autres citoyens de Montpellier, parmi lesquels il faut citer MM. Valedeau, Collot, etc., etc. La galerie Valedeau surtout offre, sous le rapport des tableaux, bronzes, dessins, etc., le complément le plus riche et le plus digne du présent du baron Fabre.

LE CABINET D'HISTOIRE NATURELLE ET DE PHYSIQUE de la faculté des sciences, quoique ayant besoin d'être renouvelé, offre quelque intérêt aux curieux.

LA SALLE DE SPECTACLE fut construite en 1786, après l'incendie de l'ancienne salle. Elle est vaste et bien distribuée ; la façade est de bon goût ; l'intérieur est passablement décoré, et peut contenir plus de 2,000 spectateurs ; le parterre est assis.

HÔPITAUX. Les hôpitaux de Montpellier méritent une mention particulière pour leur importance et pour la manière admirable dont ils sont desservis. — L'hôtel-Dieu St-Eloi, où l'on reçoit les fiévreux de tous les pays, est, en France, un des premiers établissements de ce genre. Fondé en 1183, il consiste en plusieurs corps de bâtiments, cours, galeries et jardins, renfermés dans une seule enceinte. Les salles sont au nombre de 23, dont 9 pour les fiévreux, 3 pour les blessés, 9 pour les vénériens et galeux, et 2 pour les femmes. Cet hospice contient 520 lits en fer, dont le nombre doit être porté à 700. Durant la guerre, l'hôpital a eu souvent 800 à 1,000 malades. En 1814 il y avait 1,633 malades, dont 1,531 militaires et 102 civils. On pourrait y prendre plus de 100 bains par jour. Il est desservi par des sœurs de la Charité, ainsi que par le bureau de bienfaisance ou œuvre de la Miséricorde. — L'hôpital général est entièrement consacré aux pauvres nés ou domiciliés à Montpellier ; il a été terminé en 1682, et contient 21 salles, dont 9 pour les hommes, 3 pour les enfants mâles, 8 pour les femmes, et 1 pour les jeunes filles. Les incurables et les vieillards, quoique sans infirmités, lorsqu'ils ont passé l'âge de soixante-dix ans, sont admis dans cette maison, où peuvent être soignés environ 700 incurables. — L'hospice des insensés, celui de la Maternité et le dépôt de police sont attenants à cet hôpital. — Dans le voisinage est la maison centrale de détention, vaste bâtiment qui reçoit les femmes condamnées de vingt départements.

On remarque encore à Montpellier le palais de justice ; l'hôtel de la préfecture ; l'évêché ; le séminaire ; la bourse ; la fontaine de Jacques Cœur, argentier de Charles VII ; l'édifice de St-Côme ; l'église de la Providence ; l'établissement orthopédique de l'infortuné Delpech ; la tour des Pins et celle du Télégraphe ; les halles ; les casernes, entreprises et terminées sous le règne de Napoléon : elles peuvent contenir 2,000 hommes d'infanterie et de cavalerie ; la place de la Canourgue, celle de la préfecture, ornée d'une belle fontaine en marbre blanc, celle du Marché aux fleurs ; la fontaine des Chevaux marins et celle des Licornes ; les églises St-Denis, St-Eulalie, Notre-Dame-des-Tables, etc., etc.

Biographie. Montpellier a donné naissance à un grand nombre d'hommes célèbres, parmi lesquels nous citerons :

SAINT ROCH.

JACQUES LE CONQUÉRANT, roi d'Aragon.

La courageuse CONSTANCE DE CÉZELLI.

Les RANCHIN, dont le nom a illustré la médecine et le barreau, les lettres et l'humanité.

CAMBON, président de l'assemblée législative et de la convention.

CAMBACÉRÈS, archichancelier de l'empire, que vingt ans d'un grand pouvoir n'ont pu faire accuser d'un seul abus d'autorité.

BÉNÉZECH, ministre de l'intérieur sous le Directoire.

Le comte CHAPTAL, célèbre chimiste, ministre de l'intérieur et sénateur sous l'empire, membre de l'Institut.

P. DE BONNIER D'ALCO, député à l'assemblée législative et à la convention nationale, l'un des plénipotentiaires massacrés au sortir de Rastadt, avec l'infortuné Roberjot.

FABRE DE L'HÉRAULT, membre de la convention nationale.

CRASSOUS, membre du conseil des cinq cents et du tribunat.

Le comte de MÉJEAN, publiciste.

P. DE BONNEAU, consul de France en Pologne, où il s'est rendu célèbre par son opposition au démembrement de ce malheureux pays.

COLLOT, ex-directeur de la monnaie de Paris.

DURAND, troubadour et célèbre jurisconsulte du XIIIe siècle.

Le comte DARU, historien, ancien ministre, pair de France, membre de l'Académie française.

GARIEL, historien.

CH. D'AIGREFEUILLE, historien de Montpellier.

J.-P. THOMAS, historien de Montpellier.

PLACENTIN, célèbre jurisconsulte du XIIe siècle.

De JOLY, jurisconsulte.

ALBISSON, savant jurisconsulte.

Le baron SÉGUIER, pair de France, 1er président de la cour royale de Paris.

Le jésuite CASTEL, savant mathématicien.

Le savant FÉLIX LAJARD, membre de l'Institut.

J. POITEVIN, astronome et physicien.

L.-G. BELÈZE, helléniste.

ERMENGAUD, médecin de Philippe le Bel.

BARTHEZ, célèbre médecin.

P.-M.-A. BROUSSONNET, médecin, membre de l'Institut.

J.-L.-V. BROUSSONNET, professeur à la faculté de médecine de Montpellier.

RONDELET, médecin et professeur de médecine.

H. FOUQUET, médecin et professeur de médecine.

J.-B. G., médecin.

A. DEIDIER, médecin et professeur de médecine.

LABORIE, savant médecin.

J.-M.-J. VIGAROUX, savant médecin.

J.-G. BRUGUIÈRES, médecin, naturaliste et voyageur.

AMOREUX, médecin et naturaliste.

P. CUSSON, anatomiste distingué.

P.-M. DRAPARNAUD, naturaliste.

A. GOUAN, botaniste.

J.-ANT. ROUCHER, poète et littérateur, mort sur l'échafaud révolutionnaire le 26 juillet 1793.

P.-AUG. RIGAUD, fabuliste.

P.-L. MOLINE, poète et auteur dramatique.

Madame SUZ. VERDIER, auteur de poésies charmantes, parmi lesquelles on distingue *les Géorgiques languedociennes*.

BRUEYS, auteur dramatique.

MERLE, littérateur et fécond auteur dramatique.

ROUCHER DERATTE, littérateur et auteur dramatique.

P. Estève, littérateur.
B. Verlac, littérateur.
Alex. et Adolphe de Carney, littérateurs.
P.-A. Alletz, littérateur.
Le baron Et. de Lamothe-Langon, romancier et littérateur.
P.-L.-P. Jullian, publiciste.
Durand, architecte.
Seb. Bourdon, peintre.
Vien, peintre, membre du sénat conservateur.
J. Raoux, Ant. et J. Ranc, peintres.
Le comte Matthieu Dumas, lieutenant général.
Lajard, adjudant général, membre du corps législatif.
Les généraux Curto, Campredon, Lapie, Maurin.
Le fameux danseur Dauberval.
L'acteur Nourrit, père du célèbre chanteur de ce nom.
L'acteur Lafeuillade.
Charles Bonaparte, père de Napoléon, est mort à Montpellier à l'âge de 30 ans dans les bras de madame Permon, mère de la duchesse d'Abrantès. Il fut enterré dans un couvent. Sous l'empire, Louis Bonaparte fit exhumer ses restes, qui furent transportés à St-Leu-Taverny, où il lui fit élever un mausolée servant d'entrée à un caveau, où sont aussi déposés les restes du fils de Louis Bonaparte, que Napoléon avait adopté.

Industrie. Manufactures de draps, couvertures de laine, percale, mousselines, mouchoirs. Fabriques considérables de vert-de-gris, d'acides minéraux et autres produits chimiques, de savon, bouchons de liége, liqueurs, parfums. Filatures de coton. Nombreuses distilleries d'eaux-de-vie et esprits. Raffineries de sucre. Tanneries. Maison centrale de détention fondée en 1810; on y fabrique des mouchoirs, des percales, des bas, gants en filoche, des bonnets; on y carde et file la soie, etc. Elle reçoit les condamnés des départements suivants : Ardèche, Aude, Aveyron, Basses-Alpes, Bouches-du-Rhône, Cantal, Corse, Drôme, Gard, Hautes-Alpes, Haute-Loire, Hérault, Isère, Loire, Lozère, Pyrénées-Orientales, Rhône, Tarn, Var et Vaucluse. Sa population varie de 400 à 450 individus.

Commerce de vins, eaux-de-vie, esprits, huile d'olive, citrons, orange, fruits secs, cuirs forts, laines, cuivre et verdet. Le port Juvénal, situé à 1 k. de la ville et formé par la rivière du Lez, facilite singulièrement le commerce. — Foires le 2e lundi de Quasimodo (8 jours) et 2 nov. (6 jours).

A 49 k. S.-O. de Nîmes, à 169 k. O.-N.-O. de Marseille, à 750 k. S.-E. de Paris. Long. orient. 1° 32′ 30″, lat. 43° 36′ 16″.

L'arrondissement de Montpellier contient 14 cantons : Aniane, Castries, Cette, Claret, Frontignan, Ganges, Lunel-la-Ville, St-Martin-de-Londres, Les Matelles, Mauguio, Mèze, Montpellier 1re, 2e et 3e sections.

Bibliographie. Aigrefeuille (Ch. d'). *Histoire de la ville de Montpellier depuis son origine* (en 20 livres), 2 vol. in-fol., 1737.

St-Hubert (Dom d'O... de), mort en 1781. *Histoire abrégée de Montpellier*...
Garonne. *Histoire de la ville de Montpellier sous la domination de ses premiers seigneurs, sous celle des rois d'Aragon et des rois de Mayorque*, in-8, 1828-38.
Gariel (Pierre). *Idée de la ville de Montpellier*, etc., in-fol. 1665.
Serres. *Histoire abrégée de la ville de Montpellier*, in-12, 1719.
Broussonnet * *De l'antiquité de Montpellier*, in-8, 1838.
* *La Défaite des troupes du duc de Rohan, dans la surprise qu'il a voulu faire de la ville et citadelle de Montpellier*, in-8, 1628.
Philippi (Jean). *Histoire de la guerre civile en Languedoc, particulièrement à Montpellier* (imprimée dans le IIe vol. des pièces fugitives de M. le marquis d'Aubais, in-4, 1759).
* *Exécrable Massacre arrivé en la ville de Montpellier sur la personne du premier président de l'édit de la chambre du parlement de Grenoble, député par M. Lesdiguières à M. de Rohan pour pacifier les troubles du Languedoc*, in-8.
Dumas (J.-A.). *Annales de Montpellier et du département de l'Hérault pour 1835*, in-32, 1835-36; in-16, 1838-42-43.
Aigrefeuille (Ch. d'). *Histoire ecclésiastique de Montpellier*, in-fol., 1739.
Gastellier de la Tour. * *Description de la ville de Montpellier*, in-4, 1764.
Thomas (Jean-Pierre). *Mémoires historiques sur Montpellier et sur le département de l'Hérault*, in-8, 1827.
Thomas (Eugène). *Essai historique et descriptif sur Montpellier, pour servir de guide dans cette ville et dans ses environs*, in-8, 1836.
* *Précis historique sur la statue de Louis XIV, érigée sur la place du Peyrou à Montpellier*, in-12, 1838.
Renouvier. *Des vieilles maisons de Montpellier* (Mém. de la soc. archéologique de Montpellier, t. I, p. 37).
Kuhnholtz (B.-Achille). *Histoire de l'université de Montpellier*, in-8, 1840.
Mémoires de la société royale des sciences de Montpellier, in-8, 1776.
* *Notice sur des manuscrits des archives de la commune de Montpellier*, in-8, 1835.
* *Notice des tableaux et objets d'art exposés au musée Fabre de la ville de Montpellier*, in-12, 1838.
* *De la nouvelle bibliothèque de Montpellier, dite du musée Fabre, et des embellissements dont elle est susceptible*, in-8 d'une feuille, 1844.
Desgenettes (R.-Nic.-D.). *Éloge des académiciens de Montpellier, recueillis pour servir à l'histoire des sciences pendant le XVIIIe siècle*, in-8, 1802.
Papon (J.-P.). *Relation de la peste de Marseille, en 1730, et de celle de Montpellier en 1629*, in-8, 1820.
Poitevin (Jacques). *Essai sur le climat de Montpellier, contenant des vues générales sur la nature et la formation des météores, et les principaux résultats des observations faites à Montpellier depuis l'établissement de la ci-devant académie des sciences de cette ville*, in-4, 1803.
Amoreux (P.-J.). *État de la végétation sous le climat de Montpellier, ou Époque des fleuraisons et des productions végétales*, in-8, 1809.
Gouan (Ant.). *Herborisations des environs de Montpellier*, etc., in-8 et carte, an xv (1796).
— *Matière médicale des plantes du jardin de Montpellier*, in-8, 1804.
* *Beautés méridionales de la flore de Montpellier*, in-8, 1827.
Thomassy (Édouard). *Le Jardin des plantes de Montpellier, poëme, avec des notes biographiques* (avec Leprince), in-8, 1839.
Belleval (Charles de). *Notice sur Montpellier*, 4e édit., in-8, 1827.
* *Notice sur le chemin de fer de Montpellier à Cette*, in-12, 1839.
Donat (Dominique). *Almanach historique et chronologique de la ville de Montpellier*, in-12, 1759.

MONTPELLIER (comté de), pays qui dépendait autrefois de la ci-devant province du bas Languedoc, et qui fait aujourd'hui partie du département de l'*Hérault*.

La souveraineté du comté et du diocèse de Montpellier appartenait à l'évêque de Maguelonne, duquel le roi Philippe le Bel acquit les droits par échange. Vers le commencement du XIIIe siècle ce comté passa à Pierre, roi d'Aragon, comte de Barcelone, par son mariage avec Marie, fille du comte Guillaume, et ses successeurs en jouirent jusqu'en 1349, que Jacques III, roi d'Aragon, le vendit à Philippe de Valois pour le prix de six vingt mille écus d'or. La vente fut confirmée par une transaction de 1396 et par un traité de 1500. Le siège de l'évêché fut originairement établi à Maguelonne, d'où Charles Martel le transféra à Substantion, où il demeura trois cents ans. Il fut rétabli à Maguelonne en 1060, et l'an 1530 le pape Paul III le transféra à Montpellier. Cet évêché rapportait à son évêque 32,000 liv.; son diocèse avait 32 k. de long sur 24 de large et 100 de circuit. On y comptait 220 paroisses et 4 abbayes.

MONTPELLIER-DE-MÉDILIAN, vg. Charente-Inf. (Saintonge), arr. et à 17 k. de Saintes, cant. de Gémozac, ⊠ de Cozes. Pop. 845 h.

MONTPENSIER, *Montpenserium*, vg. Puy-de-Dôme (Auvergne), arr. et à 20 k. de Riom, cant. et ⊠ d'Aigueperse. Pop. 640 h.
—Il possédait anciennement un château important par sa situation et par les fortifications dont il était entouré. L'assemblée du tiers état de la basse Auvergne en ayant demandé la démolition, le roi en ordonna sa destruction, qui fut opérée en 15 jours en 1633.

MONTPERDU (le). V. dép. des Hautes-Pyrénées.

MONTPERREUX, vg. *Doubs* (Franche-Comté), arr., cant. et à 12 k. de Pontarlier, ✉ de Jougne. Pop. 286 h.

MONTPERREUX, vg. *Seine-Inf.*, comm. de St-Martin-du-Vivier, ✉ de Darnetal.

MONTPERROUX, vg. *Orne*, comm. d'Essai, ✉ du Mesle-sur-Sarthe.

MONTPETOTZ, vg. *Doubs*, comm. de la Cluse, ✉ de Pontarlier.

MONTPEYROUX, vg. *Aveyron* (Rouergue), arr. et à 20 k. d'Espalion, cant. et ✉ de Laguiole. Pop. 1,943 h.

MONTPEYROUX, bg *Hérault* (Languedoc), arr. et à 21 k. de Lodève, cant. et ✉ de Gignac. Pop. 1,450 h.

On y trouve les restes d'un vieux château flanqué de tourelles. C'est près de Montpeyroux que commence la fameuse côte qui conduit à la montagne du Larzac.

Fabriques d'essences estimées, vert-de-gris, savon. Education de vers à soie. Tanneries. — Commerce important d'épiceries, drogueries, huiles, amandes, etc. — *Foires* les 25 avril et 21 déc.

MONTPEYROUX, vg. *Puy-de-Dôme*, com. de Coudes-Montpeyroux, ✉ d'Issoire.

MONTPEZAT, vg. *B.-Alpes* (Provence), arr. et à 57 k. de Digne, cant. et ✉ de Riez. Pop. 142 h.

MONTPEZAT, *Mons Pensatus, Monspesatium*, petite ville, *Ardèche* (Languedoc), arr. et à 32 k. de Largentière, chef-l. de cant. Cure. ✉. A 591 k. de Paris pour la taxe des lettres. Pop. 2,902 h.—TERRAIN cristallisé ou primitif.

Cette ville est située dans un vallon fertile, mais étroit, abrité du nord par une haute montagne de la chaîne du Coiron. Placée comme un point de démarcation entre le pays froid ou montagne et le pays tempéré, vulgairement appelé Rayol, elle est depuis longtemps le principal entrepôt des produits de l'un et de l'autre.

Au nord et au sud de Montpezat on voit deux volcans éteints dont les traces de désolation forment un contraste frappant avec la fertilité du pays. Celui de la Gravenne attire surtout les regards par sa nudité absolue. Dans l'intérieur seulement de son bassin végètent, comme à regret, quelques maigres genêts et une nappe de gazon qui sert de rendez-vous et de théâtre aux folâtres amusements d'alentour. Sa forme conique, son bassin circulaire et profond, sont si bien conservés, que l'immortel Buffon l'a cité comme le plus beau de tous ceux qu'il a vus.

Celui du Chambon, au nord de Montpezat, n'a pas des formes aussi régulières ; car les orages et les torrents l'ont sillonné de profondes crevasses, et la nudité de ses flancs anfractueux et arides laisse trop apercevoir les aspérités des rochers granitiques qui forment la base de la montagne.

La coupe de celui de la Vestide (entre le village du Pal et le pic de Bauzon) se développe très-gracieusement en hémicycles comme une arène naturelle : elle a plus de 2,500 m. de circonférence, en plate-forme, sans comprendre la pente intérieure de chaque côté de la montagne.

Au milieu de ce vaste enclos s'élève un joli mamelon conique ombragé d'un verdoyant bosquet de hêtres et sapins : on le dirait placé là, au milieu d'un grand foyer de destruction, pour témoigner du dernier effort des feux souterrains.

Ce volcan paraît appartenir à une époque plus reculée que ceux du Chambon et de la Gravenne. Peut-être est-il antédiluvien. On dit (et c'est probable) que son cratère a servi longtemps de bassin à un grand lac qui fut mis à sec par le baron de Montlaur, et ensuite donné en emphytéose aux habitants du Pal.

Montpezat est très-ancien. D'après la tradition, il existait déjà lorsque César traversa les Cévennes pour aller combattre Vercingentorix en Auvergne. Lui-même, dit-on, lui donna le nom de *Montis Pedites* (fantassins de la montagne) à cause qu'il n'y eut que ses fantassins qui pussent franchir la montagne du Pal.

Fabriques de coutellerie renommée par la bonté de la trempe. Filatures de soie. Tricotage en grand de gilets de laine, tissage de serge et autres étoffes de laine appelées cadis et cadissons — Entrepôt de grains, fourrages, planches et bois de construction en tout genre. *Foires* les 15 janv., 20 mars, 26 avril, 16 oct. et jeudi de la mi-carême.

MONTPEZAT, vg. *Gard* (Languedoc), arr. et à 17 k. de Nimes, cant. de St-Mamert. Pop. 601 h.

MONTPEZAT, bg *Lot-et-Garonne* (Agénois), arr. et à 29 k. d'Agen, cant. de Prayssas, ✉ de Ste-Livrade. Pop. 1,543 h.

Montpezat doit son origine à un château fort que Simon de Montfort détruisit en 1214, et dont les fortifications furent relevées quelque temps après. Les Anglais s'emparèrent de ce château en 1345 — *Foires* les 1er fév., 26 avril, 22 juin, 26 août et 12 nov.

MONTPEZAT, petite ville, *Tarn-et-Garonne* (Quercy), arr. et à 34 k. de Moutaubau, chef-l. de cant. Bureau d'enregist. à Caussade. Cure. ✉. A 602 k. de Paris pour la taxe des lettres. Pop. 2,900 h. — TERRAIN tertiaire moyen voisin du terrain jurassique.

L'origine de cette ville est inconnue ; mais les monuments que l'on y voit n'annoncent pas une haute antiquité. L'histoire ne commence à en faire mention que vers la fin du XIIIe siècle ; c'était alors une châtellenie qui dépendait des comtes de Toulouse. En 1214 Simon de Montfort s'empara du château de Montpezat, dont il fit raser les tours et les habitations. Ce château fut rebâti lorsque les troubles qui désolaient les provinces méridionales furent entièrement apaisés ; il n'en reste plus aujourd'hui que quelques vestiges.

Montpezat occupe le sommet d'une colline. L'église paroissiale fut autrefois décorée avec goût et possédait des tableaux précieux ; on voit encore dans le chœur une longue tapisserie divisée en seize compartiments, qui retrace diverses scènes de la vie de saint Martin. Deux monuments existent aussi dans le chœur de cette église ; ce sont des statues sépulcrales représentant deux évêques.

Foires les 2 juin, 24 oct., 9 déc., 1er jeudi de janv., jeudi gras, jeudi avant les Rameaux, jeudi après Quasimodo, après Pentecôte, après la St-Jean, et 1er jeudi d'août et de sept.

MONTPEZAT-VILLE-BASSE, vg. *Ardèche*, comm. et ✉ de Montpezat.

MONTPINCHON, vg. *Eure*, comm. d'Epinay, ✉ de Bernay.

MONTPINCHON, bg *Manche* (Normandie), arr. et à 11 k. de Coutances, cant. et ✉ de Cerisy-la-Salle. Pop. 1,810 h. — *Foire* le 11 août.

MONTPINÇON, *Mons Pincionis*, vg. *Calvados* (Normandie), arr. et à 25 k. de Lisieux, cant. de St-Pierre-sur-Dives, ✉ de Livarot. Pop. 322 h.

MONTPINIER, vg. *Tarn* (Languedoc), arr., ✉ et à 9 k. de Castres, cant. de Lautrec. Pop. 447 h.

MONTPITOL, vg. *H.-Garonne* (Languedoc), arr. et à 24 k. de Toulouse, cant. et ✉ de Montastruc. Pop. 364 h.

MONTPLAISIR, vg. *Oise*, à 45 k. de Beauvais, ✆.

MONTPLONNE, vg. *Meuse* (Lorraine), arr., ✉ et à 10 k. de Bar-le-Duc, cant. d'Ancerville. Pop. 396 h.

MONTPOLLIN, vg. *Maine-et-Loire* (Anjou), arr., cant., ✉ et à 5 k. de Baugé. Pop. 235 h.

MONTPONT, vg. *Saône-et-Loire* (Bourgogne), arr., bureau d'enregist. et à 10 k. de Louhans, chef-l. de cant. Cure. Gîte d'étape. ✉. A 387 k. de Paris pour la taxe des lettres Pop. 2,577 h. TERRAIN tertiaire supérieur — *Foires* les 4 janv. et 30 mai.

MONTPOTEL, vg. *Vosges*, comm. d'Escles, ✉ de Darney.

MONTPOTIER, vg. *Aube* (Champagne), arr. et à 12 k. de Nogent-sur-Seine, cant. et ✉ de Villenauxe. Pop. 511 h.

MONTPOUILLAN, vg. *Lot-et-Garonne* (Bazadois), arr. et à 8 k. de Marmande, cant. et ✉ de Meilhan. Pop. 791 h.

MONT-POULAIN, vg. *Calvados*, cant. et ✉ de Touques.

MONTPOUTIER, vg. *H.-Vienne*, comm. de Cognac, ✉ de la Barre.

MONTPRÉVOIR, vg. *Doubs*, comm. de Neuvier, ✉ de St-Hippolyte.

MONTPRINBLANC, vg. *Gironde* (Guienne) arr. et à 36 k. de Bordeaux, cant. et ✉ de Cadillac. Pop. 412 h.

MONTRABÉ, vg. *H.-Garonne* (Languedoc), arr., cant., ✉ et à 9 k. de Toulouse. Pop. 220 h.

MONTRABOT, vg. *Manche* (Normandie) arr. et à 18 k. de St-Lô, cant. et ✉ de Torigny. Pop. 341 h.

MONTRACHET, vg. *Côte-d'Or*, comm. de Chassagne, ✉ de Clagny. V. POLIGNY.

MONTRACHET, vg. *Saône-et-Loire*, comm. de Savigny-sur-Grosne, ✉ de St-Gengoux-le-Royal.

MONTRACOL, vg. *Ain* (Bresse), arr., cant., ✉ et à 9 k. de Bourg-en-Bresse. Pop. 537 h.

MONTRAMÉ, vg. *Seine-et-Marne*, comm. le Gouaix, ✉ de Bray-sur-Seine.

MONTRAMÉ, vg. *Seine-et-Marne*, comm. le Soisy, ✉ de Provins.

MONTRAVEL, ancienne ville ruinée, *Dordogne*, comm. de Ste-Eulalie-de-Montravel, ✉ de Ste-Foi. V. Ste-Eulalie-de-Montravel.

Bibliographie. * La Prise par force de la ville de Montravel sur les rebelles du roi, avec la défaite des garnisons de la place, le rasement des murs de la ville, le nombre des chefs et gentils hommes prisonniers, la quantité desdits rebelles, tués, pendus et exécutés, ensemble le siège mis devant la ville de Clerac, in-8, 1622.

MONTRAVERS, vg. *Deux-Sèvres* (Poitou), arr. et à 19 k. de Bressuire, cant. et ✉ de Cerisay. Pop. 332 h.

MONTRÉAL, bg *Ain* (Bugey), arr., cant., ✉ et à 5 k. de Nantua. Pop. 824 h. — Foires les lundis après Quasimodo, après la St-Denis, près la Notre-Dame des Avents.

MONTRÉAL, vg. *Ardèche* (Languedoc), arr., cant., ✉ et à 2 k. de Largentière. Pop. 705 h.

MONTRÉAL, petite ville, *Aude* (Languedoc), arr. et à 19 k. de Carcassonne, chef-l. de cant., bureau d'enregist. et ✉ d'Alzonne. Cure. Pop. 3,062 h. — Terrain tertiaire moyen.

La ville de Montréal est bâtie sur une éminence qui domine les plaines d'Alzonne, de Carcassonne et le Razès. On y jouit d'une vue magnifique sur les Corbières, la Montagne-Noire, les Pyrénées, et sur les villes de Carcassonne et de Castelnaudary.

Cette ville, située au milieu d'un territoire fertile, est traversée par la grande route de Carcassonne à Mirepoix. Elle avait titre de châtellenie dès l'année 520. En 1162 les chevaliers du château de Montréal prêtèrent serment de fidélité à Raymond Trencavel, vicomte de Carcassonne. En 1207 Montréal fut le siège d'une conférence mémorable entre les catholiques et les Albigeois, où l'évêque d'Osma et saint Dominique discutèrent pendant 15 jours sur quelques points de religion.

A ces puériles discussions succédèrent plus tard des guerres dangereuses suscitées par des missionnaires fanatiques. En 1209, lorsque Simon de Montfort faisait le siège de Carcassonne, Aimery de Montréal, qui craignait la fureur des croisés, abandonna lâchement cette place, dont la garde fut confiée par Montfort à un ecclésiastique. Celui-ci, gagné par les habitants, les mit en possession du château, mais fut cruellement puni de cette trahison. Simon de Montfort assiégea le château de Bram, où il était retiré, le força à se rendre, s'assura de sa personne, le fit dégrader par l'évêque de Carcassonne, et le fit pendre après l'avoir fait promener dans toute cette ville, attaché à la queue d'un cheval.

En 1210 Simon de Montfort ayant obtenu de nouveaux succès, Aimery, seigneur de Montréal, et les habitants de cette ville, lui envoyèrent des députés pour demander à se réconcilier, et pour lui offrir de lui céder la place, à condition, de la part du seigneur, qu'il serait dédommagé par d'autres domaines. Simon accepta cette proposition, et prit possession de Montréal. Aimery, s'étant joint peu de temps après aux ennemis des croisés, ne tarda pas à être puni de sa double trahison ; pris en 1211 dans Lavaur, où il s'était retiré chez sa sœur, Montfort le fit pendre à un gibet.

En 1221 le jeune Raymond, comte de Toulouse, et le comte de Foix assiégèrent le château de Montréal, où commandait Alain de Roucy pour Amaury de Montfort. La ville, qui était sans défense, fut livrée par les habitants ; le gouverneur se réfugia dans le château avec la garnison, après avoir envoyé son fils à Carcassonne pour demander des secours ; mais peu de temps après l'assaut fut donné ; le gouverneur, blessé dangereusement, demanda à capituler, et le château tomba au pouvoir des comtes de Foix et de Toulouse, qui trois ans après remirent cette place au jeune vicomte de Trencavel, dont le comte de Foix était tuteur.

En 1240 Trencavel, dépouillé par Louis IX de tous les domaines de ses ancêtres, s'empara des châteaux de Montréal, Montoulieu, Sayssac, Limoux, etc. Le roi envoya contre lui des troupes pour reprendre ces places ; mais Trencavel, informé de leur approche, décampa précipitamment, le 11 octobre, le bourg de Carcassonne, après y avoir mis le feu en plusieurs endroits et en avoir renvoyé les habitants ; il se retira dans le château de Montréal. L'armée française vint l'y assiéger ; la place étant vaillamment défendue, le siège traîna en longueur. Enfin les comtes de Toulouse et de Foix se rendirent au camp, et réglèrent une capitulation qui fut acceptée de part et d'autre.

L'église St-Vincent, érigée en collégiale en 1316, n'a qu'une nef composée de sept travées et un chœur formé également de sept travées ; treize chapelles entourent ce monument, qui est isolé de tous côtés et domine pittoresquement toutes les maisons de Montréal. L'orgue, un des plus beaux de France, est du célèbre Lepine.

Patrie du lieutenant général comte Faère.

Foires les 25 juin, 6 déc., 7 sept., 6 oct. et mardi après le dimanche de Pâques.

MONTRÉAL, vg. *Dordogne*, com. d'Issac, ✉ de Mussidan.

MONTRÉAL, vg. *Drôme* (Dauphiné), arr., ✉ et à 20 k. de Nyons, cant. de Rémuzat. Pop. 225 h.

MONTRÉAL, petite ville, *Gers* (Armagnac), arr., bureau d'enregist. et à 14 k. de Condom, chef-l. de cant. Cure. ✉. A 668 k. de Paris pour la taxe des lettres. Pop. 2,727 h. Sur l'Auzon. — Terrain tertiaire moyen.

Fabriques d'eau-de-vie. Filatures de laine. Tuileries et fours à chaux. — *Foires* les 22 janv., 23 mars, 1er mai, 24 juin, 2 sept., 12 nov. et 24 déc.

MONT-RÉAL, vg. *Seine-Inf.* comm. de Beauvoir-en-Lions, ✉ d'Argueil.

MONTRÉAL, bg *Yonne* (Bourgogne), arr., ✉ et à 13 k. d'Avallon, cant. de Guillon. Pop. 620 h.

Ce bourg est situé sur la croupe d'une montagne plantée de vignes qui donnent d'assez bons vins, sur la rive gauche du Serain. Il était autrefois défendu par un château fort, bâti dans une position formidable au-dessus de la rivière du Serain. On croit que ce château était la *villa Brucaraica*, où résidait la reine Brunehaut dans le VIe siècle. En 1348 le duc de Bourgogne Eudes IV y conclut un traité avec Amédée de Savoie. Les états de Bourgogne, où assista François Ier, y furent réunis en 1541.

Foires les 13 janv., 21 mars, 3 mai, 12 juin et 1er déc.

MONTREAU, vg. *Seine-et-Oise*, comm. de Méréville, ✉ d'Angerville.

MONTREÇON, vg. *Nièvre*, comm. de St-Martin-du-Puits, ✉ de Lormes.

MONTRÉCOURT, vg. *Nord* (Flandre), arr. et à 19 k. de Cambrai, cant. et ✉ de Solesmes. Pop. 306 h.

MONTRECOUTURE, vg. *Aisne*, com. de Couvron, ✉ de Laon.

MONTREDON, bg *Aude* (Languedoc), arr., cant., ✉ et à 7 k. de Narbonne. Pop. 455 h.

MONTREDON, vg. *Aude*, comm. de Carcassonne.

MONTREDON, vg. *Aveyron*, comm. de Laroque-Ste-Marguerite, ✉ de Millau.

MONTREDON, vg. *Aveyron*, comm. de St-Rome-de-Tarn, ✉ de St-Affrique.

MONTREDON, vg. *Bouches-du-Rhône*, comm. et ✉ de Marseille.

MONTREDON, vg. *Lot* (Quercy), arr., cant., ✉ et à 15 k. de Figeac. Pop. 683 h.

MONTREDON, vg. *Puy-de-Dôme*, comm. et ✉ de Besse.

MONTREDON, bg *Tarn* (Languedoc), arr. et à 21 k. de Castres, chef-l. de cant. Cure. ✉. A 715 k. de Paris pour la taxe des lettres. Pop. 5,213 h. — Terrain cristallisé ou primitif.

Ce bourg est dominé par une montagne dont le sommet est couronné par les ruines d'un ancien château.

Fabriques de bonneterie. — *Commerce* de bestiaux.

MONTREDON, vg. *Tarn*, comm. d'Assac, ✉ de Valence-en-Albigeois.

MONTREGARD, vg. *H.-Loire* (Languedoc), arr. et à 22 k. d'Yssingeaux, cant. ✉ de Montfaucon. Pop. 1,775 h. — *Foire* le 25 nov.

MONTREJEAU, *Mons Regalis*, jolie petite ville, *H.-Garonne* (Armagnac), arr. et à 14 k. de St-Gaudens, chef-l. de cant. Cure. Gîte d'étape. ✉. A 759 k. de Paris pour la taxe des lettres. Pop. 3,081 h. — Terrain tertiaire supérieur.

Autrefois diocèse de Comminges, parlement de Toulouse, intendance d'Auch, élection de Rivierre-Verdun, justice royale, chef-lieu de subdélégation.

Cette ville est fort agréablement située au confluent de la Garonne et de la Neste. Il est difficile de trouver une situation plus délicieuse; bâtie au débouché des montagnes, elle occupe un de ces beaux plateaux qui existent le long et au pied de la chaîne des Pyrénées, et les regards se promènent de cette situation sur les riants paysages formés par le confluent de la Neste et de la Garonne, sur le riche territoire que ces deux rivières arrosent avant leur réunion ; enfin, sur le magnifique amphithéâtre des monts, on jouit de ces beaux points de vue de plusieurs maisons particulières, notamment des terrasses qui ornent la belle habitation de M. Lassus de Camon.

Montrejeau est une ville propre et bien bâtie, qui a sur la grande route une fort belle rue, et sur la Garonne un quartier bien construit, dont les deux parties communiquent par un pont en marbre de six arches, d'une élégance remarquable.

Patrie de M. D. Lacourbe, évêque d'Angoulême.

Fabriques en grand de tricots et bas de laine à l'aiguille. Tanneries. — *Commerce* de grains, bestiaux, mulets, pelleterie, bois de construction, merrain, etc. — *Foires* de deux jours les lundis après la St-Mathias, après la Trinité, après la St-Barthélemy et après la St-André.

MONTRELAIS, bg *Loire-Inf.* (Bretagne), arr. et à 19 k. d'Ancenis, cant. et ✉ de Varades. Pop. 2,257 h.

Ce bourg est bâti dans une belle situation, sur un coteau élevé d'où l'on jouit d'une vue magnifique sur le cours de la Loire et sur une partie du département de Maine-et-Loire.

La commune de Montrelais possède des mines de houille considérables, dont les filons s'étendent au sud-est jusque sur le lit de la Loire, et communiquent aux houillères de Monjean (*Maine-et-Loire*). A l'ouest-nord-ouest, la couche se dirige depuis Montrelais jusqu'à Nort, où ont été découverts récemment les gisements de Mouzeil. Les mines de Monzeil et de Montrelais fournissent annuellement 4 à 500,000 hectolitres de houille. Les charbons qu'on extrait de Montrelais se transportent en sacs sur des chevaux jusqu'à Ingrande, d'où ils descendent la Loire et s'entreposent à Nantes.

Bibliographie. Chabeausières (de la). *Mémoire sur les mines de Montrelais* (Journal des mines, nº 150, p. 471).

MONTRELET, vg. *Somme* (Picardie), arr. et à 13 k. de Doullens, cant. et ✉ de Domart. Pop. 407 h.

MONTREN, bg *Dordogne* (Périgord), arr. et à 14 k. de Périgueux, cant. et ✉ de St-Astier. Pop. 1,131 h.

MONTRENARD, vg. *Seine-Inf.*, comm. du Bois-Guillaume, ✉ de Rouen.

MONT-RENAULT, vg. *Sarthe*, comm. de Saosnes, ✉ de Mamers.

MONTREQUIENNE, vg. *Moselle*, comm. de Rurange, ✉ de Thionville.

MONTRÉSOR, *Mons Thesauri*, petite ville, *Indre-et-Loire* (Touraine), arr. et à 17 k. de Loches, chef-l. de cant. Cure. ✉. ⚜. A 238 k.

de Paris pour la taxe des lettres. Pop. 726 h. — Terrain crétacé inférieur, grès vert.

Cette ville est située sur la rive gauche de l'Indroye. On y voit les ruines d'un ancien château fort, autrefois flanqué de tours et entouré de douves profondes. — *Fabriques* de draperie. — *Foires* les 25 fév., 15 août, 14 oct., et 1er mardi d'avril, mai, juin et juillet.

MONTRET, vg. *Saône-et-Loire* (Bourgogne), arr., ✉, bureau d'enregist. et à 11 k. de Louhans, chef-l. de cant. Cure. Pop. 868 h. — Terrain tertiaire supérieur.

Foires le 4e mardi de mai et d'oct.

MONTRETOUT, vg. *Seine-et-Marne*, comm. de St-Jean-les-Deux-Jumeaux, ✉ de la Ferté-sous-Jouarre.

MONTRETOUT, vg. *Seine-et-Oise*, comm. et ✉ de St-Cloud.

MONTREUIL, vg. *Ardennes*. V. Vaux-Montreuil.

MONTREUIL, vg. *Aube* (Champagne), arr. et à 22 k. de Troyes, cant. et ✉ de Lusigny. Pop. 502 h.

MONTREUIL, vg. *Calvados* (Normandie), arr. et à 16 k. de Pont-l'Évêque, cant. et ✉ de Cambremer. Pop. 125 h.

MONTREUIL, vg. *Eure-et-Loir* (Beauce), arr., cant., ✉ et à 5 k. de Dreux. P. 455 h.

MONTREUIL, vg. *Indre-et-Loire* (Touraine), arr. et à 28 k. de Tours, cant. et ✉ d'Amboise. Pop. 531 h.

MONTREUIL (Grand et Petit), vg. *Seine-et-Oise*, comm. et ✉ de Versailles.

MONTREUIL, vg. *Seine-Inf.*, comm. de Claville-Motteville, ✉ du Frèneau.

MONTREUIL, bg *Vendée* (Poitou), arr., cant., ✉ et à 7 k. de Fontenay-le-Comte. Pop. 1,004 h.

MONTREUIL-AU-HOULME, vg. *Orne* (Normandie), arr. et à 23 k. d'Argentan, cant. de Briouze, ✉ de Rânes. Pop. 512 h.

MONTREUIL-AUX-LIONS, vg. *Aisne* (Picardie), arr. et à 20 k. de Château-Thierry, cant. et ✉ de Charly. Pop. 1,070 h.

MONTREUIL-BELFROI, *Maine-et-Loire* (Anjou), arr., cant., ✉ et à 8 k. d'Angers. Pop. 265 h.

MONTREUIL-BELLAY, *Monasteriolum Berlaii*, petite ville, *Maine-et-Loire* (Anjou), arr. et à 20 k. de Saumur, chef-l. de cant. Cure. ✉. ⚜. A 313 k. de Paris pour la taxe des lettres. Pop. 1,884 h. — Terrain jurassique.

Cette ville est située sur le Thouet, qui commence en cet endroit à être navigable. Elle doit sa fondation à Foulques Nerra, comte d'Anjou, qui fit construire en cet endroit un château fort, aujourd'hui en partie détruit, et y fonda un prieuré. Montreuil ne consista pendant longtemps que dans le château, le couvent et la Boëcle, c'est-à-dire quelques maisons autour du château, auquel on ne pouvait monter que par des chemins étroits, escarpés et difficiles. Sa position et une grosse tour très-élevée le faisaient considérer comme une des plus fortes places de la province.

Le château de Montreuil-Bellay est bâti sur un coteau au-dessus du Thouet, et des fenêtres de ce château ruiné la vue est ravissante. Des prairies coupées par des saules, un double rang de collines couvertes de pampre et qui entourent la rivière, des maisons sur l'une et l'autre rive, le cours du Thouet que la vue embrasse depuis Saumur jusqu'à l'extrémité des prairies de Varins, une vieille église en ruines, un couvent au-dessus, une multitude de petites îles qui coupent la rivière de mille manières, rien n'est à la fois plus riant et plus pittoresque. Une chaussée et un pont moderne conduisent au vieux château en ruines de Montreuil.

Ce château fut construit au temps des guerres contre les Anglais. On y arrive par un pont jeté au-dessus des fossés. Sous la voûte on aperçoit encore les coulisses destinées à faire jouer les herses. Deux tours sont aux deux côtés de la porte, et à ces deux tours viennent se réunir les murailles qui environnent le château, toutes garnies de bastions très-élevés et à peine dégradés. La première cour ressemble à une terrasse élevée sur une belle campagne ; à droite est la capitainerie et l'église du château, aujourd'hui celle de la paroisse, parfaitement conservée ; à gauche est le château neuf : l'escalier est d'une forme élégante. La cour intérieure, avec une multitude d'escaliers et de petites tours, présente un aspect singulier. Les salles sont très-gothiques, avec des ornements curieux. Des terrasses conduisent de la cour du château jusqu'au bas de la colline.

En 1148 l'un des seigneurs de Montreuil avait enlevé à l'un des vassaux du comte d'Anjou une fille d'une rare beauté. Le comte d'Anjou, après plusieurs assauts inutiles, attaqua la place, et la prit par famine au bout d'un an. Le seigneur de Montreuil fut fait prisonnier, et la tour fut démolie. Elle est encore dans le même état où la laissa le comte d'Anjou : ses restes ont environ 7 m. de hauteur ; on y entrait par un pont-levis dont on voit encore la porte. Au fond de cette tour, qui dominait tout le pays, on voit un puits, un four et un moulin à bras, et la porte d'un souterrain où se trouvait l'entrée secrète de la forteresse.

Biographie. Patrie de René Moreau, professeur de médecine, mort en 1656.

Du poëte Dovalle.

Foires les 21 déc., dernier mardi de mars, 2e mardi de juillet et d'août.

MONTREUIL-BONNIN, vg. *Vienne* (Poitou), arr. et à 17 k. de Poitiers, cant. de Vouillé, ✉ d'Ayron. Pop. 1,529 h.

MONTREUIL-DES-LANDES, vg. *Ille-et-Vilaine* (Bretagne), arr., cant., ✉ et à 17 k. de Vitré. Pop. 340 h.

MONTREUIL-EN-CAUX, vg. *Seine-Inf.* (Normandie), arr. et à 30 k. de Dieppe, cant. et ✉ de Totes. Pop. 377 h.

MONTREUIL-EN-CHAMPAGNÉ, vg. *Sarthe*, comm. de Joué-en-Charnis, ✉ de Coulans.

MONTREUIL-EN-LASSAY, vg. *Mayenne* (Maine), arr. et à 12 k. de Mayenne, cant. du Horps, ✉ du Ribay. Pop. 599 h.

MONTREUIL-LA-MOTTE, *Monsterolum*,

vg. *Orne* (Normandie), arr. et à 18 k. d'Argentan, cant. et ✉ de Trun. Pop. 214 h.

MONTREUIL - LARGILLÉ, *Monasteriolum*, bg *Eure* (Normandie), arr. et à 20 k. de Bernay, cant. de Broglie. ✉. A 171 k. de Paris pour la taxe des lettres. Pop. 932 h.

Autrefois diocèse de Lisieux, parlement de Rouen, intendance d'Alençon, élection de Bernay.

Au xie siècle, c'était une place forte qui paraît même avoir eu le titre de comté. En 1035 le comte de Brionne vint l'attaquer, mais il fut battu en rase campagne et mis en déroute. En 1138 les partisans de Geoffroy, comte d'Anjou, la brûlèrent dans une querelle entre les barons de la contrée. Un Guillaume de Montreuil, chevalier d'une grande illustration, se distingua dans une expédition des Normands dans la Pouille.

Patrie de Pierre Vattier, médecin et orientaliste, mort en 1670.

De Boivin Louis et de Boivin de Villeneuve, érudits.

Du peintre J.-F.-H. Mérimée.

Filature de coton. Papeteries. Tanneries. — Foires le lundi après la Pentecôte et le lundi le plus près du 25 nov.

MONTREUIL - LE - CHÉTIF, bg *Sarthe* (Maine), arr. et à 38 k. de Mamers, cant. et ✉ de Fresnay-sur-Sarthe. Pop. 1,181 h. — Forges et haut fourneau. Fonderie.

MONTREUIL-LE-GAST, vg. *Ille-et-Vilaine* (Bretagne), arr., ✉ et à 16 k. de Rennes, cant. d'Hédé. Pop. 686 h.

MONTREUIL - LE - HENRY, vg. *Sarthe* (Maine), arr. à 17 k. de St-Calais, cant. et ✉ de Grand-Lucé. Pop. 721 h.

MONTREUILLON, vg. *Nièvre* (Nivernais), arr., cant., ✉ et à 20 k. de Château-Chinon. Pop. 1,298 h.

MONTREUIL-SOUS-BOIS, ou Montreuil-es-Pêches, *Monsteriolum*, *Monsterolum*, bg *Seine* (Ile-de-France), arr. et à 22 k. de Sceaux, ant. de Vincennes. ✉. A 16 k. de Paris pour a taxe des lettres. Pop. 5,337 h.

Montreuil-sous-Bois, un des plus beaux ourgs qui environnent Paris, est plus particuèrement connu, surtout depuis le commencement de ce siècle, sous le nom de Montreuil-es-Pêches. Son nom vient du vieux mot Monserieul, Monstereul ou Mousterel, formé lui-même du mot latin *Monsteriolum*, petit monastère dédié à saint Pierre, et dont la aint-Père haute et basse a tiré son nom, qui n'en st qu'une contraction anciennement très-commune en français.

Ce bourg, très-intéressant à connaître, est très-ancien. L'église paroissiale est un édifice du xiie siècle, où l'on monte par quelques degrés. Le chœur paraît être du xiiie siècle; il est entouré de galeries à jour du même temps, mais la flèche est moderne, l'ancienne ayant été renversée par la foudre. Cette église est grande, ayant des bas côtés. Les piliers du chœur sont assez délicats.

Des eaux fournies par de belles fontaines, ant en dehors de Montreuil que dans l'inté-

rieur du village, y entretiennent la fraîcheur et la salubrité. Une grande partie du sol de ce bourg est établie sur des couches de plâtre exploitées depuis plusieurs siècles, et même beaucoup de maisons, rues et jardins, ont été des carrières.

Montreuil est devenu célèbre par son genre d'agriculture. Ses habiles cultivateurs se sont rendus maîtres de la nature, en perfectionnant la greffe, la taille et le palissage des arbres fruitiers. Presque toutes les maisons ont des jardins plus ou moins grands, entourés et divisés par des murs tapissés des plus beaux espaliers que l'on puisse voir.

Lorsque, dans la belle saison, l'on aperçoit d'un lieu élevé les innombrables jardins de Montreuil, coupés dans tous les sens par des murs de refend dirigés vers toutes les expositions, et dont le développement est d'environ deux millions de mètres, il semble voir un vaste échiquier verdoyant.

Ces murs répercutent dans toutes les directions la lumière et concentrent l'action du soleil sur les espaliers qui les tapissent. Les pêchers forment le plus grand nombre des arbres qui les revêtissent. Il y a aussi beaucoup de poiriers, de chasselas et de variétés de raisins de table.

On cultive encore à Montreuil les cerisiers, et c'est à un de ses habitants que l'on doit l'introduction en France de cette belle et excellente cerise, dite cerise anglaise. Mais la culture du pêcher est la principale du pays : elle occupe environ 240 hectares, et ces arbres rapportent par an de douze à quinze millions de pêches. Nulle part l'industrie n'a poussé plus loin la culture des arbres fruitiers et, en particulier celle du pêcher.

Ce pays est habité par des jardiniers très-habiles, et dont l'activité et le talent pour l'agriculture, depuis un temps qui, suivant une tradition assez bien établie à Montreuil et dans les villages environnants, remonterait à plus de deux siècles. Mais il fut longtemps peu connu, et les habitants de Montreuil doivent à Girardot, ancien mousquetaire, qui avait acheté un fief près du village, d'avoir été puissamment excités par l'exemple qu'il leur donna, non-seulement d'une culture bien entendue et bien suivie, mais d'un débit prodigieux de tous genres de fruits, surtout de ceux provenant de ses pêchers, qu'il cultivait lui-même avec une grande habileté et le succès le plus extraordinaire.

Celui qui parait a le plus contribué à faire connaître l'industrie des Montreuillois est Roger Schabol, dont le goût pour l'horticulture était une passion. Cet écrivain, dont les ouvrages sont encore recherchés, présenta dans ses écrits sur le jardinage le tableau de la méthode des habitants de Montreuil, dont il fit, pour le gouvernement et la taille des arbres, surtout des pêchers, l'éloge le plus pompeux et le plus mérité. Personne avant lui n'avait décrit le mode de culture des pêchers usité à Montreuil, et Schabol lui-même laisse beaucoup à désirer.

Parmi les cultivateurs les plus anciens et les plus distingués sont les membres de la famille Pepin, dont l'aïeul avait travaillé avec de la Quintinye, et ceux des familles Beausse, Boudin, Lebour, etc., etc. Un d'entre eux se joignit à Mériel pour engager Mozard, un des élèves de Pepin, à rédiger par écrit et à publier la méthode la plus usitée pour la culture des arbres fruitiers, et principalement pour celle du pêcher et celle surtout suivie par Pepin ; ce qu'il fit dans un petit ouvrage dont voici le titre : *Principes sur l'éducation, la culture des arbres fruitiers, et principalement du pêcher, d'après la méthode de M. Pepin et autres célèbres cultivateurs de Montreuil*, 1 vol. in-8, 1814.

Depuis cette époque, la méthode de culture des arbres fruitiers de Montreuil ayant été attaquée par des écrivains qui ne la connaissaient pas assez et qui, dans leur superbe dédain, regardaient les Montreuillois comme des routiniers, deux des principaux cultivateurs de Montreuil, MM. Félix Malot et Alexis Lepère, publièrent chacun un traité sur la culture, l'éducation et la taille du pêcher ; ce sont de forts bons manuels et justement estimés : tous deux, sur un plan différent, contiennent bien exactement le mode de culture de Montreuil.

Les Montreuillois ont aussi depuis longtemps cultivé avec beaucoup de soin et de succès la vigne, dont le produit forme une bonne partie de leur revenu. Ils ont adopté pour cette culture la méthode de Thomery et des environs de Fontainebleau. Ils fournissent à Paris une très-grande quantité de superbes et excellents chasselas, ainsi que toutes les belles et bonnes variétés de raisins de table.

A ces diverses cultures ils ont ajouté celle des fraisiers, et surtout une espèce particulière connue sur les marchés de Paris sous le nom de fraise de Montreuil, et appelée vulgairement *dent de cheval* et fraisier marteau. Pour économiser leur précieux terrain et le temps aussi très-précieux qu'ils savent employer si utilement, ils ont tiré leurs plants de fraisiers des environs de Montlhéry, surtout : des villages de la Ville-du-Bois, Ville-Bousis, Saux, etc., dont les habitants cultivent en pleine terre le fraisier que l'on avait nommé *fressant*, du nom du premier jardinier qui s'était adonné, il y a plus d'un siècle, à cette culture en plein champ, culture qui depuis a été étendue de manière à renouveler les fraisiers de Montreuil et des environs, et même d'autres pays, tous les deux ou trois ans, et cela de la manière la plus prompte, la plus facile et la moins dispendieuse.

Montreuil s'honore aussi beaucoup de cultiver non-seulement des légumes de toute espèce, mais les fleurs les plus estimées, et de posséder des fleuristes très-distingués.

Les talents bien connus des Montreuillois, ainsi que la renommée de la beauté et de l'excellence de leurs fruits, leur ont valu la protection très-spéciale d'un des chefs des armées qui envahirent la France en 1814, et ont attiré chez eux les visites de personnes du rang le plus élevé. Lors de la première occupation de

Paris par les troupes étrangères, des soldats russes qui occupaient Montreuil coupaient les arbres des admirables vergers de ce village. Trois cultivateurs (MM. Girard, Minguet et Mosard) furent aussitôt députés vers l'empereur Alexandre, au palais de l'Elysée-Bourbon, et lui présentèrent un panier des plus belles pêches. Ce prince, émerveillé de voir de si beaux fruits, leur témoigna à chacun sa reconnaissance d'une manière particulière, et donna sur-le-champ l'ordre de faire sortir de Montreuil tous les militaires russes.

En 1822, Mgr le duc d'Orléans (aujourd'hui Louis-Philippe Ier) et sa famille visitèrent les plantations de M. Préaux, et cueillirent eux-mêmes des-fruits dont la beauté attirait vivement leur attention. La même année, au mois d'août, Mme la duchesse de Berry vint chez M. Mosart, alors adjoint au maire de la commune, où elle accepta une collation, et au moment où elle cueillait elle-même le plus beau fruit qui avait frappé sa vue, elle fut agréablement surprise d'entendre une symphonie de vingt-cinq à trente musiciens de Montreuil, dont les murs et les espaliers avaient caché la retraite.

Plusieurs auteurs anciens, accrédités, et de nos jours M. Eloi Johanneau, dont le nom fait autorité dans une question de cette nature, ont prétendu que Pierre de Montereau, célèbre architecte qui vivait du XIIe au XIIIe siècle, et auquel on doit les constructions des saintes chapelles de Paris et de Vincennes, etc., était né à Montreuil, château dépendant de Montreuil, et non à Montereau-Faut-Yonne. Les raisons que ces écrivains en donnent sont bien fortes, entre autres celle qui est tirée de l'épitaphe de sa femme, enterrée à Montreuil : *Cygist Anne feme jadis feu mestre Pierre de Montreuil*.

Fabrique de porcelaine. Tuileries. Fours à plâtre. — *Fête patronale* le 1er dimanche de juillet.

Bibliographie. ROGER (l'abbé). *Observations sur les villages de Montreuil, Bagnolet, Vincennes, Charonne et villages adjacents, à deux lieues ou environ de Paris*, etc. (Journal économique, 1755).

* *Discours sur les jardins de Montreuil* (cité par Mussay Patay dans sa Bibliog. agron.).

JOHANNEAU (Eloi). *Les Fastes de Montreuil-les-Pêches, sa culture, ses embellissements et ses origines* (Epître adressée le 1er janvier 1825 à M. le comte de Chabrol, préfet de la Seine), in-8, 1842.

MOZARD. *Principes sur l'éducation et la culture des arbres fruitiers, et principalement du pêcher, d'après la méthode de Pepin et autres célèbres cultivateurs de Montreuil*, in-8, 1814.

LELIEUR DE VILLE-SUR-ARCE (le comte). *La Pomone française, ou Traité de la culture et de la taille des arbres fruitiers*, in-8, 1814.

LE PÈRE (Alexis). *Pratique raisonnée de la taille du pêcher en espalier carré*, in-8, 1840.

MALOT (Félix). *Traité succinct de l'éducation du pêcher en espalier*, in-8, 1841.

THÉRION père (Alex.). *Revue bibliographique des principaux ouvrages français où il est traité de la taille des arbres fruitiers, et particulièrement du pêcher*, broch. in-8, 1843 (on trouve dans l'ouvrage de cet auteur, qui a bien voulu rédiger pour notre Dictionnaire géographique le présent article MONTREUIL, un résumé de tous les ouvrages qui traitent de l'éducation et de la taille des pêchers de Montreuil).

MONTREUIL-SOUS-PÉROUSE, ou DES-LANDES, vg. *Ille-et-Vilaine* (Bretagne), arr., cant., ✉ et à 4 k. de Vitré. Pop. 670 h.

MONTREUIL - SUR - BLAISE , vg. *H.-Marne* (Champagne), arr., cant., ✉ et à 3 k. de Vassy. Pop. 155 h.

MONTREUIL - SUR - BRÊCHE , vg. *Oise* (Picardie), arr. et à 23 k. de Clermont, cant. de Froissy, ✉ de Breteuil. Pop. 813 h. — Il était autrefois défendu par un vieux château fortifié, entouré d'eau, dont il ne reste que les deux tours de la porte d'entrée. — Aux environs on remarque sur une colline un tumulus d'environ 7 m. de haut sur à peu près autant de diamètre.

MONTREUIL-SUR-EPTE, vg. *Seine-et-Oise* (Vexin), arr. et à 25 k. de Mantes, cant. et ✉ de Magny. Pop. 364 h.

MONTREUIL - SUR - ILLE , vg. *Ille-et-Vilaine* (Bretagne), arr. et à 23 k. de Rennes, cant. et ✉ de St-Aubin-d'Aubigné. Pop. 828 h.

MONTREUIL-SUR-LOIRE, bg *Maine-et-Loire* (Anjou), arr. à 23 k. d'Angers, cant. de Briollay, ✉ de Châteauneuf-sur-Sarthe. Pop. 437 h.

MONTREUIL-SUR-LOZON, vg. *Manche* (Normandie), arr. à 12 k. de St-Lô, cant. et ✉ de Marigny. Pop. 667 h.

MONTREUIL-SUR-MAINE, vg. *Maine-et-Loire* (Anjou), arr. à 17 k. de Segré, cant. et ✉ du Lion-d'Angers. Pop. 658 h.

MONTREUIL-SUR-MER, *Monasteriolum Ambianorum*, jolie et forte ville, *Pas-de-Calais* (Picardie), chef-l. de sous-préf. (4e arr.) et d'un cant. Place de guerre de 2e classe. Trib. de 1re inst. Société d'agricult. Collège communal. Cure. Poste d'étape. ✆. P. 4,215 h.

— TERRAIN crétacée supérieur, craie.

Autrefois diocèse et intendance d'Amiens, parlement de Paris, gouvernement particulier, bailliage, collégiale, justice des traites, 2 abbayes ordre de St-Benoît, couvents de capucins et de carmes.

L'origine de Montreuil remonte à une haute antiquité. Au ve siècle c'était une forteresse tellement sûre qu'on confiait à ses murailles les dépôts des reliques des saints. Les Normands la détruisirent en 843 ; Hergot, comte de Tervanne, releva ses murailles, agrandit son enceinte, et y fit construire un château fort magnifique, remplacé aujourd'hui par la citadelle, mais dont les principales tours existent encore. La forteresse résista aux efforts des Normands en 918. Les rois de France y avaient un palais au XIIIe siècle. Cédée aux Anglais par l traité de Brétigny, elle secoua bientôt leur joug et Charles V pour récompenser les habitan augmenta leurs privilèges. En 1537, cette pla fut prise par famine et brûlée par Charle Quint; les Espagnols l'assiégèrent et la détruisi rent de nouveau en 1544. Cette ville obtint u charte de commune en 1189.

C'est à Montreuil que la reine Berthe, épou de Philippe Ier, fut retenue prisonnière apr que son divorce eut été prononcé. Le refus i flexible qu'elle opposa à une séparation q froissait ses droits les plus précieux lui-mê de la part de Philippe une dure captivité et d privations cruelles. Sans appui, sans secou elle ne dut l'existence qu'à une société ma chande nommée la Guelde, qui fournissai ses premiers besoins. L'épouse répudiée p Philippe supporta son malheur avec résign tion, conserva toujours le titre de reine, mourut dans le lieu de son exil. La tour elle fut enfermée forme au milieu de la ci delle un vaste appartement circulaire dont murs ont une grande épaisseur. L'intérieu orné de quelques sculptures gothiques, a beso d'être réparé. En la visitant on est frappé d' contraste du plus grand effet ; à travers les nêtres étroites de cette royale prison, on ap çoit la belle et riante vallée de l'Authie, qui déploie dans toute son étendue. Le passage sombres voûtes à un passage enchanteur, d' lieu de captivité aux idées de liberté qu'insp rent toujours la vue des champs et la lumi du ciel fait battre naturellement le cœur forme un contraste qui sera senti par toutes âmes généreuses et sensibles, lorsqu'elles iro visiter la tour de la reine Berthe.

Montreuil a porté pendant la révolution nom de MONTAGNE-SUR-MER.

Les armes de Montreuil-sur-Mer sor fascé d'or et d'azur de six pièces, au chef de zur chargé de trois fleurs de lis d'or.

Cette ville est agréablement située sur u colline, près de la rive droite de la Canch Elle est bien bâtie en briques, assez bien pe cée, défendue par une citadelle, et ceinte remparts d'où l'on jouit d'une vue délicieu sur la verdoyante vallée de la Canche, sur dunes et sur les côtes de la mer, qui en es plus de 12 k.

Biographie. Patrie du conventionnel PAT TIER-D'ELMOTTE.

Du lieutenant général DE CAUX DE B QUETOT.

Du lieutenant général MERLE.

Fabriques de savon noir. Raffinerie de s Papeteries. Brasseries. Tanneries. — *Commer* de vins, eaux-de-vie, épiceries, etc., de pâ de bécasses, dont il se fait une exportation a sez considérable en Angleterre. — *Foires* de jours le samedi après la Fête-Dieu, le nov. (3 jours).

A 37 k. S.-S.-E. de Boulogne, 200 k. N. Paris. Lat. 50° 27′ 47″, long. 0° 34′ 17″ O

L'arrondissement de Montreuil renferme cantons : Montreuil, Campagne, Etaples, F ges, Hesdin, Hucqueliers.

MONTREUIL-SUR-SARTHE, vg. *Sarthe*, comm. de Neuville-sur-Sarthe, ✉ du Mans.

MONTREUIL-SUR-THÉRAIN, vg. *Oise* (Picardie), arr. et à 12 k. de Beauvais, cant. et ✉ de Noailles.

MONTREUIL-SUR-THONNANCE, vg. *H.-Marne* (Champagne), arr. et à 26 k. de Vassy, cant. de Poissons, ✉ de Joinville. Pop. 433 h.

MONTREUX, vg. *Aisne*, comm. de Lesquielles-St-Germain, ✉ de Guise.

MONTREUX, vg. *Meurthe* (Lorraine), arr. et à 35 k. de Lunéville, cant. et ✉ de Blamont. Pop. 638 h.

MONTREUX, vg. *Nord*, comm. de Flines, ✉ de Douai.

MONTREUX-CHATEAU, ou MUNSTROLL-DIE-BURG, vg. *H.-Rhin* (Alsace), arr., ✉ et à 15 k. de Belfort, cant. de Fontaine. P. 326 h. — Foire de 2 jours le mercredi après la St-Louis.

MONTREUX-JEUNE, ou IUNG-MUNSTROLL, vg. *H.-Rhin* (Alsace), arr. et à 17 k. de Belfort, cant. de Fontaine, ✉ de Dannemarie. P. 301 h.

MONTREUX-VIEUX, ou ALT-MUNSTROLL, vg. *H.-Rhin* (Alsace), arr. et à 18 k. de Belfort, cant. de Fontaine, ✉ de Dannemarie. P. 287 h.

MONTREVAULT, petite ville, *Maine-et-Loire* (Anjou), arr., bureau d'enregist., ✉ et à 8 k. de Beaupréau, chef-l. de cant. Cure. P. 780 h. — TERRAIN cristallisé, micaschiste.

Cette ville est située sur la rive droite de l'Erve. On y voit un vieux château qui n'offre rien d'intéressant, et près du château une tombelle qui a environ 400 m. de circonférence à la base, 28 m. au sommet et 15 à 18 m. de hauteur.

Fabriques de toiles, mouchoirs, flanelles et autres étoffes de laine. — Foires le 3ᵉ mercredi de janv., mercredi après la mi-carême, 2ᵉ de mai, 3ᵉ de juillet, dernier d'oct. et 2ᵉ de déc.

MONTREVEL, petite ville, *Ain* (Bresse), arr., ✉ et à 17 k. de Bourg-en-Bresse, ch.-l. de cant. Cure. ✉. ♂. A 405 k. de Paris pour la taxe des lettres. Pop. 1,401 h. — TERRAIN tertiaire supérieur.

Elle est située dans une contrée très-fertile, sur la rive gauche de la Reyssouse. — *Commerce* de grains et bestiaux. — Foires les 17 janv., mercredi après Pâques, 12 juin, 9 sept. et 16 oct.

MONTREVEL, vg. *Isère* (Dauphiné), arr. de la Tour-du-Pin, à 16 k. de Bourgoin, cant. et ✉ de Virieu. Pop. 615 h. — Foires le 4 oct. et le lendemain de Quasimodo.

MONTREVEL, vg. *Jura* (Franche-Comté), arr. et à 29 k. de Lons-le-Saulnier, cant. de St-Julien. Pop. 277 h.

MONT-RIBOUDET, vg. *Seine-Inf.*, com. et ✉ de Rouen.

MONTRIBOURG, vg. *H.-Marne* (Bourgogne), arr. à 24 k. de Chaumont-en-Bassigny, cant. et ✉ de Château-Vilain. Pop. 173 h.

MONTRICHARD, *Mons Tricardi*, petite et ancienne ville, *Loir-et-Cher* (Touraine), arr. et à 32 k. de Blois, chef-l. de cant. Cure. ✉. ♂. A 209 k. de Paris pour la taxe des lettres. Pop. 2,526 h. — TERRAIN tertiaire moyen.

Autrefois baronnie, diocèse et intendance de Tours, parlement de Paris, élection d'Amboise, justice royale, couvent d'ursulines.

Cette ville est située sur une colline au pied de laquelle coule le Cher, qui y forme un port assez fréquenté. C'était autrefois une ville très-forte, défendue par un château bâti en 1010 par Foulques Nerra, au retour de son premier voyage de la terre sainte, pour réprimer les courses des seigneurs de Pont-le-Voy et de St-Aignan, qui incommodaient les habitants d'Amboise et de Loches. Rigord, historien presque contemporain, dit qu'il fut nommé *Montrichard*, c'est-à-dire *montricheur*, ou *trompeur*, parce qu'il fallait y monter par un chemin fort étroit et presque impraticable; mais cette étymologie nous paraît hasardée. La propriété du fonds où fut bâti ce château appartenait à Gelduin, seigneur de Saumur et de Pont-le-Voy, qui se plaignit de cette entreprise à Eudes II, comte de Toulouse et de Blois. Le comte aussitôt manda ses vassaux pour l'aider à venger Gelduin. Ayant donc rassemblé ses troupes, il leur donna rendez-vous à Pont-le-Voy, où il ne tarda pas à les rejoindre. Foulques Nerra, instruit de sa marche, ne manqua pas de son côté d'assembler également ses milices, qui furent renforcées par celles que lui amena Herbert, son ami, comte du Maine, surnommé Eveil-Chien. Ils dirigèrent leur marche le long de la rivière du Cher, et arrivèrent à Montrichard le même jour que le comte de Tours prenait ses quartiers dans Pont-le-Voy. Les deux armées, voisines l'une de l'autre de 12 petits kilomètres, ne tardèrent pas à se reconnaître. Elles sortirent en même temps de leur camp, le 16 juillet 1016, avec une égale ardeur de combattre : l'affaire fut très-sanglante de part et d'autre. Le comte de Tours eut d'abord l'avantage, et donna avec tant de vigueur sur l'aile droite des Angevins, qu'elle fut contrainte de plier. Foulques Nerra, qui la commandait, y fut blessé et fait prisonnier; mais Herbert, comte du Maine, qui était à la tête de l'aile gauche, ayant rompu les rangs des troupes qui lui étaient opposées, répara pour un moment l'échec que l'aile droite avait éprouvé. Malgré cela, le désordre s'était mis dans les rangs des Angevins, et Herbert, craignant que le comte Eudes ne tombât sur lui avec toutes ses forces, songea à opérer sa retraite, qui se fit en très-bon ordre. Eudes, qui tenait Foulques Nerra en son pouvoir, se voyant maître du champ de bataille, au lieu de pousser vivement sa victoire, fit prendre du repos à son armée sur les bords du Cher, où elle s'accula imprudemment. Herbert, en capitaine habile, voyant le comte de Tours dans une aussi fausse position, rallia promptement toutes ses troupes, et fondit sur celles d'Eudes avec tant de promptitude et de bravoure, qu'il les battit complètement, et, dans le désordre de leur défaite, parvint à délivrer Foulques Nerra, ainsi que tous les autres prisonniers.

Le château de Montrichard étant tombé au pouvoir des seigneurs d'Amboise, héritiers de Gelduin, Hugues Iᵉʳ, fit bâtir la grosse tour de Montrichard, avec la grande salle à côté. Il fut depuis fortifié de nouveau par les rois d'Angleterre, comtes de Touraine, qui étaient obligés d'y entretenir une garnison de cinq cents hommes pendant la guerre. La ville et le château furent pris d'assaut en 1188 par Philippe Auguste, mais deux ans après ils furent rendus au roi d'Angleterre par le traité de Colombiers, près de Tours, le 5 juillet 1190, et Richard Cœur de lion fit alors rétablir le château et renfermer la ville de murs. Ce château fut pris ensuite par Foulques Guidas. Au mois de septembre 1589, Montrichard fut pris par Claude de Marolles, l'un des plus fameux ligueurs. Ayant fortifié ce château à la hâte, il fit des courses jusqu'aux portes de Tours; mais la Trémouille, ayant été désigné pour marcher contre lui, et le roi étant alors près de se rendre à Tours, Marolles n'attendit pas son arrivée, et rendit la place.

Il ne reste plus de ce château que quelques ruines très-pittoresques, dont une partie s'écroula en 1755, en écrasant une église située au-dessous et à mi-côte. Les anciens murs de la ville, percés de quatre portes et flanqués de tours de distance en distance, sont encore assez bien conservés.

Aux environs, sur les bords d'un ruisseau, on remarque deux tumulus, élevés non loin de l'emplacement où existait autrefois une ville nommée Vieuvy.

Commerce de vins et de bois. — *Fabriques* de serges, tanneries. — Foires les 22 juillet, 18 août, 21 sept., 11 nov., 2ᵉ lundi après le dimanche gras et à la mi-carême.

MONTRICHART, vg. *Meurthe*, comm. et ✉ de Pont-à-Mousson.

MONTRICOUX, petite ville, *Tarn-et-Garonne* (Quercy), arr. et à 25 k. de Montauban, cant. de Négrepelisse. P. 1,385 h.

Cette ville est bâtie sur la rive droite de l'Aveyron et domine une vaste plaine qui s'étend jusqu'à Montauban; elle est ceinte d'une muraille percée de trois portes et flanquée par trois vieilles tours de forme ronde; un fossé peu profond défendait jadis l'entrée de cette enceinte, et des ponts-levis étaient établis aux portes. On y voit un château entièrement bâti en pierre, qui n'offre de remarquable que la partie inférieure d'une grande tour carrée, ayant à chaque angle une tourelle. L'église paroissiale a été bâtie par les templiers, qui étaient les plus anciens seigneurs connus de la ville de Montricoux; elle n'est séparée de leur ancienne maison que par le cimetière, qui servait aussi aux chevaliers, mais qui était jadis environné d'un cloître.

Les archives de la ville renferment une foule de pièces inédites fort curieuses, entre autres une charte d'affranchissement et de libertés en faveur des habitants de Montricoux, donnée en

1276 par François Rossoli de Fos, maître des maisons de la chevalerie du temple.
Exploitation de carrières de belle pierre de taille. — *Foires* les 15 janv., 3 fév., 21 mars, 30 avril, 25 mai, 19 juin, 22 juillet, nov. et déc., 20 août, 10 sept. et 4 oct.

MONTRIEUX, vg. *Loir-et-Cher*, comm. de Naveil, ✉ de Vendôme.

MONTRIEUX, vg. *Mons Rivulorum*, vg. *Var*, comm. de Méounes, ✉ de Brignoles.

MONTRIEUX-VILLENEUVE, vg. *Loir-et-Cher* (Blaisois), arr. et à 22 k. de Romorantin, cant. et ✉ de Neung-sur-Beuvron. Pop. 609 h.

MONTRIGAUD, bg *Drôme* (Dauphiné), arr. et à 42 k. de Valence, cant. et ✉ du Grand-Serre. Pop. 1,552 h. — *Foires* les 13 avril, 13 mai, 20 juin, 16 nov., 15 déc. et 2ᵉ lundi de fév. — *Commerce* de toiles, fil, chanvre et bestiaux.

MONTROBERT, vg. *Marne*, comm. de Rieux, ✉ de Montmirail.

MONTROCHER, vg. *H.-Vienne*, comm. de Montrol-Senard, ✉ de Bellac.

MONTROCQ, vg. *Manche*, comm. de St-Georges-Mont-Cocq, ✉ de St-Lô.

MONTRODAT, vg. *Lozère* (Languedoc) arr., cant., et à 4 k. de Marvejols. Pop. 686 h.

MONTRODEZ, vg. *Puy-de-Dôme*, comm. d'Orcines, ✉ de Clermont-Ferrand.

MONTROL-SENARD, vg. *H.-Vienne* (Poitou), arr., ✉ et à 13 k. de Bellac, cant. de Mézières. Pop. 1,100 h.

MONTROLAND, vg. *Jura*, comm. de Jouhe, ✉ de Dôle. — Il est situé sur une montagne qui a servi de point de station à Cassini dans la levée de la carte de France : on y jouit d'un vaste horizon.
Mont-Roland doit son nom au célèbre paladin Roland qui, dit-on, y fit bâtir un moutier de moines noirs. La statue gigantesque du chevalier ornait autrefois une des chapelles à gauche de l'autel principal. Il tenait d'une de ses mains sa lourde et longue épée, et portait sur l'autre le modèle du monastère dont on lui attribue la fondation. Il ne reste de ce colosse que des débris informes, qui se soutiennent comme par miracle au milieu des ruines pittoresques de l'église.

MONTROLLET, bg *Charente* (Poitou), arr., cant., ✉ et à 17 k. de Confolens. Pop. 757 h.

MONTROMANT, vg. *Rhône* (Lyonnais), arr. et à 25 k. de Lyon, cant. et ✉ de St-Laurent-de-Chamousset. Pop. 622 h.

MONTROMBE, vg. *Saône-et-Loire*, com. et ✉ d'Autun.

MONTRON, vg. *Aisne* (Brie), arr. et à 25 k. de Château-Thierry, cant. et ✉ de Neuilly-St-Front. Pop. 130 h.

MONTROND, vg. *H.-Alpes* (Dauphiné), arr. et à 46 k. de Gap, cant. et ✉ de Serres. Pop. 95 h.

MONTROND, vg. *Doubs* (Franche-Comté), arr., ✉ et à 13 k. de Besançon, cant. de Quingey. Pop. 353 h.

MONTROND, vg. *Jura* (Franche-Comté), arr. de Poligny et à 15 k. d'Arbois, cant. et ✉ de Champagnole. ⌒. Pop. 633 h. — *Foire* le 10 oct.

MONTROND, vg. *Loire*, comm. de Meylieu-Montrond, ✉ de Chazelles. ⌒.
Il est situé sur le chemin de fer de St-Etienne à Roanne. On y remarque les restes majestueux d'un antique château, qui semble commander toute la contrée. On doit aussi visiter, à 3 k. de là, les ruines du château de Bellegarde, élevé sur un rocher qui commande la vallée que parcourt la route de Lyon à Montbrison.

MONTROND, vg. *Orne*, comm. de Neuville-près-Sées, ✉ de Sées.

MONTROT, vg. *H.-Marne*, comm. et ✉ d'Arc-en-Barrois.

MONTROT (le), vg. *H.-Saône*, comm. et ✉ de Traves.

MONTROTIER, bg *Rhône* (Lyonnais), arr. et à 29 k. de Lyon, cant. et ✉ de St-Laurent-de-Chamousset. Pop. 1,888 h. — *Foires* les 5 fév., mardi des Rameaux, 16 juin, 2 août et 2 nov.

MONTROTY, vg. *Seine-Inf.* (Normandie), arr. et à 50 k. de Neufchâtel-en-Bray, cant. et ✉ de Gournay. Pop. 382 h.

MONTROUGE, vg. *Loire*, comm. de Savigneux, ✉ de Montbrison.

MONTROUGE, (le Grand-), *Monte Rubeo*, vg. *Seine* (Ile-de-France), arr., cant. et à 7 k. de Sceaux. ✉. A 6 k. de Paris pour la taxe des lettres. Pop. 7,125 h. Sur la route d'Orléans.
Le Petit-Montrouge, village composé de deux rangs de maisons qui commencent à la sortie de la barrière d'Enfer, est une dépendance de la commune du Grand-Montrouge. On y voit une maison de retraite pour les personnes peu aisées, qui porte le nom d'hospice de la Rochefoucauld.
Fabriques de bougies diaphanes, cuirs vernis, noir animal, salpêtre. Distilleries. Brasserie. Raffineries de sucre. Belle pépinière.
C'est dans ce village et aux environs que se trouvent les portes des trois escaliers par lesquels on descend aux catacombes.
Sous la vaste plaine du faubourg St-Germain, que couvrent les rues St-Jacques, de la Harpe, de Vaugirard, sont d'immenses carrières qui s'étendent au midi de Paris, à plus de 2,000 m. au delà des barrières. Avant de parler de cet ossuaire souterrain, il convient de donner quelques notions sur les causes de l'étendue de ses excavations, dont il occupe une partie. — Les pierres des anciens édifices de Paris furent anciennement tirées des carrières ouvertes sur les bords de la rivière de Bièvre, au faubourg St-Marcel, sur l'emplacement des Chartreux et du Mont-Parnasse. Il paraît qu'au commencement du XIVᵉ siècle, on entreprit d'exploiter les bancs calcaires des carrières situées sous le faubourg St-Jacques et sous les territoires de Mont-Souris et de Gentilly. Ces exploitations se firent pendant plusieurs siècles, sans surveillance, sans règles, sans respect pour les limites des propriétés, et au gré des extracteurs, qui fouillèrent fort avant dans la campagne et même fort avant sous la ville. L'Observatoire, le Luxembourg, l'Odéon, le Val-de-Grâce, le Panthéon, l'église St-Sulpice, les rues St-Jacques, de la Harpe, de Tournon, de Vaugirard, etc., fondés au-dessus du vide de ces carrières immenses, sont pour ainsi dire suspendus sur des abîmes. Le gouvernement avait négligé de surveiller ces fouilles ; elles occasionnèrent des éboulements, des affaissements de terrain qui devinrent un sujet d'alarme. Des plaintes multipliées attirèrent enfin l'attention de l'autorité. Ces accidents s'étaient surtout manifestés en 1774, et ce ne fut qu'à la fin de 1776 qu'on ordonna une visite générale et la levée des plans de toutes les excavations. Cette visite procura la certitude, dit M. Héricart de Thury, « que les temples, les palais et la plupart des voies publiques des quartiers méridionaux de Paris étaient près de s'abîmer dans des gouffres immenses ; que le péril était d'autant plus redoutable qu'il ne présentait sur tous les points. » — En 1777 fut créée une compagnie d'ingénieurs, spécialement chargée de consolider toutes les excavations, ainsi qu'une administration générale des carrières. Le sieur Charles-Alexandre Guillaumot en fut nommé inspecteur général. Le jour même de son installation, une maison de la rue d'Enfer fut engloutie à 28 m. au-dessous du sol de la cour. Depuis 1777 on n'a point suspendu les travaux souterrains, qui continuent encore. On a vu de temps en temps quelques affaissements se manifester, et assez récemment, l'un à la porte du jardin du Luxembourg, et l'autre dans la rue même des Catacombes ; mais on a l'espoir que ces accidents deviendront très-rares, et enfin cesseront entièrement. — L'idée de former dans les anciennes carrières de Paris, à l'exemple des villes de Rome et de Naples, un monument unique destiné à recueillir les restes de nos aïeux, est due à M. Lenoir, lieutenant général de police ; ce fut lui qui provoqua cette mesure, en demandant la suppression de l'église des Innocents, l'exhumation de son antique cimetière, et sa conversion en place publique. — Les habitants du quartier des marchés s'étaient plaints à diverses reprises, mais toujours vainement, des miasmes putrides qu'exhalait ce cimetière. Enfin en 1780 la généralité des habitants, effrayée des accidents qui eurent lieu dans les caves de plusieurs maisons de la rue de la Lingerie, par le voisinage d'une fosse commune ouverte vers la fin de 1779, et destinée à contenir plus de deux mille corps, s'adressa au lieutenant général de police, en démontrant les dangers dont la salubrité publique était menacée par ce foyer de corruption « dans lequel, portait la supplique, le nombre des corps déposés, excédant toute mesure et ne pouvant se calculer, en avait exhaussé le sol de plus de 2 m. 67 c. au-dessus des rues et habitations voisines. » — Le cimetière de l'église des Innocents servait à plus de vingt paroisses de Paris ; depuis près de mille ans les générations venaient successi-

nent s'y engloutir. Les environs en étaient ectés. M. Héricart de Thury a calculé que, dant sept siècles seulement ce cimetière a dévorer un million deux cent mille cadavres. M. de Crosne, successeur de M. Lenoir, fit nmer par la société royale de médecine une nmission chargée de déterminer les moyens parvenir à supprimer le cimetière des Innocents. Enfin le conseil d'État ordonna, par êt du 9 novembre 1785, que l'emplacement ce cimetière changerait de destination et ait converti en marché public. — L'archevêque de Paris, par un décret de 1786, consentit à ce que le cimetière des Innocents fût primé ; ordonna que le terrain serait défoncé à la profondeur de 1 m. 67 c., la terre ssée à la claie. — Les anciennes carrières situées sous la plaine de Mont-Souris, au lieu la tombe Isoire ou Isoard (ainsi appelée on du nom d'un brigand qui exerçait ses ines aux environs), furent désignées pour evoir les ossements du charnier des Innocents. Cette opération eut lieu à trois différentes époques, du mois de décembre 1785 au mois mai 1786, du mois de décembre 1786 au is de février 1787, et du mois d'août suivant au mois de janvier 1788.

M. Guillaumot fit exécuter, au commencement de 1786, les travaux nécessaires pour disposer d'une manière convenable le lieu destiné à ueillir les ossements exhumés du cimetière des nocents, et successivement ceux qui seraient irés de tous les autres cimetières, charniers chapelles sépulcrales de la ville de Paris. L'état de ces carrières, abandonnées depuis plusieurs siècles, la faiblesse des piliers, leur écranent, l'affaissement du ciel dans un grand nbre d'endroits, les excavations jusqu'alors onnues des carrières inférieures, les dangers qu'elles présentaient, les piliers des ateliers érieurs portant à faux le plus souvent sur vides des ateliers du dessous, les infiltras et les pertes du grand aqueduc d'Arcueil, ent autant de motifs qui déterminèrent la plus grande tivité dans ses travaux. Après avoir fait l'acquisition de la maison connue sous le nom de tombe Isoire ou Isoard, sur l'ancienne route Orléans, dite la voix creuse, on fit un escalier de soixante-dix-sept marches pour descendre dans les excavations à 17 m. environ de fondeur, et un puits muraillé pour la profondeur des ossements. Durant ces premières positions divers ateliers d'ouvriers étaient upés, les uns à faire des piliers de maçonnerie pour assurer la conservation du ciel des rières, et de toutes les carrières dont on outait l'affaissement ; d'autres à faire communiquer ensemble les excavations supérieures inférieures, pour en former deux étages de acombes, et d'autres enfin à construire les rs d'enceinte destinés à cerner toute l'étendue que devait comprendre le nouvel ossuaire. s ces grands travaux se terminèrent en 36, époque de l'établissement des catacombes. — L'exhumation des os donna lieu d'observer que la décomposition des corps s'opérait de trois manières : la première par la destruction ; ils se résolvent en gaz, et les os, à la longue, tombent en poussière ; la deuxième manière est la transmutation des corps en momie grasse, en matière qui se rapproche, par ses caractères, du blanc de baleine, et que les chimistes ont désignée par le nom d'adipocire. La troisième est la momification fibreuse. Le dégagement des corps a lieu lorsque les terres sont desséchées par le soleil, et qu'il y a ainsi absorption rapide des fluides. — On bénit l'enceinte des Catacombes, et le 7 avril 1786 on commença le transport du cimetière des Innocents. Il se fit constamment au déclin du jour, dans des chars funéraires recouverts d'un drap mortuaire et suivis de prêtres en surplis qui chantaient l'office des morts. Les ossements des cimetières supprimés de St-Eustache et de St-Étienne-des-Grès, y furent transférés au mois de mai 1787. — En moins de 15 mois de service, interrompu seulement pendant les grandes chaleurs, les restes de ces générations multipliées et innombrables, qui s'étaient succédé pendant plus de dix siècles consécutifs, furent renfermés et déposés dans les Catacombes. Dans la suite, pendant et après les orages révolutionnaires, les corps des personnes tuées pendant les troubles, et les ossements des cimetières des autres paroisses et maisons religieuses de Paris y furent successivement déposés. — On recueillit, on rangea avec ordre, autour de la Tombe-d'Isoire, plusieurs monuments funéraires qui se trouvaient au cimetière des Innocents ; on y plaça un grand nombre de cercueils en plomb, des tables de marbre, de pierre, de plomb, de cuivre avec des inscriptions : ces mêmes objets, qu'un culte religieux eût dû conserver, ont été dévastés dans le cours de la révolution, et la Tombe-Isoire, vendue comme domaine national, est aujourd'hui, après avoir changé dix fois de propriétaires en vingt ans, le lieu où un cabaretier a établi son auberge. — Le cimetière des Innocents avait encore de nouvelles récoltes à fournir aux Catacombes. En 1808, lors des premiers travaux exécutés sur son emplacement pour la conduite du canal de l'Ourcq, on fit encore des découvertes sépulcrales. Les ossements furent transférés aux Catacombes, et les cercueils au cimetière de Montmartre. En 1809 les mêmes travaux produisirent une nouvelle découverte de fosses jusqu'alors inconnues ; elles accrurent les tristes richesses des Catacombes. En 1811, en construisant les halles qui entourent le marché des Innocents, et en fouillant la terre jusqu'à 5 m. de profondeur, on découvrit encore des fosses funèbres et des ossements qui furent partagés entre les cimetières de Montmartre et du P. Lachaise : ce qui revint aux Catacombes, fut transporté du 19 janvier au 19 mars 1811, et déposé dans une fosse particulière, dépôt qui forme une masse de 70 m. cubes.

Les Catacombes furent établies dans l'état où on les voit aujourd'hui, par le préfet de la Seine Frochot, et les travaux qu'elles exigèrent furent exécutés pendant les années 1810 et 1811. On y descend par plusieurs portes ; la plus généralement fréquentée est située dans la cour du pavillon ouest de la barrière d'Enfer ou d'Orléans. Après avoir descendu quatre-vingt-dix marches, on se trouve dans une galerie de 19 m. 14 c. d'élévation ; puis on arrive dans une autre galerie de l'ouest qui est à l'aplomb de la rangée occidentale des arbres de la route d'Orléans, route entièrement excavée. Après avoir beaucoup aperçoit les constructions faites pour empêcher la contrebande souterraine, et les grands ouvrages commencés en 1777 pour la consolidation de l'aqueduc d'Arcueil ; puis on parcourt des galeries longues et sinueuses où on descend par un escalier dans une exploitation inférieure que reconnut en 1777 un militaire vétéran, nommé Décure, ouvrier de l'inspection. Il forma là un petit atelier particulier auquel il consacra les heures de ses repas. Longtemps prisonnier au Port-Mahon, il lui vint dans la pensée d'en faire le plan en relief dans une des masses de pierres dont il était entouré. Il mit cinq ans à exécuter son relief, depuis 1777 jusqu'à 1782. « Décure, dit M. Héricart, avait travaillé dans le silence et la solitude ; l'entrée de son atelier était presque impraticable pour tout autre que pour lui : il voulut finir ses travaux par la construction d'un escalier commode taillé dans la masse ; mais, en élevant un dernier pilier, il prit mal ses dimensions ; il se fit un éboulement, et cet infortuné, dangereusement blessé, périt peu de temps après... Pendant la révolution, le relief du Port-Mahon a été mutilé ; il en reste cependant assez de vestiges pour juger de la patience, de la mémoire et du talent naturel de Décure, qui, mieux dirigé dans ses jeunes années, eût infailliblement réussi dans les arts. On a conservé sa table et ses bancs de pierre, dans une taille ancienne qu'il appelait son salon. » — Près de là on voit d'anciennes exploitations ; un grand pilier taillé dans la masse calcaire, qui offre des traces évidentes d'un courant souterrain ; un autre pilier en pierres sèches, couvert d'une incrustation d'albâtre calcaire, gris et jaunâtre ; enfin à 80 m. de ce pilier on arrive au vestibule des Catacombes, et on y lit cette inscription du cimetière de St-Sulpice :

Has ultra metas requiescunt beatam spem spectantes.

Cette inscription était encore sur la porte du cimetière lorsque, pendant la révolution on y établit un bal ; on lisait au-dessus, en transparent couleur de rose, *Bal des Zéphirs*. Tous les soirs le bruit des instruments semblait sortir du fond des tombeaux. — On lit encore dans ce vestibule cette autre inscription :

Arrête ! c'est ici l'empire de la mort.

Il s'en trouve encore beaucoup d'autres ; et peut-être dans ce lieu, comme dans le reste des Catacombes, y sont-elles répandues avec une prodigalité qui en diminue l'effet. De ce vestibule l'on entre dans l'intérieur : on arrive d'abord au cabinet particulier qui contient une collection minéralogique. Elle offre une série complète de tous les échantillons des bancs de terre et de pierre qui constituent le sol de la *Tombe-Isoire* ou des Catacombes. Dans un ancien carrefour de ces souterrains, entre quatre murs de consolidation, M Héricart de Thury a fait établir aussi un cabinet de pathologie, où sont classées avec méthode toutes espèces d'ossements, déformés par quelques maladies. Un ancien et vaste atelier de carrière a été choisi pour recevoir les corps qui, en novembre 1804, furent exhumés du cimetière supprimé de St-Laurent; l'entrée de cette crypte est décorée de pilastres d'ordre du Pestum, et au fond est un piédestal construit en ossements, dont les moulures se composent de tibias de la plus grande dimension; au-dessus est une tête de mort. L'*autel des obélisques* fut construit en 1810, et sa construction masque des travaux de consolidation faits pour soutenir le ciel de la carrière, dont des affaissements annonçaient la ruine prochaine. Cet autel et ces obélisques ont des formes imitées de l'antique : on prétend qu'il est copié sur un magnifique tombeau, découvert il y a quelques années entre Vienne et Valence, sur les bords du Rhône. Des piédestaux placés aux deux côtés de l'autel sont construits avec des ossements. — D'autres travaux de consolidation ont reçu la forme d'un monument sépulcral, et sont connus sous le nom de *sarcophage du lacrymatoire* ou du tombeau de Gilbert, parce qu'on y a gravé ces quatre vers tirés des stances de ce poëte :

    Au banquet de la vie, infortuné convive,
    J'apparus un jour et je meurs;
    Je meurs, et sur la tombe où lentement j'arrive,
    Nul ne viendra verser des pleurs.

Ce monument est situé au milieu de la place des *Blancs-Manteaux* et *St-Nicolas-des-Champs*, ainsi nommée à cause des ossements provenant de ces églises. — Pour rendre la circulation de l'air plus active, lors des premiers travaux, on fit placer sur un bloc de pierre une grande terrine de feu; depuis l'on a imaginé de lui substituer une lampe sépulcrale en forme de coupe antique, qui fut élevée sur un piédestal. C'est le premier monument des Catacombes; on l'appelle *le piédestal de la lampe sépulcrale*. Près de là se trouve le grand pilier cruciforme, nommé *pilier du Memento* à cause de cette inscription :

    Memento quia pulvis es,

qu'il offre sur trois faces. Enfin, derrière ce pilier, on voit celui de l'*Imitation*, qui a pris son nom d'inscriptions tirées de l'Imitation de J.-C. Les deux ossuaires de Ste-Croix de la Bretonnerie et du petit St-Antoine sont voisins de ces monuments, et donnent leur nom à ce lieu. — Une fontaine fut découverte dans le sol des Catacombes par les ouvriers, qui y établirent un réservoir à leur usage. Les eaux qui s'épanchaient dans les travaux ayant forcé à faire un nivellement, on a profité de la différence des niveaux pour construire sur cette source un escalier, un bassin et un aqueduc souterrains; les piliers, élevés pour soutenir le ciel, auxquels on a donné des dispositions et des formes monumentales, contribuent encore à l'embellissement de cette fontaine : on la nomma d'abord la *source du Léthé* ou *de l'Oubli* ; on lui a donné ensuite le nom de *Samaritaine*, à cause d'un verset de l'Evangile qu'on y a gravé. En novembre 1813 on y jeta quatre poissons rouges ou dorades chinoises; depuis ce temps, ils sont parfaitement apprivoisés, et répondent aux signes et à la voix du conservateur : ils ne se sont pas reproduits. Les ouvriers prétendent qu'ils annoncent les changements de temps. — On a donné le nom de *tombeaux de la révolution* à la grande crypte dans laquelle sont renfermées les tombes de ceux qui périrent aux premières époques de la révolution. Ces monuments sont élevés sur les remblais d'une profonde carrière; ils contiennent les ossements de la plupart des victimes des diverses scènes sanglantes de ces temps de trouble : celle des *combats de la place de Grève*, de *l'hôtel de Brienne* et de *la rue Meslée*, chez le commandant du guet, les 28 et 29 août 1788; du *combat de la manufacture de papiers peints de M. Réveillon, faubourg St-Antoine, le 28 avril 1789; du combat du château des Tuileries, le 10 août 1792; des journées des 2 et 3 septembre 1792*. On descend aux *Catacombes basses* par un escalier sous lequel on a construit un aqueduc qui conduit les eaux d'une source voisine dans le puits de la *Tombe-Isoire*; puis on voit un pilier de forte dimension, élevé pour soutenir le ciel de la carrière, qui, fendu, lézardé en plusieurs endroits, faisait craindre un éboulement. Les inscriptions de ce pilier sont quatre strophes tirées des Nuits clémentines, composées sur la mort du pape Ganganelli. Cette construction a reçu le nom de *Pilier des Nuits clémentines*.

En sortant des Catacombes par la porte de l'est, on trouve un vestibule et une rampe dont la pente insensible ramène dans les grandes excavations des carrières supérieures; deux chemins, après plusieurs sinuosités, conduisent au pied de l'escalier construit en 1784 sur le bord de la *voie creuse*. Son extrémité inférieure est taillée dans un pilier de la masse laissée par les anciens. Dans la cage de cet escalier est un puits pyramidal pour la descente des bois et matériaux de construction. Autour de cet escalier règne une cour fermée par une grande porte dont les pilastres, en forme de tombeaux antiques, sont d'un style simple et sévère. Pour faciliter le service de ces vastes souterrains, on a pratiqué une grande ouverture, dont la pente est assez douce pour que les voitures puissent arriver jusqu'à l'entrée des Catacombes.

Les Catacombes sont certainement des monuments les plus curieux et les plus intéressants de la capitale, et cependant peu de Parisiens les ont visitées, quoiqu'elles soient à leur porte. On a donné le peu d'empressement que mettent les Parisiens à visiter les lieux où sont renfermés les restes de leurs ancêtres, dans le *livre des inscriptions* ouvert au bureau des Catacombes. Ce livre est destiné à recevoir les pensées inspirées par la vue de ces lieux funèbres, et la personne qui tient le bureau a soin d'inviter chaque visiteur à les inscrire. plupart des noms qu'on y lit sont ceux d'étrangers que la curiosité a conduits dans l'intérieur des Catacombes. On y remarque grand nombre de pensées, les unes en vers, autres en prose, qui figureraient très bien d'un livre de morale. M. le docteur Fournié a inscrit en 1814 les vers suivants :

    Paisibles habitants de ces demeures sombres,
    Je ne viens point ici troubler vos tristes ombres;
    Je viens sur l'avenir méditer avec vous,
    Et m'inscrire d'avance au lieu du rendez-vous.

L'esprit et la gaieté sont tellement naturels France, qu'on s'y livre quelquefois hors propos. Le registre des Catacombes en conti plusieurs preuves; je n'en citerai que les d suivantes :

    Disciples de Rancé, ces lieux sauront vous plaire;
    Un silence éternel et la nuit en plein jour
      Y favorisent la prière.
    Venez-y; quant à moi, je le dis sans détour,
    J'aime mieux ce beau jour tant admirer la lumière,
      Et fêter tour à tour
    Bacchus et la gaieté, mes amis et l'amour.

    Qu'on se moque de moi, que partout on me glose,
    Je me rends, et je crois à la métempsycose.
    Oui, le fait est certain, après l'instant fatal,
    Chacun de nous devient arbre, plante, animal.
    Ici j'ai reconnu la sœur de mon grand-père,
    Mon oncle, mon cousin, ma nourrice et mon frère;
    Mais, grand Dieu ! qu'ils étaient changés !
    Ils étaient tous en ox rangés (orangers).

En 1814 les troupes russes bivouaquè dans la plaine de *Mont-Souris*. Ce peuple, la sensibilité religieuse et la vénération p les morts n'ont pas encore été affaiblies pa habitudes d'une longue civilisation, a resp l'entrée des Catacombes, lorsqu'on lui a connaître la destination de ce monument : l régiments se sont successivement empressé visiter ces vastes sépulcres souterrains ; ils couraient les différentes galeries en fai monstrations d'une vive piété. L'histoir manquera pas de consigner dans ses fastes des barbares, venus en vainqueurs du Cau au sein de la capitale des arts et du luxe, parcouru ces tombeaux dans le recueilleme plus profond.

Malgré la constance avec laquelle on vaille continuellement à consolider les v qui supportent les faubourgs St-Jacques St-Germain, malgré l'habileté reconnue ingénieurs qui ont successivement pré à ces travaux rassurants, plusieurs vains ont prédit que ces deux quartiers raient par s'écrouler, et écraser, sous la r des maisons leurs habitants. Mercier su s'est plu, dans son Tableau de Paris, à eff malicieusement les Parisiens ; mais ceux-ci sont moqués des prédictions de ces écriv prophètes de malheur, et dorment tranqui ment et sans crainte sur ces profondeurs c sous leurs habitations. — Un grand tier Paris pose sur ces profonds abîmes : on fr quand on songe à l'imprévoyance coupabl tant de gouvernements successifs, qui, pen si longtemps, avaient laissé sans secours portion de la capitale sur un gouffre qui to tard devait l'engloutir. Maintenant toute crainte doit cesser : la voie publique est consolidée de manière à ce qu'on ne puisse redouter aucun danger, ou du moins à ce qu'on puisse sur-le-champ arrêter les résultats d'un accident imprévu. « Dans nos recherches, dit M. Héricart de Thury, nous nous sommes particulièrement attachés à établir le rapport le plus rigoureux, la corrélation la plus intime et la plus réciproque des détails de la surface et de l'état des vides. C'est en suivant ce plan d'une manière uniforme que nous avons tracé, ouvert et conservé, au-dessous et à l'aplomb de chaque rue, une ou deux galeries, suivant la largeur de la voie, de manière à diviser respectivement les quartiers, à isoler les massifs, à préparer la reconnaissance des propriétés, à déterminer leur étendue, à fixer leurs limites au-dessous de celles de la surface, à tracer à plus de 27 m. de profondeur le milieu des murs mitoyens sous le milieu même de leur épaisseur, à rapporter le numéro de chaque maison exactement au-dessous de celui de la propriété ; enfin, je le répète, à établir un tel rapport entre le dessous et le dessus, qu'on peut en voir et en vérifier la rigoureuse correspondance sur les plans de l'inspection. » — Les Catacombes s'étendent sous le faubourg St-Germain, les rues St-Jacques, de la Harpe, de Tournon, de Vaugirard, etc., et bien avant jusqu'à Montrouge. On ne peut y descendre qu'en présentant une permission signée de l'inspecteur général.

MONTROUSSET, vg. *Eure*, comm. d'Angeville, ✉ de Bourgthéroude.

MONTROUVEAU, vg. *Loir-et-Cher* (Blaisois), arr. et à 30 k. de Vendôme, cant. de Montoire, ✉ de Poncé. Pop. 492 h.

MONT-ROUVEL, vg. *Seine-Inf.*, comm. de Bois-Héroult, ✉ de Buchy.

MONTROY, vg. *Charente-Inf.* (Aunis), arr. et à 11 k. de la Rochelle, cant. de la Jarrie, ✉ de Croix-Chapeau. Pop. 342 h.

MONTROYER, vg. *H.-Marne*. V. VILLARS-MONTROYER.

MONTROZIER, vg. *Aveyron* (Rouergue), arr. et à 20 k. de Rodez, cant. de Bozouls, ✉ de Laissac. Pop. 1,134 h.

MONTROZIER, vg. *Tarn* (Languedoc), arr. et à 34 k. de Gaillac, cant. de Vaour, ✉ de St-Antonin. Pop. 161 h.

MONTRY, vg. *Seine-et-Marne* (Brie), arr. et à 11 k. de Meaux, cant. de Crécy, ✉ de Couilly. Pop. 416 h.

MONTS, vg. *Calvados*, comm. de Vaudry, ✉ de Vire.

MONTS (les), vg. *Corse*, comm. de Figari, ✉ de Bonifacio.

MONTS (les), vg. *Indre*, comm. de Ste-Lizaigne, ✉ d'Issoudun.

MONTS (les), vg. *Loir-et-Cher*, comm. de Lunay, ✉ de Montoire.

MONTS (les), vg. *Loiret*, comm. et ✉ de Meung-sur-Loire.

MONTS, vg. *Oise* (Picardie), arr. et à 29 k. de Beauvais, cant. et ✉ de Méru. Pop. 200 h.

MONTS (les), vg. *Seine-Inf.*, comm. de Sierville, ✉ de Valmartin.

MONTS (les), vg. *H.-Vienne*, comm. de Cognac, ✉ de la Barre.

MONT-ST-ADRIEN, vg. *Oise* (Picardie), arr., ✉ et à 12 k. de Beauvais, cant. d'Auneuil.

MONT-ST-AIGNAN, vg. *Seine-Inf.* (Normandie), arr., ✉ et à 4 k. de Rouen, cant. de Maromme. Pop. 2,385 h.

MONT-ST-ÉLOY, vg. *Pas-de-Calais* (Artois), arr., ✉ et à 9 k. d'Arras, cant. de Vimy. Pop. 1,068 h. — *Fabriques de sucre indigène.*

MONT-ST-GERMAIN (le), vg. *H.-Saône*, comm. de St-Germain, ✉ de Lure.

MONT-ST-JEAN, vg. *Aisne* (Picardie), arr. et à 25 k. de Vervins, cant. d'Aubenton, ✉ de Brunhamel. Pop. 431 h.

MONT-ST-JEAN, vg. *Calvados*. V. HERBIGNY.

MONT-ST-JEAN, bg *Côte-d'Or* (Bourgogne), arr. et à 54 k. de Beaune, cant. et ✉ de Pouilly-en-Montagne. Pop. 1,216 h.

MONT-ST-JEAN, bg *Sarthe* (Maine), arr. et à 41 k. du Mans, cant. et ✉ de Sillé-le-Guillaume. Pop. 2,530 h.

On y voit une assez grande église, surmontée d'un clocher à flèche fort élevé, dont l'intérieur renferme une table en marbre noir sur laquelle est incrustée l'épitaphe du marquis de Dreux-Brézé, décédé à Paris en 1829.

MONT-ST-LÉGER, *H.-Saône*, vg. (Franche-Comté), arr. à 30 k. de Gray, cant. de Dompierre-sur-Salon, ✉ de Lavoncourt. Pop. 161 h.

MONT-ST-MARTIN, vg. *Aisne* (Picardie), arr. et à 30 k. de Soissons, cant. de Braisne, ✉ de Fismes. Pop. 66 h.

MONT-ST-MARTIN, vg. *Ardennes* (Champagne), arr., ✉ et à 10 k. de Vouziers, cant. de Monthois. Pop. 316 h.

MONT-ST-MARTIN, vg. *Isère* (Dauphiné), arr., cant. et à 17 k. de Grenoble, ✉ de Voreppe. Pop. 133 h.

MONT-ST-MARTIN, vg. *Moselle* (pays Messin), arr. et à 42 k. de Briey, cant. et ✉ de Longwy. Pop. 743 h.

MONT-ST-MICHEL, *Fanum Sti Michaelis, Mons Tumba*, bg *Manche* (Normandie), arr. et à 16 k. d'Avranches, cant. et ✉ de Pontorson. Pop. 1,082 h. — *Établissement de la marée*, 5 heures 45 minutes.

Le Mont-St-Michel est un rocher isolé au milieu des grèves que la mer recouvre à chaque marée, à environ 5 k. de la côte. Sous les Gaulois ce mont était sacré, et c'était là que se trouvait, dit-on, le collège des neuf druidesses (que quelques auteurs placent à l'île de Sein) qui vendaient aux navigateurs des flèches qui avaient la vertu de calmer les orages, en les faisant lancer dans la mer par un jeune homme de vingt-cinq ans qui n'avait point encore perdu sa virginité. Ce jeune marin était député pour demander aux druidesses le don précieux ; une d'elles le recevait et allait avec lui se baigner dans la mer ; ils saluaient ensemble le lever du jour, ensuite ils s'égaraient dans les bois épais qui couvraient la rive.....

Au retour, un collier de coquillages flottait au cou du jeune homme ; chacun des grains du collier indiquait combien de fois il s'était initié aux mystères de la Vénus gauloise, et était pour lui le symbole d'un doux souvenir.

Au temps des Romains le Mont-St-Michel fut consacré à Jupiter, il portait alors le nom de Mont-Jou (*Mons Jovis*). — Les premiers apôtres du christianisme y placèrent quelques ermites, qui y bâtirent un monastère désigné dans les anciens titres de l'abbaye sous le nom de *monasterium ad duas tumbas*; par rapport au voisinage du mont Tombelaine. — En 708 Aubert, évêque d'Avranches, fit bâtir une petite église et dédia le mont à saint Michel. Des reliques y furent apportées, et ce lieu fut visité par des pèlerins couronnés, qui l'enrichirent et l'accrurent à plusieurs époques. Ils le fortifièrent et en firent un des boulevards du royaume.

En 1090 les fortifications du Mont-St-Michel étaient déjà très-importantes. Ce fut là que Henri, le plus jeune des fils de Guillaume le Conquérant, se retira, et soutint contre ses frères un siége mémorable. Ils n'eussent jamais pu l'y forcer si le manque de vivres, et surtout d'eau ne l'eussent contraint à rendre la place et à se retirer en Bretagne. — En 1188 des habitants d'Avranches mirent le feu au Mont-St-Michel, et y firent beaucoup de mal. Un autre incendie eut lieu en 1203, dans une attaque bien plus sérieuse faite par Guy de Thouars ; toutefois les ennemis ne purent y entrer. — Plus de deux cents ans s'étaient écoulés depuis que les malheurs de cette dernière expédition étaient réparés, et durant ce temps la forteresse n'avait essuyé aucune attaque. Cependant, vers 1417, les Anglais, redevenus maîtres de la Normandie, voulurent s'emparer du Mont-St-Michel, la seule place de la Normandie qui n'était point encore en leur pouvoir. Ils occupaient le mont Tombelaine, dont ils avaient fait leur place d'armes, et d'où ils envoyaient de toutes parts des détachements contre le Mont-St-Michel, qu'ils trouvèrent alors beaucoup mieux fortifié qu'ils ne croyaient, et défendu par une nombreuse garnison du pays sous le commandement de Jean de Harecourt, comte d'Aumale, qui était gouverneur de la place. Après différentes attaques inutiles, les Anglais prirent le parti de se retirer dans l'intention de revenir avec des forces plus considérables. En 1423 ils reparurent devant Mont-St-Michel au nombre de quinze mille hommes, conduits par le comte de Lescale, avec une artillerie formidable. Ils établirent leurs campements dans les paroisses les plus voisines de la grève situées au-devant du Mont-St-Michel. Au nord ils occupaient Tombelaine, et du côté du couchant ils avaient en mer plusieurs navires. De sorte que la place, investie de toutes parts, se trouvait sans espoir de secours. Comme on s'attendait aux attaques les plus fortes, le gouverneur d'alors, Louis d'Estouteville, d'une des plus illustres familles du pays, s'y était renfermé avec cent vingt gentilshommes des contrées voisines, dont l'histoire nous a conservé le nom. Eux et leurs troupes, avec les habitants du lieu et des environs, se dévouant à saint Michel, firent serment de se défendre jusqu'à la dernière extrémité. Les Anglais tentèrent d'abord différentes escalades du côté du levant et du midi : les assiégés les reçurent à coups de flèches, de lances, d'épées, de fusillades, et les précipitèrent au pied des murailles. L'ennemi ne se rebuta point de cette première tentative, quoiqu'il y eût déjà perdu beaucoup de monde, et comme la mer, par son flux et reflux, couvre deux fois en vingt-quatre heures toutes les grèves, pendant quelques jours avant et après les nouvelle et pleine lunes, les Anglais profitèrent des huit jours d'intervalle que le Mont-St-Michel se trouve à sec, pour y faire approcher leur artillerie. Ils en avaient surtout deux pièces d'une grosseur prodigieuse et d'un calibre à porter des boulets de 35 à 45 c. de diamètre : les boulets de cette grosseur étaient de pierre dure, et se brisaient souvent contre les remparts; malgré cet inconvénient leur vive canonnade ne tarda pas à faire plusieurs ouvertures aux murailles qui forment l'enceinte du bas de la ville, et malgré la résistance opiniâtre des assiégés, qui se défendirent longtemps sur les brèches, les ennemis s'y établirent avec leur artillerie. Mais, quelques efforts qu'ils fissent pour monter plus haut leurs canons, il leur fut impossible de parvenir jusqu'à moitié chemin de ce rocher de granit, de 60 m. d'élévation, presque à pic, sur le sommet duquel est situé le château de l'abbaye. De cette hauteur les assiégés firent d'abord rouler sur eux d'énormes quartiers de pierres, dont ils ne purent se garantir ; les hommes, les machines de guerre en furent écrasés, et dans la position où ils étaient, la garnison tombant sur eux avec fureur, les repoussa plusieurs fois au bas de la place et jusque sur la grève, et comme la mer montante était à la veille d'environner le mont et d'inonder toute la plage, les Anglais furent contraints de se réfugier à la côte avec leur artillerie et tous leurs équipages, que les flots auraient entièrement engloutis, brisés ou entraînés dans leur cours.

Pendant qu'ils étaient ainsi occupés à faire leur retraite en désordre, toute la garnison se précipita sur eux, conduite par le brave Jean de la Haye, baron de Boulonces; la mêlée fut sanglante. Dans le fort du combat les Anglais perdirent beaucoup de monde ; on leur fit des prisonniers, au nombre desquels fut le chevalier Nicolas Burdet, un des plus distingués de leurs chefs. Ils abandonnèrent une partie de leurs canons et notamment deux énormes pièces que l'on voit encore aujourd'hui à la porte du Mont-St-Michel; elles ont 3 m. 66 c. de longueur, l'une 50 c. d'embouchure, et l'autre 37 c.; elles sont formées de barres de fer de 5 c. d'épaisseur et reliées avec des cercles de fer ; les habitants du Mont-St-Michel les font remarquer aux étrangers et aux pèlerins comme un ancien monument de leur victoire.

Les Anglais, rebutés de ces pertes, prirent le parti de réduire le Mont-St-Michel par famine; à cet effet ils se fortifièrent dans leurs campements, construisirent des tours, des bastilles, des édifices où ils firent leur demeure; d'autre part ils avaient sur mer plusieurs navires destinés à intercepter les vivres et toute espèce de secours; mais le sieur Beaufort, ayant équipé une petite flotte sur les côtes de St-Malo et de Cancale, vint à pleines voiles attaquer les Anglais, leur prit quelques bâtiments, coula bas ou dispersa le reste, et jeta des vivres et des munitions dans le Mont-St-Michel; alors l'ennemi, ayant perdu tout espoir de succès, mit le feu à ses bastilles et se retira, conservant néanmoins le mont Tomblaine, où il laissa une forte garnison, dans le dessein de surprendre ou d'inquiéter le Mont-St-Michel. — Ce ne fut qu'en 1449 que les habitants de ce lieu furent délivrés de toute crainte du côté de Tomblaine. En effet, lorsque sous la fin du règne de Charles VII, la France fut rétablie dans son intégrité par l'heureux accord de tous les Français, et qu'après la bataille de Formigny, près de Bayeux, les Anglais furent contraints d'abandonner toute la Normandie, le duc de Bretagne, le comte de Richemont, connétable de France, et Jacques de Luxembourg, comte de St-Pol, vinrent au Mont-St-Michel avec une partie de leurs troupes, et forcèrent la garnison de Tomblaine à se rendre par capitulation.

Durant les guerres des catholiques et des huguenots, cette forteresse tomba, par surprise, au pouvoir de ces derniers. Elle n'y resta que peu de jours. Depuis la Ligue, sa tranquillité n'a pas été troublée.

Les armes du Mont-St-Michel sont : *de sable à six coquilles d'argent, au chef d'azur chargé de trois fleurs de lis d'or.*

L'abbaye du Mont-St-Michel formait en même temps un établissement religieux et militaire, un lieu très-fameux de pèlerinage, et le monastère de toute la Normandie le plus riche en manuscrits du moyen âge. De toutes les provinces de la France et des autres pays de l'Europe on voyait arriver des caravanes de 2 à 300 personnes à cheval, avec des drapeaux et leur aumônier à leur tête. Les vœux accomplis, les pèlerins, avant de partir, nommaient entre eux divers officiers, dont le premier avait le titre de roi ; on lui attachait une légère couronne de petit papier doré sur son chapeau ; tout le cortège, décoré de plumets, de cocardes, d'écharpes garnies de coquilles et de médailles de saint Michel, faisait son entrée, drapeaux flottants, dans les villes sur son passage, et visitait dévotement les églises principales.

Nous ne citerons pas les nombreux ducs et rois qui vinrent en pèlerinage au Mont-St-Michel. Il en est un pourtant qu'on ne peut omettre. Louis XI s'y rendit avec une nombreuse suite; il voulut se recommander à la puissante protection de l'archange, et il lui offrit 600 écus d'or, somme considérable alors. Le 1er août 1469, il y institua *l'ordre de Saint-Michel.*

Le Mont-St-Michel a servi de prison à diverses époques; le poëte Desforges y fut enfermé pendant trois ans dans une cage en fer placée dans un caveau creusé dans le roc, de 3 m., qui ne recevait le jour que par les crevasses des marches de l'église.

Après la dispersion des moines, au commencement de la première révolution, le Mont-St-Michel devint une prison d'État où l'on entassa nobles et prêtres. Le conventionnel Lecarpentier, jugé aux assises de la Manche en 1820, pour être rentré en France, y fut enfermé jusqu'à sa mort, en 1829.

C'est depuis longtemps une maison centrale de détention parfaitement tenue. Des ateliers y sont établis dans les anciens bâtiments appropriés à des usages industriels. Il y a communément environ 700 ouvriers parmi les détenus. On sait que depuis 1830 des détenus politiques y ont été enfermés. Un incendie qui éclata au Mont-St-Michel dans la nuit du 22 au 23 octobre 1834 leur donna l'occasion de signaler leur courage. Ils contribuèrent à sauver le monument, et ne firent aucune tentative d'évasion.

Les bâtiments séculaires qui couronnent le rocher du Mont-St-Michel, et dans lesquels on a établi la maison centrale, ne se coordonnent nullement entre eux ; occupés successivement par des moines et des guerriers, et souvent par les deux ensemble, ils offrent la double physionomie d'une antique demeure claustrale et d'un château féodal, avec ses tours crénelées, ses murailles épaisses garnies de meurtrières, ses souterrains, etc. — L'architecture variée de ce monument vraiment national remonte au delà des temps de la monarchie. Assis sur le sommet d'un roc de granit, dont les aspérités sembleraient être le résultat d'une convulsion de la nature, entouré de toutes parts des grèves périlleuses et étendues de la mer, qui baigne régulièrement sa base deux fois par jour et l'isole tout à fait du continent, il excite au plus haut degré l'intérêt et la curiosité des étrangers et des voyageurs, qui, l'apercevant de fort loin comme un pic à l'horizon, sont tout émerveillés de trouver à leur arrivée dans l'enceinte de ses remparts, non-seulement un bourg de moyenne grandeur, que quelques géographes qualifient du titre de ville ou place forte à cause de l'importance qu'il a toujours eue, mais encore un château assez vaste pour y loger plus de 1,200 personnes, si l'on y ajoute les bâtiments de l'Abbatiale, qui y sont contigus, où est logé tout le personnel de l'administration, ainsi qu'une garnison de cent hommes, non compris les officiers.

L'abbaye du Mont-St-Michel est aussi extraordinaire par son style que par son site, et également curieuse comme monument historique. — On y remarque la porte d'entrée, flanquée de deux hautes tours semblables à deux immenses pièces de canon plantées sur leur culasse. Au nord se trouve un vaste édifice très-bien conservé, remarquable par son élévation et sa hardiesse, et désigné sous le nom de la **Merveille**. Il comprend, au rez-de-chaussée, des salles immenses, connues sous le nom de salles de Montgommery. Au premier étage se trouve à l'est une pièce d'environ 29 m. de longueur, servant autrefois de réfectoire aux moines; c'est un des plus beaux vaisseaux gothiques qui existent en France ; à l'ouest est la superbe salle des chevaliers, admirable morceau d'architecture du xie siècle. C'est dans cette pièce que Louis XI institua, en 1469, l'ordre de St-Michel. La voûte de cette salle est soutenue par trois rangs de colonnes en granit d'une grande légèreté et d'un travail parfait : elle a 28 m. de longueur et renferme l'inscription ou tableau monumental, fixé sur la muraille en face du chœur de l'église du château ; on y lit les noms, on y voit avec le plus vif intérêt les bannières armoriées des cent dix-neuf vaillants chevaliers normands qui immortalisèrent leurs armes à la journée du 6 juin 1423 en conservant le Mont-St-Michel à la France, mais on ne peut se défendre aussitôt d'un sentiment de regret de n'y rencontrer rien qui rappelle l'héroïsme des intrépides habitants du fort qui se couvrirent tous d'une gloire égale dans cette mémorable journée en précipitant les Anglais dans leurs murs ! On se demande, en voyant les deux antiques pièces de canon qu'ils contraignirent ces fiers insulaires à leur abandonner, et qui sont demeurées à la porte de la ville comme pour attester leur vaillance, si le plébéien qui partagea les dangers n'avait pas droit aussi à l'hommage de la postérité ?

A l'étage supérieur se trouvent encore, à l'est, des appartements de la même dimension que le réfectoire des moines ; ils étaient autrefois partagés en cellules servant de dortoirs, et avaient évidemment été construits pour cette destination. Sur le même niveau, du côté de l'ouest, on remarque l'aire de plomb couvrant la salle des chevaliers, et autour de cette aire, la charmante galerie appelée le Cloître, soutenue par un triple rang de colonnettes à voûtes en ogives et à nervures d'une délicatesse admirable ; ce cloître, regardé comme un des chefs-d'œuvre d'architecture du xiiie siècle, est encore bien complet dans son ensemble, malgré de regrettables altérations. La cour du cloître est pavée en plomb et reçoit les eaux pluviales, qui se rendent dans une citerne où elles sont conservées pour l'approvisionnement de la maison. Au-dessus des toits. Ces différents étages sont élevés au-dessus les uns des autres, au moyen de voûtes en pierre d'une grande solidité. — Entre l'est et le midi est un bâtiment à un seul étage, ayant une jolie façade en granit ; il est désigné sous le nom de salle du Gouvernement. — Au midi, on voit des constructions presque toutes établies les unes sur les autres, au moyen de voûtes bâties sans plan et sans goût, divisées en une foule de petits appartements servant autrefois de prison, et désignés encore aujourd'hui sous ce nom.

Au milieu de tous ces bâtiments s'élève l'église, dont le magnifique chœur, d'architecture gothique, est parfaitement conservé. On y a découvert récemment des peintures à fresque, offrant des tableaux composés de différents groupes, derrière lesquels sont figurés des édifices, des temples et autres monuments ; la taille des personnages est de 25 à 30 c. Les sujets des principaux tableaux mis à découvert représentent : un l'Annonciation, un second l'arrivée des trois mages, guidés par l'étoile d'orient ; un troisième la Trinité et l'arbre généalogique de David ; un quatrième contient deux scènes fort distinctes : l'une est celle du centurion de l'évangile du troisième dimanche après les Rois, l'autre celle où Jésus, monté sur un navire, apaise la fureur des flots. — Près de là sont quelques autres petits appartements à un seul étage, parmi lesquels se trouve la pièce où les moines avaient placé leur bibliothèque. L'église, qui n'a pas moins de 80 m. de longueur, est élevée, ainsi que les chapelles qui environnent le chœur et la plate-forme qui suit la nef vers le sud-est, sur un plateau créé à l'aide de voûtes dont quelques parties, celles qui correspondent au chœur, sont remarquables par le fini du travail. Sous l'édifice règne le souterrain dit des gros piliers, où l'on voit un groupe central d'énormes piliers de granit qui supporte la masse de l'église : de là on monte au sommet du clocher, et l'on arrive à une corniche extérieure en pierre, de 1 m. de large, bordée d'un parapet, qu'on appelle le petit tour des fous ; une autre saillie plus étroite, et de 10 m. plus élevée, se nomme le grand tour des fous ; la vanité excite quelques curieux à faire ces deux tours si bien nommés. — Les souterrains sont nombreux et profonds ; on y remarque le caveau où étaient placées la célèbre cage de fer (ainsi nommée, bien qu'elle fût en bois) et les oubliettes. — Tous ces locaux servent de magasins et même d'ateliers. Au sud-ouest se trouve un petit bâtiment construit en 1833, qui sert d'infirmerie. Au bas du rocher, également au sud-ouest, est une caserne achevée en 1829, pouvant loger environ 200 hommes : elle a coûté 60 à 70,000 francs.

En 1775 des géomètres dressèrent les plans du Mont-St-Michel et de tous les appartements du château et de l'abbaye. Ils trouvèrent à la base du rocher 900 m. de circonférence, et 60 m. d'élévation, à partir du niveau de la grève jusqu'au niveau du rocher, qui a été aplani pour y poser les fondations du château et des bâtiments de l'abbaye qui environnent l'église. La lanterne du clocher a 32 m. d'élévation au-dessus du rocher.

Le Mont-St-Michel est presque partout entouré de hautes et épaisses murailles, flanquées de tours et de bastions. Le couchant et le nord ne présentent que des pointes de noirs rochers. La pente la plus inclinée au levant et au midi est seule habitée : on y voit une petite église paroissiale antique et obscure, un groupe de maisons avec quelques petits jardins formés de terres apportées sur le roc. La vigne, le figuier, l'amandier y donnent de bons fruits et un utile ombrage.

La plupart des habitants sont adonnés à la pêche. Outre les saumons, les turbots et autres poissons, ils pêchent de petits coquillages qu'on nomme *coques*. Les femmes, les enfants s'en occupent. Ils y vont nu-jambes et traversent les rivières dans presque toutes les saisons de l'année ; ils ne craignent ni les vents, ni la pluie, ni le froid. Cependant ils ne laissent pas de courir des dangers, surtout quand d'épais brouillards les surprennent écartés les uns des autres, et occupés à leur pêche ; alors ils ne pourraient retrouver leur chemin, si l'on n'avait soin de sonner les cloches pour les diriger.

Le Mont-St-Michel appartenait jadis au continent, ainsi que tout le bras de mer que l'on voit entre Cancale et Granville ; ce territoire immense était occupé par une vaste forêt et fut entièrement submergé, dit-on, en 709. Depuis cette époque, la mer a conservé le territoire envahi. Elle avait cependant baissé d'une manière sensible pendant de longues années ; elle amoncelait elle-même des sables sur ses rives et créait une digue contre la violence de ses flots. Un espace assez considérable semblait abandonné pour toujours ; l'homme s'en empara, il sut le rendre fertile, de riches moissons s'élevèrent, de nombreux troupeaux y couvrirent d'excellents pâturages ; quelques habitations furent créées ; en un mot, il semblait que la terre eût conquis, pour ne plus la reperdre, la possession du territoire qui lui avait jadis appartenu. Vain espoir ! vaines illusions ! Une nuit suffit pour faire rentrer la mer dans ses limites, et le lendemain l'œil épouvanté chercha vainement sur une plage déserte quelques vestiges de l'empire que l'homme avait usurpé ! Tout avait disparu sans retour ; tout, dans l'espace de quelques heures, avait péri pour jamais ! La mer ne baignait alors que le mont que dans les grandes eaux ; depuis lors elle l'environne à chaque marée.

Ce bouleversement imprévu fut attribué, comme il l'est encore aujourd'hui, à l'action de la rivière Sélune, qui coulait jadis du côté de Tombelaine, et, ayant changé de direction, déblaye les sables des digues et finit par en détruire l'agrégation.

Délayées comme elles le sont par divers courants d'eau douce, les grèves du Mont-St-Michel ne présentent aucune solidité, et il serait très-imprudent de les traverser sans être dirigé par un guide qui, bien qu'il les fréquente tous les jours, ne s'avance cependant lui-même qu'avec précaution, et a soin de sonder le sable à l'aide d'une espèce de trident qu'il tient à la main. En 1780 on plaça sur ces grèves une pierre de 300 livres taillée en forme de cône ; on y attacha une corde de 31 m. de long ; en un jour et une nuit elle coula au fond et l'on n'en trouva aucun vestige. A la même époque un navire échoué aux environs du Mont-St-Michel fut englouti par les sables, et trois jours après on n'apercevait plus l'extrémité de son mât de perroquet. Ce danger n'est point le seul que l'on court sur les grèves du mont ; elles sont extrêmement plates et ne présentent aucun obstacle à la mer, qui s'y précipite avec une grande impétuosité. Nulle part elle n'est aussi fougueuse. Son mouvement, déjà très-vif, est encore accéléré par la compression qu'elle éprouve entre les rochers de Cancale et de Granville ; enfin, comme dans son flux du midi au septentrion elle va se briser contre les îles d'Angleterre, cette résistance la fait se réfléchir avec une force étonnante sur le rivage de Dol. Malheur au voyageur parcourant à l'heure de la marée cette plage découverte! En vain déploiera-t-il toute sa légèreté pour échapper aux flots qui le poursuivent; s'il parvient à les devancer, sa perte n'en est pas moins certaine; car une multitude de filières, dans lesquelles, au moment du flux, la mer se précipite avec une extrême vitesse et qu'elle remplit avant de couvrir la grève, se présentent à chaque pas et lui offrent comme obstacles leurs abîmes, qu'il ne pourra franchir s'il n'est très-bon nageur. Hésite-t-il un instant, arrête sur leurs bords, cet instant l'a perdu sans retour, la mer l'a déjà atteint, déjà elle s'est répandue sur la rive où elle entasse ses eaux.

Ces grèves, que chaque marée couvre et découvre, ont plusieurs myriamètres carrés de superficie. Elles sont entrecoupées de plusieurs bras de rivières dont les principales sont la Sée, le Sélune et le Couësnon. Le passage de ces rivières, les sables mouvants de leur lit, la vélocité de la marée montante, les brouillards épais, fréquents dans ces parages, augmentent les dangers des grèves. — La route la plus sûre pour se rendre au Mont-St-Michel est de partir d'Ardevon; là on trouve des guides qui connaissent l'heure où la mer monte, et qui, lorsqu'elle s'est retirée, conduisent les voyageurs qui sont à cheval ou en voiture sur un terrain solide où ils ne courent aucun danger.

TOMBELAINE est une montagne qui s'élève aussi au milieu des grèves à 2 k. du Mont-St-Michel. Bernard, abbé du Mont-St-Michel, y fit construire un oratoire en 1135. Philippe Auguste y éleva un fort qui fut pris par les Anglais, pendant la captivité du roi Jean; Charles V le recouvra; sous Charles VI les Anglais en devinrent de nouveau les maîtres et y bâtirent une forteresse. Louis XIV en a fait détruire toutes les fortifications, dont on voit encore quelques vestiges.

Bibliographie. ARDANT (F.). *La Fondation de l'église et abbaye du Mont-St-Michel, des miracles, reliques et indulgences,* in-12, 1604, 1664; in-24, 1611.

VITEL (Jean de). *La Prinze du Mont-St-Michel, surpris par les ennemis et recouvré par les seigneurs de Viques sous Henri III,* poëme (imprimée avec les poésies du même auteur, in-8, 1588).

* *Histoire du Mont-St-Michel en Normandie,* in-12, 1668.

THUILLERIES (l'abbé des). *Description du Mont-St-Michel* (Mercure, p. 2385, nov. 1727).

LA ROQUE (de). *Voyage de basse Normandie et Description historique du Mont-St-Michel* (Mercure, nov. 1726; juin et nov. 1727; t. I et II, janv., juin et déc. 1728; t. II, juin 1730; avril et oct. 1732; avril, mai et juillet 1733).

DESROCHES (l'abbé). *Histoire du Mont-St-Michel et de l'ancien diocèse d'Avranches,* depuis les temps les plus reculés jusqu'à nos jours, 2 vol. in-8, 1840.

* *Histoire abrégée du Mont-St-Michel, avec les motifs pour faire le pèlerinage,* etc., in-12.

BLONDEL. *Notice historique du Mont-St-Michel et de Tombelaine,* in-12, 1813.

BOUDENT-GODELINIÈRE. *Notice historique sur le Mont-St-Michel et le mont Tombelaine,* in-8, 1842; nouv. édit., in-8, 1843.

RAOUL (Maximilien). *Histoire pittoresque du Mont-St-Michel et de Tombelène,* 2 vol. in-8, fig., 1833-34.

MAUD'HUY (Victor de). *Du Mont-St-Michel au péril de la mer, dans son état actuel, physique et social,* in-8, 1835.

FULGENCE GIRARD. *Histoire géologique, archéologique et pittoresque du Mont-St-Michel au péril de la mer,* in-8, 1843.

MANGON DE LA LANDE. *Notice sur deux canons pris sur l'armée anglaise lors du siége du Mont-St-Michel en juin* 1423 (Mém. de la société des antiq. de l'Ouest, t. VIII, p. 143).

MANET (l'abbé F.-G.-P.-B.). *De l'état ancien et actuel de la baie du Mont-St-Michel et de Cancale, des marais de Dol et de Châteauneuf, et en général de tous les environs de St-Malo et St-Servan, depuis le cap Fréhel jusqu'à Granville, avec deux notices supplémentaires,* etc., in-8, 1829.

GERVILLE (C. de). *Recherches sur le Mont-St-Michel* (Mém. de la société des antiq. de Normandie, t. III, p. 1; t. IV, p. 4.

Fragment de Robert Wace sur Tombelène, in-8, 1833.

MONT-ST-MICHEL (le), vg. *Morbihan,* comm. de Guéhenno, ⊠ de Josselin.

MONT-ST-PÈRE, vg. *Aisne* (Brie), arr., cant., ⊠ et à 10 k. de Château-Thierry. Pop. 597 h. Sur la rive droite de la Marne.

MONT-ST-QUENTIN, vg. *Somme,* comm. d'Allaines, ⊠ de Péronne.

MONT-ST-REMY, vg. *Ardennes,* comm. de Leffincourt, ⊠ de Vouziers.

MONT-ST-SAVIN. V. ST-SAVIN.

MONT-ST-SULPICE, bg *Yonne* (Bourgogne), arr. et à 20 k. d'Auxerre, cant. de Seignelay, ⊠ de Brienon. Pop. 1,483 h.

Il est situé sur un plateau élevé, d'où l'on domine plusieurs vallées agréables arrosées par l'Armance et par l'Armançon.

La commune du Mont éprouva de grands malheurs sous les règnes de Charles VI et de Charles VII. La querelle qui divisa les ducs d'Orléans et de Bourgogne, à l'occasion de la régence du royaume, pendant la folie de Charles VI, lui fut surtout très-funeste. A cette époque, de ville qu'elle était elle devint un village presque désert, et perdit plusieurs des titres et monuments qui attestaient son antiquité. —
Le 13 mai 1460, noble Jean de Thian, seigneur du Mont, affranchit tous ses habitants de leur servitude, moyennant la condition de quelques redevances annuelles.

L'église paroissiale, remarquable par l'étendue de son vaisseau, est un des plus beaux édifices religieux de la contrée; la solidité, la délicatesse des piliers, la forme extérieure des arcs-boutants, font présumer que sa construction remonte au moins au xe siècle.

MONT-ST-VINCENT, *Castrum Montis Sancti Vincentii,* bg *Saône-et-Loire* (Bourgogne), arr. et à 38 k. de Chalon-sur-Saône, chef-l. de cant. Cure. ⊠ de Joncy. P. 875 h.
— TERRAIN cristallisé, voisin du terrain jurassique.

Il est situé sur une montagne élevée de 800 m. au-dessus du niveau de la mer, et cependant très-abondante en sources d'eaux vives. — C'était autrefois la seconde ville des états du Charollais, défendue par une forteresse, dans laquelle se renferma Guillaume, comte de Chalon, qui venait de ravager le territoire de Cluny. Sa situation en avait fait une place importante dans les guerres que la France eut à soutenir contre l'Autriche et contre l'Espagne. Louis VII en ordonna la démolition, et fit livrer aux flammes les maisons des habitants qui avaient pris parti contre les armées royales. Henri II l'affranchit en 1554. La ville renfermait jadis un monastère de bénédictins de l'ordre de Cluny : l'église, qui subsiste encore, est un des points de triangulation de la carte de France de Cassini.

Commerce de laines.

MONTSAIGLE, vg. *Seine-et-Marne,* com. et ⊠ de Villeparisis.

MONTSALÈS, vg. *Aveyron* (Rouergue), arr. et à 21 k. de Villefranche-de-Rouergue, cant. et ⊠ de Villeneuve. Pop. 1,274 h. — Foires le 10 janv., 17 août, 2, 9 et 29 nov.

MONTSALIER, *Mons Salicus,* vg. *B.-Alpes* (Provence), arr., ⊠ et à 21 k. de Forcalquier, cant. de Banon. Pop. 421 h.

MONTSALVI, bg *Tarn,* comm. de Puygouzon, ⊠ d'Albi.

MONTSALVY, petite ville, *Cantal* (Auvergne), arr. à 30 k. d'Aurillac, chef-l. de cant. Cure. Gîte d'étape. ⊠. A 582 k. de Paris pour la taxe des lettres. Pop. 1,104 h. — TERRAIN cristallisé et primitif.

Cette ville est bâtie sur un plateau élevé, dominé lui-même par les montagnes appelées Puy-de-l'Arbre, où MM. Méchin et Delambre ont opéré plusieurs mois pour tracer la levée du quart du méridien qui sert de base aux nouvelles mesures. On voit près de cet endroit les ruines du château de Mandulphe, appartenant jadis à la maison d'Armagnac. De ce point l'horizon est assez étendu pour pouvoir distinguer le clocher de Rodez, les côtes de Figeac, les montagnes de Salers et du Plomb du Cantal, rayon de plus de 50 k.

On remarque à Monsalvy l'église Notre-Dame, d'une belle architecture gothique, fondée, avec un monastère, en 1073, par Bérenger-I, comte de Carlat, l'hôtel de ville, aussi d'ancienne architecture. Le mur du Diable, construit de blocs énormes, que l'on pourrait appeler cyclopéens, est à peu de distance de la ville.

Depuis quelques années Monsalvy possède un établissement bien digne d'intérêt. C'est un institut de sourds et muets, dû à la philantropie de MM. Pissin-Sicard et Choiseuil, qui le dirigent, et que le conseil général du département a doté.

Commerce de toiles qui se fabriquent dans la ville, et qui y occupent la majeure partie de la population : ces toiles sont fort estimées des habitants du Midi, qui en achètent annuellement pour plus de 400,000 fr. Les productions du canton sont le seigle, les fruits, vins légers, châtaignes, et surtout des pois verts excellents, qui s'exportaient autrefois jusqu'à Paris.—*Foires* les 15 janv., 14 avril, 10 mai, 25 juin, 22 juill., 10 oct. et 12 nov.

MONTSAMSON, vg. *Charente*, comm. du Gua, ✉ de Saujon.

MONTSAON, vg. *H.-Marne* (Champagne), arr., cant., ✉ et à 8 k. de Chaumont-en-Bassigny. Pop. 172 h.

MONTSAUCHE, vg. *Nièvre* (Nivernais), arr. et à 25 k. de Château-Chinon, chef-l. de cant. Cure. ✉. A 286 k. de Paris pour la taxe des lettres. Pop. 1,701 h. — TERRAIN cristallisé ou primitif.

Patrie de P. NETTEMENT, écrivain légitimiste, ex-chef du cabinet de traduction de Napoléon.

Tanneries. — *Foires* les 12 juin et 12 déc.

MONTSAUGEON, *Mons Salionis*, bg *H.-Marne* (Champagne), arr. et à 27 k. de Langres, cant. et ✉ de Prauthoy. Pop. 354 h. — *Foires* le jeudi après l'Annonciation, jeudi après la Pentecôte, après le 8 sept. et après le 8 déc.

MONTSAUNÈS, vg. *H.-Garonne* (Languedoc), arr. et à 19 k. de St-Gaudens, cant. et ✉ de Saliès. Pop. 614 h.

On y voit une église en briques, dont le portail est du XIIe siècle ; la porte est en cintre et décorée, à l'archivolte, de cinquante têtes d'hommes, de femmes, de démons, d'animaux fantastiques. Au-dessus du grand arc se voit le monogramme du Christ formé d'un *chi* (χ), d'un *rho* (ρ) et d'un *sigma* (Σ) ; il est porté par deux anges. Les chapiteaux du portail sont chargés de bas-reliefs qui représentent la résurrection de Lazare, le martyre de saint Pierre et de saint Paul, la lapidation de saint Étienne, etc.

MONTSAUTREL, vg. *Eure*, comm. de St-Pierre-des-Cercueils, ✉ d'Elbeuf.

MONTSAUVE, vg. *Gard*, comm. de Générargues, ✉ d'Anduze.

MONTSAVILLON, vg. *Vosges*, comm. de Monthureux-sur-Saône, ✉ de Darney.

MONTSAVOT, vg. *Seine-et-Marne*, com. de la Celle, ✉ de Faremoutiers.

MONT-SEC (le), vg. *Loire*, comm. de St-Georges-Hauteville, ✉ de Montbrison.

MONTSEC, vg. *Meuse* (Lorraine), arr. de Commercy, cant., ✉ et à 15 k. de St-Mihiel. Pop. 362 h.

MONTSECRET, bg *Orne* (Normandie), arr. et à 24 k. de Domfront, cant. et ✉ de Tinchebray. Pop. 1,212 h. — Tanneries.

MONTSÉGUR, vg. *Ariége* (pays de Foix), arr. et à 29 k. de Foix, cant. et ✉ de Lavelanet. Pop. 820 h.

Ce village est dominé par un pic escarpé où l'on voit les ruines d'un ancien château fort, célèbre par les siéges qu'il a soutenus et par la défaite des Albigeois. De vaillants chevaliers, qui s'étaient illustrés dans toutes les guerres de la province, ne trouvant plus un lieu où reposer leur tête, s'étaient enfermés dans ce château qu'ils croyaient imprenable. Tous les habitants étaient également résolus à ne pas se rendre tant qu'il leur resterait un souffle de vie ; les femmes mêmes devaient combattre, car elles savaient que si elles étaient arrêtées, aucun égard pour le sexe ne les déroberait aux bûchers. Cependant l'archevêque de Narbonne et l'évêque d'Albi résolurent d'assiéger ce château, sans attendre les ordres de Raimond VII, qui était alors à Rome, sans même lui demander son consentement ; ils prêchèrent une sorte de croisade, et ils rassemblèrent ainsi des milliers de fanatiques, avec lesquels ils vinrent investir Montségur, au mois de mars 1244. La résistance fut longue, et les assaillants désespéraient du succès, lorsque la hardiesse de quelques montagnards, qui escaladèrent au milieu de la nuit des rochers que de jour ils n'osaient regarder sans frémir, les rendit maîtres du château. La chrétienté entière célébra cet événement comme un des plus grands triomphes de la croix ; il est surtout impossible de peindre la joie des évêques et celle des fidèles que leur prédication avait rassemblés, où les délices dont ils jouirent du spectacle pour lequel ils avaient combattu, lorsque deux cents victimes vivantes, de tout rang, de tout sexe, de tout âge, furent consumées en même temps en leur présence dans les flammes. Il y avait déjà bien des années qu'on n'avait vu dans la province un si nombreux sermon : c'était le nom du sacrifice ; aussi les hymnes et les chants de joie des saints qui entouraient le bûcher s'élevaient-ils jusqu'au ciel et étouffaient-ils les cris de douleur des malheureux que les flammes dévoraient (1).

Le château de Montségur avait été taillé dans le roc calcaire ; les matériaux qui en furent extraits servirent pour la pierre de taille, le moellon et la chaux qu'on employa pour élever, par des murailles, les quatre côtés de l'excavation. L'accès en est difficile, et l'on n'y parvient que par des sentiers extrêmement roides.

MONTSÉGUR, vg. *Drôme* (Dauphiné), arr. et à 32 k. de Montélimart, cant. de Pierrelatte, ✉ de St-Paul-Trois-Châteaux. Pop. 1,030 h.

MONTSELGUES, vg. *Ardèche* (Languedoc), arr. et à 30 k. de Largentière, cant. de Valgorge, ✉ des Vans. Pop. 1,436 h.

MONTS-EN-BESSIN, vg. *Calvados* (Normandie), arr. et à 23 k. de Caen, cant. et ✉ de Villers-Bocage. Pop. 391 h.

MONTSERET, vg. *Aude* (Languedoc), arr. et à 25 k. de Narbonne, cant. et ✉ de Lézignan. Pop. 161 h.

MONTSÉRIA, vg. *Jura*, comm. de Rothonay, ✉ d'Orgelet.

(1) *Hist. du Languedoc*, t. XXV, c. 88, p. 447.

MONTSÉRIÉ, vg. *H.-Pyrénées* (Gascogne), arr. et à 30 k. de Bagnères-de-Bigorre, cant. de Nestier, ✉ de St-Laurent-de-Neste. Pop. 327 h.

MONTSERIN, vg. *Nièvre*, comm. de Villapourçon, ✉ de Moulins-en-Gilbert.

MONTSEUGNY, vg. *H.-Saône* (Franche-Comté), arr. et à 13 k. de Gray, cant. et ✉ de Pesmes. Pop. 325 h.

Le portail de la petite église paroissiale de ce village est assez remarquable ; le tympan de la porte d'entrée est occupé par Jésus-Christ entouré des attributs des quatre évangélistes ; à droite et à gauche est l'ange saint Matthieu ; en bas on voit le lion de saint Marc et le bœuf de saint Luc ; à gauche et en haut l'aigle de saint Jean.

MONTSEVEROUX, vg. *Isère* (Dauphiné), arr. et à 14 k. de Vienne, cant. et ✉ de Beaurepaire. Pop. 837 h. — *Foires* les 18 avril, 25 juin et 15 sept.

MONTSOREAU, *Mons Sorelli*, petite ville, *Maine-et-Loire* (Anjou), arr., cant. et à 13 k. de Saumur. ✉. A 284 k. de Paris pour la taxe des lettres. Pop. 1,019 h.

Cette ville est bâtie dans une situation très-agréable, sur la rive gauche de la Loire et près du confluent de la Vienne, à peu de distance de Candes.

L'ancien château de cette ville offre aux voyageurs qui passent sur la levée un point de vue très-pittoresque : sa longue façade, percée d'une multitude de portes et de croisées, ses hautes tours crénelées, ses toits pyramidaux, produisent un bel effet ; mais pour jouir de ce que cet antique manoir conserve encore de noble, de grand, il faut le voir de loin. Approchez-en, vous ne voyez plus qu'une masse irrégulière, laquelle ne semble exister que pour rappeler le nom d'un grand seigneur devenu fameux par ses forfaits, celui du comte de Montsoreau, qui dirigea, dans l'Anjou, l'assassinat des protestants ordonné par Charles IX. Ce château, dont l'ancienneté paraît remonter au XIIe siècle, n'est remarquable que par la solidité de sa construction, la grandeur des appartements et la beauté de la charpente ; il a été vendu, en 1804, à divers particuliers, artisans et journaliers, et ne sert aujourd'hui qu'à loger leurs familles et à former des magasins pour l'entrepôt du port de Montsoreau. — *Commerce* de grains. — *Foires* les 6 janv., 1er mercredi après Pâques, 29 juin, 22 juillet, 22 sept. et 30 nov.

MONT-SUR-LES-COTES, vg. *Meuse* (Lorraine), arr. et à 17 k. de Verdun-sur-Meuse, cant. de Fresnes-en-Woëvre, ✉ de Manheulles. Pop. 292 h.

MONTSOULT, vg. *Seine-et-Oise* (Ile-de-France), arr. et à 16 k. de Pontoise, cant. d'Ecouen, ✉ de Moisselles. Pop. 447 h.

MONT-SOUS-VAUDREY, joli village, *Jura* (Franche-Comté), arr. et à 20 k. de Dôle, cant. de Montbarrey. ✉. ⌖. A 375 k. de Paris pour la taxe des lettres. Pop. 1,283 h.

Ce village est agréable par la disposition de ses maisons, presque toutes écartées les unes des autres, proprement bâties, et entourées de petits enclos comme des maisons de campagne. On trouve à la poste une excellente auberge.

MONT-SUR-COURVILLE, vg. *Marne* (Champagne), arr. et à 27 k. de Reims, cant. et ⊠ de Fismes. Pop. 194 h. — Il est situé dans une gorge élevée d'où l'on domine la vallée de Nôron. On trouve sur son territoire deux carrières qui renferment des calcédoines et plusieurs belles cristallisations.

MONTS-SUR-GUESNES, vg. *Vienne* (Poitou), arr., ⊠ et à 15 k. de Loudun, chef-l. de cant. Cure. Pop. 841 h. — TERRAIN jurassique. *Foires* le dernier samedi de juin et de mai; samedi après le 25 août et 1er lundi de déc.

MONTS-SUR-INDRE, vg. *Indre-et-Loire* (Touraine), arr. et à 16 k. de Tours, cant. et ⊠ de Montbazon. Pop. 1,212 h.

MONT-SUR-LISON, vg. *Doubs*, cant. de Courcelles, ⊠ de Quingey.

MONT-SUR-MONNET, vg. *Jura* (Franche-Comté), arr. de Poligny, à 30 k. d'Arbois, cant. et ⊠ de Champagnole. Pop. 489 h.

MONT-SUR-ST-GERMAIN, vg. *Côte-d'Or* (Bourgogne), arr. et à 15 k. de Semur, cant. et ⊠ de Montbard. Pop. 200 h.

MONTSURS, bg *Mayenne* (Maine), arr. et à 20 k. de Laval, chef-l. de cant. ℣. A 264 k. de Paris pour la taxe des lettres. Pop. 1,636 h. — TERRAIN cristallisé, granit. *Fabriques* importantes de toiles. — *Commerce* de graines, toiles et bestiaux. — *Foires* les 10 août, 11 nov., le 1er lundi de carême et après Quasimodo, 23 juin, 20 sept., 6 déc., et le 1er lundi de Pentecôte.

MONTSURVENT, bg *Manche* (Normandie), arr., ⊠ et à 10 k. de Coutances, cant. de St-Malo-de-la-Lande. Pop. 632 h. — *Foires* les 5 juillet et 12 nov.

MONTSUZAIN, vg. *Aube* (Champagne), arr., cant., ⊠ et à 13 k. d'Arcis-sur-Aube. Pop. 336 h.

MONTUBOIS, vg. *Seine-et-Oise*, comm. de Bessancourt, ⊠ de St-Leu-Taverny.

MONTUCHET, vg. *Seine-et-Oise*, com. de Saulx-les-Chartreux, ⊠ de Longjumeau.

MONTUIT, vg. *Seine-Inf.*, comm. de Bailly-en-Rivière, ⊠ d'Envermeu.

MONTULAC, vg. *H.-Vienne*, comm. de St-Sornin-Leulac, ⊠ de Morterolles.

MONTUREUX-LÈS-BAULAY, vg. *H.-Saône* (Franche-Comté), arr. et à 29 k. de Vesoul, cant. d'Amance, ⊠ de Jussey. Pop. 380 h.

MONTUREUX-LÈS-GRAY, vg. *H.-Saône* (Franche-Comté), arr., ⊠ et à 9 k. de Gray, cant. d'Autrey. Pop. 616 h. — Haut fourneau.

MONTURSIN, vg. *Doubs* (Franche-Comté), arr. et à 31 k. de Montbelliard, cant. de St-Hippolyte. Pop. 89 h.

MONTUS, vg. *H.-Pyrénées*, comm. de Castelnau-Rivière-Basse, ⊠ de Maubourguet.

MONTUSCLAT, vg. *H.-Loire* (Languedoc), arr. et à 22 k. du Puy, cant. de St-Julien-Chapteuil, ⊠ de Fay-le-Froid. Pop. 765 h.

MONTUSSAINT, vg. *Doubs* (Franche-Comté), arr. et à 14 k. de Baume-les-Dames, cant. et ⊠ de Rougemont. Pop. 190 h.

MONTUSSAN, vg. *Gironde* (Guienne), arr. et à 14 k. de Bordeaux, cant. de Carbon-Blanc, ⊠ de St-Loubès. Pop. 627 h.

MONTVALEN, vg. *Tarn* (Languedoc), arr.; ⊠ et à 27 k. de Gaillac, cant. de Salvagnac. Pop. 829 h.

MONTVALENT, vg. *Lot* (Quercy), arr. et à 29 k. de Gourdon, cant. et ⊠ de Martel. Pop. 880 h.

On remarque dans cette commune, sur un des nombreux rochers à pic qui s'élèvent au bord de la Dordogne, des retranchements à peu près semblables à ceux de St-Jean-de-Laur. Au pied de ces rochers se trouve aussi une source très-abondante, qui dès sa naissance forme un grand ruisseau. On y remarque encore les ruines d'une antique église, d'un monastère et d'un château fort, ainsi qu'un abîme très-profond appelé Roque de Corn, où se précipitent les eaux du ruisseau de Miers ; on peut descendre, en prenant quelques précautions, au fond de cet abîme, qui est habité par un grand nombre de renards.

MONT-VALÉRIEN (le), ou LE CALVAIRE, *Seine*, comm. et ⊠ de Suresnes.

Le Mont-Valérien est une des plus hautes collines des environs de Paris ; on jouit sur le sommet d'une vue magnifique. A une époque qu'il est difficile de préciser, un anachorète ayant nom Antoine s'était construit au haut de cette colline un ermitage, où il vivait solitairement. A son exemple, plusieurs personnes pieuses s'y retirèrent pour se livrer à la vie ascétique. En 1633 un licencié de Sorbonne nommé Hubert Charpentier obtint la permission de planter sur le sommet de la colline trois croix pour représenter le mont du Calvaire, d'y élever une église de la Sainte-Croix , et d'y construire une maison pour loger les prêtres destinés à la desservir, et de bâtir plusieurs chapelles où seraient représentés, en statues de grandeur naturelle, les mystères de la passion. — Depuis lors cette fondation éprouva plusieurs vicissitudes ; les prêtres établis par le licencié ne partagèrent pas longtemps sa ferveur. Ils traitèrent de l'établissement avec les jacobins de la rue St-Honoré, mais le marché ne fut pas approuvé par le chapitre de la cathédrale de Paris, qui se hâta de placer d'autres prêtres aux mêmes lieux, et lorsque les jacobins se présentèrent pour en prendre possession, il y eut un combat sanglant entre eux et les prêtres envoyés par l'archevêché. La montagne fut comme assiégée ; les gens de Nanterre vinrent au secours des prêtres ; les jacobins étaient secondés par les habitants de Gonesse ; on opposa la force à la force ; il y eut un boulanger de tué, plusieurs paysans blessés ou faits prisonniers, et les jacobins restèrent maîtres de la place. Cette guerre ecclésiastique fut chantée comme celle du lutrin, mais non pas avec le même talent ; elle fit tant d'éclat, que le roi ordonna au parlement de prendre au plus tôt connaissance de cette affaire, et par un arrêt contradictoire intervenu en 1663, les logements et les biens furent rendus aux anciens possesseurs.

Le Mont-Valérien portait alors le nom de montagne du Calvaire. Les religieux, pour attirer davantage les fidèles par l'appât de la curiosité, avaient fait construire derrière le grand autel de leur église, une représentation du sépulcre de Jésus-Christ, orné de statues de grandeur naturelle. La montagne était escarpée et d'un accès difficile ; ils avaient fait ériger de distance en distance, et de chaque côté du chemin, des chapelles qui servaient comme de reposoirs aux pèlerins ; ces chapelles représentaient les stations de la passion et étaient décorées de statues, aussi de grandeur naturelle, qui faisaient allusion aux différentes circonstances de la mort de Jésus-Christ.

L'église du Calvaire et les chapelles des stations attiraient journellement un grand concours de dévots pèlerins , et, pour donner plus d'attraits à ce pèlerinage, on y avait attaché des indulgences plénières ; mais en général on y allait plutôt par désœuvrement et en partie de plaisir qu'excité par la dévotion. La plus grande affluence des dévots avait lieu pendant la semaine sainte, et notamment pendant la nuit du jeudi au vendredi saint. Il y avait messe solennelle tous les jours pendant la neuvaine sur le sommet de la montagne ; un évêque officiait pontificalement, et un prédicateur, monté sur un rocher, placé au pied des trois croix, prononçait en plein air un sermon sur la passion de Jésus-Christ. Dans ces jours solennels une foule de peuple se rendait au Calvaire ; toute la route, depuis Paris jusqu'au Mont-Valérien, était couverte de monde, à pied, à cheval ou en charrettes ; chaque curé de Paris et des environs y menait processionnellement ses ouailles , et chaque supérieur de couvent ses moines. Si, d'un côté une marche lente et de saints cantiques caractérisaient la véritable piété, de l'autre des imprécations , des jurements et des blasphèmes signalaient la légèreté et l'insouciance populaires. Arrivé au pied de la montagne, on était attristé par le spectacle hideux de mendiants estropiés qui , couchés en ligne des deux côtés de la route , cherchaient à exciter la pitié , en étalant aux regards des passants leurs membres nus, nus et ulcérés ; tous les habitants des cours des miracles de Paris affluaient en cet endroit.

On revenait du Calvaire en chantant, paré de clinquants, d'oripeaux arrangés en bouquets , dans lesquels étaient enchâssées de petites croix ou des bonnes vierges d'os ou d'ivoire ; quelques dévots se faisaient fustiger en chemin. Les chants commençaient par des hymnes et finissaient par des chansons grivoises. Les dévots et les dévotes, échauffés par le vin de Suresnes et fatigués de la course, se reposaient sur la fougère ; et comme ces dévotions se faisaient la nuit, au retour du printemps, l'obscurité aidant, la faim, l'occasion, et peut-être quelques diables aussi les poussant, il résultait souvent que dévots et dévotes, aux stations pieuses du Calvaire, en faisaient de charnelles dans le bois de Boulogne, et que les indulgences plénières qu'on avait été chercher au sommet de la montagne étaient perdues avant le retour au logis. — Ces pèlerinages et les désordres qu'ils entraînaient furent enfin réformés : le 27 mars 1697 le cardinal de Noailles, archevêque de Paris, défendit aux prêtres d'ouvrir dorénavant leurs chapelles et leurs églises pendant la nuit du jeudi au vendredi saint.

Depuis cette époque, des prêtres et des ermites continuèrent d'habiter le Calvaire ; les premiers se livraient à la culture des légumes et des céréales, les autres à la fabrication et à la vente de la bonneterie ; les prêtres, inoccupés dans cette solitude, y périssaient d'ennui. Les ermites étaient de bonnes gens, très-hospitaliers ; ils recevaient à dîner chez eux, moyennant une légère rétribution, les personnes qui venaient visiter le Calvaire : Bernardin de St-Pierre nous a laissé le récit d'une promenade qu'il y fit avec Jean-Jacques Rousseau.

La loi de 1791 ayant détruit toutes les congrégations, celle du Calvaire se dispersa et ne parvint à se reformer qu'après le concordat de 1801. Peu après cette époque, les bâtiments du couvent qui avaient été conservés devinrent un lieu de rendez-vous où se réunissaient toutes les nuits un grand nombre de prêtres et d'évêques qui y tenaient des conciliabules où l'on conspirait contre le gouvernement établi. L'empereur, ayant été instruit de ces menées secrètes, ordonna aux grenadiers de sa garde en garnison à Courbevoie, de se rendre au Mont-Valérien, d'y surprendre les conspirateurs, et de raser de fond en comble l'église et le couvent ; ce qui fut immédiatement exécuté. Quelques années après Napoléon ordonna de construire sur l'emplacement des anciens bâtiments un vaste édifice, qu'il destinait à une caserne.

Le gouvernement de la restauration fit replanter les trois croix, ordonna la reconstruction de l'église, de la maison conventuelle où elle établit des jésuites sous le nom de pères de la foi, qui furent expulsés de ce lieu en 1830.

Aujourd'hui le Mont-Valérien est un des principaux forts destinés à la défense de Paris ; on y a construit de vastes casernes, des casemates à l'abri de la bombe et de beaux logements pour les officiers.

Bibliographie. LE ROYER (Jean). *Histoire du Mont-Valérien, dit le mont de Calvaire, traitant de l'origine, des motifs et de l'auteur de la dévotion au mystère de la croix, établie en cette sainte montagne.* In-12, 1658.

DAVID (J.). *Le Calvaire profané par les jacobins,* in-12, 1663.

DE PONTBRIAND (l'abbé). *Pèlerinage du Calvaire sur le Mont-Valérien,* in-12, 1745 ; in-16, 1731.

COLLETTE (Fr.). *Apologie de la solitude sacrée, et Abrégé de la vie des reclus du Mont-Valérien et de Sénart, et autres choses curieuses concernant cette montagne,* in-12, 1662.

* *Eclaircissements sur le Mont-Valérien, ses ermites, etc.* (Variétés historiques, t. III, p. 173 et suiv.).

Vies et Histoires des ermites du Mont-Valérien, dit le Calvaire, près de Paris, avec l'histoire de cette maison......

LEBERT. * *Le Mont-Valérien, ou Histoire de la croix, des lieux saints et du Calvaire établi au Mont-Valérien, etc.* suivi du *Manuel du pèlerin,* 1 vol. in-18, 1726.

* *Histoire du Mont-Valérien,* in-18, 1835.

MONTVAUDON, vg. *H.-Saône,* comm. de Leffond, ⊠ de Champlitte.

MONT-VAUTRON, vg. *Seine-et-Marne,* cant. de Sablonnière, ⊠ de Rebois.

MONTVENDRE, vg. *Drôme* (Dauphiné), arr. et à 15 k. de Valence, cant. et ⊠ de Chabeuil. Pop. 975 h. — *Foires* les 29 avril et 29 sept.

MONTVERDUN, vg. *Loire* (Forez), arr. et à 13 k. de Montbrison, cant. et ⊠ de Boen. Pop. 491 h.

MONTVERT, vg. *Cantal* (Auvergne), arr. et à 25 k. d'Aurillac, caut. de la Roquebrou, ⊠. ℣. A 526 k. de Paris pour la taxe des lettres. Pop. 474 h. — *Foires* les 14 sept. et 3 nov.

MONTVICQ, vg. *Allier* (Bourbonnais), arr. et à 20 k. de Montluçon, cant. et ⊠ de Montmarault. Pop. 871 h.

MONVIEL, vg. *Lot-et-Garonne* (Agénois), arr. et à 27 k. de Villeneuve-sur-Lot, cant. et ⊠ de Cancon. Pop. 315 h.

MONTVILLE, vg. *Loiret,* comm. d'Engenville-Montville, ⊠ de Pithiviers.

MONTVINET, vg. *Oise,* com. de Pontpoint. ⊠ de Pont-Ste-Maxence.

MONTVINOT, vg. *Seine-et-Marne,* comm. de la Chapelle-Véronge, ⊠ de la Ferté-Gaucher.

MONTVIRON, vg. *Manche* (Normandie), arr. et à 8 k. d'Avranches, cant. et ⊠ de Sartilly. Pop. 512 h.

MONT-VISO (le), pic le plus élevé des Alpes cottiennes, situé aux confins des départements des *Hautes-Alpes* et du Piémont ; il doit son nom à la vue extraordinaire dont on y jouit. C'est du haut de cette montagne qu'Annibal aurait pu montrer l'Italie à ses troupes ; aussi les commentateurs n'hésitent pas à attribuer à ce grand capitaine un souterrain pratiqué dans le flanc de la montagne, sur une longueur de 72 m., une largeur de 2 m. 47 c., une hauteur de 2 m. 5 c. Pour monter à ce souterrain, on suit les vestiges ainsi que les conservés d'un chemin large de 3 m., établi par François Iᵉʳ, qui fit passer son armée, et même son artillerie, par le col de Mont-Viso.

MONTVOISIN, vg. *Marne,* com. d'OEilly, ⊠ de Port-à-Binson.

MONTZÉVILLE, vg. *Meuse* (Lorraine), arr., ⊠ et à 14 k. de Verdun-sur-Meuse, cant. de Charny-sur-Meuse. Pop. 688 h.

MONVIETTE, vg. *Calvados* (Normandie), arr. et à 20 k. de Bayeux, cant. de St-Pierre-sur-Dives, ⊠ de Livarot. Pop. 490 h.

MONVILLE, bg *Seine-Inf.* (Normandie), arr. et à 16 k. de Rouen, cant. de Clères, ⊠ de Malaunay. Pop. 2,581 h. — Il est situé au confluent des ruisseaux de Clères et de Cailly, à 16 k. de Rouen. Pop. 1,650 h.—*Fabriques* de tissus et filatures de coton. — *Commerce* de bestiaux. — *Foires* les 15 mars et 31 oct.

MONVILLIERS, vg. *Eure-et-Loir,* comm. de Denonville, ⊠ d'Auneau.

MONVINOST, vg. *Marne,* comm. du Gault, ⊠ de Montmirail.

MONY, *Yonne.* V. MAUNY.

MONZE, vg. *Vaucluse* (Comtat), arr., cant. ⊠ et à 8 k. de Carpentras. Pop. 201 h.

MONZIE (la), vg. *Dordogne.* V. LAMONZIE.

MOON, bg *Manche* (Normandie), arr. et à 12 k. de St-Lô, cant. de St-Clair, ⊠ de Cérisy-la-Forêt. Pop. 730 h.

MOOS, vg. *H.-Rhin* (Alsace), arr. et à 15 k. d'Altkirch, cant. et ⊠ de Ferrette. Pop. 324 h. — *Filature* de coton.

MOOSCH, vg. *H.-Rhin* (Alsace), arr. et à 42 k. de Belfort, cant. de St-Amarin, ⊠ de Wesserling. Pop. 1,444 h.

MOPRÉ, vg. *Jura,* comm. de Miéges, ⊠ de Champagnole.

MORACHE, vg. *Nièvre* (Nivernais), arr. et à 25 k. de Clamecy, cant. de Brinon-les-Allemands, ⊠ de St-Révérien. Pop. 652 h.

MORAGNE, vg. *Charente-Inf.* (Saintonge), arr. et à 15 k. de Rochefort-sur-Mer, cant. et ⊠ de Tonnay-Charente. Pop. 522 h.

MORAINS, vg. *Marne* (Champagne), arr. et à 5 k. de Châlons-sur-Marne, cant. et ⊠ de Vertus. Pop. 100 h.

MORAINVILLE, vg. *Eure* (Normandie), arr. et à 14 k. de Pont-Audemer, cant. de Cormeilles, ⊠ de Lieurey. Pop. 988 h.

MORAINVILLE, vg. *Eure-et-Loir* (Beauce), arr. et à 27 k. de Chartres, cant. et ⊠ d'Auneau. Pop. 86 h.

MORAINVILLE-SUR-DAMVILLE, *Morainville,* vg. *Eure* (Normandie), arr. et à 25 k. d'Evreux, cant. et ⊠ de Damville. P. 240 h.

MORAINVILLERS (St-). V. MORANVILLERS.

MORAINVILLIERS, vg. *Seine-et-Oise* (Ile-de-France), arr. et à 26 k. de Versailles, cant. et ⊠ de Poissy. Pop. 554 h.

MORAIS-TALCY, vg. *Loir-et-Cher,* com. de Talcy, ⊠ de Mer.

MORANCÉ, vg. *Rhône* (Lyonnais), arr. et à 19 k. de Villefranche-sur-Saône, cant. et ⊠ d'Anse. Pop. 810 h.

MORANCEZ, vg. *Eure-et-Loir* (Beauce), arr., cant., ⊠ et à 5 k. de Chartres. Pop. 533 h.

Ce village, situé sur un coteau, près de l'Eure, renferme une église d'une haute ancienneté. Le plan de cet édifice est un carré long ; il n'y a ni bas côtés ni chapelles latérales ; la façade, en pierres de taille, est appuyée de quatre contre-forts, entre lesquels se voient deux petites fenêtres cintrées, et une espèce d'avance tenant lieu de porche, sous lequel est le portail. Ce portail, absolument dans le style d'architecture appelé, par convention, gothique lombard, consiste en trois arceaux concentriques et à plein cintre, ornés chacun d'une moulure, et de cet ornement en zigzag si commun dans les édifices antérieurs au XIIe siècle ; ces arceaux sont supportés par des colonnes engagées, dont les chapiteaux sont décorés d'ornements fort simples. L'un de ces chapiteaux, le premier à gauche du portail, diffère de tous les autres ; on n'y voit autre chose que la figure très-grossièrement exécutée d'un quadrupède dont il serait difficile de déterminer l'espèce. Tout porte à croire que cette église date au moins du Xe siècle.

Dans le petit bois de Rigolles, près de Morancez, on remarque un dolmen incliné assez bien conservé. Au milieu de ce bois on découvre l'ouvrage le plus extraordinaire qu'ait jamais enfanté l'industrie des Celtes. C'est un espace considérable, couvert d'énormes pierres posées à plat sur le sol, et arrangées presque symétriquement à côté l'une de l'autre, de manière à présenter l'aspect d'un immense pavé ; celui-ci a réellement l'air d'un ouvrage de géants ; les plus petites pierres qui le composent ont au moins 3 m. de surface ; quelques-unes ont 9 à 10 m. de long sur 5 m. de large et 1 m. 66 c. d'épaisseur.

MORANCOURT, vg. *H.-Marne* (Champagne), arr., cant., ✉ et à 11 k. de Vassy. Pop. 368 h.

MORANCY, vg. *Oise*, comm. de Boran, ✉ de Beaumont-sur-Oise.

MORAND, vg. *Eure*, comm. de Caugé, ✉ d'Evreux.

MORAND (St-), vg. *H.-Rhin*, comm. et ✉ d'Altkirch.

MORAND, bg *Indre-et-Loire* (Touraine), arr. et à 39 k. de Tours, cant. et ✉ de Château-Renault. Pop. 397 h.

MORANGIS, vg. *Marne* (Champagne), arr. et à 9 k. d'Epernay, cant. et ✉ d'Avize. Pop. 165 h.

MORANGIS, vg. *Seine-et-Oise* (Ile-de-France), arr. et à 16 k. de Corbeil, cant. et ✉ de Longjumeau. Pop. 230 h.

Il est fait mention de ce village sous le nom de Louans, dans un titre latin de l'an 1230, de l'abbaye de Ste-Geneviève. En 1693 le nom de Louans fut changé en celui de Morangis, à la demande de J. de Bouillon, qui en était seigneur ; ce lieu fut alors érigé en comté, et depuis il n'a cessé de porter le nom de Morangis.

MORANGLES, vg. *Oise* (Picardie), arr. et à 26 k. de Senlis, cant. de Neuilly-en-Thelle, ✉ de Chambly. Pop. 284 h.

Patrie du cardinal archevêque de Paris DU BELLOY.

MORANNES, bg *Maine-et-Loire* (Anjou), arr. et à 35 k. de Baugé, cant. de Durtal, ✉ de Châteauneuf-sur-Sarthe. Pop. 2,826 h. Sur la rive gauche de la Sarthe. — Papeterie.

Patrie du général COINTREL.

Foires le 1er jeudi de mars, de mai et de sept.

MORANVILLE, vg. *Meuse* (pays Messin), arr. et à 13 k. de Verdun-sur-Meuse, cant. et ✉ d'Etain. Pop. 210 h.

MORANVILLERS, vg. *Oise*, comm. de Sains-Moranvillers, ✉ de St-Just-en-Chaussée.

MORAS, bg *Drôme* (Dauphiné), arr. et à 56 k. de Valence, cant. du Grand-Serre. ✉. A 543 k. de Paris pour la taxe des lettres. Pop. 4,229 h.

Ce bourg est situé dans une des plus riches vallées du département de la Drôme. Il était autrefois défendu par un château fort garni de trente-trois pièces d'artillerie, qui fut démantelé par ordre de Louis XIII en 1627. — *Fabriques* de toiles de chanvre, d'instruments aratoires. Filature de soie. Tuilerie. Pressoirs à huile. Nombreux moulins à blé. — *Foires* les 22 juillet, 25 nov., lundi après la Conversion de saint Paul, mercredi des Rogations.

MORAS (St-), vg. *H.-Vienne*, comm. de Thouron, ✉ de Nantiat.

MORAS, vg. *Seine-et-Marne*, comm. de St-Cyr, ✉ de la Ferté-sous-Jouarre.

MORAS-DE-VEYSSILIEN, vg. *Isère* (Dauphiné), arr. de la Tour-du-Pin et à 13 k. de Bourgoin, cant. et ✉ de Crémieu. Pop. 382 h.

MORBECQUE, bg *Nord* (Flandre), arr., cant., ✉ et à 4 k. d'Hazebrouck. P. 3,975 h. — Aux environs, dans la forêt de Nieppe, on remarque les ruines de l'ancien château fort de la Motte-aux-Bois.

Fabrique de genièvre. — *Foires* le mardi après le 1er lundi de mai, d'août, 3e dimanche de sept. et 1er mardi de nov.

MORBIER, vg. *Jura* (Franche-Comté), arr. et à 23 k. de St-Claude, cant. et ✉ de Morez. Pop. 2,087 h.

MORBIHAN (le), grand golfe situé dans l'intérieur des terres, où l'on entre par un goulet fermé par les deux pointes du lac Moriquer. On le nomme *Mare conclusum* ; c'est en cet endroit qu'il défit la flotte des Vénètes.

Le Morbihan renferme plusieurs îles, dont les plus considérables sont l'île d'Arz et l'île aux Moines ; il a donné son nom à un des départements formés de l'ancienne Bretagne.

MORBIHAN (département du). Le département du Morbihan est formé d'une partie de la basse Bretagne, et tire son nom d'un golfe que forment au midi les eaux de l'Océan au-dessus de l'embouchure de la Loire, golfe que l'on nomme *Morbihan*, de deux mots celtiques qui signifient petite mer. César, dans ses Commentaires, désigne le Morbihan sous le nom de *Mare conclusum*. — Ses bornes sont : au nord, le département des Côtes-du-Nord ; à l'est, ceux d'Ille-et-Vilaine et de la Loire-Inférieure ; au sud, l'Océan ; à l'ouest, le département du Finistère.

Le territoire de ce département est fortement accidenté. La partie septentrionale est couverte de collines assez élevées, qui, en s'abaissant sensiblement vers le sud, offrent, dans le voisinage de la mer, des plaines vastes et fertiles. Les crêtes des hautes collines sont couvertes de landes et d'arides bruyères, qui font ressortir avec avantage la fraîcheur et la richesse des vallées qu'elles dominent. Les plus hautes collines sont situées au nord de Gourin, dans l'arrondissement de Pontivy ; leur hauteur moyenne n'est guère que de 90 m. au-dessus du niveau de la mer.

Les côtes, exposées à l'action continue d'une mer active, sont déchirées par un grand nombre de baies, de rades et de ports, tels que Lorient, Port-Louis, Auray, Vannes, Hennebont, et vingt-trois autres. — La presqu'île de Quiberon, dont la pointe s'avance à 12 k. dans l'Océan, et qui ne tient au continent que par un isthme excessivement étroit, forme l'un des côtés d'une baie profonde qui pourrait abriter des flottes entières. Le Morbihan est un vaste golfe, peu profond, mais de plusieurs k. d'étendue, formé par la côte de Vannes et les presqu'îles de Rhuis et de Crach. Des îles nombreuses avoisinent la terre dont sans doute elles ont fait partie autrefois ; les principales sont : Belle-Ile, Groix, Houat et Hœdic, dans l'Océan ; l'île-aux-Moines et l'île d'Arz, dans le Morbihan. Le département possède plusieurs ports maritimes, dont les principaux sont Lorient, Port-Louis, Auray et Vannes. La grande quantité de baies et de petits ports répandus sur les côtes facilitent un assez fort commerce maritime, tant avec les départements littoraux qu'avec l'étranger. — Dans la majeure partie du département la couche de terre végétale qui couvre le sol a peu de profondeur, et varie de nature selon les cantons : tantôt elle est siliceuse et tantôt schisteuse ; sur les côtes elle est argileuse et beaucoup plus fertile. Environ la moitié de la superficie du territoire est cultivée en céréales, l'autre moitié est couverte de landes, de bruyères, on occupée par les bois, les rivières, les étangs et les marais.

La surface du département est de 699,641 hectares, divisés ainsi :

Terres labourables.	260,971
Prés.	69,052
Vignes.	885
Bois.	34,462
Vergers, pépinières et jardins.	16,880
Oseraies, aunaies et saussaies.	1
Etangs, mares, canaux d'irrigation.	3,118
Landes et bruyères.	291,531
Cultures diverses.	» »
Superficie des propriétés bâties.	3,707
Contenance imposable.	680,407
Routes, chemins, places, rues, etc.	14,471
Rivières, lacs et ruisseaux.	3,254
Forêts et domaines non productifs.	1,274
Cimetières, églises, bâtiments publics.	235
Contenance non imposable.	19,234

On y compte :
79,752 maisons.
1,270 moulins à eau et à vent.
35 forges et fourneaux.
96 fabriques et manufactures.

Soit : 81,153 propriétés bâties.
Le nombre des propriétaires est de. 123,917
Celui des parcelles de. 1,893,504

Hydrographie. Le département est arrosé par un grand nombre de ruisseaux et par plusieurs rivières, dont quelques-unes navigables sur une petite partie de leur cours; tels sont le Blavet, le Scorff, l'Odet, l'Auray, l'Aff, l'Oust et la Vilaine. La longueur navigable de toutes ces rivières est d'environ 120,000 m. Deux canaux existent aussi dans le département: l'un est le canal du Blavet, qui, en suivant cette rivière, remonte d'Hennebont à Pontivy, et dont la longueur totale est de 59,818 m. L'autre traverse le département du sud-est au nord-ouest : c'est le canal de Nantes à Brest, qui a une longueur totale de 369,537 m.

Communications. Le département est traversé par 7 routes royales, par 13 routes départementales et un grand nombre de chemins vicinaux.

Météorologie. La température est douce, mais les brouillards et la fréquence des vents du sud-ouest la rendent quelquefois malsaine. Dans les communes du littoral, elle varie jusqu'à trois fois par jour en automne et dans le printemps, ce qui cause des rhumes, des catarrhes et par suite des phthisies pulmonaires. L'abondance des eaux, qui offre dans une grande quantité d'étangs et de marais une surface étendue à l'action du calorique, occasionne une évaporation considérable de miasmes délétères; aussi les fièvres intermittentes sont-elles presque endémiques dans le Morbihan. La gale, compagne de la malpropreté, est de même inhérente aux communes qui composent les cantons de Gourin et du Faouet, arrondissement de Pontivy. Naguère, dans ces localités, l'état psorique était celui de l'enfant au berceau et du vieillard au lit de mort. Cette maladie dégoûtante arrêtait souvent le développement des forces de l'adulte; aussi les hommes de ces cantons sont-ils en général plus petits et plus faibles que ceux des autres parties du département. En 1832 M. le préfet Lorois entreprit une tâche immense regardée jusqu'alors comme impossible: celle d'extirper la gale dans les cantons infectés. Secondé par le conseil général qui alloua des fonds, appuyé par les exhortations des ecclésiastiques, le traitement a commencé avec le plus grand succès. En 1832, 1833, 1834, plus de 6,000 malades ont été radicalement guéris, et le résultat des soins médicaux s'est déjà fait tellement sentir, que le conseil de révision, dans sa tournée de 1834, n'a trouvé aucun galeux dans le canton de Gourin, et n'en a signalé que trois dans celui du Faouet, lorsque, les années précédentes, près des trois quarts des jeunes soldats étaient couverts de pustules psoriques.

Productions. Le département du Morbihan produit des céréales de toute espèce en quantités plus que suffisantes pour la consommation des habitants (on récolte annuellement plus de trois millions d'hectolitres de grains, dont un tiers est livré à l'exportation). Sarrasin, millet, lentilles, navets, lin, chanvre; quantité de fruits, donnant annuellement 240,000 hectolitres de cidre; peu de vin, et médiocre. — Bêtes fauves et menu gibier (oiseaux aquatiques). — Poisson de mer et d'eau douce (harengs, sardines, aloses, brochets).— Chevaux, moutons. — Beaucoup d'abeilles, dont le miel est recherché.

Minéralogie. Minerai de fer oxydé terreux exploité à ciel ouvert ou en petites galeries, qui alimente plusieurs hauts fourneaux; traces de mines de plomb à St-Mandé, près de Baud, mine d'étain à Villeder, près du Roc St-André. Belles carrières de granit, quartz, pierres de taille, ardoise, cristal de roche, terre à poterie, sable, etc.

Sources minérales ferrugineuses au château de Pargo, près de Vannes, et à Loyal, près de Ploërmel.

Industrie. Manufactures de toiles de Bretagne. Fabriques de draps communs, étoffes de laine, fil de chanvre, pain de seigle pour le commerce; porcelaine; filatures de coton; 87 tanneries; 7 papeteries. — Construction de navires à Lorient, Auray, Vannes, Belle-Ile, Quiberon et la Roche-Bernard.

Pêche de la sardine et du poisson frais. La sardine est un objet de commerce considérable dans le Morbihan; quand l'année est bonne et la pêche abondante, le produit ordinaire est de 200,000 milliers, dont 60,000 milliers sont embarillés, salés et expédiés dans l'intérieur, et 140,000 milliers consommés en vert dans le pays ou les départements circonvoisins. Cette pêche occupe 500 bateaux et environ 3,000 personnes employées à la pêche, à la préparation et à la vente des produits, qui s'élève année moyenne à 1,500,000 fr. — Exploitation des marais salants qui occupe 2,500 à 3,000 paludiers ou sauniers, et produisent annuellement 200,000 myriagrammes de sel.

Commerce de grains, eaux-de-vie, cidre, fruits, beurre, suif, sel, miel, cire, rhubarbe, chanvre, bestiaux, poisson salé, toiles, fils, cuirs, peaux, fers, papiers communs, huile de poisson. — Entrepôts réels et fictifs. — Cabotage.

Foires. Plus de 600 foires se tiennent dans environ 35 communes du département. On y vend principalement des bestiaux de toute espèces, des grains, des instruments aratoires, du chanvre, des laines, du beurre, des draps, de la mercerie, de la quincaillerie, etc.

Mœurs, usages et coutumes. Les habitants du Morbihan sont partagés en deux classes distinctes : les Bretons et les Gallos. Les premiers parlent l'idiome breton, idiome pauvre, que l'on croit avec raison être la langue que parlaient les Celtes, qui est divisée en quatre principaux dialectes: ceux de Vannes, de Quimper, de St-Pol de Léon et de St-Brieuc; les habitants de chacun de ces cantons prétendent que celui dont ils se servent est le moins embarrassé et le plus énergique. La langue bretonne était jadis celle de toute l'Armorique. Maintenant elle est bornée aux communes du nord-ouest du département, et l'instruction élémentaire que le gouvernement s'efforce de répandre dans les campagnes finira, dans peu d'années, par anéantir entièrement cet ancien idiome. — Les Gallos, ainsi nommés par corruption du latin Galli (Français), parlent une sorte de patois aisé à comprendre, et dans lequel on retrouve une grande quantité des mots de l'ancien français, comme *deviser* (causer), *meshuy* (désormais), *chommer* (rester inactif), etc., etc.

Il existe dans le caractère des Bretons et des Gallos une aussi grande différence que dans leur langage. Les premiers sont en général laborieux, vifs, constants; bons agriculteurs, essayant volontiers les nouvelles méthodes de culture. Les Gallos au contraire sont paresseux, lents, faciles à rebuter, et attachés aux habitudes routinières de leurs devanciers. Il est ensuite des qualités et des vices qui sont communs aux uns et aux autres. Ils sont tous braves, hospitaliers, charitables, mais fanatiques, superstitieux, défiants et soupçonneux pour les habitants des villes et les étrangers, adonnés outre mesure à l'usage du vin, du cidre et des liqueurs fortes, et d'une saleté on ne peut plus dégoûtante. Il faut cependant excepter de ce dernier reproche les habitants des communes littorales; leurs relations fréquentes avec les étrangers ont poli leurs mœurs, et les recherches de la propreté ne leur sont pas tout à fait inconnues.

On trouve une grande similitude entre le caractère du paysan morbihannais et celui des Celtes, ses ancêtres. Les Celtes étaient hospitaliers: jamais le voyageur attardé n'a frappé en vain à la porte de la chaumière de l'Armorique. Jamais un asile ne lui a été refusé. Quant à la charité des habitants, elle est inépuisable, et l'indigent qui se présente chez eux y reçoit presque toujours la bouillie ou la galette nécessaire à son repas du moment.

Les Celtes étaient soumis à leurs druides, et leur fanatisme était sans bornes. Les paysans du Morbihan ont pour leurs recteurs (on appelle ainsi les curés en Bretagne) un respect profond, une confiance exclusive. La chouannerie n'a subsisté aussi longtemps dans ces contrées que parce que les prêtres le voulaient ainsi. A leur voix le Breton quittait sa chaumière et courait assassiner les soldats du gouvernement, bien certain d'acquérir *sa part du paradis* s'il venait à succomber dans cette lutte contre ceux qu'on lui dépeignait comme les ennemis de Dieu.

Les Celtes n'étaient pas plus superstitieux que leurs successeurs. Il n'est pas une paroisse dans le Morbihan qui n'ait sa légende, son revenant, son loup-garou, ses miracles. Ici l'on montre l'empreinte du pied d'un saint sur une pierre; là un peuple de nains, velus et noirs, doués de féerie et que l'on nomme *Poulpiquets*, viennent tourmenter pendant la nuit les craintifs habitants d'un hameau. Plus loin vous rencontrez un mendiant doué du pouvoir de fascination appelé *goal avel* (mauvais vent). Dans la chapelle de St-Laurent près de Vannes, en offrant au saint une poignée de clous, sans les compter, on guérit des furoncles inflammatoires, vulgairement nommés *clous*. Près de celle de la Clarté, il est une fontaine où l'on obtient la guérison des yeux malades, en les y baignant pendant que l'on récite les prières consacrées. A Locminé, saint Colomban guérit les fous ; à Carnac, saint Cornille guérit les bêtes à cornes, etc., etc.

Le paysan du Morbihan est, comme tous ceux de la Bretagne, naturellement timide lorsque nulle passion ne l'agite, mais fier par caractère, et d'une sensibilité excessive. Il aime à être flatté, se laisse facilement prendre à tous les pièges tendus à sa vanité, mais pardonne rarement la raillerie. Egoïste, bavard et curieux à toutes les époques de la vie, il est vif et turbulent dans l'enfance, gai et taquin dans l'adolescence ; dans l'âge mûr il affecte une gravité parfois risible, il paraît lourd et apathique ; enfin, au déclin de la vie, comme les vieillards, il devient causeur éternel, conteur assommant, mais attendant assez indifféremment la fin de son obscure et pénible carrière.
— Il ne manque ni de bon sens ni de jugement, mais il a peu d'esprit naturel ; indécis quand il est question de ses intérêts, quoique se croyant un oracle infaillible lorsqu'il s'agit de ceux d'autrui, ce n'est qu'à la dernière extrémité qu'il se détermine à prendre une résolution décisive dont il se repent aussitôt. — Il redoute tellement d'être dupe de sa confiance, qu'il ne l'accorderait même pas sans réserve à l'avocat chargé de la défense de ses droits, de son honneur et de sa vie.

Né sous un ciel nébuleux, sur un sol granitique heurté par les flots toujours mugissants d'une mer semée d'écueils, familier dès son enfance avec les orages et les tempêtes, ne vivant qu'au sein de sa famille, sans relations intimes avec ses voisins aussi isolés que lui, le paysan morbihannais ne peut être doué que de ce tempérament mélancolique sujet à de si profondes impressions. De là cette ténacité invincible pour ses habitudes monotones, et cet amour ou plutôt cette passion insurmontable qu'il conserve pour les lieux où il a reçu le jour, passion qui le poursuit partout où l'entraîne le sort, et le conduit rapidement au tombeau du moment qu'il a perdu l'espoir de revoir le foyer paternel. L'ancienne compagnie des Indes, et après elle la marine royale, pour conserver les marins si précieux que leur fournissait la province, avaient toujours le soin d'embarquer sur chaque vaisseau expédié des ports de la Bretagne un joueur de bignou, largement rétribué, et dont les seules fonctions se bornaient à faire danser l'équipage. Par suite de cette sage précaution, l'Etat n'est plus à regretter la perte énorme de marins qu'occasionnaient continuellement les voyages de long cours.

En hiver avant le jour, et l'été après trois heures de travail, les paysans déjeûnent avec des tranches de bouillie froide de sarrasin, humectées de lait caillé bouillant. Ils dînent à midi d'une autre bouillie d'avoine ou de millet trempé dans du lait aigri, mais froid. Le dessert consiste en un morceau de pain sec de seigle. Dans les plus longs jours, ils font un troisième repas vers les quatre heures, et dont une beurrée fait tous les frais. La boisson, dans ces diverses réfections, est fournie par la fontaine la plus voisine. On sert pour le souper une soupe au lard salé, à laquelle on ajoute encore un peu de vieux oing, pour lui donner plus de saveur, et quelques choux ; cette soupe se fait le dimanche pour les cinq premiers jours de la semaine. Le cultivateur un peu à l'aise fait succéder à ce potage une cruche de cidre et une portion de lard bouilli dont chaque convive reçoit à peu près une once. Même régime pour les jours d'abstinence de viandes, remplacées par un ragoût de pommes de terre. Il en est ainsi pendant tout le carême rigoureusement observé, sauf les libations bachiques au cabaret, qui ne peuvent manquer d'avoir lieu, durant un si long intervalle chez des gens qui ne concluent rien sans le nectar breton, qu'ils n'estiment que lorsqu'il a acquis toute l'âcreté du vin de Brie.

Le paysan salue presque toujours le premier les personnes qu'il rencontre, en leur souhaitant le bonjour avant midi, et le bonsoir dès qu'il juge que le soleil est parvenu au méridien. S'il parle à quelque inconnu de sa classe plus âgé que lui, il lui donne le titre respectueux de parrain, celui de cousin s'il est à peu près de son âge, et le nomme affectueusement son fillleul, s'il le juge de beaucoup plus jeune que lui. Quant aux autres campagnards de sa connaissance, il ne les appelle jamais que par leurs prénoms. Tous ont une idée innée des convenances qui les porte à soumettre leur ton, leurs gestes et leurs expressions au respect ou aux simples égards qu'ils croient devoir à l'âge, au sexe ou à l'opinion qu'ils ont de la personne à laquelle ils s'adressent. Ce n'est jamais qu'avec répugnance et lorsque la nécessité les y contraint, qu'ils s'énoncent en français ; leur conversation est alors timide, leur maintien embarrassé et leur attention toujours distraite par la crainte de ne point être compris, où de provoquer, par un mot impropre, ce rire moqueur que redoute tant leur amour-propre excessif. Voulez-vous les mettre promptement à l'aise, au risque de prolonger d'une heure un entretien qui n'exigerait que quelques minutes, adressez-leur la parole dans leur idiome : ce ne seront plus alors les mêmes personnages ; leurs traits soucieux s'épanouiront de plaisir, leurs accents deviendront plus vifs et plus sonores, en même temps que leurs bras, jusqu'alors immobiles, s'agiteront en imitant assez exactement toutes les évolutions rapides de ceux d'un télégraphe. Ils sont tellement passionnés pour leur langage rude et sauvage, qu'il suffit de s'en servir, même ridiculement, pour être toujours bien accueilli par eux. On parvient par ce moyen à les persuader bien plus facilement et à obtenir d'eux des conditions bien plus avantageuses dans toutes les transactions.

La plupart des villages, honorés du titre de bourg, ne fussent-ils composés que de six chaumières, n'ont de communications avec les autres hameaux que par un sentier ou des sentiers ou ravins sinueux, et si étroits, qu'une charrette en occupe souvent toute la largeur. Ces routes sont pour la plupart encaissées par deux rangs de fossés de 1 m. 33 c. à 2 m. d'élévation. La crête de ces levées de terre est garnie de broussailles ou d'arbres mutilés par des émondes septennales qui n'en font plus alors que des troncs hideux ou des souches dont les branches renaissantes ne tardent pas à former au-dessus du chemin une voûte horizontale extrêmement incommode et même dangereuse pour les gens à cheval.

Dans les campagnes, presque toujours avant de pouvoir gagner une habitation, il faut franchir dans toute son étendue un enclos qui sert de cour et d'aire à battre, et qui, jonché de pailles, de feuillage, ou d'herbes marines souillées de vase, forme un cloaque auquel sont ajoutées à chaque instant les vidanges de toute espèce déployées par les écoulements des îlots de fumier d'écurie élevés en face de chaque porte. En entrant dans l'une des chaumières, on aperçoit d'abord, à main droite, l'écurie, où les bestiaux, pressés les uns contre les autres, ruminent sur un fumier épais qu'on laisse fermenter plusieurs mois avant de l'enlever, et qu'on amoncelle auprès de la maison. Une simple cloison de planches, au milieu de laquelle est pratiquée une porte de communication, sépare l'étable de l'appartement du maître, dont le sol raboteux n'est pas même revêtu d'un simple pavé. Tout l'intérieur de cette pièce ne reçoit la lumière, et seulement du côté de la façade, que par le vide formé dans la partie supérieure des deux volets d'une lucarne, haute de 67 c. à 1 m., et grillée par des barreaux de fer. Au fond de cet asile ténébreux est une cheminée large de 2 m. sur autant d'élévation. Le foyer, exhaussé, est flanqué à droite et à gauche d'un tronçon d'arbre servant de siège. Ce n'est que lorsque les hommes se sont couchés après avoir rempli la chambre d'un nuage épais de fumée de tabac, que la maîtresse et les autres femmes s'approchent de l'âtre où fument les restes d'un fagot de pin ou les cendres de quelques bouses de vaches desséchées. Là, d'abord mornes et silencieuses, mais devenues bientôt bavardes aux premiers ronflements du despote domestique, elles filent bien avant dans la nuit leurs quenouilles, à la triste lueur d'une longue chandelle de résine suspendue par un fer dans l'un des angles de la cheminée. La grande distance d'un village à l'autre ne permet pas ces réunions nombreuses qui, dans les autres pays, rendent les longues veillées si agréables aux jeunes gens, malgré la terreur que leur inspirent les histoires tragiques de voleurs et celles encore plus épouvantables de fantômes enchaînés, dont les lamentables relations n'appartiennent exclusivement qu'aux bonnes grand'mères qui les certifient, et, à leur défaut, aux vieilles tantes revêches, ne tolérant aucun doute.

L'ameublement de ces humbles gîtes répond à leur triste aspect extérieur. Il consiste en plusieurs larges caisses, soutenues à 66 c. de terre par quatre pilastres qui se prolongent à peu de distance du plafond. Elles sont accolées aux murs, et sculptées, ainsi que leurs étais et la corniche qui couronne la façade. Pour parvenir à la couche qu'elles contiennent, un grand coffre placé au-devant de chacun de ces lits sert à la fois de vestiaire et de marchepied. Cette couche se compose d'une paillasse épaisse de 1 m. et d'un large sac rempli de paille d'avoine, suppléant les matelas et les moelleux lits de plumes des paysans de l'Artois et de l'Alsace. Le tout est recouvert de deux gros draps de fil et d'étoupe de chanvre, d'une couverture, et voilé par deux petits rideaux de serge. Point d'autres sièges ordinairement que ces coffres, et deux autres qui servent de bancs et d'office pour la table permanente, fixée en face de l'unique lucarne. Une armoire, tenant lieu de laiterie, un buffet orné de quelques plats séculaires d'étain ou de grosse faïence, sont le complément des meubles les plus précieux. Quant aux ornements de luxe, ils se bornent à quelques images fortement coloriées et bientôt enfumées, du prix de 5 à 10 cent. Quoi ! pas un trumeau, ni même le plus petit miroir à l'usage des jeunes filles ? — Pardonnez-moi, il n'est pas jusqu'à la plus effroyable servante qui ne tienne sous son coffre sa psyché de 60 cent., et ne l'en tire les jours de fête, pour s'assurer, avant de se rendre à la grand'messe, qu'il ne manque rien à la sévère étiquette de son bavolet. Mais la plus jolie Bretonne, en employant aussi quelques heures à sa toilette dominicale, s'inquiète fort peu de la fraîcheur de son teint et de l'éclat plus ou moins vif de ses yeux, puisque aucun paysan n'y fera attention. Ce qui lui importe le plus, c'est que la jeune fille agenouillée auprès d'elle ou accroupie sur ses talons pendant tout l'office, ne découvre un faux pli dans sa coiffure, ou une épingle maladroitement placée ; ce qui suffirait pour fournir matière, le jour suivant, au bavardage des laitières de sa connaissance pendant tout le trajet de leurs villages à la ville.

Si l'intérieur et l'extérieur des chaumières sont toujours tels qu'ils étaient au temps de la duchesse Anne, et probablement sous le fondateur de la monarchie bretonne, le costume des deux sexes a éprouvé depuis quarante ans, dans le voisinage des villes, de nombreuses modifications qui finiront par le changer complètement. Dans les communes riveraines de la mer, outre le *sagum* ou tunique gauloise, que portaient encore il y a soixante ans les hommes, ils se couvraient pendant l'hiver et dans les jours pluvieux d'une espèce de manteau court, terminé par un capuchon et parfaitement conforme à celui des religieux de la règle de St-François. Aujourd'hui cette saye ou *sagum* a subi la coupe d'un large habit-veste qui ne prend point, et le camail ne sert plus qu'à l'usage des pêcheurs, des caboteurs et des gardiens de navires. Les vieillards, dont elle était l'attribut, ont été eux-mêmes forcés de s'en abstenir pour échapper aux railleries des étrangers et des jeunes villageois ; quelques-uns se contentent maintenant, par respect pour les anciennes traditions, d'orner le petit collet de leur nouveau vêtement, d'un capuce beaucoup moins apparent que celui qui décore le camail des chanoines. Eux seuls osent encore conserver leurs vieilles culottes courtes échancrées de chaque côté du genou, et liées dans cette partie par des cordons ; car, en dépit de toutes leurs sinistres prophéties, les pantalons l'ont emporté, et la mode en est généralement adoptée par les générations nouvelles.—Autrefois la chevelure flottait, confusément par devant et par derrière les épaules. Elle est maintenant coupée à deux lignes du sommet de la tête et de chaque côté des oreilles, en ne couvrant plus que le cou. Tous les villageois, quelle que soit leur aisance, portent une chemise de la même toile que celle des sacs à argent. Le collet en est très-bas, et fermé par deux boutons d'os parfilé ou de métal. Ce collet, autrefois aussi grossier que le corps entier de la chemise, est depuis quelques années d'un tissu très-fin et d'une éclatante blancheur.

Sur la chemise se place le gilet d'étoffe de laine brune ou blanche, recouvert d'une veste de la couleur adoptée depuis un temps immémorial pour chaque commune. Cette veste est de gros drap dit de Vire ou de Bergopsom. La ceinture, contradictoirement à l'ancien usage des Gaulois, au lieu de paraître extérieurement, se pose sous la veste. Elle est formée d'une longue et large bande ployée de tissu de coton à couleur tranchante, dont ils se ceignent le ventre, mais sans en laisser flotter les extrémités ; ce qui lui donnerait plus de grâce. On ne voit plus de guêtres d'étoffe ou de toile écrue à boutons de verre ou d'étain qu'aux jambes des anciens de la paroisse et des étrangers des autres parties de la Bretagne. Le sabot est la chaussure ordinaire, et ne se remplace par le soulier ferré à boucles de cuivre qu'aux jours de grandes toilettes. Mais le jeune paysan, fût-il le dernier garçon de la ferme, rougirait aujourd'hui, de se présenter dans un lieu public, chaussé du bois informe fabriqué dans le Finistère. Les jeunes coquettes s'étant peu à peu hasardées à préférer l'élégant et léger sabot nantais aux lourdes masses qu'elles traînaient, l'usage s'en est insensiblement introduit.

Les femmes divisent leur chevelure par deux tresses roulées autour de la tête. Elles la couvrent complètement par un béguin noué très-étroitement sous le menton, ce qui donne aux servantes la faculté de vendre, sans qu'on s'en doute, la coupe de leurs cheveux aux perruquiers des villes. Sur un autre petit bonnet se pose la grande coiffe de toile ou de mousseline empesée, dont la toque leur emboîte la tête et qui se prolonge en deux bandes doublées sur chaque côté de la poitrine. Il n'est pas rare de voir maintenant cette coiffure garnie de dentelles d'un prix assez élevé. La chemise se termine comme celle des hommes, par un collet boutonné ou clos par une épingle. La camisole à larges manches qui en couvre la partie supérieure se lace par devant, pince la taille en forme de corset et remonte au-dessus de la gorge, qu'elle comprime. Le jupon et la jupe d'égale longueur s'arrêtent aux deux tiers de la jambe et laissent apercevoir l'extrémité d'une jambe fortement constituée et la désagréable rotondité d'un soulier grossièrement fabriqué. Les femmes à l'aise ont depuis longtemps remplacé les boucles d'étain par celles d'argent. Leur tablier, dernière pièce de leur parure, est en taffetas ou en mousseline ; celles d'une fortune inférieure se contentent du coton de Rouen, pourvu que la couleur tranche fortement la nuance de leur jupe. Les dentelles d'or et d'argent dont étaient autrefois ornés le contour supérieur des camisoles et le revers de leurs manches énormes, ont décidément été rejetées comme une mode trop gothique.

La vie des Morbihannais est laborieuse, leurs amusements rares ; ils se bornent à aller aux foires du voisinage, et à y boire jusqu'à l'ivresse. Le seul jour où ils font de grandes dépenses est celui où ils marient leurs enfants ; aussi tâchent-ils d'en marier plusieurs à la fois. Rien n'est, alors épargné, et l'on voit souvent à ces noces de campagne deux à trois cents convives, et un pareil nombre de mendiants qui y affluent de tous les côtés, certains qu'ils sont de faire un bon repas.

Il est des paroisses où la mariée ne doit quitter la maison paternelle, fût-elle à trois pas de la demeure conjugale, qu'en versant des larmes abondantes ; d'autres, où les filles de la noce l'enlèvent la première nuit aux caresses de son époux, et la cachent si bien, qu'il ne peut la trouver que le lendemain. Dans certains endroits, il existe une coutume qui a quelque chose de patriarcal, et qui tend à resserrer les liens d'affection qui unissent les mariés aux gens de la noce. Chacun de ces derniers doit leur apporter sa part présent. L'un donne un agneau, l'autre une pièce de toile ; celui-ci un instrument aratoire, celle-là une quenouille garnie. Tous enfin concourent, chacun selon ses facultés, à doter le jeune ménage, qui se trouve ainsi muni, de prime abord, des objets de première nécessité.

On ne s'occupe des mariages, qui n'ont qu'une saison, qu'à l'approche des fêtes de Noël, si toutefois le cidre a été abondant ; car, pour peu que la récolte des pommes n'ait pas été satisfaisante, tout est ajourné à l'année suivante. Dans le Morbihan, un ami ne propose point à un ami d'unir leurs enfants, quoiqu'ils en aient l'un et l'autre le plus violent désir. De leur côté, les jeunes gens, ne vivant qu'en famille, sans relations intimes avec d'autres, laissent à leurs parents le soin de leur établissement, sans s'inquiéter du choix qu'ils auront fait pour eux. Aussi l'amour est un sentiment tellement étranger à leurs mœurs, qu'on serait tenté de croire que l'idiome national n'a pas même un terme pour l'exprimer. Le villageois, qui croirait se compromettre en faisant la moindre démarche pour obtenir la main de la fille qu'il préférerait, attend d'être assez favorisé du hasard pour que l'un de ces entremetteurs banaux qui se chargent sans mission de brocanter les mariages vienne lui proposer l'objet de son choix secret. S'il arrive au contraire que ce soit celle à laquelle il n'aura jamais pensé, et que souvent il ne connaît pas, qu'on vienne lui offrir, pour peu qu'il trouve au moins une aisance égale à la sienne et une réputation sans tache, il accepte. Si la famille à laquelle on a voulu l'allier consent à son tour à l'accord projeté, tout est bientôt terminé. Mais il n'en est pas ainsi lorsqu'il vit sous la puissance paternelle. Elle seule paraît et agit souverainement dans ces unions improvisées. Comme elles ne sont que de simples marchés, il n'y a pour les décider qu'un peu plus de bavardage qu'il en faut pour conclure celui d'un cheval ou d'une paire de bœufs. A peine les chefs des deux familles se sont-ils frappé la main au cabaret désigné pour lieu de rendez-vous, que la séance est levée et que les deux accordés, qui peut-être ne s'étaient jamais vus et ne se sont pas dit quatre mots pendant l'orgie qui vient de décider de leur sort, suivent leurs parents à la mairie et à la sacristie, afin d'y arrêter les fiançailles. Un mois après ils retournent au bourg, accompagnés des seuls témoins nécessaires, y contractent le mariage civil, et se séparent aussitôt pour ne plus se revoir quelquefois qu'à l'époque de la cérémonie religieuse indéfiniment ajournée. Pendant cet intervalle on invite pour les noces trois ou quatre cents parents, amis et connaissances. On traite avec le boucher pour tant de quintaux de viande, si l'on ne préfère sacrifier une paire de bœufs, et avec un boulanger pour quelques voitures de pain de pur froment, indépendamment de celui de seigle fourni par les deux ménages. On tue trois ou quatre porcs gras, une douzaine de veaux, vingt ou trente bariques de cidre le plus fort sont étagées dans le même local; tous les appartements de la maison et de celle du voisin, les granges, les hangars et souvent jusqu'aux étables, sont transformés en salles de banquet. Deux planches posées parallèlement sur des tonneaux servent de table étroite le long de toutes les murailles. La veille de la cérémonie, on va *in fiocchi* inviter les plus proches parents de la famille ou les individus les plus considérés à remplir les fonctions honorifiques, mais accablantes, qu'ils auront à subir pendant la durée de la fête. L'un apprend avec orgueil qu'il a été préféré aux principaux notables de la paroisse, et quelquefois même au maire, pour être le cuisinier. L'autre, qui craignait d'être confondu dans la foule des convives, se réjouit d'être chargé pendant deux jours, et du matin jusque bien avant dans la nuit, de remplir sans cesse de cidre la multitude de cruches dont il sera entouré. Celui-ci accepte avec émotion l'honneur de la grande maîtrise des cérémonies. Celui-là, flatté d'avoir été choisi pour être le bouffon, promet de se surpasser, s'il est possible, et tous les quatre reçoivent pour marque distinctive de leurs attributions le simple nœud de rubans qu'ils porteront attaché à l'épaule.

Il luit enfin ce jour si longtemps attendu. Dès l'apparition des premiers rayons d'un soleil de janvier accourent au logis de la mariée, de tous les points de la commune et réunies en famille, les personnes invitées. Le chef de chacune dépose entre les mains du premier dignitaire (le cuisinier) la longe de veau qu'il offre pour cadeau de noces, tandis que l'aînée de ses filles présente à la surintendante de la police féminine l'écuelle de beurre frais, et artistement festonné dont elle fait hommage. Arrive enfin l'époux escorté de ses parents et de son garçon d'honneur, porteur du panier où est contenue une partie du trousseau. Il salue un peu plus gauchement que de coutume l'assemblée, dont chaque membre l'embrasse, en se contentant de sourire à celle à qui il va jurer avec indifférence, au pied des autels, une fidélité qu'il conservera cependant religieusement. Déroulant ensuite avec lenteur le papier qu'il a feint de chercher dans toutes ses poches, il en retire le ruban moiré d'or qui y était ployé, l'offre à sa compagne sans souffler un mot, et la regarde stupidement prier l'une de ses amies de l'aider à se ceindre la taille de cette parure. Au même moment chaque jeune garçon s'empresse d'en présenter un semblable ou moins riche à la fille qu'il croit préférer, et qui contracte, par l'accueil qu'elle en fait, l'obligation de danser avec le galant provisoire qui l'a distinguée dans la foule. Au moment du départ pour se rendre à l'église, l'épouse, qui en est prévenue par sa mère, jette un dernier coup d'œil sur son petit miroir, et fait aussitôt succéder au nouveau sourire de satisfaction qui vient d'effleurer ses lèvres les larmes d'étiquette exigées par l'usage. Plus on la presse de se réunir à l'assemblée, qui n'attend plus qu'elle, plus sa douleur doit s'accroître. Ce n'est enfin que lorsque la plus vénérable matrone l'a bien assurée qu'elle a satisfait à tout ce que lui imposaient les vieilles traditions qu'elle se décide à rejoindre le groupe féminin spécialement chargé de l'escorter. Quelques heures après, au bruit de la mousqueterie et des cris sauvages qui annoncent le retour, les vieillards et les enfants, restés au logis, s'avancent à l'entrée du village et s'arrêtent sur la pelouse, où une table sur laquelle se trouvent un pain, une motte de beurre, une bouteille de cidre et un verre, attend le cortège. L'un des commissaires rompt ce pain et en offre un morceau à l'époux, qui le partage avec sa nouvelle compagne. L'échanson présente à son tour à celle-ci un verre de cidre qu'elle effleure de ses lèvres, et qu'achève d'un trait le mari. Tous ensuite boivent à leur santé, à leur bonheur, à l'aide des cruches déposées à l'écart de cette espèce d'autel domestique, et c'est au milieu de leurs vœux bruyants, au son éclatant des hautbois et des bignous, et précédé de quatre grands officiers de la noce que le couple nouveau, fier, pour la première et dernière fois, de fixer sur lui l'attention générale, s'assied enfin au festin nuptial.

Autrefois chaque groupe de convives mangeait à la même terrine et au même plat; aujourd'hui chacun a son écuelle et une assiette, et l'on a l'attention de donner un couvert complet aux gens de la ville, jadis traités aussi simplement que la foule des campagnards. Le premier service se compose de larges plats de soupe de bœuf et de lard. Au second paraissent d'énormes pièces de ces viandes bouillies et le sel qui doit leur servir d'assaisonnement. Lorsque le maître des cérémonies, averti par le redoublement des lazzi du bouffon, s'aperçoit qu'au bout d'une heure on ne revient plus à la charge sur ces masses refroidies, il ordonne aux femmes préposées par distinction particulière au service des tables d'enlever les plats, et va, escorté de son collègue déjà ivre, chercher aux cuisines le relevé qu'ils conduisent au bruit des fanfares. Somme toute, les mets qui le composent ne diffèrent en rien des premiers; on se borne à en aspirer l'épaisse fumée qui s'exhalent; mais aussi le service des cruches redouble d'activité, et c'est alors que commencent les chansons et les complaintes dont les refrains se répètent en chœur. A l'issue du repas, les mariés vont visiter les deux ou trois cents mendiants rangés et assis, auxquels on a aussi donné à dîner. Ils choisissent parmi eux les deux partenaires avec lesquels ils commencent la danse par une ronde devenue bientôt générale; à celle-ci succède par couples une vive promenade circulaire, suspendue, au milieu de chaque strophe de l'air qui l'accompagne, par des pas cadencés et un bond qui termine la mesure; c'est ce qu'on appelle le bal. Au coucher du soleil on sert le souper, uniquement composé des énormes quartiers de veau apportés en présent, ce qui n'est bientôt plus qu'une véritable orgie, que peut seule faire cesser la passion de la danse. Retournés sur l'aire qui leur sert de salon, jeunes et vieux y hurlent et y trépignent la neige ou la boue jusqu'à ce qu'enfin on ait forcé le mari à venir rejoindre sa femme, qui l'attend dans le lit nuptial, la face collée contre la muraille et revêtue d'un nouvel habillement complet, à l'exception de la chaussure. On y pousse, sans lui permettre de se déshabiller, le rustre qui l'avait oubliée pour boire et fumer; aussitôt, assailli par ses proches et tous ses amis, il reçoit et leur rend leurs accolades, leur fait raison, tant qu'il lui est possible, de tous les toasts qu'ils lui portent; ils ne le quittent que lorsque, épuisé de fatigue, et succombant à son ivresse, ils l'ont vu s'endormir et ronfler adossé à la pauvre créature dont le supplice vient enfin de cesser. Il est beaucoup de communes où l'épouse est confiée cette première nuit à la sévère surveillance du garçon et de la fille d'honneur, couchés entièrement vêtus entre le nouveau couple. Les deux jours suivants ne sont que la répétition monotone du premier, à l'exception de la burlesque cérémonie du coucher. Cependant le troisième, le mari et sa femme ne paraissent point à table, et y servent à leur tour les dignitaires harassés qui prennent leur revanche. Le vendredi matin tout est rentré dans l'ordre. Chaque famille des conjoints règle alors la part que chacune d'elles doit apporter dans la dépense générale, qui s'élève souvent de 1,500 à 2,000 fr.; tout terminé et balancé à un centime près, la fille de la maison ne la quitte que le lendemain, s'il a été convenu qu'elle abandonnerait le toit paternel, tant on craint l'influence fatale du cinquième jour de la semaine. A dater de ce moment, l'époux, toujours aussi froid et peu empressé qu'il s'est montré le jour de ses noces, et la femme, non moins sauvage et insouciante, vieilliront ainsi sans jamais laisser échapper un mot de tendresse, ni se permettre en présence d'un tiers la familiarité la plus innocente.

DIVISION ADMINISTRATIVE. Le département du Morbihan a pour chef-lieu Vannes. Il envoie 6 représentants à la chambre des députés, et est divisé en 4 arrondissements :

Vannes . . . 11 cant. 124,451 h.
Lorient . . . 11 — 138,013
Ploërmel . . 8 — 86,283
Pontivy . . . 7 — 99,151
            37 —   447,898

25ᵉ conserv. des forêts. — 3ᵉ arr. des mines (chef-l. Paris). — 13ᵉ division militaire (chef-l. Rennes). — 3ᵉ arrond. maritime (chef-l. Lorient). — Evêché et séminaire diocésain à St-Anne, 37 cures, 203 succursales. — Collège royal à Pontivy ; collèges communaux à Auray, Josselin, Lorient, Ploërmel, Vannes. — Société d'agriculture à Vannes.

Biographie. Le département du Morbihan est la patrie :

Du duc de Bretagne ARTHUR, plus connu sous le nom de connétable DE RICHEMONT.

De HENRI DE ROHAN, habile guerrier et grand politique.

Du comte DE TINTENIAC, qui défendit Lorient contre les Anglais.

De P. PEZRON, chronologiste et philologue mort en 1706.

De Jos. DU BAUDRY, poëte et rhéteur, mort en 1749.

De A.-R. LESAGE, poëte, romancier et auteur dramatique.

De LEQUINIO, membre de la convention nationale.

De J. CAMBRY, antiquaire et ancien préfet.
Du chanoine MAHÉ, antiquaire.
De MAUDET DE PENHOUET, antiquaire.
D'AUG. ROMIEU, littérateur et auteur dramatique.

De l'architecte MAZOIS.

Des généraux BIGARRÉ, BOUTÉ, BOURCK, MONISTROL, etc.

Du chef de partisans vendéens GEORGES CADOUDAL.

Des amiraux et contre-amiraux DUCOUËDIC, ALLEMAND, BOMPART, BOUVET, DORDELIN, LE MARAUT, etc.

De l'héroïque BISSON, enseigne de vaisseau, qui commandait la prise grecque le Panayoti. Obligé par le mauvais temps de relâcher dans l'île de Stampalie, il y fut attaqué par des tartanes grecques. Après une vive fusillade, durant laquelle Bisson fut blessé, les Grecs envahirent le bâtiment. L'intrépide jeune homme mit alors le feu aux poudres et se fit sauter avec quatre Français et soixante-dix Grecs ; un seul Français, le pilote Trementin eut le bonheur de survivre à cet événement.

Bibliographie. *Flore du Morbihan* (Exercice d'hist. nat. à l'école centrale du département, in-4, an IX).

Lettres morbihanaises (Lycée armoricain, 14 vol. in-8). V. BRETAGNE.

MAUDET DE PENHOUET. *Antiquités égyptiennes dans le département du Morbihan*, in-fol. et 6 pl., 1812.

Essai sur des monuments armoricains qui se voient sur la côte méridionale du département du Morbihan, proche Quiberon, in-4, 1805.

FRÉMINVILLE (de). *Antiquités de la Bretagne ; monuments du Morbihan*, 2ᵉ édit., in-8, 1835.

BIGOT DE MOROGUES. *Observations minéralogiques sur les principales substances du département du Morbihan, du Finistère et des Côtes-du-Nord* (Journal des mines, n° 152, p. 81 ; n° 153, p. 199 ; n° 155, p. 355; n° 156, p. 447; n° 161, p. 379 ; n° 163, p. 35).

—*Mémoire sur les monuments druidiques du département du Morbihan* (Mém. de la Soc. des antiq. de France, t. VIII, p. 128).

MÉRIMÉE (P.). *Note sur le monument de l'île de Gavr'innis (Morbihan)* (extrait d'un rapport adressé à M. le ministre de l'intérieur), in-4, 1836.

V. aussi : BRETAGNE, BELLE-ISLE, CARNAC, LORIENT, ISLE-AUX-MOINES, MIVOIE, QUIBERON, LA ROCHE-BERNARD, VANNES.

MORBIHAN (canal du). Ce canal communique de Vannes à la mer ; les marées remontent par ce petit bras jusqu'à Vannes ; il n'a guère que 3 k. de cours.

MORCENX, vg. *Landes* (Gascogne), arr. et à 38 k. de Mont-de-Marsan, cant. d'Arjuzanx, ✉ de Tartas. Pop. 795 h.

MORCHAIN, vg. *Somme* (Picardie), arr. et à 15 k. de Péronne, cant. de Nesles. P. 310 h.

MORCHAMPS, vg. *Doubs* (Franche-Comté), arr. et à 13 k. de Baume-les-Dames, cant. et ✉ de Rougemont. Pop. 67 h.

MORCHEVAL, vg. *H.-Vienne*, comm. de Chamboret, ✉ de Nautiat.

MORCHIES, vg. *Pas-de-Calais* (Artois), arr. et à 23 k. d'Arras, cant. de Bertincourt, ✉ de Bapaume. Pop. 488 h.

MORCOURT, vg. *Aisne* (Picardie), arr., cant., ✉ et à 5 k. de St-Quentin. Pop. 487 h.

MORCOURT, vg. *Oise*, com. de Feigneux, ✉ de Crépy.

MORCOURT, vg. *Somme* (Picardie), arr. et à 27 k. de Péronne, cant. de Bray-sur-Somme, ✉ d'Albert. Pop. 656 h.

MORDAGNE, vg. *Tarn-et-Garonne*, com. d'Espinas, ✉ de Caylux.

MORDELLES, vg. *Ille-et-Vilaine* (Bretagne), arr., bureau d'enregist., ✉ et à 15 k. de Rennes, chef-l. de cant. ⚐. Pop. 2,613 h. — TERRAIN de transition moyen.

Il est situé sur la rive gauche du Meu, qu'on y passe sur un pont d'une seule arche, d'une construction hardie. On y trouve une source d'eau minérale, à peu de distance du moulin de Cramon.

Foires les 2 août et 6 nov.

MORÉ, vg. *Loir-et-Cher*, comm. de St-Claude-de-Diray, ✉ de Blois.

MORÉ (St-), vg. *Yonne* (Champagne), arr. et à 15 k. d'Avallon, cant. de Vezelay, ✉ d'Arcy-sur-Cure. Pop. 386 h.

Près de St-Moré sont les ruines de *Cora Vicus*, dont parle Ammien Marcellin, que d'Anville et l'abbé Lebeuf ont à tort placées à Cure.

MORÉAC, vg. *Morbihan* (Bretagne), arr. et à 22 k. de Pontivy, cant. et ✉ de Locminé. Pop. 3,075 h. — *Foires* les 18 et 25 oct.

MOREAU (Grand et Petit), vg. *Seine-Inf.*, comm. et ✉ des Grandes-Ventes.

MOREAU, vg. *Vienne*, comm. de Champagné-St-Hilaire, ✉ de Gençais.

MOREAU-VOISIN, vg. *Seine-et-Oise*, com. d'Emancé, ✉ d'Epernon.

MORÉAUMONT, vg. *Oise*, comm. de Courcelles-lès-Gisors, ✉ de Gisors.

MORÉE, petite ville, *Loir-et-Cher* (Vendômois), arr. et à 20 k. de Vendôme, chef-l. de cant. Cure. ✉ de Pezou. Pop. 1,283 h. — TERRAIN tertiaire moyen.

Cette ville, située sur la rive gauche du Loir, a la forme d'un carré parfait, entouré de murs flanqués d'un bastion à chaque angle.

Foires le 1ᵉʳ lundi de fév., et 2ᵉ lundi de déc.

MOREIL (St-), vg. *Creuse* (Marche), arr., ✉ et à 12 k. de Bourganeuf, cant. de Royère. Pop. 1,167 h.

MOREILLES, vg. *Vendée*, com. de Champagne-les-Marais, ✉ de Chaillé-les-Marais. ⚐.

MOREL (St-), vg. *Ardennes* (Champagne), arr., ✉ et à 7 k. de Vouziers, cant. de Monthois. Pop. 412 h.

MORELLES, vg. *Drôme*, comm. et ✉ de Moras.

MORELMAISON, vg. *Vosges* (Lorraine), arr. et à 21 k. de Neufchâteau, cant. et ✉ de Châtenois. Pop. 252 h.

MORELS (les), *Isère*, com. de St-Jean-de-Moirans, ✉ de Moirans.

MOREMBERT, vg. *Aube* (Champagne), arr. et à 20 k. d'Arcis-sur-Aube, cant. et ✉ de Ramerupt. Pop. 142 h.

MORENCHIES, vg. *Nord* (Flandre), arr., cant., ✉ et à 2 k. de Cambrai. Pop. 123 h.

MORESTEL, bg *Isère* (Dauphiné), arr. de la Tour-du-Pin, à 20 k. de Bourgoin, chef-l. de cant. Cure. Gîte d'étape. ✉. A 489 k. de Paris pour la taxe des lettres. Pop. 1,390 h. — TERRAIN jurassique, étage moyen du système oolitique.

Foires les 22 août et 6 déc.

MORET, *Muritum*, jolie petite ville, *Seine-et-Marne* (Gâtinais), arr. et à 11 k. de Fontainebleau, chef-l. de cant. Cure. ⚐. A 72 k. de Paris pour la taxe des lettres. Pop. 1,672 h. — TERRAIN tertiaire inférieur.

Autrefois diocèse de Sens, parlement et intendance de Paris, élection de Montereau, bailliage, couvent de religieuses.

Moret est une ville bien bâtie, propre, bien percée et fort agréablement située, près de la rive gauche de la Seine, à la jonction du Loing et du canal de ce nom. C'est une ville très-ancienne qui existait du temps de César, qui fait mention dans ses Commentaires du chef qui y commandait à cette époque. Le pont sur lequel on traverse le Loing est en partie de construction romaine. — Dans le moyen âge, Moret était une place importante, entourée de fossés profonds et de bonnes fortifications. Le roi d'Angleterre et le duc de Bourgogne l'assiégèrent et s'en rendirent maîtres en 1420; mais Charles VII la reprit d'assaut en 1430. Les fortifications ont disparu, à l'exception des portes, qui ont été restaurées et classées au nombre des monuments historiques.

Les rois de France avaient à Moret un palais, où Louis VII convoqua en 1153 une assemblée où se jugèrent les querelles violentes qui divisaient les moines et les bourgeois de Vezelay. Ce château fut habité par saint Louis, par la reine Blanche, sa mère, par Philippe Auguste, par Charles VI, par Charles VII et par plusieurs autres rois. François Ier y fit de fréquents séjours, ainsi que la duchesse d'Etampes, sa maîtresse; c'est lui qui fit restaurer la partie du château qu'avait habitée la reine Blanche, dont toutes les sculptures furent faites par Jean Goujon. Henri II habita aussi ce château, qui fut la demeure de Catherine de Médicis, sa veuve; Marie de Médicis, femme de Henri IV, y fit plusieurs séjours aussi bien que ce monarque en fit à Jacqueline de Beuil, sa maîtresse, qui reçut le titre de comtesse de Moret, et dont il eut un fils connu sous le nom d'Antoine de Bourbon, qui disparut à la bataille de Castelnaudary, où il combattait dans le parti rebelle, sans que jamais on ait pu découvrir le lieu de sa retraite. — C'est dans le château de Moret que le surintendant des finances Fouquet fut enfermé pendant le temps que dura son procès, et c'est de ce château qu'il fut transféré dans la forteresse de Pignerol, où il est mort après vingt-deux ans de captivité.

Le château de Moret avait échappé aux ravages du temps et des révolutions. Il existait encore sous le gouvernement de la restauration; ce n'est qu'en 1822 que la partie décorée par Jean Goujon a été vendue à un tonnelier, auquel des spéculateurs achetèrent toutes les sculptures qui en faisaient l'ornement, et qui, détachées et transportées à Paris avec soin, servirent à la construction de la façade de la maison dite de François Ier, édifiée sur le Cours-la-Reine, au coin de la rue de Bayard, aux Champs-Elysées.

On voit encore à Moret plusieurs maisons en bois du XVe siècle.

L'église paroissiale, classée au nombre des monuments historiques, est l'une des plus belles du diocèse de Meaux; elle fut dédiée par saint Thomas de Cantorbéry en 1166. La tribune et le buffet de l'orgue sont en bois de chêne d'un beau travail.

Dans le courant de 1823 on a trouvé au Long-Rocher de Montigny, près de Moret, une masse de grès qui a été le sujet de vives discussions parmi les savants, et célèbre sous le nom de fossile humain. Les uns, en effet, y voyaient le cadavre d'un cavalier pétrifié avec son cheval; les autres ne voulaient y voir qu'un accident naturel, une agglomération fortuite de molécules pierreuses. Ce bloc de grès, examiné par des commissaires de l'académie des sciences et par d'autres savants, donna lieu dans le temps à de nombreux écrits, parmi lesquels on remarque ceux de M. Barruel, chimiste distingué, qui exprima l'opinion que c'était un homme fossile.

Commerce de farines, chevaux, bestiaux, boissellerie, etc. — *Foires* le vendredi saint, 6 déc. et lundi après le 8 sept.

Bibliographie. TESTE D'OUET (Alex.-D.). *L'Orpheline de Moret*, 2 vol. in-8, 1835.

C'est l'histoire de la ville et des antiquités de Moret. A la prière de cet auteur, le ministre de l'intérieur a accordé des fonds pour restaurer les portes de Moret, que le vandalisme menaçait d'abattre.

BARRUEL. *Notice sur un fossile humain trouvé près de Moret*, in-8, 1824.

MORET, vg. *Seine-et-Oise*, comm. de Méréville, ✉ d'Angerville.

MORET, vg. *Seine-et-Oise*, comm. de St-You, ✉ de St-Chéron.

MORETEL, vg. *Isère* (Dauphiné), arr. et à 36 k. de Grenoble, cant. et ✉ de Goncelin. Pop. 448 h.

MORETTE, vg. *Isère* (Dauphiné), arr. et à 18 k. de St-Marcellin, cant. et ✉ de Tullins. Pop. 490 h.

MOREUIL, joli bourg, *Somme* (Picardie), arr. et à 18 k. de Montdidier, chef-l. de cant. Gîte d'étape. ✉. ♂. A 112 k. de Paris pour la taxe des lettres. Pop. 2,222 h. Sur l'Avre. — TERRAIN crétacé supérieur, craie.

Fabriques de bonneterie en laine et en coton, de métiers à bas. Papeteries. Clouteries.

MORÉVILLE, vg. *Eure-et-Loir*, comm. de Flacey, ✉ de Bonneval.

MOREY, joli village, *Côte-d'Or* (Bourgogne), arr. et à 15 k. de Dijon, cant. et ✉ de Gevrey. Pop. 623 h. — Il est situé dans un territoire fertile en vins fins dits du clos du Tarn, du clos Lambray et Chenevery.

MOREY, vg. *Meurthe* (Lorraine), arr. et à 19 k. de Nancy, cant. et ✉ de Nomény. Pop. 238 h.

MOREY, vg. *H.-Saône* (Franche-Comté), arr. et à 38 k. de Vesoul, cant. de Vitrey, ✉ de Cintrey. Pop. 751 h. — C'était jadis le siége d'une châtellenie, et l'on voit encore sur le revers d'une colline les restes d'une ancienne forteresse. Non loin de là on remarque sur un rocher une colonne qui a servi à l'établissement de la carte de Cassini.

PATRIE du théologien RICHARDOT.

Foires les 24 fév., 4 mai, 8 juillet, 14 sept. et 11 nov.

MOREZ, vg. *Saône-et-Loire* (Bourgogne), arr. et à 20 k. de Chalon-sur-Saône, cant. de Givry, ✉ du Bourgneuf. Pop. 462 h.

MOREZ, *Moraium*, *Moricium*, joli bourg, *Jura* (Franche-Comté), arr. et à 22 k. de St-Claude, chef-l. de cant. Cure. Gîte d'étape. ✉. ♂. A 450 k. de Paris pour la taxe des lettres. Pop. 2,726 h. — TERRAIN jurassique, étage moyen du système oolitique.

Ce bourg est dans une situation pittoresque, sur la Bienne, au fond d'une gorge très-longue qui laisse à peine assez d'espace pour deux rangs de maisons et pour la rue qui les sépare. Les montagnes qui forment cette gorge s'élèvent de part et d'autre de 400 m., avec aussi peu d'inclinaison et, pour ainsi dire, avec autant de nudité qu'un mur. A la ligne où cette nudité cesse, commencent des forêts qui couvrent la rondeur des monts, dont la cime boisée se rapproche encore des cieux d'une hauteur pareille. Dans cette position presque souterraine, on pourrait croire que Morez n'est qu'un tombeau; ce serait une erreur: la gorge au fond de laquelle le bourg est bâti se dirige du nord au sud, se contourne, et s'ouvre beaucoup au midi, ce qui d'un côté le défend du souffle de la bise, et d'un autre lui donne constamment le soleil pendant la plus longue et la plus vive partie du jour.

Le bourg de Morez, qui n'était il y a un siècle qu'un hameau perdu dans un abîme, peut être regardé comme une des sources de la prospérité des montagnes environnantes, par son industrieuse activité, que semble annoncer de loin l'élégance de ses habitations. Il doit lui-même son état prospère et peut-être son existence au torrent qui a creusé le lit du vallon au fond duquel il est situé. Dans nul endroit on n'a su tirer un meilleur parti d'un si faible cours d'eau, qui, dans un espace de quelques centaines de pas, fait mouvoir des forges, des moulins, des fileries de fer, et une multitude de manufactures. Tout le territoire de la commune ne produit pas des substances pour quatre jours entiers; mais l'eau, le feu et le fer sont perpétuellement unis par des mains actives, et procurent bien au delà des besoins à sa population.

Manufactures d'horlogerie dite de Comté, mouvements de pendules, cadrans d'émail, limes, lunettes, pointes de Paris, tournebroches, etc. Forges et martinets. Tirerie de fer. Filatures de coton. Nombreuses tanneries. — *Commerce* de vins, blé, fer, clouterie, horlogerie. Entrepôt de fromage de Gruyère fabriqué en Suisse et dans le Jura. — *Foires* les 16 août, 20 déc., 1er lundi de mai et de nov.

MORFONDÉ, vg. *Seine-et-Marne*, comm. et ✉ de Villeparisis.

MORFONTAINE, vg. *Moselle* (pays Messin), arr. et à 30 k. de Briey, cant. et ✉ de Longwy. Pop. 520 h. — *Fabrique* de boutons de nacre.

MORGANX, vg. *Landes* (Gascogne), arr. et à 21 k. de St-Sever, cant. et ✉ d'Hagetmau. Pop. 385 h.

MORGELAZ, vg. *Ain*, comm. et ✉ de St-Rambert.

MORGEMOULIN, vg. *Meuse* (pays Messin), arr. et à 18 k. de Verdun-sur-Meuse, cant. et ✉ d'Etain. Pop. 365 h.

MORGES, vg. *Isère*, comm. de Cordéac et de St-Sébastien, ✉ de Mens.

MORGINNUM (lat. 46°, long. 24°). « On trouve ce lieu dans la Table théodosienne, sur la route de Vienne à Cularo, ou Grenoble ; et la distance à l'égard de Cularo est marquée XIIII. Cette distance est très-convenable entre Grenoble et Moiran, selon la mesure du mille, comme on ne peut se dispenser de l'employer dans l'étendue de la province romaine : et le nom de Moiran conserve encore du rapport à la dénomination que donne la Table. Dans les titres du Dauphiné, ce nom est *Moirencum*, et il n'est pas encore hors d'usage d'écrire Moirenc. M. de Valois (p. 164) transporte *Morginnum* à un lieu nommé Morges, et on peut dire de cette position qu'elle est fort étrange. Car ce lieu est situé sur le Drac entre Grenoble et Gap, et à peu près à égale distance, ce qui tourne le dos à la route de Grenoble à Vienne, sur laquelle néanmoins la position de *Morginnum* nous est indiquée. Je dis que la distance de Moiran s'accorde avec celle de la Table, parce qu'un espace en droite ligne de près de 10,000 toises peut se comparer à la mesure Itinéraire de 14 milles romains, dont le calcul en rigueur est de 10,584 toises. En mesurant avec précision la trace de la voie actuelle, qui est bien figurée dans la carte que le roi a fait lever de la frontière des Alpes, cette mesure me donne environ 10,500 toises. L'intervalle de Grenoble à la position que M. de Valois prend pour *Morginnum* fournirait à peu près le double de ce qui convient. » D'Anville. *Notice de l'ancienne Gaule*, p. 465.

MORGNY, *Morineium*, *Morinacium*, bg *Eure* (Normandie), arr. et à 23 k. des Andelys, cant. et ✉ d'Étrépagny. Pop. 1,029 h.

MORGNY, vg. *Seine-Inf*. (Normandie), arr. et à 16 k. de Rouen, cant. et ✉ de Buchy. Pop. 425 h.

MORGNY-EN-THIÉRACHE, vg. *Aisne* (Picardie), arr. et à 30 k. de Laon, cant. et ✉ de Rozoy-sur-Serre. Pop. 474 h.

MORGON, vg. *Rhône*, comm. de Villié, ✉ de Romanèche.

MORHANGE, *Morlinga*, bg *Moselle* (pays Messin), arr. et à 45 k. de Sarreguemines, cant. de Gros-Tenquin. Distance d'étape. ✉. A 361 k. de Paris pour la taxe des lettres. Pop. 1,200 h. Près des sources de la Petite-Seille.

Morhange était autrefois une ville assez considérable, siège d'un comté d'où dépendaient vingt et un villages. Elle était environnée de fossés, entourée de hautes murailles, défendue par deux tours et par deux châteaux. Les Français, commandés par le maréchal du Hallier, s'en emparèrent en 1639. — *Fabriques de savon et de noir de fumée. Tanneries. — Foires les 29 juin et 29 sept.*

MORIAT, vg. *Puy-de-Dôme* (Auvergne), arr. et à 18 k. d'Issoire, cant. et ✉ de St-Germain-Lembron. Pop. 638 h.

MORIBERT (le), ✉ *Eure*, comm. de St-Denis-du-Béhélan, ✉ de Breteuil.

MORICCIO, vg. *Corse*, comm. d'Arguista, ✉ d'Olmeto.

MORICQ, vg. *Vendée*, comm. d'Angles, ✉ d'Avrillé.

Moricq a un petit port situé à l'embouchure du Lay. On y remarque une digue modèle construite à l'instar des polders hollandais. — Exportation de grains, fèves, haricots, bois de construction et à brûler, merrain, cercles, feuillards, charbon de bois, grosse poterie, etc.

MORIENNE, vg. *Seine-Inf*., comm. de Ste-Marguerite, ✉ d'Aumale.

MORIENVAL, *Morianis*, *Moriomanis*, bg *Oise* (Picardie), arr. et à 30 k. de Senlis, cant. et ✉ de Crepy. Pop. 889 h. — Les rois de France y avaient un palais au IX° siècle.

MORIÈRES, vg. *Calvados* (Normandie), arr. et à 16 k. de Falaise, cant. de Coulibeuf, ✉ de Sort. Pop. 137 h.

MORIÈRES, vg *Vaucluse*, comm. et ✉ d'Avignon.

MORIERS, vg. *Eure-et-Loir* (Beauce), arr. et à 19 k. de Châteaudun, cant. et ✉ de Bonneval. Pop. 343 h.

MORIES, *Moreriœ*, bg *B*. - *Alpes* (Provence), arr. et à 23 k. de Castellanne, cant. et ✉ de St-André. Pop. 637 h.

MORIÈS, vg. *Lozère*, comm. de Pin-Moriès, ✉ de Marvejols.

MORIEUX, vg. *Côtes-du-Nord* (Bretagne), arr. et à 15 k. de St-Brieuc, cant. et ✉ de Lamballe. Pop. 636 h.

MORIGNY, vg. *Manche* (Normandie), arr. et à 33 k. de St-Lô, cant. de Percy, ✉ de St-Sever. Pop. 338 h.

MORIGNY, vg. *Saône-et-Loire*, comm. de Palinges, ✉ de Perrecy.

MORIGNY, *Moriniacum*, vg. *Seine-et-Oise* (Gatinais), arr., cant., ✉ et à 3 k. d'Etampes. Pop. 954 h. Sur la Juine.

Morigny possédait anciennement une abbaye d'hommes de l'ordre de St-Benoît, fondée au XI° siècle, et détruite avant la révolution. Les rois et les seigneurs se plurent à combler de biens ce monastère, auquel même ils donnèrent souvent ce qui ne leur appartenait pas. — Philippe I°r fit considérablement à cette abbaye le don de toutes les églises établies au vieil Étampes du temps du roi Robert. De ce nombre était la collégiale de St-Martin, que ses aïeux avaient déjà donnée aux chanoines de cette collégiale. Cette donation fut la source de haines, de scandales et de longues dissensions, qui donnent une triste idée des mœurs du clergé de France au XI° siècle. — Aujourd'hui un joli château occupe l'emplacement de la demeure des bénédictins. La petite chapelle, étudiée avec tant de plaisir par les antiquaires, est un fragment heureusement conservé de l'ancienne abbaye.

Les environs de Morigny se distinguent par leur fraîcheur et leur agrément. Ils sont la promenade favorite des habitants d'Étampes, et justifient la comparaison de Clément Marot, qui appelait cette vallée aux coteaux ombreux, une nouvelle Tempé.

Le château de Jeures, les ruines de celui de Brunehaut et plusieurs belles maisons de campagne embellissent cette contrée. Le château de Brunehaut tire son nom de la reine Brunehaut, qui l'a habité ; sa position, sur une petite éminence, au milieu d'un parc, dans la vallée d'Étampes, est infiniment agréable. Le château de Jeures est remarquable par un parc d'environ 36 hectares enclos de murs en partie, et bordé par des canaux remplis d'eau vive. Ce parc et ses alentours, dont la nature du sol était extrêmement marécageuse, ont été desséchés au moyen d'un bel aqueduc souterrain sur lequel passe la rivière de Juine. — *F. le jeudi avant la Pentec.*

MORILLON (St-), vg. *Gironde* (Guienne), arr. et à 23 k. de Bordeaux, cant. de Labrède, ✉ de Castres. Pop. 793 h. — *Foires les 14 mai et 14 sept.*

MORILLIÈRE, vg. *Eure*, comm. et ✉ de Tillières-sur-Avre.

MORIMOND, vg. *H.-Marne*, comm. de Fresnoy, ✉ de Montigny-le-Roi.

Il y avait autrefois une abbaye commendataire d'hommes de l'ordre de Cîteaux, l'une des quatre principales abbayes de l'ordre de St-Benoît, fondée en 1115 par Olderic d'Aigremont.

MORIN (le Grand-), *Muera*, rivière qui prend sa source à l'ouest de Sézanne, arr. d'Épernay (*Marne*) ; elle passe à Esternay, Meilleray, la Ferté-Gaucher, Coulommiers, Crécy, et se jette dans la Marne à Condé (*Seine-et-Marne*), après un cours de 72 k. Cette rivière est navigable depuis Tigeaux jusqu'à son embouchure.

MORIN (le Petit-), rivière qui prend sa source près du village d'Écury (*Marne*) ; elle passe à St-Prix, Montmirail, St-Ouen, et se jette dans la Marne, au-dessous de la Ferté-sous-Jouarre (*Seine-et-Marne*), après un cours d'environ 70 k.

MORINERIE (la), vg. *Eure*, comm. de Bémécourt, ✉ de Breteuil.

MORINGHEM-DIFQUES, vg. *Pas-de-Calais* (Artois), arr., cant., ✉ et à 8 k. de St-Omer. Pop. 520 h.

MORINI (lat. 51°, long. 20°). « La situation du pays qu'ils habitaient le long de la mer a fait donner ce nom, qui dérive d'une source commune avec le nom d'*Armorici*. Le port où César assembla une flotte pour passer dans la Grande-Bretagne était du pays des *Morini*. Reculés ainsi dans l'extrémité de la Gaule, et jusqu'à la mer, ils sont appelés *extremi hominum* dans Virgile ; dans Méla, *ultimi Gallicarum gentium*. Selon Dion Cassius (lib. XXIX), ils étaient dispersés dans des cabanes du temps de César. Ptolémée leur attribue le port de *Gesoriacum*, et dans les terres la ville de *Taruana*. En y joignant le *Castellum Morinorum*, on voit qu'il vient le diocèse de Boulogne le territoire des *Morini* embrasse les nouveaux diocèses de St-Omer et d'Ipre, qui ont succédé à celui de Terouenne. Quant aux villes de Tournai, dont ceux de Gand et de Bruges sont des démembrements, et que Sanson ajoute encore aux *Morini*, je crois qu'il est plus convenable de l'attribuer aux *Nervii*, sur les indices qu'il y a que leurs dépendances se sont étendues jusqu'à la mer. » D'Anville. *Notice de l'ancienne Gaule*, p. 466. — V. aussi WALCKENAER, *Géographie des Gaules*, t. I, p. 420, 437 ; t. II, p. 3.

MORINIÈRE (Grande et Petite-), vg. *Eure*, comm. de St-Victor, ⊠ de Verneuil.

MORINTRU, vg. *Seine-et-Marne*, comm. et ⊠ de la Ferté-sous-Jouarre.

MORIONVILLIERS, vg. *H.-Marne* (Champagne), arr. et à 44 k. de Chaumont-en-Bassigny, cant. de St-Blin, ⊠ d'Audelot. Pop. 119 h.

MORISEL, vg. *Somme* (Picardie), arr. et à 18 k. de Montdidier, cant. et ⊠ de Moreuil. Pop. 436 h. — Papeterie. Filature de laine.

MORISES, vg. *Gironde* (Guienne), arr., cant., ⊠ et à 7 k. de la Réole. Pop. 640 h.

MORISSURE, vg. *Eure-et-Loir*, comm. de Coudreceau, ⊠ de Nogent-le-Rotrou.

MORIVAL, vg. *Somme*, comm. de Vismes, ⊠ de Valines.

MORIVILLE, vg. *Vosges* (Lorraine), arr. et à 22 k. d'Épinal, cant. de Châtel-sur-Moselle, ⊠ de Nomeny. Pop. 702 h.

MORIVILLER, vg. *Meurthe* (Lorraine), arr. et à 16 k. de Lunéville, cant. et ⊠ de Gerbeviller. Pop. 342 h.

MORIZÉCOURT, vg. *Vosges* (Lorraine), arr. et à 40 k. de Neufchâteau, cant. et ⊠ de Lamarche. Pop. 570 h.

MORLAAS, *Morlasium*, petite ville, *B.-Pyrénées* (Béarn), chef-l. de cant. Cure, ⊠. A 769 k. de Paris pour la taxe des lettres. Pop. 1,836 h. — TERRAIN tertiaire supérieur.

Morlaas était anciennement la capitale du Béarn et la résidence des vicomtes de ce pays. Du temps des Romains, il y avait un établissement pour battre monnaie, qui continua de subsister sous la domination des Visigoths, des Francs, des ducs de Gascogne et des vicomtes de Béarn. C'est dans le palais même des vicomtes que la monnaie se fabriquait ; ils en réglaient le titre et l'altéraient à leur gré, selon l'usage général de ce temps. La livre de douze onces d'argent s'appelait livre morlane, comme celle de France livre tournois.

PATRIE du médecin BERGERET, auteur de *la Flore des Pyrénées*.

Morlaas fut affranchi par Gaston IV, qui y fonda en outre chaque année une course de chevaux où le vainqueur remportait un prix. Cette origine des courses, reproduites de nos jours à Tarbes avec plus d'éclat, est bien antérieure à celle des courses de Newmarket, les plus anciennes et les plus célèbres de l'Angleterre.

Commerce de vins. — *Foires* les 11 juin et 18 oct. (3 jours).

MORLAC, vg. *Cher* (Bourbonnais), arr. et à 15 k. de St-Amand-Montrond, cant. du Châtelet, ⊠ de Lignières. Pop. 709 h.

MORLAINCOURT, vg. *Meuse* (Lorraine), arr. de Commercy et à 33 k. de St-Mihiel, cant. de Void, ⊠ de Ligny. Pop. 316 h.

MORLAINE, vg. *Oise*, comm. de Tillé, ⊠ de Beauvais.

MORLAIX, *Morlæum*, *Mons Relaxus*, ancienne et jolie ville maritime, *Finistère* (Bretagne), chef-l. de sous-préf. (2ᵉ arrᵗ) et d'un cant, Trib. de 1ʳᵉ inst. et de comm. Société d'agricult. Ecole d'hydrographie de 4ᵉ classe. ⊠. ☞. Pop. 10,539 h. — *Etablissement de la marée du port*, 5 heures 15 minutes. — TERRAIN de transition moyen.

Autrefois diocèse et recette de Tréguier, parlement et intendance de Rennes, amirauté, sénéchaussée, gouvernement particulier, juridiction consulaire, couvent de capucins, plusieurs couvents de religieuses.

Si l'on en croit Conrad, archevêque de Salisbury, écrivain du XIIᵉ siècle, Morlaix fut d'abord nommé Julia ; Drennalus, disciple de Joseph d'Arimathie, à son retour de l'île de Bretagne, passa par Morlaix en l'an 73 de Jésus-Christ, et en convertit les habitants ; ce lieu se nommait alors *Saliocan* ou *Hanterallen*. En 382 Flavius Maximus Clémens, marchant à la conquête des Gaules, aborda au port de Saliocan, et logea au manoir de l'Armorique, qui, en 1637, appartenait à la maison de Goazriant. En 894 Hoël second maria sa fille, la princesse Aliénor de Bretagne, au vicomte de Léon, et lui donna la ville et le château de Morlaix, que ses descendants possédèrent jusqu'en l'année 1177. Dans la suite les princes de Léon et les ducs de Bretagne se disputèrent la possession de cette ville ; les derniers appelèrent dans leur pays les Anglais, qui furent chassés par du Guesclin. En 1374 les Anglais reparaissent, s'emparent de Morlaix, font pendre cinquante chefs, et laissent huit cents hommes en garnison dans cette ville ; mais, ne pouvant supporter leur insolence, les bourgeois se soulèvent, introduisent les Français dans leurs murs, et les Anglais sont exterminés. Morlaix fut rendu au duc de Bretagne en 1381 par le traité de Guérande. En 1521 cinquante navires anglais abordèrent dans la baie de Dourdu, à 6 k. de Morlaix, y effectuèrent une descente, surprirent la ville, et y mirent le feu en quatre endroits différents ; une partie de ces insulaires se retirèrent sur leurs vaisseaux, chargés de butin, mais les autres furent surpris et taillés en pièces par le seigneur de Laval. Ce désastre attira l'attention de François Iᵉʳ, et, afin d'éviter le renouvellement de pareilles tentatives, il fit ériger, en 1523, sur un rocher au milieu de la rade, une forteresse, appelée le château du Taureau.

Sous la Ligue cette ville fut en proie aux fureurs de la guerre civile. Les ligueurs s'en emparèrent en 1589. Le duc d'Aumont la reprit au nom d'Henri IV ; les ligueurs se retirèrent dans le château ; mais bientôt la famine et la peste les contraignirent à capituler ; le château se rendit en 1594, faute de vivres. Peu après les fortifications furent détruites, et c'est de cette époque que date l'agrandissement et l'assainissement de cette cité. Ce n'était alors qu'un cloaque immonde que la peste décimait de temps à autre, un amas de maisons sales, enfumées, et pourtant cette ville était vantée au loin comme opulente ; elle avait cent soixante cabarets, bien comptés ; le prix d'un repas d'hôtellerie n'était pas fixé, sous peine d'amende, qu'à douze sous ; la nuitée, souper et lit pour deux, à vingt-quatre sous ; le vin de Bordeaux, à six sous la pinte, et le reste à l'avenant ; ses bourgeois voyageaient hautains et fiers ; son nom retentissait en Hollande, en Espagne, dans toute la France. Aujourd'hui la ville est large, blanche, saine, jolie ; elle n'a plus de ceinture de pierre qui l'oppresse ; elle s'allonge sur les vastes coteaux de ses vallons, elle se fait belle enfin, et pourtant nul n'en parle, et elle est à peine connue à 10 myriamètres de distance.

En 1548 Marie Stuart, reine d'Ecosse, se rendant à Paris pour épouser le dauphin, qui fut depuis François II, arriva par mer à Morlaix ; le seigneur de Rohan la reçut à la tête de la noblesse. Après un *Te Deum*, chanté dans l'église de Notre-Dame, la princesse était prête à passer le pont-levis de la porte dite de la Prison ; il se rompit sous le poids d'une trop forte cavalerie. Les Ecossais s'écrient : Trahison ! trahison ! Le seigneur de Rohan, qui marchait près de la litière de la reine, prononça ces mots d'une voix élevée : *Jamais Breton ne fit trahison*, et le tumulte s'apaisa.

Les **armes de Morlaix** sont : *de gueules à un navire d'argent sur une onde ombrée de sinople, aux voiles d'hermine surmontées d'une bannière d'azur à trois fleurs de lis d'or, et pour devise : S'IL TE MORD, MORLAIX.*

La ville de Morlaix est fort agréablement située au pied de deux collines et au confluent des rivières de Jarleau et de Kevleut, qui, s'unissant aux eaux de la mer, y forment un joli port, où l'on descend par une rampe excessivement rapide, quoique l'on se soit efforcé d'en diminuer la pente par plusieurs contours, et que l'on ait creusé même le chemin dans le roc ; un parapet garantit des chutes que pourraient faire les voitures dans un vallon très-profond qui le borde. Deux nouvelles routes ont été récemment tracées pour rendre facile l'entrée de la ville : l'une s'étend dans la charmante vallée qui conduit aux papeteries ; l'autre suit les prairies qui bordent le Jarleau. On arrive alors sur les quais, où le voyageur est agréablement surpris d'apercevoir tout à coup un des plus jolis ports de France. L'escarpement des deux collines, les jardins en terrasses dont elles sont embellies, ne font que ressortir davantage la beauté des quais et des maisons qui les bordent ; rien n'est plus surprenant que ce passage subit d'une route agreste et mélancolique à ce beau port et à cette ville d'un aspect si gai et si pittoresque à la fois.

Cette partie de la ville est même vraiment belle : les quais sont bien revêtus, bien pavés, les maisons modernes et bien bâties. Le chenal, quoique étroit, porte un grand nombre de bâtiments de commerce du plus grand tonnage, qui remonte jusqu'à la principale place, sous laquelle passent, à travers de superbes voûtes, les eaux réunies des deux rivières. Sur la rive droite du chenal on aperçoit une suite de maisons avec des porches très-avancés et fort bas qui servent de promenades : elles se nomment les Lances. Les maisons que supportent ces porches sont assez élevées, d'une construction ancienne et singulière ; l'intérieur surtout a quelque chose de remarquable : ce sont des chambres plus ou moins grandes, distribuées à chaque étage autour d'une énorme cage d'escalier carrée, éclairée par un grand châssis vitré enchâssé dans le toit. On monte aux autres appartements par des escaliers très-étroits, pris aux dépens de l'épaisseur des murs, et à chaque étage règne une tribune qui donne à toute l'enceinte l'apparence d'une salle de spectacle ; ces tribunes sont garnies de colonnes ornées de sculptures en bois fort singulières.

Le cours de la rivière et le port séparent la ville en deux quartiers : le côté de Léon et le côté de Tréguier. La place principale est vaste, entourée de quelques belles maisons modernes du côté de Léon ; mais du côté de Tréguier presque toutes les maisons sont antiques et sans alignement. Au milieu de cette place on remarque, sur l'emplacement du vaste bâtiment de l'hôtel de ville, construit sous le règne de Louis XIII, et démoli en 1836, un édifice d'élégante construction, occupé aujourd'hui par les bureaux de la mairie, par les tribunaux de première instance et de commerce, et par les marchés aux toiles et aux grains. On remarque avec plaisir que des constructions nouvelles remplacent à Morlaix les curieuses maisons de la vieille ville ; cependant on voit encore dans plusieurs quartiers des façades ornées de sculptures et des intérieurs très-remarquables, dont plusieurs ont été reproduits en lithographie par MM. Ronargue et St-Germain.

Le quartier St-Martin, bâti sur la partie la plus élevée de la ville, est d'un très-bel effet : on y gravit péniblement par de nombreux escaliers, mais on est dédommagé de cette fatigue par l'aspect d'une fort jolie église moderne, entourée de beaux jardins, et par le beau coup d'œil dont on jouit de cette élévation.

L'église St-Matthieu peut être considérée comme un assez beau monument gothique. Le clocher est particulièrement remarquable, et se mêle, de la manière la plus agréable, à tous les jolis paysages qui tapissent le fond de la ville, et que forment les jardins, les pavillons et les accidents d'arbres et de rochers groupés sur les hauteurs de la manière la plus pittoresque. L'église St-Mélaine est un édifice du xve siècle, mais pesant et de mauvais goût. Les quais, en redescendant vers le port, sont bordés de belles maisons. Sur la côte de Léon on voit un très-bel édifice moderne avec de grandes cours et de superbes ateliers ; c'est la manufacture de tabac, qui occupe trois à quatre cents ouvriers. Près de la fontaine dite des Anglais commence le cours Baumont, promenade plantée par le sous-préfet de ce nom ; elle se prolonge près de 2 k. le long du port, et d'autant plus agréable que l'on y jouit de la vue des eaux du port et du charmant aspect qu'offrent les bois, les jardins, les prairies et les jolies maisons de campagne qui bordent ses deux rives.

Le port de Morlaix est très-commerçant ; la mer y monte deux fois par jour, à 4 m. dans les marées ordinaires, et jusqu'à 7 m. dans les grandes marées ; des navires de trois ou quatre cents tonneaux peuvent y charger et décharger pour ainsi dire à la porte des magasins.

La rade de Morlaix, si sûre et si tranquille pour les navires qui savent y chercher un refuge, n'est accessible que par trois passes que les pilotes sont obligés de deviner dans le labyrinthe inextricable de rochers, d'îlots et de récifs qui en hérissent les abords sauvages. Des frégates de 44 canons ont trouvé en temps de guerre un très-bon mouillage sur ce fond, qui, au dire de M. Beautemps-Beaupré, célèbre ingénieur hydrographe, pourrait recevoir au besoin plusieurs gros vaisseaux de ligne.

La rivière de Morlaix a 4,000 mètres de longueur, et n'est formée que par le ruisseau qu'elle reçoit de l'intérieur et par la mer, qui à chaque marée montante envahit le lit de ce ruisseau, pour faire deux fois par jour de la petite ville, que l'on a fastueusement surnommée le Havre du Finistère, un port maritime accessible aux caboteurs et quelquefois aux navires de trois ou quatre cents tonneaux. Cette longue crique offre dans ses brusques sinuosités un caractère de grâce et de variété que l'on chercherait en vain dans la physionomie topographique de nos fleuves les plus pittoresques et les plus renommés. De gros rochers taillés à pic et couverts d'arbres penchés au-dessus des eaux comme sur le bord d'un abîme prêt à les recevoir ; des collines diaprées de fleurs fuyant entre d'immenses blocs d'ardoises chauves et nus ; de riches prairies qui viennent cacher sous leurs couches verdoyantes la vase des deux rives ; des habitations propres et bien construites et s'harmonisant toujours avec le paysage qu'elles ont été faites pour compléter ; une vieille et silencieuse église avec ses jolis vitraux ; sur la droite un chalet suisse en face de cette église des Récollets, et à quelques cents pas du chalet dépaysé, la campagne princière de M. de la Fruglaie, résidence presque royale, avec son château, son parc, ses avenues, ses jardins, et surtout avec cette fraîcheur si coquette et pourtant si naturelle que l'on ne rencontre pas dans les royales résidences : tel est le spectacle que procure la montée de la rivière de Morlaix, où le bateau ne pénètre qu'à petite vapeur, tant le chenal se dévide devant lui est parfois étroit, et tant il faut que le souple steamer fasse ce qu'on nomme l'anguille, pour contourner en gouvernant en zigzag les trois coudées les plus aigus de ce Méandre capricieux.

Biographie. Patrie d'ALBERT LE GRAND, auteur des Vies des saints de la Bretagne Armorique, amas de contes et de merveilles, dit Cambry, mais chef-d'œuvre de recherches et d'érudition ; on en aime la lecture, parce qu'il conserve l'originalité de l'imagination de nos pères, la nature des rêveries bretonnes, et qu'il retrace les usages de la plus haute antiquité.

Du savant dominicain du xve siècle NEDELEC.

De BERNARD DE MORLAIX, poëte du xve siècle.

Du général en chef des armées de la république MOREAU.

Du lieutenant-colonel COETLOSQUET.

Du comte DE CLÉREMBAULT, consul général de France en Prusse.

De M. EMILE SOUVESTRE, littérateur, poëte et auteur dramatique.

INDUSTRIE. Fabriques de toile, d'huiles, de chandelles. Manufacture royale des tabacs. — *Commerce* considérable de beurre, grains, graines oléagineuses, suif, miel, cire jaune de qualité supérieure, cuirs, bœufs, porcs, moutons, chevaux, toiles de toute espèce, fils blancs et écrus, papiers, lin, chanvre, vins, eau-de-vie. — Entrepôt réel et fictif de toute espèce de marchandises venant de l'étranger. — *Foires* les 15 oct., 25 nov. et 2e samedi de tous les mois moins oct. et nov.

A 99 k. N. de Quimper, 37 k. N.-E. de Brest, 540 k. O. de Paris.

L'arrondissement de Morlaix est composé de 10 cantons : Morlaix, Plouescat, Landivisiau, Lanmeur, Plouzévédé, Ponthou, Sizun, St-Pol-de-Léon, St-Thégonnec, Taulé.

Bibliographie. * *Mémoire sur les événements qui se sont passés et qui ont suivi, à Morlaix, le 28 juillet 1833*, in-4, 1834.

MORLAIX, vg. *Somme*, comm. de Ponthoile, ⊠ d'Abbeville.

MORLANCOURT, vg. *Somme* (Picardie), arr. et à 29 k. de Péronne, cant de Bray-sur-Somme, ⊠ d'Albert. Pop. 1,048 h.

Le château de cette commune est assez remarquable ; les marches de l'escalier par lequel on y parvient sont taillées dans la pierre.

Villers, qui dépend de Morlancourt, a une église qui offre un très-joli coup d'œil ; au bas du clocher se trouve une inscription qui indique l'époque où les habitants de ce lieu en expulsèrent les Espagnols qui s'étaient présentés pour les mettre à contribution.

PATRIE du général comte FRIANT.

MORLANGE, vg. *Moselle*, comm. de Bionville, ⊠ de Courcelles-Chaussy.

MORLANGE-LÈS-REMELANGE, vg. *Moselle*, comm. de Fameck, ⊠ de Thionville.

MORLANNE, bg *B.-Pyrénées* (Béarn), arr. et à 23 k. d'Orthez, cant. et ⊠ d'Arzacq. Pop. 960 h.

MORLARY (la), vg. *Loire*, comm. de la Chapelle, ⊠ de Condrieu.

MORLAYE (la), vg. *Oise* (Picardie), arr. et à 13 k. de Senlis, cant. de Creil, ⊠ de Luzarches. Pop. 578 h.

MORLE (le), vg. *Cantal*, comm. et ⊠ de Ruines.

MORLEMONT, vg. *Somme*, comm. et ⊠ de Nesle.

MORLET, vg. *Saône-et-Loire* (Bourgogne), arr. et à 16 k. d'Autun, cant. et ⊠ d'Épinac. Pop. 352 h.

MORLEY, vg. *Meuse* (Lorraine), arr. et à 25 k. de Bar-le-Duc, cant. de Montiers-sur-Saux, ⊠ de Ligny. Pop. 692 h. — Haut-fourneau.

MORTHON, vg. *Aveyron* (Rouergue), arr., cant., ⊠ et à 5 k. de Villefranche-de-Rouergue. Pop. 986 h.

MORLINCOURT, vg. *Oise* (Picardie), arr. et à 32 k. de Compiègne, cant. et ⊠ de Noyon. Pop. 250 h.

MORMAISON, vg. *Vendée* (Poitou), arr. et à 25 k. de Bourbon-Vendée, cant. et ⊠ de Roche-Servière. Pop. 665 h.

MORMANT, vg. *Loiret* (Gatinais), arr., cant., ✉ et à 6 k. de Montargis. Pop. 169 h.

MORMANT, vg. *H.-Marne*, comm. de Leffonds, ✉ d'Arc-en-Barrois.

MORMANT, joli bourg, *Seine-et-Marne* (Brie), arr. et à 20 k. de Melun, chef-l. de cant. Cure. ✉. ⚭. A 52 k. de Paris pour la taxe des lettres. Pop. 1,083 h. — TERRAIN tertiaire inférieur.

Autrefois diocèse de Sens, parlement et intendance de Paris, élection de Rosoy-en-Brie.

Ce bourg fut le théâtre d'un combat sanglant en 1814. Le 17 février Napoléon se dirigea de Guignes sur Nangis. Là étaient en position les trois divisions du corps russe du comte de Wittgenstein, dont les mouvements avaient paru incertains depuis le passage de la Seine. A la tête de l'avant-garde, le général Palilen occupait Mormant avec une cavalerie nombreuse. De belles routes et de vastes plaines permettaient à la cavalerie de se déployer. Le général de division Gérard ouvrit l'attaque sur le village de Mormant, tandis que la cavalerie des généraux Milhaud et Kellermann tournaient le village par la gauche, et que de nombreuses batteries s'avançaient pour le foudroyer. Un bataillon du 22ᵉ régiment d'infanterie de ligne y entre le premier au pas de charge. Le combat est à peine disputé ; les carrés formés par la division russe sont ébranlés par l'artillerie et enfoncés par la cavalerie ; les vaincus prennent la fuite dans la direction de Montereau et de Provins, et sont poursuivis par les dragons pendant plusieurs lieues ; quatorze pièces de canon, quarante caissons, dix mille fusils et quatre mille prisonniers attestent la défaite des Russes et le succès des Français. Les troupes venues d'Espagne prirent une part glorieuse à ce combat ; elles avaient amené de la péninsule des mulets et des chevaux ; et, après l'action, ce fut un étrange spectacle de voir des mules d'Andalousie et des chevaux tartares étendus l'un près de l'autre dans les champs de la Brie.

Mormant est un bourg bien bâti, traversé par la grande route de Paris à Troyes. On remarque aux environs le château de Bressoy, entouré de fossés remplis d'eau vive, où l'on arrive par une belle avenue de tilleuls. — L'église paroissiale est dominée par une belle tour carrée, terminée par une flèche élégante qu'on aperçoit de fort loin.

Foires les 16 mars, 9 août et 28 oct.

MORMENTRES, vg. *Aveyron*, comm. de Graissac, ✉ de Laguiole.

MORMIES, vg. *Gers* (Gascogne), arr. et à 50 k. de Condom, cant. de Nogaro, ✉ de Houga. Pop. 338 h.

MORMETS (la), vg. *Seine-et-Oise*, comm. de Grosrouvres, ✉ de Montfort-l'Amaury.

MORMOIRON, *Murmurio*, bg *Vaucluse* (Comtat), arr. et à 12 k. de Carpentras, chef-l. de cant. Cure. ✉. A 702 k. de Paris pour la taxe des lettres. Pop. 2,416 h. — TERRAIN tertiaire moyen, sur du terrain crétacé inférieur.

PATRIE du littérateur GUILHEM DE CLERMONT, baron de St-Croix.

Fabriques de sulfate de fer.

MORMONT, vg. *Yonne*, comm. de St-Maurice-le-Vieil, ✉ d'Aillant-sur-Tholon.

MORNAC, bg *Charente* (Angoumois), arr., cant., ✉ et à 10 k. d'Angoulême. P. 1,089 h.

MORNAC, bg *Charente-Inf.* (Saintonge), arr. et à 20 k. de Marennes, cant. et ✉ de Royan. Pop. 693 h. — *Foires* le 3ᵉ lundi de mars, de mai, de juin, de juillet, de sept. et de nov.

MORNACH, vg. *H.-Rhin* (Alsace), arr. et à 16 k. d'Altkirch, cant. et ✉ de Ferette. P. 534 h.

MORNAND, vg. *Loire* (Forez), arr., cant., ✉ et à 12 k. de Monthrison. Pop. 415 h.

MORNANS, vg. *Drôme* (Dauphiné), arr. et à 53 k. de Die, cant. et ✉ de Bourdeaux. Pop. 235 h.

MORNANT, bg *Rhône* (Lyonnais), arr. et à 21 k. de Lyon, chef-l. de cant. Cure. ✉. A 488 k. de Paris pour la taxe des lettres. Pop. 2,250 h. — TERRAIN cristallisé, gneiss.

Fabriques de draps et chapellerie. — *Foires* les 18 janv., 8 août, 28 oct. et 26 déc.

MORNAS, *Morenatum*, *Mornasium*, petite ville, *Vaucluse* (Comtat), arr. et à 10 k. d'Orange, cant. de Bollène, ✉ de la Palud. ⚭. Pop. 1,715 h.

Mornas était autrefois une ville considérable, dont l'origine paraît remonter à la domination romaine ; elle est bâtie près de la rive gauche du Rhône, entourée de murailles, et dominée par les ruines d'un château fort, d'où le féroce baron des Adrets forçait les catholiques qu'il avait faits prisonniers à se précipiter sur les piques de ses soldats.

Mornas possède un petit temple de Diane (chapelle des Pénitents), mais sans autre ornement qu'un reste de corniche. Son église est placée sur un lieu très-élevé d'où l'on jouit d'une très-belle vue.

PATRIE du jurisconsulte ALEX.-P. TISSOT.

Filatures de soie.

Bibliographie. CAYLUS (le comte). — * *Observations sur les monuments antiques de Mornas, et sur ceux d'Aramon* (Rec. d'Antiquités, t. VI, p. 332 et 334).

MORNAT, vg. *Creuse*, comm. de St-Pardoux-les-Carts, ✉ de Chénérailles.

MORNAY, vg. *Ain* (Bourgogne), arr., ✉ et à 8 k. de Nantua, cant. d'Izernore. Pop. 470 h.

MORNAY, vg. *Saône-et-Loire* (Bourgogne), arr. et à 12 k. de Charolles, cant. et ✉ de St-Bonnet-de-Joux. Pop. 604 h.

MORNAY-BERRY, vg. *Cher* (Bourbonnais), arr. et à 49 k. de St-Amand-Montrond, cant. de Nérondes, ✉ de Villequiers. Pop. 452 h.

MORNAY-SUR-ALLIER, vg. *Cher* (Bourbonnais), arr. et à 44 k. de St-Amand-Montrond, cant. de Sancoins. Pop. 770 h. — *Foires* les 16 mai et 4 nov.

MORNAY-SUR-VINGEANNE, vg. *Côte-d'Or* (Bourgogne), arr. et à 45 k. de Dijon, cant. et ✉ de Fontaine-Française. Pop. 237 h.

MORNEY, vg. *Ain*, comm. de St-Jean-de-Gonville, ✉ de Collonges.

MORNHAGUE, vg. *Aveyron* (Rouergue), arr. de St-Affrique, cant. de Cornus.

MORNIÈRE (la), vg. *Deux-Sèvres*, comm. de la Chapelle-Séguin, ✉ de Moncoutant.

MOROGES, vg. *Saône-et-Loire* (Bourgogne), arr. et à 16 k. de Chalon-sur-Saône, cant. et ✉ de Buxy. Pop. 835 h.

MOROGNÉ, vg. *H.-Saône*, comm. de Chènevrey, ✉ de Mornay.

MOROGUES, bg *Cher* (Berry), arr. et à 25 k. de Bourges, cant. et ✉ des Aix-d'Angillon. Pop. 1,442 h.

MORONVAL, vg. *Eure-et-Loir*, comm. de St-Denis-de-Moronval, ✉ de Dreux.

MORONVILLIERS, vg. *Marne* (Champagne), arr. et à 22 k. de Reims, cant. et ✉ de Beine. Pop. 95 h.

Il est situé dans une gorge élevée, près du sommet de la montagne de son nom, où est établi un signal du corps des géographes, chargés de l'exécution de la carte de France.

MOROSAGLIA, bg *Corse* (Corse), ✉ et à 26 k. de Corte, chef-l. de cant., bureau d'enregist. de la Porta. Cure. Pop. 807 h. — TERRAIN crétacé supérieur, craie.

Ce bourg est le lieu de naissance de l'illustre Paoli ; on y voit encore la maison où il reçut le jour, située sur un coteau environné de montagnes boisées. L'ancien et vaste couvent des franciscains, résidence d'été de Paoli pendant la guerre de l'indépendance, est aujourd'hui une propriété communale, où est établie l'école élémentaire, fondée par le testament de cet homme célèbre. La vue du couvent est belle ; d'un côté s'étend un rideau de châtaigniers, et de l'autre une chaîne de montagnes qui domine le Monte-Rotondo.

La vallée de Morosaglia est célèbre dans les annales de la Corse. C'est dans cette vallée que se tenaient les consultes ou assemblées générales de la nation ; c'est là que retentissaient les cris de : *Vive la liberté ! Vive le peuple !* cris alors synonymes d'insurrection et qui faisaient trembler les oppresseurs de l'île. Ce fut à Morosaglia que les populations cismontaines de la Corse entendirent les inspirations de Sambucuccio, ce fameux législateur insulaire qui jeta les fondements des institutions toutes démocratiques *de la terre de commune*, institutions qui ont coûté tant de sacrifices à la nation, mais qu'elle a su défendre, sinon dans leur ensemble, au moins dans un grand nombre de leurs dispositions, pendant plusieurs siècles. Cette vallée, fameuse à tant de titres, forme une espèce d'amphithéâtre, pouvant contenir plus de cent mille personnes. Des collines verdoyantes, couvertes d'arbres de toute dimension, entourent le champ de Mars des anciens Corses, où les populations religieuses du moyen âge avaient érigé un vaste couvent. Cet endroit, si commode pour la tenue des assemblées nationales, offrent l'immense avantage d'être un point central environné des cantons les plus populeux de l'île.

Le canton de Morosaglia, divisé en deux bandes par une chaîne de montagnes, est assez productif en grains, en châtaignes, en pâturages et en vignes.

MOROUSIÈRE (la), vg. *Orne*, comm. de St-Quentin-les-Chardonnets, ✉ de Tinchebray.

MORNE, vg. *Doubs* (Franche-Comte), arr., cant., ✉ et à 4 k. de Besançon. Pop. 423 h.

A peu de distance de ce village, on remarque les ruines du château de Montfaucon, auquel se rattachent des souvenirs historiques.

MORSAIN, vg. *Aisne* (Picardie), arr. et à 20 k. de Soissons, cant. et ✉ de Vic-sur-Aisne. Pop. 804 h.

MORSAINS, vg. *Marne* (Brie), arr. et à 46 k. d'Epernay, cant. et ✉ de Montmirail. Pop. 277 h.

MORSALINES, vg. *Manche* (Normandie), arr. et à 15 k. de Valognes, cant. de Quettehou, ✉ de St-Vaast-de-la-Hougue. Pop. 543 h.

MORSAN, vg. *Eure* (Normandie), arr. à 12 k. de Bernay, cant. et ✉ de Brionne. Pop. 387 h.

Quelques auteurs pensent que Morsan est le lieu de naissance du naturaliste Valmont de Bomare, que revendique la ville de Rouen.

MORSAN, vg. *Seine-et-Oise*, comm. de Longvilliers, ✉ de St-Arnoult.

MORSANG-SUR-ORGE, *Murcinctum*, vg. *Seine-et-Oise* (Ile-de-France), arr. et à 15 k. de Corbeil, cant. de Longjumeau, ✉ de Fromenteau. Pop. 481 h. Sur l'Orge.

MORSANG-SUR-SEINE, vg. *Seine-et-Oise* (Ile-de-France), arr., cant., ✉ et à 6 k. de Corbeil. Pop. 157 h. Sur la rive droite de la Seine.

MORSANS, vg. *Eure-et-Loir*, comm. de Neuvy-en-Dunois, ✉ de Bonneval.

MORSBACH, vg. *Moselle* (pays Messin), arr. et à 23 k. de Sarreguemines, cant. et ✉ de Forbach. Pop. 509 h.

MORSBORN, vg. *Moselle*, comm. de Hilsprich, ✉ de Puttelange.

MORSBRONN, vg. *B.-Rhin* (Alsace), arr. et à 27 k. de Wissembourg, cant. et ✉ de Voërt-sur-Sauer. Pop. 622 h.

MORSCHWILLER, vg. *B.-Rhin* (Alsace), arr. et à 30 k. de Strasbourg, cant. et ✉ d'Haguenau. Pop. 595 h.

MORSENT, vg. *Eure* (Normandie), arr., cant., ✉ et à 8 k. d'Evreux. Pop. 414 h.

MORSIGLIA, vg. *Corse*, arr. et à 50 k. de Bastia, cant. et ✉ de Rogliano. Pop. 654 h.

MORSINNIÈRES (les), vg. *Deux-Sèvres*, comm. de Brétignolle, ✉ de Bressuire.

MORTAGNE, *Moritania*, joli bourg, *Nord* (Flandre), arr. et à 19 k. de Valenciennes, cant. et ✉ de St-Amand-les-Eaux. Pop. 1,185 h.

Ce bourg est situé sur la rive droite de l'Escaut, un peu au-dessus de son confluent avec la Scarpe. Il doit son origine au château du même nom, bâti vers le IXe siècle sur la pointe de terre formée par le confluent de la Scarpe et de l'Escaut. Herbert, comte de Vermandois, s'empara de ce château et le détruisit en 928; il fut rebâti presque aussitôt, et repris, en 932, par Arnulfe, fils de Baudoin, comte de Flandre. En 1338, les Anglais surprirent Mortagne, brûlèrent cinquante maisons de ce bourg, et se retirèrent sans attaquer le château. Le comte de Mansfield s'empara de cette place par capitulation en 1579. En 1709, le château de Mortagne fut assiégé, pris et repris trois fois dans la même semaine par les Français et par les Autrichiens, qui le prirent et reprirent tour à tour en 1794, pendant la guerre de la révolution.

Mortagne, autrefois bien fortifié, n'est plus qu'un lieu ouvert; le château a été détruit, à l'exception d'une aile qui sert d'habitation au propriétaire. L'hôtel de ville date de 1760 et est d'une agréable construction. L'église paroissiale, bâtie en 1824, et plusieurs édifices modernes donnent à ce bourg un aspect agréable.

Fabriques de bonneterie, de bas de laine au tricot. Construction de bateaux. Brasseries.

PATRIE du général baron FERNIG, et de ses héroïques filles, mesdemoiselles Félicité et Théophile FERNIG, qui combattirent si vaillamment au milieu des armées françaises, pendant les premières années de la révolution française.

MORTAGNE-LA-VIEILLE, vg. *Charente-Inf.*, comm. de Thairé, ✉ de Croix-Chapeau. V. MORTAGNE-SUR-GIRONDE.

MORTAGNE-LES-ROUGES-EAUX, vg. *Vosges* (Lorraine), arr. et à 20 k. de St-Dié, cant. de Brouvelieures, ✉ de Bruyères. Pop 688 h.

MORTAGNE-SUR-GIRONDE, bg *Charente-Inf.* (Saintonge), arr. et à 33 k. de Saintes, cant. de Cozes. A 492 k. de Paris pour la taxe des lettres. Pop. 1,472 h.

Ce bourg, situé sur un coteau, près de la rive droite de la Gironde, a eu d'assez grande importance dans les premiers temps de notre histoire. C'était une petite ville très-fortifiée au moyen âge, érigée en principauté en faveur de la maison de Montberon.

La vieille ville, appelée *Vieille Mortagne*, était située une certaine distance du bourg actuel au nord-ouest. On y rencontre souvent en labourant des voûtes et des restes des fours construits en briques. Au sud-est sont les ruines d'un formidable castrum qui occupait un rocher escarpé, et dont les abords étaient défendus par des fossés profonds, des remparts, des chemins couverts et des souterrains. En 1840 on y a déterré une amphore dans laquelle étaient un grand nombre de monnaies romaines en argent et en bronze du haut et bas empire.

Dans les rochers qui bordent la Gironde, est creusé dans le roc vif l'ermitage dédié à saint Martial. Cette retraite fort célèbre passe pour avoir été la demeure de saint Martial lui-même, dont le zèle évangélique et les prédications firent de nombreux prosélytes au christianisme. Les prédications du saint ermite enflammèrent l'ardeur d'un enfant de Mortagne, de saint Auzonne, qui fut le disciple le plus célèbre de Martial, et qui partit de Mortagne pour aller convertir à la foi chrétienne les habitants païens d'Angoulême et leur gouverneur romain Garrulus. Saint Auzonne reçut le martyre à Angoulême sur l'emplacement où plus tard fut élevé le couvent des Ursulines.

Foires les 2es samedis de mars, de mai et de nov.

MORTAGNE-SUR-HUINE, *Mauritania*, jolie ville, *Orne* (Perche), chef-l. de sous-préf. (4e arr.) et d'un cant. Trib. de 1re inst. Collége communal. Cure. Gîte d'Etape. ✉. ⚡. Pop. 5,012 h. — TERRAIN crétacé inférieur, grès vert.

Autrefois diocèse de Séez, parlement de Paris, intendance d'Alençon, chef-lieu d'élection, bailliage, vicomté, maîtrise particulière, gouvernement particulier, collégiale, couvent de religieux de la Merci, de capucins et de religieuses de Ste-Elisabeth.

Cette ville est bâtie dans une forte position, au sommet et sur le penchant oriental d'un coteau au pied duquel sont des sources qui donnent naissance au ruisseau de la Chippe. Dans l'origine, elle était environnée de doubles fossés, et défendue par deux châteaux forts, l'un situé au levant sur une élévation artificielle, l'autre, entouré de hautes murailles, placé au milieu de la ville; les murs qui la ceignirent naguère, et dont on voit des restes, n'ont été construits qu'en 1614.

Mortagne a de tout temps prétendu au titre de capitale du Perche, que lui disputait Bellesme. C'était autrefois une place importante, qui fut plusieurs fois prise et ruinée. Robert, roi de France, s'en empara en 997; Charles V la fit démanteler en 1378; elle tomba au pouvoir des Anglais en 1424, mais Jean II, duc d'Alençon, auquel elle appartenait, la leur reprit en 1449 et en fit rétablir les fortifications; les calvinistes la livrèrent aux flammes en 1588. Cette ville fut le théâtre d'un combat sanglant en 1590, entre les ligueurs et les troupes de Henri IV; pendant les guerres de la Ligue, elle fut, dans l'espace de trois ans et demi, prise, reprise et pillée vingt-deux fois par les deux partis.

Les **armes de Mortagne** sont: *d'argent à trois brins de fougères de sinople*, 2 et 1.

La position de Mortagne, sur le sommet et le penchant d'une colline, donne à cette ville des rues escarpées, d'autres en pente douce, et d'autres parfaitement horizontales; mais la plupart d'entre elles sont larges, assez régulières, bordées de maisons propres, bien bâties et ornées de beaux magasins. La grande rue, que suit la route de Brest, s'élève par des rampes et des tournants fort bien ménagés jusque sur la partie la plus haute, où elle traverse la place d'armes, la plus grande et la plus belle de Mortagne.

Cette ville possède plusieurs édifices publics convenablement distribués, un palais de justice, des prisons vastes et saines, de belles halles, et plusieurs fontaines de construction récente, alimentées par une machine à vapeur de la force de cinq chevaux, qui élève l'eau du fond de la vallée.

89

L'église paroissiale, de construction gothique, est principalement remarquable par les culs-de-lampe richement sculptés qui décorent la voûte de la nef.

PATRIE du comte DE PUISAYE, qui réorganisa la chouannerie dans la Bretagne, et auquel on doit des mémoires intéressants sur les guerres de la Vendée.

Manufactures de faïence. Centre d'une fabrique considérable de toiles fortes et légères pour les colonies, pour l'entoilage des draps, etc. Tanneries. — *Commerce* de toiles, seigle, orge, avoine, légumes secs, chanvre, moutons, excellents porcs, chevaux renommés et bestiaux de toute espèce.

Dans un grand nombre de communes de l'arrondissement de Mortagne, les femmes mariées se consacrent volontiers aux fonctions de nourrices, sur les lieux ou à leur domicile.

Foires le 1er déc. (3 jours), et samedis suivants, 3e de carême, 1er de mai et d'oct., et après le 23 juin et 24 juillet.

A 39 k. E. d'Alençon, 154 k. O.-S.-O. de Paris.

L'arrondissement de Mortagne est composé de 11 cantons : Bellême, Bazoches-sur-Hoësne, l'Aigle, Longny, Mortagne, Moulins-la-Marche, Nocé, Pervenchères, Rémalard, le Theil, Tourouvre.

Bibliographie. GABRIEL VAUGEOIS (J.-F.). *Coup d'œil sur quelques voies romaines qui traversent l'arrondissement de Mortagne* (Orne).

DELESTANG. *La Chorographie du quatrième arrondissement de l'Orne, ou district de la sous-préfecture de Mortagne*, in-8, 1803.

THOMASSU (J.-L.-F.). *Recherches historiques sur les châteaux de Villebon, de Mortagne*, etc., in-8, 1832.

DELESTANG. *Statistique de la ville et arrondissement de Mortagne*, in-8, 1806-10.

SICOTIÈRE (de la). *Notice sur l'arrondissement de Mortagne*, in-8, 1838.

MORTAGNE-SUR-SÈVRE, petite ville, Vendée (Poitou), arr. et à 50 k. de Bourbon-Vendée, chef-l. de cant. Bureau d'enregist. aux Herbiers. Cure. ✉. A 374 k. de Paris pour la taxe des lettres. Pop. 1,630 h. — TERRAIN cristallisé, granit.

Autrefois duché en Poitou, diocèse de la Rochelle, parlement et intendance de Paris, élection de Châtillon.

Mortagne passe pour être l'antique *Segora* où résidait un proconsul romain. Les Anglais s'en emparèrent dans le XIe siècle, et y construisirent une forteresse qu'ils perdirent et qu'ils reprirent plusieurs fois, et dont ils furent chassés en 1373 par Olivier de Clisson. Cette ville fut souvent prise et reprise dans les guerres de religion. Elle a cruellement souffert pendant les guerres de la Vendée. En 1794 Bernard de Marigny, à la tête d'une armée de Vendéens, après quelques avantages remportés sur les républicains à Chollet, forma le projet de s'emparer de Mortagne, qui, suivant le rapport de deux transfuges, n'était défendu que par une faible garnison, et qui était absolument dépourvu d'artillerie. Avant de commencer l'attaque, il serra tellement la place, que pendant plusieurs semaines il fut impossible au commandant républicain de communiquer avec aucune des colonnes de son armée. Toutes les ordonnances qu'il envoyait à la découverte tombaient entre les mains des royalistes et étaient égorgées sans pitié. Bientôt la ville se trouva entièrement bloquée. Toute sa défense consistait en sept à huit cents soldats, cent cinquante républicains armés et de vieux remparts nouvellement rétablis. — Vers la fin de mars la disette de fourrage força la garnison à faire une sortie. Bernard de Marigny, interceptant le convoi, fait un carnage horrible de l'escorte, et, paraissant tout à coup à la tête de quatre mille Vendéens, plante le drapeau blanc à la vue des remparts. En même temps deux autres colonnes royalistes paraissent devant les portes Nantaise et Rochellaise pour y faire une fausse attaque. En un moment la générale est battue, la garnison et tous les habitants en état de porter les armes sont rassemblés. Les postes assiégés à chaque corps sont promptement occupés et l'on mure les portes en dedans. Bernard de Marigny ne pouvant, faute de canon, chauffer la place, ordonne l'escalade, et lui-même par son exemple anime les Vendéens. Aussitôt un feu roulant de mousqueterie est dirigé sur les portes de St-Louis et de Poitiers. Le commandant Lenormand, chef du troisième bataillon de l'Orne, parcourt les remparts, exhorte les républicains à faire une bonne résistance, et leur recommande surtout de ne tirer qu'à portée sûre. Les royalistes, poussant des cris épouvantables, disposent tout pour donner l'assaut. Les plus hardis qui se présentent sont renversés, et dans leur chute entraînent ceux qui les suivent. Découragé, Bernard de Marigny renonce au projet d'escalader les murs, sans néanmoins interrompre le feu, auquel les assiégés ripostent vigoureusement et sans relâche. Avant la fin de la nuit le chef des assiégeants ordonne la retraite, et annonce une seconde attaque pour le lendemain. Les chefs de la garnison, mettant à profit la retraite momentanée des royalistes, s'assemblent en conseil de guerre, et décident d'évacuer la ville ; la plus grande partie des habitants suivit la garnison, qui fit sa retraite avec ordre et en silence, et se replia sur Nantes, en perçant courageusement à travers quelques partis ennemis qui s'opposèrent vainement à son passage. — Au point du jour, Bernard de Marigny, ayant rassemblé ses soldats dispersés dans les fermes voisines, se prépare à livrer un second assaut à la ville. Laudrun le Rouve, qui en sortait, fut le premier à lui annoncer que l'ennemi avait effectué sa retraite. Le général vendéen y pénètre alors, s'empare des magasins, abat l'arbre de la liberté, fait brûler le château, les portes de la ville, et ordonne que les fortifications soient rasées. Ses soldats se livrèrent à des excès de fureur que la plume refuse à rapporter ; ils massacrèrent sous les yeux du commandant deux femmes signalées par leur attachement à la cause des républicains. Cependant Mortagne n'offrant aucune sûreté, Marigny ne l'occupa qu'un seul jour ; le gros de son armée se répandit dans les villages voisins. Il fit transporter au quartier général de Cerisais tous les approvisionnements dont il venait de se rendre maître.

Assise en amphithéâtre sur une chaîne de coteaux que baigne la Sèvre Nantaise, la ville de Mortagne n'offre par elle-même rien de curieux. Ses maisons, mal bâties, sont entremêlées de décombres qui lui donnent l'air délabré ; ses rues inégales, pavées d'un caillou large et poli, sont irrégulières et étroites. Il y avait autrefois un couvent de bénédictins qui passait pour le plus riche de la contrée ; ses ruines annoncent une construction élégante et moderne. A l'aspect de ses fenêtres, dont les ruines ont été défigurées par l'incendie, à la vue de leur hauteur gigantesque et de la couleur noire que les flammes y ont empreinte, les peintres croient y retrouver un souvenir du Colisée de Rome ; mais le temps ne les a pas encore revêtues de décorations de mousse et de végétaux.

Le château, également en ruines, offre les restes d'une architecture gothique : les souvenirs des temps chevaleresques se retracent sur quelques décombres, une salle assez bien conservée, des escaliers tournants et voûtés, des pilastres noircis par le temps, d'antiques armoiries à demi effacées, de vastes et profonds souterrains, des restes de vieilles fortifications, peuvent attirer un moment l'antiquaire ; mais de ces fenêtres, dont l'encadrement subsiste encore, le paysagiste découvre des vues délicieuses, qui rappellent les Alpes et le Piémont.

La route de Mortagne aux Herbiers se déroule sur les coteaux qui, se succédant l'un à l'autre, découvrent à chaque pas une vue nouvelle. Partout des prés ombragés, des champs bien cultivés, des maisons couvertes d'une tuile rouge qui se fait apercevoir de loin en loin à travers les arbres. Souvent on rencontre ces nombreux et beaux troupeaux qui donnent des laines rivales de celles de Ségovie, et connues sous le nom de laine de Mortagne ; de vastes champs de lin à la fleur bleue étalent de tous côtés leurs immenses nappes d'azur ; on les prendrait de loin pour le miroir des lacs réfléchissant un ciel pur.

Deux chaînes de rochers parallèles forment entre leurs rocs à pic une vallée profonde où serpente la Sèvre. Une belle route taillée à mi-côte dans le flanc de la montagne descend de la ville par une pente douce jusqu'à la rivière, remonte ensuite sur le flanc de la montagne opposée, la côtoie, s'arrête sur une petite esplanade plantée de peupliers, entr'ouvre les rochers et disparaît. La vue que l'on découvre de dessus le pont est ravissante : la Sèvre sort au loin de derrière les rochers, roule ses eaux sur une surface unie, baigne plusieurs petites îles au-dessous desquelles cette rivière traverse des quartiers de rocs noircis, écume, bouillonne, puis tout à coup réunit ses eaux en un vaste bassin, tombe de cascades en cascades, et vient s'engloutir avec fracas sous les arches immobiles du pont.

Fabriques de toiles, papiers. Tanneries. —

Commerce de toiles, cuirs, chevaux, moutons recherchés. — *Foires* le 3ᵉ mardi de fév., d'avril, de mai, 25 août et 28 oct.

MORTAIN, *Moritolium*, *Moretonium*, petite ville, *Manche* (Normandie), chef-l. de sous-préf. (3ᵉ arr.) et d'un cant. Trib. de 1ʳᵉ inst. Collége comm. Cure. Gîte d'étape. ✉. ⚘. Pop. 2,523 h. — Terrain de transition moyen, voisin du terrain cristallisé.

Autrefois comté et châtellenie en Normandie, diocèse d'Avranches, parlement de Rouen, intendance de Caen, chef-lieu d'élection, vicomté, bailliage, maîtrise particulière, collégiale.

Mortain est une ville fort ancienne, jadis place forte et chef-lieu d'un comté. La dernière moitié du xiᵉ siècle fut pour cette ville l'époque la plus remarquable. Néel de St-Sauveur venait d'être disgracié quand le duc Guillaume donna le comté à son frère Robert, avec un pouvoir beaucoup plus étendu que celui de ses prédécesseurs. A l'assemblée de Lillebonne, Robert joua un rôle très-distingué; à l'expédition d'Angleterre il avait un des principaux commandements; tout le Cotentin avait suivi sa bannière; personne ne fut plus largement récompensé que lui dans le pays conquis. Jamais le château de Mortain ne fut aussi brillant que de son temps et dans les premières années de son fils Guillaume; mais après la journée de Tinchebray ce château fut en partie démoli et ne se releva point. Quoique deux de ses possesseurs soient devenus rois d'Angleterre, il avait perdu sa gloire et son importance : les comtes de Mortain l'habitaient rarement. Sous la domination française il appartint à des comtes titulaires, dont la plupart n'y résidèrent point. Les rois de France le donnèrent quelquefois à titre de récompense. François Iᵉʳ l'échangea en 1529 avec Louis de Bourbon, comte de Montpensier, pour les terres situées dans les Pays-Bas et promises par le roi Charles-Quint. Le comté et le château de Mortain restèrent dans la famille de Montpensier jusqu'à la mort de Henri, arrivée en 1608. Celui-ci laissa une immense fortune à sa fille unique, qui épousa Gaston de France, duc d'Orléans, frère de Louis XIII. De ce mariage naquit Louise d'Orléans, duchesse de Montpensier, plus connue dans l'histoire du siècle de Louis XIV sous le nom de *Mademoiselle*. Elle posséda le comté de Mortain jusqu'à sa mort, en 1697. Philippe d'Orléans, frère de Louis XIV, lui succéda en qualité de légataire universel. Il laissa à son fils, régent du royaume durant la minorité de Louis XV, le comté de Mortain, qui appartenait encore à la maison d'Orléans à l'époque de la révolution.

Dans son état actuel, le château de Mortain, placé au-dessous de la ville, à peu de distance vers le couchant, offre des ruines, sinon bien caractérisées, du moins très-pittoresques. Le centre en est occupé par une habitation moderne. L'ancienne enceinte était garantie d'un côté par un vallon étroit, et par les autres côtés par des fossés profonds dont la partie intérieure, à moitié comblée, présente des revêtements en maçonnerie. Il y avait au moins quatre tours, sans compter le donjon qui était au midi de l'enceinte ; c'était une tour considérable, solidement établie sur un rocher fort escarpé. Il n'y a pas longtemps que ce donjon a été démoli : plusieurs habitants de Mortain se souviennent de l'avoir vu entier. La seule tour qui existe maintenant se trouve sur la porte principale ; elle est d'une assez grande dimension, mais défigurée par un revêtement et une toiture moderne qui lui donnent l'apparence d'un colombier. Il ne reste plus du côté de la ville aucune trace d'ouvrages avancés, et l'accès a été si bien aplani qu'on arrive facilement au château en voiture.

A peu de distance vers le nord on trouve un rocher qui forme une pyramide étroite, élevée et pittoresque, et quelques pas plus loin une très-belle cascade. C'est un des sites les plus remarquables de la Normandie, une véritable vue de Suisse, dont tous les voyageurs sont émerveillés.

Outre le château et la cascade, il faut visiter l'église de Mortain. C'est un des monuments les plus curieux pour l'antiquaire. Cette église, fondée en 1082, offre le modèle le mieux conservé de l'architecture de transition. La lutte entre l'architecture romane et l'ogive est évidente. Des arches en ogive soutiennent tout l'intérieur. Le long de la nef et au bas du chœur ces ogives sont obtuses ; au haut du chœur et autour du sanctuaire, elles sont de moitié plus étroites. De grosses colonnes courtes, simples, cylindriques, constamment uniformes, soutiennent toutes les arches, qui sont d'un bout à l'autre surmontées par des fenêtres équivoques entre l'ogive et le roman, comme on en remarque aux clochers de la cathédrale de Bayeux. — A l'intérieur, le mélange des architectures est frappant ; en bas de la nef, vers le midi, est un morceau curieux d'architecture romane, avec des ornements analogues en zigzags, losanges, dents de scie, etc. Le clocher offre des lancettes très-longues et très-caractérisées.

Biographie. Patrie de Benoît, fameux graveur.

De Delabarre, jurisconsulte.

De Roupnel de Chenilly, commentateur de la Coutume de Normandie.

Du savant opticien Lerebours.

Industrie. *Fabrique* de broderies. — *Foires* le 1ᵉʳ vendredi de mars (2 jours), 1ᵉʳ samedi de mai, samedi après la Trinité et 1ᵉʳ samedi de chaque mois.

A 56 k. S. de St-Lô, 271 k. O. de Paris, par Argentan.

L'arrondissement de Mortain contient 5 cantons : Barenton, Isigny, Juvigny, Mortain, St-Hilaire-du-Harcouet.

Bibliographie. Sicottère (de la). *Sur l'église de Mortain et sur les statues en bois qui s'y trouvent* (Bull. de M. de Caumont, t. v, p. 369).

Gerville (C. de). *Détails sur l'église de Mortain*, etc. (Mém. de la société des antiq. de Normandie, t. i, p. 142 ; t. iv, p. 184).

MORTAIN, vg. *Deux-Sèvres*, comm. d'Ardin, ✉ de Niort.

MORTCERF, vg. *Seine-et-Marne* (Normandie), arr. et à 16 k. de Coulommiers, cant. de Rozoy-en-Brie, ✉ de Faremoutiers. Pop. 737 h.

MORTE (la), vg. *Isère* (Dauphiné), arr. et à 30 k. de Grenoble, cant. d'Entraigues, ✉ de la Mure. Pop. 318 h.

MORTEAU, petite ville, *Doubs* (Franche-Comté), arr. et 27 k. de Pontarlier, chef-l. de cant. Cure. Bureau de douanes. ✉. A 479 k. de Paris pour la taxe des lettres. Pop. 703 h. — Terrain jurassique, étage supérieur du système oolitique.

Ce bourg est situé en amphithéâtre, dans une belle position près de la rive gauche du Doubs, sur le revers d'un coteau d'où la vue embrasse le beau vallon connu sous le nom de val de Morteau. Elle doit son origine à l'établissement du prieuré de l'ordre de Cluny qui y existait autrefois, dont la fondation, selon Dunod, date de la fin du xᵉ siècle ou du commencement du xiᵉ, sous le règne de Rodolphe III, roi de Bourgogne, ou celui de l'impératrice Adélaïde, sa tante. — L'affranchissement des servitudes féodales dans le val de Morteau date de l'an 1660. La seigneurie du val de Morteau et les seigneuries adjacentes faisaient partie de la Franche-Montagne. Les habitants du val se prétendaient exempts de payer le don gratuit levé pour le souverain ; mais comme ils faisaient entrée aux états, le procureur des états fut chargé de les poursuivre en 1589 ; un arrêt de 1606 contraignit la Franche-Montagne de contribuer comme le reste de la province.

Les habitants du val de Morteau défendirent courageusement l'entrée de leur territoire contre les Neuchâtelois, s'avançant en armes pour se joindre aux protestants qui tentèrent de surprendre Besançon en 1575 ; le passage ne put être forcé. En 1639, après avoir rompu les glaces du Doubs, les habitants du val de Morteau voulurent s'opposer au passage des troupes de Weimar s'avançant vers Pontarlier ; leur position fut tournée : bon nombre de braves payèrent de leur vie cet acte de dévouement patriotique.

On trouve près de Morteau une source d'eau minérale ferrugineuse.

Fabriques d'horlogerie, de toiles de coton, siamoises, mouchoirs façon de Rouen, instruments aratoires. Fonderie de cuivre, fonte d'alliage pour cloches et pompes à incendie. Scieries hydrauliques. Tanneries. Teintureries. — *Foires* très-fréquentées le 4ᵉ mardi de janv., 1ᵉʳ mardi de mars, d'avril, de mai, de juin, d'août, 4ᵉ mardi de sept. et 2ᵉ mardi de nov.

Bibliographie. Monnier (dom). *Description du vallon de Morteau et du Saut-du-Doubs*, dédiée à Mᵐᵉ la comtesse d'Hennezel, in-8, 1790.

Willemin (Ed. et Ch.). *Le Prieuré de Morteau, de l'an mil à mil sept cent quatre-vingt-treize*, in-8, 1839.

MORTEAU, vg. *H.-Marne* (Champagne), arr. et à 20 k. de Chaumont-en-Bassigny, cant. et ✉ d'Audelot. Pop. 34 h. — Forges.

MORTEAU, vg. *Calvados* (Normandie), arr., ✉ et à 10 k. de Falaise, cant. de Coulibeuf. Pop. 536 h.

MORTEFOND, vg. *Deux-Sèvres*, comm. de Verrine-sur-Celles, ✉ de Melle.

MORTEFONTAINE, vg. *Aisne* (Picardie), arr. et à 25 k. de Soissons, cant. de Vic-sur-Aisne, ✉ de Villers-Cotterets. Pop. 247 h.

MORTEFONTAINE, vg. *Oise* (Picardie), arr. et à 10 k. de Senlis, cant. et ✉ de la Chapelle-en-Serval. ☞. Pop. 387 h.

On y remarque un des plus beaux châteaux des environs de Paris, par ses admirables jardins et ses vastes dépendances : sa situation est la plus agreste que l'on puisse imaginer. La route qui y conduit en s'y rendant d'Ermenonville, est sablonneuse, malaisée, couverte de rochers épars sur les sables, et souvent d'un effet pittoresque. Une grille ferme les cours de ce château qui se présente avec quelque élégance en face d'une belle pelouse, d'allées et de bosquets qui conduisent jusqu'aux étangs. En pénétrant dans les jardins, un gazon fleuri conduit jusqu'à la pièce d'eau, surmontée d'un joli pont à la chinoise. En la côtoyant on arrive à la tour octogone, au fond du parc; de sa plate-forme, sous une tente qui la met à l'abri des injures du temps, on peut contempler de beaux lointains, de riches paysages; on en descend, on les quitte à regret pour parcourir tous les sites, tous les bosquets, toutes les surprises qu'offre l'intérieur du parc. Dans les nouvelles compositions, la grâce, l'élégance dominent ; mais le propriétaire, en guidant les architectes, a su leur commander de ménager, de respecter les superbes arbres de décoration dont partout la terre est couverte.

Mortefontaine est sans exception le seul lieu de la France où la grande majorité des arbres que l'Angleterre a naturalisés reçoit tout son accroissement et tous ses développements. On ne voit nulle part de plus belles salles de verdure, de feuillages plus majestueux. Cette première partie du jardin de Mortefontaine est délicieuse; elle rappelle, ainsi que le château, tout ce que la civilisation peut produire de plus noble et de plus élégant, et ce que la vie pastorale enfante de plus champêtre.

On traverse les cours, le grand chemin, une esplanade, une longue allée percée dans un bois agréable ; et, doucement distraits par les fleurs et par les bruyères, par ces douces conversations que détermine une solitude aimable, on arrive à l'extrémité d'une plate-forme, d'où le plus immense théâtre apparaît subitement, saisit de surprise et d'enchantement : de vastes étangs, coupés d'îlots boisés, entourés de vertes prairies, fixent quelque temps les regards ; ils errent ensuite à travers des bocages enchanteurs : ces étangs ou ces lacs occupent une vallée profonde que la vue suit dans le lointain jusqu'aux montagnes d'Aulmont et de St-Christophe, qui terminent au nord ce vaste et sublime paysage. Les collines moins éloignées qui bordent la vallée, sont couvertes avec ménagement, d'objets intéressants qui coupent leur monotonie ; c'est l'ermitage, ce sont les ruines d'une église au-dessous des bois et des pelouses du désert ; c'est un rocher sur lequel on lit, en gros caractères, ce beau vers de l'abbé Delille :

<small>Sa masse indestructible a fatigué le temps.</small>

Rien de pittoresque comme les fonds prolongés, brisés avec tant de richesses et de variété, qui suivent au nord-est tous les contours de la vallée. La grange du moulin de Vallières, la cabane du pêcheur, animent cette scène enchanteresse, que tous les mouvements du soleil, que les charmes d'un clair de lune, que les changements des saisons parent de décorations nouvelles.

Quel théâtre pour des fêtes de nuit ! avec quelles délices on se promènerait sur les étangs, au milieu d'illuminations dirigées avec art, qu'animerait une musique lointaine ! En se promenant sur ces rives, on se rappelle les fêtes et les concerts du lac Lucrin, où les fleurs, les parfums étaient tellement prodigués, que l'air le lendemain en était embaumé, et que la surface du lac était couverte de myrtes, de roses et de lauriers.

Avant la révolution M. Lepelletier de Mortefontaine dépensait dans ce lieu une partie de sa grande fortune. Une imagination vive, du goût, beaucoup de bizarrerie, rendirent ce séjour le témoin de scènes singulièrement contrastantes ; tantôt sa famille estimable venait le visiter ; on y donnait alors des comédies pieuses ; et rien ne se sentait du désordre habituel. Quelquefois il y conduisait les hommes attachés à l'intendance de Soissons, avec lesquels il prenait un air de dignité magistrale ; on raisonnait finance, économie, agriculture ; on se promenait autour de monseigneur qui permettait de s'égayer à la chute du jour par des lectures et des proverbes ; mais habituellement on réunissait à Mortefontaine des acteurs et des actrices, des artistes en tous genres, auxquels se réunissaient quelques jeunes hommes dits de qualité, et Mortefontaine devenait alors un théâtre d'extravagances et de folies.

Le château de Mortefontaine fut choisi, le 3 octobre 1800, pour la célébration de la signature du traité de paix conclu entre la république française et les Etats-Unis de l'Amérique. On y donna une fête superbe avec une illumination sur les pièces d'eau du grand parc. Les consuls de la république française, accompagnés d'une société nombreuse et brillante, s'y réunirent aux représentants des Etats-Unis, et la paix y fut solennellement célébrée : d'élégantes décorations, placées dans le château, montraient partout la France et l'Amérique réunies. Un repas splendide, un spectacle où jouèrent les premiers artistes de Paris terminèrent cette fête brillante, que fit graver, dans le temps, le célèbre Piranesi.

Bibliographie. * *Trois jours en voyage* (Mortefontaine), in-12, 1828.

MORTEFONTAINE, vg. *Oise* (Picardie), arr. et à 24 k. de Beauvais, cant. et ✉ de Noailles. Pop. 296 h.

MORTEMART, bg *Dordogne*, comm. de St-Félix-de-Reillac, ✉ du Bugne.

MORTEMART, vg. *H.-Vienne* (Limousin), arr., ✉ et à 12 k. de Bellac, cant. de Mézières. Pop. 295 h. — Foires le 17 de chaque mois.

MORTEMER, vg. *Eure*, comm. de Lisors, ✉ de Lyons-la-Forêt.

MORTEMER, vg. *Oise* (Picardie), arr. et à 25 k. de Compiègne, cant. et ✉ de Ressons. Pop. 327 h. — Carrières de pierres de taille.

MORTEMER, vg. *Seine-Inf.*, comm. de Sandonville, ✉ de St-Romain.

MORTEMER-EN-BRAY, *Mortuum Mare*, vg. *Seine-Inf.* (Normandie), arr., cant., ✉ et à 9 k. de Neufchâtel-en-Bray. Pop. 240 h. — Il se donna près de ce lieu en 1055 une bataille célèbre où les Français furent défaits par les Normands.

MORTERAY (le), vg. *Ain*, comm. de St-Alban, ✉ de Cerdon.

MORTEROLLE, vg. *Creuse* (Marche), arr., ✉ et à 7 k. de Bourganeuf, cant. de Royère. Pop. 501 h.

MORTEROLLES, vg. *H.-Vienne* (Limousin), arr. et à 28 k. de Bellac, cant. de Bessines. ✉. ☞. A 389 k. de Paris pour la taxe des lettres. Pop. 612 h.

MORTERY, vg. *Seine-et-Marne* (Brie), arr., cant., ✉ et à 8 k. de Provins. P. 176 h.

MORTES (les), vg. *Jura*, comm. de Ruffey, ✉ de Bletterans.

MORTEUIL, vg. *Côte-d'Or*, comm. de Mercœuil, ✉ de Beaune.

MORTHEMER, vg. *Vienne* (Poitou), arr. et à 22 k. de Montmorillon, cant. de Lussac, ✉ de Chauvigny. Pop. 287 h. — Foires les 1er nov. et 1er déc.

MORTHOMIERS, vg. *Cher* (Berry), arr. et à 11 k. de Bourges, cant. de Charost, ✉ de St-Florent. Pop. 216 h.

MORTHOMME, vg. *Ardennes*, comm. de Béfu, ✉ de Grandpré.

MORTIER, vg. *Aude*, comm. de la Cassaigne, ✉ de Castelnaudary.

MORTIER (le), vg. *Indre-et-Loire*, comm. de Restigny, ✉ de Bourgueil.

MORTIER, vg. *Nord*, comm. de Stéenwerck, ✉ de Bailleul.

MORTIER (le fort), vg. *H.-Rhin*, comm. et ✉ de Neufbrisach.

MORTIÈRE (la), vg. *Marne*, comm. du Thoult, ✉ de Montmirail.

MORTIÈRE, vg. *Saône-et-Loire*, comm. de Moroges, ✉ de Buxy.

MORTIERS, vg. *Aisne* (Picardie), arr. et à 17 k. de Laon, cant et ✉ de Crécy-sur-Serre. Pop. 398 h.

MORTIERS, bg *Charente-Inf.* (Angoumois), arr., cant., ✉ et à 11 k. de Jonzac. Pop. 629 h.

MORTIERS (haut et bas), vg. *Loire-Inf.*, comm. de Gorges, ✉ de Clisson.

MORTILIÈRE (la), vg. *Indre-et-Loire*,

comm. de St.-Nicolas-de-Bourgueil, ⊠ de Bourgueil.

MORTON, bg *Vienne* (Poitou), arr., ⊠ et à 14 k. de Loudun, cant. des Trois-Moutiers. Pop. 441 h.

MORTRÉE, petite ville, *Orne* (Normandie), arr. et à 17 k. d'Argentan, chef-l. de cant. Cure. ⊠. A 191 k. de Paris pour la taxe des lettres. Pop. 1,422 h. — TERRAIN jurassique. — *Fabriques* de toiles. — *Foires* les 17 janv., 15 avril, 28 juillet et 19 sept.

Le château d'O est une dépendance de la commune de Mortrée. Ce château, l'un des plus remarquables du département, et dont la tradition attribue la construction à la célèbre Isabeau de Bavière, qui, après l'expulsion des Anglais, y fut pendant quelque temps retenue prisonnière, est un édifice gothique, décoré de magnifiques sculptures ; il est bâti sur pilotis au milieu d'un bassin très-profond rempli d'eaux vives ; il passait pour très-fort, et soutint plusieurs sièges. Louis XIII érigea ce château en marquisat en 1616 ; il devint en 1647 la propriété de la famille Montaigu, qui le posséda jusqu'à la révolution. Vendu nationalement à cette époque, il a eu divers maîtres, et est heureusement tombé aux mains d'un propriétaire homme de goût, qui l'a fait réparer et embellir.

A 2 k. de Mortrée est le camp de Chatellier. V. CERCUEIL.

MORTROUX, vg. *Creuse* (Manche), arr. et à 25 k. de Guéret, cant. de Bonnat, ⊠ de Génouillat. Pop. 1,098 h.

MORTZWILLER, vg. *H.-Rhin* (Alsace), arr. et à 21 k. de Belfort, cant. et ⊠ de Massevaux. Pop. 278 h.

MORVAL, vg. *Jura* (Franche-Comté), arr. et à 27 k. de Lons-le-Saulnier, cant. de St-Julien, ⊠ de St-Amour. Pop. 111 h.

MORVAL, vg. *Pas-de-Calais* (Artois), arr. et à 31 k. d'Arras, cant. et ⊠ de Bapaume. Pop. 385 h.

MORVAN (le), *Ædii Morvinni*, petit pays qui dépendait autrefois du Nivernais ; il est maintenant compris dans les dép. de la Nièvre et de l'Yonne. On y nourrit quantité de bestiaux, dont il se fait un commerce considérable : on y récolte des blés excellents.

MORVENT, vg. *Seine-et-Oise*, comm. et ⊠ de Bonnières.

MORVERT, vg. *Seine-et-Marne*, comm. et ⊠ de Chaumes.

MORVILLARS, ou MORSWILLER, vg. *H.-Rhin* (Alsace), arr. et à 12 k. de Belfort, cant. et ⊠ de Delle. P. 480 h. — Tirerie de fer.

MORVILLE, vg. *Loiret* (Orléanais), arr. et à 11 k. de Pithiviers, cant. de Malesherbes, ⊠ de Sermaises. Pop. 276 h.

MORVILLE, vg. *Manche* (Normandie), arr., ⊠ et à 7 k. de Valognes, cant. de Bricquebec. Pop. 453 h.

MORVILLE (la), vg. *Meuse* (Lorraine), arr. de Commercy, ⊠ et à 35 k. de St-Mihiel, cant. de Vigneulles. Pop. 358 h.

MORVILLE, vg. *Seine-Inf.* (Normandie), arr. et à 35 k. de Neufchâtel-en-Bray, cant. d'Argueil, ⊠ de Croisy-la-Haye. Pop. 239 h.

MORVILLE, vg. *Vosges* (Lorraine), arr. et à 17 k. de Neufchâteau, cant. et ⊠ de Bulgnéville. Pop. 102 h.

MORVILLE-LÈS-VIC, vg. *Meurthe* (Lorraine), arr., cant., ⊠ et à 4 k. de Château-Salins et à 5 k. de Vic. Pop. 377 h.

MORVILLE-SUR-NIED, vg. *Meurthe* (Lorraine), arr. de Château-Salins et à 25 k. de Vic, cant. et ⊠ de Delme. Pop. 513 h.

MORVILLE-SUR-SEILLE, vg. *Meurthe* (Lorraine), arr. et à 32 k. de Nancy, cant. et ⊠ de Pont-à-Mousson. Pop. 373 h.

MORVILLERS, vg. *Oise* (Picardie), arr. et à 27 k. de Beauvais, cant. et ⊠ de Songeons. Pop. 636 h.

MORVILLERS-ST-SATURNIN, vg. *Somme* (Picardie), arr. et à 49 k. d'Amiens, cant. de Poix, ⊠ d'Aumale. Pop. 722 h.

MORVILLETTE, vg. *Eure-et-Loir*, comm. de Saulnières, ⊠ de Dreux. ɷ.

MORVILLIERS, vg. *Aube* (Champagne), arr. et à 25 k. de Bar-sur-Aube, cant. de Soulaines, ⊠ de Brienne. Pop. 692 h.

MORVILLIERS, vg. *Eure-et-Loir* (Beauce), arr. et à 35 k. de Dreux, cant. et ⊠ de la Ferté-Vidame. Pop. 309 h.

MORVILLIERS, vg. *Loir-et-Cher*, comm. de la Chapelle-St-Martin, ⊠ de Mer.

MORY, vg. *Pas-de-Calais* (Artois), arr. et à 16 k. d'Arras, cant. de Croisilles, ⊠ de Bapaume. Pop. 678 h.

MORY, vg. *Seine-et-Marne*, comm. de Mitry-Mory, ⊠ de Vilparisis.

MORY-MONCRUX, vg. *Oise* (Picardie), arr. et à 29 k. de Clermont, cant. et ⊠ de Breteuil. Pop. 222 h.

MOSA (lat. 49°, long. 24°). « L'Itinéraire d'Antonin place un lieu de ce nom sur la route d'*Andomatunum*, ou de Langres à *Tullum Leucorum*, Toul. La distance à l'égard d'*Andomatunum* est marquée XII, et on compte 31 en deux distances de *Mosa* à *Tullum*. Ce lieu est Menvi, situé au passage de la Meuse et sur la direction de l'ancienne voie romaine, dont on reconnaît la trace par des vestiges, ce qui ne convient point également au lieu nommé Meuse, dont la position remonte aux sources de la rivière. Ainsi, ce qu'on lit dans la vie de sainte Salaberge, que cite M. de Valois (p. 361) : *Villam quamdam Mosam nomine, ob amnem in eo loco defluentem sic appellatam*, n'est point applicable à la position de *Mosa* que donne l'Itinéraire, si ces paroles *in eo loco defluentem* doivent s'entendre précisément de la source de la Meuse. L'indication de l'Itinéraire entre Langres et *Mosa* ne paraîtrait pas décisive sur ce point, en ce qu'elle ne remplit pas ce qu'il y a d'espace réel, qui est de 15 à 16,000 toises. Mais elle conviendrait encore moins à Meuse, qui en s'éloigne de Langres que de 10 à 11,000 toises. Et quand on fait usage de l'Itinéraire dans l'intervalle de *Mosa* à *Tullum*, on trouve que cet intervalle convient à la position de Meuvi, comme on peut voir dans l'article *Salimariaca*, et ce qui cadre à la position de Meuvi ne saurait cadrer à celle de Meuse. Je n'oublierai pas de dire qu'on trouve aussi *Mosa* dans la Table théodosienne, mais d'une manière où l'ordre des lieux paraît confus et mal disposé. La distance marquée VIIII à l'égard de *Noviomagus*, qui est Neufchâteau, demande environ XIII sur le local. » D'Anville. *Notice de l'ancienne Gaule*, p. 466.

MOSA FLUV. (lat. 49° 24', long. 52° 23'). « César fait sortir la Meuse *ex monte Vogeso, qui est in finibus Lingonum*. Il est vrai que la source de cette rivière est sur les confins du pays des Lingones : mais, en suivant la chaîne des Vosges, on la trouve presque anéantie avant que d'arriver à la source de la Meuse. De toutes les rivières que reçoit la Meuse dans l'étendue de son cours jusqu'à la jonction du Wahal, on n'en connaît dans l'âge romain de la Gaule, que *Sabis* ou la *Sambre*. Il est à présumer que l'union du Wahal avec la Meuse se faisait autrefois près de Dor-Drecht, comme on peut voir à l'article *Vahalis*. Les communications qui existent aujourd'hui beaucoup au-dessus, sont d'un temps postérieur et ont apporté du changement au cours de la Meuse, qui était plus direct au-dessous de Batembourg, et passait sous *Mons Littoris* avant que la mer ne pénétrât dans les terres par la submersion du Bies-Bos en 1421. Le vestige de l'ancien lit entre Heusden et Gertrudenberg, sur les *Mons Littoris*, conserve le nom de vieille Meuse. A Dor-Drecht, le bras qui se détache sur la droite reçoit la *Leck*, dont l'existence dans l'antiquité est incertaine, et on croit que l'industrie a eu part à ce canal, qui se nomme Merwede. L'autre bras est appelé Oude-Maes, ou Vieille-Meuse ; et la réunion du précédent avec celui-ci, qui se fait sous Vlarding, forme l'embouchure de la Meuse, que Tacite appelle *Os Immensum*, et qui porte le nom de *Helium* dans Pline, comme le remarque dans l'article *Helium ostium*. Quoique cette embouchure appartienne à la Meuse, cependant le Rhin en y communiquant par le Wahal, semble le revendiquer comme un endroit de Tacite (*Histor.*, lib. v, 23), où en parlant d'un combat naval que Civilis hasarda contre la flotte romaine, l'historien s'explique ainsi : *Spatium velut æquoris electum, quo Mosa fluminis amnem Rhenus Oceano adfundit.* » D'Anville. *Notice de l'ancienne Gaule*, p. 467. V. aussi Walckenaer. *Géographie* des Gaul. t. I, p. 446.

MOSCHBACH, vg. *H.-Rhin*, comm. de Moosch, ⊠ de Vesserling.

MOSCONNUM (lat. 44°, long. 17°). « Dans l'Itinéraire d'Antonin, entre *Aquæ Tabellicæ* et *Segosa*. V. l'article SEGOSA. » D'Anville. *Notice de l'ancienne Gaule*, p. 468.

MOSCOUS, vg. *Nord*, comm. de Nieppe, ⊠ d'Armentières.

MOSELLA FLUV. (lat. 49°, long. 25°). « Cluvier conjecture que dans l'endroit du quatrième livre des Commentaires où il est dit que la multitude des *Tuncteri* et des *Usipetes*, poursuivie par la cavalerie de César, arriva en fuyant *ad confluentes Mosæ et Rheni*, il convient de lire *Mosellæ* plutôt que *Mosæ*. M. de

Valois (p. 363) approuve fort cette conjecture. Sanson en a jugé de même, et ce qui me détermine également, nonobstant le témoignage des manuscrits , c'est de voir dans César que ces Germains ayant passé le Rhin vers la partie inférieure de son cours, et dans le territoire des *Menapii*, avaient pénétré chez les *Eburones*, et jusque chez les *Condrusi* ; c'est-à-dire qu'ils s'étaient avancés jusque dans le Luxembourg, sur la frontière de l'évêché de Liège. Or, il est évident que, dans cette position, la retraite vers le Rhin immédiatement au-dessous du confluent de la Moselle, est plus vraisemblable que de la prolonger jusqu'à la jonction du Wahal avec la Meuse, puisque le Rhin ne communique à cette rivière que par le canal du Wahal. Tacite parle de la Moselle (*Annal.*, XIII , sect. 53) en disant que L. Vetus eut dessein d'entreprendre un canal pour joindre cette rivière à la Saône : *Mosellam atque Ararim facta inter utrumque fossa, connectere parabat*. Dans Florus, le nom de la Moselle est *Mosula*. On connaît le poème par lequel Ausone a célébré la Moselle (*Epist.*, lib. III), et qui a été commenté par Marquard Fréher. Les raisons qui peuvent faire douter que Ptolémée ait indiqué cette rivière sous un autre nom, sont exposées dans l'article *Obringa Fluvius*. » D'Anville, *Notice de l'ancienne Gaule*, p. 468.

MOSELLE (la), *Mosella*, rivière considérable formée par trois sources qui prennent toutes trois naissance dans l'arrondissement de Remiremont (*Vosges*) ; la principale est auprès des ruines du château de Moselle, au pied de la côte du Taye, commune de Bussang. Elle traverse tout le département des Vosges et celui de la Meurthe qu'elle parcourt également, d'où elle se rend dans celui de la Moselle et le pays de Trèves, pour se joindre au Rhin, à Coblentz.

Dans sa partie supérieure, la Moselle n'a aucun lit bien déterminé ; elle erre dans un large vallon, et chaque débordement, en hiver, surtout lors des fontes des neiges, déplace des bancs immenses de gravier sur lesquels elle coule, change subitement les gués, et ravage les prairies voisines ; ses inondations, dans le département de la Moselle, appauvrissent le sol plutôt qu'elles ne le fertilisent. Son cours est tellement inconstant, que presque partout les habitants des cantons qu'elle arrose vous indiquent un ancien lit, ou ce qu'ils appellent les vieilles eaux.

La Moselle reçoit la Vologne qui sort des lacs de Gerarmer, arrondissement de St-Die, le Madon, la Meurthe , la Seille , l'Ornes, la Sarre, et quantité d'autres rivières. Elle passe à Ramonchamp, Remiremont, Epinal , Châtel, Charmes , Bayon , Pont-St-Vincent , Toul , Frouard, Pont-à-Mousson , Metz , Thionville et Sierck. Au-dessous de cet endroit, elle entre dans le grand-duché du Bas-Rhin, arrose Trèves, Berncastel, Trarbach, et se jette dans le Rhin à Coblentz. Son cours est d'environ 600 k.

La Moselle commence à être flottable près de Dommartin (*Vosges*), et à être navigable à Frouard (*Meurthe*). La longueur de la partie flottable est de 149,000 m., et celle de la partie navigable depuis Frouard jusqu'à la frontière, est de 113,300 m. La longueur de sa navigation , depuis la frontière jusqu'à son embouchure, présente un développement de 243,000 m. Les principaux objets de transport consistent en vins, eaux-de-vie, grains, houille, fers, quincaillerie, ardoises, bois de chauffage et de construction, planches de sapin, etc.

Cette rivière est remarquable par les perles qu'on y trouve, et dont quelques-unes sont assez grosses, et d'une belle eau : la coquille qui renferme l'animal qui produit la perle est bivalve, et ressemble à celle de la moule. Linné la nomme *mytilus margaritifer*.

MOSELLE (département de la). Le département de la Moselle est formé du ci-devant pays Messin, du Luxembourg français et d'une partie de la Lorraine allemande. Il tire son nom de la Moselle, qui le traverse du sud au nord. — Ses bornes sont : au nord, le duché de Luxembourg et la Prusse rhénane ; à l'est, la Prusse rhénane ; au sud, les départements du Bas-Rhin et de la Meurthe ; à l'ouest, celui de la Meuse.

Le territoire de ce département est en général montueux, boisé, inégal, sillonné en tous sens par des monticules et par des collines qui ne s'élèvent pas au delà de 200 m. Les parties élevées de ces hauteurs sont couvertes de belles forêts peuplées de gibier de toute espèce ; leurs pentes sont douces, arrondies, plantées d'arbres fruitiers ou de vignes qui donnent des vins de bonne qualité. L'aspect général du pays montre qu'il n'y existe aucunes plaines proprement dites, car l'on ne saurait donner ce nom aux vallées qui forment le bassin des rivières, ni les larges plateaux de quelques montagnes. La plus profonde et la plus haute de ces vallées est celle qu'arrose la Moselle, dont rien n'égale la richesse du fond et la beauté des sites, particulièrement depuis Metz, où ses coteaux s'écartent considérablement, jusqu'à Sierck, où ils se rapprochent simultanément. Cette superbe vallée, ouverte du nord au sud, a une largeur réduite de 6,000 m. ; le sol s'élève à droite et à gauche de 100 à 200 m. Les terres y sont onctueuses, profondes et de la plus grande fertilité.

Sans être l'un des départements les plus fertiles de France, celui de la Moselle doit être rangé néanmoins parmi ceux que la nature a favorisés. Le bassin de la Moselle, dans toute son étendue, est d'une beauté remarquable : on le compare aux rives de la Loire. Si l'on y trouve peu de vastes plaines, l'inégalité du sol nuit peu à sa fertilité. La chaîne de coteaux qui fait suite aux Vosges, et qui borde la Moselle, ainsi que plusieurs des rivières et des principaux ruisseaux qui y affluent, est cultivée partout aux trois quarts de la hauteur. La nature du sol, plus ou moins montueux, n'est pas la même partout : siliceuse entre la Nied et les Vosges, elle devient argileuse dans les montagnes du pays de Bitche. Là, les plantes potagères réussissent peu ; les fruits y sont rares et de mauvaise qualité ; la pomme de terre est le seul légume qu'on y cultive avec succès ; le froment ne peut résister à l'intempérie de l'air ; les prairies, généralement assez fertiles, sont fréquemment recouvertes de sables et de galets par les nombreux ruisseaux qui découlent des montagnes, et que de longues pluies ou la chute des neiges ont fait déborder.

La surface du département est de 432,790 hectares, divisés ainsi :

Terres labourables. 303,913
Prés. 45,597
Vignes. 5,291
Bois. 92,228
Vergers, pépinières et jardins. . . 11,920
Oseraies , aunaies et saussaies. . . 228
Etangs , mares , canaux d'irrigation. 564
Landes et bruyères. 6,591
Superficie des propriétés bâties. . 1,477
Cultures diverses. 88

Contenance imposable. . . 467,897

Routes, chemins, places, rues, etc. . 12,23.
Rivières, lacs et ruisseaux. . . . . 2,57.
Forêts et domaines non productifs. . 49,89.
Cimetières, églises, bâtiments publics. 18.

Contenance non imposable. . 64,89.

On y compte :
74,888 maisons.
615 moulins à eau et à vent.
19 forges et fourneaux.
209 fabriques et manufactures.

Soit : 75,731 propriétés bâties.
Le nombre des propriétaires est de. 146,55.
Celui des parcelles de. . . . . . . 2,149,55.

HYDROGRAPHIE. Les principales rivières qui arrosent le département sont : la Moselle, qui lui donne son nom et y est navigable ; la Seille, l'Ornes, la Fensche, la Cauner, la Sarre, la Blize, les deux Nieds, la Roselle , le Chiers , le Crune et l'Othain.

COMMUNICATIONS. Le département est traversé par 12 routes royales, par 12 routes départementales et par 45 chemins vicinaux de grande communication.

MÉTÉOROLOGIE. La température varie dans différentes parties du département : elle est assez douce dans l'ancien pays Messin et le vallon de la Moselle ; mais les contrées voisines des Vosges et des Ardennes éprouvent des froids plus longs, plus rigoureux, sujets à des retours plus fréquents et plus brusques, qui se font sentir même au milieu de l'été. Le sol d'une partie de l'arrondissement de Sarreguemines est couvert de vastes forêts où la saison des neiges se prolonge et se reproduit de bonne heure ; le printemps s'y fait à peine sentir, et l'automne est de courte durée. L'arrondissement de Metz a un peu moins à souffrir du froid. — Le climat est plutôt humide que sec, surtout en automne et dans le mois de mars et d'avril ; le cours des saisons est aussi irrégulier que les vents dont il paraît dépendre. La végétation se développe souvent dans les premiers jours de mars ; même par un vent du nord ; mais celui du nord-ouest domine au printemps ; e

est beaucoup retardée ; elle languit, s'il survient pendant la germination des plantes. D'autres fois le nord-est accélère la maturité des grains et des fruits ; tantôt elle sera reculée de près d'un mois, sous l'influence du vent d'ouest, en raison des pluies fréquentes qu'il occasionne. Le nord-ouest, connu aussi dans le pays sous le nom de vent des Ardennes, occasionne, quand il souffle, beaucoup de maladies intestinales qui ont quelquefois une terminaison fatale. Quoique dans les bassins de la Moselle et de la Seille, l'automne et le printemps se confondent souvent avec l'hiver, le climat est encore plus rigoureux dans la partie est et nord-est. La terre y est souvent encore couverte de neige que déjà elle verdoie aux alentours de Metz : les nuits d'été même y sont toujours froides : aussi la vigne n'y réussit pas ; on y cultive peu d'arbres fruitiers, le jardinage y est négligé. Les vents varient souvent plusieurs fois le jour : ils soufflent avec impétuosité aux approches de chacune des quatres saisons, mais surtout au solstice d'hiver et à l'équinoxe du printemps. Le nord-ouest, compagnon des gelées blanches au printemps, répand en automne et à la fin de l'été, une humidité froide et pénétrante. En hiver, il amène la neige. Le vent du nord produit en hiver le plus grand froid, et la plus grande sécheresse en été. L'est et le sud-ouest chargent l'air de nuages. Le vent du sud, précurseur des orages, est assez rare. — Le minimum de température est de — 11° c. ; le terme moyen de —8° 60 c. ; le maximum de +25 à 26°.

Productions. Le département produit des céréales en quantité plus que suffisante pour la consommation des habitants ; les plus importantes sont le blé , le seigle et l'avoine. C'est dans les marchés des villes, et surtout de Metz, que les grains sont conduits ; ils y sont vendus par les fermiers et les propriétaires. — Les autres productions agricoles sont la vesce, le millet, les haricots, les pois et les lentilles. Les instruments aratoires n'ont rien de particulier ; les charrues perfectionnées ne sont pas d'un usage assez général ; mais on doit beaucoup espérer de la tendance des esprits vers les améliorations. On varie les assolements ; on ne suit plus aveuglément les règles de la routine , et le cultivateur commence à penser que nous pouvons faire mieux que nos pères.

Les vignes, sur lesquelles repose la fortune de beaucoup d'individus, sont la partie la plus soignée de l'agriculture, quoiqu'elle soit, comme les autres, susceptible de perfectionnement ; la dépense n'y est point épargnée, mais elle pourrait être mieux entendue. La plupart des coteaux de vignes ont la même exposition, le même grain de terre que ceux de la Marne, et cependant les vins y sont d'une qualité inférieure, parce qu'on n'a point l'attention de changer, de renouveler, de bien choisir les espèces ; qu'on ignore l'art de greffer les plants ; que l'on charge à grands frais les vignes de fumier, au lieu d'y porter de la terre ; que l'on vendange sans précaution, sans attendre un moment favorable ; qu'enfin on s'obstine à suivre une aveugle routine pour faire du vin. Une partie des vins du département est consommée dans le pays par les garnisons; l'exportation du reste se fait dans les départements circonvoisins. — Les vins blancs de la côte de Seille et de Peltre, près Metz, sont d'une bonne qualité ; les marchands de vins de la Champagne les enlèvent pour les conduire dans leur pays : plusieurs se sont fixés à Metz, et y fabriquent leurs vins de Champagne, qu'ils expédient ensuite pour l'Allemagne et la Russie.

L'art du jardinier est porté dans le pays Messin à un assez haut degré de perfection. Quelques jardins de particuliers sont fort beaux, et méritent l'attention du voyageur. — On recherche les melons, les pêches, les prunes de mirabelles, les poires, etc. Les arbres fruitiers sont multipliés dans les vignobles, où on les cultive avec soin. Leur récolte fait souvent la richesse de plusieurs villages. Les vergers de Lorry-Vigneulles, Plappeville, Marangé, Silvange, Lessy, etc., sont superbes dans les années abondantes. Les confiseurs de Metz font un grand commerce de confitures sèches, liquides et cristallisées, de mirabelles, de reines-claudes, d'abricots, de rousselets ; les gelées de groseilles, les fruits confits, forment une branche d'exportation très-étendue et très-importante pour la ville de Metz. L'hydromel y a de la réputation, ainsi que les conserves et sirops de différentes espèces. — On a semé des pépinières d'arbres forestiers exotiques et indigènes ; les jardiniers en font un grand commerce.

Le lin est une production importante, tant à cause du fil que de la graine qu'on en retire. Le colza, le chou-navette, dont on fait l'huile, entrent aussi dans le nombre des productions utiles de la Moselle.

Les forêts couvrent, dans ce département, une partie considérable du sol ; elles fournissaient, dans la partie est, des trains superbes destinés aux ateliers de la marine ; mais les exploitations trop multipliées ont rendu assez rares les superbes pièces de bois que l'on admirait il y a quelques années. — Les forêts de la Moselle, sont en général, peuplées de chênes qui y réussissent le mieux. Le hêtre domine cependant dans quelques cantons : on n'y voit point d'ormes qui paraissent ne pas y réussir. Le coudrier est abondant, ainsi que l'épine et le cornouiller, qui servent à faire des cannes. Il y a à Metz plusieurs fabricants de cannes et pipes, qui font un grand commerce de ces articles : ils étendent leurs relations jusqu'en Espagne. Il en est de même des tourneurs en chaises. Avant que les limites de la France aient été rapprochées de ce département, ces fabricants faisaient un grand commerce avec la Flandre et l'Allemagne ; maintenant ils font des envois dans les départements.

Les chevaux sont d'une espèce courageuse, mais faible. On les livre au travail trop tôt. —Les bœufs et les vaches sont ordinairement maigres. Le fromage, de mauvaise qualité, ne sort pas des campagnes. Le beurre n'entre pas dans le commerce ; celui qui est destiné à l'approvisionnement des villes, vient des départements de la Marne et des Vosges. — La race des moutons y est en général petite. Plusieurs propriétaires ont fait des efforts pour l'améliorer ; ils y parviennent, et leurs soins sont récompensés par des produits considérables. — La laine du pays ne s'emploie que dans la fabrication des grosses étoffes nommées *tiretaines*, de la bonneterie, des flanelles, des molletons et des draps militaires.

Les forêts renferment une grande quantité de gibier, qui consiste en lièvres, blaireaux, sangliers et chevreuils ; le sanglier fait souvent de grands ravages dans les récoltes. Les loups y sont assez nombreux, ainsi que les renards, les belettes, et les chats sauvages.

Le département de la Moselle est un de ceux qui offrent le plus d'avantages pour l'éducation des abeilles. La nature du sol, les bois qui couronnent les coteaux, les ruisseaux qui sillonnent les vallons, les productions végétales qui croissent spontanément, tout y favorise la reproduction de cet insecte précieux. Le miel, sans égaler ceux de Narbonne et du Gâtinais, peut aller de pair avec ceux du commerce.

Les poissons que l'on prend dans les rivières ont été presques tous nommés par le poëte Ausone, dans son idylle de la Moselle, au IVᵉ siècle. Les plus communs sont : la carpe, le brochet, l'anguille, le barbeau, la tanche, la brême, le goujon et toutes les espèces de poissons blancs. Dans quelques rivières on pêche des truites ; dans la Sarre et dans la Moselle on pêche des saumons, des aloses et des lamproies, qui remontent par le Rhin. Les écrevisses de la Sarre sont très-estimées. On trouve abondamment dans la Moselle l'able ou l'ablette. On ne la pêche que pour se procurer la matière colorante qui recouvre ses écailles, et dont on fait de fausses perles.

Minéralogie. Minerai de fer abondant ; les mines les plus importantes sont celles de St-Pancré, d'Aumetz, de Moyeuvre, de Hayange, de Hargarten, de Bervillers, de Brettnach, etc. Les mines de St-Pancré sont les plus précieuses: le minerai, fer oxydé limoneux de la meilleure qualité, rend de 40 à 41 pour cent : on l'emploie à la manufacture d'armes de Charleville. L'exploitation de ce minerai a lieu à ciel ouvert. Les mines d'Aumetz et d'Audun-le-Tiche fournissent un fer oxydé rubigineux, renfermé dans le calcaire coquillier ; on l'exploite par puits verticaux d'une profondeur de 25 m. ; il donne 35 pour cent en fonte. — Traces de mines de plomb et de cuivre aux environs de Boulay, Bouzonville, St-Avold, Hargarten et Falk. Exploitation de houille à Grosswald, à Puttelange-Créange et à Ostenbach. — Carrières d'excellentes pierres de taille, grès siliceux, quartz, gypse, argile à creusets et à poterie.—La marne, qui existe en grandes masses dans l'arrondissement de Thionville et aux environs de Longwy, a contribué depuis trente ans aux progrès de l'agriculture de la province. On se sert aussi beaucoup du plâtre comme engrais, surtout pour les prairies artificielles ; son usage est même devenu si général, que dans nombre de villages les meuniers ont établi des machines à broyer le plâtre.

— Les fossiles sont communs dans le département : ils deviennent plus rares à mesure qu'on avance vers les Vosges où se montrent les grès et les granits. Sur les coteaux calcaires arrosés par la Nied, la Moselle, la Seille et l'Othain, on trouve une quantité considérable de bélemnites, turbinites, pierres judaïques, cardiolithes, gryphites, cornes d'Ammon, madrépores, buccinites, ainsi que des os fossiles de grands animaux. En 1828, M. le docteur Bégin a adressé à l'académie de Metz un mémoire sur une énorme défense d'éléphant trouvée dans les sables des environs de Nomeny. On a trouvé en différentes localités des os d'hippopotame, etc., etc.

Sources minérales à Stuzelbronn, à Walsbronn, à Guénetrange, à Bonnefontaine, près de Metz. Sources salées à St-Julien-lès-Metz, à Salzbronn, à Morhange, etc.

Industrie et commerce. Manufactures de tôle et fer-blanc, clouterie, verrerie, siamoises, toiles écrues, linge de table; fabriques de broderie qui occupent à Metz plus de 1,200 femmes; toiles à voiles, brasserie en grande quantité, papeteries, huiles de graines, amidon, papiers peints, tabatières de carton, confitures et liqueurs, teintureries, épiceries, drogueries, soieries, bijouteries, quincailleries et porcelaines; fabriques de draps, tricots, croisés, estamettes, molletons, coatings, flanelles, couvertures de laine, bonneterie, chapellerie, tannerie, jambons mayencés; passementerie, filatures de laine et de coton; vins, eaux-de-vie; fabriques de savon, de colle forte, de noir d'ivoire; raffineries de sucre de betteraves, de potasse et de chicorée; poterie de terre, tuileries, briqueteries, pipes de terre et autres; cannes et parapluies, parfumerie, grains et farines, horlogerie, meubles et chaises; nombreuses forges et hauts fourneaux; aciéries. Faïenceries renommées. Belles papeteries. Brasseries importantes.

Commerce de vins, eaux-de-vie, confitures, miel, lard, jambons, laine, fer en barre, tôle, clous, bois de construction. Faïence et produits des diverses manufactures.

Foires. 90 foires environ se tiennent dans plus de 40 communes du département. Les bestiaux en tout genre sont le principal objet de commerce de ces foires, et c'est pour favoriser ce commerce qu'ont été créées en 1819 les foires franches de Forbach, de Bitche, Sierck, Longwy et Bouzonville. Les autres objets qui se vendent à toutes les foires consistent en étoffes, mercerie, cordonnerie, quincaillerie, poterie en fonte et en terre, instruments aratoires, etc. On vend particulièrement aux foires de Briey des couvertures de laine et de coton.

Division administrative. Le département de la Moselle a pour chef-lieu Metz. Il envoie 6 représentants à la chambre des députés, et est divisé en 4 arrondissements:

Briey	5 cant.	65,187	h.
Metz	9 —	159,729	
Sarreguemines	8 —	125,401	
Thionville	5 —	89,995	
	27 cant.	450,312	h.

15e arr. des forêts (chef-l. Metz). — 8e arr. des mines (chef-l. Nancy). — 3e division militaire (chef-l. Metz). — École d'artillerie et du génie à Metz. — Académie universitaire à Metz. Collège royal et école normale primaire à Metz. Collèges communaux à Sarreguemines, Thionville. — Évêché, séminaire diocésain et école secondaire ecclésiastique à Metz. 36 cures, 403 succursales. — Église consistoriale à Metz; temples à Corcelles, Boulay, Silly. — Synagogue consistoriale et école centrale rabbinique à Metz. — Académie royale des lettres, sciences, arts et d'agriculture à Metz.

Biographie. La Moselle est la patrie d'un grand nombre de personnages distingués, parmi lesquels nous mentionnerons :

J. de Sierck, archevêque de Trèves.
L'érudit dom Calmet.
Les conventionnels Merlin de Thionville, et Duquesnoy.
Le colonel Bouchotte, ministre de la guerre sous le gouvernement républicain.
Le comte de Montalivet, ministre de l'intérieur sous l'empire.
Le marquis Marnesia, membre de l'assemblée nationale.
Barthélemy de la Moselle, membre du conseil des cinq cents.
Emmery de Grozyeulx, ex-président de l'assemblée nationale.
Le marquis de Barbé-Marbois, ex-intendant de St-Domingue, ex-garde des sceaux et pair de France, membre de l'Institut.
Le comte Colchen, ex-préfet de la Moselle.
Le baron Ch.-F.-Et. Dupin, préfet des Deux-Sèvres sous l'empire.
Le comte Roederer, membre de la convention nationale, sénateur, membre de l'Institut.
Le baron de Schonnen, pair de France.
P.-L. Lacretelle, publiciste, membre de l'assemblée législative et de l'Académie française.
Ch. de Lacretelle, historien, membre de l'Académie française.
Joly de Maizeroy, tacticien, membre de l'Institut.
J.-V. Poncelet, membre de l'Institut.
Jacob le Duchat, jurisconsulte.
Ch. Ancillon, philologue.
L.-B.-J. Devilly, antiquaire.
J.-M. Cadet et le comte de Bournon, savants minéralogistes.
D. de Maucomble, auteur dramatique.
D. de Mony, poète et auteur dramatique.
Ch.-A. Sewrin, auteur dramatique et romancier.
Le comte de Pont-de-Veyle, auteur dramatique.
Mme Amable Tastu, poète distingué.
Mlle J. Gontier, actrice de la Comédie italienne et de l'Opéra-Comique.
Le chevalier de Mouhy.
Mme la comtesse Bournon de Malarme, romancière.
P.-J. Buc'hoz, médecin et naturaliste.
A. Louis, célèbre chirurgien.
Ch.-J. Lallemand, A. Willaume, médecins.
Émile Bégin, médecin et littérateur.
J.-F. Pilastre de Rozier, aéronaute.
Loiseau de Persuis, compositeur de musique.
Chassal, sculpteur.
Séb. Leclerc, graveur.
Ab. de Fabert, maréchal de France.
Le maréchal de France Molitor.
Les felds-maréchaux Gallois et Waccaut.
Les généraux de la république Custine et Houchard.
Les généraux Kellermann, Ch. Lallemand, H. Lallemand, Richepanse, Lasalle, Neuvinger, Eblé, Grenier, Louel, Chrisey, Goullet de Rugey, Mullet, Toussaint.
Le colonel d'artillerie Paixans.
L'ex-préfet de police Mangin.

Bibliographie. Simon (V.). *Itinéraire géologique et minéralogique dans les départements de la Moselle, du Haut-Rhin, des Vosges, de la Meurthe, et dans des contrées voisines*, in-8, 1831.
— *Aperçu sur la géologie du département de la Moselle*, br. in-8, 1838.
— *Sur le lias du département de la Moselle*, br. in-8, 1836.
— *Aperçu des chances plus ou moins favorables d'obtenir des puits artésiens dans le département de la Moselle*, br. in-8, 1835-36.

Colchen. *Mémoire statistique sur le département de la Moselle*, in-fol., 1803 (une analyse de cette statistique a été inséré dans le n° 9 des Annales de statistique).

Peuchet et Chanlaire. *Statistique de la Moselle*, in-4, 1808.

Viville (Claude-Philippe de). *Dictionnaire du département de la Moselle, contenant une histoire abrégée des anciens rois de Metz, des monuments civils et religieux du pays; et un Dictionnaire des villes, des bourgs et villages qui composent le département de la Moselle*, 2 vol. in-8, 1817.

Fabert (Abraham). *Description du pays Messin*, in-fol., 1597.

Parant (Narcisse). *Tableau par ordre alphabétique des villes, bourgs, villages, hameaux et censes du département de la Moselle, indicatif des coutumes qui les régissaient, des anciennes provinces dont ils dépendaient, et des arrondissements des tribunaux de 1re instance dont ils font partie*, in-4, 1825.

Teissier (Guillaume-Ferdinand). * *Direction sur les recherches archéologiques, etc., à faire dans l'arrondissement de Thionville*, in-8, 1820.

Simon (Victor). *Rapport sur les monuments du département de la Moselle* (Bul. de M. de Caumont, t. VII, p. 436).

Le Jeune. *Notice sur les voies romaines du département de la Moselle* (Mém. de la soc. des ant. de France, t. v, p. 96).

* *De la voie romaine, depuis Soulosse (Solimarlaca), par Toul et Scarpone jusqu'à

Metz (Mém. de la soc. des antiq. de France, t. x, 5; p. 76).

Bégin (Mme). *Biographie de la Moselle, ou Histoire par ordre alphabétique de toutes les personnes nées dans ce département, qui se sont fait remarquer par leurs actions, leurs talents, leurs écrits, leurs vertus ou leurs vices*, 4 vol. in-8, 1829-1832.
— *Histoire des sciences, des lettres, des arts et de la civilisation dans le pays Messin, depuis les Gaulois jusqu'à nos jours*, in-8, 1829.

Teissier. *Recherches sur l'étymologie des noms de lieu et autres dans la sous-préfecture de Thionville* (Mém. de la soc. des ant. de France).

Héron de Villefosse. *Statistique des mines du département de la Moselle* (Journ. des mines, n° 180, p. 123 ; n° 82, p. 277).

Holandre (J.-Jos.-Jacq.). *Flore de la Moselle, ou Manuel d'herborisation, précédé d'un Aperçu géologique sur le département, et les éléments abrégés de botanique*, 2 vol. in-18, 1829.
— *Supplément à la Flore de la Moselle, contenant les plantes découvertes depuis 1829 jusqu'au 31 décembre 1835*, etc., in-18, 1836.
— *Faune du département de la Moselle, et principalement des environs de Metz*, etc., partie ornithologique ou les oiseaux, in-12, 1825, 1838.

Fournel. *Tableau des champignons observés dans les environs de Metz, précédé de quelques considérations sur leur nature, leur emploi domestique, les accidents qu'ils produisent dans certains cas, et les moyens de les prévenir ou d'y remédier* (avec Haro), in-8, 1838.

Fournier (D.-H.-L.). *Faune de la Moselle, ou Manuel de zoologie* (2° partie, articulés), t. I, in-12, 1840.

Krémer (J.-P.). *Monographie des hépatiques de la Moselle, suivie d'une méthode analytique des genres et des espèces*, in-8, 1838.

Bouchotte (Em.). * *Du mauvais état actuel des chevaux dans le département de la Moselle*, in-8, 1824.

Bégin (Emile). *La Moselle, poëme descriptif d'Ausone*, in-8, 1840.

Dupin (le baron Charles). *Notice sur l'industrie du département de la Moselle* (Revue encyclop., t. IX, p. 517-25).

Verronnais. *Statistique historique, industrielle et commerciale du département de la Moselle*, in-8, 1844.

Bégin (M^{er}). *L'Indicateur de l'Est, journal scientifique, littéraire, commercial et industriel pour les départements de la Moselle, de la Meurthe, de la Meuse, des Vosges, des Ardennes, de la Marne, du Haut et Bas-Rhin, contenant des articles sur l'histoire monumentale, les mœurs, les usages, les hommes célèbres*, in-8, 1831.
Annuaire de la Moselle, 1804, 1819, 1820, — 1830-44.

V. aussi Lorraine, Bitche, Chaudebourg, Longwy, Lorquin, Metz, Rémelfing, Thionville, Walsbronn.

MOSLES, vg. *Calvados* (Normandie), arr. et à 12 k. de Bayeux, cant. et ⊠ de Trevières. Pop. 340 h.

MOSLINS, vg. *Marne* (Champagne), arr. et à 9 k. d'Epernay, cant. et ⊠ d'Avize. Pop. 445 h.

MOSLINS, vg. *Aube* (Champagne), arr. à 38 k. de Bar-sur-Aube, cant. et ⊠ de Brienne. Pop. 203 h.

MOSNAC, bg *Charente* (Angoumois), arr. et à 28 k. de Cognac, cant. et ⊠ de Châteauneuf-sur-Charente. Pop. 432 h.

MOSNAC, bg *Charente-Inf.* (Saintonge), arr. et à 11 k. de Jonzac, cant. et ⊠ de St-Genis. Pop. 721 h.

MOSNAY, vg. *Indre* (Berry), arr. et à 22 k. de Châteauroux, cant. et ⊠ d'Argenton-sur-Creuse. Pop. 536 h.

MOSNES, bg *Indre-et-Loire* (Touraine), arr. et à 33 k. de Tours, cant. et ⊠ d'Amboise. Pop. 898 h.

MOSNY, vg. *Seine-et-Oise*, comm. de Baulne, ⊠ de la Ferté-Aleps.

MOSSET, vg. *Pyrénées-Or.* (Roussillon), arr., cant., ⊠ et à 15 k. de Prades. P. 1,251 h.

Patrie de Pierre de Corbiac, troubadour du XII° siècle, né près de Corbiac, célèbre autrefois par un ermitage renommé.

Forges. — Carrières de marbre.

MOSOMAGUS (lat. 50°, long. 00°). « La Table théodosienne trace une route, qui d'un lieu nommé *Noviomagus*, que je retrouve sous le nom de la Neuville, en suivant une voie romaine qui de Reims conduisait à Trèves, passe à un autre lieu dont le nom de Mose ou de *Mosa* désigne indubitablement le passage de la Meuse en suivant la même route. Ce lieu ne saurait être celui que Mouson, dont le nom de *Mosomagus*, ainsi que nous l'ont transmis les plus anciens écrits du moyen âge, est devenu *Mosomum*; par une contraction pareille à celle que plusieurs autres noms qui avaient la même terminaison ont éprouvée. Mais il convient d'observer que la distance marquée XXV entre *Noviomagus* et *Mosa* n'est pas suffisante. La Table en marquant XII entre *Durocortorum* et *Noviomagus* paraît d'accord avec ce qu'il y a de distance entre Reims et le lieu appelé la Neuville, qui représente *Noviomagus*. Mais de ce lieu à Mouson, l'indication XXX conviendrait mieux que XXV, parce que l'espace actuel le veut ainsi, et que l'Itinéraire d'Antonin faisant compter 44, entre *Durocortorum* et *Epoissum*, qui est Ivois, Mouson n'est plus près de Reims qu'Ivois que d'environ 3,400 toises, ou de trois lieues gauloises. Il faut donc admettre 42 entre Reims et Mouson, sur quoi défalquant 12 entre Reims et la Neuville, reste 30 entre la Neuville et Mouson. Pour ce qui est d'une continuation de route au delà de *Mosa* ou de *Mosomagus*, V. l'article *Meduantum*. »
D'Anville. *Notice de l'ancienne Gaule*, p. 469.

MOSSON, vg. *Côte-d'Or* (Bourgogne), arr., cant., ⊠ et à 10 k. de Châtillon-sur-Seine. Pop. 260 h.

MOSSONAZ, vg. *Isère*, comm. de Frontonas, ⊠ de Cremieu.

MOSSOUX, vg. *Vosges*, comm. de la Basse, ⊠ d'Epinal.

MOSTUEJOULS, vg. *Aveyron* (Rouergue), arr. et à 18 k. de Millau, cant. et ⊠ de Peyreleau. Pop. 890 h.

MOTEL-ST-GEORGES, *Eure-et-Loir*. V. St-Georges-sur-Eure.

MOTETS (les), *Indre-et-Loire*. V. St-Nicolas-des-Motets.

MOTHE (la), vg. *Dordogne*, comm. de Pontours, ⊠ de Lalinde.

MOTHE (la), vg. *Gers*, comm. de Pouy-le-Brin, ⊠ d'Auch.

MOTHE (la), vg. *Landes* (Gascogne), arr., ⊠ et à 9 k. de St-Sever, cant. de Tartas. Pop. 604 h.

MOTHE (la), vg. *H.-Loire* (Auvergne), arr., cant., ⊠ et à 4 k. de Brioude. Pop. 1,081 h.
— Foires les 3 fév., 6 mai, 29 août et 21 nov.

MOTHE (la), vg. *Lot*, comm. de Dégagnac, ⊠ de Gourdon.

MOTHE (la), vg. *Lozère*. ⌒, A 19 k. de Marvejols.

MOTHE (la), vg. *Puy-de-Dôme*, comm. de Bromont-la-Mothe, ⊠ de Pontgibaud.

MOTHE-ACHARD (la), bg *Vendée* (Poitou), arr., bureau d'enregist. et à 17 k. des Sables, chef-l. de cant. Cure. Gîte d'étape. ⊠. ⌒. A 446 k. de Paris pour la taxe des lettres. Pop. 566 h. — Terrain cristallisé, micaschiste.

Autrefois diocèse de Luçon, parlement de Paris, intendance de Poitiers, élection des Sables.
Foire le 1er jeudi de chaque mois, à l'exception de mai.

MOTHE-AUX-AULNAIS (la), vg. *Yonne* (Champagne), arr. et à 27 k. de Joigny, cant. et ⊠ de Charny. Pop. 97 h.

MOTHE - BIGANOS (la), vg. *Gironde*, comm. de Biganos, ⊠ de la Tête-de-Buch.

MOTHE-CABANAC (la), vg. *H.-Garonne* (Comminges), arr. et à 44 k. de Toulouse, cant. et ⊠ de Cadours. Pop. 441 h.

MOTHE-CAPDEVILLE (la), *Tarn-et-Garonne* (Quercy), arr., cant., ⊠ et à 7 k. de Montauban. Pop. 969 h.

MOTHE-CASSEL (la), vg. *Lot* (Quercy), arr. et à 22 k. de Gourdon, cant. de St-Germain, ⊠ de la Bastide-Fortunière. Pop. 671 h.
Il est situé sur un plateau élevé d'où l'on découvre les Pyrénées, à 24 k. de Gourdon. On y voit une fontaine intermittente.

MOTHE-CUMONT (la), vg. *Tarn-et-Garonne* (Languedoc), arr. et à 35 k. de Castel-Sarrazin, cant. et ⊠ de Beaumont-de-Lomagne. Pop. 392 h.

MOTHE-D'ALLES (la), vg. *Lot-et-Garonne*, comm. de Lavergne, ⊠ de Miramont.

MOTHE-DES-CHAMPS (la), vg. *Gers*, comm. de St-André, ⊠ de Gimont.

MOTHE-EN-BLÉZY (la), vg. *H.-Marne* (Champagne), arr. et à 25 k. de Chaumont-en-Bassigny, cant. et ⊠ de Juzennecourt. Pop. 396 h.

MOTHE-EN-DO (la), vg. *Gers*, comm. et ✉ de Fleurance.

MOTHE-FÉNELON (la), vg. *Lot* (Quercy), arr. et à 13 k. de Gourdon, cant. et ✉ de Payrac. Pop. 729 h.

Ce village doit son surnom à la famille de l'archevêque de Cambrai, qui y possédait des propriétés. C'est par erreur que quelques personnes croient qu'il naquit dans le château qu'on y voit encore; cet illustre prélat reçut le jour au château de Fénelon, canton de Carlux, département de la Dordogne.

MOTHEFOY (la), vg. *Lot-et-Garonne*, comm. et ✉ de Monflanquin.

MOTHE-GOAS (la), vg. *Gers* (Armagnac), arr. et à 11 k. de Lectoure, cant. et ✉ de Fleurance. Pop. 253 h.

MOTHE-GONDRIN (la), vg. *Gers*, comm. de Cazeneuve, ✉ d'Eauze.

MOTHE-LANDERON (la), vg. *Gironde* (Guienne), arr., cant., ✉, ☞ et à 8 k. de la Réole. Pop. 1,417 h.

MOTHE-MASSAUD (la), *Lot.* V. La Mothe-Fénelon.

MOTHE-MONRAVEL (la), vg. *Dordogne* (Périgord), arr. et à 43 k. de Bergerac, cant. de Vélines, ✉ de Castillon. Pop. 937 h.

MOTHE-POUY (la), vg. *Gers*, comm. et ✉ de Nauvezin.

MOTHEREN, vg. *B.-Rhin* (Alsace), arr. et à 23 k. de Wissembourg, cant. et ✉ de Seltz. Pop. 1,516 h.

MOTHE-ST-HÉRAYE (la), bg *Deux-Sèvres* (Poitou), arr. et à 17 k. de Melle, chef-l. de cant. Cure. ✉. A 391 k. de Paris pour la taxe des lettres. Pop. 2,653 h. — Terrain jurassique.

Autrefois marquisat en Poitou, diocèse et intendance de Poitiers, parlement de Paris, élection de Niort.

Ce bourg, fondé par saint Héraye, ministre du roi Théodebert, dans les premiers siècles de la monarchie française, est bâti dans une situation fort agréable, sur la rive droite de la Sèvre Niortaise, à 4 k. de la source de cette rivière. On y voit un des plus beaux châteaux du département, rebâti sur l'emplacement d'un antique manoir, il y a environ deux cents ans, par M. de Parabère, gouverneur général de la province. Le château de la Mothe-St-Héraye occupe l'extrémité orientale du bourg auquel il donne son nom. On y entre par une vaste basse-cour entourée de trois côtés par les bâtiments de service dont les murailles extérieures sortent du fond de larges douves remplies d'eau vive, alimentées par la Sèvre Niortaise. Cette habitation forme un pâté à cour centrale, une véritable motte entourée d'une seconde douve plus large encore que la première; le plan est un polygone à peu près régulier, de treize côtés, dont l'un est occupé par un donjon, et dont les autres sommets sont de trois en trois occupés par des tourelles rondes, entre lesquelles se trouvent interposées des tourelles carrées. Le corps du bâtiment, malgré les indications que l'on pourrait déduire de quelques couronnements et de la porte d'entrée où l'on voyait autrefois le millésime 1608, remonte au temps de Henri II ; enfin le donjon d'entrée, à en juger par ses formes et par quelques indices tirés de sa construction, doit appartenir au xv⁵ siècle. — Les intérieurs sont remarquables et pleins d'intérêt, entre autres : 1° la grande salle, la chambre d'honneur et celle du juge, décorées, dans le style de la renaissance, de plafonds à poutres et solives saillantes couvertes, ainsi que leurs entrevoûtes, de rosaces, de chiffres, de filets et de petits sujets dorés ou émaillés des plus vives couleurs, avec des cheminées sculptées et surmontées de tableaux peints sur pierre. Les murs de ces trois pièces sont tendus de superbes tapisseries représentant des sujets tirés du Nouveau Testament; 2° la chapelle, du même temps, dans laquelle se trouvent sept tableaux dont quatre peints sur place, dans les compartiments de la voûte gothique du chœur, et une boiserie de revêtement divisée en plus de cent panneaux, de 0 m. 65 c. sur 0 m. 35 c. de largeur, représentant la suite des histoires de l'Ancien et du Nouveau Testament, séparée par des bâtis portant le chiffre doré de Diane et de Henri II, avec de délicieuses figures de chérubins et des bouquets de fleurs et de fruits d'une charmante exécution ; 3° la chambre dorée, décorée de boiseries et de plafonds à compartiments avec de riches corniches et des guirlandes détachées dorées en masse, etc., etc. — Sous l'empire, le château de la Mothe-St-Héraye était la propriété du général Murat, qui l'habitait assez souvent ; lorsqu'il fut nommé roi de Naples, Napoléon donna ce château au général Mouton, depuis maréchal de France. A sa mort, il a été vendu à l'enchère par l'administration des domaines, et la démolition a commencé en 1842. C'était sans contredit le modèle le plus complet d'architecture nobiliaire qui existât en Poitou.

Par son testament du 15 janvier 1816, M. Charles-Benjamin Chameau a légué à la commune de la Mothe-St-Héraye, son pays natal, la somme de 60,000 fr., dont l'intérêt annuel est destiné à la dotation de trois jeunes filles vertueuses ; ces trois mariages se célèbrent ordinairement le premier lundi du mois de septembre, et le jour est fêté avec appareil par les habitants. L'administration municipale fait tous les frais du banquet des rosières, ainsi que du bal dont elles font l'ouverture. Les premiers fonctionnaires publics de l'arrondissement assistent à cette charmante solennité, ainsi qu'un concours nombreux de dames élégantes et de cavaliers. Le testateur est décédé célibataire à Paris le 10 décembre 1816. On peut dire qu'on lui est redevable de la plus belle institution en ce genre que l'on connaisse en France; institution qui inspire les sentiments les plus nobles en récompensant la plus fragile des vertus.

Le bourg de la Mothe-St-Héraye est important par ses foires et ses marchés, où les Normands viennent acheter des bestiaux pour l'approvisionnement de Paris, et où les Espagnols et les Piémontais viennent faire des acquisitions de mulets. — *Fabriques* d'étoffes grossières.

Tanneries. Nombreux moulins à farine, dite de minot, pour l'approvisionnement de Rochefort et de la Rochelle. — *Foires* le mardi après la mi-carême et le 1ᵉʳ jeudi de chaque mois.

MOTREFF, vg. *Finistère* (Bretagne), arr. et à 45 k. de Châteaulin, cant. et ✉ de Carhaix. Pop. 1,004 h.

MOTTE (la), vg. *Aveyron*, comm. de Nucelle, ✉ de Sauveterre, ☞.

MOTTE (la), vg. *Calvados*, comm. de St-Pierre-des-Iffs, ✉ de Lisieux.

MOTTE (la), vg. *Côtes-du-Nord* (Bretagne), arr., cant., ✉ et à 7 k. de Loudéac. Pop. 3,206 h. — *Fabrique* de fil de lin.

MOTTE (la), vg. *Doubs*, comm. des Combes, ✉ de Morteau.

MOTTE (la), vg. *Drôme*, comm. et ✉ de Valence.

MOTTE (la), vg. *Loire*, comm. de St-Romain-la-Motte, ✉ de St-Germain-Lespinasse.

MOTTE (la), vg. *Lot-et-Garonne*, comm. de Tournon, ✉ de Fumel.

MOTTE (la), vg. *Maine-et-Loire*, comm. de Varennes-sous-Montsoreau, ✉ de Chouzé-sur-Loire.

MOTTE (la), vg. *Marne*, comm. et ✉ de Vertus.

MOTTE (la), vg. *Nièvre*, comm. et ✉ de Decise.

MOTTE (la), vg. *Nièvre*, comm. de St-Sulpice, ✉ de St-Benin-d'Azy.

MOTTE (la), vg. *Oise*, comm. de Breuil-le-Vert, ✉ de Clermont.

MOTTE (la), vg. *Oise*, comm. de Cuise-la-Motte, ✉ de Couloisy.

MOTTE (la), vg. *Saône-et-Loire*, comm. d'Ecuisses, ✉ de Buxy.

MOTTE (la), vg. *Seine-et-Marne*, comm. de Jossigny, ✉ de Lagny.

MOTTE (la), vg. *Seine-et-Marne*, comm. de Villecerf, ✉ de Moret.

MOTTE (la), vg. *Seine-et-Oise*, comm. de Guigneville, ✉ de la Ferté-Aleps.

MOTTE (la), vg. *Seine-Inf.*, comm. et ✉ de Rouen.

MOTTE (la), *Motta*, vg. *Var* (Provence), arr., cant., ✉ et à 9 k. de Draguignan. Pop. 887 h. — Il est situé sur la rive gauche de la Nartubie, qui y forme une belle cataracte nommée le saut du Capélan. — *Foire* le 15 fév.

MOTTE (la), vg. *Vaucluse* (Comtat), arr. et à 22 k. d'Orange, cant. de Bollène, ✉ de la Palud. Pop. 409 h.

MOTTE-AUX-BOIS (la), vg. *Nord*, com. de Morbecque, ✉ d'Hazebrouck.

MOTTE-BAYENGHEM (la), *Pas-de-Calais*. V. Bayenghem-lès-Séninghem.

MOTTE-BEUVRON (la), vg. *Loir-et-Cher* (Blaisois), arr. et à 35 k. de Romorantin, chef-l. de cant., bureau d'enregist. de Chaumont-sur-Tharonne. Cure. ✉. A 254 k. de Paris pour la taxe des lettres. Pop. 635 h. — Terrain tertiaire moyen.

MOTTE-BREBIÈRE (la), vg. *Somme* (Picardie), arr., ✉ et à 9 k. d'Amiens, cant. de Corbie. Pop. 196 h.

MOTTE-BULLEUX (la), vg. *Somme* (Picardie), arr. et à 9 k. d'Abbeville, cant. et ✉ de Nouvion-en-Ponthieu. Pop. 429 h.

MOTTE-CHALANÇON (la), bg *Drôme* (Dauphiné), arr. et à 39 k. de Die, chef-l. de cant. Ecole secondaire ecclésiastique. Cure. ✉. A 672 k. de Paris pour la taxe des lettres. Pop. 1,210 h. — TERRAIN jurassique.

On y trouve une source d'eau minérale que l'on emploie avec succès contre les douleurs rhumatismales et les maladies cutanées.

Fabriques de ratines et de soie. — *Foires* les 15 fév., 11 juin, 1ᵉʳ sept, 2 et 30 nov. et mardi après Pâques.

MOTTE-D'AIGUES (la), *Motta Aiguezii*, vg. *Vaucluse* (Provence), arr. et à 20 k. d'Apt, cant. et ✉ de Pertuis. Pop. 462 h.

MOTTE-D'AVEILLAN (la), vg. *Isère* (Dauphiné), arr. et à 36 k. de Grenoble, cant. et ✉ de la Mure. Pop. 1,021 h.

Près de ce village, dans une gorge très-profonde et présentant des escarpements presque à pic de chaque côté, surgit sur les bords du Drac une source d'eau saline thermale, que les eaux bourbeuses de ce torrent impétueux recouvrent lors des grandes crues, et à travers lesquelles on la voit néanmoins bouillonner sur la superficie.

Les eaux thermales de la Motte ont toujours joui d'une grande réputation ; mais elles sont malheureusement dans une position telle, qu'il est presque impossible d'y former un établissement commode et d'un accès facile. Jusqu'ici, on a été chercher les eaux à dos de mulet pour les porter au château de la Motte, où elles sont administrées en bains ; et comme leur température à la source est au moins de 43° R., elles conservent encore en arrivant 32° ou 33°. L'accès de Grenoble au château de la Motte est difficile ; les voitures y arrivent cependant en toute sûreté.

Les eaux de la Motte sont claires, limpides, d'une saveur salée et alcaline. Elles tiennent en dissolution des sulfates de chaux et de magnésie, de l'hydrochlorate de soude, du carbonate de chaux, et une quantité inappréciable de gaz acide carbonique. Ces eaux sont très-propres pour la guérison des rhumatismes, et préférées à celles d'Aix en Savoie. On les administre aussi en boissons à la dose de plusieurs verres, dans les maladies de langueur des organes digestifs, les flueurs blanches, l'aménorrhée, etc.

Bibliographie. RAULIN. *Analyse des eaux de la Motte* (Parallèle des eaux minérales d'Allemagne, etc., 7ᵉ section, in-12, 1777).

NICOLAS. *Analyse des eaux de la Motte* (Histoire des maladies épidémiques qui ont régné dans la province de Dauphiné, depuis l'année 1775, in-8, 1780).

BUISSARD (H.). *Essai thérapeutique et clinique sur les eaux thermales et salines de la Motte* (Isère), in-8, 1842.

— *Clinique des eaux minérales et salines de la Motte-les-Bains* (Isère), in-8 de 3 feuilles et demie, 1843, 1844.

BAILLY (Victor). *Eaux thermales de la Motte-les-Bains*, in-18 de 2 feuilles, 1844.

BERRIAT-ST-PRIX. *Conduite des eaux de la Motte dans Grenoble*, in-18 d'une feuille et demie, 1843 ; in-8, de 2 feuilles et demie.

MOTTE-D'HOUDANCOURT (la), vg. *Oise*, com. d'Houdancourt, ✉ de Pont-St-Maxence.

MOTTE-DU-CAIRE (la), vg. *B.-Alpes* (Provence), arr. et à 27 k. de Sisteron, chef-l. de cant. Cure. ✉. A 688 k. de Paris pour la taxe des lettres. Pop. 719 h. — TERRAIN jurassique. — *Foires* les 20 sept., lundi avant le 25 avril, lendemain de la Trinité et lundi avant la Toussaint.

MOTTE-EN-CHAMPSAUR (la), vg. *H.-Alpes* (Dauphiné), arr. et à 21 k. de Gap, cant. et ✉ de St-Bonnet. Pop. 427 h.

MOTTE-EN-SANTERRE (la), vg. *Somme* (Picardie), arr. et à 25 k. d'Amiens, cant. de Corbie, ✉ de Villers-Bretonneux. P. 650 h.

MOTTE-FARCHAT (la), vg. *Nièvre*, com. de Fleury-sur-Loire, ✉ de Décize.

MOTTE-FAUJAS (la), vg. *Drôme* (Dauphiné), arr. et à 39 k. de Valence, cant. et ✉ de St-Jean-en-Royans. Pop. 301 h.

MOTTE-FEUILLY (la), anciennement LA MOTTE-SEUILLY, vg. *Indre* (Berry), arr., cant., ✉ et à 9 k. de La Châtre. Pop. 126 h.

On y voit un château remarquable où mourut en 1514, à l'âge de 25 ans, l'intéressante duchesse de Valentinois, Charlotte d'Albret, épouse de l'infâme César Borgia, auquel Louis XII l'avait accordée en échange du consentement du pape son frère à l'annulation du mariage de ce roi avec la fille de Louis XI. Charlotte d'Albret fut enterrée à Bourges, dans l'église des Annonciades, à côté de Jeanne de France ; mais sa fille, voulant consacrer à la Motte-Feuilly les sentiments de sa piété filiale, lui fit ériger en marbre un magnifique tombeau dans l'étroite enceinte de l'église. Ce monument a été mutilé vers la fin du XVIIIᵉ siècle, et l'on chercherait en vain à coordonner le peu des débris épars et presque informes du mausolée. La statue de Charlotte, cassée en trois morceaux, la figure mutilée ainsi que les mains, est maintenant debout, adossée à la muraille de la chapelle. La table de marbre noir sur laquelle elle était couchée est engagée dans le pavé de la nef, et à peine peut-on y lire ce qui reste de l'inscription qui l'entourait.

La tour du donjon du château renferme un chevalet en bois, un de ces anciens instruments de torture dont le nom seul excite l'horreur, et dont l'application avait été froidement réglée par ordonnance de 1670 : la longueur de ce chevalet est de 2 m. 15 c., et sa hauteur de 1 m. 8 c. — Dans les jardins du château on voit un if gigantesque, qui n'a peut-être son égal qu'en Angleterre ; il offre un tronc de près de 8 m. de tour, et l'espace que couvrent ses branches offre une étendue de 22 m.

Bibliographie. PIERQUIN DE GEMBLOUX. *Lettre à M. de la Tremblais, sur l'histoire de la Motte-Feuilly*, in-8, 1840.

MOTTE-FOUQUET (la), vg. *Orne* (Normandie), arr. et à 40 k. d'Alençon, cant. de Carrouges, ✉ de Laferté-Macé. Pop. 616 h.

MOTTE-GALAURE (la), vg. *Drôme* (Dauphiné), arr. et à 44 k. de Valence, cant. et ✉ de St-Vallier. Pop. 560 h. — Foire le 18 oct.

MOTTE-MOREAU (la), vg. *Loiret*, comm. de Pont-aux-Moines.

MOTTEREAU, vg. *Eure-et-Loir* (Beauce), arr. et à 24 k. de Châteaudun, cant. et ✉ de Brou. Pop. 273 h.

MOTTES (les), vg. *Vendée*, comm. de St-Jean-de-Beugne, ✉ de Ste-Hermine.

MOTTE-ST-BERAIN, vg. *Saône-et-Loire*, comm. de St-Berain, ✉ de Conches.

MOTTE-ST-EUVERTE, vg. *Loiret*, com. et ✉ d'Orléans.

MOTTE-ST-JEAN (la), vg. *Saône-et-Loire* (Bourgogne), arr. et à 28 k. de Charolles, cant. et ✉ de Digoin. Pop. 1,705 h.

On y remarque un château de construction gothique bien conservé, appartenant à la famille de Brissac.

MOTTE-ST-MARTIN, vg. *Isère* (Dauphiné), arr., et à 38 k. de Grenoble, cant. et ✉ de la Mure. Pop. 722 h.

MOTTE-SUR-D'HEUNE, vg. *Saône-et-Loire*. V. MOTTE-ST-BERAIN.

MOTTE-TERNANT, vg. *Côte-d'Or* (Bourgogne), arr. et à 21 k. de Semur, cant. et ✉ de Saulieu. Pop. 694 h.

MOTTE-TILLY (la), joli village, *Aube* (Champagne), arr., cant., ✉ et à 5 k. de Nogent-sur-Seine. Pop. 506 h.

Ce village est fort agréablement situé près de la rive gauche de la Seine, au pied d'un coteau dont le sommet est couronné par un beau château. La Seine, qui forme au bas des terrasses du château un fer-à-cheval parfaitement régulier, une plaine étendue et variée, la forêt de Sordun qui couronne le coteau situé au nord, et au delà duquel l'œil distingue beaucoup de villages, d'églises et de fermes, tout concourt à rendre le paysage infiniment pittoresque. Le sol de la Motte-Tilly, fertilisé par les débordements de la rivière, serait d'un grand produit en seigles, foins et menus grains, si ces débordements étaient périodiques et ne revenaient pas trop souvent détruire les plus belles espérances. — On croit que cette commune a été dévastée plusieurs fois par les guerres dont la plaine aura été le théâtre. Un grand nombre de squelettes et d'ossements, découverts le long du coteau qui borde son territoire au midi, a fait naître cette opinion.

Le château de Motte-Tilly a été bâti au sommet de la montagne, sur l'emplacement d'un antique castel, par l'abbé Terray, avant qu'il fût contrôleur des finances. C'est un vaste et bel édifice, couvert en ardoise, construit dans le goût du XVIᵉ siècle ; on y jouit d'une vue ravissante sur le cours de la Seine, qui forme en face du château plusieurs sinuosités. Longtemps auparavant, la terre de la Motte-Tilly avait appartenu à Pierre des Essarts, qui dirigea aussi les finances et qui fut décapité pour exactions en 1413.

L'église paroissiale de la Motte-Tilly n'a de

remarquable que la chapelle consacrée à sainte Marguerite, dans laquelle on voit le mausolée élevé à la mémoire de l'abbé Terray. Il représente Thémis, appuyée sur le médaillon de l'abbé Terray, accablée de la plus profonde douleur et déplorant la perte d'un magistrat aussi éclairé. Le génie des arts, couvert en partie d'un voile épais, et tenant d'une main le plan de la galerie où ce ministre se proposait de réunir, et avait déjà presque réuni les productions de nos artistes vivants, tant sculpteurs que peintres, le pleure amèrement. Le deuil et les larmes du génie annoncent le goût du ministre pour les arts, et les regrets que lui inspire sa perte. Le bas-relief représente l'étude, la science et la justice, qui lui donnent accès auprès du trône, où Louis XV le charge du gouvernement des finances. On remarque dans ce morceau une composition noble, sage et gracieuse; l'exécution en est soignée, et fait beaucoup d'honneur à l'artiste.

MOTTEUX, vg. *Eure*, comm. de Marcilly-sur-Eure, ✉ de St-André.

MOTTEUX (les), vg. *Loir-et-Cher*, comm. de Danzé, ✉ de la Ville-aux-Clercs.

MOTTEVILLE, vg. *Seine-Inf.* (Normandie), arr., ✉ et à 9 k. d'Yvetot, cant. d'Yerville. Pop. 589 h.

MOTTEY-BÉSUCHE, vg. *H.-Saône* (Franche-Comté), arr. et à 20 k. de Gray, cant. de Pesmes, ✉ de Marnay. Pop. 279 h.

MOTTEY-SUR-SAONE, vg. *H.-Saône* (Franche-Comté), arr. et à 17 k. de Gray, cant. de Fresnes-St-Mamès, ✉ de Dampierre-sur-Salon. Pop. 102 h.

MOTTIER, vg. *Isère* (Dauphiné), arr. et à 39 k. de Vienne, cant. de la Côte-St-André, ✉ de Champier. Pop. 1,240 h.

MOUACOURT, vg. *Meurthe* (Lorraine) arr., cant., ✉ et à 18 k. de Lunéville. Pop. 312 h.

MOUAIS, vg. *Loire-Inf.* (Bretagne), arr. et à 22 k. de Châteaubriant, cant. et ✉ de Derval. Pop. 501 h. Sur la rive droite du Cher.

MOUANS, *Movens*, vg. *Var* (Provence), arr. et à 7 k. de Grasse, cant. et ✉ de Cannes. Pop. 720 h.

Il est formé de rues tirées au cordeau, et remarquable par les ruines pittoresques d'un ancien château, où la baronne Suzanne de Villeneuve soutint pendant plusieurs jours un siége meurtrier contre l'armée du duc de Savoie.

MOUAZÉ, vg. *Ille-et-Vilaine* (Bretagne), arr. et à 15 k. de Rennes, cant. et ✉ de St-Aubin-d'Aubigné. Pop. 562 h.

MOUCEAU (le), vg. *Eure-et-Loir*, com. d'Émancé, ✉ d'Épernon.

MOUCET, vg. *Marne*, comm. de Breuil, ✉ de Dormans.

MOUCHAMPS, bg *Vendée* (Poitou), arr. et à 30 k. de Bourbon-Vendée, cant. des Herbiers, ✉ du Fougerais. Pop. 2,329 h.

MOUCHAN, vg. *Gers* (Condomois), arr., cant., ✉ et à 9 k. de Condom. Pop. 737 h.

MOUCHARD, vg. *Jura* (Franche-Comté), arr. de Poligny et à 11 k. d'Arbois, cant. de Villers-Farlay. ✉. A 391 k. de Paris pour la taxe des lettres. ⚜. Pop. 569 h.

MOUCHAYRE, vg. *Ardèche*, comm. de St-Pierre-le-Colombier, ✉ de Montpezat.

MOUCHE (la), vg. *Manche* (Normandie), arr. et à 14 k. d'Avranches, cant. et ✉ de la Haye-Pesnel. Pop. 406 h.

MOUCHE, vg. *Nièvre*, comm. de Pazy, ✉ de Corbigny.

MOUCHEL (le), vg. *Seine-Inf.*, comm. d'Épreville-Martainville, ✉ de Darnetal.

MOUCHEL (le), vg. *Seine-Inf.*, comm. de St-Paër, ✉ de Duclair.

MOUCHÈNES, vg. *Lot-et-Garonne*, comm. de Madaillan, ✉ d'Agen.

MOUCHES, vg. *Gers* (Armagnac), arr., et à 5 k. de Mirande, cant. de Montesquiou. Pop. 142 h.

MOUCHETAND (le), vg. *Creuse*, comm. de St-Sulpice-Guéretois, ✉ de St-Vaury.

MOUCHIN, vg. *Nord* (Flandre), arr. et à 24 k. de Lille, cant. de Cysoing, ✉ d'Orchies. Pop. 1,245 h. — *Fabrique* d'instruments aratoires. Distilleries.

MOUCHONNIÈRE, vg. *Rhône*, comm. de St-Jean-de-Touslas, ✉ de Rive-de-Gier.

MOUCHOUS, vg. *H.-Garonne*, com. d'Estadens, ✉ d'Aspet.

MOUCHY-LAGACHE, vg. *Somme* (Picardie), arr. et à 12 k. de Péronne, cant. et ✉ de Ham. Pop. 969 h.

MOUCHY-LA-VILLE, vg. *Oise*, comm. de Heilles, ✉ de Mouy.

MOUCHY-LE-CHATEL, vg. *Oise* (Picardie), arr. et à 20 k. de Beauvais, cant. et ✉ de Noailles. Pop. 162 h.

Il doit son surnom à un château, bâti sous le règne de François Ier, flanqué de tours et remarquable par son site agreste et pittoresque, sur une colline escarpée du côté de l'est, d'où la vue porte non-seulement sur toute l'étendue d'un parc de 33 hectares, mais encore sur toutes les contrées environnantes. Ce parc renferme deux pièces d'eau et un lavoir qui sont alimentés par quantité de sources qu'il renferme, et dont les eaux se communiquent aussi dans l'intérieur du château par le moyen d'un bélier hydraulique de Montgolfier, qui les fait élever à la hauteur de 62 m. — L'église paroissiale de Mouchy est remarquable par son antiquité.

Foire le 28 oct.

MOUCHY-LE-PREUX, vg. *Seine-Inf.*, comm. de Campneuseville, ✉ de Blangy.

MOUDON, vg. *H.-Garonne*, comm. de Bazus, ✉ de Montastruc.

MOUEN, vg. *Calvados* (Normandie), arr. et à 11 k. de Caen, cant. de Tilly-sur-Seulles, ✉ d'Évrecy. Pop. 519 h.

MOUETTES, vg. *Eure* (Normandie), arr. et à 25 k. d'Évreux, cant. et ✉ de St-André. Pop. 481 h.

MOUFFY, vg. *Yonne* (Bourgogne), arr. et à 19 k. d'Auxerre, cant. et ✉ de Courson. Pop. 258 h.

MOUFLAINES, vg. *Eure* (Normandie), arr. et à 11 k. des Andelys, cant. d'Étrépa-gny, ✉ des Thilliers-en-Vexin. Pop. 330 h.

MOUFLERS, vg. *Somme* (Picardie), arr. et à 21 k. d'Abbeville, cant. d'Ailly-le-Haut-Clocher, ✉ de Flixecourt. Pop. 191 h.

MOUFLIÈRES, vg. *Somme* (Picardie), arr. et à 49 k. d'Amiens, cant. et ✉ d'Oisemont. Pop. 204 h.

MOUFLIÈRES, vg. *Somme*, comm. de Bellancourt, ✉ d'Abbeville.

MOUGE, vg. *Saône-et-Loire*, comm. de la Salle, ✉ de St-Oyen.

MOUGINS, vg. *Var* (Provence), arr. et à 10 k. de Grasse, cant. et ✉ de Cannes. Pop. 1,918 h. — Exploitation de terres alumineuses.

MOUGON, vg. *Indre-et-Loire*, comm. de Crouzilles, ✉ de l'Isle-Bouchard.

MOUGON, vg. *Deux-Sèvres* (Poitou), arr. et à 15 k. de Melle, cant. et ✉ de Celles. ⚜. Pop. 1,201 h.

MOUGUERRE, vg. *B.-Pyrénées* (Gascogne), arr., cant., ✉ et à 8 k. de Bayonne. Pop. 1,390 h.

MOUHERS, vg. *Indre* (Berry), arr. et à 16 k. de la Châtre, cant. de Neuvy-St-Sépulchre, ✉ de Cluis. Pop. 662 h.

MOUHET, bg *Indre* (Poitou), arr. et à 40 k. du Blanc, cant. et ✉ de St-Benoist-du-Sault. Pop. 1,994 h.

MOUHOUS, vg. *B.-Pyrénées* (Béarn), arr. et à 30 k. de Pau, cant. et ✉ de Garlin. Pop. 164 h.

MOUILLAC, vg. *Gironde* (Guienne), arr. et à 15 k. de Libourne, cant. de Fronsac, ✉ de St-André-de-Cubzac. Pop. 115 h.

MOUILLAC, vg. *Tarn-et-Garonne* (Quercy), arr. et à 41 k. de Montauban, cant. et ✉ de Caylux. Pop. 316 h.

MOUILLE (la), vg. *Jura* (Franche-Comté), arr. et à 18 k. de St-Claude, cant. et ✉ de Morez. Pop. 443 h.

MOUILLERON, vg. *H.-Marne* (Champagne), arr. et à 33 k. de Langres, cant. et ✉ d'Auberive. Pop. 106 h.

MOUILLERON-EN-PAREDS, vg. *Vendée* (Poitou), arr. et à 25 k. de Fontenay-le-Comte, cant. et ✉ de la Chataigneraye. Pop. 1,608 h. — *Foires* les 1er mercredi de janv., fév., mars, avril, mai, juin, déc. et 4e mercredi de sept.

MOUILLERON-LE-CAPTIF, vg. *Vendée* (Poitou), arr., cant., ✉ et à 5 k. de Bourbon-Vendée. Pop. 860 h. — *Foires* les 24 juillet, 24 août et 24 sept.

MOUILLEVILLERS, vg. *Doubs* (Franche-Comté), arr. et à 29 k. de Montbelliard, cant. et ✉ de St-Hippolyte. Pop. 61 h.

MOUILLON, vg. *Côte-d'Or*, com. de Châtellenod, ✉ de Pouilly-en-Montagne.

MOUJLLY, vg. *Meuse* (pays Messin), arr. et à 17 k. de Verdun-sur-Meuse, cant. de Fresnes-en-Voëvre, ✉ de Manheulles. Pop. 609 h.

MOULAINVILLE, vg. *Meuse* (pays Messin), arr. et à 8 k. de Verdun-sur-Meuse, cant. et ✉ d'Étain. Pop. 521 h.

MOULARÈS, vg. *Tarn* (Languedoc), arr. et

à 24 k. d'Alby, cant. et ☒ de Pampelonne. Pop. 692 h. — *Foires* les 13 janv., mercredi après la Pentecôte et 16 août.

MOULAY, bg *Mayenne* (Maine), arr., cant., ☒ et à 4 k. de Mayenne. Pop. 556 h. Il est situé au fond d'un vallon, entre deux côtes rapides. On remarque aux environs des restes de fortifications qu'on croit avoir appartenu à un camp anglais.

MOULAYRÈS, vg. *Tarn* (Languedoc), arr. et à 17 k. de Lavaur, cant. et ☒ de Graulhet. Pop. 413 h.

MOULEDOUS, vg. *H.-Pyrénées* (Gascogne), arr. et à 20 k. de Tarbes, cant. et ☒ de Tournai. Pop. 467 h.

MOULÈS, vg. *Bouches-du-Rhône*, comm. et ☒ d'Arles-sur-Rhône.

MOULÈS, vg. *Hérault* (Languedoc), arr. et à 48 k. de Montpellier, cant. et ☒ de Ganges. Pop. 138 h.

MOULETS (les), vg. *Eure-et-Loir*, comm. de la Mancelière, ☒ de Brezolles.

MOULEYDIER, bg *Dordogne* (Périgord), arr., cant. et à 11 k. de Bergerac. ☒. A 534 k. de Paris pour la taxe des lettres. Pop. 1,271 h. — *Foires* les 4es mercredis de janv., d'avril, de juillet et d'oct.

MOULEZAN, vg. *Gard* (Languedoc), arr., ☒ et à 26 k. de Nismes, cant. de St-Mamert. Pop. 556 h. — *Foires* le 2e samedi de juin et 22 sept.

MOULHARD, vg. *Eure-et-Loir* (Beauce), arr. et à 24 k. de Nogent-le-Rotrou, cant. d'Authon, ☒ de Brou. Pop. 348 h.

MOULICENT, vg. *Orne* (Perche), arr. et à 20 k. de Mortagne-sur-Huine, cant. et ☒ de Longni. Pop. 716 h.

MOULIDARS, bg *Charente* (Angoumois), arr., ☒ et à 13 k. d'Angoulême, cant. d'Hiersac. Pop. 954 h.

MOULIÈRE (la), vg. *Var*, com. de Cabris, ☒ de Grasse.

MOULIÈRES (les), vg. *Hérault*, comm. de Lauroux, ☒ de Lodève.

MOULIETS, vg. *Gironde* (Guienne), arr. et à 22 k. de Libourne, cant. de Pujols, ☒ de Castillon. Pop. 753 h.

MOULIGNON (Bas et Haut-), vg. *Seine-et-Marne*, comm. de Quincy-Segy, ☒ de Couilly.

MOULIGNON, vg. *Seine-et-Marne*, comm. de St-Fargeau, ☒ de Ponthierry.

MOULIGNY, vg. *Nièvre*, comm. de Tamnay, ☒ de Châtillon-en-Bazois.

MOULIHERNE, bg *Maine-et-Loire* (Anjou), arr., ☒ et à 13 k. de Baugé, cant. de Longué. Pop. 2,153 h. — *Fabrique* considérable de sabots. — *Foires* les 24 fév., mardi de la semaine de la Passion, 11 juin, 22 sept. et 12 nov.

MOULIN (le), vg. *Isère*, comm. et ☒ du Grand-Lemps.

MOULIN (le), vg. *Nord*, comm. et ☒ de Wormhoudt.

MOULIN-AUX-BOIS (le), vg. *Vosges*, comm. et ☒ de Bains.

MOULIN-A-VENT (le), vg. *Isère*, comm. de Venissieux, ☒ de St-Symphorien-d'Ozon.

MOULIN-BLANC (le), vg. *Finistère*, com. de St-Marc, ☒ de Brest.

MOULIN - COQUARD, vg. *Jura*, comm. d'Aresches, ☒ de Salins.

MOULIN - DE - MARCHAND, vg. *Lot-et-Garonne*, comm. et ☒ de Villeneuve-sur-Lot.

MOULIN - DE - REDON, vg. *Bouches-du-Rhône*, comm. d'Auriol, ☒ de Roquevaire.

MOULIN - DE - TANNOY, vg. *Seine-et-Marne*, comm. de Fontaine-Fourche, ☒ de Bray-sur-Seine.

MOULIN - DES - CHAMPS, vg. *Meurthe*, comm. et ☒ de Blamont.

MOULIN - DES - PRÉS, vg. *Oise*, comm. d'Enencourt-Léage, ☒ de Gisors.

MOULIN-D'IVRAIE, vg. *Maine-et-Loire*, comm. d'Etriché, ☒ de Châteauneuf-sur-Sarthe.

MOULINAIRIE (la), vg. *Tarn*, comm. de Tames, ☒ de Pampelonne.

MOULINAIRIE (la), vg. *Tarn*, comm. de Vielmur, ☒ de Castres.

MOULINASSE (la), vg. *Dordogne*, comm. et ☒ de Rochechalais.

MOULINCOURT, vg. *Oise*, comm. d'Ully-St-Georges, ☒ de Mouy.

MOULINE (la), vg. *Aveyron*, comm. de Mélagues, ☒ de Camarès.

MOULINE (la), vg. *Aveyron*, com. de Ste-Radegonde, ☒ de Rodez.

MOULINE (la), vg. *Dordogne*, comm. de Ste-Croix-de-Montferrant, ☒ de Beaumont.

MOULINE (la), vg. *Deux-Sèvres*, comm. de Celles, ☒ de Melle.

MOULINEAUX, vg. *Calvados*, comm. de Fontaine-Henry, ☒ de Creully.

MOULINEAUX, vg. *Seine-et-Oise*, comm. de Bailly, ☒ de Versailles.

MOULINEAUX (les), vg. *Seine - et - Oise*, comm. et ☒ de Meudon.

MOULINEAUX, vg. *Seine-Inf.* (Normandie), arr. de Rouen, cant. et ☒ de Grand-Couronne. ℣.

Il est dans une belle situation, sur la rive gauche de la Seine, près de la forêt de la Londe. C'est près de cet endroit, à peu de distance de la grande route, sur un coteau qui borde la Seine, que l'on voit les ruines d'une ancienne forteresse désignée sous le nom de château de Robert-le-Diable. V. LA BOUILLE.

MOULINES (les), vg. *Calvados* (Normandie), arr. et à 16 k. de Falaise, cant. de Bretteville-sur-Laize, ☒ de Langannerie. Pop. 343 h.

MOULINES (les), vg. *Manche* (Normandie), arr. et à 18 k. de Mortain, cant. et ☒ de St-Hilaire-du-Harcouet. Pop. 439 h.

MOULINET, vg. *Ardennes*, comm. et ☒ de Charleville.

MOULINET (le Grand-), vg. *Gironde*, com. de Pomérol, ☒ de Libourne.

MOULINET (le), vg. *Loiret* (Gâtinais), arr., cant. et à 19 k. de Gien, ☒ de Lorris. Pop. 244 h.

MOULINET, vg. *Lot-et-Garonne* (Agénois), arr. et à 23 k. de Villeneuve-sur-Lot, cant. et ☒ de Cancon. Pop. 642 h.

MOULINETS (les), vg. *Seine-et-Oise*, comm. de Vétheuil, ☒ de Bonnières.

MOULINEUX, vg. *Seine-et-Oise*, comm. de Chalon-Moulineux, ☒ d'Angerville.

MOULINFOULET, vg. *Cher*, comm. de St-Saturnin, ☒ de Châteaumeillant.

MOULIN - GALANT, vg. *Seine - et - Oise*, comm. de Villabé, ☒ d'Essonnes.

MOULIN - HAUT, vg. *Moselle*, comm. de Châtel-St-Germain, ☒ de Metz.

MOULIN - HENRY, vg. *Marne*, comm. de Bergères-sous-Montmirail, ☒ de Montmirail.

MOULIN-LE-BLANC, vg. *Ardennes*, com. de Mohon, ☒ de Mézières.

MOULIN-LE-COMTE, vg. *Pas-de-Calais*, comm. et ☒ d'Aire-sur-la-Lys.

MOULIN-L'ÉVÊQUE, vg. *Nièvre*, comm. de St-Père, ☒ de Cosne.

MOULIN-MOGE, vg. *Tarn*, comm. de Murat, ☒ de Lacaune.

MOULIN - NEUF, vg. *Dordogne*, comm. de St-Priest-les-Fougères, ☒ de Jumillac-le-Grand.

MOULIN-NEUF (le), vg. *Dordogne*, com. de Villefranche-de-Longchapt, ☒ de Moupont.

MOULIN - NEUF (le), vg. *Indre-et-Loire*, comm. de Balesmes, ☒ de la Haye-Descartes.

MOULIN-NEUF, vg. *Jura*, comm. d'Aresches, ☒ de Salins.

MOULIN-NEUF, ou *Ney-Muel*, vg. *Moselle*, comm. de Macheron, ☒ de St-Avold.

MOULIN-NEUF, vg. *Deux-Sèvres*, comm. d'Echiré, ☒ de Niort.

MOULIN-NEUF (le), vg. *Vaucluse*, comm. de Châteauneuf-de-Gadagne, ☒ d'Avignon.

MOULIN-RENAULT (le), vg. *Orne*, com. de la Madeleine-Bouvet, ☒ de Remalard.

MOULIN-ROUGE (le), vg. *Vaucluse*, comm. de Châteauneuf-de-Gadagne, ☒ d'Avignon.

MOULINOT (le), vg. *Nièvre* (Nivernais), arr. de Clamecy, cant. de Tannay, ☒ de Montceaux-le-Comte. Pop. 177 h.

MOULINS (les), vg. *Aisne* (Picardie), arr. et à 25 k. de Laon, cant. de Craonne, ☒ de Beaurieux. Pop. 264 h. — *Foire* le 6 déc.

MOULINS (les), vg. *Aisne*, comm. de Mézy-Moulins, ☒ de Château-Thierry.

MOULINS, *Boia Gergovia, Baiorum Celicorum*, vg. *Allier*. V. MOULINS-SUR-ALLIER.

MOULINS (les), vg. *Ardèche*, comm. de Cruas, ☒ de Privas. ℣.

MOULINS (les), vg. *Eure*, comm. de Merey, ☒ de Pacy-sur-Eure.

MOULINS (les), vg. *Ille-et-Vilaine* (Bretagne), arr. et à 19 k. de Vitré, cant. et ☒ de la Guerche. Pop. 1,391 h.

MOULINS (les), vg. *Indre* (Berry), arr. et à 24 k. de Châteauroux, cant. et ☒ de Levroux. Pop. 784 h.

MOULINS (les), vg. *Isère*, comm. de Prébois, ☒ de Mens.

MOULINS, vg. *Meurthe*, com. de Bouxières-aux-Chênes, ⊠ de Nancy.

MOULINS, vg. *Meuse* (pays Messin), arr. et à 21 k. de Montmédy, cant. de Stenay, ⊠ de Mouzon. Pop. 636 h.

MOULINS (les), joli bourg, *Nord* (Flandre), arr., cant., ⊠ et à 2 k. de Lille. Pop. 3,314 h.

Ce bourg est un des plus importants des environs de Lille par son commerce et ses manufactures. On y compte soixante-neuf moulins à vent, huit machines à vapeur, trois brasseries, quatre briqueteries, deux fabriques de céruse, deux clouteries, deux fours à chaux, une distillerie de genièvre, quatre ateliers de construction de moulins, deux fabriques de pipes, deux fabriques de toiles cirées, une sucrerie, etc., etc. On y fabrique en grand le vinaigre de bière.
— *Commerce* considérable de graines oléagineuses, d'huiles et de tourteaux, dont le marché a lieu tous les jours de onze heures à une heure.

MOULINS, vg. *Deux-Sèvres* (Poitou), arr. et à 28 k. de Bressuire, cant. et ⊠ de Châtillon-sur-Sèvre. Pop. 580 h.

MOULINS, vg. *Vosges*, com. de St-Nabord, ⊠ de Remiremont.

MOULINS - D'ARDENT, vg. *H.-Vienne*, comm. de Rançon, ⊠ de Bellac.

MOULINS - DE - LA - SEINE, vg. *Seine-et-Marne*, comm. de St-Fargeau, ⊠ de Ponthierry.

MOULINS-DU-BOIS (les), vg. *Jura*, com. de Pont-du-Navoy, ⊠ de Champagnole.

MOULINS - EN - GILBERT, *Moline Angilberti*, petite ville, *Nièvre* (Nivernais), arr. et à 15 k. de Château - Chinon, chef-l. de cant. Ecole secondaire ecclésiastique. Cure. ⊠. ☝. A 280 k. de Paris pour la taxe des lettres. Pop. 2,867 h. — TERRAIN jurassique, calcaire à griphées.

Cette ville, située au confluent des ruisseaux de Gaza et Guignon, est bâtie au pied des hautes montagnes du Morvan, et doit son origine à un ancien château dont on aperçoit encore les ruines. Elle est petite et environnée de faubourgs. On y remarque l'église paroissiale, bel et spacieux édifice qui communiquait jadis au château dont les souterrains encore bien conservés. Pendant la révolution elle a porté le nom de MOULINS-LA-RÉPUBLIQUE.

On doit visiter aux environs, sur le sommet d'une colline qui domine la ville, le lac de Lieutemer, qui paraît occuper le cratère d'un ancien volcan.

Fabriques de grosses draperies, serges, toiles, étamines. Tanneries. — *Commerce* de grains, bois, cuirs et bestiaux. — *Foires* le 28 janv., le mercredi après Pâques et après la Pentecôte, 1er mardi de juillet, mardi après l'Assomption et 3e mardi de carême.

MOULINS-LA-MARCHE, *Molendina*, petite ville, *Orne* (Normandie), arr. et à 20 k. de Mortagne-sur-Huine, chef-l. de cant. Cure. ⊠. A 160 k. de Paris pour la taxe des lettres. Pop. 1,040 h. — TERRAIN tertiaire moyen, voisin du terrain crétacé inférieur, grès vert.

C'était autrefois une place forte entourée de murailles et défendue par un château dont il ne reste d'autres vestiges que la Motte, ou élévation de terre sur laquelle était placé le donjon. Ce château fut pris par les Français en 1052, et repris par les Normands l'année suivante. En 1116 le roi Henri d'Angleterre réunit définitivement Moulins au duché de Normandie, et en fit réparer les fortifications. Philippe Auguste, après la conquête de la Normandie en 1204, laissa la jouissance de Moulins à Thomas, comte du Perche, jusqu'en 1217, qu'il en prit possession. La ville fut ensuite réunie au duché d'Alençon, dont elle n'a plus été séparée et dont elle a partagé toutes les vicissitudes.

On trouve aux environs une source d'eau minérale ferrugineuse, dite source Dubreuil.

PATRIE de F.-M. BAYARD, auteur d'un Voyage dans l'intérieur des Etats-Unis.

Commerce de bestiaux. — *Foires* le 25 oct., le jour de la mi-carême et jeudi de l'octave de la Fête-Dieu.

Bibliographie. TERRÈDE. *Analyse des eaux de Moulins-la-Marche* (Examen analytique des eaux minérales des environs de l'Aigle, c. VI).

MOULINS-LA-RÉPUBLIQUE, nom donné pendant la révolution à la ville de MOULINS-EN-GILBERT.

MOULINS-LE-CARBONNEL, bg *Sarthe* (Maine), arr. et à 30 k. de St-Mamers, cant. de St-Pater, ⊠ d'Alençon. Pop. 1,125 h.

MOULINS-LÈS-METZ, vg. *Moselle* (pays Messin), arr., cant., ⊠ et à 6 k. de Metz. Pop. 574 h.

MOULINS - NEUFS, vg. *Isère*, comm. de Mirebel, ⊠ des Echelles.

MOULINS - PRÈS - NOYERS, vg. *Yonne* (Champagne), arr. et à 15 k. de Tonnerre, cant. et ⊠ de Noyers. Pop. 361 h.

MOULINS - SOUS - TOUVENT, vg. *Oise* (Picardie), arr. et à 26 k. de Compiègne, cant. et ⊠ d'Atichy. Pop. 352 h.

MOULINS-SUR-ALLIER, *Boia Gergovia Baiorum Celicorum*, grande et belle ville, chef-l. du dép. de l'*Allier* (Bourbonnais), chef-l. du 2e arr. et de 2 cant. Trib. de 1re inst. et de comm. Chamb. consultat. des manufact. Sociétés d'économie rurale. Ecole normale primaire. Société d'agricult. Collège royal. Ecole gratuite de dessin. ⊠. ☝. Pop. 15,377 h. — TERRAIN tertiaire moyen.

Autrefois diocèse d'Autun, parlement de Paris, généralité, intendance, présidial, sénéchaussée, bailliage, élection, maîtrise des eaux et forêts, châtellenie, prévôté générale de maréchaussée, chambre du domaine, juridiction consulaire, collégiale, collège, couvents d'augustins, de carmes, de chartreux, de dominicains, de cordeliers, capucins, minimes et frères de la Charité, d'ursulines, bernardines, filles de Ste-Claire, de la Visitation et d'hospitalières.

L'origine de Moulins est incertaine; c'est une des villes où l'on a voulu retrouver la *Gergovia* des Boïens.

L'origine de la ville actuelle ne paraît pas toutefois remonter au delà du Xe siècle. Archambaud VIII affranchit les habitants de la taille aux quatre cas, moyennant une redevance annuelle de 200 livres, monnaie courante, en 1232. Il paraît que, dès cette époque, cette ville avait déjà quelque importance, et l'on peut même conjecturer qu'elle était alors la cité la plus peuplée du Bourbonnais. Robert, fils de saint Louis, y fonda un hôpital en 1269; mais ce n'est que dans le XIVe siècle que Moulins prit un rang assez élevé parmi les villes du royaume. Sa prospérité date particulièrement du retour d'Angleterre du duc de Bourbon, Louis II, en l'année 1368; depuis cette époque jusqu'à la fuite du connétable de Bourbon, les princes de cette branche des Bourbons y ont toujours fait leur résidence. La ville était alors petite, et ne comprenait que ce qui était entouré de fossés, dont on retrouve facilement l'emplacement dans les promenades intérieures, appelées Cours. La partie de la cité contenue entre ces cours et le château constituait l'ancienne ville.

On peut regarder comme certain que jamais Moulins ne s'est rendue à un ennemi. Les Anglais s'en approchèrent et craignirent de l'assiéger. Louis XI marcha sur cette ville et n'osa pas l'attaquer. Le duc de Nemours tenta inutilement de s'en emparer pendant les guerres de religion. — Le mariage d'Antoine de Bourbon Vendôme, roi de Navarre, avec Jeanne d'Albret, fut célébré en cette ville le 20 octobre 1548. Catherine de Médicis y tint, aux mois de février et de mars 1566, la fameuse assemblée où fut rendue la célèbre ordonnance de Moulins, où assistèrent Charles IX, le cardinal de Lorraine, l'amiral de Coligny, le chancelier de l'Hôpital, etc. — Henri IV fit son entrée dans cette ville en 1595.

Moulins a été plusieurs fois désolée par la peste; celle de 1547 fit de tels ravages, que l'on délibéra si on ne transfèrerait pas dans les tribunaux à Souvigny. Un incendie y causa de grands ravages en 1755, et y ruina le magnifique château de Bourbon.

Les **armes de Moulins** sont: *d'argent à trois croix ancrées de sable deux et un; au chef d'azur chargé de trois fleurs de lis d'or.*

Moulins est une ville agréablement située, dans une plaine fertile, sur une des routes de Paris à Lyon, sur la rive droite de l'Allier, que l'on traverse sur un beau pont de pierre. De ce pont la vue s'étend sur de belles chaussées, sur un vaste quartier de cavalerie et sur des coteaux d'un aspect riant et pittoresque. Les rues ne sont pas en général régulières ni très-larges; mais elles sont propres, assez bien pavées, bordées de maisons presque toutes construites en briques, parmi lesquelles on remarque plusieurs beaux hôtels. De toutes les places publiques, celle d'Allier est la plus spacieuse, et celle de la Bibliothèque la plus jolie. Les maisons les mieux bâties et les plus beaux hôtels sont particulièrement situés dans la rue de Paris, la rue Neuve, la place de la Bibliothèque et les trois Cours ou promenades qui occupent le centre de la ville. Les fontaines publiques sont en assez grand nombre; mais, à l'exception de celle du Château-d'Eau, elles n'offrent rien de remarquable ni d'élégant dans leur construction. Les promenades sont fort jolies; la plus ancienne fut plantée en 1684, par l'intendant de Berci, dont elle a conservé le nom. L'allée principale, par sa longueur de 1000 m., sa largeur et son nivellement parfait dans toute son étendue, est une des plus belles allées qui existent en France. Cette promenade a été replantée entièrement en 1808.

L'ÉGLISE NOTRE-DAME est un édifice dont la construction remonte à 1386; la première pierre du chœur fut posée en 1468. Cette église n'a pas été achevée. On y remarque un sépulcre en pierre, placé près d'une des petites portes, qui contient un cadavre sculpté d'une effrayante vérité. Un caveau s'étend sous le chœur; il renferme les cendres de Jeanne de France, fille de Charles VII, celui de Jeanne d'Armagnac, fille du terrible et infortuné duc de Nemours, et celui de Jean II et de Pierre II.

LE COLLÉGE occupe le bâtiment de l'ancien couvent de la Visitation, bâti par la princesse des Ursins. On admire, dans l'église, le superbe mausolée que cette dame fit élever à la mémoire du duc de Montmorency, son époux, décapité à Toulouse sous le ministère du cardinal de Richelieu, le 30 octobre 1632. Le duc est à moitié couché et appuyé sur le coude; la duchesse est assise à ses pieds, voilée et en mante. A côté du mausolée sont deux statues qui représentent, l'une la Valeur et l'autre la Libéralité. Derrière le monument, et sur le mur qui le touche, on voit une espèce de portique avec son fronton, soutenu de deux colonnes et de deux pilastres. Entre ces colonnes sont deux autres statues, dont l'une est la Noblesse et l'autre la Piété. Au milieu de ce portique est une urne qui renferme les cendres du duc ; le feston qui entoure l'urne est porté par deux anges, et le haut du fronton est couronné des armes de Montmorency.

Une inscription latine est placée au bas du mausolée. En voici la traduction :

« L'an 1632 et le vingtième de son deuil, Marie-Félicie des Ursins, princesse romaine, éleva ce mausolée à la mémoire de son digne époux, Henri II de Montmorency, le dernier et le plus illustre des ducs de ce nom ; pair, amiral et maréchal de France, la terreur des ennemis, les délices des Français, mari incomparable dont elle n'eut jamais à déplorer que la mort. Après dix-huit ans du mariage le plus heureux, après avoir joui de richesses immenses, et possédé sans partage le cœur de son époux, il ne lui reste aujourd'hui que sa cendre. »

Plusieurs artistes ont contribué à la perfection de ce beau monument. Il est principalement l'ouvrage de François Anguier, natif de la ville d'Eu. C'est lui qui, après en avoir composé l'ensemble, en sculpta les figures principales ; celles du duc et de son épouse, d'Hercule, de la Libéralité. Les deux Amours, les génies et le sarcophage sont du ciseau de cet habile sculpteur.

LE CHATEAU de Moulins, situé à l'extrémité septentrionale de la ville, était autrefois un des édifices remarquables du royaume ; dans sa forme irrégulière, il offrait un ensemble vaste et quelques belles parties. En 1327, il ne consistait qu'en une tour carrée, appelée la Mal-Coiffée, qui existe encore ; le reste des constructions fut ajouté à différentes reprises dans le XIVe et le XVe siècle ; du temps de François Ier il était cité comme un des édifices remarquables du royaume. Ce château fut incendié le 3 juin 1755, et le surplus démoli au commencement de ce siècle, à l'exception de la tour, et d'un petit corps de logis construit par Catherine de Médicis, lequel sert aujourd'hui de caserne de gendarmerie.

LA TOUR DE L'HORLOGE, située au coin de la place qui a pris ce nom, paraît remonter à une époque assez éloignée ; elle est de forme carrée et percée de trois petites fenêtres, caractère des constructions antérieures au XIVe siècle. On ne sait pas à quelle date on peut faire remonter le placement d'une horloge sur la plate-forme, mais il en est peu en France qui soient placées aussi haut. Les heures et les demi-heures sont frappées par quatre statues mouvantes, de dimensions colossales ; elles représentent une famille composée d'un homme, une femme et deux enfants, placés extérieurement, et de manière que leurs mouvements, lorsqu'ils frappent la cloche, peuvent être vus des passants. Un incendie consuma l'horloge et détruisit les timbres en 1655 ; mais elle fut rétablie l'année suivante.

LE PONT construit sur l'Allier est un monument remarquable, commencé en 1754 et achevé en 1763; on l'a vanté avec raison au moment de sa construction, et il tient encore un rang distingué parmi les plus beaux ponts de France, quoique l'on en ait beaucoup construit depuis. Ce qui fait un honneur infini à l'ingénieur qui a été chargé d'en diriger le travail, c'est que depuis plusieurs siècles on avait vainement tenté l'établissement de cinq ponts, qui tous n'avaient duré que peu d'années, la profondeur et la mobilité des sables qui forment le fond de l'Allier s'étant toujours opposées à la solidité de toute construction semblable. Le pont de Moulins est de niveau d'un bout à l'autre ; il est composé de treize arches égales, de 14 m. d'ouverture chacune; il a 14 m. de largeur et 300 m. de longueur, du mur d'une culée à l'autre. Des trottoirs en belles dalles, élevées de 2 2 à 24 c., règnent des deux côtés.

LES CASERNES, situées au bout du pont, dans le faubourg de la Madeleine, méritent de fixer l'attention. Le corps principal seul est fini, les deux ailes n'ont été que commencées, et les murs élevés seulement à la hauteur du rez-de-chaussée ; il y a place pour 480 hommes et pour 504 chevaux. On y remarque de belles anges en pierre, qui bordent presque tous les bâtiments, ainsi que les escaliers qui conduisent au logement des soldats.

On remarque encore à Moulins la bibliothèque publique, renfermant 15 à 16,000 volumes et plusieurs manuscrits précieux, entre autres une bible du XIIe siècle ; l'hôpital général ; le château d'eau ; l'hôtel de ville ; la pépinière départementale, etc., etc. — On doit visiter, à 2 k. de Moulins, l'église gothique d'Yzeure.

Biographie. Patrie des maréchaux DE VILLARS et DE BERWICK.
Du sculpteur RENAUDIN.
Du savant médecin AUBRY.
Du jurisconsulte BERROYER.
Du littérateur GRIFFET DE LA BAUME.
Du poëte J. DE LINGENDES.
De Mme CELNART.
Du médecin DIANNYÈRE, membre de l'Institut.
Du général BODELIN.

INDUSTRIE. Fabriques de coutellerie estimée, bonneterie en soie et en coton, cordes de boyaux, couvertures de laine et de coton, ébénisterie. Filatures de laine et de coton. Tannerie. Corderies.

Commerce de grains, vins, fers, bois, charbon, houille, sels, bestiaux, porcs, etc. — *Foires* les 5 janv., 1er et 29 mars, 11 juin, 30 août, 29 sept., 18 oct., 12 nov., 1er et 23 déc.

A 182 k. N.-O. de Lyon, 94 k. N. de Clermont-Ferrand, 288 k. S.-E. de Paris. Long. 0° 59' 59'', lat. 46° 34' 4''.

L'arrondissement de Moulins est composé de 9 cantons : Bourbon-l'Archambault, Chevagnes, Dompierre, Lurcy-le-Sauvage, Montet, Moulins E., Moulins O., Neuilly-le-Réal, Souvigny.

Bibliographie. REGEMORTES (Louis de). *Description du nouveau pont de pierre, construit sur la rivière de l'Allier, à Moulins, avec l'exposé des motifs qui ont déterminé son emplacement, et les dessins et détails relatifs à sa construction*, in-fol., 1771.

DIANNYÈRE. *Extrait d'un mémoire sur les eaux minérales et médicinales de Bardou près de Moulins, en Bourbonnais* (Mém. de Trévoux, p. 1064, mai 1746; Bibl. de méd. de Planque, t. IV, p. 184; Dict. min. et hydrol. de la France, t. I, p. 160).

* *Notice sur la bibliothèque publique de la ville de Moulins*, in-12, 1832.

MEILHEURAT (Alfred). *Physiologie des Moulinois*, in-32, 1843.

MOULIN-SUR-YÈVRE, vg. *Cher* (Berry), ⊠ et à 10 k. de Bourges, cant. de Bougy. Pop. 525 h.

MOULINS-SUR-ORNE, vg. *Orne* (Normandie), arr., cant., ⊠ et à 3 k. d'Argentan. Pop. 404 h.

MOULINS - SUR - OUANNE, vg. *Yonne* (Champagne), arr. et à 23 k. d'Auxerre, cant. et ⊠ de Toucy. Pop. 313 h.

MOULIN-VIEUX (le), vg. *Isère*, comm. de Lavaldens, ⊠ de la Mure.

MOULIN - VIEUX, vg. *Sarthe*, comm. d'Asnières, ⊠ de Sablé.

MOULIS, bg *Ariège* (Languedoc), arr., cant., ⊠ et à 5 k. de St-Girons. P. 2,612 h.

Au hameau d'Auber, dépendant de cette

commune, on voit une grotte fort remarquable, facile à parcourir, et une carrière de marbre noir exploitée jadis par les Romains.

MOULIS, vg. *Gironde* (Guienne), arr. et à 33 k. de Bordeaux, cant. et ✉ de Castelnau-de-Médoc. Pop. 910 h.

MOULIS, *Tarn-et-Garonne*, comm. de Bressols, ✉ de Montech.

MOULIS, vg. *Tarn-et-Garonne*, comm. de Reyniès, ✉ de Montauban.

MOULISME, vg. *Vienne* (Poitou), arr., cant., ✉ et à 13 k. de Montmorillon. Pop. 682 h.

MOULLE, vg. *Pas-de-Calais* (Artois), arr., cant., ✉ et à 7 k. de St-Omer. Pop. 992 h. — Foire le 21 juillet.

MOULLIÈRES (les), vg. *Var*, comm. de la Roquebrussanne, ✉ de Brignoles.

MOULON, vg. *Loiret* (Gâtinais), arr. et à 13 k. de Montargis, cant. de Bellegarde, ✉ de Ladon. Pop. 452 h.

MOULON, vg. *Seine-et-Oise*, comm. de Gif, ✉ d'Orçay.

MOULON-SUR-DORDOGNE, vg. *Gironde* (Guienne), arr. et à 9 k. de Libourne, cant. et ✉ de Branne. Pop. 1,202 h. — Foires les lundi après la St-Jean-Baptiste, lundi après le 1er dimanche de sept.

MOULONNETTE (la), vg. *Var*, comm. de St-Julien, ✉ de Barjols.

MOULONS, vg. *Charente-Inf.* (Saintonge), arr. et à 18 k. de Jonzac, cant. et ✉ de Montendre. Pop. 239 h.

MOULOTTE, vg. *Meuse* (pays Messin), arr. et à 29 k. de Verdun-sur-Meuse, cant. de Fresnes-en-Voëvre, ✉ de Manheulles. Pop. 250 h. — Foires les 25 mai et 25 juillet.

MOULT, vg. *Calvados* (Normandie), arr. et à 18 k. de Caen, cant. de Bourguébus, ✉ de Vimont. ⚘. Pop. 630 h.

MOULT-DU-BOURG (le), vg. *Eure*, com. et ✉ de Cormeilles.

MOUMOULONS, vg. *H.-Pyrénées* (Gascogne), arr. et à 26 k. de Tarbes, cant. et ✉ de Rabastens. Pop. 205 h.

MOUMOUR, vg. *B.-Pyrénées* (Béarn), arr., ✉ à 6 k. d'Oloron, cant. de Ste-Marie-d'Oloron. Pop. 889 h.

MOUNES, vg. *Aveyron*, comm. de Prohencoux, ✉ de Camarès.

MOUNET, vg. *Gironde*, comm. de Ste-Croix-du-Mont, ✉ de Cadillac.

MOUNIME, vg. *H.-Vienne*, comm. de St-Ouen, ✉ du Dorat.

MOUNINES (les), vg. *Lot-et-Garonne*, comm. du Passage, ✉ d'Agen.

MOUR, vg. *H.-Pyrénées*, comm. et ✉ de la Barthe-de-Neste.

MOURA (la), vg. *Jura* (Franche-Comté), arr., cant. de St-Claude, ✉ de Septmoncelle.

MOURCAIROL, vg. *Hérault* (Languedoc), arr. et à 38 k. de Béziers, cant. de Capestang, ✉ de Bédarieux. Pop. 898 h. — On trouve aux environs l'établissement d'eaux thermales de la Malou.

EAUX THERMALES DE LA MALOU.

Le hameau de la Malou est une dépendance de la commune de Mourcairol. Ce hameau, situé dans un vallon agreste, entouré de montagnes élevées, possède un établissement thermal construit dans une position pittoresque, au pied de la montagne de l'Uselade. Dans cette contrée, la nature a été très-prodigue des eaux minérales : d'un côté on voit sourdre d'une colline schisteuse une source d'eau thermale très-composée, c'est celle de la Malou ; d'un autre côté on trouve une source ferrugineuse acidule thermale, c'est celle de Capus ; et enfin, à peu de distance de ces deux sources, jaillit, au bord de la rivière d'Orb, une source d'eau acidule froide qui porte le nom de la Vergnière. Ces deux dernières sources, quoique n'appartenant pas à l'établissement des bains de la Malou, en font cependant, pour ainsi dire, partie intégrante par l'usage avantageux qu'en font les malades durant la saison des eaux.

La découverte des vertus de la source thermale de la Malou, qui a rendu la santé à tant d'individus de tout âge, de tout sexe et de tous pays, affligés de maladies plus ou moins opiniâtres, qui avaient résisté à tous les remèdes employés pour les combattre, est due au hasard. Le médecin-inspecteur actuel tient de ses aïeux que, quelques habitants de villages circonvoisins, tourmentés depuis de longues années de douleurs rhumatismales les plus rebelles, se trouvèrent guéris après s'être plongés dans des fossés pleins de cette eau, à peu de distance de la source. Ces faits et ces observations se répétèrent toutes les fois qu'on fut à portée de faire de nouvelles épreuves. De là, la réputation naissante de ces eaux, et l'idée de la vertu spécifique qu'on leur attribua peu à peu pour la cure de certaines maladies.

Dans l'endroit où se trouvent aujourd'hui les bains, on ne remarquait, en 1634, qu'une petite baraque servant d'asile aux personnes chargées de la culture des terres environnantes. M. Pons-Marthe de Thesan, seigneur de Poujol, s'en étant rendu acquéreur, conçut le projet d'y former un établissement thermal digne de son objet. Dans cette vue, il fit pratiquer un grand réservoir qui pût contenir près de quarante personnes. Un mur de séparation le divise en deux parties, afin que les personnes de différent sexe pussent s'y baigner en même temps et sans inconvénient. Enfin, il fit construire en 1754 et 1755 des appartements pour les personnes qui iraient prendre les bains. Le temps et des observations ultérieures sur les heureux effets que produisent ces eaux ne contribuèrent pas peu à les accréditer. On remarqua dans combien de maladies elles pourraient être utiles. Les succès déjà obtenus durent engager un grand nombre de personnes à s'y rendre. Des guérisons nombreuses, qui tiennent pour ainsi dire du miracle, complétèrent leur réputation. Les médecins de Montpellier y contribuèrent par le grand nombre de malades qu'ils y envoyèrent, et c'est aux illustres docteurs de cette moderne Epidaure, que les bains de la Malou doivent en partie la haute réputation qu'ils ont acquise. Les professeurs les plus renommés de cette faculté et les praticiens de cette ville les plus répandus envoient tous les ans un grand nombre de malades à la Malou. Les succès qui ont constamment résulté de l'usage bien ordonné de ces eaux justifient la confiance qu'on leur accorde et la juste application que ces savants en ont su faire.

On trouve dans le bâtiment destiné aux étrangers qui vont à la Malou des appartements commodes, assez bien distribués et aérés, des galeries très-spacieuses et couvertes, où l'on peut se promener lorsque le temps est pluvieux. Dans l'enceinte de cette maison se trouve un café assez bien tenu ; deux auberges, qui ne sont séparées que par le chemin, méritent aussi d'être signalées par les soins, les honnêtetés et les prévenances que reçoivent les étrangers de la part des personnes qui les administrent.

La source n'est distante de l'endroit où l'on se baigne que d'environ 30 m. Les eaux se rendent de la source à ce réservoir par un canal assez large, ainsi que le nécessitait le besoin de le désobstruer lorsqu'il est engorgé par le dépôt abondant que la source précipite dans son cours. L'endroit où l'on se baigne est une espèce de chambre voûtée qui ne reçoit de jour que par la porte, et dans laquelle on descend par un escalier de cinq marches. Autour de son enceinte sont des bancs de pierre où s'asseyent les personnes qui prennent des bains. Dans cette position, elles se trouvent avoir tout le corps dans l'eau, excepté la tête. La disposition de ces bancs est telle, qu'ils se trouvent plus élevés dans une portion de la chambre et par conséquent couverts d'une moindre quantité d'eau, et c'est là que se placent les enfants et les individus d'une petite stature. Le nombre des personnes qui peuvent se baigner à la fois ne peut guère être au delà de trente, c'est-à-dire quinze dans le bassin destiné aux hommes, et autant dans celui destiné aux femmes. Dans le premier bassin se trouve l'orifice du canal qui conduit les eaux, et auquel on adapte une gouttière en bois pour servir à l'usage des douches, avantage dont on jouissait seulement dans le bain des hommes et qui existe maintenant dans celui des femmes. Au sortir du bain, on est reçu dans un endroit chaud et commode par des personnes préposées pour y donner tous les soins convenables. Chaque sexe a un chauffoir séparé, d'où chacun peut se rendre dans son appartement peu éloigné de là. Les personnes qui ne veulent ou ne doivent pas s'exposer à l'air libre, trouvent facilement des chaises à porteurs pour être transportées chez elles.

Il n'y a d'hospice d'aucun genre à la Malou, mais les pauvres trouvent des secours dans la charité des personnes qui fréquentent l'établissement, charité que l'inspecteur ne cesse d'éveiller et de seconder lui-même. Ces secours ne sont jamais suffisants, et il serait bien à désirer que le gouvernement daignât s'occuper spécialement du sort des infortunés qui se trouvent dans le cas d'avoir besoin d'une pareille médication.

SAISON DES EAUX. Les mois de juillet, août et septembre sont ceux où ces eaux sont administrées avec le plus de succès. Le nombre des malades qui les fréquentent est annuellement d'environ quatre à cinq cents.

La promenade, la musique, la danse, la chasse et la pêche sont, pour ceux qui peuvent s'y livrer, les objets de distraction qu'on y trouve. Les récréations y sont gaies et assez attrayantes. On s'y livre, sans distinction de rang et de fortune, à des jeux dits innocents, où le corps et l'esprit puisent tour à tour des plaisirs aussi utiles qu'agréables.

Les différentes montagnes ou coteaux qui environnent la Malou sont cultivés dans plusieurs points de leur étendue et recouverts en grande partie de châtaigniers, principalement la côte de Villecelle. Dans ces terrains, qui ne doivent aucune de leurs productions au travail de l'homme, croissent grand nombre d'arbrisseaux et beaucoup de plantes aromatiques, qui contribuent infiniment à rendre l'air sain, pur et agréable. Les lièvres, les lapereaux, les perdrix rouges, etc., abondent sur ces montagnes, ce qui fait que la chasse offre beaucoup d'agrément à ceux qui aiment à s'y livrer. On n'y trouve ni insectes, ni autres animaux venimeux ou dangereux. Les plantes usuelles y sont peu communes. On y rencontre plusieurs vestiges de mines qui ont été exploitées. Les personnes qui s'occupent spécialement de minéralogie y rencontreront des objets intéressants. Les matériaux qui entrent dans la composition sont les suivants : 1° de grandes masses calcaires, 2° un schiste épais et abondant, différemment nuancé en couleur; 3° une terre argileuse, 4° du fer, 5° de la houille, 6° plusieurs pyrites en décomposition, où on peut recueillir du sulfate de fer et un peu de sulfate de chaux.

La situation des bains est telle, qu'ils ont à leur droite la côte de Villecelle, et à leur gauche le bois de l'Encayrat, en face, la vue est bordée dans le lointain par le bois de Loun ou de Long, séparé des bains par des prairies plantées d'arbres fruitiers et de peupliers à haute futaie, qui forment un beau rideau de verdure sur les bords du ruisseau de Betoulet. Ces prairies offrent aux étrangers une promenade très-agréable et un lieu commode pour s'y livrer à mille amusements divers. Le ruisseau de Betoulet, après avoir fait tourner un moulin à blé, arrose ces riantes prairies et va se jeter à peu de distance dans la rivière d'Orb, où l'on pêche en abondance de belles et bonnes truites, des anguilles, des barbeaux et autres poissons estimés.

Un but de promenade très-agréable pour les baigneurs, est le village du Poujol, situé sur une petite élévation, à un kilomètre des bains, au milieu de jolis jardins, de beaux vignobles et d'immenses prairies plantées d'arbres fruitiers de toute espèce. Le chemin qui y conduit offre une promenade charmante, ombragée dans toute son étendue par d'immenses châtaigniers et par des allées de mûriers d'où la vue plonge avec délice sur un vallon des plus fertiles, et sur des montagnes verdoyantes qui font éprouver un sentiment de plaisir et de gaieté inexprimable. Au nord du Poujol est la haute montagne de Carroux, dont les flancs recèlent une mine de plomb vernin. Les amateurs de la belle nature ne doivent pas manquer de visiter cette montagne. De son sommet on jouit d'une perspective délicieuse, bornée par la Méditerranée, dont les eaux semblent se confondre avec l'azur des cieux. A droite, on aperçoit les montagnes de l'Epinousse; en face sont les vallons d'Orb et du Jour, circonscrits par un amphithéâtre de montagnes, au delà desquelles se déploie une plaine immense : la vue s'égare jusqu'aux confins de l'horizon ; on découvre les villes de Béziers, de Pézenas, de Narbonne, ainsi que les principaux bourgs et villages du Bas-Languedoc. Et quand l'œil est fatigué de l'éclat de ces campagnes, où la terre étale toutes ses richesses, il aime à se reposer sur la fraîche verdure qui couvre les montagnes du Carroux, et sur la riante campagne du Poujol, où la nature se montre dans toute sa simplicité.

PRIX DU LOGEMENT ET DE LA DÉPENSE JOURNALIÈRE. Les baigneurs payent six francs par jour pour le logement et la nourriture à la première table, et trois francs à la seconde.

TARIF DU PRIX DES EAUX, BAINS ET DOUCHES. Le tarif des bains est définitivement fixé à raison de 90 c. par bain, sous quelque forme qu'il soit pris. On n'exige rien pour la boisson des eaux.

PROPRIÉTÉS MÉDICINALES. *Source de la Malou.* Les maladies sur le traitement desquelles est fondée la réputation de ces eaux sont : les affections rhumatismales tant aiguës que chroniques, les affections goutteuses non invétérées, les maladies arthritiques, les fausses ankyloses, les états nerveux plus ou moins prononcés, les maladies légères de la peau. L'expérience a appris qu'on pouvait les employer avec le plus grand succès à l'intérieur, non-seulement dans les cas précipités, mais encore dans certains cas de dysménorrhée, de leucorrhée, dans les maladies de poitrine, telles que l'asthme, la phthisie tuberculeuse, la débilité des organes digestifs, les affections des voies urinaires, et dans les embarras des viscères abdominaux. Lorsque les maladies que nous venons d'énumérer sont compliquées d'un état soit inflammatoire, soit gastrique, soit bilieux, soit adynamique, etc., il convient de détruire ces diverses complications avant d'administrer les eaux. Mais on doit s'abstenir tout à fait du bain dans les paroxismes des affections goutteuses, rhumatismales, etc., ou dans les affections organiques avec suppuration.

Les eaux de la Malou ont une action spéciale et immédiate sur le système cutané, qu'elles rendent plus perméable, et par conséquent plus favorable à la transpiration. Elles agissent encore non moins puissamment sur les systèmes musculaire, nerveux et articulaire, et rétablissent l'équilibre, soit entre eux, soit avec les autres systèmes d'organes, avec une promptitude qui semble quelquefois tenir du prodige. Enfin l'abondante quantité d'urine que le malade rend dans le bain paraît attester encore leur action sur les voies urinaires.

Source de Capus. On emploie les eaux de la source de Capus avec le plus grand succès à l'intérieur, dans les faiblesses d'estomac, les diarrhées et les dyssenteries muqueuses, dans la jaunisse, la chlorose, les flueurs blanches, les gonorrhées anciennes, les embarras des viscères, les accès de fièvre quarte, certaines pertes immodérées, et dans toutes les maladies qui réclament la faiblesse pour cause, et où il faut relever le ton des organes malades.

Source de la Vergnière. On emploie les eaux de cette source avec avantage dans les congestions labarales et bilieuses des premières voies, dans le cas de constipation, dans le dégoût ou l'inappétence, dans la colique néphrétique; elles déterminent souvent la sortie du gravier, preuve non équivoque de leur action sur les voies urinaires. Elles doivent être prises sur les lieux, parce qu'elles perdent beaucoup par le transport, quelque soin que l'on prenne de bien boucher les bouteilles dans lesquelles on les met.

MODE D'ADMINISTRATION. On administre ces eaux sous la forme de bain, de demi-bain, de douche, et quelquefois de boisson. Les sources de Capus et de la Vergnière surtout ne s'administrent que de cette manière. Elles sont données à leur température naturelle et sans addition de substance étrangère à leur constitution chimique. Le traitement est fondé exclusivement sur l'emploi des eaux. La forme seule varie quelquefois. On soutient leur action par aucun moyen pharmaceutique, abstraction faite des cas éventuels et d'urgence. Avant, durant et quelquefois après les bains, on associe l'usage des eaux martiales de Capus, et acidules de la Vergnière, auxquelles on ajoute le plus communément quelques grammes d'un sel purgatif, le premier et le dernier jour de leur emploi.

MOURE (la), vg. *Var*, comm. et ⊠ de la Garde-Freinet.

MOURÈDE, vg. *Gers* (Condomois), arr. et à 20 k. de Condom, cant. d'Eauze, ⊠ de Vic-Fezensac. Pop. 201 h.

MOURENS, vg. *Gironde* (Bazadois), arr. et à 17 k. de la Réole, cant. de Sauveterre, ⊠ de Cadillac. Pop. 406 h.

MOURENX, vg. *B.-Pyrénées* (Béarn), arr., ⊠ et à 19 k. d'Orthez, cant. de Lagor. Pop. 407 h.

MOURÈRE (la), vg. *H.-Garonne*, comm. de Pointés-Inard, ⊠ de St-Gaudens.

MOURET ou GRAMMAS, vg. *Aveyron* (Rouergue), arr. et à 23 k. de Rodez, cant. de Marcillac, ⊠ de Villecomtal. Pop. 1,323 h.

MOURET, vg. *Lot*, comm. de Lisseac, ⊠ de Figeac.

MOURETTE, vg. *Seine-et-Marne*, comm. et ⊠ de la Ferté-sous-Jouarre.

MOUREUILLE, vg. *Puy-de-Dôme* (Auvergne), arr. et à 50 k. de Riom, cant. et ⊠ de Montaigut. Pop. 498 h.

MOUREIX, vg. *Ain*, comm. de Grilly, ⊠ de Gex.

MOUREY, vg. dépendant de la comm. de Grilly, dép. de l'*Ain* (pays de Gex), cant., ⊠, arr. et à 6 k. de Gex.

MOUREZE, vg. Hérault (Languedoc), arr. et à 18 k. de Lodève, cant. et ⊠ de Clermont. Pop. 140 h.
Cette commune est remarquable par les sites qui l'environnent, et par la réunion d'objets agrestes et curieux qu'on trouve dans le voisinage.

MOURGUES (les), vg. Hérault, comm. et ⊠ de Lunel.

MOURIÈRE, vg. H.-Saône, comm. de Ronchamp, ⊠ de Champagny.

MOURIÈS, vg. Bouches-du-Rhône (Provence), arr. d'Arles-sur-Rhône et à 25 k. de Tarascon, cant. et ⊠ de St-Remy. Pop. 1,830 h. — Foire le 1er mai.

MOURIEZ, vg. Pas-de-Calais (Picardie), arr. et à 20 k. de Montreuil-sur-Mer, cant. et ⊠ d'Hesdin. Pop. 626 h.

MOURIOUX, vg. Creuse (Marche), arr. et à 16 k. de Bourganeuf, cant. et ⊠ de Bénévent. Pop. 1,053 h.

MOURJOU, vg. Cantal (Auvergne), arr. et à 30 k. d'Aurillac, cant. et ⊠ de Maurs. Pop. 1,105 h.

MOURLENS, vg. Gers, comm. et ⊠ de Lombez.

MOURLHON, vg. Aveyron, comm. de Sauvensa, ⊠ de Villefranche-de-Rouergue.

MOURLIN, vg. Marne, comm. et ⊠ de Baye.

MOURMELON-LE-GRAND, vg. Marne (Champagne), arr. et à 22 k. de Châlons-sur-Marne, cant. de Suippes, ⊠ des Petites-Loges. Pop. 459 h. — Foires les 20 mai et 4 oct.

MOURMELON-LE-PETIT, vg. Marne (Champagne), arr. et à 20 k. de Châlons-sur-Marne, cant. de Suippes, ⊠ des Petites-Loges. Pop. 299 h.

MOURMOIRON. V. MORMOIRON.

MOURNANS, vg. Jura (Franche-Comté), arr. de Poligny et à 30 k. d'Arbois, cant. et ⊠ de Nozeroy. Pop. 351 k.

MOURNÈDE, vg. Gers, comm. d'Aujan-Mournède, ⊠ de Masseube.

MOURON, vg. Ardennes (Champagne), arr. et à 12 k. de Vouziers, cant. et ⊠ de Grand-Pré. Pop. 334 h.

MOURON, vg. Nièvre (Nivernais), arr. et à 25 k. de Clamecy, cant. et ⊠ de Corbigny. Pop. 287 h.

MOUROUX (le), vg. Nièvre, comm. de Lucenay-les-Aix, ⊠ de Dornes.

MOURROUX, bg Seine-et-Marne (Brie), arr., cant., et à 4 k. de Coulommiers. Pop. 2,066 h. — Fabrique de lacets.

MOURS, vg. Drôme, comm. de Peyrins, ⊠ de Romans.

MOURS, vg. Seine-et-Oise (Ile-de-France), arr. à 20 k. de Pontoise, cant. de l'Isle-Adam, ⊠ de Beaumont-sur-Oise. Pop. 90 h.

MOURSIAU, vg. Nièvre, comm. et ⊠ de Moulins-en-Gilbert.

MOURVILLES-BASSES, vg. H.-Garonne (Languedoc), arr. et à 12 k. de Villefranche-de-Lauragais, cant. et ⊠ de Caraman. Pop. 269 h.

MOURVILLES-HAUTES, vg. H.-Garonne (Languedoc), arr., ⊠ et à 9 k. de Villefranche-de-Lauragais, cant. de Revel. Pop. 371 h.
PATRIE du lieutenant général baron LAFLANE. Foires les 14 avril, 17 août et 27 oct.

MOUSCARDÈS, vg. Landes (Gascogne), arr., ⊠ et à 21 k. de Dax, cant. de Pouillon. Pop. 476 h.

MOUSÉES (les), vg. Seine-et-Oise, comm. et ⊠ de Maule.

MOUSELGUE, vg. Gard, comm. de Ponteils, ⊠ de Génolhac.

MOUSSA-SUR-GARTEMPE, vg. Vienne, comm. et ⊠ de Montmorillon.

MOUSSAC, vg. Aveyron, comm. de Coupiac, ⊠ de St-Sernin.

MOUSSAC, bg Gard (Languedoc), arr., ⊠ et à 16 k. d'Uzès, cant. de St-Chaptes. Pop. 581 h.

MOUSSAC, vg. Lot, comm. de Gindou, ⊠ de Castelfranc.

MOUSSAC-SUR-VIENNE, vg. Vienne (Poitou), arr. et à 23 k. de Montmorillon, cant. et ⊠ de l'Isle-en-Jourdain. Pop. 852 h.

MOUSSAGES, bg Cantal (Auvergne), arr., cant., ⊠ et à 14 k. de Mauriac. Pop. 1,055 h.
Cette commune occupe le haut du plateau entre les rivières de Marliou et de Mars. Il y a plusieurs châteaux existants ou ruinés; au nombre des premiers, il faut citer ceux de Veysset, de Fressanges, de Valimaison et de Valens. Celui-ci, sans contredit le plus remarquable, est l'un des plus beaux édifices du XVe siècle qui existent dans le pays; mais il est dans un délabrement tel, qu'il y aurait beaucoup à craindre pour sa ruine prochaine, si la solidité de sa construction ne lui assurait encore une longue existence; les murs ont 2 m. 33 c. d'épaisseur.

MOUSSAGES, vg. Allier, comm. de St-Désiré, ⊠ de Montluçon.

MOUSSAN, vg. Aude (Languedoc), arr., cant., ⊠ et à 9 k. de Narbonne. Pop. 718 h.

MOUSSAY-LA-BATAILLE, vg. Vienne, comm. de Vouneuil-sur-Vienne, ⊠ de Châtellerault.

MOUSSE (la), vg. Calvados, comm. de St-Remy, ⊠ d'Harcourt-Thury.

MOUSSÉ, vg. Ille-et-Vilaine (Bretagne), arr. et à 27 k. de Vitré, cant. et ⊠ de la Guerche. Pop. 291 h.

MOUSSEAU (le), vg. Loir-et-Cher, comm. de Mesland, ⊠ d'Écure.

MOUSSEAU (le), vg. Loiret, comm. et ⊠ de Boynes.

MOUSSEAU (le), vg. Nièvre, comm. de Vandenesse, ⊠ de Moulins-en-Gilbert.

MOUSSEAU (le), vg. Nièvre, comm. de Villapourçon, ⊠ de Moulins-en-Gilbert.

MOUSSEAU (le), vg. Seine-et-Oise, comm. de Ménil-St-Denis, ⊠ de Trappes.

MOUSSEAU, vg. Eure (Normandie), arr. et à 24 k. d'Evreux, cant. et ⊠ de St-André. Pop. 233 h.

MOUSSEAUX, vg. Eure, comm. de Mesnil-Hardray, ⊠ de Conches.

MOUSSEAUX, vg. Seine-et-Oise (Beauce), arr. et à 14 k. de Mantes, cant. et ⊠ de Bonnières. Pop. 426 h.

MOUSSEAUX (les), vg. Seine-et-Oise, comm. de Jouars-Pontchartrain, ⊠ de Pontchartrain.

MOUSSEAUX, vg. Seine-et-Oise, comm. d'Evry-sur-Seine, ⊠ de Ris.

MOUSSEAUX, vg. Deux-Sèvres, comm. de Louzy, ⊠ de Thouars.

MOUSSEL, vg. Eure, comm. d'Arnière, ⊠ d'Evreux.

MOUSSEL (le), vg. Eure, comm. de Marcilly-la-Campagne, ⊠ de Nonancourt.

MOUSSEL ou ST-ROCH, vg. Eure-et-Loir, comm. de Sorel-Moussel, ⊠ d'Anet.

MOUSSEL (le), vg. Seine-et-Oise, comm. d'Andrésy, ⊠ de Triel.

MOUSSEL (le), vg. Seine-et-Oise, comm. de Fontenay-St-Père, ⊠ de Mantes.

MOUSSEY, Moncium, vg. Aube (Champagne), arr., ⊠ et à 10 k. de Troyes, cant. de Bouilly. Pop. 369 h.

MOUSSEY, vg. Meurthe (pays Messin), arr. et à 25 k. de Sarrebourg, cant. de Réchicourt-le-Château, ⊠ de Blamont. Pop. 615 h.

MOUSSEY, vg. Vosges (Lorraine), arr. et à 31 k. de St-Dié, cant. et ⊠ de Sénones. Pop. 1,209 h. — Filature de coton.

MOUSSIÈRES, vg. Jura, comm. de Longvy, ⊠ de Chemin.

MOUSSIÈRES (les), vg. Jura (Franche-Comté), arr. et à 15 k. de St-Claude, cant. et ⊠ de Bouchoux. Pop. 493 h. — Foires les 13 mai et 14 oct.

MOUSSINS, vg. Aveyron, comm. du Luc, ⊠ de Rodez.

MOUSSON, vg. Aube, comm. de Barberey-St-Sulpice, ⊠ de Troyes.

MOUSSON (Verreries de), vg. Hérault, comm. de Mons, ⊠ de St-Pons.

MOUSSON, vg. Meurthe (Lorraine), arr. et à 22 k. de Nancy, cant. et ⊠ de Pont-à-Mousson. Pop. 209 h.
Ce village est situé sur une montagne élevée qui domine la ville de Pont-à-Mousson; on trouve aux environs une source d'eau minérale.
La côte de Mousson se distingue moins par son élévation, qui n'excède pas 100 m. au-dessus du cours de la Moselle, que parce qu'elle se détache des coteaux voisins, et qu'elle est couronnée par les ruines d'une ancienne et importante forteresse, célèbre dans l'histoire des duchés de Lorraine et de Bar. De cette côte on peut apercevoir à l'œil simple la ville et la cathédrale de Metz, éloignées de près de 32 k. Quantité de médailles, un autel antique du temps de Titus, et plusieurs autres objets trouvés sur cette montagne, font présumer qu'il y eut un camp romain, et même un temple dédié à Jupiter.

MOUSSONVILLIERS, vg. Orne (Perche), arr. et à 24 k. de Mortagne-sur-Huine, cant. de Tourouvre, ⊠ de St-Maurice. Pop. 605 h.

MOUSSOULENS, bg Aude (Languedoc), arr. et à 14 k. de Carcassonne, cant. et ⊠ d'Alzonne. Pop. 562 h.

Moussoulens fut pris par les royalistes et par les ligueurs en 1590. Un baron de Moussoulens a joué un assez grand rôle dans les guerres de la Ligue.

L'étroite vallée qui conduit de Moussoulens à Montolieu, et que les voyageurs suivent ordinairement à pied, pendant que les voitures gravissent lentement la route montueuse qui conduit de Carcassonne à Revel, présente un aspect très pittoresque; la Rougeanne y serpente entre deux plantations de beaux arbres, dont les verts ombrages offrent une retraite délicieuse contre les feux du jour. Le territoire de Moussoulens est peu fertile vers le nord, le sol en est calcaire et aride, mais il est excellent au midi.

MOUSSOUVES (les), vg. *Puy-de-Dôme*; comm. de Limons, ✉ de Maringues.

MOUSSY, vg. *Marne* (Champagne), arr., cant., ✉ et à 4 k. d'Epernay. Pop. 713 h.

MOUSSY, vg. *Nièvre* (Nivernais), arr. à 60 k. de Cosne, cant. et ✉ de Prémery. Pop. 548 h.

MOUSSY, vg. *Seine-et-Oise* (Vexin), arr. et à 25 k. de Pontoise, cant. et ✉ de Marines. Pop. 117 h.

MOUSSY-LE-NEUF, vg. *Seine-et-Marne* (Brie), arr. et à 29 k. de Meaux, cant. de Dammartin, ✉ du Ménil-Amelot. Pop. 700 h.

On y remarque une jolie église, qui sert aujourd'hui de grange, bâtie vers 1220. Le plan est un carré long, partagé en trois nefs par quatre colonnes isolées. Le portail est une gracieuse construction du XVIe siècle.

Fabrique de toiles.

MOUSSY-LE-VIEUX, vg. *Seine-et-Marne* (Brie), arr. et à 27 k. de Meaux, cant. de Dammartin, ✉ du Ménil-Amelot. Pop. 371 h.

On remarque dans l'église de ce village un joli monument, portant la date de 1629, élevé à la mémoire de Philippe le Bouteiller et de sa femme; il consiste en un petit arc orné de quatre colonnes de marbre noir, dont l'entablement supporte deux statues en marbre blanc. On attribue cette sculpture à Nicolas Poussin.

MOUSSY-SUR-AISNE, vg. *Aisne* (Picardie), arr. à 17 k. de Laon, cant. de Craonne, ✉ de Vailly. Pop. 151 h.

MOUSTAJON, vg. *H.-Garonne* (Cominges), arr. et à 41 k. de St-Gaudens, cant. et ✉ de Bagnères-de-Luchon. Pop. 127 h.

MOUSTÉRO (le), vg. *Morbihan*, comm. de Groix, ✉ de Port-Louis.

MOUSTERU, vg. *Côtes-du-Nord* (Bretagne), arr., cant., ✉ et à 10 k. de Guingamp. Pop. 1,112 h.

MOUSTEY, bg. *Landes* (Bazadois), arr. à 7 k. de Mont-de-Marsan, cant. de Pissos, ✉ de Liposthey. Pop. 945 h. Sur la Leyre.

Fabriques de noir de fumée et de matières résineuses. Verrerie. Au lieu dit de Campost, mine de fer et carrière de pierres à bâtir. ✉.

—*Foire le 1er déc.*

MOUSTIER (le), vg. *Dordogne*; comm. de Peyzac, ✉ de Montignac.

MOUSTIER, vg. *Lot-et-Garonne* (Agénois), arr. et à 12 k. de Marmande, cant. de Duras, ✉ de Miramont. Pop. 606 h.

MOUSTIER, vg. *Nord* (Hainaut), arr. et à 18 k. d'Avesnes, cant. et ✉ de Trélon. Pop. 275 h.

MOUSTIERS; *Monasterium*; vg. *B.-Alpes* (Provence), arr. et à 45 k. de Digne, chef-lieu de cant. Cure. Gîte d'étape. ✉. A 795 k. de Paris pour la taxe des lettres. Pop. 1,812 h.

—TERRAIN tertiaire supérieur voisin du terrain crétacé inférieur.

Cette ville a été habitée dès les temps les plus reculés, ainsi que le constatent les tombeaux qu'on y rencontre, et une inscription romaine citée par Bouche, dans sa Chorographie. Elle est bâtie dans une situation extrêmement pittoresque, au pied d'une chaîne de rochers très-élevés. Un vallon profond la sépare en deux parties inégales, qui sont la ville et le faubourg. Ces deux parties communiquent entre elles par des ponts dont l'effet est des plus pittoresques quand on se place à quelque distance, dans le ravin. Assis sur la pelouse, à l'ombre des saules, des peupliers et des arbres divers qu'entretient la fraîcheur de ces lieux; ayant en face les ponts qui se dessinent les uns au-dessus des autres, et divers aqueducs sous lesquels se balancent les rameaux des broussailles qu'y fait croître l'humidité; entouré des prairies qui tapissent l'intérieur de la vallée, on voit, d'un côté, les eaux qui viennent de vivifier diverses manufactures, s'élancer avec impétuosité hors des canaux qui les rejettent dans leur lit naturel; et de l'autre, des masses d'eaux limpides et bouillonnantes, qui se précipitant de rochers en rochers avec le plus grand fracas, forment alternativement des nappes écumantes et des cascades multipliées. De ce même point de vue, unique peut-être, on aperçoit au-dessus de la ville, et à travers des ponts et des aqueducs, un petit chemin serpentant au milieu des rochers, et conduisant à l'ancienne église Notre-Dame de Beauvoir, fondée, dit-on, par Charlemagne, dans son voyage de Provence, ainsi que le porte la tradition du XIIe siècle, suivant des anciennes chartes de l'abbaye de Lérins. Cet antique monument, glissé, pour ainsi dire, entre les rochers, sur un plateau très-étroit, ombragé par quelques arbres respectables par leur vieillesse et leur grosseur, et dont la verdure se détache de la manière la plus riante sur des teintes grises et rougeâtres, sert à l'œil de point de repos, au milieu de ces masses anguleuses et aiguës.

A l'extrémité de ces rochers, on voit deux rocs qui, formant comme les portes de cette gorge étroite, sont réunis par une chaîne de fer, longue d'environ 227 m., formée de tringles d'à peu près 3 c. d'épaisseur et de 66 c. de long, se tenant par leur extrémité sans anneaux ni chaînons, et à laquelle est suspendue une étoile dorée à cinq pointes. D'après une opinion accréditée, cette chaîne est un monument singulier de la dévotion guerrière des anciens preux. L'abbé Papon pense que c'est un de ces vœux ordinaires dans les siècles de chevalerie. « Nos preux, dit-il, qui faisaient des entreprises d'armes, se préparaient presque toujours à les exécuter par des actes de piété. Souvent ils promettaient des choses aussi bizarres que le caprice qui les dictait. La promesse d'enchaîner deux montagnes peut-elle même servir de preuve de la dévotion étrange de nos bons aïeux; car il n'y a pas de doute que ce soit ici un vœu dicté par la valeur, et fait par quelque ancien chevalier, à Notre-Dame de Beauveze, au sujet de quelque entreprise d'armes, soit courtoise, soit à outrance. L'étoile suspendue à la chaîne n'est autre chose que les armes du chevalier qui fit le vœu. Plusieurs ont cru qu'elle avait été mise par un chevalier de la maison de Blaccas, qui possédait une partie de la seigneurie de Moustiers, et qui portait une étoile à seize pointes. Un manuscrit assez ancien l'attribue à Anne de Riquety, qui vivait, suivant toute apparence, vers l'an 1390. »

Au milieu des rochers qui entourent l'église de Notre-Dame de Beauvoir, il existe plusieurs grottes peu profondes; au-devant de quelques-unes d'elles on aperçoit des restes de murailles qu'on avait élevées pour les fermer. On assure que dans une de ces grottes on trouva, lors de la démolition du mur qui en bouchait l'entrée, plusieurs squelettes attachés à des pieux fichés dans la pierre. L'opinion vulgaire attribue à l'époque de l'invasion des Sarrasins ces exécutions barbares.

Les armes de **Moustiers** sont: *d'azur à deux montagnes d'argent montantes des deux flancs, réunies à la cime par une chaîne d'argent où pend une étoile de même, et au-dessous de laquelle sont trois fleurs de lis d'or 2 et 1.*

INDUSTRIE. *Fabrique de faïence. Papeterie. Tanneries.* — *Foires le 1er mai, 12 oct., 11 nov., 6 déc. et jeudi gras.*

Bibliographie. SOLOMÉ (Jean). *Mémoire historique sur la ville de Moustier*, in-12, 1842.

MOUSTIER-VENTADOUR (le), *Corrèze* (Limousin), arr. et à 40 k. de Tulle, cant. et ✉ d'Egletons. Pop. 890 h.

MOUSTOIR (le), vg. *Côtes-du-Nord* (Bretagne), arr. et à 58 k. de Guingamp, cant. de Moël-Carhaix, ✉ de Carhaix. Pop. 882 h.

MOUSTOIR-RAC, vg. *Morbihan* (Bretagne), arr. et à 30 k. de Pontivy, cant. et ✉ de Locminé. Pop. 1,602 h.

MOUSTOIR-REMUNGOL, vg. *Morbihan* (Bretagne), arr., ✉ et à 10 k. de Pontivy, cant. de Locminé. Pop. 984 h.

MOUSTROU, vg. *B.-Pyrénées*, comm. de Piets-Plasence-Moustrou, ✉ d'Arsacq.

MOUSWILLER, vg. *B.-Rhin* (Alsace), arr., cant., ✉ et à 2 k. de Saverne. Pop. 637 h.

MOUTAINE, vg. *Jura*, comm. d'Aresches, ✉ de Salins. — Haut fourneau.

MOUTARDON, vg. *Charente* (Angoumois), arr., cant., ✉ et à 9 k. de Ruffec. P. 667 h.

MOUTARET (le), vg. *Isère* (Dauphiné), arr. et à 48 k. de Grenoble, cant. et ✉ d'Allevard. Pop. 534 h.

MOUTAT (le), vg. *Yonne*, comm. de Guillon, ✉ d'Avallon.

MOUTAUNE, vg. *Gard*, comm. et ✉ de St-Gilles-les-Boucheries.

MOUTEIL (le), vg. *Vienne*, comm. de Sauves, ✉ de Mirebeau.

MOUTER, vg. *Vienne* (Poitou), arr. et à 27 k. de Montmorillon, cant. et ✉ de l'Isle-Jourdain. Pop. 509 h.

MOUTERHAUSEN, vg. *Moselle* (pays Messin), arr. et à 40 k. de Sarreguemine, caut. et ✉ de Bitche. Pop. 596 h. — Hauts fourneaux, forges et fonderie.

MOUTERNE-SILLY, vg. *Vienne* (Poitou), arr., cant., ✉ et à 5 k. de Loudun. P. 548 h.

MOUTET (le), vg. *Tarn-et-Garonne*, comm. et ✉ de St-Nicolas-de-la-Grave.

MOUTHE, bg *Doubs* (Franche-Comté), arr. et à 30 k. de Pontarlier, chef-l. de cant. Cure. ✉. A 479 k. de Paris pour la taxe des lettres. Pop. 1,099 h. — TERRAIN jurassique.

Ce bourg est situé à peu de distance de la source du Doubs, dans un vallon formé par les deux crêtes les plus élevées du Jura. Il en est fait mention pour la première fois dans un diplôme de Frédéric en 1184.

Le canton de Mouthe possède de belles forêts de sapins, d'excellents et nombreux pâturages, fertiles en herbes médicinales et aromatiques : les beurres exquis fabriqués dans ce canton, principalement au Mont-d'Or, l'élève des chevaux et bestiaux, la boissellerie, la confection d'un grand nombre d'ustensiles en bois de sapin, le commerce avec la Suisse, etc., font la principale occupation des habitants. Il y a peu de culture, à raison de la longueur des hivers, de l'abondance des neiges, du peu de durée qu'y obtient la belle saison ; l'avoine y donne pourtant de bons produits lorsque la neige n'arrive point assez tôt pour couvrir les récoltes.

MOUTHE (la), vg. *Jura*, comm. de Grande-Rivière, ✉ de St-Laurent.

MOUTHE-DE-QUEYSSAC (la), vg. *Dordogne*, comm. de Queyssac.

MOUTHEROT (le), vg. *Doubs* (Franche-Comté), arr. et à 24 k. de Besançon, cant. d'Audeux, ✉ de Marnay. Pop. 103 h. — *Foires* les 4 avril, 13 juin, 29 août et 10 nov.

MOUTHIER, bg *Doubs* (Franche-Comté), arr. et à 34 k. de Besançon, caut. et ✉ d'Ornans. Pop. 1,084 h.

Ce bourg est agréablement situé dans le riant et pittoresque vallon de la Loue. Aux environs, dans un site extrêmement sauvage, existe un rocher escarpé, dans le flanc duquel se trouve une belle grotte spacieuse, où l'on ne peut pénétrer qu'à l'aide d'une échelle. Près du Mouthier, les eaux du ruisseau de la Craye sont surchargées de carbonate calcaire, et recouvrent les corps qui reposent dans leur lit d'une couche plus ou moins épaisse de cette matière. Les habitants du pays y déposent des fruits, des feuilles et d'autres objets qui, après avoir séjourné dans ces eaux, s'y recouvrent d'un enduit calcaire qui conserve l'image parfaite de ces objets.

On remarque encore à Mouthier une belle suite de cascades formées par un ruisseau tombant du rocher de Syratu. La hauteur totale des cascades et des pentes, depuis la source au radier, est de 180 m.

Fabriques d'eau de cerises et de pointes de Paris.

MOUTHIER-EN-BRESSE, vg. *Saône-et-Loire* (Bourgogne), arr. et à 33 k. de Louhans, cant. et ✉ de Pierre. Pop. 1,690 h. — *Foires* les 25 avril et 2 sept.

MOUTHIERS, vg. *Charente* (Angoumois), arr. et à 10 k. d'Angoulême, cant. et ✉ de Blanzac. Pop. 1,392 h. — Papeteries. — *Foires* les 8 fév., 8 mars, 8 avril, 8 mai, 8 juin et 8 juillet.

MOUTHIERS-DE-THIERS (le), vg. *Puy-de-Dôme*, comm. et ✉ de Thiers.

MOUTHIEUX (les), vg. *Seine-et-Marne*, comm. de Jouy-le-Châtel, ✉ de Champcenest.

MOUTHONNET, vg. *Aude* (Languedoc), arr. et à 55 k. de Carcassonne, chef-l. de cant., bureau d'enregist. à la Grasse. Cure. ✉ de Davéjean. Pop. 348 h. — TERRAIN de transition.

Il est situé sur un plateau au bas duquel coule le Rabichol, dans un territoire peu fertile. — *Foires* les 10 juin et 5 sept.

MOUTIER, vg. *Moselle* (pays Messin), arr., cant., ✉ et à 3 k. de Briey. Pop. 549 h. — *Fabrique* hydraulique de draps pour l'habillement des troupes.

MOUTIER (le), faubourg et ✉ de Thiers, *Puy-de-Dôme*. V.

MOUTIER (le), vg. *Seine-et-Oise*, comm. d'Orgeval, ✉ de Poissy.

MOUTIER, vg. *H.-Vienne*, comm. de Verneuil-Moutier, ✉ du Dorat.

MOUTIER-D'AHUN, vg. *Creuse* (Marche), arr. et à 17 k. de Guéret, cant. et ✉ d'Ahun. Pop. 494 h.

Le Moutier-d'Ahun, situé au bas de l'éminence où s'élève le bourg d'Ahun, sur des rochers dont la Creuse baigne le pied, doit son origine à une abbaye de bénédictins fondée en 997 par Bozon le Vieux, comte de la Marche.

— L'église, encore ouverte au culte, réunit tous les genres d'intérêt. Lorsqu'on a dépassé le portail, on se trouve dans une cour que recouvrait autrefois la nef de l'église, détruite au XVIe siècle par les calvinistes. Une seconde porte donne accès dans l'édifice, et l'on se trouve alors sous un pendentif que surmonte un clocher du XIIe siècle. Dans un coin gisent des débris de salles du XIVe siècle; deux portes en chêne, à jour, séparent la nef du chœur, tout entier couvert de riches boiseries en chêne du XVIIe siècle, sculptées avec la plus grande richesse et parfaitement conservées : on voit des cariatides à queues de sirènes enroulées, supportant des corbeilles de fleurs et de fruits ; des levrettes aux colliers ornés d'écussons ; des colonnes torses à pampres enroulés où jouent des oiseaux et des enfants ; des anges armés de la redoutable trompette ; des guirlandes de fleurs, de palmier, de vigne, de roses, etc. Dans la sacristie sont renfermés un admirable lutrin formé de deux lions adossés, et un double christ, grand comme nature, plein d'expression et de vérité. — Le portail occidental de l'église est ogival, formé de voussures en retraite dont le tympan est couvert de figurines en ronde bosse, dans des attitudes variées ; ces groupes, au nombre de trente-six, paraissent être des personnifications des vertus et des vices. V. AHUN.

MOUTIER-LES-BAINS, *Allier*. V. VICHY.

MOUTIER-MALCARD, vg. *Creuse* (Marche), arr. et à 25 k. de Guéret, cant. de Bonnat, ✉ de Génouillat. Pop. 1,922 h.

MOUTIER-ROSEILLE, *Creuse* (Marche), arr., ✉ et à 4 k. d'Aubusson, cant. de Felletin. Pop. 1,154 h.

MOUTIÈRE (la), vg. *Seine-et-Oise*, comm. et ✉ de Montfort-l'Amaury.

MOUTIERS, vg. *Eure-et-Loir* (Beauce), arr. et à 28 k. de Chartres, cant. et ✉ de Voves. Pop. 525 h.

MOUTIERS, vg. *Ille-et-Vilaine* (Bretagne), arr. et à 18 k. de Vitré, cant. et ✉ de la Guerche. Pop. 1,152 h.

MOUTIERS (les), bg *Loire-Inf.* (Bretagne), arr. et à 26 k. de Paimbœuf, cant. et ✉ de Bourgneuf-en-Ray. Pop. 1,692 h.

Ce bourg est situé sur le bord de la mer, à peu de distance du village maritime de la Bernerie (V. ce mot). — L'église paroissiale est assez remarquable ; la nef représente la carène d'un vaisseau renversé.

MOUTIERS, vg. *Deux-Sèvres* (Poitou), arr. et à 15 k. de Bressuire, cant. et ✉ d'Argenton-Château. Pop. 787 h.

MOUTIERS (les), ou MOUTIERS-LES-MAUXFAITS, vg. *Vendée* (Poitou), arr. et à 27 k. des Sables, chef-l. de cant. Cure. ✉. A 476 k. de Paris pour la taxe des lettres. Pop. 698 h. — TERRAIN cristallisé, micaschiste.

Foires les 3me lundis de juillet et le dernier des dix autres mois.

MOUTIERS, vg. *Yonne* (Bourgogne), arr. et à 42 k. d'Auxerre, cant. et ✉ de St-Sauveur. Pop. 884 h.

MOUTIERS-AU-PERCHE, vg. *Orne* (Perche), arr. et à 30 k. de Mortagne-sur-Huîne, cant. et ✉ de Rémalard. Pop. 1,559 h.

MOUTIERS-EN-AUGE (les), vg. *Calvados* (Normandie), arr. et à 15 k. de Falaise, cant. de Coulibeuf, ✉ de Jort. Pop. 379 h.

MOUTIERS-EN-CINGLAIS (les), vg. *Calvados* (Normandie), arr. et à 24 k. de Falaise, cant. de Bretteville-sur-Laize, ✉ d'Harcourt-Thury. Pop. 461 h.

MOUTIERS-HUBERT (les), *Monasterium Huberti*, vg. *Calvados* (Normandie), arr. et à 20 k. de Bayeux, cant. de Livarot, ✉ de Fervacques. Pop. 241 h.

MOUTIERS-LES-MAUFAITS (les), vg. *Vendée*. V. les MOUTIERS.

MOUTIERS-RÉOME. V. MOUTIERS-ST-JEAN.

MOUTIERS-ST-JEAN, ou RÉOME, vg.

Côte-d'Or (Bourgogne), arr., ✉ et à 15 k. de Semur, cant. de Montbard. Pop. 562 h.

MOUTIERS-SOUS-CHANTEMERLE (les), vg. *Deux-Sèvres* (Poitou), arr. et à 34 k. de Parthenay, cant. et ✉ de Moncoutant. Pop. 1,016 h. — *Foires* les 4 janv., 19 mars, 25 mai, 22 juin, 23 juillet, 25 août, 15 sept., 4 oct. et 11 nov.

MOUTIERS-SUR-LE-LAY, vg. *Vendée* (Poitou), arr. et à 25 k. de Bourbon-Vendée, cant. et ✉ de Mareuil. Pop. 893 h.

MOUTILS, vg. *Seine-et-Marne* (Brie), arr. et à 24 k. de Coulommiers, cant. et ✉ de la Ferté-Gaucher. Pop. 124 h.

MOUTIOLS (les), vg. *Nièvre*, comm. de Colmery, ✉ de Châteauneuf-Val-de-Bargis.

MOUTON, vg. *Charente* (Angoumois), arr. et à 16 k. de Ruffec, cant. et ✉ de Mansle. Pop. 648 h.

MOUTONNE, vg. *Jura* (Franche-Comté), arr. et à 16 k. de Lons-le-Saulnier, cant. et ✉ d'Orgelet. Pop. 192 h. — On trouve sur son territoire une grande quantité de coquillages fossiles ; la plupart sont simplement pétrifiés, d'autres sont complètement changés en minerai de fer, sans que leur forme soit altérée.

MOUTONNE (la), vg. *Var*, comm. et ✉ d'Hyères.

MOUTONNEAU, vg. *Charente* (Angoumois), arr. et à 14 k. de Ruffec, cant. et ✉ de Mansle. Pop. 262 h.

MOUTONNIÈRE (la), vg. *Eure*, comm. de Thuit-Signol, ✉ d'Elbeuf.

MOUTONS, vg. *Manche*, comm. de St-Clément, ✉ de Mortain.

MOUTROLS (les), vg. *Nièvre*, comm. de Couloutre, ✉ de Donzy.

MOUTOUX, vg. *Jura* (Franche-Comté), arr. de Poligny, à 27 k. d'Arbois, cant. et ✉ de Champagnole. Pop. 133 h.

MOUTROT, vg. *Meurthe* (Lorraine), arr., cant., ✉ et à 9 k. de Toul. Pop. 212 h.

MOUVEAUX, bg *Nord* (Flandre), arr. et à 8 k. de Lille, cant. de Tourcoing. P. 2,045 h. — *Fabriques* de calicots, satin, calmande, prunelle, etc. Manufacture de sucre indigène.

MOUX, vg. *Aude* (Languedoc), arr. et à 26 k. de Carcassonne, cant. et ✉ de Capendu. ⌖. Pop. 641 h.

MOUX, vg. *Nièvre* (Nivernais), arr. et à 25 k. de Château-Chinon, cant. et ✉ de Montsauche. Pop. 1,696 h. — *Commerce* de bestiaux.

MOUY, petite ville, *Oise* (Picardie), arr. et à 10 k. de Clermont, chef-l. de cant. Curé. ✉. A 69 k. de Paris pour la taxe des lettres. Pop. 2,693 h. — TERRAIN tertiaire inférieur.

Cette ville est dans une situation agréable, entre les montagnes de Mouchy et de Hondainville, dans un vallon tapissé de prairies arrosées par le Thérain. Depuis longtemps la commune de Mouy s'adonne à la fabrication des lainages. C'est en 1812 seulement qu'on a commencé d'y introduire les nouvelles machines destinées à filer la laine, construites par M. Douglas. En 1795 on comptait à Mouy environ 890 ouvriers occupés à filer, tisser, carder et nettoyer la laine, et l'on y fabriquait 9,300 pièces de serges grossières, dites serges de Mouy. Maintenant on y fabrique des draps qui rivalisent avec ceux de Beauvais et d'Elbeuf, et dont une partie est employée pour l'habillement des troupes. Ce genre d'industrie s'accroît tous les jours, se perfectionne et donne à ce pays l'aspect animé des grandes villes.

Fabriques de draps, serges, molletons, mérinos, tricots, cardes pour les filatures. Moulins à foulon. Filatures hydrauliques de laine. — *Foire* de 2 jours le 1er jeudi d'oct.

MOUY-SUR-SEINE, vg. *Seine-et-Marne* (Brie), arr. et à 18 k. de Provins, cant. et ✉ de Bray-sur-Seine. Pop. 428 h.

MOUYNOT, vg. *Lot-et-Garonne*, comm. de Parranquet, ✉ de Villeréal.

MOUYRAC, vg. *Lot*, comm. de St-Martin-la-Bouval, ✉ de Limogne.

MOUZAY, bg *Indre-et-Loire* (Touraine), arr. et à 13 k. de Loches, cant. et ✉ de Ligueil. Pop. 515 h.

PATRIE de FRÉD. PONCELET, docteur en droit, professeur de droit à la faculté de Paris.

MOUZAY, vg. *Meuse* (pays Messin), arr. et à 13 k. de Montmédy, cant. et ✉ de Stenay. Pop. 1,721 h. — *Foires* les 26 mars et 1er août.

MOUZE, vg. *Aude* (Languedoc), arr. et à 15 k. de Carcassonne, cant. et ✉ de Capendu. Pop. 209 h.

MOUZEIL, vg. *Loire-Inf.* (Bretagne), arr. et à 17 k. d'Ancenis, cant. de Ligné, ✉ de Oudon. ⌖. Pop. 1,434 h. — Exploitation de houille. — *Foires* les 23 janv. et 12 avril.

MOUZENS, vg. *Dordogne* (Périgord), arr., ✉ et à 21 k. de Sarlat, cant. de St-Cyprien. Pop. 546 h.

MOUZENS, vg. *Tarn* (Languedoc), arr. et à 25 k. de Lavaur, cant. de Cuq-Toulza, ✉ de Puylaurens. Pop. 285 h.

MOUZEUIL, vg. *Vendée* (Poitou), arr., ✉ et à 14 k. de Fontenay-le-Comte, cant. de l'Hermenault. Pop. 1,212 h.

MOUZIEIS, vg. *Tarn* (Languedoc), arr., ✉ et à 13 k. d'Albi, cant. de Villefranche. Pop. 564 h. — *Foires* les 24 et 25 fév., mardi après Pâques, 27 mai, 27 juillet et 3 nov.

MOUZIEYS et **PANENS**, vg. *Tarn* (Languedoc), arr. et à 10 k. de Gaillac, cant. et ✉ de Cordes. Pop. 702 h. — *Foires* les 8 fév., 8 mai, 8 août et 8 nov.

MOUZILLON, vg. *Loire-Inf.* (Bretagne), arr. et à 25 k. de Nantes, cant. et ✉ de Vallet. Pop. 1,357 h. — *Commerce* de vins que produit le territoire de la commune.

MOUZILLY, vg. *Indre-et-Loire*, comm. de Huismes, ✉ de Chinon.

MOUZON, *Mosomagus Remorum, Mosonium*, petite et ancienne ville, *Ardennes* (Champagne), arr. et à 15 k. de Sedan, chef-l. de cant. Cure. ✉. ⌖. A 278 k. de Paris pour la taxe des lettres. Pop. 2,641 h. — TERRAIN jurassique.

Autrefois diocèse de Reims, parlement et intendance de Metz, subdélégation et recette de Sedan, bailliage et prévôté, abbaye ordre de St-Benoît, couvent de capucins.

L'origine de Mouzon remonte à une haute antiquité : il paraîtrait, d'après Lelong, que cette ville existait déjà lorsque César fit la conquête des Gaules. Ce qu'il y a de positif, c'est que Mouzon était considérable du temps de Clovis, qui le donna à saint Remy. Il y avait un château dans lequel était une abbaye de filles. En 882 les Normands brûlèrent cette maison avec le château. L'archevêque Hervé la fit reconstruire et la donna à des chanoines auxquels on substitua dans la suite des bénédictins tirés de Thim-le-Moutier.

En 1650 la ville fut assiégée durant sept semaines par le maréchal de Turenne, et contrainte de se rendre aux troupes qu'il commandait. Elle était autrefois plus considérable qu'elle ne l'est aujourd'hui, puisqu'en 1197 il fut question de l'ériger en évêché.

Il s'y est tenu trois conciles : en 948, 995 et 1187.

Cette ville est située sur la Meuse, au milieu de belles prairies. L'église paroissiale, autrefois abbatiale de Mouzon, est un édifice du xiiie ou du xive siècle. La voussure de la grande porte du portail occidental est occupée par un cordon de douze anges ; le tympan est sculpté de sujets divers, disposés sur trois étages, et représentant l'histoire de la Vierge et les principaux événements de la vie de saint Victor. L'église de Mouzon, la plus considérable du département des Ardennes par son importance, la date et la régularité de sa construction, par son ornementation, ses figures sculptées dans le portail et ses vitraux historiés, mérite tout l'intérêt de l'archéologue.

PATRIE de l'historien P. MASSUET, mort en 1776.

Fabriques de draps, bonneterie en coton. Filatures de laine. Moulins à foulon. Distilleries d'eau-de-vie. Education des abeilles. Tanneries. — *Foires* les 3 mars et 29 sept.

Bibliographie. DELHAUT (Ch.-Jos.) *Annales civiles d'Ivois-Carignan et de Mouzon*, etc., in-8, 1822.

MOUZON, vg. *Charente* (Angoumois), arr. et à 23 k. de Confolens, cant. de Montembeuf, ✉ de la Rochefoucauld. Pop. 602 h.

MOUZON-MEUSE, nom donné pendant la révolution à la ville de Neufchâteau (*Vosges*).

MOVAL, vg. *H.-Rhin* (Alsace), arr., cant., ✉ et à 9 k. de Belfort. Pop. 155 h.

MOY, bg *Aisne* (Picardie), arr. et à 13 k. de St-Quentin, chef-l. de cant., bureau d'enregist. à Richemont. Cure. ✉. A 142 k. de Paris pour la taxe des lettres. Pop. 1,471 h. — TERRAIN crétacé supérieur, craie.

Ce bourg est situé sur la rive droite de l'Oise. On y remarquait naguère un vaste château antérieur au xiie siècle, qui offrait un des édifices les plus gracieux et les plus complets de l'architecture du moyen âge. Ce château a été vendu en 1839 à MM. Jorand et Morlet, qui l'ont débité en détail !

Fabriques de toiles de lin, tapis, etc. — Centre du commerce du lin que l'on cultive dans les environs. — *Foire* le 29 nov.

MOYAUX, vg. *Calvados* (Normandie), arr., cant., ⊠ et à 11 k. de Lisieux. Pop. 1,308 h. — *Fabriques* de toiles. *Foire* le 12 nov.

MOYDANS, vg. *H.-Alpes* (Dauphiné), arr. et à 59 k. de Gap, cant. de Rosans, ⊠ de Serres. Pop. 201 h. — *Foire* le 12 sept.

MOYDIEU, vg. *Isère* (Dauphiné), arr., cant., ⊠ et à 12 k. de Vienne. Pop. 1,125 h.

MOYEMONT, vg. *Vosges* (Alsace), arr. et à 25 k. d'Épinal, caut. et ⊠ de Rambervillers. Pop. 460 h.

MOYEMONT, vg. *Vosges*, comm. du Val-d'Ajol, ⊠ de Plombières.

MOYEN, vg. *Meurthe* (pays Messin), arr. et à 19 k. de Lunéville, cant. et ⊠ de Gerbeviller. Pop. 1,204 h.

Ce village est situé sur le revers d'un coteau que couronnent les ruines pittoresques d'un ancien château.

Le château de Moyen fut bâti vers l'année 1444, par Conrad Bayer de Poppart, évêque de Metz, qui força les bourgeois d'Épinal, dont il était seigneur, à venir y travailler par corvées; ce qui engagea les seigneurs des environs à lui faire des représentations à ce sujet; mais l'évêque n'en tint compte, et pour marquer le mépris qu'il faisait de leurs observations, il donna au château de Moyen le nom de Quiqu'en-grogne. Le maréchal Duhallier, gouverneur de Nancy, assiégea le château de Moyen en 1639; le capitaine Thouvenin, qui s'y était enfermé avec seulement cent hommes, soutint vaillamment les efforts des assiégeants, depuis le 1er août jusqu'au 15 septembre, où l'insuffisance de ses moyens de défense le força de capituler. Quelque temps après, la forteresse de Moyen fut démolie ainsi que la plupart des châteaux de la Lorraine; ses ruines offrent différents aspects pittoresques, qui ont souvent exercé et exercent encore journellement les crayons des artistes.

MOYENCOURT, vg. *Seine-et-Oise*, comm. d'Orgerus, ⊠ de la Queue-Galluis.

MOYENCOURT, vg. *Somme* (Picardie), arr. et à 26 k. d'Amiens, cant. et ⊠ de Poix. Pop. 517 h.

MOYENCOURT, vg. *Somme* (Picardie), arr. et à 33 k. de Montdidier, cant. de Roye, ⊠ de Nesle. Pop. 384 h.

MOYENMOUTIER, *Medianum Monasterium*, vg. *Vosges* (Lorraine), arr. et à 20 k. de St-Dié, cant. et ⊠ de Senones. Pop. 2,316.

Fabriques de bonneterie. Blanchisserie de tissus cachemires, tissus de coton, etc.

MOYENNEVILLE, vg. *Oise* (Picardie), arr. et à 25 k. de Clermont, cant. de St-Just-en-Chaussée, ⊠ de Maignelay. Pop. 421 h.

MOYENNEVILLE, vg. *Pas-de-Calais* (Artois), arr. et à 11 k. d'Arras, cant. de Croisilles, ⊠ de Bapaume. Pop. 434 h.

MOYENNEVILLE, vg. *Somme* (Picardie), arr., bureau d'enregist., ⊠ et à 8 k. d'Abbeville, chef-l. de cant. Cure. Pop. 1,009 h. — TERRAIN tertiaire moyen, voisin du tertiaire supérieur.

MOYENPOL, vg. *Vosges*, comm. et ⊠ de Xertigny.

MOYENVIC, *Mediana*, *Mediovicus*, petite ville, *Meurthe* (Lorraine), arr. de Château-Salins, cant. et à 3 k. de Vic. ⊠. A 347 k. de Paris pour la taxe des lettres. Pop. 1,252 h.

Moyenvic est une ville ancienne, où les rois de France avaient un palais au IXe siècle.

Cette ville, située dans une vallée arrosée par la Seille, sur le canal de son nom, doit, dit-on, son origine à d'anciennes sources salées qui appartenaient aux évêques de Metz. Il paraît toutefois que son existence est de beaucoup plus ancienne, puisqu'on y a trouvé un ancien briquetage de plusieurs mètres d'épaisseur, semblable à celui de Marsal. C'était anciennement une ville forte, qui fut cédée à la France par le traité de Munster et démantelée par ordre de Louis XIV.

Moyenvic possédait une saline importante, qui a été abandonnée depuis la découverte de la mine de sel gemme de Vic.

MOYENVIC (canal de), *Meurthe*. Ce canal a son origine dans l'étang d'Ommerey, et se jette à Moyenvic dans la rivière de Seille, affluent de la Moselle; il est flottable à bûches perdues sur tout son cours.

MOYŒUVRE-LA-GRANDE, ou MODEREN-GROS, vg. *Moselle* (pays Messin), arr., cant. et à 15 k. de Thionville, ⊠ de Briey. Pop. 1,578 h.

Ce village est situé dans une riante vallée, au confluent de l'Orne et du ruisseau de Conroy. Il est entouré de vastes forêts et de coteaux où le minerai de fer abonde et s'exploite presque sans frais. Hauts fourneaux, forges, ateliers de moulage en fonte, scieries hydrauliques. Filature de laine peignée à la mécanique.

Les forges de Moyœuvre sont très-anciennes. Longtemps négligées par les ducs de Lorraine, elles furent restaurées par le maréchal de Fabert, et leur exploitation fut pour lui le principe d'une fortune immense. Aliénées en 1797, elles tombèrent en décadence; mais elles ont repris une grande activité depuis l'acquisition qu'en fit M. de Wendel.

Filature de laine peignée. Forges, hauts fourneaux, fonderie et ateliers de moulage en fonte, scieries hydrauliques. — *Foires* le lundi de Pâques et 1er lundi d'août.

MOYŒUVRE-LA-PETITE, ou MODEREN-KLEIN, vg. *Moselle* (pays Messin), arr., cant. et à 15 k. de Thionville, ⊠ de Briey. Pop. 364 h.

MOYON, bg *Manche* (Normandie), arr. et à 15 k. de St-Lô, cant. de Tessy, ⊠ de Villebaudon. Pop. 1,496 h.

MOYRAZÈS, bg *Aveyron* (Rouergue), arr., cant., ⊠ et à 15 k. de Rodez. Pop. 1,696 h. — *Foires* les 2 mai, 29 juin et 14 sept.

MOYVILLERS, vg. *Oise* (Picardie), arr. et à 16 k. de Compiègne, cant. et ⊠ d'Estrées-St-Denis. Pop. 501 h.

MOZAC, vg. *Charente-Inf.*, comm. de St-Just, ⊠ de Marennes.

MOZAC, *Mausiacum*, bg *Puy-de-Dôme* (Auvergne), arr., cant., ⊠ et à 2 k. de Riom. Pop. 1,138 h.

Ce bourg est presque contigu à l'un des faubourgs de Riom. Il y avait autrefois une abbaye fondée par Calminius au commencement du VIIe siècle. L'église actuelle date du XIe siècle, mais le portail paraît être plus ancien. Le cloître renferme un bas-relief très-curieux, et la sacristie possède la châsse du fondateur, beau reliquaire byzantin du XIIe siècle. — L'église de Mozac a été classée récemment au nombre des monuments historiques.

Foire le 1er mai.

MOZAISES, vg. *Seine-et-Oise*, comm. de la Boissière, ⊠ d'Epernon.

MOZAMBERT, vg. *H.-Saône*, comm. de Vallay, ⊠ de Pesmes.

MOZÉ, bg *Maine-et-Loire* (Anjou), arr. et à 14 k. d'Angers, cant. des Ponts-de-Cé, ⊠ de Brissac. Pop. 1,721 h.

MOZET, vg. *Lot*, comm. de Rocamadoure, ⊠ de Gramat.

MOZINANT, vg. *Charente-Inf.*, comm. du Bois, ⊠ de St-Martin-de-Ré.

MUCCHIETO (Soprano e Sottano), vg. *Corse*, comm. de Valle-de-Campoloro, ⊠ de Cervione.

MUCCHIO, vg. *Corse*, comm. de San-Nicolao, ⊠ de Cervione.

MUCHEDENT, vg. *Seine-Inf.* (Normandie), arr. et à 20 k. de Dieppe, cant. et ⊠ de Longueville. Pop. 242 h.

MUDAISON, vg. *Hérault* (Languedoc), arr. et à 16 k. de Montpellier, cant. de Mauguio, ⊠ de Lunel. Pop. 602 h.

MUE, vg. *Maine-et-Loire*, comm. d'Antoigné, ⊠ de Montreuil-Bellay.

MUEL, vg. *Ille-et-Vilaine* (Bretagne), arr. et à 17 k. de Montfort-sur-Meu, cant. et ⊠ de St-Méen. Pop. 1,290 h.

MUETTE (la), vg. *Oise*, comm. et ⊠ de Senlis.

MUETTE (la), vg. *Oise*, comm. de St-Jean-aux-Bois, ⊠ de Compiègne.

MUETTE (la), vg. *Seine*, comm. et ⊠ de Passy-les-Paris.

MUETTE (la), vg. *Seine-et-Oise*, comm. d'Ecquevilly, ⊠ de Meulan.

MUETTE (la), vg. *Seine-et-Oise*, comm. de Maisons-sur-Seine, ⊠ de St-Germain-en-Laye.

MUETTE (la), vg. *Seine-et-Oise*, comm. et ⊠ de St-Germain-en-Laye.

MUETTE (la), vg. *Seine-Inf.*, comm. d'Isneauville, ⊠ de Rouen.

MUGRON, jolie petite ville, *Landes* (Gascogne), arr. et à 15 k. de St-Sever, chef-l. de cant. Cure. A 720 k. de Paris pour la taxe des lettres. Pop. 2,190 h. — TERRAIN tertiaire supérieur.

Cette ville est située au pied d'une montagne, près de la rive gauche de l'Adour, qui y forme un port commode.

Éducation des vers à soie. Belle distillerie d'eau-de-vie. — *Commerce* considérable de vins, eau-de-vie et matières résineuses. — *Foires* les 2es jeudis de mars, de juin et 7 déc.

MUHLBACH, vg. *B.-Rhin* (Alsace), arr. et à 30 k. de Schélestadt, cant. de Rosheim, ✉ de Schirmech. Pop. 546 h.

MUHLBACH, vg. *H.-Rhin* (Alsace), arr. et à 25 k. de Colmar, cant. et ✉ de Munster. Pop. 964 h.

MUHLENBACH, vg. *Moselle*, comm. de Stuzzelbronn, ✉ de Bitche.

MUHLHAUSEN, vg. *B.-Rhin* (Alsace), arr. et à 24 k. de Saverne, cant. et ✉ de Bouxwiller. Pop. 701 h.

MUIDES, vg. *Loir-et-Cher* (Blaisois), arr. et à 18 k. de Blois, cant. de Bracieux, ✉ de St-Dyé-sur-Loire. Pop. 720 h. — *Fabrique* considérable de balais de genêt et de bouleau.

MUIDORGE, vg. *Oise* (Picardie), arr. et à 32 k. de Clermont, cant. et ✉ de Crèvecœur. Pop. 273 h.

MUIDS, vg. *Eure* (Normandie), arr. et à 13 k. de Louviers, cant. de Gaillon, ✉ de Notre-Dame-du-Vaudreuil. Pop. 781 h.

MUILLE-VILETTE, vg. *Somme* (Picardie), arr. et à 26 k. de Péronne, cant. et ✉ de Ham. Pop. 262 h.

MUIRANCOURT, vg. *Oise* (Picardie), arr. et à 38 k. de Compiègne, cant. et ✉ de Guiscard. Pop. 482 h. — *Fabrique* d'alun.

MOIRE (la), vg. *Jura*, comm. et ✉ de Voiteur.

MUISON, vg. *Marne* (Champagne), arr. et à 11 k. de Reims, cant. de Ville-en-Tardenois, ✉ de Jonchery-sur-Vesle. Pop. 228 h.

MUJOULS (les), *Mugillus*, vg. *Var* (Provence), arr. et à 46 k. de Grasse, cant. et ✉ le St-Auban. Pop. 265 h.

MULATIÈRE (la), vg. *Rhône*, comm. de Ste-Foy-lès-Lyon, ✉ de Lyon.

MULAZ (la), vg. *Ain*, comm. de Lancrans, ✉ de Châtillon-de-Michaille.

MULCENT, vg. *Seine-et-Oise* (Beauce), arr. et à 16 k. de Mantes, cant. de Houdan, ✉ de Septeuil. Pop. 102 h.

MULCEY, vg. *Meurthe* (Lorraine), arr. de Château-Salins, à 1 k. de Vic, cant. et ✉ de Dieuze. Pop. 482 h.

MULCH, *Moselle*. V. MITCH.

MULHAUSEN, *Ariabinum*, ancienne et jolie ville, *H.-Rhin* (Alsace), arr. et à 18 k. d'Altkirch, chef-l. de cant. Tribunal de commerce. Chambre consultative des manufactures, Conseil de prud'hommes. Comptoir d'escompte de la banque de France. Cure. Gîte d'étape. Collège communal. Société industrielle. ✉. ✆. À 475 k. de Paris pour la taxe des lettres. Pop. 20,587 h. — TERRAIN d'alluvions modernes.

Mulhausen est une ville ancienne. Le premier titre que l'on connaisse où il en est fait mention est une lettre de fondation du couvent de St-Etienne de Strasbourg de l'an 717. Ce lieu dépendait de l'abbaye de Masevaux en 823, et au moyen âge il était peuplé par une nombreuse noblesse. Au XIIIe siècle plusieurs ordres religieux y érigèrent des maisons. Mulhausen fut élevé au rang des villes sous le règne de Frédéric II. L'évêque de Strasbourg la prit en 1246, et Rodolphe de Habsbourg en 1261. Elle devint ville libre impériale en 1268, et reçut plusieurs privilèges importants. Les aventuriers anglais s'en emparèrent en 1365 et en 1375. Les Armagnacs l'assiégèrent sans succès en 1444. Elle a beaucoup souffert de la tyrannie des landgraves, des avoués et des préfets de l'Alsace. Les atteintes continuelles qui lui étaient portées la forcèrent à s'allier avec les cantons suisses. En 1466 elle conclut un traité avec Berne et Soleure, et en 1607 avec Bâle.... C'est surtout aux cantons protestants qu'elle dut son indépendance, et c'est depuis son incorporation aux cantons suisses qu'elle parvint à jouir de la paix et de la tranquillité au milieu des guerres de l'Allemagne. Mulhausen était, avant la révolution française, la capitale d'une petite république, composée de cette ville et des communes d'Illzach et de Modenheim; elle n'avait qu'un très-petit territoire enclavé de toutes parts dans la France, où elle était comme l'entrepôt des marchandises étrangères, dont on faisait autrefois la contrebande; elle était l'alliée des cantons suisses, ou pour mieux dire suisse elle-même.... Les 30 et 31 janvier 1798, les magistrats et notables de Mulhausen renoncèrent à tous les liens qui les unissaient au corps helvétique, et votèrent leur réunion à la France; le traité fut conclu par une loi du 2 ventôse 1798.

Les habitants de Mulhausen se sont distingués par leur zèle patriotique pour la défense du territoire en 1814. — Une scène touchante et digne des temps antiques eut lieu à Mulhausen en 1815, un de temps après le retour de Napoléon de l'île d'Elbe. L'attitude hostile des cours étrangères avait excité en Alsace une indignation générale: toutes les âmes généreuses, tous ceux qui abhorrent le joug de l'étranger se disposaient à repousser cette ligue de rois, qui, sous prétexte de combattre un homme, ne cherchaient qu'à s'enrichir de nos dépouilles. — Les habitants, de concert et par un mouvement spontané, s'étaient portés sur les hauteurs qui dominent les défilés, les routes ou passages, et travaillaient à y construire des retranchements; les femmes, les enfants mettaient la main à l'œuvre. On s'égayait, on s'animait l'un l'autre en chantant des refrains patriotiques. Il y avait entre tous les citoyens rivalité de zèle et de dévouement : les uns élevaient des redoutes, les autres coulaient des balles, remontaient de vieux fusils, confectionnaient des cartouches. Enfin tous les bras étaient en mouvement ; chacun voulait travailler à la défense commune.

Le commandement de l'armée du Rhin donné au brave général Rapp. Lorsqu'il arriva à Mulhausen, on donnait un bal, où les personnes les plus distinguées de la ville étaient réunies ; l'assemblée était brillante et nombreuse. Vers la fin de la soirée on parla de la guerre ; de l'invasion du territoire ; chacun communiquait son avis, chacun faisait part de ses espérances et de ses craintes. Les dames discutaient entre elles et s'entretenaient des dangers de la patrie. Tout à coup une des plus jeunes propose à ses compagnes de jurer qu'elles n'épouseront que des Français qui aient défendu les frontières. Des cris de joie, des battements de mains accueillent cette proposition. De toutes les parties de la salle on se dirige vers cet essaim de beautés ; on les environne, on se presse autour d'elles. Le général Rapp se joint à la foule, applaudit à la motion généreuse qui avait été faite, et reçoit le serment que chacune de ces jeunes patriotes vient prêter entre ses mains.

Cette ville est agréablement située dans une campagne fertile, au milieu d'une île formée par la rivière d'Ill, sur le canal du Rhône au Rhin, sur le chemin de fer de Strasbourg à Bâle, et sur la ligne du chemin de fer de la Méditerranée au Rhin. Elle est bien bâtie et ornée de beaux édifices, parmi lesquels on distingue l'église St-Etienne, affectée au culte réformé, et qui existait dès la fin du XIIIe siècle ; l'hôtel de ville ; l'église paroissiale catholique ; la synagogue ; l'hôpital ; l'ancien arsenal ; le collège ; plusieurs places publiques.

Mulhausen est surtout remarquable par ses riches manufactures et le développement extraordinaire qu'a pris son industrie depuis quelques années. C'est aujourd'hui l'une des plus importantes places de fabrique de France. L'aspect physique de Mulhausen s'embellit tous les jours ; on peut y voir aujourd'hui un superbe quartier neuf, auquel doit se rattacher tout ce que l'on pourra appeler la nouvelle ville.

Mulhausen, jusqu'au milieu du siècle dernier, ne s'était occupé que de la fabrication des draps. On n'y connaissait point l'impression sur coton. Ce ne fut que vers 1745 qu'un commis nommé Schmalzer, ayant connu ce procédé à Bar-le-Duc, résolut d'en enrichir sa ville natale. Il engagea un bourgeois de Mulhausen, Samuel Kœchlin, à fournir des fonds, et un peintre, Dolfus, à y coopérer par ses connaissances dans le dessin et le coloriage. — Les descendants de ces trois hommes utiles sont maintenant au rang des principaux et des plus honorables fabricants de Mulhausen. Cette ville est depuis 1800 le centre de l'industrie du département du Haut-Rhin, industrie qui s'est développée avec une rapidité prodigieuse pendant l'espace de vingt et quelques années. Sur un rayon de 8 kilomètres la population des villages environnants s'est triplée. Les manufactures de cette ville étendent leurs ramifications, non-seulement sur tout le Haut-Rhin, mais encore dans les départements limitrophes. Les toiles et les soieries peintes qui s'y fabriquent jouissent de la plus grande réputation, et sont très-recherchées par rapport à la solidité et au brillant des couleurs, et par la beauté des dessins, qui surpassent tout ce que l'Inde et l'Angleterre offrent de plus parfait en ce genre.

Biographie. Patrie de M. JACQUES KŒCHLIN, ancien député du Bas-Rhin, connu par ses grandes entreprises industrielles, sa bienfaisance, son patriotisme et les persécutions qu'il souffrit pour la cause libérale.

Du savant J.-H. LAMBERT.

De GOD. ENGELMANN, qui introduisit en France la lithographie, industrie à laquelle il fit faire de notables progrès.

INDUSTRIE. Manufactures considérables de toiles peintes, regardées comme les plus belles qui se fabriquent en France. — *Fabriques de* soieries, linge damassé, draps, mousselines, percales, toiles de coton, bonneterie, passementerie, chapeaux de paille, papiers peints, produits chimiques. — Filatures importantes de laine et de coton. Filature de lin (1,200 broches); ateliers de gravure sur rouleaux pour impression; belles blanchisseries; teintureries; maroquineries; brasseries; amidonneries. Vaste établissement de construction de machines de toute espèce pour tissage et filatures, machines à vapeur, locomotives, etc. — *Commerce de* grains, vins, eaux-de-vie, épiceries, draps, toiles peintes, quincaillerie, fer, etc. — *Foires* les 14 sept., 6 déc., mardi de Pâques, mardi de la Pentecôte, 1er mardis de mars et de nov.

Bibliographie. HEITZ (Henri). *Coup d'œil sur Mulhausen* (en allemand).

PÉNOT (Achille). *Discours sur quelques Recherches de statistique comparée faites sur la ville de Mulhouse*, lu à la société industrielle dans sa séance du 26 septembre 1828, in-8, 1828, 1848.

MIEG. * *Relation historique des progrès de l'industrie commerciale de Mulhausen et de ses environs*, in-4, 1848.

Bulletin de la Société industrielle de Mulhouse, recueil commencé en 1836. Il a paru 65 cahiers in-8, vol. 1 à 13, jusqu'en 1840. De 1841 à 1844, il a paru les cahiers nos 66 à 90, vol. 14 à 18.

MULIER, vg. *Eure-et-Loir*, comm. de Neuvy-en-Beauce, ✉ de Jauvillé.

MULLATIÈRE (la), vg. *Loire*, comm. de Valbenoite, ✉ de St-Etienne.

MULLET (le), vg. *Loire*, comm. de Collieu, ✉ de Rive-de-Gier.

MULOTTIÈRE (la), vg. *Eure-et-Loir*, comm. de Berou-la-Mulottière, ✉ de Tillières-sur-Avre.

MULSANNE, vg. *Sarthe* (Maine), arr. et à 14 k. du Mans, cant. et ✉ d'Ecommoy. Pop. 951 h.

MULSANS, vg. *Loir-et-Cher* (Blaisois), arr. et à 14 k. de Blois, cant. de Mer, ✉ de Ménars. Pop. 441 h.

MUN, vg. *H.-Pyrénées* (Gascogne), arr. et à 14 k. de Tarbes, cant. de Pouyastruc. Pop. 320 h.

MUNANS, vg. *H.-Saône*, comm. de Larians, ✉ de Montbazon.

MUNCHHAUSEN, vg. *B.-Rhin* (Alsace), arr. et à 24 k. de Wissembourg, cant. et ✉ de Seltz. Pop. 795 h.

MUNCHHAUSEN, vg. *H.-Rhin* (Alsace), arr. et à 10 k. de Colmar, cant. et ✉ d'Ansisheim. Pop. 823 h.

MUNCQ-NIEURLET, vg. *Pas-de-Calais* (Artois), arr. et à 12 k. de St-Omer, cant. d'Ardres, ✉ d'Audruicq. Pop. 447 h.

MUNCQUERIE (la), vg. *Pas-de-Calais*, comm. de Meuncq-Nieurlet, ✉ d'Ardres.

MUNDOLSHEIM ou MONDELSEN, vg. *B.-Rhin* (Alsace), arr., ✉ et à 8 k. de Strasbourg, cant. d'Oberhausbergen. Pop. 423 h.

MUNEIN, vg. *B.-Pyrénées* (Béarn), arr. et à 21 k. d'Orthez, cant. et ✉ de Sauveterre. Pop. 136 h.

MUNÉVILLE-LE-BINGARD, vg. *Manche* (Normandie), arr., ✉ et à 10 k. de Coutances, cant. de St-Sauveur-Lendelin. Pop. 1,525 h.

MUNÉVILLE-SUR-MER, vg. *Manche* (Normandie), arr. et à 15 k. de Coutances, cant. et ✉ de Bréhal. Pop. 1,003 h.

MUNG (le), vg. *Charente-Inf.* (Saintonge), arr. et à 16 k. de Pons, cant. et ✉ de St-Porchaire. Pop. 418 h.

MUNOT, vg. *Nièvre*, comm. de la Marche, ✉ de la Charité.

MUNSTER, vg. *Meurthe* (Lorraine), arr. de Château-Salins et à 35 k. de Vic, cant. d'Albestroff, ✉ de Dieuze. Pop. 706 h. — *Foires* les 9 mai et 6 déc.

MUNSTER, petite ville, *H.-Rhin* (Alsace), arr. et à 20 k. de Colmar, chef-l. de cant. Cure. Eglise consistoriale de la confession d'Augsbourg. ✉. A 466 k. de Paris pour la taxe des lettres. Pop. 3,350 h. — TERRAIN cristallisé, granit.

Munster est une ancienne ville libre impériale, située au pied du Monelisberg, sur la Fecht. Elle doit son origine et son nom à un couvent de bénédictins fondé au VIIe siècle, en l'honneur du pape Grégoire le Grand. On y voit de belles manufactures entourées de magnifiques plantations.

Les armes de **Munster** sont : *d'argent à un portail d'église entre deux tours pavillonnées et sommées de croix, le tout de gueules sur une terrasse de sinople.*

A 1 k. hors de la porte orientale de la ville, existe une belle filature de coton fondée par M. Jacques Hartmann. Un aqueduc construit en terre, et dont les bords offrent une promenade agréable, y conduit l'eau de la Fecht, qui y fait mouvoir les grandes roues auxquelles doivent leur mouvement toutes les machines. En face de l'établissement, s'élèvent sur une montagne les ruines du château de Schwarzenbourg. Feu M. F. Hartmann, député, a profité du site favorable de ce château, pour transformer, à l'aide du jardinage et de l'architecture, toute la montagne en un séjour délicieux, d'où l'on jouit d'une vue magnifique. Une route fort belle conduit jusqu'au vieux château.

PATRIE de l'historien LAMEY.

Manufacture de toiles peintes. — *Fabrique* de calicots. Filature de coton. Papeterie. Tannerie. Teintureries. — *Commerce* de fromages, eau de cerises, beurre, bestiaux, etc. — *Foires* les 12 mars, 24 août, lundi après la Pentecôte et avant les quatre temps de déc.

MUNSTROLL-DIE-BURG, vg. *H.-Rhin*. V. MONTREUX-CHATEAU.

MUNTZENHEIM, vg. *H.-Rhin* (Alsace), arr., cant., ✉ et à 10 k. de Colmar. Pop. 587 h.

MUNTZHALER-MUHL, vg. *Moselle*, com. de Lemberg, ✉ de Bitche.

MUNWILLER, vg. *H.-Rhin* (Alsace), arr. et à 19 k. de Colmar, cant. et ✉ d'Ensisheim. Pop. 346 h.

MUNZTHAL-ST-LOUIS, vg. *Moselle*, comm. de Lemberg, ✉ de Bitche.

MUR, vg. *Côtes-du-Nord* (Bretagne), arr. et à 20 k. de Loudéac, chef-l. de cant. Bureau d'enregist. à Corlay. Cure. ✉ d'Uzel. Pop. 2,767 h. — TERRAIN tertiaire moyen, voisin du terrain cristallisé.

Foires les 3e vendredi d'avril, 23 juin, samedi après la mi-carême, 6 juillet et 3e vendredi d'oct.

MUR, bg *Loir-et-Cher* (Blaisois), arr., ✉ et à 12 k. de Romorantin, cant. de Selles-sur-Cher. ⚒. Pop. 843 h. — *Foire* le 1er mars.

MUR (le), vg. *Loire*, comm. de Perneux, ✉ de Roanne.

MURA, vg. *Landes*, comm. ✉ de Gabarret.

MURACCIOLE, vg. *Corse*, arr., ✉ et à 22 k. de Corte, cant. de Serraggio. Pop. 342 h.

MURADES, vg. *Cantal*, comm. d'Antignac, ✉ de Bort.

MURAILLET, vg. *Lot-et-Garonne*, comm. et ✉ de Tonneins.

MURASSON, bg *Aveyron* (Rouergue), arr. et à 35 k. de St-Affrique, cant. et ✉ de Belmont. Pop. 1,335 h. — *Foires* les 7 janv., 25 mai, 7 juillet et 1er oct.

MURAT, vg. *Allier* (Bourbonnais), arr. et à 33 k. de Montluçon, cant. de Montmarault, ✉ de Bugeat. Pop. 687 h.

MURAT, vg. *Aveyron*, comm. de St-Parthem, ✉ d'Aubin.

MURAT, petite ville, *Cantal* (Auvergne), chef-l. de sous-préf. (2e arr.) et d'un cant. Trib. de 1re inst. Collège communal. Société d'agriculture. Cure. Gîte d'étape. ⚒. Pop. 2,690 h. — TERRAIN volcanique, basalte.

Cette ville est bâtie au pied du mont Cantal, sur la rive droite de l'Alagnon; ses rues étroites et tortueuses, très en pente et pavées d'un basalte glissant, sont, pour la plupart, difficiles à parcourir en hiver; c'est la ville la plus malpropre du Cantal. Elle est défendue des vents du nord et du nord-ouest par de grandes roches basaltiques composées de colonnes prismatiques qui ont depuis 1 m. 30 c. jusqu'à 13 m. de longueur, depuis cinq jusqu'à huit faces, et qui, vues de loin, offrent l'aspect d'un jeu d'orgue. Sur ce rocher, appelé de Bonnevie, sont les vestiges d'un château fort à l'origine duquel se rattache celle de la ville. C'était une des constructions à défier les plus braves et les plus instruits des hommes de guerre de ce temps, car, outre ses fossés, ses ponts-levis, ses nombreuses tours et sa double enceinte, le rocher qui le portait lui prêtait une merveilleuse défense naturelle. Cette forteresse, qui avait titre de vicomté, fut confisquée par Charles VI au profit de Jean, seigneur de l'Isle. Renaud II, vicomte de Murat, furieux de se voir dépouillé, reprit son château, s'y fortifia, et, après un siége de onze mois, pendant lequel il se défendit en désespéré, resta maître de la forteresse: mais ayant refusé de rendre la foi-hommage à Bernard d'Armagnac, son suzerain, celui-ci s'empara du château de Murat, où Renaud fut fait prisonnier.

Louis XI, après avoir fait décapiter Jacques d'Armagnac, en 1477, s'empara du château de Murat et le fit raser. Cette forteresse, reconstruite de nouveau, subit, vers la fin du XVIe siècle, le destin de tous les châteaux pris et repris tour à tour par les catholiques et les protestants. Jugée inutile, ou peut-être même dangereuse à conserver, Louis XIII en ordonna la démolition en 1633, opération longue et dispendieuse pendant laquelle la ville fut souvent exposée par le jeu de la mine qu'il fallut employer pour faire sauter les fortifications.

Les principaux édifices de Murat sont: l'église de Notre-Dame-des-Oliviers, érigée eu chapitre en 1350, incendiée en 1493, et rebâtie par Anne de France, duchesse de Bourbon et vicomtesse de Murat, dont on voit les armes peintes sur les vitraux; le couvent des Récollets dit de St-Gal, aux portes de la ville, sur la route d'Aurillac, fondé par Bernard d'Armagnac en 1430 : la maison est assez belle, et sert aujourd'hui d'hôpital; le couvent des religieuses de St-Dominique, occupé par les administrations publiques.

On doit visiter, à 4 k. de Murat, dans la paroisse de Moissac, l'énorme rocher de Laval; masse de basalte presque entièrement taillée à pic, qui offre de superbes colonnes prismatiques. — A peu près à la même distance sur la route d'Aurillac, près du lieu de Chambon, dépendant de la commune de Bredon, on trouve un amas considérable de bois brûlé, enfoui sous plusieurs couches de terre. Près de là se voit une roche de colcotar, de bol rouge, et ces singularités ne sont pas les seules que les minéralogistes ont découvertes dans les environs de Murat.

La route d'Aurillac à travers les monts du Cantal en offre encore un plus grand nombre: on marche d'abord entre deux chaînes de rochers; on s'élève ensuite vers les hautes régions à travers la forêt de Liorant, dont les noirs sapins attirent la vue de ce côté, tandis que le bruit des cascades retentit de tous côtés. On doit parcourir cette route à cheval pour bien jouir du spectacle imposant qu'elle présente; c'est une route tortueuse tracée au milieu de gorges effrayantes, et qui, suivant toujours le pied des montagnes, en fait parcourir toutes les sinuosités et offre aux yeux mille contrastes. Après avoir franchi le Pas de Compain, passage fameux dans le pays; après avoir cent fois mesuré de l'œil; tantôt avec frémissement, tantôt avec admiration, les crêtes chenues, d'énormes aspérités et les abîmes profonds qui sont à leur pied, on arrive, sous la douce influence de l'air du midi, dans des vallons riants, frais, couverts de bois verdoyants, arrosés par la Cère, dont le bruissement n'est plus celui d'un torrent, mais le cours d'une onde pure qui va caressant les fraîches prairies qu'elle fertilise. Arrivé dans cette belle vallée, l'esprit se repose des volcans, des enfers, des orages, des eaux furieuses, et de la triste verdure des sapins.

Biographie. Murat a donné le jour à plusieurs hommes distingués, parmi lesquels on doit citer:

TRAVERSE D'AUTEROCHE, médecin de Louis XI.

NICOLAS TEILLARD, général des finances sous le même roi.

JEAN DE L'HÔPITAL, médecin de Charles de Bourbon, connétable, et père du célèbre Michel de l'Hôpital, chancelier de France.

INDUSTRIE ET COMMERCE. Le commerce de Murat est très-animé, surtout en grains, parce que, placée entre Aurillac et la Planèze, cette ville est en quelque sorte l'entrepôt obligé des blés récoltés dans cette partie. Son voisinage des grands herbages donne également une étendue considérable à son commerce de fromages: la vente annuelle de cette denrée s'élève, année commune, à 15,000 quintaux métriques. L'activité de Murat a pris un nouvel essor depuis l'ouverture de la route vers Massiac par les rives de l'Alagnon, et qui abrège de 24 k. le trajet d'Aurillac à Clermont, outre l'avantage immense d'éviter les montagnes qui rendent la route par St-Flour si difficile. — Une partie des habitants de la classe peu aisée s'occupe de la fabrication d'étoffes et de dentelles communes; l'autre partie émigre et va exercer dans les autres provinces de France les professions de marchands colporteurs, chaudronniers, fondeurs de cuillers, porteurs d'eau, revendeurs de peaux de lièvres, etc. Année commune, le nombre des émigrants s'élève, pour tout l'arrondissement, à environ 5,000 individus.

Fabriques de grosses draperies, dentelles. — *Commerce* important de grains et de fromages dits du Cantal. — *Foires* les 1er fév., 4 juil., 10 mai, 29 août, 18 oct., 24 nov., mardis après l'Epiphanie, après la mi-carême, après Pâques, et vendredi avant Noël.

A 53 k. N.-E. d'Aurillac, 491 k. S. de Paris.

L'arrondissement de Murat contient 3 cantons : Murat, Allanche, Marcenat.

MURAT, vg. *Corrèze* (Limousin), arr. et à 43 k. d'Ussel, cant. de Bugeat, ✉ de Méymac. Pop. 350 h.

MURAT, vg. *Creuse*, comm. de St-Dizier, ✉ de Bourganeuf.

MURAT (forêt de), vg. *Indre*, comm. de St-Plantaire, ✉ d'Aigurande.

MURAT, vg. *Lot*, comm. de la Mothe-Cassel, ✉ de Fraissinet.

MURAT, vg. *Tarn* (Bazadois), arr. et à 62 k. de Castres, chef-l. de cant., bureau d'enregist. et ✉ de Lacaune. Cure. Pop. 2,908 h. — TERRAIN cristallisé.

Commerce de fromages, volailles grasses et de bestiaux.

MURAT-D'ESTAING, vg. *Aveyron*, com. de Coubisou, ✉ d'Espalion.

MURAT-LE-QUAIRE, bg *Puy-de-Dôme* (Auvergne), arr. et à 50 k. de Clermont-Ferrand, cant. et ✉ de Rochefort. Pop. 1,025 h. — On trouve aux environs l'établissement des eaux minérales de la Bourboule.

EAUX MINÉRALES DE LA BOURBOULE.

La Bourboule est un hameau dépendant de la commune de Murat-le-Quaire, où l'on arrive par la grande route qui conduit au Mont-Dore, dont le bourg de Murat-le-Quaire n'est éloigné que de 4 k. Arrivé dans ce bourg, on quitte la grande route et l'on prend un chemin assez rapide, par où l'on descend à la Bourboule, éloignée de Murat d'un k. Les sources et les maisons qui en sont voisines et constituent le hameau, se trouvent situées dans une belle vallée, traversée par la Dordogne, qui coule d'un large ruisseau, et qui coule dans la direction de l'est à l'ouest. Cette vallée est la même que celle où est situé le village des Bains-du-Mont-Dore; mais, à la Bourboule, elle s'élargit beaucoup au sud, et procure ainsi à cette localité une température très-douce, qu'elle doit aussi aux montagnes qui l'abritent de toute part. La neige y fond beaucoup plus vite que dans les environs; et, malgré son élévation, qui aux bains mêmes est de 848 m. au-dessus du niveau de la mer, on peut, dès le mois d'avril, espérer des jours de printemps, ce qui arrive rarement dans les villages voisins avant le milieu de mai. Partout, excepté au midi, la Bourboule est environnée de montagnes qui circonscrivent le bassin de la Dordogne. La forme de ces montagnes, et la belle végétation dont elles sont couvertes, l'abondance des ruisseaux et des cascades, feraient regarder la Bourboule comme un site des plus pittoresques, si l'on n'était habitué à en trouver de semblables sur tous les points de l'Auvergne. Il existe cependant quelques endroits que l'on voit encore avec plaisir quand on a visité tous les sites curieux de cette contrée. Dans ce nombre, on peut citer la cascade de Vernière, énorme ravin creusé dans une des montagnes voisines, et ombragé de vieux sapins, au milieu desquels se précipite un ruisseau qui porte ses eaux à la Dordogne; la Roche-Vendeix, célèbre par l'asile qu'elle offrait autrefois à des brigands qui dévastaient l'Auvergne : escarpée de tous côtés, on ne pouvait en aborder le sommet que par un escalier difficile, pratiqué dans le roc; et actuellement encore, on y retrouve les traces d'un ancien château, que le temps n'a pas plus épargné que les brigands auxquels il servait de retraite. A ces sites, on doit ajouter le point de vue dont on jouit, quand, après avoir monté sur des montagnes couvertes de sapins qui se trouvent en face et un peu à gauche des bains, on arrive au sommet du Ravin de l'eau salée, dénomination assez impropre, puisque l'eau ne contient pas de sel. Un escarpement à pic, un sol déchiré par les pluies, des arbres abattus par la foudre ou par les ouragans, sont les objets qui s'offrent de toutes parts aux yeux de l'observateur, qui peut les contempler du sommet d'une petite pelouse ombragée par des arbres : l'eau qui découle des fissures du terrain se rassemble bientôt dans le ravin, et active encore la végétation brillante qui contraste avec les déchirures du sol. De là on voit au-dessous de soi la Roche-Vendeix, la Bourboule et toutes les habitations voisines; la vue n'est bornée que par un rideau de sapins dominant souvent les brouillards qui se rassemblent dans cette vallée. Outre ces différents sites, il en est un encore très-voisin de la Bourboule, qui peut être considéré comme un panorama des Monts-Dore; c'est le Puy-Gros, dont le sommet atteint 1,488 m. d'élévation, c'est-à-dire quelques mètres de plus que le Puy-de-Dôme. On découvre de là, non-seulement tous les lieux que l'on vient de citer, mais encore les environs du village des Bains, et l'ensemble des montagnes dont le groupe a reçu le nom de Monts-Dores. On suit dans toute sa longueur la belle vallée de la Dordogne ; on aperçoit les montagnes qui la bordent, couvertes de forêts de sapins, vers la base desquelles viennent se mêler quelques hêtres ; et l'on y jouit souvent du spectacle imposant que présentent les nuages, quand, abaissés vers ces montagnes, ils semblent sortir des forêts pour errer sur les pelouses immenses des plateaux qui les avoisinent.

C'est dans le fond de la vallée, au pied de la montagne, et, comme nous l'avons dit plus haut, à 848 m. d'élévation, que sourdent les eaux minérales. Les unes, et ce sont les plus élevées, sortent immédiatement du granit, les autres s'échappent des tufs ponceux qui lui sont adossés. Il paraît certain, du reste, que, par des fouilles bien dirigées dans ces tufs, on parviendrait à trouver leur issue du granit, et que l'on gagnerait probablement plusieurs degrés de température.

Les sources sont au nombre de six ; la principale, ou le Grand-Bain, est celle qui fournit toute l'eau à l'établissement thermal. Son produit est de 20 litres par minute. Un peu plus bas, et toujours dans le même sol, est le Petit-Bain, désigné sous le nom de Bagnasson. L'eau de la source est recueillie dans une fosse carrée, d'où elle s'échappe pour se perdre. La quantité d'eau peut être évaluée à 10 litres par minute. Ces deux sources, quoique de température différente, sont de même nature, et se distinguent de toutes les autres par leur composition chimique.

La troisième est celle que l'on désigne sous le nom de Fontaine des Fièvres : elle coule par un tuyau dans un bassin creusé dans le tuf, et est enfermée dans un petit bâtiment. Son produit est d'environ 10 litres par minute. Les quatrième et cinquième sources, dites de la Rotonde, à cause du petit bâtiment qui les abrite en partie, sont les plus élevées, et sortent immédiatement du granit. Ces deux filets d'eau sont peu abondants, et de température différente. Enfin, la sixième, que l'on désigne sous le nom de Source du Jardin, est une des moins élevées. Elle donne environ 5 litres par minute, et se perd dès sa sortie. On voit, par cet exposé, que le volume d'eau serait assez considérable si des conduits la recevaient et l'amenaient dans un seul bassin : on pourrait espérer de réunir 50 litres par minute.

L'établissement thermal forme un petit bâtiment dont la façade est au sud-est. La source du Grand-Bain sort dans un coin, et distribue séparément son eau dans huit baignoires. Dans celle qui est la plus voisine de la source, l'eau est tellement chaude qu'on ne peut la supporter. Au moyen d'une pompe et de conduits qui se trouvent placés sur des baignoires, cette eau est élevée, et sert pour les douches. — On a trouvé, en creusant les fondements de cet établissement, une ancienne fosse, dont l'origine date de l'ère romaine, et qui fait penser que ces eaux furent usitées autrefois en même temps que celles du Mont-Dore. D'anciens titres prouvent aussi que, dès 1460, il y avait un hospice établi à ces sources, et qu'il payait des droits au seigneur de Murat.

Des documents irréfragables attestent l'ancienne célébrité des eaux de la Bourboule, qui se distinguent de toutes celles du département du Puy-de-Dôme, par une plus grande quantité de matières salines, et par une température plus élevée de 10 degrés centigrades.

La température des différentes sources n'est pas toujours la même, excepté cependant celle du Grand-Bain et du Bagnasson. Les autres varient un peu selon les saisons, ce qui paraît dû au plus ou moins d'épaisseur des dépôts ponceux qu'elles traversent après leur sortie du granit. La plus chaude ou le Grand-Bain donne 52° centigrades, et la plus froide, qui est une de celles qui sont enfermées dans la Rotonde, en donne seulement 12.

SAISON DES EAUX. La saison des bains s'ouvre le 25 juin et finit le 30 septembre : beaucoup d'étrangers arrivent même vers la fin de mai, et prolongent leur séjour jusqu'à la mi-octobre. Pendant ce temps, les malades peuvent jouir de très-belles promenades. Outre la Roche-Vendeix, la cascade de la Vernière, ils peuvent encore visiter la Plaine-Brûlée ou Bourlade, la Roche des Fées, et surtout les belles allées qui côtoient la Dordogne, tout auprès de l'établissement thermal, et qui simulent des charmilles taillées en berceau.

PRIX DE LA DÉPENSE JOURNALIÈRE. Les habitants de la Bourboule sont attentifs aux soins que nécessitent les malades. Ils les ont prodigués, en 1827, à plus de cinq cents, qui, en général, n'ont eu qu'à se louer du bon accueil des hôtes. On pourrait citer plusieurs hôtels qui offrent des chambres commodes, bien tenues, et propres à loger beaucoup de monde. On y trouve des tables d'hôte bien servies. Ces avantages pourront attirer à la Bourboule des personnes aisées qui aiment la propreté, la commodité, et souvent une sorte d'élégance.

Le prix du logement et de la nourriture varie, suivant les moyens des baigneurs, de deux à cinq francs, logement compris. On vit très-bien à la Bourboule.

TARIF DU PRIX DES EAUX, BAINS ET DOUCHES.
Le prix de chaque bain est fixé à 75 c.
Celui de chaque douche. 75

PROPRIÉTÉS MÉDICINALES. M. le docteur Mercier, ex-inspecteur des eaux de la Bourboule, a remarqué qu'en général l'usage extérieur des eaux du Grand-Bain et du Bagnasson imprimait une activité extraordinaire à la circulation; agissait en stimulant le système capillaire de la surface, et, par suite, tous les autres systèmes, et produisait un mode d'excitation qui a tous les caractères d'une révulsion d'autant plus énergique qu'elle peut s'exercer sur toute la périphérie du corps. Aussi ces eaux sont employées avec succès dans les rhumatismes fibreux ou musculaires, dans les vieux ulcères, les engorgements articulaires indolents, dans les tumeurs scrofuleuses, et même dans certaines paralysies, indépendantes de prédispositions apoplectiques. Leur action sur les maladies cutanées est beaucoup plus grande qu'on ne pourrait le supposer, si l'on n'attribuait cette action qu'à la petite quantité d'hydrosulfate qu'elles renferment. L'eau de la fontaine des Fièvres est laxative, et doit en partie cette propriété au sulfate de soude qu'elle contient.

La source tempérée de la Rotonde a la réputation de guérir la chlorose. Cette réputation est confirmée par les observations de M. le docteur Mercier ; mais l'analyse n'y indique qu'une très-petite quantité de carbonate de fer.

Commerce important de bestiaux de toute espèce. — *Foires* les 12 mai, 24 juin, 24 sept. et 22 oct.

Bibliographie. *Analyse des eaux minérales de la Bourboule*, 1756.

CHOUSSY. * *Observations sur les eaux thermales et minérales de la Bourboule, commune de Murat-le-Quaire, département du Puy-de-Dôme*, in-8, 1828.

LECOQ. *Eaux minérales de la Bourboule* (Annales scientifiques de l'Auvergne, t. I, p. 257).

MURATEL, vg. *Puy-de-Dôme*, comm. d'Ars, ⊠ de Montaigut.

MURATO, bg *Corse*, arr. et à 25 k. de Bastia, chef-l. de cant., bureau d'enregist. et ⊠ de St-Florent. Cure. Pop. 890 h. — TERRAIN crétacé supérieur, craie.

Ce bourg est situé dans une contrée boisée, arrosée par de belles eaux.

L'église St-Michel, située à 1 k. de Murato, mérite d'être citée comme l'une des plus remarquables de la Corse : on ignore son origine ; mais il est probable qu'elle est due aux Pisans ; elle est bâtie tant intérieurement qu'extérieurement en pierres blanches et bleuâtres à l'instar des dômes de Pise et de Sienne, et se distingue des autres églises par une espèce de porche soutenu par deux colonnes également de pierres blanches et bleues. On voit sur le portail, comme sur celui de l'église de Mariana, des sculptures représentant des animaux et quelques signes inconnus.

Le canton de Murato est enclavé entre deux embranchements du plateau de Tenda, et forme un vallon étroit et profond où coule la rivière de Bevinco. Le territoire, quoique montagneux, produit du froment et abonde en oliviers et en châtaigniers.

MURBACH, vg. *H.-Rhin* (Alsace), arr. et à 34 k. de Colmar, cant. de Soultz, ✉ de Guebwiller. Pop. 261 h.

Ce village est situé dans une gorge étroite qui domine le château de Hohenrupf. On voit sur son territoire les ruines de l'abbaye de Murbach, dont les restes occupent tout le fond de la vallée ; le chœur et les tours de l'église sont encore debout.

MUR-DE-BARREZ, petite ville, *Aveyron* (Rouergue), arr. et à 60 k. d'Espalion, chef-l. de cant. ✉. A 569 k. de Paris pour la taxe des lettres. Pop. 1,622 h. — TERRAIN cristallisé ou primitif.

Autrefois diocèse de Rodez, parlement de Toulouse, intendance de Montauban, châtellenie, collégiale, couvents de cordeliers et de clairistes.

Cette ville a joué un assez grand rôle dans l'histoire du Rouergue ; c'était une place forte, érigée en commune dès l'an 1246, et située sur les frontières de l'Auvergne. Les vicomtes de Carlat y possédaient un château fort dont les Anglais s'emparèrent en 1418, et qui leur servit de point d'appui et de retraite dans leurs expéditions contre l'Auvergne : ce château a été rasé en 1620. Les fortifications de Mur-Barrez attirèrent fréquemment sur cette ville les malheurs de la guerre ; plusieurs fois prise et reprise, elle éprouva des désastres successifs qui ont empêché son accroissement et longtemps anéanti son industrie. — On a exploité dans ses environs, pendant le XVIe siècle, des mines d'argent et d'antimoine qui ont été abandonnées depuis.

Fabriques de cadis, raz, camelots, bouracans. — *Foires* aux bestiaux les 1er et 2 mai, 17 août, 30 sept., 2e jeudi de carême, jeudi après la Pentecôte, lundi avant la Toussaint, avant Noël.

MURE (la), *Mure*, vg. *B.-Alpes* (Provence), arr., et à 19 k. de Castellane, cant. de St-André. Pop. 306 h.

MURE (la), petite ville, *Isère* (Dauphiné), arr. et à 37 k. de Grenoble, chef-l. de cant. Cure. Gîte d'étape. ✉. ⚒. A 595 k. de Paris pour la taxe des lettres. Pop. 3,106 h. — TERRAIN jurassique, étage supérieur du système oolitique.

Cette ville est située à l'extrémité de la vallée de la Matésine, bordée par les montagnes du Trièves.

A l'époque des guerres de religion, la Mure était une petite place bien fortifiée, dominée par une citadelle et un château fort. Elle fut prise et reprise par les deux partis, et eut beaucoup à souffrir pendant les longues années où le Dauphiné fut le théâtre des dissensions civiles. Dans le dernier siège qu'elle soutint, ses habitants, attachés pour la plupart à la religion réformée, se défendirent contre le duc de Nemours avec une bravoure dont l'histoire de ces temps fournit peu d'exemples : les femmes mêmes déployèrent un courage au-dessus de leur sexe. Enfin, forcés d'abandonner la ville, ils mirent le feu à leurs maisons et se retirèrent dans la citadelle, que le manque d'eau et de vivres les força bientôt de livrer.

Fabriques de grosses toiles. Exploitation de houille. Clouteries. Tanneries. — *Commerce* de grains, bestiaux et charbon de terre. — Carrière de marbre noir veiné de blanc exploitée.

MURE (la), vg. *Isère*, comm. de la Terrasse, ✉ du Touvet.

MURE (la), vg. *Loire*, comm. de Gumières, ✉ de Montbrison.

MURE (la), vg. *Loire*, comm. de St-Bonnet-le-Courreaux, ✉ de Montbrison.

MURE (la), vg. *H.-Loire*, comm. de St-Victor-Malescours, ✉ de Monistrol.

MURE (la), vg. *Rhône* (Beaujolais), arr. et à 23 k. de Villefranche-sur-Saône, cant. de St-Nizier-d'Azergues. ✉. A 446 k. de Paris pour la taxe des lettres. Pop. 1,184 h.

La Mure est un beau village très-commerçant, situé sur l'Azergue et sur la nouvelle route du Charollais. — *Fabriques* de toiles fil et coton, de toiles cretonnes blanches et rayées. Teinturerie. Blanchisserie. — *Foires* le jeudi après le 5 févr., 1er et 2e jeudi après le 25 avril et après le 23 nov.

MUREAUMONT, vg. *Oise* (Picardie), arr. et à 37 k. de Beauvais, cant. et ✉ de Formerie. Pop. 334 h.

MUREAUX (les), *Murelli*, vg. *Seine-et-Oise* (Beauce), arr. et à 35 k. de Versailles, cant. et ✉ de Meulan. Pop. 774 h.

MUREIL, vg. *Drôme* (Dauphiné), arr. et à 46 k. de Valence, cant. et ✉ de St-Vallier. Pop. 330 h.

MUREL, vg. *Lot*, comm. et ✉ de Martel.

MURELET, vg. *Gers*, comm. de Montpezat, ✉ de Lombez.

MURES, vg. *Isère*. V. ST-BONNET-DE-MURE.

MURET, vg. *Aisne* (Picardie), arr. et à 20 k. de Soissons, cant. et ✉ d'Oulchy. Pop. 361 h.

MURET, vg. *Aveyron* (Rouergue), arr. et à 20 k. de Rodez, cant. de Marcillac, ✉ de Villecomtal. Pop. 701 h.

MURET (le), vg. *Eure*, comm. de Gaudreville, ✉ de Beaumont-le-Roger.

MURET, *Murellum*, *Muretus*; jolie ville, *H.-Garonne* (Gascogne), chef-l. de sous-préf. Trib. de 1re inst. Société d'agric. Cure. Gîte d'étape. ✉. ⚒. Pop. 4,000 h. — TERRAIN d'alluvions modernes.

Autrefois diocèse et parlement de Toulouse, intendance d'Auch, élection de Comminges, châtellenie et justice royale, maîtrise particulière, subdélégation.

Cette ville est agréablement située, dans une belle vallée, au confluent de la Louge et de la Garonne, qu'on y passe sur un pont suspendu d'une dimension et d'une solidité remarquables. Elle est assez bien bâtie, en briques, sur le penchant d'un coteau, et célèbre par le siège qu'elle soutint en 1213 contre le roi d'Aragon, qui y perdit la vie dans une sortie terrible que fit Simon de Montfort, qui commandait la place.

PATRIE du célèbre compositeur DALAYRAC.

Du diplomate BONNE-CARRÈRE.

Fabriques de grosse draperie, de faïence blanche et façon anglaise. Tanneries. — *Foires* les 2 févr., 10 avril, 17 mai, 27 juillet, 30 sept. et 25 nov.

A 20 k. S.-S.-E. de Toulouse, 708 k. S. de Paris.

L'arrondissement de Muret est composé de 10 cantons : Auterive, Carbonne, Cazères, Cintegabelle, Fousseret, Montesquieu, Muret, Rieumes, Rieux, St-Lys.

MURET (le), vg. *Landes*, comm. de Saughac-Muret, ✉ de Lispostey. — Verrerie. Lavoir de laines. Carrière de pierre à bâtir.

MURETTE (la), vg. *Isère* (Dauphiné), arr. et à 43 k. de St-Marcellin, cant. de Rives, ✉ de Voiron. Pop. 969 h.

MURIANNETTE, vg. *Isère* (Dauphiné), arr. et à 9 k. de Grenoble, cant. et ✉ de Domène. Pop. 268 h.

MURIER (le), vg. *Isère*, comm. de St-Martin-d'Hères, ✉ de Grenoble.

MURINAIS, vg. *Isère* (Dauphiné), arr., cant., ✉ et à 7 k. de St-Marcellin. Pop. 645 h.

MURLES, vg. *Hérault* (Languedoc), arr. et à 16 k. de Montpellier, cant. et ✉ des Matelles. Pop. 72 h.

MURLIN, vg. *Nièvre* (Nivernais), arr. et à 40 k. de Cosne, cant. et ✉ de la Charité. Pop. 268 h.

MURO, vg. *Corse*, arr., ✉ et à 18 k. de Calvi, cant. d'Algajola. Pop. 1,307 h.

MUROLS, vg. *Aveyron*, com. de la Croix-Bars, ✉ de Mur-de-Barrez.

MUROLS, bg *Puy-de-Dôme* (Auvergne), arr. à 28 k. d'Issoire, cant. et ✉ de Besse. Pop. 675 h.

On croit que Murols est le *Meroliacense Castrum* cité par Grégoire de Tours dans la description du siège que fit en 532 Thierry d'un château de ce nom. Quoi qu'il en soit, le château de Murols est une des plus importantes constructions du moyen âge : il est assis sur le sommet d'une pyramide revêtue de murailles construites avec le basalte de la montagne ; tout autour règne une vaste terrasse circulaire, dont la perspective est admirable par son étendue et sa variété. — Les arbres placés çà et là, et le voisinage de la Couze sortant du lac de Chambon, font de Murols un des villages les plus pittoresques de l'Auvergne. Les murs du château sont très-épais ; sa forme est celle d'un polygone régulier, auquel est jointe une tour ronde qui domine les environs et permet d'observer, de même que de la galerie qui règne au sommet du château, une des parties de l'Auvergne où les bouleversements volcaniques sont le plus sensibles. L'aspect de ce château, à la fois majestueux et sauvage, frappe l'esprit d'une sorte de terreur qui s'accroît à mesure qu'on en parcourt les grands appartements inhabités depuis longtemps. L'intérieur est, dans quelques parties, assez bien conservé. On y distingue encore la chapelle, les prisons, les cachots. La porte d'entrée du château est à remarquer à cause de ses sculptures. La loge du gardien est intacte.

Murols est curieux par les produits volcaniques qui abondent dans ses environs; on y trouve des colonnes de basalte de plusieurs formes, des scories, des pouzzolanes, etc. A Schat sont des sources abondantes sortant de la lave. A 1 k. au-dessus du bourg est le lac Chambon, un des plus grands et des plus poissonneux de l'Auvergne.

Foire le 9 mai.

MURON, bg *Charente-Inf.* (Saintonge), arr. et à 16 k. de Rochefort-sur-Mer, cant. et ✉ de Tonnay-Charente. ♘. Pop. 1,232 h. — *Foire* le 6 août.

MURS, vg. *Ain* (Bugey), arr., cant., ✉ et à 15 k. de Belley. Pop. 383 h.

MURS, vg. *Indre* (Berry), arr. et à 42 k. de Châteauroux, cant. et ✉ de Châtillon-sur-Indre. Pop. 415 h.

MURS, vg. *Maine-et-Loire* (Anjou), arr., ✉ et à 11 k. d'Angers, cant. des Ponts-de-Cé. Pop. 1,620 h.

MURS, vg. *Vaucluse* (Provence), arr., ✉ et à 18 k. d'Apt, cant. des Gardes. Pop. 663 h.

Les montagnes des environs de Murs offrent plusieurs grottes spacieuses; la plus remarquable, qui porte le nom de la Beaume de Varigoule, est étonnante par son immensité et sa profondeur. La tradition rapporte que, pendant les guerres de religion, un parti de trois cents hommes qui s'y était réfugié y périt d'une manière épouvantable.

Foire le 1er oct.

MURSANGES, vg. *Côte-d'Or* (Bourgogne), arr., cant., ✉ et à 9 k. de Beaune. Pop. 627 h.

MURSAY, vg. *Deux-Sèvres*, comm. d'Echiré, ✉ de Niort.

C'est aux environs de Mursay, près du château de Salbar, que Mme de Maintenon a gardé les troupeaux dans son enfance.

Le château de Salbar est situé non loin de Mursay, près de Latailler, village sur la route de Niort à Parthenay; on y arrive par un chemin très-sauvage qui suit les bords de la Sèvre Niortaise. Il se compose de six tours irrégulières à moitié conservées, unies par de grands pans de murailles où sont encore pratiquées les anciennes communications; derrière s'élève un coteau sauvage sur lequel est bâti le joli village de Ternanteuil; la Sèvre coule au bas et entoure presque entièrement les ruines, et de grandes prairies s'étendent de l'autre côté de la rivière. L'origine et l'histoire de ce château est peu connue; on sait seulement que Marguerite de Penthièvre y fit enfermer le duc de Bretagne et son frère avant de les renvoyer à Clisson.

MURTIN, vg. *Ardennes* (Champagne), arr. de Mézières, à 15 k. de Charleville, cant. et ✉ de Renwez. Pop. 429 h.

MURUS-CÆSARIS (lat. 47°, long. 24°).

« César, voulant fermer aux *Helvetii* le passage dans la province romaine, fit élever un retranchement, qu'il appelle *murum*, depuis le lac Léman jusqu'au mont Jura, *a lacu Lemano ad montem Juram*. Des vestiges de retranchement, s'il en existe comme on les a tracés dans quelques cartes, à une distance du Rhône assez considérable, et sur un terrain occupé par les *Helvetii*, qui s'étendaient jusqu'aux bords du Rhône, ne conviennent point au retranchement de César. Appien (*in Fragmentis Ursini*) dit en termes clairs et formels, que la rive du Rhône fut fortifiée par César d'un mur ou retranchement. D'ailleurs ce qu'on lit dans les Commentaires, que les *Helvetii*, qui tentèrent de s'ouvrir un passage en traversant la rivière, ne purent exécuter cette entreprise, *operis munitione, et militum concursu et telis repulsi*, fait bien voir que le retranchement bordait cette rivière, et qu'il était élevé sur la rive citérieure à l'égard de la province romaine. César indique la longueur de ce retranchement, savoir 19 milles. Appien, auteur grec, qui compte par stades, en marque 150 de compte rond, auquel il ne manque que deux stades pour compléter rigoureusement 19 milles romains, à raison de 8 stades pour un mille, selon la compensation du mille romain et du stade grec le plus ordinaire. Cet espace se renferme entre Genève, où le Rhône sort du lac Léman, et le mont du Wache, qui resserre la rive gauche du Rhône, en même temps que le *Credo*, qui tient au mont Jura, resserre la rive droite, dans l'endroit où le fort de la Cluse défend cette gorge, au passage de laquelle le Rhône est presque couvert par ces deux croupes de montagnes. En mesurant la rive du Rhône sur une carte particulière des environs de Genève, cette mesure est égale à environ 15 minutes de la graduation de latitude appliquée à cette carte: donc, environ 14,265 toises, à raison de 951 toises par minute; et la supputation rigide du mille romain, évalué à 756 toises, en comptant 19 milles complets, est de 14,364 toises. » D'Anville. *Notice de l'ancienne Gaule*, p. 470.

MURVAUX, vg. *Meuse* (pays Messin), arr. et à 19 k. de Montmédy, cant. et ✉ de Dun-sur-Meuse. Pop. 858 h.

MURVIEL, petite ville, *Hérault* (Languedoc), arr., bureau d'enregist., ✉ et à 13 k. de Béziers, chef-l. de cant. Cure. Pop. 1,593 h. — Terrain tertiaire moyen.

Cette ville est bâtie sur une élévation qui couronne le riant bassin de la rivière d'Orb, et dominée par un clocher quadrangulaire très-élevé, terminé par une pyramide hexagonale fort aiguë. On y voit un ancien château dont les restes, la porte d'entrée décorée de marbres griottes et la cour ornée de pilastres, donnent une idée de son antique magnificence. De la terrasse assez haute, placée devant la principale entrée, on jouit d'une vue superbe qui s'étend sur la mer et sur l'île de Maguelonne.

Fours à chaux. — *Foire* le 16 nov.

MURVIEL, bg *Hérault* (Languedoc), arr., cant., ✉ et à 13 k. de Montpellier. P. 401 h. — Il est bâti sur l'emplacement d'une ancienne ville dont l'origine est inconnue. On y voit une espèce de fontaine dont les restes paraissent romains, et des vestiges de murailles très-fortes et très-étendues.

Le territoire de ce village produit d'excellents vins rouges.

MURVILLE, vg. *Moselle* (pays Messin), arr. et à 15 k. de Briey, cant. et ✉ d'Audun-le-Roman. Pop. 281 h.

MURY (St-), vg. *Drôme*, comm. de Montchenu, ✉ de Romans.

MURY-MONTEYMOND (St-), vg. *Isère* (Dauphiné), arr. et à 23 k. de Grenoble, cant. et ✉ de Domène. Pop. 442 h.

MURZO, vg. *Corse*; arr. et à 34 k. d'Ajaccio, cant. et ✉ de Vico. Pop. 110 h.

MUS, vg. *Gard* (Languedoc), arr. et à 19 k. de Nîmes, cant. de Vauvert, ✉ de Calvisson. Pop. 562 h.

MUS (le), vg. *Landes*, comm. de Doazit, ✉ de Mugron.

MUSAU, vg. *B.-Rhin*, comm. et ✉ d'Haguenau.

MUSAU, vg. *B.-Rhin*, comm. et ✉ de Strasbourg.

MUSAUDON, vg. *Cher*, com. de St-Pierre-les-Bois, ✉ du Châtelet.

MUSCOURT, vg. *Aisne* (Picardie), arr. et à 30 k. de Laon, cant. de Neufchâtel, ✉ de Beaurieux. Pop. 71 h.

MUSCULDY, vg. *B.-Pyrénées* (Gascogne), arr., cant., ✉ de Mauléon, et à 20 k. de St-Palais. Pop. 600 h.

MUSEGROS, vg. *Eure*, comm. et ✉ d'Ecouis.

MUSETTES, vg. *Aveyron*, comm. de St-Beauzely, ✉ de Millau.

MUSIGNY, vg. *Côte-d'Or* (Bourgogne), arr. et à 30 k. de Beaune, cant. et ✉ d'Arnay-le-Duc. Pop. 173 h.

MUSINENS, vg. *Ain* (Bugey), arr. et à 22 k. de Nantua, cant. et ✉ de Châtillon-de-Michailles. Pop. 443 h. — *Foires* les 12 janv., 12 mars, 18 juillet, 16 nov. (au hameau de Bellegarde).

MUSLOCH, vg. *H.-Rhin*, comm. de Liepvre, ✉ de Ste-Marie-aux-Mines.

MUSSAC, vg. *H.-Vienne*, comm. de St-Jouvent, ✉ de Nieul.

MUSSE (la), vg. *Eure*, comm. de St-Sébastien-du-Bois-Arnault, ✉ d'Evreux.

MUSSE (la), vg. *Eure-et-Loir*, comm. de Boutigny, ✉ de Houdan.

MUSSE (la), ou Ville-en-Bois, vg. *Loire-Inf.*, comm. de Chantenai, ✉ de Nantes.

MUSSEAU, vg. *H.-Marne* (Champagne), arr. et à 30 k. de Langres, cant. et ✉ d'Auberive. Pop. 189 h.

MUSSET, vg. *Gironde*, comm. de Lerm, ✉ de Grignols.

MUSSEY, vg. *H.-Marne* (Champagne), arr. et à 26 k. de Vassy, cant. de Doulaincourt, ✉ de Joinville. Pop. 488 h.

MUSSEY, vg. *Meuse* (Lorraine), arr., ✉ et à 9 k. de Bar-le-Duc, cant. de Revigny. Pop. 315 h.

MUSSIDAN, jolie petite ville, *Dordogne*

(Périgord), arr. et à 29 k. de Ribérac, chef-l. de cant. Cure. Gîte d'étape. ⊠. ⌂. A 510 k. de Paris pour la taxe des lettres. Pop. 1,744 h. — TERRAIN d'alluvions modernes.

Autrefois diocèse et élection de Périgueux, parlement et intendance de Bordeaux.

Mussidan est une ville ancienne, connue dès l'an 980. Elle était autrefois fortifiée et a soutenu plusieurs siéges. Les protestants la prirent par un coup de main hardi en 1563. Le maréchal Timoléon de Cossé-Brissac voulut la reprendre, et en fit le siége en 1569 ; il y fut tué d'un coup d'arquebusade par Charbonnière, soldat périgourdin, « lequel, dit Brantôme, se tenait assis devant une canonnière, par où il ajustait les assiégeants avec deux arquebuses qu'on lui chargeait alternativement, en sorte qu'il tirait incessamment. » Néanmoins la garnison capitula ; mais l'armée ne fut pas plutôt entrée dans la place, que malgré la capitulation elle passa les protestants au fil de l'épée. Montaigne a fait de ce triste événement le sujet du chapitre de ses *Essais*, intitulé : *l'Heure des parlements dangereuse*.

Mussidan est une ville bien bâtie, dans une vaste et fertile plaine, au confluent de l'Isle et de la petite rivière de Crempre.

PATRIE de NICOLAS BEAUPUY, membre de l'assemblée législative, du conseil des cinq cents et du sénat conservateur ;

De PIERRE BEAUPUY, général de division, tué au combat d'Emandinghen.

Aux environs forges et mines de fer. — *Foires* les 3 fév., 7 nov. et lundi des Rameaux.

MUSSIG, vg. *B.-Rhin* (Alsace), arr., ⊠ et à 7 k. de Schelestadt, cant. de Marckolsheim. Pop. 756 h.

MOUSSILLONS (les), vg. *Jura*, comm. de Rivière-Devant, ⊠ de St-Laurent.

MUSSOIRE (la), vg. *Orne*, comm. de Brullemail, ⊠ de Merlerault.

MUSSY-LA-FOSSE, vg. *Côte-d'Or* (Bourgogne), arr. et à 10 k. de Semur, cant. ⊠ de Flavigny. Pop. 168 h.

MUSSY-L'ÉVÊQUE, *Aube*. V. MUSSY-SUR-SEINE.

MUSSY-L'ÉVÊQUE, ou METCHEN, vg. *Moselle*, comm. de Charleville, ⊠ de Boulay.

MUSSY-SOUS-DUN, vg. *Saône-et-Loire* (Bourgogne), arr. et à 26 k. de Charolles, cant. et ⊠ de Chauffailles. Pop. 1,486 h. — *Foire* le 20 nov.

MUSSY-SUR-SEINE, *Mussium Episcopi*, petite ville, *Aube* (Champagne), arr. et à 22 k. de Bar-sur-Seine, chef-l. de cant. Cure. ⊠. ⌂. A 512 k. de Paris pour la taxe des lettres. Pop. 1,706 h. — TERRAIN jurassique, étage moyen du système oolitique.

Autrefois diocèse de Langres, parlement de Paris, intendance de Châlons, élection de Bar-sur-Aube, justice royale, collégiale, couvent d'ursulines.

Cette ville a porté le nom de Mussy-l'Évêque, parce que les évêques de Langres en étaient seigneurs et y possédaient un château. En 1433, lors de l'occupation de la France par les Anglais, Mussy, qui tenait pour les Français, fut assiégé et pris par le duc de Bourgogne ; événement qui est rapporté avec détails par l'historien Monstrelet. Jean d'Amboise, évêque de Langres, fit réparer (vers 1488) les fossés et les murs de la ville, et reconstruire le château, qui devint un des plus magnifiques de la province. Le cardinal de Givry, autre évêque de Langres, y mourut en 1561.

Les armes de Mussy sont : *d'azur au sautoir de gueules cantonné de quatre fleurs de lis d'or*.

Mussy est une ville assez bien bâtie, sur la Seine et près de la forêt de son nom.

PATRIE d'ED. BOURSAULT, né en 1638, auteur du *Mercure galant*, d'*Ésope à la cour*, et de différents autres ouvrages.

Commerce de vins et d'eau-de-vie. — *Foires* les 2 fév., 25 avril, 1ᵉʳ sept. et 11 nov.

MUSTUROLE, vg. *H.-Pyrénées*, comm. de Loncrup, ⊠ de Tarbes.

MUTELLERIE (la), vg. *Eure*, comm. de Cintray, ⊠ de Breteuil.

MUTERNES (les), *Aisne*, comm. de Mondrepuis, ⊠ d'Hirson.

MUTIGNEY, vg. *Jura* (Franche-Comté), arr. et à 25 k. de Dôle, cant. de Montmirey-la-Ville, ⊠ de Pesmes. Pop. 478 h.

MUTIGNY, vg. *Marne* (Champagne), arr. et à 28 k. de Reims, cant. et ⊠ d'Ay. Pop. 110 h.

Ce village est bâti dans une situation élevée, près du point culminant de la montagne de Reims. On y jouit d'une vue étendue, qui s'étend sur les deux tiers du département, et sur les départements des Ardennes, de la Meuse, de la Haute-Marne et de l'Aube. — La surface du territoire de la commune planté en vignes est de 104 hectares, du prix de 2,000 à 6,000 fr. l'hectare, produisant ensemble annuellement 1,000 pièces de vin, au prix moyen de 80 fr. la pièce.

Montlambert, hameau situé près du chemin des Romains, à 1 k. N.-E. de Mutigny, dont il est une dépendance, paraît avoir été fortifié.

Exploitation des carrières de bonne terre argileuse pour la poterie d'Epernay. Tuilerie.

MUTRECY, *Mustreceum*, vg. *Calvados* (Normandie), arr. et à 28 k. de Falaise, cant. de Bretteville-sur-Laize, ⊠ de May-sur-Orne. Pop. 390 h.

MUTRY, vg. *Marne* (Champagne), arr. et à 21 k. de Reims, cant. et ⊠ d'Ay. P. 35 h.

Ce village est situé sur une petite éminence, près de la Livre qui traverse sa prairie, sur la route d'Epernay à Louvois. Il était autrefois défendu par un ancien château entouré de fossés remplis d'eau vive, dont il ne reste plus de vestiges, et dans les fondations duquel on a trouvé, en 1819 et 1820, des vases et des médailles romaines qui attestent son ancienneté.

Education des abeilles (130 ruches environ). — Belle tuilerie dite de Moquebeau, composée de sept fours où l'on cuit annuellement 4 millions de briques et de tuiles.

MUTTERSHOLTZ, ou MICHTERSCHULTZ, bg *B.-Rhin* (Alsace), arr., ⊠ et à 7 k. de Schelestadt, cant. de Marckolsheim. Pop. 2,102 h. Sur le Zembs.

Dans la forêt voisine de ce village, on aperçoit les restes d'une voie romaine qui conduisait à Hilsenheim.

MUTZENHAUSEN, vg. *B.-Rhin* (Alsace), arr. et à 17 k. de Saverne, cant. et ⊠ de Hochefelden. Pop. 296 h.

MUTZIG, jolie petite ville, *B.-Rhin* (Alsace), arr. et à 24 k. de Strasbourg, cant. de Molsheim. ⊠. ⌂. A 449 k. de Paris pour la taxe des lettres. Pop. 3,424 h.

Cette ville est bâtie dans une belle et large vallée que traversent le canal de la Bruche et la rivière de ce nom, dont les eaux arrosent de vastes prairies ombragées de bouquets d'arbres. Plusieurs villages et de nombreux établissements industriels animent cette vallée, que ferme à l'ouest un rideau de montagnes hérissées de forêts, derrière lesquelles s'élève la tête chauve du Donon.

On voit à Mutzig l'ancien château des évêques de Strasbourg, converti par MM. Couleaux frères en une belle manufacture d'armes.

PATRIE du mathématicien ARBOGAST, membre de la convention nationale.

MUY (le). V. LEMUY. *Foire* le 25 août.

MUY (le), *Castrum de Modino*, joli village, *Var* (Provence), arr. et à 14 k. de Draguignan, cant. de Fréjus. ⊠. ⌂. A 878 k. de Paris pour la taxe des lettres. Pop. 2,197 h.

Ce village est situé près du confluent de l'Argens et de la Nartubie. On y remarque une tour fameuse où s'enfermèrent sept gentilshommes provençaux qui avaient projeté de faire périr l'empereur Charles-Quint, lorsqu'il venait pour s'emparer de la Provence. La machine qu'ils employaient écrasa effectivement la voiture du prince ; mais comme en ce moment il se trouvait à cheval, il fut assez heureux d'échapper à ce danger. Les sept gentilshommes se défendirent contre toute l'armée ; cinq furent blessés mortellement ; les deux autres capitulèrent et furent pendus à l'instant même à un mûrier qui se trouvait près de la tour. — Vers 1588 les ligueurs assiégèrent le château de Muy, se saisirent du seigneur qui y commandait et le massacrèrent.

A 3 k. de Muy, sur la rive gauche de l'Argens, on trouve, au pied d'une montagne, des rochers granitiques dont les déchirements forment une infinité de petits sites fort agréables que l'on parcourt pour arriver à la chapelle Notre-Dame de la Roque, où l'on parvient par un chemin étroit et tortueux, sous un berceau de verdure. Près de la chapelle est un ancien monastère, au-devant duquel sont des places gazonnées, ombragées de beaux arbres. Non loin de là on voit un autre appelé St-Trou, crevasse formée dans le rocher, où l'on grimpe au hasard, privé de lumière, et en se traînant entre trois rochers qui ne laissent qu'un étroit passage qui conduit à une grotte assez éclairée, dont la voûte s'élève fort haut, et d'où l'on sort pour entrer dans un long et large déchirement de la montagne nommé le Jeu-de-Ballon, entièrement ouvert aux deux extrémités. — Le point de vue dont on jouit du sommet de cette montagne est des plus étendus. Il s'étend depuis les Alpes jusqu'à l'île de Corse; à ses pieds le spectateur embrasse toute la vallée depuis Draguignan jusqu'à Fréjus.

Fabriques de cuirs. Nombreuses scieries hydrauliques. — *Foires* les 7 janv. et 3e lundi après Pâques.

MUYS (les), vg. *Loiret*, comm. de Chapelle-St-Mesmin, ✉ d'Orléans.

MUZA (la), vg. *Loir-et-Cher*, comm. de Meusnes, ✉ de Selles-sur-Cher.

MUZERAY, vg. *Meuse* (pays Messin), arr. et à 30 k. de Montmédy, cant. et ✉ de Spincourt. Pop. 322 h.

MUZILLAC, petite ville, *Morbihan* (Bretagne), arr. et à 25 k. de Vannes, chef-l. de cant. Cure. Gîte d'étape. ✉. ☞. A 458 k. de Paris pour la taxe des lettres. Pop. 2,236 h. — TERRAIN cristallisé ou primitif.

Le 9 juin 1815, le général Rousseau, commandant le département du Morbihan, ayant appris qu'une frégate anglaise devait débarquer, à l'embouchure de la Vilaine, des armes et des munitions pour les insurgés de la Vendée, se mit à la tête de cinq cents hommes, et se porta sur le lieu où devait s'effectuer le débarquement. L'ennemi se présenta à lui lorsqu'il arrivait à Muzillac, et fit ses dispositions pour le repousser ; mais les tirailleurs du général Rousseau, par un feu vif et bien nourri, le forcèrent à se déployer. Les insurgés, se voyant supérieurs en nombre, dirigèrent un fort bataillon sur les derrières du général pour enfermer cette faible colonne entre deux feux ; mais aussitôt, prévoyant le danger de cette manœuvre, le général Rousseau rallie ses tirailleurs, fait charger le bataillon ennemi par un corps de gendarmes et de douaniers, qui, par une attaque vigoureuse, le mirent en désordre ; lui-même, à la tête du reste de sa troupe, se jette sur ces soldats, qui n'ont plus d'ordre ni de rangs, les disperse et laisse sur le champ de bataille deux cent cinquante tués ou blessés, parmi lesquels étaient plusieurs chefs.

Fabriques de chapeaux communs. — *Foires* les 17 janv., 12 fév., 12 mars, 12 avril, 9 mai, 14 juin, 22 juillet, 28 août, 27 sept., 29 oct. et 6 déc.

MUZIN, vg. *Ain*, comm. de Magnieu, ✉ de Belley.

MUZY, *Museium*, vg. *Eure* (Normandie), arr. et à 35 k. d'Evreux, cant. et ✉ de Nonancourt. Pop. 550 h.

MYON, vg. *Doubs* (Franche-Comté), arr. et à 29 k. de Besançon, cant. et ✉ de Quingey. Pop. 405 h.

MYON (St-), *Medulfi Aquæ*, vg. *Puy-de-Dôme* (Auvergne), arr. et à 12 k. de Riom, cant. de Combronde, ✉ d'Aigueperse. P. 755 h.

St-Myon est bâti sur une éminence au pied de laquelle jaillit une source d'eau minérale acidule froide, qui jouit d'une réputation justement méritée.

L'eau de St-Myon est limpide, incolore, d'une saveur piquante et aigrelette ; elle laisse échapper constamment de grosses bulles d'air. La source est enfermée dans un bâtiment couvert, situé au bord de la Morge, où elle se décharge. Il paraît que plusieurs filets se perdent dans la rivière, car de toutes parts on voit des bulles de gaz percer à travers l'eau et venir crever à sa surface. Cette eau contient de l'acide carbonique en excès, du carbonate et du sulfate de chaux, et de l'hydrochlorate de soude.

L'eau de St-Myon est employée avec le plus grand succès dans l'atonie de l'appareil digestif, les engorgements des viscères abdominaux, les affections catarrhales chroniques, les maladies de langueur, les flueurs blanches, etc. On en fait usage en boisson pendant une vingtaine de jours pendant la belle saison ; elle supporte très-bien le vin, qu'elle rend piquant et plus agréable. Cette eau a beaucoup d'analogie avec l'eau de Seltz.

Foires les 17 mars et 18 juillet.

Bibliographie. LANDREY (Jean). *Notice sur les eaux minérales de St-Myon* (Hydrologie ou discours de l'eau, in-12, 1614, c. XXIV).

RAULIN. *Eaux de St-Myon* (Traité analytique des eaux minérales, in-12, 1774, t. II, c. I).

FIN DU DEUXIÈME VOLUME DU DICTIONNAIRE DES COMMUNES.

BIBLIOGRAPHIE TOPOGRAPHIQUE
DE LA FRANCE.
PRÉLIMINAIRES GÉNÉRAUX DE L'HISTOIRE DE FRANCE.

A la suite du nom de chaque province, de chaque département, de chaque ville, bourg ou village, classés par ordre alphabétique dans l'Histoire des communes et des villes de France, on a indiqué les ouvrages anciens et modernes qui ont été publiés sur chacune ou sur quelques-unes de ces différentes divisions du territoire français.

Pour compléter cette curieuse et unique bibliographie, nous publions ici, ainsi que nous l'avons promis dans l'avertissement placé en tête du premier volume, le catalogue des ouvrages spécialement relatifs aux préliminaires généraux de la topographie de la France, qui n'ont pu trouver place à la suite des divers articles concernant chaque localité.

GÉOGRAPHIE ET ANTIQUITÉS DES GAULES.

BELLAY (Guillaume de). Epitome de l'antiquité des Gaules et de France, in-8, 1556.

TAILLEPIED. * Histoire de l'Etat et républiques des Druides, Eubayes, Sarronides, Bardes, Vacies, anciens François, gouverneurs des pays de la Gaule, depuis le déluge jusqu'à la venue de J.-C., pet. in-8, 1585.

BELESTAN (de). Histoire des Gaules, et conquestes des Gaulois en Italie, Grèce et Asie. Avec un abrégé de tout ce qui est arrivé de plus remarquable esdites Gaules, dès le temps que les Romains commencèrent à les assubjettir à leur empire, in-4, 1618.

DUPLEIX (Scipion). Mémoire des Gaules, depuis le déluge jusqu'à l'établissement de la monarchie françoise, in-4, 1619.

MARCEL (Guillaume). Des peuplés et des villes qui ont été les plus considérables dans les Gaules, avant l'établissement de la monarchie françoise, et par occasion des autres pays où les anciens Gaulois ont porté leurs armes, et laissé des colonies, avec la correspondance ecclésiastique et temporelle de l'ancien avec le moderne (Histoire et Progrès de la monarchie françoise, 4 vol. in-12, 1688).

LONGUEVAL (le P.). Notice abrégée de l'ancienne géographie de la Gaule (imprimée au commencement du t. II de l'Hist. de l'Eglise gallicane).

PÉROUSE (P.-A. de). Lettre sur la Notice abrégée de l'ancienne Gaule, par le P. Longueval (Journ. ecclés., déc. 1762, p. 224-31).

VALOIS (Hadrien). Tables géographiques des noms françois et latins de tous les lieux cités dans la Notice des Gaules (elle est placée à la fin de la Notitia Galliarum, in-fol., 1675).

FONCEMAGNE (de). Observations critiques sur deux endroits de la Notice des Gaules, de M. de Valois (Hist. de l'acad. des belles-lettres, t. VIII, p. 300).

BONAMY. Remarques sur quelques noms de lieux de la Notice des Gaules, de M. de Valois (Hist. de l'acad. des belles-lettres, t. XVII, p. 266-73).

DES OURS DE MANDAJORS (J.). * Nouvelles découvertes sur l'état de l'ancienne Gaule du temps de César, in-12, 1696.

SALINS (Hugues de). Réponse à quelques passages des nouvelles découvertes sur l'état de l'ancienne Gaule, etc. (Journ. des savants, juillet 1697, p. 943, août, p. 349).

LEBEUF (l'abbé). Recueil de divers écrits, pour servir d'éclaircissement à l'histoire de France, et de supplément à la Notice des Gaules, 2 vol. in-12, 1738.

SECOUSSE. Projet d'une nouvelle Notice des Gaules, etc. (Hist. de l'acad. roy. des inscriptions et belles-lettres, t. VII, p. 302-9).

D'ANVILLE. Eclaircissements géographiques sur l'ancienne Gaule, in-12, 1741.

— Notice de l'ancienne Gaule, tirée des monuments romains, in-4, 1778.

— Mémoires de d'Anville sur les cartes de l'ancienne Gaule qu'il a dressées, in-4, 1779.

DEMANNE. Œuvres de d'Anville, 2 vol. in-4, 1834.

Origine du changement survenu dans le nom des villes gauloises (Hist. de l'acad. roy. des inscriptions et belles-lettres, t. v, p. 75).

* Recherches géographiques sur quelques villes de l'ancienne Gaule (Mercure, sept. 1739, p. 2162-67; Mémoires de Trévoux, juillet 1740, p. 1463-77).

MARTIN (D. Jacques). Observations sur la géographie et la topographie des Gaules, avec un dictionnaire topographique in-4, 1754 (t. II de l'Histoire des Gaules).

PASUMOT (François), Mémoires géographiques sur quelques antiquités de la Gaule, avec cartes géographiques, in-12, 1765.

BERLIER (C.-T.). Histoire de la Gaule sous la domination romaine, Bruxelles, in-8, 1822.

DUVAL (D. Jacques). Extrait d'une lettre sur les recherches géographiques de quelques villes de l'ancienne Gaule (Mémoires de Trévoux, p. 1643, 1648, 1739).

WALCKENAER (le baron Charles-Athanase). Géographie ancienne historique et comparée des Gaules cisalpine et transalpine, suivie de l'analyse géographique des itinéraires anciens, et accompagnée d'un atlas, 3 vol. in-8, 1839.

BULLET (l'abbé). Description étymologique des villes, rivières, montagnes, forêts, curiosités naturelles des Gaules, de la meilleure partie de l'Espagne, de l'Italie, de la Grande-Bretagne, dont les Gaulois ont été les premiers habitants, in-fol., 1754 (t. I de ses Mémoires sur la langue celtique).

COURT (Louis-Paschal de la). Tableau des Gaules, en forme de colloque, contenant la prééminence de la France sur les autres parties du monde, et l'origine des Gaulois et des François, in-12, 1616.

CHARTIER (Alain). Description de la Gaule. Chartier est mort en 1458, et sa description de la France se trouve avec ses œuvres augmentées par André du Chesne, in-4, p. 259, 260, 1617.

DULAURE (J.-A.). Des cités, des lieux d'habitation, des forteresses des Gaulois, de leur architecture civile et militaire avant la conquête des Romains (Mémoires des antiq. de France, t. II, 1820).

GOLBÉRY (Marie-Philippe-Aimé de). Les villes de la Gaule rasées, par J.-A. Dulaure, et rebâties, par P.-A. de Golbéry, in-8, 1821.

BARENTIN DE MONTCHAL (le vicomte L. de). * Géographie ancienne et historique, composée d'après les cartes de d'Anville, par L. B. D. M., 2 vol. in-8, 1807.

BELLEY (l'abbé). Eclaircissements géographiques sur l'ancienne Gaule, précédés d'un traité des mesures itinéraires des Romains et de la lieue gauloise, par J.-Baptiste Bourguignon d'Anville, in-12, 1741.

FOURNEL (J.-F.). * Etat de la Gaule au Vᵉ siècle, 2 vol. in-12, an XIV.

MAIRE (J. le). Les Illustrations des Gaules, in-8, 1531; in-4, 1556.
POSTEL (E.). Histoire des expéditions depuis le déluge, faites par les Gaulois, in-16, 1552.
GIBERT (Jos.-Bath.). Mémoires pour servir à l'histoire des Gaules et de la France, in-12, 1744.
MARTIN (dom J.). Histoire des Gaules, 2 vol. in-4, 1752.
PICOT (J.). Histoire des Gaulois, 3 vol. in-8, 1804.
THIERRY (Amédée). Histoire des Gaulois, 3ᵉ édit., 3 vol. in-8, 1845.
PELLOUTIER (Simon). Histoire des Celtes et particulièrement des Gaulois et des Germains, 2 vol. in-12, 1740-50, 2ᵉ édit., revue, corrigée et augmentée par Chiniac de la Bastide du Caux, 8 vol. in-12, 1770-71; ou 2 vol. in-4.
MARTIN (dom). Éclaircissements historiques sur les origines celtiques et gauloises, avec les quatre premiers siècles des annales des Gaules, in-12, 1744.
(C'est une critique d'opinions de Pezron,

Pelloutier, Gibert, etc., sur l'origine des Gaulois).
DES OURS DE MANDAJORS (Jean-Pierre). Histoire critique de la Gaule narbonnoise, qui comprenait la Savoye, le Dauphiné, la Provence, le Languedoc, le Roussillon et le comté de Foix (Mém. de l'académie royale des inscript. et belles-lettres, in-12, 1733).
SAUSSAYE (L. de la). Numismatique de la Gaule narbonnaise, in-4, 1842.
FAURIEL. Histoire de la Gaule méridionale sous la domination des conquérants romains, 4 vol. in-8, 1836.
SERPETTE DE MARINCOURT. Histoire de la Gaule, 3 vol. in-8, 1822.
THIERRY (Amédée). Histoire de la Gaule sous l'administration romaine, 2 vol. in-8, 1842.
FAUCHET (Claude). Antiquités gauloises et françoises, 2 vol. in-4, 1610; in-4, 1611.
Magnificence des temples que les principales villes de la Gaule firent construire en l'honneur d'Auguste (Hist. de l'académie royale des inscript. et belles-lettres, t. III, p. 240).
BARAILLON. Recherches sur plusieurs mo-

numents celtiques et romains du centre de la France, in-8, 1806 (Mém. de l'Institut, t. v, 1804).
Catalogue des anciens roys et princes de Gaule, dit depuis la France, extrait des œuvres et histoires gauloises du sieur P. de Rivière, in-4, 1613.
DUBOS (l'abbé). Histoire critique de l'établissement de la monarchie française dans les Gaules, 3 vol. in-4, 1733.
TAILLIOR. Notice sur les institutions gallo-frankes, 420-750. in-8, 1835.
DES OURS DE MANDAJORS. Réflexions pour prouver que c'est sur l'Isère que s'est fait le campement d'Annibal et non sur la Saône, etc. (Hist. de l'acad. roy. des inscriptions et belles-lettres, t. III, p. 99, t. v, p. 198).
VINCENS. Rapport sur une dissertation de M. Martin de Bagnois, tendant à déterminer le point précis où l'armée d'Annibal passa le Rhône (Notice des trav. de l'acad. du Gard, 1811, p. 149).
TOULOUZAN. Itinéraire maritime d'Antonin, opuscule in-8, sans date.

DISSERTATIONS SUR DIVERSES LOCALITÉS DES GAULES.

DOÉ (F.-M.). Dissertation sur l'emplacement d'Agendicum (Mém. de la soc. des antiq. de France, t. II, p. 397).
Notice sur Agendicum (Hist. de l'acad. roy. des inscriptions et belles-lettres, t. v, p. 75).
On peut consulter aussi sur cette question les ouvrages suivants : Opoix, Histoire et Description de Provins, in-8, 1823. Id., Dissertation sur l'ancien Provins. — Commentaires de César, édit. Panckoucke, t. II, p. 126 (notes). — Tarbé, Almanach historique de la ville de Sens, année 1819, p. 150. — Achaintre, Dissertations sur la ville d'Agendicum (notes des Commentaires de César, édition de Lemaire). — Walckenaer, Géographie des Gaules. — Rapport fait à la société d'agriculture, sciences et arts de l'Aube, par M. Thiérion père, séance du 17 mai 1839, sur la question de savoir si l'Agendicum des Commentaires de J. César est Sens ou Provins; dissertation savante, de 98 pages, où se trouvent résumées avec clarté et impartialité les opinions des précédents commentateurs.
CHAUDRUC DE CRAZANNES (le baron). Mémoire sur l'origine d'Aginnum, cité des Nitiobriges dans l'Aquitaine (Mém. de la soc. des antiq. de France, t. I, p. 76).
Langeais, ancien Alingaviensis vicus de Grégoire de Tours (Mém. de l'acad. roy. des inscriptions et belles-lettres, t. VI*, p. 392).
Dissertation sur les Allobroges (Hist. de l'acad. roy. des inscriptions et belles-lettres, t. III, p. 100; t. v, p. 200, 201; t. XXVII, p. 129; t. XXIX, p. 233).

RICARD (Adolph.). Notices sur quelques sépultures antiques découvertes à Altimurium (Mém. de la soc. archéologique de Montpellier, t. I, p. 517).
GIRAULT (Claude-Xav.). Dissertation historique et critique sur la position de l'ancienne ville d'Amagétobria, aujourd'hui Pontaillier-sur-Saône, et sur l'époque de sa destruction, in-8. — 2ᵉ dissertation sur la position d'Amagétobria, en réfutation des systèmes de ceux qui placent à Porentruy, chez les Rauraques, cette antique cité gauloise, in-8, 1811.
* Découverte faite sur le Rhin d'Amagétobria et d'Augusta-Rauracorum, anciennes villes gauloises dans la Séquanie rauracienne, par A***, in-18, 1796.
Dissertation sur Anderitum (Mém. de l'acad. roy. des inscriptions et belles-lettres, t. v*, p. 386-407).
Notice sur Antabrum (Finistère) (Hist. de l'acad. roy. des inscriptions et belles-lettres, t. Iˣ, p. 135).
Dissertation sur Aquæ Calidæ (Mém. de l'acad. roy. des inscriptions et belles-lettres, t. v*, p. 405).
MÉNARD. Recherches sur l'étymologie du nom d'Arécomiques donné aux Volces dont Nimes était la capitale; étendue et limites de leur pays, etc. (livre I de son Histoire de Nimes, in-4, 1750).
LANCELOT. Remarques sur le nom d'Argentoratum donné à la ville de Strasbourg (Mém. de l'acad. des belles-lettres, t. IX, p. 129, 133).
Dissertation sur Argentoratum, Strasbourg

(Hist. de l'acad. roy. des inscriptions et belles-lettres, t. XIV, p. 153 et 159; t. XV, p. 458).
DROZ. Recherches sur le véritable emplacement d'Abiarica et d'Ariolica, etc. (Mémoire pour servir à l'histoire de la ville de Pontarlier, in-8, 1760).
GOLBÉRY (Marie-Philip.-Aimé de). Mémoire sur Argentouaria, ville celtique (Horbourg), in-8, 1829.
DES OURS DE MANDAJORS (J.-P.). Recherches sur l'évêché d'Arisidium ou Arésétum (ou Arisitum), avec une carte (M. de Mandajors croyait que la ville d'Alais devait être celle d'Arésétum) (Hist. de l'acad. des belles-lettres, t. v, p. 336, 343).
D'ANVILLE. Découverte d'une cité (les Arvii) jusqu'à présent inconnue dans l'ancienne Gaule (Hist. de l'acad. des belles-lettres, t. XXVII, p. 108-14).
BELLEY (l'abbé). Dissertation historique et géographique sur Augusta, ancienne capitale des peuples Véromandui (Mém. de l'acad. des belles-lettres, t. XIX, p. 671, 690).
Dissertation sur Augustabona (Troyes) (Mém. de l'acad. roy. des inscriptions et belles-lettres, t. XIX, p. 507, 639, 720).
Dissertation sur Augusta des Tricastins (Saint-Paul-Trois-Châteaux) (Hist. de l'académie roy. des inscriptions et belles-lettres, t. XXIX, p. 236).
DES OURS DE MANDAJORS (J.-P.). * Réflexions sur les dissertations historiques et géographiques sur l'état de l'ancienne Gaule, mai, 1712.

Elles ne roulent que sur la dissertation qui concerne la ville Augustodunum, et l'on y trouve que c'est Autun (Journ. des savants, mai 1712, p. 305-14).

Dissertation sur Augustodunum (Autun.) (Mém. de l'acad. roy. des inscriptions et belles-lettres, t. XIX, p. 507).

Conjectures sur Augustodunus (Mém. de l'acad. roy. des inscriptions et belles-lettres, t. XVII, p. 279).

Dissertation sur Augustodurum (Mém. de l'acad. roy. des inscriptions et belles-lettres, t. XXI, p. 489).

Dissertation sur Augustomagus (Senlis) (Mém. de l'acad. des inscriptions et belles-lettres, t. XIX, p. 510, 720).

Dissertation sur Augustonemetum (Clermont) (Mém. de l'acad. roy. des inscriptions et belles-lettres, t. XIV, p. 511, 720).

BELLEY (l'abbé). Dissertation sur Augustoritum, ancienne ville de la Gaule (Mém. de l'acad. roy. des inscriptions et belles-lettres, t. XIX, p. 511, 707-21).

Dissertation sur Autricum (Chartres) (Mém. de l'acad. roy. des inscriptions et belles-lettres, t. XIX, p. 510, 629 ; t. XX, p. 49).

Dissertation sur Avaricum (Bourges) (Mém. de l'acad. roy. des inscriptions et belles-lettres, t. VI, p. 642).

* Dissertation en forme de lettre sur l'ancienne ville Avaricum (Bourges), et sur Genabum, que l'auteur prétend être Gien (Mém. de Trévoux, avril 1709).

GIRAULT (Cl.-X.). Recherches historiques et géographiques sur l'ancienne ville de Aittation (Mém. de la soc. des antiq. de France, t. I, p. 267).

LEMPEREUR (Jacq.). Dissertation sur la ville d'Alesia, in-12, 1706.

DESOURS DE MANDAJORS (Louis). * Dissertation sur les frontières de la Gaule et de la province romaine, où l'on découvre la fameuse Alesia assiégée par César, in-4, 1707, et in-12, 1712.

— Eclaircissements sur la dispute d'Alise en Bourgogne, et de la ville d'Alez, capitale des Sévènes, au sujet de la fameuse Alesia assiégée par César, pour l'auteur des Nouvelles Découvertes sur l'état de l'ancienne Gaule, in-12, 1715.

— * Conclusion de la dispute d'Alez au sujet de la fameuse Alesia (par le même) ; in-12, sans date.

— * Eclaircissements de la dissertation sur Alesia, où l'on découvre l'assiette de divers peuples et les lieux de la Gaule, avec quelques remarques critiques sur la carte de l'ancienne Gaule, in-12, 1712.

— Les mêmes pièces recueillies sous ce titre : Dissertations historiques et géographiques sur l'état de l'ancienne Gaule, où l'on découvre la véritable assiette de plusieurs lieux et peuples inconnus jusqu'à présent, in-12, 1712.

BELLEY (l'abbé). Dissertation sur Alesia (Eclaircissements géographiques, in-12, 1741).

CAYLUS (le comte de). Dissertation sur Alesia (Recueil d'antiquités, t. V, p. 293).

— Remarques sur Bagacum ou Bavai, dans le Hainaut, sur les chaussées ou voies romaines qui y conduisaient, etc. (Recueil d'antiquités, t. II, p. 394-408 ; t. III, p. 435 ; t. VI, p. 396, 499 et 403).

MARTIN (Jacques). Dissertation sur l'étendue du Belgium et l'ancienne Picardie, qui a remporté le prix à l'académie d'Amiens, in-8, 1753.

NAULT (Nicolas). Histoire de l'ancienne Bibracte, appelée Autun, in-12, 1668.

MOREAU DE MAUTOUR. Observations sur une inscription antique gravée sur bronze, concernant la ville Bibracte (Mém. de litt. de Desmolets, t. IV, p. 296).

LEMPEREUR (Jacques). Dissertation historique sur l'ancienne Bibracte (Mém. de Trévoux, p. 1789-1804, oct. 1704).

— Dissertation sur la ville de Bibracte, in-12, 1706.

SALINS (de). Lettre contenant des réflexions sur la dissertation historique de l'ancienne Bibracte.

M. de Salins, mort en 1710, a travaillé pendant 30 ans à un ouvrage latin qu'il a laissé à son fils, et où il s'efforce de prouver que Beaune était Bibracte.

BAUDOT (François). Lettre en forme de dissertation sur l'ancienneté de la ville d'Autun ou de Bibracte, in-12, 1710.

BELLEY (l'abbé). Dissertation sur Bibracte (Eclaircissements géographiques sur l'ancienne Gaule, in-12, 1741). V.

MICHAULT. Remarques sur Bibracte (elles forment t. part. VIII, p. 156 et suiv., du t. II des Mélanges historiques et philologiques, in-12, 1754).

* Lettres sur la situation de Bibracte (Journal de Verdun, juillet 1750, p. 36-39).

LEBEUF (l'abbé). Réponse à la lettre sur la situation de Bibracte, insérée au Journal de Verdun, juillet 1750 ; sept. 1750, p. 175-180).

WALCKENAER (le baron). Dissertation sur Bibracte (Géographie des Gaules, part. II, ch. 2, p. 319).

LEMPEREUR (Jacques). Dissertation sur la ville de Bibrax (c'est la troisième du recueil de ses dissertations).

* Lettre sur la situation de Bibrax (Journal de Verdun, p. 36, 39, juillet 1750).

LEBEUF. Réponse à la Lettre sur la situation de Bibrax (Journal de Verdun, p. 175-180, sept. 1750).

Dissertation sur le nom de Bibrax (Mém. de l'académie royale des inscript. et belles-lettres, t. XIII, p. 426).

JACOB, Notice sur un camp de César et Dissertation sur l'ancien Bibrax (Mém. de la société des antiq. de France, t. I, p. 328).

LA SAUVAGÈRE (Fél.-Fr. le Royer d'Artezet de). Recherches sur l'ancienne Blabia des Romains, forteresse de la Gaule, où l'on prouve qu'elle n'était pas située où est le port Louis en Bretagne (mais à Blaye en Guienne), avec quelques détails historiques sur cette dernière ville et ses environs, in-18, 1758.

— Recherches sur la situation de Blabia, forteresse des Romains dans la Gaule (dans son Recueil d'antiquités, etc., p. 293, in-4, 1770).

DE FRASNAY (P.). Lettre à M. D. L. au sujet des Boïens, août 1737, p. 1707-1718.

ST-AMANS (Jean-Florimond Boudon de). Précis historique des émigrations des Boyens, an X (1802).

BONAMI. Conjectures sur la position de Bratuspantium, ancienne ville des Gaules (Beauvais) (Mém. de l'acad. des belles-lettres, t. XXVIII, p. 463, 474).

Dissertation sur Brivates Portus (Hist. de l'acad. royale des inscriptions et belles-lettres, t. I, p. 145).

ATHENAS. Mémoire sur la véritable position de Brivates Portus de Ptolémée, et sur le nom de Brest (Mém. de la société des antiq. de France, t. III, p. 326).

TOUSSAINTS DU PLESSIS (dom). Etendue et anciens habitants du pays de Caux, appelés Callettes (c'est la partie première de sa description géographique et historique de la haute Normandie, 2 vol. in-4, 1740).

LEBEUF (l'abbé). Lettre à M. Fenel (l'abbé) touchant le lieu d'une ancienne bataille (in monte Callau) donnée en Bourgogne l'an 926 (Mercure, p. 268, 287, fév. 1735).

LE BRIGANT. Dissertation sur une nation de Celtes nommée Brigantes , etc. , in-12, 1762.

BARAILLON. Recherches sur les peuples Cambiovicenses de la Carte théodosienne ou de Peutinger, in-8, 1806.

ROUTH. Observations sur le Campus Vocladensis, où se donna la bataille entre Clovis et Alaric (elles sont à la suite de ses Recherches sur la manière d'inhumer des anciens, etc., in-12, 1738).

LEBEUF (l'abbé). Essai de dissertation touchant la situation du Campus Vocladensis, ou de la campagne appelée Campania Vocladensis, dans laquelle fut donnée, en 507, la bataille entre Clovis et Alaric (Dissertation sur l'histoire de Paris, t. I, p. 304, 337, avec une carte géographique).

DE BEAUREGARD (Mgr). Dissertation sur le Campus Vocladensis (Mém. de la société des antiq. de l'Ouest, t. II, p. 109).

Position géographique au IVe siècle de Candes (Condate) (Mém. de l'académie royale des inscriptions et belles-lettres, t. VI*, p. 380).

CAYLUS (le comte de). Sur un lieu romain appelé Carocotinum, et sur le plan du château de Graville qui s'y voit (Recueil d'antiquités, t. vi, p. 385).

Dissertation sur Carocotinum (Hist. de l'acad. royale des inscriptions et belles-lettres, t. xxxi, p. 224).

Dissertation sur les Cavares (Hist. de l'acad. royale des inscript. et belles-lettres, t. xxvii, p. 128 ; t. xxix, p. 231).

Dissertations sur les Celtes (Hist. de l'acad. royale des inscript. et belles-lettres, t. i*, p. 137; Mém., ibid., t. vi*, p. 327-30; t. xlvi, p. 587; t. xlvii, p. 68, 76, 77).

DROJAT (François). Eclaircissement sur un lieu du département de la Drôme, désigné dans l'Itinéraire de Bordeaux à Jérusalem sous le nom de Cerebelliaca (Mém. de la société des antiq. de France, t. vii, p. 156).

SAUVAGÈRE (de la). Recherches sur quelques antiquités des environs de Tours, et sur la situation de Cæsarodunum, capitale des Turones, sous les premiers empereurs romains (Recueil d'antiquités dans les Gaules, 1770, in-4, fig., p. 131).

Dissertation sur Cæsarodunum (Tours) (Mém. de l'acad. royale des inscript. et belles-lettres, t. xix, p. 509 ; t. xx, p. 33, 47).

LEBEUF (l'abbé). Notice de deux lieux appelés anciennement Chora et Contraginnum (Recueil d'écrits sur l'histoire de France, t. i, p. 309, 332).

— Lettre à M. Maillart, au sujet d'un lieu nommé anciennement Chora, du diocèse d'Auxerre, où il critique à ce sujet l'auteur des Eclaircissements géographiques (Mercure, p. 711, 723, avril 1742).

Réponse à la lettre précédente par d'Anville (Mercure, août, p. 1703).

PASUMOT. Dissertation sur la position d'un lieu nommé Chora, cité par plusieurs auteurs, etc. (Mém. géographique sur quelques antiquités des Gaules, in-12, 1765).

Il fait voir dans le second de ses mémoires géographiques que ni Cravant, ni Querre, lieu imaginaire, ne peuvent être Chora, qui devait être situé près d'une voie romaine, dans un lieu connu aujourd'hui sous le nom de Ville-Auxerre, et où l'on voit encore des ruines près le village St-Moré, sur le bord de la Cure, à 12 k. environ de Cravant.

POLLUCHE. Mémoire sur le lieu de Gingiacum , d'une lettre de Philippe le Bel (Mercure, t. i, p. 12, 18, décembre 1747).

Dissertation sur Condivicnum (Nantes) (Mém. de l'acad. royale des inscriptions et belles-lettres, t. xix, p. 509).

* Extrait d'une lettre au sujet des antiquités de Corseult en Bretagne (Mercure, p. 1500, 1505, juillet 1743).

Dissertation sur Corseult , ville des Curiosolites (Hist. de l'acad. royale des inscriptions et belles-lettres , t. xxxi, p. 227. — Mém., ibid., t. xli, p. 574).

POIGNAND. Antiquités historiques et monumentales à visiter de Montfort à Corseult, etc., in-8, 1820.

Découverte des ruines de Crociatonum , près de Valognes (Hist. de l'acad. royale des inscriptions et belles-lettres, t. xxxi, p. 231).

GIRAULT (Claude-X.). Eclaircissements géographiques sur la voie romaine de Châlon-sur-Saône à Besançon, et la position de Ponte Dubis et Crusinie, in-8, 1812.

Dissertation sur Cularo (Grenoble) (Hist. de l'acad. royale des inscriptions et belles-lettres, t. xxix, p. 232).

LEBEUF (l'abbé). Sur un canton inconnu dont les habitants sont nommés Cupedenses dans les Annales de St-Bertin (Hist. de l'acad. des belles-lettres, t. xvii, p. 282, 288).

LE PELLETIER DE SOUZY. Découverte des ruines de l'ancienne ville des Curiosolites (Hist. de l'acad. des belles-lettres , t. i, p. 294, 298).

CAYLUS (le comte de). De l'ancienne Dariorigum, capitale des Vénètes, de ses ruines, etc. (Recueil d'antiquités, t. iv, p. 374 et suiv. avec des plans).

POTTIER. Remarques sur la position des Diablintes (Journ. de Verdun, p. 332, 337, novembre 1740).

LEBEUF (l'abbé). Observations historiques et géographiques sur (les Diablintes) le pays du Maine, etc.

DE LA FOSSE (l'abbé). Remarques sur les observations de M. Lebeuf au sujet des peuples Diablintes et de leur pays, particulièrement par rapport à l'histoire de Mayenne prête à être mise au jour, in-12, 1740.

LEBEUF (l'abbé). Réponse au sujet de la position des Diablintes (Journ. de Verdun, p. 108, 112, février 1741).

* Lettre au sujet des Diablintes (Mercure, p. 2181, 2193, octobre 1742).

* La découverte de Didatium, la ville de Dôle, preuves de cette découverte.

Dissertations sur Durocortorum (Reims) (Mém. de l'acad. royale des inscriptions et belles-lettres, t. xix, p. 510).

Dissertation sur Eburones (Mém. de l'acad. royale des inscriptions et belles-lettres , t. xlvii, p. 437).

CAYLUS (le comte de). Remarques sur les Essui de César, et les Itesui de Pline, que l'on croit être le diocèse de Seez, et sur deux anciens camps romains situés à Bière et au Châtelier (Recueil d'antiq., t. iv, p. 381).

DE PLANTADE. Mémoire sur la situation de Forum Domitii (Mém. de la société royale des sciences de Montpellier).

Dissertation sur Fréjus (Forum Julii) (Hist. de l'acad. royale des inscriptions et belles-lettres, t. xxvii, p. 131).

Dissertation sur les Gabali (Mém. de l'acad. royale des inscriptions et belles-lettres, t. v, p. 386, 408).

Dissertation sur Gabalum (Mém. de l'acad. royale des inscriptions et belles-lettres, t. v, p. 417).

Dissertations sur Genabum (Mém. de l'acad. royale des inscriptions et belles-lettres, t. vi, p. 638; t. viii, p. 450 et suiv.).

Dissertation en forme de lettre sur la ville de Genabum, que l'auteur prétend être Gien (Mém. de Trévoux, avril 1709).

DU PLESSIS (D. Toussaints). Sur le Genabum ou Cenabum des anciens (Mercure, p. 1713, 1728, et Variétés historiques, t. i, part. ii, p. 301, 319, août 1733).

* Dissertation sur le Genabum ou Cenabum des anciens, in-8, 1736.

LE TORS. Lettre sur le Genabum des Carnutes (Mercure, t. i, p. 1051, 1081, juin 1737).

BELLEY (l'abbé). Dissertation sur Genabum (contenue dans les Eclaircissements géographiques sur l'ancienne Gaule, in-12 , 1741).

LEBEUF (l'abbé). Dissertation où l'on prouve que Genabum était aux environs de Gien (Recueil de divers écrits, etc., t. ii, p. 179, 247).

LANCELOT. Dissertation sur Genabum, ancienne ville du pays des Carnutes ou Chartrains (Mém. de l'acad. des belles-lettres, t. viii, p. 450, 464).

CAYLUS (le comte de). Remarques sur l'ancienne ville de Gergovia (Recueil d'antiquités, t. v, p. 281, in-4, 1762).

PASUMOT. Dissertation sur le siége de Gergovia (Mém. géographiques, in-12, 1765).

VILLEVAUX (Isaac). Discours mémorables du siége mis par César devant Gergovie, ancienne et principale ville d'Auvergne , et de la mort de Vercingentorix, roi des Auvergnats, in-8, 1589.

LANCELOT. Recherches sur Gergovia et quelques autres villes de l'ancienne Gaule (Mém. de l'acad. royale des belles-lettres, t. vi, p. 635, 669).

Dissertation sur Gergovia (Hist. de l'acad. royale des inscriptions et belles - lettres , t. xxv, p. 139).

HERVIER. Le Siège de Gergovia, ou les Chants d'un barde, in-8, 1823.

PIERQUIN DE GEMBLOUX. Histoire de Gergovia Baiorum....

Dissertation sur Gesoriacum (Hist. de l'acad. royale des inscriptions et belles-lettres, t. i, p. 152, 319).

MÉNARD. Mémoire sur la position, l'origine et les anciens monuments d'une ville de la Gaule narbonnaise , appelée Glanum Livii (St-Remy) (Mém. de l'acad. des inscriptions et belles-lettres, t. xxxii, p. 650; Hist., ibid., t. xxix, p. 241).

CAYLUS (le comte de). Sur Granonna , où les Romains avaient un camp, près de Gray, en basse Normandie, à 16 k. N.-E. de Bayeux (Rech. d'antiq., t. v, p. 309).

LEGLAY. Notice sur Hermoniacum, station romaine située entre Cambrai et Bavai, broch. in-8.

DUFRESNE DU CANGE (M.). Du port Iccius ou Itius (Dissertation sur l'Histoire de saint Louis, par Joinville, in-fol., 1668, p. 300).

BERNARD (Pierre). De Portus Iccius (c'est le chapitre II de l'ouvrage intitulé : Annales de Calais, St-Omer, etc. Toutes les opinions proposées sur le port *Iccius* reparaissent dans ce chapitre, in-4, 1715).

QUIEN (le P. le). Dissertation sur le port Iccius (Mémoire de litt. et l'hist. de M. Desmolets, t. VIII, part. II, p. 325, 307).

VOIDEUL. Lettre à M: d'H....... sur le port Iccius, de César (Mercure, p. 1902, 1905, sept. 1739).

MAILLART. Lettre à M. l'abbé Lebeuf au sujet des voyages faits par César en Angleterre (Mercure, p. 206, 215, février 1736 ; Choix des Mercures, t. xxxv, p. 91, 100).

HALLEY. Mémoire pour déterminer dans quel temps et dans quel endroit Jules César a fait sa première descente en Angleterre (Transact. philosoph., n° 193).

WASTELAIN (P.-Ch.). Examen de la situation du port Iccius (dans sa Description de la Gaule Belgique).

RIBAUD DE LA CHAPELLE. Mémoire sur le port Itius de César, avec une remarque sur l'Ἴκιον ἄκρον de Ptolémée (imprimé à la fin des Mémoires sur quelques villes et provinces de France, in-12, 1766).

ANVILLE (d'). Mémoire sur le port Itius et sur le lieu du débarquement de César dans la Grande-Bretagne (Mém. de l'acad. royale des belles-lettres, t. xxvIII, p. 397, 409).

— Dissertation sur Itius Portus (Histoire de l'acad. royale des inscriptions et belles-lettres, t. I*, p. 149.—Mém., ibid., t. xxvIII, p. 377, 409).

BELLEY (l'abbé). Dissertation sur Juliobona, ancienne capitale des peuples Caleti, avec une carte de M. d'Anville (Mém. de l'acad. royale des belles-lettres, t. XIX, p. 633, 642, 650).

— Dissertation sur Juliabona (Lillebonne) (Hist. de l'acad. royale des inscriptions et belles-lettres, t. xxxI, p. 271).

CAYLUS (le comte de). Remarques sur les antiquités de Juliobona (Recueil d'antiq., t. vI, p. 393).

BELLEY (l'abbé). Dissertation sur Limonum, ancienne ville des peuples Pictones, avec une carte de M. d'Anville (Mém. de l'acad. royale des belles-lettres, t. XIX, p. 691, 707).

MAILLART. Lettre à M. Lebeuf, sur le Lemovicum de César, sur le Limonum de Ptolémée, et sur le Vetus Pictavis des An-

nales de France (Mercure , t. II, p. 2793 , 2801, décembre 1735).

Conjectures sur la position de Medionalum (Mém. de l'acad. royale des inscriptions et belles-lettres, t. xxvIII, p. 463).

Observations sur les Meldi (Histoire de l'acad. royale des inscriptions et belles-lettres, t. xxxI, p. 268).

LEBEUF (l'abbé). Observation sur la position de Metiosedum voisin de Paris ; avec quelques remarques sur l'île de Melun et sur l'île de Paris (Rec. d'écrits sur l'hist. de France, t. II, p. 142, 178).

LADOUCETTE. Réclamation relative à Mons Seleucus, ville romaine au pays de Voconces (Mém. de la société des antiq. de France, t. VIII, p. 272).

DE CAYROL (C.). * Dissertation sur l'emplacement du champ de bataille où César défit l'armée des Nervii et de leurs alliés, in-8, 1832.

LEGLAY. Nouvelles conjectures sur l'emplacement du champ de bataille où César défit l'armée des Nerviens, broch. in-8, 1840.

CHAUDRUC DE CRAZANNES (le baron). Lettre sur les antiquités de Nitiobriges (Mém. de la soc. des antiq. de France, t. I, p. 285).

Dissertation sur Nudionum (Jublains) (Mém. de l'acad. royale des inscriptions et belles-lettres, t. xxvIII, p. 481).

MIORCEC DE KERDANET (Daniel-Louis-O.-M.). Notice sur l'ancienne ville d'Ocismor, in-12, 1829.

ESNAULT (l'abbé). Dissertation sur les Osismiens (c'est la première des dissertations préliminaires sur l'histoire du diocèse de Sais (Séez), in-12, 1746).

CHEVALIER. Dissertation sur l'emplacement d'Olino (t. I de son Histoire de Poligny, in-4, 1768).

DREUX DU RADIER. Conjectures sur l'origine des Pictones, etc. (Journal de Verdun, décembre 1757, p. 415-33).

LEBEUF . (l'abbé). Lettre à M. Dunod, sur l'ancien château de Portus Abucini, dont il a fait la découverte (l'auteur croit avec M. Dunod que ce Portus Bucinus ou Abucinus, ancien lieu de la Franche-Comté, n'est autre que Port-sur-Saône, et non pas Port-Aubert ou Port-d'Atelar , comme quelques auteurs l'ont avancé. — Mercure, mars 1735).

DES OURS DE MANDAJORS. Recherches sur la position de Prusianum, maison de campagne de Ferréol, préfet du prétoire des Gaules (Hist. de l'acad. des belles-lettres, t. III, p. 259-262).

* Remarques sur Quentovicus, ancienne ville du Ponthieu, détruite par les Normands (Journ. de Verdun, p. 35-39, janv. 1758).

BELLEY (l'abbé). Dissertation sur Ratiatum,

ancienne ville de la Gaule (Mém. de l'acad. des belles-lettres, t. xIx, p. 722-735).

LAGEDANT. Essai sur la position précise de Ratiatum (Journ. de Verdun, p. 128-133, août 1758).

TEISSIER (Guillaume-Ferdinand). Notice sur Ricciacum, station militaire sur la voie romaine de Metz à Trèves, in-8, 1822.

Notice sur Ruessio ou Ruessium, capitale des Vellavi (Puy-en-Velay) (Hist. de l'acad. royale des inscriptions et belles-lettres, t. xxv, p. 144, 148).

Notice sur les Ruteni (Hist. de l'acad. royale des inscriptions et belles-lettres, t. xxv, p. 69 ; t. xxIx, p. 243).

LE FRANC. Conjectures sur le temps où une partie du pays appelé aujourd'hui le Rouergue (autrefois Rutheni) fut unie et incorporée à la province narbonnaise (Mél. de l'acad. de Montauban, in-8, 1755, p. 365-405).

Dissertation sur Ruscino (Hist. de l'acad. roy. des inscriptions et belles-lettres, t. xxv, p. 76).

MANGON DE LALANDE (Charles-Florent-Jacq.). Dissertation sur Samarobriva, ancienne ville de la Gaule, in-8, 1825.

* Samarobriva, ou Examen d'une question de géographie ancienne, in-8, 1832.

QUENTIN (Ch.). * Samarobrive, ou Saint-Quentin. Notes critiques et géographiques sur la *Samarobriva* de M. Ch. (Cayrol), membre de l'académie d'Amiens, br. in-8, 1833.

ARCERE. L'Aulnis, ancienne dépendance des Santones (t. I de son Hist. de la Rochelle, in-4, 1756, p. 28).

* Dissertation pour prouver l'identité des mots Savegium et Suciacum, Sucy en Brie (Mercure, p. 80, nov. 1765).

MENESTRIER (le P.). Lettre sur les Ségusiens, anciens habitants du Lyonnais, Forez, etc., non de la Bresse (Journ. des savants, p. 327, 332, juillet 1697).

DESCHAMPS. Dissertation sur Sinus Itius (Mém. de la soc. des antiq. de la Morinie, t. I, p. 251).

Erreur de ceux qui ont pris la ville d'Aire pour la capitale des Sotiates (Mém. de l'acad. royale des inscriptions et belles-lettres, t. v, p. 290).

VILLENEUVE (le comte Christophe de). Recherches sur les Sotiates, in-8, 1808.

METIVIER (le vicomte). Sur Sos et les Sotiates (Mém. de la soc. archéolog. du midi de la France, t. II, p. 339).

DESLANDES. Extrait d'une lettre écrite de Brest (sur le Saliocanus Portus de Ptolémée) (Mém. de Trév., p. 1276, 1287, juillet 1725).

CAYLUS (le comte de). Observations sur le Staliocanus Portus de Ptolémée, aujourd'hui le port de Liogan en Bretagne, qui n'est pas éloigné de celui de Brest (Recueil d'antiquités, t. vi, p. 388).

DELMAS. Notice de l'ancienne ville de Substantion et sur ses ruines actuelles (Mém. de la soc. des antiq. de France, t. i, p. 145).

MARIN (François-Louis-Claude). Mémoires sur l'ancienne ville de Taurenium, en Provence (Histoire de la ville de la Ciotat. Mémoire sur le port de Marseille avec cartes et plans, in-12, 1782).

Notice sur les Volces Tectosages (Histoire de l'acad. royale des inscriptions et belles-lettres, t. xxiii, p. 158; t. xxvii, p. 119).

Toulouse, capitale des Tectosages (Histoire de l'acad. royale des inscriptions et belles-lettres, t. xxix, p. 244).

BARAILLON. Mémoire sur les ruines et les monuments d'une ancienne ville appelée aujourd'hui Toull (Mém. de l'Institut, beaux-arts, t. v, 1804).

DES OURS DE MANDAJORS. Recherches sur la situation de Trévidon et de Prusianum, etc. (Hist. de l'acad. des inscriptions et belles-lettres, t. iii, p. 259-62).

SCHÆPELIN. Dissertation sur un monument des Triboces (Mém. de l'acad. des belles-lettres, t. xv, p. 456, 467).

PITHOU (Pierre). De Tricassibus, Tricassinis, et Campania (chap. ii du livre 2 de ses adversaria Basilia, in-8, 1574).

Dissertation sur les Tricasses (Histoire de l'acad. royale des inscriptions et belles-lettres, t. v*, p. 75).

AUGIER. Lettre sur Uxellodunum (Mercure, p. 1541, 1547, juillet 1725).

LE SAGE DE MOSTOLAC. Lettre sur la dissertation de M. Augier, relative à Uxellodunum (Mercure, fév. 1726, p. 307-21).

VAYRAC (l'abbé de). Dissertation sur la véritable situation d'Uxellodunum (Mercure, p. 1699, 1718, août 1725).

CAYLUS (le comte de). Observations sur la ville d'Uxellodunum (Recueil d'antiquités, t. v, p. 277, 1762).

DELPON. * Essai sur la position d'Uxellodunum, in-8.

CHAMPOLLION-FIGEAC. Nouvelles Recherches sur la ville gauloise d'Uxellodunum, assiégée par César, in-4, 1820.

LE TORS. Lettre sur le Vellaunodunum, ancienne ville des Sénonois (Mercure, t. i, p. 1051, 1081, juin 1737).

MAILLART. Lettre à M. Lebeuf sur le Vellaudunum (ou Vallaudunum) de César (Mercure, p. 1520, 1525, juillet 1736).

— Lettre à M. le Tors, sur Vellaunodunum, ibid., août 1737, p. 1762).

LE TORS. Réponse à la lettre de M. Maillart, insérée au Mercure d'août (concernant Vellaunodunum) (Mercure, t. i, p. 2594, 2598; t. ii, p. 2833, 2840, déc. 1737).

* Observation sur la position de Vellaunodunum, etc. (Mercure, p. 1963, 1969, sept. 1737).

LEBEUF (l'abbé). Dissertation où l'on prouve que Vellaunodunum des Commentaires de César était aux environs d'Auxerre (Recueil de div. écrits, etc., t. ii, p. 179, 247).

Erreur de ceux qui ont pris Montargis pour le Vellaunodunum de César (Mém. de l'acad. royale des inscriptions et belles-lettres, t. vi, p. 638.

TOUSSAINTS DU PLESSIS (dom). Etendue des anciens habitants du Vexin, appelés Velocasses ou Belocasses (c'est la partie i du t. ii de sa Description géographique et historique de la haute Normandie, in-4, 1740).

Dissertation sur les Vénètes (Mém. de l'acad. royale des inscriptions et belles-lettres, t. xvi, p. 165 et suiv.

LEBEUF (l'abbé). Dissertation sur le Vicus Catalocensis des actes de sainte Geneviève, etc. (Dissertation sur l'histoire de Paris, t. i, p. 117, 1739).

SAUVAGÈRE (la). Recherches sur les antiquités du pays des Vénètes (dans son Recueil des antiq. de la Gaule, in-4, 1770).

Notice sur Vetus Domus (Tourville) (Hist. de l'acad. royale des inscriptions et belles-lettres, t. xxv, p. 123).

VINCENT (H.). Dissertation sur la position du Vicus Helena, in-8, 1843.

L'auteur établit dans cette dissertation curieuse que le *vicus Helena* dont parle Sidoine Apollinaire, et où les Francs furent défaits par Majorien, lieutenant d'Aétius, n'est ni *Lens*, ni *Hesdin*, mais le village d'*Allaine* ou *Hallaine*, situé à 3 k. de Péronne.

DIVISIONS DES GAULES ET DE LA FRANCE.

DE LA BARRE. Mémoires sur les divisions que les empereurs romains ont faites des Gaules en plusieurs provinces (acad. des belles-lettres, t. viii, p. 403, 430).

GUÉRARD. Essai sur le système des divisions territoriales de la Gaule, in-8, 1832).

LEBEUF (l'abbé). Dissertation dans laquelle on recherche depuis quel temps le nom de France a été en usage pour désigner une portion des Gaules, l'étendue de cette portion, ses accroissements et ses plus anciennes divisions depuis l'établissement de la monarchie française, in-12, 1740.

Division et étendue des Gaules (Mémoire de l'acad. royale des inscriptions et belles-lettres, t. v*, p. 387; t. ix, p. 45; t. x, p. 671; t. xlvii, p. 493, 436. Hist. ibid., t. i*, p. 31; t. vii*, p. 58, 120, 518; t. x*, p. 518).

Dissertations relatives à l'ancienne division des Gaules (Mém. de l'acad. royale des inscriptions et belles-lettres, t. xv, p. 572; t. xviii, p. 266; xix, p. 495 et suiv. — Hist., ibid., t. xiv, p. 160; t. xvi, p. 125; t. xviii, p. 212, 266).

Notice sur l'étendue de la Gaule celtique (Hist. de l'acad. royale des inscriptions et belles-lettres, t. i, p. 133, 137).

Liste des capitales de la Gaule qui ont pris le nom des peuples (Mém. de l'acad. royale des inscriptions et belles-lettres, t. xix, p. 509).

FONCEMAGNE (de). Mémoire sur l'étendue du royaume de France dans la première race (Mém. de l'acad. des belles-lettres, t. viii, p. 505-27).

Recherches sur la formation de la France proprement dite (Mém. de l'acad. royale des inscriptions et belles-lettres, t. x*, p. 591).

Dissertation sur ce que l'on entendait par le mot de France du temps d'Eudes (Mém. de l'acad. royale des inscriptions et belles-lettres, t. xxiv, p. 727).

LIEBLE (Dom.-Ph.). Mémoire sur les limites de l'empire de Charlemagne, in-12, 1764).

Dissertation sur le royaume d'Austrasie (Mém. de l'acad. royale des inscriptions et belles-lettres, t. xv, p. 215; t. xxi, p. 86).

BONNECASE (Alcide de). Tableau des provinces de France, in-12, 1664.

LABBE (Philippe). Tableau des villes et provinces du royaume de France (ce tableau est imprimé avec sa Géographie royale, in-8, 1646, 1652).

* Tableau des villes et provinces de France, augmenté de plusieurs autres parties, in-12, 1662.

* Dénombrement du royaume de France par généralités, élections et feux, 2 vol. in-12, 1709; 3 vol. in-12, 1717.

* Nouveau Dénombrement du royaume, par généralités, élections, paroisses et feux, où l'on a marqué sur chaque lieu les archevêchés, évêchés, universités, parlements, etc., les lieux de distance de Paris aux autres villes, etc., in-4, 1720.

BOURDOT DE RICHEBOURG (Charles). Liste des provinces et lieux principaux de France qui ont des coutumes particulières (t. i du Nouveau Coutumier général, in-fol., 1724).

* Supplément au traité des aydes, contenant l'état des généralités, élections, doyennés, etc., de France, in-8, 1643.

* Etat des unions faites des biens et revenus des maladeries, léproseries, etc., aux hôpitaux des pauvres malades, en exécution de l'édit du roi de 1693, in-4, 1705.

REVERAN (Jean). La tariffe du présage universel des provinces de France, et des 20 diocèses du pays du Languedoc, avec la tariffe des villes et lieux du diocèse de Nîmes, réduite et complie par Ch. Combes, et depuis vue, corrigée et augmentée par J. Reveran de Nîmes, à ce commis par les diocésains tenant l'assiette aud. Nîmes, en mars 1618, in-fol., 1619.

PELLETIER (Jacques). Recueil général de toutes les commanderies de France et les dépendances, avec leurs noms latins, leurs qualités, diocèse et le lieu où elles sont situées, in-12, 1690.

Division de la France par provinces, indiquant les pays qui dépendaient de chacune d'elles, les villes et bourgs qui en faisaient partie, et les départements auxquels chacune de ces villes appartient (imprimé à la fin de l'article France du Dictionnaire géographique et politique de la France, de Prudhomme, 5 vol. in-4, 1804).

GUÉRARD (Benjamin). Provinces et Pays de France (extrait de l'Annuaire historique pour 1837, publié par la société de l'histoire de France), in-18, 1836.

FRÉVILLE (E. de). Divisions financières de la France avant 1789 (Annuaire de la société de l'hist. de France, in-18, 1740, p. 131).

* Tableau indicateur des préfectures et sous-préfectures de la France, par ordre alphabétique, suivi des chiffres qui indiquent les départements, le prix d'affranchissement des lettres simples, leur distance de Paris et leur population; courriers de la malle-poste; tarif des voitures de place; départs des courriers pour les pays étrangers; service de la poste aux lettres; tarif de la poste aux chevaux; principales foires des départements et des pays limitrophes; des jours du départ de Paris des messageries royales et générales, in-plano, 1831.

* Tableau des 86 départements de la France, avec l'indication de leurs arrondissements, chefs-lieux de canton, et leur population, in-18, 1835.

* Tableau des distances en myriamètres et kilomètres de chaque commune de département aux chefs-lieux de canton, de l'arrondissement et du département, dressé en exécution du règlement du 18 juin 1811; un cahier in-4 pour chaque département.

ANTIQUITÉS, MONUMENTS, BEAUX-ARTS.

ZEILLERUM (Martin). Topographia Galliæ, seu Descriptio et Delineatio famosissimorum locorum in potentissimo regno Galliæ; partim ex usu et optimis scriptoribus, partim ex relationibus fide dignis in ordinem redacta et in XIII partes divisa, 3 vol. in-fol., 1655.

Cet ouvrage est considérable par le grand nombre de plans et des vues de villes et autres lieux gravés par Mérian.

TASSIN. Plans et profils de toutes les principales villes et lieux considérables de France, avec les cartes générales de chaque province, 2 vol. in-4, 1631, 1638, 1667.

CHASTILLON (Claude). Topographie française, ou Représentation de plusieurs villes, bourgs, châteaux, maisons de plaisance, ruines et vestiges d'antiquités du royaume de France, in-fol., 1641, 1647.

LAMBIEZ (J.). Histoire monumentaire du nord des Gaules, t. I, in-8, 1804 (Mons).

MONTFAUCON (dom Bernard de). Les Monuments de la monarchie française, qui comprennent l'histoire de France, les figures de chaque règne, que l'injure du temps a épargnées, en français et en latin, 5 vol. in-fol., 1729-33.

Monuments de la France, leur ancienneté, leur diversité, leur nombre, leur supériorité, leur caractère et leur importance historique; leur destruction à l'époque de la révolution (Hist. de l'acad. royale des inscriptions et belles-lettres, t. VII, p. 8).

LABORDE (le comte Alex.). Les Monuments de la France classés chronologiquement, 45 liv. in-fol., contenant 120 planches, représentant les principaux monuments de chaque époque avec un texte explicatif, 1830-40.

Dissertation sur les forteresses ou châteaux forts de la France (Mém. de l'acad. royale des inscriptions et belles-lettres, t. XLIII, p. 677, 704 et suiv.).

LAVERGNE (Alexandre). Châteaux et Ruines de la France, 1844-45, in-8 et vignettes. Publié en 30 liv.

CAUMONT (de). Sur les bains romains (Cours d'antiquités monumentales, t. III, p. 21).
—Sur la construction des aqueducs romains, ibid., t. III, p. 179.—Sur les arcs de triomphe et les portes monumentales, ibid., p. 234.—Sur les temples romains, ibid., p. 316.—Sur les cirques, ibid., p. 373.—Sur les théâtres, ibid., p. 397. — Sur les amphithéâtres, ibid., p. 453.

PELET (Auguste). Description des monuments romains de la France, exécutée en modèles à l'échelle d'un centimètre par mètre, in-8, 1839.

MAGNIEN. Liste des théâtres, amphithéâtres et cirques romains dont il existe des vestiges en France, avec l'indication des principaux ouvrages où ces monuments sont décrits (Annuaire de la Soc. de l'hist. de France, in-18, 1840, p. 199).

MILLIN (Aubin-Louis). Antiquités nationales, ou Description des monastères, abbayes, châteaux, etc., devenus domaines nationaux, 5 vol. in-4 et in-fol., 1798.
—Abrégé des antiquités nationales, in-4, 1841.
Trésor des antiquités de la couronne de France, 2 vol. in-fol., avec 304 planch., 1745.

SEROUX D'AGINCOURT (J.-B.-L.-G.). Histoire de l'art par les monuments, depuis sa décadence au IVᵉ siècle, jusqu'à son renouvellement au XVIᵉ siècle, 6 vol. in-fol., accomp. de 325 planches, 1810-23.

CAYLUS (le comte de). Recueil d'antiquités égyptiennes, étrusques, grecques, romaines et gauloises, 7 vol. in-4, fig., 1752-67.

LA SAUVAGÈRE (Fél.-Fr. de Royer d'Artezet de). Recueil d'antiquités dans les Gaules, enrichi de diverses planches et figures, plans, vues, cartes topographiques et autres dessins, pour servir à l'intelligence des inscriptions et des antiquités; ouvrage qui peut servir de suite aux Antiquités de feu M. le comte de Caylus, in-4, 1770.

GRIVAUD DE LA VINCELLE (Cl.-Mad.). Recueil des monuments antiques, la plupart inédits et découverts dans l'ancienne Gaule. Ouvrage enrichi de cartes et planches, qui peut faire suite aux recueils du comte de Caylus et de la Sauvagère, 2 vol. in-4 et atlas, 1817.

WILLEMAIN (N.-A.). Monuments français inédits, pour servir à l'histoire des arts, des costumes civils et militaires, armes, armures, instruments de musique, meubles de toute espèce, et décorations intérieures des maisons, 50 liv. in-fol. comp., 300 planch. et terminé en 1834.

Les planches de cet ouvrage remarquable ont été anéanties en 1836, lors de l'incendie qui consuma une partie des bâtiments de la papeterie de MM. Firmin Didot.

LENOIR (Alex.). Histoire des arts en France, prouvée par les monuments, suivie d'une description chronologique des statues en marbre et en bronze, bas-reliefs et tombeaux des hommes et des femmes célèbres, réunis au musée impérial des monuments français, in-4, 1811, et atlas in-fol. de 164 pl.

—Atlas des monuments des arts libéraux mécaniques et industriels de la France, depuis les Gaulois jusqu'au règne de François Iᵉʳ, précédé d'un texte, in-fol., 1828.

SPON (Jacques). Recherches curieuses d'antiquités, contenues en plusieurs dissertations, sur les médailles, bas-reliefs, statues, mosaïques et inscriptions antiques, in-4, 1683.

GRANGENT. Description des monuments antiques du midi de la France (avec C. Durand et S. Grangent), in-fol., avec 43 pl., t. I et unique.....

BOTTIN (Séb.). Mélanges d'archéologie, précédés d'une notice historique sur la société royale des antiquaires de France, suivie du cinquième rapport sur ses travaux, avec 28 vues des principaux monuments druidiques en France, in-8.

VITET (Louis). Rapport à M. le ministre de l'intérieur sur les monuments, les bibliothèques, les archives et les musées des départements de l'Oise, de l'Aisne, de la

Marne, du Nord et du Pas-de-Calais, in-8, 1831.

MÉRIMÉE (Prosper). Essai sur l'architecture religieuse du moyen âge, particulièrement en France (Annuaire de la soc. de l'hist. de France, in-18, 1838, p. 283).

GUYOT DE FERE. Statistique des beaux-arts en France. — Annuaire des artistes français, établissements publics consacrés aux beaux-arts, dictionnaires des peintres, sculpteurs, graveurs, architectes, etc., in-8, 1835, 1837.

CAUMONT (de). Bulletin monumental, ou Collection de mémoires et de renseignements pour servir à une statistique des monuments de la France classés chronologiquement, 10 vol. in-8, 1841-45.

— Histoire sommaire de l'architecture religieuse, militaire et civile du moyen âge, in-8, 1841.

— Cours d'antiquités monumentales, 6 vol. in-8 et atlas in-4.

Coup d'œil sur l'état des études archéologiques dans l'ouest de la France (Bull. monumental, t. I, p. 337).

Aperçu sur le synchronisme de l'architecture romaine ou byzantine dans les provinces de la France (Bul. de M. de Caumont, t. V, p. 474).

CAMBRY. Monuments celtiques, ou Recherches sur le culte des pierres, précédés d'une notice sur les Celtes et les druides, et suivis d'étymologies celtiques, in-8, 1805.

Notices sur diverses voies romaines (Mémoire de l'acad. royale des inscriptions et belles-lettres, t. XLI, p. 563-82).

Sur les voies romaines construites par Agrippa (Hist. de l'acad. royale des inscriptions et belles-lettres, t. XXXI, p. 276).

* Mémoires sur la voie romaine du Mans à Orléans, à partir de cette première ville jusqu'au bord de la Braye, près Sargé, département de Loir-et-Cher, in-8 d'une feuille 3/4, 1843.

DE GOLBÉRY (Philippe). Mémoires sur quelques anciennes fortifications des Vosges, où l'on examine la question de savoir quel peuple, au temps de Jules César, était établi dans la haute Alsace (Mém. de la soc. des antiq. de France, t. V, p. 106).

CAUMONT (de). Enceintes murales gallo-romaines (Cours d'antiq. monumentales, t. II, p. 344).

LEBEUF (l'abbé). Observations sur deux colonnes milliaires (Mercure, 1731, mars, p. 481-92).

Dissertations sur quelques colonnes milliaires trouvées en France (Hist. de l'académie roy. des inscriptions et belles-lettres, t. III, p. 230, 255, 259 ; t. IX, p. 138, 139 ; t. XIV, p. 150, 159, Mém., ibid., t. XXI, p. 65).

FRERET. Sur les colonnes itinéraires de la France, où les distances sont marquées par le mot leugæ (Hist. de l'acad. des belles-lettres, t. XIV, p. 150-159).

MENARD. Dissertation sur les inscriptions des pierres milliaires (qu'on trouve aux environs de Nîmes) (se trouve au t. VII, part. 3ᵉ de son Histoire de Nîmes).

DUBARRY. Recherches sur les amphithéâtres du Midi (Mém. de la soc. archéol. du midi de la France, t. II, p. 77).

FONTENU (l'abbé de). Dissertations sur les lieux connus en France sous le nom de camps de César (Mém. de l'acad. roy. des inscriptions et belles-lettres, t. X, p. 403, 412, 429 et suiv. ; t. XIII, p. 410 ; t. XIV, p. 98).

DUBARRY. Notice sur quelques camps anciens du midi de la France (Mém. de la soc. archéol. du midi de la France).

Dissertation sur un grand nombre d'inscriptions antiques (Hist. de l'acad. roy. des inscriptions et belles-lettres, t. VII, p. 231).

Dissertation sur une inscription grecque apportée de Tripoli en Provence (Hist. de l'acad. roy. des inscriptions et belles-lettres, t. XXI, p. 35, 228, 245, 270).

CASTELLANE (le marquis de). Inscriptions du Vᵉ au Xᵉ siècle, recueillies principalement dans le midi de la France (Mém. de la soc. archéol. du midi de la France, t. II, p. 175 ; ibid., du XIᵉ au XIIᵉ siècle, t. III, p. 53 ; ibid., du XIIIᵉ, XIVᵉ, XVᵉ et XVIᵉ siècle, ibid., p. 193, 237).

CHAPUY. Cathédrales françaises, dessinées et lithographiées, avec un texte historique et descriptif, par F.-T. de Jolimont, in-4, 1823-26.

BOURASSÉ (l'abbé). Les Cathédrales de France, in-8 et grav., 1843.

ANDROUET DU CERCEAU. Le premier (et le second) volume des plus excellents bâtiments de France, in-fol., 1576.

Palais et Maisons des rois de France (Annuaire de la soc. de l'hist. de France, in-18, 1841, p. 185).

RIGAUD (Jean). Vues et Profils de diverses maisons royales de France, in-fol., 1752.

— Sec. édit. sous ce titre : Recueil choisi des plus belles vues des palais, châteaux, maisons de plaisance, etc., de Paris et ses environs, in-fol. oblong.

PATTE. Monuments érigés en France à la gloire de Louis XV, in-fol., fig., 1765.

REGNIER (Aug.). Habitations des personnages les plus célèbres de France, depuis 1790 jusqu'à nos jours, dessinées d'après nature, par Aug. Régnier, et lithographiées par Champin, in-fol., 1832 et suiv.

Dissertations sur les anciennes sépultures des rois de France (Mém. de l'académie roy. des inscriptions et belles-lettres, t. II, p. 684 et suiv.).

LEGRAND D'AUSSY (P.-J.-B.). Des sépultures nationales et principalement de celles des rois de France, suivi des funérailles des rois, reines, princes et princesses de la monarchie française, par J.-B. de Roquefort, in-8, 1824.

FLOBERT (F.). Les Tombeaux et Pierres tumulaires de France (moyen âge), par livraisons, in-fol., 1842.

TAILHAND. Sur les fanaux ou lanternes existant dans quelques cimetières (Bul. de M. de Caumont, t. V, p. 433).

VILLEGILLE (de la). Notices sur les colonnes creuses ou lanternes existant au milieu des cimetières (Bul. de M. de Caumont, t. VI, p. 7).

DUMONT (Gab.-M.). Parallèles des plans des plus belles salles de spectacle d'Italie et de France, gr. in-fol., fig., 1763.

GOURLIER (avec Biet, Grillon et Tardieu). Choix d'édifices publics construits ou projetés en France, extraits des archives du conseil des bâtiments civils, publié avec l'autorisation de S. Ex. le Ministre de l'intérieur, in-fol., 1826.

OLINCOURT (F.-G. d'). Choix d'édifices publics et particuliers, construits et projetés dans les départements, modèles de décorations intérieures et extérieures. Etudes architecturales, etc., etc., pouvant intéresser les architectes, in-fol., 1839-43 ; l'ouvrage doit avoir 5 vol. in-fol.

MORET avec CHAPUY. Moyen âge pittoresque, monuments d'architecture, meubles et décors du Xᵉ au XVIIᵉ siècle, etc., in-fol., 1839.

GAILHABAUD. Monuments anciens et modernes, collections de monuments des différents peuples, 2 vol. in-4, 1842-1843.

HERBÉ. Histoire des beaux-arts en France par les monuments, spécialement de la sculpture et de la peinture, depuis la domination romaine jusqu'à l'époque de la renaissance, in-4, 1842.

PERRONET (J.-Rad.). Description du projet et de la construction des ponts de Neuilly, de Nantes, d'Orléans et autres ; du projet du canal de Bourgogne, etc., et de celui de la conduite des eaux de l'Ivette et de la Bièvre à Paris, 3 vol. in-8, 1782.

— Nouv. édit., 2 vol. in-4 et atlas in-fol., 1788.

LABORDE (le comte Alex.-Louis-Jos. de). Description des nouveaux jardins de la France et de ses anciens châteaux, mêlée d'observations sur la vie de la campagne, etc., in-fol., 1808-15.

SCHWEIGHAUSER. Sur quelques monuments historiques des bords du Rhin (Bul. de M. de Caumont, t. I, p. 41).

BILLAUDEL. Notice sur un aqueduc antique (Mém. de la soc. des antiq. de France, t. VIII, p. 297).

LAPRET (P.-A.). Notice sur deux monuments

antiques (Mém. de la soc. des ant. de France, t. VIII, p. 303).

Topographie de la France. Sous ce titre on trouve à la bibliothèque du roi, cabinet des estampes, une grande collection de plus de 200 vol. gr. in-fol., classés par départements, et contenant, pour chacun d'eux, la réunion de tout ce qu'il a été possible de rassembler en vues et plans de villes, de châteaux, de monuments, cartes des départements, etc., etc., etc.

BOURGEOIS (Cons.). Recueil de vues pittoresques de la France (lithographiées), 20 liv. in-fol., 1818-19.

* Vues pittoresques de la France, ses monuments, ses édifices, ses paysages et ses ports de mer, avec des notices descriptives et historiques, in-4 et planches, 1826.

BOUTTEVILLE. Antiquités nationales, in-12, 1841.

MARNIER (Jules). Album pittoresque de France, in-8, 1832.

LAGOY (le marquis de). Explication de quelques médailles à monogramme de rois goths d'Italie, découvertes dans le midi de la France, in-4, 1843.

Histoire de l'art dans l'ouest de la France, depuis les temps les plus reculés jusqu'au XVIIe siècle, in-8, et atlas in-4, 1830.

Gazette universelle des beaux-arts, in-4, 1843-44.

DIDRON. Annales archéologiq., in-8, 1845.

Galerie française, ou Collection de portraits des hommes et des femmes qui ont illustré la France dans le XVIe, le XVIIe et le XVIIIe siècle, avec un texte par MM. Villemain, Ch. Dupin, Ségur, etc., 3 vol. in-4.

FRANCE DIOCÉSAINE ET MONASTIQUE.

FRET (l'abbé L.-J.). Dictionnaire des légendes des saints, ou Table géographique des noms des anc. provinces, villes, bourgs et autres lieux qui se trouvent mentionnés dans les légendes, in-18 de 4 feuilles, 1843.

HELYOT (Hippolyte). Histoire des ordres monastiques, religieux et militaires, et des congrégations séculières de l'un et de l'autre sexe, 8 vol. in-4, fig., 1714.

On y trouve un ample catalogue des livres qui traitent des ordres monastiques, religieux et militaires.

DUTEMPS (Hugues). Le Clergé de France, ou Tableau historique et chronologique des archevêques, évêques, abbés, etc., du royaume, 4 vol. in-8, 1774, 1775.

Cet ouvrage n'a pas été achevé: les 4 vol. qui ont paru contiennent les archevêchés d'Aix, Albi, Arles, Auch, Avignon, Besançon, Bordeaux, Bourges, Cambrai, Embrun et Lyon.

COUSSEAU (l'abbé). Mémoire sur les plus anciens monastères des Gaules, etc. (Mém. de la société des antiquaires de l'Ouest, t. VI, p. 37).

* Le Grand Pouillé des bénéfices de France, des archevêchés, évêchés, abbayes, et autres bénéfices à la collation et nomination du roi, et ceux de la disposition des archevêchés, etc., avec les annales, 2 vol. in-8, 1626 ; 8 vol. in-4, 1648.

LABBE. Pouillé royal, contenant les bénéfices à la nomination ou collation du roi ; ensemble les maladreries, hôpitaux, et maisons-Dieu, appartenant au grand aumônier à l'ordinaire des lieux, aux abbés, prieurs, et autres particuliers, in-4, 1647.

* Pouillé général des abbayes de France, et des bénéfices qui en dépendent, in-8, 1629.

* Pouillé des abbayes de France, in-8, 1721.

COMMANVILLE (l'abbé de). Archevêchés et évêchés de la France (c'est le chapitre VIII de son Histoire de tous les archevêchés et évêchés de l'univers, avec un dictionnaire où l'on trouve l'explication de ce qu'il y a de plus curieux, in-8, 1700).

BEAUNIER (dom). Recueil historique, chronologique et topographique des archevêchés, évêchés, abbayes et prieurés de France, tant d'hommes que de filles, de nomination et collation royale, 2 vol. in-4, 1726.

* Catalogue alphabétique des archevêques, évêques, abbés et prieurs qui possèdent des bénéfices dépendant des abbayes, leurs revenus, la taxe de Rome, et la date de leur nomination, in-8, 1728.

ANTOINE. Etat des archevêchés, évêchés, abbayes et prieurés de France, tant d'hommes que de femmes, de nomination ou collation royale ; 3e édition augmentée des bénéfices dépendant des abbayes de Marmoutier, l'Ile-Barbe, St-Claude, St-Victor de Marseille, Ste-Julie de Tours, et du duché de Châteauroux, 3 vol. in-4, 1743.—La 1re édit., in-4, 1734.

HERNANDEZ. * Description de la généralité de Paris, contenant l'état ecclésiastique et civil, et le dépouillé des diocèses de Paris, Sens, Meaux, Beauvais et Senlis, etc., in-8, 1759.

MALASTRIE. Archevêchés et évêchés de France (Annuaire de la société de l'histoire de France, in-18, 1838, p. 57.—Monastères de France, ibid., p. 66).

* France ecclésiastique, ou Etat présent du clergé séculier et régulier, des ordres religieux militaires, in-12, 1764.

* Histoire des couvents de St-François, in-4, 1619.

FODDERÉ (Jacques). Narration historique et topographique des couvents de l'ordre de St-François et des monastères de Ste-Claire, érigés dans la province anciennement appelée de Bourgogne, et maintenant de St-Bonaventure, in-4, 1619.

* Carte des cinq provinces des jésuites de l'assistance de France, in-fol., 1705.

LE CHEVALIER (F.-François). La France bénédictine, ou Carte générale des abbayes et prieurés conventuels de l'ordre de St-Benoît, tant d'hommes que de filles, avec une table alphabétique, in-fol., 1726.

* France religieuse, in-8, 1838.

FRANCE FÉODALE.

DU VAL (Pierre). La France seigneuriale, ou Principautés, duchés, marquisats, comtés et seigneuries de France, par ordre alphabétique, in-12, 1650.

WAROQUIER (le comte Louis-Charles de). Etat de la France, contenant le clergé, la noblesse et le tiers état ; recueil des devises héraldiques, in-12, 1783.

ANSELME DE STE-MARIE (le P.). Histoire généalogique et chronologique de la royale maison de France, des pairs, grands officiers de la couronne et de la maison du roi, et des anciens barons du royaume, etc. 3e édit., 9 vol. in-fol., 1726-33 (la 1re édit., qui parut en 1674, n'avait que 2 vol. in-4).

BRUNET. Abrégé chronologique des grands fiefs de France, in-8, 1759.

FRÉVILLE (E. de). Liste des grands fiefs de la couronne (Annuaire de société de l'histoire France, in-18, 1839, p. 81).

GOEZMANN (L. Valentin de). * Les Quatre Ages de la pairie de France, ou Histoire politique de la pairie de France dans ses quatre âges ; pairie de naissance, de dignité, d'apanage, de gentilhomme (publié sous le pseudonyme de Zeinganno) , 3 vol. in-8, 1775.

ST-ALLAIS (Nic.-Viton de). De l'ancienne France, contenant l'origine de la royauté et de ses attributs, celle de la nation et de ses différentes classes, celle de la pairie et des pairs de France, des grands vassaux, etc., 2 vol. in-8, 1833-34. Cet ouvrage a été continué par livraisons, sous le titre suivant :
— Annuaire historique, critique, généalogique et héraldique de l'ancienne noblesse de France, etc., 2 vol. in-8, 1835-1836.

MALASTRIE (L.). Pairies de France (Annuaire de la société de l'histoire de France, in-18, 1839, p. 117).

COURCELLES (de). Histoire généalogique des pairs de France, 11 vol. in-4, 1822-31.

GABRIELLY (le vicomte de). La France chevaleresque et chapitrale, ou Précis de tous les ordres existants de chevalerie, etc., in-12, 1785.

BOULAINVILLIERS (le comte). Essai sur la noblesse de France, in-12, 1732.

DULAURE (Jacques-Ant.). Histoire critique de la noblesse, depuis le commencement de la monarchie jusqu'à nos jours, etc., in-8, 1790.

— Liste des noms des ci-devant nobles, nobles de race, robins, prélats, financiers, intrigants, et de tous les aspirants à la noblesse, ou escrocs d'icelle ; avec des notes sur leur famille, 2ᵉ édit., 3 parties de 112, 120 et 96 pag. en 1 vol. in-8, 1790-91.

* Noms féodaux, ou Noms de ceux qui ont tenu fiefs en France, depuis le xɪɪᵉ siècle jusqu'à vers le milieu du xvɪɪɪᵉ ; extrait des Archives du royaume, 1ʳᵉ partie relative aux provinces d'Anjou, etc., etc., 2 vol. in-8, 1826.

BIE (Jacques de). Les Familles de France illustrées par les monuments des médailles anciennes et modernes, in-fol., 1634, 1636.

CHEVILLARD (Jacques). Dictionnaire héraldique, contenant les armes et blasons des princes, prélats, grands officiers de la couronne et de la maison du roi, des officiers d'épée, de la robe et des finances, etc., in-12, 1723.

CHASOT DE NANTIGNY. Dictionnaire héraldique (imprimé au t. ɪv des Tablettes historiques, etc., in-24, 1753.

AUBERT DE LA CHENAYE-DES-BOIS (Fr.-Alex.). Dictionnaire généalogique, chronologique et historique des premières maisons de France et d'Europe, 7 vol. in-8, 1757-65 ; 2ᵉ édit., 12 vol. in-4, 1770-78, et supplément par Badier, 3 vol. in-4, 1786 (le 12ᵉ volume contient des recherches sur les fleurs de lis, et sur les villes, les maisons et les familles qui portent des fleurs de lis dans leurs armes, rangées par ordre alphabétique en forme de second dictionnaire, par M. de Noinville).

Dictionnaire des anoblissements, 2 vol. in-8, 1788.

COURCELLES (de). Dictionnaire universel de la noblesse de France, 5 vol. in-8, 1820.

ST-ALLAIS (Nic.-Viton de), Dictionnaire encyclopédique de la noblesse de France, 3 vol. in-8, 1816.

— Armorial des familles nobles de France, in-8, 1817 (1ʳᵉ et unique livraison).

— Nobiliaire universel de France, ou Recueil général des généalogies historiques des maisons nobles de ce royaume, 18 vol. in-8, 1814-21 (les t. xvɪɪ et xvɪɪɪ sont de M. de Courcelles).

Quelles étaient les conditions des lettres de noblesse données pour autoriser un gentilhomme à construire une forteresse sur sa terre seigneuriale (Mém. de l'acad. royale des inscript. et belles-lettres, t. xlɪɪɪ, p. 703).

HOZIER (d'). Armorial de France, 10 vol. in-fol., 1738-68.

SIMON (Henri). Armorial général de l'empire français, contenant les armes de S. M. l'empereur et roi, des princes de sa famille, des grands dignitaires de l'empire, et celles des villes de 1ʳᵉ, 2ᵉ et 3ᵉ classe, t. ɪ et ɪɪ, in-fol., 1812-13. L'ouvrage devait avoir 4 volumes, dont 2 seulement ont été publiés.

MÉRY (C. de). Armorial général des villes de France, in-8, et 10 planches, 1816.

Il n'a été publié que deux livraisons, formant ensemble 116 pages, plus 10 planches donnant 20 armoiries.

Armorial national de France, recueil complet des armes des villes et provinces du territoire français, gravé par Traversier, avec des notices descriptives et historiques, par Léon Waisse ; 1ʳᵉ série, in-4, 1843, du territoire français, gravé par Traversier, avec des notices descriptives et historiques, par Léon Waisse ; 1ʳᵉ série, in-4, 1843 (villes, chefs-lieux de départements) ; 2ᵉ série (villes importantes qui ne sont pas chefs-lieux de départements), in-4, 1843.

GUYOT. Traité des droits, prérogatives, etc., annexés en France à chaque dignité, à chaque office, etc., 4 vol. in-4, 1786.

Origines des dignités et magistrats de France, in-8, 1606.

FRANCE COMMUNALE.

DUFEY (P.-J.-S.). Histoire des communes de France, et législation municipale, depuis la fin du xɪᵉ siècle jusqu'à nos jours, in-8, 1828.

RAYNOUARD (Fr.-Juste-Marie). Histoire du droit municipal en France, sous la domination romaine et sous les trois dynasties, 2 vol. in-8, 1829.

Dissertations sur l'établissement des communes en France (Hist. de l'acad. roy. des inscript., et bell.-lettr., t. xɪ, p. 143).

BOUQUET (l'abbé). De l'administration municipale des villes en France, depuis Clovis jusqu'au temps où le gouvernement féodal commence à s'introduire, in-8 ; ouvrage couronné par l'Académie (Hist. de l'acad. roy. des inscript. et bell.-lettr., t. xlv, p. 8).

LEBER (J.-M.-C.). Histoire critique du pouvoir municipal : condition des cités, des villes et des bourgs, et de l'admin. des communes en France, in-8, 1829.

PAQUET (Just.). Mémoire sur l'état des institutions provinciales et communales, et des corporations de l'ancienne France, in-8, 1835.

Essai sur le partage et la culture des communes, par un fermier, in-8, 1779.

De l'importance des communes et des départements, et de la nécessité d'accroître les ressources communales et départementales, in-8 de 2 feuill. et demie, 1844.

CORROZET (Gilles). Le Catalogue des antiques érections des villes et des cités, fleuves et fontaines, assises ès trois Gaules ; c'est à savoir Celtique, Belgique et Aquitaine ; contenant deux livres, le premier fait et composé par Gilles Corrozet le Parisien, le second par Claude Champier, Lyonnois, avec un petit Traité des fleuves et fontaines admirables, estant esdites Gaules, in-16, 1590.

— Sous ce titre : le Bâtiment, Erection et Fondation des villes assises ès trois Gaules, avec le catalogue d'icelles ; plus un Traité de la propriété des bains, fleuves et fontaines admirables ; le tout revu et augmenté par J. Le Bon, traduit en italien, in-8, 1558.

CHAMPIER (Claude). Le Catalogue des villes et cités assises ès trois Gaules, augmenté d'un second livre intitulé, des singularités des Gaules, où sont décrites les villes, antiquités d'icelles, fleuves et singularités d'iceux, in-16, 1540, 1556.

DU PINET (Antoine). Plans, Portraits et Descriptions de quelques villes et forteresses de France, avec leur fondation et antiquités, in-fol., 1564.

BELLEFOREST (François de). Description des villes et provinces de France (cette description est imprimée dans sa Cosmographie, t. ɪ, p. 169, in-fol., 1575).

LE BON (Jean). Les Bâtiments, Erections et Fondations des villes et cités assises ès trois Gaules, in-16, 1590.

DES RUES (F.). Les Antiquités, Fondations et Singularités des plus célèbres villes, etc., in-16, 1605 (V. Description de la France).

CHENU (Jean). Recueil des antiquités et priviléges de plusieurs villes capitales du royaume de France, in-4, 1621.

DU CHESNE (André). Les Antiquités et Recherches des villes, châteaux et plans remarquables de toute la France, suivant l'ordre des huit parlements, 2ᵉ édit., 1610, in-8, 1614, 1622, 1624, 1629, 1631, 1637.

DE CHAVARLANGES (Antoine). Extrait par abrégé de la quantité de provinces, des villes, bourgs et paroisses qui sont dans la France, in-12, 1639.

* Le Royaume de France, où l'on voit les plans des principales villes, et ce qu'elles ont de plus remarquable, 2 vol. in-fol.

* Recueil de plans des places de guerre, des provinces de France, en l'état qu'elles étoient en 1683, 3 vol. in-fol., 1683.

* Recueil de plans des places de ce royaume, fait en l'année 1692, 2 vol. in-fol., 1692.

DE BEAULIEU (le chevalier). Plans et Profils de plusieurs villes de France, 2 vol. in-4.

LE MAU DE LA JAISSE. Plans des places de guerre de France, in-12, 1736.

DE ST-MAURICE. Tableau des provinces de France, avec leurs armes, titres, qualités, etc., et la description des villes capitales, 2 vol. in-fol., 1664.

COTTE. Elévations moyennes du baromètre

dans 128 villes de France (Journ. des mines, n° 136, fol. 314).
DUPAIN-TRIEL (J.-Louis). Tableau de comparaison de la grandeur de plus de 200 villes tant étrangères que nationales, in-8, 1791.
* Les Mémoires de la Ligue sous Henri III et Henri IV, in-12, 6 vol., 1602; nouvelle édit. revue, corrigée et augmentée de notes critiques et historiques, in-4, 6 vol., 1758 (contiennent des notices sur la réduction de plusieurs villes à l'obéissance de Henri IV).
* Dictionnaire historique des batailles, siéges et combats de terre et de mer qui ont eu lieu pendant la révolution française, etc., 4 vol. in-8, 1818.
DANIELO (J.-F.). Histoire de toutes les villes de France (V. ci-après VITET).
VITET (Louis). Histoire des anciennes villes de France, recherches sur leurs origines, sur leurs monuments, sur le rôle qu'elles ont joué dans les annales de nos provinces, 1re série, Hist. de Dieppe (seule partie publiée), 2 vol. in-8, 1833. — 2e édit., 2 vol. in-8, 1844.
GUILBERT (Aristide). Histoire des villes de France, avec une introduction générale pour chaque province. Chroniques, traditions, légendes, institutions, coutumes, mœurs, statistiques locales ; publié par livraisons in-8, 1844-1845.
JAL (A.). Mémoire sur les trois couleurs nationales, in-12 d'une f., 1845.

FRANCE MILITAIRE.

ROUSEL (de). Etat militaire de la France, 10 vol. in-12, et 1 vol. de table, 1750 à 1768.
VILLIERS (Pierre). La France militaire, 2 vol. in-12, 1824.

IDIOMES DIVERS DE LA FRANCE.

PEZRON (dom Paul). Antiquités de la langue des Celtes, autrement appelés les Gaulois, in-12, 1703.
CAMBRY. Etymologies celtiques (imprimées dans ses Monuments celtiques ou Recherches, etc., in-8, 1825).
SAINT-MARS (de). Essai d'un dictionnaire d'étymologies gauloises, divisé en trois parties,in-8, 1785 ; 2e édit., in-8, 1814.
LANJUINAIS (le comte). Des langues et des nations celtiques (Mém. de l'acad. celtique, t. IV et V).
Dissertations sur la langue celtique (Mém. de l'acad. roy. des inscriptions et belles-lettres, t. XX, p. 10, 40 et suiv.; t. XXXII, p. 654 ; t. XXIV, p. 607; Hist., ibid., t. XXIII, p. 244, 247).
LACOMBE (François). Dictionnaire du vieux langage français, in-8, 1765, et t. II, servant de supplément au t. Ier, in-8, 1767.
Le 1er volume, attribué à la Curne de Sainte-Palaye, a reparu en 1768 sous ce titre : Dictionnaire de la langue romane, ou du vieux langage français. On a seulement réimprimé le titre et la première feuille.
ROQUEFORT (de). Glossaire de la langue romane, 2 vol. in-8, 1808, et supplément in-8, 1820.
ROCHEGUDE (de). * Essai d'un glossaire occitanien, pour servir à l'intelligence des troubadours, in-8, 1819.
Dissertation sur la langue romane (Mém. de l'acad. roy. des inscriptions et belles-lettres, t. XXIV, p. 593, 661 et suiv.; t. x*, p. 592).
Discussion sur la langue romane, en usage dans les Gaules, lorsque la conquête des Gaules par César, jusqu'à la croisade contre les Albigeois; suivie d'une histoire de la littérature et des poëtes du moyen âge, d'un chapitre sur les cours d'amour, etc., in-8, 1844.

RAYNOUARD (Fr.-J.-Mar.). Grammaire romane, ou Grammaire des troubadours, in-8, 1816 (Extrait du Choix de poésies originales des troubadours, t. I).
— Eléments de la grammaire de la langue romane avant l'an 1000, précédés des recherches sur l'origine de cette langue, in-8, 1816 (Extrait du Choix de poésies originales des troubadours, t. I).
— Influence de la langue romane rustique sur les langues de l'Europe latine, in-8 de 96 p., 1835.
— Choix de poésies originales des troubadours, 6 vol. in-8, 1816-24. Le 1er vol. contient : Preuves historiques de l'ancienneté de la langue romane ; Recherches sur l'origine et la formation de cette langue.
AUFFRET (J.). Le Catholicon, lequel contient trois langages : breton, françois, latin, in-fol., 1499.
QUIQUIER DE ROSCOFF (G.). Dictionnaire et Colloques françois-bretons, in-16, 1633.
MAUNOIR (Jules). Le Collége de la société de Jésus, où l'on enseigne la langue armorique, in-8, 1659.
ROSTRENEN (Grégoire de). Dictionnaire françois-celtique ou breton, in-4, 1732 ; 2 vol. in-8, 1836.
— Grammaire françoise-celtique ou françoise-bretonne, pet. in-8, 1738.
CILLART. Vocabulaire françois - breton ou françois-celte, in-8, 1744.
LE PELLETIER (D.). Dictionnaire de la langue bretonne, publié par dom Taillandier, in-fol., 1752.
BULLET (J.-B.). Mémoires sur la langue celtique, contenant : 1° l'histoire de cette langue ; 2° une description étymologique des villes, rivières, montagnes des Gaules ; 3° un dictionnaire celtique, 3 vol. in-fol., 1754-70.
ARMERYE. * Dictionnaire françois-breton et françois-celtique, enrichi de thèmes, par l'A., in-8, 1756.

LE BRIGANT (Jacq.). Eléments succincts de la langue des Celtes gomérites ou bretons ; introduction à cette langue, et par elle à toutes celles de tous les peuples connus, in-8, 1779. — 2e édit., in-8, an VII (1799).
LA TOUR D'AUVERGNE (Théoph. Malo Carret de). Nouvelles Recherches sur la langue, l'origine et les antiquités des Bretons, pour servir à l'histoire de ce peuple, in-8, 1792. — 2e édit., in-8, 1795. — 3e édit., sous ce titre : Origines gauloises, celles des anciens peuples de l'Europe, puisées dans leur vraie source, ou Recherches sur la langue, l'origine et les antiquités des Bretons de l'Armorique, etc., in-8, an x (1802).
LEJEUNE (P. Tanguy). Rudiment du Finistère, composé en français et mis en breton, in-8, an IX (1800).
— Alphabet breton-français, an IX (1801).
MIORCEC DE KERDANET. Histoire de la langue des Gaulois, et par suite celle des Bretons, in-8, 1831.
LARUE (l'abbé Gervais de). Recherches sur les ouvrages des bardes de la Bretagne armorienne du moyen âge, in-8 de 72 pages, 1815.
LEGONIDEC. Dictionnaire de la langue celto-bretonne, in-8, 1831.
TROUDE. Dictionnaire français et celto-breton, in-8, 1843.
SAUVAGES DE LA CROIX. (l'abbé P.-Aug. Boissier). * Dictionnaire languedocien-françois , par l'abbé de S...., in-8 , 1753. — 2e édit., dans laquelle on a ajouté un grand nombre de mots tirés des meilleures productions patoises, in-8, 1820.
— Le même, sous ce titre : Dictionnaire languedocien - français, contenant un recueil des principales fautes que commettent, dans la diction et dans la prononciation française, les habitants des provinces méridionales connues autrefois sous la dénomination générale de la langue d'Oc, etc., 2 vol. in-8, 1785 et 1821.

MANDET (Francisque). Histoire de la langue romane, depuis la conquête des Gaules par César, jusqu'à la croisade contre les Albigeois; suivie d'une histoire de la littérature et des poëtes du moyen âge, d'un chapitre sur les cours d'amour, etc., in-8, 1844.

PELLAS (le P. Sauveur-St-André). Dictionnaire provençal et français, in-4, 1723.

ACHARD. Vocabulaire provençal - français (imprimé dans le t. 1 du Dictionnaire de la Provence du même auteur, 4 vol. in-4, 1785-87).

SCHLEGEL (Aug.-Guill. de). Observations sur la langue et la littérature provençales, gr. in-8, 1818 (le Journal des savants contient une analyse de cet ouvrage, par M. Raynouard).

AVRIL (J.-T.). Dictionnaire provençal-français, suivi d'un Vocabulaire français-provençal, in-8, 1840.

HONNORAT (S.-J.). Projet d'un Dictionnaire provençal - français, ou Dictionnaire de la langue d'Oc, ancienne et moderne, suivi d'un Vocabulaire français - provençal, in-8, 1841.

CABRIÉ. Le Troubadour moderne, ou Poésies populaires de nos provinces méridionales, traduites en français, et précédées d'un Discours sur la langue et la littérature provençales, in-8, 1844.

MARY-LAFON. * Tableau historique et littéraire de la langue parlée dans le midi de la France, et connue sous le nom de langue romano-provençale, in-18, 1842.

VERAN (J. - Didier). Notes et Titres sur la langue et la littérature provençales (Magasin encyclopédique, 1807).

CASTOR (J.-J.). L'Interprète provençal, contenant un choix de 15,000 termes provençaux les plus utiles, expliqués en français, in-12, 1843.

DOUJAT. * Dictionnaire de la langue toulousaine, in-8, 1638 (imprimé à la suite des œuvres de Pierre Goudelin, écrites en cette langue).

LAFONT DE CUJALA. Notice sur le langage et les usages particuliers des habitants du département de Lot-et-Garonne (2ᵉ recueil des travaux de la société d'agriculture, sciences et arts d'Agen).

JAUBERT DE PASSA (Jacques). Recherches historiques sur la langue catalane, in-8, 1824.

Dissertation sur la langue basque (Mém. de l'acad. royale des inscriptions et belles-lettres, t. XVIII, p. 69).

LÉCLUSE (Fleury). Dissertation sur la langue basque, broch. in-8, 1826.

— Manuel de la langue basque, 2 part. in-8, 1826. La 1ʳᵉ partie se compose de la grammaire; la 2ᵉ du vocabulaire. — Cet auteur avait le projet de donner un dictionnaire basque, espagnol et français.

HARRIET. Grammatica escuaraz et a franc, in-12, 1741.

LARRAMENDI. Arte de la lengua bascongada, in-8, 1729.

Y RISAR Y MOYA. De l'Easquere et de ses Erderes, ou de la langue basque et de ses dérivés, in-8, 1841.

ARTARLOA (D. Pueblo Pedro de). Apologia de la lengua bascongada, etc., in-4, 1803.

BERONIE (Nic.). Dictionnaire du patois du bas Limousin, et plus particulièrement des environs de Tulle; ouvrage posthume, mis en ordre et publié par J.-A. Vialle, in-4, sans date (1824).

BRUN (Mᵐᵉ Mary). Essai d'un Dictionnaire comtois-françois (avec Petit-Benoist), in-8, 1753-1755.

OBERLIN. Essai sur le patois lorrain des environs du comté du Ban de la Roche, fief royal d'Alsace, pet. in-8, 1775.

PLUQUET. Contes populaires, préjugés, patois, proverbes, etc., de l'arrondissement de Bayeux, in-8.

FRANÇOIS (dom Jean). * Dictionnaire roman, wallon, celtique et tudesque, pour servir à l'intelligence des anciennes lois et contrats, etc., in-4, 1777.

— Vocabulaire austrasien, etc., in-8, 1773.

HÉCART. Dictionnaire rouchi-français, in-8, 1826-33.

DREUX DU RADIER. Lettre sur l'origine des langues espagnole et italienne, ou Essai sur le langage poitevin (Mercure, février 1758).

LAREVELLIÈRE-LEPAUX (Louis-Marie). Notice du patois vendéen, suivie de Chansons et d'un Essai de vocabulaire vendéen (Mém. de l'acad. celtique, t. III, 1809).

COLOMB DE BATINES (le vicomte). Bibliographie raisonnée des patois du Dauphiné, in-8, 1835 (imprimée aussi à la suite de l'Essai sur l'origine et la formation des dialectes vulgaires du Dauphiné, par J. Ollivier, in-8, 1835).

RICHARD (N.-L.-A.). Extrait d'un glossaire des différents patois en usage dans les Vosges (Mém. de la soc. des antiq. de France, t. VI, 1824).

D'HAUTEL. Dictionnaire du bas langage ou des manières de parler usitées parmi le peuple, 2 vol. in-8, 1808.

ARTAUD. * Le Dictionnaire des halles, ou Extrait du dictionnaire de l'Acad. françoise, in-12, 1676.

CHAMPOLLION FIGEAC (J.-J.). Nouvelles Recherches sur les patois ou idiomes vulgaires de la France, et en particulier sur ceux du département de l'Isère, etc., in-12, 1809.

OBERLIN (Jér.-J.). Observations concernant le patois et les mœurs des gens de la campagne, in-8, 1791.

BOTTIN (Séb.). Mélanges sur les langues, dialectes et patois tant de la France que des autres pays, précédés d'un Essai sur la géographie de la langue française, contenant une collection d'environ cent traductions de la parabole de l'Enfant prodigue, en patois des différentes contrées de la France, et terminés par une Nomenclature des professions exercées à Paris au XIVᵉ siècle, et extraite des manuscrits du temps, par H.-E. de la Tynna, 1 vol. in-8 (les mémoires de ce volume sont en partie extraits du t. VI de la société des antiquaires de France, et en partie inédits).

PIERQUIN DE GEMBLOUX. Des patois et de l'utilité de leur étude, in-8, 1841.

ORIGINE, MŒURS, USAGES, COUTUMES, ETC., DES GAULOIS ET DES FRANÇAIS.

VIGNIER (Nic.). Traicté de l'Estat et origine des anciens François, in-4, 1582.

CASTELNAU (Michel de). Traité des façons et coutumes des Gauloys, in-8, 1559, 1581.

DE VAUX - PLAISANT (Cl. du Présieur). Abrégé fidèle de la vraye origine et généalogie des François, ensemble de leurs ducs et roys jusques à Clovis Iᵉʳ, in-8, 1601.

MARC ORY. Le Dessin de l'histoire nouvelle des François, et pour auant-jeu, la réfutation de la descente des fugitifs de Troye aux Palus Méotides, Italie, Germanie, Gaules et autres pays, in-8, 1599.

Notice sur la condition civile des Gaulois, etc.

(Mém. de l'acad. royale des inscriptions et belles-lettres, t. XLVI, p. 697 et suiv.).

Dissertation sur les mœurs et coutumes des Gaulois (Mém. de l'acad. royale des inscriptions et belles-lettres, t. XXXII, p. 158; t. XXIV, p. 345, 387; Hist., ibid., t. XXIII, p. 159).

VAISSETTE (dom Dom.-Jos.). * Dissertation sur l'origine des François, où l'on examine s'ils descendent des Tectosages ou anciens Gaulois établis en Germanie, in-12, 1722.

Dissertation sur les Français (Hist. de l'acad. royale des inscriptions et belles - lettres, t. XXIX, p. 38; Mém., ibid., t. XXIV, p. 418, 582, 657).

GOBIN (Robert). Le Livre des Loups ravissants, ou autrement Doctrinal moral (en vers et en prose). Paris, Ant. Verard, in-4, goth., fig., signat. a jusqu'à dij du troisième alphabet. — Autre édit., in-4, goth., sans date, dont le dernier feuillet porte le nom de Ph. le Noir.

« C'est le plus hardi livre, dit Lacroix du Maine, pour parler en toute liberté des ecclésiastiques, que nous ayons encore vu écrit par un homme de sa profession. »

PERRECIOT (Cl.-Jos.). * De l'état civil des

personnes et de la condition des terres dans les Gaules, dès le temps celtique jusqu'à la rédaction des coutumes, 2 vol. in-4, 1784 et 1786. — 2ᵉ édit., 5 vol. in-12, 1790 (il y a des exemplaires de cette édition qui portent pour titre : Histoire des conditions et de l'état des personnes en France et dans la plus grande partie de l'Europe). — 3ᵉ édit., 3 vol. in-8, 1845.

NAUDET (Joseph). De l'état des personnes en France sous les rois de la première race (Mém. de l'acad. royale des inscriptions et belles-lettres, t. VIII, p. 401, 597).

GOUREY (l'abbé de). Quel fut l'état des personnes en France sous la première et la seconde race de nos rois, in-12, 1769 ; in-8, 1799.

LEGENDRE (l'abbé). Les Mœurs et Coutumes des Français, in-12, 1753.

POULLIN DE LUMINA (Et.-Jos.). De l'usage et des mœurs des Français, 2 vol. in-12, 1769.

BILLARDON DE SAUVIGNY (L.-Edm.). Essais historiques sur les mœurs des Français, ou Traduction abrégée des chroniques et autres ouvrages des auteurs contemporains, depuis Clovis jusqu'à saint Louis, 10 vol. in-8, 1785-86.

CAILLOT (Antoine). Mémoires pour servir à l'histoire des mœurs et usages des Français, depuis les plus hautes conditions jusqu'aux classes inférieures de la société, pendant le règne de Louis XVI, sous le directoire exécutif, sous Napoléon Bonaparte et jusqu'à nos jours, 2 vol. in-8, 1827.

AUBERT DE LA CHENAYE DES BOIS. Dictionnaire historique des mœurs et usages des Français, 3 vol. petit in-8, 1767.

ROLLAND (le président). Recherches sur les prérogatives des dames chez les Gaulois, sur les cours d'amour, etc., in-12, 1787.

LEGRAND D'AUSSY (P.-J.-B.). Histoire de la vie privée des Français, depuis l'origine de la nation jusqu'à nos jours, 3 vol. in-8, 1783, 2ᵉ édit., avec des notes, corrections et additions, par J.-B. de Roquefort, 3 vol. in-8, 1815.

* Vie publique et privée des Français, à la ville, à la cour et dans les provinces, depuis la mort de Louis XV jusqu'au commencement du règne de Charles X, pour faire suite à la vie privée des Français de Legrand d'Aussy, 2 vol. in-8, 1826.

MONTEIL (A.-A.). Histoire des Français des divers états aux cinq derniers siècles, 7 vol. in-8, 1827-44.

LAMÉ-FLEURY. L'Histoire des mœurs et coutumes des Français, racontée à la jeunesse, in-18 de 12 feuilles 1/6, 1844.

LAVALLÉE (Théophile). Histoire des Français, depuis le temps des Gaulois jusqu'en 1830, liv. 1 à 18, in-8 de 9 feuilles, 1844 (août).

* Histoire du peuple en France, in-4, 1834.

VAUBLANC (le vicomte de). La France au temps des croisades, ou Recherches sur les mœurs et coutumes des Français aux XIIᵉ et XIIIᵉ siècles, 2 vol. in-8, 1844.

BOYER DE NIMES. Histoire des caricatures de la révolution des Français, 2 t. en 1 vol. in-8, fig. au bistre, 1792 (cet ouvrage n'a pas été continué et se trouve difficilement).

MARCHANGY (Louis-Ant.-Fr. de). La Gaule poétique, ou l'Histoire de France considérée dans ses rapports avec la poésie, l'éloquence et les beaux-arts, 8 vol. in-8, 1813-1817. 4ᵉ édit., 6 vol. in-8, 1825.

WILLEMIN (N.-A.). Monuments français inédits, choix de costumes civils et militaires, etc., in-4, 1834.

VIEL-CASTEL (le comte Horace de). Collection de costumes, armes et meubles, pour servir à l'histoire de France, depuis le commencement de la monarchie jusqu'à nos jours, avec pl., in-4, 1834.

* Costumes français, depuis Clovis jusqu'à nos jours, dessinés et gravés par les plus célèbres artistes, 2 vol. in-8, 1834.

HERBET. Collection de costumes français, en 90 planches.

GODEFROY (Théod.). Le Cérémonial de France, ou Description des cérémonies, rangs et séances observés aux couronnements, entrées et enterrements des roys et roynes de France, et autres actes et assemblées solennelles, etc., in-4, 1619.—2ᵉ édit., sous ce titre : le Cérémonial françois, 2 vol. in-fol. 1649 (par Th. Godefroy, et mis en lumière par Denis Godefroy, son fils).

Cette édition devait avoir 3 vol. Le 3ᵉ, qui devait contenir les chevaleries et les pompes funèbres, n'a pas été publié ; ce qui fait que l'on recherche encore la première édition.

GENLIS (Mᵐᵉ de). Dictionnaire des étiquettes de la cour, des usages du monde, des amusements, des modes, etc., des Français, 2 vol. in-8, 1818.

MOLÉ. * Histoire des modes françaises, ou Révolutions du costume en France, in-12, 1773.

* Des costumes des mœurs et de l'esprit français avant la révolution de la fin du XVIIIᵉ siècle en XCVI planches, gravées en caricatures, pouvant servir d'appendice au Tableau de Paris, in-8, 1791.

* Recueil de caricatures, depuis le siècle de Louis XIV jusqu'à nos jours (358 pièces), in-fol.

Voyez aussi, pour les mœurs et usages, l'article concernant chaque département.

Journal des dames, 12 cahiers in-8 par an, commencé en 1764 par Mᵐᵉ de Maisonneuve a cessé en 1768, a reparu en 1774 ; Dorat y travaillait en 1777.

LA MÉSENGÈRE. Journal des modes et des dames, 72 nᵒˢ par an de 1798 à 1830.

CHARPENTIER (L.). * Essais historiques sur les modes et les costumes en France, in-12, 1776.

BONNARD. Costumes des XIIIᵉ, XIVᵉ et XVᵉ siècles, etc., in-4, 1828.

OUVRAGES OÙ IL EST FAIT MENTION DES CAGOTS, GAHELS OU CAPOTS, POUR SERVIR A L'HISTOIRE DES RACES MAUDITES.

ABADIE. * Itinéraire topographique et historique des Hautes-Pyrénées, par A. A**, in-8, 1819, pag. 26, 99, 100.

AVEZAC MACAYA (d'). Essais historiques sur la Bigorre, etc., 2 vol. in-8, 1823, t. I, p. 112, 113.

BAUREIN (l'abbé). Variétés bordelaises, t. I, p. 257, 363.

BELLE-FOREST. Cosmographie univ., p. 377.

BERTAND. Voyage aux eaux des Pyrénées, in-4, 1838, p. 317-335.

BULLET. Dissertation sur la mythologie française, in-8, 1771 (Dissertation sur la reine Pédauque), p. 62.

CAMBRY. Voyage dans le Finistère, t. III, p. 146-157.

CHAUDON (l'abbé). Bulletin poly., etc., de Bordeaux, in-8, 1815, in-8, p. 131-36.

COURT DE GEBELIN. Diction. étym. de la langue française.

CHAUSENQUE. Les Pyrénées, ou Voyage pédestre dans toutes les régions de ces montagnes, 2 vol. in-8, 1834, t. I, p. 145-146.

DESLANDES (Boureau). De quelques particularités peu connues du pays de Labour (Recueil de différents traités de physique et d'histoire naturelle, t. II, p. 113).

DEVILLE (J.-M.-J.). Annales de la Bigorre, in-8, 1818, p. 37-57.

DRALET. Description des Pyrénées, in-8, t. I, p. 165, 168, 181, 192.

DUCHESNE (André). Recherche des villes, etc., in-8, chap. XXIII, p. 732-733.

DUMÉGE. Statistique des départements pyrénéens, etc., t. II, p. 131-139.

DUSAULX. Voyage à Barèges, etc., t. II, p. 11-12.

EDWARDS (W.-F.). Fragments d'un mémoire sur les Gahels, in-8 de 2 feuilles 1/2, 1845.

FAGET DE BAURE. Essais sur le Béarn, in-8, 1818, p. 123.

FODÉRÉ. Traité du goitre et du crétinisme, in-8, an VIII.

FOURCADE (A.). Album pittoresque et historique des Pyrénées, in-8, 1835 ; 2ᵉ édit., in-8, 1836, p. 361-369.

FROSSARD (Emilien). Tableau pittoresque des Pyrénées françaises, in-4, 1839, p. 7-9.

GRÉGOIRE (l'abbé). Magasin encyclopédique, 1810, t. IV, août, p. 251-257.

GUYON. Note sur les Cagots des Pyrénées. (Echo du monde savant, 19 fév. 1843, p. 317-422).

HOURCASTREMÉ. Les Aventures de messire Anselme, chevalier des Loix, t. I (Réfutation du chapitre de Ramond sur les Cagots), p. 375-382.

LABOULINIÈRE. Annuaire statistique du département des Hautes-Pyrénées, in-8, 1807.

—Itinéraire descriptif des Hautes-Pyrénées, etc., t. III, chap. XII.

LOUBENS. Histoire de l'ancienne province de Gascogne, Bigorre, Béarn, in-8, t. I, p. 132-136.

MAHÉ. Essais sur les antiquités du Morbihan, in-8, 1825, p. 411-412.

MARCA (P. de). Histoire de Béarn, in-fol., liv. I, chap. XVI, p. 71-75. V. aussi Ménage, t. I, p. 281-284.

MARCHANGY (de). Tristan le voyageur, 6 vol. in-8, t. VI, p. 332, 347, 515, 518.

MARCHANT (Léon). Recherches sur l'action thérapeutique des eaux minérales, etc. (Nouv. Annales des voyages, t. LVIII de la 2ᵉ série, p. 320-336).

MAZURE. Histoire du Béarn et du pays basque, in-8, 1839, p. 406-414.

MICHELET. Histoire de France, in-8, 1833, p. 495-499.

MILLIN. Voyage dans les départements du midi de la France, chap. 127.

OIHENARD. Notitia utriusque Vasconiæ, in-4, chap. V, p. 414-415.

O'REILLY. Histoire de la ville et de l'arrondissement de Bazas, in-8, 1840, p. 461-478.

PALASSOU. Mémoires, etc., p. 317-387.

PICQUET. Voyage aux Pyrénées françaises, etc., in-8, 1789.

RAMOND. Observation, etc., in-8, 1789, p. 175-192.

REINAUD. Invasions des Sarrasins en France, in-8, 1836, p. 302-306.

SANADON. Essai sur la noblesse des Basques.

SAMAZEÜILH. Souvenirs des Pyrénées, in-8, 1827, 1ʳᵉ partie, p. 10.

TEULET (Alex.) (Revue de Paris, t. LVII).

VAISSETTE (dom). Histoire générale du Languedoc, t. IV, p. 492.

VENUTI (l'abbé). Recherches sur les Gahets de Bordeaux, in-8, 1754, p. 115-143.

BAGNES ET PRISONS.

APPERT (B.). Bagnes, Prisons et Criminels, 3 vol. in-8, 1836.

GLEIZES (vicomte). Mémoire sur l'état actuel des bagnes en France, in-8, 1840.

ÉLIÇAGARAY (Edouard d'). Histoire des prisons de France, depuis 1789 jusqu'à nos jours, in-8, 1835.

SERS. Intérieur des bagnes, 2ᵉ édit., in-12, 1843.

ALHOY (Maurice). Les Bagnes, Rochefort, in-8, 1840.

— Les Bagnes, histoires, types, mœurs, mystères, 2 volumes in-8 et vignettes, 1844-1845.

DICTIONNAIRES.

SAUGRAIN (Claude-Marie). Dictionnaire universel de la France ancienne et moderne (l'abbé des Thuilleries est auteur de l'introduction), 3 vol. in-fol., 1726.

LAUNAY (l'abbé C.-M. de). Dictionnaire universel de la France ancienne et moderne, et de la nouvelle France, in-12, 1726.

EXPILLY (l'abbé). Dictionnaire géographique, historique et politique des Gaules et de la France, 6 vol. in-fol., 1762 et suiv. (ouvrage resté interrompu à la lettre S).

JOUSSE. Table alphabétique des villes de France, dans lesquelles il y a siège présidial, avec l'année de la création de ces siéges, et le ressort du parlement dans lequel ils sont établis, in-12, 1764.

GUYOT. Dictionnaire des postes, contenant le nom de toutes les villes, bourgs, paroisses, abbayes, et principaux châteaux du royaume de France et du duché de Lorraine, les provinces où elles sont situées, le nom du plus prochain bureau où les lettres doivent être adressées, etc., in-4, 1754, et in-8, 1753.

AUBERT DE LA CHENAYE-DES-BOIS (Fr.-Alex.). Dictionnaire historique des antiquités, curiosités et singularités des villes, bourgs et bourgades de France, 3 vol. in-12, 1769.

HESSELN (Matth.-Rob. de). Dictionnaire universel de France, contenant la description géographique et historique des provinces, villes, bourgs et lieux remarquables du royaume ; les détails circonstanciés sur les productions du sol, l'industrie et le commerce des habitants, etc., 6 vol. in-8, 1771.

MAGNAN (le P. D.). * Dictionnaire géographique portatif de la France, 4 vol. in-4, 1765.

DUPAIN-TRIEL (Jean-Louis). La France connue sous ses utiles rapports, ou Nouveau Dictionnaire de France, dressé d'après la carte de Cassini, in-8, 1791.

PRUDHOMME (Louis). Dictionnaire universel, géographique, statistique, historique et politique de la France, 5 vol. in-4, 1804.

GUÉROULT jeune (P.-Remy-Ant.-Guill.). Dictionnaire abrégé de la France monarchique, ou la France telle qu'elle était en janvier 1789, in-8, 1802.

BOTTIN (Séb.). Dictionnaire général des communes de France et des principaux hameaux qui en dépendent, 2ᵉ édit., in-8, 1825.

GIRAULT DE ST-FARGEAU. Dictionnaire de la géographie physique et politique de la France, faisant connaître, etc., rédigé sur des documents authentiques d'après un nouveau plan, in-8, 1826.

* DICTIONNAIRE général des communes de France et des principaux hameaux qui en dépendent, etc., 3ᵉ édit., grand in-12, 1829.

LALLEMENT (Félix). Dictionnaire de poche géographique de la France, rédigé sur les meilleurs dictionnaires géographiques connus, précédé d'une description géographique, hydrographique, etc., orné d'une carte de France faite avec soin et gravée sur acier, in-32, 1828.

BARBICHON (P.-M.). Dictionnaire complet de tous les lieux de la France et de ses colonies ; contenant, etc., 2 vol. in-8, 1831.

BRIAND DE VERZÉ. Dictionnaire complet géographique, statistique et commercial de la France et des colonies, in-8, ou 3 vol. in-18, 1831.

DUCLOS. Dictionnaire des communes de France, in-4, 1836.

PEIGNÉ (M.-A). Dictionnaire géographique, statistique et postal des communes de France, in-18, 1838, 1843.

* Dictionnaire des villes et communes de France ; contenant par ordre alphabétique, l'indication du département et de l'arrondissement où chaque ville ou commune est située, et suivi d'une récapitulation par départements du nombre des arrondissements, cantons, communes et population du royaume, par M. F. G., in-8, 1843 ; id. in-32, 1843.

GIRAULT DE ST-FARGEAU (A.). Dictionnaire géographique, historique, administratif, industriel et commercial de toutes les communes de la France, et de plus de 20,000 hameaux en dépendant ; 3 vol. in-4, imprimés à trois colonnes, illustrés de 100 gravures, de costumes coloriés, plans et armes des villes, etc. ; contenant : l'histoire et la description de toutes les villes de France, ainsi que l'archéologie, la biographie, la bibliographie et l'armorial des villes, bourgs, villages, châteaux, etc.; et indiquant, pour chaque commune, le nom français et le nom latin sous lequel elle était autrefois désignée; la province et les différentes juridictions auxquelles elle appartenait avant la révolution; son origine et les événements historiques qui s'y rattachent; le nom du canton et la distance de la commune au chef-lieu d'arrondissement; les cures ou succursales; la population d'après le dernier recensement; les bureaux et relais de poste, et leur distance de Paris; les gîtes d'étape; la formation géologique ou le terrain sur lequel la commune est assise; les noms des hommes qui se sont rendus illustres dans les camps, dans les sciences, la littérature, les beaux-arts et l'industrie; l'archéologie des édifices civils et religieux; les sites pittoresques et les buts d'excursions qu'offrent les environs; les différents genres d'industrie et de commerce; les manufactures, fabriques, usines, mines et carrières exploitées; les foires et marchés; la situation et l'analyse des sources d'eaux minérales et thermales; les phares et fanaux; l'établissement de la marée de tous les ports de l'Océan; enfin, la bibliographie, comprenant les titres de tous les ouvrages publiés sur chaque ville, bourg ou village, sur chaque province et sur chaque département. 3 vol. in-4, 1844-1846.

* Recueil général de toutes les paroisses du royaume de France (imprimé avec le supplément du Traité des aides, in-8, 1649).

DU VAL (Pierre). L'Alphabet de France, pour trouver sur les cartes toutes ses provinces, villes, bourgs, châteaux, rivières et seigneuries considérables, in-12, 1651.

MARTIN (dom). Histoire des Gaules et des conquêtes des Gaulois, 2 vol. in-4, cartes et fig., 1752-54.

Le second volume renferme un Dictionnaire géographique des Gaules.

DOISY. Le Royaume de France et les États de Lorraine, disposés en forme de dictionnaire: ouvrage composé sur les mémoires les plus exacts et les plus récents, et enrichi d'une liste indicative des meilleures cartes géographiques des provinces, évêchés et généralités du royaume, in-4, 1745, 1759.

On trouve à la suite l'Alphabet général du royaume, divisé en cinq colonnes, dont la première contient les noms des villes, bourgs, paroisses, etc., etc.

GÉOGRAPHIES.

BASCHI-D'AUBAIS (Ch. de). * Géographie historique, où l'on trouve réunies à la connaissance des lieux et de leur position, la généalogie des seigneurs, la patrie des auteurs célèbres, 2 vol. in-8, 1761.

DUMOULIN. Géographie (la) ou Description du royaume de France, divisé en ses généralités, contenant les provinces, villes, bourgs, villages de ce royaume, etc., 6 vol. in-8, 1762-67.

Cet ouvrage n'a pas été achevé; des trente-trois généralités, il n'en a été publié que huit, qui sont celles de: Paris, Rouen, Caen, Alençon, Poitiers, la Rochelle, Lyon et Limoges.

LA MÉSENGÈRE (Pierre de). Géographie historique et littéraire de la France, contenant les détails sur l'origine, les productions, l'industrie, les édifices des différents âges et de différents genres, les statues, bas-reliefs, inscriptions, les anecdotes et singularités historiques, le caractère des hommes célèbres, 4 vol. in-12, 1796.

MENTELLE (Edme). Géographie physique, historique et statistique de la France, 3ᵉ édit., revue et augmentée par Depping, in-8, 1821 (la 1ʳᵉ et 2ᵉ édit. forment le 4ᵉ vol. de la Cosmographie du même auteur).

TEULIÈRES (Paulin). Nouvelle Géographie de la France; sol, climat, agriculture, industrie, commerce, instruction publique, population, divisions politiques, ecclésiastiques, judiciaires, gouvernement, armée, marine, souvenirs historiques, colonies; avec deux cartes, l'une de la France actuelle, l'autre de la France en 1789, in-8, 1830; 2ᵉ édit., in-8, 1835.

GUÉRARD (Adolphe). Géographie synoptique, historique, statistique, topographique, administrative, judiciaire, commerciale, industrielle, militaire, religieuse et monumentale de la France et de ses colonies; disposée d'après les cinq grandes divisions, du nord, de l'est, du sud, de l'ouest et du centre, contenant, etc., in-4, 1840.

ST-ALAIS (Nicolas Viton de). De l'ancienne France, contenant l'origine de la royauté et de ses attributs; celle de la nation et de ses différentes classes; celle de la pairie et des pairs de France, des grands vassaux, des dignités civiles et militaires, etc., in-8, 1834.

— La France militaire sous les quatre dynasties, contenant la chronologie historique des rois et empereurs qui ont commandé leurs armées; celle des maires du palais, sénéchaux, connétables, ministres de la guerre, maréchaux de France, généraux en chef, grands maîtres d'artillerie, etc., etc., et une chronologie des batailles soutenues par les armées françaises jusqu'en 1812, 2 vol. in-18, 1807.

— La France législative, ministérielle, judiciaire et administrative sous les quatre dynasties; contenant la chronique historique des régents, premiers ministres, ministres et secrétaires d'État, maîtres des requêtes et auditeurs; celle des premiers présidents, avocats généraux, procureurs généraux, et du grand conseil, des parlements, chambre des comptes et cour des aides, haute cour, cour de cassation, cour impériale, préfets, sous-préfets, prévôts de Paris, etc.; chronologie historique des états généraux et assemblées législatives, 4 volumes in-18, 1813.

LA MÉSENGÈRE (Pierre de). Géographie de la France, d'après la nouvelle division en 83 départements, in-8, 1791.

DUGOUR (A.-Jeudy). Géographie de la France, d'après la nouvelle division en 83 départements, in-8, 1791.

BOUCHESEICHE. Description abrégée de la France, ou la France divisée selon les districts de l'assemblée nationale, in-8, 1790, reproduite sous ce titre: Géographie nationale, ou la France divisée en districts, in-8, 1791.

* La République française en quatre-vingt-huit départements; dictionnaire géographique et méthodique, dans lequel on trouve pour chaque département un dictionnaire de tous les chefs-lieux de cantons et de districts, et une carte géographique enluminée, indiquant la division des districts, 3ᵉ édit., in-8, an III de la république.

BERTHET (M.). Géographie historique, industrielle et commerciale de la France et des colonies, in-12, 1834.

VALLON (Henri). Géographie politique de la France, depuis les temps les plus reculés jusqu'à la révolution de 1789, 2 part. in-12, 1839.

* La France considérée sous le rapport de la géographie physique et mathématique, de la statistique, du commerce, de l'industrie et de l'histoire, in-32, 1827.

Extrait du dictionnaire géographique universel.

LORIOL. La France. Description géographique, statistique et topographique, présentant l'état actuel, physique, moral, politique, militaire, administratif, judiciaire, religieux, financier, agricole, industriel, commercial, scientifique et littéraire des départements de la France et de ses colonies, avec une carte et un dictionnaire topographique, biographique et bibliographique de chaque département, publié par M. Loriol, avec la coopération d'une société d'administrateurs, de députés, de savants et d'hommes de lettres de Paris et des départements.

Cet ouvrage a été publié par livraisons in-8, contenant chacune un département; il a été interrompu à la 7ᵉ livraison. Les départements publiés sont: *Eure-et-Loir*, par Doublet de Bois-Thibault; *Orne*, par Odolant-Desnos; *Puy-de-Dôme*, par Gonod; *H.-Rhin*, par Dufau; *B.-Rhin*, par Guadet; *Seine-et-Marne*, par Dubarle; *Seine-Inférieure*, par Viel.

* La France, ou Histoire nationale des départements, sous la direction de MM. Ducour-

neau (Alex.) et Monteil (Amans-Alexis), in-4.

Il paraissait en septembre 1844, les départements de la *Gironde*, de la *Côte-d'Or*, de *Saône-et-Loire* et de l'*Yonne*.

MAHIAS (J.-M.). Géographie moderne de la France, par le cours des fleuves et des rivières, ou Méthode facile pour apprendre en peu de temps, et sans maître, la nouvelle division; précédée d'un traité abrégé des sphères de Ptolémée et Copernic; avec la description de l'ancienne Gaule, et un précis rapide de l'histoire des Gaulois et des Francs, et de l'établissement de ceux-ci dans les Gaules, 2 vol. in-8, 1798.

BAILLEUL. Géographie physique et administrative de la France, appuyée sur les ligues de partage et sur le cours des eaux (avec Vivien), in-8, 1832.

CORNEILLE (P.-A.). Géographie de la France, divisée par bassins, servant à fixer la position respective des départements, 1 carte in-12, 1830.

PETITES GÉOGRAPHIES.

DUSSIEUX (L.). Géographie historique de la France, ou Histoire de la formation du territoire français, in-8 de 12 feuilles et demie, plus 34 cartes.

PHILIPPON DE LA MADELAINE (Louis). Géographie élémentaire de la France, considérée dans tous ses départements, et sous leurs rapports actuels de population, commerce, industrie et productions territoriales, à l'usage des écoles de premier enseignement; suivie d'une table alphabétique, avec une carte de France enluminée, in-12, 1796, 1801.

* Éléments de la géographie de la France, rédigés, d'après un nouveau plan, 2e édit., in-12, 1826.

LANGLOIS (H.). Précis de géographie et de topographie de la France, divisé en trois parties; extrait de l'Abrégé de géographie universelle, rédigé d'après le plan de W. Gutherie, in-8, et carte, 1827.

LALLEMENT (J.-B.-L.). Géographie de la France et de ses colonies; description historique et topographique de chaque département; industrie, productions, manufactures, commerce, curiosités, etc., etc., in-18, 1830.

ANSART (F.). Petite Géographie de la France, à l'usage des écoles primaires, in-18, 1830.

LORIOL (V.-A.). Nouveau Manuel de géographie physique, historique et topographique de la France, divisé par bassins, in-18, 1828; 2e édit., in-18, 1833.

PARISOT (Valentin). Géographie de la France, in-18, 1833.

SAVAGNER. Géographie de la France, in-18, 1834.

BERTHOUD (S.-Henri). La France historique, industrielle et pittoresque de la jeunesse; ouvrage anecdotique, instructif et amusant, 2 vol. in-16, 1835-36.

DELAPALME (fils). Géographie de la France, à l'usage des écoles primaires, adoptée par le ministre de la guerre, pour les écoles régimentaires, in-18, 1835, 2e édit., in-18, 1836.

LEFEBVRE (J.). Les Quatre-vingt-six Départements de la France et des colonies, in-18, 1835.

* Petite Géographie de la France, précédée de la division du globe et de quelques définitions géographiques, in-18, 1835.

DUBIGNAC. Petit Tableau de la France et de sa capitale, de son commerce et de son industrie, vers 1200, in-12, 1836.

LIÉVYNS. Description physique et politique de la France, pour l'intelligence de la carte dressée par M. Bégat, in-18, 1836.

* Petite Géographie de la France, précédée de la division du globe et de quelques définitions géographiques, in-18, 1836.

HUSSON (Armand). Géographe industrielle et commerciale de la France (Bibliothèque du Magasin pittoresque), in-18, 1838.

DELPIERRE (M.-P.). Abrégé de Géographie historique, administrative, topographique, commerciale, hydrographique, industrielle et horographique de la France et de ses colonies, in-12, 1838.

POULAIN DE BOSSAY (P.-A.). Petite Géographie de la France, in-18, 1838.

* Petite Géographie de la France, précédée de la division du globe et de quelques définitions géographiques, in-8, 1839.

* La France en miniature, in-32, 1839.

DELPIERRE (P.). Éléments de géographie historique de la France et de ses colonies, in-8, 1840.

GOUILLÉ. Abrégé de géographie de la France, sur un plan nouveau et très-méthodique, in-18, 1840.

VELAY (E.). Nouvelle Géographie physique, politique, etc., de la France et de ses colonies, in-18, 1842.

* Toute la France et ses colonies pour 2 francs, in-32, 1842.

DENAIX. Géographie prototype de la France, contenant des éléments d'analyse naturelle applicable à tous les états, in-8, 1842.

* Cours abrégé de géographie et d'histoire de France, par demandes et par réponses, in-18, 1835.

LESPIN (de). Géographie élémentaire de la France, in-12, 1843.

Géographie de la France, in-64, d'une feuille trois huitièmes, plus une pl., 1843.

* Histoire et statistique de la France ancienne et moderne (depuis le temps des Gaulois jusqu'à l'an 1834) (Extrait des ouvrages chronologiques et statistiques de M. Arnault-Robert, in-plano, 1834.

ARTAUD. La France, tableau géographique, statistique et historique, suivi du précis de la langue et de la littérature nationales, in-8, 1839 (avec Dufau, Lafaye, Miel, Ozenne [Dlls], Schnitzler et Simonde de Sismondi).

SOULICE (Th.). Introduction à la géographie générale, et spécialement à la géographie de l'Europe et de la France; 8e édit., in-8, de 3 f., plus deux cartes.

BALESTRIER DE CANILHAC (l'abbé L.-S.). Géographie de la France en vers techniques, divisée en régions, départements et districts, avec des notes historiques, géographiques et commerciales, rédigée en style lapidaire. — Leçons hebdomadaires, ou Journal d'éducation, etc. Manuel alphabétique des autorités constituées, et de tous les fonctionnaires de l'Etat, in-4, 1786.

* Géographie nationale, ou les Départements et les Colonies, en vers; suivie d'un texte explicatif sur la fondation et l'accroissement des villes, etc., in-8, de 7 fr., 1844.

DESCRIPTIONS DE LA FRANCE.

BOULANGER (Loys). Calculation, Description et Géographie du royaume de France, tant du tour, du large que du long d'icelui; déchiffré jusqu'aux arpents et pas de terre en icelui compris, etc., le tout bien calculé, 1525, 1565.

THEVET (André). Description de la France (se trouve, p. 506-644 du t. II de sa Cosmographie, in-fol., 1575).

MAYERNE-TURQUET (Théodore). Sommaire de la description de la France, avec le guide des chemins pour aller par les provinces et aux villes plus renommées, in-16, 1591; in-12, 1596; in-8, 1618.

DES RUES (François). Les Antiquités, Ondations et Singularités des plus célèbres villes, châteaux et places remarquables du royaume de France, avec les choses les plus mémorables, arrivées en icelles; in-16, 1605, 1608; in-8, 1608, 1611; in-12, 1609, 1611.

VILLAMONT (de). Petit Discours sur la description du royaume de France, in-8, 1608.

DU CHESNE (André). Dessin de la description du royaume de France, in-4, 1614.

DU FOUSTEAU. Description du royaume de France.

Cette Description se trouve dans l'ouvrage de cet auteur, intitulé les Curieuses Singularités de la France, in-8, 1631 ; in-12, 1633.

DAVITY. Description du royaume de France. (Imprimée dans le t. II de sa Description de l'univers, etc., in-fol., 1637. Il avait d'abord publié cet ouvrage sous ce titre : Etats et Empire du monde).

GUILLAUME et Jean BLAEU. Description générale de la France (cette Description est imprimée dans la II° partie de leur atlas et dans le 14° livre, in-fol., 1638, 1660).

RANCHIN (François). Description du royaume de France ; 2° édit., revue, corrigée et augmentée (imprimée dans le t. II de sa Description de l'univers, in-fol., 1643).

DU CHESNE (François). Les Antiquités et Recherches des villes, châteaux et places remarquables de toute la France, suivant l'ordre des huit parlements, revues, corrigées, et augmentées, 2 vol. in-8, 1647 ; 2 vol. in-12, 1668 (la dernière édit. est la meilleure).

SANSON (N.). Description de la Gaule ou de la France, tirée de Ptolémée, en latin et en français ; la France et les pays circumvoisins, tirés des Itinéraires romains, par le même.

Se trouve dans un recueil que Sanson a publié sous ce titre : la France, l'Espagne, l'Allemagne, etc., in-fol., 1654.

BOUVIER (Gilles le). Description de la France (imprimée dans le t. I de l'Abrégé royal de l'alliance chronologique, etc., p. 696, 714, in-4, 1650).

ROCOLES (J.-B. de). Description du royaume de France (imprimée dans le t. II de la Description de l'Europe de Davity, revue et augmentée par de Rocoles, in-fol., 1660).

VAL (Pierre du). Description de la France et de ses provinces, où il est traité de leurs noms anciens et nouveaux, degrés, étendue, figure, voisinage, division, etc., avec les observations de toutes les places qui ont quelque prérogative ou quelque particularité, etc., in-12, 1658, 1653.

HINSSELIN DE MORACHE (Jean). Description et Division de la France (imprimée aux t. I et II du Portrait géographique et historique de l'Europe, in-12, 1674).

* Description de la France et de ses provinces, où il est traité de leurs noms anciens et nouveaux, degrés, étendue, figuré, voisinage, division, etc., avec les observations de toutes les places qui ont quelque prérogative ou quelque particularité, etc., in-12, 1667, 1680 (paraît être le même ouvrage que celui de du Val).

MANESSON-MAILLET (Allain). Description de la France (t. II de la Description de l'univers, in-8, 1683. Cet ouvrage est recherché surtout à cause des figures).

Description contenant toutes les singularités des plus célèbres villes et places de France, in-8.

D'AUDIFFRET (J.-B.). Description géographique et historique de la France, in-4, 1694 (imprimée dans le t. II de sa Géographie ancienne et moderne).

TILLEMONT (ou plutôt N. du Tralage). * Description géographique du royaume de France, contenant ses principales divisions géographiques, in-12, 1693.

D'ALQUIÉ (François-Juvinien). Les Délices de la France, avec une description des provinces et des villes du royaume, et le plan des principales villes, 2 vol. in-12, 1699.

LONGUERUE (Louis Dufour de). Description historique et géographique de la France ancienne et moderne (avec 9 cartes géographiques par d'Anville), in-fol., 1719 et 1722. La 8° édit. est préférable.

PIGANIOL DE LA FORCE (Jean). Description historique et géographique de la France, 5 vol. in-12, 1715 ; 6 vol. in-12, 1718 ; 8 vol. in-12, 1742. — Nouvelle Description de la France, dans laquelle on voit le gouvernement général de ce royaume, celui de chaque province en particulier, et la description des villes, maisons royales, châteaux et monuments les plus remarquables, avec figures ; 3° édit., corrigée et considérablement augmentée, 15 vol. in-12, 1751-53.

— Introduction à la Description de la France et au droit public de ce royaume, 2 vol. in-12, 1752.

C'est l'Introduction, publiée séparément, des deux premiers volumes de la Description de la France en 15 vol. in-12.

* Description historique et géographique de la France ancienne et moderne, enrichie de plusieurs cartes géographiques, 1722.

* Les Délices de la France, ou Description des provinces, villes, etc., avec fig., 8 vol. in-12, 1728.

GOURNÉ (l'abbé Pierre-Mathias de). Description géographique des provinces intérieures de la France, in-12, 1744.

BRION. Coup d'œil sur la France, ou Division du royaume par ordre alphabétique, en ses gouvernements, provinces et pays, avec leurs villes remarquables, etc., in-4, 1765. On met ce petit ouvrage à la tête du recueil de cartes in-4, intitulé : Tableau analytique de la France.

LABORDE (Jean-Benjamin). Description générale et particulière de la France, 12 vol. gr. in-fol., 1781-96.

ROBERT (François). Description historique, physique et géographique de la France, divisée en départements, subdivisée en districts, in-4, 1790.

PEUCHET (Jacques). Description topographique et statistique de la France, contenant, avec la carte de chaque département, la notice historique de son ancien état, etc. (avec Chanlaire et Herbin ; la partie des antiquités est de M. Letronne), 3 vol. in-4, 1810-30.

Cette Description n'a pas été achevée. Cinquante-trois départements, formant environ 3 vol. in-4, ont seulement paru ; ce sont : la *Roër*, la Vienne, les Bouches-du-Rhône, Eure-et-Loir, Jura, Côte-d'Or, Seine-Inférieure, Bas-Rhin, Aisne, *Sambre-et-Meuse*, Hautes-Pyrénées, *Rhin-et-Moselle*, *Sarre*, Moselle, Ain, *Lys*, Vaucluse, Drôme, Corrèze, Nord, Tarn-et-Garonne, Aveyron, Gers, Ille-et-Vilaine, Haute-Garonne, Lot-et-Garonne, Eure, Dordogne, Loire-Inférieure, Meurthe, Doubs, *Deux-Nèthes*, Sarthe, Finistère, Oise, Vendée, Deux-Sèvres, Hautes-Alpes, Pas-de-Calais, *Mont-Blanc*, Marne, Indre, Haut-Rhin, Orne, Loir-et-Cher, Haute-Marne, Creuse, Calvados, Isère, Aube, Haute-Vienne, Seine-et-Oise. Les sept départements imprimés en italiques n'appartiennent plus aujourd'hui à la France.

JOUFFROY (le comte A. de). Les Siècles de la monarchie française, ou Description historique de la France, depuis les premiers rois jusqu'à Louis XVI, gr. in-fol., 1823.

* Description de la France, in-12, 1826.

VAYSSE DE VILLIERS (R.-J.-Fr.). * Description routière et géographique de l'empire français, divisé en quatre régions, par R.. V..., 6 vol. in-8, 1813. Ouvrage continué avec le nom de l'auteur sous ce titre : Itinéraire descriptif de la France, ou Géographie complète, historique et pittoresque de ce royaume (et de l'Italie), par ordre de route, divisée en t. in-8, 1816-35 (les t. II, III, IV, V et VI concernent l'Italie). Cet ouvrage a été interrompu au 21° vol. par la mort de l'auteur. Il restait encore environ la moitié des routes à publier.

GIRAULT DE ST-FARGEAU (P.-A.-E.). * Guide pittoresque du voyageur en France, 6 vol. in-8, ornés de 86 cartes, de 700 grav. et portr., 1833-1836.

HUGO (A.). France pittoresque, ou Description pittoresque, topographique et statistique des départements et colonies de la France, offrant, en résumé, pour chaque département et colonie, l'histoire, les antiquités, la topographie, etc., etc., 3 vol. gr. in-8 et fig., 1833-36.

— France historique et monumentale ; histoire générale de France, depuis les temps les plus reculés jusqu'à nos jours, illustrée et expliquée par les monuments de toutes les époques, édifiés, sculptés, peints, dessinés, coloriés, etc., in-4, 1836.

DUPAIN-TRIEL (Jean-Louis). Recherches géographiques sur les différentes hauteurs des plaines du royaume, avec la carte explicative de leurs graduations essayées ; sur les mers et leurs côtes, presque pour tout le globe ; sur les diverses espèces de montagnes, in-8, 1791.

GUILLOT (C.). Positions géographiques, ou Tables des latitudes des principales villes du royaume de France et villes voisines, et de leurs longitudes ou différence de méridiens par rapport à l'île de Fer, in-12, 1816.

Nouvelle Description géométrique de la France, 1re et 2e partie, in-4.

AUPICK. Précis statistique et historique de la Gaule, de la France ancienne et de la France actuelle, in-4 de 82 pages, 1826.

WAUTHIER (J.-M.). Description géographique de la France, en vers techniques, à l'usage des jeunes gens, in-8, 1834.

VOYAGES EN FRANCE.

CHAPELLE (Cl.-Emm. Lhuillier). Relation d'un voyage en France (avec Bachaumont), in-12, 1662. — 2e édit. sous ce titre : Voyage en Provence de Chapelle et de Bachaumont, in-12, 1704, 1732, 1751. — Autre édit. suivie d'autres Voyages, in-12, 1821; in-32, 1822; in-16, 1825. — Autre édit. suivie de plusieurs poésies diverses, et du Voyage de Languedoc et de Provence, par Lefranc de Pompignan ; de celui d'Eponne, par Desmahis ; et de celui du chevalier de Parny en Bourgogne, in-8, 1826.

— Les mêmes ; par Bachaumont, Bertin, Beranger, Bernardin de St-Pierre, Boufflers, Bret, Chapelle, Desmahis, Fléchier, la Fontaine, Gresset, Hamilton, Lefranc de Pompignan, Parny, Pirault-Deschaumes, Piron, Racine, Regnard, Voltaire, etc., etc., 3e édit., 5 vol. in-18, ornés de 37 gravures, 1824-27.

* Voyage en France, ou Description géographique du royaume, pour l'instruction des Français et des étrangers, avec une description des chemins, et l'ordre chronologique des rois de France, in-8, 1639. Nouvelle édition, 1648.
— Le même, corrigé et augmenté, par Saunier du Verdier, in-12, 1655, 1662, 1663, 1665, 1682.

DE VARENNES (Cl.). Voyage et Description de la France, in-12, 1639, 1643.

ROUVIÈRE (H. de). Voyage du tour de la France, in-12, 1713.

LE BRUN DES MARETTES (le P. J.-B.). * Voyages liturgiques en France, ou Recherches faites en différentes villes du royaume sur cette matière, contenant plusieurs particularités touchant les rites et usages des églises, avec des découvertes de l'antiquité ecclésiastique et païenne, in-8, 1718.

MARTÈNE (dom Edmond). Voyage littéraire de deux religieux bénédictins de la congrégation de St-Maur, in-4, 1717. — Suite du même Voyage, in-4, 1724.

On trouve dans le vol. de 1717, 1° quantité de pièces, d'inscriptions et d'épitaphes qui servent à éclaircir l'histoire et les généalogies des anciennes familles ; 2° plusieurs usages des églises cathédrales et des monastères, touchant la discipline et l'histoire des églises des Gaules ; 3° les fondations des monastères, et une infinité de recherches curieuses et intéressantes faites dans près de cent évêchés et huit cents abbayes, etc.

SAUGRAIN. Nouveau Voyage de France, géographique, historique et curieux, disposé par différentes routes à l'usage des étrangers et des Français, in-12, 1718, 1723, 1730.

Histoire d'un Voyage littéraire fait en France, en Angleterre et en Hollande, in-12, 1735.

FORSTER. Voyage en Angleterre et en France fait en 1790, et trad. de l'allemand par Ch. Pougens, in-8, an IV.

MARLIN (Fr.). Voyages en France, depuis 1775 à 1807.

GUIBERT (le comte Jacques-Antoine-Hippolyte de). Voyage dans diverses parties de la France et en Suisse, fait en 1775, 1778, 1784 et 1785.

MAIHOWS. Voyage en France, en Italie, etc. (trad. de l'anglais par de Puisieux), 4 vol. in-12, 1763.

SILHOUETTE (de). Voyage de France, d'Espagne, de Portugal et d'Italie, 4 vol. in-8, 1770.

GAUTHIER DE SIMPRÉ. Voyage en France de M. le comte de Falckenstein (l'empereur Joseph II), 2 vol. in-12, 1777.

GAUTHIER (Mme). Voyage d'une Française en Suisse et en Franche-Comté depuis la révolution, 2 vol. in-8, 1790.

ROTHENHAHN (Sig. de). Voyage fait en 1790 dans une partie de la France et de l'Italie, in-8, 1792.

LAVALLÉE (J.). Voyage dans les départements de la France par une société d'artistes et de gens de lettres, enrichi de tableaux géographiques et d'estampes, 102 cahiers formant 13 vol. in-8, 1792-1800.

YOUNG (Arthur). Voyage en France pendant les années 1787-90 ; trad. de l'anglais par F. S. (Soulès), avec des notes et observations par Cazeaux, 3 vol. in-8, avec cartes.

MILLIN (Aubin-Louis). Voyage dans les départements du midi de la France, 4 tom. en 5 vol. in-8, et atlas in-4 de 80 planches gravées, dont quelques-unes en couleur, 1807-11.

MOORE (le docteur J.). Voyage en France et en Italie (trad. de l'anglais par Mlle de Fontenay), 2 vol. in-8, 1806.

LADOUCETTE (le baron de). Voyage fait en 1813 et 1814 dans le pays entre Meuse et Rhin, in-8, 1818.

CHASTELAIN. Voyage d'un étranger en France pendant les mois de novembre et de décembre 1816, in-8, 1817.

* Nouveau Voyage pittoresque de la France, in-8, 1817.

GABRIEL VEAUGEOIS. Notice du Journal d'un voyage archéologique et géologique fait en 1820 dans les Alpes de la Savoie et dans les départements méridionaux de la France (Mém. de la société des antiq. de France, t. III, p. 370).

TAYLOR (le baron Isid.-Justin-Severin). Voyages pittoresques et romantiques dans l'ancienne France (avec MM. Charles Nodier et Aph. de Cailleux), gr. in-fol., 1820, 1845.

Ouvrages achevés.

Franche-Comté, 2 vol. in-fol., en 39 liv.
Normandie, 1 vol. — 28 liv.
Auvergne, 2 vol. — 35 liv.
Languedoc, comprenant Roussillon, Rouergue, Quercy, Vivarais, haut et bas Languedoc, 4 vol. en 146 liv.

En cours de publication.

Picardie, 3 liv., doit former 120 liv.
Dauphiné, 22 liv., — 60 liv.
Bretagne, 38 liv., — 70 liv.
Champagne, 16 liv., — 50 liv.

ORLOFF (le comte Grég.-Wlad.). Voyage dans une partie de la France, ou Lettres descriptives adressées à Mme la comtesse de Strogonoff, 3 vol. in-8, 1824 (M. Amaury Duval passe pour être l'auteur de ce voyage).

DIBDIN. Voyage bibliographique et pittoresque en France, trad. par Licquet, 4 vol. in-8, 1825.

MARCHANGY (de). Tristan le Voyageur, ou la France au XIVe siècle, 6 vol. in-8, 1825, 1826.

PIGAULT-LEBRUN (Guillaume-Ch.-Antoine). Voyage dans le midi de la France (avec Victor Augier), in-8, 1827.

BLANQUI (Adolphe). Relation d'un voyage dans le midi de la France en 1828.

Une critique de ce Voyage se trouve dans les Annales scientifiques de l'Auvergne, t. II, p. 1.

ROUX FERRAND (H.). Souvenirs d'une promenade en Suisse et dans le midi de la France, in-8, 1835.

FLESSELLES (Mme de). Les Jeunes Voyageurs en France, histoire amusante destinée à l'instruction de la jeunesse, etc., 4 vol. in-12, 1829.

LEDOUX (Etienne). Les Jeunes Voyageurs en France, ou Lettres sur les départements ; ouvrage rédigé dans le principe par P. et L. A., entièrement revu, refondu et conduit jusqu'en 1827, par G. Depping, 6 vol. in-18, 1833.

MALTE-BRUN. Les Jeunes Voyageurs en France, 2 vol. in-12, 1844.

MÉRIMÉE (Prosper). Notes d'un voyage dans le midi de la France, in-8, 1835.

— Notes d'un voyage dans l'ouest de la France (extrait d'un rapport adressé à M. le ministre de l'intérieur), in-8, 1836.
DUMONT (Mme Mel.). Promenade en France,

in-8 de 16 feuilles trois quarts, plus huit lithograph.
Voyages en France et autres pays, en prose et en vers, par Bachaumont, Bertin, Béranger, Bernardin de St-Pierre, Boufflers, Bret,

Chapelle, Desmahis, Fléchier, Lafontaine, Gresset, Hamilton, Lefranc de Pompignan, Parny, Pirault-Deschaumes, Piron, Racine, Regnard, Voltaire, etc., etc., 3e édit., 5 vol. in-18, ornés de 37 gravures, 1824.

VOYAGES EN DIVERSES PROVINCES.

SÉRENT (l'abbé J.-R.-Sébastien de). Pèlerinage littéraire et pieux en Champagne, Franche-Comté, Lyonnais et Bourgogne, in-12, 1756.
PARNY (Evariste-Désiré Desforges). * Voyage de Bourgogne, gr. in-8, 1777.
* Voyage pittoresque en Bourgogne, ou Dictionnaire historique et Vues des monuments antiques, modernes et du moyen âge, dessinés d'après nature et lithographiés par différents artistes. (1re partie, département de la Côte-d'Or), in-fol., 1833.
Voyage pittoresque en Bourgogne, par une société d'artistes, in-fol., 1833 et années suiv.
BOUCHÉ (J.). Voyage en Bourgogne, in-8, 1845.
SAUVIGNY (de). * Voyage de Madame et de Madame Victoire de Lorraine, in - 12, 1761.
LE TELLIER. * Voyage de Louis XVI dans la province de Normandie en 1786, in-12, 1786.

* Relation d'un voyage fait en Provence par un augustin déchaussé, in-12, 1667.
* Relation d'un voyage fait en Provence, contenant les antiquités les plus curieuses de chaque ville, 2 vol. in-12, 1683.
CHAPELLE (Cl.-Emm.-Lhuillier). Voyage en Provence de Chapelle et de Bachaumont, in-12, 1704, 1732, 1751.
PAPON (J.-Pierre). Voyage en Provence, contenant tout ce qui peut donner une idée de l'état ancien et moderne de ses villes, curiosités, etc., suivi de quelques lettres sur les troubadours, 2 vol. in-12, 1787.
* Voyage pittoresque en Provence, in - 4, 1833.
LE FRANC DE POMPIGNAN, avec MIRABEAU (le marquis de) et M. MONVILLE (l'abbé). Voyage de Languedoc et de Provence fait en 1740, in-12, 1746; in-8, 1740.
RENAUD DE VILBACK. Voyages dans les départements formés de l'ancienne province de Languedoc; esquisse de l'histoire de

Languedoc; description de l'Hérault, in-8, 1825.
* Souvenirs d'un voyage dans le bas Languedoc, le Comtat et la Provence (automne 1834), in-12, 1835.
LEGRAND D'AUSSI. Voyage fait en 1787 et 1788 dans la ci-devant haute et basse Auvergne, etc., 3 vol. in-8, an III.
MÉRIMÉE (Prosper). Notes d'un voyage en Auvergne (extrait d'un rapport adressé à M. le ministre de l'intérieur), in-8, 1838.
HUART (F.). Souvenirs d'un voyage en Normandie pendant le voyage du roi des Français dans les départements de Seine-et-Oise, de l'Eure, du Calvados, de la Manche et de la Seine-Inférieure, in-18, 1834.
* Excursion dans le Sonnois, in-8, 1840.
JOUY (de). L'Ermite en province, 7 vol. in-12, 1818-24.

Pour les voyages aux environs de Paris, voyez département de la Seine, et les autres départements pour les voyages qui les concernent.

VOYAGES D'UN LIEU A UN AUTRE.

DAUDET (le chevalier). Journal historique du voyage de S. A. S. Mlle de Clermont, depuis Strasbourg jusqu'à Fontainebleau, etc., in-12, 1725.
DEPPING (G.-B.). Remarques faites dans un voyage de Paris à Munich en 1813, in-4, 1814.
— Voyage de Paris à Neufchâtel, en Suisse, fait dans l'automne de 1812, in-12, 1813.
VILLIERS (Pierre). Itinéraire descriptif de Paris à Beaucaire, in-8 et carte, 1816.
— Itinéraire descriptif de Paris à Dijon, in-8 et carte, 1817.
LADOUCETTE. Voyage fait en 1813 et 1814 dans le pays entre Meuse et Rhin, suivi de notes, in-8, 1818.
POIGNAND (J.-C.-D.). Antiquités historiques et monumentales à visiter de Montfort à Corseul par Dinan, et au retour par Jugon, avec addition des antiquités de St-Malo et de Dol, étymologies et anecdotes relatives à chaque objet, in-8, 1820.
MÉNARD. * Voyage de Paris à la Roche-Guyon, en vers burlesques, in-12, 1759.
NÉEL. Voyage de Paris à St-Cloud par mer, et retour à Paris par terre (par Lottin l'aîné), 2 vol. in-12, 1760, 1762.
BONNEVAL (G.-B. de). * Voyage de Mantes, ou les Vacances de 17.., in-12, 1753.

FESQUET (J.-L.-F.). Voyage de Paris à Strasbourg, et principalement dans tout le bas Rhin, in-8, an IX (1801).
VAUDREUIL (le comte P.-L. Rigaud de). * Promenade de Paris à Bagnères-de-Luchon, etc., in-8, 1820.
— * Promenade de Bagnères-de-Luchon à Paris, par la partie occidentale de la chaîne des Pyrénées, 2 vol. in-8, 1820-21.
VAYSSE DE VILLIERS. — Itinéraire descriptif, historique et pittoresque des trois routes de Paris à Reims, in-18 et carte, 1825.
LACKE (W.). Itinéraire descriptif et topographique des routes de Paris à Londres, par Calais, Boulogne, Rouen, Dieppe, Douvres et Brighton, contenant, etc., accompagné d'une carte routière, etc.; une carte, in-18, 1826.
MASSON DE SAINT-AMAND (Amand-Narcisse). Lettres d'un voyageur à l'embouchure de la Seine, in-8, 1827.
* Récit d'un voyage de Vienne à Lyon par Givors, et retour par St-Symphorien-d'Ozon, entrepris par huit élèves moniteurs de l'école d'enseignement mutuel de Vienne, sous la direction du chef de l'école, M. J.-L. Thibaud, in-12, 1834.
SAMAZEUILH (J.-F.). Itinéraire de Bor-

deaux à Tarbes par Bazas, Nérac, Condom, Auch et Mirande, in-8, 1836.
* Itinéraire des routes de Paris à Dijon, Lyon, Genève, Calais; de Dijon à Chalon-sur-Saône; de Lyon à Chambéry, à Marseille, etc., in-8, 1836.
* De la Loire aux Pyrénées, lettres suivies de quelques fragments, in-8, 1840.
MICHELANT. Promenade archéologique de Clermont à Bourges (Bul. de M. de Caumont, t. III, p. 514).
BOUILLET (J.-B.). Promenade archéologique de Clermont à Bourges, in-8, 1840.
LECOQ. Itinéraire de Clermont au Mont-Dore (Annales scientifiques de l'Auvergne, t. VII, p. 43, 97, 549, 649; t. VIII, p. 1, 113).
— Itinéraire de Clermont à Bordeaux (Annales scientifiques de l'Auvergne, t. IX, p. 190).
SEYTRÉ. Promenade de Tours à Amboise, Blois et Chambord, in—, 1840.
GAFFNEY (B.). Voyage du Havre à Morlaix et à Carhaix, à l'occasion de l'inauguration de la statue de Latour-d'Auvergne, in-12, 1841.
TASTU (Mme Amable). Des Andelys au Havre, illustrations de Normandie, in-8, 1842.
* Guide historique de Lyon à Chalon-sur-Saône, in-18, 1844.

BAUDIER. Un dimanche à Morlaix, au moment de l'arrivée du bateau à vapeur *le Morlaisien*, venant du Havre, etc., in-8 d'une feuille et demie, 1844.

MOUTONNET (Jérôme). Voyage d'Epernay à Chouilly, par les bords de la Marne, etc., in-32 de 2 feuilles et 4 lithographies, 1844.

* Itinéraire de Pau aux Eaux-Bonnes et aux Eaux-Chaudes, par un touriste, in-12, grav. et carte, 1844.

GUIDES ET ITINÉRAIRES PORTATIFS.

ESTIENNE (Ch.). Le Guide des chemins de France, in-8, 1552.

— Les Voyages de plusieurs endroits de la France, en forme d'itinéraire, et les fleuves de ce royaume, in-8, 1553.

* Nouveau Guide des chemins pour aller et venir par tous les pays et contrées de la France, in-8, 1588.

MAYERNE - TURQUET (Théodore). Guide des chemins de France, d'Italie, d'Allemagne et d'Espagne, in-8, 1624.

COULON (Louis). Le Fidèle Conducteur pour le voyageur de France, d'Angleterre, d'Allemagne et d'Espagne, in-8, 1654.

Ces quatre voyages sont imprimés à part et font comme autant de petits volumes ; celui de France, qui a 239 pages, montre exactement les raretés et choses remarquables qui se trouvent en chaque ville, et les distances d'icelles, avec un dénombrement des batailles qui s'y sont données, in-12, 1660.

SAINT-MAURICE (Alcide de). Le Guide fidèle des étrangers dans le voyage de France, contenant la description des villes, châteaux, maisons de plaisance et autres lieux remarquables, in-12, 1672.

ROUVIÈRE (F.-Henri de). Voyage du tour de la France, in-12, 1713.

PIGANIOL DE LA FORCE (Jean-Aymar). * Nouveau Voyage en France, avec un itinéraire et des cartes, 2 vol. in-12, 1724.

DAUDET. Nouveau Guide des chemins du royaume de France, contenant toutes les routes, tant générales que particulières, in-12, 1724, 1733.

DENIS (Louis). Guide royal, ou Dictionnaire topographique des grandes routes de Paris aux villes, etc., 2 vol. in-12, 1764.

— Itinéraire historique et géographique des grandes routes de France, in-16, 1766. — Le Conducteur français, 52 numéros, formant ensemble 8 à 9 vol. in-8, 1776 et suivants.

LANGLOIS (Hyacinthe). * Itinéraire complet du royaume de France, divisé en cinq régions, 4e édition, comprenant : 1° la topographie détaillée de toutes les routes de poste, en tableaux synoptiques, indiquant tous les lieux par où l'on passe, etc. ; 2° la description des lieux remarquables, monuments, antiquités, etc., cinq parties in-8, avec une grande carte routière, 1824.

Les trois premières éditions ne formaient qu'un vol., sous ce titre : Itinéraire du royaume de France, in-12, 1816, 1819.

* Nouvel Itinéraire portatif de France, renfermant les routes de poste, la statistique, l'histoire, les curiosités et le commerce des villes ; une Notice sur la France, Paris et ses environs ; des instructions utiles aux voyageurs ; terminé par un tableau alphabétique des routes, relais de poste et lieux cités dans l'ouvrage ; de plus, un tableau complet des services de malles-postes, diligences, hôtels, cafés, foires ; orné d'une belle carte de France, revue et augmentée par Simencourt, et de 5 panoramas de Paris, Lyon, Marseille, Nantes et Bordeaux, dessinés par Perrot ; 1 gros vol. in-18. Paris, 1826.

TOULON (J.-B.). Itinéraire topographique de la France, contenant : l'itinéraire administratif, les routes royales, les noms et le cours des fleuves, des rivières et de leurs affluents ; les ports de mer, la direction des canaux, etc., etc., in-8, 1823.

VIATOR (Narratius). Vingt jours de route, et généalogie historique de la famille des coches, messageries, diligences, voitures publiques, malles-postes, etc., avec des notes, in-8, 1830.

RICHARD. Guide du voyageur en France, comprenant la description des villes, villages, bourgs, hameaux de la France, etc., 16e édit. in-8, carte et pl., 1834.

* Guide du voyageur en France, in-12, 1843.

* Itinéraire des routes de France, parcourues par les malles-postes, 1834.

BRIANT (A.). Le Livre de poche du voyageur en France, indiquant le tableau général des routes, avec les distances, la description des lieux et villes remarquables, par ordre alphabétique, in-8, 1834.

GIRAULT DE SAINT-FARGEAU (P.-A.-E.). Guide pittoresque, portatif et complet du voyageur en France, etc., in-12, carte et gravures, 1838 ; 2e édit., in-12, 1840 ; 3e édit. in-12, ornée de 30 gravures, avec une grande carte routière, 1842.

* Itinéraire géographique et descriptif de la France, nouveau Guide complet du voyageur, contenant, etc., in-12, 1842.

* Itinéraire géographique et descriptif de la France, nouveau Guide complet du voyageur, in-8, 1843.

Le Touriste, ou Souvenirs de l'ouest de la France, in-4, et planches, 1844.

* Livre de poste, contenant la désignation des relais, etc., in-8, et cartes (ce livre est réimprimé tous les ans).

Voyez aussi Descriptions de la France, principalement aux articles Waysse de Villiers, Girault de Saint-Fargeau, *etc.*

MONTS PYRÉNÉES.

RAMOND DE CARBONNIÈRES (le baron Louis-François-Elisabeth). * Observations faites dans les Pyrénées pour servir de suite à des observations sur les Alpes, insérées dans une traduction des lettres de W. Coxe sur la Suisse, in-8, 1789.

PASUMOT (François). Voyages physiques dans les Pyrénées, ou Histoire naturelle d'une partie de ces montagnes, particulièrement de Barèges, de Bagnères, Cauteret et Gavarnie, avec des cartes géographiques, in-8, 1797.

DRALET. Description des Pyrénées considérées principalement sous les rapports de la géologie, de l'économie politique, rurale et forestière, de l'industrie et du commerce, 2 vol. in-8, 1813.

CHARPENTIER (J.-F.-G. de). Essai sur la constitution géognostique des Pyrénées ; ouvrage couronné par l'Institut royal de France, in-8, 1823.

PALASSOU. Mémoires pour servir à l'histoire naturelle des Pyrénées et des pays adjacents, in-8, 1819.

— Nouveaux Mémoires pour servir à l'histoire naturelle des Pyrénées et des pays adjacents, in-8, 1824.

— Observations pour servir à l'histoire naturelle et civile de la vallée d'Aspe, etc., in-8, 1828.

RAMOND DE CARBONNIÈRES. Lettres (inédites), contenant un coup d'œil de comparaison sur les Alpes et les Pyrénées, leurs productions, leurs lacs et leurs flores, l'état de leurs chaînes, la forme de leurs vallées, la diversité du climat, l'origine, la religion, les mœurs et caractères des habitants, in-8, 1834.

MALUS (Jean). La Recherche des mines des Pyrénées, in-12, 1601.

PAILLETTE. Notice sur les bassins houillers de la partie orientale des Pyrénées (Annales des mines, 3e série, t. XVI, p. 663).

DUFRESNOY. Mémoire sur la position géologique des principales mines de fer de la partie orientale des Pyrénées, etc., in-8, 1834.

LOMET (Ant.-Fr. baron des Foucaux). Mémoire sur les eaux minérales et les établissements thermaux des Pyrénées, etc., publié par ordre du comité de salut public, in-8, an III de la république française.

ANGLADA (J.). Mémoires pour servir à l'histoire générale des eaux minérales sulfureuses et des eaux thermales, 2 vol. in-8, 1827-28.—Nouv. édit., 2 vol, in-8, 1833.

DUHAMEL. Relations d'un voyage minéralogique fait au Pic du midi de Bigorre, en l'an III (Journal des mines, n° 46, p. 747).

CORDIER (L.). Rapport sur un voyage fait à la Maladette (Journal des mines, n° 94, p. 249).

FRANQUEVILLE (Albert de). Voyage à la Maladetta, in-18 de 3 feuilles, 1845.

PICOT DE LA PEYROUSE (le bar. Philippe). Flore des Pyrénées, avec des descriptions, des notes critiques et des observations, gr. in-fol., 1795.

— Histoire abrégée des plantes des Pyrénées, et Itinéraire des botanistes dans les montagnes, in-8, 1813.

BENTHAM (Georges). Catalogue des plantes indigènes des Pyrénées et du bas Languedoc, avec des notes et observations sur les espèces nouvelles ou peu connues; précédé d'une notice sur un voyage botanique, fait dans les Pyrénées pendant l'été 1825, in-8, 1826.

DUCHARTRE (P.). Botanique. Flore pyrénéenne, in-4, 1836.

DUSSAULX (J.). Voyage à Barèges et dans les Hautes-Pyrénées, fait en 1788, 2 vol. in-8, 1796.

MÉRARD DE SAINT-JUST (Simon-Pierre). Les Hautes-Pyrénées en miniature, ou Epitres réunies en forme d'extraits du beau voyage à Barèges et dans les Pyrénées de J. Dussaulx, membre du conseil des anciens et traducteur de Juvénal, in-18, 1790.

LABOULINIÈRE (P.). Itinéraire descriptif et pittoresque des Hautes-Pyrénées françaises, jadis territoire du Béarn, du Bigorre, des quatre vallées de Commingès et de la haute Garonne, 3 vol. in-8, carte et grav., 1825.

DUMÈGE (Alexandre). Statistique générale des départements pyrénéens, ou des provinces de Guienne et de Languedoc, 2 vol. in-8, 1828-30.

ARBANÈRE (Etienne-Gabriel). Tableau des Pyrénées françaises, contenant une description complète de cette chaîne de montagnes et de ses principales vallées, depuis la Méditerranée jusqu'à l'Océan, accompagné d'observations sur le caractère, les mœurs et les idiomes des peuples des Pyrénées, etc., 2 vol. in-8, 1828.

SAINT-AMANS (Jean-Florimont Boudon de). Fragments d'un voyage sentimental et pittoresque dans les Pyrénées, ou Lettres écrites de ces montagnes, suivis du bouquet des Pyrénées, ou plantes observées dans ces montagnes pendant les mois de juillet et août, in-8, 1789.

PICQUET (J.-P.). * Voyage dans les Pyrénées françaises, dirigé principalement vers le Bigorre et les vallées, etc., in-8, 1789. — 2ᵉ édit. entièrement refondue et augmentée, in-8, 1828.

AZAIS (H.). Un Mois de séjour dans les Pyrénées, in-8, 1809.

THIERS (A.). Les Pyrénées et le Midi de la France, pendant les mois de novembre et décembre 1822, in-8, 1323; 2ᵉ édit., in-8, 1828; 3ᵉ édit., id., 1833.

MIGNERON (Eug.). Souvenirs des Pyrénées. Le Lac de Gaube, in-8, 1833.

SAMAZEUILH (J.-F.). Souvenirs des Pyrénées, in-8 et pl., 1828.

JACOTTET. Souvenirs des Pyrénées, in-4, fig.

* Souvenirs d'un voyage dans les Pyrénées, in-12, 1835.

JOUDOU (Jean-Bapt.). * Voyage dans les Pyrénées en 1818, 1 vol. in-8, 1820.

ABBADIE (d'). * Itinéraire topographique et historique des Hautes-Pyrénées, principalement des établissements thermaux, in-8, fig. et carte, 1824. — 2ᵉ édit., in-8, 1825.

MARCELLUS (le comte Marie-Louis-Aug. de Martin du Tyrac de). Voyage dans les Hautes-Pyrénées, dédié à S. A. R. Mgr. le duc de Bordeaux, in-18, 1826.

L'ESPINE (la comtesse de). * Voyage dans les Pyrénées en 1818, 1 vol. in-8, 1828.

GELIBERT (P.). Voyage pittoresque dans les Pyrénées françaises (prospectus), in-8, 1828.

ABBADIE (d'). Voyage dans les Pyrénées (Annal. des voyages, 1831).

CHAUSENQUE. Les Pyrénées, ou Voyages pédestres dans toutes les régions de ces montagnes depuis l'Océan jusqu'à la Méditerranée, contenant la description générale de cette chaîne; des observations botaniques et géologiques, et des remarques sur l'histoire, les mœurs et les idiomes des diverses races qui l'habitent, 2 vol. in-8, 1835, 1840.

RAMOND DE CARBONNIÈRES (le baron L.-F.-E.). Voyages au Mont-Perdu et dans la partie adjacente des Hautes-Pyrénées, in-8, an IX, 1801.

PICOT DE LA PEYROUSE (le baron Ph.). Relation d'un voyage au Mont-Perdu......

MOSKOWA (le prince de la). Ascension au Vignemale, in-8, 1842.

DUMÈGE. Archéologie pyrénéenne, in-8, 1821.

MELLING (Ant.-Ign.). Voyage pittoresque dans les Pyrénées françaises et les départements adjacents (avec un texte rédigé par Gervini), in-fol. oblong, orné de 72 planches et d'une carte, 1825-30.

FROSSARD (Emilien). Vues prises dans les Pyrénées françaises, dessinées par J. Jourdan, et accompagnées d'un texte descriptif, 4 planches, un frontisp., in-fol., 1829.

LAVILLETTE (Ad. de). Eaux des Pyrénées, collection de vues lithographiées avec un texte, in-4, 1830.

FOURCADE (A.). Album pittoresque et historique des Pyrénées, in-8, 1835.

* Un Voyage d'artiste : Guide dans les Pyrénées, in-8, 1835.

Excursion dans les Pyrénées, composée de 180 croquis pittoresques, dessinés et lithographiés par Fr. Mialhe et Dandiran, grand in-fol., 1837.

RENOUVIER. Excursions monumentales dans les Pyrénées (Bull. monum. de M. de Caumont, t. III, p. 19).

GALABERT (Louis). Canal royal des Pyrénées, broch., in-fol. et carte, 1827.

RICHARD (pseudonyme de...). Guide aux Pyrénées. Itinéraire pédestre des montagnes, comprenant : 1° un Aperçu des Pyrénées ; 2° l'Itinéraire de Paris à Tarbes, Bayonne, etc., avec carte, in-12, 1834, 1841; 3ᵉ éd., 1844.

TAYLOR (le baron). Les Pyrénées, in-8 de 39 feuill., 1843.

CASTILLON (N.). Histoire des populations Pyrénéennes du Nébouzan et du pays de Comminges, etc. (t. I), in-8, 1842-43.

Voyez aussi départ. des Basses-Pyrénées, H.-Pyrénées, H.-Garonne, Pyrénées-Or., Ariége, et à l'article des établissements d'eaux minérales et thermales des départements.

CHEMINS DE FER.

* Notices sur les chemins de fer des départements du Rhône et de la Loire, in-18 de 2 feuilles un tiers.

GRANGEZ (Ernest). Notice sur les chemins de fer de Saint-Etienne à la Loire et à Lyon, broch. in-8.

* Notice sur le chemin de fer de Montpellier à Cette, in-12, 1839.

* Guide pittoresque de Paris à Saint-Germain et aux environs par le chemin de fer, broch. in-8, avec une carte et cinq vues, 1837.

* Voyage pittoresque sur le chemin de fer de Paris à St-Cloud et Versailles, in-8, 1839.

FORGAME. Voyage pittoresque sur le chemin de fer de Paris à Versailles par la rive gauche de la Seine, in-8, 1840.

* Essai d'un guide de l'étranger sur le chemin

de fer de la Teste, par M. P... D..., habitant des Landes, in-8, 1843.

SAINT (L). Un Voyage à la Teste, ou *Vade mecum* du voyageur sur toute la ligne du chemin de fer et sur le bassin d'Arcachon, in-8, 1843.

DUPLESSY (J.). Guide indispensable des voyageurs sur le chemin de fer de Paris à Orléans (section de Paris à Corbeil); suivi d'une notice historique et descriptive du château et de la forêt de Fontainebleau, in-18, 1841.

HOSTEIN (A.). Paris-Orléans : Parcours pittoresque du chemin de fer de Paris à Orléans, publié sous les auspices de M. F. Bartholoni; ouvrage illustré par Champin, et accompagné d'un texte explicatif, in-8, 1843.

Guide du voyageur sur le chemin de fer de Paris à Orléans, in-16 d'une feuille, 1843.

Guide de Paris à Orléans par le chemin de fer, in-32, 1843.

Guide du voyageur sur le chemin de fer de Paris à Orléans, in-18, 1843, 1844.

* Programme itinéraire. Chemin de fer de Paris à Rouen, description historique, etc., in-fol., 1843.

* Description du chemin de fer de Paris à Rouen, des stations, tunnels, ponts, noms des villes et villages par où il passe, etc., in-12, 1843.

* Itinéraire du chemin de fer de Paris à Rouen, in-32, 1843.

* Nouvel Itinéraire de Rouen et des environs, guide des voyageurs du chemin de fer, in-18, 1843.

Guide du voyageur sur le chemin de fer de Paris à Rouen, in-18, 1843.

Chemin de fer de Paris à Rouen ; voyage pittoresque de Rouen à Paris, in-18 d'une feuille, 1843.

* Histoire du chemin de fer de Paris à Rouen, description historique, critique et monumentale des lieux situés sur cette ligne, in-18 de 6 feuilles un tiers, 1843.

ITINÉRAIRE DES FLEUVES ET RIVIÈRES.

SAUVAN (Jean-Bapt.-Balthasar). La Seine, description historique et pittoresque de son cours, depuis Paris jusqu'à la mer, gr. in-4, 1821.

VILLETTE (Ad. de la). La Seine depuis sa source jusqu'à la mer. Vues dessinées d'après nature et lithographiées par MM. Bichebois et Sabatier, avec texte historique et descriptif, et une carte, in-4, 1829.

* Promenade historique et pittoresque sur la Seine, par les bateaux à vapeur, in-18, 1835.

NODIER (Charles). La Seine et ses bords, in-8, illustré de 54 gravures sur bois et 4 cartes, in-8, 1836.

SAINT-EDME (Edme-Théodore Bourg). Itinéraire des bateaux à vapeur de Paris à Rouen et de Rouen au Havre, avec une description statistique, historique et anecdotique des bords de la Seine ; suivi d'un Guide du voyageur, in-18, 2 cartes et 18 vues, 1836.

* Itinéraire de Rouen à Paris en bateau à vapeur, avec une carte des rives de la Seine, in-8 et une carte, 1836.

MALO (Ch.). Voyage pittoresque de Paris au Havre, sur les rives de la Seine, in-18, 1828.

* Itinéraire des bateaux à vapeur de Paris au Havre, avec une description statistique et historique des bords de la Seine; suivi d'un Guide du voyageur, précédé d'une notice historique sur le chemin de fer de Paris à St-Germain, in-18, 1841.

* Petit Itinéraire du voyage de Rouen au Havre, in-16 et carte, 1836.

* Voyage historique et pittoresque de Rouen au Havre, sur la Seine, en bateau à vapeur, in-4, 1838.

* Voyage historique et pittoresque sur la Seine, du Havre à Rouen, par les bateaux à vapeur, in-18 et planch., 1826.

MORLENT (J.). Voyage historique et pittoresque du Havre à Rouen et de Rouen au Havre, sur la Seine, en bateau à vapeur, in-18 et carte, 1835.

* Voyage historique et pittoresque de Rouen au Havre, sur la Seine, en bateau à vapeur, par un Rouennais ; 3e édit, in-18, 1843.

POULAILLER (Ch.). Guide du marinier de Paris à Rouen, in-16 de 3 feuilles, 1843.

* Itinéraire des bateaux à vapeur de Paris à Meaux, avec la description statistique, historique, anecdotique des villes, bourgs, villages et hameaux qu'on aperçoit du bord des bateaux, depuis la Grève, point de départ, jusqu'au lieu d'arrivée, in-18, 1838.

MAZERET (Ctin). Panorama descriptif, historique et anecdotique des rives de la Seine de Paris à Montereau, gr. in-12, 1836.

MAILLARD (G.). Promenade historique et pittoresque, sur la Seine (1re partie), de Montereau et Fontainebleau à Paris, et de Paris à Montereau, in-18, 1840.

TOUCHARD-LAFOSSE (G.). La Loire historique, pittoresque et biographique de la source de ce fleuve à son embouchure à l'Océan, 1 vol. in-8, 1840-45, publié par livraisons, dont la 260e paraissait en mai 1845.

HATIN (Eugène). La Loire et ses bords, guide pittoresque du voyageur d'Orléans à Nantes, et d'Orléans à Nevers, par les bateaux à vapeur, in-18 et carte, 1843; nouvelle édit., in-18, 1845.

DEROY. La Loire et ses bords, choix de vues lithographiées, in-4, 1836 et suiv.

RICHER (Edouard). Voyage de Nantes à Paimbœuf, in-12, 1823.

* Panorama de la Loire, de Nantes à Orléans, in-18, 1829.

* Voyage d'Orléans à Nantes par les inexplosibles de la Loire, in-18, 1839.

* La Loire de Nantes à Orléans ; Guide du voyageur par les bateaux à vapeur, in-18, 1840.

* Panorama de la Loire. Voyage de Nantes à Angers et d'Angers à Nantes sur les bateaux à vapeur, in-18, 1829.

* Itinéraire de la Loire d'Orléans à Nevers, par les inexplosibles, in-18, 1843.

* Voyage sur l'Erdre, de Nantes à Nort, in-18, 1839.

PEAN (A.) et G. CHARLOT. Excursions archéologiques sur les bords du Cher, 1re livraison, in-8, 1843.

* Promenade maritime du Havre à Morlaix et aux environs, in-18, 1841.

* Voyage de Bordeaux à Pauillac, sur le bateau à vapeur la Marie-Thérèse, in-fol., 1829.

* Itinéraire des bateaux à vapeur de Bordeaux à Royan, contenant, etc., in-12, 1836.

* Itinéraire des bateaux à vapeur de Bordeaux à Marmande, contenant des notices historiques et pittoresques sur les particularités les plus remarquables qu'offrent les villes et les communes rurales bordant les deux côtés de la rivière que les bateaux parcourent dans leur route, in-12 et une carte, 1836.

DORGAN (Hyacinthe) avec BERGUES LAGARDE. Panorama de la Gironde et de la Garonne, ou Voyage historique et pittoresque sur les bateaux à vapeur, avec croquis et notes, in-8, 1842 ; nouvelle édit., in-8, 1845.

MAZADE (J.-B.-D.). Itinéraire ou Passe-temps de Lyon à Mâcon par la diligence d'eau, in-18, 1812.

* Itinéraire de Lyon à Chalon par les bateaux à vapeur, in-32, 1835.

BOISSEL DE MONVILLE (le bar.). Voyage pittoresque et navigation exécutée sur une partie du Rhône, réputée non navigable (depuis Genève jusqu'à Seyssel), etc., in-4, 1795.

* Itinéraire du haut Rhône, ou Voyage de Lyon à Aix-les-Bains par les bateaux à vapeur, in-12, 1840.

SAUVAN (Jean-Bap.-Balthasar). Le Rhône, description historique et pittoresque de son cours, depuis sa source jusqu'à la mer, gr. in-4, 1829-37.

ALPHONSE B..... Les Bords du Rhône de Lyon à la mer ; chroniques, légendes, in-8, 1843.

PELANNE (Alex. Mure de). La Saône et ses bords, depuis Gray jusqu'à Lyon, in-8, 1835-36.

MARANDON DE MONTYEL (Evariste). Pèlerinage sur la Saône de Lyon à Chalon, in-18, 1838 ; 4e édit., in-18 et carte, 1843.

RIVIÈRES ET CANAUX.

ESTIENNE (Ch.). Les Fleuves de France (imprimé avec ses voyages de la France, in-8, 1553).

CHAMPIER (Claude). Petit Traité des fleuves et fontaines admirables étant ès Gaules (imprimé dans le catalogue des antiques érections des villes, etc., de Gilles Corrozet, in-16, 1590).

LAMBERVILLE (C. de). Liste des noms des rivières royales, et des rivières et ruisseaux descendant en icelles (imprimée avec les discours politiques et économiques du même auteur, in-12, 1626).

COULON (Louis). Les Rivières de France, ou Description géographique et historique du cours et débordement des fleuves et rivières, des fontaines, lacs et étangs qui arrosent les provinces de France ; avec le dénombrement des villes, ponts, passages, batailles données sur leurs rivages, et autres curiosités remarquables, 2 vol. in-8, 1644.

LOUIS XV, roi de France. Cours des principales rivières de France, Traité du cours des principaux fleuves et rivières de l'Europe ; composé et imprimé par lui en 1718, in-4 (de l'imprimerie du cabinet de Sa Majesté, dirigée par Jacques Collombat).

MARIVETZ (le baron Etienne-Claude de). Système général, physique et économique des navigations naturelles et artificielles de l'intérieur de la France, et de leur coordination avec les routes de terre, 2 vol. in-8, 1788-89.

MOITHEY (Maur-Antoine). Dictionnaire hydrographique de la France, ou Nomenclature des fleuves, rivières, ruisseaux et canaux ; le lieu où ils prennent leurs sources; leurs embouchures et confluents ; leur étendue eu égard à leurs sinuosités ; leur commerce flottable ou navigable, avec les villes qu'ils arrosent ; suivi d'une division hydrographique de ce royaume, et d'une description de ses ports, etc., enrichi d'une carte de France relative à cet objet, in-8, 1787.

DUPAIN-TRIEL (Jean-Louis). Tableau géographique de la navigation intérieure de la France, offert dans tous ses détails actuels suivant la nouvelle division, in-8, 1791.

AUMER (Frédéric-Louis-Georges de). Mémoire historique sur la navigation intérieure, lu dans la séance du lycée des arts, le 10 thermidor an VIII, in-8, 1801.

Rapport au roi sur la navigation intérieure de France (Ann. des mines, t. VI, p. 3, 8, 33).

AY (J.-B.). Des canaux de navigation dans l'état actuel de la France, in-8, 1818.

AVINET (Antoine-Louis-Théodore). Dictionnaire hydrographique de la France, ouvrage couronné par l'Académie royale des sciences, suivi de la collection complète des tarifs des droits de navigation, 2 vol. in-8, 1824.

DUTENS (Joseph-Michel). Histoire de la navigation intérieure de la France, avec une exposition des canaux à entreprendre pour en compléter le système ; précédée de considérations générales sur la position géographique de ce royaume, sur la direction de ses fleuves et rivières, et sur son commerce extérieur et intérieur ; suivie d'un Essai sur les causes qui ont retardé jusqu'à ce jour l'établissement des canaux dans ce pays, sur les moyens qui peuvent en favoriser l'exécution, ainsi que sur les principes de législation et d'administration auxquels ils doivent être soumis, et accompagnées d'une carte des canaux exécutés et de ceux à entreprendre, 2 vol. in-4, 1829.

DESCHAMPS (Claude). Recherches et Considérations sur les canaux et les rivières en général, application particulière aux voies fluviales des départements du sud-ouest de la France, et plus spécialement à la jonction des deux mers, par la Garonne, entre Toulouse et Bordeaux, 4 pl. in-4, 1834.

FROIDOUR. Relation des travaux du canal de Languedoc, 1672.

* Le Canal du Languedoc (Mercure, p. 162, 183, juin 1681 ; et choix des Mercures, t. VIII, p. 161 ; t. IX, p. 121).

C'est une description de ce canal et une histoire des opérations de cette entreprise.

ANDRÉOSSY. Histoire du canal du Midi, connu précédemment sous le nom de canal du Languedoc, in-8, 1800 ; 2e édit., 2 vol. in-4, 1805.

— Précis historique du canal du Languedoc ou des deux mers, br. in-8, sans date.

GILLET-LAUMONT. Rapport sur un plan en relief du canal du Midi (Journal des mines, n° 178, p. 305).

FLACHAT. Canal maritime de Paris à Rouen, in-8.

— Dissertation sur la source et le canal de l'Aude (Hist. de l'acad. royale des inscript. et belles-lettres, t. XXV, p. 81).

BONAMI. Recherches sur le cours de la rivière de Bièvre ou des Gobelins (Hist. de l'acad. des belles-lettres, t. XIV, p. 267, 283).

BILLARD (E.-G.). Projet et Soumission pour l'encaissement de la Durance, depuis le détroit de Mirabeau jusqu'au Rhône, suivi d'un Mémoire explicatif des moyens d'encaissement et de ceux d'indemnité, in-8, 1825.

— Dissertation sur le cours de la Loire (Hist. de l'acad. royale des inscript. et belles-lettres, t. I*, p. 145 ; Mém., ibid., t. VI*, p. 373-395).

BAUDE (J.-Jacques). De la Loire au-dessus de Briare. Aperçu des avantages qui résulteraient pour le commerce, l'agriculture et la défense du pays, de l'ouverture d'un canal latéral à cette rivière ; précédé d'observations sur l'esprit du projet de loi sur les canaux, in-8, 1822.

PETIT-RADEL. Notice historique comparée sur les aqueducs des anciens, et la dérivation de la rivière d'Ourcq, in-8, 1803.

GIRARD. Mémoire sur le canal de l'Ourcq, in-4, 1831.

* De la navigation du Rhin ; mémoire imprimé par ordre du comité consultatif du commerce de Strasbourg, in-8, 1802.

— Dissertations sur le Rhône (Hist. de l'acad. royale des inscript. et belles-lettres, t. XXI, p. 156 et suiv. ; t. XXVII, p. 120-126).

DE LALAUZIÈRE. Mémoire qui démontre l'utilité et la nécessité d'une navigation sûre et invariable, à l'embouchure du Rhône. Ouvrage couronné par l'acad. de Marseille, in-8, 1779.

GUILLARD. Mémoire sur l'endiguement du Rhône, depuis Jons jusqu'à la Tête-Noire, in-8, 1834.

VICAT. Ponts suspendus en fil de fer sur le Rhône. Rapport au conseiller d'Etat, directeur général des ponts et chaussées (extrait des Annales des ponts et chaussées, in-8, 1831).

PASQUIER (du). Recherches sur les eaux de source du Rhône.

PETIT DE BEAUVERGER (le baron). Rapport fait à la société d'agriculture du département de la Seine, le 2 octobre 1811 (relatif aux travaux de Chaumette sur la Saône), in-8, 1811.

BAUDOT aîné. De la Saône et de sa navigation, in-8, 1813.

GROSLEY. De la navigation de la Seine au-dessus et au-dessous de Troyes.

Se trouve dans les Éphémérides troyennes, p. 66, 74 (1760) ; p. 84, 86 (1762) ; et p. 161, 163 (1764).

Dissertation sur l'embouchure de la Seine (Hist. de l'acad. royale des inscript. et bel les-lettres, t. I*, p. 145-149).

PARMENTIER. Dissertation sur la nature des eaux de la Seine, avec quelques observations relatives aux propriétés physiques et économiques de l'eau en général, in-8, 1787.

NOEL DE LA MORINIÈRE (Simon-Barthélemy-Joseph). Tableau statistique de navigation de la Seine, depuis la mer jusqu'à Rouen ; contenant des vues sur le système de son embouchure ancienne et moderne, in-8, 1803.

CASTELLANO (Joseph). Projet de statistique pour les fleuves du premier ordre, adapté à la Seine, in-4, 1812.

DE FER DE LA NOUERRE. Réflexions sur le projet de l'Yvette, in-8, 1786.

LATTRÉ. Carte des canaux d'Orléans, de Briare et de Loing, en 21 feuilles.

GARYPUY. Carte du canal de Languedoc, en 28 feuilles, 1774.

MONFALCON (J.-B.). Histoire des marais et des maladies causées par les émanations des eaux stagnantes, in-8, 1824 ; 2ᵉ édit., sous ce titre : Histoire médicale des marais, in-8, 1826.

Contient une bibliographie de l'histoire médicale des marais.

CHEMINS.

BERGIER (Nicolas). Histoire des grands chemins de l'empire romain, où se voit l'éclaircissement de l'Itinéraire d'Antonin et la Carte de Peutinger, in-4, 1622. La même Histoire, revue, corrigée et augmentée par l'auteur avant sa mort, in-4, 1628. La même avec notes, 2 vol. in-4, 1726 et 1736.

BOUCHAUD (M.-Ant.). Recherches historiques sur la police des Romains, concernant les grands chemins, les rues, les marchés, etc. In-8, 1784, 1800.

HETZRODT (J.-B.-M.). Notice sur les anciens Trévirois ; suivie de recherches sur les anciens chemins qui ont traversé ce pays des Trévirois, in-8, 1809.

Le Guide des chemins de France, augmenté des fleuves de ce royaume, in-12, 1553.

MÉNESTRIER (L.-P.). Dissertation sur les grands chemins de Lyon (en tête de son Histoire civile et consulaire de Lyon, in-fol., 1696).

* Lettre sur un chemin des environs de Beauvais, appelé Chaussée de Brunehaut (Mercure, mai 1749, p. 83-91).

CALMET (D. Augustin). Dissertation sur les grands chemins de la Lorraine, in-4, p. 28, 1724.

POMMEREUIL (de). Des chemins et des moyens les moins onéreux au peuple, et à l'État de les construire et de les entretenir, in-8, 1781.

Plantations des routes et des avenues, etc., broch. in-8, 1809.

BERNÈDE (Ch.). Des postes en général, et particulièrement en France, in-8, 1826.

HAUSSEZ (le baron Lemercher de). Des routes et des canaux, et des modifications à apporter dans le système de travaux qui leur est appliqué, et dans la législation qui les régit, in-8, 1828.

MATHIEU DE DOMBASLE (C.-J.-A.). Des chemins vicinaux en France ; moyens législatifs d'en assurer la restauration et l'entretien, in-8, 1833, 42 pages

SAULNIER. Des routes et des chemins en France, et des moyens de les améliorer, in-8, 1835.

EYMERY (Ad.). Mémoire sur les chemins vicinaux de la France, présenté aux chambres législatives, in-4, 3 cart. et tab., 1834.

ZÉGOWITZ. Chemins vicinaux. Modifications à apporter au projet de loi pour la séparation des chemins vicinaux et communaux, présenté à la chambre des députés, dans la séance du 18 avril 1834, par M. Vatout, au nom de la commission, in-8, 1834.

* Chemins communaux en France, in-8, 1834.

JARDOT (A.). Des routes stratégiques de l'Ouest, emploi des troupes aux travaux d'utilité publique, in-8, 1839.

* Essais sur la construction des routes et des canaux, etc., 1 vol. in-8, de texte, et 1 vol. de planches.

PILLET WILL. De la dépense et du produit des canaux et des chemins de fer ; de l'influence des voies de communication sur la propriété industrielle de la France, 2 vol. in-4, 1837.

GÉOLOGIE ET MINÉRALOGIE.

GUETTARD (J.-E.). Atlas et Description minéralogique de la France, 2 vol. in-fol., 1780.

OMALIUS D'HALLOY (J.-J. d'). Observation sur un Essai de carte géologique de la France, etc. (Ann. des mines, t. vii, p. 335).

* Notice sur une carte géologique de la France, entreprise par ordre de M. Becquey, directeur général des ponts et chaussées (Ann. des mines, t. i, 2ᵉ série, p. 381).

ÉLIE DE BEAUMONT et DUFRÉNOY. Carte géologique de la France à l'échelle de un cinq-cent-millième, divisée en 6 feuilles, qui, réunies, forment un carré d'environ 2 m. de côté. — A cette carte on joint : Explication de la carte géologique de la France, 2 vol. in-4, 1841, dont le 1ᵉʳ seul paraissait en 1844 ; ce volume est orné d'une carte d'assemblage en une feuille, réduite de la grande carte en 6 feuilles.

DORBIGNY (Alcide). Paléontologie française, description zoologique de tous les animaux mollusques et rayonnés fossiles de France, 2 vol. in-8, 1842-43.

DORBIGNY (Alcide). Mémoire sur des espèces et des genres nouveaux de l'ordre des nudibranches, observés sur les côtes de France, broch. in-8, 1837.

BOUBÉE. Bulletins de nouveaux gisements en France d'animaux vertébrés, in-24.

BOBLAYE. Formation jurassique dans le nord de la France (Ann. des sciences naturelles, t. xvii, p. 37, 1829).

DUFRÉNOY. Considérations générales sur le plateau central de la France (Ann. des mines, t. iii, 2ᵉ série, p. 55).

OMALIUS D'HALLOY (J.-J. d'). Essai sur la géologie du nord de la France (Journal des mines, t. xxiv, p. 123, 1808).

ROBIEN (le président de). Nouvelles Idées sur la formation des fossiles, 1 vol. petit in-8, 1751.

MONNET. Mémoire sur le volcan de la montagne de Coran (Journ. des mines, n. 64, p. 273).

BURAT (Amédée). Description des terrains volcaniques de la France, in-8, 1844.

DUFRÉNOY. Mémoire sur l'existence du gypse et de divers minerais métallifères dans la partie supérieure du lias du sud-ouest de le France (Ann. des mines, t. ii, 2ᵉ série, p. 345).

— Considérations générales sur le plateau central de la France, etc. (ibid., t. ii, 2ᵉ série, p. 55 et 309).

— Des formations secondaires qui s'opèrent sur les pentes méridionales des montagnes anciennes du centre de la France (ibid., t. v, p. 365).

— Caractères particuliers que présente le terrain de craie dans le sud de la France, particulièrement sur la pente des Pyrénées (ibid., t. viii, p. 175 ; t. ix, p. 3).

— Sur la relation des ophites, des gypses, et des sources salées des Pyrénées, etc. (ibid., t. ii, 3ᵉ série, p. 51).

ÉLIE DE BEAUMONT. Observations géologiques sur les différentes formations qui, dans le système des Vosges, séparent la formation houillère de celle du lias (Ann. des mines, t. i, 2ᵉ série, p. 393 ; ibid., t. iv, 2ᵉ série, p. 3).

DUFRÉNOY. Mémoire sur les terrains tertiaires du bassin du midi de la France (Ann. des mines, t. vi, 3ᵉ série, p. 417 ; t. vii, p. 197 et 311).

CRESSAC (le baron de). Notice géognostique sur le bassin secondaire compris entre les terrains primitifs du Limousin et ceux intermédiaires de la Vendée (Ann. des mines, t. vii, 2ᵉ série, p. 169).

BOUÉ (A.). Mémoire géologique sur le sud-ouest de la France, etc., in-8, 1824.

D'ARCHIAC. Études sur la formation crétacée des versants sud-ouest et nord-est du plateau central de la France, in-8 et 2 pl., 1843.

SERRES (Marcel de). Géognosie des terrains

tertiaires, ou Tableau des principaux animaux invertébrés des terrains marins tertiaires du midi de la France, in-8 et 5 pl., 1829.

FOURNET (J.). Sur le diluvium de la France, broch. in-8, 1843.

D'ARCET. Discours en forme de dissertation sur l'état actuel des montagnes, et leur cause et leur dégradation, in-8, 1776.

DESNOYERS (J.). Observations sur quelques systèmes de la formation oolithique du nord-ouest de la France, etc., in-8, 1825.

OMALIUS D'HALLOY (J.-J. d'). Note sur le gisement de quelques roches granitoïdes dans le nord-ouest de la France (Journal des mines, t. xxxv, p. 136).

DUFRÉNOY. Mémoire sur l'âge et la composition des terrains de transition de l'ouest de la France (Ann. des mines, t. xiv, 2ᵉ série, p. 113 et 351.

BERTEREAU (Mart. de). Restitution de Pluton des mines et minières de France, petit in-8, 1640.

GOBET. Les Anciens Minéralogistes de la France, 2 vol. in-8, 1779.

BUC'HOZ (P.-Joseph). Dictionnaire minéralogique et hydrologique de la France, 4 vol. in-8, 1785.

DIETRICH. Description des gîtes de minerai de France, 3 vol. in-4, 1786.

MONNET (Ant.-Grimoald). Mémoire historique et politique sur les mines de France, présenté à l'assemblée nationale, in-8, 1791.

Considération sur les richesses minéralogiques de la France (Journal des mines, an ix, p. 641).

HÉRON DE VILLEFOSSE. Des métaux en France (Ann. des mines, t. ii, 2ᵉ série, p. 401).

— Mémoire sur l'état actuel des mines à fer en France, considérées au commencement de l'année 1826, avec un supplément relatif à la fin de cette année, présentant un aperçu des mines de houille de la France et des mines à fer de la Grande-Bretagne, in-8, 1826.

PLAY (le). Observations sur le mouvement commercial des substances minérales, entre la France et les puissances étrangères, pendant les douze dernières années, et particulièrement en 1829, 1830 et 1831 (Ann. des mines, t. ii, 3ᵉ série, p. 502).

CHEPPE. Notice sur la production des mines de toute nature et des usines à fer pendant l'année 1830-31 (Ann. des mines, t. ii, 3ᵉ série, p. 539).

— Idem sur le produit des mines en 1831 et des usines à fer en 1832 (ibid., t. iii, 3ᵉ série, p. 665).

Aperçu de l'extraction et du commerce des substances minérales en France avant la révolution (Journal des mines, n° 1, an iii, p. 55).

PELOUZE père. Les Merveilles et les Richesses du monde souterrain, ou les Mines, les métaux, les pierres précieuses, la houille, le sel, etc., in-16, 1835.

BRONGNIART (Alex.). Premier Mémoire sur les kaolins, ou argile à porcelaine, sur la nature, le gisement, l'origine et l'emploi de cette sorte d'argile (Archives du muséum, 1839).

Études des gîtes des minéraux publiées par les soins de l'administration des mines; Études du bassin houiller de Graissesac (Hérault) faites en 1842 par Napoléon Garessa, in-4, 1843.—Mémoire sur les houilles de Saône-et-Loire, par Manès, in-4, 1844.

Des maladies de la France, histoire médicale et minéralogique de la France, in-8, 1849.

FOURNET. Études sur les dépôts métallifères (Traité de géognésie de L.-A. Burat, t. iii, p. 468).

* Des mines de plomb, de cuivre, de zinc, d'étain, d'antimoine, de mercure, de manganèse, de fer, de houille, en 1806 et 1819, et de plusieurs autres substances que renferme le sol français (Ann. des mines, t. v, p. 21, 34, 80 et 584).

DUFRÉNOY. Mémoire sur la position géologique des principales mines de fer de la partie orientale des Pyrénées, etc. (Ann. des mines, t. 5, 3ᵉ série, p. 307).

* Tableau statistique des diverses branches de l'industrie minérale pendant l'année 1836 (Ann. des mines, t. xiii, 3ᵉ série, p. 728, 729; ibid., en 1837; ibid., t. xv, p. 652).

HÉRON DE VILLEFOSSE (A.-M.), Des métaux en France, rapport fait au jury central de l'exposition des produits de l'industrie française de l'année 1827, sur les objets relatifs à la métallurgie, 2 tableaux in-8, 1828.

JULES FRANÇOIS. Recherches sur le gisement et le traitement direct des minerais de fer dans les Pyrénées, et particulièrement dans l'Ariége, suivies de considérations historiques, économiques et pratiques sur le travail du fer dans les Pyrénées, in-4 et atlas, 1843.

MALUS. Avis des riches mines d'or et d'argent, et de toutes les espèces de métaux et minéraux des monts Pyrénées, in-4, 1632.

DE RÉAUMUR. Essai de l'histoire des rivières et des ruisseaux du royaume qui roulent des paillettes d'or, avec des observations sur la manière dont on ramasse ces paillettes, sur leur figure, sur le sable avec lequel elles sont mêlées et sur leurs titres (Acad. des sciences, p. 68 et suiv., 1718.

CORDIER (P.-Ant.). Rapport sur les mines de houille en France, et la question de savoir s'il est convenable de modifier ou même de révoquer le règlement de douane qui permet l'importation des houilles étrangères. Rapport fait le 19 octobre 1814 à M. le directeur général et au conseil des mines, avec planch., t. xxxvi, 1814.

REGNAULT (M.-V.). Recherches sur les combustibles minéraux (Ann. des mines, 3ᵉ série, t. xii, p. 193).

Carte des mines de charbon qui approvisionnent Paris (Ann. des mines, t. ii, 3ᵉ série, p. 492).

LEFÉBURE. Aperçu général des mines de houille exploitées en France, etc. (Journal des mines, n° 71, p. 325; n° 74, p. 413.

* Statistique des mines de houille; in-8, 1833.

SOUICH (A. du). Essai sur les recherches de houille dans le nord de la France, 1839.

HÉRICART DE THURY. * Rapport sur l'état actuel des carrières de marbre de France (Ann. des mines, t. viii, p. 3).

TREMERY. Marbrières de France, in-8, 1824.

EAUX MINÉRALES.

CORROZET (Gilles). Le Catalogue des antiques érections des villes et cités des Gaules, et des fleuves et fontaines d'icelles, etc., in-16, 1540; 2ᵉ édit., in-16, 1590.

On y trouve un dénombrement de quelques eaux minérales et de quelques bains de la France, avec une indication très-succincte de quelques-unes des maladies dans lesquelles on les croit utiles.

PICTORIUS (Georges). Traité des eaux thermales, et du temps et de la manière dont il faut se baigner (en allemand), in-8°, 1560.

LE BAILLIF (Roch). Petit Traité de l'antiquité et singularités de la Bretagne armorique, en laquelle se trouvent les bains curant la lèpre, podagre, hydropisie, paralysie, ulcères et autres maladies, in-4, 1577 (imprimé à la suite du Demosterion du même auteur).

Il est question dans cet ouvrage des eaux minérales de la Bretagne, et l'on y trouve aussi des notions générales sur les eaux minérales.

JOUBERT (Laurent). Traité des eaux.

Il y est traité de la nature, des qualités, de l'utilité et des usages des eaux, in-8, 1603.

* Discours sur les vertus et facultés des eaux médicales et minérales en général, et en particulier de la fontaine de St-Firmin, située au faubourg de St-Privé-lès-Bourges, par E. M., in-8, 1612.

Il y est traité des propriétés particulières des eaux minérales.

ABRAHAM DE LA FRAMBOISIÈRE (Nicolas). Le neuvième livre de ses œuvres a pour titre : Gouvernement requis en l'usage des eaux minérales, tant pour la préservation que pour la guérison des maladies rebelles, in-4, 1613; in-fol., 1631; in-8, 1669.

LANDREY (Jean). Hydrologie, ou Discours de l'eau, auquel est amplement déclarée la vertu et puissance des eaux médicinales, principalement de celles de Ville-Comte, etc., in-8, 1614.

Les chapitres 20, 21, 22 et 23 traitent en particulier des principes qui entrent dans la composition des eaux minérales.

RICHARD (Sébastien). Les Bains de Digne, en Provence, in-8, 1617, 1619.

La première partie de cet ouvrage contient un examen des eaux minérales en général.

BANC (Jean). La Mémoire renouvelée des merveilles des eaux naturelles en faveur de nos nymphes françaises et des malades qui ont recours à leurs emplois salutaires, in-8, 1605. — Publié de nouveau sous ce titre : Les Admirables Vertus des eaux minérales de Pougues, Bourbon et autres renommées de France, in-8, 1618.

LAUTARET (de). * Les Merveilles des bains naturels et des étuves naturelles de la ville de Digne en Provence, par D. T., in-8, 1620.

On trouve dans la première partie des recherches générales sur l'origine des eaux.

FABRY. L'Admirable Vertu des eaux et fontaines de Mier en Quercy, appelées eaux de Salmières, in-12, 1624.

La plus grande partie de ce petit ouvrage est consacrée à des recherches générales sur l'origine des eaux.

ROCHAS (Henri de). Traité des observations nouvelles et vraies connaissances des eaux minérales, in-12, 1634.

Cet ouvrage traite en six chapitres des eaux sulfureuses, des vitrioliques, des alumineuses, des nitreuses et des ferrugineuses.

— La Physique démonstrative des eaux minérales, in-8, 1644.

COMBE (Jean de). Hydrologie, ou Discours des eaux, contenant les moyens de connaître parfaitement les qualités des fontaines chaudes, tant occultes que manifestes, et l'adresse d'en user avec méthode, in-8, 1645.

DUCLOS. Observations sur les eaux minérales de plusieurs provinces de France, faites en l'académie des sciences en 1670 et 1671, in-12, 1675; in-4, 1731.

L'auteur examine les eaux minérales en particulier, et en fait huit classes : 1° eaux chaudes qui contiennent du sel commun : celles de Bourbon-Lancy, de Bourboulle, d'Esvahon ou Evéaux, de Balaruc, de Barbazan, de Bagnères, de Barèges, de Digne et de Bourbonne; 2° eaux chaudes qui contiennent un sel analogue au nitre des anciens : celles de Bourbon-l'Archambault, Chaudes-Aigues, Mont-d'Or et Néris; les bains de Sail-lez-Château-Morand, de Vichy et de la petite source d'Esvahon; 3° eaux tièdes, insipides, dont les unes contiennent un sel et les autres n'en ont point : celles d'Encausse, de Prémeaux, de Bardon-près-de-Moulins et deux sources de Vichy; 4° eaux tièdes aigrettes ou vineuses qui participent un peu du nitre : celles de Vic-le-Comte, Vic-en-Carladais, Martres-de-Veyres, Jaude, Champs-des-Pauvres et Beaurepaire près de Clermont; 5° eaux froides insipides, participant d'un sel semblable au sel commun, et quelques-unes dans les résidus desquels on ne trouve aucun sel : celles de Jonas, Ste-Reine, Auteuil, Bièvre, Passy, Château-Gontier, Vaujours, Larochepozay, Pons, Montendre, Fons-Rouilleuse près de Chaumont, le Mans, Belesme et Verberie; 6° eaux froides de saveur ferrugineuse ou austère : celles de Forges, St-Paul-de-Rouen, Bourberouge, Menitone et Pont-Normand près de Mortain, Montboscq, Hebecrevon, Provins, Apougny près de Bassou et Vals; 7° eaux froides de saveur vineuse qui contiennent du sel commun ou qui n'ont point de sel : celles de Châtel-Guyon, Besse, St-Pierre, la Traulière, Vernet, Chanonat, St-Pardoux, St-Parise et Rueilly; 8° eaux froides acides et vineuses qui participent du nitre des anciens : celles de Pougues, St-Myon, St-Floret près de St-Cirgues, Pont-Gibaud, Joze, St-Alban, Camarets et Vals.

CHOMEL. Sur plusieurs eaux minérales de France. (Hist. de l'acad. royale des sciences, 1708, p. 57).

On y trouve quelques expériences faites par Chomel sur quelques eaux minérales de l'Auvergne.

BORIE (Jean-François). La Recherche des eaux minérales de Cauterets, avec la manière d'en user, in-8, 1714.

Dans cet ouvrage on trouve quelques réflexions sur la formation des sources d'eaux minérales en général.

RICHARDOT (Camille). Nouveau Système des eaux chaudes de Plombières en Lorraine, etc., in-8, 1722.

Les quatre premiers chapitres de cet ouvrage doivent être rapportés aux généralités sur les eaux minérales.

THIERS DE MARCONNAY. Nouvelles Découvertes en médecine, très-utiles pour le service du roi et du public, in-12, 1724.

Il y a une dissertation sur les vertus des eaux minérales.

BORDEU (Théophile de). Lettres contenant des essais sur l'histoire des eaux minérales du Béarn, et de quelques-unes des provinces voisines, etc., in-12, 1746.

Les 7 premières lettres et les 11°, 15°, 18° et 27° contiennent des recherches sur l'origine des fontaines, sur la cause de la chaleur des eaux thermales, sur quelques propriétés générales de ces eaux, sur la manière de prendre les eaux minérales, et sur les abus qu'on commet dans leur usage.

JAMES. Dictionnaire universel de médecine, de chirurgie, traduit de l'anglais, in-fol., t. I, 1746.

On y trouve, p. 258, au mot Acidulæ, une longue dissertation sur les eaux minérales.

JUVET. Mémoire sur les eaux minérales, in-12, 1757.

MONNET. Traité des eaux minérales, avec plusieurs mémoires de chimie relatifs à cet objet, in-12, 1768.

BUC'HOZ. Dictionnaire minéralogique et hydrologique de la France, 2 vol. in-8, 1772; nouv. édit., 4 vol. petit in-8, 1785.

C'est une compilation d'un certain nombre d'ouvrages publiés sur les eaux minérales de la France, que l'auteur a copiés souvent en entier.

* Lettres sur la nature et les principes ou éléments des eaux minérales en général (Nature considérée, t. IV, p. 300).

RAULIN. Traité analytique des eaux minérales, de leurs propriétés et de leur usage dans les maladies, 2 vol. in-12, 1774.

— Explication succincte des principes et des propriétés des eaux minérales que l'on distribue au bureau général de Paris, in-12, 1775.

Il est question dans cet ouvrage de vingt-quatre eaux minérales de la France. On y indique les principes qu'elles contiennent, leurs propriétés et les maladies où l'on peut en faire usage.

— Parallèle des eaux minérales d'Allemagne que l'on transporte en France, et de celles de la même nature qui sourdent dans le royaume, avec des remarques sur l'analyse des eaux minérales en général, in-12, 1777.

On y trouve un parallèle des eaux de Sedlitz et de Seydschutz en Allemagne avec celles de Pouillon en France; de celles de Seltz en Allemagne avec celles de St-Myon en France; de celles de Spa en Allemagne avec celles de Châteldon en France; et de celles de Vichy et de Châtelguyon, l'une et l'autre en France, avec l'analyse de chacune de ces eaux, et l'indication de leurs propriétés.

MACQUER. Dictionnaire de chimie, in-4 et in-8, 1777.

L'article des eaux minérales, quoique succinct, renferme cependant un précis important des connaissances les plus essentielles.

FOURCROY (de). Leçons élémentaires d'histoire naturelle et de chimie, 2 vol. in-8, 1782 (la leçon XLIII traite des eaux minérales).

PÉRILHE (Bernard). Tableau méthodique d'un cours d'histoire naturelle médicale, où l'on a réuni et classé les principales eaux minérales de la France, 2 vol. in-8, 1804.

BOUILLON-LAGRANGE. Essai sur les eaux naturelles et artificielles, in-8, 1811.

BICHOFF (E.). Analyse des eaux minérales de l'Allemagne et de la France (Ann. des mines, t. XII, p. 276).

PATISSIER (Ph.). Manuel des eaux minérales de France, à l'usage des médecins et des malades qui les fréquentent, in-8, 1818.

— Rapport sur les eaux minérales naturelles, fait au nom de la commission des eaux minérales, pour les années 1838 et 1839, et lu à l'académie royale de médecine le 14 août 1841, in-8, 1841.

A la suite de chaque article, l'auteur donne les titres des ouvrages qui ont été publiés sur les eaux minérales dont il s'occupe.

ALIBERT (J.-L.). Précis historique sur les eaux minérales les plus usitées en médecine, in-8, etc., 1826.

CHÉNU. Essai pratique sur l'action thérapeutique des eaux minérales, suivi d'un précis analytique des sources minéro-thermales connues, in-8, 1836; in-8, 1842.

ANGLADA (J.). Mémoires pour servir à l'histoire générale des eaux minérales sulfureuses et des eaux thermales (des Pyrénées), 2 vol. in-8, 1827-28.

BORDEU (Théoph. de). Recherches sur les eaux minérales des Pyrénées, in-8, 1833.

FONTAN (Jean-Pierre-Amédée). Recherches sur les eaux minérales des Pyrénées, in-8, 1838.

BERTRAND (P.). Voyage aux eaux des Pyrénées, in-8, 1839.

ANDRY (Félix). Coup d'œil sur les eaux principales des Pyrénées, précédé de quelques considérations sur les eaux minérales en général, in-8, 1840.

LONGCHAMP. Annuaire des eaux minérales de la France, in-18, 1830-40.

LELONG (le P.). Bibliothèque historique de la France, 6 vol. in-fol., 1766-78.

Dans la section IV du chapitre II du t. I de la 2ᵉ édition, qui a pour titre : Hydrologie de la France, le § 2 de ce chapitre traite particulièrement des eaux minérales. C'est un simple catalogue des ouvrages, soit imprimés, soit manuscrits, dont l'auteur a connu les titres, sur les eaux minérales de la France, rangés par ordre alphabétique du nom des lieux où ces eaux sont situées.

HÉRISSANT (Louis-Antoine-Prosper). Bibliothèque physique de la France, ou Liste de tous les ouvrages, tant imprimés que manuscrits, qui traitent de l'histoire naturelle de ce royaume, avec des notes critiques, in-8, 1771.

L'auteur donne le catalogue des ouvrages, soit imprimés, soit manuscrits, dont il a connu les titres, sur l'histoire naturelle de ce royaume; il a divisé ce catalogue en deux articles; la quatrième section du second article concerne l'hydrologie de la France, elle contient les titres des écrits qui ont été publiés sur les eaux minérales de ce royaume.

CARRÈRE (J.-B.-F.). Catalogue raisonné des ouvrages qui ont été publiés sur les eaux minérales en général, et sur celles de la France en particulier, avec une notice de toutes les eaux minérales de ce royaume, et un tableau des différents degrés de température de celles qui sont thermales, in-4, 1785.

BOURDON (Isid.). Manuel des eaux minérales, in-18, 1836.

HISTOIRE NATURELLE.

HÉRISSANT (Louis-Prosp.). Bibliothèque physique de la France, ou Liste de tous les ouvrages, tant imprimés que manuscrits, qui traitent de l'histoire naturelle du royaume, etc., in-8, 1771 (ouvrage achevé et publié par Coquereau).

C'est une réimpression avec des augmentations d'une section fournie par Hérissant à la bibliothèque historique de la France du P. Lelong (V. *Eaux minérales*).

SOULAVIE (J.-L.-Giraud). Histoire naturelle de la France méridionale, divisée en deux parties. 1ʳᵉ partie : minéraux, 7 vol. in-8, 1780; 2ᵉ partie : végétaux, t. I et unique, 1 vol. in-8, 1783.

BUCHOZ (Pierre-Joseph). Dictionnaire universel des plantes, arbres et arbustes de la France, contenant une description raisonnée de tous les végétaux du royaume, considérés relativement à l'agriculture, au jardinage, aux arts et à la médecine des hommes et des animaux, 4 vol. petit in-8, 1771-72.

— Catalogue latin et français de tous les arbres, arbustes et plantes qu'on peut cultiver dans la France en plein air, dans les orangeries et serres chaudes, in-12, 1799.

— Traité de la culture des arbres et arbustes qu'on peut élever dans le royaume, et qui peuvent passer l'hiver en plein air, etc., 3 vol. in-12, 1785-1803.

— Dissertation en forme de catalogue des arbres et arbustes qu'on peut cultiver en France, et qui peuvent résister en pleine terre pendant l'hiver, in-fol., 1788.

— Prospectus d'histoire naturelle des végétaux de la France, etc., in-8, 1761.

DUHAMEL DUMONCEAU. Traité des arbres et arbustes qui se cultivent en France, en pleine terre, 2 vol. in-4, fig., 1775.

MILLIN (Aubin-Louis). Discours sur l'origine et les progrès de l'histoire naturelle en France, servant d'introduction aux Mémoires de la société d'histoire naturelle, in-4, 1792.

DEBRUN DES BEAUMES. Tableau méthodique de tous les genres de productions naturelles qui se trouvent en France, in-8, 1812.

BARRELIER. Plantes de la France, de l'Espagne et de l'Italie, in-fol., contenant environ 1500 planches.

LOISELEUR DE LONGCHAMP (J.-L.-A.). Manuel des plantes usuelles indigènes, ou Histoire abrégée des plantes de France, 2 vol. in-8, 1819.

DEPPING (G.-B.). Merveilles et Beautés de la nature en France, ou Description de ce que la France a de plus curieux et de plus intéressant sous le rapport de l'histoire naturelle, in-12, 1811; 4ᵉ édit., 2 vol. in-12, 1825.

DELATTRE (C.). Curiosités naturelles de la France, in-18, 1841.

DUBOIS. Méthode éprouvée avec laquelle on peut parvenir facilement et sans maître à connaître les plantes de l'intérieur de la France, et en particulier celles des environs d'Orléans, in-8, 1803.

AMOREUX. Notice des insectes de la France réputés venimeux, in-8, 1787.

SERRES (Marcel de). Essai pour servir à l'histoire des animaux du midi de la France, in-4, 1822.

CRESPON (J.). Faune méridionale, ou Description de tous les animaux vertébrés, vivants et fossiles, sauvages et domestiques, qui se rencontrent toute l'année, ou qui ne sont que de passage dans la plus grande partie du midi de la France, 2ᵉ vol. in-8, 1844.

BULLIARD. Herbier de France, in-fol., 1780.

LAMARCK (J.-B. de). Flore française, ou Description succincte de toutes les plantes qui croissent naturellement en France, 3 vol. in-8, fig., 1778; nouv. édit., 3 vol. in-8, fig., 1795.

JAUME-ST-HILAIRE (J.-H.). Plantes de la France, décrites et peintes d'après nature, 10 vol. in-8, ou 10 vol. in-4, 1805 et années suiv.

BASTIEN (J.-F.). La Flore jardinière, contenant la description de toutes les plantes, tant indigènes qu'exotiques, cultivées en France, etc., in-8, 1809.

DESMAZIÈRES. Catalogue des plantes omises dans la botanographie belgique et dans les flores du nord de la France, in-8, 1823.

POITEAU. Flore française (avec Turpin), gr. in-4, 1808.

JAUME-SAINT-HILAIRE (J.-H.). La Flore et la Pomone française, ou Histoire et figures, en couleur, des fleurs et des fruits de France, ou naturalisés sur le sol français, in-8 et in-fol., 1828 et années suiv.

MUTEL (A.). Flore française, destinée aux herborisations, etc., in-8, 1836.

ROMEL (F.). Flore du nord de la France, 2 vol. in-8, 1803.
NOULET (J.-B.). Flore du bassin sous-pyrénéen, ou Description des plantes qui croissent naturellement dans cette circonscription géologique, avec l'indication spéciale des espèces qui se trouvent aux environs de Toulouse, in-8, 1838.
LEMAISTRE. Le Fruitier de la France, ou Description des fruits à noyau et à pepin qui se cultivent en France, etc., in-4, 1719.
Il n'y a d'exécuté que le plan de l'ouvrage que se proposait de faire l'auteur.
POITEAU (A.). Pomologie française, recueil des plus beaux fruits cultivés en France, gr. in-4, publié par livr. (300 liv. paraissaient en septembre 1844).
LELIEUR (de Ville-sur-Arce). La Pomone française : Traité de la culture et de la taille des arbres fruitiers (publication périodique, in-8).
THIÉRION (Alex.). Revue bibliographique des principaux ouvrages français où il est traité de la taille des arbres fruitiers, etc., in-8 de 108 p., 1844.
GIRARDIN (Sébastien). Tableau élémentaire d'ornithologie, ou Histoire naturelle des oiseaux que l'on rencontre communément en France; suivi d'un Traité sur la manière de conserver leur dépouille pour en former des collections, et d'un recueil de 41 planches, 2 vol. in-8, 1806.
DRAPARNAU (J.-Ph.-Ray). Tableau des mollusques terrestres et fluviatiles de la France, in-8, 1801.
—Histoire naturelle des mollusques terrestres et fluviatiles de la France, gr. in-4, 1805.
GAETAN-DESMAREST (Anselme). Considérations générales sur la classe des crustacés, et Description des espèces de ces animaux qui vivent dans la mer, sur les côtes ou dans les eaux douces de la France, in-8, 1825.
MICHAUD (André-Louis-Gaspard). Complément de l'histoire naturelle des mollusques terrestres et fluviatiles de la France, de J.-P.-R. Draparnau, gr. in-4, 1831.
NOULET (J.-B.). Précis analytique de l'histoire naturelle des mollusques terrestres et fluviatiles qui vivent dans le bassin sous-pyrénéen, in-8, 1834.
Carte botanique de France, dressée pour la Flore française de MM. Lamarck et de Candolle, 1 feuille colombier.

VIGNOBLES.

KERNER (J.-S.). Le Raisin, ses espèces et ses variétés, dessinés et coloriés d'après nature, in-fol. max., 1803.
JULLIEN (A.). Topographie de tous les vignobles connus, contenant leur position géographique, l'indication du genre et la qualité des produits de chaque crû ; les lieux où se font les chargements et le principal commerce des vins ; le nom et la capacité des tonneaux et des mesures en usage ; les moyens de transport ordinairement employés ; les tarifs des douanes de France et de l'étranger, etc. ; précédée d'une notice topographique sur les vignobles de l'antiquité, et suivie d'une classification générale des vins, in-8, 1822; 3ᵉ édit. in-8, 1832.
Traité sur la culture de la vigne, etc., à l'usage des différents vignobles de France (principalement de ceux de la Champagne), 2ᵉ édit., in-12, 1759.
MAUPIN. La Richesse des vignobles, in-12, 1781.
* Notice des lieux où croissent les meilleurs vins de Bourgogne (Nouvelles Recherches sur la France, p. 122, 123).
* Notice sur les vignobles de la Touraine et de l'Anjou, ou Histoire d'une barrique de vin, depuis le moment où la végétation se met en mouvement pour la produire, jusqu'à celui où elle vient d'être débitée dans un cabaret de Paris, in-18, 1829.
LAGUIOLLE (J.-P.). Considérations médicales sur le vin, etc. (thèse), in-4 de 43 p., Montpellier, 1807.
Le premier paragraphe contient une bibliographie des livres qui ont traité du vin hygiéniquement ou médicalement (la collection bibliographique la plus considérable sur le vin et la vigne se trouvait, il y a quelques années, chez M. Tourton, propriétaire du Clos-Vougeot).
PETIT (C.-J.). Le Guide du commerce des eaux-de-vie et esprit-de-vin relativement à la France, etc., in-12, 1814.

FORÊTS.

DUVAL (N.). Traité universel des eaux et forêts de France, pêches et chasses, in-4, 1699.
NOEL. Mémorial alphabétique des matières des eaux et forêts, pêches et chasses, avec les ordonnances relatives à ces matières, etc., in-4, 1737.
Notice sur l'état des bois et forêts en France, et particulièrement dans le midi de la république (Journ. des mines, n° 21, p. 49).
CHAILLAND. Dictionnaire raisonné des eaux et forêts, composé des anciennes et nouvelles ordonnances, etc., 2 vol. in-4, 1769.
PLINGUET. * Traité sur les réformations et les aménagements des forêts, avec application à celles d'Orléans et de Montargis, in-8, 1769.
PAULMIER DE LA TOUR. Essai sur les bois, les friches, les chemins et les mendiants, in-8, 1791.
BOUSMARD. Mémoire sur les moyens de multiplier les plantations des bois, etc., couronné par l'académie de Metz, in-8, 1788.
BALLAUD. Observations sur l'administration des forêts, in-8, 1791.
BAILLON DE MONTREUIL. Quelles sont les causes du dépérissement des bois ? Quels sont les moyens d'y remédier, in-4, 1791.
DUVAURE. Mémoire sur le dépérissement des forêts et sur les moyens d'y remédier, in-fol., 1800.
HÉBERT. Réflexions sur les forêts de la république, in-8, 1801.
OURCHES (Ch. d'). Aperçu général des forêts, 2 vol. in-8, 1803.
FAISEAU-LAVANNE. Recherches statistiques sur les forêts de la France, tendant à signaler le danger qu'il y aurait pour elles d'ouvrir nos frontières aux fers étrangers, in-4, 1829.
BAUDRILLART (J.-J.). Traité général des eaux et forêts, chasses et pêches. Première partie : Recueil chronologique des règlements forestiers, 4 vol. in-4, 1821-29, et atlas de 48 planches.
—2ᵉ partie : Dictionnaire général raisonné et historique des eaux et forêts, contenant l'analyse des lois, ordonnances, arrêts et instructions concernant l'administration, la police et la conservation des forêts ; les diverses méthodes de culture, d'aménagement et d'exploitation ; l'exposé des principes du droit d'architecture navale, de botanique, de minéralogie, de physique, de mathématiques et d'arpentage, 3 vol. in-4, 1823-25.
QUINGERY (de). Traité général des eaux et forêts, chasses et pêches : Dictionnaire des chasses (3ᵉ partie de l'ouvrage de Baudrillart), in-4, 1834 et atlas de 44 pl.
DUMONT (Ch.). Dictionnaire forestier, contenant le texte ou l'analyse des lois et instructions relatives à l'administration des forêts, etc., 2 t. en 1 vol. in-8, 1803.
GUIOT. Manuel forestier et portatif, contenant les descriptions, qualités, usages et cultures particulières des différentes essences de bois qui composent le massif général des forêts du royaume, extrait en grande partie du Traité général des forêts de Duhamel-Dumonceau, in-12, v. m., 1770.
VARENNE-FENILLE (P.-C.). Mémoire sur l'administration forestière et sur les qualités

individuelles des bois indigènes ou qui sont acclimatés en France, auxquels on a joint la description des bois exotiques que nous fournit le commerce, 3 vol. in-8, 1807.

CLAUSSE. Précis sur l'aménagement et l'administration des forêts et bois nationaux de la république française, in-8, br., 1800, an VIII.

DE PERTHUIS fils. Traité de l'aménagement et de la restauration des bois et forêts de la France, in-8, 1803.

* Nouveau Recueil de quelques-unes des incessantes adresses de le Carpentier, concernant la culture, l'aménagement, la conservation et l'exploitation des forêts nationales, br. in-8.

BUSSAC (A.-T.). Moyens de conserver et d'améliorer les forêts nationales, etc., in-8, an V.

CHAUVELOT (Ch.). Notice historique sur le flottage des bois en trains, ou Solution du point de savoir si Jean Rouget en fut le véritable inventeur, in-12, de 2 feuilles trois quarts, 1843.

BAILLET (A.). Notice sur le produit et la consommation de bois en France (Journ. des mines, n° 84, p. 473).

PECQUET. Lois forestières de France, commentaire historique et raisonné sur l'ordonnance de 1669, etc., auquel on a joint une bibliothèque des auteurs qui ont écrit sur les matières d'eaux et forêts, 2 vol. in-4, 1753.

AGRONOMIE.

JUSTIN. Essai sur une statistique agricole publiée en 1830, etc., in-8, de 2 feuilles et demie, 1844.

MUSSET-PATHAY (V. Donatien de). Bibliographie agronomique, ou Dictionnaire raisonné des ouvrages sur l'économie rurale et domestique et sur l'art vétérinaire, etc., in-8, 1810. Voy. Bibliographie.

GOYON. La France agricole et marchande, 2 vol. in-8, 1762.

On y trouve beaucoup de détails sur le défrichement des landes et leur amélioration.

FRESNAIS DE BEAUMONT. Noblesse cultivatrice, ou Moyens d'élever en France la culture de toutes denrées que son sol comporte au plus haut degré de perfection, etc., in-8.

LAVOISIER (A.-L.). Résultats extraits d'un ouvrage intitulé : De la Richesse territoriale du royaume de France, br. in-8, 1791 ; nouvelle édit., in-8, 1819.

COUPÉ (J.-M.). De l'amélioration générale du sol français dans ses parties négligées, dégradées, in-8, 1795.

CLICQUOT DE BLERVACHE. Essai sur les moyens d'améliorer, en France, la condition des laboureurs, des journaliers, des hommes vivant dans les campagnes, et celle de leurs femmes et de leurs enfants, 2 vol. in-8, br., 1789.

LAMOIGNON DE MALESHERBES. Mémoire sur les moyens d'accélérer les progrès de l'économie rurale en France, in-8, 1790.

DUBOIS DE CRANCÉ de Balham. Vues pittoresques d'un laboureur, ou Mémoires, 1° sur les moyens d'égaliser les charges publiques, sur les terres en culture, dans tous les départements du royaume, sans cadastre ; 2° sur les rapports du commerce avec l'agriculture, et la capitation industrielle ; 3° sur la conversion de la dîme ; 4° sur l'amélioration des bestiaux ; 5° un projet d'extinction de la dette publique, in-8, de 74 pages, 1790.

* Mélanges de rapports, opinions et discours prononcés par divers membres de l'assemblée nationale, sur l'économie rurale et l'agriculture, in-8, 1790-92.

GUILLIAUD. Extrait d'un mémoire sur les moyens de porter l'agriculture, toutes les manufactures, et le commerce de France,

au plus haut degré de splendeur et d'utilité publique, in-4 de 30 pages, 1797.

CHASSIRON (P.-C.). Lettre aux cultivateurs français sur les moyens d'opérer un grand nombre de desséchements, etc., in-8, an IX.

PACHE. Mémoire sur les avantages que la révolution française a procurés à l'agriculture, in-8, an VII.

SINETY (A.-L.-E.). L'Agriculture du Midi, ou Traité d'agriculture propre aux départements méridionaux, etc., 2 vol. in-12, 1803, 1804.

GOUBE (J.-J.-C.). Considérations sur l'agriculture française, et ses rapports immédiats avec les finances, le commerce intérieur et extérieur, in-8, 64 pages.

* Corps législatif. Conseil des cinq cents. Motion d'ordre faite par Pflieger, député du Haut-Rhin, sur les moyens d'une prompte amélioration de l'agriculture dans la république française, in-8, an VI.

JACQUET-HUBICHE. Trésor du cultivateur industrieux, ou Traité sur l'amélioration de l'agriculture en France, basé sur des principes naturels, in-8 de 26 pages.

PRADT (de). De l'état de l'agriculture en France et des améliorations dont elle est suceptible, 2 vol. in-8, 1802.

YVART (Victor). Coup d'œil sur le sol, le climat et l'agriculture de la France, comparée avec les contrées qui l'avoisinent, et particulièrement avec l'Angleterre, in-8, 1807.

ROUGIER (J.-B. baron de la Bergerie). Histoire de l'agriculture française, considérée dans ses rapports avec les lois, les cultes, les mœurs et le commerce ; précédée d'une notice sur l'empire des Gaules et sur l'agriculture des anciens, in-8, 1815.

FRANÇOIS DE NEUFCHATEAU. Rapport fait à la société d'agriculture du département de la Seine, le 7 septembre 1812, sur le concours pour les mémoires historiques sur les progrès de l'agriculture en France, depuis cinquante ans, et pour des renseignements détaillés sur la tenue des fermes, in-8 de 58 pages, 1812.

FRANÇOIS DE NEUFCHATEAU. Art de multiplier les grains, 2 vol. in-12, 1809.

BARBANÇOIS (de). Petit Traité sur les parties les plus importantes de l'agriculture en France, broch. in-8, 1812.

D'HARCOURT (le vicomte). Réflexions sur l'état agricole et commercial des provinces centrales de la France, br. in-8, 1822.

MARIVAULT (de). De la situation agricole de la France et des moyens de l'améliorer, in-8, 1824.

HARCOURT (le vicomte d'). Réflexions sur la richesse future de la France, etc., in-8, 1826.

BIGOT DE MOROGUES (le baron). Moyens d'améliorer l'agriculture en France, particulièrement dans les provinces les moins riches, 2 vol. in-8, 1822.

AMPHOUX DE BELLEVAL (Stan.). De l'agriculture en France, et des institutions qu'elle réclame, in-4, 1829.

DRÉE (de). Opinion sur la situation de l'agriculture en France, sur ses besoins d'amélioration, et sur les moyens d'opérer cette amélioration, in-8, 1833.

BÉRÈS. Essai sur les moyens d'accroître la richesse territoriale en France, notamment dans les départements méridionaux, br. in-8, 1830.

KRAKZAK (Napoléon de). France agricole, industrielle et commerciale en chiffres, ou Résumé statistique de ses industries et de ses richesses, in-12, 1845.

MOLL. Excursion agricole dans quelques départements du nord de la France, etc., gr. in-8, 1836.

LECHEVALIER. Aux Agriculteurs français, état critique de l'agriculture et moyens d'y porter remède, in-8, 1835.

LECLERC-THOIN (O.). Agriculture de l'ouest de la France, in-8, 1843.

RIEFFEL (Jules). Agriculture de l'ouest de la France, 2 vol. in-8, 1840-43.

DEZEIMERIS (J.-E.). Des moyens d'améliorer l'agriculture en France, in-18 d'une feuille, 1844.

HUERNE DE POMMEUSE. Des colonies agricoles et de leurs avantages pour assurer des secours à l'honnête indigence, etc., in-8, 1828.

* Restauration de l'agriculture en France, et moyens de prévenir toute disette, in-8, 1790.

CADET DE VAUX (A.-A.). Moyens de pré-

venir le retour des disettes, br. in-8, 1812.
PARMENTIER. Mémoire sur les avantages que le royaume peut retirer de ses grains sous les rapports de l'agriculture, du commerce, etc., in-4, fig., 1789.
MILORI (P.-J.). De la grande variation du prix des grains, des moyens de la fixer entre les limites les plus rapprochées, etc., in-8, 1829.
HAYNAU (le baron Louis de). Sur la législation et le commerce des grains, in-8, 1830.
MOROGUES (le baron de). Théorie du prix de revient du blé en France ; de la nécessité d'en maintenir chez nous le prix vénal à un taux plus élevé que chez les peuples moins riches et moins avancés en civilisation; de la loi des céréales, in-8, 1834.
CHAILLOU DES BARRES (le chevalier). Essai historique et critique sur la législation des grains jusqu'à ce jour; ou Mémoire sur cette question : Quels sont les meilleurs moyens de prévenir, avec les seules ressources de la France, la disette des blés et les trop grandes variations dans leur prix? in-8, 1820.
PARIS (Jn.-Jh.). Essai sur cette question : Quels sont les meilleurs moyens de prévenir, avec les seules ressources de la France, la disette des blés et les trop grandes variations dans leur prix ? Mémoire qui a obtenu une médaille d'or de la société d'agriculture de la Marne, in-8, broch., 1819.
LABOULINIÈRE (P.). De la disette et de la surabondance en France, des moyens de prévenir l'une en mettant l'autre à profit, etc., 2 vol. in-8, 1821.
DUPETIT-THOUARS (Aubert). Prémices de l'horticulture française, ou Recueil chronologique des écrits français d'horticulture qui sont vraiment originaux, c'est-à-dire dont les auteurs ont tiré le fond de leur propre expérience ; reproduits textuellement, et enrichis de notes explicatives, in-8, 30 pages.
BÉRARD aîné. Mémoires sur l'origine des arbres, des plantes, des légumes et fleurs étrangères, acclimatés en France ; lus le 27 avril 1823 et le 27 décembre 1827, à la société d'agriculture du Mans, in-8, 1828.
GILBERT (F.-H.). Recherches sur les espèces de prairies artificielles qu'on peut cultiver avec le plus d'avantage en France, broch. in-12, 1796.
FOURNEL. Les lois rurales de la France, rangées dans leur ordre naturel, 3 vol. in-8, 1819.
* Code rural et forestier, contenant les décrets de l'assemblée constituante sur les biens ruraux, la police rurale, la chasse, la pêche, les bois et forêts, les contributions, etc., in-8, 1792.
* Code rural et féodal, ou Collection complète des lois publiées par le corps législatif, sur la propriété et l'administration des biens de campagne, et le rachat des droits féodaux, petit in-12, 1792.
VERNEILH PUIRASEAU (le baron Jos. de). Projet de code rural, 3 vol. in-4, 1814.

VERS A SOIE. — BESTIAUX.

* Mémoire et Instructions pour l'établissement des mûriers et art de faire la soie en France, in-4, 1603.
BONAFOUS (Matthieu). Aperçu de la culture du mûrier et de l'éducation du ver à soie dans quelques départements du Centre, in-8.
LOISELEUR-DESLONGCHAMPS. Nouvelles Considérations sur les moyens de doubler en France les récoltes de soie, en faisant, chaque année plusieurs éducations des vers qui produisent cette précieuse matière ; lues au cercle agricole le 26 mars et le 6 mai 1836, in-8, 1837.
ROMAIN. Notice sur la culture du mûrier, pour l'éducation des vers à soie dans le nord de la France, in-8, 1839.
ROBINET. Recherches sur la production de la soie en France ; 3ᵉ Mémoire (des races), in-8 de 5 feuilles, 1845.
MICHEL. Rapport instructif sur l'amélioration des bêtes à laine françaises dites transhumantes, in-12, an VII.
SAUVEGRAIN. Considérations sur la population et la consommation générales du bétail en France, etc., in-8, 1806.
QUERBRAT COLLOET. Moyen pour augmenter les revenus du royaume (au moyen de l'éducation des bestiaux), in-4, 1666.
CARLIER (l'abbé). Considérations sur les moyens de rétablir en France les bonnes espèces de bêtes à laine, in-12, 1792.
BUC'HOZ (P.-Jos.). Histoire générale des animaux, des végétaux et minéraux qui se trouvent dans le royaume, représentés en gravures avec l'explication, in-fol., 1778.
— Histoire générale des insectes qui habitent la France, in-4, 1784.
— Histoire naturelle de la France représentée en gravures, 14 vol. in-8, 1776 et années suivantes.
TERNAUX aîné. Notice sur l'utilité de l'importation et de l'élève en France des bêtes à laine de race perfectionnée, broch., in-8, 1805.
POYFÉRÉ DE CÈRE. Notice historique sur une importation de six cents mérinos, extraits d'Espagne en 1808, d'après les ordres de son excellence le ministre de l'intérieur ; suivie de quelques observations sur la connaissance des moutons espagnols importés jusqu'à ce jour en France, d'un aperçu sur les troupeaux de Rambouillet et de la Malmaison, et de la description du lavage des laines de Ségovie, in-8, 1809.
— Précis historique d'une nouvelle importation de mérinos achetés en Espagne par ordre du gouvernement, broch. in-8, 1808.
* Rapports, Décrets, Instructions et Tableaux relatifs à la formation des dépôts de béliers-mérinos, broch. in-fol., 1811.
LASTEYRIE (C.-P.). Histoire de l'introduction des moutons à laine fine d'Espagne, dans les divers États de l'Europe et au cap de Bonne-Espérance ; état actuel de ces animaux, leur nombre, les différentes manières dont ou les élève, etc., in-8, fig., 1802.
TEISSIER. Notes sur les bergeries nationales et sur la nécessité de les conserver, broch. in-8, 1832.
PINTEUX (P.-H.). Réflexions sur la production et la population des bestiaux en France ; sur la valeur de la substance nutritive qu'ils produisent, etc., broch. in-8, 1826.
TERNAUX et JOBERT. Recueil de pièces sur l'importation et la naturalisation en France, des chèvres de race thibétaine, ou chèvres à duvet de cachemire, broch. in-8, 1822, pl.
* Société d'agriculture. Concours pour la fabrication en France, des fromages façon de Hollande, façon de Chester et façon de Parmesan, broch. in-8, 1833.

HARAS. — ÉDUCATION DES CHEVAUX.

Journal des haras, des chasses, des courses de chevaux, et d'agriculture appliquée à l'étude du cheval et des bestiaux en général, 31 vol. in-8, 1828-45.
L'Éleveur, journal des chevaux, des courses, des chasses, des voitures et des routes, in-8, 1834-36.
L'Argus des haras et des remontes, journal de la réforme des abus, dans l'intérêt des éleveurs de chevaux, de la cavalerie et de l'agriculture, in-8, 1842.
Mémoires pour l'établissement des haraz en France, afin d'empescher le transport d'or et d'argent qu'on sort du royaume pour les chevaux venant en France d'Allemagne, Dannemarck, Espagne, Barbarie et autres pays estrangers ; lequel argent excède plus de cinq millions par chacun an, petit in-12, 1639.
Règlement du roy, et instructions touchant l'administration des haras du royaume, in-4, 1758.

DE LORMOY. Observations sur les haras de France, in-8, 1774.

LA FONT-POULOTI (Esp. Paul de). Nouveau régime pour les haras, ou Exposé des moyens propres à améliorer les races des chevaux, avec la Notice de tous les ouvrages écrits ou traduits en français, relatifs à cet objet, in-8, 1787.

— De la régénération des haras, in-8, 1789.

HARTMANN. Traité des haras (trad. de l'allemand et publié par J.-B. Huzard), in-8, fig., 1788.

Rapport fait au conseil des cinq cents par Eschasseriaux jeune, sur l'organisation des haras, et les moyens propres à concourir au but de ces établissements, in-4, an VII.

Mémoire sur les haras et les moyens de les régénérer, in-8, an VIII.

SERVES DEGRAS (le général). Mémoire sur le rétablissement des haras, présenté au premier consul et au ministre de l'intérieur, le 1er floréal an VIII, in-4.

BRUGNONE (J.). Traité sur les haras (trad. par Barentin de Montchal, in-8, 1807).

MALEDEN (Louis de). Plan organique dans lequel on indique les moyens nécessaires à employer pour relever les haras et les manéges en France, in-8, an XCII.

BOHAN (de). Mémoire sur les haras considérés comme une nouvelle richesse pour la France, et sur les moyens qui peuvent augmenter les avantages de la cavalerie française, revu et publié par Jér. Delalande, in-8, 1804.

Décret impérial sur les haras du 4 juillet 1806, in-4.

PICHARD. Manuel des haras, ou Système de régénération des races de chevaux, applicable à toutes les parties de l'empire français, etc., in-12, 1812.

DUROC DE CHABANNES (le marquis). Entretiens sur les haras, entre un vieux et un jeune amateur, etc., broch. in-8, 1829.

HUZARD fils (J.-B.). Des haras domestiques en France, in-8, 1829.

CHEBROU DELESPINATS (le chev.). Un Mot sur les haras de France, in-8, 1831.

* Des haras dans leurs rapports avec la production des chevaux et des remontes militaires, in-8, 1833.

SPARRE (le général comte de). Un Mot sur les haras et sur les remontes de la cavalerie, br. in-8, 1842.

Mémoire sur les haras du comté de Bourgogne, in-8, 1790.

Recueil contenant les déclarations, règlements, lettres patentes, etc., et délibération des états de Bretagne, touchant l'administration des haras de cette province, in-4, 1755.

DAMALIX (l'aîné). Coup d'œil sur l'état actuel des haras de Franche-Comté, in-8, 1790.

Mémoire sur la nécessité de conserver les haras, particulièrement dans la province de Normandie, in-4, 1790.

Recueil de différents règlements concernant le service des haras dans la généralité de Metz.

Haras de divers départements. Extraits des Annales de l'agriculture française, in-8, 1821.

BOIGNE (Ch. de). Du cheval en France, in-8, 1843.

QUERBRAT CALLOET. Advis. On peut, en France, esleuer des chevaux, aussi beaux, aussi grands et aussi bons, qu'en Allemagne et royaumes voisins, etc., in-4, 1666.

— Beaux chevaux, qu'on peut en avoir en France d'aussi beaux qu'en Espagne, Angleterre, Danemarc, etc., in-4, 1681.

* Projet pour rétablir les différentes espèces de chevaux et en augmenter le nombre dans le royaume, in-12, 1771.

FLANDRIN. Mémoire sur la possibilité d'améliorer les chevaux en France, in-8, 1790.

A la convention nationale. Idées de Lorry, artiste vétérinaire, district de Château-Chinon, sur la régénération de l'espèce des chevaux dans l'étendue de la république, et particulièrement dans le ci-devant Morvan, in-4, 1793.

COLLOT (le général V.). Essai sur la manière de relever les races de chevaux en France, in-8, an X.

HUZARD (J.-B.). Instruction sur l'amélioration des chevaux en France, présentée par le conseil général d'agriculture, in-8, an X.

CHABERT. De l'importance de l'amélioration des chevaux en France, etc. (avec Fromage et de Chaumontel), in-8, an XIII.

CHATELAIN. Mémoire sur les chevaux arabes; projet tendant à augmenter et à améliorer les chevaux en France, etc., in-8, 1816.

D'AURE (le vicomte). Aperçu sur la situation des chevaux en France, in-8, 1826.

ROCHAU (A. de). De l'éducation des chevaux en France, ou Causes de l'abâtardissement successif de leurs races, et des moyens à employer pour les améliorer. br. in-8, 1828.

GUICHE (le duc de). De l'amélioration des chevaux en France, in-fol. de 26 pages, 1829, et in-8 de 66 pages.

— Nouvelles Observations sur l'amélioration des races de chevaux en France, in-8, 1830.

DRÉE (le marquis). De la régénération de l'espèce chevaline en France, broch. in-8, 1830.

— Plan d'une administration de l'élève des chevaux, formé sur les principes énoncés dans le Traité de la régénération de l'espèce chevaline en France, br. in-8, 1831.

De la production des chevaux et de l'amélioration de leurs races, br. in-8, 1831.

* Des chevaux en France et de leur régénération, par le comte de B........, broch. in-8, 1832.

MATTHIEU DE DOMBASLE (C.-J.-A.). De la production des chevaux en France, de l'amélioration des races, et de l'inefficacité des moyens employés par le gouvernement pour atteindre ce but, in-8, 1833.

DUFOUR (G.-J.-B.). Mémoire sur les moyens d'améliorer la race des chevaux en France; br. in-8, 1833.

MARCET (Ach.). Mesure à prendre pour produire de bons chevaux en France, br. in-8, 1842.

Observations de la société d'encouragement pour l'amélioration des races de chevaux en France, etc., br. in-8, 1842.

L'ENFANT (Fréd.). Projet pour la remonte de la cavalerie et l'amélioration de la race chevaline, br. in-8, 1842.

GAUJAL (H. de). Des remontes de l'armée, br. in-8, 1842.

OUDINOT (le général marquis). Des remontes de l'armée et de leurs rapports avec l'administration des haras, br. in-8, 1842.

LAFONT POULOTI. Mémoire sur les courses de chevaux et de chars en France, etc., in-8 de 32 pages, 1791.

SÉGUIN (Armand). Observations sur les courses de chevaux en France, br. in-8, 1820.

* Haras, courses de chevaux (dans divers départements), in-8 de 12 pages, 1822.

ROYÈRE (Alex.). Quelques Idées sur les courses et sur l'éducation des chevaux en France, et principalement en Limousin, gr. in-8, 1825.

HUZARD fils. Notice sur les courses de chevaux, et sur quelques autres moyens employés pour encourager l'élève des chevaux en France, 1827.

— Encore un mot sur les courses de chevaux en France, in-8, de 16 pages, 1836.

SABLON (J.-B.). De la disparition en France du cheval léger, de la nécessité d'en avoir, et des moyens d'y faire prospérer cette espèce, in-8, d'une feuille trois quarts, 1844.

ROUSSEAU (Ulysse). Considérations sur les haras royaux, et de leur influence sur leur reproduction en France, in-8 de 2 feuilles et demie, 1844.

SAMBUCY (Ad. de). Considérations sur la production et l'élève des chevaux. Lettres sur les moyens à prendre pour augmenter et améliorer nos races chevalines, in-4 de 3 feuilles, 1845.

Annales des haras et de l'agriculture, in-8, t. I, janvier 1845.

STATISTIQUE.

PASQUIER (Etienne). Les Recherches de la France, in-fol., 1596, 1611 ; in-4, 1617 ; in-fol., 1665.

BOIS-GUILBERT (P.-P.-Aug.). Le Détail de la France, sous le règne présent, avec des mémoires et des traités sur la même matière, 2 vol. in-12, 1707.

BOULAINVILLIERS (le comte Henri de). Etat de la France..... Extrait des mémoires dressés par les intendants du royaume, par ordre de Louis XIV, pour le duc de Bourgogne avec des mémoires sur l'ancien gouvernement de cette monarchie jusqu'à Hugues Capet, 3 vol. in-fol., 1727.

BAR (J. de). L'Etat présent de la France (avec deux autres bénédictins, Fr. Pradier et Nic. Jalabert), 6 vol. in-12, 1749.

ARGENSON (le marquis d'). Considérations sur le gouvernement ancien et présent de la France, in-8, 1765.

FERRIÈRE (Alex. de). Archives statistiques de la France (ouv. périodique). 2 vol. in-8, an XII et an XIII.

BALLOIS (L.-Jos.-Ph.). Annales de statistique française et étrangère, 8 vol. in-8, 1802-04.

On joint ordinairement à ces 8 vol. les 2 vol. des archives de statistique de de Ferrière, an XII et an XIII.

FERRIÈRE (Alex. de). Analyse de la statistique de la France : départements de la Moselle, de l'Indre, du Rhin-et-Moselle, de la Lys, du Doubs, 7 livr. in-fol., 1803-04.

PEUCHET (Jacques). Essai d'une statistique générale de la France, in-4, 1802.

— * Statistique générale et particulière de la France et de ses colonies, avec une description topographique, agricole, politique, industrielle et commerciale de cet Etat, par une société de gens de lettres et de savants (avec Herbin, Sonnini, Delalauze, Gorsse, Amaury-Duval, Dumuys, Parmentier, Deyeux), 7 vol. in-8 et atlas in-4 de 9 cartes et 9 tableaux, 1803.

— Statistique élémentaire de la France, contenant les principes de cette science, et leur application à l'analyse de la richesse, des forces et de la puissance de l'empire français, in-8, 1805.

BELLEYME. Statistique générale de la France, avec les cartes topographiques de chaque département, in-4, 1808-09.

DUPIN (le baron Ch.). Forces productives et commerciales de la France.

La partie du Nord et de l'Est seulement a été publiée en 2 vol. in-4, 1827.

PEUCHET (Jacques). Description topographique et statistique de la France (avec Chanlaire et Herbin ; la partie des antiquités est de M. Letronne). V. DESCRIPTION DE LA FRANCE.

Statistique de la France, par le ministre de l'agriculture et du commerce, in-4. Cette statistique aura 16 livraisons :

— I. Territoire.
— II. Population, publiés en 1 vol. en 1837.
— III. Agriculture, a paru en 4 tomes formant 2 vol.
— IV. Mines, a paru en 1842.
— V. Industrie.
— VI. Commerce intérieur.
— VII. Commerce extérieur, a paru en 1843.
— VIII. Navigation.
— IX. Colonies.
— X. Administration publique, a paru en 1843.
— XI. Finances.
— XII. Forces militaires.
— XIII. Marine.
— XIV. Justice.
— XV. Culte.
— XVI. Instruction publique.

MOREAU DE JONNÈS (Alex.). Tableau statistique du commerce de la France en 1824 (extrait de la Revue encyclopédique), in-8, 1826.

* Renseignements statistiques sur les départements de la France, formant le tome XVI du Bulletin des sciences géographiques (2e vol. supplém. de 1818), in-8, 1829.

*— Statistique abrégée de la France, in-12, 1832.

BENOISTON DE CHATEAUNEUF (Louis-François). Notices statistiques sur la France, in-18, 1834.

GIRAULT DE ST-FARGEAU (A.). Aperçu statistique de la France, 2e édit., in-8, 1836.

LEWIS GOLDSMITH. Statistique raisonnée de la France (trad. de l'anglais par Eug. Henrion), in-8, 1833.

GUERRY (A.-M.). Essai sur la statistique morale de la France, précédé d'un rapport à l'académie des sciences, par MM. Lacroix, Sylvestre et Girard, in-4, 1833.

DAVID. De la statistique dans ses rapports avec l'administration du peuple, in-8, 1833.

BOTTIN (Séb.). Statistique de toutes les foires de la France, in-8, 1825, augmentée en 1844.

ÉCONOMIE POLITIQUE.

BOIS-GUILBERT (P.-P.-Aug.). Factum de la France, ou Moyens très-faciles de faire recevoir au roi 80 millions par-dessus la capitation, praticables par deux heures de travail de MM. les ministres, et un mois d'exécution de la part des peuples, in-12 de 212 pages.

BONVALET-DESBROSSES. Richesses et Ressources de la France, pour servir de suite aux moyens de simplifier la perception des deniers royaux, in-4, 1791.

MONDENARD. Considérations sur l'organisation sociale, appliquées à l'état civil et militaire de la France et de l'Angleterre, à leurs mœurs, leur agriculture, leur commerce et leurs finances, à l'époque de la paix d'Amiens, 3 vol. in-8, 1802.

LAMERVILLE (le comte de). L'Impôt territorial combiné avec les principes de l'administration de Sully et de Colbert, etc., in-8, 1788.

BOISLANDRY (Louis de). Des impôts et des charges des peuples en France, in-8, 1824.

COSTAZ (Anthelme-Cl.). Histoire de l'administration en France, de l'agriculture, des arts utiles, du commerce, des manufactures, des subsistances, des mines et des usines, accompagnée d'observations et de vues, et terminée par celle des moyens qui ont amené le grand essor pris par l'industrie française depuis la révolution, 2 vol. in-8, 1833.

MICHEL CHEVALIER. Des intérêts matériels de la France, in-8.

FROUMENTEAU. Le Secret des finances de la France, descouvert et departi en trois livres, in-12, 1581.

HAUTCHAMP (du). Histoire du système des finances sous la minorité de Louis XV, 3 vol. in-12, 1739.

NECKER (Jacques). Compte rendu, présenté au roi au mois de janvier 1781, in-4 de 116 pages, 1781.

— * Aperçu de la situation des finances, in-4, 1781.

— De l'administration des finances de la France, 3 vol. in-8, 1784, et 3 vol. in-12, 1785.

On trouve dans cet ouvrage un aperçu de l'étendue territoriale de la France, l'indication de la population, des naissances, des productions et du commerce de chaque généralité ; le tableau des revenus et des dépenses de l'Etat, celui du commerce extérieur, et plusieurs autres renseignements utiles qu'on chercherait vainement ailleurs.

— Dernières Vues de politique et de finances offertes à la nation française, in-8, 1802.

CALONNE (Ch.-Alex. de). Etat de la France, tel qu'il peut et qu'il doit être, in-8, 1790.

— Esquisse de l'état de la France, in-8, 1791.

* Observation sur l'ouvrage de M. de Calonne, etc., in-8, 1791.

FORBONNAIS (Fr. Véron de). * Recherches et Considérations sur les finances de la

France, depuis 1595 jusqu'en 1721, 2 vol. in-4, 1758 ; sec. édit., 6 vol. in-12, 1758.
— * Prospectus sur les finances, dédié aux bons Français, in-12, 1789.
CORMERÉ (Mahy de). Recherches et Considérations nouvelles sur les finances, 2 vol. gr. in-8, 1789.
— Situation exacte des finances à l'époque du 1er janvier 1792, in-8, 1792.
MONTESQUIOU FÉZENSAC (le marquis). Du gouvernement des finances de France, d'après les lois constitutionnelles, d'après les principes d'un gouvernement libre et représentatif, in-8, 1797.
MOLLIEN (le comte). Sur les finances, le commerce, la marine et les colonies, 2 vol. in-8, 1802.
RAMEL DE NOGARET (J.). Des finances de la république française en l'an IX, in-8, an IX.
ARNOULT (Amb.-Mar.). Histoire générale des finances de la France, depuis le commencement de la monarchie, in-4, 1806.
GANILH (Ch.). Essai politique sur le revenu public des peuples de l'antiquité, du moyen âge, des siècles modernes, et spécialement de la France et de l'Angleterre, 2 vol. in-8, 1806.
FERRIER (Fr.-L.-Ant.). Mémoire sur le crédit en France, in-8, 1817.
GAËTE (le duc de). Notice historique sur les finances de la France, de l'an 1800 au 1er avril 1814, in-8, 1818.
LÉVIS (le duc de). Considérations morales sur les finances, in-8, 1816.
— Considérations sur la situation financière de la France, et sur le budget de 1825, in-8, 1824.
— Du crédit en France...
LAFFITTE (Jacques). Réflexions sur la réduction de la rente et sur l'état du crédit, br. in-8, 1824.

AUDIFFRET (le marquis d'). Système financier de la France, 2 vol. in-8, 1840.
BRESSON. Histoire financière de la France, depuis l'origine de la monarchie jusqu'à l'année 1828 ; précédée d'une introduction sur le mode d'impôts en usage avant la révolution ; suivie de considérations sur la marche du crédit public et les progrès du système financier et d'une table analytique des noms et des matières, 2 vol. in-8, 1840.
THIERS (A.). De Law et de son système des finances, in-8.
HARCOURT (le vicomte d'). Réflexions sur la richesse future de la France, etc., in-8, 1826.
* Mémoire sur ce que la France peut produire de revenus...
DUTENS (Jos.). Essai comparatif sur la formation et la distribution du revenu de la France en 1815 et 1835, in-8..., 1842.
* Sur la banque de France. Rapport fait à la chambre de commerce par une commission spéciale, in-8, 1806.
* Réflexions sur la nécessité et les avantages de convertir la banque de France en banque nationale, in-8, 1818.
MOREAU. Recherches et Considérations sur la population de la France, in-8, 1778.
ANGEVILLE (le comte Adolphe d'). Essai sur la statistique de la population française, considérée sous quelques-uns de ses rapports physiques et moraux, in-4, 1836.
* Impôt du sel. Réclamation des raffineries du nord de la France, in-4, 1834.
Procès-verbal des séances de la commission instituée pour examiner les impôts sur les boissons, in-8, 1831.
GAGLIANI (l'abbé). Dialogues sur le commerce des blés, in-8, 1770.
HERBERT. Essais sur la police générale des grains, sur leur prix et sur les effets de l'agriculture, in-8, 1755; in-12*, 1755.

BURIVAL. Mémoires et Tarifs sur les grains, in-4, 1757.
* L'Intérêt général de l'État, ou Liberté du commerce des grains, etc., in-12, 1770.
MORELLET (l'abbé). * Réfutation de l'ouvrage qui a pour titre : Dialogue sur le commerce des blés (par l'abbé Gagliani), in-8, 1770, 1774.
* Avis sur les avantages du commerce des blés, in-8, 1775.
CONDORCET. Réflexions sur le commerce des blés, in-8, 1776.
* La Seule Richesse du peuple, ou Moyen de faire baisser le prix de toutes les subsistances, etc., in-8, 1777.
TESSIER. Analyse de la législation des grains, in-8, 1788.
DUPONT DE NEMOURS. Analyse historique de la législation des grains depuis 1692, in-8, 1789.
LINGUET. Du commerce des grains, in-8, 1789.
HAYNAU (le baron L. de). Sur la législation et le commerce des grains, in-8, 1829.
GUILMOT. Préservation de la famine. Des céréales par rapport aux indigents, in-8 de 2 feuill., 1844.
FODÉRÉ. Essai historique et moral sur la pauvreté des nations, la population, la mendicité, les hôpitaux et les enfants trouvés, in-8, 1825.
MUNTZ. Rapport sur la question de l'impôt du sel, in-12, 1844.
PAIXHANS. Force et Faiblesse militaire de la France, etc., in-8, 1830.
MILLERET. La France depuis 1830 : Aperçus sur la situation politique, militaire et financière, in-8, 1838.
BLANQUI (Ad.). Biographie des économistes (imprimée dans son Précis élémentaire d'économie politique, in-32, 1826.

INDUSTRIE ET COMMERCE.

CLIQUOT BLERVACHE. Dissertation sur l'état du commerce en France, depuis Hugues Capet jusqu'à François Ier, in-8, 1766.
BLANC DE VOLX. État commercial de la France au commencement du XIXe siècle, 3 vol. in-8, 1803.
CHAPTAL (le comte). De l'industrie française, 2 vol. in-8, 1819.
MOLÉON (V. de). Du développement à donner à quelques parties principales et essentielles de notre industrie intérieure, etc., pour faire suite à l'ouvrage de M. le comte Chaptal, intitulé : « De l'industrie française, » br. in-8, 1819.
GRENUS. Essai sur les ressources de la France, ou Développement de quelques branches d'industrie et de commerce, etc, in-8, 1796.

TOLOZAN. Mémoire sur le commerce de la France et de ses colonies, in-4, 1789.
DUBOIS (J.-B.). Essai sur le commerce du midi de la France, in-8, 1804.
DAVID. Des intérêts matériels en France, et spécialement du commerce et des entrepôts, gr. in-8, 1833.
* Tableau décennal du commerce de la France avec ses colonies et les puissances étrangères, publié par l'administration des douanes, 1827 à 1836, in-4, 1838.
Observations de la chambre de commerce de Normandie sur le traité de commerce entre la France et l'Angleterre, in-8, 1788.
CATINEAU LAROCHE. La France et l'Angleterre comparées sous le rapport des industries agricole, manufacturière et commerciale, in-8, 1844.

TOPIÈS (le chev. de). La France et l'Angleterre comparées sous le rapport des industries agricole, manufacturière et commerciale, in-8, 1845.
Enquêtes sur les fers, sur les sucres et sur les houilles, par le ministre du commerce, 3 vol. in-4, 1828-1832.
Enquêtes de 1834, sur les cotons, les laines et plusieurs autres articles importants, 3 vol. in-4.
Recueil des règlements généraux et particuliers concernant les manufactures et fabriques du royaume, 7 vol. in-4, 1730.
MATTHIEU DE DOMBASLE. De l'avenir industriel de la France ; un rayon de bon sens sur quelques grandes questions d'économie politique, in-8, 1835.

MOLÉON (V. de). Annales de l'industrie française et étrangère, etc., 1820-40, in-8.

GOYON DE LA PLOMBANIE (Henri de). La France agricole et marchande, 2 vol. in-8, 1762.

BERNARD (C.). Nouvelle Biographie industrielle, commerciale, géographique, militaire, historique, etc., de la France, in-8, 1845.

ANGE DE STE-ROSALIE (le P.), D. DE BAR, D. JALABERT, et plusieurs autres. L'Etat de la France, contenant les princes, le clergé, les ducs et pairs, les maréchaux de France et les grands officiers de la couronne et de la maison du roi ; les chevaliers des ordres ; les officiers des armées de terre et de mer ; les conseils, les gouverneurs des provinces ; toutes les cours supérieures du royaume ; les généralités et intendances ; les universités et académies, etc., etc., 33ᵉ édition, 5 vol. in-12, 1736.

La première édition, en 1 vol. in-12 et in-8, est de 1652 ; la 34ᵉ édition, en 6 vol. in-12, a paru en 1749.

SEMENTRY. Almanach général des marchands, négociants, armateurs et fabricants de la France et de l'Europe, et autres parties du monde, in-8, 1773-78 (continué par Rei et Levent).

Contient des notices topographiques, industrielles et commerciales sur les principales villes de la France et des pays étrangers.

Almanach du commerce de Paris, in-8, an VII.

Il a été continué successivement par Duverneuil, de la Tynna, Séb. Botin, et paraît annuellement sous ce titre : Almanach du commerce de Paris et des départements, in-8, 1844.

Annuaire général du commerce et de l'industrie, almanach des 500,000 adresses, grand in-8, 1838, 1839, 1840, 1841, 1842, 1843, 1844, 1845 et 1846.

Contient la statistique industrielle des communes de la France ; la description des villes, bourgs et villages, avec l'indication des sites pittoresques, monuments, etc. ; une table géographique pouvant servir de dictionnaire des communes, et une table analytique des matières, où sont indiqués tous les lieux de production et de fabrication industrielle ; les tarifs des douanes françaises et étrangères, etc., etc.

CARTIER VINCHON. Manuel général et nouveau des voyageurs, négociants, etc., ou Statistique complète de la France, par départements, arrondissements et cantons, in-12, 1826.

C'est la reproduction, sous une autre forme, de la partie consacrée aux départements dans l'Almanach du commerce de Botin.

Notice sur les objets envoyés à l'exposition des produits de l'industrie française en 1806, in-8, 1806.

Exposition publique des produits de l'industrie française, catalogue des productions industrielles qui seront exposées dans la grande cour du Louvre pendant les cinq jours complémentaires de l'an IX, broch. de 34 p. in-8, an IX.

Rapport du jury central sur les produits de l'industrie française admis aux expositions de l'an X, in-8, an X.

HÉRICART DE THURY (L.). Rapport du jury d'admission des produits de l'industrie du département de la Seine à l'exposition du Louvre, in-8, 1819.

JOUY (E.). Etat actuel de l'industrie française, ou Coup d'œil sur l'exposition de ses produits dans les salles du Louvre en 1819, in-8, 1821.

COSTAZ (L.). Rapport du jury central sur les produits de l'industrie française, in-8, 1819.

MOLÉON (de). Description des expositions des produits de l'industrie française faites à Paris depuis leur origine jusqu'à celle de 1819 inclusivement, 4 vol. in-8 et plans, 1824.

HÉRICART DE THURY (avec MIGNERON). — Rapport sur les produits de l'industrie française (de 1823), in-8, 1824.

PAYEN. Rapport du jury départemental de la Seine sur les produits de l'industrie admis au concours de l'exposition publique de 1827, 2 vol. in-8, 1829.

BLANQUI (Adolphe). Histoire de l'Exposition des produits de l'industrie française en 1827, in-8, 1827.

HÉRICART DE THURY (avec MIGNERON). — Rapport sur les produits de l'industrie française (de 1827), in-8, 1828.

DUPIN (le baron Ch.). Rapport du jury central sur les produits de l'industrie française exposés en 1834, 3 vol. in-8, 1836.

FLACHAT (Stéphane). L'Industrie, recueil de traités élémentaires sur l'industrie française. Exposition des produits de l'industrie en 1834, in-4, et pl., 1834.

Livre d'honneur de l'exposition des produits de l'industrie française en 1839, in-12, 1840.

Exposition des produits de l'industrie française en 1839. Rapport du jury central (par les membres des diverses commissions composant le jury central), 3 vol. in-8, 1839.

* Moniteur de l'exposition de 1839, ou Archives des produits de l'industrie, in-8, 1839.

MIEL. Opinion sur l'exposition industrielle de 1839, en ce qui concerne les arts du dessin aux produits manufacturés, br. in-8, 1840.

GABALDE (B.). Histoire de l'Exposition industrielle de 1844, 3 livraisons in-8, 1844 (n'a pas été continuée).

* Musée de l'industrie française, ou Compte Rendu raisonné sur les produits des principaux exposants, in-18 de 5 feuilles, 1844.

L'Exposition, journal de l'industrie et des arts utiles, 4 vol. in-4, avec de nombreuses gravures, 1839-44.

BURAT. Exposition de l'industrie française en 1844, 2 vol. in-4, illustrés de vignettes et ornés de plus de 80 dessins, 1844-45.

Exposition des produits de l'industrie française en 1844. Rapport du jury central, 3 vol. in-8, 1845.

Tableau décennal du commerce de la France avec ses colonies et les puissances étrangères, 20 vol. in-4, 1827-36.

VAUBLANC (le comte de). Du commerce de la France en 1820 et 1821, in-8, 1822.

— Du commerce de la France : Examen des états du directeur général des douanes, in-8, 1824.

T'SCHAGGENY. Traité du commerce de la France avec l'Europe, etc., in-8, 1817.

SOCIÉTÉS LITTÉRAIRES.

Sociétés littéraires de la France (Annuaire de la soc. de l'hist. de France, in-18, 1841, p. 93).

Mémoires et Histoire de l'académie royale des sciences, depuis son établissement en 1666, jusqu'en 1790, 164 vol. in-4, 1701-93 ; 2ᵉ série, 14 vol. in-4, 1816-44.

Mémoires et Histoire de l'académie royale des inscriptions et belles-lettres, de 1701-93, 50 vol. in-4, 1717-1809 ; 2ᵉ série, 14 vol. in-4, 1815-44.

Mémoires présentés par divers savants à l'acad. royale des inscriptions et belles-lettres. — Antiq. de la France, t. I, in-4, 1844.

Journal des savants. 1ʳᵉ série, in-4, 1665-1792. — 2ᵉ série, nivôse à prairial an V. — 3ᵉ série, 1816-44.

Mémoires et Dissertations sur les antiquités nationales et étrangères, publiées par la société royale des antiquaires de France (le t. VII, in-8, de la nouvelle série, a paru en 1844).

La 1ʳᵉ série a 10 vol., dont 5 de Mémoires de l'académie celtique, 1807 à 1812, et 110 pages du 6ᵉ vol. Le t. VII de la nouvelle série est donc le XVIIᵉ de la collection.

Mémoires de l'académie royale de médecine, 7 vol. in-4, 1820-36 (publie un Bulletin in-8, paraissant deux fois par mois).

Bulletin de la société de l'histoire de France et des antiquités nationales, années 1835 à 1844, 7 vol. gr. in-8.

Annuaires de la société de l'histoire de France, 10 vol. in-18, 1837-46.
Bibliothèque de l'école des chartes, 5 vol. in-8, 1840 à 1844.
Bulletin de la société de géographie, 1re série, 20 vol. in-8, 1822-33 ; 2e série, 14 vol. in-8, 1834-41.
Bulletin de la société géologique de France, 11 vol. in-8, 1820-40, et 4 vol. in-4, 1820-41.
Procès-verbaux des séances de la société archéologique en juin 1842 (Bull. de M. de Caumont, t. 8, p. 229-359).
Bulletin d'histoire naturelle, 12 vol. in-8, 1833-44 (2 vol. par an).
Annales du muséum d'histoire naturelle, 4 vol. in-8.
Annales des sciences naturelles.
— 1re série, 1824-33, 30 vol. in-8 et 600 pl. pour la plupart coloriées.
— 2e série, 1834-43, 40 vol. gr. in-8 et environ 700 pl. dont quelques-unes coloriées.
— 3e série, commencée le 1er janv. 1844 (2 vol. par an).
Annales de Flore et de Pomone, in-8, 1832 à 1842 (il paraît un numéro par mois).
Annales de la société royale d'horticulture, 36 vol. in-8, 1827 à 1844.
L'Horticulteur universel, journal général des jardiniers et des amateurs, 6 vol. in-8, 1839 à 1844 (un cahier par mois).
Revue agricole, 12 livr. par an, 1838-44.
Moniteur des eaux et forêts, journal des propriétaires, agents forestiers, marchands de bois, maîtres de forges, etc., 2 vol. in-8, 1er janvier 1842 à 1844.
L'Agriculteur praticien, 5 vol. in-8, 1839 à 1844.
Annales de l'agriculture française.
— 1re série, an IV à 1817, 70 vol. in-8.
— 2e série, 1818 à 1828, 44 vol. in-8.
— 3e série, 1829 à 1839, 24 vol. in-8.
— 4e série, 1840 à 1845, 9 vol. in-8.
(Continue un cahier par mois.)
AMANS CARRIER. Le Propagateur de l'industrie de la soie en France, journal mensuel, 1838.
Journal des chasseurs, 8 vol. in-8, 1836 à 1844.
Annales des ponts et chaussées, 43 vol. in-8, 1831 à 1844 inclus.
Bulletin de la société d'encouragement pour l'industrie nationale, an XI à 1843, 43 vol. in-4, fig., avec table et notice.
Le Technologiste français, archives des progrès de l'industrie, 6 vol. in-8, 1839 à 1845.
Journal des économistes, revue mensuelle de l'économie politique, 4 vol. in-8, 1841 à 1844.
Annales de la société académique de la Loire-Inférieure, 10 vol. in-8, 1798-44.
Contient de nombreux documents historiques sur la Bretagne.
Le Lycée armoricain. V. départ. de la Loire-Inférieure.
Mémoires de la société des antiquaires de Normandie, 11 vol. in-8, 1825-44.
Mémoires de l'acad. royale de Caen, 3 vol. in-8, 1755 ; 5 vol. in-8, 1830-40.
Mémoires de la société des antiquaires de l'Ouest, 9 vol. grand in-8, avec figures, 1836-43.
Revue anglo-française. Recueil historique sur la France, l'Aquitaine, la Normandie, etc., 1re série, 5 vol. in-8 ; 2e série, 1 vol. in-8, 1829.
Revue du nord de la France, 2 vol. in-8, 1838-40.
Mémoires de la société des antiquaires de la Morinie, 2 vol. in-8, 1834-41.
Mémoires de la société des antiquaires de Picardie, 4 vol. in-8.
Mémoires de la société archéologique du midi de la France, 4 vol. in-4, 1834-40.
GRANGENT. Description des antiquités du Midi (avec Durand et Simon Durand) (Notice des travaux de l'académie du Gard, 1822, p. 322).
Mémoires de la société archéologique de Montpellier, 2 vol. in-4, 1834-41.
Annales scientifiques, littéraires et industrielles de l'Auvergne (Journal de l'acad. des sciences, lettres et arts de Clermont), 7 vol. in-8, 18... à...
* L'Art en province (Journal de la société centrale des amis des arts de Moulins), 5 vol. in-4, ornés de planches lithographiées ou gravées.
TOULOUZAN. Annales provençales d'agriculture pratique et d'économie rurale, 4 vol. in-8, 1827-30.
V. aussi : *Mémoires des sociétés savantes des provinces et des départements.*

BIOGRAPHIE.

CHAUDON (l'abbé). Nouveau Dictionnaire historique, 4 vol. in-8, 1766 ; 3e édit., 13 vol. in-8, 1804 (avec Delandine) ; nouvelle édit., 30 vol. in-8, 1827.
Nouveau Dictionnaire historique, par une société de gens de lettres, 9 vol. in-8, 1789.
PERRAULT. Les Hommes illustres de ce siècle, avec leurs portraits, 2 vol. in-fol., 1696.
AUVIGNY (d'). Les Vies des hommes illustres de la France, depuis le commencement de la monarchie jusqu'à présent, in-12, 1739, avec la continuation par l'abbé Pérau et Turpin, ensemble 27 vol. in-12, 1739-57.
BAYLE (P.). Dictionnaire historique et critique, 4 part. en 2 vol. in-fol., 1697 ; 6e édit., 4 vol. in-fol., 1734 ; 11e édit., augmentée de notes extraites de Chaufepié, Joly, la Monnoie, Leduchat, L.-J. Leclerc, Prosp. Marchand, etc. (publ. par M. Beuchot, 16 vol. in-8, 1820-24.
MORÉRI (l'abbé Louis). Le Grand Dictionnaire historique, ou Mélanges curieux de l'histoire sacrée et profane, in-fol., 1674 ; nouv. édit. (20e) dans laquelle on a refondu les suppléments de l'abbé Goujet, revue et augmentée (par Drouet), 10 vol. in-fol., 1759.
TURPIN. La France illustre, ou le Plutarque français, in-4, 1775 et suiv.
* Portraits des grands hommes de France, in-4, 1786-91.
DANDOLO (Vinc.). Les Hommes nouveaux, in-8, 1800.
Biographie moderne, ou Dictionnaire biographique de tous les hommes, morts ou vivants qui ont marqué jusqu'à la fin du XVIIIe siècle et au commencement de celui-ci, etc., 4 vol. in-8, 1806.
CAURIÈRE. * Biographie moderne, 3 vol. in-8, 1816.
Biographie nouvelle des contemporains, par Arnault, Jouy, etc., 20 vol. in-8, 1820-25.
Galerie historique des contemporains, 8 vol. in-8, 1818-20.
Biographie des hommes vivants, par une société de gens de lettres, 5 vol. in-8, 1816-19.
Biographie universelle, ancienne et moderne, par une société de gens de lettres et de savants, 55 vol. in-8, 1811-28 (un supplément de cette biographie est en cours de publication).
Biographie universelle et portative des contemporains, ou Dictionnaire historique des hommes vivants et des hommes morts depuis 1788 jusqu'à nos jours, publié sous la direction de MM. Rabbe, Vieilli de Boisjolin, et Ste-Preuve, 5 vol. in-8, 1817.
PROISY D'EPPES (le comte de). * Dictionnaire des girouettes, ou nos Contemporains peints d'après eux-mêmes, in-8, 1815 ; 3e édit. revue et augmentée, in-8, 1815.
BEUCHOT. * Dictionnaire des immobiles, par un homme qui jusqu'à présent n'a rien juré et n'ose jurer de rien, in-8, 1815.
BARBIER DE BERCENAY. * Dictionnaire des non girouettes, in-8, 1817.
* Nouveau Dictionnaire des girouettes, ou nos Grands Hommes peints par eux-mêmes, par une girouette inamovible, in-12, 1831.
Biographie des hommes célèbres du département de l'Ain (Annuaire de l'Ain, in-8, 1840-41).

DEVISME (J.-F.-L.). Catalogue des personnages distingués du département de l'Aisne (imprimé dans l'ouvrage du même auteur intitulé : Manuel historique du département de l'Aisne, in-8, 1826, p. 171-404).

ARNOLD (G.-D.). * Notice littéraire et historique sur les poëtes alsaciens, in-8, 1806.

BOUILLOT (l'abbé). Biographie du département des Ardennes, 2 vol. in-8, 1830.

CHARDON (Guill.). Les Vies de plusieurs savants et hommes illustres de la province d'Auvergne, in-12, 1767.

AIGUEPERSE (P.-G.), Les divers genres de célébrités de l'Auvergne, broch. in-8, 1831.

— Biographie, ou Dictionnaire historique des personnages d'Auvergne illustres ou fameux, etc., 2 vol. in-8, 1834-35.

CHATEAU DE BREUIL. Notice sur quelques Auvergnats d'élite (Annales scientifiques de l'Auvergne, l. 12, p. 471).

MOURGUYE (F. de). Essai historique sur les habitants de l'Auvergne, 1re part., 1 vol. in-8, 1841.

COIFFIER DEMORET (de). Notice sur les personnages célèbres ou remarquables par leur rang, leurs actions et leurs talents, nés en Bourbonnais (Hist. du Bourbonnais, t. II, p. 308-50).

* Essai sur quelques gens de lettres, nés dans le comté de Bourgogne, in-8, 1806.

AMANTON. Lettres bourguignonnes, ou Correspondance sur divers points d'histoire littéraire, de biographie, etc., in-8, 1823.

MIORCEC DE KERDANET. Notices chronologiques sur les théologiens, jurisconsultes, philosophes, artistes, littérateurs, poëtes, bardes, troubadours et historiens de la Bretagne, etc., in-8, 1818.

MARESCHAL (Aug.). L'Amérique littéraire, ou Notice sur les hommes de la ci-devant province de Bretagne, etc., in-12, 1795.

HÉDOUIN DE PONS-LUDON (G.-A.). Essai sur les grands hommes d'une partie de la Champagne, par un homme du pays, in-8, 1770.

LE TILLOIS. Biographie générale des Champenois célèbres morts et vivants, in-8, 1836.

THIÉRION père (Alex.). Encore un mot sur le dicton proverbial Quatre-vingt-dix-neuf moutons et un Champenois, etc., broch. in-8, de 15 pages, 1844 (contient les noms de quatre-vingt-dix-neuf Champenois célèbres).

JOULLIETTON. Notices concernant les hommes distingués dans tous les genres qu'ont produits l'ancienne province de la Marche et le pays de Combraille (département de la Creuse) (Hist. de la Marche, t. II, p. 1-114).

ALLARD (Guy). Bibliothèque du Dauphiné, contenant les noms de ceux qui se sont distingués par leur savoir et le dénombrement de leurs ouvrages, depuis douze siècles, petit in-12, 1680 ; nouv. édit., in-8, 1797.

MARTIN (J.-Cl.). Coup d'œil rapide sur le Dauphiné et les exploits de ses héros, etc., in-8, 1803.

COLOMB DE BATINES. Mélanges biographiques et bibliographiques relatifs à la littérature du Dauphiné (avec J. Ollivier), 3 part. in-8, 1839.

MONNIER. Les Jurassiens recommandables, etc., in-8, 1828.

BERNARD (Auguste). Biographie forézienne (imprimée à la fin de l'Histoire du Forez du même auteur, 2 vol. in-8, 1835, avec une pagination particulière).

DERIBIER DE CHEISSAC. Notice biographique des écrivains, personnages illustres, etc., de la Haute-Loire (Description statistique de la Haute-Loire, in-8, 1824, p. 420-36).

CHEVARD. Hommes célèbres du département de Loir-et-Cher (Histoire de Chartres et du pays Chartrain, 2 vol. in-8, an x, t. II, p. 83-100, de la description statistique placée à la fin de ce volume).

LE BOYER. Notices succinctes sur les hommes nés dans le département de la Loire-Inférieure, ou qui l'ont habité longtemps, et qui se sont distingués dans les lettres, les sciences ou les arts, etc. (imprimées à la fin des notices sur les villes, etc., de la Loire-Inférieure, in-12, 1825, p. 263-300).

VERGNAUD ROMAGNÉSI. Hommes et Femmes illustres, recommandables et auteurs d'ouvrages manuscrits et imprimés à Orléans (imprimé à la fin de l'Indicateur orléanais, in-12, 1829, p. 618-72).

CALMET (dom A.). Bibliothèque de la Lorraine, ou Histoire des hommes qui y ont fleuri, in-fol., 1751.

CHEVRIER (F.-A.). Mémoires pour servir à l'histoire des hommes illustres de la Lorraine, 2 vol. in-12, 1754.

MICHEL (L.-A.). Biographie historique des hommes marquants de l'ancienne province de Lorraine, formée plus particulièrement des personnages distingués, nés ou domiciliés dans le département de la Meurthe, in-12, 1829.

FORTIA (le marquis de). Histoire des Lorrains, par Hugues de Toul, extraite des Annales du Hainaut, par Jacques de Guise, in-8, 1838.

VIDAILLET (J.-B.). Biographie des hommes célèbres du départ. du Lot, in-8, 1829.

LEDRU (A.-P.). Notices historiques sur la vie et les ouvrages de quelques hommes célèbres de la province du Maine, in-18, 1817.

DESPORTES (N.). Bibliographie du Maine, précédée de la description topographique du département de la Sarthe, in-8, 1844.

Almanach manceau, in-12, 1728.

Contient un catalogue des auteurs et grands hommes, une suite des évêques et des comtes du Maine.

PERRIN (l'abbé). Les Martyrs du Maine, 2 vol. in-12, 1830-38.

BODIN (J.-F.). Biographie saumuroise (Recherches sur le haut Anjou, t. II, p. 467).

— Biographie angevine (Recherches sur le bas Anjou, t. II, p. 493).

PLUQUET (Fréd.). Notice sur les inspirés, fanatiques, imposteurs, béats, etc., du département de la Manche, br. in-8, 1829.

GERUZEZ (J.-B.-F.). Biographie des hommes célèbres de Reims (Description historique de la ville de Reims, 2 vol. in-8, 1817, p. 179-555).

RIEUSSET. * Biographie du département de la Haute-Marne, in-8, 1811.

BÉGIN. Biographie de la Moselle, etc., 4 vol. in-8, 1829-32.

VIVILLE. Hommes célèbres nés à Metz (Dictionnaire du département de la Moselle, 4 vol. in-8, 1817, t. I, 491-506).

TEISSIER (G.-F.). Biographie des hommes remarquables nés à Thionville (Hist. de Thionville, in-8, 1828, p. 308-338).

DE SAINTE-MARIE. Des hommes illustres de Nevers (Recherches historiques sur Nevers, in-8, 1810, p. 354-402).

RIVIÈRE. * Eloge des Normands, ou Histoire abrégée des grands hommes de cette province, 2 vol. in-12, 1748.

DUBOIS (Louis). Nomenclature alphabétique des auteurs et des artistes normands (imprimée à la fin de l'Itinéraire de la Normandie, in-8, 1828, p. 591-652).

PLUQUET. Mémoire sur les trouvères normands (Soc. des antiq. de Normandie, t. I, p. 368).

DE LA RUE. Essais historiques sur les bardes, les jongleurs et les trouvères normands, 3 vol. in-8, 1834.

CHERUEL. Histoire des personnages célèbres de la Normandie, etc., in-8, 1835.

DEVRITZ (Ch.). Les Normands illustres (se publie par livraisons, in-8, mars 1844).

LEMAIRE (J.). Généalogie des nobles, illustres et doctes Orléanais (Hist. d'Orléans, in-fol., 1648).

CAMBRY. Hommes célèbres du département de l'Oise (Description de l'Oise), t. II, p. 226-57.

DREUX DU RADIER. * Eloges historiques des hommes illustres de la province de Thymerais, avec un catalogue raisonné de leurs ouvrages, in-12, 1749.

BERTRAND (P.-J.-B.). Biographie des hommes distingués, nés dans le Boulonnais (Précis de l'histoire de Boulogne-sur-Mer et de ses environs, 2 vol. in-8, 1829, t. II, p. 585).

PIERS (H.). Biographie de la ville de Saint-Omer, in-8, 1835.

NOSTREDAME ou NOSTRADAMUS (Jean de). Les Vies des plus célèbres et anciens poëtes provençaux qui ont fleuri au temps des comtes de Provence, in-8, 1575.

HOZIER (P. d'). Table contenant les noms des Provençaux illustres, in-fol., 1677.

* Mémoire pour servir à l'histoire de plusieurs hommes illustres de Provence, in-12, 1752.

* Biographie provençale, in-8, 1836.

GOY (Alf.). Le Panthéon provençal, histoire de tous les grands hommes de la Provence, in-8, 1839.

DANIEL (H.). Biographie des hommes remarquables du département de Seine-et-Oise, depuis le commencement de la monarchie jusqu'à ce jour, in-8, 1832.

GUILBERT (P.-J.-V.). Mémoires biographiques et littéraires sur les hommes qui se sont fait remarquer dans le département de la Seine-Inférieure, 2 vol. in-8, 1812.

* Biographie des hommes célèbres, des savants, des artistes et des littérateurs du département de la Somme, in-8, 1835.

NAYRAL. Biographie et Chroniques castraises, 3 vol. in-8, 1833.

CHALMEL (J.-L.). Biographie des hommes célèbres nés en Touraine (forme le t. IV de l'Histoire de Touraine du même auteur, 4 vol. in-8, 1828).

BARJAVEL (C.-F.-H.). Dictionnaire historique, biographique et bibliographique du départ. de Vaucluse, 2 vol. grand in-8, 1841.

PEYROT-MAGENET. Biographie contemporaine de la Haute-Vienne, in-8 (publication commencée en 1844).

ANDRAUD (de l'Allier). Statistique morale de la France, ou Biographie par département, in-8, 1839.

3 livraisons seulement ont paru, donnant la biographie des Basses-Alpes, biographie des Bouches-du-Rhône, biographie du Var.

LA FRANCE. Description géographique, statistique et topographique, etc., publiée sous la direction de M. Loriol, in-8, 1834 (ouvrage dont la publication n'a pas été continuée).

Nous avons déjà indiqué cet ouvrage dont il a paru seulement 7 livraisons relatives aux départements du Haut et Bas-Rhin, d'Eure-et-Loir, du Puy-de-Dôme, de l'Orne, de la Seine-Inférieure et de Seine-et-Marne ; à la fin de chaque livraison se trouve une biographie des hommes nés dans ces départements.

BIBLIOGRAPHIE.

Dissertations sur les principaux monuments de l'histoire de France (Mémoires de l'académie royale des inscriptions et belles-lettres, t. xv, p. 580 et suiv.).

FOY (L.-Et. de), prêtre. Notice des diplômes, des chartes et des actes relatifs à l'histoire de France (depuis l'an 23 de J.-C. jusqu'en 841). T. I et unique, in-fol., 1765.

DUCHESNE (And.). Bibliothèque des auteurs qui ont écrit l'histoire et topographie de la France, in-8, 1627.

LELONG (le P. Jacques). Bibliothèque historique de la France, contenant le catalogue des ouvrages imprimés et manuscrits qui traitent de l'histoire de ce royaume, etc., 1re édit., in-fol., 1719 ; 2e édit., augmentée par Fevret de Fontette, Camus, T.-Th. Hérissant, P. Hérissant, Barbeau de la Bruyère, Coquereau, Rondet et autres, 5 vol. in-fol., 1768-78.

ROUX (Aug.). Annales typographiques, 10 vol. in-8, 1758-62.

ROUX (P.). Journal typographique et bibliographique, 13 vol. in-8, 1797-1810.

Journal général de l'imprimerie et de la librairie, in-8, 1811.

Bibliographie de la France (dirigée par M. Beuchot), 34 vol. in-8, 1812-45.

NAMUR (M.-P.). Bibliographie - paléographico-diplomatico-bibliologique générale, ou Répertoire systématique indiquant : 1° tous les ouvrages relatifs à la paléographie, à la diplomatie, à l'histoire de l'imprimerie et de la librairie, 2 vol. in-8, 1844.

DESNOYERS (J.). Indication des principaux ouvrages propres à faciliter les travaux relatifs à l'histoire de France, in-18, 1837, p. 235.

PIHAN - DELAFOREST (A.). Bibliothèque géographique, historique et statistique de la France, ou Recueil bibliographique de tout ce qui a été publié sur les provinces, diocèses, colonies, départements, arrondissements, villes, bourgs, châteaux, fleuves, rivières, canaux, chemins de fer, etc., etc. (Prospectus d'un ouvrage dont il n'a rien été publié), in-8, 1839.

LA FRANCE. Description géographique, etc., publiée sous la direction de M. Loriol, in-8, 1834 (ouvrage dont la publication n'a pas été continuée).

On trouve à la fin des livraisons parues une Bibliographie fort incomplète des départements du Haut et du Bas-Rhin, d'Eure-et-Loir, du Puy-de-Dôme, de l'Orne, de la Seine-Inférieure et de Seine-et-Marne.

Biographie universelle, ancienne et moderne, etc., par une société de gens de lettres et de savants, 1811 et suiv., 60 vol. in-8.

Contient des notices bibliographiques assez étendues, mais cependant incomplètes, sur chaque auteur mentionné dans ce livre.

MILLIN (A.-L.). Dictionnaire des beaux-arts, 3 vol. in-8, 1806.

Renferme une bibliographie relative à chaque objet dont il est question dans ce dictionnaire.

Bibliographie des palais et maisons des rois de France (imprimée dans l'Annuaire de la société de l'histoire de France pour 1841, in-18).

Recueil des historiens des Gaules et de la France, par des bénédictins de la congrégation de St-Maur, 20 vol. in - fol., 1738-1842.

Bibliographie des sociétés savantes de la France (imprimée dans l'Annuaire de la société de l'histoire de France pour 1841, in-18).

HELYOT (Hipp.). Histoire des ordres monastiques, etc., 3 vol. in-4, 1714.

Le t. I, p. xxxv-xcviij, contient un ample catalogue des livres qui traitent des ordres monastiques.

MERCIER DE ST-LÉGER (l'abbé). Bibliothèque générale des écrivains de l'ordre de St-Benoît, 4 vol. in-4, 1777.

LE CERF. Bibliothèque historique et critique des auteurs de la congrégation de St-Maur, in-12, 1726.

HÉRISSANT (Prosper). Bibliothèque physique de la France, ou Liste de tous les ouvrages, tant imprimés que manuscrits, qui traitent de l'histoire naturelle, etc., in-8, 1771 (V. *Eaux minérales*).

LEBLANC (P.). Catalogue des livres de la bibliothèque de M. J.-B. Huzard, 3 vol. in-8, 1842 (t. I, histoire naturelle ; t. II, agriculture, économie rurale, chasses et pêches ; t. III, médecine humaine et vétérinaire, équitation, bibliographie, etc.).

CARRÈRE (F.). Catalogue raisonné des ouvrages qui ont été publiés sur les eaux minérales, in-4, 1785 (V. *Eaux minérales*).

PATISSIER. Manuel des eaux minérales, in-8, 1818.

On trouve à la suite de la description de chaque source une notice bibliographique des principaux auteurs qui ont écrit sur les eaux minérales dont il décrit les effets.

Bibliothèque de l'homme public, ou Analyse raisonnée des principaux ouvrages français et étrangers sur la politique en général, la législation, les finances, la police, l'agriculture, le commerce et l'art militaire, par Condorcet, Peysonnel et le Chapelier, 28 vol. in-8.

* Recueil de divers ouvrages relatifs à l'agriculture et à la médecine domestique, in-8, 1776.

MUSSET - PATHAY (Victor - Donatien de).
* Bibliographie agronomique, ou Dictionnaire raisonné des ouvrages sur l'économie

rurale et domestique et sur l'art vétérinaire, etc., in-8, 1810.

Il renferme 2,378 articles et se divise en trois parties : 1° titre des ouvrages sur l'agronomie, par ordre alphabétique ; 2° catalogue biographique des auteurs qui ont écrit sur l'économie rurale ; 3° table alphabétique par ordre de matières.

Répertoire général des livres français sur l'agriculture, etc., 1re partie (et unique), contenant 600 articles, broch. in-8, 1810.

ADANSON (Michel). Famille des plantes, etc., 2 vol. in-8, 1763.

On trouve à la suite de la préface une table chronologique des auteurs qui ont écrit sur la botanique, depuis Zoroastre jusqu'à Jaquin, en 1762.

PAULMY (le marquis de). Mélanges tirés d'une très-grande bibliothèque, etc., 70 vol. in-8, 1779.

Le 21e volume contient une notice des livres de botanique, de physique et des sciences qui étaient connues en France dans le xvie siècle.

LA MARCK. Flore française, etc. (avec de Candolle), 5 vol. in-8, 1805.

On trouve à la page 925 du t. IV une liste des auteurs qui ont écrit sur les plantes de la France, et qui y sont cités.

LAGUIOLLE (J.-P.). Considérations médicales sur le vin, etc. (V. *Vignobles*).

Il y est parlé d'une collection bibliographique considérable sur le vin et la vigne, qui était réunie au Clos-Vougeot.

PECQUET (Ant.). Lois forestières de la France, etc., 2 vol. in-4, 1753.

On y trouve une bibliographie des auteurs qui ont écrit sur les eaux et forêts et sur la chasse.

LA CONTERIE (le Verrier de). L'Ecole de la chasse aux chiens courants, in-8, 1763.

Contient une notice bibliographique des ouvrages sur la chasse.

* Histoire de la navigation, 2 vol. in-12, 1722.

On trouve à la fin de cet ouvrage une notice d'un certain nombre d'ouvrages de géographie et de voyages.

GOURNÉ (l'abbé). Dissertation sur le choix des cartes de géographie, in-12, 1737.

ROEDING (H.). Dictionnaire universel de marine, dans toutes les langues de l'Europe, etc. (rédigé en allemand), 4 vol. in-4, dont un de planches.

On y trouve un aperçu de tous les ouvrages imprimés ou manuscrits qui existent sur l'art nautique, le commerce, à commencer de l'année 1484 jusqu'en 1793.

Catalogue des livres et traités de géographie des sieurs Nic. Sanson, Guill. et Adrien Sanson, géographes, pet. in-12, 1702.

On trouve dans ce catalogue la liste d'une grande quantité de cartes des Gaules et de la France.

JULIEN. Catalogue général des meilleures cartes géographiques et topographiques, in-12, 1752-63.

* Catalogue des cartes et plans qui composent l'hydrographie française, in-8, 1834.

LANGLET - DUFRENOY (l'abbé). Méthode pour étudier la géographie, etc., 4e édit., 10 vol. in-12, 1768.

On y trouve un catalogue assez considérable d'ouvrages sur la géographie, les voyages et les cartes géographiques.

Catalogue des cartes géographiques, topographiques et marines de la bibliothèque du prince Alexandre Labanoff de Rostoff, à St-Pétersbourg, suivi d'une notice de manuscrits, Paris, 1823, 1 fort vol. in-8.

PICQUET (Ch.). Catalogue méthodique d'un choix de globes et sphères, d'atlas et de cartes astronomiques, géographiques, topographiques, etc., propres à faciliter la lecture des traités de géographie, des cours d'histoire, des relations de voyages, etc., etc., Paris, 1837, in-8.

MORELLET (l'abbé). Prospectus d'un nouveau dictionnaire de commerce, in-8 de 415 pages, 1769.

On trouve à la fin de ce prospectus le catalogue d'une bibliothèque d'économie politique, composé de 30 pages et divisé par sections.

Encyclopédie. Economie politique.

Ce volume est terminé par une liste d'écrivains sur l'économie politique.

BLANQUI (Adolphe). Histoire de l'économie politique, etc., 2 vol. in-8, 1842.

On trouve à la fin du t. II une bibliographie des auteurs qui ont écrit sur l'économie politique.

HYDROGRAPHIE.

Nouvelles Vues perspectives des ports de France, dessinées par Ozanne et gravées par le Gouaz, in-fol. oblong de 8 planches.

— Vues des principaux ports et rades du royaume de France et de ses colonies, dessinées par Ozanne, avec un texte descriptif par Nic. Ponce, in-4.

Les Ports de France, peints par Jos. Vernet et Hüe, etc., in-4, 1812.

Vues des côtes de France, dans l'Océan et dans la Méditerranée, peintes et gravées par L. Garneray, décrites par E. Jouy, in-fol.

Ports de mer français et étrangers, par ordre alphabétique, in-16, 1840.

Ports et Côtes de France, de Dunkerque au Havre, par Lefebvre et Duruflé, in-4.

— Ports de France sur la Méditerranée et l'Océan, in-16, 1840.

Description des *parties maritimes de la France*, contenant un état de toutes les villes fortifiées, ports, havres, etc., par Jefferys, in-fol. Londres, 1761.

Annales maritimes et coloniales, recueil périodique mensuel, 88 vol. in-8, 1809-1844.

Histoire maritime de France, depuis la paix de Nimègue jusqu'à nos jours, par Guérin, 2 vol. in-8, 1843.

Dissertation sur la Méditerranée (Mémoires de l'acad. royale des inscriptions et belles-lettres, t. II, p. 486; t. IX, p. 96, 106 et suiv. — Hist., ibid., t. XLVI, p. 586, 587; t. XLVII, p. 219-23.

Essai sur l'histoire économique des mers occidentales de la France, par Tiphaigne, in-8, 1760.

GIVRY. Pilote français. Instruction nautique (partie des côtes comprises entre les Casquets et la pointe de Barbleuf, environs de Cherbourg), in-4, 1845.

Dissertation sur la position et sur l'étendue du golfe de Lyon (Hist. de l'acad. royale des inscriptions et belles-lettres, t. XXV, p. 66; t. XXVII, p. 114).

COULIER. Guide des marins pendant la navigation nocturne, in-8, 1829.

— Atlas général des phares et fanaux à l'usage des navigateurs, in-4, cartes et plans, 1845.

LABORIA. Notice sur la défense des côtes maritimes de France, in-8.

JOINVILLE (S. A. R. le prince de). * Note sur l'état des forces navales de la France, 2e édit., in-12, 1845.

FRESSE-MONTVAL. La France illustrée par ses marins, in-12, 1844.

DESALLES. Notice historique sur la marine française, in-8 de 5 f., 1845.

CARTES GÉOGRAPHIQUES ET PLANS.

CARTES PHYSIQUES ET HYDROGRAPHIQUES.

Carte physique, ou Géographie naturelle de la France, divisée par chaînes de montagnes, et aussi par terrains de fleuves et rivières, par Ph. Buache, 1770, 1 feuil.

Carte oro-hydrographique de la France, par Berghaus, 1 feuil. (*Berlin*), 1824.

Carte d'analyse géographique appliquée aux divisions naturelles et aux divisions administratives de la France, par Denaix, 1842, 1 feuil. imprimée en couleur.

Carte de la navigation intérieure de la France, dressée par ordre du directeur général des ponts et chaussées, 1820, 1 feuil.

Carte des monts Pyrénées, par G. Sanson, en 2 feuil. in-fol., 1675, 1681.

Carte des monts Pyrénées, avec une partie des royaumes de France et d'Espagne, par Roussel, 1730, 8 feuil.

Carte des Pyrénées et des provinces limitrophes, gravée d'après Roussel, et avec additions d'après Tofino et Lopez, par Arrowsmith (*Londres*), 1809, 10 feuil.

Carte d'une partie des Pyrénées (occidentales), gravée par un procédé imitant le relief, par Wyld, en 4 feuil., 1840 (*Londres*).

Carte hydrographique de la France, par la direction des ponts et chaussées, en 12 feuil., 1828.

DUBRENA. Carte de la navigation de la France, de la Belgique, de la Hollande et de tout le territoire de la rive gauche du Rhin (réduction de la précédente, accompagnée de légendes et tableaux, en 2 feuil., 1838), nouv. édit., 1844.

DUPAIN - TRIEL. Carte de la navigation intérieure de la France, revue par V. Dubrena, 2 feuil., 1838.

GRANGEZ (E.). Carte commerciale de la navigation de la France, de la Belgique et des Etats limitrophes, 1 feuil., 1840.

Nouvelle Carte de la navigation de la France, avec le tracé des chemins de fer exécutés ou en exécution, et les différentes lignes dont la concession a été demandée et dont les projets ont été étudiés; la description de tous les phares établis sur les côtes de France et ceux projetés, d'après les cartes marines, 1 feuil. jésus, coloriée, 1843.

Carte du canal royal de la province du Languedoc, par Garipuy, 1771, 22 feuil.

Carte des canaux d'Orléans, de Briare et de Loing, par Lattré, 21 feuil.

Carte des rivières qui servent à l'approvisionnement de Paris, levée par ordre des prévôts et échevins de Paris, 1785, 2 feuil.

Carte des rivières et ruisseaux du bassin de la Seine qui servent à l'approvisionnement de Paris, divisée en départements, avec indication des bureaux de l'octroi de navigation, des flottages en train et à bois perdu, des pertuis, écluses, vannes, etc., par Thibault, 1802, 2 feuil.

— La même, corrigée et augmentée par le syndicat du commerce des bois, 1836, 2 feuil.

Carte spéciale des voies navigables qui mettent en communication Paris, le nord de la France et la Belgique, par Grangez, 1843, 2 feuil.

Carte topographique du cours du Rhin, depuis Bâle jusqu'à Mayence, sur laquelle on a tracé les mouvements et les positions des armées françaises et allemandes pendant les campagnes de 1675, par Beaurain, 6 feuil.

Carte topographique du cours du Rhin et de ses deux rives, depuis Huningue jusqu'à Lauterbourg, par l'état-major badois, 1829, 19 feuil.

Carte du cours du Rhin, par G. Sanson, en 2 feuil. in-fol., 1652, 1663.
— La même, par du Val, in-fol., 1679.
— La même, par Sengre, en 2 feuil. in-fol.
— La même, en 6 feuil. in-fol., 1706.
— La même, par de Rossi, in-fol., 1686.
— La même, par Cantelli, in-fol., 1689.
— La même, par des Granges, en 2 feuil. in-fol., 1689.
— La même, par Nollin, in-fol., 1690.
— La même, par Coronelli, in-fol., 1690.
— La même, par de Fer, en 3 feuil. in-fol., 1691.
— La même, par N. Sanson, in-fol., 1696.
— La même, in-fol., 1709.
— La même, par de Witt, in-fol.
— La même, par G. de l'Isle, en 3 feuil., in-fol., 1704.
— La même, par le Rouge, in-fol., 1744, 1745.

Carte des environs du Rhin, par Buna, en 6 feuil. in-fol., 1762.

BAUERKELLER. Carte de France en relief, 1 feuil., 1842.

SANIS. Carte de France en relief, 1 feuil., 1843.

CARTES GÉOLOGIQUES ET MINÉRALOGIQUES.

GUETTARD (Jean-Etienne). Atlas et Description minéralogique de la France (1re partie et unique), 2 vol. in-fol., 1780.

Carte géologique et minéralogique des environs de Paris, par Cuvier et Brongniart, 1 feuil., 1811.

Carte géologique de la France et d'une partie de l'Allemagne, par Coquebert de Montbret et Omalius d'Halloy, 1 feuil., 1825.

Carte géologique de la France, en 6 gr. feuil., par Dufrenoy et Elie de Beaumont, 1840. V. *Géologie*.
— Réduction de la carte précédente, en 1 feuil., 1840.

Carte géologique des environs de Paris, in-fol., 1840, par Perrot.

Carte géognostique du plateau tertiaire parisien, avec profils et coupes de terrains, par Raulin, 1842, 1 feuil.

Carte minéralogique de la France, par Dupain-Triel, 1784, 1 feuil.

Carte minéralogique de la France et de l'Angleterre, par Ch. Buache, 1746, 1 feuil.

Carte topographique et minéralogique d'une partie du département du Puy-de-Dôme (cidevant province d'Auvergne), par Desmarest, en 7 feuil., 1823. V. aussi *les articles concernant chacun des départements*.

CARTES DE FRANCE.

Peutingeriana Tabula itineraria, etc., décrite avec soin par F.-C. Scheyb, 12 feuil. gr. in-fol., Vienne, 1753.
— Corrections faites à la Table de Peutinger (Mém. de l'acad. royale des inscriptions et belles-lettres, t. v*, p. 388, 405; t. vii*, p. 194, 195, 196, 199; seg. vi, p. 205).

— Dissertation sur la Table itinéraire publiée par Velser sous le nom de Table de Peutinger (Hist. de l'acad. royale des inscriptions et belles-lettres, t. xiv, p. 174; t. xviii, p. 249, 254; t. xxv, p. 41).

Carte de la description de Gaules, par Duchesne, in-fol., 1570.

Carte du théâtre des Gaules, par Boisseau, in-fol., 1642.

Carte de l'ancienne Gaule, où les chemins sont tracés selon l'Itinéraire d'Antonin, par Gauthier (se trouve dans le Traité de la construction des chemins du même auteur, in-8, 1714).

La Gaule dans son état au temps de la conquête par César, in-4, 1743, par d'Anville.
— Carte de la province romaine dans la Gaule, in-4, 1743.
— La Gaule antique, in-fol., 1760.
Géographie des côtes de la Gaule (Hist. de l'acad. royale des inscriptions et belles-lettres, t. 1ᵉʳ, p. 136 et suiv.; Mém., ibid., t. VIIIᵉ, p. 407, 525).
Carte comparée de la Gaule, par Brué, 1 feuil.
Carte générale de la Gaule, par Brué, revue, complétée et augmentée de cartes particulières par Ch. Picquet, 1839, 1 feuil.
Gallia tum Cisalpina tum Transalpina ejusque in provincias descriptio circa tempora eversi per occidentem imperii Romani, auctore C. A. Walckenaer, 1844, 1 feuil.
Carte de France, par G. Postel, in-fol., 1553.
— La même, en 2 feuil. in-fol., 1570.
— La même, corrigée par de Mathonière vers 1600.
Carte de France (ancienne carte, autour de laquelle il y a des vaisseaux), in-fol.
— La même, par Jolivet, in-fol., 1565.
— La même, par de Belleforest (au t. 1 de sa Cosmographie).
— La même, par Mercator, in-fol., 1585, 1607, 1609, 1613, 1619, 1628.
— La même, par J. Besson, in-fol., 1593.
— La même, par Ortelium, in-fol., 1594.
— La même, par de la Guillotière, in-fol.
— La même, par le même, en 9 feuil. in-fol., 1613-1632.
— La même, par Savary, in-fol., 1627.
— La même, in-fol., 1637.
— La même, par Tassin, in-fol., 1637.
— La même, en 9 feuil. in-fol., 1638.
— La même, par N. Sanson, in-fol., 1637, 1641, 1658, 1665, 1678.
— La même, in-fol., 1669.
Carte générale de France, en 12 feuil. in-fol., 1642.
Cartes générales de France et d'Espagne, par Tassin, in-4, 1648.
Carte générale de France, etc., par Bercy, en 9 pet. feuil., 1645.
Carte de la France, par du Val, in-fol., 1655, 1665, 1685.
— La même, en 2 feuil. in-fol., 1665.
— La même, en 6 feuil. in-fol., 1669, 1708.
— La même, par Visscher, in-fol., 1660.
— La même, par Roussel, in-fol., 1694, 1695, 1706.
— La même, en 4 feuil. in-fol., 1666.
— La même, par N. Sanson, en 2 feuil. in-fol., 1689, 1692.
— La même, par G. Sanson, en 4 feuil. in-fol.
— La même, en 6 feuil. in-fol., 1680, 1689, 1709.
— La même, divisée en généralités, par Maraldi, in-fol.
— La même, par Coronelli, in-fol., 1688.
— La même, par Tillemon, in-fol., 1694.
— La même, par Nolin, in-fol., 1690.

— La même, en 6 feuil., contenant des portraits en médaille de tous les rois de France, in-fol., 1692.
— La même, divisée en gouvernements, in-fol., 1698.
Carte de France, in-fol., 1693.
Carte de France triomphante sous le règne de Louis le Grand, par de Fer, en 6 feuil. in-fol., 1693, 1747, 1761 (elle est chargée de 200 cartouches où sont des portraits de rois, etc.).
Carte de France, par de Fer (avec les routes), in-fol., 1698.
— La même, avec les plans des principales villes, in-fol., 1755; corrigée en 1760, 1763.
— La même, par Danet, in-fol., 1726, 1730.
— La même, par Besson, in-fol., 1699.
— La même, par P. du Val, en 4 feuil. in-fol., 1704.
— La même, par Auvray, in-fol.,
— La même, par G. de l'Isle, in-fol., 1703.
— La même, en 2 feuil. in-fol., 1708.
— La même, par le même, in-fol., 1721.
— La même, augmentée par Buache, in-fol., 1764.
Carte nouvelle de France, par Philippe, en 11 feuil. in-4, 1764.
Carte de France, avec des remarques sur l'ancienne et la nouvelle géographie.
— La même, divisée en ses gouvernements.
Carte de France, par Guselin, en 2 feuil. in-fol., 1713, 1760.
— La même, par Sauson, in-fol., 1713.
— La même, par l'abbé de Dangeau, en 18 feuil. in-fol., 1715.
Carte de la France, divisée en provinces et en généralités, par d'Anville, 1774, 1 feuil.
— Cartes de la France et de ses détails, 7 feuil., 1719.
Elles se trouvent dans la Description de la France de l'abbé de Longuerue, précédées d'une Gaule, d'une France ancienne ou du moyen âge, et d'une France moderne générale.
Carte de France, par Robers, in-fol., 1742.
Nouvelle Carte de France, par le Rouge, in-fol., 1745.
Carte de France, divisée en ses provinces, par le Parmentier, en 2 feuil. in-fol., 1747.
— La même, réduite en 1 feuil. in-fol., 1748.
— La même, par Julien, en 28 feuil. in-4, 1751.
— La même, par Nolin fils, in-fol., 1753, 1755, 1759.
— La même, présentée de trois manières, en 3 feuil. in-fol., par Paleiret, 1755.
— La même, par Nolin fils, gr. in-fol., 1761.
Carte de la France divisée en gouvernements militaires, par Janvier, in-fol., 1760.
— La même, par de la Fosse, in-fol., 1766.
Carte de France, divisée par les douze provinces ou (anciens) gouvernements, comme elles furent convoquées aux états généraux

de ce royaume, en 1614, avec (leur rang) et les noms des bailliages et sénéchaussées dépendant de chaque gouvernement, in-fol., vers 1640.
La carte 3 de la France analytique présente le même objet, mais avec moins de détail. La division du royaume par gouvernements militaires a succédé à celle des anciens gouvernements, qui ne subsistent plus depuis que les états généraux n'ont plus lieu en France, c'est-à-dire depuis 1614.
Carte de la France, divisée en ses 58 provinces, et sous-divisée en tous ses bailliages, sénéchaussées, prévôtés, vigueries, chancelleries et pays subalternes, par Rizzi-Zannoni, 1765, 1 feuil.
Carte de la France par gouvernements, parlements, généralités et archevêchés; avec les routes et distances des principales villes du royaume et des pays limitrophes, par Brion, in-fol., 1762.
Cartes des villes de guerre, places frontières, etc., départements d'artillerie, moulins à poudre, etc., 2 feuil. in-4 (7 et 8 de la France analytique).
Carte générale des maréchaussées de France, divisée en ses 33 départements, in-4, 1765 (25 de la France analytique).
Cartes des amirautés et des ports du royaume, in-4 (12 de la France analytique).
Carte de la France, divisée selon l'ordre des parlements ou cours souveraines et juridictions royales; par laquelle division se peut voir la grandeur et étendue de chaque parlement, qui sont les présidiaux ou sénéchaussées qui en relèvent, et les bailliages ressortissants à chaque présidial (avec une table des coutumes générales et locales de ce royaume), in-fol. (vers 1630).
— Carte de la France, divisée en ses parlements et conseils supérieurs, avec la cour souveraine de Lorraine, en deux feuilles, compris un supplément, in-4, 1765 (9 et 10 de la France analytique). V. Atlas.
— Carte de la France, divisée par parlements, in-fol.
— La même, par Liébaux, en 2 f. in-4, 1765.
Carte du royaume de France, divisée en toutes ses généralités, en 2 f. in-fol., 1708, 1717.
— La même, par de Fer, in-fol., 1718.
Atlas chronologique, etc., des élections du royaume (avait été promis en 27 feuil., dont il paraissait 22 en 1768), in-4, 1762.
Carte de la France, divisée par chambres des comptes, in-fol.
Carte de France, divisée par cours des aides, in-fol.
— Carte de la juridiction de la cour des aides de Paris, in-fol., 1769.
— La même, par l'abbé de la Grive, in-fol., 1747.
Carte de la France, divisée en cours et hôtels des monnaies, in-fol.
— La même, in-4.

Carte des grands maîtres des eaux et forêts, capitaineries des chasses, etc., 2 feuil. in-4 (ce sont les cartes 30 et 31 de la France analytique).

Carte des anciens états généraux, par l'abbé de Dangeau, in-fol., 1715.

Carte des juridictions consulaires du royaume, in-4 (28 de la France analytique).

Carte de l'état actuel des duchés et comtés-pairies, principautés et duchés héréditaires non pairies, par Brion (11 de la France analytique).

Carte de la France, où sont indiquées les universités et académies, par Buache, in-4, 1760.

Carte de la France littéraire, ou Carte des 21 universités du royaume, de ses académies et autres sociétés littéraires, par Rizzi Zannoni, in-4, 1765 (29 de la France analytique).

Tables géographiques des divisions de la France, par N. Sanson, en 6 demi-feuil. in-fol., 1644, 1663, 1666.
— Les mêmes, en 2 gr. feuilles in-fol., 1677, 1680, 1695.

Tableau généalogique-chronologique, sur un plan tout à fait nouveau, de l'ancienne monarchie française jusqu'à la création de la monarchie de 1830, par Leduc-Housset, en 3 feuil., 1833.

Tableau chronologique de l'histoire de France, par Ferrand, 1842, 1 feuille.

Cartes synthétiques des accroissements successifs de la puissance des Francs dans la Gaule, sous les rois des 1re, 2e et 3e races, et sous la république française, de 420 à 1804, par P. Picquet et Boucher, en 2 feuil., 1804.

Carte de la France, divisée en archevêchés, évêchés et abbayes, in-fol., 1656, par de Ste-Marthe (cette carte a été dressée pour l'ouvrage intitulé : *Gallia Christiana*).

Carte du royaume de France, divisée en six provinces monastiques, où sont marqués tous les monastères de St-Benoît, de la congrégation de St-Maur, par le Chevalier, in-fol., 1710.

Carte de la France, divisée par archevêchés et évêchés, dans lesquels se trouvent toutes les abbayes d'hommes et de filles à la nomination du roi, en 4 feuil., par Jaillot, in-fol., 1736.

Mémoire sur le nivellement général de la France, et les moyens de l'exécuter, par Girard (Mém. de l'acad. des sciences, t. VII, 1827).

Carte de la France en 85 départements, en districts et en chefs-lieux de canton, par Belleyme, 1791, 4 feuil.
— La même, en 4 feuil. grand aigle, 1824.
— La même, divisée par diocèses.

Carte de la république française, en 12 feuil., par Chanlaire.

Carte de l'empire français et du royaume d'Italie, avec une partie des Etats qui sont sous la protection de l'empereur Napoléon, par Lapie et Picquet père, en 1 feuille 1/2, 1811.
— Carte de l'empire français, avec ses établissements politiques, militaires, civils et religieux, dressée au dépôt général de la guerre, en 3 feuil., 1812.
— Carte de l'empire français et des Etats limitrophes, par Brué, en 4 feuil., 1813.

Carte des opérations de l'armée française (en France) en 1814 et 1815, par Youf de Maisons, en 1 feuille, 1815.

Carte historique et politique de la France, d'après ses diverses limites, de 1792 à 1815, par Schmidt, Matthias et Kloeden, en 6 feuil., *Berlin*, 1815.

Carte générale de la France, par Chanlaire et Capitaine, en 6 feuil. pap. chapelet, 1820.

Grande carte de France, de la Belgique et d'une partie de la Suisse, par Arrowsmith, en 6 feuil., 1817 (Londres).

Carte de France, par Lapie, en 1 feuil., 1821.

Carte générale de la France, par Mentelle et Chanlaire, en 4 feuil., 1822.

Carte physique et routière de la France, par H. Brué, 1 feuil. gr. monde, 1825.

Carte de France pour le service du génie militaire, par le dépôt des fortifications, en 4 feuil., 1825.

Carte cantonale de la France, par A. Donnet, 1831, 1 feuil.

Carte électorale de la France, par le même, 1831, 1 feuil.

Carte ecclésiastique de la France, par le même, 1832, 1 feuil.

Carte physique, administrative et routière de la France, indiquant aussi la navigation intérieure du royaume. Nouvelle édition, conforme aux classifications les plus récentes des routes royales et départementales, et aux changements survenus dans le service des relais de poste, en 4 feuil., 1818, revue en 1843.

Carte géographique et administrative de la France, d'après le traité de paix de Paris, par Hérisson. Augmentée en 1815, par H. Brué, en 4 gr. feuil., 1832.

Carte de la France, par Capitaine, revue et augmentée par Belleyme, perfectionnée et agrandie jusqu'au delà du Rhin et des Alpes, de 1816 à 1821, par le dépôt de la guerre, 1822, 22 feuil.

Carte topographique, minéralogique et statistique de la France, par Donnet, en 25 feuil., 1817. Nouv. édit., 1835.

Carte routière, physique, politique et administrative de la France et d'une partie des Etats voisins, par Lapie; augmentée par Ch. Picquet, en 2 gr. feuil., 1844.

Carte physique, hydrographique, routière, administrative et historique de la France, de la Suisse et d'une partie des Etats limitrophes, par A. Brué; revue, augmentée et terminée par Ch. Picquet, en 1 feuille colombier, 1844.

Carte de la France, en départements et divisions militaires, par A. Brué; nouv. édit., revue par Ch. Picquet, en 2 feuil., 1844.

Carte de la France en 1789, indiquant les divisions comparatives des anciennes provinces et des départements actuels, par A. Brué, augmentée par Ch. Picquet, en 1 f., 1837.

Carte topographique et géométrique de la France, levée par ordre du roi, de 1774 à 1783, (avec corrections des routes et canaux en 1823), 184 feuil., par Cassini de Thury (avec Lecamus de Montigny, Peyronnet, etc.).

Carte topographique de la France, levée par ordre du gouvernement, et assujettie aux observations trigonométriques et astronomiques les plus précises, commencée par le corps des ingénieurs-géographes, continuée par le corps d'état-major, et gravée, au dépôt de la guerre, sous la direction du lieutenant général Pelet, pair de France, en 259 feuilles grand aigle, à l'échelle de 1 pour 80,000.

Les feuilles suivantes ont paru :

1. Calais.	50. Châlons-s.-Marne.
2. Dunkerque.	51. Bar-le-Duc.
3. Boulogne.	52. Commercy.
4. Saint-Omer.	53. Sarrebourg.
5. Lille.	54. Saverne.
6. Montreuil.	55. Lauterbourg.
7. Arras.	63. Mortagne.
8. Douai.	64. Chartres.
9. Maubeuge.	65. Melun.
10. St-Valery.	66. Provins.
11. Abbeville.	67. Arcis.
12. Amiens.	68. Vassy.
13. Cambray.	69. Nancy.
14. Rocroy.	70. Lunéville.
15. Givet.	71. Strasbourg.
16. Les Pieux.	79. Châteaudun.
17. Cherbourg.	80. Fontainebleau.
18. Le Havre.	81. Sens.
19. Yvetot.	82. Troyes.
20. Neufchâtel.	83. Chaumont.
21. Montdidier.	84. Mirecourt.
22. Laon.	85. Epinal.
23. Réthel.	86. Colmar.
24. Mézières.	94. Beaugency.
25. Longwy.	95. Orléans.
26. Sierck.	96. Auxerre.
27. Barneville.	97. Tonnerre.
29. Caen.	98. Châtillon.
30. Lisieux.	99. Langres.
31. Rouen.	100. Lure.
32. Beauvais.	101. Altkirch.
33. Soissons.	107. Tours.
34. Reims.	108. Blois.
35. Verdun.	110. Clamecy.
36. Metz.	111. Avallon.
37. Sarreguemines.	112. Dijon.
38. Wissembourg.	113. Gray.
43. Granville.	114. Montbelliard.
45. Falaise.	115. Ferrette.
46. Bernay.	126. Besançon.
47. Evreux.	127. Ornans.
48. Paris.	137. Chalon-s.-Saône.
49. Meaux.	138. Lons-le-Saulnier.

139. Pontarlier.   160. Nantua.
149. St-Claude.   168. Lyon.
150. Ferney.   169. Belley.
159. Bourg.

Chacune de ces feuilles est accompagnée d'une table, par ordre alphabétique, des positions géographiques (latitude, longitude, altitude) des principaux points trigonométriques qu'elle contient.

Tableau d'assemblage des feuilles de la carte topographique de la France rédigée et gravée au Dépôt de la guerre, avec l'explication des principaux signes employés pour la gravure de ladite carte, par Ch. Picquet, 1838, 1 feuil.

Carte générale des triangles fondamentaux et des principaux points secondaires de la nouvelle carte topographique de la France, gravée au Dépôt de la guerre, 1832, 1 feuil.

Nouvelle Description géométrique de la France, ou Précis des opérations et des résultats numériques qui servent de fondement à la nouvelle carte du royaume, par le colonel Puissant. 1re et 2e parties, 2 forts vol. in-4, avec tableaux, carte des triangles, etc.

Ces volumes forment les t. vi et vii du Mémorial du Dépôt de la guerre.

Carte de France, contenant les noms des 36,150 communes, par Charle, en 6 feuill., 1840.

Carte géographique de la France, divisée en anciennes provinces, en départements, arrondissements et divisions militaires, par Drugeon, en 6 feuilles jésus, 1816; nouv. édit., par Frémin, 1842.

Carte routière et administrative de la France et d'une partie des Etats voisins, par Hérisson, revue et augmentée par Brué, 1844, en 4 feuilles grand aigle; nouv. édit., présentant l'état actuel des routes royales, départementales et stratégiques, de tous les chemins de fer de l'Europe continentale, des canaux, etc.

Carte topographique de la France, en 25 feuilles, par Weiss. Fribourg en Brisgau, 1840.

Carte administrative, physique et routière de la France, par A.-H. Dufour, en 2 feuil., 1840.

Carte polémographique, ou géographico-militaire de la France, par Darmet, 1837, 1 feuil.

Le royaume d'Aquitaine, par Pierre du Val, in-fol., 1671, 1677, 1681, 1688.

Le royaume d'Arles, par Mercator, in-fol., 1609, 1613, 1619

Le royaume d'Austrasie, par Tavernier (Melchior), carte in-fol., 1642.

Le royaume de la France orientale, dite autrement Austrasie, avec partie de celui de Neustrie, par du Val, in-fol., 1671, 1676.

Le royaume de la France occidentale, dite autrement Neustrie, par du Val, in-fol., 1671, 1680.

Carte de la France pour la fin du règne de Clovis, et pour le partage de ses Etats entre ses enfants, par Liébaux, in-4, 1728.

Cartes des frontières de France et d'Espagne, par de Fer, in-fol., 1694.

— Carte des frontières de France et d'Italie, in-fol., 1691.

Carte de la Suisse avec le bailliage de Gex en France, etc., par Grenier, in-fol., 1760.

Carte des frontières de la France, du Palatinat, etc., par de Fer, in-fol., 1689.

Carte du pays situé entre la Moselle, le Rhin, la Sarre et la basse Alsace, en 4 feuilles, in-fol., 1680.

Carte de la Flandre, de l'Artois et du Hainaut, par Tassin, in-fol.

Carte des frontières de la Flandre française et de la Flandre espagnole, par de Fer, in-fol., 1696.

Carte des frontières de la France et des Pays-Bas, in-4, 1709, 1762.

— La même, 1748.

Carte du comté de Hainaut, par Jaillot, in-fol., 1702.

Cartes des conquêtes du roi (Louis XIV) en Flandre, par A. Sanson, en 2 feuil. in-fol.

Carte du théâtre de la guerre en Flandre, in-fol., 1759.

— La même, in-fol., 1764.

Carte générale de la monarchie française, contenant l'histoire militaire depuis Clovis jusqu'à la 15e année du règne de Louis XV, par Lemau de la Jaisse, en 20 feuil. grand in-fol., dont plusieurs doubles, 1733.

Cette carte, supérieurement exécutée, se compose d'un texte entouré de cartouches, de portraits, de drapeaux, de plans des villes fortes et maritimes, etc., etc., relatifs à l'histoire de la monarchie.

Projection géo-sphérique, ou Plan trigonographique de la France, etc., par Rizzi-Zannoni, in-fol., 1763.

Cette carte contient tous les lieux de France devenus célèbres dans l'astronomie, par le grand nombre d'observations célestes qui y ont été faites depuis l'établissement de l'académie royale des sciences, et tous ceux dont la longitude et la latitude se concluent des opérations géométriques, entreprises dès le commencement de ce siècle par ordre du roi, pour déterminer la figure de la terre; les uns et les autres exactement distingués par des signes.

Carte de la France, indiquant le rapport des anciennes divisions avec les départements actuels, par Goujon, in-fol., 1834.

Carte sanitaire de la France, indiquant les principaux établissements de bains médicinaux, ainsi que les sources minérales, in-fol.

Carte des eaux minérales de la France, par Bréon, 1823, 1 feuil.

Carte de l'espèce chevaline en France, par Champagny, 1834, 1 feuil.

CARTES DES PROVINCES.

Atlas des provinces de France, en 13 feuil., y compris la carte générale, in-4, 1765.

Atlas de la France, divisé en ses gouvernements militaires et en ses généralités, subdivisé en ses provinces, petits pays, etc., etc., avec toutes les routes, par Desbois et Brion, en 19 feuil. in-4, 1760, 1765.

Tableau analytique de la France, ou Recueil de 40 cartes de divers auteurs, in-4, précédé d'une table raisonnée sous le nom de coup d'œil, etc., par Brion, in-4, 1765.

Carte d'Alsace, par Mercator, en 2 feuil. in-fol., 1609, 1613, 1619.

— La même, par Tassin, en 2 f. in-fol. 1637.

— La même, par Sanson, en 2 feuil. in-fol., 1644, 1666.

— La même, par le même, in-fol., 1675, 1695, 1707.

— La même, par le même, en 6 feuil. in-fol.

— La même, par Visscher, in-fol.

— La même, par du Val, in-fol., 1675.

— La même, par de Witt, in-fol.

— La même, en 4 feuil. in-fol., 1681.

— La même, par de Fer, en 3 feuil. in-fol., 1691.

— La même, par le même, en 1 feuil.

— Carte d'Alsace et de Lorraine, par Liébaux, en 2 feuil., in-fol., 1696.

— Carte d'Alsace, ou le Théâtre de la guerre sur le haut Rhin, in-fol., 1703.

— Carte de l'Alsace, par Guil. de l'Isle, in-fol., 1704.

— Carte de l'Alsace, ou partie du cours du Rhin, par Bailleul, en 3 feuil., in-fol., 1708.

— Carte de la haute et basse Alsace, par le Rouge, in-fol., 1743.

— Carte topographique de l'Alsace, par le Rouge, en 5 grandes feuilles, et 4 autres cartes du cours du Rhin, in-fol., 1754.

— Carte de l'Alsace, par Robert, in-fol., 1754.

Carte de Strasbourg et de son voisinage (avec les camps et batailles de Turenne), par H. Sengre, in-fol., 1681.

— La même, par de Fer, in-fol.

Carte des environs du Fort-Louis (en Alsace), avec l'attaque de l'arrière-garde des ennemis, in-fol., 1744.

Généralité d'Aquitaine, par Belleyme, 1787, 4 feuil. et 2 suppléments.

Carte de l'Artois, par Mercator, in-fol., 1613, 1619.

— La même, par Visscher, in-fol.

— La même, par N. Sanson, in-fol., 1656, 1667, 1674.

— Carte d'Artois et de Hainaut, par du Val, in-fol., 1675.

— Carte du comté d'Artois, par Jaillot, in-fol, 1709.

— Carte de l'Artois et la partie sup. de la Picardie, par de l'Isle, in-fol., 1702, 1704.

— Carte du ressort du conseil d'Artois, par Jaillot, in-fol., 1741.
— Carte de l'Artois, par C. de St-Alexis, in-fol., 1741.
— Carte de l'Artois divisé en bailliages, en 7 feuil., in-4, 1764.
— Plans et cartes des villes d'Artois, Lorraine et Hainaut, par de Beaulieu, in-4.
— Carte de l'Artois, de la Flandre, du Brabant, du Hainaut, et du comté de Namur, en 6 grandes feuil. in-fol., par le Rouge.
— Carte de Calais et de Boulogne, in-fol., 1558, par Nicolaï, 1598 et 1603.
— Carte du gouvernement de Calais et du pays reconquis, in-fol.
— Carte géographique de Calais (avec le Siége de Calais, tragédie, in-8, 1765.
— La même, par de Beaulieu, in-fol.
Carte de la généralité d'Amiens, par Nolin.
Cartes, ou Recueil des élections de la généralité d'Amiens, en 10 feuil. in-4, 1764.
— Carte d'Anjou, in-fol., 1583, 1591, 1616, 1637.
— La même par Mercator, in-fol., 1609, 1603, 1613, 1619, 1630.
— La même, par Tassin, in-fol., 1637.
— La même, par Sanson, in-fol.
— La même, par Guy Arthaud, en 2 feuil. in-fol., 1652.
— La même, par le même, in-fol., 1685.
— La même, par le même, in-fol., 1692, 1783.
— La même, par G. de l'Isle, in-fol., 1720.
Carte d'Anjou, du Maine et du Perche, par Nolin, in-fol., 1756.
— Carte de l'Anjou, par gouvernement militaire et par direction, in-fol., 1759.
Carte du pays d'Aulnis, ville et gouvernement de la Rochelle, in-fol., 1627.
— Carte du pays d'Aulnis, et des îles de Ré et d'Oloron, in-fol., 1745.
Carte d'Auvergne, in-fol.
— La même, par J. du Bouchet, in-fol., 1645.
— La même, par du Frétat, in-fol., 1672.
— La même, ou Généralité de Riom, in-fol., 1715.
— La même, par Dulaure, in-fol., 1787.
— Carte des montagnes de la haute Auvergne, par de Clerville, 1642, 1670.
— Carte de la Limagne d'Auvergne, par Gab. Siméon (en ovale), 1560, 1598, 1603.
— Carte de la généralité de Riom, in-fol., 1715.
Carte du siége présidial d'Ax (Acqs ou Dax), par de Claussem, in-fol.
Carte du Barrois, par du Val, in-fol., 1654, 1677.
— Carte de la principauté du Béarn, in-fol., 1637.
— Carte du Béarn, par la Fitte, 1642, 1666.
— Carte du Béarn et de l'Armagnac, par de l'Isle, in-fol., 1714.

Carte de la Beauce, par de Templeux, in-fol.
— La même, par N. Sanson, in-fol., 1652.
— La même, in-fol., 1653.
Carte du Beauvoisis, in-fol., 1619.
— Carte du comté de Beauvais, par N. Sanson, in-fol., 1657, 1665, 1667.
— La même, par de l'Isle, in-fol., 1710.
Carte du duché de Berry, in-fol., 1598, 1603.
— La même, in-fol.
— La même, par Sanson, en 2 feuil. in-fol.
— Carte du Berry, par Mercator, in-fol., 1609, 1613, 1619.
— La même, par Tassin, in-fol.
— La même, in-fol.
— Carte de la province du Berry, in-fol.
— Carte du Berry et du Nivernais, par de Fer, in-fol., 1713.
— Carte du gouvernement du Berry, du Nivernais et du Bourbonnais, par Robert de Vaugondy, in-fol., 1759.
Carte du Blaisois, par Temporarius, in-fol., 1590, 1598, 1603.
— Carte du comté de Blois, par E. Sanson (dans l'histoire de Blois de Bernier).
Carte de Boulogne et de Guines, par Mercator, in-fol., 1613, 1619.
— Carte du Boulonnois, Ponthieu, Arras, etc., par Tassin, in-fol.
— Carte du Boulonois, par N. Sanson, in-fol., 1656.
— Carte de la sénéchaussée du Boulonnois et pays reconquis, en 3 feuilles, in-4, 1764.
— Carte des environs de Boulogne, par de Beaurain, in-fol.
Carte du Bourbonnais, par de Templeux, in-fol., 1619.
— La même, par N. Sanson, in-fol.
Carte du Bourdelois et pays de Médoc, in-fol.
— Carte de la direction de Bordeaux, in-fol., 1703.
— Carte du Bourdelois et de l'Angoumois, par G. de l'Isle, in-fol., 1714.
Carte de la généralité de Bourges, par Jaillot, in-fol., 1707.
Carte du duché de Bourgogne, in-fol., 1594.
— La même, par Mercator, in-fol., 1598, 1603.
— La même, en 2 feuilles in-fol., 1604, 1613, 1619.
— La même, par de Fer, in-fol.
— Carte du duché de Bourgogne et de la Bresse, par Tassin, in-fol.
— Carte du duché et comté de Bourgogne, par Lannoi, 1619.
— Carte du gouvernement général de Bourgogne, par N. Sanson, en 2 feuilles, in-fol., 1648, 1692.
— La même, en 2 feuilles, in-fol., 1708.
— La même, par de Witt, in-fol.
— La même, par Cantelli, in-fol., 1692.

— Carte du gouvernement général de Bourgogne et de Bresse, par de Fer, in-fol., 1712.
— La même avec le gouvernement lyonnais, par Robert, en 2 feuilles, in-fol., 1752.
— Carte de la Bourgogne septentrionale et méridionale, par G. de l'Isle, en 2 feuilles, in-fol.
— La même avec la Bresse, par la Fosse, en 2 feuilles in-fol., 1764.
— Carte particulière du duché de Bourgogne, levée par ordre de MM. les Elus, par Séguin, en 15 feuilles, 1763.
— La même, par le même, en 3 feuilles, 1782.
— Carte du comté de Bourgogne, levée par ordre de la cour, par J. Querret, 1748, en 4 feuilles.
— Carte de la Bourgogne, de la Franche-Comté, de la Bresse et du Bugey, en 4 feuilles, 1820.
Carte de la souveraineté de Dombes, par Mareschal, in-fol., 1717.
Carte du comté de Charolois, par J. Van Damme, in-fol.
— Carte du pays et comté du Maconnais, comprenant le diocèse et le bailliage de Mâcon, par Demiège, levée en 1775, en 4 feuilles.
Carte de la Bresse, par de Templeux, in-fol.
Carte de Bretagne et de Normandie, par Mercator, in-fol., 1594, 1598, 1603, 1609, 1613, 1619.
— Carte du duché de Bretagne, par Hardy, in-fol., 1631.
— La même, par Tassin, in-fol.
— La même, par de Witt, in-fol.
— Carte de la Bretagne, par Nolin, in-fol., 1695, 1706.
— Carte du gouvernement général de Bretagne, par N. Sanson, 1650, 1679.
— La même, par de Fer, in-fol., 1713, 1758, 1760.
— La même, par Robert, in-fol., 1751.
— La même, par Robert de Vaugondy, in-fol., 1758.
— La même, avec les plans de Nantes et de Brest, in-fol., 1760.
— Carte géométrique de la province de Bretagne, par Ogée, en 4 feuilles, 1771.
Carte des environs de Lorient et du Port-Louis, par le Rouge, en 1 feuille et demie, 1752.
Carte de Champagne, par de Templeux, in-fol., 1616.
— La même, en 4 feuilles in-fol., 1630, 1640.
— La même, petit in-fol.
Carte de la Champagne et de la Brie, par N. Sanson, 1650, 1687.
— Carte du gouvernement général de Champagne, par le même, en 2 feuilles, in-fol., 1679.
— La même, en 2 feuilles, in-fol., 1681, 1686, 1695, 1717.
— La même, par Cantelli, in-fol., 1695.
— La même, par de Fer, in-fol., 1710.
— La même, par Robert, en 2 feuilles, in-fol., 1752.

— Carte de la Champagne et de la Brie, par Nolin, in-fol., 1699.
— Carte de la Champagne septentrionale et méridionale, par G. de l'Isle, en 2 feuilles, in-fol., 1744.
— Carte de la Champagne, par le Rouge, in-fol., 1752.
— Carte de la Champagne et de la Brie, en 4 feuilles, colombier, 1789.
— Carte de Champagne et Brie, par Bazin, en 2 feuilles, 1790.
— Carte des environs de Troyes, par Pasumot, in-8 (se trouve en tête des Ephémérides troyennes de 1760).
— Carte du pays de Reims, par J. Jubrien, en 4 feuilles in-fol., 1623.
— La même, in-fol.
— La même, en 2 feuilles in-fol., 1654.
— Carte de la principauté de Sedan et de celle de Raucourt, in-fol.
— La même, par Tassin, in-fol.
— Carte du Rethélois, par Jubrien, in-fol., 1641.
Carte de la ville et du gouvernement de la Rochelle, in-fol., 1627.
— Carte de la généralité de la Rochelle, par Nolin, en 2 feuilles, in-fol.
— La même, par Jaillot, in-fol., 1722.
— Carte topographique de la ville et des environs de la Rochelle, par de Beaurain, in-fol.
Carte du Dauphiné, Languedoc, Gascogne, Provence et Saintonge, in-fol., 1593.
— Carte du Dauphiné, par de Beins, in-fol.
— La même, par Tassin, in-fol.
— La même, par Tillemon, in-fol., 1690, 1692.
— La même, par Coronelli, in-fol., 1790.
— La même, par de Fer, in-fol., 1760.
— La même, par G. de l'Ile, in-fol., 1710.
— Carte du gouvernement général du Dauphiné, par N. Sanson, in-fol., 1652, 1664, 1690.
— La même, par de Witt, in-fol.
— La même, par Cantelli, in-fol., 1692.
— La même, in-fol., 1710, 1728.
— La même, par le Rouge, in-fol., 1745.
— La même, divisée par bailliages, par Robert, in-fol., 1751.
Cartes géométriques de la limitation de la France, de la Savoie et du Piémont, levées sous la direction de Bourcet et Foncet, et dressées par Villaret, 1760, 14 feuilles.
Carte géométrique du haut Dauphiné, de la frontière ultérieure et du comté de Nice (levée sous la direction de Bourcet, et dressée par Villaret, de 1749 à 1754), à l'échelle de 1/86400, en 9 feuilles.
Carte des Alpes françaises, réduite d'après celle de Bourcet, comprenant le haut Dauphiné et le comté de Nice, en 2 feuil.
Carte de la Flandre française, par Dové, in-fol.

— La même, par N. Sanson, in-fol., 1674, 1689.
— La même, en 2 feuilles, in-fol.
— La même, par du Val, in-fol., 1678.
— La même, par le P. Placide, in-fol., 1690.
— La même, par de Fer, in-fol., 1693.
— Plans et Cartes des villes de Flandre, par de Beaulieu, in-4.
— Carte des environs de Dunkerque, par de Beaurain, une demi-feuille.
— Carte de la Châtellenie de Lille, par Bailleul, in-fol., 1632.
— La même, par Jaillot, in-fol.
— La même et le bailliage de Tournay, par le Rouge, in-fol., 1744.
— Carte du Hainaut et du Cambresis, par Tassin, in-fol.
— Carte du Hainaut et de Namur, par Mercator, in-fol.
— Carte du Hainaut et de l'archevêché de Cambray, par Wisscher, in-fol.
— Carte du comté de Hainaut, par N. Sanson, in-fol., 1687.
— Carte des comtés de Hainaut, de Namur et de Cambresis, par G. de l'Isle, in-fol., 1706.
— Carte géométrique du diocèse de Cambray, par Villaret, à l'échelle d'une ligne pour 100 toises, en 4 feuilles, 1769.
Carte de la Franche-Comté, par Mercator, in-fol.
— La même, par Lannoi, in-fol., 1598, 1603, 1614.
— La même, par Tassin, in-fol., 1658.
— La même, par G.-N. Sanson, en 4 feuilles, in-fol., 1658.
— La même, par G. Sanson, en 2 feuilles, 1677, 1681.
— La même, par de Fer, in-fol., 1689.
— La même, par Cantelli, in-fol., 1690.
— La même, par de la Fosse, in-fol., 1761.
— La même, sous ce titre : Carte générale du comté de Bourgogne, en 4 feuilles, in-fol., 1675.
— Carte de la Franche-Comté et du comté de Montbelliard, in-fol.
— Nouvelle Carte de Franche-Comté, etc., par Queret, en 4 feuilles in-fol., 1748.
— Carte du comté de Bourgogne ou Franche-Comté, par Robert, en 2 feuilles in-fol., 1749.
Carte de la Guyenne et de la Gascogne, par Jaillot (y compris le Rouergue et le Quercy), in-fol., 1733.
— Carte du gouvernement général de la Guyenne, avec celui de la basse Navarre et du Béarn, par Robert, in-fol., 1752, 1753.
— Carte de la Guyenne, in-fol.
— La même, par Mercator, in-fol.
— La même, par Tassin, in-fol.
— La même, par du Val, in-fol.
— La même, par Coronelli, in-fol., 1687.
— La même, par Nolin, in-fol., 1700.

— Carte de la Guyenne, de la Saintonge et de la Gascogne, par de Fer, in-fol., 1760.
— Carte du gouvernement général de Guyenne et de Gascogne, par N. Sanson, in-fol., 1650, 1670, 1679, 1683.
— La même, par de Witt, in-fol.
— La même, par Cantelli, in-fol., 1695.
— La même, par Nolin, in-fol., 1700.
— La même, par G. de l'Isle, in-fol., 1712, 1714.
— Carte du gouvernement de Guyenne et Gascogne, in-fol.
— Carte topographique de la Guyenne, à 1/43200, par de Belleyme, en 54 feuilles (onze numéros de cette carte restent à publier).
Carte du comté de Périgord, par de la Rue, in-fol., 1663.
Carte de l'Ile-de-France, par la Guillotière, in-fol., 1598, 1603.
— Carte de l'Ile-de-France, de la Picardie et de la Champagne, par Mercator, in-fol., 1609, 1613.
— Carte de l'Ile-de-France, par de Templeux, in-fol., 1617.
— Carte de l'Ile-de-France et de Brie, par Tassin, in-fol.
— Carte de l'Ile-de-France, du Valois et du Tardenois, par Tassin, in-fol.
— Carte de l'Ile-de-France, de Champagne et de Lorraine, par N. Sanson, in-fol., 1650, 1679.
— Carte de l'Ile-de-France, du Vexin français, du Hurepoix et de la Brie, par du Val, in-fol., 1677.
— Carte générale de l'Ile-de-France, prévôté et vicomté de Paris, par de Fer, en 4 feuil. in-fol., 1668.
— Carte de l'Ile-de-France (et environs de Paris), par de Fer, corrigée par Denos, in-fol., 1690.
— Carte de l'Ile-de-France et généralité de Paris, par N. Sanson, en 2 feuil. in-fol., 1692, 1708.
— Carte du gouvernement général de l'Ile-de-France, par N. Sanson, in-fol., 1648, 1651, 1679, 1708.
— La même, par de Witt, in-fol.
— La même, par Cantelli, in-fol., 1697.
— La même, par Robert, in-fol., 1754.
Carte du gouvernement militaire de l'Ile-de-France, par Janvier, in-fol., 1746.
— La même, par le même, in-fol., 1760.
— Table géographique des distances des principales villes de l'Ile-de-France, in-fol., 1794.
— Carte du territoire de St-Denis, par Juselin (dans l'Histoire de l'abb. de St-Denis, par dom Félibien).
— Carte du pays de Valois, par de Templeux, in-fol.
— La même par Tassin, in-fol.

— Carte du duché de Valois, par l'abbé Carlier (au t. 1 de l'Hist. du Valois, in-4, 1764).
— Carte du pays de Brie, par de Templeux, in-fol.
Carte du Languedoc, en 2 feuilles, in-fol., 1627.
— La même, par Tassin, in-fol.
— La même, par Nolin, in-fol.
— La même, ou généralité de Tours et de Montpellier, en 2 feuil. in-fol., 1721.
— La même, par J. Cavalier, en 6 feuil. in-fol., 1703.
— La même avec le canal royal, par de Fer, in-fol., 1712, 1760.
— La même, divisée selon ses sénéchaussées, in-fol.
— La même, par Buache, 1/2 feuil., 1749.
— Carte du gouvernement général du Languedoc, par N. Sanson, in-fol., 1660, 1667.
— La même, par de Witt, in-fol.
— La même, par Cantelli, in-fol., 1693.
— La même, divisée par diocèses, avec les gouvernements de Foix et de Roussillon, par Robert, in-fol., 1752.
— La même, par le même, in-fol., 1759.
Atlas des diocèses du Languedoc, 38 feuil.
Carte de la partie orientale du Languedoc où se trouvent les Cévennes, in-fol., 1705.
— Carte des généralités de Montauban et de Toulouse, en 4 feuil., in-fol., 1693.
— Carte des marais et gouttières, depuis Beaucaire jusqu'à Aigues-Mortes, Pérols et l'enclos des salines de Peccais, in-fol.
Carte des Cévennes, in-fol., 1703.
— La même, par de Fer, in-fol., 1703.
Carte des Cévennes, du Vivarais et du bas Languedoc, pour servir à l'histoire des Camisards, in-fol., 1703.
Carte du Limosin, par Fayan, in-fol., 1594, 1598, 1603, 1609, 1619.
— La même, par Tassin, in-fol.
— La même, par Nolin, in-fol.
— Carte de la généralité de Limoges par Jaillot, in-fol., 1719.
— Carte des environs de la ville de Limoges, par Cornuau, 1765.
Carte de la Lorraine, par Mercator, in-fol., 1598.
— La même, in-fol., 1603, 1609, 1619.
— La même, in-fol., par Tassin.
— La même, par G. Sanson, en 2 f., in-fol., 1661.
— La même, par Visscher, in-fol.
— La même, et Alsace, par du Val, in-fol., 1776.
— La même et Alsace, par Cantelli, in-fol., 1689.
— La même, par Nolin, in-fol., 1696.
— La même, par Liébaux, en 2 f., in-fol., 1696.
— La même, in-fol., 1700.
— Carte des Etats du duc de Lorraine et de Bar, en 6 feuilles in-fol., 1704, 1705, 1727.

— Carte de la Lorraine, du Barrois et des Trois-Evêchés, par de Fer, in-fol.
— La même, par Bugnon, in-fol., 1725.
— La même, par le Rouge, in-fol., 1748.
— Carte de la Lorraine et du Barrois, dans laquelle se trouvent la généralité de Metz, etc., par Robert de Vaugondy, in-fol., 1756.
— La même, par Delafosse, in-fol., 1762.
— Carte de la Lorraine et du Barrois, en 4 feuilles, 1820.
Carte du gouvernement de Thionville, in-fol., 1682.
Carte du pays Messin, par Fabert, in-fol.
— La même, par J. Briois, in-fol.
— La même, par de Fer, gr. in-4.
Carte du Lyonnais, du Forez, du Beaujolais et du Mâconnais, par de Templeux, in-fol.
— Carte du Lyonnais, etc., par Tassin, in-fol.
— Carte du Lyonnais, Forez, Beaujolais et Bourbonnais, in-fol.
— Carte du gouvernement général du Lyonnais, in-fol., 1651.
— La même, avec les généralités de Lyon et de Riom, par Jaillot, en 2 feuilles in-fol., 1721.
— La même, par Cantelli, en 2 f. in-fol., 1693.
— La même, par Nolin, en 2 f. in-fol., 1697.
— La même, par de Fer, in-fol. 1700, 1703, 1760.
— Carte du Lyonnais, in-fol., 1748.
Carte du pays et comté du Mâconnais, par Demiège, 1776, 4 feuil.
— Carte du comté du Maine, par Ogier, in-fol., 1537, 1575.
— Carte du Maine, par Guyet, in-fol., 1573.
— La même, par Tassin, in-fol.
Carte du Maine, de l'Anjou et de la Touraine, par de Fer, in-fol., 1760.
— Carte du Maine et du Perche, par E. de l'Isle, in-fol., 1719.
— Carte des gouvernements généraux du Maine et du Perche, de l'Anjou, de la Touraine et du Saumurois, par Robert, in-fol., 1753.
Carte des gouvernements de la Marche, du Limosin et de l'Auvergne, par Robert de Vaugondy, in-fol., 1753.
Carte de la généralité de Moulins (où se trouvent le Bourbonnais et le Nivernais), in-fol., 1680, 1700.
Carte du royaume de Navarre, in-fol.
— La même, par Tassin, in-fol.
Carte du Nivernais, in-fol., 1630.
— La même, in-fol., 1642.
— La même, in-fol.
— La même, par Delafosse, in-fol., 1760.
Carte du pays de Normandie, par de Templeux, in-fol., 1620.
— Carte du duché de Normandie, in-fol., 1620.
— La même, par Tassin, in-fol.
— La même, par de Beauplan, en 5 feuilles in-fol., 1653.
— La même, en 12 feuilles.

— La même, par le même, en 2 f. in-fol., 1667.
— La même, par du Val, in-fol., 1654.
— La même, par Sanson, en 4 feuilles in-fol., 1682, 1695.
— La même, par Coronelli, in-fol., 1687.
— La même, par Noliu, in-fol., 1694.
— La même, par de Fer, in-fol., 1710, revue par Denos, 1760.
— La même, par G. de l'Isle, in-fol., 1716.
— La même, divisée en pays, par Nolin, avec une description en marge, in-fol.
— Carte du gouvernement général de la Normandie, par N. Sanson, in-fol., 1650, 1660, 1667, 1669.
— La même, par de Witt, in-fol.
— La même, par Cantelli, in-fol., 1692.
— La même, par Nolin, in-fol., 1694.
— La même, divisée en 7 bailliages, par Robert, in-fol., 1751.
— La même, par Robert de Vaugondy, in-fol., 1758.
— Carte de la Normandie, divisée en ses trois généralités de Rouen, Caen et Alençon, par Jaillot, en 2 feuilles in-fol., 1719.
— Nouvelle carte de Normandie, avec une table alphabétique des villes, in-fol., 1759.
— Carte de la Normandie, en 4 feuilles colombier, 1824.
— Atlas topographique de la province de Normandie et pays limitrophes, 1777, par Denis, en 16 feuilles, revu par H. Brué, en 1817.
— Carte des élections de la généralité de Rouen, en 14 feuilles in-4 (dans la Description de la France par Dumoulin).
Carte du pays de Caux, in-fol.
— La même (dans la Description de la haute Normandie, par D. Toussaint Duplessis, in-4, 1740).
— Carte du Vexin français, où sont distingués le Roumois, le Vexin français et le Vexin normand (dans la Description de la haute Normandie, par D. Toussaint Duplessis, t. II).
Carte du duché d'Orléans, par Tassin, in-fol.
— La même, in-fol.
— Carte de l'Orléanais, par du Val, in-fol., 1668.
— La même, par Delafosse, in-fol., 1761.
— Carte du gouvernement général de l'Orléanais, par N. Sanson, in-fol., 1650, 1663.
— La même, par Cantelli, en 2 feuil. in-fol., 1692.
— La même par Robert, in-fol., 1753.
— Carte du gouvernement d'Orléans, par Jaillot, in-fol., 1707, 1721.
— Carte du Gatinais et du Sénonois, in-fol.
— Carte du grand Perche et du Perche Gouet, par Leclerc, in-fol.
— Carte du comté du Perche, in-fol.
Carte de Picardie, in-fol.
— Carte de Picardie et de Champagne, par Mercator, in-fol.
— Les mêmes, en 4 feuil. in-fol.

Carte de Picardie et des Pays-Bas catholiques, par Tassin, in-fol., 1667.
— La même, par de Fer, in-fol., 1709.
— Carte de la Picardie et de l'Artois, par de l'Isle, in-fol., 1712.
— Carte du gouvernement général de la Picardie, par N. Sanson, in-fol., 1651, 1667.
— La même, par de Witt, in-fol.
— La même, par Jaillot, in-fol., 1681.
— La même, par le même, en 4 feuilles in-fol.
— La même, par Nolin, in-fol., 1694, 1699, 1712.
— Carte du gouvernement de Picardie et de la généralité d'Artois, par Jaillot, en 4 feuil., in-fol., 1717.
— Carte de la Picardie et de l'Artois, par Nolin, avec une description en marge, in-fol., 1756.
— Carte de la Picardie, de l'Artois et du Boulonois, par Robert de Vaugondy, in-fol., 1753.
— La même, par le même, in-fol., 1759.
— Carte topographique de la Picardie avec toutes les frontières, in-fol., 1762.
— Carte de la généralité de Soissons et pays circonvoisins, par Noël le Vacher, in-fol., 1666.
— La même, par de Fer, in-fol., 1713, 1760.
— La même, par Jaillot, in-fol., 1713.
— La même, avec le détail de ses élections, en 8 feuil., in-4, 1763.
— Carte des environs de Soissons, par Poincelier, in-fol., 1747.
Carte du Vermandois, in-fol., 1598, 1603.
— La même, par N. Sanson, in-fol., 1679.
— Carte du Vermandois, Thiérache, duché de Guise, par Tassin, in-fol., 1656.
Carte du Poitou, par René Rogier, in-fol., 1598, 1603.
— La même, par G. Mercator, in-fol., 1609, 1613, 1619.

— Carte du Poitou, de Saintonge, de l'Angoumois et de l'Aunis, par Tassin, in-fol.
— Carte du duché de Poitou, in-fol.
— La même, par du Val, in-fol., 1689.
— Carte du Poitou et de l'Aunis, in-fol., 1707.
— La même, par de Fer, in-fol., 1737, 1740.
— Carte du Poitou, de la Saintonge, de l'Aunis et de l'Angoumois, par Robert, in-fol., 1759.
— Carte du Poitou, par Jaillot, in-fol., 1757.
— La même, par Longchamps, in-fol., 1764.
— Carte du Mirebalais, en Poitou, in-fol.
Carte de la Provence, par Tassin, in-fol.
— La même, par du Val, in-fol.
— La même, par Cundier, in-fol.
— La même, corrigée, par H. Bouche.
— La même, par Nolin, in-fol., 1694.
— La même, in-fol., 1696, 1707.
— La même, divisée en viguieries et bailliages, par Bailleul, in-fol., 1707.
— La même, par de Fer, en 1708, 1760.
— La même, divisée en sénéchaussées, vigueries et diocèses, par G. de l'Isle, in-fol., 1715, revue en 1765.
— La même, avec les camps, par le Rouge, in-fol., 1647.
— Carte du gouvernement général de Provence, par N. Sanson, in-fol., 1652, 1660, 1669.
— La même, par de Witt, in-fol.
— La même, par Nolin, in-fol., 1694.
— La même, divisée en vigueries, avec le comtat Venaissin et la principauté d'Orange, par Robert de Vaugondy, in-8, 1754.
— Carte de la Provence, avec la représentation de ses anciens monuments, par Devoux, en 2 feuil., in-fol., 1756.
— Carte du territoire de la ville, port et rade de Marseille et des environs, par le P. Chevalier, en 2 feuil. in-fol.
— Vue et perspective de Marseille et des environs, gravée par le Bas, en 5 feuil. in-fol., 1751.
— Carte d'Avignon et du comté Venaissin, in-fol.
— Carte de la principauté d'Orange avec le comtat Venaissin, par Jos. de Chieze, in-fol., 1627.
Carte du comté Venaissin, in-fol., 1598, 1603.
— La même, in-fol., 1627.
— La même, par Coronelli, in-fol., 1690.
— La même, par Clauseau, in-fol.
— La même, par le P. Laugier Dupuy, in-fol.
— La même, par d'Anville, in-fol., 1745.
Carte de la généralité d'Aix, par Jaillot, in-fol., 1707.
Carte du Quercy, in-fol., 1619 (V. aussi Guyenne).
Carte du comté de Roussillon, in-fol., 1663.
— La même, par du Val, in-fol., 1677.
— La même, par Cantelli, in-fol., 1690.
— La même, par Baudrand, in-fol., 1695.
— La même, par de Fer, in-fol., 1706, 1760.
— La même, par de Beaurain, in-fol.
Carte de la Saintonge, par de Templeux, in-fol., 1619.
— Carte de la Saintonge et de l'Angoumois, in-fol.
— La même, ou la Marche, le Limousin et l'Aunis, par de Fer, in-fol., 1711.
Carte de la Touraine, in-fol., 1592, 1603, 1613, 1620.
— La même, par Tassin, in-fol.
— La même, par Nolin, in-fol., 1665.
— La même, par du Val, in-fol., 1668.
— Carte de la généralité de Tours, par G. Sanson, en 2 feuil., in-fol., 1711.
— La même, par G. de l'Isle, en 2 feuil., 1719, 1721.

CARTES DES ENVIRONS DE PARIS.

Atlas topographique des environs de Paris, dans un rayon moyen de 72 k., par dom Coutans, revu et augmenté par Ch. Picquet (père) en 1800, revu et corrigé par Ch. Picquet (fils), d'après la nouvelle carte de France du Dépôt de la guerre, etc., 17 feuilles, 1844.
— Cartes des environs de Paris, par Nic. Sanson, in-fol.
— Les mêmes, par Tassin, en 4 feuil. in-fol., 1668.
— Les mêmes, par Duvivier, en 3 feuil.
— Les mêmes, par de Fer (N.), en 4 feuil., 1690, 1712.
— Les mêmes, id., in-fol., 1700, 1704.
— Les mêmes, par T. Auvray, in-fol.
— Les mêmes, par J.-B. Nolin, en 4 feuil, in-fol., 1698.
— Les mêmes, par Jaillot, en 4 feuil. in-fol., 1723.
Carte topographique des environs de Paris, par la Grive, en 9 feuilles in-fol., 1731.

— Carte topographique des environs de Paris (à 20 k. à la ronde), in-fol., 1732.
— Carte des environs de Paris, par Robert, in-fol., 1753.
— Les mêmes, par Nolin fils, in-fol., 1756.
— Les mêmes, par Denis, in-fol., 1758.
— Les mêmes, par Robert de Vaugondy, in-fol., 1831.
— Atlas géographique des environs de Paris, in-16, 1761.
— Carte de la généralité de Paris, par Jaillot, en 4 feuil. in-fol., 1725.
— La même, par N. Sanson, en 2 feuilles in-fol.
— Recueil des 22 élections de Paris, par l'abbé Regley, in-4, 1763.
Carte des élections de la généralité de Paris, en 22 feuilles petit in-4.
Fait partie de la Description de la France par Dumoulin, t. 1, in-8, 1764.

Carte des environs de Paris, réduite de la carte des chasses, par Beuvelot, 1817, 1 feuil.
Carte des environs de Paris, reproduction des parties de deux feuilles de la nouvelle carte de France exécutée au Dépôt de la guerre, 1 feuil., 1843.
Carte du département de la Seine, exécutée au Dépôt de la guerre d'après les levés des officiers du corps d'état-major, 9 feuil., 1844.
Carte des environs de Paris, extraite de la précédente, 1845, 1 très-grande feuille.
Carte topographique des environs de Versailles, dite des chasses du roi, levée de 1764 à 1773, par ordre du roi, et gravée au Dépôt de la guerre à 1/28800, 12 feuilles et un tableau d'assemblage, 1807.
— Carte des environs de Versailles, reproduction d'une partie de la carte précédente, exécutée au Dépôt de la guerre, 1 feuille, 1838.

— Carte des environs de Versailles (extrait de la carte des environs de Paris), par Brué, 1 petite feuil.
— Carte des environs de Paris, en 2 feuil. grand monde, 1825, par H. Brué.
— Carte détaillée des environs de Paris, par B. Tardieu, en 1 feuil., 1825.
— Carte des environs de Paris, par Alex. Donnet, 1 feuil. grand monde, 1829.
— Carte des environs de Paris, dressée pour l'ouvrage de Dulaure, par Achin (rayon de 120 k.). Nouv. éd., 1 feuil., 1839.
— Carte topographique des environs de Paris, dressée d'après celle des chasses du roi, par A.-H. Brué; nouv. édit., en une très-grande feuil., 1825, revue en 1842.
— Carte des environs de Paris, réduite de la nouvelle carte de France de l'état-major (rayon de 56 k.), par Dubois, 1 feuil., 1842.
— Carte topographique des environs de Paris, par N. Maire, à l'échelle de 1/50000 (rayon de 20 k.), rectifiée d'après la nouvelle carte de France, 1 feuil., 1842.
Carte des environs de Paris, réduite de la nouvelle carte de France de l'état-major, par Picquet ; nouv. édit., 1844, 1 feuil.
Carte en relief des environs de Paris, par Bauerkeller, 1 feuil., 1842.
Parc de Boulogne, par Poyard, 1839, 1 feuil.
Carte topographique des environs de Chantilly, par de la Vigne, in-fol., 1725.
Plan de la forêt de Compiègne et de ses environs, levé par Bussa en 1772, revu et augmenté, 1 feuille, 1839.
— Carte de la forêt de Compiègne, et de ses environs, par Bailleul, in-fol., 1728.
— Carte topographique de la forêt de Compiègne et de ses environs, in-fol., 1757.
— La même, in-fol., 1765.
Carte de la forêt de Compiègne, par Récopé, 1838, 1 feuil.
Plan géométral de la forêt de Fontainebleau, par de Sinquinnemard, en 2 gr. feuilles in-fol., 1727.
— Carte du bourg, du jardin et de la forêt de Fontainebleau, par de Fer, in-fol., 1760.
— Carte de la forêt de Fontainebleau, divisée en ses huit gardes, où sont distingués les routes, croix, carrefours, chemins, roches, etc., par Denis et Pasquier, in-fol., 1764.
— Carte de la forêt et du château de Fontainebleau, in-fol.
Carte des chasses du roi à Fontainebleau, levée par les ingénieurs-géographes en 1809, 1 feuille.
Carte du voyageur dans la forêt de Fontainebleau, par Dénecourt, 1 feuille, 1842.
Carte de la forêt royale de St-Germain-en-Laye et de ses environs, par Desmadryl, 1 feuil.
Carte de la forêt de St-Germain, par Perrot, 1 feuil., 1831.
Carte géométrique des environs de Rambouillet et de St-Hubert, par les ingénieurs-géographes, à 1/43200, en 2 feuil., 1764.
Carte topographique de la forêt de Sénart par dom Coutans, à 1/14600, 1 feuil.

ATLAS DE LA FRANCE ANCIENNE ET DES DÉPARTEMENTS.

La France décrite en plusieurs cartes, et différents traités de géographie et d'histoire, suivant les plus belles et principales distinctions qui se peuvent remarquer dans les auteurs anciens et nouveaux , par N. Sanson, in-fol., 1651.

Théâtre géographique du royaume de France, contenant les cartes gravées de Jean Leclerc, par Michel de la Rochemaillet, 1632 et 1656.

Sept cartes de la France, in-4, offrant chacune la France entière considérée sous un rapport particulier, commerce, minéralogie, etc., par Denis, 1761.

Recueil topographique des environs des principales villes de France, in-4, 1765.

La France considérée sous tous les principaux points de vue qui forment le tableau géographique et politique de ce royaume, par Brion, 35 feuilles, 1766.

Atlas de France, dressé d'après sa carte des triangles, par Cassini de Thury, en 25 feuilles in-4, 1765.

Atlas historique et géographique de la France ancienne et moderne, contenant les révolutions de la monarchie dans chaque siècle et sous chaque règne, la réunion des grands fiefs, etc., par Desnos et Rizzi-Zannoni, 60 cartes, in-4, 1765.

Atlas géographique, historique, politique et administratif de la France, par Brué, en 24 cartes offrant les principales divisions territoriales que la monarchie française a éprouvées depuis son origine jusqu'au règne de François Ier, avec un texte explicatif, par Guadet, 1 vol. gr. in-fol., 1828, ouvrage dédié au roi.

Atlas physique, politique et historique de la France, en 16 cartes grand in-fol., avec texte marginal et tableau complémentaire, par Denaix (en publication).

Petit atlas historique de la France, extrait du précédent pour les collèges et les écoles militaires, 34 cartes en 1 vol. in-8, 1837.

Petit tableau de la France, ou cartes géographiques sur toutes les parties de ce royaume, avec une description abrégée, par Bonne, in-8, 1764.

Atlas historique, géographique et chronologique de la France ancienne et moderne, contenant les événements de notre histoire, etc., par Hénault, in-4, 1764.

Tableau analytique de la France, ou Recueil de 40 cartes de divers auteurs, précédé d'une table raisonnée, par Brion, in-4, 1765.

Analyse de la France, ou Recueil de petites cartes des provinces, in-24, 1764; in-12, 1765.

Atlas des provinces de France, in-4, 1765.

Carte géographique et analytique de la France, in-fol. gr. aigle, 1765.

Atlas des provinces de France, en 13 feuilles, in-4, 1765.

Nouvelle topographie, ou Description détaillée de la France, en 71 cartes avec texte, par de Hesselin, in-fol., 1785.

Atlas géographique et statistique de la France divisée en 108 départements; ces cartes, placées en regard d'un texte très-détaillé, ont été exécutées sous la direction de Brion, in-4 (1803).

Atlas des différentes divisions civiles, militaires et ecclésiastiques de la France, par Picquet père, en 15 feuilles, 1802.

Atlas national de la France en départements, avec les cartes des anciens départements de la Belgique, de la rive gauche du Rhin, du Piémont, de la Savoie et de l'État de Gênes, par P.-G. Chanlaire, in-fol. de 110 cartes, 1803, revu et augmenté en 1818.

Nouvel atlas de la France, divisé par départements, arrondissements, cantons, contenant l'ancienne subdivision d'après la loi du 28 pluviôse an VIII, et la nouvelle conformément à la loi du 8 pluviôse an IX, qui ordonne la réduction du nombre des cantons, 102 cartes in-4, an X (1802), par Chanlaire (P.-G.).

Tableau général de la division de la France en départements, arrondissements communaux et justices de paix., par Chanlaire, in-4, oblong, avec 86 cartes, 1802.

Atlas de la France et des colonies françaises : cartes des 86 départements, précédées des cartes de l'ancienne France et de la France actuelle, par Perrot et Aupick, pet. in-fol. de 98 feuill. avec texte marginal, 1823, revu en 1840.

Atlas national de la France par départements, divisé en arrondissements et cantons, par Charle, avec des augmentations par Darmet, 80 feuilles, 1833-35.

Atlas départemental de la France, par A.-H Dufour, avec notices statistiques, par A. Guibert, Paris, 86 feuilles, 1840.

La France, atlas des 86 départements divisés en arrondissements et cantons, avec le tracé des routes royales et départementales, imprimé en couleur, par Dufour et Duvotenay, 1841.

Manuel géographique, historique et statistique des départements de la France et de ses colonies, par Lallemant. Un fort vol. in-8, contenant 97 cartes, 1828.

Atlas communal de la France par divisions militaires, par Charle, en 22 feuilles, 1825.

La France géographique, industrielle et historique, par G. Heck et Léon Plée, atlas composé de cartes physiques, politiques et historiques, et de tableaux synoptiques, contenant la description des 86 départements et des colonies, 1842.

Petit atlas national de la France et de ses colonies, par Monin, en 96 cartes in-4.

Atlas des départements de la France, par Monin, Donnet et Fremin, en 86 cartes, 1840.

Atlas administratif du royaume de France, indiquant les divisions territoriales du service des divers administrateurs, les chefs-lieux ou résidences des employés supérieurs, une notice abrégée de leurs attributions, etc., par A.-M. Perrot, in-4, 1831.

* Petit atlas national des départements de la France, contenant la carte de France par départements et arrondissements; la carte de France par anciennes provinces; la carte physique de France, indiquant les principaux bassins; le plan de Paris; les cartes des 86 départements, 90 cartes, in-4, 1834.

Statistique des départements de la France et des colonies, par Meguin, 96 planches in-4, 1836.

Atlas géographique, statistique et progressif des départements de la France et de ses colonies, in-4 oblong (1re livr., août 1844; annoncé en 20 livr.).

Cartes départementales de la France, extraites, par transports sur pierre, de la carte topographique de la France, levée par ordre du gouvernement par le corps d'état-major, et publiée par le Dépôt de la guerre, à l'échelle de 1 pour 80,000. Ces cartes présentent, en outre des détails de la nouvelle carte topographique, une statistique détaillée et le plan, à une plus grande échelle du chef-lieu du département.

Aisne.	6 feuil.	Nord.	4 feuil.
Ardennes.	4	Oise.	6
Doubs.	6	Pas-de-Calais.	6
Eure.	4	Rhin (Bas-).	6
Eure-et-Loir.	6	Rhin (Haut-).	4
Jura.	4	Saône (Haute-).	7
Marne.	6	Seine-et-Marne.	6
Marne (Hte-).	6	Seine-et-Oise.	6
Meurthe.	6	Seine-Infér.	4
Meuse.	4	Somme.	4
Moselle.	3		

Carte topographique et statistique du département de l'Aisne, dressée sur les documents les plus récents, par Maurin, une f., 1843.

Carte routière des environs de Bordeaux, d'après les plans du cadastre, en 1 feuille.

Carte topographique et administrative du département des Bouches-du-Rhône, par Macheron, 4 feuil., 1840.

Carte topographique de l'arrondissement de Corbeil, à l'échelle de 1/50000, par A. Donnet, 1 feuille, 1834, nouv. édit., 1840.

Atlas du département de la Corrèze, publié par cantons, par Arcambal (2 cantons ont paru).

Carte de l'île de Corse, par Bellin, en 35 feuil. (dressée pour la Description de la Corse, in-4, 1769).

— Carte de la Corse, par Belleyme, en 1 feuil., 1791.

— Carte topographique de l'île de Corse, dressée sous la direction de Testevuide et Bédigis, et gravée au Dépôt de la guerre à 1/100000; Paris, 1824, 4 feuil. et 4 1/2 f.

Atlas du département de la Côte-d'Or, publié par cantons, par Busset, en 86 feuilles (25 paraissaient en 1843).

— Carte de l'île de Corse, par le Dépôt de la marine, 1834, 1 feuil.

Carte routière du département de l'Eure, par E. Grangez, 1 feuille, 1837.

Atlas du département de la Manche, par cantons et arrondissements, par Bitouzé-Dauxménil, 1825.

Carte routière du Médoc, dressée spécialement pour le commerce des vins, par Cabillet, 1841, 1 feuil.

Carte industrielle du département du Nord, par Jodot, 1834, 2 feuil.

Carte géométrique du département de l'Oise, par Bouchard, 1 feuille, 1842.

Atlas topographique du département du Puy-de-Dôme, par cantons, par Busset, 1825. Cinq feuilles ont paru (cet ouvrage ne paraît pas devoir être continué).

Carte du département de la Seine-Inférieure, d'après les plans du cadastre, par Girard et Carbonnie, 1 feuil., 1830.

Carte routière du département de Seine-et-Marne, dressée par ordre du conseil général, par Semane, 1 feuille, 1842.

Carte routière du département de Seine-et-Oise, dressée par ordre du conseil général, 4 feuilles, 1835.

Carte routière et administrative du département du Tarn, par Bousquel, 1842, 2 feuil.

Carte routière du département de Tarn-et-Garonne, par Aubry, 1 feuil., 1842.

CARTES DES POSTES, ITINÉRAIRES, GITES D'ÉTAPES, ETC.

Carte des postes qui traversent la France, par N. Sanson, in-fol., 1632.
— La même, en 2 feuil. in-fol., 1643.
— La même, in-fol., 1676.
— La même, par Salomon, en 2 f., 1643.
— La même, par le P. Placide, in-fol., 1689.
— La même, par Jaillot, en 2 feuil. in-fol., 1689 et années suiv.
— La même, par de Fer, in-fol., 1700 et années suiv.
— La même, par Jaillot, in-fol., 1725 et années suiv.
— La même, par R. de Vaugondy, in-f., 1758.

Carte des routes de poste de l'empire français, du roy. d'Italie et de la conf. du Rhin, dressée par l'administration des postes, 1 feuille et suppléments, 1812.
— La même, en 4 feuilles, 1814.

Carte des routes de poste de la France, in-fol., 1820 et suiv.

— Carte des routes de poste, indiquant les distances en kilomètres (se renouvelle tous les ans avec le livre de poste).

— Carte de la France, indiquant les bureaux de poste du royaume, par Viard, 1 feuil., 1836.

Atlas des routes de France, ou Guide des voyageurs dans toutes les parties du royaume, par Perrot, petit in-8, 1826.

Table de toutes les routes les plus fréquentées de Paris aux villes commerçantes de l'Europe, in-4, 1763.

— Table des distances des principaux lieux du royaume aux places frontières des Etats voisins, in-fol., 1695.
— La même, par Girard, in-fol., 1762.

Nouvelle carte géométrique des distances en lieues de poste entre tous les chefs-lieux de départements du royaume de France, et les autres principales villes des quatre parties du monde, contenant les départements et les divisions militaires dont ils dépendent; les latitudes et les longitudes d'un grand nombre de villes; l'heure de ces villes lorsqu'il est midi à Paris; les hauteurs comparées au-dessus du niveau de la mer des principales montagnes, de plusieurs lieux habités du globe, des volcans et de la végétation, un calendrier pour les années 1812 à 1885; enfin, les titres, poids et valeur en argent de France des différentes monnaies étrangères, par Dericquehem, 3e édit., 1829, 2 feuil.

Carte de France, avec les grands chemins et la distance d'un lieu à l'autre, in-fol.

Carte des routes de Paris à Compiègne, etc., par Daudet, 1/2 feuil.

— Route de Paris et de Versailles à Compiègne, in-fol., 1765.

Description historique et topographique des routes de Paris à Reims, par dom Coutans, 1775, 25 feuil. avec texte.

— Route de Paris à Reims, par Daudet.

Route de Paris à Versailles et à Fontainebleau, in-fol., 1764.

Carte itinéraire de Paris à Fontainebleau, par Dénecourt, 1 feuil., 1842.

L'Indicateur fidèle du voyageur français, cartes qui enseignent toutes les routes royales et particulières de France, etc., avec un itinéraire instructif et raisonné sur chaque route, par Michel, en 18 f., in-4, 1765.

Le Conducteur français, enrichi de cartes, par L. Denis, 1776 à 1779, 7 vol. in-8. —Voy. Guides et Itinéraires, page 32.

Carte générale des routes de France, par Andrivaud Goujon, in-fol., 1832.

Carte routière de France, indiquant les routes de postes, les grandes routes, les bonnes et les mauvaises traverses, et les distances d'un lieu à l'autre, in-fol., 1835.

Carte routière de la France, par la direction des ponts et chaussées (comprend une partie de l'Europe occidentale), en 6 feuil.; nouv. édit., 1832.

Carte itinéraire de la France, par J.-A. Dezauche, en 4 feuil. in-fol., nouv. édit., 1840.

— Carte itinéraire de la France, par de Simeucourt, en 1 feuil. grand aigle; nouv édit., 1842.

Carte des lieux d'étapes pour le passage des troupes dans le département de Metz, in-fol., 1755.

Itinéraire des étapes, indiquant les lieux de passage des troupes, par P.-G. Chanlaire, in-8, avec cartes, 1796.

Carte des routes d'étapes de la France, dressée au Dépôt de la guerre, en 2 f., 1842.

CARTES DES CHEMINS DE FER.

Carte des voies de communication (chemins de fer exécutés, en construction, en projets arrêtés; routes royales; rivières navigables et flottables) de la France, de la Belgique, etc., par Granger, 1845, 1 très-grande feuil.

Carte des routes, canaux et chemins de fer de France, 1 feuil. jésus, 1842.

Carte du chemin de fer de l'Alsace, avec un profil en long, 1844, 2 feuil.

Carte du chemin de fer de Paris à Corbeil et à Orléans, en 1 feuil. 1/2 colombier, 1843.

— Carte générale du chemin de fer de Paris à Corbeil (première partie de la ligne principale de Paris à Orléans), par Alexis Donnet, 1 feuil., 1839.

— Carte générale représentant le tracé du chemin de fer de Paris à Orléans, par Etampes, avec embranchement sur Corbeil (par Al. Donnet), 1842, 1 feuil.

Au bas est un profil en long de la ligne principale.

Cartes des chemins de fer du Nord, de l'Est de la France et des pays limitrophes, 1 f., 1845.

Carte générale du chemin de fer de Paris à Rouen, avec un profil en long, 1843, 2 f.

— Chemin de fer de Paris à Rouen et au Havre, illustré des points de vue les plus pittoresques, 1 feuil. 1/2 colombier, 1843.

PLANS DES VILLES.

(Voyez aussi ci-après PILOTE FRANÇAIS.)

Plan d'Aire en Artois par de Beaurain, in-fol., 1663.

Plan de la ville d'Aix, par Devoux, in-fol., 1741.

Plan de la ville d'Amiens, par Juselin, 1/2 f.

Plan de la ville d'Angers, par H. Priston, 1 feuil., 1844.

Plan d'Arras, ou le Siége de cette ville, levé par la défaite des ennemis, gr. in-fol., 1657.

Plan d'Auxerre, in-4, 1743 (dans les mémoires de l'abbé Lebeuf concernant cette ville).

Plan de la ville d'Avignon, par Fonzes, 1 f., 1836.

Plan de la ville de Bar-le-Duc, in-fol. (dans l'Histoire de Lorraine de D. Calmet).

Plan et vue de la ville de Besançon, en 2 feuil. (dans l'Histoire des Séquanais de Dunod).

Plan de la ville de Besançon, par J.-J. de Kirwan, 1 feuil., 1838.

Plan du château de Blois (dans les Etats de Blois, par Vitet, in-8, 1827).

Plan de Bordeaux, in-fol., 1759.

— Le même, avec les édifices gravés autour, en 2 feuil. in-fol., 1759.

— Plan de Bordeaux, par Pierrugues et D. Bero, en 2 feuil., 1843.

— Plan de la ville de Bordeaux, réduit sur le précédent, 1 feuil., 1842.

Plan et profils de la haute et basse ville de Boulogne, par Luto, en 2 feuil. in-fol.

Plan de la ville de Boulogne-sur-Mer et de ses environs, par J. Cochrane, 2 feuil., 1844.

Plan de Brest, par de Beaurain, 1/2 feuil.

Plan et perspective de Caen, par de la Londe, in-fol., 1747.

Plan de Caen et de son territoire, par Desprez et Morel, 1 feuil., 1830.

Plan de Caen à vol d'oiseau, par Lecointe, 1 feuil., 1840.

Plan de Calais, par de Beaurain, in-fol.

Plan routier de Châlons-sur-Marne, in-fol.

Plan géométrique de la rade et du port de Cherbourg, en 2 feuil. gr. colombier, 1842.

Plan de St-Cloud et des environs, par l'abbé de la Grive, in-fol., 1744.

Plan de la ville de Dieppe, par Juselin, 1/2 feuil.

Carte de la ville et des environs de Dijon, par Isselin, in-fol., 1703.

— Plan géométral de Dijon, levé en 1759, in-fol., 1761.

Plan de Douai, par J. Mortreux, 1833, 1 feuil.

Plan du bourg de Fontainebleau, du château et des jardins, par de Fer, in-fol.

Plan de Gaillon, par le Rouge, in-fol., 1748.

Plan du Havre, par Cornillon, en 1 feuil., 1832.

Plan du Havre, avec les projets d'extension du port, par de Massas, in-fol., 1838.

— Plan du Havre, par Frissard, 1 feuil., 1840.

Plan du Havre et de ses environs, par St-Genis et Gordillo-Ibanez, 1 feuil., 1842.

Plan de la ville de Lille, par de Beaurain, in-fol.

— Plan de Lille, par Darmet, 1 feuille, 1822.

— Plan de Lille, par Rousseau, en 1 feuil., 1822.

Plan de Lille, par Monnier, 1842, 1 feuil.

Plan de l'ancienne ville de Lyon, comme elle était sous les règnes de François Ier et de Henri II, en 2 feuil., in-fol., 1696.

— Plan de Lyon, in-fol., 1760.

— Plan de Lyon, de ses environs et de ses forts, par Dignoscio, 1 feuil., 1835.

— Plan de la ville de Lyon et de ses environs, par Darmet, 1 feuil., 1835, revu en 1841.

Plan de la ville de St-Malo, par de Beaurain, 1/2 feuil.

Plan topographique de Marseille, par Demarest, en 4 feuil., 1826.

Carte du territoire de Marseille, par Delaveau, en 4 feuil., 1833.

Plan de la ville de Marseille et de ses faubourgs et bastides, par Vicq, 1 feuil., 1839.

Plan de Maubeuge, par de Beaurain, 1/2 feuil.

Plan des bois, parc et château de Meudon, par Noël, 1 feuil., 1842.

Plan de la ville de Metz, in-fol., 1728.

— La même, in-fol., 1774.

— La même, in-fol., 1760.

— Plan géométral de Metz, de ses fortifications et des environs, 1 feuil. gr. aigle, 1842.

Plan de la ville et citadelle de Montpellier, gravé par Villaret, in-fol., 1737.

— Plan de la ville de Montpellier, par le Parmentier, avant les guerres de religion, in-fol., 1737.

Plan de Mulhouse, 1 feuil., 1642.
Plan de la ville de Mulhouse, par Edmond, 1842, 1 feuil. avec livret.
Plan de Nancy et de ses environs, par Nolin, in-fol., 1698.
— Plan de la ville de Nancy, in-fol., 1728, 1738.
— Le même, par le Rouge, in-fol., 1752.
— Nouveau plan de Nancy en élévation, en 4 feuil. in-fol., 1754.
— Plan pittoresque de la ville de Nancy, par Chatelain, 1 feuil., 1841.
Plan de la ville de Nantes et de ses faubourgs, levé en 1757, par Cacaut, en 4 feuil. in-fol., 1759.
Plan de Nantes, par Jouanne, 1 feuil., 1838.
Plan de Neuf-Brisac, par de Beaurain, 1/2 f.
Carte ancienne de la ville de Nismes, contenant le plan de ses anciennes murailles au temps des Romains, in-fol., sans date.
— Plan de la ville de Nismes ancienne et moderne, par Lucas (dans le t. 1 de l'histoire de Nismes de Ménard).
— Plan de Nismes, en 1629, au temps des guerres civiles (ibid., t. v, p. 583).
Plan de la ville d'Orléans, par Juselin.
— Le même, par de Beaurain, 1/2 feuil.
— Plan pittoresque de la ville d'Orléans, représentant en perspective les monuments, par Ch. Pensée, 1 feuil., 1836.
Plans de la ville de Paris. Voy. *Ile-de-France, département de la Seine*, art. PARIS.
Plan de la ville de Pau, par de Beaurain.
Plan de la ville de Rennes, par de Beaurain, en 3 1/2 feuil.

Plan de la ville de Reims et profils, par de Beaurain, en 3 1/2 feuil.
— Plan de Reims, en 4 feuil. in-fol.
— Plan de Reims et de ses environs, levé à l'occasion du sacre du roi Charles X, par les ingénieurs-géographes, à 1/10000, 1 feuil., 1826.
— Plan de Reims, par Lecoq, 1 feuil., 1835.
Plan de la Rochelle et de ses environs, par Goy, 1844, 1 feuil.
Plan de Rochefort, in-fol., 1760.
Plan de Rouen ancien, in-8 (dans le livre des Beautés de Rouen, par Oursel, 1700).
— Plan de la ville de Rouen, par de Fer, in-fol., 1720, 1760.
— Le même (dans l'Hist. de Rouen, par Farin, in-4, 1738).
— Le même, par Juselin, 1/2 feuille.
— Carte topographique de la ville et des faubourgs de Rouen, par Heliot et Boutigny, 1 feuil., 1817.
— Plan de Rouen, par C. Hubert, Rouen, 1 feuil., 1840.
Plan de Strasbourg, in-fol., 1618.
— Le même, par Juselin, 1/2 feuil.
— Plans de Strasbourg, avec ses différents accroissements, en 2 feuil. in-fol.
— Plan de Strasbourg, par Rothé; 1 feuil., 1830.
Plan et vue de l'ancienne ville de Thérouenne, par de Beaurain, en 2 1/2 feuil., in-fol.
Plan de Thionville, in-fol., 1753.
Plan de la ville de Toul, in-fol. (dans l'Hist. de Lorraine de D. Calmet, t. 1).
Plan de la ville de Toulon, par Besson, in-fol.
Plan de Tolose (Toulouse), par Jouvin de Rochefort, in-fol.

— Plan de Toulouse, par Vitry, 1 feuil., 1815.
Plan de la ville de Tours et de ses environs, dressé d'après les éléments du cadastre, par Gayard, 1 feuil., 1839.
Plan de la ville de Troyes, dressé d'après les documents du cadastre, par Bouchier, 1 très-gr. feuil., 1839.
Plan de Valenciennes, par Rousseau, 1 feuil., 1826.
Plan de la ville de Verdun, in-fol. (t. 1 de l'Hist. de Lorraine de D. Calmet).
Plan de Versailles et de ses environs, en 4 feuil. in-fol.
— Plan du château de Versailles, ses jardins, ses fontaines et ses bosquets, par de Fer, in-fol., 1700.
— Plan de Versailles, du petit parc et de ses dépendances, où sont marqués les emplacements de chaque maison de cette ville ; les plans du château et des hôtels ; les distributions des jardins et des bosquets, et les détails des statues, par l'abbé de la Grive, in-fol., 1758.
— Plan de Versailles, par Pasquier, in-fol., 1758.
— Plan de la ville, du palais et du parc de Versailles et des Trianons, dédié au roi, par Ch. Picquet père, 1839. Nouv. édit., par Ch. Picquet fils, en 1 feuil., avec une notice, 1844.
Plan des châteaux et parcs de Versailles et des Trianons, extrait du présent, par Ch. Picquet, 1839, 1 feuil.
Carte en relief de Versailles, par Bauerkeller, 1 feuil., 1842.
Plan de Vichy, par Lapie, 1 feuil. 1844.

CARTES MARINES ET OUVRAGES Y RELATIFS.

Atlas maritime, ou Cartes réduites de toutes les côtes de France, avec les plans des principales villes maritimes de ce royaume, par Bonna, 1778, 4 vol. in-18.
Nouvelle carte de la Manche de Bretagne, contenant toutes les côtes de France depuis Dunkerque jusqu'à Ouessant, et les côtes d'Angleterre depuis Colchester au nord de la Tamise, jusqu'au cap Clave en Irlande, par Degaulle, 1778, 3 feuil.
Carte de la navigation à la vapeur dans la Manche, la mer du Nord, la Baltique, etc., présentant les lignes régulièrement parcourues, les époques de départ et d'arrivée des bâtiments, et la durée moyenne du trajet, par Ch. Picquet, 1841, 1 gr. feuil.
Carte de la navigation à la vapeur dans le bassin de la mer Méditerranée, présentant les lignes régulièrement desservies par les bâtiments des diverses nations, indiquant aussi les époques de départ et d'arrivée, la longueur des trajets et leur durée moyenne, par Ch. Picquet, 1841, 1 feuil.

Carte de la mer Méditerranée, en 9 feuil. (dont 2 seulement concernant les côtes de France), in-fol., 1593, 1626.
— La même, en 2 feuil. in-fol., 1693.
— La même, par Michelot et Bremont, en 11 feuil. in-fol., 1718.
— La même, réduite par Bellin, en 3 feuil. in-fol., 1745.
— La même, par le Rouge, en 3 feuil., 1756.
— Carte générale et cartes particulières des côtes de la Méditerranée, par Duval, in-4, 1664.
Recueil de plusieurs descriptions, plans de ports et baies de la mer Méditerranée, par Brémond, in-4, 1724.
Le Portulan de la mer Méditerranée, ou le vrai Guide des pilotes costiers, par Michelot, in-4, 1719.
Carte de la Méditerranée, par J. Roux, 1764, 12 feuil.
Manuel du pilote de la mer Méditerranée, ou Description des côtes de la Méditerranée, depuis le détroit de Gibraltar jusqu'au golfe d'A-

lexandrette, par Baudin (L. S.), in-8, 1828, 2 vol. in-8, 1840.
Carte réduite de la mer Méditerranée et de la mer Noire, par Gautier, 1823, 2 feuil.
Carte réduite de la mer Méditerranée et de la mer Noire, dressée en 1817, par Lapie ; nouv. édit., revue et complétée d'après des documents authentiques, par Blummenthal, 1840, 4 feuil.
Carte réduite de la Méditerranée, de l'Adriatique, de l'Archipel et de la mer Noire, d'après les observations des capitaines Gauttier et W. Smith (16 petites cartes supplémentaires sont placées dans les parties blanches), 1845, 3 feuil.
Carte de la Manche, par Sanson, in-fol., 1692.
— La même, par de Fer, in-fol.
— La même, par Nolin, in-fol.
— La même, par Bellin, in-fol., 1749.
— La même, par Buache, in-4, 1753.
— La même, par de Beaurain, in-fol., 1760.
— La même, par Jefferys, en 6 feuil.

Carte du golfe de Lyon, in-fol., 1725.
Carte du golfe de Gascogne, par Bellin, in-fol., 1757.
— La même, par le même, en 2 feuil. in-fol., 1763.
Mémoire sur les marées des côtes de France, par Daussy, in-8.
— Annuaire des marées des côtes de France pour l'année 1843, publié au ministère de la marine, sous le ministère de l'amiral Duperré, par Chazallon, in-18, 1842-43.
Description des phares et fanaux, ou Guide des marins pendant la navigation nocturne, par Coulier, in-8, 1829 ; 2ᵉ édit. in-18, 1833.
Carte de toutes les côtes de France, par Mercator, in-fol :
— Mémoire pour servir d'instruction à la navigation des côtes de France, depuis Calais jusqu'à la baie de Cancale, par la Couldre Labretonnière, in-4, 1804.
— Cartes générales de toutes les côtes de France, par Tassin, in-fol., 1634.
— Les mêmes, par de Fer, in-4, 1691, 1695.
— Les mêmes, par Pieter Goos, in-fol., 1666.
— Carte de l'Océan, où sont les côtes de France, par du Val, in-fol., 1677.
— Cartes détaillées des côtes marines de la France, en 56 feuil., avec la carte générale, par le Rouge, grand in-4, 1757.
— Cartes des côtes de France tant sur l'Océan que sur la Méditerranée, avec les plans des ports et places maritimes, par Bellin, in-4, 1764.
— Atlas maritime, ou cartes réduites de toutes les côtes de France, avec des cartes des îles voisines les plus considérables, suivies des plans des principales villes maritimes de ce royaume, par Bonne, 1778 ; nouv. édit., corrigée et augmentée en 1809, 35 cartes en 6 vol, in-16.
Gisement des côtes de France, de pointe en pointe, depuis Bayonne jusqu'à Dunkerque; de toutes les côtes d'Espagne et de Portugal, depuis Bayonne jusqu'à Collioure, et des côtes de France, de Collioure à Toulon, par Bagay, in-8, 1832.
Le Neptune français, ou Recueil des cartes maritimes levées et gravées par ordre du roi, grand in-fol., 1690, 1692, 1693.
Ce beau Recueil, qui devait avoir une suite, est composé de 30 cartes qui représentent les côtes de l'Europe depuis Drontheim, en Norwège, jusqu'au détroit de Gibraltar ; il y a 17 cartes sur les côtes de France.
— Le même, par de Hooghe, in-fol., 1693, 1708.
— Le Neptune français, ou Recueil de cartes marines ; nouv. édit., revue et corrigée, avec un mémoire sur ces cartes, par Bellin (il comprend les 17 cartes qui concernent les côtes de France).
Cartes marines de France, par Chartier, in-fol., 1594.

— Les mêmes, par Dudlei, in-fol., 1647.
— Les mêmes, en 4 feuil., 1657 (dans le Monde maritime).
— Les mêmes, par Van Loon, in-fol. (dans le Flambeau de la mer).
— Cartes marines des côtes de France, in-fol.
Carte de l'île d'Aix et d'une partie de l'île de Ré, par de Beaurain, in-fol.
Carte de l'île de Belle-Isle, par Bellin, in-fol., 1761.
— Carte topographique de l'île de Belle-Isle, avec le plan des forts et du bourg de Palais, par de Beaurain, in-fol., 1761.
— Plan et île de Belle-Isle, in-fol., 1761.
Carte de l'île de la Conférence, par de Beaulieu, in-fol., 1659.
— La même, en 2 f., in-fol., 1659.
C'est dans cette île, située sur la rivière de la Bidassoa, qui sépare la France de l'Espagne, que se tinrent, en 1659, les conférences pour la paix des Pyrénées.
Carte des îles de Ré et d'Oléron, in-fol., 1762.
— Carte topographique des îles de Ré, d'Oléron et des côtes voisines, avec les plans des villes, par Bellin, in-fol., 1757.
— La même, par Paris, in-fol.
— La même, par Jaillot, en 2 f., in-fol., 1761.
Carte des îles Ste-Marguerite et de St-Honorat, par Clair, in-fol., 1637.
— Les mêmes, par Tassin, in-fol.

CARTES DU PILOTE FRANÇAIS.

Nouveau Pilote français, 1ʳᵉ, 2ᵉ, 3ᵉ et 4ᵉ parties, 5 vol. in-fol., gr. aigle, contenant 104 plans, 232 vues de côtes, et 91 tableaux d'observations de marées.
La 5ᵉ et dernière partie (entre Barfleur et la frontière de Belgique), contenant 31 cartes et plans, et 62 tableaux d'observations de marées, est en voie de publication (1844).

Côtes septentrionales.

Carte de la Manche (1798).
Tableau des courants occasionnés par la marée dans la Manche et la partie méridionale de la mer du Nord (1839).
Reconnaissance hydrographique de la côte nord de France (an XI).
Rade de Dunkerque et de ses environs (1802).
Carte des côtes de France, partie comprise entre le cap Gris-Nez et la frontière de Belgique (1842).
— Partie comprise entre Gravelines et Zuydcoote (1840).
— Partie comprise entre Calais et Gravelines (1840).
— Partie comprise entre le cap Gris-Nez et Calais (1840).

— Partie comprise entre la pointe de St-Quentin et Calais (1842).
— Partie comprise entre Ambleteuse et le cap Blanc-Nez (1840).
— Partie comprise entre Dannes et Ambleteuse (1840).
Plan du port de Boulogne et de ses environs (1840).
Côtes de France, partie comprise entre Berck et Dannes (1840).
— Embouchures de la Somme et de l'Authie (1841).
— Partie comprise entre Fécamp et la pointe de St-Quentin (1842).
— Partie comprise entre Tréport et la pointe de St-Quentin, embouchure de la Somme (1841).
— Partie comprise entre la pointe d'Ailly et Tréport (1841).
Plan de Tréport et de ses environs, 1/2 f. (1841).
Plan de Dieppe et de ses envir., 1/2 f. (1841).
Côtes de France, partie comprise entre St-Pierre-en-Port et la pointe d'Ailly (1841).
— Partie comprise entre Dives et St-Valery-en-Caux, emb. de la Seine (1842).
— Partie comprise entre le cap d'Antifer et Conteville (1841).
Plan de Fécamp et de ses env., 1/2 f. (1841).
Côtes de France, partie comprise entre le Havre et Etretat (1841).
— Embouchure de la Seine (1838).
Plan de l'embouchure de la Seine, environs du Havre (1839).
Côtes de France, cours de la Seine depuis le Trait jusqu'à Honfleur (1842).
— Partie compr. entre la pointe de Barfleur et le cap de la Hève, baie de la Seine (1842).
— Partie comprise entre Langrune et Dives, partie orientale du plateau du Calvados, embouchure de l'Orne (1839).
Plan de la rade de Caen et de l'entrée de l'Orne (1839).
Côtes de France, partie comprise entre Fontenailles et Langrune (1839).
Plan du port de Courseulles et de ses environs, 1/2 feuil. (1838).
Côtes de France, partie comprise entre Grandchamp et Fontenailles (1838).
— Partie comprise entre la pointe de Barfleur et Grandchamp, rade de la Hougue, îles de St-Marcouf, bancs du grand Vay (1836).
Plan de la rade de la Hougue (1836).
Plan du port de Barfleur et de ses envir. (1836).
Côtes de France, partie comprise entre l'île de Bréhat et Barfleur (1839).
— Partie comprise entre le havre Carteret et Barfleur (1839).

— Partie comprise entre le fort de Querqueville et le fort de la Hougue, rade de Cherbourg, cap Lévi, pointe et raz de Barfleur, port de Barfleur (1836).
— Anse de Vauville, cap de la Hague, rade de Cherbourg, cap Lévi (1836).
Plan de la rade de Cherbourg (1838).
Côtes de France, partie comprise entre le cap Fréhel et le havre Carteret (1839).
— Partie comprise entre les ports de Diélette et d'Omonville, raz Blanchart, île d'Aurigny, les Casquets (1836).
— Passage de la Déroute, depuis Portbail jusqu'à Diélette, comprenant le plateau des Ecréhou (1836).
— Passage de la Déroute, depuis le rocher Senequet jusqu'aux roches de Portbail, chaussée des Bœufs, roches orientales de Jersey, plateau des Ecréhou (1836).
— Partie comprise entre Bricqueville et Geffosse, passage de la Déroute entre les roches septentrionales de Chausey et les Bœufs, roches orientales des Minquiers, roches sud-est de Jersey (1836).
— Partie occidentale des îles Chausey et plateau des Minquiers (1824).
— Baie du Mont-St-Michel, rade de Cancale, env. de Granville, îles Chausey (1836).
Plan des îles Chausey (1836).
Plan du sound de Chausey, 1/2 feuil. (1836).
Plan du port de Granville et de ses environs, 1/2 feuil. (1836).
Plan de la rade de Cancale et de ses environs (1834).
Côtes de France, partie comprise entre le cap Fréhel et Cancale, baie de la Frénay, anse de St-Cast, mouillage des Ebhiens, entrées de St-Malo, cours de la Rance jusqu'à l'anse de Montmarin (1836).
Plan du port de St-Malo et de ses environs (1836).
Plan du mouillage des Ebhiens et du port de St-Briac, 1/2 feuil. (1836).
Côtes de France, partie comprise entre l'île Bréhat et le cap Fréhel (1839).
— Partie comprise entre Pontrieux et le cap Fréhel, baie de St-Brieuc (1836).
Plan de la rade de Pontrieux et des roches de St-Quay (1836).
Côtes de France, île Bréhat et roches environnantes; rivière de Pontrieux, partie de la baie de St-Brieuc (1836).
— Ile Bréhat et roches environnantes; rivière de Pontrieux, anse de Paimpol, plateau de Barnonic (1836).
Plan de l'île Bréhat et des entrées de la rivière de Pontrieux.
Carte des côtes de France, partie comprise entre l'île de Bas et l'île Bréhat (1843).
— Partie comprise entre l'île Grande et les Héaux, les Sept-Iles, Perros, le Port Blanc, rivière de Tréguier (1842).

Plan des entrées de Perros et du Port Blanc (1843).
Plan des passes de la rivière de Tréguier (1843).
Plan de la rivière de Tréguier, 1/2 f. (1843).
Côtes de France, partie comprise entre Beg an Fry et l'île Tomé, rivière de Lannion, plateau des Triagoz, les Sept-Iles (1842).
— Partie comprise entre l'île de Bas et Beg an Fry (1842).
Plan des passes et de la rade de Morlaix (1842).
Côtes de France, partie comprise entre l'île d'Ouessant et l'île de Bas (1843).
— Partie comprise entre Pontusval et l'île de Bas. — Port de Pontusval (1842).
Plan du canal de l'île de Bas et parties adjacentes (1843).
Côtes de France, partie comprise entre les roches de Porsal et Pontusval, l'Abervrac'h. l'Aberbenoît, Corréjou (1842).
Plan de l'Abervrac'h et de ses environs (1842).

Côtes occidentales.

Carte générale des sondes d'atterrages des côtes occidentales de France, et des côtes septentrionales d'Espagne (1832).
Cartes des sondes de l'entrée de la Manche et des atterrages des côtes occidentales de France, depuis l'île d'Ouessant jusqu'à l'île d'Yeu (1831).
Cartes des sondes d'atterrages des côtes occidentales de France, depuis l'île d'Yeu jusqu'à l'embouchure de la Bidassoa, et des côtes septentrionales d'Espagne (1831).
Carte des côtes de France, environs de Brest (1823).
— Partie septentrionale du chenal du Four et environs de l'île d'Ouessant (1822).
— Entrée de la rade de Brest et partie méridionale du chenal du Four (1822).
Plan des env. d'Argenton, 1/4 de f. (1822).
Plan de Labérildut, 1/4 de feuil. (1822).
Plan de la chaussée des Pierres noires (1822).
Plan du port du Conquet, 1/4 de f. (1822).
Plan du port de Camaret, 1/4 de f. (1822).
Plan du goulet de Brest, 1/2 feuil. (1822).
Côtes de France, rade de Brest et baie de Douarnenez (1823).
Plan des passages de Toulinguet, du petit Léac'h et du Corbeau, 1/4 de feuil. (1823).
Plan des environs du cap de la Chèvre, 1/4 de feuil. (1822).
Plan des env. de Douarnenez, 1/4 de feuil. (1822).
Carte particulière de la chaussée de Sein, et du passage du raz de Sein (1819).
Plan de Tevennec (raz de Sein), 1/4 de feuil. (1822).
Plan du port de l'île de Sein, 1/4 de f. (1822).

Côtes de France, baie d'Audierne (1821).
Plan du port d'Audierne, 1/4 de f. (1822).
Plan de l'anse de la Torche, baie d'Audierne, 1/4 de feuil. (1822).
Plan des roches de Penmarc'h (1821).
Côtes de France, partie comprise entre le raz de Sein et Lorient (1824).
— Iles de Glénan, baie de la Forest, anse de Bénodet et partie des roches de Penmarc'h (1824).
Plan de l'entrée de l'Odet, 1/2 feuil. (1824).
Plan du port de Loctudy, entrée de la rivière de Pont-Labbé, 1/4 de feuil. (1824).
Plan de Concarneau, 1/2 feuil. (1824).
Côtes de France, entrée du port de Lorient, île de Groix, anse de Pouldu, entrée de l'Aven et Basse-Jaune (1824).
Plan des passes et rades de Lorient et du Port-Louis (1824).
Côtes de France, partie comprise entre Lorient et St-Nazaire (1829).
— Entrée du port de Lorient, presqu'île de Quiberon et partie septentrionale de Belle-Ile (1825).
— Baie de Quiberon et Morbihan (1827).
Plan des entrées de Morbihan et de la rivière de Grac'h (1825).
Côtes de France, Belle-Ile, presqu'île de Quiberon, îles Houat et Haedik, pointe du Grand-Mont (1827).
— Partie comprise entre la pointe du Grand-Mont et la pointe du Croisic (1827).
Plan de la rade et du port Pénerf (1828).
Plan de l'entrée de la Vilaine (1828).
Plan de la rade et du port de Croisic (1827).
Côtes de France, embouch. de la Loire (1828).
— Embouchure de la Loire, 2 f. (1828).
— Cours de la Loire, depuis Nantes jusqu'à son embouchure (1828).
Plan des rades de St-Nazaire et de Mindin (1828).
Côtes de France, baie de Bourgneuf et goulet de Fromantine (1822).
Plan du goulet de Fromantine, 1/2 f. (1828).
Côtes de France, île d'Yeu, pont d'Yeu et goulet de Fromantine (1828).
Plan du port Breton (île d'Yeu), 1/4 de f. (1828).
Plan de la rade et du port de St-Gilles-sur-Vie, 1/4 de feuil. (1828).
Côtes de France, partie comprise entre l'île d'Yeu et la pointe des Baleines (1832).
— Partie orient. de l'île d'Yeu et environs de St-Gilles-sur-Vie (1829).
Plan du port et de la rade des Sables-d'Olonne (1828).
Côtes de France, environs des Sables-d'Olonne et entrée du pertuis Breton (1830).

— Pertuis Breton, pertuis d'Antioche et pertuis de Maumusson (1832).
— Partie occidentale de l'île de Ré, entrée du pertuis Breton, entrée du pertuis d'Antioche (1831).
— Intérieur du pertuis Breton (1831).
Plan de la rade de St-Martin et de ses environs, pertuis Breton (1831).
Plan du mouillage de l'Aiguillon, pertuis Breton, 1/2 feuil. (1831).
Côtes de France, entrée du pertuis d'Antioche (1831).
— Intérieur du pertuis d'Antioche, rade de la Rochelle, rade de l'île d'Aix, rade des Basques, rade des Trousses (1832).
Plan de la rade de la Rochelle et de ses environs (1831).
Plan de l'embouchure de la Charente et des rades de l'île d'Aix et des Trousses (1831).
Plan du cours de la Charente, depuis Rochefort jusqu'à l'île Madame (1831).
Côtes de France, pertuis de Maumusson (1832).
— Embouchure de la Gironde et ses environs.
— Embouchure de la Gironde (1830).
— Cours de la Gironde et partie de la Garonne et de la Dordogne (1831).
— Intérieur de la Gironde, 1re f. (1831).
— Intérieur de la Gironde, 2e f. (1831).
— Cours de la Garonne, depuis Bordeaux jusqu'au bec d'Ambès, et cours de la Dordogne depuis Libourne jusqu'à la même pointe (1831).
Plan du cours de la Garonne, depuis le pont de Bordeaux jusqu'au mouillage de Lormont (1830).
Côtes de France, environs du bassin d'Arcachon (1830).
— Bassin d'Arcachon (1829).
— Partie comprise entre Mimizan et la frontière d'Espagne (1829).
— Environs de Bayonne, fosse du cap Breton (1829).
Plan du cours de l'Adour, depuis Bayonne jusqu'à son embouchure (1829).
Côtes de France, partie comprise entre Bayonne et la côte d'Espagne (1829).
Plan de la baie de St-Jean-de-Luz, 1/2 feuil. (1829).
Plan de la baie de Fontarabie, 1/2 f. (1829).

Côtes de la Méditerranée.

Carte des côtes de France, sur la Méditerranée, depuis le cap de Creux jusqu'aux bouches du Rhône, 1/2 feuil. (1817).
— Partie comprise entre Marseille et Piombino (1832).
— Depuis les bouches du Rhône jusqu'à Villefranche (1792).
Plan de la rade de Toulon et de ses divers mouillages (1842).
Carte de la côte et des îles des environs de Marseille (1792).
Côtes de France, depuis Cassis jusqu'au cap Sicié, 1/2 feuil. (1792).
Plan de la rade, des ports et passes de Port-Cros (îles d'Hyères), départ. du Var (1842).
Carte de la rade et des îles d'Hyères (1842).
Côtes de France, comprenant le golfe de la Napoule et le Gourjean ou golfe de Jouan, avec les îles de Lerins, 1/2 feuil. (1792).
Plan des rades de Brusc, de Bandol et du port de St-Nazaire (1842).
Plan de la rade, des ports et passes de Port-Cros (îles d'Hyères), 1/2 feuil. (1842).
Plan du mouillage de Cavalaire. — Plan de la rade de Bormes et du mouillage du Lavandou, 1/2 feuil. (1842).

Île de Corse.

Carte de l'île de Corse (1841).
Carte des bouches de Bonifacio (1823).
Plan des passages de la Piantarella et du golfe de Santa-Manza (1827).
Plan de Porto-Liscia, Porto-Puzzo et Porto-Pollo (île de Sardaigne), 1/2 feuil. (1823).
Plan de Porto-Palma. — Plan de la rade d'Agincourt (île de Sardaigne), 1/2 f. (1823).
Plan de la rade d'Arsachena. — Plan de Longo-Sardo. — Plan de Porto-Servo (île de Sardaigne), 1/2 feuil. (1824).
Carte de la côte occidentale de l'île de Corse, depuis l'entrée du golfe de Sagone jusqu'à celle des bouches de Bonifacio (1825).
Plan du port de Figari. — Plan du port de Bonifacio. — Plan de la calanque de Conca, 1/2 feuil. (1825).
Plan des Moines ou Monachi et de la partie adjacente de la côte sud-ouest de l'île de Corse, 1/2 feuil. (1825).

Plan du mouillage de Propriano. — Plan du mouillage de Porto-Pollo. — Plan du mouillage de Campo-More, 1/2 feuil. (1825).
Plan des mouillages situés au fond du golfe d'Ajaccio, 1/2 feuil. (1825).
Plan des îles Sanguinaires, situées à l'entrée du golfe d'Ajaccio, 1/2 feuil. (1826).
Carte de la côte occidentale de l'île de Corse, depuis le cap Feno d'Ajaccio jusqu'à Calvi (1829).
Plan du mouillage de Sagone et de la côte adjacente, 1/2 feuil. (1829).
Plan du golfe de Lava et du port Provençale.
— Plan du golfe et du port de Girolata, 1/2 feuil. (1830).
Plan du golfe et du port de Galeria, 1/2 f. (1829).
Carte de la côte nord-ouest de l'île de Corse, depuis la pointe de Revellata, jusqu'à la pointe de la Mortella, 1/2 feuil. (1829).
Plan des golfes de Calvi et de Revellata, 1/2 feuil. (1829).
Plan du danger de l'Algajola. — Plan du port de Malfalco. — Plan du port et de la côte de Centuri, 1/2 feuil. (1829).
Plan du mouillage de l'île Rousse, 1/2 feuil. (1829).
Carte de la côte septentrionale de l'île de Corse, depuis Bastia jusqu'au port de Malfalco (1828).
Plan du golfe de St-Florent, 1/2 feuil. (1828).
Plan des mouillages situés à la côte septentrionale de l'île de Corse. — Plan du port et de la rade de Macinaggio, 1/2 f. (1828).
Plan de la côte de Bastia et du mouillage de la pointe d'Arco, 1/2 feuil. (1830).
Plan du port de Bastia, 1/2 feuil. (1831).
Carte de la côte orientale de l'île de Corse, depuis l'embouchure du Fium-Orbo jusqu'à Bastia (1831).
— Depuis l'entrée des bouches de Bonifacio jusqu'à l'embouchure du Fium-Orbo (1827).
Plan du golfe de Pinarello. — Plan de Favone. — Plan de Porto-Nuovo et de la calanque del Gionco, 1/2 feuil. (1828).
Plan du golfe de Porto-Vecchio, 1/2 f. (1828).
Plan des îles Cerbicale et du canal qui les sépare de la côte de Corse, 1/2 feuil. (1827).
Deux 1/2 feuil. de vues de diverses parties de la Corse.

FIN DE LA BIBLIOGRAPHIE GÉNÉRALE DE LA FRANCE ET DU DEUXIÈME VOLUME.